Frankfurter Kommentar
zu EUV, GRC und AEUV

Band III

Frankfurter Kommentar

zu

EUV, GRC und AEUV

herausgegeben von

Matthias Pechstein
Carsten Nowak
Ulrich Häde

Band III
AEUV
Artikel 101–215

Mohr Siebeck

2017

Matthias Pechstein, geboren 1958; 1985 1. Jur. Staatsexamen; 1987 Promotion; 1989 2. Jur. Staatsexamen; 1989/90 Tätigkeit im Bundesministerium des Innern (Bonn); 1994 Habilitation; 1993–1995 Richter am Verwaltungsgericht Berlin; seit 1995 Inhaber des Jean-Monnet-Lehrstuhls für Öffentliches Recht mit Schwerpunkt Europarecht an der Europa-Universität Viadrina Frankfurt (Oder).

Carsten Nowak, geboren 1965; 1993 1. Jur. Staatsexamen; 1997 Promotion; 1998 2. Jur. Staatsexamen; 2008 Habilitation; seit 2009 Inhaber des Lehrstuhls für Öffentliches Recht, insbesondere Europarecht an der Europa-Universität Viadrina Frankfurt (Oder).

Ulrich Häde, geboren 1960; 1986 1. Jur. Staatsexamen; 1989 2. Jur. Staatsexamen; 1991 Promotion; 1996 Habilitation; 1991/92 und 1996/97 Tätigkeit im Bayerischen Staatsministerium der Finanzen (München); seit 1997 Inhaber des Lehrstuhls für Öffentliches Recht, insbesondere Verwaltungsrecht, Finanzrecht und Währungsrecht an der Europa-Universität Viadrina Frankfurt (Oder).

Zitiervorschlag: Bearbeiter, in: Pechstein/Nowak/Häde (Hrsg.), Frankfurter Kommentar EUV/GRC/AEUV, Art., Rn.

ISBN 978-3-16-151864-5 (Gesamtwerk)
ISBN 978-3-16-155046-1 (Band III)

Die deutsche Nationalbibliothek verzeichnet diese Publikation in der Deutschen Nationalbibliographie; detaillierte bibliographische Daten sind im Internet über *http://dnb.dnb.de* abrufbar.

© 2017 Mohr Siebeck Tübingen. www.mohr.de

Das Werk einschließlich aller seiner Teile ist urheberrechtlich geschützt. Jede Verwertung außerhalb der engen Grenzen des Urheberrechtsgesetzes ist ohne Zustimmung des Verlags unzulässig und strafbar. Das gilt insbesondere für Vervielfältigungen, Übersetzungen, Mikroverfilmungen und die Einspeicherung und Verarbeitung in elektronischen Systemen.

Das Buch wurde von pagina GmbH in Tübingen aus der Rotation gesetzt, auf alterungsbeständiges Werkdruckpapier gedruckt und von der Buchbinderei Spinner in Ottersweier gebunden. Den Umschlag entwarf Uli Gleis in Tübingen.

Printed in Germany.

Inhaltsübersicht
Band III

Inhaltsverzeichnis	VII
Verzeichnis der Autorinnen und Autoren	XV
Abkürzungsverzeichnis	XIX
Verzeichnis der abgekürzt zitierten Literatur	XXXV

Vertrag über die Arbeitsweise der Europäische Union (AEUV)

Titel VII	Gemeinsame Regeln betreffend Wettbewerb, Steuerfragen und Angleichung der Rechtsvorschriften	1
Titel VIII	Die Wirtschafts- und Währungspolitik	566
Titel IX	Beschäftigung	916
Titel X	Sozialpolitik	967
Titel XI	Der Europäische Sozialfonds	1104
Titel XII	Allgemeine und berufliche Bildung, Jugend und Sport	1113
Titel XIII	Kultur	1136
Titel XIV	Gesundheitswesen	1157
Titel XV	Verbraucherschutz	1179
Titel XVI	Transeuropäische Netze	1197
Titel XVII	Industrie	1212
Titel XVIII	Wirtschaftlicher, sozialer und territorialer Zusammenhalt	1237
Titel XIX	Forschung, technologische Entwicklung und Raumfahrt	1261
Titel XX	Umwelt	1316
Titel XXI	Energie	1429
Titel XXII	Tourismus	1460
Titel XXIII	Katastrophenschutz	1468
Titel XXIV	Verwaltungszusammenarbeit	1475
Vierter Teil	Die Assoziierung der überseeischen Länder und Hoheitsgebiete	1485
Fünfter Teil	Das auswärtige Handeln der Union	1519
Titel I	Allgemeine Bestimmungen über das auswärtige Handeln der Union	1521
Titel II	Gemeinsame Handelspolitik	1525
Titel III	Zusammenarbeit mit Drittländern und humanitäre Hilfe	1651
Titel IV	Restriktive Maßnahmen	1698
Titel V	Internationale Übereinkünfte	1721
Stichwortverzeichnis		1*

Inhaltsverzeichnis
Band III

Verzeichnis der Autorinnen und Autoren	XV
Abkürzungsverzeichnis	XIX
Verzeichnis der abgekürzt zitierten Literatur	XXXV

Vertrag über die Arbeitsweise der Europäische Union (AEUV)

Präambel, Artikel 1–100 *(Band II)*

Titel VII – Gemeinsame Regeln betreffend Wettbewerb, Steuerfragen und Angleichung der Rechtsvorschriften ... 1

Kapitel 1 – Wettbewerbsregeln ... 1

Abschnitt 1 – Vorschriften für Unternehmen ... 1

Artikel 101	Verbot von Wettbewerbsbeschränkungen *(Christoph Brömmelmeyer)*	1
Artikel 102	Missbrauch *(Christoph Brömmelmeyer)*	110
Artikel 103	Kompetenz zum Erlass von Verordnungen und Richtlinien *(Carsten Nowak)*	177
Artikel 104	Übergangsbestimmung/Befugnisse der Behörden der Mitgliedstaaten *(Carsten Nowak)*	210
Artikel 105	Wettbewerbsaufsicht der Kommission *(Carsten Nowak)*	219
Artikel 106	Öffentliche und monopolartige Unternehmen *(Markus Krajewski)*	231

Abschnitt 2 – Staatliche Beihilfen ... 280

Artikel 107	Beihilfeverbot *(Carsten Nowak)*	280
Artikel 108	Beihilfeaufsicht der Kommission *(Carsten Nowak)*	350
Artikel 109	Durchführungsverordnungen *(Carsten Nowak)*	388

Kapitel 2 – Steuerliche Vorschriften ... 406

Artikel 110	Verbot steuerlicher Diskriminierung, Protektionsverbot *(Ralf P. Schenke)*	406
Artikel 111	Verbot überhöhter Rückvergütungen inländischer Abgaben *(Ralf P. Schenke)*	464
Artikel 112	Genehmigung von Entlastungen und Rückvergütungen *(Ralf P. Schenke)*	469

Artikel 113	Harmonisierung der Rechtsvorschriften über indirekte Steuern *(Ralf P. Schenke)*	472

Kapitel 3 – Angleichung der Rechtsvorschriften 484

Artikel 114	Rechtsangleichung im Binnenmarkt *(Jörg Philipp Terhechte)*	484
Artikel 115	Nationales Recht mit unmittelbarer Auswirkung auf den Binnenmarkt; Rechtsangleichung *(Jörg Philipp Terhechte)*	532
Artikel 116	Behandlung bestehender wettbewerbsverzerrender Vorschriften *(Jörg Philipp Terhechte)*	541
Artikel 117	Behandlung geplanter wettbewerbsverzerrender Vorschriften *(Jörg Philipp Terhechte)*	546
Artikel 118	Schutz des geistigen Eigentums *(Jörg Philipp Terhechte)*	550

Titel VIII – Die Wirtschafts- und Währungspolitik 566

Artikel 119	Grundsätze *(Christoph Herrmann)*	566

Kapitel 1 – Die Wirtschaftspolitik 592

Artikel 120	Marktwirtschaftliche Ausrichtung *(Christoph Herrmann/Herbert Rosenfeldt)*	592
Artikel 121	Koordinierung der Wirtschaftspolitik *(Christoph Herrmann/Herbert Rosenfeldt)*	598
Artikel 122	Maßnahmen in Notlagen *(Christoph Herrmann/Stephanie Dausinger)*	622
Artikel 123	Verbot der monetären Staatsfinanzierung *(Christoph Herrmann/Corinna Dornacher)*	630
Artikel 124	Verbot des bevorrechtigten Zugangs zu Finanzinstituten *(Christoph Herrmann/Corinna Dornacher)*	647
Artikel 125	Haftungsausschlüsse *(Christoph Herrmann/Stephanie Dausinger)*	653
Artikel 126	Haushaltsüberwachung; Defizitverfahren *(Christoph Herrmann)*	660

Kapitel 2 – Die Währungspolitik 684

Artikel 127	Ziele und Aufgaben des ESZB *(Cornelia Manger-Nestler)*	684
Artikel 128	Ausgabe von Banknoten und Münzen *(Cornelia Manger-Nestler)*	713
Artikel 129	Struktur des ESZB; Satzung *(Cornelia Manger-Nestler)*	721
Artikel 130	Unabhängigkeit von EZB und nationalen Zentralbanken *(Cornelia Manger-Nestler)*	731
Artikel 131	Anpassungspflicht der Mitgliedstaaten *(Cornelia Manger-Nestler)*	744
Artikel 132	Rechtsakte *(Cornelia Manger-Nestler)*	747

Inhaltsverzeichnis

Artikel 133	Rechtsakte betreffend den Euro *(Cornelia Manger-Nestler)*	755

Kapitel 3 – Institutionelle Bestimmungen 758

Artikel 134	Wirtschafts- und Finanzausschuss *(Cornelia Manger-Nestler)*	758
Artikel 135	Empfehlungen und Vorschläge der Kommission *(Cornelia Manger-Nestler)*	764

Kapitel 4 – Besondere Bestimmungen für die Mitgliedsstaaten, deren Währung der Euro ist 768

Artikel 136	Wirtschaftspolitik und Haushaltsdisziplin; Verstärkte Koordinierung des Euro-Währungsgebiets *(Christoph Herrmann/Stephanie Dausinger)*	768
Artikel 137	Tagungen der Euro-Gruppe *(Paulina Starski)*	775
Artikel 138	Euro im internationalen Währungssystem *(Paulina Starski)*	785

Kapitel 5 – Übergangsbestimmungen 820

Artikel 139	Mitgliedstaaten mit Ausnahmeregelung *(Jörn Axel Kämmerer)*	820
Artikel 140	Konvergenzbericht *(Jörn Axel Kämmerer)*	839
Artikel 141	Erweiterter Rat der EZB *(Paulina Starski)*	876
Artikel 142	Wechselkurspolitik *(Ludwig Gramlich)*	889
Artikel 143	Zahlungsbilanz-Schwierigkeiten *(Ludwig Gramlich)*	898
Artikel 144	Zahlungsbilanzkrise *(Ludwig Gramlich)*	910

Titel IX – Beschäftigung 916

Artikel 145	Entwicklung einer koordinierten Beschäftigungsstrategie *(Ingo Palsherm)*	916
Artikel 146	Abgestimmte Beschäftigungspolitik der Mitgliedstaaten *(Ingo Palsherm)*	931
Artikel 147	Hohes Beschäftigungsniveau *(Ingo Palsherm)*	938
Artikel 148	AEUV Beschäftigungslage in der Union, Festlegung beschäftigungspolitischer Leitlinien *(Ingo Palsherm)*	944
Artikel 149	Anreizmaßnahmen zur Förderung der Zusammenarbeit *(Ingo Palsherm)*	956
Artikel 150	Beschäftigungsausschuss *(Ingo Palsherm)*	962

Titel X – Sozialpolitik 967

Artikel 151	Ziele und Maßnahmen *(Eva Kocher)*	967
Artikel 152	Sozialpartner auf Ebene der Union, sozialer Dialog *(Eva Kocher)*	981
Artikel 153	Kompetenzen der Union *(Eva Kocher)*	986
Artikel 154	Anhörung der Sozialpartner *(Eva Kocher)*	1025

Artikel 155	Dialog zwischen den Sozialpartnern *(Eva Kocher)*	1031
Artikel 156	Fördermaßnahmen der Kommission *(Eva Kocher)*	1044
Artikel 157	Verbot der Geschlechtsdiskriminierung im Hinblick auf das Entgelt *(Eva Kocher)*	1047
Artikel 158	Bezahlte Freizeit *(Eva Kocher)*	1099
Artikel 159	Bericht zur Verwirklichung der sozialpolitischen Ziele und über die demografische Lage *(Eva Kocher)*	1100
Artikel 160	Ausschuss für Sozialschutz *(Eva Kocher)*	1101
Artikel 161	Bericht über soziale Lage *(Eva Kocher)*	1103

Titel XI – Der Europäische Sozialfonds 1104

Artikel 162	Errichtung und Ziele des Europäischen Sozialfonds *(Ulrich Häde)*	1104
Artikel 163	Verwaltung des Europäischen Sozialfonds *(Ulrich Häde)*	1109
Artikel 164	Durchführungsverordnungen *(Ulrich Häde)*	1111

Titel XII – Allgemeine und berufliche Bildung, Jugend und Sport 1113

Artikel 165	Bildung, Jugend, Sport *(Kerstin Odendahl)*	1113
Artikel 166	Berufliche Bildung *(Kerstin Odendahl)*	1129

Titel XIII – Kultur 1136

Artikel 167	Beitrag der Union unter Wahrung der kulturellen Vielfalt *(Kerstin Odendahl)*	1136

Titel XIV – Gesundheitswesen 1157

Artikel 168	Beitrag der Union zur Sicherstellung eines hohen Gesundheitsschutzniveaus *(Thomas Lübbig)*	1157

Titel XV – Verbraucherschutz 1179

Artikel 169	Beitrag der Union; Mindeststandards *(Martin Schmidt-Kessel)*	1179

Titel XVI – Transeuropäische Netze 1197

Artikel 170	Beitrag der Union *(Thomas Lübbig)*	1197
Artikel 171	Handlungsinstrumente der Union *(Thomas Lübbig)*	1203
Artikel 172	Beschlussfassung *(Thomas Lübbig)*	1208

Titel XVII – Industrie 1212

Artikel 173	Förderung der Wettbewerbsfähigkeit *(Walter Frenz)*	1212

Titel XVIII – Wirtschaftlicher, sozialer und territorialer Zusammenhalt ... 1237

Artikel 174	Strukturpolitik *(Ulrich Häde)*	1237
Artikel 175	Durchführung der Strukturpolitik, Strukturfonds *(Ulrich Häde)*	1241
Artikel 176	Europäischer Fonds für regionale Entwicklung *(Ulrich Häde)*	1247
Artikel 177	Strukturfondsverordnungen, Kohäsionsfonds *(Ulrich Häde)*	1250
Artikel 178	Durchführungsbestimmungen *(Ulrich Häde)*	1259

Titel XIX – Forschung, technologische Entwicklung und Raumfahrt ... 1261

Artikel 179	Europäischer Raum der Forschung *(Walter Frenz)*	1261
Artikel 180	Ergänzende Unionsmaßnahmen *(Walter Frenz)*	1276
Artikel 181	Koordinierung; Rolle der Kommission *(Walter Frenz)*	1281
Artikel 182	Mehrjähriges Rahmenprogramm; spezifische Programme *(Walter Frenz)*	1285
Artikel 183	Durchführung des Rahmenprogramms *(Walter Frenz)*	1293
Artikel 184	Zusatzprogramme *(Walter Frenz)*	1295
Artikel 185	Beteiligung der Union *(Walter Frenz)*	1297
Artikel 186	Zusammenarbeit mit Drittländern; Abkommen *(Walter Frenz)*	1300
Artikel 187	Gründung gemeinsamer Unternehmen *(Walter Frenz)*	1303
Artikel 188	Beschlussfassung *(Walter Frenz)*	1307
Artikel 189	Europäische Raumfahrtpolitik *(Walter Frenz)*	1309
Artikel 190	Jährlicher Forschungsbericht *(Walter Frenz)*	1314

Titel XX – Umwelt ... 1316

Artikel 191	Umweltpolitische Ziele; Schutzmaßnahmen; Internationale Zusammenarbeit *(Sebastian Heselhaus)*	1316
Artikel 192	Beschlussfassung; Finanzierung; Verursacherprinzip *(Sebastian Heselhaus)*	1369
Artikel 193	Schutzmaßnahmen der Mitgliedstaaten *(Sebastian Heselhaus)*	1409

Titel XXI – Energie ... 1429

Artikel 194	Ziele und Maßnahmen *(Jörg Gundel)*	1429

Titel XXII – Tourismus ... 1460

Artikel 195	Maßnahmen im Tourismussektor *(Nele Matz-Lück)*	1460

Titel XXIII – Katastrophenschutz ... 1468

Artikel 196	Förderung des Katastrophenschutzes *(Nele Matz-Lück)*	1468

Titel XXIV – Verwaltungszusammenarbeit ... 1475

Artikel 197   Effektive Durchführung des Unionsrechts *(Walter Frenz)*   1475

Vierter Teil – Die Assoziierung der überseeischen Länder und Hoheitsgebiete ... 1485

Artikel 198	Ziele der Assoziierung *(Burkhard Schöbener)*	1487
Artikel 199	Zwecke der Assoziierung *(Burkhard Schöbener)*	1498
Artikel 200	Verbot von Zöllen *(Burkhard Schöbener)*	1502
Artikel 201	Schutzklausel *(Burkhard Schöbener)*	1506
Artikel 202	Freizügigkeit der Arbeitskräfte *(Burkhard Schöbener)*	1508
Artikel 203	Durchführungsbestimmungen *(Burkhard Schöbener)*	1510
Artikel 204	Anwendung auf Grönland *(Burkhard Schöbener)*	1515

Fünfter Teil – Das auswärtige Handeln der Union ... 1519

Titel I – Allgemeine Bestimmungen über das auswärtige Handeln der Union ... 1521

Artikel 205   Handlungsgrundsätze auf internationaler Ebene
               (Marc Bungenberg)   1521

Titel II – Gemeinsame Handelspolitik ... 1525

Artikel 206   Ziele der Gemeinsamen Handelspolitik *(Marc Bungenberg)*   1525

Artikel 207   Grundsätze der gemeinsamen Handelspolitik
               (Marc Bungenberg)   1534

Titel III – Zusammenarbeit mit Drittländern und humanitäre Hilfe ... 1651

Kapitel 1 – Entwicklungszusammenarbeit ... 1651

Artikel 208   Entwicklungszusammenarbeit der Union, Ziele und Grundsätze
               (Kerstin Odendahl)   1651

Artikel 209	Kompetenzen, Rolle der EIB *(Kerstin Odendahl)*	1666
Artikel 210	Koordinierung *(Kerstin Odendahl)*	1675
Artikel 211	Internationale Zusammenarbeit *(Kerstin Odendahl)*	1679

Kapitel 2 – Wirtschaftliche, finanzielle und technische Zusammenarbeit mit Drittländern ... 1681

Artikel 212   Grundsätze der Zusammenarbeit mit
               Nicht-Entwicklungsländern *(Kerstin Odendahl)*   1681

Artikel 213   Finanzielle Hilfe für Drittländer *(Kerstin Odendahl)*   1688

Kapitel 3 – Humanitäre Hilfe		1691
Artikel 214	Grundsätze, Maßnahmen, Europäisches Freiwilligenkorps *(Kerstin Odendahl)*	1691
Titel IV – Restriktive Maßnahmen		1698
Artikel 215	Wirtschaftssanktionen *(Burkhard Schöbener)*	1698
Stichwortverzeichnis		1*

Verzeichnis der Autorinnen und Autoren

Prof. Dr. Sigrid Boysen, Helmut-Schmidt-Universität Universität der Bundeswehr Hamburg, Professur für Öffentliches Recht, insbesondere Völkerrecht und Europarecht: Art. 217 AEUV

Prof. Dr. Marten Breuer, Universität Konstanz, Lehrstuhl für Öffentliches Recht mit internationaler Ausrichtung: Art. 8 EUV; Art. 300–307, 343 AEUV

Prof. Dr. Christoph Brömmelmeyer, Europa-Universität Viadrina Frankfurt (Oder), Lehrstuhl für Bürgerliches Recht und Europäisches Wirtschaftsrecht: Art. 101, 102 AEUV

Prof. Dr. Marc Bungenberg, LL.M., Universität des Saarlandes, Lehrstuhl für Öffentliches Recht, Völkerrecht und Europarecht: Art. 205–207 AEUV

Stephanie Dausinger, Rechtsreferendarin im Bezirk des OLG München: Art. 122, 125, 136 AEUV

Corinna Dornacher, Ludwig-Maximilians-Universität München, Lehrstuhl für Öffentliches Recht und Europarecht: Art. 123, 124 AEUV

Prof. Dr. Claudio Franzius, Universität Bremen, Lehrstuhl für Öffentliches Recht, insbesondere Verwaltungsrecht und Umweltrecht: Art. 4, 48 EUV; Art. 353 AEUV

Prof. Dr. Walter Frenz, RWTH Aachen: Art. 1, 2, 5 GRC; Art. 173, 179–190, 197, 222, 325, 346–349, 352 AEUV

Prof. Dr. Thomas Giegerich, LL.M., Universität des Saarlandes, Lehrstuhl für Europarecht, Völkerrecht und Öffentliches Recht: Art. 216, 218, 220, 221, Art. 351 AEUV

Dr. Niklas Görlitz, Juristischer Dienst des Europäischen Parlaments, Luxemburg: Art. 263, 267 AEUV

Prof. Dr. Ludwig Gramlich, TU Chemnitz, Professur für Öffentliches Recht und Öffentliches Wirtschaftsrecht: Art. 63–66, 142–144, 219 AEUV

Prof. Dr. Jörg Gundel, Universität Bayreuth, Lehrstuhl für Öffentliches Recht, Völker- und Europarecht: Art. 194, 288, 290, 291 AEUV

Prof. Dr. Ulrich Häde, Europa-Universität Viadrina Frankfurt (Oder), Lehrstuhl für Öffentliches Recht, insbesondere Verwaltungsrecht, Finanzrecht und Währungsrecht: Präambel, Art. 1–6, 162–164, 174–178, 271, 285–287, 308–324 AEUV

Prof. Dr. Ulrich Haltern, LL.M. (Yale), Albert-Ludwigs-Universität Freiburg, Institut für Öffentliches Recht, Abt. I: Europa- und Völkerrecht: Art. 28–37, 56–62 AEUV

Prof. Dr. Andreas Haratsch, FernUniversität in Hagen, Lehrstuhl für Deutsches und Europäisches Verfassungs- und Verwaltungsrecht sowie Völkerrecht: Art. 15–17, 20 EUV, Art. 235–250, 326–334 AEUV

Prof. Dr. Wolff Heintschel von Heinegg, Europa-Universität Viadrina Frankfurt (Oder), Lehrstuhl für Öffentliches Recht, insb. Völkerrecht, Europarecht und ausländisches Verfassungsrecht: Art. 18, 21–46 EUV

Prof. Dr. Christoph Herrmann, LL.M., Universität Passau, Lehrstuhl für Staats- und Verwaltungsrecht, Europarecht, Europäisches und Internationales Wirtschaftsrecht: Art. 119–126, 136 AEUV

Prof. Dr. Sebastian Heselhaus, Universität Luzern, Lehrstuhl für Europarecht, Völkerrecht, Öffentliches Recht und Rechtsvergleichung: Art. 9–12, 55 EUV; Art. 3, 20, 37, 39, 40, 42–46 GRC; Art. 11, 13, 15, 20–25, 191–193, 342, 358 AEUV

Univ.-Prof. Dr. Hubert Hinterhofer, Universität Salzburg, Professor für Straf- und Strafverfahrensrecht – Schwerpunkt Wirtschafts- und Europastrafrecht: Art 85–89 AEUV

Prof. Dr. Gudrun Hochmayr, Europa-Universität Viadrina Frankfurt (Oder), Professur für Strafrecht, insbesondere Europäisches Strafrecht und Völkerstrafrecht: Art. 50 GRC; Art. 82–84 AEUV

Ass. iur. Nils J. Janson, Albert-Ludwigs-Universität Freiburg, Institut für Öffentliches Recht, Abt. I: Europa- und Völkerrecht: Art. 28, 29, 31–33, 35, 37 AEUV

Prof. Dr. Jörn Axel Kämmerer, Bucerius Law School, Hamburg, Lehrstuhl für Öffentliches Recht, Völker- und Europarecht: Art. 139, 140 AEUV

Prof. Dr. Friedemann Kainer, Universität Mannheim, Lehrstuhl für Bürgerliches Recht, deutsches und europäisches Wirtschafts- und Arbeitsrecht: Art. 49–55 AEUV

Prof. Dr. Eva Kocher, Europa-Universität Viadrina Frankfurt (Oder), Lehrstuhl für Bürgerliches Recht, Europäisches und Deutsches Arbeitsrecht, Zivilverfahrensrecht: Art. 27–34 GRC; Art. 8–10, 45–48, 151–161 AEUV

Prof. Dr. Markus Krajewski, Friedrich-Alexander-Universität Erlangen-Nürnberg, Lehrstuhl für Öffentliches Recht und Völkerrecht: Art. 26, 35, 36 GRC; Art. 14, 106, 345 AEUV

Philipp Kubicki, Wissenschaftliche Dienste, Deutscher Bundestag, Berlin: Art. 19 EUV, Art. 277 AEUV

Prof. Dr. Jürgen Kühling, LL.M. (Brüssel), Universität Regensburg, Lehrstuhl für Öffentliches Recht, Immobilienrecht, Infrastrukturrecht und Informationsrecht: Art. 15–17 GRC

Prof. Dr. Thomas Lübbig, Rechtsanwalt in Berlin, Honorarprofessor an der Europa-Universität Viadrina Frankfurt (Oder): Art. 90–100, 168, 170–172 AEUV

Prof. Dr. Cornelia Manger-Nestler, LL.M., HTWK Leipzig, Professur für Deutsches und Internationales Wirtschaftsrecht: Art. 127–135, 282–284 AEUV

Prof. Dr. Nele Matz-Lück, LL.M., Christian-Albrechts-Universität zu Kiel, Walther-Schücking-Institut für Internationales Recht: Art. 195, 196 AEUV

Dr. Walther Michl, LL.M., Ludwig-Maximilians-Universität München, Lehrstuhl für Öffentliches Recht und Europarecht: Art. 21 GRC; Art. 17–19 AEUV

Prof. Dr. Dr. h.c .mult. Peter-Christian Müller-Graff, MAE, Ruprecht-Karls-Universität Heidelberg, Direktor des Instituts für deutsches und europäisches Gesellschafts- und Wirtschaftsrecht: Art. 3 EUV; Art. 67–80 AEUV

Dr. Hanns Peter Nehl, D.E.A., LL.M., Rechtsreferent am EuG, Luxemburg: Art. 47 GRC

Prof. Dr. Roland Norer, Universität Luzern, Lehrstuhl für Öffentliches Recht und Recht des ländlichen Raums: Art. 38–44 AEUV

Prof. Dr. Carsten Nowak, Europa-Universität Viadrina Frankfurt (Oder), Lehrstuhl für Öffentliches Recht, insbesondere Europarecht: Präambel, Art. 1, 7, 13, 47, 51, 52 EUV; Präambel, Art. 25 GRC; Art. 103–105, 107–109, 335, 337–339, 341, 354–356 AEUV

Prof. Dr. Kerstin Odendahl, Christian-Albrechts-Universität zu Kiel, Walther-Schücking-Institut für Internationales Recht: Art. 165–167, 208–214 AEUV

Prof. Dr. Eckhard Pache, Julius-Maximilians-Universität Würzburg, Lehrstuhl für Staatsrecht, Völkerrecht, Internationales Wirtschaftsrecht und Wirtschaftsverwaltungsrecht: Art. 5, 6 EUV; Art. 51–54 GRC

Prof. Dr. Ingo Palsherm, Technische Hochschule Nürnberg Georg Simon Ohm, Fakultät Sozialwissenschaften: Art. 145–150 AEUV

Prof. Dr. Matthias Pechstein, Europa-Universität Viadrina Frankfurt (Oder), Jean-Monnet-Lehrstuhl für Öffentliches Recht, insbesondere Europarecht: Art. 19 EUV; Art. 251–281, 344 AEUV

Prof. Dr. Dagmar Richter, Juristische Fakultät der Ruprecht-Karls-Universität Heidelberg: Art. 351 AEUV

Ass. iur. Herbert Rosenfeldt, Universität Passau, Lehrstuhl für Staats- und Verwaltungsrecht, Europarecht, Europäisches und Internationales Wirtschaftsrecht: Art. 120, 121 AEUV

Prof. Gerard C. Rowe, B.A., LL.B., M.T.C.P. (Syd), LL.M. (Yale), Europa-Universität Viadrina Frankfurt (Oder), Professor em. für Öffentliches Recht, Verwaltungsrecht, Umweltrecht, Kommunalrecht, Rechtsvergleichung und ökonomische Analyse des Rechts; Professeur associé, Université du Luxembourg: Art. 23 GRC

Dr. Marit Sademach, Europa-Universität Viadrina Frankfurt (Oder), Lehrstuhl für Öffentliches Recht, insbesondere Verwaltungsrecht, Finanzrecht und Währungsrecht: Art. 271, 308, 309 AEUV

Prof. Dr. Johannes Saurer, LL.M. (Yale), Eberhard Karls Universität Tübingen, Lehrstuhl für Öffentliches Recht, Umweltrecht, Infrastrukturrecht und Rechtsvergleichung: Art. 289 AEUV, Art. 292–299 AEUV

Prof. Dr. Ralf P. Schenke, Julius-Maximilians-Universität Würzburg, Lehrstuhl für Öffentliches Recht, Deutsches, Europäisches und Internationales Steuerrecht: Art. 110–113 AEUV

Prof. Dr. Martin Schmidt-Kessel, Universität Bayreuth, Lehrstuhl für Verbraucherrecht: Art. 38 GRC; Art. 12, 169 AEUV

Prof. Dr. Burkhard Schöbener, Universität zu Köln, Lehrstuhl für Öffentliches Recht, Völkerrecht und Europarecht: Art. 198–204, 215, 350 AEUV

Prof. Dr. Rainer Schröder, Universität Siegen, Professur für Öffentliches Wirtschaftsrecht, Technik- und Umweltrecht: Art. 54 EUV; Art. 48, 49 GRC; Art. 7, 357 AEUV

Dr. Sibylle Seyr, LL.M., Juristischer Dienst des Europäischen Parlaments, Luxemburg: Art. 270, 336 AEUV

Dr. Paulina Starski, LL.B., Max-Planck-Institut für ausländisches öffentliches Recht und Völkerrecht, Heidelberg: Art. 137, 138, 141 AEUV

Dipl.-iur. Sarah Katharina Stein, MLE, Albert-Ludwigs-Universität Freiburg, Institut für Öffentliches Recht, Abt. I: Europa- und Völkerrecht: Art. 56–62 AEUV

Prof. Dr. Michael Stürner, M.Jur. (Oxon), Universität Konstanz, Lehrstuhl für Bürgerliches Recht, Internationales Privat- und Verfahrensrecht und Rechtsvergleichung, Richter am OLG Karlsruhe: Art. 81 AEUV

Dr. Peter Szczekalla, Deutsches Verwaltungsblatt (DVBl) und Hochschule Osnabrück: Art. 14, 50 EUV; Art. 223–234 AEUV

Prof. Dr. Jörg Philipp Terhechte, Leuphana Universität Lüneburg, Lehrstuhl für Öffentliches Recht, Europäisches und Internationales Recht sowie Regulierungs- und Kartellrecht: Art. 2, 49, 53 EUV; Art. 41 GRC; Art. 26, 27, 114–118, 340 AEUV

Prof. Dr. Carmen Thiele, Europa-Universität Viadrina Frankfurt (Oder), apl. Professur für Völkerrecht, Ostrecht und Rechtsvergleichung: Art. 4, 10–14, 18, 19, 22, 24 GRC

Prof. Dr. Heinrich Amadeus Wolff, Universität Bayreuth, Lehrstuhl für Öffentliches Recht VII: Art. 6–9 GRC; Art. 16 AEUV

Abkürzungsverzeichnis

a. A.	andere Ansicht
AASM	Associated African States and Madagascar
ABl.	Amtsblatt
abl.	ablehnend
Abs.	Absatz
Absatznr.	Absatznummer
Abschn.	Abschnitt
ACER	Agency for the Cooperation of Energy Regulators
AcP	Archiv für die civilistische Praxis
a. E.	am Ende
AEI	Arbeitskreis Europäische Integration e.V.
AENEAS	Programm für die finanzielle und technische Hilfe für Drittländer im Migrations- und Asylbereich
AEUV	Vertrag über die Arbeitsweise der Europäischen Union
AETR	Accord Européen sur les Transports Routiers
AdR	Ausschuss der Regionen
ADSP	Actualité et dossier en santé publique
a. F.	alte Fassung
AFDI	Annuaire Français de Droit International
AFRI	Annuaire français de relations internationales
AG	Die Aktiengesellschaft
AGG	Allgemeines Gleichbehandlungsgesetz
AGIS	Rahmenprogramm für die polizeiliche und justizielle Zusammenarbeit in Strafsachen
AgrarR	Agrarrecht
AGRI	Ausschuss für Landwirtschaft und ländliche Entwicklung
AgrRs	Agrarische Rundschau
AIJJS	Agora International Journal of Juridical Sciences
AJCL	American Journal of Comparative Law
AK	Aarhus Konvention
AJDA	Actualité Juridique: Droit Administratif
AJIL	American Journal of International Law
AJP-PJA	Aktuelle Juristische Praxis – Pratique juridique Actuelle
AKP-Staaten	Staaten Afrikas, der Karibik und des Pazifiks
ALDE	Allianz der Liberalen und Demokraten für Europa
AMIF	Asyl-, Migrations- und Integrationsfonds
ANFA	Agreement on Net Financial Assets
Anm.	Anmerkung
AnwBl.	Anwaltsblatt
AO	Abgabenordnung
AöR	Archiv des öffentlichen Rechts
APS	Allgemeines Präferenzsystem
APuZ	Aus Politik und Zeitgeschichte
ArbuR	Arbeit und Recht
ARD	Arbeitsgemeinschaft der öffentlich- rechtlichen Rundfunkanstalten der Bundesrepublik Deutschland
ARGO	Aktionsprogramm für Verwaltungszusammenarbeit in den Bereichen Außengrenzen, Visa, Asyl und Einwanderung
ARSP	Archiv für Rechts- und Sozialphilosophie
Art.	Artikel
AS-GVO	Antisubventions-Grundverordnung
ASEAN	Association of Southeast Asian Nations
AStV	Ausschuss der Ständigen Vertreter
Aufl.	Auflage
AuR	Arbeit und Recht

Abkürzungsverzeichnis

AUR	Agrar- und Umweltrecht
AVR	Archiv des Völkerrechts
A&R	Arzneimittel & Recht
AWG	Außenwirtschaftsgesetz
AW-Prax	Außenwirtschaftliche Praxis
AWV	Außenwirtschaftsverordnung
BAFA	Bundesamt für Wirtschaft und Ausfuhrkontrolle
BAGE	Entscheidungen des Bundesarbeitsgerichts
bay BezO	Bayerische Bezirksordnung
BayVBl.	Bayerische Verwaltungsblätter
BayVerfGH	Bayerischer Verfassungsgerichtshof
BB	Betriebsberater
BBankG	Bundesbankgesetz
B.C. International'l & Comp. L. Rev.	Boston College International and Comparative Law Review
Bd.	Band
Beih.	Beiheft
BEPA	Bureau of European Policy Advisers
Ber. Ldw.	Berichte über Landwirtschaft
Bespr.	Besprechung
BEUC	Bureau Européen des Unions de Consommateurs, Europäischer Verbraucherverband
BewHi	Bewährungshilfe (Zeitschrift)
BGBl.	Bundesgesetzblatt
BHO	Bundeshaushaltsordnung
BIP	Bruttoinlandsprodukt
BIS	Bank for International Settlements
BITs	bilaterale Investitionsschutzverträge
BIZ	Bank für Internationalen Zahlungsausgleich
B.J.Pol.S.	British Journal of Political Science
BKR	Zeitschrift für Bank- und Kapitalmarktrecht
BlAR	Blätter für Agrarrecht
BLJ	Bucerius Law Journal
BLR	Business Law Review
BNE	Bruttonationaleinkommen
BNetzA	Bundesnetzagentur
BPM6	Balance of Payments and International Investment Position Manual, sixth edition
BSB	Beschäftigungsbedingungen für die sonstigen Bediensteten
BSE	Bovine spongiforme Enzephalopathie
BSP	Bruttosozialprodukt
Bsp.	Beispiel
bspw.	beispielsweise
Buchst.	Buchstabe
BVerfG	Bundesverfassungsgericht
BVerfGE	Entscheidungen des Bundesverfassungsgerichts
BVT	Beste verfügbare Technik
bzw.	beziehungsweise
CARIFORUM	Caribbean Forum of African, Caribbean and Pacific States
CAP	Centrum für angewandte Politikforschung
CAT	Übereinkommen gegen Folter und andere grausame, unmenschliche oder erniedrigende Behandlung oder Strafe
CATS	Comité de l'article trente-six
CBD	Convention on biological diversity
CCMI	Consultative Commission on Industrial Change
CCS	Carbon Capture and Storage
CDA	Cahiers de Droit Européen

Abkürzungsverzeichnis

Cedefop	Europäisches Zentrum für die Förderung der Berufsbildung
CEP	Centre for European Policy
CETA	Comprehensive Economic and Trade Agreement
CFAA	Committee for Financial and Administrative Affairs
CIREA	Centre for Information, Reflection and Exchange on Asylum
CIREFI	Informations-, Reflexions- und Austauschzentrum für Fragen im Zusammenhang mit dem Überschreiten der Außengrenzen und der Einwanderung
CIVEX	Fachkommission für Unionsbürgerschaft, Regieren, institutionelle Fragen und Außenbeziehungen
CJEL	Columbia Journal of European Law
CMLRev.	Common Market Law Review
CMLRep.	Common Market Law Reports
COM	Documents of the Commission of the European Union
CMS	Convention on the Conservation of Migratory Species of Wild Animals
CONUN	United Nations Working Party
COREPER	Ausschuss der Ständigen Vertreter (Comité des représentants permanents)
COSAC	Conférence des organes spécialisés dans les affaires communautaires (Konferenz der Ausschüsse für Gemeinschafts- und Europaangelegenheiten der Parlamente der EU)
COSI	Comité permanent de coopération opérationnelle en matière de sécurité intérieur
COST	Coopération européenne dans le domaine de la recherche scientifique et technique
COTER	Fachkommission für Kohäsionspolitik
CPT	Europäisches Komitee zur Verhütung von Folter und unmenschlicher oder erniedrigender Behandlung oder Strafe
CR	Computer und Recht
CRC	Übereinkommen über die Rechte des Kindes
CYELS	Cambridge Yearbook of European Legal Studies
dass.	dasselbe
DB	Der Betrieb
DBA	Doppelbesteuerungsabkommen
DCSI	Diritto comunitario e degli scambi internazionali
ders.	derselbe
d. i.	das ist
dies.	dieselbe(n)
Diss.	Dissertation
djbZ	Zeitschrift des deutschen Juristinnenbundes
DJT	Deutscher Juristentag
DNotZ	Deutsche Notar-Zeitschrift
Dok.	Dokument
DÖV	Die Öffentliche Verwaltung
DR	Decisions and Reports, Sammlung der Entscheidungen der EKMR
DRiZ	Deutsche Richterzeitung
DStR	Deutsches Steuerrecht
DStZ	Deutsche Steuer-Zeitung
DÜ	Dubliner Übereinkommen
DuD	Datenschutz und Datensicherheit
DV	Die Verwaltung
DVBl	Deutsches Verwaltungsblatt
DVO	Durchführungsverordnung
DWA	Direktwahlakt
DZWiR	Deutsche Zeitschrift für Wirtschafts- und Insolvenzrecht
EA	Europa-Archiv
EAC	Eastern African Community
EAD	Europäischer Auswärtiger Dienst

Abkürzungsverzeichnis

EAG	Europäische Atomgemeinschaft
EAGFL	Europäischer Ausrichtungs- und Garantiefonds für die Landwirtschaft
EAGV	Vertrag zur Gründung der Europäischen Atomgemeinschaft
EASA	European Aviation Safety Agency, Europäische Agentur für Flugsicherheit
EASO	European Asylum Support Office, Europäisches Unterstützungsbüro für Asylfragen
ebd.	ebenda
EBLR	European Business Law Review
EBOR	European Business Organization Law Review
EBR	Europäischer Betriebsrat
EBRD	European Bank for Reconstruction and Development
EBRG	Gesetz über Europäische Betriebsräte
ECB	European Central Bank
ECHA	Europäische Chemikalienagentur
ECLI	European Case Law Identifier
ECLR	European Competition Law Review
ECOFIN-Rat	Rat für Wirtschaft und Finanzen (Economy and Finance)
ECOS	Fachkommission für Wirtschafts- und Sozialpolitik
ECOSOC	Wirtschafts- und Sozialrat
ECU	European Currency Unit
ed.	editor
EDA	European defence agency
eds.	editors
EDUC	Fachkommission für Bildung, Jugend, Kultur und Forschung
EEA	Einheitliche Europäische Akte
EEC	European Economic Community(ies)
EEF	Europäischer Entwicklungsfonds
EELR	European Energy and Environmental Law Review
EFAR	European Foreign Affairs Review
EFC	Economic and Financial Committee
EFFL	European Food and Feed Law Review
EFRE	Europäischer Fonds für regionale Entwicklung
EFSF	Europäische Finanzstabilisierungsfazilität
EFSM	Europäischer Finanzstabilisierungsmechanismus
EFTA	European Free Trade Association, Europäische Freihandelsassoziation
EFUS	European Forum for Urban Security
EFWZ	Europäischer Fonds für währungspolitische Zusammenarbeit
EG	Europäische Gemeinschaft
EGFL	Europäischer Garantiefonds für die Landwirtschaft
EGKS	Europäische Gemeinschaft für Kohle und Stahl
EGKSV	Vertrag zur Gründung der Europäischen Gemeinschaft für Kohle und Stahl
eGMO	einheitliche gemeinsame Marktorganisation
EGMR	Europäischer Gerichtshof für Menschenrechte
EGV	Vertrag zur Gründung der Europäischen Gemeinschaft
EHRLR	European Human Rights Law Review
EHS	Environmental Health & Safety
EIB	Europäische Investitionsbank
EIF	Europäischer Investitionsfonds
EIGE	Europäisches Institut für Gleichstellungsfragen
EioP	European Integration online Papers
EIT	Europäisches Institut für Innovation und Technologie
EJIL	European Journal of International Law
EJML	European Journal of Migration and Law
EJN	Europäisches Justizielles Netz
EJRR	The European Journal of Risk Regulation
ELER	Europäischer Landwirtschaftsfonds für die Entwicklung des ländlichen Raumes
ELJ	European Law Journal
ELLJ	European Labour Law Journal
elni	Environmental law network international

Abkürzungsverzeichnis

ELR	European Law Reporter
E.L.Rev.	European Law Review
EKR	Europäische Konservative und Reformisten
EMA	Europa-Mittelmeer-Assoziationsabkommen
EMA	European Medicines Agency
EMAS	Eco-Management and Audit Scheme
EMB	Eigenmittelbeschluss
EMFF	Europäischer Meeres- und Fischereifonds
EMN	European Migration Network, Europäisches Integrationsnetzwerk
EMRK	Europäische Menschenrechtskonvention
endg.	endgültig
engl.	englisch
ENLR	European Networks Law & Regulation Quarterly
ENKP	Europäisches Netz für Kriminalprävention
ENP	Europäische Nachbarschaftspolitik
ENVE	Fachkommission für Umwelt, Klimawandel und Energie
ENVI	Ausschuss für Umweltfragen, öffentliche Gesundheit und Lebensmittelsicherheit
EnWG	Energiewirtschaftsgesetz
EnWZ	Zeitschrift für das gesamte Recht der Energiewirtschaft
EnzEuR	Enzyklopädie Europarecht
EP	Europäisches Parlament
EPA	Economic Partnership Agreements
EPA	Europäische Polizeiakademie
EPCTF	Task Force der Europäischen Polizeichefs
EPGÜ	Übereinkommen über ein einheitliches Patentgericht
EPL	European Public Law
EPSC	European Political Strategy Centre
EPSCO	Employment, Social Policy, Health and Consumer Affairs Council
EPÜ	Übereinkommen über ein einheitliches Patentverfahren
EPZ	Europäische Politische Zusammenarbeit
ERAC	European Research Area Committee
ERC	European Research Council
ESA	European Space Agency, Europäische Weltraumorganisation
ESC	Europäische Sozialcharta
ESF	Europäischer Sozialfonds
ESM	Europäischer Stabilitätsmechanismus
ESMV	Vertrag zur Einrichtung des Europäischen Stabilitätsmechanismus
ESRB	European Systemic Risk Board
EStA	Europäische Staatsanwaltschaft
EStAL	European State Aid Law Quarterly
ESVP	Europäische Sicherheits- und Verteidigungspolitik
ESZB	Europäisches System der Zentralbanken
ER	Europäischer Rat
ERE	Europäische Rechnungseinheit
ErwR	Erweiterter EZB-Rat
EU	Europäische Union
EuBl.	europa-blätter
EuConst	European Constitutional Law Review
Eucrim	The European Criminal Law Associations' Forum
EUDEL	Lenkungsausschuss für die Delegationen
EuErbVO	Europäische Erbrechtsverordnung
EuG	Gericht der EU (erster Instanz)
EuGH	Gerichtshof der Europäischen Union
EuGRZ	Europäische Grundrechte-Zeitschrift
EuGöD	Gericht für den öffentlichen Dienst der Europäischen Union
EuGVÜ	Europäisches Gerichtsstands- und Vollstreckungsübereinkommen
EuGVVO	Verordnung über die gerichtliche Zuständigkeit und die Anerkennung und Vollstreckung von Entscheidungen in Zivil- und Handelssachen

Abkürzungsverzeichnis

EUIEUIPO	European University InstituteEuropean Union Intellectual Property Office
EuLF	The European Legal Forum
EuR	Europarecht
EURAB	Europäischer Forschungsbeirat
Eurodac	Europäische Datenbank zur Speicherung von Fingerabdrücken
EurUP	Zeitschrift für Europäisches Umwelt- und Planungsrecht
et	Energiewirtschaftliche Tagesfragen
Eurasil	European Union Network for asylum practitioners
Eurojust	Einheit für justizielle Zusammenarbeit der Europäischen Union
EUROSUR	Europäisches Grenzüberwachungssystem
Euratom	Europäische Atomgemeinschaft
EURES	EURopean Employment Services
EURIMF	Gruppe der EU-Vertreter bei dem Internationalen Währungsfonds
Europ. Business Law Rev.	European Business Law Review
EurUP	Zeitschrift für europäisches Umwelt- und Planungsrecht
EuUnthVO	Europäische Unterhaltsverordnung
EUV	Vertrag über die Europäische Union
EuZ	Zeitschrift für Europarecht
EuZA	Europäische Zeitschrift für Arbeitsrecht
EUZBBG	Gesetz über die Zusammenarbeit von Bundesregierung und Deutschem Bundestag in Angelegenheiten der Europäischen Union
EuZBLG	Gesetz über die Zusammenarbeit von Bund und Ländern in Angelegenheiten der Europäischen Union
EuZW	Europäische Zeitschrift für Wirtschaftsrecht
EvBl.	Evidenzblatt der Rechtsmittelentscheidungen
EVG	Europäische Verteidigungsgemeinschaft
EVP	Europäische Volkspartei
EVTZ	Europäischer Verbund für territoriale Zusammenarbeit
EVV	Europäischer Verfassungsvertrag
EWG	Europäische Wirtschaftsgemeinschaft
EWGV	Vertrag zur Gründung der Europäischen Wirtschaftsgemeinschaft
EWI	Europäisches Währungsinstitut
EWiR	Entscheidungen zum Wirtschaftsrecht
EWR	Europäischer Wirtschaftsraum
EWS	Europäisches Wirtschafts- und Steuerrecht
EWS	Europäisches Währungssystem
EWSA	Europäischer Wirtschafts- und Sozialausschuss
EWU	Europäische Währungsunion
EYIEL	European Yearbook of International Economic Law
EZB	Europäische Zentralbank
EZFF	Europäisches Zentrum für Föderalismus-Forschung
f.	folgende
FAO	Food and Agriculture Organization
FADO	europäisches internetbasiertes Bildspeicherungssystem
FCE	Forum Constitutionis Europae
FCKW	Fluorchlorkohlenwasserstoffe
FDI	Foreign Direct Investment
ff.	fortfolgende
FFH	Flora, Fauna, Habitat
FamRZ	Zeitschrift für das gesamte Familienrecht
FG	Festgabe
Fordham ILJ	Fordham International Law Journal
Fordham ILS	Fordham International Law Survey
Fn.	Fußnote
FPR	Familie, Partnerschaft, Recht
FR	Finanz-Rundschau
franz. (frz.)	französisch

Abkürzungsverzeichnis

FRONTEX	Europäische Agentur für die operative Zusammenarbeit an den Außengrenzen der Mitgliedstaaten der Europäischen Union
FS	Festschrift
FusV	Fusionsvertrag
GA	Generalanwalt/Generalanwältin
GA	Goltdammer's Archiv für Strafrecht
GAP	Gemeinsame Agrarpolitik
GASP	Gemeinsame Außen- und Sicherheitspolitik
GATS	General Agreement on Trade in Services/Allgemeines Übereinkommen über den Handel mit Dienstleistungen
GATT	General Agreement on Tariffs and Trade/Allgemeines Zoll- und Handelsabkommen
GD	Generaldirektion
GD AGRI	Generaldirektion Landwirtschaft und ländliche Entwicklung
GD MARE	Generaldirektion für Maritime Angelegenheiten und Fischerei
GdP	Gewerkschaft der Polizei
GEAS	Gemeinsames Europäisches Asylsystem
Gedstr.	Gedankenstrich
gem.	gemäß
GesR	Gesundheitsrecht
GewArch	Gewerbearchiv, Zeitschrift für Wirtschaftsverwaltungsrecht
GFK	Genfer Flüchtlingskonvention
GFP	Gemeinsame Fischereipolitik
GG	Grundgesetz
ggf.	gegebenenfalls
GHP	Gemeinsame Handelspolitik
GKI	Gemeinsame Konsularische Instruktion
GMV	Verordnung über die Gemeinschaftsmarke
GLKrWG Bayern	Gesetz über die Wahl der Gemeinderäte, der Bürgermeister, der Kreistage und der Landräte
GLJ	German Law Journal
GmbHR	GmbH-Rundschau
GMO	Gemeinsame Marktorganisation
GO	Geschäftsordnung
GoA	Geschäftsführung ohne Auftrag
GO Bayern	Gemeindeordnung Bayern
GO-EP	Geschäftsordnung des Europäischen Parlamentes
GoJIL	Goettingen Journal of International Law
GO NRW	Gemeindeordnung Nordrhein-Westfalen
GO Rh.-Pf.	Gemeindeordnung Rheinland-Pfalz
GPA	Government Procurement Agreement
GPR	Zeitschrift für das Privatrecht der Europäischen Union
GRC (GRCh)	Charta der Grundrechte der Europäischen Union
grdlg.	grundlegend
grds.	grundsätzlich
GreifRecht	Greifswalder Halbjahresschrift für Rechtswissenschaft
GRUR	Gewerblicher Rechtsschutz und Urheberrecht
GRUR-Int.	Gewerblicher Rechtsschutz und Urheberrecht, Internationaler Teil
GRUR-Prax	Gewerblicher Rechtsschutz und Urheberrecht, Praxis im Immaterialgüter- und Wettbewerbsrecht
GS	Gedächtnisschrift
GSP	Generalized System of Preferences
GTCJ	Global Trade and Customs Journal
GVO	Gentechnisch veränderte Organismen
GYIL	German Yearbook of International Law
HABM	Harmonisierungsamt für den Binnenmarkt
HFR	Humboldt Forum Recht

Abkürzungsverzeichnis

HGrG	Gesetz über die Grundsätze des Haushaltsrechts des Bundes und der Länder (Haushaltsgrundsätzegesetz)
HILJ	Harvard International Law Journal
h.L.	herrschende Lehre
h.M.	herrschende Meinung
HO	Haushaltsordnung
HRC	Human Rights Committee
HRLJ	Human Rights Law Journal
HRRS	Höchstrichterliche Rechtsprechung im Strafrecht
Hrsg.	Herausgeber
hrsg.	herausgegeben
Hs.	Halbsatz
HS-Nomenklatur	Harmonisiertes System zur Bezeichnung und Codierung der Waren
HStR	Handbuch des Staatsrechts
HV	Hoher Vertreter für die Gemeinsame Außen- und Sicherheitspolitik
IAEA	Internationale Atomenergieorganisation
IPbpR	Internationaler Pakt über bürgerliche und politische Rechte
ICAO	Internationale Zivilluftfahrtorganisation
I.C.L.Q./ICLQ	International and Comparative Law Quarterly
ICONet	Informations- und Koordinierungsnetz für die Migrationsbehörden der Mitgliedstaaten
ICTY	Internationaler Strafgerichtshof für das ehemalige Jugoslawien
i.d.F.	in der Fassung
i.d.R.	in der Regel
IFLA	Informationsdienst für Lastenausgleich
IE	Industrieemissionen
i.E.	im Erscheinen
i.e.S.	im engeren Sinne
IGOs	Intergovernmental organizations
IIC	International Review of Intellectual Property and Competition Law
IJEL	Irish Journal of European Law
IJHR	The International Journal of Human Rights
ILJ	Industrial Law Journal
ILO	Internationale Arbeitsorganisation
ILR	International Law Reports
IMF	International Monetary Fund
InfAuslR	Informationsbrief Ausländerrecht
Int'l Law	The International Lawyer
IntVG	Integrationsverantwortungsgesetz
InVeKoS	Integriertes Verwaltungs- und Kontrollsystem
IOLawRev.	International Organizations Law Review
IPBPR	Internationaler Pakt über bürgerliche und politische Rechte
IPE	Ius Publicum Europaeum
IPR	Internationales Privatrecht
IPrax	Praxis des Internationalen Privat- und Verfahrensrechts
IPwskR	Internationaler Pakt über wirtschaftliche, soziale und kulturelle Rechte
IR	InfrastrukturRecht
i.S.	im Sinne
i.S.d.	im Sinne des
iStR	Internationales Steuerrecht
i.S.v.	im Sinne von
IUR	Informationsbrief für Umweltrecht
i.V.	in Verbindung
i.V.m.	in Verbindung mit
IVU	Integrierte Vermeidung und Verminderung der Umweltverschmutzung
IW	Institut der deutschen Wirtschaft Köln
IWB	Internationale Wirtschafts-Briefe

Abkürzungsverzeichnis

IWF	Internationaler Währungsfonds
IWFÜ	Übereinkommen über den Internationalen Währungsfonds
JA	Juristische Arbeitsblätter
JAR	Jahrbuch des Agrarrechts
JbItalR	Jahrbuch für Italienisches Recht
JBl.	Juristische Blätter
JBÖffF	Jahrbuch für öffentliche Finanzen
JbÖR	Jahrbuch des öffentlichen Rechts der Gegenwart
JbJZivRWiss	Jahrbuch junger Zivilrechtswissenschaftler
JCMSt	Journal of Common Market Studies
JCP	Jurisclasseur périodique
JDE	Journal de droit européen
JECLAP	Journal of European Competition Law & Practice
JEIH	Journal of European Integration History
JENRL	Journal of Energy & Natural Resources Law
JEPP	Journal of European Public Policy
JIBLR	Journal of International Banking Law and Regulation
JIEL	Journal of International Economic Law
JIZ	Zusammenarbeit in den Bereichen Justiz und Inneres
JöR	Jahrbuch des öffentlichen Rechts
JRP	Journal für Rechtspolitik
JSt	Journal für Strafrecht
JTDE	Journal des tribunaux droit européen
Jura	Juristische Ausbildung (Zeitschrift)
JuS	Juristische Schulung
J.W.T.	Journal of World Trade
JZ	JuristenZeitung
Kap.	Kapitel
KfW	Kreditanstalt für Wiederaufbau
KGRE	Kongress der Gemeinden und Regionen Europas
KOM	Kommissionsdokument(e)
KJ	Kritische Justiz
KMU	Kleinere und mittlere Unternehmen
KN	Kombinierte Nomenklatur
KommJur	Kommunaljurist
KritV	Kritische Vierteljahresschrift für Gesetzgebung und Rechtswissenschaft
KSE	Kölner Schriften zum Europarecht
KuR	Zeitschrift für die kirchliche und staatliche Praxis
K&R	Kommunikation und Recht
KWahlG NRW	Kommunalwahlgesetz Nordrhein-Westfalen
LAGE	Entscheidungen des Landesarbeitsgerichts
LEADER	Liaison entre actions de développement de l'économie rurale / Verbindung zwischen Aktionen zur Entwicklung der ländlichen Wirtschaft
LIEI	Legal Issues of Economic Integration
LKV	Landes- und Kommunalverwaltung
LMO	Labour Market Observatory
L&P	The Law & Practice of International Courts and Tribunals
Ls.	Leitsatz
LSGLSO	LandessozialgerichtLisbon Strategy Observatory
LwG	Landwirtschaftsgesetz
LwÜ	Übereinkommen über die Landwirtschaft
m.	mit
MdEP	Mitglied des Europäischen Parlaments
MEAs	Multilateral environmental agreements
MedR	Medizinrecht

Abkürzungsverzeichnis

MFA	Macro-Financial Assistance (Makrofinanzhilfen)
MinBl. NW.	Ministerialblatt Nordrhein-Westfalen
MIC	Monitoring and Information Center
Mio.	Millionen
MIP	Mitteilungen des Instituts für Deutsches und Internationales Parteienrecht und Parteienforschung
MJ	Maastricht Journal of European and Comparative Law
MLRev.	The Modern Law Review
MMR	MultiMedia und Recht
m. N.	mit Nachweis
MOEL	Mittel- und Osteuropäische Länder
MoU	Memorandum of Understanding
MPEPIL	Max Planck Encyclopedia of Public International Law
MPR	Medizin Produkte Recht
Mrd.	Milliarden
MRL	Markenrichtlinie
MSU JIL	Michigan State University College of Law Journal of International Law
MTR	Mid-Term Review
MünzG	Münzgesetz
m. V. a.	mit Verweis auf
m. w. N.	mit weiteren Nachweisen
MwSt.	Mehrwertsteuer
MZK	Modernisierter Zollkodex
Nachw.	Nachweis(e)
NAFO	North-West Atlantic Fisheries Organization
NBER	National Bureau of Economic Research
NBG	Nationalbankgesetz
NEC	National Emission Ceilings
NEET	Not in Education, Employment or Training
n. F.	neue Fassung
NGO	non-governmental organization
N. Ir. Legal Q.	The Northern Ireland Legal Quarterly
NJ	Neue Justiz
NJCL	Nordic Journal of Commercial Law
NJECL	New Journal of European Criminal Law
NJW	Neue Juristische Wochenschrift
NL-BzAR	Briefe zum Agrarrecht
NordÖR	Zeitschrift für Öffentliches Recht in Norddeutschland
NQHR	Netherlands Quarterly of Human Rights
Nr.	Nummer(n)
NuR	Natur und Recht
NUTS	Nomenclature des unités territoriales statistiques
NStZ	Neue Zeitschrift für Strafrecht
NVwZ	Neue Zeitschrift für Verwaltungsrecht
NWVBl.	Nordrhein-Westfälische Verwaltungsblätter
NYIL	Netherlands Yearbook of International Law
NZA	Neue Zeitschrift für Arbeitsrecht
NZB	Nationale Zentralbank(en)
NZBau	Neue Zeitschrift für Baurecht und Vergaberecht
NZG	Neue Zeitschrift für Gesellschaftsrecht
NZKart	Neue Zeitschrift für Kartellrecht
NZS	Neue Zeitschrift für Sozialrecht
NZV	Neue Zeitschrift für Verkehrsrecht
NZWehrr	Neue Zeitschrift für Wehrrecht
NZZ	Neue Zürcher Zeitung
N&R	Netzwirtschaften und Recht
öarr	Österreichisches Archiv für Recht & Religion
ÖAV	Öffentliche Arbeitsverwaltungen

Abkürzungsverzeichnis

ODIHR	Office for Democratic Institutions and Human Rights
OECC	Organization for European Economic Co-operation
OECD	Organisation for Economic Co-operation and Development
o. g.	oben genannt
OGAW	Organismen für gemeinsame Anlagen in Wertpapieren
OIV	Internationale Organisation für Rebe und Wein
ÖJZ	Österreichische Juristen-Zeitung
OLAF	Office Européen de Lutte Anti-Fraude (Amt für Betrugsbekämpfung)
OMK	Offene Methode der Koordinierung
OMT	Outright monetary transactions
ORDO	Jahrbuch für die Ordnung von Wirtschaft und Gesellschaft
ÖStZ	Österreichische Steuerzeitung
OSZE	Organisation für Sicherheit und Zusammenarbeit in Europa
OTF	Organisation für den internationalen Eisenbahnverkehr
ÖZöRV	Österreichische Zeitschrift für öffentliches Recht und Völkerrecht
ÖZK	Österreichische Zeitschrift für Kartellrecht
ÖZW	Österreichische Zeitschrift für Wirtschaftsrecht
p.	page
PCB	Polychlorierte Biphenyle
PCT	Polychlorierte Terphenyle
PharmR	Pharma Recht
PICs	Rotterdam Convention on the Prior Informed Consent Procedure for Certain Hazardous Chemicals and Pesticides in International Trade
PIF	Pacific Islands Forum
PJZS	Polizeiliche und justizielle Zusammenarbeit in Strafsachen
ProtVB	Protokoll über die Vorrechte und Befreiungen der Europäischen Union
RabelsZ	Rabels Zeitschrift für ausländisches und internationales Privatrecht
Rabit	Soforteinsatzteams für Grenzsicherungszwecke
RAE	Revue des Affaires Européennes
RAMSAR	Convention on Wetlands of International Importance especially as Waterfowl Habitat
RBDI	Revue Belge de Droit International
REACH	Registration, Evaluation, Authorisation and Restriction of Chemicals
RdA	Recht der Arbeit
RdE	Recht der Energiewirtschaft
RdL	Recht der Landwirtschaft
RDG	Rechtsdepesche für das Gesundheitswesen
RDV	Recht der Datenverarbeitung
RdJB	Recht der Jugend und des Bildungswesens
RDP	Revue du droit public et de la science politique en France et à l'étranger
RDUE	Revue du Droit de l'Union Européenne
REALaw	Review of European Administrative Law
REIO	Regional economic integration organization
Rec. Dalloz.	Recueil Dalloz
RevMC	Revue du Marché commun et de l'Union
RFAP	Revue française d'administration publique
RFDA	Revue française de droit administratif
RFDC	Revue française de droit constitutionnel
RFSR	Raum der Freiheit, der Sicherheit und des Rechts
RGDIP	Revue générale de droit international public
RiA	Recht im Amt
Rich. J. Global L. & Bus	Richmond Journal of Global Law and Business
RIDPC	Rivista italiana di diritto pubblico comunitario
Riv. dir. eur.	Rivista di diritto europeo
Riv. dir. int	Rivista di diritto internazionale
RIW	Recht der Internationalen Wirtschaft

Abkürzungsverzeichnis

RIW/AWD	Recht der Internationalen Wirtschaft/Außenwirtschaftsdienst
RMC	Revue de Marché commun et de l'Union européenne
Rn.	Randnummer
Rs.	Rechtssache
Rspr.	Rechtsprechung
RTDE	Revue trimestrielle de droit européen
RuP	Recht und Politik
RuR	Raumforschung und Raumordnung
RZ	Österreichische Richterzeitung
s.	siehe
S.	Seite(n)
s. a.	siehe auch
SAA	Stabilisation and Association Agreement
SADC	Southern African Development Community
SAE	Sammlung arbeitsrechtlicher Entscheidungen
SAEGA/SCIFA	Strategischer Ausschuss für Einwanderungs-, Grenz- und Asylfragen
SAL	Sonderausschuss Landwirtschaft
SAPS	Single Area Payment Scheme
SächsVBl.	Sächsische Verwaltungsblätter
SHERLOCK	Ausbildungs-, Austausch- und Kooperationsprogramm im Bereich der Ausweisdokumente
SchiedsVZ	Zeitschrift für Schiedsverfahren
scil.	scilicet (nämlich)
SDO	Sustainable Development Observatory
SDSRV	Schriftenreihe des Deutschen Sozialrechtsverbandes
SDÜ	Schengener Durchführungsübereinkommen
SEK	Dokumente des Sekretariats der Kommission der Europäischen Union
SEV	Sammlung der europäischen Verträge
SEW	Tijdschrift voor Europees en economisch recht
SGB	Sozialgesetzbuch
SIS II	Schengener Informationssystem der zweiten Generation
SJER	Schweizerisches Jahrbuch für Europarecht
SKSV (SKS-V)	Vertrag über Stabilität, Koordinierung und Steuerung in der Wirtschafts- und Währungsunion
Slg.	Sammlung (der Rechtsprechung des Gerichtshofs der EU)
LSO	Lisbon Strategy Observatory
SMO	Single Market Observatory
SMP	Securities Markets Programme
s. o.	siehe oben
SPE	Sozialdemokratische Partei Europas
SPS	Sanitary and Phytosanitary Measures
Spstr.	Spiegelstrich
SpuRt	Zeitschrift für Sport und Recht
SR	Soziales Recht
SRB	Single resolution board
SRF	Single resolution fund
SRM	Single resolution mechanism
SRÜ	Seerechtsübereinkommen der Vereinten Nationen
SSM	Single supervisory mechanism
StoffR	Zeitschrift für Stoffrecht
StPO	Strafprozessordnung
StraFo	Strafverteidiger Forum
st. Rspr.	ständige Rechtsprechung
StRR	StrafRechtsReport
SteuerSt	Steuer und Studium
StuW	Steuer und Wirtschaft
StWStP	Staatswissenschaft und Staatspraxis
s. u.	siehe unten; siehe unter
SUP	Strategische Umweltprüfung

Abkürzungsverzeichnis

StV	Strafverteidiger
SWI	Steuer und Wirtschaft International
SWP	Stiftung Wissenschaft und Politik
SWP	Stabilitäts- und Wachstumspakt
SZIER	Schweizerische Zeitschrift für internationales und europäisches Recht
TARGET	Trans-European Automated Real-time Gross settlement Express Transfer system
TBR	Trade Barriers Regulation
TBT	Technical Barriers to Trade
TEN	Transport, Energy, Infrastructure and Information Society
TEU	The Treaty on European Union
Texas Int. L. Journal	Texas International Law Journal
TGI/TDI	Technische Fraktion der Unabhängigen Abgeordneten – Gemischte Fraktion (engl. Technical Group of Independent Members, frz. Groupe technique des députes indépendants)
ThürVBl.	Thüringer Verwaltungsblätter
TK	Telekommunikation
TiSA	Trade in Services Agreement
TLCP	Transnational Law & Contemporary Problems
TranspR	Transportrecht
TRIMs	Agreement on Trade-Related Investment Measures
TRIPS	Agreement on Trade-Related Aspects of Intellectual Property Rights
TTIP	Transatlantic Trade and Investment Partnership
u.	und
u. a.	unter anderem; und andere
UAbs.	Unterabsatz
UBWV	Unterrichtsblätter für die Bundeswehrverwaltung
UCI	Union Cycliste Internationale
UEBL	Union Économique Belgo-Luxembourgeoise
UEN-EA	Union for Europe of the Nations – European Alliance
UfM	Union for the Mediterranean
ÜLG	Überseeische Länder und Gebiete
ULR	Utrecht Law Review
UMV	Unionsmarkenverordnung
UN	United Nations
UNC	Charter of the United Nations
UNCITRAL	United Nations Commission on International Trade Law
UNCTAD	United Nations Conference on Trade and Development
UNECA	United Nations Economic Commission for Africa
UNECE	United Nations Economic Commission for Europe
UNECLAC	United Nations Economic Commission for Latin America and the Caribbean
UNEP	United Nations Environment Programme
UNESCAP	United Nations Economic and Social Commission for Asia and the Pacific
UNESCWA	United Nations Economic and Social Commission for Western Asia
UNFCCC	United Nations Framework Convention on Climate Change
UNHCR	United Nations High Commissioner for Refugees
UNTS	United Nations Treaty Series
UPR	Umwelt- und Planungsrecht
UR	Umsatzsteuer-Rundschau
URP	Umweltrecht in der Praxis
Urt.	Urteil
UTR	Umwelt- und Technikrecht
u. U.	unter Umständen
UVP	Umweltverträglichkeitsprüfung
UZK	Zollkodex der Union

Abkürzungsverzeichnis

v.	von/vom
v. a.	vor allem
verb.	verbundene
VerfO	Verfahrensordnung
VergabeR	Vergaberecht
VersR	Versicherungsrecht
VerwArch	Verwaltungsarchiv
vgl.	vergleiche
VIS	Visa-Informationssystem
VIZ	Zeitschrift für Vermögens- und Immobilienrecht
VN	Vereinte Nationen
VO	Verordnung
Vol.	Volume
VSKS	Vertrag über Stabilität, Koordinierung und Steuerung in der Wirtschafts- und Währungsunion
VSSR	Vierteljahresschrift für Sozialrecht
VR	Verwaltungsrundschau
VRE	Versammlung der Regionen Europas
VuR	Verbraucher und Recht
VVDStRL	Veröffentlichungen der Vereinigung der Deutschen Staatsrechtslehrer
VVE	Vertrag über eine Verfassung für Europa
VVG	Versicherungsvertragsgesetz
VwVfG	Verwaltungsverfahrensgesetz
VzA	Verstärkte Zusammenarbeit
WBL/wbl	Wirtschaftsrechtliche Blätter
WCJ	World Customs Journal
WCO	World Customs Organization
WEU	Westeuropäische Union
WFA	Wirtschafts- und Finanzausschuss
Whittier L. Rev.	Whittier Law Review
WHO	Weltgesundheitsorganisation
WiRO	Wirtschaft und Recht in Osteuropa
WissR	Wissenschaftsrecht
wisu	Das Wirtschaftsstudium
WiVerw	Wirtschaft und Verwaltung
WIPO	Weltorganisation für geistiges Eigentum
WKM	Wechselkursmechanismus
WM	Wertpapier-Mitteilungen, Zeitschrift für Wirtschafts- und Bankenrecht
WPA	Wirtschaftspartnerschaftsabkommen
WTO	World Trade Organization (Welthandelsorganisation)
WTO-DSU	World Trade Organization Dispute Settlement Understanding
WRP	Wettbewerb in Recht und Praxis
WRRL	Wasserrahmenrichtlinie
WRV	Weimarer Reichsverfassung
WSA	Wirtschafts- und Sozialausschuss
WSI	Wirtschafts- und Sozialwissenschaftliches Institut
WÜD	Wiener Übereinkommen über diplomatische Beziehungen
WÜRV	Wiener Übereinkommen über das Recht der Verträge
WuW	Wirtschaft und Wettbewerb
WVK	Wiener Vertragsrechtskonvention
WWU	Wirtschafts- und Währungsunion
YEL	Yearbook of European Law
YECHR	Yearbook of the European Convention on Human Rights
YJIL	Yale Journal of International Law
ZaöRV	Zeitschrift für ausländisches öffentliches Recht und Völkerrecht
ZAR	Zeitschrift für Ausländerrecht und Ausländerpolitik

Abkürzungsverzeichnis

ZAU	Zeitschrift für angewandte Umweltforschung
z. B.	zum Beispiel
ZBB	Zeitschrift für Bankrecht und Bankwirtschaft
ZBJI	Zusammenarbeit in den Bereichen Justiz und Inneres
ZD	Zeitschrift für Datenschutz
ZEI	Zentrum für Europäische Integrationsforschung
ZERP	Zentrum für Europäische Rechtspolitik
ZEuP	Zeitschrift für Europäisches Privatrecht
ZEuS	Zeitschrift für Europarechtliche Studien
ZESAR	Zeitschrift für europäisches Sozial- und Arbeitsrecht
ZEW	Zentrum für Europäische Wirtschaftsforschung
ZEV	Zeitschrift für Erbrecht und Vermögensnachfolge
ZevKR	Zeitschrift für evangelisches Kirchenrecht
ZfA	Zeitschrift für Arbeitsrecht
ZfBR	Zeitschrift für deutsches und internationales Bau- und Vergaberecht
ZfgK	Zeitschrift für das gesamte Kreditwesen
ZFSH/SGB	Zeitschrift für die sozialrechtliche Praxis
ZfP	Zeitschrift für Politik
ZfRV	Zeitschrift für Europarecht, Internationales Privatrecht und Rechtsvergleichung
ZfV	Zeitschrift für Verwaltung
ZfW	Zeitschrift für Wirtschaftspolitik
ZfWG	Zeitschrift für Wett- und Glücksspielrecht
ZfZ	Zeitschrift für Zölle und Verbrauchsteuern
ZG	Zeitschrift für Gesetzgebung
ZGR	Zeitschrift für Unternehmens- und Gesellschaftsrecht
ZGS	Zeitschrift für Vertragsgestaltung, Schuld- und Haftungsrecht
ZHR	Zeitschrift für das gesamte Handels- und Wirtschaftsrecht
ZIAS	Zeitschrift für ausländisches und internationales Arbeits- und Sozialrecht
Ziff.	Ziffer
ZIP	Zeitschrift für Wirtschaftsrecht
ZIS	Zeitschrift für internationale Strafrechtsdogmatik
ZIS	Zollinformationssystem
ZIS-Ü	Zollinformationssystem-Übereinkommen
zit.	zitiert
ZJS	Zeitschrift für das Juristische Studium
ZK	Zollkodex
ZK-DVO	Zollkodex-Durchführungsverordnung
ZLR	Zeitschrift für das gesamte Lebensmittelrecht
ZLW	Zeitschrift für Luft- und Weltraumrecht
ZNER	Zeitschrift für Neues Energierecht
ZögU	Zeitschrift für öffentliche und gemeinwirtschaftliche Unternehmen
ZÖR	Zeitschrift für öffentliches Recht
ZParl	Zeitschrift für Parlamentsfragen
ZRP	Zeitschrift für Rechtspolitik
ZSE	Zeitschrift für Staats- und Europawissenschaften
ZSR	Zeitschrift für Schweizerisches Recht
ZStW	Zeitschrift für die gesamte Strafrechtswissenschaft
z. T.	zum Teil
ZTR	Zeitschrift für Tarifrecht
ZUM	Zeitschrift für Urheber- und Medienrecht
ZUR	Zeitschrift für Umweltrecht
zutr.	zutreffend
ZVertriebsR	Zeitschrift für Vertriebsrecht
ZVglRWiss	Zeitschrift für vergleichende Rechtswissenschaft
ZWeR	Zeitschrift für Wettbewerbsrecht
ZWS	Zeitschrift für Wirtschafts- und Sozialwissenschaften
ZZP	Zeitschrift für Zivilprozess

Verzeichnis der abgekürzt zitierten Literatur

Beutler/Bieber/Pipkorn/Streil, Die Europäische Union – Rechtsordnung und Politik, 5. Aufl., 2001 (zit.: BBPS, S.)
Blanke/Mangiameli (eds.), The Treaty on European Union (TEU), 2013 (zit: Bearbeiter, in: Blanke/Mangiameli, TEU, Art., Rn.).
Bieber/Epiney/Haag, Die Europäische Union – Europarecht und Politik, 11. Aufl., 2015 (zit.: Bieber/Epiney/Haag, Die EU, §, Rn.)
Bleckmann, Europarecht, 6. Aufl., 1997 (zit.: Bleckmann, Europarecht, Rn.)
von Bogdandy/Bast (Hrsg.), Europäisches Verfassungsrecht – Theoretische und dogmatische Grundzüge, 2. Aufl., 2009 (zit.: Bearbeiter, in: v. Bogdandy/Bast, Europäisches Verfassungsrecht, S.)
Borchardt, Die rechtlichen Grundlagen der Europäischen Union, 6. Aufl., 2015 (zit.: Borchardt, Grundlagen, S.)
Calliess/Ruffert (Hrsg.), EUV/AEUV, 5. Aufl., 2016 (zit.: Bearbeiter, in: Calliess/Ruffert, EUV/AEUV, Art., Rn.)
Calliess/Ruffert (Hrsg.), Verfassung der Europäischen Union, 2006, (zit.: Bearbeiter, in: Calliess/Ruffert, VerfEU, Art., Rn.)
Constantinesco/Jacqué/Kovar/Simon, Traité instituant la C.E.E. Commentaire article par article, Paris, 1992 (zit.: Constantinesco/Jacqué/Kovar/Simon, TCE)
Constantinesco/Kovar/Simon, Traité sur l'Union européenne. Commentaire article par article, Paris, 1995 (zit.: Constantinesco/Kovar/Simon, TUE)
Dauses (Hrsg.), Handbuch des EU-Wirtschaftsrechts, Loseblattsammlung (zit.: Bearbeiter, in: Dauses, Handbuch des EU-Wirtschaftsrechts, Abschnitt, Stand, Rn.)
Dreier (Hrsg.), Grundgesetz, Kommentar, Band I, 3. Auflage, 2013, Band II, 3. Aufl., 2015, Band III, 2. Aufl., 2008 (zit.: Bearbeiter, in: Dreier, GG, Art., Rn.)
Ehlermann/Bieber/Haag (Hrsg.), Handbuch des Europäischen Rechts, Loseblattsammlung, (zit.: Bearbeiter, in: HER, Art. (Monat Jahr), Rn.)
Ehlers (Hrsg.), Europäische Grundrechte und Grundfreiheiten, 4. Aufl., 2015 (zit.: Bearbeiter, in: Ehlers, Grundrechte und Grundfreiheiten, §, Rn.)
Emmert, Europarecht, 1996 (zit.: Emmert, Europarecht, S.)
Fischer, Europarecht, 2. Aufl., 2008 (zit.: Fischer, Europarecht, §, Rn.)
Franzen/Gallner/Oetker (Hrsg.), Kommentar zum europäischen Arbeitsrecht, 2016 (zit: EUArbR/Bearbeiter, Art., Rn)
Frenz, Europarecht, 2. Aufl., 2016 (zit.: Frenz, Europarecht, Rn.)
Frenz, Handbuch Europarecht, Band 1: Europäische Grundfreiheiten, 2. Aufl., 2012; Band 2: Europäisches Kartellrecht, 2. Aufl., 2015; Band 3: Beihilfe- und Vergaberecht, 2007; Band 4: Europäische Grundrechte, 2009; Band 5: Wirkungen und Rechtsschutz, 2010; Band 6: Institutionen und Politiken, 2010 (zit.: Frenz, Handbuch Europarecht, Band, Rn.)
Frowein/Peukert, Europäische Menschrechtskonvention, Kommentar, Kehl/Straßburg, Arlington, 3. Aufl., 2009 (zit.: Bearbeiter, in: Frowein/Peukert, EMRK, Art., Rn.)
Geiger/Khan/Kotzur (Hrsg.), EUV/AEUV, Vertrag über die Europäische Union und die Arbeitsweise der Europäischen Union, 5. Aufl., 2010 (zit.: Bearbeiter, in: Geiger/Khan/Kotzur, EUV/AEUV, Art., Rn.)
Grabitz/Hilf (Hrsg.), Kommentar zur Europäischen Union, Loseblattsammlung, (zit.: Bearbeiter, in: Grabitz/Hilf, EU, Art. (Monat Jahr), Rn.)
Grabitz/Hilf/Nettesheim (Hrsg.), Kommentar zur Europäischen Union, Loseblattsammlung, (zit.: Bearbeiter, in: Grabitz/Hilf/Nettesheim, EU, Art. (Monat Jahr), Rn.)
von der Groeben/Boeckh/Thiesing/Ehlermann (Hrsg.), Kommentar zum EWG-Vertrag, 3. Aufl., 1983 (zit.: Bearbeiter, in: GBTE, EWGV, Art., Rn.)
von der Groeben/Thiesing/Ehlermann (Hrsg.), Kommentar zum EWG-Vertrag, 4. Aufl., 1991 ff. (zit.: Bearbeiter, in: GTE, EWGV, Art., Rn.)
von der Groeben/Thiesing/Ehlermann (Hrsg.), Kommentar zum EU-/EG-Vertrag, 5. Aufl., 1997 (zit.: Bearbeiter, in: GTE, EUV/EGV, Art., Rn.)
von der Groeben/Schwarze (Hrsg.), Vertrag über die Europäische Union und Vertrag zur Gründung der Europäischen Gemeinschaft, Bände 1–3, 6. Aufl., 2003; Band 4, 6. Aufl., 2004 (zit.: Bearbeiter, in: GS, EUV/EGV, Art., Rn.)

von der Groeben/Schwarze/Hatje (Hrsg.), Europäisches Unionsrecht, Bände 1–4, 7. Aufl., 2015; (zit.: Bearbeiter, in: GSH, Europäisches Unionsrecht, Art., Rn.)
Dörr/Grote/Marauhn (Hrsg.), EMRK/GG Konkordanzkommentar zum europäischen und deutschen Grundrechtsschutz, 2. Auflage, 2013 (zit.: Bearbeiter, in: Dörr/Grote/Marauhn, EMRK/GG, Kap., Rn.)
Hailbronner/Klein/Magiera/Müller-Graff (Hrsg.), Handkommentar zum Vertrag über die Europäische Union (EUV/EGV), Loseblattsammlung, (zit.: Bearbeiter, in: HK-EUV, Art. (Monat/Jahr), Rn.)
Hailbronner/Wilms (Hrsg.), Recht der Europäischen Union: Kommentar, Loseblattsammlung, (zit.: Bearbeiter, in: Hailbronner/Wilms, Recht der EU, Art. (Monat Jahr), Rn.)
Haltern, Europarecht, 2. Aufl., 2007 (zit.: Haltern, Europarecht, S.)
Haratsch/Koenig/Pechstein, Europarecht, 10. Aufl., 2016 (zit.: Haratsch/Koenig/Pechstein, Europarecht, Rn.)
Hatje/Müller-Graff (Hrsg.), Enzyklopädie Europarecht, Bände 1–10, 2013/2015 (zit.: Bearbeiter, EnzEuR, Bd., §, Rn.)
Herdegen, Europarecht, 18. Aufl., 2016 (zit.: Herdegen, Europarecht, §, Rn.)
Heselhaus/Nowak (Hrsg.), Handbuch der Europäischen Grundrechte, 2006 (zit.: Bearbeiter, in: Heselhaus/Nowak, Handbuch der Europäischen Grundrechte, §, Rn.)
Ipsen, Europäisches Gemeinschaftsrecht, 1972 (zit.: Ipsen, EG-Recht, S.)
Isensee/Kirchhof, Handbuch des Staatsrechts der Bundesrepublik Deutschland (zit.: Bearbeiter, in: Isensee/Kirchhof, HStR Band, Aufl., Jahr, §, Rn.)
Jarass, Charta der Grundrechte der Europäischen Union: GRCh, 2. Aufl., 2013 (zit.: Jarass, GRCh, Art., Rn.)
Jarass, EU-Grundrechte, 2005 (zit.: Jarass, EU-GR, §, Rn.)
Jarass/Pieroth, Grundgesetz für die Bundesrepublik Deutschland, 14. Aufl., 2016 (zit.: Jarass/Pieroth, GG, Art., Rn.)
Kahl/Waldhoff/Walter (Hrsg.), Kommentar zum Bonner Grundgesetz, Loseblattsammlung, (zit.: Bearbeiter, in: Bonner Kommentar, GG, Art. (Monat Jahr) Rn.)
Karpenstein/Mayer, EMRK Kommentar, 2. Aufl., 2015 (zit.: Bearbeiter, in: Karpenstein/Mayer, EMRK, Art., Rn.)
Lenz/Borchardt (Hrsg.), EU-Verträge Kommentar, 6. Aufl., 2012 (zit.: Bearbeiter in: Lenz/Borchardt, EU-Verträge, Art., Rn.)
Maunz/Dürig (Hrsg.), Grundgesetz, Loseblatt, (zit.: Bearbeiter, in: Maunz/Dürig, GG, Art. (Monat Jahr), Rn.)
von Mangoldt/Klein/Starck, Kommentar zum Grundgesetz, Bände 1–3, 6. Aufl., 2010 (zit.: Bearbeiter, in v. Mangoldt/Klein/Starck, GG, Art., Rn.)
Mayer/Stöger (Hrsg.), Kommentar zu EUV und AEUV, Kommentar unter Berücksichtigung der österreichischen Judikatur und Literatur, Wien, Loseblattsammlung, (zit.: Bearbeiter, in: Mayer/Stöger, EUV/AEUV, Art. (Jahr), Rn.)
Meyer (Hrsg.), Charta der Grundrechte der Europäischen Union, 4. Aufl., 2014 (zit.: Bearbeiter, in: Meyer, GRCh, Art., Rn.)
Meyer-Ladewig, Europäische Menschenrechtskonvention, EMRK, 3. Aufl., 2011 (zit.: Meyer-Ladewig, EMRK, Art., Rn.)
von Münch/Kunig (Hrsg.), Grundgesetz-Kommentar, Bände I und II, 6. Aufl., 2012 (zit.: Bearbeiter, in: v. Münch/Kunig, GG, Art., Rn.)
Nicolaysen, Europarecht, Band 1: Die Europäische Integrationsverfassung, 2. Aufl., 2002, Band 2: Das Wirtschaftsrecht im Binnenmarkt, 1996 (zit.: Nicolaysen, Europarecht I/II, S.)
Niedobitek (Hrsg.), Europarecht – Grundlagen der Union, 2014 (zit.: Bearbeiter, in: Niedobitek, Europarecht – Grundlagen, §, Rn.)
Niedobitek (Hrsg.), Europarecht – Politiken der Union, 2014 (zit.: Bearbeiter, in: Niedobitek, Europarecht – Politiken, §, Rn.)
Nowak, Europarecht nach Lissabon, 2011 (zit.: Nowak, Europarecht, S.)
Oppermann/Classen/Nettesheim, Europarecht, 7. Aufl., 2016 (zit.: Oppermann/Classen/Nettesheim, Europarecht, §, Rn.)
Pechstein/Koenig, Die Europäische Union, 4. Aufl., 2002 (zit.: Pechstein/Koenig, EU, S.)
Pechstein, EU-Prozessrecht, 4. Aufl., 2011 (zit., Pechstein, EU-Prozessrecht, Rn.)
Rengeling/Middeke/Gellermann, Handbuch des Rechtsschutzes in der Europäischen Union, 3. Aufl., 2014 (zit.: Rengeling/Middeke/Gellermann, Rechtsschutz in der EU, §, Rn.)
Rengeling/Szczekalla, Grundrechte in der Europäischen Union, 2005 (zit.: Rengeling/Szczekalla, Grundrechte, §, Rn.)

Verzeichnis der abgekürzt zitierten Literatur

Sachs (Hrsg.), Grundgesetz, Kommentar, 7. Aufl., 2014 (zit.: Bearbeiter, in: Sachs, GG, Art., Rn.)

Schulze/Zuleeg/Kadelbach (Hrsg.), Europarecht, Handbuch für die deutsche Rechtspraxis, 3. Aufl., 2015 (zit.: Bearbeiter, in: Schulze/Zuleeg/Kadelbach, Europarecht, §, Rn.)

Schwarze (Hrsg.), EU-Kommentar, 3. Aufl., 2012 (zit.: Bearbeiter, in: Schwarze, EU-Kommentar, Art., Rn.)

Schwarze, Europäisches Verwaltungsrecht, 2. Aufl., 2005 (zit.: Schwarze, Europäisches Verwaltungsrecht, S.)

Schwarze (Hrsg.), Der Verfassungsentwurf des Europäischen Konvents, Verfassungsrechtliche Grundstrukturen und wirtschaftsverfassungsrechtliches Konzept, 2004 (zit.: Bearbeiter, in: Schwarze, Verfassungsentwurf, S.)

Schweitzer/Hummer/Obwexer, Europarecht, Wien, 2007 (zit.: Schweitzer/Hummer/Obwexer, Europarecht, S.)

Siekmann (Hrsg.), Kommentar zur Europäischen Währungsunion, 2013 (zit.: Bearbeiter, in Siekmann, EWU, Art., Rn.)

Streinz, Europarecht, 10. Aufl., 2016 (zit.: Streinz, Europarecht, Rn.)

Streinz (Hrsg.), EUV/EGV, 2003 (zit.: Bearbeiter, in: Streinz, EUV/EGV, Art., Rn.)

Streinz (Hrsg.), EUV/AEUV, 2. Aufl., 2012 (zit.: Bearbeiter, in: Streinz, EUV/AEUV, Art., Rn.)

Streinz/Ohler/Herrmann, Die neue Verfassung für Europa, Einführung mit Synopse, 2005 (zit.: Streinz/Ohler/Hermann, Die neue Verfassung, S.)

Streinz/Ohler/Herrmann, Der Vertrag von Lissabon zur Reform der EU: Einführung mit Synopse, 3. Aufl., 2010 (zit.: Streinz/Ohler/Herrmann, Vertrag von Lissabon, S.)

Terhechte (Hrsg.), Verwaltungsrecht der Europäischen Union, 2011 (zit.: Bearbeiter, in: Terhechte, Verwaltungsrecht der EU, §, Rn.)

Tettinger/Stern (Hrsg.), Kölner Gemeinschaftskommentar zur Europäischen Grundrechtecharta, 2006 (zit.: Bearbeiter, in: Tettinger/Stern, EuGRCh, Art., Rn.)

Vedder/Heintschel von Heinegg (Hrsg.), Europäischer Verfassungsvertrag, 2007 (zit.: Bearbeiter, in: Vedder/Heintschel v. Heinegg, EVV, Art., Rn.)

Vedder/Heintschel von Heinegg (Hrsg.), Europäisches Unionsrecht, 2012 (zit.: Bearbeiter, in: Vedder/Heintschel v. Heinegg, Europäisches Unionsrecht, Art., Rn.)

Wohlfarth/Egerling/Glaeser/Sprung (Hrsg.), Die Europäische Wirtschaftsgemeinschaft, Kommentar, 1960 (zit.: Bearbeiter, in: W/E/G/S, EWG, Art., Rn.)

Titel VII
Gemeinsame Regeln betreffend Wettbewerb, Steuerfragen und Angleichung der Rechtsvorschriften

Kapitel 1
Wettbewerbsregeln

Abschnitt 1
Vorschriften für Unternehmen

Artikel 101 AEUV [Verbot von Wettbewerbsbeschränkungen]

(1) Mit dem Binnenmarkt unvereinbar und verboten sind alle Vereinbarungen zwischen Unternehmen, Beschlüsse von Unternehmensvereinigungen und aufeinander abgestimmte Verhaltensweisen, welche den Handel zwischen Mitgliedstaaten zu beeinträchtigen geeignet sind und eine Verhinderung, Einschränkung oder Verfälschung des Wettbewerbs innerhalb des Binnenmarkts bezwecken oder bewirken, insbesondere

a) die unmittelbare oder mittelbare Festsetzung der An- oder Verkaufspreise oder sonstiger Geschäftsbedingungen;
b) die Einschränkung oder Kontrolle der Erzeugung, des Absatzes, der technischen Entwicklung oder der Investitionen;
c) die Aufteilung der Märkte oder Versorgungsquellen;
d) die Anwendung unterschiedlicher Bedingungen bei gleichwertigen Leistungen gegenüber Handelspartnern, wodurch diese im Wettbewerb benachteiligt werden;
e) die an den Abschluss von Verträgen geknüpfte Bedingung, dass die Vertragspartner zusätzliche Leistungen annehmen, die weder sachlich noch nach Handelsbrauch in Beziehung zum Vertragsgegenstand stehen.

(2) Die nach diesem Artikel verbotenen Vereinbarungen oder Beschlüsse sind nichtig.

(3) Die Bestimmungen des Absatzes 1 können für nicht anwendbar erklärt werden auf
– Vereinbarungen oder Gruppen von Vereinbarungen zwischen Unternehmen,
– Beschlüsse oder Gruppen von Beschlüssen von Unternehmensvereinigungen,
– aufeinander abgestimmte Verhaltensweisen oder Gruppen von solchen,

die unter angemessener Beteiligung der Verbraucher an dem entstehenden Gewinn zur Verbesserung der Warenerzeugung oder -verteilung oder zur Förderung des technischen oder wirtschaftlichen Fortschritts beitragen, ohne dass den beteiligten Unternehmen

a) Beschränkungen auferlegt werden, die für die Verwirklichung dieser Ziele nicht unerlässlich sind, oder
b) Möglichkeiten eröffnet werden, für einen wesentlichen Teil der betreffenden Waren den Wettbewerb auszuschalten.

Literaturübersicht

Bechthold/Bosch/Brinker, EU-Kartellrecht, Kommentar, 3. Aufl., 2014; *Busche/Röhling* (Hrsg.), Kölner Kommentar zum Kartellrecht, Bd. 3, Art. 101–106 AEUV, Gruppenfreistellungsverordnungen, 2016; Bd. 4, Verordnung Nr. 1/2013, Fusionskontrollverordnung, 2013; *Immenga/Mestmäcker*,

Band 1. EU/Teil 1, Kommentar zum Europäischen Kartellrecht, 5. Aufl., 2012; *Jaeger/Kokott/Pohlmann/Schroeder* (Hrsg.), Frankfurter Kommentar zum Kartellrecht, Loseblattsammlung; *Kling/Thomas*, Kartellrecht, 3. Aufl., 2016; *Langen/Bunte* (Hrsg.), Kartellrecht Kommentar, Bd. 2, Europäisches Kartellrecht, 12. Aufl., 2014; *Loewenheim/Meessen/Riesenkampff/Kersting/Meyer-Lindemann* (Hrsg.), Kartellrecht, 2. Aufl., 2009; *Mäger* (Hrsg.), Europäisches Kartellrecht, 3. Aufl., 2016; *Mestmäcker/Schweitzer*, Europäisches Wettbewerbsrecht, 3. Aufl., 2014; Münchener Kommentar, Europäisches und Deutsches Wettbewerbsrecht (Kartellrecht), Bd. 1, Europäisches Wettbewerbsrecht, 2. Aufl., 2015.

Leitentscheidungen

EuGH, Urt. v. 18. 7. 2013, Rs. C–136/12 (Consiglio nazionale dei geologi), ECLI:EU:C:2013:489 (**zur Beeinträchtigung des Handels zwischen den Mitgliedstaaten**)
EuGH, Urt. v. 13. 7. 1966, verb. Rs. 56/64 u. 58/64 (Consten und Grundig), Slg. 1966, 321 (**zur Beeinträchtigung des Handels zwischen den Mitgliedstaaten**)
EuGH, Urt. v. 19. 2. 2002, Rs. C–309/99 (Wouters), Slg. 2002, I–1577 (**zu Unternehmen**)
EuGH, Urt. v. 4. 12. 2014, Rs. C–413/13 (FNV Kunsten), ECLI:EU:C:2014:2411 (**zur Unternehmensvereinigung**)
EuGH, Urt. v. 11. 9. 2014, Rs. C–382/12 P (Mastercard), ECLI:EU:C:2014:2201 (**zur Unternehmensvereinigung**)
EuGH, Urt. v. 4. 9. 2014, verb. Rs. C–184/13 – C–187/13, C–194/13, C–195/13 u. C–208/13 (API), ECLI:EU:C:2014:2147 (**zur Beteiligung des Mitgliedstaats an Kartellverstößen**)
EuGH, Urt. v. 14. 3. 2013, Rs. C–32/11 (Allianz Hungária), ECLI:EU:C:2013:160 (**zu bezweckten und bewirkten Wettbewerbsbeschränkungen**)
EuGH, Urt. v. 14. 7. 1972, Rs. 48/69 (Teerfarbenkartell), Slg. 1972, 619 (**zu Kartellen**)
EuGH, Urt. v. 16. 12. 1975, verb. Rs. 40–48/73, 50/73, 54–56/73, 111/73, 113/73 u. 114/73 (Zuckerkartell), Slg. 1975, 1663 (**zu Kartellen**)
EuGH, Urt. v. 17. 10. 1972, Rs. 8/72 (Vereeniging van Cementhandelaren), Slg. 1972, 977 (**zu Kartellen**)
EuGH, Urt. v. 28. 1. 1986, Rs. 161/84 (Pronuptia), Slg. 1986, 353 (**zu vertikalen Wettbewerbsbeschränkungen**)
EuG, Urt. v. 12. 12. 1996, Rs. T–19/92 (Leclerc/Yves Saint Laurent), Slg. 1996, II–1851 (**zu vertikalen Wettbewerbsbeschränkungen**)
EuGH, Urt. v. 6. 10. 2009, verb. Rs. C–501/06 P, C–513/06 P, C–515/06 P u. C–519/06 P (GlaxoSmithKline), Slg. 2009, I–9291 (**zur Freistellung**)
EuGH, Urt. v. 13. 7. 2006, verb. Rs. C–295/04–298/04 (Manfredi), Slg. 2006, I–6619 (**zur Haftung auf Schadensersatz**)

Wesentliche sekundärrechtliche Vorschriften
A. Anwendung des Kartellverbots

Verordnung (EG) Nr. 1184/2006 des Rates vom 24. Juli 2006 zur Anwendung bestimmter Wettbewerbsregeln auf die **Produktion bestimmter landwirtschaftlicher Erzeugnisse** und den Handel mit diesen Erzeugnissen, ABl. 2006, L 214/7, geändert durch Verordnung (EG) Nr. 1234/ 2007 – »Einheitliche Marktordnungsregeln«, ABl. 2007, L 299/ 1, zuletzt geändert durch Art. 44 ÄndVO (EU) 1379/2013 vom 11. 12. 2013, ABl. 2013, L 354/1
Verordnung (EG) Nr. 169/2009 des Rates vom 26. Februar 2009 über die Anwendung von Wettbewerbsregeln auf dem Gebiet des **Eisenbahn-, Straßen- und Binnenschiffsverkehrs**, ABl. 2009, L 61/ 1

B. Allgemeine Gruppenfreistellungsverordnungen

Verordnung (EU) Nr. 330/2010 der Kommission vom 20. 4. 2010 über die Anwendung von Artikel 101 Abs. 3 AEUV auf Gruppen von **vertikalen Vereinbarungen** und abgestimmten Verhaltensweisen, ABl. 2010, L 102/1
Verordnung (EU) Nr. 1217/2010 der Kommission vom 14. 12. 2010 über die Anwendung von Artikel 101 Absatz 3 AEUV auf bestimmte Gruppen von Vereinbarungen über **Forschung und Entwicklung**, ABl. 2010, L 335/36
Verordnung (EU) Nr. 1218/2010 der Kommission vom 14. 12. 2010 über die Anwendung von Artikel

101 Absatz 3 AEUV auf bestimmte Gruppen von **Spezialisierungsvereinbarungen**, ABl. 2010, L 335/43

Verordnung (EU) Nr. 316/2014 der Kommission vom 21. März 2014 über die Anwendung von Artikel 101 Absatz 3 des Vertrags über die Arbeitsweise der Europäischen Union auf Gruppen von **Technologietransfer-Vereinbarungen**, ABl. 2014, L 93/17

C. Gruppenfreistellungsverordnungen für bestimmte Sektoren

Verordnung (EU) Nr. 461/2010 der Kommission vom 27.5.2010 über die Anwendung von Artikel 101 Absatz 3 AEUV auf Gruppen von vertikalen Vereinbarungen und abgestimmten Verhaltensweisen im **Kraftfahrzeugsektor**, ABl. 2010, L 129/52

Verordnung (EU) Nr. 267/2010 der Kommission vom 24.3.2010 über die Anwendung von Artikel 101 Absatz 3 AEUV auf Gruppen von Vereinbarungen, Beschlüssen und abgestimmten Verhaltensweisen im **Versicherungssektor**, ABl. 2010, L 83/1

Verordnung (EG) Nr. 487/2009 des Rates vom 25. Mai 2009 zur Anwendung von Artikel 81 Abs. 3 des Vertrags auf bestimmte Gruppen von Vereinbarungen und aufeinander abgestimmte Verhaltensweisen im **Luftverkehr,** ABl. 2009, L 148/1

Verordnung (EG) Nr. 906/2009 der Kommission vom 28. September 2009 über die Anwendung von Artikel 81 Absatz 3 des Vertrags auf Vereinbarungen, Beschlüsse und aufeinander abgestimmte Verhaltensweisen zwischen **Seeschiffahrtsunternehmen** – Konsortien, ABl. 2009, L 256/1, zuletzt geändert durch VO (EU) Nr. 697/2014 der Kommission vom 24.6.2014, ABl. 2014, L 184/3

D. Kartellverfahren

Verordnung (EG) Nr. 1/2003 vom 16.12.2002 zur Durchführung der in den Artikeln 81 und 82 EG-Vertrag niedergelegten Wettbewerbsregeln, ABl. 2003, L 1/1, zuletzt geändert durch Anh. I ÄndVO (EG) 487/2009 vom 25.5.2009, ABl. 2009, L 148/1

Verordnung (EG) Nr. 773/2004 der Kommission vom 7.4.2004 über die Durchführung von Verfahren auf der Grundlage der Artikel 81 und 82 EG-Vertrag durch die Kommission, ABl. 2004, L 123/18, zuletzt geändert durch Art. 1 ÄndVO (EU) 2015/1348 v. 3.8.2015, ABl. 2015, L 208/3

E. Fusionskontrolle

Verordnung (EG) Nr. 139/2004 vom 20.1.2004 über die Kontrolle von Unternehmenszusammenschlüssen (»**Fusionskontrollverordnung**«), ABl. 2004, L 24/1

Verordnung (EG) Nr. 802/2004 der Kommission vom 21.4.2004 zur Durchführung der Verordnung (EG) Nr. 139/2004 des Rates über die Kontrolle von Unternehmenszusammenschlüssen, ABl. 2004, L 133/1, ber. ABl. 2004, L 172/9, zuletzt geändert durch DVO (EU) Nr. 1269/2013 der Kommission vom 5.12.2013, ABl. 2013, L 336/1

Inhaltsübersicht

	Rn.
A. Grundlagen	1
I. Das Kartellrecht in der Europäischen Wirtschaftsverfassung	1
II. Das Kartellverbot	6
1. Begriff und Funktion	6
2. Normstruktur	9
3. Methodik und More Economic Approach	12
4. Durchsetzung	15
B. Anwendungsbereich	19
I. Sachlicher Anwendungsbereich	19
II. Räumlicher Anwendungsbereich	21
1. Auswirkung auf dem Binnenmarkt	21
2. Eignung, den Handel zwischen den Mitgliedstaaten spürbar zu beeinflussen	24
a) Eignung zur Beeinflussung des Handels zwischen den Mitgliedstaaten	28
b) Spürbarkeit	32
aa) NAAT-Regel	34
bb) Bündeltheorie	35

C. Regelungsadressaten 36
  I. Unternehmen 38
    1. Begriff 38
      a) Einheit 39
      b) Wirtschaftliche Tätigkeit 41
    2. Einzelfälle 43
      a) Freie Berufe und Berufsverbände 44
      b) Arbeit und Soziales 45
      c) Staaten und staatliche Einrichtungen 48
      d) Konzerne 49
      e) Unternehmen, die mit Dienstleistungen von allgemeinem
         wirtschaftlichem Interesse betraut sind 52
  II. Unternehmensvereinigungen 53
D. Koordinierungsmaßnahmen 54
  I. Unternehmensvereinbarungen 63
  II. Abgestimmtes Verhalten 66
  III. Beschlüsse einer Unternehmensvereinigung 71
E. Wettbewerbsbeschränkung 73
  I. Begriff und Funktion 73
    1. Wettbewerbs- als Freiheitsbeschränkung 73
    2. Wettbewerbsbeschränkung durch Nebenabreden 76
  II. Bezwecken oder Bewirken 79
    1. Bezweckte Beschränkung des Wettbewerbs 80
    2. Bewirkte Beschränkung des Wettbewerbs 86
    3. Trennscharfe Abgrenzung zwischen Bezwecken und Bewirken 89
  III. Spürbarkeit 90
  IV. Regelbeispiele 94
    1. Festsetzung der An- und Verkaufspreise oder Geschäftsbedingungen 95
      a) Preisabsprachen 95
        aa) Horizontale Preisabsprachen 96
        bb) Vertikale Preisbindung 97
      b) Sonstige Geschäftsbedingungen 101
    2. Einschränkung oder Kontrolle der Erzeugung, des Absatzes, der technischen
       Entwicklung oder der Investitionen 102
    3. Aufteilung der Märkte oder Versorgungsquellen 103
    4. Diskriminierung 104
    5. Kopplung 105
F. Freistellung 107
  I. Begriff und Funktion 107
  II. Das Prinzip der Legalausnahme 113
  III. Freistellungsvoraussetzungen 117
    1. Beitrag zur Verbesserung der Warenerzeugung oder -verteilung oder zur
       Förderung des technischen oder wirtschaftlichen Fortschritts 117
      a) Verbesserung der Warenerzeugung 123
      b) Verbesserung der Warenverteilung 125
      c) Beitrag zum wirtschaftlichen oder technischen Fortschritt 128
    2. Beteiligung der Verbraucher am Gewinn 129
    3. Unerlässlichkeit der Wettbewerbsbeschränkung 132
    4. Keine Möglichkeit zur Ausschaltung des Wettbewerbs 134
  IV. Freistellung durch Gruppenfreistellungsverordnungen 136
    1. Vertikalvereinbarungen 142
    2. Vertikalvereinbarungen im Kraftfahrzeugsektor 145
    3. Vereinbarungen über Forschung und Entwicklung 146
    4. Spezialisierungsvereinbarungen 148
    5. Technologietransfer-Vereinbarungen 149
    6. Vereinbarungen im Versicherungssektor 151
G. Fallgruppen 152
  I. Horizontale Beschränkungen 152
    1. Horizontaler Informationsaustausch 152

2. Vereinbarungen über Forschung und Entwicklung	158
3. Produktions-, Einkaufs- und Vermarktungsvereinbarungen	159
4. Vereinbarungen über Normen und Standardbedingungen	162
a) Vereinbarungen über Normen	162
b) Standardbedingungen	165
II. Vertikale Beschränkungen	167
1. Markenzwang	169
2. Alleinvertrieb	171
3. Kundenbeschränkung	172
4. Selektiver Vertrieb	173
a) Beschränkung des Wettbewerbs	174
aa) Qualitativ-selektiver Vertrieb	174
bb) Quantitativ-selektiver Vertrieb	178
b) Freistellung	179
5. Franchising	181
6. Alleinbelieferung und Alleinbezug	185
7. Vorauszahlungen für den Zugang	186
III. Gemeinschaftsunternehmen	188
H. Rechtsfolgen eines Kartellverstoßes	190
I. Geldbuße	191
1. Festsetzung der Geldbuße	192
2. Bemessung der Geldbuße	193
3. Adressat der Geldbuße	198
a) Konzernunternehmen	199
b) Unternehmensumstrukturierungen und Namensänderung	200
II. Haftung auf Schadensersatz	203
1. Richtlinie 2014/104/EU über Schadensersatzklagen	204
2. Schadensersatzanspruch	206
a) Anspruchsinhaber und Anspruchsgegner	206
b) nhalt und Umfang des Schadensersatzanspruchs	208
aa) Recht auf vollständigen Schadensersatz	208
bb) Ermittlung des Schadensumfangs	209
c) Einrede der Verjährung	210
3. Internationale Zuständigkeit	211
4. Kollektive Rechtsdurchsetzung	212
III. Beseitigungs- und Unterlassungsansprüche; Vorteilsabschöpfung	213
IV. Nichtigkeit von Vereinbarungen und Beschlüssen	214
I. Konkurrenzen	218

A. Grundlagen

I. Das Kartellrecht in der Europäischen Wirtschaftsverfassung

Die **Europäische Wirtschaftsverfassung** ergibt sich im Kern aus dem Bekenntnis zu einer **1** sozialen Marktwirtschaft (Art. 3 Abs. 3 Satz 2 EUV), aus dem Grundsatz einer »**offenen Marktwirtschaft mit freiem Wettbewerb**« (Art. 119 Abs. 1 AEUV)[1] und aus der Feststellung, dass der Binnenmarkt »ein **System** umfasst, **das den Wettbewerb vor Verfälschungen schützt**« (Protokoll Nr. 27). Obwohl der Vertrag von Lissabon diese Feststellung auf Initiative Frankreichs[2] in ein Protokoll verbannt hat, besteht Konsens darüber, dass es sich nicht nur um einen unverbindlichen Programmsatz handelt, sondern um

---

[1] Dazu *Müller-Graff*, EnzEuR, Bd. 4, § 1, Rn. 45, der die »offene Marktwirtschaft« i. S. der Freiheit des Markt*zugangs* versteht.
[2] *Ruffert*, in: Calliess/Ruffert, EUV/AEUV, Art. 3 EUV, Rn. 26.

einen nach wie vor verbindlichen (primärrechtlichen) Eckstein des Binnenmarkts.³ Der Markt und die **Koordinationsfunktion des Marktes**⁴ – als (im Idealfall) herrschaftsfreier Prozess⁵ – stehen nach alledem nicht zur Disposition.⁶ Eine effiziente Ressourcenallokation setzt Marktmechanismen voraus. Eine staatlich gelenkte Planwirtschaft wäre mit den Prinzipien der Marktwirtschaft (Art. 3. Abs. 3 EUV) und des Wettbewerbs (Art. 101 ff. AEUV, 119 Abs. 1 AEUV) nicht zu vereinbaren – ganz abgesehen davon, dass sie gegen die Berufsfreiheit (Art. 6 Abs. 1 EUV i. V. m. Art. 15 GRC), die Freiheit der Unternehmer (Art. 16 GRC) und die Eigentumsgarantie (Art. 17 GRC) verstieße. Marktwirtschaft bedeutet allerdings nicht, dass die Europäische Union den Binnenmarkt ganz der »unsichtbare[n] Hand des Marktes« (*Smith*) und dem freien Spiel der Kräfte überließe (Laissez-faire). **Soziale Marktwirtschaft** bedeutet vielmehr, dass der Logik des Marktes und dem individuellen Reichtum des erfolgreichen Unternehmens, ein Element kollektiver Solidarität (*Müller-Graff*)⁷ gegenübergestellt wird, und dass die Politik im Interesse des sozialen Fortschritts (s. Art. 3 Abs. 3 Satz 2 EUV) in das Marktgeschehen eingreifen kann. **System, das den Wettbewerb vor Verfälschungen schützt**, bedeutet, den Marktmechanismus sowohl gegen **staatliche Eingriffe in Form von Beihilfen** (s. Art. 107 ff. AEUV) als auch gegen **private Beschränkungen des Wettbewerbs** (s. Art. 101 ff. AEUV) zu verteidigen.⁸

2 Das **Kartellrecht der Europäischen Union** beruht im Kern auf Art. 101 f. AEUV und auf der Fusionskontrollverordnung (EG) Nr. 139/2004:⁹ Das **Kartellverbot** (Art. 101 Abs. 1 AEUV) besagt, dass Kartelle und vertikale Wettbewerbsbeschränkungen (Begriffe: Rn. 6) grundsätzlich mit dem Binnenmarkt unvereinbar und verboten sind; nur ausnahmsweise kommt eine Freistellung in Betracht (Absatz 3). Der **Missbrauch einer marktbeherrschenden Stellung** (Art. 102 AEUV) ist ebenfalls mit dem Binnenmarkt unvereinbar und verboten. Beides gilt grundsätzlich auch für **Unternehmen, die mit Dienstleistungen von allgemeinem wirtschaftlichem Interesse** betraut sind – es sei denn, der Rückgriff auf Art. 101 f. AEUV stünde der Erfüllung der ihnen übertragenen besonderen Aufgaben rechtlich oder tatsächlich entgegen (Art. 106 Abs. 2 AEUV).¹⁰

3 Unternehmenszusammenschlüsse sind an der **Fusionskontrollverordnung (FKVO)** zu messen; sie führen zu einer strukturellen Marktverengung (*Fuchs*),¹¹ die nicht ohne weiteres hinzunehmen ist, weil funktionsfähiger Wettbewerb eine Mehrheit miteinander konkurrierender, selbständiger Unternehmen voraussetzt. Prima vista könnte man aus dem Kartellverbot sogar schließen, dass es ein umso strengeres Fusionsverbot geben

---

³ *Schröter*, in: GSH, Europäisches Unionsrecht, Vor Art. 101–109 AEUV, A., Rn. 2; *Khan*, in: Geiger/Khan/Kotzur, EUV/AEUV, Art. 101 AEUV, Rn. 1; *Lippert*, DVBl 2008, 492 (494); s. auch: EuGH, Urt. v. 21.2.1973, Rs. 6/72 (Continental Can), Slg. 1973, 215, Rn. 23, noch anhand von Art. 3 Buchst. f EWG-Vertrag.
⁴ Dazu: *Nicklisch/Towfigh*, in: Towfigh/Petersen, Ökonomische Methoden im Recht, 2010, S. 52; s. auch: *Müller-Graff*, EnzEuR, Bd. 4, § 1, Rn. 9, 13, 42.
⁵ *Müller-Graff*, EnzEuR, Bd. 4, § 1, Rn. 9.
⁶ Ebenso u. a.: *Schröter*, in: GSH, Europäisches Unionsrecht, Vor Art. 101–109 AEUV, Rn. 41; *Ruffert*, in: Calliess/Ruffert, EUV/AEUV, Art. 3 EUV, Rn. 25.
⁷ *Müller-Graff*, EnzEuR, Bd. 4, § 1, Rn. 49.
⁸ Ebenso: *Müller-Graff*, EnzEuR, Bd. 4, § 1, Rn. 61–63.
⁹ VO (EG) Nr. 139/2004 vom 20. 1. 2004 über die Kontrolle von Unternehmenszusammenschlüssen (»Fusionskontrollverordnung«), ABl. 2004, L 24/1. *Schröter*, in: GSH, Europäisches Unionsrecht, Vor Art. 101–109 AEUV, Rn. 60, unterscheidet (vertretbar) zwischen Kartellrecht und Fusionskontrolle.
¹⁰ Dazu: *Krajewski*, Art. 106 AEUV, Rn. 39 ff.
¹¹ *Fuchs*, EnzEuR, Bd. 4, § 11, Rn. 2.

müsste:[12] Kartelle beschränken den Wettbewerb nur partiell und – angesichts ihrer inhärenten Instabilität[13] – oft nur vorübergehend. Unternehmenszusammenschlüsse hingegen führen dazu, dass der Wettbewerb zwischen früher selbständigen Unternehmen vollständig und auf Dauer entfällt. Unternehmenszusammenschlüsse bringen jedoch – anders als Kartelle – auch positive ökonomische Effekte mit sich (insbesondere: economies of scale),[14] sodass die FKVO erst eingreift, wenn ein Unternehmenszusammenschluss wirksamen Wettbewerb erheblich behindert (Konzentrationsprivileg)[15]. Besonderheiten bestehen bei der Beurteilung von **Gemeinschaftsunternehmen**, die der Koordinierung des Marktverhaltens voneinander unabhängig bleibender Unternehmen dienen.[16]

Im Rahmen der Europäischen Wirtschaftsverfassung dient das Kartellrecht auch dazu, den **Binnenmarkt** i. S. v. Art. 26 Abs. 2 AEUV räumlich zu verwirklichen. Die Freiheit und die Dynamik des Wettbewerbs soll die gegenseitige Durchdringung der Märkte gewährleisten.[17] Der EuGH behandelt »Verträge, durch die nationale Märkte nach den nationalen Grenzen abgeschottet werden sollen oder durch die die gegenseitige Durchdringung der nationalen Märkte erschwert wird, als [verbotene] Vereinbarungen …, die eine Beschränkung des Wettbewerbs i. S. des Art. 101 Abs. 1 AEUV bezwecken«.[18] Das Kartellrecht stellt also sicher, dass ehemalige staatliche, mit Art. 26 ff. AEUV unvereinbare Handelshemmnisse nicht durch private Handelsschranken zwischen Mitgliedstaaten in den Binnenmarkt substituiert werden.[19] Klarzustellen ist indes, dass Art. 101 Abs. 1 AEUV in erster Linie auf die **operationale** (und nicht auf die räumliche) **Dimension** des Binnenmarkts angelegt ist: Es geht um die **Funktionsfähigkeit des Wettbewerbs**, d. h. um den Mechanismus des Marktgeschehens. Das ist u. a. bei der Interpretation des Erfordernisses einer »Beeinträchtigung des Handels zwischen den Mitgliedstaaten« zu berücksichtigen.[20]

4

Das Kartellrechtssystem ist kein geschlossenes (autopoietisches) Teilsystem der Europäischen Union, das allein der Rationalität und der Effizienz der Märkte verpflichtet wäre. Bei der Prüfung des Kartellverbots ist vielmehr in Rechnung zu stellen, dass die EU (auch) auf eine **nachhaltige Entwicklung Europas**, auf eine **soziale Marktwirtschaft**, auf **sozialen Fortschritt** und auf ein hohes Maß an **Umweltschutz** ausgerichtet ist (Art. 3 Abs. 3 Satz 2 EUV). Legen Unternehmen also gemeinsam Umwelt- oder Sozialstandards fest, einigen sie sich beispielsweise auf soziale Mindeststandards für die Herstellung von Textilien, so kann dies eine Freistellung (Art. 101 Abs. 3 AEUV) rechtfertigen

5

---

[12] Dazu: *Gellhorn et al.*, Antitrust Law and Economics, 5th ed., 2004, ch. XI, A, S. 402.
[13] Dazu etwa: *Pfähler/Wiese*, Unternehmensstrategien im Wettbewerb, 2. Aufl., 2006, S. 162 ff., 169.
[14] Dazu etwa: *Posner*, Antitrust Law, 2nd. Ed., 2001, p. 118: »Mergers that may be held to violate the law may enable swifter exploitation of economies of scale than internal expansion can do, may concentrate assets in the hands of superior managers, and, where the merger is the outcome of a successful takeover bid, may punish ineffective or corrupt managers«; s. auch: *Fuchs*, EnzEuR, Bd. 4, § 11, Rn. 4.
[15] *Fuchs*, EnzEuR, Bd. 4, § 11, Rn. 5.
[16] Dazu: Rn. 188 f.
[17] *Schröter*, in: GSH, Europäisches Unionsrecht, Vor Art. 101–109 AEUV, Rn. 15.
[18] EuGH, Urt. v. 4.10.2011, verb. Rs. C–403/08 u. C–429/08 (Premier League), Slg. 2011, I–9083, Rn. 139; Urt. v. 16.9.2008, verb. C–468/06–478/06 (Sot. Lélos kai Sia), Slg. 2008, I–7139, Rn. 65; Urt. v. 6.10.2009, verb. Rs. C–501/06 P, C–513/06 P, C–515/06 P u. C–519/06 P (GlaxoSmithKline), Slg. 2009, I–9291, Rn. 61.
[19] Paradigmatisch: EuGH, Urt. v. 30.6.1966, Rs. 56/65 (LTM/MBU), Slg. 1966, 282, 303.
[20] Dazu: Rn. 24 ff.

(s. auch: Art. 9 AEUV); andernfalls könnten sich Unternehmen ihrer **Mitverantwortung** für ethisch, sozial und/oder umweltpolitisch nicht hinnehmbare Marktergebnisse mit dem Hinweis darauf entziehen, dass sie der (Preis-)Wettbewerb zu den (u.U. von ihnen selbst missbilligten) Praktiken zwinge.[21] Damit **Corporate Social Responsibility** nicht zu einem Freibrief für politische Beschränkungen des Wettbewerbs wird, kommt eine Freistellung von Kooperationsmaßnahmen jedoch grundsätzlich nur in Betracht, wenn (auch) produktive oder allokative Effizienzgewinne zu erwarten sind (s. Rn. 109).[22]

II. Das Kartellverbot

1. Begriff und Funktion

6   Das **Kartellverbot** gemäß Art. 101 Abs. 1 AEUV erfasst **horizontale und vertikale Wettbewerbsbeschränkungen**.[23] **Horizontale Kooperationen** sind dadurch gekennzeichnet, dass die daran beteiligten Unternehmen auf ein- und derselben Marktstufe agieren. Es kann, muss sich aber nicht um (potentielle) Wettbewerber handeln.[24] Der **Begriff des Kartells** ist Art. 101 Abs. 1 AEUV fremd, ist jedoch als Bezeichnung horizontaler Kooperationen anerkannt, die mit einer Beschränkung des Wettbewerbs einhergehen. Eine Definition des Kartells findet sich nunmehr in der Richtlinie 2014/104/EU.[25] Danach ist ein **Kartell** »eine Absprache oder eine abgestimmte Verhaltensweise zwischen zwei oder mehr Wettbewerbern zwecks Abstimmung ihres Wettbewerbsverhaltens auf dem Markt oder [zwecks] Beeinflussung der relevanten Wettbewerbsparameter durch Verhaltensweisen wie u. a. die Festsetzung oder Koordinierung der An- oder Verkaufspreise oder sonstiger Geschäftsbedingungen [s. Art. 101 Abs. 1 Buchst. a AEUV], …, die Aufteilung von Produktions- oder Absatzquoten [Buchstabe b], die Aufteilung von Märkten und Kunden einschließlich Angebotsabsprachen [Buchstabe c], Ein- und Ausfuhrbeschränkungen oder gegen andere Wettbewerber gerichtete wettbewerbsschädigende Maßnahmen« (Art. 2 Nr. 14 RL 2014/104/EU). Kernbeschränkungen, d. h. bezweckte und besonders schwerwiegende Beschränkungen des Wettbewerbs wie Preis-/Mengenkartelle und Marktaufteilungen bezeichnet man (im Horizontalverhältnis) auch als **hard-core-Kartelle**.[26] Da Art. 101 Abs. 1 auch vertikale Beschränkungen erfasst (s. o.), ist der **Begriff des Kartellverbots** nur ein **pars pro toto**.

---

[21] Dazu auch: *Hoffmann*, in: Dauses, Handbuch des EU–Wirtschaftsrechts, Abschnitt H.I. § 1, Februar 2016, Rn. 6, m.w.N. (Umweltstandards als technischer Fortschritt i. S. v. Art. 101 AEUV, Abs. 3). *Stockenhuber*, in: Grabitz/Hilf/Nettesheim, EU, Art. 101 AEUV (Januar 2016), Rn. 269.

[22] *Stockenhuber*, in: Grabitz/Hilf/Nettesheim, EU, Art. 101 AEUV (Januar 2016), Rn. 269, spricht sich für eine nur mittelbare Berücksichtigung anderer Vertragsziele aus; ähnlich wie hier: *Kersting/Walzel*, in: Kölner Kommentar, Art. 101 AEUV, Rn. 697. Restriktiver: *Schuhmacher*, in Grabitz/Hilf/Nettesheim, EU, Art. 101 (Januar 2016), Rn. 21.

[23] Grundlegend: EuGH, Urt. v. 13.7.1966, verb. Rs. 56/64 u. 58/64 (Consten/Grundig), Slg. 1966, 322; *Stockenhuber*, in: Grabitz/Hilf/Nettesheim, EU, Art. 101 AEUV (Januar 2016), Rn. 128.

[24] Dazu: Kommission, Leitlinien zur Anwendbarkeit von Artikel 101 des Vertrags über die Arbeitsweise der Europäischen Union auf Vereinbarungen über horizontale Zusammenarbeit (Horizontal-Leitlinien), ABl. 2011, C 11/1, Rn. 1.

[25] Richtlinie 2014/104/EU des Europäischen Parlaments und des Rates v. 26.11.2014 über bestimmte Vorschriften für Schadensersatzklagen nach nationalem Recht wegen Zuwiderhandlungen gegen wettbewerbsrechtliche Bestimmungen der Mitgliedstaaten und der Europäischen Union, ABl. 2014, L 349 /1.

[26] Den Begriff hard-core-Kartell sollte man nicht auf vertikale Beschränkungen des Wettbewerbs erstrecken; so aber: *Stockenhuber*, in: Grabitz/Hilf/Nettesheim, EU, Art. 101 AEUV (Januar 2016), Rn. 142, der sich zu Unrecht auf Streinz/*Eilmansberger*, Art. 101, Rn. 40 beruft (*Eilmansberger* spricht nur von »nackten« Wettbewerbsbeschränkungen).

Vertikale Kooperationen zeichnen sich dadurch aus, dass die daran beteiligten Unternehmen auf unterschiedlichen Ebenen der Produktions- oder Vertriebskette tätig sind.[27] Kartelle sind strenger zu beurteilen als vertikale Kooperationen, die »die wirtschaftliche Effizienz innerhalb einer Produktions- oder Vertriebskette [in bestimmten Fällen] erhöhen« und insbesondere »dazu beitragen [können], die Transaktions- und Vertriebskosten der beteiligten Unternehmen zu verringern und deren Umsätze und Investitionen zu optimieren«.[28] Franchisevereinbarungen (s. Rn. 181 ff.) sind ein Musterbeispiel für vertikale Kooperationen, die zur Erschließung neuer bzw. zur gegenseitigen Durchdringung räumlich getrennter Märkte beitragen und aus diesem Grunde grundsätzlich positiv zu bewerten sind.[29] Daher nimmt der EuGH auch Nebenabreden (ancillary restraints) hin, die mit einer Beschränkung des Wettbewerbs einhergehen, für die Funktionsfähigkeit eines Franchisesystems im konkreten Einzelfall jedoch unerlässlich sind (s. Rn. 78).[30]

7

Die **Funktion des Kartellverbots** besteht darin, den aus sich selbst heraus **wirksamen Wettbewerb**[31] zu schützen; sie besteht pointiert **nicht** darin, bestimmte, mit den Methoden und Modellen der Industrieökonomik **ex ante** ermittelte Marktergebnisse herbeizuführen und so Konsumentenwohlfahrt zu gewährleisten. Der EuGH betont insoweit mit Recht, dass Art. 101 AEUV »nicht nur die Interessen einzelner Wettbewerber oder Verbraucher schützen [soll], sondern auch die Struktur des Marktes und damit den Wettbewerb als solchen«.[32] Diese Formel ist allerdings unscharf, weil der EuGH additiv und nicht instrumental formuliert: genau genommen dient gerade **der Wettbewerb als solcher** dazu, die Interessen der Marktteilnehmer zu schützen. Er gewährleistet als dynamischer Prozess Produktvielfalt und -qualität sowie niedrige Preise: Die Produkte, die das beste Preis-/Leistungsverhältnis aufweisen und am besten auf die Präferenzen der Nachfrager abgestimmt sind, setzen sich im unverfälschten Wettbewerb durch, so dass sich dieser Wettbewerb am besten eignet, unternehmerische Leistungen zu belohnen sowie die Effizienz der Ressourcenallokation und die Konsumentenwohlfahrt zu gewährleisten.[33]

8

---

[27] Kommission, Horizontal-Leitlinien (Fn. 24), Rn. 12, s. auch: Art. 1 Abs. 1 Buchst. a der Verordnung (EU) Nr. 330/2010 der Kommission vom 20.4.2010 über die Anwendung von Art. 101 AEUV Abs. 3 auf Gruppen von vertikalen Vereinbarungen und abgestimmten Verhaltensweisen, ABl. 2010, L 102/1.

[28] Erwägungsgrund Nr. 6 der VO (EU) Nr. 330/2010 (Fn. 27); *Schweitzer*, EnzEuR, Bd. 4, § 8, Rn. 18 f., mit dem Hinweis auf legitime Dienstleistungselemente; zur Liberalisierung der früher wesentlich strengeren Praxis der Kommission: *Stockenhuber*, in: Grabitz/Hilf/Nettesheim, EU, Art. 101 AEUV (Januar 2016), Rn. 129–132.

[29] EuGH, Urt. v. 28.1.1986, Rs. 161/84 (Pronuptia), Slg. 1986, 353, Rn. 15 ff.

[30] EuGH, Urt. v. 28.1.1986, Rs. 161/84 (Pronuptia), Slg. 1986, 353, Rn. 15 ff.

[31] EuGH, Urt. v. 25.10.1977, Rs. 26/76 (Metro I), Slg. 1977, 1875, Rn. 20.

[32] EuGH, Urt. v. 7.2.2013, Rs. C–68/12 (Protimonopolný), ECLI:EU:C:2013:71, Rn. 18; Urt. v. 6.10.2009, verb. Rs. C–501/06 P, C–513/06 P, C–515/06 P u. C–519/06 P (GlaxoSmithKline), Slg. 2009, I–9291, Rn. 63; s. auch: *Schweitzer*, EnzEuR, Bd. 4, § 8, Rn. 13; prägnant zum Dualismus von Institutionen- und Individualschutz auch: *Füller*, in: Kölner Kommentar, Art. 101 AEUV, Rn. 4.

[33] Bekanntmachung der Kommission, Leitlinien zur Anwendung von Art. 81 Abs. 3 EG-Vertrag, ABl. 2004, C 101/97, Rn. 13; ausführlich zur Funktion des Wettbewerbs, zur Effizienz und zur Konsumentenwohlfahrt: *Kersting/Walzel*, in: Kölner Kommentar, Art. 101 AEUV, Rn. 520 ff., Rn. 605–616.

2. Normstruktur

9 Art. 101 Abs. 1 und 3 AEUV verwirklicht ein Regel-/Ausnahme-Schema, verlangt also – abweichend von der Rule of Reason im U. S.-Kartellrecht[34] – eine zweistufige Prüfung, die zwischen (1.) dem Kartellverstoß und (2.) der Rechtfertigung der (im Regelfall verbotenen) Beschränkung des Wettbewerbs unterscheidet:[35] Zunächst ist gemäß **Art. 101 Abs. 1 AEUV** zu klären, ob die vereinbarte, beschlossene oder abgestimmte Maßnahme der Unternehmen oder Unternehmensvereinigung geeignet ist, den Handel zwischen den Mitgliedstaaten spürbar zu beeinträchtigen, und ob sie eine Beschränkung des Wettbewerbs bezweckt oder bewirkt. Ist das der Fall, so ist die Maßnahme im Regelfall mit dem Binnenmarkt unvereinbar und verboten. Erst dann ist gemäß **Art. 101 Abs. 3 AEUV** zu prüfen, ob die Maßnahme ausnahmsweise vom Kartellverbot freigestellt ist (Legalausnahme), weil sie sich in der Bilanz trotz der (bezweckten oder bewirkten) Beschränkung des Wettbewerbs positiv auf Preise, Produktionsmengen, Produktvielfalt und -qualität auswirkt. Die **Beweislastverteilung** im Kartellverfahrensrecht knüpft an diese Normstruktur an: Die Beweislast für den Kartellverstoß i. S. von Art. 101 Abs. 1 AEUV trägt die Partei oder die Behörde, die diesen Vorwurf erhebt, die Beweislast dafür, dass die Freistellungsvoraussetzungen gemäß Absatz 3 vorliegen, trägt das Unternehmen, das sich darauf beruft (Art. 2 VO (EG) Nr. 1/2003).[36]

10 Die **Trennung zwischen Kartellverstoß (Art. 101 Abs. 1 AEUV) und Rechtfertigung (Absatz 3) einer Beschränkung des Wettbewerbs** führt dazu, dass pro- und antikompetitive Effekte einer Maßnahme grundsätzlich erst auf der Rechtfertigungsebene gegeneinander abzuwägen sind.[37] »Fragmente einer Rule of Reason« (*Füller*) finden sich auch im EU-Kartellrecht: Bei Berufsregeln würdigt der EuGH bereits im Rahmen von Art. 101 Abs. 1 AEUV »den Gesamtzusammenhang, in dem der fragliche Beschluss [im konkreten Fall: die standesrechtliche Honorarordnung für Geologen] zu Stande gekommen ist oder seine Wirkungen entfaltet und insbesondere dessen Ziel«; anschließend prüft er, ob »die mit dem Beschluss verbundenen wettbewerbsbeschränkenden Wirkungen notwendig mit der Verfolgung des genannten [legitimen] Ziels [im konkreten Fall: des Verbraucherschutzes] zusammenhängen.«[38] Darin liegt eine gewisse Parallele zur Rechtfertigung staatlicher Maßnahmen im Bereich der Grundfreiheiten:[39] Berufsrechtliche Regeln können staatliches Recht substituieren und verfolgen vielfach dieselben Zwecke; sind sie im Allgemeininteresse gerechtfertigt, so steht das Kartellverbot

---

[34] Dazu: *Mestmäcker/Schweitzer*, § 7, Rn. 31 ff.; zur Diskussion im Anschluss an die Entscheidung des U. S. Supreme Court im Fall Leegin Creative Leather Products, Inc. v. PSKS, Inc. vom 28. 6. 2007, No. 6–480: Hofmann, WM 2010, 920; *Fritzsche*, GRUR-Int. 2008, 381.

[35] EuG, Urt. v. 18. 9. 2001, Rs. T–112/99 (Métropole télévision, Slg. 2001, II–2459, Rn. 76 f.; Kommission, Horizontal-Leitlinien (Fn. 24), Rn. 20; ausführlicher zur Rule of Reason: Ellger, in: Immenga/Mestmäcker, Art. 101 Abs. 3 AEUV, Rn. 50; wie hier auch: *Schweitzer*, EnzEuR, Bd. 4, § 8, Rn. 21 f.

[36] Dazu: EuGH, Urt. v. 21. 1. 2016, Rs. C–74/14 (Eturas), ECLI:EU:C:2016:42, Rn. 30 ff., der insbesondere die Unschuldsvermutung gem. Art. 48 Abs. 1 CGR thematisiert.

[37] EuGH, Urt. v. 11. 9. 2014, Rs. C–382/12 P (Mastercard), ECLI:EU:C:2014:2201, Rn. 182; Kommission, Horizontal-Leitlinien (Fn. 24), Rn. 20; s. auch: EuG, Urt. v. 2. 5. 2006, Rs. T–328/03 (O2), Slg. 2006, II–1231, Rn. 65 ff.; Urt. v. 23. 10. 2003, Rs. T–65/98 (van den Bergh Foods), Slg. 2003, II–4653, Rn. 107; Urt. v. 18. 9. 2001, Rs. T–112/99 (Metropole télévision), Slg. 2001, II–2459, Rn. 74.

[38] EuGH, Urt. v. 18. 7. 2013, Rs. C–136/12 (Consiglio nazionale dei geologi), ECLI:EU:C:2013:489, Rn. 53; Urt. v. 19. 2. 2002, Rs. C–309/99 (Wouters), Slg. 2002, I–1577, Rn. 97; Urt. v. 18. 7. 2006, Rs. C–519/04 P (Meca-Medina und Macjen), Slg. 2006, I–6991, Rn. 47; *Füller*, in: Kölner Kommentar, Art. 101 AEUV, Rn. 237.

[39] Ebenso: *Leupold*, EuZW 2013, 782 (786).

der Delegation der Rechtsetzung an den Berufsverband nicht entgegen. Richtiger Prüfungsstandort wäre indes auch hier Art. 101 Abs. 3 AEUV: Effektiver Verbraucherschutz kann »zur Förderung des wirtschaftlichen Fortschritts beitragen«.

Die Prüfung des Kartellverbots wird durch **Gruppenfreistellungsverordnungen** 11
(GVO) überlagert, die den Tatbestand des Art. 101 Abs. 3 AEUV im Hinblick auf bestimmte Maßnahmen und/oder Sektoren präzisieren und den Regelungsadressaten so den Rechtsvorteil erhöhter Rechtssicherheit verschaffen. Die **Rechtsnatur** der Gruppenfreistellungsverordnungen ergibt sich aus Art. 288 Abs. 2 AEUV: Es handelt sich um sekundäre Rechtsakte der Europäischen Union, die – vorbehaltlich einer abweichenden Entscheidung der Kommission (Art. 29 Abs. 1 VO (EG) Nr. 1/2003) oder der Kartellbehörden der Mitgliedstaaten (Absatz 2) – der Konkretisierung des Primärrechts dienen. Der Rechtsvorteil erhöhter Rechtssicherheit ergibt sich aus dem Blickwinkel der Unternehmen als Regelungsadressaten daraus, dass die Prüfung der Kompatibilität bestimmter Maßnahmen mit dem Kartellverbot (Corporate Compliance) vereinfacht wird, wenn sich die Freistellung anhand der gegenüber Art. 101 Abs. 3 AEUV weitaus konkreteren GVO überprüfen lässt. Theoretisch wird dieser Rechtsvorteil – der sichere Hafen (safe harbour) der GVO – dadurch entwertet, dass die Kartellbehörden die legislative Freistellung durch administrative Entscheidung revidieren können; in der Praxis spielt dieser Korrekturmechanismus jedoch kaum eine Rolle.

3. Methodik und More Economic Approach

Im Kartellrecht analysiert man die **Funktionsfähigkeit des Wettbewerbs** – in der Diktion 12
des EuGH: »das Vorhandensein eines wirksamen Wettbewerbs (workable competition)«[40] – traditionell anhand von **Marktstruktur, Marktverhalten und Marktergebnis.**[41] Die »Bestreitbarkeit der Märkte«[42] ist bei der Beurteilung der Marktverhältnisse (Monopol, Oligopol oder Polypol) besonders zu berücksichtigen, so dass es auch auf potentielle Konkurrenz und damit auf etwaige **Marktzutrittsschranken** ankommt.[43]

Die Kommission hat sich insbesondere im Kontext des Missbrauchstatbestands 13
(Art. 102 AEUV) ausdrücklich zu einem »**more economic approach**« im Europäischen **Wettbewerbsrecht** bekannt;[44] sie will sich stärker als bisher auf die Effekte des analysierten Marktverhaltens konzentrieren (»effects-based approach«) und **mit Hilfe industrieökonomischer Modelle und Methoden** quantitativ-empirisch ermitteln, wie sich dieses Marktverhalten auf die Effizienz der Ressourcenallokation und die Konsumentenwohl-

---

[40] EuGH, Urt. v. 25.10.1977, Rs. 26/76 (Metro I), Slg. 1977, 1875, Rn. 20.
[41] *Meessen*, in: Loewenheim/Meessen/Riesenkampff, Einführung, Rn. 8 ff.
[42] *Baumol/Panzar/Willig*, Contestable Markets and the Theory of Industry Structure, 1982; dazu: *Wurmnest*, Marktmacht und Verdrängungsmissbrauch, 2. Auflage, 2012.
[43] Dazu: *Wurmnest* (Fn. 42), S. 163 ff., mit nachvollziehbarer Kritik an der reinen Lehre der »contestable markets« (S. 165 f.); allg. zur Berücksichtigung des potentiellen Wettbewerbs: *Stockenhuber*, in: Grabitz/Hilf/Nettesheim, EU, Art. 101 AEUV (Januar 2016), Rn. 134.
[44] Die Mitteilung der Kommission, Erläuterungen zu den Prioritäten der Kommission bei der Anwendung von Artikel 82 EG-Vertrag auf Fälle von Behinderungsmissbrauch durch marktbeherrschende Unternehmen (Prioritätenmitteilung), ABl. 2009, C 45/7, die meist als Beleg angeführt wird (s. nur: *Bien/Rummel*, EuZW 2012, 737), vermeidet den Begriff »more economic approach«; im korrespondierenden Memorandum heißt es jedoch: »The Guidance Paper is intended to contribute to the process of introducing a more economics based approach in European competition law enforcement« (MEMO/08/761, 3.12.2008) http://europa.eu/rapid/press-release_MEMO-08-761_en.htm?locale=en (13.3.2016); vgl.: *Dittert*, EuR 2012, 570 (572).

fahrt auswirkt.⁴⁵ Die Diskussion⁴⁶ über diesen more economic approach lässt sich teils entschärfen: Erhöhen ökonomische Methoden und Modelle die Rationalität und Plausibilität der Entscheidungen der Kartellbehörden, so ist dies zu begrüßen. Klarzustellen ist jedoch, dass ökonomische Erkenntnisse den Prüfungsmaßstab des Art. 101 AEUV nicht verändern: sie können allenfalls argumentativ herangezogen werden, um normative Tatbestandsmerkmale des Kartellverbots im Einzelfall zu konkretisieren.⁴⁷ Hinzu kommt, dass keineswegs Konsens über die **richtigen** Methoden und Modelle besteht und dass sich »die Hoffnung, hinreichend verlässliche Vorhersagen über die Auswirkungen eines bestimmten Marktverhaltens entwickeln zu können,« angesichts der gegebenen Informationsprobleme und der Komplexität von Marktvorgängen keineswegs immer erfüllt.⁴⁸ Die Leitlinien der Kommission, die Effizienz und Konsumentenwohlfahrt zum Referenzmaßstab des Art. 101 Abs. 3 AEUV erklären und eine abstrakte Bilanzierung pro- und antikompetitiver Effekte verlangen, sind aus diesem Grunde zu relativieren.⁴⁹ Dagegen sind ökonomische Methoden und Modelle (insbesondere: Regressionsanalysen) bei der sachverständigen Ermittlung des Schadens aufgrund von Kartellverstößen (vgl. Art. 17 der Richtlinie 2014/104/EU) unverzichtbar.⁵⁰

14 Konzentriert man sich auf das Kartellverbot in Art. 101 Abs. 1 AEUV, so ist der more economic approach bei der Beurteilung **besonders schwerwiegender Kartelle** (hardcore-Kartelle), d.h. insbesondere bei Preis-/Mengenabsprachen entbehrlich;⁵¹ er kann jedoch in anderen Fällen bei der Prüfung der Freistellungsvoraussetzungen gemäß Absatz 3 (Verbesserung der Warenerzeugung und/oder -verteilung) zur Entscheidungsqualität beitragen. Die Berechnung der Effizienzgewinne, die Prognose, ob die Effizienzgewinne an die Konsumenten weitergegeben werden, und die Bilanzierung sind jedoch trotz aller ökonomischer Erkenntnis nach wie vor mit erheblichen Bewertungsschwierigkeiten verbunden.⁵² Daher besteht immer das Risiko, sich ein Wissen anzumaßen, über das man angesichts der Komplexität des Marktgeschehens gar nicht

---

⁴⁵ Dazu: *Kirchner*, EuR-Beilage 2011, 103; s. auch: *von Weizsäcker*, WuW 2007, 1078; *Hellwig*, Effizienz oder Wettbewerbsfreiheit? Zur normativen Grundlegung der Wettbewerbspolitik, FS Mestmäcker, 2006, S. 231 (260); *Immenga*, WuW 2006, 463; s. auch: *Stehmann*, in: GSH, Europäisches Unionsrecht, Vor Art. 101–109 AEUV, Rn. 163 ff.

⁴⁶ Dazu: *Koenig/Schreiber*, Europäisches Wettbewerbsrecht, 2010, S. 5 ff.; *Behrens*, Abschied vom more economic approach?, FS Möschel, 2011, S. 115; *Bien/Rummel*, EuZW 2012, 737; *Hertfelder*, Die »bewirkte Wettbewerbsbeschränkung« in Art. 101 Abs. 1 AEUV und der More Economic Approach, FS Möschel, 2011, S. 281; *Schmidtchen*, WuW 2006, 6; *Zimmer*, WuW 2007, 1198; sehr kritisch zum more economic approach auch. *Füller*, in: Kölner Kommentar, Art. 101 AEUV, Rn. 6.

⁴⁷ Ebenso: *Haratsch/Koenig/Pechstein*, Europarecht, Rn. 1107 f.; ähnlich: *Schuhmacher*, in: Grabitz/Hilf/Nettesheim, EU, Art. 101 AEUV (Januar 2016), Rn. 13, 17.

⁴⁸ Der Hinweis auf entsprechende Einwände findet sich bei *Kirchner*, EuR-Beilage 2011, 103 (105).

⁴⁹ Kritisch insbesondere: *Immenga/Mestmäcker*, in: Immenga/Mestmäcker, I. D. III. 2., Rn. 15.

⁵⁰ *Inderst/Thomas*, Schadensersatz bei Kartellverstößen, 2015, S. 25; *Brömmelmeyer*, NZKart 2016, 2.

⁵¹ Bundeskartellamt, Wettbewerbsschutz und Verbraucherinteressen im Lichte neuerer ökonomischer Methoden, Diskussionspapier für die Sitzung des Arbeitskreises Kartellrecht am 27. 9. 2004 (Diskussionspapier), S. 14, http://www.bundeskartellamt.de/SharedDocs/Publikation/DE/Diskussions_Hintergrundpapier/Bundeskartellamt%20-%20Wettbewerbsschutz%20und%20Verbraucherinteressen%20im%20Lichte%20neuerer%20%C3%B6konomischer%20Methoden.pdf?__blob=publicationFile&v=7 (13. 3. 2016); *Stehmann*, in: GSH, Europäisches Unionsrecht, Vor Art. 101–109 AEUV, B., Rn. 217.

⁵² Bundeskartellamt, Diskussionspapier (Fn. 51), S. 18; für ein evolutorisches Konzept des more economic approach: *Kirchner*, EuR-Beilage 2011, 103.

verfügt.⁵³ Der **Schutz des Wettbewerbs als Entdeckungsverfahren**⁵⁴ muss daher das Kernanliegen des Art. 101 AEUV bleiben.⁵⁵

4. Durchsetzung

Im Hinblick auf die **Durchsetzung des Kartellverbots** ist zu unterscheiden: Die **Kommission** und die **Kartellbehörden der Mitgliedstaaten** setzen das Kartellverbot als Bestandteil der »öffentlichen Ordnung«⁵⁶ hoheitlich durch (Public Enforcement). Kartellrechtswidrige Beschränkungen des Wettbewerbs stellen ein **Wirtschaftsdelikt** dar,⁵⁷ das »darauf abzielt, die Gewinne des Unternehmens [insbesondere] durch … eine freiwillige Angebotsbeschränkung, eine künstliche Marktaufteilung und eine künstliche Preisanhebung zu maximieren«.⁵⁸ Im Hinblick auf die sozialen Kosten dieser Beschränkungen liegt es »im Allgemeininteresse, [Kartelle] … zu verhindern, aufzudecken und zu ahnden«.⁵⁹ 15

Kartellbehörde ist in erster Linie die Kommission (s. Art. 105 AEUV). Nationale Kartellbehörden sind jedoch berechtigt und verpflichtet, Art. 101 AEUV unmittelbar anzuwenden (s. u.). Die Befugnisse der **Kommission** ergeben sich aus Art. 17 ff. VO (EG) Nr. 1/2003 (Ermittlungsbefugnisse) und Art. 23 f. VO (EG) Nr. 1/2003 (Sanktionen), die Befugnisse der **Kartellbehörden der Mitgliedstaaten** aus Art. 5 der VO (EG) Nr. 1/2003 i. V. m. den nationalen Bestimmungen. Die Kartellbehörden stehen – trotz ihrer Ermittlungsbefugnisse – vor dem Problem, dass Kartelle typischerweise heimlich verabredet werden und dass dafür allenfalls lückenhafte und vereinzelte Indizien vorliegen.⁶⁰ Darin liegt die Erklärung für die überragende Bedeutung der – voneinander unabhängigen⁶¹ – **Kronzeugenregelungen** der Kommission⁶² und der Mitgliedstaaten.⁶³ 16

Parallel zur Kartellaufsicht strebt die Europäische Union auch ein »effektive[s] System der privaten Rechtsdurchsetzung« an (Private Enforcement).⁶⁴ Eckpfeiler dieses 17

---

⁵³ Siehe *von Hayek*, Wirtschaftstheorie und Wissen, Aufsätze zur Erkenntnis und Wissenschaftslehre, 2007, S. 87 (Die Anmaßung von Wissen).
⁵⁴ Siehe *von Hayek*, Freiburger Studien, 2. Aufl., 1994, S. 249.
⁵⁵ Dazu auch: *Schröter*, in: GSH, Europäisches Unionsrecht, Vor Art. 101–109 AEUV, Rn. 16 (Schutz des Wettbewerbs als Institution).
⁵⁶ EuGH, Urt. v. 4. 6. 2009, Rs. C–8/08 (T-Mobile Netherlands), Slg. 2009, I–4529, Rn. 49.
⁵⁷ EuGH, Urt. v. 7. 1. 2004, verb. Rs. C–204/00 P, C–205/00 P, C–211/00 P, C–213/00 P, C–217/00 P u. C–219/00 P (Aalborg Portland), Slg. 2004, I–123, Rn. 53.
⁵⁸ EuGH, Urt. v. 7. 1. 2004, verb. Rs. C–204/00 P, C–205/00 P, C–211/00 P, C–213/00 P, C–217/00 P u. C–219/00 P (Aalborg Portland), Slg. 2004, I–123, Rn. 53.
⁵⁹ EuGH, Urt. v. 7. 1. 2004, verb. Rs. C–204/00 P, C–205/00 P, C–211/00 P, C–213/00 P, C–217/00 P u. C–219/00 P (Aalborg Portland), Slg. 2004, I–123, Rn. 54.
⁶⁰ EuGH, Urt. v. 7. 1. 2004, verb. Rs. C–204/00 P, C–205/00 P, C–211/00 P, C–213/00 P, C–217/00 P u. C–219/00 P (Aalborg Portland), Slg. 2004, I–123, Rn. 57.
⁶¹ EuGH, Urt. v. 20. 2. 2016, Rs. C–428/14 (DHL Express), ECLI:EU:C:2016:27, Rn. 58.
⁶² Kommission, Mitteilung über den Erlass und die Ermäßigung von Geldbußen in Kartellsachen, ABl. 2006, C 298/17. Dazu zuletzt: EuGH, Urt. v. 23. 4. 2015, Rs. C–227/14 P (LG Display), ECLI:EU:C:2015:258, Rn. 77 ff.
⁶³ Exemplarisch: Bekanntmachung des Bundeskartellamtes Nr. 9/2006 v. 7. 3. 2006 über den Erlass und die Reduktion von Geldbußen in Kartellsachen (Bonusregelung); http://www.bundeskartellamt.de/SharedDocs/Publikation/DE/Bekanntmachungen/Bekanntmachung%20-%20Bonusregelung.pdf?__blob=publicationFile&v=7 (13. 3. 2016); s. auch das – unverbindliche (s. EuGH, Urt. v. 20. 2. 2016, Rs. C–428/14 (DHL Express), ECLI:EU:C:2016:27, Rn. 38, 44) – Kronzeugenmodell des *European Competition Network* (ECN), ec.europa.eu/competition/ecn/model_leniency_de.pdf (13. 3. 2016).
⁶⁴ Erwägungsgrund Nr. 3 Richtlinie 2014/104/EU (Fn. 25).

Systems ist die **Haftung der Kartellanten auf Schadensersatz**, die auf die EuGH-Entscheidung in der Rs. Courage vs. Crehan (2001)[65] zurückgeht. Danach kann jedermann Ersatz des Schadens verlangen, der ihm durch Maßnahmen entsteht, die den Wettbewerb beschränken oder verfälschen.[66] Der EuGH leitet diese Haftung unmittelbar aus Art. 101 AEUV ab[67] und begründet sie mit der »Durchsetzungskraft« der Europäischen Wettbewerbsregeln.[68] Details der Haftung ergeben sich aus der Richtlinie 2014/104/EU[69] (s. Rn. 204 ff.).

18 **Kartellbehörden und Gerichte der Mitgliedstaaten** sind verpflichtet, die Art. 101 f. AEUV auf Sachverhalte anzuwenden, die unter das Unionsrecht fallen, und ihre wirksame Anwendung im öffentlichen Interesse sicherzustellen.[70] Im Hinblick auf das **Loyalitätsgebot** (Art. 4 Abs. 3 EUV i. V. m. Art. 16 VO (EG) Nr. 1/2003) dürfen die Gerichte, die gemäß Art. 101 AEUV über Maßnahmen zu befinden haben, die bereits Gegenstand einer Entscheidung der Kommission (gewesen) sind, jedoch keine Entscheidungen erlassen, die der Entscheidung der Kommission zuwiderlaufen.[71]

B. Anwendungsbereich

I. Sachlicher Anwendungsbereich

19 Das Kartellverbot gilt unmittelbar[72] für die **gesamte Wirtschaft** (Universalitätsgrundsatz)[73] und ist, wie der EuGH ausdrücklich entschieden hat, u. a. auch auf den **Verkehrs-**[74] **und Versicherungssektor**[75] anwendbar. Eine Bereichsausnahme für den **Sport** gibt es nicht. Die Feststellung, dass eine Tätigkeit eine Verbindung zum Sport aufweist, steht der Anwendung der Europäischen Wettbewerbsregeln nicht entgegen.[76] Art. 101 AEUV

---

[65] EuGH, Urt. v. 20. 9. 2001, Rs. C–453/99 (Courage vs. Crehan), Slg. 2001, I–6297.
[66] EuGH, Urt. v. 20. 9. 2001, Rs. C–453/99 (Courage vs. Crehan), Slg. 2001, I–6297, Rn. 25; Urt. v. 13. 7. 2006, verb. Rs. C–295/04–298/04 (Manfredi), Slg. 2006, I–6619, Rn. 60; Urt. v. 6. 6. 2013, Rs. C–536/11 (Donau Chemie), ECLI:EU:C:2013:366, Rn. 21.
[67] EuGH, Urt. v. 4. 6. 2009, Rs. C–8/08 (T-Mobile Netherlands), Slg. 2009, I–4529, Rn. 49; Urt. v. 13. 7. 2006, verb. Rs. C–295/04–298/04 (Manfredi), Slg. 2006, I–6619, Rn. 31, 39. Danach erzeugt Art. 101 AEUV »unmittelbare Wirkungen in den Beziehungen zwischen Einzelnen … und [lässt] unmittelbar in deren Person Rechte entstehen …, die die Gerichte der Mitgliedstaaten zu wahren haben«.
[68] EuGH, Urt. v. 6. 6. 2013, Rs. C–536/11 (Donau Chemie), ECLI:EU:C:2013:366, Rn. 23; Urt. v. 20. 9. 2001, Rs. C–453/99, Slg. 2001, I–6297 (Courage vs. Crehan), Rn. 26 und 27; Urt. v. 13. 7. 2006, verb. Rs. C–295/04–298/04 (Manfredi), Slg. 2006, I–6619, Rn. 91; Urt. v. 14. 6. 2011, Rs. C–360/09 (Pfleiderer), Slg. 2011, I–5161, Rn. 28 f.
[69] Richtlinie 2014/104/EU (Fn. 25).
[70] EuGH, Urt. v. 14. 6. 2011, Rs. C–360/09 (Pfleiderer), Slg. 2011, I–5161, Rn. 19.
[71] EuGH, Urt. v. 6. 11. 2012, Rs. C–199/11 (Otis), ECLI:EU:C:2012:684, Rn. 50.
[72] Exemplarisch: EuGH, Urt. v. 28. 2. 1991, Rs. C–234/89 (Delimitis), Slg. 1991, I–935, Rn. 45 (mit Blick auf Art. 101 Abs. 1 AEUV).
[73] *Schröter*, in: GSH, Europäisches Unionsrecht, Vor Art. 101–105 AEUV, Rn. 31, Rn. 89.
[74] EuGH, Urt. v. 5. 10. 1995, Rs. C–96/94 (Centro Servizi/Spedizioni Marittima), Slg. 1995, I–2883, Rn. 19 m. w. N.; Urt. v. 17. 11. 1993, Rs. C–185/91 (Reiff), Slg. 1993, I–5801, Rn. 12.
[75] EuGH, Urt. v. 27. 1. 1987, Rs. C–45/85 (Verband der Sachversicherer), Slg. 1987, 405, Rn. 12, 14.
[76] EuGH, Urt. v. 1. 7. 2008, Rs. C–49/07 (MOTOE), Slg. 2008, I–4863, Rn. 22; Urt. v. 18. 6. 2006, Rs. C–519/04 P (Meca-Medina und Majcen), Slg. 2006, I–6991, Rn. 22, 28; s. auch: Urt. v. 12. 12. 1974, Rs. 36/74 (Walrave und Koch), Slg. 1974, 1405, Rn. 4; Urt. v. 15. 12. 1995, Rs. C–415/93 (Bosman), Slg. 1995, 4921, Rn. 73.

gilt allerdings generell »nur für die dem Wettbewerb geöffneten Wirtschaftszweige«.[77] Potentieller Wettbewerb reicht aus. Es kommt darauf an, »ob unter Berücksichtigung der Struktur des Marktes sowie des wirtschaftlichen und rechtlichen Kontextes seiner Funktionsweise tatsächliche und konkrete Möglichkeiten bestehen, dass die betroffenen Unternehmen untereinander in Wettbewerb stehen oder dass ein neuer Wettbewerber auf dem relevanten Markt auftreten und den etablierten Unternehmen Konkurrenz machen kann«.[78] **Staatliche Monopole** wie das (frühere) Monopol des Unternehmens Gas de France für die Einfuhr und die Lieferung von Gas in Frankreich stehen dem Rückgriff auf das Kartellverbot entgegen.[79] **Tarifverträge** sind grundsätzlich nicht am Kartellverbot zu messen.[80] Bei **Rüstungsgütern** bestehen Besonderheiten (Art. 346 Abs. 1 Buchst. b, 348 AEUV).[81]

In der Europäische Union hat die **Landwirtschaftspolitik** prinzipiell Vorrang vor der Wettbewerbspolitik,[82] denn gemäß Art. 42 Abs. 1 AEUV findet das Kapitel über die Wettbewerbsregeln (Art. 101 ff. AEUV) auf die Produktion von und den Handel mit landwirtschaftlichen Erzeugnissen nur insoweit Anwendung, als der Rat dies unter Berücksichtigung der Ziele des Art. 39 AEUV im Rahmen des Art. 43 Abs. 2 und 3 AEUV bestimmt. Mit der Verordnung (EG) Nr. 1184/2006[83] hat der Rat von dieser Kompetenz (erneut) Gebrauch gemacht[84] und u.a. für Erzeugergemeinschaften[85] eine **agrarspezifische Bereichsausnahme** (*Härtel*) kodifiziert.[86] Das ändert indes – auch unter Berücksichtigung der VO über die einheitliche GMO[87] – nichts daran, dass das allgemeine Kartellrecht grundsätzlich auch für die Landwirtschaft gilt.[88]

20

---

[77] EuG, Urt. v. 29.6.2012, Rs. T–360/09 (E.ON-Ruhrgas), ECLI:EU:T:2012:332, Rn. 84.
[78] EuG, Urt. v. 29.6.2012, Rs. T–360/09 (E.ON-Ruhrgas), ECLI:EU:T:2012:332, Rn. 86 m.w.N. Im Detail zum Schutz des potentiellen Wettbewerbs: *Schröter/Voet van Vormizeele*, in: GSH, Europäisches Unionsrecht, Art. 101 AEUV, Rn. 80–83.
[79] EuG, Urt. v. 29.6.2012, Rs. T–360/09 (E.ON-Ruhrgas), ECLI:EU:T:2012:332, Rn. 89.
[80] Dazu: *Weiß*, in: Calliess/Ruffert, EUV/AEUV, Art. 101 AEUV, Rn. 1, der eine Bereichsausnahme annimmt, und *Schuhmacher*, in: Grabitz/Hilf/Nettesheim, EU, Art. 101 AEUV (Januar 2016), Rn. 28, der stattdessen eine Art. 101 Abs. 1 immanente Schranke schließen will. Hier: Rn. 45.
[81] Dazu: *Schuhmacher*, in: Grabitz/Hilf/Nettesheim, EU, Art. 101 AEUV (Januar 2016), Rn. 30.
[82] EuGH, Urt. v. 5.10.1994, Rs. C–280/93 (Bananenmarktordnung), Slg. 1994, I–4973, Rn. 61; *Härtel*, EuzEuR, Bd. 5, § 7, Rn. 93; *Lorenzmeier*, in: Vedder/Heintschel v. Heinegg, Europäisches Unionsrecht, Art. 42 AEUV, Rn. 2.
[83] Verordnung (EG) Nr. 1184/2006 vom 24.7.2006 zur Anwendung bestimmter Wettbewerbsregeln auf die Produktion landwirtschaftlicher Erzeugnisse und den Handel mit diesen Erzeugnissen (kodifizierte Fassung), ABl. 2006, L 214/7. Einzelheiten: s. *Norer*, Art. 42 AEUV, Rn. 4ff.
[84] Einzelheiten: *Jestaedt*, in: Langen/Bunte, Nach Art. 101 AEUV, Rn. 1371–1399.
[85] Dazu: EuGH, Urt. v. 12.12.1995, Rs. C–399/93 (Oude Luttikhuis), Slg. 1995, I–4515.
[86] *Härtel*, EuzEuR, Bd. 5, § 7, Rn. 99.
[87] (Verordnung (EG) Nr. 1234/2007 des Rates vom 22.10.2007 über eine gemeinsame Organisation der Agrarmärkte und mit Sondervorschriften für bestimmte landwirtschaftliche Erzeugnisse (Verordnung über die einheitliche GMO), ABl. 2007, L 299/1.
[88] *Härtel*, EuzEuR, Bd. 5, § 7, Rn. 109.

II. Räumlicher Anwendungsbereich

1. Auswirkung auf dem Binnenmarkt

21 Im Hinblick auf **internationale Wettbewerbsbeschränkungen** gilt auch im Europäischen Kartellrecht die insbesondere vom U.S. Supreme Court entwickelte **effects doctrin**:[89] Europäisches Kartellrecht ist räumlich anwendbar, wenn sich eine Maßnahme i.S.v. Art. 101 Abs. 1 AEUV **unmittelbar, spürbar und vorhersehbar** auf den Binnenmarkt der Europäischen Union **auswirkt**.[90] Dieser Prüfungsmaßstab entspricht grosso modo § 15 United States Code, Chapter 1, § 6 a [Conduct involving trade or commerce with foreign nations], der darauf abstellt, ob das Marktverhalten »direct, substantial, and reasonably foreseeable effect« im Inland hat.[91] Bezweckte Beschränkungen des Wettbewerbs fallen (räumlich) unter das EU-Kartellverbot, wenn sie unmittelbare, spürbare und vorhersehbare Auswirkungen auf dem Binnenmarkt bezwecken,[92] ohne dass es noch darauf ankäme, ob sie sich auch tatsächlich so auswirken.

22 Der **Europäische Gerichtshof** bekennt sich bisher nicht eindeutig zu dem **Auswirkungsprinzip**. Er stellt zwar darauf ab, ob ein abgestimmtes Marktverhalten »innerhalb des Gemeinsamen Marktes zutage getreten«, d.h. »unmittelbar innerhalb des Gemeinsamen Marktes verwirklicht worden« ist.[93] Er räumt auch ein, dass es nicht darauf ankommen könne, wo ein Kartell vereinbart werde – andernfalls gäbe man »den Unternehmen [offensichtlich] ein einfaches Mittel an die Hand«, um sich dem Kartellverbot zu entziehen. Er hält dann jedoch den Ort für entscheidend, an dem das Kartell **durchgeführt** wird.[94] Damit knüpft er gedanklich an das **Territorialitätsprinzip** an,[95] auch wenn er dieses Prinzip großzügig auslegt und anwendet. Er verlangt nämlich nicht, dass die Kartellmitglieder in der Europäischen Union ansässige Tochterunternehmen einschalten:[96] Eine Lieferung an Kunden in der Europäischen Union reicht für die Durchführung des Kartells auf dem Binnenmarkt aus. *Rehbinder* u.a. haben indes mit Recht kritisiert, dass die Kommission im Hinblick auf das Kriterium der Durchführung nicht gegen ausländische Unternehmen vorgehen könne, die den Markt aufgespalten und sich darauf verständigt haben, dem Binnenmarkt fernzubleiben.[97] Im Interesse der Effektivität des Europäischen Kartellrechts und im Hinblick darauf, dass nunmehr auch Art. 6 Abs. 3

---

[89] S. nur: Hartford Fire Insurance Co. v. California, 509 U.S. 764. 113 S.Ct. 2891. 125 L. Ed. 2d 612 (1993).

[90] Ebenso bei Unternehmenszusammenschlüssen: EuG, Urt. v. 25.3.1999, Rs. T–102/96 (Gencor/Lonrho), Slg. 1999, II–753, Rn. 90 (unmittelbare und wesentliche Auswirkung), 92; wie hier: *Schuhmacher*, in: Grabitz/Hilf/Nettesheim, EU, Art. 101 AEUV (Januar 2016), Rn. 34; abweichend: *Schröter*, in: GSH, Europäisches Unionsrecht, Vor Art. 101–105 AEUV, Rn. 129.

[91] Unterschiede bestehen (jedenfalls sprachlich) u.a. zwischen »spürbaren« und »wesentlichen« Inlandsauswirkungen: *Zurkinden/Lauterburg*, in: GSH, Europäisches Unionsrecht, Vor Art. 101–105 AEUV, Rn. 132.

[92] Im Ergebnis ähnlich: *Zurkinden/Lauterburg*, in: GSH, Europäisches Unionsrecht, Vor Art. 101–105 AEUV, Rn. 129 f. (Möglichkeit der Inlandsauswirkung).

[93] EuGH, Urt. v. 14.7.1972, Rs. 48/69 (Teerfarbenkartell), Slg. 1972, 619, Rn. 126/130.

[94] EuGH, Urt. v. 27.9.1988, verb. Rs. 89, 104, 114, 116, 117 u. 125–129/85 (Ahlström), Slg. 1988, 5193, Rn. 16.

[95] Ähnlich wie hier: *Zurkinden/Lauterburg*, in: GSH, Europäisches Unionsrecht, Vor Art. 101–105 AEUV, Rn. 126 ff.

[96] EuGH, Urt. v. 27.9.1988, verb. Rs. 89, 104, 114, 116, 117 u. 125–129/85 (Ahlström), Slg. 1988, 5193, Rn. 17.

[97] *Rehbinder*, in: Immenga/Mestmäcker, II. A. I. 2., Rn. 9, m.w.N.; s. auch *Enckelmaier*, in: Kölner Kommentar, Art. 101 AEUV, Rn. 421.

Buchst. b der ROM II-Verordnung[98] das Auswirkungsprinzip festschreibt, sollte sich der EuGH nach alledem vom Territorialitätsprinzip lösen. Gericht[99] und Kommission[100] haben das Auswirkungsprinzip bereits »als völkerrechtlichen Maßstab« (EuG) übernommen. Konflikte, die durch die Rückwirkung der Rechtsanwendung auch auf ausländische Unternehmen entstehen,[101] lassen sich in der Regel durch die **Kooperation der Kartellbehörden** im gegenseitigen Einvernehmen lösen.[102]

Es liegt in der Logik des Auswirkungsprinzips, dass **reine Exportkartelle**, die sich nur auf Märkten **außerhalb** der Europäischen Union auswirken, nicht unter Art. 101 Abs. 1 AEUV fallen.[103] Sind geringfügige Rückwirkungen gegeben, so ist Art. 101 Abs. 1 AEUV grundsätzlich anwendbar; gegebenenfalls ist ein Verstoß gegen das Europäische Kartellverbot jedoch zu verneinen, weil es an einer (spürbaren) Beeinträchtigung des grenzüberschreitenden Handels[104] oder des Wettbewerbs (Art. 101 Abs. 1 AEUV) fehlt;[105] so gesehen handelt es sich bei beiden Tatbestandsmerkmalen um **Kollisionsnormen**: sie postulieren bestimmte Mindestauswirkungen auf den Binnenmarkt.[106]

2. Eignung, den Handel zwischen den Mitgliedstaaten spürbar zu beeinflussen

Das Europäische Kartellverbot ist nur auf Maßnahmen anwendbar, »welche den Handel zwischen Mitgliedstaaten [spürbar] zu beeinträchtigen geeignet sind« (Art. 101 Abs. 1 AEUV). Im Rahmen der Auslegung und Anwendung dieses Tatbestandsmerkmals ist von dessen Zweck auszugehen, »den **Geltungsbereich des Unionsrechts** von dem des Rechts der Mitgliedstaaten abzugrenzen«.[107] Der EuGH wendet Art. 101 Abs. 1 AEUV auf Kartelle an, »die geeignet sind, den Handel zwischen Mitgliedstaaten in einer Weise zu beeinträchtigen, die der Verwirklichung der Ziele eines einheitlichen Marktes zwischen den Mitgliedstaaten schaden könnte, indem insbesondere die nationalen Märkte abgeschottet werden oder die Wettbewerbsstruktur im Gemeinsamen Markt verändert wird«.[108] Lokale Kartelle ohne hinreichende Bedeutung für

---

[98] Verordnung (EG) Nr. 864/2007 vom 11.7.2007 über das auf außervertragliche Schuldverhältnisse anzuwendende Recht (Rom II), ABl. 2007, L 199/40.
[99] EuG, Urt. v. 25.3.1999, Rs. T–102/96 (Gencor/Lonrho), Slg. 1999, II–753, Rn. 90, 92.
[100] Kommission, Entscheidung v. 8.12.2010, C(2010) 8761 final (Liquid Crystal Displays), COMP/39.309, Rn. 232, 238, http://ec.europa.eu/competition/antitrust/cases/dec_docs/39309/39309_3643_4.pdf (13.3.2016).
[101] Der Begriff der exterritorialen Rechtsanwendung ist missverständlich (*Zurkinden/Lauterburg*, in: GSH, Europäisches Unionsrecht, Vor Art. 101–105 AEUV, Rn. 105).
[102] Exemplarisch: Beschluss des Rates und der Kommission vom 10.4.1995 über den Abschluss des Abkommens zwischen den Europäischen Gemeinschaften und der Regierung der USA über die Anwendung ihrer Wettbewerbsregeln, ABl. 1995, L 95/45, L 95/47; Details: *Parisi/Podszun*, in: Terhechte (Hrsg.), Internationales Kartell- und Fusionskontrollverfahrensrecht, 2008/2009, S. 2085; *Völker*, in: Immenga/Mestmäcker, II B II., Rn. 29 ff.
[103] Ebenso: *Rehbinder*, in: Immenga/Mestmäcker, II.A.III.1.d, Rn. 49; Urt. v. 18.2.1986, Rs. 174/84 (Bulk Oil), Slg. 1986, 559, Rn. 44.
[104] *Zurkinden/Lauterburg*, in: GSH, Europäisches Unionsrecht, Vor Art. 101–105 AEUV, Rn. 109.
[105] Siehe: EuGH, Urt. v. 28.4.1998, Rs. C–306/96 (Javico), Slg. 1998, I–1983, Rn. 20, 28; anders, wenn es angesichts einer bezweckten nicht auf eine bewirkte (spürbare) Beschränkung des Wettbewerbs ankommt (s. Rn. 93).
[106] S. auch: *Rehbinder*, in: Immenga/Mestmäcker, II.A.III.1.a, Rn. 39 (»auch kollisionsrechtliche Bedeutung«).
[107] EuGH, Urt. v. 13.7.2006, verb. Rs. C–295/04–298/04 (Manfredi), Slg. 2006, I–6619, Rn. 41 (Hervorhebung des Verf.); s. auch: Urt. v. 5.10.1988, Rs. 247/86 (Alsatel), Slg. 1988, 5987, Rn. 11.
[108] EuGH, Urt. v. 13.7.2006, verb. Rs. C–295/04–298/04 (Manfredi), Slg. 2006, I–6619, Rn. 41.

25　Der Tatbestand des Art. 101 Abs. 1 AEUV knüpft zwar an eine Beeinträchtigung des Handels zwischen den Mitgliedstaaten an. Der Begriff der Beeinträchtigung ist jedoch – auch im Lichte der französischen (»affeter«) und der englischen Fassung (»affect«) von Art. 101 Abs. 1 AEUV – so auszulegen, dass **jede (spürbare) Beeinflussung des grenzüberschreitenden Handels** ausreicht, um den räumlichen Anwendungsbereich des Kartellverbots zu eröffnen.[110] Der Umstand, dass eine Maßnahme »zu einer selbst beträchtlichen Ausweitung des Handelsvolumens zwischen den Mitgliedstaaten führt,« schließt, so der EuGH bereits in Consten/Grundig, nicht aus, dass die Maßnahme diesen Handel »beeinträchtigen kann«.[111] Das trifft auch zu: Besteht die Hauptaufgabe des Art. 101 Abs. 1 AEUV darin, die Freiheit des Wettbewerbs zu schützen, so kann es nicht darauf ankommen, ob der Handel zwischen den Mitgliedstaaten gehemmt wird: Bilden A, B und C aus unterschiedlichen Mitgliedstaaten ein Kartell, um D, einen nationalen Mitbewerber des A, vom Markt zu verdrängen, so kann es zu einer Intensivierung des grenzüberschreitenden Handels kommen: B und C exportieren u. U. mehr in das Herkunftsland des A als zuvor. Trotzdem gefährdet das Kartell die Freiheit des Wettbewerbs und weist (abhängig von den Marktverhältnissen im konkreten Einzelfall) eine Dimension auf, die das Europäische Kartellrecht auf den Plan ruft. Es ist, so das Gericht, »von geringer Bedeutung, ob der Einfluss eines Kartells auf den Handel ungünstig, neutral oder günstig ist. Eine Wettbewerbsbeschränkung ist nämlich geeignet, den Handel zwischen Mitgliedstaaten zu beeinträchtigen, wenn sie die Handelsströme von der Richtung ablenken kann, die sie andernfalls genommen hätte«.[112]

26　Im Hinblick auf die Frage, ob eine Maßnahme geeignet ist, den Handel zwischen den Mitgliedstaaten (spürbar) zu beeinflussen, ist Art. 101 Abs. 1 AEUV im Übrigen funktional auszulegen: Primärer Normzweck ist die **Funktionsfähigkeit des Wettbewerbs** und nicht die Realisierung des (geographischen) Binnenmarkts; insbesondere die ältere Rechtsprechung des EuGH, die erkennbar von der Befürchtung geprägt ist, dass ehemalige staatliche durch private Handelshemmnisse substituiert werden könnten,[113] darf nicht den Blick dafür verstellen, dass Kartelle auch dann verboten sind, wenn sie nicht zu einer Marktaufteilung entlang nationaler Grenzen führen: Die Freiheit der Märkte ist ein eigenständiges, über die Integration der Märkte hinaus zu schützendes Rechtsgut.[114] Das Kartellverbot ist zwar anwendbar, wenn ein Kartell eine »Abschottung des Marktes« hervorruft,[115] wenn es die »gewollte wechselseitige wirtschaftliche Durchdringung«[116] der Märkte beeinträchtigt oder wenn es »den Handel zwischen den Mitglied-

---

[109] Leitlinien der Kommission über den Begriff der Beeinträchtigung des zwischenstaatlichen Handels in der Art. 81 und 82 des Vertrags (Leitlinien über den Begriff der Beeinträchtigung des zwischenstaatlichen Handels), ABl. 2004, C 101/81, Rn. 91.
[110] EuGH, Urt. v. 5.10.1988, Rs. 247/86 (Alsatel), Slg. 1988, 5987, Rn. 11 (st. Rspr.); s. auch: Hengst, in: Langen/Bunte, Art. 101 AEUV, Rn. 304; im Detail: Enckelmaier, in: Kölner Kommentar, Art. 101 AEUV, Rn. 374 ff.
[111] EuGH, Urt. v. 13.7.1966, verb. Rs. 56/64 u. 58/64 (Consten/Grundig), Slg. 1966, 322, 389.
[112] EuG, Urt. v. 29.6.2012, Rs. T-360/09 (E.ON-Ruhrgas), ECLI:EU:T:2012:332, Rn. 152.
[113] Das gilt insbesondere für die ältere Rspr.: EuGH, Urt. v. 30.6.1966, Rs. 56/65 (LTM/MBU), Slg. 1966, 284, 303.
[114] Dazu Zimmer, in: Immenga/Mestmäcker, Art. 101 Abs. 1 AEUV, Rn. 200, mit dem Hinweis darauf, dass »die Bedeutung der integrationspolitischen Zielsetzung ... mehr und mehr in den Hintergrund gerückt sei«.
[115] EuGH, Urt. v. 5.10.1988, Rs. 247/86 (Alsatel), Slg. 1988, 5987, Rn. 11.
[116] EuGH, Urt. v. 5.10.1988, Rs. 247/86 (Alsatel), Slg. 1988, 5987, Rn. 11.

staaten in einer Weise« beeinflusst, »die die Verwirklichung eines einheitlichen Marktes zwischen den Mitgliedstaaten hemmen kann«.[117] Das Kartellverbot ist aber auch anzuwenden, wenn ein Kartell die gegenseitige Durchdringung der Märkte fördert (s. o.). Denn bei der Prüfung der Beeinflussung des grenzüberschreitenden Handels geht es allein um die Frage, ob der Kartellverstoß eine Dimension aufweist, die über einzelne Mitgliedstaaten hinausweist und damit den Rechtsanwendungsanspruch der Europäischen Union auslöst.

Das Kriterium der Beeinflussung des Handels zwischen den Mitgliedstaaten ist ein **eigenständiges Merkmal**, das in jedem Fall **gesondert** zu prüfen ist.[118] Es ist von der **räumlichen Marktabgrenzung** zu trennen: Eine Beeinträchtigung des Handels zwischen den Mitgliedstaaten kommt in Betracht, auch wenn sich der räumlich relevante Markt auf einen Mitgliedstaat oder auf einen Teil davon beschränkt.[119] Die Maßnahme muss nur geeignet sein, »ein Mindestmaß an grenzüberschreitenden Auswirkungen« innerhalb der EU zu entfalten.[120] Im Einzelnen gilt folgendes:

a) Eignung zur Beeinflussung des Handels zwischen den Mitgliedstaaten

Der EuGH untersucht anhand der »Gesamtheit objektiver rechtlicher und tatsächlicher Umstände«, ob sich »mit hinreichender Wahrscheinlichkeit« voraussehen lässt, dass eine Maßnahme »unmittelbar oder mittelbar, tatsächlich oder potentiell den Handel zwischen den Mitgliedstaaten in einer Weise beeinflussen kann, die die Verwirklichung eines einheitlichen Marktes zwischen den Mitgliedstaaten hemmen kann«.[121] Der Begriff des **Handels** ist weit auszulegen und steht für den Verkehr von Waren, Personen, Dienstleistungen (Beispiel: Vermittlung von Führungskräften für die Wirtschaft)[122] und Kapital (s. Art. 26 Abs. 2 AEUV).[123] Der Einfluss auf den grenzüberschreitenden Handel ist anhand **objektiver (rechtlicher oder tatsächlicher) Umstände** zu ermitteln; subjektive Kriterien wie die erklärte Absicht der Unternehmen, diesen Handel zu beeinflussen, brauchen nicht vorzuliegen, können gegebenenfalls aber berücksichtigt werden.[124] Der Einfluss einer Maßnahme auf den Handel zwischen Mitgliedstaaten hängt insbesondere von der Stellung und Bedeutung der Parteien auf dem Markt dieser Erzeugnisse ab.[125] Die Tatsache, dass an einem nationalen Kartell auch Wirtschaftsteilnehmer aus anderen Mitgliedstaaten beteiligt sind, ist ein wichtiges Indiz, »lässt aber für sich allein betrachtet noch nicht den Schluss zu, dass die Voraussetzung einer Beeinflussung des Handels

---

[117] EuGH, Urt. v. 18.7.2013, Rs. C–136/12 (Consiglio nazionale dei geologi), ECLI:EU:C:2013: 489, Rn. 49; grundlegend: Urt. v. 13.7.1966, verb. Rs. 56/64 u. 58/64 (Consten/Grundig), Slg. 1966, 322.
[118] Kommission, Leitlinien über den Begriff der Beeinträchtigung des zwischenstaatlichen Handels (Fn. 109), Rn. 12.
[119] Kommission, Leitlinien über den Begriff der Beeinträchtigung des zwischenstaatlichen Handels (Fn. 109), Rn. 22.
[120] Kommission, Leitlinien über den Begriff der Beeinträchtigung des zwischenstaatlichen Handels (Fn. 109), Rn. 61.
[121] EuGH, Urt. v. 18.7.2013, Rs. C–136/12 (Consiglio nazionale dei geologi), ECLI:EU:C:2013: 489, Rn. 49; Urt. v. 16.7.2015, Rs. C–172/14 (ING Pensii), ECLI:EU:C:2015:484, Rn. 48; grundlegend: Urt. v. 13.7.1966, verb. Rs. 56/64 u. 58/64 (Consten/Grundig), Slg. 1966, 322.
[122] EuGH, Urt. v. 23.4.1991, Rs. C–41/90 (Höfner und Elser), Slg. 1991, I–1979, Rn. 33.
[123] *Zimmer*, in: Immenga/Mestmäcker, Art. 101 Abs. 1 AEUV, Rn. 198; *Schröter/Voet van Vormizeele*, in: GSH, Europäisches Unionsrecht, Art. 101 AEUV, Rn. 192.
[124] Kommission, Leitlinien über den Begriff der Beeinträchtigung des zwischenstaatlichen Handels (Fn. 109), Rn. 25.
[125] EuGH, Urt. v. 28.4.1998, Rs. C–306/96 (Javico), Slg. 1998, I–1983, Rn. 17.

zwischen den Mitgliedstaaten erfüllt ist«.[126] Erschwert eine Maßnahme (konkret: die Kundenaufteilung auf dem rumänischen Markt für Pensionsfonds) das **Eindringen von Mitbewerbern aus anderen Mitgliedstaaten**, so liegt darin eine (potentielle) Beeinträchtigung des grenzüberschreitenden Handels.[127] Die Kommission stellt außerdem auf die Art der Maßnahme und die Art der von der Maßnahme erfassten Waren ab.[128]

29 Die Maßnahme braucht bloß **geeignet** zu sein, den Handel zwischen den Mitgliedstaaten zu beeinflussen. Konkrete Berechnungen im Hinblick auf ein (angeblich oder tatsächlich verändertes Handelsvolumen) braucht die Kommission also nicht anzustellen.[129] Die Prüfung eines potentiellen Einflusses erfordert gegebenenfalls eine Prognose; sie »zwingt [dazu, den Einfluss auf den Handel zwischen den Mitgliedstaaten], vorausschauend zu beurteilen« (EuGH);[130] vorhersehbare, d.h. hinreichend wahrscheinliche Marktentwicklungen müssen berücksichtigt werden.[131] Rein hypothetische oder spekulative Einflüsse bleiben außen vor.[132] Gegebenenfalls ist zu berücksichtigen, dass sich »die Lage … aufgrund von Veränderungen in den Marktbedingungen und in der Struktur sowohl des Gemeinsamen Marktes insgesamt als auch der verschiedenen nationalen Märkte von Jahr zu Jahr ändern« kann.[133]

30 Bezugspunkt der Beeinflussung des Handels zwischen den Mitgliedstaaten ist die **Maßnahme als Ganze**: Art. 101 Abs. 1 AEUV »setzt keineswegs voraus, dass jede Klausel einer [Unternehmens-]Vereinbarung für sich gesehen den innergemeinschaftlichen Handel beeinträchtigen kann«.[134] Handelt es sich um Klauseln, die in »unmittelbarem Zusammenhang« stehen (EuG),[135] d.h. um ein- und dieselbe Koordinierungsmaßnahme, fallen alle Klauseln unter Art. 101 AEUV – ohne dass es darauf ankäme, ob sie auch jeweils »für sich gesehen den Handel zwischen Mitgliedstaaten in ausreichendem Maße beeinträchtigen«.[136] Ebenso wenig kommt es darauf an, dass sich die Beteiligung eines jeden an dem Kartell beteiligten Unternehmens (isoliert betrachtet) spürbar auf den Handel zwischen den Mitgliedstaaten ausgewirkt hat.[137] Maßgeblich ist vielmehr der Einfluss des Kartells in toto. Davon abgesehen kann eine Einzelmaßnahme, beispielsweise eine im konkreten Einzelfall untersuchte Vertikalvereinbarung, mit einer (spürbaren) Beeinflussung des grenzüberschreitenden Handels verbunden sein, wenn und weil sie Teil eines ganzen Bündels von Maßnahmen ist (Bündeltheorie).[138]

---

[126] EuGH, Urt. v. 13.7.2006, verb. Rs. C–295/04–298/04 (Manfredi), Slg. 2006, I–6619, Rn. 44.
[127] EuGH, Urt. v. 16.7.2015, Rs. C–172/14 (ING Pensii), ECLI:EU:C:2015:484, Rn. 51 f.
[128] Kommission, Leitlinien über den Begriff der Beeinträchtigung des zwischenstaatlichen Handels (Fn. 109), Rn. 28.
[129] Kommission, Leitlinien über den Begriff der Beeinträchtigung des zwischenstaatlichen Handels (Fn. 109), Rn. 27.
[130] EuGH, Urt. v. 30.6.1966, Rs. 56/65 (Société Technique Minière), Slg. 1966, 282, 303, der allerdings auch hier darauf abstellt, ob die »fragliche [Maßnahme] … der Errichtung eines einheitlichen Marktes zwischen den Mitgliedstaaten hinderlich sein kann.«
[131] Kommission, Leitlinien über den Begriff der Beeinträchtigung des zwischenstaatlichen Handels (Fn. 109), Rn. 41.
[132] Kommission, Leitlinien über den Begriff der Beeinträchtigung des zwischenstaatlichen Handels (Fn. 109), Rn. 43.
[133] EuGH, Urt. v. 25.10.1983, Rs. 107/82 (AEG-Telefunken), Slg. 1983, 3151, Rn. 60.
[134] EuGH, Urt. v. 25.2.1986, Rs. C–193/83 (Windsurfing International), Slg. 1986, 611, Rn. 96.
[135] EuG, Urt. v. 14.5.1997, T–77/94 (Vereniging van Groothandelaren), Slg. 1997, II–759, Rn. 143.
[136] Kommission, Entscheidung v. 11.6.2002 (Österreichische Banken), ABl. 2004, L 56/1, Rn. 447.
[137] EuG, Urt. v. 24.10.1991, Rs. T–2/89 (Petrofina), Slg. 1991, II–1087, Rn. 226.
[138] Dazu im Hinblick auf die Spürbarkeit: Rn. 35.

Kartellvereinbarungen zwischen Unternehmen in mehreren Mitgliedstaaten, die Ein- oder Ausfuhren betreffen, sind ihrem Wesen nach geeignet, den Handel zwischen Mitgliedstaaten zu beeinträchtigen.[139] Das Gleiche gilt für eine Marktaufteilung, die sich auf mehrere Mitgliedstaaten erstreckt. Grenzüberschreitende Kartelle vereinheitlichen die Wettbewerbsbedingungen und beeinträchtigen die gegenseitige wirtschaftliche Durchdringung, indem sie die traditionellen Handelsströme verfestigen.[140] Umgekehrt genügt der Umstand, dass eine Absprache nur die Vermarktung von Produkten in einem einzigen Mitgliedstaat bezweckt, jedoch nicht, um die Möglichkeit der Beeinträchtigung eines Handels zwischen den Mitgliedstaaten auszuschließen.[141] Denn auf einem für Einfuhren durchlässigen Markt können die Teilnehmer an einer nationalen Preisabsprache ihren Marktanteil wahren, indem sie sich gegen ausländische Konkurrenz schützen.[142]

b) Spürbarkeit

Der Einfluss auf den Handel zwischen den Mitgliedstaaten darf nicht nur geringfügig,[143] muss also – unter Berücksichtigung des wirtschaftlichen und rechtlichen Gesamtzusammenhangs[144] – **spürbar** sein. Die Frage nach der Spürbarkeit der Beschränkung des Wettbewerbs ist davon zu trennen.[145] Hängt der »Einfluss einer Vereinbarung auf den Handel zwischen Mitgliedstaaten ... insbesondere von der Stellung und Bedeutung der Parteien auf dem Markt dieser Erzeugnisse ab«,[146] so ist auch die Spürbarkeit auf dieser Basis zu prüfen – mit der Folge, dass eine Alleinvertriebsvereinbarung selbst bei absolutem Gebietsschutz nicht unter Art. 101 Abs. 1 AEUV fällt, wenn sie den Markt angesichts der schwachen Stellung der Beteiligten auf dem Markt der fraglichen Erzeugnisse nur geringfügig beeinträchtigt.[147] Die Kommission geht insoweit davon aus, dass »[d]ie Spürbarkeit sowohl in absoluten Zahlen (Umsatz) als auch in relativen Größen gemessen werden [kann], indem die Stellung der beteiligten Unternehmen mit der Stellung der anderen Marktteilnehmer (Marktanteil) verglichen wird«.[148]

Der EuGH geht davon aus, dass »ein **Kartell, das sich auf das gesamte Hoheitsgebiet eines Mitgliedstaats** erstreckt, schon seinem Wesen nach die Wirkung [hat], die Ab-

---

[139] Kommission, Leitlinien über den Begriff der Beeinträchtigung des zwischenstaatlichen Handels (Fn. 109), Rn. 62.
[140] Kommission, Leitlinien über den Begriff der Beeinträchtigung des zwischenstaatlichen Handels (Fn. 109), Rn. 64.
[141] EuGH, Urt. v. 11.7.1989, Rs. 246/86 (Belasco), Slg. 1989, 2117, Rn. 33.
[142] EuGH, Urt. v. 11.7.1989, Rs. 246/86 (Belasco), Slg. 1989, 2117, Rn. 34; s. auch, Urt. v. 29.4.2004, Rs. C–359/01 (British Sugar), Slg. 2004, I–4933, Rn. 28; EuG, Urt. v. 12.7.2001, Rs. T–202/98 (Tate & Lyle), Slg. 2001, II–2035, Rn. 79.
[143] EuGH, Urt. v. 23.11.2006, Rs. C–238/05 (Asnef-Equifax), Slg. 2006, I–11125, Rn. 39; Urt. v. 24.9.2009, verb. Rs. C–125/07 P, C–133/07 P, C–135/07 P – C–137/07 P (Erste Group Bank), Slg. 2009, I–8681, Rn. 36.
[144] EuGH, Urt. v. 27.4.1994, Rs. C–393/92 (Almelo), Slg. 1994, I–1477, Rn. 37; Urt. v. 23.11.2006, Rs. C–238/05 (Asnef Equifax), Slg. 2006, I–11125, Rn. 35.
[145] Kommission, Leitlinien über den Begriff der Beeinträchtigung des zwischenstaatlichen Handels (Fn. 109), Rn. 4; *Stockenhuber*, in: Grabitz/Hilf/Nettesheim, EU, Art. 101 AEUV (Januar 2016), Rn. 217; Dazu: Rn. 90ff.
[146] EuGH, Urt. 28.4.1998, Rs. C–306/96 (Javico), Slg. 1998, I–1983, Rn. 17; s. auch Urt. v. 10.7.1980, Rs. 99/79 (Lancôme), Slg. 1980, 2511, Rn. 24.
[147] EuGH, Urt. 28.4.1998, Rs. C–306/96 (Javico), Slg. 1998, I–1983, Rn. 17; s. auch Urt. v. 7.6.1983, verb. Rs. 100/80–103/80 (Musique diffusion française), Slg. 1983, 1825, Rn. 85.
[148] Kommission, Leitlinien über den Begriff der Beeinträchtigung des zwischenstaatlichen Handels (Fn. 109), Rn. 47.

schottung der Märkte auf nationaler Ebene zu verfestigen, indem es die vom Vertrag gewollte wirtschaftliche Verflechtung behindert«.[149] Dasselbe hat die Kommission im Hinblick auf Exportverbote[150] sowie im Hinblick auf eine Vertriebsvereinbarung angenommen, die sich auf das gesamte Gebiet der früheren EWG erstreckte.[151] Daraus folgt jedoch **nicht**, dass in diesen Fällen **per se** eine spürbare Beeinflussung des grenzüberschreitenden Handels anzunehmen wäre;[152] vielmehr ist nur von »einer starken Vermutung für eine Beeinträchtigung des Handels zwischen Mitgliedstaaten« auszugehen, die als solche »nur dann [entfällt], wenn sich bei Untersuchung der Merkmale und des wirtschaftlichen Gesamtzusammenhangs der [Maßnahme] das Gegenteil herausstellt«.[153] Vertikale Vereinbarungen, die das gesamte Gebiet eines Mitgliedstaats erfassen, sind insbesondere geeignet, den Warenverkehr zwischen Mitgliedstaaten zu beeinträchtigen, wenn sie den Marktzutritt für Unternehmen aus anderen Mitgliedstaaten erschweren (Abschottungseffekt).[154]

aa) NAAT-Regel

34 Die Kommission[155] legt der Prüfung der Spürbarkeit primär die **NAAT-Regel** (No Appreciable Affectation of Trade) als widerlegbare Negativvermutung zugrunde. Danach sind Vereinbarungen grundsätzlich nicht geeignet, den Handel zwischen Mitgliedstaaten spürbar zu beeinträchtigen, wenn die Unternehmen bestimmte Marktanteils- und Umsatzschwellen nicht überschreiten: Der gemeinsame **Marktanteil** der Parteien darf auf keinem von der Vereinbarung betroffenen relevanten Markt innerhalb der Union 5 % überschreiten. Diese Leitlinie orientiert sich (unter Rn. 52 Buchst. a) an der Rechtsprechung des EuGH, der in mehreren Entscheidungen auf »einen nicht unbeachtlichen Teil des Marktes« abgestellt[156] und Marktanteile von 3,38 %[157] bzw. von ca. 5 %[158] bereits als spürbar qualifiziert hat. Im Hinblick auf die **Umsatzschwellen** unterscheidet die Kommission (unter Rn. 52 Buchst. b) wie folgt: Bei Horizontalvereinbarungen darf der gesamte Jahresumsatz der beteiligten Unternehmen innerhalb der Union mit den von der Vereinbarung erfassten Waren nicht den Betrag von 40 Millionen Euro überschreiten. Im Falle von Vereinbarungen betreffend den gemeinsamen Erwerb von Waren

---

[149] EuGH, Urt. v. 18.7.2013, Rs. C–136/12 (Consiglio nazionale dei geologi), ECLI:EU:C:2013:489, Rn. 50; Urt. v. 16.7.2015, Rs. C–172/14 (ING Pensii), ECLI:EU:C:2015:484, Rn. 49; Urt. v. 19.2.2002, Rs. C–309/99 (Wouters), Slg. 2002, I–1577, Rn. 95; grundlegend: Urt. v. 17.10.1972, Rs. 8/72 (Vereeniging van Cementhandelaren), Slg. 1972, 977, Rn. 29; so auch: Kommission, Leitlinien über den Begriff der Beeinträchtigung des zwischenstaatlichen Handels (Fn. 109), Rn. 78.
[150] Kommission, Entscheidung v. 18.12.1987 (Konica), ABl. 1998, L 78/34, Rn. 46.
[151] Kommission, Entscheidung v. 10.12.1984 (Ideal Standard), ABl. 1985, L 20/38, Rn. 18.
[152] Detailliert: *Zimmer*, in: Immenga/Mestmäcker, Art. 101 Abs. 1 AEUV, Rn. 208.
[153] EuGH, Urt. v. 24.9.2009, verb. Rs. C–125/07 P, C–133/07 P, C–135/07 P- C–138/07 P (Erste Group Bank), Slg. 2009, I–8681, Rn. 39; s. auch: Kommission, Leitlinien über den Begriff der Beeinträchtigung des zwischenstaatlichen Handels (Fn. 109), Rn. 53 (widerlegbare positive Vermutung jenseits eines Umsatzes von 40 Mio. Euro und/oder 5 % Marktanteil).
[154] Kommission, Leitlinien über den Begriff der Beeinträchtigung des zwischenstaatlichen Handels (Fn. 109), Rn. 86.
[155] Kommission, Leitlinien über den Begriff der Beeinträchtigung des zwischenstaatlichen Handels (Fn. 109), Rn. 52.
[156] EuGH, Urt. v. 1.2.1978, Rs. 19/77 (Miller), Slg. 1978, 131, Rn. 10.
[157] EuGH, Urt. v. 7.6.1983, verb. Rs. 100/80–103/80 (Musique diffusion française), Slg. 1983, 1825, Rn. 82ff. (3,38 %).
[158] EuGH, Urt. v. 1.2.1978, Rs. 19/77 (Miller), Slg. 1978, 131, Rn. 9f. (4,91 % bis 6,07 %); Urt. v. 25.10.1983, Rs. 107/82 (AEG-Telefunken), Slg. 1983, 3151, Rn. 58 (ca. 5 %).

ergibt sich der relevante Umsatz aus den von der Vereinbarung erfassten gemeinsamen Käufen der Parteien dieser Waren. Bei Vertikalvereinbarungen darf der Jahresumsatz des Lieferanten mit den von der Vereinbarung erfassten Waren in der Union nicht den Betrag von 40 Millionen Euro überschreiten. Jenseits dieser Marktanteils- bzw. Umsatzschwellen hält die Kommission eine Einzelfallprüfung für geboten.[159]

bb) Bündeltheorie

Eine Maßnahme, die für sich genommen keinen spürbaren Einfluss auf den grenzüberschreitenden Handel entfaltet, kann im Lichte ihres wirtschaftlichen und rechtlichen Kontextes[160] an Art. 101 AEUV zu messen sein, wenn und weil sie zu einem **Bündel gleichartiger Maßnahmen** gehört: »Das Bestehen gleichartiger Verträge ist«, so der EuGH im Hinblick auf Bierlieferungsverträge, »ein Sachverhalt, der gemeinsam mit anderen eine Gesamtheit wirtschaftlicher und rechtlicher Begleitumstände bilden kann, in deren Zusammenhang der Vertrag bei seiner Beurteilung betrachtet werden muss«.[161] Dementsprechend sind die kumulativen Wirkungen von (gegebenenfalls auch: parallelen) Netzen vergleichbarer Vereinbarungen bei der Prüfung der Spürbarkeit zu berücksichtigen.[162]

35

C. Regelungsadressaten

Das Kartellverbot richtet sich an **Unternehmen** und **Unternehmensvereinigungen** und **nicht** an die **Mitgliedstaaten** in ihrer Funktion als Hoheitsträger.[163] Der EuGH vertritt jedoch in ständiger Rechtsprechung, dass die Mitgliedstaaten gemäß Art. 101 AEUV in Verbindung mit dem Loyalitätsgebot (Art. 4 Abs. 3 EUV) indirekt an das Kartellverbot gebunden sind, d. h. »keine [auch keine gesetzlichen] Maßnahmen treffen oder beibehalten [dürfen], die die praktische Wirksamkeit der für die Unternehmen geltenden Wettbewerbsregeln aufheben könnten«.[164] Deswegen liegt nach der sogenannten **van Eycke-Formel** eine Verletzung der Art. 101 AEUV, 4 Abs. 3 EUV vor, »wenn ein Mitgliedstaat gegen [heute: Art. 101 AEUV] … verstoßende Kartellabsprachen vorschreibt oder erleichtert oder die Auswirkungen solcher Absprachen verstärkt oder wenn er seiner eigenen Regelung dadurch ihren staatlichen Charakter nimmt, dass er die Verantwortung für in die Wirtschaft eingreifende Entscheidungen privaten Wirtschaftsteilnehmern überträgt«.[165] Ein Mitgliedstaat darf Unternehmen bzw. Unternehmensvereini-

36

---

[159] Kommission, Leitlinien über den Begriff der Beeinträchtigung des zwischenstaatlichen Handels (Fn. 109), Rn. 51; die Marktabgrenzung folgt grundsätzlich denselben Regeln wie bei Art. 102 AEUV (s. Art. 102 AEUV, Rn. 27 ff.).
[160] Kommission, Leitlinien über den Begriff der Beeinträchtigung des zwischenstaatlichen Handels (Fn. 109), Rn. 49.
[161] EuGH, Urt. v. 12. 12. 1967, Rs. 23/67 (Brasserie de Haecht), Slg. 1967, 544, 556; Bestätigung in Urt. v. 28. 1. 1991, Rs. C–234/89 (Delimitis), Slg. 1991, I–935, Rn. 14.
[162] Kommission, Leitlinien über den Begriff der Beeinträchtigung des zwischenstaatlichen Handels (Fn. 109), Rn. 49; EuG, Urt. v. 8. 6. 1995, Rs. T–7/93 (Langnese-Iglo), Slg. 1995, II–1533, Rn. 120.
[163] Dazu ausführlich: *Schwarze*, EuZW 2000, 613 (617 ff.).
[164] EuGH, Urt. v. 4. 9. 2014, verb. Rs. C–184/13–187/13, C–194/13, C–195/13 u. C–208/13 (API), ECLI:EU:C:2014:2147, Rn. 28; Urt. v. 5. 10. 1995, Rs. C–96/94 (Centro Servizi/Spedizioni Marittima), Slg. 1995, I–2883, Rn. 20 m. w. N.
[165] EuGH, Urt. v. 21. 9. 1988, Rs. 267/86 (van Eycke), Slg. 1988, 4769, Rn. 16; Urt. v. 4. 9. 2014, verb. Rs. C–184/13–187/13, C–194/13, C–195/13 u. C–208/13 (API), ECLI:EU:C:2014:2147, Rn. 29;

gungen also nicht verpflichten, Preise abzusprechen bzw. zu beschließen und dadurch gegen das Kartellverbot zu verstoßen,[166] und er darf freiwillige, mit dem Binnenmarkt unvereinbare und verbotene Preisabsprachen (beispielsweise Tarifvereinbarungen für den Fluglinienverkehr) auch nicht genehmigen.[167] Tarife, die von einer unabhängigen, staatlich überwachten und auf das Allgemeinwohl verpflichteten Tarifkommission beschlossen und **staatlich genehmigt** werden, sind hingegen nicht zu beanstanden,[168] weil sie keine private Wettbewerbsbeschränkung verkörpern. Bindet eine Kommune die Erlaubnis für den Betrieb von Einzelhandelsgeschäften an die Stellungnahme eines Gemeindeausschusses, der unter Beteiligung bestimmter Vertreter der Wirtschaft beschließt, so liegt darin keine staatlich geförderte Kartellabsprache, wenn die Vertreter der Wirtschaft in der Minderheit sind, wenn sie als Sachverständige und nicht als Interessenvertreter mitwirken und wenn sich der Gemeindeausschuss am Gemeinwohl orientieren muss.[169] Dagegen hat der EuGH Art. 101 AEUV i. V. mit Art. 4 Abs. 3 EUV in der **API-Entscheidung** dahin ausgelegt, dass er einem italienischen »Decreto-legge« entgegensteht, nach dem die Preise im gewerblichen Güterkraftverkehr nicht unter bestimmten Mindestbetriebskosten liegen dürfen, die von einer Stelle festgelegt werden, die sich im Wesentlichen aus Vertretern der betroffenen Wirtschaftsteilnehmer zusammensetzt.[170] In diesem Fall bestand das Gremium nämlich nicht aus unabhängigen Sachverständigen, die gesetzlich verpflichtet gewesen wären, »bei der Festsetzung des Tarifs nicht nur die Interessen der Unternehmen oder der Unternehmensvereinigungen des Sektors, den sie vertreten, sondern auch das Interesse der Allgemeinheit und das Interesse der Unternehmen anderer Sektoren oder derjenigen, die die betreffenden Dienstleistungen in Anspruch nehmen, zu berücksichtigen«.[171] Entscheidend in Fällen **privat und öffentlich besetzter (pluralistischer) Gremien** ist das **Kräfteverhältnis**: Bei einer Mehrheit privater Interessenvertreter macht sich der Mitgliedstaat, der den Beschluss für verbindlich erklärt, eine private Beschränkung des Wettbewerbs zu eigen und verstößt gegen Art. 101 Abs. 1 AEUV, 4 Abs. 3 EUV – es sei denn, »dass einem Vertreter des Staates ein Vetorecht oder eine ausschlaggebende Stimme zustünde, was das Kräfteverhältnis zwischen der Verwaltung und dem privaten Sektor wieder ausgleichen könnte«.[172]

37 Der **Mitgliedstaat** selbst darf den Wettbewerb beschränken; so hat der EuGH das Provisionsabgabeverbot für Versicherungsvermittler, d.h. eine »staatliche Regelung,

---

Urt. v. 5.10.1995, Rs. C–96/94 (Centro Servizi/Spedizioni Marittima), Slg. 1995, I–2883, Rn. 21; Urt. v. 17.10.1995, verb. Rs. C–140–142/94 (DIP), Slg. 1995, I–3257, Rn. 15; Urt. v. 9.6.1994, Rs. C–153/93 (Delta Schiffahrts- und Speditionsgesellschaft), Slg. 1994, I–2517, Rn. 14.

[166] EuGH, Urt. v. 18.6.1998, Rs. C–35/96 (Kommission/Italien), Slg. 1998, I–3851, Rn. 56, 60, im Hinblick auf eine italienische Gebührenordnung für Zollspediteure.

[167] EuGH, Urt. v. 11.4.1989, Rs. 66/86 (Fluglinien), Slg. 1989, 803, Rn. 49 – mit dem ergänzenden Hinweis, dass »die Luftverkehrsbehörden alles zu unterlassen haben, was als Ermutigung der Luftfahrtunternehmen zum Abschluß von gegen den Vertrag verstoßenden Tarifvereinbarungen angesehen werden könnte.«

[168] EuGH, Urt. v. 17.11.1993, Rs. C–185/91 (Reiff), Slg. 1993, I–5801, Rn. 24.

[169] EuGH, Urt. v. 17.10.1995, verb. Rs. C–140–142/94 (DIP), Slg. 1995, I–3257, Rn. 17 ff.

[170] EuGH, Urt. v. 4.9.2014, verb. Rs. C–184/13–187/13, C–194/13, C–195/13 u. C–208/13 (API), ECLI:EU:C:2014:2147, Rn. 58.

[171] EuGH, Urt. v. 4.9.2014, verb. Rs. C–184/13–187/13, C–194/13, C–195/13 u. C–208/13 (API), ECLI:EU:C:2014:2147, Rn. 34.

[172] EuGH, Urt. v. 4.9.2014, verb. Rs. C–184/13–187/13, C–194/13, C–195/13 u. C–208/13 (API), ECLI:EU:C:2014:2147, Rn. 33; Urt. v. 17.11.1993, Rs. C–185/91 (Reiff), Slg. 1993, I–5801, Rn. 17–19 und 24.

die eine Einschränkung des Wettbewerbs ... bewirkt«, mit dem Hinweis auf die fehlenden Kartellvereinbarung hingenommen.[173] Umgekehrt hat er eine niederländische Regelung für Reisevermittler beanstandet, weil sie einem vereinbarten Provisionsabgabeverbot »Dauercharakter« verlieh[174] und »nicht mehr durch den Willen der Parteien außer Kraft gesetzt werden« könne.[175] Funktional gesehen ist dieses Differenzierungskriterium zwar verfehlt: Die Legitimität staatlicher Eingriffe in den Wettbewerb kann nicht davon abhängen, ob der Eingriff (zufällig) eine private Wettbewerbsbeschränkung verstetigt oder nicht. Maßgeblich müsste vielmehr sein, ob der staatliche Eingriff in den Wettbewerb durch ein Marktversagen und/oder durch andere Funktionsprinzipien des Rechts der Europäischen Union gerechtfertigt ist.[176] Dafür fehlt es jedoch an einer Rechtsgrundlage. Art. 101 AEUV wendet sich, selbst wenn man ihn unter Berücksichtigung des Normzwecks, die Funktionsfähigkeit des Wettbewerbs zu schützen, großzügig auslegt, nur gegen private Beschränkungen des Wettbewerbs. Es ist, wie *Tesauro* schreibt, »unmöglich, die Rechtswidrigkeit staatlicher Maßnahmen, die die gleiche Wirkung wie eine gemäß [Art. 101 Abs. 1 AEUV] ... verbotene Vereinbarung haben, auf [Art. 4 Abs. 3 EUV ... zu stützen, sofern jeder, auch ein indirekter Zusammenhang mit einem wettbewerbswidrigen Verhalten der Unternehmen fehlt.« Daher bleibt es bei der Rechtsprechung des EuGH: Staatliche Maßnahmen fallen allenfalls dann unter Art. 101 Abs. 1 AEUV, wenn sie **akzessorisch** sind, d. h. an eine private Wettbewerbsbeschränkung anknüpfen. Das ist u. a. in **Delegationsfällen**, d. h. dann anzunehmen, »wenn ein Mitgliedstaat ... seiner eigenen Regelung dadurch ihren staatlichen Charakter nimmt, dass er die Verantwortung für in die Wirtschaft eingreifende Entscheidungen privaten Wirtschaftsteilnehmern überträgt«.[177] Die Delegation wäre als Mitwirkung an der (nunmehr) privaten, mit dem Binnenmarkt unvereinbaren und verbotenen Maßnahme zu bewerten. Dass eine staatliche Maßnahme rein hypothetisch eine Beschränkung des Wettbewerbs ermöglicht, reicht dafür nicht aus.[178] Erklärt ein Mitgliedstaat eine Vereinbarung – beispielsweise die Festsetzung von Erzeugerquoten für Cognac – für allgemein-verbindlich, so ist ebenfalls zu prüfen, ob der Mitgliedstaat i. S. d. van Eycke-Formel gegen Art. 4 Abs. 3 EUV, 101 AEUV verstoßen hat.[179]

I. Unternehmen

1. Begriff

Der **Begriff des Unternehmens** umfasst »jede eine wirtschaftliche Tätigkeit ausübende Einheit unabhängig von ihrer Rechtsform und der Art ihrer Finanzierung«.[180] Er ist mit 38

---

[173] EuGH, Urt. v. 17.11.1993, Rs. C–2/91 (Meng), Slg. 1993, I–5791, Rn. 1, 14 ff., 22.
[174] EuGH, Urt. v. 1.10.1987, Rs. 311/85 (Vlaamse Reisbureaus), Slg. 1987, 3801, Rn. 23.
[175] EuGH, Urt. v. 1.10.1987, Rs. 311/85 (Vlaamse Reisbureaus), Slg. 1987, 3801, Rn. 23.
[176] Kritisch zur Akzessorietät: *Weiß*, in: Calliess/Ruffert, EUV/AEUV, Art. 101 AEUV, Rn. 14 mit Verweis auf *Grill*, in: Lenz/Borchard, EU-Verträge, Vorb. Art. 101–106 AEUV, Rn. 40; *Emmerich*, in: Dauses, Handbuch des EU-Wirtschaftsrechts, Abschnitt H.I. § 1, Februar 2016, Rn. 15; s. auch: *Schwarze*, EuZW 2000, 613 (621 f.).
[177] EuGH, Urt. v. 19.2.2002, Rs. C–35/99 (Arduino), Slg. 2002, I–1561, Rn. 35; erstmals: Urt. v. 21.9.1988, Rs. 267/86 (van Eycke), Slg. 1988, 4769, Rn. 16; Urt. v. 17.11.1993, Rs. C–185/91 (Reiff), Slg. 1993, I–5801, Rn. 14; Urt. v. 9.6.1994, Rs. C–153/93 (Delta Schiffahrts- und Speditionsgesellschaft), Slg. 1994, I–2517, Rn. 14.
[178] EuGH, Urt. v. 25.10.2001, Rs. C–475/99 (Glöckner), Slg. 2001, I–8089, Rn. 26 f.
[179] EuGH, Urt. v. 3.12.1987, Rs. 136/86 (Aubert), Slg. 1987, 4789, Rn. 22 ff.
[180] EuGH, Urt. v. 19.2.2002, Rs. C–309/99 (Wouters), Slg. 2002, I–1577, Rn. 46 (st. Rspr.); s. aus

Rücksicht auf die in Art. 3 Abs. 3 AEUV getroffenen Richtungsentscheidung für eine soziale **Marktwirtschaft** und mit Rücksicht auf das **Effektivitätsprinzip** weit auszulegen.[181] Die Rechtssubjektivität der Einheit spielt bei der Ermittlung des Regelungsadressaten, d. h. auf der Tatbestandsebene des Kartellverbots keine Rolle.[182] Erst auf der Rechtsfolgen-Ebene stellt sich die Frage, gegen welche Rechtsträger sich ein Bußgeldbeschluss der Kommission richten muss (s. Art. 23 Abs. 2 VO (EG) Nr. 1/2003) und welche Rechtsträger gegebenenfalls auf Schadensersatz haften (hier: Rn. 198 ff.; 207).

a) Einheit

39 Der Begriff der **Einheit** ist so gewählt, dass er nicht nur Rechtssubjekte, d. h. natürliche oder juristische Personen, sondern alle Einrichtungen erfasst, die rechtlich bzw. tatsächlich so ausgestaltet sind, dass sie selbständig am Wirtschaftsleben teilnehmen können. Das ist bei **Einzelunternehmen**, die nach Maßgabe der Rechte der Mitgliedstaaten rechts- oder teilrechtsfähig sind, ohne weiteres der Fall,[183] kommt aber auch bei **Konzernen** in Betracht (s. Rn. 49 f.). Die Einordnung als Unternehmen setzt keine Mindestinfrastruktur i. S. e. Mindestmaßes personeller, materieller und immaterieller Ressourcen voraus;[184] auch eine Einzelperson kann Unternehmer sein. Die Rechtsform der Einheit spielt bei der Beurteilung der Unternehmenseigenschaft keine Rolle, so dass auch eine Rechtsanwaltskammer als öffentlich-rechtliche Körperschaft Unternehmen sein kann.[185] Parallel dazu können auch die Europäische Union[186], die Mitgliedstaaten und ihre Behörden als Unternehmen i. S. v. Art. 101 Abs. 1 AEUV anzusehen sein.[187] Es kommt allein darauf an, dass die Tätigkeit nach ihrer Art, den für sie geltenden Regeln und ihrem Gegenstand einen Bezug zum Wirtschaftsleben aufweist.[188]

40 Der EuGH legt einen **funktionalen Unternehmensbegriff** zugrunde. Das heißt, dass Einheiten, die im konkreten Einzelfall Unternehmen sein könnten, nicht status-, sondern tätigkeitsabhängig beurteilt werden: Es kommt »auf das unternehmerische Handeln« an.[189] Dementsprechend können Einheiten im Hinblick auf bestimmte, von ihnen entfaltete Tätigkeiten als Unternehmen zu qualifizieren sein, im Hinblick auf andere Tätigkeiten aber nicht;[190] ob die Tätigkeit als solche (staatlich) genehmigungsbedürftig ist oder nicht, ist für die Frage der Unternehmenseigenschaft irrelevant.[191] Die Tätigkeit muss jedoch als wirtschaftliche Tätigkeit zu qualifizieren sein (s. Rn. 41 f.). **Relative**

---

der jüngsten Rspr. auch: EuGH, Urt. v. 28. 2. 2013, Rs. C–1/12 (OTOC), ECLI:EU:C:2013:127, Rn. 35; ähnlich der Unternehmensbegriff des EWR-Abkommens: s. Art. 1 Protokoll Nr. 22 über die Definitionen der Begriffe »Unternehmen« und »Umsatz«, ABl. 1994, L 1/185.
[181] Im Ergebnis ebenso: *Schröter*, in: GSH, Europäisches Unionsrecht, Vor Art. 101–105, AEUV Rn. 45; *Füller*, in Kölner Kommentar, Art. 101 AEUV, Rn. 10.
[182] EuGH, Urt. v. 28. 6. 2005, verb. Rs. C–189/02 P, C–202/02 P, C–205/02 P – 208/02 P u. C–213/02 P (Dansk Rørindustri), Slg. 2005, I–5488, Rn. 113; s. auch: *Füller*, in Kölner Kommentar, Art. 101 AEUV, Rn. 30; hier: Rn. 50.
[183] *Emmerich*, in: Immenga/Mestmäcker, Art. 101 Abs. 1 AEUV, Rn. 10.
[184] EuGH, Urt. v. 18. 6. 1998, Rs. C–35/96 (Kommission/Italien), Slg. 1998, I–3851, Rn. 38.
[185] EuGH, Urt. v. 19. 2. 2002, Rs. C–309/99 (Wouters), Slg. 2002, I–1577, Rn. 65.
[186] *Schröter*, in: GSH, Europäisches Unionsrecht, Vor Art. 101–105 AEUV, Rn. 47.
[187] EuGH, Urt. v. 12. 7. 2012, Rs. C–138/11 (Compass-Datenbank), ECLI:EU:C:2012:449, Rn. 35.
[188] EuGH, Urt. v. 19. 2. 2002, Rs. C–309/99 (Wouters), Slg. 2002, I–1577, Rn. 57; Urt. v. 8. 2. 2013, Rs. C–1/12 (OTOC), ECLI:EU:C:2013:127, Rn. 40.
[189] *Mestmäcker/Schweitzer*, § 9, Rn. 10; *Bechthold/Bosch/Brinker*, Art. 101 AEUV, Rn. 11.
[190] EuGH, Urt. v. 16. 3. 2004, verb. Rs. C–264/01, C–306/01, C–354/01– C–355/01 (AOK-Bundesverband), Slg. 2004, I–2493, Rn. 58 ff., 64.
[191] EuGH, Urt. v. 18. 6. 1998, Rs. C–35/96 (Kommission/Italien), Slg. 1998, I–3851, Rn. 38.

Unternehmer, die als solche teils abhängig beschäftigt, teils aber auch selbständig sind, fallen im Hinblick auf ihre selbständige Tätigkeit unter den Unternehmensbegriff.[192] **Potentielle Unternehmen**, die sich bereits vor Beginn ihrer unternehmerischen Tätigkeit an wettbewerbsbeschränkenden Maßnahmen beteiligen, sind insoweit ebenfalls als Unternehmen anzusehen.[193]

b) Wirtschaftliche Tätigkeit

Eine **wirtschaftliche Tätigkeit** ist jede Tätigkeit, die darin besteht, Güter oder Dienstleistungen auf einem bestimmten Markt anzubieten.[194] Eine **Nachfragetätigkeit** reicht seit der EuG-/EuGH-Rechtsprechung in der Rs. Fenin[195] nicht mehr aus – es sei denn, sie gehört zur wirtschaftlichen Tätigkeit des Nachfragers, der Güter und Dienstleistungen auf nachgelagerten Märkten anbietet.[196] Die Kritik[197] ist nicht von der Hand zu weisen, weil der EuGH die Nachfrage strukturell und nicht nur (was vertretbar wäre) sektorspezifisch, nämlich beschränkt auf die Nachfragetätigkeit im Bereich solidarischer sozialer Sicherungssysteme aus dem Kartell- und Missbrauchsverbot ausblendet. Dementsprechend hätte der EuGH eine Lösung über Art. 106 Abs. 2 AEUV suchen und finden können.[198] Für eine wirtschaftliche Tätigkeit spricht ihre **Entgeltlichkeit**.[199] Insbesondere im Hinblick auf **Internetmärkte**, auf denen Google, Facebook u. a. für den Nutzer (vermeintlich) unentgeltliche virtuelle Dienstleistungen anbieten, kann es jedoch nicht darauf ankommen, dass gerade der Empfänger ein (monetäres) Entgelt bezahlt; gegebenenfalls ist darauf abzustellen, dass der Empfänger (unmittelbar) mit seinen Daten oder dass ein Dritter die Dienstleistung (mittelbar) monetär bezahlt, um um den Empfänger werben zu können. Für eine wirtschaftliche Tätigkeit spricht auch das **unternehmerische Risiko** des Betreibers: Rechtsanwälte und Buchhalter hat der EuGH als Unternehmer qualifiziert, weil sie »als Mitglieder eines freien Berufs die mit der Ausübung [ihrer] … Tätigkeiten verbundenen finanziellen Risiken tragen«;[200] gegebenenfalls entstehende Verluste gehen zu ihren Lasten.[201] Der Begriff der wirtschaftlichen Tätigkeit ist zwar mit Produktangeboten auf einem bestimmten Markt verknüpft, verlangt aber keinen unmittelbaren Marktbezug. Das ergibt sich schon daraus, dass bestimmte, gegebenenfalls freigestellte Kooperationen im Bereich von Forschung und Entwicklung unter das Kartellverbot fallen, auch wenn sie nur einen **mittelbaren Marktbezug** aufweisen.[202]

---

[192] *Emmerich*, in: Immenga/Mestmäcker, Art. 101 Abs. 1 AEUV, Rn. 12.
[193] *Emmerich*, in: Immenga/Mestmäcker, Art. 101 Abs. 1 AEUV, Rn. 12.
[194] EuGH, Urt. v. 19.2.2002, Rs. C–309/99 (Wouters), Slg. 2002, I–1577, Rn. 47 (st. Rspr.); s. aus der jüngsten Rspr. auch Urt. v. 28.2.2013, Rs. C–1/12 (OTOC), ECLI:EU:C:2013:127, Rn. 36.
[195] EuG, Urt. v. 4.3.2003, Rs. T–319/99 (FENIN), Slg. 2003, II–357, Rn. 37; im Ergebnis bestätigt durch: EuGH, Urt. v. 11.7.2006, Rs. C–205/03 P (FENIN), Slg. 2006, I–6295, Rn. 25ff.
[196] EuG, Urt. v. 4.3.2003, Rs. T–319/99 (FENIN), Slg. 2003, II–357, Rn. 37; im Ergebnis bestätigt durch: EuGH, Urt. v. 11.7.2006, Rs. C–205/03 P (FENIN), Slg. 2006, I–6295, Rn. 25ff.
[197] Kritisch: *Hengst*, in: Langen/Bunte, Art. 101 AEUV, Rn. 10 m.w.N. und dem Hinweis auf die abweichende BGH-Rspr. (BGH, WuW/E DE-R 1087, 1089) und dem Plädoyer dafür, auch den Nachfragewettbewerb am Kartellverbot zu messen. Kritisch auch: *Schröter*, in: GSH, Europäisches Unionsrecht, Vor Art. 101–105 AEUV, Rn. 65 (»Unvereinbarkeit … mit dem System eines unverfälschten und zugleich wirksamen Wettbewerbs«), der ausdrücklich eine Revision verlangt (Rn. 66); *Füller*, in: Kölner Kommentar, Art. 101 AEUV, Rn. 21, 23ff.
[198] Dafür bereits: *Schröter*, in: GSH, Europäisches Unionsrecht, Vor Art. 101–105 AEUV, Rn. 63.
[199] EuGH, Urt. v. 19.2.2002, Rs. C–309/99 (Wouters), Slg. 2002, I–1577, Rn. 48 (juristische Dienstleistungen gegen Entgelt).
[200] EuGH, Urt. v. 19.2.2002, Rs. C–309/99 (Wouters), Slg. 2002, I–1577, Rn. 48; Urt. v. 28.2.2013, Rs. C–1/12 (OTOC), ECLI:EU:C:2013:127, Rn. 37.
[201] EuGH, Urt. v. 28.2.2013, Rs. C–1/12 (OTOC), ECLI:EU:C:2013:127, Rn. 37.

42 Der **Erwerbszweck** ist kein notwendiges Kriterium wirtschaftlicher Tätigkeit. Der Gerichtshof hat dazu ausgeführt, dass die Tatsache, dass Güter oder Dienstleistungen ohne die Absicht der Gewinnerzielung angeboten werden, dem nicht entgegensteht, dass die Einheit, die diese Tätigkeiten auf dem Markt ausübt, als Unternehmen anzusehen ist, da ihr Angebot mit dem von Wirtschaftsteilnehmern konkurriert, die einen Erwerbszweck verfolgen.[203] **Geistige Tätigkeiten** können ohne weiteres als wirtschaftlich einzustufen sein.[204] Die **Dauer der Tätigkeit** spielt keine Rolle,[205] denn eine einzige Transaktion kann die Funktionsfähigkeit der Märkte auf Dauer schädigen. **Privater Konsum** fällt nicht unter den Unternehmensbegriff.[206]

2. Einzelfälle

43 Der EuGH bejaht die Unternehmenseigenschaft u. a. für **(geprüfte) Buchhalter**,[207] **Energieversorger**[208] und **Fernsehsender**.[209] **Erfinder** sind Unternehmer, soweit sie ihre Erfindung wirtschaftlich verwerten.[210] **Handelsvertreter** (Absatzmittler) sind keine Unternehmen, »wenn sie keines der Risiken aus den für den Geschäftsherrn vermittelten Geschäften tragen und [wenn sie] als Hilfsorgan in das Unternehmen des Geschäftsherren eingegliedert sind«.[211] Betreibt eine Einrichtung wie das **Deutsche Rote Kreuz** Notfall- und Krankentransporte, so ist auch sie insoweit als Unternehmen anzusehen.[212] Selbständige **Berufssportler** sind ohne weiteres Unternehmer;[213] abhängig beschäftigte (Mannschafts-)Sportler können außerhalb ihres Beschäftigungsverhältnisses ebenfalls als Unternehmer agieren.[214] **Berufsmusiker** fallen unter den Unternehmensbegriff, wenn sie ihre Dienstleistungen gegen Entgelt auf einem bestimmten Markt anbieten und

---

[202] Exemplarisch: Erwägungsgrund Nr. 2 der Verordnung (EU) Nr. 1217/2010 der Kommission vom 14.12.2010 über die Anwendung von Art. 101 Abs. 3 AEUV auf bestimmte Gruppen von Vereinbarungen über Forschung und Entwicklung, ABl. 2010, L 335/36; hier: Rn. 146f.; 158.

[203] EuGH, Urt. v. 10.1.2006, Rs. C–222/04 (Cassa di Risparmio di Firenze), Slg. 2006, I–289, Rn. 123; Urt. v. 1.7.2008, Rs. C–49/07 (MOTOE), Slg. 2008, I–4863, Rn. 27; s. auch: EuGH, Urt. v. 16.11.1995, Rs. C–244/94 (Fédération française des sociétés d'assurances), Slg. 1995, I–4013, Rn. 21.

[204] EuGH, Urt. v. 18.6.1998, Rs. C–35/96 (Kommission/Italien), Slg. 1998, I–3886, Rn. 38.

[205] *Bechthold/Bosch/Brinker*, Art. 101 AEUV, Rn. 16 m. w. N. (anders *dies.*, unter Rn. 13); *Schröter*, in: GSH, Europäisches Unionsrecht, Vor Art. 101–105 AEUV, Rn. 61.; anders: *Hengst*, in Langen/Bunte, Art. 101 AEUV, Rn. 8; *Stockenhuber*, in: Grabitz/Hilf/Nettesheim, EU, Art. 101 AEUV (Januar 2016), Rn. 56, 58.

[206] *Emmerich*, in: Immenga/Mestmäcker, Art. 101 Abs. 1 AEUV, Rn. 7 (allg. Meinung); s. auch: *Schröter*, in: GSH, Europäisches Unionsrecht, Vor Art. 101–105 AEUV, Rn. 71–72.

[207] EuGH, Urt. v. 28.2.2013, Rs. C–1/12 (OTOC), ECLI:EU:C:2013:127, Rn. 37; differenzierend: *Füller*, in: Kölner Kommentar, Art. 101 AEUV, Rn. 26 f.

[208] EuGH, Urt. v. 27.4.1994, Rs. C–393/92 (Almelo), Slg. 1994, I–1477, Rn. 34 ff.

[209] EuGH, Urt. v. 30.4.1974, Rs. 155/73 (Sacchi), Slg. 1974, 409, Rn. 14.

[210] Kommission, Entscheidung v. 10.1.1979 (Vaessen/Moris), ABl. 1979, L 19/32 ff., Rn. 12; Kommission, Entscheidung v. 2.12.1975 (AOIP/Beyrard), ABl. 1976, L 6/8, II. 2.

[211] EuGH, Urt. v. 14.12.2006, Rs. C–217/05 (Confederación Española), Slg. 2006, I–11987, Rn. 43 (Tankstellenbetreiber); Urt. v. 11.9.2008, Rs. C–279/06 (CEPSA), Slg. 2008, I–6681, Rn. 36 stellt nur noch auf die Risikoverteilung als »maßgeblich[es] Element« ab; EuG, Urt. v. 15.9.2005, Rs. T–325/01 (DaimlerChrysler), Slg. 2005, II–3319, Rn. 87; s. auch: Mitteilung der Kommission, Leitlinien für vertikale Beschränkungen, ABl. 2010, C 130/1, Rn. 12 ff.; im Detail streitig: s. *Emmerich*, in: Immenga/Mestmäcker, Art. 101 Abs. 1 AEUV, Rn. 185 ff.; *Klement*, WuW 2016, 15.

[212] EuGH, Urt. v. 25.10.2001, Rs. C–475/99 (Glöckner), Slg. 2001, I–8089, Rn. 20, 22.

[213] EuGH, Urt. v. 1.7.2008, Rs. C–49/07 (MOTOE), Slg. 2008, I–4863, Rn. 22; Urt. v. 18.6.2006, Rs. C–519/04 P (Meca Medina und Majcen), Slg. 2006, I–6991, Rn. 22, 28.

[214] *Schröter*, in: GSH, Europäisches Unionsrecht, Vor Art. 101–105 AEUV, Rn. 74.

ihre Tätigkeit als gegenüber ihren Auftraggebern selbständige Wirtschaftsteilnehmer ausüben.[215] **Scheinselbständige**, deren Situation mit der eines Arbeitnehmers vergleichbar ist, fallen hingegen nicht unter den Unternehmensbegriff.[216]

a) Freie Berufe und Berufsverbände

Berufsträger (freie Berufe) wie Fachärzte[217], Rechtsanwälte[218] und (geprüfte) Buchhalter[219] handeln grundsätzlich als Unternehmer. Rechtsanwälte bieten juristische Dienstleistungen gegen Entgelt an;[220] sie tragen die damit verbundenen finanziellen Risiken und sind (auch) aus diesem Grunde als Unternehmer anzusehen.[221] Dass die Dienstleistungen der freien Berufe »komplex und fachspezifisch sind und dass ihre Berufsausübung [bestimmten] Regeln unterliegt, kann an … [der Einordnung als Unternehmen] nichts ändern«.[222] Praktische Bedeutung entfaltet die Einordnung freier Berufe auch und vor allem im Hinblick auf die Regelwerke der Berufsverbände, die im konkreten Einzelfall als Beschlüsse einer Unternehmensvereinigung anzusehen sein können (s. Rn. 72).

44

b) Arbeit und Soziales

Arbeitnehmer sind als solche abhängig beschäftigt und keine Unternehmer,[223] **Tarifverträge** sind grundsätzlich nicht an Art. 101 Abs. 1 AEUV zu messen.[224] Die mit Tarifverträgen angestrebten sozialpolitischen Ziele wären ernsthaft gefährdet, wenn die Sozialpartner bei der gemeinsamen Suche nach Maßnahmen zur Verbesserung der Beschäftigungs- und Arbeitsbedingungen Art. 101 Abs. 1 AEUV unterlägen.[225] Das Kartellverbot ist jedoch anwendbar, wenn die Tarifverträge die Modalitäten unternehmerischer Tätigkeit der Arbeitgeber regeln[226] oder die Arbeitnehmervereinigung im Namen und für Rechnung ihr angehörender **selbständiger Dienstleistungserbringer**

45

---

[215] EuGH, Urt. v. 4.12.2014, Rs. C–413/13 (FNV Kunsten), ECLI:EU:C:2014:2411, Rn. 27 m.w.N.
[216] EuGH, Urt. v. 4.12.2014, Rs. C–413/13 (FNV Kunsten), ECLI:EU:C:2014:2411, Rn. 42, 39; s. auch: Rn. 45.
[217] EuGH, Urt. v. 12.9.2000, verb. Rs. C–180/98–184/98 (Pavlov), Slg. 2000, I–6451, Rn. 77.
[218] EuGH, Urt. v. 19.2.2002, Rs. C–309/99 (Wouters), Slg. 2002, I–1577, Rn. 48f.
[219] EuGH, Urt. v. 28.2.2013, Rs. C–1/12 (OTOC), ECLI:EU:C:2013:127, Rn. 37.
[220] EuGH, Urt. v. 19.2.2002, Rs. C–309/99 (Wouters), Slg. 2002, I–1577, Rn. 48.
[221] EuGH, Urt. v. 19.2.2002, Rs. C–309/99 (Wouters), Slg. 2002, I–1577, Rn. 48.
[222] EuGH, Urt. v. 28.2.2013, Rs. C–1/12 (OTOC), ECLI:EU:C:2013:127, Rn. 38; Urt. v. 19.2.2002, Rs. C–309/99 (Wouters), Slg. 2002, I–1577, Rn. 49; Urt. v. 12.9.2000, verb. Rs. C–180/98–184/98 (Pavlov), Slg. 2000, I–6451, Rn. 77.
[223] EuGH, Urt. v. 16.9.1999, Rs. C–22/98 (Becu), Slg. 1999, I–5665, Rn. 26 ff.; im Ergebnis ebenso: *Füller*, in: Kölner Kommentar, Art. 101 AEUV, Rn. 57, mit dem Hinweis, dass die Selbständigkeit an sich kein konstitutives Merkmal des Unternehmensbegriffs sei.
[224] EuGH, Urt. v. 21.9.1999, Rs. C–67/96 (Albany), Slg. 1999, I–5751, Rn. 60; Urt. v. 4.12.2014, Rs. C–413/13 (FNV Kunsten), ECLI:EU:C:2014:2411, Rn. 23; Urt. v. 21.9.1999, Rs. C–115/97 – C–117/97 (Brentjens), Slg. 1999, I–6025, Rn. 38; s. auch: Urt. v. 12.9.2000, verb. Rs. C–180/98–184/98 (Pavlov), Slg. 2000, I–6451, Rn. 67. *Schuhmacher*, in: Grabitz/Hilf/Nettesheim, EU, Art. 101 AEUV (Januar 2016), Rn. 28, will insoweit nicht an den Unternehmensbegriff anknüpfen.
[225] EuGH, Urt. v. 4.12.2014, Rs. C–413/13 (FNV Kunsten), ECLI:EU:C:2014:2411, Rn. 22; Urt. v. 21.9.1999, Rs. C–67/96 (Albany), Slg. 1999, I–5751, Rn. 60; *Rieble*, ZWeR 2016, 179.
[226] *Bechtold/Bosch/Brinker*, Art. 101 AEUV, Rn. 18, mit dem Beispiel Ladenschluss und dem Hinweis auf Kommission, Entscheidung v. 30.9.1986 (Irish Banks' Standing Committee), ABl. 1986, L 295/28.).

handelt, d. h. gar »nicht als Gewerkschaft und damit als Sozialpartner auftritt, sondern in Wirklichkeit als Unternehmensvereinigung agiert«.[227] Etwas anderes gilt, wenn es sich im konkreten Einzelfall um **Scheinselbständige** handelt, die den unionsrechtlichen Begriff des Arbeitnehmers[228] erfüllen. Bei der **Arbeitsvermittlung** handelt es sich um eine wirtschaftliche Tätigkeit, so dass (auch) eine öffentlich-rechtliche Anstalt für Arbeit, die Arbeitsvermittlung betreibt, als Unternehmen zu qualifizieren ist.[229]

46 Mit Blick auf »Tätigkeiten im Rahmen eines **Systems sozialer Sicherheit**« hat der Gerichtshof entschieden, dass Einrichtungen, die mit der Verwaltung gesetzlicher Kranken- und Rentenversicherungssysteme betraut sind, keine Unternehmen sind, weil sie im Kern einen rein sozialen Zweck verfolgen und keine wirtschaftliche Tätigkeit ausüben.[230] Dies ist insbesondere der Fall bei **Krankenkassen**. Ihre auf dem Grundsatz der nationalen Solidarität beruhende Tätigkeit wird ohne Gewinnerzielungsabsicht ausgeübt, und die Leistungen werden von Gesetzes wegen und unabhängig von der Höhe der Beiträge erbracht.[231] Der EuGH schließt allerdings mit Rücksicht auf den funktionellen Unternehmensbegriff nicht aus, »dass die Krankenkassen und ... die Kassenverbände [auch] ... Geschäftstätigkeiten ausüben, die keinen sozialen, sondern einen wirtschaftlichen Zweck haben«.[232] Kaufen Systeme der sozialen Sicherheit medizinisches Material, um es im Rahmen einer **rein sozialen Tätigkeit** zu verwenden, so werden sie nicht allein deshalb als Unternehmen tätig, weil sie als Käufer auf einem Markt agieren;[233] sie vermögen u. U. zwar eine erhebliche Wirtschaftsmacht auszuüben, die sogar zu einem Nachfragemonopol führen kann. Das ändert jedoch nichts daran, dass sie, soweit die Tätigkeit, zu deren Ausübung sie Erzeugnisse kaufen, nichtwirtschaftlicher Natur ist, nicht als Unternehmen handeln und daher nicht unter Art. 101 Abs. 1 AEUV fallen.[234] De facto führt die EuGH-Rechtsprechung zu einer **ungeschriebenen sozialstaatlichen Bereichsausnahme**. Die Kritik im Schrifttum[235] richtet sich vor allem gegen die Inkohärenz der EuGH-Rechtsprechung und nicht gegen die – unter Berücksichtigung der eingeschränkten Kompetenzen der Europäischen Union in der Sozialpolitik (Art. 4 Abs. 2 Buchstabe b AEUV) vertretbare – Bereitschaft des EuGH, das (sozialpolitische) Primat der Mitgliedstaaten im Rahmen der Europäischen Wettbewerbsregeln zu respektieren.

---

[227] EuGH, Urt. v. 4.12.2014, Rs. C–413/13 (FNV Kunsten), ECLI:EU:C:2014:2411, Rn. 28.
[228] EuGH, Urt. v. 13.1.2004, Rs. C–256/01 (Allonby), Slg. 2004, I–873, Rn. 71 f.; Urt. v. 14.12.1989, Rs. C–3/87 (Agegate), Slg. 1989, 4459, Rn. 36; Urt. v. 16.9.1999, Rs. C–22/98 (Becu), Slg. 1999, I–5665, Rn. 25 ff.
[229] EuGH, Urt. v. 23.4.1991, Rs. C–41/90 (Höfner-Elsner), Slg. 1991, I–1979, Rn. 22.
[230] EuGH, Urt. v. 16.3.2004, verb. Rs. C–264/01, C–306/01, C–354/01 u. C–355/01 (AOK-Bundesverband), Slg. 2004, I–2493, Rn. 47, 61; s. auch Urt. v. 17.2.1993, verb. Rs. C–159/91 u. C–160/91 (Poucet und Pistre), Slg. 1993, I–637, Rn. 18 ff.
[231] EuGH, Urt. v. 16.3.2004, verb. Rs. C–264/01, C–306/01, C–354/01 u. C–355/01 (AOK-Bundesverband), Slg. 2004, I–2493, Rn. 47, 61.
[232] EuGH, Urt. v. 16.3.2004, verb. Rs. C–264/01, C–306/01, C–354/01 u. C–355/01 (AOK-Bundesverband), Slg. 2004, I–2493, Rn. 58.
[233] EuG, Urt. v. 4.3.2003, Rs. T–319/99 (FENIN), Slg. 2003, II–357, Rn. 37; im Ergebnis bestätigt durch: EuGH, Urt. v. 11.7.2006, Rs. C–205/03 P (FENIN), Slg. 2006, I–6295, Rn. 25 ff.
[234] EuG, Urt. v. 4.3.2003, Rs. T–319/99 (FENIN), Slg. 2000, II–357, Rn. 37; im Ergebnis bestätigt durch: EuGH, Urt. v. 11.7.2006, Rs. C–205/03 P (FENIN), Slg. 2006, I–6295, Rn. 25 ff.; kritisch: *Schröter*, in: GSH, Europäisches Unionsrecht, Vor Art. 101–109 AEUV, B., Rn. 30.
[235] Exemplarisch: *Buendia Sierra*, in: Faull & Nikpay, The EC Law of Competition, 2. Aufl. 2007, 6.20 (»not entirely consistent«); im Einzelnen referiert (teils aber überzeichnet) bei: *Schröter*, in: GSH, Europäisches Unionsrecht, Vor Art. 101–105 AEUV, Rn. 82 f.; s. auch: *Füller*, in: Kölner Kommentar, Art. 101 AEUV, Rn. 85, der sachgerechte Lösungen über Art. 106 Abs. 2 AEUV suchen will.

In der Krankenversicherung sind die Bruchstellen jedoch insbesondere mit Blick auf Basis- und Notlagentarife (§§ 152 f. VAG) evident: Private Krankenversicherungsunternehmen sind trotz Kontrahierungszwang (§§ 152 Abs. 2 VAG, 193 Abs. 5 VVG) bzw. Kündigungsausschluss (§ 193 Abs. 7 VVG), trotz Bindung an die Höchstbeiträge in der gesetzlichen Krankenversicherung (§ 152 Abs. 3 Satz 1 VAG) und trotz solidarischer Finanzierung der Krankheitskosten (§§ 153 Abs. 2 Satz 5, 154 VAG) an das Kartellverbot gebunden, gesetzliche Krankenkassen hingegen nicht. Damit stellt sich die Frage, ob auch private Krankenversicherungen teilweise von der Bindung an das Kartellverbot befreit oder umgekehrt gesetzliche Krankenkassen an das Kartellverbot gebunden werden müssen.

Eine Einrichtung, die ein zur Ergänzung einer Grundpflichtversicherung durch Gesetz geschaffenes, **auf Freiwilligkeit beruhendes Rentenversicherungssystem** verwaltet, das insbesondere hinsichtlich der Beitrittsvoraussetzungen, der Beiträge und der Leistungen nach dem Kapitalisierungsprinzip arbeitet, ist ein Unternehmen.[236] Die Einrichtung entfaltet im Wettbewerb mit klassischen Lebensversicherungsunternehmen eine wirtschaftliche Tätigkeit.[237] Im Hinblick auf die Freiwilligkeit ist die Solidarität »äußerst begrenzt«, so dass die Einordnung als Unternehmen auch nicht wieder entfällt.[238] Parallel dazu ist auch ein **Rentenfonds**, der mit der Verwaltung eines Zusatzrentensystems betraut ist, das durch einen Tarifvertrag geschaffen worden ist und bei dem die Mitgliedschaft für alle Arbeitnehmer dieses Wirtschaftszweigs durch den Staat verbindlich vorgeschrieben worden ist, ein Unternehmen;[239] im Hinblick darauf, dass der Betriebsrentenfonds die Höhe der Beiträge und der Leistungen selbst bestimmt und dass der Fonds nach dem Kapitalisierungsprinzip arbeitete,[240] waren die Solidaritätsgesichtspunkte auch in diesem Fall nicht so ausgeprägt, dass die Unternehmenseigenschaft entfiel.

47

c) Staaten und staatliche Einrichtungen

Auch **Staaten und staatliche Einrichtungen** können wirtschaftlich tätig sein.[241] Hoheitliche Tätigkeiten, d. h. Tätigkeiten, die in Ausübung hoheitlicher Befugnisse erfolgen, haben jedoch keinen wirtschaftlichen Charakter, der die Anwendung der Wettbewerbsregeln des Vertrags rechtfertigen würde (s. aber Rn. 36 f.).[242] Dementsprechend fällt die Kontrolle und Überwachung des Luftraums,[243] die Überwachung des Umweltschutzes auf See[244] sowie die Erfassung von Unternehmensdaten aufgrund bestimmter Meldepflichten und die Eröffnung entsprechender Einsichtnahmemöglichkeiten[245] nicht unter

48

---

[236] EuGH, Urt. v. 16. 11. 1995, Rs. C–244/94 (Fédération française des sociétés d'assurances), Slg. 1995, I–4013, Rn. 16 ff.
[237] EuGH, Urt. v. 16. 11. 1995, Rs. C–244/94 (Fédération française des sociétés d'assurances), Slg. 1995, I–4013, Rn. 17.
[238] EuGH, Urt. v. 16. 11. 1995, Rs. C–244/94 (Fédération française des sociétés d'assurances), Slg. 1995, I–4013, Rn. 19.
[239] EuGH, Urt. v. 21. 9. 1999, Rs. C–67/96 (Albany), Slg. 1999, I–5751, Rn. 87.
[240] EuGH, Urt. v. 21. 9. 1999, Rs. C–67/96 (Albany), Slg. 1999, I–5751, Rn. 81.
[241] EuGH, Urt. v. 12. 7. 2012, Rs. C–138/11 (Compass-Datenbank), ECLI:EU:C:2012:449, Rn. 35.
[242] EuGH, Urt. v. 1. 7. 2008, Rs. C–49/07 (MOTOE), Slg. 2008, I–4863, Rn. 24; Urt. v. 19. 1. 1994, Rs. C–364/92 (SAT Fluggesellschaft), Slg. 1994, I–43, Rn. 30 f.; s. auch: Urt. v. 19. 2. 2002, Rs. C–309/99 (Wouters), Slg. 2002, I–1577, Rn. 57; Urt. v. 28. 2. 2013, Rs. C–1/12 (OTOC), ECLI:EU:C:2013:127, Rn. 40; Einzelheiten: *Pauer*, WuW 2013, 1080.
[243] EuGH, Urt. v. 19. 1. 1994, Rs. C–364/92 (SAT Fluggesellschaft), Slg. 1994, I–43, Rn. 30 f.
[244] EuGH, Urt. v. 18. 3. 1997, Rs. C–343/95 (Diego Cali & Figli), Slg. 1997, I–1547, Rn. 22 f.
[245] EuGH, Urt. v. 12. 7. 2012, Rs. C–138/11 (Compass-Datenbank), ECLI:EU:C:2012:449, Rn. 40 f.

den Unternehmensbegriff. Die bloße Tatsache, dass eine Einheit für einen Teil ihrer Tätigkeit über hoheitliche Gewalt verfügt, steht ihrer Einstufung als Unternehmen für den Rest ihrer wirtschaftlichen Tätigkeiten jedoch nicht entgegen.[246] Die Unterscheidung zwischen hoheitlicher und wirtschaftlicher Betätigung ist nämlich für jede von einer Einrichtung ausgeübte Tätigkeit gesondert zu treffen.[247] Ist die wirtschaftliche Tätigkeit [einer öffentlichen Einheit] … mit der Ausübung ihrer hoheitlichen Befugnisse untrennbar verbunden, bleiben sämtliche Tätigkeiten dieser Einheit Tätigkeiten in Ausübung hoheitlicher Befugnisse.[248] Dementsprechend hat der EuGH die Bereitstellung bestimmter Unternehmensdaten gegen ein gesetzlich geregeltes Entgelt als Teil der hoheitlichen Erfassung und der ebenfalls hoheitlichen Eröffnung von Einsichtnahmemöglichkeiten angesehen.[249]

d) Konzerne

49 Ein **Konzern**, der Mutter- und Tochtergesellschaften unter einheitlicher Leitung zusammenfasst, kann als einheitliches Unternehmen, d. h. als eine einzige wirtschaftliche Einheit agieren, »selbst wenn diese [wirtschaftliche] Einheit rechtlich aus mehreren natürlichen oder juristischen Personen gebildet wird«.[250] Es kommt gegebenenfalls also nicht auf die sich aus der Verschiedenheit der Rechtspersönlichkeiten ergebende formale Trennung zwischen zwei Gesellschaften an, sondern vielmehr darauf, ob sich die beiden Gesellschaften auf dem Markt einheitlich verhalten.[251] Verstößt eine solche wirtschaftliche Einheit gegen die Wettbewerbsregeln, so hat sie als solche nach dem **Grundsatz der persönlichen Verantwortung** für diese Zuwiderhandlung einzustehen.[252] Das gilt im Lichte der EuG-Rechtsprechung[253] auch, wenn die als Konzern eingestufte wirtschaftliche Einheit keine eigene Rechtspersönlichkeit besitzt und eine Konzernspitze fehlt.

50 Bei Konzernen ist sorgfältig zwischen Tatbestand und Rechtsfolge des Kartellverstoßes zu unterscheiden:[254] Der **Tatbestand des Art. 101 Abs. 1 AEUV** erfordert eine **monistische Betrachtungsweise**. Es geht um die Identifikation eines Unternehmens als (einheitlicher) Regelungsadressat, ohne dass es auf das gesellschaftsrechtliche Trennungsprinzip ankäme. Die Frage, ob ein Kartellverstoß einer dem Konzern angehören-

---

[246] EuGH, Urt. v. 1.7.2008, Rs. C–49/07 (MOTOE), Slg. 2008, I–4863, Rn. 25; Urt. v. 24.10.2002, Rs. C–82/01 P (Aéroports de Paris), Slg. 2002, I–9297, Rn. 74. Urt. v. 12.7.2012, Rs. C–138/11 (Compass-Datenbank), ECLI:EU:C:2012:449, Rn. 37f.

[247] EuGH, Urt. v. 1.7.2008, Rs. C–49/07 (MOTOE), Slg. 2008, I–4863, Rn. 25.

[248] EuGH, Urt. v. 12.7.2012, Rs. C–138/11 (Compass-Datenbank), ECLI:EU:C:2012:449, Rn. 38; Urt. v. 26.3.2009, C–113/07 P (Selex), Slg. 2009, I–2207, Rn. 72 ff., 96.

[249] EuGH, Urt. v. 12.7.2012, Rs. C–138/11 (Compass-Datenbank), ECLI:EU:C:2012:449, Rn. 39.

[250] EuGH, Urt. v. 17.9.2015, Rs. C–597/13 P (Total), ECLI:EU:C:2015:613, Rn. 33; Urt. v. 12.7.1984, Rs. 170/83 (Hydrotherm), Slg. 1984, 2999, Rn. 11; EuG, Urt. v. 12.1.1995, T–102/92 (Viho), Slg. 1995, II–17, Rn. 50. Im Einzelnen: *Emmerich*, in: Immenga/Mestmäcker, Art. 101 AEUV, Abs. 1, Rn. 10 f., mit dem Hinweis auf die »zweistufige Vorgehensweise« zur Ermittlung des Regelungs- und des (potentiellen) Bußgeldadressaten.

[251] EuGH, Urt. v. 14.7.1972, Rs. 48/69 (Teerfarbenkartell), Slg. 1972, 619, Rn. 11, 136/141.

[252] EuGH, Urt. v. 17.9.2015, Rs. C–597/13 P (Total), ECLI:EU:C:2015:613, Rn. 33; Urt. v. 10.4.2014, verb. Rs. C–231/11 P – 233/11 P (Siemens), ECLI:EU:C:2014:256, Rn. 43 und 44; s. auch: Urt. v. 5.3.2015, verb. Rs. C–93/13 P u. C–123/13 P (Versalis und Eni), ECLI:EU:C:2015:150, Rn. 89.

[253] EuG, Urt. v. 20.3.2002, Rs. T–9/99 (HFB u. a./Kommission), Slg. 2002, II–1487, Rn. 66.

[254] Im Einzelnen: *Emmerich*, in: Immenga/Mestmäcker, Art. 101 AEUV, Abs. 1, Rn. 10 f., mit dem Hinweis auf die »zweistufige Vorgehensweise« zur Ermittlung des Regelungs- und des (potentiellen) Bußgeldadressaten; kritisch u. a.: *Stockenhuber*, in: Grabitz/Hilf/Nettesheim, EU, Art. 101 AEUV (Januar 2016), Rn. 52.

den (natürlichen oder juristischen) Person der anderen zugerechnet werden kann,[255] stellt sich auf der Tatbestandsebene gar nicht (str.)[256]. Dagegen verlangt die **Prüfung der Rechtsfolgen** eine **pluralistische Betrachtungsweise**, die einen Konzern nicht nur als einheitliches Unternehmen sondern als Mehrheit von Rechtssubjekten wahrnimmt: Die Festsetzung eines Bußgelds gegen ein Unternehmen (s. Art. 23 Abs. 2 VO (EG) Nr. 1/2003) kann nämlich nur gegenüber einer bestimmten (natürlichen oder juristischen) Person erfolgen (Bußgeldadressat).[257] Daher kann es insbesondere bei einem an die Muttergesellschaft gerichteten Bußgeldbeschluss darauf ankommen, ob ihr der Kartellverstoß der Tochter (aufgrund ihres bestimmenden Einflusses) zuzurechnen ist oder nicht.[258] Bei der **Bemessung der Geldbuße** knüpft das EuG erneut an das einheitliche Unternehmen an, indem es Grundbetrag und Bußgeldobergrenze (Art. 23 Abs. 2 Satz 2 VO (EG) Nr. 1/2003) anhand des gesamten Umsatzes aller Gesellschaften ermittelt, aus denen das Unternehmen als wirtschaftliche Einheit besteht.[259] Das **Kriterium**, das darüber entscheidet, ob ein auf dem Markt einheitlich auftretendes Unternehmen eine **wirtschaftliche Einheit** bildet und ob das Marktverhalten der einen Konzerngesellschaft (der Tochter) der anderen (der Mutter) zuzurechnen ist, ist identisch: Das Marktverhalten der Tochter kann der Mutter »insbesondere dann zugerechnet werden, wenn die Tochtergesellschaft trotz eigener Rechtspersönlichkeit **ihr Marktverhalten nicht eigenständig bestimmt**, sondern im Wesentlichen Weisungen der Muttergesellschaft befolgt, und zwar vor allem wegen der wirtschaftlichen, organisatorischen und rechtlichen Bindungen zwischen den beiden Rechtssubjekten.[260] Da nämlich in einem solchen Fall die Muttergesellschaft und ihre Tochter Teil ein und derselben wirtschaftlichen Einheit sind und damit ein einziges Unternehmen im Sinne von Art. 101 AEUV bilden, kann die Kommission gegebenenfalls einen Beschluss, mit denen Geldbußen verhängt werden, an die Muttergesellschaft richten, ohne dass deren persönliche Beteiligung an der Zuwiderhandlung nachzuweisen wäre.[261] Maßgeblich ist, ob die Muttergesellschaft in der Lage ist, die Geschäftspolitik der Tochtergesellschaft entscheidend zu beeinflussen, und ob sie von dieser Möglichkeit tatsächlich Gebrauch gemacht hat.[262] Hält eine Muttergesellschaft das gesamte oder nahezu das gesamte Kapital einer Tochtergesellschaft, die gegen die Wettbewerbsregeln der Union verstoßen hat, besteht eine widerlegbare Vermutung dafür, dass diese Muttergesellschaft tatsächlich einen **bestimmenden Einfluss** auf ihre Tochtergesellschaft ausübt.[263] Um die Vermutung zu widerlegen muss die Mutter

---

[255] EuGH, Urt. v. 17. 9. 2015, Rs. C–597/13 P (Total), ECLI:EU:C:2015:613, Rn. 34 f.

[256] A.A.: *Schröter*, in: GSH, Europäisches Unionsrecht, Vor Art. 101–105 AEUV, Rn. 55, der folgerichtig auch die jüngere EuGH-Rspr. – EuGH, Urt. v. 28. 6. 2005, verb. Rs. C–189/02 P, C–202/02 P, C–205/02 P – 208/02 P u. C–213/02 P (Dansk Rørindustri), Slg. 2005, I–5425, Rn. 122 ff.) – als »reichlich konstruiert« kritisiert.

[257] EuGH, Urt. v. 5. 3. 2015, verb. Rs. C–93/13 P u. C–123/13 P (Versalis und Eni), ECLI:EU:C:2015:150, Rn. 40; Urt. v. 10. 9. 2009, Rs. C–97/08 P (Akzo Nobel), Slg. 2009, I–8237, Rn. 57.

[258] EuGH, Urt. v. 5. 3. 2015, verb. Rs. C–93/13 P u. C–123/13 P (Versalis und Eni), ECLI:EU:C:2015:150, Rn. 89 f.; Urt. v. 17. 9. 2015, Rs. C–597/13 P (Total), ECLI:EU:C:2015:613, Rn. 35 f..

[259] EuG, Urt. v. 26. 4. 2007, verb. Rs. T–109/02, T–118/02, T–122/02, T–125/02, T–126/02, T–128/02, T–129/02, T–132/02 u. T–136/02 (Bolloré), Slg. 2007, II–947, Rn. 546; EuG, Urt. v. 3. 3. 2011, verb. Rs. T–122/07–124/07 (Siemens AG Österreich), Slg. 2011, II–793, Rn. 186 m. w. N.

[260] EuGH, Urt. v. 5. 3. 2015, verb. Rs. C–93/13 P u. C–123/13 P (Versalis und Eni), ECLI:EU:C:2015:150, Rn. 40.

[261] EuGH, Urt. v. 5. 3. 2015, verb. Rs. C–93/13 P u. C–123/13 P (Versalis und Eni), ECLI:EU:C:2015:150, Rn. 40.

[262] EuGH, Urt. v. 25. 10. 1983, Rs. 107/8 2 (AEG-Telefunken), Slg. 1983, 3151, Rn. 50.

[263] EuGH, Urt. v. 5. 3. 2015, verb. Rs. C–93/13 P u. C–123/13 P (Versalis und Eni), ECLI:EU:C:2015:150, Rn. 41.

den Nachweis führen, dass die Tochter »nicht nur auf operativer, sondern auch auf finanzieller Ebene völlig eigenständig handeln konnte«.[264] Die Hürde liegt also (sehr) hoch. Komplexe Konzernstrukturen stehen der widerlegbaren Vermutung nicht entgegen: Hält eine Holdinggesellschaft das gesamte Kapital an einer Zwischengesellschaft, die ihrerseits sämtliche Anteile einer (gegen das Kartellverbot verstoßenden) Tochtergesellschaft ihres Konzerns besitzt, so besteht »eine widerlegbare Vermutung [dafür], dass diese Holdinggesellschaft einen bestimmenden Einfluss auf das Verhalten der Zwischengesellschaft und mittelbar durch diese auch auf das Verhalten dieser Tochtergesellschaft ausübt«.[265]

51 **Innerhalb eines Konzerns** ist das Kartellverbot nicht anwendbar (**Konzernprivileg**),[266] weil ein Konzern als ein einheitliches Unternehmen anzusehen ist, Art. 101 Abs. 1 AEUV jedoch an die Kooperation **mehrerer** selbständiger, d. h. wirtschaftlich unabhängiger und autonomer Unternehmen anknüpft.[267] Die Kommission hat diese Lesart in ihren Horizontal-Leitlinien (2011)[268] wie folgt auf den Punkt gebracht: »Unternehmen, die Teil ein und desselben ›Unternehmens‹ im Sinne von Art. 101 Abs. 1 sind, werden … nicht als Wettbewerber angesehen. Art. 101 gilt nur für Vereinbarungen zwischen unabhängigen Unternehmen. Übt eine Gesellschaft (»Muttergesellschaft«) bestimmenden Einfluss über eine andere Gesellschaft (»Tochtergesellschaft«) aus, so bilden beide eine einzige wirtschaftliche Einheit und sind folglich Teil desselben Unternehmens«. Dementsprechend ist Art. 101 AEUV nicht auf die Kooperation von Unternehmen anwendbar, »die als Mutter- und Tochtergesellschaft ein und demselben Konzern angehören, vorausgesetzt, dass die Unternehmen eine wirtschaftliche Einheit bilden, in deren Rahmen die Tochtergesellschaft ihr Vorgehen auf dem Markt nicht wirklich autonom bestimmen kann«.[269] Maßgeblich ist »das einheitliche Vorgehen der Muttergesellschaft und ihrer Tochtergesellschaften auf dem Markt«, nicht die formale Trennung dieser Gesellschaften, die sich aus deren eigener Rechtspersönlichkeit ergibt.[270] Das Konzernprivileg gilt auch, wenn die Konzernleitung den abhängigen Konzernunternehmen Handlungsspielräume eröffnet; es reicht aus, dass sie jederzeit Einfluss nehmen könnte.[271]

---

[264] EuGH, Urt. v. 8. 5. 2013, Rs. C–508/11 P (ENI), ECLI:EU:C:2013:289, Rn. 68.
[265] EuGH, Urt. v. 8. 5. 2013, Rs. C–508/11 P (ENI), ECLI:EU:C:2013:289, Rn. 48; Urt. v. 20. 1. 2011, Rs. C–90/09 P (General Química), Slg. 2011, I–1, Rn. 88; Urt. v. 29. 11. 2011, Rs. C–521/09 P, Rn. 59 (Elf Aquitaine), Slg. 2011, I–8947.
[266] EuGH, Urt. v. 24. 10. 1996, Rs. C–73/95 P (Viho), Slg. 1996, I–5457, Rn. 13 ff.; Urt. v. 14. 7. 1972, Rs. 48/69 (Teerfarbenkartell), Slg. 1972, 619, Rn. 132/135.
[267] Im Einzelnen str.; siehe *Schröter*, in: GSH, Europäisches Unionsrecht, Vor Art. 101–109 AEUV, Rn. 30, und *Schröter/Voet van Vormizeele*, in: GSH, Europäisches Unionsrecht, Art. 101 AEUV, Rn. 99 f.; s. auch: Stockenhuber, in: Grabitz/Hilf/Nettesheim, EU, Art. 101 AEUV (Januar 2016), Rn. 165, und *Füller*, in: Kölner Kommentar, Art. 101 AEUV, Rn. 34, 50 ff., der nicht auf den Unternehmensbegriff, sondern darauf abstellen will, dass zwischen den Konzerngesellschaften kein beschränkbarer Wettbewerb existiert.
[268] Kommission, Horizontal-Leitlinien (Fn. 24), Rn. 11.
[269] EuGH, Urt. v. 11. 4. 1989, Rs. 66/86 (Flugtarife), Slg. 1989, 803, Rn. 35; Urt. v. 14. 7. 1972, Rs. 48/69 (Teerfarbenkartell), Slg. 1972, 619, Rn. 132/135; EuG, Urt. v. 12. 1. 1995, T–102/92 (Viho), Slg. 1995, II–17, Rn. 47. Bestätigung durch: EuGH, Urt. v. 24. 10. 1996, Rs. C–73/95 P (Viho), Slg. 1996, I–5457; s. auch: EuG, Urt. v. 10. 3. 1992, verb. Rs. T–68/89, T–77/89 u. a. (SIV u. a./Kommission), Slg. 1992, II–1403, Rn. 357.
[270] EuG, Urt. v. 12. 1. 1995, T–102/92 (Viho), Slg. 1995, II–17, Rn. 50.
[271] *Hengst*, in: Langen/Bunte, Art. 101 AEUV, Rn. 60, 342.

e) Unternehmen, die mit Dienstleistungen von allgemeinem wirtschaftlichem Interesse betraut sind

Das Kartellverbot gilt auch für (öffentliche) Unternehmen, die mit Dienstleistungen von allgemeinem wirtschaftlichem Interesse (Daseinsvorsorge) betraut sind oder die den Charakter eines Finanzmonopols haben, soweit es die Erfüllung der diesen Unternehmen übertragenen besonderen Aufgaben nicht rechtlich oder tatsächlich verhindert (Art. 106 Abs. 2 AEUV).

II. Unternehmensvereinigungen

Der Begriff der **Unternehmensvereinigung** ist weit auszulegen und erfasst Unternehmensverbände aller Art.[272] Eine Unternehmensvereinigung liegt vor, wenn es sich bei den in ihr vereinigten Einrichtungen um Unternehmen i. S. v. Art. 101 Abs. 1 AEUV handelt.[273] Das ist u. a. bei Berufsträgern der Fall, die sich zu einem Berufsverband zusammenschließen, und bei Banken, die Mitglieder einer Kreditkartenorganisation (Mastercard) sind.[274] Die Einordnung einer Organisation als Unternehmensvereinigung setzt voraus, dass die Mitglieder eine **Interessengemeinschaft** bilden[275] und über **(Mit-) Entscheidungsbefugnisse** verfügen.[276] Beschlüsse der Unternehmensvereinigung werden so zu einer »institutionalisierte[n] Form der Verhaltensabstimmung«.[277] Die Unternehmensvereinigung braucht kein Rechtssubjekt zu sein. Erforderlich, aber auch ausreichend, ist ihre Fähigkeit zur Beschlussfassung.[278] Eine Unternehmensvereinigung ist auch dann Regelungsadressatin, wenn sie selbst keinen Erwerbs- oder Gewinnzweck verfolgt und nicht am Wirtschaftsleben teilnimmt.[279] Es reicht aus, wenn die (nicht notwendig: alle) Mitglieder Unternehmen sind. Es kommt auch nicht darauf an, ob der Unternehmensverband **privat- oder öffentlich-rechtlich organisiert** ist; auch Berufskammern sind Unternehmensvereinigungen i. S. v. Art. 101 Abs. 1 AEUV.[280] Eine Einrichtung, die in einem bestimmten Bereich Regelungsbefugnisse besitzt, fällt u. U. jedoch nicht unter Art. 101 AEUV, wenn diese Einrichtung überwiegend aus Vertretern der öffentlichen Gewalt besteht und bei der Entscheidung eine Reihe von Kriterien des Gemeinwohls beachtet.[281]

D. Koordinierungsmaßnahmen

Art. 101 Abs. 1 AEUV untersagt Unternehmensvereinbarungen, Beschlüsse von Unternehmensvereinigungen und aufeinander abgestimmte Verhaltensweisen, »um eine Form der **Koordinierung zwischen Unternehmen** zu erfassen, die bewusst eine **prakti-**

---

[272] Schröter/Voet van Vormizeele, in: GSH, Europäisches Unionsrecht, Art. 101 AEUV, Rn. 49.
[273] Exemplarisch: EuGH, Urt. v. 28.2.2013, Rs. C–1/12 (OTOC), ECLI:EU:C:2013:127, Rn. 34; Urt. v. 12.9.2000, verb. Rs. C–180/98–184/98 (Pavlov), Slg. 2000, I–6451, Rn. 72 ff.
[274] EuGH, Urt. v. 11.9.2014, Rs. C–382/12 P (Mastercard), ECLI:EU:C:2014:2201, Rn. 64– 72.
[275] EuGH, Urt. v. 11.9.2014, Rs. C–382/12 P (Mastercard), ECLI:EU:C:2014:2201, Rn. 66, 71.
[276] EuGH, Urt. v. 11.9.2014, Rs. C–382/12 P (Mastercard), ECLI:EU:C:2014:2201, Rn. 68.
[277] EuGH, Urt. v. 11.9.2014, Rs. C–382/12 P (Mastercard), ECLI:EU:C:2014:2201, Rn. 64, 69.
[278] *Schröter*, in: GSH, Europäisches Unionsrecht, Vor Art. 101–105 AEUV, Rn. 49.
[279] EuGH, Urt. v. 29.10.1980, Rs. 209/78 (van Landewyck), Slg. 1980, 3125, Rn. 88.
[280] Im Detail: Rn. 72.
[281] EuGH, Urt. v. 12.9.2000, verb. Rs. C–180/98–184/98 (Pavlov), Slg. 2000, I–6451, Rn. 87; vgl. auch: Urt. v. 11.9.2014, Rs. C–382/12 P (Mastercard), ECLI:EU:C:2014:2201, Rn. 64, 69.

sche Zusammenarbeit an die Stelle des mit Risiken verbundenen Wettbewerbs treten lässt«.[282] Die Kriterien der Koordinierung und Zusammenarbeit versteht der EuGH im Sinne des Grundgedankens der Wettbewerbsvorschriften des Vertrages, wonach jedes Unternehmen selbständig zu bestimmen habe, welche Politik es auf dem Binnenmarkt zu betreiben gedenke.[283] Dieses **Selbständigkeitspostulat** beseitige zwar nicht das Recht der Unternehmen, sich dem festgestellten und erwarteten Verhalten der Mitbewerber »mit wachem Sinn« – nach neuerer Diktion: »auf intelligente, aber autonome Weise«[284] – anzupassen; es stehe jedoch »streng jeder unmittelbaren oder mittelbaren Fühlungnahme zwischen Unternehmen entgegen«, die bezwecke oder bewirke, entweder das Marktverhalten eines gegenwärtigen oder potentiellen Mitbewerbers zu beeinflussen oder einen solchen Mitbewerber über das Marktverhalten ins Bild zu setzen, das man selbst an den Tag zu legen entschlossen sei oder in Erwägung ziehe.[285]

55 Im Hinblick auf die in Art. 101 Abs. 1 AEUV geregelten **Erscheinungsformen der Koordinierung** behandelt der EuGH »aufeinander abgestimmte Verhaltensweisen« als Rückfallposition, die »bewirken [soll], dass verschiedene Formen koordinierten Marktverhaltens zwischen Unternehmen unter die Verbote dieser Bestimmung fallen … und so verhindern [soll], dass Unternehmen sich allein durch die Form, in der sie diese Verhalten abstimmen, den Wettbewerbsregeln entziehen können.«[286]

56 Ein Kartellverstoß kann sich »nicht nur aus einer isolierten Handlung, sondern auch aus einer **Reihe von Handlungen** oder einer fortgesetzten Handlung [auf der Basis eines ›Gesamtplans‹] ergeben«.[287] Ein Kartellverstoß setzt umgekehrt jedoch nicht voraus, dass sich die Beteiligten auf der Basis eines gemeinsamen Plans ständig austauschen und auf Dauer miteinander kooperieren. Kartelle sind vielmehr auch dann verboten, wenn sie auf eine **einmalige Kontaktaufnahme** zurückgehen.[288] Unternehmen müssen ihr Marktverhalten »aus eigener Initiative« koordinieren, sodass durch nationale Rechtsvorschriften vorgeschriebene Verhaltensweisen nicht unter Art. 101 Abs. 1 AEUV fallen.[289]

57 **Passive Formen der Beteiligung an einer Zuwiderhandlung** reichen für einen Kartellverstoß aus. Die Kartellbehörden müssen gegebenenfalls nur den Beweis dafür führen (s. Art. 2 VO (EG) Nr. 1/2003), dass ein Unternehmen durch sein Verhalten zur Erreichung der von allen Beteiligten verfolgten gemeinsamen Ziele beitragen wollte und von dem von anderen Unternehmen in Verfolgung dieser Ziele beabsichtigten oder an den Tag gelegten tatsächlichen Verhalten wusste oder dieses vernünftigerweise vorhersehen

---

[282] EuGH, Urt. v. 14.7.1972, Rs. 48/69 (Teerfarbenkartell), Slg. 1972, 619, Rn. 64, 67 (Hervorhebung des Verf.), noch anhand von Art. 85 EWG-Vertrag.
[283] EuGH, Urt. v. 21.1.2016, Rs. C–74/14 (Eturas), ECLI:EU:C:2016:42, Rn. 27; Urt. v. 16.12.1975, verb. Rs. 40–48/73, 50/73, 54–56/73, 111/73, 113/73 u. 114/73 (Zuckerkartell), Slg. 1975, 1663, Rn. 173/174.
[284] EuGH, Urt. v. 11.9.2014, Rs. C–382/12 P (Mastercard), ECLI:EU:C:2014:2201, Rn. 62.
[285] EuGH, Urt. v. 21.1.2016, Rs. C–74/14 (Eturas), ECLI:EU:C:2016:42, Rn. 27; Urt. v. 16.12.1975, verb. Rs. 40–48/73, 50/73, 54–56/73, 111/73, 113/73 u. 114/73 (Zuckerkartell), Slg. 1975, 1663, Rn. 173/174; Urt. v. 4.6.2009, Rs. C–8/08 (T-Mobile Netherlands), Slg. 2009, I–4529, Rn. 33.
[286] EuGH, Urt. v. 11.9.2014, Rs. C–382/12 P (Mastercard), ECLI:EU:C:2014:2201, Rn. 63.
[287] EuGH, Urt. v. 7.1.2004, Rs. C–204/00 P, C–205/00 P, C–211/00 P, C–213/00 P, C–217/00 P u. C–219/00 P (Aalborg/Portland), Slg. 2004, I–123, Rn. 258 (Hervorhebung d. Verfassers).
[288] EuGH, Urt. v. 4.6.2009, Rs. C–8/08 (T-Mobile Netherlands), Slg. 2009, I–4529, Rn. 59f.
[289] EuGH, Urt. v. 11.11.1997, verb. Rs. C–359/95 P und C–379/95 P (Ladbroke), Slg. 1997, I–6301, Rn. 33; sogenannte »Ladbroke«-Doktrin, vgl. *Füller*, in: Kölner Kommentar, Art. 101 AEUV, Rn. 115.

konnte und bereit war, die sich daraus erwachsende Gefahr auf sich zu nehmen.[290] Dementsprechend geht der EuGH davon aus, »dass passive Formen der Beteiligung an der Zuwiderhandlung, wie die Teilnahme eines Unternehmens an Sitzungen, bei denen, ohne dass es sich offen dagegen ausgesprochen hat, wettbewerbswidrige Vereinbarungen getroffen wurden, eine **Komplizenschaft** zum Ausdruck bringen, die geeignet ist, die Verantwortlichkeit des Unternehmens im Rahmen von Art. 101 AEUV zu begründen«.[291] Der EuGH wertet die passive Teilnahme – in Kenntnis der Kollusion – also als Tatbeitrag. Die stillschweigende Billigung einer rechtswidrigen Initiative, ohne sich offen von deren Inhalt zu distanzieren oder sie bei den Behörden anzuzeigen, führe dazu, dass die Fortsetzung der Zuwiderhandlung begünstigt und ihre Entdeckung verhindert werde.[292] Der Gerichtshof hat ebenfalls entschieden, dass die Teilnahme eines Unternehmens an einem wettbewerbswidrigen (kollusiven) Treffen eine Vermutung der Rechtswidrigkeit dieser Teilnahme begründe, die dieses Unternehmen durch den Beweis einer **offenen Distanzierung** widerlegen müsse, die von den anderen Kartellteilnehmern auch als solche verstanden werde.[293] Die offene Distanzierung sei »**unverzichtbares Beweismittel**« dafür, dass es nicht mit einer wettbewerbswidrigen Einstellung teilgenommen habe.[294] Dafür müsse das Unternehmen nachweisen, dass es seine Wettbewerber darauf hingewiesen habe, dass es mit einer anderen Zielsetzung als diese teilgenommen habe.[295]

Ein **Beratungsunternehmen**, das selbst gar nicht auf den von der Beschränkung des Wettbewerbs betroffenen Märkten agiert, kann für eine Zuwiderhandlung gegen Art. 101 Abs. 1 AEUV verantwortlich gemacht werden, wenn es sich – als sog. **cartel facilitator** – aktiv und in voller Kenntnis der Sachlage an der Durchführung oder der Überwachung eines Kartells zwischen Unternehmen beteiligt, die auf einem anderen Markt tätig sind als es selbst.[296] Art. 101 Abs. 1 AEUV bezieht sich allgemein auf alle Vereinbarungen und abgestimmten Verhaltensweisen, die – sei es in horizontalen oder vertikalen Beziehungen – den Wettbewerb im Binnenmarkt verfälschen, unabhängig davon, auf welchem Markt die Parteien tätig sind, und unabhängig davon, dass nur das Geschäftsverhalten einer der Parteien durch die Bedingungen der in Rede stehenden Vereinbarungen betroffen ist.[297]

58

---

[290] EuGH, Urt. v. 22.10.2015, C–194/14 P (AC-Treuhand), ECLI:EU:C:2015:717, Rn. 30; Urt. v. 8.7.1999, Rs. C–49/92 P (Anic Partecipazioni), Slg. 1999, I–4125, Rn. 86 und 87; Urt. v. 7.1.2004, verb. Rs. C–204/00 P, C–205/00 P, C–211/00 P, C–213/00 P, C–217/00 P u. C–219/00 P (Aalborg Portland), Slg. 2004, I–123, Rn. 83.

[291] EuGH, Urt. v. 21.1.2016, Rs. C–74/14 (Eturas), ECLI:EU:C:2016:42, Rn. 28 (Hervorhebung d. Verf.); Urt. v. 22.10.2015, Rs. C–194/14 P (AC-Treuhand), ECLI:EU:C:2015:717, Rn. 31 m. w. N.

[292] EuGH, Urt. v. 21.1.2016, Rs. C–74/14 (Eturas), ECLI:EU:C:2016:42, Rn. 28; Urt. v. 22.10.2015, Rs. C–194/14 P (AC-Treuhand), ECLI:EU:C:2015:717, Rn. 31 m. w. N.

[293] EuGH, Urt. v. 17.9.2015, Rs. C–634/13 P (Total Marketing Services), ECLI:EU:C:2015:614, Rn. 21; Urt. v. 3.5.2012, Rs. C–290/11 (Comap), ECLI:EU:C:2012:271, Rn. 74–76.

[294] EuGH, Urt. v. 17.9.2015, Rs. C–634/13 P (Total Marketing Services), ECLI:EU:C:2015:614, Rn. 22, 20, m. w. N.

[295] EuGH, Urt. v. 17.9.2015, Rs. C–634/13 P (Total Marketing Services), ECLI:EU:C:2015:614, Rn. 20 m. w. N.

[296] EuGH, Urt. v. 22.10.2015, C–194/14 P (AC-Treuhand), ECLI:EU:C:2015:717, Rn. 26 ff.; s. auch die im Ergeb. zust. Anm. *Berg*, EuZW 2016, 24 und die Schlussanträge des Generalanwalts *Wahl* v. 21.5.2015, Rs. C–194/14 P (AC-Treuhand), ECLI:EU:C:2015:350, der das Kartellverbot im Gegensatz dazu nur auf Unternehmen anwenden wollte, die normalerweise Wettbewerbsdruck auf die Marktteilnehmer ausüben, der durch kollusive Handlungen beseitigt oder verringert werden kann (Rn. 62).

[297] EuGH, Urt. v. 22.10.2015, C–194/14 P (AC-Treuhand), ECLI:EU:C:2015:717, Rn. 35.

59 Da Unternehmen in der Regel rechtsfähig aber handlungsunfähig sind, stellt sich die Frage, wer für das Unternehmen gehandelt haben muss, damit ein Rechtsverstoß dieses Unternehmens anzunehmen ist. Der EuGH[298] geht in ständiger Rechtsprechung davon aus, »dass die Anwendung von Art. 101 AEUV keine Handlung und nicht einmal Kenntnisse der Inhaber oder Geschäftsführer des betreffenden Unternehmens voraussetzt, sondern die **Handlung einer Person** genügt, **die berechtigt ist, für das Unternehmen tätig zu werden**«. Es sei nicht erforderlich, dass dieser Berechtigte über eine förmliche Vollmacht verfüge; schließlich finde die Beteiligung an verbotenen Kartellen meistens im Verborgenen statt. Es komme selten vor, dass ein Unternehmensvertreter, der an einem Treffen teilnehme, über eine Vollmacht für die Begehung einer Zuwiderhandlung verfüge.[299] Daher ist »es für die Bejahung des Vorliegens einer den Wettbewerb beschränkenden Vereinbarung nicht notwendig ..., das persönliche Handeln des satzungsgemäßen Vertreters eines Unternehmens oder die in Form einer Vollmacht erteilte persönliche Zustimmung dieses Vertreters zum Handeln eines seiner Mitarbeiter, der an einem wettbewerbswidrigen Treffen teilgenommen hat, nachzuweisen«.[300] Davon abgesehen kann ein Unternehmen auch aufgrund des Fehlverhaltens eines **selbständigen Dienstleisters** für eine abgestimmte Verhaltensweise verantwortlich gemacht werden, »wenn eine der folgenden Voraussetzungen erfüllt ist:

– Der Dienstleister war in Wirklichkeit unter der Leitung oder der Kontrolle des beschuldigten Unternehmens tätig, oder
– das Unternehmen hatte von den wettbewerbswidrigen Zielen seiner Konkurrenten und des Dienstleisters Kenntnis und wollte durch sein eigenes Verhalten dazu beitragen, oder
– das Unternehmen konnte das wettbewerbswidrige Verhalten seiner Konkurrenten und des Dienstleisters vernünftigerweise vorhersehen und war bereit, die daraus erwachsene Gefahr auf sich zu nehmen.«[301]

60 Der **Beweis der Koordinierungsmaßnahme** (s. Art. 2 VO (EG) Nr. 1/2003) ist meist nicht leicht zu führen. Kartellabsprachen sind typischerweise geheim, so dass die Existenz einer aufeinander abgestimmten Verhaltensweise oder einer Vereinbarung »in den meisten Fällen aus einer Reihe von **Koinzidenzen und Indizien** abgeleitet werden muss, die bei einer Gesamtbetrachtung mangels einer anderen schlüssigen Erklärung den Beweis für eine Verletzung der Wettbewerbsregeln darstellen können«.[302] Dementsprechend hat der Gerichtshof im Hinblick auf den möglichen Rückzug eines Kartellbeteiligten entschieden, dass das Fehlen eines unmittelbaren Beweises für die Beteiligung während eines bestimmten Zeitraums unschädlich sei, wenn objektive und übereinstimmende Indizien den Rückschluss auf diese Beteiligung erlaubten.[303]

---

[298] EuGH, Urt. v. 7.2.2013, Rs. C–68/12 (Protimonopolný), ECLI:EU:C:2013:71, Rn. 25; Urt. v. 7.6.1983, verb. Rs. 100/80–103/80 (Musique Diffusion française u. a.), Slg. 1983, 1825, Rn. 97.
[299] EuGH, Urt. v. 7.2.2013, Rs. C–68/12 (Protimonopolný), ECLI:EU:C:2013:71, Rn. 26.
[300] EuGH, Urt. v. 7.2.2013, Rs. C–68/12 (Protimonopolný), ECLI:EU:C:2013:71, Rn. 28; soweit *Schröter/Voet van Vormizeele*, in: GSH, Europäisches Unionsrecht, Art. 101 AEUV, Rn. 45, eine gesetzliche oder rechtsgeschäftliche Vertretungsmacht der handelnden Personen verlangen, dürfte das über die Anforderungen des EuGH hinausgehen.
[301] EuGH, Urt. v. 21.7.2016, Rs. C–542/14 (SIA »VM Remonts«), ECLI:EU:C:2016:578 (Tenor).
[302] EuGH, Urt. v. 21.1.2016, Rs. C–74/14 (Eturas), ECLI:EU:C:2016:42, Rn. 36 (Hervorhebung d. Verf.); Urt. v. 17.9.2015, Rs. C-634/13 P (Total Marketing Services), ECLI:EU:C:2015:614, Rn. 26 m.w.N.; Urt. v. 22.5.2014, Rs. C–35/12 P (ASPLA), ECLI:EU:C:2014:348, Rn. 19 (Bündel von Indizien), 22.
[303] EuGH, Urt. v. 17.9.2015, Rs. C–634/13 P (Total Marketing Services), ECLI:EU:C:2015:614,

Die **Unschuldsvermutung** (Art. 48 Abs. 1 CGR) ist zu beachten; sie führt u. a. dazu, 61
dass allein der E-Mail-Versand einer (avisierten) Preisabsprache im Rahmen eines elektronischen Buchungssystems für Reisebüros noch nicht als hinreichender Beweis für die Kenntnis des E-Mail-Empfängers bewertet werden darf.[304]

Unternehmensvereinbarungen, Beschlüsse von Unternehmensvereinigungen und 62
abgestimmte Verhaltensweisen sind zu unterscheiden, lassen sich jedoch nicht trennscharf gegeneinander abgrenzen.[305] Art. 101 Abs. 1 AEUV erfasst **verschiedene Formen der Kollusion**, die »in subjektiver Hinsicht in ihrer Art übereinstimmen und sich nur in ihrer Intensität und ihren Ausdrucksformen unterscheiden«.[306] Die Formen sind nicht fest umrissen und können sich überschneiden.[307] Eine Maßnahme kann gleichzeitig mehrere Erscheinungsformen des verbotenen Verhaltens verkörpern.[308] Die Trennlinie ist im Ergebnis aber auch nicht ausschlaggebend: Die Rechtsfolgen des Art. 101 AEUV treten bei jeder verbotenen Kooperation ein – gleichgültig, ob die Beteiligten ihr Verhalten vereinbart oder in anderer Form aufeinander abgestimmt haben.[309]

I. Unternehmensvereinbarungen

Eine **Vereinbarung** i. S. v. Art. 101 Abs. 1 AEUV liegt vor, wenn die betreffenden Un- 63
ternehmen ihren gemeinsamen Willen zum Ausdruck gebracht haben, sich auf dem Markt in einer bestimmten Weise zu verhalten.[310] Erforderlich ist also ein Konsens über ein bestimmtes Marktverhalten, den die an dem Kartell beteiligten Unternehmen in irgendeiner Form zum Ausdruck gebracht haben. Eine Vereinbarung wird nämlich nach st. Rspr. des EuGH »dadurch begründet, dass der übereinstimmende Wille mindestens zweier Parteien zum Ausdruck kommt, wobei die Form, in der dies geschieht, als solche nicht entscheidend ist«.[311] Es braucht sich nicht um einen nach nationalem Recht verbindlichen und wirksamen Vertrag zu handeln[312] – ganz abgesehen davon, dass eine

---

Rn. 27; Urt. v. 21. 9. 2006, Rs. C–105/04 P (Nederlandse Federatieve Vereniging voor de Groothandel op Elektrotechnisch Gebied), Slg. 2006, I–8725, Rn. 97 und 98; Urt. v. 6. 12. 2012, Rs. C–441/11 P (Verhuizingen Coppens), ECLI:EU:C:2012:778, Rn. 72.

[304] EuGH, Urt. v. 21. 1. 2016, Rs. C–74/14 (Eturas), ECLI:EU:C:2016:42., Rn. 38 f.

[305] Vertiefend: *Schröter/Voet van Vormizeele*, in: GSH, Europäisches Unionsrecht, Art. 101 AEUV, Rn. 70 ff.

[306] EuGH, Urt. v. 22. 10. 2015, Rs. C–194/14 P (AC-Treuhand), ECLI:EU:C:2015:717, Rn. 29; mit dem Hinweis auf Urt. v. 8.7.92, Rs. C–49/92 P (Anic Partecipazioni), ECLI:EU:C:1999:356, Rn. 112, und auf Urt. v. 4. 6. 2009, Rs. C–8/08 (T-Mobile Netherlands), ECLI:EU:C:2009:343, Rn. 23.

[307] Kommission, Entscheidung v. 5. 12. 2001 (Zitronensäure), ABl. 2002, L 239/18, Rn. 143.

[308] Kommission, Entscheidung v. 5. 12. 2001 (Zitronensäure), ABl. 2002, L 239/18, Rn. 143, mit dem Hinweis darauf, dass »ein Kartell ... gleichzeitig eine Vereinbarung und eine abgestimmte Verhaltensweise darstellen« könne.

[309] EuG, Urt. v. 6. 7. 2000, Rs. T–62/98 (VW/Kommission), Slg. 2000, II–2707, Rn. 237 (»Denn in jedem Fall werden beide Formen der Zuwiderhandlung von Art. 85 EG-Vertrag erfasst«); s. auch: EuG, Urt. v. 20. 3. 2002, Rs. T–9/99 (HFB), Slg. 2002, II–1487, Rn. 188 f.; s. auch: *Stockenhuber*, in: Grabitz/Hilf/Nettesheim, EU, Art. 101 AEUV (Januar 2016), Rn. 89.

[310] EuGH, Urt. v. 22. 10. 2015, Rs. C–194/14 P (AC-Treuhand), ECLI:EU:C:2015:717, Rn. 32; Urt. v. 11. 1. 1990, Rs. C–277/87 (Sandoz), Slg. 1990, I–45, Leitsatz 2; EuG, Urt. v. 26. 10. 2000, Rs. T–41/96 (Bayer), Slg. 2000, II–3383, Rn. 67; Bestätigung durch EuGH, Urt. v. 6. 1. 2004, verb. Rs. C–2/01 P u. C–3/01 P (Bayer), Slg. 2004, I–23, Rn. 92; s. auch: Kommission, Entscheidung v. 5. 12. 2001, ABl. 2002, L 239/18, Rn. 137, die auf einen »gemeinsamen Plan« abstellt.

[311] EuGH, Urt. v. 22. 10. 2015, Rs. C–194/14 P (AC Treuhand), ECLI:EU:C:2015:717, Rn. 28; Urt. v. 13. 7. 2006, Rs. C–74/04 P (Kommission/Volkswagen), 2006, I–6585, Rn. 37.

[312] EuGH, Urt. v. 11. 1. 1990, Rs. C–277/87 (Sandoz), Slg. 1990, I–45, Leitsatz 2.; EuG, Urt. v. 26. 10. 2000, Rs. T–41/96 (Bayer), Slg. 2000, II–3383, Rn. 68.

verbindliche Kartellvereinbarung im Lichte von Art. 101 Abs. 2 AEUV ohnehin eine contradictio in adjecto wäre.[313] Es kommt auch nicht darauf an, ob sich die betreffenden Unternehmen rechtlich, tatsächlich oder moralisch für verpflichtet hielten, sich absprachegemäß zu verhalten.[314] Die Ausdrucksform (mündlich oder schriftlich, ausdrücklich oder konkludent) ist unerheblich.[315] Durchsetzungsmaßnahmen sind nicht erforderlich.[316]

64 **Parteien der Vereinbarung** können Mitbewerber sein, die auf derselben Marktstufe agieren, Unternehmen, die auf unterschiedlichen Märkten oder Marktstufen auftreten,[317] und Unternehmensvereinigungen, soweit deren eigene Tätigkeit oder die der in ihnen zusammengeschlossenen Unternehmen auf die Folgen abzielt, die Art. 101 Abs. 1 AEUV unterbinden will.[318] Dass die Vereinbarung von Personen ausgehandelt und geschlossen wurde, die vom **Staat** ernannt wurden, spielt keine Rolle, solange sie bei der Aushandlung und dem Abschluss dieser Vereinbarung als Vertreter der Unternehmen bzw. Unternehmensvereinigungen zu betrachten sind.[319]

65 **Einseitige Maßnahmen** sind keine Unternehmensvereinbarungen,[320] es sei denn, sie stehen im Kontext eines übergeordneten Konsens: Der EuGH geht davon aus, dass eine Aufforderung eines Kfz-Herstellers an seine Vertragshändler, keine herstellerunabhängigen Leasinggesellschaften zu beliefern, keine einseitige Handlung sondern eine Vereinbarung i. S. v. (heute) Art. 101 Abs. 1 AEUV ist, wenn sie im Rahmen laufender Geschäftsbeziehungen erfolge, die ihrerseits einer im Voraus getroffenen allgemeinen Vereinbarung unterliegen.[321]

II. Abgestimmtes Verhalten

66 Nach Darstellung des EuGH knüpft Art. 101 Abs. 1 AEUV an **aufeinander abgestimmte Verhaltensweisen** an, »um … eine Form der Koordinierung zwischen Unternehmen zu erfassen, die zwar noch nicht bis zum Abschluss eines Vertrages im eigentlichen Sinne gediehen ist, jedoch bewusst eine praktische Zusammenarbeit an die Stelle des mit Risiken verbundenen Wettbewerbs treten lässt«.[322] Die aufeinander abgestimmten Verhaltensweisen erfüllen daher, so der EuGH, schon ihrem Wesen nach nicht alle Tatbestandsmerkmale einer Vereinbarung, sondern können sich insbesondere auch aus einer im Verhalten der Beteiligten zutage tretenden Koordinierung ergeben.[323] Integriert der

---

[313] A.A.: *Schröter/Voet van Vormizeele*, in: GSH, Europäisches Unionsrecht, Art. 101 AEUV, Rn. 40, die die Nichtigkeitsfolge als »Beseitigung der [eigentlichen] Verbindlichkeit« und als Bestätigung dafür interpretieren, dass eine rechtliche oder quasi-rechtliche, moralische oder rein faktische Bindungskraft erforderlich ist.

[314] EuG, Urt. v. 14.5.1998, Rs. T–347/94 (Mayr-Melnhof), Slg. 1998, II–1751, Rn. 65.

[315] EuGH, Urt. v. 13.7.2006, Rs. C–74/04 P (VW II), Slg. 2006, I–6585, Rn. 37ff. (st. Rspr.); *Schröter/Voet van Vormizeele*, in: GSH, Europäisches Unionsrecht, Art. 101 AEUV, Rn. 43.

[316] *Emmerich*, in: Immenga/Mestmäcker, Art. 101 Abs. 1 AEUV, Rn. 56.

[317] EuGH, Urt. v. 13.7.1966, verb. Rs. 56/64 u. 58/64 (Consten/Grundig), Slg. 1966, 322, 387; Urt. v. 24.10.1995, Rs. C–70/93 (BMW), Slg. 1995, I–3439, Rn. 15.

[318] EuGH, Urt. v. 15.5.1975, Rs. 71/74 (Frubo), Slg. 1975, 563, Rn. 30/31.

[319] EuGH, Urt. v. 30.1.1985, Rs. 123/83 (BNIC), Slg. 1985, 391, Rn. 19.

[320] *Schröter/Voet van Vormizeele*, in: GSH, Europäisches Unionsrecht, Art. 101 AEUV, Rn. 47.

[321] EuGH, Urt. v. 24.10.1995, Rs. C–70/93 (BMW), Slg. 1995, I–3439, Rn. 16; Urt. v. 17.9.1985, verb. Rs. 25/84 u. 26/84 (Ford), Slg. 1985, 2725, Rn. 20ff.; Urt. v. 11.1.1990, Rs. C–277/87 (Sandoz), Slg. 1990, I–45, Leitsatz 1; vertiefend: *Hengst*, in: Langen/Bunte, Art. 101 AEUV, Rn. 99–102.

[322] EuGH, Urt. v. 14.7.1972, Rs. 48/69 (Teerfarbenkartell), Slg. 1972, 619, Rn. 64/67, noch anhand von Art. 85 EWG-Vertrag.

[323] EuGH, Urt. v. 14.7.1972, Rs. 48/69 (Teerfarbenkartell), Slg. 1972, 619, Rn. 64/67, noch anhand von Art. 85 EWG-Vertrag.

Betreiber eines online-Reisebuchungssystems für Reisebüros also bestimmte (Höchst-)Rabattsätze in die Funktionalität der Plattform, so liegt in der Nutzung in Kenntnis dieses Rabattsystems eine stillschweigende Billigung der Reisebüros und damit gegebenenfalls auch schon eine Abstimmung des Marktverhaltens.[324]

Bei einem bloßen **Informationsaustausch**, der keinen (mündlichen oder schriftlichen) Konsens über das (künftige) Marktverhalten der Beteiligten erfordert, liegt zwar keine Einigung, d. h. auch keine Unternehmensvereinbarung vor. Eine Abstimmung kann jedoch zu bejahen sein.[325] Ein »eigentliche[r] Plan« zur Koordinierung des Marktverhaltens ist dafür nicht erforderlich.[326] Bereits eine unmittelbare oder mittelbare Fühlungnahme, die bezweckt oder bewirkt, entweder das Marktverhalten eines gegenwärtigen oder potentiellen Mitbewerbers zu beeinflussen oder einen solchen Mitbewerber über das Marktverhalten ins Bild zu setzen, das man selbst an den Tag zu legen entschlossen ist oder in Erwägung zieht«, reicht aus.[327] Daraus folgt, dass ein **Informationensautausch** unter Wettbewerbern gegen die Wettbewerbsregeln verstoßen kann, wenn er den Grad der Ungewissheit über das fragliche Marktgeschehen verringert oder beseitigt und dadurch zu einer Beschränkung des Wettbewerbs zwischen den Unternehmen führt (im Einzelnen: Rn. 152 ff.).[328] Praktische Bedeutung entfaltet das Tatbestandsmerkmal der abgestimmten Verhaltensweise in Fällen wie diesen auch und vor allem prozessual:[329] Ein Informationsaustausch lässt sich viel leichter nachweisen als eine Unternehmensvereinbarung. 67

Bei der **Prüfung abgestimmten Marktverhaltens** verlangt der EuGH einen **Dreischritt**: Bereits der Begriff der abgestimmten Verhaltensweise setzt (1.) die Abstimmung zwischen den Unternehmen, (2.) ein dieser entsprechendes Marktverhalten und (3.) einen ursächlichen Zusammenhang zwischen beiden voraus.[330] Eine **Abstimmung** erfordert keine (ausdrückliche oder konkludente) Einigung auf ein gemeinsames Marktverhalten. Es reicht vielmehr aus, dass die Beteiligten Kontakt aufnehmen und ihr künftiges Marktverhalten in der (gegebenenfalls auch unausgesprochenen) wechselseitigen Erwartung avisieren, dass sich auch die jeweils anderen Beteiligten daran orientieren werden. Beteiligte, die dem Kartellvorwurf entgehen wollen, müssen sich von der Koordinierung des Marktverhaltens distanzieren oder die Kartellbehörden einschalten; andernfalls 68

---

[324] EuGH, Urt. v. 21.1.2016, Rs. C–74/14 (Eturas), ECLI:EU:C:2016:42, zu den Anforderungen an eine Distanzierung: Rn. 46 ff.

[325] EuGH, Urt. v. 28.5.1998, Rs. C–7/95 P (John Deere), Slg. 1998, I–3111, Rn. 89 f., im Falle eines Informationssystems, das u. a. (an sich geheime) Umsatzzahlen umfasste und einen oligopolistischen Markt betraf.

[326] EuGH, Urt. v. 28.5.1998, Rs. C–7/95 P (John Deere), Slg. 1998, I–3111, Rn. 86; Urt. v. 14.7.1981, Rs. 172/80 (Züchner), Slg. 1981, 2021, Rn. 13; Urt. v. 16.12.1975, verb. Rs. 40–48/73, 50/73, 54–56/73, 111/73, 113/73 u. 114/73 (Zuckerkartell), Slg. 1975, 1663, Rn. 173.

[327] EuGH, Urt. v. 16.12.1975, verb. Rs. 40–48/73, 50/73, 54–56/73, 111/73, 113/73 u. 114/73 (Zuckerkartell), Slg. 1975, 1663, Rn. 173/174; s. auch: Urt. v. 28.5.1998, Rs. C–7/95 P (John Deere), Slg. 1998, I–3111, Rn. 87.

[328] EuGH, Urt. v. 19.3.2015, Rs. C–286/13 P (Dole Food), ECLI:EU:C:2015:184, Rn. 121 m. w. N.; Urt. v. 2.10.2003, Rs. C–194/99 P (Thyssen Stahl), Slg. 2003, I 10821, Rn. 81; Urt. v. 4.6.2009, Rs. C–8/08 (T-Mobile Netherlands), Slg. 2009, I–4529, Rn. 35 m. w. N.

[329] S. auch: *Emmerich*, in Immenga/Mestmäcker, Art. 101 Abs. 1 AEUV, Rn. 83, 85.

[330] EuGH, Urt. v. 21.1.2016, Rs. C–74/14 (Eturas), ECLI:EU:C:2016:42, Rn. 42; Urt. v. 19.3.2015 (Dole Food), Rs. C–286/13 P, ECLI:EU:C:2015:184, Rn. 126; Urt. v. 4.6.2009, Rs. C–8/08 (T-Mobile Netherlands), Slg. 2009, I–4529, Rn. 51; s. auch: *Füller*, in: Kölner Kommentar, Art. 101 AEUV, Rn. 139 (erfolgsqualifizierte Koordinationsform).

geht der EuGH[331] von einer **Komplizenschaft** in Form stillschweigenden Billigung des Kartells aus (s. Rn. 57). Das **Marktverhalten** kann aus einem Tun oder Unterlassen bestehen,[332] das auf die Abstimmung zurückzuführen ist. Die **Kausalitätsvermutung** ist integraler Bestandteil des Kartellverbots:[333] Im Falle eines Informationsaustausches gilt vorbehaltlich des den betroffenen Unternehmen obliegenden Gegenbeweises die Vermutung, »dass die an der Abstimmung beteiligten und weiterhin auf dem Markt tätigen Unternehmen die mit ihren Wettbewerbern ausgetauschten Informationen bei der Festlegung ihres Marktverhaltens berücksichtigen«.[334] Das entspricht allgemeiner Lebenserfahrung und gilt umso mehr, aber keineswegs nur,[335] wenn die Abstimmung während eines langen Zeitraums stattfindet. Die These *Schröters* und *Voet van Vormizeeles*, für die lediglich bezweckte aber noch nicht bewirkte Beschränkung des Wettbewerbs bleibe angesichts der Prüfung der Abstimmung *und* des abgestimmten Marktverhaltens kein Raum mehr,[336] trifft so nicht zu. Das abgestimmte Marktverhalten braucht nämlich (im Hinblick auf das Tatbestandsmerkmal »abgestimmtes Verhalten«) nicht daraufhin überprüft zu werden, ob es mit einer (spürbaren) Beschränkung des Wettbewerbs einhergeht. Es reicht aus, dass die Abstimmung (z. B. der Informationsaustausch unter Konkurrenten) überhaupt in das Marktverhalten (z. B. in die Preisfestsetzung) einfließt. Davon ist aufgrund der Kausalitätsvermutung auszugehen.

69 **Abgestimmtes und autonomes Parallelverhalten** sind gegeneinander abzugrenzen. Reagieren mehrere Unternehmen unabhängig voneinander identisch auf bestimmte Marktfaktoren, so liegt darin kein Kartellverstoß: Erhöht sich der Rohstoffpreis und erhöhen mehrere Mitbewerber auf dem Produktmarkt daraufhin ihre Preise, so liegt darin ein autonomes, rechtlich nicht zu beanstandendes Parallelverhalten. Ein Parallelverhalten kann allerdings ein »wichtiges Indiz« für eine Koordinierung sein, wenn es an plausiblen Erklärungen für die Parallelität fehlt.[337] In der Praxis finden gleichförmige, nur durch eine Koordinierung des Marktverhaltens zu erklärende Preiserhöhungen indes kaum noch statt, so dass der Rückschluss von externen Marktentwicklungen auf die interne Koordinierung unter den Marktteilnehmern, nur selten gelingt. Dies ist eine der Erklärungen für die herausragende Bedeutung der Kronzeugenregelung.[338]

70 Ein **Parallelverhalten**, das auf eine frühere, inzwischen formal außer Kraft getretene Kartellvereinbarung zurückzuführen ist, fällt unter das Kartellverbot;[339] es kommt maßgeblich auf das wirtschaftliche Ergebnis, nicht auf die Rechtsform des Kartells an. Dagegen ist das (bewusste) Parallelverhalten als solches nicht zu beanstanden; soweit die Kommission in ihren Leitlinien[340] betont, dass das Europäische Wettbewerbsrecht auch

---

[331] EuGH, Urt. v. 28. 6. 2005, verb. Rs. C–189/02 P, C–202/02 P, C–205/02 P – 208/02 P u. C–213/02 P (Dansk Rørindustri), Slg. 2005, I–5425, Rn. 143 (zu einer Unternehmensvereinbarung).
[332] *Schröter/Voet van Vormizeele*, in: GSH, Europäisches Unionsrecht, Art. 101 AEUV, Rn. 61.
[333] EuGH, Urt. v. 4. 6. 2009, Rs. C–8/08 (T-Mobile Netherlands), Slg. 2009, I–4529, Rn. 52.
[334] EuGH, Urt. v. 4. 6. 2009, Rs. C–8/08 (T-Mobile Netherlands), Slg. 2009, I–4529, Rn. 51; Urt. v. 19. 3. 2015, Rs. C–286/13 P (Dole Food), ECLI:EU:C:2015:184, Rn. 127; grundlegend: Urt. v. 8. 7. 1999, Rs. C–49/92 P (Kommission/Anic Partezipazioni), Slg. 1999, I–4125, Rn. 121; Urt. v. 8. 7. 1999, Rs. C–199/92 (Hüls), Slg. 1999, I–4287, Rn. 162.
[335] EuGH, Urt. v. 4. 6. 2009, Rs. C–8/08 (T-Mobile Netherlands), Slg. 2009, I–4529, Rn. 58.
[336] *Schröter/Voet van Vormizeele*, in: GSH, Europäisches Unionsrecht, Art. 101 AEUV, Rn. 62.
[337] EuGH, Urt. v. 14. 7. 1972, Rs. 48/69 (Teerfarbenkartell), Slg. 1972, 619, Rn. 64/67; Urt. v. 13. 7. 1989, Rs. 395/87 (Tournier), Slg. 1989, 2521, Rn. 24.
[338] Kommission, Mitteilung über den Erlass und die Ermäßigung von Geldbußen (Fn. 62); hier: Rn. 197.
[339] EuGH, Urt. v. 3. 7. 1985, Rs. 243/83 (Binon), Slg. 1985, 2015, Rn. 17.
[340] Kommission, Leitlinien für vertikale Beschränkungen (Fn. 211), Rn. 100 (Fn. 1).

»die stillschweigende Kollusion (bewusstes Parallelverhalten)« verhindern wolle, ist das jedenfalls missverständlich.

III. Beschlüsse einer Unternehmensvereinigung

Beschlüsse sind Ergebnis kollektiver Entscheidungsprozesse innerhalb einer Unternehmensvereinigung, die als »kooperativer Willensakt«[341] zu einer »institutionalisierten Form der Verhaltensabstimmung« führen.[342] Das ist bspw. bei der Festlegung bestimmter Bankenentgelte im Rahmen eines von den beteiligten Banken gemeinsamen betriebenen Kreditkartensystems (Mastercard) der Fall.[343] Die Mitglieder müssen an diesen Entscheidungsprozessen beteiligt sein bzw. die Möglichkeit haben, sich daran zu beteiligen. Haben Sie keinerlei Entscheidungsbefugnisse fehlt es schon an einer Unternehmensvereinigung (s. Rn. 53). Im Falle von **Mehrheitsbeschlüssen** verstoßen grundsätzlich auch die Unternehmen gegen das Kartellverbot, die gegen den Beschluss gestimmt, sich enthalten oder sich gar nicht an der Beschlussfassung beteiligt haben;[344] gegebenenfalls bedarf es also auch bei Beschlüssen einer **offenen Distanzierung**.[345] Unverbindliche Beschlüsse fallen ebenso unter Art. 101 AEUV wie unverbindliche Unternehmensvereinbarungen (s. o.).[346] Denn der mit der Einbeziehung der Beschlüsse verfolgte Zweck, Umgehungen des Kartellverbots zu verhindern, kann praktische Wirksamkeit nur dann entfalten, wenn an den Beschluss einer Unternehmensvereinigung keine weitergehenden Anforderungen als an den Begriff der Vereinbarung gestellt werden.[347] Dementsprechend behandelt auch der EuGH **unverbindliche Empfehlungen** unabhängig von ihrer rechtlichen Einordnung als Beschlüsse, wenn sie ein »getreuer Ausdruck des Willens« der Unternehmensvereinigung sind, »das Verhalten [ihrer] Mitglieder ... zu koordinieren«.[348]

71

Im Hinblick auf die **Regelwerke freier Berufe** ist zu unterscheiden: Hat ein Mitgliedstaat Rechtsetzungsbefugnisse auf einen Berufsverband übertragen, hat er »Kriterien des Allgemeininteresses und wesentliche Grundsätze festgelegt, die bei der Satzungsgebung zu beachten sind, und behält er die Letztentscheidungsbefugnis«, so sind die vom Berufsverband aufgestellten Regeln »staatliche Regeln und unterliegen nicht den für die Unternehmen geltenden Bestimmungen« des AEUV.[349] In allen anderen Fällen sind die Regelwerke allein dem Berufsverband zuzurechnen, mit der Folge, dass sie als Beschlüsse einer Unternehmensvereinigung an Art. 101 Abs. 1 AEUV zu messen sind.[350]

72

---

[341] *Schröter/Voet van Vormizeele*, in: GSH, Europäisches Unionsrecht, Art. 101 AEUV, Rn. 48.
[342] EuGH, Urt. v. 11.9.2014, Rs. C–382/12 P (Mastercard), ECLI:EU:C:2014:2201, Rn. 69.
[343] EuGH, Urt. v. 11.9.2014, Rs. C–382/12 P (Mastercard), ECLI:EU:C:2014:2201.
[344] *Schröter/Voet van Vormizeele*, in: GSH, Europäisches Unionsrecht, Art. 101 AEUV, Rn. 50.
[345] Dazu: Rn. 57.
[346] BGH, Urt. v. 14.8.2008, KvR 54/07 (Lottoblock), WRP 2008, 1456, unter 2. a) aa) (2); a. A.: *Schröter/Voet van Vormizeele*, in: GSH, Europäisches Unionsrecht, Art. 101 AEUV, Rn. 42, die (ebenso wie bei der Unternehmensvereinbarung) eine faktische Bindungswirkung verlangen; wie hier: *Füller*, in: Kölner Kommentar, Art. 101 AEUV, Rn. 137.
[347] BGH, Urt. v. 14.8.2008, KvR 54/07 (Lottoblock), WRP 2008, 1456, unter 2. a) aa) (2), unter Berufung auf *Mestmäcker/Schweitzer*, § 9, Rn. 10; zur Hauptfunktion des Tatbestandsmerkmals, Umgehungen des Kartellverbots zu verhindern, auch: *Schröter/Voet van Vormizeele*, in: GSH, Europäisches Unionsrecht, Art. 101 AEUV, Rn. 48.
[348] EuGH, Urt. v. 27.1.1987, Rs. 45/85 (Sachversicherer), Slg. 1987, 405, Rn. 32.
[349] EuGH, Urt. v. 19.2.2002, Rs. C–309/99 (Wouters), Slg. 2002, I–1577, Rn. 68.
[350] *Emmerich*, in: Immenga/Mestmäcker, Art. 101 Abs. 1 AEUV, Rn. 39.

E. Wettbewerbsbeschränkung

I. Begriff und Funktion

1. Wettbewerbs- als Freiheitsbeschränkung

73 Der Begriff der **Wettbewerbsbeschränkung** umfasst i.S. eines Oberbegriffs die Verhinderung, Einschränkung oder Verfälschung des Wettbewerbs i.S.v. Art. 101 Abs. 1 AEUV.[351] Der Begriff des Wettbewerbs ist indes nicht ohne weiteres greifbar. Die Definitionen sind Legion.[352] Man hat den Wettbewerb u.a. als »Prozess schöpferischer Zerstörung« (*Clark*)[353] und als »Entdeckungsverfahren« (*von Hayeck*) beschrieben. Rechtlich handhabbar wird der Begriff dadurch, dass man ihn mit der Dogmatik des EU-Rechts und dem Freiheitsbegriff des Rechts[354] verknüpft: Die Europäische Union begreift den redlichen (= lauteren)[355] und »wirksamen Wettbewerb« (EuGH)[356] als einen Marktmechanismus, der den »Wohlstand der Verbraucher« fördert, eine »effiziente Ressourcenallokation« gewährleistet und den Binnenmarkt, d.h. die gegenseitige Durchdringung der Märkte vorantreibt.[357] Dieser Marktmechanismus setzt vor allem die **reale Entscheidungsfreiheit der Marktteilnehmer** voraus,[358] so dass der EuGH[359] bei der Prüfung möglicher Beschränkungen des Wettbewerbs mit Recht an die Beschränkung der Handlungsfreiheit der Unternehmen anknüpft. Er behandelt »eine Vereinbarung, die die geschäftliche Handlungsfreiheit der Händler, zu der die Freiheit der Wahl ihrer Kunden gehört, dadurch einschränkt, dass sie sie verpflichtet, nur an im Vertragsgebiet ansässige Kunden zu verkaufen« als Beschränkung des Wettbewerbs.[360] Der Einwand, die Funktion des Kartellrechts könne nicht darin bestehen, ausgerechnet die Handlungsfreiheit der an der Kartellvereinbarung beteiligten Unternehmen zu schützen,[361] ist zurückzuweisen: Begeben sich die Unternehmen bestimmter Handlungsoptionen, so beschränken sie ihren Wettbewerb untereinander; sie koordinieren einen Teil des Marktgeschehens. Damit ist der Tatbestand der Wettbewerbsbeschränkung an sich erfüllt. Richtig ist zwar, dass Art. 101 Abs. 1 AEUV diese Koordination vor allem aufgrund

---

[351] *Emmerich*, in: Immenga/Mestmäcker, Art. 101 Abs. 1 AEUV, Rn. 106 (umfassender Oberbegriff); a.A.: *Schröter/Voet van Vormizeele*, in: GSH, Europäisches Unionsrecht, Art. 101 AEUV, Rn. 84 (Wettbewerbsverfälschung als Oberbegriff).

[352] Beispiele bei *Schröter*, in: GSH, Europäisches Unionsrecht, Art. 101 AEUV, Rn. 17.

[353] *Clark*, AER 45 (1955), S. 456, 472.

[354] *Kant*, Metaphysik der Sitten, 1798: »Das Recht ist also der Inbegriff der Bedingungen, unter denen die Willkür des einen mit der Willkür des anderen nach einem allgemeinen Gesetze der Freiheit zusammen vereinigt werden kann.«

[355] Dazu *Stockenhuber*, in: Grabitz/Hilf/Nettesheim, EU, Art. 101 AEUV (Januar 2016), Rn. 137–140, mit dem richtigen Hinweis darauf, dass es auf den »unionsrechtlichen Lauterkeitsstandard« ankommt.

[356] EuGH, Urt. v. 21.2.1973, Rs. 6/72 (Continental Can), Slg. 1973, 215, Rn. 23 ff.

[357] Kommission, Leitlinien zur Anwendung von Art. 81 Abs. 3 EG (Fn. 33), Rn. 13.

[358] Im Ergebnis ähnlich: *Schröter*, in: GSH, Europäisches Unionsrecht, Art. 101 AEUV, Rn. 21; *Schröter/Voet van Vormizeele*, in: GSH, Europäisches Unionsrecht, Art. 101 AEUV, Rn. 74 f. (individuelle Freiheit als unverzichtbare Voraussetzung des Wettbewerbs«).

[359] EuGH, Urt. v. 28.4.1998, Rs. C–306/96 (Javico), Slg. 1998, I–1983, Rn. 13.

[360] EuGH, Urt. v. 28.4.1998, Rs. C–306/96 (Javico), Slg. 1998, I–1983, Rn. 13; Urt. v. 21.2.1984, Rs. 86/82 (Hasselblad), Slg. 1984, 883, Rn. 46; Urt. v. 24.10.1995, Rs. C–70/93 (BMW), Slg. 1995, I–3439, Rn. 19, 21; siehe auch: *Emmerich*, in: Immenga/Mestmäcker, Art. 101 Abs. 1 AEUV, Rn. 110 m.w.N.

[361] Dazu: *Emmerich*, in: Immenga/Mestmäcker, Art. 101 Abs. 1 AEUV, Rn. 110 m.w.N.

externer Effekte, d. h. deswegen untersagt, weil sie die Funktionsfähigkeit der Märkte zu Lasten anderer Marktteilnehmer – insbesondere zu Lasten der Konsumentenwohlfahrt – beeinträchtigt. Das braucht jedoch nicht eigens geprüft zu werden (str.).[362] Der EuGH betont in seiner jüngeren Rechtsprechung zwar, dass »[n]icht jede Vereinbarung zwischen Unternehmen oder jeder Beschluss einer Unternehmensvereinigung, durch die die Handlungsfreiheit der Parteien oder einer der Parteien beschränkt« werde, zwangsläufig unter das Kartellverbot falle.[363] Bei der Anwendung des Art. 101 AEUV im Einzelfall sei »nämlich der Gesamtzusammenhang«, d. h. insbesondere die Zielsetzung der Maßnahme zu würdigen.[364] Das heißt aber nicht, dass nunmehr die Prüfung der Konsumentenwohlfahrt und der Effizienz der Ressourcenallokation anstünde.[365] Es geht vielmehr um eine wertende Betrachtungsweise, die zwischen den unvermeidlichen, jeder (verbindlichen) Unternehmensvereinbarung eigenen Beschränkungen und den überschießenden Beschränkungen des Wettbewerbs unterscheidet.

Art. 101 Abs. 1 AEUV schützt die **Funktionsfähigkeit des (aktuellen und potentiellen) Wettbewerbs** und ist »nicht nur dazu bestimmt, die unmittelbaren Interessen einzelner Wettbewerber oder Verbraucher zu schützen«. Er schützt vielmehr »die Struktur des Marktes und damit den Wettbewerb als solchen«.[366] Daher setzt die Feststellung, dass mit einer bestimmten Maßnahme ein wettbewerbswidriger Zweck verfolgt wird, auch nicht voraus, dass »den Endverbrauchern die Vorteile eines wirksamen Wettbewerbs … vorenthalten werden.[367] Ebenso wenig kommt es darauf an, dass die Maßnahme (gerade) die Interessen eines Mitbewerbers verletzt, der legal auf dem relevanten Markt agiert.[368] 74

Die Beschränkung des Wettbewerbs braucht – über die (gesondert zu prüfende, spürbare) Beeinträchtigung des grenzüberschreitenden Handels hinaus – nicht darauf angelegt zu sein, den **Binnenmarkt** gerade **in seiner geographischen Dimension** zu beeinträchtigen: Der EuGH hat Maßnahmen, »durch die nationale Märkte nach [i.S.v.: entlang der] nationalen Grenzen abgeschottet werden sollten oder durch die die gegenseitige Durchdringung der nationalen Märkte erschwert wurde« zwar als Maßnahmen qualifiziert, die eine Beschränkung des Wettbewerbs i. S. v. Art. 101 Abs. 1 AEUV bezwecken.[369] Das heißt jedoch keineswegs, dass nur Maßnahmen zu beanstanden wären, die spezifisch auf die Rekonfiguration nationaler Märkte ausgerichtet sind. 75

---

[362] Im Detail: *Emmerich*, in: Immenga/Mestmäcker, Art. 101 Abs. 1 AEUV, Rn. 110 m. w. N.
[363] EuGH, Urt. v. 18. 7. 2006, Rs. C–519/04 P (Meca-Medina), Slg. 2006, I–6691, Rn. 42. Das betont auch *Stockenhuber*, in: Grabitz/Hilf/Nettesheim, EU, Art. 101 AEUV (Januar 2016), Rn. 148 ff.
[364] EuGH, Urt. v. 18. 7. 2006, Rs. C–519/04 P (Meca-Medina), Slg. 2006, I–6691, Rn. 42.
[365] Im Ergebnis wie hier: *Hengst*, in: Langen/Bunte, Art. 101 AEUV, Rn. 149.
[366] EuGH, Urt. v. 7. 2. 2013, Rs. C–68/12 (Protimonopolný), ECLI:EU:C:2013:71, Rn. 18; Urt. v. 6. 10. 2009, verb. Rs. C–501/06 P, C–513/06 P, C–515/06 P u. C–519/06 P (GlaxoSmithKline), Slg. 2009, I–9291, Rn. 63; hier: Rn. 8; zur Berücksichtigung des potentiellen Wettbewerbs: *Füller*, in: Kölner Kommentar, Art. 101 AEUV, Rn. 177 ff.
[367] EuGH, Urt. v. 6. 10. 2009, verb. Rs. C–501/06 P, C–513/06 P, C–515/06 P u. C–519/06 P (GlaxoSmithKline), Slg. 2009, I–9291, Rn. 63.
[368] EuGH, Urt. v. 7. 2. 2013, Rs. C–68/12 (Protimonopolný), ECLI:EU:C:2013:71, Leitsatz 1 sowie Rn. 21.
[369] EuGH, Urt. v. 6. 10. 2009, verb. Rs. C–501/06 P, C–513/06 P, C–515/06 P u. C–519/06 P (GlaxoSmithKline), Slg. 2009, I–9291, Rn. 61.

2. Wettbewerbsbeschränkung durch Nebenabreden

76 Bei der Prüfung der Wettbewerbsbeschränkung findet grundsätzlich **keine Bilanzierung positiver und negativer Effekte** statt: Art. 101 Abs. 1 AEUV kennt **keine Rule of Reason**,[370] so dass (angeblich) prokompetitive Effekte erst im Rahmen von Absatz 3 berücksichtigt werden können.[371] Jede andere Interpretation wäre mit der Regelungssystematik unvereinbar und würde dazu führen, dass Art. 101 Abs. 3 AEUV seine praktische Wirksamkeit verlöre. Dementsprechend ist auch bei einer **Wettbewerbsbeschränkung durch Nebenabreden** nicht abzuwägen, sondern nur objektiv und abstrakt zu prüfen, »ob die Beschränkung im besonderen Rahmen der Hauptmaßnahme für die Verwirklichung dieser Maßnahme notwendig ist«.[372] Ist der Hauptgegenstand einer Kooperationsmaßnahme nicht mit einer Beschränkung des Wettbewerbs verbunden, so prüft die Kommission, ob eine periphere Bestimmung, die (isoliert betrachtet) mit einer Beschränkung des Wettbewerbs einherginge, als bloße Nebenabrede einzustufen ist.[373] Nebenabrede ist jede mit der Durchführung einer Hauptmaßnahme unmittelbar verbundene und für diese notwendige Einschränkung.[374] Gegebenenfalls soll die Nebenabrede ebenso wenig unter das Kartellverbot fallen wie der Hauptgegenstand.[375] Tatsächlich fällt nach ständiger Rechtsprechung des EuGH »dann, wenn eine bestimmte Maßnahme oder Tätigkeit wegen ihrer Neutralität oder ihrer positiven Wirkung auf den Wettbewerb nicht von dem grundsätzlichen Verbot des [Art. 101 Abs. 1 AEUV] … erfasst wird, auch eine Beschränkung der geschäftlichen Selbständigkeit eines oder mehrerer an dieser Maßnahme oder Tätigkeit Beteiligten nicht unter dieses grundsätzliche Verbot, wenn sie für die Durchführung dieser Maßnahme oder Tätigkeit objektiv notwendig ist und zu den Zielen der einen oder der anderen in einem angemessenen Verhältnis steht«.[376] Denn wenn es nicht möglich ist, so der EUGH, »eine solche Beschränkung von der Hauptmaßnahme oder Haupttätigkeit zu unterscheiden, ohne deren Bestehen oder Ziele zu gefährden, müsse die Vereinbarkeit dieser Beschränkung zusammen mit der Vereinbarkeit der Hauptmaßnahme oder Haupttätigkeit, für die sie eine Nebenabrede bildet, mit Art. 101 AEUV untersucht werden, und dies auch dann, wenn die Beschränkung als solche auf den ersten Blick unter das grundsätzliche Verbot des Art. 101 Abs. 1 AEUV zu fallen scheine.«[377]

---

[370] EuG, Urt. v. 23.10.2003, Rs. T–65/98 (van den Bergh Foods), Slg. 2003, II–4653, Rn. 106.
[371] EuG, Urt. v. 24.5.2012, Rs. T–111/08 (Mastercard), ECLI:EU:T:2012:260, Rn. 182 (»Eine Abwägung der wettbewerbsfördernden und der wettbewerbsbeschränkenden Aspekte einer Beschränkung kann … nur im Rahmen von [Art. 101 Abs. 3 AEUV] … stattfinden.«); bestätigt durch: EuGH, Urt. v. 11.9.2014, Rs. C–382/12 P (Mastercard), ECLI:EU:C:2014:2201, Rn. 180ff.; Urt. v. 28.1.1986, Rs. 161/84 (Pronuptia), Slg. 1986, 353, Rn. 24; EuG, Urt. v. 23.10.2003, Rs. T–65/98 (van den Bergh Foods), Slg. 2003, II–4653, Rn. 107 mit umfangreichen Nachweisen.
[372] EuG, Urt. v. 24.5.2012, Rs. T–111/08 (Mastercard), ECLI:EU:T:2012:260, Rn. 80; s. auch: *Füller*, in: Kölner Kommentar, Art. 101 AEUV, Rn. 244.
[373] Kommission, Leitlinien über den Begriff der Beeinträchtigung des zwischenstaatlichen Handels (Fn. 109), Rn. 28ff.
[374] *Emmerich*, in: Immenga/Mestmäcker, Art. 101 Abs. 1 AEUV, Rn. 139; *Stockenhuber*, in: Grabitz/Hilf/Nettesheim, EU, Art. 101 AEUV (Januar 2016), Rn. 151.
[375] EuGH, Urt. v. 12.12.1995, Rs. C–399/93 (Luttikhuis), Slg. 1995, I–4515, Rn. 12ff.; Kommission, Leitlinien zur Anwendung von Art. 81 Abs. 3 EG-Vertrag (Fn. 33), Rn. 29.
[376] EuGH, Urt. v. 11.9.2014, Rs. C–382/12 P (Mastercard), ECLI:EU:C:2014:2201, Rn. 89; Urt. v. Rs. 42/84 (Remia), Slg. 1985, 2545, Rn. 19 und 20; Urt. v. 28.1.1986, Rs. 161/84 (Pronuptia), Slg. 1986, 353, Rn. 15 bis 17.
[377] EuGH, Urt. v. 11.9.2014, Rs. C–382/12 P (Mastercard), ECLI:EU:C:2014:2201, Rn. 91.

Bei der Prüfung, ob eine wettbewerbswidrige Beschränkung nicht vom Verbot des 77
Art. 101 Abs. 1 AEUV erfasst wird, weil sie eine Nebenabrede zu einer Hauptmaßnahme bildet, die keinen wettbewerbswidrigen Charakter hat, muss ermittelt werden, ob die Durchführung dieser Maßnahme ohne die fragliche Beschränkung **unmöglich** wäre. Der Umstand, dass die Maßnahme ohne die Beschränkung nur schwerer durchführbar oder weniger rentabel wäre, verleiht dieser Beschränkung nicht den für ihre Qualifizierung als Nebenabrede erforderlichen Charakter einer »objektiv notwendigen« Beschränkung.[378] Diese Auslegung würde nämlich darauf hinauslaufen, diesen Begriff auf Beschränkungen auszudehnen, die für die Durchführung der Hauptmaßnahme nicht strikt unerlässlich sind.[379] Dieses Ergebnis würde die praktische Wirksamkeit des in Art. 101 Abs. 1 AEUV ausgesprochenen Verbots beeinträchtigen.[380] Die Nebenabrede muss verhältnismäßig sein. Bestehen realistische Alternativen, die den Wettbewerb weniger beschränken, so ist die Nebenabrede als wettbewerbswidrig zu beanstanden.[381]

Musterbeispiele für Nebenabreden finden sich in **Franchisesystemen** (Hauptgegenstand), die als solche prokompetitiv wirken, die jedoch ohne bestimmte wettbewerbsbeschränkende Nebenabreden nicht realisierbar wären; solche Nebenabreden verstoßen nicht gegen Art. 101 Abs. 1 AEUV, so dass es auf Absatz 3 ausnahmsweise nicht ankommen soll.[382] Die Rechtsfigur der Nebenabrede trägt indes in dieser Fallgruppe nur, wenn der **Marktzugang** ohne die Nebenabrede tatsächlich entfiele. Denn nur dann führt die Nebenabrede nicht zu einer Beschränkung des bestehenden Wettbewerbs, sondern zur Entstehung eines – wenn auch beschränkten – Wettbewerbs.[383] 78

II. Bezwecken oder Bewirken

Eine Maßnahme i. S. v. Art. 101 Abs. 1 AEUV ist nur dann mit dem Binnenmarkt unvereinbar und verboten, wenn sie eine Beschränkung des Wettbewerbs **bezweckt oder bewirkt**. Dies ist – wie die Konjunktion »oder« erkennen lässt – alternativ zu verstehen.[384] Die Unterscheidung beruht darauf, dass bestimmte Formen der Kollusion zwischen Unternehmen schon ihrer Natur nach als schädlich »für das gute Funktionieren des normalen Wettbewerbs« angesehen werden können.[385] Der EuGH[386] prüft zunächst »den eigentlichen Zweck« der Maßnahme unter Berücksichtigung der »wirtschaftlichen Begleitumstände ihrer Durchführung«. Steht fest, dass die Maßnahme eine Beschrän- 79

---

[378] EuGH, Urt. v. 11. 9. 2014, Rs. C–382/12 P (Mastercard), ECLI:EU:C:2014:2201, Rn. 91.
[379] EuGH, Urt. v. 11. 9. 2014, Rs. C–382/12 P (Mastercard), ECLI:EU:C:2014:2201, Rn. 91.
[380] EuGH, Urt. v. 11. 9. 2014, Rs. C–382/12 P (Mastercard), ECLI:EU:C:2014:2201, Rn. 91.
[381] EuGH, Urt. v. 11. 9. 2014, Rs. C–382/12 P (Mastercard), ECLI:EU:C:2014:2201, Rn. 109.
[382] EuGH, Urt. v. 28. 1. 1986, Rs. 161/84 (Pronuptia), Slg. 1986, 353, Rn. 9 ff.; im Detail: Rn. 181 ff.
[383] Dazu auch *Hengst*, in: Langen/Bunte, Art. 101 AEUV, Rn. 179 (»unerlässlich für die Marktschließung«), 180, 186 ff., 344 ff.; ausführlicher zum Thema »Nebenabreden«: *Emmerich*, in: Immenga/Mestmäcker, Art. 101 Abs. 1 AEUV, Rn. 138 ff.
[384] Grundlegend: EuGH, Urt. v. 30. 6. 1966, Rs. 56/65 (LTM/MBU), Slg. 1966, 282, 303; Urt. v. 14. 3. 2013, Rs. C–32/11 (Allianz Hungária), ECLI:EU:C:2013:160, Rn. 33; Urt. v. 16. 7. 2015, Rs. C–172/14 (ING Pensii), ECLI:EU:C:2015:484, Rn. 30.
[385] EuGH, Urt. v. 14. 3. 2013, Rs. C–32/11 (Allianz Hungária), ECLI:EU:C:2013:160, Rn. 35; Urt. v. 20. 11. 2008, Rs. C–209/07 (Beef Industry Development Society und Barry Brothers), Slg. 2008, I–8637, Rn. 17; Urt. v. 4. 6. 2009, Rs. C–8/08 (T-Mobile Netherlands), Slg. 2009, I–4529, Rn. 29; Urt. v. 13. 12. 2012, Rs. C–226/11 (Expedia), ECLI:EU:C:2012:795, Rn. 36.
[386] EuGH, Urt. v. 26. 11. 2015, Rs. C–345/14 (Maxima Latvija), ECLI:EU:C:2015:784, Rn. 16; Urt. v. 14. 3. 2013, Rs. C–32/11 (Allianz Hungária), ECLI:EU:C:2013:160, Rn. 33.

kung des Wettbewerbs bezweckt, brauchen ihre Auswirkungen auf den Wettbewerb nicht mehr geprüft zu werden.[387]

1. Bezweckte Beschränkung des Wettbewerbs

80 Der **Begriff der »bezweckten« Beschränkung des Wettbewerbs** ist **eng** auszulegen und erfasst nur **Koordinierungsmaßnahmen, die die hinreichende Beeinträchtigung des Wettbewerbs bereits in sich tragen** und bei denen eine Prüfung der Auswirkungen nicht mehr notwendig ist.[388] Dementsprechend **bezweckt** eine Maßnahme eine Wettbewerbsbeschränkung, wenn eine individuelle und konkrete Prüfung des Inhalts und des Ziels dieser Maßnahme sowie des wirtschaftlichen und rechtlichen Zusammenhangs, in dem sie steht, ergibt, dass sie schon **ihrer Natur nach schädlich für das gute Funktionieren des normalen Wettbewerbs** auf dem betroffenen Markt bzw. auf mindestens einem der betroffenen Märkte ist.[389] Das nimmt der EuGH u. a. bei horizontalen Preis- und Mengenabsprachen[390] (s. auch: Rn. 96) und bei der Begrenzung des Parallelhandels mit Arzneimitteln[391] an. Bei der Prüfung der Frage, ob eine Maßnahme eine Wettbewerbsbeschränkung bezweckt, ist auf den Inhalt ihrer Bestimmungen und die mit ihr verfolgten Ziele sowie auf den wirtschaftlichen und rechtlichen Zusammenhang abzustellen, in dem sie steht.[392] Dabei sind auch die Natur der betroffenen Waren und Dienstleistungen, die auf dem betreffenden Markt oder den betreffenden Märkten bestehenden tatsächlichen Bedingungen und die Struktur dieses Marktes oder dieser Märkte zu berücksichtigen.[393]

81 Der EuGH versteht den **Begriff des Bezweckens** nicht – jedenfalls nicht in erster Linie – subjektiv, i. S. der Intention der Beteiligten, sondern objektiv: Er fragt danach, ob die Maßnahme das Potential hat, negative Auswirkungen auf den Wettbewerb zu entfalten, d. h. ob sie **konkret geeignet** ist, zu einer Verhinderung, Einschränkung oder Verfälschung des Wettbewerbs innerhalb des Binnenmarktes zu führen.[394] Der EuGH verlangt insoweit eine **Prognose**: Es komme darauf an, dass der Wettbewerb »wahrscheinlich

---

[387] EuGH, Urt. v. 26.11.2015, Rs. C–345/14 (Maxima Latvija), ECLI:EU:C:2015:784, Rn. 17; Urt. v. 14.3.2013, Rs. C–32/11 (Allianz Hungária), ECLI:EU:C:2013:160, Rn. 34; Urt. v. 12.12.2012, Rs. C–226/11 (Expedia), ECLI:EU:C:2012:795, Rn. 35 f.

[388] EuGH, Urt. v. 26.11.2015, Rs. C–345/14 (Maxima Latvija), ECLI:EU:C:2015:784, Rn. 18 und 20 (»dass eine solche Vereinbarung in sich selbst eine hinreichende Beeinträchtigung des Wettbewerbs erkennen lässt); s. auch: Urt. v. 11.9.2014, Rs. C–67/13 P (CB), ECLI:EU:C:2014:2204, Rn. 58.

[389] EuGH, Urt. v. 14.3.2013, Rs. C–32/11 (Allianz Hungária), ECLI:EU:C:2013:160, Rn. 51; Urt. v. 16.7.2015, Rs. C–172/14 (ING Pensii), ECLI:EU:C:2015:484, Rn. 31.

[390] EuGH, Urt. v. 26.11.2015, Rs. C–345/14 (Maxima Latvija), ECLI:EU:C:2015:784, Rn. 19; Urt. v. 19.3.2015, Rs. C–286/13 P (Dole Food), ECLI:EU:C:2015:184, Rn. 115; Urt. v. 20.11.2008, Rs. C–209/07 (Beef Industry Development Society), Slg. 2008, I–8637, Rn. 40 (Mengenabsprache); vgl. auch: Rn. 83.

[391] EuGH, Urt. v. 6.10.2009, verb. Rs. C–501/06 P, C–513/06 P, C–515/06 P u. C–519/06 P (Glaxo SmithKline), Slg. 2009, I–9291, Rn. 59.

[392] EuGH, Urt. v. 14.3.2013, Rs. C–32/11 (Allianz Hungária), ECLI:EU:C:2013:160, Rn. 36; Urt. v. 6.10.2009, verb. Rs. C–501/06 P, C–513/06 P, C–515/06 P u. C–519/06 P (Glaxo SmithKline), Slg. 2009, I–9291, Rn. 58; Urt. v. 4.10.2011, verb. Rs. C–403/08 u. C–429/08 (Football Association Premier League), Slg. 2011, I–9083, Rn. 136; Urt. v. 13.10.2011, Rs. C–439/09 (Pierre Fabre Dermo-Cosmétique), Slg. 2011, I–9419, Rn. 35.

[393] EuGH, Urt. v. 14.3.2013, Rs. C–32/11 (Allianz Hungária), ECLI:EU:C:2013:160, Rn. 36; Urt. v. 13.12.2012, Rs. C–226/11 (Expedia), ECLI:EU:C:2012:795, Rn. 21.

[394] EuGH, Urt. v. 14.3.2013, Rs. C–32/11 (Allianz Hungária), ECLI:EU:C:2013:160, Rn. 38.

beseitigt oder erheblich geschwächt« werde.[395] Um die Gefahr einer solchen Folge beurteilen zu können, sei insbesondere die Struktur des Marktes, die Existenz alternativer Vertriebswege und deren jeweilige Bedeutung sowie die Marktmacht der betroffenen Unternehmen zu berücksichtigen.[396]

Die **Intention der Beteiligten** kann zu berücksichtigen sein, auch wenn eine Beschränkungsabsicht kein notwendiges Element ist, um festzustellen, ob eine Vereinbarung wettbewerbsbeschränkenden Charakter hat.[397] Die **Art der Maßnahme** spielt grundsätzlich keine Rolle: nicht nur horizontale sondern auch vertikale Formen der Kollusion können eine Wettbewerbsbeschränkung bezwecken.[398] Ein wettbewerbsbeschränkender Zweck einer Maßnahme kann auch angenommen werden, wenn sie nicht ausschließlich auf eine Beschränkung des Wettbewerbs abzielt, sondern auch andere, zulässige Zwecke verfolgt.[399] Ob und in welchem Ausmaß eine wettbewerbswidrige Wirkung tatsächlich eintritt, ist in Fällen einer bezweckten Beschränkung des Wettbewerbs allenfalls noch für die Bemessung der Höhe etwaiger Geldbußen und für Ansprüche auf Schadensersatz von Bedeutung.[400]

82

Bei **Kernbeschränkungen**, die von Hause aus geeignet sind, zu einer Verhinderung, Einschränkung oder Verfälschung des Wettbewerbs zu führen, ist in der Regel – aber nicht: ohne weiteres – davon auszugehen, dass sie objektiv eine Beschränkung des Wettbewerbs bezwecken.[401] Das gilt im **Horizontalverhältnis** bei **Preisabsprachen** (s.: Art. 101 Abs. 1 Buchst. a AEUV)[402], bei der **Begrenzung von Produktionsmengen** (s. Art. 101 Abs. 1 Buchst. b AEUV [Einschränkung der Erzeugung]) und bei der **Aufteilung von Märkten und Kunden** (s. Art. 101 Abs. 1 Buchst. c AEUV).[403] Die Erfahrung zeigt, dass insbesondere die horizontale **Festsetzung der Preise** durch Kartelle »Minderungen der Produktion und Preiserhöhungen nach sich ziehen, die zu einer schlechten Verteilung der Ressourcen zulasten insbesondere der Verbraucher führen«.[404]

83

Kundenaufteilungen hat der EuGH als »besonders schädliche Formen der Kollusion« bezeichnet, die »offensichtlich ebenso wie Preisvereinbarungen zur Kategorie der schwerwiegendsten Wettbewerbsbeschränkungen« gehörten,[405] hat daraus jedoch in

84

---

[395] EuGH, Urt. v. 14.3.2013, Rs. C–32/11 (Allianz Hungária), ECLI:EU:C:2013:160, Rn. 48.
[396] EuGH, Urt. v. 14.3.2013, Rs. C–32/11 (Allianz Hungária), ECLI:EU:C:2013:160, Rn. 48.
[397] EuGH, Urt. v. 14.3.2013, Rs. C–32/11 (Allianz Hungária), ECLI:EU:C:2013:160, Rn. 37, unter Berufung auf Urt. v. 6.10.2009, verb. Rs. C–501/06 P, C–513/06 P, C–515/06 P u. C–519/06 P (Glaxo SmithKline), Slg. 2009, I–9291, Rn. 58, und die dort angeführte Rspr.; Urt. v. 19.3.2015, Rs. C–286/13 P (Dole Food), ECLI:EU:C:2015:184, Rn. 118.
[398] EuGH, Urt. v. 14.3.2013, Rs. C–32/11 (Allianz Hungária), ECLI:EU:C:2013:160, Rn. 43; grundlegend: Urt. v. 13.7.1966, verb. Rs. 56/64 u. 58/64 (Consten/Grundig), Slg. 1966, 322, 387.
[399] EuGH, Urt. v. 6.4.2006, Rs. C–551/03 P (General Motors), Slg. 2006, I–3173, Rn. 64; EuG, Urt. v. 29.6.2012, Rs. T–360/09 (E.ON-Ruhrgas), ECLI:EU:T:2012:332, Rn. 143.
[400] EuGH, Urt. v. 14.3.2013, Rs. C–32/11 (Allianz Hungária), ECLI:EU:C:2013:160, Rn. 38; Urt. v. 4.6.2009, Rs. C–8/08 (T-Mobile Netherlands), Slg. 2009, I–4529, Rn. 31; s. auch: Urt. v. 16.7.2015, Rs. C–172/14 (ING Pensii), ECLI:EU:C:2015:484 (Leitsatz): Bezweckt eine Kundenaufteilung eine Beschränkung des Wettbewerbs, kommt es auf die Zahl der davon betroffenen Kunden nicht mehr an.
[401] Kommission, Leitlinien zur Anwendung von Art. 81 Abs. 3 EG-Vertrag (Fn. 33), Rn. 23; *Emmerich*, in: Immenga/Mestmäcker, Art. 101 Abs. 1 AEUV, Rn. 177; kritisch zu den Leitlinien der Kommission: *Schröter/Voet van Vormizeele*, in: GSH, Europäisches Unionsrecht, Art. 101 AEUV, Rn. 124.
[402] EuGH, Urt. v. 26.11.2015, Rs. C–345/14 (Maxima Latvija), ECLI:EU:C:2015:784, Rn. 19.
[403] Dazu: EuGH, Urt. v. 16.7.2015, Rs. C–172/14 (ING Pensii), ECLI:EU:C:2015:484, Rn. 31 ff.
[404] EuGH, Urt. v. 26.11.2015, Rs. C–345/14 (Maxima Latvija), ECLI:EU:C:2015:784, Rn. 19; Urt. v. 11.9.2014, Rs. C–67/13 P (CB), ECLI:EU:C:2014:2204, Rn. 51.
[405] EuGH, Urt. v. 16.7.2015, Rs. C–172/14 (ING Pensii), ECLI:EU:C:2015:484, Rn. 32.

der Rechtsache *Ing Pensii* (Kundenaufteilung auf dem rumänischen Markt für private Pensionsfonds) nicht den Schluss gezogen, dass Kundenaufteilungen automatisch eine Beschränkung des Wettbewerbs bezweckten; vielmehr hat er auch solche Maßnahmen im Lichte ihres konkreten wirtschaftlichen und rechtlichen Zusammenhangs (s. Rn. 80) untersucht und das Bezwecken erst auf dieser Grundlage bejaht.[406] Auch **Kernbeschränkungen im Vertikalverhältnis** bezwecken im Regelfall eine Beschränkung des Wettbewerbs. Das gilt für die **Preisbindung der zweiten Hand** und die **Festsetzung von Mindestpreisen** (s. Art. 4 Buchst. a VO (EU) Nr. 330/2010) sowie für **Beschränkungen des Gebiets oder der Kundengruppe, in das oder an die ein Abnehmer verkaufen darf** (s. Art. 4 Buchst. b VO (EU) Nr. 330/2010, mit bestimmten Ausnahmen).[407] Dagegen bedeutet der Umstand, dass ein gewerblicher Mietvertrag über Supermarktflächen in einem Einkaufszentrum eine Klausel enthält, die dem Mieter das Recht einräumt, der Vermietung an andere Mieter zu widersprechen, für sich genommen nicht, dass dieser Vertrag eine Einschränkung des Wettbewerbs im Sinne dieser Bestimmung bezweckt.[408]

85 Ein **Informationsaustausch**, der geeignet ist, die Unsicherheiten unter den Beteiligten hinsichtlich des Zeitpunkts, des Ausmaßes und der Modalitäten der von dem betreffenden Unternehmen vorzunehmenden (Preis-)Anpassung(en) auszuräumen, verfolgt einen wettbewerbswidrigen Zweck.[409] Diese Feststellung setzte im konkreten Einzelfall nicht voraus, dass ein unmittelbarer Zusammenhang mit den Verbraucherpreisen erkennbar gewesen wäre.[410]

2. Bewirkte Beschränkung des Wettbewerbs

86 Lässt die Prüfung des Inhalts der Maßnahme keine hinreichende Beeinträchtigung des Wettbewerbs erkennen, sind ihre »**Auswirkungen** … auf die Wettbewerbsparameter im Markt wie namentlich Preis, Menge und Qualität der Produkte und Dienstleistungen« zu prüfen[411] und mit dem kontrafaktischen (realistisch rekonstruierten) Wettbewerb zu vergleichen, wie er ohne die (angebliche) Wettbewerbsbeschränkung bestünde.[412] Dabei ist gegebenenfalls den Marktentwicklungen Rechnung zu tragen, die ohne die Koordinierungsmaßnahmen eintreten würden.[413] Diese sind unter Berücksichtigung »des wirtschaftlichen und rechtlichen Zusammenhangs« zu beurteilen, »in dem die betreffenden Unternehmen tätig sind«, sowie unter Berücksichtigung »der Natur der betroffen Waren und Dienstleistungen, der auf dem betreffenden Markt oder den betreffenden Märkten bestehenden tatsächlichen Bedingungen und der Struktur dieses Marktes oder

---

[406] EuGH, Urt. v. 16.7.2015, Rs. C–172/14 (ING Pensii), ECLI:EU:C:2015:484, Rn. 53.
[407] Kommission, Leitlinien zur Anwendung von Art. 81 Abs. 3 EG-Vertrag (Fn. 33), Rn. 23.
[408] EuGH, Urt. v. 26.11.2015, Rs. C–345/14 (Maxima Latvija), ECLI:EU:C:2015:784, Rn. 24.
[409] EuGH, Urt. v. 19.3.2015, Rs. C–286/13 P (Dole Food), ECLI:EU:C:2015:184, Rn. 122.
[410] EuGH, Urt. v. 19.3.2015, Rs. C–286/13 P (Dole Food), ECLI:EU:C:2015:184, Rn. 125; Urt. v. 4.6.2009, Rs. C–8/08 (T-Mobile Netherlands), Slg. 2009, I–4529, Rn. 38 f.
[411] EuGH, Urt. v. 11.9.2014, Rs. C–382/12 P (Mastercard), ECLI:EU:C:2014:2201, Rn. 164.
[412] EuGH, Urt. v. 11.9.2014, Rs. C–382/12 P (Mastercard), ECLI:EU:C:2014:2201, Rn. 161 m.w.N.; Urt. v. 28.5.1998, Rs. C–7/95 P (John Deere), Slg. 1998, I–3111, Rn. 76 m.w.N.; Urt. v. 21.1.1999, verb. Rs. C–215/96 u. C–216/96 (Bagnasco), Slg. 1999, I–135, Rn. 33; EuG, Urt. v. 2.5.2006, Rs. T–328/03 (O2), Slg. 2006, II–1243, Rn. 68.
[413] EuGH, Urt. v. 11.9.2014, Rs. C–382/12 P (Mastercard), ECLI:EU:C:2014:2201, Rn. 166.

dieser Märkte.⁴¹⁴ Berücksichtigte Umstände müssen nicht zu dem relevanten Markt gehören.⁴¹⁵ Daraus folgt, dass

(1.) sämtliche Umstände zu berücksichtigen sind, die über den **Marktzugang** bestimmen; maßgeblich ist, ob (potentielle) Mitbewerber unter Berücksichtigung möglicher »wirtschaftlicher, administrativer oder rechtlicher Hindernisse« über »wirkliche und konkrete Möglichkeiten« verfügen, auf dem relevanten Markt Fuß zu fassen;⁴¹⁶

(2.) die Bedingungen zu beurteilen sind, unter denen der **Wettbewerb auf dem relevanten Markt** stattfindet; hierbei geht es nicht nur um die Zahl und die Größe der auf diesem Markt tätigen Wirtschaftsteilnehmer, sondern auch um den Grad der Konzentration dieses Marktes, die Treue der Verbraucher zu bestehenden Geschäften und die Konsumgewohnheiten.⁴¹⁷

Damit die Maßnahme vom Verbot erfasst wird, müssen Umstände vorliegen, aus denen sich insgesamt ergibt, dass **der Wettbewerb tatsächlich spürbar verhindert, eingeschränkt oder verfälscht** worden ist.⁴¹⁸ Die Beurteilung soll sich nicht auf tatsächliche Auswirkungen beschränken; vielmehr sollen auch **potentielle Auswirkungen** Berücksichtigung finden.⁴¹⁹ Die **Prüfung des hypothetischen Wettbewerbs** hält die Rechtsprechung vor allem dann für geboten, wenn sich die Vereinbarung gerade für das Eindringen eines Unternehmens in ein Gebiet, in dem es bisher nicht tätig war, als notwendig erweist,⁴²⁰ wenn es sich um Märkte handelt, die sich auf dem Weg der Liberalisierung befinden, oder wenn es um neue, sich erst herausbildende Märkte geht, wo die Wirksamkeit des Wettbewerbs z. B. wegen des Vorhandensein eines Marktbeherrschers, der konzentrierten Struktur des Marktes oder des Bestehens erheblicher Zugangsbeschränkungen problematisch sein könne.⁴²¹ Diese Untersuchungsmethode soll jedoch nicht darauf hinauslaufen, »dass eine Bilanz der wettbewerbsfördernden und der wettbewerbswidrigen Auswirkungen der Vereinbarung gezogen und damit eine ›Rule of Reason‹ angewendet« wird.⁴²² 87

Bei der Prüfung bewirkter Beschränkungen des Wettbewerbs sind gegebenenfalls die **kumulativen Auswirkungen mehrerer gleichartiger (Vertikal-)Vereinbarungen** zu be- 88

---

⁴¹⁴ EuGH, Urt. v. 11.9.2014, Rs. C–382/12 P (Mastercard), ECLI:EU:C:2014:2201, Rn. 165; Urt. v. 23.11.2006, Rs. C–238/05 (Asnef-Equifax), Slg. 2006, I–11125, Rn. 49; Urt. v. 26.11.2015, Rs. C–345/14 (Maxima Latvija), ECLI:EU:C:2015:784, Rn. 17; EuG, Urt. v. 2.5.2006, Rs. T–328/03 (O2), Slg. 2006, II–1231, Rn. 66.
⁴¹⁵ EuGH, Urt. v. 11.9.2014, Rs. C–382/12 P (Mastercard), ECLI:EU:C:2014:2201, Rn. 177.
⁴¹⁶ EuGH, Urt. v. 26.11.2015, Rs. C–345/14 (Maxima Latvija), ECLI:EU:C:2015:784, Rn. 27.
⁴¹⁷ EuGH, Urt. v. 26.11.2015, Rs. C–345/14 (Maxima Latvija), ECLI:EU:C:2015:784, Rn. 28; Urt. v. 28.1.1991, Rs. C–234/89 (Delimitis), Slg. 1991, I–935, Rn. 22.
⁴¹⁸ EuGH, Urt. v. 26.11.2015, Rs. C–345/14 (Maxima Latvija), ECLI:EU:C:2015:784, Rn. 17; Urt. v. 11.9.2014, Rs. C–67/13 P (CB), ECLI:EU:C:2014:2204, Rn. 52; Urt. v. 19.3.2015, Rs. C–286/13 P (Dole Food), ECLI:EU:C:2015:184, Rn. 116; Urt. v. 14.3.2013, Rs. C–32/11 (Allianz Hungária), ECLI:EU:C:2013:160, Rn. 34; Urt. v. 4.6.2009, Rs. C–8/08 (T-Mobile Netherlands), Slg. 2009, I–4529, Rn. 28, 30; Urt. v. 6.10.2009, verb. Rs. C–501/06 P, C–513/06 P, C–515/06 P u. C–519/06 P (GlaxoSmithKline), Slg. 2009, I–9291, Rn. 55; Urt. v. 4.10.2011, verb. Rs. C–403/08 u. C–429/08 (Football Association Premier League), Slg. 2011, I–9083, Rn. 135; Urt. v. 13.10.2011, Rs. C–439/09 (Pierre Fabre Dermo-Cosmétique), Slg. 2011, I–9419, Rn. 34.
⁴¹⁹ EuGH, Urt. v. 28.5.1998, Rs. C–7/95 P (John Deere), Slg. 1998, I–3111, Rn. 77 m.w.N.; Urt. v. 26.11.2015, Rs. C–345/14 (Maxima Latvija), ECLI:EU:C:2015:784, Rn. 29 m.w.N.
⁴²⁰ EuGH, Urt. v. 30.6.1966, Rs. 56/65 (Société minière technique), Slg. 1966, 282, 304; EuG, Urt. v. 2.5.2006, Rs. T–328/03 (O2), Slg. 2006, II–1231, Rn. 68.
⁴²¹ EuG, Urt. v. 2.5.2006, Rs. T–328/03 (O2), Slg. 2006, II–1231, Rn. 72.
⁴²² EuG, Urt. v. 2.5.2006, Rs. T–328/03 (O2), Slg. 2006, II–1231, Rn. 69.

rücksichtigen (Bündeltheorie).[423] Erster Prüfungsschritt ist in solchen Fällen die vertiefte Prüfung des wirtschaftlichen und rechtlichen Gesamtzusammenhangs, in dem diese Vereinbarungen stehen, sowie die Prüfung der Besonderheiten des relevanten Marktes; gegebenenfalls führt diese Prüfung zu der Feststellung dass der Zugang zu diesem Markt durch die Gesamtheit aller auf diesem Markt festgestellten gleichartigen Vereinbarungen erschwert wird. Danach ist zu prüfen, inwieweit die einzelnen Vereinbarungen zu der möglichen Abschottung dieses Marktes beitragen, wobei nur solche Vereinbarungen verboten sind, die erheblich zu dieser Abschottung beitragen.[424]

3. Trennscharfe Abgrenzung zwischen Bezwecken und Bewirken

89   Legt der EuGH den Begriff des **Bezweckens** so aus, dass Maßnahmen, die konkret geeignet sind, zu einer Beschränkungen des Wettbewerbs zu führen, bereits darunter fallen, und versteht er den Begriff des **Bewirkens** zugleich so, dass er auch potentielle (mögliche) Beschränkungen erfasst, so lässt sich die Trennlinie zwischen »Bezwecken« und »Bewirken« kaum noch ziehen. Dieser Trennlinie bedarf es jedoch, weil der EuGH[425] bei bezweckten (anders als bei bloß bewirkten) Beschränkungen auf die Prüfung der Spürbarkeit verzichtet (s. Rn. 93). Daher sollte man bezweckte Beschränkungen des Wettbewerbs nur bejahen, wenn es sich entweder um Kernbeschränkungen oder um Maßnahmen handelt, die objektiv geeignet und subjektiv darauf angelegt sind, den Wettbewerb zu beschränken. Denn nur in diesen Fällen ist es gerechtfertigt, auf die Prüfung konkreter und vor allem spürbarer Auswirkungen auf den Wettbewerb zu verzichten.

III. Spürbarkeit

90   Das Kartellverbot erfasst ausweislich eines ungeschriebenen Tatbestandsmerkmals nur **spürbare Beschränkungen des Wettbewerbs**: Eine Vereinbarung wird nicht vom Kartellverbot (Art. 101 Abs. 1 AEUV) erfasst, wenn sie den Wettbewerb nur geringfügig beeinträchtigt,[426] fällt positiv gewendet also nur dann unter das Kartellverbot, »wenn sie eine spürbare Einschränkung des Wettbewerbs innerhalb des Gemeinsamen Marktes bezweckt oder bewirkt«.[427] Dementsprechend subsumiert der EuGH Maßnahmen grundsätzlich nicht unter das Kartellverbot, »wenn sie den Markt mit Rücksicht auf die schwache Stellung der Beteiligten auf dem Markt der fraglichen Erzeugnisse nur geringfügig beeinträchtig[en]«.[428] Er berücksichtigt aber auch andere (objektive) Faktoren, die das Marktverhalten der Beteiligten im Einzelfall bestimmen können.[429]

---

[423] EuGH, Urt. v. 26.11.2015, Rs. C–345/14 (Maxima Latvija), ECLI:EU:C:2015:784, Rn. 26; Urt. v. 28.1.1991, Rs. C–234/89 (Delimitis), Slg. 1991, I–935, Rn. 14; s. auch: *Füller*, in: Kölner Kommentar, Art. 101 AEUV, Rn. 229 (kumulativer Marktabschottungseffekt).
[424] EuGH, Urt. v. 26.11.2015, Rs. C–345/14 (Maxima Latvija), ECLI:EU:C:2015:784, Rn. 29; Urt. v. 28.1.1991, Rs. C–234/89 (Delimitis), Slg. 1991, I–935, Rn. 23 f.
[425] EuGH, Urt. v. 13.12.2012, Rs. C–226/11 (Expedia), ECLI:EU:C:2012:795, Rn. 37.
[426] EuGH, Urt. v. 9.7.1969, Rs. 5/69 (Völk), Slg. 1969, 295, Rn. 7; Urt. v. 13.12.2012, Rs. C–226/11 (Expedia), ECLI:EU:C:2012:795, Rn. 16 m.w.N.; gegen die Einordnung als ungeschriebenes Tatbestandsmerkmal: *Füller*, in: Kölner Kommentar, Art. 101 AEUV, Rn. 222.
[427] EuGH, Urt. v. 24.10.1995, Rs. C–70/93 (BMW), Slg. 1995, I–3439, Rn. 18; Urt. v. 13.12.2012, Rs. C–226/11 (Expedia), ECLI:EU:C:2012:795, Rn. 17, m.w.N.
[428] EuGH, Urt. v. 9.7.1969, Rs. 5/69 (Völk), Slg. 1969, 295, Rn. 7; Urt. v. 6.5.1971, Rs. 1/71 (Cadillon), Slg. 1971, 351, Rn. 7/10.
[429] EuGH, Urt. v. 21.1.1999, verb. Rs. C–215/96 u. C–216/96 (Bagnasco), Slg. 1999, I–135,

Die Kommission quantifiziert die Spürbarkeit anhand von Marktanteilsschwellen:[430] **91**
In ihrer **Bagatellbekanntmachung (2014)**[431] geht sie – abseits bestimmter Kernbeschränkungen (sog. schwarze Liste)[432] – davon aus, dass Vereinbarungen zwischen Unternehmen, die den Handel zwischen den Mitgliedstaaten beeinträchtigen, den Wettbewerb **nicht** spürbar beschränken, wenn

a) der von den an der Vereinbarung beteiligten Unternehmen insgesamt gehaltene Marktanteil auf keinem der von der Vereinbarung betroffenen relevanten Märkte 10 % überschreitet, sofern die Vereinbarung zwischen Unternehmen geschlossen wird, die tatsächliche oder potenzielle Wettbewerber auf einem dieser Märkte sind (Vereinbarung zwischen Wettbewerbern), oder

b) der von jedem der beteiligten Unternehmen gehaltene Marktanteil auf keinem der von der Vereinbarung betroffenen relevanten Märkte 15 % überschreitet, sofern die Vereinbarung zwischen Unternehmen geschlossen wird, die keine tatsächlichen oder potenziellen Wettbewerber auf diesen Märkten sind (Vereinbarung zwischen Nichtwettbewerbern).[433]

Durch die **Bagatellbekanntmachung** hat sich die Kommission in ihrer Ermessensausübung beschränkt;[434] sie kann nicht von der Bagatellbekanntmachung abweichen, ohne gegen allgemeine Rechtsgrundsätze, insbesondere die Grundsätze der Gleichbehandlung und des Vertrauensschutzes zu verstoßen. Der EuGH hingegen ist ebenso wenig an die Bekanntmachung gebunden wie die Kartellbehörden und Gerichte der Mitgliedstaaten.[435] **92**

Bezweckte Beschränkungen des Wettbewerbs sind immer spürbar: Der EuGH hat in der Expedia-Entscheidung klargestellt, dass eine Vereinbarung, die geeignet ist, den Handel zwischen den Mitgliedstaaten zu beeinträchtigen, und die Verhinderung, Einschränkung oder Verfälschung des Wettbewerbs bezweckt, ihrer Natur nach und unabhängig von konkreten Auswirkungen eine spürbare Beschränkung des Wettbewerbs darstellt.[436] Für bezweckte Beschränkungen des Wettbewerbs gibt es also keinen sicheren Hafen (safe harbour).[437] **93**

Rn. 35: Ein Kartell, das Festzinsvereinbarungen für Kredite ausschließt, »kann ... keine spürbaren wettbewerbsbeschränkenden Auswirkungen haben«, wenn sich der (variable) Kreditzins nach »objektiven Gesichtspunkten wie der Entwicklung des Geldmarkt[es]« richtet.

[430] Im Detail zur Marktabgrenzung: s. Art. 102 AEUV, Rn. 32 ff.
[431] Mitteilung der Kommission, Bekanntmachung über Vereinbarungen von geringer Bedeutung, die im Sinne des Artikels 101 Absatz 1 des Vertrags über die Arbeitsweise der Europäischen Union den Wettbewerb nicht spürbar beschränken (Bagatellbekanntmachung), ABl. 2014, C 291/1.
[432] Kommission, Bagatellbekanntmachung (Fn. 431), Rn. 13; s. auch: *Schröter/Voet van Vormizeele*, in: GSH, Europäisches Unionsrecht, Art. 101 AEUV, Rn. 185 (noch zur Bagatellbekanntmachung 2001).
[433] Kommission, Bagatellbekanntmachung (Fn. 431), Rn. 8. Kritisch: *Schröter*, in: GSH, Europäisches Unionsrecht, Vor Art. 101–109 AEUV, B., Rn. 34, der die Marktanteilsobergrenzen für viel zu hoch hält.
[434] EuGH, Urt. v. 12.12.2012, Rs. C-226/11 (Expedia), ECLI:EU:C:2012:795, Rn. 28; Urt. v. 28.6.2005, verb. Rs. C-189/02 P, C-202/02 P, C-205/02 P – 208/02 P u. C-213/02 P (Dansk Rørindustri), Slg. 2005, I-5425, Rn. 211.
[435] EuGH, Urt. v. 12.12.2012, Rs. C-226/11 (Expedia), ECLI:EU:C:2012:795, Rn. 27, 31; s. auch Urt. v. 14.6.2011, Rs. C-360/09 (Pfleiderer), Slg. 2011, I-5161, Rn. 21; s. auch: Bagatellbekanntmachung (Fn. 431), Rn. 5, 7.
[436] EuGH, Urt. v. 13.12.2012, Rs. C-226/11 (Expedia), ECLI:EU:C:2012:795, Rn. 37; s. auch: *Fiebig*, WuW 2016, 270 (272) – Spürbarkeit irrelevant.
[437] S. auch: Kommission, Bagatellbekanntmachung (Fn. 431), Rn. 13.

IV. Regelbeispiele

94 Bei den in Art. 101 Abs. 1 Buchst. a bis e AEUV aufgeführten Tatbeständen handelt es sich um einen **nicht abschließenden Katalog von Regelbeispielen**.[438] Dabei ist zu berücksichtigen, (1.) dass auch Beschränkungen, die ein Regelbeispiel verwirklichen, nur dann unter das Kartellverbot fallen, wenn alle Tatbestandsvoraussetzungen des Art. 101 Abs. 1 AEUV erfüllt sind,[439] (2.) dass die Regelbeispiele meist nur Teilaspekte des konkret zu prüfenden Marktverhaltens erfassen und (3.) dass sie sich teils überschneiden. Die Regelbeispiele bilden zum Teil **Kernbeschränkungen** wie Preis-/Mengenkartelle ab (s. Rn. 95). Das heißt aber nicht, dass eine Freistellung (Art. 101 Abs. 3 AEUV) generell ausschiede: **Regelbeispiele sind keine Freistellungsverbote**,[440] auch wenn eine Gruppenfreistellung – so, wie bei einer (vertikalen) Preisabsprache i. S. v. Art. 101 Abs. 1 Buchst. a AEUV – ausgeschlossen ist (Art. 4 Buchst. a VO (EU) Nr. 330/2010).[441] Es gibt keine Maßnahmen, die absolut verboten und per se nicht freistellungsfähig wären.[442]

1. Festsetzung der An- und Verkaufspreise oder Geschäftsbedingungen

a) Preisabsprachen

95 Art. 101 Abs. 1 Buchst. a AEUV untersagt »die unmittelbare oder mittelbare Festsetzung der An- oder Verkaufspreise«. **Preisabsprachen** sind nämlich **Kernbeschränkungen**,[443] die ihrer Natur nach bezwecken, den Wettbewerb zu verfälschen.[444] Das gilt für horizontale und vertikale[445] Preisabsprachen sowie für ihre Kombination in einem (verbotenen) »Netz von Vereinbarungen«[446]; selbst staatlich anerkannte Preisabsprachen verstoßen gegen das Kartellverbot.[447] Die Bezeichnung als Preis, Entgelt oder Gebühr spielt keine Rolle. Die Höhe braucht nicht konkret festgelegt zu sein.[448] Bereits die Vereinbarung, überhaupt Entgelte zu erheben, reicht aus.[449]

aa) Horizontale Preisabsprachen

96 **Horizontale Preisabsprachen** sind verboten. Preiskartelle streben typischerweise ein stabiles, künstlich überhöhtes Preisniveau an, das Margen gegen den Preiswettbewerb

---

[438] *Zimmer*, in: Immenga/Mestmäcker, Art. 101 Abs. 1 AEUV, Rn. 232; *Schröter/Voet van Vormizeele*, in: GSH, Europäisches Unionsrecht, Art. 101 AEUV, Rn. 130.

[439] EuGH, Urt. v. 2. 4. 2009, Rs. C–260/07 (Pedro IV Servicios SL), Slg. 2009, I–2437, Rn. 82; Urt. v. 30. 4. 1998, Rs. C–230/96 (Cabour), Slg. 1998, I–2055, Rn. 48; Urt. v. 11. 9. 2008, Rs. C–279/06 (CEPSA), Slg. 2008, I–6681, Rn. 42.

[440] EuGH, Urt. v. 3. 7. 1985, Rs. 243/83 (Binon), Slg. 1985, 2015, Rn. 44 f.; *Zimmer*, in: Immenga/Mestmäcker Art. 101 Abs. 1 AEUV, Rn. 233.

[441] Siehe Art. 4 Buchst. a und Buchst. b der VO (EU) Nr. 330/2010 (Fn. 27).

[442] EuG, Urt. v. 15. 7. 1994, Rs. T–17/93 (Matra Hachette), Slg. 1994, II–595, Rn. 85.

[443] *Zimmer*, in: Immenga/Mestmäcker, Art. 101 Abs. 1 AEUV, Rn. 235.

[444] EuGH, Urt. v. 30. 1. 1985, Rs. C–123/83 (BNIC/Clair), Slg. 1985, 391, Rn. 22.

[445] EuGH, Urt. v. 3. 7. 1985, Rs. 243/83 (Binon), Slg. 1985, 2015, Rn. 44 (Vertragsklauseln, in denen für Verträge mit Dritten geltende Preise festgesetzt werden, sind wettbewerbsbeschränkend.)

[446] EuGH, Urt. v. 1. 10. 1987, Rs. 311/85 (Vlaamse Reisebureaus), Slg. 1987, 3801, Rn. 17; EuG, Urt. v. 23. 2. 1994, verb. Rs. T–39/92 u. T–40/92 (CB und Europay), Slg. 1994, II–49, Rn. 76.

[447] EuGH, Urt. v. 30. 1. 1985, Rs. C–123/83 (BNIC/Clair), Slg. 1985, 391, Rn. 23.

[448] EuG, Urt. v. 23. 2. 1994, verb. Rs. T–39/92 u. T–40/92 (CB und Europay), Slg. 1994, II–49, Rn. 79 ff., 92.

[449] *Bechthold/Bosch/Brinker*, Art. 101 AEUV Rn. 89, mit dem Hinweis auf EuG, Urt. v. 23. 2. 1994, verb. Rs. T–39/92 u. T–40/92 (CB und Europay), Slg. 1994, II–49, Rn. 86.

schützt.[450] Das Kartellverbot gilt nicht nur für Festpreis-,[451] sondern auch für Richtpreissysteme: Bereits die Festsetzung eines Richtpreises, beeinträchtigt den Wettbewerb dadurch, dass er sämtlichen Beteiligten die Möglichkeit gibt, mit hinreichender Sicherheit vorauszusehen, welche Preispolitik ihre Konkurrenten verfolgen werden.[452] Das Kartellverbot steht **Mindestpreisvereinbarungen**[453] entgegen – und das auch dann, wenn der Mindestpreis niedriger ist als der Marktpreis und/oder die Kosten.[454] Art. 101 Abs. 1 AEUV erfasst aber auch **Höchstpreise**[455], **abgestimmte Preiserhöhungen**[456], die Festlegung von **Preiszielen**[457] und **Preisrelationen**[458] sowie die Koordination der **Preiskalkulation;**[459] auch die **Koordinierung von Rabatten** fällt unter das Kartellverbot.[460] Preismitteilungen als solche können als Marktinformationssystem gegen Art. 101 Abs. 1 AEUV verstoßen.[461]

bb) Vertikale Preisbindung

Eine (verbotene) **vertikale Preisbindung** (= Preisbindung der zweiten Hand) ist durch die mittelbare oder unmittelbare Festsetzung von Fest-, Höchst- oder Mindestverkaufspreisen gekennzeichnet, die der Abnehmer einzuhalten hat.[462] **Fest- und Mindestverkaufspreise** sind **Kernbeschränkungen**, die eine Freistellung gemäß Art. 2 Abs. 1 VO (EU) Nr. 330/2010 ausschließen (s. Art. 4 Buchst. a Hs. 1 VO(EU) Nr. 330/2010).[463] Dies gilt »unbeschadet der Möglichkeit des Anbieters, **Höchstverkaufspreise** festzusetzen oder **Preisempfehlungen** auszusprechen, sofern sich diese nicht infolge der Ausübung von Druck oder der Gewährung von Anreizen durch eines der beteiligten Unternehmen tatsächlich wie Fest- oder Mindestverkaufspreise auswirken« (Halbsatz 2).[464]

97

---

[450] Exemplarisch: Kommission, Entscheidung v. 26. 10.1999 (FEG), ABl. 2000, L 39/1, Rn. 111 ff.
[451] EuGH, Urt. v. 17.10.1972, Rs. 8/72 (Vereeniging van Cementhandelaren), Slg. 1972, 977, Rn. 18/22.
[452] EuGH, Urt. v. 17.10.1972, Rs. 8/72 (Vereeniging van Cementhandelaren), Slg. 1972, 977, Rn. 18/22, der zusätzlich darauf abstellt, dass die Richtpreise die Verpflichtung enthielten, einen Gewinn zu erzielen, und dass das Kartell insgesamt durch »strenge ... Disziplin« gekennzeichnet gewesen sei; s. auch: EuG, Urt. v. 22.10.1997, verb. Rs. T–213/95 u. T–18/96 (SCK und FNK), Slg. 1997, II–1739, Rn. 159, 164 (Richtpreise zur Konkretisierung »annehmbarer Preise«).
[453] EuG, Urt. v. 5.12.2006, Rs. T–303/02 (Westfalen Gassen), Slg. 2006, II–4567, Rn. 8, 116 ff.; s. auch: *Zimmer*, in: Immenga/Mestmäcker, Art. 101 Abs. 1 AEUV, Rn. 237.
[454] *Zimmer*, in: Immenga/Mestmäcker, Art. 101 Abs. 1 AEUV, Rn. 237, unter Berufung auf die Kommission, Entscheidung v. 15.5.1974 (IFTRA Verpackungsglas), ABl. 1974, L 160/1, 12 f.
[455] *Zimmer*, in: Immenga/Mestmäcker, Art. 101 Abs. 1 AEUV, Rn. 237.
[456] EuGH, Urt. v. 14.7.1972, Rs. 48/69 (Teerfarbenkartell), Slg. 1972, 619, Rn. 64/67, 115/119; EuG, Urt. v. 5.12.2006, Rs. T–303/02 (Westfalen Gassen), Slg. 2006, II–4567, Rn. 8, 79 ff.
[457] EuG, Urt. v. 24.10.1991, Rs. T–1/89 (Rhône-Poulenc), Slg. 1991, II–867, Rn. 122.
[458] *Zimmer*, in: Immenga/Mestmäcker, Art. 101 Abs. 1 AEUV, Rn. 236.
[459] Kommission, Entscheidung v. 15.5.1974 (IFTRA Verpackungsglas), ABl. 1974, L 160/1, Rn. 46 f. (Kalkulationsschema).
[460] Kommission, Entscheidung v. 26.10.1999 (FEG), ABl. 2000, L 39/1, Rn. 111.
[461] Dazu: Rn. 154.
[462] Kommission, Leitlinien für vertikale Beschränkungen (Fn. 211), Rn. 48, 223; im Einzelnen: *Schröter/Voet van Vormizeele*, in: GSH, Europäisches Unionsrecht, Art. 101 AEUV, Rn. 138 ff.
[463] Dazu: Rn. 144.
[464] Dazu auch: EuGH, Urt. v. 28.1.1986, Rs. 161/84 (Pronuptia), Slg. 1986, 353, Rn. 25.

98 **Fest- oder Mindestverkaufspreise** können direkt oder indirekt, beispielsweise durch Bestimmungen festgesetzt werden, »nach denen die Gewährung von Nachlässen oder die Erstattung von Werbeaufwendungen ... von der Einhaltung eines vorgegebenen Preisniveaus abhängig gemacht wird«.[465] Derartige Preisbindungen sind noch wirksamer, wenn sie mit **Preisüberwachungssystemen** oder mit anderen Maßnahmen zur Ermittlung von Händlern kombiniert werden, die die Preise unterbieten.[466] Im Hinblick auf vertikale Preisbindungen hat die Kommission – unter Berücksichtigung allfälliger Komplementärmaßnahmen – eine Reihe antikompetitiver Effekte ausgemacht.[467] Dazu gehört u. a., dass eine Preisbindung eine Kollusion der Hersteller und/oder Händler begünstigt, dass sie den Wettbewerb zwischen Herstellern und/oder zwischen Einzelhändlern aufweicht und dass »alle oder bestimmte Händler unmittelbar daran gehindert [werden], ihre Weiterverkaufspreise für die jeweilige Marke zu senken«.[468] Prokompetitive Effekte, die in der Einführungsphase eines neuen Produkts entstehen können,[469] will die Kommission gegebenenfalls im Rahmen der Prüfung nach Art. 101 Abs. 3 AEUV (Einzelfreistellung) berücksichtigen: Eine Einzelfreistellung aufgrund von Effizienzgewinnen sei auch bei Fest- und Mindestverkaufspreisen nicht ausgeschlossen.[470] Die **Festsetzung von Höchstverkaufspreisen** beanstandet die Kommission ohnehin nicht – es sei denn, »unterstützende Maßnahmen« werden so angewandt, dass sie auf eine vertikale Preisbindung hinauslaufen.[471]

99 **Unverbindliche Preisempfehlungen** sind diesseits bestimmter Marktanteilsschwellen (Art. 3 Abs. 1 VO (EU) Nr. 330/2010) vom Kartellverbot freigestellt (Art. 2 Abs. 1 VO (EU) Nr. 330/2010). Im Hinblick darauf, dass unverbindliche, auf Produktverpackungen angebrachte Preisempfehlungen vielfach wie Festpreise gehandhabt werden, ist eine Beschränkung des Preiswettbewerbs jedoch nicht von vornherein auszuschließen – auch nicht, wenn ausdrücklich von »Unverbindliche[r] Preisempfehlung« die Rede ist, also keine Irreführung (s. Art. 6 Abs. 1 der Richtlinie 2005/29/EG[472] vorliegt.

100 Bei **Handelsvertreterverträgen** bleibt der Hersteller grundsätzlich Eigentümer der von dem Handelsvertreter verkauften Produkte. Daher kann der Hersteller auch die Preise festsetzen. Der Handelsvertreter muss jedoch (vorbehaltlich gesetzlicher Provisionsabgabeverbote)[473] die Freiheit haben, den vom Kunden tatsächlich zu zahlenden Preis durch einen **(Teil-)Verzicht auf seine Provision** zu senken;[474] andernfalls liegt eine Kernbeschränkung vor, die auch eine Freistellung gemäß Art. 2 Abs. 1 VO (EU) Nr. 330/2010 ausschließt (Art. 4 Buchst. a VO(EU) Nr. 330/2010).[475]

---

[465] Kommission, Leitlinien für vertikale Beschränkungen (Fn. 211), Rn. 48.
[466] Kommission, Leitlinien für vertikale Beschränkungen (Fn. 211), Rn. 48.
[467] Kommission, Leitlinien für vertikale Beschränkungen (Fn. 211), Rn. 224.
[468] Kommission, Leitlinien für vertikale Beschränkungen (Fn. 211), Rn. 224.
[469] Kommission, Leitlinien für vertikale Beschränkungen (Fn. 211), Rn. 225.
[470] Kommission, Leitlinien für vertikale Beschränkungen (Fn. 211), Rn. 223.
[471] Kommission, Leitlinien für vertikale Beschränkungen (Fn. 211), Rn. 48.
[472] Richtlinie 2005/29/EG vom 11. 5. 2005 über unlautere Geschäftspraktiken im binnenmarktinternen Geschäftsverkehr zwischen Unternehmen und Verbrauchern und zur Änderung der Richtlinie 84/450/EWG des Rates, der Richtlinien 97/7/EG, 98/27/EG und 2002/65/EG des Europäischen Parlaments und des Rates sowie der Verordnung (EG) Nr. 2006/2004 des Europäischen Parlaments und des Rates, ABl. 2005, L 149/22.
[473] Dazu: Rn. 37.
[474] Kommission, Leitlinien für vertikale Beschränkungen (Fn. 211), Rn. 49.
[475] Kommission, Leitlinien für vertikale Beschränkungen (Fn. 211), Rn. 48.

b) Sonstige Geschäftsbedingungen

Art. 101 Abs. 1 Buchst. a AEUV schützt auch den sogenannten **Konditionenwettbewerb**:[476] Die **unmittelbare oder mittelbare Festsetzung sonstiger Geschäftsbedingungen** ist – als Konditionenkartell bzw. als (vertikale) Konditionenbindung – mit dem Binnenmarkt unvereinbar und verboten. Darunter fällt u. a. die Vereinbarung, etwaige, den Käufern eingeräumte geschäftliche Vorteile zu begrenzen und Kundendienstleistungen zu verhindern, die über den Rahmen des »Normalen« hinausgehen.[477] Maßnahmen wie diese sind grundsätzlich unzulässig.[478]

101

2. Einschränkung oder Kontrolle der Erzeugung, des Absatzes, der technischen Entwicklung oder der Investitionen

Das Regelbeispiel des Art. 101 Abs. 1 Buchst. b AEUV betrifft die **Einschränkung oder Kontrolle der Erzeugung, des Absatzes, der technischen Entwicklung oder der Investitionen** und erfasst damit den »gesamte[n] Kernbereich der Geschäftspolitik von Unternehmen«.[479] Bei den erfassten Maßnahmen handelt es sich um typische Komplementärabsprachen im Rahmen eines Preiskartells: Preiskartelle ohne eine Begrenzung der Erzeugung und/oder des Absatzes sind inhärent instabil, weil die Kartellmitglieder ohne festgelegte Erzeugungs- bzw. Absatzmengen einen Anreiz haben, Produkte, die sie zum Kartellpreis nicht absetzen konnten, unter Bruch der Kartellvereinbarung preiswerter zu verkaufen.[480] Der EuGH legt Art. 101 Abs. 1 Buchst. b AEUV im weitesten Sinne aus: Er geht davon aus, dass ein (standesrechtliches) Sozietätsverbot für Rechtsanwälte und Wirtschaftsprüfer, »die Erzeugung und die technische Entwicklung einschränken« kann,[481] weil es eine Erweiterung des Leistungsspektrums sowie innovative Leistungen auf sich verändernden Märkten verhindert. Die Beeinträchtigung der Erzeugung setzt also keine physische Produktion und die Beeinträchtigung der technischen Entwicklung setzt keinen spezifischen Technologiebezug voraus; auch Einschränkungen auf Dienstleistungsmärkten können unter das Regelbeispiel fallen.

102

3. Aufteilung der Märkte oder Versorgungsquellen

Art. 101 Abs. 1 Buchst. c AEUV untersagt die **Aufteilung der Märkte oder Versorgungsquellen** – auch, aber nicht nur in Fällen, in denen nationale Märkte abgeschottet und so die mit dem Binnenmarkt angestrebte gegenseitige Durchdringung der Märkte verhindert wird.[482] Eine Marktaufteilung kann, muss aber nicht geographisch erfolgen. Denkbar ist auch eine Aufteilung bestimmter Produktmärkte (z. B. Luxus- und Standardsegment) oder Kundengruppen.[483] Im Hinblick auf **Vertikalvereinbarungen** ist zu berücksichtigen, dass »die Beschränkung des Gebiets oder der Kundengruppe, in das oder an

103

---

[476] Begriff u. a. bei: *Hengst*, in: Langen/Bunte, Art. 101 AEUV, Rn. 269.
[477] EuGH, Urt. v. 17.10.1972, Rs. 8/72 (Vereeniging van Cementhandelaren), Slg. 1972, 977, Rn. 23/24.
[478] *Zimmer*, in: Immenga/Mestmäcker, Art. 101 Abs. 1 AEUV, Rn. 238.
[479] *Schröter/Voet van Vormizeele*, in: GSH, Europäisches Unionsrecht, Art. 101 AEUV, Rn. 150 (Hervorhebung im Original); s. auch: *Stockenhuber*, in: Grabitz/Hilf/Nettesheim, EU, Art. 101 AEUV (Januar 2016), Rn. 184 (gesamter Entstehungsprozess eines Produkts).
[480] Dazu auch: *Zimmer*, in: Immenga/Mestmäcker, Art. 101 Abs. 1 AEUV, Rn. 240.
[481] EuGH, Urt. v. 19.2.2002, Rs. C–309/99 (Wouters), Slg. 2002, I–1577, Rn. 90.
[482] Beispiel: EuGH, Urt. v. 27.4.1994, Rs. C–393/92 (Almelo), Slg. 1994, I–1477, Rn. 36, 39.
[483] *Zimmer*, in: Immenga/Mestmäcker, Art. 101 Abs. 1 AEUV, Rn. 244.

die ein an der Vereinbarung beteiligter Abnehmer .... verkaufen darf«, grundsätzlich als **Kernbeschränkung** anzusehen ist (s. Art. 4 Buchst. b VO (EU) Nr. 330/2010). Das gilt jedoch ausdrücklich nicht für »die Beschränkung des aktiven Verkaufs in Gebiete oder an Kundengruppen, die der Anbieter sich selbst vorbehalten oder ausschließlich einem anderen Abnehmer zugewiesen hat«.

4. Diskriminierung

104 Art. 101 Abs. 1 Buchst. d AEUV untersagt die **Anwendung unterschiedlicher Bedingungen für gleichwertige Leistungen gegenüber Handelspartnern, wodurch diese im Wettbewerb benachteiligt werden**. Dieses Diskriminierungsverbot gilt nur für kollektive, nicht aber für einseitige Maßnahmen;[484] nur, wenn mehrere (wirtschaftlich unabhängige und autonome) Unternehmen ihr Marktverhalten so aufeinander abstimmen, dass bestimmte Dritte benachteiligt werden, ist das Regelbeispiel des Art. 101 Abs. 1 Buchst. d AEUV verwirklicht.[485] Kollektive Diskriminierung und Benachteiligung im Wettbewerb sind gedanklich zu trennen. Das Diskriminierungsverbot dient primär dem Schutz vor- oder nachgelagerter Märkte:[486] Privilegieren die Hersteller im gegenseitigen Einvernehmen bestimmte Händler, so führt das u. U. dazu, dass andere Händler vom Markt verdrängt werden. Um solche Entwicklungen zu verhindern ist das Diskriminierungsverbot i. S. e. **Neutralitätsgebots gegenüber der Marktgegenseite** weit auszulegen: Eine Diskriminierung liegt auch vor, wenn sich die Leistungen unterscheiden, die Preise und Konditionen jedoch nicht der Eigenart der Leistungen entsprechend verschieden ausgestaltet sind.[487] Das gilt indes nur im Hinblick auf die durch die Kartellvereinbarung koordinierten, d. h. kollektiven Preise und Konditionen; es geht also nicht darum, die gesamte Absatzpolitik eines oder mehrerer Unternehmen einer umfassenden behördlichen und/oder gerichtlichen Kohärenz-Kontrolle zu unterwerfen.

5. Kopplung

105 Nach Art. 101 Abs. 1 Buchst. e AEUV ist »**die an den Abschluss von Verträgen geknüpfte Bedingung, dass die Vertragspartner zusätzliche Leistungen annehmen, die weder sachlich noch nach Handelsbrauch in Beziehung zum Vertragsgegenstand stehen**« als eine Beschränkung des Wettbewerbs anzusehen. Das gilt richtigerweise nicht für einseitige Maßnahmen; nur, wenn mehrere Unternehmen ihr Marktverhalten zu Lasten Dritter so aufeinander abstimmen, dass der Dritte über das gekaufte Produkt (Kopplungsprodukt) hinaus zusätzliche Leistungen (gekoppelte Produkte) abnehmen muss, ist das Regelbeispiel des Art. 101 Abs. 1 Buchst. e AEUV verwirklicht.[488] Die h. M. will Art. 101 Abs. 1 Buchst. e AEUV indes auch auf **einseitige Kopplungen** anwenden.[489] Das

---

[484] EuG, Urt. v. 12.1.1995, Rs. T–102/92 (Viho), Slg. 1995, II–17, Rn. 61; vertiefend: *Stockenhuber*, in: Grabitz/Hilf/Nettesheim, EU, Art. 101 AEUV (Januar 2016), Rn. 194.
[485] EuG, Urt. v. 12.1.1995, Rs. T–102/92 (Viho), Slg. 1995, II–17, Rn. 61.
[486] *Zimmer*, in: Immenga/Mestmäcker, Art. 101 Abs. 1 AEUV, Rn. 247.
[487] Tendenziell ebenso: *Hengst*, in: Langen/Bunte, Art. 101 AEUV, Rn. 282.
[488] Ebenso: *Khan*, in: Geiger/Khan/Kotzur, EUV/AEUV, Art. 101 AEUV, Rn. 33.
[489] *Roth/Ackermann*, in: Frankfurter Kommentar, Art. 81 Abs. 1 EG, Grundfragen, Rn. 419, die Rückschlüsse aus Art. 102 im Hinblick darauf ablehnen, dass Art. 101 und Art. 102 AEUV in Idealkonkurrenz stehen; *Weiß*, in: Calliess/Ruffert, EUV/AEUV, Art. 101 AEUV, Rn. 144; *Stockenhuber*, in Grabitz/Hilf/Nettesheim, EU, Art. 101 AEUV (Januar 2016), Rn. 202; ähnlich wie hier: *Zimmer*, in: Immenga/Mestmäcker, Art. 101 Abs. 1 AEUV, Rn. 251 ff.

ist im Hinblick darauf, dass Art. 101 Abs. 1 AEUV auch vertikale Maßnahmen erfasst (Kopplungsvereinbarung zwischen Anbieter und Abnehmer) zwar vertretbar, im Lichte von Art. 101 Abs. 1 Buchst. a–d AEUV und Art. 102 Abs. 2 Buchst. d AEUV jedoch systematisch verfehlt.

Das Kopplungsverbot kommt zum Tragen, wenn an sich **getrennte (separate) Produkte** nur als einheitliche Leistung verfügbar sind. Die Kommission geht von getrennten Produkten aus, »wenn ohne die Kopplung eine große Anzahl von Kunden das Kopplungsprodukt kaufen würden bzw. gekauft hätten, ohne auch das gekoppelte Produkt beim selben Anbieter zu erwerben«.[490] Die Kopplung soll ausweislich des Regelbeispiels nicht zu beanstanden sein, wenn sie einem Handelsbrauch entspricht (Beispiel: Kauf von Schuhen und Schnürsenkeln)[491] und/oder wenn die Produkte sachlich zusammenhängen. 106

F. Freistellung

I. Begriff und Funktion

Der **Freistellungstatbestand des Art. 101 Abs. 3 AEUV** besagt, dass die Bestimmungen des Absatz 1 »für nicht anwendbar erklärt werden können« auf Maßnahmen, »die [positiv] unter angemessener Beteiligung der Verbraucher an dem entstehenden Gewinn zur Verbesserung der Warenerzeugung oder -verteilung oder zur Förderung des technischen oder wirtschaftlichen Fortschritts beitragen«. Die Maßnahmen dürfen den beteiligten Unternehmen jedoch (negativ) keine Beschränkungen auferlegen, die für die Verwirklichung dieser Ziele nicht unerlässlich sind, und auch keine Möglichkeiten eröffnen, für einen wesentlichen Teil der betreffenden Waren den Wettbewerb auszuschalten. Sind diese **vier Voraussetzungen** erfüllt,[492] so fällt die Maßnahme nicht unter das Kartellverbot, »weil [sie] die beteiligten Unternehmen veranlasst, den Verbrauchern billigere oder bessere Produkte anzubieten und damit … die nachteiligen Auswirkungen der Wettbewerbsbeschränkung« ausgleicht.[493] Entgegen der Formulierung des Art. 101 Abs. 3 AEUV setzt die Freistellung seit Inkrafttreten der Kartellverfahrensverordnung (EG) Nr. 1/2003 nicht mehr voraus, dass die Kartellbehörde Absatz 1 »für nicht anwendbar erklärt«.[494] Maßnahmen, die unter Art. 101 Abs. 3 AEUV fallen, sind vielmehr ipso iure, d. h. ohne dass es eines Beschlusses der Kommission bedürfte, vom Kartellverbot befreit. Der Freistellungstatbestand ist also – genau wie das Kartellverbot selbst – unmittelbar anwendbar.[495] Damit wird Art. 101 Abs. 3 AEUV zu einer **Legalausnahme** (im Einzelnen: Rn. 113 ff.): Ist eine Maßnahme, die an sich gegen das Kartellverbot aus Art. 101 Abs. 1 AEUV verstieße, gemäß Absatz 3 gerechtfertigt, so ist Absatz 1 ex lege 107

---

[490] Kommission, Leitlinien für vertikale Beschränkungen (Fn. 211), Rn. 215.
[491] Kommission, Leitlinien für vertikale Beschränkungen (Fn. 211), Rn. 215.
[492] Dafür trägt das Unternehmen die Beweislast, das sich auf den Freistellungstatbestand beruft (s. Art. 2 VO (EG) Nr. 1/2003); *Schröter/Voet van Vormizeele*, in: GSH, Europäisches Unionsrecht, Art. 101 AEUV, Rn. 268.
[493] Kommission, Leitlinien zur Anwendung von Art. 81 Abs. 3 EG-Vertrag (Fn. 33), Rn. 34.
[494] Im Detail zur früheren Rechtslage auf der Basis der Verordnung Nr. 17, Erste Durchführungsverordnung zu den Art. 85 und 86 EWG (VO (EWG) Nr. 17/62), ABl. 1962, P 13/204, s. *Ellger*, in: Immenga/Mestmäcker, Art. 101 Abs. 3 AEUV, Rn. 23 ff., zum Freistellungsmonopol der Kommission: Rn. 27.
[495] *Ellger*, in: Immenga/Mestmäcker, Art. 101 Abs. 3 AEUV, Rn. 14.

nicht anzuwenden.[496] Diese Rechtslage ist trotz aller Kritik[497] und trotz anhaltender Bedenken gegen die Kompatibilität der Legalausnahme mit Art. 101 Abs. 3 AEUV auch hier zugrundezulegen.

108 Die **Freistellungsmöglichkeit gemäß Art. 101 Abs. 3 AEUV** berücksichtigt, dass eine Koordination des Marktverhaltens auch positive (prokompetitive) Effekte auslösen, d.h. die Effizienz der Ressourcenallokation und die Konsumentenwohlfahrt fördern kann. Die Kommission geht davon aus, dass Effizienzgewinne einen Mehrwert schaffen können, indem die Produktionskosten gesenkt werden und die Produktqualität verbessert oder ein neues Produkt entwickelt wird.[498] Dementsprechend setzt die Kommission auf eine **Bilanzierung pro- und antikompetitiver Effekte**: Wenn die wettbewerbsfördernden Wirkungen einer Vereinbarung schwerer wögen als ihre wettbewerbswidrigen Auswirkungen, sei sie für den Wettbewerb insgesamt förderlich und mit den Zielen der Wettbewerbsregeln zu vereinbaren. Die Nettowirkung solcher Vereinbarungen diene der Förderung des Wettbewerbsprozesses, nämlich Kunden durch bessere Produkte und niedrigere Preise im Vergleich zu den Wettbewerbern hinzuzugewinnen.[499] Tatsächlich kann im Rahmen des Art. 101 Abs. 3 AEUV durchaus zu berücksichtigen sein, dass sich bestimmte Kooperationsformen zwiespältig auf die Funktionsfähigkeit des Wettbewerbs auswirken: so ist bei der Beurteilung selektiver Vertriebssysteme in Rechnung zu stellen, dass sie mit einer Beschränkung des Wettbewerbs zwischen Erzeugnissen derselben Marke einhergehen, gleichzeitig jedoch den Konkurrenzkampf zwischen verschiedenen Marken eröffnen oder verschärfen.[500] Bei der möglichen Legalausnahme für **Nebenabreden** (s. Rn. 76 ff.) ist zu berücksichtigen, dass bei einer Nebenabrede, die kein unerlässlicher (objektiv notwendiger) Baustein der Hauptabrede ist und die deswegen überhaupt erst einer Freistellung bedarf, nur (spürbare) objektive Vorteile berücksichtigt werden können, die sich gerade aus dieser Nebenabrede ergeben.[501]

109 In die Bilanzierung können auch **Gesichtspunkte des Gemeinwohls** einfließen. Eine Freistellung im Allgemeininteresse, etwa im Interesse des Umweltschutzes,[502] der (stetigen und sicheren) Energieversorgung[503] oder der Regionalentwicklung[504] ist allerdings problematisch: Beruft sich die Kommission unter dem Rubrum eines »Beitrag[s] zum wirtschaftlichen und technischen Fortschritt: Nutzen für den Verbraucher« auf (angebliche) »gesamtgesellschaftliche Ergebnisse für die Umwelt«, die »den Verbrauchern eine angemessene Beteiligung am Gewinn zuteil werden [lassen], selbst sofern keine Vorteile für die einzelnen Käufer bestehen sollten«,[505] so verlässt sie den wettbewerblichen Bezugsrahmen des Art. 101 Abs. 3 AEUV und begibt sich auf allgemein-politisches Ter-

---

[496] Kommission, Leitlinien zur Anwendung von Art. 81 Abs. 3 EG-Vertrag (Fn. 33), Rn. 1.
[497] Exemplarisch: *Möschel*, JZ 2000, 61, 65 f.; *Ellger*, in: Immenga/Mestmäcker, Art. 101 Abs. 3 AEUV, Rn. 40; relativierend: *Schuhmacher*, in: Grabitz/Hilf/Nettesheim, EU, Art. 101 AEUV (Januar 2016), Rn. 6; umfassend: *Kersting/Walzel*, in: Kölner Kommentar, Art. 101 AEUV, Rn. 544 ff.
[498] Kommission, Leitlinien zur Anwendung von Art. 81 Abs. 3 EG-Vertrag (Fn. 33), Rn. 33.
[499] Kommission, Leitlinien zur Anwendung von Art. 81 Abs. 3 EG-Vertrag (Fn. 33), Rn. 33.
[500] Dazu u. a.: EuGH, Urt. v. 25.10.1977, Rs. 26/76 (Metro I), Slg. 1977, 1875, Rn. 21 f.; Einzelheiten: Rn. 173 ff.
[501] EuGH, Urt. v. 11.9.2014, Rs. C–382/12 P (Mastercard), ECLI:EU:C:2014:2201, Rn. 231.
[502] Kommission, Entscheidung v. 24.1.1999 (CECED), ABl. 2000, L 187/47, Rn. 55 ff. (Ermittlung des Umweltnutzens für die Gesellschaft); Kommission, Entscheidung vom 21.12.1994 (Philips-Osram), ABl. 1994, L 378/37, Rn. 27 (Reduzierung der Luftverschmutzung).
[503] Kommission, Entscheidung v. 30.4.1991 (Scottish Nuclear), ABl. 1991, L 178/31, Rn. 33 ff.
[504] EuG, Urt. v. 15.7.1994, Rs. T–17/93 (Matra Hachette), Slg. 1994, II–595, Rn. 96.
[505] Kommission, Entscheidung v. 24.1.1999 (CECED), ABl. 2000, L 187/47, Rn. 56.

rain.⁵⁰⁶ Das Kartellverbot ist zwar in die Europäische Wirtschaftsverfassung (s. insbesondere: Art. 3 Abs. 3 Satz 2 EUV) eingebettet, so dass auch außerwettbewerbliche Faktoren in die Beurteilung der Freistellungsvoraussetzungen einfließen können (s. Rn. 5). Das gilt namentlich für den Umwelt- und Verbraucherschutz (s. Art. 11 f. AEUV) als Teil des technischen bzw. wirtschaftlichen Fortschritts; sie allein vermögen eine Freistellung jedoch nicht zu rechtfertigen.

Das **Regel-Ausnahme-Schema**, das Art. 101 Abs. 1 und 3 AEUV zugrunde liegt, impliziert entgegen *Ellger*⁵⁰⁷ nicht, dass Absatz 3 eng auszulegen wäre. Eine Regel, die besagt, dass Ausnahmen grundsätzlich eng auszulegen wären, gibt es nicht.⁵⁰⁸ Maßgeblich ist eine am Normzweck, d. h. vor allem an der Funktionsfähigkeit des Wettbewerbs ausgerichtete Betrachtungsweise. Der EuGH hat bisher auch nur entschieden, dass die Gruppenfreistellungsverordnungen nicht extensiv auszulegen sind.⁵⁰⁹ Da ein Unternehmen stets die Möglichkeit habe, individuell die Anwendbarkeit der Legalausnahme in Art. 101 Abs. 3 AEUV geltend zu machen, und seine Rechte somit geschützt werden könnten, bestehe kein Anlass, die Bestimmungen, mit denen die Vereinbarungen oder Verhaltensweisen in die Gruppenfreistellung einbezogen würden, weit auszulegen.⁵¹⁰ **110**

Die **Freistellungsvoraussetzungen** müssen **kumulativ** erfüllt sein,⁵¹¹ so dass eine Freistellung schon dann ausscheidet, wenn auch nur eine der vier Voraussetzungen nicht vorliegt. Die Freistellungsvoraussetzungen sind zudem in Art. 101 Abs. 3 AEUV **abschließend** geregelt; sind sie erfüllt, so ist die Ausnahmeregelung anwendbar und darf nicht von weiteren Voraussetzungen abhängig gemacht werden.⁵¹² Die **Beweislast** trägt das Unternehmen, das die Freistellung für sich beansprucht (s. Art. 2 VO (EG) Nr. 1/2003): Wer sich auf Art. 101 Abs. 3 AEUV beruft, muss »mit überzeugenden Argumenten und Beweisen nachweisen, dass die Voraussetzungen für eine Freistellung erfüllt sind«.⁵¹³ **111**

Besondere Bedeutung kommt den **Gruppenfreistellungsverordnungen** zu: Die Kommission kann durch Verordnung Art. 101 Abs. 1 AEUV auf Gruppen von Vereinbarungen von Unternehmen, Beschlüssen von Unternehmensvereinigungen und aufeinander abgestimmten Verhaltensweisen für nicht anwendbar erklären (Art. 1 Abs. 1 VO (EWG) Nr. 2821/71 – Ermächtigungsverordnung).⁵¹⁴ Dies gilt für die Maßnahmen, die **112**

---

⁵⁰⁶ Dazu ausführlich: *Ellger*, in: Immenga/Mestmäcker, Art. 101 Abs. 3 AEUV, Rn. 311 ff.
⁵⁰⁷ *Ellger*, in: Immenga/Mestmäcker, Art. 101 Abs. 3 AEUV, Rn. 55; etwas vorsichtiger: *ders.*, in: Immenga/Mestmäcker, Art. 101 Abs. 3 AEUV, Rn. 346 (»eng und jedenfalls nicht weit«).
⁵⁰⁸ Dazu: *Riesenhuber/ders.*, Europäische Methodenlehre, 3. Aufl., 2015, § 10, Rn. 62 ff. gegen eine enge Auslegung von GVO auch: *Stockenhuber*, in: Grabitz/Hilf/Nettesheim, EU, Art. 101 AEUV (Januar 2016), Rn. 363.
⁵⁰⁹ EuGH, Urt. v. 24.10.1995, Rs. C–70/93 (BMW/ALD Auto-Leasing), Slg. 1995, I–3439, Rn. 28; bestätigt durch Urt. v. 30.4.1998, Rs. C–230/96 (Cabour), Slg. 1998, I–2055, Rn. 30; für eine enge Auslegung aber: EuG, nach EuGH, Urt. v. 16.6.1994, Rs. C–322/93 P (Peugeot), Slg. 1994, I–2727, Rn. 8.
⁵¹⁰ EuGH, Urt. v. 13.10.2011, Rs. C–439/09 (Pierre Fabre Dermo-Cosmétique), Slg. 2011, I–9419, Rn. 57.
⁵¹¹ EuGH, Urt. v. 7.2.2013, Rs. C–68/12 (Protimonopolný), ECLI:EU:C:2013:71, Leitsatz 3 sowie Rn. 31, 36.
⁵¹² Kommission, Leitlinien zur Anwendung von Art. 81 Abs. 3 EG-Vertrag (Fn. 33), Rn. 42.
⁵¹³ EuGH, Urt. v. 7.2.2013, Rs. C–68/12 (Protimonopolný), ECLI:EU:C:2013:71, Rn. 32; Urt. v. 6.10.2009, verb. Rs. C–501/06 P, C–513/06 P, C–515/06 P u. C–519/06 P (GlaxoSmithKline), Slg. 2009, I–9291, Rn. 82.
⁵¹⁴ Verordnung (EWG) Nr. 2821/71 vom 20.12.1971 über die Anwendung von Art. 85 Abs. 3 EWG-Vertrag auf Gruppen von Vereinbarungen, Beschlüssen und aufeinander abgestimmten Verhaltensweisen, ABl. 1971, L 285/46.

aufgrund ihrer gemeinsamen Merkmale einer »in wettbewerbsrechtlicher Hinsicht typisierenden Betrachtung« unterworfen werden können.[515]

II. Das Prinzip der Legalausnahme

113 Art. 101 Abs. 3 AEUV besagt an sich, dass Kartelle grundsätzlich verboten sind, dass sie jedoch durch eine konstitutive Entscheidung (der Kartellbehörde) vom Kartellverbot freigestellt werden können.[516] Das trifft jedoch nicht (mehr) zu. Denn seit Inkrafttreten der VO (EG) Nr. 1/2003 gilt anstelle des früheren Kartellverbots (Art. 101 Abs. 1 AEUV) mit Erlaubnisvorbehalt (Absatz 3)[517] das **Prinzip der Legalausnahme**: Maßnahmen i. S. v. Art. 101 Abs. 1 AEUV, die die Freistellungsvoraussetzungen des Absatzes 3 erfüllen, sind nicht verboten, ohne dass dies einer vorherigen Entscheidung bedarf (Art. 1 Abs. 2 VO (EG) Nr. 1/2003). Damit steht fest, dass Art. 101 Abs. 3 AEUV unmittelbar anwendbar ist.[518] Der Rat der Europäischen Union hat dies im Kern mit dem »Erfordernis einer wirksamen Überwachung bei möglichst einfacher Verwaltungskontrolle« (s. Art. 103 Abs. 2 Buchst. b AEUV) und mit dem Hinweis darauf begründet, dass die Kommission sich auf dieser Basis auf »die **Verfolgung der schwerwiegendsten Verstöße**« konzentrieren könne (Erwägungsgrund Nr. 3 der VO (EG) Nr. 1/2003). Die Legalausnahme führt dazu, dass Einzelfreistellungen durch (konstitutive) Beschlüsse der Kommission entfallen – genau wie das frühere Freistellungsmonopol der Kommission. Es kommt allenfalls noch die (seltene) **Feststellung der Nichtanwendbarkeit** (Art. 10 VO (EG) Nr. 1/2003) in Betracht.

114 Können Unternehmen ihre Koordinierungsmaßnahmen nicht mehr bei der Kommission anmelden, so müssen sie die Freistellungsvoraussetzungen gemäß Art. 101 Abs. 3 AEUV selbst prüfen. Es gilt das **Prinzip der Selbstveranlagung**. Daraus folgt ein erhöhtes Maß an Eigenverantwortung[519] – verbunden mit dem **Risiko erheblicher Fehlinvestitionen und Folgekosten** im Falle einer Fehleinschätzung; gegebenenfalls müssen die Unternehmen mit Geldbußen (Art. 23 Abs. 2 VO (EG) Nr. 1/2003) und mit einer Haftung auf Schadensersatz rechnen. Das Risiko einer Fehleinschätzung relativiert sich allerdings dadurch, dass sich die Unternehmen »auf die Gruppenfreistellungsverordnungen, die Rechtsprechung und Entscheidungspraxis sowie auf umfassende Ausführungen der Kommission in ihren Leitlinien und Bekanntmachungen stützen« können.[520] Hinzu kommt, dass die Kommission »[i]n Fällen, in denen ... ernsthafte Rechtsunsicherheit entsteht, weil neue oder ungelöste Fragen ... auftauchen«, mit einem **Beratungsschreiben** reagieren kann.[521] Davon abgesehen kann die Kommission, sollte es im öffentlichen Interesse, d. h. vor allem im Interesse der Einheitlichkeit der Rechtsanwendung,[522] er-

---

[515] *Ellger*, in: Immenga/Mestmäcker, Art. 101 Abs. 3 AEUV, Rn. 2.
[516] Dieser Erwartung entspricht die frühere Rechtslage, s.: Art. 6 Abs. 1 Satz 1 VO (EWG) Nr. 17/62 (Fn. 494).
[517] Im Detail zur früheren Rechtslage auf der Basis der VO (EWG) Nr. 17/62 (Fn. 494): *Bechtold/Bosch/Brinker*, Art. 1 VO (EG) Nr. 1/2003, Rn. 7 ff. (Freistellungsmonopol der Kommission).
[518] *Bechtold/Bosch/Brinker*, Art. 1 VO (EG) Nr. 1/2003, Rn. 1 (»in ihrer Gesamtheit *self executing*«), Rn. 15 ff.; *Khan*, in Geiger/Khan/Kotzur, EUV/AEUV, Art. 101 AEUV, Rn. 40.
[519] *Bechtold/Bosch/Brinker*, Art. 1 VO (EG) Nr. 1/2003, Rn. 13, 25 f.
[520] Kommission, Bekanntmachung über informelle Beratung bei neuartigen Fragen zu den Artikeln 81 und 82 des Vertrages, die in Einzelfällen auftreten (Beratungsschreiben), ABl. 2004, C 101/78, Rn. 3.
[521] Kommission, Beratungsschreiben (Fn. 520), Rn. 5.
[522] *Ellger*, in: Immenga/Mestmäcker, Art. 101 Abs. 3 AEUV, Rn. 105.

forderlich sein, von Amts wegen durch **(Positiv-)Entscheidung** feststellen, dass Art. 101 AEUV auf eine bestimmte Maßnahme keine Anwendung findet, weil die Voraussetzungen des Absatzes 1 nicht vorliegen oder weil die Voraussetzungen des Absatz 3 erfüllt sind (Art. 10 VO (EG) Nr. 1/2003).[523]

Die Prüfung der Freistellungsvoraussetzungen wirft im Einzelfall zwar komplexe wirtschaftliche Fragen auf.[524] Den Unternehmen steht jedoch **kein Beurteilungsspielraum** zu (str.).[525] Das gilt erst recht für die Kommission (str.).[526] Müssen Unternehmen die Rechtmäßigkeit ihrer Kooperation ex ante selbst prüfen, so verstieße es gegen das Rechtsstaatsprinzip (s. auch: Art. 6 Abs. 1 EUV i. V. m. Art. 47 Abs. 1 GRC), wenn die Kommission bei der späteren Kontrolle eine Einschätzungsprärogative für sich beanspruchen könnte. Die Frage, ob die Freistellungsvoraussetzungen des Art. 101 Abs. 3 AEUV vorliegen, ist wie *Ellger* schreibt, eine **reine Rechtsfrage**, die in vollem Umfang durch die Unionsgerichte zu überprüfen ist.[527] Dabei ist zu beachten, dass »im Prinzip jede«, d.h. auch eine besonders schwerwiegende Kernbeschränkung nach Art. 101 Abs. 3 AEUV freigestellt werden kann;[528] es ist jedoch unwahrscheinlich, dass der dafür erforderliche Nachweis der Effizienzvorteile und der Nachweis der Beteiligung der Verbraucher bei Preis-/Mengen- oder Marktaufteilungskartellen gelingen wird.[529]

115

Die Kritik an der »Modernisierung des Kartellverfahrens« (Kommission) und die Diskussion über die Kompatibilität der Legalausnahme mit dem Primärrecht (insbesondere mit Art. 101 Abs. 3 AEUV selbst) kann hier nicht im Einzelnen nachgezeichnet werden.[530]

116

---

[523] Dazu: *Schröter/Voet van Vormizeele*, in: GSH, Europäisches Unionsrecht, Art. 101 AEUV, Rn. 276, mit dem Hinweis, dass es bis dato (2015) keine einzige Kommissions-Entscheidung gem. Art. 10 VO (EG) Nr. 1/2003 gebe.

[524] EuG, Urt. v. 15.7.1994, Rs. T–17/93 (Matra Hachette), Slg. 1994, II–595, Rn. 104.

[525] Für einen Beurteilungsspielraum: *Bechtold*, WuW 2003, 343; *Dreher/Thomas*, WuW 2004, 8 (16f.). Dagegen (wie hier): *Hengst*, in: Langen/Bunte, Art. 101 AEUV, Rn. 366; *Schröter/Voet van Vormizeele*, in: GSH, Europäisches Unionsrecht, Art. 101 AEUV, Rn. 273.

[526] Ebenso wie hier: *Ellger*, in: Immenga/Mestmäcker, Art. 101 Abs. 3 AEUV, Rn. 61; *Schröter/Voet van Vormizeele*, in: GSH, Europäisches Unionsrecht, Art. 101 AEUV, Rn. 272; großzügiger: *Weiß*, in: Calliess/Ruffert, EUV/AEUV, Art. 101 AEUV, Rn. 154, der vor allem die Einheitlichkeit der Rechtsanwendung im Blick hat; für einen eingeschränkten Beurteilungsspielraum auch: *Stockenhuber*, in: Grabitz/Hilf/Nettesheim, EU, Art. 101 AEUV (Januar 2016), Rn. 280; zur früheren Rechtslage: EuG, Urt. v. 15.7.1994, Rs. T–17/93 (Matra Hachette), Slg. 1994, II–598, Rn. 104; Urt. v. 27.2.1992, T–19/91 (Vichy), Slg. 1992, II–415, Rn. 90 (gewisser Beurteilungsspielraum).

[527] *Ellger*, in: Immenga/Mestmäcker, Art. 101 Abs. 3 AEUV, Rn. 61.

[528] Kommission, Entscheidung v. 8.5.2001 (Glaxo-Wellcome), ABl. 2001, L 302/1, Rn. 153; *Kersting/Walzel*, in: Kölner Kommentar, Art. 101 AEUV, Rn. 586 (keine per se Regel).

[529] Kommission, Leitlinien zur Anwendung von Art. 81 Abs. 3 EG-Vertrag (Fn. 33), Rn. 46 (Kein »a priori«-Ausschluss); s. auch: Kommission, Entscheidung v. 8.1.1975 (Pilzkonserven), ABl. 1975, L 29/26, unter III. 2 (Keine Freistellung für Marktaufteilung und Preisfestsetzung).

[530] Einzelheiten: *Schröter*, in: GSH, Europäisches Unionsrecht, Einleitung VO (EG) Nr. 1/2003, Rn. 6ff., mit umfangreichen Nachweisen; exemplarisch: *Möschel* JZ 2000, 61ff.; *Mestmäcker*, EuZW 1999, 523 ff.; *Fikentscher*, WuW 2001, 446 ff.; *Emmerich*, WRP 2000, 858; kritisch auch: *Schröter*, in: GSH, Europäisches Unionsrecht, Vor Art. 101–109 AEUV, B., Rn. 28.

III. Freistellungsvoraussetzungen

1. Beitrag zur Verbesserung der Warenerzeugung oder -verteilung oder zur Förderung des technischen oder wirtschaftlichen Fortschritts

117 Eine Freistellung setzt gemäß Art. 101 Abs. 3 AEUV voraus, dass die Maßnahme **spürbare Effizienzgewinne** mit sich bringt, indem sie »zur Verbesserung der Warenerzeugung oder -verteilung [Rationalisierung] oder zur Förderung des technischen oder wirtschaftlichen Fortschritts« beiträgt. Das gilt analog für Dienstleistungen[531] und (nach hier vertretener Rechtsauffassung) für die Förderung des sozialen als Teil des wirtschaftlichen Fortschritts.[532] Der Beitrag kann »nicht schon in jedem Vorteil gesehen werden, der sich aus der Vereinbarung für die Tätigkeit der an ihr beteiligten Unternehmen ergibt, sondern nur in **spürbaren objektiven Vorteilen**, die geeignet sind, die mit der Vereinbarung verbundenen Nachteile für den Wettbewerb auszugleichen«.[533] Die Effizienzgewinne sind spürbar, wenn sie wirtschaftlich ins Gewicht fallen.[534] Bei der Prüfung sind gegebenenfalls die Besonderheiten der Branche zu berücksichtigen.[535] »Objektiv« bedeutet, dass die Effizienzgewinne nicht vom subjektiven Standpunkt der Parteien aus beurteilt werden dürfen.[536] Es kommt darauf an, »ob sich durch die Beschränkungen … eine Verbesserung gegenüber dem Zustand ergibt, der ohne Beschränkungen bestehen würde. Ausgangspunkt der Beurteilung ist dabei der … Grundsatz, wonach es der redliche und unverfälschte Wettbewerb ist, der die regelmäßige und wirtschaftlich günstigste Versorgung eines Marktes am besten gewährleistet«.[537] Dementsprechend kann von »einer ›Verbesserung‹ des Wirtschaftsablaufes oder von einer ›Förderung des technischen oder wirtschaftlichen Fortschritts‹ … nur in den Fällen die Rede sein, in denen der Wettbewerb ausnahmsweise nicht zur Herbeiführung des wirtschaftlich günstigsten Ergebnisses imstande ist«.[538]

118 Die Effizienzgewinne müssen unmittelbar auf die Beschränkung des Wettbewerbs zurückzuführen sein. Erforderlich ist ein direkter **Kausalzusammenhang**,[539] der zum Beispiel dann zu bejahen ist, wenn eine Technologietransfer-Vereinbarung dem Lizenznehmer die Möglichkeit verschafft, neue oder verbesserte Produkte herzustellen.[540] Dagegen reicht es für die Kausalität nicht aus, wenn Unternehmen durch Beschränkungen

---

[531] Kommission, Leitlinien zur Anwendung von Art. 81 Abs. 3 EG-Vertrag (Fn. 33), Rn. 48.
[532] Exemplarisch: Kommission, Entscheidung v. 29.4.1994, ABl. 1994, L 131/15, Rn. 27 (»gemeinsame(s) Vorgehen bei der Schließung von Produktionsstätten ermöglicht … annehmbare soziale Bedingungen«), noch vor Inkrafttreten von Art. 3 Abs. 3 EUV in der Fassung des Lissabon-Vertrags.
[533] EuGH, Urt. v. 6.10.2009, verb. Rs. C–501/06 P, C–513/06 P, C–515/06 P u. C–519/06 P (GlaxoSmithKline), Slg. 2009, I–9291, Rn. 92 (Hervorhebung d. Verf.); Urt. v. 11.9.2014, Rs. C–382/12 P (Mastercard), ECLI:EU:C:2014:2201, Rn. 234; grundlegend: Urt. v. 13.7.1966, verb. Rs. 56/64 u. 58/64 (Consten/Grundig), Slg. 1966, 322, 396 f.; s. auch: Kommission, Entscheidung v. 11.3.1998 (van den Bergh Foods), ABl. 1998, L 246/1, Rn. 224; vgl. auch: EuGH, Urt. v. 11.9.2014, Rs. C–382/12 P (Mastercard), ECLI:EU:C:2014:2201, Rn. 242.
[534] *Schröter/Voet van Vormizeele*, in: GSH, Europäisches Unionsrecht, Art. 101 AEUV, Rn. 294, allerdings zu Unrecht unter Berufung auf EuG, Urt. v. 27.9.2006, Rs. T–168/01 (GlaxoSmithKline), Slg. 2006, II–265, Rn. 247.
[535] EuGH, Urt. v. 11.9.2014, Rs. C–382/12 P (Mastercard), ECLI:EU:C:2014:2201, Rn. 242.
[536] Kommission, Leitlinien zur Anwendung von Art. 81 Abs. 3 EG-Vertrag (Fn. 33), Rn. 49.
[537] Kommission, Entscheidung v. 22.12.1972 (Cimbel), ABl. 1972, L 303/24, Rn. 19
[538] Kommission, Entscheidung v. 22.12.1972 (Cimbel), ABl. 1972, L 303/24, Rn. 19.
[539] Kommission, Leitlinien zur Anwendung von Art. 81 Abs. 3 EG-Vertrag (Fn. 33), Rn. 53 f.; Kommission, Entscheidung v. 8.5.2001 (Glaxo-Wellcome), ABl. 2001, L 302/1, Rn. 155 f., 169.
[540] Kommission, Leitlinien zur Anwendung von Art. 81 Abs. 3 EG-Vertrag (Fn. 33), Rn. 54.

des Wettbewerbs ihre Gewinne erhöhen und vortragen, dass sie diese Gewinne anschließend in Forschung und Entwicklung investieren könnten, um den technischen Fortschritt i. S. v. Art. 101 Abs. 3 AEUV zu fördern; jede den Wettbewerb einschränkende Maßnahme ist darauf angelegt, die Einnahmen der Beteiligten zu erhöhen; jedes Unternehmen, das Forschung und Entwicklung betreibt, könnte andernfalls also jede Beschränkung des Wettbewerbs damit rechtfertigen, dass diese mittelbar Investitionen in Forschung und Entwicklung erlaubten.[541]

Die Beurteilung der Effizienzgewinne erfordert u. U. eine **Prognose**: Der Eintritt eines spürbaren objektiven Vorteils muss hinreichend wahrscheinlich sein.[542] Dabei kann es – je nach den Umständen des Einzelfalls – auch auf die Merkmale und auf etwaige Besonderheiten der von der Maßnahme betroffenen Branche ankommen.[543] Die Kommission geht davon aus, dass die **Effizienzgewinne** grundsätzlich **auf dem Markt** eintreten müssen, **auf dem die Unternehmen kooperieren**:[544] Negative Auswirkungen auf einem räumlich oder sachlich relevanten Markt könnten normalerweise nicht von den positiven Auswirkungen auf einem anderen, gesonderten räumlichen oder sachlichen Markt aufgewogen und kompensiert werden.[545] Etwas anderes gelte nur, wenn Einschränkungen und Effizienzgewinne auf miteinander verknüpften Märkten aufträten und »im Wesentlichen die gleiche Verbrauchergruppe von den Einschränkungen betroffen [seien] wie die, die von den Effizienzgewinnen« profitierten.[546] Dies entspricht der Lesart des EuGH in der **Mastercard-Entscheidung**: Wenn die wettbewerbsbeschränkenden Wirkungen nur auf einem Markt festgestellt wurden, sind Vorteile, die sich aus der wettbewerbsbeschränkenden Maßnahme auf einem davon verschiedenen, aber mit ihm im Zusammenhang stehenden Markt ergeben, für sich allein nicht geeignet, die sich aus dieser Maßnahme ergebenden Nachteile auszugleichen, solange nicht der Beweis dafür erbracht wird, dass diese Maßnahme spürbare objektive Vorteile auf dem relevanten Markt mit sich bringt.[547] Dies gilt insbesondere dann, wenn auf diesen Märkten nicht im Wesentlichen dieselben Verbraucher agieren.[548] Die Beschränkung auf den relevanten Markt (bzw. auf verknüpfte Märkte) bedeutet nicht, dass die Freistellung »davon abhängig wäre, daß [die] positiven Wirkungen nur im Gebiet des Mitgliedstaats oder der Mitgliedstaaten, in denen die an der Vereinbarung beteiligten Unternehmen niedergelassen sind, und nicht im Gebiet anderer Mitgliedstaaten eintreten«.[549]

Im Hinblick auf die **Art der Effizienzgewinne** löst sich die Kommission von den Kategorien des Art. 101 Abs. 3 AEUV und unterscheidet stattdessen zwischen Kosteneinsparungen und qualitativen Effizienzgewinnen, die einen Mehrwert in Form neuer oder verbesserter Produkte, größerer Produktvielfalt usw. schaffen.[550] **Kosteneinsparungen**

---

[541] Kommission, Entscheidung v. 8.5.2001 (Glaxo-Wellcome), ABl. 2001, L 302/1. 155 f.
[542] EuGH, Urt. v. 6.10.2009, verb. Rs. C–501/06 P, C–513/06 P, C–515/06 P u. C–519/06 P (GlaxoSmithKline), Slg. 2009, I–9291, Rn. 93; vertiefend: *Schröter/Voet van Vormizeele*, in: GSH, Europäisches Unionsrecht, Art. 101 AEUV, Rn. 293.
[543] EuGH, Urt. v. 6.10.2009, verb. Rs. C–501/06 P, C–513/06 P, C–515/06 P u. C–519/06 P (GlaxoSmithKline), Slg. 2009, I–9291, Rn. 103.
[544] Kommission, Leitlinien zur Anwendung von Art. 81 Abs. 3 EG-Vertrag (Fn. 33), Rn. 43, s. aber: EuG, Urt. v. 28.2.2002, Rs. T–86/95 (Compagnie générale maritime u. a.), Slg. 2002, II–1011, Rn. 343
[545] Kommission, Leitlinien zur Anwendung von Art. 81 Abs. 3 EG-Vertrag (Fn. 33), Rn. 43.
[546] Kommission, Leitlinien zur Anwendung von Art. 81 Abs. 3 EG-Vertrag (Fn. 33), Rn. 43.
[547] EuGH, Urt. v. 11.9.2014, Rs. C–382/12 P (Mastercard), ECLI:EU:C:2014:2201, Rn. 242.
[548] EuGH, Urt. v. 11.9.2014, Rs. C–382/12 P (Mastercard), ECLI:EU:C:2014:2201, Rn. 242.
[549] EuGH, Urt. v. 17.1.1995, Rs. C–360/92 P (Publishers Association), Slg. 1995, I–23, Rn. 29.
[550] Kommission, Leitlinien zur Anwendung von Art. 81 Abs. 3 EG-Vertrag (Fn. 33), Rn. 59.

als solche erlauben allerdings noch keinen Rückschluss auf Effizienz. Denn auch Preis-/ Gebietsabsprachen können die Produktion und damit auch die Produktionskosten der Beteiligten verringern.[551] Dabei handelt es sich jedoch nicht um Effizienzgewinne, sondern um Monopolrenditen. Kostenvorteile durch Effizienz können sich u. a. aus der (gemeinsamen) Entwicklung neuer Produktionstechniken und -verfahren,[552] aus einer Kooperation in der Logistik und aus der Rationalisierung der Produktion ergeben.[553] Kostenvorteile ergeben sich auch, wenn die Kooperation **Synergien** auslöst, insbesondere, wenn die Kooperationspartner unterschiedliche Teile der Wertschöpfungskette (Forschung und Entwicklung, Herstellung und Vertrieb) optimiert haben.[554] Kostenvorteile ergeben sich ferner, wenn die Kooperation **Skalenerträge** (economies of scale), d. h. abnehmende Stückkosten bei steigender Produktion mit sich bringt, insbesondere, wenn verfügbare oder geplante Kapazitäten besser ausgelastet werden können,[555] und/oder wenn die Kooperation **Verbundvorteile** (economies of scope) schafft, die sich ergeben, wenn Unternehmen mit den gleichen Einsatzfaktoren unterschiedliche Produkte herstellen.[556]

121 Das Potential für **qualitative Effizienzgewinne** sieht die Kommission vor allem bei Kooperationen in Forschung und Entwicklung. Hinzu kommt die Kooperation bei Dienstleistungen, die etwa im Bankensektor qualitativ höherwertige und/oder in einem größeren geographischen Raum verfügbare Finanzdienstleistungen ermöglichen kann.[557] Bei alledem ist jedoch zu berücksichtigen, dass langfristig gerade der (unverfälschte) Wettbewerb die wichtigste Triebfeder für Effizienzsteigerungen ist;[558] so gesehen muss die Freistellung aufgrund kurz- und mittelfristiger Effizienzvorteile die Ausnahme bleiben.

122 Die **Kategorien der Erzeugung** (Produktion) **und Verteilung** (Distribution) überschneiden sich, brauchen angesichts der Identität der Rechtsfolgen aber auch nicht trennscharf gegeneinander abgegrenzt zu werden.[559] Bestimmte Ereignisse und Entwicklungen können je nach den konkreten Umständen des Einzelfalls in die eine, die andere oder in mehrere Kategorien zugleich fallen: Der Eintritt eines neuen, leistungsfähigen Wettbewerbers ist ein Effizienzvorteil, der – je nach Marktstufe(n) – die Erzeugung und/oder die Verteilung der in Rede stehenden Produkte verbessern kann.[560]

a) Verbesserung der Warenerzeugung

123 Ein Beitrag zur **Verbesserung der Warenerzeugung** (produktive Effizienz)[561] kann sich insbesondere aus der **Rationalisierung der Herstellungsverfahren**[562] ergeben; verfüg-

---

[551] Kommission, Leitlinien zur Anwendung von Art. 81 Abs. 3 EG-Vertrag (Fn. 33), Rn. 49.
[552] Kommission, Leitlinien zur Anwendung von Art. 81 Abs. 3 EG-Vertrag (Fn. 33), Rn. 64.
[553] Kommission, Leitlinien zur Anwendung von Art. 81 Abs. 3 EG-Vertrag (Fn. 33), Rn. 68.
[554] Kommission, Leitlinien zur Anwendung von Art. 81 Abs. 3 EG-Vertrag (Fn. 33), Rn. 65.
[555] Dazu auch: Kommission, Entscheidung v. 30. 4.1991 (Scottish Nuclear), ABl. 1991, L 178/31, Rn. 34 (Kernenergievereinbarung).
[556] Kommission, Leitlinien zur Anwendung von Art. 81 Abs. 3 EG-Vertrag (Fn. 33), Rn. 65 ff. mit ausführlichen Erläuterungen und praktischen Beispielen.
[557] Kommission, Leitlinien zur Anwendung von Art. 81 Abs. 3 EG-Vertrag (Fn. 33), Rn. 71.
[558] Kommission, Leitlinien zur Anwendung von Art. 81 Abs. 3 EG-Vertrag (Fn. 33), Rn. 92.
[559] Ebenso: *Ellger*, in: Immenga/Mestmäcker, Art. 101 Abs. 3 AEUV, Rn. 147.
[560] Kommission, Entscheidung v. 13. 7.1983 (Rockwell), ABl. 1983, L 224/19, 25 unter 8.
[561] *Schuhmacher*, in: Grabitz/Hilf/Nettesheim, EU, Art. 101 AEUV (Januar 2016), Rn. 268.
[562] Kommission, Entscheidung v. 13. 7.1983 (Rockwell), ABl. 1983, L 224/19, 25 unter 8.

bare oder geplante Kapazitäten werden u. U. besser ausgelastet,[563] kostspielige Parallelentwicklungen werden vermieden und komplementäres **Know-how** wird besser ausgenutzt;[564] gegebenenfalls vermeiden die beteiligten Unternehmen die Schaffung wirtschaftlich nicht gerechtfertigter, d. h. nicht-nachhaltiger Kapazitäten, so dass die Kooperation optimale Betriebsgrößen entstehen lässt.[565] Hinzu kommt, dass die Kooperation die Entwicklung innovativer Produkte ermöglichen[566] und die Erschließung neuer Märkte erleichtern kann;[567] auch eine Erhöhung der Produktqualität – beispielsweise in Form verbesserter Bank-[568] oder Versicherungsprodukte[569] – fällt in die Kategorie der Verbesserung der Warenerzeugung.

Die Kommission geht in älteren Entscheidungen davon aus, dass im Falle einer **Strukturkrise** auch Kartelle zur Beschränkung der Produktion (Strukturkrisenkartelle) zur Verbesserung der Warenerzeugung beitragen können. Bestünden strukturelle Überkapazitäten, weil »die vorhandenen Marktkräfte nicht zu einem Kapazitätsabbau der einzelnen Unternehmen«[570] geführt hätten, so bestehe u. a. das Risiko, dass (ausgerechnet) ineffiziente Unternehmen »mit tiefen Taschen« die dadurch ausgelöste Strukturkrise überlebten. Kooperierten die Unternehmen bei ihrem Kapazitätsabbau, so könnten sie u. U. veraltete Betriebsteile stilllegen, verfügbare Kapazitäten besser auslasten[571] und die Produktivität moderner Produktionsanlagen steigern (Rationalisierung);[572] so könnten »Mittel für Investitionen freigesetzt werden, was [auch] zur Förderung des technischen Fortschritts beitragen« könne.[573] Hinzu komme, dass sich die Unternehmen gegebenenfalls spezialisieren[574] und/oder zu »annehmbaren sozialen Bedingungen« restrukturieren könnten.[575] Die Freistellung setze allerdings voraus, dass die Marktkräfte nicht[576] oder nicht schnell genug[577] zu einem Kapazitätsabbau der einzelnen Unternehmen geführt hätten, d. h., dass sich die Unternehmen einzeln und unabhängig voneinander nicht oder nicht rechtzeitig zu einer Verringerung der Kapazitäten entschlossen hätten.[578] Die Entscheidungspraxis der Kommission ist kritisch zu beurteilen, weil der Marktmechanismus selbst, nämlich der (un-)freiwillige Marktaustritt einzelner Unter-

124

---

[563] Kommission, Entscheidung v. 13. 7.1983 (Rockwell), ABl. 1983, L 224/19, 25 unter 8; Kommission, Entscheidung v. 25. 7.1977 (De Laval-Stork), ABl. 1977, L 215/11, 17 unter 10; s. auch: Rn. 120 und den Nachweis in Fn. 555.

[564] Entscheidung der Kommission v. 13. 7.1983 (Rockwell), ABl. 1983, L 224/19, 25, unter 8.

[565] Kommission, Entscheidung v. 25. 7.1977 (De Laval-Stork), ABl. 1977, L 215/11, 17 unter 10.

[566] Kommission, Entscheidung v. 16.12.1994 (Asahi/Saint-Gobain), ABl. 1994, L 354/87, Rn. 24 ff. (Entwicklung sicherer Kfz-Scheiben).

[567] Kommission, Entscheidung v. 25. 7.1977 (De Laval-Stork), ABl. 1977, L 215/11, 17 unter 10.

[568] Kommission, Entscheidung v. 19. 7.1989 (Niederländische Banken), ABl. 1989, L 253/1, Rn. 62.

[569] Kommission, Entscheidung v. 20.12.1989 (Concordato Incendio), ABl. 1990, L 15/25, Rn. 24.

[570] Kommission, Entscheidung v. 29.4.1994 (Stichting), ABl. 1994, L 131/15, Rn. 21; zum Begriff s.: Kommission, Entscheidung v. 19. 7.1984 (BPCL), ABl. 1984, L 212/1, Rn. 34; s. auch: Kommission, Entscheidung v. 22.12.1987 (Enichem), ABl. 1988, L 50/18, Rn. 32.

[571] Kommission, Entscheidung v. 19. 7.1984 (BPCL), ABl. 1984, L 212/1, Rn. 35.

[572] Kommission, Entscheidung v. 29.4.1994 (Stichting), ABl. 1994, L 131/15, Rn. 26.

[573] Kommission, Entscheidung v. 19. 7.1984 (BPCL), ABl. 1984, L 212/1, Rn. 35.

[574] Kommission, Entscheidung v. 4. 7.1984 (Kunstfasern), ABl. 1984, L 207/17, Rn. 35.

[575] Kommission, Entscheidung v. 4. 7.1984 (Kunstfasern), ABl. 1984, L 207/17, Rn. 37.

[576] Kommission, Entscheidung v. 29.4.1994 (Stichting), ABl. 1994, L 131/15, Rn. 24; Kommission, Entscheidung v. 4. 7.1984 (Kunstfasern), ABl. 1984, L 207/17, Rn. 31.

[577] Kommission, Entscheidung v. 19. 7.1984 (BPCL), ABl. 1984, L 212/1, Rn. 35.

[578] Kommission, Entscheidung v. 29.4.1994 (Stichting), ABl. 1994, L 131/15, Rn. 24. Kommission, Entscheidung v. 4. 7.1984 (Kunstfasern), ABl. 1984, L 207/17, Rn. 32.

nehmen, selbst im Regelfall dafür sorgt, dass sich Produktionskapazität und Nachfrage wieder aufeinander zu bewegen.

b) Verbesserung der Warenverteilung

125 Im Hinblick auf (angebliche) Beiträge zur **Verbesserung der Warenverteilung** (Distributionsvorteile durch allokative Effizienz)[579] ist zwischen vertikalen und horizontalen Vereinbarungen zu unterscheiden: **Vertikalvereinbarungen** »können die wirtschaftliche Effizienz innerhalb einer Produktions- oder Vertriebskette erhöhen, weil sie eine bessere Koordinierung zwischen den beteiligten Unternehmen ermöglichen«;[580] sie können »insbesondere … dazu beitragen, die Transaktions- und Vertriebskosten der beteiligten Unternehmen zu verringern und deren Umsätze und Investitionen zu optimieren«.[581] Effizienzvorteile sind u. a. bei Alleinbezugsvereinbarungen (Einzelheiten: Rn. 185) zu erwarten, die den beteiligten Unternehmen die Möglichkeit verschaffen, die Risiken von Marktschwankungen zu begrenzen und die Vertriebskosten zu senken, und die eine Intensivierung des Wettbewerbs zwischen Erzeugnissen verschiedener Hersteller (Markenwettbewerb) mit sich bringen können.[582] Parallel dazu ist auch die Einbeziehung eines Produkts in ein effektives Vertriebsnetz geeignet, zur Verbesserung der Verteilung dieses Produkts beizutragen.[583] Das gilt vor allem dann, wenn der Marktzugang erst dadurch eröffnet wird.[584] Effizienzvorteile können auch darin bestehen, dass Märkte stabilisiert und eine Marktzerrüttung vermieden wird.[585] Dagegen fehlt es bei der kostenlosen Bereitstellung von Kühltruhen, die der Abnehmer nur für Produkte des Anbieters verwenden darf, an Effizienzvorteilen; es profitieren nur die Parteien selbst; ansonsten handelt es sich um ein Haupthindernis für den Eintritt anderer Anbieter in den Markt sowie für die Expansion der Konkurrenten.[586]

126 Klarzustellen ist, dass **Vertikalvereinbarungen** zur Verbesserung der Warenverteilung schon gemäß Art. 2 Abs. 1 VO (EU) Nr. 330/2010 vom Kartellverbot freigestellt sein können. Solange der Marktanteil jedes an der Vereinbarung beteiligten Unternehmens 30 % nicht überschreitet (s. Art. 3 Abs. 2 VO (EU) Nr. 330/2010), geht die Kommission davon aus, dass vertikale Vereinbarungen, die keine Kernbeschränkungen enthalten, »im Allgemeinen zu einer Verbesserung der Produktion oder des Vertriebs und zu einer angemessenen Beteiligung der Verbraucher an dem daraus entstehenden Gewinn führen«.[587] Bei Kernbeschränkungen i. S. v. Art. 4 VO (EU) Nr. 330/2010 scheidet nicht nur eine Gruppen-, sondern auch eine Einzelfreistellung im Regelfall aus;[588] so hat die Kommission eine Preisbindung der zweiten Hand (s. Art. 4 Buchst. a VO (EU) Nr. 330/2010) in vielen Fällen für unvereinbar mit dem Binnenmarkt gehalten,[589] auch wenn sie in ihren Leitlinien signalisiert, dass eine andere Bewertung in Betracht kommen kann.[590]

---

[579] *Schuhmacher*, in: Grabitz/Hilf/Nettesheim, EU, Art. 101 AEUV (Januar 2016), Rn. 268.
[580] Erwägungsgrund Nr. 6 der VO (EU) Nr. 330/2010 (Fn. 27); s. auch: Rn. 143.
[581] Erwägungsgrund Nr. 6 der VO (EU) Nr. 330/2010 (Fn. 27); s. auch: Rn. 143.
[582] Kommission, Entscheidung v. 11.3.1990 (van den Bergh Foods), ABl. 1998, L 246/1, Rn. 225.
[583] Kommission, Entscheidung v. 23.3.1990 (Moosehead), ABl. 1990, L 100/32, Rn. 16.
[584] Kommission, Entscheidung v. 23.3.1990 (Moosehead), ABl. 1990, Nr. L 100/32, Rn. 16.
[585] Kommission, Entscheidung v. 19.12.1989 (Zuckerrüben), ABl. 1990, L 31/32, Rn. 100 f.
[586] Kommission, Entscheidung v. 11.3.1998 (van den Bergh Foods), ABl. 1998, L 246/1, Rn. 225.
[587] Erwägungsgrund Nr. 8 der VO (EU) Nr. 330/2010 (Fn. 27); s. auch: Rn. 143.
[588] *Ellger*, in: Immenga/Mestmäcker, Art. 101 Abs. 3 AEUV, Rn. 191.
[589] Im Einzelnen: Rn. 97.
[590] Kommission, Leitlinien für vertikale Beschränkungen (Fn. 211), Rn. 223 ff.; siehe auch: *Ellger*, in: Immenga/Mestmäcker, Art. 101 Abs. 3 AEUV, Rn. 191 ff.

Horizontalvereinbarungen über den gemeinschaftlichen Vertrieb sind nicht freistellungsfähig, wenn sie – wie im Regelfall – nicht notwendig sind, um eine effektive, sichere und regelmäßige Versorgung der Abnehmer zu gewährleisten.[591] Besonderheiten gelten für **Spezialisierungsvereinbarungen** (Begriff: Art. 1 Abs. 1 Buchst. a der VO (EU) Nr. 1218/2010), für die eine Freistellung gemäß Art. 2 Abs. 1 der VO (EU) Nr. 1218/2010 nur in Betracht kommt, wenn die Parteien eine Alleinbezugs- oder Alleinbelieferungsverpflichtung akzeptieren oder die Spezialisierungsprodukte nicht selbst verkaufen, sondern gemeinsam vertreiben (Absatz 3).[592] Diese Freistellungsvoraussetzung soll gewährleisten, dass die Vorteile der Spezialisierung zum Tragen kommen, ohne dass sich eine Partei ganz aus dem der Produktion nachgelagerten Markt zurückzieht (Erwägungsgrund Nr. 9).

c) Beitrag zum wirtschaftlichen oder technischen Fortschritt

Beiträge zum wirtschaftlichen oder technischen Fortschritt können sich vor allem aus Kooperationen in Forschung und Entwicklung (s. Rn. 146 f., 158) sowie aus Technologietransfer-Vereinbarungen (s. Rn. 149 f.) ergeben. Ein Beispiel dafür ist die Kooperation bei der »Herstellung neuer Hochleistungs-Halbleiter, die ihrerseits die Entwicklung von Elektroniksystemen ermöglichen, die immer kleiner, schneller und zuverlässiger sind und weniger Energie verbrauchen«.[593] Dies führt, so die Kommission in der Fujitsu-Entscheidung, »zu einem **technischen und wirtschaftlichen Fortschritt**, der dem Verbraucher unmittelbar nützt mit einem breiten Angebot innovativer Hochleistungsprodukte«.[594] Ein Beitrag zum **wirtschaftlichen Fortschritt** ist auch anzunehmen, wenn die Sicherheit der Versorgung gewährleistet oder erhöht wird[595] oder Transportkosten verringert werden.[596] Denkbar ist auch ein **technischer Fortschritt** in Form eines verbesserten Umweltschutzes (s. Rn. 109).

2. Beteiligung der Verbraucher am Gewinn

Hinzukommen muss eine **Beteiligung der Verbraucher an den erzielten Effizienzgewinnen**. Unter »**Verbraucher[n]**« sind »alle Nutzer der Produkte [zu verstehen], auf die sich die Vereinbarung bezieht«; es kann sich um Hersteller, Groß- und Einzelhändler oder um Endkunden handeln, um Unternehmer oder um Verbraucher i. S. des Verbraucherrechts[597] – nicht aber um die an der Beschränkung des Wettbewerbs beteiligten Unter-

---

[591] *Ellger*, in: Immenga/Mestmäcker, Art. 101 Abs. 3 AEUV, Rn. 197 m. w. N.; Kommission, Entscheidung v. 20.7.1978 (Centraal Stikstof), ABl. 1978, L 242/15; s. aber: Kommission, Entscheidung v. 2.12.1988 (Transocean Marine Paint Association), ABl. 1988, L 351/40 (gemeinsamer Vertrieb von Schiffsfarben).
[592] Einzelheiten: Rn. 148. *Ellger*, in: Immenga/Mestmäcker, Art. 101 Abs. 3 AEUV, Rn. 459.
[593] Kommission, Entscheidung v. 12.12.1994 (Fujitsu), ABl. 1994, L 341/66, Rn. 41.
[594] Kommission, Entscheidung v. 12.12.1994 (Fujitsu), ABl. 1994, L 341/66, Rn. 41; s. auch: Kommission, Entscheidung v. 22.12.1987 (Enichem), ABl. 1988, L 50/18, Rn. 36 (Beschleunigung des technischen Innovationsrhytmus); Hervorhebung des Verf.
[595] Dazu: EuG, Urt. v. 27.2.1992, Rs. T–19/91 (Vichy), Slg. 1992, II–415, Rn. 92 f. im konkreten Einzelfall verneint.
[596] Kommission, Entscheidung v. 23.3.1990 (Moosehead), ABl. 1990, L 100/32, Rn. 16; s. auch: Kommission, Entscheidung v. 22.12.1987 (Enichem), ABl. 1988, L 50/18, Rn. 37.
[597] Kommission, Leitlinien zur Anwendung von Art. 81 Abs. 3 EG-Vertrag (Fn. 33), Rn. 84; s. auch: *Hengst*, in: Langen/Bunte, Art. 101 AEUV, Rn. 387; *Schuhmacher*, in: Grabitz/Hilf/Nettesheim, EU, Art. 101 AEUV (Januar 2016), Rn. 314.

nehmen selbst.[598] Eine »**angemessene Beteiligung**« setzt voraus, dass die Weitergabe der Vorteile die tatsächlichen oder voraussichtlichen negativen Auswirkungen mindestens ausgleicht, die den Verbrauchern durch die Wettbewerbsbeschränkung gemäß Art. 101 Abs. 1 AEUV entstehen.[599] Die »Nettowirkung« der Maßnahme muss also aus Sicht der Kunden – nicht aber: aus Sicht eines jeden Kunden[600] – »mindestens neutral« sein; werden die Kunden schlechter gestellt, scheidet eine Freistellung aus.[601] Daraus folgt: Je größer die nach Art. 101 Abs. 1 AEUV festgestellte Beschränkung des Wettbewerbs, desto größer müssen die Effizienzgewinne sein, die an die Verbraucher weitergegeben werden.[602] Die Partizipation der Verbraucher kann – je nach Effizienzvorteil im konkreten Einzelfall – in Form niedrigerer Preise oder in Form höherwertiger Produkte erfolgen, die als solche einen »echten Mehrwert für die Verbraucher«[603] schaffen müssen.

130 Im Hinblick auf die **Partizipation in Form niedrigerer Preise** stellt sich vor allem die Frage, ob Kosteneinsparungen auf Seiten der an der Maßnahme beteiligen Unternehmen voraussichtlich an die Kunden weitergegeben werden, ob also **Preissenkungen** zu erwarten sind.[604] Bei der Beantwortung dieser Frage berücksichtigt die Kommission die Marktstruktur, d. h. vor allem den **Restwettbewerb** – je größer der Restwettbewerb, desto wahrscheinlicher ist es, dass die Unternehmen Effizienzvorteile an ihre Kunden weitergeben werden –[605] und die **Elastizität der Nachfrage** – je größer der Anstieg der Nachfrage infolge einer Preissenkung, desto größer wird der Teil der Effizienzvorteile ausfallen, den die Unternehmen an ihre Kunden weitergeben.[606]

131 Ein Beispiel für die **Partizipation in Form höherwertiger Produkte** ist die Kooperation von Luftverkehrsunternehmen;[607] sie kann dazu führen, dass Flüge, Buchungen usw. aufeinander abgestimmt, höherwertige Dienste in einem größeren geographischen Rahmen angeboten und Kosten so gesenkt werden, dass die Preise sinken. Ein Beispiel ist auch die Kooperation bei der Entwicklung von Kfz-Scheiben, die die Sicherheit im Straßenverkehr, d. h. auch die Sicherheit der Kunden erhöhen,[608] sowie die Kooperation bei der Entwicklung von LKW-Achsen, die dazu führt, dass den LKW-Käufern »technologisch hochwertige Erzeugnisse« angeboten werden können.[609] Die Beteiligung der Marktgegenseite an dem entstehenden Gewinn kann sich auch aus der **Verbesserung des Kundendienstes** ergeben.[610] Führt eine (vertikale) Kooperation zu einer **Erweiterung der**

---

[598] *Schuhmacher*, in: Grabitz/Hilf/Nettesheim, EU, Art. 101 AEUV (Januar 2016), Rn. 314.
[599] Kommission, Leitlinien zur Anwendung von Art. 81 Abs. 3 EG-Vertrag (Fn. 33), Rn. 85 (Hervohebung d. Verf.).
[600] Kommission, Leitlinien zur Anwendung von Art. 81 Abs. 3 EG-Vertrag (Fn. 33), Rn. 87; EuG, Urt. v. 21.3.2002, Rs. T–131/99 (Shaw), Slg. 2002, II–2023, Rn. 163.
[601] Kommission, Leitlinien zur Anwendung von Art. 81 Abs. 3 EG-Vertrag (Fn. 33), Rn. 85.
[602] Kommission, Leitlinien zur Anwendung von Art. 81 Abs. 3 EG-Vertrag (Fn. 33), Rn. 90.
[603] Begriff: Kommission, Leitlinien zur Anwendung von Art. 81 Abs. 3 EG-Vertrag (Fn. 33), Rn. 104.
[604] Kommission, Entscheidung v. 13.7.1983 (Rockwell), ABl. 1983, L 224/19, 26, unter 9.
[605] Kommission, Leitlinien zur Anwendung von Art. 81 Abs. 3 EG-Vertrag (Fn. 33), Rn. 96f.
[606] Kommission, Leitlinien zur Anwendung von Art. 81 Abs. 3 EG-Vertrag (Fn. 33), Rn. 99.
[607] Kommission, Entscheidung v. 16.1.1996 (LH/SAS), ABl. 1996, L 54/28; s. allg. auch: Kommission, Leitlinien zur Anwendung von Art. 81 Abs. 3 EG-Vertrag (Fn. 33), Rn. 102 ff.
[608] Kommission, Entscheidung v. 16.12.1994 (Asahi/Saint-Gobain), ABl. 1994, L 354/87, Rn. 24 ff.
[609] Kommission, Entscheidung v. 13.7.1983 (Rockwell), ABl. 1983, L 224/19, 25, unter 9.
[610] Kommission, Entscheidung v. 25.7.1977 (De Laval-Stork), ABl. 1977, L 215/11, 17 unter 11.

Produktauswahl, so liegt auch darin ein Vorteil für die Verbraucher.[611] Das gleiche gilt für Maßnahmen, die die Sicherheit der Versorgung gewährleisten.[612]

3. Unerlässlichkeit der Wettbewerbsbeschränkung

Das Kriterium der **Unerlässlichkeit** besagt, dass die konstatierte Beschränkung des Wettbewerbs nur hinzunehmen ist, wenn die Maßnahme – im konkreten Einzelfall[613] – verhältnismäßig ist,[614] d. h. »das am wenigsten einschränkende Mittel« zur Erzielung der angestrebten Effizienzvorteile darstellt.[615] Bestanden ebenso effiziente Handlungsalternativen, die keine oder weniger gravierende Beschränkungen des Wettbewerbs mit sich gebracht hätten, so ist die ergriffene Maßnahme nicht unerlässlich. Das ist insbesondere der Fall, wenn Kostenvorteile (economies of scale/of scope) auch durch internes Wachstum und Preiswettbewerb hätten realisiert werden können.[616]

132

Die Kommission prüft abgestuft, ob (1.) die Maßnahme insgesamt und (2.) ob auch die einzelne, sich daraus ergebende Beschränkung des Wettbewerbs, »vernünftigerweise notwendig« ist, um die angestrebten Effizienzgewinne zu erzielen.[617] Die Unerlässlichkeit bejaht sie u. a. dann, wenn Produktinnovationen ohne die angestrebte Kooperation ausblieben oder wenn sich die Markteinführung neuer Erzeugnisse (spürbar) verzögern würde.[618] Dagegen wäre die Unerlässlichkeit i. S. v. Art. 101 Abs. 3 AEUV insbesondere dann zu verneinen, wenn auch ein selbständiges, nicht abgestimmtes Marktverhalten der Beteiligten »zu vergleichbar schnellen, wirksamen und wirtschaftlichen Ergebnissen führen« würde.[619] Das gleiche gilt für Kooperationen in Form eines Gemeinschaftsunternehmens, wenn auch bloße Lieferungsabkommen oder eine bloße Überlassung von Know-how ausreichen würden, um die angestrebten Effizienzvorteile zu generieren.[620] Die Kooperation wäre ferner »nicht unerlässlich«, wenn sie sich auf Forschung und Entwicklung, Herstellung und Vertrieb erstreckt, obwohl eine bloße Kooperation im Bereich Forschung und Entwicklung ausgereicht hätte.[621] Die Kommission berücksichtigt bei der Prüfung der Unerlässlichkeit auch, inwieweit die Kooperation das Investitionsrisiko der Unternehmen senkt.[622] Je gravierender die mit der ergriffenen Maßnahme verbundene Einschränkung des Wettbewerbs, desto schwieriger ist die Begründung, dass gerade diese Maßnahme unerlässlich sein soll – mit der Folge, dass die Kommission u. a. Preisabsprachen unter Reedern im multimodalen Transportgeschäft letztlich nicht als unerlässlich anerkannt hat.[623]

133

---

[611] Kommission, Entscheidung v. 23. 3.1990 (Moosehead), ABl. 1990, L 100/32, Rn. 16.
[612] EuGH, Urt. v. 25.10.1977, Rs. 26/76 (Metro I), Slg. 1977, 1875, Rn. 48.
[613] *Schuhmacher*, in: Grabitz/Hilf/Nettesheim, EU, Art. 101 AEUV (Januar 2016), Rn. 332.
[614] *Schröter/Voet van Vormizeele*, in: GSH, Europäisches Unionsrecht, Art. 101 AEUV, Rn. 322.
[615] Kommission, Entscheidung v. 11. 3.1998 (van den Bergh Foods), ABl. 1998, L 246/1, Rn. 241.
[616] Kommission, Leitlinien zur Anwendung von Art. 81 Abs. 3 EG-Vertrag (Fn. 33), Rn. 76.
[617] Kommission, Leitlinien zur Anwendung von Art. 81 Abs. 3 EG-Vertrag (Fn. 33), Rn. 73.
[618] Kommission, Entscheidung v. 16.12.1994 (Asahi/Saint Gobain), ABl. 1994, L 354/87, Rn. 28.
[619] Kommission, Entscheidung v. 16.12.1994 (Asahi/Saint Gobain), ABl. 1994, L 354/87, Rn. 28.
[620] Kommission, Entscheidung v. 13. 7.1983 (Rockwell), ABl. 1983, L 224/19, 26, unter 10.
[621] Kommission, Entscheidung v. 25. 7.1977 (De Laval-Stork), ABl. 1977, L 215/11, 18 unter 13, die die Unerlässlichkeit im konkreten Fall bejaht hat.
[622] Kommission, Entscheidung v. 25. 7.1977 (De Laval-Stork), ABl. 1977, L 215/11, 17 unter 13.
[623] EuG, Urt. v. 28. 2.2002, Rs. T–86/95 (Compagnie général maritime), Slg. 2002, II–1011, Rn. 376, 395 mit Verweis auf Kommission, Entscheidung v. 21.12.1994 (Far Eastern Freight Conference), ABl. 1994, L 375/17, Rn. 121.

4. Keine Möglichkeit zur Ausschaltung des Wettbewerbs

134 Der Freistellungstatbestand des Art. 101 Abs. 3 AEUV soll das Prinzip einer offenen Marktwirtschaft mit freiem Wettbewerb (s. Art. 119 Abs. 1 AEUV) nicht in Frage stellen. Daher scheidet eine Freistellung aus, wenn die Kooperation den beteiligten Unternehmen »Möglichkeiten eröffnet, für einen wesentlichen Teil der betreffenden Waren den Wettbewerb auszuschalten«, wenn sie also den **Restwettbewerb** beseitigen könnte. Damit erkennt Art. 101 Abs. 3 AEUV an, dass »die Rivalität zwischen Unternehmen eine wesentliche Antriebskraft für die wirtschaftliche Effizienz, einschließlich langfristiger dynamischer Effizienzsteigerungen in Form von Innovationen« darstellt.[624] Diese langfristigen (volkswirtschaftlichen) Effizienzgewinne durch Wettbewerb darf man nicht im Interesse kurz- und mittelfristiger (betriebswirtschaftlicher) Effizienzgewinne verspielen – auch nicht, wenn die Verbraucher an diesen beteiligt werden.

135 Bei der Beurteilung der Konsequenzen der Maßnahme für den (Rest-)Wettbewerb sind die **Hindernisse für den Eintritt in den relevanten Markt** und ihre **Auswirkungen auf die Wettbewerbsbeziehungen, die innerhalb dieses Marktes herrschen**, zu berücksichtigen.[625] Der Dynamik der Märkte ist Rechnung zu tragen.[626] Die bisherige Rolle künftiger Kooperationspartner auf dem Markt ist zu berücksichtigen: Die Einbindung eines »Maverick« in eine Kooperation kann den Restwettbewerb in besonderem Maße beeinträchtigen.[627] Oligopolistische Marktstrukturen sprechen in der Tendenz dafür, dass der Restwettbewerb gefährdet wäre, stehen einer Kooperation aber nicht unbedingt entgegen.[628] Je schwächer der Wettbewerb vor der Kooperation und je gravierender die Beschränkung des Wettbewerbs durch die Kooperation, desto stärker gefährdet die Kooperation den Restwettbewerb.[629]

IV. Freistellung durch Gruppenfreistellungsverordnungen

136 Die Kommission kann aufgrund bestimmter Ermächtigungsverordnungen des Rates[630] gemäß Art. 105 Abs. 3 AEUV, 103 Abs. 2 Buchst. b AEUV **Gruppenfreistellungsverordnungen** erlassen, d.h. das Kartellverbot (Art. 101 Abs. 1 AEUV) für nicht anwendbar erklären auf bestimmte Gruppen von Vereinbarungen und abgestimmten Verhaltensweisen, die bei typisierender Betrachtungsweise die Freistellungsvoraussetzungen des Absatz 3 erfüllen. Dabei handelt es sich formal um Verordnungen i. S. v. Art. 288 Abs. 2 AEUV und inhaltlich um Durchführungsbestimmungen,[631] die die Einzelheiten der Anwendung des Art. 101 Abs. 3 AEUV festlegen (s. Art. 103 Abs. 2 Buchst. b

---

[624] Kommission, Leitlinien zur Anwendung von Art. 81 Abs. 3 EG-Vertrag (Fn. 33), Rn. 105.
[625] Kommission, Entscheidung v. 11.3.1998 (van den Bergh Foods), ABl. 1998, L 246/1, Rn. 222; s. auch: EuG, Urt. v. 26.2.2002, Rs. T–395/94 (Atlantic Container Line), Slg. 2002, II–875, Rn. 300; s. zur Berücksichtigung des potentiellen Wettbewerbs auch: Kommission, Leitlinien zur Anwendung von Art. 81 Abs. 3 EG-Vertrag (Fn. 33), Rn. 114f.
[626] Kommission, Entscheidung v. 16.12.1994 (Asahi/Saint-Gobain), ABl. 1994, L 354/87, Rn. 32–34.
[627] Kommission, Leitlinien zur Anwendung von Art. 81 Abs. 3 EG-Vertrag (Fn. 33), Rn. 112.
[628] Kommission, Entscheidung v. 25.7.1977 (De Laval-Stork), ABl. 1977, L 215/11, 17 unter 13.
[629] Kommission, Leitlinien zur Anwendung von Art. 81 Abs. 3 EG-Vertrag (Fn. 33), Rn. 107.
[630] Einzelheiten: *Ellger*, in: Immenga/Mestmäcker, Art. 101 Abs. 3 AEUV, Rn. 325 ff.; Beispiel: VO (EWG) Nr. 1534/91 des Rates v. 31.5.1991 über die Anwendung von Art. 85 Abs. 3 EG-Vertrag auf bestimmte Gruppen von Vereinbarungen, Beschlüssen und aufeinander abgestimmten Verhaltensweisen im Bereich der Versicherungswirtschaft, ABl. 1991, L 143/1.
[631] *Ellger*, in: Immenga/Mestmäcker, Art. 101 Abs. 3 AEUV, Rn. 325.

AEUV). Unter Gruppen versteht man »Kategorien von Wettbewerbsbeschränkungen«, die gemeinsame, in Gruppenfreistellungsverordnungen festgelegte Merkmale aufweisen und aufgrund einer typisierenden Betrachtung vom Kartellverbot freigestellt werden.[632]

Im Hinblick auf die **Rechtsnatur der Gruppenfreistellung** geht die Kommission mit Recht davon aus, dass sich durch die Einführung der allgemeinen Legalausnahme (2003) nichts verändert habe.[633] Die Gruppenfreistellungsverordnung ist nach wie vor als partielle Legalausnahme (*Ellger*) einzuordnen, die den Freistellungstatbestand des Art. 101 Abs. 3 AEUV präzisiert. Dissens besteht vor allem im Hinblick darauf, ob die Gruppenfreistellungsverordnung (GVO) deklaratorisch oder konstitutiv wirkt. Die Rechtsnatur der Verordnung (s. Art. 288 Abs. 2 AEUV) als generell-abstrakte, verbindliche und unmittelbar anwendbare Rechtsnorm, sowie die Funktion der GVO, Rechtssicherheit durch (grundsätzlich) verbindliche Konkretisierung der Freistellungsvoraussetzungen zu schaffen, sprechen dafür, die GVOen als konstitutive Rechtsakte zu behandeln.[634] Die Regelungshierarchie steht dem nicht entgegen, führt aber dazu, dass die jeweils einschlägige GVO den höherrangigen Art. 101 Abs. 3 AEUV nicht verdrängen kann – und auch gar nicht verdrängen will. Eine Einzelfreistellung (Art. 101 Abs. 3 AEUV) kommt also auch dann in Betracht, wenn die Freistellungsvoraussetzungen einer an sich einschlägigen GVO nicht erfüllt sind.[635] Der Grundsatz »lex specialis derogat legi generali« gilt nicht.[636]

137

Der **Rechtsvorteil der GVO**[637] besteht vor allem darin, dass sich die Beweislast verändert: Ist eine Maßnahme durch eine GVO freigestellt, sind die Parteien einer wettbewerbsbeschränkenden Vereinbarung von ihrer Verpflichtung gemäß Art. 2 Satz 2 VO (EG) Nr. 1/2003 entbunden, nachzuweisen, dass ihre individuelle Vereinbarung sämtliche Voraussetzungen von Art. 101 Abs. 3 AEUV erfüllt. Sie müssen lediglich beweisen, dass ihre Vereinbarung unter die Gruppenfreistellungsverordnung fällt. Der Anwendung von Art. 101 Abs. 3 AEUV liegt hierbei die Annahme zugrunde, dass von einer GVO erfasste Vereinbarungen alle vier Voraussetzungen von Art. 101 Abs. 3 AEUV erfüllen. Die GVO ist also eine – vorbehaltlich der Kompatibilität mit dem Primärrecht – verbindliche Präzisierung des Freistellungstatbestands. Damit erleichtern die GVOen die Rechtsanwendung und tragen erheblich zur **Rechtssicherheit und -klarheit** bei.[638] Gruppenfreistellungsverordnungen sind weder extensiv auszulegen[639] noch

138

---

[632] *Ellger*, in: Immenga/Mestmäcker, Art. 101 Abs. 3 AEUV, Rn. 324.
[633] Kommission, Leitlinien zur Anwendung von Art. 81 Abs. 3 EG-Vertrag (Fn. 33), Rn. 2.
[634] H.M.: *Ellger*, in: Immenga/Mestmäcker, Art. 101 Abs. 3 AEUV, Rn. 324; *Schröter/Voet van Vormizeele*, in: GSH, Europäisches Unionsrecht, Art. 101 AEUV, Rn. 280 (verbindliche normkonkretisierende Rechtsakte); s. auch: *Schuhmacher*, in: Grabitz/Hilf/Nettesheim, EU, Art. 101 AEUV (Januar 2016), Rn. 357 (konstitutiv i. S. von verbindlich); ausführlich zur Rechtsnatur nach Einführung der Legalausnahme (Art. 2 Abs. 1 VO (EG) Nr. 1/2003): *Fuchs*, ZWeR 2005, 1 (9); *Schmidt*, BB 2003, 1237; *Wagner*, WRP 2003, 1369.
[635] Ebenso: *Hengst*, in: Langen/Bunte, Art. 101 AEUV, Rn. 417, mit dem zutreffenden Hinweis auf BGH, WuW/E DE-R 1335, 1338 f.
[636] Im Ergebnis ebenso: *Schuhmacher*, in: Grabitz/Hilf/Nettesheim, EU, Art. 101 AEUV (Januar 2016), Rn. 359 (keine abschließende Regelung).
[637] S. nur: Art. 29 Abs. 1 VO (EG) Nr. 1/2003 sowie Erwägungsgrund Nr. 11, 15 sowie Art. 4 (Überschrift) der VO (EU) Nr. 330/2010 (Fn. 27).
[638] Dies betont auch *Ellger*, in: Immenga/Mestmäcker, Art. 101 Abs. 3 AEUV, Rn. 336.
[639] EuGH, Urt. v. 24.10.1995, Rs. C-70/93 (BMW/ALD Auto-Leasing), Slg. 1995, I-3439, Rn. 28; s. auch: Rn. 110.

analog anwendbar.[640] Nationale Gerichte dürfen die Tragweite der GVO nicht ändern, indem sie ihren Geltungsbereich auf Vereinbarungen ausdehnen, die nicht darunter fallen. Eine solche Ausdehnung wäre nämlich, wie der EuGH hervorhebt, ein Eingriff in die Rechtsetzungsbefugnis der Kommission.[641]

139 Ebenso wie die Einzelfreistellung gemäß Art. 101 Abs. 3 AEUV setzt auch eine Gruppenfreistellung grundsätzlich voraus, dass die geprüften Maßnahmen mit einer Beschränkung des Wettbewerbs i. S. v. Absatz 1 einhergehen;[642] so besagt Art. 2 Abs. 1 Satz 2 VO (EU) Nr. 330/2010, dass die Freistellung für Vertikalvereinbarungen nur »gilt, soweit solche Vereinbarungen vertikale Beschränkungen enthalten«. Fällt eine Maßnahme unter Art. 101 Abs. 1 AEUV ohne dass die Voraussetzungen des Absatz 3 erfüllt sind, so kann der Vorteil der Anwendung der GVOen entzogen werden (s. Art. 29 Abs. 1 VO (EG) Nr. 1/2003);[643] gegebenenfalls hat die Kommission – bzw. die Kartellbehörde des Mitgliedstaats (Absatz 2) – nachzuweisen, dass die Maßnahme gegen Art. 101 Abs. 1 AEUV verstößt und die Voraussetzungen des Absatz 3 nicht erfüllt.[644]

140 **Kernbeschränkungen** schließen eine Gruppenfreistellung insgesamt, d. h. auch im Hinblick auf andere, mit der Kernbeschränkung verknüpfte und an sich freistellungsfähige Bestandteile einer Unternehmensvereinbarung aus; so heißt es in Art. 4 der VO (EU) Nr. 330/2010, dass die Freistellung »nicht für vertikale Vereinbarungen [gilt], die unmittelbar oder mittelbar, für sich allein oder in Verbindung mit anderen Umständen unter der Kontrolle der Vertragsparteien Folgendes bezwecken: a) Die Beschränkung der Möglichkeit des Abnehmers, seinen Verkaufspreis selbst festzusetzen; …; b) die Beschränkung des Gebiets oder der Kundengruppe, in das oder an ein an der Vereinbarung beteiligter Abnehmer … verkaufen darf«. **Bestimmte andere Beschränkungen** sind nicht freigestellt (s. nur: Art. 5 der VO (EU) Nr. 330/2010), ohne dass gleich die Freistellung insgesamt hinfällig wäre.

141 Die GVOen folgen grundsätzlich ein und demselben **Regelungsmuster**: sie regeln (1.) die Freistellung bestimmter Kooperationen vom Kartellverbot, (2.) bestimmte Kernbeschränkungen, die eine Gruppenfreistellung ausschließen, (3.) bestimmte Beschränkungen, die gegebenenfalls nicht unter die Gruppenfreistellung fallen und (4.) Marktanteilsschwellen, jenseits derer eine Gruppenfreistellung entfällt.[645] Der Katalog der hier behandelten GVOen ist nicht abschließend. Hinzukommen **GVOen im Verkehrssektor**.[646]

---

[640] EuGH, Urt. v. 28.2.1991, Rs. C–234/89 (Delimitis), Slg. 1991, I–935, Rn. 46.
[641] EuGH, Urt. v. 28.2.1991, Rs. C–234/89 (Delimitis), Slg. 1991, I–935, Rn. 46.
[642] Details: *Ellger*, in: Immenga/Mestmäcker, Art. 101 Abs. 3 AEUV, Rn. 333.
[643] Kommission, Leitlinien zur Anwendung von Art. 81 Abs. 3 EG-Vertrag (Fn. 33), Rn. 36.
[644] Kommission, Leitlinien zur Anwendung von Art. 81 Abs. 3 EG-Vertrag (Fn. 33), Rn. 36.
[645] Im Detail zu der alten und neuen Regelungsstruktur: *Ellger*, in: Immenga/Mestmäcker, Art. 101 Abs. 3 AEUV, Rn. 354 ff.
[646] Siehe: Verordnung (EG) Nr. 169/2009 vom 26.2.2009 über die Anwendung von Wettbewerbsregeln auf dem Gebiet des Eisenbahn-, Straßen- und Binnenschiffsverkehrs, ABl. 2009, L 61/1; Verordnung (EG) Nr. 906/2009 der Kommission vom 28.9.2009 über die Anwendung von Art. 81 Abs. 3 EG-Vertrag auf bestimmte Gruppen von Vereinbarungen, Beschlüssen und aufeinander abgestimmten Verhaltensweisen zwischen Seeschifffahrtsunternehmen (Konsortien), ABl. 2009, L 256/31; s. auch: Verordnung (EG) Nr. 487/2009 des Rates vom 25.5.2009 zur Anwendung von Art. 81 Abs. 3 EG-Vertrag auf bestimmte Gruppen von Vereinbarungen und aufeinander abgestimmten Verhaltensweisen im Luftverkehr, ABl. 2009, L 148/1.

1. Vertikalvereinbarungen

Mit der **GVO (EU) Nr. 330/2010**[647] hat die Kommission vertikale Vereinbarungen grundsätzlich vom Kartellverbot freigestellt (Art. 2 Abs. 1 VO (EU) Nr. 330/2010). Darunter versteht die Verordnung Vereinbarungen oder abgestimmte Verhaltensweisen, die zwischen zwei oder mehr Unternehmen, von denen jedes für die Zwecke der Vereinbarung oder der abgestimmten Verhaltensweise auf einer anderen Ebene der Produktions- oder Vertriebskette tätig ist, geschlossen werden und die die Bedingungen betreffen, zu denen die beteiligten Unternehmen Waren oder Dienstleistungen beziehen, verkaufen oder weiterverkaufen dürfen (Art. 1 Abs. 1 Buchst. a VO (EU) Nr. 330/2010. Die VO (EU) Nr. 330/2010 beschränkt sich als »Schirm-GVO« bewusst nicht auf bestimmte Vertriebsformen; sie soll vielmehr »Flexibilität für neue und innovative Vertragsgestaltungen schaffen und den Standardisierungsdruck beseitigen, den frühere [GVO] … für einen numerus clausus bestimmter Vertragstypen … ausgeübt hatten«.[648]

142

Die Kommission geht davon aus, dass bestimmte Arten von vertikalen Vereinbarungen »die wirtschaftliche Effizienz innerhalb einer Produktions- oder Vertriebskette erhöhen [können], weil sie eine bessere Koordinierung zwischen den beteiligten Unternehmen ermöglichen«;[649] sie können, so die Kommission, insbesondere dazu beitragen, »die Transaktions- und Vertriebskosten der beteiligten Unternehmen zu verringern und deren Umsätze und Investitionen zu optimieren«.[650] Pro- und antikompetitive Effekte sind unter Berücksichtigung der Marktmacht der beteiligten Unternehmen, d.h. unter Berücksichtigung des Ausmaßes abzuwägen, »in dem diese Unternehmen dem Wettbewerb anderer Anbieter von Waren und Dienstleistungen ausgesetzt sind, die von ihren Kunden aufgrund ihrer Produkteigenschaften, ihrer Preise und ihres Verwendungszwecks als austauschbar oder substituierbar angesehen werden«.[651] Daher gilt die Freistellung nur, wenn der Anteil des Anbieters an dem relevanten Markt, auf dem er die Vertragswaren oder -dienstleistungen anbietet, und der Anteil des Abnehmers an dem relevanten Markt, auf dem er die Vertragswaren oder -dienstleistungen bezieht, jeweils nicht mehr als 30 % beträgt (Art. 3 Abs. 1 VO (EU) Nr. 330/2010).[652] Bis zu dieser Marktanteilsschwelle geht die Kommission davon aus, »dass vertikale Vereinbarungen … im Allgemeinen zu einer Verbesserung der Produktion oder des Vertriebs und zu einer angemessenen Beteiligung der Verbraucher an dem daraus entstehenden Gewinn führen«.[653]

143

Die Freistellung gilt nicht für vertikale Vereinbarungen, die unmittelbar oder mittelbar, für sich allein oder in Verbindung mit anderen Umständen **Kernbeschränkungen** wie die Festsetzung von Mindest- oder Festpreisen (s. Art. 4 Buchst. a VO (EU) Nr. 330/2010 und/oder bestimmte Arten des Gebietsschutzes bezwecken (Buchstabe b).[654] Davon abgesehen erstreckt sie sich nicht auf bestimmte, in vertikalen Vereinbarungen enthaltene Verpflichtungen wie »unmittelbare oder mittelbare Wettbewerbsverbote, die für eine unbestimmte Dauer oder für eine Dauer von mehr als fünf Jahren

144

---

[647] VO (EU) Nr. 330/2010 (Fn. 27).
[648] *Nolte*, in: Langen/Bunte, Nach Art. 101 AEUV, Rn. 290 (Hervorhebung im Original).
[649] Erwägungsgrund Nr. 6 der VO (EU) Nr. 330/2010 (Fn. 27).
[650] Erwägungsgrund Nr. 6 der VO (EU) Nr. 330/2010 (Fn. 27).
[651] Erwägungsgrund Nr. 7 der VO (EU) Nr. 330/2010 (Fn. 27).
[652] Im Einzelnen zur Marktabgrenzung: Kommission, Leitlinien für vertikale Beschränkungen (Fn. 211), Rn. 86 ff.; s. auch: Art. 102 AEUV, Rn. 32 ff.
[653] Erwägungsgrund Nr. 8 der VO (EU) Nr. 330/2010 (Fn. 27).
[654] S. auch: Erwägungsgrund Nr. 10 der VO (EU) Nr. 330/2010 (Fn. 27).

vereinbart werden« (Art. 5 Abs. 1 Buchst. a VO (EU) Nr. 330/2010). Im Detail ist auf die **Leitlinien der Kommission für vertikale Beschränkungen** zu verweisen.[655]

2. Vertikalvereinbarungen im Kraftfahrzeugsektor

145 Im **Kraftfahrzeugsektor** ist zu unterscheiden: Auf dem Markt für neue **Kraftfahrzeuge** (Primärmarkt) sieht die Kommission »keine erheblichen Beeinträchtigungen des Wettbewerbs«, die diesen Sektor von anderen Wirtschaftssektoren unterscheiden.[656] Für Vertikalvereinbarungen in diesem Bereich gilt daher (seit dem 1. 6. 2013) nur noch die allgemeine GVO (EU) Nr. 330/2010 (s. Rn. 142 f.). Dagegen hat die Kommission auf den **Kfz-Reparatur- und Ersatzteilmärkten** spezifische Risiken für den Wettbewerb ausgemacht[657] und die Gruppenfreistellung für Vertikalvereinbarungen auf den Kfz-Anschlussmärkten zusätzlich an die strengere **Kfz-GVO (EU) Nr. 461/2010**[658] gebunden. Danach gilt Art. 101 Abs. 1 AEUV zwar »nicht für vertikale Vereinbarungen, die die Bedingungen betreffen, unter denen die beteiligten Unternehmen Kraftfahrzeugersatzteile beziehen, verkaufen oder weiterverkaufen oder Instandsetzungs- und Wartungsdienstleistungen für Kraftfahrzeuge erbringen dürfen« (Art. 4 VO (EU) Nr. 461/2010). Diese Freistellung setzt jedoch voraus, dass die Voraussetzungen der Verordnung (EU) Nr. 330/2010 erfüllt sind und dass keine Kernbeschränkungen i. S. v. Art. 5 der VO (EU) Nr. 461/2010 vorliegen;[659] so gilt die Freistellung insbesondere nicht für »die Beschränkung des Verkaufs von Kraftfahrzeugersatzteilen durch Mitglieder eines selektiven Vertriebssystems an unabhängige Werkstätten, welche diese Teile für die Instandsetzung und Wartung eines Kraftfahrzeugs verwenden« (Buchstabe a). Ohne Zugang zu solchen Original-Ersatzteilen könnten die unabhängigen Werkstätten nämlich nicht wirksam mit zugelassenen Werkstätten in Wettbewerb treten, da sie nicht in der Lage wären, den Verbrauchern Leistungen von guter Qualität anzubieten, die zu einem sicheren und zuverlässigen Betrieb der Kraftfahrzeuge beitragen.[660] Im Detail ist auf die **Leitlinien der Kommission** (2010)[661] zu verweisen.

3. Vereinbarungen über Forschung und Entwicklung

146 Forschungs- und Entwicklungsvereinbarungen, die keine Beschränkung des Wettbewerbs bezwecken oder bewirken, fallen von vornherein nicht unter das Kartellverbot des Art. 101 Abs. 1 AEUV (s. Rn. 158). Enthalten sie jedoch (an sich verbotene) Beschränkungen, so kommt eine Freistellung gemäß Art. 2 Abs. 1 der **GVO (EU)**

---

[655] Kommission, Leitlinien für vertikale Beschränkungen (Fn. 211).
[656] Erwägungsgrund 10 der Verordnung (EU) Nr. 461/2010 der Kommission vom 27. 5. 2010 über die Anwendung von Art. 101 Abs. 3 AEUV auf Gruppen von vertikalen Vereinbarungen und abgestimmten Verhaltensweisen im Kraftfahrzeugsektor, ABl. 2010, L 129/52.
[657] Erwägungsgrund Nr. 15 der VO (EU) Nr. 461/2010 (Fn. 656); *Voet van Vormizeele*, in: GSH, Europäisches Unionsrecht, Nach Art. 101 AEUV, Rn. 617.
[658] VO (EU) Nr. 461/2010 (Fn. 656).
[659] Im Einzelnen: *Voet van Vormizeele*, in: GSH, Europäisches Unionsrecht, Nach Art. 101 AEUV, Rn. 617.
[660] Erwägungsgrund Nr. 16 der VO (EU) Nr. 461/2010 (Fn. 656).
[661] Bekanntmachung der Kommission, Ergänzende Leitlinien für vertikale Beschränkungen in Vereinbarungen über den Verkauf und die Instandsetzung von Kraftfahrzeugen und den Vertrieb von Kraftfahrzeugersatzteilen, ABl. 2010, C 138/16; s. auch: *Frenz*, WRP 2013, 163.

Nr. 1217/2010[662] vom 14.12.2010 für bestimmte Gruppen von Vereinbarungen über Forschung und Entwicklung in Betracht. Unter Forschung und Entwicklung versteht die GVO »den Erwerb von Know-how über Produkte, Technologien oder Verfahren« sowie »die Durchführung von theoretischen Analysen, systematischen Studien oder Versuchen« (Art. 1 Abs. 1 Buchst. c VO (EU) Nr. 1217/2010).

Die Kommission geht bis zu einem gewissen Grad an Marktmacht (s. u.) davon aus, dass die positiven Auswirkungen von Forschungs- und Entwicklungsvereinbarungen überwiegen[663] – auch, wenn eine Partei die Forschung und Entwicklung lediglich finanziert.[664] Die Freistellung setzt grundsätzlich den »uneingeschränkten Zugang« der Parteien zu den Endergebnissen gemeinsamer Forschung und Entwicklung voraus (Art. 3 Abs. 2 Satz 1 VO (EU) Nr. 1217/2010) und erstreckt sich gegebenenfalls auf Nebenabreden wie die »Übertragung von Rechten des geistigen Eigentums« (Art. 2 Abs. 2 VO (EU) Nr. 1217/2010).[665] Handelt es sich bei den Parteien um Nichtwettbewerber, so gilt die Freistellung für die Dauer der Forschung und Entwicklung (und gegebenenfalls für weitere sieben Jahre gemeinsamer Verwertung), ohne dass es dabei auf die **Marktverhältnisse** ankäme (Art. 4 Abs. 1 VO (EU) Nr. 1217/2010).[666] Sind die Parteien Konkurrenten, ist eine Vereinbarung nur dann freigestellt, wenn der gemeinsame Marktanteil[667] aller Beteiligten an den relevanten Produkt- und Technologiemärkten im Zeitpunkt des Abschlusses der Vereinbarung 25 % nicht überschreitet (Art. 4 Abs. 2 Buchst. a VO (EU) Nr. 1217/2010). In Fällen der Auftragsforschung und -entwicklung ist der gemeinsame Marktanteil der finanzierenden Partei und aller Parteien entscheidend, mit denen die finanzierende Partei Forschungs- und Entwicklungsvereinbarungen über dieselben Vertragsprodukte oder -technologien geschlossen hat (Art. 4 Abs. 2 Buchst. b VO (EU) Nr. 1217/2010). Die Freistellung gilt nicht für Forschungs- und Entwicklungsvereinbarungen, die bestimmte Kernbeschränkungen (Art. 5 VO (EU) Nr. 1217/2010) wie die Beschränkung der Freiheit der Parteien enthalten, Forschung und Entwicklung in einem Bereich zu betreiben, der mit der Forschungs- und Entwicklungsvereinbarung nicht zusammenhängt (Buchstabe a).

4. Spezialisierungsvereinbarungen

Die **GVO Nr. 1218/2010**[668] stellt **Spezialisierungsvereinbarungen** (Begriff: Art. 1 Abs. 1 Buchst. a VO (EU) Nr. 1218/2010) grundsätzlich vom Kartellverbot frei (Art. 2 Abs. 1 VO (EU) Nr. 1218/2010). Eine Spezialisierungsvereinbarung liegt angelehnt an die Definition *Haags*[669] vor, wenn mehrere Unternehmen ihr gegenwärtiges oder künftiges Leistungsprogramm einvernehmlich so ausrichten, dass bestimmte (Teil-)Leistungen

---

[662] Verordnung (EU) Nr. 1217/2010 (Fn. 202); vertiefend: *Gutermuth*, WuW 2012, 237 ff.; *Rosenberger*, GRURInt 2012, 721 ff.; Kommentierung u. a. bei *Hirsbrunner*, in: GSH, Europäisches Unionsrecht, Nach Art. 101 AEUV, Rn. 124 ff.
[663] Erwägungsgrund Nr. 4 der VO (EU) Nr. 1217/2010 (Fn. 202).
[664] Erwägungsgrund Nr. 8 der VO (EU) Nr. 1217/2010 (Fn. 202).
[665] Dazu: *Schroeder*, in: Grabitz/Hilf/Nettesheim, EU, Art. 101 AEUV (Januar 2016), Rn. 577 (Prinzip der Nebenabreden).
[666] Erwägungsgrund Nr. 18 der VO (EU) Nr. 1217/2010 (Fn. 202).
[667] Zur Berechnung der Marktanteile siehe Art. 7 VO (EU) Nr. 1217/2010 (Fn. 202).
[668] Verordnung (EU) Nr. 1218/2010 der Kommission vom 14.12.2010 über die Anwendung von Art. 101 Abs. 3 AEUV auf bestimmte Gruppen von Spezialisierungsvereinbarungen, ABl. 2010, L 335/43.
[669] *Haag*, in: GSH, Europäisches Unionsrecht, Nach Art. 101 AEUV, Rn. 188.

nur noch von einem bzw. von dem jeweils anderen Partner erbracht werden, um durch größere Stückzahlen, Losgrößen usw. für alle Beteiligten Rationalisierungsvorteile zu erzielen. Korrespondierende Kostenvorteile können gegebenenfalls über niedrigere Preise an die Verbraucher weitergegeben werden.[670] Die Kommission geht davon aus, dass Spezialisierungsvereinbarungen zu Verbesserungen in Produktion und Vertrieb von Waren beitragen, wenn die Parteien ihre komplementären Fähigkeiten bündeln, um rationeller zu arbeiten und ihre Produkte preiswerter anzubieten.[671] Die Freistellung gilt für einseitige (Art. 1 Abs. 1 Buchst. b VO (EU) Nr. 1218/2010) und gegenseitige Spezialisierungsvereinbarungen (Art. 1 Abs. 1 Buchst. c VO (EU) Nr. 1218/2010) sowie für Vereinbarungen über die gemeinsame Produktion (Art. 1 Abs. 1 Buchst. d VO (EU) Nr. 1218/2010). Eine **einseitige Spezialisierung** liegt vor, wenn zwischen zwei Parteien, die auf demselben sachlich relevanten Markt tätig sind,[672] eine Abrede getroffen wird, mit der sich eine Partei verpflichtet, die Produktion einzelner Produkte ganz oder zum Teil einzustellen oder von vornherein von der Produktion abzusehen und diese Produkte von der anderen Partei zu erwerben (Art. 1 Abs. 1 Buchst. b VO (EU) Nr. 1218/2010).[673] Eine **gegenseitige Spezialisierung** liegt vor, wenn sich zwei auf demselben sachlich relevanten Markt tätige Parteien auf der Grundlage der Gegenseitigkeit verpflichten, die Produktion unterschiedlicher Produkte ganz oder teilweise einzustellen oder von der Produktion abzusehen und diese von der jeweils anderen Partei zu beziehen (Art. 1 Abs. 1 Buchst. c VO (EU) Nr. 1218/2010).[674] Die Freistellung gilt auch für komplementäre Regelungen des geistigen Eigentums (Art. 2 Abs. 2 VO (EU) Nr. 1218/2010) und »für Spezialisierungsvereinbarungen, wenn die Parteien a) eine Alleinbezugs- oder Alleinbelieferungsverpflichtung akzeptieren oder b) die Spezialisierungsprodukte nicht selbst verkaufen, sondern gemeinsam vertreiben« (Absatz 3). Die Freistellung gilt nur unter der Voraussetzung, dass der gemeinsame Anteil der Parteien auf jedem relevanten Markt höchstens 20 % beträgt (Art. 3 VO (EU) Nr. 1218/2010). Bei **Kernbeschränkungen**, bspw. bei der Festsetzung der Preise für den Verkauf der Produkte an Dritte (nicht aber: bei der Festsetzung der Preise für direkte Abnehmer im Rahmen des gemeinsamen Vertriebs) scheidet eine Freistellung gemäß Art. 2 Abs. 1 der GVO aus (Art. 4 Buchst. a VO (EU) Nr. 1218/2010).

5. Technologietransfer-Vereinbarungen

149 Die **GVO (EU) Nr. 316/2014 für Technologietransfer-Vereinbarungen**[675] (Begriff: Art. 1 Buchst. c VO (EU) Nr. 316/2014) stellt Vereinbarungen über die Lizensierung und Übertragung von Technologierechten unter bestimmten Bedingungen vom Kartellverbot frei.[676] Gegenstand einer Technologietransfer-Vereinbarung ist die Vergabe von Technologierechten in Form von **Lizenzen**. Derartige Technologie-Transfers steigern in der

---

[670] *Haag*, in: GSH, Europäisches Unionsrecht, Nach Art. 101 AEUV, Rn. 190.
[671] Erwägungsgrund Nr. 6 der VO (EU) Nr. 1218/2010 (Fn. 668).
[672] Erwägungsgrund Nr. 8 der VO (EU) Nr. 1218/2010 (Fn. 668).
[673] Siehe auch Erwägungsgrund Nr. 7 der VO (EU) Nr. 1218/2010 (Fn. 668).
[674] Siehe auch Erwägungsgrund Nr. 7 der VO (EU) Nr. 1218/2010 (Fn. 668).
[675] Verordnung (EU) Nr. 316/2014 der Kommission vom 21.3.2014 über die Anwendung von Art. 101 Abs. 3 AEUV auf Gruppen von Technologietransfer-Vereinbarungen, ABl. 2014, L 93/17, gemäß Art. 11 in Kraft getreten am 1.5.2014 und gültig bis zum 30.4.2026; s. dazu auch: Leitlinien zur Anwendung von Artikel 101 des Vertrags über die Arbeitsweise der Europäischen Union auf Technologietransfer-Vereinbarungen, ABl. 2014, C 89/3.
[676] Hierzu ausführlich noch zur VO (EG) Nr. 772/2004: *Lubitz*, EuZW 2004, 652 f.

Regel die Effizienz der Wirtschaft und wirken sich positiv auf den Wettbewerb aus, weil sie, so die Erwägungsgründe, »den parallelen Forschungs- und Entwicklungsaufwand reduzieren, den Anreiz zur Aufnahme von Forschungs- und Entwicklungsarbeiten stärken, Anschlussinnovationen fördern, die Verbreitung der Technologie erleichtern und den Wettbewerb auf den Produktmärkten beleben können«.[677]

Der Begriff der **Technologietransfer-Vereinbarung** erfasst nicht nur den Technologietransfer als solchen, sondern auch andere Bestimmungen, soweit diese unmittelbar mit der Produktion oder dem Verkauf von Vertragsprodukten verbunden sind.[678] **Vereinbarungen zwischen Wettbewerbern** werden grundsätzlich freigestellt, wenn der Marktanteil der Wettbewerber auf dem relevanten Markt 20 % nicht überschreitet (Art. 3 Abs. 1 VO (EU) Nr. 316/2014). Dann nimmt die Kommission an, »dass sie [die Vereinbarungen] im Allgemeinen zu einer Verbesserung der Produktion oder des Vertriebs und zu einer angemessenen Beteiligung der Verbraucher an den daraus resultierenden Vorteilen führen…«.[679] **Vereinbarungen zwischen Nichtwettbewerbern** sind freigestellt, wenn der jeweilige Marktanteil der Unternehmen die Grenze von 30 % auf dem relevanten Markt grundsätzlich nicht überschreitet (Art. 3 Abs. 2 VO (EU) Nr. 316/2014). Die Freistellung gilt nicht bei Kernbeschränkungen (Art. 4 VO (EU) Nr. 316/2014).

150

6. Vereinbarungen im Versicherungssektor

Mit der **Verordnung (EU) Nr. 267/2010**[680] hat die Kommission gemeinsame Erhebungen, Tabellen (insbesondere: Sterbetafeln) und Studien (Art. 2–4 VO (EU) Nr. 267/2010) sowie Mitversicherungsgemeinschaften, d. h. die gemeinsame Deckung bestimmter Risiken (Art. 5–7 VO (EU) Nr. 267/2010) im Versicherungssektor vom Kartellverbot freigestellt. Die Kooperation bei der Datenerhebung (die auch statistische Berechnungen einschließen kann) zur Ermittlung von Durchschnittskosten für die Deckung eines genau beschriebenen Risikos und – im Falle von Lebensversicherungen – die Zusammenarbeit bei der Aufstellung von Sterbetafeln usw. verbessern die Kenntnis von Risiken und erleichtern es dem einzelnen Versicherer, die Risiken zu bewerten.[681] »Dies wiederum kann«, so die Kommission, »Markteintritte erleichtern und damit nutzbringend für Verbraucher sein«.[682] Anders als früher erstreckt sich die Gruppenfreistellung nicht mehr auf die Erstellung von Musterbedingungen und auch nicht mehr auf die Prüfung und Anerkennung von Sicherheitsvorkehrungen.[683] Die GVO knüpft nicht an Marktanteilsschwellen an, weil gerade kleine Versicherer von groß angelegten gemeinsamen Erhebungen, Tabellen und Studien profitieren.[684]

151

---

[677] Erwägungsgrund Nr. 4 der VO (EU) Nr. 316/2014 (Fn. 675).
[678] Erwägungsgrund Nr. 9 der VO (EU) Nr. 316/2014 (Fn. 675).
[679] Erwägungsgrund Nr. 10 der VO (EU) Nr. 316/2014 (Fn. 675).
[680] Verordnung (EU) Nr. 267/2010 der Kommission vom 24.3.2010 über die Anwendung von Art. 101 Abs. 3 AEUV auf Gruppen von Vereinbarungen, Beschlüssen und abgestimmten Verhaltensweisen im Versicherungssektor, ABl. 2010, L 83/1.
[681] Erwägungsgrund Nr. 9 der VO (EU) Nr. 267/2010 (Fn. 680).
[682] Erwägungsgrund Nr. 9 der VO (EU) Nr. 267/2010 (Fn. 680).
[683] Dazu: Erwägungsgrund Nr. 3 der VO (EU) Nr. 267/2010 (Fn. 680) mit dem Hinweis darauf, dass »jene beiden Arten von Vereinbarungen nicht spezifisch für den Versicherungssektor« seien und »auch Anlass zu wettbewerblichen Bedenken geben« könnten.
[684] Erwägungsgrund Nr. 12 der VO (EU) Nr. 267/2010 (Fn. 680).

G. Fallgruppen

I. Horizontale Beschränkungen

1. Horizontaler Informationsaustausch

152 Die **Rolle der Information** ist aus Sicht des Kartellrechts ambivalent. Einerseits ist funktionsfähiger Wettbewerb ohne Information und Informationstransfers gar nicht vorstellbar,[685] so dass die Preisgabe von Informationen prokompetitiv wirken kann; andererseits kann ein Informationsaustausch unter Konkurrenten, die sich gegenseitig über ihre Preis- und Produktpolitik informieren und ihr Marktverhalten so (mittelbar) koordinieren, Beschränkungen des Wettbewerbs bezwecken oder bewirken.[686] Daher richtet sich die Beurteilung eines Informationstransfers immer nach den Umständen des konkreten Einzelfalls.[687] Dabei gilt folgendes: Bereits der Informationsaustausch als solcher kann gegen Art. 101 Abs. 1 AEUV verstoßen, denn das Kartellverbot steht bereits »jeder unmittelbaren oder mittelbaren Fühlungnahme zwischen Unternehmen entgegen, die bezweckt oder bewirkt, ... das Marktverhalten eines gegenwärtigen oder potentiellen Mitbewerbers zu beeinflussen oder einen solchen Mitbewerber über das Marktverhalten ins Bild zu setzen, das man selbst ... in Erwägung zieht«.[688] Ein Kartellverstoß setzt nicht voraus, dass die Parteien (über den Informationsaustausch hinaus) einen »eigentlichen Plan« ausgearbeitet hätten.[689] Der Informationsaustausch gefährdet den Wettbewerb, »wenn er die strategische Ungewissheit auf dem Markt verringert und ... damit die Kollusion erleichtert«.[690] Daher richtet sich die Beurteilung nach den **Marktverhältnissen** und nach der **Art der Informationen**.

153 Im Hinblick auf die **Marktverhältnisse** ist davon auszugehen, dass ein Informationsaustausch auf einem »**wirklich von Wettbewerb geprägten**«, polypolistischen Markt »grundsätzlich [sogar] geeignet [ist], den Wettbewerb unter den Anbietern zu verstärken«. Denn angesichts der Zersplitterung des Angebots ist der Informationsfluss grundsätzlich nicht geeignet, bei anderen Wirtschaftsteilnehmern die Ungewissheit über das künftige Verhalten der Wettbewerber zu verringern oder ganz zu beseitigen.[691] Dagegen ist ein **Informationsaustausch** »auf einem hochgradig konzentrierten oligopolistischen Markt ... geeignet ..., den Unternehmen Aufschluss über die Marktpositionen und die Strategien ihrer Wettbewerber zu geben und damit den ... Wettbewerb zwischen den Wirtschaftsteilnehmern spürbar zu beeinträchtigen«.[692] Daraus folgt, so der EuGH, dass

---

[685] *Tugendreich*, Die kartellrechtliche Zulässigkeit von Marktinformationsverfahren, 2004, S. 197.
[686] *Schroeder*, in: Grabitz/Hilf/Nettesheim, EU, Art. 101 AEUV (Januar 2016), Rn. 717.
[687] Ebenso: *Haag*, in: GSH, Europäisches Unionsrecht, Nach Art. 101 AEUV, Rn. 112.
[688] EuGH, Urt. v. 16.12.1975, verb. Rs. 40–48/73, 50/73, 54–56/73, 111/73, 113/73 u. 114/73 (Zuckerkartell), Slg. 1975, 1663, Rn. 173/174; Urt. v. 4.6.2009, Rs. C–8/08 (T-Mobile Netherlands), Slg. 2009, I–4529, Rn. 33.
[689] EuGH, Urt. v. 16.12.1975, verb. Rs. 40–48/73, 50/73, 54–56/73, 111/73, 113/73 u. 114/73 (Zuckerkartell), Slg. 1975, 1663, Rn. 173/174.
[690] Kommission, Horizontal-Leitlinien (Fn. 24), Rn. 61.
[691] EuG, Urt. v. 27.10.1994, Rs. T–35/92 (John Deere), Slg. 1994, II–957, Rn. 51 (Hervorhebung d. Verf.); wiedergegeben in: EuGH, Urt. v. 28.5.1998, Rs. C–7/95 P (John Deere), Slg. 1998, I–3111, Rn. 67, 88.
[692] EuGH, Urt. v. 4.6.2009, Rs. C–8/08 (T-Mobile Netherlands), Slg. 2009, I–4529, Rn. 34; Urt. v. 28.5.1998, Rs. C–7/95 P (John Deere), Slg. 1998, I–3111, Rn. 88; s. auch: Kommission, Horizontal-Leitlinien (Fn. 24), Rn. 77: Erhöhte Kollusionsgefahr auf »hinreichend transparenten, nicht-komplexen, stabilen und symmetrischen Märkten«.

»der Austausch von Informationen zwischen Wettbewerbern gegen die Wettbewerbsregeln verstoßen kann, wenn er den Grad der Ungewissheit über das fragliche Marktgeschehen verringert oder beseitigt und dadurch zu einer Beschränkung des Wettbewerbs zwischen den Unternehmen führt«.[693]

Im Hinblick auf die **Art der Informationen** kommt es vor allem auf ihre strategische Relevanz, auf die Frequenz des Informationsaustausches und auf den Kreis der Informationsadressaten an; strategisch am wichtigsten sind Preis- und Mengenangaben, gefolgt von Informationen über die Kosten und die Nachfrage;[694] aktuelle, unternehmensspezifische Informationen sind kritischer zu bewerten als ältere, aggregierte Daten.[695] Ein Kartellverstoß scheidet grundsätzlich aus, wenn lediglich »öffentlich bekannte Informationen« ausgetauscht worden sind.[696] Das ist nach Darstellung der Kommission der Fall, wenn die Informationsbeschaffung für die nicht am Informationsaustausch beteiligten Unternehmen und für die Kunden nicht teurer ist als für die Beteiligten.[697] Das gleiche gilt, wenn an sich nicht-öffentliche Daten, öffentlich ausgetauscht, d. h. für alle Marktteilnehmer verfügbar gemacht werden.[698] Dagegen ist ein Kartellverstoß bei systematischen, in kurzen zeitlichen Abständen ausgetauschten Informationen über spezifische Umsatzzahlen zu bejahen, die nur die Mitbewerber erhalten, nicht aber die Marktgegenseite.[699] Es ist nicht ausgeschlossen, dass eine einzige Kontaktaufnahme »je nach Struktur des Marktes ausreichen kann, um es den beteiligten Unternehmen zu ermöglichen, ihr Marktverhalten abzustimmen und so eine praktische Zusammenarbeit zu erreichen, die an die Stelle des Wettbewerbs und die mit ihm verbundenen Risiken tritt«.[700]

154

Ein Kartellverstoß soll bereits darin liegen, dass **nur ein Unternehmen** gegenüber einem oder mehreren Wettbewerbern strategische Informationen offenlegt und dieser/diese dies akzeptiert.[701] Das Gericht räumt zwar ein, dass eine Kooperation i. S. v. Art. 101 Abs. 1 AEUV »die Existenz gegenseitiger Kontakte« voraussetze. Dies sei jedoch der Fall, »wenn ein Konkurrent seine Absichten oder sein künftiges Verhalten auf dem Markt einem anderen auf dessen Wunsch« mitteile oder dieser die Mitteilung zumindest akzeptiere.[702] Erhält ein Unternehmen strategische Daten von einem Mitbewerber (in einer Sitzung, per Post oder elektronisch), so geht auch die Kommission davon aus, dass es diese Informationen akzeptiert und sein Marktverhalten entsprechend angepasst hat – es sei denn, es hat ausdrücklich erklärt, dass es die Daten nicht erhalten will.[703] Daraus folgt, dass bereits die passive Entgegennahme nicht avisierter,

155

---

[693] EuGH, Urt. v. 4.6.2009, Rs. C–8/08 (T-Mobile Netherlands), Slg. 2009, I–4529, Rn. 35; Urt. v. 19.3.2015, Rs. C–286/13 P (Dole Food), ECLI:EU:C:2015:184, Rn. 121 m. w. N.
[694] Kommission, Horizontal-Leitlinien (Fn. 24), Rn. 86.
[695] Kommission, Horizontal-Leitlinien (Fn. 24), Rn. 89, 90.
[696] EuG, Urt. v. 30.9.2003, verb. Rs. T–191/98, T–212/98 – T–214/98 (Atlantic Container Line), Slg. 2003, II–3275, Rn. 1154; s. auch: Kommission, Horizontal-Leitlinien (Fn. 24), Rn. 92 ff.
[697] Kommission, Horizontal-Leitlinien (Fn. 24), Rn. 92.
[698] Kommission, Horizontal-Leitlinien (Fn. 24), Rn. 94.
[699] EuGH, Urt. v. 28.5.1998, Rs. C–7/95 P (John Deere), Slg. 1998, I–3111, Rn. 89.
[700] EuGH, Urt. v. 4.6.2009, Rs. C–08/08 (T-Mobile Netherlands), Slg. 2009, I–4529, Rn. 59.
[701] Kommission, Horizontal-Leitlinien (Fn. 24), Rn. 62; EuG, Urt. v. 12.7.2001, verb. Rs. T–202/98, T–204/98, T–207/98 (Tate & Lyle), Slg. 2001, II–2035, Rn. 54: »Dass eine Abstimmung existierte, wird nicht dadurch ausgeschlossen, dass nur einer der Teilnehmer … seine Pläne offenlegte.«
[702] EuG, Urt. v. 15.3.2000, verb. Rs. T–25/95 u. a. (Cimenteries CBR u. a.), Slg. 2000, II–491, Rn. 1849.
[703] Kommission, Horizontal-Leitlinien (Fn. 24), Rn. 62.

nicht abgefragter und auch nicht absehbarer Informationen eines Mitbewerbers eine Rechtspflicht des Informationsempfängers begründen kann, sich gegen diese Informationen zu verwahren.[704] Hat der Informationsempfänger durch die Einladung zu einem Branchentreffen o. ä. zu der Informationsverbreitung beigetragen, so muss er in jedem Fall intervenieren.[705] Bei öffentlicher Bekanntmachung (Tageszeitung usw.) liegt grundsätzlich keine Kollusion i. S. v. Art. 101 Abs. 1 AEUV vor.[706]

156 Ein Informationsaustausch kann bereits als solcher zu einer **Kollusion** führen:[707] Tauschen Unternehmen Informationen über künftige Preise und Mengen aus, so können sie gegebenenfalls ihre Preise erhöhen, ohne Gefahr zu laufen, Marktanteile zu verlieren oder einen Preiskrieg zu riskieren. Daher behandelt die Kommission »den Austausch unternehmensspezifischer Daten über geplantes künftiges Preis- oder Mengenverhalten unter Wettbewerbern« im Regelfall als eine bezweckte Wettbewerbsbeschränkung.[708] Hinzu kommt, dass die durch den Informationsaustausch erhöhte Markttransparenz die interne Kontrolle der Einhaltung von Kartellabsprachen erleichtert und die Kartellbeteiligten extern in die Lage versetzt, neue Marktteilnehmer zu identifizieren und gezielt gegen diese vorzugehen.[709]

157 Ein Informationsaustausch kann auch Informationsasymmetrien beseitigen und **Effizienzgewinne** auslösen, so dass eine Freistellung gem. Art. 101 Abs. 3 AEUV in Betracht kommt. Gegebenenfalls können Unternehmen ihre Betriebsabläufe anhand bestimmter (externer) Benchmarks auf ihre Effizienz hin überprüfen oder ihre Produktion besser auf die Nachfrage abstimmen;[710] umgekehrt können auch die Kunden ihre Nachfrage gegebenenfalls an bekanntgegebenen Informationen ausrichten (Beispiel der Kommission: Bestseller-Listen im Buchhandel).[711]

2. Vereinbarungen über Forschung und Entwicklung

158 Die Kommission geht davon aus, dass **Kooperationen im Bereich Forschung und Entwicklung** (F & E) meist nicht unter Art. 101 Abs. 1 AEUV fallen.[712] Die EU steht F & E im Hinblick auf den angestrebten »Europäischen Raum der Forschung« (Art. 179 Abs. 1 AEUV) positiv gegenüber; sie unterstützt Unternehmen bei ihren Bemühungen auf dem Gebiet der Forschung und Entwicklung und fördert entsprechende Kooperationen (Absatz 2), weil einzelne Unternehmen andernfalls die Kosten und Risiken des Innovationswettbewerbs scheuen könnten und Kooperationen dazu beitragen, dass unproduktive Parallelforschungen vermieden werden.[713] **Kooperationen in F & E** bezwecken im

---

[704] Kritisch: *Schroeder*, in: Grabitz/Hilf/Nettesheim, EU, Art. 101 AEUV (Januar 2016), Rn. 721.
[705] EuG, Urt. v. 15.3.2000, verb. Rs. T–25/95 u. a. (Cimenteries CBR u. a.), Slg. 2000, II–491, Rn. 1849.
[706] Kommission, Horizontal-Leitlinien (Fn. 24), Rn. 63.
[707] Kommission, Horizontal-Leitlinien (Fn. 24), Rn. 66.
[708] Kommission, Horizontal-Leitlinien (Fn. 24), Rn. 73 f.
[709] Kommission, Horizontal-Leitlinien (Fn. 24), Rn. 67 f.
[710] Kommission, Horizontal-Leitlinien (Fn. 24), Rn. 57, 95 f., 108.
[711] Kommission, Horizontal-Leitlinien (Fn. 24), Rn. 98.
[712] Kommission, Horizontal-Leitlinien (Fn. 24), Rn. 129 f.; Kommission, Entscheidung v. 6.10.1994 (Pasteur Mérieux-Merck), ABl. 1994, L 309/1, Rn. 82; siehe auch: *Haag*, in: GSH, Europäisches Unionsrecht, Nach Art. 101 AEUV, Rn. 112 f., m. w. N.; *Schroeder*, in: Grabitz/Hilf/Nettesheim, EU, Art. 101 AEUV (Januar 2016), Rn. 565.
[713] *Haag*, in: GSH, Europäisches Unionsrecht, Nach Art. 101 AEUV, Rn. 116; Kommission, Entscheidung v. 6.10.1994 (Pasteur Mérieux-Merck), ABl. 1994, L 309/1, Rn. 82 (Vermeidung von Überschneidungen).

Normalfall **keine Beschränkung des Wettbewerbs** – es sei denn, es geht den Kooperationspartnern im Einzelfall gar nicht um innovative Produkte und Technologien, sondern um verschleierte Kartelle.[714] Reine F & E-Vereinbarungen, die sich als solche auf Forschung und Entwicklung beschränken und die spätere Verwertung (Produktion, Marketing, Lizenzerteilung usw.) ausblenden, bewirken im Normalfall auch keine Beschränkung des Wettbewerbs.[715] Das gilt auch für Fälle des Outsourcing, in denen Forschung und Entwicklung in Händen spezialisierter Unternehmen, Forschungsinstitute oder Hochschulen liegen, die an der Verwertung der Ergebnisse gar nicht beteiligt sind.[716] Enthalten F & E-Vereinbarungen Wettbewerbsbeschränkungen, die unter Art. 101 Abs. 1 AEUV fallen, kommt eine **Freistellung** auf der Grundlage der GVO (EU) Nr. 1217/2010 in Betracht (hier: Rn. 146 f.).

3. Produktions-, Einkaufs- und Vermarktungsvereinbarungen

Produktionsvereinbarungen reichen von einfachen Kooperationen auf der Basis horizontaler oder vertikaler Liefervereinbarungen bis hin zur Errichtung eines joint venture, d.h. eines »gemeinsam kontrollierten Unternehmen[s], das eine oder mehrere Produktionsanlagen betreibt«.[717] Die Bewertung von Produktionsvereinbarungen richtet sich nach den Umständen des Einzelfalls: Preis-/Mengenkartelle sind hard-core-Kartelle und als solche (wenn auch nicht: per se) verboten. Das gilt grundsätzlich auch, wenn sich die Kartellbeteiligten in der Krise befinden. **Kartelle** mögen »**Kinder der Not**« sein (*Kleinwächter*) und in Krisenzeiten dazu beitragen, Überkapazitäten abzubauen;[718] sie sind trotzdem verboten[719] (Art. 101 Abs. 1 AEUV) und trotz der vergleichsweise großzügigen Entscheidungspraxis der Kommission nur ausnahmsweise erlaubt (Absatz 3).[720] Produktions- in Form von **Spezialisierungsvereinbarungen** unter Nichtwettbewerbern fallen grundsätzlich nicht unter Art. 101 Abs. 1 AEUV.[721] Horizontale Produktionsvereinbarungen, die mit einer einseitigen oder gegenseitigen Spezialisierung verbunden sind, fallen u.U. unter die GVO für Spezialisierungsvereinbarungen.[722]

159

Einkaufsvereinbarungen in Form »gemeinsamer Einkaufsregelungen« – beispielsweise der gemeinsame Einkauf über eine virtuelle Einkaufsplattform, die eine Gruppe von Einzelhändlern gegründet haben – dient in der Regel dazu, die Nachfrage zu bündeln und Nachfragemacht zu schaffen.[723] Die Kommission gibt sich bei der Beurteilung von Einkaufskooperationen eher großzügig. Daraus, dass »sich [die Parteien] über die Einkaufspreise einigen, die den Anbietern auf der Grundlage der gemeinsamen Einkaufsregelung für unter den Liefervertrag fallende Produkte gezahlt werden können«,

160

---

[714] Kommission, Horizontal-Leitlinien (Fn. 24), Rn. 128.
[715] Kommission, Horizontal-Leitlinien (Fn. 24), Rn. 137.
[716] Kommission, Horizontal-Leitlinien (Fn. 24), Rn. 131; vgl. auch: *Haag*, in: GSH, Europäisches Unionsrecht, Nach Art. 101 AEUV, Rn. 118.
[717] Kommission, Horizontal-Leitlinien (Fn. 24), Rn. 150.
[718] *Braun*, in: Langen/Bunte, Nach Art. 101 AEUV, Rn. 169 f.
[719] Ebenso wie hier: *Winterstein/Ceyssens/Wessely*, in: GSH, Europäisches Unionsrecht, Nach Art. 101 AEUV, Rn. 24 ff.; großzügiger: *Schroeder*, in: Grabitz/Hilf/Nettesheim, EU, Art. 101 AEUV (Januar 2016), Rn. 754.
[720] Hier: Rn. 107 ff.
[721] *Haag*, in: GSH, Europäisches Unionsrecht, Nach Art. 101 AEUV, Rn. 192.
[722] Einzelheiten: Rn. 148.
[723] Kommission, Horizontal-Leitlinien (Fn. 24), Rn. 194. Im Einzelnen: *Säcker/Mohr*, WRP 2011, 793.

schließt sie (grundsätzlich) nicht, dass eine bezweckte Wettbewerbsbeschränkung vorläge.[724] Erforderlich ist also die Prüfung der Auswirkungen auf den Einkaufs- und den Verkaufsmärkten.[725] Dabei kommt es insbesondere auf die Marktmacht der Einkäufer an.[726] Der EuGH akzeptiert Einkaufsgemeinschaften vor allem dann, wenn sie »ein bedeutsames Gegengewicht« der Verkäufer bilden.[727] Im Hinblick auf die **Freistellungsmöglichkeiten** ist zu berücksichtigen, dass die Bündelung der Nachfrage zu niedrigeren Preisen oder qualitativ besseren Produkten für die Verbraucher führen aber auch den Wettbewerb auf den Einkaufs- und den (nachgelagerten) Verkaufsmärkten beeinträchtigen kann. Wenn Wettbewerber auf nachgelagerten Märkten einen erheblichen Teil ihrer Produkte gemeinsam einkaufen, kann sich der Anreiz für einen Preiswettbewerb auf den Verkaufsmärkten erheblich verringern. Falls die Parteien dort über einen erheblichen Grad an Marktmacht verfügen, hält es die Kommission für »wahrscheinlich, dass die mit der gemeinsamen Einkaufsregelung erzielten niedrigeren Einkaufspreise nicht an die Verbraucher weitergegeben werden«.[728] Verfügen die Parteien über einen erheblichen Grad an Marktmacht auf dem Einkaufsmarkt (Nachfragemacht), so besteht angeblich auch die Gefahr, dass sie Anbieter zwingen, die Palette oder die Qualität der angebotenen Erzeugnisse zu verringern.[729]

161 **Vermarktungsvereinbarungen** regeln »die Zusammenarbeit zwischen Wettbewerbern in Bezug auf den Verkauf, den Vertrieb oder die Verkaufsförderung ihrer untereinander austauschbaren Produkte«, sei es, dass sie sämtliche Parameter des Produktverkaufs einschließlich des Preises festlegen, sei es, dass sie nur Teile der Vermarktung wie Vertrieb, Kundendienst oder Werbung regeln.[730] Legen die Parteien gemeinsam im Rahmen ihrer Vermarktungsvereinbarungen ihre Preise fest, so liegt darin eine Kernbeschränkung (s. auch Art. 101 Abs. 1 Buchst. a AEUV),[731] tauschen sie sensible geschäftliche Informationen aus, so ist die Vereinbarung ebenfalls geeignet, den Wettbewerb zu beschränken.[732]

4. Vereinbarungen über Normen und Standardbedingungen

a) Vereinbarungen über Normen

162 **Vereinbarungen über Normen** bezwecken »die Festlegung technischer oder qualitätsbezogener Anforderungen an [bestimmte] … Produkte, Herstellungsverfahren, Dienstleistungen und Methoden«.[733] Die Kommission bewertet Normenvereinbarungen grundsätzlich positiv, weil sie u. a. »die wirtschaftliche Durchdringung im Binnenmarkt fördern und zur Entwicklung neuer, besserer Produkte/Märkte und besserer Lieferbedingungen beitragen«.[734] Tatsächlich können insbesondere technische Normierungen im Interesse der Kompatibilität und Interoperabilität bestimmter Produkte unerlässlich

---

[724] Kommission, Horizontal-Leitlinien (Fn. 24), Rn. 206; s. auch: EuGH, Urt. v. 15.12.1994, Rs. C–250/92 (Gøttrup-Klim), Slg. 1994, I–5619.
[725] Kommission, Horizontal-Leitlinien (Fn. 24), Rn. 206 ff.
[726] Kommission, Horizontal-Leitlinien (Fn. 24), Rn. 208 ff.
[727] EuGH, Urt. v. 15.12.1994, Rs. C–250/92 (Gøttrup-Klim), Slg. 1994, I–5619, Rn. 32.
[728] Kommission, Horizontal-Leitlinien (Fn. 24), Rn. 201.
[729] Kommission, Horizontal-Leitlinien (Fn. 24), Rn. 202.
[730] Kommission, Horizontal-Leitlinien (Fn. 24), Rn. 225.
[731] Dazu: *Braun*, in: Langen/Bunte, Nach Art. 101 AEUV, Rn. 227 ff., 231.
[732] *Braun*, in: Langen/Bunte, Nach Art. 101 AEUV, Rn. 237.
[733] Kommission, Horizontal-Leitlinien (Fn. 24), Rn. 257.
[734] Kommission, Horizontal-Leitlinien (Fn. 24), Rn. 263.

sein.[735] Hinzu kommt, dass unterschiedliche Technologien in den Mitgliedstaaten den Binnenmarkt segmentieren.

Kartellrechtliche Bedenken gegen Normenvereinbarungen ergeben sich daraus, dass Normen (1.) den Preiswettbewerb auf den betreffenden Märkten verringern oder ausschließen und eine Kollusion der Marktteilnehmer begünstigen können, dass sie (2.) technische Entwicklungen und Innovationen behindern können, indem sie alternative Technologien vom Markt ausschließen, und dass sie (3.) zu einer Diskriminierung führen können, wenn bestimmte Unternehmen am effektiven Zugang zu den (gegebenenfalls als geistiges Eigentum geschützten) Ergebnissen des Normierungsprozesses gehindert werden.[736] Denkbar ist etwa »die Nutzung von Normen und Standards [konkret: für Fernwärmerohre], um die Einführung einer neuen Technik, die eine Verringerung der Preise zur Folge hätte, zu verhindern oder zu verzögern«.[737]

163

Bezweckt eine Normenvereinbarung keine Beschränkung des Wettbewerbs, besteht für alle Unternehmen die Möglichkeit **uneingeschränkter Mitwirkung am Normungsprozess** und ist das Verfahren für die Annahme der betreffenden Norm **transparent**, so liegt bei Normenvereinbarungen, die keine Verpflichtung zur Einhaltung der Norm enthalten und Dritten den **Zugang zu der Norm zu fairen, zumutbaren und diskriminierungsfreien Bedingungen** gewähren, keine Beschränkung des Wettbewerbs i. S. v. Art. 101 Abs. 1 AEUV vor.[738] Beinhaltet die Normung geistiges Eigentum, so erwartet die Kommission eine **FRAND-Selbstverpflichtung** (fair, reasonable and non-discriminatory terms).[739]

164

b) Standardbedingungen

Bestimmte Branchen, insbesondere Banken und Versicherungen, verwenden ihren Kunden gegenüber einheitliche oder ähnliche Bedingungen, die auf **Musterbedingungen eines Branchenverbands** zurückgehen.[740] Derartige Bedingungen können die Produktvielfalt reduzieren, innovative Produkte verhindern und (mittelbar) den Preiswettbewerb beeinträchtigen. Das gilt vor allem dann, wenn sie nicht nur, wie bei Kaufverträgen, Rahmenbedingungen der Transaktion regeln, sondern, wie bei Finanzdienstleistungen, den eigentlichen Produktinhalt ausmachen. Die Kommission rechnet indes – vorbehaltlich bestimmter Einschränkungen – nicht mit wettbewerbsbeschränkenden Auswirkungen, solange bei der Festlegung der Standardbedingungen »eine uneingeschränkte Beteiligung der Wettbewerber auf dem relevanten Markt ... gewährleistet ist und [solange] es sich um nicht verbindliche und uneingeschränkt zugängliche Standardbedingungen handelt«.[741] Die Standardbedingungen dürfen allerdings keine Preisempfehlungen oder Rabatte enthalten.[742]

165

Die Gruppenfreistellung für **Musterbedingungen in der Versicherungswirtschaft** (s. noch: VO (EG) Nr. 358/2003)[743] ist mangels sektorspezifischer Besonderhei-

166

---

[735] Kommission, Horizontal-Leitlinien (Fn. 24), Rn. 257, s. auch: *Füller*, in: Kölner Kommentar, Art. 101 AEUV, Rn. 350.
[736] Kommission, Horizontal-Leitlinien (Fn. 24), Rn. 264 ff.
[737] Kommission, Entscheidung v. 21. 10. 1998 (Fernwärmetechnik), ABl. 1999, L 24/1, Rn. 147.
[738] Kommission, Horizontal-Leitlinien (Fn. 24), Rn. 280.
[739] Kommission, Horizontal-Leitlinien (Fn. 24), Rn. 285, 287 ff.; s. auch: *Schroeder*, in: Grabitz/Hilf/Nettesheim, EU, Art. 101 AEUV (Januar 2016), Rn. 643.
[740] Kommission, Horizontal-Leitlinien (Fn. 24), Rn. 259.
[741] Kommission, Horizontal-Leitlinien (Fn. 24), Rn. 301.
[742] Kommission, Horizontal-Leitlinien (Fn. 24), Rn. 276.
[743] Verordnung Nr. 358/2003 der Kommission vom 27. 2. 2003 über die Anwendung von Art. 81

ten⁷⁴⁴ entfallen. Eine Einzelfreistellung kommt nach wie vor in Betracht. Effizienzgewinne können sich u. a. aus der Erhöhung der Produkt- und Markttransparenz, der Reduzierung der Transaktionskosten und der Erleichterung des Marktzugangs ergeben.⁷⁴⁵ Kann der (potentielle) Kunde davon ausgehen, dass die Produkte im Hinblick auf die verwendeten Bedingungen grosso modo übereinstimmen, so kann er sich bei der Produktauswahl auf das eigentliche Preis-/Leistungsverhältnis konzentrieren.⁷⁴⁶ Klauseln, die mit einer unangemessenen Benachteiligung der Kunden einhergehen (s. § 307 Abs. 1 BGB), sind allerdings nicht freistellungsfähig.⁷⁴⁷

II. Vertikale Beschränkungen

167 Die Kommission hält **vertikale Beschränkungen** des Wettbewerbs (Liefer- und Bezugsvereinbarungen) angesichts der Interessengegensätze unter den Beteiligten für ungefährlicher als horizontale,⁷⁴⁸ und betont in ihren Leitlinien für vertikale Beschränkungen, dass diese einen Beitrag zur Erzielung von Effizienzgewinnen und zur Erschließung neuer Märkte leisten könnten, der etwaige negative Effekte aufwiege.⁷⁴⁹ Vertikale Beschränkungen können vor allem zur Lösung von Trittbrettfahrer- und hold-up-Problemen sowie zur Erschließung neuer Märkte und zum Aufbau eines Markenimages gerechtfertigt sein: Bei hochwertigen, neuen und/oder technisch komplexen Produkten profitieren **Trittbrettfahrer** u. U. von der Werbung und der Kundenberatung durch konkurrierende Unternehmen; um dies zu verhindern, hält die Kommission Alleinvertriebsvereinbarungen oder ähnliche Beschränkungen für zulässig.⁷⁵⁰ **Hold-up-Situationen** entstehen, wenn der Produktanbieter oder -abnehmer in kundenspezifische Maßnahmen wie Spezialausrüstungen oder Schulungen investieren muss. Kommt es zu vertragsspezifischen, langfristigen und asymmetrischen Investitionen, so gibt es in der Regel einen plausiblen Grund für eine vertikale Beschränkung wie eine Alleinvertriebsvereinbarung (s. u.), während des Zeitraums, der nötig ist, um die Investition abzuschreiben.⁷⁵¹ Darüber hinaus kann die **Erschließung neuer Märkte** erhöhte Investitionen des Händlers erfordern; um ihn von diesen Investitionen zu überzeugen, muss ihm der Hersteller gegebenenfalls einen Gebietsschutz gewähren, damit die Investitionen durch vorübergehend höhere Preise wieder hereingeholt werden können.⁷⁵² Schließlich können, so die Kommission in ihren Leitlinien, vertikale Beschränkungen auch zur Schaffung eines **Markenimages** beitragen, indem Händlern, so wie bei Franchisesystemen, bestimmte Standards zur Sicherung der Produkteinheitlichkeit und -qualität auferlegt werden.⁷⁵³

Abs. 3 EG-Vertrag auf Gruppen von Vereinbarungen, Beschlüssen und aufeinander abgestimmten Verhaltensweisen im Versicherungssektor, ABl. 2003, L 53/8.
⁷⁴⁴ Erwägungsgrund Nr. 3 der VO (EU) Nr. 267/2010 (Fn. 680).
⁷⁴⁵ Kommission, Horizontal-Leitlinien (Fn. 24), Rn. 312.
⁷⁴⁶ Dazu ausführlich: *Brömmelmeyer/Morgenstern*, in: EWeRK e. V. (Hrsg.), FG Schwintowski, 2012, S. 31.
⁷⁴⁷ *Brömmelmeyer/Morgenstern* (Fn. 746), S. 31, 42.
⁷⁴⁸ Kommission, Leitlinien für vertikale Beschränkungen (Fn. 211), Rn. 98.
⁷⁴⁹ Kommission, Leitlinien für vertikale Beschränkungen (Fn. 211), Rn. 99, 108.
⁷⁵⁰ Kommission, Leitlinien für vertikale Beschränkungen (Fn. 211), Rn. 107 unter Buchst. a.
⁷⁵¹ Kommission, Leitlinien für vertikale Beschränkungen (Fn. 211), Rn. 107 unter Buchst. d.
⁷⁵² Kommission, Leitlinien für vertikale Beschränkungen (Fn. 211), Rn. 107 unter Buchst. b.
⁷⁵³ Kommission, Leitlinien für vertikale Beschränkungen (Fn. 211), Rn. 107 unter Buchst. i.

Art. 101 Abs. 1 AEUV verbietet grundsätzlich auch (spürbare) vertikale Wettbewerbsbeschränkungen (s. Rn. 6 f.), die den grenzüberschreitenden Handel (spürbar) beeinträchtigen. Eine **Gruppenfreistellung** kann sich bis zu einer Marktanteilsschwelle von 30 % aus Art. 101 Abs. 3 i. V. m. der **VO (EU) Nr. 330/2010** (s. Art. 3 Abs. 1 VO (EU) Nr. 330/2010) ergeben. Liegt der Marktanteil über 30 %, so heißt das nicht unbedingt, dass die vertikale Vereinbarung die Voraussetzungen des Art. 101 Abs. 3 AEUV nicht erfüllt.[754] Eine **Einzelfreistellung** kommt also nach wie vor in Betracht. Die Kommission prüft gegebenenfalls insbesondere die Art der Vereinbarung, die Marktstellung der beteiligten Unternehmen, die Marktstellung der Wettbewerber und der Abnehmer, Marktzutrittsschranken, Marktreife, Handelsstufe und die Beschaffenheit des Produkts.[755] Die **Erscheinungsformen vertikaler Beschränkungen** des Wettbewerbs sind vielfältig; neben dem Markenzwang (s. Rn. 169), dem Alleinvertrieb (s. Rn. 171), der Kundenbeschränkung (s. Rn. 172) und dem selektiven Vertrieb (s. Rn. 173 ff.) gehört insbesondere die Preisbindung der zweiten Hand (s. Rn. 97) hierher.

168

1. Markenzwang

Ein **Markenzwang** besteht darin, dass »der Abnehmer verpflichtet ist oder [mithilfe bestimmter Anreize] veranlasst wird, seine Bestellungen für ein bestimmtes Produkt auf einen Anbieter zu konzentrieren«.[756] Die Kommission nimmt einen Markenzwang nicht nur bei einem **Wettbewerbsverbot** an, das »den Abnehmer veranlasst, mehr als 80 % seines Bedarfs auf einem Markt bei einem einzigen Anbieter zu decken« (s. Art. 1 Abs. 1 Buchst. d VO (EU) Nr. 330/2010)[757], sondern auch bei bloßen **Mengenvorgaben**, beispielsweise bei Mindestbezugsanforderungen, die dazu führen, dass »der Abnehmer seinen Bedarf … weitgehend bei einem Anbieter deckt«.[758] Dass solche Maßnahmen insbesondere im Bereich des Einzelhandels den Markenwettbewerb einschränken können, liegt auf der Hand.[759]

169

Der Markenzwang ist gemäß **Art. 2 VO (EU) Nr. 330/2010** vom Kartellverbot freigestellt, solange die Marktanteilsschwelle (30 %) nicht erreicht (Art. 3 Abs. 1 VO (EU) Nr. 330/2010) und ein gegebenenfalls vereinbartes Wettbewerbsverbot auf höchstens fünf Jahre befristet ist (Art. 5 Abs. 1 VO (EU) Nr. 330/2010). Kommt eine Gruppenfreistellung nicht in Betracht, ist im Hinblick auf eine **Einzelfreistellung** gemäß Art. 101 Abs. 3 AEUV vor allem die **Marktstellung des Anbieters** maßgeblich: Ist der Anbieter »zumindest für einen Teil der Nachfrage ein unverzichtbarer Handelspartner …, weil etwa seine Marke bei vielen Endverbrauchern besonders beliebt ist (›Must Stock Item‹)«, so ist seine Marktmacht besonders groß: Je größer die Marktmacht, je höher die Bindungsquote und je länger die Laufzeit, desto ausgeprägter ist die mit dem Markenzwang verbundene Marktabschottung – mit der Folge, dass die Effizienzgewinne im

170

---

[754] Kommission, Leitlinien für vertikale Beschränkungen (Fn. 211), Rn. 23; siehe auch: *Schultze/Pautke/Wagner*, Vertikal-GVO, Praxiskommentar, 3. Aufl. 2011, Einleitung, Rn. 38 ff.
[755] Kommission, Leitlinien für vertikale Beschränkungen (Fn. 211), Rn. 111.
[756] Kommission, Leitlinien für vertikale Beschränkungen (Fn. 211), Rn. 129.
[757] Dazu: *Schultze/Pautke/Wagner* (Fn. 754), Rn. 175, 195 ff.
[758] Kommission, Leitlinien für vertikale Beschränkungen (Fn. 211), Rn. 129.
[759] Kommission, Leitlinien für vertikale Beschränkungen (Fn. 211), Rn. 130, 132; s. beispielhaft auch: EuG, Urt. v. 23. 10. 2003, Rs. T–65/98 (van den Bergh Foods), Slg. 2003, II–4653 (kostenlose Bereitstellung von Kühltruhen, die der Abnehmer nur für (Eis-)Produkte des Anbieters verwenden darf (Indirekte Ausschließlichkeitsklausel)).

Hinblick auf eine etwaige Freistellung gemäß Art. 101 Abs. 3 AEUV umso größer sein müssen.[760]

2. Alleinvertrieb

171 Im Falle einer **Alleinvertriebsvereinbarung** »verpflichtet sich der Anbieter, seine Produkte zum Zwecke des Weiterverkaufs in einem bestimmten Gebiet nur an einen Händler zu verkaufen«.[761] Gleichzeitig schränkt die Vereinbarung typischerweise die Möglichkeit des Händlers ein, die Produkte aktiv (d.h.: gezielt) in anderen Gebieten mit Ausschließlichkeitsbindungen zu verkaufen.[762] Der Alleinvertrieb ist für Anbieter und Händler attraktiv: Für den Anbieter stellt er ein wertvolles Instrument zur Erschließung neuer Märkte dar.[763] Der Händler wird innerhalb seines Gebiets weitgehend vor markeninterner Konkurrenz (Intrabrand-Wettbewerb) geschützt.[764] Bis zu einem Marktanteil des Anbieters und des Abnehmers von 30 % (Art. 3 Abs. 1 VO (EU) Nr. 330/2010) fallen Alleinvertriebsvereinbarungen unter die GVO (Art. 2 Abs. 1 i.V.m. Art. 4 Buchst. b i) der VO (EU) Nr. 330/2010). Jenseits dieser Marktanteilsschwelle berücksichtigt die Kommission im Rahmen einer Einzelfallprüfung gemäß Art. 101 Abs. 3 AEUV insbesondere die Marktstellung des Anbieters und seiner Wettbewerber, »weil ein Verlust an markeninternem Wettbewerb [s.o.] nur dann Probleme aufwirft, wenn der Markenwettbewerb [Interbrandwettbewerb] eingeschränkt ist«. Die Formel lautet: »Je stärker ›die Marktstellung des Anbieters‹ ist, desto gravierender wiegt der Verlust an markeninternem Wettbewerb«.[765] Eine Freistellung gemäß Art. 101 Abs. 3 AEUV setzt bei einer Einschränkung des markeninternen Wettbewerbs den Nachweis konkreter Effizienzgewinne voraus.[766]

3. Kundenbeschränkung

172 Bei »Ausschließlichkeitsvereinbarungen, in denen der Kundenkreis durch **Kundenbeschränkungsklauseln** eingegrenzt wird, verpflichtet sich der Anbieter, seine Produkte zum Zwecke des Weiterverkaufs an eine bestimmte Gruppe von Kunden nur einem Händler anzubieten. Gleichzeitig schränkt die Vereinbarung in der Regel die Möglichkeiten für den Vertriebshändler ein, die Produkte aktiv an andere Kundengruppen (für die Ausschließlichkeitsbindungen bestehen) zu verkaufen.«[767] Die **Beschränkung der Kundengruppe**, an die ein an der Vereinbarung beteiligter Abnehmer, vorbehaltlich einer etwaigen Beschränkung in Bezug auf den Ort seiner Niederlassung, Vertragswaren oder -dienstleistungen verkaufen darf, ist grundsätzlich mit Art. 101 Abs. 1 AEUV unvereinbar und verboten. Es handelt sich um eine **Kernbeschränkung** (Art. 4 Buchst. b VO (EU) Nr. 330/2010) – mit der Folge, dass der Rechtsvorteil der GVO gegebenenfalls verloren geht. Der Abnehmer muss die Freiheit haben die von ihm erworbenen Produkte an wen auch immer weiterzuverkaufen.[768] Etwas anderes gilt für die Beschränkung des

---

[760] Kommission, Leitlinien für vertikale Beschränkungen (Fn. 211), Rn. 132 f.
[761] Kommission, Leitlinien für vertikale Beschränkungen (Fn. 211), Rn. 151; zur Terminologie: *Schultze/Pautke/Wagner* (Fn. 754), Rn. 188 f.
[762] Kommission, Leitlinien für vertikale Beschränkungen (Fn. 211), Rn. 151.
[763] *Klotz*, in: GSH, Europäisches Unionsrecht, Nach Art. 101 AEUV, Rn. 442 f.
[764] *Klotz*, in: GSH, Europäisches Unionsrecht, Nach Art. 101 AEUV, Rn. 477.
[765] Kommission, Leitlinien für vertikale Beschränkungen (Fn. 211), Rn. 153.
[766] Kommission, Leitlinien für vertikale Beschränkungen (Fn. 211), Rn. 153.
[767] Kommission, Leitlinien für vertikale Beschränkungen (Fn. 211), Rn. 168.
[768] *Schultze/Pautke/Wagener* (Fn. 754), Rn. 596.

aktiven [nicht aber: des passiven] Verkaufs in Gebiete oder an Kundengruppen, die der Anbieter sich selbst vorbehalten oder ausschließlich einem anderen Abnehmer zugewiesen hat, sofern dadurch der Verkauf durch die Kunden des Abnehmers nicht beschränkt wird (Art. 4 Buchst. b i) VO (EU) Nr. 330/2010).[769] Bis zu den Marktanteilsschwellen aus Art. 3 Abs. 1 VO (EU) Nr. 330/2010 (30 %) sind solche Kundenbeschränkungsklauseln gemäß Art. 2 Abs. 1 VO (EU) Nr. 330/2010 vom Kartellverbot freigestellt. Eine **Einzelfreistellung** ist ebenfalls möglich. Durch die Beschränkung des Kundenkreises können vor allem dann Effizienzgewinne (s. Art. 101 Abs. 3 AEUV) erzielt werden, wenn die Händler verpflichtet werden, kundenspezifische Kompetenzen wie ein spezifisches Know-how (geschultes Personal usw.) aufzubauen, um dem besonderen Profil ihres Kundenkreises gerecht zu werden.[770] Dementsprechend ist eine Kundenbeschränkung am ehesten dort angebracht, wo es sich um neue oder komplexe Produkte handelt, die an die Bedürfnisse der einzelnen Kunden angepasst werden müssen.

4. Selektiver Vertrieb

Markenartikel werden vielfach selektiv vertrieben, um einen qualitativ hochwertigen Beratungs- und Reparaturservice zu gewährleisten, oder um sie als »Produkte des gehobenen Bedarfs«[771] zu verkaufen und mit einer »Aura prestigeträchtiger Exklusivität«[772] zu umgeben. Die Hersteller verpflichten sich, ihre Produkte nur an ausgewählte, besonders qualifizierte Fachhändler zu verkaufen, die bestimmte Mindestanforderungen erfüllen.[773] Umgekehrt verpflichten sich die ausgewählten Händler, die Markenartikel nicht an Händler außerhalb des selektiven Vertriebssystems zu verkaufen. Diese Praxis entspricht der **Legaldefinition selektiver Vertriebssysteme** in Art. 1 Abs. 1 Buchst. e VO (EU) Nr. 330/2010: Es handelt sich um »Vertriebssysteme, in denen sich der Anbieter verpflichtet, die Vertragswaren oder -dienstleistungen unmittelbar oder mittelbar nur an Händler zu verkaufen, die anhand festgelegter Merkmale ausgewählt werden, und in denen sich diese Händler verpflichten, die betreffenden Waren oder Dienstleistungen nicht an Händler zu verkaufen, die innerhalb des vom Anbieter für den Betrieb dieses Systems festgelegten Gebiets nicht zum Vertrieb zugelassen sind«. Der **Unterschied zum Alleinvertrieb** (s. o.) »besteht darin, dass die Beschränkung der Händlerzahl nicht von der Anzahl der Gebiete abhängt, sondern von Auswahlkriterien, die in erster Linie mit der Beschaffenheit des Produkts zusammenhängen«.[774] Anders als beim Alleinvertrieb untersagt der selektive Vertrieb auch nicht den aktiven Verkauf in bestimmte Gebiete, »sondern jeglichen Verkauf an Nichtvertragshändler, so dass nur Vertragshändler sowie Endverbraucher als Kunden in Frage kommen«.[775]

173

---

[769] Zur Unterscheidung von aktivem und passivem Verkauf: Kommission, Leitlinien für vertikale Beschränkungen (Fn. 211), Rn. 51; siehe auch: *Schultze/Pautke/Wagener* (Fn. 754), Rn. 633 ff.; *Klotz*, in: GSH, Europäisches Unionsrecht, Nach Art. 101 AEUV, Rn. 442 f.
[770] Kommission, Leitlinien für vertikale Beschränkungen (Fn. 211), Rn. 172.
[771] EuGH, Urt. v. 13.1.1994, Rs. C–376/92 (Metro/Cartier), Slg. 1994, I–15, Leitsatz 1.
[772] EuG, Urt. v. 12.12.1996, Rs. T–19/92 (Leclerc/Yves Saint Laurent), Slg. 1996, II–1851, Rn. 20; s. auch: EuGH, Urt. v. 23.4.2009, Rs. C–59/08 (Christian Dior), Slg. 2009, I–3421, Rn. 29.
[773] Die Kasuistik des EuGH, des EuG und der Kommission ist reich an Beispielen für selektiv vertriebene Markenartikel wie Uhren (EuGH, Urt. v. 13.1.1994, Rs. C–376/92 (Metro/Cartier), Slg. 1994, I–15), Unterhaltungselektronik (EuGH, Urt. v. 25.10.1983, Rs. 107/82 (AEG-Telefunken), Slg. 1983, 3151) und Tischgeschirr (Kommission, Entscheidung v. 16.12.1985 (Villeroy & Boch), ABl. 1985, L 376/15).
[774] Kommission, Leitlinien für vertikale Beschränkungen (Fn. 211), Rn. 174.
[775] Kommission, Leitlinien für vertikale Beschränkungen (Fn. 211), Rn. 174.

a) Beschränkung des Wettbewerbs
aa) Qualitativ-selektiver Vertrieb

174 Im Rahmen des **qualitativ-selektiven Vertriebs** wählt der Hersteller die Händler »ausschließlich nach objektiven qualitativen Kriterien« aus, die sich »nach den Anforderungen des betreffenden Produkts – z. B. in Bezug auf die Verkäuferschulung, den in der Verkaufsstätte angebotenen Service oder ein bestimmtes Spektrum der Produkte – richtet«.[776] Die Anzahl der Händler wird also nicht unmittelbar begrenzt.[777] Die Kommission[778] geht – in Einklang mit der Rechtsprechung des EuGH – davon aus, dass ein solcher qualitativ-selektiver Vertrieb »**mangels wettbewerbswidriger Auswirkungen** grundsätzlich nicht unter das Verbot des Art. 101 Abs. 1 AEUV« fällt, sofern er drei Voraussetzungen erfüllt: (1.) Die Beschaffenheit des fraglichen Erzeugnisses muss einen selektiven Vertrieb bedingen, d. h. ein solches Vertriebssystem muss ein rechtmäßiges Erfordernis zur Wahrung der Qualität und zur Gewährleistung des richtigen Gebrauchs des betreffenden Produkts sein. (2.) Die Wiederverkäufer müssen aufgrund objektiver Kriterien qualitativer Art ausgewählt werden, die einheitlich festzulegen, allen potentiellen Wiederverkäufern zur Verfügung zu stellen und unterschiedslos anzuwenden sind. (3.) Die aufgestellten Kriterien dürfen nicht über das hinausgehen, was erforderlich ist.[779] Eine Lückenlosigkeit des Systems ist nicht erforderlich.[780] Die Frage, ob die Bedingungen erfüllt sind, ist objektiv unter Berücksichtigung des Verbraucherinteresses zu prüfen.[781] Das Gericht hat in den Leclerc-Entscheidungen noch eine vierte Voraussetzung aufgestellt:[782] Danach »muss das betreffende System auf die Erreichung eines Ergebnisses abzielen, das zur Stärkung des Wettbewerbs beiträgt und damit einen Ausgleich für die mit selektiven Vertriebssystemen verbundene Wettbewerbsbeschränkung insbesondere im Bereich der Preise schafft«.[783]

175 Der EuGH qualifiziert selektive Vertriebssysteme unter den skizzierten Bedingungen nicht als Beschränkung, sondern als eine mit dem Kartellverbot (Art. 101 Abs. 1 AEUV) in Einklang stehende **Erscheinungsform des Wettbewerbs**. Das beruht darauf, dass der EuGH die Legitimation des selektiven Vertriebs anfangs außerwettbewerblich,[784] nämlich mit »legitime[n] Bedürfnisse[n] wie [der] Aufrechterhaltung eines Fachhandels, der in der Lage ist, bestimmte Dienstleistungen für hochwertige und technisch hoch entwik-

---

[776] Kommission, Leitlinien für vertikale Beschränkungen (Fn. 211), Rn. 175.
[777] Kommission, Leitlinien für vertikale Beschränkungen (Fn. 211), Rn. 175.
[778] Kommission, Leitlinien für vertikale Beschränkungen (Fn. 211), Rn. 175.
[779] Dazu etwa: EuG, Urt. v. 27.2.1992, Rs. T–19/91 (Vichy), Slg. 1992, II–415, Rn. 69 ff.: Beschränkung des Kosmetikvertriebs auf Apotheken wäre, wenn man sie nicht ohnehin, wie das Gericht, als quantitatives Kriterium einordnet (s. u.), unverhältnismäßig, weil die Kundenberatung durch Dipl.-Pharmazeuten bei Kosmetika völlig ausreichend wäre.
[780] EuGH, Urt. v. 13.1.1994, Rs. C–376/92 (Metro/Cartier), Slg. 1994, I–15, Rn. 28 f.
[781] EuG, Urt. v. 12.12.1996, Rs. T–19/92 (Leclerc/Yves Saint Laurent), Slg. 1996, II–1851, Rn. 112, u. a. unter Berufung auf EuGH, Urt. v. 25.10.1977, Rs. 26/76 (Metro I), Slg. 1977, 1875, Rn. 21.
[782] EuG, Urt. v. 12.12.1996, Rs. T–19/92 (Leclerc/Yves Saint Laurent), Slg. 1996, II–1851, Rn. 112; Urt. v. 12.12.1996, Rs. T–88/92 (Leclerc/Givenchy), Slg. 1996, II–1961, Rn. 106.
[783] EuG, Urt. v. 12.12.1996, Rs. T–19/92 (Leclerc/Yves Saint Laurent), Slg. 1996, II–1851, Rn. 112; Urt. v. 12.12.1996, Rs. T–88/92 (Leclerc/Givenchy), Slg. 1996, II–1961, Rn. 106 unter Berufung auf EuGH, Urt. v. 25.10.1977, Rs. 26/76 (Metro I), Slg. 1977, 1875, Rn. 20 bis 22, Urt. v. 25.10.1983, Rs. 107/82 (AEG-Telefunken), Slg. 1983, 3151, Rn. 33, 34 und 73, und Urt. v. 22.10.1986, Rs. 75/84 (Metro II), Slg. 1986, 3021, Rn. 45.
[784] Paradigmatisch: EuGH, Urt. v. 25.10.1977, Rs. 26/76 (Metro I), Slg. 1977, 1875, Rn. 21 (Wahrung andersartiger Ziele).

kelte Erzeugnisse zu erbringen«, gerechtfertigt hat.[785] Dieser Legitimationszusammenhang ist jedoch überholt: Eine Beschränkung des Wettbewerbs liegt vor, es sei denn, ohne den selektiven Vertrieb entfiele im konkreten Einzelfall der Marktzugang. Denn nur dann führt er ausnahmsweise nicht zu einer Beschränkung des bestehenden Wettbewerbs, sondern zur Entstehung eines – wenn auch beschränkten – Wettbewerbs. In allen anderen Fällen bedarf es mangels einer Rule of Reason einer Bilanzierung pro- und antikompetitiver Effekte im Rahmen von Art. 101 Abs. 3 AEUV. Dabei ist davon auszugehen, dass selektive Vertriebssysteme die Handlungsfreiheit der Beteiligten beschränken, den markeninternen Wettbewerb auf der Ebene des Handels einschränken und Marktzutrittsschranken für potentielle Mitbewerber, etwa für preisgünstige Discounter, errichten. Das heißt aber nicht, dass der selektive Vertrieb nicht freistellungsfähig wäre; er verschärft den Markenwettbewerb über »unterschiedliche, den Eigenheiten der verschiedenen Hersteller und den Bedürfnissen der verschiedenen Verbrauchergruppen angepasste Vertriebswege« (EuGH).[786]

Bestehen **mehrere selektive Vertriebssysteme** auf ein- und demselben Markt, so sind kumulative Effekte zu berücksichtigen:[787] Ein qualitativ-selektiver Vertrieb, der die referierten Bedingungen erfüllt, geht mit einer Beschränkung des Wettbewerbs einher, »wenn die Zahl dieser Systeme keinen Raum mehr für Vertriebsformen lässt, denen eine andere Wettbewerbspolitik zugrunde liegt, oder wenn sie zu einer Starrheit der Preisstruktur führt, die nicht durch andere Faktoren des Wettbewerbs zwischen Erzeugnissen derselben Marke und durch das Bestehen eines echten Wettbewerbs zwischen verschiedenen Marken aufgewogen wird«.[788] Beinhaltet ein selektives Vertriebssystem **Verpflichtungen, die über eine bloße objektive Auswahl qualitativer Art hinausgehen,** wie »die Verpflichtung, zum Aufbau eines Vertriebssystems beizutragen, [bestimmte] … Obliegenheiten in Bezug auf die Umsatzerzielung sowie die Verpflichtungen zu einer Mindestabnahme und zur Lagerhaltung«, so bejaht der EuGH eine Beschränkung des Wettbewerbs.[789]

176

Eine Klausel, die besagt, dass der Verkauf von Kosmetika und Körperpflegeprodukten in einem physischen Raum und in Anwesenheit eines Dipl.-Pharmazeuten erfolgen muss, läuft auf ein **Verbot der Nutzung des Internet** hinaus; sie bezweckt eine Beschränkung des Wettbewerbs, wenn eine individuelle und konkrete Prüfung des Inhalts und des Ziels dieser Klausel sowie des rechtlichen und wirtschaftlichen Zusammenhangs, in dem sie steht, ergibt, dass die Klausel in Anbetracht der Eigenschaften der in Rede stehenden Produkte nicht objektiv gerechtfertigt ist.[790] Der EuGH hat in diesem Kontext ausdrücklich klargestellt, dass »[d]as Ziel, den Prestigecharakter [dieser Produkte] zu schützen, … kein legitimes Ziel zur Beschränkung des Wettbewerbs« sei und »es daher nicht rechtfertigen« könne, dass eine Klausel, mit der ein solches Ziel verfolgt werde, nicht unter Art. 101 Abs. 1 AEUV falle.[791] Eine Freistellung gemäß Art. 2 Abs. 1

177

---

[785] EuGH, Urt. v. 25.10.1983, Rs. 107/82 (AEG-Telefunken), Slg. 1983, 3151, Rn. 33; s. auch: *Füller*, in: Kölner Kommentar, Art. 101 AEUV, Rn. 273 (»vertriebsspezifische Rule of Reason«).
[786] EuGH, Urt. v. 25.10.1977, Rs. 26/76 (Metro I), Slg. 1976, 1875, Rn. 20.
[787] Kommission, Leitlinien für vertikale Beschränkungen (Fn. 211), Rn. 175 (kumulative Wirkung), 178, 179.
[788] EuGH, Urt. v. 22.10.1986, Rs. 75/84 (Metro II), Slg. 1986, 3021, Rn. 40.
[789] EuGH, Urt. v. 11.12.1980, Rs. 31/80 (L´Oréal), Slg. 1980, 3775, Rn. 16; s. auch: Urt. v. 10.7.1980, Rs. 99/79 (Lancôme), Slg. 1980, 2511.
[790] EuGH, Urt. v. 13.10.2011, Rs. C–439/09 (Pierre Fabre Dermo-Cosmétique), Slg. 2011, I–9419, Rn. 47.
[791] EuGH, Urt. v. 13.10.2011, Rs. C–439/09 (Pierre Fabre Dermo-Cosmétique), Slg. 2011, I–9419, Rn. 46; zur Kritik am Prüfungsstandort (Art. 101 Abs. 1): Rn. 10.

der VO (EU) Nr. 330/2010 scheitert an Art. 4 Buchst. c VO (EU) Nr. 330/2010. Danach ist »die Beschränkung des aktiven oder passiven Verkaufs an Endverbraucher durch auf der Einzelhandelsstufe tätige Mitglieder eines selektiven Vertriebssystems« eine Kernbeschränkung, die zum Ausschluss des Rechtsvorteils der Gruppenfreistellung führt. Darunter fällt auch das Verbot des Internetverkaufs (s. o.), das zumindest die Beschränkung des **passiven Verkaufs** an Endverbraucher bezweckt.[792] Art. 4 Buchst. c VO (EU) Nr. 330/2010 gilt zwar »unbeschadet der Möglichkeit, Mitgliedern des Systems zu untersagen, Geschäfte von nicht zugelassenen Niederlassungen aus zu betreiben«. Der EuGH geht jedoch zu Recht davon aus, dass dieser Dispens allein auf physisch-reale Niederlassungen, d. h. »auf Verkaufsstellen abzielt, in denen Direktverkäufe vorgenommen werden«.[793]

bb) Quantitativ-selektiver Vertrieb

178 Im Rahmen eines **quantitativ-selektiven Vertriebssystems** wird die Anzahl der in Frage kommenden Händler unmittelbar beschränkt, indem etwa ein Mindest- oder Höchstumsatz vorgeschrieben oder die Händlerzahl ausdrücklich begrenzt wird.[794] Kriterien wie Mindestumsatz, Abnahmemengen oder Größe der betriebenen Lager, die genutzt werden, um die Anzahl der Händler zu begrenzen, führen mittelbar zu einer Begrenzung der Zahl und der Errichtung von Vertriebsstellen.[795] Das gleiche gilt für die Beschränkung des Vertriebs hochwertiger Kosmetikartikel auf niedergelassene Apotheker.[796] Im Gegensatz zum qualitativ-selektiven Vertrieb wird beim quantitativ-selektiven Vertrieb stets eine Wettbewerbsbeschränkung **bezweckt**;[797] auch in Fällen des quantitativ-selektiven Vertriebs kommt jedoch eine Freistellung gemäß Art. 2 Abs. 1 VO (EU) Nr. 330/2010 bzw. gemäß Art. 101 Abs. 3 AEUV in Betracht.[798]

b) Freistellung

179 Die Freistellung qualitativ-selektiver Vertriebssysteme richtet sich – abhängig von den jeweiligen Marktanteilen – nach der VO (EU) Nr. 330/2010, im Kraftfahrzeugsektor nach der VO (EU) Nr. 461/2010, sowie nach Art. 101 Abs. 3 AEUV.[799] Nach Art. 5 Abs. 1 Buchst. c VO (EU) Nr. 330/2010 gilt die Gruppenfreistellung nicht für unmittelbare oder mittelbare Verpflichtungen, die die Mitglieder eines selektiven Vertriebssystems veranlassen, Marken bestimmter konkurrierender Anbieter nicht zu verkaufen. Mit dieser Bestimmung soll insbesondere eine Kollusion auf horizontaler Ebene, d. h. die Entstehung eines »exklusiven Clubs von Marken« verhindert werden, durch den die Mitglieder andere Marken vom Markt ausschließen.[800]

180 Die Kernfrage im Rahmen der Freistellung betrifft die (angeblichen oder tatsächlichen) **Effizienzvorteile des selektiven Vertriebs**: je intensiver der Markenwettbewerb,

---

[792] EuGH, Urt. v. 13.10.2011, Rs. C–439/09 (Pierre Fabre Dermo-Cosmétique), Slg. 2011, I–9419, Rn. 54.

[793] EuGH, Urt. v. 13.10.2011, Rs. C–439/09 (Pierre Fabre Dermo-Cosmétique), Slg. 2011, I–9419, Rn. 56.

[794] Kommission, Leitlinien für vertikale Beschränkungen (Fn. 211), Rn. 175.

[795] EuGH, Urteil v. 25.10.1977, Rs. 26/76 (Metro I), Slg. 1977, 1875, Rn. 39.

[796] EuG, Urt. v. 27.2.1992, Rs. T–19/91 (Vichy), Slg. 1992, II–415, Rn. 67f.

[797] Kommission, Entscheidung v. 11.1.1991 (Vichy), ABl. 1991, L 75/57, Rn. 18.

[798] Kommission, Leitlinien für vertikale Beschränkungen (Fn. 211), Rn. 176.

[799] Kommission, Leitlinien für vertikale Beschränkungen (Fn. 211), Rn. 176.

[800] Kommission, Leitlinien für vertikale Beschränkungen (Fn. 211), Rn. 182.

desto eher sind die Nachteile für den markeninternen Wettbewerb hinzunehmen.[801] Dabei ist jedoch zu berücksichtigen, dass »der selektive Vertrieb ein besonders geeignetes Mittel [ist], um dem Wettbewerbsdruck zu entgehen, den Discountbetriebe (ob Offline- oder Online-Händler) auf die Gewinnspannen des Herstellers und der Vertragshändler ausüben«. Dementsprechend betont die Kommission im Hinblick auf die Kumulation mehrerer selektiver Vertriebssysteme, dass »[d]ie Voraussetzungen für eine Freistellung nach Art. 101 Abs. 3 AEUV ... in der Regel als nicht erfüllt« gelten, »wenn die fraglichen Selektivvertriebssysteme den Zugang neuer Vertriebshändler (insbesondere Discounter oder reine Internethändler, die den Verbrauchern niedrigere Preise anbieten), die in der Lage sind, die fraglichen Produkte angemessen zu verkaufen, zum Markt zu verwehren und dadurch den Vertrieb zugunsten bestimmter bestehender Kanäle und zum Schaden der Endverbraucher einschränken«.[802]

5. Franchising

Franchisesysteme sind dadurch gekennzeichnet, dass der Franchisegeber rechtlich selbständigen, unabhängigen Franchisenehmern die Möglichkeit einräumt, gegen eine Franchisegebühr ein erfolgreiches Geschäftskonzept zu übernehmen, die Kennzeichen des Franchisegebers zu verwenden (Lizenz) und so auf anderen Märkten Fuß zu fassen.[803] Es handelt sich, so der EuGH, um »eine Art wirtschaftlicher Verwertung eines Wissensschatzes [Know-hows] ohne Einsatz von eigenem Kapital«.[804] Typischerweise beinhalten Franchiseverträge eine Kombination unterschiedlicher vertikaler Beschränkungen hinsichtlich der Produkte, die vertrieben werden.[805] Die Erscheinungsformen des (Produktions-, Dienstleistungs- oder Vertriebs-Franchising) sind vielfältig, so dass eine abstrakte Beurteilung auf der Basis von Art. 101 Abs. 1, 3 AEUV ausscheidet.[806] Es kommt auf die konkrete Franchisevereinbarung an.[807] Der EuGH[808] geht in der Pronuptia-Entscheidung davon aus, dass Franchising grundsätzlich positiv zu beurteilen ist. Es senkt das unternehmerische Risiko des Franchisenehmers, eröffnet ihm einen Marktzugang und führt so gesehen zu mehr Wettbewerb. Dementsprechend stellen die Nebenbestimmungen, die für die Funktionsfähigkeit des Franchisesystems und zum Schutz der berechtigten Interessen des Franchisegebers unerlässlich sind, auch keine (unzulässige) Beschränkung des Wettbewerbs i. S. v. Art. 101 Abs. 1 AEUV dar.[809]

181

Der EuGH geht davon aus, dass der Franchisegeber insbesondere in der Lage sein muss, dem Franchisenehmer sein **Know-how** (Begriff: Art. 1 Abs. 1 Buchst. g VO (EU) Nr. 330/2010) zu vermitteln, ohne Gefahr zu laufen, dass dieses Know-how, sei es auch

182

---

[801] Kommission, Leitlinien für vertikale Beschränkungen (Fn. 211), Rn. 177.
[802] Kommission, Leitlinien für vertikale Beschränkungen (Fn. 211), Rn. 178 f.
[803] EuGH, Urt. v. 28.1.1986, Rs. 161/84 (Pronuptia), Slg. 1986, 353, Rn. 15; s. auch: Kommission, Leitlinien für vertikale Beschränkungen (Fn. 211), Rn. 189, sowie das »Beispiel für Franchisevereinbarungen« in Rn. 191.
[804] EuGH, Urt. v. 28.1.1986, Rs. 161/84 (Pronuptia), Slg. 1986, 353, Rn. 15; kritisch: *Martinek*, in: Martinek/Semler/Flohr, Handbuch des Vertriebsrechts, 4. Aufl., 2016, § 31, Rn. 20, die sich gegen die Einordnung des Franchise- als Lizenzvertrag wenden.
[805] Kommission, Leitlinien für vertikale Beschränkungen (Fn. 211), Rn. 189.
[806] EuGH, Urt. v. 28.1.1986, Rs. 161/84 (Pronuptia), Slg. 1986, 353, Rn. 14; zu den unterschiedlichen Erscheinungsformen: *Klotz*, in: GSH, Europäisches Unionsrecht, Nach Art. 101 AEUV, Rn. 497.
[807] EuGH, Urt. v. 28.1.1986, Rs. 161/84 (Pronuptia), Slg. 1986, 353, Rn. 14.
[808] EuGH, Urt. v. 28.1.1986, Rs. 161/84 (Pronuptia), Slg. 1986, 353.
[809] Dazu: Rn. 7, 78.

nur mittelbar, Konkurrenten zugute komme.[810] Daher sind u. a. befristete und räumlich begrenzte Konkurrenzverbote nicht zu beanstanden. Davon abgesehen »muss der Franchisegeber« nach Meinung des EuGH »die Maßnahmen ergreifen können, die zum Schutz der Identität und des Namens der durch die Geschäftsbezeichnung symbolisierten Vertriebsorganisation angezeigt sind«.[811] Infolgedessen sind Bestimmungen, in denen die dazu unerlässliche Kontrolle geregelt wird, ebenfalls keine Wettbewerbsbeschränkungen im Sinne von Art. 101 Abs. 1 AEUV. Das gilt namentlich für die Pflicht des Franchisenehmers, die Methoden und das Know-how des Franchisegebers einzusetzen,[812] für die Mindestanforderungen an Lage und Einrichtung des Ladengeschäfts,[813] für die Einschränkungen der Unternehmensnachfolge[814] und für die Vorgaben des Franchisegebers im Hinblick auf Produktangebot[815] und Marketing des Franchisenehmers.[816]

183 Der EuGH hat umgekehrt aber auch eine Reihe von Klauseln des Franchisevertrags als **Beschränkung des Wettbewerbs** eingestuft. Das ist der Fall bei Bestimmungen, die die Märkte zwischen Franchisegeber und Franchisenehmern oder unter den Franchisenehmern aufteilen oder die die Franchisenehmer daran hindern, sich einen Preiswettbewerb zu liefern.[817] Insoweit kommt jedoch eine Freistellung in Betracht,[818] die sich bei Marktanteilen bis zu 30 % nach der VO (EU) Nr. 330/2010 richtet. Kartellrechtliches Kernproblem sind die **Gebietsabsprachen**: Im Rahmen des Franchising verpflichtet sich der Franchisegeber typischerweise, in dem dem Franchisenehmer überlassenen Gebiet, keine eigenen Filialen zu eröffnen und auch keine anderen Franchisenehmer zu beliefern; umgekehrt verpflichtet sich der Franchisenehmer, nicht aktiv um Kunden außerhalb seines eigenen Franchisegebiets zu werben und an sie zu verkaufen.[819] Das Kartellverbot steht dem nicht entgegen, weil prokompetitive Effekte, insbesondere im Hinblick auf den Interbrand-Wettbewerb, überwiegen: Art. 4 Buchst. b der VO (EU) Nr. 330/2010 behandelt »die Beschränkung des Gebiets oder der Kundengruppe, in das oder an die ein an der Vereinbarung beteiligter Abnehmer [hier: der Franchisenehmer] … Vertragswaren oder Dienstleistungen verkaufen darf,« zwar als eine **Kernbeschränkung**, die grundsätzlich zum Ausschluss des Rechtsvorteils der Gruppenfreistellung führt. Das gilt jedoch nicht für »die Beschränkung des aktiven Verkaufs in Gebiete oder an Kundengruppen, die der Anbieter sich selbst vorbehalten oder ausschließlich einem anderen Abnehmer zugewiesen hat, sofern dadurch der Verkauf durch Kunden des Abnehmers nicht beschränkt wird«.[820]

184 Im Hinblick auf den **Preiswettbewerb** behandelt Art. 4 Buchst. a VO (EU) Nr. 330/2010 »die Beschränkung der Möglichkeit des Abnehmers, seinen Verkaufspreis selbst festzusetzen«, als eine Kernbeschränkung, die grundsätzlich zum Ausschluss des Rechtsvorteils der Gruppenfreistellung führt. Dies gilt jedoch »unbeschadet der Möglichkeit des Anbieters [hier: des Franchisegebers], Höchstverkaufspreise festzusetzen

---

[810] EuGH, Urt. v. 28.1.1986, Rs. 161/84 (Pronuptia), Slg. 1986, 353, Rn. 16.
[811] EuGH, Urt. v. 28.1.1986, Rs. 161/84 (Pronuptia), Slg. 1986, 353, Rn. 17.
[812] EuGH, Urt. v. 28.1.1986, Rs. 161/84 (Pronuptia), Slg. 1986, 353, Rn. 18.
[813] EuGH, Urt. v. 28.1.1986, Rs. 161/84 (Pronuptia), Slg. 1986, 353, Rn. 19.
[814] EuGH, Urt. v. 28.1.1986, Rs. 161/84 (Pronuptia), Slg. 1986, 353, Rn. 20.
[815] EuGH, Urt. v. 28.1.1986, Rs. 161/84 (Pronuptia), Slg. 1986, 353, Rn. 21.
[816] EuGH, Urt. v. 28.1.1986, Rs. 161/84 (Pronuptia), Slg. 1986, 353, Rn. 22.
[817] EuGH, Urt. v. 28.1.1986, Rs. 161/84 (Pronuptia), Slg. 1986, 353, Rn. 23.
[818] EuGH, Urt. v. 28.1.1986, Rs. 161/84 (Pronuptia), Slg. 1986, 353, Rn. 24.
[819] Im Detail: *Martinek* (Fn. 804), § 31, Rn. 3 f.
[820] Dazu bereits: Rn. 103.

oder **Preisempfehlungen** auszusprechen, sofern sich diese nicht infolge der Ausübung von Druck oder der Gewährung von Anreizen ... tatsächlich wie Fest- oder Mindestverkaufspreise auswirken«.

6. Alleinbelieferung und Alleinbezug

Unter »**Alleinbelieferung**« versteht die Kommission »Beschränkungen, deren zentrales Element darin besteht, dass der Anbieter verpflichtet ist oder dazu angehalten wird, die Vertragsprodukte ausschließlich oder hauptsächlich an einen Abnehmer oder für einen bestimmten Verwendungszweck zu verkaufen«.[821] Die Alleinbelieferung kann im Rahmen einer **Alleinbelieferungsklausel** ausdrücklich vereinbart sein, sie kann aber auch die Form einer **Mengenvorgabe für den Anbieter** annehmen.[822] Alleinbelieferungsvereinbarungen sind vom Kartellverbot des Art. 101 Abs. 1 AEUV freigestellt (Art. 2 Abs. 1 VO (EU) Nr. 330/2010), solange die Marktanteilsschwellen (Art. 3 Abs. 1 VO (EU) Nr. 330/2010) nicht überschritten sind. Jenseits der Marktanteilsschwellen kommt es darauf an, ob die Alleinbelieferung zu einer **Marktabschottung für andere Abnehmer** führt:[823] Je größer die Marktmacht des Abnehmers auf dem vor-, vor allem aber auf dem nachgelagerten Markt, je mehr Lieferungen gebunden sind und je länger die Bindung dauert, desto ausgeprägter fällt gemeinhin die Abschottungswirkung aus.[824] **Alleinbelieferung** (Beliefere nur mich!) und **Alleinbezug** (Beziehe nur bei mir!) können miteinander verknüpft sein – ohne dass eine Freistellung ausgeschlossen wäre; so setzt die Investitionsbereitschaft des Anbieters **und** des Abnehmers im Hinblick auf mögliche Produktinnovationen u. U. voraus, dass die Refinanzierung der erforderlichen Investitionen durch Alleinbelieferung und -bezug abgesichert wird.[825]

185

7. Vorauszahlungen für den Zugang

Unter **Vorauszahlungen für den Zugang** versteht die Kommission »feste Gebühren, die Anbieter im Rahmen einer vertikalen Beziehung zu Beginn eines bestimmten Zeitraums an Händler für den Zugang zu ihren Vertriebsnetzen und für Service-Leistungen, die Einzelhändlern Anbietern erbringen, zahlen«.[826] Dazu gehören u. a. »Listing-« und »Pay-to-stay«-Gebühren sowie Entgelte für den Zugang zu Werbekampagnen eines Händlers.[827] Bis zu einem Marktanteil von 30 % sind derartige Vorauszahlungen gemäß Art. 2 Abs. 1, Art. 3 Abs. 1 VO (EU) Nr. 330/2010 vom Kartellverbot freigestellt. Im Hinblick auf die wettbewerbliche Beurteilung unterscheidet die Kommission: Führt eine hohe Gebühr dazu, dass ein Anbieter einen wesentlichen Teil seiner Verkäufe über seinen Händler abwickelt, um die mit der Gebühr verbundenen Kosten zu decken, so können die Vorauszahlungen »dieselbe Marktabschottungswirkung auf dem nachgelagerten Markt haben wie eine Art Alleinbelieferungsklausel«;[828] ausnahmsweise können Vorauszahlungen zu einem wettbewerbswidrigen Ausschluss anderer Anbieter führen,

186

---

[821] Kommission, Leitlinien für vertikale Beschränkungen (Fn. 211), Rn. 192.
[822] Kommission, Leitlinien für vertikale Beschränkungen (Fn. 211), Rn. 192.
[823] Kommission, Leitlinien für vertikale Beschränkungen (Fn. 211), Rn. 194.
[824] Kommission, Leitlinien für vertikale Beschränkungen (Fn. 211), Rn. 194 f.
[825] Plastisches Beispiel: Kommission, Leitlinien für vertikale Beschränkungen (Fn. 211), Rn. 202.
[826] Kommission, Leitlinien für vertikale Beschränkungen (Fn. 211), Rn. 203.
[827] Kommission, Leitlinien für vertikale Beschränkungen (Fn. 211), Rn. 203.
[828] Kommission, Leitlinien für vertikale Beschränkungen (Fn. 211), Rn. 204.

wenn die allgemeine Verwendung derartiger Zahlungen kleineren Marktteilnehmern den Markteintritt erschwert.[829]

187 Die Kommission macht indes auch prokompetitive Effekte der Vorauszahlungen aus: Diese »könnten … in vielen Fällen zu einer effizienten Regalflächenzuweisung … beitragen«. Händler seien häufig nicht so gut über die Erfolgschancen eines neu einzuführenden Produkts informiert wie die Anbieter, so dass nicht immer eine richtige Anzahl von Produkten vorgesehen werde. Vorauszahlungen könnten genutzt werden, um die Informationsasymmetrie zwischen Anbietern und Händlern abzubauen. Bemühe sich ein Anbieter direkt um Regalflächen, erhalte »der Händler Hinweise darüber, welche Produkte den größten Erfolg versprechen könnten«; eine Regalgebühr werde der Anbieter nur zahlen, wenn die Produkteinführung mit einem geringen Misserfolgsrisiko verbunden sei.[830]

III. Gemeinschaftsunternehmen

188 Ein **Gemeinschaftsunternehmen, das »auf Dauer alle Funktionen einer selbständigen wirtschaftlichen Einheit erfüllt«** (Art. 3 Abs. 4 VO (EG) Nr. 139/2004) und **gemeinschaftsweite Bedeutung** hat (Art. 1 Abs. 1 bis 3 VO (EG) Nr. 139/2004), ist als Unternehmenszusammenschluss allein im Rahmen des Fusionskontroll- und nicht im Rahmen des regulären Kartellverfahrens zu überprüfen (s. Art. 21 Abs. 1 VO (EG) Nr. 139/2004).[831] Prüfungsmaßstab ist indes nicht nur Art. 2 Abs. 3 VO (EG) Nr. 139/2004 – maßgeblich ist insoweit, ob die Gründung eines solchen **Vollfunktions-Gemeinschaftsunternehmens** »wirksame[n] Wettbewerb im Gemeinsamen Markt oder in einem wesentlichen Teil desselben erheblich behindern würde« –, sondern auch Art. 101 AEUV: Soweit das Gemeinschaftsunternehmen die Koordinierung des Wettbewerbsverhaltens unabhängig bleibender Unternehmen bezweckt oder bewirkt, ist eine solche Koordinierung nach den Kriterien des Art. 101 Abs. 1 und 3 AEUV zu beurteilen, um festzustellen, ob das Vorhaben mit dem Binnenmarkt vereinbar ist (Art. 2 Abs. 4 VO (EG) Nr. 139/2004). Diese **Doppelung der Prüfungsmaßstäbe** beruht darauf, dass sich die Kooperation bei Gründung des Gemeinschaftsunternehmens nicht nur auf die Struktur des Marktes auswirkt, auf dem das gegründete Gemeinschaftsunternehmen agiert, sondern auch auf das Marktverhalten der Gründer auf anderen, an sich kompetitiven Märkten. Der Betrieb eines Gemeinschaftsunternehmens setzt nämlich ein gewisses Maß an Loyalität und gegenseitiger Rücksichtnahme voraus, so dass sich die Gründer, wie *Zimmer* schreibt, »keinen allzu heftigen Konkurrenzkampf mehr leisten« werden.[832] Diesen Loyalitätsanreiz berücksichtigt die Fusionskontrollverordnung in Art. 2 Abs. 4 und 5 VO (EU) Nr. 139/2004.

189 **Teilfunktions-Gemeinschaftsunternehmen**, die als solche nicht auf Dauer alle Funktionen einer selbständigen wirtschaftlichen Einheit wahrnehmen, fallen nicht unter den Begriff des Unternehmenszusammenschlusses; sie sind – vorbehaltlich einer spürbaren Beeinträchtigung des Handels zwischen den Mitgliedstaaten (s.u.) – im Rahmen des

---

[829] Kommission, Leitlinien für vertikale Beschränkungen (Fn. 211), Rn. 205.
[830] Kommission, Leitlinien für vertikale Beschränkungen (Fn. 211), Rn. 207.
[831] Im Einzelnen: *Zimmer*, in: Immenga/Mestmäcker, Art. 101 Abs. 1 AEUV, Rn. 306 ff.; s. auch: Erwägungsgrund Nr. 6 der Fusionskontrollverordnung (Fn. 9) als »das einzige auf derartige Zusammenschlüsse anwendbare Instrument«; ausführlich zur Behandlung von Gemeinschaftsunternehmen auch: *Schroeder*, in: Grabitz/Hilf/Nettesheim, EU, Art. 101 AEUV (Januar 2016), Rn. 468 ff.
[832] *Zimmer*, in: Immenga/Mestmäcker, Art. 101 Abs. 1 AEUV, Rn. 306.

regulären Kartellverfahrens in einer »einstufigen Prüfung«[833] allein an Art. 101 AEUV zu messen. Das gilt auch für Gemeinschaftsunternehmen ohne gemeinschaftsweite Bedeutung (s. o.).

H. Rechtsfolgen eines Kartellverstoßes

Im Hinblick auf die **Rechtsfolgen eines Kartellverstoßes** ist zwischen öffentlich-rechtlichen (hoheitlichen) und privatrechtlichen Sanktionen zu unterscheiden: Die Kartellbehörden können aufgrund umfangreicher Ermittlungsbefugnisse (Art. 17 ff. VO (EG) Nr. 1/2003) hoheitlich gegen private Beschränkungen des Wettbewerbs vorgehen und insbesondere **Geldbußen** gegen die beteiligten Unternehmen und Unternehmensvereinigungen festsetzen (Art. 23 Abs. 2 Satz 1 VO (EG) Nr. 1/2003). Kartellverstöße können zudem zu einem **Bieterausschluss im Vergabeverfahren** führen.[834] Privatrechtlich sanktioniert Art. 101 Abs. 2 AEUV Kartellverstöße durch die **Nichtigkeitsfolge**. Hinzukommen private **Beseitigungs-, Unterlassungs- und Schadensersatzansprüche Dritter**. **Haftstrafen** sieht das Europäische Kartellrecht – anders als der U.S.-amerikanische Sherman Act (s. 15 U.S. Code § 1 – Trusts, etc., in restraint of trade illegal; penalty) – bisher nicht vor. Die Diskussion ist jedoch keineswegs abgeschlossen.[835]

190

I. Geldbuße

Die **Kommission** kann durch Beschluss **Geldbußen** gegen Unternehmen und Unternehmensvereinigungen verhängen, die vorsätzlich oder fahrlässig gegen Art. 101 Abs. 1 AEUV verstoßen (Art. 23 Abs. 2 Satz 1 Buchst. a VO (EG) Nr. 1/2003). Die Geldbuße soll vor allem abschrecken: sie soll »so hoch festgesetzt werden, dass nicht nur die an der Zuwiderhandlung beteiligten Unternehmen sanktioniert werden (Spezialprävention), sondern auch andere Unternehmen von der Aufnahme oder Fortsetzung einer Zuwiderhandlung gegen … Art. 101 AEUV … abgehalten werden (Generalprävention)«.[836] Die Diskussion über die **strafrechtsähnliche Rechtsnatur dieser Geldbuße** (s. Art. 23 Abs. 5 VO (EG) Nr. 1/2003)[837] und die sich daraus ergebenden rechtsstaatlichen Mindestanforderungen an das Kartellverfahren kann hier nicht vertieft werden;[838] im Lichte der Menarini-Entscheidung[839] des Europäischen Gerichtshofs für Menschenrechte dürfte der strafrechtliche Charakter zu bejahen sein.

191

---

[833] *Zimmer*, in: Immenga/Mestmäcker, Art. 101 Abs. 1 AEUV, Rn. 309.
[834] EuGH, Urt. v. 18. 12. 2014, Rs. C–470/13 (Generali), ECLI:EU:C:2014:2469; *Palatzke/Jürschik*, NZKart 2015, 470.
[835] Dazu: *Immenga*, NZKart 2016, 201; Monopolkommission, 72. Sondergutachten gemäß § 44 Abs. 1 Satz 4 GWB v. 27. 10. 2015, im Internet verfügbar: http://hbfm.link/119 (10. 10. 2016); *Dreher*, WuW 2011, 232 (237 ff.); *Wardaugh*, Cartels, Markets and Crime, 2014 (Cambridge).
[836] Kommission, Leitlinien für das Verfahren zur Festsetzung von Geldbußen gemäß Art. 23 Abs. 2 Buchstabe a der Verordnung (EG) Nr. 1/2003, ABl. 2006, C 210/2, unter 4.
[837] *Dannecker/Biermann*, in: Immenga/Mestmäcker, VO (EG) Nr. 1/2003, Art. 23, Rn. 328 ff.
[838] Dazu: *Brammer*, EuZW 2013, 617 (ne bis in idem).
[839] EGMR, Urt. v. 27. 9. 2011, Beschwerde-Nr. 43509/08 (Menarini Diagnostics), (im Internet abrufbar unter: http://www.echr.coe.int).

1. Festsetzung der Geldbuße

192 Die **Festsetzung einer Geldbuße** setzt gemäß Art. 23 Abs. 2 Satz 1 Buchst. a VO (EG) Nr. 1/2003 voraus, dass das an dem Kartellverstoß beteiligte Unternehmen **vorsätzlich oder fahrlässig** gehandelt hat. Fahrlässig handelt ein Unternehmen, das sich »über die Wettbewerbswidrigkeit seines Verhaltens nicht im Unklaren sein kann, gleichviel, ob ihm dabei bewusst ist, dass es gegen die Wettbewerbsregeln ... verstößt«.[840] Dies liegt auf der Hand, wenn Unternehmen unmittelbar ihre Preise absprechen[841] – mit der Folge, dass diese Unternehmen der Festsetzung einer Geldbuße auch dann nicht entgehen, wenn ihrem Kartellverstoß ein Irrtum über die Rechtmäßigkeit des Marktverhaltens zugrunde liegt, der auf dem Inhalt eines anwaltlichen Rates oder auf einer Entscheidung der nationalen Kartellbehörde beruht.[842] Die Kommission muss die schuldhafte Begehung des Wettbewerbsverstoßes nachweisen.[843] Die **Unschuldsvermutung** (Art. 48 Abs. 1 GRC) ist zu beachten.[844]

2. Bemessung der Geldbuße

193 Bei der Festsetzung der Höhe der Geldbuße ist sowohl die **Schwere der Zuwiderhandlung** als auch deren **Dauer** zu berücksichtigen (Art. 23 Abs. 3 VO (EG) Nr. 1/2003). Zudem darf die Geldbuße für jedes an der Zuwiderhandlung beteiligte Unternehmen oder jede beteiligte Unternehmensvereinigung **10 % des im vorausgegangenen Geschäftsjahr erzielten Gesamtumsatzes** nicht übersteigen (Art. 23 Abs. 2 Satz 2 VO (EG) Nr. 1/2003). Weitere Anhaltspunkte für die Bemessung der Höhe einer Geldbuße enthält das Unionsrecht nicht. Der Kommission steht ein weiter Ermessensspielraum zu.[845] Um die Transparenz und die Objektivität ihrer Entscheidungen zu erhöhen, hat die Kommission im Jahr 1998 Leitlinien zur Festsetzungen von Geldbußen[846] veröffentlicht, die sie im Jahre 2006 konkretisiert und verfeinert hat.[847] Auf der Basis der aktuellen Leitlinien erfolgt die Bemessung der Geldbuße in zwei Stufen: Zunächst wird für jedes einzelne Unternehmen und jede einzelne Unternehmensvereinigung ein Grundbetrag festgesetzt, der anschließend nach oben oder unten unter Berücksichtigung der besonderen Umstände des Einzelfalls angepasst wird.[848]

194 Den **Grundbetrag** der Geldbuße ermittelt die Kommission mithilfe des Wertes der von dem betreffenden Unternehmen im relevanten räumlichen Markt innerhalb des EWR verkauften Waren oder Dienstleistungen, die mit dem Verstoß in einem unmittelbaren oder mittelbaren Zusammenhang stehen (**tatbezogener Umsatz**).[849] In zeitlicher

---

[840] EuGH, Urt. v. 18.6.2013, Rs. C–681/11 (Schenker), ECLI:EU:C:2013:404, Rn. 37 f. m. w. N.
[841] EuGH, Urt. v. 18.6.2013, Rs. C–681/11 (Schenker), ECLI:EU:C:2013:404, Rn. 39.
[842] EuGH, Urt. v. 18.6.2013, Rs. C–681/11 (Schenker), ECLI:EU:C:2013:404, Leitsatz 1.
[843] *Dannecker/Biermann*, in: Immenga/Mestmäcker, Vorb. Art. 23 VO (EG) Nr. 1/2003, Rn. 62.
[844] EuGH, Urt. v. 21.1.2016, Rs. C–74/14 (Eturas), ECLI:EU:C:2016:42, Rn. 38, 32, mit Blick auf nationale Kartellbehörden, die die Unschuldsvermutung bei der Durchführung des Wettbewerbsrechts der Union zu beachten haben.
[845] EuGH, Urt. v. 28.6.2005, verb. Rs. C–189/02 P, C–202/02 P, C–205/02 P – 208/02 P u. C–213/02 P (Dansk Rørindustri), Slg. 2005, I–5425, Rn. 172; kritisch: *Schütz*, in: Kölner Kommentar, Art. 23 VO Nr. 1/2003, Rn. 5 f.
[846] Kommission, Leitlinien für das Verfahren zur Festsetzung von Geldbußen, die gemäß Art. 15 Absatz 2 der Verordnung Nr. 17 und gemäß Art. 65 Absatz 5 EGKS-Vertrag festgesetzt werden, ABl. 1998, C 9/3.
[847] Kommission, Leitlinien für das Verfahren zur Festsetzung von Geldbußen (Fn. 836).
[848] Kommission, Leitlinien für das Verfahren zur Festsetzung von Geldbußen (Fn. 836), Rn. 9–11.
[849] Kommission, Leitlinien für das Verfahren zur Festsetzung von Geldbußen (Fn. 836), Rn. 13.

Hinsicht legt die Kommission grundsätzlich den Umsatz des letzten vollständigen Geschäftsjahres zugrunde, in dem das Unternehmen an der Zuwiderhandlung beteiligt war.[850] Die Kommission muss dabei insbesondere den Umsatz berücksichtigen, »der die tatsächliche wirtschaftliche Situation des Unternehmens in dem Zeitraum wiedergibt, in dem die Zuwiderhandlung begangen wurde«.[851] So darf die Kommission beispielsweise in Fällen, in denen die Produkte, auf die sich das Kartell bezieht, von einem vertikal integrierten Unternehmen außerhalb des EWR in Endprodukte eingebaut werden, bei der Bestimmung des tatbezogenen Umsatzes die im EWR erfolgten Verkäufe solcher Endprodukte an Drittunternehmen berücksichtigen.[852] Von diesem Umsatz bestimmt die Kommission unter Beachtung der Schwere der Zuwiderhandlung einen Anteil, den sie mit der Anzahl der Jahre der Zuwiderhandlung multipliziert.[853] Horizontale Vereinbarungen zur Festsetzung von Preisen, Aufteilung der Märkte oder Einschränkung der Erzeugung werden von der Kommission bereits ihrer Art nach als schwerwiegender Verstoß gewertet.[854] Deshalb erhebt die Kommission zur Abschreckung von der Beteiligung an solchen Kartellen einen Zusatzbetrag von bis zu 25 % des Umsatzes.[855]

Die **Anpassung des Grundbetrages** erfolgt unter Berücksichtigung aller erschwerenden und mildernden Umstände des Einzelfalls.[856] Als erschwerende Umstände gelten beispielsweise eine Wiederholungstäterschaft, die Behinderung von Untersuchungen seitens der Kommission und die Art der Beteiligung des Unternehmens insbesondere als Anstifter oder Anführer des Kartellverstoßes.[857] Die fahrlässige Begehung des Wettbewerbsverstoßes oder seine sofortige Beendigung wertet die Kommission u. a. als mildernde Umstände.[858] Um sicher zu gehen, dass die Geldbuße eine ausreichend abschreckende Wirkung erzielt, kann die Kommission den Grundbetrag durch einen **Abschreckungszuschlag** insbesondere dann erhöhen, wenn Unternehmen besonders hohe Umsätze mit Waren oder Dienstleistungen erzielt haben, die nicht mit der Zuwiderhandlung in Zusammenhang stehen.[859] 195

Gemäß Art. 23 Abs. 2 Satz 2 VO (EG) Nr. 1/2003 darf die Geldbuße 10 % des im vorausgegangenen Geschäftsjahr erzielten Gesamtumsatzes des Unternehmens nicht übersteigen. Diese **Bußgeldobergrenze** wird als **Kappungsgrenze** verstanden, d. h., dass im Rahmen des Verfahrens zur Bemessung der Geldbuße die 10 %-Grenze zwischenzeitlich überschritten werden darf.[860] Nach ihrem Sinn und Zweck soll die Kappungsgrenze »den Betrag der wegen der begangenen Zuwiderhandlung festgesetzten Geldbuße an die wirtschaftliche Leistungsfähigkeit des als verantwortlich angesehenen Unternehmens« anpassen[861], um das Unternehmen vor unverhältnismäßig hohen und 196

---

[850] Kommission, Leitlinien für das Verfahren zur Festsetzung von Geldbußen (Fn. 836), Rn. 13.
[851] EuGH, Urt. v. 23.4.2015, Rs. C–227/14 P (LG Display), ECLI:EU:C:2015:258, Rn. 49; Urt. v. 12.11.2014, Rs. C–580/12 P (Guardian Industries Corp.), ECLI:EU:C:2014:2363, Rn. 53.
[852] EuGH, Urt. v. 9.7.2015, Rs. C–231/14 P (InnoLux), ECLI:EU:C:2015:451, Rn. 61.
[853] Kommission, Leitlinien für das Verfahren zur Festsetzung von Geldbußen (Fn. 836), Rn. 19.
[854] Kommission, Leitlinien für das Verfahren zur Festsetzung von Geldbußen (Fn. 836), Rn. 23.
[855] Kommission, Leitlinien für das Verfahren zur Festsetzung von Geldbußen (Fn. 836), Rn. 25.
[856] Kommission, Leitlinien für das Verfahren zur Festsetzung von Geldbußen (Fn. 836), Rn. 27 ff.
[857] Kommission, Leitlinien für das Verfahren zur Festsetzung von Geldbußen (Fn. 836), Rn. 28.
[858] Kommission, Leitlinien für das Verfahren zur Festsetzung von Geldbußen (Fn. 836), Rn. 29.
[859] Kommission, Leitlinien für das Verfahren zur Festsetzung von Geldbußen (Fn. 836), Rn. 30.
[860] EuGH, Urt. v. 28.6.2005, verb. Rs. C–189/02 P, C–202/02 P, C–205/02 P – 208/02 P u. C–213/02 P (Dansk Rørindustri), Slg. 2005, I–5425, Rn. 277 f. Kritisch dazu: *Dannecker/Biermann*, in: Immenga/Mestmäcker, Art. 23 VO (EG) Nr. 1/2003, Rn. 115.
[861] EuGH, Urt. v. 4.9.2014, Rs. C-408/12 P (YKK Corporation), ECLI:EU:C:2014:2153, Rn. 90.

existenzbedrohenden Bußgeldern zu schützen.[862] Für die Festlegung der Kappungsgrenze wird daher regelmäßig der weltweite Gesamtumsatz des Unternehmens herangezogen, weil nur dieser die reale Wirtschaftskraft eines Unternehmens abbilden könne.[863]

197 Die Kronzeugenregelung der Kommission sieht den Erlass bzw. die Ermäßigung von Geldbußen vor, wenn das beteiligte Unternehmen aktiv mit der Kommission kooperiert und so wesentlich zur Aufklärung eines Kartellverstoßes beiträgt.[864] Der vollständige Erlass einer Geldbuße ist nur für das erste Unternehmen möglich, das seine Beteiligung am Kartell offen legt und ausreichende Beweise für die Aufklärung eines Kartellverstoßes beibringt.[865] Für alle weiteren Unternehmen, die ihre Beteiligung offen legen und Beweismittel mit erheblichem Mehrwert vorlegen, ist nur noch eine Ermäßigung der Geldbuße möglich.[866] Die Höhe der Ermäßigung richtet sich auch hier nach der zeitlichen Reihenfolge der Zusammenarbeit.[867] Bei der Beurteilung der Qualität und der Nützlichkeit des Kooperationsbeitrags verfügt die Kommission über ein weites Ermessen.[868]

3. Adressat der Geldbuße

198 Bußgeldbeschlüsse der Kommission können sich nur gegen (rechtsfähige) **Rechtssubjekte** richten. Daher muss der Unternehmensbegriff, der auf Tatbestandsebene auf die Rechtssubjektivität keine Rücksicht nimmt (s. Rn. 49), konkretisiert werden. Zudem können sich bei der Bestimmung des richtigen Adressaten einer Geldbuße Schwierigkeiten ergeben, wenn das zuwiderhandelnde Unternehmen nach der Zuwiderhandlung aber vor Erlass des Bußgeldbeschlusses umstrukturiert wurde.

a) Konzernunternehmen

199 Bei **Konzerntatbeständen** stellt sich die Frage, welche Konzernunternehmen für Kartellverstöße aus dem Konzern heraus zur Rechenschaft gezogen werden können. Ein Konzern kann als wirtschaftliche Einheit ein einziges Unternehmen bilden (s. Rn. 49). Der EuGH rechnet diesbezüglich Maßnahmen der Tochter der Konzernmutter zu, wenn die Tochter ihr Marktverhalten trotz eigener Rechtspersönlichkeit nicht eigenständig bestimmt, sondern – vor allem aufgrund der wirtschaftlichen, organisatorischen und rechtlichen Bindungen, die die beiden Rechtssubjekte verbinden – »im Wesentlichen Weisungen der Muttergesellschaft befolgt«;[869] gegebenenfalls geht der EuGH davon aus, dass die Kommission Beschlüsse über Geldbußen an die Muttergesellschaft richten kann, »ohne dass deren persönliche Beteiligung an der Zuwiderhandlung nachzuweisen wäre«.[870] Eine Verantwortlichkeit von Schwestergesellschaften hält der EuGH zumin-

---

[862] EuGH, Urt. v. 28.6.2005, verb. Rs. C–189/02 P, C–202/02 P, C–205/02 P – 208/02 P u. C–213/02 P (Dansk Rørindustri), Slg. 2005, I–5425, Rn. 280 f.
[863] EuG, Urt. v. 15.3.2000, verb. Rs. T–25/95 u. a. (Cimenteries CBR u. a.), Slg. 2000, II–491, Rn. 5022; *Dannecker/Biermann*, in: Immenga/Mestmäcker, Art. 23 VO (EG) Nr. 1/2003, Rn. 116 m. w. N.
[864] Kommission, Mitteilung über den Erlass und die Ermäßigung von Geldbußen (Fn. 62), Rn. 4 ff.
[865] Kommission, Mitteilung über den Erlass und die Ermäßigung von Geldbußen (Fn. 62), Rn. 8.
[866] Kommission, Mitteilung über den Erlass und die Ermäßigung von Geldbußen (Fn. 62), Rn. 23.
[867] Kommission, Mitteilung über den Erlass und die Ermäßigung von Geldbußen (Fn. 62), Rn. 26.
[868] EuGH, Urt. v. 19.6.2014, Rs. C–243/12 P (FLS Plast), ECLI:EU:C:2014:2006, Rn. 73.
[869] EuGH, Urt. v. 8.5.2013, Rs. C–508/11 P (ENI), ECLI:EU:C:2013:289, Rn. 46; Urt. v. 28.6.2005, verb. Rs. C–189/02 P, C–202/02 P, C–205/02 P – 208/02 P u. C–213/02 P (Dansk Rørindustri), Slg. 2005, I–5425, Rn. 117.
[870] EuGH, Urt. v. 8.5.2013, Rs. C–508/11 P (ENI), ECLI:EU:C:2013:289, Rn. 46; Beschluss v.

dest dann für möglich, wenn es an einer leitenden Konzernspitze fehlt.[871] Ob darüber hinaus eine Verantwortlichkeit von Schwestergesellschaften untereinander oder eine Verantwortlichkeit der Tochtergesellschaft für das kartellrechtswidrige Verhalten der Muttergesellschaft als Teil desselben Unternehmens begründet werden kann, ist in der Rechtsprechung des EuGH bisher ungeklärt.[872]

b) Unternehmensumstrukturierungen und Namensänderungen

Im Falle von **Umstrukturierungen des Unternehmens** innerhalb des Zeitraums zwischen der Beendigung der Zuwiderhandlung und dem Erlass des Bußgeldbeschlusses geht der EuGH vom **Grundsatz der Identität bei wirtschaftlicher Kontinuität** aus.[873] Das heißt, dass »die Änderung der Rechtsform und des Namens eines Unternehmens nicht zwingend zur Folge [hat], dass ein neues von der Haftung für wettbewerbswidrige Handlungen seines Vorgängers befreites Unternehmen entsteht, sofern die beiden Unternehmen wirtschaftlich gesehen identisch sind«.[874] Von wirtschaftlicher Kontinuität ist auszugehen, wenn die wirtschaftliche Tätigkeit des Rechtsvorgängers fortgeführt wird.[875] Quantitative Anforderungen an den Vermögensteil des Rechtsvorgängers, der im Rahmen der Umstrukturierung in das Gesamtvermögen des Rechtsnachfolgers überführt wird, werden nicht gestellt.[876]

200

Besteht der Rechtsvorgänger des Unternehmens, das die Zuwiderhandlung begangen hat, auch nach der Umstrukturierung beispielsweise im Falle der Eingliederung in einen anderen Konzern selbständig fort, so ist dieser Adressat der Geldbuße, denn grundsätzlich müsse die natürliche oder juristische Person, die das fragliche Unternehmen zum Zeitpunkt der Zuwiderhandlung leitete, für diese einstehen, auch wenn zu dem Zeitpunkt des Bußgeldbeschlusses, eine andere Person für den Betrieb des Unternehmens verantwortlich ist.[877] Setzt eine Einheit ihre Tätigkeit als rechtlich eigenständige Tochtergesellschaft einer neuen Konzernspitze fort, muss sie selbst für ihre Zuwiderhandlungen vor dem Erwerb einstehen, ohne dass der Erwerber dafür verantwortlich gemacht werden kann.[878]

201

Unter Umständen kann zur Sicherung der abschreckenden Wirkung einer Geldbuße ein Nachfolger auch Adressat eines Bußgeldbeschlusses sein, wenn die für die Zuwiderhandlung verantwortliche Einheit nach der Umstrukturierung zwar selbständig fortbesteht, selbst aber keine wirtschaftliche Tätigkeit mehr ausübt.[879] Dies sei nach dem

202

13.12.2012, Rs. C–654/11 P (Transcatab), ECLI:EU:C:2012:806, Rn. 29 m. w. N.; ausführlich auch zu den verfassungsrechtlichen Bedenken gegen diese Rechtsprechung: *Hengst*, in: Langen/Bunte, Art. 101, Rn. 39 ff.

[871] EuGH, Urt. v. 2.10.2003, Rs. C–196/99 P (Aristrain), Slg. 2003, I–11005, Rn. 97–99 (eine Verantwortlichkeit wurde aus tatsächlichen Gründen abgelehnt); s. auch: EuG, Urt. v. 20.3.2002, Rs. T–9/99 (HFB), Slg. 2002, II–1487, Rn. 66.

[872] Dafür: *Kersting*, WuW 2014, 1156 (1159).

[873] Etwas anders: *Hengst*, in Langen/Bunte, Art. 101 AEUV, Rn. 64, die von den Grundsätzen der persönlichen Verantwortlichkeit und der wirtschaftlichen Kontinuität ausgeht.

[874] EuGH, Urt. v. 7.1.2004, verb. Rs. C–204/00 P, C–205/00 P, C–211/00 P, C–213/00 P, C–217/00 P u. C–219/00 P (Aalborg Portland), Slg. 2004, I–123, Rn. 59; s. auch Urt. v. 11.12.2007, Rs. C–280/06 (ETI), Slg. 2007, I–10893, Rn. 42; Urt. v. 28.3.1984, verb. Rs. 29/83 u. 30/83 (CRAM), Slg. 1984, 1679, Rn. 9.

[875] EuGH, Urt. v. 28.3.1984, verb. Rs. 29/83 u. 30/83 (CRAM), Slg. 1984, 1679, Rn. 9.

[876] *Hengst*, in Langen/Bunte, Art. 101 AEUV, Rn. 65.

[877] EuGH, Urt. v. 16.11.2000, Rs. C–279/98 P (Cascades), Slg. 2000, I–9693, Rn. 78.

[878] EuGH, Urt. v. 16.11.2000, Rs. C–279/98 P (Cascades), Slg. 2000, I–9693, Rn. 79.

[879] EuGH, Urt. v. 11.12.2007, Rs. 280/06 (ETI), Slg. 2007, I–10893, Rn. 40 f.

EuGH zulässig, wenn Vorgänger und Nachfolger eine wirtschaftliche Einheit bilden, die »der Kontrolle derselben Person [unterstehen] und ... in Anbetracht der zwischen ihnen auf wirtschaftlicher und organisatorischer Ebene bestehenden engen Bindungen im Wesentlichen dieselben geschäftlichen Leitlinien [anwenden]«.[880]

III. Haftung auf Schadensersatz

203 Der EuGH[881] (2001) hat in Courage vs. Crehan erstmals entschieden, dass die Effektivität der Art. 101 f. AEUV beeinträchtigt wäre, wenn nicht jedermann Ersatz des Schadens verlangen könnte, der ihm durch einen Vertrag, der den Wettbewerb beschränken oder verfälschen könne oder durch ein entsprechendes Verhalten entstanden sei.[882] Die **Haftung auf Schadensersatz** erhöhe die Durchsetzungskraft der unionsrechtlichen Wettbewerbsregeln und sei geeignet, von – oft verschleierten – Vereinbarungen oder Verhaltensweisen abzuhalten, die den Wettbewerb beschränken oder verfälschen könnten.[883] Daher könnten Schadensersatzklagen vor den nationalen Gerichten wesentlich zur Aufrechterhaltung eines wirksamen Wettbewerbs in der Europäischen Union beitragen.[884] Die Haftung richtet sich grundsätzlich nach dem gemäß Art. 6 Abs. 3 der Rom II-Verordnung[885] anwendbaren **Recht der Mitgliedstaaten**. Der EuGH hat aus Art. 101 f. AEUV jedoch klare Regelungsvorgaben abgeleitet (s. u.), die die Mitgliedstaaten in Einklang mit dem Äquivalenz- und Effektivitätsprinzip zu beachten haben.[886] Europäisches Parlament und Rat haben diese Regelungsvorgaben am 26.11.2014 in die **Richtlinie 2014/104/EU über bestimmte Vorschriften für Schadensersatzklagen** (s. Rn. 204 ff.) überführt und ausgebaut. Die Mitgliedstaaten haben die Richtlinie bis zum 27.12.2016 umzusetzen (Art. 21 Abs. 1 RL 2014/104/EU).

1. Richtlinie 2014/104/EU über Schadensersatzklagen

204 Europäisches Parlament und Rat haben am 26.11.2014 die **Richtlinie über bestimmte Vorschriften für Schadensersatzklagen** verabschiedet.[887] Die **Regelungszuständigkeit** der Europäischen Union soll sich aus Art. 103, 114 AEUV ergeben (Erwägungsgründe). Die Binnenmarkt-Karte (Art. 114, 26 Abs. 1 AEUV) haben Europäisches Parlament

---

[880] EuGH, Urt. v. 11.12.2007, Rs. 280/06 (ETI), Slg. 2007, I–10893, Rn. 49.
[881] EuGH, Urt. v. 20.9.2001, Rs. C–453/99 (Courage vs. Crehan), Slg. 2001, I–6297, Rn. 25; seither st. Rspr.: Urt. v. 13.7.2006, verb. Rs. C–295/04–298/04 (Manfredi), Slg. 2006, I–6619, Rn. 60; Urt. v. 14.6.2011, Rs. C–360/09 (Pfleiderer), Slg. 2011, I–5161, Rn. 28; Urt. v. 6.11.2012, Rs. C–199/11 (Otis), ECLI:EU:C:2012:684, Rn. 40 f.; Urt. v. 6.6.2013, Rs. C–536/11 (Donau Chemie), ECLI:EU:C:2013:366, Rn. 21; s. auch: *Becker/Berg/Bulst*, EnzEuR, Bd. 4, § 10, Rn. 109 mit einem umfangreichen Entscheidungsverzeichnis.
[882] EuGH, Urt. v. 20.9.2001, Rs. C–453/99 (Courage vs. Crehan), Slg. 2001, I–6297, Rn. 26.
[883] EuGH, Urt. v. 20.9.2001, Rs. C–453/99 (Courage vs. Crehan), Slg. 2001, I–6297, Rn. 27.
[884] EuGH, Urt. v. 20.9.2001, Rs. C–453/99 (Courage vs. Crehan), Slg. 2001, I–6297, Rn. 27; Urt. v. 14.6.2011, Rs. C–360/09 (Pfleiderer), Slg. 2011, I–5161, Rn. 29; Urt. v. 6.6.2013, Rs. C–536/11 (Donau Chemie), ECLI:EU:C:2013:366, Rn. 23.
[885] VO (EG) Nr. 864/2007 (Fn. 98).
[886] EuGH, Urt. v. 20.9.2001, Rs. C–453/99 (Courage vs. Crehan), Slg. 2001, I–6297, Rn. 29; Urt. v. 13.7.2006, verb. Rs. C–295/04–298/04 (Manfredi), Slg. 2006, I–6619, Rn. 62, 71; Urt. v. 6.6.2013, Rs. C–536/11 (Donau Chemie), ECLI:EU:C:2013:366, Rn. 27; Urt. v. 5.6.2014, Rs. C–557/12 (Kone), ECLI:EU:C:2014:1317, Rn. 20 ff., 25.
[887] Richtlinie 2014/104/EU (Fn. 25). Dazu im Überblick: *Schweitzer*, NZKart 2014, 335; *Calisti/Haasbeck/Kubik*, NZKart 2014, 466; *Roth*, GWR 2015, 73; *Keßler*, VuR 2015, 83; *Makatsch/Mir*, EuZW 2015, 7; *Haus/Serafimova*, BB 2014, 2883.

und Rat gezogen, weil die Richtlinie auch die Haftung für Kartellverstöße gegen nationales Recht regelt (Art. 3 Abs. 1, Art. 2 Nr. 1 RL 2014/104/EU).[888] Kristallisationskern der Richtlinie ist die **Klage** auf Schadensersatz. Daher kombiniert sie die materiell-rechtliche Regelung der Haftung auf »vollständigen« Schadensersatz (Art. 3 Abs. 1, Art. 10 f. RL 2014/104/EU) mit umfangreichen prozessualen (Beweis-)Regeln (insbesondere: Art. 5 bis 8, Art. 9, Art. 17 Abs. 2 RL 2014/104/EU).

Eines der Hauptanliegen der Richtlinie ist die **Koordinierung von Public und Private Enforcement** (Art. 1 Abs. 2 RL 2014/104/EU) – insbesondere im Hinblick auf die Effektivität der Kronzeugenprogramme:[889] Die Befugnis des Kartellgeschädigten, **Einsicht in die Ermittlungsakten der Kommission und der nationalen Kartellbehörden** zu nehmen, erhöht angesichts der Informationsasymmetrien zwar die Erfolgsaussichten einer Klage auf Schadensersatz;[890] sie gefährdet jedoch die Effektivität hoheitlicher Kartellverfolgung, weil die Bereitschaft der Unternehmen sinkt, im Rahmen der Kronzeugenregelung mit den Kartellbehörden zu kooperieren. Daher soll die Interaktion zwischen privater und behördlicher Durchsetzung Europäischer Wettbewerbsregeln gerade in diesem Bereich optimiert werden. Die Richtlinie sieht u. a. vor, dass »die einzelstaatlichen Gerichte [grundsätzlich] … die Offenlegung von relevanten Beweismitteln durch den Beklagten oder einen Dritten … anordnen können« (Art. 5 Abs. 1 RL 2014/104/EU), legt jedoch zugleich fest, dass »die nationalen Gerichte für die Zwecke von Schadensersatzklagen zu keinem Zeitpunkt die Offenlegung von Kronzeugenerklärungen … anordnen können« (Art. 6 Abs. 6 Buchst. a RL 2014/104/EU). Diese Regelung ist auf den ersten Blick vertretbar, weil die Kartellbehörden im Interesse der **Effektivität des Public Enforcement** auf Kronzeugen angewiesen sind und Kartelle vor allem durch die Kartellbehörden und nicht durch (private) Kläger aufgedeckt werden, die in der Regel nur follow-on-Klagen erheben. Die Regelung ist jedoch nicht mit der EuGH-Rechtsprechung in Pfleiderer[891] und Donau Chemie[892] zu vereinbaren, weil sie Einsichtsrechte ohne Rücksicht auf die Interessenlage im konkreten Einzelfall kategorisch ausschließt und kein richterliches Ermessen eröffnet.[893]

2. Schadensersatzanspruch

a) Anspruchsinhaber und Anspruchsgegner

Inhaber des Schadensersatzanspruchs ist **jeder Kartellgeschädigte** (s. auch: Art. 1 Abs. 1 Satz 1, Art. 3 Abs. 1 RL 2014/104/EU) – einschließlich der Europäischen Union selbst.[894] Entsteht der EU ein Schaden, so vertritt die Kommission sie vor den Gerichten der Mitgliedstaaten (Art. 335 AEUV):[895] Die Kommission klagt gegebenenfalls im Namen der Europäischen Union auf Schadensersatz – ohne dass sie noch eigens bevollmächtigt

---

[888] Erwägungsgrund Nr. 8 RL 2014/104/EU (Fn. 25). Kritisch: *Brömmelmeyer/Jeuland/Serafimova*, La Semaine Juridique (Paris) 2015, 555.
[889] Dazu: Kommission, Mitteilung über den Erlass und die Ermäßigung von Geldbußen (Fn. 62); s. auch: Bundeskartellamt, Bonusregelung (Fn. 63).
[890] Dazu: *Willems*, WRP 2015, 818 (Mauer des Schweigens); s. auch: EuG, Urt. v. 7.7.2015, Rs. T–677/13 (Axa Versicherung), ECLI:EU:T:2015:473.
[891] EuGH, Urt. v. 14.6.2011, Rs. C–360/09 (Pfleiderer), Slg. 2011, I–5161.
[892] EuGH, Urt. v. 6.6.2013, Rs. C–536/11 (Donau Chemie), ECLI:EU:C:2013:366.
[893] Dafür in der Tendenz auch *Schweitzer*, NZKart 2014, 335 (343) (Gestaltungsspielraum überschritten); wie hier: *Makatsch/Mir*, EuZW 2015, 7 (9).
[894] EuGH, Urt. v. 6.11.2012, Rs. C–199/11 (Otis), ECLI:EU:C:2012:684, Rn. 44.
[895] EuGH, Urt. v. 6.11.2012, Rs. C–199/11 (Otis), ECLI:EU:C:2012:684, Rn. 36.

werden müsste.[896] Rechtsstaatliche Prinzipien (nemo judex in sua causa) stehen einer Klage der Kommission auch unter Berücksichtigung von Art. 6 Abs. 1 EUV i. V. m. Art. 47 GRC nicht entgegen.[897] Der **Kreis der Anspruchsberechtigten** beschränkt sich nicht auf die unmittelbare Marktgegenseite (Direktabnehmer). Die Mitgliedstaaten haben vielmehr gemäß Art. 12 Abs. 1 RL 2014/104/EU zu gewährleisten, dass »jeder Geschädigte unabhängig davon, ob er unmittelbarer oder mittelbarer Abnehmer eines Rechtsverletzers ist, Schadensersatz verlangen kann«.[898] Hinzukommt nach der EuGH-Entscheidung in der Rechtssache Kone[899] die mögliche Haftung der Kartellbeteiligten gegenüber **Kunden von Kartellaußenseitern**, soweit diese Kunden aufgrund von Preisschirm-Effekten (umbrella pricing) einen Schaden erlitten haben. Die Regelung der **Schadensabwälzung** (passing on) in Art. 12–15 RL 2014/104/EU weicht zulasten des Direktabnehmers von der bisherigen Rechtslage in der Bundesrepublik Deutschland ab, so dass die Effektivität der Haftung auf Schadensersatz und des Private Enforcement mangels hinreichenden kollektiven Rechtsschutzes eher sinken könnte.[900]

207 Der Schadensersatzanspruch richtet sich gegen die an dem Kartell beteiligten Unternehmen, die als Gesamtschuldner für den Schaden haften (Art. 11 Abs. 1 RL 2014/104/EU). Die **Privilegierung des Kronzeugen** (Absatz 4) ist angreifbar,[901] die **Privilegierung kleiner und mittlerer Unternehmen** (Absatz 2 bis 3) ist verfehlt. Der Unternehmensbegriff impliziert, dass die Konzernmutter für Kartellverstöße ihrer Tochter haftet, wenn sie einen bestimmenden Einfluss auf die Tochter ausübt (s. Rn. 49 f.), die Konzerngesellschaften also eine wirtschaftliche Einheit bilden.[902]

b) Inhalt und Umfang des Schadensersatzanspruchs

208 aa) Recht auf vollständigen Schadensersatz Der EuGH schließt unmittelbar aus Art. 101 f. AEUV i. V. m. dem Effektivitätsgrundsatz, »dass ein Geschädigter nicht nur Ersatz des Vermögensschadens (damnum emergens), sondern auch Ersatz des entgangenen Gewinns (lucrum cessans) sowie [unerlässlich][903] die Zahlung von Zinsen verlangen können muss«[904] (s. auch Art. 3 Abs. 2 RL 2014/104/EU). Dagegen führt der Effektivitätsgrundsatz nicht dazu, dass die Mitgliedstaaten eine Haftung auf Strafschadensersatz (punitive damages) einführen müssten.[905] Der EuGH ging zwar aufgrund des Äquivalenzprinzips (s. nunmehr auch: Art. 4 Satz 2 RL 2014/104/EU der Richtlinie) noch davon aus, dass ein Strafschadensersatz bei Verstößen gegen nationales Kartellrecht gegebenenfalls auch bei Verstößen gegen EU-Kartellrecht zu gewähren wäre.[906]

---

[896] EuGH, Urt. v. 6. 11. 2012, Rs. C–199/11 (Otis), ECLI:EU:C:2012:684, Rn. 36.
[897] EuGH, Urt. v. 6. 11. 2012, Rs. C–199/11 (Otis), ECLI:EU:C:2012:684, Leitsatz 2.
[898] Nach EuGH, Urt. v. 20. 9. 2001, Rs. C–453/99 (Courage vs. Crehan), Slg. 2001, I–6297, Rn. 31, steht es den Mitgliedstaaten allerdings frei, »einer Partei, die eine erhebliche Verantwortung für die Wettbewerbsverzerrung trägt«, das Recht zu verwehren, [Schadensersatz] von ihren Vertragspartnern zu verlangen; s. auch: BGHZ 190, 145 (157), Rn. 39.
[899] EuGH, Urt. v. 5. 6. 2014, Rs. C–557/12 (Kone), ECLI:EU:C:2014:1317; s. auch: *Coppin/Hancap*, WuW 2016, 50.
[900] *Schweitzer*, NZKart 2014, 335 (337 f.); *Makatsch/Mir*, EuZW 2014, 7 (12).
[901] Kritisch: *Makatsch/Mir*, EuZW 2014, 7 (11) (überzogen).
[902] *Kersting*, WuW 2014, 564 (566); s. auch: *Stauber/Schaper*, NZKart 2014, 346 (347).
[903] EuGH, Urt. v. 13. 7. 2006, verb. Rs. C–295/04–298/04 (Manfredi), Slg. 2006, I–6619, Rn. 97.
[904] EuGH, Urt. v. 13. 7. 2006, verb. Rs. C–295/04–298/04 (Manfredi), Slg. 2006, I–6619, Rn. 95 (Hervorhebung des Verf.), 100; Urt. v. 6. 6. 2013, Rs. C–536/11 (Donau Chemie), ECLI:EU:C:2013: 366, Rn. 24.
[905] EuGH, Urt. v. 13. 7. 2006, verb. Rs. C–295/04–298/04 (Manfredi), Slg. 2006, I–6619, Rn. 94.
[906] EuGH, Urt. v. 13. 7. 2006, verb. Rs. C–295/04–298/04 (Manfredi), Slg. 2006, I–6619, Rn. 93, 99.

Die Richtlinie schließt Strafschadensersatz künftig jedoch in beiden Fällen (s. Art. 1 Abs. 1 Satz 1 i. V. m. Art. 2 Nr. 1 RL 2014/104/EU) aus: Art. 3 Abs. 3 RL 2014/104/EU enthält ein eindeutiges Bereicherungsverbot und besagt ausdrücklich, dass »der vollständige [Schadens-]Ersatz … nicht zu Überkompensation führen [darf], unabhängig davon, ob es sich dabei um Strafschadensersatz, Mehrfachentschädigung oder andere Arten von Schadensersatz handelt«. Das ist auch mit der EuGH-Rechtsprechung zu Art. 101 f. AEUV zu vereinbaren.[907]

bb) Ermittlung des Schadensumfangs Die Kommission hat am 11.6.2013 eine Mitteilung zur Ermittlung des Schadensumfangs bei Schadensersatzklagen[908] sowie einen »Praktischen Leitfaden zur Ermittlung des Schadensumfangs« veröffentlicht (s auch: Art. 17 RL 2014/104/EU). Danach soll der Ersatz für den erlittenen Schaden den Geschädigten in die Lage versetzen, in der er sich befände, wenn keine Zuwiderhandlung gegen Art. 101 AEUV vorläge.[909] **209**

c) Einrede der Verjährung
Im Hinblick auf die Einrede der Verjährung hat der EuGH auf der Basis von Art. 101 f. AEUV entschieden, dass eine nationale Vorschrift, nach der die Verjährungsfrist bei einer Schadensersatzklage an dem Tage zu laufen beginnt, an dem das Kartell entstanden ist, die Geltendmachung des Schadensersatzanspruchs praktisch unmöglich machen könnte – mit der Folge, dass der Effektivitätsgrundsatz verletzt wäre.[910] Dem trägt Art. 10 Abs. 2 RL 2014/104/EU Rechnung. **210**

3. Internationale Zuständigkeit

Die **Internationale Zuständigkeit** nationaler Gerichte richtet sich nach der Verordnung (EU) Nr. 1215/2012 (Brüssel Ia).[911] Der EuGH[912] hat die Maßstäbe anhand der früheren VO (EG) Nr. 44/2001 (Brüssel I) genauer ausbuchstabiert. Danach ist **Art. 6 Nr. 1 der Verordnung (EG) Nr. 44/2001** (s. nunmehr: Art. 8 Nr. 1 VO (EU) Nr. 1215/2012 u. a. »dahin auszulegen, dass die … **Zuständigkeitskonzentration** bei einer Mehrzahl von Beklagten anwendbar ist, wenn Unternehmen, die sich örtlich und zeitlich unterschiedlich an einem in einer Entscheidung der Europäischen Kommission festgestellten einheitlichen und fortgesetzten Verstoß gegen das unionsrechtliche Kartellverbot beteiligt haben, als Gesamtschuldner auf Schadensersatz und in diesem Rahmen auf Auskunfts- **211**

---

[907] EuGH, Urt. v. 13.7.2006, verb. Rs. C–295/04–298/04 (Manfredi), Slg. 2006, I–6619, Rn. 94, mit dem Hinweis darauf, dass »das Gemeinschaftsrecht die innerstaatlichen Gerichte … nicht daran [hindert], dafür Sorge zu tragen, dass der Schutz der gemeinschaftsrechtlich gewährleisteten Rechte nicht zu einer ungerechtfertigten Bereicherung der Anspruchsberechtigten führt«.
[908] Mitteilung der Kommission zur Ermittlung des Schadensumfangs bei Schadensersatzklagen wegen Zuwiderhandlung gegen Art. 101 und 102 AEUV, ABl. 2013, C 167/19.
[909] Praktischer Leitfaden zur Ermittlung des Schadensumfangs bei Schadensersatzklagen im Zusammenhang mit Zuwiderhandlungen gegen Art. 101 oder 102 AEUV, Rn. 11, 12, http://ec.europa.eu/competition/antitrust/actionsdamages/quantification_guide_de.pdf (13.3.2016). Im Detail zur Ermittlung des Schadens: *Brömmelmeyer*, NZKart 2016, 2; *Hüschelrath/Leheyda/Müller/Veith* (Hrsg.), Schadensermittlung und Schadensersatz bei Hardcore-Kartellen, 2012; *Inderst/Thomas*, Schadensersatz bei Kartellverstößen, 2015.
[910] EuGH, Urt. v. 13.7.2006, verb. Rs. C–295/04–298/04 (Manfredi), Slg. 2006, I–6619, Rn. 77 f.
[911] Verordnung (EU) Nr. 1215/2012 des Europäischen Parlaments und des Rates v. 12.12.2012 über die gerichtliche Zuständigkeit und die Anerkennung und Vollstreckung von Entscheidungen in Zivil- und Handelssachen (Neufassung), ABl. 2012, L 351/1.
[912] EuGH, Urt. v. 21.5.2015, Rs. C–352/13 (CDC Hydrogen Peroxide), ECLI:EU:C:2015:335.

erteilung verklagt werden« (Leitsatz Nr. 1). **Art. 5 Nr. 3 der Verordnung Nr. 44/2001** (s. nunmehr: Art. 7 Nr. 2 VO (EU) Nr. 1215/2012) ist dahin auszulegen, »dass bei einer Klage, mit der von in verschiedenen Mitgliedstaaten ansässigen Beklagten Schadensersatz verlangt wird wegen eines von der Europäischen Kommission festgestellten, in mehreren Mitgliedstaaten unter unterschiedlicher örtlicher und zeitlicher Beteiligung der Beklagten begangenen einheitlichen und fortgesetzten Verstoßes gegen Art. 101 AEUV ..., das schädigende Ereignis in Bezug auf jeden einzelnen angeblichen Geschädigten eingetreten ist und jeder von ihnen entweder bei dem Gericht des Orts klagen kann, an dem das betreffende Kartell definitiv gegründet oder gegebenenfalls eine spezifische Absprache getroffen wurde, die für sich allein als das ursächliche Geschehen für den behaupteten Schaden bestimmt werden kann, oder bei dem Gericht des Orts, an dem er seinen Sitz hat« (Leitsatz Nr. 2).[913]

4. Kollektive Rechtsdurchsetzung

212   Die Frage der Effektivität der Haftung auf Schadensersatz hat auch im Europäischen Kartellrecht eine Diskussion über kollektive Rechtsdurchsetzung ausgelöst.[914] Die Richtlinie verhält sich nicht dazu. Die Kommission hat jedoch eine (als solche unverbindliche) **Empfehlung zur Einführung kollektiver Rechtsschutzverfahren** verabschiedet.[915]

III. Beseitigungs- und Unterlassungsansprüche; Vorteilsabschöpfung

213   Deutsches Recht sieht vor, dass derjenige, der »gegen Art. 101 AEUV... verstößt, ... dem Betroffenen zur **Beseitigung** und bei Wiederholungsgefahr zur **Unterlassung** verpflichtet« ist (§ 33 Abs. 1 Satz 1 GWB).[916] Der Anspruch auf Unterlassung besteht bereits dann, wenn eine Zuwiderhandlung droht (Satz 2). Betroffen ist, wer als Mitbewerber oder sonstiger Marktbeteiligter durch den Verstoß beeinträchtigt ist (Satz 3). Hat ein Unternehmen vorsätzlich oder fahrlässig gegen Art. 101 AEUV verstoßen, so kann die Kartellbehörde gemäß § 34 Abs. 1 GWB »die **Abschöpfung des wirtschaftlichen Vorteils** anordnen und dem Unternehmen die Zahlung eines entsprechenden Betrags auferlegen«; stattdessen kommt auch eine Vorteilsabschöpfung durch Verbände in Betracht (§ 34a GWB).

IV. Nichtigkeit von Vereinbarungen und Beschlüssen

214   Nach Art. 101 Abs. 2 AEUV sind Vereinbarungen oder Beschlüsse, die gegen Art. 101 AEUV verstoßen, d. h. den Tatbestand des Kartellverbots (Absatz 1), nicht aber den der Legalausnahme (Absatz 3) erfüllen, nichtig. Die **Nichtigkeitsfolge** ergibt sich unmittelbar aus Art. 101 Abs. 2 AEUV, gilt also einheitlich in allen Mitgliedstaaten. Ein Rück-

---

[913] Dazu im Einzelnen: *Stadler*, JZ 2015, 1138.
[914] *Brömmelmeyer*, in: Brömmelmeyer, Die EU-Sammelklage, 2013, S. 57, 58; grundlegend: *Bernhard*, Kartellrechtlicher Individualschutz durch Sammelklagen, 2010; *Fiedler*, Class Actions zur Durchsetzung des europäischen Kartellrechts, 2010; vgl. auch: Möschel/Bien (Hrsg.), Kartellrechtsdurchsetzung durch private Schadensersatzklagen?, 2010.
[915] Empfehlung der Kommission vom 11. 6. 2013, Gemeinsame Grundsätze für kollektive Unterlassungs- und Schadensersatzverfahren in den Mitgliedstaaten bei Verletzung von durch Unionsrecht garantierten Rechten, ABl. 2013, L 201/60.
[916] Dazu: *Keßler*, WRP 2015, 929.

griff auf nationale Vorschriften wie § 134 BGB wäre verfehlt.⁹¹⁷ Die Nichtigkeit ist **absolut**, eine gemäß Art. 101 Abs. 2 AEUV nichtige Vereinbarung erzeugt also »in den Rechtsbeziehungen zwischen den Vertragspartnern keine Wirkungen und kann Dritten nicht entgegengehalten werden«.⁹¹⁸ Die Nichtigkeit kann nicht nur, wie der EuGH (missverständlich) formuliert, **von jedem geltend gemacht werden**⁹¹⁹; sie ist vielmehr **von Amts wegen zu prüfen**.⁹²⁰ Das entspricht auch der Rechtsprechung des EuGH: Das (im konkreten Einzelfall zuständige) Gericht habe die Nichtigkeit zu beachten, sofern der Tatbestand des Art. 101 Abs. 1 AEUV erfüllt sei und die betroffene Vereinbarung die Gewährung einer Freistellung gemäß Absatz 3 nicht rechtfertigen könne.⁹²¹ Art. 101 AEUV sei der »öffentlichen Ordnung zuzurechnen … und von den nationalen Gerichten von Amts wegen« anzuwenden.⁹²²

Die Nichtigkeitsfolge tritt **unmittelbar** (ex lege) ein, setzt also keine behördliche oder richterliche Feststellung des Kartellverstoßes voraus.⁹²³ Dementsprechend ist ein Kartell **von Beginn** an unwirksam;⁹²⁴ nur ausnahmsweise kann eine Maßnahme anfangs rechtmäßig sein und später, beispielsweise aufgrund gestiegener Marktanteile der beteiligten Unternehmen, rechtswidrig werden.⁹²⁵ Der Begriff der »ex tunc«-Nichtigkeit⁹²⁶ ist irreführend, weil er an die Rückwirkung der Feststellung des Kartellverstoßes anknüpft, auf die es im Hinblick auf die Nichtigkeitsfolge gar nicht ankommt. Die Heilung einer nichtigen Kartellvereinbarung etwa dadurch, dass die Marktanteile der beteiligten Unternehmen sinken, ist mangels entsprechender Heilungsvorschriften ausgeschlossen (str.).⁹²⁷

Beinhaltet eine Unternehmensvereinbarung (oder ein Beschluss) auch andere als die mit dem Kartellverbot unvereinbaren Bestimmungen, so kommt eine **Teilnichtigkeit** in Betracht: Der EuGH hat klargestellt, dass nur diejenigen Teile einer Vereinbarung, die unter das Kartellverbot fallen, »[o]hne weiteres« nichtig sind.⁹²⁸ Die gesamte Vereinbarung sei es – nach Maßgabe Europäischen Rechts – nur dann, wenn sich diese Teile nicht von den anderen Teilen der Vereinbarung trennen ließen;⁹²⁹ im Übrigen gelte nationales

---

⁹¹⁷ Ebenso: *Schmidt*, in: Immenga/Mestmäcker, Art. 101 Abs. 2 AEUV, Rn. 2 (überflüssig und gegenstandslos); siehe auch: *Schröter/van der Hout*, in: GSH, Europäisches Unionsrecht, Art. 101 AEUV, Rn. 212 (Identität der Nichtigkeitsfolge in allen Mitgliedstaaten).
⁹¹⁸ EuGH, Urt. v. 25.11.1971, Rs. 22/71 (Béguelin), Slg. 1971, 949, Rn. 29; Urt. v. 14.12.1983, Rs. 319/82 (Société de Ventes de Ciments), Slg. 1983, 4173, Rn. 11; Urt. v. 13.7.2006, verb. Rs. C–295/04–298/04 (Manfredi), Slg. 2006, I–6619, Rn. 57.
⁹¹⁹ EuGH, Urt. v. 20.9.2001, Rs. C–453/99 (Courage vs. Crehan), Slg. 2001, I–6297, Rn. 22; Urt. v. 13.7.2006, verb. Rs. C–295/04–298/04 (Manfredi), Slg. 2006, I–6619, Rn. 57.
⁹²⁰ Ebenso: *Schmidt*, in: Immenga/Mestmäcker, Art. 101 Abs. 2 AEUV, Rn. 14.
⁹²¹ EuGH, Urt. v. 20.9.2001, Rs. C–453/99 (Courage vs. Crehan), Slg. 2001, I–6297, Rn. 22.
⁹²² EuGH, Urt. v. 4.6.2009, Rs. C–8/08 (T-Mobile Netherlands), Slg. 2009, I–4529, Rn. 49.
⁹²³ *Schmidt*, in: Immenga/Mestmäcker, Art. 101 Abs. 2 AEUV, Rn. 14; *Stockenhuber*, in: Grabitz/Hilf/Nettesheim, EU, Art. 101 AEUV (Januar 2016), Rn. 231.
⁹²⁴ Dazu auch: EuGH, Urt. v. 20.9.2001, Rs. C–453/99 (Courage vs. Crehan), Slg. 2001, I–6297, Rn. 22: »[…] erfasst diese Nichtigkeit die getroffenen Vereinbarungen oder Beschlüsse in allen ihren vergangenen oder zukünftigen Wirkungen«; ebenso: Urt. v. 13.7.2006, verb. Rs. C–295/04–298/04 (Manfredi), Slg. 2006, I–6619, Rn. 57.
⁹²⁵ *Schmidt*, in: Immenga/Mestmäcker, Art. 101 Abs. 2 AEUV, Rn. 17.
⁹²⁶ *Schröter/van der Hout*, in: GSH, Europäisches Unionsrecht, Art. 101 AEUV, Rn. 214.
⁹²⁷ Für eine Heilungsmöglichkeit: *Schmidt*, in: Immenga/Mestmäcker, Art. 101 Abs. 2 AEUV, Rn. 17; wie hier: *Füller*, in: Kölner Kommentar, Art. 101 AEUV, Rn. 426 (»endgültige Rechtsfolge«).
⁹²⁸ EuGH, Urt. v. 30.6.1966, Rs. 56/65 (LTM/MBU), Slg. 1966, 282, 304.
⁹²⁹ EuGH, Urt. v. 30.6.1966, Rs. 56/65 (LTM/MBU), Slg. 1966, 282, 304.

Recht.⁹³⁰ **Folgeverträge** mit Dritten, die als solche mit dem Kartellverbot vereinbar sind, bleiben – vorbehaltlich abweichender nationaler Rechtsvorschriften – wirksam (str.).⁹³¹ Auch die Haftung der Kartellverantwortlichen gegenüber Folgevertragspartnern (s. u.) setzt keineswegs die Nichtigkeit des Folgevertrags voraus.⁹³²

217 Ein **Bündel gleichartiger Verträge** (s. Rn. 35) ist auch im Hinblick auf die Nichtigkeitsfolge »als Ganzes zu beurteilen«:⁹³³ Art. 101 Abs. 1 AEUV lässt es insbesondere nicht zu, Einzelverträge oder Netze von Vereinbarungen so aufzuteilen, dass ein (angeblich) »nicht spürbarer« Teil (willkürlich) dem Kartellverbot entzogen wird;⁹³⁴ vielmehr sind gegebenenfalls alle Einzelverträge nichtig.

I. Konkurrenzen

218 Im **Europäischen Wettbewerbsrecht** verfolgen **Art. 101 und 102 AEUV** gemeinsam das Ziel der Errichtung eines Systems, das den Binnenmarkt vor Verfälschungen schützt (s. Protokoll Nr. 27 zum AEUV).⁹³⁵ Trotzdem handelt es sich um »voneinander unabhängige Rechtsinstrumente«.⁹³⁶ Die Bestimmungen sind nebeneinander,⁹³⁷ d. h. jeweils **autonom** anzuwenden – mit der Folge, dass auch Kartelle i. S. v. Art. 101 Abs. 1 AEUV, die gemäß Absatz 3 vom Kartellverbot freigestellt sind, einen Missbrauch i. S. v. Art. 102 AEUV darstellen können: Eine Einzel- oder Gruppenfreistellung bedeutet »keinesfalls zugleich eine Befreiung von dem [Missbrauchs-]Verbot«.⁹³⁸

219 **Europäisches Wettbewerbsrecht und Wettbewerbsrechte der Mitgliedstaaten** sind nach ständiger Rechtsprechung des EuGH parallel anwendbar, weil sie restriktive Praktiken nach unterschiedlichen Gesichtspunkten beurteilen:⁹³⁹ Während Art. 101 und 102 AEUV solche Praktiken wegen der Hemmnisse erfassen, die sie für den Handel zwischen den Mitgliedstaaten bewirken können, geht jedes der innerstaatlichen Kartellrechte von eigenen Erwägungen aus und beurteilt die Praktiken allein nach diesen.⁹⁴⁰ **Kollisionsfragen** in Fällen, in denen sowohl das Kartellverbot der EU als auch ein oder mehrere Kartellverbot(e) der Mitgliedstaaten anwendbar sind, beantwortet die Kartellverfahrensverordnung i. S. e. Vorrangs der europäischen Wettbewerbsregeln: Nationale Kartellbehörden und Gerichte sind verpflichtet immer auch das Europäische Kartellverbot anzuwenden (Art. 3 Abs. 1 Satz 1 VO (EG) Nr. 1/2003). Im Falle eines Verstoßes

---

⁹³⁰ EuGH, Urt. v. 14.12.1983, Rs. 319/82 (Société de Ventes de Ciments), Slg. 1983, 4173, Rn. 12; *Weiß*, in: Calliess/Ruffert, EUV/AEUV, Art. 101 AEUV, Rn. 147.
⁹³¹ EuGH, Urt. v. 14.12.1983, Rs. 319/82 (Société de Ventes de Ciments), Slg. 1983, 4173, Rn. 11; wie hier: *Schmidt*, in: Immenga/Mestmäcker, Art. 101 Abs. 2 AEUV, Rn. 36; *Schröter/van der Hout*, in: GSH, Europäisches Unionsrecht, Art. 101 AEUV, Rn. 228; a. A.: *Säcker*, ZWeR 2008, 348 (362).
⁹³² *Schmidt*, in: Immenga/Mestmäcker, Art. 101 Abs. 2 AEUV, Rn. 36; skeptisch: *Füller*, in: Kölner Kommentar, Art. 101 AEUV, Rn. 462 f..
⁹³³ EuG, Urt. v. 8.6.1995, Rs. T–9/93 (Schöller), Slg. 1995, II–1611, Rn. 98.
⁹³⁴ Kommission, Entscheidung v. 23.12.1992 (Schöller), ABl. 1993, L 183/1, Rn. 107; bestätigt durch: EuG, Urt. v. 8.6.1995, Rs. T–9/93 (Schöller), Slg. 1995, II–1611, Rn. 93, 95, 98.
⁹³⁵ EuG, Urt. v. 10.7.1990, Rs. T–51/89 (Tetra Pak), Slg. 1990, II–309, Rn. 22.
⁹³⁶ EuG, Urt. v. 10.7.1990, Rs. T–51/89 (Tetra Pak), Slg. 1990, II–309, Rn. 22; vertiefend: *Schröter*, in: GSH, Europäisches Unionsrecht, Art. 101 AEUV, Rn. 34–36.
⁹³⁷ EuGH, Urt. v. 11.4.1989, Rs. 66/86 (Ahmed Saeed Flugreisen), Slg. 1989, 803, Rn. 37 f.
⁹³⁸ EuG, Urt. v. 10.7.1990, Rs. T–51/89 (Tetra Pak), Slg. 1990, II–309, Rn. 25.
⁹³⁹ EuGH, Urt. v. 13.7.2006, verb. Rs. C–295/04–298/04 (Manfredi), Slg. 2006, I–6619, Rn. 38. m. w. N.
⁹⁴⁰ EuGH, Urt. v. 13.7.2006, verb. Rs. C–295/04–298/04 (Manfredi), Slg. 2006, I–6619, Rn. 38.

gegen Art. 101 AEUV ist die Maßnahme mit dem Binnenmarkt unvereinbar und verboten. Im Falle der Kompatibilität der Maßnahme mit Art. 101 AEUV gilt die Konvergenzregel: Die Anwendung des einzelstaatlichen Wettbewerbsrechts darf nicht zum Verbot von Maßnahmen führen, welche den Handel zwischen den Mitgliedstaaten zu beeinträchtigen geeignet sind, aber den Wettbewerb im Sinne von Art. 101 Abs. 1 AEUV nicht einschränken oder die Bedingungen des Absatzes 3 erfüllen oder durch eine Verordnung zur Anwendung von Absatz 3 erfasst werden (Art. 3 Abs. 2 Satz 1 VO (EG) Nr. 1/2003).

Artikel 102 AEUV [Missbrauch]

Mit dem Binnenmarkt unvereinbar und verboten ist die missbräuchliche Ausnutzung einer beherrschenden Stellung auf dem Binnenmarkt oder auf einem wesentlichen Teil desselben durch ein oder mehrere Unternehmen, soweit dies dazu führen kann, den Handel zwischen Mitgliedstaaten zu beeinträchtigen.

Dieser Missbrauch kann insbesondere in Folgendem bestehen:
a) der unmittelbaren oder mittelbaren Erzwingung von unangemessenen Einkaufs- oder Verkaufspreisen oder sonstigen Geschäftsbedingungen;
b) der Einschränkung der Erzeugung, des Absatzes oder der technischen Entwicklung zum Schaden der Verbraucher;
c) der Anwendung unterschiedlicher Bedingungen bei gleichwertigen Leistungen gegenüber Handelspartnern, wodurch diese im Wettbewerb benachteiligt werden;
d) der an den Abschluss von Verträgen geknüpften Bedingung, dass die Vertragspartner zusätzliche Leistungen annehmen, die weder sachlich noch nach Handelsbrauch in Beziehung zum Vertragsgegenstand stehen.

Literaturübersicht

Bechthold/Bosch/Brinker, EU-Kartellrecht, Kommentar, 3. Aufl., 2014; *Busche/Röhling* (Hrsg.), Kölner Kommentar zum Kartellrecht, Bd. 3, Art. 101–106 AEUV, Gruppenfreistellungsverordnungen, 2016; Bd. 4, Verordnung Nr. 1/2003, Fusionskontrollverordnung, 2013; *Faull/Nikpay* (Hrsg.), The EU Law of Competition, Oxford, 3. Aufl., 2014; *Immenga/Mestmäcker*, Band 1. EU/Teil 1, Kommentar zum Europäischen Kartellrecht, 5. Aufl., 2012; *Jaeger/Kokott/Pohlmann/Schroeder* (Hrsg.), Frankfurter Kommentar zum Kartellrecht, Loseblattsammlung; *Langen/Bunte* (Hrsg.), Kartellrecht Kommentar, Bd. 2 Europäisches Kartellrecht, 12. Aufl., 2014; *Loewenheim/Meessen/Riesenkampff/Kersting/Meyer-Lindemann* (Hrsg.), Kartellrecht, 3. Aufl., 2016; *Mestmäcker/Schweitzer*, Europäisches Wettbewerbsrecht, 3. Aufl., 2014; Münchener Kommentar, Europäisches und Deutsches Wettbewerbsrecht (Kartellrecht), Bd. 1, Europäisches Wettbewerbsrecht, 2. Aufl., 2015.

Leitentscheidungen

EuGH, Urt. v. 9.11.1983, Rs. 322/81 (Michelin), Slg. 1984, 3461 **(zur Marktabgrenzung)**
EuGH, Urt. v. 14.2.1978, Rs. 27/76 (United Brands), Slg. 1978, 207 **(zur Marktbeherrschung)**
EuGH, Urt. v. 13.2.1979, Rs. 85/76 (Hoffmann-La Roche), Slg. 1979, 461 **(zum Missbrauchsbegriff)**
EuGH, Urt. v. 15.3.2007, Rs. C–95/04 P (British Airways), Slg. 2007, I–2331; EuGH, Urt. v. 27.3.2012, Rs. C–209/10 (Post Danmark I), ECLI:EU:C:2012:172; EuGH, Urt. v. 6.10.2015, Rs. C–23/14 (Post Danmark II), ECLI:EU:C:2015:651 **(zu Rabattsystemen)**
EuG, Urt. v. 17.9.2007, Rs. T–201/04 (Microsoft I), Slg. 2007, II–3601 **(zur Kopplung)**
EuGH, Urt. v. 3.7.1991, Rs. C–62/86 (AKZO/Kommission), Slg. 1991, I–3359; EuGH, Urt. v. 14.11.1996, Rs. C–333/94 P (Tetra Pak), Slg. 1996, I–5951 **(zu Kampfpreisen)**
EuGH, Urt. v. 29.4.2004, Rs. C–418/01 (IMS Health), Slg. 2004, I–5039; EuG, Urt. v. 27.6.2012, Rs. T–167/08 (Microsoft II), ECLI:EU:T:2012:323 **(zur Geschäftsverweigerung)**
EuGH, Urt. v. 17.2.2011, Rs. C–52/09 (TeliaSonera), Slg. 2011, I–527 **(zur Beschneidung von Margen)**

Inhaltsübersicht

	Rn.
A. Grundlagen	1
I. Das Missbrauchsverbot im Europäischen Kartellrechtssystem	1
II. Begriff und Funktion des Missbrauchsverbots	4
III. Normstruktur	8
IV. Methodik und More Economic Approach	13
V. Durchsetzung	18

B. Anwendungsbereich	20
I. Sachlicher Anwendungsbereich	20
II. Räumlicher Anwendungsbereich	21
1. Auswirkung auf dem Binnenmarkt	22
2. Mögliche Beeinträchtigung des Handels zwischen den Mitgliedstaaten	23
3. Spürbarkeit	26
C. Regelungsadressaten	27
I. Unternehmen	27
II. Mitgliedstaaten	30
D. Marktabgrenzung	32
I. Grundlagen	32
II. Sachliche Marktabgrenzung	33
1. Nachfragesubstitution	33
a) Bedarfsmarktkonzept	33
b) Kreuz-Preis-Elastizität der Nachfrage	36
2. Angebotssubstitution und Besonderheiten der Marktstruktur	38
III. Räumliche Marktabgrenzung	41
IV. Zeitliche Marktabgrenzung	42
E. Marktbeherrschung	43
I. Begriff	43
1. Produktangebot oder Nachfrage	44
2. Individuelle oder kollektive Marktbeherrschung	45
II. Indikatoren für eine marktbeherrschende Stellung	48
1. Marktstruktur	49
a) Monopole	49
b) Relevante Marktanteile	50
c) Potentieller Wettbewerb	52
2. Unternehmensmerkmale	53
3. Marktverhalten	55
III. Räumliche Relevanz der Marktbeherrschung (»auf dem Binnenmarkt oder auf einem wesentlichen Teil desselben«)	56
F. Missbrauch der marktbeherrschenden Stellung	57
I. Grundlagen	57
1. Begriff und Erscheinungsformen des Missbrauchs	57
a) Begriff	57
b) Erscheinungsformen	60
2. Konkrete Beeinträchtigung des Wettbewerbs?	63
3. Konkrete Beeinträchtigung der Konsumentenwohlfahrt?	64
4. Kausalität zwischen Marktbeherrschung und Missbrauch?	65
5. Berücksichtigung der Missbrauchsabsicht?	67
6. Rechtfertigung gegen Missbrauchsvorwürfe	69
II. Regelbeispiele	71
1. Preis- und Konditionenmissbrauch	72
2. Einschränkung der Erzeugung, des Absatzes oder der technischen Entwicklung	76
3. Diskriminierung	78
4. Kopplung	83
III. Fallgruppen	84
1. Ausschließlichkeitsbindungen	86
2. Rabattsysteme	89
a) Missbrauch	89
aa) Mengenrabatte	90
bb) Treuerabatte	91
cc) Sonstige Rabatte	93
b) Rechtfertigung des Missbrauchs	95
c) Rabatte in der Prioritätenmitteilung der Kommission	97
3. Kopplung und Bündelung	99
a) Kopplung gesonderter Produkte	104
b) Marktbeherrschung auf dem Kopplungsmarkt	105

	c)	Kein isolierter Bezug des Kopplungsprodukts	106
	d)	Ungerechtfertigte Beschränkung des Wettbewerbs	107
4.		Kampfpreise	109
5.		Geschäftsverweigerung	114
	a)	Begriff und Erscheinungsformen	114
	b)	Legitimation der Geschäftspflicht	117
	c)	Voraussetzung der Geschäftspflicht	118
		aa) Lizenzpflicht bei Immaterialgüterrechten	120
		bb) Geschäftspflicht bei sonstigen Produkten, Infrastrukturen und Immaterialgütern	125
6.		Beschneidung von Margen	128
G. Rechtsfolgen			132
I. Öffentlich-rechtliche Rechtsfolgen			133
II. Privatrechtliche Rechtsfolgen			136
H. Konkurrenzen			137
I. Kartellverbot (Art. 101 AEUV)			137
II. Fusionskontrollverordnung			138

A. Grundlagen

I. Das Missbrauchsverbot im Europäischen Kartellrechtssystem

1 Das **Kartellrechtssystem der Europäischen Union** ist Kernbaustein der Europäischen Wirtschaftsverfassung[1] und beruht i. S. eines Tempelmodells auf drei Säulen, nämlich auf dem Kartell- (Art. 101 AEUV) und dem (parallel anwendbaren)[2] Missbrauchsverbot (Art. 102 AEUV) sowie auf der Fusionskontrolle: Das **Kartellverbot** (Art. 101 Abs. 1 AEUV) besagt, dass (horizontale) Kartelle und vertikale Wettbewerbsbeschränkungen – vorbehaltlich einer Freistellung (Absatz 3) – verboten sind. Das **Missbrauchsverbot** (Art. 102 AEUV) untersagt den einseitigen Missbrauch einer beherrschenden Stellung auf dem Binnenmarkt oder einem wesentlichen Teil desselben und schützt vor allem den Restwettbewerb vor den Risiken, die die Konzentration von Marktmacht in den Händen einzelner Unternehmen mit sich bringt.[3] Dementsprechend erfasst der Begriff des Missbrauchs Verhaltensweisen, die die Struktur eines Marktes beeinflussen können, auf dem der Wettbewerb »gerade wegen der Anwesenheit eines Unternehmens in marktbeherrschender Stellung bereits geschwächt ist, und die die Aufrechterhaltung des auf dem Markt noch bestehenden Wettbewerbs oder dessen Entwicklung behindern«.[4] Im Rahmen der **Fusionskontrolle** ist anhand der Fusionskontrollverordnung (EG) Nr. 139/2004[5] zu prüfen, ob ein Unternehmenszusammenschluss von gemeinschaftsweiter Bedeutung (Art. 1 Abs. 1–3 VO (EG) Nr. 139/2004) den wirksamen Wettbewerb im Gemeinsamen Markt oder in einem wesentlichen Teil desselben erheblich behindern würde (Art. 2 Abs. 3 VO (EG) Nr. 139/2004). Das ist vor allem dann der Fall, wenn die

---

[1] Im Detail: Art. 101 AEUV, Rn. 1 ff.
[2] EuGH, Urt. v. 16.3.2000, verb. Rs. C–395/96 P u. C–396/96 P (Compagnie maritime belge), Slg. 2000, I–1365, Rn. 33. Im Einzelnen: Rn. 137.
[3] Ebenso: *Eilmansberger*, EnzEuR, Bd. 4, § 9, Rn. 2.
[4] EuGH, Urt. v. 6.10.2015, Rs. C–23/14 (Post Danmark II), ECLI:EU:C:2015:651, Rn. 26 (in Bezug auf Rabattsysteme). Entgegen *Khan*, in: Geiger/Khan/Kotzur, EUV/AEUV, Art. 102 Rn. 1, geht es in Art. 102 (primär) um Freiheits-, nicht um Fairnesskategorien.
[5] VO (EG) Nr. 139/2004 vom 20.1.2004 über die Kontrolle von Unternehmenszusammenschlüssen (»EG-Fusionskontrollverordnung«), ABl. 2004, L 24/1.

Fusion (Art. 3 Abs. 1 Buchst. a VO (EG) Nr. 139/2004) bzw. der Kontrollerwerb (Buchstabe b) eine marktbeherrschende Stellung begründen oder verstärken würde. Die Fusionskontrolle verhindert auf dieser Basis die Entstehung von Marktmacht durch externes, nicht aber durch internes Wachstum. Der Missbrauchstatbestand (Art. 102 AEUV) ist unter dem Gesichtspunkt des **Marktstrukturmissbrauchs** auch auf Fusionen anwendbar,[6] spielt in diesem Kontext jedoch nur eine sehr untergeordnete Rolle.

Das Missbrauchs- schützt genau wie das Kartellverbot die **Funktionsfähigkeit der Märkte**, d. h. den Wettbewerb als Prozess.[7] Die Kommission orientiert sich zwar auf der Basis des More Economic Approach[8] mehr noch als im Rahmen von Art. 101 AEUV an der Konsumentenwohlfahrt; sie betont jedoch selbst, dass gerade der Wettbewerb »den Verbrauchern in Form niedrigerer Preise, höherer [Produkt-]Qualität und eines größeren Angebots ... zugute« komme.[9] Deshalb werde die Kommission darauf achten, dass die Märkte reibungslos funktionierten und die Verbraucher von der Effizienz und Produktivität profitierten, die ein wirksamer Wettbewerb zwischen Unternehmen hervorbringe.[10] Klarzustellen ist jedoch, dass die Kommission die Marktstruktur als solche, d. h. auch die Marktmacht einzelner Unternehmen hinnehmen muss; sie kann nur den **Restwettbewerb** schützen und Maßnahmen ergreifen, um eine unkontrollierte, nämlich nicht durch funktionsfähigen Wettbewerb begrenzte Machtentfaltung des Marktbeherrschers in bestimmten Fallkonstellationen zu verhindern.[11]

2

Die Feststellung, dass Art. 102 AEUV in erster Linie dem **Schutz des (Rest-)Wettbewerbs** dient, bedeutet nicht, dass sich der Missbrauchstatbestand auf einen reinen Institutionenschutz beschränkt und keine subjektiven Rechte verbürgt: Art. 102 AEUV dient auch dem **Schutz der Konkurrenten** als notwendige Träger des Restwettbewerbs[12] – ohne dass es im konkreten Einzelfall darauf ankäme, ob die Konkurrenten ebenso effiziente Wettbewerber wären wie der Marktbeherrscher.[13] Institutionen- und Individualschutz sind insoweit untrennbar miteinander verknüpft und lassen sich nicht gegeneinander ausspielen.[14] Daneben dient das Missbrauchsverbot auch dem **Schutz der Marktgegenseite**, d. h. dem Schutz der Verbraucher und dem Schutz der Handelspartner davor, dass der Marktbeherrscher seine überlegene Marktmacht unmittelbar oder mittelbar zu ihren Lasten missbraucht und (insbesondere als unumgänglicher Handelspartner) unangemessene Ein- oder Verkaufspreise erzwingt (s. Art. 102 Abs. 1 Buchst. a AEUV).[15] Dogmatisch gesehen ist insbesondere die Haftung des Marktbeherrschers auf

3

---

[6] *Jung*, in: Grabitz/Hilf/Nettesheim, EU, Art. 102 AEUV (Januar 2016), Rn. 10, 325–339; ausführlicher: Rn. 62.

[7] Mitteilung der Kommission – Erläuterungen zu den Prioritäten der Kommission bei der Anwendung von Art. 82 des EG-Vertrags auf Fälle von Behinderungsmissbrauch durch marktbeherrschende Unternehmen (sog. Prioritätenmitteilung), ABl. 2009, C 45/7, Rn. 6; vgl. auch: *Jung*, in: Grabitz/Hilf/Nettesheim, EU, Art. 102 AEUV (Januar 2016), Rn. 10; *Schröter/Bartl*, in: GSH, Europäisches Unionsrecht, Art. 102 AEUV, Rn. 24.

[8] Im Detail: Rn. 13–17.

[9] Kommission, Prioritätenmitteilung (Fn. 7), Rn. 5.

[10] Kommission, Prioritätenmitteilung (Fn. 7), Rn. 5.

[11] Ähnlich: *Jung*, in: Grabitz/Hilf/Nettesheim, EU, Art. 102 AEUV (Januar 2016), Rn. 9.

[12] *Bulst*, in: Langen/Bunte, Art. 102 AEUV, Rn. 10; *Fuchs/Möschel*, in: Immenga/Mestmäcker, Art. 102 AEUV, Rn. 5; *Schröter/Bartl*, in: GSH, Europäisches Unionsrecht, Art. 102 AEUV, Rn. 24.

[13] *Schröter/Bartl*, in: GSH, Europäisches Unionsrecht, Art. 102 AEUV, Rn. 24; Kommission, Prioritätenmitteilung (Fn. 7), Rn. 24, mit der Feststellung, »dass auch ein weniger leistungsfähiger Wettbewerber unter bestimmten Umständen einen gewissen Wettbewerbsdruck ausüben kann«.

[14] *Schröter/Bartl*, in: GSH, Europäisches Unionsrecht, Art. 102 AEUV, Rn. 24.

[15] *Fuchs/Möschel*, in: Immenga/Mestmäcker, Art. 102 AEUV, Rn. 4; *Jung*, in: Grabitz/Hilf/Net-

Schadensersatz (s. Art. 3 Abs. 1 der Richtlinie 2014/104/EU) nur mit dem Schutz subjektiver, unmittelbar aus Art. 102 AEUV abzuleitender Rechte der Mitbewerber und der Marktgegenseite zu erklären.[16]

II. Begriff und Funktion des Missbrauchsverbots

4   Mit dem Missbrauchsverbot stellt die Europäische Union **besondere Regeln** für marktbeherrschende Unternehmen auf. Die Marktbeherrschung nimmt den Unternehmen zwar nicht das Recht, eigene geschäftliche Interessen zu wahren, wenn diese bedroht sind.[17] Ein Marktverhalten ist jedoch unzulässig, wenn es gerade auf eine Verstärkung der beherrschenden Stellung und deren Missbrauch abzielt.[18] Das Gericht entnimmt »aus der Natur der in [Art. 102 AEUV] ... verankerten Pflichten«, dass den »Unternehmen in beherrschender Stellung unter besonderen Umständen das Recht zu bestimmten Verhaltensweisen oder Maßnahmen abzusprechen ist, die für sich genommen nicht missbräuchlich« sind und nicht zu beanstanden wären, wenn sie von nicht-beherrschenden Unternehmen an den Tag gelegt oder vorgenommen würden.[19] Diese **Diskriminierung** begründet der EuGH damit, dass »das Unternehmen, das eine beherrschende Stellung innehat, eine besondere Verantwortung dafür [trägt], dass es durch sein Verhalten einen wirksamen und unverfälschten Wettbewerb auf dem Gemeinsamen Markt nicht beeinträchtigt«.[20] Diese **spezifische Bürde für marktbeherrschende Unternehmen** ist angesichts des **öffentlichen Interesses an der Kontrolle wirtschaftlicher Macht**[21] **und an Existenz und Funktionsfähigkeit des (Rest-)Wettbewerbs** gerechtfertigt.[22]

5   Trotz der Erkenntnis, dass die Funktionsfähigkeit des Wettbewerbs bereits durch wirtschaftliche Macht als solche gefährdet wird, wendet sich Art. 102 AEUV nicht gegen die Marktbeherrschung an sich, sondern nur gegen ihren Missbrauch.[23] **Das Missbrauchs-**

---

tesheim, EU, Art. 102 AEUV (Januar 2016), Rn. 7; zum Schutz der Verbraucher: *Brand*, in Frankfurter Kommentar, Art. 102 AEUV, Rn. 144.

[16] Erwägungsgrund Nr. 3 der Richtlinie 2014/104/EU des Europäischen Parlaments und des Rates v. 26.11.2014 über bestimmte Vorschriften für Schadensersatzklagen nach nationalem Recht wegen Zuwiderhandlungen gegen wettbewerbsrechtliche Bestimmungen der Mitgliedstaaten und der Europäischen Union, ABl. 2014, L 349/1.

[17] EuG, Urt. v. 30.1.2007, Rs. T–340/03 (France Télécom/Kommission), Slg. 2007, II–107, Rn. 185; EuGH, Urt. v. 14.2.1978, Rs. 27/76 (United Brands), Slg. 1978, 207, Rn. 184/194; EuG, Urt. v. 1.4.1993, Rs. T–65/89 (BPB Industries und British Gypsum/Kommission), Slg. 1993, II–389, Rn. 117.

[18] EuG, Urt. v. 30.1.2007, T–340/03 (France Télécom/Kommission), Slg. 2007, II–107, Rn. 185; EuGH, Urt. v. 14.2.1978, Rs. 27/76 (United Brands), Slg. 1978, 207; Rn. 184/194; EuG, Urt. v. 1.4.1993, Rs. T–65/89 (BPB Industries und British Gypsum/Kommission), Slg. 1993, II–389, Rn. 117.

[19] EuG, Urt. v. 17.7.1998, Rs. T–111/96 (ITT Promedia/Kommission), Slg. 1998, II–2937, Rn. 139; Urt. v. 9.9.2009, Rs. T–301/04 (Clearstream/Kommission), Slg. 2009, II–3155, Rn. 133; Urt. v. 30.1.2007, T–340/03 (France Télécom/Kommission), Slg. 2007, II–107, Rn. 186.

[20] EuGH, Urt. v. 27.3.2012, Rs. C–209/10 (Post Danmark I), ECLI:EU:C:2012:172, Rn. 23; Urt. v. 6.10.2015, Rs. C–23/14 (Post Danmark II), ECLI:EU:C:2015:651, Rn. 71; Urt. v. 2.4.2009, Rs. C–202/07 P (France Télécom/Kommission), Slg. 2009, I–2369, Rn. 105 m.w.N.; s. auch: EuG, Urt. v. 9.9.2009, Rs. T–301/04 (Clearstream/Kommission), Slg. 2009, II–3155, Rn. 132; BGHZ 176, 1, Rn. 37.

[21] *Schröter/Bartl*, in: GSH, Europäisches Unionsrecht, Art. 102 AEUV, Rn. 20.

[22] Dazu auch *Schröter/Bartl*, in: GSH, Europäisches Unionsrecht, Art. 102 AEUV, Rn. 22, die in Art. 102 AEUV »kein Instrument zur Gewährleistung eines funktionsfähigen Wettbewerbs« sehen, damit aber (nach dem Eindruck des Verf.) nur hervorheben wollen, dass Art. 102 AEUV Marktmacht hinnimmt, statt sie i.S. eines wirklich funktionsfähigen Wettbewerbs zu beseitigen.

[23] *Schröter/Bartl*, in: GSH, Europäisches Unionsrecht, Art. 102 AEUV, Rn. 18 ff.; s. auch: *Mest-*

ist kein Monopolisierungsverbot. Der EuGH geht vielmehr davon aus, dass »die Feststellung, dass eine beherrschende Stellung gegeben ist, für sich allein keinen Vorwurf gegenüber dem betreffenden Unternehmen« beinhaltet.[24] Art. 102 AEUV solle keineswegs verhindern, dass ein Unternehmen auf einem Markt aus eigener Kraft eine beherrschende Stellung einnehme.[25] Müsste ein erfolgreiches Unternehmen mit innovativen, auf die Präferenzen der Marktgegenseite abgestimmten Produkten und mit dem besten Preis-/Leistungsverhältnis damit rechnen, dass dieser unternehmerische Erfolg staatliche Repressionen auslöst, so ginge in der Tat eine wesentliche Triebkraft des Leistungswettbewerbs verloren.

Das **U.S.-amerikanische Kartellrecht** setzt bereits beim Erwerb von Marktmacht (Monopolizing) an. Der U.S. Supreme Court[26] hat jedoch in der Rechtssache *Trinko* im Hinblick auf § 2 Sherman Act, 15 U.S.C. klargestellt, dass auch der Tatbestand des Monopolizing ein Missbrauchselement erfordert: »The mere possession of monopoly power, and the concomitant charging of monopoly prices, is not only not unlawful; it is an important element of the free market system. … To safeguard the incentive to innovate, the possession of monopoly power will not be found unlawful unless it is accompanied by an element of anticompetitive conduct.« Im Einzelnen bestehen erhebliche Unterschiede zwischen den Missbrauchstatbeständen,[27] wie beispielsweise der Dissens zwischen U.S.-Supreme Court[28] und EuGH[29] im Hinblick auf die Beschneidung von Margen (margin squeeze) zeigt.[30]

Art. 102 AEUV verbürgt **keinen Bestandsschutz für erfolglose Unternehmen**, gewährleistet also nicht, »dass sich Wettbewerber, die weniger effizient als das Unternehmen in beherrschender Stellung sind, weiterhin auf dem Markt halten« (EuGH).[31] Daher wird der Wettbewerb auch nicht unbedingt durch jede Verdrängungswirkung verzerrt.[32] Leistungswettbewerb kann definitionsgemäß dazu führen, dass Wettbewerber, die weniger leistungsfähig und daher für die Verbraucher im Hinblick insbesondere auf Preise, Auswahl, Qualität und Innovation weniger interessant sind, vom Markt verschwinden oder bedeutungslos werden.[33] Das liegt in der Logik der Marktwirtschaft. Soziale Markt-

---

mäcker, Zum Begriff des Missbrauchs in Art. 86 des Vertrags über die Europäische Gemeinschaft, FS Raisch 1995, S. 441, 445; s. aber: *Jung*, in: Grabitz/Hilf/Nettesheim, EU, Art. 102 AEUV (Januar 2016), Rn. 8, mit der These, dass sich Art. 102 AEUV »nicht auf eine bloße Verhaltenskontrolle« beschränke, sondern »der Beherrschungsintensität äußerste Grenzen« ziehe.

[24] EuGH, Urt. v. 27.3.2012, Rs. C–209/10 (Post Danmark I), ECLI:EU:C:2012:172, Rn. 21; Urt. v. 6.12.2012, Rs. C–457/10 P (Astra Zeneca), ECLI:EU:C:2012:770, Rn. 188; Urt. v. 9.11.1983, Rs. 322/81 (Michelin), Slg. 1984, 3461, Rn. 57 und Urt. v. 16.3.2000, verb. Rs. C–395/96 P u. C–396/96 P (Compagnie maritime belge), Slg. 2000, I–1365, Rn. 37.

[25] EuGH, Urt. v. 27.3.2012, Rs. C–209/10 (Post Danmark I), ECLI:EU:C:2012:172, Rn. 21; Urt. v. 17.2.2011, Rs. C–52/09 (TeliaSonera), Slg. 2011, I–527, Rn. 24.

[26] U.S.-Supreme Court, *Verizon Communications, Inc. v Law Offices of Curtis V. Trinko*, 540 US 398 (2004). Dazu aus dem Blickwinkel der EU: *Geradin*, CMLRev. 41 (2004), S. 1519.

[27] *Kim/Hutton*, Cowboys or Gentlemen? – Approaches of the US and EC to Unilateral Conduct, p. 1, 15 ff., http://www.wilmerhale.com/uploadedFiles/WilmerHale_Shared_Content/Files/Editorial/Publication/Cowboys_or_Gentlemen.pdf (6.4.2016).

[28] U.S.-Supreme Court, Pacific Bell Tel. Co. v. linkLine Inc., No. 7–512, S. Ct. (2009).

[29] EuGH, Urt. v. 17.2.2011, Rs. C–52/09 (TeliaSonera), Slg. 2011, I–527.

[30] Dazu bereits: *Zöttl*, RIW 2009, 445; s. Rn. 128 ff.

[31] EuGH, Urt. v. 27.3.2012, Rs. C–209/10 (Post Danmark I), ECLI:EU:C:2012:172, Rn. 21.

[32] EuGH, Urt. v. 27.3.2012, Rs. C–209/10 (Post Danmark I), ECLI:EU:C:2012:172, Rn. 22; Urt. v. 17.2.2011, Rs. C–52/09 (TeliaSonera), Slg. 2011, I–527, Rn. 43.

[33] EuGH, Urt. v. 27.3.2012, Rs. C–209/10 (Post Danmark I), ECLI:EU:C:2012:172, Rn. 22. Ebenso: Kommission, Prioritätenmitteilung (Fn. 7), Rn. 6.

wirtschaft (Art. 3 Abs. 3 EUV) bedeutet in diesem Kontext nur, dass die mit der Insolvenz eines Unternehmens u. U. verbundenen sozialen Härten abgefedert werden, nicht aber, dass die Insolvenz als solche mithilfe der Europäischen Wettbewerbsregeln verhindert würde.

III. Normstruktur

8   Der **Tatbestand des Art. 102 AEUV** besteht aus einem allgemein gefassten Missbrauchsverbot (Absatz 1) und aus Regelbeispielen (Absatz 2), die den Missbrauch konkretisieren. Der **Begriff des Missbrauchs** ist objektiv zu verstehen,[34] ein Missbrauch kann also »ohne jedes Verschulden« vorliegen.[35] Der Katalog der **Regelbeispiele** (Absatz 2) ist nicht abschließend.[36] Die Regelbeispiele selbst überschneiden sich, so dass im konkreten Einzelfall mehrere Regelbeispiele zugleich verwirklicht sein können. Die Praxis orientiert sich meist nicht an den Regelbeispielen, sondern an Fallgruppen.[37]

9   Das Missbrauchsverbot knüpft anders als das Kartellverbot nicht an das Tatbestandsmerkmal der »Beschränkung des Wettbewerbs« an. Es ist jedoch davon auszugehen, dass ein gemäß Art. 102 AEUV missbilligtes Marktverhalten bereits als solches zu einer Beeinträchtigung des unverfälschten Wettbewerbs (s. Protokoll Nr. 27 zum AEUV) führt. Eine Beschränkung auf »spürbare Beschränkungen des Wettbewerbs« kennt das Missbrauchs- anders als das Kartellverbot nicht: Da der Markt durch die Präsenz des beherrschenden Unternehmens bereits in seiner Wettbewerbsstruktur geschwächt ist, kann jede zusätzliche Beschränkung dieser Wettbewerbsstruktur eine missbräuchliche Ausnutzung einer beherrschenden Stellung darstellen.[38] Daher erschien es dem EuGH »nicht angezeigt, eine **Spürbarkeits- oder De-minimis-Schwelle** festzulegen, um die missbräuchliche Ausnutzung einer beherrschenden Stellung festzustellen«.[39]

10 Eine **Freistellung vom Missbrauchsverbot** ist nicht vorgesehen. Der Missbrauch ist »schlichtweg verboten« (EuGH).[40] Ein Marktbeherrscher kann sich jedoch für ein angeblich missbräuchliches Marktverhalten **rechtfertigen**:[41] Er kann insbesondere den Nachweis erbringen, dass entweder sein Verhalten objektiv notwendig ist[42] oder dass die dadurch hervorgerufene Verdrängungswirkung durch Effizienzvorteile ausgeglichen oder sogar übertroffen werden kann, die auch dem Verbraucher zugute kommen.[43]

11 Im Hinblick auf die **Prüfungsreihenfolge** gilt unter Berücksichtigung des Marktmacht-Konzepts (s. Rn. 32) folgendes: Ist Art. 102 AEUV anwendbar, so ist als erstes der

---

[34] EuGH, Urt. v. 13.2.1979, Rs. 85/76 (Hoffmann-La Roche), Slg. 1979, 461, Rn. 91; Urt. v. 16.7.2015, Rs. C–170/13 (Huawei Technologies), ECLI:EU:C:2015:477, Rn. 45.
[35] EuG, Urt. v. 9.9.2009, Rs. T–301/04 (Clearstream/Kommission), Slg. 2009, II–3155, Rn. 141.
[36] EuGH, Urt. v. 17.2.2011, Rs. C–52/09 (TeliaSonera), Slg. 2011, I–527, Rn. 26 m.w.N.
[37] Im Einzelnen: Rn. 71 ff., 81 ff.
[38] EuGH, Urt. v. 6.10.2015, Rs. C–23/14 (Post Danmark II), ECLI:EU:C:2015:651, Rn. 72.
[39] EuGH, Urt. v. 6.10.2015, Rs. C–23/14 (Post Danmark II), ECLI:EU:C:2015:651, Rn. 73.
[40] EuGH, Urt. v. 11.4.1989, Rs. 66/86 (Ahmed Saeed Flugreisen), Slg. 1989, 803, Rn. 32.
[41] EuGH, Urt. v. 27.3.2012, Rs. C–209/10 (Post Danmark I), ECLI:EU:C:2012:172, Rn. 40; Urt. v. 14.2.1978, Rs. 27/76 (United Brands), Slg. 1978, 207, Rn. 184/194; Urt. v. 6.4.1995, verb. Rs. C–241/91 P u. C–242/91 P (RTE), Slg. 1995, I–743, Rn. 54 f.; Urt. v. 17.2.2011, Rs. C–52/09 (TeliaSonera), Slg. 2011, I–527, Rn. 76; Einzelheiten: Rn. 69 f., 95 f.
[42] EuGH, Urt. v. 27.3.2012, Rs. C–209/10 (Post Danmark I), ECLI:EU:C:2012:172, Rn. 41; Urt. v. 3.10.1985, Rs. 311/84 (CBEM), Slg. 1985, 3261, Rn. 26.
[43] EuGH, Urt. v. 27.3.2012, Rs. C–209/10 (Post Danmark I), ECLI:EU:C:2012:172, Rn. 41; Urt. v. 15.3.2007, Rs. C–95/04 P (British Airways), Slg. 2007, I–2331, Rn. 86; Urt. v. 17.2.2011, Rs. C–52/09 (TeliaSonera), Slg. 2011, I–527, Rn. 76. Im Detail: Rn. 17, 69 f., 95 f.

relevante Markt (sachlich, räumlich und zeitlich) abzugrenzen. Anschließend ist zu prüfen, ob sich das betroffene Unternehmen auf diesem Markt in einer beherrschenden Stellung befindet und ob es diese Stellung missbraucht hat.[44] Die **Prüfungsmerkmale** sind interdependent: Je enger der Markt abgegrenzt wird, umso eher ist eine marktbeherrschende Stellung anzunehmen.[45] Je größer die Marktmacht, desto größer ist die (Mit-)Verantwortung für die Funktionsfähigkeit des Marktes und den Restwettbewerb. Marktbeherrschende Stellung und Missbrauch sind funktional, aber nicht kausal aufeinander bezogen (s. Rn. 65). Im Regelfall fehlt der erforderliche Bezug, wenn sich ein Verhalten auf einem von dem beherrschten Markt verschiedenen Markt dort auswirkt:[46] Handelt es sich um verbundene Märkte, so können besondere Umstände, die ein von den Marktkräften auf dem nicht-beherrschten Markt unabhängiges Marktverhalten erlauben, jedoch eine Anwendung von Art. 102 AEUV auf ein Verhalten rechtfertigen, das auf dem verbundenen (nicht-beherrschten) Markt festgestellt wurde und sich (nur) dort auswirkt.[47]

12 Das Missbrauchsverbot ist **unmittelbar anwendbar**: Der EuGH[48] geht davon aus, dass Art. 101 f. AEUV »in den Beziehungen zwischen Einzelnen unmittelbare Wirkungen erzeugen und unmittelbar in deren Person Rechte entstehen lassen, die die Gerichte der Mitgliedstaaten zu wahren haben«.

IV. Methodik und More Economic Approach

13 Der EuGH legt Art. 102 AEUV im Lichte von Art. 3 Abs. 3 EUV aus, »wonach die Europäische Union einen Binnenmarkt errichtet, der gemäß ... Protokoll Nr. 27 über den Binnenmarkt und den Wettbewerb ... ein **System** umfasst, **das den Wettbewerb vor Verfälschungen schützt**«.[49] Er berücksichtigt außerdem, dass Art. 102 AEUV zu den Wettbewerbsregeln i. S. v. Art. 3 Abs. 1 Buchst. b AEUV gehört, die für den Binnenmarkt erforderlich sind[50] und die verhindern sollen, dass der Wettbewerb entgegen dem öffentlichen Interesse und zum Schaden der einzelnen Unternehmen und der Verbraucher verfälscht wird, und die damit zum wirtschaftlichen Wohl in der Europäischen Union beitragen.[51] Der EuGH betont vor diesem Hintergrund, dass Art. 102 AEUV sowohl Praktiken erfasse, »durch die die Verbraucher unmittelbar geschädigt werden könn[t]en, als auch ... Verhaltensweisen, die sie mittelbar dadurch benachteilig[t]en, dass sie einen Zustand wirksamen Wettbewerbs« i. S. des Protokolls beeinträchtigten.[52]

---

[44] Ebenso: GA *Jacobs*, Schlussanträge zu Rs. C–7/97 (Bronner), Slg. 1998, I–7791, Rn. 28, s. auch: *Jung*, in: Grabitz/Hilf/Nettesheim, EU, Art. 102 AEUV (Januar 2016), Rn. 35.

[45] *Fuchs/Möschel*, in: Immenga/Mestmäcker, Art. 102 AEUV, Rn. 44 (Marktabgrenzung als analytisches Hilfsmittel, um die Frage nach der Marktbeherrschung beantworten zu können).

[46] EuGH, Urt. v. 14.11.1996, Rs. C–333/94 P (Tetra Pak), Slg. 1996, I–5951, Rn. 27.

[47] EuGH, Urt. v. 14.11.1996, Rs. C–333/94 P (Tetra Pak), Slg. 1996, I–5951, Rn. 27, 25 m. w. N.; OLG Düsseldorf, Urt. v. 15.7.2015 (IHF), WuW/E DE-R 4844, Rn. 109.

[48] EuGH, Urt. v. 20.9.2001, Rs. C–453/99 (Courage vs. Crehan), Slg. 2001, I–6297, Rn. 23; Urt. v. 30.1.1974, Rs. 127/73 (BRT I), Slg. 1974, 51, Rn. 15/17 (Art. 101 f. AEUV sind »ihrer Natur nach geeignet ..., in den Beziehungen zwischen einzelnen [sic!] unmittelbare Wirkungen zu erzeugen«).

[49] EuGH, Urt. v. 17.2.2011, Rs. C–52/09 (TeliaSonera), Slg. 2011, I–527, Rn. 20.

[50] EuGH, Urt. v. 17.2.2011, Rs. C–52/09 (TeliaSonera), Slg. 2011, I–527, Rn. 21.

[51] EuGH, Urt. v. 17.2.2011, Rs. C–52/09 (TeliaSonera), Slg. 2011, I–527, Rn. 21; Urt. v. 22.10.2002, Rs. C–94/00 (Roquette Frères), Slg. 2002, I–9011, Rn. 42.

[52] EuGH, Urt. v. 13.2.1979, Rs. 85/76 (Hoffmann-La Roche), Slg. 1979, 461, Rn. 125, noch anhand von Art. 3 Buchst. f EG-Vertrag; zuletzt: Urt. v. 27.3.2012, Rs. C–209/10 (Post Danmark I), ECLI:EU:C:2012:172, Rn. 20; Urt. v. 17.2.2011, Rs. C–52/09 (TeliaSonera), Slg. 2011, I–527, Rn. 24.

14 Die Kommission hat sich im Hinblick auf das Missbrauchsverbot (Art. 102 AEUV) ausdrücklich zu einem **More Economic Approach** im Europäischen Wettbewerbsrecht bekannt; sie will sich stärker als bisher auf die Effekte des analysierten Marktverhaltens konzentrieren (»Effects-based Approach«),[53] d. h. mit Hilfe industrieökonomischer Modelle und Methoden quantitativ-empirisch ermitteln, wie sich dieses Marktverhalten auswirkt.[54] Parallel dazu soll der Nutzen des Wettbewerbs für den Konsumenten in den Mittelpunkt Europäischer Wettbewerbspolitik gestellt werden.[55] Die Kommission hat diesen More Economic Approach in einem Diskussionspapier (2005) erstmals offensiv formuliert,[56] hat ihn in ihrer späteren Prioritätenmitteilung (2009)[57] jedoch ungleich vorsichtiger umgesetzt.[58]

15 Bei der **Bewertung des More Economic Approach** ist zu unterscheiden:[59] Die Kommission sieht die Hauptaufgabe des Art. 102 AEUV mit Recht darin, den Wettbewerb als Mittel zu schützen, um die Konsumentenwohlfahrt und die Effizienz der Ressourcenallokation zu verbessern.[60] Die Befürworter des More Economic Approach ziehen jedoch aus der richtigen Erkenntnis, dass der Wettbewerb »nur Mittel zum Zweck ist« (*Albers*)[61] teils falsche Schlüsse, weil sie das Mittel – scil.: den Wettbewerb – durch (unsichere) expost Effizienzanalysen ersetzen[62] und die Rechtsanwendung zu einseitig an der vermeintlich berechenbaren Konsumentenwohlfahrt ausrichten. Der EuGH hat sich diese Blickverengung nicht zu eigen gemacht. Das Gericht hat die **Konsumentenwohlfahrt** zwar als Kernanliegen der Europäischen Wettbewerbsregeln identifiziert und das Ziel des Kartellverbots (Art. 101 AEUV) gerade darin gesehen, zu verhindern, dass Unternehmen »das Wohlergehen des Endverbrauchers ... mindern«.[63] Der Gerichtshof betont jedoch in der Rechtsmittel-Entscheidung, dass »die Wettbewerbsregeln des Vertrags nicht nur dazu bestimmt [seien], die unmittelbaren Interessen einzelner Wettbewerber oder Verbraucher zu schützen, sondern die Struktur des Marktes und damit den Wett-

---

[53] DG Competition, Discussion Paper on the application of Article 82 of the Treaty to exclusionary abuses (hier: Diskussionspapier), http://ec.europa.eu/competition/antitrust/art82/discpaper2005.pdf (6.4.2016), Rn. 4 (»likely effects [of exclusionary abuses]«).
[54] Dazu: *Kirchner*, EuR-Beilage 2011, 103; s. auch: *von Weizsäcker*, WuW 2007, 1078; *Hellwig*, FS Mestmäcker, 2009, S. 231; *Hildebrand*, WuW 2005, 513; *Schmidtchen*, WuW 2006, 6.
[55] *Albers*, Der »more economic approach« bei Verdrängungsmissbräuchen: Zum Stand der Überlegungen der Europäischen Kommission, S. 1, http://ec.europa.eu/competition/antitrust/art82/albers.pdf (6.4.2016).
[56] Kommission, Diskussionspapier (Fn. 53); s. zuvor bereits: Kommission, Weißbuch über die Modernisierung der Vorschriften zur Anwendung der Art. 85 und 86 EG-Vertrag, ABl. 1999, C 132/1, Rn. 78.
[57] Kommission, Prioritätenmitteilung (Fn. 7); ausführlich: *Jung*, in: Grabitz/Hilf/Nettesheim, EU, Art. 102 AEUV (Januar 2016), Rn. 15–21; *Bulst*, in: Langen/Bunte, Art. 102 AEUV, Rn. 26–29.
[58] Kommission, Pressemitteilung v. 3.12.2008, MEMO/08/761, http://europa.eu/rapid/press-release_MEMO–08–761_en.htm?locale=en (6.4.2016): »The Guidance Paper is intended to contribute to the process of introducing a more economics based approach«; vgl.: *Dittert*, EuR 2012, 570 (572); wie hier: *de Bronnet*, EWS 2013, 1 (15); s. auch: *Faull/Nikpay*, Rn. 4.99 und Rn. 4.101.
[59] Dazu etwa: *Dreher*, WuW 2008, 23; *Möschel*, JZ 2009, 1040; *Albers* (Fn. 55); kritisch: *de Bronett*, EWS 2013, 1, mit dem Hinweis auf die sozialen Kosten.
[60] Kommission, Diskussionspapier (Fn. 53), Rn. 54; s. auch: *Bulst*, in: Langen/Bunte, Art. 102 AEUV, Rn. 19, mit dem Hinweis, dass diese Formel in der Prioritätenmitteilung nicht mehr enthalten ist.
[61] *Albers* (Fn. 55), S. 2.
[62] Kritisch: *Müller-Graff*, in: Vedder/Heintschel von Heinegg, Europäisches Unionsrecht, Art. 102 AEUV, Rn. 19, 28 (wirtschaftswissenschaftlich nicht gesichert).
[63] EuG, Urt. v. 27.9.2006, T–168/01 (GSK), Slg. 2006, II–2969, Rn. 118.

bewerb als solchen«.⁶⁴ Daher setze die Feststellung eines Kartellverstoßes auch nicht voraus, dass dadurch den Endverbrauchern die Vorteile eines wirksamen Wettbewerbs hinsichtlich der Bezugsquellen oder Preise vorenthalten würden.⁶⁵ Die **Maxime des EU-Kartellrechts** bleibt also im Kern unverändert: Es gilt, den Wettbewerb, d. h. das freie Spiel der Kräfte als solches zu schützen, das indirekt, durch die unsichtbare Hand des Marktes (*Smith*), die Effizienz der Ressourcenallokation und die Konsumentenwohlfahrt gewährleistet; so dürfte auch die Post Danmark I-Entscheidung zu verstehen sein, in der der Gerichtshof den heutigen Art. 102 AEUV »insbesondere [auf] die Verhaltensweisen eines beherrschenden Unternehmens« anwenden will, »die zum Nachteil des Verbrauchers die Aufrechterhaltung oder den Ausbau des auf dem Markt noch bestehenden Wettbewerbs oder die Entwicklung dieses Wettbewerbs durch die Verwendung von Mitteln behindern, die von den Mitteln eines normalen Wettbewerbs auf der Grundlage der Leistungen der Unternehmen abweichen«.⁶⁶

Dem **Effects-based Approach** (s. o.) liegt die richtige Erkenntnis zugrunde, dass Art. 102 AEUV den Missbrauch im Kern verbietet, um Beeinträchtigungen des Restwettbewerb zu verhindern (s. Rn. 1 ff.). Gerichtshof⁶⁷ und Gericht⁶⁸ schließen daraus jedoch nicht, dass nunmehr in jedem Einzelfall konkret zu prüfen wäre, ob und wie sich ein als Missbrauch beanstandetes Marktverhalten auf den Restwettbewerb ausgewirkt hat. Im Hinblick auf Rabattsysteme heißt es in der Intel-Entscheidung (2014) des Gerichts vielmehr ausdrücklich, dass Treuerabatte bereits »ihrer Art nach [by their very nature] geeignet« seien,⁶⁹ den Wettbewerb zu beschränken, so dass »ein Nachweis konkreter Auswirkungen nicht erforderlich« sei.⁷⁰ Die Einstufung als missbräuchlich setze nicht voraus, dass im Einzelfall geprüft werde, ob eine potentielle Verdrängungswirkung vorliege.⁷¹ **16**

Im Ergebnis ist der von der Kommission betriebene More Economic Approach erkennbar auf dem Rückzug. Das heißt jedoch nicht, dass er bedeutungslos wäre. Die **Rechtfertigung eines angeblichen Missbrauchs durch Effizienzvorteile** (Efficiency Defence)⁷² hält der EuGH⁷³ für möglich. Das **Kriterium des »as efficient competitor«**⁷⁴ d. h. die Prüfung, ob die Preispolitik des Marktbeherrschers einen Wettbewerber, der genauso leistungsfähig ist, vom Markt zu verdrängen droht (ACE-Test), kann zur Rationalität und Plausibilität der Rechtsanwendung beitragen, und hat Eingang in die EuGH-Rechtsprechung⁷⁵ gefunden. Der EuGH hat indes auch die Bedeutung dieses Kriteriums in- **17**

---

⁶⁴ EuGH, Urt. v. 6. 10. 2009, Rs. C–501/06 P (GSK), Slg. 2009, I, 9291, Rn. 63; s. auch die umfangreichen Nachweise bei *Bulst*, in: Langen/Bunte, Art. 102 AEUV, Rn. 9.
⁶⁵ EuGH, Urt. v. 6. 10. 2009, Rs. C–501/06 P (GSK), Slg. 2009, I, 9291, Rn. 63.
⁶⁶ EuGH, Urt. v. 27. 3. 2012, Rs. C–209/10 (Post Danmark I), ECLI:EU:C:2012:172, Rn. 24.
⁶⁷ EuGH, Urt. v. 6. 10. 2015, Rs. C–23/14 (Post Danmark II), ECLI:EU:C:2015:651.
⁶⁸ EuG, Urt. v. 12. 6. 2014, Rs. T–286/09 (Intel), ECLI:EU:T:2014:547.
⁶⁹ EuG, Urt. v. 12. 6. 2014, Rs. T–286/09 (Intel), ECLI:EU:T:2014:547, Rn. 85.
⁷⁰ EuG, Urt. v. 12. 6. 2014, Rs. T–286/09 (Intel), ECLI:EU:T:2014:547, Rn. 86, 104, 186.
⁷¹ EuG, Urt. v. 12. 6. 2014, Rs. T–286/09 (Intel), ECLI:EU:T:2014:547, Rn. 80.
⁷² Kommission, Diskussionspapier (Fn. 53), Rn. 84 ff. Dazu auch: *Albers* (Fn. 55), S. 11.
⁷³ EuGH, Urt. v. 27. 3. 2012, Rs. C–209/10 (Post Danmark I), ECLI:EU:C:2012:172, Rn. 41; Urt. v. 15. 3. 2007, Rs. C–95/04 P (British Airways), Slg. 2007, I–2331, Rn. 86.
⁷⁴ Kommission, Diskussionspapier (Fn. 53), Rn. 63 f.; sog. AEC-Test. Dazu ausführlich: *Kellerbauer*, EuZW 2015, 261.
⁷⁵ EuGH, Urt. v. 17. 2. 2011, Rs. C–52/09 (TeliaSonera), Slg. 2011, I–527, Rn. 31–33, 39 f., 43, 63–65, 94; Urt. v. 27. 3. 2012, Rs. C–209/10 (Post Danmark I), ECLI:EU:C:2012:172, Rn. 25; Urt. v. 3. 7. 1991, Rs. C–62/86 (AKZO/Kommission), Slg. 1991, I–3359, Rn. 70, 72; Urt. v. 2. 4. 2009, Rs. C–202/07 P (France Télécom/Kommission), Slg. 2009, I–2369, Rn. 106; Urt. v. 14. 10. 2010, Rs. C–280/08 (Deutsche Telekom/Kommission), Slg. 2010, I–9555, Rn. 177.

zwischen relativiert (Post Danmark II)[76] und klargestellt, dass es sich um »ein Instrument unter anderen« handele und dass es bei der Prüfung bestimmter Rabattsysteme gar »nicht sachgerecht« sei, das Kriterium heranzuziehen.[77]

V. Durchsetzung

18 Die **Durchsetzung des Missbrauchsverbots** liegt in erster Linie in den Händen der **Kommission** (s. Art. 4, Art. 7 ff. VO (EG) Nr. 1/2003) **und der Kartellbehörden der Mitgliedstaaten** (Public Enforcement), die im Interesse kohärenter Rechtsanwendung auf der Basis der Kartellverfahrensverordnung (VO (EG) Nr. 1/2003)[78] loyal zusammenarbeiten.[79] Kartellbehörden (und Gerichte) der Mitgliedstaaten, die im konkreten Einzelfall nationales Kartellrecht auf einen grenzüberschreitenden Missbrauch anwenden, sind verpflichtet, auch Art. 102 AEUV anzuwenden (s. Art. 3 Abs. 1 Satz 2 VO (EG) Nr. 1/2003);[80] sie können die in Art. 5 VO (EG) Nr. 1/2003 vorgesehenen Entscheidungen erlassen, können aber keine »negative Sachentscheidung« treffen, können also nicht verbindlich feststellen, dass kein Verstoß gegen Art. 102 AEUV vorliegt. Diese Feststellung ist vielmehr der Kommission vorbehalten (s. auch: Art. 10 VO (EG) Nr. 1/2003).[81] Die Mitgliedstaaten können jedoch in ihrem Hoheitsgebiet Missbrauchsvorschriften erlassen und anwenden, die strenger sind als Art. 102 AEUV (Art. 3 Abs. 2 Satz 2 VO (EG) Nr. 1/2003).

19 Private **Beseitigungs- und Unterlassungsansprüche** (s. Rn. 136; Art. 101 AEUV, Rn. 213) sowie die **Haftung auf Schadensersatz** (s. Rn. 136; Art. 101 AEUV, Rn. 203 ff.), die der EuGH im Kontext des Kartellverbots entwickelt hat, können prinzipiell auch im Hinblick auf den Missbrauchstatbestand zu einer effektiven Durchsetzung Europäischer Wettbewerbsregeln beitragen (Private Enforcement),[82] spielen bisher jedoch nur am Rande eine Rolle.

B. Anwendungsbereich

I. Sachlicher Anwendungsbereich

20 Das Missbrauchsverbot gilt für die **gesamte Wirtschaft** (Universalitätsprinzip).[83] Es gibt keine Bereichsausnahmen – auch nicht für **staatlich-regulierte Märkte**: Der Umstand,

---

[76] EuGH, Urt. v. 6. 10. 2015, Rs. C–23/14 (Post Danmark II), ECLI:EU:C:2015:651, Rn. 57 (»keine Rechtspflicht ..., die Feststellung der Missbräuchlichkeit ... stets auf das Kriterium des ebenso leistungsfähigen Wettbewerbers zu stützen«).
[77] EuGH, Urt. v. 6. 10. 2015, Rs. C–23/14 (Post Danmark II), ECLI:EU:C:2015:651, Rn. 59, 61 (in Bezug auf Rabattsysteme); s. auch *Seitz*, EuZW 2015, 959 (966), sowie das lesenswerte Editorial *Behrens*, EuZW 2/2016. Parallelen finden sich in der *Intel*-Entscheidung: EuG, Urt. v. 12. 6. 2014, Rs. T–286/09 (Intel), ECLI:EU:T:2014:547, Rn. 140 ff. Dazu: *Wernicke*, EuZW 2015, 19.
[78] Verordnung (EG) Nr. 1/2003 vom 16. 12. 2002 zur Durchführung der in den Art. 81 und 82 des Vertrags niedergelegten Wettbewerbsregeln, ABl. 2003, L 1/1.
[79] EuGH, Urt. v. 3. 5. 2011, Rs. C–375/09 (Tele2 Polska), Slg. 2011, I–3055, Rn. 26; Urt. v. 11. 6. 2009, Rs. C–429/07 (X BV), Slg. 2009, I–4833, Rn. 20 f.
[80] Dazu auch: EuGH, Urt. v. 3. 5. 2011, Rs. C–375/09 (Tele2 Polska), Slg. 2011, I–3055, Rn. 21.
[81] EuGH, Urt. v. 3. 5. 2011, Rs. C–375/09 (Tele2 Polska), Slg. 2011, I–3055, Rn. 27 ff., 30.
[82] Im Einzelnen: Art. 101 AEUV, Rn. 203 ff.
[83] *Schröter*, in: GSH, Europäisches Unionsrecht, Vor Art. 101–105 AEUV, Rn. 89; *Jung*, in: Grabitz/Hilf/Nettesheim, EU, Art. 102 AEUV (Januar 2016), Rn. 4.

dass das Fehlen eines Wettbewerbs oder seine Beschränkung auf dem fraglichen Markt **durch Rechtsvorschriften** hervorgerufen oder begünstigt wird, schließt die Anwendung von Art. 102 AEUV nicht aus.[84] Er gilt auch dann, wenn die marktbeherrschende Stellung »nicht auf die Tätigkeit des Unternehmens selbst, sondern darauf zurückzuführen ist, dass auf diesem Markt aus rechtlichen Gründen kein oder lediglich ein äußerst beschränkter Wettbewerb möglich ist«.[85]

II. Räumlicher Anwendungsbereich

Das Missbrauchsverbot des Art. 102 AEUV ist nur **anwendbar**, wenn sich der Missbrauch der »beherrschenden Stellung auf dem Binnenmarkt oder auf einem wesentlichen Teil desselben« (1.) auf diesem Binnenmarkt auswirkt und dies (2.) »dazu führen kann, den Handel zwischen Mitgliedstaaten [spürbar] zu beeinträchtigen«. 21

1. Auswirkungen auf dem Binnenmarkt

Im Hinblick auf **internationale Missbrauchsfälle** gilt auch in der Europäischen Union die vom U.S. Supreme Court anerkannte[86] **effects doctrine**. Europäische Wettbewerbsregeln sind räumlich anwendbar, wenn sich ein Kartell oder ein Missbrauch **unmittelbar, wesentlich und vorhersehbar** auf den Binnenmarkt der Europäischen Union **auswirkt** (s. Art. 101 AEUV, Rn. 21 ff.).[87] Der Gerichtshof knüpft traditionell zwar an das **Territorialitätsprinzip** an und hält den Ort für entscheidend, an dem ein Kartell (Art. 101 Abs. 1 AEUV) **durchgeführt** wird.[88] Das Gericht hat jedoch bereits in der Rechtssache Gencor (1999)[89] auf unmittelbare und wesentliche Auswirkungen einer Fusion in der Europäischen Union abgestellt, und nunmehr, in der Intel-Entscheidung (2014), im Hinblick auf Art. 102 AEUV klargestellt, dass es zur Rechtfertigung der völkerrechtlichen Zuständigkeit der Kommission genüge, »entweder die qualifizierten Auswirkungen der Verhaltensweise oder ihre Durchführung in der Union nachzuweisen«.[90] Qualifiziert sind die Auswirkungen, wenn sie unmittelbar, wesentlich und vorhersehbar sind,[91] wesentlich sind die Auswirkungen, wenn der von der – ggf.: fortgesetzten, nicht isoliert, sondern insgesamt zu betrachtenden[92] – Zuwiderhandlung betroffene EU-/EWR-Markt einen relevanten Teil des globalen Markts ausmacht,[93] oder wenn sie die Marktstrukturen verändern.[94] Ein Nachweis konkreter, bereits eingetretener Auswirkungen ist nicht er- 22

---

[84] EuGH, Urt. v. 13.11.1975, Rs. 26/75 (General Motors), Slg. 1975, 1367, Rn. 7/9 und 11/12; Urt. v. 3.10.1985, Rs. 311/84 (CBEM), Slg. 1985, 3261, Rn. 16.
[85] EuGH, Urt. v. 3.10.1985, Rs. 311/84 (CBEM), Slg. 1985, 3261, Rn. 18.
[86] S. nur: Hartford Fire Insurance Co. v. California, 509 U.S. 764. 113 S.Ct. 2891. 125 L. Ed. 2d 612 (1993); ausführlicher: *Wurmnest*, NZKart 2015, 73 (74).
[87] Ebenso wie hier: *Schuhmacher*, in: Grabitz/Hilf/Nettesheim, EU, Art. 101 AEUV (Januar 2016), Rn. 34; abweichend: *Zurhinden/Lauterburg*, in: GSH, Europäisches Unionsrecht, Vor Art. 101–105 AEUV, Rn. 129.
[88] EuGH, Urt. v. 27.9.1988, verb. Rs. 89, 104, 114, 116, 117 u. 125–129/85 (Ahlström), Slg. 1988, 5193, Rn. 16.
[89] EuG, Urt. v. 25.3.1999, Rs. T–102/96 (Gencor), Slg. 1999, II–753, Rn. 90.
[90] EuG, Urt. v. 12.6.2014, Rs. T–286/09 (Intel), ECLI:EU:T:2014:547, Rn. 244; vertiefend: *Wurmnest*, NZKart 2015 73 (74) (gleichberechtigte Alternativen).
[91] EuG, Urt. v. 12.6.2014, Rs. T–286/09 (Intel), ECLI:EU:T:2014:547, Rn. 251, 258.
[92] EuG, Urt. v. 12.6.2014, Rs. T–286/09 (Intel), ECLI:EU:T:2014:547, Rn. 268–270.
[93] EuG, Urt. v. 12.6.2014, Rs. T–286/09 (Intel), ECLI:EU:T:2014:547, Rn. 271.
[94] EuG, Urt. v. 12.6.2014, Rs. T–286/09 (Intel), ECLI:EU:T:2014:547, Rn. 274 f.

forderlich, weil die Kommission den Wettbewerb auch gegen (bloße) Bedrohungen seines wirksamen Funktionierens zu schützen hat.[95]

2. Mögliche Beeinträchtigung des Handels zwischen den Mitgliedstaaten

23 Im Hinblick auf die mögliche **Beeinträchtigung des grenzüberschreitenden Handels** ist das Missbrauchs- grundsätzlich genauso auszulegen wie das Kartellverbot. Das Tatbestandsmerkmal dient dazu, »den Geltungsbereich des Unionsrechts von dem des Rechts der Mitgliedstaaten abzugrenzen«.[96] Der EuGH untersucht anhand der »Gesamtheit objektiver rechtlicher und tatsächlicher Umstände«, ob sich »mit hinreichender Wahrscheinlichkeit« voraussehen lässt, dass eine Maßnahme »unmittelbar oder mittelbar, tatsächlich oder potentiell« den Handel zwischen den Mitgliedstaaten in einer Weise beeinflussen kann, die die Verwirklichung eines einheitlichen Marktes zwischen den Mitgliedstaaten hemmen kann.[97] Damit legt der EuGH die Beeinträchtigung weit, i.S. einer bloßen **Beeinflussung** des grenzüberschreitenden Handels aus. Er will außerdem »alle Auswirkungen in Betracht ziehen, die das beanstandete Verhalten auf die Konkurrenzstruktur im Gemeinsamen Markt hat«.[98]

24 Unter den Geltungsbereich des Unionsrechts fallen insbesondere Maßnahmen, die geeignet sind, die Freiheit des Handels zwischen Mitgliedstaaten in einer Weise zu gefährden, die der Verwirklichung der Ziele eines **einheitlichen Marktes zwischen den Mitgliedstaaten** nachteilig sein kann, indem insbesondere die nationalen Märkte abgeschottet werden oder die Wettbewerbsstruktur im Gemeinsamen Markt verändert wird.[99] Musterbeispiel dafür ist der Fall Deutsche Post, deren Treuerabatte dazu geführt haben, dass der deutsche Markt für Paketdienste gegen Konkurrenten aus den anderen Mitgliedstaaten abgeschottet wurde.[100] Klarzustellen ist jedoch, dass ein grenzüberschreitender Missbrauch auch gegen Art. 102 AEUV verstoßen kann, wenn er die gegenseitige Durchdringung der Märkte nicht beeinträchtigt.[101] Primärer Normzweck ist die **Funktionsfähigkeit des Wettbewerbs** und nicht die räumliche Realisierung des Binnenmarkts. Die Beeinflussung der Handelsströme reicht – genau wie beim Kartellverbot

---

[95] EuG, Urt. v. 12.6.2014, Rs. T–286/09 (Intel), ECLI:EU:T:2014:547, Rn. 251f.
[96] EuGH, Urt. v. 13.7.2006, verb. Rs. C–295/04–298/04 (Manfredi), Slg. 2006, I–6619, Rn. 41, im Hinblick auf das Kartellverbot; Urt. v. 6.3.1974, verb. Rs. 6/73–7/73 (Commercial Solvents), Slg. 1974, 223, Rn. 31, im Hinblick auf das Missbrauchsverbot.
[97] EuGH, Urt. v. 18.7.2013, Rs. C–136/12 (Consiglio nazionale dei geologi), ECLI:EU:C:2013:489, Rn. 49; s. auch: Urt. v. 13.7.2006, verb. Rs. C–295/04–298/04 (Manfredi), Slg. 2006, I–6619, Rn. 42; vertiefend: *Huttenlauch/Lübbig*, in: Loewenheim/Meessen/Riesenkampff/Kersting/Meyer-Lindemann, Art. 102 AEUV, Rn. 302, mit dem Hinweis auf die großzügigen Entscheidungen der Kommission in Irish Sugar, Entscheidung v. 14.5.1997 – IV/34.621, 35.059/F–3, ABl. 1997, L 258/1, Magill, Entscheidung v. 21.12.1988 – IV/31.851, ABl. 1989, L 78/43, und Van den Bergh Foods, Entscheidung v. 11.3.1998 – IV/34.073, 34.395 und 35.436, ABl. 1998, L 246/1.
[98] EuGH, Urt. v. 6.3.1974, verb. Rs. 6/73–7/73 (Commercial Solvents), Slg. 1974, 223, Rn. 33.
[99] EuGH, Urt. v. 31.5.1979, Rs. 22/78 (Hugin), Slg. 1979, 1869, Rn. 17; s. auch: EuG, Urt. v. 7.10.1999, Rs. T–228/97 (Irish Sugar), Slg. 1999, II–2969, Rn. 170: Prüfung der »Auswirkungen auf die Struktur eines wirksamen Wettbewerbs im Gemeinsamen Markt«.
[100] Kommission, Entscheidung v. 20.3.2001 (Deutsche Post AG), ABl. 2001, L 125/27.
[101] A.A.: *Jung*, in: Grabitz/Hilf/Nettesheim, EU, Art. 102 AEUV (Januar 2016), Rn. 361, s. aber auch: *ders.*, in: Grabitz/Hilf/Nettesheim, EU, Art. 102 AEUV (Januar 2016), Rn. 363.

– aus¹⁰² und ist auch in Fällen zu bejahen, in denen das grenzüberschreitende Handelsvolumen steigt und nicht sinkt.¹⁰³

Der Missbrauchstatbestand setzt nicht voraus, dass das beanstandete Marktverhalten den Handel effektiv beeinflusst hat.¹⁰⁴ Es muss nur dazu geeignet sein.¹⁰⁵ Die Kommission betont insoweit, dass ein Missbrauch grundsätzlich **im Kontext**, d. h. unter Berücksichtigung der gegebenenfalls verfolgten Missbrauchsstrategie zu beurteilen sei,¹⁰⁶ und unterscheidet je nach Marktbeherrschung und Missbrauchsart: Praktiziere beispielsweise ein **Marktbeherrscher in mehreren Mitgliedstaaten** einen grenzüberschreitenden Behinderungsmissbrauch, sei der Missbrauch »in der Regel … geeignet, den Handel zwischen Mitgliedstaaten zu beeinträchtigen«.¹⁰⁷

3. Spürbarkeit

Der Einfluss eines Missbrauchs auf den Handel zwischen den Mitgliedstaaten darf nicht nur geringfügig,¹⁰⁸ er muss vielmehr – unter Berücksichtigung des wirtschaftlichen und rechtlichen Gesamtzusammenhangs¹⁰⁹ – **spürbar** sein.¹¹⁰ Dabei gilt: Je stärker die Marktstellung, desto eher ist die Spürbarkeit der Beeinträchtigung des Handels zwischen den Mitgliedstaaten zu bejahen.¹¹¹ Im Einzelnen ist auf die Kommentierung zu Art. 101 AEUV sowie auf die Leitlinien der Kommission zu verweisen.¹¹²

---

¹⁰² Einzelheiten: s. Art. 101 Rn. 28 ff.; ähnlich wohl auch: *Brand*, in: Frankfurter Kommentar, Art. 102 AEUV, Rn. 13.

¹⁰³ Ebenso: *Jung*, in: Grabitz/Hilf/Nettesheim, EU, Art. 102 AEUV (Januar 2016), Rn. 363.

¹⁰⁴ EuG, Urt. v. 7.10.1999, Rs. T–228/97 (Irish Sugar), Slg. 1999, II–2969, Rn. 170; Urt. v. 1.4.1993, Rs. T–65/89 (BPB Industries and British Gypsum), Slg. 1993, II–389, Rn. 134.

¹⁰⁵ EuGH, Urt. v. 17.7.1997, Rs. C–219/95 P (Ferriere Nord), Slg. 1997, I–4411, Rn. 19 (zu Art. 85 EG-Vertrag); *Jung*, in: Grabitz/Hilf/Nettesheim, EU, Art. 102 AEUV (Januar 2016), Rn. 365.

¹⁰⁶ Kommission, Leitlinien über den Begriff der Beeinträchtigung des zwischenstaatlichen Handels in den Art. 81 und 82 des Vertrags, ABl. 2004, C 101/81, Rn. 17, unter Berufung auf: EuGH, Urt. v. 13.2.1979, Rs. 85/76 (Hoffmann-LaRoche), Slg. 1979, 461, Rn. 126.

¹⁰⁷ Kommission, Leitlinien (Fn. 106), Rn. 75; ähnliches gilt in Fällen, in denen sich die Marktbeherrschung auf das gesamte Gebiet eines Mitgliedstaats erstreckt: Kommission, Leitlinien (Fn. 106), Rn. 93, mit dem Hinweis auf EuGH, Urt. v. 9.11.1983, Rs. 322/81 (Michelin), Slg. 1984, 3461, Rn. 73, und auf Urt. v. 25.3.1981, Rs. 61/80 (Rennet), Slg. 1981, 851, Rn. 15.

¹⁰⁸ EuGH, Urt. v. 23.11.2006, Rs. C–238/05 (Asnef-Equifax), Slg. 2006, I–11125, Rn. 35; Urt. v. 24.9.2009, verb. Rs. C–125/07 P, C–133/07 P, C–135/07 P u. C–137/07 P (Erste Group Bank), Slg. 2009, I–8681, Rn. 37 (beide im Hinblick auf Kartelle).

¹⁰⁹ EuGH, Urt. v. 27.4.1994, Rs. C–393/92 (Almelo), Slg. 1994, I–1477, Rn. 37; Urt. v. 23.11.2006, Rs. C–238/05 (Asnef-Equifax), Slg. 2006, I–11125, Rn. 36 (beide im Hinblick auf Kartelle).

¹¹⁰ Kommission, Leitlinien (Fn. 106), Rn. 44; s. auch: EuG, Urt. v. 1.4.1993, Rs. T–65/89 (BPB Industries and British Gypsum), Slg. 1993, II–389, Rn. 134, 139 (spürbar i. S. von »in hinreichend bedeutsamer Weise«); *Brinker*, in: Schwarze, EU-Kommentar, Art. 102 AEUV, Rn. 45; vertiefend: *Jung*, in: Grabitz/Hilf/Nettesheim, EU, Art. 102 AEUV (Januar 2016), Rn. 368 ff., auch zu dem früheren Meinungsstreit.

¹¹¹ Kommission, Leitlinien (Fn. 106), Rn. 45.

¹¹² S. Art. 101 AEUV, Rn. 32 ff.; Kommission, Leitlinien (Fn. 106), Rn. 44 ff., 73 ff., 76.

C. Regelungsadressaten

I. Unternehmen

27 Das Missbrauchsverbot gilt nur für **Unternehmen**. Der Begriff des Unternehmens umfasst genau wie bei Art. 101 AEUV »jede eine wirtschaftliche Tätigkeit ausübende Einheit unabhängig von ihrer Rechtsform und der Art ihrer Finanzierung«.[113] Nach ständiger Rechtsprechung ist eine wirtschaftliche Tätigkeit eine Tätigkeit, die darin besteht, Güter oder Dienstleistungen auf einem bestimmten Markt anzubieten.[114] Einzelheiten ergeben sich aus der Kommentierung zu Art. 101 AEUV (s. Art. 101 AEUV, Rn. 38 f.).

28 Das Missbrauchsverbot ist nur auf **Unternehmen** anwendbar, **die über gewisse Handlungsspielräume** verfügen; es erfasst nämlich nur selbständige wettbewerbswidrige Verhaltensweisen, die Unternehmen von sich aus an den Tag legen.[115] Die Art. 101 f. AEUV sind nicht anwendbar, wenn nationale Rechtsvorschriften den Unternehmen ein wettbewerbswidriges Verhalten vorschreiben oder einen rechtlichen Rahmen bilden, der jede Möglichkeit für ein Wettbewerbsverhalten dieser Unternehmen ausschließt.[116] Dagegen sind die Art. 101 f. AEUV anwendbar, wenn die nationalen Rechtsvorschriften die Möglichkeit eines Wettbewerbs bestehen lassen, der durch selbständige Verhaltensweisen der Unternehmen verhindert, eingeschränkt oder verfälscht werden kann.[117] Beschränkt sich also ein nationales Gesetz darauf, selbständige wettbewerbswidrige Verhaltensweisen der Unternehmen zu veranlassen oder zu erleichtern, so bleiben diese den Art. 101 f. AEUV unterworfen.[118] Das gilt umso mehr, wenn ein Unternehmen sein Marktverhalten völlig eigenständig bestimmen kann[119] und sich von sich aus zu dem als Missbrauch qualifizierten Marktverhalten entschlossen hat.[120]

29 Bei **Konzernen** geht der EuGH davon aus, dass der Missbrauch eines Unternehmens, das sein Marktverhalten nicht selbständig bestimmt, dem Unternehmen **zugerechnet** werden kann, das über dieses Marktverhalten zu entscheiden hat.[121] Dementsprechend

---

[113] EuGH, Urt. v. 19.2.2002, Rs. C–309/99 (Wouters), Slg. 2002, I–1577, Rn. 46 (zu Art. 101 AEUV); s. aus der jüngsten Rspr. zu Art. 101 AEUV auch: Urt. v. 28.2.2013, Rs. C–1/12 (OTOC), ECLI:EU:C:2013:127, Rn. 35; aus der jüngsten Rspr. zu Art. 102 AEUV: Urt. v. 12.7.2012, Rs. C–138/11 (Compass Datenbank), ECLI:EU:C:2012:449, Rn. 35.

[114] EuGH, Urt. v. 12.7.2012, Rs. C–138/11 (Compass Datenbank), ECLI:EU:C:2012:449, Rn. 35.

[115] EuGH, Urt. v. 17.2.2011, Rs. C–52/09 (TeliaSonera), Slg. 2011, I–527, Rn. 49; Urt. v. 14.10.2010, Rs. C–280/08 (Deutsche Telekom/Kommission), Slg. 2010, I–9555, Rn. 80; Urt. v. 11.11.1997, Rs. C–359/95 P (Ladbroke Racing), Slg. 1997, I–6265, Rn. 33 m.w.N.

[116] EuGH, Urt. v. 14.10.2010, Rs. C–280/08 (Deutsche Telekom/Kommission), Slg. 2010, I–9555, Rn. 80. Dazu auch: Art. 101 AEUV, Rn. 35 ff.; s. auch: Urt. v. 9.9.2003, Rs. C–198/01 (CIF), Slg. 2003, I–8055, Rn. 53 f. (gesetzliches Missbrauchsgebot als »Rechtfertigungsgrund, der die betroffenen Unternehmen allen Folgen des Verstoßes gegen [Art. 102 AEUV] ... entzieht, und zwar sowohl gegenüber den Behörden als auch gegenüber anderen Wirtschaftsteilnehmern«); vertiefend: *Jung*, in: Grabitz/Hilf/Nettesheim, EU, Art. 102 AEUV (Januar 2016), Rn. 3.

[117] EuGH, Urt. v. 14.10.2010, Rs. C–280/08 (Deutsche Telekom/Kommission), Slg. 2010, I–9555, Rn. 80.

[118] EuGH, Urt. v. 14.10.2010, Rs. C–280/08 (Deutsche Telekom/Kommission), Slg. 2010, I–9555, Rn. 82 m.w.N.; Urt. v. 16.12.1975, verb. Rs. 40–48/73, 50/73, 54–56/73, 111/73, 113/73 u. 114/73 (Suiker Unie), Slg. 1975, 1663, Rn. 36–73.

[119] EuGH, Urt. v. 17.2.2011, Rs. C–52/09 (TeliaSonera), Slg. 2011, I–527, Rn. 52.

[120] EuGH, Urt. v. 17.2.2011, Rs. C–52/09 (TeliaSonera), Slg. 2011, I–527, Rn. 53; Beschl. v. 28.9.2006, Rs. C–552/03 P (Unilever Bestfoods), Slg. 2006, I–9091, Rn. 137.

[121] EuGH, Urt. v. 16.11.2000, Rs. C–294/98 P (Metsä-Serla), Slg. 2000, I–10065, Rn. 27; EuG, Urt. v. 9.9.2009, Rs. T–301/04 (Clearstream/Kommission), Slg. 2009, II–3155, Rn. 198.

rechnet er das Verhalten einer Tochtergesellschaft der Muttergesellschaft zu, wenn die Tochter ihr Vorgehen auf dem Markt nicht autonom bestimmt, sondern im Wesentlichen Weisungen der Muttergesellschaft befolgt.[122] Bei einer **Kapitalbeteiligung von 100 %** bestehe eine einfache Vermutung dafür, dass die Mutter einen bestimmenden Einfluss auf die Tochter ausübt[123] und beide daher ein einziges Unternehmen im wettbewerblichen Sinne darstellten.[124] Dogmatisch gesehen kommt es hier zu einem Bruch: Trifft der Missbrauchsvorwurf ein Unternehmen, d. h. ein- und dieselbe wirtschaftliche Einheit, so braucht der Missbrauch auf der Tatbestandsebene des Art. 102 AEUV nicht eigens zugerechnet zu werden; das Unternehmen ist als einheitliches Regelungssubjekt ohnehin verantwortlich. Erst auf der Ebene der Rechtsfolgen stellt sich die Frage, ob die Kommission Beschlüsse (s. Art. 7 ff., 23 VO (EG) Nr. 1/2003), die sich (beispielsweise) gegen den Missbrauch einer (rechtlich selbständigen) Tochtergesellschaft richten, auch an die Mutter (oder an andere Töchter) als davon verschiedene juristische Person(en) richten darf (s. Art. 101 AEUV, Rn. 50, 199 ff.).

II. Mitgliedstaaten

Die **Mitgliedstaaten** sind in ihrer Funktion als Hoheitsträger keine Regelungsadressaten des Missbrauchsverbots, sind jedoch verpflichtet, in Bezug auf öffentliche Unternehmen und auf Unternehmen, denen sie besondere oder ausschließliche Rechte gewähren, keine Maßnahmen zu treffen oder beizubehalten, die gegen Art. 102 AEUV verstoßen (Art. 106 Abs. 1 AEUV). Der EuGH betont insoweit in ständiger Rechtsprechung, dass »die bloße Schaffung einer beherrschenden Stellung durch die Gewährung besonderer oder ausschließlicher Rechte i. S. von Art. 106 Abs. 1 AEUV als solche noch nicht mit Art. 102 AEUV unvereinbar« sei.[125] Daher ist beispielsweise die Einräumung eines Monopols hinsichtlich der Wahrnehmung von Urheberrechten als solche nicht zu beanstanden.[126] Ein Mitgliedstaat verstößt aber dann gegen die in **Art. 102, 106 Abs. 1 AEUV** enthaltenen Verbote, wenn das betreffende Unternehmen bereits durch die Ausübung der ihm übertragenen ausschließlichen Rechte seine beherrschende Stellung missbräuchlich ausnutzen könnte oder wenn durch diese Rechte eine Lage geschaffen werden könnte, in der dieses Unternehmen einen solchen Missbrauch begeht.[127] Der EuGH hat eine solche Lage in der Macrotron-Entscheidung[128] mit dem Hinweis auf (heute) Art. 102 Abs. 2 Buchst. b AEUV (Einschränkung der Erzeugung … zum Schaden der Verbraucher) bejaht, wenn »das Unternehmen, dem [der Mitgliedstaat] ein ausschließ-

30

---

[122] EuGH, Urt. v. 14.7.1972, Rs. 48/69 (Teerfarben), Slg. 1972, 619, Rn. 132/135; EuG, Urt. v. 9.9.2009, Rs. T–301/04 (Clearstream/Kommission), Slg. 2009, II–3155, Rn. 198.
[123] EuGH, Urt. v. 25.10.1983, Rs. 107/82 (AEG-Telefunken), Slg. 1983, 3151, Rn. 50; EuG, Urt. v. 9.9.2009, Rs. T–301/04 (Clearstream/Kommission), Slg. 2009, II–3155, Rn. 199; s. auch: EuGH, Urt. v. 16.11.2000, Rs. C–286/98 P (Stora), Slg. 2000, I–9925, Rn. 29.
[124] EuG, Urt. v. 9.9.2009, Rs. T–301/04 (Clearstream/Kommission), Slg. 2009, II–3155, Rn. 199 m. w. N.
[125] EuGH, Urt. v. 2.7.2015, Rs. C–497/12 (Gullotta), ECLI:EU:C:2015:436, Rn. 23; Urt. v. 30.3.2006, Rs. C–451/03 (Servizi Ausiliari Dottori Commercialisti), Slg. 2006, I–2941, Rn. 23.
[126] EuGH, Urt. v. 27.2.2014, Rs. C–351/12 (OSA), ECLI:EU:C:2014:110, Rn. 83; Urt. v. 2.7.2015, Rs. C–497/12 (Gullotta), ECLI:EU:C:2015:436, Rn. 23; s. auch: Urt. v. 30.3.2006, Rs. C–451/03 (Servizi Ausiliari Dottori Commercialisti), Slg. 2006,. I–2941, Rn. 23 f.
[127] EuGH, Urt. v. 27.2.2014, Rs. C–351/12 (OSA), ECLI:EU:C:2014:110, Rn. 83; Urt. v. 3.3.2011, Rs. C–437/09 (AG2R Prévoyance), Slg. 2011, I–973, Rn. 68; Urt. 17.7.2014, Rs. C–553/12 P (DEI), ECLI:EU:C:2014:2083, Rn. 41.
[128] EuGH, Urt. v. 23.4.1991, Rs. C–41/90 (Höfner und Elser), Slg. 1991, I–1979, Rn. 31.

liches Recht übertragen hat, das sich auf die Tätigkeiten zur Vermittlung von Führungskräften der Wirtschaft erstreckt, offenkundig nicht in der Lage ist, die Nachfrage auf dem Markt nach solchen Leistungen zu befriedigen, und wenn die tatsächliche Ausübung dieser Vermittlungstätigkeiten durch private Personalberatungsunternehmen durch die Beibehaltung einer Gesetzesbestimmung unmöglich gemacht wird, die diese Tätigkeit bei Strafe der Nichtigkeit der entsprechenden Verträge verbietet«. Ein Missbrauch des Unternehmens (hier: der Bundesanstalt für Arbeit) ist nicht erkennbar, die EuGH-Entscheidung richtet sich vielmehr gegen den Mitgliedstaat, der einen effizienten Dienstleistungsmarkt durch Regulierungen zu Lasten der Nachfrage verhindert. In der jüngeren EuGH-Rechtsprechung heißt es sogar, dass ein Mitgliedstaat bereits dann gegen Art. 106 Abs. 1, 102 verstoße, wenn durch eine ihm zurechenbare Maßnahme »die Gefahr des Missbrauchs einer beherrschenden Stellung geschaffen« werde.[129]

31   Der EuGH hat in Raso (1998)[130], MOTOE (2008)[131] und DEI (2014)[132] klargestellt, dass ein Verstoß eines Mitgliedstaats gegen Art. 106 Abs. 1 AEUV i. V. m. Art. 102 AEUV **»unabhängig vom tatsächlichen Vorliegen eines Missbrauchs** vorliegen« kann.[133] Es komme nur darauf an, dass »die Kommission eine potentielle oder tatsächliche wettbewerbswidrige Wirkung feststelle, die sich aus der betreffenden staatlichen Maßnahme ergeben könne«.[134] Ein Verstoß könne festgestellt werden, »ohne dass es erforderlich wäre, das tatsächliche Bestehen einer missbräuchlichen Verhaltensweise nachzuweisen, … wenn die betreffenden staatlichen Maßnahmen die Struktur des Marktes dadurch beeinträchtig[t]en, dass sie ungleiche Wettbewerbsbedingungen zwischen den Unternehmen schaff[t]en, indem sie es dem öffentlichen Unternehmen oder dem Unternehmen, dem besondere oder ausschließliche Rechte gewährt wurden, ermöglich[t]en, seine beherrschende Stellung – beispielsweise durch Behinderung neuer Markteintritte – aufrechtzuerhalten oder zu stärken oder auf einen anderen Markt auszudehnen, wodurch der Wettbewerb beschränkt würde«.[135] Folgt man diesen Maßstäben, so hat Griechenland bereits durch die Einräumung ausschließlicher Rechte zur Braunkohlegewinnung an den ehemaligen staatlichen Energieerzeuger DEA gegen Europäische Wettbewerbsregeln verstoßen (Art. 106 Abs. 1 AEUV i. V. m. Art. 102 AEUV) – ohne dass es auf einen Missbrauch der DEA ankäme.[136] Diese Rechtsprechung mag im Interesse der Liberalisierung und der Funktionsfähigkeit der Märkte zu befürworten sein. Methodisch gesehen bleibt sie jedoch angreifbar, weil sie dazu führt, dass die Einräumung besonderer oder ausschließlicher Rechte im Regelfall eben doch als solche einen Missbrauch verkörpert. Derartige Rechte gehen typischerweise mit einer »Ungleichheit der Chancen von Wirtschaftsteilnehmern« (EuGH)[137], d. h. mit einer »abstrakten Gefährdung« (*Triantafyllos*)[138] des Wettbewerbs einher, so dass die Kommission sie ohne Rück-

---

[129] EuGH, Urt. 17.7.2014, Rs. C–553/12 P (DEI), ECLI:EU:C:2014:2083, Rn. 42; Urt. v. 1.7.2008, Rs. C–49/07 (MOTOE), Slg. 2008, I–4863, Rn. 50.
[130] EuGH, Urt. v. 12.2.1998, Rs. C–163/96 (Raso), Slg. 1998, I–533, Rn. 31.
[131] EuGH, Urt. v. 1.7.2008, Rs. C–49/07 (MOTOE), Slg. 2008, I–4863, Rn. 49.
[132] EuGH, Urt. 17.7.2014, Rs. C–553/12 P (DEI), ECLI:EU:C:2014:2083, Rn. 46.
[133] EuGH, Urt. 17.7.2014, Rs. C–553/12 P (DEI), ECLI:EU:C:2014:2083, Rn. 46 (Hervorhebung d. Verf.), entgegen EuG, Urt. v. 20.9.2012, Rs. T–169/08 (DEI), ECLI:EU:T:2012:448; für die Linie des EuG: *Schröter/Bartl*, in: GSH, Europäisches Unionsrecht, Art. 102 AEUV, Rn. 49.
[134] EuGH, Urt. 17.7.2014, Rs. C–553/12 P (DEI), ECLI:EU:C:2014:2083, Rn. 46.
[135] EuGH, Urt. 17.7.2014, Rs. C–553/12 P (DEI), ECLI:EU:C:2014:2083, Rn. 46.
[136] EuGH, Urt. 17.7.2014, Rs. C–553/12 P (DEI), ECLI:EU:C:2014:2083, Rn. 47 f.
[137] EuGH, Urt. 17.7.2014, Rs. C–553/12 P (DEI), ECLI:EU:C:2014:2083, Rn. 44.
[138] *Triantafyllos*, EuZW 2014, 734 (736); ähnlich: *Frenz*, DVBl 2014, 1454 (1456) (abstrakter Gefährdungstatbestand).

sicht auf einen konkreten Missbrauch oder eine konkrete Missbrauchsgefahr als rechtswidrig beanstanden könnte.[139]

D. Marktabgrenzung

I. Grundlagen

Der EuGH versteht die »beherrschende Stellung« (Art. 102 AEUV) eines Unternehmens als »wirtschaftliche Machtstellung«, die es »in die Lage versetzt, die Aufrechterhaltung eines wirksamen Wettbewerbs auf dem relevanten Markt zu verhindern«.[140] Dementsprechend ist die **Definition des relevanten Marktes** der Schlüssel zur Ermittlung der beherrschenden Stellung: Marktmacht kann nur in Relation zu einem bestimmten Markt festgestellt werden (Marktmachtkonzept),[141] die Marktpositionen von Unternehmen lassen sich »nur dann zuverlässig beurteilen, wenn feststeht, wo, wann und bei welchen Produkten sie miteinander konkurrieren«.[142] Die **Marktabgrenzung** richtet sich als soziale Konstruktion[143] nach dem Bedarfsmarktkonzept (s. Rn. 33 ff.),[144] das im Kern danach fragt, welche Produkte gegeneinander austauschbar sind und somit ein und demselben Markt angehören. Darüber hinaus sind die Wettbewerbsbedingungen und die (sonstigen) Marktverhältnisse, insbesondere die Nachfrage- und Angebotsstruktur zu berücksichtigen.[145] Der **Hauptzweck der Marktabgrenzung** besteht in der »systematische[n] Ermittlung der Wettbewerbskräfte, denen sich die beteiligten Unternehmen zu stellen haben«.[146] Fraglich ist, welche konkurrierenden Unternehmen tatsächlich in der Lage sind, dem möglichen Marktbeherrscher Schranken zu setzen und ihn daran zu hindern, sich einem wirksamen Wettbewerbsdruck zu entziehen.[147] Die Möglichkeit der **Nachfragesubstitution** stellt nach (richtiger) Einschätzung der Kommission »die unmittelbarste und wirksamste disziplinierende Kraft« dar, die auf den Produktanbieter einwirkt: Ein Unternehmen könne gegebene Verkaufsbedingungen nicht erheblich beeinflussen, wenn die Kunden in der Lage seien, ohne weiteres auf Substitute auszuweichen.[148] Daher bestehe die Marktabgrenzung im Wesentlichen darin, das dem Kunden tatsächlich zur Verfügung stehende Alternativangebot zu bestimmen.[149]

32

---

[139] Kritisch auch: *Frenz*, DVBl 2014, 1454 (1456). Dazu auch: *Jung*, in: Grabitz/Hilf/Nettesheim, EU, Art. 102 AEUV (Januar 2016), Rn. 132.
[140] EuGH, Urt. v. 14.2.1978, Rs. 27/76 (United Brands), Slg. 1978, 207, Rn. 63/66; Urt. v. 6.12.2012, Rs. C–457/10 P (Astra Zeneca), ECLI:EU:C:2012:770, Rn. 175; s. auch die Nachweise in Fn. 188.
[141] *Jung*, in: Grabitz/Hilf/Nettesheim, EU, Art. 102 AEUV (Januar 2016), Rn. 33.
[142] *Schröter/Bartl*, in: GSH, Europäisches Unionsrecht, Art. 102 AEUV, Rn. 127.
[143] *Engel*, in: FS Immenga, 2004, S. 127; s. aber: *Schröter/Bartl*, in: GSH, Europäisches Unionsrecht, Art. 102 AEUV, Rn. 129 (Identifikation des natürlichen Marktes).
[144] EuG, Urt. v. 9.9.2009, Rs. T–301/04 (Clearstream/Kommission), Slg. 2009, II–3155, Rn. 48, m.w.N.
[145] EuG, Urt. v. 9.9.2009, Rs. T–301/04 (Clearstream/Kommission), Slg. 2009, II–3155, Rn. 48, m.w.N.
[146] Bekanntmachung der Kommission über die Definition des relevanten Marktes im Sinne des Wettbewerbsrechts der Gemeinschaft, ABl. 1997, C 372/5, Rn. 2; s. auch: Kommission, Diskussionspapier (Fn. 53), Rn. 12: »The main purpose of market definition is to identify in a systematic way the immediate competitive constraints faced by an undertaking.«
[147] Kommission, Bekanntmachung (Fn. 146), Rn. 2.
[148] Kommission, Bekanntmachung (Fn. 146), Rn. 13.
[149] Kommission, Bekanntmachung (Fn. 146), Rn. 13.

II. Sachliche Marktabgrenzung

1. Nachfragesubstitution

a) Bedarfsmarktkonzept

33 EuGH und Kommission knüpfen bei der **Definition des sachlich relevanten Marktes** an das **Bedarfsmarktkonzept** und an die »Möglichkeit eines wirksamen Wettbewerbs« zwischen den auf dem Markt gehandelten, d. h. austauschbaren (substituierbaren) Produkten an.[150] Der **EuGH** geht davon aus, dass »der relevante Erzeugnis- oder Dienstleistungsmarkt ... alle Erzeugnisse oder Dienstleistungen [umfasst], die sich aufgrund ihrer Merkmale zur Befriedigung eines gleichbleibenden Bedarfs besonders eignen und mit anderen Erzeugnissen oder Dienstleistungen nur in geringem Maße austauschbar sind«.[151] Die **Kommission** orientiert sich stärker am Blickwinkel des Verbrauchers,[152] ohne dass dies als Dissens wahrgenommen wird.[153] Konsens besteht nämlich darüber, dass die Frage der Nachfragesubstitution im Rahmen einer wertenden Betrachtung **aus Sicht der Marktgegenseite** zu beantworten ist.[154]

34 Die Nachfragesubstitution ist grundsätzlich anhand **konkreter, empirisch nachgewiesener Umstände des Einzelfalls** zu überprüfen.[155] Die Rechtsprechung geht von den **Produktmerkmalen**, d. h. von den objektiven Eigenschaften der möglicherweise austauschbaren Produkte aus,[156] und prüft anschließend die durch diese Produktmerkmale festgelegten **Verwendungszwecke**.[157] Dementsprechend sind beispielsweise Direktbefestigungssysteme im Bauwesen, die aufgrund unterschiedlicher Funktionalitäten in unterschiedlichen Situationen zum Einsatz kommen, nicht austauschbar; sie werden vielmehr auf separaten Märkten gehandelt.[158] Im Hinblick auf ein und dasselbe Direktbefestigungssystem hat das Gericht zudem getrennte Märkte für Bolzenschussgeräte, Kartuschen und Bolzen angenommen und aus dem Umstand, dass sich unabhängige

---

[150] EuGH, Urt. v. 13. 2. 1979, Rs. 85/76 (Hoffmann-LaRoche), Slg. 1979, 461, Rn. 28.
[151] EuGH, Urt. v. 26. 11. 1998, Rs. C–7/97 (Bronner), Slg. 1998, I–7791, Rn. 33; Urt. v. 11. 12. 1980, Rs. 31/80 (L'Oréal), Slg. 1980, 3775, Rn. 25.
[152] Kommission, Bekanntmachung (Fn. 146), Rn. 2: »Der sachlich relevante Produktmarkt ... [soll] sämtliche Erzeugnisse und/oder Dienstleistungen [umfassen], die von den Verbrauchern hinsichtlich ihrer Eigenschaften, Preise und ihres vorgesehenen Verwendungszwecks als austauschbar oder substituierbar angesehen werden«; s. auch: EuG, Urt. v. 9. 9. 2009, Rs. T–301/04 (Clearstream/Kommission), Slg. 2009, II–3155, Rn. 50.
[153] *Fuchs/Möschel*, in: Immenga/Mestmäcker, Art. 102 AEUV, Rn. 48; *Schröter/Bartl*, in: GSH, Europäisches Unionsrecht, Art. 102 AEUV, Rn. 134.
[154] *Fuchs/Möschel*, in: Immenga/Mestmäcker, Art. 102 AEUV, Rn. 49; *Schröter/Bartl*, in: GSH, Europäisches Unionsrecht, Art. 102 AEUV, Rn. 133; *Bechthold/Bosch/Brinker*, Art. 102 AEUV, Rn. 8. Die Formel von der wertenden Betrachtung stammt von *Füller*, in: MüKo EuWettbR, Einl. K, Rn. 1671; ähnlich: *Busche*, in: Kölner Kommentar, Art. 102 AEUV, Rn. 18, der die faktischen Marktverhältnisse jedoch zu Unrecht normativ mit Hilfe des »verständigen Verbrauchers« ermitteln will.
[155] Kommission, Bekanntmachung (Fn. 146), Rn. 25.
[156] Paradigmatisch: EuGH, Urt. v. 14. 2. 1978, Rs. 27/76 (United Brands), Slg. 1978, 207, Rn. 22, 23/33, 34/35, mit einer präzisen Beschreibung der Merkmale einer Banane im Unterschied zu anderen Früchten und mit der Feststellung, dass »der Markt für Bananen ein von dem Markt für frisches Obst hinreichend abgesonderter Markt sei« (Rn. 34/35); s. auch: EuG, Urt. v. 12. 12. 1991, Rs. T–30/89 (Hilti), Slg. 1991, II–1439, Rn. 72 (qualitative Eigenschaften von Direktbefestigungssystemen); s. auch: *Jung*, in: Grabitz/Hilf/Nettesheim, EU, Art. 102 AEUV (Januar 2016), Rn. 39 (physikalisch-technische Produkteigenschaften als Ausgangspunkt).
[157] Dazu im Einzelnen: *Jung*, in: Grabitz/Hilf/Nettesheim, EU, Art. 102 AEUV (Januar 2016), Rn. 39 f.; *Schröter/Bartl*, in: GSH, Europäisches Unionsrecht, Art. 102 AEUV, Rn. 136.
[158] EuG, Urt. v. 12. 12. 1991, Rs. T–30/89 (Hilti), Slg. 1991, II–1439, Rn. 69.

Hersteller auf die Herstellung bestimmter, (nur) mit bestimmten Bolzenschussgeräten kompatibler Bolzen spezialisiert hatten, abgeleitet, dass es für diese Bolzen einen besonderen Produktmarkt gibt.[159]

Kann ein Erzeugnis zu unterschiedlichen Zwecken und für unterschiedliche (wirtschaftliche) Bedürfnisse verwendet werden (Beispiel: nutritive und technologische Verwendung von Vitamin C), so kann es getrennten Märkten angehören, die ihrerseits unterschiedliche Merkmale aufweisen.[160] Diese Feststellung rechtfertigt jedoch nicht den Schluss, dass ein solches Erzeugnis gemeinsam mit allen anderen Erzeugnissen, mit denen es in seinen möglichen unterschiedlichen Verwendungen austauschbar ist und gegebenenfalls im Wettbewerb steht, einen einzigen einheitlichen Markt bildet.[161] Der Begriff des relevanten Marktes setzt nämlich die Möglichkeit eines wirksamen Wettbewerbs zwischen den zu ihm gehörenden Erzeugnissen voraus, so dass ein **hinreichender Grad von Austauschbarkeit zwischen allen zum gleichen Markt gehörenden Erzeugnissen** im Hinblick auf die gleiche Verwendung erforderlich ist.[162] Dabei ist der **Preis** zu berücksichtigen.[163]

35

b) Kreuz-Preis-Elastizität der Nachfrage

Die Kommission orientiert sich bei der Prüfung der Nachfragesubstitution an der **Kreuz-Preis-Elastizität der Nachfrage** und analysiert auf der Basis des **SSNIP-Tests** (Small but Significant Non-transitory Increase in Price) die Profitabilität geringfügiger Preiserhöhungen.[164] Die Beurteilung der Substituierbarkeit der Nachfrage erfordere eine Bestimmung derjenigen Produkte, die von den Abnehmern als austauschbar angesehen würden. Eine Möglichkeit, diese Bestimmung vorzunehmen, lasse sich als **gedankliches Experiment** betrachten, bei dem von einer geringen, nicht vorübergehenden Änderung der relativen Preise ausgegangen und eine Bewertung der wahrscheinlichen Reaktion der Kunden vorgenommen werde. Die zu beantwortende Frage laute, ob die Kunden als Reaktion auf eine angenommene kleine, bleibende Erhöhung der relativen Preise (im Bereich zwischen 5 und 10 %) für die betreffenden Produkte und Gebiete auf leicht verfügbare Substitute ausweichen würden.[165] Ist die Substitution so groß, dass durch den damit einhergehenden Absatzrückgang eine Preiserhöhung nicht mehr einträglich wäre, so sollen in den sachlich und räumlich relevanten Markt so lange weitere Produkte und Gebiete einbezogen werden, bis kleine dauerhafte Erhöhungen der relativen Preise einen Gewinn einbrächten.[166]

36

Dieses gedankliche Experiment leidet an einem auch der Kommission bekannten[167] Konstruktionsfehler, den man als »**Cellophane Fallacy**« bezeichnet. Der BGH[168] hat

37

---

[159] EuG, Urt. v. 12.12.1991, Rs. T–30/89 (Hilti), Slg. 1991, II–1439, Rn. 66f.
[160] EuGH, Urt. v. 13.2.1979, Rs. 85/76 (Hoffmann-LaRoche), Slg. 1979, 461, Rn. 28.
[161] EuGH, Urt. v. 13.2.1979, Rs. 85/76 (Hoffmann-LaRoche), Slg. 1979, 461, Rn. 28.
[162] EuGH, Urt. v. 13.2.1979, Rs. 85/76 (Hoffmann-LaRoche), Slg. 1979, 461, Rn. 28; EuG, Urt. v. 9.9.2009, Rs. T–301/04 (Clearstream/Kommission), Slg. 2009, II–3155, Rn. 49 m.w.N.; s. auch: *Busche*, in: Kölner Kommentar, Art. 102 AEUV, Rn. 20.
[163] *Schröter/Bartl*, in: GSH, Europäisches Unionsrecht, Art. 102 AEUV, Rn. 137; *Jung*, in: Grabitz/Hilf/Nettesheim, EU, Art. 102 AEUV (Januar 2016), Rn. 42.
[164] Kommission, Bekanntmachung (Fn. 146), Rn. 15, 17; s. auch: EuG, Urt. v. 9.9.2009, Rs. T–301/04 (Clearstream/Kommission), Slg. 2009, II–3155, Rn. 50.
[165] Kommission, Bekanntmachung (Fn. 146), Rn. 17.
[166] Kommission, Bekanntmachung (Fn. 146), Rn. 17.
[167] Kommission, Bekanntmachung (Fn. 146), Rn. 19.
[168] BGHZ 176, 1, Rn. 19.

diesen Fehler mit dem Hinweis darauf auf den Punkt gebracht, dass der Markt- bereits der Monopolpreis sein könne – mit der Folge, dass die Bereitschaft der Nachfrager, bei geringfügigen Preiserhöhungen auf andere Produkte auszuweichen, eventuell nur darauf beruht, dass der Marktbeherrscher seine Handlungsspielräume bereits ausgenutzt hat. Daher hat der BGH den SSNIP-Test nur als bloße »Modellerwägung« eingeordnet, die insbesondere im Rahmen der Missbrauchskontrolle »wenig aussagekräftig« sei.[169] Die Kommission hält es zwar für möglich, das Fehlerrisiko gegebenenfalls durch eine Rekonstruktion des Wettbewerbspreises zu begrenzen, hält diese Rekonstruktion jedoch selbst für problematisch.[170]

2. Angebotssubstitution und Besonderheiten der Marktstruktur

38 Die Kommission berücksichtigt bei der Marktabgrenzung auch die **Substituierbarkeit auf der Angebotsseite**, wenn die Anbieter in Reaktion auf kleine, dauerhafte Änderungen bei den relativen Preisen in der Lage sind, ihre Produktion auf die relevanten Erzeugnisse umzustellen und sie kurzfristig auf den Markt zu bringen, ohne spürbare Risiken oder Zusatzkosten gewärtigen zu müssen;[171] gegebenenfalls »üben die zusätzlich auf den Markt gelangenden Produkte [nämlich] ... eine disziplinierende Wirkung« auf die auf dem Markt agierenden Unternehmen aus.[172] Damit stellt die Kommission auf die Flexibilität potentieller Konkurrenten des Marktbeherrschers und darauf ab, ob diese ihre Produktion kurzfristig auf konkurrenzfähige Produkte umstellen können (sog. Angebotsumstellungsflexibilität)[173], integriert genau genommen also den potentiellen Wettbewerb in die Definition des relevanten Marktes.[174] Das ist nicht zu beanstanden, weil die Marktabgrenzung der systematischen Ermittlung der Wettbewerbskräfte dient, denen sich die beteiligten Unternehmen zu stellen haben,[175] darf aber nicht dazu führen, dass man – je nachdem, ob man potentiellen Wettbewerb bereits bei der Marktabgrenzung oder erst bei der Frage der Marktbeherrschung (s. Rn. 43 ff.) berücksichtigt – mit zweierlei Maß misst.

39 Der EuGH geht davon aus, dass sich die Marktabgrenzung im Interesse der Ermittlung aller relevanten Marktkräfte, die u. U. zu einer Disziplinierung des mutmaßlichen Marktbeherrschers führen können, »nicht auf die [Prüfung der] objektiven Merkmale der in Rede stehenden Erzeugnisse beschränken« dürfe; vielmehr müssten »auch die **Wettbewerbsbedingungen** sowie die **Struktur der Nachfrage und des Angebots auf dem Markt** in Betracht gezogen werden«.[176] Der EuGH hat beispielsweise in der Michelin-

---

[169] BGHZ 176, 1, 2. Leitsatz; ähnlich: *Bulst*, in: Langen/Bunte, Art. 102 AEUV, Rn. 40.
[170] Kommission, Diskussionspapier (Fn. 53), Rn. 16: »One method of checking for false substitution patterns would involve reconstructing the competitive price, i. e. to estimate the competitive price .... However, in most cases it is not possible to reconstruct the competitive price with the requisite degree of accuracy.«
[171] Kommission, Bekanntmachung (Fn. 146), Rn. 20.
[172] Kommission, Bekanntmachung (Fn. 146), Rn. 20, mit dem Beispiel der Herstellung unterschiedlicher Papiersorten und -qualitäten, Rn. 22.
[173] Begriff: Kommission, Bekanntmachung (Fn. 146), Rn. 22.
[174] *Schröter/Bartl*, in: GSH, Europäisches Unionsrecht, Art. 102 AEUV, Rn. 146, mit Hinweisen auch zur Rspr. des EuGH und des EuG.
[175] Kommission, Bekanntmachung (Fn. 146), Rn. 2; s. auch: Kommission, Diskussionspapier (Fn. 53), Rn. 12: »The main purpose of market definition is to identify in a systematic way the immediate competitive constraints faced by an undertaking.«
[176] EuGH, Urt. v. 9.11.1983, Rs. 322/81 (Michelin), Slg. 1984, 3461, Rn. 37 (Hervorhebung des Verf.); Urt. v. 14.11.1996, Rs. C–333/94 P (Tetra Pak), Slg. 1996, I–5951, Rn. 13, 15 (»gleichbleiben-

Entscheidung unterschiedliche Märkte für Lkw- und Pkw-Ersatzreifen ausgemacht und hat sich dabei auf die spezifischen Bedürfnisse und Erwartungen der Nachfrager berufen.[177] Neureifen für die Erstausrüstung von Fahrzeugen hatte schon die Kommission »wegen der besonderen Nachfragestruktur, die durch unmittelbare Bestellungen der Kfz-Hersteller gekennzeichnet« sei, von vornherein ausgeblendet; in diesem Bereich finde der Wettbewerb »nach völlig anderen Regeln und Faktoren statt«.[178]

Im **Energie- und Telekommunikationssektor** sind die Märkte auch unter Berücksichtigung der sektorspezifischen Regulierung abzugrenzen.[179] Besonderheiten bestehen auch bei **Internetplattformen** (Beispiel: google), auf denen (vermeintlich) unentgeltliche, werbefinanzierte Dienstleistungen angeboten werden: Es handelt sich um **mehrseitige Märkte**, die (1.) durch **indirekte Netzwerkeffekte** gekennzeichnet sind, die (2.) die **Entstehung von Marktmacht** begünstigen und die (3.) auf der Basis des Bedarfsmarktkonzepts in **Teilmärkte** aufzuspalten sind – wobei die Interdependenz dieser Teilmärkte bei der späteren Missbrauchsprüfung zu berücksichtigen ist.[180]

40

III. Räumliche Marktabgrenzung

Der **räumlich (= geographisch) relevante Markt** »umfasst das Gebiet, in dem die beteiligten Unternehmen die relevanten Produkte oder Dienstleistungen anbieten, in dem die Wettbewerbsbedingungen hinreichend homogen sind und das sich von benachbarten Gebieten durch spürbar unterschiedliche Wettbewerbsbedingungen unterscheidet«.[181] Gleichartige Absatzbedingungen für austauschbare Produkte entscheiden also über den räumlich relevanten Markt.[182] Die Kommission verschafft sich anhand der **Marktanteile** der Unternehmen auf nationaler und europäischer Ebene einen ersten Eindruck vom Umfang des räumlich relevanten Marktes[183] und überprüft anschließend anhand der **Nachfragemerkmale** (Bedeutung nationaler oder regionaler Präferenzen, gegenwärtiges Käuferverhalten, Produkt- und Markendifferenzierung usw.), ob Unternehmen an unterschiedlichen Standorten für die Verbraucher tatsächlich eine alternative Lieferquelle darstellen.[184] Tatsächliche und rechtliche **Marktzugangshindernisse** sowie **Transaktionskosten**, insbesondere **Transportkosten aufgrund räumlicher Entfernung** sind zu berücksichtigen.[185]

41

---

de Nachfrage ... [als] maßgebliches Kriterium«); EuG, Urt. v. 9.9.2009, Rs. T–301/04 (Clearstream/Kommission), Slg. 2009, II–3155, Rn. 48.

[177] EuGH, Urt. v. 9.11.1983, Rs. 322/81 (Michelin), Slg. 1984, 3461, Rn. 40, 44.

[178] EuGH, Urt. v. 9.11.1983, Rs. 322/81 (Michelin), Slg. 1984, 3461, Rn. 38.

[179] *Fuchs/Möschel*, in: Immenga/Mestmäcker, Art. 102 AEUV, Rn. 62 f.; aus der Praxis: Entscheidungen der Kommission v. 21.5.2003 (Deutsche Telekom AG), ABl. 2003, L 263/9, Entscheidung v. 4.7.2007 (Telefónica), COMP/38.784, http://ec.europa.eu/competition/antitrust/cases/dec_docs/38784/38784_311_10.pdf (6.4.2016) und v. 14.4.2010 (Swedish Interconnectors), COMP/39.351, http://ec.europa.eu/competition/antitrust/cases/dec_docs/39351/39351_1222_2.pdf (6.4.2016).

[180] Im Einzelnen: *Klotz*, WuW 2016, 58; *Körber*, WuW 2015, 120; *Dementer/Rösch/Terschüren*, NZKart 2014, 387; *Busche*, in: Kölner Kommentar, Art. 102 AEUV, Rn. 26; Kommission, Entscheidung v. 3.10.2014, COMP/M.7217 – Facebook WhatsApp (Fusionskontrolle).

[181] Kommission, Bekanntmachung (Fn. 146), Rn. 8; EuGH, Urt. v. 1.7.2008, Rs. C–49/07 (MOTOE); Slg. 2008, I–4863, Rn. 34; Urt. v. 31.3.1998, verb. Rs. C–68/94 u. C–30/95 (Frankreich, Société Commerciale des Potasses et de l'Azote [SCPA] u. Entreprise Minière et Chimique [EMC]/Kommission), Slg. 1998, I–1453, Rn. 143; EuG, Urt. v. 12.12.2000, Rs. T–128/98 (Aéroports de Paris/Kommission), Slg. 2000, II–3929, Rn. 140.

[182] Ähnlich: *Jung*, in: Grabitz/Hilf/Nettesheim, EU, Art. 102 AEUV (Januar 2016), Rn. 49.

[183] Kommission, Bekanntmachung (Fn. 146), Rn. 28.

[184] Kommission, Bekanntmachung (Fn. 146), Rn. 29, 46 (Faktoren wie nationale Vorlieben oder Vorlieben für einheimische Marken, Sprache, Kultur und Lebensstil).

IV. Zeitliche Marktabgrenzung

42 Bei der Marktabgrenzung können im Einzelfall, beispielsweise bei bestimmten Kultur- oder Sportveranstaltungen, auch **zeitliche Faktoren** zu berücksichtigen sein. Lässt sich die Marktmacht des Marktführers auf eine durch Patent geschützte Erfindung zurückführen, so können sich die Marktverhältnisse mit dem Ende der Patentlaufzeit (s. § 16 PatG) nachhaltig ändern.[186]

E. Marktbeherrschung

I. Begriff

43 Der Begriff der **Marktbeherrschung** wird hier als Chiffre für das Tatbestandsmerkmal der beherrschenden Stellung verwendet.[187] Damit ist »die **wirtschaftliche Machtstellung eines Unternehmens** gemeint, die dieses in die Lage versetzt, die Aufrechterhaltung eines wirksamen Wettbewerbs auf dem relevanten Markt zu verhindern, indem sie ihm die Möglichkeit verschafft, sich seinen Wettbewerbern, seinen Abnehmern und schließlich den Verbrauchern gegenüber in einem nennenswerten Umfang unabhängig zu verhalten«.[188] Eine solche Marktstellung setzt **kein Monopol** voraus, schließt also Wettbewerb nicht aus;[189] sie versetzt ein Unternehmen jedoch in die Lage, die Bedingungen, unter denen sich dieser Wettbewerb entfalten kann, zu bestimmen oder wenigstens merklich zu beeinflussen, jedenfalls aber weitgehend in seinem Verhalten keine Rücksicht nehmen zu müssen, ohne dass es ihm zum Schaden gereicht.[190] Kern der Marktbeherrschung ist also das **Primat des Marktbeherrschers gegenüber dem Wettbewerb**: Er kann sich dem Wettbewerb entziehen (Unabhängigkeit des Marktverhaltens) und ihn merklich beeinflussen. Beide Faktoren treffen im Regelfall zusammen. Es reicht jedoch ausweislich der referierten EuGH-Entscheidung aus, dass sich der (präsumtive) Marktbeherrscher »jedenfalls« dem Druck des Wettbewerbs entziehen kann. Das ist auch der Fall, wenn der Marktbeherrscher unumgänglicher (nicht zu übergehender) Handelspartner ist, die Marktgegenseite also nicht auf andere Unternehmen ausweichen kann, um ihren Bedarf zu decken.[191]

---

[185] Kommission, Bekanntmachung (Fn. 146), Rn. 30 f., mit dem Hinweis auf Kettensubstitutionseffekte in Fällen, in denen sich Lieferungen ab Werk zwar (aufgrund der Transportkosten) auf einen bestimmten Umkreis beschränken, in denen sich die so bestimmbaren räumlichen Liefergebiete mehrerer Werke jedoch überschneiden (Rn. 57 f.).

[186] *Fuchs/Möschel*, in: Immenga/Mestmäcker, Art. 102 AEUV, Rn. 70, mit dem Hinweis auf: Kommission, Entscheidung v. 21.12.1988 (Decca Navigator Systems), ABl. 1989, L 43/27; s. aber: *Busche*, in: Kölner Kommentar, Art. 102 AEUV, Rn. 38, mit dem berechtigten Hinweis auf die marktbeherrschende Stellung Deccas nach Patentablauf.

[187] Differenzierungen bei *Schröter/Bartl*, in: GSH, Europäisches Unionsrecht, Art. 102 AEUV, Rn. 124.

[188] EuGH, Urt. v. 14.2.1978, Rs. 27/76 (United Brands), Slg. 1978, 207, Rn. 63/66 (Hervorhebung des Verf.); Urt. v. 13.2.1979, Rs. 85/76 (Hoffmann-La Roche), Slg. 1979, 461, Rn. 38; Urt. v. 2.4.2009, Rs. C-202/07 P (France Télécom/Kommission), Slg. 2009, I-2369, Rn. 103; zuletzt: Urt. v. 19.4.2012, Rs. C-549/10 P (Tomra), ECLI:EU:C:2012:221, Rn. 38; Urt. v. 6.12.2012, Rs. C-457/10 P (Astra Zeneca), ECLI:EU:C:2012:770, Rn. 175; ausführlich zur Entstehungsgeschichte dieser Definition: *Schröter/Bartl*, in: GSH, Europäisches Unionsrecht, Art. 102 AEUV, Rn. 68–72.

[189] EuGH, Urt. v. 13.2.1979, Rs. 85/76 (Hoffmann-La Roche), Slg. 1979, 461, Rn. 39.

[190] EuGH, Urt. v. 13.2.1979, Rs. 85/76 (Hoffmann-La Roche), Slg. 1979, 461, Rn. 39.

[191] EuGH, Urt. v. 13.2.1979, Rs. 85/76 (Hoffmann-La Roche), Slg. 1979, 461, Rn. 41. Dazu und zu

1. Produktangebot oder -nachfrage

Marktbeherrschende Unternehmen können grundsätzlich als **Produktanbieter oder -nachfrager** auftreten (e Art. 102 Satz 2 Buchst. a: Einkaufs- oder Verkaufspreise).[192] Eine Nachfragetätigkeit erfüllt den Unternehmensbegriff jedoch nur, wenn sie zur wirtschaftlichen Tätigkeit eines Nachfragers gehört, der (auch) Produkte auf nachgelagerten Märkten anbietet.[193]

44

2. Individuelle oder kollektive Marktbeherrschung

Der EuGH entnimmt die Marktbeherrschung »im Allgemeinen aus dem Zusammentreffen mehrerer Faktoren, die jeweils für sich genommen nicht ausschlaggebend sein müssen«.[194] Prüfungsgegenstand ist im Regelfall eine **individuelle Marktbeherrschung**, d.h. die Marktmacht eines einzelnen Unternehmens (die Bezeichnung als »Einzelmarktbeherrschung« ist missverständlich). Die Rechtsprechung erkennt jedoch auch eine kollektive Marktbeherrschung aufgrund wirtschaftlicher Reaktionsverbundenheit mehrerer Unternehmen an.[195] **Kollektive Marktbeherrschung** bedeutet, dass mehrere Unternehmen, d.h. mehrere unabhängige wirtschaftliche Einheiten, gemeinsam eine beherrschende Stellung einnehmen können, sofern sie in wirtschaftlicher Hinsicht auf einem Markt gemeinsam als kollektive Einheit auftreten oder handeln.[196] Dementsprechend müssen »die wirtschaftlichen Bindungen oder Faktoren geprüft« werden, »die die betreffenden Unternehmen verbinden«.[197] Maßgeblich ist, (1.) ob die Unternehmen gemeinsam so stark sind, dass sie sich unabhängig von den Kräften des Marktes verhalten, sich also der Disziplinierung durch Wettbewerb entziehen können, und (2.) ob ein »Mindestmaß an Gruppendisziplin«[198] besteht, das die Unternehmen – unbeschadet eines (begrenzten!)[199] Binnenwettbewerbs – zu einem einheitlichen Machtblock auf dem Markt werden lässt. Marktbeherrschende **Konzerne** gehören nicht hierher (str.), weil es sich bei einem Konzern um ein einziges Unternehmen und nicht um mehrere rechtlich und wirtschaftlich selbständige Einheiten handelt.[200]

45

---

der »Lehre vom *partenaire obligatoire*«: *Schröter/Bartl*, in: GSH, Europäisches Unionsrecht, Art. 102 AEUV, Rn. 77, die die Bestimmung des relevanten Marktes in solchen Fällen sogar für entbehrlich halten (Rn. 124); vgl. auch: Kommission, Prioritätenmitteilung (Fn. 7), Rn. 35.

[192] *Eilmansberger*, EnzEuR, Bd. 4, § 9, Rn. 17; *Schröter/Bartl*, in: GSH, Europäisches Unionsrecht, Art. 102 AEUV, Rn. 75; *Jung*, in: Grabitz/Hilf/Nettesheim, EU, Art. 102 AEUV (Januar 2016), Rn. 66.

[193] EuG, Urt. v. 4.3.2003, Rs. T–319/99 (FENIN), Slg. 2003, II–357, Rn. 37; im Ergebnis bestätigt durch: EuGH, Urt. v. 11.7.2006, Rs. C–205/03 P (FENIN), Slg. 2006, I–6295, Rn. 25 ff.

[194] EuGH, Urt. v. 14.2.1978, Rs. 27/76 (United Brands), Slg. 1978, 207, Rn. 63/66; Urt. v. 6.12.2012, Rs. C–457/10 P (Astra Zeneca), ECLI:EU:C:2012:770, Rn. 175.

[195] EuGH, Urt. v. 31.3.1998, verb. Rs. C–68/94 u. C–30/95 (Kali & Salz), Slg. 1998, I–1375, Rn. 166, 178; Urt. v. 10.7.2008, Rs. C–413/06 P (Impala), Slg. 2008, I–4951, Rn. 119.

[196] EuGH, Urt. v. 16.3.2000, verb. Rs. C–395/96 P u. C–396/96 P (Compagnie maritime belge), Slg. 2000, I–1365, Rn. 36.

[197] EuGH, Urt. v. 16.3.2000, verb. Rs. C–395/96 P u. C–396/96 P (Compagnie maritime belge), Slg. 2000, I–1365, Rn. 41; Urt. v. 10.7.2008, Rs. C–413/06 P (Impala), Slg. 2008, I–4951, Rn. 119; Urt. v. 27.4.1994, Rs. C–393/92 (Almelo), Slg. 1994, I–1477, Rn. 42.

[198] *Schröter/Bartl*, in: GSH, Europäisches Unionsrecht, Art. 102 AEUV, Rn. 80 (zu Überschneidungen mit dem Kartellverbot: Rn. 83, 84).

[199] EuG, Urt. v. 30.9.2003, verb. Rs. T–191/98, T–212/98–214/98 (Atlantic Container Line), Slg. 2003, II–3275, Rn. 695; s. auch: *Jung*, in: Grabitz/Hilf/Nettesheim, EU, Art. 102 AEUV (Januar 2016), Rn. 71, der das »Fehlen wirksamen Innenwettbewerbs« verlangt.

[200] *Fuchs/Möschel*, in Immenga/Mestmäcker, Art. 102 AEUV, Rn. 116; *Eilmansberger*, EnzEuR,

46 Im Hinblick auf die **Möglichkeit kollektiver Marktbeherrschung** ist insbesondere zu prüfen, ob es zwischen den betreffenden Unternehmen wirtschaftliche Bindungen gibt, die es ihnen erlauben, gemeinsam unabhängig von ihren Konkurrenten, ihren Abnehmern und den Verbrauchern zu handeln.[201] Der bloße Umstand, dass mehrere Unternehmen durch Maßnahmen i. S. v. Art. 101 Abs. 1 AEUV (insbesondere: Kartelle) miteinander verbunden sind, reicht dafür nicht aus.[202] Dagegen kann die Durchführung solcher Maßnahmen dazu führen, dass sich die betreffenden Unternehmen hinsichtlich ihres Verhaltens auf einem bestimmten Markt so gebunden haben, dass sie auf diesem Markt gegenüber ihren Konkurrenten, ihren Geschäftspartnern und den Verbrauchern als kollektive Einheit auftreten.[203] Rechtliche Bindungen sind für die Feststellung einer kollektiven beherrschenden Stellung nicht unerlässlich; sie kann sich vielmehr auch aus anderen **verbindenden Faktoren** ergeben und hängt von einer wirtschaftlichen Beurteilung und insbesondere einer Beurteilung der Marktstruktur ab.[204] Der EuGH hat solche verbindenden Faktoren u. a. bei einer **Linienkonferenz** bejaht,[205] die als solche einheitliche Frachtraten in der Schifffahrt festlegt.

47 **Kollektive Marktbeherrschung bei organisierter Reaktionsverbundenheit im Oligopol**[206] nimmt das Gericht unter Berücksichtigung der Marktverhältnisse (Marktkonzentration, Markttransparenz und Homogenität des Erzeugnisses) an, wenn (1.) jedes Mitglied des Oligopols das Verhalten der anderen Mitglieder in Erfahrung bringen kann, (2.) die stillschweigende Koordinierung auf Dauer aufrechterhalten werden kann, und (3.) die voraussichtliche Reaktion der tatsächlichen und potenziellen Konkurrenten sowie der Verbraucher nicht die erwarteten Ergebnisse des gemeinsamen Vorgehens in Frage stellen.[207] Der EuGH[208] hat diese Kriterien bestätigt, hat allerdings klargestellt, dass man nicht mechanisch vorgehen, d. h. jedes Kriterium isoliert prüfen dürfe ohne den wirtschaftlichen Gesamtmechanismus zu beachten. Der EuGH betont außerdem, dass es »aus Gründen der Disziplin« einen glaubwürdigen Abschreckungsmechanismus geben müsse.[209]

Bd. 4, § 9, Rn. 18; *Jung*, in: Grabitz/Hilf/Nettesheim, EU, Art. 102 AEUV (Januar 2016), Rn. 75; a. A.: *Schröter/Bartl*, in: GSH, Europäisches Unionsrecht, Art. 102 AEUV, Rn. 81.

[201] EuGH, Urt. v. 16. 3. 2000, verb. Rs. C–395/96 P u. C–396/96 P (Compagnie maritime belge), Slg. 2000, I–1365, Rn. 42.

[202] EuGH, Urt. v. 16. 3. 2000, verb. Rs. C–395/96 P u. C–396 P (Compagnie maritime belge), Slg. 2000, I–1365, Rn. 43.

[203] EuGH, Urt. v. 16. 3. 2000, verb. Rs. C–395/96 P u. C–396/96 P (Compagnie maritime belge), Slg. 2000, I–1365, Rn. 44.

[204] EuGH, Urt. v. 16. 3. 2000, verb. Rs. C–395/96 P u. C–396/96 P (Compagnie maritime belge), Slg. 2000, I–1365, Rn. 45; Urt. v. 10. 7. 2008, Rs. C–413/06 P (Impala), Slg. 2008, I–4951, Rn. 119.

[205] EuGH, Urt. v. 16. 3. 2000, verb. Rs. C–395/96 P u. C–396/96 P (Compagnie maritime belge), Slg. 2000, I–1365, Rn. 48.

[206] *Busche*, in: Kölner Kommentar, Art. 102 AEUV, Rn. 76; ausführlich: *Jung*, in: Grabitz/Hilf/Nettesheim, EU, Art. 102 AEUV (Januar 2016), Rn. 77–81.

[207] EuG, Urt. v. 26. 1. 2005, Rs. T–193/02 (Piau/Kommission), Slg. 2005, II–209, Rn. 111; Urt. v. 6. 6. 2002, Rs. T–342/99 (Airtours/Kommission), Slg. 2002, II–2585, Rn. 62; Urt. v. 24. 11. 2011, T–296/09 (EFIM), Slg. 2011, II–425, Rn. 71; Urt. v. 8. 7. 2003, Rs. T–374/00 (Verband der freien Rohrwerke), Slg. 2003, II–2275, Rn. 121.

[208] EuGH, Urt. v. 10. 7. 2008, Rs. C–413/06 P (Bertelsmann), Slg. 2008, I–4951, Rn. 125.

[209] Ebenso bereits: EuG, Urt. v. 6. 6. 2002, Rs. T–342/99 (Airtours/Kommission), Slg. 2002, II–2585, Rn. 195; ungenau (scil.: abweichend von Rn. 195 des EuG-Urteils): *Eilmansberger* EnzEuR, Bd. 4, § 9, Rn. 19 (wirksamer Sanktionsmechanismus); vertiefend: *Schröter/Bartl*, in: GSH, Europäisches Unionsrecht, Art. 102 AEUV, Rn. 86.

II. Indikatoren für eine marktbeherrschende Stellung

Bei der Ermittlung der Marktstellung eines Unternehmens ist in erster Linie von der Marktstruktur, d. h. vor allem von den **Marktanteilen** auszugehen.[210] Meist ergibt sich das Vorliegen einer beherrschenden Stellung jedoch erst aus dem Zusammentreffen mehrerer Faktoren, die jeweils für sich genommen nicht ausschlaggebend sein müssen.[211] Dazu gehört das Verhältnis zwischen den Marktanteilen des (angeblichen oder tatsächlichen) Marktbeherrschers und denen der Mitbewerber, insbesondere dem des nächstkleineren Mitbewerbers (relative Marktmacht)[212], der (mögliche) Technologievorsprung des Marktbeherrschers, die Existenz eines erstklassigen Vertriebsnetzes und das Fehlen potentiellen Wettbewerbs.[213] Intensiver Wettbewerb auf einem Primärmarkt, beispielsweise auf dem Markt für Tintenstrahl- bzw. Laserdrucker, kann eine beherrschende Stellung auf dem Sekundärmarkt, beispielsweise auf dem Markt für Toner bzw. Tintenpatronen, ausschließen.[214]

48

1. Marktstruktur

a) Monopole

Ein **Monopolist** befindet sich immer in einer beherrschenden Stellung auf dem (sachlich und räumlich) relevanten Markt.[215] Das gilt auch für Unternehmen, die auf einem wesentlichen Teil des Gemeinsamen Marktes über ein gesetzliches Monopol verfügen.[216] Die Einräumung eines gesetzlichen Monopols als solche ist mit Art. 102 AEUV vereinbar (s. o.); gemäß Art. 106 Abs. 1 AEUV dürfen die Mitgliedstaaten jedoch in Bezug auf Unternehmen, denen sie ausschließliche Rechte gewähren, keine Art. 101 f. AEUV widersprechenden Maßnahmen treffen oder beibehalten.[217] Die Unternehmen selbst sind prinzipiell an das Missbrauchsverbot gebunden (s. Art. 106 Abs. 2 AEUV).

49

b) Relevante Marktanteile

Bei den Marktanteilen handelt es sich nicht nur um einen »erste[n] aufschlussreiche[n] Indikator für die Marktstruktur und die relative Bedeutung der auf dem Markt tätigen Unternehmen« (Kommission),[218] sondern um den Schlüssel zur Bestimmung der Machtverhältnisse auf einem gegebenen Markt.[219] Der EuGH hat zwar schon in Hoffmann-La Roche klargestellt, dass auch ein »beträchtlicher Marktanteil … als Beweismittel für das

50

---

[210] *Schröter/Bartl*, in: GSH, Europäisches Unionsrecht, Art. 102 AEUV, Rn. 93; *Busche*, in: Kölner Kommentar, Art. 102 AEUV, Rn. 45 m.w.N.
[211] EuGH, Urt. v. 15.12.1994, Rs. C–250/92 (DLG), Slg. 1994, I–5641, Rn. 47.
[212] *Eilmansberger*, EnzEuR, Bd. 4, § 9, Rn. 23.
[213] EuGH, Urt. v. 13.2.1979, Rs. 85/76 (Hoffmann-La Roche), Slg. 1979, 461, Rn. 48.
[214] Kommission, Entscheidung v. 20.5.2009, K(2009), 4125, Rn. 16, 22; s. auch: EuGH, Urt. v. 19.9.2013, Rs. C–56/12 P (EFIM), ECLI:EU:C:2013:575, Rn. 12.
[215] *Schröter/Bartl*, in: GSH, Europäisches Unionsrecht, Art. 102 AEUV, Rn. 95.
[216] EuGH, Urt. v. 27.2.2014, Rs. C–351/12 (OSA), ECLI:EU:C:2014:110, Rn. 86; Urt. v. 10.2.2000, verb. Rs. C–147/97 u. C–148/97 (Deutsche Post AG), Slg. 2000, I–825, Rn. 38 mit umfangreichen Nachweisen; Urt. v. 10.12.1991, Rs. C–179/90 (Merci), Slg. 1991, I–5889, Rn. 14.
[217] EuGH, Urt. v. 10.2.2000, verb. Rs. C–147/97 u. C–148/97 (Deutsche Post AG), Slg. 2000, I–825, Rn. 40; Urt. v. 19.5.1993, Rs. C–320/91 (Corbeau), Slg. 1993, I–2533, Rn. 12.
[218] Kommission, Prioritätenmitteilung (Fn. 7), Rn. 13; s. auch: *Eilmansberger*, EnzEuR, Bd. 4, § 9, Rn. 22 (eindeutig wichtigster Indikator).
[219] Ebenso: *Eilmansberger*, EnzEuR, Bd. 4, § 9, Rn. 22 (eindeutig wichtigster Indikator); *Schröter/Bartl*, in: GSH, Europäisches Unionsrecht, Art. 102 AEUV, Rn. 93.

Vorliegen einer marktbeherrschenden Stellung keine unveränderliche Größe« sei; seine Bedeutung schwanke von Markt zu Markt – je nach der jeweiligen Produktions-, Angebots- und Nachfragestruktur.[220] Rückschlüsse von der Höhe der Marktanteile auf die Machtverhältnisse sind jedoch auch in der Rechtsprechung gang und gäbe und lassen sich wie folgt systematisieren:

Marktanteil	Marktbeherrschung
> 50 %	Marktbeherrschung, ohne dass – von außergewöhnlichen Umständen abgesehen – weitere Faktoren hinzu kommen müssten[221] (str.; nach hL > 70 %).[222]
> 40 %	Marktbeherrschung, wenn weitere Faktoren wie hohe Marktzutrittsschranken oder Technologievorsprünge hinzukommen oder der Abstand gegenüber den Mitbewerbern besonders groß ausfällt.[223]
< 40 %	Marktbeherrschung »erfahrungsgemäß unwahrscheinlich«.[224]
< 25 %	Marktbeherrschung ausgeschlossen, »wenn nicht besondere Umstände vorliegen«.[225]

51 Der EuGH[226] hat aus **besonders hohen Marktanteilen** den Rückschluss auf eine marktbeherrschende Stellung gezogen: Ein Unternehmen, das während längerer Zeit besonders hohe Marktanteile besitze, befinde sich allein durch den Umfang seiner Produktion und seines Angebots in einer **Position der Stärke**, die es zu einem nicht zu übergehenden Geschäftspartner mache und ihm bereits deswegen, jedenfalls während relativ langer Zeit, die Unabhängigkeit des Verhaltens sichere, die für eine beherrschenden Stellung kennzeichnend sei.[227] Besonders hohe Marktanteile (> 50 %) liefern also – von außergewöhnlichen Umständen abgesehen – ohne weiteres den Beweis für eine marktbeherrschende Stellung.[228] Besonders hohe Marktanteile lagen u. a. im Fall des Unternehmens Hoffman-La Roche vor, das auf bestimmten Teilmärkten für Vitamine über Marktan-

---

[220] EuGH, Urt. v. 13.2.1979, Rs. 85/76 (Hoffmann-La Roche), Slg. 1979, 461, Rn. 40.
[221] EuGH, Urt. v. 3.7.1991, Rs. C–62/86 (AKZO/Kommission), Slg. 1991, I–3359, Rn. 60; Urt. v. 6.12.2012, Rs. C–457/10 P (Astra Zeneca), ECLI:EU:C:2012:770, Rn. 176; Urt. v. 13.2.1979, Rs. 85/76 (Hoffmann-La Roche), Slg. 1979, 461, Rn. 53, 56 (Festgestellte Marktanteile von 86 %).
[222] Ebenso wie hier: *Bechthold/Bosch/Brinker*, Art. 102 AEUV, Rn. 23; a. A.: *Schröter/Bartl*, in: GSH, Europäisches Unionsrecht, Art. 102 AEUV, Rn. 96, die bei Marktanteilen zwischen 45 % und 70 % annehmen, dass noch weitere Faktoren hinzutreten müssen; ebenso wie *Schröter/Bartl*: *Fuchs/Möschel*, in: Immenga/Mestmäcker, Art. 102 AEUV, Rn. 91; ähnlich auch *Jung*, in: Grabitz/Hilf/Nettesheim, EU, Art. 102 AEUV (Januar 2016), Rn. 93 (Marktanteile zwischen 25 % und 70 %); s. aber: EuGH, Urt. v. 3.7.1991, Rs. C–62/86 (AKZO/Kommission), Slg. 1991, I–3359, Rn. 60 (Marktanteil von 50 %), und EuG, Urt. v. 30.9.2003, verb. Rs. T–191/98, T–212/98–214/98 (Atlantic Container Line), Slg. 2003, II–3275, Rn. 913 (Marktanteil von 56 %).
[223] EuGH, Urt. v. 14.2.1978, Rs. 27/76 (United Brands), Slg. 1978, 207, Rn. 108/110; s. auch: EuG, Urt. v. 24.11.2011, Rs. T–296/09 (EFIM), Slg. 2011, II–425, Rn. 79 (43 % Marktanteil reicht als solcher noch nicht aus, um eine marktbeherrschende Stellung anzunehmen).
[224] Kommission, Prioritätenmitteilung (Fn. 7), Rn. 14; *Schröter/Bartl*, in: GSH, Europäisches Unionsrecht, Art. 102 AEUV, Rn. 99.
[225] EuGH, Urt. v. 25.10.1977, Rs. 26/76 (Metro I), Slg. 1977, 1875, Rn. 17 (bei einem Marktanteil von 6 %); wie hier: *Fuchs/Möschel*, in: Immenga/Mestmäcker, Art. 102 AEUV, Rn. 93; ähnlich (bei Marktanteilen bis zu 20 %): *Schröter/Bartl*, in: GSH, Europäisches Unionsrecht, Art. 102 AEUV, Rn. 100.
[226] EuGH, Urt. v. 13.2.1979, Rs. 85/76 (Hoffmann-La Roche), Slg. 1979, 461, Rn. 41.
[227] EuGH, Urt. v. 13.2.1979, Rs. 85/76 (Hoffmann-La Roche), Slg. 1979, 461, Rn. 41.
[228] EuGH, Urt. v. 3.7.1991, Rs. C–62/86 (AKZO/Kommission), Slg. 1991, I–3359, Rn. 60; Urt. v. 6.12.2012, Rs. C–457/10 P (Astra Zeneca), ECLI:EU:C:2012:770, Rn. 176; EuG, Urt. v. 30.1.2007, Rs. T–340/03 (France Télécom), Slg. 2007, II–107, Rn. 100 (»stellen … besonders hohe Anteile – von außergewöhnlichen Umständen abgesehen – für sich genommen den Beweis für das Vorliegen einer beherrschenden Stellung dar«).

teile von 86 % (Vitamingruppe B_2) bis hin zu 93 % (Vitamingruppe H) verfügte.[229] Der EuGH hat außerdem berücksichtigt, dass der Wettbewerb auf engen oligopolistischen Märkten ohnehin schon abgeschwächt ist, so dass hohe Marktanteile den Rückschluss auf eine marktbeherrschende Stellung in besonderem Maße rechtfertigten.[230] Bleibt der Hinweis, dass schematische Rückschlüsse aus den Marktanteilen unzulässig wären; so kann ein Marktführer (Marktanteil: 51 %) im Duopol durchaus in intensivem Preiswettbewerb mit dem annähernd gleichstarken Mitbewerber stehen.

c) **Potentieller Wettbewerb**

Bei der Beurteilung der Machtverhältnisse ist die **Dynamik des Wettbewerbs** zu berücksichtigen. Die Marktstruktur und die Disziplinierung der Marktteilnehmer durch die Kräfte des Marktes können sich auch durch die mögliche Expansion bestehender sowie durch den möglichen Markteintritt neuer Wettbewerber ergeben.[231] Denkbar ist u. a., dass Unternehmen (auf benachbarten Märkten) ihr Produktangebot umstellen oder neue Produkte oder Produktionsverfahren entwickeln.[232] Der Markteintritt muss wahrscheinlich sein.[233] Kann der präsumtive Marktbeherrscher bestehende Handlungsspielräume ungestraft nutzen, weil er allenfalls abstrakt, mittel- oder langfristig oder nur in geringfügigem Maße mit neuer Konkurrenz rechnen muss und gegebenenfalls rechtzeitig reagieren könnte, so ist der potentielle Wettbewerb zu vernachlässigen.[234] **Marktzutrittsschranken** (in der Diktion der Kommission: Expansions- bzw. Markteintrittshindernisse)[235] können potentiellen Wettbewerb erschweren bzw. verhindern; sie können sich u. a. aus Größen- und Verbundvorteilen des Marktbeherrschers, aus einem bevorzugten Input- oder Rohstoffzugang, aus dem Besitz wichtiger – u. U. als geistiges Eigentum geschützter – Technologien[236] oder aus dem Besitz eines etablierten Vertriebs- und Absatznetzes ergeben.[237]

52

2. **Unternehmensmerkmale**

Bei der Ermittlung der Marktverhältnisse sind auch die Merkmale des **Unternehmens** zu berücksichtigen, das sich in einer marktbeherrschenden Stellung befinden soll. Die **Unternehmensgröße** als solche ist grundsätzlich zwar kein Indiz für Marktmacht;[238] sie

53

---

[229] EuGH, Urt. v. 13.2.1979, Rs. 85/76 (Hoffmann-La Roche), Slg. 1979, 461, Rn. 53, 56, 67.
[230] EuGH, Urt. v. 13.2.1979, Rs. 85/76 (Hoffmann-La Roche), Slg. 1979, 461, Rn. 51.
[231] Kommission, Prioritätenmitteilung (Fn. 7), Rn. 16.
[232] *Schröter/Bartl*, in: GSH, Europäisches Unionsrecht, Art. 102 AEUV, Rn. 105.
[233] Kommission, Prioritätenmitteilung (Fn. 7), Rn. 16; *Schröter/Bartl*, in: GSH, Europäisches Unionsrecht, Art. 102 AEUV, Rn. 105.
[234] Kommission, Prioritätenmitteilung (Fn. 7), Rn. 16 (rechtzeitig und in ausreichendem Umfang).
[235] Kommission, Prioritätenmitteilung (Fn. 7), Rn. 17.
[236] Kommission, Entscheidung v. 13.5.2009 (Intel), COMP/37.990, http://ec.europa.eu/competition/sectors/ICT/intel_provisional_decision.pdf (6.4.2016), Rn. 856, die den Konkurrenten AMD mit folgender Stellungnahme wiedergibt: »*A potential entrant will thus require either a license from Intel, or an enormous combination of ingenuity, time and capital committed to the seemingly impossible task of creating a non-infringing x86 instruction set.*«
[237] Kommission, Prioritätenmitteilung (Fn. 7), Rn. 17 mit dem Hinweis auf EuGH, Urt. v. 13.2.1979, Rs. 85/76 (Hoffmann-La Roche), Slg. 1979, 461, Rn. 48 und auf Urt. v. 14.2.1978, Rs. 27/76 (United Brands), Slg. 1978, 207, Rn. 88/93; ausführlicher: *Jung*, in: Grabitz/Hilf/Nettesheim, EU, Art. 102 AEUV (Januar 2016), Rn. 96.
[238] EuGH, Urt. v. 13.2.1979, Rs. 85/76 (Hoffmann-La Roche), Slg. 1979, 461, Rn. 47; s. auch: *Jung*, in: Grabitz/Hilf/Nettesheim, EU, Art. 102 AEUV (Januar 2016), Rn. 33, 104.

kann jedoch zu berücksichtigen sein, wenn sie dem (mutmaßlichen) Marktbeherrscher den Zugang zum Kapitalmarkt eröffnet und der Konkurrenz keine solchen Finanzierungsmöglichkeiten zur Verfügung stehen.[239] Ein **überlegenes technisches Know-how** kann die Marktposition des Marktbeherrschers verstärken und verfestigen.[240] Das gilt insbesondere in Fällen, in denen dieses Know-how als **geistiges Eigentum** (im Falle einer Erfindung: durch Patent oder Gebrauchsmuster) geschützt ist.[241] Ein technischer Informationsaustausch zwischen Marktführern auf unterschiedlichen räumlichen Märkten kann den Technologievorsprung noch verstärken.[242]

54 **Leistungsfähige Handelsvertreternetze**, die den mutmaßlichen Marktbeherrscher »in die Lage [versetzen, seine] ... Marktstellung zu festigen und auszubauen und sich gegen die Konkurrenz besser zu behaupten«,[243] sind ein Indiz für eine marktbeherrschende Stellung. Das gleiche gilt für den Handel mit etablierten Markenprodukten (insbesondere: »must-stock-items«),[244] für einen **Rohstoffzugang** aufgrund vertikaler Integration,[245] für **Produktions- und Lieferungskapazitäten**, die der Restwettbewerb nicht zu ersetzen vermag,[246] und (generell) für die **Wirtschafts- und Finanzkraft** eines Unternehmens.[247]

3. Marktverhalten

55 EuGH[248], EuG[249] und Kommission[250] haben teils auch das **Marktverhalten als Indiz für Marktmacht** interpretiert: Bei bestimmten Verhaltensweisen wie Kopplungen, Diskriminierungen und Lieferungsverweigerungen[251] sei es sehr unwahrscheinlich, dass ein Lieferant in nichtbeherrschender Stellung sie an den Tag legen würde, weil ein wirksamer Wettbewerb normalerweise sicherstelle, dass die Nachteile einer solchen Verhal-

---

[239] Kommission, Entscheidung v. 9.12.1971 (Continental Can), ABl. 1972, L 7/25, Rn. 13.
[240] EuGH, Urt. v. 3.7.1991, Rs. C–62/86 (AKZO/Kommission), Slg. 1991, I–3359, Rn. 61; Kommission, Entscheidung v. 9.12.1971 (Continental Can), ABl. 1972, L 7/25, Rn. 10; Kommission, Entscheidung v. 17.12.1975 (United Brands), ABl. 1976, L 95/1, unter II.A.2 (Kenntnisse im Bananenanbau).
[241] Exemplarisch: Kommission, Entscheidung v. 15.6.2005 (Astra Zeneca), COMP/A. 37.507/F 3, http://ec.europa.eu/competition/antitrust/cases/dec_docs/37507/37507_193_6.pdf (6.4.2016), Rn. 517 (»factor of considerable importance«); s. auch: *Busche*, in: Kölner Kommentar, Art. 102 AEUV, Rn. 46, mit dem richtigen Hinweis, dass geistiges Eigentum als solches noch keine marktbeherrschende Stellung begründet.
[242] Kommission, Entscheidung v. 9.12.1971 (Continental Can), ABl. 1972, L 7/25, Rn. 10.
[243] EuGH, Urt. v. 9.11.1983, Rs. 322/81 (Michelin), Slg. 1984, 3461, Rn. 58.
[244] *Fuchs/Möschel*, in: Immenga/Mestmäcker, Art. 102 AEUV, Rn. 104, mit dem Hinweis auf EuGH, Urt. v. 14.2.1978, Rs. 27/76 (United Brands), Slg. 1978, 207, Rn. 88/93 und auf Kommission, Entscheidung v. 13.5.2009 (Intel), COMP/37.990, http://ec.europa.eu/competition/sectors/ICT/intel_provisional_decision.pdf (6.4.2016), Rn. 885 ff.
[245] EuGH, Urt. v. 14.2.1978, Rs. 27/76 (United Brands), Slg. 1978, 207, Rn. 69/71 ff.
[246] *Bulst*, in: Langen/Bunte, Art. 102 AEUV, Rn. 60, mit dem Hinweis auf: Kommission, Entscheidung v. 18.7.1988 (Napier/Brown Sugar), ABl. 1988, L 284/41, Rn. 53.
[247] EuGH, Urt. v. 14.2.1978, Rs. 27/76 (United Brands), Slg. 1978, 207, Rn. 121 ff.
[248] EuGH, Urt. v. 14.2.1978, Rs. 27/76 (United Brands), Slg. 1978, 207, Rn. 67/68, 94/96 und 126/128.
[249] EuG, Urt. v. 12.12.1991, Rs. T–30/89 (Hilti), Slg. 1991, II–1439, Rn. 93.
[250] Kommission, Entscheidung v. 22.12.1987 (Hilti), ABl. 1988, L 65/19, Rn. 71: »Tatsächlich belegt Hiltis Geschäftsverhalten, ... ihre [sic!] Fähigkeit, auf den ... relevanten Märkten unabhängig und ohne gebührende Berücksichtigung von Wettbewerbern oder Kunden zu handeln.«
[251] Kommission, Entscheidung v. 22.12.1987 (Hilti), ABl. 1988, L 65/19, Rn. 30 ff.

tensweise die etwaigen Vorteile überwögen.²⁵² Dem ist zu folgen. Ein isolierter Rückschluss von dem (angeblichen) Missbrauch auf die marktbeherrschende Stellung wäre zwar verfehlt.²⁵³ Richtig ist jedoch, dass ein Unternehmen bestimmte Maßnahmen nur ergreifen und auf Dauer aufrechterhalten kann, wenn es über entsprechende, von den Marktkräften nicht hinreichend kontrollierte Handlungsspielräume verfügt; so kann die Beobachtung, dass ein Unternehmen (mit Erfolg) unangemessene Ein- oder Verkaufspreise erzwingt (Art. 101 Abs. 1 Buchst. a AEUV), den Befund der Marktbeherrschung im konkreten Einzelfall untermauern.²⁵⁴

III. Räumliche Relevanz der Marktbeherrschung (»auf dem Binnenmarkt oder auf einem wesentlichen Teil desselben«)

Der Tatbestand der Marktbeherrschung **muss auf dem Binnenmarkt oder einem wesentlichen Teil desselben** erfüllt sein. Teilgebiete des Binnenmarkts sind **wesentlich**, wenn die regionalen Marktkräfte unter Berücksichtigung der Infrastruktur, der Bevölkerungsdichte und der Kaufkraft²⁵⁵ so gewichtig sind wie die Märkte eines ganzen (gegebenenfalls auch kleineren) Mitgliedstaats. Entschieden ist die Einordnung als wesentliches Teilgebiet bisher im Hinblick auf Mitgliedstaaten²⁵⁶ – eine Verwertungsgesellschaft, die für die Wahrnehmung bestimmter Urheberrechte im Gebiet eines Mitgliedstaats über ein Monopol verfügt, hat eine beherrschende Stellung auf einem wesentlichen Teil des Binnenmarkts inne²⁵⁷ – sowie im Hinblick auf den Flughafen Frankfurt am Main²⁵⁸ und den Hafen von Genua²⁵⁹. Größere Bundesländer können ebenfalls einen wesentlichen Teil des Binnenmarktes ausmachen.²⁶⁰ Räumliche Relevanz ist also keineswegs mit geographischer Größe des Marktes gleichzusetzen; erforderlich ist stattdessen eine qualitative Bewertung der relativen, d. h. auf den gesamten Binnenmarkt bezogenen wirtschaftlichen Bedeutung des (sachlich und räumlich) relevanten Marktes.²⁶¹

56

---

²⁵² EuG, Urt. v. 12.12.199, Rs. T–30/89 (Hilti), Slg. 1991, II–1439, Rn. 93.
²⁵³ Im Detail: *Fuchs/Möchel*, in: Immenga/Mestmäcker, Art. 102 AEUV, Rn. 109 f.
²⁵⁴ *Schröter/Bartl*, in: GSH, Europäisches Unionsrecht, Art. 102 AEUV, Rn. 105; s. auch: *Fuchs/Möchel*, in: Immenga/Mestmäcker, Art. 102 AEUV, Rn. 111.
²⁵⁵ *Fuchs/Möchel*, in: Immenga/Mestmäcker, Art. 102 AEUV, Rn. 67.
²⁵⁶ EuGH, Urt. v. 17.5.2001, Rs. C–340/99 (TNT), Slg. 2001, I–4109, Rn. 43 (Italien); Urt. v. 26.11.1998, Rs. C–7/97 (Bronner), Slg. 1998, I–7791, Rn. 36 (Österreich); Urt. v. 11.12.2008, Rs. C–52/07 (Kanal 5), Slg. 2008, I–9275, Rn. 22.
²⁵⁷ EuGH, Urt. v. 27.2.2014, Rs. C–351/12 (OSA), ECLI:EU:C:2014:110, Rn. 86.
²⁵⁸ Kommission, Entscheidung v. 14.1.1998 (Frankfurter Flughafen), ABl. 1998, L 72/30, Rn. 57.
²⁵⁹ EuGH, Urt. v. 10.12.1991, Rs. C–179/90 (Hafen von Genua I), Slg. 1991, I–5889, Rn. 15, unter Berufung auf den Umfang des Frachtverkehrs und die »Bedeutung dieses Verkehrs für die gesamte Ein- und Ausfuhr auf dem Seewege in den betreffenden Mitgliedstaat«; Urt. v. 17.5.1994, Rs. C–18/93 (Hafen von Genua II = Corsica Ferries), Slg. 1994, I–1783, Rn. 41.
²⁶⁰ *Bechtold/Bosch/Brinker*, Art. 102 AEUV, Rn. 19 m.w.N.
²⁶¹ Ähnlich: *Jung*, in: Grabitz/Hilf/Nettesheim, EU, Art. 102 AEUV (Januar 2016), Rn. 59.

F. Missbrauch der marktbeherrschenden Stellung

I. Grundlagen

1. Begriff und Erscheinungsformen des Missbrauchs

a) Begriff

57 Der **Begriff des Missbrauchs** ist ein objektiver Begriff.[262] Er besteht aus zwei Komponenten, nämlich aus der potentiellen Beeinflussung der Marktstruktur und aus dem Einsatz leistungsfremder Mittel: Er erfasst die Verhaltensweisen eines marktbeherrschenden Unternehmens, die die Struktur eines Marktes beeinflussen können, auf dem der Wettbewerb gerade wegen der Anwesenheit dieses Unternehmens bereits geschwächt ist, und die den auf dem Markt noch bestehenden Restwettbewerb durch den Einsatz von Mitteln behindern, die von den Mitteln eines normalen Produkt- oder Dienstleistungswettbewerbs auf der Grundlage der Leistungen der Wirtschaftsteilnehmer abweichen.[263] In der Entscheidung Post Danmark I hat der EuGH diese Formel leicht abgewandelt und betont, dass die Abweichung vom Leistungswettbewerb, die Aufrechterhaltung oder den Ausbau des auf dem Markt noch bestehenden Wettbewerbs oder die Entwicklung dieses Wettbewerbs **zum Nachteil der Verbraucher** behindern müsse.[264] Darin liegt jedoch kein Paradigmenwechsel.

58 Der Begriff des **Leistungswettbewerbs** ist genauso unbestimmt wie der des Missbrauchs. Der EuGH hat ihn bisher nicht genauer aufgeschlüsselt,[265] hat jedoch vor kurzem entschieden, dass der Missbrauch des Patentsystems (Irreführung der Patentämter) dem Leistungswettbewerb widerspricht, wenn und weil er dazu dient, ein Monopol möglichst lang zu wahren.[266] Die in diesem Kontext aufgestellte Behauptung, die Rechtswidrigkeit eines missbräuchlichen Verhaltens i. S. v. Art. 102 AEUV habe nichts mit der Frage zu tun, ob das Verhalten mit anderen Rechtsvorschriften in Einklang stehe oder nicht,[267] geht indes zu weit. Denn ein nach anderen Rechtsvorschriften rechtswidriges (verbotenes) Verhalten des Marktbeherrschers kann man nicht dem Leistungswettbewerb (competition on the merits) zurechnen. Richtig ist aber, dass ein nach anderen Rechtsvorschriften nicht zu beanstandendes (erlaubtes) Verhalten gegen den Leistungswettbewerb verstößt,[268] wenn ein Mitbewerber behindert oder die Marktgegenseite ausgebeutet wird.

---

[262] EuGH, Urt. v. 13.2.1979, Rs. 85/76 (Hoffmann-La Roche), Slg. 1979, 461, Rn. 91; Urt. v. 16.7.2015, Rs. C–170/13 (Huawei Technologies), ECLI:EU:C:2015:477, Rn. 44; s. auch: BGHZ 176, 1, Rn. 37.

[263] EuGH, Urt. v. 13.2.1979, Rs. 85/76 (Hoffmann-La Roche), Slg. 1979, 461, Rn. 91; vgl. in diesem Sinne auch: Urt. v. 16.7.2015, Rs. C–170/13 (Huawei Technologies), ECLI:EU:C:2015:477, Rn. 44; Urt. v. 6.10.2015, Rs. C–23/14 (Post Danmark II), ECLI:EU:C:2015:651, Rn. 26 (in Bezug auf Rabattsysteme); Urt. v. 3.7.1991, Rs. C–62/86 (AKZO/Kommission), Slg. 1991, I–3359, Rn. 69; Urt. v. 2.4.2009, Rs. C–202/07 P (France Télécom/Kommission), Slg. 2009, I–2369, Rn. 104 und 105; Urt. v. 14.10.2010, Rs. C–280/08 P (Deutsche Telekom/Kommission), Slg. 2010, I–9555, Rn. 174, 176 und 180 sowie die dort angeführte Rspr.; s. auch: EuG, Urt. v. 9.9.2009, Rs. T–301/04 (Clearstream/Kommission), Slg. 2009, II–3155, Rn. 140.

[264] EuGH, Urt. v. 27.3.2012, Rs. C–209/10 (Post Danmark I), ECLI:EU:C:2012:172, Rn. 24.

[265] Dazu: EuGH, Urt. v. 6.12.2012, Rs. C–457/10 P (Astra Zeneca), ECLI:EU:C:2012:770, Rn. 70, 75, 93, 125, 129f.

[266] EuGH, Urt. v. 6.12.2012, Rs. C–457/10 P (Astra Zeneca), ECLI:EU:C:2012:770, Rn. 93.

[267] EuGH, Urt. v. 6.12.2012, Rs. C–457/10 P (Astra Zeneca), ECLI:EU:C:2012:770, Rn. 132, im Anschluss an entsprechende Überlegungen des Gerichts.

[268] EuGH, Urt. v. 6.12.2012, Rs. C–457/10 P (Astra Zeneca), ECLI:EU:C:2012:770, Rn. 132, im Anschluss an entsprechende Überlegungen des Gerichts.

Jung hat darauf hingewiesen, dass die Definition des EuGH (zu) einseitig auf den **Schutz der Marktstruktur** ausgerichtet ist und den **Schutz der Marktteilnehmer** vernachlässigt.[269] Missbrauch bedeutet in der Tat Einsatz leistungsfremder Mittel um die eigene Marktmacht zu Lasten des (Rest-)Wettbewerbs zu stabilisieren, auszubauen oder (auf benachbarte Märkte) zu übertragen, oder um sie zu Lasten der Marktgegenseite auszunutzen. Dabei ist jedoch zu berücksichtigen, dass das Missbrauchsverbot auch die Marktgegenseite meist nicht um ihrer selbst, sondern um der Funktionsfähigkeit des Wettbewerbs willen schützt. Die **Erzwingung unangemessener Ein- oder Verkaufspreise** (Art. 102 Abs. 2 Buchst. a AEUV) hat der EuGH zwar ohne Rücksicht auf mögliche Beeinträchtigungen des Wettbewerbs als Missbrauch beanstandet (s. Rn. 72 ff.); gerade die Kontrolle angeblich überhöhter Preise spielt in der Kommissionspraxis jedoch praktisch keine Rolle mehr.[270] Eine **Diskriminierung** (Art. 102 Abs. 2 Buchst. c AEUV) qualifiziert der EuGH ohnehin nur als Missbrauch, wenn sie die Funktionsfähigkeit des Wettbewerbs auf dem vor- oder nachgelagerten Markt (aktuell oder potentiell) beeinträchtigt oder beeinträchtigen soll (s. Rn. 78 ff.).

59

b) Erscheinungsformen

Ein Missbrauch ist in Form des Behinderungs-, Ausbeutungs- oder Marktstrukturmissbrauchs denkbar.[271] **Behinderungsmissbrauch** bedeutet grundsätzlich, dass der Marktbeherrscher seine Marktstellung zu Lasten der Mitbewerber mit leistungsfremden Mitteln festigt, ausbaut oder auf andere Märkte überträgt. Behinderungsmissbrauch richtet sich also primär gegen (aktuelle und/oder potentielle) Konkurrenten auf ein- und demselben oder einem benachbarten Markt.[272] Dagegen ist unter dem Gesichtspunkt des **Ausbeutungsmissbrauchs** zu prüfen, ob der Inhaber einer marktbeherrschenden Stellung »die sich daraus ergebenden Möglichkeiten benutzt hat, um geschäftliche Vorteile zu erhalten, die er bei einem normalen und hinreichend wirksamen Wettbewerb nicht erhalten hätte.«[273] Denkbar ist beispielsweise, dass er seine Handelspartner dadurch ausbeutet, dass er überhöhte Preise oder unangemessene Lieferungsbedingungen für seine Produkte erzwingt (s. Art. 102 Abs. 2 Buchst. a AEUV). Der Ausbeutungsmissbrauch richtet sich also primär gegen die Marktgegenseite.[274]

60

Bei der Differenzierung zwischen Behinderungs- und Ausbeutungsmissbrauch ist zu berücksichtigen, dass (auch) diese Fallgruppen **keine trennscharfe Kategorisierung der Missbrauchsformen** erlauben;[275] so behandelt die Kommission Kopplungsgeschäfte (s.

61

---

[269] *Jung*, in: Grabitz/Hilf/Nettesheim, EU, Art. 102 AEUV (Januar 2016), Rn. 121 f. Missbräuchliches Verhalten soll stattdessen als »ein Außerkraftsetzen des aktuell oder potentiell unverfälschten Wettbewerbs als Marktsteuerungsprinzip mit leistungsfremden Methoden« zu verstehen sein (Rn. 122).
[270] Dazu: *Mestmäcker/Schweitzer*, Europäisches Wettbewerbsrecht, § 18, Rn. 2.
[271] *Jung*, in: Grabitz/Hilf/Nettesheim, EU, Art. 102 AEUV (Januar 2016), Rn. 163, im Anschluss an *Koch*, in: Grabitz/Hilf, EU, Art. 86 EGV (4 Erg.-Lfg.), Rn. 42, 51; *Weiß*, in: Calliess/Ruffert, EUV/AEUV, Art. 102 Rn. 33; *Brand*, in: Frankfurter Kommentar, Art. 102 AEUV, Rn. 147 ff.
[272] *Fuchs/Möschel*, in: Immenga/Mestmäcker, Art. 102 AEUV, Rn. 134; OLG Düsseldorf, Urt. v. 15.7.2015, WuW/E DE-R 4844 (IHF), Rn. 108; vertiefend: *Busche*, in: Kölner Kommentar, Art. 102 AEUV, Rn. 139, der zwischen Behinderungsmissbrauch in horizontaler und vertikaler Beziehung unterscheidet; s. auch: Rn. 79.
[273] EuGH, Urt. v. 14.2.1978, Rs. 27/76 (United Brands), Slg. 1978, 207, Rn. 248/257.
[274] OLG Düsseldorf, Urt. v. 15.7.2015, WuW/E DE-R 4844 (IHF), Rn. 106 (auf Kosten der Marktgegenseite).
[275] Ebenso wie hier: *Bulst*, in: Langen/Bunte, Art. 102 AEUV, Rn. 8; s. auch: *Jung*, in: Grabitz/Hilf/Nettesheim, EU, Art. 102 AEUV (Januar 2016), Rn. 164, 168, 184, der zwischen Ausbeutung mit und ohne Behinderungseffekt unterscheidet.

Art. 102 Abs. 2 Buchst. d AEUV) vor allem als Behinderungsmissbrauch, obwohl sie auch zu Lasten der Nachfrager gehen, die u. U. Produkte erwerben müssen, an denen sie gar kein Interesse haben.[276]

62 Im Hinblick auf die gesonderte Regelung in der Fusionskontrollverordnung braucht der **Marktstrukturmissbrauch**,[277] d. h. der (mögliche) Missbrauch durch Unternehmenszusammenschlüsse, hier nicht vertieft behandelt zu werden. Klarzustellen ist jedoch, dass der EuGH Art. 102 AEUV in der Rechtssache Continental Can[278] auch auf Unternehmenszusammenschlüsse angewandt hat und dass diese Entscheidung trotz des Inkrafttretens der Fusionskontrollverordnungen (EWG) Nr. 4064/89 und (EG) Nr. 139/2004 nach wie vor Bestand hat. Die Erwägungsgründe der Fusionskontrollverordnung (EG) Nr. 139/2004 heben zwar hervor, dass diese das »einzige auf Zusammenschlüsse anwendbare Instrument« sei,[279] respektieren jedoch, dass Art. 102 AEUV, ohnehin kein »Instrument« i. S. eines abgeleiteten Rechtsaktes, »auf bestimmte Zusammenschlüsse anwendbar« bleibt.[280] Daran ist angesichts der Regelungshierarchie auch festzuhalten (s. auch: Rn. 138).[281]

2. Konkrete Beeinträchtigung des Wettbewerbs?

63 Ein Marktverhalten kann als Missbrauch beanstandet werden, **ohne dass bereits eine konkrete Beeinträchtigung des Wettbewerbs eingetreten sein müsste**.[282] Für die Feststellung eines Verstoßes gegen Art. 102 AEUV genügt der Nachweis einer potentiellen wettbewerbswidrigen Wirkung;[283] es reicht aus, dass das missbräuchliche Verhalten des Unternehmens in beherrschender Stellung darauf gerichtet ist, den Wettbewerb zu beschränken, anders ausgedrückt, dass das Verhalten eine solche Wirkung haben kann.[284] Dazu hat das Gericht in der Microsoft I – Entscheidung ausgeführt, dass es dem Zweck von (heute) Art. 102 AEUV, »einen unverfälschten Wettbewerb auf dem Gemeinsamen Markt zu erhalten und insbesondere den auf dem relevanten Markt noch bestehenden Wettbewerb zu schützen, klar zuwiderlaufen [würde], wenn die Kommission abwarten müsste, bis die Konkurrenten vom Markt verdrängt wurden oder bis dies hinreichend kurz bevorsteh[e], bevor sie aufgrund dieser Vorschrift eingreifen könnte«.[285]

3. Konkrete Beeinträchtigung der Konsumentenwohlfahrt?

64 Mit dem EuGH ist davon auszugehen, dass »die Wettbewerbsregeln des Vertrags nicht nur dazu bestimmt [sind], die unmittelbaren Interessen einzelner Wettbewerber oder

---

[276] Dazu: *Fuchs/Möschel*, in: Immenga/Mestmäcker, Art. 102 AEUV, Rn. 274.
[277] Dazu: *Fuchs/Möschel*, in: Immenga/Mestmäcker, Art. 102 AEUV, Rn. 383 ff.
[278] EuGH, Urt. v. 21.2.1973, Rs. 6/72 (Continental Can), Slg. 1972, 215, Rn. 18 ff.
[279] Erwägungsgrund Nr. 6 der Fusionskontrollverordnung 139/2004.
[280] Erwägungsgrund Nr. 7 der Fusionskontrollverordnung 139/2004.
[281] Ebenso: *Bulst*, in: Langen/Bunte, Art. 102 AEUV, Rn. 374–380; *Fuchs/Möschel*, in: Immenga/Mestmäcker, Art. 102 AEUV, Rn. 385.
[282] EuGH, Urt. v. 6.12.2012, Rs. C–457/10 P (Astra Zeneca), ECLI:EU:C:2012:770, Rn. 112; Urt. v. 17.2.2011, Rs. C–52/09 (TeliaSonera), Slg. 2011, I–527, Rn. 61, 64.
[283] EuGH, Urt. v. 6.12.2012, Rs. C–457/10 P (Astra Zeneca), ECLI:EU:C:2012:770, Rn. 112.
[284] EuG, Urt. v. 9.9.2009, Rs. T–301/04 (Clearstream/Kommission), Slg. 2009, II–3155, Rn. 144; EuG, Urt. v. 30.9.2003, Rs. T–203/01 (Michelin), Slg. 2003, II–4071, Rn. 239. *Bulst*, in: Langen/Bunte, Art. 102 AEUV, Rn. 121, 128, hat den Rückschluss von dem verfolgten Behinderungszweck auf die entsprechende Eignung zu Recht kritisiert.
[285] EuG, Urt. v. 17.9.2007, Rs. T–201/04 (Microsoft I), Slg. 2007, II–3601, Rn. 561.

Verbraucher zu schützen, sondern die Struktur des Marktes und damit den Wettbewerb als solchen.«[286] Daher setzt die Feststellung eines Kartellverstoßes auch nicht voraus, dass den Endverbrauchern die Vorteile eines wirksamen Wettbewerbs hinsichtlich der Bezugsquellen oder Preise vorenthalten würden.[287] Der EuGH versteht den (heutigen) Art. 102 AEUV zwar in der Post Danmark I-Entscheidung so, dass er »insbesondere [auf] die Verhaltensweisen eines beherrschenden Unternehmens« anzuwenden ist, »die zum Nachteil des Verbrauchers die Aufrechterhaltung oder den Ausbau des auf dem Markt noch bestehenden Wettbewerbs oder die Entwicklung dieses Wettbewerbs behindern«.[288] Darin liegt jedoch im Kern nur die Klarstellung, dass der Wettbewerb nicht um seiner selbst willen, sondern auch und vor allem im Interesse der Konsumentenwohlfahrt geschützt wird.[289] Die Entscheidung ist aber nicht so zu verstehen, als müsse nunmehr eine Beeinträchtigung der Konsumentenwohlfahrt im konkreten Einzelfall nachgewiesen werden.

4. Kausalität zwischen Marktbeherrschung und Missbrauch?

Art. 102 Abs. 1 AEUV regelt zwar »die missbräuchliche Ausnutzung einer [markt-]beherrschenden Stellung«, der EuGH[290] verlangt jedoch **keine Kausalität zwischen der Marktbeherrschung und dem missbräuchlichen Verhalten eines Unternehmens** (str.).[291] Der Missbrauchstatbestand setzt nämlich nicht voraus, dass »die durch eine beherrschende Stellung erlangte Wirtschaftskraft als Mittel für die Verwirklichung des Missbrauchs eingesetzt« wird.[292] Der EuGH prüft stattdessen, ob der (angebliche) Missbrauch geeignet ist, den Wettbewerb zu behindern,[293] versteht den Missbrauchstatbestand also (in den von ihm entschiedenen Fallkonstellationen) nicht instrumental (Missbrauch mittels Marktmacht), sondern konditional (Missbrauch, der aufgrund der Marktmacht die Funktionsfähigkeit des Wettbewerbs beeinträchtigt).[294] Im Lichte des Normzwecks, die Funktionsfähigkeit des Wettbewerbs zu schützen, ist diese konsequentialistische Betrachtungsweise zu befürworten. Maßgeblich muss sein, ob der Missbrauch angesichts der Marktbeherrschung den (aktuellen oder potentiellen) Restwettbewerb gefährdet, nicht, ob der Missbrauch gerade in der Inanspruchnahme bestimmter, durch die Marktbeherrschung eröffneter Handlungsspielräume besteht.[295] Dementsprechend kann der Missbrauchstatbestand im Einzelfall sogar das Verhalten

---

[286] EuGH, Urt. v. 6. 10. 2009, Rs. C–501/06 P (GSK), Slg. 2009, I–9291, Rn. 63.
[287] EuGH, Urt. v. 6. 10. 2009, Rs. C–501/06 P (GSK), Slg. 2009, I–9291, Rn. 63.
[288] EuGH, Urt. v. 27. 3. 2012, Rs. C–209/10 (Post Danmark I), ECLI:EU:C:2012:172, Rn. 24.
[289] Ebenso wie hier: *Faull/Nikpay*, Rn. 4.257.
[290] EuGH, Urt. v. 13. 2. 1979, Rs. 85/76 (Hoffmann/LaRoche), Slg. 1979, 461, Rn. 91; Urt. v. 21. 2. 1973, Rs. 6/72 (Continental Can), Slg. 1972, 218, Rn. 27.
[291] Ebenso wie hier: *Schröter/Bartl*, in: GSH, Europäisches Unionsrecht, Art. 102 AEUV, Rn. 168, mit dem richtigen Hinweis auf EuGH, Urt. v. 14. 11. 1996, Rs. C–333/94 P (Tetra Pak), Slg. 1996, I–5951, Rn. 24; *Jung*, in: Grabitz/Hilf/Nettesheim, EU, Art. 102 AEUV (Januar 2016), Rn. 136; s. aber: *Eilmansberger*, EnzEuR, Bd. 4, § 9, Rn. 47 f. (angeblich kausal, aber nicht instrumental verknüpft).
[292] EuGH, Urt. v. 13. 2. 1979, Rs. 85/76 (Hoffmann/LaRoche), Slg. 1979, 461, Rn. 91.
[293] EuGH, Urt. v. 27. 3. 2012, Rs. C–209/10 (Post Danmark I), ECLI:EU:C:2012:172, Rn. 24; Urt. v. 6. 12. 2012, Rs. C–457/10 P (Astra Zeneca), ECLI:EU:C:2012:770, Rn. 112.
[294] Ähnlich: *Eilmansberger*, CML Rev. 2005 [42], 129, 140 ff. unter 3.1.
[295] Im Ergebnis wie hier: *Bulst*, in: Bunte/Langen, Art. 102 AEUV, Rn. 131; *Schröter/Bartl*, in: GSH, Europäisches Unionsrecht, Art. 102 AEUV, Rn. 26; *Brand*, in: Frankfurter Kommentar, Art. 102 AEUV, Rn. 151.

des Marktbeherrschers auf benachbarten aber gar nicht beherrschten Märkten erfassen.[296]

66 *Jung*[297] geht davon aus, dass Marktbeherrschung und Missbrauch lediglich gleichzeitig gegeben sein müssten, inhaltlich-logisch jedoch gar nicht miteinander verknüpft seien. Das trifft so jedoch nicht zu. Bei der Definition des Missbrauchs geht es nicht darum, besondere sittliche Maßstäbe an den Marktbeherrscher heranzutragen, sondern darum, seine Verantwortung für die Funktionsfähigkeit des (Rest-)Wettbewerbs zu konkretisieren.[298] Ein Marktverhalten, das weder darauf beruht, dass der Marktbeherrscher seine Marktmacht ausnutzt, noch ein spezifisches Risiko für den durch die Marktbeherrschung ohnehin schon geschwächten oder gefährdeten (Rest-)Wettbewerb auf dem relevanten Markt oder auf vor- oder nachgelagerten Märkten verkörpert, kann keinen Missbrauch darstellen.[299]

5. Berücksichtigung der Missbrauchsabsicht?

67 Der EuGH versteht den Missbrauchsbegriff zwar objektiv (s. Rn. 8, 57), berücksichtigt bei der Beurteilung eines Marktverhaltens als Missbrauch jedoch **alle relevanten tatsächlichen Umstände**.[300] Dazu gehören auch die Geschäftsstrategie des marktbeherrschenden Unternehmens und die dieser Geschäftsstrategie zugrunde liegenden Motive,[301] d. h. auch eine etwaige Missbrauchsabsicht. Die Frage, ob die **Missbrauchsabsicht** ein eigenständiges (konstitutives) Tatbestandsmerkmal des Art. 102 AEUV ist, beantwortet der EuGH eindeutig: Die Feststellung eines Missbrauchs erfordere »keineswegs den Nachweis einer … [wettbewerbswidrigen] Absicht«.[302] Eine Behinderungsabsicht könne die Feststellung des Missbrauchs untermauern, sei aber keine Bedingung für diese Feststellung.[303] Folgerichtig könne auch die Beobachtung, dass ein Unternehmen keine Missbrauchsabsicht verfolge, kein Beleg dafür sein, dass kein Missbrauch vorliege.[304] Daraus folgt u. a., dass auch ein Marktverhalten ohne Verschulden als missbräuchlich i. S. v. Art. 102 AEUV einzustufen sein kann.[305]

---

[296] Dazu ausführlich: *Schröter/Bartl*, in: GSH, Europäisches Unionsrecht, Art. 102 AEUV, Rn. 169; *Jung*, in: Grabitz/Hilf/Nettesheim, EU, Art. 102 AEUV (Januar 2016), Rn. 139–143.
[297] *Jung*, in: Grabitz/Hilf/Nettesheim, EU, Art. 102 AEUV (Januar 2016), Rn. 123, 129.
[298] EuGH, Urt. v. 27. 3. 2012, Rs. C–209/10 (Post Danmark I), ECLI:EU:C:2012:172, Rn. 23; Urt. v. 6. 10. 2015, Rs. C–23/14 (Post Danmark II), ECLI:EU:C:2015:651, Rn. 71; Urt. v. 2. 4. 2009, Rs. C–202/07 P (France Télécom), Slg. 2009, I–2369, Rn. 105 m. w. N.; s. auch: EuG, Urt. v. 9. 9. 2009, Rs. T–301/04 (Clearstream/Kommission), Slg. 2009, II–3155, Rn. 132; BGHZ 176, 1, Rn. 37.
[299] Im Ergebnis ähnlich: *Mestmäcker/Schweitzer*, Europäisches Wettbewerbsrecht, § 16, Rn. 42 (Kausalzusammenhang zwischen der beanstandeten Verhaltensweise und der davon ausgehenden Wirkung auf dem Markt).
[300] EuGH, Urt. v. 19. 4. 2012, Rs. C–549/10 P (Tomra), ECLI:EU:C:2012:221, Rn. 18; Urt. v. 15. 3. 2007, Rs. C–95/04 P (British Airways), Slg. 2007, I–2331, Rn. 67 (im Hinblick auf Rabattsysteme).
[301] EuGH, Urt. v. 19. 4. 2012, Rs. C–549/10 P (Tomra), ECLI:EU:C:2012:221, Rn. 19; s. auch: Urt. v. 3. 7. 1991, Rs. C–62/86 (AKZO/Kommission), Slg. 1991, I–3359, Rn. 72 (Preispolitik »im Rahmen eines Plans …, der die Ausschaltung eines Konkurrenten zum Ziel hat«).
[302] EuGH, Urt. v. 19. 4. 2012, Rs. C–549/10 P (Tomra), ECLI:EU:C:2012:221, Rn. 21.
[303] EuG, Urt. v. 9. 9. 2009, Rs. T–301/04 (Clearstream/Kommission), Slg. 2009, II–3155, Rn. 142. Dazu auch: *Brinker*, in: Schwarze, EU-Kommentar, Art. 102 AEUV, Rn. 19 (Erleichterung der Analyse).
[304] EuGH, Urt. v. 19. 4. 2012, Rs. C–549/10 P (Tomra), ECLI:EU:C:2012:221, Rn. 22.
[305] EuG, Urt. v. 9. 9. 2009, Rs. T–301/04 (Clearstream/Kommission), Slg. 2009, II–3155, Rn. 141; wie hier: *Eilmansberger*, CML Rev. 2005 (42), S. 129, 146.

Trotz dieser klaren Festlegung behandelt der EuGH die Intention des Marktbeherrschers in bestimmten Fallgruppen als Kernelement des Missbrauchs;[306] so stellt er bei angeblichen Diskriminierungen (Art. 102 Abs. 2 Buchst. c AEUV) darauf ab, ob das Verhalten des Marktbeherrschers »darauf **abzielt**, [die] … Wettbewerbsbeziehung zu verfälschen«[307] bzw. »**darauf gerichtet** ist, eine Wettbewerbsverzerrung herbeizuführen«[308] (s. Rn. 79). Parallel dazu überprüft er Kampfpreise daraufhin, ob sie »im Rahmen eines **Plans** festgesetzt wurden, der die Ausschaltung eines Konkurrenten zum Ziel« hatte und ob der Marktbeherrscher seine Konkurrenten »**schädigen wollte**« (s. Rn. 109).[309] Die Rechtsprechung des EuGH ist indes nur scheinbar widersprüchlich. Denn der EuGH behandelt die Missbrauchsabsicht auch hier nicht als eigenständiges Tatbestandsmerkmal, sondern nur als subjektiven Faktor, der die (objektive) Preispolitik besonders gefährlich für die Funktionsfähigkeit des (Rest-)Wettbewerbs werden lässt.

68

6. Rechtfertigung gegen Missbrauchsvorwürfe

Ein Marktbeherrscher kann sein angeblich missbräuchliches Marktverhalten ausnahmsweise **rechtfertigen**.[310] Er kann insbesondere den Nachweis erbringen, dass entweder sein Verhalten objektiv notwendig ist[311] oder dass die dadurch hervorgerufene Verdrängungswirkung durch Effizienzvorteile ausgeglichen oder sogar übertroffen werden kann, die auch dem Verbraucher zugute kommen.[312] Ein Fernsehsender, der sich weigert, bestimmte Dienstleistungen für ein Telemarketing-Unternehmen zu erbringen, könnte sich u. a. »auf technische oder kommerzielle Notwendigkeiten« berufen, die sich aus der Eigenart des Mediums ergeben;[313] gegebenenfalls wäre die Beschränkung des Wettbewerbs dann **objektiv notwendig**.

69

Eine Rechtfertigung unter Berufung auf (ausgleichende oder sogar überschießende) **Effizienzvorteile** setzt nach der Post Danmark I – Entscheidung des EuGH voraus, (1.)

70

---

[306] Im Detail: *Bulst*, in: Langen/Bunte, Art. 102 AEUV, Rn. 114–127 (»konstitutive Bedeutung« des Verdrängungsplans im Bereich des Preismissbrauchs); kritisch: *Brand*, in: Frankfurter Kommentar, Art. 102 AEUV, Rn. 158.

[307] EuGH, Urt. v. 15.3.2007, Rs. C–95/04 P (British Airways), Slg. 2007, I–2331, Rn. 144; s. auch: EuG, Urt. v. 9.9.2009, Rs. T–301/04 (Clearstream/Kommission), Slg. 2009, II–3155, Rn. 192.

[308] EuGH, Urt. v. 15.3.2007, Rs. C–95/04 P (British Airways), Slg. 2007, I–2331, Rn. 145; EuG, Urt. v. 9.9.2009, Rs. T–301/04 (Clearstream/Kommission), Slg. 2009, II–3155, Rn. 193.

[309] EuGH, Urt. v. 3.7.1991, Rs. C–62/86 (AKZO/Kommission), Slg. 1991, I–3359, Rn. 72; s. auch ebd., Rn. 76 »um sie vom Markt … zu verdrängen«), Rn. 82, Rn. 102 (»dass AKZO [ihre Konkurrenten] … schädigen wollte«); für ein Primat der Prüfung subjektiver Faktoren: *Pries*, Kampfpreismissbrauch im ökonomisierten EG-Kartellrecht, 2009, S. 199 f.

[310] EuGH, Urt. v. 27.3.2012, Rs. C–209/10 (Post Danmark I), ECLI:EU:C:2012:172, Rn. 41; Urt. v. 14.2.1978, Rs. 27/76 (United Brands), Slg. 1978, 207, Rn. 184/194; Urt. v. 6.4.1995, verb. Rs. C–241/91 P u. C–242/91 P (RTE), Slg. 1995, I–743, Rn. 54 f.; Urt. v. 17.2.2011, Rs. C–52/09 (TeliaSonera), Slg. 2011, I–527, Rn. 75 f. Dazu ausführlich: *Jung*, in: Grabitz/Hilf/Nettesheim, EU, Art. 102 AEUV (Januar 2016), Rn. 145–162; *Brand*, in: Frankfurter Kommentar, Art. 102 AEUV, Rn. 159.

[311] EuGH, Urt. v. 27.3.2012, Rs. C–209/10 (Post Danmark I), ECLI:EU:C:2012:172, Rn. 41; Urt. v. 3.10.1985, Rs. 311/84 (CBEM), Slg. 1985, 3261, Rn. 22, 27.

[312] EuGH, Urt. v. 27.3.2012, Rs. C–209/10 (Post Danmark I), ECLI:EU:C:2012:172, Rn. 41; Urt. v. 15.3.2007, Rs. C–95/04 P (British Airways), Slg. 2007, I–2331, Rn. 86; Urt. v. 17.2.2011, Rs. C–52/09 (TeliaSonera), Slg. 2011, I–527, Rn. 76.

[313] EuGH, Urt. v. 3.10.1985, Rs. 311/84 (CBEM), Slg. 1985, 3261, Rn. 26, im konkreten Fall verneint.

dass die durch das betreffende Verhalten möglicherweise eintretenden Effizienzvorteile wahrscheinlich negative Auswirkungen auf den Wettbewerb und die Interessen der Verbraucher auf den betroffenen Märkten ausgleichen, (2.) dass diese Effizienzvorteile durch das genannte Verhalten erzielt worden sind oder erzielt werden können und (3.) dass dieses Verhalten für das Erreichen der Effizienzvorteile notwendig ist und (4.) einen wirksamen Wettbewerb nicht ausschaltet, indem es alle oder die meisten bestehenden Quellen tatsächlichen oder potentiellen Wettbewerbs zum Erliegen bringt.[314]

II. Regelbeispiele

71 Der **Katalog der Regelbeispiele** (Art. 102 Abs. 2 AEUV) konkretisiert den Missbrauchstatbestand (Absatz 1), ist jedoch nicht abschließend:[315] Ein Marktverhalten kann auch dann gegen Art. 102 AEUV verstoßen, wenn keines der Regelbeispiele verwirklicht ist.[316] Das gilt sogar dann, wenn der Missbrauch typologisch einem Regelbeispiel zuzuordnen ist: Eine Kopplung verstößt auch dann gegen das Missbrauchsverbot, wenn sie, anders als in Fällen des Art. 102 Abs. 2 Buchst. d AEUV, einem Handelsbrauch entspricht oder wenn zwischen den gekoppelten Erzeugnissen eine sachliche Beziehung besteht.[317] Die Bedeutung der Regelbeispiele erschöpft sich also darin, typische Missbrauchsfälle zu veranschaulichen.[318] Mit dem Konzept des »als-ob«-Wettbewerbs[319] lassen sich die Regelbeispiele nur eingeschränkt erklären, weil es dem Marktbeherrscher hypothetisch, d. h. bei wirksamem Wettbewerb (ohne Marktmacht) u. a. freistünde, seine Handelspartner ungleich zu behandeln (s. aber Art. 102 Abs. 2 Buchst. c AEUV). Der EuGH richtet seine Prüfung meist nicht an den Regelbeispielen aus, zieht sie aber argumentativ heran; so beruft er sich etwa bei der Beurteilung der Beschneidung von Margen (margin squeeze) darauf, dass die Erzwingung unangemessener Preise gemäß Art. 102 Abs. 2 Buchst. a AEUV »ausdrücklich verboten« sei.[320]

1. Preis- und Konditionenmissbrauch

72 Nach **Art. 102 Abs. 2 Buchst. a AEUV** kann der Missbrauch insbesondere in der unmittelbaren oder mittelbaren Erzwingung von unangemessenen Einkaufs- oder Verkaufspreisen (Fall 1) oder sonstigen Geschäftsbedingungen (Fall 2) bestehen. Bei der Prüfung der **Preispolitik** eines marktbeherrschenden Unternehmens sind »sämtliche Umstände zu berücksichtigen und es muss untersucht werden, ob die [als Missbrauch in Betracht kommende] Verhaltensweise darauf abzielt, die Wahl zwischen mehreren Bezugsquellen unmöglich zu machen oder zu erschweren, den Konkurrenten den Zugang zum

---

[314] EuGH, Urt. v. 27.3.2012, Rs. C–209/10 (Post Danmark I), ECLI:EU:C:2012:172, Rn. 42; s. auch: Kommission, Prioritätenmitteilung (Fn. 7), Rn. 28 ff.; s. auch: *Brand*, in: Frankfurter Kommentar, Art. 102 AEUV, Rn. 170, der insbesondere die mit dem vierten Kriterium verbundene »Marktstrukturkontrolle« befürwortet.
[315] EuGH, Urt. v. 17.2.2011, Rs. C–52/09 (TeliaSonera), Slg. 2011, I–527, Rn. 26; Urt. v. 14.10.2010, Rs. C–280/08 P (Deutsche Telekom/Kommission), Slg. 2010, I–9555, Rn. 173 m. w. N.; EuG, Urt. v. 17.9.2007, Rs. T–201/04 (Microsoft I), Slg. 2007, II–3601, Rn. 860; s. auch: *Faull/Nikpay*, Rn. 4.03.
[316] EuGH, Urt. v. 19.4.2012, Rs. C–549/10 P (Tomra), ECLI:EU:C:2012:221, Rn. 69.
[317] EuGH, Urt. v. 14.11.1996, Rs. C–333/94 P (Tetra Pak), Slg. 1996, I–5951, Rn. 37.
[318] Dazu ausführlicher: *Fuchs/Möschel*, in: Immenga/Mestmäcker, Art. 102 AEUV, Rn. 133, die den Regelbeispielen »keine echte dogmatische bzw. systematische Aussagekraft« beimessen.
[319] *Eilmansberger*, EnzEuR, Bd. 4, § 9, Rn. 3.
[320] EuGH, Urt. v. 17.2.2011, Rs. C–52/09 (TeliaSonera), Slg. 2011, I–527, Rn. 25.

Markt zu verwehren, Handelspartnern für gleichwertige Leistungen ungleiche Bedingungen aufzuerlegen oder die beherrschende Stellung durch einen verfälschten Wettbewerb zu stärken«.[321]

Der Missbrauchstatbestand ist so weit gefasst, dass selbst **gegensätzliche Preisstrategien** darunter fallen: Missbräuchlich können **zu niedrige Preise** (Kampfpreise) sein, die als Behinderungsmissbrauch zu qualifizieren sind, weil die Mitbewerber des marktbeherrschenden Unternehmens vom Markt verdrängt werden sollen (s. Rn. 109 ff.). Prüfungsmaßstab ist gegebenenfalls Art. 102 Abs. 1 AEUV. Missbräuchlich können aber auch **zu hohe Preise** sein, die »in keinem angemessenen Verhältnis zu dem wirtschaftlichen Wert der erbrachten Leistung« stehen,[322] und die als Ausbeutungsmissbrauchs einzustufen sind, der sich (als solcher) gegen die Marktgegenseite richtet.[323] Prüfungsmaßstab ist dann Art. 102 Abs. 2 Buchst. a AEUV. Davon abgesehen kann die Preisgestaltung auch gegen das **Diskriminierungsverbot** (Art. 102 Abs. 2 Buchst. c AEUV) verstoßen (s. Rn. 78 ff.).

73

Der Nachweis eines Preismissbrauchs ist in der Praxis nur schwer zu führen,[324] weil die Ermittlung des gerechten Preises (iustum pretium) unsicher ist. Bei einer **kostenbasierten Preiskontrolle** prüft man (1.), »ob ein übertriebenes Missverhältnis zwischen den tatsächlich entstandenen Kosten und dem tatsächlich verlangten Preis besteht«, und (2.) »ob ein Preis erzwungen wurde, der sei es absolut, sei es im Vergleich zu den Konkurrenzprodukten, unangemessen ist«.[325] Da die Feststellung des Kosten-Preis-Verhältnisses regelmäßig mit erheblichen Schwierigkeiten verbunden ist,[326] überprüft die Praxis die Preise teils auch mithilfe von (insbesondere: räumlichen) **Vergleichsmärkten**.[327] Bei Unternehmen, die wie die urheberrechtlichen Verwertungsgesellschaften über ein staatliches Monopol verfügen, ist es ein Anzeichen für einen Missbrauch einer beherrschenden Stellung, wenn diese Unternehmen für die von ihnen erbrachten Dienstleistungen Tarife erzwingen, die nach einem auf einheitlicher Grundlage vorgenommenen Vergleich erheblich höher sind als die in den übrigen Mitgliedstaaten angewandten Tarife, oder wenn sie überhöhte Preise ohne vernünftigen Zusammenhang mit dem wirtschaftlichen Wert der erbrachten Leistung verlangen.[328]

74

Bei der **Prüfung (angeblich) unangemessener Geschäftsbedingungen** ist zu klären, ob die Klausel – auch unter Berücksichtigung der Interessen Dritter – ein legitimes und anerkanntes Regelungsanliegen verfolgt und verhältnismäßig ist.[329] Maßgeblich ist, ob

75

---

[321] EuGH, Urt. v. 17. 2. 2011, Rs. C–52/09 (TeliaSonera), Slg. 2011, I–527, Rn. 28.
[322] EuGH, Urt. v. 14. 2. 1978, Rs. 27/76 (United Brands), Slg. 1978, 207, Rn. 248/257.
[323] Dazu auch: *Bulst*, in: Langen/Bunte, Art. 102 AEUV, Rn. 156.
[324] *Deselaers*, in: Grabitz/Hilf/Nettesheim, EU, Art. 102 AEUV (Januar 2016), Rn. 396; *Mestmäcker/Schweitzer*, Europäisches Wettbewerbsrecht, § 18, Rn. 6, mit dem Hinweis auf die Schwierigkeiten der Kommission in: Entscheidung v. 23. 7. 2004 (Sundbusserne), COMP/A36.570 D3, und Entscheidung v. 23. 7. 2004 (Scandline Sverige), COMP/A36/568/D3.
[325] EuGH, Urt. v. 14. 2. 1978, Rs. 27/76 (United Brands), Slg. 1978, 207, Rn. 248/257. Kritisch zur (vermeintlich) zuverlässigen Ermittlung der Kosten: *Deselaers*, in: Grabitz/Hilf/Nettesheim, EU, Art. 102 AEUV (Januar 2016), Rn. 398.
[326] *Schröter/Bartl*, in: GSH, Europäisches Unionsrecht, Art. 102 AEUV, Rn. 195.
[327] Einzelheiten: *Schröter/Bartl*, in: GSH, Europäisches Unionsrecht, Art. 102 AEUV, Rn. 197–201.
[328] EuGH, Urt. v. 27. 2. 2014, Rs. C–351/12 (OSA), ECLI:EU:C:2014:110, Rn. 87; s. auch: Urt. v. 4. 5. 1988, Rs. 30/87 (Corinne Bodson), Slg. 1988, 2479; s. auch: *Jung*, in: Grabitz/Hilf/Nettesheim, EU, Art. 102 AEUV (Januar 2016), Rn. 173.
[329] EuGH, Urt. v. 27. 3. 1974, Rs. 127/73 (BRT/SABAM II), Slg. 1974, 313, Rn. 12/14; *Eilmansberger*, EnzEuR, Bd. 4, § 9, Rn. 33 f., mit dem Hinweis auf Kommission, Entscheidung v. 24. 7. 1991,

die Klausel (einzeln oder in Verbindung mit anderen Klauseln)³³⁰ einem fairen Interessenausgleich dient oder nicht.³³¹ Der Missbrauch gemäß Art. 102 Abs. 2 Buchst. a AEUV knüpft an sich an die **Erzwingung** an, verlangt also, dass der Marktbeherrscher seine Marktmacht instrumentalisiert hat, um unangemessene Geschäftsbedingungen durchzusetzen. Im Interesse der Effektivität des Restwettbewerbs ist ein Missbrauch jedoch auch denn zu bejahen, wenn die verwendete Klausel allein aufgrund ihres Inhalts und ihrer Proliferation die Funktionsfähigkeit der Märkte gefährdet.³³²

2. Einschränkung der Erzeugung, des Absatzes oder der technischen Entwicklung

76 Nach **Art. 102 Abs. 2 Buchst. b AEUV** kann sich ein Missbrauch auch aus »der Einschränkung der Erzeugung, des Absatzes oder der technischen Entwicklung zum Schaden der Verbraucher« ergeben. Dementsprechend hat der EuGH in der United-Brands-Entscheidung unverhältnismäßige Beschränkungen des Bananenvertriebs sowie die ungerechtfertigte Einstellung der Belieferung mit Bananen (s. Rn. 114 f.) als Einschränkung der Absatzmöglichkeiten zu Lasten der Verbraucher beanstandet.³³³ In der Fallgruppe der Geschäftsverweigerung (Refusal to deal) wirkt sich Art. 102 Abs. 2 Buchst. b AEUV außerdem auf die Voraussetzungen aus, unter denen ein Marktbeherrscher geistiges Eigentum für (potentielle) Mitbewerber verfügbar machen muss (s. Rn. 120 ff.).

77 Das Gericht hat in der Intel-Entscheidung auch »**reine Beschränkungen**« (»naked restrictions«) gemäß Art. 102 Abs. 2 Buchst. b AEUV beanstandet, die im konkret entschiedenen Fall darin bestanden, dass Intel bestimmten Herstellern Prämien dafür gezahlt hat, dass sie die von ihnen hergestellten Rechner nicht mit Prozessoren des Intel-Konkurrenten AMD ausgerüstet haben.³³⁴

3. Diskriminierung

78 Nach **Art. 102 Abs. 2 Buchst. c AEUV** kann der Missbrauch auch in einer **Diskriminierung**, d.h. in der »Anwendung unterschiedlicher Bedingungen bei gleichwertigen Leistungen gegenüber Handelspartnern« bestehen, »wodurch diese im Wettbewerb benachteiligt werden«. Dieses **Diskriminierungsverbot** ist Teil des Systems, das den Wettbewerb innerhalb des Binnenmarkts vor Verfälschungen schützt:³³⁵ Durch das Geschäftsgebaren des Marktbeherrschers soll der Wettbewerb auf vor- oder nachgelagerten Märkten nicht verzerrt werden.³³⁶ Im Wettbewerb untereinander sollen die Handelspartner nicht bevorzugt oder benachteiligt werden.³³⁷ Dementsprechend erfor-

---

92/1637EWG (Tetra Pak), ABl. 1992, L 72/1; s. auch: EuGH, Urt. v. 5.10.1988, Rs. 247/86 (Alsatel), Slg. 1988, 5987; ausführlich: *Bulst*, in: Langen/Bunte, Art. 102 AEUV, Rn. 175 ff.

³³⁰ EuGH, Urt. v. 27.3.1974, Rs. 127/73 (BRT/SABAM II), Slg. 1974, 313, Rn. 12/14.

³³¹ EuGH, Urt. v. 27.3.1974, Rs. 127/73 (BRT/SABAM II), Slg. 1974, 313, Rn. 6/8; *Mestmäcker/Schweitzer*, Europäisches Wettbewerbsrecht, § 18, Rn. 7.

³³² Restriktiver: *Franck*, ZWeR 2016, 137 (163); s. auch: *Lettl*, WuW 2016, 214, zu der Frage, ob rechtswidrige Klauseln ipso facto unangemessen sind.

³³³ EuGH, Urt. v. 14.2.1978, Rs. 27/76 (United Brands), Slg. 1978, 207, Rn. 152/160, 182/183.

³³⁴ EuG, Urt. v. 12.6.2014, Rs. T-286/09 (Intel), ECLI:EU:T:2014:547, Rn. 198 ff., 206, 219.

³³⁵ EuGH, Urt. v. 15.3.2007, Rs. C-95/04 P (British Airways), Slg. 2007, I-2331, Rn. 143.

³³⁶ EuGH, Urt. v. 15.3.2007, Rs. C-95/04 P (British Airways), Slg. 2007, I-2331, Rn. 143; EuG, Urt. v. 9.9.2009, Rs. T-301/04 (Clearstream/Kommission), Slg. 2009, II-3155, Rn. 192; zur Kritik an der »British Airways«-Formel: *Bulst*, in Langen/Bunte, Art. 102 AEUV, Rn. 206.

³³⁷ EuGH, Urt. v. 15.3.2007, Rs. C-95/04 P (British Airways), Slg. 2007, I-2331, Rn. 143; EuG, Urt. v. 9.9.2009, Rs. T-301/04 (Clearstream/Kommission), Slg. 2009, II-3155, Rn. 192.

dert die Prüfung des Diskriminierungsverbots einen **Doppelschritt**, nämlich (1.) die Prüfung der Diskriminierung auf dem relevanten Markt und (2.) die Prüfung der angestrebten oder eingetretenen, aktuellen oder potentiellen Beeinträchtigung des Wettbewerbs auf dem vor- oder nachgelagerten Markt.[338]

Damit steht fest, dass die Diskriminierung im Kern ein Fall des **Behinderungsmissbrauchs** ist.[339] Der EuGH verzichtet insoweit auf den Nachweis einer effektiven Beeinträchtigung des Wettbewerbs und lässt stattdessen die (subjektive) Intention des Marktbeherrschers ausreichen: Nichts hindere daran, die Diskriminierung von Handelspartnern, die sich in einer Wettbewerbsbeziehung befänden, als missbräuchlich anzusehen, wenn das Verhalten des Unternehmens in beherrschender Stellung angesichts des gesamten Sachverhalts darauf gerichtet sei, eine Wettbewerbsverzerrung zwischen diesen Handelspartnern herbeizuführen. In einer solchen Situation könne nicht verlangt werden, dass zusätzlich der Beweis einer tatsächlichen, quantifizierbaren Verschlechterung der Wettbewerbsstellung einzelner Handelspartner erbracht werde.[340] 79

Klassischer Fall des Art. 102 Abs. 2 Buchst. c AEUV ist die **Preisdiskriminierung**. Der EuGH geht davon aus, dass der Marktbeherrscher keine künstlichen Preisunterschiede herbeiführen darf, die geeignet sind, seine Kunden zu benachteiligen und den Wettbewerb zu verfälschen.[341] In der Post Danmark I-Entscheidung hat der EuGH erneut klargestellt, dass »die Tatsache, dass die Praxis eines Unternehmens in beherrschender Stellung als ›Preisdiskriminierung‹ eingestuft werden« könne, d.h., dass die Anwendung verschiedener Preise auf verschiedene Kunden oder verschiedene Kundenkategorien für Waren oder Dienstleistungen, deren Kosten dieselben sind, oder umgekehrt die Anwendung eines einheitlichen Preises auf Kunden, bei denen die Angebotskosten variieren, allein nicht den Schluss auf das Vorliegen einer missbräuchlichen Verdrängungspraxis zulasse.[342] Daraus folgt, dass die angestrebte Beeinträchtigung des Wettbewerbs ein eigenständiger Missbrauchsfaktor ist und sich nicht von selbst aus der Diskriminierung ergibt; ein Rückschluss von der Diskriminierung auf die Beeinträchtigung des Wettbewerbs ist aber bei einem faktischen, auf Dauer angelegten Monopol möglich.[343] 80

Das Schrifttum folgert aus dem Diskriminierungsverbot, dass der Marktbeherrscher vergleichbare Handelspartner,[344] die aktuell oder potentiell konkurrieren,[345] bei gleichwertigen, d.h. austauschbaren[346] aber nicht unbedingt identischen[347] Leistungen, vorbehaltlich eines sachlichen Rechtfertigungsgrundes[348] gleich und nicht vergleichbare 81

---

[338] EuGH, Urt. v. 15.3.2007, Rs. C–95/04 P (British Airways), Slg. 2007, I–2331, Rn. 144; EuG, Urt. v. 9.9.2009, Rs. T–301/04 (Clearstream/Kommission), Slg. 2009, II–3155, Rn. 192.
[339] *Mestmäcker/Schweitzer*, Europäisches Wettbewerbsrecht, § 18, Rn. 21.
[340] EuGH, Urt. v. 15.3.2007, Rs. C–95/04 P (British Airways), Slg. 2007, I–2331, Rn. 145; EuG, Urt. v. 9.9.2009, Rs. T–301/04 (Clearstream/Kommission), Slg. 2009, II–3155, Rn. 193.
[341] EuG, Urt. v. 9.9.2009, Rs. T–301/04 (Clearstream/Kommission), Slg. 2009, II–3155, Rn. 170; Urt. v. 6.10.1994, Rs. T–83/91 (Tetra Pak), Slg. 1994, II–755, Rn. 160; Urt. v. 21.10.1997, Rs. T–229/94 (Deutsche Bahn), Slg. 1997, II–1689, Rn. 78; grundlegend bereits: EuGH, Urt. v. 14.2.1978, Rs. 27/76 (United Brands), Slg. 1978, 207, Rn. 227/233–234.
[342] EuGH, Urt. v. 27.3.2012, Rs. C–209/10 (Post Danmark I), ECLI:EU:C:2012:172, Rn. 30.
[343] EuG, Urt. v. 9.9.2009, Rs. T–301/04 (Clearstream), Slg. 2009, II–3155, Rn. 194; s. auch *Busche*, in: Kölner Kommentar, Art. 102 AEUV, Rn. 136.
[344] *Deselaers*, in: Grabitz/Hilf/Nettesheim, EU, Art. 102 AEUV (Januar 2016), Rn. 429.
[345] *Schröter/Bartl*, in: GSH, Europäisches Unionsrecht, Art. 102 AEUV, Rn. 248.
[346] *Deselaers*, in: Grabitz/Hilf/Nettesheim, EU, Art. 102 AEUV (Januar 2016), Rn. 424 f.
[347] *Schröter/Bartl*, in: GSH, Europäisches Unionsrecht, Art. 102 AEUV, Rn. 244.
[348] *Deselaers*, in: Grabitz/Hilf/Nettesheim, EU, Art. 102 AEUV (Januar 2016), Rn. 187, 189.

Handelspartner (ihrer Eigenart entsprechend) verschieden behandeln muss.[349] Dieses **Gleichbehandlungsgebot** ist indes nur mit der EuGH-Rechtsprechung zur gezielten Beeinträchtigung des Wettbewerbs (s. Rn. 79 f.) zu vereinbaren, wenn man Diskriminierungen, die weder auf eine Beeinträchtigung des Wettbewerbs auf vor- oder nachgelagerten Märkten angelegt sind noch einen solchen Effekt haben, für sachlich gerechtfertigt hält.

82 **Räumliche Preisunterschiede** beanstandet der EuGH auch und vor allem, weil sie zu einer Resegmentierung des Binnenmarktes führen.[350] Der Einwand, dass ein (marktkonformes) Preisarbitrage u. U. ausreichen würde, um die Preisunterschiede auch ohne hoheitliche Preiskontrollen wieder einzuebnen,[351] ist nicht von der Hand zu weisen, hat sich bisher jedoch nicht in der EuGH-Rechtsprechung niedergeschlagen.

4. Kopplung

83 **Art. 102 Abs. 2 Buchst. d AEUV** untersagt bestimmte **Kopplungsgeschäfte** (vgl. auch die Parallelvorschrift in Art. 101 Abs. 1 Buchst. e AEUV): Ein Missbrauch kann auch in »der an den Abschluss von Verträgen geknüpften Bedingung bestehen, dass die Vertragspartner zusätzliche Leistungen annehmen, die weder sachlich noch nach Handelsbrauch in Beziehung zum Vertragsgegenstand stehen«. Der EuGH[352] prüft Kopplungsgeschäfte indes auch anhand von Art. 102 Abs. 1 AEUV. Daher kann eine Kopplung auch dann gegen das Missbrauchsverbot verstoßen, wenn sie – anders als in Art. 102 Abs. 2 Buchst. d AEUV vorgesehen – einem Handelsbrauch entspricht oder wenn zwischen den gekoppelten Erzeugnissen eine sachliche Beziehung besteht (im Einzelnen: s. Rn. 99 ff.). Hinzukommt, dass nicht nur vertragliche Kopplungsgeschäfte (Kopplung i. S. einer »an den Abschluss von Verträgen geknüpften Bedingung«), sondern auch faktische (technische) Kopplungen mit dem Binnenmarkt unvereinbar und verboten sein können.

III. Fallgruppen

84 In der Praxis dominiert die Bekämpfung des **Behinderungsmissbrauchs**, der sich gegen (aktuelle oder potentielle) Mitbewerber richtet (s. Rn. 60). Die Kommission hat sich diesen Begriff in ihrer Prioritätenmitteilung (2009) zu eigen gemacht und spricht von Behinderungsstrategien, durch die marktbeherrschende Unternehmen »ihre Konkurrenten in wettbewerbswidriger Weise vom Markt ausschließen und auf diese Weise die Verbraucherwohlfahrt beeinträchtigen«.[353] Die Bekämpfung des **Ausbeutungsmissbrauchs** (Begriff: s. Rn. 60) spielt in der Kommissionspraxis nur eine untergeordnete Rolle. Die Kommission vertraut insoweit auf die Dynamik des Wettbewerbs und insbesondere darauf, dass ein Missbrauch in Form überhöhter Preise – vorbehaltlich etwaiger Marktzutrittsschranken – neue Mitbewerber auf den Plan rufen wird, die den Marktbeherrscher so unter Druck setzen, dass er die Preise senken muss.[354] Konzentriert

---

[349] *Schröter/Bartl*, in: GSH, Europäisches Unionsrecht, Art. 102 AEUV, Rn. 241; *Jung*, in: Grabitz/Hilf/Nettesheim, EU, Art. 102 AEUV (Januar 2016), Rn. 189.
[350] EuGH, Urt. v. 14.2.1978, Rs. 27/76 (United Brands), Slg. 1978, 207, Rn. 227/233.
[351] Dazu: *Faull/Nikpay*, Rn. 4.903.
[352] EuGH, Urt. v. 14.11.1996, Rs. C–333/94 P (Tetra Pak), Slg. 1996, I–5951, Rn. 37.
[353] Kommission, Prioritätenmitteilung (Fn. 7), Rn. 19.
[354] Dazu prägnant: *Faull/Nikpay*, Rn. 4.18: »The exercise of market power by incumbents will normally attract new entrants into the market …. The entry of such firms will normally increase competition, reduce prices, and improve consumer welfare. It is reasonable for the Commission not to

sich die Kommission auf den Behinderungsmissbrauch, so schützt sie vor allem den Wettbewerbsprozess – und entschärft damit auch die Rechtsunsicherheit, die mit umfangreichen Preiskontrollen bei einem (angeblichen) Ausbeutungsmissbrauchs verbunden wäre.[355]

Im Rahmen des **Behinderungsmissbrauchs** ist (angelehnt an die Prioritätenmitteilung der Kommission)[356] nach Fallgruppen zu unterscheiden (s.u.), die teils jedoch auch Elemente des Ausbeutungsmissbrauchs berücksichtigen. Instrument des Behinderungsmissbrauchs ist insbesondere die **Preispolitik** eines Marktbeherrschers, die sich u.a. in Rabatten (s. Rn. 89ff.), Kampfpreisen (s. Rn. 109ff.) und in der Beschneidung von Margen (s. Rn. 128ff.) niederschlagen kann. Der EuGH[357] geht generell davon aus, dass eine Preispolitik, die für gegenwärtige oder potentielle, ebenso effiziente Wettbewerber eine Verdrängungswirkung entfaltet, mit Art. 102 AEUV unvereinbar und verboten ist. Damit ist eine Preispolitik gemeint, durch die Unternehmen vom Markt verdrängt werden sollen, die vielleicht ebenso leistungsfähig sind wie der Marktbeherrscher, wegen ihrer geringeren Finanzkraft jedoch nicht dem auf sie ausgeübten Konkurrenzdruck standhalten können.[358] Zur Beurteilung der Zulässigkeit der von einem beherrschenden Unternehmen angewandten Preispolitik ist grundsätzlich auf Preiskriterien abzustellen, die sich auf die dem beherrschenden Unternehmen entstandenen Kosten und seine Strategie stützen.[359] 85

1. Ausschließlichkeitsbindungen

Der Begriff der Ausschließlichkeitsbindung erfasst »jede exklusive Belieferungs- oder Abnahmeverpflichtung«.[360] Bei normalen Marktverhältnissen kann eine solche Exklusivität »im Interesse beider Parteien« liegen, »zur Verbesserung der Warenherstellung und -verteilung beitragen und sich günstig auf den Wettbewerb auswirken«.[361] Das gilt jedoch nicht auf Märkten, auf denen »der Wettbewerb gerade wegen der beherrschenden Stellung eines der Wirtschaftsteilnehmer schon eingeschränkt ist«[362]: »Ein Unternehmen, das auf einem Markt eine beherrschende Stellung einnimmt und Abnehmer, sei es auch auf deren Wunsch, durch die Verpflichtung oder Zusage, ihren gesamten Bedarf oder einen beträchtlichen Teil desselben ausschließlich über ihn zu beziehen, an sich bindet, nützt seine Stellung ... missbräuchlich aus ...«.[363] 86

---

intervene in circumstances where dynamic competition ensures that the market self corrects through an evolutionary process ...«

[355] Ebenso: *Faull/Nikpay*, Rn. 4.25.
[356] Kommission, Prioritätenmitteilung (Fn. 7), Rn. 32ff. Die Beschneidung von Margen (Kosten-Preis-Schere) wird aber allerdings nicht *sub specie* der Lieferungsverweigerung behandelt.
[357] EuGH, Urt. v. 17.2.2011, Rs. C–52/09 (TeliaSonera), Slg. 2011, I–527, Rn. 39; Urt. v. 14.10.2010, Rs. C–280/08 P (Deutsche Telekom), Slg. 2010, I–9555, Rn. 177.
[358] EuGH, Urt. v. 17.2.2011, Rs. C–52/09 (TeliaSonera), Slg. 2011, I–527, Rn. 40.
[359] EuGH, Urt. v. 17.2.2011, Rs. C–52/09 (TeliaSonera), Slg. 2011, I–527, Rn. 41; Urt. v. 3.7.1991, Rs. C–62/86 (AKZO/Kommission), Slg. 1991, I–3359, Rn. 74; Urt. v. 2.4.2009, Rs. C–202/07 P (France Télécom/Kommission), Slg. 2009, I–2369, Rn. 108.
[360] *Fuchs/Möschel*, in: Immenga/Mestmäcker, Art. 102 AEUV, Rn. 214.
[361] EuG, Urt. v. 23.10.2003, Rs. T–65/98 (van den Bergh Foods), Slg. 2003, II–4653, Rn. 159; bestätigt durch EuGH, Beschl. v. 28.9.2006, Rs. C–552/03 P (Unilever Bestfoods), Slg. 2006, I–9091.
[362] EuG, Urt. v. 23.10.2003, Rs. T–65/98 (van den Bergh Foods), Slg. 2003, II–4653, Rn. 159.
[363] EuGH, Urt. v. 13.2.1979, Rs. 85/76 (Hoffmann-LaRoche), Slg. 1979, 461, Rn. 89; Urt. v. 3.7.1991, Rs. C–62/86 (AKZO/Kommission), Slg. 1991, I–3359, Rn. 149; Urt. v. 27.4.1994, Rs. C–393/92 (Almelo), Slg. 1994, I–1477, Rn. 44; EuG, Urt. v. 12.6.2014, Rs. T–286/09 (Intel), ECLI:EU:T:2014:547, Rn. 72.

87 Der EuGH[364] geht grundsätzlich[365] davon aus, dass die Exklusivität im Falle der Marktbeherrschung darauf abzielt, »dem Abnehmer die Wahl zwischen mehreren Bezugsquellen unmöglich zu machen oder zu erschweren und anderen Herstellern den Zugang zum Markt zu erschweren«. Ein Musterbeispiel dafür ist die (frühere) Praxis eines marktbeherrschenden Eis-Herstellers, der den Händlern »kostenlos« in seinem Eigentum verbleibende Kühltruhen unter der Bedingung zur Verfügung gestellt hatte, dass die Händler »sie ausschließlich für die Lagerung der von [dem Hersteller] … gelieferten Speiseeiserzeugnisse« benutzten.[366] Das Gericht hat diese Ausschließlichkeitsklausel zu Recht beanstandet, weil sie die betroffenen Händler »daran [hinderte], andere Eismarken zu verkaufen …, auch wenn eine Nachfrage nach solchen Marken« bestand, und weil sie »den Zutritt konkurrierender Hersteller zum relevanten Markt« verhinderte.[367] Die Kommission hatte in diesem Kontext auch auf die **Einschränkung der Wahlmöglichkeiten der Verbraucher** hingewiesen:[368] Kann der Händler faktisch nur bestimmte Eismarken anbieten – auch, weil er oft nicht mehr als eine Tiefkühltruhe wird aufstellen können –, so wirkt sich die damit verbundene »**Einschränkung des Absatzes**« (s. **Art. 102 Abs. 2 Buchst. b AEUV**) auch zu Lasten der Konsumentensouveränität (freedom of choice) und damit »**zum Schaden der Verbraucher**« aus.

88 Die Kommission versteht unter **Ausschließlichkeitsbindungen** insbesondere Alleinbezugsbindungen und bedingte Rabatte (s. Rn. 97), die der Marktbeherrscher mit seinen Abnehmern vereinbart, um seine Mitbewerber daran zu hindern, an diese Abnehmer zu verkaufen.[369] Eine **Alleinbezugsbindung** verpflichte die Abnehmer auf einem bestimmten Markt, ihren Bedarf ausschließlich oder in erheblichem Umfang bei dem marktbeherrschenden Unternehmen zu decken.[370] Eine solche Exklusivität beschränke den Wettbewerb, wenn sie (potentielle) Mitbewerber des Marktbeherrschers vom Markt ausschließe, d. h. den Markteintritt bzw. die Expansion konkurrierender Unternehmen verhindert.[371] Dieses Risiko bestehe insbesondere, wenn der Marktbeherrscher »unvermeidlicher Handelspartner« seiner Abnehmer sei – sei es, weil er ein unverzichtbares Markenprodukt anbiete (»Must Stock Item«), sei es, weil er allein über die Kapazitäten verfüge, um die Nachfrage vollständig abzudecken.[372]

2. Rabattsysteme

a) Missbrauch

89 **Rabatte (Preisnachlässe)** können sowohl aufgrund ihres Marktausschlusscharakters (Art. 102 Abs. 1 AEUV)[373] als auch aufgrund der Diskriminierung bestimmter Handelspartner (Absatz 2 Buchst. c)[374] mit dem Binnenmarkt unvereinbar und verboten sein.

---

[364] EuGH, Urt. v. 13.2.1979, Rs. 85/76 (Hoffmann-LaRoche), Slg. 1979, 461, Rn. 90.
[365] Das heißt »[v]on Ausnahmefällen abgesehen, die eine Vereinbarung … im Rahmen von [heute: Art. 101 Abs. 3 AEUV] … zulässig machen können.«
[366] EuG, Urt. v. 23.10.2003, Rs. T–65/98 (van den Bergh Foods), Slg. 2003, II–4653, Rn. 2.
[367] EuG, Urt. v. 23.10.2003, Rs. T–65/98 (van den Bergh Foods), Slg. 2003, II–4653, Rn. 160.
[368] EuG, Urt. v. 23.10.2003, Rs. T–65/98 (van den Bergh Foods), Slg. 2003, II–4653, Rn. 152.
[369] Kommission, Prioritätenmitteilung (Fn. 7), Rn. 32. Bedingte Rabatte werden hier *sub specie* der Fallgruppe Rabattsysteme behandelt, weil die u. U. damit verknüpfte Ausschließlichkeitsbindung nur einen Teilaspekt abdeckt.
[370] Kommission, Prioritätenmitteilung (Fn. 7), Rn. 33.
[371] Kommission, Prioritätenmitteilung (Fn. 7), Rn. 34.
[372] Kommission, Prioritätenmitteilung (Fn. 7), Rn. 35.
[373] EuGH, Urt. v. 15.3.2007, Rs. C–95/04 P (British Airways), Slg. 2007, I–2331, Rn. 58 f.
[374] EuGH, Urt. v. 16.12.1975, verb. Rs. 40–48/73, 50/73, 54–56/73, 111/73, 113/73 u. 114/73 (Suiker Unie), Slg. 1975, 1663, Rn. 517, 523.

Entfaltet ein Rabattsystem Verdrängungswirkung, so verstößt es auch ohne zusätzliche Diskriminierung gegen Art. 102 AEUV.[375] Die Bezeichnung als Rabatt, Prämie, Bonus usw. spielt für die rechtliche Beurteilung keine Rolle.[376] Maßgeblich ist, dass der Marktbeherrscher das Nachfrageverhalten durch gezielte Preisnachlässe steuern, eine »Sogwirkung« für sein Produktangebot erzeugen[377] und so den Wettbewerb verfälschen kann. Eine potentielle Beeinträchtigung des Wettbewerbs reicht aus, eine rein hypothetische jedoch nicht.[378] Die rechtliche Beurteilung von Rabatten richtet sich im Kern nach den **Modalitäten der Rabattgewährung.**[379] Dabei ist grundsätzlich von einer **Einteilung in drei Kategorien** auszugehen:[380]

aa) Mengenrabatte

Mengenrabatte, die als solche ausschließlich an das Einkaufsvolumen anknüpfen, sind grundsätzlich erlaubt:[381] Führt die Erhöhung der Liefermenge zu einer Kostensenkung des Lieferanten, so darf er diese Effizienzgewinne in Form günstigerer Preise an seine Abnehmer weitergeben.[382]

90

bb) Treuerabatte

Treuerabatte oder -prämien (= Ausschließlichkeitsrabatte)[383] sind daran gebunden, dass der Kunde – unabhängig von dem größeren oder geringeren Umfang seiner Käufe – seinen Gesamtbedarf oder einen wesentlichen Teil hiervon beim Marktbeherrscher deckt.[384] Derartige Rabatte, die den Abnehmer zum ausschließlichen Bezug bei dem Unternehmen in beherrschender Stellung veranlassen sollen, sind mit einem unverfälschten Wettbewerb unvereinbar;[385] sie beruhen grundsätzlich nicht auf einer wirtschaftlichen Leistung, die die Belastung oder den Vorteil rechtfertigt, sondern zielen darauf ab, dem Abnehmer die Wahl zwischen mehreren Bezugsquellen unmöglich zu machen oder zu erschweren und anderen Herstellern den Marktzugang zu verwehren.[386] Hinzu kommt, dass Treuerabatte in dieser Form mit einer Diskriminierung der Handelspartner einhergehen können.[387]

91

---

[375] EuGH, Urt. v. 6.10.2015, Rs. C–23/14 (Post Danmark II), ECLI:EU:C:2015:651, Rn. 37 f.
[376] *Schröter/Bartl*, in: GSH, Europäisches Unionsrecht, Art. 102 AEUV, Rn. 227.
[377] S. nur: EuGH, Urt. v. 6.10.2015, Rs. C–23/14 (Post Danmark II), ECLI:EU:C:2015:651, Rn. 35.
[378] EuGH, Urt. v. 6.10.2015, Rs. C–23/14 (Post Danmark II), ECLI:EU:C:2015:651, Rn. 66, 65.
[379] Dazu im Detail: EuGH, Urt. v. 6.10.2015, Rs. C–23/14 (Post Danmark II), ECLI:EU:C:2015:651, Rn. 28 ff.; s. auch: *Schröter/Bartl*, in: GSH, Europäisches Unionsrecht, Art. 102 AEUV, Rn. 227.
[380] EuG, Urt. v. 12.6.2014, Rs. T–286/09 (Intel), ECLI:EU:T:2014:547, Rn. 74; Bodenstein, ZWeR 2015, 403 (404 f.).
[381] EuGH, Urt. v. 6.10.2015, Rs. C–23/14 (Post Danmark II), ECLI:EU:C:2015:651, Rn. 27; *Bulst*, in: Bunte/Langen, Art. 102 AEUV, Rn. 337; *Schröter/Bartl*, in: GSH, Europäisches Unionsrecht, Art. 102 AEUV, Rn. 229.
[382] EuG, Urt. v. 12.6.2014, Rs. T–286/09 (Intel), ECLI:EU:T:2014:547, Rn. 75.
[383] EuG, Urt. v. 12.6.2014, Rs. T–286/09 (Intel), ECLI:EU:T:2014:547, Rn. 76.
[384] EuGH, Urt. v. 13.2.1979, Rs. 85/76 (Hoffmann-La Roche), Slg. 1979, 461, Rn. 89; Urt. v. 9.11.1983, Rs. 322/81 (Michelin), Slg. 1984, 3461, Rn. 71; Urt. v. 19.4.2012, Rs. C–549/10 P (Tomra), ECLI:EU:C:2012:221, Rn. 70.
[385] EuGH, Urt. v. 13.2.1979, Rs. 85/76 (Hoffmann-La Roche), Slg. 1979, 461, Rn. 90; s. auch: EuGH, Urt. v. 15.3.2007, Rs. C–95/04 P (British Airways), Slg. 2007, I–2331, Rn. 63; Urt. v. 6.10.2015, Rs. C–23/14 (Post Danmark II), ECLI:EU:C:2015:651, Rn. 27.
[386] EuGH, Urt. v. 13.2.1979, Rs. 85/76 (Hoffmann-La Roche), Slg. 1979, 461, Rn. 90; EuG, Urt. v. 12.6.2014, Rs. T–286/09 (Intel), ECLI:EU:T:2014:547, Rn. 76 f.
[387] EuGH, Urt. v. 13.2.1979, Rs. 85/76 (Hoffmann-La Roche), Slg. 1979, 461, Rn. 90.

92 In der **Intel-Entscheidung** (2014) hat das Gericht klargestellt, dass Treuerabatte unzulässig sind, ohne dass im Einzelfall noch zu prüfen wäre, ob eine potentielle Verdrängungswirkung vorliegt oder ob sie (konkret) geeignet sind, den Wettbewerb zu beschränken.[388] Treuerabatte eines Marktbeherrschers seien nämlich schon ihrer Art nach geeignet, den Wettbewerb zu beschränken[389] und Wettbewerber zu verdrängen.[390] Der Mechanismus des Treuerabatts, der von einem Unternehmen in beherrschender Stellung gewährt werde, das (als solches) ein nicht zu übergehender Geschäftspartner sei, ermögliche es diesem Unternehmen, den nicht bestreitbaren Teil der Nachfrage des Abnehmers als Hebel einzusetzen, um sich auch den bestreitbaren Teil der Nachfrage zu sichern.[391] Bei einem solchen Marketinginstrument ist eine Analyse der konkreten Auswirkungen der Rabatte auf den Wettbewerb nicht erforderlich.[392] Eine **Rechtfertigung** (s. Rn. 95 f.) bleibt allerdings auch bei Treuerabatten möglich.[393]

cc) Sonstige Rabatte

93 Bei der Beurteilung sonstiger Rabatte, insb. bei **Zielrabatten oder -prämien**, die als solche (gegebenenfalls: rückwirkend) an die Erfüllung individuell definierter Umsatzziele anknüpfen,[394] berücksichtigt der EuGH u.a., wie stark der Druck des Rabattsystems auf den Vertragspartner ausfällt[395] und ob der Marktbeherrscher sehr viel höhere Marktanteile hält als seine Wettbewerber;[396] per se unzulässig sind solche Rabatte nicht.[397] Der EuGH prüft vielmehr unter Berücksichtigung sämtlicher Umstände des Einzelfalls,[398] ob der Rabatt darauf abzielt, dem Abnehmer durch die Gewährung eines Vorteils, der nicht auf einer ihn rechtfertigenden Leistung beruht, die Wahlmöglichkeiten hinsichtlich seiner Bezugsquellen zu nehmen oder einzuschränken, den Konkurrenten den Zugang zum Markt zu verwehren, für gleichwertige Leistungen ungleiche Bedingungen aufzuerlegen oder die beherrschende Stellung durch einen verfälschten Wettbewerb zu stärken.[399] Die Rabatte müssen »nicht nur abstrakt, sondern auch konkret geeignet sein, den Wettbewerbern … den Zugang zum Markt und seinen Vertragspartnern die Wahl zwischen mehreren Bezugsquellen oder Handelspartnern zu erschweren oder gar unmöglich zu machen« (*Kokott*)[400]. Der EuGH[401] verlangt eine »tat-

---

[388] EuG, Urt. v. 12.6.2014, Rs. T–286/09 (Intel), ECLI:EU:T:2014:547, Rn. 80 und 81.
[389] EuG, Urt. v. 12.6.2014, Rs. T–286/09 (Intel), ECLI:EU:T:2014:547, Rn. 85.
[390] EuG, Urt. v. 12.6.2014, Rs. T–286/09 (Intel), ECLI:EU:T:2014:547, Rn. 87.
[391] EuG, Urt. v. 12.6.2014, Rs. T–286/09 (Intel), ECLI:EU:T:2014:547, Rn. 103.
[392] EuG, Urt. v. 12.6.2014, Rs. T–286/09 (Intel), ECLI:EU:T:2014:547, Rn. 103.
[393] EuG, Urt. v. 12.6.2014, Rs. T–286/09 (Intel), ECLI:EU:T:2014:547, Rn. 94 m.w.N.
[394] Begriff: EuGH, Urt. v. 15.3.2007, Rs. C–95/04 P (British Airways), Slg. 2007, I–2331, Rn. 72; Urt. v. 9.11.1983, Rs. 322/81 (Michelin), Slg. 1984, 3461, Rn. 70–86.
[395] EuGH, Urt. v. 9.11.1983, Rs. 322/81 (Michelin), Slg. 1984, 3461, Rn. 81; Urt. v. 15.3.2007, Rs. C–95/04 P (British Airways), Slg. 2007, I–2331, Rn. 73.
[396] EuGH, Urt. v. 15.3.2007, Rs. C–95/04 P (British Airways), Slg. 2007, I–2331, Rn. 75.
[397] Im Einzelnen (auch zur Differenzierung zwischen individualisierten und standardisierten Zielrabatten): *Bulst*, in: Langen/Bunte, Art. 102 AEUV, Rn. 343 f.
[398] EuGH, Urt. v. 15.3.2007, Rs. C–95/04 P (British Airways), Slg. 2007, I–2331, Rn. 68; insbesondere die Kriterien und Modalitäten der Rabattgewährung sind zu berücksichtigen; Urt. v. 6.10.2015, Rs. C–23/14 (Post Danmark II), ECLI:EU:C:2015:651, Rn. 29.
[399] EuGH, Urt. v. 9.11.1983, Rs. 322/81 (Michelin), Slg. 1984, 3461, Rn. 73; Urt. v. 19.4.2012, Rs. C–549/10 P (Tomra), ECLI:EU:C:2012:221, Rn. 71; Urt. v. 6.10.2015, Rs. C–23/14 (Post Danmark II), ECLI:EU:C:2015:651, Rn. 29.
[400] GA *Kokott*, Schlussanträge v. 21.5.2015, Rs. C–23/14 (Post Danmark II), ECLI:EU:C:2015:651, Rn. 80.
[401] EuGH, Urt. v. 6.10.2015, Rs. C–23/14 (Post Danmark II), ECLI:EU:C:2015:651, Rn. 69.

sächliche oder wahrscheinliche Verdrängung von Wettbewerbern zum Schaden des Wettbewerbs und damit der Verbraucher« und prüft, ob ein Rabatt »darauf abzielt«, andere Marktteilnehmer zu verdrängen oder zu benachteiligen,[402] bzw. »geeignet« ist, wettbewerbsschädigende Wirkung auf dem Markt zu entfalten.[403] Der EuGH berücksichtigt außerdem den Umfang der beherrschenden Stellung und die besonderen Wettbewerbsbedingungen auf dem relevanten Markt.[404] Ein Unternehmen, das einen besonders hohen Marktanteil habe, befinde sich dadurch in einer Position der Stärke, die es in der Regel zu einem »nicht zu übergehenden Geschäftspartner« mache; unter diesen Umständen sei es für die Wettbewerber dieses Unternehmens besonders schwierig, die (im konkreten Fall) am gesamten Umsatzvolumen orientierten Rabatte zu überbieten.[405] Dagegen stellt die Beobachtung, dass ein Rabattsystem einen großen Teil der Kunden auf dem relevanten Markt betrifft, für sich genommen kein Indiz für einen Missbrauch dar.[406] Das Kriterium des »ebenso leistungsfähigen Wettbewerbers« (»as efficient competitor«; s. Rn. 17, 112) ist (selbst bei sonstigen Rabattsystemen) kein notwendiges Prüfungskriterium.[407] Es kann herangezogen werden, wenn es sachgerecht ist. Das ist jedoch nicht der Fall, wenn die Marktstruktur den Eintritt eines ebenso leistungsfähigen Wettbewerbers im konkreten Einzelfall praktisch unmöglich macht.[408]

Bei der Beurteilung eines von der **dänischen Post** betriebenen (sonstigen) **standardisierten und ggf. nachträglich angepassten Rabattsystems**[409] hat der EuGH[410] bei der Prüfung des Missbrauchs insbesondere die mögliche Rückerstattungspflicht, die Dauer des Referenzzeitraums und die Tatsachen wiegen lassen, 94

1. dass sich der Rabatt auf die Gesamtheit der Käufe und nicht nur auf Käufe jenseits bestimmter Rabattschwellen bezog und
2. dass er unterschiedslos für den im konkreten Fall bestreitbaren wie auch den unbestreitbaren (nämlich aufgrund eines staatlichen Monopols ohnehin dem Marktbeherrscher zugewiesenen) Teil der Nachfrage galt.[411]

Ein derartiges Rabattsystem erleichtere es dem beherrschenden Unternehmen, seine eigenen Kunden an sich zu binden sowie die Kunden seiner Wettbewerber anzulocken und damit auf dem relevanten Markt den Teil der Nachfrage für sich zu vereinnahmen, der (an sich noch) dem Wettbewerb unterliege.[412]

---

[402] EuGH, Urt. v. 6. 10. 2015, Rs. C–23/14 (Post Danmark II), ECLI:EU:C:2015:651, Rn. 64.
[403] EuGH, Urt. v. 6. 10. 2015, Rs. C–23/14 (Post Danmark II), ECLI:EU:C:2015:651, Rn. 67; siehe auch: EuG, Urt. v. 12. 6. 2014, Rs. T–286/09 (Intel), ECLI:EU:T:2014:547, Rn. 103, mit dem Hinweis darauf, dass die Eignung ausreicht.
[404] EuGH, Urt. v. 6. 10. 2015, Rs. C–23/14 (Post Danmark II), ECLI:EU:C:2015:651, Rn. 30, 39.
[405] EuGH, Urt. v. 6. 10. 2015, Rs. C–23/14 (Post Danmark II), ECLI:EU:C:2015:651, Rn. 40.
[406] EuGH, Urt. v. 6. 10. 2015, Rs. C–23/14 (Post Danmark II), ECLI:EU:C:2015:651, Rn. 44.
[407] EuGH, Urt. v. 6. 10. 2015, Rs. C–23/14 (Post Danmark II), ECLI:EU:C:2015:651, Leitsatz Nr. 2; s. auch: EuG, Urt. v. 12. 6. 2014, Rs. T–286/09 (Intel), ECLI:EU:T:2014:547, Rn. 140 ff., 144.
[408] EuGH, Urt. v. 6. 10. 2015, Rs. C–23/14 (Post Danmark II), ECLI:EU:C:2015:651, Rn. 59; kritisch: *Hieber/Cetintas*, NZKart 2016, 220 (223 ff.).
[409] Kritisch im Hinblick auf die angeblichen Unterschiede zwischen Mengenrabatten (s. o.) und dem von Post Danmark betriebenen Rabattsystem: *Haus*, WuW 2016, 7 (8).
[410] EuGH, Urt. v. 6. 10. 2015, Rs. C–23/14 (Post Danmark II), ECLI:EU:C:2015:651, Rn. 32–34.
[411] EuGH, Urt. v. 6. 10. 2015, Rs. C–23/14 (Post Danmark II), ECLI:EU:C:2015:651, Rn. 33, 35. Im Hinblick auf die Differenzierung unter dem Rubrum »Gesamtheit der Käufe« kritisch, im Hinblick auf die Verklammerung von bestreitbarer und unbestreitbarer Nachfrage zustimmend: *Haus*, WuW 2016, 7 (9).
[412] EuGH, Urt. v. 6. 10. 2015, Rs. C–23/14 (Post Danmark II), ECLI:EU:C:2015:651, Rn. 35.

b) Rechtfertigung des Missbrauchs

95 Die **Prüfung eines Rabattsystems** verlangt im Falle eines präsumtiven Marktausschlusses einen **Doppelschritt**:[413] In einem ersten Schritt (potentieller Missbrauch) ist zu prüfen, ob die »Rabatte oder Prämien eine Verdrängungswirkung entfalten können, d. h., ob sie geeignet sind, den Wettbewerbern des Unternehmens in beherrschender Stellung den Zugang zum Markt und darüber hinaus seinen Vertragspartnern die Wahl zwischen mehreren Bezugsquellen oder Handelspartnern zu erschweren oder sogar unmöglich zu machen«.[414] In einem zweiten Schritt (Rechtfertigung) ist »zu ermitteln, ob für die gewährten Rabatte oder Prämien eine objektive wirtschaftliche Rechtfertigung besteht«.[415] Denn Rabatte und Prämien sind nur dann als missbräuchlich anzusehen, wenn sie nicht auf einer sie rechtfertigenden wirtschaftlichen Leistung beruhen.[416]

96 Die Beurteilung der **Rechtfertigungsgründe** erfolgt anhand sämtlicher Umstände des Einzelfalls.[417] Es ist zu ermitteln, ob die für den Wettbewerb nachteilige Verdrängungswirkung durch Effizienzvorteile ausgeglichen oder sogar übertroffen werden kann, die auch dem Verbraucher zugute kommen.[418] Dementsprechend hat das Unternehmen in beherrschender Stellung nachzuweisen, dass

1. die möglicherweise eintretenden Effizienzvorteile wahrscheinliche negative Auswirkungen auf den Wettbewerb und die Interessen der Verbraucher auf den betroffenen Märkten ausgleichen,
2. dass diese Effizienzvorteile durch das (als möglicher Missbrauch zu beanstandende) Verhalten erzielt worden sind oder erzielt werden können und
3. dass dieses Verhalten für das Erreichen der Effizienzvorteile notwendig ist und einen wirksamen Wettbewerb nicht ausschaltet, indem es alle oder die meisten bestehenden Quellen tatsächlichen oder potenziellen Wettbewerbs zum Versiegen bringt.[419]

Steht die Verdrängungswirkung in keinem Zusammenhang mit Vorteilen für den Markt und die Verbraucher oder geht sie über dasjenige hinaus, was zur Erreichung solcher Vorteile erforderlich ist, so ist die Regelung als missbräuchlich anzusehen.[420]

c) Rabatte in der Prioritätenmitteilung der Kommission

97 Die **Kommission** konzentriert sich in ihrer – für die nationalen Kartellbehörden und Gerichte grundsätzlich unverbindlichen[421] – **Prioritätenmitteilung** (2009) auf **bedingte Rabatte**, die als solche (insbesondere) unter der Bedingung gewährt werden, dass die

---

[413] EuGH, Urt. v. 15.3.2007, Rs. C–95/04 P (British Airways), Slg. 2007, I–2331, Rn. 68f., im Hinblick auf Zielrabatte und -prämien.
[414] EuGH, Urt. v. 15.3.2007, Rs. C–95/04 P (British Airways), Slg. 2007, I–2331, Rn. 68; Urt. v. 6.10.2015, Rs. C–23/14 (Post Danmark II), ECLI:EU:C:2015:651, Rn. 31.
[415] EuGH, Urt. v. 15.3.2007, Rs. C–95/04 P (British Airways), Slg. 2007, I–2331, Rn. 69; Urt. v. 6.10.2015, Rs. C–23/14 (Post Danmark II), ECLI:EU:C:2015:651, Rn. 31.
[416] EuGH, Urt. v. 13.2.1979, Rs. 85/76 (Hoffmann-La Roche), Slg. 1979, 461, Rn. 90; Urt. v. 9.11.1983, Rs. 322/81 (Michelin), Slg. 1984, 3461, Rn. 73); Urt. v. 15.3.2007, Rs. C–95/04 P (British Airways), Slg. 2007, I–2331, Rn. 84.
[417] EuGH, Urt. v. 15.3.2007, Rs. C–95/04 P (British Airways), Slg. 2007, I–2331, Rn. 86; Urt. v. 9.11.1983, Rs. 322/81 (Michelin), Slg. 1984, 3461, Rn. 73.
[418] EuGH, Urt. v. 15.3.2007, Rs. C–95/04 P (British Airways), Slg. 2007, I–2331, Rn. 86; Urt. v. 6.10.2015, Rs. C–23/14 (Post Danmark II), ECLI:EU:C:2015:651, Rn. 48.
[419] EuGH, Urt. v. 27.3.2012, Rs. C–209/10 (Post Danmark I), ECLI:EU:C:2012:172, Rn. 42; Urt. v. 6.10.2015, Rs. C–23/14 (Post Danmark II), ECLI:EU:C:2015:651, Rn. 49.
[420] EuGH, Urt. v. 15.3.2007, Rs. C–95/04 P (British Airways), Slg. 2007, I–2331, Rn. 86.
[421] EuGH, Urt. v. 6.10.2015, Rs. C–23/14 (Post Danmark II), ECLI:EU:C:2015:651, Rn. 52; zur Bedeutung des Vertrauensschutzes: *Seitz*, EuZW 2015, 959 (963).

Abnahmemenge innerhalb eines bestimmten Referenzzeitraums eine bestimmte Schwelle übersteigt.[422] Durch bedingte Rabatte könne ein marktbeherrschendes Unternehmen den nicht-bestreitbaren Teil der Nachfrage jedes Abnehmers (d.h. die Menge, die der Abnehmer ohnehin bei dem Marktbeherrscher kaufen würde) als Hebel einsetzen, um den Preis für den bestreitbaren Teil der Nachfrage (d.h. die Menge, die der Abnehmer eventuell bei anderen Quellen beziehen würde) zu senken.[423] Die Kommission unterscheidet zwischen (1.) Rabatten für die gesamte Bezugsmenge (sog. rückwirkende Rabatte) und (2.) Rabatten, die erst für die Mengen oberhalb der Rabattschwelle gewährt werden (sog. Stufenrabatte).

Rückwirkende Rabatte können nach Einschätzung der Kommission generell eine starke marktverschließende Wirkung haben.[424] Je höher der prozentuale Preisnachlass und je höher die Rabattschwelle, desto stärker sei die Sogwirkung unterhalb der Schwelle und infolgedessen auch die wahrscheinliche Marktverschließung für tatsächliche oder potentielle Wettbewerber.[425] Die Kommission prüft gegebenenfalls, »ob das Rabattsystem **die Expansion oder den Markteintritt auch von ebenso effizienten Wettbewerbern** verhindern kann, indem es diesen die Lieferung eines Teils des Bedarfs einzelner Abnehmer erschwert«.[426] Dementsprechend will die Kommission ermitteln, »welchen Preis ein Wettbewerber anbieten müsste, um den Abnehmer für den Verlust zu entschädigen, der ihm entsteht, wenn er einen Teil seiner Nachfrage ›relevante Menge‹ statt bei dem marktbeherrschenden Unternehmen künftig bei diesem Wettbewerber deckt und dadurch den bedingten Rabatt verliert«.[427]

98

3. Kopplung und Bündelung

Eine **Kopplung** liegt vor, wenn ein Marktbeherrscher seine Kunden rechtlich verpflichtet oder tatsächlich zwingt, über das eigentlich gesuchte Produkt (»Kopplungsprodukt«) hinaus auch noch ein weiteres Produkt (»gekoppeltes Produkt«) bei ihm zu beziehen.[428] Bei der **Bündelung** »sind die Produkte nur im Bündel bzw. im Paket in festgelegten Mengenverhältnissen erhältlich« (sog. »reine« Bündelung),[429] es handelt sich also um eine gesteigerte Form der Kopplung, bei der das gekoppelte Produkt immerhin noch separat erhältlich ist. Der Prüfungsmaßstab (s. Rn. 103) ist grundsätzlich derselbe – abgesehen davon, dass die Märkte bei der Bündelung austauschbar sind. Ausbeutung der Marktgegenseite (Ausbeutungsmissbrauch) und Behinderung der Mitbewerber (Behinderungsmissbrauch) gehen bei Koppelung und Bündelung Hand in Hand,[430] weil der Handelspartner des Marktbeherrschers gezwungen ist, (gekoppelte) Produkte abzu-

99

---

[422] Kommission, Prioritätenmitteilung (Fn. 7), Rn. 37.
[423] Kommission, Prioritätenmitteilung (Fn. 7) Rn. 39; Kommission beruft sich auf: EuG, Urt. v. 30. 9. 2003, Rs. T–203/01 (Michelin II), Slg. 2003, II–4071, Rn. 162–163.
[424] Kommission, Prioritätenmitteilung (Fn. 7), Rn. 40.
[425] Kommission, Prioritätenmitteilung (Fn. 7), Rn. 40.
[426] Kommission, Prioritätenmitteilung (Fn. 7), Rn. 41. Kritisch zur Berücksichtigung des aufwendigen »as-efficient-competitor«-Tests und zur Rechtsunsicherheit in diesem Kontext: *Fuchs/Möschel*, in: Immenga/Mestmäcker, Art. 102 AEUV, Rn. 272 f.
[427] Kommission, Prioritätenmitteilung (Fn. 7), Rn. 41.
[428] Kommission, Prioritätenmitteilung (Fn. 7), Rn. 48.
[429] Kommission, Prioritätenmitteilung (Fn. 7), Rn. 48. Die Prioritätenmitteilung kennt auch noch die »gemischte Bündelung«, bei der die Produkte zwar auch separat angeboten werden, die Summe der Preise im Einzelverkauf jedoch höher ist als der Preis bei einer Produktbündelung (Bündel- oder Paketrabatt); zur rechtlichen Behandlung: Kommission, Prioritätenmitteilung (Fn. 7), Rn. 59–61.
[430] *Jung*, in: Grabitz/Hilf/Nettesheim, EU, Art. 102 AEUV (Januar 2016), Rn. 194.

nehmen, die er u. U. lieber anderswo (oder gar nicht) bezogen hätte, und weil der Mitbewerber seine Konkurrenzprodukte nicht mehr absetzen kann, wenn die Nachfrage (nach dem gekoppelten Produkt) bereits bedient ist.

100 Der Marktbeherrscher kann die **Kopplung** realisieren, indem er (1.) den Käufer vertraglich verpflichtet, nicht nur das koppelnde sondern auch das gekoppelte Produkt abzunehmen, oder indem er (2.) Produkte so verpackt und/oder technisch miteinander verknüpft, dass ein isolierter Bezug nur des koppelnden Produkts ausscheidet. Denkbar ist (3.) auch eine Kopplung dadurch, dass der Marktbeherrscher die Haftung für Mängel des koppelnden Produkts generell nur unter der Prämisse der ausschließlichen Benutzung des gekoppelten Produkts übernimmt.[431]

101 Die Kommission hält Kopplung und Bündelung an sich für »**gängige Geschäftspraktiken**«, die »bessere Produkte bzw. Angebote zu günstigeren Konditionen« beinhalten können.[432] Allerdings könne ein Unternehmen, das auf einem oder mehreren Märkten für Kopplungs- und Bündelungsprodukte (»Kopplungsmarkt«) eine beherrschende Stellung habe, den Verbrauchern durch Kopplung oder Bündelung schaden, indem es den Markt für die anderen Produkte des Kopplungs- bzw. Paketgeschäfts (gekoppelter Markt) und damit indirekt auch den Kopplungsmarkt verschließe.[433] Die Kommission konzentriert sich also auf den **Behinderungsmissbrauch durch Monopoly Leveraging**, d. h. dadurch, dass ein Marktbeherrscher seine Macht auf dem Kopplungsmarkt als Hebel missbraucht, um andere Märkte zu monopolisieren und seine Marktstellung auf dem Kopplungsmarkt zu festigen.[434]

102 Das **Regelbeispiel der Kopplung (Art. 102 Abs. 2 Buchst. d AEUV)** besagt, dass sich ein Missbrauch insbesondere aus »der an den Abschluss von Verträgen geknüpften Bedingung« ergeben kann, »dass die Vertragspartner [des Marktbeherrschers] zusätzliche Leistungen annehmen, die weder sachlich noch nach Handelsbrauch in Beziehung zum Vertragsgegenstand stehen«. Der EuGH prüft jedoch (auch) anhand von **Art. 102 Abs. 1 AEUV** und nicht (nur) anhand des Regelbeispiels (Absatz 2) – mit der Folge, dass eine Kopplung auch dann gegen das Missbrauchsverbot verstoßen kann, wenn sie, anders als in Art. 102 Abs. 2 Buchst. d AEUV vorgesehen, einem Handelsbrauch entspricht oder eine sachliche Beziehung zwischen den gekoppelten Erzeugnissen besteht.[435] Damit setzt sich der EuGH mit sehr leichter Hand über das Regelbeispiel hinweg. Richtig ist zwar, dass die Regelbeispiele die Formen des Missbrauchs nicht erschöpfend regeln.[436] Ist eine bestimmte Form des Missbrauchs jedoch geregelt und ist die Regelung im konkreten Einzelfall einschlägig, so ist an sich auch der EuGH daran gebunden. Im Lichte

---

[431] Kommission, Entscheidung v. 22.12.1987 (Hilti), ABl. 1988, L 65/19, Rn. 79.
[432] Kommission, Prioritätenmitteilung (Fn. 7), Rn. 49.
[433] Kommission, Prioritätenmitteilung (Fn. 7), Rn. 49.
[434] *Fuchs/Möschel*, in: Immenga/Mestmäcker, Art. 102 AEUV, Rn. 274, 286; Jung, in: Grabitz/Hilf/Nettesheim, EU, Art. 102 AEUV (Januar 2016), Rn. 194, mit dem Hinweis auf die »Gefahr einer Ausdehnung der beherrschenden Stellung«; *Schröter/Bartl*, in: GSH, Europäisches Unionsrecht, Art. 102 AEUV, Rn. 255; s. auch: *Bishop/Walker*, The Economics of Competition Law, 3. Aufl., 2010, Rn. 6–064, mit dem Hinweis, dass Kopplung und Bündelung sowohl pro- als auch antikompetitive Effekte auslösen könne, dass es also kein *per-se*-Verbot geben dürfe (Rn. 6–083).
[435] EuGH, Urt. v. 14.11.1996, Rs. C–333/94 P (Tetra Pak), Slg. 1996, I–5951, Rn. 37; EuG, Urt. v. 17.9.2007, Rs. T–201/04 (Microsoft I), Slg. 2007, II–3601, Rn. 861, der die entsprechende Entscheidung der Kommission bestätigt, Rn. 942; s. auch: *Jung*, in: Grabitz/Hilf/Nettesheim, EU, Art. 102 AEUV (Januar 2016), Rn. 195 (keine abschließende Tatbestandsqualität des Regelbeispiels); *Busche*, in: Kölner Kommentar, Art. 102 AEUV, Rn. 131.
[436] EuG, Urt. v. 17.9.2007, Rs. T–201/04 (Microsoft I), Slg. 2007, II–3601, Rn. 860.

des Normzwecks ist die Rechtsprechung aber trotzdem zu befürworten: Man kann eine Beeinträchtigung des Wettbewerbs nicht hinnehmen, nur weil sie einem Handelsbrauch entspricht oder weil die gekoppelten Produkte sachlich aufeinander bezogen sind.

Den **Prüfungsmaßstab** für die Beurteilung von Kopplungen hat das **Gericht** in der Rechtssache Microsoft I genauer ausbuchstabiert. Danach ist ein Kopplungsgeschäft missbräuchlich, wenn (1.) Kopplungsprodukt und gekoppeltes Produkt »zwei gesonderte Produkte« sind, wenn (2.) dass »betreffende Unternehmen auf dem Markt für das Kopplungsprodukt über eine beherrschende Stellung« verfügt, wenn (3.) das Unternehmen »den Verbrauchern nicht die Möglichkeit [gibt], das Kopplungsprodukt ohne das daran gekoppelte Produkt zu beziehen« und wenn (4.) »durch die fragliche Praxis der Wettbewerb eingeschränkt« wird[437] – ohne dass das Kopplungsgeschäft objektiv gerechtfertigt wäre.[438] Die **Kommission** prüft im Hinblick auf die Beschränkung des Wettbewerbs, ob es voraussichtlich zu einer Marktverschließung auf dem gekoppelten und/oder dem Kopplungsmarkt kommt.[439] Das Gericht ist dem »angesichts der spezifischen Umstände« im Fall Microsoft I gefolgt.[440]

103

a) Kopplung gesonderter Produkte

Die Einordnung als **gesonderte (= separate, hinreichend voneinander abgrenzbare) Produkte** ist unter Berücksichtigung der Verbrauchernachfrage zu prüfen[441] und setzt eine eigenständige Nachfrage nach dem mutmaßlich gekoppelten Produkt voraus.[442] Die Kommission nimmt gesonderte Produkte an, wenn ohne die Kopplung bzw. Bündelung eine große Anzahl von Kunden das Kopplungsprodukt kaufen würde bzw. gekauft hätte, ohne auch das gekoppelte Produkt beim selben Anbieter zu erwerben, so dass jedes der beiden Produkte unabhängig vom anderen hergestellt werden kann.[443] Komplementärprodukte können ohne weiteres separate Produkte sein.[444] Maßgeblich ist (auch) insoweit, **ob die Produkte auf getrennten Märkten gehandelt werden** (können).[445] Das ist jedenfalls dann der Fall, wenn es Unternehmen gibt, die sich allein auf die Herstellung des gekoppelten Produkts (im Hilti-Fall: Bolzen für Bolzenschussgeräte) spezialisiert haben.[446] Dementsprechend unterscheidet die Kommission wie folgt: Direkter Beweis für getrennte Produkte sei, dass Verbraucher, wenn sie die Wahl hätten, das Kopplungs- und das gekoppelte Produkt von unterschiedlichen Quellen bezögen. Indirekter Beweis sei u. a. die Marktpräsenz von Unternehmen, die auf die Fertigung oder den Verkauf des gekoppelten Produkts bzw. jedes einzelnen von dem marktbeherrschenden Unternehmen gebündelten Produkts spezialisiert seien, oder aber die Beobachtung, dass Unternehmen mit geringer Marktmacht vor allem auf

104

---

[437] EuG, Urt. v. 17. 9. 2007, Rs. T–201/04 (Microsoft I), Slg. 2007, II–3601, Rn. 842, 859.
[438] EuG, Urt. v. 17. 9. 2007, Rs. T–201/04 (Microsoft I), Slg. 2007, II–3601, Rn. 859, 869, 842; ausführlicher zur *Microsoft*-Entscheidung: *Schröter/Bartl*, in: GSH, Europäisches Unionsrecht, Art. 102 AEUV, Rn. 261.
[439] Im Einzelnen: Kommission, Prioritätenmitteilung (Fn. 7), Rn. 52–58.
[440] EuG, Urt. v. 17. 9. 2007, Rs. T–201/04 (Microsoft I), Slg. 2007, II–3601, Rn. 859, 868, 1035. Dazu: *Bulst*, in: Langen/Bunte, Art. 102 AEUV, Rn. 230.
[441] EuG, Urt. v. 17. 9. 2007, Rs. T–201/04 (Microsoft I), Slg. 2007, II–3601, Rn. 917.
[442] EuG, Urt. v. 17. 9. 2007, Rs. T–201/04 (Microsoft I), Slg. 2007, II–3601, Rn. 918.
[443] Kommission, Prioritätenmitteilung (Fn. 7), Rn. 51.
[444] EuG, Urt. v. 17. 9. 2007, Rs. T–201/04 (Microsoft I), Slg. 2007, II–3601, Rn. 921 f.
[445] Ebenso: *Jung*, in: Grabitz/Hilf/Nettesheim, EU, Art. 102 AEUV (Januar 2016), Rn. 196.
[446] EuG, Urt. v. 12. 12. 1991, Rs. T–30/89 (Hilti), Slg. 1991, II–1439, Rn. 67.

funktionierenden Wettbewerbsmärkten diese Produkte tendenziell nicht koppelten bzw. bündelten.[447]

b) Marktbeherrschung auf dem Kopplungsmarkt

105 Der Missbrauchsvorwurf muss sich gegen ein Unternehmen richten, das **Marktbeherrscher auf dem Markt für das koppelnde Produkt** ist[448] – so, wie beispielsweise Microsoft, das den Bezug seines Media Players (gekoppeltes Produkt) an den Bezug seines PC-Betriebssystem gekoppelt hatte und auf dem Markt für PC-Betriebssysteme über eine überragende Marktmacht verfügte.[449]

c) Kein isolierter Bezug des Kopplungsprodukts

106 Eine Kopplung entfällt, wenn das Unternehmen den Verbrauchern die Möglichkeit gibt, das Kopplungsprodukt auch ohne das daran gekoppelte Produkt zu beziehen.[450] Bei der Kopplung von Betriebssystem und Media Player (Microsoft I) besteht diese Möglichkeit nicht, wenn die Deinstallation des Media Players technisch unmöglich ist.[451]

d) Ungerechtfertigte Beschränkung des Wettbewerbs

107 Kopplungsstrategien marktbeherrschender Unternehmen gehen an sich »ihrem Wesen nach« (Kommission)[452] mit einer Beschränkung des Wettbewerbs einher, so dass sich die Kommission im Normalfall »auf die Erwägung beschränk[t] ..., dass der gekoppelte Verkauf eines bestimmten Produkts und eines beherrschenden Produkts *per se* eine Ausschlusswirkung auf dem Markt« entfaltet;[453] aufgrund »spezifische[r] Umstände des Einzelfalls«, im Microsoft-Fall: aufgrund der Existenz kostenloser Konkurrenzangebote im Internet, kann die Beschränkung des Wettbewerbs jedoch ausnahmsweise zu prüfen und positiv festzustellen sein.[454]

108 Eine Kopplung ist gerechtfertigt, wenn sie **objektiv notwendig** ist oder wenn sie **Effizienzgewinne** mit sich bringt, die die wettbewerbswidrigen Auswirkungen aufwiegen (s. allgemein: Rn. 69 f.).[455] Die Kriterien in Art. 102 Abs. 2 Buchst. d AEUV sind zu vernachlässigen; es kommt nicht darauf an, ob eine Kopplung sachlich gerechtfertigt ist, d. h. darauf, dass »überzeugende technische oder wirtschaftliche Gründe für eine Zusammenfassung der Leistungen sprechen«,[456] und es kommt auch nicht darauf an, ob sie

---

[447] Kommission, Prioritätenmitteilung (Fn. 7), Rn. 51.
[448] Dazu auch: Kommission, Prioritätenmitteilung (Fn. 7), Rn. 50, mit dem Hinweis darauf, dass das Unternehmen in Fällen der Bündelung »eine beherrschende Stellung auf einem der von der Bündelung betroffenen Märkte haben« muss (Fn. 3).
[449] Kommission, Entscheidung v. 24. 3. 2004, COMP/C–3/37.792, Rn. 435 »Microsoft, with its market shares of over 90 %, occupies almost the whole market – it therefore approaches a position of complete monopoly, and can be said to hold an overwhelmingly dominant position.«; http://www.legi-internet.ro/fileadmin/editor_folder/pdf/decizie_microsoft.pdf (6. 4. 2016).
[450] EuG, Urt. v. 17. 9. 2007, Rs. T–201/04 (Microsoft I), Slg. 2007, II–3601, Rn. 859, 842, 945 ff.
[451] EuG, Urt. v. 17. 9. 2007, Rs. T–201/04 (Microsoft I), Slg. 2007, II–3601, Rn. 963.
[452] EuG, Urt. v. 17. 9. 2007, Rs. T–201/04 (Microsoft I), Slg. 2007, II–3601, der die Entscheidung der Kommission referiert (Rn. 977, 1036).
[453] EuG, Urt. v. 17. 9. 2007, Rs. T–201/04 (Microsoft I), Slg. 2007, II–3601, Rn. 868, der die Entscheidung der Kommission referiert (Rn. 868) und billigt (Rn. 869, 1031 ff.); verfehlt: *Schröter/Bartl*, in: GSH, Europäisches Unionsrecht, Art. 102 AEUV, Rn. 260, die davon ausgehen, dass der Kopplungstatbestand auch ohne Beschränkung des Wettbewerbs erfüllt sein kann.
[454] EuG, Urt. v. 17. 9. 2007, Rs. T–201/04 (Microsoft I), Slg. 2007, II–3601, Rn. 868 f., 1031 ff.
[455] Dazu: EuG, Urt. v. 17. 9. 2007, Rs. T–201/04 (Microsoft I), Slg. 2007, II–3601, Rn. 1091.
[456] *Fuchs/Möschel*, in: Immenga/Mestmäcker, Art. 102 AEUV, Rn. 290; vgl. auch: *Jung*, in: Grabitz/Hilf/Nettesheim, EU, Art. 102 AEUV (Januar 2016), Rn. 197.

einem Handelsbrauch entspricht. Maßgeblich ist vielmehr, ob die Koppelung ein unverzichtbares Instrument ist, um wahrscheinliche Effizienzvorteile zu erzielen, die die Beeinträchtigung des Wettbewerbs ausgleichen ohne ihn auszuschalten.[457]

4. Kampfpreise

Ein Missbrauch liegt vor, wenn der Marktbeherrscher eine **Kampfpreisstrategie** verfolgt, d. h. Verluste in Kauf nimmt, um Mitbewerber vom Markt zu verdrängen und um anschließend Monopolpreise verlangen zu können, wenn er also (in der Diktion des EuGH) »auf einem Markt, dessen Wettbewerbsstruktur gerade wegen seiner Anwesenheit bereits geschwächt ist, eine Preispolitik durchführt, mit der kein anderes wirtschaftliches Ziel verfolgt wird als das, seine Mitbewerber auszuschalten, um anschließend davon zu profitieren, dass sich das Maß des noch auf dem Markt herrschenden Wettbewerbs verringert hat«.[458] Der Begriff der Kampfpreisstrategie und die Diktion des EuGH, der auf das Ziel bzw. den Plan (s. u.) des Marktbeherrschers abstellt, seine Konkurrenten auszuschalten, betont die subjektive Komponente des Missbrauchs (s. Rn. 67 f.). Maßgeblich ist, ob eine Preispolitik, die objektiv dazu geeignet ist, Mitbewerber vom Markt zu verdrängen, nicht anders als durch eine gezielte Kampfpreisstrategie zu erklären ist. Der Missbrauch hängt weder von dem Nachweis ab, dass der Marktbeherrscher seine Mitbewerber tatsächlich vom Markt verdrängt hat,[459] noch von dem Nachweis, dass er Verluste, die er durch die Kampfpreise erlitten hat, später wieder ausgleichen konnte.[460]

109

Der EuGH[461] hat bereits in der AKZO-Entscheidung klargestellt, dass »**Preise, die unter den durchschnittlichen variablen Kosten** (d. h. den Kosten, die je nach der produzierten Menge variieren) **liegen** und mit deren Hilfe ein beherrschendes Unternehmen versucht, seine Konkurrenten auszuschalten, ... als missbräuchlich anzusehen« sind. Ein beherrschendes Unternehmen habe nur dann ein Interesse, derartige Preise zu praktizieren, wenn es seine Konkurrenten ausschalten wolle, um danach unter Ausnutzung seiner Monopolstellung seine Preise wieder anzuheben, denn jeder Verkauf bringe für das Unternehmen einen Verlust in Höhe seiner gesamten Fixkosten (d. h. der Kosten, die ungeachtet der produzierten Menge konstant bleiben) und zumindest eines Teils der variablen Kosten je produzierter Einheit mit sich.[462] Davon zu trennen sind Fälle, in denen die **Preise** »**unter den durchschnittlichen Gesamtkosten** – d. h. Fixkosten + variable Kosten –, **jedoch über den durchschnittlichen variablen Kosten liegen**; sie sind nach der EuGH-Rechtsprechung nur dann als missbräuchlich anzusehen, wenn sie im Rah-

110

---

[457] Kommission, Prioritätenmitteilung (Fn. 7), Rn. 28; s. auch: *Jung*, in: Grabitz/Hilf/Nettesheim, EU, Art. 102 AEUV (Januar 2016), Rn. 303.
[458] EuGH, Urt. v. 2. 4. 2009, Rs. C–202/07 P (France Télécom/Kommission), Slg. 2009, I–2369, Rn. 107.
[459] Dazu: EuGH, Urt. v. 17. 2. 2011, Rs. C–52/09 (TeliaSonera), Slg. 2011, I–527, Rn. 64 f. (Kosten-Preis-Schere).
[460] EuGH, Urt. v. 2. 4. 2009, Rs. C–202/07 P (France Télécom/Kommission), Slg. 2009, I–2369, Rn. 110; Urt. v. 14. 11. 1996, Rs. C–333/94 P (Tetra Pak), Slg. 1996, I–5951, Rn. 44; *Deselaers*, in: Grabitz/Hilf/Nettesheim, EU, Art. 102 AEUV (Januar 2016), Rn. 413.
[461] EuGH, Urt. v. 3. 7. 1991, Rs. C–62/86 (AKZO/Kommission), Slg. 1991, I–3359, Rn. 71; s. auch: Urt. v. 14. 11. 1996, Rs. C–333/94 P (Tetra Pak), Slg. 1996, I–5951, Rn. 41.
[462] EuGH, Urt. v. 3. 7. 1991, Rs. C–62/86 (AKZO/Kommission), Slg. 1991, I–3359, Rn. 71; s. auch: Urt. v. 27. 3. 2012, Rs. C–209/10 (Post Danmark I), ECLI:EU:C:2012:172, Rn. 27; ausführlicher: *Deselaers*, in: Grabitz/Hilf/Nettesheim, EU, Art. 102 AEUV (Januar 2016), Rn. 410.

men eines Plans festgesetzt worden sind, der die Ausschaltung eines Konkurrenten zum Ziel hat.⁴⁶³ »Diese Preise könnten nämlich«, so der EuGH, »Unternehmen vom Markt verdrängen, die vielleicht ebenso leistungsfähig sind wie das beherrschende Unternehmen, wegen ihrer geringeren Finanzkraft jedoch nicht dem auf sie ausgeübten Konkurrenzdruck standhalten können.«⁴⁶⁴ Eine **Preisdiskriminierung** lässt als solche keinen Rückschluss auf eine mit Art. 102 AEUV unvereinbare und verbotene Kampfpreisstrategie zu,⁴⁶⁵ kann aber gegen Art. 102 Abs. 2 Buchst. c verstoßen.

111 Die Kommission prüft die Preisgestaltung daraufhin, ob ein marktbeherrschendes Unternehmen »während des relevanten Bezugszeitraums … zu vermeidende Verluste erzielt hat oder erzielt« (sog. Sacrifice-Test)⁴⁶⁶. Dabei knüpft die Kommission an die **durchschnittlichen vermeidbaren Kosten** an, um nicht nur Preise unterhalb der durchschnittlichen variablen Kosten, sondern auch Preise erfassen zu können, die unter Berücksichtigung etwaiger, gerade für die Kampfpreisstrategie aufgewendeter versunkener (Fix-)Kosten zu niedrig sind:⁴⁶⁷ Berechnet ein Marktbeherrscher Preise unterhalb der durchschnittlichen vermeidbaren Kosten, so decken diese Preise nicht die Kosten, die er hätte vermeiden können, wenn er die betreffende Menge nicht produziert hätte.⁴⁶⁸ Damit legt die Kommission einen noch strengeren Prüfungsmaßstab an als der EuGH. Ergänzend ist darauf hinzuweisen, dass die Kommission auch dann einen Missbrauch in Betracht zieht, »wenn das mutmaßliche Kampfpreisverhalten kurzfristig zu einem niedrigeren Nettoertrag geführt hat, als er bei einem [wirtschaftlich] vernünftigen [und praktikablen] anderen Verhalten zu erwarten gewesen wäre«.⁴⁶⁹ Dabei ist zu berücksichtigen, dass eine schlichte Fehlkalkulation nicht ausreicht, um von einer Kampfpreisstrategie zu sprechen.⁴⁷⁰

112 Bei der Prüfung, »ob das Kampfpreisverhalten den Verbrauchern schaden kann«, will die Kommission den »**equally-efficient-competitor**«-Test zugrunde legen; sie geht insoweit davon aus, dass ebenso effiziente Wettbewerber nur durch Preise unterhalb der langfristigen durchschnittlichen Grenzkosten vom Markt ausgeschlossen werden.⁴⁷¹ Die Kommission verlangt indes auch hier nicht, dass Wettbewerber tatsächlich aus dem Markt ausscheiden. Kampfpreise könnten auch eine »Disziplinierungsmaßnahme« seien, die dazu diene, Kontrahenten auf die eigene Preispolitik festzulegen anstatt sie vollständig vom Markt zu verdrängen.⁴⁷²

113 Der Marktbeherrscher kann seine Preispolitik mit dem Hinweis darauf **rechtfertigen**, dass sein Verhalten objektiv notwendig ist oder dass die dadurch hervorgerufene Verdrängungswirkung durch Effizienzvorteile ausgeglichen oder sogar übertroffen werden kann, die auch dem Verbraucher zugute kommen.⁴⁷³ Eine Rechtfertigung kommt laut

---

⁴⁶³ EuGH, Urt. v. 3.7.1991, Rs. C–62/86 (AKZO/Kommission), Slg. 1991, I–3359, Rn. 72; s. auch: Urt. v. 27.3.2012, Rs. C–209/10 (Post Danmark I), ECLI:EU:C:2012:172, Rn. 27; ausführlicher: *Deselaers*, in: Grabitz/Hilf/Nettesheim, EU, Art. 102 AEUV (Januar 2016), Rn. 411.
⁴⁶⁴ EuGH, Urt. v. 3.7.1991, Rs. C–62/86 (AKZO/Kommission), Slg. 1991, I–3359, Rn. 72.
⁴⁶⁵ EuGH, Urt. v. 27.3.2012, Rs. C–209/10 (Post Danmark I), ECLI:EU:C:2012:172, Rn. 30.
⁴⁶⁶ Kommission, Prioritätenmitteilung (Fn. 7), Rn. 64. Dazu auch: *Jung*, in: Grabitz/Hilf/Nettesheim, EU, Art. 102 AEUV (Januar 2016), Rn. 306.
⁴⁶⁷ Kommission, Prioritätenmitteilung (Fn. 7), Rn. 64.
⁴⁶⁸ Kommission, Prioritätenmitteilung (Fn. 7), Rn. 64.
⁴⁶⁹ Kommission, Prioritätenmitteilung (Fn. 7), Rn. 65.
⁴⁷⁰ *Jung*, in: Grabitz/Hilf/Nettesheim, EU, Art. 102 AEUV (Januar 2016), Rn. 307.
⁴⁷¹ Kommission, Prioritätenmitteilung (Fn. 7), Rn. 67.
⁴⁷² Kommission, Prioritätenmitteilung (Fn. 7), Rn. 69.
⁴⁷³ EuGH, Urt. v. 27.3.2012, Rs. C–209/10 (Post Danmark I), ECLI:EU:C:2012:172, Rn. 41.

Prioritätenmitteilung auch in Betracht, wenn der Preiskampf durch Unterkostenpreise der Mitbewerber ausgelöst worden ist und das marktbeherrschende Unternehmen verhältnismäßig darauf reagiert.[474] Ein generelles Recht, seine Preise denen seiner Mitbewerber anzupassen (meeting competition defence), soll dem Marktbeherrscher jedoch nicht zustehen.[475]

5. Geschäftsverweigerung

a) Begriff und Erscheinungsformen

Eine **Geschäftsverweigerung (Refusal to deal)** liegt vor, wenn sich ein marktbeherrschendes Unternehmen weigert, potentielle Kunden – insbesondere Mitbewerber auf einem nachgelagerten Markt – zu beliefern oder ihnen bestimmte Infrastrukturen oder Immaterialgüter zur Verfügung zu stellen. Das ist auch dann der Fall, wenn der Marktbeherrscher für eine Lieferung, Benutzung oder Lizenz prohibitiv hohe Preise verlangt.[476] Die Geschäftsverweigerung kann sich auf **selbständig vertriebene Produkte** beziehen (Beispiel: Belieferung mit der Chiquita-Banane[477]), sie kann sich aber auch auf **Produktionseinrichtungen und Produktkomponenten** beziehen, die der Marktbeherrscher nur intern nutzt, um eigene Produkte herstellen oder vertreiben zu können (Beispiel: Hauszustellungssystem für eigene Tageszeitungen[478]).[479] Die Geschäftsverweigerung kann sich auf die **Neuaufnahme oder die** (strenger zu beurteilende)[480] **Beendigung geschäftlicher Beziehungen** beziehen; sie kann ausdrücklich oder konkludent erklärt werden und auch in einer gezielten **Hinhaltetaktik** bestehen.[481]

114

Musterbeispiele der Geschäftsverweigerung sind Fälle, (1.) in denen potentielle Kunden und/oder Mitbewerber die Lieferung selbständig vertriebener Produkte beanspruchen, (2.) in denen der Marktbeherrscher über bestimmte physische Infrastrukturen (wesentliche Einrichtungen)[482] verfügt, auf die potentielle Mitbewerber auf nachgelagerten Märkten zugreifen wollen, und (3.) in denen der Marktbeherrscher über geistiges Eigentum verfügt, das für den Marktzugang auf dem nachgelagerten Markt unentbehrlich ist. Erste EuGH-Urteile betrafen die **Einstellung der Belieferung mit selbständig vertriebenen Produkten** und die Frage, ob das Missbrauchsverbot einen Marktbeherrscher zur **Fortsetzung bestehender geschäftlicher Beziehungen** verpflichtet. Bereits in Commercial Solvents (1974) entschied der EuGH, dass ein Unternehmen, das eine marktbeherrschende Stellung hinsichtlich der Herstellung von Rohstoffen einnehme

115

---

[474] Kommission, Diskussionspapier (Fn. 53), Rn. 81–83 (proportionality test).
[475] EuGH, Urt. v. 2. 4. 2009, Rs. C–202/07 P (France Télécom/Kommission), Slg. 2009, I–2369, Rn. 56; zust.: *Schröter/Bartl*, in: GSH, Europäisches Unionsrecht, Art. 102 AEUV, Rn. 304.
[476] EuGH, Urt. v. 10. 2. 2000, verb. Rs. C–147/97 u. C–148/97 (Deutsche Post), Slg. 2000, I–825, Rn. 61.
[477] EuGH, Urt. v. 14. 2. 1978, Rs. 27/76 (United Brands), Slg. 1978, 207.
[478] EuGH, Urt. v. 16. 11. 1998, Rs. C–7/97 (Bronner), Slg. 1998, I–7791 (zulässige Geschäftsverweigerung).
[479] *Eilmansberger*, EnzEuR, Bd. 4, § 9, Rn. 58–65.
[480] *Schröter/Bartl*, in: GSH, Europäisches Unionsrecht, Art. 102 AEUV, Rn. 274; *Busche*, in: Kölner Kommentar, Art. 102 AEUV, Rn. 164.
[481] *Brinker*, in: Schwarze, EU-Kommentar, Art. 102 AEUV, Rn. 35; *Jung*, in: Grabitz/Hilf/Nettesheim, EU, Art. 102 AEUV (Januar 2016), Rn. 316; *Schröter/Bartl*, in: GSH, Europäisches Unionsrecht, Art. 102 AEUV, Rn. 273.
[482] Dazu: *Markert*, WuW 1995, 560; *Schwintowski*, WuW 1999, 842; *Schröter/Bartl*, in: GSH, Europäisches Unionsrecht, Art. 102 AEUV, Rn. 284; *dies.*, in: GSH, Europäisches Unionsrecht, Art. 102 AEUV, Rn. 289 ff., zu sektorspezifischen Sonderregelungen.

und die Belieferung der Produzenten bestimmter Derivate zu kontrollieren in der Lage sei, sich nicht bloß, weil es beschlossen habe, diese Derivate nunmehr selbst herzustellen, so verhalten könne, dass es deren Wettbewerb beseitige und den Wettbewerber ausschalte.[483] Kurz darauf bestätigte der EuGH in der United-Brands-Entscheidung (1976), dass ein Marktbeherrscher, der ein bekanntes Markenprodukt vertreibe, die Belieferung eines »langjährigen Kunden, dessen Geschäftsgebaren den Gebräuchen des Handels« entspreche, nicht einfach einstellen könne, wenn die Bestellungen dieses Kunden »in keiner Weise anormal« seien.[484] Das ergebe sich daraus, dass es andernfalls zu einer Einschränkung des Absatzes zu Lasten der Verbraucher (vgl. Art. 102 Abs. 2 Buchst. b AEUV) und zu einer Diskriminierung (Buchstabe c) komme, die »zur Ausschaltung eines Geschäftspartners vom [sic!] relevanten Markt« führen könne.[485] Hinzukamen später Fälle, in denen der Mitbewerber des Marktbeherrschers (angeblich) **wesentliche Einrichtungen** wie Häfen[486] oder das Hauszustellungssystem eines Presseverlags[487] mitbenutzen wollten.

116 Heute steht der (angebliche) **Missbrauch geistigen Eigentums** im Mittelpunkt des Interesses. Da geistiges Eigentum subjektiv ausschließliche Rechte verbürgt, ist eine Geschäfts- in Form einer Lizenzverweigerung[488] allerdings nur unter außergewöhnlichen Umständen als Missbrauch zu qualifizieren (s. Rn. 120 ff.).[489] Die Missbrauchsvoraussetzungen sind strenger als in Fällen, in denen sich der Marktbeherrscher weigert, Dritte mit bestimmten (physischen) Produkten zu beliefern,[490] Dritten den Rückgriff auf seine (physische) Infrastruktur zu erlauben,[491] oder bestimmte, nicht als geistiges Eigentum geschützte Immaterialgüter verfügbar zu machen.[492] Das Eigentum an einer Sache verkörpert zwar auch ein ausschließliches Recht (s. nur: § 903 Satz 1 BGB). Die Hürden für den Missbrauch geistigen Eigentums sind jedoch höher, weil sich geistiges Eigentum in dem subjektiv ausschließlichen Recht erschöpft[493] und weil sich eine Lizensierungspflicht auf Produktmärkten negativ auf die Investitionsbereitschaft auf Innovationsmärkten auswirken kann.

---

[483] EuGH, Urt. v. 6.3.1974, verb. Rs. 6/73–7/73 (Commercial Solvents), Slg. 1974, 223, Rn. 25; s. auch: Urt. v. 16.9.2008, verb. Rs. C–468/06–478/06 (Lélos), Slg. 2008, I–7139, Rn. 34 (gefestigte Rspr.).

[484] EuGH, Urt. v. 14.2.1978, Rs. 27/76 (United Brands), Slg. 1978, 207, Rn. 182/183; vertiefend: *Schröter/Bartl*, in: GSH, Europäisches Unionsrecht, Art. 102 AEUV, Rn. 275; s. auch: Urt. v. 16.9.2008, verb. Rs. C–468/06–478/06 (Lélos), Slg. 2008, I–7139, Rn. 49.

[485] EuGH, Urt. v. 14.2.1978, Rs. 27/76 (United Brands), Slg. 1978, 207, Rn. 182/183.

[486] Kommission, Entscheidung v. 21.12.1993, IV/34.689 (Sea Containers gegen Stena Sealink), ABl. 1994, L 15/8, Rn. 66 f.

[487] EuGH, Urt. v. 16.11.1998, Rs. C–7/97 (Bronner), Slg. 1998, I–7791.

[488] Beispiel: EuGH, Urt. v. 29.4.2004, Rs. C–418/01 (IMS Health), Slg. 2004, I–5039, Rn. 42 (Bausteinstruktur).

[489] Paradigmatisch: EuGH, Urt. v. 5.10.1988, Rs. 238/87 (Volvo), Slg. 1988, 6211, Rn. 8, mit der Feststellung, dass »die Befugnis des Inhabers eines geschützten Musters, Dritte an der Herstellung … der das Muster verkörpernden Erzeugnisse … zu hindern, gerade die Substanz seines ausschließlichen Rechts darstellt«.

[490] Beispiel: EuGH, Urt. v. 14.2.1978, Rs. 27/76 (United Brands), Slg. 1978, 207 (Lieferung mit Bananen).

[491] Beispiel: EuGH, Urt. v. 16.11.1998, Rs. C–7/97 (Bronner), Slg. 1998, I–7791 (Hauszustellungssystem; im Ergebnis keine *essential facility*).

[492] EuG, Urt. v. 17.9.2007, Rs. T–201/04 (Microsoft I), Slg. 2007, II–3601, Rn. 334.

[493] S. auch: *Schröter/Bartl*, in: GSH, Europäisches Unionsrecht, Art. 102 AEUV, Rn. 311, mit dem Hinweis darauf, dass die Befugnis des Inhabers, unbefugte Dritte an der Herstellung des geschützten Erzeugnisses zu hindern, »gerade die Substanz des ausschließlichen Rechts« darstelle.

b) Legitimation der Geschäftspflicht

In der Europäischen Union herrscht grundsätzlich **Privatautonomie**,[494] so dass auch eine Geschäftsverweigerung hinzunehmen ist. Ein Unternehmen kann frei darüber entscheiden, ob und mit wem es kontrahiert. Es kann seine Handelspartner frei wählen und frei über sein Eigentum verfügen.[495] Es hat auch als Marktbeherrscher das Recht, eigene geschäftliche Interessen zu wahren und »in vernünftigem Maße ... so vorzugehen, wie es dies zum Schutz dieser Interessen für richtig hält«.[496] Im Einzelfall kann ein marktbeherrschendes Unternehmen jedoch eine **Geschäftspflicht (Duty to deal)** treffen – insbesondere, wenn die Geschäftsverweigerung zu einer »Einschränkung ... des Absatzes ... zum Schaden der Verbraucher« (Art. 102 Abs. 2 Buchst. b AEUV)[497] oder zu einer Diskriminierung (Buchstabe c) führt. Eine Geschäftspflicht kann zwar Investitions- und Innovationsanreize reduzieren:[498] Marktbeherrschende Unternehmen verzichten u. U. auf Investitionen in Infrastrukturen und Immaterialgüter, wenn sie diese auch Konkurrenten zur Verfügung stellen müssen, die als Trittbrettfahrer ohne eigenes unternehmerisches Risiko (wenn auch gegen Entgelt) darauf zurückgreifen können. Eine Geschäftspflicht kommt jedoch in Betracht, wenn andernfalls der Marktzugang versperrt wäre.[499] Dabei hält es der EuGH (auch bei Immaterialgütern) »für sachdienlich, einen vorgelagerten Markt für die jeweiligen Erzeugnisse oder Dienstleistungen ... von einem (abgeleiteten) nachgelagerten Markt zu unterscheiden, auf dem die jeweiligen Erzeugnisse oder Dienstleistungen für die Herstellung eines anderen Erzeugnisses bzw. die Erbringung einer anderen Dienstleistung ... verwendet werden«.[500] Für diese Marktbetrachtung kommt es nicht darauf an, ob die Erzeugnisse oder Dienstleistungen tatsächlich extern angeboten werden (s. o.). Ein potentieller oder hypothetischer Markt reicht aus.[501] Die Konstruktion aktueller, potentieller oder hypothetischer Märkte lenkt den Blick auf das mit einer Geschäftsverweigerung verbundene **Monopoly Leveraging**, das darin besteht, dass der Marktbeherrscher bestimmte Einrichtungen als Hebel einsetzt, um seine Marktmacht auf dem vorgelagerten Markt (für diese Einrichtung) auf den nachgelagerten Markt zu übertragen,[502] darf aber nicht den Blick dafür verstellen, dass der EuGH eine Geschäftspflicht (u.a.: in der Rechtssache United-Brands)[503] auch ohne Marktmachttransfer bejaht hat, wenn er es im Interesse anderer Marktteilnehmer für

117

---

[494] Begriff: BVerfGE 89, 214 (231), Rn. 51 ff.; Einzelheiten: *Brömmelmeyer*, Schuldrecht AT, 2014, § 2, Rn. 4 ff.

[495] Kommission, Prioritätenmitteilung (Fn. 7), Rn. 75; s. auch: *Jung*, in: Grabitz/Hilf/Nettesheim, EU, Art. 102 AEUV (Januar 2016), Rn. 314.

[496] EuGH, Urt. v. 14.2.1978, Rs. 27/76 (United Brands), Slg. 1978, 207, Rn. 184/194; Urt. v. 16.9.2008, verb. Rs. C–468/06–478/06 (Lélos), Slg. 2008, I–7139, Rn. 50.

[497] Darauf bezieht sich etwa: EuGH, Urt. v. 16.9.2008, verb. Rs. C–468/06–478/06 (Lélos), Slg. 2008, I–7139, Rn. 33.

[498] Kommission, Prioritätenmitteilung (Fn. 7), Rn. 75.

[499] Dazu: Kommission, Prioritätenmitteilung (Fn. 7), Rn. 76 (»Markt, auf dem der verweigerte Input [scil.: des marktbeherrschenden Unternehmens] benötigt wird, um eine Ware zu produzieren bzw. eine Dienstleistung zu erbringen«); s. auch: *Busche*, in: Kölner Kommentar, Art. 102 AEUV, Rn. 155, der stattdessen eine »umfassende Interessenabwägung« verlangt.

[500] EuGH, Urt. v. 29.4.2004, Rs. C–418/01 (IMS Health), Slg. 2004, I–5039, Rn. 42; s. auch: EuG, Urt. v. 17.9.2007, Rs. T–201/04 (Microsoft I), Slg. 2007, II–3601, Rn. 335; vgl. auch: *Jung*, in: Grabitz/Hilf/Nettesheim, EU, Art. 102 AEUV (Januar 2016), Rn. 249 (im Hinblick auf *essential facilities*).

[501] EuGH, Urt. v. 29.4.2004, Rs. C–418/01 (IMS Health), Slg. 2004, I–5039, Rn. 44; s. auch: EuG, Urt. v. 17.9.2007, Rs. T–201/04 (Microsoft I), Slg. 2007, II–3601, Rn. 335.

[502] *Schröter/Bartl*, in: GSH, Europäisches Unionsrecht, Art. 102 AEUV, Rn. 273.

[503] EuGH, Urt. v. 14.2.1978, Rs. 27/76 (United Brands), Slg. 1978, 207, Rn. 182/183.

geboten hielt.⁵⁰⁴ Bietet ein Marktbeherrscher die Erzeugnisse oder Dienstleistungen auf einem Markt an, schließt er bestimmte Unternehmen jedoch ohne sachliche Rechtfertigung davon aus, so ergibt sich der Missbrauch bereits aus der **Diskriminierung** (Art. 102 Abs. 2 Buchst. c AEUV).⁵⁰⁵ Eine Diskriminierung gemäß Art. 102 Abs. 2 Buchst. c AEUV scheidet jedoch aus, wenn der Marktbeherrscher bestimmte Infrastrukturen oder (gegebenenfalls als geistiges Eigentum geschützte) Immaterialgüter nur intern nutzt, weil er dann alle (potentiellen) Handelspartner gleichermaßen von der Benutzung ausschließt.⁵⁰⁶

c) Voraussetzungen der Geschäftspflicht

118 Ein Missbrauch – mit der Folge einer **Geschäftspflicht** zu Lasten des Marktbeherrschers – setzt grundsätzlich voraus, dass Produkte, Infrastrukturen oder Immaterialgüter **unentbehrlich, unerlässlich und/oder unverzichtbar** sind, so dass potentielle Mitbewerber auf dem nachgelagerten Markt auf die Inanspruchnahme dieser Rechtsgüter angewiesen sind (sog. bottleneck-Situation). Die Parallelen zur essential-facilities-Doktrin in den U.S.A. liegen auf der Hand,⁵⁰⁷ ohne dass sich der EuGH diese Doktrin bisher explizit zu eigen gemacht hätte.⁵⁰⁸ Das Kriterium ist ein erster grober Filter, um Kontrahierungs- und Lieferungsverpflichtungen in erkennbar unproblematischen Fällen auszuschließen.⁵⁰⁹ Es gilt auch im Falle der Beendigung bestehenden Lieferungsbeziehungen (s.o.), die nur dann als Missbrauch i.S. von Art. 102 Abs. 1 AEUV zu qualifizieren ist, wenn der Handelspartner des Marktbeherrschers (aufgrund vorheriger Dispositionen) auf die Lieferung angewiesen, wenn sie also gerade für ihn unentbehrlich ist.⁵¹⁰

119 Die Beantwortung der Frage, ob Produkte, Infrastrukturen oder Immaterialgüter **unentbehrlich** für ein Unternehmen sind, das auf dem nachgelagerten Markt tätig werden will, richtet sich danach, ob es alternative »Produkte oder Dienstleistungen gibt, …, auch wenn sie weniger günstig sind, und ob technische, rechtliche oder wirtschaftliche Hindernisse bestehen, die geeignet sind, jedem Unternehmen, das auf diesem Markt tätig zu werden beabsichtigt, die Entwicklung von Alternativprodukten … unmöglich zu machen oder zumindest unzumutbar zu erschweren«.⁵¹¹ Ist eine Einrichtung – so, wie beispielsweise ein landesweites Hauszustellungssystem für Tageszeitungen (Bronner)⁵¹² – duplizierbar oder sind alternative Marktzugänge ohne weiteres vorstellbar, liegt keine unentbehrliche Einrichtung vor.⁵¹³ Dabei ist allerdings zu berücksichtigen, dass eine

---

⁵⁰⁴ *Schröter/Bartl*, in: GSH, Europäisches Unionsrecht, Art. 102 AEUV, Rn. 273.
⁵⁰⁵ Dazu: EuGH, Urt. v. 30.4.1974, Rs. 155/73 (Sacchi), Slg. 1974, 409, Rn. 17; s. auch: EuG, Urt. v. 9.9.2009, Rs. T–301/04 (Clearstream/Kommission), Slg. 2009, II–3155, Rn. 150, 156f.
⁵⁰⁶ Ebenso: *Fuchs/Möchel*, in: Immenga/Mestmäcker, Art. 102 AEUV, Rn. 320; s. auch: *Busche*, in: Kölner Kommentar, Art. 102 AEUV, Rn. 178.
⁵⁰⁷ Paradigmatisch zur essential-facilities-Doktrin in den U.S.A.: MCI Communications Corp. v. Intel Corp., 195f. 2d 1081 (7th Circuit), cert. denied, 464 U.S. 891 (1982); s. auch: *Schweitzer*, Europäisches Wettbewerbsrecht, § 19, Rn. 55ff.; *Jung*, in: Grabitz/Hilf/Nettesheim, EU, Art. 102 AEUV (Januar 2016), Rn. 465ff.
⁵⁰⁸ *Jung*, in: Grabitz/Hilf/Nettesheim, EU, Art. 102 AEUV (Januar 2016), Rn. 260; *Busche*, in: Kölner Kommentar, Art. 102 AEUV, Rn. 176.
⁵⁰⁹ *Faull/Nikpay*, Rn. 4.585.
⁵¹⁰ Ähnlich: *Jung*, in: Grabitz/Hilf/Nettesheim, EU, Art. 102 AEUV (Januar 2016), Rn. 320; *Busche*, in: Kölner Kommentar, Art. 102 AEUV, Rn. 158; ohne auf diese Frage einzugehen: EuGH, Urt. v. 14.2.1978, Rs. 27/76 (United Brands), Slg. 1978, 207, Rn. 182/183.
⁵¹¹ EuGH, Urt. v. 29.4.2004, Rs. C–418/01 (IMS Health), Slg. 2004, I–5039, Rn. 28.
⁵¹² EuGH, Urt. v. 16.11.1998, Rs. C–7/97 (Bronner), Slg. 1998, I–7791.
⁵¹³ Dazu auch: EuG, Urt. v. 9.9.2009, Rs. T–301/04 (Clearstream/Kommission), Slg. 2009, II–

Geschäftspflicht in Betracht kommt, sobald die Geschäftsverweigerung »wirksamen Wettbewerb auf dem Markt auszuschalten droht oder geeignet ist, ihn auszuschalten«.[514] Einfache Rückschlüsse von der Präsenz des Mitbewerbers auf dem nachgelagerten Markt darauf, dass die Infrastrukturen und Immaterialgüter des Marktbeherrschers offenbar entbehrlich seien, scheiden also aus.

aa) Lizenzpflicht bei Immaterialgüterrechten

Immaterialgüterrechte sind von Hause aus besonders geschützte, subjektiv-ausschließliche Rechte, so dass weder die Lizenzverweigerung als solche noch ihre gerichtliche Durchsetzung – im Fall Huawei Technologies.[515] durch Erhebung einer Patentverletzungsklage (Art. 64 EPÜ, §§ 139 ff. PatG) – einen Missbrauch einer marktbeherrschenden Stellung darstellen können.[516] Der Marktbeherrscher kann jedoch »**unter außergewöhnlichen Umständen**«[517] verpflichtet sein, sein geistiges Eigentum verfügbar zu machen. Das ist grundsätzlich (s. Rn. 123) jedoch nur unter folgenden (kumulativ zu prüfenden) Voraussetzungen der Fall:[518]

120

1. Die Weigerung des Marktbeherrschers muss »**das Auftreten eines neuen Erzeugnisses**« verhindern, für das an sich eine (potentielle) Nachfrage der Verbraucher bestünde,[519] oder die Funktionsfähigkeit der Märkte und die berechtigten Interessen der anderen Marktteilnehmer aus anderen Gründen besonders gefährden (s. Rn. 121).

2. Die Weigerung des Marktbeherrschers darf nicht »**durch sachliche Erwägungen gerechtfertigt**« sein. Im Fall Microsoft I hat das Gericht als Rechtfertigung in Betracht gezogen, dass sich die Verpflichtung, Dritten Zugang zu einer bestimmten Technologie zu gewähren, negativ auf die Innovationsanreize auf Seiten des Marktbeherrschers auswirken könne.[520]

3. Die Weigerung des Marktbeherrschers muss geeignet sein, »**jeglichen Wettbewerb auf dem abgeleiteten Markt auszuschließen**«, wobei das Gericht ausdrücklich betont, dass nur der Nachweis geführt werden müsse, »dass die fragliche Weigerung jeglichen

---

3155, Rn. 147: »Nach std. Rspr. kann ein Erzeugnis ... nur dann als wesentlich oder unerlässlich angesehen werden, wenn es keinen tatsächlichen oder potentiellen Ersatz dafür gibt«; s. auch: *Eilmansberger*, EnzEuR, Bd. 4, § 9, Rn. 62 (strenger Prüfungsmaßstab).

[514] EuG, Urt. v. 9.9.2009, Rs. T–301/04 (Clearstream/Kommission), Slg. 2009, II–3155, Rn. 148.

[515] EuGH, Urt. v. 16.7.2015, Rs. C–170/13 (Huawei Technologies), ECLI:EU:C:2015:477.

[516] EuGH, Urt. v. 29.4.2004, Rs. C–418/01 (IMS Health), Slg. 2004, I–5039, Rn. 34; Urt. v. 16.7.2015, Rs. C–170/13 (Huawei Technologies), ECLI:EU:C:2015:477, Rn. 46; s. auch: Urt. v. 6.4.1995, verb. Rs. C–241/91 P u. C–242/91 P (RTE), Slg. 1995, I–743, Rn. 49 (gefestigte Rspr.); EuG, Urt. v. 17.9.2007, Rs. T–201/04 (Microsoft I), Slg. 2007, II–3601, Rn. 331; *Frenz*, WuW 2014, 282; *Jung*, in: Grabitz/Hilf/Nettesheim, EU, Art. 102 AEUV (Januar 2016), Rn. 244.

[517] EuGH, Urt. v. 29.4.2004, Rs. C–418/01 (IMS Health), Slg. 2004, I–5039, Rn. 35; Urt. v. 6.4.1995, verb. Rs. C–241/91 P u. C–242/91 P (RTE), Slg. 1995, I–743, Rn. 50; vgl. auch: Urt. v. 16.7.2015, Rs. C–170/13 (Huawei Technologies), ECLI:EU:C:2015:477, Rn. 47; EuG, Urt. v. 17.9.2007, Rs. T–201/04 (Microsoft I), Slg. 2007, II–3601, Rn. 331 (Hervorhebung des Verf.).

[518] EuGH, Urt. v. 29.4.2004, Rs. C–418/01 (IMS Health), Slg. 2004, I–5039, Rn. 38; Urt. v. 6.4.1995, verb. Rs. C–241/91 P u. C–242/91 P (RTE), Slg. 1995, I–743, Rn. 53–56; s. auch: EuG, Urt. v. 27.6.2012, Rs. T–167/08 (Microsoft II), ECLI:EU:T:2012:323, Rn. 139.

[519] Dazu: EuG, Urt. v. 17.9.2007, Rs. T–201/04 (Microsoft I), Slg. 2007, II–3601, Rn. 643, mit dem Hinweis auf Art. 102 Abs. 2 Buchst. b; s. auch: EuG, Urt. v. 9.9.2009, Rs. T–301/04 (Clearstream/Kommission), Slg. 2009, II–3155, Rn. 149 (Behinderung umfassender und innovativer, paneuropäischer Finanzdienstleistungen).

[520] EuG, Urt. v. 17.9.2007, Rs. T–201/04 (Microsoft I), Slg. 2007, II–3601, Rn. 696.

wirksamen Wettbewerb auf dem Markt **auszuschalten droht oder geeignet ist, ihn auszuschalten**«.[521]

121 Das **Erfordernis der Verhinderung eines neuen Produkts** geht über die Voraussetzungen einer Geschäftspflicht in anderen Fällen hinaus. Dies beruht darauf, dass »bei der Abwägung zwischen dem Interesse am Schutz des Rechts des geistigen Eigentums und der wirtschaftlichen Handlungsfreiheit seines Inhabers auf der einen und dem Interesse am Schutz des freien Wettbewerbs auf der anderen Seite das zuletzt genannte Interesse nur überwiegen kann, wenn die Verweigerung der Lizenz die Entwicklung des Marktes zum Nachteil der Verbraucher verhindert«.[522] Ein bloßer **Imitationswettbewerb** reicht dafür **nicht** aus (str.). Der (potentielle) Konkurrent muss also andere (innovative) Produkte oder Dienstleistungen versprechen, die einen Mehrwert für die Marktgegenseite verkörpern.[523] Das Gericht hat in der Microsoft I – Entscheidung zu erkennen gegeben, dass es anstelle der Verhinderung eines neuen Erzeugnisses auch die Einschränkung der technischen Entwicklung (s. Art. 102 Abs. 2 Buchst. b AEUV) für ausreichend hält,[524] hat in der gleichen Entscheidung jedoch eher sybillinisch formuliert, dass der »das Auftreten eines neuen Produkts betreffende Umstand« nach alledem vorliege.[525]

122 Im Lichte der bisherigen Rechtsprechung kommt ein Missbrauch geistigen Eigentums – unter Berücksichtigung der »besonderen rechtlichen und tatsächlichen Umstände des konkreten Einzelfalls« (EuGH)[526] – u. a. in Betracht,
– wenn sich der Inhaber einer **urheberrechtlich geschützten und gemeinsam mit der Pharmaindustrie entwickelten Bausteinstruktur für Daten über den regionalen Absatz von Arzneimitteln** weigert, einem potentiellen Konkurrenten auf dem nachgelagerten Berichtsmarkt eine Lizenz für die Nutzung dieser Bausteinstruktur einzuräumen (IMS Health);[527]
– wenn sich ein Fernsehsender weigert, **urheberrechtlich geschützte Informationen über das Fernsehprogramm** an ein Unternehmen weiterzugeben, das eine wöchentliche Programmzeitschrift herausgeben will, in der die Programme mehrerer Fernsehsender parallel abgedruckt werden sollen (Magill TV Guide).[528]
– wenn sich ein Marktbeherrscher auf dem Markt für Betriebssysteme, der über geistiges Eigentum an bestimmten **Interoperabilitätsinformationen** verfügt, weigert, Zugang zu diesen Informationen zu gewähren und ihre Nutzung zu gestatten (Microsoft).[529]

---

[521] EuG, Urt. v. 9.9.2009, Rs. T–301/04 (Clearstream/Kommission), Slg. 2009, II–3155, Rn. 148 (Hervorhebung des Verf.); Urt. v. 17.9.2007, Rs. T–201/04 (Microsoft I), Slg. 2007, II–3601, Rn. 560, 563. Dazu: *Schröter/Bartl*, in: GSH, Europäisches Unionsrecht, Art. 102 AEUV, Rn. 313 (Art. 102 AEUV als Gefährdungsdelikt).
[522] EuGH, Urt. v. 29.4.2004, Rs. C–418/01 (IMS Health), Slg. 2004, I–5039, Rn. 48; EuG, Urt. v. 17.9.2007, Rs. T–201/04 (Microsoft I), Slg. 2007, II–3601, Rn. 646; für ein Erfordernis der Verhinderung eines neuen Produkts auch in anderen Fällen: *Busche*, in: Kölner Kommentar, Art. 102 AEUV, Rn. 179.
[523] Ebenso: *Schröter/Bartl*, in: GSH, Europäisches Unionsrecht, Art. 102 AEUV, Rn. 313; a. A. *Frenz*, WRP 2012, 1483 (1485), der ein »reines Konkurrenzprodukt« ausreichen lassen will.
[524] EuG, Urt. v. 17.9.2007, Rs. T–201/04 (Microsoft I), Slg. 2007, II–3601, Rn. 647 f.; im Einzelnen: *Körber*, WuW 2007, 1209; *Lettl*, WM 2009, 433.
[525] EuG, Urt. v. 17.9.2007, Rs. T–201/04 (Microsoft I), Slg. 2007, II–3601, Rn. 665.
[526] EuGH, Urt. v. 16.7.2015, Rs. C–170/13 (Huawei Technologies), ECLI:EU:C:2015:477, Rn. 56.
[527] EuGH, Urt. v. 29.4.2004, Rs. C–418/01 (IMS Health), Slg. 2004, I–5039, Leitsatz 2; s. auch: EuG, Beschl. v. 26.10.2001, Rs. T–184/01 (IMS Health), Slg. 2001, II–3193; EuGH, Beschl. v. 11.4.2002, Rs. C–481/01 (IMS Health), Slg. 2002, I–3401.
[528] EuGH, Urt. v. 6.4.1995, verb. Rs. C–241/91 P u. C–242/91 P (RTE), Slg. 1995, I–743; s. auch: *Jung*, in: Grabitz/Hilf/Nettesheim, EU, Art. 102 AEUV (Januar 2016), Rn. 246.

Besonderheiten bestehen, wenn sich ein Marktbeherrscher als Inhaber eines für einen **123**
bestimmten Technologiestandard (konkret: für den LTE-Standard) **essentiellen Patents**
(SEP-Patent) unwiderruflich verpflichtet hat, jedem Dritten eine **Lizenz zu FRAND-Bedingungen**, d. h. zu fairen, zumutbaren und diskriminierungsfreien Bedingungen, zu erteilen.[530] Der Patentinhaber missbraucht seine marktbeherrschende Stellung u.U. durch Erhebung einer **Patentverletzungsklage** auf Unterlassung der Beeinträchtigung seines Patents oder auf Rückruf der Produkte, für deren Herstellung das Patent verwendet wurde. Ein Missbrauch scheidet aus, wenn
– er vor Erhebung der Klage zum einen den angeblichen Verletzer auf die Patentverletzung, die ihm vorgeworfen wird, hingewiesen hat und dabei das fragliche SEP bezeichnet und angegeben hat, auf welche Weise es verletzt worden sein soll, und zum anderen, nachdem der angebliche Patentverletzer seinen Willen zum Ausdruck gebracht hat, einen Lizenzvertrag zu FRAND-Bedingungen zu schließen, dem Patentverletzer ein **konkretes schriftliches Lizenzangebot** zu diesen Bedingungen unterbreitet und insbesondere die Lizenzgebühr sowie die Art und Weise ihrer Berechnung angegeben hat und
– dieser Patentverletzer, während er das betreffende Patent weiter benutzt, auf dieses Angebot nicht mit Sorgfalt, gemäß den in dem betreffenden Bereich anerkannten geschäftlichen Gepflogenheiten und nach Treu und Glauben, reagiert, was auf der Grundlage objektiver Gesichtspunkte zu bestimmen ist und u. a. impliziert, dass keine Verzögerungstaktik verfolgt wird.[531]

Die **Höhe der Lizenzgebühren**, die der Marktbeherrscher für die Inanspruchnahme sei- **124**
nes geistigen Eigentums verlangen kann ohne seine Marktstellung zu missbrauchen, richtet sich nach dem eigenständigen Wert des geistigen Eigentums, d. h. nach seinem innovativen Charakter (Neuheit und Nichtoffensichtlichkeit);[532] sie richtet sich dezidiert nicht nach dem strategischen Wert für den Marktbeherrscher – andernfalls könnte er die Missbrauchsmöglichkeit zu Geld machen bzw. in prohibitiv hohe Lizenzgebühren umwandeln.[533]

bb) Geschäftspflicht bei sonstigen Produkten, Infrastrukturen und Immaterialgütern

Unentbehrliche Produkte, Infrastrukturen und Immaterialgüter, an denen kein geistiges **125**
Eigentum besteht, muss der Marktbeherrscher grundsätzlich schon dann zur Verfügung stellen, wenn die Weigerung des Marktbeherrschers nicht »**durch sachliche Erwägungen gerechtfertigt**« ist – beispielsweise dadurch, dass die Kapazität einer Infrastruktur-

---

[529] EuG, Urt. v. 17. 9. 2007, Rs. T–201/04 (Microsoft I), Slg. 2007, II–3601; s. auch: Urt. v. 27. 6. 2012, Rs. T–167/08 (Microsoft II), ECLI:EU:T:2012:323, Rn. 140.
[530] EuGH, Urt. v. 16. 7. 2015, Rs. C–170/13 (Huawei Technologies), ECLI:EU:C:2015:477, Rn. 53; ausführlich: *Huttenlauch/Lübbig*, in: Loewenheim/Meessen/Riesenkampff/Kersting/Meyer-Lindemann, Art. 102 AEUV, Rn. 267.
[531] EuGH, Urt. v. 16. 7. 2015, Rs. C–170/13 (Huawei Technologies), ECLI:EU:C:2015:477, Leitsatz 1 (berichtigte Fassung!) und Rn. 71. Dazu u. a.: *Palzer*, EuZW 2015, 702; *Wüsthof*, EWS 2015, 287; *Fuchs*, NZKart 2015, 429, mit dem Hinweis darauf, dass der BGH (s. BGHZ 180, 312 – Orange Book Standard) den Patentschutz stärker gewichtet hat als nunmehr der EuGH (436); *Buntscheck*, NZKart 2015, 521; *Stender*, WuW 2015, 1188; *Hauck*, NJW 2015, 2767; s. auch: OLG Düsseldorf, WuW 2016, 442; OLG Karlsruhe, WuW 2016, 438; OLG Düsseldorf, WuW 2016, 188.
[532] EuG, Urt. v. 27. 6. 2012, Rs. T–167/08 (Microsoft II), ECLI:EU:T:2012:323, Rn. 143, 149.
[533] In der Sache: EuG, Urt. v. 27. 6. 2012, Rs. T–167/08 (Microsoft II), ECLI:EU:T:2012:323, Rn. 142.

Einrichtung bereits erschöpft ist[534] – und wenn sie **geeignet ist, »jeglichen Wettbewerb auf dem abgeleiteten Markt auszuschließen«** (im Einzelnen str.).[535] Nicht erforderlich ist, dass ein neues Erzeugnis verhindert wird.[536] Eine **Rechtfertigung** durch (berechtigte) geschäftliche Interessen des Marktbeherrschers setzt voraus, dass die Maßnahme verhältnismäßig ist.[537] Das ist insbesondere dann nicht der Fall, wenn sie auf eine Beeinträchtigung des unverfälschten Wettbewerbs auf dem relevanten Markt abzielt.[538] Darin, dass ein Händler auch Konkurrenzprodukte vertreibt und dafür wirbt, sieht der EuGH ein lauteres Geschäftsgebaren, das eine Geschäftsverweigerung grundsätzlich nicht zu rechtfertigen vermag.[539]

126 Eine **Lieferungsverweigerung zur Bekämpfung des Parallelhandels** gefährdet zwar den Binnenmarkt, kann jedoch durch berechtigte Interessen des Herstellers gerechtfertigt sein. Bringt ein Hersteller Produkte in unterschiedlichen Mitgliedstaaten zu unterschiedlichen Preisen in Verkehr, so wird er versuchen, das Preisgefüge gegen einen Parallelhandel auf der Basis von Preisarbitrage zu schützen – beispielsweise, indem er überhöhte Gebühren für eine Kfz-Konformitätsprüfung verlangt,[540] oder indem er Großhändler, die das Preisgefälle ausnutzen, nicht oder nur eingeschränkt beliefert. Dabei berücksichtigt der EuGH, dass der Parallelhandel den Preiswettbewerb im Einfuhrmitgliedstaat fördert[541] und dass »Parallelimporte ... einen gewissen gemeinschaftsrechtlichen Schutz [genießen], da sie die Entwicklung des [grenzüberschreitenden] Handelsverkehrs und die Stärkung des Wettbewerbs begünstigen«.[542] Dementsprechend hat der EuGH[543] mit Blick auf den Parallelhandel mit Arzneimitteln entschieden, dass ein marktbeherrschendes Pharma-Unternehmen, das sich zur Verhinderung von Parallelexporten weigert, normale Bestellungen bestimmter Großhändler auszuführen, seine beherrschende Stellung missbräuchlich ausnutzt. Der EuGH respektiert jedoch zugleich, dass Pharma-Hersteller ein berechtigtes geschäftliches Interesse daran haben, Parallelimporte durch vernünftige und verhältnismäßige Maßnahmen zu begrenzen und über das Normalmaß hinausgehende Bestellungen nicht zu erfüllen.[544] Maßgeblich soll sein, ob die Bestellungen »in Anbetracht ihres Umfangs im Verhältnis zum Bedarf

---

[534] *Fuchs/Möschel*, in: Immenga/Mestmäcker, Art. 102 AEUV, Rn. 338; Dazu: Urt. v. 16.11.1998, Rs. C–7/97 (Bronner), Slg. 1998, I–7791, Rn. 28. Dort hatte die Mediaprint AG als Inhaberin der (vermeintlichen) *essential facility* so argumentiert.

[535] Eingehende Darstellung des Meinungsstreits bei *Bulst*, in: Langen/Bunte, Art. 102 AEUV, Rn. 271–273.

[536] EuG, Urt. v. 17.9.2007, Rs. T–201/04 (Microsoft I), Slg. 2007, II–3601, Rn. 334, mit dem Hinweis, dass das erste Erfordernis (s. u. unter 1.) »nur in der Rechtsprechung zur Ausübung eines Rechts des geistigen Eigentums zu finden« sei; s. aber: *Busche*, in: Kölner Kommentar, Art. 102 AEUV, Rn. 179.

[537] EuGH, Urt. v. 14.2.1978, Rs. 27/76 (United Brands), Slg. 1978, 207, Rn. 184/194.

[538] EuGH, Urt. v. 14.2.1978, Rs. 27/76 (United Brands), Slg. 1978, 207, Rn. 184/194.

[539] EuGH, Urt. v. 14.2.1978, Rs. 27/76 (United Brands), Slg. 1978, 207, Rn. 184/194. Etwas anderes gilt selbstverständlich, wenn sich der Händler verpflichtet hat, nur Erzeugnisse des Marktbeherrschers zu vertreiben (s.: *Fuchs/Möschel*, in: Immenga/Mestmäcker, Art. 102 AEUV, Rn. 316).

[540] Dazu: EuGH, Urt. v. 13.11.1975, Rs. 26/75 (General Motors), Slg. 1975, 1367; sowie Urt. v. 11.11.1986, Rs. 226/84 (British Leyland), Slg. 1986, 3263, Rn. 25 ff.

[541] EuGH, Urt. v. 16.9.2008, verb. Rs. C–468/06–478/06 (Lélos), Slg. 2008, I–7139, Rn. 53.

[542] EuGH, Urt. v. 16.1.1992, Rs. C–373/90 (Ermittlungsverfahren gegen X), Slg. 1992, I–131, Rn. 12; Urt. v. 16.9.2008, verb. Rs. C–468/06–478/06 (Lélos), Slg. 2008, I–7139, Rn. 37.

[543] EuGH, Urt. v. 16.9.2008, verb. Rs. C–468/06–478/06 (Lélos), Slg. 2008, I–7139, Rn. 77; *Brömmelmeyer*, EWS 2008, 319 (320).

[544] EuGH, Urt. v. 16.9.2008, verb. Rs. C–468/06–478/06 (Lélos), Slg. 2008, I–7139, Rn. 71.

des Marktes dieses Mitgliedstaates sowie der früheren Geschäftsbeziehungen dieses Unternehmens mit den betroffenen Großhändlern normal sind«.[545]

Ein Missbrauch durch Geschäftsverweigerung setzt nicht voraus, dass auf dem nachgelagerten Markt gar kein Wettbewerb (mehr) stattfindet. Maßgeblich ist vielmehr, dass die »fragliche Weigerung jeglichen **wirksamen Wettbewerb** auf dem Markt auszuschalten« droht oder dazu geeignet ist.[546] Dass die Konkurrenten des marktbeherrschenden Unternehmens in bestimmten Marktnischen präsent bleiben, kann, so das Gericht, nicht ausreichen, um auf die Existenz eines solchen Wettbewerbs zu schließen.[547]

6. Beschneidung von Margen

Eine **Beschneidung von Margen** (margin squeeze) liegt vor, wenn ein marktbeherrschendes Unternehmen, den Preis auf dem vorgelagerten Markt gegenüber seinem Preis auf dem nachgelagerten Markt so ansetzt, dass es sogar für einen ebenso effizienten Wettbewerber nicht mehr möglich ist, auf dem nachgelagerten Markt langfristig rentabel zu bleiben (Kosten-Preis-Schere).[548] Das ist beispielsweise der Fall, wenn die Entgelte für die Inanspruchnahme des Telefon-Festnetzes, die der vertikal integrierte Betreiber verlangt, die Wettbewerber zwingen, ihren Endkunden für Telefon-Dienstleistungen höhere Entgelte zu berechnen als der Marktbeherrscher selbst seinen Endkunden für die entsprechende Dienstleistung in Rechnung stellt.[549] Eine solche **Kosten-Preis-Schere** kann angesichts ihrer möglichen Verdrängungswirkung auf zumindest ebenso effiziente Wettbewerber mangels jeglicher objektiver Rechtfertigung bereits für sich allein einen Missbrauch i. S. v. Art. 102 AEUV darstellen,[550] ohne dass es darauf ankäme, ob die Preise für die Vorleistung oder die Leistung an den Endkunden bereits deshalb missbräuchlich wären, weil sie zu hoch waren bzw. Verdrängungswirkung hatten.[551] Die Beschneidung ist eine eigenständige Form des Missbrauchs,[552] die nicht unbedingt die Kriterien für den Missbrauch durch Lieferungsverweigerung zu erfüllen braucht.[553]

Eine Margenbeschneidung liegt insbesondere vor, wenn die Differenz zwischen dem Preis der (Vor-)Leistung und dem Endkundenpreis negativ ist oder nicht ausreichen würde, um die spezifischen Kosten der Vorleistung zu decken, die der Marktbeherrscher zur Erbringung seiner eigenen Leistungen an den Endkunden tragen muss, so dass diese Differenz einem Wettbewerber, der ebenso effizient wie dieses Unternehmen ist, keine Möglichkeit ließe, mit diesem bei den genannten Leistungen an den Endkunden in Wett-

---

[545] EuGH, Urt. v. 16.9.2008, verb. Rs. C-468/06-478/06 (Lélos), Slg. 2008, I-7139, Rn. 77.
[546] EuG, Urt. v. 17.9.2007, Rs. T-201/04 (Microsoft I), Slg. 2007, II-3601, Rn. 563 (Hervorhebung d. Verf.).
[547] EuG, Urt. v. 17.9.2007, Rs. T-201/04 (Microsoft I), Slg. 2007, II-3601, Rn. 563; s. auch: Rn. 579 (ganz marginale Position des Mitbewerbers); s. auch: EuG, Urt. v. 9.9.2009, Rs. T-301/04, (Clearstream/Kommission), Slg. 2009, II-3155, Rn. 148 ff.
[548] Kommission, Prioritätenmitteilung (Fn. 7), Rn. 80.
[549] EuGH, Urt. v. 17.2.2011, Rs. C-52/09 (TeliaSonera), Slg. 2011, I-527, insbesondere: Rn. 112-114.
[550] EuGH, Urt. v. 17.2.2011, Rs. C-52/09 (TeliaSonera), Slg. 2011, I-527, Rn. 31.
[551] EuGH, Urt. v. 17.2.2011, Rs. C-52/09 (TeliaSonera), Slg. 2011, I-527, Rn. 34; Urt. v. 14.10.2010, Rs. C-280/08 P (Deutsche Telekom), Slg. 2010, I-9555, Rn. 167, 183; anders der US-Supreme Court, Pacific Bell Tel. Co. v. linkLine, Inc., No. 7-512, S. Ct. (2009), 1, 12: »[The] price-squeeze claim ... is ... nothing more than an amalgamation of a meritless claim at the retail level and a meritless claim at the wholesale level«; vertiefend: *Zöttl*, RIW 2009, 445.
[552] EuGH, Urt. v. 17.2.2011, Rs. C-52/09 (TeliaSonera), Slg. 2011, I-527, Rn. 56.
[553] EuGH, Urt. v. 17.2.2011, Rs. C-52/09 (TeliaSonera), Slg. 2011, I-527, Rn. 55.

bewerb zu treten.[554] Die Wettbewerber, selbst wenn sie ebenso effizient wären wie das beherrschende Unternehmen, liefen dann nämlich Gefahr, auf dem Endkundenmarkt nur mit Verlust oder mit künstlich eingeschränkter Rentabilität operieren zu können.[555]

130 Eine Beschneidung der Margen stellt nur einen Missbrauch dar, wenn sie sich aktuell oder potentiell als **Beschränkung des Wettbewerbs** auswirkt.[556] Dafür reicht es aus, wenn zumindest ebenso effiziente Wettbewerber wie der Marktbeherrscher verdrängt werden könnten;[557] wirkt sich die Preispolitik des Marktbeherrschers hingegen überhaupt nicht auf die Wettbewerbssituation der Wettbewerber aus, so kann sie nicht als (wettbewerbswidrige) Verdrängungspolitik eingestuft werden, sofern der Eintritt der Wettbewerber in den betroffenen Markt durch sie nicht erschwert wird.[558] Eine potentielle Beschränkung des Wettbewerbs setzt weder voraus, dass die Vorleistung unentbehrlich wäre,[559] noch, dass der Marktbeherrscher etwaige, mit der Beschneidung der Margen verbundene Verluste später wieder ausgleichen kann.[560]

131 Eine mögliche **Rechtfertigung der Preispolitik** ist anhand sämtlicher Umstände des Einzelfalls zu prüfen[561]. Dabei ist zu ermitteln, ob die Nachteile der Verdrängungswirkung einer solchen Preispolitik für den Wettbewerb durch Effizienzvorteile ausgeglichen oder sogar übertroffen werden können, die auch dem Verbraucher zugute kommen.[562] Steht die Verdrängungswirkung dieser Politik in keinem Zusammenhang mit Vorteilen für den Markt und die Verbraucher oder geht sie über dasjenige hinaus, was zur Erreichung solcher Vorteile erforderlich ist, so ist diese Politik als missbräuchlich anzusehen.[563]

G. Rechtsfolgen

132 Der Missbrauch einer marktbeherrschenden Stellung kann öffentlich-rechtliche und privatrechtliche Sanktionen nach sich ziehen. Die **Beweislast** für den Missbrauch trägt ggf. die Kartellbehörde bzw. die Partei, die den Missbrauchsvorwurf erhebt (Art. 2 der VO (EU) Nr. 1/2003). Die **Unschuldsvermutung** (s. Art. 6 Abs. 2 EMRK, Art. 48 Abs. 1 GRC) ist zu beachten,[564] so dass verbleibende Zweifel an dem Missbrauch dem Unternehmen zugute kommen, das Art. 102 AEUV zuwider gehandelt haben soll.[565] Ein Indizienbeweis reicht u. U. jedoch aus, um den Missbrauch nachzuweisen.[566]

---

[554] EuGH, Urt. v. 17. 2. 2011, Rs. C–52/09 (TeliaSonera), Slg. 2011, I–527, Rn. 32. Dabei ist grundsätzlich auf die Preise und Kosten des Marktbeherrschers abzustellen (Rn. 46, 41–44); nur ausnahmsweise ist auf die der Wettbewerber abzustellen (Rn. 45).
[555] EuGH, Urt. v. 17. 2. 2011, Rs. C–52/09 (TeliaSonera), Slg. 2011, I–527, Rn. 33.
[556] EuGH, Urt. v. 17. 2. 2011, Rs. C–52/09 (TeliaSonera), Slg. 2011, I–527, Rn. 64.
[557] EuGH, Urt. v. 17. 2. 2011, Rs. C–52/09 (TeliaSonera), Slg. 2011, I–527, Rn. 64 f.
[558] EuGH, Urt. v. 17. 2. 2011, Rs. C–52/09 (TeliaSonera), Slg. 2011, I–527, Rn. 66.
[559] EuGH, Urt. v. 17. 2. 2011, Rs. C–52/09 (TeliaSonera), Slg. 2011, I–527, Rn. 72.
[560] EuGH, Urt. v. 17. 2. 2011, Rs. C–52/09 (TeliaSonera), Slg. 2011, I–527, Rn. 100–103.
[561] EuGH, Urt. v. 17. 2. 2011, Rs. C–52/09 (TeliaSonera), Slg. 2011, I–527, Rn. 75 f.
[562] EuGH, Urt. v. 17. 2. 2011, Rs. C–52/09 (TeliaSonera), Slg. 2011, I–527, Rn. 76.
[563] EuGH, Urt. v. 17. 2. 2011, Rs. C–52/09 (TeliaSonera), Slg. 2011, I–527, Rn. 76, mit dem Hinweis auf Urt. v. 15. 3. 2007, Rs. C–95/04 P (British Airways), Slg. 2007, I–2331, Rn. 86.
[564] EuGH, Urt. v. 8. 7. 1999, Rs. C–199/92 P (Hüls), Slg. 1999, I–4287, Rn. 149 und 150.
[565] EuG, Urt. v. 12. 6. 2014, Rs. T–286/09 (Intel), ECLI:EU:T:2014:547, Rn. 63; Urt. v. 8. 7. 2004, verb. Rs. T–67/00, T–68/00, T–71/00 u. T–78/00 (JFE Engineering), Slg. 2004, II–2501, Rn. 177; Urt. v. 12. 7. 2011, Rs. T–112/07 (Hitachi), Slg. 2011, II–3871, Rn. 58.
[566] EuG, Urt. v. 12. 6. 2014, Rs. T–286/09 (Intel), ECLI:EU:T:2014:547, Rn. 64, auch zur Beweiskraft bestimmter Beweismittel (Rn. 65–67).

I. Öffentlich-rechtliche Rechtsfolgen

Die Kommission kann einen Missbrauch (deklaratorisch)[567] **feststellen** und das marktbeherrschende Unternehmen durch Beschluss verpflichten, **den Missbrauch abzustellen** (Art. 7 Abs. 1 Satz 1 VO (EG) Nr. 1/2003); sie kann dem Marktbeherrscher die dafür erforderlichen verhaltensorientierten und/oder strukturellen Abhilfemaßnahmen vorschreiben (Satz 2); strukturelle Maßnahmen sind an strengere Voraussetzungen gebunden. Die Kommission kann stattdessen auch **Verpflichtungszusagen** marktbeherrschender Unternehmen für verbindlich erklären (s. Art. 9 Abs. 1 VO (EG) Nr. 1/2003);[568] gegebenenfalls kann sie **einstweilige Maßnahmen** anordnen (Art. 8 Abs. 1 VO (EG) Nr. 1/2003) und die in Art. 7–9 geregelten Maßnahmen mit Hilfe von **Zwangsgeldern** durchsetzen (Art. 24 Abs. 1 Buchst. a-c VO (EG) Nr. 1/2003). Leitet die Kommission kein eigenes Missbrauchsverfahren ein (s. Art. 11 Abs. 6 VO 1/2003), so können die **Kartellbehörden der Mitgliedstaaten** gegen den Missbrauch vorgehen (Art. 5 Satz 1 VO (EG) Nr. 1/2003).

133

Die Kommission kann **Geldbußen** gegen Unternehmen und Unternehmensvereinigungen verhängen, die vorsätzlich oder fahrlässig gegen Art. 102 AEUV verstoßen haben (Art. 23 Abs. 2 Satz 1 Buchst. a VO (EG) Nr. 1/2003). Die Geldbuße für jedes beteiligte Unternehmen darf 10 % des im vorausgegangenen Geschäftsjahr erzielten Gesamtumsatzes nicht übersteigen (Satz 2). Bei der Festsetzung der Höhe der Geldbuße ist sowohl die Schwere der Zuwiderhandlung als auch deren Dauer zu berücksichtigen (Absatz 3). Die Kommission verfügt grundsätzlich über ein »weites Ermessen … bei der Bemessung der Geldbußen«.[569] Details ergeben sich aus den **Leitlinien der Kommission**,[570] durch die sich die Kommission teils selbst gebunden hat.[571]

134

Die Kommission ist an das Prinzip der **Verhältnismäßigkeit** gebunden: »Belastungen, die den Unternehmen auferlegt werden, damit sie eine Zuwiderhandlung gegen das Wettbewerbsrecht beenden, [dürfen] nicht die Grenzen dessen überschreiten, was zur Erreichung des angestrebten Ziels – Wiederherstellung der Legalität im Hinblick auf die verletzten Vorschriften – angemessen und erforderlich ist«.[572]

135

II. Privatrechtliche Rechtsfolgen

Besteht der Missbrauch in einem Rechtsgeschäft, so ist dies Rechtsgeschäft nach Maßgabe des anwendbaren nationalen Rechts (gegebenenfalls: gemäß § 134 BGB) **nichtig**.[573]

136

---

[567] *Schröter/Bartl*, in: GSH, Europäisches Unionsrecht, Art. 102 AEUV, Rn. 55; *Jung*, in: Grabitz/Hilf/Nettesheim, EU, Art. 102 AEUV (Januar 2016), Rn. 376.
[568] Beispiel: Kommission, Entscheidung v. 13.12.2011 (IBM Maintenance Services), COMP/C–3/39692, http://ec.europa.eu/competition/antitrust/cases/dec_docs/39692/39692_1304_3.pdf (6.4.2016).
[569] EuGH, Urt. v. 28.6.2005, verb. Rs. C–189/02 P, C–202/02 P, C–205/02 P – 208/02 P u. C–213/02 P (Dansk Rørindustri), Slg. 2005, I–5425, Rn. 172; kritisch: *Schütz*, in: Kölner Kommentar, Art. 23 VO Nr. 1/2003, Rn. 5.
[570] Kommission, Leitlinien für das Verfahren zur Festsetzung von Geldbußen gemäß Art. 23 Abs. 2 Buchstabe a der Verordnung (EG) Nr. 1/2003, ABl. 2006, C 210/2.
[571] Dazu: *Dannecker/Biermann*, in: Immenga/Mestmäcker, Art. 23 VO (EG) Nr. 1/2003, Rn. 130; kritisch: *Schütz*, in: Kölner Kommentar, Art. 23 VO (EG) Nr. 1/2003, Rn. 35 (»Scheingenauigkeit«).
[572] EuG, Urt. v. 17.9.2007, Rs. T–201/04 (Microsoft I), Slg. 2007, II–3601, Rn. 1276.
[573] *Schröter/Bartl*, in: GSH, Europäisches Unionsrecht, Art. 102 AEUV, Rn. 56; *Müller-Graff*, in: Vedder/Heintschel von Heinegg, Europäisches Unionsrecht, Art. 102 AEUV, Rn. 28; *Khan*, in: Geiger/Khan/Kotzur, EUV/AEUV, Art. 102 AEUV, Rn. 17; *Jung*, in: Grabitz/Hilf/Nettesheim, EU,

Bei Kampfpreisen (s. Rn. 109 ff.) können nach Meinung *Möschels* unmöglich alle Rechtsgeschäfte des Marktbeherrschers mit der Marktgegenseite für unwirksam erklärt werden.[574] Die Mitbewerber des Marktbeherrschers müssten also anders geschützt und gegebenenfalls entschädigt werden.[575] Dem ist jedenfalls in Fällen, in denen die Erfüllung (§ 362 BGB) dieser Rechtsgeschäfte noch aussteht, nicht zu folgen. Denn der effet utile des Missbrauchsverbots wäre gefährdet, wenn der Marktbeherrscher (nach wie vor) zu Unterkostenpreisen liefern könnte und müsste.[576] Bejaht man Nichtigkeit auch bei bereits (vollständig) erfüllten Rechtsgeschäften, so bedürfte es einer Rückabwicklung, um die Beeinträchtigung des Wettbewerbs zu neutralisieren.[577] Ein Herausgabeanspruch (§ 812 Abs. 1 Satz 1 Fall 1 BGB) des Marktbeherrschers wäre jedoch aufgrund der Kondiktionssperre in § 817 Satz 2 BGB ausgeschlossen.[578] Kondizieren könnte nur der Vertragspartner. **Beseitigungs- und Unterlassungsansprüche** können sich aus § 33 Abs. 1 GWB sowie aus §§ 823 Abs. 2, 1004, 249 BGB i. V. m. Art. 102 AEUV ergeben.[579] Eine **Haftung auf Schadensersatz** (§ 33 Abs. 2 GWB) ist im Interesse der Effektivität der Europäischen Wettbewerbsregeln geboten:[580] Der EuGH[581] hat in Courage vs. Crehan (2001) erstmals entschieden, dass die Effektivität der Art. 101 f. AEUV beeinträchtigt wäre, wenn nicht jedermann **Ersatz des Schadens** verlangen könnte, der ihm durch einen Vertrag, der den Wettbewerb beschränken oder verfälschen könne oder durch ein entsprechendes Verhalten entstanden sei.[582] Europäisches Parlament und Rat haben diese Rechtsprechung am 26.11.2014 in die **Richtlinie 2014/104/EU über bestimmte Vorschriften für Schadensersatzklagen**[583] überführt und die Haftungsregeln weiter ausgebaut. Die Mitgliedstaaten haben die Richtlinie bis zum 27.12.2016 umzusetzen (Art. 21 Abs. 1 RL 2014/104/EU). Ein Hauptmotiv der Richtlinie, nämlich die Beseitigung von Reibungsverlusten, die mit der **Interaktion von Public Enforcement und Private Enforcement** verbunden sind,[584] dürfte in Missbrauchsfällen allerdings keine Rolle spielen.

Art. 102 AEUV (Januar 2016), Rn. 391; im Detail streitig; s.: *Fuchs/Möschel*, in: Immenga/Mestmäcker, Art. 102 AEUV, Rn. 415–420.

[574] *Fuchs/Möschel*, in: Immenga/Mestmäcker, Art. 102 AEUV, Rn. 419; ähnlich: *Busche*, in: Kölner Kommentar, Art. 102 AEUV, Rn. 215, mit dem Hinweis auf die Schutzbedürftigkeit der Vertragspartner.

[575] *Fuchs/Möschel*, in: Immenga/Mestmäcker, Art. 102 AEUV, Rn. 419.

[576] Ebenso: *Schröter/Bartl*, in: GSH, Europäisches Unionsrecht, Art. 102 AEUV, Rn. 61, und *Jung*, in: Grabitz/Hilf/Nettesheim, EU, Art. 102 AEUV (Januar 2016), Rn. 393, der Nichtigkeit auch bei bereits erfüllten Rechtsgeschäften annimmt.

[577] S. dazu: *Jung*, in: Grabitz/Hilf/Nettesheim, EU, Art. 102 AEUV (Januar 2016), Rn. 393.

[578] Dazu: Palandt/*Sprau*, 75. Aufl., 2016, § 817, Rn. 12, mit der Klarstellung, dass die Kondiktionssperre auch zum Tragen kommt, wenn nur der Leistende verwerflich gehandelt hat.

[579] *Fuchs/Möschel*, in: Immenga/Mestmäcker, Art. 102 AEUV, Rn. 422 ff.

[580] Dazu ausführlich: Art. 101 AEUV, Rn. 203 ff.

[581] EuGH, Urt. v. 20.9.2001, Rs. C–453/99 (Courage vs. Crehan), Slg. 2001, I–6297, Rn. 25; seither std. Rspr.: Urt. v. 13.7.2006, verb. Rs. C–295/04–298/04 (Manfredi), Slg. 2006, I–6641, Rn. 57; Urt. v. 14.6.2011, Rs. C–360/09 (Pfleiderer), Slg. 2011, I–5186, Rn. 19; Urt. v. 6.11.2012, Rs. C–199/11 (Otis), ECLI:EU:C:2012:684, Rn. 40 f.; Urt. v. 6.6.2013, Rs. C–536/11 (Donau Chemie), ECLI:EU:C:2013:366, Rn. 21; s. auch: *Becker/Berg/Bulst*, EnzEuR, Bd. 4, § 10, Rn. 109 mit einem umfangreichen Entscheidungsverzeichnis.

[582] EuGH, Urt. v. 20.9.2001, Rs. C–453/99 (Courage vs. Crehan), Slg. 2001, I–6297, Rn. 26.

[583] Richtlinie 2014/104/EU (Fn. 16). Dazu im Überblick: *Schweitzer*, NZKart 2014, 335; *Calisti/Haasbeck/Kubik*, NZKart 2014, 466; *Roth*, GWR 2015, 73; *Keßler*, VuR 2015, 83; *Makatsch/Mir*, EuZW 2015, 7; *Haus/Serafimova*, BB 2014, 2883; zur Umsetzung im Rahmen der 9. GWB-Novelle: *Kersting/Preuß*, WuW 2016, 394.

[584] Im Detail: Art. 101 Rn. 199.

H. Konkurrenzen

I. Kartellverbot (Art. 101 AEUV)

Im **Europäischen Wettbewerbsrecht** verfolgen Art. 101 und 102 AEUV gemeinsam das 137
Ziel der Errichtung eines »Systems, das den Binnenmarkt vor Verfälschungen schützt«
(s. Protokoll Nr. 27 zum AEUV).[585] Trotzdem handelt es sich um »voneinander unabhängige Rechtsinstrumente«.[586] Die Bestimmungen sind selbständig **nebeneinander anwendbar**[587] (Idealkonkurrenz)[588] – mit der Folge, dass
  1. Kartelle (Art. 101 Abs. 1 AEUV) auch den Missbrauchstatbestand (Art. 102 AEUV) erfüllen können aber nicht müssen,[589] und dass
  2. auch Kartelle (Art. 101 Abs. 1 AEUV), die unter das Konzernprivileg fallen oder die vom Kartellverbot freigestellt sind (Absatz 3), einen Missbrauch i. S. v. Art. 102 AEUV begehen können.[590] Eine Einzel- oder Gruppenfreistellung bedeutet nämlich »keinesfalls zugleich eine Befreiung von dem [Missbrauchs-]Verbot«.[591]

Das Plädoyer für eine »**harmonische**«[592] bzw. »**kohärente**«[593] **Rechtsanwendung** ist angesichts der Teilidentität der Tatbestandsmerkmale und Regelbeispiele der Art. 101 f. AEUV sowie angesichts des gemeinsamen Schutzobjekts (Funktionsfähigkeit des Wettbewerbs) nachvollziehbar,[594] verstellt jedoch den Blick dafür, dass sich die Prüfungsmaßstäbe eben auch unterscheiden; so hat der EuGH[595] in der Rechtssache Post Danmark II gerade erst klargestellt, dass sich das im Rahmen von Art. 101 Abs. 1 AEUV anerkannten Kriterium der Spürbarkeit nicht auf Art. 102 AEUV übertragen lässt. Richtig ist aber, dass Art. 101 f. AEUV nicht beziehungslos nebeneinander stehen;[596] so ist

---

[585] EuGH, Urt. v. 13.2.1979, Rs. 85/76 (Hoffmann-La Roche), Slg. 1979, 461, Rn. 132 (»System von Bestimmungen, die sämtlich das Ziel verfolgen, dass auf einem Markt, der die Merkmale eines einzigen Marktes aufweist, ein wirksamer, unverfälschter Wettbewerb hergestellt wird«); EuG, Urt. v. 10.7.1990, Rs. T–51/89 (Tetra Pak), Slg. 1990, II–347, Rn. 22.
[586] EuG, Urt. v. 10.7.1990, Rs. T–51/89 (Tetra Pak), Slg. 1990, II–347, Rn. 22.
[587] EuGH, Urt. v. 11.4.1989, Rs. 66/86 (Ahmed Saeed Flugreisen), Slg. 1989, 803, Rn. 37 f.; Urt. v. 13.2.1979, Rs. 85/76 (Hoffmann-La Roche), Slg. 1979, 461, Rn. 10. *Jung*, in: Grabitz/Hilf/Nettesheim, EU, Art. 102 AEUV (Januar 2016), Rn. 22; *Mestmäcker/Schweitzer*, § 16, Rn. 25 f.
[588] *Schröter/Bartl*, in: GSH, Europäisches Unionsrecht, Art. 102 AEUV, Rn. 37; *Jung*, in: Grabitz/Hilf/Nettesheim, EU, Art. 102 AEUV (Januar 2016), Rn. 22; *Mestmäcker/Schweitzer*, § 16, Rn. 25 f.; *Eilmansberger*, EnzEuR, Bd. 4, § 9, Rn. 7; *Busche*, in: Kölner Kommentar, Art. 102, Rn. 219 (systematische Einheit).
[589] *Schröter/Bartl*, in: GSH, Europäisches Unionsrecht, Art. 102 AEUV, Rn. 37; *Jung*, in: Grabitz/Hilf/Nettesheim, EU, Art. 102 AEUV (Januar 2016), Rn. 23.
[590] Ebenso: *Mestmäcker/Schweitzer*, § 16, Rn. 26; *Jung*, in: Grabitz/Hilf/Nettesheim, EU, Art. 102 AEUV (Januar 2016), Rn. 23 f.; s. auch: EuGH, Urt. v. 4.5.1988, Rs. 30/87 (Bodson), Slg. 1988, 2479, Rn. 19, 21 (zum Konzernprivileg).
[591] EuG, Urt. v. 10.7.1990, Rs. T–51/89 (Tetra Pak), Slg. 1990, II–347, Rn. 25.
[592] *Eilmansberger*, EnzEuR, Bd. 4, § 9, Rn. 5; *Schröter/Bartl*, in: GSH, Europäisches Unionsrecht, Art. 102 AEUV, Rn. 33, unter (sehr großzügiger) Berufung auf EuGH, Urt. v. 9.7.1987, Rs. 43/85 (Ancides), Slg. 1987, 3131; Rn. 13 (Berücksichtigung der Marktkonzentration bei der Freistellung gem. Art. 101 Abs. 3 AEUV), 38; *Jung*, in: Grabitz/Hilf/Nettesheim, EU, Art. 102 AEUV (Januar 2016), Rn. 27.
[593] Bekanntmachung der Kommission, Leitlinien zur Anwendung von Artikel 81 Abs. 3 EG-Vertrag, ABl. 2004, C 101/97, Rn. 106.
[594] Dazu ausführlich: *Schröter/Bartl*, in: GSH, Europäisches Unionsrecht, Art. 102 AEUV, Rn. 34.
[595] EuGH, Urt. v. 6.10.2015, Rs. C–23/14 (Post Danmark II), ECLI:EU:C:2015:651, Rn. 73 (in Bezug auf Rabattsysteme).
[596] Einzelheiten: *Schröter/Bartl*, in: GSH, Europäisches Unionsrecht, Art. 102 AEUV, Rn. 33 f., 37 ff.

eine Freistellung gemäß Art. 101 Abs. 3 AEUV grundsätzlich ausgeschlossen, wenn eine Absprache »Gegenstand, Mittel oder Folge« eines Missbrauchs i. S. von Art. 102 AEUV ist.[597] Das ergibt sich daraus, dass die Marktanteilsschwellen der Gruppenfreistellungsverordnungen (s. nur: Art. 3 VO (EU) 330/2010: 30 %)[598] in Fällen der Marktbeherrschung in der Regel eindeutig überschritten sein werden,[599] und dass die Freistellungsvoraussetzungen in Art. 101 Abs. 3 AEUV auch im Lichte des Missbrauchsverbots auszulegen und anzuwenden sind.

II. Fusionskontrollverordnung

138 Der EuGH[600] hat Art. 102 AEUV vor Inkrafttreten der FKVO auch auf **Unternehmenszusammenschlüsse** angewandt (Marktstrukturmissbrauch).[601] Eine »Doppelkontrolle« verhindert Art. 21 Abs. 1 Hs. 2 FKVO, der die Kartellverfahrensverordnung (EG) Nr. 1/2003 für unanwendbar erklärt.[602] Klarzustellen ist indes, dass die FKVO Inhalt und Tragweite des Missbrauchstatbestands schon aufgrund der Normenhierarchie nicht beeinflussen kann.[603] Die Kommission könnte Art. 102 AEUV also nach wie vor auf Unternehmenszusammenschlüsse anwenden (Art. 105 Abs. 1 Satz 1 AEUV),[604] hat jedoch (wie angekündigt)[605] konsequent davon abgesehen.[606]

---

[597] *Schröter/Bartl*, in: GSH, Europäisches Unionsrecht, Art. 102 AEUV, Rn. 38 f.; *Jung*, in: Grabitz/Hilf/Nettesheim, EU, Art. 102 AEUV (Januar 2016), Rn. 27; *Brinker*, in: Schwarze, EU-Kommentar, Art. 102 AEUV, Rn. 3; s. auch: EuGH, Urt. v. 16. 3. 2000, verb. Rs. C–395/96 P u. C–396/96 P (Compagnie maritime belge), Slg. 2000, I, S. 1365, Rn. 135 (»kann für den Missbrauch … keine wie auch immer geartete Freistellung gewährt werden«) m. w. N.
[598] Verordnung (EU) Nr. 330/2010 der Kommission v. 20. 4. 2010 über die Anwendung von Art. 101 Abs. 3 AEUV auf Gruppen von vertikalen Vereinbarungen und abgestimmten Verhaltensweisen, ABl. 2010, L 102/1.
[599] *Brinker*, in: Schwarze, EU-Kommentar, Art. 102 AEUV, Rn. 3.
[600] EuGH, Urt. v. 21. 2. 1973, Rs. 6/72 (Continental Can = Europemballage), Slg. 1973, 215, Rn. 25, mit dem Hinweis auf die andernfalls bestehende Umgehungsgefahr.
[601] Dazu: *Körber*, in: Immenga/Mestmäcker, FKVO-Einleitung, Rn. 10 f.
[602] *Körber*, in: Immenga/Mestmäcker, FKVO-Einleitung, Rn. 45 ff., 47.
[603] Allg. Meinung; s. nur: *Schröter/Bartl*, in: GSH, Europäisches Unionsrecht, Art. 102 AEUV, Rn. 43; *Jung*, in: Grabitz/Hilf/Nettesheim, EU, Art. 102 AEUV (Januar 2016), Rn. 4, 337.
[604] *Eilmansberger*, EnzEuR, Bd. 4, § 9, Rn. 9.
[605] Kommission, Erklärungen für das Ratsprotokoll v. 19. 12. 1989, WuW 1990, 240, 243 (nicht im Amtsblatt veröffentlicht).
[606] Dazu auch: *Schröter/Bartl*, in: GSH, Europäisches Unionsrecht, Art. 102 AEUV, Rn. 44, mit dem Hinweis darauf, dass die Gerichte der Mitgliedstaaten nach wie vor berechtigt und verpflichtet seien, Art. 102 auf Unternehmenszusammenschlüsse anzuwenden, die den Missbrauchstatbestand erfüllten.

Artikel 103 AEUV [Kompetenz zum Erlass von Verordnungen und Richtlinien]

(1) Die zweckdienlichen Verordnungen oder Richtlinien zur Verwirklichung der in den Artikeln 101 und 102 niedergelegten Grundsätze werden vom Rat auf Vorschlag der Kommission und nach Anhörung des Europäischen Parlaments beschlossen.

(2) Die in Absatz 1 vorgesehenen Vorschriften bezwecken insbesondere,

a) die Beachtung der in Artikel 101 Absatz 1 und Artikel 102 genannten Verbote durch die Einführung von Geldbußen und Zwangsgeldern zu gewährleisten;
b) die Einzelheiten der Anwendung des Artikels 101 Absatz 3 festzulegen; dabei ist dem Erfordernis einer wirksamen Überwachung bei möglichst einfacher Verwaltungskontrolle Rechnung zu tragen;
c) gegebenenfalls den Anwendungsbereich der Artikel 101 und 102 für die einzelnen Wirtschaftszweige näher zu bestimmen;
d) die Aufgaben der Kommission und des Gerichtshofs der Europäischen Union bei der Anwendung der in diesem Absatz vorgesehenen Vorschriften gegeneinander abzugrenzen;
e) das Verhältnis zwischen den innerstaatlichen Rechtsvorschriften einerseits und den in diesem Abschnitt enthaltenen oder aufgrund dieses Artikels getroffenen Bestimmungen andererseits festzulegen.

Literaturübersicht

Ackermann, Prävention als Paradigma: Zur Verteidigung eines effektiven kartellrechtlichen Sanktionssystems, ZWeR 2010, 329; *Albrecht*, Die neue Kronzeugenmitteilung der Europäischen Kommission in Kartellsachen, WRP 2007, 417; *v. Alemann*, Die Abänderung von Bußgeldentscheidungen der Kommission durch die Gemeinschaftsgerichte in Kartellsachen, EuZW 2006, 487; *Andreangeli*, Private Enforcement of the EU Competition Rules: The Commission Wishes to »Practise what it Preaches«…But Can it Do So? Comment on Otis, E.L.Rev. 39 (2014), 717; *Badtke/Lang*, Aktuelle Entwicklungen beim Akteneinsichtsrecht in Wettbewerbsverfahren, WuW 2016, 276; *Bartosch*, Von der Freistellung zur Legalausnahme: Der Vorschlag der EG-Kommission für eine »neue Verordnung Nr. 17«, EuZW 2001, 101; *Basedow*, Who will Protect Competition in Europe? – From Central Enforcement to Authority Networks and Private Litigation, EBOR 2001, 443; *Bechtold*, Modernisierung des EG-Wettbewerbsrechts: Der Verordnungs-Entwurf der Kommission zur Umsetzung des Weißbuchs, BB 2000, 2425; *Bechtold/Brinker/Bosch/Hirsbrunner*, EG-Kartellrecht – Kommentar, 2. Aufl., 2009; *Behrendt/v. Enzberg*, Auf dem Weg zur Class Action in Europa? – Die Empfehlung der Europäischen Kommission zum kollektiven Rechtsschutz in Europa, RIW 2014, 253; *Bernhard*, Schadensberechnung im Kartellzivilrecht vor und nach dem »Praktischen Leitfaden« der Europäischen Kommission, NZKart 2013, 488; *Bien*, Wozu brauchen wir die Richtlinie über private Kartellschadensersatzklagen noch?, NZKart 2013, 481; *Biermann*, Neubestimmung des deutschen und europäischen Kartellsanktionenrechts: Reformüberlegungen, Determinanten und Perspektiven einer Kriminalisierung von Verstößen gegen das Kartellrecht, ZWeR 2007, 1; *Bischke*, Deutsche Bahn/Kommission – Die Nachprüfungsbefugnisse der Europäischen Kommission nach Art. 20 VO 1/2003 auf dem Prüfstand der Gerichte in Luxemburg, NZKart 2013, 397; *Bitter*, Die Sanktion im Recht der Europäischen Union – Der Begriff und seine Funktion im europäischen Rechtsschutzsystem, 2011; *Böni*, Europäische Richtlinie zur privaten Kartellrechtsdurchsetzung – Maß aller Dinge für Privatgeschädigte?, EWS 2014, 324; *ders.*, Sammelklagen als Instrument der Kartellrechtsdurchsetzung – Gefährlich wird der Wolf im Rudel, EWS 2015, 130; *Brammer*, Concurrent jurisdiction under Regulation 1/2003 and the issue of case allocation, CMLRev. 42 (2005), 1383; *Brankin*, The first cases under the Commission's cartel settlement procedure: problems solved?, ECLR 32 (2011), 165; *Braun*, Der Systemwechsel im europäischen (und deutschen) Kartellrecht (VO 1/2003) – Vorschläge für die Unternehmenspraxis, in: Behrens/Braun/Nowak (Hrsg.), Europäisches Wettbewerbsrecht im Umbruch, 2004, S. 167; *Brei*, Due Process in EU antitrust proceedings – causa finita after Menarini?, ZWeR 2015, 34; *Brinker*, Der Effektivitätsgrundsatz und seine Grenzen – dargestellt am Beispiel des europäischen

Wettbewerbsrechtes, FS Schwarze, 2014, S. 536; *Brömmelmeyer,* Kollektiver Rechtsschutz im Kartellrecht – Sammelklagen auf Schadensersatz?, in: *ders.* (Hrsg.), Die EU-Sammelklage – Status und Perspektiven, 2013, S. 57; ders., Die Ermittlung des Kartellschadens nach der Richtlinie 2014/104/EU, NZKart 2016, 2; *Bruzzone/Boccaccio,* Taking Care of Modernisation After the Start-up: A View from a Member State, World Competition 31 (2008), 89; *Bueren,* Akteneinsicht Dritter im Vergleichsverfahren – Viel Wissen, viel Ärger?, ZWeR 2011, 74; *Bueren,* EU-Kartellbußgeldverfahren und EMRK: Aktuelle Implikationen aus der Rechtsprechung des EGMR – Zugleich Besprechung von EGMR, 27.10.2011, Menarini Diagnostics vs. Italy, EWS 2012, 363; *Busch/Sellin,* Vertrauen in die Vertraulichkeit – Kronzeugenverfahren in Europa auf der Probe, BB 2012, 1167; *Calisti/Haasbeek/Kubik,* The Directive on Antitrust Damages Actions: Towards a stronger competition culture in Europe, founded on the combined power of public and private enforcement of the EU competition rules, NZKart 2014, 466; *Cengiz,* Multi-level Governance in Competition Policy: the European Competition Network, E.L.Rev. 35 (2010), 660; *de Bronett,* Europäisches Kartellverfahrensrecht – Kommentar zur VO 1/2003, 2. Aufl., 2011; *ders.,* Plädoyer für eine Reform der Aufgabenverteilung zwischen der Kommission und dem Gerichtshof der EU bei der Anwendung der Art. 101 und 102 AEUV in Einzelfällen, ZWeR 2012, 157; *ders.,* Ein Vergleich zwischen Kartellgeldbußen gegen Unternehmen und »Pauschalbeträgen« gegen Mitgliedstaaten wegen Verstoß gegen EU-Recht – Ein Beitrag zur Reform des EU-Kartellrechts, ZWeR 2013, 38; *ders.,* Die Unwirksamkeit der Befugnis des Gerichtshofs der EU zu unbeschränkter Nachprüfung von Geldbußenbeschlüssen der Kommission in Kartellsachen (Teil I), EWS 2013, 449; *ders.,* Die Unwirksamkeit der Befugnis des Gerichtshofs der EU zu unbeschränkter Nachprüfung von Geldbußenbeschlüssen der Kommission in Kartellsachen (Teil II), EWS 2014, 5; *ders.,* Das formelle Verfahren der Kommission zwecks Zurückweisung von Antitrust-Beschwerden im Spannungsverhältnis zwischen Politik und Recht, WuW 2015, 26; *ders.,* Die zivilrechtliche Grundstruktur des gerichtlichen Schutzes gegen rechtswidrige Kartellgeldbußen der EU-Kommission – eine Blaupause für die Reform der Kartellverfahrensrechte der Mitgliedstaaten?, NZKart 2015, 512; *Dekeyser/Jaspers,* A New Era of ECN Cooperation – Achievements and Challenges with Special Focus on Work in the Leniency Field, World Competition 30 (2007), 3; *Deringer,* Stellungnahme zum Weißbuch der Europäischen Kommission über die Modernisierung der Vorschriften zur Anwendung der Art. 85 und 86 EG-Vertrag (Art. 81 und 82 EG), EuZW 2000, 5; *Deutlmoser,* Die Büchse der Pandora: Kollektiver Rechtsschutz in Europa, EuZW 2013, 652; *Dück/Eufinger/Schultes,* Das Spannungsverhältnis zwischen kartellrechtlicher Kronzeugenregelung und Akteneinsichtsanspruch nach § 406 e StPO, EuZW 2012, 418; *Dunne,* Courage and Compromise: The Directive on Antitrust Damages Actions, E.L.Rev. 40 (2015), 581; *Dworschak/Maritzen,* Einsicht – der erste Schritt zur Besserung? – Zur Akteneinsicht in Kronzeugendokumente nach dem Donau Chemie-Urteil des EuGH, WuW 2013, 829; *Engelsing,* Die Bußgeldleitlinien der Europäischen Kommission von 2006, WuW 2007, 470; *Fiedler,* Der aktuelle Richtlinienvorschlag der Kommission – der große Wurf für den kartellrechtlichen Schadensersatz?, BB 2013, 2179; *Fiedler/Huttenlauch,* Der Schutz von Kronzeugen- und Settlementerklärungen vor der Einsichtnahme durch Dritte nach dem Richtlinienvorschlag der Kommission, NZKart 2013, 350; *Fikentscher,* Das Unrecht einer Wettbewerbsbeschränkung: Kritik an Weißbuch und VO-Entwurf zu Art. 81, 82, EG-Vertrag, WuW 2001, 446; *Forrester,* A Challenge for Europe's Judges: The Review of Fines in Competition Cases, E.L.Rev. 36 (2011), 185; *Frenz,* Grundrechtlich geprägte Kontrolldichte im EU-Wettbewerbsrecht, EWS 2013, 123; *Frenz,* Dokumentenzugang vs. Kronzeugenregelung, EuZW 2013, 778; *Frenz,* Handbuch Europarecht, Band 2: Europäisches Kartellrecht, 2. Aufl., 2015; *Frenz/Bresges,* Kartellrecht: Vergleichsverfahren der Kommission, EWS 2012, 72; *Frenz/Lülsdorf,* Aktuelles Kartellverfahrensrecht, EWS 2013, 169; *Fuchs,* Kontrollierte Dezentralisierung der europäischen Wettbewerbsaufsicht, EuR-Beih. 2/2005, 77; *Geibel,* Die Richtlinie über die Haftung für Kartellrechtsverstöße: Förderung der Privatinitiative zur Durchsetzung des Rechts und Eckstein für ein Europäisches Schadensrecht?, FS Müller-Graff, 2015, S. 558; *Geiger,* Das Weißbuch der EG-Kommission zu Art. 81, 82 EG – Eine Reform, besser als ihr Ruf, EuZW 2000, 165; *Göttlinger,* Auskunftsrechte der Kommission im Recht der Europäischen Union, 2013; *Gröning,* Die dezentrale Anwendung des EG-Kartellrechts gemäß dem Vorschlag der Kommission zur Ersetzung der VO 17/62, WRP 2001, 83; *Guski,* Regelbildung als Entdeckungsverfahren – Kontrolldichte, Rechtsstaatlichkeit und Prozeduralität im EU-Kartellrecht, ZWeR 2012, 243; *Gussone/Michalczyk,* Der Austausch von Informationen im ECN – wer bekommt was wann zu sehen?, EuZW 2011, 130; *Gussone/Schreiber,* Private Kartellrechtsdurchsetzung – Rückenwind aus Europa? – Zum Richtlinienentwurf der Kommission für kartellrechtliche Schadensersatzklagen, WuW 2013, 1040; *Hauger/ Palzer,* Investigator, Prosecutor, Judge ... and Now Plaintiff? The Leviathanian Role of the European Commission in the Light of Fundamental Rights, World Competition 36 (2013), 565; *Hederström,* The Commission's legislative package on settlement procedures in cartel cases, in: Weiß (Hrsg.), Die

Rechtsstellung Betroffener im modernisierten EU-Kartellverfahren, 2010, S. 9; *Hempel*, War da nicht noch etwas? – Zum kollektiven Rechtsschutz im Kartellrecht, NZKart 2013, 494; *Hempel*, Einsicht in Kartellverfahrensakten nach der Transparenzverordnung – Neues aus Luxemburg, EuZW 2014, 297; *ders.*, Mehr Sorgfalt bei Auskunftsbeschlüssen im Kartellverfahren, EuZW 2016, 379; *Hensmann*, Die Ermittlungsrechte der Kommission im europäischen Kartellverfahren – Reichweite und Grenzen, 2009; *Hirsbrunner*, Settlements in EU-Kartellverfahren – Kritische Anmerkungen nach den ersten Anwendungsfällen, EuZW 2011, 12; *Hirsch*, Anwendung der Kartellverfahrensordnung (EG) Nr. 1/2003 durch nationale Gerichte, ZWeR 2003, 233; *Hirsch/Montag/Säcker* (Hrsg.), Münchener Kommentar zum Europäischen und Deutschen Wettbewerbsrecht (Kartellrecht), Band 1: Europäisches Wettbewerbsrecht, 2007; *Holmes*, The EC White Paper on Modernisation, World Competition 23 (2000), 51; *Horányi*, The European Commission's Settlement Procedure for Cartel Cases – Costs and Benefits, ZEuS 2008, 663; *Hossenfelder*, Thesen zu den Folgen der neuen VO 1/2003 für das Bundeskartellamt und das GWB, in: Behrens/Braun/Nowak (Hrsg.), Europäisches Wettbewerbsrecht im Umbruch, 2004, S. 251; *Hossenfelder*, Verwaltungskooperation im Netzwerk der Europäischen Wettbewerbsbehörden (ECN), in: Terhechte (Hrsg.), Internationales Kartell- und Fusionskontrollverfahrensrecht, 2008, § 84; *Hossenfelder/Lutz*, Die neue Durchführungsverordnung zu den Artikeln 81 und 82 EG-Vertrag, WuW 2003, 118; *Hummer/Leitner*, Was der EuGH in der Rs. Donau Chemie verabsäumt hat …, ÖZK 2013, 147; *Idot*, How has Regulation 1/2003 affected the Role and Work of National Competition Authorities? – The French Example, NZKart 2014, 12; *Immenga*, Eine Wende in der gemeinschaftsrechtlichen Kartellpolitik?, EuZW 1999, 609; *Immenga/Mestmäcker* (Hrsg.), Wettbewerbsrecht – Kommentar zum Europäischen Kartellrecht, Bd. 1 (Teil 1 u. Teil 2), 5. Aufl., 2012 (2014: Nachtrag betr. Art. 103–105 AEUV); *Jaeger*, Die möglichen Auswirkungen einer Reform des EG-Wettbewerbsrechts für die nationalen Gerichte, WuW 2000, 1062; *Jungheim*, Zusammenarbeit im ECN und die Rechte der Unternehmen, EWS 2013, 305; *Kellerbauer*, Das neue Mandat des Anhörungsbeauftragten für EU-Wettbewerbsverfahren, EuZW 2013, 10; *Kellerbauer*, Limits on EU antitrust investigative measures under recent case-law: tiptoeing between proportionality and effectiveness, EuZW 2014, 407; *Kerse/Khan*, EU-Antitrust Procedure, 6. Aufl., 2012; *Kersting*, Die neue Richtlinie zur privaten Rechtsdurchsetzung im Kartellrecht, WuW 2014, 564; *Keßler*, Die europäische Richtlinie über Schadensersatz im Wettbewerbsrecht – Cui bono?, VuR 2015, 83; *Kingston*, A »new division of responsibilities« in the proposed regulation to modernise the rules implementing Articles 81 and 82 E. C.? – A warning call, ECLR 2001, 340; *Klees*, Europäisches Kartellverfahrensrecht – mit Fusionskontrollverfahren, 2005; *Koch*, Rechtsdurchsetzung im Kartellrecht: Public vs. private enforcement – Auf dem Weg zu einem level playing field?, JZ 2013, 390; *ders.*, Europäischer kollektiver Rechtsschutz vs. amerikanische ›class action‹: Die gebändigte Sammelklage in Europa?, WuW 2013, 1059; *Koenigs*, Die VO Nr. 1/2003: Wende im EG-Kartellrecht, DB 2003, 755; *Körber*, Europäisches Kartellverfahren in der rechtspolitischen Kritik, in: ZEW (Hrsg.), Vorträge und Berichte Nr. 204, 2013, S. 1; *Köster*, Das Kartellvergleichsverfahren der Europäischen Kommission, EuZW 2015, 575; *Kreße*, Der Zugang Kartellgeschädigter zu Verfahrensdokumenten der Europäischen Kommission als Wettbewerbsbehörde, WRP 2016, 567; *Krüger*, Die haftungsrechtliche Privilegierung des Kronzeugen im Außen- und Innenverhältnis gemäß dem Richtlinienvorschlag der Kommission, NZKart 2013, 483; *Lampert/Niejahr/Kübler/Weidenbach*, EG-KartellVO – Praxiskommentar zur Verordnung (EG) Nr. 1/2003, 2004; *Langen/Bunte* (Hrsg.), Kommentar zum deutschen und europäischen Kartellrecht, Bd. 2: Europäisches Kartellrecht, 11. Aufl., 2010; *Lenaerts*, Due process in competition cases, NZKart 2013, 175; *Leopold*, Rechtsprobleme der Zusammenarbeit im Netzwerk der Wettbewerbsbehörden nach der Verordnung (EG) Nr. 1/2003, 2006; *Lettl*, Kartellschadensersatz nach der Richtlinie 2014/104/EU und deutsches Recht, WRP 2015, 537; *Loewenheim/Meessen/Riesenkampff* (Hrsg.), Kartellrecht (Europäisches und Deutsches Recht) – Kommentar, 3. Aufl., 2016; *Mäger* (Hrsg.), Europäisches Kartellrecht, 2. Aufl., 2011; *Mäger/Zimmer/Milde*, Chance vertan? – Zur Akteneinsicht in Kartellakten nach dem Pfleiderer-Urteil des EuGH, WuW 2011, 935; *Mäsch* (Hrsg.), Praxiskommentar zum deutschen und europäischen Kartellrecht, 2010; *Makatsch/Mir*, Die neue EU-Richtlinie zu Kartellschadensersatzklagen – Angst vor der eigenen »Courage«?, EuZW 2015, 7; *Maritzen/Pauer*, Der Kronzeuge in Österreich im Spannungsfeld von Public und Private Enforcement?, WRP 2013, 1151; *Mederer*, Richtlinienvorschlag über Schadensersatzklagen im Bereich des Wettbewerbsrechts, EuZW 2013, 847; *Mestmäcker*, Versuch einer kartellpolitischen Wende in der EU – Zum Weißbuch der Kommission über die Modernisierung der Vorschriften zur Anwendung der Art. 85 und 86 EGV a. F. (Art. 81 und 82 EG n. F.), EuZW 1999, 523; *Meyer/Kuhn*, Befugnisse und Grenzen kartellrechtlicher Durchsuchungen nach VO Nr. 1/2003 und nationalem Recht, WuW 2004, 880; *Möschel*, Systemwechsel im Europäischen Wettbewerbsrecht?, JZ 2000, 61; *Möschel*, Geldbußen im europäischen Kartellrecht, DB 2010, 2377; *Montag*, The Case for a Radical Reform of the Infringement Procedure under

Regulation 17, ECLR 1996, 428; *Montag/Rosenfeld*, A Solution to the Problems? – Regulation 1/2003 and the modernizing of competition procedure, ZWeR 2003, 107; *Müller-Graff*, Das verschleierte Antlitz der Lissabonner Wirtschaftsverfassung, ZHR 173 (2009), 443; *ders.*, Das wirtschaftsverfassungsrechtliche Profil der EU nach Lissabon, in: Fastenrath/Nowak (Hrsg.), Der Lissabonner Reformvertrag – Änderungsimpulse in einzelnen Rechts- und Politikbereichen, 2009, S. 173; *Nascimbene*, Fair Trial and the Rights of the Defence in Antitrust Proceedings before the Commission: A Need for Reform?, E. L.Rev. 38 (2013), 573; *Navarro/Font/Folguera/Briones*, Merger Control in the European Union – Law, Economics and Practice, 2002; *Nazzini*, Judicial Review after KME: An Even Stronger Case for the Reform That Will Never Be, E. L.Rev. 40 (2015), 490; *Nehl*, Nachprüfungsbefugnisse der Kommission aus gemeinschaftsverfassungsrechtlicher Perspektive, in: Behrens/Braun/Nowak (Hrsg.), Europäisches Wettbewerbsrecht im Umbruch, 2004, S. 73; *Nehl*, Kontrolle kartellrechtlicher Sanktionsentscheidungen der Kommission durch die Unionsgerichte, in: Immenga/Körber (Hrsg.), Die Kommission zwischen Gestaltungsmacht und Rechtsbindung, 2012, S. 113; *Nöhmer*, Das Recht auf Anhörung im europäischen Verwaltungsverfahren, 2013; *Nothdurft*, Zusammenarbeit zwischen EG-Kommission und nationalen Gerichten, in: Weiß (Hrsg.), Die Rechtsstellung Betroffener im modernisierten EU-Kartellverfahren, 2010, S. 143; *Nowak*, Grundrechtsschutz im Europäischen Wettbewerbsrecht, in: Behrens/Braun/Nowak (Hrsg.), Europäisches Wettbewerbsrecht im Umbruch, 2004, S. 23; *ders.*, Rechtsschutz von Beschwerdeführern im Europäischen Wettbewerbsrecht, in: Behrens/Braun/Nowak (Hrsg.), Europäisches Wettbewerbsrecht nach der Reform, 2006, S. 165; *ders.*, Grundrechte im europäischen Konstitutionalisierungsprozess – zugleich ein Beitrag zum Spannungsverhältnis zwischen dem Grundsatz der Verwaltungseffektivität und effektivem Grundrechtsschutz bei kartellverfahrensrechtlichen Nachprüfungen, in: Bruha/Nowak (Hrsg.), Die Europäische Union: Innere Verfasstheit und globale Handlungsfähigkeit, 2006, S. 107; *ders.*, Binnenmarktziel und Wirtschaftsverfassung der Europäischen Union vor und nach dem Reformvertrag von Lissabon, EuR-Beih. 1/2009, 129; *ders.*, Wettbewerb und soziale Marktwirtschaft in den Regeln des Lissabonner Reformvertrags, EuR Beih. 2/2011, 21; *ders.*, Europarecht und Europäisierung in den Jahren 2009–2011 (Teil 2), DVBl 2012, 861; *ders.*, Richtlinienvorschlag der Europäischen Kommission zur Stärkung der privaten Kartellrechtsdurchsetzung sowie zur Optimierung der Interaktion zwischen behördlicher und privater Durchsetzung des EU-Kartellrechts, ZVertriebsR 2013, 376; *Oelke*, Das Europäische Wettbewerbsnetz – Die Zusammenarbeit von Kommission und nationalen Wettbewerbsbehörden nach der Reform des Europäischen Kartellverfahrensrechts, 2006; *Palzer*, Stolperstein für die Kommission? Die Kronzeugenregelung auf dem Prüfstand der Transparenz-VO – Zugleich Besprechung der Urteile des EuG vom 15. Dezember 2011, Rs. T–437/08 (CDC/Kommission) und vom 22. Mai 2012, Rs. T–344/08 (EnBW/Kommission), EuR 2012, 583; *Palzer*, Unvereinbarkeit der österreichischen Regelung zur Akteneinsicht Kartellgeschädigter mit EU-Recht, NZKart 2013, 324; *Palzer/Preisendanz*, Drum prüfe, wer sich offenbare... – EuGH »Pfleiderer«, EWS 2011, 365; *Pauer*, Anmerkung zur Donau Chemie Entscheidung des EuGH (Rs C–536/11), ÖZK 2013, 151; *Paulus*, Grundrechtecharta und Private Enforcement: Ist die Stellung der Europäischen Kommission als »Entscheidungsbehörde« in Kartellrechtssachen mit jener des Klägers im nachfolgenden Zivilprozess unter dem Blickwinkel eines fairen Verfahrens vereinbar?, ÖZK 2012, 231; *Paulweber*, The End of a Success Story? – The European Commission's White Paper on the Modernisation of the European Competition Law, World Competition 23 (2000), 3; *Paulweber/Kögel*, Das europäische Wettbewerbsrecht am Scheideweg, AG 1999, 500; *Pohlmann*, Verjährung nach der EU-Richtlinie 2014/104/EU zum Kartellschadensersatz, WRP 2015, 546; *Polley/Heinz*, Settlements bei der Europäischen Kommission und beim Bundeskartellamt – ein Praxisvergleich, WuW 2012, 14; *Polster/Hammerschmid*, Aktenzugang im österreichischen Kartellverfahren nach der Entscheidung Donau Chemie, ÖZK 2013, 140; *Polzin*, Die Erhöhung von Kartellbußgeldern durch den Unionsrichter, WuW 2011, 454; *Raue*, Die verschränkte Anwendung und Durchsetzung europäischen und nationalen Wettbewerbsrechts, WRP 2012, 1478; *ders.*, Richter und Kläger? – Die Doppelrolle der Europäischen Kommission bei der Durchsetzung europäischen Wettbewerbsrechts, WRP 2013, 147; *Reichert/Walther*, Die besonderen Regelungen für Kronzeugen im Rahmen der Richtlinie 2014/104/EU, GPR 2015, 120; *Reinalter*, Die Grenzen der Ermittlungsbefugnisse der Europäischen Kommission im Kartellverfahren, ZEuS 2009, 53; *Richter*, The Settlement Procedure for Cartel Cases – A Useful Tool in Practice?, ZEuS 2012, 525; *ders.*, Akteneinsicht in Kartellrechtssachen: Abwägung widerstreitender Interessen durch Gesetzgeber oder Richter?, ZfRV 2013, 196; *Röhrig*, Zum Stand des Grundrechtsschutzes bei kartellrechtlichen Ermittlungen der Kommission – Überlegungen zu EuG, Urt. v. 6. 9. 2013, verb. Rs. T–289/11, T–290/11 und T–521/11 – Deutsche Bahn AG u. a. / Kommission, WuW 2014, 814; *Roth*, Sammelklagen im Bereich des Kartellrechts, in: Casper/Janssen/Pohlmann/Schulze (Hrsg.), Auf dem Weg zu einer europäischen Sammelklage?, 2009, S. 109; *ders.*, Privatrechtliche Kartellrechtsdurchsetzung zwischen primärem und sekundärem Unionsrecht, ZHR 179 (2015), 668; *Schaub/Dohms*, Das Weißbuch der Europäischen Kommission über die Modernisierung der Vorschriften zur Anwendung der Artikel 81 und 82 EG-Vertrag, WuW 1999, 1055; *Schmidt*, Umdenken im Kartellverfahrensrecht! – Gedanken zur Europäischen VO Nr. 1/2003, BB 2003, 1237; *Schmidt*, Die Befugnis des Gemeinschaftsrichters zu unbeschränkter Ermessensnachprüfung – Die »pleine juridiction« im europäischen Gemeinschaftsrecht unter besonderer Berücksichtigung des Bußgeldverfahrens im Kartellrecht, 2004; *Schröter/Jakob/Mederer* (Hrsg.), Kommentar zum Europäischen Wettbewerbsrecht, 2003; *Schröter/Jakob/Klotz/Mederer* (Hrsg.), Europäisches Wettbewerbsrecht – Großkommentar, 2. Aufl., 2014; *Schwarze*, Rechtsstaatliche Grenzen der gesetzlichen und richterlichen Qualifikation von Verwaltungssanktionen im europäischen Gemeinschaftsrecht, EuZ 2003, 261; *Schwarze*, Europäische Kartellbußgelder im Lichte übergeordneter Vertrags- und Verfassungsgrundsätze, EuR 2009, 171; *Schwarze*, Rechtsstaatliche Defizite des europäischen Kartellbußgeldverfahrens, WuW 2009, 6; *Schwarze/Weitbrecht*, Grundzüge des europäischen Kartellverfahrensrechts – Die Verordnung (EG) Nr. 1/2003, 2004; *Schweitzer*, Die neue Richtlinie für wettbewerbsrechtliche Schadensersatzklagen, NZKart 2014, 335; *Schwenke*, Die Richtlinie für private Kartellschadensersatzklagen und der Gesamtschuldnerausgleich: Wie kann Art. 11 V ins deutsche Recht umgesetzt werden?, NZKart 2015, 383; *Seitz*, Die Kartellverfahrensverordnung 1/2003 im »Freilandversuch« der Praxis – Einige Forschungsergebnisse zu Versuchszwecken, Wildwuchs und Resistenzen im europäischen Kartellverfahrensrecht, EuR-Beih. 2/2011, 71; *Seitz*, Neue Wege zu effektivem Rechtsschutz in der EU, EuZW 2013, 561; *Seitz/Berg/Lohrberg*, »Dawn Raids« im europäischen Kartellverfahren – Anforderungen an Erforderlichkeit und Bestimmtheit von Nachprüfungsentscheidungen, WuW 2007, 716; *Sirakova*, Impediments to the private enforcement of competition law in Europe – The Brussels Commercial Court's decision European Union v Otis et al, NZKart 2015, 466; *Soltész*, Due Process, Gesetzesvorbehalt und richterliche Kontrolle im Europäischen Kartellbußgeldverfahren, WuW 2012, 141; *Soyez*, Die Bußgeldleitlinien der Kommission – mehr Fragen als Antworten, EuZW 2007, 596; *Stauber/Schaper*, Die Kartellschadensersatzrichtlinie – Handlungsbedarf für den deutschen Gesetzgeber?, NZKart 2014, 346; *Steinle*, Kartellschadensersatzrichtlinie – Auf dem Weg zum Sanktions-Overkill?, EuZW 2014, 481; *Sünner*, Das Verfahren zur Festsetzung von Geldbußen nach Art. 23 II Buchst. a der Kartellverfahrensordnung (VerfVO), EuZW 2007, 8; *Terhechte*, Das Internationale Kartell- und Fusionskontrollverfahrensrecht zwischen Kooperation und Konvergenz, ZaöRV 2008, 689; *Terhechte*, Wandlungen der europäischen Wettbewerbsverfassung – Die Rolle des Vertrags von Lissabon und die Auswirkungen der globalen Wirtschaftskrise, in: Fastenrath/Nowak (Hrsg.), Der Lissabonner Reformvertrag – Änderungsimpulse in einzelnen Rechts- und Politikbereichen, 2009, S. 187; *Thalhammer/Wartinger*, Die Möglichkeit zur Akteneinsicht in kartellgerichtliche Verfahrensakten im Spannungsverhältnis zwischen Public und Private Enforcement, ÖZK 2013, 143; *Träbert*, Sanktionen der Europäischen Union gegen ihre Mitgliedstaaten – Die Sanktionsverfahren nach Art. 228 Abs. 2 EGV und Art. 7 EUV, 2010; *Urlesberger/Ditz*, EuGH kippt österreichische Regelung über die Akteneinsicht im Kartellverfahren, ÖZK 2013, 135; *Vocke*, Die Ermittlungsbefugnisse der EG-Kommission im kartellrechtlichen Voruntersuchungsverfahren – Eine Untersuchung zur Auslegung der Ermittlungsrechte im Spannungsfeld zwischen öffentlichen und Individualinteressen, 2006; *Völcker*, Rough justice? An analysis of the European Commission's new fining guidelines, CMLRev. 44 (2007), 1285; *Vollrath*, Das Maßnahmenpaket der Kommission zum wettbewerbsrechtlichen Schadensersatzrecht, NZKart 2013, 434; *Weiß*, Grundrechtsschutz im EG-Kartellrecht nach der Verfahrensnovelle, EuZW 2006, 263; *Weiß*, EU-Kartellverfahren und Grundrechte: Neues aus Lissabon, ÖZK 2010, 12; *Weitbrecht*, Das neue EG-Kartellverfahrensrecht, EuZW 2003, 69; *Wessing*, Akteneinsicht im Kartellrecht – Der Aspekt des Vertrauens- und Geheimnisschutzes, WuW 2015, 220; *Wiesner*, Das European Competition Network und nationales Verfahrensrecht – zugleich ein Beitrag zur Fallverteilung im Netzwerk, in: Weiß (Hrsg.), Die Rechtsstellung Betroffener im modernisierten EU-Kartellverfahren, 2010, S. 135; *Wils*, Ten Years of Regulation 1/2003 – A Retrospective, NZKart 2014, 2; *Wilks*, Agencies, Networks, Discourses and the Trajectory of European Competition Enforcement, European Competition Journal 2007, 437; *Wils*, The Increased Level of EU Antitrust Fines, Judicial Review and the ECHR, World Competition 33 (2010), 5; *Wißmann*, Decentralised Enforcement of EC Competition Law and the New Policy on Cartels, World Competition 23 (2000), 123; *Wurmnest*, Private Durchsetzung des EG-Kartellrechts nach der Reform der VO Nr. 17, in: Behrens/Braun/Nowak (Hrsg.), Europäisches Wettbewerbsrecht im Umbruch, 2004, S. 213; *Yomere*, Die Entscheidung im Verfahren EnBW zum Recht von Schadensersatzklägern auf Akteneinsicht in Verfahrensakten der Kommission, WuW 2013, 34.

Leitentscheidungen

EuGH, Urt. v. 3.6.1964, Rs. 6/64 (Costa/E.N.E.L.), Slg. 1964, 1251
EuGH, Urt. v. 13.2.1969, Rs. 14/68 (Walt Wilhelm u.a./BKartA), Slg. 1969, 1
EuGH, Urt. v. 30.1.1974, Rs. 127/73 (BRT/SABAM), Slg. 1974, 51
EuGH, Urt. v. 10.7.1980, verb. Rs. 253/78 u. 1–3/79(Procureur de la République), Slg. 1980, 2327
EuGH, Urt. v. 30.4.1986, verb. Rs. 209–213/84 (Asjes), Slg. 1986, 1425
EuGH, Urt. v. 27.1.1987, Rs. 45/85 (Verband der Sachversicherer/Kommission), Slg. 1987, 405
EuGH, Urt. v. 28.2.1991, Rs. C–234/89 (Delimitis/Henninger Bräu), Slg. 1991, I–935
EuGH, Urt. v. 18.3.1997, Rs. C–282/95 P (Guérin automobiles/Kommission), Slg. 1997, I–1503
EuGH, Urt. v. 28.5.1998, Rs. C–7/95 P (Deere/Kommission), Slg. 1998, I–3111
EuGH, Urt. v. 20.9.2001, Rs. C–453/99 (Courage/Crehan), Slg. 2001, I–6297
EuGH, Urt. v. 29.6.2006, Rs. C–289/04 P (Showa Denko/Kommission), Slg. 2006, I–5859
EuGH, Urt. v. 13.7.2006, verb. Rs. C–295/04 bis C–298/04 (Manfredi u.a.), Slg. 2006, I–6619
EuG, Urt. v. 27.9.2006, Rs. T–43/02 (Jungbunzlauer/Kommission), Slg. 2006, II–3435
EuGH, Urt. v. 10.5.2007, Rs. C–328/05 P (SGL Carbon/Kommission), Slg. 2007, I–3921
EuG, Urt. v. 8.10.2008, Rs. T–69/04 (Schunk u.a./Kommission), Slg. 2008, II–2567
EuGH, Urt. v. 3.5.2011, Rs. C–375/09 (Tele2 Polska), Slg. 2011, I–3055
EuGH, Urt. v. 14.6.2011, Rs. C–360/09 (Pfleiderer), Slg. 2011, I–5161
EuGH, Urt. v. 8.12.2011, Rs. C–389/10 P (KME Germany u.a./Kommission), Slg. 2011, I–12789
EuGH, Urt. v. 8.12.2011, Rs. C–386/10 P (Chalkor/Kommission), Slg. 2011, I–13085
EuGH, Urt. v. 6.11.2012, Rs. C–199/11 (EG/Otis u.a.), EuZW 2013, 24
EuGH, Urt. v. 6.6.2013, Rs. C–536/11 (Donau Chemie), EuZW 2013, 586
EuGH, Urt. v. 18.7.2013, Rs. C–501/11 P (Schindler Holding u.a./Kommission), NZKart 2013, 334
EuG, Urt. v. 6.9.2013, verb. Rs. T–289/11, T–290/11 u. T–521/11 (Deutsche Bahn/Kommission), NZKart 2013, 407
EuG, Urt. v. 16.9.2013, Rs. T–364/10 (Duravit u.a./Kommission), NZKart 2013, 412
EuGH, Urt. v. 24.10.2013, Rs. C–510/11 P (Kone u.a./Kommission), NZKart 2013, 503
EuGH, Urt. v. 19.12.2013, verb. Rs. C–239/11 P, C–489/11 P u. C–498/11 P (Siemens AG u.a./Kommission), NZKart 2014, 59
EuG, Urt. v. 27.3.2014, Rs. T–56/09 u. T–73/09 (Saint-Gobain Glass France u.a./Kommission), ECLI:EU:T:2014:160
EuG, Urt. v. 20.5.2015, Rs. T–456/10 (Timab Industries u.a./Kommission), ECLI:EU:T:2015:296
EuGH, Urt. v. 20.1.2016, Rs. C–428/14 (DHL Express u.a.), ECLI:EU:C:2016:27

Wesentliche sekundärrechtliche Vorschriften

Verordnung (EWG) Nr. 17/62 des Rates vom 6.2.1962 – Erste Durchführungsverordnung zu den Artikeln 85 und 86 des [EWG-]Vertrags, ABl. 1962, 13/204
Verordnung (EWG) Nr. 19/65 Rates vom 2.3.1965 über die Anwendung von Artikel 85 Absatz 3 des Vertrages auf Gruppen von Vereinbarungen und aufeinander abgestimmten Verhaltensweisen, ABl. 1965, L 36/533
Verordnung (EWG) Nr. 1017/68 des Rates vom 19.7.1968 über die Anwendung von Wettbewerbsregeln auf dem Gebiet des Eisenbahn-, Straßen- und Binnenschiffsverkehrs, ABl. 1968, L 175/1
Verordnung (EWG) Nr. 2821/71 des Rates vom 20.12.1971 über die Anwendung von Artikel 85 Absatz 3 des Vertrages auf Gruppen von Vereinbarungen, Beschlüssen und aufeinander abgestimmten Verhaltensweisen, ABl. 1971, L 285/46
Verordnung (EWG) Nr. 4056/86 des Rates vom 22.12.1986 über die Einzelheiten der Anwendung der Artikel 85 und 86 des Vertrages auf den Seeverkehr, ABl. 1986, L 378/4
Verordnung (EWG) Nr. 3975/87 des Rates vom 14.12.1987 über die Einzelheiten der Anwendung der Wettbewerbsregeln auf Luftfahrtunternehmen, ABl. 1987, L 374/1
Verordnung (EWG) Nr. 3976/87 des Rates vom 14.12.1987 zur Anwendung von Artikel 85 Absatz 3 des Vertrages auf bestimmte Gruppen von Vereinbarungen und aufeinander abgestimmten Verhaltensweisen im Luftverkehr, ABl. 1987, L 374/9
Verordnung (EWG) Nr. 4064/1989 des Rates vom 21.12.1989 über die Kontrolle von Unternehmenszusammenschlüssen, ABl. 1989, L 395/1
Verordnung (EWG) Nr. 1534/91 des Rates vom 31.5.1991 über die Anwendung von Artikel 85 Absatz 3 des Vertrages auf bestimmte Gruppen von Vereinbarungen, Beschlüssen und aufeinander abgestimmten Verhaltensweisen im Bereich der Versicherungswirtschaft, ABl. 1991, L 143/1

Verordnung (EWG) Nr. 479/92 des Rates vom 25. 2.1992 über die Anwendung von Artikel 85 Absatz 3 des Vertrages auf bestimmte Gruppen von Vereinbarungen, Beschlüssen und aufeinander abgestimmten Verhaltensweisen zwischen Seeschifffahrtsunternehmen (Konsortien), ABl. 1992, L 55/3
Verordnung (EG) Nr. 1/2003 des Rates vom 16.12. 2002 zur Durchführung der in den Artikeln 81 und 82 des Vertrags niedergelegten Wettbewerbsregeln, ABl. 2003, L 1/1
Verordnung (EG) Nr. 139/2004 des Rates vom 20.1. 2004 über die Kontrolle von Unternehmenszusammenschlüssen (»EG-Fusionskontrollverordnung«), ABl. 2004, L 24/1
Verordnung (EG) Nr. 411/2004 des Rates vom 26.2.2004 zur Aufhebung der Verordnung (EWG) Nr. 3975/87 und zur Änderung der Verordnung (EWG) Nr. 3976/87 sowie der Verordnung (EG) Nr. 1/2003 hinsichtlich des Luftverkehrs zwischen der Gemeinschaft und Drittländern, ABl. 2004, L 68/1
Verordnung (EG) Nr. 773/2004 der Kommission vom 7.4. 2004 über die Durchführung von Verfahren auf der Grundlage der Artikel 81 und 82 EG-Vertrag durch die Kommission, ABl. 2004, L 123/18
Verordnung (EG) Nr. 802/2004 der Kommission vom 7.4. 2004 zur Durchführung der VO (EG) Nr. 139/2004 des Rates über die Kontrolle von Unternehmenszusammenschlüssen, ABl. 2004, L 133/1
Verordnung (EG) Nr. 1419/2006 des Rates vom 25.9. 2006 zur Aufhebung der Verordnung (EWG) Nr. 4056/86 über die Einzelheiten der Anwendung der Artikel 85 und 86 des Vertrags auf den Seeverkehr und zur Ausweitung des Anwendungsbereichs der Verordnung (EG) Nr. 1/2003 auf Kabotage und internationale Trampdienste, ABl. 2006, L 269/1
Verordnung (EG) Nr. 622/2008 der Kommission vom 30.6. 2008 zur Änderung der Verordnung (EG) Nr. 773/2004 hinsichtlich der Durchführung von Vergleichsverfahren in Kartellfällen, ABl. 2008, L 171/3;
Vorschlag der Europäischen Kommission vom 11.6.2013 für eine Richtlinie des Europäischen Parlaments und des Rates über bestimmte Vorschriften für Schadensersatzklagen nach einzelstaatlichem Recht wegen Zuwiderhandlungen gegen wettbewerbsrechtliche Bestimmungen der Mitgliedstaaten und der Europäischen Union, COM(2013) 404 final
Richtlinie 2014/104/EU des Europäischen Parlaments und des Rates vom 26. 11. 2014 über bestimmte Vorschriften für Schadensersatzklagen nach nationalem Recht wegen Zuwiderhandlungen gegen wettbewerbsrechtliche Bestimmungen der Mitgliedstaaten und der Europäischen Union, ABl. 2014, L 349/1

Inhaltsübersicht

	Rn.
A. Überblick	1
B. Ermächtigung und Verpflichtung des Unionsgesetzgebers zum Erlass zweckdienlicher Durchführungsvorschriften (Art. 103 Abs. 1 AEUV)	4
I. Inhalt und Reichweite der Ermächtigung	5
1. Verwirklichung der in den Art. 101 und 102 AEUV niedergelegten Grundsätze	6
2. Zweckdienlichkeit des vom Unionsgesetzgeber ausgewählten Regelungsinstruments	9
3. Das unionsverfassungsrechtliche Subsidiaritätsprinzip	10
II. Ermessen des Unionsgesetzgebers	12
1. Verordnungen oder Richtlinien	13
2. Zweckdienlichkeit	14
III. Verpflichtung zum Erlass von Durchführungsvorschriften	15
IV. Verfahren zum Erlass von Durchführungsvorschriften	16
1. Initiativmonopol der Kommission	17
2. Anhörung des Europäischen Parlaments	19
3. Exklusive Rechtsetzungszuständigkeit des Rates und Beschlussfassung	21
C. Zulässige Regelungsgegenstände und Inhalte zweckdienlicher Durchführungsvorschriften nach Art. 103 Abs. 2 AEUV	24
I. Geldbußen und Zwangsgelder	25
II. Freistellungen vom Kartellverbot	28
III. Spezielle Anwendungsregelungen für einzelne Wirtschaftszweige	30
IV. Abgrenzung der Aufgaben zwischen der Kommission und dem Gerichtshof der EU	31
V. Festlegung des Verhältnisses zwischen innerstaatlichen Rechtsvorschriften und dem unternehmensbezogenen EU-Wettbewerbsrecht	35

VI. Nicht abschließender Charakter des in Art. 103 Abs. 2 AEUV enthaltenen
   Beispielkatalogs und sonstige zweckdienliche Regelungsgegenstände 36
D. Verhältnis zu anderen vertraglichen Rechtsetzungsermächtigungen 40
   I. Erlass von Gruppenfreistellungsverordnungen durch die Kommission nach
      Art. 105 Abs. 3 AEUV 41
   II. Rechtsetzungsbefugnis der Kommission nach Art. 106 Abs. 3 AEUV 42
   III. Binnenmarktbezogene Rechtsangleichung nach Art. 114 und 115 AEUV 43
   IV. Rechtsetzungsbefugnis des Unionsgesetzgebers nach Art. 352 AEUV 44

A. Überblick

1   Art. 103 AEUV stellt im Rahmen des VII. (Vertrags-)Titels die dritte Einzelbestimmung des zum ersten Kapitel dieses Titels gehörenden ersten Abschnitts dar, in dem sich die primärrechtlichen (Wettbewerbs-)Vorschriften für Unternehmen (Art. 101–106 AEUV) befinden. Diese aus zwei Absätzen bestehende Einzelbestimmung bildet eine dem Unionsgesetzgeber zum Zwecke der Verwirklichung der in den Art. 101 und 102 AEUV niedergelegten Grundsätze eingeräumte Ermächtigungs- bzw. **Kompetenzgrundlage für den Erlass zweckdienlicher Sekundärrechtsakte**, mit denen die in Art. 104 AEUV und Art. 105 AEUV enthaltenen Zuständigkeits- und Verfahrensregelungen teils ergänzt und größtenteils verdrängt werden (s. Art. 104 AEUV, Rn. 1 ff.; Art. 105 AEUV, Rn. 1 ff.). Da die auf der Grundlage des Art. 103 AEUV vom Unionsgesetzgeber zu erlassenden Sekundärrechtsakte in ihrer Gesamtheit den durch die unternehmensbezogenen Wettbewerbsregeln des Vertrags über die Arbeitsweise der EU (Art. 101–106 AEUV) nur anteilig ausgebildeten und durch zahlreiche wettbewerbsrechtsspezifische Bekanntmachungen, Mitteilungen und Leitlinien der Kommission flankierten Korpus des EU-Kartellrechts weiter ausbauen und näher konturieren, stellt Art. 103 AEUV ein ungemein wichtiges **Element des unionsrechtlichen Systems unverfälschten Wettbewerbs** dar, dessen Errichtung und Aufrechterhaltung zu den grundlegenden Verfassungszielen der Union gehört.[1]

2   Art. 103 AEUV stimmt inhaltsgleich und auch nahezu wortgleich nicht nur mit Art. III–163 des »gescheiterten« Vertrags über eine Verfassung für Europa aus dem Jahre 2004 (s. Art. 1 EUV, Rn. 28 ff.), sondern auch mit der Vorgängerbestimmung des durch den Vertrag von Nizza (s. Art. 1 EUV, Rn. 26) unverändert gebliebenen Art. 83 EGV überein, der durch den vorangegangenen Vertrag von Amsterdam (s. Art. 1 EUV, Rn. 25) eine vom früheren Art. 87 EWGV etwas abweichende Fassung insoweit erhalten hat, als das ursprünglich für eine Anfangszeit von drei Jahren nach Inkrafttreten des damaligen EWG-Vertrags (s. Art. 1 EUV, Rn. 18) vorgesehene Erfordernis einer einstimmigen Beschlussfassung im Rat gestrichen wurde. Der **Lissabonner Reformvertrag** (s. Art. 1 EUV, Rn. 33 ff.) hat zwar dazu geführt, dass Art. 103 AEUV in zweifacher Hinsicht von der Vorgängerbestimmung des Art. 83 EGV abweicht; die beiden hier in Rede stehenden Abweichungen sind jedoch von untergeordneter Bedeutung: Die erste Abweichung manifestiert sich darin, dass Art. 103 AEUV an verschiedenen Stellen in

---

[1] Zur normativen Grundlage dieses Systems vgl. Art. 3 Abs. 3 Satz 1 EUV i. V. m. dem (Vertrags-)Protokoll Nr. 27 über den Binnenmarkt und den Wettbewerb, ABl. 2012, C 326/309; zur Einordnung dieses Systems als ein grundlegendes Verfassungsziel der EU vgl. etwa EuGH, Urt. v. 29. 6. 2006, Rs. C–289/04 P (Showa Denko/Kommission), Slg. 2006, I–5859, Rn. 55; EuGH, Urt. v. 10. 5. 2007, Rs. C–328/05 P (SGL Carbon/Kommission), Slg. 2007, I–3921, Rn. 27; *Müller-Graff*, ZHR 173 (2009), 443 (449); *Nowak*, EuR-Beih. 2/2011, 21 (31 f.).

den Absätzen 1 und 2 auf die Art. 101 und 102 AEUV Bezug nimmt, bei denen es sich um die seinerzeit – d. h. vor dem am 1.12.2009 erfolgten Inkrafttreten des Lissabonner Reformvertrags – in Art. 83 EGV angesprochenen Art. 81 und 82 EGV handelt. Zum anderen ist in Art. 103 Abs. 1 AEUV der zuvor in Art. 83 Abs. 1 EGV enthaltene Hinweis darauf entfallen, dass die auf der Grundlage dieser Norm zu erlassenden Sekundärrechtsakte vom Rat »mit qualifizierter Mehrheit« beschlossen werden. Ein solcher Hinweis ist in Art. 103 Abs. 1 AEUV entbehrlich, da bereits Art. 16 Abs. 3 EUV bestimmt, dass der Rat mit qualifizierter Mehrheit beschließt, soweit in den Verträgen nichts anderes festgelegt ist. Da Art. 103 AEUV diesbezüglich nichts anderes festlegt, gilt das in Art. 16 Abs. 3 EUV zum Regelfall erhobene Erfordernis der qualifizierten Mehrheit somit auch für die vom Rat auf der Basis des Art. 103 Abs. 1 AEUV zu erlassenden Sekundärrechtsakte; insoweit entfaltet auch dieser (zweite) Wortlaut-Unterschied zwischen Art. 103 Abs. 1 AEUV und Art. 83 EGV keine rechtlichen Wirkungen.

Art. 103 AEUV trägt – genauso wie auch der damalige Art. 83 EGV und dessen Vorgängerbestimmung in Gestalt des Art. 87 EWGV – dem Umstand Rechnung, dass es angesichts des im Hinblick auf die Verwirklichung und Durchsetzung der in den Art. 101 und 102 AEUV niedergelegten Grundsätze recht beschränkten Aussage- und Regelungsgehalts der in weiten Teilen ohnehin nur als Übergangs- und Rahmenbestimmungen einzuordnenden Art. 104 und 105 AEUV zwingend einer verschiedene materiell- und verfahrensrechtliche Aspekte des unternehmensbezogenen EU-Wettbewerbsrechts betreffenden Sekundärrechtsetzung durch den Unionsgesetzgeber bedarf, um eine vollständige und dauerhaft **effektive Verwirklichung, Anwendung und Durchsetzung der in den Art. 101 und 102 AEUV niedergelegten Grundsätze** zu gewährleisten. Die Tatsache, dass die in den Art. 101 Abs. 1 und 102 AEUV niedergelegten Verbotstatbestände nach ständiger Rechtsprechung des früheren Gemeinschaftsrichters und des heutigen Unionsrichters unmittelbar wirksam bzw. unmittelbar anwendbar sind und sich einzelne Private insoweit in direkter Weise im Interesse der privaten Kartellrechtsdurchsetzung (sog. private enforcement) vor mitgliedstaatlichen Gerichten auf die in den vorgenannten Normen enthaltenen Verbotstatbestände berufen können,[2] ohne dass es dafür des Erlasses der in Art. 103 AEUV angesprochenen Durchführungsvorschriften bedarf,[3] vermag an dem vorgenannten Bedürfnis nichts Wesentliches zu ändern. Aus diesem Grund ermächtigt und verpflichtet der maßgeblich durch seine **Lückenschließungsfunktion** gekennzeichnete Art. 103 Abs. 1 AEUV den Unionsgesetzgeber im Interesse der effektiven Verwirklichung der in den Art. 101 und 102 AEUV niedergelegten Grundsätze zum Erlass zweckdienlicher Verordnungen oder Richtlinien (dazu so-

---

[2] Grdlg. zur unmittelbaren Wirksamkeit bzw. Anwendbarkeit der hier in Rede stehenden Verbotstatbestände siehe EuGH, Urt. v. 30.1.1974, Rs. 127/73 (BRT/SABAM), Slg. 1974, 51, Rn. 15/17; u. a. bestätigt und partiell fortentwickelt in EuGH, Urt. v. 28.2.1991, Rs. C–234/89 (Delimitis/Henninger Bräu), Slg. 1991, I–935, Rn. 45; Urt. v. 18.3.1997, Rs. C–282/95 P (Guérin automobiles/Kommission), Slg. 1997, I–1503, Rn. 39; Urt. v. 20.9.2001, Rs. C–453/99 (Courage/Crehan), Slg. 2001, I–6297, Rn. 23 ff., mit Anm. *Cumming*, ECLR 2002, 199; *Nowak*, EuZW 2001, 717; *Weyer*, GRUR Int. 2002, 57; *Wurmnest*, S. 217 ff.; EuGH, Urt. v. 13.7.2006, verb. Rs. C–295/04 bis C–298/04 (Manfredi u. a.), Slg. 2006, I–6619, Rn. 59 ff., mit Anm. *Lübbig*, EuZW 2006, 536; *Wenzel*, ZEuP 2008, 178; EuGH, Urt. v. 6.11.2012, Rs. C–199/11 (EG/Otis u. a.), EuZW 2013, 24, Rn. 40 ff. = EWS 2013, 142 ff., mit Anm. *Andreangeli*, E.L.Rev. 39 (2014), 717; *Frenz/Lülsdorf*, EWS 2013, 169 (173 f.); *Landbrecht*, EuZW 2013, 28 f.; *Paulus*, ÖZK 2012, 231; *Raue*, WRP 2013, 147.

[3] Etwas anders sieht es diesbezüglich nur im Hinblick auf die erst seit knapp zehn Jahren in vollem Umfang gegebene unmittelbare Anwendbarkeit des in Art. 101 Abs. 3 AEUV geregelten Freistellungstatbestandes aus; s. Rn. 7.

gleich unter B.), deren zulässige Inhalte bzw. Regelungsgegenstände durch den nicht abschließenden Beispielskatalog des Art. 103 Abs. 2 AEUV vorgegeben bzw. umschrieben werden (C.). Abschließend ist in gebotener Kürze auf das zwischen Art. 103 AEUV auf der einen Seite und einigen anderen Sekundärrechtsermächtigungen mit wettbewerbsrechtlichem Bezug auf der anderen Seite bestehende Verhältnis einzugehen (D.).

B. Ermächtigung und Verpflichtung des Unionsgesetzgebers zum Erlass zweckdienlicher Durchführungsvorschriften (Art. 103 Abs. 1 AEUV)

4   Art. 103 Abs. 1 AEUV ermächtigt den Unionsgesetzgeber im Interesse der Verwirklichung der in den Art. 101 und 102 AEUV niedergelegten Grundsätze zum Erlass zweckdienlicher Verordnungen oder Richtlinien. Insoweit wird der Umfang bzw. die Reichweite dieser Ermächtigung in maßgeblicher Weise durch das Ziel der Verwirklichung der in den Art. 101 und 102 AEUV niedergelegten Grundsätze sowie durch das vorgenannte Kriterium der Zweckdienlichkeit bestimmt (I.). Im Hinblick auf die beiden Anschlussfragen, ob sich die in den Art. 101 und 102 AEUV niedergelegten Grundsätze am besten durch eine Verordnung oder durch eine Richtlinie verwirklichen lassen und ob ein auf der Grundlage des Art. 103 AEUV erlassener Sekundärrechtsakt »zweckdienlich« ist, verfügt der Unionsgesetzgeber zwar über einen gewissen Ermessens- oder Beurteilungsspielraum (II.). Im Hinblick auf das »Ob« des Erlasses zweckdienlicher Durchführungsvorschriften ist hingegen von einer Verpflichtung des Unionsgesetzgebers auszugehen (III.)

I. Inhalt und Reichweite der Ermächtigung

5   Die in Art. 103 Abs. 1 AEUV geregelte Rechtsetzungsbefugnis bezieht sich auf den Erlass von Verordnungen und Richtlinien im Sinne des Art. 288 Abs. 2 und 3 AEUV, die im Hinblick auf die Verwirklichung der in den Art. 101 und 102 AEUV niedergelegten Grundsätze dem Kriterium der Zweckdienlichkeit gerecht werden müssen. Den ersten maßgeblichen Bezugspunkt für die Ermittlung der inhaltlichen Reichweite der in Art. 103 Abs. 1 AEUV geregelten Rechtsetzungsbefugnis bilden insofern zunächst einmal die in den Art. 101 und 102 AEUV niedergelegten Grundsätze, deren Verwirklichung auf der Grundlage des Art. 103 Abs. 1 AEUV nicht nur bestimmte Konkretisierungen materiell-rechtlicher Art zulässt, sondern vor allem auch den Erlass von Verfahrensvorschriften erlaubt und erfordert (1.). Den zweiten maßgeblichen Bezugspunkt für die Ermittlung oder Bestimmung der inhaltlichen Reichweite der in Art. 103 Abs. 1 AEUV geregelten Rechtsetzungsbefugnis bildet sodann das in Art. 103 Abs. 1 AEUV explizit angesprochene Kriterium der Zweckdienlichkeit (2.), während dem unionsverfassungsrechtlichen Subsidiaritätsprinzip im vorliegenden Kontext nur in bestimmten Ausnahmekonstellationen in angemessener Weise Rechnung zu tragen ist (3.).

1. Verwirklichung der in den Art. 101 und 102 AEUV niedergelegten Grundsätze

6   Die in Art. 103 Abs. 1 AEUV geregelte Rechtsetzungskompetenz bezieht sich ausschließlich auf den Erlass von Verordnungen oder Richtlinien, die einen Beitrag zur »Verwirklichung der in den Art. 101 und 102 AEUV niedergelegten Grundsätze« leisten. Mit diesen »Grundsätzen« sind zunächst einmal die verschiedenen materiell-recht-

lichen Regelungsgehalte der Art. 101 und 102 AEUV gemeint,[4] denen in der zurückliegenden Rechtsprechung des Unionsrichters hinreichend klare Konturen verliehen worden sind[5]. Da diese auf der Grundlage des Art. 103 AEUV zu erlassenden Sekundärrechtsakte der Verwirklichung der vorgenannten Grundsätze dienen müssen, dürfen die materiell-rechtlichen Regelungsgehalte der Art. 101 und 102 AEUV im Wege einer auf der Basis des Art. 103 AEUV stattfindenden Sekundärrechtsetzung lediglich konkretisiert oder weiter ausgefüllt werden; zu einer über die Ausfüllung oder **Konkretisierung der materiell-rechtlichen Regelungsgehalte der Art. 101 und 102 AEUV** hinausgehenden Beseitigung oder Abänderung der in den Art. 101 und 102 AEUV niedergelegten Grundsätze bzw. der in den beiden vorgenannten Wettbewerbsvorschriften enthaltenen (materiell-rechtlichen) Regelungsgehalte ermächtigt Art. 103 AEUV den Unionsgesetzgeber hingegen nicht.[6]

Als nach Art. 103 AEUV zulässige Konkretisierungen der vorgenannten Art werden zwar allgemein auch **Gruppenfreistellungsverordnungen** angesehen.[7] Über die Frage, ob sich der Unionsgesetzgeber stets an die vorgenannten Vorgaben gehalten oder aber die Grenzen seiner in Art. 103 AEUV geregelten Befugnis zur Konkretisierung der materiell-rechtlichen Regelungsgehalte der Art. 101 und 102 AEUV auch schon einmal in unzulässiger Weise überschritten hat, lässt sich jedoch gelegentlich durchaus streiten. Dies zeigt insbesondere der in maßgeblicher Weise durch das im Jahre 1999 veröffentlichte Weißbuch der Kommission über die Modernisierung der Vorschriften zur Anwendung der Art. 85 und 86 EG-Vertrag[8] ausgelöste und im einschlägigen Schrifttum seinerzeit mit großer Intensität ausgetragene Streit über die Frage, ob der mit dem Inkrafttreten der Kartellverfahrens-VO 1/2003 bewirkte Systemwechsel von dem früher insbesondere in den Art. 4 und 6 VO 17/62[9] geregelten (zentralisierten) Anmeldesystem und dem damit verbundenen Freistellungsmonopol der Kommission hin zu dem nunmehr in Art. 1 Abs. 2 VO 1/2003 geregelten **Legalausnahmesystem**[10] dem heute in Art. 101 Abs. 3 AEUV geregelten Freistellungstatbestand widerspricht und insoweit nicht von der in Art. 103 AEUV geregelten Rechtsetzungsbefugnis gedeckt ist.

---

[4] Vgl. *Jung*, in: Calliess/Ruffert, EUV/AEUV, Art. 103 AEUV, Rn. 8; *Reidlinger*, in: Streinz, EUV/AEUV, Art. 103 AEUV, Rn. 5; *Schröter*, in: *ders.*/Jakob/Klotz/Mederer, S. 946; *Stadler*, in: Langen/Bunte, S. 658.

[5] Ausführlich zur überaus umfangreichen – auf Art. 101 und 102 AEUV bezogenen – Rechtsprechung des nach Art. 19 Abs. 1 Satz 1 EUV den Gerichtshof und das Gericht umfassenden Gerichtshofs der EU vgl. m. w. N. *Brömmelmeyer*, in diesem Band, Art. 101 AEUV, Rn. 1 ff., und Art. 102 AEUV, Rn. 1 ff.

[6] Dies ist grundsätzlich unstreitig, vgl. nur *Khan*, in: Geiger/Khan/Kotzur, EUV/AEUV, Art. 103 AEUV, Rn. 2; *Reidlinger*, in: Streinz, EUV/AEUV, Art. 103 AEUV, Rn. 5; *Ritter*, in: Immenga/Mestmäcker, Bd. 1 Teil 1, Art. 103 AEUV, Rn. 2; *Schröter*, in: *ders.*/Jakob/Klotz/Mederer, S. 946; *Sturhahn*, in: Loewenheim/Meessen/Riesenkampf, S. 665.

[7] Vgl. statt vieler *Reidlinger*, in: Streinz, EUV/AEUV, Art. 103 AEUV, Rn. 7.

[8] ABl. 1999, C 132/1 ff.; retrospektiv dazu vgl. zuletzt *Wils*, NZKart 2014, 2 (3 f.).

[9] VO (EWG) Nr. 17/62 des Rates vom 6. 2. 1962 – Erste Durchführungsverordnung zu den Artikeln 85 und 86 des [EWG-]Vertrags, ABl. 1962, Nr. 13/204 (nachfolgend: VO Nr. 17).

[10] Näher zu diesem seinerzeit – insb., aber natürlich nicht allein in Deutschland – überaus intensiv diskutierten Systemwechsel vgl. *Bartosch*, EuZW 2001, 101; *Basedow*, EBOR 2001, 443; *Bechtold*, BB 2000, 2425; *Braun*, S. 167 ff.; *Fikentscher*, WuW 2001, 446; *Gröning*, WRP 2001, 83; *Hirsch*, ZWeR 2003, 233; *Holmes*, World Competition 23 (2000), 51; *Hossenfelder*, in: Behrens/Braun/Nowak, S. 251 ff.; *dies.*/Lutz, WuW 2003, 118; *Jaeger*, WuW 2000, 1062; *Immenga*, EuZW 1999, 609; *Kingston*, ECLR 2001, 340; *Klees*, S. 23 ff.; *Koenigs*, DB 2003, 755; *Möschel*, JZ 2000, 61; *Montag/Rosenfeld*, ZWeR 2003, 107; *Paulweber*, World Competition 23 (2000), 3; *Schmidt*, BB 2003, 1237; *Weitbrecht*, EuZW 2003, 69; *Wißmann*, World Competition 23 (2000), 123 ff.

Diese Frage wurde tatsächlich von diversen Autoren bejaht,[11] während zahlreiche andere Autoren die Auffassung vertraten, dass gegen die vorgenannte Einführung des Legalausnahmesystems, mit dem Art. 101 Abs. 3 AEUV in vollem Umfang unmittelbar anwendbar geworden ist,[12] insbesondere angesichts des diesbezüglich offenen Wortlauts des Art. 101 Abs. 3 AEUV bzw. seiner wortgleichen Vorgänger-Bestimmung nichts einzuwenden sei.[13] Im Zuge der allgemeinen Zustimmung zur VO 1/2003 ist dieser ursprünglich recht heftige Streit jedoch später praktisch bedeutungslos geworden bzw. folgenlos verhallt.[14]

8 Zur Verwirklichung der in den Art. 101 und 102 AEUV niedergelegten Grundsätze eignen sich nicht nur Konkretisierungen materiell-rechtlicher Regelungsgehalte der Art. 101 und 102 AEUV (s. Rn. 6), sondern vor allem auch Verfahrensvorschriften, die auf eine möglichst effektive Durchsetzung der in Art. 101 Abs. 1 AEUV und in Art. 102 AEUV niedergelegten Verbotstatbestände ausgerichtet sind. Insoweit erstreckt sich die in Art. 103 AEUV geregelte Rechtsetzungsbefugnis auch auf den **Erlass von Verfahrensvorschriften**,[15] sofern diese Vorschriften nicht dem nachfolgend anzusprechenden Kriterium der Zweckdienlichkeit widersprechen.

2. Zweckdienlichkeit des vom Unionsgesetzgeber ausgewählten Regelungsinstruments

9 Die auf der Grundlage des Art. 103 Abs. 1 AEUV zu erlassenden Verordnungen oder Richtlinien müssen im Hinblick auf die Verwirklichung der in den Art. 101 und 102 AEUV niedergelegten Grundsätze »zweckdienlich« sein. Dieses an sich geradezu selbstverständliche Kriterium der Zweckdienlichkeit begrenzt die in Art. 103 Abs. 1 AEUV geregelte Rechtsetzungsbefugnis nur geringfügig, da es nach ganz vorherrschender Auffassung weder im Sinne einer spezifischen Verhältnismäßigkeitsprüfung zu verstehen ist[16] noch verlangt, dass der auf der Grundlage dieser Bestimmung erlassene Sekundärrechtsakt im Hinblick auf die Verwirklichung der in den Art. 101 und 102 AEUV niedergelegten Grundsätze notwendig oder gar unerlässlich ist. Vielmehr verlangt das ganz überwiegend **im Sinne einer objektiven Eignung zur Zielverwirklichung** verstandene Kriterium der Zweckdienlichkeit nur, dass der auf der Grundlage des Art. 103 Abs. 1 AEUV erlassene Sekundärrechtsakt unter gleichzeitiger Berücksichtigung des in Art. 5 Abs. 4 EUV niedergelegten Grundsatzes der Verhältnismäßigkeit (objektiv) geeignet ist, zur Verwirklichung des hier in Rede stehenden Ermächtigungsziels in Gestalt der Verwirklichung der in den Art. 101 und 102 AEUV niedergelegten Grundsätze beizutragen.[17]

---

[11] So etwa von *Deringer*, EuZW 2000, 5; *Mestmäcker*, EuZW 1999, 523 (524 ff.); *Paulweber/Kögel*, AG 1999, 500 (506 ff.).

[12] Zutr. vgl. statt vieler *Nordemann*, in: Loewenheim/Meessen/Riesenkampf, Art. 101 Abs. 3 AEUV, Rn. 15; *Müller-Graff*, in: Vedder/Heintschel v. Heinegg, Europäisches Unionsrecht, Art. 103 AEUV, Rn. 12.

[13] In diesem Sinne vgl. etwa *Geiger*, EuZW 2000, 165 (166 f.); *Schaub/Dohms*, WuW 1999, 1055 (1065 ff.).

[14] Zutr. *Braun*, S. 170; *de Bronett*, Europäisches Kartellverfahrensrecht, Art. 1 VO 1/2003, Rn. 4.

[15] Dies ist unstreitig, vgl. nur *Khan*, in: Geiger/Khan/Kotzur, EUV/AEUV, Art. 103 AEUV, Rn. 2; *Reidlinger*, in: Streinz, EUV/AEUV, Art. 103 AEUV, Rn. 8.

[16] So auch *Khan*, in: Geiger/Khan/Kotzur, EUV/AEUV, Art. 103 AEUV, Rn. 6.

[17] So vgl. statt vieler *Jung*, in: Calliess/Ruffert, EUV/AEUV, Art. 103 AEUV, Rn. 13; *Khan*, in: Geiger/Khan/Kotzur, EUV/AEUV, Art. 103 AEUV, Rn. 6; *Ludwigs*, in: Grabitz/Hilf/Nettesheim, EU, Art. 103 AEUV (Mai 2014), Rn. 11; *Schröter*, in: ders./Jakob/Klotz/Mederer, S. 949; *Stadler*, in: Lan-

3. Das unionsverfassungsrechtliche Subsidiaritätsprinzip

Soweit das vorgenannte Kriterium der Zweckdienlichkeit im einschlägigen Schrifttum gelegentlich auch mit dem in Art. 5 Abs. 3 Satz 1 EUV niedergelegten Subsidiaritätsprinzip in Verbindung gebracht wird,[18] ist darauf hinzuweisen, dass der Unionsgesetzgeber dieses Prinzip ausweislich der vorgenannten Bestimmung nur in solchen Teilbereichen des Unionsrechts zu beachten hat, die nicht in die ausschließliche Zuständigkeit der Union fallen. Die Festlegung der für das Funktionieren des Binnenmarkts erforderlichen Wettbewerbsregeln ist aber nach Art. 3 Abs. 1 Buchst. b AEUV von den ausschließlichen Zuständigkeiten der Union erfasst. Insoweit muss der Unionsgesetzgeber das in Art. 5 Abs. 3 Satz 1 EUV niedergelegte Subsidiaritätsprinzip im **Grundsatz** nicht beachten, wenn er in einem bestimmten Einzelfall (allein) von der in Art. 103 Abs. 1 AEUV geregelten Rechtsetzungsermächtigung Gebrauch macht.[19]

10

Die dazugehörige **Ausnahme** greift dann, wenn sich der Unionsgesetzgeber bei Erlass eines auf die Verwirklichung der in den Art. 101 und 102 AEUV niedergelegten Grundsätze abzielenden Sekundärrechtsakts nicht allein auf Art. 103 Abs. 1 AEUV stützt und die andere – gewissermaßen in ergänzender Weise herangezogene – Ermächtigungsgrundlage einem Rechts- und/oder Politikbereich zuzuordnen ist, der nicht in die ausschließliche Zuständigkeit der Union fällt, sondern vielmehr etwa von dem in Art. 4 Abs. 1 AEUV enthaltenen Katalog geteilter Zuständigkeiten erfasst wird. Exemplarisch ist in diesem Kontext auf die noch recht junge – gleichermaßen auf Art. 103 AEUV und Art. 114 AEUV gestützte sowie auf einen diesbezüglichen Vorschlag der Kommission vom 11.6.2013 für eine Richtlinie des Europäischen Parlaments und des Rates über bestimmte Vorschriften für Schadensersatzklagen nach einzelstaatlichem Recht wegen Zuwiderhandlungen gegen wettbewerbsrechtliche Bestimmungen der Mitgliedstaaten und der EU[20] zurückführbare – **Kartellschadensersatz-Richtlinie 2014/104/EU**[21] hinzu-

11

---

gen/Bunte, S. 659; *Sturhahn*, in: Loewenheim/Meessen/Riesenkampf, S. 663. Ausführlicher zur kompetenzrechtlichen Bedeutung des in Art. 5 Abs. 4 EUV niedergelegten Verhältnismäßigkeitsgrundsatzes vgl. m.w.N. *Saurer*, JZ 2014, 281.

[18] Vgl. *Jung*, in: Calliess/Ruffert, EUV/AEUV, Art. 103 AEUV, Rn. 10; *Khan*, in: Geiger/Khan/Kotzur, EUV/AEUV, Art. 103 AEUV, Rn. 6.

[19] Vgl. in diesem Kontext auch *Calliess*, in: Calliess/Ruffert, EUV/AEUV, Art. 3 AEUV, Rn. 9, wonach jedenfalls die in Art. 103, 105 Abs. 3, 106 Abs. 3, 108 Abs. 4 und 109 AEUV geregelten Rechtsetzungskompetenzen zu den Art. 3 Abs. 1 Buchst. b AEUV angesprochenen »Wettbewerbsregeln« gehören, die »für das Funktionieren des Binnenmarktes erforderlich« sind.

[20] COM(2013) 404 final; ausführlich zu diesem Kommissionsvorschlag vgl. *Bien*, NZKart 2013, 481; *Fiedler*, BB 2013, 2179; *Fiedler/Huttenlauch*, NZKart 2013, 350; *Frenz*, EuZW 2013, 778; *Gussone/Schreiber*, WuW 2013, 1040; *Krüger*, NZKart 2013, 483; *Mederer*, EuZW 2013, 847; *Nowak*, ZVertriebsR 2013, 376 ff.; *Seitz*, EuZW 2013, 561; *Vollrath*, NZKart 2013, 434. Zu der auf diesen Richtlinienvorschlag bezogenen Folgenabschätzung vgl. das dazugehörige Dokument SWD(2013) 204 final.

[21] RL 2014/104/EU des Europäischen Parlaments und des Rates vom 26.11.2014 über bestimmte Vorschriften für Schadensersatzklagen nach nationalem Recht wegen Zuwiderhandlungen gegen wettbewerbsrechtliche Bestimmungen der Mitgliedstaaten und der Europäischen Union ABl. 2014, L 349/1; ausführlicher zu dieser vieldiskutierten Richtlinie vgl. *Böni*, EWS 2014, 324; *Brömmelmeyer*, NZKart 2016, 2; *Calisti/Haasbeek/Kubik*, NZKart 2014, 466; *Dunne*, E.L.Rev. 40 (2015), 581; *Geibel*, FS Müller-Graff, S. 558 ff.; *Kersting*, WuW 2014, 564; *Keßler*, VuR 2015, 83; *Lettl*, WRP 2015, 537; *Makatsch/Mir*, EuZW 2015, 7; *Pohlmann*, WRP 2015, 546; *Reichert/Walther*, GPR 2015, 120; *Roth*, ZHR 179 (2015), 668 (684 ff.); *Schweitzer*, NZKart 2014, 335; *Schwenke*, NZKart 2015, 383; *Stauber/Schaper*, NZKart 2014, 346; *Steinle*, EuZW 2014, 481; sowie die editorial comments in CMLRev. 51 (2014), 1333.

weisen, die sowohl auf eine erhebliche Stärkung der privaten Kartellrechtsdurchsetzung als auch auf eine Optimierung der Interaktion zwischen der behördlichen Durchsetzung (administrative enforcement) und der privaten Durchsetzung (private enforcement) des EU-Kartellrechts ausgerichtet ist. Da die Wahrnehmung der in Art. 114 AEUV geregelten Rechtsetzungskompetenz – anders als Art. 103 AEUV – dem Bereich »Binnenmarkt« zuzuordnen ist, der nach Art. 4 Abs. 2 Buchst. a AEUV in die Kategorie der geteilten Zuständigkeiten fällt, muss der Unionsgesetzgeber im Falle des Erlasses der vorgenannten Richtlinie ohne Frage das in Art. 5 Abs. 3 Satz 1 EUV niedergelegte Subsidiaritätsprinzip beachten. Insoweit verwundert es auch nicht, dass die Kommission im Rahmen ihrer schriftlichen Begründung des vorgenannten Richtlinienvorschlags relativ ausführlich auch auf dieses unionsverfassungsrechtliche Subsidiaritätsprinzip eingegangen ist.[22]

II. Ermessen des Unionsgesetzgebers

12 Art. 103 AEUV eröffnet dem Unionsgesetzgeber einen recht weiten Ermessensspielraum zum einen dann, wenn er vor der Frage steht, ob er sich zur Verwirklichung der in den Art. 101 und 102 AEUV niedergelegten Grundsätze einer Verordnung oder einer Richtlinie im Sinne des Art. 288 Abs. 2 und 3 AEUV bedienen soll (1.). Zum anderen lässt Art. 103 AEUV dem Unionsgesetzgeber einen gewissen Spielraum bei der Beurteilung oder Einschätzung der gebotenen Zweckdienlichkeit der von ihm ausgewählten Regelung (2.).

1. Verordnungen oder Richtlinien

13 Entschließt sich der Unionsgesetzgeber, zur Verwirklichung der in den Art. 101 und 102 AEUV niedergelegten Grundsätze einen Rechtsakt zu erlassen, kann er sich hierbei nach Art. 103 Abs. 1 AEUV entweder für eine Verordnung oder für eine Richtlinie im Sinne des Art. 288 Abs. 2 und 3 AEUV entscheiden.[23] Da diese beiden Regelungsinstrumente bzw. Handlungsformen in Art. 103 Abs. 1 AEUV gleichberechtigt bzw. gleichwertig nebeneinander stehen, ist in diesem Kontext von einem grundsätzlichen **Auswahlermessen des Unionsgesetzgebers** auszugehen; insoweit hat der Unionsgesetzgeber nach pflichtgemäßem Ermessen darüber zu entscheiden, ob sich der jeweilige Regelungszweck am besten mithilfe einer Verordnung oder besser mithilfe einer Richtlinie verwirklichen lässt.[24] Bislang hat sich der Unionsgesetzgeber in diesem Kontext zwar ganz überwiegend für den Verordnungserlass entschieden. Dass dies jedoch nicht für alle Zeit so bleiben muss, verdeutlich vor allem der aktuell intensiv diskutierte Vorschlag der Europäischen Kommission vom 11.6.2013 für eine gleichermaßen auf Art. 103 AEUV und Art. 114 AEUV gestützte Richtlinie des Europäischen Parlaments und des Rates über bestimmte Vorschriften für Schadensersatzklagen nach einzelstaatlichem Recht wegen Zuwiderhandlungen gegen wettbewerbsrechtliche Bestimmungen der Mitgliedstaaten und der EU, der in die gleichlautende Kartellschadensersatz-Richtlinie 2014/104/EU vom 26.11.2014 eingemündet ist (s. Rn. 11).

---

[22] Dok. 2013/0185 (COD) v. 11.6.2013, S. 12 f.
[23] Ein Rückgriff auf andere Handlungsformen ist dem Unionsgesetzgeber nach dem insoweit eindeutigen Wortlaut des Art. 103 Abs. 1 AEUV verwehrt.
[24] Dies ist weitgehend unstreitig, vgl. nur *Jung*, in: Calliess/Ruffert, EUV/AEUV, Art. 103 AEUV, Rn. 10; *Reidlinger*, in: Streinz, EUV/AEUV, Art. 103 AEUV, Rn. 10; *Schröter*, in: *ders.*/Jakob/Klotz/Mederer, S. 949 f.; *ders.*, in: GSH, Europäisches Unionsrecht, Art. 103 AEUV, Rn. 19; *Stadler*, in: Langen/Bunte, S. 658 f.; *Sturhahn*, in: Loewenheim/Meessen/Riesenkampf, S. 665.

2. Zweckdienlichkeit

Einen weiteren Spielraum eröffnet Art. 103 AEUV dem Unionsgesetzgeber bei der Beurteilung der Zweckdienlichkeit der von ihm zur Verwirklichung der in den Art. 101 und 102 AEUV niedergelegten Grundsätze ausgewählten Regelung. Soweit dem Unionsgesetzgeber insoweit ein **pflichtgebundenes Ermessen** auch im Hinblick auf den Gegenstand und den Inhalt der auf der Grundlage des Art. 103 AEUV zu erlassenden Sekundärrechtsakte zugesprochen wird,[25] bezieht sich dieses in manchen Konstellationen durch das in Art. 5 Abs. 3 EUV niedergelegte Subsidiaritätsprinzip (s. Rn. 10 f.) begrenzte Ermessen konkret auf die Frage, ob die vom Unionsgesetzgeber ausgewählte Regelung zur Verwirklichung der in den Art. 101 und 102 AEUV niedergelegten Grundsätze objektiv geeignet (s. Rn. 9) ist.

III. Verpflichtung zum Erlass von Durchführungsvorschriften

Art. 103 AEUV stellt nicht nur eine Ermächtigungsgrundlage zu Gunsten des Unionsgesetzgebers dar, von der er in zweckdienlicher Weise Gebrauch machen darf. Vielmehr ist dem imperativen Wortlaut dieser nicht als »Kann«-Bestimmung formulierten Norm ein verbindlicher **Rechtsetzungsauftrag** zu entnehmen.[26] Insoweit geht die ganz vorherrschende Auffassung zu Recht davon aus, dass Art. 103 AEUV den Unionsgesetzgeber nicht nur zum Erlass der zur Verwirklichung der in den Art. 101 und 102 AEUV niedergelegten Grundsätze zweckdienlichen Sekundärrechtsakte berechtigt bzw. ermächtigt, sondern ihn dazu sogar verpflichtet.[27] Die damit verbundene Anschlussfrage, ob es sich hierbei um eine Verpflichtung handelt, deren Erfüllung notfalls im Wege der Erhebung einer **Untätigkeitsklage nach Art. 265 AEUV** eingeklagt werden könnte,[28] ist bereits seit langer Zeit eher akademischer Natur, da der Unionsgesetzgeber seiner aus Art. 103 AEUV resultierenden Verpflichtung bereits in weitem Umfang nachgekommen ist (s. Rn. 25 ff.).

IV. Verfahren zum Erlass von Durchführungsvorschriften

Nach Art. 103 Abs. 1 AEUV werden die durch diese Norm ermöglichten Sekundärrechtsakte auf Vorschlag der Kommission (1.) und nach Anhörung des Europäischen Parlaments (2.) allein vom Rat beschlossen (3.).

1. Initiativmonopol der Kommission

Der Rat kann von seiner ihm durch Art. 103 Abs. 1 AEUV verliehenen (exklusiven) Gesetzgebungszuständigkeit (s. Rn. 21 ff.) nur auf **Vorschlag der Kommission** Gebrauch machen. Diese Regelung, die der Kommission auch im Anwendungsbereich des Art. 103 AEUV ein Initiativmonopol einräumt,[29] wäre mit Blick auf Art. 17 Abs. 2 EUV

---

[25] Vgl. etwa *Reidlinger*, in: Streinz, EUV/AEUV, Art. 103 AEUV, Rn. 15; *Schröter*, in: *ders.*/Jakob/Klotz/Mederer, S. 949.
[26] So auch *Khan*, in: Geiger/Khan/Kotzur, EUV/AEUV, Art. 103 AEUV, Rn. 4; *Schröter*, in: *ders.*/Jakob/Klotz/Mederer, S. 942 f.; *Stadler*, in: Langen/Bunte, S. 658.
[27] In diesem seit geraumer Zeit weitgehend unstreitigen Sinne vgl. nur *Ludwigs*, in: Grabitz/Hilf/Nettesheim, EU, Art. 103 AEUV (Mai 2014), Rn. 7; *Reidlinger*, in: Streinz, EUV/AEUV, Art. 103 AEUV, Rn. 9; *Schröter*, in: *ders.*/Jakob/Mederer, Art. 83 EG, Rn. 1.
[28] Dies bejahend vgl. etwa *Khan*, in: Geiger/Khan/Kotzur, EUV/AEUV, Art. 103 AEUV, Rn. 4.
[29] Zutr. vgl. nur *Reidlinger*, in: Streinz, EUV/AEUV, Art. 103 AEUV, Rn. 17; zu weiteren insti-

nur dann entbehrlich, wenn es sich bei den auf der Grundlage des Art. 103 AEUV zu erlassenden Sekundärrechtsakten um »Gesetzgebungsakte« der Union im Sinne des Art. 17 Abs. 2 Satz 1 EUV handeln würde, die nach dieser Bestimmung ohnehin immer nur auf Vorschlag der Kommission erlassen werden dürfen, soweit in den Verträgen nicht etwas anderes festgelegt ist. Gesetzgebungsakte im vorgenannten Sinne stellen aber nach Art. 289 Abs. 3 AEUV nur solche Rechtsakte dar, die gemäß einem ordentlichen oder besonderen Gesetzgebungsverfahren im Sinne der ersten beiden Absätze der vorgenannten Norm angenommen werden. Da das in Art. 103 Abs. 1 AEUV geregelte Rechtsetzungsverfahren weder als ein ordentliches Gesetzgebungsverfahren im Sinne des Art. 289 Abs. 1 AEUV noch als ein besonderes Gesetzgebungsverfahren im Sinne des Art. 289 Abs. 2 AEUV eingeordnet werden kann, stellen die auf der Grundlage des Art. 103 AEUV zu erlassenden Sekundärrechtsakte keine Gesetzgebungsakte im Sinne des Art. 289 Abs. 3 AEUV und damit auch keine Gesetzgebungsakte im Sinne des oben genannten Art. 17 Abs. 2 Satz 1 EUV dar. Aus diesem Grunde kommt im vorliegenden Kontext Art. 17 Abs. 2 Satz 2 EUV zum Zuge, wonach »andere Rechtsakte« (nur) dann auf der Grundlage eines Kommissionsvorschlags erlassen werden, wenn dies in den Verträgen – wie etwa in Art. 103 Abs. 1 AEUV – vorgesehen ist.

18 Die Kommission verfügt im Anwendungsbereich des Art. 103 Abs. 1 AEUV auch über eine in zeitlicher Hinsicht begrenzte Befugnis zur Abänderung eines dem Rat unterbreiteten Rechtsetzungsvorschlags. Diese **zeitlich begrenzte Abänderungsbefugnis der Kommission** ergibt sich aus Art. 293 Abs. 2 AEUV, wonach die Kommission ihren Vorschlag im Verlauf der Verfahren zur Annahme eines Rechtsakts der Union ändern kann, solange ein Beschluss des Rates nicht ergangen ist.

2. Anhörung des Europäischen Parlaments

19 Bevor der Rat auf der Grundlage des Art. 103 Abs. 1 AEUV einen Sekundärrechtsakt beschließen kann (s. Rn. 21 ff.), ist zunächst einmal das Europäische Parlament anzuhören, sobald die Kommission ihren Rechtsetzungsvorschlag (s. Rn. 17) unterbreitet hat. Weitere Mitwirkungsrechte, die über dieses obligatorische bzw. zwingend zu beachtende **Anhörungsrecht** hinausgehen, stehen dem Europäischen Parlament im Anwendungsbereich des Art. 103 AEUV nicht zur Verfügung. Eine weitere Anhörung anderer Unionsorgane oder sonstiger Einrichtungen und Stellen der Union gebietet Art. 103 Abs. 1 AEUV zwar nicht explizit. Gleichwohl wird vor Erlass eines auf Art. 103 Abs. 1 AEUV gestützten Sekundärrechtsakts regelmäßig auch eine Stellungnahme des – beratende Aufgaben wahrnehmenden – Wirtschafts- und Sozialausschusses eingeholt, durch den sich der Rat, die Kommission und das Europäische Parlament nach Art. 16 Abs. 4 EUV unterstützen lassen können.

20 Dass sich die durch den Lissabonner Reformvertrag grundsätzlich intendierte Stärkung und Aufwertung des allgemein zu den »Gewinnern« dieses Reformvertrags gezählten Europäischen Parlaments in Richtung eines dem Rat weitgehend gleichwertigen Mit-Gesetzgebers[30] nicht in Art. 103 Abs. 1 AEUV widerspiegelt, ist zwar im Hinblick

---

tutionell-rechtlichen Details im Zusammenhang mit dem der Kommission i. R. der unionalen Rechtsetzung im Regelfall zustehenden Initiativmonopol vgl. etwa *Frenz*, Handbuch Europarecht, Bd. 6, Rn. 1083 ff.

[30] Ausführlicher dazu vgl. *Bieber*, Der neue institutionelle Rahmen, in: Fastenrath/Nowak (Hrsg.), Der Lissabonner Reformvertrag – Änderungsimpulse in einzelnen Rechts- und Politikbereichen, 2009, S. 47 (53 f.); *Calliess*, Die neue Europäische Union nach dem Vertrag von Lissabon – Ein Über-

auf die notwendige **demokratische Legitimation der EU-wettbewerbsrechtsrelevanten Sekundärrechtsetzung** nicht ganz unproblematisch.[31] Dieses Problem wird jedoch in einem recht weiten Umfang dadurch entschärft, dass die vom Rat auf der Grundlage des Art. 103 Abs. 1 AEUV zu erlassenden Sekundärrechtsakte des Öfteren auf zusätzliche vertragliche Ermächtigungsgrundlagen gestützt werden, die – wie etwa Art. 114 Abs. 1 AEUV und Art. 352 Abs. 1 AEUV (s. Rn. 40 ff.) – eine über die Vorgaben des Art. 103 Abs. 1 AEUV zum Teil weit hinausgehende Einbeziehung des Europäischen Parlaments verlangen bzw. erforderlich machen.

3. Exklusive Rechtsetzungszuständigkeit des Rates und Beschlussfassung

Die auf der Grundlage des Art. 103 AEUV zu erlassenden Sekundärrechtsakte werden auf Vorschlag der Kommission (s. Rn. 17 f.) und nach obligatorischer Anhörung des Europäischen Parlaments (s. Rn. 19 f.) vom Rat beschlossen. Dies bedeutet zunächst einmal, dass die hier in Rede stehenden Sekundärrechtsakte von dem in Art. 16 EUV angesprochenen Rat erlassen werden, der zu den in Art. 13 Abs. 1 EUV aufgelisteten Organen der Union gehört und in diesem Zusammenhang nicht mit dem in Art. 15 EUV angesprochenen Europäischen Rat verwechselt werden darf. Der in Art. 103 Abs. 1 AEUV angesprochene **Rat beschließt** nach Art. 16 Abs. 3 EUV **mit qualifizierter Mehrheit**, soweit in den Verträgen nichts anderes festgelegt ist. Da Art. 103 AEUV diesbezüglich nichts anderes festlegt, gilt das in Art. 16 Abs. 3 EUV zum Regelfall erhobene Erfordernis einer qualifizierten Mehrheit somit im Grundsatz auch für die vom Rat auf der Grundlage des Art. 103 Abs. 1 AEUV zu erlassenden Sekundärrechtsakte. 21

Eine der Wahrung des »institutionellen Gleichgewichts« zwischen den im Kontext des Art. 103 AEUV agierenden Unionsorganen dienende Ausnahme von dem hier grundsätzlich geltenden Erfordernis einer Beschlussfassung mit qualifizierter Mehrheit (s. Rn. 21) findet dann Anwendung, wenn der Rat den von der Kommission unterbreiteten Rechtsetzungsvorschlag (s. Rn. 17 f.) abändern möchte. Diese **Ausnahme**, die nur **für die Abänderung eines Kommissionsvorschlags durch den Rat** gilt, ergibt sich aus Art. 293 Abs. 1 AEUV wonach der Rat derartige Kommissionvorschläge nur »einstimmig abändern« kann bzw. darf, wenn er auf Grund der Verträge – wie in Art. 103 Abs. 1 AEUV explizit vorgesehen – auf Vorschlag der Kommission tätig wird. 22

Der in Art. 103 Abs. 1 AEUV niedergelegte Rechtsetzungsauftrag bedeutet nicht, dass der Rat sämtliche Regelungen, die auf die Verwirklichung der in den Art. 101 und 102 AEUV niedergelegten Grundsätze abzielen, stets und ausschließlich allein erlassen muss. Vielmehr kann sich der Rat – sofern dies nicht ohnehin bereits vertraglich vorgesehen ist[32] – in Teilen für ein gewissermaßen **zweistufiges Rechtsetzungsverfahren** entscheiden, indem er sich im Rahmen eines auf Art. 103 AEUV gestützten Sekundär- 23

---

blick über die Reformen unter Berücksichtigung ihrer Implikationen für das deutsche Recht, 2010, S. 173 ff.; *Frenz*, Handbuch Europarecht, Band 6, Rn. 602 ff.; *Isak*, Institutionelle Ausgestaltung der Europäischen Union, in: Hummer/Obwexer (Hrsg.), der Vertrag von Lissabon, 2009, S. 133 (167 ff.); *Pache*, Organgefüge und Handlungsträger der EU nach Lissabon, in: *ders.*/Schorkopf (Hrsg.), Die Europäische Union nach Lissabon – Beiträge zu Organisation, Außenbeziehungen und Stellung im Welthandelsrecht, 2009, S. 19 (24 ff.); *Sonnicksen*, Die demokratischen Grundsätze, in: Marchetti/Demesmay (Hrsg.), Der Vertrag von Lissabon – Analyse und Bewertung, 2010, S. 143 (151 f.); *Schoo*, EuR-Beih. 1/2009, 51 (58 ff.).

[31] Zutr. *Terhechte*, in: Fastenrath/Nowak, S. 196 m. w. N.
[32] Wie etwa in Art. 105 Abs. 3 AEUV i. V. m. Art. 103 Abs. 2 Buchst. b AEUV; s. Art. 105 AEUV, Rn. 12 f.

rechtsakts auf grundsätzliche Regelungen oder bestimmte Grundaussagen beschränkt und die Kommission im Wege der **Delegation von Rechtsetzungsbefugnissen** gleichzeitig zum Erlass weiterer Durchführungsvorschriften ermächtigt, die im Wesentlichen der Konkretisierung und/oder der näheren Ausfüllung der vom Rat auf der Grundlage des Art. 103 Abs. 1 AEUV erlassenden Sekundärrechtsakte zu dienen bestimmt sind.[33]

C. Zulässige Regelungsgegenstände und Inhalte zweckdienlicher Durchführungsvorschriften nach Art. 103 Abs. 2 AEUV

24 Die zulässigen Inhalte bzw. Regelungsgegenstände der auf der Grundlage des Art. 103 Abs. 1 AEUV zu erlassenden Verordnungen und/oder Richtlinien werden beispielhaft in Absatz 2 dieser Bestimmung skizziert. Nach dem in Art. 103 Abs. 2 AEUV niedergelegten **Beispielkatalog zulässiger Regelungen zur Verwirklichung der in den Art. 101 und 102 AEUV niedergelegten Grundsätze** bezwecken die nach Art. 103 Abs. 1 AEUV vorgesehenen Vorschriften insbesondere die durch die Einführung von Geldbußen und Zwangsgeldern sicherzustellende Gewährleistung der Beachtung der in Art. 101 Abs. 1 AEUV und Art. 102 AEUV genannten Verbote (I.), die dem Erfordernis einer wirksamen Überwachung bei möglichst einfacher Verwaltungskontrolle verpflichtete Festlegung der mit der Anwendung des Art. 101 Abs. 3 AEUV verbundenen Einzelheiten (II.), die nähere Bestimmung des Anwendungsbereichs der Art. 101 und 102 AEUV für die einzelnen Wirtschaftszweige (III.), die Abgrenzung der dem Gerichtshof der EU und der Kommission bei der Anwendung der in diesem Abschnitt vorgesehenen Vorschriften zugewiesenen Aufgaben (IV.) sowie die Festlegung des zwischen den innerstaatlichen Rechtsvorschriften einerseits und den in diesem Abschnitt enthaltenen oder auf Grund dieses Artikels getroffenen Bestimmungen andererseits bestehenden Verhältnisses (V.). Da es sich hierbei um einen nicht abschließenden Beispielskatalog handelt,[34] kann der Unionsgesetzgeber auf der Grundlage des Art. 103 Abs. 1 AEUV selbstverständlich auch einige weitere – über die vorgenannten Zwecksetzungen – hinausgehende bzw. **ergänzende Regelungen** erlassen, sofern er diese in Ausübung seines ihm zustehenden Ermessens im Hinblick auf die Verwirklichung der in den Art. 101 und 102 AEUV niedergelegten Grundsätze für zweckdienlich hält (VI.).

---

[33] Zur enormen praktischen Bedeutung dieser Vorgehensweise vgl. exemplarisch zum einen Art. 33 VO (EG) Nr. 1/2003 des Rates vom 16.12.2002 zur Durchführung der in den Artikeln 81 und 82 des Vertrags [jetzt: Art. 101 und 102 AEUV] niedergelegten Wettbewerbsregeln (ABl. 2003, L 1/1) i.V.m. der auf dieser Grundlage erlassenen VO (EG) Nr. 773/2004 der Kommission vom 7.4.2004 über die Durchführung von Verfahren auf der Grundlage der Artikel 81 und 82 EG-Vertrag [jetzt: Art. 101 u. 102 AEUV] durch die Kommission (ABl. 2004, L 123/18), sowie zum anderen Art. 23 VO (EG) Nr. 139/2004 des Rates vom 20.1.2004 über die Kontrolle von Unternehmenszusammenschlüssen (ABl. 2004, L 24/1) i.V.m. der auf dieser Grundlage erlassenen VO (EG) Nr. 802/2004 der Kommission vom 7.4.2004 zur Durchführung der VO (EG) Nr. 139/2004 des Rates über die Kontrolle von Unternehmenszusammenschlüssen (ABl. 2004, L 133/1).

[34] Dies ist unstreitig, vgl. nur *Altemöller*, in: Mäsch, S. 1033; *Ludwigs*, in: Grabitz/Hilf/Nettesheim, EU, Art. 103 AEUV (Mai 2014), Rn. 20; *Schröter*, in: ders./Jakob/Klotz/Mederer, S. 952 f.; *ders.*, in: GSH, Europäisches Unionsrecht, Art. 103 AEUV, Rn. 27 f.; *Stadler*, in: Langen/Bunte, S. 661; *Sturhahn*, in: Loewenheim/Meessen/Riesenkampf, S. 665 f.

I. Geldbußen und Zwangsgelder

Nach Art. 103 Abs. 2 Buchst. a AEUV ist der Unionsgesetzgeber zunächst einmal dazu 25
befugt, die Beachtung der in Art. 101 Abs. 1 AEUV und Art. 102 AEUV genannten
Verbote durch die Einführung von Geldbußen und Zwangsgeldern sicherzustellen.
Hiermit trägt dieser Vertrag dem unstreitigen Umstand Rechnung, dass sich die effektive
Durchsetzung der in Art. 101 Abs. 1 und 102 AEUV niedergelegten Verbotstatbestände
keineswegs allein durch die in Art. 101 Abs. 2 AEUV geregelte Nichtigkeitsfolge und
die aus der unmittelbaren Wirkung oder Anwendbarkeit dieser Verbotstatbestände resultierenden Möglichkeiten der privaten Kartellrechtsdurchsetzung vor mitgliedstaatlichen Gerichten (s. Rn. 3) sicherstellen lässt. Vielmehr bedarf es im Anwendungsbereich des unternehmensbezogenen EU-Wettbewerbsrechts der **Einführung hinreichend
abschreckender Sanktionsformen**[35] in Gestalt von Zwangsgeldern und Geldbußen, die
im Lichte der vertraglich gewollten Schaffung und Aufrechterhaltung eines funktionierenden Systems unverfälschten Wettbewerbs (s. Rn. 1) sowie zur Absicherung der darauf bezogenen Überwachungsaufgabe der Kommission geradezu unverzichtbar sind.[36]
Vor diesem Hintergrund überrascht es nicht, dass der damalige Gemeinschaftsgesetzgeber bereits in den 60er und 80er Jahren des vergangenen Jahrhunderts auf der Grundlage der seinerzeit geltenden Vorgängerbestimmung des Art. 103 Abs. 1 AEUV (s.
Rn. 2) Vorschriften über die der Kommission anvertraute Festsetzung von Geldbußen
und Zwangsgeldern erlassen hat,[37] die später – jeweils mit Wirkung zum 1.5.2004 –
durch entsprechende Vorschriften in der seitdem geltenden Kartellverfahrens-VO (EG)
Nr. 1/2003 und der ebenfalls nach wie vor geltenden Fusionskontroll-VO (EG)
Nr. 139/2004 ersetzt worden sind.[38]

Bei der nach Art. 24 VO (EG) Nr. 1/2003 und Art. 15 VO (EG) Nr. 139/2004 mög- 26
lichen **Festsetzung von Zwangsgeldern** handelt es sich um eine unionsrechtliche Sank-
tionsform, mit deren Hilfe in den Anwendungsbereichen des EU-Kartellverfahrens- und
Fusionskontrollrechts die Beachtung bzw. Einhaltung verschiedenster Sach- und Verfahrensentscheidungen der Kommission durch die betreffenden Unternehmen
und/oder Unternehmensvereinigungen sichergestellt werden soll.[39] Zu diesem Zweck

---

[35] Instruktiv zur Entwicklung und zur Typologie unionsrechtlicher Sanktionsformen vgl. *Träbert*,
S. 27 ff.; ausführlich zum unionsrechtlichen Sanktionsbegriff vgl. auch *Bitter*, S. 91 ff.
[36] In diesem und/oder in einem sehr ähnlichen Sinne vgl. auch EuG, Urt. v. 29.11.2005, Rs.
T–33/02 (Britannia Alloys & Chemicals Ltd./Kommission), Slg. 2005, II–4973, Rn. 36; Urt. v.
29.11.2005, Rs. T–64/02 (Heubach/Kommission), Slg. 2005, II–5137, Rn. 179; Urt. v. 27.9.2006, Rs.
T–43/02 (Jungbunzlauer/Kommission), Slg. 2006, II–3435, Rn. 297; Urt. v. 8.10.2008, Rs. T–69/04
(Schunk u. a./Kommission), Slg. 2008, II–2567, Rn. 39.
[37] Vgl. Art. 15 und 16 VO Nr. 17 (Fn. 9); Art. 22 und 23 VO (EWG) Nr. 1017/68 des Rates vom
19.7.1968 über die Anwendung von Wettbewerbsregeln auf dem Gebiet des Eisenbahn-, Straßen- und
Binnenschiffsverkehrs, ABl. 1968, L 175/1; Art. 19 und 20 VO (EWG) Nr. 4056/86 des Rates vom
22.12.1986 über die Einzelheiten der Anwendung der Artikel 85 und 86 des Vertrages auf den Seeverkehr, ABl. 1986, L 378/4; Art. 12 und 13 VO (EWG) Nr. 3975/87 des Rates vom 14.12.1987 über
die Einzelheiten der Anwendung der Wettbewerbsregeln auf Luftfahrtunternehmen, ABl. 1987, L
374/1; Art. 14 und 15 VO (EWG) Nr. 4064/89 des Rates vom 21.12.1989 über die Kontrolle von
Unternehmenszusammenschlüssen, ABl. 1989, L 395/1.
[38] Vgl. Art. 23 u. 24 VO (EG) Nr. 1/2003 (Fn. 33) i. V. m. den in Art. 25 u. 26 dieser VO enthaltenen
Regelungen über die Verfolgungs- u. Vollstreckungsverjährung; Art. 14 u. 15 VO (EG) Nr. 139/2004
(Fn. 33).
[39] Ausführlich dazu vgl. statt vieler *de Bronett*, Europäisches Kartellverfahrensrecht, Art. 24 VO
1/2003, Rn. 1 ff.; *v. Wartenburg*, in: Loewenheim/Meessen/Riesenkampff, Art. 15 FKVO, Rn. 1 ff.;
Weiß, in: ebd., Art. 24 VerfVO, Rn. 1 ff.

kann die Kommission beispielsweise auf der Grundlage des Art. 24 VO (EG) Nr. 1/2003 gegen die betreffenden Unternehmen oder Unternehmensvereinigungen durch einen Beschluss im Sinne des Art. 288 Abs. 4 AEUV Zwangsgelder bis zu einem Höchstbetrag von 5 % des im vorausgegangenen Geschäftsjahr erzielten durchschnittlichen Tagesumsatzes für jeden Tag des Verzugs von dem in ihrem Beschluss bestimmten Zeitpunkt an festsetzen, um die betreffenden Adressaten zu zwingen, eine Zuwiderhandlung gegen Art. 101 Abs. 1 und/oder 102 AEUV gemäß einer nach Art. 7 VO (EG) Nr. 1/2003 getroffenen Abstellungsverfügung einzustellen, einer auf der Grundlage des Art. 8 dieser Verordnung angeordneten einstweiligen Maßnahme nachzukommen, eine nach Art. 9 VO (EG) VO 1/2003 für bindend erklärte Verpflichtungszusage einzuhalten, eine von der Kommission auf der Grundlage des Art. 17 VO (EG) VO 1/2003 und/oder des Art. 18 Abs. 3 VO (EG) VO 1/2003 angeforderte Auskunft vollständig und genau zu erteilen und/oder eine Nachprüfung zu dulden, die die Kommission in einem Beschluss nach Art. 20 Abs. 4 VO (EG) Nr. 1/2003 angeordnet hat.

27 Die der Kommission durch Art. 23 VO (EG) Nr. 1/2003 und Art. 14 VO (EG) Nr. 139/2004 ermöglichte **Festsetzung von Geldbußen** dient – anders als die Verhängung von Zwangsgeldern (s. Rn. 26) – nicht primär der Beachtung und/oder Einhaltung bestimmter Sach- und Verfahrensentscheidungen der Kommission, sondern vielmehr der spürbaren Sanktionierung vorsätzlicher oder fahrlässiger Zuwiderhandlungen der betreffenden Unternehmen und/oder Unternehmensvereinigungen gegen verschiedenste verfahrensrechtliche Mitwirkungspflichten und/oder gegen bestimmte materiellrechtliche Verbotstatbestände.[40] Insoweit liegt die Festsetzung derartiger Geldbußen im Grenzbereich zwischen einer Verwaltungssanktion und einer Strafe,[41] worüber auch Art. 23 Abs. 5 VO (EG) Nr. 1/2003 nicht hinwegtäuschen kann, wonach die von der Kommission auf der Grundlage des Art. 23 Abs. 1 und 2 VO (EG) Nr. 1/2003 zu erlassenden Geldbußenbeschlüsse »keinen strafrechtlichen Charakter« haben sollen.[42] Während die Kommission auf Zuwiderhandlungen gegen verfahrensrechtliche Mitwirkungspflichten mit der Festsetzung von Geldbußen bis zu einem Höchstbetrag von 1 % des von dem betreffenden Geldbußenadressaten im letzten bzw. im vorausgegangenen Geschäftsjahr erzielten Gesamtumsatzes reagieren kann,[43] eröffnet Art. 14 Abs. 2 VO (EG) Nr. 139/2004 der Kommission im Anwendungsbereich des EU-Fusionskontrollrechts die Möglichkeit, beispielsweise einen Verstoß gegen die in Art. 4 VO (EG) Nr. 139/2004 geregelte (präventive) Notifizierungspflicht und/oder einen Verstoß gegen das in Art. 7 VO (EG) Nr. 139/2004 geregelte Durchführungsverbot mit einer Geldbuße in Höhe von bis zu 10 % des von den beteiligten Unternehmen im letzten Geschäftsjahr erzielten Gesamtumsatzes zu sanktionieren. Ein vergleichbarer Sanktionsrahmen steht der Kommission auch im Anwendungsbereich des EU-Kartellverfahrensrechts beispielsweise bei vorsätzlichen oder fahrlässigen Zuwiderhandlungen einzelner Unternehmen oder Unternehmensvereinigungen gegen die in den Art. 101 Abs. 1 und 102 AEUV nieder-

---

[40] Ausführlich dazu vgl. statt vieler *de Bronett*, Europäisches Kartellverfahrensrecht, Art. 23 VO 1/2003, Rn. 1 ff.; *v. Wartenburg*, in: Loewenheim/Meessen/Riesenkampff, Art. 14 FKVO, Rn. 1 ff.; *Lampert/Niejahr/Kübler/Weidenbach*, S. 175 ff.; *Nowak*, in: Loewenheim/Meessen/Riesenkampff, Art. 23 VerfVO, Rn. 1 ff.
[41] Ausführlicher dazu vgl. statt vieler *Biermann*, ZWeR 2007, 1 (10 ff.); *Forrester*, E.L.Rev. 36 (2011), 185 (201 ff.); *Nowak*, in: Loewenheim/Meessen/Riesenkampff, Art. 23 VerfVO, Rn. 50 f.; *Schwarze*, EuZW 2003, 261 ff.
[42] Ähnlich vgl. Art. 14 Abs. 4 VO (EG) Nr. 139/2004 (Fn. 33).
[43] Vgl. Art. 23 Abs. 1 VO (EG) Nr. 1/2003 (Fn. 33); Art. 14 Abs. 1 VO (EG) Nr. 139/2004 (Fn. 33).

gelegten Verbotstatbestände zur Verfügung.[44] Bei der konkreten Festsetzung der somit nach oben hin begrenzten Geldbußenhöhe hat die Kommission nach Art. 23 Abs. 3 VO (EG) Nr. 1/2003 sowohl die Schwere der Zuwiderhandlung als auch deren Dauer zu berücksichtigen. Zur weiteren Konkretisierung und Ausformung ihrer sich an diesen (wenigen) sekundärrechtlichen Vorgaben orientierenden »Geldbußenpolitik« hat die Kommission im Jahre 1998 ermessenskonkretisierende Leitlinien für das Verfahren zur Festsetzung von Geldbußen veröffentlicht,[45] die mit Wirkung zum 1.9.2006 durch neue **Bußgeldleitlinien der Kommission**[46] ersetzt wurden. Komplettiert wird das EU-kartellverfahrensrechtliche Geldbußenregime zum einen durch die am 8.12.2006 in Kraft getretene **Kronzeugenmitteilung**,[47] die unter bestimmten Voraussetzungen einen Totalerlass von Geldbußen und/oder deren Ermäßigung zu Gunsten der sich kooperativ an der Aufdeckung und Zerschlagung verbotener Kartelle beteiligenden Kartellmitglieder vorsieht. Zum anderen ist in diesem Kontext aus Gründen der Vollständigkeit auf das von der Kommission im Wege des Erlasses der VO (EG) Nr. 622/2008[48] eingeführte und durch eine dazugehörige Kommissionsmitteilung[49] etwas näher konturierte **Vergleichsverfahren** (sog. settlement procedure) in Kartellfällen anzusprechen, das vergleichsbereite Kartellmitglieder unter bestimmten Voraussetzungen ebenfalls mit einer Geldbußenermäßigung belohnt.[50] Das hier nur in Grundzügen skizzierte EU-kartellverfahrensrechtliche Geldbußenregime ist insbesondere angesichts tendenziell ansteigender Geldbußenbeträge einer zunehmenden und dabei vorwiegend auf rechtsstaatlichen – respektive unionsgrundrechtlichen – Erwägungen gründenden Kritik ausgesetzt,[51] die am Unionsrichter allerdings bislang »abgeprallt« ist.[52]

---

[44] Vgl. Art. 23 Abs. 2 VO (EG) Nr. 1/2003 (Fn. 33).
[45] ABl. 1998, C 9/3; näher dazu vgl. etwa *Nowak*, in: Loewenheim/Meessen/Riesenkampff, Art. 23 VerfVO, Rn. 29 ff.
[46] Leitlinien für das Verfahren zur Festsetzung von Geldbußen gemäß Art. 23 Abs. 2 Buchst. a VO (EG) Nr. 1/2003, ABl. 2006, C 210/2; ausführlicher zu diesen nach wie vor geltenden Bußgeldleitlinien vgl. etwa *Engelsing*, WuW 2007, 470; *Frenz*, Handbuch Europarecht, Bd. 2, Rn. 2947 ff.; *Nowak*, in: Loewenheim/Meessen/Riesenkampff, Art. 23 VerfVO, Rn. 36; *Soyez*, EuZW 2007, 596; *Sünner*, EuZW 2007, 8; *Völcker*, CMLRev. 44 (2007), 1285.
[47] Mitteilung der Kommission über den Erlass oder die Ermäßigung von Geldbußen in Kartellsachen, ABl. 2006, C 298/17; näher dazu, z.T. auch mit Bezügen zu den »Vorgänger«-Kronzeugenregelungen der Kommission, vgl. *Albrecht*, WRP 2007, 417; *de Bronett*, Europäisches Kartellverfahrensrecht, Art. 23 VO 1/2003, Rn. 102 ff.; *Nowak*, in: Loewenheim/Meessen/Riesenkampff, Art. 23 VerfVO, Rn. 37 ff. Zur mangelnden Verbindlichkeit dieser »Kronzeugen«-Mitteilung für mitgliedstaatliche Wettbewerbsbehörden vgl. EuGH, Urt. v. 20.1.2016, Rs. C–428/14 (DHL-Express u.a.) ECLI:EU:C:2016:27, Rn. 29 ff.
[48] VO (EG) Nr. 622/2008 der Kommission vom 30.6.2008 zur Änderung der Verordnung (EG) Nr. 773/2004 (Fn. 33) hinsichtlich der Durchführung von Vergleichsverfahren in Kartellfällen, ABl. 2008, L 171/3.
[49] Mitteilung der Kommission »über die Durchführung von Vergleichsverfahren bei dem Erlass von Entscheidungen nach Artikel 7 und Artikel 23 der Verordnung (EG) Nr. 1/2003 des Rates in Kartellfällen, ABl. 2008, C 167/1.
[50] Ausführlicher dazu sowie zu weiteren vergleichsverfahrensrechtlichen Details vgl. *Brankin*, ECLR (32) 2011, 165; *Bueren*, ZWeR 2011, 74; *Frenz/Bresges*, EWS 2012, 72; *Hederström*, in: Weiß, S. 9 ff.; *Hirsbrunner*, EuZW 2011, 12; *Horányi*, ZEuS 2008, 663; *Köster*, EuZW 2015, 575; *Polley/ Heinz*, WuW 2012, 14; *Richter*, ZEuS 2012, 525; sowie EuG, Urt. v. 20.5.2015, Rs. T–456/10 (Timab Industries u.a./Kommission), ECLI:EU:T:2015:296, Rn. 58 ff.
[51] Zu der bereits seit geraumer Zeit recht lebhaft und durchaus kontrovers geführten Diskussion über die Frage, ob das gegenwärtige EU-kartellverfahrensrechtliche Geldbußenregime in hinreichender Weise rechtsstaatlichen bzw. unionsgrundrechtlichen Anforderungen gerecht wird oder insoweit reformbedürftig ist, vgl. nur *Ackermann*, ZWeR 2010, 329; *Brei*, ZWeR 2015, 34; *Bueren*, EWS 2012, 363; *de Bronett*, ZWeR 2012, 157; *ders.*, ZWeR 2013, 38; *ders.*, NZKart 2015, 512; *Forrester*,

II. Freistellungen vom Kartellverbot

28 Nach Art. 103 Abs. 2 Buchst. b AEUV kann der Unionsgesetzgeber die ihm in Art. 103 Abs. 1 AEUV eingeräumte Rechtsetzungsbefugnis auch für die Festlegung der mit der Anwendung des Art. 101 Abs. 3 AEUV verbundenen Einzelheiten nutzen, wobei er in diesem Kontext dann dem Erfordernis einer wirksamen Überwachung bei möglichst einfacher Verwaltungskontrolle Rechnung zu tragen hat. Da die materiell-rechtlichen Voraussetzungen für die hier in Rede stehenden Freistellungen von dem in Art. 101 Abs. 1 AEUV niedergelegten Kartellverbot abschließend in Art. 101 Abs. 3 AEUV geregelt sind und der Unionsgesetzgeber im Anwendungsbereich des Art. 103 AEUV nicht berechtigt ist, die materiell-rechtlichen Regelungsgehalte der Art. 101 und 102 AEUV abzuändern oder zu beseitigen (s. Rn. 6), gestattet Art. 103 Abs. 2 Buchst. b AEUV dem Unionsgesetzgeber lediglich einzelne Konkretisierungen der in Art. 101 Abs. 3 AEUV enthaltenen Tatbestandsmerkmale, wozu auch die Kommission wichtige Beiträge leistet,[53] und eine sekundärrechtliche Festlegung der verfahrensrechtlichen Details im Zusammenhang mit den in Art. 101 Abs. 3 AEUV geregelten Freistellungen.[54] Diesbezüglich hatte sich der Rat zunächst zwar dafür entschieden, der Kommission ein auf die Erteilung sog. **Einzelfreistellungsentscheidungen** bezogenes Freistellungsmonopol einzuräumen.[55] Dieses ursprüngliche Monopol ist jedoch im Zuge der Einführung des nunmehr in der VO (EG) Nr. 1/2003 geregelten Legalausnahmesystems mit Wirkung zum 1.5.2004 entfallen (s. Rn. 7).

29 Darüber hinaus hat der Rat eine frühere Vorgängerbestimmung des Art. 103 AEUV in zulässiger Weise (s. Rn. 7) für den recht frühzeitigen **Erlass verschiedener Gruppenfreistellungsverordnungen** und so genannter (Ermächtigungs-)Verordnungen genutzt,[56]

E.L.Rev. 36 (2011), 185; *Frenz*, EWS 2013, 123; *Guski*, ZWeR 2012, 243; *Hauger/Palzer*, World Competition 36 (2013), 565; *Körber*, S. 1 ff.; *Lenaerts*, NZKart 2013, 175; *Möschel*, DB 2010, 2377; *Montag*, ECLR 1996, 428; *Nazzini*, E.L.Rev. 40 (2015), 490; *Schwarze*, EuR 2009, 171; *ders.*, WuW 2009, 6; *Soltész*, WuW 2012, 141; *Wils*, World Competition 33 (2010), 5.

[52] Vgl. nur aus jüngerer Zeit EuGH, Urt. v. 8.12.2011, Rs. C–272/09 P (KME Germany u.a./Kommission), Slg. 2011, I–12789 ff.; Urt. v. 8.12.2011, Rs. C–386/10 P (Chalkor/Kommission), Slg. 2011, I–13065 ff.; Urt. v. 11.7.2013, Rs. C–439/11 P (Ziegler/Kommission), WuW 2013, 1118; Urt. v. 18.7.2013, Rs. C–501/11 P (Schindler Holding u.a./Kommission), NZKart 2013, 334 ff.; EuG, Urt. v. 16.9.2013, Rs. T–364/10 (Duravit/Kommission), NZKart 2013, 412; Urt. v. 27.3.2014, Rs. T–56/09 u. T–73/09 (Saint-Gobain Glass France u.a./Kommission), ECLI:EU:T:2014:160.

[53] Vgl. dazu insb. die Bekanntmachung der Kommission, Leitlinien zur Anwendung von Artikel 81 Absatz 3 EG-Vertrag, ABl. 2004, C 101/97.

[54] In diesem Sinne vgl. auch statt vieler *Khan*, in: Geiger/Khan/Kotzur, EUV/AEUV, Art. 103 AEUV, Rn. 9; *Schröter*, in: *ders.*/Jakob/Klotz/Mederer, S. 955 ff.

[55] Vgl. insb. Art. 4 und 6 VO Nr. 17 (Fn. 9).

[56] Vgl. dazu insbesondere VO Nr. 19/1965/EWG des Rates vom 2.3.1965 über die Anwendung von Artikel 85 Absatz 3 des Vertrages auf Gruppen von Vereinbarungen und aufeinander abgestimmten Verhaltensweisen, ABl. 1965, P 36/533; VO (EWG) Nr. 2821/71 des Rates vom 20.12.1971 über die Anwendung von Artikel 85 Absatz 3 des Vertrages auf Gruppen von Vereinbarungen, Beschlüssen und aufeinander abgestimmten Verhaltensweisen, ABl. 1971, L 285/46; VO (EWG) Nr. 3976/87 des Rates vom 14.12.1987 zur Anwendung von Artikel 85 Absatz 3 des Vertrages auf bestimmte Gruppen von Vereinbarungen und aufeinander abgestimmten Verhaltensweisen im Luftverkehr, ABl. 1987, L 374/9; VO (EWG) Nr. 1534/91 des Rates vom 31.5.1991 über die Anwendung von Artikel 85 Absatz 3 des Vertrages auf bestimmte Gruppen von Vereinbarungen, Beschlüssen und aufeinander abgestimmten Verhaltensweisen im Bereich der Versicherungswirtschaft, ABl. 1991, L 143/1; VO (EWG) Nr. 479/92 des Rates vom 25.2.1992 über die Anwendung von Artikel 85 Absatz 3 des Vertrages auf bestimmte Gruppen von Vereinbarungen, Beschlüssen und aufeinander abgestimmten Verhaltensweisen zwischen Seeschifffahrtsunternehmen (Konsortien), ABl. 1992, L 55/3.

mit denen wiederum der Kommission ein von ihr in der Folge vielfach wahrgenommenes Bündel von Befugnissen eingeräumt wurde, damit sie bestimmte Vereinbarungstypen im Sinne des Art. 101 Abs. 1 AEUV von dem in dieser Norm niedergelegten Kartellverbot im Wege des Erlasses eigener Gruppenfreistellungsverordnungen freistellen kann.[57] Insoweit belegen gerade auch diese zurückliegenden Rechtsetzungstätigkeiten des Rates und der Kommission im Verbund mit dem durch den Lissaboner Reformvertrag eingeführten Art. 105 Abs. 3 AEUV, dass das in Art. 103 Abs. 1 AEUV geregelte Rechtsetzungsverfahren nicht selten zweistufig abläuft (s. Rn. 23).

III. Spezielle Anwendungsregelungen für einzelne Wirtschaftszweige

Nach Art. 103 Abs. 2 Buchst. c AEUV ist der Unionsgesetzgeber darüber hinaus in der Lage, gegebenenfalls den Anwendungsbereich der Art. 101 und 102 AEUV für die einzelnen Wirtschaftszweige näher zu bestimmen. Diese Zwecksetzung ermächtigt den Unionsgesetzgeber allerdings nach ganz vorherrschender Auffassung nicht dazu, einzelne Wirtschaftszweige im Wege der Schaffung oder Einführung sekundärrechtlicher Bereichs- oder Legalausnahmen aus dem Anwendungsbereich der Art. 101 und 102 AEUV herauszunehmen.[58] Insoweit unterscheidet sich Art. 103 AEUV ganz erheblich von der agrarrechtlichen Sonderbestimmung des Art. 42 AEUV, wonach das Kapitel über die Wettbewerbsregeln nur insoweit auf die Produktion landwirtschaftlicher Erzeugnisse und den Handel mit diesen Anwendung findet, als der Unionsgesetzgeber dies unter Beachtung der Ziele des Art. 39 AEUV im Rahmen des Art. 43 Abs. 2 AEUV und gemäß dem dort vorgesehenen Verfahren bestimmt.[59] Jenseits dieses auf die **Landwirtschaft** bezogenen Ausnahmebereichs und weniger weiterer vertraglicher Durchbrechungen oder Relativierungen[60] des universellen – d.h. grundsätzlich auf alle Wirtschaftszweige bezogenen – Anwendungsbereichs bzw. Geltungsanspruchs der Art. 101 und 102 AEUV[61] ist der Unionsgesetzgeber auf der Grundlage des Art. 103 AEUV lediglich dazu befugt, die Anwendung der Art. 101 und 102 AEUV für einzelne Wirtschaftszweige zu konkretisieren und zu präzisieren[62] bzw. die Einzelheiten der Anwendung der vorgenannten Wettbewerbsregeln in Bezug auf einzelne spezifische Wirt-

30

---

[57] Mit guten Überblicken über die von der Kommission bereits erlassenen (kartellrechtlichen) Gruppenfreistellungsverordnungen vgl. etwa *Vogel*, in: Loewenheim/Meessen/Riesenkampff, S. 749 ff. Zu dem mit der o. g. Einführung des Legalausnahmesystems verbundenen (rechtlichen) Bedeutungsverlust der unter dem Gesichtspunkt der Rechtssicherheit und der einheitlichen Rechtsanwendung nach wie vor nützlichen und sinnvollen Gruppenfreistellungsverordnungen vgl. nur *Bechtold/Brinker/Bosch/Hirsbrunner*, S. 112 f.; *Khan*, in: Geiger/Khan/Kotzur, EUV/AEUV, Art. 103 AEUV, Rn. 11; *Klees*, S. 43 ff.; zu den in Art. 105 Abs. 3 AEUV geregelten Neuerungen s. Rn. 41.

[58] Dies ist unstreitig, vgl. nur *Bechtold/Brinker/Bosch/Hirsbrunner*, S. 113; *Brinker*, in: Schwarze, EU-Kommentar, Art. 103 AEUV, Rn. 7; *Jung*, in: Calliess/Ruffert, EUV/AEUV, Art. 103 AEUV, Rn. 30; *Khan*, in: Geiger/Khan/Kotzur, EUV/AEUV, Art. 103 AEUV, Rn. 12; *Rapp-Jung*, in: Hirsch/Montag/Säcker, Art. 83 EG, Rn. 24; *Stadler*, in: Langen/Bunte, S. 663; *Sturhahn*, in: Loewenheim/Meessen/Riesenkampf, S. 669 f.

[59] Instruktiv zu den wettbewerbsrechtlichen Besonderheiten im Agrarbereich vgl. jeweils m. w. N. *Jestaedt*, in: Langen/Bunte, S. 461 ff.; *Schweitzer*, in: Immenga/Mestmäcker, Bd. 1 Teil 2, S. 1749 ff.

[60] Vgl. dazu insb. Art. 106 Abs. 2 Satz 1 AEUV und Art. 346–348 AEUV.

[61] Zur höchstrichterlichen Anerkennung des hier angesprochenen »Universalprinzips« vgl. insb. EuGH, Urt. v. 30.4.1986, verb. Rs. 209–213/84 (Asjes), Slg. 1986, 1425, Rn. 40 ff.; Urt. v. 27.1.1987, Rs. 45/85 (Verband der Sachversicherer/Kommission), Slg. 1987, 405, Rn. 12 ff.

[62] In diesem Sinne vgl. etwa auch *Jung*, in: Calliess/Ruffert, EUV/AEUV, Art. 103 AEUV, Rn. 30; *Schröter*, in: *ders.*/Jakob/Klotz/Mederer, S. 960 f.; *Sturhahn*, in: Loewenheim/Meessen/Riesenkampf, S. 670.

schaftsbereiche näher festzulegen.⁶³ Soweit der Unionsgesetzgeber in der Vergangenheit insbesondere im **Verkehrssektor** von dieser subsidiären (»gegebenenfalls«) Konkretisierungs- und Präzisierungsbefugnis Gebrauch gemacht hat,⁶⁴ sind die bei dieser Gelegenheit erlassenen Sekundärrechtsakte später entweder schrittweise aufgehoben⁶⁵ oder durch bestimmte Gruppenfreistellungsverordnungen ersetzt worden,⁶⁶ weshalb übrigens die Kartellverfahrens-VO (EG) Nr. 1/2003 heute auch auf die einzelnen Verkehrsbereiche in vollem Umfang Anwendung findet⁶⁷.

IV. Abgrenzung der Aufgaben zwischen der Kommission und dem Gerichtshof der EU

31   Nach Art. 103 Abs. 2 Buchst. d AEUV ist der Unionsgesetzgeber ferner berechtigt, die Aufgaben der Kommission und des Gerichtshofs der EU bei der Anwendung der in dieser Bestimmung vorgesehenen Vorschriften gegeneinander abzugrenzen. Diese Regelungsbefugnis ist in sachlicher Hinsicht allerdings recht begrenzt, da der EU-Vertrag und der dazugehörige Vertrag über die Arbeitsweise der EU bereits recht klare Bestimmungen im Hinblick auf die allgemeine Abgrenzung der den vorgenannten Unionsorganen auf dem Gebiet des Unionskartellrechts zugewiesenen Aufgaben enthalten und der Unionsgesetzgeber diese vertraglich bzw. **primärrechtlich vorgegebene Aufgabenzuweisung und -abgrenzung** nicht einfach auf der Grundlage des Art. 103 AEUV außer Kraft setzen oder grundlegend ändern darf.⁶⁸ Insoweit kann der Unionsgesetzgeber in Wahrnehmung seiner aus Art. 103 Abs. 1, Abs. 2 Buchst. d AEUV folgenden Rechtsetzungsbefugnis zunächst einmal nichts daran ändern, dass die Kommission kraft ihrer in Art. 17 EUV geregelten und für den speziellen Bereich des unternehmensbezogenen EU-Wettbewerbsrechts noch einmal in Art. 105 AEUV explizit bestätigten Funktion als »Hüterin der Verträge« für die Anwendung bzw. administrative Durchsetzung der Art. 101 und 102 AEUV zuständig ist, während der Gerichtshof der EU, der nach Art. 19 Abs. 1 Satz 1 EUV den Gerichtshof, das Gericht und Fachgerichte umfasst, gemäß Satz 2 der vorgenannten Bestimmung die (gerichtliche) Wahrung des Rechts bei der Auslegung und Anwendung der Verträge sichert und damit natürlich auch dafür zuständig ist, die Rechtmäßigkeit der Handlungen und Unterlassungen der Kommission im Rahmen der administrativen Durchsetzung der Art. 101 und 102 AEUV zu kontrollieren.

---

⁶³ So auch vgl. statt vieler *Bechtold/Brinker/Bosch/Hirsbrunner*, S. 113; *Brinker*, in: Schwarze, EU-Kommentar, Art. 103 AEUV, Rn. 7.

⁶⁴ Exemplarisch dazu vgl. die bereits in Fn. 37 genannten Verordnungen (EWG) Nr. 1017/68, Nr. 4056/86 und Nr. 3975/87; näher zum Ganzen vgl. etwa *Wiemer*, in: Langen/Bunte, S. 461 ff.

⁶⁵ Vgl. in diesem Kontext insb. VO (EG) Nr. 411/2004 des Rates vom 26. 2. 2004 zur Aufhebung der Verordnung (EWG) Nr. 3975/87 und zur Änderung der Verordnung (EWG) Nr. 3976/87 sowie der Verordnung (EG) Nr. 1/2003 hinsichtlich des Luftverkehrs zwischen der Gemeinschaft und Drittländern, ABl. 2004, L 68/1, und zum anderen die VO (EG) Nr. 1419/2006 des Rates vom 25. 9. 2006 zur Aufhebung der Verordnung (EWG) Nr. 4056/86 über die Einzelheiten der Anwendung der Artikel 85 und 86 des Vertrags auf den Seeverkehr und zur Ausweitung des Anwendungsbereichs der Verordnung (EG) Nr. 1/2003 auf Kabotage und internationale Trampdienste, ABl. 2006, L 269/1.

⁶⁶ Näher dazu vgl. statt vieler *Jung*, in: Calliess/Ruffert, EUV/AEUV, Art. 103 AEUV, Rn. 32; *Rapp-Jung*, in: Hirsch/Montag/Säcker, Art. 83 EG, Rn. 25.

⁶⁷ Näher dazu vgl. nur *Brinker*, in: Schwarze, EU-Kommentar, Art. 103 AEUV, Rn. 8.

⁶⁸ Zutr. *Khan*, in: Geiger/Khan/Kotzur, EUV/AEUV, Art. 103 AEUV, Rn. 13; *Schröter*, in: *ders.*/Jakob/Klotz/Mederer, S. 962 f.; *Stadler*, in: Langen/Bunte, S. 664; *Sturhahn*, in: Loewenheim/Meessen/Riesenkampf, S. 670.

Angesichts der vorgenannten Ausgangslage beschränkt sich die praktische Relevanz **32**
der in Art. 103 Abs. 2 Buchst. d AEUV angesprochenen Regelungsbefugnis im Wesentlichen auf die wettbewerbsrechtsspezifische Realisierung der durch Art. 261 AEUV explizit eröffneten Möglichkeit, dem Unionsrichter im Hinblick auf die gerichtliche Überprüfung bestimmter Zwangsmaßnahmen der Kommission eine über Art. 263 AEUV hinausgehende Zuständigkeit zu übertragen. Konkret sieht Art. 261 AEUV vor, dass die auf Grund der Verträge vom Europäischen Parlament und vom Rat gemeinsam oder vom Rat erlassenen Verordnungen hinsichtlich der darin vorgesehenen Zwangsmaßnahmen dem Gerichtshof der EU eine Zuständigkeit übertragen können, welche die Befugnis zu unbeschränkter Ermessensnachprüfung und zur Änderung oder Verhängung solcher Maßnahmen umfasst. Diese auf Geldbußen und Zwangsmaßnahmen im Sinne des Art. 103 Abs. 2 Buchst. a AEUV (s. Rn. 25 ff.) bezogene Befugnis zu unbeschränkter Ermessensnachprüfung ist wichtig und sachgerecht, da sich die aus dem in Art. 47 GRC niedergelegten **Unionsgrundrecht auf effektiven Rechtsschutz** abzuleitenden Kontrolldichteanforderungen[69] bei der gerichtlichen Überprüfung von Kommissionsbeschlüssen, die sich durch eine starke Eingriffsintensität auszeichnen, zwangsläufig erhöhen[70].

Vor diesem Hintergrund ist es erfreulich, dass der Unionsgesetzgeber seinem aus **33**
Art. 103 Abs. 2 Buchst. d AEUV i. V. m. Art. 261 AEUV und Art. 47 GRC herzuleitenden Regelungsauftrag bereits in umfassender Weise gerecht geworden ist, indem er etwa in Bezug auf die der Kommission im Anwendungsbereich des EU-Kartellverfahrensrechts durch die Art. 23 und 24 VO (EG) Nr. 1/2003 ermöglichte Festsetzung von Geldbußen und Zwangsgeldern (s. Rn. 25 ff.) die in Art. 31 VO (EG) Nr. 1/2003 enthaltene und aus der Vorgänger-VO Nr. 17 hervorgegangene[71] Regelung geschaffen hat, wonach der Gerichtshof bei Klagen gegen Entscheidungen bzw. gegen Beschlüsse, mit denen die Kommission eine Geldbuße oder ein Zwangsgeld festgesetzt hat, die **Befugnis zu unbeschränkter Nachprüfung** der Entscheidung bzw. des Beschlusses hat und wonach er die festgesetzte Geldbuße oder das festgesetzte Zwangsgeld aufheben, herabsetzen oder erhöhen kann.[72] Entsprechendes gilt übrigens auch im Anwendungsbereich des EU-Fusionskontrollrechts im Hinblick auf solche Geldbußen und Zwangsgelder, die von der Kommission auf der Grundlage der Art. 14 und 15 VO (EG) Nr. 139/2004 festgesetzt werden können.[73]

---

[69] Näher dazu vgl. etwa *Frenz*, Handbuch Europarecht, Bd. 4, Rn. 5054 f.; *Jarass*, GRCh, Art. 47 GRC, Rn. 30; *Nowak*, in: Heselhaus/Nowak, Handbuch der Europäischen Grundrechte, § 51, Rn. 44 f.; *ders.*, Europäisches Verwaltungsrecht und Grundrechte, in: Terhechte, Verwaltungsrecht der EU, § 14, Rn. 22 f.; *Rengeling*, Effektiver Rechtsschutz in der Europäischen Union, FS Schwarze, 2014, S. 735 (746).

[70] In diese Richtung weisend vgl. auch EuGH, Urt. v. 8. 12. 2011, Rs. C–386/10 P (Chalkor/Kommission), Slg. 2011, I–13085, Rn. 62; Urt. v. 18. 7. 2013, Rs. C–501/11 P (Schindler Holding u. a./Kommission), NZKart 2013, 334, Rn. 155; Urt. v. 19. 12. 2013, verb. Rs. C–239/11 P, C–489/11 P u. C–498/11 P (Siemens AG u. a./Kommission), NZKart 2014, 59, Rn. 333 ff.

[71] Vgl. Art. 17 VO Nr. 17 (Fn. 9).

[72] Ausführlicher zu den durch diese Norm aufgeworfenen Rechtsfragen und zur enormen Bedeutung dieser Norm in der Rechtsprechungspraxis des Unionsrichters vgl. etwa *v. Alemann*, EuZW 2006, 487; *de Bronett*, Europäisches Kartellverfahrensrecht, Art. 31 VO 1/2003, Rn. 12 ff.; *ders.*, EWS 2013, 449; *ders.*, EWS 2014, 5; *Frenz*, EWS 2013, 123; *Hauger/Palzer*, World Competition 36 (2013), 565 (575 ff.); *Nehl*, in: Immenga/Körber, S. 113 ff.; *Polzin*, WuW 2011, 454 ff.; *Schmidt*, S. 84 ff.; sowie die instruktiven Schlussanträge des Generalanwalts *Wathelet* vom 26. 9. 2013 in der Rs. C–295/12 P (Telefónica u. a./Kommission), NZKart 2013, 512, Rn. 107 ff.

[73] Vgl. Art. 16 VO (EG) Nr. 139/2004 (Fn. 33). Zur entsprechenden Befugnis des Unionsrichters im

34 Die in Art. 31 VO (EG) Nr. 1/2003 und Art. 16 VO (EG) Nr. 139/2004 geregelten Befugnisse zu unbeschränkter Nachprüfung ermächtigen den Unionsrichter über die reine Kontrolle der Rechtmäßigkeit der jeweiligen Zwangs- oder Sanktionsmaßnahme hinaus nicht nur zur Aufhebung, Herabsetzung oder Erhöhung der von der Kommission verhängten Zwangsmaßnahme, sondern auch dazu, die diesbezügliche Beurteilung der Kommission durch seine eigene Beurteilung zu ersetzen.[74] Dies ist insbesondere deshalb bemerkenswert, weil der Unionsrichter der Kommission hinsichtlich der Beurteilung und Bewertung komplexer wirtschaftlicher Zusammenhänge normalerweise ein recht weites Ermessen zugesteht und daraus zugleich ableitet, dass sich die **unionsgerichtliche Überprüfung der Beurteilung komplexer wirtschaftlicher Sachverhalte** oder Gegebenheiten durch die Kommission darauf beschränken muss, ob die Verfahrensregeln und die Vorschriften über die nach Art. 296 Abs. 2 AEUV erforderliche Begründung eingehalten wurden, ob der Sachverhalt zutreffend festgestellt wurde, ob der Kommission kein offensichtlicher Beurteilungsfehler unterlaufen ist und ob kein Ermessensmissbrauch vorliegt.[75] Diese generelle Rechtsprechungslinie des Unionsrichters wird in Art. 31 VO (EG) Nr. 1/2003 und in Art. 16 VO (EG) Nr. 139/2004 partiell durchbrochen bzw. eingeschränkt, um den Individualrechtsschutz gegen EU-wettbewerbsverfahrensrechtliche Geldbußen und Zwangsgelder so gut wie möglich mit dem oben genannten Unionsgrundrecht auf effektiven Rechtsschutz (s. Rn. 32) in Einklang bringen zu können.

V. Festlegung des Verhältnisses zwischen innerstaatlichen Rechtsvorschriften und dem unternehmensbezogenen EU-Wettbewerbsrecht

35 Nach Art. 103 Abs. 2 Buchst. e AEUV ist der Unionsgesetzgeber schließlich auch dazu berechtigt, das zwischen den innerstaatlichen Rechtsvorschriften einerseits und den in diesem Abschnitt enthaltenen oder auf Grund dieses Artikels getroffenen Bestimmungen andererseits bestehende Verhältnis festzulegen. Diese Regelungsbefugnis scheint zwar auf den ersten Blick recht weit zu sein, da sie auf **innerstaatliche Rechtsvorschriften** der Mitgliedstaaten Bezug nimmt und sich insoweit nicht allein auf innerstaatliche Wettbewerbsvorschriften beschränkt.[76] Die inhaltliche Reichweite des in Art. 103 Abs. 2

EU-Beihilfenkontrollrecht vgl. den noch recht jungen Art. 6b Abs. 6 VO (EG) Nr. 659/1999 des Rates vom 22.3.1999 über besondere Vorschriften für die Anwendung von Artikel 93 des EG-Vertrags [jetzt: Art. 108 AEUV], ABl. 1999, L 81/1, i.d.F. der Änderungs-VO (EU) Nr. 734/2013 des Rates vom 22.7.2013, ABl. 2013, L 204/15.

[74] Vgl. nur EuGH, Urt. v. 8.12.2011, Rs. C–389/10 P (KME Germany u.a./Kommission), Slg. 2011, I–12789, Rn. 130; EuG, Urt. v. 16.9.2013, Rs. T–364/10 (Duravit/Kommission), NZKart 2013, 412, Rn. 42; EuGH, Urt. v. 24.10.2013, Rs. C–510/11 P (Kone u.a./Kommission), NZKart 2013, 503, Rn. 26 ff.

[75] Zu dieser gerade auch im unternehmensbezogenen EU-Wettbewerbsrecht maßgeblichen Rechtsprechungslinie vgl. nur EuGH, Urt. v. 28.5.1998, Rs. C–7/95 P (Deere/Kommission), Slg. 1998, I–3111, Rn. 34; EuG, Urt. v. 23.10.2003, Rs. T–65/98 (Van den Bergh Foods/Kommission), Slg. 2003, II–4653, Rn. 80; Urt. v. 22.3.2011, Rs. T–419/03 (Altstoff Recycling Austria/Kommission), Slg. 2011, II–975, Rn. 51; Urt. v. 14.4.2011, Rs. T–461/07 (Visa Europe u.a./Kommission), Slg. 2011, II–1729, Rn. 70; EuGH, Urt. v. 24.10.2013, Rs. C–510/11 P (Kone u.a./Kommission), NZKart 2013, 503, Rn. 26 f.; näher zum Ganzen vgl. auch m.w.N. *Voet van Vormizeele*, Die Kontrolldichte bei der Würdigung komplexer wirtschaftlicher Sachverhalte durch die europäischen Gerichte – zugleich eine kritische Analyse zur Effektivität des Rechtsschutzes in der europäischen Fusionskontrolle, FS Schwarze, 2014, S. 771 ff.

[76] Dieses weite Verständnis des o.g. Tatbestandsmerkmals »innerstaatliche Rechtsvorschriften« ist weitgehend unstreitig, vgl. nur *Jung*, in: Calliess/Ruffert, EUV/AEUV, Art. 103 AEUV, Rn. 36; *Rapp-Jung*, in: Hirsch/Montag/Säcker, Art. 83 EG, Rn. 30.

Buchst. e AEUV angesprochenen Regelungsauftrags wird jedoch dadurch begrenzt, dass dem Unionsrecht ein – heute nur noch hinsichtlich seiner konkreten Reichweite bzw. seiner vom Unionsrichter postulierten Absolutheit partiell umstrittener – Anwendungsvorrang gegenüber kollidierendem Recht der Mitgliedstaaten zukommt,[77] der grundsätzlich auch für das zwischen dem Unionskartellrecht und dem innerstaatlichen Kartellrecht der Mitgliedstaaten bestehende Rangverhältnis gilt[78] und insoweit nicht auf der Grundlage des Art. 103 AEUV abgeschafft oder übergangen werden darf, sondern lediglich bestätigt, präzisiert und konkretisiert werden kann.[79] In Wahrnehmung dieser Konkretisierungsbefugnis hat sich der Unionsgesetzgeber beispielsweise für den wettbewerbsrechtlichen Teilbereich der **EU-Fusionskontrolle** dafür entschieden, der Kommission eine ausschließliche Zuständigkeit für die Kontrolle der in den Anwendungsbereich der VO (EG) Nr. 139/2004 fallenden Unternehmenszusammenschlüsse von gemeinschaftsweiter Bedeutung und den mitgliedstaatlichen Wettbewerbsbehörden eine ausschließliche Zuständigkeit für die nicht in den Anwendungsbereich dieser Fusionskontroll-VO fallenden Zusammenschlüsse einzuräumen,[80] wobei diese grundsätzlich geltende Zuständigkeitsverteilung und das dadurch geprägte Verhältnis zwischen dem supranationalen und dem mitgliedstaatlichen Fusionskontrollrecht durch die gleichermaßen als Ausnahmebestimmungen und Verweisungsnormen einzustufenden Art. 9 und 22 dieser Verordnung etwas relativiert werden. Eine weitere Norm, die ebenfalls auf der Grundlage der Vorgängerbestimmung des Art. 103 AEUV (s. Rn. 2) erlassen wurde und das **Verhältnis zwischen den Art. 101 und 102 AEUV** einerseits **und dem innerstaatlichen Kartellrecht** der Mitgliedstaaten andererseits zum Gegenstand hat, findet sich in Art. 3 VO (EG) Nr. 1/2003, der im engen Verbund mit Art. 16 VO (EG) Nr. 1/2003 sicherstellt, dass sich der oben genannte (unionsverfassungsrechtliche) Vorranggrundsatz auch im Anwendungsbereich des supranationalen Unionskartellrechts gegenüber kollidierendem innerstaatlichem Recht behaupten kann.[81]

---

[77] Grdlg. dazu vgl. EuGH, Urt. v. 3.6.1964, Rs. 6/64 (Costa/E.N.E.L.), Slg. 1964, 1251 (1269); sowie Urt. v. 17.12.1970, Rs. 11/70 (Internationale Handelsgesellschaft), Slg. 1970, 1125, Rn. 3; Urt. v. 9.3.1978, Rs. 106/77 (Simmenthal II), Slg. 1978, 629, Rn. 17/18; Urt. v. 29.4.1999, Rs. C–224/97 (Ciola), Slg. 1999, I–2517, Rn. 21 ff.; Urt. v. 11.1.2000, Rs. C–285/98 (Kreil), Slg. 2000, I–69, Rn. 32; Urt. v. 8.9.2010, Rs. C–409/06 (Winner Wetten), Slg. 2010, I–8015, Rn. 53; zum anhaltenden Fundamentalstreit über die tatsächliche Reichweite dieses Anwendungsvorrangs bzw. zum nach wie vor bestehenden Grunddissens zwischen dem Unionsrichter und dem BVerfG im Hinblick auf die tatsächliche Reichweite des hier in Rede stehenden Vorranggrundsatzes vgl. jeweils m.w.N. *Nowak*, Europarecht, S. 129 ff.; *Nowak*, DVBl 2012, 861.
[78] Grdlg. dazu vgl. EuGH, Urt. v. 13.2.1969, Rs. 14/68 (Walt Wilhelm u. a./BKartA), Slg. 1969, 1, Rn. 3 f.; EuGH, Urt. v. 10.7.1980, verb. Rs. 253/78 u. 1–3/79 (Procureur de la République), Slg. 1980, 2327, Rn. 15 ff.; näher zum Ganzen vgl. jeweils m.w.N. *Bechtold/Brinker/Bosch/Hirsbrunner*, S. 115 ff.; *Brinker*, in: Schwarze, EU-Kommentar, Art. 103 AEUV, Rn. 13 ff.
[79] Zutr. vgl. statt vieler *Jung*, in: Calliess/Ruffert, EUV/AEUV, Art. 103 AEUV, Rn. 37 f.; *Rapp-Jung*, in: Hirsch/Montag/Säcker, Art. 83 EG, Rn. 31.
[80] Vgl. Art. 21 Abs. 2 und 3 VO (EG) Nr. 139/2004 (Fn. 33).
[81] Ausführlicher dazu vgl. *Brinker*, in: Schwarze, EU-Kommentar, Art. 103 AEUV, Rn. 13 ff.; *de Bronett*, Europäisches Kartellverfahrensrecht, Art. 3 VO 1/2003, Rn. 2 ff.; *Jung*, in: Calliess/Ruffert, EUV/AEUV, Art. 103 AEUV, Rn. 36 ff.; *Lampert/Niejahr/Kübler/Weidenbach*, S. 62 ff.; *Rehbinder*, in: Immenga/Mestmäcker, Bd. 1 Teil 2, Art. 3 VO 1/2003, Rn. 1 ff.; *Reidlinger*, in: Streinz, EUV/AEUV, Art. 103 AEUV, Rn. 33 ff.; *Ritter*, in: Immenga/Mestmäcker, Bd. 1 Teil 1, Art. 103 AEUV, Rn. 22 f.; *Schröter*, in: ders./Jakob/Klotz/Mederer, S. 963 f.; *Sturhahn*, in: Loewenheim/Meessen/Riesenkampf, S. 671 ff.

VI. Nicht abschließender Charakter des in Art. 103 Abs. 2 AEUV enthaltenen Beispielkatalogs und sonstige zweckdienliche Regelungsgegenstände

36 Die in Art. 103 Abs. 2 Buchst. a-e AEUV angesprochenen Zwecksetzungen bzw. Regelungsgegenstände sind nicht abschließender Art. Dies ergibt sich mit aller Deutlichkeit aus dem in diesem Absatz enthaltenen Tatbestandsmerkmal »insbesondere«, das insoweit verdeutlicht, dass es sich bei der in dieser Norm enthaltenen Auflistung zulässiger oder statthafter Regelungsgegenstände um einen Beispielskatalog handelt (s. Rn. 24), der den Unionsgesetzgeber auf der Grundlage des Art. 103 Abs. 1 AEUV zum Erlass weiterer – über die in Art. 103 Abs. 2 Buchst. a–e AEUV genannten Regelungsgegenstände hinausgehender – Vorschriften ermächtigt und verpflichtet, sofern diese zur Verwirklichung der in den Art. 101 und 102 AEUV niedergelegten Grundsätze zweckdienlich sind (s. Rn. 6 ff.). Insofern ist es in keinster Weise zu beanstanden, dass der Unionsgesetzgeber seine bislang erlassenen Sekundärrechtsakte im Sinne des Art. 103 Abs. 1 AEUV, von denen die oben bereits mehrfach angesprochenen Verordnungen (EG) Nr. 1/2003 und Nr. 139/2004 von herausragender Bedeutung sind, mit weiteren wichtigen Einzelbestimmungen angereichert hat, die beispielsweise die Kommission nicht nur mit recht vielfältigen Entscheidungsbefugnissen[82] ausstatten, sondern auch weitreichende **Ermittlungsbefugnisse der Kommission** und mitgliedstaatlicher Wettbewerbsbehörden begründen. Diese Befugnisse ermöglichen der Kommission sowohl sektorspezifische Untersuchungen, verschiedene Auskunftsverlangen und Befragungen als auch unangekündigte Nachprüfungen in den Geschäftsräumen der betreffenden Unternehmen und Unternehmensvereinigungen und zum Teil sogar in bestimmten Privaträumen,[83] die durch verschiedene Grundsätze des Unionsrechts etwa in Gestalt des Verhältnismäßigkeitsgrundsatzes begrenzt werden[84] und zudem mit einer Reihe von gegenläufigen Unionsgrundrechten der betroffenen Unternehmen, Unternehmensvereinigungen und/oder Privaten in Einklang gebracht werden müssen.[85]

---

[82] Vgl. neben den o.g. Art. 23 u. 24 VO (EG) Nr. 1/2003 (Fn. 33) insb. Art. 7–10 dieser VO sowie neben den o.g. Art. 14 u. 15 VO (EG) Nr. 139/2004 (Fn. 33) insb. Art. 6, 7 Abs. 3 u. 8 dieser VO.

[83] Ausführlich zu diesen in den Art. 17–22 VO (EG) Nr. 1/2003 u. Art. 11–13 VO (EG) Nr. 139/2004 geregelten Ermittlungsbefugnissen vgl. neben den zahlreichen Kommentierungen der vorgenannten Bestimmungen statt vieler *Hensmann*, S. 39 ff.; *Klees*, S. 307 ff.; *Johanns*, in: Mäger, S. 527 ff.; *Meyer/Kuhn*, WuW 2004, 880; *Nehl*, in: Behrens/Braun/Nowak, S. 73 ff.; *Nowak*, in: Bruha/Nowak, S. 107 ff.; *Reinalter*, ZEuS 2009, 53; *Schwarze/Weitbrecht*, S. 51 ff.; *Seitz/Berg/Lohrberg*, WuW 2007, 716; *Vocke*, S. 177 ff.; sowie die Ziff. 32 ff. der »Bekanntmachung der Kommission über bewährte Vorgehensweisen in Verfahren nach Artikel 101 und 102 des AEUV«, ABl. 2011, C 308/6.

[84] Zu der bei Auswahl und Durchführung EU-kartellverfahrensrechtlicher Ermittlungsmaßnahmen bestehenden Bindung der Kommission an den unionsverfassungsrechtlichen Verhältnismäßigkeitsgrundsatz vgl. nur EuGH, Urt. v. 26.6.1980, Rs. 136/79 (National Panasonic/Kommission), Slg. 1980, 2033, Rn. 29 f.; Urt. v. 21.9.1989, verb. Rs. 46/87 u. 227/88 (Hoechst/Kommission), Slg. 1989, 2859, Rn. 19; EuG, Urt. v. 12.12.1991, Rs. T–39/90 (SEP/Kommission), Slg. 1991, II–1497, Rn. 51 ff.; Urt. v. 8.3.2007, Rs. T–339/04 (France Télécom/Kommission), Slg. 2007, II–521, Rn. 117 ff.; *Jaeckel*, in: Grabitz/Hilf/Nettesheim, EU, Art. 337 AEUV (August 2011), Rn. 42; *Hempel*, EuZW 2016, 379; *Kellerbauer*, EuZW 2014, 407; *Ladenburger*, in: GSH, Europäisches Unionsrecht, Art. 337 AEUV, Rn. 40.

[85] Instruktiv dazu vgl. insb. *Nowak*, in: Loewenheim/Meessen/Riesenkampf, Art. 20 VerfVO, Rn. 16 ff., und Art. 21 VerfVO, Rn. 1 ff.; sowie zuletzt EuGH, Urt. v. 18.6.2015, Rs: C–583/13 P (Deutsche Bahn u.a./Kommission), ECLI:EU:C:2015:404, i.V.m. EuG, Urt. v. 6.9.2013, verb. Rs. T–289/11, T–290/11 u. T–521/11 (Deutsche Bahn/Kommission), NZKart 2013, 407 ff.; näher zu dieser Entscheidung vgl. *Bischke*, NZKart 2013, 397; *Röhrig*, WuW 2014, 814.

Darüber hinaus finden sich in den hier in Rede stehenden Sekundärrechtsakten diverse Einzelbestimmungen, die verschiedene – zum Teil auch durch andere Rechtsakte zusätzlich abgesicherte[86] – **Verfahrens- bzw. Verteidigungsrechte der Haupt- und Drittbetroffenen** garantieren, damit die wettbewerbsverfahrensrechtliche Machtfülle der Kommission in einer dem Gedanken der Rechtsstaatlichkeit verpflichteten Weise begrenzt und eine möglichst vernünftige Balance zwischen den gegenläufigen Interessen an einer hinreichend effektiven Kartellrechtsdurchsetzung durch die Kommission auf der einen Seite und an einem möglichst effektiven Grundrechtsschutz der betroffenen Unternehmen und Unternehmensvereinigungen auf der anderen Seite hergestellt wird.[87] Dies schließt auch verschiedene **Regelungen zur wettbewerbsverfahrensrechtlichen Stellung drittbetroffener Beschwerdeführer** ein, die ihnen unter anderem einen einklagbaren Anspruch auf Erhalt einer anfechtbaren Beschwerdebescheidung durch die Kommission verschaffen.[88]

37

Weitere Einzelbestimmungen dieser Sekundärrechtsakte haben die durch eine Kommissionsmitteilung näher konturierte **Zusammenarbeit zwischen der Kommission und mitgliedstaatlichen Gerichten** zum Gegenstand.[89] Diesen Gerichten kommt eine herausragende Bedeutung im Rahmen der privaten Kartellrechtsdurchsetzung zu, die durch die unmittelbare Anwendbarkeit bzw. Wirkung der in den Art. 101 Abs. 1 und 102 AEUV niedergelegten Verbotstatbestände gewährleistet wird (s. Rn. 3) und nicht nur von Privaten, sondern auch von der EU selbst betrieben werden kann.[90] Um die **effek-**

38

---

[86] Exemplarisch dazu vgl. zum einen den Beschluss des Präsidenten der Europäischen Kommission vom 13.10.2011 über Funktion und Mandat des Anhörungsbeauftragten in bestimmten Wettbewerbsverfahren, ABl. 2011, L 275/29; ausführlicher dazu vgl. *Göttlinger*, S. 336 f.; *Kellerbauer*, EuZW 2013, 10. Zum anderen vgl. die VO (EG) Nr. 1049/2001 des Europäischen Parlaments und des Rates vom 30.5.2001 über den Zugang der Öffentlichkeit zu Dokumenten des Europäischen Parlaments, des Rates und der Kommission (ABl. 2001, L 145/43), die das Potential hat, die Aktenzugangsmöglichkeiten Drittbetroffener im EU-Kartellverfahrensrecht zu verstärken, vgl. dazu insb. EuG, Urt. v. 15.12.2011, Rs. T–437/08 (CDC Hydrogene Peroxide/Kommission), Slg. 2011, II–8251; Urt. v. 22.5.2012, Rs. T–344/08 (EnBW Energie Baden-Württemberg/Kommission), EuZW 2012, 315; ausführlicher zu diesen beiden Entscheidungen vgl. nur *Frenz/Lülsdorf*, EWS 2013, 169 (170 ff.); *Palzer*, EuR 2012, 583; *Yomere*, WuW 2013, 34. Diesbezüglich sehr viel restriktiver vgl. nunmehr allerdings die Rechtsmittelentscheidung des EuGH, Urt. v. 27.2.2014, Rs. C–365/12 P (Kommission/EnBW u.a.), NZKart 2014, 140 = EuZW 2014, 311, mit der das erstinstanzliche Urteil des EuGH in der vorgenannten Rs. T–344/08 aufgehoben wurde; näher dazu vgl. *Hempel*, EuZW 2014, 297.

[87] Ausführlich zu diesem facettenreichen Themenkomplex vgl. statt vieler *Hauger/Palzer*, World Competition 36 (2013), 565; *Jungheim*, EWS 2013, 305; *Lenaerts*, NZKart 2013, 175; *Nascimbene*, E.L.Rev. 38 (2013), 573; *Nehl*, in: Behrens/Braun/Nowak, S. 73 ff.; *Nöhmer*, S. 145 ff.; *Nowak*, in: Behrens/Braun/Nowak, 23 ff.; *Nowak*, in: Bruha/Nowak, S. 107 ff.; *Schwarze/Weitbrecht*, S. 70 ff.; *Seitz*, EuR-Beih. 2/2011, 71; *Weiß*, EuZW 2006, 263; *Weiß*, ÖZK 2010, 12.

[88] Ausführlicher dazu vgl. etwa *de Bronett*, WuW 2015, 26; *Nowak*, in: Behrens/Braun/Nowak, S. 165 ff., sowie die Ziff. 134 ff. der »Bekanntmachung der Kommission über bewährte Vorgehensweisen in Verfahren nach Artikel 101 und 102 des AEUV«, ABl. 2011, C 308/6.

[89] Vgl. insb. Art. 15 VO (EG) Nr. 1/2003 (Fn. 33) i. V. m. der Bekanntmachung der Kommission über die Zusammenarbeit zwischen ihr und den Gerichten der Mitgliedstaaten bei der Anwendung der Art. 81 u. 82 EGV (jetzt: Art. 101 f. AEUV), ABl. 2004, C 101/54; ausführlich zu dieser wichtigen Kooperationsbeziehung vgl. *Fuchs*, EuR-Beih. 2/2005, 77 (106 ff.); *Klees*, S. 280 ff.; *Niggemann*, in: Streinz, EUV/AEUV, KartVO nach Art. 103 AEUV, Rn. 16 ff.; *Nothdurft*, in: Weiß, 143 ff.; *Ritter*, in: Immenga/Mestmäcker, Bd. 1 Teil 2, Art. 15 VO 1/2003, Rn. 1 ff.

[90] Zu der in unionsgrundrechtlicher Hinsicht nicht unumstrittenen Möglichkeit der privaten Kartellrechtsdurchsetzung durch die – hierbei von der Kommission vertretene – EU vgl. EuGH, Urt. v. 6.11.2012, Rs. C–199/11 (EG/Otis u.a.), EuZW 2013, 24, Rn. 40 ff. = EWS 2013, 142, mit Anm. *Frenz/Lülsdorf*, EWS 2013, 169 (173 f.); *Hauger/Palzer*, World Competition 36 (2013), 565; *Landbrecht*, EuZW 2013, 28; *Paulus*, ÖZK 2012, 231; *Raue*, WRP 2013, 147; Sirakova, NZKart 2015, 466.

tive private **Kartellrechtsdurchsetzung** zu verstärken, hat die Kommission am 11. 6. 2013 einen vieldiskutierten Vorschlag für eine gleichermaßen auf Art. 103 AEUV und Art. 114 AEUV zu stützende Richtlinie des Europäischen Parlaments und des Rates über bestimmte Vorschriften für Schadensersatzklagen nach einzelstaatlichem Recht wegen Zuwiderhandlungen gegen wettbewerbsrechtliche Bestimmungen der Mitgliedstaaten und der EU unterbreitet,[91] die nicht nur auf eine erhebliche Stärkung der privaten Kartellrechtsdurchsetzung, sondern auch auf eine – in thematischer Hinsicht äußerst eng mit den beiden EuGH-Urteilen in den Rechtssachen Pfleiderer[92] und Donau Chemie[93] zusammenhängende – **Optimierung der Interaktion zwischen der behördlichen und der privaten Durchsetzung des EU-Kartellrechts** ausgerichtet ist.[94] Begleitet oder ergänzt wird der vorgenannte Richtlinienvorschlag, der tatsächlich in die nunmehr bereits in Kraft getretene und von allen EU-Mitgliedstaaten bis spätestens zum 27. 12. 2016 in innerstaatliches Recht umzusetzende **Kartellschadensersatz-Richtlinie 2014/104/EU**[95] eingemündet ist, zum einen durch eine insbesondere auf Art. 292 AEUV gestützte Empfehlung der Kommission vom 11. 6. 2013, die auf die nicht obligatorische Einführung von Kollektiv- bzw. Sammelklagen zur Durchsetzung auch kartellrechtlicher Schadensersatzansprüche abzielt[96] und durch eine damit sehr eng zusammenhängende Mitteilung der Kommission vom 11. 6. 2013 mit dem Titel »Auf dem Weg zu einem allgemeinen europäischen Rahmen für den kollektiven Rechtsschutz«[97] flankiert wird. Ergänzt wird das vorgenannte Maßnahmenpaket zum anderen schließlich durch eine mit einem entsprechenden »Praktischen Leitfaden« verbundene Mitteilung der Kommission vom 13. 6. 2013 »zur Ermittlung des Schadensumfangs bei Schadensersatzklagen wegen Zuwiderhandlungen gegen Artikel 101 oder 102 des Vertrags über die Arbeitsweise der Europäischen Union«.[98]

---

[91] COM(2013) 404 final; ausführlich zu diesem Kommissionsvorschlag vgl. *Bien*, NZKart 2013, 481; *Fiedler*, BB 2013, 2179; *Fiedler/Huttenlauch*, NZKart 2013, 350; *Frenz*, EuZW 2013, 778; *Gussone/Schreiber*, WuW 2013, 1040; *Krüger*, NZKart 2013, 483; *Mederer*, EuZW 2013, 847; *Nowak*, ZVertriebsR 2013, 376; *Seitz*, EuZW 2013, 561; *Vollrath*, NZKart 2013, 434.
[92] EuGH, Urt. v. 14. 6. 2011, Rs. C–360/09 (Pfleiderer), Slg. 2011, I–5161 ff.; ausführlicher dazu vgl. statt vieler *Busch/Sellin*, BB 2012, 1167 ff.; *Dück/Eufinger/Schultes*, EuZW 2012, 418 ff.; *Mäger/Zimmer/Milde*, WuW 2011, 935; *Palzer/Preisendanz*, EWS 2011, 365; *Völcker*, CMLRev. 49 (2012), 695.
[93] EuGH, Urt. v. 6. 6. 2013, Rs. C–536/11 (Donau Chemie), EuZW 2013, 586 ff., mit Anm. *Gussone/Maritzen*, EWS 2013, 292; *Hempel*, EuZW 2013, 589 f.; *Kersting*, JZ 2013, 737; *Pauer*, ÖZK 2013, 151; ausführlich dazu vgl. ferner *Dworschak/Maritzen*, WuW 2013, 829; *Hummer/Leitner*, ÖZK 2013, 147; *Maritzen/Pauer*, WRP 2013, 1151; *Palzer*, NZKart 2013, 324; *Polster/Hammerschmid*, ÖZK 2013, 140; *Richter*, ZfRV 2013, 196; *Thalhammer/Wartinger*, ÖZK 2013, 143; *Urlesberger/Ditz*, ÖZK 2013, 135.
[94] Instruktiv dazu vgl. auch *Badtke/Lang*, WuW 2016, 276; *Brinker*, FS Schwarze, S. 536; *Frenz*, EuZW 2013, 778; *Koch*, JZ 2013, 390; *Kreße*, WRP 2016, 567; *Raue*, WRP, 2012, 1478; *Reichert/Walther*, GPR 2015, 120; *Wessing*, WuW 2015, 220.
[95] Zu dieser Richtlinie und dazugehörigen Literaturnachweisen siehe bereits oben Fn. 21.
[96] Empfehlung der Kommission vom 11. 6. 2013 »Gemeinsame Grundsätze für kollektive Unterlassungs- und Schadensersatzverfahren in den Mitgliedstaaten bei Verletzung von durch Unionsrecht garantierten Rechten«, ABl. 2013, L 201/60, näher zu dieser Empfehlung vgl. *Behrendt/v. Enzberg*, RIW 2014, 253; *Deutlmoser*, EuZW 2013, 652; *Hempel*, NZKart 2013, 494; *Seitz*, EuZW 2013, 561; ausführlicher zum Ganzen vgl. jeweils m. w. N. *Böni*, EWS 2015, 130; *Brömmelmeyer*, S. 57 ff.; *Koch*, WuW 2013, 1059; *Roth*, in: Casper/Janssen/Pohlmann/Schulze, S. 109 ff.
[97] COM(2013) 401 final.
[98] ABl. 2013, C 167/19; ausführlicher zum o. g. Leitfaden vgl. *Bernhard*, NZKart 2013, 488.

Von besonderer Bedeutung sind im vorliegenden Kontext schließlich auch diverse – ebenfalls auf Art. 103 AEUV zurückführbare – Einzelbestimmungen, die sich mit der überaus wichtigen Zusammenarbeit zwischen der Kommission und mitgliedstaatlichen Wettbewerbsbehörden im Anwendungsbereich des EU-Fusionskontrollrechts[99] und vor allem im Rahmen des so genannten Europäischen Netzes der Wettbewerbsbehörden befassen.[100] Dieses so genannte **European Competition Network**, das im Zuge der zum 1. 5. 2004 realisierten Modernisierung des EU-Kartellrechts im Interesse einer noch effektiveren administrativen Durchsetzung der in Art. 101 Abs. 1 AEUV und Art. 102 AEUV niedergelegten Verbotstatbestände errichtet worden ist,[101] zielt vor allem darauf ab, im Anwendungsbereich des maßgeblich durch die VO (EG) Nr. 1/2003 ausgestalteten EU-Kartellverfahrensrechts eine möglichst optimale Fallverteilung und einen reibungslosen Informationsaustausch zwischen den mitgliedstaatlichen Wettbewerbsbehörden untereinander sowie zwischen diesen Wettbewerbsbehörden und der Kommission zu gewährleisten,[102] ohne dabei die dominante bzw. herausragende Stellung der Kommission im Rahmen dieses Netzwerkes[103] in Frage zu stellen.

39

D. Verhältnis zu anderen vertraglichen Rechtsetzungsermächtigungen

Neben der in Art. 103 AEUV geregelten Rechtsetzungsermächtigung und -verpflichtung, die sich explizit auf den Erlass von Verordnungen oder Richtlinien zur Verwirklichung der in den Art. 101 und 102 AEUV niedergelegten Grundsätze bezieht (s. Rn. 4 ff.), gibt es noch eine Reihe weiterer vertraglicher Einzelbestimmungen, die den Rat, das Europäische Parlament oder die Kommission zum Erlass sekundärrechtlicher Vorschriften mit wettbewerbsrechtlichem Bezug ermächtigen. Besondere Erwähnung verdienen in diesem Kontext neben Art. 105 Abs. 3 AEUV (I.) und Art. 106 Abs. 3 AEUV (II.) insbesondere auch die Art. 114 und 115 AEUV (III.) sowie Art. 352 AEUV (IV.).

40

---

[99] Ausführlicher dazu vgl. etwa *Navarro/Font/Folguera/Briones*, S. 385 ff.
[100] Vgl. insb. Art. 11–14 VO (EG) Nr. 1/2003 (Fn. 33) u. Art. 19 VO (EG) Nr. 139/2004 (Fn. 33); mit guten Überblicken dazu vgl. *Kerse/Khan*, S. 269 ff.; *Klees*, S. 189 ff.; *Schwarze/Weitbrecht*, S. 160 ff.
[101] Instruktiv dazu vgl. insb. die Bekanntmachung der Kommission über die Zusammenarbeit innerhalb des Netzes der Wettbewerbsbehörden, ABl. 2004, C 101/43; *Kommission*, Staff Working Document – Ten Years of Antitrust Enforcement under Regulation 1/2003, SWD(2014) 230/2; *Kommission*, Staff Working Document – Enhancing competition enforcement by the Member States' competition authorities: institutional and procedural issues, SWD(2014) 231/2; sowie EuGH, Urt. v. 20. 1. 2016, Rs. C–428/14 (DHL Express u. a.), ECLI:EU:C:2016:27, Rn. 29 ff.
[102] Ausführlich dazu *Brammer*, CMLRev. 42 (2005), 1383 ff.; *Bruzzone/Boccaccio*, World Competition 31 (2008), 89 ff.; *Cengiz*, E.L.Rev. 35 (2010), 660 ff.; *Dekeyser/Jaspers*, World Competition 30 (2007), 3; *Fuchs*, EuR-Beih. 2/2005, 77 (94 ff.); *Gussone/Michalczyk*, EuZW 2011, 130; *Hossenfelder*, in: Terhechte, § 84, Rn. 84.1 ff.; *Idot*, NZKart 2014, 12; *Johanns*, in: Mäger, S. 562 ff.; *Jungheim*, EWS 2013, 305; *Kerse/Khan*, S. 48 ff. u. S. 269 ff.; *Lampert/Niejahr/Kübler/Weidenbach*, S. 91 ff.; *Leopold*, S. 21 ff.; *Oelke*, S. 37 ff.; *Terhechte*, ZaöRV 2008, 689; *Weiß*, Europäisches Wettbewerbsverwaltungsrecht, in: Terhechte, Verwaltungsrecht der EU, § 20, Rn. 47 ff.; *Wiesner*, in: Weiß, S. 135 ff.; *Wils*, NZKart 2014, 2 (4 f.); *Wilks*, European Competition Journal 2007, 437; sowie die Ziff. 5 ff.9 der »Bekanntmachung der Kommission über bewährte Vorgehensweisen in Verfahren nach Artikel 101 und 102 des AEUV«, ABl. 2011, C 308/6.
[103] Instruktiv dazu vgl. EuGH, Urt. v. 3. 5. 2011, Rs. C–375/09 (Tele2 Polska), Slg. 2011, I–3055, Rn. 19 ff.

I. Erlass von Gruppenfreistellungsverordnungen durch die Kommission nach Art. 105 Abs. 3 AEUV

41 Art. 103 AEUV steht in äußerst enger Verbindung zu dem durch den Lissabonner Reformvertrag eingeführten Art. 105 Abs. 3 AEUV, der die Kommission dazu ermächtigt, Verordnungen zu den Gruppen von Vereinbarungen zu erlassen, zu denen der Rat nach Art. 103 Abs. 2 Buchst. b AEUV eine Verordnung oder Richtlinie erlassen hat. Hierbei handelt es sich um eine **relativ neue primärrechtliche Kompetenzgrundlage** für den Erlass von Gruppenfreistellungsverordnungen durch die Kommission, deren Wahrnehmung lediglich voraussetzt, dass der Rat von seiner durch Art. 103 Abs. 2 Buchst. b AEUV näher konkretisierten Rechtsetzungsermächtigung (s. Rn. 28) Gebrauch gemacht hat. Insoweit ist die Kommission in diesem Bereich – anders als früher (s. Rn. 29) – nicht mehr zwingend darauf angewiesen, dass sie der Rat im Wege der Delegation von Rechtsetzungsbefugnissen ausdrücklich zum Erlass von Gruppenfreistellungsverordnungen ermächtigt (s. Art. 105 AEUV, Rn. 12 f.).

II. Rechtsetzungsbefugnis der Kommission nach Art. 106 Abs. 3 AEUV

42 Weitere Rechtsetzungsbefugnisse der Kommission auf wettbewerbsrechtlichem Gebiet begründet Art. 106 Abs. 3 AEUV, wonach die Kommission auf die Anwendung dieses Artikels achtet und erforderlichenfalls geeignete Richtlinien oder Beschlüsse an die Mitgliedstaaten richtet. Die hier angesprochene Überwachungs- und Rechtsetzungsbefugnis der Kommission dient der **Durchsetzung der in Art. 106 Abs. 1 und 2 AEUV niedergelegten Grundsätze**, die sich insbesondere auf öffentliche Unternehmen und bestimmte Monopole sowie auf Dienstleistungen von allgemeinem wirtschaftlichem Interesse beziehen. Von der in Art. 106 Abs. 3 AEUV geregelten Überwachungs- und Rechtsetzungsbefugnis, die den in Art. 103 AEUV niedergelegten Rechtsetzungsauftrag des Rates komplementär ergänzt, hat die Kommission bereits mehrfach Gebrauch macht.

III. Binnenmarktbezogene Rechtsangleichung nach Art. 114 und 115 AEUV

43 Die unterschiedlichen Rechtsangleichungskompetenzen nach Art. 114 und 115 AEUV eröffnen dem Unionsgesetzgeber unter den dort geregelten Voraussetzungen die Möglichkeit, Richtlinien zur Angleichung innerstaatlicher Rechtsvorschriften der Mitgliedstaaten zu erlassen, um auf diese Weise für die **Funktionsfähigkeit des** insbesondere auch in Art. 3 Abs. 3 Satz 1 EUV und in Art. 26 Abs. 1 AEUV angesprochenen **Binnenmarkts** zu sorgen.[104] Dass sich diese binnenmarktbezogenen Rechtsangleichungskompetenzen in bestimmten Fällen mit dem in Art. 103 AEUV geregelten Rechtsetzungsauftrag des Rates überschneiden können, verdeutlicht beispielsweise der noch recht junge Vorschlag der Kommission vom 11. 6. 2013 für eine gleichermaßen auf Art. 103 AEUV und Art. 114 AEUV gestützte Richtlinie des Europäischen Parlaments und des Rates über bestimmte Vorschriften für Schadensersatzklagen nach einzelstaatlichem Recht wegen Zuwiderhandlungen gegen wettbewerbsrechtliche Bestimmungen der Mitgliedstaaten und der EU (s. Rn. 11 u. 38).

---

[104] Ausführlicher zum unionsverfassungsrechtlichen Binnenmarktziel vgl. m. w. N. *Nowak*, EuR-Beih. 1/2009, 129 (132 ff.).

IV. Rechtsetzungsbefugnis des Unionsgesetzgebers nach Art. 352 AEUV

Weitere Verbindungslinien bestehen zwischen Art. 103 AEUV und Art. 352 AEUV, der allgemein als Kompetenzergänzungs-, Kompetenzabrundungs- und/oder Flexibilitätsklausel bezeichnet wird. Nach dieser Bestimmung kann der Rat unter Wahrung des dort geregelten Einstimmigkeitserfordernisses auf Vorschlag der Kommission und nach Zustimmung des Europäischen Parlaments weitere Vorschriften erlassen, sofern ihm ein Tätigwerden der Union im Rahmen der in den Verträgen festgelegten Politikbereiche erforderlich erscheint, um eines der Ziele der Verträge zu verwirklichen, und die hierfür erforderlichen Befugnisse in den Verträgen nicht vorgesehen sind. Dass sich diese subsidiäre Rechtsetzungsbefugnis in bestimmten Fällen mit dem in Art. 103 AEUV geregelten Rechtsetzungsauftrag des Rates überschneiden kann, verdeutlicht insbesondere die gleichermaßen auf die beiden Vorgängerbestimmungen der Art. 103 und 352 AEUV gestützte **Fusionskontrollverordnung**.[105] Eine gewissermaßen nachträgliche »Absegnung« findet der hier in Rede stehende Rückgriff auf Art. 352 AEUV nunmehr in dem nach Art. 51 EUV zum primären Unionsrecht gehörenden (Vertrags-)Protokoll Nr. 27 über den Binnenmarkt und den Wettbewerb[106], in dem bestätigt wird, dass der nach Art. 3 Abs. 3 Satz 1 EUV zu den bedeutsamen Verfassungszielen der EU gehörende Binnenmarkt (weiterhin) ein System umfasst, das den Wettbewerb vor Verfälschungen schützt, und dass die Union für diese Zwecke – d. h. zur Schaffung und Aufrechterhaltung dieses neben dem EU-Kartellrecht (Art. 101 ff. AEUV) und dem EU-Beihilfenrecht (Art. 107 ff. AEUV) auch das EU-Fusionskontrollrecht einschließenden Systems – erforderlichenfalls auch nach Art. 352 AEUV tätig wird.

44

---

[105] Vgl. dazu insb. den 7. Erwägungsgrund der hier in Rede stehenden VO (EG) Nr. 139/2004 (Fn. 33).
[106] ABl. 2012, C 326/309; ausführlicher zu diesem in EU-wettbewerbs- und wirtschaftsverfassungsrechtlicher Hinsicht überaus bedeutsamen Protokoll vgl. etwa *Nowak*, EuR-Beih. 1/2009, 129 (188 ff.); zur Bedeutung dieses Protokolls für das EU-Fusionskontrollrecht vgl. ferner *Müller-Graff*, in: Vedder/Heintschel v. Heinegg, Europäisches Unionsrecht, Art. 103 AEUV, Rn. 29; *ders.*, in: Fastenrath/Nowak, S. 173 (179 f.); *Terhechte*, in: ebd., S. 187 (194 f.).

Artikel 104 AEUV [Übergangsbestimmung/Befugnisse der Behörden der Mitgliedstaaten]

Bis zum Inkrafttreten der gemäß Artikel 103 erlassenen Vorschriften entscheiden die Behörden der Mitgliedstaaten im Einklang mit ihren eigenen Rechtsvorschriften und den Bestimmungen der Artikel 101, insbesondere Absatz 3, und 102 über die Zulässigkeit von Vereinbarungen, Beschlüssen und aufeinander abgestimmten Verhaltensweisen sowie über die missbräuchliche Ausnutzung einer beherrschenden Stellung auf dem Binnenmarkt.

Literaturübersicht

Bechtold/Brinker/Bosch/Hirsbrunner, EG-Kartellrecht – Kommentar, 2. Aufl., 2009; *Blanke*, The Economic Constitution of the European Union, in: *ders.*/Mangiameli (Hrsg.), The European Union after Lisbon – Constitutional Basis, Economic Order and External Action, 2012, S. 369; *Brammer*, Concurrent jurisdiction under Regulation 1/2003 and the issue of case allocation, CMLRev. 42 (2005), 1383; *Bruzzone/Boccaccio*, Taking Care of Modernisation After the Start-up: A View from a Member State, World Competition 31 (2008), 89; *Cengiz*, Multi-level Governance in Competition Policy: the European Competition Network, E.L.Rev. 35 (2010), 660; *Dekeyser/Jaspers*, A New Era of ECN Cooperation – Achievements and Challenges with Special Focus on Work in the Leniency Field, World Competition 30 (2007), 3; *De Smijter/Kjølbye*, The Enforcement System under Regulation 1/2003, in: Faull/Nikpay (Hrsg.), The EC Law of Competition, 2. Aufl., 2007, S. 87; *Ersbøll*, The European Commission's enforcement powers: an analysis of the exclusion of tramp vessel services from Regulation 4056/86 and Regulation 1/2003, ECLR 24 (2003), 375; *Fuchs*, Kontrollierte Dezentralisierung der europäischen Wettbewerbsaufsicht, EuR-Beih. 2/2005, 77; *Gussone/Michalczyk*, Der Austausch von Informationen im ECN – wer bekommt was wann zu sehen?, EuZW 2011, 130; *Hirsch/Montag/Säcker* (Hrsg.), Münchener Kommentar zum Europäischen und Deutschen Wettbewerbsrecht (Kartellrecht), Band 1: Europäisches Wettbewerbsrecht, 2007; *Hossenfelder*, Verwaltungskooperation im Netzwerk der Europäischen Wettbewerbsbehörden (ECN), in: Terhechte (Hrsg.), Internationales Kartell- und Fusionskontrollverfahrensrecht, 2008, § 84; *Idot*, How has Regulation 1/2003 affected the Role and Work of National Competition Authorities? – The French Example, NZKart 2014, 12; *Immenga/Mestmäcker* (Hrsg.), Wettbewerbsrecht – Kommentar zum Europäischen Kartellrecht, Bd. 1 (Teil 1), 5. Aufl., 2012 (2014: Nachtrag betr. Art. 103–105 AEUV); *Jungheim*, Zusammenarbeit im ECN und die Rechte der Unternehmen, EWS 2013, 305; *Kerse/Khan*, EU-Antitrust Procedure, 6. Aufl., 2012; *Klees*, Europäisches Kartellverfahrensrecht – mit Fusionskontrollverfahren, 2005; *Langen/Bunte* (Hrsg.), Kommentar zum deutschen und europäischen Kartellrecht, Bd. 2: Europäisches Kartellrecht, 11. Aufl., 2010; *Leopold*, Rechtsprobleme der Zusammenarbeit im Netzwerk der Wettbewerbsbehörden nach der Verordnung (EG) Nr. 1/2003, 2006; *Loewenheim/Meessen/Riesenkampff* (Hrsg.), Kartellrecht (Europäisches und Deutsches Recht) – Kommentar, 3. Aufl., 2016; *Mäger* (Hrsg.), Europäisches Kartellrecht, 2. Aufl., 2011; *Mestmäcker*, How does Regulation 1/2003 give effect to the principles set out in Art. 101, 102 TFEU?, NZKart 2014, 8; *Navarro/Font/Folguera/Briones*, Merger Control in the European Union – Law, Economics and Practice, 2002; *Nowak*, Konkurrentenschutz in der EG – Interdependenz des gemeinschaftlichen und mitgliedstaatlichen Rechtsschutzes von Konkurrenten, 1997; *ders.*, Binnenmarktziel und Wirtschaftsverfassung der Europäischen Union vor und nach dem Reformvertrag von Lissabon, EuR-Beih. 1/2009, 129; *Oelke*, Das Europäische Wettbewerbsnetz – Die Zusammenarbeit von Kommission und nationalen Wettbewerbsbehörden nach der Reform des Europäischen Kartellverfahrensrechts, 2006; *Schröter/Jakob/Klotz/Mederer* (Hrsg.), Europäisches Wettbewerbsrecht – Großkommentar, 2. Aufl., 2014; *Schwarze/Weitbrecht*, Grundzüge des europäischen Kartellverfahrensrechts – Die Verordnung (EG) Nr. 1/2003, 2004; *Terhechte*, Das Internationale Kartell- und Fusionskontrollverfahrensrecht zwischen Kooperation und Konvergenz, ZaöRV 2008, 689; *Wiesner*, Das European Competition Network und nationales Verfahrensrecht – zugleich ein Beitrag zur Fallverteilung im Netzwerk, in: Weiß (Hrsg.), Die Rechtsstellung Betroffener im modernisierten EU-Kartellverfahren, 2010, S. 135; *Wils*, Ten Years of Regulation 1/2003 – A Retrospective, NZKart 2014, 2; *Wilks*, Agencies, Networks, Discourses and the Trajectory of European Competition Enforcement, European Competition Journal 2007, 437.

Leitentscheidungen

EuGH, Urt. v. 6.4.1962, Rs. 13/61 (de Geus/Bosch), Slg. 1962, 99
EuGH, Urt. v. 18.3.1970, Rs. 43/69 (Bilger/Jehle), Slg. 1970,127
EuGH, Urt. v. 30.1.1974, Rs. 127/73 (BRT/SABAM), Slg. 1974, 51
EuGH, Urt. v. 10.7.1980, Rs. 37/79 (Marty/Estée Lauder), Slg. 1980, 2481
EuGH, Urt. v. 30.4.1986, verb. Rs. 209/84 bis 213/84 (Ministère public/Asjes u. a.), Slg. 1986, 1425
EuGH, Urt. v. 17.7.1997, Rs. C–242/95 (GT-Link/DSB), Slg. 1997, I–4449

Wesentliche sekundärrechtliche Vorschriften

Verordnung Nr. 17/62 des Rates vom 6.2.1962 – Erste Durchführungsverordnung zu den Artikeln 85 und 86 des [EWG-]Vertrags, ABl. 1962 P, Nr. 13/204

Verordnung (EG) Nr. 1/2003 des Rates vom 16.12.2002 zur Durchführung der in den Artikeln 81 und 82 des Vertrags niedergelegten Wettbewerbsregeln, ABl. 2003, L 1/1

Verordnung (EG) Nr. 139/2004 des Rates vom 20.1.2004 über die Kontrolle von Unternehmenszusammenschlüssen, ABl. 2004, L 24/1

Verordnung (EG) Nr. 411/2004 des Rates vom 26.2.2004 zur Aufhebung der Verordnung (EWG) Nr. 3975/87 und zur Änderung der Verordnung (EWG) Nr. 3976/87 sowie der Verordnung (EG) Nr. 1/2003 hinsichtlich des Luftverkehrs zwischen der Gemeinschaft und Drittländern, ABl. 2004, L 68/1

Verordnung (EG) Nr. 1419/2006 des Rates vom 25.9.2006 zur Aufhebung der Verordnung (EWG) Nr. 4056/86 über die Einzelheiten der Anwendung der Artikel 85 und 86 des Vertrags auf den Seeverkehr und zur Ausweitung des Anwendungsbereichs der Verordnung (EG) Nr. 1/2003 auf Kabotage und internationale Trampdienste, ABl. 2006, L 269/1

Inhaltsübersicht

	Rn.
A. Überblick	1
B. Regelungsgehalt und Tatbestandsmerkmale der Norm	3
I. Entscheidungsbefugnisse mitgliedstaatlicher »Behörden«	4
II. Ausübung der Entscheidungsbefugnisse im Einklang mit den Bestimmungen der Art. 101 und 102 AEUV	6
III. Ausübung der Entscheidungsbefugnisse im Einklang mit den innerstaatlichen Rechtsvorschriften	7
IV. Ausübung der Entscheidungsbefugnisse bis zum Inkrafttreten der gemäß Art. 103 AEUV erlassenen Vorschriften	8
C. Ursprünglicher Zweck und heutige Bedeutung der Norm	9

A. Überblick

Der aus nur einem Satz bestehende Art. 104 AEUV stellt im Rahmen des VII. Vertrags-Titels die vierte Einzelbestimmung des zum ersten Kapitel dieses Titels gehörenden ersten Abschnitts dar, in dem sich die primärrechtlichen (Wettbewerbs-)Vorschriften für Unternehmen (Art. 101–106 AEUV) befinden. Bei dieser Norm, die sich in inhaltsgleicher und auch nahezu wortgleicher Weise bereits in Art. III–164 des »gescheiterten« Vertrags über eine Verfassung für Europa aus dem Jahre 2004 (s. Art. 1 EUV, Rn. 28 ff.) sowie in Art. 88 des seinerzeit geltenden EWG-Vertrags (s. Art. 1 EUV, Rn. 18) finden ließ, handelt es sich um eine primärrechtliche Vorschrift, die zu Beginn der europäischen Integration als eine EWG-vertragliche **Übergangsbestimmung** einzuordnen war und im Laufe der vergangenen Jahrzehnte den hiervon leicht abweichenden Charakter einer unionsverfassungsrechtlichen Auffangbestimmung oder **Auffangregelung** angenommen hat (s. Rn. 9 f.). In systematischer Hinsicht ist diese Auffangregelung untrennbar bzw. überaus eng mit dem in Art. 103 AEUV geregelten Rechtsetzungsauftrag des Uni-

1

onsgesetzgebers auf dem Gebiet des unternehmensbezogenen EU-Wettbewerbsrechts (s. Art. 103 AEUV, Rn. 1 ff.) verbunden. Darüber hinaus wird diese Bestimmung explizit in Art. 105 Abs. 1 AEUV angesprochen, wonach die Kommission »unbeschadet des Artikels 104« auf die Verwirklichung der in den Art. 101 und 102 AEUV niedergelegten Grundsätze achtet (s. Art. 105 AEUV, Rn. 1 ff.).

2 Konkret ordnet Art. 104 AEUV an, dass die Behörden der Mitgliedstaaten bis zum Inkrafttreten der gemäß Artikel 103 AEUV erlassenen Vorschriften im Einklang mit ihren eigenen Rechtsvorschriften und den Bestimmungen der Artikel 101, insbesondere Absatz 3, und Art. 102 AEUV über die Zulässigkeit von Vereinbarungen, Beschlüssen und aufeinander abgestimmten Verhaltensweisen sowie über die missbräuchliche Ausnutzung einer beherrschenden Stellung auf dem Binnenmarkt entscheiden. Den zentralen **Gegenstand dieser Norm**, die mit Ausnahme der vorgenannten Artikelnummerierungen und der durch den Lissabonner Reformvertrag (s. Art. 1 EUV, Rn. 33 ff.) herbeigeführten Ersetzung des in früheren Zeiten dominanten Begriffs des Gemeinsamen Marktes durch den jüngeren Binnenmarktbegriff[1] wortgleich der Vorgängerregelung des Art. 84 EGV entspricht, bilden insoweit die bis zum Inkrafttreten der gemäß Art. 103 AEUV vom Unionsgesetzgeber zu erlassenden Sekundärrechtsakte primärrechtlich garantierten Entscheidungsbefugnisse der mitgliedstaatlichen Behörden zum Zwecke der dezentralen Durchsetzung der Art. 101 und 102 AEUV (B.). Insoweit lässt sich Art. 104 AEUV zwar als ein grundsätzlich wichtiges Element des an den grundlegenden Verfassungszielen der Union teilhabenden Systems unverfälschten Wettbewerbs (s. Art. 103 AEUV, Rn. 1) einordnen, zumal diese Bestimmung im Verbund mit den in Art. 105 Abs. 1 und 2 AEUV geregelten Kompetenzen der Kommission gewissermaßen im Sinne einer Auffangregelung sicherstellt, dass die Anwendung und Durchsetzung der in den Art. 101 und 102 AEUV niedergelegten Grundsätze des materiellen Unionskartellrechts nicht vollständig von der Erfüllung des in Art. 103 AEUV geregelten Rechtsetzungsauftrags durch den Unionsgesetzgeber abhängt. Die **praktische Bedeutung** des Art. 104 AEUV ist jedoch bereits seit geraumer Zeit stark begrenzt, da der Unionsgesetzgeber seinen aus Art. 103 AEUV resultierenden Rechtsetzungsauftrag längst in umfassender Weise erfüllt und dabei zugleich darauf geachtet hat, dass den in Art. 104 AEUV angesprochenen Behörden weitreichende – den parallelen administrativen Durchsetzungsbefugnissen der Kommission komplementär hinzutretende – Befugnisse zur Anwendung bzw. zur dezentralen Durchsetzung der Art. 101 und 102 AEUV erhalten bleiben (C.).

B. Regelungsgehalt und Tatbestandsmerkmale der Norm

3 Art. 104 AEUV regelt ansatzweise die auf die dezentrale Anwendung und Durchsetzung des materiellen Unionskartellrechts bezogenen Entscheidungsbefugnisse mitgliedstaatlicher »Behörden« (I.), die nicht nur im Einklang mit den Art. 101 und 102

---

[1] Ausführlicher zu der durch den Lissabonner Reformvertrag bewirkten und dabei nicht nur die hier in Rede stehende Gegenüberstellung des Art. 104 AEUV und seiner Vorgängerbestimmung (Art. 84 EGV), sondern das primäre Unionsrecht in seiner Gesamtheit betreffenden Ersetzung des Begriffs »Gemeinsamer Markt« durch den jüngeren – in inhaltlicher Hinsicht indes weitgehend deckungsgleichen – Binnenmarktbegriff vgl. *Blanke*, S. 369 (378 f.); *Nowak*, EuR-Beih. 1/2009, 129 (132 ff.).

AEUV (II.), sondern auch »im Einklang mit ihren eigenen Rechtsvorschriften« (III.) bis zum Inkrafttreten der gemäß Art. 103 AEUV vom Unionsgesetzgeber erlassenen Sekundärrechtsakte (IV.) ausgeübt werden können bzw. auszuüben sind.

I. Entscheidungsbefugnisse mitgliedstaatlicher »Behörden«

Nach Art. 104 AEUV ist es den Behörden der Mitgliedstaaten bis zum Inkrafttreten der gemäß Art. 103 AEUV vom Rat erlassenen Vorschriften gestattet, über die Zulässigkeit von Vereinbarungen, Beschlüssen und aufeinander abgestimmten Verhaltensweisen sowie über die missbräuchliche Ausnutzung einer beherrschenden Stellung auf dem Binnenmarkt zu entscheiden. Soweit hier auf »die Behörden der Mitgliedstaaten« abgestellt wird, liegt diesem unionsrechtsautonom auszulegenden Tatbestandsmerkmal nach ganz vorherrschender Auffassung ein **funktionaler Behördenbegriff** zugrunde,[2] der sich nicht allein auf solche Verwaltungsträger oder sonstige Stellen bezieht, die in den verschiedenen Mitgliedstaaten eindeutig der Exekutive zugerechnet werden. Dies ergibt sich insbesondere aus der einschlägigen Rechtsprechung des damaligen Gemeinschaftsrichters, der in spezieller Ansehung einer inhaltlich deckungsgleichen Vorgängerbestimmung des Art. 104 AEUV bereits recht frühzeitig entschieden hat, dass sich der hier in Rede stehende Behördenbegriff nicht allein auf **mitgliedstaatliche Verwaltungsbehörden** bezieht, die – wie etwa das deutsche Bundeskartellamt – nach den jeweiligen innerstaatlichen Zuständigkeitsregelungen für die administrative Anwendung und Durchsetzung des Kartellrechts zu sorgen haben, **und** insoweit auch bestimmte **Gerichte** der Mitgliedstaaten einschließt, sofern diese Gerichte damit betraut sind, das innerstaatliche Kartellrecht anzuwenden oder dessen gesetzmäßige Anwendung durch die jeweilige Verwaltungsbehörde zu überwachen.[3] Nicht erfasst werden von dem in Art. 104 AEUV enthaltenen (funktionalen) Behördenbegriff indes mitgliedstaatliche Strafgerichte[4] und die ordentlichen Gerichte der Mitgliedstaaten, die für das auf der unmittelbaren Anwendbarkeit oder Wirkung der Art. 101 und 102 AEUV[5] beruhende »private enforcement« des EU-Kartellrechts zuständig sind.[6] Einer Einbeziehung dieser ordentlichen

4

---

[2] In diesem unstreitigen Sinne vgl. auch *Jung*, in: Calliess/Ruffert, EUV/AEUV, Art. 104 AEUV, Rn. 11; *Khan*, in: Geiger/Khan/Kotzur, EUV/AEUV, Art. 104 AEUV, Rn. 3; *Rapp-Jung*, in: Hirsch/Montag/Säcker, Art. 84 EG, Rn. 7; *Sturhahn*, in: Loewenheim/Meessen/Riesenkampf, S. 676.

[3] Vgl. EuGH, Urt. v. 18.3.1970, Rs. 43/69 (Bilger/Jehle), Slg. 1970, S. 127, Rn. 9; Urt. v. 30.1.1974, Rs. 127/73 (BRT/SABAM), Slg. 1974, S. 51, Rn. 19; Urt. v. 30.4.1986, verb. Rs. 209/84 bis 213/84 (Ministère public/Asjes u.a.), Slg. 1986, 1425, Rn. 55; dieser Rechtsprechung Rechnung tragend vgl. auch den 35. Erwägungsgrund der VO (EG) Nr. 1/2003 des Rates vom 16.12.2002 zur Durchführung der in den Artikeln 81 und 82 des Vertrags niedergelegten Wettbewerbsregeln, ABl. 2003, L 1/1.

[4] Vgl. EuGH, Urt. v. 30.4.1986, verb. Rs. 209–213/84 (Ministère public/Asjes u.a.), Slg. 1986, 1425, Rn. 56.

[5] Zur unmittelbaren Wirksamkeit bzw. Anwendbarkeit der hier in Rede stehenden Wettbewerbsregeln und den dadurch eröffneten Möglichkeiten der privaten Kartellrechtsdurchsetzung vgl. etwa EuGH, Urt. v. 30.1.1974, Rs. 127/73 (BRT/SABAM), Slg. 1974, 51, Rn. 15/17; Urt. v. 28.2.1991, Rs. C–234/89 (Delimitis/Henninger Bräu), Slg. 1991, I–935, Rn. 45; Urt. v. 18.3.1997, Rs. C–282/95 P (Guérin automobiles/Kommission), Slg. 1997, I–1503, Rn. 39; Urt. v. 20.9.2001, Rs. C–453/99 (Courage/Crehan), Slg. 2001, I–6297, Rn. 23 ff.; Urt. v. 13.7.2006, verb. Rs. C–295/04 bis C–298/04 (Manfredi u.a.), Slg. 2006, I–6619, Rn. 59 ff.

[6] Zum Ausschluss dieser ordentlichen Gerichte aus dem in Art. 104 AEUV enthaltenen Behördenbegriff vgl. insb. EuGH, Urt. v. 30.1.1974, Rs. 127/73 (BRT/SABAM), Slg. 1974, 51, Rn. 15; Urt. v. 10.7.1980, Rs. 37/79 (Marty/Estée Lauder), Slg. 1980, 2481, Rn. 13; sowie jeweils m.w.N. *Ludwigs*, in: Grabitz/Hilf/Nettesheim, EU, Art. 104 AEUV (Mai 2014), Rn. 8; *Schröter*, in: ders./Jakob/Klotz/Mederer, S. 969.

Gerichte in den in Art. 104 AEUV enthaltenen Behördenbegriff bedarf es auch gar nicht, da deren Zuständigkeit für die dezentrale Durchsetzung der Art. 101 und 102 AEUV, die übrigens nicht zeitlich befristet ist, bereits aus der unmittelbaren Anwendbarkeit bzw. Wirkung dieser Wettbewerbsregeln folgt.[7]

5 Den zentralen **Gegenstand der** den vorgenannten »Behörden der Mitgliedstaaten« durch Art. 104 AEUV eingeräumten **Entscheidungsbefugnisse** stellen Entscheidungen über die Zulässigkeit von Vereinbarungen, Beschlüssen und aufeinander abgestimmten Verhaltensweisen sowie über die missbräuchliche Ausnutzung einer beherrschenden Stellung auf dem Binnenmarkt dar. Hiermit wird den mitgliedstaatlichen Behörden nach ganz vorherrschender Auffassung die unter dem Vorbehalt fehlender Durchführungsvorschriften im Sinne des Art. 103 AEUV stehende und somit in zeitlicher Hinsicht beschränkte Kompetenz zur Anwendung der Art. 101 und 102 AEUV übertragen.[8] Das materielle Kartellrecht der EU-Mitgliedstaaten bleibt demgegenüber von Art. 104 AEUV unberührt.[9]

II. Ausübung der Entscheidungsbefugnisse im Einklang mit den Bestimmungen der Art. 101 und 102 AEUV

6 Die vorgenannten Entscheidungsbefugnisse sind von den zuständigen Behörden der Mitgliedstaaten im Einklang mit den Bestimmungen der Art. 101 und 102 AEUV auszuüben, wobei der in Art. 101 Abs. 3 AEUV geregelte Freistellungstatbestand durch das Tatbestandsmerkmal »insbesondere Absatz 3« in besonderer Weise hervorgehoben wird, um deutlich zu machen, dass die vorgenannten Entscheidungsbefugnisse auch den Erlass von Einzelfreistellungsentscheidungen einschließen. Der Sinn dieser Regelung erklärt sich daraus, dass die in Art. 104 AEUV genannten Behörden bis zu dem durch den Erlass von Sekundärrechtsakten im Sinne des Art. 103 AEUV bewirkten Fortfall der in Art. 104 AEUV geregelten Entscheidungsbefugnisse (s. Rn. 8) über eine ausschließliche Zuständigkeit zur Anwendung des in Art. 101 Abs. 3 AEUV niedergelegten Freistellungstatbestandes verfügen.[10] Dass die aus Art. 104 AEUV abzuleitende Befugnis mitgliedstaatlicher Behörden zur Anwendung der Art. 101 und 102 AEUV »im Einklang« mit den vorgenannten Bestimmungen auszuüben sind, ist an sich eine Selbstverständlichkeit, die kaum einer tatbestandlichen Erwähnung bedarf. Insoweit dürfte der eigentliche Sinn dieser Formulierung in der Klarstellung dessen liegen, dass Art. 104 AEUV die zuständigen Behörden der **Mitgliedstaaten zur Anwendung der Art. 101 und 102 AEUV befugt**, in deren Rahmen gegebenenfalls auch der Rechtsprechung des Gerichtshofes der EU zu diesen beiden Wettbewerbsregeln selbstverständlich strikt Rechnung zu tragen ist.

---

[7] Zutr. vgl. statt vieler *Müller-Graff*, in: Vedder/Heintschel v. Heinegg, Europäisches Unionsrecht, Art. 104 AEUV, Rn. 4; *Rapp-Jung*, in: Hirsch/Montag/Säcker, Art. 84 EG, Rn. 13; *Reidlinger*, in: Streinz, EUV/AEUV, Art. 104 AEUV, Rn. 7.

[8] Dieses Verständnis des Art. 104 AEUV ist unstreitig, vgl. nur *Brinker*, in: Schwarze, EU-Kommentar, Art. 104 AEUV, Rn. 1; *Jung*, in: Calliess/Ruffert, EUV/AEUV, Art. 104 AEUV, Rn. 13; *Ritter*, in: Immenga/Mestmäcker, Bd. 1 Teil 1, Art. 104 AEUV, Rn. 1.

[9] Zutr. vgl. statt vieler *Reidlinger*, in: Streinz, EUV/AEUV, Art. 104 AEUV, Rn. 12.

[10] Vgl. EuGH, Urt. v. 6.4.1962, Rs. 13/61 (de Geus/Bosch), Slg. 1962, 99 (112); zu dieser in tatsächlicher Hinsicht der fernen Vergangenheit angehörenden Alleinzuständigkeit vgl. auch *Jung*, in: Calliess/Ruffert, EUV/AEUV, Art. 104 AEUV, Rn. 4; *Rapp-Jung*, in: Hirsch/Montag/Säcker, Art. 84 EG, Rn. 9 u. 12.

III. Ausübung der Entscheidungsbefugnisse im Einklang mit innerstaatlichen Rechtsvorschriften

Soweit Art. 104 AEUV vorgibt, dass die Behörden der Mitgliedstaaten (s. Rn. 4) die ihnen durch diese Vorschrift eingeräumten Entscheidungsbefugnisse (s. Rn. 5) auch »im Einklang mit ihren eigenen Rechtsvorschriften« ausüben, verweist diese Übergangsbestimmung nach der einschlägigen Rechtsprechung des Unionsrichters auf **innerstaatliche Zuständigkeits- und Verfahrensvorschriften**,[11] an die die Behörden im Sinne dieser Norm somit auch bei der Anwendung des Unionskartellrechts gebunden sind.[12] Insoweit überlässt Art. 104 AEUV den mitgliedstaatlichen Gesetzgebern zwar die Schaffung der verfahrensmäßigen und organisatorischen Voraussetzungen für die dezentrale Anwendung des Unionskartellrechts durch innerstaatliche Behörden.[13] Das »Ob« derartiger Regelungen dürfte gleichwohl nicht im Belieben der einzelnen Mitgliedstaaten stehen; vielmehr wird im vorliegenden Kontext ganz überwiegend von einer aus Art. 104 AEUV abzuleitenden Verpflichtungen der Mitgliedstaaten zur dezentralen Anwendung des Unionskartellrechts[14] und einer damit einhergehenden – teilweise auch unter Hinweis auf den in Art. 4 Abs. 3 EUV enthaltenen **Grundsatz der loyalen Zusammenarbeit** begründeten – Verpflichtung zur Schaffung dafür geeigneter Zuständigkeits- und Verfahrensregelungen[15] ausgegangen. Diese Verpflichtungen können allerdings nur bestehen, solange die in Art. 104 AEUV geregelten Entscheidungsbefugnisse mitgliedstaatlicher Behörden nicht durch den nachfolgend anzusprechenden Erlass von Sekundärrechtsakten auf der Grundlage des Art. 103 AEUV untergegangen bzw. ausgeschaltet worden sind.

7

IV. Ausübung der Entscheidungsbefugnisse bis zum Inkrafttreten der gemäß Art. 103 AEUV erlassenen Vorschriften

Nach Art. 104 AEUV dürfen die Behörden der Mitgliedstaaten die ihnen durch diese Norm zugewiesenen Aufgaben und Entscheidungsbefugnisse nur bis zum Inkrafttreten der gemäß Art. 103 AEUV erlassenen Vorschriften wahrnehmen bzw. ausüben. Insoweit sind die in Art. 104 AEUV geregelten Entscheidungsbefugnisse mitgliedstaatlicher Behörden in zeitlicher Hinsicht zwar begrenzt. Die **zeitliche Begrenzung** schließt jedoch nicht aus, dass diesen Behörden durch die gemäß Art. 103 AEUV erlassenen Vorschriften neue parallele Entscheidungsbefugnisse zur dezentralen Anwendung und Durch-

8

---

[11] Vgl. nur EuGH, Urt. v. 18.3.1970, Rs. 43/69 (Bilger/Jehle), Slg. 1970, 127, Rn. 9.
[12] Vgl. EuGH, Urt. v. 30.4.1986, verb. Rs. 209/84 bis 213/84 (Ministère public/Asjes u. a.), Slg. 1986, 1425, Rn. 62; Urt. v. 17.7.1997, Rs. C–242/95 (GT-Link/DSB), Slg. 1997, I–4449, Rn. 23.
[13] So auch *Jung*, in: Calliess/Ruffert, EUV/AEUV, Art. 104 AEUV, Rn. 14. Zum klassischen Meinungsstreit im Hinblick auf die Frage, ob bereits Art. 104 AEUV eine ausreichende Basis für die dezentrale Kartellrechtsanwendung durch mitgliedstaatliche Behörden bildet oder hierfür vielmehr weitere innerstaatliche Durchführungsbestimmungen notwendig sind, vgl. jeweils m. w. N. *Brinker*, in: Schwarze, EU-Kommentar, Art. 104 AEUV, Rn. 3; *Sturhahn*, in: Loewenheim/Meessen/Riesenkampf, S. 674.
[14] So vgl. etwa *Jung*, in: Calliess/Ruffert, EUV/AEUV, Art. 104 AEUV, Rn. 8; *Rapp-Jung*, in: Hirsch/Montag/Säcker, Art. 84 EG, Rn. 9; *Reidlinger*, in: Streinz, EUV/AEUV, Art. 104 AEUV, Rn. 1 u. 10; *Schröter*, in: *ders.*/Jakob/Klotz/Mederer, S. 970 f.; *Stadler*, in: Langen/Bunte, S. 668.
[15] Für eine solche Verpflichtung vgl. etwa *Ludwigs*, in: Grabitz/Hilf/Nettesheim, EU, Art. 104 AEUV (Mai 2014), Rn. 11; *Schröter*, in: *ders.*/Jakob/Klotz/Mederer, S. 970 f.; *Stadler*, in: Langen/Bunte, S. 668; ähnlich, aber etwas defensiver, vgl. *Reidlinger*, in: Streinz, EUV/AEUV, Art. 104 AEUV, Rn. 10.

setzung der Art. 101 und 102 AEUV übertragen bzw. zugewiesen werden (s. Rn. 11). Die nach Art. 103 Abs. 1 AEUV im Rahmen des dort geregelten Verfahrens (s. Art. 103 AEUV, Rn. 16 ff.) vom Rat zu erlassenden Vorschriften müssen im Hinblick auf die Verwirklichung der in den Art. 101 und 102 AEUV niedergelegten Grundsätze zweckdienlich sein (s. Art. 103 AEUV, Rn. 5 ff.), wobei der in Art. 103 Abs. 2 AEUV enthaltene (nicht abschließende) Beispielskatalog vorgibt, was die auf der Grundlage des Art. 103 Abs. 1 AEUV zu erlassenden Sekundärrechtsakte konkret bezwecken sollen (s. Art. 103 AEUV, Rn. 24 ff.). Von dieser in Art. 103 AEUV geregelten Rechtsetzungsermächtigung hat der Rat bereits in umfassender Weise Gebrauch gemacht. Dies spiegelt sich nicht nur in einigen Gruppenfreistellungs- und Ermächtigungsverordnungen (s. Art. 103 AEUV, Rn. 29) sowie in der Fusionskontroll-VO (EG) Nr. 139/2004[16] wider, sondern vor allem auch in der Kartellverfahrens-VO (EG) Nr. 1/2003[17], die im Verbund mit einigen etwas später erlassenen Verordnungen (s. Rn. 9) dazu geführt hat, dass sich die heutige Bedeutung des Art. 104 AEUV sehr stark von ihrer ursprünglichen Zwecksetzung entfernt hat.

C. Ursprünglicher Zweck und heutige Bedeutung der Norm

9 Die im damaligen EWG-Vertrag enthaltene Vorgängerbestimmung des Art. 104 AEUV (s. Rn. 1) sollte zu Beginn der europäischen Integration – ähnlich wie die zur gleichen Zeit geltende Vorgängerbestimmung des Art. 105 AEUV – in erster Linie die Möglichkeit einer sofortigen Anwendung der seinerzeit geltenden Vorgängerbestimmungen der Art. 101 und 102 AEUV eröffnen[18] und sicherstellen, dass die Anwendung und Durchsetzung der in den vorgenannten Wettbewerbsregeln niedergelegten Grundsätze durch mitgliedstaatliche Behörden nicht bzw. nicht vollständig von der Erfüllung des in Art. 103 AEUV geregelten Rechtsetzungsauftrags durch den Rat abhängt. Mit diesem ursprünglichen Primärzweck stimmt die heutige Bedeutung des Art. 104 AEUV nur noch partiell überein. Dies findet seinen wesentlichen Grund darin, dass der Rat am 16.12.2002 zum Zwecke der Ersetzung der aus dem Jahre 1962 stammenden (kartellverfahrensrechtlichen) Durchführungsvorschriften[19] die mit Wirkung zum 1.5.2004 in Kraft getretene Kartellverfahrens-VO (EG) Nr. 1/2003[20] erlassen und in der Folge durch den Erlass zweier weiterer Verordnungen[21] sichergestellt hat, dass es heute keinen Wirt-

---

[16] VO (EG) Nr. 139/2004 des Rates vom 20.1.2004 über die Kontrolle von Unternehmenszusammenschlüssen, ABl. 2004, L 24/1; zur genauen normativen Grundlage dieser VO s. Art. 103 AEUV, Rn. 44.
[17] Siehe oben Fn. 3.
[18] So vgl. auch *Grill*, in: Lenz/Borchardt, EU-Verträge, Art. 104 AEUV, Rn. 1; *Müller-Graff*, in: Vedder/Heintschel v. Heinegg, Europäisches Unionsrecht, Art. 104 AEUV, Rn. 2; *Rapp-Jung*, in: Hirsch/Montag/Säcker, Art. 84 EG, Rn. 1; *Ritter*, in: Immenga/Mestmäcker, Bd. 1 Teil 1, Art. 104 AEUV, Rn. 1; *Schröter*, in: ders./Jakob/Klotz/Mederer, S. 966; *Sturhahn*, in: Loewenheim/Meessen/Riesenkampf, S. 674.
[19] Verordnung Nr. 17 des Rates vom 6.2.1962 – Erste Durchführungsverordnung zu den Artikeln 85 und 86 des [EWG-]Vertrags, ABl. 1962, Nr. 13, S. 204.
[20] Siehe oben Fn. 3.
[21] Vgl. in diesem Kontext zum einen die VO (EG) Nr. 411/2004 des Rates vom 26.2.2004 zur Aufhebung der Verordnung (EWG) Nr. 3975/87 und zur Änderung der Verordnung (EWG) Nr. 3976/87 sowie der Verordnung (EG) Nr. 1/2003 hinsichtlich des Luftverkehrs zwischen der Gemeinschaft und Drittländern, ABl. 2004, L 68/1, und zum anderen die VO (EG) Nr. 1419/2006 des

schaftssektor mehr gibt, der von der Anwendung dieser Kartellverfahrens-VO befreit ist.[22] Da der Rat seinen aus Art. 103 AEUV abzuleitenden Rechtsetzungsauftrag somit in umfassender Weise erfüllt hat, ist **Art. 104 AEUV** in seiner ursprünglichen Grundintention **als Übergangsbestimmung praktisch überholt** bzw. obsolet oder bedeutungslos geworden.[23]

Damit hat Art. 104 AEUV zwar in weitem Umfang seine sachliche Berechtigung und seine praktische Bedeutung eingebüßt;[24] vollkommen überflüssig ist Art. 104 AEUV indes nicht: Zum einen gibt es eine bestimmte Kategorie von Unternehmenszusammenschlüssen, die von mitgliedstaatlichen Behörden nach wie vor – jedenfalls theoretisch – auf der Grundlage des Art. 104 AEUV kontrolliert werden könnten,[25] auch wenn dies nicht allgemein konsensfähig ist.[26] Zum anderen übernimmt diese Bestimmung heute eine gewisse **Reservefunktion** und zugleich die Rolle einer Auffangbestimmung oder Auffangregelung,[27] indem sie gewährleistet, dass die Anwendung und Durchsetzung der in den Art. 101 und 102 AEUV niedergelegten Grundsätze durch mitgliedstaatliche Behörden auch weiterhin nicht bzw. nicht vollständig von der Erfüllung des in Art. 103 AEUV geregelten Rechtsetzungsauftrags durch den Unionsgesetzgeber abhängt, sondern auf der Grundlage des Art. 104 AEUV möglich bleibt, sollte der Unionsrichter einmal bestimmte Teile der EU-kartellrechtlichen Rechtsetzung für nichtig erklären[28] oder sollte der Unionsgesetzgeber bestimmte Bestandteile seiner bisherigen Sekundärrechtsetzung auf dem Gebiet des unternehmensbezogenen EU-Wettbewerbsrechts aufheben bzw. einzelne Wirtschaftssektoren wieder aus dem Anwendungsbereich der VO (EG) Nr. 1/2003 herausnehmen.[29] Der Umstand, dass die vorgenannten Szenarien eher unwahrscheinlich sein dürften, stellt diese Reservefunktion des Art. 104 AEUV nicht in Frage.

10

Rates vom 25. 9. 2006 zur Aufhebung der Verordnung (EWG) Nr. 4056/86 über die Einzelheiten der Anwendung der Artikel 85 und 86 des Vertrags auf den Seeverkehr und zur Ausweitung des Anwendungsbereichs der Verordnung (EG) Nr. 1/2003 auf Kabotage und internationale Trampdienste, ABl. 2006, L 269/1.

[22] Instruktiv zur hiervon abweichenden Rechtslage vor Inkrafttreten der beiden vorgenannten Verordnungen vgl. *Ersbøll*, ECLR 24 (2003), 375 ff.

[23] Zutr. *Brinker*, in: Schwarze, EU-Kommentar, Art. 104 AEUV, Rn. 56; *Khan*, in: Geiger/Khan/Kotzur, EUV/AEUV, Art. 104 AEUV, Rn. 2; *Ludwigs*, in: Grabitz/Hilf/Nettesheim, EU, Art. 104 AEUV (Mai 2014), Rn. 4; *Ritter*, in: Immenga/Mestmäcker, Bd. 1 Teil 1, Art. 104 AEUV, Rn. 6.

[24] Dies jeweils sogar noch etwas schärfer formulierend vgl. *Bechtold/Brinker/Bosch/Hirsbrunner*, S. 119; *Jung*, in: Calliess/Ruffert, EUV/AEUV, Art. 104 AEUV, Rn. 2.

[25] Ausführlicher dazu vgl. jeweils m. w. N. *Jung*, in: Calliess/Ruffert, EUV/AEUV, Art. 104 AEUV, Rn. 6; *Nowak*, Konkurrentenschutz, S. 194 ff.; *Rapp-Jung*, in: Hirsch/Montag/Säcker, Art. 84 EG, Rn. 6; *Sturhahn*, in: Loewenheim/Meessen/Riesenkampf, S. 676.

[26] Vgl. nur *Baron*, in: Langen/Bunte, S. 1393 ff.

[27] Zu diesen Einordnungen des Art. 104 AEUV vgl. auch *Sturhahn*, in: Loewenheim/Meessen/Riesenkampf, S. 675; *Khan*, in: Geiger/Khan/Kotzur, EUV/AEUV, Art. 104 AEUV, Rn. 1; ähnlich vgl. *Jung*, in: Calliess/Ruffert, EUV/AEUV, Art. 104 AEUV, Rn. 7; zur »potenziellen Bedeutung« des Art. 104 AEUV vgl. ferner *Schröter*, in: GSH, Europäisches Unionsrecht, Art. 104 AEUV, Rn. 3.

[28] Zu dem in diesem (eher unwahrscheinlichen) Fall entstehenden Regelungsvakuum, welches die o. g. Reservefunktion aktivieren könnte, vgl. *Khan*, in: Geiger/Khan/Kotzur, EUV/AEUV, Art. 104 AEUV, Rn. 2; *Sturhahn*, in: Loewenheim/Meessen/Riesenkampf, S. 675.

[29] Zu diesem nicht gänzlich auszuschließenden Szenario, für dessen Realisierung es gegenwärtig allerdings keinen Anlass gibt, vgl. etwa *Jung*, in: Calliess/Ruffert, EUV/AEUV, Art. 104 AEUV, Rn. 3; *Schröter*, in: *ders.*/Jakob/Klotz/Mederer, S. 967; *Sturhahn*, in: Loewenheim/Meessen/Riesenkampf, S. 675.

11 Jenseits der vorgenannten Reservefunktion kommt dem Art. 104 AEUV schließlich auch eine gewissen **Orientierungsfunktion** insoweit zu, als der in dieser Norm sowie in Art. 105 Abs. 1 und 2 AEUV vorgezeichnete Weg einer gemeinsam von der Kommission und mitgliedstaatlichen Behörden ausgeübten und insoweit geteilten Kartellrechtsdurchsetzung den Unionsgesetzgeber dazu veranlasst, beim Erlass von Durchführungsvorschriften im Sinne des Art. 103 AEUV darauf zu achten, dass nicht nur der Kommission administrative Anwendungs- und Durchsetzungsbefugnisse eingeräumt werden, sondern auch mitgliedstaatliche Behörden – und dabei insbesondere mitgliedstaatliche Wettbewerbsbehörden – soweit wie möglich in die administrative Anwendung und Durchsetzung des Unionskartellrechts einzubeziehen sind.[30] Unter Berücksichtigung dieser der Entlastung der Kommission und damit zugleich der Effektivität der administrativen Kartellrechtsdurchsetzung dienenden Vorgabe hat der Rat tatsächlich – insbesondere mit Erlass der VO (EG) Nr. 1/2003 – dafür gesorgt, dass die mitgliedstaatlichen Wettbewerbsbehörden eine starke Rolle im Bereich der administrativen Anwendung und Durchsetzung des Unionskartellrechts spielen.[31] Dies kommt – abgesehen von der Mitwirkung mitgliedstaatlicher Wettbewerbsbehörden an EU-kartellverfahrensrechtlichen Nachprüfungen[32] und ihren weiteren Unterstützungsleistungen im Beratenden Ausschuss für Kartell- und Monopolfragen[33] sowie im Anwendungsbereich des EU-Fusionskontrollrechts[34] – in besonderer Weise darin zum Ausdruck, dass der Kommission und den mitgliedstaatlichen Wettbewerbsbehörden im Einklang mit den entsprechenden (primärrechtlichen) Grundlegungen in den Art. 104 und 105 AEUV parallele Zuständigkeiten für die administrative Anwendung und Durchsetzung der Art. 101 und 102 AEUV eingeräumt worden sind[35], die im Rahmen des durch die VO (EG) Nr. 1/2003 auf den Weg gebrachten »European Competition Network« (s. Art. 103 AEUV, Rn. 39) sinnvoll aufeinander abzustimmen sind[36].

---

[30] In eine ähnliche Richtung weisend vgl. *Reidlinger*, in: Streinz, EUV/AEUV, Art. 104 AEUV, Rn. 6, wonach »Art. 104 AEUV auch als eine im Vertrag bestehende Grundlage für die nun verstärkte Dezentralisierung der Anwendung der Art. 101 und 102 AEUV aufgrund der VO (EG) Nr. 1/2003 anzusehen [ist]«.

[31] Instruktiv dazu vgl. insb. auch *Idot*, NZKart 2014, 12; *Mestmäcker*, NZKart 2014, 8, 9f.; *Wils*, NZKart 2014, 2.

[32] Vgl. insb. Art. 20 Abs. 5, 21 Abs. 2 Satz 3, 22 Abs. 1 u. 2 VO (EG) Nr. 1/2003 (Fn. 3).

[33] Vgl. insb. Art. 14 VO (EG) Nr. 1/2003 (Fn. 3).

[34] Ausführlicher zur wichtigen Kooperation zwischen der Kommission und mitgliedstaatlichen Behörden in diesem wettbewerbsrechtlichen Teilbereich vgl. etwa *Navarro/Font/Folguera/Briones*, S. 385 ff.

[35] Ausführlicher dazu vgl. *Brammer*, CMLRev. 42 (2005), 1383; *de Bronett*, S. 17 f. u. S. 100 ff.; *De Smijter/Kjølbye*, in: Faull/Nikpay, S. 87 (112 ff.); *Frenz*, Handbuch Europarecht, Bd. 2, Rn. 169 ff.; *Fuchs*, EuR-Beih. 2/2005, 77; *Idot*, NZKart 2014, 12; *Johanns*, in: Mäger, S. 570 f.; *Kerse/Khan*, S. 263 ff.; *Klees*, S. 189 ff.; *Mestmäcker*, NZKart 2014, 8 (9 f.); *Schwarze/Weitbrecht*, S. 160 ff.

[36] Ausführlich dazu vgl. *Brammer*, CMLRev. 42 (2005), 1383; *Bruzzone/Boccaccio*, World Competition 31 (2008), 89; *Cengiz*, E.L.Rev. 35 (2010), 660; *Dekeyser/Jaspers*, World Competition 30 (2007), 3; *Gussone/Michalczyk*, EuZW 2011, 130; *Hossenfelder*, § 84, Rn. 84.1 ff.; *Johanns*, in: Mäger, S. 562 ff.; *Jungheim*, EWS 2013, 305; *Kerse/Khan*, S. 48 ff. u. S. 269 ff.; *Leopold*, S. 21 ff.; *Oelke, S.* 37 ff.; *Terhechte*, ZaöRV 2008, 689; *Weiß*, Europäisches Wettbewerbsverwaltungsrecht, in: Terhechte, Verwaltungsrecht der EU, § 20, Rn. 47 ff.; *Wiesner*, in: Weiß, S. 135 ff.; *Wilks*, European Competition Journal 2007, 437; *Wils*, NZKart 2014, 2 (4 f.).

Artikel 105 AEUV [Wettbewerbsaufsicht der Kommission]

(1) ¹Unbeschadet des Artikels 104 achtet die Kommission auf die Verwirklichung der in den Artikeln 101 und 102 niedergelegten Grundsätze. ²Sie untersucht auf Antrag eines Mitgliedstaats oder von Amts wegen in Verbindung mit den zuständigen Behörden der Mitgliedstaaten, die ihr Amtshilfe zu leisten haben, die Fälle, in denen Zuwiderhandlungen gegen diese Grundsätze vermutet werden. ³Stellt sie eine Zuwiderhandlung fest, so schlägt sie geeignete Mittel vor, um diese abzustellen.

(2) ¹Wird die Zuwiderhandlung nicht abgestellt, so trifft die Kommission in einem mit Gründen versehenen Beschluss die Feststellung, dass eine derartige Zuwiderhandlung vorliegt. ²Sie kann den Beschluss veröffentlichen und die Mitgliedstaaten ermächtigen, die erforderlichen Abhilfemaßnahmen zu treffen, deren Bedingungen und Einzelheiten sie festlegt.

(3) Die Kommission kann Verordnungen zu den Gruppen von Vereinbarungen erlassen, zu denen der Rat nach Artikel 103 Absatz 2 Buchstabe b eine Verordnung oder Richtlinie erlassen hat.

Literaturübersicht

Bechtold/Brinker/Bosch/Hirsbrunner, EG-Kartellrecht – Kommentar, 2. Aufl., 2009; *Ersbøll*, The European Commission's enforcement powers: an analysis of the exclusion of tramp vessel services from Regulation 4056/86 and Regulation 1/2003, ECLR 24 (2003), 375; *Frenz/Lülsdorf*, Aktuelles Kartellverfahrensrecht, EWS 2013, 169; *Hirsch/Montag/Säcker* (Hrsg.), Münchener Kommentar zum Europäischen und Deutschen Wettbewerbsrecht (Kartellrecht), Band 1: Europäisches Wettbewerbsrecht, 2007; *Immenga/Mestmäcker* (Hrsg.), Wettbewerbsrecht – Kommentar zum Europäischen Kartellrecht, Bd. 1 (Teil 1), 5. Aufl., 2012 (2014: Nachtrag betr. Art. 103–105 AEUV); *Joliet*, Lord Bethell devant la Cour de justice: en avion ou en bateau…?, CDA 1982, 552; *Lafarge*, Administrative Co-operation between Member States and Implementation of EU Law, EPL 16 (2010), 598; *Langen/Bunte* (Hrsg.), Kommentar zum deutschen und europäischen Kartellrecht, Bd. 2: Europäisches Kartellrecht, 11. Aufl., 2010; *Loewenheim/Meessen/Riesenkampff* (Hrsg.), Kartellrecht (Europäisches und Deutsches Recht) – Kommentar, 3. Aufl., 2016; *Nowak*, Konkurrentenschutz in der EG – Interdependenz des gemeinschaftlichen und mitgliedstaatlichen Rechtsschutzes von Konkurrenten, 1997; *ders.*, Rechtsschutz von Beschwerdeführern im Europäischen Wettbewerbsrecht, in: Behrens/Braun/Nowak (Hrsg.), Europäisches Wettbewerbsrecht nach der Reform, 2006, S. 165; *ders.*, Europäisches Kooperationsverwaltungsrecht, in: Leible/Terhechte (Hrsg.), Enzyklopädie Europarecht, Bd. 3: Europäisches Rechtsschutz- und Verfahrensrecht, 2014, § 34; *Paulus*, Grundrechtecharta und Private Enforcement: Ist die Stellung der Europäischen Kommission als »Entscheidungsbehörde« in Kartellrechtssachen mit jener des Klägers im nachfolgenden Zivilprozess unter dem Blickwinkel eines fairen Verfahrens vereinbar?, ÖZK 2012, 231; *Raue*, Richter und Kläger? – Die Doppelrolle der Europäischen Kommission bei der Durchsetzung europäischen Wettbewerbsrechts, WRP 2013, 147; *Schröter/Jakob/Klotz/Mederer* (Hrsg.), Europäisches Wettbewerbsrecht – Großkommentar, 2. Aufl., 2014; *Wils*, Ten Years of Regulation 1/2003 – A Retrospective, NZKart 2014, 2.

Leitentscheidungen

EuGH, Urt. v. 6.4.1962, Rs. 13/61 (de Geus/Bosch), Slg. 1962, 99
EuGH, Urt. v. 10.6.1982, Rs. 246/81 (Lord Bethell/Kommission), Slg. 1982, 2277
EuGH, Urt. v. 30.4.1986, verb. Rs. 209–213/84 (Ministère public/Asjes u. a.), Slg. 1986, 1425
EuGH, Urt. v. 11.4.1989, Rs. 66/86 (Ahmed Saeed Flugreisen u. a./Zentrale zur Bekämpfung unlauteren Wettbewerbs), Slg. 1989, 803
EuGH, Urt. v. 28.2.1991, Rs. C–234/89 (Delimitis/Henninger Bräu), Slg. 1991, I–935
EuG, Urt. v. 14.7.1994, Rs. T–77/92 (Parker Pen/Kommission), Slg. 1994, II–549
EuGH, Urt. v. 4.3.1999, Rs. C–119/97 P (Ufex u. a./Kommission), Slg. 1999, I–1341
EuGH, Urt. v. 11.7.2013, Rs. C–439/11 P (Ziegler/Kommission), WuW 2013, 1118
EuGH, Urt. v. 18.7.2013, Rs. C–499/11 P (Dow Chemical u. a./Kommission), WuW 2013, 1111

Wesentliche sekundärrechtliche Vorschriften

Verordnung (EWG) Nr. 17/62 des Rates vom 6.2.1962 – Erste Durchführungsverordnung zu den Artikeln 85 und 86 des [EWG-]Vertrags, ABl. 1962 P, Nr. 13, S. 204

Verordnung (EG) Nr. 1/2003 des Rates vom 16.12.2002 zur Durchführung der in den Artikeln 81 und 82 des Vertrags niedergelegten Wettbewerbsregeln, ABl. 2003, L 1/1

Verordnung (EG) Nr. 139/2004 des Rates vom 20.1.2004 über die Kontrolle von Unternehmenszusammenschlüssen, ABl. 2004, L 24/1

Verordnung (EG) Nr. 411/2004 des Rates vom 26.2.2004 zur Aufhebung der Verordnung (EWG) Nr. 3975/87 und zur Änderung der Verordnung (EWG) Nr. 3976/87 sowie der Verordnung (EG) Nr. 1/2003 hinsichtlich des Luftverkehrs zwischen der Gemeinschaft und Drittländern, ABl. 2004, L 68/1

Verordnung (EG) Nr. 1419/2006 des Rates vom 25.9.2006 zur Aufhebung der Verordnung (EWG) Nr. 4056/86 über die Einzelheiten der Anwendung der Artikel 85 und 86 des Vertrags auf den Seeverkehr und zur Ausweitung des Anwendungsbereichs der Verordnung (EG) Nr. 1/2003 auf Kabotage und internationale Trampdienste, ABl. 2006, L 269/1

Inhaltsübersicht

	Rn.
A. Überblick	1
B. Regelungsgehalt und Tatbestandsmerkmale der Norm	3
I. Überwachungsaufgabe der Kommission (Abs. 1 Satz 1)	4
II. Administrative Befugnisse der Kommission (Abs. 1 Sätze 2 u. 3, Abs. 2)	5
1. Untersuchungsbefugnisse	6
2. Vorschlags-, Feststellungs- und Entscheidungsbefugnisse	9
III. Befugnis der Kommission zum Erlass kartellrechtlicher Gruppenfreistellungsverordnungen (Abs. 3)	12
C. Ursprünglicher Hauptzweck und heutige Bedeutung der Norm	14

A. Überblick

1 Der aus drei Absätzen bestehende Art. 105 AEUV stellt im Rahmen des VII. (Vertrags-)Titels die fünfte Einzelbestimmung des zum ersten Kapitel dieses Titels gehörenden ersten Abschnitts dar, in dem sich die primärrechtlichen (Wettbewerbs-)Vorschriften für Unternehmen (Art. 101–106 AEUV) befinden. Mit seinen ersten beiden Absätzen stimmt Art. 105 AEUV inhaltsgleich und auch nahezu wortgleich mit der Vorgängerbestimmung des Art. 85 EGV überein,[1] die bis auf eine kleine Ausnahme wiederum mit der in Art. 89 EWGV geregelten Ursprungsfassung dieser Norm identisch ist.[2] Ein signifikanter bzw. rechtlich erheblicher Unterschied besteht zwischen Art. 105 AEUV und seiner Vorgängerbestimmung daher nur insoweit, als dem Art. 105 AEUV durch

---

[1] Der erste Wortlautunterschied zwischen diesen beiden Vorschriften manifestiert sich darin, dass Art. 105 Abs. 1 Satz 1 AEUV auf die Art. 101 AEUV, Art. 102 und Art. 104 AEUV Bezug nimmt, während es in Art. 85 Abs. 1 Satz 1 EGV diesbezüglich noch um die seinerzeit geltenden Art. 81, 82 und 84 EGV ging. Der zweite Wortlautunterschied, der sich aus der Ersetzung des in Art. 85 Abs. 2 EGV enthaltenen Entscheidungsbegriffs durch den in Art. 105 Abs. 2 AEUV enthaltenen Beschlussbegriff ergibt, ist der von Art. 249 EGV partiell abweichenden Neufassung des nunmehr in Art. 288 AEUV enthaltenen Handlungsformenkatalogs geschuldet. Rechtliche Wirkungen entfalten die beiden vorgenannten Änderungen indes nicht.

[2] Art. 85 EGV ist nur insoweit von Art. 89 EWGV abgewichen, als Absatz 1 Satz 1 der letztgenannten Norm seinerzeit bestimmte, dass die Kommission unbeschadet des Art. 88 EWGV [jetzt: Art. 104 AEUV] auf die Verwirklichung der in den Art. 85 und 86 [jetzt: Art. 101 u. 102 AEUV] niedergelegten Grundsätze achtet, »sobald sie ihre Tätigkeit aufgenommen hat«; die letztgenannte Formulierung fehlt sowohl in Art. 85 EGV als auch im heute geltenden Art. 105 AEUV.

den **Lissabonner Reformvertrag** (s. Art. 1 EUV, Rn. 33 ff.) ein dritter Absatz hinzugefügt wurde (s. Rn. 2), den die oben genannten Vorgängerbestimmungen dieser Norm noch nicht enthielten. Zwischen Art. 105 AEUV und dem nahezu wortgleichen Art. III–165 des »gescheiterten« Vertrags über eine Verfassung für Europa aus dem Jahre 2004 (s. Art. 1 EUV, Rn. 28 ff.) bestehen keine inhaltlichen Unterschiede.

Die in den drei Absätzen des Art. 105 AEUV enthaltenen Tatbestandsmerkmale bringen **zwei zentrale Regelungsgegenstände dieser Norm** zum Vorschein, die recht eng mit der in Art. 103 AEUV geregelten Rechtsetzungsbefugnis des Rates auf dem Gebiet des unternehmensbezogenen EU-Wettbewerbsrechts und mit den in Art. 104 AEUV niedergelegten Entscheidungsbefugnissen mitgliedstaatlicher Behörden verbunden sind. Zu diesen Regelungsgegenständen gehört neben der erstmals in Art. 105 Abs. 3 AEUV geregelten und unmittelbar an Art. 103 Abs. 2 Buchst. b AEUV (s. Art. 103 AEUV, Rn. 28 f.) anknüpfenden Befugnis der Kommission zum Erlass von Gruppenfreistellungsverordnungen vor allem die in Absatz 1 Satz 1 dieser Norm geregelte und auf die Verwirklichung der in den Art. 101 und 102 AEUV niedergelegten Grundsätze ausgerichtete Überwachungsaufgabe der Kommission, zu deren Erfüllung ihr in Art. 105 Abs. 1 Satz 2 und Abs. 2 AEUV verschiedene administrative Untersuchungs-, Vorschlags-, Feststellungs- und Entscheidungsbefugnisse eingeräumt werden (B.). Im Hinblick auf die **praktische Bedeutung** des Art. 105 AEUV, die in der Vergangenheit ganz erheblich durch einzelne auf der Grundlage des Art. 103 AEUV erlassene Sekundärrechtsakte reduziert wurde, ist strikt zwischen den unterschiedlichen Regelungsgegenständen dieser Norm zu differenzieren (C.). 2

B. Regelungsgehalt und Tatbestandsmerkmale der Norm

Den ersten zentralen Regelungsgegenstand des Art. 105 AEUV bildet die in Absatz 1 Satz 1 dieser Norm geregelte und auf die Verwirklichung der in den Art. 101 und 102 AEUV niedergelegten Grundsätze ausgerichtete Überwachungsaufgabe der Kommission (I.), zu deren Erfüllung ihr in Art. 105 Abs. 1 Satz 2 und Abs. 2 AEUV verschiedene administrative Handlungsbefugnisse in konkreter Gestalt bestimmter Untersuchungs- und Entscheidungsbefugnisse eingeräumt werden, die zugleich die vorgenannte Überwachungsaufgabe etwas näher präzisieren (II.). Den zweiten zentralen Regelungsgegenstand des Art. 105 AEUV bildet sodann die erstmals explizit in Absatz 3 dieser Norm geregelte Befugnis der Kommission zum Erlass von Gruppenfreistellungsverordnungen, die sich vor dem am 1.12.2009 erfolgten Inkrafttreten des Lissabonner Reformvertrags (s. Rn. 1) nur durch eine sekundärrechtlich bewirkte Delegation von Rechtsetzungsbefugnissen durch den Rat begründen und bewerkstelligen ließ (III.). 3

I. Überwachungsaufgabe der Kommission (Abs. 1 Satz 1)

Nach Art. 105 Abs. 1 Satz 1 AEUV achtet die Kommission – unbeschadet des Art. 104 AEUV – auf die Verwirklichung der in den Art. 101 und 102 AEUV niedergelegten Grundsätze. Damit wird der Kommission insbesondere eine durch die nachfolgenden Regelungsgehalte dieser Norm etwas näher konkretisierte und präzisierte **Befugnis zur administrativen Anwendung und Durchsetzung der** in den **Art. 101 und 102 AEUV** niedergelegten Grundsätze bzw. eine auf die beiden vorgenannten Wettbewerbsregeln 4 bezogene »allgemeine Zuständigkeit zur Überwachung und Aufsicht«[3] verliehen, die als eine bereichsspezifische Konkretisierung und Ausprägung ihrer in Art. 17 Abs. 1 EUV allgemein zum Ausdruck kommenden Funktion als »Hüterin der Verträge« eingeordnet werden kann und die in Art. 104 AEUV geregelten Befugnisse mitgliedstaatlicher Behörden zur administrativen Anwendung und Durchsetzung des materiellen Unionskartellrechts komplementär ergänzt.[4] Diese in Art. 105 Abs. 1 Satz 1 AEUV geregelte Überwachungsaufgabe, die von der Kommission in ergänzender Weise auch im Wege der privaten Durchsetzung des EU-Kartellrechts[5] sowie durch die Ausübung ihres in Art. 103 Abs. 1 AEUV niedergelegten Vorschlagsrechts (s. Art. 103 AEUV, Rn. 17 f.) wahrgenommen werden kann, unterscheidet sich ganz erheblich von den in Art. 104 AEUV geregelten Entscheidungsbefugnissen mitgliedstaatlicher Behörden, indem sie in zeitlicher Hinsicht nicht durch das Inkrafttreten der gemäß Art. 103 AEUV vom Rat erlassenen Sekundärrechtsakte begrenzt wird, wie dies bei den in Art. 104 AEUV geregelten Entscheidungsbefugnissen mitgliedstaatlicher Behörden der Fall ist (s. Art. 104 AEUV, Rn. 8). Ein weiterer Unterschied besteht zwischen Art. 104 AEUV und Art. 105 AEUV insoweit, als den in der erstgenannten Bestimmung angesprochenen »Behörden der Mitgliedstaaten« (s. Art. 104 AEUV, Rn. 4) durch das in dieser Norm enthaltene Tatbestandsmerkmal »insbesondere Absatz 3« eine ausdrückliche – allerdings nur bis zum Inkrafttreten der vom Rat auf der Grundlage des Art. 103 AEUV zu erlassenden Sekundärrechtsakte bestehende – Zuständigkeit für den Erlass von Freistellungsentscheidungen im Sinne des Art. 101 Abs. 3 AEUV übertragen wird (s. Art. 104 AEUV, Rn. 6), die von der Kommission nach allgemeiner Auffassung nicht auf der Grundlage des Art. 105 AEUV, sondern allenfalls auf der Grundlage eines vom Rat nach Art. 103 AEUV erlassenen Sekundärrechtsakts[6] – getroffen werden können.[7]

---

[3] In diesem Sinne vgl. insb. EuGH, Urt. v. 6.4.1962, Rs. 13/61 (de Geus/Bosch), Slg. 1962, 99 (112); recht ähnlich vgl. EuG, Urt. v. 14.7.1994, Rs. T-77/92 (Parker Pen/Kommission), Slg. 1994, II-549, Rn. 63 (»allgemeine Überwachungsaufgabe«).

[4] Näher zum komplementären Nebeneinander des Art. 104 AEUV und des Art. 105 Abs. 1 u. 2 AEUV vgl. auch *Schröter*, in: *ders./Jakob/Klotz/Mederer*, S. 973 f.; *Sturhahn*, in: Loewenheim/Meessen/Riesenkampf, S. 685 f.

[5] Zur expliziten (höchstrichterlichen) Anerkennung dieser Möglichkeit vgl. EuGH, Urt. v. 6.11.2012, Rs. C-199/11 (EG/Otis u. a.), EuZW 2013, 24, Rn. 40 ff. = EWS 2013, 142 ff., mit Anm. *Landbrecht*, EuZW 2013, 28 f.; näher zu dieser Entscheidung vgl. auch *Frenz/Lülsdorf*, EWS 2013, 169 (173 f.); *Paulus*, ÖZK 2012, 231 ff.; *Raue*, WRP 2013, 147 ff.

[6] Die über Art. 105 AEUV hinausgehende Befugnis der Kommission, Einzelfreistellungsentscheidungen zur Verwirklichung des in Art. 101 Abs. 3 AEUV niedergelegten Freistellungstatbestandes zu erlassen, war lange Zeit in Art. 6 VO (EWG) Nr. 17/62 des Rates vom 6.2.1962 – Erste Durchführungsverordnung zu den Artikeln 85 und 86 des [EWG-]Vertrags (ABl. 1962, Nr. 13, S. 204) geregelt; das damit verbundene Freistellungsmonopol der Kommission (s. Art. 103 AEUV, Rn. 7) ist allerdings mit dem durch den Erlass der VO (EG) Nr. 1/2003 des Rates vom 16.12.2002 zur Durchführung der in den Artikeln 81 und 82 des Vertrags niedergelegten Wettbewerbsregeln (ABl. 2003, L 1/1) bewirkten Systemwechsel – weg vom früheren Anmeldesystem, hin zum sog. Legalausnahmesystem (s. Art. 103 AEUV, Rn. 7 u. 28) – später wieder abgeschafft worden.

[7] Dass Art. 105 AEUV der Kommission keine Befugnis zum Erlass von Einzelfreistellungen verleiht, ist unstreitig, vgl. nur EuGH, Urt. v. 6.4.1962, Rs. 13/61 (de Geus/Bosch), Slg. 1962, S. 99 (112); Urt. v. 30.4.1986, verb. Rs. 209/84 bis 213/84 (Ministère public/Asjes u. a.), Slg. 1986, 1425, Rn. 62; *Eilmansberger*, in: Streinz, EUV/AEUV, Art. 104 AEUV, Rn. 3; *Müller-Graff*, in: Vedder/Heintschel v. Heinegg, Europäisches Unionsrecht, Art. 105 AEUV, Rn. 5; *Schröter*, in: GSH, Europäisches Unionsrecht, Art. 105 AEUV, Rn. 5; *Stadler*, in: Langen/Bunte, S. 672.

II. Administrative Befugnisse der Kommission (Abs. 1 Sätze 2 u. 3, Abs. 2)

Um zu gewährleisten, dass die Kommission der vorgenannten Überwachungsaufgabe gerecht werden kann bzw. dieser Aufgabe zumindest ansatzweise gewachsen ist, werden ihr in den ersten beiden Absätzen des Art. 105 AEUV verschiedene Befugnisse zugewiesen, die zugleich die in Art. 105 Abs. 1 Satz 1 AEUV eher nur schemenhaft bzw. ansatzweise deutlich werdende Überwachungsaufgabe konkretisieren. Hierbei ist zwischen bestimmten Untersuchungsbefugnissen (1.) sowie verschiedenen Vorschlags-, Feststellungs- und Entscheidungsbefugnissen der Kommission (2.) zu unterscheiden.

1. Untersuchungsbefugnisse

Nach Art. 105 Abs. 1 Satz 2 AEUV untersucht die Kommission auf Antrag eines Mitgliedstaats oder von Amts wegen in Verbindung mit den zuständigen Behörden der Mitgliedstaaten, die ihr Amtshilfe zu leisten haben, die Fälle, in denen Zuwiderhandlungen gegen die in den Art. 101 und 102 AEUV niedergelegten Grundsätze vermutet werden. Diese Regelung lässt zwar keinen Zweifel daran, dass derartige Untersuchungen stets das Vorliegen konkreter Anhaltspunkte für das Vorliegen einer solchen Zuwiderhandlung bzw. einen entsprechenden **Anfangsverdacht** voraussetzen.[8] Im Hinblick auf die Frage, welche genauen Untersuchungsinstrumente und -formen der Kommission in diesem Kontext konkret zur Verfügung stehen (s. Rn. 7), ist Art. 105 AEUV jedoch – anders als die Kartellverfahrens-VO (EG) Nr. 1/2003 (s. Art. 103 AEUV, Rn. 36) – beinahe ebenso unergiebig wie im Hinblick auf die Frage, wie eine Untersuchung der hier in Rede stehenden Art konkret ablaufen soll. Hinreichend klar ist insoweit nur, dass Untersuchungen der Kommission nach Art. 105 Abs. 1 Satz 2 AEUV nicht von entsprechenden Anträgen mitgliedstaatlicher Behörden abhängen, sondern auch von Amts wegen (ex officio) durchgeführt werden können, ohne dass es dafür einer Zustimmung der betroffenen Mitgliedstaaten bedarf,[9] und dass die zuständigen Behörden der Mitgliedstaaten im Rahmen derartiger Untersuchungen zur **Amtshilfe** verpflichtet sind, die ganz generell einen zentralen Baustein des so genannten Europäischen Kooperationsverwaltungsrechts und zugleich ein überaus bedeutsames Kooperationsinstrument im Rahmen des Europäischen Verwaltungsverbundes darstellt.[10] Im Gegenzug dürfte die Kommission nach dem hier zum Ausdruck kommenden Grundsatz der engen und stetigen Zusammenarbeit zur vorherigen Unterrichtung der zuständigen Behörde des Mitgliedstaats verpflichtet sein, in dessen Hoheitsgebiet das von der hier in Rede stehenden Untersuchung betroffene Unternehmen seinen Sitz hat.[11]

---

[8] Zutr. vgl. statt vieler *Ludwigs*, in: Grabitz/Hilf/Nettesheim, EU, Art. 105 AEUV (Mai 2015), Rn. 6; *Sturhahn*, in: Loewenheim/Meessen/Riesenkampf, S. 681.

[9] Zur ganz überwiegenden Negation eines solchen Zustimmungserfordernisses vgl. *Eilmansberger*, in: Streinz, EUV/AEUV, Art. 105 AEUV, Rn. 2; *Jung*, in: Calliess/Ruffert, EUV/AEUV, Art. 105 AEUV, Rn. 5; *Ludwigs*, in: Grabitz/Hilf/Nettesheim, EU, Art. 105 AEUV (Mai 2015), Rn. 8; *Rapp-Jung*, in: Hirsch/Montag/Säcker, Art. 85 EG, Rn. 10; *Schröter*, in: ders./Jakob/Klotz/Mederer, S. 975; *Stadler*, in: Langen/Bunte, S. 671; *Sturhahn*, in: Loewenheim/Meessen/Riesenkampf, S. 682.

[10] Ausführlicher dazu vgl. jeweils m.w.N. *Gundel*, in: Schulze/Zuleeg/Kadelbach, Europarecht, § 3, Rn. 147 ff.; *Lafarge*, EPL 16 (2010), 598 (614 f.); *Nowak*, Europäisches Kooperationsverwaltungsrecht, § 34, Rn. 14 ff.; *Ohler*, Europäisches und nationales Verwaltungsrecht, in: Terhechte, Verwaltungsrecht der EU, § 9, Rn. 31 ff.; *Wettner*, Die Amtshilfe im Europäischen Verwaltungsrecht, 2005, S. 13 ff.

[11] So auch *Schröter*, in: ders./Jakob/Klotz/Mederer, S. 975; *Sturhahn*, in: Loewenheim/Meessen/Riesenkampf, S. 682.

7   Die Frage, welche **Untersuchungsinstrumente der Kommission** im Anwendungsbereich des Art. 105 Abs. 1 AEUV konkret zur Verfügung stehen, wird in dieser Bestimmung zwar nicht beantwortet. Gleichwohl wird im einschlägigen Schrifttum allgemein angenommen, dass es in diesem Kontext vornehmlich um Auskunftsersuchen und Nachprüfungen geht.[12] Dem ist ohne Weiteres zuzustimmen, da Art. 337 AEUV unter anderem bestimmt, dass die Kommission zur Erfüllung der ihr übertragenen Aufgaben, zu denen auch die in Art. 105 Abs. 1 Satz 1 AEUV geregelte Überwachungsaufgabe gehört (s. Rn. 4), »alle erforderlichen Auskünfte einholen und alle erforderlichen Nachprüfungen vornehmen« kann (s. Art. 337 AEUV, Rn. 1 ff.). Abweichend von der auf der Grundlage des Art. 103 AEUV erlassenen Kartellverfahrens-VO (EG) Nr. 1/2003, die recht scharfe Sanktionen für unkooperatives oder **obstruktives Verhalten der betreffenden Unternehmen** und Unternehmensvereinigungen im Rahmen kartellverfahrensrechtlicher Ermittlungen durch die Kommission vorsehen (s. Art. 103 AEUV, Rn. 22 ff.), gibt Art. 105 AEUV der Kommission keine Mittel an die Hand, um kooperationsunwillige Unternehmen oder Unternehmensvereinigungen zur Erteilung erbetener Auskünfte oder zur Duldung angeordneter Nachprüfungen zu zwingen. Vielmehr ist die Kommission in solchen Fällen auf die Mithilfe der betreffenden Mitgliedstaaten angewiesen. Soweit in diesem Zusammenhang mehrheitlich angenommen wird, dass die Mitgliedstaaten im Anwendungsbereich des Art. 105 Abs. 1 AEUV auf Ersuchen der Kommission verpflichtet sind, die ihnen auf Grund des innerstaatlichen Rechts zu Gebote stehenden Handlungsmöglichkeiten zur Verfügung zu stellen,[13] lässt sich dies vor allem mit ihrer oben genannten Verpflichtung zur Amtshilfe (s. Rn. 6) begründen, die einen ergänzenden Rückgriff auf den in Art. 4 Abs. 3 EUV niedergelegten Grundsatz der loyalen Zusammenarbeit an dieser Stelle entbehrlich macht.

8   Während im einschlägigen Schrifttum weitgehende Einigkeit darin besteht, dass die Kommission nach Eingang eines entsprechenden Antrags eines Mitgliedstaats zur Durchführung der hier in Rede stehenden Untersuchung verpflichtet ist[14] und dass sich der antragstellende Mitgliedstaat gegen ein etwaiges **Unterlassen der Kommission** mit gerichtlichen Mitteln zur Wehr setzen kann,[15] sollen drittbetroffenen Privaten, die sich gegen ein unterlassenes Einschreiten der Kommission im Anwendungsbereich des Art. 105 Abs. 1 AEUV zur Wehr setzen wollen, nach der bisherigen Rechtsprechung des Unionsrichters keine entsprechenden Rechtsschutzmöglichkeiten zur Verfügung stehen.[16] Insoweit ist die **Rechtsstellung drittbetroffener Beschwerdeführer** im Anwendungsbereich des Art. 105 Abs. 1 und 2 AEUV deutlich schlechter als auf der Grundlage der Kartellverfahrens-VO (EG) Nr. 1/2003.[17]

---

[12] Vgl. nur *Eilmansberger*, in: Streinz, EUV/AEUV, Art. 105 AEUV, Rn. 2; *Jung*, in: Calliess/Ruffert, EUV/AEUV, Art. 105 AEUV, Rn. 5; *Rapp-Jung*, in: Hirsch/Montag/Säcker, Art. 85 EG, Rn. 10; *Stadler*, in: Langen/Bunte, S. 671.

[13] In diesem Sinne vgl. etwa *Rapp-Jung*, in: Hirsch/Montag/Säcker, Art. 85 EG, Rn. 10; *Stadler*, in: Langen/Bunte, S. 671 f.

[14] In diesem Sinne vgl. statt vieler *Jung*, in: Calliess/Ruffert, EUV/AEUV, Art. 105 AEUV, Rn. 4 m.w.N.

[15] Zur mehrheitlich bejahten Möglichkeit eines antragstellenden Mitgliedstaats, gegen eine negative Antragsbescheidung durch die Kommission mit der Erhebung einer Nichtigkeitsklage nach Art. 263 AEUV und gegen eine unterbliebene Antragsbescheidung mit der Erhebung einer Untätigkeitsklage nach Art. 265 AEUV vorzugehen, vgl. nur *Rapp-Jung*, in: Hirsch/Montag/Säcker, Art. 85 EG, Rn. 9; *Schröter*, in: *ders.*/Jakob/Klotz/Mederer, S. 975; *Stadler*, in: Langen/Bunte, S. 671.

[16] Grdlg. EuGH, Urt. v. 10.6.1982, Rs. 246/81 (Lord Bethell/Kommission), Slg. 1982, S. 2277, Rn. 15 ff.; kritisch dazu vgl. etwa *Joliet*, CDE 1982, 552 ff.; *Nowak*, Konkurrentenschutz, S. 313 ff.

[17] Ausführlich dazu vgl. m.w.N. *Nowak*, Rechtsschutz von Beschwerdeführern im Europäischen Wettbewerbsrecht, S. 165 (172 ff.).

2. Vorschlags-, Feststellungs- und Entscheidungsbefugnisse

Stellt die Kommission im Zuge einer Untersuchung der vorgenannten Art (s. Rn. 6–8) eine Zuwiderhandlung gegen Art. 101 AEUV und/oder Art. 102 AEUV fest, so kann sie nach Art. 105 Abs. 1 Satz 3 AEUV zunächst einmal geeignete Mittel zur Abstellung der von ihr festgestellten Zuwiderhandlung vorschlagen. Da diese Bestimmung keine Antwort auf die Frage gibt, wem genau ein solcher **Vorschlag der Kommission zur Abstellung einer festgestellten Zuwiderhandlung gegen Art. 101 AEUV und/oder Art. 102 AEUV** zu unterbreiten ist, geht ein Teil der Literatur davon aus, dass die Kommission nach pflichtgemäßen Ermessen darüber entscheiden kann, ob sie ihren Abstellungsvorschlag an die zuwiderhandelnden Unternehmen und Unternehmensvereinigungen oder an die betreffenden Mitgliedstaaten adressiert.[18] Durchgesetzt hat sich im jüngeren einschlägigen Schrifttum indes die davon abweichende Auffassung, dass ein solcher Vorschlag, der ganz überwiegend als eine unverbindliche Empfehlung im Sinne des Art. 288 Abs. 5 AEUV eingeordnet wird,[19] nicht bzw. nicht nur den zur Amtshilfe verpflichteten Behörden der Mitgliedstaaten (s. Rn. 6), sondern auch bzw. in erster Linie demjenigen zu unterbreiten ist, der die von der Kommission festgestellte Zuwiderhandlung gegen Art. 101 AEUV und/oder Art. 102 AEUV begangen haben soll.[20] Dieser Auffassung ist zuzustimmen, da letztendlich nur die in diesen Wettbewerbsregeln angesprochenen Unternehmen oder Unternehmensvereinigungen dazu in der Lage sind, die von der Kommission festgestellte Zuwiderhandlung gegen Art. 101 AEUV und/oder Art. 102 AEUV tatsächlich »abzustellen«.[21]

9

Wird die fragliche Zuwiderhandlung gegen Art. 101 AEUV und/oder Art. 102 AEUV entgegen dem vorgenannten Kommissionsvorschlag nicht abgestellt, so trifft die Kommission nach Art. 105 Abs. 2 Satz 1 AEUV in einem mit Gründen versehenen Beschluss die Feststellung, dass eine derartige Zuwiderhandlung vorliegt. Dieser **Feststellungsbeschluss über das Vorliegen einer Zuwiderhandlung**, der für den jeweiligen Adressaten gemäß Art. 288 Abs. 4 AEUV verbindlich ist und für mitgliedstaatliche Gerichte nach allgemeiner Auffassung eine gewisse Tatbestandswirkung bei der Anwendung der Art. 101 AEUV und Art. 102 AEUV entfaltet,[22] kann nach Art. 105 Abs. 2 Satz 2 AEUV veröffentlicht werden. Entscheidet sich die Kommission gegen eine solche Veröffentlichung, widerspricht dies zwar in gewisser Hinsicht der in Art. 1 Abs. 2 EUV enthaltenen Vorgabe, dass unionale Entscheidungen möglichst offen getroffen werden müssen (s. Art. 1 EUV, Rn. 52 ff.); dies wird jedoch von Art. 105 Abs. 2 AEUV hingenommen.

10

Darüber hinaus sieht Art. 105 Abs. 2 Satz 2 AEUV vor, dass die Kommission die Mitgliedstaaten ermächtigen kann, die erforderlichen Abhilfemaßnahmen zu treffen, deren Bedingungen und Einzelheiten sie festlegt. Der Begriff »Abhilfemaßnahmen« umfasst nach allgemeiner Auffassung alle geeigneten Maßnahmen, die das jeweilige

11

---

[18] In diesem Sinne vgl. etwa m. w. N. *Sturhahn*, in: Loewenheim/Meessen/Riesenkampf, S. 682 f.
[19] Vgl. *Jung*, in: Calliess/Ruffert, EUV/AEUV, Art. 105 AEUV, Rn. 7; *Ludwigs*, in: Grabitz/Hilf/Nettesheim, EU, Art. 105 AEUV (Mai 2014), Rn. 9; *Müller-Graff*, in: Vedder/Heintschel v. Heinegg, Europäisches Unionsrecht, Art. 105 AEUV, Rn. 5; *Rapp-Jung*, in: Hirsch/Montag/Säcker, Art. 85 EG, Rn. 11; *Schröter*, in: *ders.*/Jakob/Klotz/Mederer, S. 976; *Stadler*, in: Langen/Bunte, S. 672; *Sturhahn*, in: Loewenheim/Meessen/Riesenkampf, S. 682.
[20] In diesem Sinne vgl. auch statt vieler und jeweils m. w. N. *Jung*, in: Calliess/Ruffert, EUV/AEUV, Art. 105 AEUV, Rn. 7; *Ludwigs*, in: Grabitz/Hilf/Nettesheim, EU, Art. 105 AEUV (Mai 2014), Rn. 9.
[21] Zutr. *Schröter*, in: *ders.*/Jakob/Klotz/Mederer, S. 976 f.; *Stadler*, in: Langen/Bunte, S. 672.
[22] Vgl. *Rapp-Jung*, in: Hirsch/Montag/Säcker, Art. 85 EG, Rn. 11; *Stadler*, in: Langen/Bunte, S. 672; *Sturhahn*, in: Loewenheim/Meessen/Riesenkampf, S. 683.

innerstaatliche Recht gegenüber Unternehmen zur Bekämpfung von Kartellen und des Missbrauchs einer marktbeherrschenden Stellung zulässt bzw. vorsieht.[23] Die in Art. 105 Abs. 2 Satz 2 AEUV geregelte **Ermächtigung zur Vornahme erforderlicher Abhilfemaßnahmen** ist insoweit bedeutsam, als die Kommission nach Art. 105 AEUV selbst nicht dazu befugt ist, entsprechende Abhilfemaßnahmen zu treffen und durchzusetzen.[24] Insoweit ist die Kommission in diesem Kontext auf die kooperative Mitwirkung der Mitgliedstaaten bzw. mitgliedstaatlicher Behörden angewiesen, die im Lichte des in Art. 4 Abs. 3 EUV niedergelegten Grundsatzes der loyalen Zusammenarbeit verpflichtet sind, im Sinne der vorgenannten Ermächtigung aktiv zu werden[25] und sich hierbei zugleich an die von der Kommission festgelegten Bedingungen und Einzelheiten zu halten.

III. Befugnis der Kommission zum Erlass kartellrechtlicher Gruppenfreistellungsverordnungen (Abs. 3)

12 Durch Art. 105 Abs. 3 AEUV wird die Kommission schließlich auch dazu ermächtigt, Verordnungen zu den Gruppen von Vereinbarungen zu erlassen, zu denen der Rat nach Art. 103 Abs. 2 Buchst. b AEUV eine Verordnung oder Richtlinie erlassen hat. Bei dieser Bestimmung, die ihr beihilferechtliches »pendant« in Art. 108 Abs. 4 AEUV findet, handelt es sich augenscheinlich um eine **relativ neue** – d. h. erst durch den Lissabonner Reformvertrag geschaffene – **primärrechtliche Kompetenzgrundlage** für den Erlass kartellrechtlicher Gruppenfreistellungsverordnungen durch die Kommission,[26] deren Wahrnehmung allerdings voraussetzt, dass der Rat von seiner durch Art. 103 Abs. 2 Buchst. b AEUV näher konkretisierten Rechtsetzungsermächtigung (s. Art. 103 AEUV, Rn. 28) Gebrauch gemacht hat. Insoweit scheint die Kommission in diesem Bereich – anders als früher (s. Art. 103 AEUV, Rn. 29) – zwar nicht mehr zwingend darauf angewiesen zu sein, dass sie der Rat im Wege der Delegation von Rechtsetzungsbefugnissen ausdrücklich zum Erlass von Gruppenfreistellungsverordnungen ermächtigt.[27] Ob der Kommission durch Art. 105 Abs. 3 AEUV jedoch tatsächlich eine eigenständige und wirklich neuartige Befugnis zum Erlass von Gruppenfreistellungsverordnungen verliehen wird, ist indes gegenwärtig (noch) etwas zweifelhaft, da diese Befugnis letztlich nur dann bestehen dürfte, wenn der Rat der Kommission durch einen auf Art. 103 Abs. 2 Buchst. b AEUV gestützten Sekundärrechtsakt einen entsprechenden Raum für den Erlass der hier in Rede stehenden Gruppenfreistellungsverordnungen eröffnet bzw. belassen hat.[28] Vor diesem Hintergrund bedarf es noch der unionsgericht-

---

[23] So vgl. statt vieler *Jung*, in: Calliess/Ruffert, EUV/AEUV, Art. 105 AEUV, Rn. 9 m.w.N.; zum klassischen Meinungsstreit über die Frage, welche Abhilfemaßnahmen die von der Kommission ermächtigten Mitgliedstaaten konkret treffen können, vgl. jeweils m.w.N. *Schröter*, in: *ders.*/Jakob/Klotz/Mederer, S. 977; *Sturhahn*, in: Loewenheim/Meessen/Riesenkampf, S. 684 f.

[24] Dies ist weitgehend unstrittig, vgl. nur *Rapp-Jung*, in: Hirsch/Montag/Säcker, Art. 85 EG, Rn. 11; *Stadler*, in: Langen/Bunte, S. 670; *Sturhahn*, in: Loewenheim/Meessen/Riesenkampf, S. 684.

[25] So auch *Ritter*, in: Immenga/Mestmäcker, Bd. 1 Teil 1, Art. 105 AEUV, Rn. 9.

[26] Mit dieser Deutung vgl. etwa *Khan*, in: Geiger/Khan/Kotzur, EUV/AEUV, Art. 105 AEUV, Rn. 3; sehr ähnlich auch *Jung*, in: Calliess/Ruffert, EUV/AEUV, Art. 105 AEUV, Rn. 10.

[27] In diesem Sinne vgl. etwa auch m.w.N. *Ludwigs*, in: Grabitz/Hilf/Nettesheim, EU, Art. 105 AEUV (Mai 2015), Rn. 11. Näher zur ursprünglichen Praxis vgl. *Brinker*, in: Schwarze, EU-Kommentar, Art. 105 AEUV, Rn. 4, mit der weiteren These, dass es der Einführung des Art. 105 Abs. 3 AEUV daher nicht bedurft hätte.

[28] Vgl. dazu auch *Jung*, in: Calliess/Ruffert, EUV/AEUV, Art. 105 AEUV, Rn. 10, wonach für die Ausübung der in Art. 105 Abs. 3 AEUV geregelten Befugnis eine Ratsverordnung auf der Grundlage

lichen Klärung, ob Art. 105 Abs. 3 AEUV nur eine klarstellende Bedeutung hat,[29] ohne an der bisherigen Rechtslage etwas Wesentliches zu ändern, oder ob die **Rechtswirkungen** des Art. 105 Abs. 3 AEUV darüber hinausgehen.[30]

Fraglich ist schließlich, wieso sich Art. 105 Abs. 3 AEUV seinem Wortlaut nach nur auf **Gruppen von Vereinbarungen** bezieht, obwohl Art. 101 Abs. 3 AEUV nicht nur für Gruppen von Vereinbarungen zwischen Unternehmen, sondern auch für Gruppen von Beschlüssen von Unternehmensvereinigungen und für Gruppen abgestimmter Verhaltensweisen die Möglichkeit einer Freistellung von dem in Art. 101 Abs. 1 AEUV niedergelegten Kartellverbot eröffnet. Diese Diskrepanz könnte zwar auf den ersten Blick dahingehend gedeutet werden, dass der Unionsverfassungsgeber die Kompetenz der Kommission zum Erlass kartellrechtlicher Gruppenfreistellungsverordnungen bewusst auf die vorgenannten »Gruppen von Vereinbarungen« beschränken wollte. Diese Deutung steht jedoch auf einem höchst unsicheren Fundament.[31] Insoweit geht ein Teil der einschlägigen Literatur auch davon aus, dass die in Art. 105 Abs. 3 AEUV enthaltene Beschränkung auf Vereinbarungen auf einem Redaktionsfehler beruht, da nicht angenommen werden könne, dass die gruppenweise Freistellung von Beschlüssen und aufeinander abgestimmten Verhaltensweisen für die Zukunft ausgeschlossen werden sollte.[32]

13

C. Ursprünglicher Hauptzweck und heutige Bedeutung der Norm

Die in Art. 105 Abs. 1 und 2 AEUV enthaltenen Regelungen, die sich in nahezu inhaltsgleicher Weise bereits in Art. 89 EWGV finden ließen (s. Rn. 1), dienten zu Beginn der

14

---

des Art. 103 Abs. 2 Buchst. b AEUV genüge, worin sich der Rat überhaupt zum Anwendungsbereich von Art. 101 Abs. 3 AEUV äußert, und wonach der Rat hierbei auch eine Aussage zur grundsätzlichen Freistellungsfähigkeit bestimmter Gruppen von Vereinbarungen getroffen haben müsse.

[29] In diesem Sinne vgl. *Brinker*, in: Schwarze, EU-Kommentar, Art. 105 AEUV, Rn. 4; ähnlich vgl. *Grill*, in: Lenz/Borchardt, EU-Verträge, Art. 105 AEUV, Rn. 2, wonach Art. 105 Abs. 3 AEUV lediglich die bereits geübte Praxis bestätige und diese in den Rang einer Vertragsbestimmung hebe.

[30] In diesem Sinne vgl. etwa *Jung*, in: Calliess/Ruffert, EUV/AEUV, Art. 105 AEUV, Rn. 10, wonach eine ausdrückliche Ermächtigung der Kommission oder eine Übertragung der Zuständigkeit zum Erlass konkreter Gruppenfreistellungsverordnungen jetzt nicht mehr erforderlich sei; sowie *Grill*, in: Lenz/Borchardt, EU-Verträge, Art. 105 AEUV, Rn. 2, wonach Art. 105 Abs. 3 AEUV auch bedeuten dürfe, dass der konkrete Inhalt einer Gruppenfreistellungsverordnung in Zukunft stets von der Kommission – und nicht mehr direkt vom Rat – festgelegt werden soll. Ähnlich vgl. *Schröter*, in: *ders.*/Jakob/Klotz/Mederer, S. 979, wonach Art. 105 Abs. 3 AEUV die Kommission und den Rat als lex specialis von den strengen Bedingungen befreie, die normalerweise für die Delegation von Rechtsetzungsbefugnissen gelten; sowie *Ludwigs*, in: Grabitz/Hilf/Nettesheim, EU, Art. 105 AEUV (Mai 2015), Rn. 11, wonach es sich bei Gruppenfreistellungsverordnungen nach Art. 105 Abs. 3 AEUV nicht um delegierte oder durchführende Rechtsakte im Sinne der Art. 290 und 291 AEUV, sondern um originäre Rechtsakte ohne Gesetzescharakter im Sinne des Art. 288 Abs. 2 AEUV und des Art. 297 Abs. 2 AEUV handele.

[31] Vgl. insb. *Müller-Graff*, in: Vedder/Heintschel v. Heinegg, Europäisches Unionsrecht, Art. 105 AEUV, Rn. 6, wonach wegen des kompetenzteleologischen Normzwecks des Art. 105 Abs. 3 AEUV im Interesse einer operativ effizienten und verständigen Wettbewerbspolitik kein Hinderungsgrund ersichtlich sei, auch die vom Wortlaut des Art. 105 Abs. 3 AEUV nicht genannten, wohl aber von Art. 103 Abs. 2 Buchst. b AEUV i. V. m. Art. 101 Abs. 3 AEUV umfassten abgestimmten Verhaltensweisen und Beschlüsse von Unternehmensvereinigungen in die Befugnis zum Erlass von Gruppenfreistellungen mit einzubeziehen.

[32] Vgl. *Schröter*, in: *ders.*/Jakob/Klotz/Mederer, S. 978.

europäischen Integration dem in ähnlicher Weise auch durch die Vorgängerbestimmungen des Art. 104 AEUV (s. Art. 104 AEUV, Rn. 9) verfolgten Zweck, dass die administrative Anwendung und Durchsetzung der in den Art. 101 Abs. 1 AEUV und Art. 102 AEUV niedergelegten Verbotstatbestände nicht vollständig von der Wahrnehmung bzw. Aktivierung der in Art. 103 AEUV geregelten Rechtsetzungsbefugnis durch den Rat abhängig ist und dass diese Durchsetzungsform insoweit bereits mit dem Inkrafttreten des damaligen EWG-Vertrags gewährleistet sein sollte.[33] Diese ursprüngliche Zwecksetzung ist zwar gelegentlich zum Anlass genommen worden, den Art. 105 AEUV bzw. eine seiner Vorgängerbestimmungen explizit oder zumindest implizit als »Übergangsbestimmung« einzuordnen.[34] Diese Einordnung kann aber von vornherein nicht den gesamten Art. 105 AEUV erfassen, da der erst durch den Lissabonner Reformvertrag eingeführte Art. 105 Abs. 3 AEUV, der die Kommission unter bestimmten Voraussetzungen zum **Erlass von Gruppenfreistellungsverordnungen** ermächtigt (s. Rn. 12 f.), ganz eindeutig keinen Übergangscharakter hat.

15 Kann insoweit nur einzelnen Bestandteilen des Art. 105 AEUV ein gewisser Übergangscharakter zugesprochen werden, so kommen hierfür in erster Linie die in Art. 105 Abs. 1 Satz 2 und 3, Abs. 2 AEUV geregelten **Untersuchungs-, Vorschlags-, Feststellungs- und Entscheidungsbefugnisse der Kommission** in Frage,[35] da diese primärrechtlich geregelten Befugnisse heute in der Tat keine praktische Bedeutung mehr haben, wenn man einmal von der umstrittenen Detailfrage nach der eventuell möglichen Anwendbarkeit des Art. 105 Abs. 1 und 2 AEUV auf die aus dem Anwendungsbereich der Fusionskontroll-VO (EG) Nr. 139/2004[36] herausfallenden Unternehmenszusammenschlüsse ohne gemeinschafts- bzw. unionsweite Bedeutung absieht.[37] Der Umstand, das die in Art. 105 Abs. 1 Satz 2 und 3, Abs. 2 AEUV geregelten Untersuchungs-, Vorschlags-, Feststellungs- und Entscheidungsbefugnisse der Kommission weitgehend gegenstandslos geworden sind, beruht im Wesentlichen darauf, dass die auf der Grundlage des Art. 103 AEUV erlassene Kartellverfahrens-VO (EG) Nr. 1/2003[38] der Kommission detaillierte kartellverfahrensrechtliche Untersuchungs- und Entscheidungsbefugnisse einräumt, die weit über die in Art. 105 Abs. 1 und 2 AEUV geregelten Befugnisse hinausgehen, und dass der Rat durch den Erlass zweier weiterer Verordnungen[39] sicherge-

---

[33] Näher zur gelegentlichen – insgesamt recht sparsamen – Nutzung der in Art. 105 Abs. 1 und 2 AEUV geregelten Befugnisse durch die Kommission vor und nach Erlass der VO (EWG) Nr. 17/62 (Fn. 6) vgl. jeweils m. w. N. *Brinker*, in: Schwarze, EU-Kommentar, Art. 105 AEUV, Rn. 2; *Jung*, in: Calliess/Ruffert, EUV/AEUV, Art. 105 AEUV, Rn. 11; *Rapp-Jung*, in: Hirsch/Montag/Säcker, Art. 85 EG, Rn. 13; *Ritter*, in: Immenga/Mestmäcker, Bd. 1 Teil 1, Art. 105 AEUV, Rn. 3 u. 5 f.; *Stadler*, in: Langen/Bunte, S. 672 f.; *Sturhahn*, in: Loewenheim/Meessen/Riesenkampf, S. 680 f.

[34] So, in Bezug auf eine Vorgängerbestimmung des Art. 105 AEUV, EuGH, Urt. v. 11.4.1989, Rs. 66/86 (Ahmed Saeed Flugreisen u. a./Zentrale zur Bekämpfung unlauteren Wettbewerbs), Slg. 1989, 803, Rn. 21; implizit bereits EuGH, Urt. v. 30.4.1986, verb. Rs. 209/84 bis 213/84 (Ministère public/Asjes u. a.), Slg. 1986, 1425, Rn. 52 u. 58; dem folgend *Grill*, in: Lenz/Borchardt, EU-Verträge, Art. 105 AEUV, Rn. 1.

[35] In diesem Sinne vgl. auch *Rapp-Jung*, in: Hirsch/Montag/Säcker, Art. 85 EG, Rn. 2.

[36] VO (EG) Nr. 139/2004 des Rates vom 20.1.2004 über die Kontrolle von Unternehmenszusammenschlüssen, ABl. 2004, L 24/1.

[37] Näher zu dieser höchstrichterlich noch nicht geklärten Streitfrage, deren praktische Bedeutung allerdings nicht überschätzt werden darf, vgl. jeweils m. w. N. *Jung*, in: Calliess/Ruffert, EUV/AEUV, Art. 105 AEUV, Rn. 2; *Nowak*, Konkurrentenschutz, S. 199 ff.; *Rapp-Jung*, in: Hirsch/Montag/Säcker, Art. 85 EG, Rn. 5 f.; *Ritter*, in: Immenga/Mestmäcker, Bd. 1 Teil 1, Art. 105 AEUV, Rn. 4; *Stadler*, in: Langen/Bunte, S. 670; *Sturhahn*, in: Loewenheim/Meessen/Riesenkampf, S. 680.

[38] Siehe oben Fn. 6.

[39] Vgl. in diesem Kontext zum einen die VO (EG) Nr. 411/2004 des Rates vom 26.2.2004 zur

stellt hat, dass es heute keinen Wirtschaftssektor mehr gibt, der von der Anwendung dieser Kartellverfahrens-VO befreit ist.[40] Insoweit besteht für einen Rückgriff auf die in Art. 105 Abs. 1 Satz 2 und 3, Abs. 2 AEUV geregelten Befugnisse der Kommission gegenwärtig kein praktisches Bedürfnis, solange der Rat davon absieht, einzelne Wirtschaftssektoren wieder aus dem Anwendungsbereich der VO (EG) Nr. 1/2003 herauszunehmen.

Fraglich ist insoweit nur noch, welche Bedeutung die vorgenannte Sekundärrechtsetzung für die in Art. 105 Abs. 1 Satz 1 AEUV enthaltene Regelung hat, wonach die Kommission unbeschadet des Art. 104 AEUV auf die Verwirklichung der in den Art. 101 und 102 AEUV niedergelegten Grundsätze achtet. Während ein Teil der Literatur der Ansicht ist, dass Art. 105 Abs. 1 Satz 1 AEUV keine Übergangsbestimmung sei und unabhängig von zurückliegenden Rechtsetzungstätigkeiten des Rates auf der Grundlage des Art. 103 AEUV als »Grundsatznorm« auch weiterhin fortgelte,[41] gehen die Vertreter der Gegenauffassung davon aus, dass Art. 105 Abs. 1 Satz 1 AEUV sehr wohl eine Übergangsbestimmung darstelle, die – ebenso wie die in Art. 105 Abs. 1 Satz 2 und Abs. 2 AEUV geregelten Untersuchungs-, Vorschlags-, Feststellungs- und Entscheidungsbefugnisse der Kommission – mittlerweile gegenstandslos geworden sei bzw. jede praktische Bedeutung verloren habe.[42] Letzteres widerspricht zum einen der einschlägigen Rechtsprechung des Unionsrichters, der nach wie vor immer wieder die in Art. 105 Abs. 1 Satz 1 AEUV angesprochene Überwachungsaufgabe der Kommission hervorhebt.[43] Zum anderen übersieht die vorgenannte Gegenauffassung, dass dem Art. 105 Abs. 1 Satz 1 AEUV im Verbund mit den in Art. 105 Abs. 1 Satz 2, Abs. 2 AEUV geregelten Handlungsbefugnissen immerhin eine gewisse **Reservefunktion** zuzusprechen ist,[44] da sie gewährleisten, dass die Anwendung und Durchsetzung der in den Art. 101 und 102 AEUV niedergelegten Grundsätze durch die Kommission nicht bzw. nicht vollständig von der Erfüllung des in Art. 103 AEUV geregelten Rechtsetzungsauftrags durch den Unionsgesetzgeber abhängt, sondern auf der Grundlage des Art. 105 Abs. 1 und 2 AEUV auch dann möglich bleibt, wenn der Unionsgesetzgeber bestimmte Bestandteile seiner bisherigen – auf Art. 103 AEUV beruhenden – Sekundärrechtsetzung auf dem Gebiet des unternehmensbezogenen EU-Wettbewerbsrechts aufheben bzw. einzelne Wirtschaftssektoren wieder aus dem Anwendungsbereich der VO (EG)

16

Aufhebung der Verordnung (EWG) Nr. 3975/87 und zur Änderung der Verordnung (EWG) Nr. 3976/87 sowie der Verordnung (EG) Nr. 1/2003 hinsichtlich des Luftverkehrs zwischen der Gemeinschaft und Drittländern, ABl. 2004, L 68/1, und zum anderen die VO (EG) Nr. 1419/2006 des Rates vom 25. 9. 2006 zur Aufhebung der Verordnung (EWG) Nr. 4056/86 über die Einzelheiten der Anwendung der Artikel 85 und 86 des Vertrags auf den Seeverkehr und zur Ausweitung des Anwendungsbereichs der Verordnung (EG) Nr. 1/2003 auf Kabotage und internationale Trampdienste, ABl. 2006, L 269/1.

[40] Instruktiv zur hiervon abweichenden Rechtslage vor Inkrafttreten der beiden vorgenannten Verordnungen vgl. *Ersbøll*, ECLR 24 (2003), 375 ff.

[41] In diesem Sinne vgl. etwa *Eilmansberger*, in: Streinz, EUV/AEUV, Art. 105 AEUV, Rn. 5; *Rapp-Jung*, in: Hirsch/Montag/Säcker, Art. 85 EG, Rn. 1; *Schröter*, in: ders./Jakob/Klotz/Mederer, S. 974.

[42] So oder sehr ähnlich vgl. etwa *Bechtold/Brinker/Bosch/Hirsbrunner*, S. 120; *Brinker*, in: Schwarze, EU-Kommentar, Art. 105 AEUV, Rn. 1; *Grill*, in: Lenz/Borchardt, EU-Verträge, Art. 105 AEUV, Rn. 1; *Müller-Graff*, in: Vedder/Heintschel v. Heinegg, Europäisches Unionsrecht, Art. 105 AEUV, Rn. 4; *Stadler*, in: Langen/Bunte, S. 670.

[43] Vgl. nur EuGH, Urt. v. 11. 7. 2013, Rs. C–439/11 P (Ziegler/Kommission), WuW 2013, 1118, Rn. 157; Urt. v. 18. 7. 2013, Rs. C–499/11 P (Dow Chemical u.a./Kommission), WuW 2013, 1111, Rn. 46.

[44] In diesem Sinne vgl. auch *Khan*, in: Geiger/Khan/Kotzur, EUV/AEUV, Art. 105 AEUV, Rn. 1.

Nr. 1/2003 herausnehmen sollte. Der Umstand, dass die beiden vorgenannten Szenarien eher unwahrscheinlich sein dürften, stellt diese Reservefunktion des Art. 105 Abs. 1 und 2 AEUV nicht in Frage.

17 Neben der vorgenannten Reservefunktion ist speziell der in Art. 105 Abs. 1 Satz 1 AEUV enthaltenen Regelung – ähnlich wie dem Art. 104 AEUV (s. Art. 104 AEUV, Rn. 11) – eine ergänzende **Orientierungsfunktion** insoweit zuzusprechen, als sie den Unionsgesetzgeber dazu veranlasst, beim Erlass von Sekundärrechtsakten nach Art. 103 AEUV darauf zu achten, dass der Kommission eine hinreichend starke Rolle im Rahmen der administrativen – gemeinsam von ihr und mitgliedstaatlichen Wettbewerbsbehörden verantworteten – Durchsetzung der in den Art. 101 und 102 AEUV niedergelegten Grundsätze einzuräumen ist.[45] Hierfür spricht insbesondere auch die Rechtsprechung des Unionsrichters, wonach die Kommission, der es nach Art. 105 AEUV obliegt, auf die Verwirklichung der in den Art. 101 und 102 AEUV niedergelegten Grundsätze zu achten, für die Festlegung, Durchführung und Ausrichtung der EU-Wettbewerbspolitik verantwortlich ist.[46] In diesem Sinne liefert Art. 105 Abs. 1 Satz 1 AEUV auch den maßgeblichen sachlichen Anknüpfungspunkt für die spätere Entscheidung des Gemeinschaftsgesetzgebers [heute: Unionsgesetzgebers], die Anwendung der Art. 101 AEUV und Art. 102 AEUV nicht den Mitgliedstaaten bzw. mitgliedstaatlichen Wettbewerbsbehörden und Gerichten allein zu überlassen, sondern alle wesentlichen zu ihrem Vollzug erforderlichen Befugnisse in der Hand der Kommission zu vereinigen[47] und ihr eine zentrale Rolle bei der Durchsetzung des Unionskartellrechts zuzuweisen.[48]

---

[45] In eine durchaus ähnliche Richtung weisend vgl. *Khan*, in: Geiger/Khan/Kotzur, EUV/AEUV, Art. 105 AEUV, Rn. 2, wonach Art. 105 AEUV (auch) eine »Grundsatzbestimmung« für die zentrale und mit außergewöhnlich weitreichenden Kompetenzen ausgestattete Rolle darstelle, die das Unionsrecht der Kommission auf dem Gebiet des Wettbewerbsrechts zuweist.
[46] Vgl. EuGH, Urt. v. 28.2.1991, Rs. C–234/89 (Delimitis/Henninger Bräu), Slg. 1991, I–935, Rn. 44; Urt. v. 4.3.1999, Rs. C–119/97 P (Ufex u. a./Kommission), Slg. 1999, I–1341 Rn. 88.
[47] Zutr. *Schröter*, in: *ders.*/Jakob/Klotz/Mederer, S. 972.
[48] Zutr. *Eilmansberger*, in: Streinz, EUV/AEUV, Art. 105 AEUV, Rn. 1; instruktiv dazu vgl. auch *Wils*, NZKart 2014, 2 (6 ff.).

Artikel 106 AEUV [Öffentliche und monopolartige Unternehmen]

(1) Die Mitgliedstaaten werden in Bezug auf öffentliche Unternehmen und auf Unternehmen, denen sie besondere oder ausschließliche Rechte gewähren, keine den Verträgen und insbesondere den Artikeln 18 und 101 bis 109 widersprechende Maßnahmen treffen oder beibehalten.

(2) ¹Für Unternehmen, die mit Dienstleistungen von allgemeinem wirtschaftlichem Interesse betraut sind oder den Charakter eines Finanzmonopols haben, gelten die Vorschriften der Verträge, insbesondere die Wettbewerbsregeln, soweit die Anwendung dieser Vorschriften nicht die Erfüllung der ihnen übertragenen besonderen Aufgabe rechtlich oder tatsächlich verhindert. ²Die Entwicklung des Handelsverkehrs darf nicht in einem Ausmaß beeinträchtigt werden, das dem Interesse der Union zuwiderläuft.

(3) Die Kommission achtet auf die Anwendung dieses Artikels, richtet erforderlichenfalls geeignete Richtlinien oder Beschlüsse an die Mitgliedstaaten.

Literaturübersicht

Ambrosius, Services Publics, Leistungen der Daseinsvorsorge der Universaldienste? Zur historischen Dimension eines zukünftigen Elements europäischer Gesellschaftspolitik, in: Cox (Hrsg.), Daseinsvorsorge und öffentliche Dienstleistungen in der Europäischen Union, 2000, S. 15; *Badura*, Das öffentliche Unternehmen im europäischen Binnenmarkt, ZGR 1997, 291; *Bala*, Art. 90 Abs. 2 EGV im System des unverfälschten Wettbewerbs, 1997; *Baquero Cruz*, Beyond Competition: Services of General Interest and European Community Law, in: de Burca (Hrsg.), EU Law and the Welfare State, 2005, S. 169; *Bauer*, Die mitgliedstaatliche Finanzierung von Aufgaben der Daseinsvorsorge und das Beihilfeverbot des EG-Vertrages, 2008; *Belhaj/van de Gronden*, Some Room for Competition does not make a sickness fund an undertaking, ECLR 2004, 682; *Benesch*, Die Kompetenz der EG-Kommission aus Art. 90 Abs. 3 EWG-V, 1993; *Biondi*, Justifying State Aid: The Financing of Services of General Economic Interest, in: Tridimas/Nebbia (Hrsg.), European Union Law for the Twenty-First Century, 2004, S. 259; *Birkenmaier*, Gemeinsamer Markt, nationales Interesse und Art. 90 EWGV, EuR 1988, 144; *Blum/Logue*, State Monopolies under EC Law, 1998; *Böhmann*, Privatisierungsdruck des Europarechts, 2001; *Börner*, Rechtsfragen zu Artikel 90 EWGV, in: Marschall (Hrsg.), Wegerecht und europäisches Wettbewerbsrecht, 1966, S. 124; *Bovis*, Financing Services of General Interest in the EU, ELJ 11 (2005), 79; *Boysen/Neukirchen*, Europäisches Beihilferecht und mitgliedstaatliche Daseinsvorsorge, 2007; *Bright*, Article 90, Economic Policy and the Duties of Member States, ECLR 1993, 263; *Britz*, Staatliche Förderung gemeinwirtschaftlicher Dienstleistungen in liberalisierten Märkten und Europäisches Wettbewerbsrecht, DVBl 2000, 1641; *Bruhns*, Dienste von allgemeinem wirtschaftlichem Interesse im europäischen Binnenmarktrecht, 2001; *Buendia Sierra*, Exclusive Rights and State Monopolies under EC Law, 1999; *Bühner/Sonder*, Die neuen Regelungen des EU-Beihilfenrechts über Dienstleistungen von allgemeinen wirtschaftlichen Interesse (»Almunia«-Paket), BayVBl. 2013, 296; *von Burchard*, Die Kompetenz der EG-Kommission nach Art. 90 III EWGV, EuZW 1991, 339; *Burgi*, Die öffentlichen Unternehmen im Gefüge des primären Gemeinschaftsrechts, EuR 1997, 261; *Catalano*, Application des dispositions du traité C.E.E. (et notamment des règles de concurrence) aux entreprises publiques, FS Riese, 1964, S. 133; *Danner*, Quersubventionierung öffentlicher Unternehmen zur Finanzierung von Leistungen der Daseinsvorsorge, 2006; *Davies*, What Does Art. 86 Actually Do?, in: Krajewski/Neergaard/van de Gronden (Hrsg.), The Changing Legal Framework for Services of General Interest in Europe, 2009, S. 51; *Dietrich*, Dienstleistungen von allgemeinem wirtschaftlichem Interesse – Mitgliedstaatlich differenziertes Unionsrecht in Deutschland und Polen?, 2012; *Edwards/Hoskins*, Art. 90: Deregulation and EC Law, CMLRev 32 (1995), 157; *Ehricke*, Der Art. 90 EWGV – eine Neubetrachtung, EuZW 1993, 211; *Essebier*, Dienstleistungen von allgemeinem wirtschaftlichem Interesse und Wettbewerb, 2005; *Flynn*, Competition Policy and Public Services in EC Law after the Maastricht and Amsterdam Treaties, in: O'Keefe/Twomey (Hrsg.), Legal Issues of the Amsterdam Treaty, 1999, S. 185; *Franzius*, Auf dem Weg zu mehr Wettbewerb im ÖPNV, NJW 2003, 3029; *Frenz*, Dienste von allgemeinem wirtschaftlichem Interesse, EuR 2000, 901; *ders.*, Grenzen der Quersubventionierung durch Gemeinschaftsrecht, EWS 2007, 211; *Gonzales-Orús*, Beyond the Scope of Article 90 of the EC Treaty: Activities Excluded from the EC

Competition Rules, EPL 5 (1999), 387; *van de Gronden*, Purchasing Care: Economic Activity or Service of General (Economic) Interest? ECLR 2004, 87; *ders.*, The services directive and services of general (economic) interest, in: Krajewski/Neergaard/van de Gronden (Hrsg.), The Changing Legal Framework for Services of General Interest in Europe, 2009, S. 233; *Hailbronner*, Öffentliche Unternehmen im Binnenmarkt, NJW 1991, 593; *Hancher*, Community, State, and Market, in: Craig/de Búrca (Hrsg.), The Evolution of EU Law, 1999, S. 721; *Hellermann*, Örtliche Daseinsvorsorge und gemeindliche Selbstverwaltung, 2000; *Idot*, Concurrence et services d'intérêt général, in: Louis/Rodrigues (Hrsg.), Les services d'intérêt économique général et l'Union européene, 2006, 39; *Immenga/Mestmäcker*, Wettbewerbsrecht, Band 1, 5. Aufl., 2012; *Kämmerer*, Privatisierung: Typologie – Determinanten – Rechtspraxis – Folgen, 2001; *ders.*, Daseinsvorsorge als Gemeinschaftsziel oder: Europas »soziales Gewissen«, NVwZ 2002, 1041; Jensen, Kommunale Daseinsvorsorge im europäischen Wettbewerb der Rechtsordnungen, 2015; *Karayigit*, The Notion of Services of General Economic Interest Revisited, EPL 15 (2009), 575; *Keller*, Service public und Art. 86 Abs. 2 EGV, 1999; *Knauff*, Die mitgliedstaatliche Finanzierung der Daseinsvorsorge im Dickicht des europäischen Regelungsgeflechts, ZG 2012, 139; *Koenig/Kühling*, »Totgesagte leben länger«: Bedeutung und Auslegung der Ausnahmeklausel des Art. 86 Abs. 2 EG, ZHR 2002, 656; *Koenig/Vorbeck*, Europäische Beihilfenkontrolle in der Daseinsvorsorge, ZEuS 2008, 207; *von Komorowski*, Der allgemeine Daseinsvorsorgevorbehalt des Art. 106 Abs. 2 AEUV, EuR 2015, 310; *Krajewski*, Dienstleistungen von allgemeinem Interesse als Element europäischer Sozialstaatlichkeit, EuR-Beiheft 1/2013, 109; *ders.*, Grundstrukturen des Rechts öffentlicher Dienstleistungen, 2011; *ders.*, Dienstleistungen von allgemeinem Interesse im Vertrag von Lissabon, ZögU 2010, 75; *Krajewski/Farley*, Limited competition in national health systems and the application of competition law: The AOK Bundesverband case, E. L.Rev. 29 (2004), 842; *Kresse*, Gemeinwirtschaftliche Dienste im Europäischen Beihilferecht, 2006; *Linder*, Daseinsvorsorge in der Verfassungsordnung der Europäischen Union, 2004; *Magiera*, Gefährdung der öffentlichen Daseinsvorsorge durch das EG-Beihilfenrecht, FS Rauschning, 2001, S. 269; *Mélin-Soucramanien*, Les pouvoirs spéciaux conférés à la Commission en matière de la concurrence par l'article 90, § 3, du Traité de Rome, RMC 1994, 601; *Mestmäcker*, Staat und Unternehmen im europäischen Gemeinschaftsrecht – Zur Bedeutung von Art. 90 EWGV, RabelsZ 52 (1988), 526; *ders.*, Daseinsvorsorge und Universaldienst im europäischen Kontext, FS Zacher, 1998, S. 635; *Mestmäcker/Schweizer*, Europäisches Wettbewerbsrecht, 2. Aufl., 2004; *Neergaard*, Services of General Economic Interest: The Nature of the Beast, in: Krajewski/Neergaard/van de Gronden (Hrsg.), The Changing Legal Framework for Services of General Interest in Europe, 2009, S. 17; *Nettesheim*, Europäische Beihilfeaufsicht und mitgliedstaatliche Daseinsvorsorge, EWS 2002, 253; *Nistor*, Public Services and the European Union: Healthcare, Health Insurance and Education Services, 2011; *Nolte*, Deregulierung von Monopolen und Dienstleistungen von allgemeinem wirtschaftlichem Interesse, 2004; *Palmer*, Dasein oder Nichtsein – der »Kampf um die Daseinsvorsorge« als exemplarischer Fall, in: Hrbek/Nettesheim (Hrsg.), Europäische Union und Daseinsvorsorge, 2002, S. 9; *Panetta*, Daseinsvorsorge zwischen Beihilfe- und Vergaberecht, 2007; *Pappalardo*, State Measures and Public Undertakings: Article 90 of the EEC Treaty Revisited, ECLR 1991, 29; *Pauly/Jedlitschka*, Die Reform der EU-Beihilferegeln für Dienstleistungen von allgemeinen wirtschaftlichen Interesse und ihre Auswirkungen auf die kommunale Praxis, DVBl 2012, 1269; *Pielow*, Öffentliche Dienstleistungen zwischen »Markt« und »Staat«, JuS 2006, 692; *Prosser*, The Limits of Competition Law, 2005; *Raptis*, Wirtschaftliche und nichtwirtschaftliche Dienstleistungen von allgemeinem Interesse, ZÖR 2009, 53; *Rizza*, The Financial Assistance Granted by Member States to Undertakings Granted with the Operation of a Service of General Economic Interest, CJEL 2003, 429; *Rodrigues*, La nouvelle régulation des services publics en Europe – Énergie, postes, télécommunications et transports, 2000; *Rottmann*, Vom Wettbewerbsrecht zur Ordnungspolitik – Art. 86 Abs. 2 EGV, 2008; *Rumpff*, Das Ende der öffentlichen Dienstleistungen in der Europäischen Union?, 2000; *Sauter*, Services of general economic interest and universal service in EU law, E. L.Rev. 33 (2008), 167; *Sauter/Schepel*, State and Market in European Union Law, 2009; *Scharpf*, Art. 86 Abs. 2 EG als Ausnahmebestimmung von den Wettbewerbsvorschriften des EG-Vertrages für kommunale Unternehmen, EuR 2005, 605; *Schmidt*, Die Liberalisierung der Daseinsvorsorge, Der Staat 2003, 225; *Schuppert*, Die Zukunft der Daseinsvorsorge in Europa: Zwischen Gemeinwohlbindung und Wettbewerb, in: Schwintowski (Hrsg.), Die Zukunft der kommunalen EVU im liberalisierten Energiemarkt, 2002, S. 11; *Schwarze*, Der Staat als Adressat des europäischen Wettbewerbsrechts, EuZW 2000, 613; *ders.*, Europäisches Wirtschaftsrecht, 2007; *Schweitzer*, Daseinsvorsorge, »service public«, Universaldienst, 2001; *Storr*, Der Staat als Unternehmer, 2001; *ders.*, Zwischen überkommener Daseinsvorsorge und Diensten von allgemeinem wirtschaftlichem Interesse, DÖV 2002, 357; *Szyszczak*, Public Service Provision in Competitive Markets, YEL 20 (2001), 35; *ders.*, Financing Services of General Economic Interest, MLRev.

67 (2004), 982; *ders.*, Services of General Economic Interest and State Measures Affecting Competition, JECLAP 4 (2013), 514; *Tettinger,* Dienstleistungen von allgemeinem wirtschaftlichem Interesse in der öffentlichen Versorgungswirtschaft, in: Cox (Hrsg.), Daseinsvorsorge und öffentliche Dienstleistungen in der Europäischen Union, 2000, S. 97; *Triantafyllou,* Der Staat als Garant der Wettbewerbsstruktur, EuZW 2014, 734; *Trüe,* Das System der Rechtsetzungskompetenzen der Europäischen Gemeinschaft und der Europäischen Union, 2002; *von Wilmowsky,* Mit besonderen Aufgaben betraute Unternehmen unter dem EWG-Vertrag – Ein Beitrag zu Art. 90 Abs 2 EWGV, ZHR 1991, 545; *Weiß,* Öffentliche Unternehmen und EGV, EuR 2003, 165; *ders.*, Öffentliche Daseinsvorsorge und soziale Dienstleistungen: Europarechtliche Perspektiven, EuR 2013, 669; *Wernicke,* Die gewandelte Bedeutung des Art. 106 AEUV: Aus den Apokryphen zum Kanon der Wirtschaftsverfassung, EuZW 2015, 281; *Wilms,* Das Europäische Gemeinschaftsrecht und die öffentlichen Unternehmen, 1996; *Winterstein,* Nailing the Jellyfish: Social Security and Competition Law, ECLR 1999, 324; *Wish/Bailey,* Competition Law, 7. Aufl., 2011; van Ysendyck/Zühlke, Staatliche Beihilfen und Ausgleich für Leistungen der Daseinsvorsorge, EWS 2004, 16.

Leitentscheidungen

EuGH, Urt. v. 14.7.1971, Rs. 10/71 (Hafen Mertert), Slg. 1971, 723
EuGH, Urt. v. 30.4.1974, Rs. 155/73 (Sacchi), Slg. 1974, 409
EuGH, Urt. v. 16.11.1977, Rs. 13/77 (G.B.-INNO-B.M.), Slg. 1977, 211
EuGH, Urt. v. 16.6.1987, Rs. 118/85 (Kommission/Italien – Transparenzrichtlinie), Slg. 1987, 2599
EuGH, Urt. v. 4.5.1988, Rs. 30/87 (Bodson/Pompes funèbres), Slg. 1988, 2479
EuGH, Urt. v. 19.3.1991, Rs. C–202/88 (Frankreich/Kommission – Telekommunikationsendgeräte), Slg. 1991, I–1223
EuGH, Urt. v. 18.6.1991, Rs. C–260/89 (ERT), Slg. 1991, I–2925
EuGH, Urt. v. 23.4.1991, Rs. C–41/90 (Höfner und Elsner), Slg. 1991, I–1979
EuGH, Urt. v. 10.12.1991, Rs. C–179/90 (Merci convenzionali porto di Genova), Slg. 1991, I–5889
EuGH, Urt. v. 17.2.1993, Rs. C–159/91 (Poucet und Pistre), Slg. 1993, I–637
EuGH, Urt. v. 19.5.1993, Rs. C–320/91 (Corbeau), Slg. 1993, I–2533
EuGH, Urt. v. 19.1.1994, Rs. C–364/92 (SAT/Eurocontrol), Slg. 1994, I–43
EuGH, Urt. v. 27.4.1994, Rs. C–393/92 (Almelo), Slg. 1994, I–1477
EuGH, Urt. v. 23.10.1997, Rs. C–157/94 (Kommission/Niederlande), Slg. 1997, I–5699
EuGH, Urt. v. 23.10.1997, Rs. C–158/94 (Kommission/Italien), Slg. 1997, I–5789
EuGH, Urt. v. 23.10.1997, Rs. C–159/94 (Kommission/Frankreich), Slg. 1997, I–5815
EuGH, Urt. v. 16.11.1995, Rs. C–244/94 (FFSA), Slg. 1995, I–4013
EuGH, Urt. v. 18.3.1997, Rs. C–343/95 (Diego Calì & Figli), Slg. 1997, I–1547
EuGH, Urt. v. 21.9.1999, Rs. C–67/96 (Albany), Slg. 1999, I–5751
EuGH, Urt. v. 10.2.2000, Rs. C–147/97 (Deutsche Post), Slg. 2000, I–825
EuGH, Urt. v. 21.9.1999, Rs. C–291/97 (Drijvende Bokken), Slg. 1999, I–6121
EuGH, Urt. v. 12.9.2000, Rs. C–180/98 (Pavlov), Slg. 2000, I–6451
EuGH, Urt. v. 19.2.2002, Rs. C–309/99 (Wouters), Slg. 2002, I–1577
EuGH, Urt. v. 17.5.2001, Rs. C–340/99 (TNT Traco), Slg. 2001, I–4109
EuGH, Urt. v. 22.1.2002, Rs. C–218/00 (Cisal), Slg. 2002, I–691
EuGH, Urt. v. 24.7.2003, Rs. C–280/00 (Altmark Trans), Slg. 2003, I–7747
EuGH, Urt. v. 27.11.2003, Rs. C–34/01 (Enirisorse), Slg. 2003, I–14243
EuGH, Urt. v. 3.7.2003, Rs. C–83/01 (Chronopost), Slg. 2003, I–6993
EuGH, Urt. v. 20.11.2003, Rs. C–126/01 (GEMO), Slg. 2003, I–13769
EuGH, Urt. v. 16.3.2004, Rs. C–264/01 (AOK Bundesverband), Slg. 2004, I–2493
EuGH, Urt. v. 25.10.2001, Rs. C–475/99 (Ambulanz Glöckner), Slg. 2001, I–8089
EuG, Urt. v. 15.6.2005, Rs. T–17/02 (Fred Olsen), Slg. 2005, II–2031
EuGH, Urt. v. 11.7.2006, Rs. C–205/03 (FENIN), Slg. 2006, I–6295
EuGH, Urt. v. 10.1.2006, Rs. C–222/04 (Cassa di Risparmio di Firenze), Slg. 2006, I–289
EuGH, Urt. v. 19.4.2007, Rs. C–295/05 (Asemfo), Slg. 2007, I–2999
EuG, Urt. v. 12.2.2008, Rs. T–289/03 (BUPA), Slg. 2008, II–81
EuG, Urt. v. 26.6.2008, Rs. T–442/03 (SIC), Slg. 2008, II–1161
EuGH, Urt. v. 1.7.2008, Rs. C–49/07 (MOTOE/Elliniko Dimosio), Slg. 2008, I–4863
EuGH, Urt. v. 5.3.2009, Rs. C–350/07 (Kattner Stahlbau), Slg. 2009, I–1513
EuGH, Urt. v. 1.10.2009, Rs. C–567/07 (Sint Servatius), Slg. 2009, I–9021
EuGH, Urt. v. 20.3.2010, Rs. C–265/08 (Federutility), Slg. 2010, I–3377

EuGH, Urt. v. 3.3.2011, Rs. C–437/09 (AG2R), Slg. 2011, I–973
EuGH, Urt. v. 28.2.2013, Rs. C–1/12 (OTOC), ECLI:EU:C:2013:127
EuGH, Urt. v. 12.12.2013, Rs. C–327/12 (SOA Nazionale Costruttori), ECLI:EU:C:2013:827

Wesentliche sekundärrechtliche Vorschriften

Richtlinie 2006/111/EG der Kommission vom 16.11.2006 über die Transparenz der finanziellen Beziehungen zwischen den Mitgliedstaaten und den öffentlichen Unternehmen sowie über die finanzielle Transparenz innerhalb bestimmter Unternehmen, ABl. 2006, L 318/17
Richtlinie 2006/123/EG des Europäischen Parlaments und des Rates vom 12.12.2006 über Dienstleistungen im Binnenmarkt, ABl. 2006, L 376/36
Beschluss der Kommission vom 20.12.2011 über die Anwendung von Artikel 106 Absatz 2 des Vertrags über die Arbeitsweise der Europäischen Union auf staatliche Beihilfen in Form von Ausgleichsleistungen zugunsten bestimmter Unternehmen, die mit der Erbringung von Dienstleistungen von allgemeinem wirtschaftlichem Interesse betraut sind, ABl. 2012, L 7/3
Verordnung Nr. 360/2012 der Kommission vom 25.4.2012 über die Anwendung der Artikel 107 und 108 des Vertrags über die Arbeitsweise der Europäischen Union auf De-minimis-Beihilfen an Unternehmen, die Dienstleistungen von allgemeinem wirtschaftlichem Interesse erbringen, ABl. 2012, L 114/8

Inhaltsübersicht

	Rn.
A. Grundlagen	1
B. Historische Entwicklung	3
C. Systematische Stellung und Kontext	7
D. Absatz 1	9
I. Funktion und Bedeutung	9
II. Pflichten der Mitgliedstaaten	16
1. Betroffene Unternehmen	17
a) Unternehmensbegriff	17
b) Öffentliche Unternehmen	24
c) Unternehmen mit besonderen oder ausschließlichen Rechten	29
2. Keine den Verträgen widersprechende Maßnahmen	31
a) Maßnahmen	32
b) Verstöße gegen Vorschriften, die für Unternehmen gelten	35
c) Verstöße gegen Vorschriften, die für Mitgliedstaaten gelten	36
III. Unmittelbare Anwendbarkeit	38
E. Absatz 2	39
I. Funktion	39
II. Reichweite und praktische Bedeutung	42
III. Betroffene Unternehmen	45
1. Unternehmen	45
2. Dienstleistungen von allgemeinem wirtschaftlichem Interesse	46
a) Grundlagen	46
b) Begriffsbestimmung in Rechtsprechung und Kommissionspraxis	48
aa) Gegenständlicher Umfang	49
bb) Begründungsansätze	61
c) Begriffsbestimmungen in der Literatur	66
d) Dienstleistungen von allgemeinem Interesse	71
e) Ergebnis	75
3. Betrauung	76
4. Charakter eines Finanzmonopols	82
IV. Erforderlichkeit der Nichtanwendung des EU-Rechts	83
1. Aufgabenverhinderung	84
a) Prüfungsaufbau	84
b) Prüfungsdichte	86
c) Fallgruppen	91
aa) Monopole und ausschließliche Rechte	92
bb) Ausgleichszahlungen für gemeinwirtschaftliche Verpflichtungen	93

cc) Weitere Fallgruppen	96
dd) Bewertung	98
2. Beeinträchtigung des Handelsverkehrs	101
V. Unmittelbare Anwendbarkeit	102
F. Absatz 3	103
I. Funktion und Bedeutung	104
II. Bisherige Praxis	112
1. Legislative Maßnahmen	113
a) In Verbindung mit Art. 106 Abs. 1 AEUV	114
b) In Verbindung mit Art. 106 Abs. 2 AEUV	118
2. Einzelfallentscheidungen	119
a) Betroffene Sachbereiche	120
b) Funktionale Typisierung	123

A. Grundlagen

Art. 106 AEUV gehört zu den rechtspolitisch umstrittensten Vorschriften des AEUV.[1] Er steht an der **Schnittstelle zwischen den Grundsätzen einer wettbewerblichen Marktwirtschaft und staatlicher Wirtschaftsbetätigung aus Allgemeinwohlinteressen** und gilt daher als zentrale Vorschrift in den ordnungspolitischen Auseinandersetzungen (»Grundnorm«)[2] um die Stellung der Daseinsvorsorge und der öffentlichen Unternehmen in einem marktwirtschaftlich orientierten Wirtschaftssystem. Dass diese Auseinandersetzungen gelegentlich als »Kampf um die Daseinsvorsorge« apostrophiert werden,[3] illustriert ihre integrationspolitische Brisanz. Art. 106 AEUV wird zutreffend als Ausdruck eines »Optimierungsgebots«[4] angesehen, mit dem die wettbewerblichen Grundlagen des Binnenmarktes und die Bedeutung öffentlicher, nicht primär marktwirtschaftlich umsetzbarer Gemeinwohlbelange, in einen **angemessenen Ausgleich** gebracht werden sollen.[5]

Die drei Absätze des Art. 106 AEUV erfüllen **unterschiedliche Funktionen**: Absatz 1 konkretisiert eine allgemeine **Handlungspflicht der Mitgliedstaaten** bezüglich öffentlicher Unternehmen und Unternehmen, denen besondere oder ausschließliche Rechte gewährt wurden, keine vertragswidrigen Maßnahmen zu treffen oder beizubehalten. Der eigenständige rechtliche Inhalt dieses Absatzes ist eher gering, da er lediglich eine Konkretisierung des allgemeinen Grundsatzes der Vertragstreue der Mitgliedstaaten enthält. **Absatz 2** begründet einen **Ausnahme- oder Rechtfertigungstatbestand** für Unternehmen, die mit Dienstleistungen von allgemeinem wirtschaftlichem Interesse betraut sind oder den Charakter eines Finanzmonopols haben. Auf diese Unternehmen ist das EU-Recht nicht anwendbar, wenn andernfalls die Erfüllung ihrer Aufgaben verhindert würde. Die Vorschrift ist für die Rechtspraxis und die Dogmatik von erheblicher Bedeutung. **Absatz 3** enthält schließlich eine **Rechtsgrundlage für den Erlass von Sekundärrecht durch die Kommission**, um die Anwendung der ersten beiden Absätze sicherzustellen. Diese Rechtsgrundlage war vor allem für die Liberalisierung staatlicher Infrastrukturmonopole in den 1990er Jahren von Bedeutung.

---
[1] So auch *Voet van Vormizeele*, in: Schwarze, EU-Kommentar, Art. 106 AEUV, Rn. 1: »komplexesten und politisch brisantesten Vorschriften des AEUV«.
[2] *Ipsen*, Europäisches Gemeinschaftsrecht, 1972, S. 661. So auch *Schwarze*, EuZW 2000, 613 (623).
[3] *Palmer*, S. 10.
[4] *Wernicke*, in: Grabitz/Hilf/Nettesheim, EU, Art. 106 AEUV (März 2011), Rn. 3.
[5] *Jung*, in: Calliess/Ruffert, EUV/AEUV, Art. 106 AEUV, Rn. 3.

B. Historische Entwicklung

3   Art. 106 AEUV ist der Ausdruck einer historischen Kompromisslösung, die sich vor dem Hintergrund der **Wirtschaftsordnungen in den Gründungsstaaten nach dem Zweiten Weltkrieg** erschließt.[6] Zwar bestanden in allen Staaten marktwirtschaftliche Strukturen, öffentliche Unternehmen spielten in den 1950er Jahren gleichwohl ebenfalls in allen Staaten eine wichtige wirtschaftspolitische Rolle.[7] Allerdings bestanden hinsichtlich des Umfangs und der politischen Motivation des Einsatzes öffentlicher Unternehmen deutliche Unterschiede. Während in Frankreich und Italien öffentliche Unternehmen auf zentralstaatlicher Ebene wesentliche Instrumente der allgemeinen Wirtschafts- und Sozialpolitik waren, wurden sie in den Benelux-Staaten und der Bundesrepublik Deutschland eher dezentral und vor allem im Bereich der Infrastruktur eingesetzt.

4   Soweit ersichtlich wurde die Vorgängervorschrift des heutigen Art. 106 AEUV – Art. 90 EWGV – erst **gegen Ende der Vertragsverhandlungen formuliert**, da öffentliche Unternehmen und Dienstleistungen zunächst nicht als Problem der europäischen Wirtschaftsordnung angesehen wurden.[8] Die Niederlande fürchteten jedoch die Konkurrenz der französischen Staatskonzerne und auch von deutscher Seite wurden Regeln zur Missbrauchskontrolle staatlicher Unternehmen eingefordert. Umgekehrt hatte Frankreich eine Sonderregelung für staatliche Monopole vorgeschlagen. Beide Vorstöße finden in Art. 106 AEUV ihren Widerhall: Während der erste Absatz Verstöße gegen das EU-Recht, insbesondere die Wettbewerbsvorschriften, durch öffentliche Unternehmen ausschließen will, erkennt der zweite Absatz Ausnahmen hiervon an, wenn die Erfüllung der besonderen Aufgaben von Unternehmen, die mit Dienstleistungen von allgemeinem wirtschaftlichem Interesse betraut sind, andernfalls verhindert würde. Das grundlegende Spannungsverhältnis zwischen diesen beiden Konfliktlinien konnte in den Vertragsverhandlungen nicht aufgelöst werden, so dass die Formulierungen der Vorschrift bewusst vage gelassen und Begriffe gewählt wurden, die keiner mitgliedstaatlichen Rechtsordnung entsprachen.

5   Beide Stoßrichtungen des Art. 106 AEUV – Verhinderung von Wettbewerbsverzerrungen durch staatliche Unternehmen und Sicherstellung der besonderen Aufgaben von Unternehmen, die mit Gemeinwohlinteressen betraut sind – prägen die Diskussionen um die Vorschrift bis heute. Der **historische Kompromiss gilt insofern weiter**,[9] auch wenn sich seine Vorzeichen und seine wirtschaftspolitische Rechtfertigung erheblich verändert haben.

6   In der Integrationsgeschichte entfaltete Art. 106 AEUV zu verschiedenen Zeiten unterschiedliche Relevanz. Während die Norm in den späten 1980er Jahren bereits totgesagt[10] wurde, erlebte sie **ab den 1990er Jahren eine erhebliche (Re-)Naissance**, die vor allem auf ihre Entdeckung durch die Rechtsprechung des EuGH und die Kommissionspraxis zurückging.[11] Während der Wortlaut des Art. 106 AEUV in den vergangenen Jahrzehnten nur redaktionelle Änderungen erfuhr, hat sich sein primärrechtlicher Kon-

---

[6] *Schmidt*, Der Staat 2003, 225 (231); *von Wilmowsky*, ZHR 1991, 545 (570); *Rottmann*, S. 335; *Wernicke*, EuZW 2015, 281 (281).
[7] *Birkenmaier*, EuR 1988, 144 (146). Zum Folgenden auch *Ambrosius*, S. 21 ff.
[8] *Ambrosius*, S. 26.
[9] Siehe insoweit auch die instruktive Momentaufnahme aus der zweiten Hälfte der 1980er Jahre bei *Mestmäcker*, RabelsZ 52 (1988), 526 (529 ff.).
[10] *Koenig/Kühling*, ZHR 2002, 656 (657).
[11] *Bright*, ECLR 1993, 263 (271).

text durch die **Vertragsreformen von Amsterdam und Lissabon** deutlich verändert. Bereits die Einführung des Art. 16 EGV durch den Vertrag von Amsterdam führte zu einer Stärkung der gemeinwohlorientierten Perspektive des Art. 106 AEUV. Die Änderungen des Art. 16 EGV (jetzt Art. 14 AEUV) und die Einfügung des Protokolls Nr. 26 durch den Vertrag von Lissabon haben diese Richtung bestärkt und führen so zu einer teilweisen Neubewertung des Art. 106 AEUV.[12]

C. Systematische Stellung und Kontext

Art. 106 AEUV ist systematisch Teil des für Unternehmen geltenden Wettbewerbsrechts (Art. 101 ff. AEUV), greift jedoch weit über diesen Teil des AEUV hinaus. Die gelegentlich als »systemwidrig« bezeichnete Stellung der Norm[13] ist durch die Einfügung des Art. 14 AEUV in den allgemeinen Teil des AEUV relativiert worden. Im Übrigen ergibt sich aus dem Wortlaut der Absätze 1 und 2 klar die **über das Wettbewerbsrecht hinausgehende Bedeutung** der Vorschrift. Erklären lässt sich die Stellung des Art. 106 AEUV dadurch, dass für die Gründungsmitgliedstaaten der Fokus auf den öffentlichen Unternehmen lag[14] und weniger auf der allgemeinen Gemeinwohlorientierung staatlicher Wirtschaftstätigkeit.

7

Zum Kontext von Art. 106 AEUV gehören zunächst die unmittelbaren Nachbarvorschriften, welche die Wettbewerbsregeln für Unternehmen (Art. 101, 102 AEUV) und die Vorgaben für staatliche Beihilfen (Art. 107 ff. AEUV) enthalten. Wie bereits erwähnt bilden Art. 14 AEUV und das diesen ergänzende Protokoll Nr. 26 über Dienste von allgemeinem Interesse sowie Artikel 36 der Grundrechtecharta den weiteren Kontext, insbesondere für Dienstleistungen von allgemeinem wirtschaftlichem Interesse. Der damit beschriebene **normative Rahmen für Dienstleistungen von allgemeinem wirtschaftlichem Interesse** entfaltet sich in drei Dimensionen: Eine primär wettbewerbsrechtliche Dimension, die in Art. 106 AEUV ihren wesentlichen Ausdruck findet; eine grundlegende und konstitutionelle Dimension, die auf Art. 14 AEUV und dem Protokoll Nr. 26 beruht und eine – allerdings deutlich abgeschwächte – grundrechtliche Dimension in Art. 36 der Grundrechtecharta.

8

D. Absatz 1

I. Funktion und Bedeutung

Art. 106 Abs. 1 AEUV richtet sich an die Mitgliedstaaten[15] und verlangt von ihnen, dass sie in Bezug auf öffentliche Unternehmen und andere besonders privilegierte Unternehmen **keine dem Vertrag widersprechenden Maßnahmen treffen oder beibehalten**. Die Vorschrift hindert die Mitgliedstaaten daran, sich ihrer Pflichten aus den europäi-

9

---

[12] *Krajewski*, ZögU 2010, 75 (93). Ähnlich *Wernicke*, in: Grabitz/Hilf/Nettesheim, EU, Art. 106 AEUV (März 2011), Rn. 3; *Khan*, in: Geiger/Khan/Kotzur, EUV/AEUV, Art. 106 AEUV, Rn. 9.
[13] *Voet van Vormizeele*, in: Schwarze, EU-Kommentar, Art. 106 AEUV, Rn. 3; *Wernicke*, EuZW 2015, 281 (281).
[14] *Wish/Bailey*, S. 223.
[15] *Catalano*, S. 135; *Blum/Logue*, S. 1; *Mestmäcker/Schweitzer*, in: Immenga/Mestmäcker (Hrsg.) Art. 106 im System des AEUV, Rn. 55.

schen Verträgen zu entziehen, indem sie durch Unternehmen tätig werden, die rechtlich von der öffentlichen Hand getrennt sind und damit – anders als die Mitgliedstaaten – nicht unmittelbar an das Primärrecht gebunden sind. Art. 106 Abs. 1 AEUV verhindert mithin »die Flucht aus dem Europarecht in das öffentliche Unternehmensrecht«[16] und konstruiert somit ein Umgehungsverbot.[17] Der Einfluss der öffentlichen Hand auf bestimme Unternehmen soll nicht zu Diskriminierungen und Wettbewerbsverfälschungen missbraucht werden.[18]

10   Die Verpflichtung der Mitgliedstaaten, in Bezug auf die genannten Unternehmen keine vertragsverletzenden Maßnahmen zu treffen, ist zunächst eine **Konkretisierung der allgemeinen in Art. 4 Abs. 3 EUV verankerten Pflicht der Mitgliedstaaten**, keine die Verwirklichung der Vertragsziele gefährdenden Maßnahme vorzunehmen.[19] Hieraus wird teilweise geschlossen, dass Art. 106 Abs. 1 AEUV lex specialis gegenüber Art. 4 Abs. 3 EUV sei.[20] Nach anderer Ansicht handelt es sich bei der Vorschrift nicht um eine lex specialis im eigentlichen Sinne, da sie neben den Voraussetzungen der allgemeinen Regel weitere Anforderungen aufstelle. Daher könne sie eher als »Verweisungsvorschrift« verstanden werden.[21] Letztlich kann die genaue Einordnung offen bleiben, da nach beiden Auffassungen Art. 106 Abs. 1 AEUV funktional eine Konkretisierung von Art. 4 Abs. 3 EUV ist.

11   In diesem Sinne ist Art. 106 Abs. 1 AEUV auch **Ausdruck des allgemeinen völker- und europarechtlichen Prinzips**, nachdem sich ein Staat nicht dadurch seiner Pflichten entziehen kann, dass er diese mit Hilfe einer von ihm getrennten juristischen Person verletzt. Art. 106 Abs. 1 AEUV beruht auf der Perspektive, dass das öffentliche Unternehmen ein Instrument des Mitgliedstaates ist.[22] Normadressat des Art. 106 Abs. 1 AEUV bleibt der Mitgliedstaat,[23] dem eine »mittelbare Vertragsverletzung«[24] untersagt wird. Indem Art. 106 Abs. 1 AEUV einen allgemeinen Grundsatz des Unionsrechts konkretisiert, wird er jedoch nicht überflüssig.[25] In Kombination mit der in Art. 106 Abs. 3 AEUV verankerten Kompetenz der Kommission, für die Einhaltung der Verpflichtungen des Art. 106 AEUV Sorge zu tragen, begründet Art. 106 Abs. 1 AEUV eine direkte Eingriffs- und Reaktionsmöglichkeit seitens der Kommission, um bei Vertragsverletzungen der Mitgliedstaaten mithilfe von öffentlichen Unternehmen tätig zu werden.[26]

12   Der EuGH und die ihm folgende Literatur haben aus Art. 106 Abs. 1 AEUV häufig einen Grundsatz der **Gleichbehandlung zwischen öffentlichen und privaten Unterneh-**

---

[16] *Weiß*, EuR 2003, 165 (169).
[17] *Voet van Vormizeele*, in: Schwarze, EU-Kommentar, Art. 106 AEUV, Rn. 7.
[18] *Badura*, ZGR 1997, 291 (293).
[19] EuGH, Urt. v. 23. 4.1991, Rs. C–41/90 (Höfner und Elsner), Slg. 1991, I–1979, Rn. 26; *Mestmäcker*, RabelsZ 52 (1988), 526 (550); *Ehricke*, EuZW 1993, 211.
[20] Im deutschen Schrifttum wohl h. M., vgl. *Schwarze*, EuZW 2000, 613 (623); *Wernicke*, in: Grabitz/Hilf/Nettesheim, EU, Art. 106 AEUV (März 2011), Rn. 7; *Jung*, in: Calliess/Ruffert, EUV/AEUV, Art. 106 AEUV, Rn. 4.
[21] *Prosser*, S. 126; *Buendia Sierra*, Rn. 4.44 f.; *Burgi*, EuR 1997, 261 (297 ff.); *Weiß*, EuR 2003, 165 (173). Siehe auch *Storr*, S. 293.
[22] *Burgi*, EuR 1997, 261 (280).
[23] *Buendia Sierra*, Rn. 5.12.
[24] *Wernicke*, in: Grabitz/Hilf/Nettesheim, EU, Art. 106 AEUV (März 2011), Rn. 8.
[25] *Davies*, S. 51: »Article 86(1) adds nothing but confusion«.
[26] *Jung*, in: Calliess/Ruffert, EUV/AEUV, Art. 106 AEUV, Rn. 4; *Kühling*, in: Streinz, EUV/AEUV, Art. 106 AEUV, Rn. 2.

men entnommen.²⁷ Diese Formulierung ist jedoch mindestens verkürzt. Aus Art. 106 Abs. 1 AEUV lässt sich nämlich nur die Pflicht der Mitgliedstaaten entnehmen, öffentliche Unternehmen gegenüber privaten Unternehmen nicht zu privilegieren bzw. private Unternehmen gegenüber öffentlichen Unternehmen nicht schlechter zu stellen, soweit die Privilegierung des öffentlichen Unternehmens bzw. Schlechterstellung des privaten Unternehmens gegen das Unionsrecht insbesondere die Grundfreiheiten und das Wettbewerbsrecht verstoßen würde.²⁸ Relevant ist dies vor allem bei der Einräumung von Ausschließlichkeits- oder Monopolrechten und der damit verbundenen Gefahr des Missbrauchs einer marktbeherrschenden Stellung i. S. d. Art. 102 AEUV.²⁹ Dagegen findet die Annahme, Art. 106 Abs. 1 AEUV verpflichte die Mitgliedstaaten zur Gleichbehandlung von öffentlichen und privaten Unternehmen und verleihe einen unionsrechtlich begründbaren Anspruch auf Gleichbehandlung eines privaten Unternehmens im Vergleich zu einem öffentlichen Unternehmen, **im Wortlaut des Art. 106 Abs. 1 AEUV keine Stütze**. Die Vorschrift stellt nämlich ausschließlich auf öffentliche Unternehmen ab und erfordert für ihre Anwendung keinen Vergleich mit privaten Unternehmen.

Auch funktional wäre es nicht überzeugend einen Gleichbehandlungsanspruch des öffentlichen Unternehmens aus Art. 106 Abs. 1 AEUV abzuleiten. Die Errichtung öffentlicher Unternehmen ist aus unionsrechtlicher Perspektive ein **Akt der internen mitgliedstaatlichen Verwaltungsorganisation**. Ein Gleichbehandlungsanspruch für öffentliche Unternehmen gegenüber einem Mitgliedstaat würde daher eine Verpflichtung des Staates gegen sich selbst bedeuten, die das Unionsrecht nicht begründen kann.³⁰ Zudem würde ein Gleichbehandlungsgebot die sich aus der allgemeinen Kompetenzverteilung ergebende grundsätzliche Autonomie der Mitgliedstaaten, über den Umfang und die Grenzen der öffentlichen Wirtschaftstätigkeit selbst zu entschieden, einschränken, da es den Mitgliedstaaten die Möglichkeit nehmen würde, ohne Einschränkungen die Aufgaben, Funktion und Stellung der öffentlichen Unternehmen zu bestimmen. 13

Fraglich ist, ob sich aus Art. 106 Abs. 1 AEUV eine besondere **Anerkennung oder Legitimation öffentlicher Unternehmen** entnehmen lässt.³¹ In seinen Schlussanträgen im Verfahren über die Telekommunikationsendgeräte-Richtlinie vertrat GA *Tesauro* die Auffassung, dass aus dem Zusammenhang von Art. 86 (jetzt 106 AEUV) und 295 (jetzt 345 AEUV) EGV »eine starke Rechtmäßigkeitsvermutung zugunsten des öffentlichen […] Unternehmens als solchem besteht«.³² Für GA *Tesauro* war dabei die Verbindung von Art. 106 mit Art. 345 AEUV von besonderer Bedeutung. Im Schrifttum hat *Burgi* bereits aus Art. 106 AEUV selbst die Legitimation öffentlicher Unternehmen entnommen und dies mit der Etablierung des unionsrechtlichen Begriffs des »öffentlichen Un- 14

---

²⁷ EuGH, Urt. v. 21. 3. 1991, Rs. C–303/88 (Kommission/Italien), Slg. 1991, I–1433, Rn. 19; Urt. v. 16. 5. 2002, Rs. C–482/99 (Frankreich/Kommission – Stardust Marine), Slg. 2002, I–4397, Rn. 39; *Wernicke*, in: Grabitz/Hilf/Nettesheim, EU, Art. 106 AEUV (März 2011), Rn. 5; *Jung*, in: Calliess/Ruffert, EUV/AEUV, Art. 106 AEUV, Rn. 3; *Kämmerer*, S. 97; *Badura*, ZGR 1997, 291 (298 f.). A. A. *Voet van Vormizeele*, in: Schwarze, EU-Kommentar, Art. 106 AEUV, Rn. 4; *Weiß*, EuR 2003, 165 (172), die aus Art. 106 Abs. 1 AEUV lediglich ein Verbot der Besserstellung von öffentlichen Unternehmen ableiten.
²⁸ *Kühling*, in: Streinz, EUV/AEUV, Art. 106 AEUV, Rn. 2.
²⁹ *Buendia Sierra*, Rn. 5.04.
³⁰ *Storr*, S. 93 f.
³¹ *Burgi*, EuR 1997, 261 (273 f.); *Hailbronner*, NJW 1991, 293 (599).
³² GA *Tesauro*, Schlussanträge zu Rs. C–202/88 (Frankreich/Kommission – Telekommunikationsendgeräte), Slg. 1991, I–1223, Rn. 29.

ternehmen« begründet.³³ Nach dieser Auffassung enthält Art. 106 AEUV die voraussetzungslose Anerkennung der Gründung und des Tätigwerdens öffentlicher Unternehmen. Dem kann insofern gefolgt werden, als die Vorschrift keine besonderen und zusätzlichen Anforderungen für die Gründung und die Tätigkeit öffentlicher Unternehmen enthält, sondern lediglich das Unionsrecht für anwendbar erklärt. Hieraus lässt sich folgern, dass dem Unionsrecht die wirtschaftliche Tätigkeit des Staates nicht fremd ist. Allerdings beschränkt sich der Erkenntnisgewinn dieser Aussage auf die Feststellung, dass der Vertrag öffentliche Unternehmen nicht unter einen generellen Rechtswidrigkeitsverdacht gestellt hat. Eine positive Legitimationsgrundlage für öffentliche Unternehmen im Sinne einer generellen Rechtmäßigkeitsvermutung findet sich in Art. 106 Abs. 1 AEUV allerdings auch nicht.³⁴ Das EU-Recht begegnet öffentlichen Unternehmen indifferent.³⁵

15   Bei kritischer Betrachtung ist die These von der Rechtmäßigkeitsvermutung öffentlicher Unternehmen durch Art. 106 Abs. 1 AEUV sogar irreführend. Unterstellt sie doch, dass die wirtschaftliche Tätigkeit des Staates mit Hilfe von öffentlichen Unternehmen begründungs- oder gar rechtfertigungsbedürftig sei. Hiervon kann jedoch nur auf der Grundlage eines wirtschaftsliberalen Vorverständnisses bezüglich der Rolle und Funktion des Staates ausgegangen werden. Tatsächlich ist dem EU-Recht diese Perspektive fremd. Dem EU-Recht lassen sich keine Aussagen über Staatszwecke und Staatsziele im Sinne einer allgemeinen Staatslehre entnehmen. Staatliches Handeln, auch **wirtschaftliche Tätigkeit, bedarf unionsrechtlich keiner grundsätzlichen Rechtfertigung**. Rechtmäßigkeits- und Legitimationsfragen mit Blick auf öffentliche Unternehmen stellen sich nicht allgemein, sondern nur bezüglich konkreter Auswirkungen auf den Wettbewerb, die Grundfreiheiten oder den Binnenmarkt.

II. Pflichten der Mitgliedstaaten

16   Art. 106 Abs. 1 AEUV verpflichtet die Mitgliedstaaten »in Bezug auf öffentliche Unternehmen und auf Unternehmen, denen sie besondere oder ausschließliche Rechte gewährt haben« keine Maßnahmen zu treffen oder beizubehalten, die den Verträgen, insbesondere dem allgemeinen Diskriminierungsverbot gemäß Art. 18 AEUV und den Wettbewerbs- sowie Beihilfenvorschriften (Art. 101 bis Art. 109 AEUV) widersprechen.

1. Betroffene Unternehmen

a) Unternehmensbegriff

17   Weder in Art. 106 AEUV noch anderer Stelle wird der Begriff Unternehmen im AEUV definiert. Der EuGH und die herrschende Lehre verwenden einen **funktionalen Unternehmensbegriff** und definieren ein Unternehmen als »jede eine wirtschaftliche Tätigkeit ausübende Einheit, unabhängig von ihrer Rechtsform und der Art ihrer Finanzierung.«³⁶ Es handelt sich um den gleichen Unternehmensbegriff, der auch für die Anwendbarkeit

---

³³ *Burgi*, EuR 1997, 261 (274). Ihm folgt *Schuppert*, S. 22 f.
³⁴ *Kämmerer*, S. 96.
³⁵ *Weiß*, EuR 2003, 165 (189).
³⁶ EuGH, Urt. v. 23.4.1991, Rs. C–41/90 (Höfner und Elser), Slg. 1991, I–1979, Rn. 21 und seitdem st. Rspr., jüngst EuGH, Urt. v. 28.2.2013, Rs. C–1/12 (OTOC), ECLI:EU:C:2013:127, Rn. 35, und Urt. v. 12.12.2013, Rs. C–327/12 (SOA Nazionale Costruttori), ECLI:EU:C:2013:827, Rn. 27. Siehe auch *Sauter/Schepel*, S. 75 ff.

der Art. 101 und 102 AEUV relevant ist, so dass auf die entsprechenden Ausführungen verwiesen werden kann.[37] Die Definition enthält ein konstitutives Element – wirtschaftliche Tätigkeit – und weist zugleich auf die Irrelevanz anderer Elemente hin. So sind die konkrete Rechtsform (Kapitalgesellschaft, öffentliche Anstalt, Verein, nichtrechtsfähige Einrichtung), die öffentlich-rechtliche bzw. privatrechtliche Verfassung[38] und die Quellen der Finanzierung der jeweiligen Institution für den Unternehmensbegriff unerheblich.

Entscheidend ist allein die Charakterisierung der Tätigkeit der fraglichen Einheit. Bei dieser muss es sich um eine **wirtschaftliche Tätigkeit** handeln. Hierunter versteht der EuGH in ständiger Rechtsprechung das »Anbieten von Gütern oder Dienstleistungen auf einem bestimmten Markt«.[39] Maßgeblich ist, ob Güter und Leistungen gegen Entgelt und auf der Grundlage einer tatsächlichen Nachfrage auf einem Markt angeboten werden. Für eine wirtschaftliche Tätigkeit spricht weiterhin, dass die betreffende Einheit die mit der Tätigkeit verbundenen finanziellen Risiken trägt.[40] Dagegen sind – vom Sonderfall der Einrichtungen der sozialen Sicherheit abgesehen[41] – ein Erwerbszweck oder eine **Gewinnorientierung keine Voraussetzungen** einer wirtschaftlichen Tätigkeit, solange sich die betreffende Einrichtung auf einem Markt betätigt. Dies wird damit begründet, dass auch eine nicht gewinnorientierte Einrichtung im Wettbewerb mit einem gewinnorientierten Unternehmen stehen kann.[42]

Zur Beurteilung der Wirtschaftlichkeit einer Tätigkeit ist darauf abzustellen, ob **Güter und Leistungen angeboten** werden. Das Nachfrageverhalten spielt nur dann eine Rolle, wenn die nachgefragten Güter und Leistungen später für das Angebot von Leistungen entscheidend sind. Das haben die europäischen Gerichte in der Rechtssache FENIN klargestellt.[43] Zur Beurteilung der Unternehmenseigenschaft der Einrichtungen des spanischen Gesundheitsdienstes SNS kam es nicht darauf an, dass diese Einrichtungen bei der Beschaffung medizinischer Geräte auf dem betreffenden Markt ein faktisches Nachfragemonopol innehatten. Vielmehr sei die spätere Verwendung der beschafften Güter und Dienstleistungen entscheidend. Da die medizinischen Geräte benutzt wurden, um den Patienten medizinische Leistungen im Rahmen der staatlich finanzierten Gesundheitsvorsorge zur Verfügung zu stellen, was keine wirtschaftliche Tätigkeit darstellte, war auch das Verhalten auf dem vorgelagerten Markt nicht relevant.[44]

---

[37] S. Art. 101 AEUV, Rn. 38 ff. und Art. 102 AEUV, Rn. 27 ff.
[38] *Schwarze*, EuZW 2000, 613; *Mestmäcker/Schweizer*, § 8, Rn. 16.
[39] EuGH, Urt. v. 16.6.1987, Rs. 118/85 (Kommission/Italien), Slg. 1987, 2599, Rn. 7; Urt. v. 18.6.1998, Rs. C–35/96 (Kommission/Italien), Slg. 1998, I–3851, Rn. 36; Urt. v. 25.10.2001, Rs. C–475/01 (Ambulanz Glöckner), Slg. 2001, I–8089, Rn. 19; Urt. v. 11.7.2006, Rs. C–205/03 (FENIN/Kommission), Slg. 2006, I–6295, Rn. 25; Urt. v. 1.7.2008, Rs. 49/07 (MOTOE/Elliniko Dimosio), Slg. 2008, I–4863, Rn. 22; Urt. v. 5.3.2009, Rs. C–350/07 (Kattner Stahlbau), Slg. 2009, I–1513, Rn. 34; Urt. v. 28.2.2013, Rs. C–1/12 (OTOC), ECLI:EU:C:2013:127, Rn. 36.
[40] EuGH, Urt. v. 12.12.2013, Rs. C–327/12 (SOA Nazionale Costruttori), ECLI:EU:C:2013:827, Rn. 29.
[41] Dazu unten Rn. 22.
[42] EuGH, Urt. v. 1.7.2008, Rs. C–49/07 (MOTOE/Elliniko Dimosio), Slg. 2008, I–4863, Rn. 27 f.; Urt. v. 10.1.2006, Rs. C–222/04 (Cassa di Risparmio di Firenze), Slg. 2006, I–289, Rn. 122 f.
[43] EuG, Urt. v. 4.3.2003, Rs. T–319/99 (FENIN/Kommission), Slg. 2003, II–357; EuGH, Urt. v. 11.7.2006, Rs. C–205/03 (FENIN/Kommission), Slg. 2006, I–6295.
[44] EuG, Urt. v. 4.3.2003, Rs. T–319/99 (FENIN/Kommission), Slg. 2003, II–357, Rn. 36; EuGH, Urt. v. 11.7.2006, Rs. C–205/03 (FENIN/Kommission), Slg. 2006, I–6295, Rn. 26.

20 Tätigkeiten, die in Ausübung **hoheitlicher Befugnisse** erfolgen, haben dagegen keinen wirtschaftlichen Charakter.[45] Bei der Charakterisierung einer Tätigkeit als hoheitlich ist der EuGH eher zurückhaltend. So wurden z. B. Überwachung des Luftraums[46] und die Kontrolle von Umweltleistungen[47] als hoheitlich eingestuft. Andere Tätigkeiten, die typischerweise hoheitlicher Natur sind wie Rechtsprechung und Verwaltung sowie die Aufrechterhaltung der inneren und äußeren Sicherheit dürften auch als nicht-wirtschaftliche Tätigkeiten angesehen werden.[48] Das gleiche gilt für den Bereich der staatlichen Schulbildung.[49] Gegen das Vorliegen einer hoheitlichen Tätigkeit spricht, wenn Leistung und Gegenleistung in einem direkten Austauschverhältnis stehen oder wenn ein Konkurrenzverhältnis zu privaten Anbietern besteht. In der Rechtssache Wouters hat der EuGH als weitere Indizien gegen eine hoheitliche Tätigkeit einer Einrichtung die Besetzung ihres Leitungsgremiums mit Vertretern von Unternehmen und die Nichtberücksichtigung öffentlicher Interessen bei der Normsetzung angenommen.[50]

21 Unklar ist, ob zur Beurteilung der Wirtschaftlichkeit einer Tätigkeit die tatsächlichen Umstände der fraglichen Tätigkeit oder die **potentielle Möglichkeit der Erbringung einer Leistung auf einem Markt entscheidend** sind. Der EuGH hat in einigen Urteilen auf die tatsächlichen Umstände abgestellt.[51] In anderen Fällen wurde danach gefragt, ob die Tätigkeit auch durch private Anbieter auf einem Markt erbracht werden könnte.[52] Damit offenbart sich ein grundsätzliches Dilemma der funktionalen Betrachtung. Theoretisch sind nämlich kaum Tätigkeiten vorstellbar, die überhaupt nicht auch auf einem Markt angeboten werden können.[53] Sogar für die Gewährleistung von innerer und äußerer Sicherheit sind marktförmige Lösungen denkbar. Lediglich die Ausübung von hoheitlichen Zwangsbefugnissen kann nicht durch ein privates Unternehmen erfolgen.[54] Eine Betonung der Möglichkeit der Erbringung einer Leistung auf dem Markt würde daher zahlreiche Tätigkeiten, die in vielen Mitgliedstaaten als hoheitlich angesehen werden, als wirtschaftlich qualifizieren. Daher sollte in erster Linie auf die tatsächlichen Umstände der jeweiligen Erbringung abgestellt werden und nur in Ausnahmefällen auch eine potentielle Betrachtung vorgenommen werden.

22 Als besonders problematisch hat sich die Bewertung von **Einrichtungen des Sozialversicherungssektors** erwiesen.[55] Ausgehend von der Grundsatzentscheidung Poucet und Pistre entwickelte der Gerichtshof diesbezüglich eine von der sonstigen Rechtsprechung abweichende Definition des Unternehmensbegriffs.[56] Poucet und Pistre betraf die obligatorische Mitgliedschaft in einer französischen Krankenkasse bzw. einer Rentenkasse. Der EuGH verwies auf den sozialen Zweck des französischen Systems und

---

[45] EuGH, Urt. v. 4.5.1988, Rs. 30/87 (Bodson/Pompes funèbres), Slg. 1988, 2479, Rn. 18.
[46] EuGH, Urt. v. 19.1.1994, Rs. C–364/92 (SAT/Eurocontrol), Slg. 1994, I–43, Rn. 30.
[47] EuGH, Urt. v. 18.3.1997, Rs. C–343/95 (Diego Calì & Figli), Slg. 1997, I–1547, Rn. 23.
[48] *Gonzales-Orús*, EPL 5 (1999), 387 (392); *Kühling*, in: Streinz, EUV/AEUV, Art. 106 AEUV, Rn. 8.
[49] *Kühling*, in: Streinz, EUV/AEUV, Art. 106 AEUV, Rn. 8.
[50] EuGH, Urt. v. 19.2.2002, Rs. C–309/99 (Wouters), Slg. 2002, I–1577, Rn. 61 f.
[51] EuGH, Urt. v. 19.1.1994, Rs. C–364/92 (SAT/Eurocontrol), Slg. 1994, I–43, Rn. 20 ff.; Urt. v. 18.3.1997, Rs. C–343/95 (Diego Calì & Figli), Slg. 1997, I–1547, Rn. 19 ff.
[52] EuGH, Urt. v. 23.4.1991, Rs. C–41/90 (Höfner und Elser), Slg. 1991, I–1979, Rn. 22; Urt. v. 25.10.2001, Rs. C–475/99 (Ambulanz Glöckner), Slg. 2001, I–8089, Rn. 20.
[53] *Gonzales-Orús*, EPL 5 (1999), 387 (391); *Winterstein*, ECLR 1999, 324 (325).
[54] *Weiß*, EuR 2003, 165 (167).
[55] Ausführliche Darstellung bei *Nistor*, S. 142 ff.
[56] *Winterstein*, ECLR 1999, 324 (327); *van de Gronden*, ECLR 2004, 87 (88).

den Grundsatz der Solidarität, der zum einen zwischen den Mitgliedern der Kassen bestehe, da die Ansprüche aus den Systemen nicht von den geleisteten Beiträgen abhingen, und zum anderen zwischen den Kassen selbst, da erwirtschaftete Überschüsse zur Finanzierung strukturschwacher Einheiten eingesetzt würden.[57] Mit den gleichen Argumenten hielt der EuGH im Urteil Cisal das staatliche italienische Unfallversicherungsinstitut nicht für ein Unternehmen.[58] Im Gegensatz dazu bejahte der EuGH in der Sache Fédération française des sociétés d'assurance (FFSA) die Unternehmenseigenschaft einer freiwilligen Zusatzrentenversicherung für Unternehmen.[59] Der Gerichtshof stellte auf die Freiwilligkeit der Mitgliedschaft in diesem System, das dem System zu Grunde liegende Kapitalisierungsprinzip und den Wettbewerb mit Lebensversicherungsunternehmen ab.[60] In ähnlicher Weise wurden niederländische Betriebsrentenfonds als Unternehmen qualifiziert, obwohl für diese eine obligatorische Mitgliedschaft bestand.[61] Auf der Grundlage dieser **nicht immer ganz widerspruchsfreien Rechtsprechung** sprechen folgende Elemente für die Qualifizierung als Unternehmen: Konkurrenz mit privaten Anbietern, Kapitalisierungsprinzip, eigene Bestimmung der Höhe der Beiträge. Gegen die Annahme als Unternehmen sprechen: sozialer Zweck, Grundsatz der Solidarität, fehlende Gewinnerzielungsabsicht, staatliche Aufsicht, insbesondere bzgl. des Leistungsumfangs.[62]

Die **Krankenkassen** und die **Berufsgenossenschaften** des deutschen Sozialversicherungswesens sind auf der Grundlage dieser Rechtsprechung nicht als Unternehmen angesehen worden. In der Rechtssache AOK Bundesverband stellte der EuGH fest, dass das System der gesetzlichen Krankenversicherung auf einer solidarischen Finanzierung beruhe, da durch die risikounabhängige Beitragsfinanzierung ein finanzieller Ausgleich zwischen den Mitgliedern der Kassen stattfinde. Zudem hänge der Leistungsumfang einer Krankenkasse nicht von der Höhe der Beiträge ab.[63] Der EuGH sah sich auch durch die unterschiedlichen Beitragssätze, die zu einem »Wettbewerb um Mitglieder« der Kassen führten, zu keinem anderen Ergebnis veranlasst. Diese »Wettbewerbselemente« sollten nämlich die Kassen veranlassen, ihre Tätigkeit nach den Grundsätzen der Wirtschaftlichkeit, d. h. so effizient und kostengünstig wie möglich, auszuüben. Die Verfolgung dieses Ziels ändere nichts an der Natur der Tätigkeit der Krankenkassen. Der EuGH machte auch deutlich, dass die Einführung von Wettbewerbselementen in die Erbringung öffentlicher Dienstleistungen nur dann zur Anwendung des Wettbewerbsrechts führt, wenn der Wettbewerb einen gewissen Umfang überschreitet und wenn er nicht eingeführt wurde, um Wirtschaftlichkeit und Effizienz in einem sozialen System zu steigern. Dem kann man in der Sache zustimmen. Allerdings hat es der EuGH bislang versäumt, konkrete Anhaltspunkte zu entwickeln, anhand derer das Kriterium der Wettbewerbselemente besser gehandhabt werden könnte.[64] In seinem Urteil in der Sa-

---

[57] EuGH, Urt. v. 17.2.1993, Rs. C–159/91 (Poucet und Pistre), Slg. 1993, I–637, Rn. 10–12.
[58] EuGH, Urt. v. 22.1.2002, Rs. C–218/00 (Cisal), Slg. 2002, I–691.
[59] EuGH, Urt. v. 16.11.1995, Rs. C–244/94 (FFSA), Slg. 1995, I–4013.
[60] EuGH, Urt. v. 16.11.1995, Rs. C–244/94 (FFSA), Slg. 1995, I–4013, Rn. 17.
[61] EuGH, Urt. v. 21.9.1999, Rs. C–67/96 (Albany), Slg. 1999, I–5751; Urt. v. 21.9.1999, Rs. C–115/97 (Brentjens'), Slg. 1999, I–6025; Urt. v. 21.9.1999, Rs. C–291/97 (Drijvende Bokken), Slg. 1999, I–6121; Urt. v. 12.9.2000, Rs. C–180/98 (Pavlov), Slg. 2000, I–6451.
[62] Zuletzt EuGH, Urt. v. 3.3.2011, Rs. C–437/09 (AG2R), Slg. 2011, I–973, Rn. 40ff.
[63] EuGH, Urt. v. 16.3.2004, Rs. C–264/01 (AOK Bundesverband), Slg. 2004, I–2493, Rn. 52ff.
[64] *Krajewski/Farley*, E.L.Rev. 29 (2004), 842 (850f.); *Belhaj/van de Gronden*, ECLR 2004, 682 (686).

che Kattner Stahlbau übertrug der EuGH die Grundsätze der Rechtsprechung zu Krankenkassen auch auf Berufsgenossenschaften. Der EuGH stellte diesbezüglich auf die Verfolgung eines sozialen Zwecks, die solidarische Finanzierung, und die staatliche Aufsicht über Berufsgenossenschaften ab.[65]

b) Öffentliche Unternehmen

24 Der Begriff »öffentliche Unternehmen« ist im Vertrag nicht näher definiert.[66] Auch in der Rechtsprechung gibt es bislang keine feste Definition. Er ist als genuin europarechtlicher Begriff **autonom** auszulegen.[67] Rückgriffe auf die Rechtsordnungen der Mitgliedstaaten können nur in begrenztem Umfang Aufschluss geben.[68] Man wird jedoch von einer Vermutung eines öffentlichen Unternehmens ausgehen können, wenn eine Einheit bereits nach Rechtsordnung eines Mitgliedstaates als öffentliches Unternehmen im rechtsformellen Sinne angesehen wird.[69] Für Deutschland dürfte dies bspw. bei den Kommunalunternehmen (vgl. Art. 89 BayGO, § 114a GO NRW) der Fall sein.

25 Für die Charakterisierung als öffentliches Unternehmen ist das von ihm verfolgte **Ziel nicht ausschlaggebend**. Ob im Schwerpunkt Gemeinwohlinteressen oder eine erwerbswirtschaftliche Tätigkeit verfolgt wird, ist für Art. 106 Abs. 1 AEUV ohne Belang.[70] Diese Unterscheidung spielt erst für die Anwendung von Absatz 2 der Vorschrift eine Rolle. Relevant für die Charakterisierung eines Unternehmens als »öffentlich« ist die Möglichkeit des Staates das Unternehmen zu kontrollieren. Es kommt somit auf den **staatlichen Einfluss auf das Unternehmen** an.

26 Für die Konkretisierung der Anforderungen an Art und Umfang des staatlichen Einflusses wird in der Literatur auf die Definition in Art. 2 der **Transparenzrichtlinie**[71] zurückgegriffen.[72] Zwar kann der Unionsgesetzgeber den Anwendungsbereich einer vertraglichen Vorschrift nicht autonom festlegen. Art. 2 der Transparenzrichtlinie kann daher nur den Anwendungsbereich der Richtlinie bestimmen.[73] Da die Transparenzrichtlinie jedoch auf Art. 106 Abs. 3 AEUV beruht, wird man jedenfalls die in dieser Richtlinie als öffentliche Unternehmen bezeichnete Einheiten unter Art. 106 Abs. 1 AEUV fassen können.[74] Auch im Übrigen kann die Richtlinie jedoch zur Konkretisierung des Art. 106 Abs. 1 AEUV herangezogen werden.

27 Nach Art. 2 Buchst. b der Transparenzrichtlinie gilt ein Unternehmen als öffentliches Unternehmen, wenn die öffentliche Hand »aufgrund Eigentums, finanzieller Beteiligung, Satzung oder sonstiger Bestimmungen […] die Tätigkeit des Unternehmens re-

---

[65] EuGH, Urt. v. 5.3.2009, Rs. C–350/07 (Kattner Stahlbau), Slg. 2009, I–1513, Rn. 43ff.
[66] *Weiß*, EuR 2003, 165 (167).
[67] *Weiß*, EuR 2003, 165 (168).
[68] *Wernicke*, in: Grabitz/Hilf/Nettesheim, EU, Art. 106 AEUV (März 2011), Rn. 24; *Jung*, in: Calliess/Ruffert, EUV/AEUV, Art. 106 AEUV, Rn. 12.
[69] *Wernicke*, in: Grabitz/Hilf/Nettesheim, EU, Art. 106 AEUV (März 2011), Rn. 24.
[70] *Burgi*, EuR 1997, 261.
[71] Richtlinie 2006/111/EG der Kommission vom 16.11.2006 über die Transparenz der finanziellen Beziehungen zwischen den Mitgliedstaaten und den öffentlichen Unternehmen sowie über die finanzielle Transparenz innerhalb bestimmter Unternehmen, ABl. 2006, L 318/17.
[72] *Mestmäcker*, RabelsZ 52 (1988), 526 (555f.); *Badura*, ZGR 1997, 291 (292); *Kühling*, in: Streinz, EUV/AEUV, Art. 106 AEUV, Rn. 12; *Wernicke*, in: Grabitz/Hilf/Nettesheim, EU, Art. 106 AEUV (März 2011), Rn. 25; *Jung*, in: Calliess/Ruffert, EUV/AEUV, Art. 106 AEUV, Rn. 12.
[73] EuGH, Urt. v. 16.6.1987, Rs. 118/85 (Kommission/Italien – Transparenzrichtlinie), Slg. 1987, 2599, Rn. 24.
[74] *Wernicke*, in: Grabitz/Hilf/Nettesheim, EU, Art. 106 AEUV (März 2011), Rn. 25.

geln, unmittelbar oder mittelbar einen **beherrschenden Einfluss** ausüben kann.« Ein beherrschender Einfluss der öffentlichen Hand wird vermutet, wenn die öffentliche Hand unmittelbar oder mittelbar die **Mehrheit des gezeichneten Kapitals** des Unternehmens besitzt oder über die Mehrheit der mit den Anteilen des Unternehmens verbundenen **Stimmrechte** verfügt oder mehr als die Hälfte der **Mitglieder des Verwaltungs-, Leistungs- oder Aufsichtsorgans** des Unternehmens bestellen kann. Als öffentliche Hand bezeichnet die Richtlinie den Staat sowie regionale, lokale und alle anderen Gebietskörperschaften.

Fraglich ist, ob der beherrschende Einfluss von einer staatlichen Stelle ausgehen muss oder ob auch dann von einem öffentlichen Unternehmen gesprochen werden kann, wenn **mehrere staatliche Stellen** gemeinsam das Unternehmen beherrschen. *Wernicke* hält es für maßgeblich, ob bei den beteiligten öffentlichen Stellen von »einer gewisse Homogenität der Interessen« auszugehen ist.[75] Dagegen halten andere Autoren unter Berufung auf den Zweck von Art. 106 Abs. 1 AEUV eine derartige Differenzierung für verfehlt.[76] Hiervon scheint auch die Transparenzrichtlinie auszugehen. Diese spricht nicht von **einer** staatlichen Stelle, welche das Unternehmen beherrschen muss, sondern stellt allgemein auf staatliche Stellen ab. Dies wird zwar im deutschen Wortlaut etwas verschleiert (»öffentliche Hand«), folgt jedoch klar aus dem Gebrauch des Plurals in den anderen Sprachfassungen (»public authorities«, »pouvoirs publics«, »poderes públicos«, »poteri pubblici«, »overheden«, »offentlige myndigheder«). Auch das Ziel von Art. 106 Abs. 1 AEUV spricht dafür, Unternehmen im »öffentlichen Streubesitz«[77] nicht von der Anwendbarkeit der Vorschrift auszuschließen. Wie oben ausgeführt soll verhindert werden, dass die Mitgliedstaaten durch den Einsatz öffentlicher Unternehmen den Wettbewerb beeinträchtigen. Diese Gefahr besteht auch dann, wenn mehrere staatliche Stellen ein Unternehmen beherrschen, ohne dass sie homogene Interessen verfolgen.

28

c) Unternehmen mit besonderen oder ausschließlichen Rechten

Unternehmen mit besonderen oder ausschließlichen Rechten werden in Art. 106 Abs. 1 AEUV öffentlichen Unternehmen gleichgestellt. In Abgrenzung zu letzteren ist für Unternehmen mit besonderen oder ausschließlichen Rechten nicht ausschlaggebend, dass der Staat sie beherrscht. Vielmehr kommt es darauf an, dass der Staat sie besonders privilegiert und damit eine besondere Beziehung zu ihnen aufgebaut hat.[78] Hintergrund dieser Gleichstellung ist, dass bei Unternehmen mit besonderen oder ausschließlichen Rechten ebenso wie bei öffentlichen Unternehmen die **Gefahr einer staatlich beeinflussten Wettbewerbsverzerrung** besteht. Die Gewährung von Ausschließlichkeitsrechten auf der Grundlage gewerblicher Schutzrechte (z. B. Patente) ist somit nicht mit den in Art. 106 Abs. 1 AEUV erwähnten ausschließlichen Rechten gemeint.[79]

29

Ebenso wie der Begriff »öffentliche Unternehmen« ist auch der Begriff Unternehmen mit besonderen oder ausschließlichen Rechten im Vertrag nicht definiert und bedarf einer autonomen unionsrechtlichen Auslegung. Hierzu kann die Transparenzrichtlinie

30

---

[75] *Wernicke*, in: Grabitz/Hilf/Nettesheim, EU, Art. 106 AEUV (März 2011), Rn. 29.
[76] *Kühling*, in: Streinz, EUV/AEUV, Art. 106 AEUV, Rn. 18; *Voet van Vormizeele*, in: Schwarze, EU-Kommentar, Art. 106 AEUV, Rn. 17.
[77] *Wernicke*, in: Grabitz/Hilf/Nettesheim, EU, Art. 106 AEUV (März 2011), Rn. 29.
[78] EuGH, Urt. v. 19. 3.1991, Rs. C–202/88 (Frankreich/Kommission – Telekommunikationsendgeräte), Slg. 1991, I–1223, Rn. 24.
[79] *Grill*, in: Lenz/Borchardt, EU-Verträge, Art. 106 AEUV, Rn. 9.

wiederum als Anhaltspunkt herangezogen werden.[80] »**Ausschließliche Rechte**« sind demzufolge Rechte, die ein Mitgliedstaat einem Unternehmen durch Rechts- oder Verwaltungsvorschriften gewährt, wenn der Mitgliedstaat die Leistung eines Dienstes oder einer Tätigkeit in einem bestimmten Gebiet **einem einzigen Unternehmen** vorbehält. Praktische Bedeutung erlangt diese Variante vor allem bei der Einrichtung von öffentlichen Monopolen oder bei der Verleihung von ausschließlichen Lizenzen.[81] Dagegen sind »**besondere Rechte**« Rechte, die ein Mitgliedstaat durch Rechts- oder Verwaltungsvorschriften einer **begrenzten Zahl von Unternehmen** in einem bestimmten Gebiet gewährt, wenn diese Begrenzung nicht auf objektiven, angemessenen und nicht diskriminierenden Kriterien beruht. Die Übertragung von besonderen Rechten i.S.d. Art. 106 Abs. 1 AEUV unterscheidet sich somit von der Übertragung ausschließlicher Rechte dadurch, dass der Wettbewerb bei besonderen Rechten nicht von vorneherein ausgeschlossen wird.[82] Die gesetzliche Übertragung von Befugnissen an eine unbestimmte Anzahl von Unternehmen kann keine besonderen Rechte im Sinne des Art. 106 Abs. 1 AEUV begründen.[83]

2. Keine den Verträgen widersprechende Maßnahmen

31 Art. 106 Abs. 1 AEUV bezieht sich auf Maßnahmen der Mitgliedstaaten, die gegen die Verträge, insbesondere gegen den AEUV, verstoßen. Der EuGH hat im Asemfo-Urteil ausdrücklich festgehalten: »Art. 86 Abs. 1 EG lässt sich eindeutig entnehmen, dass er keine eigenständige Bedeutung hat, sondern in Verbindung mit den einschlägigen Vertragsbestimmungen zu lesen ist.«[84] Insofern ergibt sich der Inhalt der Vorschrift nur **im Zusammenhang mit einer anderen Norm des AEUV**. Daraus folgt auch, dass Art. 106 Abs. 1 AEUV weder die Gründung öffentlicher Unternehmen noch die Übertragung besonderer und ausschließlicher Rechte verbietet. Selbst die Gewährung von ausschließlichen Rechten, die zu einer marktbeherrschenden Stellen führt, ist nicht per se vertragswidrig.[85] Zur Marktbeherrschung muss also bei Art. 102 AEUV die missbräuchliche Ausnutzung hinzutreten. Art. 106 Abs. 1 AEUV betont insbesondere die Vorschriften des **Wettbewerbsrechts** und das allgemeine **Diskriminierungsverbot** gemäß Art. 18 AEUV, da die Gefahr der Verletzung dieser Normen durch staatlich beeinflusste und beeinflussbare Unternehmen besonders relevant ist.

a) Maßnahmen

32 Der Begriff »Maßnahmen« wird in der Literatur entsprechend dem Normzweck des Art. 106 Abs. 1 AEUV **weit ausgelegt**.[86] Da die Vorschrift im Kern ein Umgehungsverbot begründet, ist dem zu folgen. Daher werden sowohl rechtliche, d.h. gesetzgeberische und regulative Handlungen, als auch die faktische Einflussnahme, z.B. durch das Abstimmungsverhalten in den Leitungsorganen eines Unternehmens, hiervon erfasst.

---

[80] *Wernicke*, in: Grabitz/Hilf/Nettesheim, EU, Art. 106 AEUV (März 2011), Rn. 33.
[81] *Jung*, in: Calliess/Ruffert, EUV/AEUV, Art. 106 AEUV, Rn. 16.
[82] *Kühling*, in: Streinz, EUV/AEUV, Art. 106 AEUV, Rn. 22.
[83] Vgl. EuGH, Urt. v. 16.11.1977, Rs. 13/77 (G.B.-INNO-B.M.), Slg. 1977, 211, Rn. 40/42.
[84] EuGH, Urt. v. 19.4.2007, Rs. C–295/05 (Asemfo), Slg. 2007, I–2999, Rn. 40.
[85] EuGH, Urt. v. 30.4.1974, Rs. 155/73 (Sacchi), Slg. 1974, 409, Rn. 14; Urt. v. 10.12.1991, Rs. C–179/90 (Merci convenzionali porto di Genova), Slg. 1991, I–5889, Rn. 16.
[86] *Jung*, in: Calliess/Ruffert, EUV/AEUV, Art. 106 AEUV, Rn. 18; *Kühling*, in: Streinz, EUV/AEUV, Art. 106 AEUV, Rn. 24; *Voet van Vormizeele*, in: Schwarze, EU-Kommentar, Art. 106 AEUV, Rn. 30; *Grill*, in: Lenz/Borchardt, EU-Verträge, Art. 106 AEUV, Rn. 11.

Die Vorschrift betrifft sowohl geltende als auch zukünftige Maßnahmen (»treffen oder beibehalten«). Neben aktivem Tun kann auch Unterlassen erfasst sein.[87] Allerdings müssen die Maßnahmen einen **konkreten Bezug zu einem öffentlichen oder sonst privilegierten Unternehmen** aufweisen. Allgemeine gesetzliche oder andere hoheitliche Maßnahmen, die alle Unternehmen treffen, werden von Art. 106 Abs. 1 AEUV nicht erfasst.[88]

Art. 106 Abs. 1 AEUV erfasst nur **Maßnahmen der Mitgliedstaaten,** nicht dagegen Maßnahmen der öffentlichen oder privilegierten Unternehmen selbst. Maßnahmen der Unternehmen sind direkt an den für Unternehmen geltenden Vorschriften, insbes. Art. 101 und 102 AEUV zu messen. Insofern bedarf es bei der Prüfung eines Verstoßes gegen den AEUV im Zusammenhang mit öffentlichen Unternehmen sowie mit Unternehmen, denen besondere oder ausschließliche Rechte gewährt wurden, stets der Trennung zwischen Vertragsverletzungen, die auf das Verhalten der öffentlichen Hand zurückzuführen sind und Verletzungen, die auf dem autonomen Verhalten der Unternehmen beruhen. 33

Ist die **Verantwortung für die Verletzung dem Staat zurechenbar**, greift Art. 106 Abs. 1 AEUV. Das ist dann der Fall, wenn die staatliche Maßnahme das Unternehmen zu einer Vertragsverletzung zwingt oder wenn die Maßnahme zwangsläufig zu einer Vertragsverletzung führt.[89] Die Rechtsprechung hält es darüber hinaus für ausreichend, wenn der Staat das Unternehmen zum vertragsverletzenden Verhalten veranlasst hat.[90] Im Urteil ERT war der EuGH sogar der Auffassung, dass es für die Zurechnung genüge, wenn durch die Einräumung eines Monopols »eine Lage geschaffen werden könnte«, in der das Unternehmen gegen Art. 102 AEUV verstößt.[91] Da jedoch jedem Monopol die abstrakte Möglichkeit einer Vertragsverletzung innewohnt, andererseits die bloße Übertragung eines ausschließlichen Rechts noch nicht gegen den Vertrag verstößt, wird man diese Rechtsprechungslinie so verstehen müssen, dass es jeweils auf eine konkrete Möglichkeit ankommt, die gerade durch die staatliche Maßnahme geschaffen wurde. Es bedarf insofern in jedem Einzelfall der genauen Zurechnung der Kausalität für die Vertragsverletzung.[92] Die staatliche Verantwortung wird allerdings nicht dadurch ausgeschlossen, dass der Vertragsverstoß dem Unternehmen ebenfalls zurechenbar ist.[93] 34

b) Verstöße gegen Vorschriften, die für die Unternehmen gelten

Art. 106 Abs. 1 AEUV erwähnt die für Unternehmen geltenden Vorschriften des Wettbewerbsrechts (Art. 101 und Art. 102 AEUV) ausdrücklich. In der Praxis spielt vor allem der **Missbrauch einer marktbeherrschenden Stellung** eine wesentliche Rolle.[94] Wie bereits ausgeführt, ist die Begründung einer marktbeherrschenden Stellung durch ein öffentliches Unternehmen oder durch die Übertragung ausschließlicher Rechte noch 35

---

[87] *Jung*, in: Calliess/Ruffert, EUV/AEUV, Art. 106 AEUV, Rn. 30 f.
[88] *Wernicke*, in: Grabitz/Hilf/Nettesheim, EU, Art. 106 AEUV (März 2011), Rn. 55; *Grill*, in: Lenz/Borchardt, EU-Verträge, Art. 106 AEUV, Rn. 11.
[89] EuGH, Urt. v. 23.4.1991, Rs. C–41/90 (Höfner und Elsner), Slg. 1991, I–1979, Rn. 34.
[90] EuGH, Urt. v. 25.6.1998, Rs. C–203/96 (Dusseldorp), Slg. 1998, I–4075, Rn. 61.
[91] EuGH, Urt. v. 18.6.1991, Rs. C–260/89 (ERT), Slg. 1991, I–2925, Rn. 31.
[92] *Wernicke*, in: Grabitz/Hilf/Nettesheim, EU, Art. 106 AEUV (März 2011), Rn. 56. Dazu auch *Triantafyllou*, EuZW 2014, 734 (736)
[93] *Wernicke*, in: Grabitz/Hilf/Nettesheim, EU, Art. 106 AEUV (März 2011), Rn. 57.
[94] EuGH, Urt. v. 27.2.2014, Rs. C–351/12 (OSA), ECLI:EU:C:2014:110, Rn. 83; *Kühling*, in: Streinz, EUV/AEUV, Art. 106 AEUV, Rn. 26; *Wernicke*, in: Grabitz/Hilf/Nettesheim, EU, Art. 106 AEUV (März 2011), Rn. 56.

keine Vertragsverletzung. Die marktbeherrschende Stellung muss vielmehr zu einem Missbrauch geführt haben oder diesen jedenfalls ermöglichen.[95] Das ist z. B. der Fall, wenn Unternehmen mit einer Monopolstellung unangemessene Preise oder Vertragsbedingungen verlangen[96] bzw. diskriminierende Preisnachlässe gewähren oder den Einsatz moderner Technologie ablehnen.[97] Ein Missbrauch liegt auch vor, wenn das Leistungsangebot eingeschränkt wird, ohne dass die Nachfrage vollständig befriedigt werden kann.[98] Ebenso stellen Alleinbezugsvereinbarungen, die ein marktbeherrschendes Unternehmen abschließt, einen Missbrauch i. S. v. Art. 102 AEUV dar.[99] Eine weitere typische Fallkonstellation betrifft die Ausdehnung einer marktbeherrschenden Position auf benachbarte Märkte.[100] Dagegen liegt in der Quersubventionierung einer Verlustsparte durch gewinnbringende Geschäftsfelder nur dann ein missbräuchliches Ausnutzen der Marktbeherrschung, wenn dadurch auf einem für den Wettbewerb geöffneten Marktsegment die Verdrängung von Konkurrenten bezweckt wird.[101]

c) Verstöße gegen Vorschriften, die nur für Mitgliedstaaten gelten

36 Neben den unternehmensgerichteten Normen erfasst Art. 106 Abs. 1 AEUV auch die Vorschriften, die sich an die Mitgliedstaaten wenden. Dazu zählt zunächst das ausdrücklich genannte **Diskriminierungsverbot** gemäß Art. 18 AEUV. Ein Verstoß gegen Art. 106 Abs. 1 AEUV liegt somit vor, wenn »ein Unternehmen, das ein Monopol für das Werbefernsehen besitzt, […] hinsichtlich des Zugangs zum Werbefernsehen zwischen den nationalen Wirtschaftssubjekten oder Erzeugnissen einerseits und denen der anderen Mitgliedstaaten andererseits diskriminiert.«[102] Neben das allgemeine Diskriminierungsverbot treten die besonderen Diskriminierungsverbote,[103] die sich aus den **Grundfreiheiten**, insbesondere der Arbeitnehmerfreizügigkeit,[104] Niederlassungsfreiheit und Dienstleistungsfreiheit[105] ergeben. Auch Beschränkungen der Warenverkehrsfreiheit können in den Anwendungsbereich des Art. 106 Abs. 1 AEUV fallen.[106]

37 Art. 106 Abs. 1 AEUV erwähnt auch die **Beihilfenvorschriften** der Art. 107 ff. AEUV. Aufgrund des weiten Beihilfentatbestands in Art. 107 AEUV, der auch Unterstützungen, die durch öffentliche Unternehmen gewährt werden, erfasst,[107] ist der Rückgriff auf Art. 106 AEUV in diesen Fällen jedoch eher selten erforderlich.[108]

---

[95] Ausführliche Kategorisierung bei *Voet van Vormizeele*, in: Schwarze, EU-Kommentar, Art. 106 AEUV, Rn. 35 ff.
[96] EuGH, Urt. v. 30. 4.1974, Rs. 155/73 (Sacchi), Slg. 1974, 409, Rn. 17; Urt. v. 4.5.1988, Rs. 30/87 (Bodson/Pompes funèbres), Slg. 1988, 2479, Rn. 33.
[97] EuGH, Urt. v. 10.12.1991, Rs. C–179/90 (Merci convenzionali porto di Genova), Slg. 1991, I–5889, Rn. 19.
[98] EuGH, Urt. v. 23. 4.1991, Rs. C–41/90 (Höfner und Elsner), Slg. 1991, I–1979, Rn. 30; Urt. v. 11.12.1997, Rs. C–55/96 (Job Centre), Slg. 1997, I–7119, Rn. 35.
[99] EuGH, Urt. v. 27. 4.1994, Rs. C–393/92 (Almelo), Slg. 1994, I–1477, Rn. 44.
[100] EuGH, Urt. v. 25.10.2001, Rs. C–475/01 (Ambulanz Glöckner), Slg. 2001, I–8089, Rn. 42.
[101] *Danner*, S. 123 ff.; *Nistor*, S. 219 ff.
[102] EuGH, Urt. v. 30. 4.1974, Rs. 155/73 (Sacchi), Slg. 1974, 409, Rn. 17.
[103] *Voet van Vormizeele*, in: Schwarze, EU-Kommentar, Art. 106 AEUV, Rn. 47; *Jung*, in: Calliess/Ruffert, EUV/AEUV, Art. 106 AEUV, Rn. 23.
[104] EuGH, Urt. v. 10.12.1991, Rs. C–179/90 (Merci convenzionali porto di Genova), Slg. 1991, I–5889, Rn. 13.
[105] EuGH, Urt. v. 18. 6.1991, Rs. C–260/89 (ERT), Slg. 1991, I–2925, Rn. 11, 20 ff.
[106] EuGH, Urt. v. 10. 3.1983, Rs. 172/82 (Inter-Huiles), Slg. 1983, 555, Rn. 15.
[107] EuGH, Urt. v. 16. 5.2002, Rs. C–482/99 (Frankreich/Kommission – Stardust Marine), Slg. 2002, I–4397, Rn. 32 ff.
[108] *Voet van Vormizeele*, in: Schwarze, EU-Kommentar, Art. 106 AEUV, Rn. 48; *Jung*, in: Calliess/

III. Unmittelbare Anwendbarkeit

Art. 106 Abs. 1 AEUV kommt als bloße Verweisungsnorm **keine eigenständige unmittelbare Anwendbarkeit** zu.[109] Vielmehr ist auf diejenige Norm abzustellen, die in Verbindung mit Art. 106 Abs. 1 AEUV anwendbar ist.[110] Da die praktisch relevanten Vorschriften der Art. 18, 101 und 102 AEUV sowie die Grundfreiheiten unmittelbar anwendbar sind, entfaltet Art. 106 AEUV in den meisten Fällen in Verbindung mit diesen Normen ebenfalls unmittelbare Anwendbarkeit.[111] In der Literatur ist vereinzelt vertreten worden, der EuGH sei in der Entscheidung Corbeau von der unmittelbaren Anwendbarkeit des Art. 106 Abs. 1 AEUV ausgegangen, ohne auf eine andere unmittelbar anwendbare Norm abzustellen.[112] Tatsächlich bezieht sich der EuGH in der Entscheidung jedoch wiederholt auf den unmittelbar anwendbaren Art. 86 EWGV (jetzt Art. 102 AEUV).[113]

38

E. Absatz 2

I. Funktion

Nach Art. 106 Abs. 2 AEUV gelten die Vorschriften der Verträge grundsätzlich auch für Unternehmen, die mit **Dienstleistungen von allgemeinem wirtschaftlichem Interesse** betraut sind oder den Charakter eines Finanzmonopols haben. Anders als Abs. 1 richtet sich Abs. 2 an die betroffenen Unternehmen und an die Mitgliedstaaten.[114] Die Vorschrift gilt als »sedes materiae«[115] öffentlicher Dienstleistungen im Primärrecht der Europäischen Union. Art. 106 Abs. 2 AEUV macht zunächst deutlich, dass für Unternehmen, die in den Anwendungsbereich der Vorschrift fallen, keine Bereichsausnahme besteht. Der ungleich bedeutsamere Teil der Vorschrift ist jedoch, dass von der grundsätzlichen Geltung der Verträge eine **Ausnahme** gilt, wenn die Anwendung des Vertrages die Erfüllung der besonderen Aufgaben dieser Unternehmen verhindert. Dies setzt voraus, dass ein Unternehmen mit einer Dienstleistung von allgemeinem wirtschaftlichem Interesse betraut ist oder den Charakter eines Finanzmonopols hat und dass die Anwendung des Vertrages tatsächlich zu einer Verhinderung oder Erschwerung der Aufgabenerfüllung führen würde. Zusätzlich darf der zwischenstaatliche Handel nicht in einem Maße beeinträchtigt werden, das gegen die Unionsinteressen verstößt. Die Auslegung der zentralen Elemente des Art. 106 Abs. 2 AEUV (»Dienstleistungen von allgemeinem wirtschaftlichem Interesse, »Betrauung«, »Aufgabenverhinderung« und »Beeinträchtigung des Handelsverkehrs«) ist in Literatur und Praxis hochumstritten.

39

Art. 106 Abs. 2 AEUV ist textlich als Ausnahmevorschrift konstruiert. Hieraus wurde von der bis vor kurzem überwiegenden Auffassung im Schrifttum abgeleitet, dass die

40

Ruffert, EUV/AEUV, Art. 106 AEUV, Rn. 25; *Kühling*, in: Streinz, EUV/AEUV, Art. 106 AEUV, Rn. 32.
[109] *Voet van Vormizeele*, in: Schwarze, EU-Kommentar, Art. 106 AEUV, Rn. 10; *Jung*, in: Calliess/Ruffert, EUV/AEUV, Art. 106 AEUV, Rn. 7; *Kühling*, in: Streinz, EUV/AEUV, Art. 106 AEUV, Rn. 5.
[110] EuGH, Urt. v. 19.4.2007, Rs. C–295/05 (Asemfo), Slg. 2007, I–2999, Rn. 40.
[111] *Wernicke*, in: Grabitz/Hilf/Nettesheim, EU, Art. 106 AEUV (März 2011), Rn. 12.
[112] *Grill*, in: Lenz/Borchardt, EU-Verträge, Art. 106 AEUV, Rn. 21.
[113] EuGH, Urt. v. 19.5.1993, Rs. C–320/91 (Corbeau), Slg. 1993, I–2533, Rn. 9 ff.
[114] *Catalano*, S. 138, 140; *Mestmäcker/Schweitzer* (Fn. 15), Rn. 58.
[115] *Tettinger*, S. 97.

Norm als begrenzte Bereichsausnahme restriktiv auszulegen ist.[116] Dabei wurde auch auf die ältere Rechtsprechung des EuGH verwiesen. Diese Sicht wird jedoch zunehmend in Frage gestellt.[117] Hintergrund sind die durch die Vertragsreformen von Amsterdam (Einführung von Art. 14 AEUV) und Lissabon (Protokoll Nr. 26) gestiegene Bedeutung der besonderen Werte von Dienstleistungen von allgemeinem wirtschaftlichem Interesse und das Interesse von Union und Mitgliedstaaten am guten Funktionieren dieser Dienste. Vor diesem Hintergrund wird Art. 106 Abs. 2 AEUV von einer im Vordringen befindlichen Auffassung zu Recht als Norm verstanden, die auf den **Ausgleich von gemeinwohlorientierten Interessen und der Sicherstellung einer marktwirtschaftlichen Wettbewerbsordnung** abzielt.[118]

41 Die **Struktur** von Art. 106 Abs. 2 AEUV ist **zweigeteilt**.[119] Zunächst ist zu prüfen, ob die Vorschrift zur Anwendung gelangt.[120] Dazu ist erforderlich, dass ein Unternehmen mit einer Dienstleistung von allgemeinem wirtschaftlichem Interesse betraut wurde. Die Anwendbarkeit des Art. 106 Abs. 2 AEUV auf Finanzmonopole ist in der Praxis von untergeordneter Bedeutung.[121] Steht die Anwendbarkeit der Vorschrift fest, erfolgt die eigentliche Prüfung der Rechtfertigung einer Abweichung von den Verträgen. Dazu ist zu prüfen, ob die Anwendbarkeit der Verträge, insbesondere des Wettbewerbsrechts, die dem Unternehmen übertragenen Aufgaben rechtlich oder tatsächlich verhindert oder erschwert. Falls dem so ist, muss noch festgestellt werden, ob ein Abweichen von den Vertragsnormen den Unionsinteressen widersprechen würde.

II. Reichweite und praktische Bedeutung

42 Art. 106 Abs. 2 AEUV erfasst »**die Vorschriften der Verträge**«. Die »Wettbewerbsregeln« werden dabei besonders betont. Hierunter sind die Artikel des Kapitel 1 des Teil VII des AEUV (»Die Wettbewerbsregeln«), mithin Art. 101 bis 109 AEUV zu verstehen.[122] Tatsächlich hat Art. 106 Abs. 2 AEUV in der Praxis vor allem in Bezug auf die für Unternehmen geltenden Wettbewerbsregeln (Art. 101 und 102 AEUV) und das Beihilfenrecht (Art. 107 bis 109 AEUV) eine Rolle gespielt. Allerdings beschränkt sich die Reichweite nicht auf die genannten Bereiche, sondern betrifft – wie der Wortlaut klar zeigt – **das gesamte EU-Primärrecht**. Art. 106 Abs. 2 AEUV kann somit auch Abweichungen von den Grundfreiheiten rechtfertigen.[123]

43 Umstritten ist, ob Art. 106 Abs. 2 AEUV auch als Rechtfertigung für das Abweichen von **Sekundärrecht** herangezogen werden kann. Nach einer Auffassung kann die Vorschrift im Wege eines Erst-recht-Schlusses verwendet werden, um Ausnahmen von Sekundärrecht zu rechtfertigen, da sie bereits das Abweichen von Primärrecht gestatte.[124] Nach anderer Ansicht spricht bereits der Wortlaut des Art. 106 Abs. 2 AEUV gegen eine

---

[116] *Jung*, in: Calliess/Ruffert, EUV/AEUV, Art. 106 AEUV, Rn. 35; *Koenig/Paul*, in: Streinz, EUV/AEUV, Art. 106 AEUV, Rn. 44.
[117] *Khan*, in: Geiger/Khan/Kotzur, EUV/AEUV, Art. 106 AEUV, Rn. 9.
[118] *Wernicke*, in: Grabitz/Hilf/Nettesheim, EU, Art. 106 AEUV (März 2011), Rn. 3, 77.
[119] *Essebier*, S. 17 f.; *Linder*, S. 224; *Rumpff*, S. 185.
[120] EuGH, Urt. v. 17.7.1997, Rs. C–242/95 (GT-Link), Slg. 1997, I–4449, Rn. 49.
[121] *Koenig/Kühling*, ZHR 2002, 656 (674).
[122] So auch *Koenig/Paul*, in: Streinz, EUV/AEUV, Art. 106 AEUV, Rn. 41.
[123] *Szyszczak*, YEL 20 (2001), 35 (50 f.); *Schmidt*, Der Staat 2003, 225 (234); *Wernicke*, in: Grabitz/Hilf/Nettesheim, EU, Art. 106 AEUV (März 2011), Rn. 108.
[124] *Voet van Vormizeele*, in: Schwarze, EU-Kommentar, Art. 106 AEUV, Rn. 55.

Anwendung auf Sekundärrecht, da er ausdrücklich auf die Verträge abstellt.[125] Während es zutrifft, dass der Wortlaut der Vorschrift eine direkte Berufung auf Art. 106 Abs. 2 AEUV zur Rechtfertigung eines Verstoßes gegen Sekundärrecht ausschließt, wird man der Norm eine Ausstrahlungswirkung auf das Sekundärrecht nicht abstreiten können, die sich vor allem bei der Auslegung des Sekundärrechts auswirken kann.[126]

Die **Entwicklung der Bedeutung** von Art. 106 Abs. 2 AEUV in der Rechtsprechung der europäischen Gerichte lässt sich in vier Phasen unterteilen: In einer ersten Phase, die von 1957 bis ca. 1990 andauerte, wurde die Vorschrift (bzw. ihre Vorgänger) nur in wenigen Fällen angewandt. Teilweise wurde sie für »obsolet« erklärt, da Art. 106 Abs. 2 AEUV in keinem denkbaren Fall zur Anwendung gelangen könne.[127] Andere wähnten sie dagegen in einer Art »Dornröschenschlaf«.[128] In der zweiten Phase, die im Jahr 1991 begann, entfaltete Art. 106 Abs. 2 AEUV vor allem eine Bedeutung als Rechtfertigungsnorm für Verstöße gegen das für Unternehmen geltende Wettbewerbsrecht.[129] Die dritte Phase zeichnete sich dadurch aus, dass Art. 106 Abs. 2 AEUV im Zusammenhang mit der Rechtfertigung von Ausgleichszahlungen für gemeinwirtschaftliche Verpflichtungen, die gegen das Beihilfenverbot verstießen, eine Rolle spielte.[130] Seit dem EuGH-Urteil in der Rechtssache Altmark Trans[131] und den darauf reagierenden Maßnahmenpaketen der Kommission ist die praktische Bedeutung des Art. 106 Abs. 2 AEUV in der Rechtsprechung des EuGH erneut zurückgegangen.

III. Betroffene Unternehmen

1. Unternehmen

Art. 106 Abs. 2 AEUV bezieht sich ebenso wie Art. 106 Abs. 1 AEUV auf Unternehmen. Auch hier wird der **funktionale Unternehmensbegriff** des Wettbewerbsrechts verwandt, so dass auf die oben gemachten Ausführungen verwiesen werden kann.[132] Die Vorschrift gilt gleichermaßen für öffentliche wie für private Unternehmen.[133]

2. Dienstleistungen von allgemeinem wirtschaftlichem Interesse

a) Grundlagen

Der Begriff »Dienstleistungen von allgemeinem wirtschaftlichem Interesse«[134] gehört zu den komplexesten und umstrittensten Begriffen des EU-Rechts. Obwohl er seit meh-

---

[125] *Koenig/Paul*, in: Streinz, EUV/AEUV, Art. 106 AEUV, Rn. 42.
[126] So auch ausdrücklich *Voet van Vormizeele*, in: Schwarze, EU-Kommentar, Art. 106 AEUV, Rn. 55.
[127] *von Wilmowsky*, ZHR 1991, 554 (571).
[128] *Ehricke*, EuZW 1993, 211 unter Bezug auf *Pappalardo*, ECLR 1991, 29 (30). Siehe auch *Flynn*, S. 189.
[129] Siehe z. B. EuGH, Urt. v. 23.4.1991, Rs. C–41/90 (Höfner und Elser), Slg. 1991, I–1979; Urt. v. 19.5.1993, Rs. C–320/91 (Corbeau), Slg. 1993, I–2533; Urt. v. 27.4.1994, Rs. C–393/92 (Almelo), Slg. 1994, I–1477; Urt. v. 25.10.2001, Rs. C–475/99 (Ambulanz Glöckner), Slg. 2001, I–8089.
[130] Dazu auch *Idot*, S. 47 ff.
[131] EuGH, Urt. v. 24.7.2003, Rs. C–280/00 (Altmark Trans), Slg. 2003, I–7747.
[132] S. Rn. 17 ff.
[133] *Jung*, in: Calliess/Ruffert, EUV/AEUV, Art. 106 AEUV, Rn. 33; *Koenig/Paul*, in: Streinz, EUV/AEUV, Art. 106 AEUV, Rn. 45.
[134] Im Jargon der Unionsorgane oft mit »DAWI« abgekürzt, siehe *Europäische Kommission*, Leitfaden zur Anwendung der Vorschriften der Europäischen Union über staatliche Beihilfen, öffentliche Aufträge und den Binnenmarkt auf Dienstleistungen von allgemeinem wirtschaftlichem Interesse inklusive Sozialdienstleistungen, SEC(2010) 1545 endg., S. 17.

reren Jahrzehnten Gegenstand intensiver politischer, rechtspraktischer und wissenschaftlicher Auseinandersetzungen ist, besteht nach wie vor keine Einigkeit über seinen genauen Inhalt.[135] Unstreitig ist nur, dass es sich bei dem Begriff um einen genuin **europarechtlichen Begriff** handelt, der in den Rechtsordnungen der Mitgliedstaaten traditionellerweise keine Entsprechung findet.[136]

47 Der in Art. 14 AEUV genutzte Begriff »**Dienste von allgemeinem wirtschaftlichem Interesse**« und der in Art. 106 Abs. 2 AEUV verwendete Begriff »Dienstleistungen von allgemeinem wirtschaftlichem Interesse« sind **identisch**.[137] Der sprachliche Unterschied zwischen Diensten und Dienstleistungen ist im vorliegenden Kontext äußerst gering. Zudem handelt es sich um eine spezielle Begrifflichkeit der deutschen Textfassung. Soweit ersichtlich benutzen die übrigen Textfassungen die gleichen Begriffe in Art. 106 Abs. 2 und Art. 14 AEUV.

b) Begriffsbestimmung in Rechtsprechung und Kommissionspraxis

48 Die Bestimmung des Begriffs Dienstleistungen von allgemeinem wirtschaftlichem Interesse in Rechtsprechung und Entscheidungspraxis ist in erster Linie auf den Einzelfall bezogen.[138]

aa) Gegenständlicher Umfang

49 Eine erste Gruppe der in der Praxis anerkannten Dienstleistungen von allgemeinem wirtschaftlichem Interesse betrifft Einrichtungen der **allgemeinen Infrastruktur und Verkehrsdienstleistungen**. Im ersten zu Art. 90 Abs. 2 EWGV entschiedenen Fall in der Sache Hafen Mertert war der EuGH der Auffassung, dass ein Unternehmen, über das der größte Teil des Flussverkehrs des fraglichen Staates abgewickelt wird, mit einer Dienstleistung von allgemeinem wirtschaftlichem Interesse betraut ist.[139] Später wurde klargestellt, dass nicht jede Aktivität im Rahmen des Betriebs eines Verkehrshafens als Dienstleistung von allgemeinem wirtschaftlichem Interesse angesehen werden kann.[140] Während dies beim Be-, Ent- und Umladen, Lagern und Umschlagen von Waren nicht der Fall ist,[141] fallen das Bereitstellen von Hafenanlagen und allgemeine Festmacherdienste unter den Begriff Dienstleistungen von allgemeinem wirtschaftlichem Interesse.[142] In Ahmed Saeed Flugreisen hielt der EuGH Art. 106 Abs. 2 AEUV auf Unternehmen für anwendbar, die verpflichtet sind, Linien zu bedienen, die aus kommerzieller Sicht nicht rentabel sind, deren Bedienung aber aus Gründen des allgemeinen Interesses erforderlich ist.[143] Ebenso akzeptierte das Gericht erster Instanz in der Sache Olsen die Festlegung der spanischen Behörden, dass der kontinuierliche und regelmäßige Fähr-

---

[135] EuG, Urt. v. 12.2.2008, Rs. T–289/03 (BUPA), Slg. 2008, II–81, Rn. 167; *Karayigit*, EPL 15 (2009), 575 (583).
[136] Zu den in den Mitgliedstaaten benutzten Begriffen *Krajewski*, S. 45ff.
[137] *Wernicke*, in: Grabitz/Hilf/Nettesheim, EU, Art. 106 AEUV (März 2011), Rn. 37. Eine sprachliche Rechtfertigung für die unterschiedliche Terminologie liefert *Linder*, S. 87ff., der aber auch keinen sachlichen Unterschied zwischen den Begriffen sieht.
[138] *Wernicke*, in: Grabitz/Hilf/Nettesheim, EU, Art. 106 AEUV (März 2011), Rn. 40.
[139] EuGH, Urt. v. 14.7.1971, Rs. 10/71 (Hafen Mertert), Slg. 1971, 723, Rn. 8/12.
[140] EuGH, Urt. v. 17.7.1997, Rs. C–242/95 (GT-Link), Slg. 1997, I–4449, Rn. 52.
[141] EuGH, Urt. v. 10.12.1991, Rs. C–179/90 (Merci convenzionali porto di Genova), Slg. 1991, I–5889, Rn. 27; Urt. v. 27.11.2003, Rs. C–34/01 (Enirisorse), Slg. 2003, I–14243, Rn. 34.
[142] EuGH, Urt. v. 17.7.1997, Rs. C–242/95 (GT-Link), Slg. 1997, I–4449, Rn. 54; Urt. v. 18.6.1998, Rs. C–266/96 (Corsica Ferries), Slg. 1998, I–3949, Rn. 45.
[143] EuGH, Urt. v. 11.4.1989, Rs. 66/86 (Ahmed Saeed Flugreisen), Slg. 1989, 803, Rn. 55.

verkehr zwischen den kanarischen Inseln soweit er aufgrund der bestehenden Marktverhältnisse nicht sichergestellt werden konnte, eine Dienstleistung von allgemeinem wirtschaftlichem Interesse darstelle.[144]

Weiterhin können **Postdienstleistungen**, soweit sie den Charakter von Universaldiensten haben, als Dienstleistungen von allgemeinem wirtschaftlichem Interesse angesehen werden. Der EuGH hat hierbei wiederholt auf die einem Postunternehmen übertragene Verpflichtung zur Einsammlung, Beförderung und Zustellung von Postsendungen aller Nutzer in einem Hoheitsgebiet zu einheitlichen Gebühren und in gleichmäßiger Qualität abgestellt.[145] In Deutsche Post/GZS und Citicorp hat er die Erfüllung der Verpflichtung gemäß Art. 1 des Weltpostvertrages von 1989, Auslandsbriefpost auf dem schnellsten Wege weiterzuleiten und den im Inland ansässigen Empfängern zuzustellen, als Dienstleistung von allgemeinem wirtschaftlichem Interesse angesehen.[146] Die Kommission hielt die Verpflichtung, in ländlichen Gegenden unrentable Postämter zu unterhalten, um einen Mindestumfang an Postdienstleistungen und bestimmten Finanzdienstleistungen (z.B. Zugang zu Geldautomaten und allgemeine Kontoführung) zu gewähren, als Übertragung einer Dienstleistung von allgemeinem wirtschaftlichem Interesse.[147]

50

Der EuGH hat auch in der auf einem gesetzlichen Monopol beruhenden Errichtung und dem Unterhalt des **Fernmeldenetzes** einschließlich der Zulassung von Telekommunikationsendgeräten eine Dienstleistung von allgemeinem wirtschaftlichem Interesse gesehen.[148] Die Herstellung und der Verkauf von Endgeräten sind dagegen Tätigkeiten, die jedes Unternehmen ausüben können muss.[149] Art. 106 Abs. 2 AEUV kann dagegen Leistungen erfassen, die von einem Telekommunikationsunternehmen aufgrund von völkerrechtlichen Verpflichtungen wie dem internationalen Fernmeldevertrag zwingend erbracht werden müssen.[150]

51

Weiterhin ist grundsätzlich anerkannt, dass die **Übertragung von Rundfunk- und Fernsehsendungen** eine Dienstleistung von allgemeinem wirtschaftlichem Interesse sein kann. Der Vertrag hindert die Mitgliedstaaten nicht daran, Rundfunk- und Fernsehsendungen aus im öffentlichen Interesse liegenden Gründen dem Wettbewerb zu entziehen.[151] Auch die Kommission ist der Meinung, dass das Angebot eines öffentlichen Fernsehprogramms eine Dienstleistung von allgemeinem wirtschaftlichem Interesse darstellt.[152] Sogar Werbesendungen können eine Dienstleistung von allgemeinem wirtschaftlichem Interesse sein.[153]

52

Wiederholt hat der EuGH Art. 106 Abs. 2 AEUV im Zusammenhang mit besonderen Regeln für die **Versorgung mit Elektrizität** geprüft. In der Rechtssache Almelo hielt der

53

---

[144] EuG, Urt. v. 15.6.2005, Rs. T–17/02 (Fred Olsen), Slg. 2005, II–2031, Rn. 216 ff.
[145] EuGH, Urt. v. 19.5.1993, Rs. C–320/91 (Corbeau), Slg. 1993, I–2533, Rn. 15; Urt. v. 17.5.2001, Rs. C–340/99 (TNT Traco), Slg. 2001, I–4109, Rn. 53; Urt. v. 3.7.2003, Rs. C–83/01 (Chronopost), Slg. 2003, I–6993, Rn. 34. Siehe auch EuG, Urt. v. 27.2.1997, Rs. T–106/95 (FFSA), Slg. 1997, II–229, Rn. 66.
[146] EuGH, Urt. v. 10.2.2000, Rs. C–147/97 (Deutsche Post), Slg. 2000, I–825, Rn. 43 f.
[147] Beschluss der Kommission vom 7.3.2007, Post Office Limited, ABl. 2007, C 80/5.
[148] EuGH, Urt. v. 13.12.1991, Rs. C–18/88 (GB-Inno-BM), Slg. 1991, I–5941, Rn. 15 f.
[149] EuGH, Urt. v. 13.12.1991, Rs. C–18/88 (GB-Inno-BM), Slg. 1991, I–5941, Rn. 22.
[150] EuGH, Urt. v. 20.3.1985, Rs. 41/83 (Italien/Kommission – British Telecommunications), Slg. 1985, 873, Rn. 34 f.
[151] EuGH, Urt. v. 30.4.1974, Rs. 155/73 (Sacchi), Slg. 1974, 409, Rn. 14; Urt. v. 18.6.1991, Rs. C–260/89 (ERT), Slg. 1991, I–2925, Rn. 10.
[152] Beschluss der Kommission vom 4.7.2006, RTP, ABl. 2006, C 222/4.
[153] EuGH, Urt. v. 30.4.1974, Rs. 155/73 (Sacchi), Slg. 1974, 409, Rn. 15.

EuGH die ununterbrochene Stromversorgung in einem Teil des Staatsgebietes an alle Abnehmer, lokalen Versorgungsunternehmen oder Endverbraucher zu einheitlichen Tarifen und objektiven Bedingungen für eine Dienstleistung von allgemeinem wirtschaftlichem Interesse.[154] Diese Auffassung hat er in den sog. Strommonopolfällen bestätigt.[155] Sie wurde auch von der Kommission übernommen.[156] Die gleiche Bewertung gilt für die ununterbrochene und gleichartige **Lieferung von Gas**.[157]

54 Die **Wasserversorgung** kann ebenfalls eine Dienstleistung von allgemeinem wirtschaftlichem Interesse darstellen, wenn sie als wirtschaftliche Tätigkeit erbracht wird. In einer Entscheidung aus dem Jahre 1981 vertrat die Kommission die Auffassung, dass Wasserversorgungsunternehmen, die von der öffentlichen Hand errichtet wurden, um die regelmäßige Wasserversorgung und einen umfassenden Schutz der öffentlichen Gesundheit zu garantieren, mit Dienstleistungen von allgemeinem wirtschaftlichem Interesse betraut sind.[158] Erfolgt die Wasserversorgung dagegen gar nicht als wirtschaftliche Leistung auf einem Markt, liegt auch keine Dienstleistung von allgemeinem wirtschaftlichem Interesse vor.

55 Eine weitere Fallgruppe betrifft **die Abfallentsorgung**, vor allem soweit damit Umweltgefahren beseitigt werden sollen. In Sydhavnens Sten hielt der EuGH die Verpflichtung zur Abnahme und möglichen Verwertung von Bauabfällen für eine Betrauung mit einer Dienstleistung von allgemeinem wirtschaftlichem Interesse.[159] Zuvor hatte bereits Generalanwältin *Rozès* das Abholen und die Beseitigung von Altölen als Dienstleistung von allgemeinem wirtschaftlichem Interesse angesehen.[160] Auch Generalanwalt *Jacobs* hielt es für möglich, in der Abfallbewirtschaftung eine Dienstleistung von allgemeinem wirtschaftlichem Interesse zu sehen.[161] In einer jüngeren Entscheidung hielt das OVG Koblenz die Beseitigung von Schlachtabfällen für eine Dienstleistung von allgemeinem wirtschaftlichem Interesse.[162] Der VGH Mannheim sah unter Bezug auf das Urteil Sydhavnens Sten sogar die Entsorgung von Altkleidern als Dienstleistung von allgemeinem wirtschaftlichem Interesse.[163]

56 Zahlreiche Urteile des EuGH zu Art. 86 Abs. 2 EGV (jetzt Art. 106 Abs. 2 AEUV) betreffen **soziale Dienstleistungen und Gesundheitsleistungen**. In Höfner und Elser stellte der EuGH fest, dass die Vermittlung von Arbeitsuchenden an potentielle Arbeitgeber eine Dienstleistung von allgemeinem wirtschaftlichem Interesse sei.[164] Weiterhin hielt der Gerichtshof in den Urteilen zur Pflichtmitgliedschaft in den niederländischen Betriebsrentenfonds das Angebot einer Betriebsrente durch einen Rentenversicherer, der alle Arbeitnehmer eines Wirtschaftszweiges ohne vorherige Untersuchung aufnehmen musste, für eine Dienstleistung von allgemeinem wirtschaftlichem Interesse.[165] In den

---

[154] EuGH, Urt. v. 27.4.1994, Rs. C–393/92 (Almelo), Slg. 1994, I–1477, Rn. 47 f.
[155] EuGH, Urt. v. 23.10.1997, Rs. C–157/94 (Kommission/Niederlande), Slg. 1997, I–5699, Rn. 41; Urt. v. 23.10.1997, Rs. C–159/94 (Kommission/Frankreich), Slg. 1997, I–5815, Rn. 57.
[156] Entscheidung der Kommission vom 16.1.1991, IJsselcentrale u. a., ABl. 1991, L 28/32, Rn. 40.
[157] EuGH, Urt. v. 23.10.1997, Rs. C–159/94 (Kommission/Frankreich), Slg. 1997, I–5815, Rn. 88.
[158] Entscheidung der Kommission vom 17.12.1981, NAVEWA-ANSEAU, ABl. 1982, L 167/39, Rn. 65. Ebenso Entscheidung der Kommission vom 25.11.1999, Stadtgebiet Venedig, ABl. 2000, L 150/50, Rn. 92.
[159] EuGH, Urt. v. 23.5.2000, Rs. C–209/98 (Sydhavnens Sten), Slg. 2000, I–3743, Rn. 76.
[160] GA *Rozès*, Schlussanträge zu Rs. 172/82 (Inter-Huiles), Slg. 1983, 555 (581).
[161] GA *Jacobs*, Schlussanträge zu Rs. C–203/96 (Dusseldorp), Slg. 1998, I–4075, Rn. 103.
[162] OVG Koblenz, NVwZ 2013, 1173 (1175).
[163] VGH Mannheim, DVBl 2013, 1537 (1539).
[164] EuGH, Urt. v. 23.4.1991, Rs. C–41/90 (Höfner und Elser), Slg. 1991, I–1979, Rn. 24.
[165] EuGH, Urt. v. 21.9.1999, Rs. C–67/96 (Albany), Slg. 1999, I–5751, Rn. 103 ff.; Urt. v. 21.9.

Rechtssachen INAIL und AOK Bundesverband war Generalanwalt *Jacobs* der Auffassung, dass die Träger von gesetzlichen Sozialversicherungssystemen, die auf dem Solidarprinzip beruhten und keine Leistungen im Wettbewerb erbrachten, als mit einer Dienstleistung von allgemeinem wirtschaftlichem Interesse betraute Unternehmen anzusehen seien.[166] Das EuG bestätigte in der Rechtssache BUPA, dass private Krankenversicherungsleistungen als Dienstleistungen von allgemeinem wirtschaftlichem Interesse angesehen werden können, wenn sie in ein System öffentlicher Gesundheitsversorgung eingegliedert sind und bestimmten öffentlichen Anforderungen unterworfen sind.[167] Schließlich hat der EuGH in der Sache Ambulanz Glöckner den Notfalltransport von kranken und verletzten Personen, soweit er ohne Rücksicht auf besondere Situationen oder die Wirtschaftlichkeit eines konkreten Einsatzes zu jeder Zeit und zu gleichen Entgelten und zu gleicher Qualität sicherzustellen ist, als Dienstleistung von allgemeinem wirtschaftlichem Interesse angesehen.[168]

In der Praxis der Kommission ist anerkannt, dass Leistungen im Zusammenhang mit der **Wohnungsversorgung** eine Dienstleistung von allgemeinem wirtschaftlichem Interesse darstellen können. Die Kommission hat sowohl in einem Beihilfeverfahren über eine irische Kreditgarantie für Infrastrukturmaßnahmen im sozialen Wohnungsbau als auch in ihrer Entscheidung über die Anwendung von Artikel 86 Abs. 2 EGV auf staatlichen Beihilfen aus dem Jahr 2005 festgehalten, dass Art. 86 Abs. 2 EGV auf Unternehmen Anwendung finden kann, die im sozialen Wohnungsbau tätig sind.[169] In der Rechtssache Woningsstichting Sint Servatius, die eine niederländische Wohnungsbaugesellschaft betraf, hat der Gerichtshof ebenso akzeptiert, dass Unternehmen, deren Aufgabe u. a. darin besteht, sozial und wirtschaftlich schlechter gestellten Bevölkerungsgruppen angemessenen Wohnraum zur Verfügung zu stellen, als Unternehmen, die mit einer Dienstleistung von allgemeinem wirtschaftlichem Interesse betraut sind, angesehen werden.[170]

Vereinzelt hat Art. 86 Abs. 2 EGV auch in **anderen Sektoren** eine Rolle gespielt. In Nungesser hielt der EuGH die Organisation der Durchführung und der Veröffentlichung aller wissenschaftlichen Forschungsarbeiten auf dem Gebiet der Landwirtschaft für eine Dienstleistung von allgemeinem wirtschaftlichem Interesse.[171] Generalanwalt *da Cruz Vilaça* vertrat in Bodson die Auffassung, dass das Bestattungswesen u. a. aus Gründen der öffentlichen Hygiene und Gesundheit und des öffentlichen Anstandes als Dienstleistung von allgemeinem wirtschaftlichem Interesse angesehen werden kann.[172]

Ausdrücklich **nicht als Dienstleistung von allgemeinem wirtschaftlichem Interesse** hat der EuGH die Wahrnehmung der Urheberrechte von Künstlern durch Verwertungs-

---

1999, Rs. C–115/97 (Brentjens'), Slg. 1999, I–6025, Rn. 101 ff.; Urt. v. 21. 9. 1999, Rs. C–219/97 (Drijvende Bokken), Slg. 1999, I–6121, Rn. 91 ff.

[166] GA *Jacobs*, Schlussanträge zu Rs. C–218/00 (Cisal), Slg. 2002, I–691, Rn. 95; GA *Jacobs*, Schlussanträge zu Rs. C–264/01 (AOK Bundesverband), Slg. 2004, I–2493, Rn. 97.

[167] EuG, Urt. v. 12. 2. 2008, Rs. T–289/03 (BUPA), Slg. 2008, II–81, Rn. 175.

[168] EuGH, Urt. v. 25. 10. 2001, Rs. C–475/99 (Ambulanz Glöckner), Slg. 2001, I–8089, Rn. 55. Siehe auch Urt. v. 29. 4. 2010, Rs. C–160/08 (Kommission/Deutschland), Slg. 2010, I–3713, Rn. 125.

[169] Entscheidung der Kommission vom 7. 12. 2005, State Aid N 395/2005, Ireland – Loan Guarantee for social infrastructure schemes funded by the Housing Finance Agency, Rn. 40.

[170] EuGH, Urt. v. 1. 10. 2009, Rs. C–567/07 (Sint Servatius), Slg. 2009, I–9021, Rn. 40 ff.

[171] EuGH, Urt. v. 8. 6. 1982, Rs. 258/78 (Nungesser und Eisele), Slg. 1982, 2015, Rn. 9.

[172] GA *da Cruz Vilaça*, Schlussanträge zu Rs. 30/87 (Bodson), Slg. 1988, 2479, Rn. 80 ff. Der EuGH nahm zu dieser Qualifizierung nicht Stellung.

gesellschaften angesehen.¹⁷³ Zweifel hatte der Gerichtshof auch bei der obligatorischen Fortbildung von geprüften Buchhaltern.¹⁷⁴

60 Seit einigen Jahren ist eine **deutliche Zurückhaltung** des Gerichtshofs bei der Benutzung von Art. 106 Abs. 2 AEUV festzustellen. Dies beruht zum einen darauf, dass der EuGH seit dem Urteil Altmark Trans in der Ausgleichszahlung für bestimmte gemeinwirtschaftliche Verpflichtungen unter konkret benannten Bedingungen keine Beihilfe (mehr) sieht, so dass ein Rückgriff auf Art. 106 Abs. 2 AEUV bei Beihilfenfällen erheblich an Bedeutung verloren hat.¹⁷⁵ Zum anderen führt die Ablehnung der Unternehmenseigenschaft bei Trägern der Sozialversicherung, insbesondere der Gesundheitsvorsorge, ebenfalls dazu, dass Art. 106 Abs. 2 AEUV in diesen Fällen nicht zur Anwendung kommt.

bb) Begründungsansätze

61 Entsprechend dem einzelfallbezogenen Ansatz des EuGH bei der Bestimmung von Dienstleistungen von allgemeinem wirtschaftlichem Interesse hat sich **kein einheitlicher Begründungsansatz** für die Qualifikation einer Dienstleistung von allgemeinem wirtschaftlichem Interesse herausgebildet. Die Rechtsprechung zeichnet sich sogar durch eine ausgesprochen nachlässige Begründungspraxis aus: Teilweise haben Gerichtshof und Generalanwälte die Qualifizierung einer Leistung als Dienstleistung von allgemeinem wirtschaftlichem Interesse als »unbestreitbar« oder »unzweifelhaft« bezeichnet.¹⁷⁶

62 Trotz der wenig systematischen Vorgehensweise des EuGH bezüglich der Begründung für die Qualifizierung einer Leistung als Dienstleistung von allgemeinem wirtschaftlichem Interesse lässt sich als ein gemeinsames Merkmal der Rechtsprechung festhalten, dass der EuGH den Begriff »Dienstleistungen von allgemeinem wirtschaftlichem Interesse« als einen **einheitlichen Begriff** versteht und ihn nicht auf der Basis von seinen Begriffselementen (»Dienstleistungen«, »allgemeines Interesse«, »wirtschaftliches Interesse«) bestimmt. Insofern erscheint der Begriff Dienstleistungen von allgemeinem wirtschaftlichem Interesse als Fachbegriff, dessen einzelne Elemente ohne eigenständige Bedeutung sind. Während der EuGH in den frühen Urteilen das Vorliegen einer Dienstleistung von allgemeinem wirtschaftlichem Interesse lediglich feststellt, ohne diese Qualifizierung näher zu erläutern oder zu begründen,¹⁷⁷ lassen sich in der späteren Rechtsprechung gegenstandsbezogene Begründungen und umstandsbezogene Begründungen unterscheiden.¹⁷⁸

63 Die **gegenstandsbezogenen Begründungen** zeichnen sich dadurch aus, dass der EuGH darauf abstellt, ob an der Erbringung der Dienstleistung an sich ein objektives allgemeines Interesse besteht. So hat der EuGH wiederholt auf ein allgemeines wirtschafts- und sozialpolitisches öffentliches Interesse der Mitgliedstaaten an bestimmten Dienst-

---

¹⁷³ EuGH, Urt. v. 2.3.1983, Rs. 7/82 (GVL/Kommission), Slg. 1983, 483, Rn. 31 f.; Urt. v. 27.3.1974, Rs. 127/73 (BRT/SABAM), Slg. 1974, 313, Rn. 19/22.
¹⁷⁴ EuGH, Urt. v. 28.2.2013, Rs. C-1/12 (OTOC), ECLI:EU:C:2013:127, Rn. 105.
¹⁷⁵ EuGH, Urt. v. 24.7.2003, Rs. C-280/00 (Altmark Trans), Slg. 2003, I-7747.
¹⁷⁶ EuGH, Urt. v. 19.5.1993, Rs. C-320/91 (Corbeau), Slg. 1993, I-2533, Rn. 15 (»unbestreitbar«); Urt. v. 25.10.2001, Rs. C-475/99 (Ambulanz Glöckner), Slg. 2001, I-8089, Rn. 55 (»unzweifelhaft«); GA *Jacobs*, Schlussanträge zu Rs. C-264/01 (AOK Bundesverband), Slg. 2004, I-2493, Rn. 87 (»kein Zweifel«). Kritisch dazu *Essebier*, S. 102.
¹⁷⁷ EuGH, Urt. v. 14.7.1971, Rs. 10/71 (Hafen Mertert), Slg. 1971, 723, Rn. 8/12; Urt. v. 30.4.1974, Rs. 5/73 (Sacchi), Slg. 1974, 409, Rn. 15; Urt. v. 23.4.1991, Rs. C-41/90 (Höfner und Elser), Slg. 1991, I-1979, Rn. 24.
¹⁷⁸ Objektiver bzw. subjektiver Ansatz bei *Linder*, S. 128 ff.

leistungen verwiesen. Es könne den Mitgliedstaaten nicht verwehrt werden, bei der Bestimmung von Dienstleistungen von allgemeinem wirtschaftlichem Interesse »die eigenen Ziele der staatlichen Politik zu berücksichtigen«.[179] In den Fällen, die Sozialdienstleistungen betreffen, hat der EuGH dagegen auf die »wesentliche soziale Funktion« der Dienstleistung abgestellt.[180] In anderen Fällen kann man den Urteilen entnehmen, dass die Nähe der fraglichen Leistung zu Aufgaben der öffentlichen Gefahrenabwehr eine Rolle gespielt hat.[181]

Mit Blick auf die **Art und Weise der Erbringung** argumentiert der EuGH in Fällen, in denen die Erbringung der Dienstleistung zu Bedingungen des **Universaldienstes** eine entscheidende Rolle spielte. So wurde in Corbeau, Almelo und den Strommonopolfällen ausdrücklich auf die Verpflichtung zur Leistung an alle Empfänger im ganzen Versorgungsgebiet zu gleichen Tarifen und gleichen Bedingungen abgestellt.[182] Die Verpflichtung zum Universaldienst ist auch in anderen Fällen als Indiz für eine Dienstleistung von allgemeinem wirtschaftlichem Interesse angesehen. In Ambulanz Glöckner hat der EuGH auf die Verpflichtung abgestellt, ohne Rücksicht auf besondere Situationen oder die Wirtschaftlichkeit des konkreten Einsatzes den Notfalltransport von kranken oder verletzten Personen flächendeckend zu jeder Zeit, zu einheitlichen Benutzungsentgelten und bei gleicher Qualität sicherzustellen.[183] Ähnlich verwies er in Corsica Ferries auf die Verpflichtung »jederzeit für alle Hafenbenutzer einen allgemeinen Festmacherdienst bereitzustellen«.[184] Vor dem Hintergrund dieser Rechtsprechung erscheint es gerechtfertigt, in dem Modell des Universaldienstes die zentrale Orientierung des EuGH bei der Charakterisierung einer Dienstleistung von allgemeinem Interesse zu sehen.[185]

64

In jüngerer Zeit billigt die Rechtsprechung und Kommissionspraxis den Mitgliedstaaten bei der Bestimmung von Dienstleistungen von allgemeinem wirtschaftlichem Interesse ein **weites Ermessen** zu und unterzieht dieses lediglich einer **Missbrauchskontrolle**.[186] Die Kommission hat diese Auffassung bereits in ihrer Mitteilung zu Leistungen der Daseinsvorsorge aus dem Jahr 2000 vertreten, auf die in der Rechtsprechung auch rekurriert wird.[187] Dieser Ansatz ist zu begrüßen, da er der allgemeinen Kompetenzverteilung zwischen Union und Mitgliedstaaten entspricht. So hat das EuG in der Sache BUPA ausdrücklich auf das Kompetenzgefüge hingewiesen: Die »Bestimmung der Art und des Umfangs einer Aufgabe von allgemeinem wirtschaftlichem Interesse für bestimmte Tätigkeitsbereiche, die entweder nicht in die Zuständigkeit der Union im Sinne

65

---

[179] EuGH, Urt. v. 23.10.1997, Rs. C–157/94 (Kommission/Niederlande), Slg. 1997, I–5699, Rn. 40; EuGH, ECLI:EU:C:2010:205.
[180] EuGH, Urt. v. 21.9.1999, Rs. C–67/96 (Albany), Slg. 1999, I–5751, Rn. 105.
[181] EuGH, Urt. v. 23.5.2000, Rs. C–209/98 (Sydhavnens Sten), Slg. 2000, I–3743, Rn. 75; Urt. v. 18.6.1998, Rs. C–266/96 (Corsica Ferries), Slg. 1998, I–3949, Rn. 45.
[182] EuGH, Urt. v. 19.5.1993, Rs. C–320/91 (Corbeau), Slg. 1993, I–2533, Rn. 15; Urt. v. 27.4.1994, Rs. C–393/92 (Almelo), Slg. 1994, I–1477, Rn. 48; Urt. v. 23.10.1997, Rs. C–157/94 (Kommission/Niederlande), Slg. 1997, I–5699, Rn. 41; Urt. v. 23.10.1997, Rs. C–159/94 (Kommission/Frankreich), Slg. 1997, I–5815, Rn. 57.
[183] EuGH, Urt. v. 25.10.2001, Rs. C–475/99 (Ambulanz Glöckner), Slg. 2001, I–8089, Rn. 55.
[184] EuGH, Urt. v. 18.6.1998, Rs. C–266/96 (Corsica Ferries), Slg. 1998, I–3949, Rn. 45.
[185] *Wernicke*, in: Grabitz/Hilf/Nettesheim, EU, Art. 106 AEUV (März 2011), Rn. 41.
[186] *Dietrich*, S. 33ff.; EuG, Urt. v. 15.6.2005, Rs. T–17/02 (Fred Olsen), Slg. 2005, II–2031, Rn. 216; Urt. v. 12.2.2008, Rs. T–289/03 (BUPA), Slg. 2008, II–81, Rn. 166. Ähnlich bereits EuG, Urt. v. 27.2.1997, Rs. T–106/95 (FFSA), Slg. 1997, II–229, Rn. 99.
[187] Leistungen der Daseinsvorsorge in Europa, KOM (2000) 580 endg., ABl. 2001, C 17/8, Rn. 22.

von Art. 5 Abs. 1 EG fallen oder auf einer lediglich begrenzten oder geteilten Gemeinschaftszuständigkeit im Sinne von Art. 5 Abs. 2 EG beruhen, gehört grundsätzlich weiterhin zu den Aufgaben der Mitgliedstaaten. […] Daraus folgt, dass die Bestimmung der gemeinwirtschaftlichen Verpflichtungen dabei auch in erster Linie in die Zuständigkeit der Mitgliedstaaten fällt. Diese Kompetenzverteilung spiegelt außerdem allgemein der Art. 16 EG wider, wonach die Gemeinschaft und die Mitgliedstaaten in Anbetracht des Stellenwerts, den Dienste von allgemeinem wirtschaftlichem Interesse innerhalb der gemeinsamen Werte der Union einnehmen sowie deren Bedeutung bei der Förderung des sozialen und territorialen Zusammenhalts im Rahmen ihrer jeweiligen Befugnisse im Anwendungsbereich dieses Vertrags dafür Sorge tragen, dass die Grundsätze und Bedingungen für das Funktionieren dieser Dienste so gestaltet sind, dass sie ihren Aufgaben nachkommen können.«[188]

c) Begriffsbestimmungen in der Literatur

66 Während die Rechtsprechung bei der Bestimmung des Begriffs »Dienstleistungen von allgemeinem wirtschaftlichem Interesse« den einzelnen Begriffselementen keine eigenständige Bedeutung zumisst, ist in der Literatur wiederholt versucht worden, den Begriff auf der Grundlage seiner Elemente »Dienstleistungen« und »allgemeines wirtschaftliches Interesse« zu definieren.[189]

67 Bezüglich des Begriffs »**Dienstleistungen**« i. S. d. Art. 106 Abs. 2 AEUV geht die h. M. davon aus, dass dieser weiter sei als der Dienstleistungsbegriff gemäß Art. 57 AEUV.[190] Begründet wird dies mit unterschiedlichen Formulierungen in Art. 57 und Art. 106 Abs. 2 AEUV in einigen sprachlichen Fassungen und mit der systematischen Stellung des Art. 106 Abs. 2 im Wettbewerbsrecht.[191] Als Konsequenz des weiten Dienstleistungsbegriffs wird in der Literatur die Lieferung, Verteilung und teilweise auch die Produktion von Waren, insbesondere von Elektrizität und Wasser als Dienstleistung i. S. d. Art. 106 Abs. 2 AEUV angesehen.[192] Für die Lieferung und Verteilung von Waren, jedenfalls soweit es sich um eine entgeltliche Tätigkeit handelt, kann man dem ohne weiteres zustimmen, da es sich bei dieser Tätigkeit auch im weiteren Sinne um eine Dienstleistung handelt. Es ist jedoch fraglich, ob man auch die Produktion von Waren unter den Dienstleistungsbegriff subsumieren kann. Typischerweise treffen die gemeinwirtschaftlichen Verpflichtungen wie der Universaldienst jedoch nicht den Energieproduzenten, sondern das Versorgungsunternehmen, d. h. also den »Lieferanten«, so dass der Frage nach dem Dienstleistungscharakter von Energieproduktion letztlich keine große praktische Bedeutung zukommen dürfte.

68 Wesentlich ist, dass die von Art. 106 Abs. 2 AEUV erfassten Tätigkeiten **wirtschaftlicher Natur** sein müssen. Demzufolge sind Leistungen, die im Rahmen eines durch Steuern oder Pflichtbeiträge finanzierten öffentlichen Bildungs-, Sozial- oder Gesundheitssystems erbracht werden, keine Dienstleistungen von allgemeinem wirtschaftlichem Interesse. Bezieht man sich auf den Dienstleistungsbegriff gemäß Art. 57 AEUV

---

[188] EuG, Urt. v. 12.2.2008, Rs. T–289/03 (BUPA), Slg. 2008, II–81, Rn. 167.
[189] *Essebier*, S. 108 ff.; *Nolte*, S. 78 ff.; *Koenig/Kühling*, ZHR 2002, 656 (669 ff.); *Rumpff*, S. 187 ff.; *Rodrigues*, S. 101 ff.; *Buendia Sierra*, S. 277 ff.
[190] *Börner*, S. 130; *Essebier*, S. 109 ff.; *Nolte*, S. 78; *Rumpff*, S. 187; *Rodrigues*, S. 102 f.; *Buendia Sierra*, S. 277; *Rottmann*, S. 173.
[191] *Bruhns*, S. 97 ff.
[192] *Wernicke*, in: Grabitz/Hilf/Nettesheim, EU, Art. 106 AEUV (März 2011), Rn. 38; *Buendia Sierra*, S. 277.

genügt die Feststellung, dass es sich bei diesen Leistungen nicht um entgeltliche Leistungen handelt.[193] Bezieht man sich auf den Unternehmensbegriff gemäß Art. 101, 102 AEUV, ist festzuhalten, dass Aufgaben und Leistungen, die Teil eines auf dem Solidarprinzip beruhenden Sozialversicherungssystems sind, einen rein sozialen Zweck erfüllen und keine wirtschaftlichen Tätigkeiten sind, da sie keine Waren und Dienstleistungen auf einem bestimmten Markt anbieten.

Zur Bestimmung des Begriffselements »allgemeines wirtschaftliches Interesse« wird in der Literatur häufig nach dessen Einzelelementen differenziert. Dabei werden insbesondere die Begriffe »allgemein« und »wirtschaftlich« getrennt betrachtet.[194] Ein **allgemeines Interesse** ist dann anzunehmen, wenn mit der Dienstleistung ein Interesse der Allgemeinheit verfolgt wird. Dabei wird Allgemeinheit teilweise als nicht abgeschlossener, jedermann zugänglicher Personenkreis verstanden.[195] Entscheidend ist, dass mit einer Dienstleistung von allgemeinem wirtschaftlichem Interesse nicht ausschließlich die privaten Interessen Einzelner verfolgt werden können.[196]

69

Bezüglich des Merkmals »**wirtschaftliches Interesse**« wurde unter Berufung auf den Wortlaut des Art. 106 Abs. 2 AEUV zunächst vertreten, dass das allgemeine Interesse an der betreffenden Dienstleistung auch ein wirtschaftliches Interesse sein müsse und dass Dienstleistungen von allgemeinem nicht-wirtschaftlichen Interesse nicht von Art. 106 Abs. 2 AEUV erfasst würden.[197] Ähnlich interpretierte auch die Kommission den Begriff Dienstleistungen von allgemeinem wirtschaftlichem Interesse in einer frühen Entscheidung.[198] Die EuGH-Rechtsprechung zeigt jedoch, dass auch Leistungen, an denen in erster Linie kein wirtschaftliches, sondern ein soziales Interesse besteht wie z.B. die Bedienung unrentabler Fluglinien als Dienstleistungen von allgemeinem wirtschaftlichem Interesse angesehen werden. Da der Begriff Dienstleistungen i.S.d. Art. 106 Abs. 2 AEUV bereits als »wirtschaftliche Aktivitäten« definiert wird, kommt dem Zusatz »wirtschaftlich« für die Qualifikation des allgemeinen Interesses **keine besondere Bedeutung** mehr zu.[199] Wirtschaftlich ist ein Merkmal der Dienstleistung, aber nicht des Interesses an ihrer Erbringung.[200] Für die Charakterisierung des zu verfolgenden allgemeinen Interesses ist der Begriff »wirtschaftlich« überflüssig oder gar irreführend.[201]

70

d) Dienstleistungen von allgemeinem Interesse

In ihrer Mitteilung der Kommission Leistungen der Daseinsvorsorge in Europa aus dem Jahre 1996 führte die Kommission mit dem Begriff »Dienstleistungen von allgemeinem Interesse« eine **weitere Kategorie** in die Debatte ein.[202] Dieser seitdem in der Kommissionspraxis ständig benutzte Begriff soll im Gegenstand über den Begriff »Dienstleistungen von allgemeinem wirtschaftlichem Interesse« hinausgehen.

71

---

[193] *Raptis*, ZÖR 2009, 53 (75 ff.).
[194] *Essebier*, S. 113 ff.; *Linder*, S. 102 ff.; *Nolte*, S. 79 f.; *Buendia Sierra*, S. 277.
[195] *Essebier*, S. 110.
[196] *Nolte*, S. 79; *Buendia Sierra*, S. 279; *von Komorowski*, EuR 2015, 310 (321).
[197] *Mestmäcker*, FS Zacher, S. 645.
[198] Entscheidung der Kommission vom 2.6.1971, GEMA, ABl. 1971, L 134/15, in der Dienstleistungen »von allgemeinem kulturellem und sozialem Interesse« und Dienstleistungen »von allgemeinem wirtschaftlichem Interesse« unterschieden werden.
[199] *Linder*, S. 106; *Koenig/Kühling*, ZHR 2002, 656 (670).
[200] *Schweitzer*, S. 181; *Mestmäcker*, FS Zacher, S. 645.
[201] *Linder*, S. 102.
[202] Mitteilung der Kommission, Leistungen der Daseinsvorsorge in Europa, ABl. 1996, C 281/3.

72 Die Kommission definierte Dienstleistungen von allgemeinem Interesse zunächst als marktbezogene und nichtmarktbezogene Dienstleistungen, die von staatlichen Stellen im Interesse der Allgemeinheit mit spezifischen Gemeinwohlverpflichtungen verknüpft werden.[203] Später wurde der Begriff »marktbezogen« durch »wirtschaftlich« ersetzt. Heute werden Dienstleistungen von allgemeinem Interesse als Leistungen verstanden werden, die von den Behörden der Mitgliedstaaten als im allgemeinen Interesse liegend eingestuft werden und daher spezifischen Gemeinwohlverpflichtungen unterliegen. Der Begriff deckt **sowohl wirtschaftliche Tätigkeiten als auch nichtwirtschaftliche Leistungen** ab.[204] Dienstleistungen von allgemeinem Interesse sollen daher eine **übergeordnete Kategorie** darstellen, die Dienstleistungen von allgemeinem wirtschaftlichem Interesse und nicht-wirtschaftliche Aktivitäten im allgemeinen Interesse zusammenfasst.[205]

73 Die Kommission hat den Begriff Dienstleistungen von allgemeinem Interesse erstmals in ihrer Mitteilung zu Leistungen der Daseinsvorsorge aus dem Jahre 1996 **ohne weitere Begründung oder Herleitung** benutzt.[206] Dies wurde erst im Grünbuch zu Dienstleistungen von allgemeinem Interesse aus dem Jahre 2003 nachgeholt. Darin behauptet die Kommission, dass der Begriff in der »Gemeinschaftspraxis« aus dem im Vertrag verwendeten Begriff »Dienstleistungen von allgemeinem wirtschaftlichem Interesse« abgeleitet worden sei.[207] Es fragt sich allerdings, welche »Gemeinschaftspraxis« die Kommission seinerzeit meinte. Zwar wurde der Begriff von einigen Unionsorganen übernommen. Tatsächlich ist der Begriff »Dienstleistungen von allgemeinem Interesse« eine begriffliche Eigenschöpfung der Kommission, die keiner vorherigen Praxis folgt. Eine kritische Bewertung der Begriffsschöpfung der Kommission und der von ihr hierzu entwickelten Definitionen zeigt, dass sich diese **nicht widerspruchsfrei in das bestehende Unionsrecht** einordnen lassen.[208] Dem Ziel, rechtsklare und rechtssichere Regeln für die Erbringung öffentlicher Dienstleistungen zu erlassen,[209] wird dadurch nicht gedient.

74 Der Begriff »Dienstleistungen von allgemeinem Interesse« hat inzwischen sowohl Eingang in das Sekundärrecht (Art. 2 Abs. 2 Buchst. a **Dienstleistungsrichtlinie**)[210] als auch in das Primärrecht gefunden. So bezieht sich das durch den Vertrag von Lissabon eingeführte **Protokoll Nr. 26**[211] in seinem Titel und seiner Begründungserwägung auf Dienste von allgemeinem Interesse. Art. 1 des Protokolls konkretisiert die in Art. 14 AEUV genannten Werten in Bezug auf Dienstleistungen von allgemeinem wirtschaftlichem Interesse.[212] Art. 2 des Protokolls betont dagegen die Zuständigkeit der Mitgliedstaaten zur Organisation von nichtwirtschaftlichen Diensten von allgemeinem Interesse. Auch diese Verwendungen des Begriffs Dienstleistungen von allgemeinem Interesse

---

[203] Mitteilung der Kommission, Leistungen der Daseinsvorsorge in Europa, ABl. 1996, C 281/3. Ebenso Grünbuch zu Dienstleistungen von allgemeinem Interesse, KOM (2003) 270 endg., Rn. 16 und Weißbuch zu Dienstleistungen von allgemeinem Interesse, KOM (2004) 374 endg., S. 27.
[204] Mitteilung der Kommission, Ein Qualitätsrahmen für Dienstleistungen von allgemeinem Interesse in Europa, KOM (2011) 900 endg., S. 3.
[205] *Weiß*, EuR 2013, 669 (672).
[206] *Neergaard*, S. 21.
[207] Grünbuch, KOM (2003) 270 endg., Rn. 16.
[208] *Krajewski*, S. 99 ff.
[209] So aber das ausdrückliche Ziel der Kommission, siehe Mitteilung der Kommission, KOM (2011) 900 endg., S. 6 ff.
[210] Richtlinie 2006/123/EG des Europäischen Parlaments und des Rates vom 12.12.2006 über Dienstleistungen im Binnenmarkt, ABl. 2006, L 376/36.
[211] ABl. 2008, C 306/158.
[212] Ausführlich dazu s. Art. 14 AEUV, Rn. 30 ff.

begründen **keinen rechtlichen Mehrwert des Begriffs**. Die jeweiligen Bezüge beschränken sich darauf, die Nichtanwendbarkeit des EU-Rechts auf bzw. mitgliedstaatliche Kompetenz für nicht-wirtschaftliche Dienstleistungen zu konstatieren.

e) Ergebnis

Aus dem Vorstehenden ergibt sich, dass der Begriff »Dienstleistungen von allgemeinem wirtschaftlichem Interesse« aufgrund seiner unklaren Bedeutung und kompromissorientierten Entstehungsweise nicht anhand des Wortlauts der einzelnen Elemente, sondern als einheitlicher Begriff interpretiert werden soll. Aus der jüngeren Praxis des EuGH und der Unionsorgane ergibt sich, dass die Definition, mit welcher die Kommission arbeitet, einen tauglichen Ansatz darstellt. Demzufolge sind Dienstleistungen von allgemeinem wirtschaftlichem Interesse **wirtschaftliche Tätigkeiten**, deren Erbringung von den zuständigen nationalen Behörden als **im öffentlichen Interesse** angesehen wird und die daher mit bestimmten **Gemeinwohlverpflichtungen** versehen sind, die am Markt typischerweise nicht realisiert werden können. Damit erwächst die mitgliedstaatliche Einstufung der jeweiligen Leistung zur zentralen Kategorie. Hinzu tritt jedoch die Einschränkung der normalen Austauschbeziehungen am Markt durch Gemeinwohlverpflichtungen, so dass alle potentiellen Nachfrager der Leistung diese zu gleichen Bedingungen erhalten können. Den EU-Organen bleibt lediglich eine Missbrauchskontrolle vorbehalten.

75

3. Betrauung

Um in den Genuss einer Rechtfertigung gemäß Art. 106 Abs. 2 AEUV zu kommen, muss das in Rede stehende Unternehmen mit einer Dienstleistung von allgemeinem wirtschaftlichem Interesse »betraut« worden sein. Es genügt nicht, dass ein Unternehmen eine Dienstleistung von allgemeinem wirtschaftlichem Interesse lediglich erbringt.[213] Auch die bloße Genehmigung einer derartigen Tätigkeit ist nicht hinreichend.[214] Vielmehr muss der Staat oder eine seiner Untergliederungen oder Einrichtungen im Rahmen ihrer Zuständigkeiten dem Unternehmen die Erbringung der Dienstleistung **durch einen besonderen Akt übertragen** haben. Eine andere Sicht wäre mit dem Wortlaut der Vorschrift, die ausdrücklich von »betrauen« spricht, nicht vereinbar.

76

Eine Betrauung kann ein **hoheitlicher Akt** sein, mit der einem Unternehmen die Erbringung einer Dienstleistung von allgemeinem Interesse übertragen wurde.[215] Die Rechtsform der Betrauung ist dabei grundsätzlich nicht von Bedeutung. Unstreitig können alle Formen öffentlich-rechtlichen Handelns für eine Betrauung genutzt werden.[216] Sie kann durch allgemeine Rechtsvorschriften z. B. Gesetz[217] oder Satzung[218] oder auf

77

---

[213] *Schweitzer*, S. 103 m. w. N.
[214] *Hellermann*, S. 117.
[215] EuGH, Urt. v. 30.1.1974, Rs. 127/73 (BRT/SABAM), Slg. 1974, 313, Rn. 19/22; Urt. v. 14.7.1981, Rs. 172/80 (Züchner), Slg. 1981, 2021, Rn. 7; EuG, Urt. v. 13.6.2000, Rs. T–204/97 (EPAC/Kommission), Slg. 2000, II–2267, Rn. 126; *Wernicke*, in: Grabitz/Hilf/Nettesheim, EU, Art. 106 AEUV (März 2011), Rn. 50.
[216] *Buendia Sierra*, S. 284.
[217] *Bala*, S. 56. Aus der Rechtsprechung EuG, Urt. v. 27.2.1997, Rs. T–106/95 (FFSA), Slg. 1997, II–229, Rn. 67; Urt. v. 12.2.2008, Rs. T–289/03 (BUPA), Slg. 2008, II–81, Rn. 182. Siehe auch EuGH, Urt. v. 24.7.2003, Rs. C–280/00 (Altmark Trans), Slg. 2003, I–7747, Rn. 89, zum bedeutungsgleichen Begriff der Betrauung im Rahmen des sog. ersten Altmark-Kriteriums.
[218] *Scharpf*, EuR 2005, 605 (614).

der Grundlage eines Verwaltungsakts[219] erfolgen. Möglich ist auch die Betrauung im Rahmen eines öffentlich-rechtlichen Vertrags, z. B. eines Konzessionsvertrags.[220]

78 Umstritten ist, ob die Betrauung auch durch einen **privatrechtlichen Vertrag** erfolgen kann.[221] Nach einer Auffassung ist die Übertragung der Erfüllungsverantwortung notwendige Voraussetzung der Betrauung. Diese könne jedoch nicht im Wege eines privatrechtlichen Vertrages übertragen werden.[222] Nach anderer Auffassung ist aufgrund der unterschiedlichen Rechtsordnungen der Mitgliedstaaten generell keine Unterscheidung zwischen privatrechtlichem und öffentlich-rechtlichem Handeln sinnvoll.[223] Richtigerweise verbieten sich pauschale Bewertungen. In den mitgliedstaatlichen Rechtsordnungen wird der Verwaltung grundsätzlich ein weiter Ermessensspielraum bezüglich der zulässigen Handlungsformen eingeräumt. Die Verwaltungen sind oft auch zum Handeln in privatrechtlicher Form ermächtigt. Insofern ist der kategoriale Ausschluss eines privatrechtlichen Vertrags als Betrauungsakt nicht überzeugend. Es ist vielmehr auf die Umstände des Einzelfalls abzustellen. Solange die jeweilige Maßnahme der Verwaltung den inhaltlichen Anforderungen an den Betrauungsakt genügt, kann er jede Rechtsform, auch eine privat-rechtliche, annehmen.[224] So ist z. B. auch die Betrauung durch einen Gesellschaftsvertrag, mit dem eine Kommune ein Unternehmen zur Erbringung von öffentlichen Dienstleistungen gründet, möglich.[225]

79 Die Betrauung muss grundsätzlich **vor oder wenigstens gleichzeitig** mit der Tätigkeitsaufnahme des Unternehmens erfolgen.[226] Eine nachträgliche Betrauung mit der Erbringung von öffentlichen Dienstleistungen reicht nicht aus. Weiterhin muss die Betrauung **hinreichend transparent und bestimmt** sein.[227] Aus dem Betrauungsakt muss das betraute Unternehmen sowie Art und Umfang der auferlegten Pflichten deutlich hervorgehen.[228] Insgesamt muss der Dienstleistungsauftrag klar definiert sein.[229] Demzufolge genügt eine vollkommen formlose Übertragung der Erbringung einer Dienstleistung von allgemeinem wirtschaftlichem Interesse nicht. Erst ein **Mindestmaß an Förmlichkeit** kann die notwendige Transparenz und Bestimmtheit herstellen. Es ist allerdings nicht erforderlich, dass der Übertragung eine Ausschreibung vorausgeht.[230]

80 Das Transparenzerfordernis hat – anders als im Vergaberecht – **keine drittschützende Wirkung**. Dem Wortlaut des Art. 106 Abs. 2 AEUV lässt sich nicht entnehmen, dass auch Konkurrenzunternehmen von der Betrauung allgemein Kenntnis nehmen können sollen. Die gegenteilige Sicht von *Essebier*[231] engt auch die Funktion der Vorschrift,

---

[219] *Bala*, S. 56 f. Siehe z. B. EuGH, Urt. v. 27.4.1994, Rs. C–393/92 (Almelo), Slg. 1994, I–1477, Rn. 47.
[220] *Essebier*, S. 223.
[221] *Buendia Sierra*, S. 284.
[222] *Essebier*, S. 223.
[223] *Hellermann*, S. 116. So im Ergebnis auch *Wernicke*, in: Grabitz/Hilf/Nettesheim, EU, Art. 106 AEUV (März 2011), Rn. 49: »öffentlichrechtlicher oder privatrechtlicher Vertrag«.
[224] *Bala*, S. 51.
[225] *Scharpf*, EuR 2005, 605 (614).
[226] *Schweitzer*, S. 104.
[227] *Sauter*, E.L.Rev. 33 (2008), 167 (184); *Essebier*, S. 224 f.; *von Komorowski*, EuR 2015, 310 (323).
[228] EuGH, Urt. v. 2.3.1983, Rs. 7/82 (GVL/Kommission), Slg. 1983, 483, Rn. 31; EuGH, Urt. v. 11.4.1989, Rs. 66/86 (Ahmed Saeed Flugreisen), Slg. 1989, 803, Rn. 56 ff.
[229] *Wernicke*, in: Grabitz/Hilf/Nettesheim, EU, Art. 106 AEUV (März 2011), Rn. 49.
[230] EuG, Urt. v. 26.6.2008, Rs. T–442/03 (SIC), Slg. 2008, II–1161, Rn. 145; Urt. v. 15.6.2005, Rs. T–17/02 (Fred Olsen), Slg. 2005, II–2031, Rn. 239.
[231] *Essebier*, S. 224.

einen Ausgleich zwischen den Anforderungen des Unionsrechts, insbesondere den Wettbewerbsregeln, und den Bedürfnissen öffentlicher Dienstleistungen herzustellen, zu stark ein.

Die skizzierten Anforderungen an die Betrauung i. S. d. Art. 106 Abs. 2 Satz 1 AEUV zeigen, dass die Flexibilität der Mitgliedstaaten im Rahmen der Organisation und Erbringung öffentlicher Dienstleistungen eingeschränkt ist.[232] Es ist den Mitgliedstaaten, ihren Untergliederungen und Einrichtungen insbesondere nicht möglich, sich auf Art. 106 Abs. 2 AEUV zu berufen, wenn die Erbringung der öffentlichen Dienstleistung ohne vorherige ausdrückliche Übertragung durch eine zuständige Stelle erfolgt. Allerdings scheint die Rechtsprechung in jüngster Zeit mit dem **Kriterium der Betrauung eher großzügig** umzugehen. So war das EuG in der Rechtssache BUPA der Auffassung, dass sich auch aus allgemeinen Rechtsvorschriften, die für alle Unternehmen einer bestimmten Branche galten, eine Betrauung mit Dienstleistungen von allgemeinem wirtschaftlichem Interesse ergeben kann.[233] Eine ähnliche Sicht findet sich in der Entscheidung der Kommission zu den niederländischen Krankenversicherungen, die nach Auffassung der Kommission ebenfalls aufgrund eines allgemeinen Gesetzes mit Dienstleistungen von allgemeinem wirtschaftlichem Interesse betraut waren.[234] Insgesamt zeigt sich, dass die Fälle, in denen sich Unternehmen oder Mitgliedstaaten zur Rechtfertigung eines Verstoßes gegen das Wettbewerbsrecht vor dem EuGH auf Art. 106 Abs. 2 AEUV berufen haben, überwiegend nicht an den Voraussetzungen der Betrauung gescheitert sind.

81

4. Charakter eines Finanzmonopols

Art. 106 Abs. 2 AEUV betrifft neben Unternehmen, die mit einer Dienstleistung von allgemeinem wirtschaftlichem Interesse betraut wurden, auch Unternehmen, die den Charakter eines Finanzmonopols haben. Ein Finanzmonopol liegt vor, wenn der Staat einem Unternehmen eine **Monopolstellung** eingeräumt hat und die Einnahmen aus dem Monopol als **staatliche Finanzquelle** dienen.[235] In der Regel handelt es sich dabei zugleich um ein Handelsmonopol i. S. d. Art. 37 AEUV, so dass Art. 106 Abs. 2 AEUV als Ausnahmevorschrift von der dort statuierten Pflicht zur Umformung von Handelsmonopolen angewendet werden kann.[236] In den einschlägigen Strommonopolfällen hat sich der EuGH jedoch nicht auf den Charakter der Handelsmonopolstellung bezogen, sondern darauf abgestellt, dass die relevanten Monopole mit Dienstleistungen von allgemeinem wirtschaftlichem Interesse betraut waren.[237] Nicht zuletzt aufgrund des weitgehenden Abbaus von Finanzmonopolen in den Mitgliedstaaten spielt diese Tatbestandsvariante des Art. 106 Abs. 2 AEUV **keine praktische Rolle (mehr)**.[238]

82

---

[232] *Schweitzer*, S. 104.
[233] EuG, Urt. v. 12. 2. 2008, Rs. T–289/03 (BUPA), Slg. 2008, II–81, Rn. 182 f.
[234] ABl. 2005, C 324/30. Dazu auch *van de Gronden*, S. 236 ff.
[235] *Jung*, in: Calliess/Ruffert, EUV/AEUV, Art. 106 AEUV, Rn. 45; *Koenig/Paul*, in: Streinz, EUV/AEUV, Art. 106 AEUV, Rn. 68; *Wernicke*, in: Grabitz/Hilf/Nettesheim, EU, Art. 106 AEUV (März 2011), Rn. 52; *Voet van Vormizeele*, in: Schwarze, EU-Kommentar, Art. 106 AEUV, Rn. 67.
[236] *Jung*, in: Calliess/Ruffert, EUV/AEUV, Art. 106 AEUV, Rn. 46; *Koenig/Paul*, in: Streinz, EUV/AEUV, Art. 106 AEUV, Rn. 68; *Wernicke*, in: Grabitz/Hilf/Nettesheim, EU, Art. 106 AEUV (März 2011), Rn. 52; *Voet van Vormizeele*, in: Schwarze, EU-Kommentar, Art. 106 AEUV, Rn. 67.
[237] EuGH, Urt. v. 23.10.1997, Rs. C–157/94 (Kommission/Niederlande), Slg. 1997, I–5699, Rn. 32; Urt. v. 23.10.1997, Rs. C–159/94 (Kommission/Frankreich), Slg. 1997, I–5815, Rn. 49 ff.; Urt. v. 23.10.1997, Rs. C–158/94 (Kommission/Italien), Slg. 1997, I–5789, Rn. 32.
[238] Die Datenbank des Gerichtshofs enthält keine Dokumente, in denen das Wort »Finanzmonopol« nach 1996 noch benutzt wurde.

IV. Erforderlichkeit der Nichtanwendung des EU-Rechts

83 Die Prüfung der Rechtfertigung des Verstoßes gegen die Verträge gemäß Art. 106 Abs. 2 AEUV setzt sich aus zwei Elementen zusammen. Nach Satz 1 der Vorschrift ist es erforderlich, dass die Anwendbarkeit der Verträge die **Erfüllung der dem Unternehmen übertragenen Aufgaben verhindert** (Aufgabenverhinderung). Nach Satz 2 darf der Handelsverkehr nicht in einem Ausmaß beeinträchtigt werden, das den **Unionsinteressen zuwiderläuft** (Widerspruch zu Unionsinteressen). Auch in der Rechtsprechung werden die Aufgabenverhinderung und die Beeinträchtigung des Handelsverkehrs grundsätzlich als zwei getrennte Prüfungspunkte angesehen.[239] In jüngerer Zeit beschränkt sich der Gerichtshof allerdings überwiegend auf die Prüfung der Erforderlichkeit der Nichtanwendung der Verträge gemäß Art. 106 Abs. 2 Satz 1 AEUV.[240]

1. Aufgabenverhinderung

a) Prüfungsaufbau

84 Um festzustellen, ob die Anwendung der Vorschriften der Verträge die Erfüllung der besonderen Aufgaben von Unternehmen, die mit Dienstleistungen von allgemeinem Interesse betraut wurden, verhindert, ist nach **einer Ansicht** eine **zweistufige Prüfung** erforderlich.[241] Demzufolge soll in einem ersten Schritt festgestellt werden, ob zwischen der Anwendbarkeit des Unionsrechts und der Erfüllung der besonderen Aufgaben ein tatsächlicher Konflikt vorliegt. Erst in einem zweiten Schritt soll dann die Verhältnismäßigkeit der Ausnahme vom Unionsrecht geprüft werden.

85 Nach **anderer Auffassung** liegt der Schwerpunkt der Prüfung auf einer Verhältnismäßigkeits- bzw. Erforderlichkeitsprüfung, die bereits in Art. 106 Abs. 2 Satz 1 AEUV verortet wird.[242] Im Ergebnis dürfte der Unterschied zwischen beiden Auffassungen eher gering sein: Um einen Konflikt zwischen Unionsrecht und Aufgabenerfüllung festzustellen, untersuchen die Vertreter des zweistufigen Prüfungsaufbaus ebenfalls, ob die Ausnahme »erforderlich« ist.[243] Die eigentliche Verhältnismäßigkeitsprüfung wird dann teilweise auch auf das Kriterium der Erforderlichkeit zugespitzt[244] oder eine Unverhältnismäßigkeit erst bei einer »globalen Beeinträchtigung des Wirtschaftsverkehrs« als gegeben angesehen.[245] Im Ergebnis handelt es sich somit nach der Auffassung der meisten Autoren bei der Prüfung der Rechtfertigung der Vertragsausnahme gemäß Art. 106 Abs. 2 AEUV um eine **Verhältnismäßigkeitsprüfung**.[246]

---

[239] EuGH, Urt. v. 23.10.1997, Rs. C–157/94 (Kommission/Niederlande), Slg. 1997, I–5699, Rn. 34ff., 66f.; Urt. v. 18.6.1998, Rs. C–266/96 (Corsica Ferries), Slg. 1998, I–3949, Rn. 44.
[240] EuGH, Urt. v. 10.2.2000, Rs. C–147/97 (Deutsche Post), Slg. 2000, I–825, Rn. 49ff.; Urt. v. 23.5.2000, Rs. C–209/98 (Sydhavnens Sten), Slg. 2000, I–3743, Rn. 77ff.; Urt. v. 17.5.2001, Rs. C–340/99 (TNT Traco), Slg. 2001, I–4109, Rn. 54ff.; Urt. v. 25.10.2001, Rs. C–475/99 (Ambulanz Glöckner), Slg. 2001, I–8089, Rn. 57.
[241] *Wernicke*, in: Grabitz/Hilf/Nettesheim, EU, Art. 106 AEUV (März 2011), Rn. 63; *Jung*, in: Calliess/Ruffert, EUV/AEUV, Art. 106 AEUV, Rn. 47; *Pielow*, JuS 2006, 692 (783); *Koenig/Kühling*, ZHR 2002, 656 (674); *Böhmann*, S. 136f.
[242] *Buendia Sierra*, S. 300; *Schweitzer*, S. 207ff.; *Scharpf*, EuR 2005, 605 (620).
[243] *Wernicke*, in: Grabitz/Hilf/Nettesheim, EU, Art. 106 AEUV (März 2011), Rn. 72; *Jung*, in: Calliess/Ruffert, EUV/AEUV, Art. 106 AEUV, Rn. 50.
[244] *Wernicke*, in: Grabitz/Hilf/Nettesheim, EU, Art. 106 AEUV (März 2011), Rn. 72.
[245] *Jung*, in: Calliess/Ruffert, EUV/AEUV, Art. 106 AEUV, Rn. 57.
[246] *Prosser*, S. 134; *Rumpff*, S. 220; *von Komorowski*, EuR 2015, 310 (325).

b) Prüfungsdichte

Umstritten sind der Prüfungsumfang und die Prüfungsdichte der Verhältnismäßigkeitsprüfung. Nach einer Auffassung ist in jedem Fall ein **strenger Prüfungsmaßstab** anzulegen.[247] Dabei kann auf den EuGH verwiesen werden, der sowohl in der älteren Rechtsprechung als auch in neueren Urteilen betont, dass Art. 106 Abs. 2 AEUV als Ausnahmevorschrift »eng« auszulegen sei.[248] Argumentiert wird vor allem mit der Ausnahmefunktion des Art. 106 Abs. 2 AEUV und seinem Wortlaut, der auf eine Verhinderung der Aufgabenerfüllung und nicht bloß eine Erschwerung abstelle.[249] Ziel der Vorschrift sei es, die Nichtanwendbarkeit des Wettbewerbsrechts auf die Fälle zu reduzieren, in denen eine Ausnahme zwingend erforderlich sei. Das sei dann der Fall, wenn keine anderen unionsrechtskonformen Mittel der Erbringung oder Finanzierung von öffentlichen Dienstleistungen ersichtlich seien.[250] In diesem Sinne hielt es der EuGH für erforderlich, dass die Erfüllung der besonderen Aufgaben und die Anwendung des Vertrages »nachweislich unvereinbar« seien.[251]

86

Nach der zweiten Auffassung soll die Prüfung der Verhältnismäßigkeit den **Mitgliedstaaten einen größeren Handlungsspielraum einräumen**[252] und deren Einschätzungsprärogative berücksichtigen.[253] Eine umfassende Abwägung und Beurteilung der Verhältnismäßigkeit im engeren Sinne sei nicht angemessen, da dies die Entscheidungsautonomie der politischen Organe unangemessen beeinträchtige.[254] Diese Auffassung kann sich auf die Rechtsprechung des EuGH ab Mitte der 1990er Jahre berufen. Seit den sog. Strommonopolfällen[255] geht der EuGH in ständiger Rechtsprechung davon aus, dass die Anwendung des Unionsrechts die Erfüllung der besonderen Aufgaben lediglich erschweren bzw. gefährden muss.[256] Es ist nicht erforderlich, dass das Überleben des Unternehmens gefährdet ist.[257] In seiner jüngsten Rechtsprechung betont der EuGH, dass im Rahmen des Art. 106 Abs. 2 AEUV zu prüfen ist, ob die Beschränkung des Wettbewerbs erforderlich ist, um es dem Erbringer einer Dienstleistung von allgemeinem wirtschaftlichem Interesse zu ermöglichen, seine besondere Aufgabe unter »wirtschaftlich tragbaren« bzw. »wirtschaftlich ausgewogenen« Bedingungen zu erbringen.[258] Dazu gehört auch die Möglichkeit eines Ausgleichs zwischen den rentablen und den weniger rentablen Tätigkeitsbereichen, der eine Einschränkung

87

---

[247] *Essebier*, S. 231; *Schweitzer*, S. 107.
[248] EuGH, Urt. v. 30.1.1974, Rs. 127/73 (BRT/SABAM), Slg. 1974, 313, Rn. 19/22; Urt. v. 17.7.1997, Rs. C–242/95 (GT-Link), Slg. 1997, I–4449, Rn. 50; Urt. v. 17.5.2001, Rs. C–340/99 (TNT Traco), Slg. 2001, I–4109, Rn. 56.
[249] *Koenig/Kühling*, ZHR 2002, 677 ff.
[250] *Schweitzer*, S. 220.
[251] EuGH, Urt. v. 30.4.1974, Rs. 155/73 (Sacchi), Slg. 1974, 409, Rn. 15; Urt. v. 18.6.1991, Rs. C–260/89 (ERT), Slg. 1991, I–2925, Rn. 33.
[252] *Baquero Cruz*, S. 197.
[253] *Wernicke*, in: Grabitz/Hilf/Nettesheim, EU, Art. 106 AEUV (März 2011), Rn. 77.
[254] *Baquero Cruz*, S. 195; *Rumpff*, S. 244 f.; *Edwards/Hoskins*, CMLRev. 32 (1995), 170 f.
[255] EuGH, Urt. v. 23.10.1997, Rs. C–157/94 (Kommission/Niederlande), Slg. 1997, I–5699, Rn. 42; Urt. v. 23.10.1997, Rs. C–158/94 (Kommission/Italien), Slg. 1997, I–5789, Rn. 43; Urt. v. 23.10.1997, Rs. C–159/94 (Kommission/Frankreich), Slg. 1997, I–5815, Rn. 59.
[256] EuGH, Urt. v. 17.5.2001, Rs. C–340/99 (TNT Traco), Slg. 2001, I–4109, Rn. 54; EuG, Urt. v. 24.5.2007, Rs. T–151/01 (Der Grüne Punkt/Kommission), Slg. 2007, II–1607, Rn. 208.
[257] EuGH, Urt. v. 25.10.2001, Rs. C–475/99 (Ambulanz Glöckner), Slg. 2001, I–8089, Rn. 59.
[258] EuGH, Urt. v. 19.5.1993, Rs. C–320/91 (Corbeau), Slg. 1993, I–2533, Rn. 16; Urt. v. 21.9.1999, Rs. C–67/96 (Albany), Slg. 1999, I–5751, Rn. 107; Urt. v. 28.2.2013, Rs. C–1/12 (OTOC), ECLI:EU:C:2013:127, Rn. 106.

des Wettbewerbs von Seiten einzelner Unternehmer in wirtschaftlich rentablen Bereichen rechtfertigen kann.[259]

89 Eine weit verstandene Rechtfertigungsmöglichkeit wird zudem dem **Stellenwert von Dienstleistungen von allgemeinem wirtschaftlichem Interesse**, insbesondere nach deren Aufwertung durch Art. 14 AEUV, besser gerecht.[260] Diese Auffassung wurde zudem durch die Einführung des Protokolls Nr. 26 zu Dienstleistungen von allgemeinem Interesse bestätigt. Darin halten die Mitgliedstaaten den weiten **Ermessensspielraum der nationalen, regionalen und lokalen Behörden** in der Frage, wie Dienstleistungen von allgemeinem wirtschaftlichem Interesse bereitgestellt und organisiert werden sollen für einen gemeinsamen Wert der Union und der Mitgliedstaaten.[261]

90 Im Mittelpunkt der Rechtfertigungsprüfung steht somit eine **Abwägung zwischen der Erbringung öffentlicher Dienstleistungen** und den **Anforderungen des Unionsrechts**. Der EuGH hat dabei in den letzten Jahren grundsätzlich eher einen weiten Ansatz verfolgt, aber auch nicht jeden Wettbewerbsausschluss akzeptiert. Entsprechend ist der Begriff der »Verhinderung« in Art. 106 Abs. 2 AEUV weit auszulegen. Er umfasst jede Form der Behinderung und Erschwerung der Aufgabenerfüllung der Unternehmen, die mit Dienstleistungen von allgemeinem Interesse betraut sind.

c) **Fallgruppen**

91 Die praktische Bedeutung des Art. 106 Abs. 2 AEUV lässt sich in mehrere Gruppen unterteilen.

aa) **Monopole und ausschließliche Rechte**

92 Die erste Gruppe von Fällen betrifft die grundsätzliche Festlegung und Reichweite von Monopolen und ausschließlichen Rechten. Aus der Rechtsprechung ergibt sich zunächst der Grundsatz, dass die Erbringung von Dienstleistungen von allgemeinem wirtschaftlichem Interesse auf der Grundlage eines Monopols oder eines ausschließlichen Rechts erforderlich ist, wenn dies dazu beiträgt, dass der Leistungserbringer einen **Ausgleich zwischen rentablen und unrentablen Bereichen des Marktes** vornehmen kann, um so seiner Universaldienstverpflichtung nachzukommen.[262] Dies ist vor allem der Fall, wenn vermieden werden soll, dass sich einige Unternehmen nur auf die rentablen Bereiche eines Marktes konzentrieren würden (sog. cream-skimming).[263] Ebenfalls zulässig ist es, wenn bei der Abfallverwertung einem Verwertungsunternehmen aus Kapazitätsgründen ein Ausschließlichkeitsrecht eingeräumt wird, um ein rentables und qualitativ hochwertiges Abfallverwertungszentrum aufzubauen.[264] Problematisch ist es aus Sicht des EuGH dagegen, wenn dem Monopolanbieter auf einem weiteren – benachbarten – Markt Sonderrechte vorbehalten werden, bzw. wenn der Monopolanbieter auf einem benachbarten Markt tätig ist. Der EuGH hat in diesen Fällen auf die Nähe der betreffenden Märkte und auf die Möglichkeit der Finanzierung der Dienstleistung von allge-

---

[259] EuGH, Urt. v. 19.5.1993, Rs. C–320/91 (Corbeau), Slg. 1993, I–2533, Rn. 17.
[260] *Scharpf*, EuR 2005, 605 (621); *Frenz*, EuR 2000, 901 (916, 919).
[261] Siehe Art. 16 AEUV, Rn. 37.
[262] EuGH, Urt. v. 19.5.1993, Rs. C–320/91 (Corbeau), Slg. 1993, I–2533, Rn. 18; Urt. v. 21.9.1999, Rs. C–67/96 (Albany), Slg. 1999, I–5751, Rn. 108; Urt. v. 25.10.2001, Rs. C–475/99 (Ambulanz Glöckner), Slg. 2001, I–8089, Rn. 58.
[263] *Frenz*, EWS 2007, 211. So auch EuG, Urt. v. 12.2.2008, Rs. T–289/03 (BUPA), Slg. 2008, II–81, Rn. 271 ff., allerdings in einem beihilfenrechtlichen Zusammenhang.
[264] EuGH, Urt. v. 23.5.2000, Rs. C–209/98 (Sydhavnens Sten), Slg. 2000, I–3743, Rn. 78 ff.

meinem wirtschaftlichem Interesse durch die Tätigkeit auf dem Nachbarmarkt abgestellt. In Corbeau hielt er die besonderen zusätzlichen Leistungen wie die Abholung beim Sender, für Leistungen, die herkömmlich nicht durch den Postdienst angeboten werden und die vom allgemeinen Postdienst trennbar waren.[265] In Ambulanz Glöckner war er dagegen der Auffassung, dass der Krankentransport im Notfall und der allgemeine Krankentransport so eng zusammenhängen, dass die beiden Leistungen kaum voneinander zu trennen seien.[266] Zudem hielt er die Zulässigkeit des Angebots von Krankentransportleistungen durch die Sanitätsorganisationen, die den Notfalltransport erbringen, für geeignet, um den Notfalltransport unter wirtschaftlichen Bedingungen zu erfüllen.[267] Damit hat der EuGH deutlich gemacht, dass die Ausweitung von Monopolen auch zur Finanzierung der Leistungserbringung benutzt werden kann. In jedem Fall ist es jedoch erforderlich, dass der jeweilige Monopolanbieter die Nachfrage nach Leistungen auf dem benachbarten Markt auch tatsächlich erfüllen kann.[268]

bb) Ausgleichszahlungen für gemeinwirtschaftliche Verpflichtungen

Von erheblicher praktischer Bedeutung war Art. 106 Abs. 2 AEUV auch für Ausgleichszahlungen für gemeinwirtschaftliche Verpflichtungen. Insbesondere vor dem Altmark Trans-Urteil des EuGH vertraten die Kommission und das EuG die Auffassung, dass **Ausgleichszahlungen für gemeinwirtschaftliche Verpflichtungen tatbestandlich eine Beihilfe** i. S. d. Art. 107 Abs. 1 AEUV darstellten, die aber gemäß Art. 106 Abs. 2 AEUV **gerechtfertigt werden könnten**.[269] Diese Auffassung wurde auch von weiten Teilen der Literatur geteilt.[270]

93

Der EuGH ist diesem Ansatz im **Altmark Trans-Urteil nicht gefolgt**, sondern hat derartige Ausgleichszahlungen nicht als Beihilfen im tatbestandlichen Sinne angesehen, wenn sie vier Voraussetzungen erfüllen.[271] Erstens muss das Unternehmen, das die Ausgleichszahlung erhält, tatsächlich mit der Erfüllung gemeinwirtschaftlicher Verpflichtungen betraut sein, und die entsprechenden Verpflichtungen müssen klar definiert sein. Zweitens sind die Parameter, anhand derer der Ausgleich berechnet wird, vor der Betrauung objektiv und transparent aufzustellen. Drittens darf der Ausgleich nicht über das hinausgehen, was erforderlich ist, um die Kosten der Erfüllung der gemeinwirtschaftlichen Verpflichtungen ganz oder teilweise zu decken. Dabei sind die erzielten Einnahmen und ein angemessener Gewinn aus der Erfüllung dieser Verpflichtungen zu

94

---

[265] EuGH, Urt. v. 19.5.1993, Rs. C–320/91 (Corbeau), Slg. 1993, I–2533, Rn. 19.
[266] EuGH, Urt. v. 25.10.2001, Rs. C–475/99 (Ambulanz Glöckner), Slg. 2001, I–8089, Rn. 60.
[267] EuGH, Urt. v. 25.10.2001, Rs. C–475/99 (Ambulanz Glöckner), Slg. 2001, I–8089, Rn. 61.
[268] EuGH, Urt. v. 25.10.2001, Rs. C–475/99 (Ambulanz Glöckner), Slg. 2001, I–8089, Rn. 62. Dazu bereits EuGH, Urt. v. 23.4.1991, Rs. C–41/90 (Höfner und Elser), Slg. 1991, I–1979, Rn. 31.
[269] *Kommission der Europäischen Gemeinschaften*, Bericht für den Europäischen Rat in Laeken, Leistungen der Daseinsvorsorge, KOM (2001) 598 endg., Rn. 14 f.; EuG, Urt. v. 27.2.1997, Rs. T–106/95 (FFSA), Slg. 1997, II–229, Rn. 167 ff.; Urt. v. 10.5.2000, Rs. T–46/97 (SIC), Slg. 2000, II–2125, Rn. 84 ff. Ebenso GA *Léger*, Schlussanträge zu Rs. C–280/00 (Altmark Trans), Slg. 2003, I–7747, Rn. 73 ff.
[270] Vgl. *Magiera*, S. 281; *Nettesheim*, EWS 2002, 253 (258); *van Ysendyck/Zühlke*, EWS 2004, 16 (17); *Kresse*, S. 34 f.; *Rizza*, CJEL 2003, 429 (431); *Szyszczak*, MLRev 67 (2004), 982 (983); *Biondi*, S. 262 f.; *Bovis*, ELJ 11 (2005), 79 (95). Siehe auch *Panetta*, S. 85 ff.
[271] EuGH, Urt. v. 24.7.2003, Rs. C–280/00 (Altmark Trans), Slg. 2003, I–7747, Rn. 90 ff.; Urt. v. 22.10.2015, Rs. C–185/14 (EasyPay und Finance Engineering), ECLI:EU:C:2015:716, Rn. 47 ff. Dazu *Franzius*, NJW 2003, 3029, sowie ausführlich *Bauer*, S. 48–171. Siehe auch Art. 107 AEUV, Rn. 28.

berücksichtigen. Viertens muss das Unternehmen, das mit der Erfüllung gemeinwirtschaftlicher Verpflichtungen betraut werden soll, entweder im Rahmen eines Vergabeverfahrens ausgewählt werden oder die Höhe des erforderlichen Ausgleichs muss objektiv bestimmt werden. Dies muss auf der Grundlage einer Analyse der Kosten geschehen, die ein durchschnittliches, gut geführtes Unternehmen, das angemessen mit Mitteln ausgestattet ist, um den gestellten gemeinwirtschaftlichen Anforderungen zu genügen, bei der Erfüllung der betreffenden Verpflichtungen hätte, wobei die dabei erzielten Einnahmen und ein angemessener Gewinn aus der Erfüllung dieser Verpflichtungen zu berücksichtigen sind.

95   Trotz der Tatbestandslösung des EuGH, bleibt für Art. 106 Abs. 2 AEUV bei der beihilfenrechtlichen Bewertung von Ausgleichszahlungen für gemeinwirtschaftliche Verpflichtungen noch Raum.[272] Da die Anforderungen des Altmark Trans-Urteils strenger sind als die Bedingungen, die Art. 106 Abs. 2 AEUV formuliert, ist es möglich, dass eine Ausgleichszahlung zwar nicht die Altmark Trans-Merkmale erfüllt und somit eine Beihilfe im Sinne des Art. 107 AEUV darstellt, gleichwohl nach Art. 106 Abs. 2 AEUV gerechtfertigt werden kann. In diesem Sinne hat die Europäische Kommission bereits im Jahre 2005 im sog. »**Monti**«-**Paket**[273] eine Entscheidung und einen Gemeinschaftsrahmen verabschiedet, mit denen die Grundsätze der Anwendbarkeit von Art. 106 Abs. 2 AEUV auf Ausgleichszahlungen für gemeinwirtschaftliche Verpflichtungen, die nicht den Altmark Trans-Kriterien entsprechen, festgelegt wurden.[274] Diese Maßnahmen wurden im Rahmen des »**Almunia-Pakets**« ersetzt.[275] Nunmehr gelten der Beschluss über die Anwendung von Art. 106 Abs. 2 AEUV auf staatliche Beihilfen in Form von Ausgleichsleistungen zugunsten bestimmter Unternehmen, die mit der Erbringung von Dienstleistungen von allgemeinem wirtschaftlichem Interesse betraut sind[276] und der EU-Rahmen für staatliche Beihilfen in Form von Ausgleichsleistungen für die Erbringung öffentlicher Dienstleistungen.[277] Der Beschluss konkretisiert die Bedingungen, nach denen Ausgleichszahlungen mit dem Beihilferecht vereinbar sind und daher der Kommission nicht mitgeteilt werden müssen. Der EU-Rahmen legt für Beihilfen, die nicht von dem Beschluss erfasst werden, die Grundlagen fest, nach denen die Kommission entscheidet, ob die Beihilfe mit dem gemeinsamen Markt vereinbar ist.[278] Beide

---

[272] *Krajewski*, S. 478 f.
[273] Dazu *Koenig/Vorbeck*, ZEuS 2008, 207 (209 ff.).
[274] Entscheidung der Kommission vom 28.11.2005 über die Anwendung von Art. 86 Abs. 2 EG-Vertrag auf staatliche Beihilfen, die bestimmten mit der Erbringung von Dienstleistungen von allgemeinem wirtschaftlichem Interesse betrauten Unternehmen als Ausgleich gewährt werden, ABl. 2005, L 312/67, und Gemeinschaftsrahmen für staatliche Beihilfen, die als Ausgleich für die Erbringung öffentlicher Dienstleistungen gewährt werden, ABl. 2005, C 297/4.
[275] Dazu *Knauff*, ZG 2013, 139 (144); *Pauly/Jedlitschka*, DVBl 2012, 1269 (1272 ff.); *Bühner/Sonder*, BayVBl. 2013, 296 (297 ff.); *Szyszczak*, JECLAP 4 (2013), 514.
[276] Beschluss der Kommission vom 20.12.2011 über die Anwendung von Art. 106 Abs. 2 des Vertrags über die Arbeitsweise der Europäischen Union auf staatliche Beihilfen in Form von Ausgleichsleistungen zugunsten bestimmter Unternehmen, die mit der Erbringung von Dienstleistungen von allgemeinem wirtschaftlichem Interesse betraut sind, ABl. 2012, L 7/3.
[277] Mitteilung der Kommission, Rahmen der Europäischen Union für staatliche Beihilfen in Form von Ausgleichsleistungen für die Erbringung öffentlicher Dienstleistungen, ABl. 2012, C 8/15.
[278] Siehe dazu auch Commission Staff Working Document, Guide to the application of the European Union rules on state aid, public procurement and the internal market to services of general economic interest, and in particular to social services of general interest, SWD(2013) 53 final/2.

Maßnahmen werden durch eine weitere Mitteilung[279] und eine spezielle De-minimis-Verordnung[280] ergänzt.

cc) Weitere Fallgruppen

In einer weiteren Gruppe von Fällen untersuchte der EuGH die Erforderlichkeit von **erhöhten Gebühren** für bestimmte Leistungen eines Unternehmens, um damit eine Universaldienstverpflichtung oder eine ähnliche allgemeine Bereithaltung von Leistungen zu finanzieren. Der EuGH hielt erhöhte Gebühren in diesem Zusammenhang grundsätzlich für zulässig, auch wenn die Gebühren über die Kosten der konkreten Leistung hinausgingen[281] oder sich sogar auf Leistungen erstreckten, die nicht Teil des Universaldienstes waren,[282] solange dadurch die Kosten der Bereithaltung des Universaldienstes finanziert wurden. Als Grenze sah der EuGH den Ausgleich der Verluste an, die durch die Erbringung des Universaldienstes entstanden waren.[283] Unzulässig war es auch, Inlandsgebühren für grenzüberschreitende Postsendungen zu erheben, ohne zu prüfen, inwieweit die Kosten für die Beförderung und Zustellung der Sendungen bereits von den ausländischen Postdiensten ausgeglichen wurden.[284]

96

Eine letzte Gruppe von praktischen Fällen betrifft **Lieferbeschränkungen, insbesondere Abnahmeverpflichtungen** sowie Einfuhrmonopole und Einfuhrverbote. Während der EuGH in der Rechtssache Almelo die Beurteilung der Erforderlichkeit einer Abnahmeverpflichtung dem vorlegenden Gericht übertrug,[285] hielt er in den Strommonopolfällen das Importmonopol für das öffentliche Stromversorgungssystem und das Importverbot für alle Verbraucher und Versorgungsunternehmen für gerechtfertigt.[286] Diese Einschränkungen seien notwendig, um die jeweiligen staatlichen Versorgungssysteme in ihrer Gesamtheit und Integrität zu schützen.[287] Insbesondere wies der EuGH auf die Gefahr hin, dass ohne einen entsprechenden Ausschluss des Wettbewerbs, bestimmte Verbraucher und Versorgungsunternehmen sich kostengünstiger auf einem ausländischen Markt versorgen und so die Solidarität innerhalb des Systems aufweichen könnten.[288] Bei diesem Argument handelt es sich um eine Variante der Befürchtung von cream-skimming bei der Versorgung.

97

---

[279] Mitteilung der Kommission über die Anwendung der Beihilfevorschriften der Europäischen Union auf Ausgleichsleistungen für die Erbringung von Dienstleistungen von allgemeinem wirtschaftlichem Interesse, ABl. 2012, C 8/4.
[280] Verordnung (EU) Nr. 360/2012 der Kommission vom 25.4.2012 über die Anwendung der Art. 107 und 108 des Vertrags über die Arbeitsweise der Europäischen Union auf De-minimis-Beihilfen an Unternehmen, die Dienstleistungen von allgemeinem wirtschaftlichem Interesse erbringen, ABl. 2012, L 114/8.
[281] EuGH, Urt. v. 18.6.1998, Rs. C–266/96 (Corsica Ferries), Slg. 1998, I–3949, Rn. 46.
[282] EuGH, Urt. v. 17.5.2001, Rs. C–340/99 (TNT Traco), Slg. 2001, I–4109, Rn. 55.
[283] EuGH, Urt. v. 17.5.2001, Rs. C–340/99 (TNT Traco), Slg. 2001, I–4109, Rn. 57.
[284] EuGH, Urt. v. 10.2.2000, Rs. C–147/97 (Deutsche Post), Slg. 2000, I–825, Rn. 58. Allerdings ist in diesem Urteil unklar, ob der EuGH dies im Zusammenhang mit der Feststellung der Verletzung von Art. 82 EGV oder der Rechtfertigung durch Art. 86 Abs. 2 EGV prüft.
[285] EuGH, Urt. v. 27.4.1994, Rs. C–393/92 (Almelo), Slg. 1994, I–1477, Rn. 50.
[286] EuGH, Urt. v. 23.10.1997, Rs. C–158/94 (Kommission/Italien), Slg. 1997, I–5789, Rn. 45 ff.; Urt. v. 23.10.1997, Rs. C–159/94 (Kommission/Frankreich), Slg. 1997, I–5815, Rn. 90 ff.
[287] EuGH, Urt. v. 23.10.1997, Rs. C–157/94 (Kommission/Niederlande), Slg. 1997, I–5699, Rn. 55; Urt. v. 23.10.1997, Rs. C–159/94 (Kommission/Frankreich), Slg. 1997, I–5815, Rn. 98.
[288] EuGH, Urt. v. 23.10.1997, Rs. C–157/94 (Kommission/Niederlande), Slg. 1997, I–5699, Rn. 54; Urt. v. 23.10.1997, Rs. C–159/94 (Kommission/Frankreich), Slg. 1997, I–5815, Rn. 97.

dd) Bewertung

98 Aus der Fallpraxis, insbesondere der EuGH- Rechtsprechung lassen sich folgende Schlussfolgerungen ziehen: Der EuGH geht grundsätzlich von der Erforderlichkeit einer Wettbewerbsbeschränkung aus, wenn der Mitgliedstaat dadurch bestimmte wirtschaftliche, soziale oder ökologische Ziele verfolgen will, deren **Realisierung durch eine Erbringung im Wettbewerb nicht in der gleichen Weise möglich wäre wie durch den Wettbewerbsausschluss**. Dies zeigt sich deutlich in den Fällen, in denen durch **Monopole** verhindert werden soll, dass sich bestimmte Unternehmen auf lukrative Marktsegmente konzentrieren (Albany, Strommonopolfälle, BUPA) oder, dass erst durch die Verleihung eines Ausschließlichkeitsrechts die notwendige Marktgröße erreicht wurde, um die Dienstleistung wirtschaftlich rentabel anzubieten (Sydhavnens Sten). In diesen Fällen bewertet der EuGH die wirtschaftspolitische Entscheidung der Mitgliedstaaten zur Wettbewerbsbeschränkung nicht[289] und sucht zumeist nicht nach alternativen, weniger wettbewerbseinschränkenden Mitteln.[290]

99 Eine stärkere Kontrolle nimmt der EuGH dagegen in den Fällen vor, in denen **Ausschließlichkeitsrechte** auf einem benachbarten Markt eingerichtet und ausgeübt werden, um dadurch die Erbringung öffentlicher Dienstleistungen zu finanzieren. Hier fordert der EuGH erstens eine gewisse Nähe der Märkte und den Nachweis, dass die Dienstleistungen auf dem benachbarten Markt effizient erbracht werden (Corbeau, Ambulanz Glöckner). Handelt es sich bei der Wettbewerbsbeschränkung um das Verlangen erhöhter Preise oder einschränkender Lieferbedingungen, die zur Finanzierung von Dienstleistungen von allgemeinem wirtschaftlichem Interesse, insbesondere einer Universaldienstverpflichtung, eingesetzt werden, nimmt der EuGH ebenfalls eine genauere Prüfung vor (Corsica Ferries France, Deutsche Post/GZS, TNT Traco). Er akzeptiert nur solche Maßnahmen als erforderlich, die die **tatsächlichen Kosten der besonderen öffentlichen Aufgabe abdecken** bzw. den Verlust, der durch eine Verpflichtung zum Universaldienst entstanden ist, ausgleichen.

100 Bezüglich der zu wählenden Mittel der **Finanzierung** gewährt der EuGH den Mitgliedstaaten jedoch einen weiten Entscheidungsspielraum. Die Finanzierung kann über erhöhte Gebühren für die zum Universaldienst gehörenden Leistungen und über Gebühren für andere Leistungen erfolgen.

2. Beeinträchtigung des Handelsverkehrs

101 Artikel 106 Abs. 2 Satz 2 AEUV enthält eine **Grenze für die Rechtfertigung von Ausnahmen**. Führt die Nichtanwendung der Vertragsvorschriften auf Unternehmen, die mit einer Dienstleistung von allgemeinem wirtschaftlichem Interesse betraut sind, dazu, dass die Entwicklung des Handelsverkehrs in einem Maße beeinträchtigt ist, das den Interessen der Union zuwiderläuft, bleibt es bei der Anwendbarkeit des EU-Rechts. Anders als in Art. 101 und 102 AEUV wird bei Art. 106 AEUV auf den tatsächlichen

---

[289] In diesem Sinne ist auch die Formulierung zu verstehen, wonach »Artikel 90 Absatz 2 dadurch, dass er unter bestimmten Voraussetzungen Ausnahmen von den allgemeinen Vorschriften des EG-Vertrags zulässt, das Interesse der Mitgliedstaaten am Einsatz bestimmter Unternehmen, insbesondere solcher des öffentlichen Sektors, als Instrument der Wirtschafts- oder Fiskalpolitik mit dem Interesse der Gemeinschaft an der Einhaltung der Wettbewerbsregeln und der Wahrung der Einheit des gemeinsamen Marktes in Einklang bringen soll«, vgl. nur EuGH, Urt. v. 23.10.1997, Rs. C–157/94 (Kommission/Niederlande), Slg. 1997, I–5699, Rn. 39.

[290] *Sauter*, E.L.Rev. 33 (2008), 167 (187). Eine Ausnahme dürfte EuGH, Urt. v. 23.5.2000, Rs. C–209/98 (Sydhavnens Sten), Slg. 2000, I–3743, Rn. 80, sein.

Handelsverkehr abgestellt[291] und eine Gesamtbetrachtung vorgenommen.[292] Das Unionsinteresse ist gefährdet, wenn Ziele und Grundsätze der EU-Verträge insbesondere die Schaffung eines Gemeinsamen Marktes mit unverfälschtem Wettbewerb beeinträchtigt ist.[293] Im Ergebnis wird auch hier eine **Verhältnismäßigkeitsprüfung** vorzunehmen sein,[294] die jedoch neben dem Wettbewerbsgedanken auch die besonderen Werte von Dienstleistungen von allgemeinem wirtschaftlichem Interesse gemäß Art. 14 AEUV berücksichtigen muss.[295] Art. 106 Abs. 2 Satz 2 AEUV wird im Allgemeinen eine eher begrenzte Korrekturfunktion zugewiesen.[296] In der Praxis spielt dieser Teil der Vorschrift daher keine große Rolle.[297]

V. Unmittelbare Anwendbarkeit

Der EuGH lehnte die unmittelbare Anwendbarkeit von Art. 106 Abs. 2 AEUV zunächst klar ab.[298] Diese Rechtsprechung wurde jedoch später relativiert, indem es der EuGH z. B. in den Sachen Corbeau und Almelo den nationalen Gerichten überließ, die Anwendbarkeit des Art. 106 Abs. 2 AEUV zu prüfen.[299] In der Literatur ist inzwischen auch allgemein anerkannt, dass **jedenfalls Art. 106 Abs. 2 Satz 1 AEUV** unmittelbar anwendbar ist.[300] Daher können dessen Voraussetzungen auch in nationalen Gerichtsverfahren ge- und überprüft werden. Das folgt schon daraus, dass die Kommission die Festlegung, was eine Dienstleistung von allgemeinem wirtschaftlichem Interesse ist, nur bei offenkundigen Fehlern beanstanden kann.[301] Die Überprüfung und Anwendung von Art. 106 Abs. 2 Satz 2 AEUV fällt dagegen nach einer Auffassung in die Kompetenz der Kommission, jedenfalls wenn seine Anwendbarkeit zweifelhaft ist.[302] Hiervon scheint auch die Kommission selbst auszugehen.[303] Die überzeugenderen Argumente sprechen jedoch dafür, Art. 106 Abs. 2 AEUV **insgesamt für unmittelbar anwendbar** zu halten.[304] Wortlaut, Kontext, Sinn und Zweck von Art. 106 Abs. 2 AEUV lassen nicht erkennen, warum für die Frage der unmittelbaren Anwendbarkeit zwischen Satz 1 und Satz 2 zu differenzieren ist. Es würde die Funktionalität der Vorschrift sogar einschränken, wenn

102

---

[291] *Voet van Vormizeele*, in: Schwarze, EU-Kommentar, Art. 106 AEUV, Rn. 73.
[292] *Wernicke*, in: Grabitz/Hilf/Nettesheim, EU, Art. 106 AEUV (März 2011), Rn. 68.
[293] *Koenig/Paul*, in: Streinz, EUV/AEUV, Art. 106 AEUV, Rn. 77; *Voet van Vormizeele*, in: Schwarze, EU-Kommentar, Art. 106 AEUV, Rn. 74.
[294] *Buendia Sierra*, S. 352.
[295] *Koenig/Paul*, in: Streinz, EUV/AEUV, Art. 106 AEUV, Rn. 77; *Wernicke*, in: Grabitz/Hilf/Nettesheim, EU, Art. 106 AEUV (März 2011), Rn. 69.
[296] *Schweitzer*, S. 218.
[297] *Blum/Logue*, S. 35; *Voet van Vormizeele*, in: Schwarze, EU-Kommentar, Art. 106 AEUV, Rn. 72.
[298] EuGH, Urt. v. 14.7.1971, Rs. 10/71 (Hafen Mertert), Slg. 1971, 723, Rn. 13/16.
[299] EuGH, Urt. v. 19.5.1993, Rs. C–320/91 (Corbeau), Slg. 1993, I–2533, Rn. 20; Urt. v. 27.4.1994, Rs. C–393/92 (Almelo), Slg. 1994, I–1477, Rn. 50.
[300] *Wernicke*, in: Grabitz/Hilf/Nettesheim, EU, Art. 106 AEUV (März 2011), Rn. 13; *Jung*, in: Calliess/Ruffert, EUV/AEUV, Art. 106 AEUV, Rn. 9; *Koenig/Paul*, in: Streinz, EUV/AEUV, Art. 106 AEUV, Rn. 44; *Voet van Vormizeele*, in: Schwarze, EU-Kommentar, Art. 106 AEUV, Rn. 58.
[301] EuG, Urt. v. 15.6.2005, Rs. T–17/02 (Fred Olsen), Slg. 2005, II–2031, Rn. 216; Urt. v. 26.6.2008, Rs. T–442/03 (SIC), Slg. 2008, II–1161, Rn. 195.
[302] *Jung*, in: Calliess/Ruffert, EUV/AEUV, Art. 106 AEUV, Rn. 9; *Koenig/Paul*, in: Streinz, EUV/AEUV, Art. 106 AEUV, Rn. 44.
[303] Commission Staff Working Document, SWD(2013) 53 final/2, S. 82.
[304] *Wernicke*, in: Grabitz/Hilf/Nettesheim, EU, Art. 106 AEUV (März 2011), Rn. 13; *Voet van Vormizeele*, in: Schwarze, EU-Kommentar, Art. 106 AEUV, Rn. 58.

nationale Gerichte zwar über die Erforderlichkeit der Ausnahmen von den Verträgen, aber nicht über die Beeinträchtigung der Unionsinteressen urteilen könnten. Im Übrigen entfaltet der Streit aufgrund der geringen Bedeutung von Art. 106 Abs. 2 Satz 2 AEUV kaum praktische Relevanz.

F. Absatz 3

103   Art. 106 Abs. 3 AEUV begründet zum einen die Verbandskompetenz der Union und zum anderen die (Organ-)**Kompetenz der Kommission** auf die Anwendung von Art. 106 AEUV zu achten und erforderlichenfalls geeignete Richtlinien oder Beschlüsse an die Mitgliedstaaten zu richten. Da sich die Vorschrift sowohl auf Absatz 1 als auch auf Absatz 2 von Art. 106 AEUV bezieht, enthält sie zwei Kompetenztitel: Zum einen, die Kompetenz zur Überwachung und Durchsetzung der Pflicht der Mitgliedstaaten, in Bezug auf öffentliche Unternehmen und Unternehmen mit besonderen oder ausschließlichen Rechten keine Maßnahmen zu treffen, die den Verträgen widersprechen würden (Art. 106 Abs. 3 i. V. m. Abs. 1 AEUV) und zum Anderen, die Kompetenz zur Überwachung der Anwendung der Ausnahmevorschrift für Unternehmen, die mit Dienstleistungen von allgemeinem wirtschaftlichem Interesse betraut wurden (Art. 106 Abs. 3 i. V. m. Abs. 2 AEUV).

I. Funktion und Bedeutung

104   Art. 106 Abs. 3 AEUV ist eine **originäre und ausschließlich der Kommission** zustehende Kompetenz.[305] Es handelt sich um einen der seltenen Fälle, in denen der Vertrag selbst ausschließlich der Kommission eine unmittelbare Rechtsetzungsbefugnis überträgt. Aus der Befugnis der Kommission als Organ folgt die Kompetenz der Union als Verband. Die Voraussetzungen und Grenzen der Kompetenz der Kommission gemäß Art. 106 Abs. 3 AEUV bestimmen sich nach dem Umfang und der Reichweite der Absätze 1 und 2 des Art. 106 AEUV.[306] Art. 106 Abs. 3 AEUV räumt der Kommission ein **weites Ermessen** ein,[307] das sich sowohl auf die grundsätzliche Entscheidung tätig zu werden (Entschließungsermessen) als auch auf die Wahl der geeigneten Mittel (Auswahlermessen) bezieht.[308] Die Kommission ist berechtigt, jedoch nicht verpflichtet, gemäß Art. 106 Abs. 3 AEUV tätig zu werden.[309]

105   Die Kommission kann auf der Grundlage von Art. 106 Abs. 3 AEUV **Einzelfallentscheidungen** und **allgemeine, insbesondere legislative Maßnahmen** erlassen.[310] Auch wenn die Kompetenz der Kommission auf die Anwendung der Absätze 1 und 2 des Art. 106 AEUV beschränkt ist, reduziert sie sich nicht auf die bloße Überwachung be-

---

[305] *Mestmäcker/Schweitzer* (Fn. 15), Rn. 1.
[306] EuGH, Urt. v. 6.7.1982, Rs. 188/80 (Frankreich u. a./Kommission – Transparenzrichtlinie), Slg. 1982, 2545, Rn. 12 f.; *Trüe*, S. 255 f.; *Wilms*, S. 105 ff.
[307] *Mestmäcker/Schweitzer* (Fn. 15), Rn. 1; *Schmidt*, Der Staat 2003, 225 (236).
[308] EuGH, Urt. v. 20.2.1997, Rs. C–107/95 (Bundesverband der Bilanzbuchhalter/Kommission), Slg. 1997, I–947, Rn. 27; Urt. v. 29.3.2001, Rs. C–163/99 (Portugal/Kommission), Slg. 2001, I–2613, Rn. 20.
[309] EuGH, Urt. v. 22.2.2005, Rs. C–141/02 (Kommission/T-Mobile Austria), Slg. 2005, I–1283, Rn. 69.
[310] EuGH, Urt. v. 29.3.2001, Rs. C–163/99 (Portugal/Kommission), Slg. 2001, I–2613, Rn. 25.

reits bestehenden Unionsrechts.³¹¹ Die Kommission kann neues Recht schaffen, wenn damit die in Art. 106 Abs. 1 und 2 AEUV bereits verankerten Verpflichtungen der Mitgliedstaaten konkretisiert werden oder wenn dies zur Überwachung der Einhaltung dieser Verpflichtungen erforderlich ist.³¹² Der Anwendungsbereich von Art. 106 Abs. 3 AEUV wird auch nicht durch eine allgemeine Zuständigkeitsverteilung eingeschränkt, wonach die originäre Rechtsetzungsbefugnis generell³¹³ oder jedenfalls die umfassende Umstrukturierung eines Dienstleistungssektors³¹⁴ in die Kompetenz des Rates falle. Wie Generalanwalt *Reischl* im Verfahren über die Transparenzrichtlinie klarstellte, kennt das Unionsrecht keine »Gewaltenteilung« zwischen Rat und Kommission in dem Sinne, dass dem Rat legislative und der Kommission (in erster Linie) exekutive Kompetenzen zukämen.³¹⁵ Die Befugnisse des Rats (und des Parlaments) zum Erlass von Richtlinien nach Art. 114 AEUV bzw. Art. 103 AEUV stehen daher den Befugnissen der Kommission gemäß Art. 106 Abs. 3 AEUV auch nicht entgegen.³¹⁶

Trotz des weiten Ermessens der Kommission stellt Art. 106 Abs. 3 AEUV **keine umfassende Legislativkompetenz** dar.³¹⁷ Die Kompetenz findet ihre Grenze im Anwendungsbereich und den Zielen der Art. 106 Abs. 1 und Abs. 2 AEUV.³¹⁸ So beziehen sich beide Kompetenztitel des Art. 106 Abs. 3 AEUV nur auf staatliche Maßnahmen, die öffentliche und monopolartige Unternehmen bzw. Unternehmen, die mit Dienstleistungen von allgemeinem wirtschaftlichem Interesse betraut sind, betreffen. **106**

Beschlüsse und Richtlinien, die auf Art. 106 Abs. 3 AEUV beruhen, können daher **nur an die Mitgliedstaaten** gerichtet werden. Eine gegenteilige Auffassung würde den Wortlaut von Art. 106 Abs. 3 AEUV missachten. Maßnahmen, die sich gegen die Unternehmen selbst richten, müssen auf den Grundlagen von Art. 101 und 102 AEUV erlassen werden.³¹⁹ **107**

Eine weitere Begrenzungsfunktion der Kompetenz gemäß Art. 106 Abs. 3 AEUV erfüllen die Prinzipien der Geeignetheit und Erforderlichkeit, da die Kommission »erforderlichenfalls geeignete Richtlinien und Entscheidungen« erlässt.³²⁰ In Kombination mit dem allgemeinen Prinzip der Angemessenheit ist die Kompetenzausübung dadurch einer vollständigen Verhältnismäßigkeitsprüfung unterworfen.³²¹ Diese erfasst sowohl das Entschließungsermessen der Kommission als auch das Auswahlermessen: Die Kommission erlässt die entsprechenden Maßnahmen nur »**erforderlichenfalls**«, also nur **108**

---

³¹¹ EuGH, Urt. v. 17.11.1992, Rs. C–271/90 (Spanien u. a./Kommission – Telekommunikationsdienste), Slg. 1992, I–5833, Rn. 12.
³¹² *Buendia Sierra*, S. 420.
³¹³ Vortrag der britischen Regierung in EuGH, Urt. v. 6.7.1982, Rs. 188/80 (Frankreich u. a./Kommission – Transparenzrichtlinie), Slg. 1982, 2545, Rn. 4.
³¹⁴ Vortrag der französischen und belgischen Regierungen in EuGH, Urt. v. 19.3.1991, Rs. C–202/88 (Frankreich/Kommission – Telekommunikationsendgeräte), Slg. 1991, I–1223, Rn. 20.
³¹⁵ GA *Reischl*, Schlussanträge zu Rs. 188/80 (Frankreich u. a./Kommission – Transparenzrichtlinie), Slg. 1982, 2545 (2585) Ebenso *Benesch*, S. 89 m. w. N.
³¹⁶ EuGH, Urt. v. 19.3.1991, Rs. C–202/88 (Frankreich/Kommission – Telekommunikationsendgeräte), Slg. 1991, I–1223, Rn. 24 f.
³¹⁷ *Von Burchard*, EuZW 1991, 339 (340); *Storr*, DÖV 2002, 357 (364).
³¹⁸ *Wilms*, S. 52 ff., S. 105 ff.; *Buendia Sierra*, S. 414.
³¹⁹ EuGH, Urt. v. 19.3.1991, Rs. C–202/88 (Frankreich/Kommission – Telekommunikationsendgeräte), Slg. 1991, I–1223, Rn. 55; Urt. v. 17.11.1992, Rs. C–271/90 (Spanien u. a./Kommission – Telekommunikationsdienste), Slg. 1992, I–5833, Rn. 24.
³²⁰ *Wilms*, S. 154 ff.
³²¹ *Buendia Sierra*, S. 420; *Wilms*, S. 154. Zum Verhältnismäßigkeitsprinzip als Grenze *Benesch*, S. 122 ff.

wenn es »erforderlich« ist.³²² Die Maßnahmen selbst müssen »**geeignet**« sein. Auf der ersten Stufe ist u. a. zu prüfen, ob es genügt hätte, wenn die Kommission nur eine unverbindliche Empfehlung ausgesprochen hätte, oder, ob präventive Maßnahmen tatsächlich erforderlich sind und repressive Maßnahmen nicht ausreichen.³²³ Auf der zweiten Stufe ist dann die Geeignetheit der jeweils konkreten Maßnahme zu prüfen. Hierzu ist zu fragen, ob die Maßnahme die tatsächliche bzw. drohende oder zu befürchtende Verletzung von Art. 106 Abs. 1 oder Art. 106 Abs. 2 AEUV tatsächlich beseitigt bzw. verhindert.

109 Art. 106 Abs. 3 AEUV hat einen **hybriden Charakter**. Seine Funktion besteht zunächst darin, der Kommission die Möglichkeit zu eröffnen, gegen wettbewerbswidriges Verhalten der Mitgliedstaaten durch öffentliche Unternehmen im Einzelfall vorzugehen. Insofern handelt es sich bei der Kompetenz gemäß Art. 106 Abs. 3 AEUV einerseits um eine **Ergänzung der Kompetenz der Kommission gemäß Art. 258 AEUV**, ein Vertragsverletzungsverfahren gegen einen Mitgliedstaat anzustrengen, und andererseits um eine funktionale **Ergänzung der Kompetenz der Kommission zur Durchsetzung des unionalen Wettbewerbsrechts** gemäß Art. 101 ff. AEUV. Die Ausübung dieser Kompetenz ist **repressiv**, da die Kommission gegen tatsächlich begangene Vertragsverletzungen vorgeht.³²⁴

110 Eine weitergehende Funktion erfüllt dagegen die **Kompetenz zum Erlass von Richtlinien**. Aufgrund der Wirkung von Richtlinien handelt es sich bei dieser Kompetenz funktional um eine Legislativkompetenz. Die Kommission wird in die Lage versetzt, abstrakt-generelle Regelungen zu erlassen, die, wie die Telekommunikationsliberalisierung deutlich gemacht hat, erhebliches Gestaltungspotential enthalten. Die Ausübung dieser Kompetenz geschieht **präventiv**, da die Kommission mögliche Vertragsverstöße in abstrakt-genereller Weise antizipiert und entsprechende Regelungen erlässt.³²⁵

111 Teilweise wird vertreten, dass es sich bei Art. 106 Abs. 3 AEUV um eine ausschließliche Kompetenz handele, da Art. 106 AEUV Teil des unionalen Wettbewerbsrechts sei, das gemäß Art. 3 Abs. 1 Buchst. c AEUV zu den **ausschließlichen Kompetenzen** der Union gehört.³²⁶ Diese Charakterisierung des Art. 106 Abs. 3 AEUV hätte jedoch die wenig sinnvolle Konsequenz, dass es den Mitgliedstaaten verwehrt wäre, selbst Vorschriften zu erlassen, die die Einhaltung der Grundsätze der Art. 106 Abs. 1 und 2 AEUV sichern würden. Damit würde den Mitgliedstaaten ein zentrales Instrument genommen, mit dem sie ihren Verpflichtungen aus Art. 106 Abs. 1 und 2 AEUV nachkommen könnten. Auch aus der Formulierung des Art. 106 Abs. 3 AEUV (»achtet auf die Anwendung [...]«) lässt sich nicht ableiten, dass es sich um eine ausschließliche Kompetenz der Kommission zur Überwachung der Einhaltung des Unionsrechts handelt. Art. 106 Abs. 3 AEUV beschränkt sich nämlich nicht auf eine bloße Überwachungsfunktion. Sowohl Art. 106 Abs. 1 und Abs. 2 AEUV machen deutlich, dass es nicht nur um die Einhaltung des Wettbewerbsrechts durch öffentliche Unternehmen bzw. Unternehmen, die mit Dienstleistungen von allgemeinem wirtschaftlichem Interesse betraut sind geht, sondern um die EU-Verträge insgesamt. Anknüpfungspunkt der Kompetenz gemäß Art. 106 Abs. 3 AEUV ist somit nicht (nur) das Funktionieren des Wettbewerbs,

---

³²² *Jung*, in: Calliess/Ruffert, EUV/AEUV, Art. 106 AEUV, Rn. 61.
³²³ *Wilms*, S. 158 ff.
³²⁴ *Mélin-Soucramanien*, RMC 1994, 601.
³²⁵ *Mélin-Soucramanien*, RMC 1994, 601.
³²⁶ *Schwarze*, Rn. 725.

sondern (auch) die Regelung des Verhaltens von bestimmten öffentlichen Unternehmen. Damit gehört die Kompetenznorm in den Bereich der **geteilten Kompetenzen** im Sinne des Art. 4 AEUV.

II. Bisherige Praxis

Die Kommission hat von ihrer Kompetenz gemäß Art. 106 Abs. 3 AEUV seit 1980 wiederholt Gebrauch gemacht und sowohl Richtlinien als auch Entscheidungen erlassen. 112

1. Legislative Maßnahmen

Die legislativen Maßnahmen der Kommission auf der Grundlage von Art. 106 Abs. 3 AEUV betreffen überwiegend Art. 106 Abs. 1 AEUV und nur in einem Fall Art. 106 Abs. 2 AEUV. 113

a) In Verbindung mit Art. 106 Abs. 1 AEUV

Erstmals machte die Kommission von der in Art. 106 Abs. 3 AEUV eingeräumten Kompetenz durch den Erlass der Richtlinie über die Transparenz der finanziellen Beziehungen zwischen den Mitgliedstaaten und den öffentlichen Unternehmen (**Transparenzrichtlinie**) Gebrauch.[327] Mit der Transparenzrichtlinie verpflichtet die Kommission die Mitgliedstaaten, die Transparenz der finanziellen Beziehungen zwischen den Trägern der öffentlichen Verwaltung (der »öffentlichen Hand«) und den öffentlichen Unternehmen zu gewährleisten. Nach Art. 1 Abs. 2 der Richtlinie müssen die Mitgliedstaaten gewährleisten, dass die öffentlichen Unternehmen getrennte Bücher führen und dass eine genaue Analyse der Kosten und Erlöse möglich sein muss. 114

Der zweite Bereich, in dem die Kommission von ihrer Kompetenz zum Erlass von Richtlinien gemäß Art. 106 Abs. 3 AEUV Gebrauch machte, war die **Telekommunikationsliberalisierung**. Es handelt sich um den bedeutsamsten Anwendungsbereich von Art. 106 Abs. 3 AEUV. Anders als die später in Angriff genommene Liberalisierung des Post- und Energiesektors, beruhte die Liberalisierung des Telekommunikationssektors vollständig auf Richtlinien auf der Grundlage des ehemaligen Art. 86 Abs. 3 EGV.[328] Dagegen sind die zentralen gemeinschafts- bzw. unionsrechtlichen Vorschriften der Telekommunikationsregulierung auf der Grundlage von Art. 95 EGV (jetzt Art. 114 AEUV) erlassen worden.[329] Bereits im Jahre 1988 erließ die Kommission die sog. **Telekommunikationsendgeräte-Richtlinie**, mit der die Monopole für Telekommunikationsendgeräte in den Mitgliedstaaten abgeschafft wurden.[330] Der EuGH bestätigte 1991 die Kompetenz der Kommission für den Erlass dieser Richtlinie.[331] Im Jahre 1990 wurden 115

---

[327] Richtlinie 2006/111/EG der Kommission vom 16.11.2006 über die Transparenz der finanziellen Beziehungen zwischen den Mitgliedstaaten und den öffentlichen Unternehmen sowie über die finanzielle Transparenz innerhalb bestimmter Unternehmen, ABl. 2006, L 318/17. Zur früheren Fassungen der Transparenzrichtlinie *Benesch*, S. 19 ff.; *Wilms*, S. 52 ff. und *Britz*, DVBl 2000, 1641 (1647 ff.).
[328] *Schweitzer*, S. 230–237.
[329] *Krajewski*, S. 201 ff.
[330] Richtlinie 88/301/EWG der Kommission vom 16.5.1988 über den Wettbewerb auf dem Markt für Telekommunikations-Endgeräte, ABl. 1988, L 131/73.
[331] EuGH, Urt. v. 19.3.1991, Rs. C–202/88 (Frankreich/Kommission – Telekommunikationsendgeräte), Slg. 1991, I–1223.

die Mitgliedstaaten zur Beseitigung aller besonderen und ausschließlichen Rechte bei der Erbringung von bestimmten Telekommunikationsdienstleistungen und zur Gewährleistung des objektiven und nichtdiskriminierenden Zugangs zu Telekommunikationsnetzen verpflichtet.[332] Unter ausdrücklichem Bezug auf Art. 86 Abs. 2 EGV wurden Sprachtelefondienste von dieser Liberalisierungspflicht ausgenommen, um die Finanzierung des Universaldienstes zu sichern.[333] Ebenso wie die Telekommunikationsendgeräte-Richtlinie wurde auch die Telekommunikationsdienste-Richtlinie vom EuGH dem Grunde nach für kompetenzgemäß erachtet.[334]

116 Im Anschluss an das Grünbuch über die Liberalisierung der Telekommunikationsinfrastruktur erfolgt 1995 die Öffnung der **Kabelfernsehnetze** für die Erbringung von Telekommunikationsdiensten.[335] Mit Blick auf die Besonderheiten der Dienstleistungen von allgemeinem wirtschaftlichem Interesse blieben die Sprachtelefondienste hiervon ausgenommen.[336] 1996 erließ die Kommission eine Richtlinie zur Liberalisierung der **Mobilkommunikation**.[337] Den Abschluss der Liberalisierung der Telekommunikationsmärkte stellt die 1996 erlassene Richtlinie zur Einführung **vollständigen Wettbewerbs auf den Telekommunikationsmärkten** dar.[338] Auf dieser Grundlage wurde die Liberalisierung der Telekommunikationsmärkte zum 1.1.1998 erreicht. Nach 1998 griff die Kommission nur noch gelegentlich auf Art. 86 Abs. 3 EGV zum Erlass von Richtlinien im Telekommunikationsbereich zurück.[339]

117 Die erwähnten Richtlinien sahen zwar Ausnahmen von den Liberalisierungspflichten vor, um den Mitgliedstaaten die Regulierung und Finanzierung öffentlicher Dienstleistungen im Telekommunikationssektor zu ermöglichen. Sie enthielten jedoch **keine Verpflichtungen zur Regulierung** des Sektors. Diese finden sich in einer Reihe weiterer Telekommunikationsrichtlinien, die auf der Grundlage von Art. 114 AEUV ergangen sind. Der gegenwärtige unionsrechtliche Regulierungsrahmen für den Telekommunikationssektor beruht daher nicht auf den Richtlinien der Kommission gemäß Art. 106 Abs. 3 AEUV. Es zeigt sich somit, dass in der Praxis der Gemeinschafts- bzw. Unionsorgane **Art. 106 Abs. 3 AEUV für Liberalisierungsmaßnahmen** eingesetzt wird, während Art. 114 AEUV umfassende Regulierungsmaßnahmen begründen kann. Die Kom-

---

[332] Richtlinie 90/388/EWG der Kommission vom 28.6.1990 über den Wettbewerb auf dem Markt für Telekommunikationsdienste, ABl. 1990, L 192/10.
[333] Erwägungsgrund 18, Richtlinie 90/388/EWG.
[334] EuGH, Urt. v. 17.11.1992, Rs. C–271/90 (Spanien u.a./Kommission – Telekommunikationsdienste), Slg. 1992, I–5833, Rn. 12 ff.
[335] Richtlinie 95/51/EG der Kommission vom 18.10.1995 zur Änderung der Richtlinie 90/388/EWG hinsichtlich der Aufhebung der Einschränkungen bei der Nutzung von Kabelfernsehnetzen für die Erbringung bereits liberalisierter Telekommunikationsdienste, ABl. 1995, L 256/49.
[336] Erwägungsgrund 15, Richtlinie 95/51/EG.
[337] Richtlinie 96/2/EG der Kommission vom 16.1.1996 zur Änderung der Richtlinie 90/388/EWG betreffend die mobile Kommunikation und Personal Communications, ABl. 1996, L 20/59.
[338] Richtlinie 96/19/EG der Kommission vom 13.3.1996 zur Änderung der Richtlinie 90/388/EWG hinsichtlich der Einführung des vollständigen Wettbewerbs auf den Telekommunikationsmärkten, ABl. 1996, L 74/13.
[339] Es handelte sich um folgende Richtlinien: Richtlinie 1999/64/EG der Kommission vom 23.6.1999 zur Änderung der Richtlinie 90/388/EWG im Hinblick auf die Organisation ein- und desselben Betreiber gehörender Telekommunikations- und Kabelfernsehnetze in rechtlich getrennten Einheiten, ABl. 1999, L 175/39; Richtlinie 2002/77/EG der Kommission vom 16.9.2002 über den Wettbewerb auf den Märkten für elektronische Kommunikationsnetze und -dienste, ABl. 2002, L 249/21; Richtlinie 2008/63/EG der Kommission vom 20.6.2008 über den Wettbewerb auf dem Markt für Telekommunikationsendeinrichtungen, ABl. 2008, L 162/20.

petenz gemäß Art. 106 Abs. 3 AEUV stößt zudem an Grenzen, wenn damit die Transformation eines ganzen Sektors erreicht werden soll. Diese erfordert die politische Unterstützung der Mitgliedstaaten durch einen Ratsbeschluss.

b) In Verbindung mit Art. 106 Abs. 2 AEUV

Wie bereits erwähnt erließ die Kommission als Reaktion auf das Altmark Trans-Urteil[340] ein Maßnahmenpakt (»Monti«-Paket), welches sich auf die Anwendbarkeit von Art. 107 und 106 Abs. 2 AEUV auf **Ausgleichzahlungen für Unternehmen, die mit Dienstleistungen von allgemeinem Interesse** betraut sind, bezieht.[341] Dieses Paket wurde 2011 bzw. 2012 erneuert (»Almunia-Paket«).[342] Teil dieses Pakets ist der auf der Grundlage von Art. 106 Abs. 3 AEUV erlassene Beschluss vom 20.12.2011 über die Anwendung von Art. 106 Abs. 2 AEUV auf staatliche Beihilfen in Form von Ausgleichsleistungen zugunsten bestimmter Unternehmen, die mit der Erbringung von Dienstleistungen von allgemeinem wirtschaftlichem Interesse betraut sind.[343] Nach diesem Beschluss sind Ausgleichszahlungen, die den Altmark-Kriterien nicht genügen, unter bestimmen Voraussetzungen mit dem Binnenmarkt vereinbar und müssen daher nicht gemäß Art. 108 Abs. 3 AEUV angemeldet werden. Dazu zählen etwa Zahlungen an Krankenhäuser und bestimmte soziale Einrichtungen sowie für den Flug- und Schiffsverkehr zu kleinen Inseln und an Flug- und Seehäfen mit geringem Passagieraufkommen.

118

2. Einzelfallentscheidungen

Auf der Grundlage von Art. 106 Abs. 3 AEUV und seiner Vorgängervorschriften hat die Kommission insgesamt achtzehn Einzelfallentscheidungen erlassen.[344]

119

a) Betroffene Bereiche

Die meisten der Entscheidungen betrafen **Einrichtungen der Verkehrsinfrastruktur und Verkehrsdienstleistungen**. Dazu zählen die Entscheidungen gegen diskriminierende Luft- und Seeverkehrstarife in Spanien,[345] gegen die Verwehrung des Zugangs zu Infrastruktureinrichtungen für nicht-dänische Schifffahrtsunternehmen im Hafen von Rødby,[346] gegen diskriminierende Lotsentarife im Hafen von Genua,[347] gegen Monopole für staatlich konzessionierte Hafenarbeiterunternehmen nach dem italienischen Hafen-

120

---

[340] EuGH, Urt. v. 24.7.2003, Rs. C–280/00 (Altmark Trans), Slg. 2003, I–7747.
[341] Dazu *Koenig/Vorbeck*, ZEuS 2008, 207 (209 ff.).
[342] Dazu *Knauff*, ZG 2013, 139 (144); *Pauly/Jedlitschka*, DVBl 2012, 1269 (1272 ff.), *Bühner/Sonder*, BayVBl. 2013, 296 (297 ff.); *Szyszczak*, JECLAP 2013, 514.
[343] ABl. 2012, L 7/3.
[344] *Jung*, in: Calliess/Ruffert, EUV/AEUV, Art. 106 AEUV, Rn. 69, zählt neunzehn, da er nicht auf Einzelfallentscheidungen, sondern auf Beschlüsse allgemein abstellt und daher den Beschluss über die Anwendung von Art. 106 Abs. 2 AEUV hinzuzählt, der hier als »legislative Maßnahme« charakterisiert wird, siehe oben Rn. 118.
[345] Entscheidung 87/359/EWG der Kommission vom 22.6.1987, Spanische Tarifermäßigungen im Luft- und Seeverkehr, ABl. 1987, L 194/28.
[346] Entscheidung 94/119/EG der Kommission vom 21.12.1993, Hafen von Rødby, ABl. 1993, L 55/52.
[347] Entscheidung 97/745/EG der Kommission vom 21.10.1997, Lotsentarife im Hafen von Genua, ABl. 1997, L 301/27.

arbeitergesetz[348] und gegen diskriminierende Start- und Landegebühren auf dem Flughafen Brüssel sowie auf spanischen und portugiesischen Flughäfen.[349]

121 Neben dem Verkehrssektor betrafen mehrere Entscheidungen auf der Grundlage von Art. 106 Abs. 3 AEUV der Kommission den **Postsektor**. Zu nennen sind hier die Entscheidungen gegen die Monopole der staatlichen Postverwaltungen für bestimmte Eilkuriersendungen in den Niederlanden und in Spanien,[350] gegen das Monopol der italienischen Postverwaltung und der slowakischen Post für sog. Hybrid-Postsendungen[351] sowie die Entscheidung gegen die mangelnde staatliche Kontrolle einer diskriminierende Praxis des französischen Postunternehmen La Poste gegenüber Postvorbereitungsdiensten.[352]

122 Schließlich finden sich Entscheidungen der Kommission zu **weiteren Sektoren** wie öffentlichen Finanzdienstleistungen (Entscheidung gegen das Monopol zur Versicherung öffentlichen Vermögens in Griechenland),[353] dem Fernsehsektor (Entscheidungen gegen die Vergabe eines Monopols zur Ausstrahlung von Fernsehwerbung in Flandern an eine private Fernsehgesellschaft)[354] und dem Telekommunikationssektor (Entscheidungen gegen die Privilegierung staatlicher Telefongesellschaften bei der Vergabe von GSM-Mobilfunklizenzen).[355]

b) Funktionale Typisierung

123 Anhand des Ziels und des Regelungskontextes der Entscheidungen gemäß Art. 106 Abs. 3 i. V. m. Art. 106 Abs. 1 AEUV lassen sich drei Gruppen unterscheiden.[356] Eine erste Gruppe von Entscheidungen richtet sich gegen die **Ausdehnung staatlich abgesicherter Monopole**. Zu dieser Gruppe zählen vor allem die Entscheidungen im Postsektor. Eine zweite Gruppe von Entscheidungen betrifft **diskriminierende Tarife und Bedingungen** für bestimmte öffentliche Dienstleistungsunternehmen. Dazu zählen z. B. die drei Flughafenentscheidungen und weitere Entscheidungen zu diskriminierenden Tarifen und Bedingungen im Flug- und Seeverkehr. Eine dritte Gruppe von Entscheidungen wendet sich gegen **staatlich gewährte Vorteile von etablierten Marktteilnehmern**. Hierzu gehören die Entscheidung gegen das griechische Versicherungsmonopol und die beiden Entscheidungen zur Vergabe von GSM-Lizenzen.

---

[348] Entscheidung 97/744/EG der Kommission vom 21. 10. 1997, Italienisches Hafenarbeitergesetz, ABl. 1997, L 301/17.
[349] Entscheidung 95/364/EG der Kommission vom 28. 6. 1995, Flughafen Brüssel, ABl. 1995, L 216/8; Entscheidung 1999/199/EG der Kommission vom 10. 2. 1999, Portugiesische Flughäfen, ABl. 1999, L 69/31; Entscheidung 2000/521/EG der Kommission vom 26. 7. 2000, Spanische Flughäfen, ABl. 2000, L 208/36.
[350] Entscheidung 90/16/EWG der Kommission vom 20. 12. 1989, Eilkurierdienstleistungen in den Niederlanden, ABl. 1990, L 10/47 und Entscheidung 90/456/EWG vom 1. 8. 1990, Eilkurierdienstleistungen in Spanien, ABl. 1990, L 233/19.
[351] Entscheidung 2001/176 der Kommission vom 21. 12. 2000, Neue postalische Dienste in Italien, ABl. 2001, L 63/56; Entscheidung K(2008) 5912 der Kommission vom 7. 10. 2008, Slowakische Hybridpostdienstleistungen, ABl. 2008, C 322/10.
[352] Entscheidung 2002/344/EG der Kommission vom 23. 10. 2001, La Poste, ABl. 2002, L 120/19.
[353] Entscheidung 85/276/EWG der Kommission vom 24. 4. 1985, Öffentliche Versicherungen und Banken in Griechenland, ABl. 1985, L 152/25.
[354] Entscheidung 97/606/EG der Kommission vom 26. 6. 1997, Fernsehwerbung in Flandern, ABl. 1997, L 244/18.
[355] Entscheidung 95/489/EG der Kommission vom 4. 10. 1995, GSM-Mobilfunkdienste in Italien, ABl. 1995, L 280/49; Entscheidung 97/181/EG der Kommission vom 18. 12. 1996, GSM-Mobilfunknetzbetreiber in Spanien, ABl. 1997, L 76/19.
[356] Ähnlich *Jung*, in: Calliess/Ruffert, EUV/AEUV, Art. 106 AEUV, Rn. 69.

In rechtlicher Hinsicht betreffen die meisten Entscheidungen der Kommission den **124** **Missbrauch einer marktbeherrschenden Stellung** gemäß Art. 102 AEUV, der durch staatliche Maßnahmen herbeigeführt oder jedenfalls nicht unterbunden wurde. Weitere Entscheidungen stellen auf eine Verletzung der Dienstleistungsfreiheit gemäß Art. 56 AEUV (Griechisches Versicherungsmonopol und Flämisches Werbefernsehen) oder die Verletzung des allgemeinen Diskriminierungsverbots gemäß Art. 18 AEUV ab (Spanische Luft- und Seetarife).

In den meisten Verfahren hat die Kommission auch zur Frage Stellung genommen, ob **125** das jeweils gerügte staatliche Verhalten auf der Grundlage von Art. 86 Abs. 2 EGV gerechtfertigt werden konnte. Soweit sich die betroffenen Mitgliedstaaten auf diese Vorschrift nicht ausdrücklich beriefen, ist die Kommission hierauf allerdings auch nicht eingegangen. Damit hat sie deutlich gemacht, dass **Art. 106 Abs. 2 AEUV** in den Verfahren gemäß Art. 106 Abs. 3 i.V.m. Art. 106 Abs. 1 AEUV als **Rechtfertigungstatbestand** gewertet werden kann, wenn sich der betroffene Mitgliedstaat darauf beruft. Soweit die Kommission Art. 86 Abs. 2 EGV in der Sache geprüft hat, kam sie entweder zu dem Schluss, dass dem fraglichen Unternehmen keine Dienstleistung von allgemeinem wirtschaftlichem Interesse übertragen wurde (z.B. Hafen von Rødby, Fernsehwerbung Flandern) oder, dass eine Abweichung von den vertraglichen Verpflichtungen nicht notwendig ist bzw. keine Beeinträchtigung der besonderen Aufgaben zu befürchten ist (spanisches und niederländisches Eilkuriermonopol, neue postalische Dienstleistungen in Frankreich).

Insgesamt zeigt sich, dass die Kommission ihre Kompetenz zum Erlass von Entschei- **126** dungen auf der Grundlage von Art. 106 Abs. 3 AEUV in erster Linie zur **Verfolgung und Regelung von Einzelfällen** benutzt und keine Ersatzregeln geschaffen hat.

Abschnitt 2
Staatliche Beihilfen

Artikel 107 AEUV [Beihilfeverbot]

(1) Soweit in den Verträgen nicht etwas anderes bestimmt ist, sind staatliche oder aus staatlichen Mitteln gewährte Beihilfen gleich welcher Art, die durch die Begünstigung bestimmter Unternehmen oder Produktionszweige den Wettbewerb verfälschen oder zu verfälschen drohen, mit dem Binnenmarkt unvereinbar, soweit sie den Handel zwischen Mitgliedstaaten beeinträchtigen.

(2) Mit dem Binnenmarkt vereinbar sind:
a) Beihilfen sozialer Art an einzelne Verbraucher, wenn sie ohne Diskriminierung nach der Herkunft der Waren gewährt werden;
b) Beihilfen zur Beseitigung von Schäden, die durch Naturkatastrophen oder sonstige außergewöhnliche Ereignisse entstanden sind;
c) Beihilfen für die Wirtschaft bestimmter, durch die Teilung Deutschlands betroffener Gebiete der Bundesrepublik Deutschland, soweit sie zum Ausgleich der durch die Teilung verursachten wirtschaftlichen Nachteile erforderlich sind. Der Rat kann fünf Jahre nach dem Inkrafttreten des Vertrags von Lissabon auf Vorschlag der Kommission einen Beschluss erlassen, mit dem dieser Buchstabe aufgehoben wird.

(3) Als mit dem Binnenmarkt vereinbar können angesehen werden:
a) Beihilfen zur Förderung der wirtschaftlichen Entwicklung von Gebieten, in denen die Lebenshaltung außergewöhnlich niedrig ist oder eine erhebliche Unterbeschäftigung herrscht, sowie der in Artikel 349 genannten Gebiete unter Berücksichtigung ihrer strukturellen, wirtschaftlichen und sozialen Lage;
b) Beihilfen zur Förderung wichtiger Vorhaben von gemeinsamem europäischem Interesse oder zur Behebung einer beträchtlichen Störung im Wirtschaftsleben eines Mitgliedstaats;
c) Beihilfen zur Förderung der Entwicklung gewisser Wirtschaftszweige oder Wirtschaftsgebiete, soweit sie die Handelsbedingungen nicht in einer Weise verändern, die dem gemeinsamen Interesse zuwiderläuft;
d) Beihilfen zur Förderung der Kultur und der Erhaltung des kulturellen Erbes, soweit sie die Handels- und Wettbewerbsbedingungen in der Union nicht in einem Maß beeinträchtigen, das dem gemeinsamen Interesse zuwiderläuft;
e) sonstige Arten von Beihilfen, die der Rat durch einen Beschluss auf Vorschlag der Kommission bestimmt.

Literaturübersicht

Ababou, The General Court Confirms The Commission's Economic Approach Of State Aids, EStAL 2011, 149; *Ahlborn/Piccinin*, The Application of the Principles of Restructuring Aid to Banks during the Financial Crisis, EStAL 2010, 47; *Bach*, Wettbewerbsrechtliche Schranken für staatliche Maßnahmen nach europäischem Gemeinschaftsrecht, 1992; *Badura*, »Dienste von allgemeinem wirtschaftlichem Interesse« unter der Aufsicht der Europäischen Gemeinschaft, FS Oppermann, 2001, S. 571; *Bärenbrinker*, Die Rechtsprechung des Europäischen Gerichtshofs auf dem Gebiet des Beihilferechts im Jahr 2013, EWS 2014, 68; *Bartosch*, Neues zum Tatbestandsmerkmal der »Belastung des Staatshaushalts« i. S. des Art. 87 I EG, NVwZ 2001, 643; *ders.*, The more Refined Economic Approach – Still some Room for Fine-tuning?, EStAL 2007, 587; *ders.*, EU-Beihilfenrecht – Kommentar, 2. Aufl., 2016; *ders.*, Die Selektivität der Selektivität – Wie ist es um die Gestaltungsfreiräume der Mitgliedstaaten in der Wirtschaftsförderung bestellt?, EuZW 2015, 99; *ders.*, Neues zur Selektivität in der EU-Beihilfenkontrolle – und warum dieses Thema jeden Wirtschaftsjuristen angeht, BB 2016, 855; *Behrens*, Public Services and the Internal Market – An Analysis of the Commission's Communication on Services of General Interest in Europe, FS Mestmäcker, 2003, S. 41; *Bigot/Kirst*, Neue Vorgaben für Umweltschutz- und Energiebeihilfen, ZUR 2015, 73; *Biondi*, State Aid is Falling Down, Falling Down: An Analysis of the Case Law on the Notion of Aid, CMLRev. 50 (2013), 1719; *Birnstiel/Bungenberg/Heinrich* (Hrsg.), Europäisches Beihilfenrecht, 2013; *Birnstiel/Heinrich/Keidel*, Nach der Krise ist vor der Krise – das Beihilferecht als (Ersatz-)Bankenregulierung, BRZ 2012, 73; *Blanke*, The Economic Constitution of the European Union, in: *ders.*/Mangiameli (Hrsg.), The European Union after Lisbon – Constitutional Basis, Economic Order and External Action, 2012, S. 369; *Bloch*, Unentgeltliche Vergabe handelbarer Emissionszertifikate als staatliche Beihilfe – Zugleich Anmerkung zum Urteil des EuGH vom 8. September 2011, N&R 2012, 19; *ders.*, Die Befreiung von der EEG-Umlage als staatliche Beihilfe – Vereinbarkeit mit dem Gemeinsamen Markt, RdE 2014, 14; *v. Bonin*, Aktuelle Fragen des Beihilferechts bei Privatisierungen, EuZW 2013, 247; *Bovis*, State Aid and Public Private Partnerships – Containing the Threat to Free Markets and Competition, EPPPL 2010, 167; *Buendia Sierra/Muñoz de Juan*, Some Legal Reflections on the Almunia Package, EStAL 2/2012 (Supplement), 63; *Bulla*, Erste Hilfe für Beihilfen – Eine Einführung in das EU-Beihilfeverbot und seine Spielräume, GewArch 2015, 279; *Bultmann*, Beihilfenrecht und Vergaberecht – Beihilfen und öffentliche Aufträge als funktional äquivalente Instrumente der Wirtschaftslenkung, 2004; *Burgi*, Das Vergaberecht als Vorfrage in anderen Rechtsgebieten, NZBau 2013, 601; *ders./Wolff*, Der Beihilfebegriff als fortbestehende Grenze einer EU-Energieumweltpolitik durch Exekutivhandeln, EuZW 2014, 647; *Carullo*, State Resources in the Case Law: Imputability Under an Organizational Perspective, EStAL 2013, 453; *Cattrysse*, The Newly Adopted Risk Finance State Aid Rules, EStAL 2014, 689; *Clayton/Catalan*, The Notion of State Recources: So Near and yet so Far, EStAL 2015, 260; *Coppi*, The role of economics in State aid analysis and the balancing test, in: Szyszczak (Hrsg.), Research Handbook on European State Aid Law, 2011, S. 64; *ders.*, SGEI Compensation in the Almunia Package – An Economic View, EStAL 2/2012 (Supplement), 37; *Damjanovic*, The EU Market Rules as Social Rules: Why the EU can be a Social Market Economy, CMLRev. 50 (2013), 1685; *De Gasperi*, Making State Aid Control »Greener«: The EU Emissions Trading System and its Compatibility with Article 107 TFEU, EStAL 2010, 785; *de Kok*, Competition Policy in the Framework and Application of State Aid in the Banking Sector, EStAL 2015, 224; *Eitner/Jennert*, Seehafenkonzessionen und Hafennutzungsgebühren im Lichte des EU-Beihilferechts, EuZW 2014, 172; *Ekardt*, Umweltschutz im EU-Beihilfenrecht, in: Nowak (Hrsg.), Konsolidierung und Entwicklungsperspektiven des Europäischen Umweltrechts, 2015, S. 134; *Ezcurra*, EU State Aid and Energy Policies as an Instrument of Environmental Protection: Current Stage and New Trends, EStAL 2014, 665; *Farantouris*, Port Infrastructure and State Aids: In Search of a Coherent EU Policy, EStAL 2012, 85; *Farley*, The Role of Economics-based Approaches when Analysing Effects on Trade and Distortions after Wam, EStAL 2010, 369; *Fehling*, Das europäische Beihilfenrecht in der Wirtschaftskrise, EuR 2010, 598; *Filpo*, The Commission 2009 Procedural Reform from a Private Party Perspektive: Two Steps Forward, One Step Back?, EStAL 2010, 323; *Forst*, Die Krankenkassen als Unternehmen im Wirtschaftsrecht der Europäischen Union, ZESAR 2014, 163; *Frenz*, Staatlichkeit durch Kontrolle: sachfremde Beihilfenerweiterung, EWS 2014, 247; *ders.*, Energiewende und Beihilfeverbot, ZNER 2012, 34; *ders.*, Beihilferückforderung beim EEG?, ZNER 2014, 25; *ders.*, Erneuerbare Energien in den neuen EU-Umwelt- und Energiebeihilfeleitlinien, ZNER 2014, 345; *ders.*, Selektivität in der Beihilfenkontrolle auf altem Kurs – nach dem EuGH-Urteil zur Kernbrennstoffsteuer, EWS 2015, 194; *ders.*, Geldbußen, Infrastrukturnutzung und Zielverfolgung im Beihilfenverbot: Das London-Taxi-Urteil des EuGH, EWS 2015, 306; *ders.*, Befreiung von der EEG-Umlage und Beihilfenverbot, WRP 2015, 6; *ders.* Energiewende zwischen Warenverkehrsfreiheit und Beihilfeverbot, JA 2016, 321; *ders.*, Energiewende zwischen Beihilfenverbot, Grundfreiheiten, EU-Sachpolitiken und DAWI, RdE 2016, 209; *ders./Wimmers*, Erneuerbare Energien-Förderungsmodelle und Beihilfenproblematik, WiVerw 2014, 30; *Friederiszick/Röller*, Using Economic Analysis to Assess R&D&I State Aid Measures, EStAL 2007, 592; *Friederiszick/Tosini*, Implications of the State Aid Modernisation for the Assessment of Large Investment Projects, EStAL 2013, 46; *Fuchs/Peters*, Die Europäische Kommission und die Förderung erneuerbarer Energien in Deutschland – Eine Bewertung des EEG-Beihilfeverfahrens und der neuen Umwelt- und Energiebeihilfeleitlinien mit einem kritischen Blick auf die Leitlinienpolitik der Kommission, RdE 2014, 409; *Galletti*, How reasonable may the private investor be assumed to be?: Corsica Ferries France, CMLRev. 52 (2015), 1095; *Ghazarian*, Recovery of State Aid – The Obligations of Member States, National Courts and National Authorities in State Aid Recovery and Recent Developments in the Case-Law of the Court of Justice of the European Union, EStAL 2016, 228; *Geradin*, Public Compensation for Services of General Economic Interest: An Analysis of the 2011 European Commission Framework, EStAL 2/2012 (Supplement), 51; *Germelmann*, Beihilferechtliche Rahmenvorgaben für staatliche Umlagesysteme – Neue Konturen für das Kriterium der staatlichen Mittel?, EWS 2013, 161; *Geulen*, Die Vereinbarkeit des deutschen Sportförderungsrechts mit dem Wettbewerbsrecht der EU, NVwZ 2012, 1517; *Glinski*, Zu viel Angst vor dem Europarecht?! – Die »Energiewende« zwischen nationaler Politikhoheit und europäischem Binnenmarkt, ZEuS 2014, 235; *Göcke*, Verzerrende Auswirkungen staatlicher Subventionen – eine ökonomische Analyse, in: Ehlers/Wolffgang/Schröder (Hrsg.), Subventionen im WTO- und EG-Recht, 2007, S. 9; *Graf von Kielmansegg*, Erneuerbare Energien und europäisches Beihilferecht: zum Beihilfecharakter der EEG-Umlage, WiVerw 2014, 103; *Griller*, Wirtschaftsverfassung und Binnenmarkt, FS Rill, 2010, S. 1; *Grotherr*, Verbindliche Auskünfte und Auskunftsverfahren im Konflikt mit dem EU-Beihilferecht?, EWS 2015, 67; *Grützner/Ufer*, Digitalisierung und Breitbandausbau als politische Herausforderung für Europa und Deutschland, N&R 2015, 138; *Gündisch*, Preisgarantie für Strom aus Windkraftanlagen keine Beihilfe, NJW 2001, 3686; *Gundel*, Die Vorgaben der Warenverkehrsfreiheit für die Förderung erneuerbarer Energien – Neue Lösungen für ein altes Problem?, EnWZ 2014, 99; *ders.*, Der prozessuale Status der Beihilfenleitlinien der EU-Kommission, EuZW 2016, 606; *Haak/Brüggemann*, Compatibility of Germany's Renewable Energy Support Scheme with European State Aid Law – Recent Developments and Political Background, EStAL 2016, 91 *Haberkamm/Kühne*, Steuerliche Maßnahmen im Lichte des Europäischen Beihilferechts: Seit Edf ein noch spannungsgeladeneres Feld, EuZW 2010, 734; *Hampel/Groth*, Der Abschluss des Beihilfeverfahrens gegen das EEG 2012 und seine Auswirkungen auf stromintensive Unternehmen, EnWZ 2014, 451; *Haubner*, Die Auswirkungen des Almunia-Pakets auf Public Private Partnerships, EuZW 2013, 816; *Heinrich*, Anforderungen an eine beihilferechtskonforme Finanzierung von Krankenhausleistungen aus staatlichen Mitteln, BRZ 2013, 119; *Heise*, Defizitfinanzierung zu Gunsten öffentlicher Krankenhäuser auf dem beilhilferechtlichen Prüfstand, EuZW 2013, 769; *ders.*, Krankenhausfinanzierung und Beihilferecht – das Krankenhauswesen zwischen Gemeinwohlverpflichtung und Wettbewerb, EuZW 2015, 739; *Heithecker*, Beihilfenreform aus der Sicht der Anwaltschaft: Die Weiterentwicklung der materiell-rechtlichen Vereinbarkeitsgrundsätze, in: Immenga/Körber (Hrsg.), Beihilfenrecht in der Krise – Reform des Beihilfenrechts, 2014, S. 141; *Held/Kliemann*, Broadcasting Communication and the Commission's Decisional Practice Two Years after its Entry into Force, EStAL 2012, 37; *Hellstern/Koenig*, Der staatliche Avalkredit in der EU-Beihilfekontrolle, EWS 2012, 401; *Hirsbrunner/Litzenberger*, Ein bisschen Almunia im Monti-Kroes-Paket? – Die Reform der beihilferechtlichen Vorschriften betreffend Dienstleistungen von allgemeinem wirtschaftlichem Interesse, EuZW 2011, 742; *Hirschberger*, Proceduralisierung im europäischen Binnenmarktrecht – Verfahrensdimensionen der Grundfreiheiten und des Beihilfenrechts, 2010; *Hochreiter*, Die beihilferechtlichen Hürden der öffentlichen Finanzierung von Infrastruktur, EWS 2015, 301; *Hösch*, Regionalflughäfen und europäisches Beihilferecht, UPR 2016, 100; *Holtmann*, Staatliche Beihilfen: Selektivität einer Steuerregelung – Das EuG-Urteil Banco Santander u. a., EWS 2015, 140; *ders.*, Staatliche Beihilfen: EuG bestätigt Beihilfenqualität der Sanierungsklausel – Im Blickpunkt: Das EuG-Urteil GFKL Financial Services EWS 2016, 61; *Immenga/Mestmäcker* (Hrsg.), Wettbewerbsrecht, Bd. 3: Beihilfenrecht/Sonderbereiche, 2016; *Ismer/Karch*, Das EEG im Konflikt mit dem Unionsrecht: Die Begünstigung der stromintensiven Industrie als unzulässige Beihilfe, ZUR 2013, 526; *Jääskinen*, The New Rules on SGEI, EStAL 2011, 599; *Jaeger*, Glücksspielkonzessionen und Beihilfeverbot, wbl 2012, 661; *ders.*, Neues an der Schnittstelle von Vergabe- und Beihilferecht, wbl 2014, 493; *Jennert*, Finanzierung und Wettbewerb in der Daseinsvorsorge nach Altmark Trans, NVwZ 2004, 425; *ders./Eitner*, EU-Beihilferecht und Seehafeninfrastruktur, EuZW 2013, 414; *Jennert/Huhn/Salcher/Schmoll*, Der Private Investor-Test: Rechtliche und betriebswirtschaftliche Anforderungen an beihilfefreie staatliche Kapitalmaßnahmen, BRZ 2014, 63; *Jung/Deuster*, Einfacher, klarer, verhältnismäßiger? – Das neue EU-Beihilfen-Paket für Dienstleistungen von allgemeinem wirtschaftlichem Interesse, BRZ 2012, 24; *Junginger-Dittel*, New Rules for the Assessment of Notifiable Regional Aid to (Large) Investment Projects under the Regional Aid Guidelines 2014–2020, EStAL 2014, 677; *Kämmerer*, Daseinsvorsorge als Gemeinschaftsziel oder: Europas »soziales Gewissen«, NVwZ 2002, 1041; *ders.*, Strategien zur Daseinsvorsorge – Dienste im allgemeinen Interesse nach der »Altmark«-Entscheidung des EuGH, NVwZ 2004, 28; *Kahl, H.*, Wann gilt Ökostrom als subventioniert? – Ein Blick über den europäischen Tellerrand auf das Regelwerk der WTO, ER 2014, 108; *ders.*, Viele Wege führen nach Rom: Die Preisfindung bei der Förderung erneuerbarer Energien im Beihilferecht der EU und Subventionsrecht der WTO, ZUR 2015, 67; *W. Kahl/Bews*, Letztes Rückzugsgefecht der Atomenergie? – Die Kernbrennstoffsteuer vor dem EuGH, NVwZ 2015, 1081; *Kahle*, Die beihilferechtliche Genehmigung des EEG 2014 durch die Europäische Kommission, NVwZ 2014, 1563; *Kahles/Grabmayer*, Ausschreibungen im EEG 2014 und »Altmark Trans« – Beihilfefreie Ausgestaltung des EEG durch Einführung einer gemeinwirtschaftlichen Verpflichtung und wettbewerblicher Ermittlung der Förderhöhe?, ZUR 2016, 138; *Kamann/Gey/Kreuzer*, Europäische Beihilfenkontrolle im Kultursektor – Ein Leitfaden anhand der Entscheidungspraxis der Kommission zur Prüfung öffentlicher Kulturförderung, KommJur 2009, 132; *Kassow*, Beihilferechtliche Zulässigkeit staatlicher Förderankündigungen, EuZW 2010, 856; *Kaupa*, The More Economic Approach – a Reform based on Ideology?, EStAL 2009, 311; *Kavanagh/Robins*, Corporate Tax Arrangements Under EU State Aid Scrutiny – The Application of the Market Economy Operator Principle, EStAL 2015, 358; *Kekelekis*, Recent Developments in Infrastructure Funding: When Does It Not Constitute State Aid?, EStAL 2011, 433; *Klafki*, Der Vorübergehende Gemeinschaftsrahmen für staatliche Beihilfen der EU-Kommission in der Wirtschafts- und Finanzkrise, seine Umsetzung in den Mitgliedstaaten und Schlussfolgerungen aus seiner Anwendung, EWS 2011, 497; *Kleiner*, Modernization of State aid policy, in: Szyszczak (Hrsg.), Research Handbook on European State Aid Law, 2011, S. 1; *Kleis/Nicolaides*, The Concept of Undertaking in Education and Public Health Systems, EStAL 2006, 505; *Kliemann/Stehmann*, EU State Aid Control in the Broadband Sector – The 2013 Broadband Guidelines and Recent Case Practice, EStAL 2013, 493; *Kling/Dally*, Staatliches Handeln und Kartellrecht, ZWeR 2014, 3; *Knauff*, Die Daseinsvorsorge im Vertrag von Lissabon, EuR 2010, 725; *ders./Badenhausen*, Anspruch auf Förderung statt Beihilfeverbot?, VerwArch 105 (2014), 32; *Köhler*, New Trends Concerning the Application of the Private Investor Test – The EDF-Judgment of the General Court and its Consequences, EStAL 2011, 21; *Koenig/Kühling*, Mitgliedstaatliche Kulturförderung und gemeinschaftliche Beihilfenkontrolle durch die EG-Kommission, EnZW 2000, 197; *dies.*, Das PreussenElektra-Urteil des EuGH: Freibrief für Abnahme- und Vergütungspflichten in der Energiewirtschaft, NVwZ 2001, 768; *dies.*, »Totgesagte Vorschriften leben länger«: Bedeutung und Auslegung der Ausnahmeklausel des Art. 86 Abs. 2 EG, ZHR 166 (2002), 656; *Koenig/Paul*, State Aid Screening of Hospital Funding Exemplified by the German Case, EStAL 2010, 755; *Koenig/Trías*, A New Sound Approach to EC State Aid Control of Airport Infrastructure Funding – What Can We Learn from the Draft Broadband Guidelines?, EStAL 2009, 299; *Koenig/Vorbeck*, Europäische Beihilfenkontrolle in der Daseinsvorsorge – Ein kritischer Zwischenruf zum Monti-Paket, ZEuS 2008, 207; *Kotzur*, Die soziale Marktwirtschaft nach dem Reformvertrag, in: Pernice (Hrsg.), Der Vertrag von Lissabon: Reform der EU ohne Verfassung?, 2008, S. 197; *Krajewski*, Dienstleistungen von allgemeinem Interesse im Vertrag von Lissabon, ZögU 2010, 75; *Kreuzer*, Die öffentliche Förderung von Fußballstadien – Eine Untersuchung im Lichte des EU-Beihilfenrechts, 2011; *Krispenz*, Das Merkmal der wirtschaftlichen Tätigkeit im Unternehmensbegriff des Europäischen Kartellrechts, 2011; *Lambertz/Hornung*, State Aid Rules on Services of General Economic Interest: For the Committee of the Regions the Glass is half-full, EStAL 2012, 329; *Laprévote*, Selected Issues Raised by Bank Restructuring Plans under EU State Aid Rules, EStAL 2012, 93; *Lienemeyer/Kerle/Malikova*, The New State aid Banking Communication: The Beginning of the Bail-In Era Will Ensure a Level Playing Field of Enhanced Burden-Sharing, EStAL 2014, 277; *Lienemeyer/Le Mouël*, The European Commission's Phasing-Out Process for Exceptional Crisis-related Measures, EStAL 2011, 41; *Linke*, Die staatliche Finanzierung öffentlicher Personenverkehrsdienste – Interpretationsansätze der Kommission im Rahmen neuer Auslegungsleitlinien, EuZW 2014, 766; *ders.*, Die Leitlinien der Kommission zu staatlichen Beihilfen für Flughäfen und Luftverkehrsgesellschaften – Wie steht es um die rechtskonforme staatliche Unterstützung von Flughäfen?, NVwZ 2014, 1541; *Lintschinger*, Beihilfekonforme Infrastrukturfinanzierung im Bereich Forschung, Entwicklung und Innovation, BRZ 2013, 187; *López*, General Thought on Selectivity and Consequences of a Broad Concept of State Aid in Tax Matters, EStAL 2010, 807; *Lowenfeld*, International Economic Law, 2. Aufl., 2008; *Ludwigs*, EEG-Umlage und EU-Beihilferecht – Die besondere Ausgleichsregelung auf dem Prüfstand der EU-Kommission, REE 2014, 65; *Lübbig/Martín-Ehlers*, Beihilfenrecht der EU, 2. Aufl., 2009; *Luengo Hernández de Madrid*, Regulation of Subsidies and State Aids in WTO and EC Law – Conflicts in International Trade Law, 2007; *Luja*, Does the Modernisation of State Aid Control Put Legal Certainty and Simplicity at Risk?, EStAL 2012, 765; *Martini*, Die Presseförderung im Fadenkreuz des Unionsrechts, EuZW 2015, 821; *McGuire*, Between Pragmatism and Principle: Legalization, Political Economy, and the WTO's Subsidy Agreement, The International Trade Journal 16 (2002), 319; *Melcher*, Der Staat als Anteilseigner in Ausübung hoheitlicher Befugnisse – Der Private Investor Test nach dem Urteil EDF, EuZW 2012, 576; *Mellwig*, Piraeus, Ventspils and Krievu Sala – A New Era in Port Financing and State Aid, EStAL 2014, 295; *Merola/Ubaldi*, The 2011 Almunia Package and the Challenges Ahead: Are the New Rules Flexible Enough to Fit the Wide Variety of SGEI?, EStAL 2/2012 (Supplement), 17; *Metaxas*, Selectivity of Asymmetrical Tax Measures and Distortion of Competition in the Telecoms Sector – An Analysis on the Legality of the Duty imposed in Greece on Mobile Network Operators' Subscribers under EU State Aid Rules, EStAL 2010, 771; *Meyer*, Dienste von allgemeinem wirtschaftlichem Interesse im Spannungsfeld zwischen Selbstbestimmungsrecht der Mitgliedstaaten und EG-Beihilfenkontrolle, EWS 2005, 193; *Mi-*

cheau, Tax Selectivity in European Law of State Aid: Legal Assessment and Alternative Approaches, E.L.Rev. 40 (2015), 323; *Möschel*, Service public und europäischer Binnenmarkt, JZ 2003, 1021; *Montag/Säcker* (Hrsg.), Münchener Kommentar zum Europäischen und Deutschen Wettbewerbsrecht, Bd. 3: Beihilfen- und Vergaberecht, 2011; *Müller*, Beihilfe & Grundfreiheiten: Europarechtliche Anforderungen an die EE-Förderung, ZNER 2014, 21; *Müller-Graff*, Das wirtschaftsverfassungsrechtliche Profil der EU nach Lissabon, in: Fastenrath/Nowak (Hrsg.), Der Lissabonner Reformvertrag – Änderungsimpulse in einzelnen Rechts- und Politikbereichen, 2009, S. 173; § 9; *Murphy*, The Financial Crisis in Ireland and the Use of the State Aid Rules by the EU Commission: Observations, EStAL 2013, 260; *Nettesheim*, EU-Beihilferecht und nichtfiskalische Finanzierungsmechanismen, NJW 2014, 1847; *Nicolaides*, Taxes, the Cost of Capital and the Private Investor Principle, EStAL 2013, 243; *ders./Kleis*, Where is the Advantage? – The Case of Public Funding of Infrastruktur and Broadband Networks, EStAL 2007, 615; *dies.*, A Critical Analysis of Environmental Tax Reductions and Generation Adequacy Provisions in the EEAG 2014–2020, EStAL 2014, 636; *Nicolaides/Rusu*, Private Investor Principle: What Benchmark and Whose Money?, EStAL 2011, 237; *dies.*, The Concept of Selectivity: An Ever Wider Scope, EStAL 2012, 791; *Nicolaides/Schoenmaekers*, The Concept of ›Advantage‹ in State Aid and Public Procurement and the Application of Public Procurement Rules to Minimise Advantage in the New GBER, EStAL 2015, 143; *Nitsche/Milde/Soltész*, Eigentümereffekt und versunkene Investitionen – Der Private Investor Test im Lichte früherer Kapitalzuführungen, EuZW 2012, 408; *Nowak*, Die Entwicklung des EG-Beihilfenkontrollrechts in den Jahren 1998, 1999 und 2000, EuZW 2001, 293; *ders.*, Die Entwicklung des EG-Beihilfenkontrollrechts in den Jahren 2001 und 2002, EuZW 2003, 389; *ders.*, Advertising and the Promotion of Regional Products at the Borderline between State Aid Law and Agricultural Policy, EStAL 2003, 579; *ders.*, Die Grundfreiheiten des EG-Vertrags und der Umweltschutz – grundfreiheitliche Schrankensystematik im Lichte der EG-Umweltverfassung, VerwArch 2002, 368; *ders.*, Wirtschaftsgrundrechte und Wirtschaftsverfassung in Deutschland und in der Europäischen Union, in: Bruha/Nowak/Petzold (Hrsg.), Grundrechtsschutz für Unternehmen im europäischen Binnenmarkt – neuere Entwicklungen und Perspektiven, 2004, S. 45; *ders.*, Das Verhältnis des Wettbewerbsrechts und der Grundfreiheiten im Binnenmarkt, EuR-Beih. 3/2004, 77; *ders.*, The Commission's Constitutional Duty to State Reasons in the Area of EC State Aid Law – Note on judgment in Joines Cases T–50/06, T–56/06, T–60/06, T–62/06 and T–69/06, Ireland et al. v. Commission, EStAL 2008, 718; *ders.*, Binnenmarktziel und Wirtschaftsverfassung der Europäischen Union vor und nach dem Reformvertrag von Lissabon, EuR-Beih. 1/2009, 129; *ders.*, Subventionen, in: Hilf/Oeter (Hrsg.), WTO-Recht – Rechtsordnung des Welthandels, 2. Aufl., 2010, § 13; *ders.*, Wettbewerb und soziale Marktwirtschaft in den Regeln des Lissabonner Vertrags, EuR-Beih. 2/2011, 21 *Odendahl/Petzold*, Denkmalschutz und europäisches Beihilfenrecht, NWVBl. 2016, 221; *Oldale//Piffaut*, Introduction to State aid Law and Policy, in: Bacon (Hrsg.), European Community Law of State Aid, 2009, S. 3; *Orssich*, State Aid for Films and Other Audio-Visual Works: The 2013 Cinema Communication, EStAL 2014, 698; *Otter/Glavanovits*, Regional Aid Guidelines 2014–2020, EStAL 2014, 404; *Papier*, Kommunale Daseinsvorsorge im Spannungsfeld zwischen nationalem Recht und Gemeinschaftsrecht, DVBl 2003, 686; *Pauer*, Die Abgrenzung hoheitlicher und wirtschaftlicher Tätigkeiten im Europäischen Wettbewerbsrecht: Eine Analyse der Entscheidungspraxis des EuGH, WuW 2013, 1080; *Pauly/Jedlitschka*, Die Reform der EU-Beihilferegeln für Dienstleistungen von allgemeinem wirtschaftlichem Interesse und ihre Auswirkungen auf die kommunale Praxis, DVBl 2012, 1269; *Petzold*, Das DAWI-Paket 2012 – neue Regeln für gemeinwirtschaftliche Dienstleistungen, NordÖR 2012, 396; *ders.*, Beihilfenkontrolle im Europäischen Mehrebenensystem – Navigationshilfe für Länder und Kommunen, 2. Aufl., 2015; *Pfannkuch*, Beihilferechtliche Risiken bei der Inhouse-Vergabe, NZBau 2015, 743; *Pirker*, Nebentätigkeiten von Naturschutzorganisationen, EU-Beihilfenrecht und Dienstleistungen von allgemeinem wirtschaftlichen Interesse – Zur Entscheidung des EuG, Urteil vom 12.9.2013 – Rs. T–437/09 (Deutschland/Kommission), EurUP 2014, 49; *Plank*, State Aid Modernisation (SAM): from plan to action with a focus on block exemptions, in: Immenga/Körber (Hrsg.), Beihilfenrecht in der Krise – Reform des Beihilfenrechts, 2014, S. 81; *ders.*, Modernisation of State aid block exemptions, ZWeR 2014, 271; *ders./Walch*, State Aid Modernisation – How to make better use of EU taxpayer's money?, EuZW 2012, 613; *Prek/Lefèvre*, The Requirement of Selectivity in the Recent Case-Law of the Court of Justice, EStAL 2012, 335; *Probst*, Arrêt »Republique fédérale d'Allemagne c. Commission«, RDUE 2013, 796; *Psychogiopoulou*, State Aids to the Press: The EU's Perspective, EStAL 2012, 57; *dies.*, State Aids to the Publishing Industry and Cultural Policies in Europe, EStAL 2013, 69; *Quardt*, Rechtsfolgen für eine staatliche Bürgschaft bei Verstoß gegen das beihilferechtliche Durchführungsverbot des Art. 108 Abs 3 AEUV – Neue Impulse aus dem Urteil des EuGH in der Rechtssache Residex, BRZ 2012, 3; *Quigley*, European State Aid Law and Policy, 2. Aufl., 2009; *Rabl*, Staatliche Mittel: Die

Unsicherheiten bestehen weiter!, BRZ 2015, 4; *Reese*, Zum EU-Beihilfenbegriff – Der enge Zusammenhang zwischen Vorteil und Last als Zurechnungsproblem – Zugleich Besprechung des EuGH-Urteils vom 19. März 2013 im Fall France Télécom (verb. Rs. C–399/10 P und C–401/10 P), EuR 2013, 572; *Regner*, Reform of the Legal Framework for Services of General Interest: Where Do We Stand? What Should a Reform Look Like?, EStAL 2011, 597; *Reuter*, Unterfällt die Besondere Ausgleichsregelung nach EEG den Beihilferegelungen nach Art. 107 AEUV?, RdE 2015, 160; *Righini*, The Reform of the State Aid Rules on Financing of Public Services – Paving the Way towards a Clearer, Simpler and more diversified Framework, EStAL 2/2012 (Supplement), 3; *Romariz*, Revisiting Selectivity in EU State Aid Law – Or »The Ghost of Yet-To-Come«, EStAL 2014, 39; *Rüfner*, Daseinsvorsorge in Deutschland vor den Anforderungen der Europäischen Union, FS Frotscher, 2007, S. 423; *Rusche/Schmidt*, The post-Altmark Era Has Started: 15 Months of Application of Regulation (EC) No. 1370/2007 to Public Transport Services, EStAL 2011, 249; *Säcker/Schmitz*, Die Staatlichkeit der Mittel im Beihilfenrecht, NZKart 2014, 202; *Sanden*, The EEAG 2014–220 and the Remediation of Contaminated Sites, EStAL 2014, 650; *Sauter/Vedder*, State Aid and Selectivity in the Context of Emissions Trading: Comment on the NOx Case, E. L.Rev. 37 (2012), 327; *Schlacke/Kröger*, Die Privilegierung stromintensiver Unternehmen im EEG – Eine unionsrechtliche Bewertung der besonderen Ausgleichsregelung (§§ 40 ff. EEG), NVwZ 2013, 313; *dies.*, Die Förderung erneuerbarer Energien in Frankreich als staatliche Beihilfe – zugleich Anmerkung zum EuGH-Urteil in der Rs. Association Vent de Colère!, ZUR 2015, 27; *Schmidt*, Staatliche Cash-Pool-Systeme als Problem des Beihilfenrechts, DÖV 2013, 928; *Schroeder*, EU-Beihilfenverbot und Staatlichkeit der Mittel, EuZW 2015, 207; *ders./Sild*, Kontrolldichte im EU-Beihilferecht, EuZW 2014, 12; *Schröter/Jakob/Klotz/Mederer* (Hrsg.), Europäisches Wettbewerbsrecht – Großkommentar, 2. Aufl., 2014; *Schütt*, Die Auflösung des Spannungsverhältnisses zwischen Umweltschutz und Binnenmarkt im europäischen Beihilferecht – ein Rechtsrahmen für nationale Umweltschutzbeihilfen, ZNER 2012, 133; *Schwarze*, Der Staat als Adressat des europäischen Wettbewerbsrechts, EuZW 2000, 613; *ders.*, Daseinsvorsorge im Lichte des europäischen Wirtschaftsrechts, EuZW 2001, 334; *Schweitzer*, Die Daseinsvorsorge im Verfassungsentwurf des Europäischen Konvents – Ein europäischer Service Public?, in: Schwarze (Hrsg.), Der Verfassungsentwurf des Europäischen Konvents – Verfassungsrechtliche Grundstrukturen und wirtschaftsverfassungsrechtliches Konzept, 2004, S. 269; *Sinnaeve*, The Report and Communication on Services of General Interest: Stocktaking and Outlook for Reform, EStAL 2011, 211; *dies.*, What's New in SGEI in 2012? – An Overview of the Commission's SGEI Package, EStAL 2012, 347; *dies.*, The Complexity of Simplification: The Commission's Review of the de minimis Regulation, EStAL 2014, 261; *Skovgaard Ølykke*, The Legal Basis Which Will (Probably) Never Be Used: Enforcement of State Aid Law in a Public Procurement Context, EStAL 2011, 457; *ders.*, Public Undertakings and Imputability – The Case of DSBFirst, EStAL 2013, 341; *Slot*, NOx Emission Trading Rights: A Government Gift or Value Created by Undertakings?, EStAL 2013, 61; *Soltész*, Das Beihilfenrecht im Härtetest der Finanzmarkt- und Wirtschaftskrise, EuR-Beih. 2/2011, 119; *ders.*, Von PreussenElektra zu France Télécom – Die »Belastung des Staatshaushaltes« als Beihilfekriterium, EuZW 2011, 254; *ders.*, Die Rechtsprechung der Unionsgerichte zum Beihilferecht im Jahre 2010, EuZW 2011, 541; *ders.*, Die Rechtsprechung der Unionsgerichte zum Beihilferecht im Jahre 2012, EuZW 2013, 134; *ders.*, Die Entwicklung des europäischen Beihilferechts in 2015, EuZW 2016, 87; *ders./Makowski*, Die Nichtdurchsetzung von Forderungen der öffentlichen Hand als staatliche Beihilfen i. S. von Art. 87 I EG, EuZW 2003, 73; *Soltész/Melcher*, Privatisierungen werden schwieriger – Anmerkungen zum Urteil Bank Burgenland, BRZ 2014, 16; *Soltész/Wagner*, Darf der Staat bei Schuldnern Nachsicht zeigen? – EU-beihilferechtliche Grenzen für Umschuldungsvereinbarungen mit der öffentlichen Hand, ZIP 2013, 2093; *Soltész/Winzer*, Transfergesellschaften und Europäisches Beihilferecht, DB 2013, 105; *Sonder*, Europäisches Beihilferecht und Bankenrestrukturierungen – Der Fall WestLB, EWS 2012, 170; *ders./Bühner*, Die neuen Regelungen des EU-Beihilfenrechts über Dienstleistungen von allgemeinem wirtschaftlichem Interesse (»Almunia«-Paket), BayVBl. 2013, 296; *Staviczky*, De Facto Selectivity in the Light of the Recent Case Law of the General Court, EStAL 2015, 332; *Stoycheva/Papazova*, Restructuring Aid Granted Prior to the Accession of a Member State to the EU: »Existing Aid« under Article 1(b) of Regulation No. 659/1999?, EStAL 2013, 646; *Szydlo*, How to reconcile national support for renewable energy with internal market obligations? The task for the EU legislature after Ålands Vindkraft, CMLRev. 52 (2015), 489; *Temple Lang*, Autogrill España und Banco Santander: The Concept of »General« Tax Measures Clarified for State Aid, E. L.Rev. 40 (2015), 763; *Thalmann*, Die Anwendbarkeit des beihilferechtlichen Privatinvestorentests auf staatliche Kapitalzuführungen an öffentliche Unternehmen – Anmerkung zum Urteil des EuGH (Große Kammer) v. 5. 6. 2012, Rs. C–124/10 P (Kommission/Électricité de France), EuR 2013, 432; *Tjepkema*, Damages Granted by the State and Their Relation to State Aid Law, EStAL 2013, 478; *Tietje*, WTO und Recht des Warenhandels, in: *ders.* (Hrsg.), Internationales Wirtschaftsrecht, 2006; *Todino/Zanazzo*, New Guidelines on Regional Aid – Is the Party Over for Large Investment Projects?, EStAL 2013, 676; *Trebilcock/Howse*, The Regulation of International Trade, 3. Aufl., 2005; *van der Hout*, Von Flughäfen, Freizeitbädern und Fußballstadien – Europäische Beihilfenkontrolle als Ersatzstrukturpolitik?, ZEuS 2015, 391; *ders./Blazek*, Freizeitbäder und EU-Beihilferecht – Neue Vorgaben nach dem Beschluss Kristall Bäder der EU-Kommission, PUBLICUS 2015, 19; *van der Woude/Moreno*, Taxes, Overview of the Case Law in State Aid Matters: June 2011 to June 2012, EStAL 2013, 246; *Verouden*, EU State Aid Control: The Quest for Effectiveness, EStAL 2015, 459; *Weck/Reinhold*, Europäische Beihilfenpolitik und völkerrechtliche Verträge, EuZW 2015, 376; *Weiß*, Das Verhältnis von Wettbewerb und Daseinsvorsorge nach Lissabon, EuR-Beih. 2/2011, 47; *v. Wendland*, Public Funding for Research Infrastructures and EU State Aid Rules – Key Issues, Case Examples and State Aid Reform, EStAL 2013, 523; *ders.*, New Rules for State Aid for Research, Development and Innovation: 'Not a Revolution but a Silent Reform', EStAL 2015, 25; *ders.*, Das Auftreten staatlicher Beihilfen in Forschung, Entwicklung und Innovation – Der Beihilfebegriff nach dem neuen Unionsrahmen für staatliche Beihilfen zur Förderung von Forschung, Entwicklung und Innovation, BRZ 2015, 203; *Wernsmann/Loscher*, Dienstleistungen von allgemeinem wirtschaftlichem Interesse im EU-Beihilfenrecht, NVwZ 2014, 976; *Wishlade*, To What Effect? The Overhaul of the Regional Aid Guidelines – The Demise of Competition Effects and Rise of Incentive Effect?, EStAL 2013, 659; *Wittig*, Die neue AGVO und Infrastrukturfinanzierung am Beispiel von Sportstadien, EuZW 2015, 53; *Wolfram*, Staatliche Exportkreditförderung – Ein deutsch-amerikanischer Vergleich im Lichte des WTO-Subventionsübereinkommens, 2004; *Woll*, Beihilfenreform aus der Sicht von Unternehmen unter besonderer Berücksichtigung der Verfahrensreform, in: Immenga/Körber (Hrsg.), Beihilfenrecht in der Krise – Reform des Beihilfenrechts, 2014, S. 101; *Wuermeling*, Auswirkungen des Lissabonner Vertrages auf die Daseinsvorsorge, WiVerw 2008, 247; *Zampetti*, The Uruguay Round Agreement on Subsidies – A forward-looking Assessment, J. W. T. 29 (1995), 5.

Leitentscheidungen

EuGH, Urt. v. 23.2.1961, Rs. 30/59 (De Gezamenlijke Steenkolenmijnen in Limburg/Hohe Behörde), Slg. 1961, 3

EuGH, Urt. v. 22.3.1977, Rs. 74/76 (Iannelli u. a.), Slg. 1977, 557

EuGH, Urt. v. 22.3.1977, Rs. 78/76 (Steinike u. Weinlig), Slg. 1977, 595

EuGH, Urt. v. 17.9.1980, Rs. 730/79 (Philip Morris), Slg. 1980, 2671

EuGH, Urt. v. 14.10.1987, Rs. 248/84 (Deutschland/Kommission), Slg. 1987, 4013

EuGH, Urt. v. 14.2.1990, Rs. C–301/87 (Frankreich/Kommission), Slg. 1990, I–307

EuGH, Urt. v. 6.11.1990, Rs. C–86/89 (Italien/Kommission), Slg. 1990, I–3891

EuGH, Urt. v. 19.1.1994, Rs. C–364/92 (SAT Fluggesellschaft), Slg. 1994, I–43

EuGH, Urt. v. 14.9.1994, verb. Rs. C–278/92, C–279/92 u. C–280/92 (Spanien/Kommission), Slg. 1994, I–4103 EuGH, Urt. v. 5.10.1994, Rs. C–400/92 (Deutschland/Kommission), Slg. 1994, I–4701

EuG, Urt. v. 8.6.1995, Rs. T–459/93 (Siemens/Kommission), Slg. 1995, II–1675

EuG, Urt. v. 22.10.1996, Rs. T–266/94 (Skibsvaerftsforeningen u. a./Kommission), Slg. 1996, II–1399

EuGH, Urt. v. 14.1.1997, Rs. C–169/95 (Spanien/Kommission), Slg. 1997, I–135

EuGH, Urt. v. 15.5.1997, Rs. C–355/95 P (Textilwerke Deggendorf/Kommission), Slg. 1997, I–2549

EuG, Urt. v. 27.1.1998, Rs. T–67/94 (Ladbroke Racing/Kommission), Slg. 1998, II–1

EuGH, Urt. v. 7.5.1998, verb. Rs. C–52/97, C–53/97 u. C–54/97 (Viscido u. a.), Slg. 1998, I–2629

EuG, Urt. v. 15.9.1998, Rs. T–126/96 (Breda Fucine Meridionali u. a./Kommission), Slg. 1998, II–3437

EuGH, Urt. v. 1.12.1998, Rs. C–200/97 (Ecotrade), Slg. 1998, I–7907

EuG, Urt. v. 28.1.1999, Rs. T–14/96 (BAI/Kommission), Slg. 1999, II–139

EuGH, Urt. v. 29.4.1999, Rs. C–342/96 (Spanien/Kommission), Slg. 1999, I–2459

EuGH, Urt. v. 17.6.1999, Rs. C–75/97 (Belgien/Kommission), Slg. 1999, I–3671

EuGH, Urt. v. 17.6.1999, Rs. C–295/97 (Piaggio), Slg. 1999, I–3735

EuGH, Urt. v. 5.10.1999, Rs. C–251/97 (Frankreich/Kommission), Slg. 1999, I–6639

EuG, Urt. v. 6.10.1999, Rs. T–110/97 (Kneissl Dachstein Sportartikel/Kommission), Slg. 1999, II–2881

EuG, Urt. v. 6.10.1999, Rs. T–123/97 (Salomon/Kommission), Slg. 1999, II–2925

EuG, Urt. v. 10.5.2000, Rs. T–46/97 (SIC/Kommission), Slg. 2000, II–2125

EuGH, Urt. v. 16.5.2000, Rs. C–83/98 P (Frankreich/Ladbroke Racing u. Kommission), Slg. 2000, I–3271

EuG, Urt. v. 15.6.2000, verb. Rs. T–298/97, T–312/97, T–313/97, T–315/97, T–600/97 – T–607/97, T–3/98 – T–6/98 u. T–23/98 (Alzetta Mauro u. a./Kommission), Slg. 2000, II–2319
EuGH, Urt. v. 27.6.2000, Rs. C–404/97 (Kommission/Portugal), Slg. 2000, I–4897
EuGH, Urt. v. 19.9.2000, Rs. C–156/98 (Deutschland/Kommission), Slg. 2000, I–6857
EuG, Urt. v. 29.9.2000, Rs. T–55/99 (CETM/Kommission), Slg. 2000, II–3207
EuGH, Urt. v. 5.10.2000, Rs. C–288/96 (Deutschland/Kommission), Slg. 2000, I–8327
EuG, Urt. v. 12.12.2000, Rs. T–296/97 (Alitalia/Kommission, Slg. 2000, II–3871
EuG, Urt. v. 14.12.2000, Rs. T–613/97 (Ufex u. a./Kommission), Slg. 2000, II–4055
EuGH, Urt. v. 13.3.2001, Rs. C–379/98 (PreussenElektra u. Schleswag), Slg. 2001, I–2099
EuG, Urt. v. 4.4.2001, Rs. T–288/97 (Regione Friuli Venezia Giulia/Kommission), Slg. 2001, II–1169
EuGH, Urt. v. 3.5.2001, Rs. C–204/97 (Portugal/Kommission), Slg. 2001, I–3175
EuGH, Urt. v. 8.11.2001, Rs. C–143/99 (Adria-Wien Pipeline), Slg. 2001, I–8365
EuGH, Urt. v. 22.11.2001, Rs. C–53/00 (Ferring), Slg. 2001, I–9067
EuG, Urt. v. 22.11.2001, Rs. T–9/98 (Mitteldeutsche Erdöl-Raffinerie/Kommission), Slg. 2001, II–3367
EuG, Urt. v. 6.3.2002, verb. Rs. T–92/00 u. T–103/00 (Territorio Histórico de Álava u. a./Kommission), Slg. 2002, II–1385
EuGH, Urt. v. 16.5.2002, Rs. C–482/99 (Frankreich/Kommission), Slg. 2002, I–4397
EuGH, Urt. v. 18.6.2002, Rs. C–242/00 (Deutschland/Kommission), Slg. 2002, I–5603
EuG, Urt. v. 11.7.2002, Rs. T–152/99 (Hijos de Andrés Molina/Kommission), Slg. 2002, II–3049
EuG, Urt. v. 17.10.2002, Rs. T–98/00 (Linde/Kommission), Slg. 2002, II–3961; EuG, Urt. v. 23.10.2002, verb. Rs. T–269/99, T–271/99 u. T–272/99 (Territorio Histórico de Guipúzcoa u. a./Kommission), Slg. 2002, II–4217
EuG, Urt. v. 23.10.2002, verb. Rs. T–346/99, T–347/99 u. T–348/99 (Territorio Histórico de Álava u. a./Kommission), Slg. 2002, II–4259
EuGH, Urt. v. 12.12.2002, Rs. C–456/00 (Frankreich/Kommission), Slg. 2002, I–11949
EuGH, Urt. v. 28.1.2003, Rs. C–334/99 (Deutschland/Kommission), Slg. 2003, I–1139
EuGH, Urt. v. 24.7.2003, Rs. C–280/00 (Altmark Trans), Slg. 2003, I–7747
EuG, Urt. v. 5.8.2003, verb. Rs. T–116/01 u. T–118/01 (P&Q European Ferries u. a./Kommission), Slg. 2003, II–2957
EuGH, Urt. v. 30.9.2003, verb. Rs. C–57/00 P u. C–61/00 P (Freistaat Sachsen u. a./Kommission), Slg. 2003, I–9975
EuG, Urt. v. 14.1.2004, Rs. T–109/01 (Fleuren Compost/Kommission), Slg. 2004, II–127
EuGH, Urt. v. 15.7.2004, Rs. C–345/02 (Pearle u. a.), Slg. 2004, I–7139
EuG, Urt. v. 21.10.2004, Rs. T–36/99 (Lenzing/Kommission), Slg. 2004, II–3597
EuG, Urt. v. 15.6.2005, Rs. T–17/02 (Olsen/Kommission), Slg. 2005, II–2031
EuGH, Urt. v. 23.2.2006, verb. Rs. C–346/03 u. C–529/03 (Atzeni u. a.), Slg. 2006, I–1875
EuGH, Urt. v. 30.3.2006, Rs. C–451/03 (Servizi Ausiliari Dottori Commercialist), Slg. 2006, I–2941
EuG, Urt. v. 23.11.2006, Rs. T–217/02 (Ter Lembeek/Kommission), Slg. 2006, II–4483
EuG, Urt. v. 29.3.2007, Rs. T–366/00 (Scott/Kommission), Slg. 2007, II–797
EuG, Urt. v. 12.2.2008, Rs. T–289/03 (BUPA u. a./Kommission), Slg. 2008, II–81
EuG, Urt. v. 25.6.2008, Rs. T–268/06 (Olympiaki Aeroporia Ypiresies), Slg. 2008, II–91
EuGH, Urt. v. 1.7.2008, Rs. C–341/06 P u. C–342/06 P (Chronopost), Slg. 2008, I–4777
EuG, Urt. v. 1.7.2008, Rs. T–266/02 (Deutsche Post AG/Kommission), Slg. 2008, II–1233
EuGH, Urt. v. 17.7.2008, Rs. C–206/06 (Essent Netwerk Noord u. a.), Slg. 2008, I–5497
EuG, Urt. v. 22.10.2008, verb. Rs. T–317/04, T–329/04 u. T–336/04 (TV 2/Danmark u. a./Kommission), Slg. 2008, II–2935
EuG, Urt. v. 28.11.2008, verb. Rs. T–254/00, T–270/00 u. T–277/00 (Hotel Cipriani u. a./Kommission), Slg. 2008, II–3269
EuG, Urt. v. 17.12.2008, Rs. T–196/04 (Ryanair/Kommission), Slg. 2008, II–364
EuGH, Urt. v. 22.12.2008, Rs. C–333/07 (Société Régie Networks), Slg. 2008, I–10807
EuG, Urt. v. 14.1.2009, Rs. T–162/06 (Kronoply), Slg. 2009, II–1
EuGH, Urt. v. 5.3.2009, Rs. C–350/07 (Kattner Stahlbau), Slg. 2009, I–1513
EuG, Urt. v. 11.3.2009, Rs. T–354/05 (TF1/Kommission), Slg. 2009, II–471
EuG, Urt. v. 3.3.2010, verb. Rs. T–102/07 u. T–120/07 (Freistaat Sachsen u. a./Kommission), Slg. 2010, II–585
EuG, Urt. v. 21.5.2010, verb. Rs. T–425/04, T–444/04, T–450/04 u. T–456/04 (Frankreich u. a./Kommission), Slg. 2010, II–2099
EuGH, Urt. v. 10.6.2010, Rs. C–140/09 (Fallimento Traghetti del Mediterraneo), Slg. 2010, I–5243

EuG, Urt. v. 1.7.2010, Rs. T–53/08 (Italien u.a./Kommission), Slg. 2010, II–3187
EuG, Urt. v. 1.7.2010, Rs. T–335/08 (BNP Paribas u.a./Kommission), Slg. 2010, II–3323
EuGH, Urt. v. 2.9.2010, Rs. C–290/07 P (Kommission/Scott), Slg. 2010, I–7763
EuGH, Urt. v. 2.9.2010, Rs. C–399/08 P (Kommission/Deutsche Post), Slg. 2010, I–7831
EuG, Urt. v. 9.9.2010, Rs. T–359/04 (British Aggregates Association u.a./Kommission), Slg. 2010, II–4227
EuGH, Urt. v. 2.12.2010, Rs. C–464/09 P (Holland Malt/Kommission), Slg. 2010, I–12443
EuGH, Urt. v. 16.12.2010, Rs. C–239/09 (Seydaland Vereinigte Agrarbetriebe), Slg. 2010, I–13083
EuGH, Urt. v. 16.12.2010, Rs. C–480/09 P (AceaElectrabel Produzione/Kommission), Slg. 2010, I–13355
EuG, Urt. v. 16.12.2010, verb. Rs. T–231/06 u. T–237/06 (Niederlande u.a./Kommission), Slg. 2010, II–5993
EuG, Urt. v. 24.3.2011, Rs. T–443/08 u. T–455/08 (Freistaat Sachsen u.a./Kommission), Slg. 2011, II–1311
EuG, Urt. v. 17.5.2011, Rs. T–1/08 (Buczek Automotive), Slg. 2011, II–2107
EuGH, Urt. v. 9.6.2011, verb. Rs. C–71/09 P, C–73/09 P u. C–76/09 P (Comitato »Venezia vuole vivere« u.a./Kommission), Slg. 2011, I–4727
EuGH, Urt. v. 8.9.2011, Rs. C–279/08 P (Kommission/Niederlande), Slg. 2011, I–7671
EuGH, Urt. v. 8.12.2011, Rs. C–275/10 (Residex Capital), ECLI:EU:C:2011:814
EuGH, Urt. v. 5.6.2012, Rs. C–124/10 P (Kommission/EDF u.a.), ECLI:EU:C:2012:318
EuG, Urt. v. 11.9.2012, Rs. T–565/08 (Corsica Ferries France/Kommission), ECLI:EU:T:2012:415
EuGH, Urt. v. 29.11.2012, Rs. C–262/11 (Kremikovtzi), ECLI:EU:C:2012:760
EuGH, Urt. v. 19.12.2012, Rs. C–288/11 P (Mitteldeutsche Flughafen u.a./Kommission), ECLI:EU:C:2012:821
EuGH, Urt. vom 28.2.2013, Rs. C–246/12 P (Ellinika Nafpigeia/Kommission), ECLI:EU:C:2013:133
EuGH, Urt. v. 18.3.2013, Rs. C–6/12 (P Oy), ECLI:EU:C:2013:525
EuGH, Urt. v. 19.3.2013, verb. Rs. C–399/10 P u. C–401/10 P (Bouygues u.a./Kommission u.a.), ECLI:EU:C:2013:175
EuGH, Urt. v. 21.3.2013, Rs. C–129/12 (Magdeburger Mühlenwerke), ECLI:EU:C:2013:200
EuGH, Urt. v. 8.5.2013, verb. Rs. C–197/11 u. C–203/11 (Libert u.a.), ECLI:EU:C:2013:288
EuGH, Urt. v. 30.5.2013, Rs. C–677/11 (Doux Élevage SNC), ECLI:EU:C:2013:348
EuGH, Urt. v. 13.6.2013, verb. Rs. C–630/11 P bis C–633/11 P (HGA u.a./Kommission), ECLI:EU:C:2013:387
EuG, Urt. v. 12.9.2013, Rs. T–347/09 (Deutschland/Kommission), ECLI:EU:T:2013:418
EuGH, Urt. v. 24.10.2013, Rs. C–214/12 P (Land Burgenland u.a.), ECLI:EU:C:2013:682
EuGH, Urt. v. 10.12.2013, Rs. C–272/12 P (Kommission/Irland u.a.), ECLI:EU:C:2013:812
EuGH, Urt. v. 19.12.2013, Rs. C–262/12 (Association Vent de Colère! u.a.), ECLI:EU:C:2013:851
EuGH, Urt. v. 13.2.2014, Rs. C–69/13 (Mediaset), ECLI:EU:C:2014:71
EuGH, Urt. v. 3.4.2014, Rs. C–224/12 P (Kommission/Niederlande u.a.), ECLI:EU:C:2014:213
EuGH, Urt. v. 3.4.2014, Rs. C–559/12 P (Frankreich/Kommission), ECLI:EU:C:2014:217
EuG, Urt. v. 16.7.2014, Rs. T–295/12 (Deutschland/Kommission), ECLI:EU:T:2014:675
EuG, Urt. v. 17.7.2014, Rs. T–457/09 (Westfälisch-Lippischer Sparkassen- und Giroverband/Kommission), ECLI:EU:T:2014:683
EuGH, Urt. v. 4.9.2014, verb. Rs. C–533/12 P u. C–536/12 P (SNMC/Kommission), ECLI:EU:C:2014:2142;
EuG, Urt. v. 9.9.2014, Rs. T–461/12 (Hansestadt Lübeck/Kommission), ECLI:EU:T:2014:758
EuGH, Urt. v. 17.9.2014, Rs. C–242/13 (Commerz Nederland), ECLI:EU:C:2014:2224
EuGH, Urt. v. 9.10.2014, Rs. C–522/13 (Ministerio de Defensa), ECLI:EU:C:2014:2262
EuG, Urt. v. 16.10.2014, Rs. T–177/10 (Alcoa Trasformazioni), ECLI:EU:T:2014:897
EuG, Urt. v. 7.11.2014, Rs. T–219/10 (Autogrill España/Kommission), ECLI:EU:T:2014:939
EuG, Urt. v. 3.12.2014, Rs. T–57/11 (Castelnou Energía/Kommission), ECLI:EU:T:2014:1021
EuG, Urt. v. 11.12.2014, Rs. T–251/11 (Österreich u.a./Kommission), ECLI:EU:T:2014:1060
EuGH, Urt. v. 14.1.2015, Rs. C–518/13 (Eventech), ECLI:EU:C:2015:9
EuGH, Urt. v. 5.3.2015, Rs. C–667/13 (Banca Privado Português u.a.), ECLI:EU:C:2015:151
EuGH, Urt. v. 19.3.2015, Rs. C–672/13 (OTP Bank Nyrt), ECLI:EU:C:2015:185
EuG, Urt. v. 25.3.2015, Rs. T–538/11 (Belgien/Kommission), ECLI:EU:T:2015:188
EuGH, Urt. v. 16.4.2015, Rs. C–690/13 (Trapeza Eurobank Ergasias), ECLI:EU:C:2015:235
EuG, Urt. v. 13.5.2015, Rs. T–511/09 (Niki Luftfahrt/Kommission), ECLI:EU:T:2015:284
EuGH, Urt. v. 4.6.2015, Rs. C–5/14 (Kernkraftwerke Lippe-Ems), ECLI:EU:C:2015:354

EuGH, Urt. v. 4.6.2015, Rs. C–15/14 P (Kommission/MOL), ECLI:EU:C:2015:362, Rn. 59
EuGH, Urt. v. 16.7.2015, Rs. C–39/14 (BVVG), ECLI:EU:C:2015:470
EuGH, Urt. v. 15.10.2015, verb. Rs. C–352/14 u. C–353/14 (Iglesias Gutiérrez u.a.), ECLI:EU:C:2015:691
EuGH, Urt. v. 11.11.2015, Rs. C–505/14 (Klausner Holz Niedersachsen), ECLI:EU:C:2015:742
EuG, Urt. v. 4.2.2016, Rs. T–620/11 (GFKL Financial Services/Kommission), ECLI:EU:T:2016:59
EuGH, Urt. v. 8.3.2016, Rs. C–431/14 P (Griechenland/Kommission), ECLI:EU:C:2016:145
EuG, Urt. v. 10.5.2016, Rs. T–47/15 (Deutschland/Kommission), ECLI:EU:T:2016:281

Wesentliche sekundärrechtliche Vorschriften

Verordnung (EG) Nr. 994/98 des Rates vom 7.5.1998 über die Anwendung der Artikel 92 und 93 des Vertrags zur Gründung der Europäischen Gemeinschaft [nunmehr: Art. 107 u. 108 AEUV] auf bestimmte Gruppen horizontaler Beihilfen, ABl. 1998, L 142/1

Verordnung (EG) Nr. 659/1999 des Rates vom 22.3.1999 über besondere Vorschriften für die Anwendung von Artikel 93 des EG-Vertrags [nunmehr: Art. 108 AEUV], ABl. 1999, L 83/1

Verordnung (EG) Nr. 1370/2007 des Europäischen Parlaments und des Rates vom 23.10.2007 über öffentliche Personenverkehrsdienste auf Schiene und Straße und zur Aufhebung der Verordnungen (EWG) Nr. 1191/69 und Nr. 1107/70 des Rates, ABl. 2007, L 315/1

Verordnung (EG) Nr. 597/2009 des Rates vom 11.6.2009 über den Schutz gegen subventionierte Einfuhren aus nicht zur Europäischen Gemeinschaft gehörenden Ländern ABl. 2009, L 188/93

Beschluss der Kommission vom 20.12.2011 über die Anwendung von Artikel 106 Absatz 2 des Vertrags über die Arbeitsweise der Europäischen Union auf staatliche Beihilfen in Form von Ausgleichsleistungen zugunsten bestimmter Unternehmen, die mit der Erbringung von Dienstleistungen von allgemeinem wirtschaftlichem Interesse betraut sind, ABl. 2012, L 7/3

Verordnung (EU) Nr. 360/2012 der Kommission vom 25.4.2012 über die Anwendung der Artikel 107 und 108 des Vertrags über die Arbeitsweise der Europäischen Union auf De-minimis-Beihilfen an Unternehmen, die Dienstleistungen von allgemeinem wirtschaftlichem Interesse erbringen, ABl. 2012, L 114/8

Verordnung (EU) Nr. 1307/2013 des Europäischen Parlaments und des Rates vom 17.12.2013 mit Vorschriften über Direktzahlungen an Inhaber landwirtschaftlicher Betriebe im Rahmen von Sonderregelungen der Gemeinsamen Agrarpolitik und zur Aufhebung der Verordnung (EG) Nr. 637/2008 des Rates und der Verordnung (EG) Nr. 73/2009 des Rates, ABl. 2013, L 347/608

Verordnung (EU) Nr. 1407/2013 der Kommission vom 18.12.2013 über die Anwendung der Artikel 107 und 108 des Vertrags über die Arbeitsweise der Europäischen Union auf De-minimis-Beihilfen, ABl. 2013, L 352/1

Verordnung (EU) Nr. 651/2014 der Kommission vom 17.6.2014 zur Feststellung der Vereinbarkeit bestimmter Gruppen von Beihilfen mit dem Binnenmarkt in Anwendung der Artikel 107 und 108 des Vertrags über die Arbeitsweise der Europäischen Union, ABl. 2014, L 187/1

Verordnung (EU) Nr. 702/2014 der Kommission vom 25.6.2014 zur Feststellung der Vereinbarkeit bestimmter Arten von Beihilfen im Agrar- und Forstsektor und in ländlichen Gebieten mit dem Binnenmarkt in Anwendung der Artikel 107 und 108 des Vertrags über die Arbeitsweise der Europäischen Union, ABl. 2014, L 193/1

Verordnung (EU) Nr. 1388/2014 der Kommission vom 16.12.2014 zur Feststellung der Vereinbarkeit bestimmter Gruppen von Beihilfen zugunsten von in der Erzeugung, Verarbeitung und Vermarktung von Erzeugnissen der Fischerei und der Aquakultur tätigen Unternehmen mit dem Binnenmarkt in Anwendung der Artikel 107 und 108 des Vertrags über die Arbeitsweise der Europäischen Union, ABl. 2014, L 369/37

Verordnung (EU) Nr. 2015/1588 des Rates vom 13.7.2015 über die Anwendung der Artikel 107 und 108 des Vertrags über die Arbeitsweise der Europäischen Union auf bestimmte Gruppen horizontaler Beihilfen, ABl. 2015, L 248/1

Verordnung (EU) Nr. 2015/1589 des Rates vom 13.7.2015 über besondere Vorschriften für die Anwendung von Artikel 108 des Vertrags über die Arbeitsweise der Europäischen Union, ABl. 2015, L 248/9

AEUV Art. 107   3. Teil – Titel VII: Regeln zu Wettbewerb, Steuern und Rechtsangleichung

Inhaltsübersicht   Rn.

A. Überblick 1
   I. Grundstruktur, Auslegung und Zweck der Norm 3
      1. Regel-Ausnahme-Verhältnis zwischen dem beihilferechtlichen
         Verbotstatbestand und den dazugehörigen Ausnahmetatbeständen 4
      2. EU-wirtschaftsverfassungsrechtlicher Hintergrund und Zweck der Norm .. 6
   II. Anwendungsbereich der Norm 9
      1. Sachlicher Anwendungsbereich 10
      2. Räumlicher Anwendungsbereich 11
      3. Zeitlicher Anwendungsbereich 12
   III. Fehlende unmittelbare Wirkung und Durchsetzung der Norm 13
      1. Prüfungsmonopol der Kommission und administrative Normdurchsetzung 14
      2. EU-beihilferechtsspezifische Aufgaben, Verpflichtungen und Befugnisse
         mitgliedstaatlicher Gerichte und Behörden 15
B. Regelungsgehalte und Tatbestandsmerkmale der Norm 17
   I. Beihilferechtlicher Verbotstatbestand (Absatz 1) 18
      1. Staatliche oder aus staatlichen Mitteln gewährte Beihilfen gleich welcher
         Art 19
         a) Der unionsrechtliche Beihilfebegriff als ein grundsätzlich weit
            auszulegender Rechtsbegriff 20
         b) Die Begünstigung bzw. die Gewährung eines wirtschaftlichen Vorteils als
            Kernelement des unionsrechtlichen Beihilfebegriffs 23
         c) Staatlichkeit der Beihilfe nach Maßgabe der Kriterien der
            Haushaltsbelastung und der Zurechenbarkeit 30
      2. Begünstigung bestimmter Unternehmen oder Produktionszweige 34
         a) Unternehmensbegriff 35
         b) Begriff des Produktionszweiges 37
         c) Selektivität der Begünstigung 38
      3. Tatsächliche oder drohende Wettbewerbsverfälschung 42
      4. Beeinträchtigung des Handels zwischen Mitgliedstaaten 43
      5. Abweichende vertragliche Sonderbestimmungen 45
   II. Legalausnahmen (Absatz 2) 47
      1. Beihilfen sozialer Art an einzelne Verbraucher (Buchst. a) 48
      2. Beihilfen zur Beseitigung bestimmter Schäden (Buchst. b) 51
      3. Beihilfen aus Gründen der früheren Teilung Deutschlands (Buchst. c) 53
   III. Ermessens- bzw. Fakultativausnahmen (Absatz 3) 55
      1. Regelungsspezifische Ermessens- und Beurteilungsspielräume der
         Kommission im Zusammenspiel mit zahlreichen Leitlinien, Mitteilungen
         und sog. Rahmen 56
      2. Beihilfen zur Förderung der wirtschaftlichen Entwicklung bestimmter
         benachteiligter Gebiete (Buchst. a) 59
      3. Beihilfen zur Förderung wichtiger Vorhaben von gemeinsamem
         europäischem Interesse oder zur Behebung einer beträchtlichen Störung im
         Wirtschaftsleben eines Mitgliedstaats (Buchst. b) 61
      4. Beihilfen zur Förderung der Entwicklung gewisser Wirtschaftszeige oder
         Wirtschaftsgebiete (Buchst. c) 63
      5. Beihilfen zur Förderung der Kultur und der Erhaltung des kulturellen Erbes
         (Buchst. d) 65
      6. Sonstige Arten von Beihilfen (Buchst. e) 68
C. Verhältnis zu anderen Bestimmungen 70

A. Überblick

1 Titel VII des dritten Teils des Vertrags über die Arbeitsweise der Europäischen Union hat »Gemeinsame Regeln betreffend Wettbewerb, Steuerfragen und Angleichung der Rechtsvorschriften« zum Gegenstand. Dementsprechend gliedert sich dieser Titel in drei Kapitel, von denen sich das Erste auf die »Wettbewerbsregeln« bezieht. Zu diesen Wettbewerbsregeln gehören nicht nur die in Abschnitt 1 dieses Kapitels niedergelegten »Vorschriften für Unternehmen« (Art. 101–106 AEUV), sondern auch die nicht minder bedeutsamen Art. 107–109 AEUV, die den auf »Staatliche Beihilfen« bezogenen Abschnitt 2 dieses Kapitels ausfüllen. Bei diesen Vorschriften handelt es sich um die drei primärrechtlichen Kernbestimmungen des EU-Beihilfenrechts, das wiederum einen integralen Bestandteil des im (Vertrags-)Protokoll Nr. 27 über den Binnenmarkt und den Wettbewerb[1] angesprochenen Systems unverfälschten Wettbewerbs bildet. Während sich Art. 108 AEUV im Wesentlichen auf einige verfahrensrechtliche Aspekte der vornehmlich der Kommission obliegenden unionalen Kontrolle mitgliedstaatlicher Beihilfen bezieht (s. Art. 108 AEUV, Rn. 1 ff.) und Art. 109 AEUV den Rat unter gewissen Voraussetzungen zum Erlass EU-beihilferechtlicher Durchführungsverordnungen ermächtigt, handelt es sich bei dem aus drei Absätzen bestehenden Art. 107 AEUV um die **materiell-rechtliche Kernbestimmung des EU-Beihilfenrechts**, in der in einer zum Teil überaus interpretationsoffenen bzw. konkretisierungsbedürftigen Weise geregelt ist, welche mitgliedstaatlichen Beihilfen mit dem Binnenmarkt (un-)vereinbar sind und welche mitgliedstaatlichen Beihilfen als mit dem Binnenmarkt vereinbar angesehen werden können.

Die verschiedenen Regelungsgehalte des Art. 107 AEUV (s. Rn. 17 ff.), der aus Art. 87 EGV hervorgegangen ist, stimmen weitgehend mit den bereits in Art. 92 des am 1.1.1958 in Kraft getretenen (Römischen) Vertrags zur Gründung der Europäischen Wirtschaftsgemeinschaft (s. Art. 1 EUV, Rn. 18) enthaltenen Regelungen überein, denen allerdings durch den am 1.11.1993 in Kraft getretenen Maastrichter Vertrag über die Europäische Union (s. Art. 1 EUV, Rn. 22) der nunmehr in Art. 107 Abs. 3 Buchst. d AEUV niedergelegte Ausnahmetatbestand für so genannte Kulturbeihilfen hinzugefügt worden ist. Die ursprünglich in Art. 92 Abs. 2 Buchst. c Satz 2 EWGV enthaltene Übergangsbestimmung für bestimmte Schiffsbaubeihilfen ist sodann durch den am 1.5.1999 in Kraft getreten Änderungsvertrag von Amsterdam (s. Art. 1 EUV, Rn. 25) gestrichen worden. Von seiner **Vorgängerbestimmung in Gestalt des Art. 87 EGV** weicht Art. 107 AEUV auf Grund des am 1.12.2009 in Kraft getretenen Lissabonner Reformvertrags (s. Art. 1 EUV, Rn. 33 ff.) zum einen insoweit ab, als nunmehr in allen drei Absätzen dieser Norm der Binnenmarktbegriff verwendet wird, mit dem der im damaligen Gemeinschaftsrecht einst dominante Begriff des Gemeinsamen Marktes im primären Unionsrecht vollständig ersetzt wurde.[2] Zum anderen hat der **Lissabonner Reformvertrag**, auf den im Übrigen auch die Einfügung der in Art. 107 Abs. 2 Buchst. c Satz 2 AEUV geregelten Beschlussbefugnis des Rates (s. Rn. 53) zurückzuführen ist, dafür gesorgt, dass sich der in Art. 107 Abs. 3 Buchst. a AEUV niedergelegte Ausnahmetatbestand in Abweichung von Art. 87 Abs. 3 Buchst. a EGV nunmehr explizit auch auf Beihilfen zur Förderung der in Art. 349 AEUV genannten Gebiete in äußerster Randlage bezieht (s. Rn. 59 f.). Auf die Grundstruktur, die Auslegung und den Zweck des Art. 107 AEUV

---

[1] ABl. 2012, C 326/309; näher zu diesem durchaus bedeutsamen Protokoll siehe m. w. N. unten unter Rn. 7.
[2] Ausführlicher zu der durch den Lissabonner Reformvertrag bewirkten und dabei nicht nur die hier in Rede stehende Gegenüberstellung des Art. 107 AEUV und seiner Vorgängerbestimmung (Art. 87 EGV), sondern das primäre Unionsrecht in seiner Gesamtheit betreffenden Ersetzung des Begriffs »Gemeinsamer Markt« durch den jüngeren – in inhaltlicher Hinsicht indes weitgehend deckungsgleichen – Binnenmarktbegriff vgl. *Blanke*, S. 369 (378 f.); *Nowak*, EuR-Beih. 1/2009, 129 (132 ff.).

(siehe dazu sogleich unter I.) haben sich die vorgenannten Änderungen indes nicht ausgewirkt. Gleiches gilt im Hinblick auf den sachlichen, räumlichen und zeitlichen Anwendungsbereich dieser Norm (II.), deren Durchsetzung in erster Linie – aber nicht allein – der vielfach als Hüterin der Verträge bezeichneten Kommission (s. Art. 13 EUV, Rn. 11) obliegt (III.).

I. Grundstruktur, Auslegung und Zweck der Norm

3   Nach Art. 107 Abs. 1 AEUV sind staatliche oder aus staatlichen Mitteln gewährte Beihilfen gleich welcher Art, die durch die Begünstigung bestimmter Unternehmen oder Produktionszweige den Wettbewerb verfälschen oder zu verfälschen drohen, mit dem Binnenmarkt unvereinbar, soweit sie den Handel zwischen Mitgliedstaaten beeinträchtigen. Bei dieser Bestimmung handelt es sich um einen primärrechtlichen **Verbotstatbestand**,[3] der sich mit einigen dazugehörigen Ausnahmetatbeständen in einem insbesondere die Auslegung aller drei Absätze des Art. 107 AEUV beeinflussenden Regel-Ausnahme-Verhältnis gegenübersteht (1). Dieses mit den etablierten Grundstrukturen der EU-Wirtschaftsverfassung harmonierende Regel-Ausnahme-Verhältnis trägt der binnenmarktrechtlichen Ambivalenz mitgliedstaatlicher Beihilfen Rechnung, die sich insbesondere auch in der Formulierung der mit Art. 107 AEUV verfolgten Ziele widerspiegelt (2.).

1. Regel-Ausnahme-Verhältnis zwischen dem beihilferechtlichen Verbotstatbestand und den dazugehörigen Ausnahmetatbeständen

4   Der in Art. 107 Abs. 1 AEUV niedergelegte Verbotstatbestand (s. Rn. 3 u. 18 ff.) begründet **kein absolutes Beihilfenverbot**.[4] Vielmehr gilt dieses Verbot nach Art. 107 Abs. 1 AEUV nur, »soweit in diesen Verträgen nicht etwas anderes bestimmt ist« (s. Rn. 45 f.). Zu den primärrechtlichen Ausnahmetatbeständen, die »etwas anderes« im vorgenannten Sinne bestimmen, gehören zunächst einmal die in Art. 107 Abs. 2 AEUV geregelten Legalausnahmen; diese Ausnahmen relativieren den in Art. 107 Abs. 1 AEUV niedergelegten Verbotstatbestand, indem sie bestimmte Beihilfen per se für mit dem Binnenmarkt vereinbar erklären (s. Rn. 47 ff.). Eine weitere Relativierung erfährt der in Art. 107 Abs. 1 AEUV niedergelegte Verbotstatbestand sodann unter anderem durch Art. 107 Abs. 3 AEUV, der verschiedene mitgliedstaatliche Beihilfen zum Gegenstand hat, die als mit dem Binnenmarkt vereinbar angesehen werden können (s. Rn. 55 ff.). Insoweit lässt sich dem Art. 107 AEUV zunächst einmal ein **präventives Verbot mit Genehmigungs- oder Erlaubnis- bzw. Befreiungsvorbehalt** entnehmen, dem die Beihilfengewährung durch die gegenwärtig 28 EU-Mitgliedstaaten bzw. durch mitgliedstaatliche Stellen unterliegt.[5] Der vorgenannte Vorbehalt wird auf sekundärrechtlicher Ebene wiederum durch so genannte **De-minimis-Verordnungen**[6] und vor allem

---

[3] Der Verbotscharakter des Art. 107 Abs. 1 AEUV ist unstreitig, vgl. nur *Arhold*, in: Montag/Säcker, Art. 107 AEUV, Rn. 101; *Bär-Bouyssière*, in: Schwarze, EU-Kommentar, Art. 107 AEUV, Rn. 2; *Bungenberg*, in: Birnstiel/Bungenberg/Heinrich, Kap. 1, 1. Teil, Rn. 5; *Cremer*, in: Calliess/Ruffert, EUV/AEUV, Art. 107 AEUV, Rn. 8; *Koenig/Hellstern*, EnzEuR, Bd. 4, § 14, Rn. 5; *v. Wallenberg/Schütte*, in: Grabitz/Hilf/Nettesheim, EU, Art. 107 AEUV (Oktober 2011), Rn. 15.
[4] In diesem Sinne vgl. auch statt vieler *Koenig/Hellstern*, EnzEuR, Bd. 4, § 14, Rn. 5.
[5] In diesem Sinne vgl. auch statt vieler *Bungenberg*, in: Birnstiel/Bungenberg/Heinrich, Kap. 1, 1. Teil, Rn. 5; *Knauff/Badenhausen*, VerwArch 105 (2014), 32 (33); *Koenig/Hellstern*, EnzEuR, Bd. 4, § 14, Rn. 5.
[6] Vgl. dazu insbesondere die VO (EU) Nr. 360/2012 der Kommission vom 25. 4. 2012 über die

durch verschiedene **Gruppenfreistellungsverordnungen** der Kommission[7] erweitert und konkretisiert, die sich auf eine entsprechende Ermächtigungsverordnung des Rates[8] stützen und in denen zahlreiche Freistellungstatbestände für verschiedenste Beihilfegruppen geregelt sind.[9]

Darüber hinaus ist unverkennbar, dass sich der in Art. 107 Abs. 1 AEUV niedergelegte Verbotstatbestand auf der einen Seite und die in Art. 107 Abs. 2 und 3 AEUV geregelten Legal- und Ermessensausnahmen auf der anderen Seite in einem **Regel-Ausnahme-Verhältnis** gegenüberstehen,[10] welches zunächst einmal eine zweistufige Prüfung mitgliedstaatlicher Fördermaßnahmen erzwingt bzw. nach sich zieht. In diesem Sinne ist in einem ersten Schritt die Tatbestandsmäßigkeit einer staatlichen Mittelzuführung am Maßstab des Art. 107 Abs. 1 AEUV zu prüfen, der sich bejahendenfalls in einem zweiten Schritt die Auseinandersetzung mit der Frage anschließt, ob die jeweilige Beihilfe in den Anwendungsbereich eines oder mehrerer der in Art. 107 Abs. 2 und 3 AEUV geregelten Ausnahmetatbestände (s. Rn. 47 ff. u. 55 ff.) fällt und/oder von anderen vertraglichen Ausnahmebestimmungen wie etwa Art. 106 Abs. 2 AEUV (s. Rn. 29 f.) erfasst wird. Insofern sind diese Ausnahmen von der Kommission erst dann zu prüfen, wenn sie eine staatliche Maßnahme als Beihilfe im Sinne des Art. 107 Abs. 1 AEUV eingestuft hat.[11] Darüber hinaus wirkt sich das hier in Rede stehende Regel-Ausnahme-Verhältnis in erheblicher Weise auf die **Auslegung des Art. 107 AEUV** aus, da der Unionsrichter primärrechtliche Verbotstatbestände als Grundsatzbestimmungen

---

Anwendung der Artikel 107 und 108 des Vertrags über die Arbeitsweise der Europäischen Union auf De-minimis-Beihilfen an Unternehmen, die Dienstleistungen von allgemeinem wirtschaftlichem Interesse erbringen, ABl. 2012, L 114/8; sowie die VO (EU) Nr. 1407/2013 der Kommission vom 18.12.2013 über die Anwendung der Artikel 107 und 108 des Vertrags über die Arbeitsweise der Europäischen Union auf De-minimis-Beihilfen, ABl. 2013, L 352/1; ausführlicher zu diesen Verordnungen vgl. *Sinnaeve*, EStAL 2014, 261 ff.

[7] Vgl. dazu insbesondere die VO (EU) Nr. 651/2014 der Kommission vom 17.6.2014 zur Feststellung der Vereinbarkeit bestimmter Gruppen von Beihilfen mit dem Binnenmarkt in Anwendung der Artikel 107 und 108 des Vertrags über die Arbeitsweise der Europäischen Union, ABl. 2014, L 187/1 (nachfolgend: »AGVO 651/2014«); die VO (EU) Nr. 702/2014 der Kommission vom 25.6.2014 zur Feststellung der Vereinbarkeit bestimmter Arten von Beihilfen im Agrar- und Forstsektor und in ländlichen Gebieten mit dem Binnenmarkt in Anwendung der Artikel 107 und 108 des Vertrags über die Arbeitsweise der Europäischen Union, ABl. 2014, L 193/1; sowie die VO (EU) Nr. 1388/2014 der Kommission vom 16.12.2014 zur Feststellung der Vereinbarkeit bestimmter Gruppen von Beihilfen zugunsten von in der Erzeugung, Verarbeitung und Vermarktung von Erzeugnissen der Fischerei und der Aquakultur tätigen Unternehmen mit dem Binnenmarkt in Anwendung der Artikel 107 und 108 des Vertrags über die Arbeitsweise der Europäischen Union, ABl. 2014, L 369/37.

[8] Vgl. dazu insbesondere die VO (EG) Nr. 994/98 des Rates vom 7.5.1998 über die Anwendung der Artikel 92 und 93 des Vertrags zur Gründung der Europäischen Gemeinschaft [nunmehr: Art. 107 u. 108 AEUV] auf bestimmte Gruppen horizontaler Beihilfen, ABl. 1998, L 142/1; zur Ersetzung dieser Verordnung durch eine neue »Ermächtigungsverordnung« vgl. die VO (EU) Nr. 2015/1588 des Rates vom 13.7.2015 über die Anwendung der Artikel 107 und 108 des Vertrags über die Arbeitsweise der Europäischen Union auf bestimmte Gruppen horizontaler Beihilfen, ABl. 2015, L 248/1.

[9] Ausführlich zum Ganzen vgl. m.w.N. *Nowak*, in: Immenga/Mestmäcker, Wettbewerbsrecht, Band 3, Einl. AGVO 651/2014, Rn. 1 ff.

[10] So auch vgl. statt vieler *Bungenberg*, in: Birnstiel/Bungenberg/Heinrich, Einl., Rn. 102; *Koenig/Hellstern*, EnzEuR, Bd. 4, § 14, Rn. 6; *Kühling*, in: Streinz, EUV/AEUV, Art. 107 AEUV, Rn. 5; ferner vgl. in diesem Sinne EuG, Urt. v. 16.10.2014, Rs. T–177/10 (Alcoa Trasformazioni), ECLI:EU:T:2014:897, Rn. 107.

[11] So auch vgl. etwa EuG, Urt. v. 12.12.2000, Rs. T–296/97 (Alitalia/Kommission), Slg. 2000, II–3871, Rn. 73.

regelmäßig weit auslegt,[12] während er unionsrechtliche Ausnahmebestimmungen in aller Regel eng auslegt.[13] Vor diesem Hintergrund ist es nur konsequent, dass der Gerichtshof in ständiger Rechtsprechung eine grundsätzlich weite Auslegung des in Art. 107 Abs. 1 AEUV niedergelegten Verbotstatbestands favorisiert,[14] die wiederum mit einer grundsätzlich engen Auslegung der in Art. 107 Abs. 2 und 3 AEUV geregelten Ausnahmetatbestände einhergeht.[15]

2. EU-wirtschaftsverfassungsrechtlicher Hintergrund und Zweck der Norm

6   Das vorgenannte Regel-Ausnahme-Verhältnis, das zwischen dem in Art. 107 Abs. 1 AEUV niedergelegten Verbotstatbestand und den dazugehörigen Ausnahmetatbeständen besteht, fügt sich nahtlos in die maßgeblich durch die Grundfreiheiten und die Wettbewerbsregeln des Vertrags über die Arbeitsweise der Europäischen Union sowie durch die in der Charta der Grundrechte der Europäischen Union enthaltenen Wirtschaftsgrundrechte geprägte **EU-Wirtschaftsverfassung** ein. Dieser unionsrechtlichen Teilverfassung ist ein bereichsübergreifendes Regel-Ausnahme-Verhältnis zwischen der Markt-, Wirtschafts- und Wettbewerbsfreiheit auf der einen Seite und hoheitlichen Marktinterventionen auf der anderen Seite immanent,[16] welches die grundsätzlich weite Auslegung grundfreiheitlicher und wettbewerbsrechtlicher Verbotstatbestände (s. Rn. 5) sowie die gesteigerte Rechtfertigungs- und Begründungsbedürftigkeit marktinterventionistischer Regelungen oder Maßnahmen der Unionsorgane und der Mitgliedstaaten in zusätzlicher Weise legitimiert.

---

[12] Exemplarisch dazu, in spezieller Ansehung der grundfreiheitlichen Verbotstatbestände, vgl. EuGH, Urt. v. 11.7.1974, Rs. 8/74 (Dassonville), Slg. 1974, 837, Rn. 5; Urt. v. 17.7.2008, Rs. C–94/07 (Raccanelli), Slg. 2008, I–5939, Rn. 33; Urt. v. 22.12.2008, Rs. C–161/07 (Kommission/Österreich), Slg. 2008, I–10671, Rn. 24; Urt. v. 8.9.2010, Rs. C–409/06 (Winner Wetten), Slg. 2010, I–8015, Rn. 46. Zur grundsätzlich weiten Auslegung auch EU-kartellrechtlicher Verbotstatbestände vgl. etwa EuGH, Urt. v. 13.7.1966, verb. Rs. 56 u. 58/64 (Consten u. Grundig), Slg. 1966, 299 (386 ff.); EuG, Urt. v. 14.7.1994, Rs. T–66/92 (Herlitz/Kommission), Slg. 1994, II–531, Rn. 32; Urt. v. 14.5.1998, Rs. T–347/94 (Mayr-Melnhof/Kommission, Slg. 1998, II–1751, Rn. 65.

[13] Zur grundsätzlich engen Auslegung der im Einzelfall zur Rechtfertigung mitgliedstaatlicher Grundfreiheitseingriffe zur Verfügung stehenden Rechtfertigungsgründe vgl. etwa EuGH, Urt. v. 14.3.2000, Rs. C–54/99 (AES de Paris u.a.), Slg. 2000, I–1335, Rn. 17; Urt. v. 29.4.2004, verb. Rs. C–482/01 u. C–493/01 (Orfanopoulos u.a.), Slg. 2004, I–5257, Rn. 64; Urt. v. 18.12.2007, Rs. C–341/05 (Laval), Slg. 2007, I–11767, Rn. 117; Urt. v. 19.6.2008, Rs. C–319/06 (Kommission/Luxemburg), Slg. 2008, I–4323, Rn. 30; Urt. v. 30.4.2009, Rs. C–531/07 (Fachverband der Buch- und Medienwirtschaft), Slg. 2009, I–3717, Rn. 32; Urt. v. 21.1.2010, Rs. C–546/07 (Kommission/Deutschland), Slg. 2010, I–439, Rn. 48. Zur entsprechend engen Auslegung des in Art. 101 Abs. 3 AEUV niedergelegten Freistellungstatbestands vgl. etwa EuGH, Urt. v. 17.1.1984, verb. Rs. 43/82 u. 63/82 (VBVB u.a.), Slg. 1984, 19, Rn. 61; Urt. v. 11.4.1989, Rs. 66/86 (Ahmed Saeed Flugreisen), Slg. 1989, 803, Rn. 32; EuG, Urt. v. 8.6.1995, Rs. T–7/93 (Langnese-Iglo), Slg. 1995, II–1533, Rn. 177.

[14] Exemplarisch dazu vgl. EuGH, Urt. v. 8.9.2011, Rs. C–279/08 P (Kommission/Niederlande), Slg. 2011, I–7671, Rn. 104, jeweils mit Anm. *Bloch*, N&R 2012, 19 ff.; *Sauter/Vedder*, E.L.Rev. 37 (2012), 327 ff.

[15] Exemplarisch dazu vgl. EuGH, Urt. v. 23.2.2006, verb. Rs. C–346/03 u. C–529/03 (Atzeni u.a.), Slg. 2006, I–1875, Rn. 79; EuG, Urt. v. 17.7.2014, Rs. T–457/09 (Westfälisch-Lippischer Sparkassen- und Giroverband/Kommission), ECLI:EU:T:2014:683, Rn. 200; Urt. v. 16.10.2014, Rs. T–177/10 (Alcoa Trasformazioni), ECLI:EU:T:2014:897, Rn. 107.

[16] Ausführlicher dazu vgl. jeweils m.w.N. *Hatje*, in: v. Bogdandy/Bast, Europäisches Verfassungsrecht, S. 801 ff.; *Müller-Graff*, S. 173 ff.; *Nowak*, in: Bruha/Nowak/Petzold, S. 45 ff.; *ders.*, EuR-Beih. 1/2009, 129 ff.

Den zentralen Bezugspunkt der EU-Wirtschaftsverfassung (s. Rn. 6), der nach Art. 3 **7**
Abs. 3 UAbs. 1 Satz 2 EUV eine Systementscheidung für eine in hohem Maße wettbewerbsfähige soziale Marktwirtschaft zugrunde liegt,[17] stellt der **Binnenmarkt** dar, dessen Errichtung bzw. Verwirklichung gemäß Art. 3 Abs. 3 UAbs. 1 Satz 1 EUV zu den fundamentalen Verfassungszielen der Europäischen Union gehört.[18] Konstituierende Bedeutung für diesen Binnenmarkt haben vornehmlich die zu den maßgeblichen Funktionsgarantien der EU-Wirtschaftsverfassung zählenden Grundfreiheiten und Wettbewerbsregeln des Vertrags über die Arbeitsweise der Europäischen Union. Während sich dies für die Grundfreiheiten unmittelbar aus Art. 26 Abs. 2 AEUV ergibt, wonach der Binnenmarkt einen Raum ohne Binnengrenzen umfasst, in dem der freie Verkehr von Waren, Personen, Dienstleistungen und Kapital gemäß den Bestimmungen der Verträge gewährleistet ist, folgt dies für die Wettbewerbsregeln aus dem (Vertrags-)**Protokoll Nr. 27 über den Binnenmarkt und den Wettbewerb**.[19] Nach diesem Protokoll, das nach Art. 51 EUV einen integralen Bestandteil der Verträge bildet und somit zum primären Unionsrecht gehört (s. Art. 51 EUV, Rn. 1 ff.), umfasst der in Art. 3 Abs. 3 UAbs. 1 Satz 1 EUV angesprochene Binnenmarkt nicht nur die vorgenannten Grundfreiheiten, sondern auch ein System, das den Wettbewerb vor Verfälschungen schützt.

Einen Kernbestandteil des vorgenannten Systems unverfälschten Wettbewerbs bildet **8** zunächst einmal das in den Art. 101 ff. AEUV geregelte EU-Kartellrecht einschließlich der sekundärrechtlich geregelten Fusionskontrolle.[20] Einen weiteren – nicht minder bedeutsamen – Kernbestandteil des vorgenannten Systems unverfälschten Wettbewerbs bildet sodann der durch die Art. 108 und 109 AEUV flankierte Art. 107 AEUV, der gewährleisten soll, dass der Wettbewerb innerhalb des Binnenmarktes nicht verfälscht wird.[21] Zu diesem Zweck soll der in Art. 107 Abs. 1 AEUV niedergelegte Verbotstatbestand als ein zentrales Element des EU-Beihilfenrechts, das im Verbund mit den Grundfreiheiten und dem EU-Kartellrecht die Funktion und die Wettbewerbsfähigkeit des Binnenmarkts sichert,[22] zunächst einmal verhindern, dass der Handel zwischen den Mitgliedstaaten durch von staatlichen Stellen gewährte Vergünstigungen beeinträchtigt wird, die in verschiedener Form durch die Begünstigung bestimmter Unternehmen oder Produktionszweige den Wettbewerb verfälschen oder zu verfälschen drohen.[23] Mit dieser Regelung, die zugleich der **Verhinderung unkontrollierter Subventions- bzw. Bei-**

---

[17] Näher zu dieser Systementscheidung vgl. etwa *Damjanovic*, CMLRev. 50 (2013), 1685 ff.; *Kotzur*, S. 197 ff.; *Nowak*, EuR-Beih. 2/2011, 21 ff.

[18] Ausführlich zur Genese und zur Interpretation des unionsrechtlichen Binnenmarktbegriffes sowie zu den normativen Kernbestandteilen des unionsrechtlichen Binnenmarktkonzepts vgl. m. w. N. *Nowak*, EuR-Beih. 1/2009, 129 ff.; sowie *Blanke*, S. 369 ff.; *Griller*, S. 1 ff.; *Hatje*, in: v. Bogdandy/Bast, Europäisches Verfassungsrecht, S. 801 ff.; *Müller-Graff*, EnzEuR, Bd. 1, § 9, Rn. 1 ff.

[19] ABl. 2012, C 326/309; näher zu diesem in EU-wettbewerbs- und wirtschaftsverfassungsrechtlicher Hinsicht überaus bedeutsamen Protokoll siehe *Nowak*, Europarecht, S. 225 ff.; *ders.*, EuR-Beih. 2/2011, 21 (31 ff.); *Weiß*, EuR-Beih. 2/2011, 47 (54 ff.).

[20] VO (EG) Nr. 139/2004 des Rates vom 20.1.2004 über die Kontrolle von Unternehmenszusammenschlüssen, ABl. 2004 L 24/1, i. V. m. der auf dieser Grundlage erlassenen VO (EG) Nr. 802/2004 der Kommission vom 7.4.2004 zur Durchführung der VO (EG) Nr. 139/2004 des Rates über die Kontrolle von Unternehmenszusammenschlüssen, ABl. 2004, L 133/1.

[21] Vgl. EuG, Urt. v. 22.11.2001, Rs. T–9/98 (Mitteldeutsche Erdöl-Raffinerie/Kommission, Slg. 2001, II–3367, Rn. 113.

[22] Zu dieser Zielrichtung des EU-Beihilfenrechts vgl. auch statt vieler *Hirschberger*, S. 225.

[23] Vgl. EuG, Urt. v. 10.5.2000, Rs. T–46/97 (SIC/Kommission), Slg. 2000, II–2125, Rn. 77; Urt. v. 14.12.2000, Rs. T–613/97 (Ufex u. a./Kommission), Slg. 2000, II–4055, Rn. 64; Urt. v. 25.3.2015, Rs. T–538/11 (Belgien/Kommission), ECLI:EU:T:2015:188, Rn. 62.

hilfenwettläufe zwischen den Mitgliedstaaten dienen soll,[24] wird dem Umstand Rechnung getragen, dass die durch selektive Begünstigungen einzelner Unternehmen oder Produktionszweige verursachten Wettbewerbsverfälschungen nicht nur die zwischenstaatlichen Handelsströme verzerren, sondern auch die optimale Ressourcenallokation negativ beeinträchtigen und somit zu Wohlfahrtsverlusten oder Wohlfahrtsminderungen führen können.[25] Eine ausnahmslose Verurteilung oder Diskreditierung staatlicher Subventionen oder sonstiger Vorteilsgewährleistungen kommt allerdings nicht in Betracht, da derartige Förderinstrumente bzw. Marktinterventionen, die in umfangreicher Weise als Instrument zur Durchsetzung bedeutsamer Allgemeinwohlbelange etwa umwelt-, kultur- oder sozialpolitischer Art eingesetzt werden, unter bestimmten Umständen zur optimalen Ressourcenallokation beitragen, teilweise auch handels- und/oder wettbewerbsfördernde Wirkungen entfalten können und in manchen Fällen geradezu unerlässlich sind, um vorhandene Marktstörungen, Marktunvollkommenheiten oder ein bestimmtes Marktversagen zu überwinden oder zu korrigieren.[26] Vor diesem Hintergrund leuchtet nicht nur die Existenz der etwa in Art. 107 Abs. 2 und 3 AEUV niedergelegten Ausnahmetatbestände ein, denen bei der Formulierung des Haupt- oder Primärzwecks des gesamten Art. 107 AEUV gebührend Rechnung zu tragen ist.[27] Vielmehr macht die vorgenannte **Ambivalenz staatlicher Subventionen und Beihilfen** zugleich verständlicher, warum die Kommission mit ihrem so genannten State Aid Action Plan[28] aus dem Jahre 2005 eine umfassende Überarbeitung der materiellen und verfahrensrechtlichen Beihilfevorschriften eingeleitet hat, die unter anderem auf eine verfeinerte wirtschaftliche Betrachtungsweise (sog. more refined economic approach) bei der Überprüfung staatlicher Beihilfen ausgerichtet ist[29] und später in die vieldiskutierte Mitteilung über die **Modernisierung des EU-Beihilfenrechts** aus dem Jahr 2012[30] einmündete, die darüber hinaus auf eine Förderung eines nachhaltigen Wachstums in einem wettbewerbsfähigen Binnenmarkt, auf die Konzentration der Ex-ante-Prüfung der

---

[24] Zu dieser allg. anerkannten Zielrichtung vgl. auch *Mederer*, in: GSH, Europäisches Unionsrecht, vor Art. 107–109 AEUV, Rn. 2; *v. Wallenberg/Schütte*, in: Grabitz/Hilf/Nettesheim, EU, Art. 107 AEUV (Oktober 2011), Rn. 10.

[25] Näher dazu vgl. etwa *Göcke*, S. 9ff.; *Lowenfeld*, S. 216; *Tietje*, in: *ders.*, S. 145; *Wolfram*, S. 211.

[26] Näher dazu vgl. etwa *Luengo Hernández de Madrid*, S. 27; *McGuire*, The International Trade Journal 16 (2002), 319 (322); *Trebilcock/Howse*, S. 282; *Zampetti*, J.W.T. 29 (1995), 5 (6).

[27] Folgerichtig vgl. insoweit *Müller-Graff*, in: Vedder/Heintschel von Heinegg, Europäisches Unionsrecht, Art. 107 AEUV, Rn. 3, wonach der Primärzweck des Art. 107 AEUV darin besteht, den durch die transnationalen marktöffnenden Grundfreiheiten ermöglichten Wettbewerb auf dem Binnenmarkt vor Verfälschung durch staatliche Beihilfen zu schützen, ohne aber die Möglichkeit bestimmter gemeinwohldienlicher Beihilfen auszuschließen.

[28] *Kommission*, Aktionsplan staatliche Beihilfen – Weniger und besser ausgerichtete staatliche Beihilfen – Roadmap zur Reform des Beihilferechts 2005–2009 (Konsultationspapier), KOM(2005) 107 endg.; näher zu diesem Plan vgl. *Heithecker*, in: Immenga/Körber, S. 141 (149ff.); *Filpo*, EStAL 2010, 323ff.; *Kleiner*, S. 1 (10ff.); *Lübbig/Martín-Ehlers*, S. 31ff.; *Petzold*, Beihilfenkontrolle im Europäischen Mehrebenensystem, S. 109ff.; *Quigley*, S. 179f.; *Verouden*, EStAL 2015, 459 (460f.).

[29] Ausführlicher dazu vgl. *Ababou*, EStAL 2011, 149ff.; *Bartosch*, EStAL 2007, 587f.; *Behrens*, in: Birnstiel/Bungenberg/Heinrich, Einl. Rn. 156ff.; *Coppi*, The role of economics in State aid analysis, S. 64ff.; *ders.*, EStAL 2/2012 (Supplement), 37 (39f.); *Farley*, EStAL 2010, 369ff.; *Friederiszick/Röller*, EStAL 2007, 592ff.; *Holzleitner*, in: Schröter/Jakob/Klotz/Mederer, S. 2132ff.; *Kaupa*, EStAL 2009, 311ff.; *Lübbig/Martín-Ehlers*, S. 36ff.; *Oldale//Piffaut*, S. 3 (19ff.).

[30] KOM(2012) 209 endg.; näher dazu vgl. etwa *Friederiszick/Tosini*, EStAL 2013, 46ff.; *Luja*, 2012, 765f.; *Plank*, in: Immenga/Körber, S. 81ff.; *Plank/Walch*, EuZW 2012, 613ff.; *Verouden*, EStAL 2015, 459 (462ff.); *Woll*, in: Immenga/Körber, S. 101ff.

Kommission auf Fälle mit besonders großen Auswirkungen auf den Binnenmarkt, auf die Stärkung der Zusammenarbeit zwischen den Mitgliedstaaten bei der Durchsetzung der EU-Beihilfevorschriften, auf die Straffung der Regeln sowie auf den schnelleren Erlass von Beschlüssen abzielt.[31]

II. Anwendungsbereich der Norm

Im Hinblick auf den insgesamt weiten Anwendungsbereich des Art. 107 AEUV ist zwischen dem sachlichen Anwendungsbereich (1.), dem räumlichen Anwendungsbereich (2.) und dem zeitlichen Anwendungsbereich (3.) dieser Vorschrift zu unterscheiden. 9

1. Sachlicher Anwendungsbereich

In sachlicher Hinsicht erstreckt sich der Anwendungsbereich des Art. 107 AEUV grundsätzlich auf sämtliche wirtschaftliche Tätigkeiten aller Unternehmen und Wirtschafts- bzw. Produktionszweige im Bereich des Waren- und Dienstleistungsverkehrs, soweit in den Verträgen – d. h. im EU-Vertrag und im Vertrag über die Arbeitsweise der EU (s. Art. 1 EUV, Rn. 61) – nicht ausnahmsweise etwas anderes geregelt ist.[32] Prominente **Ausnahmeregelungen** der vorgenannten Art finden sich nicht nur in Art. 107 Abs. 2 und 3 AEUV (s. Rn. 47 ff. u. 55 ff.), sondern auch in Art. 43 AEUV für den Bereich der Landwirtschaft,[33] in Art. 106 Abs. 2 AEUV für Dienstleistungen von allgemeinem wirtschaftlichen Interesse (s. Rn. 29 f.) sowie in den Art. 93 und 98 AEUV für den Verkehrssektor[34] (s. Rn. 45 f.). In Bezug auf beihilferechtliche Sachverhalte, die den **Euratom-Vertrag** (s. Art. 1 EUV, Rn. 18 u. 62) berühren, ist Art. 107 AEUV als lex specialis anzusehen, soweit diese Sachverhalte nicht den beihilferechtlichen Sonderbestimmungen des Vertrags zur Gründung der Europäischen Atomgemeinschaft unterfallen.[35] Seit dem Ablauf der fünfzigjährigen Geltungsdauer des Vertrags zur Gründung der so genannten **Montanunion** bzw. der Europäischen Gemeinschaft für Kohle und Stahl im Sommer 2002 (s. Art. 1 EUV, Rn. 16 u. 23) gilt Art. 107 AEUV grundsätzlich auch für die vormals von diesem Montanvertrag erfassten Beihilfen, wobei allerdings wiederum einige sekundärrechtliche Sonderregelungen zu beachten sind.[36] Da sich Art. 107 Abs. 1 AEUV ausschließlich auf staatliche und auf aus staatlichen Mitteln gewährte Beihilfen bezieht, unterfallen so genannte **Unionsbeihilfen** zwar nicht dem in den Art. 107–109 AEUV geregelten EU-Beihilferegime,[37] umstritten ist jedoch insbesondere in Ansehung der aus den verschiedenen EU-Struktur- und Kohäsionsfonds fließenden Zuwendungen, ob es sich dabei tatsächlich um Unionsbeihilfen oder nicht doch auf Grund des erheblichen mitgliedstaatlichen Einflusses auf die konkrete Förderung um staatliche 10

---

[31] Vgl. KOM(2012) 209 endg., Rn. 8.; sowie *Kleiner*, S. 1 (10 ff.); *Plank*, ZWeR 2014, 271 ff.
[32] Näher dazu vgl. auch *Bungenberg*, in: Birnstiel/Bungenberg/Heinrich, Einl., Rn. 102 ff.
[33] Ausführlich zu den darauf beruhenden beihilferechtlichen Besonderheiten im Agrarsektor vgl. jeweils m. w. N. *Erhart*, in: Schröter/Jakob/Klotz/Mederer, S. 2357 ff.; *Schweighofer*, in: Birnstiel/Bungenberg/Heinrich, Kap. 3, 1. Teil, Rn. 1 ff.
[34] Ausführlich zu den darauf beruhenden beihilferechtlichen Besonderheiten im Verkehrssektor vgl. jeweils m. w. N. *Rusche*, in: Schröter/Jakob/Klotz/Mederer, S. 2448 ff.; *Knauff*, in: Birnstiel/Bungenberg/Heinrich, Kap. 3, 3. Teil, Rn. 195 ff.
[35] In diesem Sinne vgl. auch *Kühling*, in: Streinz, EUV/AEUV, Art. 107 AEUV, Rn. 16; *Schwab*, in: Montag/Säcker, Art. 107 AEUV, Rn. 30 f.
[36] Ausführlich zum rechtlichen Rahmen staatlicher Beihilfen für den Steinkohlebergbau vgl. m. w. N. *Gödeke*, in: Birnstiel/Bungenberg/Heinrich, Kap. 3, 4. Teil, Rn. 338 ff.
[37] So auch vgl. statt vieler *Kühling*, in: Streinz, EUV/AEUV, Art. 107 AEUV, Rn. 18.

Beihilfen handelt, die gegebenenfalls am Maßstab des Art. 107 AEUV zu prüfen wären.[38]

2. Räumlicher Anwendungsbereich

11 Der räumliche Anwendungsbereich des Art. 107 AEUV orientiert sich an Art. 52 EUV und erstreckt sich insoweit zunächst einmal auf das **Territorium aller** gegenwärtig 28 **EU-Mitgliedstaaten** (s. Art. 52 EUV, Rn. 4 ff.). Ergänzend ist in diesem Kontext auf Art. 355 AEUV hinzuweisen, der zahlreiche Sonderregelungen zum räumlichen Geltungsbereich des EU-Vertrags und des Vertrags über die Arbeitsweise der Europäischen Union enthält, die unter anderem **europäische Gebiete in äußerster Randlage** sowie überseeische Länder und Hoheitsgebiete betreffen (s. Art. 355 AEUV, Rn. 1 ff.). Beihilfen, die von den EU-Mitgliedstaaten an Unternehmen außerhalb der Union gewährt werden, können ebenfalls unter Art. 107 AEUV fallen, soweit dadurch der Wettbewerb im Binnenmarkt verfälscht und der Handel zwischen Mitgliedstaaten beeinträchtigt wird.[39] Gleiches gilt, soweit es um staatliche Beihilfen an in der Union ansässige Unternehmen zur Finanzierung von Vorhaben in Drittländern geht.[40] Eine gewisse räumliche Erweiterung erfährt Art. 107 AEUV schließlich insoweit, als die EU durch unterschiedlichste **Abkommen** im Rahmen ihrer verschiedenen Assoziations-, Partnerschafts- und Nachbarschaftspolitiken mit zahlreichen europäischen und außereuropäischen Drittstaaten verbunden ist,[41] die zum Teil vergleichbare oder ähnliche beihilferechtliche Bestimmungen enthalten.[42]

3. Zeitlicher Anwendungsbereich

12 Für die sechs Gründungsstaaten gilt das heute im Vertrag über die Arbeitsweise der Europäischen Union geregelte EU-Beihilferegime und damit auch Art. 107 AEUV seit dem am 1.1.1958 erfolgten Inkrafttreten des damaligen Vertrags zur Gründung der Europäischen Wirtschaftsgemeinschaft (s. Art. 1 EUV, Rn. 18). Für alle anderen EU-Mitgliedstaaten ist für die Bindung an dieses Regime – vorbehaltlicher etwaiger Sonderregelungen in der jeweiligen Beitrittsakte – grundsätzlich das Datum ihres jeweiligen Beitritts zur damaligen EG bzw. zur EU maßgeblich.[43] Beihilfen der Mitgliedstaaten, die vor ihrem Beitritt bzw. vor dem **Inkrafttreten der Verträge** gewährt wurden, unterliegen unter bestimmten Voraussetzungen dem in Art. 108 Abs. 1 AEUV geregelten Verfahren der fortlaufenden Kontrolle bestehender Beihilfen[44] (s. Art. 108 AEUV, Rn. 4 ff.).

---

[38] Ausführlich zu dieser zum Teil schwierigen Abgrenzungsproblematik vgl. m. w. N. *Petzold*, in: Birnstiel/Bungenberg/Heinrich, Kap. 4, 1. Teil, Rn. 1 ff., und 2. Teil, Rn. 36 ff.
[39] So auch vgl. statt vieler *Mederer*, in: Schröter/Jakob/Klotz/Mederer, S. 2027.
[40] Exemplarisch dazu vgl. den Beschluss der Kommission vom 12.1.2011 über die steuerliche Abschreibung des finanziellen Geschäfts- oder Firmenwerts bei Erwerb von Beteiligungen an ausländischen Unternehmen C 45/07 (ex NN 51/07, ex CP 9/07) in Spanien ABl. 2011, L 135/1.
[41] Vgl. *Nowak*, EuR 2010, 746 ff.; *ders.*, in: GSH, Europäisches Unionsrecht, Art. 8 EUV, Rn. 1 ff.
[42] Ausführlicher dazu vgl. etwa *Bungenberg*, in: Birnstiel/Bungenberg/Heinrich, Kap. 6, Rn. 1 ff.; *Held*, in: Schröter/Jakob/Klotz/Mederer, S. 2593 ff. u. S. 2605 ff.; *Weck/Reinhold*, EuZW 2015, 376 (377 ff.); *Zurkinden/Baudenbacher*, in: Schröter/Jakob/Klotz/Mederer, S. 2600 ff.
[43] Näher dazu vgl. *Mederer*, in: Schröter/Jakob/Klotz/Mederer, S. 2028.
[44] Instruktiv dazu vgl. auch EuGH, Urt. v. 29.11.2012, Rs. C–262/11 (Kremikovtzi), ECLI:EU:C:2012:760, Rn. 51 ff.; ausführlicher zu dieser Entscheidung vgl. *Stoycheva/Papazova*, EStAL 2013, 646 ff.

III. Fehlende unmittelbare Wirkung und Durchsetzung der Norm

Üblicherweise entfalten die binnenmarktrechtlichen Verbotstatbestände des Vertrags über die Arbeitsweise der Europäischen Union unmittelbare Wirkung, so dass sich die von etwaigen Zuwiderhandlungen betroffenen natürlichen oder juristischen Personen zu ihren Gunsten vor mitgliedstaatlichen Gerichten auf diese unmittelbar anwendbaren Verbotstatbestände berufen können. Dies gilt nach der ständigen Rechtsprechung des Unionsrichters jedenfalls für alle grundfreiheitlichen Verbotstatbestände[45] sowie für die in Art. 101 Abs. 1 und 102 AEUV niedergelegten Verbotstatbestände des EU-Kartellrechts.[46] Auf den in Art. 107 Abs. 1 AEUV niedergelegten Verbotstatbestand lässt sich dies indes nicht übertragen, da diese für die gegenwärtig 28 EU-Mitgliedstaaten verbindliche und dabei zugleich am (Anwendungs-)Vorrang des Unionsrechts (s. Art. 1 EUV, Rn. 45) teilnehmende Bestimmung[47] aus sich heraus **keine unmittelbare Direktwirkung** zu Gunsten Einzelner entfaltet und sich einzelne Unternehmen somit nicht unter Bezugnahme auf Art. 107 Abs. 1 AEUV auf die Unvereinbarkeit staatlicher oder aus staatlichen Mitteln gewährter Beihilfen mit dem Binnenmarkt berufen können, solange die Kommission keinen entsprechenden Unvereinbarkeitsbeschluss erlassen hat.[48] Aus dieser bereichsspezifischen Besonderheit ergibt sich hinsichtlich der Beurteilung der Binnenmarktkompatibilität staatlicher oder aus staatlichen Mitteln gewährter Beihilfen ein auf administrative Art und Weise auszuübendes Prüfungsmonopol der Kommission (1.), dem im Rahmen des EU-beihilferechtlichen »Kontrollsystems«[49] allerdings einige (ergänzende) bereichsspezifische Aufgaben, Verpflichtungen und Befugnisse mitgliedstaatlicher Gerichte und Behörden (2.) hinzutreten.

13

1. Prüfungsmonopol der Kommission und administrative Normdurchsetzung

Aus der fehlenden unmittelbaren Direktwirkung des in Art. 107 Abs. 1 AEUV niedergelegten Verbotstatbestands (s. Rn. 13) ergibt sich hinsichtlich der Beurteilung der Binnenmarktkompatibilität staatlicher oder aus staatlichen Mitteln gewährter Beihilfen eine **ausschließliche Zuständigkeit der Kommission**,[50] die häufig auch als »Prüfungs-

14

---

[45] Vgl. dazu insbesondere EuGH, Urt. v. 5.2.1963, Rs. 26/62 (Van Gend & Loos), Slg. 1963, 1 (24 ff.); sowie Urt. v. 21.6.1974, Rs. 2/74 (Reyners), Slg. 1974, 631, Rn. 16 ff.; Urt. v. 3.12.1974, Rs. 33/74 (van Binsbergen), Slg. 1974, 1299, Rn. 24/26 u. 27; Urt. v. 4.12.1974, Rs. 41/74 (van Duyn), Slg. 1974, 1337, Rn. 5/7; Urt. v. 11.12.2007, Rs. C–438/05 (Viking Line), Slg. 2007, I–10779, Rn. 68; Urt. v. 18.12.2007, Rs. C–341/05 (Laval), Slg. 2007, I–11767, Rn. 97.

[46] Zur unmittelbaren Wirksamkeit bzw. Anwendbarkeit der hier in Rede stehenden Wettbewerbsregeln und den dadurch eröffneten Möglichkeiten der privaten Kartellrechtsdurchsetzung vgl. etwa EuGH, Urt. v. 30.1.1974, Rs. 127/73 (BRT/SABAM), Slg. 1974, S. 51, Rn. 15/17; Urt. v. 28.2.1991, Rs. C–234/89 (Delimitis), Slg. 1991, I–935, Rn. 45; Urt. v. 18.3.1997, Rs. C–282/95 P (Guérin automobiles/Kommission), Slg. 1997, I–1503, Rn. 39; Urt. v. 20.9.2001, Rs. C–453/99 (Courage), Slg. 2001, I–6297, Rn. 23 ff.; Urt. v. 13.7.2006, verb. Rs. C–295/04 bis C–298/04 (Manfredi u.a.), Slg. 2006, I–6619, Rn. 59 ff.

[47] Zu diesen Wirkungsdimensionen des Art. 107 Abs. 1 AEUV vgl. auch *v.d. Hout*, ZEuS 2015, 391 (392).

[48] Vgl. nur EuGH, Urt. v. 22.3.1977, Rs. 78/76 (Steinike u. Weinlig), Slg. 1977, 595 Rn. 10.

[49] Zur recht häufigen Verwendung dieses Begriffs vgl. etwa auch EuGH, Urt. v. 19.3.2015, Rs. C–672/13 (OTP Bank Nyrt), ECLI:EU:C:2015:185, Rn. 36; Urt. v. 15.10.2015, verb. Rs. C–352/14 u. C–353/14 (Iglesias Gutiérrez u.a.), ECLI:EU:C:2015:691, Rn. 26; Urt. v. 11.11.2015, Rs. C–505/14 (Klausner Holz Niedersachsen), ECLI:EU:C:2015:742, Rn. 20.

[50] Vgl. nur EuG, Urt. v. 11.3.2009, Rs. T–354/05 (TF1/Kommission), Slg. 2009, II–471, Rn. 109; EuGH, Urt. v. 13.2.2014, Rs. C–69/13 (Mediaset), ECLI:EU:C:2014:71, Rn. 20.

monopol« der Kommission bezeichnet wird.[51] Gleiches ist damit gemeint, wenn der Unionsrichter gelegentlich formuliert, dass die Art. 107 und 108 AEUV der Kommission »eine zentrale Rolle bei der Feststellung der etwaigen Unvereinbarkeit einer Beihilfe« verleihen,[52] die von wenigen EU-beihilferechtlichen Beschlussbefugnissen des Rates (s. Rn. 68 f. u. Art. 108 AEUV, Rn. 44 ff.) flankiert wird. Befindet bzw. entscheidet die Kommission über die (Un-)Vereinbarkeit staatlicher Beihilfen mit dem Binnenmarkt, so unterliegt sie bei der Ausübung dieser ausschließlichen Zuständigkeit[53] der **Kontrolle des Unionsrichters**,[54] der dabei aber selbst nicht über die Vereinbarkeit staatlicher Beihilfen mit dem Binnenmarkt entscheiden kann.[55] Die Befugnis des Unionsrichters, mitgliedstaatlichen Gerichten im Rahmen des in Art. 267 AEUV geregelten Vorabentscheidungsverfahrens Hinweise zur Auslegung des Unionsrechts zu geben, die es diesen mit der dezentralen Durchsetzung des in Art. 108 Abs. 3 Satz 3 AEUV geregelten Durchführungsverbots betrauten Gerichten (s. Rn. 15) ermöglicht, festzustellen, ob eine bestimmte nationale Maßnahme als »staatliche Beihilfe« im Sinne des Unionsrechts angesehen werden kann, bleibt hiervon unberührt.[56] Soweit die Kommission von ihrem der Kontrolle des Unionsrichters unterliegenden Prüfungsmonopol Gebrauch macht, geschieht dies im Wesentlichen in Anwendung des vom Rat auf der Grundlage des Art. 109 AEUV erlassenen Beihilfenkontrollverfahrensrechts, dessen Kernbestandteil lange Zeit die nunmehr durch **die neue Beihilfenverfahrensverordnung (EU) Nr. 2015/1589**[57] ersetzte Durchführungsverordnung (EG) Nr. 659/1999 des Rates vom 22.3.1999 über besondere Vorschriften für die Anwendung von Artikel 93 des EG-Vertrags[58] [nunmehr: Art. 108 AEUV] bildete (s. Art. 109 AEUV, Rn. 24 ff.). Darüber hinaus ist die Kommission im Anwendungsbereich EU-beihilferechtsspezifischer Gruppenfreistellungsverordnungen (s. Rn. 4) zur Wahrnehmung bestimmter **Monitoring-Aufgaben** befugt und verpflichtet,[59] die unter anderem den in Art. 10 der Allgemeinen Gruppenfreistellungs-VO (EU) Nr. 651/2001 geregelten Entzug des Rechtsvorteils einer Gruppenfreistellung einschließen.[60]

---

[51] Vgl. statt vieler *Kliemann*, in: Schröter/Jakob/Klotz/Mederer, S. 2033.
[52] Vgl. EuGH, Urt. v. 10.12.2013, Rs. C–272/12 P (Kommission/Irland u. a.), ECLI:EU:C:2013:812, Rn. 48.
[53] Vgl. nur EuGH, Urt. v. 8.12.2011, Rs. C–275/10 (Residex Capital), ECLI:EU:C:2011:814, Rn. 27, mit Anm. *v. Bonin*, EuZW 2012, 106 ff., *Quardt*, BRZ 2012, 3 ff.; Urt. v. 13.2.2014, Rs. C–69/13 (Mediaset), ECLI:EU:C:2014:71, Rn. 20; Urt. v. 11.11.2015, Rs. C–505/14 (Klausner Holz Niedersachsen), ECLI:EU:C:2015:742, Rn. 21, mit Anm. *Ruffert*, JuS 2016, 660; *Streinz*, NVwZ 2016, 603.
[54] Vgl. nur EuGH, Urt. v. 15.10.2015, verb. Rs. C–352/14 u. C–353/14 (Iglesias Gutiérrez u. a.), ECLI:EU:C:2015:691, Rn. 26.
[55] Vgl. nur EuGH, Urt. v. 10.6.2010, Rs. C–140/09 (Fallimento Traghetti del Mediterraneo), Slg. 2010, I–5243, Rn. 22; Urt. v. 16.7.2015, Rs. C–39/14 (BVVG), ECLI:EU:C:2015:470, Rn. 19.
[56] Vgl. EuGH, Urt. v. 16.7.2015, Rs. C–39/14 (BVVG), ECLI:EU:C:2015:470, Rn. 20; mit Anm. *Heinrich*, EuZW 2015, 752 f.; *Ilgner*, NVwZ 2015, 1750 f.
[57] VO (EU) Nr. 2015/1589 des Rates vom 13.7.2015 über besondere Vorschriften für die Anwendung von Artikel 108 des Vertrags über die Arbeitsweise der Europäischen Union, ABl. 2015, L 248/9.
[58] ABl. 1999, L 83/1, nachfolgend: »VO 659/1999«; näher zu dieser Verordnung vgl. jeweils m. w. N. die Kommentierungen zu Art. 108 AEUV, Rn. 1 ff., und zu Art. 109 AEUV, Rn. 24 f.
[59] Vgl. *Nowak*, in: Immenga/Mestmäcker, Wettbewerbsrecht, Band 3, Einl. AGVO 651/2014, Rn. 22 ff.
[60] Ausführlich dazu vgl. *Nowak*, in: ebd., Art. 10 AGVO 651/2014, Rn. 1 ff.

2. EU-beihilferechtsspezifische Aufgaben, Verpflichtungen und Befugnisse mitgliedstaatlicher Gerichte und Behörden

Die Europäische Kommission ist nicht die einzige Akteurin, die im Rahmen des EU-beihilferechtlichen Kontrollsystems (s. Rn. 13f.) bestimmte Verantwortlichkeiten und Befugnisse wahrnimmt. Vielmehr beruht die Anwendung der Unionsregeln im Bereich der staatlichen Beihilfen auf einer gegenseitigen **Verpflichtung zu loyaler Zusammenarbeit** zwischen den nationalen Gerichten einerseits und der Kommission und den Unionsgerichten andererseits, in deren Rahmen jeder entsprechend der ihm durch den Vertrag über die Arbeitsweise der Europäischen Union zugewiesenen Rolle handelt.[61] Soweit der Kommission im Rahmen dieses Systems insbesondere mitgliedstaatliche Gerichte zur Seite stehen, sind deren Verantwortlichkeiten und Befugnisse[62] nicht mit denen der Kommission zu vergleichen,[63] zumal diese mitgliedstaatlichen Gerichte insbesondere nicht dazu befugt sind, über die Frage nach der Binnenmarktkompatibilität staatlicher oder aus staatlichen Mitteln gewährter Beihilfen zu entscheiden,[64] hinsichtlich derer die Kommission über ein Prüfungsmonopol bzw. über eine ausschließliche Zuständigkeit verfügt (s. Rn. 14). Gleichwohl kommt diesen Gerichten eine erhebliche Bedeutung im Rahmen der dezentralen **Durchsetzung des in Art. 108 Abs. 3 Satz 3 AEUV niedergelegten Durchführungsverbots** zu (s. Art. 108 AEUV, Rn. 49ff.). In diesem Bereich können mitgliedstaatliche Gerichte nämlich auf Grund der unmittelbaren Anwendbarkeit oder Wirkung des in Art. 108 Abs. 3 Satz 3 AEUV niedergelegten Durchführungsverbots mit Rechtsstreitigkeiten befasst werden, in deren Rahmen sie den in Art. 107 Abs. 1 AEUV enthaltenen Beihilfebegriff (s. Rn. 20ff.) auszulegen und anzuwenden haben, insbesondere um zu bestimmen, ob eine staatliche Maßnahme dem Anmelde- bzw. Vorprüfungsverfahren nach Art. 108 Abs. 3 AEUV hätte unterworfen werden müssen oder nicht. Stoßen diese Gerichte, die aus einer etwaigen Verletzung des in Art. 108 Abs. 3 Satz 3 AEUV niedergelegten Durchführungsverbots unionsrechtskonforme Folgerungen nach innerstaatlichem Recht einschließlich der Rückforderung bereits gewährter Beihilfen zu ziehen haben (s. Art. 108 AEUV, Rn. 50), bei der vorgenannten **Auslegung oder Anwendung des in Art. 107 Abs. 1 AEUV enthaltenen Beihilfebegriffs** auf Schwierigkeiten, so können sie im Wege des in Art. 267 AEUV niedergelegten Vorabentscheidungsverfahrens weiterführende Hinweise des Gerichtshofs zur Auslegung des Unionsrechts einholen,[65] die ihnen die Feststellung ermöglichen, ob eine bestimmte nationale Maßnahme als »staatliche Beihilfe« im Sinne des Unionsrechts angesehen werden kann oder nicht; diese Möglichkeit bleibt von dem auf die Frage nach

---

[61] So vgl. auch EuGH, Urt. v. 13.2.2014, Rs. C–69/13 (Mediaset), ECLI:EU:C:2014:71, Rn. 29, mit dem weiteren – auf Art. 4 Abs. 3 EUV Bezug nehmenden – Hinweis darauf, dass die nationalen Gerichte im Rahmen dieser Zusammenarbeit alle zur Erfüllung der unionsrechtlichen Verpflichtungen geeigneten Maßnahmen allgemeiner oder besonderer Art treffen müssen sowie alle Maßnahmen zu unterlassen haben, die die Verwirklichung der Ziele des Vertrags gefährden könnten.

[62] Instruktiv dazu vgl. insbesondere auch die Bekanntmachung der Kommission über die Durchsetzung des Beihilfenrechts durch die einzelstaatlichen Gerichte, ABl. 2009 C 85/1.

[63] In diesem Sinne vgl. etwa auch EuGH, Urt. v. 18.3.2013, Rs. C–6/12 (P Oy), ECLI:EU:C:2013:525, Rn. 37; Urt. v. 19.3.2015, Rs. C–672/13 (OTP Bank Nyrt), ECLI:EU:C:2015:185, Rn. 36; Urt. v. 15.10.2015, verb. Rs. C–352/14 u. C–353/14 (Iglesias Gutiérrez u.a.), ECLI:EU:C:2015:691, Rn. 26.

[64] Vgl. EuG, Urt. v. 11.3.2009, Rs. T–354/05 (TF1/Kommission), Slg. 2009, II–471, Rn. 139; EuGH, Urt. v. 19.3.2015, Rs. C–672/13 (OTP Bank Nyrt), ECLI:EU:C:2015:185, Rn. 37.

[65] Zur Frage, unter welchen Voraussetzungen diese Vorlagemöglichkeit in eine Vorlageverpflichtung mitgliedstaatlicher Gerichte umschlägt, vgl. m.w.N. *Nowak*, Europarecht, S. 185ff.

der (Un-)Vereinbarkeit einer staatlichen Beihilfe mit dem Binnenmarkt bezogenen Prüfungsmonopol der Kommission (s. Rn. 14) unberührt.[66]

16 Die EU-beihilferechtsspezifischen Verpflichtungen und Befugnisse mitgliedstaatlicher Behörden weichen von den vorgenannten Verantwortlichkeiten und Befugnissen mitgliedstaatlicher Gerichte zunächst einmal insoweit ab, als sie ausweislich des Art. 267 AEUV nicht zur Einschaltung bzw. »Anrufung« des Gerichtshofs im Wege des Vorabentscheidungsverfahrens befugt sind. Folglich treten mitgliedstaatliche Behörden, die auf Grund des Verbotscharakters des Art. 107 Abs. 1 AEUV (s. Rn. 3) nicht gegen diese Bestimmung verstoßen dürfen, insbesondere bei der **Rückforderung unionsrechtswidriger Beihilfen**[67] sowie bei der ex ante-Prüfung der Frage in Erscheinung, ob eine geplante Beihilfe die Freistellungsvoraussetzungen einer einschlägigen De-minimis- oder Gruppenfreistellungsverordnung (s. Rn. 4) erfüllt. Dem treten im letztgenannten Kontext wiederum einige sekundärrechtlich geregelte **Veröffentlichungs- und Informationspflichten** der auf die Freistellungsfähigkeit gewährter Beihilfen vertrauenden Mitgliedstaaten hinzu,[68] die wiederum durch bestimmte mitgliedstaatliche **Berichterstattungs- und Aufzeichnungspflichten** flankiert werden,[69] damit die Kommission im Anwendungsbereich der jeweiligen Gruppenfreistellungsverordnung ihre so genannten Monitoring-Aufgaben (s. Rn. 14) wahrnehmen bzw. erfüllen kann.

B. Regelungsgehalte und Tatbestandsmerkmale der Norm

17 Die in Art. 107 AEUV enthaltenen Regelungen lassen sich in einen weitreichenden Verbotstatbestand sowie in einige dazugehörige Legalausnahmen und Fakultativ- bzw. Ermessensausnahmen unterteilen. Der in Art. 107 Abs. 1 AEUV niedergelegte Verbotstatbestand regelt zunächst einmal, welche Beihilfen unter welchen Umständen grundsätzlich nicht mit dem von der Zielbestimmung des Art. 3 Abs. 3 UAbs. 1 Satz 1 EUV erfassten Binnenmarkt vereinbar sind (I.). In Art. 107 Abs. 2 AEUV, der die so genannten Legalausnahmen zum Gegenstand hat, werden sodann einige Beihilfen ausnahmsweise für mit dem Binnenmarkt vereinbar erklärt, obwohl sie an sich die Tatbestandsvoraussetzungen des Art. 107 Abs. 1 AEUV erfüllen (II.). Von diesen Legalausnahmen sind schließlich die in Art. 107 Abs. 3 AEUV geregelten Fakultativ- bzw. Ermessensausnahmen zu unterscheiden; diese Ausnahmen beziehen sich auf verschiedene Beihilfen, die von der Kommission als mit dem Binnenmarkt vereinbar angesehen werden können (III.).

---

[66] Vgl. EuGH, Urt. v. 16.7.2015, Rs. C–39/14 (BVVG), ECLI:EU:C:2015:470, Rn. 20, mit Anm. *Heinrich*, EuZW 2015, 752f.

[67] Ausführlicher zu diesem vielschichtigen Komplex vgl. statt vieler und etwa jeweils m.w.N. *Bungenberg*, in: Birnstiel/Bungenberg/Heinrich, Kap. 2, 2. Teil: Art. 14 VO 659/1999, Rn. 516ff.; *Ghazarian*, EStAL 2016, 228ff.; *Lessenich*, in: Schröter/Jakob/Klotz/Mederer, S. 2540; *Lübbig/Martín-Ehlers*, S. 346ff.

[68] Vgl. *Nowak*, in: Immenga/Mestmäcker, Wettbewerbsrecht, Band 3, Art. 9 AGVO 651/2014, Rn. 1ff.

[69] Näher dazu vgl. *Nowak*, in: ebd., Art. 11 AGVO 651/2014, Rn. 1ff., und Art. 12 AGVO 651/2014, Rn. 1ff.

I. Beihilferechtlicher Verbotstatbestand (Absatz 1)

Nach Art. 107 Abs. 1 AEUV sind staatliche oder aus staatlichen Mitteln gewährte Beihilfen gleich welcher Art (1.), die durch die Begünstigung bestimmter Unternehmen oder Produktionszweige (2.) den Wettbewerb verfälschen oder zu verfälschen drohen (3.), mit dem Binnenmarkt unvereinbar, soweit sie den Handel zwischen Mitgliedstaaten beeinträchtigen (4.) und soweit in den Verträgen nicht etwas anderes bestimmt ist (5.). Diese Voraussetzungen müssen kumulativ erfüllt sein, um eine mitgliedstaatliche Fördermaßnahme oder Vergünstigung als eine mit dem Binnenmarkt grundsätzlich unvereinbare Beihilfe im Sinne des Art. 107 Abs. 1 AEUV einstufen zu können.[70]

1. Staatliche oder aus staatlichen Mitteln gewährte Beihilfen gleich welcher Art

Der in Art. 107 Abs. 1 AEUV niedergelegte Verbotstatbestand setzt zunächst das Vorliegen einer staatlichen oder aus staatlichen Mitteln gewährten Beihilfe gleich welcher Art voraus. Bei dem weder in dieser Norm noch anderswo im primären Unionsrecht definierten Beihilfebegriff handelt es sich um einen Rechtsbegriff, der anhand objektiver Kriterien auszulegen ist und somit unter Berücksichtigung der konkreten Umstände des jeweils anhängigen Rechtsstreits sowie des technischen und/oder komplexen Charakters der von der Kommission vorgenommenen Beurteilungen der umfassenden unionsgerichtlichen Kontrolle unterliegt.[71] In diesem Kontext muss der Unionsrichter nicht nur die sachliche Richtigkeit, die Zuverlässigkeit und die Kohärenz der von der Kommission angeführten Beweise prüfen, sondern auch kontrollieren, ob diese Beweise alle relevanten Daten darstellen, die bei der Beurteilung einer komplexen Situation heranzuziehen waren, und ob sie die aus ihnen gezogenen Schlüsse zu stützen vermögen.[72] Häufig gehen die vorgenannten Beurteilungen der Kommission aber auch mit komplexen wirtschaftlichen Würdigungen einher.[73] Dies ist insbesondere deshalb bedeutsam, weil der Unionsrichter seine gerichtliche Kontrolle einer Handlung der Kommission, die eine solche Würdigung einschließt, im Wege der **Reduktion der gerichtlichen Kontrolldichte** auf die Prüfung der Frage beschränkt, ob die Verfahrens- und Begründungsvorschriften eingehalten worden sind, ob der Sachverhalt, der der getroffenen Entscheidung zugrunde gelegt wurde, zutreffend festgestellt worden ist und ob keine offensichtlich fehlerhafte Würdigung dieses Sachverhalts und kein Ermessensmissbrauch vorliegen.[74] Der **Rechtsbegriff der staatlichen Beihilfe**, der in der einschlägigen Recht-

---

[70] Vgl. EuG, Urt. v. 1.7.2008, Rs. T–266/02 (Deutsche Post AG/Kommission), Slg. 2008, II–1233, Rn. 70; EuGH, Urt. v. 10.6.2010, Rs. C–140/09 (Fallimento Traghetti del Mediterraneo), Slg. 2010, I–5243, Rn. 31; EuG, Urt. v. 17.5.2011, Rs. T–1/08 (Buczek Automotive), Slg. 2011, II–2107, Rn. 66; EuGH, Urt. v. 2.9.2010, Rs. C–399/08 P (Kommission/Deutsche Post), Slg. 2010, I–7831, Rn. 38; Urt. v. 5.3.2015, Rs. C–667/13 (Banca Privado Português u.a.), ECLI:EU:C:2015:151, Rn. 45; Urt. v. 16.7.2015, Rs. C–39/14 (BVVG), ECLI:EU:C:2015:470, Rn. 23.

[71] Vgl. EuGH, Urt. v. 16.5.2000, Rs. C–83/98 P (Frankreich/Ladbroke Racing u. Kommission), Slg. 2000, I–3271, Rn. 25; EuG, Urt. v. 21.5.2010, verb. Rs. T–425/04, T–444/04, T–450/04 u. T–456/04 (Frankreich u.a./Kommission), Slg. 2010, II–2099, Rn. 219; Urt. v. 24.3.2011, Rs. T–443/08 u. T–455/08 (Freistaat Sachsen u.a./Kommission), Slg. 2011, II–1311, Rn. 90; Urt. v. 11.9.2012, Rs. T–565/08 (Corsica Ferries France/Kommission), ECLI:EU:T:2012:415, Rn. 88.

[72] Vgl. nur EuGH, Urt. v. 4.9.2014, verb. Rs. C–533/12 P u. C–536/12 P (SNMC/Kommission), ECLI:EU:C:2014:2142, Rn. 15 m.w.N., mit Anm. *Galletti*, CMLRev. 52 (2015), 1095 ff.

[73] Vgl. nur EuG, Urt. v. 24.3.2011, Rs. T–443/08 u. T–455/08 (Freistaat Sachsen u.a./Kommission), Slg. 2011, II–1311, Rn. 90.

[74] Vgl. EuGH, Urt. v. 1.7.2008, Rs. C–341/06 P u. C–342/06 P (Chronopost), Slg. 2008, I–4777, Rn. 141 ff.; EuG, Urt. v. 24.3.2011, Rs. T–443/08 u. T–455/08 (Freistaat Sachsen u.a./Kommission), Slg. 2011, II–1311, Rn. 90.

sprechung des Unionsrichters grundsätzlich weit interpretiert wird und insoweit alle denkbaren Formen staatlicher Fördermaßnahmen unabhängig von ihrem jeweiligen Zweck erfasst (a), kann im Prinzip mit dem ebenfalls in Art. 107 Abs. 1 AEUV enthaltenen Begünstigungsbegriff gleichgesetzt werden, dessen wesentliches Merkmal die Gewährung eines wirtschaftlichen Vorteils darstellt (b). Derartige Vorteilsgewährungen unterfallen allerdings nur dann dem in Art. 107 Abs. 1 AEUV enthaltenen Beihilfebegriff, wenn es sich dabei um staatliche oder aus staatlichen Mitteln gewährte Begünstigungen handelt (c).

a) Der unionsrechtliche Beihilfebegriff als ein grundsätzlich weit auszulegender Rechtsbegriff

20 Bei dem in Art. 107 Abs. 1 AEUV enthaltenen Beihilfebegriff handelt es sich um einen unionsrechtsautonom zu bestimmenden Rechtsbegriff, der im primären Unionsrecht nicht definiert wird. Umso bedeutsamer ist daher im vorliegenden Zusammenhang die EU-beihilferechtliche Rechtsprechung des Unionsrichters, die gerade auch dem hier in Rede stehenden Beihilfebegriff in den vergangenen Jahren und Jahrzehnten immer klarere Konturen verliehen hat. Nach gefestigter Rechtsprechung des Unionsrichters erfasst der unionsrechtliche Beihilfebegriff im Sinne des Art. 107 Abs. 1 AEUV, der als ein objektiver Begriff[75] bzw. als ein objektiver Rechtsbegriff anhand objektiver Kriterien auszulegen ist,[76] nicht nur positive Leistungen wie **Subventionen**, sondern auch solche Maßnahmen, die in verschiedener Form die Belastungen[77] vermindern, die ein Unternehmen normalerweise zu tragen hat, und die somit zwar keine Subventionen im strengen Sinne des Wortes darstellen, diesen aber nach Art und Wirkung gleichstehen.[78] Insoweit werden grundsätzlich auch **Steuervergünstigungen**, Befreiungen von Soziallasten und sonstige **Abgabenbefreiungen** von dem in Art. 107 Abs. 1 AEUV enthaltenen Beihilfebegriff erfasst.[79] Gleiches gilt unter bestimmten Voraussetzungen grundsätzlich

---

[75] Zu dieser regelmäßigen Einstufung vgl. etwa EuG, Urt. v. 1.7.2008, Rs. T–266/02 (Deutsche Post AG/Kommission), Slg. 2008, II–1233, Rn. 71; Urt. v. 12.9.2013, Rs. T–347/09 (Deutschland/Kommission), ECLI:EU:T:2013:418, Rn. 61.

[76] So vgl. nur EuG, Urt. v. 11.7.2002, Rs. T–152/99 (Hijos de Andrés Molina/Kommission), Slg. 2002, II–3049, Rn. 159; Urt. v. 13.5.2015, Rs. T–511/09 (Niki Luftfahrt/Kommission), ECLI:EU:T:2015:284, Rn. 125; zu der sich daraus ergebenden Konsequenz, dass der Unionsrichter die Frage, ob eine bestimmte Maßnahme in den Anwendungsbereich des Art. 107 Abs. 1 AEUV fällt, insoweit grundsätzlich unter Berücksichtigung der konkreten Umstände des anhängigen Rechtsstreits und des technischen und/oder komplexen Charakters der von der Kommission vorgenommenen Beurteilungen umfassend zu überprüfen hat, vgl. nur EuG, Urt. v. 17.10.2002, Rs. T–98/00 (Linde/Kommission), Slg. 2002, II–3961, Rn. 40.

[77] Zur Konkretisierung des hier in Rede stehenden Belastungsbegriffs vgl. insbesondere EuG, Urt. v. 25.3.2015, Rs. T–538/11 (Belgien/Kommission), ECLI:EU:T:2015:188, Rn. 76 ff.

[78] Vgl. EuGH, Urt. v. 17.6.1999, Rs. C–75/97 (Belgien/Kommission), Slg. 1999, I–3671, Rn. 23; Urt. v. 17.6.1999, Rs. C–295/97 (Piaggio), Slg. 1999, I–3735, Rn. 34; Urt. v. 27.6.2000, Rs. C–404/97 (Kommission/Portugal), Slg. 2000, I–4897, Rn. 44; Urt. v. 19.9.2000, Rs. C–156/98 (Deutschland/Kommission), Slg. 2000, I–6857, Rn. 25; EuG, Urt. v. 17.5.2011, Rs. T–1/08 (Buczek Automotive), Slg. 2011, II–2107, Rn. 68; EuGH, Urt. v. 8.11.2001, Rs. C–143/99 (Adria-Wien Pipeline), Slg. 2001, I–8365, Rn. 38; Urt. v. 16.7.2015, Rs. C–39/14 (BVVG), ECLI:EU:C:2015:470, Rn. 26.

[79] Vgl. dazu etwa EuGH, Urt. v. 19.9.2000, Rs. C–156/98 (Deutschland/Kommission), Slg. 2000, I–6857, Rn. 17 ff.; EuG, Urt. v. 21.10.2004, Rs. T–36/99 (Lenzing/Kommission), Slg. 2004, II–3597, Rn. 137; EuGH, Urt. v. 8.5.2013, verb. Rs. C–197/11 u. C–203/11 (Libert u. a.), ECLI:EU:C:2013:288, Rn. 71 ff.; Urt. v. 9.10.2014, Rs. C–522/13 (Ministerio de Defensa), ECLI:EU:C:2014:2262, Rn. 23 ff.; Urt. v. 4.6.2015, Rs. C–5/14 (Kernkraftwerke Lippe-Ems), ECLI:EU:C:2015:354, Rn. 72.

auch für staatliche **Bürgschaften**,[80] für Staatsgarantien[81] bzw. staatliche **Garantiezusagen**,[82] für bestimmte – etwa einer Bank eingeräumte – Vorrechte,[83] für die **Nichtdurchsetzung von Forderungen der öffentlichen Hand**[84] sowie für Umschuldungsvereinbarungen mit der öffentlichen Hand[85]. Darüber hinaus kann auch ein Verkauf öffentlichen Grundeigentums zu einem geringeren Preis als dem Marktpreis eine staatliche Beihilfe im Sinne des Art. 107 Abs. 1 AEUV darstellen.[86] Dies gilt auch für die Lieferung von Gegenständen und für die **Bereitstellung von Gütern und/oder Dienstleistungen zu Vorzugsbedingungen**,[87] für die unentgeltliche Vergabe handelbarer Emissionszertifikate[88] sowie für die unentgeltliche Übertragung von Flächen des Nationalen Naturerbes an Naturschutzorganisationen.[89] Einen abschließenden Charakter hat diese Auflistung indes nicht. Daher wird nach wie vor auch über die mögliche Einordnung weiterer mitgliedstaatlicher Maßnahmen als staatliche Beihilfen im Sinne des Art. 107 Abs. 1 AEUV diskutiert.[90] Keine staatliche Beihilfe im Sinne der vorgenannten Bestimmung stellt nach der jüngeren Rechtsprechung des Unionsrichters indes aus regelungsspezifischen Gründen der mitgliedstaatliche Verzicht auf Geldbußen im Zusammenhang mit der britischen Busspurregelung für die so genannten London-Taxis dar.[91] Für Schadensersatzzahlun-

---

[80] Vgl. EuGH, Urt. v. 8.12.2011, Rs. C–275/10 (Residex Capital), ECLI:EU:C:2011:814, Rn. 39 ff., mit Anm. *v. Bonin*, EuZW 2012, 106 ff.; *Quardt*, BRZ 2012, 3 ff.; Urt. v. 3.4.2014, Rs. C–559/12 P (Frankreich/Kommission), ECLI:EU:C:2014:217, Rn. 95 ff., mit Anm. *Soltész*, EuZW 2014, 426 f.; Urt. v. 17.9.2014, Rs. C–242/13 (Commerz Nederland), ECLI:EU:C:2014:2224, Rn. 30 f., mit Anm. *Melcher*, EuZW 2014, 911 f.; sowie die Mitteilung der Kommission über die Anwendung der Artikel 87 und 88 EG-Vertrag [nunmehr: Art. 107 f. AEUV] auf staatliche Beihilfen in Form von Haftungsverpflichtungen und Bürgschaften, ABl. 2008, C 155/10, i. V. m. der darauf bezogenen Berichtigung im ABl. 2008, C 244/32.
[81] Vgl. nur EuGH, Urt. v. 19.3.2015, Rs. C–672/13 (OTP Bank Nyrt), ECLI:EU:C:2015:185, Rn. 41 ff.
[82] Vgl. EuG, Urt. v. 21.5.2010, verb. Rs. T–425/04, T–444/04, T–450/04 u. T–456/04 (Frankreich u. a./Kommission), Slg. 2010, II–2099, Rn. 231 ff. u. 279 ff.; *Hellstern/Koenig*, EWS 2012, 401 ff.
[83] Vgl. EuGH, Urt. v. 16.4.2015, Rs. C–690/13 (Trapeza Eurobank Ergasias), ECLI:EU:C:2015: 235, Rn. 16 ff.
[84] Ausführlicher dazu vgl. m. w. N. *Soltész/Makowski*, EuZW 2003, 73 ff.
[85] Ausführlicher dazu vgl. m. w. N. *Soltész/Wagner*, ZIP 2013, 2093 ff.
[86] Vgl. dazu EuGH, Urt. v. 2.9.2010, Rs. C–290/07 P (Kommission/Scott), Slg. 2010, I–7763, Rn. 68; Urt. v. 16.12.2010, Rs. C–239/09 (Seydaland Vereinigte Agrarbetriebe), Slg. 2010, I–13083, Rn. 31 ff.; Urt. v. 16.7.2015, Rs. C–39/14 (BVVG), ECLI:EU:C:2015:470, Rn. 27 ff., mit Anm. *Heinrich*, EuZW 2015, 752 f.; sowie die Mitteilung der Kommission betreffend Elemente staatlicher Beihilfe bei Verkäufen von Bauten oder Grundstücken durch die öffentliche Hand, ABl. 1997, C 209/3.
[87] Vgl. nur EuG, Urt. v. 1.7.2010, Rs. T–53/08 (Italien u. a./Kommission), Slg. 2010, II–3187, Rn. 47 ff.; Urt. v. 13.5.2015, Rs. T–511/09 (Niki Luftfahrt/Kommission), ECLI:EU:T:2015:284, Rn. 123.
[88] Vgl. EuGH, Urt. v. 8.9.2011, Rs. C–279/08 P (Kommission/Niederlande), Slg. 2011, I–7671, Rn. 104; jeweils mit Anm. *Bloch*, N&R 2012, 19 ff.; *Sauter/Vedder*, E. L.Rev. 37 (2012), 327 ff.
[89] Vgl. EuG, Urt. v. 12.9.2013, Rs. T–347/09 (Deutschland/Kommission), ECLI:EU:T:2013:418, Rn. 24 ff. u. 69; mit Anm. *Pirker*, EurUP 2014, 49 ff.; *Probst*, RDUE 2013, 796 ff.
[90] Exemplarisch dazu, in konkreter Ansehung verbindlicher Auskünfte mitgliedstaatlicher Finanzverwaltungen, vgl. *Grotherr*, EWS 2015, 67 ff.; entsprechend für mitgliedstaatliche Defizitfinanzierungen zu Gunsten öffentlicher Krankenhäuser vgl. *Heise*, EuZW 2013, 769 ff.; entsprechend für so genannte Transfergesellschaften vgl. *Soltész/Winzer*, DB 2013, 105 (107 f.); entsprechend für Glücksspielkonzessionen vgl. *Jaeger*, wbl 2012, 661 ff.; entsprechend für staatliche »Cash-Pool-Systeme« vgl. *Schmidt*, DÖV 2013, 928 ff.
[91] Vgl. EuGH, Urt. v. 14.1.2015, Rs. C–518/13 (Eventech), ECLI:EU:C:2015:9, Rn. 31 ff., mit Anm. *Herrmann*, EuZW 2015, 426 f.; näher zu diesem »London-Taxi«-Urteil vgl. auch *Frenz*, EWS 2015, 306 ff.

gen nationaler Behörden an Privatpersonen, die vor einem Gericht erstritten worden sind, gilt dies grundsätzlich auch.[92]

21 Soweit Art. 107 Abs. 1 AEUV auf Beihilfen »gleich welcher Art« Bezug nimmt, wird damit zunächst einmal festgelegt, dass der in dieser Bestimmung enthaltene Beihilfebegriff sowohl **Beihilferegelungen** als auch Ad-hoc-Beihilfen und sonstige Einzelbeihilfen erfasst. Eine Beihilferegelung ist entweder eine Regelung, nach der Unternehmen, die in dieser Regelung in einer allgemeinen und abstrakten Weise definiert sind, ohne nähere Durchführungsmaßnahmen Einzelbeihilfen gewährt werden können, oder eine Regelung, nach der einem oder mehreren Unternehmen für unbestimmte Zeit und/oder in unbestimmter Höhe Beihilfen gewährt werden können, die nicht an ein bestimmtes Vorhaben gebunden sind.[93] Bei **Ad-hoc-Beihilfen** handelt es sich hingegen um Einzelbeihilfen, die den Empfängern nicht auf der Grundlage einer Beihilferegelung im vorgenannten Sinne gewährt werden.[94] Beihilfen, die weder als Beihilferegelung noch als Ad-hoc-Beihilfen einzuordnen sind, können schließlich als **sonstige Einzelbeihilfen** bezeichnet werden.[95] Die vorgenannten Beihilfeformen werden von dem in Art. 107 Abs. 1 AEUV enthaltenen Beihilfebegriff erfasst, ohne dass es dabei auf das jeweilige Bezugsobjekt der mitgliedstaatlichen Fördermaßnahme ankommt. Insofern erfasst dieser Beihilfebegriff nicht nur **regionale Beihilfen**, die sich auf bestimmte geographische Gebiete oder Regionen beziehen, sondern auch **sektorale Beihilfen**, die sich auf einzelne Wirtschaftszweige bzw. -sektoren beziehen, sowie **horizontale Beihilfen**, die in sektorübergreifender Weise auf die Verwirklichung eines bestimmten Förderziels wie etwa die Verbesserung des Umweltschutzes oder die Förderung benachteiligter Arbeitnehmerinnen und Arbeitnehmer ausgerichtet sind.

22 Die in Art. 107 Abs. 1 AEUV enthaltene Formulierung »Beihilfen gleich welcher Art« unterstreicht ferner, dass dieser Absatz – anders als Art. 107 Abs. 2 und 3 AEUV – im Grundsatz nicht zwischen bestimmten Formen, Gründen oder Zielen der durch staatliche Beihilfen bewirkten Interventionen in den freien Wettbewerb unterscheidet bzw. grundsätzlich nicht den unterschiedlichen Zielen und Gründen staatlicher Maßnahmen Rechnung trägt,[96] sondern allein auf deren Wirkung abstellt.[97] Insofern unterscheidet Art. 107 Abs. 1 AEUV nach ständiger Rechtsprechung des Unionsrichters nicht nach den Gründen oder Zielen der staatlichen Maßnahmen, sondern bestimmt diese nach ihren Wirkungen.[98] Da staatliche **Fördermaßnahmen** unterschiedliche Formen annehmen und **nach ihren Wirkungen zu untersuchen** sind, kann im Übrigen auch nicht aus-

---

[92] Vgl. etwa EuG, Urt. v. 1.7.2010, Rs. T–53/08 (Italien u.a./Kommission), Slg. 2010, II–3187, Rn. 52; ausführlicher dazu vgl. auch *Tjepkema*, EStAL 2013, 478 (484ff.).
[93] In diesem Sinne vgl. etwa auch die in Art. 1 Buchst. d VO 659/1999 (Fn. 58) und in Art. 2 Nr. 15 AGVO 651/2014 (Fn. 7) niedergelegten Begriffsbestimmungen.
[94] In diesem Sinne vgl. etwa Art. 2 Nr. 17 AGVO 651/2014 (Fn. 7).
[95] In diesem Sinne vgl. auch Art. 2 Nr. 14–17 AGVO 651/2014 (Fn. 7).
[96] Vgl. etwa EuG, Urt. v. 1.7.2008, Rs. T–266/02 (Deutsche Post/Kommission), Slg. 2008, II–1233, Rn. 90, wonach die »Erheblichkeit der Gründe und Ziele staatlicher Maßnahmen nur im Rahmen der Prüfung nach Art. 87 Abs. 3 EG [jetzt: Art. 107 Abs. 3 AEUV], ob diese Maßnahme gegebenenfalls mit dem Gemeinsamen Markt [jetzt: Binnenmarkt] vereinbar ist, zu beurteilen [ist]«; ähnlich in Bezug auf Umweltschutzziele vgl. EuG, Urt. v. 12.9.2013, Rs. T–347/09 (Deutschland/Kommission), ECLI:EU:T:2013:418, Rn. 28.
[97] Vgl. EuG, Urt. v. 10.5.2000, Rs. T–46/97 (SIC/Kommission), Slg. 2000, II–2125, Rn. 82ff.; Urt. v. 17.5.2011, Rs. T–1/08 (Buczek Automotive), Slg. 2011, II–2107, Rn. 69; EuGH, Urt. v. 16.7.2015, Rs. C–39/14 (BVVG), ECLI:EU:C:2015:470, Rn. 52, mit Anm. *Heinrich*, EuZW 2015, 752f.
[98] Vgl. nur EuGH, Urt. v. 5.6.2012, Rs. C–124/10 P (Kommission/EDF u.a.), ECLI:EU:C:2012:318, Rn. 77.

geschlossen werden, dass mehrere aufeinanderfolgende Maßnahmen des Staates für die Zwecke der Anwendung von Art. 107 Abs. 1 AEUV als eine einzige Maßnahme zu betrachten sind; dies kann nach Auffassung des Unionsrichters insbesondere dann der Fall sein, wenn aufeinanderfolgende Maßnahmen insbesondere in Anbetracht ihrer zeitlichen Abfolge, ihres Zwecks und der Lage des Unternehmens zum Zeitpunkt dieser Maßnahmen derart eng miteinander verknüpft sind, dass sie sich unmöglich voneinander trennen lassen.[99] **Bereichsausnahmen** etwa für staatliche Fördermaßnahmen in den Bereichen der sozialen Sicherheit, des Umweltschutzes oder der Kultur **sind im Anwendungsbereich des Art. 107 Abs. 1 AEUV nicht vorgesehen**.[100] Insoweit sind mitgliedstaatliche Maßnahmen nicht bereits deshalb von einer Einordnung als Beihilfen im Sinne des Art. 107 Abs. 1 AEUV ausgenommen oder befreit, weil sie etwa einen sozialen Charakter haben und/oder einen sozial-, regional-, kultur-, industrie-, arbeitsmarkt- oder umweltpolitischen Zweck verfolgen.[101] Dies gilt sogar auch für staatliche Fördermaßnahmen, die auf den Ausgleich von etwaigen Wettbewerbsnachteilen abzielen.[102] Im Übrigen gilt nach ebenfalls ständiger Rechtsprechung des Unionsrichters, dass auch mitgliedstaatliche Maßnahmen in Bereichen, die nicht in der EU harmonisiert sind, in den Anwendungsbereich dieses Verbotstatbestandes fallen, da den Art. 107 und 108 AEUV anderenfalls zwangsläufig die praktische Wirksamkeit genommen würde; insofern müssen selbst staatliche Maßnahmen in den Bereichen, die – wie etwa der Bereich der direkten Steuern – der ausschließlichen Zuständigkeit der Mitgliedstaaten unterliegen, mit Blick auf die Art. 107 und 108 AEUV betrachtet werden.[103]

b) Die Begünstigung bzw. die Gewährung eines wirtschaftlichen Vorteils als Kernelement des unionsrechtlichen Beihilfebegriffs

Ein zentrales Merkmal bzw. ein in seiner Bedeutung nicht hinter den Kriterien der Staatlichkeit (s. Rn. 30 ff.) und der Selektivität (s. Rn. 34 ff.) zurückbleibendes Kernelement des in Art. 107 Abs. 1 AEUV enthaltenen Beihilfebegriffs stellt das in dieser Norm ebenfalls enthaltene **Tatbestandsmerkmal der Begünstigung** dar, das nach ständiger Rechtsprechung des Unionsrichters weit auszulegen ist.[104] Demnach werden als staatliche Beihilfe im Sinne des Art. 107 Abs. 1 AEUV grundsätzlich alle staatlichen Fördermaßnahmen unabhängig von ihrer jeweiligen Form und Motivation (s. Rn. 22)

23

---

[99] Vgl. EuGH, Urt. v. 19.3.2013, verb. Rs. C–399/10 P u. C–401/10 P (Bouygues u. a./Kommission u. a.), ECLI:EU:C:2013:175, Rn. 25; näher zur damit verbundenen Frage nach der beihilferechtlichen Zulässigkeit staatlicher Förderankündigungen vgl. *Bärenbrinker*, EWS 2014, 68 (70 f.); *Kassow*, EuZW 2010, 856 ff.
[100] Vgl. EuGH, Urt. v. 17.6.1999, Rs. C–75/97 (Belgien/Kommission), Slg. 1999, I–3671, Rn. 25; Urt. v. 5.10.1999, Rs. C–251/97 (Frankreich/Kommission), Slg. 1999, I–6639, Rn. 37; EuG, Urt. v. 28.1.1999, Rs. T–14/96 (BAI/Kommission), Slg. 1999, II–139, Rn. 81.
[101] Vgl. EuG, Urt. v. 23.10.2002, verb. Rs. T–269/99, T–271/99 u. T–272/99 (Territorio Histórico de Guipúzcoa u. a./Kommission), Slg. 2002, II–4217, Rn. 63; Urt. v. 23.10.2002, verb. Rs. T–346/99, T–347/99 u. T–348/99 (Territorio Histórico de Álava u. a./Kommission), Slg. 2002, II–4259, Rn. 54.
[102] In diesem Sinne vgl. EuG, Urt. v. 28.11.2008, verb. Rs. T–254/00, T–270/00 u. T–277/00 (Hotel Cipriani u. a./Kommission), Slg. 2008, II–3269, Rn. 181 ff.; EuGH, Urt. v. 9.6.2011, verb. Rs. C–71/09 P, C–73/09 P u. C–76/09 P (Comitato »Venezia vuole vivere« u. a./Kommission), Slg. 2011, I–4727, Rn. 100; EuG, Urt. v. 16.7.2014, Rs. T–295/12 (Deutschland/Kommission), ECLI:EU:T:2014:675, Rn. 144.
[103] Vgl. EuG, Urt. v. 25.3.2015, Rs. T–538/11 (Belgien/Kommission), ECLI:EU:T:2015:188, Rn. 65 f. m. w. N.
[104] Vgl. dazu in grundlegender Weise EuGH, Urt. v. 23.2.1961, Rs. 30/59 (De Gezamenlijke Steenkolenmijnen in Limburg/Hohe Behörde), Slg. 1961, 3 (43).

eingeordnet, die mittelbar oder unmittelbar Unternehmen begünstigen oder die als ein wirtschaftlicher Vorteil anzusehen sind, den das begünstigte Unternehmen unter normalen Marktbedingungen nicht erhalten hätte.[105] Ob dies – wie etwa im Falle der Zuführung von Geldmitteln – durch eine positive Handlung oder – wie etwa im Falle der Nichteintreibung staatlicher Forderungen (s. Rn. 20) – durch Unterlassen geschieht, ist grundsätzlich irrelevant.[106] Entscheidend ist im vorliegenden Kontext vielmehr, ob das begünstigte Unternehmen eine wirtschaftliche Vergünstigung erhält, die es unter normalen Marktbedingungen nicht erhalten hätte.[107]

24 Erhebliche Bedeutung kommt in diesem Zusammenhang in vielen Fällen dem so genannten Private Investor-Test bzw. den vieldiskutierten **Kriterien des privaten bzw. marktwirtschaftlich handelnden Kapitalgebers** bzw. -anlegers **oder des privaten Wirtschaftsteilnehmers in der Marktwirtschaft** zu,[108] die von weiteren Spielarten in Gestalt des Kriteriums des privaten Verkäufers (Private Vendor-Test)[109], des privaten Einkäufers (Private Purchaser Test)[110] und des privaten Gläubigers (Private Creditor Test)[111] flankiert werden. Diese Kriterien stellen nach ständiger Rechtsprechung des Unionsrichters Ausprägungen des Grundsatzes der Gleichbehandlung von öffentlichem und privatem Sektor dar, wonach Mittel, die der Staat einem Unternehmen direkt oder indirekt bzw. unmittelbar oder mittelbar unter normalen Marktbedingungen zur Verfügung stellt, nicht als Beihilfen im Sinne des Art. 107 Abs. 1 AEUV anzusehen sind.[112] Insoweit geht der Unionsrichter beispielsweise davon aus, dass eine Kapitalzufuhr aus öffentlichen Mitteln dem Grundsatz des privaten Kapitalgebers bzw. dem **market economy investor-Prinzip** genügt und insoweit keine staatliche Beihilfe im Sinne des Art. 107 Abs. 1 AEUV darstellt, wenn sie mit einer bedeutenden Kapitalzufuhr eines privaten Investors einhergeht, die unter vergleichbaren Bedingungen erfolgt.[113] Im Übrigen ist im Falle staatlicher oder aus staatlichen Mitteln gewährter Kapitalhilfen zu prüfen, ob sich der Staat wie ein umsichtiger marktwirtschaftlich handelnder Kapitalgeber verhalten hat, d. h. ob ein privater Investor von vergleichbarer Größe wie die Einrichtung des öffentlichen Sektors unter den gleichen Umständen hätte veranlasst werden können, Kapi-

---

[105] So vgl. etwa EuGH, Urt. v. 10. 6. 2010, Rs. C–140/09 (Fallimento Traghetti del Mediterraneo), Slg. 2010, I–5243, Rn. 34; Urt. v. 3. 4. 2014, Rs. C–559/12 P (Frankreich/Kommission), ECLI:EU:C:2014:217, Rn. 94, mit Anm. *Soltész*, EuZW 2014, 426 f.

[106] In diesem Sinne vgl. auch *Koenig/Hellstern*, EnzEuR, Bd. 4, § 14, Rn. 15.

[107] Vgl. nur EuG, Urt. v. 10. 5. 2000, Rs. T–46/97 (SIC/Kommission), Slg. 2000, II–2125, Rn. 78; Urt. v. 17. 5. 2011, Rs. T–1/08 (Buczek Automotive), Slg. 2011, II–2107, Rn. 70. Zu weiteren – mit dem Vorteilskriterium verbundenen – Einzelfragen vgl. etwa *Nicolaides/Kleis*, EStAL 2007, 615 ff.

[108] Ausführlich dazu vgl. etwa *Bulla*, GewArch 2015, 279 ff.; *Jennert/Huhn/Salcher/Schmoll*, BRZ 2014, 63 ff.; *Kavanagh/Robins*, EStAL 2015, 358 ff.; *Köhler*, EStAL 2011, 21 ff.; *Melcher*, EuZW 2012, 576 ff.; *Nicolaides*, EStAL 2013, 243 ff.; *ders./Rusu*, EStAL 2011, 237 ff.; *Soltész/Wagner*, ZIP 2013, 2093 (2094 ff.); *Thalmann*, EuR 2013, 432 ff.; *van der Woude/Moreno*, EStAL 2013, 246 ff.

[109] Exemplarisch dazu vgl. EuG, Urt. v. 29. 3. 2007, Rs. T–366/00 (Scott/Kommission), Slg. 2007, II–797, Rn. 93, mit Anm. *Soltész*, EuZW 2011, 541 (542); EuGH, Urt. v. 24. 10. 2013, Rs. C–214/12 P (Land Burgenland u. a.), ECLI:EU:C:2013:682, Rn. 51 ff.; näher zur letztgenannten Entscheidung vgl. *Soltész*, EuZW 2013, 134 (135 f.); *Soltész/Melcher*, BRZ 2014, 16 ff.

[110] Exempl. EuG, Urt. v. 5. 8. 2003, verb. Rs. T–116/01 u. T–118/01 (P&Q European Ferries u. a./Kommission), Slg. 2003, II–2957, Rn. 112 ff.; m. w. N. vgl. *Soltész*, EuZW 2013, 134 (136).

[111] Exempl. EuGH, Urt. v. 29. 4. 1999, Rs. C–342/96 (Spanien/Kommission), Slg. 1999, I–2459, Rn. 46.

[112] Vgl. nur EuG, Urt. v. 12. 12. 2000, Rs. T–296/97 (Alitalia/Kommission), Slg. 2000, II–3871, Rn. 80; EuGH, Urt. v. 16. 5. 2002, Rs. C–482/99 (Frankreich/Kommission), Slg. 2002, I–4397, Rn. 69.

[113] Vgl. nur EuG, Urt. v. 12. 12. 2000, Rs. T–296/97 (Alitalia/Kommission), Slg. 2000, II–3871, Rn. 81.

talhilfen bzw. Transaktionen dieses Umfangs zu gewähren.[114] Bei der Prüfung der Frage, ob eine staatliche Bürgschaft (s. Rn. 20) eine Beihilfe bzw. Begünstigung im Sinne des Art. 107 Abs. 1 AEUV darstellt, ist insbesondere zu ermitteln, ob der Beihilfeempfänger das Darlehen auf dem Kapitalmarkt ohne diese Bürgschaft hätte erhalten können.[115] Bei nicht eingezogenen öffentlichen Forderungen (s. Rn. 20) müssen die in Rede stehenden öffentlichen Stellen nach Maßgabe des so genannten Kriteriums »des privaten Wirtschaftsteilnehmers in der Marktwirtschaft« mit einem privaten Gläubiger verglichen werden, der von einem Schuldner, der sich in finanziellen Schwierigkeiten befindet, die Bezahlung der ihm geschuldeten Beträge zu erlangen sucht.[116]

25 Im Übrigen kann auch die Veräußerung eines Grundstückes oder eines Gebäudes durch die öffentliche Hand an ein Unternehmen oder an einen Einzelnen, der eine wirtschaftliche Tätigkeit ausübt, Elemente einer staatlichen Beihilfe umfassen, wenn sie nicht zum Marktwert erfolgt, d. h. zu einem Preis, den ein unter normalen Marktbedingungen handelnder privater Investor hätte festsetzen können.[117] Zu Preisen, die dem tatsächlichen **Marktwert** entsprechen, können nach ständiger Rechtsprechung des Unionsrichters verschiedene Methoden führen, zu denen insbesondere der **Verkauf an einen Meistbietenden** im Wege eines offenen, transparenten und bedingungs- bzw. diskriminierungsfreien Ausschreibungsverfahrens,[118] öffentliche Versteigerungen[119] oder etwa auch ein **Sachverständigengutachten**[120] gehören.[121]

26 Im Zusammenhang mit den oben genannten Kriterien des privaten bzw. marktwirtschaftlich handelnden Kapitalgebers bzw. -anlegers oder des privaten Wirtschaftsteilnehmers in der Marktwirtschaft (s. Rn. 24) ist ferner zu beachten, dass diese Kriterien im Falle ihrer Anwendbarkeit zu den Faktoren gehören, die die Kommission berücksichtigen muss, um das Vorliegen einer Beihilfe festzustellen, und somit keine Ausnahmen darstellen, die nur dann zur Anwendung kommen, wenn sich ein Mitgliedstaat darauf beruft und festgestellt worden ist, dass die in Art. 107 Abs. 1 AEUV enthaltenen Merk-

---

[114] Vgl. EuG, Urt. v. 11.7.2002, Rs. T–152/99 (Hijos de Andrés Molina/Kommission), Slg. 2002, II–3049, Rn. 126; m. w. N. *Jennert/Huhn/Salcher/Schmoll*, BRZ 2014, 63 ff.; *Nitsche/Milde/Soltész*, EuZW 2012, 408 ff.

[115] Vgl. nur EuGH, Urt. v. 5.10.2000, Rs. C–288/96 (Deutschland/Kommission), Slg. 2000, I–8327, Rn. 30 ff.

[116] Vgl. nur EuG, Urt. v. 17.5.2011, Rs. T–1/08 (Buczek Automotive), Slg. 2011, II–2107, Rn. 70 u. 82.

[117] Vgl. EuGH, Urt. v. 16.7.2015, Rs. C–39/14 (BVVG), ECLI:EU:C:2015:470, Rn. 29, mit Anm. *Heinrich*, EuZW 2015, 752 f.; *Ilgner*, NVwZ 2015, 1750 f.

[118] Vgl. EuGH, Urt. v. 24.10.2013, Rs. C–214/12 P (Land Burgenland u. a.), ECLI:EU:C:2013:682, Rn. 94; *v. Bonin*, EuZW 2013, 247 (249 f.); *Burgi*, NZBau 2013, 601 (604); *Kahl*, ZUR 2015, 67 ff. Zur Relevanz derartiger Ausschreibungsverfahren auch im Anwendungsbereich der Allgemeinen Gruppenfreistellungsverordnung (EU) Nr. 651/2014 (Fn. 7) vgl. *Nicolaides/Schoenmaekers*, EStAL 2015, 143 (153 ff.); *Nowak*, in: Immenga/Mestmäcker, Wettbewerbsrecht, Band 3, Art. 16 AGVO 651/2014, Rn. 26 ff., Art. 21 AGVO 651/2014, Rn. 30 ff., Art. 39 AGVO 651/2014, Rn. 21 f., Art. 41 AGVO 651/2014, Rn. 12, Art. 42 AGVO 651/2014, Rn. 6 ff., Art. 55 AGVO 651/2014, Rn. 9, und Art. 56 AGVO 651/2014, Rn. 13.

[119] Vgl. EuGH, Urt. v. 24.10.2013, Rs. C–214/12 P (Land Burgenland u. a.), ECLI:EU:C:2013:682, Rn. 93.

[120] Zur Relevanz derartiger Gutachten auch im Anwendungsbereich der Allgemeinen Gruppenfreistellungsverordnung (EU) Nr. 651/2014 (Fn. 7) vgl. *Nowak*, in: Immenga/Mestmäcker, Wettbewerbsrecht, Band 3, Art. 26 AGVO 651/2014, Rn. 8, Art. 27 AGVO 651/2014, Rn. 7, und Art. 56 AGVO 651/2014, Rn. 12.

[121] Vgl. EuGH, Urt. v. 16.7.2015, Rs. C–39/14 (BVVG), ECLI:EU:C:2015:470, Rn. 31 ff., mit Anm. *Heinrich*, EuZW 2015, 752 f.

male des Begriffs der mit dem Binnenmarkt unvereinbaren staatlichen Beihilfe vorliegen.[122] Ferner ist an dieser Stelle darauf hinzuweisen, dass der Unionsrichter im Hinblick auf die Anwendung des hier in Rede stehenden Privat Investor-Tests grundsätzlich zwischen den Verpflichtungen, die der Staat als Unternehmen, das eine wirtschaftliche Tätigkeit ausübt, zu übernehmen hat, und den Verpflichtungen, die ihm als Träger der öffentlichen Gewalt obliegen, unterscheidet.[123] Diese Unterscheidung ist insofern bedeutsam, als der Unionsrichter davon ausgeht, dass das Verhalten eines Mitgliedstaats niemals mit dem eines privaten marktwirtschaftlich handelnden Wirtschaftsteilnehmers oder Kapitalgebers verglichen werden kann, wenn etwa die jeweilige Kapitalanlage seitens dieses Staates im Rahmen der **Ausübung öffentlicher Gewalt** erfolgt.[124] Gleichwohl besteht die Verpflichtung der Kommission zur Prüfung der Frage, ob etwa eine bestimmte Kapitaleinlage eines Mitgliedstaates im Sinne des Private Investor-Tests unter Umständen erfolgte, die den normalen Marktbedingungen entsprechen, nach Auffassung des Unionsrichters unabhängig von der Form, in der die Kapitaleinlage dieses Staates erbracht wird.[125] Damit hat sich der Unionsrichter zumindest in einem gewissen Umfang für die **Anwendbarkeit des Private Investor-Tests auch auf hoheitliche Maßnahmen** der Mitgliedstaaten ausgesprochen.[126]

27   Schließlich ist an dieser Stelle darauf hinzuweisen, dass die der Kommission obliegende Beurteilung der Frage, ob eine bestimmte mitgliedstaatliche Maßnahme den vorgenannten Kriterien des marktwirtschaftlich handelnden Kapitalgebers bzw. -anlegers oder des privaten Wirtschaftsteilnehmers in der Marktwirtschaft genügt, eine umfangreiche bzw. **komplexe wirtschaftliche Beurteilung** voraussetzt.[127] Dies ist insbesondere deshalb von erheblicher Bedeutung, weil die Kommission beim Erlass eines Rechtsakts, der eine solche umfangreiche wirtschaftliche Beurteilung verlangt, nach ständiger Rechtsprechung des Unionsrichters über ein **weites Ermessen** verfügt und dass sich seine **gerichtliche Kontrolle**, in deren Rahmen der Unionsrichter die wirtschaftliche Beurteilung seitens der Kommission nicht durch seine eigene Beurteilung ersetzen möchte, daher auch in diesem Kontext auf die Prüfung zu beschränken hat, ob die Verfahrens- und Begründungsvorschriften eingehalten worden sind, ob der Sachverhalt, der der

---

[122] In diesem Sinne vgl. etwa EuGH, Urt. v. 3.4.2014, Rs. C–224/12 P (Kommission/Niederlande u. a.), ECLI:EU:C:2014:213, Rn. 32, mit Anm. *Ritzenhoff*, EuZW 2014, 478f.; zu den verfahrensrechtlichen Konsequenzen dieser Feststellung siehe Rn. 33 des vorgenannten Urteils, wo es heißt: »Wenn sich daher erkennen lässt, dass das Kriterium des privaten Kapitalgebers anwendbar sein kann, hat die Kommission den betroffenen Mitgliedstaat um alle einschlägigen Informationen zu ersuchen, um überprüfen zu können, ob die Voraussetzungen für die Anwendbarkeit und Anwendung dieses Kriteriums erfüllt sind«.
[123] Vgl. EuGH, Urt. v. 14.9.1994, verb. Rs. C–278/92 bis C–280/92 (Spanien/Kommission), Slg. 1994, I–4103, Rn. 22; Urt. v. 28.1.2003, Rs. C–334/99 (Deutschland/Kommission), Slg. 2003, I–1139, Rn. 134.
[124] Vgl. EuG, Urt. v. 17.12.2008, Rs. T–196/04 (Ryanair/Kommission), Slg. 2008, II–3643, Rn. 85; Urt. v. 11.9.2012, Rs. T–565/08 (Corsica Ferries France/Kommission), ECLI:EU:T:2012:415, Rn. 79; EuGH, Urt. v. 4.9.2014, verb. Rs. C–533/12 P u. C–536/12 P (SNMC/Kommission), ECLI:EU:C:2014:2142, Rn. 15 m. w. N., mit Anm. *Galletti*, CMLRev. 52 (2015), 1095 ff.
[125] Vgl. EuGH, Urt. v. 5.6.2012, Rs. C–124/10 P (Kommission/EDF u. a.), ECLI:EU:C:2012:318, Rn. 93; näher zum erstinstanzlichen *EDF*-Urteil des Gerichts v. 15.12.2009 in der Rs. T–156/04 vgl. *Haberkamm/Kühne*, EuZW 2010, 734 ff.; *Köhler*, EStAL 2011, 21 ff.
[126] Näher dazu vgl. *Melcher*, EuZW 2012, 576 ff.; *Thalmann*, EuR 2013, 432 ff.
[127] So vgl. etwa EuGH, Urt. v. 2.9.2010, Rs. C–290/07 P (Kommission/Scott), Slg. 2010, I–7763, Rn. 68; EuG, Urt. v. 17.5.2011, Rs. T–1/08 (Buczek Automotive), Slg. 2011, II–2107, Rn. 82; Urt. v. 13.5.2015, Rs. T–511/09 (Niki Luftfahrt/Kommission), ECLI:EU:T:2015:284, Rn. 124.

getroffenen Ermessensentscheidung zugrunde gelegt wurde, zutreffend festgestellt worden ist und ob keine offensichtlich fehlerhafte Würdigung des Sachverhalts und kein Ermessensmissbrauch vorliegen.[128] Dies schließt aber nicht aus, dass der Unionsrichter in diesem Zusammenhang die sachliche Richtigkeit, die Stichhaltigkeit und die Kohärenz der von der Kommission angeführten Beweise überprüft und darüber hinaus kontrolliert, ob diese Beweise alle relevanten Daten darstellen, die bei der Beurteilung einer komplexen Situation heranzuziehen waren, und ob sie die aus ihnen gezogenen Schlüsse zu stützen vermögen.[129]

Keine staatliche Beihilfe im Sinne des Art. 107 Abs. 1 AEUV stellt hingegen nach einer nunmehr etablierten und die seit vielen Jahren intensiv geführte Diskussion über die sogenannte Daseinsvorsorge in Europa[130] prägenden Rechtsprechungslinie eine staatliche Maßnahme dar, soweit sie als **Ausgleich** anzusehen ist, der die Gegenleistung **für Leistungen** bildet, **die** von den Unternehmen, denen sie zugute kommen, **zur Erfüllung von Gemeinwohlverpflichtungen erbracht werden**, so dass diese Unternehmen in Wirklichkeit keinen finanziellen Vorteil erhalten und die genannte Maßnahme somit nicht bewirkt, dass sie gegenüber den mit ihnen im Wettbewerb stehenden Unternehmen in eine günstigere Wettbewerbsstellung gelangen.[131] Diese vor knapp fünfzehn Jahren maßgeblich durch das so genannte Ferring-Urteil[132] begründete Rechtsprechungslinie ist vom Unionsrichter sodann insbesondere in seinem so genannten Altmark Trans-Urteil[133] näher konturiert worden, wonach ein »Ausgleich« im vorgenannten Sinne im konkreten Fall nur dann nicht als eine staatliche Beihilfe gemäß Art. 107 Abs. 1 AEUV zu qualifizieren ist, wenn die folgenden vier **Altmark Trans-Voraussetzungen** erfüllt sind: Erstens muss das durch einen solchen Ausgleich begünstigte Unternehmen tatsächlich mit der Erfüllung klar definierter Gemeinwohlverpflichtungen betraut sein.[134] Zweitens sind die Parameter, anhand deren der Ausgleich berechnet wird, zuvor objektiv und transparent aufzustellen, um zu verhindern, dass der Ausgleich einen wirtschaftlichen Vorteil mit sich bringt, der das Unternehmen, dem er gewährt wird, gegenüber konkurrierenden Unternehmen begünstigt.[135] Drittens darf der Ausgleich nicht über das hinausgehen, was erforderlich ist, um die Kosten der Erfüllung der Gemeinwohlverpflichtungen unter Berücksichtigung der dabei erzielten Einnahmen und eines angemessenen Gewinns aus der Erfüllung dieser Verpflichtungen ganz oder teilweise zu

28

---

[128] Vgl. EuG, Urt. v. 11.7.2002, Rs. T–152/99 (Hijos de Andrés Molina/Kommission), Slg. 2002, II–3049, Rn. 127; Urt. v. 17.12.2008, Rs. T–196/04 (Ryanair/Kommission), Slg. 2008, II–3643, Rn. 41; EuGH, Urt. v. 2.9.2010, Rs. C–290/07 P (Kommission/Scott), Slg. 2010, I–7763, Rn. 66; näher zur gerichtlichen Kontrolldichte im Zusammenhang mit dem Private-Investor-Test vgl. *Schroeder/Sild*, EuZW 2014, 12 (15 f.).
[129] Vgl. nur EuGH, Urt. v. 24.10.2013, Rs. C–214/12 P (Land Burgenland u. a.), ECLI:EU:C:2013: 682, Rn. 79.
[130] Zu dieser mit überaus großer Intensität geführten und durch einige Mitteilungen, »Pakete« sowie Grün- und Weißbücher der Kommission zu Leistungen der Daseinsvorsorge immer wieder neu entfachten Diskussion vgl. nur *Badura*, S. 571 ff.; *Behrens*, S. 41 ff.; *Kämmerer*, NVwZ 2002, 1041 ff.; *Koenig/Kühling*, ZHR 166 (2002), 656 ff.; *Krajewski*, ZögU 2010, 75 ff.; *Meyer*, EWS 2005, 193 ff.; *Möschel*, JZ 2003, 1021 ff.; *Papier*, DVBl 2003, 686 ff.; *Rüfner*, S. 423 ff.; *Schwarze*, EuZW 2001, 334 ff.; *Schweitzer*, S. 269 ff.; *Wuermeling*, WiVerw 2008, 247 ff.
[131] So vgl. nur EuGH, Urt. v. 10.6.2010, Rs. C–140/09 (Fallimento Traghetti del Mediterraneo), Slg. 2010, I–5243, Rn. 35.
[132] Vgl. EuGH, Urt. v. 22.11.2001, Rs. C–53/00 (Ferring), Slg. 2001, I–9067, Rn. 23 u. 25.
[133] EuGH, Urt. v. 24.7.2003, Rs. C–280/00 (Altmark Trans), Slg. 2003, I–7747 ff.
[134] Vgl. EuGH, Urt. v. 24.7.2003, Rs. C–280/00 (Altmark Trans), Slg. 2003, I–7747, Rn. 89.
[135] Vgl. EuGH, Urt. v. 24.7.2003, Rs. C–280/00 (Altmark Trans), Slg. 2003, I–7747, Rn. 90.

decken.¹³⁶ Viertens ist dieser Ausgleich auf der Grundlage einer Analyse der Kosten zu bestimmen, die ein durchschnittliches, gut geführtes Unternehmen, das so angemessen mit den notwendigen Mitteln ausgestattet ist, dass es den gestellten Gemeinwohlanforderungen genügen kann, bei der Erfüllung der betreffenden Verpflichtungen hätte, wobei wiederum die dabei erzielten Einnahmen und ein angemessener Gewinn aus der Erfüllung dieser Verpflichtungen zu berücksichtigen sind.¹³⁷ Eine staatliche Maßnahme, die einer oder mehreren der vorgenannten Voraussetzungen¹³⁸ nicht entspricht, ist als staatliche Beihilfe im Sinne von Art. 107 Abs. 1 AEUV anzusehen,¹³⁹ sofern dem nicht die übrigen Merkmale des Beihilfebegriffs etwa in Gestalt der Selektivität (s. Rn. 34 ff.) entgegenstehen. Erfüllt eine solche Maßnahme sodann auch alle anderen Tatbestandsvoraussetzungen des Art. 107 Abs. 1 AEUV in Gestalt der drohenden oder tatsächlichen Wettbewerbsverfälschung (s. Rn. 42) und der Handelsbeeinträchtigung (s. Rn. 43 f.), kommt es in einem zweiten Schritt zum einen auf die in Art. 107 Abs. 2 und 3 AEUV niedergelegten Ausnahmetatbestände an (s. Rn. 47 ff. u. 55 ff.). Zum anderen besteht in einem solchen Fall auch noch die Möglichkeit einer Rechtfertigung dieser Maßnahme auf der Grundlage des Art. 106 Abs. 2 AEUV, der durch die oben genannten Altmark-Voraussetzungen nicht vollkommen verdrängt wird.¹⁴⁰

29   Die in zahlreichen nachfolgenden Urteilen des Unionsrichters bestätigte und gefestigte Altmark-Rechtsprechung,¹⁴¹ die im Wesentlichen der in Art. 106 Abs. 2 AEUV niedergelegten Ausnahmebestimmung geschuldet ist und seit dem Inkrafttreten des Lissabonner Reformvertrags auch Art. 14 AEUV i. V. m. dem (Vertrags-)Protokoll Nr. 26 über Dienste von allgemeinem Interesse Rechnung tragen muss,¹⁴² wurde von der

---

¹³⁶ Vgl. EuGH, Urt. v. 24. 7. 2003, Rs. C–280/00 (Altmark Trans), Slg. 2003, I–7747, Rn. 92.

¹³⁷ Vgl. EuGH, Urt. v. 24. 7. 2003, Rs. C–280/00 (Altmark Trans), Slg. 2003, I–7747, Rn. 93.

¹³⁸ Ausführlich zu diesen sog. »Altmark«-Voraussetzungen vgl. statt vieler *Jennert*, NVwZ 2004, 425 ff.; *Kämmerer*, NVwZ 2004, 28 ff.; *Kahler/Grabmayr*, ZUR 2016, 138 ff.; *Merola/Ubaldi*, EStAL 2/2012 (Supplement), 17 (31 ff.); *Mestmäcker/Schweitzer*, in: Immenga/Mestmäcker, Wettbewerbsrecht, Band 3, Art. 107 AEUV, Rn. 124 ff.; *Wernsmann/Loscher*, NVwZ 2014, 976 ff.

¹³⁹ Vgl. dazu nur EuG, Urt. v. 11. 3. 2009, Rs. T–354/05 (TF1/Kommission), Slg. 2009, II–471, Rn. 129; Urt. v. 16. 12. 2010, verb. Rs. T–231/06 u. T–237/06 (Niederlande u. a./Kommission), Slg. 2010, II–5993, Rn. 146; sowie die Entscheidung der Kommission v. 28. 10. 2009 über die staatliche Beihilfe C 16/08 (ex NN 105/05 u. NN 35/07), »die das Vereinigte Königreich Großbritannien und Nordirland *CalMac* und *NorthLink* für Seeverkehrsdienste in Schottland gewährt«, ABl. 2011, L 45/33, Rn. 165 ff.

¹⁴⁰ So auch vgl. EuG, Urt. v. 11. 3. 2009, Rs. T–354/05 (TF1/Kommission), Slg. 2009, II–471, Rn. 135 u. 140 m. w. N.; näher zur Bedeutung der in Art. 106 Abs. 2 AEUV enthaltenen Ausnahmeregelung im EU-Beihilfenrecht *Koenig/Hellstern*, EnzEuR, Bd. 4, § 14, Rn. 71 ff.; *Storr*, in: Birnstiel/Bungenberg/Heinrich, Kap. 1, 5. Teil, Rn. 2390 ff.; *Wolf*, in: Montag/Säcker, Art. 107 AEUV, Rn. 753 ff.

¹⁴¹ Vgl. etwa EuGH, Urt. v. 30. 3. 2006, Rs. C–451/03 (Servizi Ausiliari Dottori Commercialist), Slg. 2006, I–2941, Rn. 60 ff.; EuG, Urt. v. 1. 7. 2008, Rs. T–266/02 (Deutsche Post/Kommission), Slg. 2008, II–1233, Rn. 72 ff.; EuGH, Urt. v. 17. 7. 2008, Rs. C–206/06 (Essent Network Noord u. a.), Slg. 2008, I–5497, Rn. 80 ff.; EuG, Urt. v. 11. 3. 2009, Rs. T–354/05 (TF1/Kommission), Slg. 2009, II–471, Rn. 124 ff.; EuGH, Urt. v. 10. 6. 2010, Rs. C–140/09 (Fallimento Traghetti del Mediterraneo), Slg. 2010, I–5243, Rn. 36 ff.; Urt. v. 2. 9. 2010, Rs. C–399/08 P (Kommission/Deutsche Post), Slg. 2010, I–7831, Rn. 41 ff.; Urt. v. 8. 5. 2013, verb. Rs. C–197/11 u. C–203/11 (Libert u. a.), ECLI:EU:C:2013:288, Rn. 85 ff.; EuG, Urt. v. 12. 9. 2013, Rs. T–347/09 (Deutschland/Kommission), ECLI:EU:T:2013:418, Rn. 75 ff.; Urt. v. 16. 7. 2014, Rs. T–295/12 (Deutschland/Kommission), ECLI:EU:T:2014:675, Rn. 169 ff.; EuGH, Urt. v. 16. 4. 2015, Rs. C–690/13 (Trapeza Eurobank Ergasias), ECLI:EU:C:2015:235, Rn. 32 f.; Urt. v. 18. 2. 2016, Rs. C–446/14 P (Deutschland/Kommission), ECLI:EU:C:2016:97, Rn. 24 ff.

¹⁴² Näher dazu vgl. *Jääskinen*, EStAL 2011, 599 f.; *Knauff*, EuR 2010, 725 ff.; *Krajewski*, ZögU

Kommission in spezieller Ansehung von **Dienstleistungen von allgemeinem wirtschaftlichen Interesse** (DAWI) zunächst einmal in ihrem so genannten *Monti/Kroes*-Paket verarbeitet, das aus einer Freistellungsentscheidung,[143] einem Gemeinschaftsrahmen[144] und der Richtlinie 2008/81/EG der Kommission vom 28.11.2005 zur Änderung der Richtlinie 80/723/EWG über die Transparenz finanzieller Beziehungen zwischen den Mitgliedstaaten und den öffentlichen Unternehmen sowie über die finanzielle Transparenz innerhalb bestimmter Unternehmen[145] bestand[146] und in den nachfolgenden Jahren einen konkretisierenden Leitfaden,[147] ein ebenfalls einschlägiges Arbeitspapier[148] und einen vieldiskutierten Reformvorschlag in Form einer neuen Kommissionsmitteilung[149] nach sich gezogen hat. Daraus ist schließlich das so genannte *Almunia*-**Paket** aus den Jahren 2011 und 2012 hervorgegangen, welches aus der Mitteilung der Kommission über die Anwendung der Beihilfevorschriften der Europäischen Union auf Ausgleichsleistungen für die Erbringung von Dienstleistungen von allgemeinem wirtschaftlichen Interesse,[150] aus dem Beschluss der Kommission vom 20.12.2011 »über die Anwendung von Artikel 106 Absatz 2 des Vertrags über die Arbeitsweise der Europäischen Union auf staatliche Beihilfen in Form von Ausgleichsleistungen zugunsten bestimmter Unternehmen, die mit der Erbringung von Dienstleistungen von allgemeinem wirtschaftlichem Interesse betraut sind«[151], aus einem von der Kommission mitgeteilten Rahmen der Europäischen Union für staatliche Beihilfen in Form von Ausgleichsleistungen für die Erbringung öffentlicher Dienstleistungen[152] sowie aus der Verordnung (EU) Nr. 360/2012 der Kommission vom 25.4.2012 über die Anwendung der Artikel 107 und 108 des Vertrags über die Arbeitsweise der Europäischen Union auf De-minimis-Beihilfen an Unternehmen, die Dienstleistungen von allgemeinem wirtschaftlichen Interesse erbringen,[153] besteht.[154] Ergänzend ist an dieser Stelle schließlich auch darauf

---

2010, 75 ff.; *Merola/Ubaldi*, EStAL 2/2012 (Supplement), 17 (24 ff.); *Nowak*, Europarecht, S. 227 ff.; *Righini*, EStAL 2/2012 (Supplement), 3 (4 ff.); *Weiß*, EuR-Beih. 2/2011, 47 (58 ff.).

[143] Entscheidung der Kommission vom 28.11.2005 über die Anwendung von Art. 86 Abs. 2 EG [nunmehr: Art. 106 Abs. 2 AEUV] auf staatliche Beihilfen, die bestimmten mit der Erbringung von Dienstleistungen von allgemeinem wirtschaftlichen Interesse betrauten Unternehmen als Ausgleich gewährt werden, ABl. 2005, L 312/67.

[144] Gemeinschaftsrahmen für staatliche Beihilfen, die als Ausgleich für die Erbringung öffentlicher Dienstleistungen gewährt werden, ABl. 2005, C 297/4.

[145] ABl. 2005, L 312/47; kodifizierte Fassung: ABl. 2006, L 318/17.

[146] Näher zu diesem damaligen *Monti/Kroes*-Paket vgl. etwa *Coppi*, EStAL 2/2012 (Supplement), 37 (41 f.); *Jung/Deuster*, BRZ 2012, 24 (26 f.); *Koenig/Vorbeck*, ZEuS 2008, 207 (209 ff.); *Righini*, EStAL 2/2012 (Supplement), 3 (6 f.).

[147] Leitfaden zur Anwendung der Vorschriften der EU über staatliche Beihilfen, öffentliche Aufträge und den Binnenmarkt auf Dienstleistungen von allgemeinem wirtschaftlichen Interesse inklusive Sozialdienstleistungen, SEC (2010) 1545 endg.

[148] Arbeitspapier der Kommissionsdienststellen über die Anwendung der EU-Beihilfevorschriften auf Dienstleistungen von allgemeinem wirtschaftlichen Interesse seit 2005 und die Ergebnisse der öffentlichen Konsultation, SEC (2011) 397.

[149] Mitteilung der Kommission an das Europäische Parlament, den Rat, den Europäischen Wirtschafts- und Sozialausschuss und den Ausschuss der Regionen vom 23.3.2011 – Reform der EU-Beihilfevorschriften über Dienstleistungen von allgemeinem wirtschaftlichem Interesse, KOM (2011) 146 endg.; näher dazu vgl. *Hirsbrunner/Litzenberger*, EuZW 2011, 742 ff.; *Regner*, EStAL 2011, 597 f.; *Righini*, EStAL 2/2012 (Supplement), 3 (8 ff.); *Sinnaeve*, EStAL 2011, 211 ff.

[150] ABl. 2012, C 8/4.
[151] ABl. 2012, L 7/3.
[152] ABl. 2012, C 8/15.
[153] ABl. 2012, L 114/8.
[154] Näher zu diesem das oben genannte *Monti-Kroes*-Paket ersetzenden *Almunia*-Paket vgl. *Bu-*

hinzuweisen, dass die Mitgliedstaaten bei der Festlegung dessen, was sie als Dienstleistungen von allgemeinem wirtschaftlichen Interesse ansehen, nach der ständigen Rechtsprechung des Unionsrichters zwar über ein weites Ermessen bzw. über einen weiten Beurteilungsspielraum verfügen, weshalb die Bestimmung dieser Dienstleistungen durch einen Mitgliedstaat von der Kommission nur bei offenkundigen Fehlern in Frage gestellt werden kann.[155] Dieses Ermessen ist jedoch nicht grenzenlos, da die Befugnis der Mitgliedstaaten, Dienstleistungen von allgemeinem wirtschaftlichen Interesse zu definieren, nach ebenfalls gefestigter Rechtsprechung des Unionsrichters jedenfalls nicht willkürlich mit dem alleinigen Ziel ausgeübt werden darf, einen bestimmten Sektor der Anwendung der Wettbewerbsregeln zu entziehen.[156]

c) Staatlichkeit der Beihilfe nach Maßgabe der Kriterien der Haushaltsbelastung und der Zurechenbarkeit

30 Der in Art. 107 Abs. 1 AEUV niedergelegte Verbotstatbestand erstreckt sich sowohl auf »staatliche« Beihilfen als auch auf »aus staatlichen Mitteln gewährte« Beihilfen. Dies bezieht sich zunächst einmal auf alle Maßnahmen, die von innerstaatlichen Einrichtungen zentralstaatlicher, dezentraler, föderaler, regionaler oder sonstiger Art – unabhängig vom Status und der Bezeichnung der jeweiligen mitgliedstaatlichen Einrichtung – getroffen werden, soweit die Tatbestandsvoraussetzungen des Art. 107 Abs. 1 AEUV im Übrigen erfüllt sind.[157] Die in Art. 107 Abs. 1 AEUV vorgenommene **Unterscheidung zwischen staatlichen Beihilfen und aus staatlichen Mitteln gewährten Beihilfen** dient nach ständiger Rechtsprechung des Unionsrichters dazu, in den hier in Rede stehenden Beihilfebegriff die unmittelbar vom Staat gewährten Vorteile sowie diejenigen Vorteile, die über eine vom Staat benannte oder errichtete öffentliche oder private Einrichtung gewährt werden, einzubeziehen.[158] Daher kann das Verbot des Art. 107 Abs. 1 AEUV grundsätzlich auch solche Beihilfen erfassen, die von öffentlichen oder privaten Einrichtungen gewährt werden, die der jeweilige Staat zur Verwaltung der Beihilfe benannt

---

endia Sierra/Muñoz de Juan, EStAL 2/2012 (Supplement), 63 (66 ff.); Bulla, GewArch 2015, 279 (283 ff.); Coppi, EStAL 2/2012 (Supplement), 37 (43 ff.); Geradin, EStAL 2/2012 (Supplement), 51 ff.; Haubner, EuZW 2013, 816 (817 ff.); Jung/Deuster, BRZ 2012, 24 (27 ff.); Koenig/Hellstern, EnzEuR, Bd. 4, § 14, Rn. 83 ff.; Lambertz/Hornung, EStAL 2012, 329 ff.; Merola/Ubaldi, EStAL 2/2012 (Supplement), 17 ff.; Mestmäcker/Schweitzer, in: Immenga/Mestmäcker, Wettbewerbsrecht, Band 3, Art. 107 Abs. 1 AEUV, Rn. 132 ff.; Pauly/Jedlitschka, DVBl 2012, 1269 ff.; Petzold, NordÖR 2012, 396 ff.; Righini, EStAL 2/2012 (Supplement), 3 (12 ff.); Sinnaeve, EStAL 2012, 347 ff.; Sonder/Bühner, BayVBl. 2013, 296 ff.

[155] Vgl. EuG, Urt. v. 15.6.2005, Rs. T–17/02 (Olsen/Kommission), Slg. 2005, II–2031, Rn. 216; Urt. v. 22.10.2008, verb. Rs. T–317/04, T–329/04 u. T–336/04 (TV 2/Danmark u.a./Kommission), Slg. 2008, II–2935, Rn. 101; Urt. v. 16.12.2010, verb. Rs. T–231/06 u. T–237/06 (Niederlande u.a./Kommission), Slg. 2010, II–5993, Rn. 223; Urt. v. 16.7.2014, Rs. T–295/12 (Deutschland/Kommission), ECLI:EU:T:2014:675, Rn. 44 u. 87.

[156] Vgl. nur EuG, Urt. v. 12.2.2008, Rs. T–289/03 (BUPA u.a./Kommission), Slg. 2008, II–81, Rn. 168; Urt. v. 11.9.2012, Rs. T–565/08 (Corsica Ferries France/Kommission), ECLI:EU:T:2012:415, Rn. 56; Urt. v. 16.7.2014, Rs. T–295/12 (Deutschland/Kommission), ECLI:EU:T:2014:675, Rn. 46.

[157] Vgl. nur EuG, Urt. v. 6.3.2002, verb. Rs. T–92/00 u. T–103/00 (Territorio Histórico de Álava u.a./Kommission), Slg. 2002, II–1385, Rn. 57.

[158] Vgl. nur EuG, Urt. v. 14.12.2000, Rs. T–613/97 (Ufex u.a./Kommission), Slg. 2000, II–4055, Rn. 105; EuGH, Urt. v. 13.3.2001, Rs. C–379/98 (PreussenElektra u. Schleswag), Slg. 2001, I–2099, Rn. 58; EuG, Urt. v. 21.5.2010, verb. Rs. T–425/04, T–444/04, T–450/04 u. T–456/04 (Frankreich u.a./Kommission), Slg. 2010, II–2099, Rn. 214; EuGH, Urt. v. 30.5.2013, Rs. C–677/11 (Doux Élevage SNC), ECLI:EU:C:2013:348, Rn. 26.

oder errichtet hat.[159] Insoweit schließt der in Art. 107 Abs. 1 AEUV enthaltene Beihilfebegriff »zwangsläufig« alle Vorteile ein, die unmittelbar oder mittelbar aus staatlichen Mitteln finanziert werden oder die eine zusätzliche Belastung für den Staat bzw. für den Staatshaushalt oder für die zu diesem Zweck benannten oder errichteten Einrichtungen darstellen.[160] Allerdings muss nach der ständigen Rechtsprechung des Unionsrichters nicht in jedem Fall festgestellt werden, dass tatsächlich eine **Übertragung staatlicher Mittel** stattgefunden hat, damit der einem oder mehreren Unternehmen gewährte Vorteil als eine staatliche Beihilfe im Sinne des Art. 107 Abs. 1 AEUV angesehen werden kann.[161] Vielmehr erfasst Art. 107 Abs. 1 AEUV alle Geldmittel, auf die die öffentliche Hand zur Unterstützung von Unternehmen tatsächlich zurückgreifen kann, ohne dass es dafür eine Rolle spielt, ob diese Mittel auf Dauer zum Vermögen des Staates gehören; insoweit können die einer bestimmten Maßnahme gewidmeten Beträge, die nicht auf Dauer dem Staat gehören, als staatliche Mittel im Sinne des Art. 107 Abs. 1 AEUV qualifiziert werden, wenn sie zumindest der ständigen **Kontrolle des Staates** unterliegen und somit den zuständigen nationalen Behörden zur Verfügung stehen.[162] Von entscheidender Bedeutung ist nach der nunmehr einigermaßen gefestigten – gleichwohl aber noch in Bewegung befindlichen – Rechtsprechung des Unionsrichters zu dem hier in Rede stehenden Kriterium der Staatlichkeit, das sich mit Blick auf das einschlägige Schrifttum zu diesem Kriterium[163] als das am schwierigsten »in den Griff« zu bekommende Merkmal des in Art. 107 Abs. 1 AEUV enthaltenen Beihilfebegriffs zu erweisen scheint, folglich, ob die betreffende Fördermaßnahme dem in Rede stehenden Mitgliedstaat zurechenbar ist bzw. zugerechnet werden kann und ob diese Maßnahme zu einer **Belastung des Staatshaushalts** führt. Dies bringt der Unionsrichter seit einigen Jahren auch mit der immer wiederkehrenden Formulierung zum Ausdruck, dass mitgliedstaatliche Vorteilsgewährungen oder Vergünstigungen zum einen unmittelbar oder mittelbar

---

[159] Vgl. EuGH, Urt. v. 30.5.2013, Rs. C–677/11 (Doux Élevage SNC), ECLI:EU:C:2013:348, Rn. 26 m.w.N.
[160] Vgl. EuGH, Urt. v. 7.5.1998, verb. Rs. C–52/97, C–53/97 u. C–54/97 (Viscido u.a.), Slg. 1998, I–2629, Rn. 14; Urt. v. 17.6.1999, Rs. C–295/97 (Piaggio), Slg. 1999, I–3735, Rn. 34; Urt. v. 19.3.2013, verb. Rs. C–399/10 P u. C–401/10 P (Bouygues u.a./Kommission u.a.), ECLI:EU:C:2013:175, Rn. 99.
[161] Vgl. EuG, Urt. v. 11.12.2014, Rs. T–251/11 (Österreich u.a./Kommission), ECLI:EU:T:2014:1060, Rn. 55; EuGH, Urt. v. 19.12.2013, Rs. C–262/12 (Association Vent de Colère! u.a.), ECLI:EU:C:2013:851, Rn. 19; Urt. v. 19.3.2013, verb. Rs. C–399/10 P u. C–401/10 P (Bouygues u.a./Kommission u.a.), ECLI:EU:C:2013:175, Rn. 100 m.w.N.; näher zur letztgenannten Entscheidung vgl. *Reese*, EuR 2013, 572 ff.
[162] Vgl. EuGH, Urt. v. 30.5.2013, Rs. C–677/11 (Doux Élevage SNC), ECLI:EU:C:2013:348, Rn. 35 m.w.N.; Urt. v. 19.12.2013, Rs. C–262/12 (Association Vent de Colère! u.a.), ECLI:EU:C:2013:851, Rn. 19; EuG, Urt. v. 11.12.2014, Rs. T–251/11 (Österreich u.a./Kommission), ECLI:EU:T:2014:1060, Rn. 56.
[163] Ausführlich zu diesem Kriterium und zu der darauf bezogenen Rechtsprechung des Unionsrichters aus jüngerer Zeit vgl. *Bartosch*, EU-Beihilfenrecht, Art. 107 Abs. 1 AEUV, Rn. 138 ff.; *Biondi*, CMLRev. 50 (2013), 1719 (1724 ff.); *Carullo*, EStAL 2013, 453 ff.; *Clayton/Catalan*, EStAL 2015, 260 ff.; *Frenz*, EWS 2014, 247 ff.; *Germelmann*, EWS 2013, 161 (163 ff.); *Lübbig/Martín-Ehlers*, S. 80 ff.; *Koenig/Hellstern*, EnzEuR, Bd. 4, § 14, Rn. 40; 31 ff.; *Mestmäcker/Schweitzer*, in: Immenga/Mestmäcker, Wettbewerbsrecht, Band 3, Art. 107 Abs. 1 AEUV, Rn. 247 ff.; *Nettesheim*, NJW 2014, 1847 ff.; *Pache/Pieper*, in: Birnstiel/Bungenberg/Heinrich, Kap. 1, 1. Teil: Art. 107 Abs. 1 AEUV, Rn. 48 ff.; *Rabl*, BRZ 2015, 4 ff.; *Reese*, EuR 2013, 572 ff.; *Säcker/Schmitz*, NZKart 2014, 202 ff.; *Schroeder*, EuZW 2015, 207 ff.; *Segura*, in: Schröter/Jakob/Klotz/Mederer, S. 2039 ff.; *Skovgaard Ølykke*, EStAL 2013, 341 ff.; *Soltész*, in: Montag/Säcker, Art. 107 AEUV, Rn. 239 ff.; *ders.*, EuZW 2011, 254 ff.

aus staatlichen Mitteln gewährt und zum anderen dem jeweiligen Staat zuzurechnen sein müssen, damit diese Maßnahmen als staatliche oder als aus staatlichen Mitteln gewährte Beihilfen im Sinne des Art. 107 Abs. 1 AEUV eingestuft werden können.[164]

31 Die vorgenannten Kriterien sind insbesondere in der jüngeren Rechtsprechung des Unionsrichters entwickelt und in der Folge immer wieder näher konturiert bzw. weiter präzisiert worden. Besondere Bedeutung kommt in diesem Zusammenhang zunächst einmal dem vieldiskutierten **Vorabentscheidungsurteil des EuGH in der Rechtssache** PreussenElektra[165] zu, in dem es – abgesehen von der warenverkehrsfreiheitlichen Dimension des dieser Rechtssache zugrundeliegenden Falls[166] – um die Frage ging, ob die seinerzeit im deutschen Stromeinspeisungsgesetz enthaltene Regelung, durch die private Elektrizitätsversorgungsunternehmen verpflichtet wurden, den in ihrem Versorgungsgebiet erzeugten **Strom aus erneuerbaren Energiequellen zu Mindestpreisen** abzunehmen, die über dem tatsächlichen wirtschaftlichen Wert dieses Stroms liegen, und nach der die sich aus dieser Verpflichtung ergebenden finanziellen Belastungen zwischen den vorgenannten Elektrizitätsversorgungsunternehmen und den privaten Betreibern der vorgelagerten Stromnetze aufzuteilen waren, eine staatliche bzw. eine aus staatlichen Mitteln gewährte Beihilfe im Sinne des damaligen Art. 87 Abs. 1 EGV [nunmehr: Art. 107 Abs. 1 AEUV] darstellt. Der Unionsrichter verneinte diese Frage, obwohl er zunächst einmal nicht in Abrede stellte, dass eine Verpflichtung zur Abnahme von Strom aus erneuerbaren Energiequellen zu Mindestpreisen den Erzeugern dieser Stromkategorie einen wirtschaftlichen Vorteil verschafft, indem sie ihnen ohne jedes Risiko höhere Gewinne sichert, die ohne eine solche Regelung nicht erzielt werden könnten.[167] Der Unionsrichter stellte jedoch fest, dass die hier in Rede stehende Regelung weder eine unmittelbare noch eine mittelbare Übertragung staatlicher Mittel darstellt: Der Umstand, dass die Abnahmepflicht auf einem Gesetz beruht und bestimmten Unternehmen unbestreitbar wirtschaftliche Vorteile gewährt, könne dieser Regelung nicht den Charakter einer staatlichen Beihilfe im Sinne des Art. 107 Abs. 1 AEUV verleihen. Dieses Ergebnis werde auch nicht dadurch in Frage gestellt, dass sich die durch die vorgenannte **Abnahmepflicht zu Mindestpreisen** bewirkte finanzielle Belastung negativ auf das wirtschaftliche Ergebnis der dieser Pflicht unterliegenden Unternehmen auswirken und dadurch die Steuereinnahmen des Staates verringern kann; diese Folge sei nämlich einer derartigen Regelung immanent und könne insofern nicht als Mittel angesehen werden, den Erzeugern von Strom aus erneuerbaren Energiequellen auf Kosten des Staates einen bestimmten Vorteil zu gewähren.[168] Soweit die Kommission in dieser Rechtssache im Interesse der weiten Auslegung des EU-beihilferechtlichen Verbotstatbestands ergänzend vorgebracht hat, dass es zur Sicherung der praktischen Wirksamkeit des Art. 87 Abs. 1 EGV i. V. m. Art. 10 EGV [nunmehr: Art. 107 Abs. 1 AEUV

---

[164] Vgl. nur EuGH, Urt. v. 30.5.2013, Rs. C–677/11 (Doux Élevage SNC), ECLI:EU:C:2013:348, Rn. 27; Urt. v. 19.12.2013, Rs. C–262/12 (Association Vent de Colère! u. a.), ECLI:EU:C:2013:851, Rn. 16.

[165] EuGH, Urt. v. 13.3.2001, Rs. C–379/98 (PreussenElektra u. Schleswag), Slg. 2001, I–2099 ff.; ausführlicher zu dieser vieldiskutierten Entscheidung vgl. etwa *Bartosch*, NVwZ 2001, 643 ff.; *Gündisch*, NJW 2001, 3686 ff.; *Koenig/Kühling*, NVwZ 2001, 768 ff.; *Nowak*, VerwArch 2002, 368 ff.

[166] Ausführlicher dazu vgl. jeweils m. w. N. *Gundel*, EnWZ 2014, 99 ff.; *Nowak*, VerwArch 2002, 368 ff.

[167] Vgl. EuGH, Urt. v. 13.3.2001, Rs. C–379/98 (PreussenElektra u. Schleswag), Slg. 2001, I–2099, Rn. 54.

[168] Vgl. EuGH, Urt. v. 13.3.2001, Rs. C–379/98 (PreussenElektra u. Schleswag), Slg. 2001, I–2099, Rn. 61 f.

i. V. m. Art. 4 Abs. 3 EUV] erforderlich sei, den Begriff der staatlichen Beihilfe so auszulegen, dass er auch Unterstützungsmaßnahmen wie die vorgenannte Regelung des Stromeinspeisungsgesetzes erfasse, die vom Staat beschlossen, aber durch private Unternehmen finanziert würden, vermochte der Unionsrichter diesem Vorbringen nicht zu folgen. Die hinter diesem Vorbringen stehende Argumentation konnte sich zwar auf eine Analogie zur EU-kartellrechtlichen Rechtsprechung des Unionsrichters stützen, wonach es den Mitgliedstaaten durch Art. 101 Abs. 1 AEUV i. V. m. Art. 4 Abs. 3 EUV untersagt ist, Maßnahmen – auch in Form von Gesetzen oder Verordnungen – zu treffen, welche die praktische Wirksamkeit der für Unternehmen und Unternehmensvereinigungen geltenden Wettbewerbsregeln aufheben, indem sie etwa in Gesetzes- oder Verordnungsform oder durch andere Maßnahmen bestimmte wettbewerbsbeschränkende Verhaltensweisen einzelner Unternehmen vorschreiben, erleichtern bzw. begünstigen oder verstärken.[169] Dieser Analogie trat der Unionsrichter indes mit dem Argument entgegen, dass sich Art. 107 AEUV im Gegensatz zu Art. 101 AEUV, der nur das Verhalten von Unternehmen und Unternehmensvereinigungen betrifft, unmittelbar auf mitgliedstaatliche Maßnahmen bezieht und somit ein vollständiges Verbot der von ihm erfassten staatlichen Handlungen darstellt, so dass Art. 10 EGV [nunmehr: Art. 4 Abs. 3 EUV] nicht zur Ausdehnung des Anwendungsbereichs des Art. 107 AEUV auf von dieser Bestimmung nicht erfasste staatliche Handlungen herangezogen werden könne.[170]

Zu einem recht ähnlichen Ergebnis gelangte der Unionsrichter wenige Jahre später auch in seinem so genannten **Pearle-Urteil**, in dem es heißt, dass eine staatliche Regelung, die durch die Einführung einer Pflicht zur Abnahme bestimmter Produkte zu Mindestpreisen bestimmten Unternehmen Vorteile gewährt und für andere Nachteile mit sich bringt, nicht zu einer unmittelbaren Übertragung staatlicher Mittel auf die Unternehmen, die diese Produkte erzeugen, führt und dass eine solche Pflicht dieser Regelung nicht den Charakter einer staatlichen Beihilfe verleihen kann.[171] Im weitgehenden Einklang damit entschied der Unionsrichter zuletzt auch in seinem vielbeachteten **Doux Élevage-Urteil**, dass die Entscheidung einer nationalen Behörde, durch die eine bestimmte Branchenvereinbarung, mit der ein Beitrag im Rahmen einer von der nationalen Behörde anerkannten Branchenorganisation ausgedehnt und damit für verbindlich erklärt wird, um die Umsetzung von Maßnahmen betreffend Öffentlichkeitsarbeit, Verkaufsförderung, Außenbeziehungen, Qualitätssicherung, Forschung und Verteidigung der Interessen der Branche zu ermöglichen, kein Element einer staatlichen Beihilfe im Sinne des Art. 107 Abs. 1 AEUV darstellt.[172] Ein französischer Ausgleichsmechanismus, mit dem die Mehrkosten, die Unternehmen durch eine Abnahmepflicht für Strom aus Windkraftanlagen zu einem Preis über dem Marktpreis entstehen, vollständig ausgeglichen werden und dessen Finanzierung von allen im Inland wohnhaften Stromendverbrauchern getragen wird, ist hingegen in dem vieldiskutierten **Vent De**

---

[169] Vgl. EuGH, Urt. v. 2.7.1987, Rs. 188/86 (Régis Lefèvre), Slg. 1987, 2963, Rn. 7 ff.; Urt. v. 5.12.2006, verb. Rs. C–94/04 u. C–202/04 (Cipolla u. a.), Slg. 2006, I–11421, Rn. 46; Urt. v. 13.3.2008, Rs. C–446/05 (Doulamis), Slg. 2008, I–1377, Rn. 19 f.; jeweils m. w. N. *Bach*, S. 126 ff.; *Schwarze*, EuZW 2000, 613 ff.

[170] Vgl. EuGH, Urt. v. 13.3.2001, Rs. C–379/98 (PreussenElektra u. Schleswag), Slg. 2001, I–2099, Rn. 64 f.

[171] Vgl. EuGH, Urt. v. 15.7.2004, Rs. C–345/02 (Pearle u. a.), Slg. 2004, I–7139, Rn. 36.

[172] Vgl. EuGH, Urt. v. 30.5.2013, Rs. C–677/11 (Doux Élevage SNC), ECLI:EU:C:2013:348, Rn. 45; mit Anm. *Bärenbrinker*, EWS 2014, 68 (71 f.); *Wernicke*, EuZW 2013, 584 f.

Colère-Urteil des Gerichtshofs als eine Maßnahme unter Inanspruchnahme staatlicher Mittel eingestuft worden,[173] ohne dass sich der Unionsrichter damit zu seinem oben genannten PreussenElektra-Urteil (s. Rn. 31) in Widerspruch gesetzt hat. Gleiches gilt im Hinblick auf zwei noch jüngere Urteile des Gerichts, in denen eine im österreichischen Ökostromgesetzt geregelte Vorteilsgewährung zu Gunsten energieintensiver Unternehmen sowie eine im deutschen EEG 2012 enthaltene Umlage- bzw. Ausgleichsregelung für stromintensive Unternehmen unter intensiver Bezugnahme auf das vorgenannte PreussenElektra-Urteil als staatliche Maßnahmen im Sinne des Art. 107 Abs. 1 AEUV eingeordnet werden.[174]

33   Eine vielbeachtete **Konkretisierung der Zurechnungskriterien**, die mit dem in Art. 107 Abs. 1 AEUV enthaltenen Tatbestandsmerkmal der Staatlichkeit im Zusammenhang stehen, hat der Unionsrichter insbesondere in seinem so genannten Stardust Marine-Urteil vom 16. 5. 2002[175] vorgenommen, in dem es um Beihilfen französischer Unternehmen ging, die sich unter staatlicher Kontrolle befanden und die als »öffentliche Unternehmen« im Sinne des Art. 2 Abs. 1 der Richtlinie 80/723/EWG der Kommission vom 25. 6.1980 über die Transparenz der finanziellen Beziehungen zwischen den Mitgliedstaaten und den öffentlichen Unternehmen[176] anzusehen waren, auf die die französischen Behörden einen beherrschenden Einfluss ausüben konnten. Nach diesem Urteil muss zum Zwecke der Einordnung eines von einem Unternehmen oder von mehreren Unternehmen gewährten Vorteils als staatliche Beihilfe im Sinne des Art. 107 Abs. 1 AEUV weder in jedem Fall festgestellt werden, dass eine Übertragung staatlicher Mittel stattgefunden hat, noch kommt es darauf an, ob diese Mittel auf Dauer zum Vermögen des betreffenden Staates gehörten.[177] Ist Letzteres nicht der Fall, kann für das Vorliegen »staatlicher Mittel« vielmehr bereits der Umstand genügen, dass sie ständig unter staatlicher Kontrolle und somit den zuständigen nationalen Behörden zur Verfügung stehen.[178] Von entscheidender Bedeutung ist in diesem Kontext dann die Prüfung der Frage, ob im konkreten Fall davon auszugehen ist, dass die jeweiligen nationalen Behörden »in irgendeiner Weise am Erlass dieser Maßnahmen beteiligt waren«.[179] Hier-

---

[173] Vgl. EuGH, Urt. v. 19.12.2013, Rs. C–262/12 (Association Vent de Colère! u. a.), ECLI:EU:C:2013:851, Rn. 15 ff., mit. Anm. *Bärenbrinker*, EWS 2014, 68 (73); *Buckler*, EWS 2014, 41 ff.; *Egger*, BRZ 2014, 25.; ausführlicher zu dieser Entscheidung vgl. *Säcker/Schmitz*, NZKart 2014, 202 ff.; *Schlacke/Kröger*, ZUR 2015, 27 ff.

[174] Vgl. EuGH, Urt. v. 11.12.2014, Rs. T–251/11 (Österreich u. a./Kommission), ECLI:EU:T:2014:1060, Rn. 32 ff.; mit Anm. *Grabmayr*, EnWZ 2015, 224 f.; *Wiemer*, BRZ 2015, 69; sowie EuG, Urt. v. 10. 5. 2016, Rs. T–47/15 (Deutschland/Kommission), ECLI:EU:T:2016:281, Rn. 35 ff.; mit Anm. *Bartosch*, EurUP 2016, 257 f.; *Frenz*, DVBl 2016, 847 f.; *Ludwigs*, EurUP 2016, 238 ff.; *Michaels*, IR 2016, 155 ff.; *Michl*, EurUP 2016, 259 ff.; *Overkamp*, EurUP 2016, 263 ff.; *Schaefer*, EurUP 2016, 244 ff.; *Schmidt-Preuß*, EurUP 2016, 251 ff.; *Stöbener de Mora*, EuZW 2016, 539 ff.

[175] EuGH, Urt. v. 16. 5. 2002, Rs. C–482/99 (Frankreich/Kommission), Slg. 2002, I–4397 ff.

[176] ABl. 1980, L 195/35, seinerzeit i. d. F. der RL 93/84/EWG der Kommission v. 30. 9.1993, ABl. 1993, L 254/16.

[177] Vgl. EuGH, Urt. v. 16. 5. 2002, Rs. C–482/99 (Frankreich/Kommission), Slg. 2002, I–4397, Rn. 36 f.

[178] Zu einer Diskriminierung öffentlicher Unternehmen gegenüber privaten Unternehmen führe diese Auslegung nicht, da die Situation eines öffentlichen Unternehmens in einem Kontext wie dem vorliegenden nicht mit der Situation eines privaten Unternehmens zu vergleichen sei, so vgl. EuGH, Urt. v. 16. 5. 2002, Rs. C–482/99 (Frankreich/Kommission), Slg. 2002, I–4397, Rn. 39, mit dem weiteren Hinweis, dass der Staat mit öffentlichen Unternehmen andere als kaufmännische Ziele verfolgen kann.

[179] Vgl. EuGH, Urt. v. 16. 5. 2002, Rs. C–482/99 (Frankreich/Kommission), Slg. 2002, I–4397, Rn. 52.

bei könne nach Auffassung des Unionsrichters nicht verlangt werden, dass auf der Grundlage einer genauen Anweisung nachgewiesen wird, dass die Behörden das öffentliche Unternehmen konkret dazu veranlasst haben, die fraglichen Beihilfemaßnahmen zu treffen. Vielmehr könne die Zurechenbarkeit einer Beihilfemaßnahme eines öffentlichen Unternehmens an den Staat aus einem **Komplex von Indizien** abgeleitet werden, die sich aus den Umständen des konkreten Falls und aus dem Kontext ergeben, in dem die Maßnahme ergangen ist. Zu diesen Indizien gehören ausweislich dieses Urteils unter anderem die Eingliederung des öffentlichen Unternehmens in die Strukturen der öffentlichen Verwaltung, die Art seiner Tätigkeit und deren Ausübung auf dem Markt, die Intensität der behördlichen Aufsicht sowie der Rechtsstatus des Unternehmens; die bloße Tatsache, dass ein öffentliches Unternehmen in Form einer allgemeinrechtlichen Kapitalgesellschaft gegründet worden ist, sei dabei allerdings nicht ausreichend, um auszuschließen, dass eine Beihilfemaßnahme einer solchen Gesellschaft dem Staat zuzurechnen ist. Diese »Zurechnungs«-Rechtsprechung des Unionsrichters ist in der Folge mehrfach bestätigt und dahingehend konkretisiert worden, dass in diesem Kontext jedes Indiz von Bedeutung ist, das im konkreten Fall entweder auf eine Beteiligung der Behörden oder auf die Unwahrscheinlichkeit einer fehlenden Beteiligung am Erlass einer Maßnahme, wobei auch deren Umfang, ihr Inhalt oder ihre Bedingungen zu berücksichtigen sind, oder auf das Fehlen einer Beteiligung der Behörden am Erlass dieser Maßnahme hinweist.[180]

2. Begünstigung bestimmter Unternehmen oder Produktionszweige

Die Tatbestandsmäßigkeit einer Beihilfe im Sinne des Art. 107 Abs. 1 AEUV setzt ferner voraus, dass die jeweilige Vergünstigung oder Begünstigung (s. Rn. 23 ff.) bestimmten Unternehmen (a) oder Produktionszweigen (b) gewährt wird und insoweit das Kriterium der Selektivität (c) erfüllt. Diese Tatbestandsvoraussetzung ist insoweit überaus eng mit dem oben erörterten Tatbestandsmerkmal der Staatlichkeit (s. Rn. 30 ff.) verbunden, als nach ständiger Rechtsprechung des Unionsrichters zum Zweck der Feststellung des Vorliegens einer staatlichen Beihilfe im Sinne des Art. 107 Abs. 1 AEUV ein hinreichend enger Zusammenhang zwischen dem Vorteil, der dem Begünstigten gewährt wird, einerseits und der Verringerung eines Postens des Staatshaushalts oder einem hinreichend konkreten wirtschaftlichen Risiko für dessen Belastung andererseits dargetan werden muss.[181]

34

a) Unternehmensbegriff

Als Unternehmen im Sinne des auf einen funktionalen Unternehmensbegriff abstellenden Europäischen Wettbewerbsrechts gilt nach ständiger Rechtsprechung des Unionsrichters **jede eine wirtschaftliche Tätigkeit ausübende Einheit** unabhängig von ihrer

35

---

[180] Vgl. dazu insbesondere EuGH, Urt. v. 17. 9. 2014, Rs. C–242/13 (Commerz Nederland), ECLI:EU:C:2014:2224, Rn. 33, mit Anm. *Melcher*, EuZW 2014, 911 f.; Urt. v. 19. 12. 2013, Rs. C–262/12 (Association Vent de Colère! u. a.), ECLI:EU:C:2013:851, Rn. 22 ff., mit *Anm. Buckler*, EWS 2014, 41 ff.; *Egger*, BRZ 2014, 25; sowie EuGH, Urt. v. 11. 12. 2014, Rs. T–251/11 (Österreich u. a./Kommission), ECLI:EU:T:2014:1060, Rn. 67 ff., mit Anm. *Grabmayr*, EnWZ 2015, 224 f.; *Wiemer*, BRZ 2015, 69.

[181] Vgl. EuGH, Urt. v. 19. 3. 2013, verb. Rs. C–399/10 P u. C–401/10 P (Bouygues u. a./Kommission u. a.), ECLI:EU:C:2013:175, Rn. 106 ff.; Urt. v. 9. 10. 2014, Rs. C–522/13 (Ministerio de Defensa), ECLI:EU:C:2014:2262, Rn. 47; Urt. v. 14. 1. 2015, Rs. C–518/13 (Eventech), ECLI:EU:C:2015:9, Rn. 34; Urt. v. 16. 7. 2015, Rs. C–39/14 (BVVG), ECLI:EU:C:2015:470, Rn. 26.

Rechtsform und der Art ihrer Finanzierung.[182] Eine wirtschaftliche Tätigkeit im vorgenannten Sinne ist jede Tätigkeit, die darin besteht, Güter oder Dienstleistungen auf einem bestimmten Markt anzubieten.[183] Diese den funktionalen Unternehmensbegriff des Europäischen Wettbewerbsrechts betreffende Rechtsprechung des Unionsrichters, die grundsätzlich alle privaten und öffentlichen Unternehmen mit allen ihren Produktionszweigen erfasst,[184] bezieht sich nicht nur auf die in Art. 101 Abs. 1 und 102 AEUV niedergelegten Verbotstatbestände des EU-Kartellrechts,[185] sondern nach der ständigen Rechtsprechung des Unionsrichters auch auf den in Art. 107 Abs. 1 AEUV enthaltenen Unternehmensbegriff.[186] Gleiches gilt im Hinblick auf weitere höchstrichterliche Konkretisierungen der hier in Rede stehenden **Rechtsprechung zum funktionalen Unternehmensbegriff**, wonach Tätigkeiten, die in Ausübung hoheitlicher Befugnisse erfolgen oder die an die Ausübung hoheitlicher Befugnisse anknüpfen, keinen wirtschaftlichen Charakter haben, der die Anwendung der Wettbewerbsregeln des Vertrags rechtfertigen würde,[187] wonach der Umstand, dass eine Einheit mit bestimmten im Allgemeininteresse liegenden Aufgaben betraut ist, nicht daran hindern kann, die fraglichen Tätigkeiten als wirtschaftliche Tätigkeiten anzusehen,[188] und wonach der funktionale Unternehmensbegriff des Europäischen Wettbewerbsrechts keine Gewinnerzielungsabsicht

---

[182] Vgl. nur EuGH, Urt. v. 23. 4.1991, Rs. C–41/90 (Höfner u. Elser), Slg. 1991, I–1979, Rn. 21; Urt. v. 17. 2.1993, verb. Rs. C–159/91 u. C–160/91 (Poucet u. Pistre), Slg. 1993, I–637, Rn. 17; Urt. v. 16. 11.1995, Rs. C–244/94 (Fédération française des sociétés d'assurances u. a.), Slg. 1995, I–4013, Rn. 14.

[183] Vgl. nur EuGH, Urt. v. 12. 9. 2000, Rs. C–180/98 (Pavlov u. a.), Slg. 2000, I–6451, Rn. 75; Urt. v. 1. 7. 2008, Rs. C–49/07 (MOTOE), Slg. 2008, I–4863, Rn. 22; Urt. v. 3. 3. 2011, Rs. C–437/09 (AG2R Prévoyance), Slg. 2011, I–973, Rn. 42; näher dazu vgl. jeweils m. w. N. *Krispenz*, S. 45 ff.; *Pauer*, WuW 2013, 1080 (1081 ff.).

[184] Vgl. nur EuGH, Urt. v. 15. 3.1994, Rs. C–387/92 (Banco Exterior de España), Slg. 1994, I–877, Rn. 11.

[185] Zur unstreitigen Maßgeblichkeit des funktionalen Unternehmensbegriffs im Anwendungsbereich des EU-Kartellrechts vgl. nur *Mohr/König*, Der Tatbestand des Verbots wettbewerbsbeschränkender Vereinbarungen, Jura 2012, 165 (166 f.); *Schröter*, in: Schröter/Jakob/Klotz/Mederer, S. 169 ff.

[186] Vgl. EuG, Urt. v. 16. 12. 2010, verb. Rs. T–231/06 u. T–237/06 (Niederlande u. a./Kommission), Slg. 2010, II–5993, Rn. 92; Urt. v. 24. 3. 2011, Rs. T–443/08 u. T–455/08 (Freistaat Sachsen u. a./Kommission), Slg. 2011, II–1311, Rn. 88 ff. u. 128; Urt. v. 12. 9. 2013, Rs. T–347/09 (Deutschland/Kommission), ECLI:EU:T:2013:418, Rn. 24 ff.; sowie *Bär-Bouyssière*, in: Schwarze, EU-Kommentar, Art. 107 AEUV, Rn. 24; *Kliemann*, in: GSH, Europäisches Unionsrecht, Art. 107 AEUV, Rn. 32 ff.; *Koenig/Paul*, in: Streinz, EUV/AEUV, Art. 107 AEUV, Rn. 69 ff.; *Mestmäcker/Schweitzer*, in: Immenga/Mestmäcker, Wettbewerbsrecht, Band 3, Art. 107 Abs. 1 AEUV, Rn. 11; *Müller-Graff*, in: Vedder/Heintschel von Heinegg, Europäisches Unionsrecht, Art. 107 AEUV, Rn. 19.

[187] Vgl. EuGH, Urt. v. 19. 1.1994, Rs. C–364/92 (SAT Fluggesellschaft), Slg. 1994, I–43, Rn. 30; Urt. v. 26. 3. 2009, Rs. C–113/07 P (Selex Sistemi Integrati/Kommission u. a.), Slg. 2009, I–2207, Rn. 70; EuG, Urt. v. 16. 12. 2010, verb. Rs. T–231/06 u. T–237/06 (Niederlande u. a./Kommission), Slg. 2010, II–5993, Rn. 93; näher zu der insoweit erforderlichen Abgrenzung hoheitlicher und wirtschaftlicher Tätigkeiten im Europäischen Wettbewerbsrecht vgl. EuG, Urt. v. 12. 9. 2013, Rs. T–347/09 (Deutschland/Kommission), ECLI:EU:T:2013:418, Rn. 28 f.; *Kling/Dally*, ZWeR 2014, 3 (6 ff.); *Krispenz*, S. 68 ff.; *Mestmäcker/Schweitzer*, in: Immenga/Mestmäcker, Wettbewerbsrecht, Band 3, Art. 107 Abs. 1 AEUV, Rn. 17 ff.; *Pauer*, WuW 2013, 1080 ff.

[188] Vgl. EuGH, Urt. v. 25. 10. 2001, Rs. C–475/99 (Ambulanz Glöckner), Slg. 2001, I–8089, Rn. 21; Urt. v. 23. 3. 2006, Rs. C–237/04 (Enirisorse), Slg. 2006, I–2843, Rn. 34; EuG, Urt. v. 16. 12. 2010, verb. Rs. T–231/06 u. T–237/06 (Niederlande u. a./Kommission), Slg. 2010, II–5993, Rn. 94.

der betreffenden Einrichtung zwingend voraussetzt,[189] auch wenn diese das Vorliegen einer wirtschaftlichen Tätigkeit indiziert.[190]

Darüber hinaus hat der Unionsrichter entschieden, dass Sozialversicherungsträger nicht von dem vorgenannten Unternehmensbegriff erfasst werden, sofern deren Tätigkeiten durch den Grundgedanken einer solidarischen Leistungserbringung geprägt sind und der staatlichen Regulierung bzw. Aufsicht unterliegen.[191] Die Verfolgung eines sozialen Zwecks reicht für sich allein allerdings noch nicht aus, um eine bestimmte Einrichtung vom Zugriff dieses Unternehmensbegriffs zu befreien.[192] Insoweit hängt die Einstufung der hier in Rede stehenden Tätigkeiten als »wirtschaftliche Tätigkeiten« in vielen Fällen maßgeblich von der gesetzlichen Ausgestaltung des jeweiligen Sachbereichs in dem betreffenden Mitgliedstaat ab, was sich beispielsweise an der notwendigerweise differenzierten EU-beihilferechtlichen Beurteilung mitgliedstaatlicher Finanzierungen von Krankenhausleistungen[193] recht gut ablesen lässt. Abgesehen davon wird der in Art. 107 Abs. 1 AEUV enthaltene Unternehmensbegriff in der Rechtsprechungspraxis des Unionsrichters tendenziell weit ausgelegt.[194] Dies bestätigte in der jüngeren Vergangenheit zum einen ein Urteil des Gerichts vom 12.9.2013, in dem Naturschutzorganisationen in Bezug auf bestimmte Nebentätigkeiten als Unternehmen im Sinne des Europäischen Wettbewerbsrechts eingestuft werden.[195] Zum anderen ist im Hinblick auf die **grundsätzlich weite Auslegung des** hier in Rede stehenden **funktionalen Unternehmensbegriffs** auf das so genannte Flughafen Leipzig/Halle-Urteil des Gerichts vom 24.3.2011[196] und auf die dazugehörige Rechtsmittelentscheidung des Gerichtshofs vom 19.12.2012[197] hinzuweisen, in denen der Betrieb des vorgenannten Flughafens bzw. die Verwaltung der Flughafeninfrastruktur als eine wirtschaftliche Tätigkeit im Sinne der oben genannten Rechtsprechung zum funktionalen Unternehmensbegriff eingestuft und klargestellt wird, dass im Prinzip jede staatliche Förderung der Errichtung oder des Ausbaus von Infrastrukturen von EU-beihilferechtlicher Relevanz ist, wenn die jeweilige Infrastruktur in der Folge wirtschaftlich genutzt wird. Vor diesem Hintergrund vermag es nicht zu überraschen, dass staatliche Fördermaßnahmen zu Gunsten dieser und zahlreicher anderer Infrastrukturen in der jüngeren Vergangenheit in einer Weise in den

---

[189] Näher dazu vgl. m. w. N. *Bungenberg*, in: Birnstiel/Bungenberg/Heinrich, Kap. 1, 1. Teil, Rn. 30.
[190] So auch vgl. statt vieler *Arhold*, in: Montag/Säcker, Art. 107 AEUV, Rn. 311 m. w. N.
[191] Vgl. nur EuGH, Urt. v. 16.3.2004, verb. Rs. C–264/01, C–306/01, C–354/01 u. C–355/01 (AOK Bundesverband u. a.), Slg. 2004, I–2493, Rn. 46 ff.; Urt. v. 5.3.2009, Rs. C–350/07 (Kattner Stahlbau), Slg. 2009, I–1513, Rn. 43.
[192] In diesem Sinne vgl. auch *Arhold*, in: Montag/Säcker, Art. 107 AEUV, Rn. 318; *Koenig/Hellstern*, EnzEuR, Bd. 4, § 14, Rn. 40; näher zum Ganzen vgl. etwa *Damjanovic*, CMLRev. 50 (2013), 1685 (1693 ff.).
[193] Ausführlich dazu vgl. *Forst*, ZESAR 2014, 163 (166 ff.); *Heinrich*, BRZ 2013, 119 (120 f.); *ders.*, in: Birnstiel/Bungenberg/Heinrich, Kap. 1, 1. Teil, Rn. 734 ff.; *Heise*, EuZW 2013, 769 ff.; *ders.*, EuZW 2015, 739 ff.; *Kleis/Nicolaides*, EStAL 2006, 505 ff.; *Koenig/Paul*, EStAL 2010, 755 (758 ff.).
[194] Exemplarisch dazu vgl. auch EuGH, Urt. v. 16.12.2010, Rs. C–480/09 P (AceaElectrabel Produzione/Kommission), Slg. 2010, I–13355, Rn. 46 ff.; zur Unternehmenseigenschaft auch von Organisationen oder Vereinen, die professionellen oder halbprofessionellen Sport betreiben, vgl. etwa *Geulen*, NVwZ 2012, 1517 (1518).
[195] Vgl. EuG, Urt. v. 12.9.2013, Rs. T–347/09 (Deutschland/Kommission), ECLI:EU:T:2013:418, Rn. 24 ff.; mit Anm. *Pirker*, EurUP 2014, 49 ff.; *Probst*, RDUE 2013, 796 ff.
[196] EuG, Urt. v. 24.3.2011, Rs. T–443/08 u. T–455/08 (Freistaat Sachsen u. a./Kommission), Slg. 2011, II–1311 ff.
[197] EuGH, Urt. v. 19.12.2012, Rs. C–288/11 P (Mitteldeutsche Flughafen u. a./Kommission), ECLI:EU:C:2012:821; näher zu dieser Entscheidung vgl. *Lintschinger*, BRZ 2013, 187 ff.

Fokus des EU-Beihilfenrechts geraten sind,[198] die vor einigen Jahren noch undenkbar schien.

b) Begriff des Produktionszweiges

37 Mit dem in Art. 107 Abs. 1 AEUV ebenfalls enthaltenen Tatbestandsmerkmal »Produktionszweig« werden unstreitig solche staatlichen oder aus staatlichen Mitteln gewährte Beihilfen erfasst, die einer gesamten Branche bzw. allen in einem bestimmten Bereich tätigen Unternehmen der Güterherstellung sowie Dienstleistungs- und/oder Handelsunternehmen zugute kommen.[199] Dieses grundsätzlich weit auszulegende Tatbestandsmerkmal bezieht sich nach vorherrschender Auffassung nicht nur auf **sämtliche Gewerbezweige und Wirtschaftssektoren** wie beispielsweise die Landwirtschaft, die Fischerei, den Schiffbau oder die Auto-, Film-, Textil-, Leder- und Uhrenindustrie, sondern auch auf **freie Berufe**.[200]

c) Selektivität der Begünstigung

38 Das Vorliegen einer staatlichen und dem jeweiligen Mitgliedstaat zurechenbaren Begünstigung (s. Rn. 30 ff.) reicht für die Tatbestandsmäßigkeit einer Beihilfe im Sinne des Art. 107 Abs. 1 AEUV allein nicht aus. Hinzukommen muss vielmehr, dass die Begünstigung in selektiver Weise bestimmten Unternehmen (s. Rn. 35 f.) oder Produktionszweigen (s. Rn. 36) gewährt wird und damit das vieldiskutierte Kriterium der Selektivität[201] erfüllt, das unter Zugrundelegung der einschlägigen Rechtsprechung des Unionsrichters zur Voraussetzung der Spezifität bzw. der Spezifizität[202] durchaus auch als Kriterium der Spezifizität oder der Spezifität bezeichnet werden könnte. Dieses **Selektivitätskriterium**, das neben den Tatbestandselementen der Begünstigung (s. Rn. 23 ff.) und der Staatlichkeit (s. Rn. 30 ff.) zu den entscheidenden Merkmalen des in Art. 107

---

[198] Ausführlich zur EU-beihilferechtlichen Behandlung und/oder Würdigung staatlicher Förderungen verschiedenster Infrastrukturen vgl. etwa *Eitner/Jennert*, EuZW 2014, 172 ff.; *Farantouris*, EStAL 2012, 85 ff.; *Hochreiter*, EWS 2015, 301 ff.; *Hösch*, UPR 2016, 100 ff.; *Jennert/Eitner*, EuZW 2013, 414 ff.; *Kekelekis*, EStAL 2011, 433 ff.; *Koenig/Trías*, EStAL 2009, 299 ff.; *Kreuzer*, S. 47 ff.; *Lintschinger*, BRZ 2013, 187 ff.; *Mellwig*, EStAL 2014, 295 ff.; *v. Wendland*, EStAL 2013, 523 ff.; *Wittig*, EuZW 2015, 53 ff.

[199] Vgl. dazu auch statt vieler *Bungenberg*, in: Birnstiel/Bungenberg/Heinrich, Kap. 1, 1. Teil, Rn. 46 f.; *Cremer*, in: Calliess/Ruffert, EUV/AEUV, Art. 107 AEUV, Rn. 27 m. w. N.; *Kliemann*, in: Schröter/Jakob/Klotz/Mederer, S. 2049; *v. Wallenberg/Schütte*, in: Grabitz/Hilf/Nettesheim, EU, Art. 107 AEUV (Oktober 2011), Rn. 40.

[200] Vgl. nur *Bartosch*, EU-Beihilfenrecht, Art. 107 Abs. 1 AEUV, Rn. 105; *Kliemann*, in: GSH, Europäisches Unionsrecht, Art. 107 AEUV, Rn. 38; *Koenig/Paul*, in: Streinz, EUV/AEUV, Art. 107 AEUV, Rn. 73.

[201] Näher zu diesem zahlreiche Detailfragen aufwerfenden Kriterium vgl. *Bartosch*, EuZW 2015, 99 ff.; *ders.*, BB 2016, 855 ff.; *Frenz*, EWS 2015, 194 ff.; *Holtmann*, EWS 2015, 140; *López*, EStAL 2010, 807 ff.; *Mestmäcker/Schweitzer*, in: Immenga/Mestmäcker, Wettbewerbsrecht, Band 3, Art. 107 Abs. 1 AEUV, Rn. 168 ff.; *Metaxas*, EStAL 2010, 771 ff.; *Micheau*, E.L.Rev. 40 (2015), 323 ff.; *Nicolaides/Rusu*, EStAL 2012, 791 ff.; *Prek/Lefèvre*, EStAL 2012, 335 ff.; *Romariz*, EStAL 2014, 39 ff.; *Sauter/Vedder*, E.L.Rev. 37 (2012), 327 ff.; *Soltész/Winzer*, DB 2013, 105 (107 f.); *Staviczky*, EStAL 2015, 332 ff.; *Temple Lang*, E.L.Rev. 40 (2015), 763 ff.

[202] Vgl. etwa EuGH, Urt. v. 1.12.1998, Rs. C-200/97 (Ecotrade), Slg. 1998, I-7907, Rn. 40 (»Spezifizität«); anders vgl. etwa EuG, Urt. v. 6.3.2002, verb. Rs. T-92/00 u. T-103/00 (Territorio Histórico de Álava u. a./Kommission), Slg. 2002, II-1385, Rn. 23, sowie Urt. v. 1.7.2010, Rs. T-335/08 (BNP Paribas u. a./Kommission), Slg. 2010, II-3323, Rn. 160, wo der Selektivitätsbegriff jeweils mit dem Begriff der »Spezifität« gleichgesetzt wird.

Abs. 1 AEUV enthaltenen Beihilfebegriffs gehört,²⁰³ verlangt nach ständiger Rechtsprechung des Unionsrichters die Prüfung bzw. Feststellung, ob eine mitgliedstaatliche Maßnahme im Rahmen einer bestimmten rechtlichen Regelung geeignet ist, bestimmte Unternehmen oder Produktionszweige gegenüber anderen Unternehmen oder Produktionszweigen zu begünstigen, die sich im Hinblick auf das mit der betreffenden Regelung verfolgte Ziel in einer vergleichbaren tatsächlichen und rechtlichen Situation befinden.²⁰⁴

In Ansehung des vorgenannten Selektivitätskriteriums unterscheidet der Unionsrichter zunächst einmal danach, ob die jeweils in Rede stehende Maßnahme des Mitgliedstaats als allgemeine Beihilferegelung oder als **Einzelbeihilfe** (s. Rn. 21) gewährt werden soll: Im letztgenannten Fall ermöglicht die Feststellung eines wirtschaftlichen Vorteils grundsätzlich die Annahme der Selektivität; bei der Prüfung einer allgemeinen **Beihilferegelung** (s. Rn. 21) ist hingegen die Feststellung erforderlich, ob die in Rede stehende mitgliedstaatliche Maßnahme dessen ungeachtet, dass sie einen allgemeinen Vorteil verschafft, diesen allein zugunsten bestimmter Unternehmen oder bestimmter Branchen schafft.²⁰⁵ Um die etwaige **Selektivität einer staatlichen Gebührenordnung** zu bewerten, die eine öffentliche Einrichtung für die Nutzung spezieller Güter oder Dienstleistungen in einem konkreten Sektor erstellt hat, stellt der Unionsrichter auf alle Unternehmen ab, die diese speziellen Güter oder Dienstleistungen nutzen oder nutzen können, und prüft sodann, ob ein etwaiger Vorteil nur einigen von ihnen zugutekommt oder kommen kann; insoweit kann die etwaige Selektivität einer solchen staatlichen Maßnahme nur anhand der gegenwärtigen oder potenziellen Nutzer der fraglichen Einrichtung sowie der in Rede stehenden speziellen Güter und Dienstleistungen und insbesondere nicht anhand der Kunden anderer Unternehmen des Sektors, die ähnliche Güter oder Dienstleistungen zur Verfügung stellen, beurteilt werden.²⁰⁶ Die **Einstufung einer nationalen Steuermaßnahme** als »selektiv« setzt hingegen in einem ersten Schritt voraus, dass im Vorfeld die in dem betreffenden Mitgliedstaat geltende allgemeine oder »normale« Steuerregelung ermittelt und geprüft wird; anhand dieser allgemeinen oder »normalen« Steuerregelung ist sodann in einem zweiten Schritt zu beurteilen, ob der mit der fraglichen Steuermaßnahme gewährte Vorteil selektiv ist, wenn nämlich dargetan wird, dass diese Maßnahme von dem allgemeinen System insoweit abweicht, als sie Unterscheidungen zwischen Wirtschaftsteilnehmern einführt, die sich im Hinblick auf das mit der Steuerregelung dieses Mitgliedstaats verfolgte Ziel in einer vergleichbaren tatsächli-

---

²⁰³ Zum Selektivitätskriterium als ein »Merkmal« des unionsrechtlichen Beihilfebegriffs vgl. auch EuG, Urt. v. 11.7.2002, Rs. T–152/99 (Hijos de Andrés Molina/Kommission), Slg. 2002, II–3049, Rn. 156; Urt. v. 23.10.2002, verb. Rs. T–346/99, T–347/99 u. T–348/99 (Territorio Histórico de Álava u.a./Kommission), Slg. 2002, II–4259, Rn. 50; Urt. v. 9.9.2014, Rs. T–461/12 (Hansestadt Lübeck/Kommission), ECLI:EU:T:2014:758, Rn. 44.

²⁰⁴ Vgl. EuG, Urt. v. 1.7.2010, Rs. T–335/08 (BNP Paribas u.a./Kommission), Slg. 2010, II–3323, Rn. 160; EuGH, Urt. v. 18.3.2013, Rs. C–6/12 (P Oy), ECLI:EU:C:2013:525, Rn. 19; EuG, Urt. v. 7.11.2014, Rs. T–219/10 (Autogrill España/Kommission), ECLI:EU:T:2014:939, Rn. 29; EuGH, Urt. v. 14.1.2015, Rs. C–518/13 (Eventech), ECLI:EU:C:2015:9, Rn. 55; Urt. v. 4.6.2015, Rs. C–15/14 P (Kommission/MOL), ECLI:EU:C:2015:362, Rn. 59; Urt. v. 4.6.2015, Rs. C–5/14 (Kernkraftwerke Lippe-Ems), ECLI:EU:C:2015:354, Rn. 7; mit instruktiven Anmerkungen zur letztgenannten Entscheidung vgl. *Frenz*, EWS 2015, 194 ff.; *W. Kahl/Bews*, NVwZ 2015, 1081 (1082 f.).

²⁰⁵ Vgl. EuGH, Urt. v. 4.6.2015, Rs. C–15/14 P (Kommission/MOL), ECLI:EU:C:2015:362, Rn. 60.

²⁰⁶ Vgl. EuG, Urt. v. 9.9.2014, Rs. T–461/12 (Hansestadt Lübeck/Kommission), ECLI:EU:T:2014:758, Rn. 53, mit Anm. *Ritzenhoff*, EuZW 2014, 879 f.

chen oder rechtlichen Situation befinden.[207] Dem kann sich in einem dritten Schritt unter Umständen auch noch die Prüfung der weiteren Frage anschließen, ob der betreffende Mitgliedstaat den Nachweis erbringen konnte, dass die Maßnahme durch die Natur oder den inneren Aufbau des Systems, mit dem sie in Zusammenhang steht, gerechtfertigt ist (s. Rn. 41).

40 Der Zweck des hier in Rede stehenden Selektivitätskriteriums besteht darin, staatliche Fördermaßnahmen, die der gesamten Wirtschaft zugute kommen, aus dem unionsrechtlichen Beihilfebegriff auszugrenzen. Staatliche **Fördermaßnahmen mit einem allgemeinen wirtschaftspolitischen Charakter**, die alle Unternehmen oder Produktionszweige gleichermaßen bzw. unterschiedslos begünstigen, fallen nämlich aus dem Anwendungsbereich des Art. 107 Abs. 1 AEUV heraus.[208] In diesem Zusammenhang ist allerdings zu beachten, dass die Qualifizierung einer mitgliedstaatlichen Fördermaßnahme als staatliche Beihilfe im Sinne des Art. 107 Abs. 1 AEUV nicht automatisch daran scheitert, dass es sich dabei um eine allgemeine wirtschaftspolitische Maßnahme handelt.[209] Vielmehr erfüllen mitgliedstaatliche Maßnahmen, die auf den ersten Blick für alle Unternehmen oder Produktionszweige gelten, auch dann das Kriterium der Selektivität, wenn die mitgliedstaatlichen Stellen, die eine allgemeine Regelung anzuwenden haben und dabei finanzielle Vorteile gewähren, hinsichtlich dieser Anwendung über ein **Ermessen** verfügen, das es ihnen ermöglicht, die Begünstigten oder die Bedingungen, unter denen die jeweilige Maßnahme gewährt wird, zu bestimmen.[210] Auf die Frage, ob die Handlungsweise der jeweiligen Behörde willkürlich war, kommt es in diesem Zusammenhang nicht an.[211]

41 Im Hinblick auf die insoweit erforderliche **Unterscheidung zwischen selektiven Begünstigungen und allgemeinen wirtschaftspolitischen Maßnahmen** ist ferner zu beachten, dass eine staatliche Maßnahme nach ständiger Rechtsprechung des Unionsrichters weder auf Grund der großen Zahl der begünstigten Unternehmen noch auf Grund der Verschiedenartigkeit und der Bedeutung der Wirtschaftszweige, zu denen diese Unternehmen gehören, als eine allgemeine wirtschaftspolitische Maßnahme angesehen werden kann.[212] Gleichwohl kann aber der Vorwurf der Selektivität bei staatlichen Vorteilsgewährungen, die sich aus der Freistellung der Begünstigten von bestimmten finanziellen Lasten etwa im Rahmen innerstaatlicher Sozialversicherungs- oder Steuersysteme ergeben, wiederum dann hinfällig werden, wenn die jeweilige Maßnahme durch das

---

[207] Vgl. EuGH, Urt. v. 18.3.2013, Rs. C–6/12 (P Oy), ECLI:EU:C:2013:525, Rn. 19; EuG, Urt. v. 7.11.2014, Rs. T–399/11 (Banco Santander u.a./Kommission), ECLI:EU:T:2014:938, Rn. 37, mit Anm. *Holtmann*, EWS 2015, 140; sowie EuG, Urt. v. 7.11.2014, Rs. T–219/10 (Autogrill España/Kommission), ECLI:EU:T:2014:939, Rn. 33; näher zur letztgenannten Entscheidung vgl. *Temple Lang*, E.L.Rev. 40 (2015), 763ff.

[208] Vgl. nur EuG, Urt. v. 6.3.2002, verb. Rs. T–92/00 u. T–103/00 (Territorio Histórico de Álava u.a./Kommission), Slg. 2002, II–1385, Rn. 31; Urt. v. 9.9.2014, Rs. T–461/12 (Hansestadt Lübeck/Kommission), ECLI:EU:T:2014:758, Rn. 44; EuGH, Urt. v. 16.4.2015, Rs. C–690/13 (Trapeza Eurobank Ergasias), ECLI:EU:C:2015:235, Rn. 22.

[209] Exemplarisch dazu vgl. EuGH, Urt. v. 17.6.1999, Rs. C–75/97 (Belgien/Kommission), Slg. 1999, II–3671, Rn. 32; EuG, Urt. v. 29.9.2000, Rs. T–55/99 (CETM/Kommission), Slg. 2000, II–3207, Rn. 40.

[210] Vgl. EuG, Urt. v. 11.7.2002, Rs. T–152/99 (Hijos de Andrés Molina/Kommission), Slg. 2002, II–3049, Rn. 157; EuGH, Urt. v. 18.3.2013, Rs. C–6/12 (P Oy), ECLI:EU:C:2013:525, Rn. 25ff.

[211] Vgl. nur EuG, Urt. v. 6.3.2002, verb. Rs. T–92/00 u. T–103/00 (Territorio Histórico de Álava u.a./Kommission), Slg. 2002, II–1385, Rn. 35.

[212] Vgl. nur EuGH, Urt. v. 8.11.2001, Rs. C–143/99 (Adria-Wien Pipeline), Slg. 2001, I–8365, Rn. 48.

Wesen oder die allgemeinen Zwecke des Systems, zu dem sie gehört, gerechtfertigt ist.[213] Eine solche – am Wesen bzw. an den allgemeinen Zwecken des jeweiligen Systems anknüpfende – Rechtfertigung, die alternativ auch an »der Natur oder dem inneren Aufbau des Systems« ansetzen kann,[214] ist allerdings als Ausnahme vom grundsätzlichen Beihilfeverbot restriktiv auszulegen.[215] Insoweit verlangt der Unionsrichter für die **Rechtfertigung** beispielsweise **selektiver steuerlicher Maßnahmen durch das Wesen, die Natur oder den inneren Aufbau des nationalen Steuersystems**, dass die jeweils in Rede stehenden staatlichen Maßnahmen im Rahmen des jeweiligen Systems, zu dem sie gehören, sachgerecht sind[216] und dass diese Maßnahmen mit der inneren Logik des allgemeinen Steuersystems im Einklang stehen[217]. Die Anwendung einer Politik der regionalen Entwicklung oder des sozialen Zusammenhalts reicht für sich allein allerdings nicht aus, um eine im Rahmen dieser Politik erlassene Maßnahme als durch die Natur und den inneren Aufbau eines nationalen Steuersystems gerechtfertigt anzusehen.[218]

3. Tatsächliche oder drohende Wettbewerbsverfälschung

Das in Art. 107 Abs. 1 AEUV enthaltene Tatbestandsmerkmal der tatsächlichen oder drohenden Wettbewerbsverfälschung begrenzt den weiten Anwendungsbereich dieses beihilferechtlichen Verbotstatbestands nur geringfügig, da die **Eignung einer mitgliedstaatlichen Beihilfe zur Wettbewerbsverfälschung** in diesem Kontext bereits ausreicht.[219] Dies gilt unabhängig davon, ob es im konkreten Einzelfall um eine neue angemeldete Beihilfe, um eine neue nicht angemeldete Beihilfe oder um eine bestehende Beihilfe geht.[220] Selbst der geringe Umfang einer staatlichen Beihilfe stellt das Vorliegen einer tatsächlichen oder drohenden Wettbewerbsverfälschung grundsätzlich nicht in Frage.[221] Gleichwohl muss die Kommission in diesem Zusammenhang die von ihr erlas- 42

---

[213] Vgl. EuGH, Urt. v. 8.11.2001, Rs. C–143/99 (Adria-Wien Pipeline), Slg. 2001, I–8365, Rn. 42; EuG, Urt. v. 23.10.2002, verb. Rs. T–269/99, T–271/99 u. T–272/99 (Territorio Histórico de Guipúzcoa u. a./Kommission), Slg. 2002, II–4217, Rn. 60; EuGH, Urt. v. 18.3.2013, Rs. C–6/12 (P Oy), ECLI:EU:C:2013:525, Rn. 22; Urt. v. 9.10.2014, Rs. C–522/13 (Ministerio de Defensa), ECLI:EU: C:2014:2262, Rn. 42 ff.; EuG, Urt. v. 25.3.2015, Rs. T–538/11 (Belgien/Kommission), ECLI:EU: T:2015:188, Rn. 103.
[214] Vgl. etwa EuG, Urt. v. 1.7.2010, Rs. T–335/08 (BNP Paribas u. a./Kommission), Slg. 2010, II–3323, Rn. 163; Urt. v. 7.11.2014, Rs. T–219/10 (Autogrill España/Kommission), ECLI:EU:T:2014: 939, Rn. 33.; Urt. v. 4.2.2016, Rs. T–620/11 (GFKL Financial Services/Kommission), ECLI:EU: T:2016:59, Rn. 101 ff.; näher zur letztgenannten Entscheidung vgl. *Holtmann*, EWS 2016, 61 ff.
[215] Vgl. nur EuG, Urt. v. 6.3.2002, verb. Rs. T–127/99, T–129/99 u. T–148/99 (Territorio Histórico de Álava u. a./Kommission), Slg. 2002, II–1275, Rn. 250.
[216] Vgl. nur EuG, Urt. v. 23.10.2002, verb. Rs. T–346/99, T–347/99 u. T–348/99 (Territorio Histórico de Álava u. a./Kommission), Slg. 2002, II–4259, Rn. 59 ff.
[217] Vgl. EuG, Urt. v. 6.3.2002, verb. Rs. T–127/99, T–129/99 u. T–148/99 (Territorio Histórico de Álava u. a./Kommission), Slg. 2002, II–1275, Rn. 164; Urt. v. 6.3.2002, verb. Rs. T–92/00 u. T–103/00 (Territorio Histórico de Álava u. a./Kommission), Slg. 2002, II–1385, Rn. 59 f.
[218] So vgl. EuGH, Urt. v. 18.3.2013, Rs. C–6/12 (P Oy), ECLI:EU:C:2013:525, Rn. 29.
[219] Vgl. EuGH, Urt. v. 8.5.2013, verb. Rs. C–197/11 u. C–203/11 (Libert u. a.), ECLI:EU:C:2013: 288, Rn. 76; Urt. v. 9.10.2014, Rs. C–522/13 (Ministerio de Defensa), ECLI:EU:C:2014:2262, Rn. 51; Urt. v. 14.1.2015, Rs. C–518/13 (Eventech), ECLI:EU:C:2015:9, Rn. 65; Urt. v. 16.4.2015, Rs. C–690/13 (Trapeza Eurobank Ergasias), ECLI:EU:C:2015:235, Rn. 23.
[220] Vgl. EuG, Urt. v. 15.6.2000, verb. Rs. T–298/97, T–312/97, T–313/97, T–315/97, T–600/97 bis T–607/97, T–3/98 – T–6/98 u. T–23/98 (Alzetta Mauro u. a./Kommission), Slg. 2000, II–2319, Rn. 76 ff.; sowie den Beschluss der Kommission v. 29.9.2010 über die von Frankreich durchgeführte Beihilferegelung C 4/09 (ex N 679/97) zur Förderung des Hörfunks, ABl. 2011 L 61/22 (25).
[221] Vgl. nur EuG, Urt. v. 28.1.1999, Rs. T–14/96 (BAI/Kommission), Slg. 1999, II–139, Rn. 77;

senen De-minimis-Verordnungen (s. Rn. 4) beachten und das von ihr in einem verfahrensabschließenden Beschluss gegebenenfalls geltend gemachte Vorliegen einer tatsächlichen oder drohenden Wettbewerbsverfälschung zumindest begründen,[222] wobei an den von der Kommission diesbezüglich zu leistenden **Begründungsaufwand** keine allzu hohen Anforderungen gestellt werden. Bei Betriebsbeihilfen, mit denen ein Unternehmen von Kosten befreit werden soll, die es normalerweise im Rahmen seines laufenden Betriebs oder seiner üblichen Tätigkeiten hätte tragen müssen, ist nach ständiger Rechtsprechung des Unionsrichters »grundsätzlich« vom Vorliegen einer Wettbewerbsverfälschung auszugehen.[223]

4. Beeinträchtigung des Handels zwischen den Mitgliedstaaten

43 Soweit Art. 107 Abs. 1 AEUV ferner bestimmt, dass die in dieser Norm angesprochenen Beihilfen mit dem Binnenmarkt unvereinbar sind, soweit sie den Handel zwischen Mitgliedstaaten beeinträchtigen, setzt auch dieses Tatbestandsmerkmal, das beinahe untrennbar mit dem oben erörterten Tatbestandsmerkmal der Wettbewerbsverfälschung (s. Rn. 42) verbunden ist,[224] der Anwendung des in dieser Bestimmung niedergelegten Verbotstatbestandes ebenfalls nur recht geringfügige Grenzen. Dies findet seinen Grund zum einen darin, dass die **Eignung einer staatlichen Maßnahme zur Beeinträchtigung des zwischenstaatlichen Handels**, die in einem verfahrensabschließenden Beschluss der Kommission gegebenenfalls hinreichend zu begründen ist,[225] bereits ausreicht; eine tatsächliche Handelsbeeinträchtigung wird in diesem Kontext nicht verlangt.[226] Zum anderen wird die Möglichkeit einer Beeinträchtigung des Handels zwischen Mitgliedstaaten noch nicht einmal durch den verhältnismäßig geringen Umfang einer staatlichen Beihilfe oder durch die verhältnismäßig geringe Größe des begünstigten Unternehmens von vornherein ausgeschlossen,[227] auch in diesem Zusammenhang sind aber die von der Kommission erlassenen De-minimis-Verordnungen (s. Rn. 4) zu beachten.

---

ferner vgl. in diesem Kontext EuGH, Urt. v. 19.9.2000, Rs. C–156/98 (Deutschland/Kommission), Slg. 2000, I–6857, Rn. 40 f., wonach die Kommission auch von der Nichtanwendbarkeit der für De-minimis-Beihilfen geltenden Befreiungen ausgehen darf, wenn der betreffende Mitgliedstaat nicht eindeutig die Überschreitung der darin festgelegten Schwelle und eine etwaige Kumulierung mit anderen staatlichen Beihilfen ausschließt.
[222] Vgl. EuGH, Urt. v. 5.3.2015, Rs. C–667/13 (Banca Privado Português u. a.), ECLI:EU:C:2015: 151, Rn. 45.
[223] Vgl. EuG, Urt. v. 8.6.1995, Rs. T–459/93 (Siemens/Kommission), Slg. 1995, II–1675, Rn. 48; Urt. v. 23.11.2006, Rs. T–217/02 (Ter Lembeek/Kommission), Slg. 2006, II–4483, Rn. 177; Urt. v. 16.12.2010, verb. Rs. T–231/06 u. T–237/06 (Niederlande u. a./Kommission), Slg. 2010, II–5993, Rn. 119.
[224] In diesem Sinne vgl. etwa auch EuG, Urt. v. 4.4.2001, Rs. T–288/97 (Regione Friuli Venezia Giulia/Kommission), Slg. 2001, II–1169, Rn. 41; Urt. v. 17.7.2014, Rs. T–457/09 (Westfälisch-Lippischer Sparkassen- und Giroverband/Kommission), ECLI:EU:T:2014:683, Rn. 249.
[225] Zur gerichtlichen Kontrolle der Einhaltung der diesbzgl. Begründungsanforderungen vgl. exemplarisch EuGH, Urt. v. 5.3.2015, Rs. C–667/13 (Banca Privado Português u. a.), ECLI:EU:C:2015: 151, Rn. 46 ff.
[226] Vgl. EuG, Urt. v. 15.6.2000, verb. Rs. T–298/97, T–312/97, T–313/97, T–315/97, T–600/97 bis T–607/97, T–3/98 bis T–6/98 u. T–23/98 (Alzetta Mauro u. a./Kommission), Slg. 2000, II–2319, Rn. 76 ff.; EuGH, Urt. v. 9.10.2014, Rs. C–522/13 (Ministerio de Defensa), ECLI:EU:C:2014:2262, Rn. 51; Urt. v. 16.4.2015, Rs. C–690/13 (Trapeza Eurobank Ergasias), ECLI:EU:C:2015:235, Rn. 23.
[227] Vgl. nur EuGH, Urt. v. 19.9.2000, Rs. C–156/98 (Deutschland/Kommission), Slg. 2000, I–6857, Rn. 32; Urt. v. 14.1.2015, Rs. C–518/13 (Eventech), ECLI:EU:C:2015:9, Rn. 68.

Nach ständiger Rechtsprechung des Unionsrichters wird der innergemeinschaftliche **44**
bzw. innerunionale Handel insbesondere dann durch eine von einem Mitgliedstaat gewährte Beihilfe beeinflusst, wenn sie die Stellung eines Unternehmens gegenüber konkurrierenden Unternehmen in diesem Handel stärkt.[228] Kommt es durch eine von einem Mitgliedstaat gewährte Beihilfe zu einer **Stärkung der Stellung eines Unternehmens gegenüber anderen Wettbewerbern im innerunionalen Handel**, so wird von einer Beeinträchtigung dieses Handels im Übrigen selbst dann ausgegangen, wenn das geförderte Projekte einen rein lokalen Charakter hat[229] und/oder wenn das begünstigte Unternehmen selbst nicht im Export bzw. im innereuropäischen Handel tätig ist.[230] Diese weite Auslegung des hier in Rede stehenden Tatbestandsmerkmals begründet der Unionsrichter regelmäßig damit, dass im Falle einer Beihilfegewährung zu Gunsten eines Unternehmens im vorgenannten Sinne die inländische Tätigkeit dadurch beibehalten oder verstärkt werden kann, so dass sich die Chancen der in anderen Mitgliedstaaten niedergelassenen Unternehmen, in den Markt dieses Mitgliedstaats einzudringen, verringern, und dass die Stärkung eines Unternehmens, das bis dahin nicht am innereuropäischen Handel teilgenommen hat, dieses Unternehmen zudem in die Lage versetzen kann, in den Markt eines anderen Mitgliedstaats einzudringen.[231]

5. Abweichende vertragliche Sonderbestimmungen

Die in den vorangehenden Abschnitten erörterten Tatbestandsmerkmale (s. Rn. 19–44) **45**
sind ausweislich des Art. 107 Abs. 1 AEUV verbindlich und für die Überprüfung mitgliedstaatlicher Fördermaßnahmen maßgeblich, soweit in den Verträgen – d. h. im EU-Vertrag und im Vertrag über die Arbeitsweise der Europäischen Union (s. Art. 1 EUV, Rn. 61) – nicht etwas anderes bestimmt ist. Prominente **Ausnahmeregelungen** der vorgenannten Art finden sich nicht nur in Art. 107 Abs. 2 AEUV (s. Rn. 47 ff.) und Art. 107 Abs. 3 AEUV (s. Rn. 55 ff.), sondern auch in Art. 106 Abs. 2 AEUV für **Dienstleistungen von allgemeinem wirtschaftlichem Interesse** (s. Rn. 29 f.) sowie für den speziellen Bereich der **Landwirtschaft** in Art. 43 AEUV, wonach das Kapitel über die Wettbewerbsregeln einschließlich der Art. 107–109 AEUV auf die Produktion landwirtschaftlicher Erzeugnisse und den Handel mit diesen nur insoweit Anwendung findet, als das Europäische Parlament und der Rat dies unter Berücksichtigung der Ziele des Art. 39 AEUV im Rahmen des Art. 43 Abs. 2 AEUV und gemäß dem dort vorgesehenen Verfahren bestimmt.[232] Eine weitere Ausnahme der vorgenannten Art findet sich für den **Verkehrs-**

---

[228] Vgl. nur EuGH, Urt. v. 8.5.2013, verb. Rs. C–197/11 u. C–203/11 (Libert u.a.), ECLI:EU:C:2013:288, Rn. 77; Urt. v. 9.10.2014, Rs. C–522/13 (Ministerio de Defensa), ECLI:EU:C:2014:2262, Rn. 52; Urt. v. 14.1.2015, Rs. C–518/13 (Eventech), ECLI:EU:C:2015:9, Rn. 66.

[229] Instruktiv dazu vgl. den *Kristall Bäder*-Beschluss der Kommission vom 23.7.2014, SA.33045 (2013/NN, ex 2011/CP), Rn. 1 ff.; näher zu diesem Beschluss vgl. *v.d. Hout/Blazek*, PUBLICUS 2015, 19 ff.; zu weiteren einschlägigen Kommissionsbeschlüssen jüngeren Datums vgl. *Soltész*, EuZW 2016, 87 (90).

[230] Vgl. nur EuGH, Urt. v. 17.6.1999, Rs. C–75/97 (Belgien/Kommission), Slg. 1999, I–3671, Rn. 47; Urt. v. 16.4.2015, Rs. C–690/13 (Trapeza Eurobank Ergasias), ECLI:EU:C:2015:235, Rn. 24 f.; m.w.N. *Nowak*, EuZW 2003, 389 (396 f.).

[231] Vgl. nur EuGH, Urt. v. 8.5.2013, verb. Rs. C–197/11 u. C–203/11 (Libert u.a.), ECLI:EU:C:2013:288, Rn. 78; Urt. v. 16.4.2015, Rs. C–690/13 (Trapeza Eurobank Ergasias), ECLI:EU:C:2015:235, Rn. 25.

[232] Ausführlich zu den darauf beruhenden beihilferechtlichen Besonderheiten im Agrarsektor vgl. jeweils m.w.N. *Erhart*, in: Schröter/Jakob/Klotz/Mederer, S. 2357 ff.; *Nowak*, EStAL 2003, 579 (580 ff.); *Schweighofer*, in: Birnstiel/Bungenberg/Heinrich, Kap. 3, 1. Teil, Rn. 1 ff. Ferner vgl. in die-

sektor[233] in Art. 93 AEUV, wonach Beihilfen mit den Verträgen vereinbar sind, die den Erfordernissen der Koordinierung des Verkehrs oder der Abgeltung bestimmter – mit dem Begriff des öffentlichen Dienstes zusammenhängender – Leistungen entsprechen. In diesem Kontext ist im Übrigen auch auf die in Art. 98 AEUV enthaltene »Deutschland«- oder Teilungsklausel hinzuweisen, die das EU-verkehrspolitische »pendant« zu dem in Art. 107 Abs. 2 Buchst c AEUV niedergelegten Ausnahmetatbestand für Beihilfen im Zusammenhang mit der früheren Teilung Deutschlands (s. Rn. 53 f.) darstellt. Die in Art. 345 AEUV niedergelegte Regelung, wonach die Verträge die **Eigentumsordnung in den verschiedenen Mitgliedstaaten** unberührt lassen, schränkt den Beihilfebegriff im Sinne des Art. 107 Abs. 1 AEUV nach Auffassung des Unionsrichters allerdings nicht ein.[234]

46 Im Übrigen ist in diesem Kontext auf die in Art. 346 Abs. 1 Buchst. b AEUV enthaltene Ausnahmeregelung hinzuweisen, nach der jeder Mitgliedstaat berechtigt ist, Maßnahmen zu ergreifen, die seines Erachtens für die Wahrung seiner wesentlichen Sicherheitsinteressen erforderlich sind, soweit sie die Erzeugung von **Waffen, Munition oder Kriegsmaterial** oder den Handel damit betreffen. Diese Regelung ist restriktiv auszulegen bzw. anzuwenden[235] und steht desweiteren unter dem im zweiten Halbsatz der vorgenannten Bestimmung geregelten Vorbehalt, dass die im ersten Halbsatz dieser Bestimmung angesprochenen Maßnahmen, zu denen unter anderem auch die Beihilfegewährung gehören kann, im Binnenmarkt nicht die Wettbewerbsbedingungen hinsichtlich der nicht eigens für militärische Zwecke bestimmten Waren beeinträchtigen dürfen. Dieser Vorbehalt wird in verfahrensrechtlicher Hinsicht zum einen durch Art. 348 Abs. 1 AEUV abgesichert, wonach die Kommission dann, wenn auf dem Binnenmarkt die vorgenannten Wettbewerbsbedingungen durch Maßnahmen etwa auf Grund des Art. 346 AEUV verfälscht werden, gemeinsam mit dem beteiligten Mitgliedstaat prüft, wie diese Maßnahmen den Vorschriften der Verträge angepasst werden können. Zum anderen können die Kommission oder die anderen Mitgliedstaaten in Abweichung von den in den Art. 258 und 259 AEUV vorgesehenen Verfahren[236] den Gerichtshof gemäß Art. 348 Abs. 2 Satz 1 AEUV unmittelbar anrufen, wenn die Kommission oder der jeweilige Staat der Auffassung ist, dass ein anderer Mitgliedstaat etwa die in Art. 346 AEUV vorgesehenen Befugnisse missbraucht.

---

sem Kontext Art. 13 der auf Art. 42 und 43 Abs. 2 AEUV gestützten VO (EU) Nr. 1307/2013 des Europäischen Parlaments und des Rates v. 17.12.2013 mit Vorschriften über Direktzahlungen an Inhaber landwirtschaftlicher Betriebe im Rahmen von Sonderregelungen der Gemeinsamen Agrarpolitik und zur Aufhebung der Verordnung (EG) Nr. 637/2008 des Rates und der Verordnung (EG) Nr. 73/2009 des Rates, ABl. 2013, L 347/608, wonach die Art. 107–109 AEUV in Abweichung von Art. 211 Abs. 1 VO (EU) Nr. 1308/2013 keine Anwendung finden auf Zahlungen, die von den Mitgliedstaaten entsprechend der vorliegenden Verordnung getätigt werden.
[233] Ausführlich zu den darauf beruhenden beihilferechtlichen Besonderheiten im Verkehrssektor vgl. jeweils m. w. N. *Rusche*, in: Schröter/Jakob/Klotz/Mederer, S. 2448 ff.; *Knauff*, in: Birnstiel/Bungenberg/Heinrich, Kap. 3, 3. Teil, Rn. 195 ff.
[234] Vgl. EuG, Urt. v. 17.7.2014, Rs. T–457/09 (Westfälisch-Lippischer Sparkassen- und Giroverband/Kommission), ECLI:EU:T:2014:683, Rn. 389.
[235] Instruktiv dazu vgl. EuGH, Urt. vom 28.2.2013, Rs. C–246/12 P (Ellinika Nafpigeia/Kommission), ECLI:EU:C:2013:133; näher zu dieser Entscheidung vgl. *Bärenbrinker*, EWS 2014, 68 (72).
[236] Ausführlicher zu diesen Verfahren vgl. m. w. N. *Nowak*, EnzEuR, Bd. 3, § 10, Rn. 8 ff.

II. Legalausnahmen (Absatz 2)

Das in Art. 107 Abs. 1 AEUV geregelte Beihilfeverbot gilt weder absolut noch vorbehaltlos. Dies zeigen mit besonderer Deutlichkeit zunächst einmal die in Art. 107 Abs. 2 AEUV geregelten Legal- oder **Per se-Ausnahmen**, die den in Art. 107 Abs. 1 AEUV niedergelegten Verbotstatbestand partiell relativieren, indem sie bestimmte Beihilfen per se für mit dem Binnenmarkt vereinbar erklären. Mit dem Binnenmarkt in diesem Sinne vereinbar sind nach Art. 107 Abs. 2 AEUV allerdings nur bestimmte Beihilfen sozialer Art an einzelne Verbraucher (1.), Beihilfen zur Beseitigung bestimmter Schäden (2.) sowie Beihilfen, die mit der früheren Teilung Deutschlands in einer bestimmten Verbindung stehen (3.). Diese in Art. 107 Abs. 2 AEUV enthaltene Auflistung hat einen **abschließenden Charakter** und spielt in der tagtäglichen Praxis des EU-Beihilfenrechts eine weitaus geringere Rolle als die in Art. 107 Abs. 3 AEUV geregelten Ermessens- bzw. Fakultativausnahmen (s. Rn. 55 ff.). Anders als im Rahmen des Art. 107 Abs. 3 AEUV steht der Kommission bei der Entscheidung, ob eine Beihilfe mit dem Binnenmarkt vereinbar ist, im Anwendungsbereich des Art. 107 Abs. 2 AEUV kein Ermessen zu, wenn die darin geregelten Tatbestandsvoraussetzungen erfüllt sind.[237] Hiervon zu trennen ist allerdings die zu bejahende Frage nach gewissen Beurteilungsspielräumen der Kommission bei der Auslegung einiger Begrifflichkeiten und Tatbestandsvoraussetzungen des Art. 107 Abs. 2 AEUV.[238]

47

1. Beihilfen sozialer Art an einzelne Verbraucher (Buchst. a)

Mit dem Binnenmarkt vereinbar sind nach Art. 107 Abs. 2 Buchst. a AEUV zunächst einmal Beihilfen sozialer Art an einzelne Verbraucher, wenn sie ohne Diskriminierung nach der Herkunft der Waren gewährt werden. Mit dieser Regelung wird zu Gunsten bestimmter **Verbraucherbeihilfen** eine Ausnahme von dem in Art. 107 Abs. 1 AEUV geregelten Beihilfeverbot eröffnet, welche die Verfolgung bzw. **Verwirklichung sozialer Ziele** ermöglicht[239] und insoweit – ebenso wie einige auf verschiedene Sozialbeihilfen für benachteiligte Arbeitnehmer, für Arbeitnehmer mit Behinderungen und für die Beförderung von Einwohnern entlegener Gebiete bezogene Freistellungstatbestände der Allgemeinen Gruppenfreistellungsverordnung (EU) Nr. 651/2014[240] – mit den sozialen Verfassungszielen der Union in Verbindung steht, die insbesondere in Art. 3 Abs. 3 EUV niedergelegt sind. Soweit in Art. 107 Abs. 2 Buchst. a AEUV von »Beihilfen […] an einzelne Verbraucher« gesprochen wird, ist dies auf den ersten Blick etwas irreführend, da nur solche Beihilfen nach Art. 107 Abs. 1 AEUV grundsätzlich verboten sind, die einzelne Unternehmen oder Produktionszweige begünstigen (s. Rn. 34 ff.). Insofern kann sich die in Art. 107 Abs. 2 Buchst. a AEUV geregelte Legal- oder Per se-Ausnahme nur auf solche staatlichen Fördermaßnahmen sozialer Art beziehen, die nicht nur ein-

48

---

[237] Vgl. nur EuGH, Urt. v. 17. 9.1980, Rs. 730/79 (Philip Morris), Slg. 1980, 2671, Rn. 17; EuG, Urt. v. 25. 6. 2008, Rs. T–268/06 (Olympiaki Aeroporia Ypiresies), Slg. 2008, II–91, Rn. 51.

[238] Vgl. dazu auch *Bär-Bouyssière*, in: Schwarze, EU-Kommentar, Art. 107 AEUV, Rn. 57 f.; *Cremer*, in: Calliess/Ruffert, EUV/AEUV, Art. 107 AEUV, Rn. 42 m. w. N.; *Penner*, in: Birnstiel/Bungenberg/Heinrich, Kap. 1, 2. Teil: Art. 107 Abs. 2 AEUV, Rn. 1014 f.

[239] So auch *Penner*, in: Birnstiel/Bungenberg/Heinrich, Kap. 1, 2. Teil: Art. 107 Abs. 2 AEUV, Rn. 1017.

[240] Ausführlich dazu vgl. *Nowak*, in: Immenga/Mestmäcker, Wettbewerbsrecht, Band 3, Art. 32 AGVO 651/2014, Rn. 1 ff., Art. 33 AGVO 651/2014, Rn. 1 ff., Art. 34 AGVO 651/2014, Rn. 1 ff., Art. 35 AGVO 651/2014, Rn. 1 ff., und Art. 51 AGVO 651/2014, Rn. 1 ff.

zelnen Verbrauchern zugute kommen, sondern in unmittelbarer oder mittelbarer Weise zugleich auch Unternehmen oder Produktionszweige im Sinne des Art. 107 Abs. 1 AEUV begünstigen[241] und dabei nicht zugleich die so genannten »Altmark«-Voraussetzungen (s. Rn. 28 f.) erfüllen.

49 Der in Art. 107 Abs. 2 Buchst. a AEUV enthaltene **Verbraucherbegriff** bezieht sich nach vorherrschender Auffassung lediglich auf Endverbraucher,[242] insofern ist dieser Verbraucherbegriff enger als der in Art. 101 Abs. 3 AEUV enthaltene Verbraucherbegriff, der alle unmittelbaren und mittelbaren Abnehmer von Waren und/oder Dienstleistungen einschließlich kommerzieller Abnehmer erfasst.[243] Da Art. 107 Abs. 2 Buchst. a AEUV im Übrigen von Beihilfen »an einzelne Verbraucher« spricht, kann diese Legalausnahme keine Anwendung auf solche staatlichen Beihilfen finden, die allen Endverbrauchern gleichermaßen oder gleichsam der gesamten Bevölkerung zugute kommen, sondern nur dann greifen, wenn mit der jeweiligen Beihilfe eine bestimmte Gruppe von bedürftigen Endverbrauchern unterstützt wird.[244] Soweit sich die in Art. 107 Abs. 2 Buchst. a AEUV geregelte Legalausnahme ausschließlich auf **Beihilfen »sozialer Art«** bezieht, sind damit nach ganz vorherrschender Auffassung nicht alle Zuwendungen zum Bestreiten des allgemeinen Lebensunterhalts, sondern lediglich staatliche Beihilfen zur Befriedigung elementarer Grundbedürfnisse insbesondere in Gestalt finanzieller Zuwendungen für den Erwerb von Lebensmitteln, Kleidung und/oder Heizkosten gemeint.[245] Gleiches gilt nach der bisherigen Kommissionspraxis im Übrigen auch im Hinblick auf Beihilfen für die Personenbeförderung von Verbrauchern von und nach entlegenen Gebieten der Europäischen Union in andere Gebiete der Europäischen Union bzw. des Europäischen Wirtschaftsraumes. So hat sie bereits in ihren Leitlinien aus dem Jahre 1994 über staatliche Beihilfen im Luftverkehr ausgeführt, dass Beihilfen für Fluggäste in benachteiligte Regionen etwa in Gestalt von Inseln als soziale Beihilfen für Verbraucher gerechtfertigt sein können, wenn sie ohne Diskriminierung nach der Herkunft der Dienstleistungen gewährt werden.[246] In Übereinstimmung damit hat die Kommission sodann in zahlreichen späteren Entscheidungen verschiedene **Sozialbeihilfen für die Personenbeförderung im Flug- bzw. Schiffsverkehr** als mit Art. 107 Abs. 2 Buchst. a AEUV vereinbar erachtet, wobei es unter anderem um die französischen überseeischen Gebiete Guadalupe, Französisch Guayana, Martinique, Mayotte, Neukaledonien, La Réunion, Saint-Barthélemy, Französisch-Polynesien, Saint-Martin, Saint-Pierre-et-Miquelon, Wallis und Futuna, um schottische Inseln, Ma-

---

[241] Ausführlicher dazu vgl. *Martencuk*, in: Schröter/Jakob/Klotz/Mederer, S. 2115 f.; *Penner*, in: Birnstiel/Bungenberg/Heinrich, Kap. 1, 2. Teil: Art. 107 Abs. 2 AEUV, Rn. 1019 ff.

[242] Vgl. *Bartosch*, EU-Beihilfenrecht, Art. 107 Abs. 2 AEUV, Rn. 3; *Martencuk*, in: Schröter/Jakob/Klotz/Mederer, S. 2116; *Mestmäcker/Schweitzer*, in: Immenga/Mestmäcker, Wettbewerbsrecht, Band 3, Art. 107 Abs. 2 AEUV, Rn. 9; *Penner*, in: Birnstiel/Bungenberg/Heinrich, Kap. 1, 2. Teil: Art. 107 Abs. 2 AEUV, Rn. 1031; *Säcker*, in: Montag/Säcker, Art. 107 AEUV, Rn. 485.

[243] Vgl. nur *Schröter/Voet van Vormizeele*, in: Schröter/Jakob/Klotz/Mederer, S. 434.

[244] In diesem weitgehend unstr. Sinne vgl. auch *Lübbig/Martín-Ehlers*, S. 24 f.; *Martencuk*, in: Schröter/Jakob/Klotz/Mederer, S. 2116; *Säcker*, in: Montag/Säcker, Art. 107 AEUV, Rn. 485; *v. Wallenberg/Schütte*, in: Grabitz/Hilf/Nettesheim, EU, Art. 107 AEUV (Oktober 2011), Rn. 132.

[245] Vgl. etwa *Koenig/Hellstern*, EnzEuR, Bd. 4, § 14, Rn. 57; *Martencuk*, in: Schröter/Jakob/Klotz/Mederer, S. 2116; *Säcker*, in: Montag/Säcker, Art. 107 AEUV, Rn. 483; diesbezüglich etwas großzügiger vgl. indes *Penner*, in: Birnstiel/Bungenberg/Heinrich, Kap. 1, 2. Teil: Art. 107 Abs. 2 AEUV, Rn. 1034.

[246] Vgl. die Mitteilung der Kommission, Anwendung der Artikel 92 und 93 des EG-Vertrags sowie des Artikels 61 des EWR-Abkommens auf staatliche Beihilfen im Luftverkehr, ABl. 1994, C 350/5, Rn. 24.

deira und Korsika sowie um deutsche Nord- oder Ostseeinseln ging.[247] Mit Blick auf diese Entscheidungspraxis hat die Kommission in die Allgemeine Gruppenfreistellungsverordnung (EU) Nr. 651/2014 einen neuen Freistellungstatbestand eingefügt, der sich auf staatliche Sozialbeihilfen für die Beförderung von Einwohnern entlegener Gebiete bezieht.[248] Diese Gebiete spielen auch im Anwendungsbereich des Art. 107 Abs. 3 Buchst. a AEUV eine gewisse Rolle (s. Rn. 59 f.).

Schließlich ist an dieser Stelle auf das in Art. 107 Abs. 2 Buchst. a AEUV angesprochene **Diskriminierungsverbot** hinzuweisen, wonach nur dann von der Binnenmarktkompatibilität staatliche Beihilfen sozialer Art an einzelne Verbraucher auszugehen ist, wenn diese Beihilfen ohne Diskriminierung nach der Herkunft der Waren gewährt werden. Hiermit soll nach allgemeiner Auffassung im Wesentlichen sichergestellt werden, dass es nicht zu einer wettbewerbsverfälschenden Bevorzugung der Wirtschaft bzw. von Unternehmen in dem die Beihilfe gewährenden Mitgliedstaat kommt.[249] Insoweit besteht auch weitgehende Einigkeit darin, dass sich das hier in Rede stehende Diskriminierungsverbot, das grundsätzlich weit auszulegen ist,[250] ausschließlich auf die geographische Herkunft des von der jeweiligen Verbraucherbeihilfe betroffenen Produkts bezieht und daher nicht etwa auch etwaigen Differenzierungen zwischen dem geförderten Produkt und einzelnen Konkurrenzerzeugnissen entgegensteht.[251]

2. Beihilfen zur Beseitigung bestimmter Schäden (Buchst. b)

Mit dem Binnenmarkt vereinbar sind nach Art. 107 Abs. 2 Buchst. b AEUV ferner Beihilfen zur Beseitigung von Schäden, die durch Naturkatastrophen oder sonstige außergewöhnliche Ereignisse entstanden sind. Auch diese Regelung ist als Legal- bzw. Per se-Ausnahme vom Beihilfeverbot des Art. 107 Abs. 1 AEUV eng auszulegen. Insoweit werden von dem in den Verträgen nicht definierten Begriff der **Naturkatastrophen**, der auch im einschlägigen Schrifttum einhellig restriktiv ausgelegt wird,[252] nur ganz erhebliche oder eher ungewöhnliche bzw. dramatische oder schwerwiegende Folgen nach sich ziehende Naturereignisse wie etwa Erdbeben, Lawinen, Erdrutsche und Überschwemmungen erfasst.[253] Im Einklang damit geht die Kommission mit gutem Grund

---

[247] Vgl. dazu etwa die Kommissionsentscheidungen vom 16.5.2006, N 169/2006 (Aid of a Social Character Air Services in the Highlands and Islands of Scotland), vom 23.4.2007, SA.22294 (transport maritime entre le continent et la Corse – Prolongation N 781/200), und vom 11.12.2007, N471/2007 (transports aériens de la région autonome de Madeira); sowie die beiden Kommissionsbeschlüsse vom 29.6.2011, SA.32888 (Befreiung von der Luftverkehrsteuer hinsichtlich Abflügen von Inselbewohnern und in anderen Fällen) und vom 14.6.2012, SA.34643 / 2012/N (Aménagement au dispositif de continuité territoriale pour les Départements français d'Outre-mer).
[248] Vgl. *Nowak*, in: Immenga/Mestmäcker, Wettbewerbsrecht, Band 3, Art. 51 AGVO 651/2014, Rn. 1 ff.
[249] In diesem Sinne vgl. statt vieler *v. Wallenberg/Schütte*, in: Grabitz/Hilf/Nettesheim, EU, Art. 107 AEUV (Oktober 2011), Rn. 132; näher dazu vgl. *Penner*, in: Birnstiel/Bungenberg/Heinrich, Kap. 1, 2. Teil: Art. 107 Abs. 2 AEUV, Rn. 1037 ff.
[250] Zutr. *Martencuk*, in: Schröter/Jakob/Klotz/Mederer, S. 2116.
[251] Vgl. nur *Säcker*, in: Montag/Säcker, Art. 107 AEUV, Rn. 486; *v. Wallenberg/Schütte*, in: Grabitz/Hilf/Nettesheim, EU, Art. 107 AEUV (Oktober 2011), Rn. 133.
[252] Vgl. etwa *Koenig/Hellstern*, EnzEuR, Bd. 4, § 14, Rn. 59; *Martencuk*, in: Schröter/Jakob/Klotz/Mederer, S. 2118; *Penner*, in: Birnstiel/Bungenberg/Heinrich, Kap. 1, 2. Teil: Art. 107 Abs. 2 AEUV, Rn. 1045; *Säcker*, in: Montag/Säcker, Art. 107 AEUV, Rn. 487; *v. Wallenberg/Schütte*, in: Grabitz/Hilf/Nettesheim, EU, Art. 107 AEUV (Oktober 2011), Rn. 134.
[253] Vgl. dazu nur EuGH, Urt. v. 23.2.2006, verb. Rs. C-346/03 u. C-529/03 (Atzeni u.a.), Slg. 2006, I-1875, Rn. 79; die Rahmenregelung der Europäischen Union für staatliche Beihilfen im

beispielsweise davon aus, dass Schäden infolge widriger Witterungsverhältnisse wie Frost, Hagel, Eis, Regen oder Dürre, die in regelmäßigen Abständen auftreten, nicht als Naturkatastrophen im Sinne des Art. 107 Abs. 2 Buchst. b AEUV betrachtet werden sollten.[254] Als **ein sonstiges außergewöhnliches Ereignis** im Sinne des Art. 107 Abs. 2 Buchst. b AEUV hat der Unionsrichter zum einen die Sperrung des Luftraums nach den Terroranschlägen vom 11. 9. 2001 in den Vereinigten Staaten von Amerika eingestuft, so dass staatliche Beihilfen an Luftfahrtunternehmen zum Ausgleich von Ausfällen und höheren Kosten für Sicherheitsmaßnahmen, die ursächlich auf dieses Ereignis zurückzuführen waren, als in den Anwendungsbereich des Art. 107 Abs. 2 Buchst. b AEUV fallend angesehen wurden.[255] Zum anderen können zu den sonstigen außergewöhnlichen Ereignissen im Sinne dieser Bestimmung beispielsweise schwerwiegende Ereignisse wie Kriege, schwere innere Unruhen, Großbrände und Bergwerks-, Nuklear- oder Industrieunfälle größeren Ausmaßes gezählt werden,[256] während die Einbeziehung von Seuchen, Wetterunbilden, Streiks, Wirtschaftskrisen und außergewöhnlichen Konjunkturbelastungen überwiegend abgelehnt wird,[257] zumal auf solche Ereignisse in einem gewissen Umfang und unter bestimmten Voraussetzungen mit Beihilfen im Sinne des Art. 107 Abs. 3 AEUV (s. Rn. 55 ff.) reagiert werden kann. Im Übrigen setzt die Anwendung des Art. 107 Abs. 2 Buchst. b AEUV zwingend einen unmittelbaren **Kausalzusammenhang zwischen** dem entstandenen **Schaden und** dem jeweiligen **Ereignis** in Gestalt einer Naturkatastrophe oder eines sonstigen außergewöhnlichen Ereignisses sowie einen klaren Zusammenhang zwischen der Beihilfe und dem Schaden voraus,[258] insoweit dürfen die hier in Rede stehenden Beihilfen im Interesse der Vermeidung unzulässiger Überkompensationen[259] nur solche Schäden ausgleichen, die tatsächlich durch die jeweiligen Naturkatastrophen oder die sonstigen außergewöhnlichen Ereignisse entstanden sind.

52 Die vorgenannten Voraussetzungen werden speziell für den Bereich der Land- und Forstwirtschaft teilweise in der **Rahmenregelung für staatliche Beihilfen im Agrar- und Forstsektor** und in ländlichen Gebieten für diese Sektoren konkretisiert.[260] Sektorübergreifende Leitlinien für Beihilfen zur Bewältigung von Schäden durch Naturkatastrophen oder sonstige außergewöhnliche Ereignisse existieren darüber hinaus zwar nicht. Gleichwohl ist an dieser Stelle auf einen in der Allgemeinen **Gruppenfreistellungs-VO**

Agrar- und Forstsektor und in ländlichen Gebieten 2014–2020, ABl. 2014, C 204/1 (nachfolgend: »Rahmenregelung für staatliche Beihilfen im Agrar- und Forstsektor 2014–2020«), Rn. 329; sowie etwa auch den Kommissionsbeschluss v. 6. 8. 2010, N235a/2010 (damage caused in Poland by the floods of May and June 2010), Rn. 34.

[254] Vgl. dazu etwa den 69. Erwägungsgrund der AGVO 651/2014 (Fn. 7).

[255] Vgl. EuG, Urt. v. 25. 6. 2008, Rs. T–268/06 (Olympiaki Aeroporia Ypiresies/Kommission), Slg. 2008, II–1091, Rn. 49; näher zum Ganzen vgl. auch die Mitteilung der Kommission v. 10. 10. 2001 über die Folgen der Anschläge in den Vereinigten Staaten für die Luftverkehrsbranche, KOM(2001) 574 endg.

[256] In diesem Sinne vgl. etwa auch *Lübbig/Martín-Ehlers*, S. 26; *Martencuk*, in: Schröter/Jakob/Klotz/Mederer, S. 2118; *Penner*, in: Birnstiel/Bungenberg/Heinrich, Kap. 1, 2. Teil: Art. 107 Abs. 2 AEUV, Rn. 1046; *Säcker*, in: Montag/Säcker, Art. 107 AEUV, Rn. 487.

[257] Vgl. nur *Martencuk*, in: Schröter/Jakob/Klotz/Mederer, S. 2118 f.; *Penner*, in: Birnstiel/Bungenberg/Heinrich, Kap. 1, 2. Teil: Art. 107 Abs. 2 AEUV, Rn. 1047 f.

[258] Exemplarisch dazu vgl. EuG, Urt. v. 25. 6. 2008, Rs. T–268/06 (Olympiaki Aeroporia Ypiresies/Kommission), Slg. 2008, II–1091, Rn. 49; m. w. N. vgl. *Tjepkema*, EStAL 2013, 478 (481 f.).

[259] Zu diesem wichtigen Anliegen vgl. auch den 69. Erwägungsgrund der AGVO 651/2014 (Fn. 7).

[260] Rahmenregelung für staatliche Beihilfen im Agrar- und Forstsektor 2014–2020 (Fn. 253), Rn. 327 ff.

(EU) Nr. 651/2014 niedergelegten Freistellungstatbestand hinzuweisen, wonach immerhin bestimmte mitgliedstaatliche Beihilferegelungen zur Bewältigung der Folgen von Erdbeben, Lawinen, Erdrutschen, Überschwemmungen, Wirbelstürmen, Orkanen, Vulkanausbrüchen und Flächenbränden natürlichen Ursprungs im Sinne des Art. 107 Abs. 2 Buchst. b AEUV mit dem Binnenmarkt vereinbar und von der Anmeldepflicht nach Art. 108 Abs. 3 Satz 1 AEUV freigestellt sind, sofern die in diesem Freistellungstatbestand und die in Kapitel 1 dieser Gruppenfreistellungsverordnung festgelegten Freistellungsvoraussetzungen allgemeiner und besonderer Art als erfüllt angesehen werden können.[261]

3. Beihilfen aus Gründen der früheren Teilung Deutschlands (Buchst. c)

Mit dem Binnenmarkt per se vereinbar sind nach Art. 107 Abs. 2 Buchst. c Satz 1 AEUV schließlich auch Beihilfen für die Wirtschaft bestimmter, durch die Teilung Deutschlands betroffener Gebiete der Bundesrepublik Deutschland, soweit sie zum Ausgleich der durch diese Teilung verursachten wirtschaftlichen Nachteile erforderlich sind und solange diese Bestimmung nicht aufgehoben wird, wozu der Rat gemäß 107 Abs. 2 Buchst. c Satz 2 AEUV fünf Jahre nach dem Inkrafttreten des Reformvertrags von Lissabon (s. Art. 1 EUV, Rn. 33 ff.) auf Vorschlag der Kommission durchaus berechtigt ist. Diese relativ häufig auch als **Teilungsklausel** bezeichnete Ausnahmebestimmung[262], die ihr verkehrspolitisches »pendant« in Art. 98 Satz 1 AEUV findet, ist vom Unionsrichter insbesondere anlässlich einer seinerzeit vieldiskutierten Rechtssache näher konkretisiert worden, die sich um beträchtliche Investitionsbeihilfen des Freistaats Sachsen im Bereich der Kraftfahrzeugindustrie drehte. In seinem diesbezüglichen Urteil entschied der Unionsrichter zum einen, dass diese Ausnahmebestimmung zwar mit der Herstellung der deutschen Einheit nicht außer Kraft getreten oder obsolet geworden ist, aber als Ausnahme von dem in Art. 107 Abs. 1 AEUV niedergelegten Grundsatz der Unvereinbarkeit staatlicher Beihilfen mit dem Binnenmarkt (s. Rn. 18 ff.) eng ausgelegt werden muss.[263] Zum anderen wurde in diesem Urteil klargestellt, dass sich der in Art. 107 Abs. 2 Buchst. c Satz 1 AEUV enthaltene **Ausdruck »Teilung Deutschlands«** in historischer Hinsicht auf die Entstehung der Trennungslinie zwischen der Ostzone und den Westzonen im Jahre 1948 bezieht und dass die »durch die Teilung verursachten wirtschaftlichen Nachteile« im Sinne dieser Ausnahmebestimmung somit nur diejenigen wirtschaftlichen Nachteile darstellen, die die Isolierung auf Grund der Errichtung oder Aufrechterhaltung dieser Grenze verursacht hat.[264]

---

[261] Vgl. *Nowak*, in: Immenga/Mestmäcker, Wettbewerbsrecht, Band 3, Art. 50 AGVO 651/2014, Rn. 1 ff.

[262] Zu dieser durchaus geläufigen Bezeichnung vgl. nur *Koenig/Hellstern*, EnzEuR, Bd. 4, § 14, Rn. 61; vgl. aber auch *Säcker*, in: Montag/Säcker, Art. 107 AEUV, Rn. 491, sowie *Mestmäcker/Schweitzer*, in: Immenga/Mestmäcker, Wettbewerbsrecht, Band 3, Art. 107 Abs. 2 AEUV, Rn. 22, die diese Regelung als »Deutschlandklausel« bezeichnen.

[263] Vgl. EuG, Urt. v. 15.12.1999, verb. Rs. T–132/96 u. T–143/96 (Freistaat Sachsen u. a./Kommission), Slg. 1999, II–3663, Rn. 130 ff.; dem folgend vgl. EuGH, Urt. v. 19.9.2000, Rs. C–156/98 (Deutschland/Kommission), Slg. 2000, I–6857, Rn. 47 ff.; Urt. v. 30.9.2003, verb. Rs. C–57/00 P u. C–61/00 P (Freistaat Sachsen u. a./Kommission), Slg. 2003, I–9975, Rn. 39 ff.

[264] Vgl. EuG, Urt. v. 15.12.1999, verb. Rs. T–132/96 u. T–143/96 (Freistaat Sachsen u. a./Kommission), Slg. 1999, II–3663, Rn. 134, sowie Rn. 136 f. wo es heißt: »Die wirtschaftliche Benachteiligung, unter der die neuen Bundesländer allgemein leiden, ist nämlich nicht durch die Teilung Deutschlands im Sinne von Artikel 92 Absatz 2 Buchstabe c EG-Vertrag [nunmehr: Art. 107 Abs. 2 Buchst. c AEUV] verursacht worden. Die Teilung Deutschlands als solche hat sich auf die wirtschaftliche Ent-

54 Die vorgenannte Beurteilung ist in der dazugehörigen Rechtsmittelentscheidung des Gerichtshofs nicht beanstandet worden.[265] Bedeutsam ist Letzteres insbesondere auch im Hinblick auf die Erklärung Nr. 29 der Regierungskonferenz zum Lissabonner Reformvertrag (s. Art. 1 EUV, Rn. 33 ff.), wonach Art. 107 Abs. 2 Buchst. c AEUV im Einklang mit der geltenden Rechtsprechung des Gerichtshofs der Europäischen Union zur Anwendbarkeit dieser Bestimmung auf die Beihilfen für bestimmte, durch die frühere Teilung Deutschlands beeinträchtigten Gebiete der Bundesrepublik Deutschland auszulegen ist.[266] Nach der Wiederherstellung der deutschen Einheit hat diese Bestimmung nur noch selten Anwendung gefunden,[267] insoweit fällt die **praktische Bedeutung** des Art. 107 Abs. 2 Buchst. c Satz AEUV deutlich hinter der praktischen Bedeutung der nachfolgend anzusprechenden Ermessens- bzw. Fakultativausnahmen im Sinne des Art. 107 Abs. 3 AEUV zurück.

III. Ermessens- bzw. Fakultativausnahmen (Absatz 3)

55 In Art. 107 Abs. 3 AEUV sind einige ebenfalls grundsätzlich **eng auszulegende Ausnahmetatbestände**[268] geregelt, die ganz überwiegend der Kommission weite und vor allem durch zahlreiche Leitlinien, Mitteilungen und so genannte Rahmen konkretisierte und näher ausgestaltete Ermessens- und Beurteilungsspielräume eröffnen (1.). Daher werden diese Ausnahmetatbestände im einschlägigen Schrifttum vielfach auch als Ermessensausnahmen und/oder als Fakultativausnahmen bezeichnet,[269] auf deren Grundlage zunächst einmal staatliche oder aus staatlichen Mitteln gewährte Beihilfen zur Förderung der wirtschaftlichen Entwicklung bestimmter Gebiete (2.), zur Förderung wichtiger Vorhaben von gemeinsamem europäischem Interesse oder zur Behebung einer beträchtlichen Störung im Wirtschaftsleben eines Mitgliedstaats (3.), zur Förderung gewisser Wirtschaftszweige oder Wirtschaftsgebiete (4.) sowie zur Förderung der Kunst und der Erhaltung des kulturellen Erbes (5.) unter bestimmten Voraussetzungen als mit dem Binnenmarkt vereinbar angesehen werden können. Gleiches gilt schließlich nach der in Art. 107 Abs. 3 Buchst. e AEUV enthaltenen **Sonderregelung für sonstige Arten von Beihilfen**, die der Rat durch einen Beschluss auf Vorschlag der Kommission bestimmen kann (6.).

---

wicklung der Ostzone und der Westzonen nur am Rande ausgewirkt, sie zu Beginn zudem in gleicher Weise getroffen und die anschließende günstige Wirtschaftsentwicklung in den alten Bundesländern nicht verhindert. Somit beruht die unterschiedliche Entwicklung der alten und der neuen Bundesländer auf anderen Gründen als der Teilung Deutschlands als solcher, namentlich auf den unterschiedlichen politisch-wirtschaftlichen Systemen, die in den beiden Staaten diesseits und jenseits der Grenze errichtet wurden.«

[265] Vgl. EuGH, Urt. v. 30.9.2003, verb. Rs. C–57/00 P u. C–61/00 P (Freistaat Sachsen u.a./Kommission), Slg. 2003, I–9975, Rn. 22 ff.; näher zu diesem Urteil vgl. *Säcker*, in: Montag/Säcker, Art. 107 AEUV, Rn. 498.

[266] ABl. 2012 C 326/349.

[267] Vgl. dazu die beiden einschlägigen Entscheidungen der Kommission v. 14.4.1992 (Potsdamer Platz), ABl. 1992, L 263/15, und v. 13.4.1994 (Tettauer Winkel), ABl. 1994, C 178/24.

[268] Exempl. zur gebotenen engen Auslegung dieser Ausnahmetatbestände vgl. EuG, Urt. v. 17.7.2014, Rs. T–457/09 (Westfälisch-Lippischer Sparkassen- u. Giroverband/Kommission), ECLI:EU:T:2014:683, Rn. 200.

[269] Vgl. statt vieler *Heithecker*, in: Birnstiel/Bungenberg/Heinrich, Kap. 1, 3. Teil: Art. 107 Abs. 3 AEUV, Rn. 1059; *Knauff/Badenhausen*, VerwArch 105 (2014), 32 (33); *Kreuschitz*, in: Montag/Säcker, S. 234.

1. Regelungsspezifische Ermessens- und Beurteilungsspielräume der Kommission im Zusammenspiel mit zahlreichen Leitlinien, Mitteilungen und sog. Rahmen

Die in Art. 107 Abs. 3 Buchst. a-d AEUV niedergelegten Ausnahmetatbestände werden insbesondere durch die ständige Rechtsprechung des Unionsrichters miteinander verklammert, wonach Art. 107 Abs. 3 AEUV grundsätzlich eng auszulegen ist[270] und wonach die Kommission im Anwendungsbereich des Art. 107 Abs. 3 AEUV über einen weiten Beurteilungsspielraum[271] bzw. über ein weites Ermessen[272] verfügt, dessen Ausübung wirtschaftliche, soziale, regionale und/oder sektorielle Wertungen voraussetzt bzw. einschließt,[273] die auf die Gemeinschaft [nunmehr: die Union] als Ganzes zu beziehen sind.[274] Da es bei dem hier in Rede stehenden Ermessen der Kommission, das ein Stück weit durch den unionsverfassungsrechtlichen Verhältnismäßigkeitsgrundsatz eingegrenzt wird,[275] um die **Würdigung komplexer und häufig raschen Änderungen unterliegender wirtschaftlicher und sozialer Gegebenheiten durch die Kommission** geht, beschränkt sich die unionsgerichtliche Kontrolle eines in diesem Rahmen getroffenen Kommissionsbeschlusses auf die Prüfung, ob die Verfahrens- und Begründungsvorschriften eingehalten worden sind,[276] ob der Sachverhalt, welcher dem getroffenen Beschluss zu Grunde gelegt wurde, zutreffend festgestellt worden ist und ob keine offensichtlich fehlerhafte Würdigung dieses Sachverhalts und kein Ermessensmissbrauch vorliegen.[277] In diesem Zusammenhang sieht der Unionsrichter im Kontext der vorge-

56

---

[270] Exemplarisch dazu vgl. EuGH, Urt. v. 6. 11.1990, Rs. C–86/89 (Italien/Kommission), Slg. 1990, I–3891, Rn. 18; Urt. v. 5. 10. 2000, Rs. C–288/96 (Deutschland/Kommission), Slg. 2000, I–8327, Rn. 90; EuG, Urt. v. 14. 1. 2009, Rs. T–162/06 (Kronoply), Slg. 2009, II–1, Rn. 74, wonach Betriebsbeihilfen – d. h. Beihilfen zur Senkung der laufenden Ausgaben eines Unternehmens wie etwa Personal-, Material-, Fremdleistungs-, Kommunikations-, Energie-, Wartungs-, Miet- und Verwaltungskosten – im Grundsatz nicht in den Anwendungsbereich des Art. 107 Abs. 3 AEUV fallen bzw. grundsätzlich nicht geeignet sind, die in Art. 107 Abs. 3 AEUV festgelegten Zwecke zu erreichen; zu diversen Ausnahmen vgl. indes EuGH, Urt. v. 19. 9. 2000, Rs. C–156/98 (Deutschland/Kommission), Slg. 2000, I–6857, Rn. 68; *Nowak*, in: Immenga/Mestmäcker, Wettbewerbsrecht, Band 3, Art. 15 AGVO 651/2014, Rn. 1 ff., Art. 27 AGVO 651/2014, Rn. 11, Art. 42 AGVO 651/2014, Rn. 1 ff., Art. 43 AGVO 651/2014, Rn. 1 ff., Art. 53 AGVO 651/2014, Rn. 19 f., und Art. 55 AGVO 651/2014, Rn. 10 f.

[271] So vgl. etwa EuG, Urt. v. 4. 4. 2001, Rs. T–288/97 (Regione Friuli Venezia Giulia/Kommission), Slg. 2001, II–1169, Rn. 74.

[272] Vgl. EuGH, Urt. v. 14. 2. 1990, Rs. C–301/87 (Frankreich/Kommission), Slg. 1990, I–307, Rn. 49; Urt. v. 15. 5. 1997, Rs. C–355/95 P (Textilwerke Deggendorf/Kommission), Slg. 1997, I–2549, Rn. 26; EuG, Urt. v. 14. 1. 2004, Rs. T–109/01 (Fleuren Compost/Kommission), Slg. 2004, II–127, Rn. 90.

[273] Vgl. nur EuG, Urt. v. 21. 5. 2010, verb. Rs. T–425/04, T–444/04, T–450/04 u. T–456/04 (Frankreich u. a./Kommission), Slg. 2010, II–2099, Rn. 218.

[274] Vgl. EuGH, Urt. v. 19. 9. 2000, Rs. C–156/98 (Deutschland/Kommission), Slg. 2000, I–6857, Rn. 67; EuG, Urt. v. 17. 7. 2014, Rs. T–457/09 (Westfälisch-Lippischer Sparkassen- und Giroverband/Kommission), ECLI:EU:T:2014:683, Rn. 183.

[275] Instruktiv dazu vgl. etwa EuG, Urt. v. 22. 11. 2001, Rs. T–9/98 (Mitteldeutsche Erdöl-Raffinerie/Kommission), Slg. 2001, II–3367, Rn. 115 ff.

[276] Näher zu der in den vergangenen Jahren zunehmend schärfer gewordenen (unionsgerichtlichen) Überprüfung der Einhaltung des in Art. 296 Abs. 2 AEUV geregelten Begründungserfordernisses durch die Kommission vgl. etwa EuG, Urt. v. 3. 3. 2010, verb. Rs. T–102/07 u. T–120/07 (Freistaat Sachsen u. a./Kommission), Slg. 2010, II–585, Rn. 210 ff.; sowie jeweils m. w. N. *Nowak*, EuZW 2001, 293 (300); *ders.*, EStAL 2008, 718; *ders.*, Europäisches Verwaltungsrecht und Grundrechte, in: Terhechte, Verwaltungsrecht der EU, § 14, Rn. 24 ff.; *Schroeder/Sild*, EuZW 2014, 12 ff.

[277] Vgl. EuG, Urt. v. 27. 1.1998, Rs. T–67/94 (Ladbroke Racing/Kommission), Slg. 1998, II–1, Rn. 148; Urt. v. 6. 10.1999, Rs. T–110/97 (Kneissl Dachstein Sportartikel/Kommission), Slg. 1999,

nannten **Reduktion der gerichtlichen Kontrolldichte in materiell-rechtlicher Hinsicht** zum einen davon ab, seine Würdigungen in wirtschaftlicher Hinsicht an die Stelle derjenigen der Kommission zu setzen.[278] Zum anderen überprüft der Unionsrichter die komplexen Wertungen der Kommission im Anwendungsbereich des Art. 107 Abs. 3 AEUV lediglich anhand der Informationen, über die sie bei der Durchführung ihrer Bewertungen verfügte.[279]

57 Die Kommission hat sich hinsichtlich der Ausübung des ihr im Anwendungsbereich des Art. 107 Abs. 3 AEUV zustehenden Ermessens vor allem im Interesse der Rechtssicherheit und Transparenz bereits in einem weiten Umfang selbst an so genannte **Leitlinien, Mitteilungen und Gemeinschafts- bzw. Unionsrahmen** gebunden, zu denen – ohne jeden Anspruch auf Vollständigkeit (s. Rn. 29 u. 62) – unter anderem die Folgenden gehören:
– Leitlinien für staatliche Beihilfen mit regionaler Zielsetzung 2014–2020;[280]
– Leitlinien für staatliche Beihilfen zur Förderung von Risikofinanzierungen;[281]
– Mitteilung der Kommission über staatliche Beihilfen für Filme und andere audiovisuelle Werke;[282]
– Mitteilung der Kommission – Leitlinien der EU für die Anwendung der Vorschriften über staatliche Beihilfen im Zusammenhang mit dem schnellen Breitbandausbau;[283]
– Mitteilung der Kommission – Leitlinien für staatliche Beihilfe für Flughäfen und Luftverkehrsgesellschaften;[284]
– Unionsrahmen für staatliche Beihilfen zur Förderung von Forschung, Entwicklung und Innovation;[285]
– Mitteilung der Kommission – Leitlinien für staatliche Umweltschutz- und Energiebeihilfen 2014–2020.[286]

II–2881, Rn. 46; EuGH, Urt. v. 12.12.2002, Rs. C–456/00 (Frankreich/Kommission), Slg. 2002, I–11949, Rn. 33 u. 41; Urt. v. 22.12.2008, Rs. C–333/07 (Société Régie Networks), Slg. 2008, I–10807, Rn. 78; EuG, Urt. v. 3.3.2010, verb. Rs. T–102/07 u. T–120/07 (Freistaat Sachsen u.a./Kommission), Slg. 2010, II–585, Rn. 43.

[278] Vgl. EuG, Urt. v. 6.10.1999, Rs. T–123/97 (Salomon/Kommission), Slg. 1999, II–2925, Rn. 47; Urt. v. 29.9.2000, Rs. T–55/99 (CETM/Kommission), Slg. 2000, II–3207, Rn. 109 f.; Urt. v. 17.7.2014, Rs. T–457/09 (Westfälisch-Lippischer Sparkassen- und Giroverband/Kommission), ECLI:EU:T:2014:683, Rn. 190; EuGH, Urt. v. 5.3.2015, Rs. C–667/13 (Banco Privado Português), ECLI:EU:C:2015:151, Rn. 67.

[279] Vgl. EuG, Urt. v. 6.10.1999, Rs. T–123/97 (Salomon/Kommission), Slg. 1999, II–2925, Rn. 48.

[280] ABl. 2013, C 209/1; zu diesen Leitlinien vgl. *Junginger-Dittel*, EStAL 2014, 677 ff.; *Otter/Glavanovits*, EStAL 2014, 404 ff.; *Todino/Zanazzo*, EStAL 2013, 676 ff.; *Wishlade*, EStAL 2013, 659 ff.

[281] ABl. 2014, C 19/4; näher zu diesen Leitlinien vgl. etwa *Cattrysse*, EStAL 2014, 689 ff.

[282] ABl. 2013, C 332/1 (nachfolgend: »Filmmitteilung 2013«); näher dazu vgl. *Orssich*, EStAL 2014, 698 ff.

[283] ABl. 2013, C 25/1; zu diesen Leitlinien vgl. *Kliemann/Stehmann*, EStAL 2013, 493 ff. Zur enormen Bedeutung des Breitbandausbaus für die EU und ihre Mitgliedstaaten vgl. *Grützner/Ufer*, N&R 2015, 138 ff.

[284] ABl. 2014, C 99/3; näher zu diesen Leitlinien vgl. *Linke*, NVwZ 2014, 1541 ff.

[285] ABl. 2014, C 198/1; näher zu diesem Unionsrahmen vgl. *v. Wendland*, EStAL 2015, 25 ff.; *ders.*, BRZ 2015, 203 ff.

[286] ABl. 2014, C 200/1; näher zu diesen Leitlinien vgl. *Bigot/Kirst*, ZUR 2015, 73 ff.; *Frenz*, ZNER 2014, 345 ff.; *Fuchs/Peters*, RdE 2014, 409 (411 ff.); *Gundel*, EuWZ 2016, 606 ff.; *Nicolaides/Kleis*, EStAL 2014, 636 ff.; *Sanden*, EStAL 2014, 650 ff. Zur Unanfechtbarkeit dieser Leitlinien im Wege der Individualnichtigkeitsklage nach Art. 263 Abs. 4 AEUV vgl. EuG, Beschl. v. 23.11.2015, Rs. T–670/14 (Milchindustrie-Verband u.a./Kommission), ECLI:EU:T:2015:906, Rn. 14 ff.

Leitlinien, Mitteilungen und Unionsrahmen der vorgenannten und anderer Art, die 58
mehr und mehr den durch den so genannten State Aid Action Plan auf den Weg gebrachten »more refined economic approach« (s. Rn. 8) zum Vorschein bringen, sind unproblematisch und im Anwendungsbereich des Art. 107 Abs. 3 AEUV von **ermessenssteuernder Bedeutung**, sofern sie primärrechtskonforme Regeln enthalten, die auf den Inhalt der Ermessensentscheidung hinweisen und denen sich die von der Kommission zu verfolgende Politik entnehmen lässt.[287] Die von der Kommission auf dem Gebiet der staatlichen Beihilfen erlassenen Leitlinien, Mitteilungen und Rahmen gehören zwar nicht zu den in Art. 288 AEUV aufgeführten (Sekundär-)Rechtsakten, so dass diesbezüglich eher von EU-soft law zu sprechen ist, dem auch in anderen Teilbereichen des Unionsrechts eine enorme praktische Bedeutung zukommt (s. Art. 103 AEUV, Rn. 27). Gänzlich unverbindlich sind die vorgenannten Leitlinien, Mitteilungen und Rahmen jedoch nicht, da sie – vorbehaltlich darauf bezogener Aufhebungs- und Abänderungsbefugnisse der Kommission[288] – jedenfalls eine insbesondere die Ermessensausübung im Anwendungsbereich des Art. 107 Abs. 3 AEUV betreffende und maßgeblich durch die allgemeinen Rechtsgrundsätze der Gleichbehandlung, der Rechtssicherheit und des Vertrauensschutzes abgesicherte **Selbstbindung der Kommission** bewirken,[289] soweit sie nicht von einer fehlerfreien Auslegung der Vertragsvorschriften im Allgemeinen und der Art. 107 f. AEUV im Besonderen abweichen.[290] Als zweckdienliche Maßnahmen im Sinne des Art. 108 Abs. 1 Satz 2 AEUV[291] sind Unionsrahmen auch für bestehende Beihilfen relevant, sofern der betreffende Mitgliedstaat dem jeweils in Rede stehenden Unionsrahmen zugestimmt hat.[292]

2. Beihilfen zur Förderung der wirtschaftlichen Entwicklung bestimmter benachteiligter Gebiete (Buchst. a)

Als mit dem Binnenmarkt vereinbar können nach Art. 107 Abs. 3 Buchst. a Halbs. 1 59
AEUV zum einen Beihilfen zur Förderung der wirtschaftlichen Entwicklung solcher Gebiete angesehen werden, in denen die **Lebenshaltung außergewöhnlich niedrig** ist oder in denen eine **erhebliche Unterbeschäftigung** herrscht. Gleiches gilt nach der in Art. 107 Abs. 3 Buchst. a Halbs. 2 AEUV niedergelegten Regelung, die auf den Lissa-

---

[287] Vgl. nur EuGH, Urt. v. 5.10.2000, Rs. C–288/96 (Deutschland/Kommission), Slg. 2000, I–8327, Rn. 59; EuG, Urt. v. 12.12.2000, Rs. T–296/97 (Alitalia/Kommission), Slg. 2000, II–3871, Rn. 99.
[288] Vgl. nur EuG, Urt. v. 28.11.2008, verb. Rs. T–254/00, T–270/00 u. T–277/00 (Hotel Cipriani), Slg. 2008, II–3269, Rn. 293.
[289] Vgl. etwa EuGH, Urt. v. 2.12.2010, Rs. C–464/09 P (Holland Malt/Kommission), Slg. 2010, I–12443, Rn. 46; Urt. v. 5.3.2015, Rs. C–667/13 (Banco Privado Português), ECLI:EU:C:2015:151, Rn. 69; EuG, Urt. v. 13.5.2015, Rs. T–511/09 (Niki Luftfahrt/Kommission), ECLI:EU:T:2015:284, Rn. 145; EuGH, Urt. v. 8.3.2016, Rs. C–431/14 P (Griechenland/Kommission), ECLI:EU:C:2016: 145, Rn. 69 f.
[290] Vgl. nur EuGH, Urt. v. 2.12.2010, Rs. C–464/09 P (Holland Malt/Kommission), Slg. 2010, I–12443, Rn. 47; EuG, Urt. v. 24.3.2011, Rs. T–443/08 u. T–455/08 (Freistaat Sachsen u.a./Kommission), Slg. 2011, II–1311, Rn. 104; Urt. v. 16.7.2014, Rs. T–295/12 (Deutschland/Kommission), ECLI:EU:T:2014:675, Rn. 169; ferner vgl. EuGH, Urt. v. 11.9.2008 (Deutschland u.a./Kommission), Slg. 2008, I–6619, Rn. 61, wonach die Kommission durch die von ihr erlassenen Rahmen und Mitteilungen gebunden ist, soweit sie nicht von den Vorschriften des Vertrags abweichen und »soweit sie von den Mitgliedstaaten akzeptiert werden«.
[291] Ausführlicher dazu vgl. *Nowak*, in: Birnstiel/Bungenberg/Heinrich, Kap. 2, 2. Teil, Rn. 623 ff.
[292] Vgl. nur EuGH, Urt. v. 18.6.2002, Rs. C–242/00 (Deutschland/Kommission), Slg. 2002, I–5603, Rn. 28; näher zur Rechtsnatur solcher Rahmen vgl. m.w.N. *Mederer*, in: Schröter/Jakob/Klotz/Mederer, S. 2125 f.

bonner Reformvertrag zurückzuführen ist (s. Rn. 2), zum anderen für die in Art. 349 AEUV genannten **Gebiete in äußerster Randlage** (s. Art. 349 AEUV, Rn. 1 ff.), die unter Berücksichtigung ihrer strukturellen, wirtschaftlichen und sozialen Lage gefördert werden können.

60 Da die in Art. 107 Abs. 3 Buchst. a AEUV primär zu Gunsten staatlicher oder aus staatlichen Mitteln gewährter Regionalbeihilfen vorgesehene Ausnahme vom freien Wettbewerb auf der »gemeinschaftlichen Solidarität« beruht, die ein grundlegendes Vertragsziel darstellt, ist es nach Auffassung des Unionsrichters Sache der Kommission, in Ausübung ihres Ermessens (s. Rn. 56 ff.) unter Beachtung des Grundsatzes der Verhältnismäßigkeit auf einen **Ausgleich zwischen den Zielen des freien Wettbewerbs und der** gemeinschaftlichen bzw. **unionalen Solidarität** hinzuwirken.[293] Hierbei hat die Kommission insbesondere die ständige Rechtsprechung des Unionsrichters zu beachten, wonach die in Art. 107 Abs. 3 Buchst. a AEUV enthaltenen Tatbestandsmerkmale der außergewöhnlich niedrigen »Lebenshaltung« und der erheblichen »Unterbeschäftigung« nicht am nationalen Durchschnitt des betreffenden Mitgliedstaats, sondern vielmehr am **Unionsniveau** zu messen sind,[294] und wonach eine lediglich unbedeutende Abweichung der außergewöhnlich geringen Lebenshaltung und/oder der erheblichen Unterbeschäftigung von diesem Unionsniveau nicht ausreicht, um diese grundsätzlich eng auszulegende Ausnahmebestimmung zur Anwendung bringen zu können.[295] Darüber hinaus setzt Art. 107 Abs. 3 Buchst a AEUV voraus, dass die jeweilige Beihilfe für die Entwicklung benachteiligter Gebiete notwendig sein muss, um mit dem Binnenmarkt vereinbar zu sein, so dass zu diesem Zweck nachzuweisen ist, dass ohne die geplante Beihilfe die Investition, die die Entwicklung des betroffenen Gebiets unterstützen soll, nicht verwirklicht werden würde.[296] Gleichwohl stellt Art. 107 Abs. 3 Buchst. a AEUV an mitgliedstaatliche Regionalbeihilfen zumindest insoweit geringere Anforderungen als der auf die sogenannten C-Fördergebiete bezogene Art. 107 Abs. 3 Buchst. c AEUV, als der erstgenannte Ausnahmetatbestand jedenfalls nicht verlangt, dass die jeweilige Beihilfe die Handelsbedingungen nicht in einer Weise verändert, die dem gemeinsamen Interesse zuwiderläuft.[297] Gleichwohl darf die Kommission auch im Anwendungsbereich des Art. 107 Abs. 3 Buchst. a AEUV die Auswirkungen einer Beihilfe auf den oder die relevanten Märkte in der gesamten Union untersuchen.[298] Im Übrigen ist an dieser Stelle darauf hinzuweisen, dass Regionalbeihilfen, die in einem weiten Umfang von den **Leitlinien für staatliche Beihilfen mit regionaler Zielsetzung 2014–2020** (s. Rn. 57) erfasst werden, unter bestimmten Voraussetzungen in den An-

---

[293] Vgl. EuG, Urt. v. 15.9.1998, Rs. T–126/96 (Breda Fucine Meridionali u. a./Kommission), Slg. 1998, II–3437, Rn. 101.

[294] Vgl. EuGH, Urt. v. 17.9.1980, Rs. 730/79 (Philip Morris/Kommission), Slg. 1980, 2671, Rn. 26; Urt. v. 14.10.1987, Rs. 248/84 (Deutschland/Kommission), Slg. 1987, 4013, Rn. 19; Urt. v. 14.1.1997, Rs. C–169/95 (Spanien/Kommission), Slg. 1997, I–135, Rn. 15.

[295] Exemplarisch dazu vgl. die Kommissionsentscheidung 87/573/EWG v. 15.7.1987, ABl. 1987 L 347/64.

[296] Vgl. EuGH, Urt. v. 13.6.2013, verb. Rs. C–630/11 P bis C–633/11 P (HGA u. a./Kommission), ECLI:EU:C:2013:387, Rn. 105.

[297] Ausführlich zum Umgang mit Regionalbeihilfen im Anwendungsbereich des Art. 107 Abs. 3 Buchst. a und c AEUV vgl. *Bartosch*, EU-Beihilfenrecht, Art. 107 Abs. 3 AEUV, Rn. 23 ff.; *Birnstiel*, in: Birnstiel/Bungenberg/Heinrich, Kap. 1, 3. Teil: Art. 107 Abs. 3 AEUV, Rn. 1063 ff.; *Segura*, in: Schröter/Jakob/Klotz/Mederer, S. 2137 ff.

[298] Vgl. EuG, Urt. v. 17.7.2014, Rs. T–457/09 (Westfälisch-Lippischer Sparkassen- und Giroverband/Kommission), ECLI:EU:T:2014:683, Rn. 184 m. w. N.

wendungsbereich der Allgemeinen Gruppenfreistellungsverordnung (EU) Nr. 651/2004 fallen, soweit es etwa um regionale Betriebs-, Investitions- oder Stadtentwicklungsbeihilfen geht.[299]

3. Beihilfen zur Förderung wichtiger Vorhaben von gemeinsamem europäischem Interesse oder zur Behebung einer beträchtlichen Störung im Wirtschaftsleben eines Mitgliedstaats (Buchst. b)

Als mit dem Binnenmarkt vereinbar können nach Art. 107 Abs. 3 Buchst. b AEUV sowohl Beihilfen zur Förderung wichtiger Vorhaben von gemeinsamem europäischem Interesse als auch Beihilfen zur Behebung einer beträchtlichen Störung im Wirtschaftsleben eines Mitgliedstaats angesehen werden. Als **Vorhaben von gemeinsamem europäischem Interesse** sind solche Vorhaben anzusehen, die mit den in Art. 3 EUV geregelten Verfassungszielen der Europäischen Union und/oder mit bestimmten grenzüberschreitenden Programmen der Union und/oder ihrer Mitgliedstaaten harmonieren.[300] Beihilfen für solche Vorhaben fallen allerdings nur dann in den Anwendungsbereich des Art. 107 Abs. 3 Buchst. b AEUV, wenn sie nicht hauptsächlich die Wirtschaftsteilnehmer eines Mitgliedstaats begünstigen, sondern gleichsam für die gesamte Union von Vorteil sind.[301] Darüber hinaus kann die Kommission die Genehmigung staatlicher Beihilfen verweigern, wenn diese die begünstigten Unternehmen nicht dazu veranlassen, durch ihr Verhalten zur Verwirklichung der in Art. 107 Abs. 3 AEUV genannten Ziele beizutragen,[302] oder wenn sie zur Erreichung der angegebenen Ziele nicht erforderlich sind.[303] Die prominentesten Beihilfegruppen, die in den Anwendungsbereich dieses Ausnahmetatbestandes fallen, stellen neben **Beihilfen auf den Gebieten der Forschung, der Entwicklung und der Innovation**,[304] die im weiten Umfang auch von dem Unionsrahmen für staatliche Beihilfen zur Förderung von Forschung, Entwicklung und Innovation (s. Rn. 57) und von der Allgemeinen Gruppenfreistellungsverordnung (EU) Nr. 651/2004 erfasst werden,[305] staatliche oder aus staatlichen Mitteln gewährte **Umwelt- und/oder Energiebeihilfen** dar, die sowohl in der Rechtsprechung des Unionsrichters als auch im

61

---

[299] Ausführlich dazu vgl. *Nowak*, in: Immenga/Mestmäcker, Wettbewerbsrecht, Band 3, Art. 14 AGVO 651/2014, Rn. 1 ff., Art. 15 AGVO 651/2014, Rn. 1 ff., und Art. 16 AGVO 651/2014, Rn. 1 ff.

[300] In diesem Sinne vgl. auch jeweils m.w.N. *Martenczuk*, in: Schröter/Jakob/Klotz/Mederer, S. 2160 f.; *v. Wallenberg/Schütte*, in: Grabitz/Hilf/Nettesheim, EU, Art. 107 AEUV (Oktober 2011), Rn. 150.

[301] Vgl. EuG, Urt. v. 28.11.2008, verb. Rs. T–254/00, T–270/00 u. T–277/00 (Hotel Cipriani u.a./Kommission), Slg. 2008, II–3269, Rn. 337.

[302] So vgl. etwa EuGH, Urt. v. 13.6.2013, verb. Rs. C–630/11 P bis C–633/11 P (HGA u.a./Kommission), ECLI:EU:C:2013:387, Rn. 104, mit der weiteren Klarstellung, dass im Grunde genommen alle Beihilfen im Sinne des Art. 107 Abs. 3 AEUV »erforderlich« sein müssen, um die in dieser Bestimmung vorgesehenen Ziele in der Weise zu erreichen, dass ohne sie das freie Spiel der Marktkräfte allein die begünstigten Unternehmen nicht dazu veranlassen würde, durch ihr Verhalten zur Verwirklichung dieser Ziele beizutragen.

[303] Vgl. EuG, Urt. v. 17.7.2014, Rs. T–457/09 (Westfälisch-Lippischer Sparkassen- und Giroverband/Kommission), ECLI:EU:T:2014:683, Rn. 200.

[304] Ausführlich zur Bedeutung und zur EU-beihilferechtlichen Beurteilung dieser Beihilfen vgl. *Windisch*, in: Birnstiel/Bungenberg/Heinrich, Kap. 1, 3. Teil: Art. 107 Abs. 3 AEUV, Rn. 1717 ff.

[305] Ausführlich dazu vgl. *Nowak*, in: Immenga/Mestmäcker, Wettbewerbsrecht, Band 3, Art. 25 AGVO 651/2014, Rn. 1 ff., Art. 26 AGVO 651/2014, Rn. 1 ff., Art. 27 AGVO 651/2014, Rn. 1 ff., Art. 28 AGVO 651/2014, Rn. 1 ff., Art. 29 AGVO 651/2014, Rn. 1 ff., und Art. 30 AGVO 651/2014, Rn. 1 ff.

EU-beihilferechtlichen Schrifttum eine große Rolle spielen.[306] Den genaueren Umgang der Kommission mit diesen Beihilfen veranschaulichen nicht nur die Leitlinien für staatliche Umweltschutz- und Energiebeihilfen 2014–2020 (s. Rn. 57), sondern vor allem auch diverse Freistellungstatbestände in der Allgemeinen Gruppenfreistellungsverordnung (EU) Nr. 651/2004, die sich zum einen auf Investitionsbeihilfen beziehen, die Unternehmen in die Lage versetzen, über bestimmte Unionsnormen für den Umweltschutz hinauszugehen,[307] und die Unternehmen zur frühzeitigen Anpassung an künftige Unionsnormen veranlassen.[308] Zum anderen erstrecken sich diese sekundärrechtlichen Freistellungstatbestände auf Investitionsbeihilfen für Energieeffizienzmaßnahmen,[309] für gebäudebezogene Energieeffizienzprojekte,[310] für hocheffiziente Kraft-Wärme-Kopplung,[311] für die Sanierung schadstoffbelasteter Standorte,[312] für energieeffiziente Fernwärme und Fernkälte,[313] für das Recycling und die Wiederverwendung von Abfall,[314] für Energieinfrastrukturen[315] und zur Förderung erneuerbarer Energien,[316] auf Betriebsbeihilfen zur Förderung von Strom aus erneuerbaren Energien[317] und zur Förderung der Erzeugung erneuerbarer Energien in kleinen Anlagen[318] sowie auf bestimmte Beihilferegelungen in Form von Umweltsteuerermäßigungen[319] und auf Beihilfen für Umweltstudien[320].

62 Soweit darüber hinaus auch **Beihilfen zur Behebung einer beträchtlichen Störung im Wirtschaftsleben eines Mitgliedstaats** nach Art. 107 Abs. 3 Buchst. b AEUV als mit dem Binnenmarkt vereinbar angesehen werden können, setzt dies angesichts der gebotenen engen Auslegung (s. Rn. 4 f.) dieser Bestimmung nach allgemeiner Auffassung eine beträchtliche wirtschaftliche Störung voraus, die nicht nur ein einzelnes Unternehmen,

---

[306] Vgl. etwa EuGH, Urt. v. 13. 3. 2011, Rs. C–379/98 (PreussenElektra), Slg. 2001, I–2099 ff.; Urt. v. 19. 12. 2013, Rs. C–262/12 (Association Vent de Colère! u. a.), ECLI:EU:C:2013:851, Rn. 14 ff.; Urt. v. 11. 9. 2014, verb. Rs. C–204/12 bis C–208/12 (*Essent Belgium*), ECLI:EU:C:2014:2192; EuG, Urt. v. 10. 5. 2016, Rs. T–47/15 (Deutschland/Kommission), ECLI:EU:T:2016:281; sowie *Bloch*, RdE 2014, 14 ff.; *Burgi/Wolff*, EuZW 2014, 647 ff.; *Ekardt*, in: Nowak, S. 134 ff.; *Ezcurra*, EStAL 2014, 665 ff.; *Frenz*, ZNER 2012, 34 ff.; *ders.*, ZNER 2014, 25 ff.; *ders.*, WRP 2015, 6 ff.; *ders.*, RdE 2016, 209 ff.; *ders./Wimmers*, WiVerw 2014, 30 ff.; *Glinski*, ZEuS 2014, 235 ff.; *Fuchs/Peters*, RdE 2014, 409 ff.; *Graf von Kielmansegg*, WiVerw 2014, 103 ff.; *Haak/Brüggemann*, EStAL 2016, 91 ff.; *Hampel/Groth*, EnWZ 2014, 451 ff.; *Ismer/Karch*, ZUR 2013, 526 ff.; *Kahle*, NVwZ 2014, 1563 ff.; *Kahles/Gabmayr*, ZUR 2016, 138 ff.; *Ludwigs*, REE 2014, 65 ff.; *Müller*, ZNER 2014, 21 ff.; *Reuter*, RdE 2015, 160 ff.; *Schlacke/Kröger*, NVwZ 2013, 313 ff.; *dies.*, ZUR 2015, 27 ff.; *Schütt*, ZNER 2012, 133 ff.; *Szydlo*, CMLRev. 52 (2015), 489 ff.; *Zuleger/Kuhlmann*, in: Schröter/Jakob/Klotz/Mederer, S. 2235 ff.; speziell zur beihilferechtlichen Beurteilung des EU-Emissionshandelssystems vgl. *De Gasperi*, EStAL 2010, 785 ff.; *Slot*, EStAL 2013, 61 ff.
[307] Ausführlich dazu vgl. *Nowak*, in: Immenga/Mestmäcker, Wettbewerbsrecht, Band 3, Art. 36 AGVO 651/2014, Rn. 1 ff.
[308] Vgl. *Nowak*, in: ebd., Art. 37 AGVO 651/2014, Rn. 1 ff.
[309] Vgl. *Nowak*, in: ebd., Art. 38 AGVO 651/2014, Rn. 1 ff.
[310] Vgl. *Nowak*, in: ebd., Art. 39 AGVO 651/2014, Rn. 1 ff.
[311] Vgl. *Nowak*, in: ebd., Art. 40 AGVO 651/2014, Rn. 1 ff.
[312] Vgl. *Nowak*, in: ebd., Art. 45 AGVO 651/2014, Rn. 1 ff.
[313] Vgl. *Nowak*, in: ebd., Art. 46 AGVO 651/2014, Rn. 1 ff.
[314] Vgl. *Nowak*, in: ebd., Art. 47 AGVO 651/2014, Rn. 1 ff.
[315] Vgl. *Nowak*, in: ebd., Art. 48 AGVO 651/2014, Rn. 1 ff.
[316] Vgl. *Nowak*, in: ebd., Art. 41 AGVO 651/2014, Rn. 1 ff.
[317] Vgl. *Nowak*, in: ebd., Art. 42 AGVO 651/2014, Rn. 1 ff.
[318] Vgl. *Nowak*, in: ebd., Art. 43 AGVO 651/2014, Rn. 1 ff.
[319] Vgl. *Nowak*, in: ebd., Art. 44 AGVO 651/2014, Rn. 1 ff.
[320] Vgl. *Nowak*, in: ebd., Art. 49 AGVO 651/2014, Rn. 1 ff.

einen Sektor oder eine Region eines Mitgliedstaats betrifft.[321] Insofern muss die betreffende Störung das gesamte Wirtschaftsleben des jeweiligen Mitgliedstaats beeinträchtigen und nicht nur das einer seiner Regionen oder Gebietsteile.[322] An praktischer Relevanz hat der hier in Rede stehende Ausnahmetatbestand in der jüngeren Vergangenheit im Zusammenhang mit zahlreichen mitgliedstaatlichen **Beihilfen zur Überwindung der Finanzmarkt- und Wirtschaftskrise** gewonnen, die einige neue Mitteilungen der Kommission in Gestalt
- der Mitteilung der Kommission – Die Rekapitalisierung von Finanzinstituten in der derzeitigen Finanzkrise: Beschränkung der Hilfen auf das erforderliche Minimum und Vorkehrungen gegen unverhältnismäßige Wettbewerbsverzerrungen,[323]
- der Mitteilung der Kommission über die Behandlung wertgeminderter Aktiva im Bankensektor der Gemeinschaft,[324]
- der Mitteilung der Kommission über die Wiederherstellung der Rentabilität und die Bewertung von Umstrukturierungsmaßnahmen im Finanzsektor im Rahmen der derzeitigen Krise gemäß den Beihilfevorschriften,[325]
- der Mitteilung der Kommission über die Anwendung der Vorschriften für staatliche Beihilfen auf Maßnahmen zur Stützung von Finanzinstituten im Kontext der Finanzkrise ab dem 1.1.2011,[326]
- der Mitteilung der Kommission über die Anwendung der Vorschriften für staatliche Beihilfen auf Maßnahmen zur Stützung von Banken im Kontext der Finanzkrise ab dem 1.1.2012[327]
- und der Mitteilung der Kommission über die Anwendung der Vorschriften für staatliche Beihilfen ab dem 1.8.2013 auf Maßnahmen zur Stützung von Banken im Kontext der Finanzkrise (»Bankenmitteilung«)[328]

nach sich gezogen haben und eine recht umfangreiche – auf genau diese Beihilfen bezogene – Entscheidungs- bzw. Beschlusspraxis der Kommission zur Folge hatten.[329]

---

[321] In diesem Sinne vgl. auch statt vieler *Martenczuk*, in: Schröter/Jakob/Klotz/Mederer, S. 2162; *v. Wallenberg/Schütte*, in: Grabitz/Hilf/Nettesheim, EU, Art. 107 AEUV (Oktober 2011), Rn. 152.
[322] Vgl. nur EuG, Urt. v. 15.12.1999, verb. Rs. T–132/96 u. T–143/96 (Freistaat Sachsen u. a./Kommission), Slg. 1999, II–3663, Rn. 167; EuGH, Urt. v. 30.9.2003, verb. Rs. C–57/00 P u. C–61/00 P (Freistaat Sachsen u. a./Kommission), Slg. 2003, I–9975, Rn. 97 f.
[323] ABl. 2009, C 10/2.
[324] ABl. 2009, C 72/1.
[325] ABl. 2009, C 195/9.
[326] ABl. 2010, C 329/7.
[327] ABl. 2011, C 356/7.
[328] ABl. 2013, C 216/1.
[329] Ausführlicher zur jüngeren Beihilfenpolitik der Kommission in Bezug auf staatliche Maßnahmen zur Stützung von Banken im Kontext der jüngeren Wirtschafts- und Finanzkrise vgl. *Ahlborn/Piccinin*, EStAL 2010, 47 ff.; *Birnstiel/Heinrich/Keidel*, BRZ 2012, 73 ff.; *Fehling*, EuR 2010, 598 ff.; *Klafki*, EWS 2011, 497 ff.; *de Kok*, EStAL 2015, 224 ff.; *Laprévote*, EStAL 2012, 93 ff.; *Lienemeyer/Kerle/Malikova*, EStAL 2014, 277 ff.; *Lienemeyer/Le Mouël*, EStAL 2011, 41 ff.; *Martenczuk*, in: Schröter/Jakob/Klotz/Mederer, S. 2164 ff.; *Murphy*, EStAL 2013, 260 ff.; *Soltész*, EuR-Beih. 2/2011, 119 ff.; *Sonder*, EWS 2012, 170 ff.; *Toschev*, in: Birnstiel/Bungenberg/Heinrich, Kap. 1, 3. Teil: Art. 107 Abs. 3 AEUV, Rn. 1424 ff.; *v. Wallenberg/Schütte*, in: Grabitz/Hilf/Nettesheim, EU, Art. 107 AEUV (Oktober 2011), Rn. 153 ff.

4. Beihilfen zur Förderung der Entwicklung gewisser Wirtschaftszweige oder Wirtschaftsgebiete (Buchst. c)

63 Nach Art. 107 Abs. 3 Buchst. c AEUV können sodann Beihilfen zur Förderung der Entwicklung gewisser Wirtschaftszweige oder Wirtschaftsgebiete als mit dem Binnenmarkt vereinbar angesehen werden, soweit sie die Handelsbedingungen nicht in einer Weise verändern, die dem gemeinsamen Interesse zuwiderläuft. Dieser Ausnahmetatbestand ist von allen in Art. 107 Abs. 2 und 3 AEUV geregelten Ausnahmen die praktisch bedeutsamste Relativierung des in Art. 107 Abs. 1 AEUV niedergelegten Verbotstatbestandes, da er tatbestandlich sehr viel weiter gefasst ist als etwa die in Art. 107 Abs. 3 Buchst. a, b und d AEUV geregelten Ausnahmen und sich dabei nicht nur auf **regionale Beihilfen** bezieht, die zum Teil auch von Art. 107 Abs. 3 Buchst. a AEUV erfasst werden (s. Rn. 59 f.), sondern auch zahlreiche **horizontale Beihilfen** wie etwa F&E-Beihilfen, KMU-Beihilfen, Rettungs- und Umstrukturierungsbeihilfen, Beschäftigungsbeihilfen, Ausbildungsbeihilfen und Umweltschutzbeihilfen sowie vielfältige **sektorale Beihilfen** etwa für die Stahlindustrie, für den Schiffbau und den Seeverkehr, für Flughäfen sowie für den Rundfunk, den Breitbandausbau, die Presse und die Filmwirtschaft erfasst.[330]

64 Eine uferlose Weite ist dem Art. 107 Abs. 3 Buchst. c AEUV indes nicht zu bescheinigen, da nur solche regionalen, horizontalen oder sektoralen Beihilfen auf der Grundlage dieser Ausnahmebestimmung als mit dem Binnenmarkt vereinbar angesehen werden können, welche die folgenden **Tatbestandsvoraussetzungen** erfüllen: Zunächst einmal verlangt Art. 107 Abs. 3 Buchst. c AEUV, dass die jeweilige Beihilfe in zielgerichteter Weise bestimmten Wirtschaftszweigen oder Wirtschaftsgebieten zugute kommt. Ferner setzt die Anwendung dieses Ausnahmetatbestandes voraus, dass die jeweilige Beihilfe tatsächlich die Entwicklung eines der vorgenannten Wirtschaftszweige oder Wirtschaftsgebiete fördert. Von entscheidender Bedeutung ist in diesem Kontext wiederum das Kriterium der **Erforderlichkeit**[331] bzw. der notwendige **Anreizeffekt** der jeweiligen Beihilfe,[332] der nach ständiger Rechtsprechung des Unionsrichters zur Prüfung der Vereinbarkeit einer Beihilfemaßnahme mit dem Binnenmarkt gehört[333] und der insoweit gerade auch im Anwendungsbereich der Allgemeinen Gruppenfreistellungsverordnung (EU) Nr. 651/2004 äußerst ernst genommen wird.[334] Die letzte Voraussetzung bezieht sich ausweislich des Wortlauts der in Art. 107 Abs. 3 Buchst. c AEUV niedergelegten Ausnahmeregelung schließlich darauf, dass die Handelsbedingungen durch eine regionale, horizontale oder sektorale Beihilfe (s. Rn. 63) nicht in einer Weise verändert werden dürfen, die dem gemeinsamen Interesse zuwiderläuft. Insoweit hat die Kommission im Anwendungsbereich des Art. 107 Abs. 3 Buchst. c AEUV nach ständiger Rechtsprechung des Unionsrichters die Auswirkungen einer Bei-

---

[330] Ausführlich dazu vgl. etwa *Kreuschitz*, in: Montag/Säcker, Art. 107 AEUV, Rn. 694 ff.; *v. Wallenberg/Schütte*, in: Grabitz/Hilf/Nettesheim, EU, Art. 107 AEUV (Oktober 2011), Rn. 181 ff.

[331] Vgl. EuGH, Urt. v. 13.6.2013, verb. Rs. C–630/11 P bis C–633/11 P (HGA u. a./Kommission), ECLI:EU:C:2013:387, Rn. 104.

[332] Vgl. dazu auch statt vieler *Heithecker*, in: Birnstiel/Bungenberg/Heinrich, Kap. 1, 3. Teil: Art. 107 Abs. 3 AEUV, Rn. 1480 ff.; *Mederer*, in: Schröter/Jakob/Klotz/Mederer, S. 2179; *v. Wallenberg/Schütte*, in: Grabitz/Hilf/Nettesheim, EU, Art. 107 AEUV (Oktober 2011), Rn. 177.

[333] Vgl. EuGH, Urt. v. 21.3.2013, Rs. C–129/12 (Magdeburger Mühlenwerke), ECLI:EU:C:2013: 200, Rn. 45.

[334] Vgl. *Nowak*, in: Immenga/Mestmäcker, Wettbewerbsrecht, Band 3, Art. 6 AGVO 651/2014, Rn. 1 ff.

hilfe auf den Wettbewerb und den innergemeinschaftlichen Handel zu untersuchen sowie im Rahmen dieser Untersuchung die positiven Wirkungen der Beihilfe und die negativen Auswirkungen auf die Handelsbedingungen und die Aufrechterhaltung eines unverfälschten Wettbewerbs gegeneinander abzuwägen.[335] Geht es im konkreten Einzelfall um regionale Beihilfen, ist es nach Auffassung des Unionsrichters zudem Sache der Kommission, in Ausübung ihres Ermessens unter **Beachtung des Grundsatzes der Verhältnismäßigkeit** auf einen Ausgleich zwischen den Zielen des freien Wettbewerbs und der gemeinschaftlichen Solidarität hinzuwirken, da die in Art. 107 Abs. 3 Buchst. c AEUV zu Gunsten von Regionalbeihilfen vorgesehene Ausnahme vom freien Wettbewerb auf der »gemeinschaftlichen Solidarität« beruht, die ein grundlegendes Vertragsziel darstellt.[336] Beihilfen für notleidende Unternehmen sind nur dann mit Art. 107 Abs. 3 Buchst. c AEUV vereinbar, wenn sie mit einem im Verwaltungsverfahren vorzulegenden Umstrukturierungsplan verbunden sind, der dazu dient, die Tätigkeit dieser Unternehmen zu verringern oder umzuorientieren.[337] Im Übrigen gilt nach der ständigen Rechtsprechung des Unionsrichters, dass eine Beihilfe, die auf einem durch Überkapazitäten gekennzeichneten Markt gewährt wird, grundsätzlich dazu angetan ist, die Handelsbedingungen in einer Weise zu verändern, die dem gemeinsamen Interesse zuwiderläuft.[338]

5. Beihilfen zur Förderung der Kultur und der Erhaltung des kulturellen Erbes (Buchst. d)

Als mit dem Binnenmarkt vereinbar können von der Kommission nach Art. 107 Abs. 3 Buchst. d AEUV schließlich auch Beihilfen zur Förderung der Kultur und der Erhaltung des kulturellen Erbes angesehen werden, soweit diese Beihilfen die Handels- und Wettbewerbsbedingungen in der Union nicht in einem Maß beeinträchtigen, das dem gemeinsamen Interesse zuwiderläuft. Die hier angesprochenen **Kulturbeihilfen** berühren den weiten Bereich der Kulturpolitik, die weder von den ausschließlichen Zuständigkeiten der Europäischen Union im Sinne des Art. 3 AEUV noch von den zwischen der Union und ihren Mitgliedstaaten geteilten Zuständigkeiten im Sinne des Art. 4 AEUV erfasst wird. Insoweit fällt die Kulturpolitik zwar vornehmlich in den Zuständigkeitsbereich der gegenwärtig 28 EU-Mitgliedstaaten. Dabei ist jedoch zu beachten, dass die Europäische Union, die auf Grund des Art. 22 GRC unter anderem auch zur Achtung der Vielfalt der Kulturen verpflichtet ist, nach Art. 6 AEUV zumindest für die Durchführung von Maßnahmen zur Unterstützung, Koordinierung oder Ergänzung mitgliedstaatlicher Maßnahmen zuständig ist und dass dies ausweislich dieser Bestimmung gerade auch für den Bereich der Kultur gilt. Vor diesem kompetenzrechtlichen Hintergrund ermächtigt und verpflichtet Art. 167 Abs. 1 AEUV die Europäische Union

65

---

[335] Vgl. nur EuGH, Urt. v. 14.9.1994, verb. Rs. C–278/92, C–279/92 u. C–280/92 (Spanien/Kommission), Slg. 1994, I–4103, Rn. 51; EuG, Urt. v. 4.4.2001, Rs. T–288/97 (Regione Friuli Venezia Giulia/Kommission), Slg. 2001, II–1169, Rn. 73.

[336] Vgl. EuG, Urt. v. 15.9.1998, Rs. T–126/96 (Breda Fucine Meridionali u.a./Kommission), Slg. 1998, II–3437, Rn. 101.

[337] Vgl. EuG, Urt. v. 15.9.1998, Rs. T–126/96 (Breda Fucine Meridionali u.a./Kommission), Slg. 1998, II–3437, Rn. 98 ff.; Urt. v. 3.3.2010, verb. Rs. T–102/07 u. T–120/07 (Freistaat Sachsen u.a./Kommission), Slg. 2010, II–585, Rn. 73; Urt. v. 17.7.2014, Rs. T–457/09 (Westfälisch-Lippischer Sparkassen- und Giroverband/Kommission), ECLI:EU:T:2014:683, Rn. 197.

[338] Vgl. nur EuGH, Urt. v. 2.12.2010, Rs. C–464/09 P (Holland Malt/Kommission), Slg. 2010, I–12443, Rn. 48.

konkret dazu, einen Beitrag zur Entfaltung der Kulturen der Mitgliedstaaten unter Wahrung ihrer nationalen und regionalen Vielfalt sowie unter gleichzeitiger Hervorhebung des gemeinsamen kulturellen Erbes zu leisten.[339] Darüber hinaus verpflichtet die kulturelle Querschnittsklausel des Art. 167 Abs. 4 AEUV die Europäische Union insbesondere im Interesse der Wahrung und Förderung der Vielfalt ihrer Kulturen dazu, den kulturellen Aspekten »bei ihrer Tätigkeit aufgrund anderer Bestimmungen dieser Verträge«, zu der auch ihre Tätigkeit auf dem Gebiet des Europäischen Wettbewerbsrechts im Allgemeinen sowie auf dem Gebiet des EU-Beihilfenrechts im Besonderen gehört, Rechnung zu tragen.[340] Um die Europäische Union und ihre Organe in die Lage zu versetzen, der aus Art. 167 Abs. 4 AEUV resultierenden Verpflichtung zur **Berücksichtigung kultureller Aspekte auf dem speziellen Gebiet der Beihilfenkontrolle** entsprechen zu können, sieht die in Art. 107 Abs. 3 Buchst. d AEUV niedergelegte »Kulturklausel«, die erst durch den Maastrichter Vertrag geschaffen wurde (s. Rn. 2), vor, dass auch Beihilfen zur Förderung der Kultur und der Erhaltung des kulturellen Erbes, welches auch in der Präambel des EU-Vertrags angesprochen wird (s. EU-Präambel, Rn. 11), als mit dem Binnenmarkt vereinbar angesehen werden können, soweit sie die Handels- und Wettbewerbsbedingungen in der Union nicht in einem Maß beeinträchtigen, das dem gemeinsamen Interesse zuwiderläuft. Dieser Regelung ist in der jüngeren Vergangenheit nun auch noch ein neuer – auf staatliche Beihilfen für Kultur und die Erhaltung des kulturellen Erbes bezogener – Freistellungstatbestand in der Allgemeinen Gruppenfreistellungsverordnung (EU) Nr. 651/2014 hinzugetreten,[341] damit die EU-Beihilfevorschriften in ihrer Gesamtheit den Besonderheiten der Kultur, des kulturellen Erbes, des damit eng verbundenen Naturerbes und den mit der Kultur verbundenen wirtschaftlichen Tätigkeiten noch besser Rechnung tragen können.

66 Der hier in Rede stehende **Begriff der Kultur** wird in allen vorgenannten Bestimmungen ebenso wenig definiert wie der in diesen Bestimmungen ebenfalls enthaltene **Begriff des kulturellen Erbes**. Auch ein einheitlicher sekundärrechtlicher Kulturbegriff existiert bislang nicht. In ihrer zurückliegenden Beihilfekontrollpraxis hat die Kommission mit den nicht randscharf voneinander abgrenzbaren Begriffen der Kultur und der Erhaltung des kulturellen Erbes[342] eher einzelfallbezogen operiert[343] und zu erkennen gegeben, dass sie sich dabei nicht nur von den Zielen des Art. 167 AEUV (Entfaltung der Kulturen sowie Schutz der nationalen und regionalen Vielfalt) und von Art. 22 GRC (s. Rn. 65) leiten lässt, sondern auch auf europäischer und internationaler Ebene bestehende Abkommen, welche verschiedene Kulturaspekte zum Gegenstand haben, berücksichtigt,[344]

---

[339] Näher dazu vgl. etwa *Fechner*, in: GSH, Europäisches Unionsrecht, Art. 167 AEUV, Rn. 2 ff.; *Kotzur*, in: Geiger/Khan/Kotzur, EUV/AEUV, Art. 167 AEUV, Rn. 4 ff.; *Sparr*, in: Schwarze, EU-Kommentar, Art. 167 AEUV, Rn. 9 ff.; *Vedder*, in: ders./Heintschel von Heinegg, Europäisches Unionsrecht, Art. 167 AEUV, Rn. 1 ff.

[340] Näher zu dieser Verpflichtung vgl. statt vieler *Blanke*, in: Calliess/Ruffert, EUV/AEUV, Art. 167 AEUV, Rn. 15 f.; *Ress/Ukrow*, in: Grabitz/Hilf/Nettesheim, EU, Art. 167 AEUV (Januar 2015), Rn. 148 ff.

[341] Vgl. *Nowak*, in: Immenga/Mestmäcker, Wettbewerbsrecht, Band 3, Art. 53 AGVO 651/2014, Rn. 1 ff.; *Odendahl/Petzold*, NWVBl. 2016, 221 ff.

[342] Eine solche Abgrenzung angesichts der identischen Rechtsfolgen einer Subsumtion unter einen dieser beiden Begriffe sogar für entbehrlich haltend vgl. *Schröder*, in: Birnstiel/Bungenberg/Heinrich, Kap. 1, 3. Teil: Art. 107 Abs. 3 AEUV, Rn. 2084.

[343] Näher dazu vgl. etwa *Kamann/Gey/Kreuzer*, KommJur 2009, 132 (136); *Koenig/Kühling*, EuZW 2000, 197 (201 f.); *Schröder*, in: Birnstiel/Bungenberg/Heinrich, Kap. 1, 3. Teil: Art. 107 Abs. 3 AEUV, Rn. 2086 f.

[344] Zutr. *Schröder*, in: Birnstiel/Bungenberg/Heinrich, Kap. 1, 3. Teil: Art. 107 Abs. 3 AEUV, Rn. 2086.

indem sie in ihren EU-beihilferechtlichen Beschlüssen beispielsweise auf die UNESCO-Konvention über den Schutz und die Förderung der Vielfalt kultureller Ausdrucksformen und/oder auf die Europäische Charta der Regional- oder Minderheitensprachen Bezug nimmt.[345] Auch wenn die Kommission dabei im Einklang mit der ständigen Rechtsprechung des Unionsrichters immer wieder betont, dass Art. 107 Abs. 3 Buchst. d AEUV als Ausnahme von dem in Art. 107 Abs. 1 AEUV niedergelegten Beihilfeverbot restriktiv auszulegen ist,[346] liegt ihrer diesbezüglichen Entscheidungs- bzw. Beschlusspraxis gleichwohl ein recht weiter und vor allem entwicklungsoffener Kulturbegriff zugrunde,[347] der in erster Linie unionsrechtsautonom zu definieren bzw. zu bestimmen ist, ohne dabei den ergänzenden Rückgriff auf mitgliedstaatliche Kulturbegriffe auszuschließen. Letzteres bringt in besonders anschaulicher Weise auch die neue **Mitteilung der Kommission über staatliche Beihilfen für Filme und andere audiovisuelle Werke** (Rn. 57) zum Ausdruck, in der unter anderem darauf hingewiesen wird, dass die Definition kultureller Aktivitäten nach dem in Art. 5 EUV verankerten Subsidiaritätsprinzip in erster Linie in die Zuständigkeit der Mitgliedstaaten fällt.[348] Dies ändert allerdings nichts daran, dass die Anwendung des Art. 107 Abs. 3 Buchst. d AEUV auf Grenzen stößt, wenn es um mitgliedstaatliche Förderungen von Tätigkeiten geht, die nicht unmittelbar der Kulturförderung, sondern primär wirtschaftlichen bzw. kommerziellen Interessen dienen, was insbesondere bei der Förderung des Rundfunks[349] und bei der Förderung von Presseprodukten[350] ohne einen kulturellen Schwerpunkt bzw. ohne ein kulturspezifisches Förderziel relevant werden kann; derartige Beihilfen können dann aber immerhin noch in den Anwendungsbereich des in Art. 107 Abs. 3 Buchst. c AEUV niedergelegten Ausnahmetatbestandes (s. Rn. 63 f.) fallen.[351]

Damit die Kommission staatliche oder aus staatlichen Mitteln gewährte Beihilfen zur Förderung der Kultur und der Erhaltung des kulturellen Erbes auf der Grundlage des Art. 107 Abs. 3 Buchst. d AEUV als mit dem Binnenmarkt vereinbar ansehen kann, müssen diese Beihilfen tatsächlich und in zielgerichteter Weise der Förderung der Kultur und/oder der Erhaltung des kulturellen Erbes dienen. Von entscheidender Bedeutung sind in diesem Kontext wiederum – wie etwa auch im Anwendungsbereich des Art. 107 Abs. 3 Buchst. c AEUV – die **Erforderlichkeit und** der notwendige **Anreizeffekt derartiger Beihilfen** (s. Rn. 64), der im Übrigen auch von den in den Anwendungsbereich der Allgemeinen Gruppenfreistellungsverordnung (EU) Nr. 651/2004 fallenden Kulturbei-

67

---

[345] Exemplarisch dazu vgl. die Kommissionsbeschlüsse v. 4.4.2011, SA.32144 / N 2011 (State Aid to dance, music and poetry), Rn. 15; v. 30.5.2013, SA.35814 u. a. (State aid to Madach-Posonium, Lilium Aurum, Petit Press and MPhilms), Rn. 17; und v. 11.2.2014, SA.37916 (Subventions pour le développement de l'usage de la langue basque dans la vie sociale), Rn. 30.
[346] Exemplarisch dazu vgl. die Kommissionsbeschlüsse v. 30.5.2013, SA.35814 u. a. (State aid to Madach-Posonium, Lilium Aurum, Petit Press and MPhilms), Rn. 14; und v. 5.12.2014, SA.37409–2013/N (Culture of national minorities in Slovakia), Rn. 20; m. w. N. zur diesbezüglichen Rechtsprechung des Unionsrichters vgl. *Bär-Bouyssière*, in: Schwarze, EU-Kommentar, Art. 107 AEUV, Rn. 61.
[347] Zutr. *Schröder*, in: Birnstiel/Bungenberg/Heinrich, Kap. 1, 3. Teil: Art. 107 Abs. 3 AEUV, Rn. 2086.
[348] Vgl. die Filmmitteilung 2013 (Fn. 282), Rn. 18 u. 25.
[349] Näher dazu vgl. etwa *Held/Kliemann*, EStAL 2012, 37 ff.; mit weiteren Beispielen aus der diesbezüglichen Entscheidungs- bzw. Beschlusspraxis der Kommission vgl. *Schröder*, in: Birnstiel/Bungenberg/Heinrich, Kap. 1, 3. Teil: Art. 107 Abs. 3 AEUV, Rn. 2088 f.
[350] Vgl. *Psychogiopoulou*, EStAL 2012, 57 ff.; *dies.* EStAL 2013, 69 ff.; *Martini*, EuZW 2015, 821 ff.
[351] Dazu vgl. auch *Martini*, EuZW 2015, 821 (823).

hilfen verlangt wird.[352] Darüber hinaus dürfen die hier in Rede stehenden Kulturbeihilfen die Handels- und Wettbewerbsbedingungen in der Europäischen Union nicht in einem Maß beeinträchtigen, das dem gemeinsamen Interesse zuwiderläuft. Insoweit hat die Kommission auch im Anwendungsbereich des Art. 107 Abs. 3 Buchst. d AEUV die **Auswirkungen** solcher Beihilfen **auf den Wettbewerb und den innerunionalen Handel** zu untersuchen, wobei die positiven Wirkungen der Beihilfe und die negativen Auswirkungen auf die Handelsbedingungen und die Aufrechterhaltung eines unverfälschten Wettbewerbs im Rahmen dieser Untersuchung gegeneinander abzuwägen sind.

6. Sonstige Arten von Beihilfen (Buchst. e)

68 Die in Art. 107 Abs. 3 Buchst. e AEUV enthaltene **Ausnahmeregelung**,[353] die teilweise auch als Auffangtatbestand bezeichnet wird,[354] sieht schließlich vor, dass sonstige – d. h. nicht von Art. 107 Abs. 2 AEUV und Art. 107 Abs. 3 Buchst. a-d AEUV erfasste – Arten von Beihilfen als mit dem Binnenmarkt vereinbar angesehen werden können, die der Rat durch einen Beschluss auf Vorschlag der Kommission bestimmt. Hiermit wird dem Rat trotz des Ausnahmecharakters dieser Bestimmung zwar »eine ausgedehnte Befugnis [eingeräumt], staatliche Beihilfen unter Abweichung« von dem in Art. 107 Abs. 1 AEUV niedergelegten Beihilfeverbot zuzulassen.[355] Die praktische Bedeutung dieser Beschlussbefugnis darf aber nicht überschätzt werden, da der Rat bislang nur in einem recht geringen Umfang von der hier in Rede stehenden Befugnis Gebrauch gemacht hat.[356]

69 Ein Ratsbeschluss im Sinne des Art. 107 Abs. 3 Buchst. e AEUV, der nach Art. 16 Abs. 3 EUV eine **qualifizierte Mehrheit** voraussetzt und im Wege der Erhebung der in Art. 263 AEUV geregelten Nichtigkeitsklage der unionsgerichtlichen Kontrolle zugeführt werden kann,[357] muss nicht zwingend ein Beschluss im Sinne des Art. 288 Abs. 4 AEUV sein.[358] Diesbezüglich ist exemplarisch auf die Verordnung (EG) Nr. 1177/2002 des Rates vom 27. 6. 2002 zur Einführung befristeter Schutzmaßnahmen für den Schiffbau[359] hinzuweisen, die seinerzeit unter anderem auf der Grundlage des Art. 87 Abs. 3

---

[352] Vgl. *Nowak*, in: Immenga/Mestmäcker, Wettbewerbsrecht, Band 3, Art. 6 AGVO 651/2014, Rn. 1 ff., i. V. m. Art. 53 AGVO 651/2014, Rn. 26.

[353] Zum unstreitigen Ausnahmecharakter dieser Bestimmung, deren Anwendung nicht dazu führen darf, dass die grundlegenden vertraglichen Wertungen insbesondere EU-wirtschaftsverfassungsrechtlicher Art missachtet oder untergraben werden, vgl. auch statt vieler *Erlbacher*, in: Schröter/Jakob/Klotz/Mederer, S. 2353; *Schröder*, in: Birnstiel/Bungenberg/Heinrich, Kap. 1, 3. Teil: Art. 107 Abs. 3 AEUV, Rn. 2112.

[354] So etwa von *Kreuschitz*, in: Montag/Säcker, Art. 107 AEUV, Rn. 741.

[355] Vgl. EuGH, Urt. v. 22. 3. 1977, Rs. 74/76 (Iannelli u. a.), Slg. 1977, 557, Rn. 11/12.

[356] Exemplarisch dazu vgl. etwa den auf Art. 107 Abs. 3 Buchst. e AEUV gestützten Ratsbeschluss v. 10.12.2010 über staatliche Beihilfen zur Erleichterung der Stilllegung nicht wettbewerbsfähiger Steinkohlebergwerke, ABl. 2010, L 336/24. Zur früheren Anwendung dieser Norm in Bezug auf den Schiffbau und den Steinkohlebergbau vgl. jeweils m. w. N. *Lübbig/Martín-Ehlers*, S. 29; *Schröder*, in: Birnstiel/Bungenberg/Heinrich, Kap. 1, 3. Teil: Art. 107 Abs. 3 AEUV, Rn. 2121 ff.

[357] So auch vgl. *Erlbacher*, in: Schröter/Jakob/Klotz/Mederer, S. 2353 f.; *Schröder*, in: Birnstiel/Bungenberg/Heinrich, Kap. 1, 3. Teil: Art. 107 Abs. 3 AEUV, Rn. 2118.

[358] Vgl. dazu auch *Schröder*, in: Birnstiel/Bungenberg/Heinrich, Kap. 1, 3. Teil: Art. 107 Abs. 3 AEUV, Rn. 2115, wonach sich der in Art. 107 Abs. 3 Buchst. e AEUV enthaltene Beschlussbegriff nicht allein auf Beschlüsse im Sinne des Art. 288 Abs. 4 AEUV beziehe; ferner vgl. *Erlbacher*, in: Schröter/Jakob/Klotz/Mederer, S. 2353, wonach es sich bei Art. 107 Abs. 3 Buchst. e AEUV um eine Rechtsgrundlage für die Annahme eines Rechtsakts mit allgemeinen Wirkungen handele.

[359] ABl. 2002, L 172/1.

Buchst. e EGV (nunmehr: Art. 107 Abs. 3 Buchst. e AEUV) erlassen wurde. Einen auf diese Bestimmung gestützten Rechtsakt kann der Rat zwar in Abweichung etwa von der in Art. 109 AEUV vorgesehenen Anhörung des Europäischen Parlaments (s. Art. 109 AEUV, Rn. 8) ohne jedwede Beteiligung dieses Parlaments, aber ausweislich des Art. 107 Abs. 3 Buchst. e AEUV nur auf **Vorschlag der Kommission** erlassen, die insoweit auch im Anwendungsbereich dieser Bestimmung – ebenso wie im Anwendungsbereich des Art. 109 AEUV (s. Art. 109 AEUV, Rn. 7) – über ein alleiniges Initiativrecht bzw. ein Initiativmonopol verfügt. Administrative Einzelentscheidungen über die Vereinbarkeit oder die Genehmigung konkreter Beihilfen trifft der Rat auf der Grundlage des Art. 107 Abs. 3 Buchst. e AEUV in Abweichung von seiner in Art. 108 Abs. 2 UAbs. 3 AEUV geregelten (exzeptionellen) Beschlussbefugnis (s. Art. 108 AEUV, Rn. 44 ff.) indes nicht.[360] Vielmehr ist es Sache der Kommission, im Einzelfall zu prüfen und darüber zu entscheiden, ob die in einem auf der Grundlage des Art. 107 Abs. 3 Buchst. e AEUV erlassenen Ratsbeschluss festgelegten Vereinbarkeitsvoraussetzungen erfüllt sind.[361]

C. Verhältnis zu anderen Bestimmungen

Die in Art. 107 AEUV enthaltenen Regelungen, die sich in einen weitreichenden Verbotstatbestand (s. Rn. 18 ff.) sowie in einige dazugehörige Legalausnahmen (s. Rn. 47 ff.) und Fakultativ- bzw. Ermessensausnahmen (s. Rn. 55 ff.) unterteilen lassen, bilden im engen Verbund mit den verfahrensrechtlichen Regelungsgehalten des Art. 108 AEUV und der in Art. 109 AEUV niedergelegten Rechtsetzungsbefugnis des Rates das primäre **Beihilfenrecht der Europäischen Union**, das neben dem EU-Kartellrecht (Art. 101 ff. AEUV) zu den Kernbestandteilen des unionsverfassungsrechtlichen Systems unverfälschten Wettbewerbs und seit langer Zeit zugleich zu den bedeutsamsten Funktionsgarantien der **Europäischen Wirtschaftsverfassung**[362] gehört. In diesem Kontext ist vor allem auch an die ständige Rechtsprechung des Unionsrichters zu erinnern, wonach ein Verfahren auf der Grundlage des Art. 108 AEUV, in dem es vornehmlich um die Durchsetzung des Art. 107 AEUV geht, niemals zu einem Ergebnis führen darf, das zu den besonderen Vorschriften des Vertrags im Widerspruch steht.[363] Die hier angesprochene Verpflichtung der Kommission, den Zusammenhang zwischen den Art. 107 und 108 AEUV einerseits und den sonstigen Vorschriften dieses Vertrags zu beachten, gilt nach der ständigen Rechtsprechung des Unionsrichters ganz besonders dann, wenn diese anderen Vorschriften ebenfalls das Ziel eines unverfälschten Wettbewerbs innerhalb des Binnenmarkts verfolgen, wie dies nicht nur bei den anderen primärrechtlichen Wettbewerbsvorschriften insbesondere in Gestalt der Art. 101 und

70

---

[360] Zutr. *Lübbig/Martín-Ehlers*, S. 29; *Schröder*, in: Birnstiel/Bungenberg/Heinrich, Kap. 1, 3. Teil: Art. 107 Abs. 3 AEUV, Rn. 2119.
[361] Vgl. EuGH, Urt. v. 5.10.1994, Rs. C-400/92 (Deutschland/Kommission), Slg. 1994, I-4701, Rn. 15 ff.; EuG, Urt. v. 22.10.1996, Rs. T-266/94 (Skibsvaerftsforeningen u.a./Kommission), Slg. 1996, II-1399, Rn. 169.
[362] Näher dazu vgl. jeweils m.w.N. *Nowak*, EuR Beih. 1/2009, 129 ff.; *ders.*, EuR-Beih. 2/2011, 21 ff.
[363] Vgl. EuGH, Urt. v. 3.5.2001, Rs. C-204/97 (Portugal/Kommission), Slg. 2001, I-3175, Rn. 41; Urt. v. 12.12.2002, Rs. C-456/00 (Frankreich/Kommission), Slg. 2002, I-11949, Rn. 30; EuG, Urt. v. 13.5.2015, Rs. T-511/09 (Niki Luftfahrt/Kommission), ECLI:EU:T:2015:284, Rn. 215.

102 AEUV, sondern auch bei den **Grundfreiheiten** der Fall ist.[364] Die zwischen dem EU-Beihilfenrecht und den Grundfreiheiten bestehenden Interdependenzen[365] werden unter anderem auch in Art. 50 Abs. 2 Buchst. h AEUV aufgegriffen, wonach das Europäische Parlament, der Rat und die Kommission im Rahmen der Erfüllung der ihnen obliegenden Aufgabe zur Verwirklichung der Niederlassungsfreiheit insbesondere auch sicherzustellen zu haben, dass die Bedingungen für die Niederlassung nicht durch Beihilfen der Mitgliedstaaten verfälscht werden. Darüberhinaus ist an dieser Stelle auf die zahlreichen Verbindungslinien und Schnittstellen zwischen dem EU-Beihilfenrecht auf der einen Seite und dem **EU-Vergaberecht** auf der anderen Seite hinzuweisen,[366] das mit den vorgenannten Grundfreiheiten unauflösbar verbunden ist. Mit den vertraglichen **Umweltschutzregelungen** steht Art. 107 AEUV in vielen Fällen schließlich ebenfalls in enger Verbindung, da die Kommission bei der Beurteilung mitgliedstaatlicher – umweltschutzrechtliche Ziele verfolgender – Beihilfemaßnahmen anhand der Unionsregelungen über staatliche Beihilfen nach der ständigen Rechtsprechung des Unionsrichters auch die in Art. 11 AEUV genannten Erfordernisse des Umweltschutzes zu berücksichtigen hat,[367] die in erster Linie durch Art. 191 AEUV konkretisiert werden.[368]

71 Auf der Ebene des sekundären Unionsrechts wird Art. 107 AEUV sodann von verschiedenen EU-beihilferechtlichen Rechtsakten flankiert, die der Rat auf der Grundlage des Art. 109 AEUV erlassen hat. Besondere Erwähnung verdienen dabei an dieser Stelle die verfahrensrechtlichen **Durchführungsverordnungen** des Rates in Gestalt der VO (EG) Nr. 659/1999 und der VO (EU) Nr. 2015/1589 (s. Rn. 14 u. Art. 109 AEUV, Rn. 24 ff.) sowie seine so genannten **Ermächtigungsverordnungen** (EG) Nr. 994/98 und (EU) Nr. 2015/1588 (s. Art. 109 AEUV, Rn. 13 f. u. 20), auf deren Grundlage die Kommission wiederum verschiedene **Gruppenfreistellungs- und De-minimis-Verordnungen** erlassen hat (s. Rn. 4 u. Art. 109 AEUV, Rn. 24 ff.), mit denen die in Art. 107 Abs. 2 und 3 AEUV niedergelegten Ausnahmetatbestände sowie die in Art. 108 Abs. 3 Satz 1 AEUV geregelte Anmeldeverpflichtung (s. Art. 108 AEUV, Rn. 48) erheblich modifiziert werden. Als ein marktordnungs- und beihilferechtliches Sonderregime ist hingegen die **VO (EG) Nr. 1370/2007** des Europäischen Parlaments und des Rates vom 23. 10. 2007 über öffentliche Personenverkehrsdienste auf Schiene und Straße und zur Aufhebung der Verordnungen (EWG) Nr. 1191/69 und Nr. 1107/70 des Rates[369] ein-

---

[364] Vgl. EuG, Urt. v. 9. 9. 2010, Rs. T–359/04 (British Aggregates Association u. a./Kommission), Slg. 2010, II–4227, Rn. 91; Urt. v. 13. 5. 2015, Rs. T–511/09 (Niki Luftfahrt/Kommission), ECLI:EU:T:2015:284, Rn. 215; ausführlicher zum Verhältnis zwischen dem EU-Wettbewerbsrecht (incl. dem Beihilfenrecht) und den Grundfreiheiten des AEUV vgl. *Nowak*, EuR-Beih. 3/2004, 77 ff.; sowie zuletzt *Frenz*, JA 2016, 321 ff.; *ders.*, RdE 2016, 209 ff.
[365] Ausführlicher zu dem zwischen dem EU-Beihilferecht und den Grundfreiheiten bestehenden Verhältnis vgl. *Bungenberg*, in: Birnstiel/Bungenberg/Heinrich, Einl., Rn. 119 ff.; *Mederer*, in: Schröter/Jakob/Klotz/Mederer, S. 2028 ff.
[366] Näher zu diesen Verbindungslinien und Schnittstellen vgl. etwa *Bovis*, EPPPL 2010, 167 (169 u. 183 ff.); *Bultmann*, S. 139 ff.; *Bungenberg*, in: Birnstiel/Bungenberg/Heinrich, Einl., Rn. 122 ff.; *Burgi*, NZBau 2013, 601 (604); *Jaeger*, wbl 2014, 493 ff.; *Nicolaides/Schoenmaekers*, EStAL 2015, 143 ff.; *Pfannkuch*, NZBau 2015, 743 ff.; *Skovgaard Ølykke*, EStAL 2011, 457 ff.
[367] Vgl. nur EuG, Urt. v. 3. 12. 2014, Rs. T–57/11 (Castelnou Energía/Kommission), ECLI:EU:T:2014:1021, Rn. 188 m. w. N.
[368] Näher dazu vgl. m. w. N. *Nowak*, Umweltschutz als grundlegendes Verfassungsziel und dauerhafte Querschnittsaufgabe der Europäischen Union, in: *ders.* (Hrsg.), Konsolidierung und Entwicklungsperspektiven des Europäischen Umweltrechts, 2015, S. 25 (41 ff. u. 52 ff.).
[369] ABl. 2007, L 315/1; zur dazugehörigen Mitteilung der Kommission über die Auslegungsleitlinien zu der Verordnung (EG) Nr. 1370/2007 über öffentliche Personenverkehrsdienste auf Schiene und Straße, ABl. 2014 C 92/1, vgl. *Linke*, EuZW 2014, 766 ff.

zuordnen, die insbesondere auf eine effiziente und transparente Gewährleistung staatlicher Zuteilungs- und Kompensationsmaßnahmen bei der Steuerung bestimmter Daseinsvorsorgeleistungen ausgerichtet ist.[370] Eine bedeutsame EU-außenwirtschaftsrechtliche Dimension wird dem Europäischen Beihilferecht im weiteren Sinne schließlich durch die so genannte **Antisubventions-Verordnung (EG) Nr. 597/2009** des Rates vom 11. 6. 2009 über den Schutz gegen subventionierte Einfuhren aus nicht zur Europäischen Gemeinschaft [nunmehr: Union] gehörenden Ländern verliehen,[371] die überaus eng mit dem sowohl für die Europäische Union als auch für ihre Mitgliedstaaten verbindlichen **Beihilferecht der WTO**[372] zusammenhängt.

---

[370] Näher dazu vgl. *Knauff*, in: Birnstiel/Bungenberg/Heinrich, Kap. 3, 3. Teil, Rn. 200 ff.; *Rusche/Schmidt*, EStAL 2011, 249 ff.

[371] ABl. 2009, L 188/93; näher zu dieser EU-außenwirtschaftsrechtlichen Antisubventions-Verordnung vgl. etwa *Bungenberg*, EnzEuR Bd. 10, § 12, Rn. 89 ff.; *Lukas*, in: Krenzler/Herrmann (Hrsg.), EU-Außenwirtschafts- und Zollrecht – Kommentar, Losebl. 6. Erg.lfg. (10/2015), Art. 1 ASubv-GVO, Rn. 1 ff.

[372] Näher dazu vgl. jeweils m. w. N. *Hahn*, in: Birnstiel/Bungenberg/Heinrich, Kap. 6, Rn. 32 ff.; *H. Kahl*, ER 2014, 108; *Nowak*, in: Hilf/Oeter, § 13, Rn. 1 ff.; *Weck/Reinhold*, EuZW 2015, 376 (378 f.)

Artikel 108 AEUV [Beihilfeaufsicht der Kommission]

(1) ¹Die Kommission überprüft fortlaufend in Zusammenarbeit mit den Mitgliedstaaten die in diesen bestehenden Beihilferegelungen. ²Sie schlägt ihnen die zweckdienlichen Maßnahmen vor, welche die fortschreitende Entwicklung und das Funktionieren des Binnenmarkts erfordern.

(2) Stellt die Kommission fest, nachdem sie den Beteiligten eine Frist zur Äußerung gesetzt hat, dass eine von einem Staat oder aus staatlichen Mitteln gewährte Beihilfe mit dem Binnenmarkt nach Artikel 107 unvereinbar ist oder dass sie missbräuchlich angewandt wird, so beschließt sie, dass der betreffende Staat sie binnen einer von ihr bestimmten Frist aufzuheben oder umzugestalten hat.

Kommt der betreffende Staat diesem Beschluss innerhalb der festgesetzten Frist nicht nach, so kann die Kommission oder jeder betroffene Staat in Abweichung von den Artikeln 258 und 259 den Gerichtshof der Europäischen Union unmittelbar anrufen.

¹Der Rat kann einstimmig auf Antrag eines Mitgliedstaats beschließen, dass eine von diesem Staat gewährte oder geplante Beihilfe in Abweichung von Artikel 107 oder von den nach Artikel 109 erlassenen Verordnungen als mit dem Binnenmarkt vereinbar gilt, wenn außergewöhnliche Umstände einen solchen Beschluss rechtfertigen. ²Hat die Kommission bezüglich dieser Beihilfe das in Unterabsatz 1 dieses Absatzes vorgesehene Verfahren bereits eingeleitet, so bewirkt der Antrag des betreffenden Staates an den Rat die Aussetzung dieses Verfahrens, bis der Rat sich geäußert hat.

Äußert sich der Rat nicht binnen drei Monaten nach Antragstellung, so beschließt die Kommission.

(3) ¹Die Kommission wird von jeder beabsichtigten Einführung oder Umgestaltung von Beihilfen so rechtzeitig unterrichtet, dass sie sich dazu äußern kann. ²Ist sie der Auffassung, dass ein derartiges Vorhaben nach Artikel 107 mit dem Binnenmarkt unvereinbar ist, so leitet sie unverzüglich das in Absatz 2 vorgesehene Verfahren ein. ³Der betreffende Mitgliedstaat darf die beabsichtigte Maßnahme nicht durchführen, bevor die Kommission einen abschließenden Beschluss erlassen hat.

(4) Die Kommission kann Verordnungen zu den Arten von staatlichen Beihilfen erlassen, für die der Rat nach Artikel 109 festgelegt hat, dass sie von dem Verfahren nach Absatz 3 ausgenommen werden können.

Literaturübersicht

Arhold, The Case Law of the European Court of Justice and the Court of First Instance on State Aids in 2006/2007 (Part 2), EStAL 2007, 435; *Arhold*, Beihilfenrechtliche Konkurrentenklagen im Lichte der neuesten höchstrichterlichen Rechtsprechung, EWS 2011, 209; *Arhold/Struckmann/Zibold*, Germany: Federal Court of Justice strengthens procedural rights for competitors of recipients of potential State aid, EStAL 2011, 195; *Bacon*, Supervision by the Commission, in: dies. (Hrsg.), European Community Law of State Aid, 2009, S. 443; *Bartosch*, Beihilfenrechtliches Verfahren und gerichtlicher Rechtsschutz – Ein Leitfaden für die beihilfenrechtliche Praxis, ZIP 2000, 601; *ders.*, 5 Jahre Verfahrensverordnung in Beihilfesachen, eine Zwischenbilanz, EuZW 2004, 43; *ders.*, Challenging a decision to initiate the formal investigation procedure – some clarifications, EStAL 2007, 813; *ders.*, EU-Beihilfenrecht – Kommentar, 2. Aufl., 2016; *Becker*, Die Beihilfenkontrolle unter dem Einfluss der Verfahrensverordnung Nr. 659/1999/EG, EWS 2007, 255; *Berrisch*, Mehr Fragen als Antworten – Keine Klärung der »Bindungswirkung« von beihilferechtlichen Eröffnungsentscheidungen der Kommission, EuZW 2014, 253; *Birnstiel/Bungenberg/Heinrich* (Hrsg.), Europäisches Beihilfenrecht, 2013; *Brandtner/Beranger/Lessenich*, Private State Aid Enforcement, EStAL 2010, 23; *Burgi*, Vertragsverletzungsverfahren, in: Rengeling/Middeke/Gellermann (Hrsg.), Handbuch des Rechtsschutzes in der Europäischen Union, 2. Aufl., 2003; *Conte*, The EC Rules Concerning Existing Aid: Substantial and Procedural Aspects, in: EC State Aid Law/Le Droit des Aides d`État dans la CE – Liber Amicorum Francisco Santaolalla Gadea, 2008, S. 289; *Eilmansberger*, Zur Nichtigkeit beihilferechtswidrig gewährter Staatsbürgschaften nach dem Residex-Urteil des EuGH, JRP 2012, 280; *Ghazarian*, Binding Effect of Opening Decisions – Lufthansa AG v FFH, EStAL 2014, 108; *Giraud*, Judgment of the Court of the European Union in Case C–1/09, CELF v Side, EStAL 2010, 671; *Grespan*, Part 3 – State Aid Procedures, in: Mederer/Pesaresi/Van Hoof (Hrsg.), EU Competition Law, Bd. IV: State Aid, 2008, S. 551; *Heidenhain*, Rechtsfolgen eines Verstoßes gegen das Durchführungsverbot des Art. 88 III 3 EGV, EuZW 2005, 135; *ders.* (Hrsg.), European State Aid Law, München 2010; *Heinz*, Die Lorenzfrist im Beihilfenkontrollverfahren, ecolex 1999, 217; *Herrmann*, Die Bindungswirkung von Beschlüssen der Kommission zur Einleitung von förmlichen Beihilfeprüfverfahren in nationalen Gerichtsverfahren, FS Müller-Graff, 2015, S. 616; *Herzog*, Aid Scheme für Coordination Centres Inadmissibility – No Interest in Bringing Proceedings, EStAL 2010, 723; *Immenga/Mestmäcker* (Hrsg.), Wettbewerbsrecht, Band 3: Beihilfenrecht/Sonderbereiche, 2016; *Jürimäe*, Standing in State Aid Cases: What's the State of Play?, EStAL 2010, 303; *Kamann*, Verfahrensrechtlicher und gerichtlicher Individualrechtsschutz im EG-Beihilfenkontrollrecht aus der Sicht der Praxis, in: Nowak/Cremer (Hrsg.), Individualrechtsschutz in der EG und der WTO, 2002, S. 161; *Keppenne*, Guide des aides d`État en droit communautaire – Réglementation, jurisprudence et pratique de la Commission, Brüssel 1999; *Koenig/Förtsch*, Gilt die Wende des BGH in seiner EU-beihilferechtlichen Nichtigkeitsrechtsprechung auch öffentlichen Garantieübernahmen?, EWS 2014, 61; *Koenig/Hellstern*, Unterlassungs- und Beseitigungsansprüche nach dem UWG gegen Empfänger von EU-rechtswidrigen Beihilfen – Die Stufenklage gegen Quersubventionen, EWS 2011, 216; *Koenig/Hellstern*, Die Klagebefugnis bei wettbewerbsrechtlichen Klagen gegen unionsrechtswidrige Beihilfemaßnahmen, GRURInt 2012, 14; *Koenig/Kühling/Ritter*, EG-Beihilfenrecht, 2. Aufl., 2005; *Koimtzoglou/Dandoulaki*, Television francaise 1 SA (TF1) v Commission of the European Communities, EStAL 2011, 139; *Kreuschitz*, Some Thoughts on the Jurisprudence of European Courts Concerning the Admissibility of Actions against State Aid Decisions, FS Santaolalla Gadea, 2008, S. 369; *Leibrock*, Der Rechtsschutz im Beihilfeaufsichtsverfahren des EWG-Vertrages, EuR 1990, 20; *Lotze/Smolinski*, Zur (Teil-)Nichtigkeit von Kaufverträgen bei Verstößen gegen das Beihilferecht, BRZ 2014, 12; *Ludwigs*, Die Verordnung (EG) Nr. 659/1999 und die neuere Rechtsprechung der Gemeinschaftsgerichte zum Beihilfeverfahrensrecht, Jura 2006, 41; *Lübbig/Martín-Ehlers*, Beihilfenrecht der EU, 2. Aufl., 2009; *Mamut/Paterno*, The Wienstrom Judgment: Some Further Reflections on the Standstill Obligation, EStAL 2009, 343; *Martín-Ehlers*, Drittschutz im Beihilferecht – Paradigmenwechsel in der deutschen Rechtsprechung, EuZW 2011, 583; *ders.*, Brighter Lights at the End of the Tunnel – Continuing Private Enforcement of State Aid Law in Germany, EStAL 2014, 71; *ders.*, Die Bindungswirkung einer Eröffnungsentscheidung der Kommission im Beihilferecht, EuZW 2014, 247; *Mehta*, Case Report Joined Cases C 128/03 (Belgium) and C 217/03 (Forum 187) v. Commission, EStAL 2007, 732; *Metselaar*, Who can invoke State aid Law before National Judges? – That floating Question of Legal Interest in the Case Law of Dutch Courts, EStAL 2014, 250; *Montag/Säcker* (Hrsg.), Münchener Kommentar zum Europäischen und Deutschen Wettbewerbsrecht (Kartellrecht), Bd. 3: Beihilfen- und Vergaberecht, 2011; *Nehl*, The Imperfect Procedural Status of Beneficiaries of Aid in EC State Aid Proceedings, EStAL 2006, 57; *Nowak*, Grundrechtlicher Drittschutz im EG-Beihilfenkontrollverfahren, DVBl 2000, 20; *Nowak*, The Division of Powers between the Commission and the Community Courts in the area of EC State Aid Law, EStAL 2009, 397; *ders.*, Binnenmarktziel und Wirtschaftsverfassung der Europäischen Union vor und nach dem Reformvertrag von Lissabon, EuR-Beih. 1/2009, 129; *ders.*, Europäisches Verwaltungsrecht und Grundrechte, in: Terhechte (Hrsg.), Verwaltungsrecht der Europäischen Union, 2011, § 14; *ders.*, Wettbewerb und soziale Marktwirtschaft in den Regeln des Lissabonner Vertrags, EuR-Beih. 2/2011, 21; *Orthmann*, Die Klage auf Notifizierung einer Beihilfe – Die statthafte Klageart und das subjektive Recht des Beihilfeempfängers, BRZ 2013, 69; *Paschalidou*, DOs and DON'Ts für einzelstaatliche Gerichte bei der Durchsetzung des EU-Beihilfenrechts – Einzelne Beispiele anhand aktueller Rechtsprechung, BRZ 2011, 77; *Peytz/Mygind*, Direct Action in State Aid Cases – Tightropes and Legal Protection? – A Review of Recent Jurisprudence on Direct and Individual Concern and Reviewable Acts (Part One), EStAL 2010, 331; *dies.*, Direct Action in State Aid Cases – Tightropes and legal Protection? – A Review of Recent Jurisprudence on Direct and Individual Concern and Reviewable Acts (Part Two), EStAL 2010, 617; *Polverino*, Have Your Day (or Say) in Court: The Case of Existing Aid, EStAL 2010, 419; *Quardt*, Rechtsfolgen für eine staatliche Bürgschaft bei Verstoß gegen das beihilferechtliche Durchführungsverbot des Art. 108 Abs 3 AEUV – Neue Impulse aus dem Urteil des EuGH in der Rechtssache Residex, BRZ 2012, 3; *Quigley*, European State Aid Law and Policy, 2. Aufl., 2009; *Rennert*, Beihilferechtliche Konkurrentenklagen vor deutschen Verwaltungsgerichten, EuZW 2011, 576; *ders.*, Die Bindung des nationalen Richters an Eröffnungsentscheidungen der Kommission – das Urteil des EuGH im Fall Flughafen Frankfurt-Hahn, DVBl 2014, 669; *Rosenfeld*, Das Verfahrensrecht der gemeinschaftsrechtlichen Beihilfenaufsicht – Die primärrechtliche Regelung und ihre Ausgestaltung durch die Verfahrensverordnung, 2000; *Sánchez Rydelski*, Handbuch EU-Beihilferecht, 2003; *Schmidt-Räntsch*, Zivilrechtliche Wirkungen von Verstößen gegen das EU-Beihilfenrecht, NJW 2005, 106; *Schröter/Jakob/Klotz/Mederer* (Hrsg.), Europäisches Wettbewerbsrecht – Großkommentar, 2. Aufl., 2014; *Schwendinger*, Rechtsschutz für begünstigte Unternehmen im Zusammenhang mit rechtswidrigen multisektoralen Beihilferegelungen, EuZW 2011, 746; *Sinnaeve*, State Aid Control: Objectives and Procedures, in: Bilal/Nicolaidis (Hrsg.), Understanding State Aid Policy in the European Community – Perspectives on Rules and Practice, 1999, S. 13; *dies.*, State Aid Procedures: Developments since the Entry into Force of the Procedural Regulation, CMLRev. 44 (2007), 965; *Sinnaeve/Slot*, The New Regulation on State Aid Procedures, CMLRev. 36 (1999), 1153; *Soltész*, Ryanair und Tierkörperbeseitigung – Wendepunkt für beihilferechtliche Konkurrentenklagen?, EuR 2012, 60; *Soltész/Wagner*, Wann werden »Altbeihilfen« zu »Neubeihilfen«? – Anmeldepflichtige Umgestaltung bestehender Beihilfen und Verlust des Bestandsschutzes, EuZW 2013, 856; *Sonder*, Die Bindung nationaler Gerichte an förmliche Beihilfeprüfverfahren der EU-Kommission nach dem Urteil des Europäischen Gerichtshofs in der Rechtssache C–284/12, ZEuS 2014, 361; *Staebe*, Rechtsschutz bei gemeinschaftswidrigen Beihilfen vor europäischen und deutschen Gerichten, 2001; *Traupel/Jennert*, Der EuGH überdehnt die Bindungswirkung der Verfahrenseröffnung im Beihilferecht: Wo die Kommission keinen Verstoß festgestellt hat, kann das nationale Gericht auch nicht gebunden sein, EWS 2014, 1; *Vajda/Stuart*, Effects of the Standstill Obligation in National Courts – all said after CELF? – An English Perspective, EStAL 2010, 629; *Weiß*, Rechtsschutz von Unternehmen im EU-Beihilferecht, ZHR 180 (2016), 80.

Leitentscheidungen

EuGH, Urt. v. 19.6.1973, Rs. 77/72 (Capolongo), Slg. 1973, 611
EuGH, Urt. v. 11.12.1973, Rs. 120/73 (Lorenz), Slg. 1973, 1471
EuGH, Urt. v. 22.3.1977, Rs. 78/76 (Steinike & Weinlig), Slg. 1977, 595
EuGH, Urt. v. 28.1.1986, Rs. 169/84 (COFAZ/Kommission), Slg. 1986, 391
EuGH, Urt. v. 2.2.1988, Rs. C–213/85 (Kommission/Niederlande), Slg. 1988, 281
EuGH, Urt. v. 21.11.1991, Rs. C–354/90 (FNCE), Slg. 1991, I–5505
EuGH, Urt. v. 15.3.1994, Rs. C–387/92 (Banco Exterior de España), Slg. 1994, I–877
EuGH, Urt. v. 9.8.1994, Rs. C–44/93 (Namur-Les assurances du crédit), Slg. 1994, I–3829
EuGH, Urt. v. 5.10.1994, Rs. C–47/91 (Italien/Kommission), Slg. 1994, I–4635
EuGH, Urt. v. 29.6.1995, Rs. C–135/93 (Spanien/Kommission), Slg. 1995, I–1651
EuG, Urt. v. 22.5.1996, Rs. T–277/94 (AITEC/Kommission), Slg. 1996, II–351
EuGH, Urt. v. 11.7.1996, Rs. C–39/94 (SFEI), Slg. 1996, I–3547
EuGH, Urt. v. 15.10.1996, Rs. C–311/94 (IJssel-Vliet), Slg. 1996, I–5023
EuG, Urt. v. 22.10.1996, Rs. T–330/94 (Salt Union/Kommission), Slg. 1996, II–1477
EuGH, Urt. v. 12.7.1999, Rs. C–35/88 (Griechenland/Kommission), Slg. 1990, I–3125
EuGH, Urt. v. 19.10.2000, verb. Rs. C–15/98 u. C–105/99 (Italien u. Sardegna Lines/Kommission), Slg. 2000, I–8855
EuGH, Urt. v. 3.7.2001, Rs. C–378/98 (Kommission/Belgien), Slg. 2001, I–5107
EuGH, Urt. v. 16.5.2002, Rs. C–321/99 P (ARAP u.a./Kommission), Slg. 2002, I–4287
EuGH, Urt. v. 12.12.2002, Rs. C–209/00 (Kommission/Deutschland), Slg. 2002, I–11695
EuG, Urt. v. 2.6.2003, Rs. T–276/02 (Forum 187 ASBL/Kommission), Slg. 2003, II–2075
EuGH, Urt. v. 29.6.2004, Rs. C–110/02 (Kommission/Rat), Slg. 2004, I–6333
EuGH, Urt. v. 12.1.2006, Rs. C–69/05 (Kommission/Luxemburg), Slg. 2006, I–7
EuGH, Urt. v. 1.6.2006, verb. Rs. C–442/03 P u. C–471/03 (P&O Ferries/Kommission), Slg. 2006, I–4845
EuGH, Urt. v. 22.6.2006, verb. Rs. C–182/03 u. C–217/03 (Belgien u. Forum 187 ASBL/Kommission), Slg. 2006, I–5479
EuGH, Urt. v. 22.6.2006, Rs. C–399/03 (Kommission/Rat), Slg. 2006, I–5629
EuGH, Urt. v. 5.10.2006, Rs. C–232/05 (Kommission/Frankreich), Slg. 2006, I–10071
EuG, Urt. v. 20.9.2007, Rs. T–136/05 (Salvat père & fils u.a./Kommission), Slg. 2007, II–4063
EuGH, Urt. v. 12.2.2008, Rs. C–199/06 (CELF), Slg. 2008, I–469
EuGH, Urt. v. 11.9.2008, verb. Rs. C–75/05 u. C–80/05 (Deutschland u. Kronofrance/Kommission), Slg. 2008, I–6619
EuG, Urt. v. 10.12.2008, Rs. T–388/02 (Kronoply u.a./Kommission), Slg. 2008, II–305

EuG, Urt. v. 4.3.2009, Rs. T–445/05 (Associazione italiana del risparmio gestito u. a./Kommission), Slg. 2009, II–289
EuG, Urt. v. 11.3.2009, Rs. T–354/05 (TF1/Kommission), Slg. 2009, II–471
EuG, Urt. v. 9.6.2009, Rs. T–152/06 (NDSHT/Kommission), Slg. 2009, II–1517
EuG, Urt. v. 9.9.2009, verb. Rs. T–30/01 bis T–32/01 u. T–86/02 bis T–88/02 (Territorio Histórico de Álava u. a./Kommission), Slg. 2009, II–2919
EuG, Urt. v. 18.11.2009, Rs. T–375/04 (Scheucher-Fleisch/Kommission), Slg. 2009, II–4155
EuGH, Urt. v. 11.3.2010, Rs. C–1/09 (CELF), Slg. 2010, I–2099
EuG, Urt. v. 1.7.2010, Rs. T–335/08 (BNP Paribas u. a./Kommission), Slg. 2010, II–3323
EuGH, Urt. v. 18.11.2010, Rs. C–322/09 P (NDSHT/Kommission), Slg. 2010, I–11911
EuG, Urt. v. 3.2.2011, Rs. T–584/08 (Cantiere navale De Poli/Kommission), Slg. 2011, II–63
EuG, Urt. v. 3.2.2011, Rs. T–3/09 (Italien/Kommission), Slg. 2011, II–95
EuG, Urt. v. 24.3.2011, verb. Rs. T–443/08 u. T–455/08 (Freistaat Sachsen u. a./Kommission), Slg. 2011, II–1311
EuGH, Urt. v. 14.4.2011, Rs. C–331/09 (Kommission/Polen), Slg. 2011, I–2933
EuGH, Urt. v. 24.5.2011, Rs. C–83/09 P (Kommission/Kronoply u. a.), Slg. 2011, I–4441
EuGH, Urt. v. 27.10.2011, Rs. C–47/10 P (Scheucher-Fleisch u. a.), Slg. 2011, I–10707
EuGH, Urt. v. 8.12.2011, Rs. C–275/10 (Residex), Slg. 2011, I–13043
EuGH, Urt. v. 21.11.2013, Rs. C–284/12 (Deutsche Lufthansa), ECLI:EU:C:2013:755
EuGH, Urt. v. 4.12.2013, Rs. C–117/10 (Kommission/Rat), ECLI:EU:C:2013:784
EuGH, Urt. v. 4.12.2013, Rs. C–111/10 (Kommission/Rat), ECLI:EU:C:2013:785
EuGH, Urt. v. 4.12.2013, Rs. C–117/10 (Kommission/Rat), ECLI:EU:C:2013:786
EuGH, Urt. v. 4.12.2013, Rs. C–117/10 (Kommission/Rat), ECLI:EU:C:2013:787
EuGH, Urt. v. 10.12.2013, Rs. C–272/12 P (Kommission/Irland u. a.), ECLI:EU:C:2013:812
EuGH, Beschl. v. 4.4.2014, Rs. C–27/13 (Flughafen Lübeck), ECLI:EU:C:2014: 240
EuG, Urt. v. 15.10.2014, Rs. T–129/13 (Alpiq u. a./Kommission), EuZW 2015, 150
EuGH, Urt. v. 19.3.2015, Rs. C–672/13 (OTP Bank Nyrt), ECLI:EU:C:2015:185
EuGH, Urt. v. 16.4.2015, Rs. C–690/13 (Trapeza Eurobank Ergasias), ECLI:EU:C:2015:235

Wesentliche sekundärrechtliche Vorschriften

Verordnung (EG) Nr. 659/1999 des Rates vom 22.3.1999 über besondere Vorschriften für die Anwendung von Artikel 93 des EG-Vertrags [nunmehr: Art. 108 AEUV], ABl. 1999, L 83/1
Verordnung (EG) Nr. 794/2004 der Kommission vom 21.4.2004 zur Durchführung der Verordnung (EG) Nr. 659/1999 des Rates über besondere Vorschriften für die Anwendung von Artikel 93 des EG-Vertrags [nunmehr: Art. 108 AEUV], ABl. 2004, L 140/1
Verordnung (EU) Nr. 360/2012 der Kommission vom 25.4.2012 über die Anwendung der Artikel 107 und 108 des Vertrags über die Arbeitsweise der Europäischen Union auf De-minimis-Beihilfen an Unternehmen, die Dienstleistungen von allgemeinem wirtschaftlichem Interesse erbringen, ABl. 2012, L 114/8
Verordnung (EU) Nr. 1407/2013 der Kommission v. 18.12.2013 über die Anwendung der Artikel 107 und 108 des Vertrags über die Arbeitsweise der Europäischen Union auf De-minimis-Beihilfen, ABl. 2013, L 352/1
Verordnung (EU) Nr. 651/2014 der Kommission v. 17.6.2014 zur Feststellung der Vereinbarkeit bestimmter Gruppen von Beihilfen mit dem Binnenmarkt in Anwendung der Artikel 107 und 108 des Vertrags über die Arbeitsweise der Europäischen Union, ABl. 2014, L 187/1
Verordnung (EU) Nr. 2015/1588 des Rates vom 13.7.2015 über die Anwendung der Artikel 107 und 108 des Vertrags über die Arbeitsweise der Europäischen Union auf bestimmte Gruppen horizontaler Beihilfen, ABl. 2015, L 248/1
Verordnung (EU) Nr. 2015/1589 des Rates vom 13.7.2015 über besondere Vorschriften für die Anwendung von Artikel 108 des Vertrags über die Arbeitsweise der Europäischen Union, ABl. 2015, L 248/9

Inhaltsübersicht

	Rn.
A. Überblick	1
B. Fortlaufende Überprüfung bestehender Beihilferegelungen (Absatz 1)	4
I. Das Tatbestandsmerkmal der bestehenden Beihilferegelungen	5
II. Befugnis und Verpflichtung der Kommission zur fortlaufenden Überprüfung bestehender Beihilferegelungen in Zusammenarbeit mit den Mitgliedstaaten	8

III. Kernelemente, Phasen und Folgen des Verfahrens der fortlaufenden
Überprüfung bestehender Beihilferegelungen 10
  1. Einholung aller erforderlichen Auskünfte durch die Kommission 11
  2. Unterrichtung des betreffenden Mitgliedstaats und dessen Gelegenheit zur
     Stellungnahme 13
  3. Einstellung oder Fortsetzung des Verfahrens 15
  4. Vorschlag zweckdienlicher Maßnahmen 17
     a) Reichweite, Voraussetzungen und Verpflichtungscharakter der
        Vorschlagsbefugnis der Kommission 18
     b) Vorschlagsvarianten 20
     c) Ungeschriebene Fristsetzungsbefugnis der Kommission 23
  5. Rechtsfolgen eines Vorschlags zweckdienlicher Maßnahmen, dem der
     betreffende Mitgliedstaat zugestimmt hat 24
     a) Zeitpunkt, Art und Umfang der Zustimmung 25
     b) In-Kenntnis-Setzung der Kommission, Dokumentation und
        Unterrichtung des betreffenden Mitgliedstaats 27
     c) Verpflichtung des betreffenden Mitgliedstaats zur Durchführung
        zweckdienlicher Maßnahmen 28
  6. Rechtsfolgen eines Vorschlags zweckdienlicher Maßnahmen, dem der
     betreffende Mitgliedstaat nicht zugestimmt hat 30
     a) Ablehnung der vorgeschlagenen Maßnahmen durch den betreffenden
        Mitgliedstaat 31
     b) Weiterhin bestehende Überzeugung der Kommission von der
        Notwendigkeit zweckdienlicher Maßnahmen 32
     c) Einleitung des förmlichen Prüfverfahrens 33
C. Förmliches Prüfverfahren bei neuen und bestehenden Beihilfen (Absatz 2) 35
  I. Kernelemente und Ablauf des förmlichen Prüfverfahrens (UAbs. 1) 36
     1. Möglichkeit der Beteiligten zur Äußerung 37
     2. Verfahrensabschluss durch Kommissionsbeschluss 38
     3. Rechtsschutz der Haupt- und Drittbetroffenen 39
  II. Unmittelbare Anrufung des Gerichtshofs der EU bei Nichtbeachtung des
      Kommissionsbeschlusses durch den betreffenden Mitgliedstaat (UAbs. 2) 40
  III. Exzeptionelle Beschlussbefugnis des Rates bei Vorliegen außergewöhnlicher
       Umstände (UAbs. 3 und 4) 44
D. Notifizierungspflicht, unmittelbar anwendbares Durchführungsverbot und
   Vorprüfverfahren bei neuen Beihilfen (Absatz 3) 47
  I. Anmeldepflicht und Durchführungsverbot 48
  II. Entscheidungsbefugnisse der Kommission 52
  III. Rechtsschutz der Haupt- und Drittbetroffenen 53
E. Befugnis der Kommission zum Erlass beihilferechtlicher
   Gruppenfreistellungsverordnungen und sog. De-minimis-Verordnungen
   (Absatz 4) 54

A. Überblick

1 Während Art. 107 AEUV die materiell-rechtliche Kernbestimmung des primären EU-Beihilfenrechts bildet und Art. 109 AEUV dem Rat bestimmte Rechtsetzungsbefugnisse auf diesem Gebiet verleiht, hat der von den beiden vorgenannten Primärrechtsnormen umrahmte Art. 108 AEUV im Wesentlichen – aber nicht ausschließlich – die **administrative Durchsetzung des Art. 107 AEUV durch die Kommission** zum Gegenstand. Um eine vollständige Regelung aller mit der administrativen Durchsetzung des Art. 107 AEUV verbundenen Fragen geht es bei Art. 108 AEUV indes nicht. Vielmehr werden die einzelnen Regelungsgehalte des Art. 109 AEUV zum Teil in erheblicher Weise durch die von der Kommission auf der Grundlage entsprechender Ermächtigungsverordnungen des Rates (s. Art. 109 AEUV, Rn. 12 ff.) erlassenen Gruppenfreistellungsverordnungen insbesondere in Gestalt der noch recht jungen Allgemeinen Gruppenfreistel-

lungsverordnung (EU) Nr. 651/2014¹ sowie durch die **neue Verfahrens-VO (EU) Nr. 2015/1589** des Rates,² die aus der ersten EU-beihilferechtlichen Verfahrens-VO (EG) Nr. 659/1999³ hervorgegangen ist (s. Art. 109 AEUV, Rn. 24 ff.), modifiziert und/oder konkretisiert. Insoweit sind die vorgenannten Sekundärrechtsakte – ebenso wie einige Bestimmungen des primären Unionsrechts – zwingend bei der Anwendung und Auslegung des Art. 108 AEUV im Blick zu behalten, was selbstverständlich auch für die auf das EU-Beihilfenkontrollrecht bezogene und dabei überaus reichhaltige bzw. umfangreiche Rechtsprechung des Unionsrichters gilt.

Die in Art. 108 AEUV niedergelegten Regelungen, die zu einem großen Teil bereits in Art. 93 EWGV enthalten waren, sind zuletzt aus ex-Art. 88 EGV hervorgegangen. Von dieser aus drei Absätzen bestehenden Vorgängerbestimmung unterscheidet sich der nunmehr aus vier Absätzen bestehende Art. 108 AEUV zum einen insoweit, als er – abweichend von ex-Art. 88 EGV – nicht mehr vom Gemeinsamen Markt, vom Gerichtshof der Europäischen Gemeinschaften und von bestimmten Entscheidungen, sondern vielmehr vom Binnenmarkt, vom Gerichtshof der Europäischen Union und von bestimmten Beschlüssen spricht. Diese **normspezifischen Neuerungen** sind auf den Lissabonner Reformvertrag (s. Art. 1 EUV, Rn. 33 ff.) zurückzuführen, der unter anderem bewirkt hat, dass der im damaligen Gemeinschaftsrecht einst dominante Begriff des Gemeinsamen Marktes im gesamten EU-Primärrecht durch den jüngeren Binnenmarktbegriff ersetzt wurde,⁴ dass der frühere Gerichtshof der Europäischen Gemeinschaften in konsequenter Fortführung der in Art. 1 Abs. 3 Satz 3 EUV enthaltenen Rechtsnachfolgeregelung (s. Art. 1 EUV, Rn. 65 f.) in dem unter anderem auch in Art. 13 Abs. 2 EUV und Art. 19 Abs. 1 EUV angesprochenen Gerichtshof der EU aufgegangen ist und dass der in Art. 288 AEUV niedergelegte Handlungsformenkatalog – abweichend von ex-Art. 249 EGV – nicht mehr von Entscheidungen, sondern von Beschlüssen spricht.⁵ Neu ist im Vergleich zu ex-Art. 88 EGV zum anderen Art. 108 Abs. 4 AEUV, der erstmals auf primärrechtlicher Ebene bestätigt, dass die Kommission bestimmte Verordnungen zu den Arten von Beihilfen erlassen kann, für die der Rat nach Art. 109 AEUV festgelegt hat, dass sie von dem Verfahren nach Art. 108 Abs. 3 AEUV ausgenommen werden können (s. Rn. 54).

Angesichts der vorgenannten Neuerungen sind nunmehr **vier verschiedene Regelungsgehalte des Art. 108 AEUV** voneinander zu unterscheiden, die aber zum Teil überaus eng miteinander verbunden sind: In einem ersten Schritt befasst sich der aus vier Absätzen bestehende Art. 108 AEUV zunächst einmal mit der fortlaufenden Überprüfung bestehender Beihilferegelungen durch die Kommission (B.). Den zweiten zen-

---

¹ VO (EU) Nr. 651/2014 der Kommission vom 17.6.2014 zur Feststellung der Vereinbarkeit bestimmter Gruppen von Beihilfen mit dem Binnenmarkt in Anwendung der Artikel 107 und 108 des Vertrags über die Arbeitsweise der Europäischen Union, ABl. 2014, L 187/1 (nachfolgend: »AGVO [EU] Nr. 651/2014«).
² VO (EU) Nr. 2015/1589 des Rates vom 13.7.2015 über besondere Vorschriften für die Anwendung von Artikel 108 des Vertrags über die Arbeitsweise der Europäischen Union, ABl. 2015, L 248/9 (nachfolgend: »VO 2015/1589«).
³ VO (EG) Nr. 659/1999 des Rates vom 22.3.1999 über besondere Vorschriften für die Anwendung von Artikel 93 des EG-Vertrags [nunmehr: Art. 108 AEUV], ABl. 1999, L 83/1 (nachfolgend: »VO 659/1999«).
⁴ Ausführlicher dazu sowie zu den zwischen diesen beiden Marktbegriffen bestehenden Unterschieden und Gemeinsamkeiten vgl. m.w.N. *Nowak*, EuR-Beih. 1/2009, 129.
⁵ Näher zu den beiden vorgenannten Neuerungen vgl. m.w.N. *Nowak*, Europarecht, S. 106 f. und S. 125 ff.

tralen Regelungsgegenstand dieser Norm stellt sodann das förmliche (Haupt-)Prüfverfahren bei neuen und bestehenden Beihilfen dar (C.), dem sich in Art. 108 Abs. 3 AEUV einige ebenfalls bedeutsame Regelungen über die Notifizierungs- oder Anmeldepflicht, über das damit verbundene Durchführungsverbot und über das so genannte Vorprüfverfahren bei neuen Beihilfen anschließen (D.). Soweit Art. 108 Abs. 4 AEUV erstmals auf primärrechtlicher Ebene bestimmt, dass die Kommission bestimmte Verordnungen zu den Arten von Beihilfen erlassen kann, für die der Rat nach Art. 109 AEUV festgelegt hat, dass sie von dem Verfahren nach Art. 108 Abs. 3 AEUV ausgenommen werden können, werden hiermit insbesondere die von der Kommission auf der Grundlage entsprechender Ermächtigungsverordnungen des Rates erlassenen Gruppenfreistellungsverordnungen angesprochen, mit denen unter anderem die in Art. 108 Abs. 3 Satz 1 AEUV geregelte Anmeldepflicht in erheblicher Weise modifiziert bzw. für zahlreiche Gruppen mitgliedstaatlicher Beihilfen ausgehebelt wird (E.).

B. Fortlaufende Überprüfung bestehender Beihilferegelungen (Absatz 1)

4   Durch Art. 108 Abs. 1 AEUV wird die Kommission zur fortlaufenden Überprüfung bestehender Beihilferegelungen (I.) in Zusammenarbeit mit den Mitgliedstaaten ermächtigt und verpflichtet (II.), in deren Rahmen sie den betreffenden Mitgliedstaaten gegebenenfalls zweckdienliche Maßnahmen vorschlägt, welche die fortschreitende Entwicklung und das Funktionieren des Binnenmarktes erfordern (III.). Diese Regelung trägt in einer gegenüber der Vorgängerregelung des Art. 88 EGV weitgehend unveränderten Weise (s. Rn. 2) vor allem dem Umstand Rechnung, dass einige mitgliedstaatliche Beihilferegelungen, die aus bestimmten Gründen ursprünglich keine Probleme im Hinblick auf ihre Vereinbarkeit mit dem in Art. 107 Abs. 1 AEUV niedergelegten Verbotstatbestand aufgeworfen haben, später dennoch auf Grund bestimmter Veränderungen etwa wirtschaftlicher, rechtlicher und/oder sozialer Art dem reibungslosen **Funktionieren des Binnenmarktes** schaden oder entgegenwirken können und insoweit der fortlaufenden Überprüfung bedürfen, die gegebenenfalls auch eine Umgestaltung oder sogar eine Aufhebung der jeweils in Rede stehenden Beihilferegelung ermöglicht.[6] Zugleich verdeutlicht Art. 108 Abs. 1 AEUV in Verbindung mit seiner sekundärrechtlichen Ausgestaltung in den Art. 21–23 VO 2015/1589,[7] dass bestehende Beihilferegelungen zu jeder Zeit mit dem maßgeblich durch die im Vertrag über die Arbeitsweise der EU niedergelegten Grundfreiheiten und Wettbewerbsregeln konstituierten Binnenmarkt[8] vereinbar sein müssen.[9]

---

[6] Zu diesem Hauptzweck des Art. 108 Abs. 1 AEUV bzw. seiner Vorgängerregelungen etwa in Gestalt des Art. 88 EGV vgl. auch EuGH, Urt. v. 22.3.1977, Rs. 78/76 (Steinike & Weinlig), Slg. 1977, 595, Rn. 9; sowie *Köster*, in: Montag/Säcker, Art. 17 VerfVO, Rn. 1 u. 3; *Lessenich*, in: Schröter/Jakob/Klotz/Mederer, Art. 108 AEUV/VO 659/1999, Rn. 80; *Rosenfeld*, S. 64; *Sánchez Rydelski*, S. 174; *Sinnaeve*, in: Heidenhain, § 34, Rn. 1; *v. Wallenberg/Schütte*, in: Grabitz/Hilf/Nettesheim, EU, Art. 108 AEUV (September 2014), Rn. 129.
[7] VO (EU) Nr. 2015/1589 (Fn. 2).
[8] Näher dazu vgl. *Nowak*, EuR Beih. 1/2009, 129; ders., EuR-Beih. 2/2011, 21.
[9] In diesem Sinne vgl. auch Cremer, in: Calliess/Ruffert, EUV/AEUV, Art. 108 AEUV, Rn. 5.

I. Das Tatbestandsmerkmal der bestehenden Beihilferegelungen

Der in Art. 108 Abs. 1 AEUV enthaltene Begriff der Beihilferegelungen, der weder in dieser noch in einer anderen Bestimmung des primären Unionsrechts definiert wird, erfasst nach der in Art. 1 Buchst. d VO 2015/1589 (ex-Art. 1 Buchst. d VO 659/1999) niedergelegten **Begriffsbestimmung** nicht nur Regelungen, wonach Unternehmen, die in der Regelung in einer allgemeinen und abstrakten Weise definiert werden, ohne nähere Durchführungsmaßnahmen Einzelbeihilfen gewährt werden können, sondern auch solche Regelungen, wonach einem oder mehreren Unternehmen nicht an ein bestimmtes Verhalten gebundene Beihilfen für unbestimmte Zeit und/oder in unbestimmter Höhe gewährt werden können. Hiervon abzugrenzen ist insbesondere der Begriff der Einzelbeihilfe, der sich nach Art. 1 Buchst. e VO 2015/1589 (ex-Art. 1 Buchst. e VO 659/1999) sowohl auf Beihilfen, die nicht auf Grund einer Beihilferegelung gewährt werden, als auch auf einzelne anmeldungspflichtige Zuwendungen auf Grund einer Beihilferegelung erstreckt. An der **Nichtanwendbarkeit des Art. 108 Abs. 1 AEUV auf bestehende Einzelbeihilfen** ist im Lichte der obigen Begriffsklärungen und auf Grund des Wortlauts der vorgenannten Bestimmung nicht zu zweifeln.[10]

5

Was im Übrigen mit einer »bestehenden« Beihilferegelung im Sinne des Art. 108 Abs. 1 AEUV gemeint ist, erschließt sich sodann aus den fünf Unterpunkten des Art. 1 Buchst. b VO 2015/1589 (ex-Art. 1 Buchst. b VO 659/1999), wobei die in dieser – in einem weiteren Sinne auf »bestehende Beihilfen« bezogenen – Bestimmung ebenfalls enthaltenen Aussagen über »bestehende Einzelbeihilfen« im vorliegenden Kontext auszublenden sind, weil sich Art. 108 Abs. 1 AEUV nicht auf Einzelbeihilfen bezieht (s. o. Rn. 5). Unterfällt eine Beihilferegelung einem der fünf Unterpunkte des Art. 1 Buchst. b VO 2015/1589, so handelt es sich um eine Art. 108 Abs. 1 AEUV sowie Art. 21 VO 2015/1589 unterfallende **bestehende Beihilferegelung**. Unterfällt eine Beihilferegelung hingegen keinem der fünf Unterpunkte des Art. 1 Buchst. b VO 2015/1589,[11] so handelt es sich um eine nicht dem Verfahren bei bestehenden Beihilferegelungen unterfallende **neue** Beihilferegelung im Sinne des Art. 1 Buchst. c VO 2015/1589, wobei sich die vorgenannte Bestimmung auch auf die durch Art. 4 Abs. 1 VO 794/2004[12] etwas näher konkretisierte »Änderung bestehender Beihilfen« unter Einschluss von Beihilferegelungen bezieht.[13] Werden die im vorgenannten Sinne als »neue« Beihilferegelungen

6

---

[10] Dies ist unstreitig, vgl. nur *Frenz*, Handbuch Europarecht, Bd. 3, Rn. 1373; *Koenig/Kühling/Ritter*, Rn. 365 (dort Fn. 11); *Köster*, in: Montag/Säcker, Art. 17 VerfVO, Rn. 3; *Lessenich*, in: Schröter/Jakob/Klotz/Mederer, Art. 108 AEUV/VO 659/1999, Rn. 71; *Rosenfeld*, S. 171; *Sinnaeve*, CMLRev. 44 (2007), 965 (1019); *dies./Slot*, CMLRev. 36 (1999), 1153 (1160 f.).

[11] Besondere Beachtung verdient in diesem Kontext vor allem auch die im letzten Satz des Art. 1 Buchst. b (v) VO 2015/1589 (Fn. 2) enthaltene Klarstellung, wonach bestimmte Maßnahmen, die im Anschluss an die Liberalisierung einer Tätigkeit durch unionsrechtliche Vorschriften zu Beihilfen werden, nach dem für die Liberalisierung festgelegten Termin nicht als bestehende Beihilfen gelten.

[12] VO (EG) Nr. 794/2004 der Kommission vom 21. 4. 2004 zur Durchführung der Verordnung (EG) Nr. 659/1999 des Rates über besondere Vorschriften für die Anwendung von Artikel 93 des EG-Vertrags [nunmehr: Art. 108 AEUV], ABl. 2004, L 140/1, berichtigt durch ABl. 2005, L 25/74.

[13] Zu den insbesondere darauf beruhenden Abgrenzungsschwierigkeiten zwischen bestehenden und neuen – weil geänderten – Beihilferegelungen vgl. etwa EuG, Urt. v. 9. 9. 2009, verb. Rs. T-30/01 bis T-32/01 u. T-86/02 bis T-88/02 (Territorio Histórico de Álava u. a./Kommission, Slg. 2009, II-2919, Rn. 107 ff.; sowie statt vieler *Bacon*, S. 443 (450 f.); *Bartosch*, EuZW 2004, 43 (44 ff.); *Conte*, S. 289 (295 ff.); *Grespan*, S. 551 (557 ff.); *Ludwigs*, Jura 2006, 41 (42 f.); *Nowak*, EStAL 2009, 397; *Rusche*, in: Immenga/Mestmäcker, Wettbewerbsrecht, Band 3, Art. 108 AEUV, Rn. 13 f.; *Soltész/Wagner*, EuZW 2013, 856. Zur Einstufung geänderter Beihilferegelungen als neue Beihilferegelungen

einzustufenden Maßnahmen der Mitgliedstaaten indes unter Verstoß gegen Art. 108 Abs. 3 AEUV – d. h. unter Verstoß gegen die dort geregelte Notifizierungspflicht und/oder gegen das dort ebenfalls geregelte Durchführungsverbot (s. Rn. 48 ff.) – gewährt, so verwandelt sich eine neue Beihilferegelung in eine rechtswidrige Beihilferegelung im Sinne des Art. 1 Buchst. f VO 2015/1589, die dann ebenfalls nicht dem in Art. 108 Abs. 1 AEUV i. V. m. den Art. 21–23 VO 2015/1589 geregelten Verfahren bei bestehenden Beihilferegelungen, sondern vielmehr dem in den Art. 12–16 VO 2015/1589 geregelten »Verfahren bei rechtswidrigen Beihilfen« unterfällt.

7   In der beihilferechtlichen Praxis wird das in Art. 108 Abs. 1 AEUV i. V. m. Art. 21–23 VO 2015/1589 geregelte Verfahren der fortlaufenden Überprüfung bestehender Beihilferegelungen gelegentlich auch auf mitgliedstaatliche Maßnahmen oder Regelungen angewendet, die sich unter alleiniger Heranziehung der fünf Unterpunkte des Art. 1 Buchst. b VO 2015/1589 (s. Rn. 6) an sich nicht oder jedenfalls nicht eindeutig als »bestehende« Beihilferegelung einstufen lassen. Dies betrifft solche Fälle, in denen die Kommission vor längerer Zeit zunächst entschieden hatte, dass eine bestimmte mitgliedstaatliche Maßnahme oder Regelung kein Beihilfeelement aufweise, und sie später zu der entgegengesetzten Auffassung gelangt, dass die betreffende Regelung nunmehr doch eine Beihilfe im Sinne des Art. 107 Abs. 1 AEUV darstelle. In diesen Fällen verfährt die Kommission entsprechend dem Verfahren des Art. 108 Abs. 1 AEUV, indem sie in einem ersten Schritt eine Beihilferegelung annimmt, diese in einem zweiten Schritt als bestehend kategorisiert und drittens das Verfahren der fortlaufenden Überprüfung bestehender Beihilferegelungen einleitet, um daraufhin zweckdienliche Maßnahmen im Sinne des Art. 108 Abs. 1 Satz 2 AEUV vorzuschlagen.[14] Dieses abgekürzte Verfahren ist zwar nicht ganz unproblematisch,[15] zumal die ersten beiden der vorgenannten Schritte nicht explizit in der VO 2015/1589 geregelt sind. Der Unionsrichter duldet diese mit gewissen Einschränkungen auch im Schrifttum als gerechtfertigt angesehene **Erweiterung der Anwendungspraxis** jedoch, da sie seiner Ansicht nach von Art. 108 Abs. 1 AEUV gedeckt und darüber hinaus auch mit den unionsverfassungsrechtlichen Grundsätzen der Rechtssicherheit und der Gesetzmäßigkeit der Verwaltung vereinbar sei.[16]

---

vgl. auch die Kommissionsentscheidung v. 21.10.2008, Staatliche Beihilfe C 20/08 (Italienischer Schiffbau), ABl. 2010, L 17/50; zur Rechtmäßigkeit und Bestandskraft dieses Beschlusses vgl. EuG, Urt. v. 3.2.2011, Rs. T–584/08 (Cantiere navale De Poli/Kommission), Slg. 2011, II–63, Rn. 28 ff.; Urt. v. 3.2.2011, Rs. T–3/09 (Italien/Kommission), Slg. 2011, II–95, Rn. 32 ff.

[14] Exemplarisch dazu vgl. *Kommission*, Staatliche Beihilfen E/2/98 (Irische Körperschaftssteuer), ABl. 1998, C 395/19; *Kommission*, Staatliche Beihilfe C 15/2002 (Belgische Koordinierungsstellen), ABl. 2002, C 147/2; näher zu dieser Kommissionspraxis vgl. auch *Frenz*, Handbuch Europarecht, Bd. 3, Rn. 1378; *Sinnaeve*, in: Heidenhain, § 34, Rn. 5.

[15] Ausführlicher dazu vgl. *Sinnaeve*, in: Heidenhain, § 34, Rn. 5.

[16] Vgl. EuGH, Urt. v. 22.6.2006, verb. Rs. C–182/03 u. C–217/03 (Belgien u. Forum 187 ASBL/Kommission), Slg. 2006, I–5479, Rn. 70 ff.; etwas einschränkend vgl. *Köster*, in: Montag/Säkker, Art. 17 VerfVO, Rn. 5, wonach die Anwendung des Verfahrens bei bestehenden Beihilferegelungen auf Fälle, in denen die Kommission zuvor entschieden hatte, dass die fragliche Regelung keine Beihilfe darstellt, grundsätzlich nur dann rechtmäßig sei, »wenn die Regelung aufgrund nach der Kommissionsentscheidung eingetretener Entwicklungen nunmehr als Beihilferegelung zu qualifizieren ist«.

II. Befugnis und Verpflichtung der Kommission zur fortlaufenden Überprüfung bestehender Beihilferegelungen in Zusammenarbeit mit den Mitgliedstaaten

Bei der in Art. 108 Abs. 1 AEUV geregelten und sekundärrechtlich nunmehr durch die Art. 21–23 VO 2015/1589 näher ausgestalteten Befugnis der Kommission zur fortlaufenden Überprüfung bestehender Beihilferegelungen in Zusammenarbeit mit dem betreffenden Mitgliedstaat handelt es sich zugleich um eine Verpflichtung der Kommission.[17] Dieser Verpflichtung, die nach Art. 108 Abs. 1 AEUV i.V.m. Art. 21 Abs. 1 VO 2015/1589 mit einer zusätzlichen **Verpflichtung der Kommission und aller Mitgliedstaaten zur ständigen Zusammenarbeit** einhergeht,[18] können sich die Mitgliedstaaten und die Kommission vor allem dann nicht entziehen, wenn zumindest die Mitgliedstaaten – angeblich anders als Drittbetroffene etwa in Gestalt von Konkurrenten – einen im einschlägigen Schrifttum häufiger postulierten, aber meist nicht näher begründeten Rechtsanspruch auf die fortlaufende Überprüfung bestehender Beihilferegelungen anderer Mitgliedstaaten haben sollten,[19] der gegebenenfalls im Wege der Erhebung der in Art. 265 AEUV geregelten Untätigkeitsklage durchgesetzt werden kann.[20]

8

Hinsichtlich der damit zusammenhängenden Anschlussfrage, wann genau und auf welche konkrete Weise der permanent bestehenden **Überprüfungspflicht** in Ansehung bestimmter Beihilferegelungen nachzukommen ist, wird der Kommission, die hinsichtlich der fortlaufenden Überprüfung bestehender Beihilferegelungen das alleinige **Initiativrecht** hat[21] und in diesem Bereich nicht an bestimmte Fristen gebunden ist,[22] zwar mehrheitlich ein recht weiter Ermessensspielraum zugesprochen.[23] Dennoch darf die Kommission das ihr im Anwendungsbereich des Art. 108 Abs. 1 AEUV i.V.m. Art. 21–23 VO 2015/1589 zustehende Ermessen angesichts ihrer vorgenannten Überprüfungspflicht nicht dahingehend ausüben, dass eine Überprüfung bestehender Beihilferegelungen nicht bzw. nicht mehr stattfindet.[24] Im Übrigen wird das vorgenannte Ermessen durch die Verpflichtung der Kommission begrenzt, dem **Grundsatz der Gleichbehandlung aller Mitgliedstaaten** Rechnung zu tragen bzw. alle Mitgliedstaaten prinzipiell gleich bzw. unterschiedslos zu behandeln.[25] Darüber hinaus soll die Kom-

9

---

[17] Vgl. dazu insbesondere den ersten Satz des 29. Erwägungsgrundes zur VO 2015/1589 (Fn. 2); sowie EuGH, Urt. v. 29.6.1995, Rs. C–135/93 (Spanien/Kommission), Slg. 1995, I–1651, Rn. 24; Urt. v. 15.10.1996, Rs. C–311/94 (IJssel-Vliet), Slg. 1996, I–5023, Rn. 36; Urt. v. 4.12.2013, Rs. C–117/10 (Kommission/Rat), ECLI:EU:C:2013:786, Rn. 104; *Bacon*, S. 443 (494); *Köster*, in: Montag/Säcker, Art. 17 VerfVO, Rn. 1; *Rosenfeld*, S. 64.

[18] So auch vgl. statt vieler *Bacon*, S. 443 (494); *Kreuschitz*, in: Lenz/Borchardt, EU-Verträge, Art. 108 AEUV, Rn. 9; *Quigley*, S. 388.

[19] So vgl. etwa *Bär-Bouyssière*, in: Schwarze, EU-Kommentar, Art. 108 AEUV, Rn. 6; Drittbetroffenen wird ein solcher Rechtsanspruch hingegen in der Regel abgesprochen, vgl. nur *Frenz*, Handbuch Europarecht, Bd. 3, Rn. 1377. Näher zum Ganzen vgl. auch *Polverino*, EStAL 2010, 419.

[20] Näher dazu vgl. *Nowak*, in: Birnstiel/Bungenberg/Heinrich, Art. 17 VO 659/1999, Rn. 617 f.

[21] In diesem Sinne vgl. EuGH, Urt. v. 9.8.1994, Rs. C–44/93 (Namur-Les assurances du crédit), Slg. 1994, I–3829, Rn. 11; EuG, Urt. v. 9.6.2009, Rs. T–152/06 (NDSHT/Kommission), Slg. 2009, II–1517, Rn. 57.

[22] Zutr. *Sánchez Rydelski*, S. 175.

[23] Vgl. nur *Bär-Bouyssière*, in: Schwarze, EU-Kommentar, Art. 108 AEUV, Rn. 6; *Köster*, in: Montag/Säcker, Art. 17 VerfVO, Rn. 4; *Lessenich*, in: Schröter/Jakob/Klotz/Mederer, Art. 108 AEUV/VO 659/1999, Rn. 81; *Sinnaeve*, in: Heidenhain, § 34, Rn. 1 u. 4.

[24] In diesem zutr. Sinne vgl. auch *Bartosch*, EU-Beihilfenrecht, vor Art. 21 VO 2015/1589, Rn. 4.

[25] Dies ist unstreitig, vgl. nur *Bär-Bouyssière*, in: Schwarze, EU-Kommentar, Art. 108 AEUV, Rn. 6; *Lessenich*, in: Schröter/Jakob/Klotz/Mederer, Art. 108 AEUV/VO 659/1999, Rn. 80; *Rosenfeld*, S. 71; *Sinnaeve*, in: Heidenhain, § 34, Rn. 4.

mission nach einer im einschlägigen Schrifttum vertretenen Auffassung schließlich auch verpflichtet sein, bei der Ausübung des ihr in diesem Kontext zustehenden Ermessens die allgemeinen Grundsätze guten Verwaltungshandelns zu beachten,[26] weshalb sie nicht nur eine willkürliche Ungleichbehandlung der Mitgliedstaaten vermeiden müsse, sondern auch auf einen effizienten Einsatz der verfügbaren personellen Ressourcen zu achten habe.[27]

III. Kernelemente, Phasen und Folgen des Verfahrens der fortlaufenden Überprüfung bestehender Beihilferegelungen

10   Das in Art. 108 Abs. 1 AEUV angesprochene und durch die Art. 21–23 VO 2015/1589 näher ausgestaltete Verfahren der fortlaufenden Überprüfung bestehender Beihilferegelungen beginnt in der Anfangsphase zunächst einmal mit der Einholung aller erforderlichen Auskünfte durch die Kommission (1.). Gelangt die Kommission im Zuge dessen zu der vorläufigen Auffassung, dass eine bestehende Beihilferegelung nicht oder nicht mehr mit dem Binnenmarkt vereinbar ist, so setzt sie den betreffenden Mitgliedstaat hiervon in Kenntnis und gibt ihm Gelegenheit zur Stellungnahme innerhalb einer von ihr festzusetzenden Frist (2.). Ob das Verfahren der fortlaufenden Überprüfung bestehender Beihilferegelungen anschließend formlos eingestellt oder aber weiter fortgeführt wird, hängt maßgeblich davon ab, ob sich die anfängliche vorläufige Auffassung der Kommission, dass die in Rede stehende Beihilferegelung nicht oder nicht mehr mit dem Binnenmarkt vereinbar sei, nach Ablauf der vorgenannten Frist zur Stellungnahme verflüchtigt oder verfestigt hat (3.). Im letztgenannten Fall hat die Kommission dem betreffenden Mitgliedstaat einen Vorschlag zweckdienlicher Maßnahmen im Sinne des Art. 108 Abs. 1 Satz 2 AEUV zu unterbreiten (4.), dessen Rechtsfolgen sich im Wesentlichen danach bestimmen, ob der vorgenannte Mitgliedstaat dem von der Kommission unterbreiteten Vorschlag zweckdienlicher Maßnahmen zugestimmt hat (5.) oder ob er diesem Vorschlag nicht zugestimmt hat (6.).

1. Einholung aller erforderlichen Auskünfte durch die Kommission

11   Nach Art. 21 Abs. 1 VO 2015/1589 holt die Kommission für die in Art. 108 Abs. 1 AEUV angesprochene Überprüfung bestehender Beihilferegelungen zunächst einmal alle erforderlichen Auskünfte bei dem betreffenden Mitgliedstaat ein. Soweit die Kommission mit dieser **Eröffnung der Kooperationsphase** andeutet, dass es ihrer Ansicht nach nicht von vornherein ausgeschlossen ist, die in Rede stehende Maßnahme oder Regelung des betreffenden Mitgliedstaats später möglicherweise als eine mit dem Binnenmarkt nicht oder nicht mehr zu vereinbarende bestehende Beihilferegelung einzustufen, bleibt die Anwendbarkeit der jeweils in Rede stehenden Beihilferegelung hiervon zunächst einmal vollkommen unberührt.[28] Das in Art. 21 Abs. 1 VO 2015/1589

---

[26] So vgl. etwa *Soltész*, EnzEur, Bd. 4, § 15, Rn. 69.
[27] Vgl. *Köster*, in: Montag/Säcker, Art. 17 VerfVO, Rn. 4.
[28] Vgl. nur EuGH, Urt. v. 19. 6. 1973, Rs. 77/72 (Capolongo), Slg. 1973, 611, Rn. 6; Urt. v. 22. 3. 1977, Rs. 78/76 (Steinike & Weinlig), Slg. 1977, 595, Rn. 9 f.; Urt. v. 15. 3. 1994, Rs. C-387/92 (Banco Exterior de España), Slg. 1994, I-877, Rn. 20; EuG, Urt. v. 9. 6. 2009, Rs. T-152/06 (NDSHT), Slg. 2009, II-1517, Rn. 66; Urt. v. 24. 3. 2011, verb. Rs. T-443/08 u. T-455/08 (Freistaat Sachsen u. a./Kommission), Slg. 2011, II-1311, Rn. 187 ff., wonach eine bestehende Beihilferegelung weiter angewandt werden kann, solange die Kommission nicht ihre Unvereinbarkeit mit dem Gemeinsamen Markt bzw. mit dem Binnenmarkt festgestellt hat.

angesprochene **Kriterium der Erforderlichkeit** verlangt, dass die von der Kommission gewünschten Auskünfte einen hinreichenden Bezug zu der hier in Rede stehenden Überprüfung bestehender Beihilferegelungen aufweisen[29] und zugleich über das hinausgehen, was die Kommission auf Grund der ihr von den Mitgliedstaaten gemäß Art. 26 VO 2015/1589 zu unterbreitenden Jahresberichte,[30] auf die sich die Kommission auch im Rahmen der in Art. 21 VO 2015/1589 geregelten Kooperationsphase ebenfalls stützen kann,[31] ohnehin schon weiß oder wissen müsste.

Wie und in welchem Zeitrahmen die durch Art. 21 Abs. 1 VO 2015/1589 ermöglichte Einholung aller erforderlichen Auskünfte im Einzelnen zu geschehen hat, wird weder in dieser Norm noch in anderen Bestimmungen dieser Verordnung konkretisiert. Gleichwohl gibt Art. 21 Abs. 1 VO 2015/1589 immerhin vor, dass die Einholung aller erforderlichen Auskünfte in Zusammenarbeit mit dem betreffenden Mitgliedstaat zu erfolgen hat, die auch die in Art. 26 VO 2015/1589 geregelte Verpflichtung der Mitgliedstaaten zur Vorlage der auf bestehende Beihilferegelungen bezogenen Jahresberichte einschließt. Da es sich bei der in Art. 21 Abs. 1 VO 2015/1589 angeordneten Zusammenarbeit nicht nur um eine sekundärrechtliche Ausprägung des Art. 108 Abs. 1 AEUV, sondern auch um eine **sekundärrechtliche Ausprägung des** in Art. 4 Abs. 3 EUV niedergelegten (unionsverfassungsrechtlichen) **Grundsatzes der loyalen Zusammenarbeit** handelt,[32] der die Union und ihre Mitgliedstaaten dazu verpflichtet, sich bei der Erfüllung der sich aus den Verträgen ergebenden Aufgaben zu unterstützen, zu denen auch die in Art. 108 Abs. 1 AEUV geregelte fortlaufende Überprüfung bestehender Beihilferegelungen gehört, ist davon auszugehen, dass sich der betreffende Mitgliedstaat gegenüber der Kommission auch in diesem Kontext kooperativ zu verhalten hat,[33] anderenfalls droht ihm ein Vertragsverletzungsverfahren im Sinne des Art. 258 AEUV.[34] Insoweit muss der betreffende Mitgliedstaat die von der Kommission auf der Grundlage des Art. 21 Abs. 1 VO 2015/1589 verlangten bzw. nachgefragten Auskünfte grundsätzlich vollständig und so schnell wie möglich erteilen,[35] sofern es um Auskünfte geht, die dem in Art. 21 Abs. 1 VO 2015/1589 angesprochenen Kriterium der Erforderlichkeit (s. Rn. 11) entsprechen.

12

---

[29] In diesem Kontext vgl. auch *Köster*, in: Montag/Säcker, Art. 17 VerfVO Rn. 6, wonach die Informationen, zu deren Einholung die Kommission gemäß Art. 21 VO 2015/1589 berechtigt ist, »alle für die Beurteilung der fortbestehenden Vereinbarkeit der Beihilferegelung mit dem Gemeinsamen Markt erheblichen Faktoren wirtschaftlicher und sozialer Art betreffen« und einen »regionalen oder sektoralen Bezug haben« können.

[30] Näher zur Funktion dieser Jahresberichte und zu den damit zusammenhängenden Pflichten der Mitgliedstaaten vgl. *Nowak*, in: Birnstiel/Bungenberg/Heinrich, Art. 21 VO 659/1999, Rn. 704 ff.

[31] In diesem Sinne vgl. auch *Sinnaeve*, in: Heidenhain, § 34, Rn. 6.

[32] Zur möglichen Herleitung der hier in Rede stehenden Informations- bzw. Auskunftserteilungspflichten der Mitgliedstaaten unmittelbar aus dem vorgenannten Gebot oder Grundsatz der loyalen Zusammenarbeit vgl. nur EuGH, Urt. v. 12.7.1999, Rs. C–35/88 (Griechenland/Kommission), Slg. 1990, I–3125, Rn. 38 ff.

[33] In diesem Sinne vgl. auch *Bär-Bouyssière*, in: Schwarze, EU-Kommentar, Art. 108 AEUV, Rn. 6.

[34] Instruktiv dazu vgl. EuGH, Urt. v. 12.1.2006, Rs. C–69/05 (Kommission/Luxemburg), Slg. 2006, I–7 ff.

[35] So auch im Hinblick auf die vorgenannte Vollständigkeit vgl. *Rosenfeld*, S. 76.

2. Unterrichtung des betreffenden Mitgliedstaats und dessen Gelegenheit zur Stellungnahme

13 In Art. 21 Abs. 2 Satz 1 VO 2015/1589 ist sodann das weitere Vorgehen der Kommission für den Fall geregelt, dass sie im Anschluss an die in Art. 21 Abs. 1 VO 2015/1589 geregelte Einholung aller erforderlichen Auskünfte (s. Rn. 11 f.) zu der vorläufigen Auffassung gelangt, dass eine bestehende Beihilferegelung nicht oder nicht mehr mit dem Binnenmarkt vereinbar ist. In einem solchen Fall hat die Kommission den betreffenden Mitgliedstaat gemäß Art. 21 Abs. 2 Satz 1 VO 2015/1589 hiervon in Kenntnis zu setzen und ihm auf diese Weise die nachfolgend gesondert anzusprechende Gelegenheit zur Stellungnahme innerhalb einer bestimmten – »in begründeten Fällen« verlängerbaren – Frist zu geben (s. Rn. 14). Die in Art. 21 Abs. 2 Satz 1 VO 2015/1589 geregelte In-Kenntnis-Setzung oder **Unterrichtung des betreffenden Mitgliedstaats** wird **durch ein einfaches Verwaltungsschreiben** der zuständigen Dienststelle der Kommission bewirkt.[36] Bei diesem Schreiben handelt es sich nicht um einen formellen Beschluss im Sinne des Art. 288 Abs. 4 AEUV,[37] sondern lediglich um eine bloße **Verfahrenshandlung**, die für sich genommen keine verbindlichen Rechtswirkungen zu erzeugen vermag und aus diesem Grund auch nicht von dem betreffenden Mitgliedstaat oder von einem Beihilfeempfänger mit der in Art. 263 AEUV geregelten Nichtigkeitsklage angefochten werden kann.[38]

14 Wird der betreffende Mitgliedstaat im Rahmen der hier in Rede stehenden Kooperationsphase des Verfahrens der fortlaufenden Überprüfung bestehender Beihilferegelungen von der Kommission darüber unterrichtet, dass sie zu der vorläufigen Auffassung gelangt ist, dass eine bestehende Beihilferegelung nicht oder nicht mehr mit dem Binnenmarkt vereinbar ist, so hat sie dem betreffenden Mitgliedstaat dabei gemäß Art. 21 Abs. 2 Satz 1 VO 2015/1589 zugleich **Gelegenheit zur Stellungnahme** zu geben. Hierbei handelt es sich um eine sekundärrechtliche Ausprägung des unionsverfassungsrechtlichen Gebots bzw. Grundsatzes der Gewährleistung rechtlichen Gehörs.[39] Für diese Stellungnahme sieht Art. 21 Abs. 2 Satz 1 VO 2015/1589 eine Regelfrist von einem Monat vor, die nach der in Art. 21 Abs. 2 Satz 2 VO 2015/1589 geregelten **Fristverlängerungsoption** ausnahmsweise – d. h. »in ordnungsgemäß begründeten Fällen« – von der Kommission verlängert werden kann.[40] Drittbetroffene, wie etwa Beihilfeempfänger und deren Konkurrenten, die in Art. 21 VO 2015/1589 nicht angesprochen werden, haben in diesem Stadium – anders als in einem nach Art. 108 Abs. 2

---

[36] Vgl. *Bartosch*, EU-Beihilfenrecht, Art. 21 VO 2015/1589, Rn. 1; *Lessenich*, in: Schröter/Jakob/Klotz/Mederer, Art. 108 AEUV/VO 659/1999, Rn. 82; *Sinnaeve*, in: Heidenhain, § 34, Rn. 7.

[37] So auch vgl. statt vieler *v. Wallenberg/Schütte*, in: Grabitz/Hilf/Nettesheim, EU, Art. 108 AEUV (September 2014), Rn. 134.

[38] So auch vgl. *Bartosch*, EU-Beihilfenrecht, Art. 21 VO 2015/1589, Rn. 1.

[39] Ausführlicher zu diesem Unionsgrundrecht vgl. jeweils m. w. N. *Nehl*, in: Heselhaus/Nowak, Handbuch der Europäischen Grundrechte, § 54, Rn. 1 ff.; *Nowak*, Europäisches Verwaltungsrecht und Grundrechte, in: Terhechte, Verwaltungsrecht der EU, § 14, Rn. 37 f.

[40] In diesem Kontext ist auch Art. 7 Abs. 6 VO 794/2004 (Fn. 12) zu beachten, wonach etwaige Fristverlängerungsersuchen begründet und mindestens zwei Tage vor Fristablauf schriftlich an die Anschrift übermittelt werden müssen, die von der die Frist festsetzenden Partei [hier: von der Kommission] bezeichnet wurde. Zum Ausnahmecharakter der hier in Rede stehenden Fristverlängerungen vgl. ferner den so genannten »Verhaltenskodex für die Durchführung von Beihilfeverfahren«, ABl. 2009, C 136/13, Rn. 33.

AEUV i. V. m. Art. 23 Abs. 2 Satz 1 VO 2015/1589 eröffneten förmlichen Prüfverfahren (s. Rn. 35 ff.) – keine formalisierten Verfahrensrechte.[41]

3. Einstellung oder Fortsetzung des Verfahrens

Der weitere Fortgang des hier in Rede stehenden Verfahrens der fortlaufenden Überprüfung bestehender Beihilferegelungen hängt im Anschluss an die vorgenannte Unterrichtung des betreffenden Mitgliedstaats (s. Rn. 13) maßgeblich davon ab, ob sich die anfängliche vorläufige Auffassung der Kommission, dass die in Rede stehende Beihilferegelung nicht oder nicht mehr mit dem Binnenmarkt vereinbar sei, nach Ablauf der oben genannten Frist zur Stellungnahme (s. Rn. 14) verflüchtigt hat oder verfestigen konnte. Gelangt die Kommission nach Ablauf der von ihr auf der Grundlage des Art. 21 Abs. 2 VO 2015/1589 gesetzten Frist zur Stellungnahme zu der ihrer ursprünglichen (vorläufigen) Auffassung entgegengesetzten Überzeugung, dass die in Rede stehende Beihilferegelung jetzt keine Bedenken mehr im Hinblick auf die anfänglich in Frage gestellte Vereinbarkeit mit dem Binnenmarkt aufwirft, so wird das Verfahren der fortlaufenden Überprüfung bestehender Beihilferegelungen schlicht abgebrochen bzw. formlos eingestellt.[42] In diesem Kontext sieht die VO 2015/1589 zwar keinen formellen Einstellungsbeschluss vor. Der in Art. 108 Abs. 1 AEUV und in Art. 21 VO 2015/1589 gleichermaßen zum Ausdruck kommende Geist der Zusammenarbeit (s. Rn. 8) sowie der unionsverfassungsrechtliche **Grundsatz der Rechtssicherheit**[43] sprechen jedoch dafür, dass die Kommission den betreffenden Mitgliedstaat in dieser Verfahrensphase zumindest darüber zu informieren hat, dass sich ihre ursprüngliche (vorläufige) Auffassung zwischenzeitlich geändert hat und dass sie das hier in Rede stehende Verfahren der fortlaufenden Überprüfung bestehender Beihilferegelungen insoweit nicht weiter fortzusetzen gedenkt.[44]

15

Hat sich die anfängliche (vorläufige) Auffassung der Kommission, dass die in Rede stehende Beihilferegelung nicht oder nicht mehr mit dem Binnenmarkt vereinbar sei, nach Einholung aller erforderlichen Auskünfte (s. Rn. 11 f.) und nach Ablauf der in Art. 21 Abs. 2 VO 2015/1589 geregelten Frist zur Stellungnahme (s. Rn. 13 f.) indes verfestigt, so wird das Verfahren der fortlaufenden Überprüfung bestehender Beihilferegelungen nach Maßgabe des Art. 22 VO 2015/1999 fortgesetzt, der die Kommission

16

---

[41] Zutr. *Quigley*, S. 388 f.; ferner vgl. in diesem Zusammenhang EuG, Urt. v. 11.3.2009, Rs. T–354/05 (TF1/Kommission), Slg. 2009, II–471, Rn. 101, wo es heißt: »Wenngleich nichts eine Partei daran hindert, der Kommission Informationen über die Unvereinbarkeit einer staatlichen Beihilfe mit dem Gemeinsamen Markt zuzuleiten – mag es sich dabei um eine neue oder eine bestehende Beihilfe handeln –, ergibt sich indessen aus der vorgenannten Rechtsprechung, dass diese Informationsmöglichkeit der betreffenden Partei keinen Anspruch auf rechtliches Gehör verleiht. Die Kommission ist keineswegs gehalten, mit dieser Partei in eine streitige Erörterung einzutreten«; ausführlicher zu diesem Urteil vgl. *Koimtzoglou/Dandoulaki*, EStAL 2011, 139; *Peytz/Mygind*, EStAL 2010, 617 (623 ff.).

[42] Zu dieser Möglichkeit, die auch dann relevant werden kann, wenn die in Rede stehende Beihilferegelung zwischenzeitlich aufgehoben und im Sinne der Kommission geändert wurde, vgl. auch *Sinnaeve*, in: Heidenhain, § 34, Rn. 8. Letzteres ist v. a. deshalb denkbar, weil die Kommission gelegentlich bereits i. R. ihrer nach Art. 21 Abs. 2 VO 2015/1589 vorgesehenen Unterrichtung bestimmte zweckdienliche Maßnahmen im Sinne des Art. 22 VO 2015/1589 andeutet bzw. erwähnt; zu dieser Praxis vgl. *Conte*, S. 289 (299); *Grespan*, S. 551 (623).

[43] Näher zu diesem Grundsatz vgl. m. w. N. *Nowak*, Europäisches Verwaltungsrecht und Grundrechte, in: Terhechte, Verwaltungsrecht der EU, § 14, Rn. 67 f.

[44] Zur entsprechenden Praxis der Kommission, die dieser Pflicht offenbar gerecht wird, vgl. m. w. N. *Conte*, S. 289 (299).

nach Erfüllung der ihr obliegenden **Pflicht zur Berücksichtigung eingegangener Stellungnahmen**[45] dazu ermächtigt, dem betreffenden Mitgliedstaat zweckdienliche Maßnahmen der nachfolgend anzusprechenden Art vorzuschlagen.

4. Vorschlag zweckdienlicher Maßnahmen

17   Während in Art. 22 Satz 1 VO 2015/1589 zunächst einmal die auf der primärrechtlichen Ebene in Art. 108 Abs. 1 Satz 2 AEUV angesprochene Befugnis und Verpflichtung der Kommission konkretisiert wird, den EU-Mitgliedstaaten unter bestimmten Umständen zweckdienliche Maßnahmen vorzuschlagen, welche die fortschreitende Entwicklung und das Funktionieren des Binnenmarktes erfordern (a), verdeutlicht Art. 22 Satz 2 VO 2015/1589 in einer nicht abschließenden Weise, worin ein solcher Vorschlag konkret bestehen kann (b). Darüber hinaus kann die Kommission dem betreffenden Mitgliedstaat in diesem Kontext – auch wenn dies weder in Art. 22 VO 2015/1589 noch in anderen Bestimmungen dieser Verordnung explizit geregelt ist – eine angemessene Frist setzen, innerhalb derer dieser Staat auf einen von ihr unterbreiteten Vorschlag zweckdienlicher Maßnahmen zu reagieren hat (c).

a)   Reichweite, Voraussetzungen und Verpflichtungscharakter der Vorschlagsbefugnis der Kommission

18   Art. 22 Satz 1 VO 2015/1589 stellt eine sekundärrechtliche Ermächtigungsgrundlage dar, welche es der Kommission ermöglicht, dem betreffenden Mitgliedstaat im Rahmen des in Art. 108 Abs. 1 AEUV i. V. m. Art. 21–23 VO 2015/1589 geregelten Verfahrens der fortlaufenden Überprüfung bestehender Beihilferegelungen zweckdienliche Maßnahmen vorzuschlagen. Diese Ermächtigungsgrundlage geht insoweit über den Wortlaut des Art. 108 Abs. 1 AEUV hinaus, als sie – anders als die vorgenannte Bestimmung – klarstellt, dass ein derartiger Vorschlag zweckdienlicher Maßnahmen erst dann erfolgen darf, wenn die Kommission auf Grund der von dem betreffenden Mitgliedstaat nach Art. 21 VO 2015/1589 übermittelten Auskünfte (s. Rn. 11 f.) zu dem Schluss gelangt, dass die bestehende Beihilferegelung mit dem Binnenmarkt nicht oder nicht mehr vereinbar ist. Der vorgenannte »Schluss« und die vorherige Einholung aller erforderlichen Auskünfte nach Art. 21 VO 2015/1589 dürften jedoch nicht die einzigen **Voraussetzungen für einen Vorschlag zweckdienlicher Maßnahmen** sein. Vielmehr ist davon auszugehen, dass ein solcher Vorschlag auch erst nach Ablauf der in Art. 21 Abs. 2 VO 2015/1589 geregelten Frist zur Stellungnahme (s. Rn. 13 f.) erfolgen darf. Diese Einschätzung beruht auf dem Umstand, dass Art. 22 Satz 1 VO 2015/1589 im Hinblick auf die (angebliche) Unvereinbarkeit der bestehenden Beihilferegelung mit dem Binnenmarkt einen entsprechenden »Schluss« der Kommission verlangt und insoweit über Art. 21 Abs. 2 Satz 1 VO 2015/1589 hinausgeht, der die dort geregelte – insbesondere der Ermöglichung entsprechender Stellungnahmen dienliche – Unterrichtung des betreffenden Mitgliedstaats lediglich davon abhängig macht, dass die Kommission im Hinblick auf die (angebliche) Unvereinbarkeit der bestehenden Beihilferegelung mit dem Binnenmarkt zu einer »vorläufigen Auffassung« gelangt ist (s. Rn. 13). In inhaltlicher Hinsicht wird die in Art. 22 Satz 1 VO 2015/1589 geregelte Befugnis der Kommission, dem betreffenden Mitgliedstaat zweckdienliche Maßnahmen vorzuschlagen, schließlich dadurch begrenzt, dass es sich hierbei um hinreichend konkrete und insoweit ohne

---

[45] Zu dieser offenbar unstreitigen Pflicht vgl. auch *Frenz*, Handbuch Europarecht, Bd. 3, Rn. 1380; *Sinnaeve*, in: Heidenhain, § 34, Rn. 8.

Weiteres vollziehbare Vorschläge handeln muss,⁴⁶ die im Hinblick auf die fortschreitende Entwicklung und das Funktionieren des Binnenmarktes erforderlich sind. Das hier angesprochene **Kriterium der Erforderlichkeit** hat zwar in Art. 22 VO 2015/1589 keinen expliziten Niederschlag gefunden. Unter Berücksichtigung der auch in diesem Zusammenhang gebotenen primärrechtskonformen Auslegung sekundären Unionsrechts ist dieses Kriterium jedoch in Art. 22 VO 2015/1589 hineinzulesen, da Art. 108 Abs. 1 Satz 2 AEUV ausdrücklich bestimmt, dass die Kommission solche zweckdienlichen Maßnahmen vorzuschlagen hat, »welche die fortschreitende Entwicklung und das Funktionieren des Binnenmarkts erfordern«.

Im Hinblick auf die weitere Frage, welche Vorschläge zweckdienlicher Maßnahmen den Mitgliedstaaten im Verfahren der fortlaufenden Überprüfung bestehender Beihilferegelungen unterbreitet werden können, verfügt die Kommission zwar über einen gewissen **Ermessensspielraum** (s. Rn. 22). Fraglich ist jedoch, ob sich dies auch auf das »Ob« derartiger Vorschläge bezieht⁴⁷ oder ob die in Art. 108 Abs. 1 Satz 2 AEUV i. V. m. Art. 22 VO 2015/1589 geregelte Vorschlagsbefugnis nicht zugleich auch eine entsprechende **Verpflichtung der Kommission** begründet, zweckdienliche Maßnahmen immer dann vorzuschlagen, wenn sie am Ende der in Art. 21 VO 2015/1589 geregelten Kooperationsphase (s. Rn. 11–14) zu dem Schluss gelangt, dass eine bestehende Beihilferegelung nicht oder nicht mehr mit dem Binnenmarkt vereinbar ist.⁴⁸ Gegen die Existenz einer solchen Verpflichtung könnte auf der einen Seite der 30. Erwägungsgrund zur VO 2015/1589 sprechen, wonach die Kommission zur Gewährleistung der Vereinbarkeit der bestehenden Beihilferegelungen mit dem Binnenmarkt zweckdienliche Maßnahmen vorschlagen »sollte«, wenn eine solche Regelung nicht oder nicht mehr mit dem Binnenmarkt vereinbar ist. Darüber hinaus könnte gegen eine solche Verpflichtung auf den ersten Blick auch die bisherige Rechtsprechung des Unionsrichters sprechen, wonach die Kommission jedenfalls nicht von drittbetroffenen Konkurrenten dazu gezwungen werden können soll, zweckdienliche Maßnahmen vorzuschlagen.⁴⁹ Für eine derartige – auf das »Ob« der hier in Rede stehenden Vorschläge zweckdienlicher Maßnahmen bezogene – Verpflichtung, die dem grundsätzlichen Ermessen der Kommission im Hinblick auf die konkrete Formulierung der hier in Rede stehenden Vorschläge zweckdienlicher Maßnahmen (s. Rn. 22) nicht entgegensteht, spricht auf der anderen Seite aber der Wortlaut sowohl des Art. 108 Abs. 1 Satz 2 AEUV als auch des Art. 22 Satz 1 VO 2015/1589 (»schlägt vor«) sowie der systematische Vergleich mit Art. 23 Abs. 2 Satz 1 VO 2015/1589 (»so leitet sie das Verfahren […] ein«) i. V. m. Art. 4 Abs. 4 VO 2015/1589.⁵⁰ Im Übrigen lässt sich eine derartige Verpflichtung der Kommission mit dem Sinn und Zweck aller vorgenannten Regelungen begründen, die auf einen möglichst wirksamen Schutz des Binnenmarktes vor Wettbewerbsverzerrungen abzielen. Schließlich ist daran zu erinnern, dass es sich bei der in Art. 108 Abs. 1 und 2 AEUV i. V. m. Art. 21–23 VO 2015/1589 geregelten fortlaufenden Überprüfung bestehender

19

---

⁴⁶ So auch vgl. *Köster*, in: Montag/Säcker, Art. 18 VerfVO, Rn. 2; ferner vgl. in diesem Sinne EuGH, Urt. v. 2.2.1988, Rs. C–213/85 (Kommission/Niederlande), Slg. 1988, 281, Rn. 29 f.
⁴⁷ Dies bejahend vgl. etwa *Keppenne*, S. 193.
⁴⁸ Für eine solche Verpflichtung in diesen Fällen vgl. etwa *Bacon*, S. 443 (494); *Bartosch*, EU-Beihilfenrecht, Art. 22 VO 2015/1589, Rn. 1; *Grespan*, S. 551 (623 f.); *Quigley*, S. 389.
⁴⁹ Vgl. EuG, Urt. v. 22.10.1996, Rs. T–330/94 (Salt Union/Kommission), Slg. 1996, II–1477, Rn. 31 ff.; kritisch dazu vgl. *Nowak*, in: Birnstiel/Bungenberg/Heinrich, Art. 18 VO 659/1999, Rn. 640 ff.
⁵⁰ In diesem Sinne vgl. auch *Bartosch*, EU-Beihilfenrecht, Art. 21 VO 2015/1589, Rn. 1.

Beihilferegelungen um eine unionsrechtliche Verpflichtung handelt (s. Rn. 8f.), der sich die Kommission und die Mitgliedstaaten nicht einfach entziehen können. Warum dieser generelle Verpflichtungscharakter der vorgenannten Bestimmungen nicht auch voll und ganz auf Art. 22 VO 2015/1589 »durchschlagen« soll, lässt sich mit Blick auf die vorgenannten Argumente nicht überzeugend begründen. Vor diesem Hintergrund ist immer dann von einer Verpflichtung der Kommission, dem betreffenden Mitgliedstaat gemäß Art. 22 VO 2015/1589 zweckdienliche Maßnahmen vorzuschlagen, auszugehen, wenn alle für einen solchen Vorschlag erforderlichen Voraussetzungen (s. Rn. 18f.) erfüllt sind. Die gerichtliche **Sanktionierung einer etwaigen Nichterfüllung dieser Verpflichtung** im Wege der in Art. 265 AEUV geregelten Untätigkeitsklage mag zwar im Einzelfall höchst schwierig sein,[51] weil die Begründetheit einer solchen Klage den Nachweis verlangt, dass die Kommission tatsächlich zu dem Schluss gelangt ist oder hätte gelangen müssen, dass die in Rede stehende Beihilferegelung nicht oder nicht mehr mit dem Binnenmarkt vereinbar ist. Diese praktischen Durchsetzungsschwierigkeiten lassen aber die vorangehend bejahte Grundsatzfrage nach der Existenz der hier in Rede stehenden Verpflichtung unberührt.

b) Vorschlagsvarianten

20 Ein von der Kommission auf der Grundlage des Art. 22 Satz 1 VO 2015/1589 unterbreiteter Vorschlag zweckdienlicher Maßnahmen, der hinreichend konkret und erforderlich sein muss (s. Rn. 18f.), kann nach Art. 22 Satz 2 Buchst. a bis c VO 2015/1589 insbesondere in einer inhaltlichen Änderung oder Abschaffung der in Rede stehenden Beihilferegelung oder auch in einer Einführung von Verfahrensvorschriften bestehen. Mit der in Art. 22 Satz 2 Buchst. b VO 2015/1589 angesprochenen **Einführung von Verfahrensvorschriften** ist die Ergänzung der jeweiligen bestehenden Beihilferegelung durch bestimmte Verfahrensregelungen gemeint, die beispielsweise Fristen, Begründungspflichten und/oder Beteiligungsrechte zum Gegenstand haben. Die **Änderung einer bestehenden Beihilferegelung** im Sinne des Art. 22 Satz 2 Buchst. a VO 2015/1589 kann dagegen sowohl eine etwaige Ergänzung als auch eine etwaige Neufassung einzelner oder mehrerer Bestimmungen der jeweils in Rede stehenden Beihilferegelung umfassen. Schließlich erlaubt Art. 22 Satz 2 Buchst. c VO 2015/1589 auch die partielle oder vollständige **Abschaffung einer bestehenden Beihilferegelung**.[52] Ein darauf abzielender Vorschlag zweckdienlicher Maßnahmen stellt aus der Perspektive des betreffenden Mitgliedstaats und der Begünstigten ohne Frage die härteste Vorschlagsvariante dar. Insoweit dürfte eine nach Art. 22 Satz 2 Buchst. c VO 2015/1589 grundsätzlich mögliche Abschaffung bestehender Beihilferegelungen, die in Art. 22 Satz 2 VO 2015/1589 vermutlich ganz bewusst erst an dritter Stelle genannt wird, nur dann in Betracht kommen, wenn die in Art. 22 Satz 2 Buchst. a und b VO 2015/1589 angesprochenen Vorschlagsvarianten oder andere mögliche Vorschlagsvarianten (s. Rn. 21) ebenfalls milderer Art nicht ausreichen, um die Binnenmarktkompatibilität der jeweiligen Beihilferegelung sicherzustellen. Hierfür spricht zudem der in Art. 5 Abs. 4 EUV niedergelegte **Verhältnismäßigkeitsgrundsatz**, an den die Kommission auch im vorliegenden Zusammenhang gebunden ist.[53]

---

[51] Vgl. dazu auch *Sinnaeve*, in: Heidenhain, § 34, Rn. 12.
[52] Zur Nutzung dieser Vorschlagsbefugnis vgl. exemplarisch die Kommissionsentscheidung v. 30.6.2004, 2005/417/EG (Seeverkehr), ABl. 2005, L 150/1 (dort Art. 6).
[53] In diesem unstr. Sinne vgl. auch statt vieler *Bartosch*, EU-Beihilfenrecht, Art. 22 VO 2015/1589, Rn. 1.

Die in Art. 22 Satz 2 Buchst. a bis c VO 2015/1589 genannten Vorschlagsvarianten, 21
die sich im Einzelfall auch miteinander kombinieren lassen,[54] sind in ihrer Gesamtheit so
weit formuliert, dass sie im Grunde genommen nahezu alle für die Wiederherstellung
der Binnenmarktkompatibilität einer bestehenden Beihilferegelung erforderlichen
Maßnahmen einschließen.[55] Sollte die Kommission auf der Grundlage des Art. 22 Satz 1
VO 2015/1589 dennoch zweckdienliche Maßnahmen vorschlagen wollen, die nicht
oder nicht ganz sicher den in Art. 22 Satz 2 Buchst. a bis c VO 2015/1589 aufgeführten
Vorschlagsvarianten unterfallen, so wäre dies ohne Weiteres möglich; denn aus dem in
Art. 22 Satz 2 VO 2015/1589 enthaltenen Tatbestandselement »insbesondere« ergibt
sich, dass die dort aufgeführten **Vorschlagsvarianten** ohnehin **nicht abschließender Art**
sind.[56] Der nicht abschließende Charakter des Art. 22 Satz 2 VO 2015/1589 erlaubt es
der Kommission somit, dem betreffenden Mitgliedstaat unter strikter Beachtung des
unionsverfassungsrechtlichen Verhältnismäßigkeitsgrundsatzes (s. Rn. 20) auch solche
Vorschläge zweckdienlicher Maßnahmen zu unterbreiten, die nicht oder nicht eindeutig
von den in Art. 22 Satz 2 Buchst. a bis c VO 2015/1589 aufgeführten Vorschlagsvarianten umfasst sind. Diese können beispielsweise auch auf eine in Art. 22 Satz 2 VO
2015/1589 nicht explizit angesprochene Einführung bestimmter Übergangsregelungen[57] oder auch auf die Genehmigung bestimmter Übergangsfristen hinauslaufen, sofern
dies zur Anpassung der bestehenden Beihilferegelung an die von der Kommission vorgeschlagenen Änderungen erforderlich ist.[58]

Hinsichtlich der weiteren Frage, welche zweckdienlichen Maßnahmen für die Wie- 22
derherstellung der Binnenmarktkompatibilität einer bestehenden Beihilferegelung erforderlich und dem betreffenden Mitgliedstaat vorzuschlagen sind, wird der Kommission allgemein ein recht weiter Beurteilungs- bzw. **Ermessensspielraum** zugesprochen,[59]
der durch den bei der Auswahl zweckdienlicher Maßnahmen zu beachtenden Verhältnismäßigkeitsgrundsatz (s. Rn. 20) und durch die gebotene Gleichbehandlung aller Mitgliedstaaten (s. Rn. 9) etwas begrenzt wird. Dieser recht weite Spielraum der Kommission geht – wie auch in anderen unionsrechtlichen Sachzusammenhängen – mit einer
Reduktion der gerichtlichen Kontrolldichte einher, da der Unionsrichter seine diesbezügliche Nachprüfung im Wesentlichen darauf beschränkt, ob die Kommission im vorliegenden Kontext nicht einen offensichtlichen Beurteilungsfehler begangen hat.[60]

---

[54] Die zweimalige Verwendung des Wortes »oder« in Art. 22 Satz 2 VO 2015/1589 zwingt jedenfalls nicht zur Annahme eines strengen Alternativverhältnisses zwischen den drei genannten Vorschlagsvarianten, da es sich bei dieser Bestimmung nicht um eine Ausnahmebestimmung handelt, die eng bzw. restriktiv ausgelegt werden müsste.

[55] In diesem Sinne vgl. auch *Sinnaeve*, in: Heidenhain, § 34, Rn. 10 (dort Fn. 21).

[56] So auch vgl. statt vieler *Frenz*, Handbuch Europarecht, Bd. 3, Rn. 1382 (dort Fn. 168).

[57] Exemplarisch dazu vgl. *Kommission*, Staatliche Beihilfen E/1/98 (Internationales Finanzdienstleistungszentrum – IFSC), ABl. 1998, C 395/14 (16f.).

[58] Vgl. EuGH, Urt. v. 22.6.2006, verb. Rs. C–182/03 u. C–217/03 (Belgien u. Forum 187 ASBL/Kommission), Slg. 2006, I–5479, Rn. 161ff.; ausführlicher zu dieser Entscheidung vgl. *Mehta*, EStAL 2007, 732.

[59] Vgl. EuG, Urt. v. 11.3.2009, Rs. T–354/05 (TF1), Slg. 2009, II–471, Rn. 188; ausführlicher zu dieser Entscheidung vgl. *Koimtzoglou/Dandoulaki*, EStAL 2011, 139; *Peytz/Mygind*, EStAL 2010, 617 (623ff.).

[60] Vgl. EuG, Urt. v. 11.3.2009, Rs. T–354/05 (TF1), Slg. 2009, II–471, Rn. 189; zur allg. üblichen Reduktion der gerichtlichen Kontrolldichte bei bestehenden Beurteilungs- oder Ermessensspielräumen der Kommission vgl. nur EuG Urt. v. 5.11.1997, Rs. T–149/95 (Ducros/Kommission), Slg. 1997, II–2031, Rn. 63; Urt. v. 3.3.2010, verb. Rs. T–102/07 u. T–120/07 (Freistaat Sachsen u. a./Kommission), Slg. 2010, II–585, Rn. 98 u. 143; Urt. v. 14.7.2011, Rs. T–357/02 RENV (Freistaat Sachsen [Deutschland]/Kommission), Slg. 2011, II–5415, Rn. 55.

c) Ungeschriebene Fristsetzungsbefugnis der Kommission

23 Nicht zu erkennen gibt Art. 22 VO 2015/1589 zwar, innerhalb welcher Frist der betreffende Mitgliedstaat auf einen von der Kommission unterbreiteten Vorschlag zweckdienlicher Maßnahmen reagieren muss und ob die Kommission in diesem Kontext überhaupt dazu befugt ist, dem betreffenden Mitgliedstaat eine diesbezügliche Frist zu setzen. Da jedoch der weitere Fortgang des Verfahrens der fortlaufenden Überprüfung bestehender Beihilferegelungen im Anschluss an die erfolgte Unterbreitung eines Vorschlags zweckdienlicher Maßnahmen nach Art. 23 Abs. 1 und 2 VO 2015/1589 im Wesentlichen davon abhängt, ob der betreffende Mitgliedstaat den von der Kommission vorgeschlagenen Maßnahmen zustimmt (s. Rn. 24 ff.) oder nicht zustimmt (s. Rn. 30 ff.), muss die **Festsetzung einer** diesbezüglichen **Frist** durch die Kommission im Anwendungsbereich des Art. 22 VO 2015/1589 als **unentbehrlich** bezeichnet werden.[61] Vor diesem Hintergrund darf und muss die Kommission in ihren auf der Grundlage des Art. 22 VO 2015/1589 unterbreiteten Vorschlägen zweckdienlicher Maßnahmen zugleich Fristen setzen, innerhalb derer sich die betreffenden Mitgliedstaaten dann entscheiden müssen, ob sie diesen Vorschlägen gemäß Art. 23 Abs. 1 Satz 1 VO 2015/1589 zustimmen oder ob sie diesen Vorschlägen gemäß Art. 23 Abs. 2 VO 2015/1589 nicht zustimmen.[62] Setzt die Kommission hierbei zugleich eine Frist für die Umsetzung der vorgeschlagenen Maßnahmen, die in einfach gelagerten Fällen mit der vorgenannten Frist übereinstimmen kann,[63] so ist dies grundsätzlich unproblematisch.

5. Rechtsfolgen eines Vorschlags zweckdienlicher Maßnahmen, dem der betreffende Mitgliedstaat zugestimmt hat

24 Unterbreitet die Kommission dem betreffenden Mitgliedstaat auf der Grundlage des Art. 22 VO 2015/1589 einen **Vorschlag zweckdienlicher Maßnahmen**, so handelt es sich hierbei zunächst einmal unstreitig um **eine nicht mit der Nichtigkeitsklage angreifbare Empfehlung** im Sinne des Art. 288 Abs. 5 AEUV.[64] Stimmt der betreffende Mitgliedstaat den von der Kommission auf der Grundlage des Art. 18 VO 659/1999 vorgeschlagenen (zweckdienlichen) Maßnahmen allerdings zu (a), so ist er gemäß Art. 23 Abs. 1 Satz 1 VO 2015/1589 dazu verpflichtet, die Kommission hiervon in Kenntnis zu setzen, wobei diese in-Kenntnis-Setzung dokumentiert und der betreffende Mitgliedstaat über die erfolgte Dokumentation unterrichtet wird (b). Im Übrigen ordnet Art. 23 Abs. 1 Satz 2 VO 2015/1589 an, dass der betreffende Mitgliedstaat auf Grund seiner Zustimmung verpflichtet ist, die zweckdienlichen Maßnahmen durchzuführen, die ihm von der Kommission gemäß Art. 22 VO 2015/1589 vorgeschlagen wurden (c).

---

[61] In diesem Sinne vgl. etwa auch *Köster*, in: Montag/Säcker, Art. 18 VerfVO, Rn. 2.
[62] Zur entsprechenden Praxis der Kommission vgl. *Frenz*, Handbuch Europarecht, Bd. 3, Rn. 1383; *Sinnaeve*, in: Heidenhain, § 34, Rn. 10; Ziff. 27 des aus dem Jahre 2005 stammenden Gemeinschaftsrahmens für staatliche Beihilfen, die als Ausgleich für die Erbringung öffentlicher Dienstleistungen gewährt werden, ABl. 2005, C 297/4; sowie Ziff. 107 (letzter Satz) der Leitlinien für staatliche Beihilfen mit regionaler Zielsetzung 2007–2013, ABl. 2006, C 54/13.
[63] Vgl. *Sinnaeve*, in: Heidenhain, § 34, Rn. 10 (dort Fn. 22).
[64] Zum bloßen Empfehlungscharakter eines solchen Vorschlags vgl. nur EuG, Urt. v. 9. 6. 2009, Rs. T–152/06 (NDSHT/Kommission), Slg. 2009, II–1517, Rn. 57; sowie *Bär-Bouyssière*, in: Schwarze, EU-Kommentar, Art. 108 AEUV, Rn. 24; *Frenz*, Handbuch Europarecht, Bd. 3, Rn. 1383; *Koenig/Kühling*, in: Streinz, EUV/AEUV, Art. 108 AEUV, Rn. 11; *Köster*, in: Montag/Säcker, Art. 18 VerfVO, Rn. 3; *Quigley*, S. 389; *Rosenfeld*, S. 77; *Sinnaeve*, in: Bilal/Nicolaidis, S. 13 (22).

a) Zeitpunkt, Art und Umfang der Zustimmung

Der allgemein angenommene Empfehlungscharakter eines auf der Grundlage des 25
Art. 22 VO 2015/1589 von der Kommission unterbreiteten Vorschlags zweckdienlicher Maßnahmen (s. Rn. 24) kommt insbesondere darin zum Ausdruck, dass dem betreffenden Mitgliedstaat nach Art. 23 Abs. 1 und 2 VO 2015/1589 zunächst freigestellt ist, einen solchen Vorschlag zweckdienlicher Maßnahmen abzulehnen oder diesem zuzustimmen. Die Zustimmungsvariante ist in Art. 23 Abs. 1 VO 2015/1589 geregelt, ohne dass diese Bestimmung hinreichend deutlich werden lässt, wie der diesbezügliche Zustimmungsvorgang in inhaltlicher und zeitlicher Hinsicht abzulaufen hat. Dieses Regelungsdefizit wird zwar weder durch eine andere Bestimmung der VO 2015/1589 noch durch die dazugehörige Durchführungsverordnung[65] kompensiert. Dennoch ist, was den **Zeitpunkt** der in Art. 23 Abs. 1 VO 2015/1589 angesprochenen Zustimmung betrifft, davon auszugehen, dass die Zustimmung innerhalb der Frist zu erfolgen hat, die die Kommission dem betreffenden Mitgliedstaat bei der Unterbreitung ihres Vorschlags zweckdienlicher Maßnahmen gesetzt hat.[66] Reagiert der betreffende Mitgliedstaat nicht fristgerecht, muss er mit entsprechenden **Erinnerungsschreiben** der Kommission rechnen.[67] Ob eine nicht fristgerechte Antwort des betreffenden Mitgliedstaats als Zustimmung zu fingieren oder als Ablehnung zu interpretieren ist, hängt von den Umständen des Einzelfalls ab.[68] Im letztgenannten Fall, der in der Praxis zu überwiegen scheint, kann es auf der Grundlage des Art. 23 Abs. 2 VO 2015/1589 zur Einleitung des förmlichen Prüfverfahrens gemäß Art. 4 Abs. 4 VO 2015/1589 kommen (s. Rn. 33f.), welches im Falle einer späteren bzw. nachgeholten (expliziten) Zustimmung auch wieder eingestellt werden kann.[69]

In inhaltlicher Hinsicht ist vor allem Wert auf die **Klarheit und Unbedingtheit der** 26
in Rede stehenden **Zustimmung** zu legen. In diesem Sinne verlangt auch die Kommission, dass eine solche Zustimmung des betreffenden Mitgliedstaats explizit und unbedingt erfolgen muss, um bindend zu sein.[70] Gleichwohl wird dem betreffenden Mitglied-

---

[65] VO (EG) Nr. 794/2004 (Fn. 12).
[66] Zur diesbezüglichen Fristsetzungspraxis der Kommission vgl. nur *Frenz*, Handbuch Europarecht, Bd. 3, Rn. 1383; *Sinnaeve*, in: Heidenhain, § 34, Rn. 10; zur grundsätzlichen Unentbehrlichkeit derartiger Fristsetzungen siehe bereits oben unter Rn. 23.
[67] Zu dieser Praxis vgl. nur Kommissionsentscheidung v. 16.3.2004, Staatliche Beihilfe C 13/2004 (Luxemburg), ABl. 2006, C 93/10 (10).
[68] Exemplarisch zur fingierten Annahme durch Schweigen vgl. die Kommissionsentscheidung 2010/35/EG v. 28.10.2009 (Fischereigenossenschaften und Konsortien), ABl. 2010, L 16/48 (Ziff. 19 u. 35); im umgekehrten Sinne vgl. etwa Ziff. 53 des Gemeinschaftsrahmens für staatliche Beihilfen im Rahmen von TSE-Tests, Falltieren und Schlachtabfällen, ABl. 2002, C 324/2), wonach die fehlende Zustimmung zur Einleitung des Verfahrens führt; ähnlich vgl. Kommissionsentscheidung 2006/940/EG v. 19.7.2006 (Exempt 1929 Holding Companies u.a.), ABl. 2006, L 366/47 (Ziff. 14); sowie Ziff. 27 des aus dem Jahre 2005 stammenden Gemeinschaftsrahmens für staatliche Beihilfen, die als Ausgleich für die Erbringung öffentlicher Dienstleistungen gewährt werden, ABl. 2005, C 297/4, wo es im direkten Anschluss an die Formulierung eines Vorschlags zweckdienlicher Maßnahmen heißt: »Das Ausbleiben einer Antwort des betreffenden Mitgliedstaats wird von der Kommission als Ablehnung gewertet«. Sehr ähnlich vgl. auch die Ausführungen unter Gliederungspunkt 7.3 der »Leitlinien der Gemeinschaft für staatliche Beihilfen zur Förderung von Risikokapitalinvestitionen in kleine und mittlere Unternehmen«, ABl. 2006, C 194/2.
[69] Exemplarisch dazu vgl. nur die Kommissionsentscheidungen v. 22.11.2006, Staatliche Beihilfe C 25/2006 (Leitlinien für staatliche Beihilfen mit regionaler Zielsetzung 2007–2013), ABl. 2006, C 320/16; sowie v. 25.2.2009, 2009/493/EG (TSE-Gemeinschaftsrahmen – Luxemburg), ABL. 2009, L 166/71.
[70] Vgl. nur die Kommissionsentscheidung v. 11.12.2002, 2003/294/EG (Freizone Madeira), ABl. 2003, L 111/45 (Ziff. 21).

staat gelegentlich die grundsätzliche Möglichkeit zugesprochen, den vorgeschlagenen Maßnahmen nur teilweise zuzustimmen, sie im Übrigen aber abzulehnen.[71] In solch einem Fall darf die Kommission das förmliche Prüfverfahren im Sinne des Art. 23 Abs. 2 VO 2015/1589 i.V.m. Art. 4 Abs. 4 VO 2015/1589 einleiten, das sich dann allerdings auf den abgelehnten Teil beschränken kann.[72] Schließlich soll der betreffende Mitgliedstaat in dieser Phase des Verfahrens der fortlaufenden Überprüfung bestehender Beihilferegelungen auch berechtigt sein, der Kommission einen **Gegenvorschlag zweckdienlicher Maßnahmen** zu unterbreiten. Will die Kommission dem folgen, müsse sie nach einer im Schrifttum vertretenen Auffassung einen entsprechenden förmlichen Beschluss erlassen,[73] der von der Gegenauffassung als überflüssig erachtet wird.[74] Unabhängig von diesem Dissens besteht gleichwohl weitgehende Einigkeit darin, dass die Zustimmung der Kommission zum Gegenvorschlag des betreffenden Mitgliedstaats als stillschweigende Änderung des Kommissionsvorschlags auszulegen sein dürfte.[75]

b) In-Kenntnis-Setzung der Kommission, Dokumentation und Unterrichtung des betreffenden Mitgliedstaats

27 Nach Art. 23 Abs. 1 Satz 1 VO 2015/1589 hat der betreffende Mitgliedstaat die Kommission davon in Kenntnis zu setzen, wenn er den von ihr auf der Grundlage des Art. 22 VO 2015/1589 vorgeschlagenen zweckdienlichen Maßnahmen zustimmt. Ob dies schriftlich zu erfolgen hat oder auch auf eine andere Art und Weise erfolgen kann, lässt Art. 23 Abs. 1 VO 2015/1589 offen. Gleiches gilt zwar auch im Hinblick auf den Zeitpunkt, bis zu dem die hier in Rede stehende In-Kenntnis-Setzung der Kommission spätestens bewirkt worden sein muss. Da aber das in Art. 108 Abs. 1 und 2 AEUV i.V.m. Art. 21–23 VO 2015/1589 geregelte Verfahren der fortlaufenden Überprüfung bestehender Beihilferegelungen von dem in Art. 4 Abs. 3 EUV hervorgehobenen **Geist der loyalen Zusammenarbeit** geprägt ist (s. Rn. 8), dürfte davon auszugehen sein, dass der betreffende Mitgliedstaat die Kommission innerhalb der Frist von seiner Zustimmung in Kenntnis zu setzen hat, die sie ihm bei der Unterbreitung ihres Vorschlags zweckdienlicher Maßnahmen gesetzt hat (s. Rn. 23). Hat der betreffende Mitgliedstaat die Kommission davon in Kenntnis gesetzt, dass er den von ihr vorgeschlagenen Maßnahmen zustimmt, so hat die Kommission dies gemäß Art. 23 Abs. 1 Satz 1 VO 2015/1589 festzuhalten. Hiermit wird dokumentiert, dass der betreffende Mitgliedstaat den vorgeschlagenen Maßnahmen zustimmt und dass er die Kommission darüber in Erfüllung der in Art. 23 Abs. 1 Satz 1 VO 2015/1589 geregelten Verpflichtung in Kenntnis gesetzt hat. Hat die Kommission entsprechend ihrer in Art. 23 Abs. 1 Satz 1 VO 2015/1589 niedergelegten Verpflichtung »festgehalten« bzw. dokumentiert, dass der betreffende Mitgliedstaat sie von seiner Zustimmung in Kenntnis gesetzt hat, so ist die Kommission schließlich im Gegenzug dazu verpflichtet, den betreffenden Mitgliedstaat über die erfolgte **Dokumentation** zu unterrichten. Diese Unterrichtung wird zwar im einschlägigen Schrifttum mehrheitlich als ein bloßes Verwaltungsschreiben angesehen.[76] Für die

---

[71] Ausführlicher dazu vgl. *Sinnaeve*, in: Heidenhain, § 34, Rn. 17.
[72] Vgl. *Frenz*, Handbuch Europarecht, Bd. 3, Rn. 1389; *Sinnaeve*, in: Heidenhain, § 34, Rn. 17.
[73] So vgl. etwa *Sinnaeve*, in: Heidenhain, § 34, Rn. 17.
[74] In diesem Sinne vgl. *Frenz*, Handbuch Europarecht, Bd. 3, Rn. 1386.
[75] Vgl. etwa *Köster*, in: Montag/Säcker, Art. 19 VerfVO Rn. 3; *Sinnaeve*, in: Heidenhain, § 34, Rn. 17.
[76] Vgl. *Bartosch*, EU-Beihilfenrecht, Art. 23 VO 2015/1589, Rn. 1; *Köster*, in: Montag/Säcker, Art. 19 VerfVO, Rn. 1; *Sinnaeve*, in: Heidenhain, § 34, Rn. 15.

Rechtsaktqualität dieser Unterrichtung spricht allerdings Art. 32 Abs. 1 VO 2015/1589,[77] der unter anderem von Kommissionsbeschlüssen nach [...] Artikel 22 in Verbindung mit Artikel 23 Absatz 1« dieser Verordnung spricht.[78]

c) Verpflichtung des betreffenden Mitgliedstaats zur Durchführung zweckdienlicher Maßnahmen

Nach Art. 23 Abs. 1 Satz 2 VO 2015/1589 ist der betreffende Mitgliedstaat auf Grund seiner Zustimmung, von der die Öffentlichkeit auf der Grundlage des Art. 32 Abs. 1 Satz 1 VO 2015/1589 (ex-Art. 26 Abs. 1 Satz 1 VO 659/1999) in Kenntnis gesetzt wird,[79] dazu verpflichtet, die zweckdienlichen Maßnahmen durchzuführen. Ab wann diese Verpflichtung genau besteht, ist zwar in Art. 23 Abs. 1 VO 2015/1589 nicht klar geregelt. Da diese Verpflichtung erst ganz am Ende des Art. 23 Abs. 1 VO 2015/1589 angesprochen wird, dürfte jedoch davon auszugehen sein, dass sie nicht bereits mit der Zustimmung des betreffenden Mitgliedstaats ausgelöst wird, sondern erst beginnt, nachdem das in Art. 23 Abs. 1 Satz 1 VO 2015/1589 geregelte Prozedere (s. Rn. 27 ff.) stattgefunden hat. Abgesehen von der vorgenannten Frage nach dem **Beginn der** hier in Rede stehenden **Verpflichtung**, stellt sich im Anwendungsbereich des Art. 23 Abs. 1 VO 2015/1589 die weitere Anschlussfrage, wie viel Zeit sich der betreffende Mitgliedstaat bei der Erfüllung der ihm obliegenden Verpflichtung zur Durchführung zweckdienlicher Maßnahmen nehmen darf. Da Art. 23 Abs. 1 VO 2015/1589 diesbezüglich keine Vorgaben macht, hat der Unionsgesetzgeber es gewissermaßen der Kommission überlassen, über etwaige Fristsetzungen zu entscheiden. Ist eine derartige **Fristsetzung durch die Kommission** unterblieben, so ist der von ihr unterbreitete Vorschlag zweckdienlicher Maßnahmen nach überwiegender Auffassung verbindlich, sobald der betreffende Mitgliedstaat diesem Vorschlag zugestimmt hat.[80] Entscheidet sich die Kommission hingegen dafür, dem betreffenden Mitgliedstaat eine Frist für die Durchführung zweckdienlicher Maßnahmen zu setzen, so kann sie diese Frist entweder bereits in dem auf der Grundlage des Art. 22 VO 2015/1589 unterbreiteten Vorschlag zweckdienlicher Maßnahmen oder auch erst dann festsetzen, wenn der betreffende Mitgliedstaat den von ihr vorgeschlagenen Maßnahmen zugestimmt hat. Die **Länge der Frist** hängt im Wesentlichen von der Art der bestehenden Beihilferegelung und/oder von der Art der jeweils vorgeschlagenen Maßnahmen ab.[81]

28

Setzt der betreffende Mitgliedstaat die zweckdienlichen Maßnahmen entgegen seiner aus Art. 23 Abs. 1 Satz 2 VO 2015/1589 folgenden Verpflichtung nicht innerhalb der von der Kommission festgesetzten Frist um, so verwandeln sich die auf der Grundlage der bestehenden Beihilferegelung gewährten Beihilfen in rechtswidrige Beihilfen,[82] da sie bzw. die bestehende Beihilferegelung nicht mehr von der ursprünglichen Genehmigung gedeckt sind.[83] In einem solchen Fall der **Nichterfüllung der Verpflichtung zur**

29

---

[77] In eine ähnliche Richtung weisend vgl. EuG, Urt. v. 11.3.2009, Rs. T–354/05 (TF1/Kommission), Slg. 2009, II–471, Rn. 69; sowie *Conte*, S. 289 (300 f.).
[78] Näher zur insoweit anzunehmenden Anfechtbarkeit einer solchen Unterrichtung vgl. *Nowak*, in: Birnstiel/Bungenberg/Heinrich, Art. 19 VO 659/1999, Rn. 673 f.
[79] Näher dazu vgl. *Nowak/Slusarek*, in: Birnstiel/Bungenberg/Heinrich, Art. 26 VO 659/1999, Rn. 799.
[80] In diesem Sinne vgl. nur *Sinnaeve*, in: Heidenhain, § 34, Rn. 15.
[81] Ausführlicher dazu siehe *Sinnaeve*, in: Heidenhain, § 34, Rn. 15.
[82] So auch vgl. statt vieler *Köster*, in: Montag/Säcker, Art. 18 VerfVO, Rn. 1.
[83] In diesem Sinne vgl. etwa die Kommissionsentscheidung v. 30.6.2004, 2005/468/EG (Energie-

Durchführung zweckdienlicher Maßnahmen gelten dann die Art. 12 ff. VO 2015/1589, die das so genannte »Verfahren bei rechtswidrigen Beihilfen« regeln. Im Übrigen kann die Kommission in solchen Fällen gemäß Art. 258 AEUV auch den Gerichtshof der EU anrufen.

6. Rechtsfolgen eines Vorschlags zweckdienlicher Maßnahmen, dem der betreffende Mitgliedstaat nicht zugestimmt hat

30 Wenn der betreffende Mitgliedstaat den ihm von der Kommission auf der Grundlage des Art. 22 VO 2015/1589 vorgeschlagenen Maßnahmen (s. Rn. 20 ff.) nicht zustimmt bzw. einen solchen Vorschlag zweckdienlicher Maßnahmen ablehnt (a) und die Kommission trotz der von dem betreffenden Mitgliedstaat vorgebrachten Argumente weiterhin die Auffassung vertritt, dass diese Maßnahmen notwendig sind (b), so leitet sie gemäß Art. 23 Abs. 2 Satz 1 VO 2015/1589 das Verfahren nach Art. 4 Abs. 4 VO 2015/1589 – d. h. das förmliche Prüfverfahren im Sinne des Art. 108 Abs. 2 AEUV – ein, in dessen Rahmen die Art. 6, 9 und 11 VO 2015/1589 gemäß Art. 23 Abs. 2 Satz 1 VO 2015/1589 entsprechend gelten (c).

a) Ablehnung der vorgeschlagenen Maßnahmen durch den betreffenden Mitgliedstaat

31 Der betreffende Mitgliedstaat muss einem Vorschlag zweckdienlicher Maßnahmen, der ihm von der Kommission auf der Grundlage des Art. 22 VO 2015/1589 unterbreitet worden ist (s. Rn. 17 ff.), nicht zustimmen. Dies ergibt sich aus Art. 23 Abs. 2 Satz 1 VO 2015/1589, der sich mit der insoweit möglichen Ablehnung eines solchen Vorschlags befasst. Von einer solchen Ablehnung ist in der Regel dann auszugehen, wenn der betreffende Mitgliedstaat einem Vorschlag zweckdienlicher Maßnahmen eine **ausdrückliche Absage** erteilt **oder** diesem Vorschlag nicht vor **Ablauf der Frist**, die von der Kommission für diesen Zweck festgesetzt worden ist (s. Rn. 23), ausdrücklich und unbedingt zugestimmt hat.

b) Weiterhin bestehende Überzeugung der Kommission von der Notwendigkeit zweckdienlicher Maßnahmen

32 Ein nach erfolgter Ablehnung vorgeschlagener zweckdienlicher Maßnahmen mögliches Vorgehen auf der Grundlage des Art. 23 Abs. 2 VO 2015/1589 setzt ferner voraus, dass die Kommission trotz der von dem betreffenden Mitgliedstaat vorgebrachten Argumente[84] weiterhin die Auffassung vertritt, dass die vorgenannten Maßnahmen notwendig sind. Das hier angesprochene **Kriterium der Notwendigkeit** ist in Übereinstimmung mit Art. 108 Abs. 1 Satz 2 AEUV auszulegen, der den Vorschlag solcher zweckdienlichen Maßnahmen erlaubt, »welche die fortschreitende Entwicklung und das Funktio-

---

steuer), ABl. 2005, L 165/21 (Ziff. 58); sowie *Grespan*, S. 551 (625); diesbezüglich eher auf den Einzelfall abstellend vgl. *Sánchez Rydelski*, S. 176.

[84] In Art. 21 Abs. 2 Satz 1 VO 2015/1589 ist zwar nur vorgesehen, dass die Kommission dem betreffenden Mitgliedstaat im Rahmen der sog. Kooperationsphase des Verfahrens bei bestehenden Beihilferegelungen Gelegenheit zur Stellungnahme zu geben hat. Dies schließt aber nicht aus, dass es auch in dem Zeitraum, innerhalb dessen der betreffende Mitgliedstaat überlegen und entscheiden kann, ob er dem von der Kommission unterbreiteten Vorschlag zweckdienlicher Maßnahmen zustimmt oder diesen Vorschlag ablehnt, zu einem Dialog zwischen dem betreffenden Mitgliedstaat und der Kommission kommt, in dessen Rahmen versucht werden kann, die Kommission davon zu überzeugen, dass zweckdienliche Maßnahmen nicht oder nicht mehr notwendig bzw. erforderlich sind, um die Binnenmarktkompatibilität der bestehenden Beihilferegelung sicherzustellen.

nieren des Binnenmarkts erfordern«. Gelangt die Kommission allerdings zu der Auffassung, dass die von ihr zuvor auf der Grundlage des Art. 22 VO 2015/1589 vorgeschlagenen zweckdienlichen Maßnahmen nicht mehr erforderlich bzw. notwendig sind, um die Binnenmarktkompatibilität der bestehenden Beihilferegelung sicherzustellen, so stellt sie das in Art. 108 Abs. 1 und 2 AEUV i. V. m. Art. 21–23 VO 2015/1589 geregelte Verfahren der fortlaufenden Überprüfung bestehender Beihilferegelungen ein. Dies geschieht weitgehend formlos, da die VO 2015/1589 für diesen Fall keinen formellen **Einstellungsbeschluss** vorsieht. Da aber das Verfahren der fortlaufenden Überprüfung bestehender Beihilferegelungen dem **Geist der loyalen Zusammenarbeit** unterliegt (s. Rn. 8), dürfte die Kommission zumindest gezwungen sein, dem Mitgliedstaat zeitnah mitzuteilen, dass sie dieses Verfahren eingestellt hat.

c) **Einleitung des förmlichen Prüfverfahrens**

Stimmt der betreffende Mitgliedstaat dem Vorschlag zweckdienlicher Maßnahmen, der ihm von der Kommission auf der Grundlage des Art. 22 VO 2015/1589 unterbreitet worden ist (s. Rn. 20 ff.), nicht zu und gelangt sie trotz der von ihm vorgebrachten Argumente zu der Auffassung, dass die von ihr vorgeschlagenen zweckdienlichen Maßnahmen zur Sicher- oder Wiederherstellung der Binnenmarktkompatibilität der bestehenden Beihilferegelung weiterhin erforderlich bzw. notwendig sind (s. Rn. 32), leitet die Kommission gemäß Art. 23 Abs. 2 Satz 1 VO 2015/1589 das förmliche Prüfverfahren nach Art. 108 Abs. 2 AEUV i. V. m. Art. 4 Abs. 4 VO 2015/1589 ein,[85] wozu sie in diesen Fällen nicht nur berechtigt, sondern auch verpflichtet ist.[86] Hinsichtlich des Erlasses eines solchen Einleitungsbeschlusses, bei dem es sich um einen **rechtsverbindlichen Kommissionsbeschluss** im Sinne des Art. 288 Abs. 4 AEUV handelt, dürfte die Kommission – vorbehaltlich des unionsverfassungsrechtlichen Grundsatzes der zügigen Verfahrensdurchführung[87] – an keine bestimmten **Fristen** gebunden sein, da Art. 23 Abs. 2 VO 2015/1589 in diesem Kontext lediglich den Art. 6, 9 und 11 VO 2015/1589 entsprechende Geltung zuspricht und dies insoweit nicht auf Art. 4 Abs. 5 VO 2015/1589 erstreckt, wonach unter anderem auch Beschlüsse nach Art. 4 Abs. 4 VO 2015/1589 normalerweise innerhalb von zwei Monaten erlassen werden bzw. zu erlassen sind.

Ein das förmliche Prüfverfahren eröffnender Beschluss gemäß Art. 23 Abs. 2 Satz 1 VO 2015/1589 i. V. m. Art. 4 Abs. 4 VO 2015/1589 ist normalerweise vorbereitender

---

[85] Exemplarisch vgl. *Kommission*, Staatliche Beihilfe C 15/2002 (Koordinierungsstellen), ABl. 2002, C 147/2; *Kommission*, Staatliche Beihilfe E 3/02 (Electricité de France), ABl. 2003, C 164/7; *Kommission*, Staatliche Beihilfe C 13/2004 (Luxemburg), ABl. 2006, C 93/10; *Kommission*, Staatliche Beihilfe C 21/10 (Finnland), ABl. 2010, C 273/6.

[86] Dass die Kommission unter den vorgenannten Voraussetzungen verpflichtet ist, gemäß Art. 23 Abs. 2 Satz 1 VO 2015/1589 das förmliche Prüfverfahren zu eröffnen, und insoweit nicht über einen diesbezüglichen Ermessensspielraum verfügt, ist weitgehend unstreitig, vgl. nur *Bartosch*, EU-Beihilfenrecht, Art. 23 VO 2015/1589, Rn. 2; *Grespan*, S. 551 (624); *Quigley*, S. 389 f.; *Sinnaeve*, in: Heidenhain, § 34, Rn. 16.

[87] Zu diesem Grundsatz, der auch im EU-Wettbewerbsverfahrensrecht incl. des Beihilfenkontrollrechts zu beachten ist, vgl. etwa EuGH, Urt. v. 21.9.2006, Rs. C–105/04 P (Nederlandse Federatieve Vereniging voor de Groothandel op Elektrotechnisch Gebied u. a./Kommission), Slg. 2006, I–8725, Rn. 35 ff.; Urt. v. 21.9.2006, Rs. C–113/04 P (Technische Unie BV/Kommission), Slg. 2006, I–8831, Rn. 40 ff.; sowie EuG, Urt. v. 22.10.1997, verb. Rs. T–213/95 u. T–18/96 (SCK u. FNK/Kommission), Slg. 1997, II–1739, Rn. 53 ff.; Urt. v. 8.7.2008, Rs. T–52/03 (Knauf Gips KG/Kommission), Slg. 2008, II–115, Rn. 478 ff.

Natur und kann für sich genommen aus der Perspektive des betreffenden Mitgliedstaats und eines Beihilfeempfängers grundsätzlich noch keine verbindlichen Rechtswirkungen belastender Art entfalten. Dies hängt vor allem damit zusammen, dass der betreffende Mitgliedstaat und Beihilfeempfänger auf Grund des in Art. 23 Abs. 2 Satz 2 VO 2015/1589 enthaltenen Verweises auf Art. 6 VO 2015/1589 versuchen können, die Kommission im Rahmen des förmlichen Prüfverfahrens (s. Rn. 35 ff.) davon zu überzeugen, dass die in Rede stehende Beihilferegelung mit dem Binnenmarkt vereinbar ist. Sollte dies nicht gelingen, so bleibt ihnen später immer noch die Möglichkeit, einen etwaigen Negativbeschluss im Sinne des Art. 23 Abs. 2 Satz 2 VO 2015/1589 i. V. m. Art. 9 Abs. 5 VO 2015/1989 mit der in Art. 263 AEUV geregelten Nichtigkeitsklage anzugreifen (s. Rn. 39). Da ein Eröffnungsbeschluss im Sinne des Art. 23 Abs. 2 Satz 1 VO 2015/1589 i. V. m. Art. 4 Abs. 4 VO 2015/1589 somit im Normalfall nicht die Bedingungen erfüllt, die der Unionsrichter in ständiger Rechtsprechung an eine mit der Nichtigkeitsklage gemäß Art. 263 AEUV anfechtbare Handlung stellt,[88] ist von der grundsätzlichen **Unanfechtbarkeit des** auf Art. 23 Abs. 2 Satz 1 VO 2015/1589 i. V. m. Art. 4 Abs. 4 VO 2015/1589 gestützten **Eröffnungsbeschlusses** auszugehen,[89] auch wenn ähnliche Eröffnungsbeschlüsse in anders gelagerten Fällen bzw. Konstellationen durchaus zu den anfechtbaren Handlungen im Sinne des Art. 263 AEUV gezählt werden können.[90]

C. Förmliches Prüfverfahren bei neuen und bestehenden Beihilfen (Absatz 2)

35   Der aus vier Unterabsätzen bestehende Art. 108 Abs. 2 AEUV hat sodann das förmliche Prüfverfahren bei neuen und bestehenden Beihilfen zum Gegenstand. Zur Einleitung eines solchen förmlichen Prüfverfahrens kann es nicht nur im Rahmen des oben erörterten Verfahrens der fortlaufenden Überprüfung bestehender Beihilferegelungen kommen (s. Rn. 33 f.), sondern auch im Verfahren bei angemeldeten Beihilfen,[91] im Verfahren bei rechtswidrigen Beihilfen[92] sowie im Verfahren bei missbräuchlicher Anwendung von Beihilfen.[93] Während es im ersten Unterabsatz des Art. 108 Abs. 2 AEUV um einige

---

[88] Näher zu diesen Bedingungen vgl. jeweils m. w. N. *Cremer*, in: Streinz, EUV/AEUV, Art. 263 AEUV, Rn. 13 ff.; *Ehricke*, in: Calliess/Ruffert, EUV/AEUV, Art. 263 AEUV, Rn. 11 ff.; *Gaitanides*, in: GSH, Europäisches Unionsrecht, Art. 263 AEUV, Rn. 19 ff.; *Nowak*, Europarecht, S. 159 f.

[89] In diesem Sinne vgl. auch EuG, Urt. v. 2. 6. 2003, Rs. T–276/02 (Forum 187 ASBL/Kommission), Slg. 2003, II–2075, Rn. 43 f.; sowie *Conte*, S. 289 (304).

[90] Zu diesen Konstellationen vgl. exemplarisch EuGH, Urt. v. 9. 10. 2001, Rs. C–400/99 (Italien/Kommission), Slg. 2001, I–7303, Rn. 57 ff.; EuG, Urt. v. 30. 4. 2002, verb. T–195/01 u. T–207/01 (Regierung von Gibraltar/Kommission), Slg. 2002, II–2309, Rn. 82 ff.; Urt. v. 23. 10. 2002, verb. Rs. T–269/99, T–271/99 u. T–272/99 (Territorio Histórico de Guipúzcoa/Kommission), Slg. 2002, II–4217, Rn. 36 ff.; Urt. v. 2. 6. 2003, Rs. T–276/02 (Forum 187/Kommission), Slg. 2003, II–2075, Rn. 41 ff.; Urt. v. 25. 3. 2009, Rs. T–332/06 (Alcoa Trasformazioni/Kommission), Slg. 2009, II–29, Rn. 41 ff.; Urt. v. 15. 10. 2014, Rs. T–129/13 (Alpiq u. a./Kommission), EuZW 2015, 150, Rn. 25 ff., jeweils mit Anm. *Berrisch*, EuZW 2015, 156 f.; *Kämper/Funke*, EWS 2015, 107 f. Ausführlicher zu dieser durchaus rechtsschutzfreundlichen Rechtsprechung vgl. *Bartosch*, EStAL 2007, 813 ff.; *Conte*, S. 289 (302 ff.); *Nowak*, EStAL 2009, 397.

[91] Vgl. Art. 4 Abs. 4 VO 2015/1589 (Fn. 2).

[92] Vgl. Art. 15 Abs. 1 Satz 1 VO 2015/1589 i. V. m. (Fn. 2).

[93] Vgl. Art. 20 Satz 1 VO 2015/1589 i. V. m. (Fn. 2).

Kernelemente und den Ablauf des förmlichen Prüfverfahrens einschließlich seines Abschlusses durch bestimmte Kommissionsbeschlüsse geht (I.), wird der Kommission im zweiten Unterabsatz des Art. 108 Abs. 2 AEUV die Befugnis zur unmittelbaren Anrufung des Gerichtshofs der EU in Fällen der Nichtbeachtung ihrer verfahrensabschließenden Beschlüsse durch die betreffenden Mitgliedstaaten verliehen (II.). Die beiden letzten Unterabsätze des Art. 108 Abs. 2 AEUV beziehen sich schließlich auf die exzeptionelle Beschlussbefugnis des Rates bei Vorliegen außergewöhnlicher Umstände (III.).

I. Kernelemente und Ablauf des förmlichen Prüfverfahrens (UAbs. 1)

Nach Art. 108 Abs. 2 UAbs. 1 AEUV beschließt die Kommission, dass der betreffende Mitgliedstaat eine staatliche oder aus staatlichen Mitteln gewährte Beihilfe binnen einer von ihr bestimmten Frist aufzuheben oder umzugestalten hat, wenn sie festgestellt hat, dass diese Beihilfe mit dem Binnenmarkt nach Art. 107 AEUV unvereinbar ist oder missbräuchlich angewandt wird. Diese Feststellung darf ausweislich dieser Bestimmung erst erfolgen, nachdem die Kommission den Beteiligten eine Frist zur Äußerung gesetzt hat (1.). Die fragmentarische Regelung des Art. 108 Abs. 2 UAbs. 1 AEUV, wonach die Kommission die Aufhebung oder Umgestaltung einer mit Art. 107 AEUV unvereinbaren oder missbräuchlich angewandten Beihilfe beschließen kann, wird insbesondere durch Art. 9 VO 2015/1589 konkretisiert, der den Abschluss förmlicher Prüfverfahren durch unterschiedliche Kommissionsbeschlüsse garantiert (2.), die – je nach Konstellation – von den betreffenden Mitgliedstaaten und/oder von Drittbetroffenen insbesondere in Gestalt von Beihilfeempfängern und Wettbewerbern bzw. konkurrierenden Dritten mit der Nichtigkeitsklage nach Art. 263 AEUV angegriffen bzw. angefochten werden können (3.).

1. Möglichkeit der Beteiligten zur Äußerung

Wenn die Kommission gemäß Art. 4 Abs. 4 VO 2015/1589 (ex-Art. 4 Abs. 4 VO 659/1999) beschließt, das Verfahren nach Art. 108 Abs. 2 AEUV zu eröffnen, hat ein solcher **Eröffnungsbeschluss** nach Art. 6 Abs. 1 Satz 1 VO 2015/1589 zum einen eine Zusammenfassung der wesentlichen Sach- und Rechtsfragen, eine vorläufige Würdigung des Beihilfecharakters der jeweils in Rede stehenden mitgliedstaatlichen Maßnahme durch die Kommission sowie Ausführungen über ihre Bedenken hinsichtlich der Vereinbarkeit mit dem Binnenmarkt zu enthalten. Zum anderen hat die Kommission den betreffenden Mitgliedstaat und »die anderen Beteiligten«, zu denen gemäß Art. 1 Buchst. h VO 2015/1589 unter anderem andere Mitgliedstaaten sowie Beihilfeempfänger, Wettbewerber und Berufsverbände gehören, in diesem Eröffnungsbeschluss, der gemäß Art. 32 Abs. 2 VO 2015/1589 im Amtsblatt der Europäischen Union zu veröffentlichen ist, nach Art. 6 Abs. 1 Satz 2 VO 2015/1589 zu einer **Stellungnahme innerhalb einer Frist** von normalerweise höchstens einem Monat aufzufordern,[94] was in zusätzlicher Weise durch Art. 24 Abs. 1 Satz 1 VO 2015/1589 bestätigt wird. Mit dieser Aufforderung wird der in Art. 108 Abs. 2 UAbs. 1 AEUV angesprochenen Gelegenheit zur »Äußerung« entsprochen, die verfahrensabschließenden Kommissionsbeschlüssen der nachfolgend anzusprechenden Art zwingend vorausgehen muss.

---

[94] Zum Umgang der Kommission mit eingegangenen Stellungnahmen vgl. Art. 6 Abs. 2 VO 2015/1589 (Fn. 2).

2. Verfahrensabschluss durch Kommissionsbeschluss

38 Durch Art. 9 VO 2015/1589 (ex-Art. 7 VO 659/1999) wird schließlich garantiert, dass jedes förmliche Prüfverfahren in jedem Fall durch einen rechtsverbindlichen Kommissionsbeschluss im Sinne des Art. 288 Abs. 4 AEUV abgeschlossen wird. Hierbei kann es sich – je nach dem, welche Erkenntnisse das förmliche Prüfverfahren zu Tage fördert – um einen **Nichtanwendbarkeitsbeschluss** im Sinne des Art. 9 Abs. 2 VO 2015/1589, um einen **Positivbeschluss** nach Art. 9 Abs. 3 VO 2015/1589, der gemäß Art. 9 Abs. 4 VO 2015/1589 mit Bedingungen und/oder Auflagen verbunden werden kann, oder um einen **Negativbeschluss** nach Art. 9 Abs. 5 VO 2015/1589 handeln, der mit der Aufhebung oder der Umgestaltung der jeweiligen Beihilfen im Sinne des Art. 108 Abs. 2 UAbs. 1 AEUV und speziell im Verfahren bei rechtswidrigen Beihilfen mit einem **Rückforderungsbeschluss** im Sinne des Art. 16 VO 2015/1589 einhergeht.

3. Rechtsschutz der Haupt- und Drittbetroffenen

39 Unter Rechtsschutzgesichtspunkten ist der durch Art. 9 VO 2015/1589 garantierte Abschluss des förmlichen Prüfverfahrens durch **rechtsverbindliche Kommissionsbeschlüsse** (s. Rn. 38) von herausragender Bedeutung, da es sich bei den auf der Grundlage dieser Bestimmung zu erlassenden (verfahrensabschließenden) Nichtanwendbarkeits-, Positiv-oder Negativbeschlüssen sowie bei etwaigen Rückforderungsbeschlüssen nach Art. 16 VO 2015/1589 um rechtsverbindliche Rechtsakte im Sinne des Art. 288 Abs. 4 AEUV handelt, die zu den nach Art. 263 AEUV mit der Nichtigkeitsklage anfechtbaren »Handlungen« gehören. Klagt der betreffende Mitgliedstaat gegen einen Negativbeschluss gemäß Art. 9 Abs. 5 VO 2015/1589, so wirft eine solche Nichtigkeitsklage insbesondere auf Grund der privilegierten **Klagebefugnis von Mitgliedstaaten** im Rahmen der Zulässigkeitsstation keine Probleme auf,[95] solange der klagende Mitgliedstaat die in Art. 263 Abs. 6 AEUV geregelte Klagefrist von zwei Monaten beachtet. Klagen hingegen **Beihilfeempfänger** gegen einen Negativbeschluss im vorgenannten Sinne, wird deren in Art. 263 Abs. 4 AEUV geregelte Klagebefugnis jedenfalls dann bejaht, wenn ihnen auf Grund der von der Kommission angeordneten Aufhebung oder Umgestaltung der Beihilferegelung die Gewährung einer staatlichen oder aus staatlichen Mitteln gewährten Zuwendung versagt wird.[96] Klagen andere Mitgliedstaaten und/oder Konkurrenten gegen einen Positivbeschluss nach Art. 9 Abs. 3 VO 2015/1589, kommen die Mitgliedstaaten in den Genuss der oben genannten »privilegierten« Klagebefugnis, während **Konkurrenten** und sonstige Drittbetroffene wie etwa Berufsverbände nach Art. 263 Abs. 4 AEUV in der Regel den zum Teil nicht leicht zu führenden Nachweis der

---

[95] Näher dazu vgl. etwa *Kamann*, in: Nowak/Cremer, S. 161 ff.; *Soltész*, in: Heidenhain, § 39, Rn. 1 ff.

[96] In diese Richtung weisend vgl. etwa EuGH, Urt. v. 19.10.2000, verb. Rs. C–15/98 u. C–105/99 (Italien u. Sardegna Lines/Kommission), Slg. 2000, I–8855, Rn. 34 f.; Urt. v. 22.6.2006, verb. Rs. C–182/02 u. C–217/02 (Belgien u. Forum 187 ASBL/Kommission), Slg. 2006, I–5479, Rn. 61 ff.; EuG, Urt. v. 20.9.2007, Rs. T–136/05 (Salvat père & fils u.a./Kommission), Slg. 2007, II–4063, Rn. 70 ff.; Urt. v. 4.3.2009, Rs. T–445/05 (Associazione italiana del risparmio gestito u.a./Kommission), Slg. 2009, II–289, Rn. 49 ff.; Urt. v. 1.7.2010, Rs. T–335/08 (BNP Paribas u.a./Kommission), Slg. 2010, II–3323, Rn. 63 ff. Ausführlicher zum gerichtlichen Rechtsschutz von Beihilfeempfängern vgl. *Arhold*, EStAL 2007, 435 (451); *Bacon*, S. 499 (512 ff.); *Bartosch*, ZIP 2000, 601 (605 f.); *Grespan*, S. 551 (699 ff.); *Leibrock*, EuR 1990, 20 (24 f.); *Nehl*, EStAL 2006, 57; *Nowak*, DVBl 2000, 20; *Schwendinger*, EuZW 2011, 746; *Soltész*, in: Heidenhain, § 40, Rn. 1 ff.; *Weiß*, ZHR 180 (2016), 80 (87 ff.).

unmittelbaren und individuellen Betroffenheit zu erbringen haben[97] und darüber hinaus auch noch ein hinreichendes Rechtsschutzinteresse vorweisen müssen.[98]

II. Unmittelbare Anrufung des Gerichtshofs der EU bei Nichtbeachtung des Kommissionsbeschlusses durch den betreffenden Mitgliedstaat (UAbs. 2)

Im Rahmen der in den Art. 258 und 259 AEUV geregelten Vertragsverletzungsverfahren stellt die ordnungsgemäße Durchführung der in diesen Bestimmungen angesprochenen und jeweils der vorgerichtlichen Phase dieser Verfahren zuzuordnenden Vorverfahren[99] grundsätzlich eine zwingende Voraussetzung für die Zulässigkeit der in Art. 258 AEUV geregelten Aufsichtsklage der Kommission und der in Art. 259 AEUV geregelten Staatenklage dar, sofern andere vertragliche Vorschriften nicht ausnahmsweise etwas anderes bestimmen. Derartige Sonderregelungen finden sich nicht nur in Art. 114 Abs. 9 AEUV und Art. 348 Abs. 2 AEUV, sondern auch in Art. 108 Abs. 2 UAbs. 2 AEUV, wonach die Kommission oder jeder betroffene Mitgliedstaat den Gerichtshof der EU unmittelbar anrufen kann, wenn ein bestimmter Mitgliedstaat einem Beschluss der Kommission im Sinne des Art. 108 Abs. 2 UAbs. 1 AEUV (s. Rn. 38) nicht innerhalb der festgesetzten Frist nachkommt. Diese **primärrechtliche Sonderregelung** ist in Bezug auf die oben genannte Aufsichtsklage der Kommission zunächst einmal für eine recht lange Zeit durch Art. 23 Abs. 1 VO (EG) Nr. 659/1999[100] konkretisiert worden, wonach die Kommission den Gerichtshof der Europäischen Gemeinschaften unmittelbar anrufen kann, wenn der betreffende Mitgliedstaat mit Bedingungen und Auflagen verbundenen Entscheidungen oder so genannten Negativentscheidungen, insbesondere in den in Art. 14 dieser Verordnung genannten Fällen, nicht nachkommt. Diese **sekundärrechtliche Teilkonkretisierung** des Art. 108 Abs. 2 UAbs. 2 AEUV ist nunmehr durch den inhaltlich weitgehend identischen Art. 28 Abs. 1 VO 2015/1589 ersetzt worden, wonach die Kommission nach Art. 108 Abs. 2 AEUV den Gerichtshof der Europäischen Union unmittelbar anrufen kann, wenn der betreffende Mitgliedstaat mit Bedingungen und Auflagen verbundenen Beschlüssen oder Negativbeschlüssen, insbesondere in den in Art. 16 dieser Verordnung genannten Fällen, nicht nachkommt.

40

---

[97] Zur hierauf bezogenen Rechtsprechung der Unionsgerichte vgl. etwa EuGH, Urt. v. 28.1.1986, Rs. 169/84 (COFAZ/Kommission), Slg. 1986, 391, Rn. 23f.; Urt. v. 11.9.2008, verb. Rs. C–75/05 u. C–80/05 (Deutschland u. Kronofrance/Kommission), Slg. 2008, I–6619, Rn. 40; EuG, Urt. v. 10.12.2008, Rs. T–388/02 (Kronoply u.a./Kommission), Slg. 2008, II–305, Rn. 62ff.; Urt. v. 18.11.2009, Rs. T–375/04 (Scheucher-Fleisch/Kommission), Slg. 2009, II–4155, Rn. 44; sowie jeweils m.w.N. *Bacon*, S. 499 (514ff.); *Frenz*, Handbuch Europarecht, Bd. 3, Rn. 1592ff.; *Jürimäe*, EStAL 2010, 303; *Kamann*, in: Nowak/Cremer, S. 161 (167ff.); *Kreuschitz*, S. 369ff.; *Lübbig/Martín-Ehlers*, S. 361ff.; *Peytz/Mygind*, EStAL 2010, 331; *dies.*, EStAL 2010, 617; *Soltész*, in: Heidenhain, § 41 Rn. 1ff.; *Staebe*, S. 104ff.; *Weiß*, ZHR 180 (2016), 80 (96ff.).

[98] Zur Bedeutung dieser ungeschriebenen Zulässigkeitsvoraussetzung insbesondere auch dann, wenn es um den Individualrechtsschutz gegen verfahrensabschließende Kommissionsbeschlüsse im Anwendungsbereich des EU-Beihilferechts geht, vgl. etwa EuG, Urt. v. 18.3.2010, Rs. T–94/08 (Centre de Coordination Carrefour SNC/Kommission), Slg. 2010, II–1015, Rn. 66; Urt. v. 18.3.2010, Rs. T–189/08 (Forum 187 ASBL/Kommission), Slg. 2010, II–1039, Rn. 87; Urt. v. 24.3.2011, verb. Rs. T–443/08 u. T–455/08 (Freistaat Sachsen u.a./Kommission), Slg. 2011, II–1311, Rn. 68; Urt. v. 17.5.2011, Rs. T–1/08 (Buczek Automotive/Kommission), Slg. 2011, II–2107, Rn. 34ff.; sowie *Herzog*, EStAL 2010, 723.

[99] Zu diesen beiden unterschiedlichen Vorverfahren vgl. *Nowak*, EnzEuR, Bd. 3, § 10, Rn. 26ff. u. Rn. 62ff.

[100] VO 659/1999 (Fn. 3).

Insoweit reagiert die in Art. 28 Abs. 1 VO (EU) 2015/1589 enthaltene Neufassung des früheren Art. 23 Abs. 1 VO 659/1999 auf den Lissabonner Reformvertrag (s. Art. 1 EUV, Rn. 33 ff.), der unter anderem bewirkt hat, dass der frühere Gerichtshof der Europäischen Gemeinschaften durch den unter anderem auch in Art. 13 Abs. 2 EUV und Art. 19 Abs. 1 EUV angesprochenen Gerichtshof der Europäischen Union ersetzt wurde und dass Art. 288 Abs. 4 AEUV – abweichend von ex-Art. 249 EGV – nicht mehr von Entscheidungen, sondern von Beschlüssen spricht.

41 Die in Art. 108 Abs. 2 UAbs. 2 AEUV enthaltene Sonderregelung über die unmittelbare Anrufung des Gerichtshofs der EU geht über Art. 28 Abs. 1 VO (EU) 2015/1589 insoweit hinaus, als sich die letztgenannte Bestimmung lediglich auf die in Art. 258 AEUV geregelte Aufsichtsklage der Kommission bezieht, während Art. 108 Abs. 2 UAbs. 2 AEUV sowohl diese Aufsichtsklage als auch die in Art. 259 AEUV geregelte Staatenklage zum Gegenstand hat. Insoweit ermächtigt die in Art. 108 Abs. 2 UAbs. 2 AEUV enthaltene Sonderregelung nicht nur die Kommission, sondern auch die Mitgliedstaaten zur unmittelbaren Anrufung des Gerichtshofs der EU im Rahmen der in Art. 258 und 259 AEUV geregelten Vertragsverletzungsverfahren, wenn ein anderer Mitgliedstaat nicht fristgemäß einem der in Art. 108 Abs. 2 UAbs. 2 AEUV genannten Beschlüsse der Kommission (s. Rn. 38) nachkommt. Diese auf die Etablierung bzw. **Ermöglichung vereinfachter bzw. beschleunigter Vertragsverletzungsverfahren** abzielende Sonderregelung stellt allerdings nicht in Frage, dass das EU-Rechtsschutzsystem letztendlich nur zwei unterschiedliche Vertragsverletzungsverfahren der in Art. 258 und 259 AEUV geregelten Art vorsieht. Zwar werden die in Art. 108 Abs. 2 UAbs. 2, 114 Abs. 9 und 348 Abs. 2 AEUV geregelten Verfahren oder Klagemöglichkeiten gelegentlich als »spezielle Vertragsverletzungsverfahren« oder als »spezielle Vertragsverletzungsklagen« bezeichnet.[101] Der Wortlaut der vorgenannten Bestimmungen und die Systematik des AEU-Vertrags sprechen jedoch eher dafür, dass die vorgenannten Sonderregelungen – und damit auch Art. 108 Abs. 2 UAbs. 2 AEUV – nicht der Schaffung und Durchführbarkeit weiterer vollkommen eigenständiger und von den Art. 258 und 259 AEUV strikt zu unterscheidender Klagearten oder Vertragsverletzungsverfahren, sondern vielmehr der jeweils bereichsspezifischen Modifizierung der »normalen« vertragsverletzungsverfahrensrechtlichen Grundformen dienen.[102]

42 Insoweit lässt sich in Ansehung des Art. 108 Abs. 2 UAbs. 2 AEUV durchaus von einer bereichsspezifischen Variante oder **Sonderform der in den Art. 258 f. AEUV geregelten Vertragsverletzungsklagen** sprechen,[103] die sich auf ganz bestimmte (hier: EU-beihilferechtsspezifische) Unionsrechtsverstöße der Mitgliedstaaten bezieht. Diese bereichsspezifische Sonderform führt in erster Linie zu einer erheblichen Vereinfachung

---

[101] Vgl. *Cremer*, in: Calliess/Ruffert, EUV/AEUV, Art. 258 AEUV, Rn. 38 f.; *Ehricke*, in: Streinz, EUV/AEUV, Art. 258 AEUV, Rn. 38 ff.; *Frenz*, Handbuch Europarecht, Bd. 5, Rn. 2663 ff.

[102] So auch *Burgi*, in: Rengeling/Middeke/Gellermann, § 6, Rn. 31.

[103] In diesem Sinne vgl. auch *Köster*, in: Montag/Säcker, Art. 23 VerfVO, Rn. 2; *Nowak*, in: Birnstiel/Bungenberg/Heinrich, Art. 23 VO 659/99, Rn. 2; *Schwarze*, in: Schwarze, EU-Kommentar, Art. 258 AEUV, Rn. 35 ff.; ähnlich vgl. *Sinnaeve*, in: Heidenhain, § 36 Rn. 16 (»special form«); sowie EuG, Urt. v. 22.5.1996, Rs. T–277/94 (AITEC/Kommission), Slg. 1996, II–351, Rn. 26), wo in Bezug auf die Vorgängerbestimmung des Art. 108 Abs. 2 UA 2 AEUV von einer »Sonderform der Vertragsverletzungsklage« die Rede ist. Instruktiv dazu vgl. ferner EuGH, Urt. v. 12.12.2002, Rs. C–209/00 (Kommission/Deutschland), Slg. 2002, I–11695, Rn. 37, wonach die Klage nach Artikel 88 Absatz 2 EG [jetzt: Art. 108 Abs. 2 UAbs. 2 AEUV] nur eine »Variante der Vertragsverletzungsklage« ist, die den besonderen Problemen, die die Aufrechterhaltung für rechtswidrig erklärter staatlicher Beihilfen für den Wettbewerb im Gemeinsamen Markt mit sich bringt, angepasst ist.

bzw. Straffung der in den Art. 258 und 259 AEUV geregelten Vertragsverletzungsverfahren, die sich im Wesentlichen im Verzicht auf das sonst obligatorische Vorverfahren manifestiert (s. Rn. 40). Hieraus folgt zugleich, dass der **gerichtliche Streitgegenstand** im Anwendungsbereich des Art. 108 Abs. 2 UAbs. 2 AEUV nicht durch ein bestimmtes Vorverfahren eingegrenzt bzw. determiniert wird, wie dies im Rahmen der beiden Vertragsverletzungsverfahren nach den Art. 258 und 259 AEUV grundsätzlich der Fall ist.[104]

Darüber hinaus gibt es zwischen den in Art. 258f. AEUV geregelten Grundformen und der in Art. 108 Abs. 2 UAbs. 2 AEUV vorgesehenen Sonderform einer Vertragsverletzungsklage einen weiteren bedeutsamen Unterschied im Hinblick auf den im Rahmen der Begründetheitsstation maßgeblichen **Zeitpunkt für die gerichtliche Beurteilung des Vorliegens eines Unionsrechtsverstoßes**. So ist beispielsweise der maßgebliche Zeitpunkt für die gerichtliche Beurteilung des Vorliegens eines Unionsrechtsverstoßes im Rahmen eines Vertragsverletzungsverfahrens nach Art. 258 AEUV in der Regel derjenige des Ablaufs der Frist, die die Kommission im Rahmen des Vorverfahrens in ihrer mit Gründen versehenen Stellungnahme zur Beseitigung dieses Verstoßes gesetzt hat.[105] Dies ergibt sich aus der ständigen Rechtsprechung des Unionsrichters, wonach das Vorliegen einer Vertragsverletzung grundsätzlich anhand der Lage zu beurteilen ist, in der sich der betroffene Mitgliedstaat bei Ablauf der in der mit Gründen versehenen Stellungnahme der Kommission gesetzten Frist befand,[106] und wonach später eingetretene Veränderungen daher in diesem Kontext nicht berücksichtigt werden können.[107] Bedient sich die Kommission nun aber einer vertragsverletzungsverfahrensrechtlichen Sonderform etwa der in Art. 108 Abs. 2 UAbs. 2 AEUV geregelten Art, so kann zur Bestimmung des für die Beurteilung einer Vertragsverletzung maßgeblichen Zeitpunkts in Abweichung von der vorgenannten Rechtsprechung selbstverständlich nicht an den Ablauf der in einer mit Gründen versehenen Stellungnahme festgesetzten Frist angeknüpft werden, da der Erhebung einer Klage nach Art. 108 Abs. 2 UAbs. 2 AEUV – entgegen den üblichen Gepflogenheiten im Anwendungsbereich des Art. 258 AEUV – kein Vorverfahren vorausgeht (s. Rn. 40) und es in diesem Kontext insoweit auch nicht zur Versendung einer mit Gründen versehenen Stellungnahme kommt. Vor diesem Hintergrund bestimmt sich der maßgebliche Zeitpunkt für die Beurteilung des Vorliegens einer Vertragsverletzung im Rahmen des Verfahrens nach Art. 108 Abs. 2 UAbs. 2 AEUV nach dem Ablauf der Frist, die die Kommission entweder in ihrem auf der Grundlage des Art. 108 Abs. 2 UAbs. 1 AEUV erlassenen Beschluss (s. Rn. 38) oder gegebenenfalls anschließend festgesetzt hat.[108]

---

[104] Ausführlich dazu vgl. m.w.N. *Nowak*, EnzEuR, Bd. 3, § 10, Rn. 26ff. und Rn. 62ff.

[105] Zu den indes nach wie vor bestehenden Unklarheiten über den maßgeblichen Zeitpunkt für die gerichtliche Beurteilung des Vorliegens eines Unionsrechtsverstoßes in solchen Fällen, in denen es um eine Staatenklage nach Art. 259 AEUV geht, vgl. *Nowak*, EnzEuR, Bd. 3, § 10, Rn. 79.

[106] Vgl. etwa EuGH, Urt. v. 4.7.2002, Rs. C–173/01 (Kommission/Griechenland), Slg. 2002, I–6129, Rn. 7; Urt. v. 14.4.2005, Rs. C–519/03 (Kommission/Luxemburg), Slg. 2005, I–3067, Rn. 18; Urt. v. 4.3.2010, Rs. C–297/08 (Kommission/Italien), Slg. 2010, I–1749, Rn. 79; Urt. v. 24.5.2012, Rs. C–352/11 (Kommission/Österreich), ECLI:EU:C:2012:315, Rn. 9.

[107] Vgl. etwa EuGH, Urt. v. 14.7.2005, Rs. C–135/03 (Kommission/Spanien), Slg. 2005, I–6909, Rn. 31; Urt. v. 16.7.2009, Rs. C–427/07 (Kommission/Irland), Slg. 2009, I–6277, Rn. 65; Urt. v. 5.5.2011, Rs. C–206/10 (Kommission/Deutschland), Slg. 2011, I–3573, Rn. 25; Urt. v. 19.4.2012, Rs. C–297/11 (Kommission/Griechenland), ECLI:EU:C:2012:228, Rn. 13.

[108] Vgl. EuGH, Urt. v. 3.7.2001, Rs. C–378/98 (Kommission/Belgien), Slg. 2001, I–5107, Rn. 26; Urt. v. 5.10.2006, Rs. C–232/05 (Kommission/Frankreich), Slg. 2006, I–10071, Rn. 32; Urt. v. 14.4.2011, Rs. C–331/09 (Kommission/Polen), Slg. 2011, I–2933, Rn. 50.

III. Exzeptionelle Beschlussbefugnis des Rates bei Vorliegen außergewöhnlicher Umstände (UAbs. 3 und 4)

44 Die beiden letzten Unterabsätze des Art. 108 Abs. 2 AEUV haben schließlich die exzeptionelle Beschlussbefugnis des Rates bei Vorliegen außergewöhnlicher Umstände zum Gegenstand. Diesbezüglich sieht Art. 108 Abs. 2 UAbs. 3 Satz 1 AEUV zunächst einmal vor, dass der Rat einstimmig auf Antrag eines Mitgliedstaats beschließen kann, dass eine von diesem Staat gewährte oder geplante Beihilfe in Abweichung von Art. 107 AEUV oder von den nach Art. 109 AEUV erlassenen Verordnungen als mit dem Binnenmarkt vereinbar gilt, wenn außergewöhnliche Umstände einen solchen Beschluss rechtfertigen. Diese vom Rat bislang primär in Fällen mit landwirtschaftlichen Bezügen in Anspruch genommene Regelung[109] stellt im Lichte der grundsätzlich der Kommission obliegenden administrativen Durchsetzung des EU-Beihilfenrechts eine **Ausnahmebestimmung** dar,[110] die grundsätzlich **eng auszulegen** ist[111] und deren Ausnahmecharakter zugleich bewirkt, dass an das in Art. 296 Abs. 2 AEUV geregelte Begründungserfordernis im vorliegenden Sachzusammenhang besonders hohe Anforderungen zu stellen sind.[112]

45 Die gebotene enge Auslegung des Art. 108 Abs. 2 UAbs. 3 Satz 1 AEUV muss insbesondere an dem darin enthaltenen **Tatbestandsmerkmal des Vorliegens außergewöhnlicher Umstände** ansetzen, woraus sich ergibt, dass der Rat auf der Grundlage dieser Norm nur solche staatlichen Beihilfen auf Grund außergewöhnlicher Umstände genehmigen darf, die nicht bereits von der Kommission in Anwendung der in Art. 107 Abs. 2 und 3 AEUV geregelten Ausnahmetatbestände berücksichtigt werden.[113] Etwas relativiert wird dies indes dadurch, dass der Rat bei der Anwendung von Art. 108 Abs. 2 UAbs. 3 AEUV nach der ständigen Rechtsprechung des Unionsrichters über ein **weites Ermessen** verfügt, welches er nach Maßgabe komplexer wirtschaftlicher und sozialer Wertungen ausübt, die auf die Union als Ganzes zu beziehen sind, und dass die **gericht-**

---

[109] Exemplarisch zur bisherigen Nutzung der in Art. 108 Abs. 2 UAbs. 3 AEUV geregelten Beschlussbefugnis vgl. die Ratsentscheidung 2003/530/EG vom 16.7.2003 über die Vereinbarkeit einer von der Italienischen Republik zugunsten ihrer Milcherzeuger geplanten Beihilfe mit dem Gemeinsamen Markt, ABl. 2003, L 184/15; die Ratsentscheidung 2007/722/EG vom 22.10.2007 über die Gewährung einer staatlichen Soforthilfe durch die Behörden Rumäniens zur Milderung der Folgen der Dürreperiode 2006/2007 im Agrarsektor, ABl. 2007, L 293/5; und die Ratsentscheidung 2010/10/EG vom 20.11.2009 über die Gewährung einer staatlichen Beihilfe durch die Behörden Republik Polen für den Erwerb landwirtschaftlicher Flächen zwischen dem 1. Januar 2010 und dem 31. Dezember 2013, ABl. 2010, L 4/89. Zur gelegentlichen Nutzung dieser Beschlussbefugnis jenseits des Agrarwirtschaftsbereichs vgl. die Ratsentscheidungen 2002/361/EG, 2002/362/EG und 2002/363/EG jeweils vom 3.5.2002 über die Gewährung staatlicher Beihilfen für Unternehmen des Straßengüterverkehrs in den Niederlanden, in Italien und in Frankreich, ABl. 2002, L 131/12.

[110] Vgl. EuGH, Urt. v. 29.6.2004, Rs. C–110/02 (Kommission/Rat), Slg. 2004, I–6333, Rn. 31; Urt. v. 22.6.2006, Rs. C–399/03 (Kommission/Rat), Slg. 2006, I–5629, Rn. 24; Urt. v. 4.12.2013, Rs. C–117/10 (Kommission/Rat), ECLI:EU:C:2013:784, Rn. 40; Urt. v. 4.12.2013, Rs. C–117/10 (Kommission/Rat), ECLI:EU:C:2013:787, Rn. 43; Urt. v. 10.12.2013, Rs. C–272/12 P (Kommission/Irland u.a.), ECLI:EU:C:2013:812, Rn. 48.

[111] Vgl. EuGH, Urt. v. 4.12.2013, Rs. C–111/10 (Kommission/Rat), ECLI:EU:C:2013:785, Rn. 39; Urt. v. 4.12.2013, Rs. C–117/10 (Kommission/Rat), ECLI:EU:C:2013:786, Rn. 51.

[112] In diesem Sinne vgl. auch *Erlbacher*, in: GSH, Europäisches Unionsrecht, Art. 108 AEUV, Rn. 131.

[113] In diesem Sinne vgl. auch *Erlbacher*, in: GSH, Europäisches Unionsrecht, Art. 108 AEUV, Rn. 133; *v. Wallenberg/Schütte*, in: Grabitz/Hilf/Nettesheim, EU, Art. 108 AEUV (September 2014), Rn. 148.

liche Nachprüfung der Ausübung dieses Ermessens aus diesem Grund auf die Überprüfung der Beachtung der Verfahrens- und Begründungsvorschriften sowie auf die Kontrolle der inhaltlichen Richtigkeit der festgestellten Tatsachen und des Fehlens von Rechtsfehlern, von offensichtlichen Fehlern bei der Bewertung der Tatsachen und von Ermessensmissbrauch beschränkt ist.[114] Diese gerichtliche Nachprüfung schließt auch die im Anwendungsbereich des Art. 108 Abs. 2 UAbs. 3 Satz 1 AEUV gegebene Bindung des Rates an den unionsverfassungsrechtlichen **Verhältnismäßigkeitsgrundsatz** ein.[115]

Zusätzlich begrenzt wird die in Art. 108 Abs. 2 UAbs. 3 Satz 1 AEUV geregelte Beschlussbefugnis des Rates zum einen dadurch, dass der Rat in diesem Bereich – abweichend von der Grundregel des Art. 16 Abs. 3 EUV – nicht mit qualifizierter Mehrheit, sondern nur einstimmig beschließen kann. Zum anderen setzt die Wahrnehmung dieser Beschlussbefugnis durch den Rat einen entsprechenden **Antrag des betreffenden Mitgliedstaats** voraus, während andere Mitgliedstaaten oder etwa Beihilfeempfänger über keine entsprechende Antragsberechtigung verfügen. Hat die Kommission bezüglich der im konkreten Einzelfall in Rede stehenden Beihilfe bereits das in Art. 108 Abs. 2 UAbs. 1 AEUV vorgesehene (förmliche) Prüfverfahren (s. Rn. 35 ff.) eingeleitet, so bewirkt der vorgenannte Antrag des betreffenden Mitgliedstaats nach Art. 108 Abs. 2 UAbs. 3 Satz 2 AEUV die **Aussetzung des förmlichen Prüfverfahrens**, bis der Rat sich geäußert hat. In zeitlicher Hinsicht wird der Rat dabei durch Art. 108 Abs. 2 UAbs. 3 Satz 2 AEUV diszipliniert, da nach dieser Bestimmung wieder die Kommission beschließt, wenn sich der Rat nicht binnen drei Monaten nach Antragstellung äußert. Nach Ablauf dieser Frist ist der Rat nicht mehr befugt, eine Entscheidung über die betreffende Beihilfe gemäß Art. 108 Abs. 2 UAbs. 3 Satz 1 AEUV zu erlassen.[116] Im Übrigen ist nunmehr auch höchstrichterlich geklärt, dass der Rat unter Berücksichtigung der Kohärenz und der Wirksamkeit des Handelns der Union nicht mehr ermächtigt ist, die ihm nach Art. 108 Abs. 2 UAbs. 3 AEUV übertragene Ausnahmebefugnis auszuüben, um eine Beihilfe für mit dem Binnenmarkt vereinbar zu erklären, wenn der betreffende Mitgliedstaat keinen Antrag nach dieser Bestimmung an ihn gerichtet hat, bevor die Kommission die jeweilige Beihilfe für mit dem Binnenmarkt unvereinbar erklärt und so das Verfahren nach Art. 108 Abs. 2 UAbs. 1 AEUV abgeschlossen hat.[117]

---

[114] Vgl. EuGH, Urt. v. 4.12.2013, Rs. C–117/10 (Kommission/Rat), ECLI:EU:C:2013:784, Rn. 98; Urt. v. 4.12.2013, Rs. C–111/10 (Kommission/Rat), ECLI:EU:C:2013:785, Rn. 97; Urt. v. 4.12.2013, Rs. C–117/10 (Kommission/Rat), ECLI:EU:C:2013:786, Rn. 113; Urt. v. 4.12.2013, Rs. C–117/10 (Kommission/Rat), ECLI:EU:C:2013:787, Rn. 104, mit Anm. *Wiemer*, BRZ 2014, 109.

[115] Vgl. EuGH, Urt. v. 4.12.2013, Rs. C–111/10 (Kommission/Rat), ECLI:EU:C:2013:785, Rn. 110 ff.; Urt. v. 4.12.2013, Rs. C–117/10 (Kommission/Rat), ECLI:EU:C:2013:786, Rn. 130 ff.

[116] Vgl. EuGH, Urt. v. 4.12.2013, Rs. C–111/10 (Kommission/Rat), ECLI:EU:C:2013:785, Rn. 40; Urt. v. 4.12.2013, Rs. C–117/10 (Kommission/Rat), ECLI:EU:C:2013:786, Rn. 52.

[117] Vgl. EuGH, Urt. v. 4.12.2013, Rs. C–117/10 (Kommission/Rat), ECLI:EU:C:2013:784, Rn. 42; Urt. v. 4.12.2013, Rs. C–111/10 (Kommission/Rat), ECLI:EU:C:2013:785, Rn. 41.

D. Notifizierungspflicht, unmittelbar anwendbares Durchführungsverbot und Vorprüfverfahren bei neuen Beihilfen (Absatz 3)

47 Die in Art. 108 Abs. 3 AEUV enthaltenen Regelungen beziehen sich ausschließlich auf die **Kontrolle neuer Beihilfen**,[118] die im Grundsatz präventiv von den betreffenden Mitgliedstaaten bei der Kommission anzumelden sind und nicht durchgeführt werden dürfen, bevor die Kommission einen abschließenden Beschluss erlassen hat (I.). Neben dieser durch das vorgenannte Durchführungsverbot flankierten Notifizierungs- bzw. Anmeldepflicht hat Art. 108 Abs. 3 AEUV im Übrigen die unverzügliche Einleitung des förmlichen Prüfverfahrens im Sinne des Art. 108 Abs. 2 UAbs. 1 AEUV durch die Kommission zum Gegenstand. Ein solcher Einleitungsbeschluss stellt aber nicht die einzige Beschlussalternative der Kommission am Ende der EU-beihilfekontrollrechtlichen Vorprüfphase dar; vielmehr kommen in diesem Verfahrensstadium unterschiedliche Kommissionsbeschlüsse in Betracht, die der gerichtlichen Kontrolle durch den Unionsrichter zugeführt werden können (III.).

I. Anmeldepflicht und Durchführungsverbot

48 Die grundsätzliche Verpflichtung der Mitgliedstaaten zur präventiven Anmeldung neuer Beihilfen wird in Art. 108 Abs. 3 Satz 1 AEUV zum Ausdruck gebracht, wonach die Kommission von jeder beabsichtigten Einführung oder Umgestaltung von Beihilfen so rechtzeitig unterrichtet wird, dass sie sich dazu äußern kann.[119] Diese Anmelde- bzw. **Notifizierungspflicht**, die sich ausschließlich auf den betreffenden Mitgliedstaat bezieht und insoweit nicht mit einer parallelen Anmeldeberechtigung etwa drittbetroffener Beihilfeempfänger einhergeht,[120] wird durch Art. 2 VO 2015/1589[121] (ex-Art. 2 VO 659/1999[122]) bestätigt und ein Stück weit konkretisiert, indem beispielsweise Satz 1 dieser Bestimmung klarstellt, dass die Mitgliedstaaten der Kommission ihre Vorhaben zur Gewährung neuer Beihilfen[123] rechtzeitig mitteilen, soweit die Verordnungen nach Art. 109 AEUV oder nach anderen einschlägigen Vorschriften dieses Vertrags nichts anderes vorsehen. Mit diesen Verordnungen sind insbesondere die von der Kommission auf der Grundlage entsprechender Ermächtigungsverordnungen des Rates (s. Art. 109 AEUV, Rn. 13 f. u. 20) erlassenen Gruppenfreistellungsverordnungen[124] und De-mini-

---

[118] Vgl. EuGH, Urt. v. 16.4.2015, Rs. C-690/13 (Trapeza Eurobank Ergasias), ECLI:EU:C:2015: 235, Rn. 49.
[119] Zur ständigen Rechtsprechung des Unionsrichters, wonach sich diese Anmeldpflicht prinzipiell auf alle Einzelbeihilfen und Beihilferegelungen mit Ausnahme solcher Einzelbeihilfen bezieht, die auf der Grundlage bereits genehmigter Beihilferegelungen gewährt werden, vgl. etwa EuGH, Urt. v. 5.10.1994, Rs. C-47/91 (Italien/Kommission), Slg. 1994, I-4635, Rn. 21; Urt. v. 16.5.2002, Rs. C-321/99 P (ARAP u. a./Kommission), Slg. 2002, I-4287, Rn. 60.
[120] Vgl. EuGH, Urt. v. 1.6.2006, verb. Rs. C-442/03 P u. C-471/03 (P&O Ferries/Kommission), Slg. 2006, I-4845, Rn. 103. Zur interessanten Anschlussfrage, ob Beihilfeempfänger eine Anmeldung in Deutschland mit verwaltungsprozessualen Mitteln erzwingen können, vgl. *Orthmann*, BRZ 2013, 69.
[121] VO (EU) Nr. 2015/1589 (Fn. 2).
[122] VO (EG) Nr. 659/1999 (Fn. 3); zur Ersetzung dieser VO durch die vorgenannte VO (EU) Nr. 2015/1589 siehe die Kommentierung zu Art. 109 AEUV, Rn. 26.
[123] Zur zum Teil schwierigen Abgrenzung zwischen neuen und alten Beihilfen siehe bereits m. w. N. Fn. 13.
[124] Vgl. dazu insbesondere die VO (EU) Nr. 651/2014 (Fn. 1), die VO (EU) Nr. 702/2014 der Kom-

mis-Verordnungen¹²⁵ gemeint, die zahlreiche Beihilfegruppen sowie Beihilfen unterhalb bestimmter Schwellenwerte von der in Art. 108 Abs. 3 Satz 1 AEUV geregelten Anmeldepflicht freistellen. Im Übrigen wird die in Art. 108 Abs. 3 Satz 1 AEUV i. V. m. Art. 2 VO 2015/1589 geregelte Anmeldepflicht durch die dazugehörige Durchführungsverordnung der Kommission¹²⁶ in Verbindung mit ihrer **Bekanntmachung über die Einzelheiten für die elektronische Übermittlung von Anmeldungen** einschließlich der Anschriften zusammen mit allen erforderlichen Vorkehrungen zum Schutz vertraulicher Angaben¹²⁷ konkretisiert.

Die vorgenannte Anmeldepflicht wird durch das in Art. 108 Abs. 3 Satz 3 AEUV niedergelegte **Durchführungsverbot** flankiert, wonach der betreffende Mitgliedstaat die beabsichtigte Maßnahme nicht durchführen darf, bevor die Kommission einen abschließenden Beschluss erlassen hat. Eine neue Beihilfe, die unter Verstoß gegen diese Verpflichtung durchgeführt wird, ist nach der ständigen Rechtsprechung des Unionsrichters (formell) rechtswidrig.¹²⁸ Dieses Durchführungsverbot, das in Art. 7 Abs. 1 VO (EG) Nr. 139/2004¹²⁹ eine gewisse EU-fusionskontrollrechtliche Parallele findet, wird wiederum durch Art. 3 VO 2015/1589 (ex-Art. 3 VO 659/1999) konkretisiert, wonach anmeldungspflichtige Beihilfen nach Art. 2 dieser Verordnung (s. Rn. 48) nicht eingeführt werden dürfen, bevor die Kommission einen diesbezüglichen Genehmigungsbeschluss erlassen hat oder die Beihilfe als genehmigt gilt. Während die hier angesprochene Genehmigungsfiktion in Art. 4 Abs. 6 Satz 1 VO 2015/1589 geregelt ist, kann es sich bei dem vorgenannten Genehmigungsbeschluss, der bei Vorliegen außergewöhnlicher Umstände ausnahmsweise auch vom Rat erlassen werden kann (s. Rn. 44ff.), entweder um einen die Vorprüfphase abschließenden Genehmigungsbeschluss nach Art. 4 Abs. 3 Satz 1 VO 2015/1589 oder um einen das förmliche Prüfverfahren abschließenden »Positivbeschluss« nach Art. 9 Abs. 3 Satz 1 VO 2015/1589 handeln, der nach Art. 9 Abs. 4 Satz 1 VO 2015/1589 gegebenenfalls mit Bedingungen und Auflagen verbunden werden kann.

49

Da es sich bei Art. 108 Abs. 3 Satz 3 AEUV um eine primärrechtliche Bestimmung handelt, der nach ständiger Rechtsprechung des Unionsrichters **unmittelbare Wirkung bzw. Anwendbarkeit** zukommt,¹³⁰ können sich Drittbetroffene insbesondere in Gestalt

50

---

mission vom 25. 6. 2014 zur Feststellung der Vereinbarkeit bestimmter Arten von Beihilfen im Agrar- und Forstsektor und in ländlichen Gebieten mit dem Binnenmarkt in Anwendung der Artikel 107 und 108 des Vertrags über die Arbeitsweise der Europäischen Union, ABl. 2014, L 193/1; und die VO (EU) Nr. 1388/2014 der Kommission vom 16. 12. 2014 zur Feststellung der Vereinbarkeit bestimmter Gruppen von Beihilfen zugunsten von in der Erzeugung, Verarbeitung und Vermarktung von Erzeugnissen der Fischerei und der Aquakultur tätigen Unternehmen mit dem Binnenmarkt in Anwendung der Artikel 107 und 108 des Vertrags über die Arbeitsweise der Europäischen Union, ABl. 2014, L 369/37.
¹²⁵ Vgl. dazu insbesondere die VO (EU) Nr. 360/2012 der Kommission vom 25. 4. 2012 über die Anwendung der Artikel 107 und 108 des Vertrags über die Arbeitsweise der Europäischen Union auf De-minimis-Beihilfen an Unternehmen, die Dienstleistungen von allgemeinem wirtschaftlichem Interesse erbringen, ABl. 2012, L 114/8; und die VO (EU) Nr. 1407/2013 der Kommission vom 18. 12. 2013 über die Anwendung der Artikel 107 und 108 des Vertrags über die Arbeitsweise der Europäischen Union auf De-minimis-Beihilfen, ABl. 2013, L 352/1.
¹²⁶ VO (EG) 794/2004 (Fn. 12).
¹²⁷ ABl. 2005, C 237/3.
¹²⁸ Vgl. nur EuGH, Urt. v. 19. 3. 2015, Rs. C–672/13 (OTP Bank Nyrt), ECLI:EU:C:2015:185, Rn. 66; Urt. v. 16. 4. 2015, Rs. C–690/13 (Trapeza Eurobank Ergasias), ECLI:EU:C:2015:235, Rn. 51.
¹²⁹ VO (EG) Nr. 139/2004 des Rates vom 20. 1. 2004 über die Kontrolle von Unternehmenszusammenschlüssen (»EG-Fusionskontrollverordnung«), ABl. 2004, L 24/1.
¹³⁰ Zur unmittelbaren Anwendbarkeit bzw. Wirkung dieser insoweit drittschützenden bzw. In-

von Konkurrenten vor mitgliedstaatlichen Gerichten gegen eine behauptete Verletzung des in dieser Bestimmung niedergelegten Durchführungsverbots zur Wehr setzen. Insoweit wird den zuständigen Gerichten der Mitgliedstaaten durch Art. 108 Abs. 3 Satz 3 AEUV die Aufgabe übertragen, bis zu einem verfahrensabschließenden Beschluss der Kommission die **Rechte der Einzelnen** gegen eine mögliche Verletzung des in dieser Bestimmung enthaltenen Durchführungsverbots durch die staatlichen Stellen zu schützen.[131] Daraus folgt zugleich, dass die mitgliedstaatlichen Gerichte, die hinsichtlich der Klärung des Vorliegens einer neuen Beihilfe an einen etwaigen Eröffnungsbeschluss der Kommission gebunden sind,[132] zu Gunsten der Einzelnen nach ihrem nationalen Recht sämtliche Konsequenzen aus einer Verletzung des Art. 108 Abs. 3 Satz 3 AEUV sowohl bezüglich der Gültigkeit bzw. Wirksamkeit der jeweiligen Durchführungsakte als auch bezüglich der Beitreibung der unter Verletzung dieser Bestimmung gewährten finanziellen Unterstützungen oder eventueller vorläufiger Maßnahmen ziehen müssen.[133] Letzteres schließt im Regelfall zum einen die gerichtliche **Anordnung der Rückerstattung** der jeweiligen Beihilfe ein,[134] wobei aber alternativ auch die Einzahlung der Beträge auf ein Sperrkonto angeordnet werden kann, damit der Empfänger nicht weiter über sie verfügen kann.[135] Zum anderen können mitgliedstaatliche Gerichte in Fällen, in denen Beihilfen in zivilrechtlicher Form unter Verstoß gegen das in Art. 108 Abs. 3 Satz 3 AEUV niedergelegte Durchführungsverbot gewährt werden, die **Nichtigkeit der zugrundeliegenden Rechtsgeschäfte** feststellen,[136] auch wenn sich das Unionsrecht selbst in

---

dividualrechte begründenden Norm sowie zu der darauf beruhenden Möglichkeit des sog. *Private State Aid Enforcement* vgl. nur EuGH, Urt. v. 11.12.1973, Rs. 120/73 (Lorenz), Slg. 1973, 1471, Rn. 8; Urt. v. 21.11.1991, Rs. C–354/90 (FNCE), Slg. 1991, I–5505, Rn. 11; Urt. v. 11.7.1996, Rs. C–39/94 (SFEI), Slg. 1996, I–3547, Rn. 39; Urt. v. 11.3.2010, Rs. C–1/09 (CELF), Slg. 2010, I–2099, Rn. 23 ff.; *Brandtner/Beranger/Lessenich*, EStAL 2010, 23; *Giraud*, EStAL 2010, 671; *Mamut/Paterno*, EStAL 2009, 343; *Martín-Ehlers*, EuZW 2011, 583; *ders.*, EStAL 2014, 71; *Paschalidou*, BRZ 2011, 77 (84 ff.); *Rennert*, EuZW 2011, 576; *Vajda/Stuart*, EStAL 2010, 629; *Weiß*, ZHR 180 (2016), 80 (113 ff.). Instruktiv zur Rolle der mitgliedstaatlichen Gerichte bei der Durchsetzung des EU-Beihilfenrechts vgl. insbesondere auch die Rn. 8 ff. der Bekanntmachung der Kommission über die Durchsetzung des Beihilfenrechts durch die einzelstaatlichen Gerichte, ABl. 2009, C 85/1.

[131] So vgl. etwa EuGH Urt. v. 5.10.2006, Rs. C–368/04 (Transalpine Ölleitung in Österreich GmbH u.a.), Slg. 2006, I–9957, Rn. 44; Urt. v. 11.3.2010, Rs. C–1/09 (CELF), Slg. 2010, I–2099, Rn. 26.

[132] Vgl. EuGH, Urt. v. 21.11.2013, Rs. C–284/12 (Deutsche Lufthansa), ECLI:EU:C:2013:755, Rn. 24 ff.; mit Anm. *v. Bonin/Wittenberg*, EuZW 2014, 68; *Engel*, EnWZ 2014, 22; *Giesberts/Kleve*, NVwZ 2014, 643; *Koenig*, EWS 2014, »Die erste Seite«; *Soltész*, NJW 2013, 3773. Ausführlicher zu dieser recht kontrovers diskutierten Entscheidung vgl. *Berrisch*, EuZW 2014, 253; *Ghazarian*, EStAL 2014, 108; *Herrmann*, FS Müller-Graff, S. 616 ff.; *Martín-Ehlers*, EuZW 2014, 247; *Rennert*, DVBl 2014, 669; *Sonder*, ZEuS 2014, 361; *Traupel/Jennert*, EWS 2014, 1.

[133] Vgl. nur EuGH, Urt. v. 11.7.1996, Rs. C–39/94 (SFEI), Slg. 1996, I–3547, Rn. 40; Urt. v. 8.12.2011, Rs. C–275/10 (Residex), Slg. 2011, I–13043, Rn. 29; näher zur letztgenannten Entscheidung vgl. *v. Bonin*, EuZW 2012, 106; *Eilmansberger*, JRP 2012, 280; *Quardt*, BRZ 2012, 3.

[134] Vgl. nur EuGH, Urt. v. 11.7.1996, Rs. C–39/94 (SFEI), Slg. 1996, I–3547, Rn. 68 ff.; Beschl. v. 4.4.2014, Rs. C–27/13 (Flughafen Lübeck), ECLI:EU:C:2014: 240, Rn. 26; Urt. v. 19.3.2015, Rs. C–672/13 (OTP Bank Nyrt), ECLI:EU:C:2015:185, Rn. 70 ff., mit Anm. *Egger*, BRZ 2015, 105.

[135] Vgl. EuGH, Urt. v. 11.3.2010, Rs. C–1/09 (CELF), Slg. 2010, I–2099, Rn. 37, mit dem weiteren Hinweis, wonach dies unbeschadet der Zahlung von Zinsen für den Zeitraum zwischen der vorzeitigen Durchführung der Beihilfe und ihrer Einzahlung auf dieses Sperrkonto gilt.

[136] Exemplarisch dazu vgl. BGH, Urt. v. 4.4.2003, V ZR 314/02, EuZW 2003, 444; BGH, Urt. v. 24.10.2003, V ZR 48/03, EuZW 2004, 254; näher dazu vgl. etwa *Arhold*, EWS 2011, 209 (210 ff.); *Heidenhain*, EuZW 2005, 135; *Schmidt-Räntsch*, NJW 2005, 106; zu bestimmten Relativierungen der vorgenannten BGH-Rechtsprechung vgl. BGH, Urt. v. 5.12.2012, I ZR 92/11, EuZW 2013, 753, jeweils mit. Anm. *Bartosch*, EuZW 2013, 759; *Lotze/Smolinski*, BRZ 2014, 12; sowie *Koenig/Förtsch*, EWS 2014, 61.

diesen Fällen mit der schwebenden Unwirksamkeit dieser Rechtsgeschäfte zufrieden gibt.[137]

Im Übrigen können sich Konkurrenten im deutschen Recht auf eine Verletzung des Art. **108 Abs. 3 Satz 3 AEUV als Schutzgesetz** im Sinne des § 823 Abs. 2 BGB berufen und bestimmte wettbewerbsrechtliche Unterlassungs- und Beseitigungsansprüche geltend machen, da Art. 108 Abs. 3 Satz 3 AEUV sowohl nach ständiger Rechtsprechung des Unionsrichter als auch nach der Rechtsprechung des Bundesgerichtshofs gerade den Schutz derjenigen bezweckt, die von der wettbewerbsverzerrenden Wirkung der jeweiligen Beihilfe betroffen sind.[138] Dies korrespondiert schließlich in gewisser Weise mit der verwaltungsprozessualen Rechtsprechung des deutschen Bundesverwaltungsgerichts, wonach Art. 108 Abs. 3 Satz 3 AEUV als subjektives Unionsrecht die **Klagebefugnis eines Wettbewerbers nach § 42 Abs. 2 VwGO** begründen kann.[139] Die Möglichkeit drittbetroffener Konkurrenten, sich im Falle eines Verstoßes eines Mitgliedstaats gegen das in Art. 108 Abs. 3 Satz 3 AEUV niedergelegte Durchführungsverbot als Beschwerdeführer an die Kommission zu wenden und diese zur Einleitung des in den Art. 12 ff. VO 2015/1589 näher ausgestalteten Verfahrens bei rechtswidrigen Beihilfen aufzufordern,[140] bleibt von den vorgenannten Möglichkeiten des dezentralen Individualrechtsschutzes unberührt.

51

II. Entscheidungsbefugnisse der Kommission

Ist die Kommission der Auffassung, dass ein bei ihr nach Maßgabe des Art. 108 Abs. 3 Satz 1 AEUV angemeldetes (Beihilfe-)Vorhaben (s. Rn. 47 ff.) nach Art. 107 AEUV mit dem Binnenmarkt unvereinbar ist, so leitet sie gemäß Art. 108 Abs. 3 Satz 2 AEUV unverzüglich das in Art. 108 Abs. 2 AEUV vorgesehene Verfahren (s. Rn. 35 ff.) ein. Hiermit ist der in Art. 4 Abs. 4 VO 2015/1589 (ex-Art. 4 Abs. 4 VO 659/1999) angesprochene **Beschluss der Kommission über die Einleitung des förmlichen Prüfverfahrens** gemeint, den sie ausweislich dieser konkretisierenden Bestimmung zu erlassen hat, wenn sie nach einer vorläufigen Prüfung, die gemäß Art. 4 Abs. 5 VO 2015/1589 grundsätzlich nicht länger als zwei Monate dauern soll,[141] feststellt, dass die angemeldete Beihilfe Anlass zu Bedenken hinsichtlich ihrer Vereinbarkeit mit dem Binnenmarkt gibt. Ein solcher Einleitungsbeschluss, der eine bedeutsame **Bindungswirkung gegenüber mitgliedstaatlichen Gerichten** entfaltet (s. Rn. 50), stellt allerdings nicht die einzige Beschlussvariante am Ende dieser vorläufigen Prüfung dar, auch wenn Art. 108 Abs. 3 Satz 2 AEUV auf den ersten Blick den gegenteiligen Eindruck erweckt. Vielmehr kann

52

---

[137] Näher dazu vgl. etwa *Eilmansberger*, JRP 2012, 280; *Soltész*, EnzEur, Bd. 4, § 15, Rn. 17; sowie OGH, Urt. v. 25.3.2014, 4 Ob 209/13h, BRZ 2014, 119 ff., mit Anm. *Egger*, BRZ 2014, 123.

[138] Vgl. nur EuGH, Urt. v. 12.2.2008, Rs. C–199/06 (CELF), Slg. 2008, I–469, Rn. 38; BGH, Urt. v. 10.2.2011, I ZR 136/09, EuZW 2011, 440 (441 f.); BGH, Urt. v. 21.7.2011, I ZR 209/09, GRUR-RR 2012, 157 (159); ausführlicher dazu vgl. etwa *Arhold*, EWS 2011, 209; *Arhold/Struckmann/Zibold*, EStAL 2011, 195; *Koenig/Hellstern*, EWS 2011, 216; *Koenig/Hellstern*, GRURInt 2012, 14; *Metselaar*, EStAL 2014, 250; *Soltész*, EuR 2012, 60; *Werner*, in: Montag/Säcker, Art. 108 AEUV, Rn. 142 ff.

[139] Vgl. BVerwG, Urt. v. 16.12.2010, 3 C 44/09, EuZW 2011, 269 ff.; näher dazu vgl. etwa *Arhold*, EWS 2011, 209 (215 f.); *Rennert*, EuZW 2011, 576; *Soltész*, EuR 2012, 60 (63 ff.) *Weiß*, ZHR 180 (2016), 80 (126 f.).

[140] Ausführlicher zu dieser Möglichkeit sowie zum Rechtsschutz von Beschwerdeführern in Fällen, in denen die Kommission einer solchen Aufforderung nicht Folge leistet, vgl. *Nowak*, in: Birnstiel/Bungenberg/Heinrich, Art. 20 VO 659/1999, Rn. 687 ff.

[141] Näher zu dieser sog. *Lorenz*-Frist vgl. nur *Becker*, EWS 2007, 255 (257 f.); *Heinz*, ecolex 1999, 217.

die Kommission nach Art. 4 Abs. 3 Satz 1 VO 2015/1589 am Ende der Vorprüfphase auch einen so genannten »**Beschluss, keine Einwände zu erheben**«, erlassen, wenn sie nach einer vorläufigen Prüfung feststellt, dass die nach Maßgabe des Art. 108 Abs. 3 Satz 1 AEUV bei ihr angemeldete Maßnahme, insoweit sie in den Anwendungsbereich des Art. 107 Abs. 1 AEUV fällt, keinen Anlass zu Bedenken hinsichtlich ihrer Vereinbarkeit mit dem Binnenmarkt gibt. Die dritte denkbare Beschlussvariante am Ende der vorläufigen Prüfung ist schließlich in Art. 4 Abs. 2 VO 2015/1589 geregelt und bezieht sich auf den Fall, dass die Kommission nach einer vorläufigen Prüfung zu dem Schluss gelangt, dass die angemeldete Maßnahme keine Beihilfe darstellt.

III. Rechtsschutz der Haupt- und Drittbetroffenen

53 Einleitungsbeschlüsse der Kommission im Sinne des Art. 108 Abs. 3 Satz 2 AEUV i. V. m. Art. 4 Abs. 4 VO 2015/1589 (s. Rn. 52) können auf Grund ihres vorbereitenden Charakters im Grundsatz weder von den betreffenden Mitgliedstaaten noch von den jeweiligen Beihilfeempfängern mit der in Art. 263 AEUV geregelten **Nichtigkeitsklage** angegriffen werden, wenn es im konkreten Einzelfall eindeutig um eine neue anmeldepflichtige Beihilfe im Sinne des Art. 108 Abs. 3 AEUV geht (s. Rn. 34). Nichtigkeitsklagen der betreffenden Mitgliedstaaten und der jeweiligen Beihilfeempfänger gegen die in Art. 4 Abs. 2 und 3 VO 2015/1589 geregelten Kommissionsbeschlüsse (s. Rn. 52), die unter der Voraussetzung der unmittelbaren und individuellen Betroffenheit insbesondere von drittbetroffenen Konkurrenten mit der in Art. 263 AEUV geregelten Nichtigkeitsklage angefochten werden können,[142] scheiden in der Regel mangels eines Rechtsschutzinteresses aus.[143]

E. Befugnis der Kommission zum Erlass beihilferechtlicher Gruppenfreistellungsverordnungen und sog. De-minimis-Verordnungen (Absatz 4)

54 Durch Art. 108 Abs. 4 AEUV wird die Kommission schließlich dazu ermächtigt, Verordnungen zu den Arten von staatlichen Beihilfen zu erlassen, für die der Rat nach Art. 109 AEUV festgelegt hat, dass sie von dem Verfahren nach Art. 108 Abs. 3 AEUV (s. Rn. 47 ff.) ausgenommen werden können (s. Art. 109 AEUV, Rn. 12 ff.). Bei dieser Bestimmung, die ihr EU-kartellrechtliches »pendant« in Art. 105 Abs. 3 AEUV findet, handelt es sich um eine durch den Lissabonner Reformvertrag (s. Art. 1 EUV, Rn. 33 ff.) geschaffene primärrechtliche Kompetenzgrundlage für den Erlass beihilferechtlicher

---

[142] Ausführlicher dazu vgl. jeweils m. w. N. *Erlbacher*, in: Schröter/Jakob/Klotz/Mederer, Art. 108 AEUV, Rn. 118; *Harringa*, in: Birnstiel/Bungenberg/Heinrich, Art. 4 VO 659/1999, Rn. 303 ff.; *Nowak*, in: ebd., Art. 20 VO 659/1999, Rn. 698 ff.; *Soltész*, EnzEur, Bd. 4, § 15, Rn. 125 ff.; *v. Wallenberg/Schütte*, in: Grabitz/Hilf/Nettesheim, EU, Art. 108 AEUV (September 2014), Rn. 42; sowie EuGH, Urt. v. 11.9.2008, verb. Rs. C–75/05 P u. C–80/05 P (Deutschland u. Kronofrance/Kommission), Slg. 2008, I–6619, Rn. 35 ff.; Urt. v. 18.11.2010, Rs. C–322/09 P (NDSHT/Kommission), Slg. 2010, I–11911 ff.; Urt. v. 24.5.2011, Rs. C–83/09 P (Kommission/Kronoply u. a.), Slg. 2011, I–4441, Rn. 43 ff.; Urt. v. 27.10.2011, Rs. C–47/10 P (Scheucher-Fleisch u. a.), Slg. 2011, I–10707, Rn. 41 ff.

[143] Vgl. etwa *Harringa*, in: Birnstiel/Bungenberg/Heinrich, Art. 4 VO 659/1999, Rn. 282 ff. u. Rn. 295 f.

Gruppenfreistellungsverordnungen und so genannter **De-minimis-Verordnungen** durch die Kommission.[144] Dies ist der Kommission allerdings bereits durch die so genannte Ermächtigungs-VO (EG) Nr. 994/98[145] ermöglicht worden (s. Art. 109 AEUV, Rn. 12 ff.), die mit Wirkung zum 14.10.2015 durch die neue (Ermächtigungs-)Verordnung (EU) Nr. 2015/1588 des Rates vom 13.7.2015 über die Anwendung der Artikel 107 und 108 des Vertrags über die Arbeitsweise der Europäischen Union auf bestimmte Gruppen horizontaler Beihilfen[146] ersetzt worden ist (s. Art. 109 AEUV, Rn. 20). Ob die Einführung des Art. 108 Abs. 4 AEUV bewirkt, dass nunmehr allein die Kommission zum Erlass beihilferechtlicher Freistellungsverordnungen berechtigt ist und dass der Rat insoweit darauf beschränkt wird,[147] die jeweiligen Beihilfearten festzulegen, bedarf noch der höchstrichterlichen Klärung durch den Gerichtshof der EU.

---

[144] Vgl. dazu insb. die VO (EU) Nr. 651/2014 (Fn. 1), die VO (EU) Nr. 702/2014 (Fn. 124), die VO (EU) Nr. 1388/2014 (Fn. 124), die VO (EU) Nr. 360/2012 (Fn. 125) und die VO (EU) Nr. 1407/2013 (Fn. 125).

[145] VO (EG) Nr. 994/98 des Rates vom 7.5.1998 über die Anwendung der Artikel 92 und 93 des Vertrags zur Gründung der Europäischen Gemeinschaft [nunmehr: Art. 107 u. 108 AEUV] auf bestimmte Gruppen horizontaler Beihilfen, ABl. 1998, L 142/1.

[146] ABl. 2015, L 248/1; näher zu dieser Verordnung siehe die Kommentierung zu Art. 109 AEUV, Rn. 20.

[147] So vgl. etwa *Rusche*, in: Immenga/Mestmäcker, Wettbewerbsrecht, Band 3, Art. 108 AEUV, Rn. 57.

Artikel 109 AEUV [Durchführungsverordnungen]

Der Rat kann auf Vorschlag der Kommission und nach Anhörung des Europäischen Parlaments alle zweckdienlichen Durchführungsverordnungen zu den Artikeln 107 und 108 erlassen und insbesondere die Bedingungen für die Anwendung des Artikels 108 Absatz 3 sowie diejenigen Arten von Beihilfen festlegen, die von diesem Verfahren ausgenommen sind.

Literaturübersicht

Ahlborn, Unequal Twins: Reform of the State Aid Rules under Article 94, in: Bilal/Nicolaides (Hrsg.), Understanding State Aid Policy in the European Community – Perspectives on Rules and Practice, 1999, S. 231; *Bärenbrinker*, Die Rechtsprechung des Europäischen Gerichtshofs auf dem Gebiet des Beihilferechts im Jahr 2013, EWS 2014, 68; *Bartosch*, Die neuen Gruppenfreistellungsverordnungen im EG-Beihilfenrecht, NJW 2001, 921; *ders.*, 5 Jahre Verfahrensverordnung in Beihilfesachen, eine Zwischenbilanz, EuZW 2004, 43; *Bartosch*, Die Verfahrensverordnung in Beihilfesachen – Notwendigkeit und Chancen einer Generalüberholung, RIW 2007, 401; *ders.*, The Procedural Regulation in State Aid Matters – A Case for Profound Reform, EStAL 2007, 474; *ders.*, Die neue Allgemeine Gruppenfreistellungsverordnung im EG-Beihilfenrecht, NJW 2008, 3612; *ders.*, EU-Beihilfenrecht – Kommentar, 2. Aufl., 2016; *Becker*, Die Beihilfenkontrolle unter dem Einfluss der Verfahrensverordnung Nr. 659/1999/EG, EWS 2007, 255; *Berghofer*, The General Block Exemption Regulation: A Giant on Feet of Clay, EStAL 2009, 323; *Bieber*, Der neue institutionelle Rahmen, in: Fastenrath/Nowak (Hrsg.), Der Lissabonner Reformvertrag – Änderungsimpulse in einzelnen Rechts- und Politikbereichen, 2009, S. 47 (53 f.); *Birnstiel/Bungenberg/Heinrich* (Hrsg.), Europäisches Beihilfenrecht, 2013; *Calliess*, Die neue Europäische Union nach dem Vertrag von Lissabon – Ein Überblick über die Reformen unter Berücksichtigung ihrer Implikationen für das deutsche Recht, 2010; *Coppi*, The role of economics in State aid analysis and the balancing test, in: Szyszczak (Hrsg.), Research Handbook on European State Aid Law, 2011, S. 64; *Deiberova/Nyssens*, The New General Block Exemption Regulation (GBER): What changed?, EStAL 2009, 27; *Farley*, The Role of Economics-based Approaches when Analysing Effects on Trade and Distortions after Wam, EStAL 2010, 369; *Filpo*, The Commission 2009 Procedural Reform from a Private Party Perspektive: Two Steps Forward, One Step Back?, EStAL 2010, 323; *Fischer*, Die neue Verfahrensordnung zur Überwachung staatlicher Beihilfen nach Art. 93 (jetzt Art. 88) EGV, ZIP 1999, 1426; *Gambaro/Mazocchi*, Private Parties and State Aid Procedures: A Critical Analysis of the Changes Brought by Regulation 734/2013, CMLRev. 53 (2016), 385; *Heithecker*, Beihilfenreform aus der Sicht der Anwaltschaft: Die Weiterentwicklung der materiell-rechtlichen Vereinbarkeitsgrundsätze, in: Immenga/Körber (Hrsg.), Beihilfenrecht in der Krise – Reform des Beihilfenrechts, 2014, S. 141; *Immenga/Mestmäcker* (Hrsg.), Wettbewerbsrecht, Bd. 3: Beihilfenrecht/Sonderbereiche, 2016; *Isak*, Institutionelle Ausgestaltung der Europäischen Union, in: Hummer/Obwexer (Hrsg.), der Vertrag von Lissabon, 2009, S. 133; *Kaupa*, The More Economic Approach – a Reform based on Ideology?, EStAL 2009, 311; *Kleiner*, Modernization of State aid policy, in: Szyszczak (Hrsg.), Research Handbook on European State Aid Law, 2011, S. 1; *Kruse*, Bemerkungen zur gemeinschaftlichen Verfahrensverordnung für die Beihilfekontrolle – Erwägungen zu einzelnen Verfahrensregelungen und zu Rechtsschutzmöglichkeiten, NVwZ 1999, 1049; *Laprévote*, A Missed Opportunity? State aid Modernization and Effective Third Parties Rights in State aid Proceedings, EStAL 2014, 426; *Lindner*, Die EG-Verfahrensverordnung zur gemeinschaftsrechtlichen Beihilfenkontrolle – Auf dem Weg zu einem allgemeinen Europäischen Verwaltungsrecht?, BayVBl. 2002, 193; *Ludwigs*, Die Verordnung (EG) Nr. 659/1999 und die neuere Rechtsprechung der Gemeinschaftsgerichte zum Beihilfeverfahrensrecht, Jura 2006, 41; *Lübbig/Martín-Ehlers*, Beihilfenrecht der EU, 2. Aufl., 2009; *Luja*, Does the Modernisation of State Aid Control Put Legal Certainty and Simplicity at Risk?, EStAL 2012, 765; *Matthias-Werner*, The Procedural Regulation – Is the Time Ripe for a Revision?, in: Sánchez Rydelski (Hrsg.), The EC State Aid Regime – Distortive Effects of State Aid on Competition and Trade, 2006, S. 644; *Montag/Säcker* (Hrsg.), Münchener Kommentar zum Europäischen und Deutschen Wettbewerbsrecht, Bd. 3: Beihilfen- und Vergaberecht, 2011; *Nehl*, The Imperfect Procedural Status of Beneficiaries of Aid in EC State Aid Proceedings, EStAL 2006, 57; *ders.*, 2013 Reform of State Aid Procedures: How to Exacerbate the Imbalance between Efficiency and Individual Protection, EStAL 2014, 235; *Nowak*, Grundrechtlicher Drittschutz im EG-Beihilfenkontrollverfahren, DVBl 2000, 20; *ders.*, Die Entwicklung des EG-Beihilfenkontrollrechts in den Jahren

2001 und 2002, EuZW 2003, 389; *Nysten,* Europäische Kommission stellt Allgemeine Gruppenfreistellungsverordnung vor, EnWZ 2014, V; *Oldale//Piffaut,* Introduction to State aid Law and Policy, in: Bacon (Hrsg.), European Community Law of State Aid, 2009, S. 3; *O'Higgins,* Overview of the Jurisprudence in State Aid Cases: Substance and Procedure – an Update, EStAL 2011, 601; *Pache,* Organgefüge und Handlungsträger der EU nach Lissabon, in: ders./Schorkopf (Hrsg.), Die Europäische Union nach Lissabon – Beiträge zu Organisation, Außenbeziehungen und Stellung im Welthandelsrecht, 2009, S. 19; *Petzold,* Beihilfenkontrolle im Europäischen Mehrebenensystem – Navigationshilfe für Länder und Kommunen, 2. Aufl., 2015; *Plank,* Modernisation of State aid block exemptions, ZWeR 2014, 271; *ders.,* State Aid Modernisation (SAM): from plan to action with a focus on block exemptions, in: Immenga/Körber (Hrsg.), Beihilfenrecht in der Krise – Reform des Beihilfenrechts, 2014, S. 81; *Plappert,* Die neue Beihilfeverfahrensverordnung unter besonderer Beachtung der Auskunftsersuchen an Marktteilnehmer, EuZW 2014, 216; *Quigley,* European State Aid Law and Policy, 2. Aufl., 2009; *Schröter/Jakob/Klotz/Mederer* (Hrsg.), Europäisches Wettbewerbsrecht – Großkommentar, 2. Aufl., 2014; *Sonnicksen,* Die demokratischen Grundsätze, in: Marchetti/Demesmay (Hrsg.), Der Vertrag von Lissabon – Analyse und Bewertung, 2010, S. 143; *Schoo,* Das neue institutionelle Gefüge der EU, EuR-Beih. 1/2009, 51; *Sinnaeve,* Die neue Verfahrensverordnung in Beihilfesachen – Ein weiterer Schritt bei der Reform des Beihilfenrechts, EuZW 1999, 270; *Sinnaeve,* Die ersten Gruppenfreistellungen: Dezentralisierung der Beihilfenkontrolle?, EuZW 2001, 69; *dies.,* Block exemptions for state aid: More scope for state aid control by Member States and competitors, CMLRev. 38 (2001), 1479; *dies.,* State Aid Procedures: Developments since the Entry into Force of the Procedural Regulation, CMLRev. 44 (2007), 965; *dies.,* The Complexity of Simplification: The Commission's Review of the de minimis Regulation, EStAL 2014, 261; *Sinnaeve/Slot,* The New Regulation on State Aid Procedures, CMLRev 36 (1999), 1153; *Soltész,* Kein Freifahrtschein für nationale Subventionspolitik – die neuen Gruppenfreistellungsverordnungen im Europäischen Beihilfenrecht, ZIP 2001, 278 ff.; *Soltézs,* Die Rechtsprechung der Unionsgerichte zum Beihilferecht im Jahre 2011, EuZW 2012, 174; *ders.,* Die Rechtsprechung der Unionsgerichte zum Beihilferecht im Jahre 2012, EuZW 2013, 134; *ders.,* Das neue europäische Beihilferecht, NJW 2014, 3128; *ders.,* Nach der Reform ist vor der Reform – Herausforderungen für die künftige europäische Beihilfenkontrolle, EuZW 2015, 277; *Stöbener,* Beihilferecht: Neue Regeln für die Förderung wichtiger Vorhaben von gemeinsamem europäischem Interesse, EuZW 2014, 484; *Woll,* Beihilfenreform aus der Sicht von Unternehmen unter besonderer Berücksichtigung der Verfahrensreform, in: Immenga/Körber (Hrsg.), Beihilfenrecht in der Krise – Reform des Beihilfenrechts, 2014, S. 101; *Zuleger,* Die neue Gruppenfreistellungsverordnung für Beschäftigungsbeihilfen EuZW 2003, 270 ff.

Wesentliche sekundärrechtliche Vorschriften

Verordnung (EWG) Nr. 1191/69 des Rates vom 26.6.1969 über das Vorgehen der Mitgliedstaaten bei mit dem Begriff des öffentlichen Dienstes verbundenen Verpflichtungen auf dem Gebiet des Eisenbahn-, Straßen- und Binnenschiffsverkehrs, ABl. 1969, L 156/1

Verordnung (EWG) Nr. 1192/69 des Rates vom 26.6.1969 über gemeinsame Regeln für die Normalisierung der Konten der Eisenbahnunternehmen, ABl. 1969, L 156/8

Verordnung (EWG) Nr. 1107/70 des Rates vom 4.6.1970 über Beihilfen im Eisenbahn-, Straßen- und Binnenschiffsverkehr, ABl. 1970 L 130/1

Verordnung (EWG) Nr. 1473/75 des Rates vom 20.5.1975 zur Änderung der Verordnung (EWG) Nr. 1107/70 über Beihilfen im Eisenbahn-, Straßen- und Binnenschiffsverkehr, ABl. 1975, L 152/1

Verordnung (EG) Nr. 3094/95 des Rates vom 22.12.1995 über Beihilfen für den Schiffbau, ABl. 1995 L 332/1

Verordnung (EG) Nr. 1904/96 des Rates vom 27.9.1996 zur Änderung der Verordnung (EG) Nr. 3094/95 über Beihilfen für den Schiffbau, ABl. 1996, L 251/5

Verordnung (EG) Nr. 1013/97 des Rates vom 2.6.1997 über Beihilfen für bestimmte Werften, die zur Zeit umstrukturiert werden, ABl. 1997, L 148/1

Verordnung (EG) Nr. 994/98 des Rates vom 7.5.1998 über die Anwendung der Artikel 92 und 93 des Vertrags zur Gründung der Europäischen Gemeinschaft [nunmehr: Art. 107 u. 108 AEUV] auf bestimmte Gruppen horizontaler Beihilfen, ABl. 1998, L 142/1

Verordnung (EG) Nr. 1540/98 des Rates vom 29.6.1998 zur Neuregelung der Beihilfen für den Schiffbau, ABl. 1998, L 202/1

Verordnung (EG) Nr. 659/1999 des Rates vom 22.3.1999 über besondere Vorschriften für die Anwendung von Artikel 93 des EG-Vertrags [nunmehr: Art. 108 AEUV], ABl. 1999, L 83/1

Verordnung (EG) Nr. 69/2001 der Kommission vom 12.1.2001 über die Anwendung der Artikel 87 und 88 EG-Vertrag auf »De-minimis«-Beihilfen, ABl. 2001, L 10/30

Verordnung (EG) Nr. 794/2004 der Kommission v. 21.4.2004 zur Durchführung der Verordnung (EG) Nr. 659/1999 über besondere Vorschriften für die Anwendung von Artikel 93 des EG-Vertrags [nunmehr: Art. 108 AEUV], ABl. 2004, L 140/1

Verordnung (EG) Nr. 800/2008 der Kommission vom 6.8.2008 zur Erklärung der Vereinbarkeit bestimmter Gruppen von Beihilfen mit dem Gemeinsamen Markt in Anwendung der Artikel 87 und 88 EG-Vertrag [nunmehr: Art. 107 u. 108 AEUV] (allgemeine Gruppenfreistellungsverordnung), ABl. 2008, L 214/3

Verordnung (EU) Nr. 360/2012 der Kommission vom 25.4.2012 über die Anwendung der Artikel 107 und 108 des Vertrags über die Arbeitsweise der Europäischen Union auf De-minimis-Beihilfen an Unternehmen, die Dienstleistungen von allgemeinem wirtschaftlichem Interesse erbringen, ABl. 2013, L 352/1

Verordnung (EU) Nr. 733/2013 des Rates vom 22.7.2013 zur Änderung der Verordnung (EG) Nr. 994/98 über die Anwendung der Artikel 92 und 93 des Vertrags zur Gründung der Europäischen Gemeinschaft [nunmehr: Art. 107 u. 108 AEUV] auf bestimmte Gruppen horizontaler Beihilfen, ABl. 2013, L 204/11

Verordnung (EU) Nr. 734/2013 des Rates vom 22.7.2013 zur Änderung der Verordnung (EG) Nr. 659/1999 über besondere Vorschriften für die Anwendung von Artikel 93 des EG-Vertrags, ABl. 2013 L 204/15

Verordnung (EU) Nr. 1407/2013 der Kommission vom 18.12.2013 über die Anwendung der Artikel 107 und 108 des Vertrags über die Arbeitsweise der Europäischen Union auf De-minimis-Beihilfen, ABl. 2013, L 352/1

Verordnung (EU) Nr. 651/2014 der Kommission vom 17.6.2014 zur Feststellung der Vereinbarkeit bestimmter Gruppen von Beihilfen mit dem Binnenmarkt in Anwendung der Artikel 107 und 108 des Vertrags über die Arbeitsweise der Europäischen Union, ABl. 2014 L 187/1

Verordnung (EU) Nr. 702/2014 der Kommission vom 25.6.2014 zur Feststellung der Vereinbarkeit bestimmter Arten von Beihilfen im Agrar- und Forstsektor und in ländlichen Gebieten mit dem Binnenmarkt in Anwendung der Artikel 107 und 108 des Vertrags über die Arbeitsweise der Europäischen Union, ABl. 2014, L 193/1

Verordnung (EU) Nr. 1388/2014 der Kommission vom 16.12.2014 zur Feststellung der Vereinbarkeit bestimmter Gruppen von Beihilfen zugunsten von in der Erzeugung, Verarbeitung und Vermarktung von Erzeugnissen der Fischerei und der Aquakultur tätigen Unternehmen mit dem Binnenmarkt in Anwendung der Artikel 107 und 108 des Vertrags über die Arbeitsweise der Europäischen Union, ABl. 2014, L 369/37

Verordnung (EU) Nr. 2015/1588 des Rates vom 13.7.2015 über die Anwendung der Artikel 107 und 108 des Vertrags über die Arbeitsweise der Europäischen Union auf bestimmte Gruppen horizontaler Beihilfen, ABl. 2015, L 248/1

Verordnung (EU) Nr. 2015/1589 des Rates vom 13.7.2015 über besondere Vorschriften für die Anwendung von Artikel 108 des Vertrags über die Arbeitsweise der Europäischen Union, ABl. 2015, L 248/9

Inhaltsübersicht

	Rn.
A. Überblick	1
B. Regelungsgehalt der Norm	2
I. Inhalt und Reichweite der Ermächtigung des Unionsgesetzgebers zum Erlass zweckdienlicher beihilferechtlicher Durchführungsverordnungen	3
II. Ermessen des Rates	5
III. Verfahren zum Erlass zweckdienlicher beihilferechtlicher Durchführungsverordnungen	6
1. Initiativrecht bzw. Initiativmonopol der Kommission	7
2. Anhörung des Europäischen Parlaments	8
3. Exklusive Rechtsetzungsbefugnis des Rates und Beschlussfassung	9
C. Bisherige Nutzung und praktische Anwendung der in Art. 109 AEUV niedergelegten Ermächtigungsgrundlage durch den Rat	11
I. Ratsverordnungen zur Ermöglichung des Erlasses beihilferechtlicher Gruppenfreistellungsverordnungen und sog. De-minimis-Verordnungen durch die Kommission	12
1. Die sog. Ermächtigungs-VO (EG) Nr. 994/98 des Rates vom 7. Mai 1998	13
2. Erste Nutzungen der VO (EG) Nr. 994/98 durch die Kommission	15

a) Erlass besonderer Gruppenfreistellungsverordnungen der ersten und zweiten Generation 16
b) Erlass der ersten allgemeinen Gruppenfreistellungsverordnung (EG) Nr. 800/2008 17
3. Erweiterung der VO (EG) Nr. 994/98 durch die VO (EU) Nr. 733/2013 des Rates vom 22. Juli 2013 18
4. Kodifizierung und Aufhebung der VO (EG) Nr. 994/98 durch die VO (EU) Nr. 2015/1588 des Rates vom 13. Juli 2015 20
5. Nutzung der erweiterten Ermächtigungs-VO durch die Kommission im Wege des Erlasses der neuen allgemeinen Gruppenfreistellungs-VO (EU) Nr. 651/2014 21
6. Erlass weiterer besonderer Gruppenfreistellungsverordnungen und verschiedener De-minimis-Verordnungen durch die Kommission 23
II. Ratsverordnungen über besondere Vorschriften für die Anwendung von Art. 108 AEUV 24
1. Die sog. Durchführungs-VO (EG) Nr. 659/1999 des Rates vom 22. März 1999 25
2. Kodifizierung und Aufhebung der VO (EG) Nr. 659/1999 durch die neue Durchführungs-VO (EU) Nr. 2015/1589 des Rates vom 13. Juli 2015 26

A. Überblick

Die letzte der drei primärrechtlichen Kernbestimmungen über »Staatliche Beihilfen« stellt der aus ex-Art. 89 EGV hervorgegangene Art. 109 AEUV dar, der die **Rechtsetzungsbefugnis des Rates auf dem Gebiet des EU-Beihilferechts** zum Gegenstand hat und im Verbund mit Art. 107 Abs. 3 Buchst. e AEUV sowie Art. 108 Abs. 2 UAbs. 3 Satz 1 AEUV die den EU-beihilferechtlichen Befugnissen der Kommission hinzutretenden Befugnisse des Rates im Anwendungsbereich des EU-Beihilfenrechts absteckt. Zugleich ergänzt Art. 109 AEUV in komplementärer Weise die materiell-rechtlichen Regelungen in Art. 107 AEUV sowie die verfahrensrechtlichen Grundaussagen des Art. 108 AEUV, indem diese Bestimmung den Rat unter der Bedingung der Einhaltung bestimmter materiell- und verfahrensrechtlicher Vorgaben dazu ermächtigt, wesentliche Grundsätze des maßgeblich durch die Art. 107 und 108 AEUV vorgeprägten EU-Beihilferechtsregimes näher auszugestalten bzw. zu konkretisieren (B.). Von dieser Ermächtigung hat der Rat in den vergangenen Jahren bereits mehrfach Gebrauch gemacht, um der Kommission den Erlass verschiedener EU-beihilferechtlicher Sekundärrechtsakte insbesondere in Gestalt so genannter **Gruppenfreistellungsverordnungen** sowie eine möglichst effektive administrative Durchsetzung der in den Art. 107 und 108 AEUV niedergelegten Grundsätze zu ermöglichen (C.).

B. Regelungsgehalt der Norm

Durch Art. 109 AEUV wird dem Rat eine weitreichende Rechtsetzungsbefugnis auf dem Gebiet des EU-Beihilferechts verliehen, die sich in inhaltlicher Hinsicht auf den Erlass zweckdienlicher Durchführungsverordnungen zu den Art. 107 und 108 AEUV und dabei insbesondere – d. h. nicht allein – auf die Festlegung der Bedingungen für die Anwendung des Art. 108 Abs. 3 AEUV sowie auf die Freistellung bestimmter Beihilfearten bezieht (I.). Da es sich bei Art. 109 AEUV um eine so genannte »Kann«-Bestimmung handelt, verfügt der Rat im Hinblick auf die Wahrnehmung dieser Rechtsetzungsbefugnis über ein recht weites Ermessen (II.). In verfahrensrechtlicher Hinsicht setzt der auf Art. 109 AEUV gestützte Erlass zweckdienlicher Durchführungsverordnungen des in diesem Fall grundsätzlich mit qualifizierter Mehrheit beschließenden Rates lediglich – aber immerhin – einen entsprechenden Rechtsetzungsvorschlag der Kommission und eine vorherige Anhörung des Europäischen Parlaments voraus (III.).

I. Inhalt und Reichweite der Ermächtigung des Unionsgesetzgebers zum Erlass zweckdienlicher beilhilferechtlicher Durchführungsverordnungen

3 Nach Art. 109 AEUV ist der unter anderem in Art. 16 EUV angesprochene Rat dazu ermächtigt, alle zweckdienlichen **Durchführungsverordnungen zu den Art. 107 und 108 AEUV** zu erlassen. Den Erlass von Richtlinien gestattet Art. 109 AEUV – abweichend von Art. 103 Abs. 1 AEUV (s. Art. 103 AEUV, Rn. 13) – insoweit nicht.[1] Mit den in Art. 109 AEUV angesprochenen »Durchführungsverordnungen zu den Artikeln 107 und 108« kann der Rat insbesondere die Bedingungen für die Anwendung des Art. 108 Abs. 3 AEUV sowie die Arten von Beihilfen festlegen, die von dem in dieser Bestimmung angesprochenen Anmelde- und Kontrollverfahren ausgenommen sind. Diese nicht abschließende Aufzählung[2] (»insbesondere«) schließt zum einen Regelungen über das Verfahren der Kontrolle neuer anmeldepflichtiger Beihilfen der Mitgliedstaaten und über die Freistellung bestimmter Arten mitgliedstaatlicher Beihilfen von diesem Verfahren ein. Zum anderen können sich die auf Art. 109 AEUV gestützten Durchführungsverordnungen auf das in Art. 108 Abs. 1 AEUV angesprochene Verfahren der fortlaufenden Kontrolle bestehender Beihilferegelungen sowie auf alle weiteren mit den Art. 107 und 108 AEUV zusammenhängenden Aspekte beziehen, sofern sie nicht auf eine Abänderung der materiell-rechtlichen Vorgaben des Art. 107 AEUV einschließlich der darauf bezogenen Kompetenzverteilung zwischen dem Rat und der Kommission und/oder auf eine Abänderung der verfahrensrechtlichen Grundaussagen des Art. 108 AEUV jeweils in Verbindung mit der dazugehörigen Rechtsprechung des Unionsrichters hinauslaufen, die dem Rat auf der Grundlage des Art. 109 AEUV untersagt ist.[3]

4 Im Übrigen müssen die auf Art. 109 AEUV gestützten Durchführungsverordnungen dem in dieser Bestimmung angesprochenen **Kriterium der Zweckdienlichkeit** entsprechen bzw. gerecht werden. Dieses Kriterium dürfte in weitgehender Übereinstimmung mit dem in Art. 103 Abs. 1 AEUV angesprochenen Kriterium der Zweckdienlichkeit (s. Art. 103 AEUV, Rn. 9 u. 14) im Sinne einer objektiven Eignung zur Zielverwirklichung zu verstehen sein und insoweit verlangen, dass die auf der Grundlage des Art. 103 Abs. 1 AEUV erlassenen Durchführungsverordnungen geeignet sind, zur Verwirklichung der mit den Art. 107 und 108 AEUV verfolgten Ziele beizutragen. Hierfür soll es nach der vorherrschenden Auffassung im einschlägigen Schrifttum bereits ausreichen, dass die auf Art. 109 AEUV gestützte Durchführungsverordnung der Durchführung der

---

[1] In diesem unstr. Sinne vgl. auch statt vieler *Erlbacher*, in: Schröter/Jakob/Klotz/Mederer, S. 2572 f.; *Gaitanides*, in: Birnstiel/Bungenberg/Heinrich, Kap. 2, 3. Teil, Art. 109 AEUV, Rn. 862.

[2] Zum nicht abschließenden Charakter dieser Aufzählung vgl. auch statt vieler *Rumersdörfer*, in: Montag/Säcker, Art. 109 AEUV, Rn. 3 m. w. N.; *v. Wallenberg/Schütte*, in: Grabitz/Hilf/Nettesheim, EU, Art. 109 AEUV (Mai 2011), Rn. 5.

[3] So auch *Bartosch*, EU-Beihilfenrecht, Art. 109 AEUV, Rn. 2; *Erlbacher*, in: Schröter/Jakob/Klotz/Mederer, S. 2573; *Gaitanides*, in: Birnstiel/Bungenberg/Heinrich, Kap. 2, 3. Teil, Art. 109 AEUV, Rn. 856 ff.; *Koenig/Paul*, in: Streinz, EUV/AEUV, Art. 109 AEUV, Rn. 3; *Rumersdörfer*, in: Montag/Säcker, Art. 109 AEUV, Rn. 4; *v. Wallenberg/Schütte*, in: Grabitz/Hilf/Nettesheim, EU, Art. 109 AEUV (Mai 2011), Rn. 6.

Art. 107 und 108 AEUV dient[4] bzw. dass sie die Durchführung und/oder Anwendung der beiden vorgenannten Primärrechtsnormen erleichtert.[5] Die Unschärfe dieser Anforderungen korrespondiert in gewisser Weise mit der Tatsache, dass der Unionsrichter noch niemals eine vom Rat auf der Grundlage des Art. 109 AEUV gestützte Durchführungsverordnung auf Grund fehlender Zweckdienlichkeit beanstandet hat.

II. Ermessen des Rates

Bei Art. 109 AEUV handelt es sich ausweislich seines insoweit eindeutigen Wortlauts um eine so genannte »**Kann**«-**Bestimmung**, die ihn – anders als Art. 103 AEUV auf dem Gebiet der EU-kartellrechtlichen Rechtsetzung (s. Art. 103 AEUV, Rn. 15) – nicht zum Erlass EU-beihilferechtlicher Durchführungsverordnungen verpflichtet.[6] Vielmehr verfügt der Rat im Hinblick auf die Wahrnehmung der ihm durch Art. 109 AEUV verliehenen Rechtsetzungsbefugnis über ein recht weites **Entschließungs- und Auswahlermessen**, dass – abgesehen von dem in Art. 5 Abs. 4 EUV niedergelegten Grundsatz der Verhältnismäßigkeit – zum einen durch das in Art. 109 AEUV angesprochene und im Ergebnis recht unscharfe Kriterium der Zweckdienlichkeit (s. Rn. 4) eingeschränkt wird.[7] Zum anderen wird das im Anwendungsbereich des Art. 109 AEUV bestehende Auswahlermessen des Rates dadurch begrenzt, dass ihn diese Bestimmung – anders als etwa Art. 103 Abs. 1 AEUV – auf den Erlass von Durchführungsverordnungen festlegt und damit den Erlass von Richtlinien oder anderer Rechtsakttypen ausschließt (s. Rn. 3). 5

III. Verfahren zum Erlass zweckdienlicher beihilferechtlicher Durchführungsverordnungen

Nach Art. 109 AEUV werden die durch diese Bestimmung ermöglichten Durchführungsverordnungen auf Vorschlag der Kommission (1.) und nach Anhörung des Europäischen Parlaments (2.) allein vom Rat beschlossen (3.). 6

1. Initiativrecht bzw. Initiativmonopol der Kommission

Der Rat kann von seiner ihm durch Art. 109 AEUV verliehenen (exklusiven) Gesetzgebungszuständigkeit (s. Rn. 9 f.) nur auf **Vorschlag der Kommission** Gebrauch machen. Diese Regelung, die der Kommission auch im Anwendungsbereich des Art. 109 AEUV ein alleiniges Initiativrecht bzw. ein Initiativmonopol einräumt,[8] wäre mit Blick auf 7

---

[4] In diese Richtung weisend vgl. etwa *Erlbacher*, in: Schröter/Jakob/Klotz/Mederer, S. 2573; *ders.*, in: GSH, Europäisches Unionsrecht, Art. 109 AEUV, Rn. 4.
[5] So vgl. etwa *Bär-Bouyssière*, in: Schwarze, EU-Kommentar, Art. 109 AEUV, Rn. 1; *Gaitanides*, in: Birnstiel/Bungenberg/Heinrich, Kap. 2, 3. Teil, Art. 109 AEUV, Rn. 860; *Rumersdörfer*, in: Montag/Säcker, Art. 109 AEUV, Rn. 5.
[6] So auch *Bär-Bouyssière*, in: Schwarze, EU-Kommentar, Art. 109 AEUV, Rn. 1; ferner vgl. in diesem Sinne *Koenig/Paul*, in: Streinz, EUV/AEUV, Art. 109 AEUV, Rn. 1.
[7] Vgl. dazu auch *Koenig/Paul*, in: Streinz, EUV/AEUV, Art. 109 AEUV, Rn. 2, wonach das dem Rat zustehende Ermessen bei der Bestimmung der Zweckdienlichkeit erst dann überschritten werde, wenn die Tauglichkeit der auf Art. 109 AEUV gestützten Verordnung zur Erleichterung der Beihilfenkontrolle nicht erkennbar ist.
[8] Zu institutionell-rechtlichen Details im Zusammenhang mit der der Kommission i. R. der unionalen Rechtsetzung im Regelfall zustehenden Initiativrecht bzw. Initiativmonopol vgl. *Frenz*, Handbuch Europarecht, Bd. 6, Kap. 5, § 1, Rn. 1083 ff.; sowie m.w.N. die Kommentierung zu Art. 13 EUV, Rn. 11.

Art. 17 Abs. 2 EUV nur dann entbehrlich, wenn es sich bei den auf der Grundlage des Art. 109 AEUV zu erlassenden Durchführungsverordnungen um »Gesetzgebungsakte« der Union im Sinne des Art. 17 Abs. 2 Satz 1 EUV handeln würde, die nach dieser Bestimmung ohnehin immer nur auf Vorschlag der Kommission erlassen werden dürfen, soweit in den Verträgen nicht etwas anderes festgelegt ist. Gesetzgebungsakte im vorgenannten Sinne stellen aber nach Art. 289 Abs. 3 AEUV nur solche Rechtsakte dar, die gemäß einem ordentlichen oder besonderen Gesetzgebungsverfahren im Sinne der ersten beiden Absätze der vorgenannten Norm angenommen werden. Da das in Art. 109 AEUV geregelte Rechtsetzungsverfahren jedoch weder als ein ordentliches Gesetzgebungsverfahren im Sinne des Art. 289 Abs. 1 AEUV noch als ein besonderes Gesetzgebungsverfahren im Sinne des Art. 289 Abs. 2 AEUV eingeordnet werden kann, stellen die auf der Grundlage des Art. 109 AEUV zu erlassenden Durchführungsverordnungen keine Gesetzgebungsakte im Sinne des Art. 289 Abs. 3 AEUV und damit auch keine Gesetzgebungsakte im Sinne des oben genannten Art. 17 Abs. 2 Satz 1 EUV dar. Aus diesem Grunde kommt im vorliegenden Kontext Art. 17 Abs. 2 Satz 2 EUV zum Zuge, wonach »andere Rechtsakte« (nur) dann auf der Grundlage eines Kommissionsvorschlags erlassen werden, wenn dies in den Verträgen – wie etwa in Art. 109 AEUV – vorgesehen ist. Im Übrigen verfügt die Kommission im Anwendungsbereich des Art. 109 AEUV über eine **zeitlich begrenzte Befugnis zur Abänderung eines dem Rat unterbreiteten Vorschlags**. Diese zeitlich begrenzte Abänderungsbefugnis der Kommission folgt aus Art. 293 Abs. 2 AEUV, wonach die Kommission ihren Vorschlag im Verlauf der Verfahren zur Annahme eines Rechtsakts der Union ändern kann,[9] solange kein Ratsbeschluss ergangen ist.

2. Anhörung des Europäischen Parlaments

8 Bevor der Rat auf der Grundlage des Art. 109 AEUV eine Durchführungsverordnung erlassen kann (s. Rn. 9f.), ist zunächst einmal – ebenso wie etwa auch im Rahmen der EU-kartellrechtlichen Rechtsetzung (s. Art. 103 AEUV, Rn. 19f.) – das Europäische Parlament anzuhören, sobald die Kommission ihren Rechtsetzungsvorschlag (s. Rn. 7) unterbreitet hat. Weitere Mitwirkungsrechte, die über dieses obligatorische bzw. zwingend zu beachtende **Anhörungsrecht** hinausgehen, stehen dem Europäischen Parlament im Anwendungsbereich des Art. 109 AEUV nicht zur Verfügung. Insofern spiegelt sich die durch den Lissabonner Reformvertrag (s. Art. 1 EUV, Rn. 33ff.) grundsätzlich intendierte Stärkung und Aufwertung des allgemein zu den »Gewinnern« dieses Reformvertrags gezählten Europäischen Parlaments in Richtung eines dem Rat weitgehend gleichwertigen Mit-Gesetzgebers[10] nicht in Art. 109 AEUV wider. Eine darüber hinausgehende Anhörung anderer Unionsorgane oder sonstiger Einrichtungen und Stellen der Union gebietet Art. 109 AEUV zwar nicht explizit. Gleichwohl kann es vor Erlass einer auf Art. 109 AEUV gestützten Durchführungsverordnung durchaus vorkommen, dass auch eine **Stellungnahme des Wirtschafts- und Sozialausschusses** eingeholt wird,[11] durch

---

[9] Allg. zu dieser nicht allein auf Art. 109 AEUV beschränkten Befugnis vgl. zuletzt EuGH, Urt. v. 14.4.2015, Rs. C–409/13 (Rat/Kommission), ECLI:EU:C:2015:217, Rn. 73ff., mit Anm. *Scharf*, EuZW 2015, 632f.

[10] Ausführlicher dazu vgl. etwa *Bieber*, S. 47 (53f.); *Calliess*, S. 173ff.; *Isak*, S. 133 (167ff.); *Pache*, in: *ders.*/Schorkopf, S. 19 (24ff.); *Sonnicksen*, in: Marchetti/Demesmay, S. 143 (151f.); *Schoo*, EuR-Beih. 1/2009, 51 (58ff.).

[11] So etwa vor Erlass der damaligen VO (EG) Nr. 659/1999 des Rates vom 22.3.1999 über beson-

den sich der Rat, die Kommission und das Europäische Parlament nach Art. 13 Abs. 4 EUV unterstützen lassen können (s. Art. 13 EUV, Rn. 19 f.).

3. Exklusive Rechtsetzungsbefugnis des Rates und Beschlussfassung

Die auf der Grundlage des Art. 109 AEUV zu erlassenden Durchführungsverordnungen werden auf Vorschlag der Kommission (s. Rn. 7) und nach obligatorischer Anhörung des Europäischen Parlaments (s. Rn. 8) vom Rat beschlossen. Dies bedeutet zunächst einmal, dass die hier in Rede stehenden Sekundärrechtsakte von dem in Art. 16 EUV angesprochenen Rat erlassen werden, der zu den in Art. 13 Abs. 2 EUV aufgelisteten Organen der Union gehört und in diesem Zusammenhang nicht mit dem etwa in Art. 15 EUV angesprochenen Europäischen Rat verwechselt werden darf. Der in Art. 109 AEUV angesprochene **Rat beschließt** nach Art. 16 Abs. 3 EUV **mit qualifizierter Mehrheit**, soweit in den Verträgen nichts anderes festgelegt ist. Da Art. 109 AEUV diesbezüglich nichts anderes festlegt, gilt das in Art. 16 Abs. 3 EUV zum Regelfall erhobene Erfordernis einer qualifizierten Mehrheit somit im Grundsatz auch für die vom Rat auf der Grundlage des Art. 109 AEUV zu erlassenden Durchführungsverordnungen.[12] Eine der Wahrung des Grundsatzes des »institutionellen Gleichgewichts« (s. Art. 13 EUV, Rn. 18) zwischen den im Kontext des Art. 109 AEUV agierenden Unionsorganen dienende Ausnahme von dem hier grundsätzlich geltenden Erfordernis einer Beschlussfassung mit qualifizierter Mehrheit findet allerdings dann Anwendung, wenn der Rat den von der Kommission unterbreiteten Rechtsetzungsvorschlag (s. Rn. 7) abändern möchte. Diese **Ausnahme**, die nur **für die Abänderung eines Kommissionsvorschlags durch den Rat** gilt, ergibt sich aus Art. 293 Abs. 1 AEUV wonach der Rat derartige Kommissionsvorschläge nur »einstimmig abändern« kann bzw. darf, wenn er auf Grund der Verträge – wie in Art. 109 AEUV explizit vorgesehen – auf Vorschlag der Kommission tätig wird. 9

Die in Art. 109 AEUV geregelte Rechtsetzungsbefugnis des Rates bedeutet nicht, dass dieses Unionsorgan sämtliche Regelungen, die sich auf die in dieser Norm angesprochenen Art. 107 und 108 AEUV beziehen, vollumfänglich allein erlassen muss. Vielmehr kann sich der Rat – sofern dies nicht ohnehin bereits explizit in Art. 108 Abs. 4 AEUV vorgesehen ist – in bestimmten Bereichen auf ein gewissermaßen **zweistufiges Rechtsetzungsverfahren** festlegen, indem er sich im Rahmen einer auf Art. 109 AEUV gestützten Durchführungsverordnung auf grundsätzliche Regelungen oder bestimmte Grundaussagen beschränkt und die Kommission im Wege der **Delegation von Rechtsetzungsbefugnissen** gleichzeitig zum Erlass weiterer Durchführungsvorschriften ermächtigt, die im Wesentlichen der Konkretisierung und/oder der näheren Ausfüllung der vom Rat auf der Grundlage des Art. 109 AEUV erlassenen Sekundärrechtsakte zu dienen bestimmt sind.[13] 10

---

dere Vorschriften für die Anwendung von Artikel 93 des EG-Vertrags [nunmehr: Art. 108 AEUV], ABl. 1999, L 83/1; näher zu dieser Verordnung siehe unten unter Rn. 24 f. Beim Erlass jüngerer Verordnungen, die der Rat auf der Grundlage des Art. 109 AEUV erlassen hat (s. Rn. 11 ff.), sind hingegen keine Stellungnahmen des Wirtschafts- und Sozialausschusses mehr eingeholt worden.
[12] So auch vgl. statt vieler *Gaitanides*, in: Birnstiel/Bungenberg/Heinrich, Kap. 2, 3. Teil, Art. 109 AEUV, Rn. 845 u. 863; *Rumersdörfer*, in: Montag/Säcker, Art. 109 AEUV, Rn. 2; a. A. ohne Begründung vgl. indes *v. Wallenberg/Schütte*, in: Grabitz/Hilf/Nettesheim, EU, Art. 109 AEUV (Mai 2011), Rn. 1, wonach eine qualifizierte Mehrheit nach Art. 109 AEUV nicht mehr erforderlich sei.
[13] Zur enormen praktischen Bedeutung dieser Vorgehensweise im EU-Beihilferecht vgl. exemplarisch zum einen Art. 27 VO (EG) Nr. 659/1999 (Fn. 11) i. V. m. der VO (EG) Nr. 794/2004 der

C. Bisherige Nutzung und praktische Anwendung der in Art. 109 AEUV niedergelegten Ermächtigungsgrundlage durch den Rat

11 Nach Art. 109 AEUV ist der Rat dazu ermächtigt, mit qualifizierter Mehrheit alle zweckdienlichen Durchführungsverordnungen zu den Art. 107 und 108 AEUV zu erlassen, wobei er ausweislich dieser Bestimmung insbesondere die Bedingungen für die Anwendung des Art. 108 Abs. 3 AEUV sowie diejenigen Arten von Beihilfen festlegen kann, die von dem in der vorgenannten Bestimmung angesprochenen Anmeldeverfahren ausgenommen sind (s. Rn. 3 f.). Soweit sich der Rat im **Zeitraum von 1969 bis 1998** gelegentlich gewissermaßen en passant auf die jeweils relevanten Vorgängerbestimmungen des Art. 109 AEUV – d.h. auf Art. 94 EWGV oder später Art. 94 EGV – gestützt hat, um verschiedene Vorschriften zu mitgliedstaatlichen Beihilfen im Verkehrsbereich[14] und zu mitgliedstaatlichen Beihilfen für den Schiffbau[15] zu erlassen, stellten diese Vorgängerbestimmungen niemals die allein maßgeblichen Ermächtigungsgrundlagen zum Erlass der vorgenannten Vorschriften dar, da der Rat beim Erlass dieser Sekundärrechtsakte stets in paralleler Weise auch auf andere vertragliche Ermächtigungsgrundlagen zurückgegriffen hat. Eine **enorme praktische Bedeutung** hat die heute in Art. 109 AEUV niedergelegte Rechtsetzungsbefugnis des Rates im Rahmen der EU-beihilferechtlichen Rechtsetzung insoweit erst **seit dem Jahre 1998** erlangt. Seitdem hat der Rat diese Rechtsetzungsbefugnis zum einen dazu genutzt, um den Erlass EU-beihilferechtlicher Gruppenfreistellungsverordnungen und so genannter De-minimis-Verordnungen durch die Kommission zu ermöglichen und zu steuern (I.). Zum anderen hat der Rat auf der Grundlage des Art. 109 AEUV eine aus dem Jahre 1999 stammende Durchführungsverordnung mit praktisch bedeutsamen Vorschriften über die administrative Durchsetzung des in Art. 107 Abs. 1 AEUV niedergelegten Verbotstatbestandes durch die Kommission erlassen, die im Jahre 2015 durch eine neue (konsolidierte) Verfahrensverordnung ersetzt worden ist (II.).

Kommission vom 21.4.2004 zur Durchführung der Verordnung (EG) Nr. 659/1999 über besondere Vorschriften für die Anwendung von Artikel 93 des EG-Vertrags [nunmehr: Art. 108 AEUV], ABl. 2004, L 140/1; sowie zum anderen die sog. Ermächtigungs-VO (EG) Nr. 994/98 des Rates vom 7.5. 1998 über die Anwendung der Artikel 92 und 93 des Vertrags zur Gründung der Europäischen Gemeinschaft [nunmehr: Art. 107 u. 108 AEUV] auf bestimmte Gruppen horizontaler Beihilfen, ABl. 1998, L 142/1, i.V.m. der VO (EU) Nr. 651/2014 der Kommission v. 17.6.2014 zur Feststellung der Vereinbarkeit bestimmter Gruppen von Beihilfen mit dem Binnenmarkt in Anwendung der Artikel 107 und 108 des Vertrags über die Arbeitsweise der Europäischen Union, ABl. 2014, L 187/1; näher zu diesen und anderen EU-beihilferechtlichen Durchführungsverordnungen siehe unten unter Rn. 11 ff.

[14] Vgl. dazu die VO (EWG) Nr. 1191/69 des Rates vom 26.6.1969 über das Vorgehen der Mitgliedstaaten bei mit dem Begriff des öffentlichen Dienstes verbundenen Verpflichtungen auf dem Gebiet des Eisenbahn-, Straßen- und Binnenschiffsverkehrs, ABl. 1969, L 156/1; die VO (EWG) Nr. 1192/69 des Rates vom 26.6.1969 über gemeinsame Regeln für die Normalisierung der Konten der Eisenbahnunternehmen, ABl. 1969, L 156/8; die VO (EWG) Nr. 1107/70 des Rates vom 4.6.1970 über Beihilfen im Eisenbahn-, Straßen- und Binnenschiffsverkehr, ABl. 1970, L 130/1; sowie die VO (EWG) Nr. 1473/75 des Rates vom 20.5.1975 zur Änderung der Verordnung (EWG) Nr. 1107/70 über Beihilfen im Eisenbahn-, Straßen- und Binnenschiffsverkehr, ABl. 1975, L 152/1.

[15] Vgl. dazu die VO (EG) Nr. 3094/95 des Rates vom 22.12.1995 über Beihilfen für den Schiffbau, ABl. 1995, L 332/1; die VO (EG) Nr. 1904/96 des Rates vom 27.9.1996 zur Änderung der Verordnung (EG) Nr. 3094/95 über Beihilfen für den Schiffbau, ABl. 1996, L 251/5; die VO (EG) Nr. 1013/97 des Rates vom 2.6.1997 über Beihilfen für bestimmte Werften, die zur Zeit umstrukturiert werden, ABl. 1997, L 148/1; sowie die VO (EG) Nr. 1540/98 des Rates vom 29.6.1998 zur Neuregelung der Beihilfen für den Schiffbau, ABl. 1998, L 202/1.

I. Ratsverordnungen zur Ermöglichung des Erlasses beihilferechtlicher Gruppenfreistellungsverordnungen und sog. De-minimis-Verordnungen durch die Kommission

Den ersten **Meilenstein**[16] im Rahmen der EU-beihilferechtlichen Sekundärrechtsetzung setzte der Rat mit dem auf eine Vorgängerbestimmung des Art. 109 AEUV gestützten Erlasses einer so genannten Ermächtigungsverordnung, die der Kommission eine vom Rat näher konturierte Befugnis zum Erlass EU-beihilferechtlicher Gruppenfreistellungsverordnungen und zum Erlass so genannter De-minimis-Verordnungen verlieh (1.). Nachdem die Kommission von dieser Befugnis zunächst im Wege des Erlasses verschiedener Gruppenfreistellungsverordnungen Gebrauch gemacht hat (2.), wurde die vorgenannte »Ermächtigungs-VO« im Jahre 2013 durch den Rat tatbestandlich erweitert (3.) und im Jahre 2015 schließlich durch die neue Ermächtigungs-VO des Rates ersetzt, um die vorgenannte Erweiterung aus Gründen der Klarheit und der Übersichtlichkeit in einem neuen Sekundärrechtsakt zu kodifizieren (4.). Die tatbestandliche Erweiterung der Ermächtigungs-VO des Rates zog dann den Erlass einer neuen allgemeinen Gruppenfreistellungsverordnung der Kommission nach sich (5.), die von weiteren jüngeren Gruppenfreistellungsverordnungen der Kommission für bestimmte EU-beihilferechtliche Sonderbereiche sowie von verschiedenen De-minimis-Verordnungen der Kommission flankiert wird (6.).

1. Die sog. Ermächtigungs-VO (EG) Nr. 994/98 des Rates vom 7.5.1998

Während Vorschläge der Kommission in den 1960er und 1970er Jahren zum Erlass zweckdienlicher Durchführungsverordnungen auf der Grundlage der seinerzeit einschlägigen Vorgängerbestimmung des Art. 109 AEUV[17] zunächst einmal erfolglos geblieben waren,[18] wurde die erste Durchführungsverordnung – gestützt auf den damaligen Art. 94 EGV [nunmehr: Art. 109 AEUV] – mit der so genannten Ermächtigungs-Verordnung (EG) Nr. 994/1998 des Rates vom 7.5.1998 über die Anwendung der Artikel 92 und 93 des Vertrags zur Gründung der Europäischen Gemeinschaft [nunmehr: Art. 107 u. 108 AEUV] auf bestimmte Gruppen horizontaler Beihilfen[19] erlassen. Mit dieser »Ermächtigungs-VO« wurde die Kommission vom Rat erstmals dazu ermächtigt, so genannte **De-minimis-Vorschriften** zu erlassen und im Wege des Erlasses weiterer Kommissionsverordnungen bestimmte Gruppen von Beihilfen als mit dem Binnenmarkt vereinbar und nicht der Anmeldepflicht nach Art. 108 Abs. 3 Satz 1 AEUV unterliegend zu erklären. Während mit dem auf diese Verordnung zurückführbaren Erlass der ersten De-minimis-VO der Kommission[20] die zuvor lediglich in einer Kommissionsmitteilung[21] festgelegten Grundsätze einer rechtssicheren und allgemeinverbindlichen

12

13

---

[16] Diesbezüglich von einem »Durchbruch« sprechend vgl. *Kreuschitz*, in: Lenz/Borchardt, EU-Verträge, Art. 109 AEUV, Rn. 2.
[17] Vgl. dazu insbesondere KOM (66) 95 v. 16.3.1966 i. V. m. KOM (66) 457 v. 10.11.1966; sowie KOM (72) 1523 v. 4.12.1972.
[18] Näher dazu vgl. auch *Berghofer*, EStAL 2009, 323 (325); *Erlbacher*, in: Schröter/Jakob/Klotz/Mederer, S. 2574; *Gaitanides*, in: Birnstiel/Bungenberg/Heinrich, Kap. 2, 3. Teil, Art. 109 AEUV, Rn. 847 f.
[19] VO (EG) Nr. 994/98 (Fn. 13).
[20] VO (EG) Nr. 69/2001 der Kommission vom 12.1.2001 über die Anwendung der Artikel 87 und 88 EG-Vertrag auf »De-minimis«-Beihilfen, ABl. 2001, L 10/30.
[21] Mitteilung der Kommission über »de minimis«-Beihilfen, ABl. 1996, C 68/9.

Grundlage zugeführt werden sollten,[22] bezweckte die der Kommission ebenfalls verliehene **Ermächtigung zum Erlass von Gruppenfreistellungsverordnungen** vornehmlich eine spürbare Verwaltungsvereinfachung im Anwendungsbereich der EU-Beihilfenkontrolle.[23] Konkret sollte der Kommission hierdurch die Möglichkeit eröffnet werden, ihre Ressourcen zukünftig auf solche Fälle zu konzentrieren, in denen der Wettbewerb am stärksten verfälscht wird.[24] Durch allgemeine Vereinbarkeitskriterien, die die Kommission auf der Grundlage ihrer vergangenen Beihilfepraxis festlegen sollte, wurde ihre Pflicht zur Ex-ante-Kontrolle von Beihilfen in gewisser Weise auf die Ebene der Mitgliedstaaten verlagert.[25] Insoweit wird diese Ermächtigungsverordnung auch nicht zu Unrecht als ein erster Schritt in Richtung einer stärkeren dezentralen Anwendung des EU-Beihilfenrechts durch mitgliedstaatliche Behörden eingeordnet.[26]

14 Die vorgenannte Ermächtigungs-VO Nr. 994/98 legte in abschließender Weise zunächst einmal diejenigen Beihilfegruppen fest, für welche die Kommission eigene Gruppenfreistellungsverordnungen erlassen kann und definierte in ihrem Art. 1 Abs. 2 die **Mindestanforderungen**, denen Gruppenfreistellungsverordnungen der Kommission gerecht werden müssen. Die konkreten materiellen **Freistellungsvoraussetzungen** enthielt diese Ermächtigungsverordnung hingegen nicht. Deren Festlegung ist – mit Blick auf die ausschließliche Zuständigkeit der Kommission, über die Vereinbarkeit von Beihilfen zu entscheiden – der Durchführungsverordnung der Kommission überlassen.[27] Mit der hier in Rede stehenden Ursprungsfassung der Ermächtigungs-VO Nr. 994/98, die später erweitert (s. Rn. 18 f.) und in der weiteren Folge schließlich durch eine neue Ermächtigungs-VO ersetzt worden ist (s. Rn. 20), ermächtigte der Rat die Kommission konkret zum Erlass eigener Gruppenfreistellungen für Beihilfen zugunsten von kleinen und mittleren Unternehmen (KMU), für Beihilfen zugunsten der Forschung und Entwicklung, für Umweltschutzbeihilfen, für Beihilfen zu Gunsten von Beschäftigung und Ausbildung sowie für bestimmte Regionalbeihilfen.

2. Erste Nutzungen der VO (EG) Nr. 994/98 durch die Kommission

15 Auf der Grundlage der vorgenannten Ermächtigungs-VO Nr. 994/98 erließ die Kommission zunächst einmal verschiedene besondere Gruppenfreistellungsverordnungen der ersten und zweiten Generation (a), die einige Jahre später in den Erlass einer ersten allgemeinen Gruppenfreistellungsverordnung einmündeten (b).

a) Erlass besonderer Gruppenfreistellungsverordnungen der ersten und zweiten Generation

16 Zu den besonderen Gruppenfreistellungsverordnungen der ersten Generation[28] zählen die im Jahre 2001 von der Kommission erlassene VO (EG) Nr. 70/2001 über die Frei-

---

[22] Ausführlicher dazu vgl. etwa *Sinnaeve* EuZW 2001, 69.
[23] Vgl. dazu insbesondere den 4. Erwägungsgrund der VO (EG) Nr. 994/98 (Fn. 13); sowie *Ahlborn*, S. 231 (232); *Berghofer*, EStAL 2009, 323 (325); *Sinnaeve*, EuZW 2001, 69 (70).
[24] Vgl. dazu den Bericht der Kommission an den Rat und das Europäische Parlament vom 21.12.2006, Evaluierungsbericht über die Anwendung der Verordnung (EG) Nr. 994/98 des Rates vom 7.5.1998 über die Anwendung der Artikel 87 (vormals Artikel 92) und 88 (vormals Artikel 93) EG-Vertrag auf bestimmte Gruppen horizontaler Beihilfen, gemäß Artikel 5 dieser Verordnung, KOM(2006) 831 endg., S. 1.
[25] Vgl. dazu insbesondere auch die Erwägungsgründe 4 und 5 der VO (EG) Nr. 994/98 (Fn. 13).
[26] So etwa von *Heinrich*, in: Birnstiel/Bungenberg/Heinrich, Einl. Rn. 66 m.w.N.
[27] Vgl. *Erlbacher*, in: GSH, Europäisches Unionsrecht, Art. 109 AEUV, Rn. 11.
[28] Näher zu diesen ersten EU-beihilferechtlichen Gruppenfreistellungsverordnungen vgl. etwa

stellung von **KMU-Beihilfen**[29] und die aus dem gleichen Jahr stammende Kommissions-VO (EG) Nr. 68/2001 über die Freistellung von **Ausbildungsbeihilfen**,[30] die zeitgleich mit der ersten De-minimis-VO für Beihilfen[31] erlassen worden sind. Wenig später ergänzte die Kommission diese besonderen Gruppenfreistellungsverordnungen sodann im Wege des Erlasses der VO 2204/2002 über **Beschäftigungsbeihilfen**.[32] Als besondere Gruppenfreistellungsverordnungen der zweiten Generation folgten in den Jahren 2004–2006 schließlich die Gruppenfreistellungsverordnung für Beihilfen an KMU in der Landwirtschaft,[33] die VO 1595/2004 über Beihilfen an KMU im Fischereisektor[34] sowie die Gruppenfreistellungsverordnung über **regionale Investitionsbeihilfen**.[35] Von ihrer darüber hinausgehenden – bereits zu dieser Zeit gegebenen – Ermächtigung zum Erlass von Gruppenfreistellungsverordnungen in Bezug auf Umweltschutzbeihilfen sowie in Bezug auf Beihilfen für Forschung und Entwicklung (s. Rn. 14) machte die Kommission im vorgenannten Zeitraum zunächst keinen Gebrauch, da sie in diesen Bereichen aus ihrer damaligen Sicht nicht über die ausreichende Erfahrung verfügte, um auch für diese Beihilfegruppen allgemeine Vereinbarkeitskriterien festzulegen.[36]

b) Erlass der ersten allgemeinen Gruppenfreistellungsverordnung (EG) Nr. 800/2008
Mit ihrem so genannten State Aid Action Plan[37] leitete die Kommission im Jahre 2005 17 sodann eine umfassende Überarbeitung der materiellen und verfahrensrechtlichen Beihilfevorschriften ein. Hiermit wollte die Kommission neben weniger und besser ausgerichteten Beihilfen und einer verfeinerten wirtschaftlichen Betrachtungsweise insbesondere effizientere Verfahren sowie eine geteilte Verantwortung zwischen Kommission und den EU-Mitgliedstaaten herbeiführen. Um eine effizientere und vereinfachte

---

Bartosch, NJW 2001, 921; *Nowak*, EuZW 2003, 389, 391 f.; *Sinnaeve*, CMLRev. (38) 2001, 1479; *dies.*, EuZW 2001, 69; *Soltész*, ZIP 2001, 278.
[29] VO (EG) Nr. 70/2001 der Kommission vom 12.1.2001 über die Anwendung der Artikel 87 und 88 EG-Vertrag [nunmehr: Art. 107 u. 108 AEUV] auf staatliche Beihilfen an kleine und mittlere Unternehmen, ABl. 2001, L 10/33.
[30] VO (EG) Nr. 68/2001 der Kommission vom 12.1.2001 über die Anwendung der Artikel 87 und 88 EG-Vertrag [nunmehr: Art. 107 u. 108 AEUV] auf Ausbildungsbeihilfen, ABl. 2001, L 10/20.
[31] VO (EG) Nr. 69/2001 (Fn. 20).
[32] VO (EG) Nr. 2204/2002 der Kommission vom 12.12.2002 über die Anwendung der Artikel 87 und 88 EG-Vertrag [nunmehr: Art. 107 u. 108 AEUV] auf Beschäftigungsbeihilfen, ABl. 2002, L 337/3; näher dazu vgl. *Zuleger*, EuZW 2003, 270.
[33] VO (EG) Nr. 1/2004 der Kommission vom 23.12.2003 über die Anwendung der Artikel 87 und 88 EG-Vertrag [nunmehr: Art. 107 u. 108 AEUV] auf staatliche Beihilfen an kleine und mittlere in der Erzeugung, Verarbeitung und Vermarktung von landwirtschaftlichen Erzeugnissen tätige Unternehmen, ABl. 2004, L 1/1.
[34] VO (EG) Nr. 1595/2004 der Kommission vom 8.9.2004 über die Anwendung der Artikel 87 und 88 EG-Vertrag [nunmehr: Art. 107 u. 108 AEUV] auf Beihilfen an kleine und mittlere in der Erzeugung, Verarbeitung und Vermarktung von Fischereierzeugnissen tätige Unternehmen, ABl. 2004, L 291/3.
[35] VO (EG) Nr. 1628/2006 der Kommission vom 24.10.2006 über die Anwendung der Artikel 87 und 88 EG-Vertrag [nunmehr: Art. 107 u. 108 AEUV] auf regionale Investitionsbeihilfen der Mitgliedstaaten, ABl. 2006, L 302/29.
[36] Vgl. *Kommission*, Evaluierungsbericht zur Ermächtigungsverordnung (Fn. 24), S. 4.
[37] *Kommission*, Aktionsplan staatliche Beihilfen – Weniger und besser ausgerichtete staatliche Beihilfen – Roadmap zur Reform des Beihilferechts 2005–2009 (Konsultationspapier), KOM(2005) 107 endg. (nachfolgend: »Aktionsplan staatliche Beihilfen«); näher zu diesem Plan vgl. *Heithecker* S. 141 (149 ff.); *Filpo*, EStAL 2010, 323; *Kleiner*, S. 1 (10 ff.); *Lübbig/Martín-Ehlers*, S. 31 ff.; *Petzold*, Beihilfenkontrolle im Europäischen Mehrebenensystem, S. 109 ff.; *Quigley*, S. 179 f.

EU-Beihilfenkontrolle zu erreichen, sollten die bisherigen besonderen Gruppenfreistellungsverordnungen (s. Rn. 16) nunmehr in einer allgemeinen Gruppenfreistellungsverordnung konsolidiert und weitere Beihilfegruppen (Umweltschutz sowie Forschung und Entwicklung für große Unternehmen) einbezogen werden.[38] Dementsprechend wurden die besonderen Gruppenfreistellungsverordnungen – mit Ausnahme der oben genannten Gruppenfreistellungsverordnungen für KMU-Beihilfen im Bereich der Landwirtschaft und im Fischereisektor (s. Rn. 16) – nach Durchführung des erforderlichen Konsultationsverfahrens im Jahre 2008 erstmals in eine allgemeine Gruppenfreistellungsverordnung in konkreter Gestalt der so genannten AGVO (EG) Nr. 800/2008[39] überführt, überarbeitet und durch **neue Freistellungstatbestände** ergänzt. Hinzu kamen insbesondere eigene Freistellungstatbestände für Forschungs- und Entwicklungsbeihilfen für große Unternehmen, Umweltschutzbeihilfen und Risikokapitalbeihilfen für KMU.[40] Auch die allgemeinen Freistellungsvoraussetzungen, die bereits auf der Grundlage der besonderen Gruppenfreistellungsvoraussetzungen bestanden (z. B. Transparenz, Kumulierung und Informationspflichten), wurden hierdurch konsolidiert, überarbeitet und durch neue Voraussetzungen ergänzt.[41] Hervorzuheben ist in diesem Kontext insbesondere das seinerzeit neuartige Erfordernis des Anreizeffektes, das im Einklang mit dem Ziel des oben genannten Aktionsplans staatliche Beihilfen eine **verfeinerte wirtschaftliche Betrachtungsweise** gewährleisten soll.[42]

3. Erweiterung der VO (EG) Nr. 994/98 durch die VO (EU) Nr. 733/2013 des Rates vom 22.7.2013

18 Mit ihrer Mitteilung über die Modernisierung des EU-Beihilfenrechts aus dem Jahr 2012[43] leitete die Europäische Kommission sodann eine umfassende Reform des Beihilfenrechts ein. In diesem Rahmen wollte die Kommission die EU-beihilferechtlichen Vorschriften und Regelungen – d. h. die insoweit einschlägigen Sekundärrechtsakte sowie zahlreiche Leitlinien, Unionsrahmen und Mitteilungen – in umfassender Weise überprüfen und an den maßgeblichen Zielen der hier in Rede stehenden **Modernisierungsinitiative** ausrichten. Bei diesen Zielen handelt es sich um die Förderung eines nachhaltigen Wachstums in einem wettbewerbsfähigen Binnenmarkt, um die Konzentration der Ex-ante-Prüfung der Kommission auf Fälle mit besonders großen Auswirkungen auf den Binnenmarkt, um die Stärkung der Zusammenarbeit zwischen den Mitgliedstaaten bei der Durchsetzung der EU-Beihilfevorschriften, um die Straffung der Regeln und um den schnelleren Erlass von Beschlüssen.[44]

---

[38] Vgl. dazu den Aktionsplan staatliche Beihilfen (Fn. 37), Gliederungspunkt II.5.; näher dazu vgl. auch *Deiberova/Nyssens*, EStAL 2009, 27.
[39] VO (EG) Nr. 800/2008 der Kommission vom 6.8.2008 zur Erklärung der Vereinbarkeit bestimmter Gruppen von Beihilfen mit dem Gemeinsamen Markt in Anwendung der Artikel 87 und 88 EG-Vertrag [nunmehr: Art. 107 u. 108 AEUV] (allgemeine Gruppenfreistellungsverordnung), ABl. 2008, L 214/3.
[40] *Deiberova/Nyssens* EStAL 2009, 27 (30 f.).
[41] Näher zu den damaligen Neuerungen der AGVO 800/2008 vgl. etwa *Bartosch*, NJW 2008, 3612 (3613 ff.); *Berghofer* EStAL 2009, 323 (329 ff.); *Deiberova/Nyssens* EStAL 2009, 27 (29 ff.).
[42] Ausführlicher dazu vgl. *Behrens*, in: Birnstiel/Bungenberg/Heinrich, Einl. Rn. 156 f.; *Coppi*, S. 64 ff.; *Farley*, EStAL 2010, 369; *Kaupa*, EStAL 2009, 311; *Lübbig/Martín-Ehlers*, S. 36 ff.; *Oldale//Piffaut*, S. 3 (19 ff.).
[43] KOM(2012) 209 endg.; näher dazu vgl. *Luja*, EStAL 2012, 765 f.; *Plank*, in: Immenga/Körber, S. 81 ff.; *Woll*, S. 101 ff.
[44] Vgl. KOM(2012) 209 endg., Rn. 8.; sowie *Kleiner*, S. 1 (10 ff.); *Plank*, ZWeR 2014, 271.

Um sich fortan noch stärker auf solche Fälle fokussieren zu können, die besonders starke Auswirkungen auf den Binnenmarkt haben, schlug die Kommission in diesem Zusammenhang vor allem auch eine Änderung der oben thematisierten Ermächtigungs-VO (EG) Nr. 994/98 vor, um weitere Beihilfegruppen dem Freistellungsregime der allgemeinen Gruppenfreistellungsverordnung zu unterwerfen.[45] Dem kam der Rat schließlich mit Erlass der VO (EU) Nr. 733/2013 zur **Änderung der Ursprungsfassung der Ermächtigungsverordnung**[46] nach, mit der die Kommission über die in dieser Ursprungsfassung genannten Gruppen von Beihilfen (s. Rn. 13 f.) hinaus dazu ermächtigt wurde, weitere Beihilfegruppen der folgenden Art freizustellen: Innovationsbeihilfen, Beihilfen im Bereich der Kultur und der Erhaltung des kulturellen Erbes, Beihilfen für Maßnahmen zur Bewältigung der Folgen von Naturkatastrophen, Beihilfen für den Fischereisektor zur Bewältigung der Folgen bestimmter widriger Witterungsverhältnisse, Beihilfen in der Forstwirtschaft sowie zur Förderung bestimmter Nahrungsmittelerzeugnisse, Beihilfen zur Förderung von Maßnahmen zur Erhaltung der lebenden Meeres- und Süßwasserressourcen, Beihilfen im Bereich des Sports, Beihilfen im Verkehrsbereich für Einwohner entlegener Gebiete, Beihilfen zur Förderung des Ausbaus von Breitbandinfrastruktur in Gebieten, in denen entweder keine derartige Infrastruktur vorhanden ist oder eine solche in naher Zukunft voraussichtlich nicht ausgebaut wird, sowie Beihilfen zum Aufbau von Infrastruktur zur Förderung der mit den anderen Beihilfegruppen verbundenen Ziele oder zur Förderung von Zielen von gemeinsamem Interesse, zu denen insbesondere auch die Ziele der sogenannten **Strategie EUROPA 2020**[47] gehören.

4. Kodifizierung und Aufhebung der VO (EG) Nr. 994/98 durch die VO (EU) Nr. 2015/1588 des Rates vom 13.7.2015

Etwas mehr als zwei Jahre nach dem Inkrafttreten der vorgenannten »Änderungs«-VO (EU) Nr. 733/2013 (s. Rn. 18 f.) hat sich der Rat dazu entschlossen, die durch diese Verordnung bewirkte Erweiterung der ihr zugrundeliegenden Ermächtigungs-VO (EG) Nr. 994/98 (s. Rn. 13 f.) aus Gründen der Klarheit und der Übersichtlichkeit in einer neuen Ermächtigungs-VO zu kodifizieren. Bei dieser neuen Ermächtigungsverordnung handelt es sich um die **am 14.10.2015 in Kraft getretene Verordnung (EU) Nr. 2015/1588** des Rates vom 13.7.2015 über die Anwendung der Artikel 107 und 108 des Vertrags über die Arbeitsweise der Europäischen Union auf bestimmte Gruppen horizontaler Beihilfen,[48] mit der die erste Ermächtigungs-VO (EG) Nr. 994/98 aufgehoben wurde.[49]

---

[45] KOM(2012) 209 endg., Rn. 19; näher dazu vgl. *Plank*, in: Immenga/Körber, S. 81 (94 ff.).
[46] VO (EU) Nr. 733/2013 des Rates vom 22.7.2013 zur Änderung der Verordnung (EG) Nr. 994/98 über die Anwendung der Artikel 92 und 93 des Vertrags zur Gründung der Europäischen Gemeinschaft [nunmehr: Art. 107 u. 108 AEUV] auf bestimmte Gruppen horizontaler Beihilfen, ABl. 2013, L 204/11.
[47] Vgl. *Kommission*, Europa 2020, Eine Strategie für intelligentes, nachhaltiges und integratives Wachstum, KOM(2020) 2020 endg.
[48] ABl. 2015, L 248/1.
[49] Vgl. Art. 9 Satz 1 VO (EU) Nr. 2015/1588 (Fn. 48).

5. Nutzung der erweiterten Ermächtigungs-VO durch die Kommission im Wege des Erlasses der neuen allgemeinen Gruppenfreistellungs-VO (EU) Nr. 651/2014

21 Von der in der oben genannten VO (EU) Nr. 733/2013 geregelten Ermächtigung zur Schaffung neuer Freistellungstatbestände (s. Rn. 18 f.), die nunmehr in den Erlass der neuen Ermächtigungs-VO (EU) Nr. 2015/1588 des Rates vom 13. 7. 2015 eingemündet ist (s. Rn. 20), hat die Kommission mit Erlass ihrer seit dem 1. 7. 2014 geltenden (neuen) **AGVO (EU) Nr. 651/2014** vom 17. 6. 2014 zur Feststellung der Vereinbarkeit bestimmter Gruppen von Beihilfen mit dem Binnenmarkt in Anwendung der Artikel 107 und 108 AEUV[50] in umfassender Weise Gebrauch gemacht. So hat die Kommission mit dieser neuen allgemeinen Gruppenfreistellungsverordnung, die sich aus 77 vorangestellten Erwägungsgründen, aus 59 Artikeln sowie aus drei abschließenden Anhängen mit den Titeln »KMU-Definition« (Anhang I), »Informationen über nach dieser Verordnung freigestellte staatliche Beihilfen« (Anhang II) und »Bestimmungen für die Veröffentlichung der Informationen nach Artikel 9 Absatz 1« (Anhang III) zusammensetzt, insbesondere zahlreiche bestehende Beihilfegruppen um zusätzliche Freistellungstatbestände erweitert, bestehende Freistellungstatbestände überarbeitet und diverse **Freistellungstatbestände für neue Beihilfegruppen** geschaffen.[51] Dies bedeutet, dass über die bereits von der damaligen AGVO (EG) Nr. 800/2008 (s. Rn. 17) erfassten Beihilfegruppen hinaus nunmehr auch die folgenden Beihilfegruppen von der neuen AGVO (EU) Nr. 651/2014 erfasst werden: Innovationsbeihilfen,[52] Beihilfen im Falle von Naturkatastrophen,[53] Sozialbeihilfen für Einwohner entlegener Gebiete,[54] Beihilfen für Breitbandinfrastrukturen,[55] Kulturbeihilfen,[56] Beihilfen für Sportinfrastrukturen und multifunktionale Freizeitinfrastrukturen[57] sowie Beihilfen für lokale Infrastrukturen.[58] Neu hinzugekommen sind darüber hinaus Freistellungstatbestände für regionale Stadtentwicklungsbeihilfen[59] und regionale Betriebsbeihilfen,[60] weitere Freistellungstatbestände für die Erschließung von KMU-Finanzierungen[61] (neben der grundlegenden Überarbeitung des Freistellungstatbestands für KMU-Risikofinanzierungen)[62] sowie zahlreiche neue energie- und umweltrechtliche Freistellungstatbestände.[63]

22 Darüber hinaus hat die Kommission die allgemeinen Bestimmungen der damaligen AGVO (EG) Nr. 800/2008 (s. Rn. 17), insbesondere die **Rahmenbedingungen der sogenannten Ex-post-Kontrolle**, mit der neuen AGVO (EU) Nr. 651/2014 (s. Rn. 21 f.) in

---

[50] VO (EU) Nr. 651/2014 (Fn. 13).
[51] Mit ersten Überblicken zu den hier in Rede stehenden Neuerungen sowie mit ersten bewertenden Einordnungen vgl. etwa *Nysten*, EnWZ 2014, V f.; *Plank* ZWeR 2014, 271 (279); *Soltész*, NJW 2014, 3128 (3130); *ders.*, EuZW 2015, 277 (278 f.); *Stöbener*, EuZW 2014, 484.
[52] Ausführlich dazu vgl. m. w. N. *Nowak*, in: Immenga/Mestmäcker, Wettbewerbsrecht, Bd. 3, Art. 27 AGVO 651/2014, Rn. 1 ff., Art. 28 AGVO 651/2014, Rn. 1 ff. und Art. 29 AGVO 651/2014, Rn. 1 ff.
[53] Ausführlich dazu vgl. m. w. N. *Nowak*, in: ebd., Art. 50 AGVO 651/2014, Rn. 1 ff.
[54] Ausführlich dazu vgl. m. w. N. *Nowak*, in: ebd., Art. 51 AGVO 651/2014, Rn. 1 ff.
[55] Ausführlich dazu vgl. m. w. N. *Nowak*, in: ebd., Art. 52 AGVO 651/2014, Rn. 1 ff.
[56] Ausführlich dazu vgl. m. w. N. *Nowak*, in: ebd., Art. 53 u. 54 AGVO 651/2014, jeweils Rn. 1 ff.
[57] Ausführlich dazu vgl. m. w. N. *Nowak*, in: ebd., Art. 55 AGVO 651/2014, Rn. 1 ff.
[58] Ausführlich dazu vgl. m. w. N. *Nowak*, in: ebd., Art. 56 AGVO 651/2014, Rn. 1 ff.
[59] Ausführlich dazu vgl. m. w. N. *Nowak*, in: ebd., Art. 16 AGVO 651/2014, Rn. 1 ff.
[60] Ausführlich dazu vgl. m. w. N. *Nowak*, in: ebd., Art. 15 AGVO 651/2014, Rn. 1 ff.
[61] Ausführlich dazu vgl. m. w. N. *Nowak*, in: ebd., Art. 22–24 AGVO 651/2014, jeweils Rn. 1 ff.
[62] Ausführlich dazu vgl. m. w. N. *Nowak*, in: ebd., Art. 21 AGVO 651/2014, Rn. 1 ff.
[63] Ausführlich dazu vgl. m. w. N. *Nowak*, in: ebd., Art. 36–49 AGVO 651/2014, jeweils Rn. 1 ff.

teils grundlegender Weise überarbeitet. So wurden etwa die maßgeblichen Anmeldeschwellen[64] bestehender Freistellungstatbestände, wie etwa diejenigen für Forschungs- und Entwicklungsbeihilfen, teilweise verdoppelt und die Voraussetzungen für den Nachweis des jeweils notwendigen Anreizeffektes[65] durch große Unternehmen erleichtert. Neu eingeführt wurde ferner die nunmehr in Art. 9 AGVO geregelte Pflicht der Mitgliedstaaten zur Einführung einer ausführlichen Beihilfe-Website.[66] Über diese Website, die Informationen über die freigestellten Beihilfen enthalten müssen, sollen sich Konkurrenten in Zukunft einfach und schnell informieren können. Hierdurch soll die private Durchsetzung bzw. das sogenannte private enforcement der beihilferechtlichen Vorschriften vor nationalen Gerichten gefördert werden. Die Pflicht des Mitgliedstaates zur Übermittlung von Kurzbeschreibungen der freigestellten Beihilfen und der Jahresberichte besteht weiter fort; deren Einhaltung oder Erfüllung zählt jedoch nicht mehr zu den in Art. 3 AGVO explizit angesprochenen Freistellungsvoraussetzungen[67] einer Beihilfe. Schließlich ist der Kommission durch den neuen Art. 10 AGVO die Möglichkeit eröffnet worden, den **Entzug des Rechtsvorteils der Gruppenfreistellungsverordnung** zu beschließen.[68] Gewähren Mitgliedstaaten auf der Grundlage der AGVO bestimmte Beihilfen, obwohl die verordnungsspezifischen Freistellungsvoraussetzungen nicht vorliegen, kann die Kommission nach einem formalisierten Verfahren in den Grenzen der Verhältnismäßigkeit beschließen, dass der betreffende Mitgliedstaat künftige Beihilfen ganz oder teilweise nicht mehr auf der Grundlage der AGVO freistellen darf, obwohl sie an sich die Voraussetzungen der AGVO erfüllen. Auf diese Weise wird der »rechtsuntreue« Mitgliedstaat für eine bestimmte Zeit auf die Durchführung des in Art. 108 Abs. 3 AEUV angesprochenen Anmeldeverfahrens verwiesen.

6. Erlass weiterer besonderer Gruppenfreistellungsverordnungen und verschiedener De-minimis-Verordnungen durch die Kommission

Abgesehen von dem Erlass zweier neuer EU-beihilferechtlicher **De-minimis-Verordnungen** durch die Kommission[69] treten der vorgenannten AGVO (EU) Nr. 651/2014 (s. Rn. 21 f.) zwei ebenfalls noch recht junge (besondere) Gruppenfreistellungsverordnungen der Kommission hinzu. Hierbei handelt es sich zum einen um die besondere Gruppenfreistellungsverordnung der Kommission für **Beihilfen im Agrar- und Forstsektor und in ländlichen Gebieten**.[70] Zum anderen hat die Kommission im Dezember 2014 eine weitere besondere Gruppenfreistellungsverordnung in Bezug auf **Beihilfen für in der**

23

---

64 Ausführlich dazu vgl. m.w.N. *Nowak*, in: ebd., Art. 4 AGVO 651/2014, Rn. 1 ff.
65 Ausführlich dazu vgl. m.w.N. *Nowak*, in: ebd., Art. 6 AGVO 651/2014, Rn. 1 ff.
66 Ausführlich dazu vgl. m.w.N. *Nowak*, in: ebd., Art. 9 AGVO 651/2014, Rn. 1 ff.
67 Ausführlich dazu vgl. m.w.N. *Nowak*, in: ebd., Art. 3 AGVO 651/2014, Rn. 1 ff.
68 Ausführlich dazu vgl. m.w.N. *Nowak*, in: ebd., Art. 10 AGVO 651/2014, Rn. 1 ff.
69 VO (EU) Nr. 360/2012 der Kommission vom 25.4.2012 über die Anwendung der Artikel 107 und 108 des Vertrags über die Arbeitsweise der Europäischen Union auf De-minimis-Beihilfen an Unternehmen, die Dienstleistungen von allgemeinem wirtschaftlichem Interesse erbringen, ABl. 2013, L 352/1; VO (EU) Nr. 1407/2013 der Kommission vom 18.12.2013 über die Anwendung der Artikel 107 und 108 des Vertrags über die Arbeitsweise der Europäischen Union auf De-minimis-Beihilfen, ABl. 2013, L 352/1; näher zu diesen Verordnungen vgl. *Sinnaeve*, EStAL 2014, 261.
70 VO (EU) Nr. 702/2014 der Kommission vom 25.6.2014 zur Feststellung der Vereinbarkeit bestimmter Arten von Beihilfen im Agrar- und Forstsektor und in ländlichen Gebieten mit dem Binnenmarkt in Anwendung der Artikel 107 und 108 des Vertrags über die Arbeitsweise der Europäischen Union, ABl. 2014, L 193/1.

Fischerei und Aquakultur tätige KMU erlassen.⁷¹ Im Übrigen beabsichtigt die Kommission, den gegenwärtigen Geltungsbereich der vorgenannten AGVO (EU) Nr. 651/2014 daraufhin zu überprüfen, ob zusätzliche Freistellungskriterien für weitere Arten mitgliedstaatlicher Beihilfen – wie etwa Beihilfen für Hafen- und Flughafeninfrastrukturen – in diese allgemeine Gruppenfreistellungsverordnung aufgenommen werden können.⁷²

II. Ratsverordnungen über besondere Vorschriften für die Anwendung von Art. 108 AEUV

24 Den zweiten **Meilenstein**⁷³ stellte im Rahmen der EU-beihilferechtlichen Rechtsetzung lange Zeit die vom Rat seinerzeit auf Art. 94 EGV [jetzt: Art. 109 AEUV] gestützte Durchführungs-VO (EG) Nr. 659/1999 des Rates vom 22.3.1999⁷⁴ dar (1.), die nach ihrer zum Teil signifikanten Änderung durch die auf Art. 109 AEUV gestützte VO (EU) Nr. 734/2013⁷⁵ mit Wirkung zum 14.10.2015 durch die neue Verfahrensverordnung (EU) Nr. 2015/1589⁷⁶ ersetzt wurde (2.).

1. Die sog. Durchführungs-VO (EG) Nr. 659/1999 des Rates vom 22.3.1999

25 Mit der am 22.3.1999 erlassenen und am 16.4.1999 in Kraft getretenen VO (EG) Nr. 659/1999 hat der Rat im Interesse der Transparenz und der Rechtssicherheit eine aus acht Kapiteln mit dreißig Artikeln bestehende **Verfahrensordnung für Beihilfeverfahren** mit wesentlichen Vorschriften und Regelungen über die der Kommission obliegende Durchführung der in Art. 108 AEUV nur rudimentär vorgezeichneten Beihilfekontrollverfahren geschaffen.⁷⁷ Zu diesen Vorschriften, deren Anwendung durch die Kommission den **Gegenstand unzähliger Urteile des Unionsrichters** bildet,⁷⁸ gehören neben einführenden Begriffsbestimmungen⁷⁹ (Kapitel I: Art. 1) und abschließenden »Gemeinsamen Vorschriften« (Kapitel VIII: Art. 24–30) insbesondere Vorschriften über die vier unterschiedlichen Verfahren bei angemeldeten Beihilfen⁸⁰ (Kapitel II: Art. 2–9), bei

---

⁷¹ VO (EU) Nr. 1388/2014 der Kommission vom 16.12.2014 zur Feststellung der Vereinbarkeit bestimmter Gruppen von Beihilfen zugunsten von in der Erzeugung, Verarbeitung und Vermarktung von Erzeugnissen der Fischerei und der Aquakultur tätigen Unternehmen mit dem Binnenmarkt in Anwendung der Artikel 107 und 108 des Vertrags über die Arbeitsweise der Europäischen Union, ABl. 2014, L 369/37.
⁷² Vgl. dazu insbesondere den 1. Erwägungsgrund der AGVO (EU) Nr. 651/2014 (Fn. 13).
⁷³ Zum ersten »Meilenstein« in Gestalt der VO (EG) Nr. 994/98 siehe oben unter Rn. 12–14.
⁷⁴ VO (EG) Nr. 659/1999 (Fn. 11).
⁷⁵ VO (EU) Nr. 734/2013 des Rates vom 22.7.2013 zur Änderung der Verordnung (EG) Nr. 659/1999 über besondere Vorschriften für die Anwendung von Artikel 93 des EG-Vertrags, ABl. 2013, L 204/15.
⁷⁶ VO (EU) Nr. 2015/1589 des Rates vom 13.7.2015 über besondere Vorschriften für die Anwendung von Artikel 108 des Vertrags über die Arbeitsweise der Europäischen Union, ABl. 2015, L 248/9.
⁷⁷ Jeweils mit guten Überblicken über die VO (EG) Nr. 659/1999 vgl. *Ahlborn*, S. 231 (232 ff.); *Bartosch*, EuZW 2004, 43; *Becker*, EWS 2007, 255; *Fischer*, ZIP 1999, 1426; *Kruse*, NVwZ 1999, 1049; *Lessenich*, in: Schröter/Jakob/Klotz/Mederer, S. 2526 ff.; *Lindner*, BayVBl. 2002, 193; *Ludwigs*, Jura 2006, 41; *Sinnaeve*, EuZW 1999, 270; *dies.*, CMLRev. 44 (2007), 965; *Sinnaeve/Slot*, CMLRev 36 (1999), 1153.
⁷⁸ Exemplarisch zur diesbezüglichen EuG(H)-Rechtsprechung aus jüngerer Zeit vgl. *Bärenbrinker*, EWS 2014, 68; *O'Higgins*, EStAL 2011, 601; *Soltézs*, EuZW 2012, 174; *ders.*, EuZW 2013, 134.
⁷⁹ Näher dazu vgl. etwa *Werner*, in: Montag/Säcker, Art. 1 VerfVO, Rn. 1 ff.; *Bierwagen*, in: Birnstiel/Bungenberg/Heinrich, Kap. 2, 2. Teil, Art. 1 VO 659/1999, Rn. 1 ff.
⁸⁰ Näher dazu vgl. etwa *Bierwagen*, in: ebd., Kap. 2, 2. Teil, Art. 2 VO 659/1999, Rn. 1 ff.

rechtswidrigen Beihilfen[81] (Kapitel III: Art. 10–15), bei missbräuchlicher Anwendung von Beihilfen[82] (Kapitel IV: Art. 16) und bei bestehenden Beihilferegelungen[83] (Kapitel V: Art. 17–19) sowie über die insgesamt sehr beschränkten Rechte der Beteiligten bzw. Drittbetroffener[84] (Kapitel VI: Art. 20) und über die so genannte »Überwachung«, die verschiedene Regelungen über Jahresberichte,[85] über Nachprüfungen vor Ort[86] und über die Nichtbefolgung von Entscheidungen und Urteilen[87] einschließen. Diese Regelungen sind im Laufe der Zeit durch die in der dazugehörigen **Durchführungs-VO der Kommission**[88] enthaltenen Vorschriften ergänzt worden, zu deren Erlass die Kommission nach Art. 27 VO (EG) Nr. 659/1999 ermächtigt war.

2. Kodifizierung und Aufhebung der VO (EG) Nr. 659/1999 durch die neue Durchführungs-VO (EU) Nr. 2015/1589 des Rates vom 13.7.2015

Nachdem die vorgenannte Verfahrens-VO (EG) Nr. 659/1999 in signifikanter Weise durch die VO (EU) Nr. 734/2013 geändert worden ist (s. Rn. 24), hat sich der Rat aus Gründen der Klarheit und der Übersichtlichkeit schließlich dazu entschlossen, diese Änderungen in einer neuen Verfahrensverordnung zu kodifizieren. Bei dieser neuen Verfahrensverordnung handelt es sich um die am 14.10.2015 in Kraft getretene Verordnung (EU) Nr. 2015/1589 des Rates vom 13.7.2015 über besondere Vorschriften für die Anwendung von Artikel 108 des Vertrags über die Arbeitsweise der Europäischen Union.[89] Diese neue Verfahrensordnung entspricht zwar größtenteils ihrer Vorgängerin in Gestalt der VO (EG) Nr. 659/1999 (s. Rn. 25). Neu sind jedoch die jeweils auf die oben genannte Änderungs-VO (EU) Nr. 734/2013 zurückführbaren Regelungen,[90] die sich insbesondere auf Auskunftsersuchen (Art. 7 VO 2015/1589), auf Geldbußen und Zwangsgelder (Art. 8 VO 2015/1589), auf die Verfolgungs- und Vollstreckungsverjährung (Art. 18f. VO 2015/1589), auf Untersuchungen einzelner Wirtschaftszweige (Art. 25 VO 2015/1589) sowie auf die Zusammenarbeit der Kommission mit den Gerichten der Mitgliedstaaten (Art. 29 VO 2015/1589) beziehen. Diese Neuerungen zielen auf eine **Stärkung der administrativen Durchsetzung des** in Art. 107 Abs. 1 AEUV niedergelegten Verbotstatbestandes durch die Kommission ab. Für eine an sich ebenfalls gebotene Stärkung des verfahrensrechtlichen Rechtsschutzes Drittbetroffener[91] hat der Rat in der neuen Verfahrens-VO (EU) Nr. 2015/1589 bedauerlicherweise nichts getan.[92]

26

---

[81] Näher dazu vgl. etwa *Ritzek-Seidl*, in: ebd., Kap. 2, 2. Teil, Art. 10 VO 659/1999, Rn. 1ff.
[82] Näher dazu vgl. etwa *Nowak*, in: ebd., Kap. 2, 2. Teil, Art. 16 VO 659/1999, Rn. 1ff.
[83] Näher dazu vgl. etwa *Nowak*, in: ebd., Kap. 2, 2. Teil, Art. 17 VO 659/1999, Rn. 1ff.
[84] Näher dazu vgl. etwa *Nowak*, in: ebd., Kap. 2, 2. Teil, Art. 20 VO 659/1999, Rn. 1ff.
[85] Näher dazu vgl. etwa *Nowak*, in: ebd., Kap. 2, 2. Teil, Art. 21 VO 659/1999, Rn. 1ff.
[86] Näher dazu vgl. etwa *Nowak*, in: ebd., Kap. 2, 2. Teil, Art. 22 VO 659/1999, Rn. 1ff.
[87] Näher dazu vgl. etwa *Nowak*, in: ebd., Kap. 2, 2. Teil, Art. 23 VO 659/1999, Rn. 1ff.
[88] VO (EG) Nr. 794/2004 (Fn. 13).
[89] VO (EU) Nr. 2015/1589 (Fn. 76).
[90] Ausführlicher zu den durch die VO (EU) Nr. 734/2013 (Fn. 75) herbeigeführten Neuerungen vgl. *Plappert*, EuZW 2014, 216.
[91] Näher dazu vgl. etwa *Bartosch*, EuZW 2004, 43 (49); *ders.*, RIW 2007, 401 (402ff.); *ders.*, EStAL 2007, 474 (475ff.); *Filpo*, EStAL 2010, 323; *Ludwigs*, Jura 2006, 41 (48); *Matthias-Werner*, S. 644f.; *Nehl*, EStAL 2006, 57; *Nowak*, DVBl 2000, 20.
[92] Zur durchaus berechtigten Kritik daran, dass die vorgenannten Änderungen im Wesentlichen nur die Rolle der Kommission im Beihilfekontrollverfahren gestärkt und so gut wie nichts für eine Stärkung des verfahrensrechtlichen Rechtsschutzes Drittbetroffener getan haben, vgl. insbesondere *Gambaro/Mazzocchi*, CMLRev. 53 (2016), 385; *Laprévote*, EStAL 2014, 426; *Nehl*, EStAL 2014, 235.

Kapitel 2
Steuerliche Vorschriften

Artikel 110 AEUV [Verbot steuerlicher Diskriminierung, Protektionsverbot]

Die Mitgliedstaaten erheben auf Waren aus anderen Mitgliedstaaten weder unmittelbar noch mittelbar höhere inländische Abgaben gleich welcher Art, als gleichartige inländische Waren unmittelbar oder mittelbar zu tragen haben.

Die Mitgliedstaaten erheben auf Waren aus anderen Mitgliedstaaten keine inländischen Abgaben, die geeignet sind, andere Produktionen mittelbar zu schützen.

Literaturübersicht

Albath/Wunderlich, Wege aus der Steuersackgasse? Neue Tendenzen in der Rechtsprechung des EuGH, EWS 2006, 205; *Arndt*, Steuerliches Diskriminierungsverbot und nichtharmonisierte Umsatzsteuer, DStR 1989, 471; *Balke*, Steuerliche Gestaltungsfreiheit der Mitgliedstaaten und freier Warenverkehr im Europäischen Binnenmarkt, 1998; *Bieg*, Der Gerichtshof der Europäischen Gemeinschaften und sein Einfluß auf das deutsche Steuerrecht, 1997; *Birk*, Das sog. »Europäische« Steuerrecht, FR 2005, 121; *Cloer/Lavrelashvili*, Einführung in das Europäische Steuerrecht, 2008; *Cordewener*, Europäische Grundfreiheiten und nationales Steuerrecht, 2002; *Dieterich*, Systemgerechtigkeit und Kohärenz. Legislative Einheit und Vielfalt durch Verfassungs- und Unionsrecht, 2014; *Drüen/Kahler*, Die nationale Steuerhoheit im Prozess der Europäisierung, StuW 2005, 171; *Dürrschmidt*, »Europäisches Steuerrecht« nach Lissabon, NJW 2010, 2086; *Engler*, Steuerverfassungsrecht im Mehrebenensystem. Ein Vergleich des Schutzes vor Besteuerung durch EMRK, Grundrechtecharta und die nationale Grundrechtsordnung, 2014; *Englmair*, The Relevance of the Fundamental Freedoms for Direct Taxation, in: Lang/Pistone/Schuch/Stringer (Hrsg.), Introduction to European Tax Law on Direct Taxation, 4. Aufl., 2016, S. 53; *Englisch*, § 4 Europäisches Steuerrecht, in: Tipke/Lang (Hrsg.), Steuerrecht, 22. Aufl., 2015, S. 139; *ders.*, § 17 Umsatzsteuer, in: Tipke/Lang (Hrsg.), Steuerrecht, 22. Aufl., 2015, S. 889; *ders.*, Diskriminierungs- und Beschränkungsverbote im Recht der Steuern auf Waren und Dienstleistungen, in: Schaumburg/Englisch (Hrsg.), Europäisches Steuerrecht, 2015, S. 113; *ders.*, Rechtfertigungsmöglichkeiten, in: Schaumburg/Englisch (Hrsg.), Europäisches Steuerrecht, 2015, S. 230; *Frotscher*, Über das (steuerliche) Unbehagen an der Europäisierung und Internationalisierung, IStR 2007, 568; *Fuest*, Steuerharmonisierung und Steuerwettbewerb, 2006; *Haase*, Internationales und Europäisches Steuerrecht, 4. Aufl., 2014; *ders.*, Einführung in das Europäische Sekundärrecht im Bereich der direkten Steuern, SteuerStud 2009, 121; *Hagen*, Die Harmonisierung der indirekten Steuern in Europa, 2000; *Hey*, Einführung in das besondere Steuerschuldrecht, in: Tipke/Lang (Hrsg.), Steuerrecht, 22. Aufl., 2015; *dies.*, Harmonisierung der Unternehmensbesteuerung in Europa, 1997; *dies.*, Perspektiven der Unternehmensbesteuerung in Europa, StuW 2004, 193; *dies.*, Erosion nationaler Besteuerungsprinzipien im Binnenmarkt, StuW 2005, 317; *dies.*, Finanzautonomie und Finanzverflechtung in gestuften Rechtsordnungen, VVDStRL 66 (2007), 277; *Hofstätter/Hohenwarter-Mayr*, The Merger Directive, in: Lang/Pistone/Schuch/Staringer (Hrsg.), Introduction to European Tax Law on Direct Taxation, 4. Aufl., 2016, S. 157; *Hufeld*, Steuerstaat als Staatsform, FS Isensee, 2007, S. 857; *Jacobs/Endres/Spengel*, Der Einfluss der Integration auf die internationale Unternehmensbesteuerung, in: Jacobs, Internationale Unternehmensbesteuerung, 8. Aufl., 2016, S. 109; *Kokott/Ost*, Europäische Grundfreiheiten und nationales Steuerrecht, EuZW 2011, 496; *Kreibohm*, Der Begriff der Steuer im Europäischen Gemeinschaftsrecht, 2004; *Kube*, EuGH-Rechtsprechung zum direkten Steuerrecht – Stand und Perspektiven, 2009; *Lampert*, Grundfreiheiten und direkte Unternehmensbesteuerung, in: Kellersmann/Treisch/Lampert/Heinemann, Europäische Unternehmensbesteuerung, Bd. I, 2013, S. 93; *Lehner*, Entwicklungslinien europäischer Steuerpolitik und Steuerrechtsprechung, FS Scholz, 2007, S. 1047; *Kellersmann*, Steuervergünstigungen als unerlaubte Beihilfen, in: Kellersmann/Treisch/Lampert/Heinemann, Europäische Unternehmensbesteuerung, Bd. I, 2013, S. 171; *Lange*, Der Anspruch auf Erstattung gemeinschaftsrechtswidrig erhobener Steuern, 2008; *Mick*, Die Steuerkonzeption der Europäischen Union, 1995; *ders.*, § 24 Steuerharmonisierung und Gemeinsamer Markt, in: Birk (Hrsg.), Handbuch des Europäischen

Steuer- und Abgabenrechts, 1995, S. 421; *Musil/Fähling*, Neue Entwicklungen bei den europarechtlichen Rechtfertigungsgründen im Bereich des Ertragsteuerrechts, DStR 2010, 1501; *Ohler*, Die fiskalische Integration in der Europäischen Gemeinschaft, 1997; *Parly*, The Code of Conduct and the Fight against Harmful Tax Competition, European Taxation 2000, 406; *Plansky*, The EU Arbitration Convention, in: Lang/Pistone/Schuch/Staringer (Hrsg.), Introduction to European Tax Law on Direct Taxation, 4. Aufl., 2016, S. 257; *Reimer*, Die Auswirkungen der Grundfreiheiten auf das Ertragsteuerrecht der Bundesrepublik, in: Lehner (Hrsg.), Grundfreiheiten im Steuerrecht der EU-Staaten, 2000, S. 39; *ders.*, Diskriminierungs- und Beschränkungsverbote im direkten Steuerrecht, in: Schaumburg/Englisch (Hrsg.), Europäisches Steuerrecht, 2015, S. 161; *Rodi*, Internationaler Steuerwettbewerb, StuW 2008, 327; *Schaper*, Steuerstaat im Wettbewerb, 2014; *Schmehl*, Nationales Steuerrecht im Internationalen Steuerwettbewerb, in: Schön/Beck (Hrsg.), Zukunftsfragen des Steuerrechts, 2009, S. 99; *Schön*, Der freie Warenverkehr, die Steuerhoheit der Mitgliedstaaten und der Systemgedanke im europäischen Steuerrecht. Teil I: Die Grundlagen und das Verbot der Zölle und zollgleichen Abgaben, EuR 2001, 216; *ders.*, Der freie Warenverkehr, die Steuerhoheit der Mitgliedstaaten und der Systemgedanke im europäischen Steuerrecht. Teil II: Das Verbot diskriminierender und protektionistischer Abgaben und das Problem der Belastung »exotischer« Waren, EuR 2001, 341; *ders.*, Besteuerung im Binnenmarkt – die Rechtsprechung des EuGH zu den direkten Steuern, IStR 2004, 289; *Schröer-Schallenberg*, § 16 Diskriminierung im Bereich der Verbrauchsteuern, in: Birk (Hrsg.), Handbuch des Europäischen Steuer- und Abgabenrechts, 1995, S. 421; *Sedemund*, Europäisches Ertragsteuerrecht, 2008; *Seiler*, Kompetenz- und verfahrensrechtliche Maßstäbe europäischer Umweltabgaben, EuR 2010, 67; *ders.*, Das Steuerrecht unter dem Einfluss der Marktfreiheiten, StuW 2005, 25; *ders.*, Steuerstaat und Binnenmarkt, FS Isensee, 2007, S. 875; *Stumpf*, Neuere Entwicklungen zu Diskriminierungsverbot und Harmonisierungsgebot im europäischen Mehrwertsteuerrecht, EuZW 1991, 713; *Takacs*, Das Steuerrecht der Europäischen Union, 1998; *Tenore*, The Parent-Subsidiary Directive, in: Lang/Pistone/Schuch/Staringer (Hrsg.), Introduction to European Tax Law on Direct Taxation, 4. Aufl., 2016, S. 133; *Terra/Wattel*, European Tax Law, 2012; *Tiedtke/Mohr*, Die Grundfreiheiten als zulässiger Maßstab für die direkten Steuern, EuZW 2008, 424; *Trautwein*, Das gemeinschaftsrechtliche Verbot diskriminierender und protektionistischer Abgaben nach Art. 95 EGV, JA 1996, 813; *Waldhoff*, Finanzautonomie und Finanzverflechtung in gestuften Rechtsordnungen, VVDStRL 66 (2007), 216; *Wasmeier*, Umweltabgaben und Europarecht, 1995; *Weber-Grellet*, Europäisches Steuerrecht, 2005; *Wieland*, Steuerwettbewerb in Europa, EuR 2001, 119; *ders.*, Der Europäische Gerichtshof als Steuergesetzgeber?, FS Zuleeg, 2005, S. 492.

Leitentscheidungen

EuGH, Urt. v. 16.6.1966, Rs. 57/65 (Lütticke), Slg. 1966, 258
EuGH, Urt. v. 4.4.1968, Rs. 7/67 (Milchwerke Wöhrmann), Slg. 1968, 268
EuGH, Urt. v. 4.4.1968, Rs. 27/67 (Fink-Frucht GmbH), Slg. 1968, 334
EuGH, Urt. v. 17.2.1976, Rs. 45/75 (Rewe), Slg. 1976, 181
EuGH, Urt. v. 29.6.1978, Rs. 142/77 (Statens Kontrol), Slg. 1978, 1543
EuGH, Urt. v. 27.2.1980, Rs. 170/78 (Kommission/Vereinigtes Königreich), Slg. 1980, 417
EuGH, Urt. v. 27.2.1980, Rs. 171/78 (Kommission/Dänemark), Slg. 1980, 447
EuGH, Urt. v. 5.5.1982, Rs. 15/81 (Schul I), Slg. 1982, 1409
EuGH, Urt. v. 28.1.1986, Rs. 270/83 (Avoir fiscal), Slg. 1986, 273
EuGH, Urt. v. 7.5.1987, Rs. 184/85 (Kommission/Italien), Slg. 1987, 2013
EuGH, Urt. v. 7.5.1987, Rs. 193/85 (Cooperativa Co-Frutta), Slg. 1987, 2085
EuGH, Urt. v. 9.7.1987, Rs. 356/85 (Kommission/Belgien), Slg. 1987, 3299
EuGH, Urt. v. 21.9.1988, Rs. 267/86 (Van Eycke/ASPA), Slg. 1988, 4769
EuGH, Urt. v. 11.12.1990, Rs. C–47/88 (Kommission/Dänemark), Slg. 1990, I–4509
EuGH, Urt. v. 13.7.1994, Rs. C–130/92 (OTO), Slg. 1994, I–3293
EuGH, Urt. v. 14.2.1995, Rs. C–279/93 (Schumacker), Slg. 1995, I–225
EuGH, Urt. v. 16.7.1998, Rs. C–264/96 (ICI), Slg. 1998, I–4695
EuGH, Urt. v. 14.9.1999, Rs. C–391/97 (Gschwind), Slg. 1999, I–5451
EuGH, Urt. v. 21.9.1999, Rs. C–307/97 (Compagnie de St. Gobain), Slg. 1999, I–6161
EuGH, Urt. v. 26.10.1999, Rs. C–294/97 (Eurowings Luftverkehr), Slg. 1999, I–7447
EuGH, Urt. v. 19.9.2000, Rs. C–156/98 (Deutschland/Kommission), Slg. 2000, I–68757
EuGH, Urt. v. 8.3.2001, Rs. C–397/98 (Metallgesellschaft u.a.), Slg. 2001, I–1727
EuGH, Urt. v. 15.3.2001, Rs. C–265/99 (Kommission/Frankreich), Slg. 2001, I–2305
EuGH, Urt. v. 21.11.2002, Rs. C–436/00 (X und Y), Slg. 2002, I–10829

EuGH, Urt. v. 12.6.2003, Rs. C–234/01 (Gerritse), Slg. 2003, I–5933
EuGH, Urt. v. 18.9.2003, Rs. C–168/01 (Bosal), Slg. 2003, I–9409
EuGH, Urt. v. 30.9.2003, Rs. C–167/01 (Inspire Art), Slg. 2003, I–10155
EuGH, Urt. v. 13.11.2003, Rs. C–209/01 (Schilling und Fleck-Schilling), Slg. 2003, I–13389
EuGH, Urt. v. 11.3.2004, Rs. C–9/02 (de Lasteyrie du Saillant), Slg. 2004, I–2409
EuGH, Urt. v. 7.9.2004, Rs. C–319/02 (Manninen), Slg. 2004, I–7477
EuGH, Urt. v. 13.12.2005, Rs. C–446/03 (Marks & Spencer), Slg. 2005, I–10837
EuGH, Urt. v. 21.2.2006, Rs. C–152/03 (Ritter-Coulais), Slg. 2006, I–1711
EuGH, Urt. v. 23.2.2006, Rs. C–253/03 (CLT-UFA), Slg. 2006, I–1831
EuGH, Urt. v. 12.9.2006, Rs. C–196/04 (Cadbury Schweppes und Cadbury Schweppes Overseas), Slg. 2006, I–7995
EuGH, Urt. v. 6.3.2007, Rs. C–292/04 (Meilicke u. a.), Slg. 2007, I–1835
EuGH, Urt. v. 29.3.2007, Rs. C–347/04 (Rewe Zentralfinanz), Slg. 2007, I–2647
EuGH, Urt. v. 11.9.2007, Rs. C–76/05 (Schwarz und Gootjes-Schwarz), Slg. 2007, I–6849
EuGH, Urt. v. 8.11.2007, Rs. C–221/06 (Frohnleiten), Slg. 2007, I–9643
EuGH, Urt. v. 6.12.2007, Rs. C–298/05 (Columbus Container Services), Slg. 2007, I–10451
EuGH, Urt. v. 17.1.2008, Rs. C–152/05 (Kommission/Deutschland), Slg. 2008, I–39
EuGH, Urt. v. 15.5.2008, Rs. C–414/06 (Lidl Belgium), Slg. 2008, I–3601
EuGH, Urt. v. 23.10.2008, Rs. C–157/07 (Krankenheim Ruhesitz am Wannsee), Slg. 2008, I–8061
EuGH, Urt. v. 7.4.2011, Rs. C–402/09 (Tatu), Slg. 2011, I–2711
EuGH, Urt. v. 22.4.2010, Rs. C–510/08 (Mattner), Slg. 2010, I–3553
EuGH, Urt. v. 30.6.2011, Rs. C–262/09 (Meilicke), Slg. 2011, I–5669
EuGH, Urt. v. 13.3.2014, Rs. C–599/12 (JetAir und BTWE Travel4you), ECLI:EU:C:2014:144
EuGH, Urt. v. 1.4.2014, Rs. C–80/12 (Felixstowe Dock and Railway Company u. a.), ECLI:EU:C:2014:200
EuGH, Urt. v. 17.7.2014, Rs. C–48/13 (Nordea Bank Danmark), ECLI:EU:C:2014:2087
EuGH, Urt. v. 12.2.2015, Rs. C–349/13 (Oil Trading Poland), ECLI:EU:C:2015:84
EuGH, Urt. v. 14.4.2015, Rs. C–76/14 (Manea), ECLI:EU:C:2015:216
EuGH, Urt. v. 29.10.2015, Rs. C–174/14 (Saudaçor), ECLI:EU:C:2015:733
EuGH, Urt. v. 17.12.2015, Rs. C–419/14 (WebMindLicenses), ECLI:EU:C:2015:832
EuGH, Urt. v. 17.12.2015, Rs. C–402/14 (Viamar), ECLI:EU:C:2015:830

Wesentliche sekundärrechtliche Vorschriften

Richtlinie 90/435/EWG vom 23.7.1990 über das gemeinsame Steuersystem der Mutter- und Tochtergesellschaften verschiedener Mitgliedstaaten, ABl. 1990, L 225/6
Übereinkommen 90/436/EWG vom 20.8.1990 über die Beseitigung der Doppelbesteuerung im Falle von Gewinnberichtigungen zwischen verbundenen Unternehmen, ABl. 1990, L 225/10
Richtlinie 2003/48/EG vom 3.6.2003 im Bereich der Besteuerung von Zinserträgen, ABl. 2003, L 157/38
Richtlinie 2003/49/EG vom 3.6.2003 über eine gemeinsame Steuerregelung für Zahlungen von Zinsen und Lizenzgebühren zwischen verbundenen Unternehmen verschiedener Mitgliedstaaten, ABl. 2003, L 157/49
Richtlinie 2009/133/EG vom 19.10.2009 über das gemeinsame Steuersystem für Fusionen, Spaltungen, Abspaltungen, die Einbringung von Unternehmensteilen und den Austausch von Anteilen, die Gesellschaften verschiedener Mitgliedstaaten betreffen, sowie für die Verlegung des Sitzes einer Europäischen Gesellschaft oder einer Europäischen Genossenschaft von einem Mitgliedstaat in einen anderen Mitgliedstaat, ABl. 2009, L 310/34
Richtlinie 2011/16/EU vom 15.2.2011 über die Zusammenarbeit der Verwaltungsbehörden im Bereich der Besteuerung und zur Aufhebung der Richtlinie 77/799/EWG

Inhaltsübersicht Rn.

A. Grundlagen der Besteuerung im Binnenmarkt 1
    I. Europäisches Steuerrecht zwischen mitgliedstaatlicher Souveränität, Binnenmarkterfordernissen und Steuerwettbewerb 1
    II. Systementscheidung des AEUV 6
    III. Systematik der Art. 110–113 AEUV 14
    IV. Entwicklungsgeschichte und Perspektiven des Europäischen Steuerrechts 17

	1. Primärrechtliche Kontinuität		17
	2. Indirekte Steuern		19
	3. Direkte Steuern		22
	a) Punktuelle sekundärrechtliche Harmonisierung		24
	b) Grundfreiheiten		34
	aa) Grundlagen		35
	bb) Anwendbarkeit		40
	cc) Eingriff		41
	dd) Rechtfertigung		46
	ee) Zu den Grundfreiheiten im Einzelnen		49
	c) Beihilferecht		53
	4. Zusammenarbeit		55
	5. Soft law		57
B.	Anwendungsbereich und Struktur des Art. 110 AEUV		58
	I. Regelungsgegenstand und Normzweck		58
	II. Entstehungsgeschichte		60
	III. Binnenstruktur		62
	IV. Verhältnis zu anderen Vorschriften		64
	1. Allgemeines Diskriminierungsverbot (Art. 18 AEUV)		64
	2. Verbot mengenmäßiger Beschränkungen und Maßnahmen gleicher Wirkung (Art. 34 AEUV)		65
	3. Zollunion (Art. 28, 30 AEUV)		66
	4. Handelsmonopole (Art. 37 AEUV)		73
	5. Beihilfeverbot (Art. 107 f. AEUV)		74
	6. Harmonisierung der indirekten Steuern (Art. 113 AEUV)		75
	V. Praktische Bedeutung		78
C.	Verbot der Diskriminierung gleichartiger Waren (Abs. 1)		79
	I. Berechtigte		79
	II. Tatbestand		80
	1. Inländische Abgabe mit Warenbezug		81
	a) Begriff der Abgabe		82
	b) Warenbezug		85
	aa) Notwendigkeit eines besonderen Produktbezugs		86
	bb) Begriff der Ware		88
	c) aus anderen Mitgliedstaaten		91
	d) Ausdehnung auf Ausfuhrlieferungen		93
	2. Diskriminierung		94
	a) Gleichartigkeit		95
	aa) Bedeutung des Tatbestandsmerkmals und Abgrenzung zu Art. 110 Abs. 2 AEUV		96
	bb) Anforderungen		97
	cc) Kriterien		101
	dd) Einzelfälle		103
	b) Höhere Belastung		106
	aa) Diskriminierungs- und kein Beschränkungsverbot		108
	bb) Vorliegen einer Benachteiligung		109
	(1) Konkretisierung der Anforderungen		110
	(2) Einzelfälle		115
	cc) Direkte Benachteiligungen		117
	dd) Mittelbare Benachteiligungen		118
	(1) Objektive Differenzierungskriterien		122
	(2) Legitime Ziele		123
	(3) Ausschluss unmittelbarer oder mittelbarer Diskriminierungen		124
	ee) Kein Verbot der Inländerdiskriminierung		127
	ff) Kein Verbot der Doppelbesteuerung		128
	gg) Keine Rechtfertigungsmöglichkeit		132
	III. Adressaten		135
	IV. Rechtsfolgen		137
	1. Unmittelbare Wirkung		137
	2. Rückabwicklung		141

D. Verbot des mittelbaren Schutzes anderer Produktionen (Abs. 2) 145
   I. Berechtigte 146
   II. Tatbestand 147
       1. Inländische Abgaben mit Warenbezug 147
       2. Grenzüberschreitender Bezug 148
       3. Unzulässiger Schutz anderer Produktionen 149
          a) Wettbewerbsverhältnis 150
             aa) Grundlagen 150
             bb) Einzelfälle 151
          b) Schutzwirkung 152
   III. Adressaten 154
   IV. Rechtsfolgen 155

A. Grundlagen der Besteuerung im Binnenmarkt

I. Europäisches Steuerrecht zwischen mitgliedstaatlicher Souveränität, Binnenmarkterfordernissen und Steuerwettbewerb

1 Die Fähigkeit eines Gemeinwesens zur **eigenständigen Politikgestaltung** ist wesentlich durch die Möglichkeiten bestimmt, sich die hierfür erforderlichen finanziellen Mittel über die Erhebung von Steuern zu beschaffen. Die Besteuerungsgewalt gehört daher traditionell zum Kernbestand der (mitglied-)staatlichen Souveränität.[1] Dies gilt umso mehr, als andere Formen der Einnahmeerzielung auf unionsrechtliche Hindernisse stoßen, was gleichermaßen für die Schuldenfinanzierung (s. Art. 140 AEUV, Rn. 6ff.) wie für die erwerbswirtschaftliche Betätigung des Staates gilt (s. Art. 14 AEUV, Rn. 15ff.). Der Integrationsstand auf dem Gebiet der Steuern ist daher hinter dem vieler anderer Politikbereiche zurückgeblieben, weil die Mitgliedstaaten den hiermit verbundenen Souveränitätsverlust fürchten.[2] Die europäische Union kann jenseits der Zollunion (s. Art. 28 AEUV, Rn. 31) (von wenigen Ausnahmen abgesehen) **keine eigenen Steuern** erheben, sodass Kern des europäischen Steuerrechts[3] die Vorgaben sind, das nationale Steuerrecht anzugleichen oder dieses diskriminierungsfrei auszugestalten.[4] Von einer echten »Steuerrechtsunion« ist die Union daher noch weit entfernt,[5] zumal dieses Ziel auch aus ökonomischer Sicht alles andere als unumstritten ist (s. Rn. 5).

2 Dem gegenläufig erfordert ein funktionierender Binnenmarkt eine wechselseitige Abstimmung der mitgliedstaatlichen Steuerrechtsordnungen.[6] Ohne Koordination

---

[1] *Hufeld*, S. 869ff.; *Wieland*, FS Zuleeg, S. 493; *Seiler*, StuW 2005, 25; *Tiedtke/Mohr*, EuZW 2008, 424; *Birk*, FR 2005, 121; *Beiser/Zorn*, in: Mayer/Stöger, EUV/AEUV, Art. 113 AEUV (Mai 2010), Rn. 1; *Terra/Wattel*, S. 5; *Hey*, VVDStRL 66 (2007), 277 (280); grundlegend zum Steuerstaat als Strukturprinzip des Verfassungsstaates *Isensee*, Steuerstaat als Staatsform, FS Ipsen, 1977, S. 409ff.

[2] S. auch BVerfGE 123, 267 (361f.) zum Demokratieprinzip und zum Budgetrecht des Parlaments als Grenzen der Supranationalisierung der Abgabenhoheit.

[3] Nicht ohne Grund wird in der Literatur auch noch in neuerer Zeit eine Debatte darüber geführt, inwieweit angesichts der beschränkten Kompetenzen der Union überhaupt sinnhaft von einem europäischen Steuerrecht gesprochen werden kann (*Waldhoff*, in: EnzEuR, Bd. 8, § 10 Rn. 2).

[4] *Wernsmann*, in: Schulze/Zuleeg/Kadelbach, Europarecht, § 30, Rn. 3.

[5] *Gröpl*, in: Dauses, Handbuch des EU-Wirtschaftsrechts, Abschnitt J, April 2015, Rn. 17; *Haase*, Steuerrecht, § 6, Rn. 756.

[6] *Terra/Wattel*, S. 3f.; *Gröpl*, in: Dauses, Handbuch des EU-Wirtschaftsrechts, Abschnitt J, April 2015, Rn. 3.

droht eine grenzüberschreitende wirtschaftliche Betätigung durch eine **Doppel- oder gar eine Mehrfachbesteuerung** wirtschaftlich unattraktiv zu werden, weshalb Art. 293 EGV die Mitgliedstaaten verpflichtete, eine Doppelbesteuerung durch den Abschluss von Doppelbesteuerungsabkommen zu beseitigen (s. Rn. 11). Neben der Doppelbesteuerung gilt es aber auch zu verhindern, dass Steuern von den Mitgliedstaaten gezielt eingesetzt werden, um den Wettbewerb im Binnenmarkt zu verfälschen.[7] Denkbar ist dies, indem die einheimische Wirtschaft durch Steuerschranken vor **Konkurrenz abgeschottet** oder umgekehrt durch steuerliche Privilegien gezielt **Exportförderung** betrieben wird. Koordinierungsbedarf besteht ferner im Bereich der **Verwaltungszusammenarbeit**, weil nationale Steueransprüche, die sich auf grenzüberschreitende Sachverhalte beziehen, nicht effektiv durchgesetzt werden können, ohne sich wechselseitig Amtshilfe zu leisten.[8]

Das Politikfeld der Besteuerung ist folglich durch das grundlegende **Dilemma** gekennzeichnet, die mitgliedstaatliche Souveränität mit den Erfordernissen des Binnenmarktes zum Ausgleich zu bringen.[9] Hier die richtige Balance zu finden, wird durch die **polyzentrische Struktur** der europäischen Steuerordnung erschwert. Zu ihren Akteuren gehört neben den Mitgliedstaaten, dem Rat und der Kommission als Sekundärgesetzgeber auch der EuGH, der vor allem über den Hebel der Grundfreiheiten massiv in die nationalen Steuerrechtsordnungen interveniert hat.[10] Der Vielfalt der Akteure entspricht eine Vielfalt an **Rechtsquellen**, die vom soft law der OECD,[11] dem europäischen Primär- und Sekundärrecht (einschließlich der Charta der Grundrechte[12]), dem nationalen Recht, der EMRK[13] bis hin zu den bilateralen Doppelbesteuerungsabkommen in ihrer jeweiligen richterlichen Konkretisierung reichen. Die jüngst durch Whistleblower aufgedeckten Steuervermeidungsstrategien internationaler Konzerne[14] haben gravierende Defizite in der internationalen Steuerrechtsordnung offen gelegt. Sie zu überwinden, ist Kern des BEPS-Projektes, das seitens der Union aktiv gefördert worden ist und bereits in aktuellen Richtlinienvorschlägen der Kommission Widerhall gefunden hat (s. Rn. 33).

3

Die Wirkungen, die von steuerpolitischen Maßnahmen ausgehen, sind nur schwer zu prognostizieren, weil die Mitgliedstaaten der Union gewollt oder ungewollt in einem Wettbewerbsverhältnis zueinanderstehen[15] und die europäische Steuerrechtsordnung auch durch den **internationalen und europäischen** Steuerwettbewerb koordiniert wird.[16] Wer mobilen Einkommensquellen günstige steuerliche Rahmenbedingungen bietet, wird für ausländische Investoren attraktiv, wohingegen ein Anziehen der Steuerschraube die Verlagerung von Investitionen und eine Kapitalflucht zur Folge haben kann. Die Wirkungen des Steuerwettbewerbs sind umstritten. Im Lager der Skeptiker wird auf die

4

---

[7] Instruktiv *Tiedtke/Mohr*, EuZW 2008, 424.
[8] *Gröpl*, in: Dauses, Handbuch des EU-Wirtschaftsrechts, Abschnitt J, April 2015, Rn. 5, 659 ff.
[9] *Seiler*, FS Isensee, S. 883 ff.
[10] *Wieland*, FS Zuleeg, S. 492 ff.; *Drüen/Kahler*, StuW 2005, 171 f.; *Lampert*, S. 93; zu den Anfängen dieser Entwicklung *Bieg*, S. 294 ff.
[11] Zur Rolle der OECD bei der Regulierung des internationalen Steuerwettbewerbs *Rodi*, StuW 2008, 327 (335).
[12] Vgl. zu deren steuerrechtliche, Potential *Engler*, S. 246 ff.
[13] Hierzu grundlegend *Engler*, S. 128 ff.
[14] Exemplarisch *Wittenstein*, IStR 2015, 160 ff.
[15] Vgl. etwa *Hey*, Einführung in das besondere Steuerschuldrecht, § 7, Rn. 70 ff.; *dies.*, Harmonisierung, S. 101 ff.
[16] Zu den Regelungstypen in einem wettbewerblich agierenden Steuerrecht *Schmehl*, S. 104 ff.

Gefahr eines »race to the bottom« verwiesen.[17] Neben einer Erosion der finanziellen Basis des Staates drohe auch die Steuergerechtigkeit Schaden zu nehmen, weil finanzielle Lasten eher auf die immobilen Steuerquellen wie insbesondere den Faktor Arbeit verlagert würden. Dagegen ist die Belastung des Faktors Kapital sowie mobiler unternehmerischer Einkünfte tendenziell rückläufig.[18]

5 Der zunächst naheliegende Ruf, den gordischen Knoten zu durchschlagen und den Steuerwettbewerb durch eine weitgehende Harmonisierung der nationalen Steuersysteme auszuschalten,[19] erweist sich aber aus verschiedenen Gründen als unterkomplex. Neben dem Souveränitätsverlust der Mitgliedstaaten (s. Rn. 1) sprechen auch ökonomische Argumente gegen eine Vollharmonisierung.[20] Unterschiede in den Steuerrechtsordnungen der Mitgliedstaaten ermöglichen es, von einem **Wettbewerb der Steuerrechtsordnungen**[21] zu profitieren. So schafft ein rechtlich regulierter Steuerwettbewerb Anreize, die Effektivität und Effizienz der staatlichen Ausgabenpolitik zu optimieren und so – in der Diktion der Finanzwissenschaft – den staatlichen »Ausbeutungsspielraum« zu verkleinern.[22] Eine Harmonisierung ist zudem aus Sicht derjenigen Mitgliedstaaten wenig attraktiv, die über eine noch wenig entwickelte Infrastruktur verfügen und diesen Nachteil durch den Vorteil einer geringeren steuerlichen Belastung kompensieren müssen.[23] Wie innerhalb der europäischen Steuerrechtsordnung die Karten zwischen Harmonisierung, Wettbewerb und mitgliedstaatlicher Souveränität gemischt werden, differiert wesentlich zwischen direkten und indirekten Steuern (s. Rn. 10).

II. Systementscheidung des AEUV

6 Bei der Koordination der europäischen Steuerrechtsordnung respektiert der AEUV zunächst die **mitgliedstaatliche Souveränität**.[24] Der AEUV räumt der Union weder eine eigenständige steuerliche **Ertrags-** noch eine **Verwaltungshoheit** ein.[25] Die steuerlichen **Gesetzgebungskompetenzen** (im Kern Art. 113, 115 AEUV) beschränken sich im Wesentlichen auf eine Harmonisierung des nationalen Steuerrechts, die funktional auf das **Binnenmarktziel** bezogen ist. Zudem ist eine Harmonisierung an die **Zustimmung der Mitgliedstaaten** gebunden.[26]

7 Der Primat der Mitgliedstaaten relativiert sich freilich unter zweierlei Aspekten. Einmal haben die Mitgliedstaaten nach ständiger Rechtsprechung des EuGH ihre Befugnisse unter Wahrung des Gemeinschaftsrechts auszuüben. Neben den speziellen Diskri-

---

[17] *Wieland*, EuR 2001, 119 (124); *ders.*, FS Zuleeg, S. 493; s. a. *Seiler*, in: Grabitz/Hilf/Nettesheim, EU, Art. 113 AEUV (März 2011), Rn. 57; ausführlich *Schaper*, S. 26 ff.
[18] *Seiler*, FS Isensee, S. 889; *Hey*, VVDStRL 66 (2007), 277 (284).
[19] Vgl. etwa *Wieland*, FS Zuleeg, S. 493 f.; s. a. *Gröpl*, in: Dauses, Handbuch des EU-Wirtschaftsrechts, Abschnitt J, April 2015, Rn. 14.
[20] Vgl. etwa *Fuest*, S. 39.
[21] Dazu etwa *Rodi*, StuW 2008, 327 ff.; ausführlich *Schaper*, S. 43 ff.
[22] *Brennan/Buchanan*, Besteuerung und Staatsgewalt, 1988, S. 212 ff.; *Gerken/Märkt/Schick*, Internationaler Steuerwettbewerb, 2000, S. 29 f.; s. a. *Esser*, Internationaler Steuerwettbewerb, 2004, S. 43 ff.; *Waldhoff*, VVDStRL 66 (2007), 216 (252); *Hey*, VVDStRL 66 (2007), 277 (287); ferner *Waldhoff*, in: Calliess/Ruffert, EUV/AEUV, Art. 113 AEUV, Rn. 26 mit dem Hinweis auf den Steuerwettbewerb als funktionales Äquivalent zum früheren Antagonismus zwischen monarchischer Exekutive und den das Bürgertum repräsentierenden Volksvertretungen.
[23] S.a. *Hey*, StuW 2004, 193 f.
[24] *Seiler*, FS Isensee, S. 885; *Dürrschmitt*, NJW 2010, 2086 (2087).
[25] Statt vieler *Birk*, FR 2005, 121.
[26] *Seiler*, FS Isensee, S. 885; *Dürrschmitt*, NJW 2010, 2086 (2087).

minierungsverboten für warenbezogene Steuern und Abgaben (Art. 110–112 AEUV, s. Rn. 14) haben diese insbesondere die **Grundfreiheiten** zu beachten (s. Rn. 34 ff.).[27] Soweit das Recht der Union die Anwendung des nationalen Rechts beeinflusst, ist folglich auch die steuerliche **Rechtsprechungshoheit** zwischen den Mitgliedstaaten und der Union aufgeteilt.[28] Zudem ist Kehrseite des **Einstimmigkeitserfordernisses**, dass einmal begonnene Integrationsschritte auch nicht mehr einseitig revidiert werden können. Die tatsächliche Macht- und Kompetenzverteilung bei der Ausgestaltung der Steuerordnung ist damit nur bedingt im AEUV verankert, sondern das Ergebnis einer pfadabhängigen Entwicklung, die ganz wesentlich durch die Rechtsprechung des EuGH und die Dynamik des internationalen Steuerwettbewerbs vorangetrieben worden ist.[29]

Neben Art. 113 AEUV für die indirekten Steuern und der allgemeinen Binnenmarktkompetenz als Grundlage einer Harmonisierung der direkten Steuern (Art. 115 AEUV) sieht der AEUV in **speziellen Politikbereichen** weitere steuerliche Maßnahmen vor. Hierzu gehört Art. 179 Abs. 2 AEUV, der auf die Beseitigung der »rechtlichen und steuerlichen Hindernisse« im europäischen Raum der Forschung gerichtet ist. Im umweltpolitischen Titel XX. sieht der AEUV den Erlass von »Vorschriften überwiegend steuerlicher Art« vor (Art. 192 Abs. 2 UAbs. 1 Buchst. a AEUV). Der Vertrag von Lissabon hat diesen Katalog, der sich auch auf Erlass indirekter Steuern erstreckt,[30] um Maßnahmen »überwiegend steuerlicher Art« im Bereich der Energiepolitik ergänzt (Art. 194 Abs. 3 AEUV). Art. 179 Abs. 2 AEUV (Forschung) sowie Art. 194 Abs. 3 AEUV (Energie) schreiben im Einklang mit der Wertentscheidung des Art. 113 AEUV explizit ein **Einstimmigkeitserfordernis** im Rat fest, womit die steuerpolitische Souveränität der Mitgliedstaaten gewahrt bleibt. Abweichendes gilt allein im Bereich der Umweltpolitik. Mit Rücksicht auf die mitgliedstaatliche Souveränität dürften insoweit aber Art. 113 bzw. Art. 115 AEUV neben Art. 192 Abs. 2 UAbs. 1 Buchst. a AEUV anwendbar sein, sodass den Mitgliedstaaten auch diesbezüglich eine Vetoposition zukommt (s. Art. 113, Rn. 7). Die **eigene Besteuerung der Bediensteten der Union** (s. Rn. 13) dient weniger fiskalischen Interessen der Union als der steuerlichen Gleichbehandlung ihres Personals.[31] Jenseits der Gesetzgebungsbefugnisse der Union wird die Finanzhoheit der Mitgliedstaaten aber auch durch Vorgaben des Primärrechts beschränkt (s. Rn. 34 ff.).

Ungeachtet einer intensiven Debatte[32] ist noch nicht abschließend geklärt, inwieweit den oben genannten Bestimmungen des AEUV ein **einheitlicher Steuer- bzw. Abgabenbegriff** zugrunde liegt. In Einklang mit allgemeinen Grundsätzen des Unionsrechts ist der Begriff der Steuer (Art. 65 Abs. 1, 112, 113, 114 Abs. 2, 179 Abs. 2, 192 Abs. 2, 194 Abs. 3 AEUV) wie der der Abgabe (Art. 110, 111, 112 AEUV) autonom, d. h. unabhängig von nationalen Begrifflichkeiten auszulegen. Die nationalen Steuerrechtsordnungen und damit auch der Steuerbegriff der AO sowie der des deutschen Finanzverfassungsrechts[33] können damit allenfalls eine Interpretationshilfe darstellen. Da der Steuer- und

---

[27] Vgl. etwa EuGH, Urt. v. 14.2.1995, Rs. C–279/93 (Schumacker), Slg. 1995, I–225, Rn. 21.
[28] *Waldhoff*, EnzEuR, Bd. 8, § 10, Rn. 21.
[29] *Vanistendael*, Europäischer Gerichtshof und seine Rolle als oberster Richter in steuerrechtlichen Streitigkeiten, FS Flick, 1997, S. 1021 ff.; *Wieland*, FS Zuleeg, S. 492 ff.; *Seiler*, StuW 2005, 25 (26 ff.).
[30] *Kamann*, in: Streinz, EUV/AEUV, Art. 113 AEUV, Rn. 12.
[31] *Waldhoff*, EnzEuR, Bd. 8, § 10, Rn. 4.
[32] Umfassend *Kreibohm*, S. 69 ff.; s. auch *Seiler*, EuR 2010, 67 (73 f.); *Waldhoff*, EnzEuR, Bd. 8, § 10, Rn. 9 ff.; *Gröpl*, in: Dauses, Handbuch des EU-Wirtschaftsrechts, Abschnitt J, April 2015, Rn. 19 ff.; *Ohler*, S. 192 ff.
[33] Zum Verhältnis der Legaldefinition der Steuer in § 3 AO zum Finanzverfassungsrecht *Schenke*, in: Sodan (Hrsg.), GG, 3. Aufl., 2015, vor Art. 104a GG, Rn. 7.

Abgabenbegriff im AEUV in ganz unterschiedlichen Zusammenhängen Verwendung findet, spricht viel für die Annahme, dass eine allgemeingültige Definition nicht sachgerecht ist und die Begriffe im jeweiligen Kontext konkretisiert werden müssen.[34] Leitlinie ist aber auch im Unionsrecht, dass der Begriff der **Abgabe** als Oberbegriff für jegliche Form einer hoheitlich auferlegten Geldleistungsschuld steht.[35] Kennzeichen der **Steuer** ist dagegen deren Gegenleistungsfreiheit.[36]

10 Bei der Auflösung des Spannungsfeldes zwischen den Erfordernissen des Binnenmarkts und der Finanzhoheit der Mitgliedstaaten ist im Einzelnen zwischen den direkten und den indirekten Steuern zu unterscheiden. **Indirekte Steuern** sind solche Steuern, die auf eine Überwälzung angelegt sind, d. h. bei denen rechtlicher und wirtschaftlicher Steuerschuldner auseinanderfallen.[37] Durch indirekte warenbezogene Abgaben ist damit die Ware selbst und weniger der formelle Abgabenschuldner belastet, der die wirtschaftliche Belastung an seine Abnehmer weiterreichen wird.[38] Typischer Anwendungsfall indirekter Steuern ist die Umsatzsteuer. Deren rechtlicher Steuerschuldner ist der leistende Unternehmer, wohingegen die Steuer wirtschaftlich vom Endverbraucher zu tragen ist. Dagegen ist bei den **direkten Steuern** der rechtliche mit dem wirtschaftlichen Steuerschuldner identisch, wie dies etwa für die Einkommen- und Körperschaftsteuer zutrifft. Art. 110–111 AEUV begründen für die **indirekten Steuern** Verbote, die die Mitgliedstaaten an einer protektionistischen oder auf Exportförderung ausgerichteten Steuerpolitik hindern. Daneben normiert Art. 113 AEUV einen Harmonisierungsauftrag für die indirekten Steuern, soweit die Harmonisierung für die Errichtung und das Funktionieren des Binnenmarkts und die Vermeidung von Wettbewerbsverzerrungen notwendig ist (s. ausführlich zur Systematik der Art. 110–113 AEUV, Rn. 14 ff.). Als Handlungsinstrumente dieser positiven Integration[39] kommen nicht nur die Richtlinie, sondern alle übrigen Handlungsformen des Art. 288 AEUV in Betracht. Durch das Erfordernis eines einstimmigen Ratsbeschlusses wird den Mitgliedstaaten ein Vetorecht eingeräumt, sodass weitere Fortschritte bei der Harmonisierung an einen mitgliedstaatlichen Konsens gebunden sind. Die Rolle des europäischen Parlaments und des Wirtschafts- und Sozialausschusses beschränkt sich hingegen auf ein bloßes Anhörungsrecht.

11 Bei den **direkten Steuern** schlägt der AEUV für die Harmonisierung im Ergebnis vergleichbare Wege ein. Gestützt werden kann eine Harmonisierung der direkten Steuern aber nicht auf Art. 113 AEUV, sondern allein auf die besondere Binnenmarktkompetenz des Art. 115 AEUV (s. Rn. 23). Auch dieser sieht ein Einstimmigkeitserfordernis im Rat vor, lässt im Unterschied zu Art. 113 AEUV aber keine Harmonisierung über Verordnungen, sondern allein über das Instrument der Richtlinie zu. Ebenso wenig werden dem Europäischen Parlament sowie dem Wirtschafts- und Sozialausschuss weitergehende Rechte eingeräumt. Vor Inkrafttreten des Vertrags von Lissabon enthielt

---

[34] *Seiler*, EuR 2010, 67 (73); *Waldhoff*, EnzEuR, Bd. 8, § 10, Rn. 10; *Kreibohm*, S. 241 ff.
[35] *Ohler*, S. 192.
[36] So auch *Gröpl*, in: Dauses, Handbuch des EU-Wirtschaftsrechts, Abschnitt J, April 2015, Rn. 21; *Seiler*, EuR 2010, 67 (73 f.).
[37] *Kommission der Europäischen Gemeinschaften* (Hrsg.), Die Steuern im Europäischen Binnenmarkt, 1990, S. 9; *Wernsmann*, in: Schulze/Zuleeg/Kadelbach, Europarecht, § 30, Rn. 2, 13; *Gröpl*, in: Dauses, Handbuch des EU-Wirtschaftsrechts, Abschnitt J, April 2015, Rn. 23; *Hagen*, S. 25 ff.
[38] Vgl. etwa *Beiser/Zorn*, in: Mayer/Stöger, EUV/AEUV, Art. 110 AEUV (Mai 2010), Rn. 26, wonach sich indirekte Abgaben unmittelbar auf den Preis auswirken.
[39] Zur Unterscheidung von positiver und negativer Integration statt vieler *Seiler*, FS Isensee, S. 882 f.

Art. 293 EGV den an die Mitgliedstaaten gerichteten Auftrag, untereinander Verhandlungen einzuleiten, um zugunsten ihrer Staatsangehörigen eine Beseitigung der Doppelbesteuerung sicherzustellen.[40] Ohne nachvollziehbaren Grund ist die Bestimmung nicht in den AEUV übernommen worden.[41] Explizite Regelungen zur **negativen Integration** der direkten Steuern enthält allein Art. 112 AEUV, dem indes keine praktische Relevanz zukommt (s. Art. 112 AEUV, Rn. 3). Diese Lücke wird durch die Grundfreiheiten geschlossen, wenngleich deren Bedeutung für die direkten Steuern erst vergleichsweise spät entdeckt worden ist (s. Rn. 34). Neben den Grundfreiheiten können sich aber auch aus dem Beihilfeverbot (Art. 107 AEUV) Einschränkungen der mitgliedstaatlichen Souveränität bei der Ausgestaltung der direkten Steuern ergeben (s. Rn. 52). Da sich die Harmonisierung der direkten Steuern bislang auf vergleichsweise begrenzte Bereiche mit einem Schwerpunkt auf dem grenzüberschreitenden Konzernsteuerrecht beschränkt (s. Rn. 24), ist den Mitgliedstaaten de iure ein großer steuerpolitischer Gestaltungsspielraum verblieben.

Bedingt durch den internationalen Steuerwettbewerb bleiben die **tatsächlichen Handlungsspielräume allerdings deutlich dahinter** zurück.[42] Dazu trägt entscheidend die Drohung mit der sogenannten Exit-Option bei.[43] Kann ein Mitgliedstaat keine vergleichsweise günstigen steuerlichen Rahmenbedingungen bieten, muss er mit einer Abwanderung seiner Unternehmen und der Verlagerung wirtschaftlicher Aktivitäten in andere niedriger besteuernde Mitgliedstaaten rechnen. Ein besonders großes Problem stellt dabei die Besteuerung von Finanzierungsaktivitäten dar, weil sich Kapital leicht verlagern lässt und für die Standortwahl einer Finanzierungsholding die steuerlichen Rahmenbedingungen mitentscheidend sind.[44] 12

Rechtliche Einschränkungen der Finanzhoheit der Mitgliedstaaten ergeben sich ferner aus Art. 13 des **Protokolls über die Vorrechte und Befreiungen der Europäischen Union**,[45] das für die Unionsorgane und ihre Bediensteten spezielle Steuerbefreiungen vorsieht.[46] Ausgefüllt werden diese durch die Verordnung (EWG) Nr. 260/68 vom 29. 2. 1968 zur Festlegung der Bestimmungen und des Verfahrens für die Erhebung der Steuer zugunsten der Europäischen Gemeinschaften.[47] 13

III. Systematik der Art. 110–113 AEUV

Mit Ausnahme des Art. 112 AEUV hat der steuerliche Abschnitt des AEUV (Art. 110–113 AEUV) allein die indirekten Steuern zum Gegenstand und markiert damit nur einen Ausschnitt aus der Gesamtheit des Europäischen Steuerrechts (s. Rn. 1, 7 f.). Bei **Art. 110–112 AEUV** handelt es sich um Instrumente der **negativen Integration**, 14

---

[40] *Schweitzer*, in: Grabitz/Hilf, Das Recht der Europäischen Union, Art. 293 EGV (Oktober 2005), Rn. 1 ff.; *Zimmerling*, in: Lenz/Borchardt, EUV/EGV, Art. 293 EGV, Rn. 1 f.
[41] *Terra/Wattel*, S. 14 ff.
[42] S.a. *Terra/Wattel*, S. 5.
[43] Vgl. *Schäfer*, ORDO 56 (2005), 142 ff.
[44] Vgl. etwa *Anthonj*, Konzernfinanzierung durch Finanzdienstleistungszentren im Ausland, in: Haarmann (Hrsg.), Finanzierungen, Ausschüttungen und Nutzungsüberlassungen im internationalen Steuerrecht, 1999, S. 5 ff.; grundlegend *Kessler*, Die Euro-Holding, 1996.
[45] ABl. 1967, L 152/13 (zuletzt geändert Art. 1 Abs. 7 Buchst. b, Abs. 8 Buchst. d, Abs. 14 Protokoll Nr. 1 zum Lissaboner Vertrag vom 13.12.2007, ABl. 2007, C 306/165, ber. ABl. 2008, C 111/56, ABl. 2010, C 81/1).
[46] *Kamann*, in: Streinz, EUV/AEUV, vor Art. 110 AEUV, Rn. 3.
[47] ABl. 1968, L 56/8.

allein das Harmonisierungsgebot des Art. 113 AEUV ist auf eine positive Integration gerichtet.[48] Regelungsgegenstand des **Art. 110 AEUV** ist ein **Verbot einer diskriminierenden Besteuerung** bei der **Einfuhr** von Waren aus anderen Mitgliedstaaten (s. Rn. 58). Damit ergänzt die Vorschrift das Verbot von Zöllen und Abgaben gleicher Wirkung (Art. 30 AEUV). Die erhebliche Relevanz, die die Vorschrift in den Anfangsjahren der EWG erlangte, schlägt sich in einer Vielzahl von Entscheidungen des EuGH nieder, die sowohl auf Vertragsverletzungsverfahren der Kommission (Art. 263 Abs. 2 AEUV), vor allem aber auf zahlreiche Vorabentscheidungsverfahren der mitgliedstaatlichen Gerichte (Art. 267 AEUV) zurückgingen. Infolge der weitgehenden Harmonisierung der direkten Steuern (s. Art. 113 AEUV, Rn. 23 ff.) haben die Art. 110–112 AEUV an Bedeutung verloren (s. Rn. 19).

15 Während Art. 110 AEUV darauf zielt, den inländischen Markt für Produkte aus anderen Mitgliedstaaten zu öffnen, ist das **Rückvergütungsverbot des Art. 111 AEUV** darauf gerichtet, Verzerrungen des Binnenmarkts durch eine steuerlich verkappte Exportförderung zu verhindern. Hierzu begrenzt die Vorschrift die Rückvergütung für inländische warenbezogene Abgaben bei der Ausfuhr auf die tatsächliche inländische warenbezogene Abgabenbelastung (s. Art. 111 AEUV, Rn. 1). Keinerlei praktische Bedeutung hat bislang **Art. 112 AEUV** erlangt. Die Vorschrift normiert für die direkten Steuern ein präventives Verbot mit Befreiungsvorbehalt, steuerliche Entlastungen und Rückvergütungen bei anderen Steuern als Umsatzsteuern, Verbrauchsabgaben und sonstigen indirekten Steuern vorzusehen. Durchbrochen werden kann dieses auf Vorschlag der Kommission für eine begrenzte Zeit durch Genehmigung des Rates (s. Art. 112 AEUV, Rn. 1).

16 Von kaum zu unterschätzender Bedeutung für das Funktionieren des Binnenmarkts ist das **Harmonisierungsgebot des Art. 113 AEUV** (s. Art. 113 AEUV, Rn. 1). Sofern dies für die Errichtung und das Funktionieren des Binnenmarkts und die Vermeidung von Wettbewerbsverzerrungen notwendig ist, hat der Rat im besonderen Gesetzgebungsverfahren und nach Anhörung des Europäischen Parlaments und des Wirtschafts- und Sozialausschusses einstimmig die Bestimmungen zur Harmonisierung der Umsatzsteuer, der Verbrauchsabgaben und sonstigen indirekten Steuern zu erlassen. Von dieser Befugnis ist durch Richtlinien vor allem im Bereich der Umsatzsteuer in weitem Umfang, weniger hingegen bei den besonderen Verbrauchsteuern Gebrauch gemacht worden (s. Art. 113 AEUV, Rn. 22 ff.).

IV. Entwicklungsgeschichte und Perspektiven des Europäischen Steuerrechts

1. Primärrechtliche Kontinuität

17 Der Normtext des AEUV ist in seinem steuerlichen Abschnitt praktisch mit dem der Römischen Verträge identisch. Insofern knüpft der Vertrag nahtlos an die Tradition seiner Vorgänger an, die ihre steuerlichen Abschnitte **nahezu unverändert** gelassen haben (zur Entwicklungsgeschichte s. im Einzelnen Art. 110 AEUV, Rn. 60; Art. 111 AEUV, Rn. 3; Art. 112 AEUV, Rn. 4; Art. 113 AEUV, Rn. 4).[49] Diese Kontinuität im Normtext steht in deutlichem Kontrast mit auffälligen Verschiebungen im Koordinatensystem des europäischen Steuerrechts, das von einem schleichenden Machtverlust der

---

[48] Instruktiv *Seiler*, in: Grabitz/Hilf/Nettesheim, EU, Art. 110 AEUV (März 2011), Rn. 11 ff.
[49] Instruktiv zur steuerpolitischen Bedeutung des Vertrags von Lissabon *Dürrschmidt*, NJW 2010, 2086 ff.

Mitgliedstaaten geprägt ist. Dieser ist das Ergebnis einer Überformung der nationalen Steuerhoheit im Zuge einer wachsenden Bedeutung des europäischen Sekundärrechts und der Rechtsprechung des EuGH zu den Grundfreiheiten (s. Rn. 34 ff.). Die empfindlichsten Einbußen an der mitgliedstaatlichen Souveränität gehen indes auf den **internationalen Steuerwettbewerb** zurück. So zwingt dieser die Mitgliedstaaten im Wege einer stillen Harmonisierung dazu, die nationale Belastung auf ein noch wettbewerbsfähiges Maß zu begrenzen, um für Auslandsinvestitionen attraktiv zu werden und die Abwanderung inländischer Produktionsmittel sowie von Finanzierungsaktivitäten zu verhindern (s. Rn. 4, 12).[50]

Auf der politischen Ebene ist die Entwicklung des Europäischen Steuerrechts maßgeblich durch das für Harmonisierungen geltende Einstimmigkeitserfordernis im Rat geprägt (s. Rn. 10, 11), das sowohl im Bereich der indirekten (Art. 113 AEUV) wie der direkten Steuern (Art. 115 AEUV) zu beachten ist und bereits in den Römischen Verträgen verankert war. Das Einstimmigkeitsprinzip nimmt größtmögliche Rücksicht auf **die steuerpolitische Souveränität der Mitgliedstaaten** (s. Rn. 1). Als Kehrseite erschwert es aber, auf Fehlentwicklungen zu reagieren und muss angesichts konfligierender steuerpolitischer Interessen der Mitgliedstaaten zu Pattsituationen und einer **Politik des kleinsten gemeinsamen Nenners** führen.[51] Neben den Mitgliedstaaten und der Kommission ist als weiterer Akteur auch der EuGH zu beachten. Einfluss hat er insbesondere durch seine Rechtsprechung zur Aktivierung und Entfaltung der Grundfreiheiten (Art. 28 ff. AEUV) erlangt (s. Rn. 35 ff.). 18

2. Indirekte Steuern

Ungeachtet des Einstimmigkeitserfordernisses ist im Bereich der indirekten Steuern (Art. 113 AEUV) ein **beträchtlicher Harmonisierungsstand**[52] erreicht worden, der letztlich Sachzwängen geschuldet ist: Einmal sind die indirekten Steuern unmittelbar preiswirksam, sodass eine Abstimmung der Steuerrechtsordnungen Grundvoraussetzung für einen gemeinsamen Binnenmarkt ist.[53] Zudem enthielt das Primärrecht von Anbeginn an vergleichsweise detaillierte Vorgaben, die einer diskriminierenden und protektionistischen Steuerpolitik der Mitgliedstaaten die Basis entzogen haben (Art. 110 f. AEUV). Letztere Bestimmungen sind in den Anfangsjahren der Integration durch eine elaborierte Rechtsprechung des EuGH entfaltet worden, haben im Zuge der fortschreitenden Harmonisierung der indirekten Steuern aber an Bedeutung verloren. 19

Die größten Fortschritte bei der Integration der indirekten Steuern sind im Bereich der **Umsatzsteuer** erzielt worden (s. Art. 113 AEUV, Rn. 22 ff.), wohingegen sich die Harmonisierung der Verbrauchsteuern und der sonstigen indirekten Steuern auf Grundlinien beschränkt (s. Art. 113 AEUV, Rn. 33 ff.). Auch im Umsatzsteuerrecht ist es indes nicht gelungen, das bisherige Sonderrechtsregime für den grenzüberschreitenden Wirtschaftsverkehr zu überwinden. Steuertechnisch basiert das europäische Umsatzsteuerrecht nach wie vor auf dem **Bestimmungslandprinzip**, sodass sich die umsatzsteuerliche Belastung nach den jeweils unterschiedlichen Bedingungen des Empfängerstaates 20

---

[50] *Mick*, Steuerharmonisierung, § 24, Rn. 26; *Hey*, VVDStRL 66 (2007), 277 (324).
[51] *Hey*, VVDStRL 66 (2007), 277 (328).
[52] Ausführlich zur Entwicklung bis 2000 *Hagen*, S. 125 ff.; aus neuerer Zeit *Gröpl*, in: Dauses, Handbuch des EU-Wirtschaftsrechts, Abschnitt J, April 2015, Rn. 2 ff.
[53] *Wernsmann*, in: Schulze/Zuleeg/Kadelbach, Europarecht, § 30, Rn. 13.

bestimmt.⁵⁴ Der Übergang zum Ursprungslandprinzip würde dagegen die Steuergrenzen im Binnenmarkt überwinden. Ein solcher Wechsel setzt aber eine Einigung über die Aufteilung des Steueraufkommens voraus, an der entsprechende Vorschläge bisher allesamt gescheitert sind (s. Art. 113 AEUV, Rn. 23, 28).

21 Das Festhalten am Bestimmungslandprinzip bedingt sowohl für die Steuerpflichtigen wie für die Finanzverwaltung einen erheblichen **Vollzugsaufwand**. Zudem erweist sich das System als missbrauchsanfällig, was durch sogenannte Umsatzsteuerkarusselle⁵⁵ zu erheblichen Steuerausfällen führt. Einen derartigen Steuerbetrug auszuschalten und zugleich die Zusammenarbeit der Finanzverwaltungen zu verbessern, gehört gegenwärtig zu den zentralen Punkten auf der Agenda der Kommission für die Fortentwicklung der indirekten Steuern.⁵⁶

3. Direkte Steuern

22 Schon in den Anfangsjahren der europäischen Integration wurde deutlich, dass auch mit den direkten Steuern **Hindernisse für die Integration in einen europäischen Binnenmarkt** verbunden sind.⁵⁷ Exemplarisch sei in diesem Zusammenhang nur auf das Problem der Doppelbesteuerung sowie die ungewollte Aufdeckung stiller Reserven im Zusammenhang mit grenzüberschreitenden Umstrukturierungen verwiesen.

23 Auf die Harmonisierung der direkten Steuern ist **Art. 113 AEUV nicht anwendbar**. Da Art. 114 Abs. 2 AEUV für die Steuern eine Bereichsausnahme enthält, kann eine Harmonisierung der direkten Steuern auch nicht auf die Generalrechtsangleichungskompetenz des Art. 114 Abs. 1 AEUV zur Errichtung und zum Funktionieren des Binnenmarkts gestützt werden, die Entscheidungen im Rat mit qualifizierter Mehrheit zulässt. Nach dem Wortlaut erscheint hingegen eine Harmonisierung auch auf Grundlage des Art. 116 AEUV denkbar.⁵⁸ Der damit verbundene Übergang zur Entscheidung mit qualifizierter Mehrheit widerspricht aber der Wertung des AEUV, die fiskalische Souveränität der Mitgliedstaaten durch das **Einstimmigkeitserfordernis** zu schützen. Möglich ist damit allein eine Harmonisierung auf Grundlage des Art. 115 AEUV. Dieser sieht abweichend von Art. 113 AEUV als Rechtsform der Angleichung ausschließlich die Richtlinie vor, setzt wie dieser aber Einstimmigkeit im Rat voraus.

24 Die Vorbehalte, die seitens der Mitgliedstaaten gegen eine Harmonisierung der direkten Steuern erhoben wurden, sind von der Kommission lange Zeit unterschätzt worden.⁵⁹ Ambitionierte Pläne, wie etwa der 1975 seitens der Kommission unterbreitete Vorschlag für eine **Harmonisierung der Körperschaftsteuer**,⁶⁰ erwiesen sich als politisch

---

⁵⁴ Vgl. auch zur Entwicklungsgeschichte instruktiv *Mick*, Steuerkonzeption, S. 25 ff.; *Lehner*, S. 1049 ff.
⁵⁵ *Jochum*, UR 2005, 88 ff.
⁵⁶ Bericht der Kommission an den Rat und das Europäische Parlament, Anwendung der Verordnung (EU) Nr. 904/2010 des Rates über die Zusammenarbeit der Verwaltungsbehörden und die Betrugsbekämpfung auf dem Gebiet der Mehrwertsteuer, KOM (2014) 71 endg.; Mitteilung der Kommission an das Europäische Parlament und den Rat, Aktionsplan zur Verstärkung der Bekämpfung von Steuerbetrug und Steuerhinterziehung, KOM (2012) 722 endg.
⁵⁷ *Europäische Kommission* (Hrsg.), Bericht des Steuer- und Finanzausschusses, 1962, S. 13 (sog. Neumark-Report).
⁵⁸ *Englisch*, § 4, Rn. 70.
⁵⁹ Zum derzeitigen Harmonisierungsstand knapp, aber instruktiv *Wernsmann*, in: Schulze/Zuleeg/Kadelbach, Europarecht, § 30, Rn. 66 ff.
⁶⁰ Vorschlag einer Richtlinie vom 5.11.1975 zur Harmonisierung der Körperschaftsteuersysteme und der Regelungen der Quellensteuer auf Dividenden, ABl. 1975, C 253/2.

nicht durchsetzbar. Erfolgreicher verlaufen ist dagegen eine Strategie der punktuellen Harmonisierung.[61] So konnte 1990 ein **Richtlinienpaket zum Unternehmenssteuerrecht** verabschiedet werden, das zum Teil auf bereits 1969 erarbeitete Vorschläge der Kommission zurückging.

a) Punktuelle sekundärrechtliche Harmonisierung

Hierzu gehört die sog. **Fusionsrichtlinie**.[62] Nach mehrfacher Änderung wurde diese durch die heute geltende **Richtlinie 2009/133/EG**[63] ersetzt. Die Fusionsrichtlinie soll steuerliche Beschränkungen bei grenzüberschreitenden Strukturmaßnahmen verhindern und so deren Durchführung erleichtern. Sie verbietet für die von ihr erfassten Umwandlungen die Besteuerung von stillen Reserven, Rückstellungen und Rücklagen, indem sie einen Steueraufschub gewährt, bis diese tatsächlich realisiert worden sind. Darüber hinaus gestattet sie unter bestimmten Bedingungen, Verlustvorträge fortzuführen (vgl. Art. 4 ff. Fusionsrichtlinie). In Deutschland umgesetzt wurde die Fusionsrichtlinie 2006 durch das Gesetz über steuerliche Begleitmaßnahmen zur Einführung der Europäischen Gesellschaft und zur Änderung weiterer steuerrechtlicher Vorschriften (SEStEG).[64] 25

Ebenfalls vom 23.7.1990 datiert die sog. **Mutter-Tochter-Richtlinie**.[65] Die Neufassung liegt heute in Form der **Richtlinie 2011/96/EU** vom 30.11.2011[66] vor. Die Mutter-Tochter-Richtlinie soll die Doppelbesteuerung bei Gewinnausschüttungen zwischen verbundenen Unternehmen verhindern. Dazu werden die von einer Tochtergesellschaft ausgeschütteten Gewinne vom Quellensteuerabzug in ihrem Sitzstaat befreit, wenn die Mutter an der Tochter einen qualifizierten Anteil hält. Dem Sitzstaat der Mutter steht ein Wahlrecht zu, ob er die Dividenden entweder bei der Mutter freistellt oder ob bei der Mutter die von der Tochter gezahlte Körperschaftsteuer (indirekt) angerechnet wird. Deutschland hat sich für die erste Option entschieden und diese 2004 erstmalig mittels Ergänzung des § 43b EStG durch das Gesetz zur Umsetzung von EU-Richtlinien in nationales Steuerrecht und zur Änderung weiterer Vorschriften (EURLUmsG) umgesetzt.[67] 26

Letzter Bestandteil des Dreierpakets zur Unternehmensbesteuerung ist die sog. **Schiedskonvention**.[68] Ziel der auf Art. 293 EGV gestützten Konvention ist es, im Fall 27

---

[61] Zu den verschiedenen Sekundärrechtsakten einführend *Haase*, SteuerStud 2009, 121 ff.; *ders.*, Rn. 846 ff.; *Sedemund*, Rn. 491 ff.

[62] Richtlinie 90/434/EWG vom 23.7.1990 über das gemeinsame Steuersystem für Fusionen, Spaltungen, Abspaltungen, die Einbringung von Unternehmensteilen und den Austausch von Anteilen, die Gesellschaften verschiedener Mitgliedstaaten betreffen, sowie für die Verlegung des Sitzes einer Europäischen Gesellschaft oder einer Europäischen Genossenschaft von einem Mitgliedstaat in einen anderen Mitgliedstaat, ABl. 1990, L 225/1; ausführlich *Hofstätter/Hohenwarter-Mayr*, Rn. 520 ff.; *Jacobs/Endres/Spengel*, S. 182 ff.

[63] ABl. 2009, L 310/34; letztmalig geändert durch die Richtlinie 2013/13/EU vom 13.5.2013, ABl. 2013, L 141/30.

[64] Gesetz vom 7.12.2006, BGBl. I 2006, S. 2782.

[65] Richtlinie 90/435/EWG vom 23.7.1990 über das gemeinsame Steuersystem der Mutter- und Tochtergesellschaften verschiedener Mitgliedstaaten, ABl. 1990, L 225/6; ausführlich *Tenore*, Rn. 458 ff.; *Jacobs/Endres/Spengel*, S. 176 ff.

[66] ABl. 2011, L 345/8; letztmals geändert durch die Richtlinie 2013/13/EU vom 13.5.2013, ABl. 2013, L 141/30.

[67] Gesetz vom 9.12.2004, BGBl. I 2004, S. 3310.

[68] Übereinkommen 90/436/EWG vom 20.8.1990 über die Beseitigung der Doppelbesteuerung im Falle von Gewinnberichtigungen zwischen verbundenen Unternehmen, ABl. 1990, L 225/10; ausführlich hierzu *Plansky*, Rn. 752 ff.; *Jacobs/Endres/Spengel*, S. 193.

von Gewinnberichtigungen zwischen verbundenen Unternehmen eine Doppelbesteuerung zu vermeiden. Hierzu normiert die Konvention ein Schiedsverfahren, das für die Steuerpflichtigen im Vergleich zu dem in Art. 25 Abs. 5 OECD-MA eine Reihe von Verbesserungen vorsieht.[69] Die Konvention geht auf einen 1976 unterbreiteten Richtlinienvorschlag der Kommission zurück.[70] Da sie als Konvention und nicht als Richtlinie verabschiedet wurde, entzieht sie sich der Jurisdiktion des EuGH und schließt ihre unmittelbare Anwendbarkeit im Falle eines Widerspruchs zum nationalen Recht aus.

28 Weiter ergänzt worden ist das europäische Sekundärrecht zum Unternehmenssteuerrecht 2003 durch die sog. **Zins- und Lizenzgebühren-Richtlinie**.[71] Die Richtlinie geht auf einen bereits 1990 unterbreiteten Vorschlag der Kommission zurück.[72] Ziel der Richtlinie ist es, eine Doppelbesteuerung bei grenzüberschreitenden Zinszahlungen und Lizenzgebühren zwischen verbundenen Unternehmen verschiedener Mitgliedstaaten zu verhindern (vgl. Erwägungsgründe 2 bis 4 der Richtlinie). Dazu sollen die Zahlungen allein in dem Staat besteuert werden, in dem der Empfänger der Zahlungen ansässig ist. In dem Staat, in dem die Einkünfte anfallen, wird hingegen keine (Quellen-)Steuer erhoben. In Deutschland wurde die Richtlinie in § 50g EStG umgesetzt.[73]

29 Von dem Ziel einer weitgehenden Harmonisierung der direkten Steuern hat sich die Kommission mittlerweile verabschiedet.[74] Gegen eine Harmonisierung spricht, dass diese zu einer Versteinerung des Steuerrechts führen kann. Zudem verhindert eine Vollharmonisierung einen **Wettbewerb der Steuerrechtsordnungen**, der nicht notwendigerweise zu einem »race to the bottom« führen muss. Vielmehr kann der Wettbewerb auch dazu beitragen, überzogene Besteuerungsansprüche zurückzuweisen und Anreize für eine Effektuierung der staatlichen Haushaltswirtschaft zu setzen (s. Rn. 5). Um diesen Wettbewerb vor Verzerrungen zu schützen, bemüht sich die Kommission seit ihrem Strategiewechsel darum, gegen einen schädlichen Steuerwettbewerb vorzugehen. In diesen Zusammenhang gehören der vom Rat am 1.12.1997 beschlossene sog. **Verhaltenskodex zur Bekämpfung des unfairen und schädlichen Steuerwettbewerbs**[75] sowie die 2009 veröffentlichte **Good Governance Mitteilung**, die einen fairen und transparenten Steuerwettbewerb gewährleisten sollen.[76] Im Zuge des BEPS-Projektes (s. Rn. 33)

---

[69] *Cloer/Lavrelashvili*, S. 129; *Plansky*, Rn. 729.
[70] Vorschlag einer Richtlinie über Bestimmungen zur Vermeidung der Doppelbesteuerung für den Fall der Gewinnberichtigung zwischen verbundenen Unternehmen (Schiedsverfahren), KOM (1976) 611 endg., ABl. 1976, C 301/4.
[71] Richtlinie 2003/49/EG vom 3.6.2003 über eine gemeinsame Steuerregelung für Zahlungen von Zinsen und Lizenzgebühren zwischen verbundenen Unternehmen verschiedener Mitgliedstaaten, ABl. 2003, L 157/49; ausführlich hierzu *Plansky,* Rn. 727 ff.
[72] Vorschlag für eine Richtlinie des Rates über die gemeinsame Steuerregelung für Zahlungen von Zinsen und Lizenzgebühren zwischen Mutter- und Tochtergesellschaften verschiedener Mitgliedstaaten, KOM (90) 571 endg., ABl. 1991, C 53/2.
[73] Letztmalig wurde die Zins- und Lizenzgebühren-Richtlinie durch die Richtlinie 2013/13/EU vom 13.5.2013, ABl. 2013, L 141/30 geändert. § 50g EStG wurde durch das EG-Amtshilfe-Anpassungsgesetz vom 2.12.2004, BGBl. I 2004, S. 3112 eingeführt.
[74] Nach wie vor aktuell für die steuerpolitische Agenda der Kommission ist ihre Mitteilung, Steuerpolitik in der Europäischen Union – Prioritäten für die nächsten Jahre, vom 23.5.2001, KOM (2001) 260 endg.; zur Entwicklung der steuerpolitischen Strategie der Kommission auf dem Gebiet der direkten Steuern *Mick*, Steuerkonzeption, S. 123 ff.
[75] ABl. 1998, C 2/1; hierzu *Parly*, European Taxation 2000, S. 406 ff.
[76] Mitteilung der Kommission an den Rat, das Europäische Parlament und den Europäischen Wirtschafts- und Sozialausschuss, Förderung des verantwortungsvollen Handelns im Steuerbereich, vom 28.4.2009, KOM (2009) 201 endg.

hat dieser Fragenkreis, ebenso wie die unten genannten Themenstellungen weiter an Aktualität gewonnen.

Ein weiterer Schwerpunkt auf der steuerpolitischen Agenda der Kommission ist die Sicherung des Steueraufkommens. In diesen Kontext gehören Maßnahmen zur **Verbesserung des Informations- und Datenaustausches** zwischen den Finanzbehörden der Mitgliedstaaten. In diesem Zusammenhang besonders zu erwähnen sind die Entschließung des Rates vom 10.2.1975 über Maßnahmen der Gemeinschaft zur Bekämpfung der internationalen Steuerflucht und Steuerumgehung,[77] vor allem aber die vom Rat bereits 1977 beschlossene und mittlerweile novellierte sog. **Amtshilferichtlinie** (s. Rn. 54). 30

Weitere Vorschläge zielen auf eine (Teil-)Harmonisierung der Körperschaftsteuer durch Schaffung einer optionalen **Gemeinsamen konsolidierten Körperschaftsteuer-Bemessungsgrundlage (GKKB)**.[78] Dazu soll grenzüberschreitenden Konzernen verfahrensrechtlich die Option angeboten werden, ihre steuerlichen Angelegenheiten über eine einzelne Steuerverwaltung abzuwickeln. In diesem Fall wird für den Konzern materiell zunächst eine einheitliche, konsolidierte und auf IFRS basierende Bemessungsgrundlage ermittelt. In einem zweiten Schritt ist diese auf die Mitgliedstaaten aufzuteilen, in denen die Gruppe tätig ist. Abschließend werden die so ermittelten Anteile mit den jeweiligen von den Mitgliedstaaten autonom festgesetzten Steuersätzen besteuert, wodurch ein begrenzter Wettbewerb der Steuerrechtsordnungen aufrechterhalten bliebe. Die politischen Durchsetzungschancen dieses Vorschlags dürften äußerst begrenzt sein, weil der Verteilungsmaßstab umstritten ist und sich für einzelne Mitgliedstaaten gegenüber dem status quo auch Verschlechterungen ergeben können. 31

Noch nicht abschließend geklärt ist, welches Potential das **Verfahren der verstärkten Zusammenarbeit** (Art. 20 EUV) bietet, die dem Einstimmigkeitserfordernis geschuldete Selbstblockade des Rates zu durchbrechen. Die Kommission und das Parlament schlagen vor, diesen Weg bei der GKKB (s. Rn. 32) zu beschreiten, sollte es zu keiner Einigung im Rat kommen. Nachdem die Klage gegen die im Wege der verstärkten Zusammenarbeit verabschiedete Richtlinie im Bereich des Patentrechts abgewiesen worden ist,[79] eröffnen sich auch im Bereich der direkten Steuern erhebliche Spielräume einer territorial begrenzten Harmonisierung, ähnlich wie dies bei der Finanztransaktionssteuer beabsichtigt ist (s. Art. 113 AEUV, Rn. 14, 38). 32

Als Antwort auf die Steuervermeidungsstrategien international agierender Konzerne (s. Rn. 3) aber auch den unfairen Steuerwettbewerb (s. Rn. 5) haben sich die OECD sowie die G20 im Oktober 2015 auf einen Aktionsplan des **BEPS-Projektes** (Base Erosion and Profit Shifting) verständigt.[80] Der Aktionsplan umfasst 15 Aktionspunkte, wie u.a. die Verhinderung von Steuerverkürzungen durch Regelungen zur Versagung des Zinsabzugs (Aktionspunkt 4) oder ein Vorgehen gegen schädlichen Steuerwettbewerb (Aktionspunkt 5). Zur Umsetzung der Empfehlungen hat die Kommission bereits einen Richtlinienvorschlag präsentiert, weitere Vorschläge sollen in Kürze folgen.[81] 33

---

[77] ABl. 1975, C 35/1.
[78] Vorschlag für eine Richtlinie des Rates über eine Gemeinsame konsolidierte Körperschaftsteuer-Bemessungsgrundlage (GKKB) vom 3.10.2011, KOM (2011) 121 endg.
[79] EuGH, Urt. v. 16.4.2013, verb. Rs. C–274/11 u. C–295/11 (Spanien/Rat der Europäischen Union), ECLI:EU:C:2013:240.
[80] *OECD*, OECD/G20 Projekt Gewinnverkürzung und Gewinnverlagerung, Erläuterung, Abschlussberichte 2015.
[81] Vorschlag für eine Richtlinie des Rates mit Vorschriften zur Bekämpfung von Steuervermeidungspraktiken mit unmittelbaren Auswirkungen auf das Funktionieren des Binnenmarktes vom 28.1.2016, KOM (2016) 26 endg.; hierzu etwa *Benz/Böhmer*, DB 2016, 307 ff.

b) Grundfreiheiten

34 Auf weitreichende Harmonisierungsbestrebungen zu verzichten konnte der Kommission umso leichter fallen, als das zögerliche Voranschreiten bei der positiven Integration durch Fortschritte bei der **negativen Integration** kompensiert worden ist.

aa) Grundlagen

35 Zurückzuführen ist dies auf die vom EuGH forcierte **Entdeckung der Grundfreiheiten als Prüfungs- und Kontrollmaßstab des nationalen Steuerrechts**.[82] Beginnend mit der 1986 gefällten Entscheidung **avoir fiscal** zum französischen Körperschaftsteuerrecht[83] setzte diese Entwicklung im Vergleich zu anderen Rechtsgebieten zwar verhältnismäßig spät ein. Sie entfaltete dann aber eine Dynamik, die von den Mitgliedstaaten zunehmend als Bedrohung ihrer legitimen Steueransprüche wahrgenommen worden ist.[84]

36 Auch im Bereich der direkten Steuern ist die Rechtsprechung des EuGH von der Tendenz zur **Konvergenz der Grundfreiheiten**[85] geprägt. Dementsprechend hat der EuGH dogmatische Weichenstellungen, die ursprünglich in anderen Bereichen eingeleitet worden sind, auch auf seine Rechtsprechung zu den direkten Steuern übertragen. Nach wie vor ungeklärt ist indes, ob die Grundfreiheiten auch als **Beschränkungsverbote** gedeutet werden können.[86]

37 Eine wichtige dogmatische Weichenstellung für die Aktivierung der Grundfreiheiten war die Deutung der Grundfreiheiten als mittelbare Diskriminierungsverbote. In deren Folge relativierte der EuGH die auch für das deutsche Steuerrecht prägende Unterscheidung zwischen beschränkter und unbeschränkter Steuerpflicht. Seit der wegweisenden Entscheidung **Schumacker** ist nunmehr anerkannt, dass im nationalen Steuerrecht ursprünglich Steuerinländern vorbehaltene Vorteile unter bestimmten Bedingungen auch auf Steuerausländer ausgedehnt werden müssen.[87] Umgekehrt sehr zögerlich verfuhr der EuGH bei der **Anerkennung ungeschriebener Rechtfertigungsgründe** für mittelbare Diskriminierungen. Insbesondere lehnte es der Gerichtshof abweichend von seiner sozialversicherungsrechtlichen Rechtsprechung ab, fiskalische Belange der Mitgliedstaaten als ungeschriebene Rechtfertigungsgründe zu akzeptieren.[88]

38 Seitens der Mitgliedstaaten, aber auch in der Literatur ist die Rechtsprechung vielfach kritisiert worden. Vorgehalten wurde dem EuGH eine **systemzerstörende Wirkung** seiner Rechtsprechung. So zwingen die Grundfreiheiten in ihrer Interpretation durch den EuGH die Mitgliedstaaten in nicht wenigen Fällen faktisch dazu, Belastungen, die in

---

[82] Vgl. nur *Kube*, S. 2 ff.; *Reimer*, Auswirkungen, S. 39 ff.; *ders.*, Diskriminierungs- und Beschränkungsverbote, Rn. 7.1; *Weber-Grellet*, § 8, Rn. 1 ff.; *Kokott/Ost*, EuZW 2011, 496 ff.; *Schön*, IStR 2004, 289 ff.; *Bieg*, S. 103 ff.; grundlegend *Cordewener*, S. 15 ff.

[83] EuGH, Urt. v. 28.1.1986, Rs. 270/83 (Avoir fiscal), Slg. 1986, 273; aus der umfangreichen Literatur dazu etwa *Förster*, Die direkten Steuern in den europäischen Gemeinschaften, in: Birk (Hrsg.), § 28, Rn. 92 f.

[84] *Seiler*, in: Grabitz/Hilf/Nettesheim, EU, Art. 113 AEUV (März 2011), Rn. 56; *Wieland*, FS Zuleeg, S. 492 f.; kritisch *Frotscher*, IStR 2007, 568 ff.

[85] *Lampert*, S. 98; allgemein zur Konvergenz der Grundfreiheiten *Bieber/Epiney/Haag*, Die EU, § 10, Rn. 18 ff.

[86] Hierzu ausführlich *Glöckner*, Übertragung des Familienheimes im Erbschaftsteuerrecht aus europarechtlicher Perspektive, 2013, S. 248 ff., 365 ff.

[87] EuGH, Urt. v. 14.2.1995, Rs. C–279/93 (Schumacker), Slg. 1995, I–225, Rn. 29 ff.

[88] Exemplarisch EuGH, Urt. v. 10.2.2011, Rs. C–25/10 (Heukelbach), Slg. 2011, I–497, Rn. 31; weitere Nachweise Fn. 129; s. demgegenüber im Sozialrecht etwa EuGH, Urt. v. 12.7.2001, Rs. C–157/99 (Smits und Peerbooms), Slg. 2001, I–5473, Rn. 41.

grenzüberschreitenden Sachverhalten durchaus berechtigt sind, auf rein innerstaatliche Sachverhalte auszudehnen, um so dem Vorwurf einer Diskriminierung aus dem Weg zu gehen.[89] Ein Beispiel hierfür ist die Lankhorst-Hohorst Entscheidung, in der die deutschen Regelungen zur Abwehr von Gewinnverlagerungen mittels Gesellschafterdarlehen als Verstoß gegen die Niederlassungsfreiheit beanstandet wurden.[90] Als Reaktion hierauf dehnte der Gesetzgeber den Anwendungsbereich der Regelung in Nachfolgevorschriften auch auf rein innerstaatliche Gestaltungen aus (zuletzt § 8a KStG i. V. m. § 4h EStG), obwohl dies sowohl aus steuersystematischer wie aus fiskalischer Sicht nicht zu rechtfertigen ist. Die Alternative, gänzlich auf die Abwehr einer übermäßigen Gesellschafterfremdfinanzierung zu verzichten, erscheint indes ebenso wenig tragbar, weil hiermit erhebliche Steuerausfälle verbunden wären.

Die heftige Kritik seitens der Mitgliedstaaten veranlasste den EuGH in jüngerer Zeit zu einer vorsichtigen **Trendwende**.[91] Eingeleitet worden ist diese Entwicklung durch die Entscheidung Marks & Spencer, in der Einschränkungen beim Verlustausgleich im grenzüberschreitenden Konzern auf dem Prüfstein der Niederlassungsfreiheit (Art. 49 AEUV) standen. Ausdruck der größeren Rücksichtnahme auf die Interessen der Mitgliedstaaten war es hier u. a., dass die angemessene Aufteilung der Besteuerungsbefugnis zwischen den Mitgliedstaaten als Rechtfertigungsgrund anerkannt wurde.[92] Seitdem befindet sich die Rechtsprechung des EuGH in einer Phase der Konsolidierung. Mit durchaus guten Gründen lässt sich hier die These vertreten, dass frühere, zu Lasten der Mitgliedstaaten ergangene Judikate nunmehr abweichend zu ihren Gunsten entschieden werden würden.[93]

39

bb) Anwendbarkeit

Die direkten Steuern fallen vorbehaltlich einer Harmonisierung in die **Zuständigkeit der Mitgliedstaaten**. Nach ständiger Rechtsprechung haben diese jedoch ihre **Befugnisse unter Wahrung des Unionsrechts** auszuüben.[94] Zu beachten sind in erster Linie die Grundfreiheiten, deren unmittelbare Anwendbarkeit durch eine fehlende Harmonisierung nicht ausgeschlossen ist.[95] Da den Grundfreiheiten Bereichsausnahmen für einzelne Politikbereiche fremd sind, kann man dem EuGH entgegen vereinzelter Stimmen in

40

---

[89] Vgl. etwa *Hey*, StuW 2005, 317 (321); *Drüen/Kahler*, StuW 2005, 171 (177 f.); *Lampert*, S. 97.
[90] EuGH, Urt. v. 12.12.2002, Rs. C–324/00 (Lankhorst-Hohorst), Slg. 2002, I–11779, Rn. 26 ff.; hierzu ausführlich *Schenke*, in: Kirchhof/Söhn/Mellinghoff (Hrsg.), Einkommensteuergesetz, § 4h, November 2012, Rn. A 97 ff.
[91] Vgl. etwa *Albath/Wunderlich*, EWS 2006, 205 ff.; *Musil/Fähling*, DStR 2010, 1501 (1505); *Weber-Grellet*, DStR 2009, 1229 (1235 f.); *Seiler*, in: Grabitz/Hilf/Nettesheim, EU, Art. 113 AEUV (März 2011), Rn. 58.
[92] EuGH, Urt. v. 13.12.2005, Rs. C–446/03 (Marks & Spencer), Slg. 2005, I–10837, Rn. 43.
[93] Exemplarisch *Schön*, IStR 2009, 882 (888).
[94] Vgl. etwa EuGH, Urt. v. 14.2.1995, Rs. C–279/93 (Schumacker), Slg. 1995, I–225, Rn. 21; Urt. v. 13.12.2005, Rs. C–446/03 (Marks & Spencer), Slg. 2005, I–10837, Rn. 29; Urt. v. 16.7.2009, Rs. C–128/08 (Damseaux), Slg. 2009, I–6823, Rn. 24; Urt. v. 22.12.2010, Rs. C–287/10 (Tankreederei), Slg. 2010, I–14233, Rn. 14; Urt. v. 10.4.2014, Rs. C–190/12 (Emerging Markets Series of DFA Investment Trust Company/Dyrektor Izby Skarbowej w Bydgoszczy), ECLI:EU:C:2014:249, Rn. 38; Urt. v. 17.7.2014, Rs. C–48/13 (Nordea Bank Danmark), ECLI:EU:C:2014:2087, Rn. 27; Urt. v. 29.10.2015, Rs. C–174/14 (Saudaçor), ECLI:EU:C:2015:733, Rn. 52.
[95] EuGH, Urt. v. 13.12.2005, Rs. C–411/03 (SEVIC), Slg. 2005, I–10805, Rn. 26; Urt. v. 28.1.1992, Rs. C–204/90 (Bachmann), Slg. 1992, I–249, Rn. 11; Urt. v. 17.12.2015, Rs. C–419/14 (WebMindLicenses), ECLI:EU:C:2015:832, Rn. 48.

der Literatur[96] auch nicht eine generelle Kompetenzüberschreitung vorwerfen.[97] Grundvoraussetzung für die Anwendung der Grundfreiheiten ist das Vorliegen eines **grenzüberschreitenden Sachverhalts** im Binnenmarkt.[98] Eine Sonderstellung hinsichtlich des personellen und räumlichen Schutzbereichs nimmt insoweit aber die Kapitalverkehrsfreiheit ein, die auch auf Drittlandssachverhalte anwendbar ist (s. Rn. 52).

cc) Eingriff

41 Im Anwendungsbereich der Grundfreiheiten ist für natürliche Personen jede **Diskriminierung** aufgrund der Staatsangehörigkeit durch nationale Steuernormen zu unterlassen. Bei Gesellschaften tritt an die Stelle des Merkmals der Staatsangehörigkeit der Sitz der Gesellschaft.[99] Geschützt ist nicht nur die Inländergleichbehandlung im Aufnahmestaat,[100] sondern über den Wortlaut der Grundfreiheiten hinaus auch ein Verbot der Behinderung durch den Herkunftsstaat, von den Grundfreiheiten Gebrauch zu machen.[101]

42 Eine **unmittelbare Diskriminierung** ist gegeben, wenn die Ungleichbehandlung direkt an die Staatsangehörigkeit anknüpft. Dies stellt beim derzeitigen Integrationsstand indes eine schon fast zu vernachlässigende Ausnahme dar.[102] Das Vorliegen einer **mittelbaren Diskriminierung** kann etwa dann angenommen werden, wenn eine nationale Steuernorm an den (Wohn-)Sitz natürlicher oder juristischer Personen anknüpft und den Auslands- gegenüber dem Inlandssachverhalt benachteiligt.[103] Eine Diskriminierung liegt aber nur dann vor, wenn die unterschiedliche Behandlung Situationen erfasst, die **objektiv miteinander vergleichbar** sind oder dieselbe Vorschrift auf unterschiedliche Situationen angewandt wird.[104]

43 Auf die komplexe Entscheidungspraxis zur objektiven Vergleichbarkeit können in diesem Rahmen lediglich Schlaglichter geworfen werden.[105] Nach der **Schumacker-Doktrin** befinden sich beschränkt und unbeschränkt steuerpflichtige natürliche Personen hinsichtlich der Berücksichtigung persönlicher und familiärer Umstände regelmäßig nicht in einer vergleichbaren Situation, weil im Allgemeinen allein der Wohnsitzstaat über die erforderlichen Informationen verfügt, um die Gesamtsteuerkraft des Steuerpflichtigen unter Berücksichtigung seiner persönlichen Lage und seines Familienstandes

---

[96] Vgl. etwa *Mitschke*, FR 2008, 165 (166 ff.); *Wieland*, FS Zuleeg, S. 500 f.
[97] Überzeugend *Tiedtke/Mohr*, EuZW 2008, 424 (426).
[98] EuGH, Urt. v. 26.1.1993, Rs. C–112/91 (Werner), Slg. 1993, I–429, Rn. 16.
[99] EuGH, Urt. v. 18.7.2007, Rs. C–231/05 (Oy AA), Slg. 2007, I–6373, Rn. 30; Urt. v. 21.1.2010, Rs. C–311/08 (SGI), Slg. 2010, I–487, Rn. 40.
[100] EuGH, Urt. v. 18.7.2007, Rs. C–231/05 (Oy AA), Slg. 2007, I–6373, Rn. 30; Urt. v. 28.1.1986, Rs. 270/83 (Avoir fiscal), Slg. 1986, 273, Rn. 14; Urt. v. 21.9.1999, Rs. C–307/97 (Compagnie de St. Gobain), Slg. 1999, I–6161, Rn. 35.
[101] EuGH, Urt. v. 21.1.2010, Rs. C–311/08 (SGI), Slg. 2010, I–487, Rn. 39; Urt. v. 13.12.2005, Rs. C–446/03 (Marks & Spencer), Slg. 2005, I–10837, Rn. 31; Urt. v. 27.11.2008, Rs. C–418/07 (Papillon), Slg. 2008, I–8947, Rn. 16.
[102] S. aber EuGH, Urt. v. 20.1.2011, Rs. C–155/09 (Kommission/Griechenland), Slg. 2011, I–65, Rn. 69.
[103] Vgl. etwa EuGH, Urt. v. 28.1.1986, Rs. 270/83 (Avoir fiscal), Slg. 1986, 273, Rn. 27.
[104] Vgl. etwa EuGH, Urt. v. 22.3.2007, Rs. C–383/05 (Talotta), Slg. 2007, I–2555, Rn. 18; Urt. v. 19.9.2000, Rs. C–156/98 (Deutschland/Kommission), Slg. 2000, I–6857, Rn. 84 f.; Urt. v. 14.2.1995, Rs. C–279/93 (Schumacker), Slg. 1995, I–225, Rn. 30; Urt. v. 13.3.2014, Rs. C–599/12 (JetAir und BTWE Travel4you), ECLI:EU:C:2014:144, Rn. 53.
[105] S. hierzu sehr instruktiv *Englmair*, Rn. 182 ff.

zu beurteilen.[106] Abweichendes gilt aber, wenn der Steuerpflichtige in seinem Wohnsitzstaat nur unbedeutende Einkünfte und im Quellenstaat den größten Teil seines Einkommens bezieht.[107]

Beschränkt und unbeschränkt Steuerpflichtige befinden sich dagegen in Bezug auf **Aufwendungen, die unmittelbar mit den steuerpflichtigen Einkünften in Zusammenhang stehen**, in einer objektiv vergleichbaren Situation. Insofern kommt es zu einer mittelbaren Diskriminierung von Angehörigen anderer Mitgliedstaaten, wenn nationale Vorschriften unbeschränkt Steuerpflichtigen die Möglichkeit eines Aufwendungsabzugs einräumen, beschränkt Steuerpflichtigen diese Möglichkeit hingegen nicht gewähren.[108] Grundsätzlich als vergleichbar anzusehen sind auch **Betriebsstätten und Inlandsgesellschaften**.[109] Ob eine Diskriminierung auch unter Hinweis auf eine **Schlechterstellung mit einem anderen vergleichbaren Auslandssachverhalt** begründet werden kann, erscheint hingegen zumindest zweifelhaft.[110] Anerkannt ist hingegen, dass Doppelbesteuerungsabkommen im Rahmen des Belastungsvergleichs zwischen inländischem und grenzüberschreitendem Sachverhalt zu berücksichtigen sind.[111] 44

Nachteile, die sich aus der **mangelnden Abstimmung der Steuerrechtsordnungen** ergeben, begründen keinen Eingriff. Insbesondere lässt sich den Grundfreiheiten **kein Verbot einer internationalen Doppelbesteuerung** entnehmen.[112] 45

dd) Rechtfertigung

Wie allgemein in der Dogmatik der Grundfreiheiten anerkannt ist, können Eingriffe durch Rechtfertigungsgründe gerechtfertigt werden.[113] Bei unmittelbaren Diskriminierungen kommen hierfür nur die geschriebenen,[114] bei mittelbaren Diskriminierungen hingegen auch ungeschriebene Rechtfertigungsgründe in Betracht. Im Anschluss ist zu prüfen, ob der Eingriff den Grundsatz der **Verhältnismäßigkeit** wahrt, wobei sich die Prüfung auf die Geeignetheit und die Erforderlichkeit beschränkt.[115] 46

Die geschriebenen Rechtfertigungsgründe spielen im Steuerrecht mit Ausnahme der Kapitalverkehrsfreiheit keine Rolle (s. Rn. 52). Dagegen hat der EuGH bereits in seiner 47

---

[106] EuGH, Urt. v. 14.2.1995, Rs. C–279/93 (Schumacker), Slg. 1995, I–225, Rn. 31 ff.; Urt. v. 14.9.1999, Rs. C–391/97 (Gschwind), Slg. 1999, I–5451, Rn. 23; Urt. v. 6.7.2006, Rs. C–346/04 (Conijn), Slg. 2006, I–6137, Rn. 16.
[107] Vgl. nur EuGH, Urt. v. 14.2.1995, Rs. C–279/93 (Schumacker), Slg. 1995, I–225, Rn. 36.
[108] EuGH, Urt. v. 12.6.2003, Rs. C–234/01 (Gerritse), Slg. 2003, I–5933, Rn. 27 f.; Urt. v. 6.7.2006, Rs. C–346/04 (Conijn), Slg. 2006, I–6137, Rn. 20; Urt. v. 22.3.2007, Rs. C–383/05 (Talotta), Slg. 2007, I–2555, Rn. 32.
[109] Grundlegend EuGH, Urt. v. 28.1.1986, Rs. 270/83 (Avoir fiscal), Slg. 1986, 273, Rn. 17 ff.; Urt. v. 17.7.2014, Rs. C–48/13 (Nordea Bank Danmark), ECLI:EU:C:2014:2087, Rn. 19.
[110] *Englmair*, Rn. 176 ff.; a.A. aber *Englisch*, § 4, Rn. 91, unter Hinweis auf EuGH, Urt. v. 23.2.2006, Rs. C–513/03 (van Hilten-van der Heijden), Slg. 2006, I–1957, Rn. 46; Urt. v. 6.12.2007, Rs. C–298/05 (Columbus Container Services), Slg. 2007, I–10451, Rn. 39 ff.
[111] EuGH, Urt. v. 19.1.2006, Rs. C–265/04 (Bouanich), Slg. 2006, I–923, Rn. 51; Urt. v. 12.12.2006, Rs. C–374/04 (Test Claimants in Class IV of the ACT Group Litigation), Slg. 2006, I–11673, Rn. 71.
[112] Vgl. etwa EuGH, Urt. v. 14.11.2006, Rs. C–513/04 (Kerckhaert und Morres), Slg. 2006, I–10967, Rn. 20 ff.; kritisch *Englisch*, § 4, Rn. 92.
[113] Jüngst statt vieler nur *Englisch*, Rechtfertigungsmöglichkeiten, Rn. 7.199.
[114] EuGH, Urt. v. 6.10.2009, Rs. C–153/08 (Kommission/Spanien), Slg. 2009, I–9735, Rn. 36.
[115] Vgl. etwa EuGH, Urt. v. 25.2.2010, Rs. C–337/08 (X Holding), Slg. 2010, I–1215, Rn. 26 ff.; Urt. v. 30.6.2011, Rs. C–262/09 (Meilicke), Slg. 2011, I–5669, Rn. 42; Urt. v. 17.7.2014, Rs. C–48/13 (Nordea Bank Danmark), ECLI:EU:C:2014:2087, Rn. 25; *Cordewener*, S. 70 ff.

wegweisenden »Cassis de Dijon«-Entscheidung als obiter dictum die Erfordernisse einer **wirksamen steuerlichen Kontrolle** als »zwingendes Erfordernis« benannt.[116] Ob und unter welchen Voraussetzungen weitere ungeschriebene Rechtfertigungsgründe anzuerkennen sind, steht im Zentrum der Rechtsprechung des EuGH zu den Grundfreiheiten im Bereich der direkten Steuern.

48 Bei der Anerkennung ungeschriebener Rechtfertigungsgründe[117] nahm der EuGH lange Zeit eher eine zurückhaltende Linie ein.[118] Seit der Entscheidung Marks & Spencer verfährt der Gerichtshof großzügiger und räumt den mitgliedstaatlichen Interessen ein größeres Gewicht ein (s. Rn. 39).[119] Anerkannte Rechtfertigungsgründe sind insbesondere die (sehr restriktiv interpretierte) **Verhinderung von Steuerumgehung und Steuerhinterziehung**,[120] die Wahrung einer ausgewogenen **Aufteilung der Besteuerungsbefugnis zwischen den Mitgliedstaaten**,[121] das **Territorialitätsprinzip**,[122] die **Vermeidung einer doppelten Verlustnutzung**[123] und die Gewährleistung der **Steueraufsicht**.[124] Der Verhältnismäßigkeitsgrundsatz schließt bei dem letztgenannten Rechtfertigungsgrund Schlechterstellungen aber in der Regel aus, weil als mildere Mittel eine Verpflichtung zur Vorlage stichhaltiger Belege durch den Steuerpflichtigen selbst sowie die auf die Amtshilferichtlinie (s. Rn. 54) gestützte Sachaufklärung über die Behörden anderer Mitgliedstaaten in Betracht kommen.[125] Als Rechtfertigungsgrund anerkannt ist ferner die **Kohärenz der nationalen Steuerrechtsordnungen**.[126] Letzteres erfordert einen unmittelbaren Zusammenhang zwischen der Steuervergünstigung und ihrem anderweitigen Ausgleich,[127] wobei der EuGH neuerdings von dem früheren Erfordernis der Personen-

---

[116] EuGH, Urt. v. 20.2.1979, Rs. 120/78 (Cassis de Dijon), Slg. 1979, 649, Rn. 8.
[117] Ausführlich *Bahns/Brinkmann/Gläser/Sedlaczek*, in: GSH, Europäisches Unionsrecht, vor Art. 110 AEUV, Rn. 55 ff.
[118] Kritisch etwa *Wunderlich/Albath*, DStZ 2005, 547 ff.
[119] Instruktiv *Musil/Fähling*, DStR 2010, 1501 ff.
[120] Vgl. etwa EuGH, Urt. v. 17.1.2008, Rs. C–105/07 (N. V. Lammers & Van Cleef), Slg. 2008, I–173, Rn. 28; Urt. v. 21.1.2010, Rs. C–311/08 (SGI), Slg. 2010, I–487, Rn. 65; Urt. v. 22.12.2010, Rs. C–287/10 (Tankreederei), Slg. 2010, I–14233, Rn. 28; Urt. v. 1.4.2014, Rs. C–80/12 (Felixstowe Dock and Railway Company u. a.), ECLI:EU:C:2014:200, Rn. 31 ff.; Urt. v. 17.12.2015, Rs. C–419/14 (WebMindLicenses), ECLI:EU:C:2015:832, Rn. 35.
[121] Vgl. etwa EuGH, Urt. v. 13.12.2005, Rs. C–446/03 (Marks & Spencer), Slg. 2005, I–10837, Rn. 45; Urt. v. 18.7.2007, Rs. C–231/05 (Oy AA), Slg. 2007, I–6373, Rn. 51; Urt. v. 15.5.2008, Rs. C–414/06 (Lidl Belgium), Slg. 2008, I–3601, Rn. 33; Urt. v. 21.1.2010, Rs. C–311/08 (SGI), Slg. 2010, I–487, Rn. 60 ff.; Urt. v. 25.2.2010, Rs. C–337/08 (X Holding), Slg. 2010, I–1215, Rn. 33; Urt. v. 1.4.2014, Rs. C–80/12 (Felixstowe Dock and Railway Company u. a.), ECLI:EU:C:2014:200, Rn. 30; Urt. v. 17.7.2014, Rs. C–48/13 (Nordea Bank Danmark), ECLI:EU:C:2014:2087, Rn. 27, 32 f.
[122] EuGH, Urt. v. 15.5.1997, Rs. C–250/95 (Futura Participations), Slg. 1997, I–2471, Rn. 22. Anders entschieden dagegen im Fall zwei zu differenzierender Steuerpflichtiger, EuGH, Urt. v. 18.9.2003, Rs. C–168/01 (Bosal), Slg. 2003, I–9409, Rn. 39.
[123] EuGH, Urt. v. 12.12.2006, Rs. C–446/04 (Test Claimants in the FII Group Litigation), Slg. 2006, I–11753, Rn. 47 f.; Urt. v. 29.3.2007, Rs. C–347/04 (Rewe Zentralfinanz), Slg. 2007, I–2647, Rn. 47; Urt. v. 15.5.2008, Rs. C–414/06 (Lidl Belgium), Slg. 2008, I–3601, Rn. 35.
[124] EuGH, Urt. v. 15.5.1997, Rs. C–250/95 (Futura Participations), Slg. 1997, I–2471, Rn. 31.
[125] EuGH, Urt. v. 27.1.2008, Rs. C–318/07 (Hein Persche), Slg. 2009, I–359, Rn. 53 ff.
[126] Vgl. etwa EuGH, Urt. v. 26.10.1999, Rs. C–294/97 (Eurowings Luftverkehr), Slg. 1999, I–7447, Rn. 41; Urt. v. 13.11.2003, Rs. C–209/01 (Schilling und Fleck-Schilling), Slg. 2003, I–13389, Rn. 41; umfassend hierzu *Dieterich*, S. 559 ff.
[127] EuGH, Urt. v. 28.1.1992, Rs. C–300/90 (Kommission/Belgien), Slg. 1992, I–305, Rn. 14 ff.; Urt. v. 28.1.1992, Rs. C–204/90 (Bachmann), Slg. 1992, I–249, Rn. 21 ff.; Urt. v. 27.11.2008, Rs. C–418/07 (Papillon), Slg. 2008, I–8947, Rn. 41 ff.; Urt. v. 23.10.2008, Rs. C–157/07 (Krankenheim Ruhesitz am Wannsee), Slg. 2008, I–8061, Rn. 42 ff.; Urt. v. 1.7.2010, Rs. C–233/09 (Dijkman und

identität abzurücken scheint.[128] **Nicht** als Rechtfertigungsgrund **anerkannt** wurde hingegen die Gefahr der **Verminderung von Steuereinnahmen**.[129] Gleiches gilt für die **mangelnde Harmonisierung im Bereich der direkten Steuern**,[130] eine anderweitige **Nachteilskompensation außerhalb der Kohärenz**,[131] die **Geringfügigkeit des Nachteils** (Bagatellvorbehalt),[132] die **Vereinfachung des Verwaltungsverfahrens**[133] oder die **mangelnde Beachtung der Vorschrift durch einen anderen Mitgliedstaat**.[134]

ee) Zu den Grundfreiheiten im Einzelnen

In Anbetracht des mittlerweile erreichten Differenzierungsgrades der Rechtsprechung 49
des EuGH müssen sich die folgenden Ausführungen auf eine Übersicht über zentrale Themenfelder der jeweils betroffenen Grundfreiheit beschränken. Im Rahmen der **Arbeitnehmerfreizügigkeit** (Art. 45 AEUV) sind im Zuge der EuGH-Rechtsprechung zahlreiche Schlechterstellungen grenzüberschreitender Arbeitsverhältnisse bei der Einkommensteuer beseitigt worden.[135] Beispielsweise müssen die **persönlichen Verhältnisse sowie der Familienstand** von EU-Ausländern bei im Inland erzielten Einkünften Berücksichtigung finden, wenn sie in ihrem Wohnsitzstaat keine nennenswerten Einkünfte haben (**Schumacker-Doktrin**).[136]

Einen Verstoß gegen die **Niederlassungsfreiheit** (Art. 49 AEUV)[137] bejahte der EuGH 50
in den Fällen der sog. **Wegzugsbesteuerung**, in denen die Verlagerung des Wohnsitzes

---

Dijkman-Lavaleije), Slg. 2010, I–6649, Rn. 54 f.; *David*, Le Principe de Proportionnalité en Droit Fiscal Communautaire et Français, FS Tipke, 1995, S. 511; *Farmer*, EC Law and Double Taxation Treaties, 1999, S. 70 ff.

[128] Vgl. EuGH, Urt. v. 7.9.2004, Rs. C–319/02 (Manninen), Slg. 2004, I–7477, Rn. 45; Urt. v. 6.3.2007, Rs. C–292/04 (Meilicke u.a.), Slg. 2007, I–1835, Rn. 26 ff.; Urt. v. 12.12.2006, Rs. C–446/04 (Test Claimants in the FII Group Litigation), Slg. 2006, I–11753, Rn. 93; Urt. v. 27.11.2008, Rs. C–418/07 (Papillon), Slg. 2008, I–8947, Rn. 41 ff.

[129] Exemplarisch EuGH, Urt. v. 10.2.2011, Rs. C–25/10 (Heukelbach), Slg. 2011, I–497, Rn. 31; Urt. v. 3.10.2002, Rs. C–136/00 (Danner), Slg. 2002, I–8147, Rn. 56; Urt. v. 7.9.2004, Rs. C–319/02 (Manninen), Slg. 2004, I–7477, Rn. 49; Urt. v. 12.12.2002, Rs. C–324/00 (Lankhorst-Hohorst), Slg. 2002, I–11779, Rn. 36; Urt. v. 8.3.2001, Rs. C–397/98 (Metallgesellschaft u.a.), Slg. 2001, I–1727, Rn. 59; Urt. v. 16.7.1998, Rs. C–264/96 (ICI), Slg. 1998, I–4695, Rn. 28; Urt. v. 10.2.2011, Rs. C–436/08 (Haribo), Slg. 2011, I–305, Rn. 126.

[130] EuGH, Urt. v. 28.1.1986, Rs. 270/83 (Avoir fiscal), Slg. 1986, 273, Rn. 24.

[131] EuGH, Urt. v. 28.1.1986, Rs. 270/83 (Avoir fiscal), Slg. 1986, 273, Rn. 21.

[132] EuGH, Urt. v. 28.1.1986, Rs. 270/83 (Avoir fiscal), Slg. 1986, 273, Rn. 21.

[133] EuGH, Urt. v. 30.6.2011, Rs. C–262/09 (Meilicke), Slg. 2011, I–5669, Rn. 39.

[134] EuGH, Urt. v. 28.1.1986, Rs. 270/83 (Avoir fiscal), Slg. 1986, 273, Rn. 26.

[135] Grundlegend aus der älteren Rechtsprechung etwa EuGH, Urt. v. 8.5.1990, Rs. C–175/88 (Biehl), Slg. 1990, I–1779, Rn. 13 ff.; Urt. v. 12.5.1998, Rs. C–336/96 (Gilly/Directeur des services fiscaux du Bas-Rhin), Slg. 1998, I–2793, Rn. 19 ff.; Urt. v. 16.5.2000, Rs. C–87/99 (Zurstrassen), Slg. 2000, I–3337, Rn. 18 ff.; Urt. v. 12.12.2002, Rs. C–385/00 (de Groot), Slg. 2002, I–11819, Rn. 47 ff.; Urt. v. 13.11.2003, Rs. C–209/01 (Schilling und Fleck-Schilling), Slg. 2003, I–13389, Rn. 22 ff.; Urt. v. 21.2.2006, Rs. C–152/03 (Ritter-Coulais), Slg. 2006, I–1711, Rn. 40 f.; Urt. v. 17.1.2008, Rs. C–152/05 (Kommissison/Deutschland), Slg. 2008, I–39, Rn. 27 ff.; aus jüngerer Zeit etwa EuGH, Urt. v. 28.2.2013, Rs. C–544/11 (Petersen und Petersen/FA Ludwigshafen), ECLI:EU:C:2013:124, Rn. 44 ff.

[136] EuGH, Urt. v. 14.2.1995, Rs. C–279/93 (Schumacker), Slg. 1995, I–225, Rn. 36.

[137] Grundlegend aus der älteren Rechtsprechung etwa EuGH, Urt. v. 28.1.1986, Rs. 270/83 (Avoir fiscal), Slg. 1986, 273, Rn. 21; Urt. v. 27.9.1988, Rs. 81/87 (Daily Mail), Slg. 1988, 5483, Rn. 15 ff.; Urt. v. 13.7.1993, Rs. C–330/91 (Commerzbank), Slg. 1993, I–4017, Rn. 13 ff.; Urt. v. 21.9.1999, Rs. C–307/97 (Compagnie de St. Gobain), Slg. 1999, I–6161, Rn. 44; Urt. v. 19.9.2000, Rs. C–156/98 (Deutschland/Kommission), Slg. 2000, I–68757, Rn. 81 ff.; Urt. v. 21.11.2002, Rs. C–436/00 (X und Y), Slg. 2002, I–10829, Rn. 34 ff.; Urt. v. 12.12.2002, Rs. C–324/00 (Lankhorst-Hohorst), Slg. 2002,

des Steuerpflichtigen ins Ausland zu einer Besteuerung des latenten Wertzuwachses von Gesellschaftsanteilen führte.[138] Die Niederlassungsfreiheit ist auch bei der Ausgestaltung der Konzernbesteuerung, etwa der Verlustverrechnung innerhalb einer Gruppe, zu beachten.[139]

51 Besondere Erwähnung aus der zur **Dienstleistungsfreiheit** (Art. 56, 57 AEUV)[140] ergangenen Rechtsprechung verdienen die Entscheidungen zum Ausschluss eines pauschalierenden Steuerabzugs mit abgeltender Wirkung für beschränkt steuerpflichtige, womit das objektive Nettoprinzip durchgesetzt worden ist.[141] Stellvertretend für Entscheidungen, mit denen der EuGH steuerliche Diskriminierungen bei der Inanspruchnahme ausländischer Dienstleistungen gerügt hat,[142] steht die Entscheidung Schwarz. In dieser hat der EuGH die frühere Regelung im deutschen Einkommensteuerrecht als Verstoß gegen die Dienstleistungsfreiheit beanstandet, wonach bei Schulgeldzahlungen an deutsche Privatschulen unter bestimmten Voraussetzungen ein Sonderausgabenabzug gewährt wurde, der beim Besuch ausländischer Privatschulen generell ausgeschlossen war.[143]

52 Die **Kapital- und Zahlungsverkehrsfreiheit** (Art. 63, 64 AEUV) nimmt innerhalb der Grundfreiheiten eine Sonderstellung ein. Einmal werden aus ihr nicht nur Unionsbürger berechtigt, sondern ebenso Drittstaatler. Zum anderen sehen Art. 65 f. AEUV weitere geschriebene Rechtfertigungsgründe vor.[144] Auch im Steuerrecht orientiert sich der EuGH bei der Bestimmung des Schutzbereiches an der früheren Kapitalverkehrsrichtlinie.[145] Mit Rücksicht auf die Ausdehnung des personellen Schutzbereichs kommt der Frage der Abgrenzung bzw. der Konkurrenz zu den anderen Grundfreiheiten, insbesondere zur Niederlassungsfreiheit, erhebliche praktische Bedeutung zu. Wenn die An-

---

I–11779, Rn. 36 ff.; Urt. v. 30. 9. 2003, Rs. C–167/01 (Inspire Art), Slg. 2003, I–10155, Rn. 132 ff.; aus jüngerer Zeit etwa EuGH, Urt. v. 23. 2. 2006, Rs. C–253/03 (CLT-UFA), Slg. 2006, I–1831, Rn. 23 ff.; Urt. v. 14. 12. 2006, Rs. C–170/05 (Denkavit International), Slg. 2006, I–11949, Rn. 18 ff.; Urt. v. 28. 2. 2008, Rs. C–293/06 (Deutsche Shell GmbH), Slg. 2008, I–1129, Rn. 23 ff.; Urt. v. 12. 7. 2012, Rs. C–269/09 (Kommission/Spanien), ECLI:EU:C:2012:439, Rn. 47 ff.; Urt. v. 21. 2. 2013, Rs. C–123/11 (A Oy), ECLI:EU:C:2013:84, Rn. 29 ff.; Urt. v. 1. 4. 2014, Rs. C–80/12 (Felixstowe Dock and Railway Company u. a.), ECLI:EU:C:2014:200, Rn. 17.

[138] EuGH, Urt. v. 7. 9. 2006, Rs. C–470/04 (N), Slg. 2006, I–7409, Rn. 55; Urt. v. 11. 3. 2004, Rs. C–9/02 (Lasteyrie du Saillant), Slg. 2004, I–2409, Rn. 51 ff.

[139] Exemplarisch EuGH, Urt. v. 27. 11. 2008, Rs. C–418/07 (Papillon), Slg. 2008, I–8947, Rn. 63; Urt. v. 13. 12. 2005, Rs. C–446/03 (Marks & Spencer), Slg. 2005, I–10837, Rn. 45 ff.; Urt. v. 8. 3. 2001, Rs. C–397/98 (Metallgesellschaft u. a.), Slg. 2001, I–1727, Rn. 41 ff., 52 ff.

[140] Grundlegend aus der älteren Rechtsprechung etwa EuGH, Urt. v. 14. 11. 1995, Rs. C–484/93 (Svensson & Gustavsson), Slg. 1995, I–3955, Rn. 15 ff.; Urt. v. 28. 4. 1998, Rs. C–118/96 (Safir), Slg. 1998, I–1897, Rn. 36; aus jüngerer Zeit etwa EuGH, Urt. v. 6. 6. 2013, Rs. C–383/10 (Kommission/Königreich Belgien), ECLI:EU:C:2013:364, Rn. 39 ff.; Urt. v. 18. 10. 2012, Rs. C–498/10 (Niederlande), ECLI:EU:C:2012:635, Rn. 19 ff.; Urt. v. 5. 7. 2012, Rs. C–318/10 (SIAT/État belge), ECLI:EU:C:2012:415, Rn. 18 ff.; Urt. v. 17. 7. 2014, Rs. C–48/13 (Nordea Bank Danmark), ECLI:EU:C:2014:2087, Rn. 17; Urt. v. 29. 10. 2015, Rs. C–174/14 (Saudaçor), ECLI:EU:C:2015:733, Rn. 32.

[141] EuGH, Urt. v. 12. 6. 2003, Rs. C–234/01 (Gerritse), Slg. 2003, I–5933, Rn. 55.

[142] S. auch EuGH, Urt. v. 20. 5. 2010, Rs. C–56/09 (Zanotti), Slg. 2010, I–4517, Rn. 24 ff.; Urt. v. 18. 12. 2007, Rs. C–281/06 (Jundt), Slg. 2007, I–12231, Rn. 28 ff.; Urt. v. 26. 10. 1999, Rs. C–294/97 (Eurowings Luftverkehr), Slg. 1999, I–7447, Rn. 40.

[143] EuGH, Urt. v. 11. 9. 2007, Rs. C–76/05 (Schwarz und Gootjes-Schwarz), Slg. 2007, I–6849, Rn. 33; zur Vorlage des BFH *Schenke*, JZ 2005, 944.

[144] Vgl. etwa EuGH, Urt. v. 13. 4. 2000, Rs. C–251/98 (Baars), Slg. 2000, I–2787, Rn. 26 ff.

[145] Richtlinie 88/361/EWG vom 24. 6. 1988 zur Durchführung von Artikel 67 des Vertrages, ABl. 1988, L 178/5; EuGH, Urt. v. 17. 9. 2009, Rs. C–182/08 (Glaxo Wellcome), Slg. 2009, I–8591, Rn. 39; Urt. v. 19. 7. 2012, Rs. C–31/11 (Scheunemann), ECLI:EU:C:2012:481, Rn. 22.

wendung einer Rechtsnorm eine qualifizierte (»unternehmerische«) Beteiligung voraussetzt, geht der EuGH nicht nur von einem Vorrang, sondern auch von einer Sperrwirkung der Niederlassungsfreiheit aus,[146] was den Interessen der Mitgliedstaaten entgegenkommt. Nicht im mitgliedstaatlichen Interesse ist hingegen die unverkennbare Tendenz, die besonderen Rechtfertigungsgründe der Kapitalverkehrsfreiheit sehr restriktiv zu interpretieren. Wichtige Entscheidungen, mit denen jeweils weitreichende Folgen für die nationalen Steuersysteme verbunden waren, betreffen die **Dividendenbesteuerung**[147] sowie in jüngerer Zeit auch die **Erbschaftsteuer**.[148]

c) Beihilferecht

Die Erhebung von Steuern dient nicht allein der Einnahmeerzielung (sog. Fiskalzwecksteuern), sondern darüber hinaus vielfach auch der **Verhaltenslenkung**[149] (sog. Lenkungssteuern; s. nur § 3 Satz 2 AO). Wenn Steuern als Mittel der Verhaltenslenkung eingesetzt werden, ist das **Beihilfeverbot der Art. 107 f. AEUV** zu beachten.[150] Zu diesem Komplex sind mittlerweile eine Reihe von Entscheidungen ergangen.[151] Ihre Position zu der Thematik hat die Kommission in verschiedenen Mitteilungen niedergelegt.[152] Potential bietet das Beihilferecht insbesondere zur rechtlichen Regulierung eines unfairen »**schädlichen**« **Steuerwettbewerbs**, der durch den Versuch gekennzeichnet ist, ausländischen Unternehmen steuerliche Sondervorteile zu gewähren, die Steuerinländern vorenthalten werden (s. Art. 107 AEUV, Rn. 39 ff.).[153]

53

4. Zusammenarbeit

Der Zusammenarbeit und dem Informationsaustausch der Finanzverwaltungen dient die 1977 beschlossene sog. **Amtshilferichtlinie**.[154] In der Ausgangsfassung beschränkte sich die Zusammenarbeit auf das Gebiet der direkten Steuern. Die Amtshilferichtlinie

54

---

[146] EuGH, Beschl. v. 10.5.2007, Rs. C–492/04 (Lasertec), Slg. 2007, I–3775, Rn. 20 ff.; Urt. v. 13.3.2007, Rs. C–524/04 (Test Claimants in the Thin Cap Group Litigation), Slg. 2007, I–2107, Rn. 34; Urt. v. 12.9.2006, Rs. C–196/04 (Cadbury Schweppes und Cadbury Schweppes Overseas), Slg. 2006, I–7995, Rn. 33; Urt. v. 26.3.2009, Rs. C–326/07 (Kommission/Italien), Slg. 2009, I–2291, Rn. 13.

[147] EuGH, Urt. v. 15.9.2011, Rs. C–310/09 (Accor), Slg. 2011, I–8115, Rn. 63, 68; Urt. v. 14.12.2006, Rs. C–170/05 (Denkavit International und Denkavit France), Slg. 2006, I–11949, Rn. 38; Urt. v. 7.9.2004, Rs. C–319/02 (Manninen), Slg. 2004, I–7477, Rn. 54; Urt. v. 21.11.2002, Rs. C–436/00 (X und Y), Slg. 2002, I–10829, Rn. 70.

[148] EuGH, Urt. v. 10.2.2011, Rs. C–25/10 (Heukelbach), Slg. 2011, I–497, Rn. 31; Urt. v. 11.9.2008, Rs. C–11/07 (Eckelkamp), Slg. 2008, I–6845, Rn. 28; Urt. v. 25.10.2007, Rs. C–464/05 (Geurts und Vogten), Slg. 2007, I–9325, Rn. 29; zur Schenkungssteuer EuGH, Urt. 22.4.2010, Rs. C–510/08 (Mattner), Slg. 2010, I–3553, Rn. 17 ff.

[149] Grundlegend *Wernsmann*, Verhaltenslenkung in einem rationalen Steuersystem, 2005.

[150] *Kellersmann*, S. 171.

[151] S. etwa EuGH, Urt. v. 15.6.2004, Rs. C–393/04 (Air Liquide Industries Belgium), Slg. 2006, I–5293; Urt. v. 22.11.2011, Rs. C–53/00 (Ferring), Slg. 2001, I–9067; Urt. v. 10.1.2006, Rs. C–222/04 (Cassa di Risparmio di Firenze u. a.), Slg. 2006, I–325.

[152] Mitteilung der Kommission über die Anwendung der Vorschriften über staatliche Beihilfen auf Maßnahmen im Bereich der direkten Unternehmensbesteuerung vom 10.12.1998, ABl. 1998, C 384/03; Bericht der Kommission über die Umsetzung der Mitteilung der Kommission über die Anwendung der Vorschriften über staatliche Beihilfen auf Maßnahmen im Bereich der direkten Unternehmensbesteuerung vom 9.2.2004, C(2004)434.

[153] *Wieland*, EuR 2001, 119 (126 ff.).

[154] Richtlinie 77/799/EWG vom 19.12.1977 über die gegenseitige Amtshilfe zwischen den zuständigen Behörden der Mitgliedstaaten im Bereich der direkten Steuern, ABl. 1977, L 336/15.

wurde durch die **Richtlinie 2011/16/EU**[155] vom 15. 2. 2011 über die Zusammenarbeit der Verwaltungsbehörden im Bereich der Besteuerung und zur Aufhebung der Richtlinie 77/799/EWG ersetzt. Als Ermächtigungsgrundlage ist die neue Richtlinie sowohl auf Art. 113 AEUV als auch auf Art. 115 AEUV gestützt und gilt nunmehr auch für den Bereich der **indirekten Steuern**. Sie regelt das Verfahren, wie die Mitgliedstaaten im Hinblick auf einen Informationsaustausch zusammenarbeiten sollen, und dient so der Verhinderung von Steuerflucht und Steuerumgehung. Die aktuelle Richtlinie wurde jüngst durch das EU-Amtshilfegesetz[156] umgesetzt.

55 Der Beitreibung von Steuerforderungen dient die ursprünglich 1976 erlassene **Beitreibungsrichtlinie**,[157] deren Anwendungsbereich beträchtlich ausgeweitet worden ist und sich nunmehr mit dem der Amtshilferichtlinie deckt. Derzeit wird die Beitreibungsrichtlinie durch das EU-Beitreibungsgesetz umgesetzt.[158]

56 Im Bereich der Besteuerung von Privatpersonen ist speziell im Bereich der Zinsbesteuerung die sog. **Zinsrichtlinie**[159] zu nennen. Die letztmals durch die Richtlinie 2006/98/EG vom 20. 11. 2006[160] geänderte Richtlinie betrifft Zinszahlungen von natürlichen Personen und dient der Gewährleistung der effektiven Besteuerung von Zinserträgen. Diesbezüglich schreibt sie eine Pflicht zum automatischen Informationsaustausch vor (Art. 8 f. Zinsrichtlinie). In deutsches Recht wurde die Richtlinie durch die Zinsinformationsverordnung umgesetzt.[161] Sonderregelungen für Belgien, Luxemburg und Österreich erlauben es diesen, sich nicht am Informationsaustausch zu beteiligen und stattdessen eine sich stufenweise erhöhende Quellensteuer zu erheben, die an den Mitgliedstaat des wirtschaftlichen Eigentümers der Zinsen weitergeleitet wird (Art. 10 ff. Zinsrichtlinie).

5. Soft law

57 Von nicht zu unterschätzender faktischer Bedeutung ist das europäische **Soft law** mit steuerrechtlichem Bezug.[162] Hierzu zählt etwa der **Verhaltenskodex des Rates für die Unternehmensbesteuerung**.[163] In dem Kodex legen sich die Mitgliedstaaten die Selbstverpflichtung auf, keine neuen Maßnahmen eines schädlichen Steuerwettbewerbs einzuführen und bestehende Maßnahmen zu beseitigen. Wertvolle Einsichten in die Inter-

---

[155] ABl. 2011, L 64/1.
[156] Gesetz vom 26. 6. 2013, BGBl. I 2013, S. 1809.
[157] Richtlinie 76/308/EWG vom 15. 3. 1976 über die gegenseitige Unterstützung bei der Beitreibung von Forderungen im Zusammenhang mit Maßnahmen, die Bestandteil des Finanzierungssystems des Europäischen Ausrichtungs- und Garantiefonds für die Landwirtschaft sind, sowie von Abschöpfungen und Zöllen, ABl. 1976, L 73/18; Neufassung durch die Richtlinie 2008/55/EG vom 26. 5. 2008 über die gegenseitige Unterstützung bei der Beitreibung von Forderungen in Bezug auf bestimmte Abgaben, Zölle, Steuern und sonstige Maßnahmen, ABl. 2008, L 150/28.
[158] Gesetz über die Durchführung der Amtshilfe bei der Beitreibung von Forderungen in Bezug auf bestimmte Steuern, Abgaben und sonstige Maßnahmen zwischen den Mitgliedstaaten der Europäischen Union (EU-Beitreibungsgesetz – EUBeitrG) vom 7. 12. 2011, BGBl. I 2011, S. 2592.
[159] Richtlinie 2003/48/EG vom 3. 6. 2003 im Bereich der Besteuerung von Zinserträgen, ABl. 2003, L 157/38; ausführlich hierzu *Cloer/Lavrelashvili*, S. 107 ff.
[160] ABl. 2006, L 363/129.
[161] Verordnung vom 3. 6. 2003, BGBl. I 2004, S. 128; vgl. dazu *Rehm/Nagler*, Europäisches Steuerrecht, 2013, S. 26.
[162] S. hierzu *Englisch*, § 4, Rn. 11 ff.; *Terra/Wattel*, S. 147 ff.
[163] Schlussfolgerungen des Rates »Wirtschafts- und Finanzfragen« vom 1. 12. 1997 zur Steuerpolitik, ABl. 1998, C 2/1; hierzu im Überblick *Cloer/Lavrelashvili*, S. 130 f.

pretation des Primärrechts in der Lesart der Kommission geben ferner ihre 2006 veröffentlichte Mitteilung zur Koordinierung der Regelungen der Mitgliedstaaten zu den direkten Steuern im Binnenmarkt[164] sowie ihre Mitteilung zum Beihilfenrecht (s. Rn. 53).

B. Anwendungsbereich und Struktur des Art. 110 AEUV

I. Regelungsgegenstand und Normzweck

Art. 110 AEUV will eine »**vollkommene Wettbewerbsneutralität**« der inländischen Besteuerung für inländische und eingeführte Erzeugnisse sicherstellen.[165] Die Erhebung von Zöllen – das klassische Instrument, den Wettbewerb zugunsten inländischer Waren zu verzerren, ist durch Art. 28, 30 AEUV verboten. Gefährdungen drohen dem Wettbewerb aber auch durch eine **protektionistische inländische Abgabenpolitik**. Als Ergänzung zu den Bestimmungen über die Abschaffung der Zölle und Abgaben gleicher Wirkung[166] ist es den Mitgliedstaaten daher nach **Art. 110 Abs. 1 AEUV** untersagt, auf Waren aus anderen Mitgliedstaaten **höhere inländische Abgaben** als auf **gleichartige inländische Waren** zu erheben. Wenn es an der Gleichartigkeit zu inländischen Waren fehlt, kann **Art. 110 Abs. 2 AEUV** eingreifen. Dieser verbietet den Mitgliedstaaten, solche inländischen Abgaben zu erheben, die geeignet sind, andere (inländische) Produktionen mittelbar zu schützen. Dazu müssen die besteuerten Waren aus dem anderen Mitgliedstaat zumindest in einem Wettbewerbsverhältnis zu anderen inländischen Waren stehen.[167] Art. 110 AEUV soll die Mitgliedstaaten dagegen weder an der Einführung neuer Steuern noch an der Änderung des Satzes oder der Bemessungsgrundlage bestehender Steuern hindern,[168] enthält also keine Beschränkungsverbote (s. Rn. 109).

58

Im Verbund mit der Zollunion und Art. 111 AEUV ist Art. 110 AEUV damit ein wesentlicher **Garant der Warenverkehrsfreiheit** (Art. 34 AEUV). Zu Art. 110 AEUV hat der EuGH eine Sonderrechtsdogmatik entwickelt, die bei näherer Betrachtung aber deutliche Parallelen zur allgemeinen Dogmatik der europäischen Grundfreiheiten aufweist (s. Rn. 65).

59

---

[164] Mitteilung der Kommission an den Rat, das Europäische Parlament und den Europäischen Wirtschafts- und Sozialausschuss vom 19.12.2006, KOM (2006) 823 endg.
[165] EuGH, Urt. v. 27.2.1980, Rs. 168/78 (Kommission/Frankreich), Slg. 1980, 347, Rn. 4; Urt. v. 3.6.2010, Rs. C–2/09 (Kalinchev), Slg. 2010, I–4939, Rn. 31; Urt. v. 27.2.1980, Rs. 171/78 (Kommission/Dänemark), Slg. 1980, 447, Rn. 4; Urt. v. 17.7.2008, Rs. C–426/07 (Krawczyński), Slg. 2008, I–6021, Rn. 31; Urt. v. 7.5.1987, Rs. 193/85 (Cooperativa Co-Frutta), Slg. 1987, 2085, Rn. 25; Urt. v. 29.4.2004, Rs. C–387/01 (Weigel), Slg. 2004, I–4981, Rn. 66; Urt. v. 8.4.2008, Rs. C–167/05 (Kommission/Schweden), Slg. 2008, I–2127, Rn. 40; Urt. v. 18.1.2007, Rs. C–313/05 (Brzeziński), Slg. 2007, I–513, Rn. 28; Urt. v. 7.4.2011, Rs. C–402/09 (Tatu), Slg. 2011, I–2711, Rn. 35; s.a. Urt. v. 14.4.2015, Rs. C–76/14 (Manea), ECLI:EU:C:2015:216, Rn. 29.
[166] EuGH, Urt. v. 17.7.2008, Rs. C–426/07 (Krawczyński), Slg. 2008, I–6021, Rn. 30.
[167] *Seiler*, in: Grabitz/Hilf/Nettesheim, EU, Art. 110 AEUV (März 2011), Rn. 17.
[168] EuGH, Urt. v. 19.12.2013, Rs. C–437/12 (X), ECLI:EU:C:2013:857, Rn. 33; Urt. v. 7.4.2011, Rs. C–402/09 (Tatu), Slg. 2011, I–2711, Rn. 50; Urt. v. 5.10.2006, verb. Rs. C–290/05 u. C–333/05 (Nadasdi und Nemeth), Slg. 2006, I–10115, Rn. 49.

II. Entstehungsgeschichte

60 Art. 110 Abs. 1, 2 AEUV entsprechen wortgleich Art. 95 Abs. 1, 2 EWGV in der Fassung der Römischen Verträge. Art. 95 Abs. 3 EWG sah darüber hinaus noch eine **Übergangsnorm** für bereits bestehende Abgaben vor. Nachdem die Vorschrift zwischenzeitlich funktionslos geworden war,[169] wurde sie im Amsterdamer Vertrag ersatzlos gestrichen.[170] Dieser wies den verbleibenden Absätzen Art. 90 EGV als neuen Regelungsstandort zu. Der Vertrag von Lissabon übernahm die Vorschrift wortgleich in Art. 110 AEUV.

61 Historisches Vorbild des Art. 110 AEUV ist **Art. III Ziff. 2 GATT 1947**, der in Anlage I konkretisiert wird.[171] Art. III Ziff. 2 Satz 1 GATT verbietet es, eingeführte Erzeugnisse mit höheren direkten oder indirekten Steuern oder anderen höheren Abgaben zu belasten als **gleichartige** einheimische Erzeugnisse. Damit entspricht die Vorschrift Art. 110 Abs. 1 AEUV. Fehlt es an der Gleichartigkeit, ist nach Art. III Ziff. 2 Satz 2 GATT und in Entsprechung zu Art. 110 Abs. 2 AEUV eine Erhebung von Steuern oder sonstigen innerstaatlichen Abgaben unzulässig, wenn die belastete Ware zu einer anderen, nicht mit einer ähnlichen Abgabe belasteten Ware **im Wettbewerb** steht. Damit liegt dem GATT das Bestimmungslandprinzip zugrunde, das eine Besteuerung im Bestimmungsland gestattet. Nicht zwingend vorgesehen ist hingegen eine Freistellung im Ursprungsland, die aber im Eigeninteresse des Exportstaates liegt.[172] In Drittstaatenfällen kann auf das GATT zurückgegriffen werden. Im Unterschied zum Recht der Union kommt ihm aber keine unmittelbare innerstaatliche Verbindlichkeit zu.[173]

III. Binnenstruktur

62 Art. 110 AEUV schützt in seinen beiden Absätzen vor unterschiedlichen Formen einer diskriminierenden mitgliedstaatlichen Abgabenerhebung mit Warenbezug. **Art. 110 Abs. 1 AEUV** verbietet den Mitgliedstaaten, Waren aus anderen Mitgliedstaaten mit höheren Abgaben als gleichartige inländische Waren zu belasten. Sofern keine gleichartigen inländischen Waren vorhanden sind, schließt **Art. 110 Abs. 2 AEUV** eine Erhebung von Abgaben auf importierte Waren aus, durch die inländische Waren mittelbar geschützt werden. Damit lässt sich der Anwendungsbereich beider Absätze danach voneinander **abgrenzen**, ob die aus den Mitgliedstaaten eingeführte Ware auf gleichartige inländische Waren trifft (Abs. 1) oder in- und ausländische Waren sich lediglich substituieren können (Abs. 2).

63 Gleichwohl lässt der EuGH in verschiedenen Entscheidungen zu Art. 110 AEUV **offen**, ob er Abs. 1 oder Abs. 2 anwendet.[174] Da sich die Rechtsfolgen beider Vorschriften nicht voneinander unterscheiden, ist dies möglich, wenn feststeht, dass inländische Abgaben auf eingeführte Waren eine protektionistische Wirkung i. S. d. Art. 110 Abs. 2

---

[169] EuGH, Urt. v. 27.5.1981, verb. Rs. 142 u. 143/80 (Amministrazione delle Finanze dello Stato/ Essevi SpA und Salengo), Slg. 1981, 1413, Rn. 24 ff.; s. ausführlich *Wägenbaur*, RIW 1980, 121.

[170] *Seiler*, in: Grabitz/Hilf/Nettesheim, EU, Art. 110 AEUV (März 2011), Rn. 1.

[171] Vgl. GATT, Analytical Index: Guide to GATT Law and Practice, 6. Aufl., 1994, S. 113 ff.; s. *Englisch*, Steuern auf Waren, Rn. 6.2.

[172] *Seiler*, in: Grabitz/Hilf/Nettesheim, EU, Art. 110 AEUV (März 2011), Rn. 15.

[173] Vgl. etwa EuGH, Urt. v. 12.12.1995, Rs. C-469/93 (Chiquita Italia), Slg. 1995, I-4533, Rn. 29; *Seiler*, in: Grabitz/Hilf/Nettesheim, EU, Art. 110 AEUV (März 2011), Rn. 15.

[174] Umfassend zur »Vermengung« der Tatbestände und der Kritik hieran *Balke*, S. 135 ff.; s. auch *Schröer-Schallenberg*, § 16, Rn. 36.

AEUV entfalten. Unter diesen Voraussetzungen kann auf die unter Umständen aufwändige und schwierige Prüfung (s. Rn. 95) verzichtet werden, ob im Inland gleichartige Waren vorhanden sind.[175] Aus Gründen systematischer Klarheit wäre es in diesen Fällen gleichwohl vorzuziehen, explizit Art. 110 Abs. 2 AEUV anzuwenden.

IV. Verhältnis zu anderen Vorschriften

1. Allgemeines Diskriminierungsverbot (Art. 18 AEUV)

Nach allgemeiner Auffassung geht Art. 110 AEUV dem allgemeinen Diskriminierungsverbot (Art. 18 AEUV) als **lex specialis** vor,[176] das jede Diskriminierung aus Gründen der Staatsangehörigkeit verbietet. Praktische Bedeutung kommt dem Vorrangverhältnis nicht zuletzt deshalb zu, weil eine Beeinträchtigung des Art. 110 AEUV im Unterschied zum allgemeinen Diskriminierungsverbot[177] keiner Rechtfertigung zugänglich ist (s. Rn. 133; zum personellen Schutzbereich s. Rn. 65).

64

2. Verbot mengenmäßiger Beschränkungen und Maßnahmen gleicher Wirkung (Art. 34 AEUV)

Art. 110 AEUV ist gegenüber Art. 34 AEUV, der allgemein Maßnahmen verbietet, die die Einfuhr beschränken, die **speziellere Vorschrift**. Damit kann neben Art. 110 AEUV nicht auf Art. 34 AEUV zurückgegriffen werden.[178] Beiden Vorschriften ist gemein, dass ihr personeller Anwendungsbereich nicht auf EU-Ausländer begrenzt ist (s. Rn. 79). Ebenso bieten beide Vorschriften Schutz vor mittelbaren Diskriminierungen. Art. 110 AEUV kennt im Unterschied zu Art. 34 AEUV hingegen keine geschriebenen oder ungeschriebenen Rechtfertigungsgründe (s. Rn. 133). Was bei Art. 34 AEUV auf Ebene der Rechtfertigung geprüft wird, entspricht aber weitgehend dem Prüfprogramm des Art. 110 AEUV. So bleibt bei Art. 110 AEUV die Befugnis der Mitgliedstaaten unberührt, ein differenziertes Steuersystem zu entwickeln. Zulässig sind derartige Differenzierungen allerdings nur, wenn sie ihrerseits mit den Erfordernissen des Vertrages und des abgeleiteten Rechts vereinbar sind (s. Rn. 118 ff.). Letztere Einschränkung korrespondiert der Sache nach mit den Anforderungen, die der EuGH an die ungeschriebenen Rechtfertigungsgründe bei den Grundfreiheiten stellt, die zwingende Gründe des Allgemeinwohls voraussetzen (s. Art. 34, Rn. 223 ff.; Art. 45, Rn. 125 ff.; Art. 49, Rn. 77 ff.; Art. 56, Rn. 112 ff.; Art. 63, Rn. 2). Im praktischen Ergebnis entsprechen sich die Gewährleistungsgehalte beider Vorschriften damit weitgehend.

65

3. Zollunion (Art. 28, 30 AEUV)

Als Kernvorschriften der Zollunion verbieten es Art. 28, 30 AEUV, Ein- und Ausfuhrzölle oder Abgaben gleicher Wirkung zwischen den Mitgliedstaaten zu erheben. Der

66

---

[175] EuGH, Urt. v. 27.2.1980, Rs. 171/78 (Kommission/Dänemark), Slg. 1980, 447, Rn. 34; Urt. v. 27.2.1980, Rs. 168/78 (Kommission/Frankreich), Slg. 1980, 347, Rn. 39; Urt. v. 27.2.1980, Rs. 169/78 (Kommission/Italien), Slg. 1980, 385, Rn. 33.
[176] *Wolffgang/Gellert*, in: Lenz/Borchardt, EU-Verträge, Art. 113 AEUV, Rn. 2.
[177] Exemplarisch EuGH, Urt. v. 7.7.2005, Rs. C–147/03 (Kommission/Österreich), Slg. 2005, I–5969, Rn. 61 ff.; s. zum Meinungsstand *Epiney*, in: Calliess/Ruffert, EUV/AEUV, Art. 18 AEUV, Rn. 37 ff.
[178] EuGH, Urt. v. 3.3.1988, Rs. 252/86 (Bergandi/Directeur général des impôts), Slg. 1988, 1343, Rn. 33; Urt. v. 7.4.2011, Rs. C–402/09 (Tatu), Slg. 2011, I–2711, Rn. 33.

Schutzzweck der Zollunion entspricht Art. 110 AEUV. Wie Art. 110 AEUV soll auch die Zollunion den **freien Warenverkehr zwischen den Mitgliedstaaten** gewährleisten, indem der Wettbewerb nicht durch eine diskriminierende inländische Besteuerung verfälscht wird.[179] Das klassische Instrument, den Warenverkehr zu beschränken, ist die Erhebung von Zöllen und zollgleichen Abgaben. Zölle und zollgleiche Abgaben knüpfen tatbestandlich an die Einfuhr an und erfassen im Unterschied zu einem allgemeinen (inländischen) Abgabensystem nur eingeführte Erzeugnisse. Das allgemeine inländische Abgabensystem kann den Wettbewerb aber auch ohne Anknüpfung an die Einfuhr verfälschen, indem es zwischen einheimischen und eingeführten Waren differenziert und letztere gegenüber einheimischen Waren steuerlich benachteiligt. Dies zu verhindern, ist Aufgabe des Art. 110 AEUV. Damit kommt der Vorschrift im Verhältnis zur Zollunion eine **Ergänzungsfunktion** zu.[180]

67 Tatbestandlich schließen sich Art. 28, 30 AEUV und Art. 110 AEUV wechselseitig aus und stehen damit in einem Verhältnis strikter **Alternativität**.[181] Da Abgaben der Oberbegriff für jede Form einseitig auferlegter Geldleistungen des Staates ist, sind Art. 28, 30 AEUV **lex specialis** gegenüber Art. 110 AEUV. Die praktische Relevanz der Unterscheidung zwischen beiden Abgabenformen ist gering, weil nicht nur Art. 30 AEUV ein absolutes Verbot begründet,[182] sondern auch eine Durchbrechung des Art. 110 AEUV keiner Rechtfertigung zugänglich ist (s. Rn. 133). Die Abgrenzung erfolgt im Grundsatz formal danach, ob der Abgabentatbestand an den Grenzübertritt anknüpft. In diesem Fall liegt ein an Art. 28, 30 AEUV zu messender Zoll oder eine zollgleiche Abgabe vor, die »anlässlich und wegen der Einfuhr«[183] erhoben wird. Wenn nicht an die Einfuhr angeknüpft wird, handelt es sich dagegen um eine inländische Abgabe.[184] Abweichendes gilt für eine KFZ-Zulassungssteuer aber, wenn die aus anderen Mitgliedstaaten eingeführten Fahrzeuge in dem betreffenden Mitgliedstaat nie zugelassen werden. In diesem Fall ist von einer nach Art. 30 AEUV verbotenen steuerlichen Abgabe zollgleicher Wirkung auszugehen, weil die Abgabe in Wirklichkeit nur wegen des Überschreitens der Grenze eines Mitgliedstaates erhoben wird.[185]

68 Ebenso nicht als Zoll einzuordnen ist die **Einfuhrumsatzsteuer**, obwohl diese an die Einfuhr anknüpft. Der EuGH begründet dies mit der Erwägung, diese sei Bestandteil

---

[179] EuGH, Urt. v. 27.2.1980, Rs. 168/78 (Kommission/Frankreich), Slg. 1980, 347, Rn. 4.
[180] EuGH, Urt. v. 27.2.1980, Rs. 168/78 (Kommission/Frankreich), Slg. 1980, 347, Rn. 4; Urt. v. 7.5.1987, Rs. 193/85 (Cooperativa Co-Frutta), Slg. 1987, 2085, Rn. 25; Urt. v. 8.11.2007, Rs. C–221/06 (Frohnleiten), Slg. 2007, I–9643, Rn. 30; Urt. v. 18.1.2007, Rs. C–313/05 (Brzeziński), Slg. 2007, I–513, Rn. 27; Urt. v. 15.6.2004, Rs. C–393/04 (Air Liquide Industries Belgium), Slg. 2006, I–5293, Rn. 55; Urt. v. 7.4.2011, Rs. C–402/09 (Tatu), Slg. 2011, I–2711, Rn. 53.
[181] EuGH, Urt. v. 2.10.2014, Rs. C–254/13 (Orgacom), ECLI:EU:C:2014:2251, Rn. 20; Urt. v. 16.6.1966, Rs. 57/65 (Lütticke), Slg. 1966, 258 (267); Urt. v. 2.8.1993, Rs. C–266/91 (Celulose Beira Industrial), Slg. 1993, I–4337, Rn. 9; Urt. v. 2.4.1998, Rs. C–213/96 (Outokumpu Oy), Slg. 1998, I–1777, Rn. 19; Urt. v. 22.10.1974, Rs. 27/74 (Demag AG/Finanzamt Duisburg-Süd), Slg. 1974, 1037, Rn. 6; Urt. v. 22.3.1977, Rs. 78/76 (Steinicke und Weinling/Bundesrepublik Deutschland), Slg. 1977, 595, Rn. 27.
[182] Vgl. *Beiser/Zorn*, in: Mayer/Stöger, EUV/AEUV, Art. 110 AEUV (Mai 2010), Rn. 9.
[183] EuGH, Urt. v. 2.10.2014, Rs. C–254/13 (Orgacom), ECLI:EU:C:2014:2251, Rn. 25 f.; Urt. v. 2.8.1993, Rs. C–266/91 (Celulose Beira Industrial), Slg. 1993, I–4337, Rn. 10; Urt. v. 2.4.1998, Rs. C–213/96 (Outokumpu Oy), Slg. 1998, I–1777, Rn. 20; s. a. Urt. v. 4.6.2015, Rs. C–5/14 (Kernkraftwerke Lippe-Ems), ECLI:EU:C:2015:354, Rn. 91.
[184] EuGH, Urt. v. 5.5.1982, Rs. 15/81 (Schul I), Slg. 1982, 1409, Rn. 18 f.; Urt. v. 7.5.1987, Rs. 193/85 (Cooperativa Co-Frutta), Slg. 1987, 2085, Rn. 8 f.
[185] EuGH, Urt. v. 17.12.2015, Rs. C–402/14 (Viamar), ECLI:EU:C:2015:830, Rn. 45.

einer allgemeinen inländischen Abgabenregelung, die Gruppen von Waren systematisch nach objektiven Kriterien betreffe, die unabhängig von der Herkunft der Waren gelten würden.[186] Systematisch spricht für diese Einordnung, dass die Einfuhrumsatzsteuer traditioneller Bestandteil der Umsatzsteuer ist, deren Regelungsstandort nicht die Zollunion (Art. 28 ff. AEUV), sondern das Steuerkapitel (Art. 110 ff. AEUV; s. insbesondere Art. 113 AEUV) ist.[187] Die Einfuhrumsatzsteuer als (verbotenen) Zoll zu qualifizieren, würde zudem zu einer sinnwidrigen Privilegierung der Einfuhr führen.

An der Einordnung als inländische Abgabe ändert sich auch nichts,[188] wenn der eingeführten Ware **keine gleichartige inländische Ware entspricht**,[189] weil es für die Abgrenzung allein auf die tatbestandliche Anknüpfung an den Grenzübertritt ankommt. Ebenso wenig kann die Einordnung als inländische Abgabe i. S. d. Art. 110 AEUV dadurch in Frage gestellt werden, dass die Abgabe faktisch ausschließlich auf eingeführte Erzeugnisse erhoben wird.[190] Der Anwendung des Art. 110 AEUV steht auch nicht entgegen, dass sich der Betrag der zu erhebenden Abgabe nach dem Ursprung der Ware bestimmt.[191] **69**

Nicht als Abgaben zollgleicher Wirkung sind **Geldlasten** als Bestandteil einer allgemeinen inländischen Abgabenregelung anzusehen, die einheimische und eingeführte Erzeugnisse **systematisch nach denselben Merkmalen** erfassen. Dies gilt selbst dann, wenn das eingeführte Erzeugnis nicht auf gleichartige einheimische Erzeugnisse trifft, sofern die Belastung aber ganze Kategorien einheimischer oder fremder Erzeugnisse erfasst, die sich alle und ohne Rücksicht auf ihren Ursprung in einer vergleichbaren Lage befinden.[192] **70**

Eine echte **Durchbrechung** des oben genannten Grundsatzes stellt es hingegen dar, wenn eine Regelung Teil eines allgemeinen Abgabensystems ist, aber gleichwohl nicht an Art. 110 AEUV, sondern an Art. 28, 30 AEUV zu messen ist. Davon geht der EuGH unter den folgenden, drei kumulativ vorliegenden Voraussetzungen aus: **71**

Die Abgabe muss ausschließlich zur Finanzierung von Tätigkeiten bestimmt sein, dem ebenso erfassten einheimischen Erzeugnis in spezifischer Weise zugutekommen, das belastete Erzeugnis muss mit dem begünstigten einheimischen Erzeugnis identisch sein und die auf dem einheimischen Erzeugnis ruhenden Belastungen müssen vollständig ausgeglichen werden.[193] Fehlt es hingegen an einer vollständigen Kompensation, soll nicht auf die Vorschriften zur Zollunion, sondern auf Art. 110 AEUV zurückgegriffen **72**

---

[186] EuGH, Urt. v. 4.4.1968, Rs. 31/67 (Stier/Hauptzollamt Hamburg-Ericus), Slg. 1968, 352 (360); Urt. v. 5.5.1982, Rs. 15/81 (Schul I), Slg. 1982, 1409, Rn. 20.
[187] S.a. EuGH, Urt. v. 4.4.1968, Rs. 31/67 (Stier/Hauptzollamt Hamburg-Ericus), Slg. 1968, 352 (360).
[188] A.A. aber wohl *Wolffgang/Gellert*, in: Lenz/Borchardt, EU-Verträge, Art. 110 AEUV, Rn. 5.
[189] S. EuGH, Urt. v. 1.7.1969, Rs. 24/68 (Kommission/Italien), Slg. 1969, 193, Rn. 11.
[190] EuGH, Urt. v. 7.5.1987, Rs. 193/85 (Cooperativa Co-Frutta), Slg. 1987, 2085, Rn. 14.
[191] EuGH, Urt. v. 2.4.1998, Rs. C–213/96 (Outokumpu Oy), Slg. 1998, I–1777, Rn. 28; Urt. v. 17.7.1997, Rs. C–90/94 (Haahr Petroleum), Slg. 1997, I–4085, Rn. 25.
[192] EuGH, Urt. v. 22.3.1977, Rs. 78/76 (Steinicke und Weinling/Bundesrepublik Deutschland), Slg. 1977, 595, Rn. 30.
[193] EuGH, Urt. v. 2.8.1993, Rs. C–266/91 (Celulose Beira Industrial), Slg. 1993, I–4337, Rn. 13 f.; Urt. v. 27.10.1993, Rs. C–72/92 (Scharbatke), Slg. 1993, I–5509, Rn. 10; Urt. v. 16.12.1992, Rs. C–17/91 (Lornoy en Zonen), Slg. 1992, I–6523, Rn. 18 ff.; Urt. v. 11.3.1992, Rs. C–78/90 (Compagnie Commerciale de l'Ouest u. a.), Slg. 1992, I–1847, Rn. 27; Urt. v. 18.6.1975, Rs. 94/74 (IGAV), Slg. 1975, 699, Rn. 14/17 für eine Einordnung als Abgabe mit zollgleicher Wirkung auch bei bereits lediglich teilweiser Vorteilskompensation.

werden.¹⁹⁴ Begründet wird dies vom EuGH unter Hinweis auf den Bestimmungszweck der auferlegten Geldlasten, der bei der Abgrenzung zu berücksichtigen sei. Über den Rückgriff auf Art. 28 AEUV kann so eine vermeintliche Lücke der Zollunion geschlossen werden. Richtigerweise dürfte sich das gleiche Ergebnis der Unzulässigkeit entsprechender Abgaben aber auch über die Anwendung des Art. 110 AEUV erreichen lassen, sodass es keiner Durchbrechung des formalen, an den Grenzübertritt anknüpfenden Zollbegriffs bedarf.¹⁹⁵

4. Handelsmonopole (Art. 37 AEUV)

73 Art. 37 AEUV beruht wie Art. 110 AEUV auf dem **gleichen Grundgedanken**, jegliche Diskriminierung im Handel zwischen Mitgliedstaaten zu beseitigen.¹⁹⁶ Soweit eine steuerrechtliche Regelung auch ohne eine Verbindung mit einem Monopol bestehen kann, greift der EuGH als Prüfungsmaßstab allein auf Art. 110 AEUV zurück.¹⁹⁷ Sofern eine Abgabe untrennbar mit einem Handelsmonopol verbunden ist, dürfte dagegen Art. 37 AEUV als speziellere Norm vorrangig anzuwenden sein.¹⁹⁸

5. Beihilfeverbot (Art. 107 f. AEUV)

74 Ebenso wie Art. 110 AEUV basieren auch die Beihilfebestimmungen (Art. 107–109 AEUV) auf dem gleichen Grundgedanken, **öffentliche Eingriffe zu beseitigen, die normale Handelsbedingungen zwischen Mitgliedstaaten verfälschen** könnten.¹⁹⁹ Im Unterschied zu Art. 107 AEUV kennt Art. 110 AEUV aber keine Ausnahmen und Freistellungen. Beide Vorschriften sind uneingeschränkt nebeneinander anwendbar.²⁰⁰ Sofern eine staatliche Maßnahme mit Art. 110 AEUV vereinbar ist, indiziert dies nicht die Konformität mit dem Beihilfeverbot.²⁰¹ Umgekehrt dispensiert die Genehmigung einer Beihilfe gem. Art. 107 f. AEUV nicht von den Vorgaben des Art. 110 AEUV.²⁰² Dies

---

¹⁹⁴ EuGH, Urt. v. 2.8.1993, Rs. C–266/91 (Celulose Beira Industrial), Slg. 1993, I–4337, Rn. 14.
¹⁹⁵ Zumindest zu vermuten ist, dass der EuGH im Fall einer vollständigen Kompensation von einer »zollgleichen« Wirkung ausgeht, weil mit der Abgabe wirtschaftlich allein die eingeführte Ware belastet ist. Notwendig ist dies nicht, weil auch aus Sicht der inländischen Waren letztlich kein Grund besteht, das Vorliegen einer Abgabe allein deshalb auszuschließen, weil die finanzielle Belastung durch anderweitige, wenngleich hiermit in Zusammenhang stehende Vorteile kompensiert wird. Richtigerweise ist damit auch in den Fällen einer vollständigen Kompensation auf Art. 110 AEUV zurückzugreifen.
¹⁹⁶ EuGH, Urt. v. 10.10.1978, Rs. 148/77 (Hansen), Slg. 1978, 1787, Rn. 14.
¹⁹⁷ EuGH, Urt. v. 10.10.1978, Rs. 148/77 (Hansen), Slg. 1978, 1787, Rn. 14.
¹⁹⁸ EuGH, Urt. v. 4.4.1968, Rs. 27/67 (Fink-Frucht GmbH/Hauptzollamt München Landsbergerstraße), Slg. 1968, 334 (346); Urt. v. 22.3.1977, Rs. 74/76 (Iannelli & Volpi), Slg. 1977, 557, Rn. 9/10; Urt. v. 3.3.1988, Rs. C–252/86 (Bergandi/Directeur général des impôts), Slg. 1988, 1367, Rn. 33; Urt. v. 22.9.1988, Rs. 45/87 (Kommission/Irland), Slg. 1988, 4958, Rn. 16; Urt. v. 11.12.1990, Rs. 47/88 (Kommission/Dänemark), Slg. 1990, I–4530, Rn. 12 f.; *Waldhoff*, in: Calliess/Ruffert, EUV/AEUV, Art. 110 AEUV, Rn. 22.
¹⁹⁹ EuGH, Urt. v. 10.10.1978, Rs. 148/77 (Hansen), Slg. 1978, 1787, Rn. 14.
²⁰⁰ EuGH, Urt. v. 25.6.1970, Rs. 47/69 (Frankreich/Kommission), Slg. 1970, 487, Rn. 11/14; Urt. v. 21.5.1980, Rs. 73/79 (Kommission/Italien), Slg. 1980, 1533, Rn. 9; s. a. Urt. v. 3.7.1985, Rs. 277/83 (Kommission/Italien), Slg. 1985, 2049, Rn. 16; Urt. v. 27.10.1993, Rs. C–72/92 (Scharbatke), Slg. 1993, I–5509, Rn. 17 ff.; *Trautwein*, JA 1996, 813 (817).
²⁰¹ EuGH, Urt. v. 25.6.1970, Rs. C–47/69 (Frankreich/Kommission), Slg. 1970, 487, Rn. 11/14.
²⁰² EuGH, Urt. v. 27.5.1981, verb. Rs. 142/80 u. 143/80 (Essevi und Salengo), Slg. 1981, 1413, Rn. 25 ff.

dürfte der Grund sein, warum in verschiedenen Entscheidungen des EuGH[203] ein Anwendungsvorrang des Art. 110 AEUV angedeutet wird.[204] Sofern eine Abgabe Art. 110 AEUV widerspricht, kann diese nicht mehr als Beihilfe aufrechterhalten werden.[205]

6. Harmonisierung der indirekten Steuern (Art. 113 AEUV)

Art. 110 AEUV und Art. 113 AEUV verfolgen unterschiedliche Ziele. Art. 110 AEUV beseitigt mit unmittelbarer Wirkung diskriminierende oder schützende steuerliche Praktiken. Zweck des Art. 113 AEUV ist es, **Handelshindernisse abzuschwächen**, die auf Unterschieden der nationalen Steuerrechtsordnungen beruhen, unabhängig davon, ob diese diskriminierend oder nicht diskriminierend angewandt werden.[206] Deshalb sind die Mitgliedstaaten verpflichtet, ihr nationales Steuerrecht bereits vor einer Teilharmonisierung nach Art. 113 AEUV diskriminierungsfrei auszugestalten. Art. 110 AEUV hat **nicht** zur Voraussetzung, dass der entsprechende Bereich harmonisiert worden ist.[207]

75

Umgekehrt steht eine Teil-(Harmonisierung) nationaler Steuerrechtsvorschriften auf Grundlage des Art. 113 AEUV der **Anwendung des Art. 110 AEUV nicht** entgegen,[208] sodass sich das nationale Recht weiterhin an dem besonderen Diskriminierungsverbot messen lassen muss. Bedeutung kommt Art. 110 AEUV aber auch gegenüber dem **Unionsgesetzgeber** zu, der bei einer Harmonisierung nach Art. 113 AEUV die Vorgaben des Art. 110 AEUV zu beachten hat (s. Rn. 137).

76

Entgegen einer in der Literatur vertretenen Auffassung wirkt Art. 110 AEUV auch **nicht faktisch als Harmonisierungsgebot**.[209] Zwar hat der EuGH wiederholt entschieden, dass die Mitgliedstaaten ungeachtet einer bislang noch nicht erfolgten sekundärrechtlichen Harmonisierung mit Rücksicht auf Art. 110 AEUV verpflichtet sind, Privatpersonen bei der Einfuhr von der im Ausfuhrmitgliedstaat entrichteten Mehrwertsteuer zu entlasten.[210] Dies gilt allerdings nur, sofern eine entsprechende Steuer bei der Lieferung gleichartiger Waren durch Privatpersonen innerhalb des Einfuhrmitgliedstaats nicht erhoben wird. Damit wirkt Art. 110 AEUV auch in diesen Fällen als ein reines Diskriminierungsverbot.

77

---

[203] EuGH, Urt. v. 10.10.1978, Rs. 148/77 (Hansen), Slg. 1978, 1787, Rn. 14.
[204] *Stumpf*, in: Schwarze, EU-Kommentar, Art. 110 AEUV, Rn. 47.
[205] EuGH, Urt. v. 21.5.1980, Rs. 73/79 (Kommission/Italien), Slg. 1980, 1533, Rn. 11.
[206] EuGH, Urt. v. 27.2.1980, Rs. 171/78 (Kommission/Dänemark), Slg. 1980, 447, Rn. 20; s. a. Urt. v. 27.2.1980, Rs. 55/79 (Kommission/Irland), Slg. 1980, 481, Rn. 12; Urt. v. 9.12.1981, Rs. 193/80 (Kommission/Italien), Slg. 1981, 3019, Rn. 17; Urt. v. 17.6.1999, Rs. C–166/98 (Socridis), Slg. 1999, I–3791, Rn. 22.
[207] EuGH, Urt. v. 27.2.1980, Rs. 55/79 (Kommission/Irland), Slg. 1980, 481, Rn. 12; Urt. v. 27.2.1980, Rs. 171/78 (Kommission/Dänemark), Slg. 1980, 447, Rn. 20; Urt. v. 5.5.1982, Rs. 15/81 (Schul I), Slg. 1982, 1409, Rn. 38; Urt. v. 21.5.1985, Rs. 47/84 (Schul II), Slg. 1985, 1491, Rn. 16; Urt. v. 26.2.1991, Rs. C–120/88 (Kommission/Italien), Slg. 1991, I–621, Rn. 14; Urt. v. 26.2.1991, Rs. C–119/89 (Kommission/Spanien), Slg. 1991, I–641, Rn. 14; Urt. v. 26.2.1991, Rs. C–159/89 (Kommission/Griechenland), Slg. 1991, I–691, Rn. 15.
[208] EuGH, Urt. v. 10.7.1984, Rs. C–42/83 (Dansk Denkavit), Slg. 1984, I–2649, Rn. 27.
[209] So aber *Stumpf*, in: Schwarze, EU-Kommentar, Art. 110 AEUV, Rn. 50; *ders.*, EuZW 1991, 713 (719).
[210] Vgl. etwa EuGH, Urt. v. 26.2.1991, Rs. C–119/89 (Kommission/Spanien), Slg. 1991, I–641, Rn. 6; Urt. v. 21.5.1985, Rs. 47/84 (Schul II), Slg. 1985, 1491, Rn. 23; Urt. v. 25.2.1988, Rs. C–299/86 (Drexl), Slg. 1988, 1213, Rn. 13.

V. Praktische Bedeutung

78 In den Anfangsjahren der Integration kam Art. 110 AEUV eine erhebliche Bedeutung zu, weil die Mitgliedstaaten den freien Warenverkehr in weitem Umfang durch indirekte Steuerschranken zu behindern suchten. Hiervon zeugen die Vielzahl der erfolgreichen Vorabentscheidungs- (Art. 267 AEUV) und Vertragsverletzungsverfahren (Art. 263 Abs. 2 AEUV) zu Art. 110 AEUV. Thematische Schwerpunkte der Rechtsprechung des EuGH waren besondere Konsumsteuern, insbesondere auf **Branntwein**,[211] sowie auch noch in jüngerer Zeit die **Einfuhrbesteuerung von gebrauchten KFZ**.[212] In den letzten Jahren und Jahrzehnten hat die Anzahl entsprechender Verfahren erheblich abgenommen. Dies ist einmal der disziplinierenden Wirkung der Rechtsprechung des EuGH zu verdanken. Noch wichtiger dürfte aber die fortschreitende Harmonisierung der indirekten Steuern sein, die bisherige Spielräume bei der Ausgestaltung der nationalen Abgabesysteme und damit auch die Möglichkeiten, diese zu protektionistischen Zwecken zu instrumentalisieren, deutlich eingeschränkt hat.

C. Verbot der Diskriminierung gleichartiger Waren (Abs. 1)

I. Berechtigte

79 Ähnlich wie die Warenverkehrsfreiheit[213] und im Unterschied zur Arbeitnehmerfreizügigkeit, der Niederlassungs- und der Dienstleistungsfreiheit enthält Art. 110 AEUV hinsichtlich des Kreises der Berechtigten keinerlei Einschränkungen. Entscheidend ist allein die Herkunft der Ware aus einem anderen Mitgliedstaat.[214] Neben **eigenen Staatsangehörigen** und den Staatsangehörigen **anderer Mitgliedstaaten** sind damit auch **Drittstaatler** berechtigt, sich auf Art. 110 AEUV zu berufen.[215]

II. Tatbestand

80 Der Tatbestand des Art. 110 Abs. 1 AEUV setzt eine **inländische Abgabe** voraus, die auf **Waren aus anderen Mitgliedstaaten** erhoben wird (s. Rn. 81 ff.) und diese **höher** als inländische Waren belastet (s. Rn. 94 ff.).

1. Inländische Abgabe mit Warenbezug

81 Art. 110 Abs. 1 AEUV begründet **kein allgemeines steuerliches Diskriminierungsverbot**. Untersagt ist den Mitgliedstaaten lediglich, unmittelbar und mittelbar höhere inländische Abgaben auf Waren aus anderen Mitgliedstaaten als auf gleichartige inländische Waren zu erheben, mit denen diese unmittelbar oder mittelbar belastet sind. Damit verbürgt Art. 110 AEUV vollkommene Wettbewerbsneutralität allein hinsichtlich **der inländischen Abgaben auf eingeführte Waren aus anderen Mitgliedstaaten**. Der Kreis der erfassten Abgaben ist im Folgenden anhand des Begriffs der Abgabe (s. Rn. 82), des

---

[211] Vgl. die Nachweise in Fn. 282–294.
[212] Vgl. etwa EuGH, Urt. v. 14.4.2015, Rs. C–76/14 (Manea), ECLI:EU:C:2015:216; Urt. v. 7.4.2011, Rs. C–402/09 (Tatu), Slg. 2011, I–2711; s. ferner die Nachweise in Fn. 336–338.
[213] Vgl. hierzu *Pache*, in: Schulze/Zuleeg/Kadelbach, Europarecht, § 10, Rn. 68.
[214] *Waldhoff*, in: Calliess/Ruffert, EUV/AEUV, Art. 110 AEUV, Rn. 9.
[215] Vgl. *Seiler*, in: Grabitz/Hilf/Nettesheim, EU, Art. 110 AEUV (März 2011), Rn. 18.

(unmittelbaren und mittelbaren) Warenbezugs (s. Rn. 85) sowie des grenzüberschreitenden Elements zu erläutern (s. Rn. 91). Systemkonform ist der Tatbestand darüber hinaus auch auf Ausfuhrlieferungen ausgedehnt worden (s. Rn. 93).

a) **Begriff der Abgabe**

Abgaben sind alle einseitig auferlegten Geldleistungen, die der Abgabenschuldner kraft öffentlichen Rechts abzuführen hat und die, u. U. auch nur als Nebenzweck, der Einnahmeerzielung dienen.[216] Der Wortlaut, wonach »Abgaben gleich welcher Art« erfasst sind, legt es nahe, von einem **weiten Verständnis** auszugehen.[217] Im Einklang mit allgemeinen Grundsätzen des Unionsrechts ist der Begriff **autonom** auszulegen,[218] sodass die Art der Bezeichnung unerheblich ist. Der so verstandene Abgabenbegriff geht über den der **Steuer** (vgl. § 3 AO) hinaus. Einbezogen sind auch Vorzugslasten, d. h. Gegenleistungen für eine bestimmte staatliche Leistung, die wie bei **Gebühren**[219] tatsächlich in Anspruch genommen oder wie bei (produktbezogenen) **Beiträgen**[220] für die Möglichkeit der Inanspruchnahme erhoben werden.[221]

82

Im Umkehrschluss aus Art. 112 AEUV (s. Art. 112 AEUV, Rn. 10) beschränkt sich der Anwendungsbereich des Art. 110 AEUV auf **indirekte Abgaben**.[222] Das sind solche Abgaben, die wie insbesondere indirekte Steuern auf eine Überwälzung angelegt sind, d. h. bei denen der rechtliche und der wirtschaftliche Abgabenschuldner auseinanderfallen (s. Rn. 10). **Unmittelbare Abgaben** sind solche, die die Fertigware belasten, **mittelbare Abgaben** diejenigen Abgaben, mit denen auf den einzelnen Fertigungsstufen die für die Herstellung der Ware verwendeten Rohstoffe oder Halbfertigerzeugnisse belastet sind.[223] Nicht von Art. 110 AEUV berührt sind hingegen direkte Steuern. Diese sind jedenfalls der Idee nach nicht auf eine Überwälzung angelegt, sodass der rechtliche Steuerschuldner die Steuerlast auch wirtschaftlich zu tragen hat. Außerhalb des Anwendungsbereichs des Art. 110 AEUV stehen ferner Belastungen, die nicht abgabenrechtlicher Natur sind.[224]

83

---

[216] Ähnlich *Wolffgang/Gellert*, in: Lenz/Borchardt, EU-Verträge, Art. 110 AEUV, Rn. 17; *Seiler*, in: Grabitz/Hilf/Nettesheim, EU, Art. 110 AEUV (März 2011), Rn. 20.

[217] EuGH, Urt. v. 16.2.1977, Rs. 20/76 (Schöttle), Slg. 1977, 247, Rn. 30; *Wolffgang/Gellert*, in: Lenz/Borchardt, EU-Verträge, Art. 110 AEUV, Rn. 17; *Wernsmann*, in: Schulze/Zuleeg/Kadelbach, Europarecht, § 30, Rn. 50; *Trautwein*, JA 1996, 813 (814); *Ohler*, S. 106.

[218] Vgl. EuGH, Urt. v. 13.2.1996, Rs. C–197/94 u. C–252/94 (Bautiaa), Slg. 1996, I–505, Rn. 39; s. a. Urt. v. 15.7.1982, Rs. 270/81 (Felicitas), Slg. 1982, 2771, Rn. 14; Urt. v. 2.12.1997, Rs. C–188/95 (Fantask), Slg. 1997, I–6783, Rn. 26.

[219] EuGH, Urt. v. 15.12.1976, Rs. 35/76 (Simmenthal), Slg. 1976, 1871, Rn. 42 ff.: Gesundheitspolizeiliche Untersuchungen; ebenso EuGH, Urt. v. 25.1.1977, Rs. 46/76 (Bauhuis), Slg. 1977, 5, Rn. 25; Urt. v. 12.6.1986, Rs. 50/85 (Schloh), Slg. 1986, 1855, Rn. 21 ff.: Kfz-Untersuchung; Urt. v. 17.7.1997, Rs. C–90/94 (Haahr Petroleum), Slg. 1997, I–4085, Rn. 18 ff.: Einfuhrzuschlag auf allgemeine Gebühr zur Hafennutzung; Urt. v. 28.1.1981, Rs. 32/80 (Kortmann), Slg. 1981, 251, Rn. 19: Registrierungsgebühr für pharmazeutische Erzeugnisse; Urt. v. 14.6.1988, Rs. C–29/87 (Dansk Denkavit), Slg. 1988, 2965, Rn. 33: Futterkontrollen.

[220] EuGH, Urt. v. 22.3.1977, Rs. 74/76 (Iannelli & Volpi), Slg. 1977, 557, Rn. 2; Urt. v. 22.3.1977, Rs. 78/76 (Steinicke und Weinling/Bundesrepublik Deutschland), Slg. 1977, 595, Rn. 1; Urt. v. 16.12.1992, Rs. C–17/91 (Lornoy en Zonen), Slg. 1992, I–6523, Rn. 3.

[221] *Wolffgang/Gellert*, in: Lenz/Borchardt, EU-Verträge, Art. 110 AEUV, Rn. 22.

[222] *Waldhoff*, in: Calliess/Ruffert, EUV/AEUV, Art. 110 AEUV, Rn. 10.

[223] EuGH, Urt. v. 1.12.1965, Rs. 45/64 (Kommission/Italien), Slg. 1965, 1126 (1138).

[224] EuGH, Urt. v. 14.12.1962, verb. Rs. 2/62 u. 3/62 (Kommission/Luxemburg, Belgien), Slg. 1962, 869 (883 f.); *Waldhoff*, in: Calliess/Ruffert, EUV/AEUV, Art. 110 AEUV, Rn. 10.

84 Die Art der **Abgabenerhebung** ist ohne Einfluss, sodass beispielsweise auch die privatrechtliche Erhebung eines Tarifaufschlages durch private Netzbetreiber erfasst sein kann.[225] Irrelevant ist auch, ob die Abgabe **zugunsten des allgemeinen Staatshaushalts** oder einer **nichtstaatlichen Körperschaft des öffentlichen Rechts** erhoben wird[226] und ob die Abgabe einem **besonderen Zweck**[227] dient.

b) Warenbezug

85 Die Abgabe muss zwingend einen **Warenbezug** aufweisen.[228] Der Wortlaut (»weder unmittelbar noch mittelbar«) bringt zum Ausdruck, dass dieser Bezug nur schwach ausgeprägt sein muss. Gleichwohl bleibt dieses Erfordernis unverzichtbar (s. Rn. 87).[229] Besteht dieser Warenbezug ist dann irrelevant, ob die Abgabe (indirekt) beim Händler oder Produzenten[230] erhoben wird oder es sich um eine Abgabe handelt, die direkt den Konsumenten bzw. Erwerber[231] belastet.[232]

aa) Notwendigkeit eines besonderen Produktbezugs

86 Die Beschränkung auf Waren hat **historische Gründe**: Zum einen ist Art. 110 AEUV dem Vorbild des Art. III Ziff. 2 GATT 1947 nachgeformt, dessen Regelungsgegenstand sich allein auf Warenbewegungen beschränkt (s. Rn. 61). Zum anderen korreliert der Warenbezug mit dem Charakter der EWG in ihrer Gründungsphase, die zunächst als eine Zollunion konzipiert war.[233] Diese Entwicklungsstufe hat die Europäische Union längst hinter sich gelassen und sich zu einem echten Binnenmarkt fortentwickelt, der auch die Personen- und Kapitalverkehrsfreiheiten einschließt. In Reaktion auf die Vertiefung der Integration ist in der Literatur vorgeschlagen worden, den Anwendungsbereich des Art. 110 AEUV über die Warenverkehrsfreiheit hinaus auch auf die anderen Grundfreiheiten auszudehnen.[234] Zumindest im Grundsatz bestätigt wird diese Auffassung durch die Tendenz in der Rechtsprechung des EuGH, den Begriff der Ware im Sinne des Art. 110 AEUV weit auszulegen (s. Rn. 88).

87 Zu überzeugen vermag eine **vollständige Ablösung** des Art. 110 AEUV vom Warenbezug indes nicht.[235] Die Mitgliedstaaten als Herren der Verträge hätten im Zuge der Neufassungen der primärrechtlichen Grundlagen der Union mehrfach die Gelegenheit gehabt, die steuerlichen Vorschriften an den geänderten Entwicklungsstand anzupassen. Wenn dies unterlassen worden ist, überschreitet eine Vertragsanpassung im Wege

---

[225] EuGH, Urt. v. 17.7.2008, Rs. C–206/06 (Essent), Slg. 2008, I–5497, Rn. 46.
[226] EuGH, Urt. v. 22.3.1977, Rs. 74/76 (Iannelli & Volpi), Slg. 1977, 557, Rn. 19.
[227] EuGH, Urt. v. 22.3.1977, Rs. 74/76 (Iannelli & Volpi), Slg. 1977, 557, Rn. 19; Urt. v. 17.7.1997, Rs. C–90/94 (Haahr Petroleum), Slg. 1997, I–4085, Rn. 37.
[228] *Waldhoff*, in: Calliess/Ruffert, EUV/AEUV, Art. 110 AEUV, Rn. 10.
[229] *Wolffgang/Gellert*, in: Lenz/Borchardt, EU-Verträge, Art. 110 AEUV, Rn. 17; *Waldhoff*, in: Calliess/Ruffert, EUV/AEUV, Art. 110 AEUV, Rn. 10.
[230] *Schön*, EuR 2001, 341 (342 f.); EuGH, Urt. v. 17.12.2015, Rs. C–402/14 (Viamar), ECLI:EU:C:2015:830, Rn. 13.
[231] *Schön*, EuR 2001, 341 (342 f.); EuGH, Urt. v. 14.4.2015, Rs. C–76/14 (Manea), ECLI:EU:C:2015:216, Rn. 21.
[232] *Schön*, EuR 2001, 341 (342 f.).
[233] *Stumpf*, in: Schwarze, EU-Kommentar, Art. 110 AEUV, Rn. 6.
[234] *Stumpf*, in: Schwarze, EU-Kommentar, Art. 110 AEUV, Rn. 6.
[235] Kritisch auch *Kamann*, in: Streinz, EUV/AEUV, Art. 110 AEUV, Rn. 5; *Waldhoff*, in: Calliess/Ruffert, EUV/AEUV, Art. 110 AEUV, Rn. 10; *Beiser/Zorn*, in: Mayer/Stöger, EUV/AEUV, Art. 110 AEUV (Mai 2010), Rn. 24; s. a. *Balke*, S. 24 f.; *Englisch*, Steuern auf Waren, Rn. 6.4.

der Auslegung die Grenzen, die der Rechtsfindung gesetzt sind, namentlich den Grundsatz der begrenzten Einzelermächtigung (Art. 5 Abs. 1, 2 EUV). Zudem lassen sich etwaige Lücken auch durch einen unmittelbaren Rückgriff auf die jeweils betroffene Grundfreiheit schließen.[236] Solange sich ein Warenbezug herstellen lässt, spricht hingegen nichts dagegen, Art. 110 AEUV in dem Rahmen, der durch die Regeln der juristischen Methodenlehre gezogen ist, **weit** auszulegen.[237]

bb) Begriff der Ware

Schon mit Rücksicht auf die Ergänzungsfunktion des Art. 110 AEUV zu den Vorschriften über die Zollunion (s. Rn. 66) ist der Begriff der Ware ebenso wie im Kontext des Art. 28 AEUV (s. Art. 28, Rn. 32 ff.) auszulegen. **Waren** sind demnach im Grundsatz Erzeugnisse, die einen Geldwert haben und deshalb Gegenstand von Handelsgeschäften sein können.[238] Zum Begriffskern gehört allein, dass es sich um ein bewegliches Gut handelt, über das Handelsgeschäfte abgeschlossen werden können. Entbehrlich ist hingegen das Merkmal des eigenen Handelswerts (s. zur Einbeziehung von Abfällen Rn. 89).[239] Abzugrenzen ist der Warenbegriff aber von den anderen Grundfreiheiten, insbesondere zur Dienstleistungsfreiheit.[240]

88

In den Warenbegriff **einbezogen** worden sind nicht wiederverwertbare **Abfälle**, obgleich diesen mit Rücksicht auf die Entsorgungspflicht allein ein negativer Handelswert zukommt.[241] Warenbezug weist auch die früher erhobene Straßengüterverkehrsteuer auf, die nach dem Gewicht der Ware und der Tarifentfernung berechnet wurde.[242] **Elektrizität** ist eine Ware im Sinne des Vertrages.[243] Hierfür spricht der systematische Zusammenhang mit der Warenverkehrsfreiheit (Art. 30 AEUV), die ebenfalls den Handel mit Strom einschließt sowie die parallele Einordnung in das Zolltarifschema.[244] Der Warenbezug besteht auch, wenn die Abgabe an die Benutzung eingeführter Erzeugnisse[245] oder, wie bei einem Altlastenbeitrag, an eine bestimmte Tätigkeit eines Unternehmens im Zusammenhang mit Waren[246] anknüpft, wobei sich die Höhe der Abgabe im letzteren Fall auch nach dem Gewicht und nach der Art der abgelagerten Abfälle bestimmen kann.

89

Nicht anwendbar ist Art. 110 AEUV auf die Besteuerung von Kapital. Der EuGH hat deshalb eine Anwendung auf Spareinlagen abgelehnt.[247]

90

---

[236] *Englisch*, Steuern auf Waren, Rn. 6.4.
[237] S.a. EuGH, Urt. v. 8.11.2007, Rs. C–221/06 (Frohnleiten), Slg. 2007, I–9643, Rn. 40.
[238] EuGH, Urt. v. 10.12.1968, Rs. 7/68 (Kommission/Italien), Slg. 1968, 634 (642); *Seiler*, in: Grabitz/Hilf/Nettesheim, EU, Art. 110 AEUV (März 2011), Rn. 25.
[239] EuGH, Urt. v. 8.11.2007, Rs. C–221/06 (Frohnleiten), Slg. 2007, I–9643, Rn. 38.
[240] *Seiler*, in: Grabitz/Hilf/Nettesheim, EU, Art. 110 AEUV (März 2011), Rn. 25; *Englisch*, Steuern auf Waren, Rn. 6.4.
[241] EuGH, Urt. v. 8.11.2007, Rs. C–221/06 (Frohnleiten), Slg. 2007, I–9643, Rn. 34 ff.
[242] EuGH, Urt. v. 16.2.1977, Rs. 20/76 (Schöttle), Slg. 1977, 247, Rn. 8 ff.
[243] EuGH, Urt. v. 2.4.1998, Rs. C–213/96 (Outokumpu Oy), Slg. 1998, I–1777, Rn. 21; Urt. v. 17.7.2008, Rs. C–206/06 (Essent), Slg. 2008, I–5497, Rn. 43; s. a. Urt. v. 27.4.1994, Rs. C–393/92 (Almelo), Slg. 1994, I–1477, Rn. 28.
[244] EuGH, Urt. v. 27.4.1994, Rs. C–393/92 (Almelo), Slg. 1994, I–1477, Rn. 28; Urt. v. 23.10.1997, Rs. C–158/94 (Kommission/Italien), Slg. 1997, I–5789, Rn. 17.
[245] EuGH, Urt. v. 3.3.1988, Rs. C–252/86 (Bergandi/Directeur général des impôts), Slg. 1988, 1343, Rn. 26.
[246] EuGH, Urt. v. 8.11.2007, Rs. C–221/06 (Frohnleiten), Slg. 2007, I–9643, Rn. 43 ff.
[247] EuGH, Urt. v. 21.9.1988, Rs. 267/86 (Van Eycke/ASPA), Slg. 1988, 4769, Rn. 25.

c) Aus anderen Mitgliedstaaten

91 Art. 110 AEUV erfasst allein Waren **aus anderen Mitgliedstaaten**, setzt also einen grenzüberschreitenden Bezug voraus. Eingeschlossen sind auch Waren aus den französischen überseeischen Departements.[248]

92 Woher eine Ware **ursprünglich stammt**, ist irrelevant, sofern sich diese entsprechend der Wertung des Art. 28 Abs. 2 AEUV nur im freien Verkehr eines Mitgliedstaates befunden hat.[249] Damit sind sowohl ursprüngliche, aber auch nachträgliche Unionswaren erfasst. Ausgenommen ist hingegen **direkt importierte Drittlandsware**.[250] Für diese kann allerdings ein vergleichbarer Schutz in Handelsabkommen der Union vereinbart sein.[251] Zu beachten ist insbesondere Art. 139 Abs. 2 des Dritten AKP-EWG-Abkommens,[252] der die Gemeinschaft und ihre Mitgliedstaaten im Rahmen der allgemeinen Handelsregelung verpflichtet, gegenüber aus AKP-Staaten eingeführten Erzeugnissen keine protektionistischen Maßnahmen einzusetzen.[253]

d) Ausdehnung auf Ausfuhrlieferungen

93 Die Mitgliedstaaten haben im Allgemeinen kein Interesse daran, die Ausfuhr von Waren steuerlich zu erschweren, weil dies ihre Exportindustrie belasten würde.[254] Denkbar erscheint eine steuerrechtliche Benachteiligung der Ausfuhr gegenüber reinen Inlandsfällen aber bei seltenen, besonders wertvollen oder sehr gesuchten Waren.[255] Über den Wortlaut hinaus wendet der EuGH Art. 110 AEUV deshalb auch auf **Ausfuhren** in andere Mitgliedstaaten an.[256] Zur Legitimation dieser Rechtsfortbildung[257] greift er auf den Grundsatz der Neutralität der inländischen Abgabensysteme gegenüber dem inner-

---

[248] EuGH, Urt. v. 10. 10.1978, Rs. 148/77 (Hansen), Slg. 1978, 1787, Rn. 12.
[249] EuGH, Urt. v. 7.5.1987, Rs. 193/85 (Cooperativa Co-Frutta), Slg. 1987, 2085, Rn. 26 ff.; *Stumpf*, in: Schwarze, EU-Kommentar, Art. 110 AEUV, Rn. 8; *Beiser/Zorn*, in: Mayer/Stöger, EUV/AEUV, Art. 110 AEUV (Mai 2010), Rn. 21; *Wernsmann*, in: Schulze/Zuleeg/Kadelbach, Europarecht, § 30, Rn. 49; *Schröer-Schallenberg*, § 16, Rn. 19.
[250] EuGH, Urt. v. 4.4.1968, Rs. 7/67 (Milchwerke Wöhrmann), Slg. 1968, 268 (277); Urt. v. 4.4. 1968, Rs. C–20/67 (Tivoli), Slg. 1968, 300 (308); Urt. v. 10. 10.1978, Rs. 148/77 (Hansen), Slg. 1978, 1787, Rn. 22 f.; Urt. v. 9. 6.1990, verb. Rs. C–228/90 bis C–234/90, C–339/90 u. C–353/90 (Simba), Slg. 1992, I–3713, Rn. 14; Urt. v. 13.7.1994, Rs. C–130/92 (OTO), Slg. 1994, I–3281, Rn. 18; Urt. v. 17.7.1997, Rs. C–90/94 (Haahr Petroleum), Slg. 1997, I–4085, Rn. 26; Urt. v. 17.7.1997, verb. Rs. C–114 u. C–115/95 (Texaco), Slg. 1997, I–4263, Rn. 35; Urt. v. 18.12.1997, Rs. C–284/96 (Tabouillot), Slg. 1997, I–7471, Rn. 23; *Trautwein*, JA 1996, 813 (814).
[251] EuGH, Urt. v. 17.7.1997, verb. Rs. C–114 u C–115/95 (Texaco), Slg. 1997, I–4263, Rn. 24 ff.; Urt. v. 21.6. 2007, Rs. C–173/05 (Kommission/Italienische Republik), Slg. 2007, I–4917, Rn. 18; Urt. v. 5. 10.1995, Rs. C–125/94 (Aprile), Slg. 1995, I–2919, Rn. 38 f.; besonders instruktiv zu den steuerlichen Vorschriften in den Abkommen der Union *Kamann*, in: Streinz, EUV/AEUV, Art. 113 AEUV, Rn. 11.
[252] ABl. 1986, L 86/3.
[253] S.a. EuGH, Urt. v. 9. 6.1990, verb. Rs. C–228/90 bis C–234/90, C–339/90 u. C–353/90 (Simba), Slg. 1992, I–3713, Rn. 20.
[254] *Seiler*, in: Grabitz/Hilf/Nettesheim, EU, Art. 110 AEUV (März 2011), Rn. 7.
[255] EuGH, Urt. v. 29. 6.1978, Rs. 142/77 (Statens Kontrol), Slg. 1978, 1543, Rn. 21/27.
[256] EuGH, Urt. v. 23. 1.1975, Rs. 51/74 (Van der Hulst), Slg. 1975, 79, Rn. 33/35; Urt. v. 29. 6.1978, Rs. 142/77 (Statens Kontrol), Slg. 1978, 1543, Rn. 21/27; Urt. v. 23. 4. 2002, Rs. C–234/99 (Nygård/ Svineafgiftsfonden), Slg. 2002, I–3657, Rn. 41; Urt. v. 22. 5. 2003, Rs. C–355/00 (Freskot/Dimosio), Slg. 2003, I–5263, Rn. 45; zustimmend *Balke*, S. 27 f.; *Beiser/Zorn*, in: Mayer/Stöger, EUV/AEUV, Art. 110 AEUV (Mai 2010), Rn. 68; *Stumpf*, EuZW 1991, 713 (716).
[257] Zustimmend *Stumpf*, in: Schwarze, EU-Kommentar, Art. 110 AEUV, Rn. 26; kritisch *Seiler*, in: Grabitz/Hilf/Nettesheim, EU, Art. 110 AEUV (März 2011), Rn. 17.

gemeinschaftlichen Handel zurück, was der Sache nach auf eine Gesamtanalogie zu den Art. 110–112 AEUV hinausläuft.[258]

2. Diskriminierung

Eine Diskriminierung setzt begrifflich eine **Schlechterstellung eines Sachverhalts** (und damit eines Berechtigten, s. Rn. 79) gegenüber einer **relevanten Vergleichsgruppe** voraus. Vergleichsgruppe ist die steuerliche Belastung einer vergleichbaren inländischen Ware (s. Rn. 95). Verletzt ist Art. 110 Abs. 1 AEUV, sofern die steuerliche Belastung der eingeführten Ware die der inländischen Ware übersteigt (s. Rn. 106).

94

a) Gleichartigkeit

Art. 110 Abs. 1 AEUV verlangt in Abgrenzung zu Art. 110 Abs. 2 AEUV, dass eine **gleichartige** inländische Ware vorhanden ist. Wenn es an der Gleichartigkeit fehlt, bleibt zu prüfen, ob eine inländische warenbezogene Abgabe unter Umständen entgegen Art. 110 Abs. 2 AEUV eine verbotene Schutzwirkung zugunsten anderer inländischer Waren entfaltet (s. Rn. 146).

95

aa) Bedeutung des Tatbestandsmerkmals und Abgrenzung zu Art. 110 Abs. 2 AEUV

Sofern **keine gleichartige inländische Ware** vorhanden ist, kann einer auf eingeführte Waren erhobenen Abgabe nicht Art. 110 Abs. 1 AEUV, sondern allein Art. 110 Abs. 2 AEUV entgegenstehen (s. Rn. 143). Art. 110 Abs. 2 AEUV verbietet es, inländische Abgaben auf eingeführte Waren zu erheben, die eine Schutzwirkung zugunsten anderer inländischer Produkte entfalten. Eine solche Schutzwirkung setzt voraus, dass sich die Waren in einem gewissen Umfang substituieren können. Diese sog. **Substitutionskonkurrenz** verlangt nur eine gewisse Vergleichbarkeit, aber gerade keine Gleichartigkeit und bleibt hinter den Anforderungen zurück, die im Rahmen des Art. 110 Abs. 1 AEUV zu erfüllen sind. Sofern feststeht, dass eine Abgabe Schutzcharakter i. S. d. Art. 110 Abs. 2 AEUV zugunsten einer inländischen Produktion entfaltet, lässt der EuGH in einer Reihe von Fällen offen, ob von der Gleichartigkeit der eingeführten mit inländischen Waren auszugehen ist.[259] Der Grund für dieses Vorgehen dürfte aber weniger in einer Tendenz zu suchen sein, Art. 110 AEUV als allgemeines steuerliches Diskriminierungsverbot auszugestalten,[260] als vielmehr auf pragmatischen Erwägungen beruhen. Da sich Art. 110 Abs. 1 und Abs. 2 AEUV nicht in ihren Rechtsfolgen unterscheiden, kann auf eine Prüfung der u. U. schwer zu ermittelnden Gleichartigkeit i. S. d. Art. 110 Abs. 1 AEUV verzichtet werden, wenn feststeht, dass jedenfalls von einer Substitutionskonkurrenz der Waren auszugehen und somit der Tatbestand des Art. 110 Abs. 2 AEUV erfüllt ist.

96

bb) Anforderungen

Der Begriff der Gleichartigkeit ist weit auszulegen.[261] Die Rechtsprechung orientierte sich anfänglich eher an **formalen Kriterien** wie der zoll- und steuerrechtlichen Einord-

97

---

[258] EuGH, Urt. v. 29. 6.1978, Rs. C–142/77 (Statens Kontrol), Slg. 1978, 1543, Rn. 21/27; Urt. v. 15. 7.1982, Rs. 216/81 (COGIS), Slg. 1982, 2701, Rn. 7; *Stumpf*, EuZW 1991, 713 (716).
[259] Vgl. die Nachweise in Fn. 293 f.
[260] So aber *Stumpf*, in: Schwarze, EU-Kommentar, Art. 110 AEUV, Rn. 11; *dies.*, EuZW 1991, 713 (714).
[261] Vgl. etwa EuGH, Urt. v. 27. 2. 2002, Rs. C–302/00 (Kommission/Frankreich), Slg. 2002, I–2055,

nung.²⁶² Dies birgt indes die Gefahr einer mitgliedstaatlichen bzw. sekundärrechtskonformen Auslegung des Primärrechts in sich, die den Schutzgehalt des Art. 110 Abs. 1 AEUV zu verkürzen droht. Zutreffend wird in der neueren Rechtsprechung daher eine **Verbraucherperspektive** eingenommen. Der rechtlichen Einordnung kann allerdings eine Indizwirkung zukommen.²⁶³

98 Vorausgesetzt wird nicht eine »strenge Identität«, sondern eine gleiche oder vergleichbare Verwendung.²⁶⁴ »So sind als gleichartig solche Waren anzusehen, die in den Augen des Verbrauchers die gleichen Eigenschaften haben und denselben Bedürfnissen dienen«.²⁶⁵ Vielfach kombiniert der EuGH die folgenden **zwei Prüfungsaspekte**,²⁶⁶ wobei für die Einordnung letztlich eine Gesamtschau maßgeblich ist:

99 (1) Ein Kriterium ist, »ob die fraglichen Waren **ähnliche Eigenschaften** haben«. Hierbei wird auf »objektive Merkmale« abgestellt.²⁶⁷ Als solche objektiven Kriterien hat der EuGH bei Obst beispielsweise die organoleptischen Eigenschaften und den Wassergehalt angesehen,²⁶⁸ bei Zigaretten das Verfahren der Herstellung, die Grunderzeugnisse sowie die organoleptischen Merkmale.²⁶⁹

100 (2) Zweiter Prüfstein der Gleichartigkeit ist, ob die Waren »bei den **Verbrauchern den gleichen Bedürfnissen** dienen«. Ein wichtiges Kriterium ist, ob die Waren aufgrund ihrer Eigenschaften und der Bedürfnisse, denen sie dienen, miteinander **im Wettbewerb** stehen.²⁷⁰ Kriterien für die Annahme eines Wettbewerbsverhältnisses sind bei Fahrzeugen insbesondere der Preis, die Größe, der Komfort, die Leistung, der Kraftstoffverbrauch, die Haltbarkeit und die Zuverlässigkeit.²⁷¹ Bei Obst hat der EuGH auf die Verwendung und die Konsumgewohnheiten abgestellt.²⁷² Abgelehnt wurde zur Beurteilung der Gleichartigkeit verschiedener Branntweine hingegen der Rückgriff auf die Trinkgewohnheiten.²⁷³

Rn. 23; Urt. v. 15.7.1982, Rs. 216/81 (COGIS), Slg. 1982, 2701, Rn. 7; Urt. v. 27.2.1980, Rs. 171/78 (Kommission/Dänemark), Slg. 1980, 447, Rn. 5.

²⁶² EuGH, Urt. v. 4.4.1968, Rs. 27/67 (Fink-Frucht GmbH/Hauptzollamt München Landsbergerstraße), Slg. 1968, 334 (347).

²⁶³ *Seiler*, in: Grabitz/Hilf/Nettesheim, EU, Art. 110 AEUV (März 2011), Rn. 28.

²⁶⁴ EuGH, Urt. v. 27.2.1980, Rs. 168/78 (Kommission/Frankreich), Slg. 1980, 347, Rn. 5; Urt. v. 15.7.1982, Rs. 216/81 (COGIS), Slg. 1982, 2701, Rn. 7; Urt. v. 27.2.1980, Rs. 171/78 (Kommission/Dänemark), Slg. 1980, 447, Rn. 5.

²⁶⁵ EuGH, Urt. v. 15.7.1982, Rs. 216/81 (COGIS), Slg. 1982, 2701, Rn. 7; Urt. v. 27.2.1980, Rs. 171/78 (Kommission/Dänemark), Slg. 1980, 447, Rn. 5; Urt. v. 17.2.1976, Rs. 45/75 (Rewe), Slg. 1976, 181, Rn. 12; Urt. v. 27.2.1980, Rs. C–168/78 (Kommission/Frankreich), Slg. 1980, 347, Rn. 5.

²⁶⁶ EuGH, Urt. v. 27.2.2002, Rs. C–302/00 (Kommission/Frankreich), Slg. 2002, I–2055, Rn. 23; Urt. v. 15.3.2001, Rs. C–265/99 (Kommission/Frankreich), Slg. 2001, I–2305, Rn. 42; Urt. v. 17.2.1976, Rs. 45/75 (Rewe), Slg. 1976, 181, Rn. 12; Urt. v. 7.5.1987, Rs. 184/85 (Kommission/Italien), Slg. 1987, 2013, Rn. 9; *Schön*, EuR 2001, 341 (344).

²⁶⁷ EuGH, Urt. v. 7.5.1987, Rs. 184/85 (Kommission/Italien), Slg. 1987, 2013, Rn. 9.

²⁶⁸ EuGH, Urt. v. 7.5.1987, Rs. 184/85 (Kommission/Italien), Slg. 1987, 2013, Rn. 9; Urt. v. 7.5.1987, Rs. 193/85 (Cooperativa Co-Frutta), Slg. 1987, 2085, Rn. 17.

²⁶⁹ EuGH, Urt. v. 27.2.2002, Rs. C–302/00 (Kommission/Frankreich), Slg. 2002, I–2055, Rn. 24.

²⁷⁰ EuGH, Urt. v. 15.3.2001, Rs. C–265/99 (Kommission/Frankreich), Slg. 2001, I–2305, Rn. 43.

²⁷¹ EuGH, Urt. v. 19.12.2013, Rs. C–437/12 (X), ECLI:EU:C:2013:857, Rn. 23; Urt. v. 19.9.2002, Rs. C–101/00 (Tulliasiamies und Siilin/Finnland), Slg. 2002, I–7487, Rn. 75f.; Urt. v. 15.3.2001, Rs. C–265/99 (Kommission/Frankreich), Slg. 2001, I–2305, Rn. 43.

²⁷² EuGH, Urt. v. 7.5.1987, Rs. 184/85 (Kommission/Italien), Slg. 1987, 2013, Rn. 10.

²⁷³ EuGH, Urt. v. 27.2.1980, Rs. 168/78 (Kommission/Frankreich), Slg. 1980, 347, Rn. 10, 37.

cc) Kriterien

Indizielle Bedeutung für die Gleichartigkeit hat es, wenn das inländische und das eingeführte Erzeugnis derselben Position des Gemeinsamen Zolltarifs zugeordnet sind.[274] Entsprechendes gilt, wenn der Gemeinschaftsgesetzgeber von der Ähnlichkeit ausgeht, indem er die Waren einer einheitlichen Besteuerung unterwirft[275] oder die Waren steuerlich, zollrechtlich oder statistisch gleich bezeichnet werden.[276] Um zu vermeiden, dass der status quo zementiert wird, muss sich aber ein entsprechender Umkehrschluss verbieten.[277] Keine die Gleichartigkeit ausschließenden Kriterien sind daher das Fehlen einer gemeinsamen Marktorganisation[278] sowie eine unterschiedliche Tarifierung im Außenhandel.[279]

101

Bei **neuen Produkten** fehlt es an der Gleichartigkeit, wenn ein vergleichbares Produkt im Inland nicht hergestellt wird.[280] Da ein Erzeugnis zu einer inländischen Ware wird, wenn es eingeführt und in den Verkehr gebracht wird,[281] schließt dies aber nicht aus, dass für den Handel mit gebrauchten Produkten ein inländischer Markt existiert.[282] Praktische Relevanz kommt dem insbesondere für den Handel mit gebrauchten Kraftfahrzeugen zu, sofern allein die Erstzulassung im Inland besteuert wird (s. Rn. 145).

102

dd) Einzelfälle

Bejaht wurde die Gleichartigkeit für dunkle und helle **Zigaretten**,[283] **tafelweinartige Obstweine** und entsprechende Traubenweine,[284] **likörweinartige Obstweine** und entsprechende Traubenweine,[285] **Aquavit** und Getränke aus neutralem Alkohol, die ihren charakteristischen Geschmack dem Zusatz von Aromastoffen verdanken,[286] **Cognac französischen Ursprungs** und Branntwein aus Wein oder aus Trester,[287] **Marsala** und andere Likörweine,[288] **Synthesealkohol** und durch Gärung gewonnenen Alkohol.[289] Bei Kraftfahrzeugen bejaht der EuGH die Gleichartigkeit, sofern sich diese insbesondere in

103

---

[274] EuGH, Urt. v. 17.2.1976, Rs. 45/75 (Rewe), Slg. 1976, 181, Rn. 12; s. a. Urt. v. 4.4.1968, Rs. 27/67 (Fink-Frucht GmbH/Hauptzollamt München Landsbergerstraße), Slg. 1968, 334 (347).
[275] EuGH, Urt. v. 27.2.2002, Rs. C–302/00 (Kommission/Frankreich), Slg. 2002, I–2055, Rn. 27.
[276] EuGH, Urt. v. 4.4.1968, Rs. 27/67 (Fink-Frucht GmbH/Hauptzollamt München Landsbergerstraße), Slg. 1968, 334 (347); s. a. Urt. v. 15.4.1970, Rs. C–28/69 (Kommission/Italien), Slg. 1970, 187, Rn. 5/7 zur gleichen steuerlichen Klassifizierung.
[277] Generell gegen einen Rückgriff auf den Zolltarif aber EuGH, Urt. v. 15.7.1982, Rs. 216/81 (COGIS), Slg. 1982, 2701, Rn. 8; dagegen auch Urt. v. 27.2.1980, Rs. 168/78 (Kommission/Frankreich), Slg. 1980, 347, Rn. 35 mit dem Hinweis, die zolltarifliche Position sei allein für den Drittlandshandel vorgesehen.
[278] EuGH, Urt. v. 4.3.1986, Rs. 106/84 (Kommission/Dänemark), Slg. 1986, 833, Rn. 18.
[279] EuGH, Urt. v. 4.3.1986, Rs. 106/84 (Kommission/Dänemark), Slg. 1986, 833, Rn. 17.
[280] EuGH, Urt. v. 11.12.1990, Rs. C–47/88 (Kommission/Dänemark), Slg. 1990, I–4509, Rn. 10 f.; Urt. v. 17.12.2015, Rs. C–402/14 (Viamar), ECLI:EU:C:2015:830, Rn. 36.
[281] EuGH, Urt. v. 3.6.2010, Rs. C–2/09 (Kalinchev), Slg. 2010, I–4939, Rn. 32.
[282] EuGH, Urt. v. 11.12.1990, Rs. C–47/88 (Kommission/Dänemark), Slg. 1990, I–4509, Rn. 17.
[283] EuGH, Urt. v. 27.2.2002, Rs. C–302/00 (Kommission/Frankreich), Slg. 2002, I–2055, Rn. 24 ff.
[284] EuGH, Urt. v. 4.3.1986, Rs. 106/84 (Kommission/Dänemark), Slg. 1986, 833, Rn. 14 f.
[285] EuGH, Urt. v. 4.3.1986, Rs. 106/84 (Kommission/Dänemark), Slg. 1986, 833, Rn. 16.
[286] EuGH, Urt. v. 27.2.1980, Rs. 171/78 (Kommission/Dänemark), Slg. 1980, 447, Rn. 32.
[287] EuGH, Urt. v. 27.5.1981, verb. Rs. C–142/80 u. C–143/80 (Essevi und Salengo), Slg. 1981, 1413, Rn. 20.
[288] EuGH, Urt. v. 3.7.1985, Rs. 277/83 (Kommission/Italien), Slg. 1985, 2049, Rn. 13.
[289] EuGH, Urt. v. 14.1.1981, Rs. 140/79 (Chemial Farmaceutici), Slg. 1981, 1, Rn. 10.

Bezug auf Preis, Größe, Komfort, Leistung, Kraftstoffverbrauch, Haltbarkeit und Zuverlässigkeit entsprechen.[290]

104 **Verneint** wurde die Gleichartigkeit für **Bananen** und Tafelobst typisch italienischer Erzeugung,[291] von schottischem Whisky und likörweinartigem Obstwein[292] sowie von Obst- und Likörwein sowie Wermut.[293]

105 **Offen** gelassen hat der EuGH dagegen die Gleichartigkeit von Obst- und Traubenweinen, welche als Qualitätsweine angesehen werden, und Champagner[294] sowie von Branntwein aus Korn mit aus Obst und Wein hergestellten Branntweinen.[295]

b) Höhere Belastung

106 Bei Gleichartigkeit der ausländischen mit inländischen Waren muss es das Besteuerungssystem unter allen Umständen ausschließen, dass **eingeführte Waren höher besteuert werden als gleichartige inländische Erzeugnisse**.[296] Deutlich an Komplexität gewonnen hat die Anwendung der Vorschrift, weil Art. 110 Abs. 1 AEUV nicht nur **direkte Benachteiligungen** (s. Rn. 117), sondern auch **mittelbare Benachteiligungen** (s. Rn. 118 ff.)[297] verbietet.

107 Abweichend von den Grundfreiheiten ist bei Art. 110 AEUV eine Diskriminierung keiner Rechtfertigung zugänglich (s. Rn. 133). Art. 110 AEUV verpflichtet allein zur **steuerlichen Gleichstellung** in- und ausländischer Erzeugnisse, nicht aber dazu, aus den Mitgliedstaaten eingeführte Erzeugnisse gegenüber der inländischen Produktion zu bevorzugen.[298] Ebenso wenig sind mehrere gleiche oder gleichartige eingeführte Erzeugnisse untereinander zu vergleichen.[299]

aa) Diskriminierungs- und kein Beschränkungsverbot

108 Rechtssystematisch ist Art. 110 Abs. 1 AEUV als ein **besonderes Diskriminierungsverbot** einzuordnen. Vorstöße der Kommission, die Vorschrift zu einem **Beschränkungsverbot** weiterzuentwickeln,[300] haben in der Rechtsprechung des EuGH bislang noch keinen Niederschlag gefunden.[301] Damit bietet Art. 110 AEUV insbesondere keine

---

[290] EuGH, Urt. v. 15.6.1999, Rs. C–421/97 (Tarantik/Direction des services fiscaux de Seine-et-Marne), Slg. 1999, I–3633, Rn. 28.
[291] EuGH, Urt. v. 7.5.1987, Rs. 184/85 (Kommission/Italien), Slg. 1987, 2013, Rn. 10.
[292] EuGH, Urt. v. 4.3.1986, Rs. 243/84 (Walker/Ministeriet for Skatter og Afgifter), Slg. 1986, 875, Rn. 12 ff.
[293] EuGH, Urt. v. 11.8.1995, Rs. C–367/93 bis C–377/93 (Roders), Slg. 1995, I–2229, Rn. 32 ff.
[294] EuGH, Urt. v. 11.8.1995, Rs. C–367/93 bis C–377/93 (Roders), Slg. 1995, I–2229, Rn. 35 ff.
[295] EuGH, Urt. v. 27.2.1980, Rs. 168/78 (Kommission/Frankreich), Slg. 1980, 347, Rn. 39 f.; Urt. v. 27.2.1980, Rs. 169/78 (Kommission/Italien), Slg. 1980, 385, Rn. 34; Urt. v. 11.7.1989, Rs. 323/87 (Kommission/Italien), Slg. 1989, 2275, Rn. 8.
[296] EuGH, Urt. v. 12.2.2015, Rs. C–349/13 (Oil Trading Poland), ECLI:EU:C:2015:84, Rn. 46; Urt. v. 19.12.2013, Rs. C–437/12 (X), ECLI:EU:C:2013:857, Rn. 28; Urt. v. 15.3.2001, Rs. C–265/99 (Kommission/Frankreich), Slg. 2001, I–2305, Rn. 40; Urt. v. 17.7.2008, Rs. C–426/07 (Krawczyński), Slg. 2008, I–6021, Rn. 32.
[297] *Beiser/Zorn*, in: Mayer/Stöger, EUV/AEUV, Art. 110 AEUV (Mai 2010), Rn. 1.
[298] EuGH, Urt. v. 15.1.1985, Rs. 253/83 (Kupferberg), Slg. 1985, 157, Rn. 12; Urt. v. 7.5.1981, Rs. 153/80 (Hansen), Slg. 1981, 1165, Rn. 12.
[299] EuGH, Urt. v. 28.1.1981, Rs. 32/80 (Kortmann), Slg. 1981, 251, Rn. 20.
[300] EuGH, Urt. v. 11.12.1990, Rs. C–47/88 (Kommission/Dänemark), Slg. 1990, I–4509, Rn. 5; *Beiser/Zorn*, in: Mayer/Stöger, EUV/AEUV, Art. 110 AEUV (Mai 2010), Rn. 16 f.
[301] EuGH, Urt. v. 11.12.1990, Rs. C–47/88 (Kommission/Dänemark), Slg. 1990, I–4509, Rn. 10; Urt. v. 5.4.1990, Rs. C–132/88 (Kommission/Griechenland), Slg. 1990, I–1567, Rn. 17; tendenziell abweichend aber Urt. v. 4.4.1968, Rs. 31/67 (Stier/Hauptzollamt Hamburg-Ericus), Slg. 1968, 352 (361).

Handhabe, ein vermeintlich zu hohes Steuerniveau zu beanstanden, sofern mit einer Steuer keinerlei diskriminierende oder schützende Wirkung verbunden ist.[302] Gründe, hiervon abzuweichen und auf einen Belastungsvergleich zu verzichten, sind nicht ersichtlich.[303] Dem steht bereits der Wortlaut des Art. 110 Abs. 1 AEUV entgegen, der ausdrücklich einen Vergleich mit dem innerstaatlichen Sachverhalt erfordert. Zudem würde eine Umdeutung des Art. 110 AEUV in ein Beschränkungsverbot die mitgliedstaatlichen Souveränitätsvorbehalte im fiskalischen Bereich aushöhlen.[304] Damit hindert Art. 110 AEUV die Mitgliedstaaten nicht an der Einführung neuer oder der Umgestaltung bestehender Steuern, sofern diese diskriminierungsfrei ausgestaltet sind.[305]

bb) Vorliegen einer Benachteiligung

Eine Benachteiligung liegt vor, wenn die auf das eingeführte Erzeugnis erhobene Abgabe und die Belastung, die das gleichartige inländische Erzeugnis zu tragen hat, in unterschiedlicher Weise und nach unterschiedlichen Modalitäten berechnet werden, sodass das **eingeführte Erzeugnis auch nur in bestimmten Fällen höher belastet** wird.[306] Unschädlich ist hingegen die Wahl einer anderen Berechnungsmethode und anderer Bestimmungen, sofern das eingeführte Erzeugnis nur keiner höheren Belastung als das inländische Erzeugnis unterliegt.[307] Das Verbot einer höheren Belastung gilt auf jeder Produktions- oder Handelsstufe.[308] In den Vergleich sind nicht allein der Abgabensatz, sondern auch die Bemessungsgrundlage und die Erhebungsmodalitäten einzubeziehen.[309] Hierzu gehören auch die Fristen für die Entrichtung einer Abgabe.[310] Irrelevant

109

---

[302] EuGH, Urt. v. 11.12.1990, Rs. C–47/88 (Kommission/Dänemark), Slg. 1990, I–4509, Rn. 10; Urt. v. 5.4.1990, Rs. 132/88 (Kommission/Griechenland), Slg. 1990, I–1567, Rn. 17; Urt. v. 17.12.2015, Rs. C–402/14 (Viamar), ECLI:EU:C:2015:830, Rn. 36.
[303] A.A aber *Beiser/Zorn*, in: Mayer/Stöger, EUV/AEUV, Art. 111 AEUV (Mai 2010), Rn. 17, unter Hinweis auf die Parallele zur Warenverkehrsfreiheit und den Gleichheitssatz als Grundprinzip des Unionsrechts. Dem ist entgegenzuhalten, dass der Vertrag bewusst zwischen der Warenverkehrsfreiheit (Art. 28 ff. AEUV) und den steuerrechtlichen Diskriminierungsverboten des Art. 110 AEUV unterscheidet, sodass eine divergierende Schutzrichtung nicht als systemwidrig angesehen werden kann, sondern gewollt ist.
[304] Überzeugend *Waldhoff*, in: Calliess/Ruffert, EUV/AEUV, Art. 110 AEUV, Rn. 17; *Seiler*, in: Grabitz/Hilf/Nettesheim, EU, Art. 110 AEUV (März 2011), Rn. 13; *Balke*, S. 85 f.
[305] EuGH, Urt. v. 7.4.2011, Rs. C–402/09 (Tatu), Slg. 2011, I–2711, Rn. 50; Urt. v. 5.10.2006, verb. Rs. C–290/05 u. C–333/05 (Nadasdi und Nemeth), Slg. 2006, I–10115, Rn. 49.
[306] EuGH, Urt. v. 12.2.2015, Rs. C–349/13 (Oil Trading Poland), ECLI:EU:C:2015:84, Rn. 47; Urt. v. 15.3.2001, Rs. C–265/99 (Kommission/Frankreich), Slg. 2001, I–2305, Rn. 49; Urt. v. 17.2.1976, Rs. 45/75 (Rewe), Slg. 1976, 181, Rn. 15; Urt. v. 3.6.2010, Rs. C–2/09 (Kalinchev), Slg. 2010, I–4939, Rn. 39.
[307] EuGH, Urt. v. 17.2.1976, Rs. 45/75 (Rewe), Slg. 1976, 181, Rn. 15; Urt. v. 22.6.1976, Rs. 127/75 (Bobie Getränkevertrieb), Slg. 1976, 1079, Rn. 4; Urt. v. 16.2.1977, Rs. 20/76 (Schöttle), Slg. 1977, 247, Rn. 20; Urt. v. 12.5.1992, Rs. C–327/90 (Kommission/Griechenland), Slg. 1992, I–3033, Rn. 12; Urt. v. 23.10.1997, Rs. C–375/95 (Kommission/Griechenland), Slg. 1997, I–5981, Rn. 20; Urt. v. 2.4.1998, Rs. C–213/96 (Outokumpu Oy), Slg. 1998, I–1777, Rn. 34; Urt. v. 22.2.2001, Rs. C–393/98 (Ministério Público, António Gomes Valente/Fazenda Pública), Slg. 2001, I–1327, Rn. 21; Urt. v. 5.10.2006, verb. Rs. C–290/05 u. C–333/05 (Nadasdi und Nemeth), Slg. 2006, I–10115, Rn. 47; Urt. v. 18.1.2007, Rs. C–313/05 (Brzeziński), Slg. 2007, I–513, Rn. 29.
[308] EuGH, Urt. v. 10.7.1984, Rs. 42/83 (Dansk Denkavit), Slg. 1984, I–2649, Rn. 29.
[309] EuGH, Urt. v. 10.7.1984, Rs. 42/83 (Dansk Denkavit), Slg. 1984, I–2649, Rn. 29; Urt. v. 27.2.1980, Rs. 55/79 (Kommission/Irland), Slg. 1980, 481, Rn. 8; s.a. *Arndt*, DStR 1989, 471 (472).
[310] EuGH, Urt. v. 12.2.2015, Rs. C–349/13 (Oil Trading Poland), ECLI:EU:C:2015:84, Rn. 48.

ist, ob die Benachteiligung gesetzlich vorgesehen ist oder lediglich auf Verwaltungsanweisungen beruht.[311]

(1) Konkretisierung der Anforderungen

110 Wie allgemein bei Diskriminierungsverboten anerkannt, ist Voraussetzung für einen Belastungsvergleich, dass der Auslandssachverhalt mit einem Inlandssachverhalt **vergleichbar** ist.[312] Hieran scheitert ein Vergleich der Fristen für die Erhebung und Zahlung von Einfuhrumsatzsteuer mit abweichenden Regelungen für Inlandsumsätze, die der Mehrwertsteuer unterliegen, weil beide Abgaben auf einer unterschiedlichen Handelsstufe erhoben werden.[313]

111 Art. 110 AEUV steht nicht unter einem **Bagatellvorbehalt**, sodass die Vorschrift auch Regelungen verbietet, von denen nur eine schwache diskriminierende Wirkung ausgeht.[314] Ebenso wenig lässt sich eine Diskriminierung mit dem Einwand in Abrede stellen, die betreffende Regelung werde nur **selten angewandt**[315] oder das eingeführte Erzeugnis werde **nur in bestimmten Fällen** höher belastet.[316] Eine Schlechterstellung wird auch nicht durch die Möglichkeit ausgeschlossen, die Abgaben bei einheimischen oder eingeführten Erzeugnissen im Einzelfall nach Ermessen zu **ermäßigen**.[317] Ebenso irrelevant ist es, welche Regelung vor der beanstandeten Norm galt und welche möglicherweise an ihre Stelle treten könnte. Vielmehr muss jede Steuerregelung für sich allein betrachtet werden.[318]

112 Der Belastungsvergleich ist auf steuerliche Faktoren zu begrenzen. Damit ist es unzulässig, in einer Art **Nachteilskompensation** eine höhere Belastung des eingeführten Erzeugnisses mit Rücksicht auf anders geartete höhere Belastungen inländischer Erzeugnisse zu verneinen.[319] Nicht kompensationsfähig sind deshalb beispielsweise die Nachteile inländischer Erzeuger, die sich aus unterschiedlichen Wechselkursen ergeben.[320] Irrelevant ist, welche Auswirkungen die Abgabe auf den **Endpreis** des inländischen und des ausländischen Erzeugnisses hat[321] oder ob die mit der Erhebung einer Abgabe verbundenen finanziellen Lasten auf die Verbraucher überwälzt werden können.[322]

113 Keine Schlechterstellung begründen bloße Unterschiede in der **Abgabengläubigerschaft**. Damit handelt es sich nicht um eine unzulässige Diskriminierung, wenn die Abgabe auf das eingeführte Erzeugnis zu Gunsten des allgemeinen Staatshaushalts erho-

---

[311] EuGH, Urt. v. 29.4.1982, Rs. 17/81 (Pabst), Slg. 1982, 1331, Rn. 19.
[312] EuGH, Urt. v. 27.2.1980, Rs. 55/79 (Kommission/Irland), Slg. 1980, 481, Rn. 13.
[313] EuGH, Urt. v. 10.7.1984, Rs. 42/83 (Dansk Denkavit), Slg. 1984, 2649, Rn. 25, 31 ff.
[314] EuGH, Urt. v. 3.7.1985, Rs. 277/83 (Kommission/Italien), Slg. 1985, 2049, Rn. 17; Urt. v. 27.2.1980, Rs. 55/79 (Kommission/Irland), Slg. 1980, 481, Rn. 9.
[315] EuGH, Urt. v. 21.6.1988, Rs. 257/86 (Kommission/Italien), Slg. 1988, 3249, Rn. 11 unter Hinweis auf EuGH, Urt. v. 7.2.1984, Rs. 166/82 (Kommission/Italien), Slg. 1984, 459, Rn. 24.
[316] EuGH, Urt. v. 17.2.1976, Rs. 45/75 (Rewe), Slg. 1976, 181, Rn. 15, 17.
[317] EuGH, Urt. v. 22.3.1977, Rs. 74/76 (Iannelli & Volpi), Slg. 1977, 557, Rn. 19.
[318] EuGH, Urt. v. 27.2.1980, Rs. 171/78 (Kommission/Dänemark), Slg. 1980, 447, Rn. 30.
[319] EuGH, Urt. v. 17.2.1976, Rs. 45/75 (Rewe), Slg. 1976, 181, Rn. 14; Urt. v. 15.4.1970, Rs. 28/69 (Kommission/Italien), Slg. 1970, 187, Rn. 9; Urt. v. 14.12.1962, verb. Rs. 2/62 u. 3/62 (Kommission/Luxemburg, Belgien), Slg. 1962, 869 (884); Urt. v. 25.11.1981, Rs. 4/81 (Andresen), Slg. 1981, 2835, Rn. 17; Urt. v. 29.4.1982, Rs. 17/81 (Pabst), Slg. 1982, 1331, Rn. 20.
[320] EuGH, Urt. v. 27.2.1980, Rs. 55/79 (Kommission/Irland), Slg. 1980, 481, Rn. 11.
[321] EuGH, Urt. v. 17.2.1976, Rs. 45/75 (Rewe), Slg. 1976, 181, Rn. 16.
[322] EuGH, Urt. v. 21.5.1980, Rs. 73/79 (Kommission/Italien), Slg. 1980, 1533, Rn. 20.

ben wird, wohingegen die von dem inländischen Erzeugnis zu tragende Belastung den Finanzmitteln eines Staatsmonopols zufließt.[323]

Nach allgemeinen Grundsätzen müsste der Steuerpflichtige die Beweislast für das Vorliegen einer Benachteiligung tragen. Bei fehlender Transparenz tritt aber eine **Beweislastumkehr** ein, sodass den Mitgliedstaat die Verpflichtung trifft, den Nachweis zu erbringen, dass das System auf keinen Fall diskriminierende Wirkung hat.[324]

114

(2) Einzelfälle

Nach ständiger Rechtsprechung liegt eine Verletzung von Art. 110 Abs. 1 AEUV vor, wenn die Abgabe auf die eingeführte Ware und die Abgabe auf die gleichartige inländische Ware in **unterschiedlicher Weise** und nach **unterschiedlichen Modalitäten** berechnet werden, sodass die eingeführte Ware – und sei es auch nur in bestimmten Fällen – **höher** belastet wird.[325] Die höhere Belastung kann auf Unterschieden im **Abgabensatz**,[326] der **Bemessungsgrundlage**,[327] der **Art der Erhebung**,[328] Differenzierungen hinsichtlich

115

---

[323] EuGH, Urt. v. 17.2.1976, Rs. 45/75 (Rewe), Slg. 1976, 181, Rn. 14, 17.
[324] EuGH, Urt. v. 26.6.1991, Rs. C–152/89 (Kommission/Luxemburg), Slg. 1991, I–3141, Rn. 25; Urt. v. 12.5.1992, Rs. C–327/90 (Kommission/Griechenland), Slg. 1992, I–3033, Rn. 20; Urt. v. 26.6.1991, Rs. C–153/89 (Kommission/Belgien), Slg. 1991, I–3171, Rn. 16.
[325] EuGH, Urt. v. 3.6.2010, Rs. C–2/09 (Kalinchev), Slg. 2010, I–4939, Rn. 39; zu den Kriterien im Einzelnen ausführlich *Trautwein*, JA 1996, 813 (815); *Schröer-Schallenberg*, § 16, Rn. 25 ff.
[326] EuGH, Urt. v. 14.4.2015, Rs. C–76/14 (Manea), ECLI:EU:C:2015:216, Rn. 33; Urt. v. 29.4.2004, Rs. C–387/01 (Weigel), Slg. 2004, I–4981, Rn. 89: Pauschaler Zuschlag auf eine Abgabe; Urt. v. 2.4.1998, Rs. C–213/96 (Outokumpu Oy), Slg. 1998, I–1777, Rn. 41: Pauschalsatz für eingeführte Elektrizität; Urt. v. 17.11.1992, Rs. C–105/91 (Kommission/Griechenland), Slg. 1992, I–5871, Rn. 23; Urt. v. 12.5.1992, Rs. C–327/90 (Kommission/Griechenland), Slg. 1992, I–3033, Rn. 16 ff.; Urt. v. 18.4.1991, Rs. C–230/89 (Kommission/Griechenland), Slg. 1991, I–1909, Rn. 8: Höherer Mehrwertsteuersatz auf ausländische Erzeugnisse; Urt. v. 3.7.1985, Rs. 277/83 (Kommission/Italien), Slg. 1985, 2049, Rn. 2; Urt. v. 15.3.1983, Rs. 319/81 (Kommission/Italien), Slg. 1983, 601, Rn. 2: Unterschiedlicher Mehrwertsteuersatz auf Branntwein; Urt. v. 17.2.1976, Rs. 45/75 (Rewe), Slg. 1976, 181, Rn. 15: Pauschalsatz für das eingeführte Erzeugnis; Urt. v. 22.6.1976, Rs. 127/75 (Bobie Getränkevertrieb), Slg. 1976, 1079, Rn. 5 f.: Bevorzugung inländischer Erzeuger bei der Progressionsbestimmung in Abhängigkeit von der Biermenge.
[327] EuGH, Urt. v. 14.4.2015, Rs. C–76/14 (Manea), ECLI:EU:C:2015:216, Rn. 33; Urt. v. 3.6.2010, Rs. C–2/09 (Kalinchev), Slg. 2010, I–4939, Rn. 43: Anwendung einer pauschalen Motorleistungstabelle; Urt. v. 19.9.2002, Rs. C–101/00 (Tulliasiamies und Siilin/Finnland), Slg. 2002, I–7487, Rn. 49 ff.; Urt. v. 3.2.2000, Rs. C–228/98 (Charalampos Dounias/Ypourgou Oikonomikon), Slg. 2000, I–577, Rn. 51; Urt. v. 20.2.1973, Rs. 54/72 (FOR/VKS), Slg. 1973, 193, Rn. 5 f.: Zerlegung eines Geschäfts bei der kumulativen Mehrphasensteuer, das bei einer inländischen Ware einen einzigen Tatbestand darstellen würde, in zwei verschiedene und deshalb getrennt besteuerbare Vorgänge; Urt. v. 22.3.1977, Rs. 74/76 (Iannelli & Volpi), Slg. 1977, 557, Rn. 21: Anwendung von höheren Bewertungskriterien für das Einfuhrerzeugnis; Urt. v. 11.12.1990, Rs. C–47/88 (Kommission/Dänemark), Slg. 1990, I–4509, Rn. 1: Berechnung der Steuer auf Grundlage eines Pauschalwertes; Urt. v. 12.5.1992, Rs. C–327/90 (Kommission/Griechenland), Slg. 1992, I–3033, Rn. 14 f.: Differenzierung durch Zu- und Abschläge zu Lasten eingeführter Fahrzeuge; Urt. v. 23.10.1997, Rs. C–375/95 (Kommission/Griechenland), Slg. 1997, I–5981, Rn. 21: Pauschale Ermittlung des steuerlichen Wertes importierter Gebrauchtwagen; Urt. v. 17.6.1998, Rs. C–68/96 (Grundig Italiana SpA/Ministero delle Finanze), Slg. 1998, I–3775, Rn. 19: u. a. Abzug eines pauschalen Prozentsatzes allein für inländische Erzeuger; Urt. v. 11.12.1990, Rs. C–47/88 (Kommission/Dänemark), Slg. 1990, I–4509, Rn. 22: Festlegung der Bemessungsgrundlage auf einen über dem tatsächlichen Wert eines Fahrzeugs liegenden Pauschalwert.
[328] EuGH, Urt. v. 14.4.2015, Rs. C–76/14 (Manea), ECLI:EU:C:2015:216, Rn. 33; Urt. v. 9.3.1995, Rs. C–345/93 (Fazenda Pública), Slg. 1995, I–479, Rn. 20; Urt. v. 11.12.1990, Rs. C–47/88 (Kommission/Dänemark), Slg. 1990, I–4509, Rn. 18; Urt. v. 17.6.1998, Rs. C–68/96 (Grundig Italiana SpA/Ministero delle Finanze), Slg. 1998, I–3775, Rn. 23: Vorteil der inländischen Produktion

von **Vorteilen und Befreiungen**,[329] oder unterschiedlichen **Mindeststeuern**[330] beruhen. Hinsichtlich der Bemessungsgrundlage ist eine Pauschalierung nicht generell ausgeschlossen, muss aber hinreichend differenziert sein.[331]

116 Auch wenn das Strafrecht und Sanktionsregelungen auf steuerlichem Gebiet in die Zuständigkeit der Mitgliedstaaten fallen, sind auch insoweit die Vorgaben des Art. 110 AEUV zu beachten.[332] So darf ein **Sanktionssystem** nicht die Wirkung haben, die vom AEUV gewährten Freiheiten zu beeinträchtigen. Davon ist auszugehen, wenn eine Sanktion gegenüber der Schwere des Verstoßes so unverhältnismäßig ist, dass sie zum Hindernis für die vom Gemeinschaftsrecht gewährleistete Freiheit wird. In diesem Rahmen ist ein zweigeteiltes Sanktionssystem, das im Fall der Nichtzahlung der Mehrwertsteuer zwischen der Einfuhr und Inlandsgeschäften differenziert, nicht schlechthin ausgeschlossen, sofern die Unterschiede nicht außer Verhältnis zu der Verschiedenartigkeit der Kategorien von Verstößen stehen.[333]

cc) Direkte Benachteiligungen

117 Das Diskriminierungsverbot ist evident verletzt, wenn das Besteuerungssystem förmlich nach der **Herkunft der Erzeugnisse** unterscheidet.[334] Derartige direkte Diskriminierungen spielen in der derzeitigen Phase des Binnenmarkts indes praktisch keine Rolle mehr.

dd) Mittelbare Benachteiligungen

118 Eindeutiger Schwerpunkt der umfangreichen Rechtsprechung des EuGH zum Vorliegen einer Diskriminierung sind daher **mittelbare Benachteiligungen**. Darunter fallen Belastungen eingeführter Waren, bei denen der Steuertatbestand zwar nicht unmittelbar an die Herkunft anknüpft, die eingeführten Waren aber im Ergebnis **unter Umständen stärker als inländische Produkte belastet** sind. Art. 110 AEUV ist mit Rücksicht auf die steuerpolitische Souveränität der Mitgliedstaaten kein generelles Verbot mittelbarer

---

durch Stundung; Urt. v. 27.2.1980, Rs. 55/79 (Kommission/Irland), Slg. 1980, 481, Rn. 9: Bevorzugung der inländischen Produktion durch Stundungsmöglichkeit; Urt. v. 10.7.1984, Rs. 42/83 (Dansk Denkavit), Slg. 1984, I–2649, Rn. 30: Festsetzung unterschiedlicher Fristen für die Besteuerung von Einfuhren und Inlandsumsätzen.

[329] EuGH, Urt. v. 16.2.1977, Rs. 20/76 (Schöttle), Slg. 1977, 247, Rn. 21: Ausschluss einer möglichen Vergünstigung im Fall des Grenzübertritts; Urt. v. 8.1.1980, Rs. 21/79 (Kommission/Italien), Slg. 1980, 1, Rn. 8: Vorenthaltung einer Steuerermäßigung für eingeführte Öle; Urt. v. 27.5.1981, verb. Rs. 142/80 u. 143/80 (Essevi und Salengo), Slg. 1981, 1413, Rn. 22: Die Gewährung einer Steuerbefreiung oder die Inanspruchnahme eines ermäßigten Steuersatzes wird von der Möglichkeit einer Kontrolle der Produktion im Inland abhängig gemacht; Urt. v. 29.4.1982, Rs. 17/81 (Pabst), Slg. 1982, 1331, Rn. 19: Bevorzugung inländischer Erzeugnisse durch Entlastungsmaßnahmen; Urt. v. 21.6.1988, Rs. 257/86 (Kommission/Italien), Slg. 1988, 3249, Rn. 16: Bevorzugung bei der Befreiung von Mehrwertsteuer für inländische Erzeugnisse.

[330] EuGH, Urt. v. 27.2.2002, Rs. C–302/00 (Kommission/Frankreich), Slg. 2002, I–2055, Rn. 20: Differenzierung zwischen hellen und dunklen Zigaretten.

[331] EuGH, Urt. v. 14.4.2015, Rs. C–76/14 (Manea), ECLI:EU:C:2015:216, Rn. 34; Urt. v. 3.6.2010, Rs. C–2/09 (Kalinchev), Slg. 2010, I–4939, Rn. 42 f.: Unzulässige Anknüpfung der Verbrauchsteuer auf eingeführte Gebrauchtfahrzeuge allein an eine pauschale Motorleistungstabelle; s. a. Urt. v. 29.4.2004, Rs. C–387/01 (Weigel), Slg. 2004, I–4981, Rn. 75 f.

[332] *Trautwein*, JA 1996, 813 (815 f.).

[333] Vgl. im Einzelnen EuGH, Urt. v. 25.2.1988, Rs. 299/86 (Drexl), Slg. 1988, 1213, Rn. 15 ff.

[334] S.a. EuGH, Urt. v. 27.2.2002, Rs. C–302/00 (Kommission/Frankreich), Slg. 2002, I–2055, Rn. 30; Urt. v. 17.7.1997, Rs. C–90/94 (Haahr Petroleum), Slg. 1997, I–4085, Rn. 31; Urt. v. 15.4.1970, Rs. C–28/69 (Kommission/Italien), Slg. 1970, 187, Rn. 2.

Benachteiligungen zu entnehmen, weil dies im Ergebnis auf eine Untersagung hinauslaufen würde, ein differenziertes Steuersystem zu errichten. Steuerliche Differenzierungen zwischen gleichartigen Erzeugnissen sind daher nicht per se ausgeschlossen,[335] sodass warenbezogene Abgaben weiterhin zu Lenkungszwecken eingesetzt werden können. Wie der EuGH in mittlerweile ständiger Rechtsprechung betont, müssen sich derartige Regelungen aber an drei kumulativ zu erfüllenden Voraussetzungen messen lassen.[336]

– Eine differenzierende Besteuerung ist nur nach Maßgabe **objektiver Kriterien** zulässig[337] (s. Rn. 122). 119

– Die Differenzierung muss Ziele verfolgen, die ihrerseits mit den Erfordernissen des **AEUV und des abgeleiteten Rechts vereinbar** sind (s. Rn. 123). 120

– Zuletzt müssen ihre Modalitäten geeignet sein, jede **unmittelbare oder mittelbare Diskriminierung** von Einfuhren aus anderen Mitgliedstaaten und jeden Schutz inländischer konkurrierender Produktionen auszuschließen (s. Rn. 124). 121

(1) Objektive Differenzierungskriterien

Als **objektive Differenzierungsmaßstäbe** hat der EuGH beispielsweise die verwendeten Ausgangsstoffe und das Herstellungsverfahren[338] anerkannt. Im Rahmen einer KFZ-Zulassungssteuer wurden die Kriterien Motortyp, Hubraum und Einordnung nach Umweltschutzerwägungen akzeptiert.[339] Nicht erforderlich ist dagegen, dass an den Preis des Fahrzeuges angeknüpft wird.[340] Als Differenzierungsgrund eines erhöhten Mehrwertsteuersatzes hat der EuGH eine Anknüpfung an den Hubraum gebilligt.[341] Als zulässiges Kriterium wurde für die Biersteuer eine progressive nach dem Jahresausstoß der einzelnen Brauereien berechnete Steuer anerkannt.[342] 122

(2) Legitime Ziele

Steuerliche Erleichterungen müssen **legitimen wirtschaftlichen oder sozialen Zwecken** dienen. Beispielsweise kann eine Steueranknüpfung der Verwendung bestimmter Rohstoffe durch die Brennereien dem Fortbestand der Herstellung typischer Qualitätsbranntweine oder der Erhaltung bestimmter Gruppen von Betrieben, etwa landwirtschaftlicher Brennereien, dienen.[343] Als legitime Differenzierungsgründe wurden auch 123

---

[335] S. etwa EuGH, Urt. v. 8.11.2007, Rs. C–221/06 (Frohnleiten), Slg. 2007, I–9643, Rn. 56.
[336] Aus der jüngeren Rechtsprechung etwa EuGH, Urt. v. 8.11.2007, Rs. C–221/06 (Frohnleiten), Slg. 2007, I–9643, Rn. 56; Urt. v. 2.4.1998, Rs. C–213/96 (Outokumpu Oy), Slg. 1998, I–1777, Rn. 30; Urt. v. 5.10.2006, verb. Rs. C–290/05 u. C–333/05 (Nadasdi und Nemeth), Slg. 2006, I–10115, Rn. 51; Urt. v. 29.4.2004, Rs. C–387/01 (Weigel), Slg. 2004, I–4981, Rn. 85; Urt. v. 4.3.1986, Rs. C–106/84 (Kommission/Dänemark), Slg. 1986, 833, Rn. 20; Urt. v. 7.4.1987, Rs. 196/85 (Kommission/Frankreich), Slg. 1987, 1597, Rn. 6; Urt. v. 15.3.1983, Rs. 319/81 (Kommission/Italien), Slg. 1983, 601, Rn. 13.
[337] EuGH, Urt. v. 4.3.1986, Rs. 106/84 (Kommission/Dänemark), Slg. 1986, 833, Rn. 20.
[338] EuGH, Urt. v. 4.3.1986, Rs. 106/84 (Kommission/Dänemark), Slg. 1986, 833, Rn. 20; Urt. v. 5.10.2006, verb. Rs. C–290/05 u. C–333/05 (Nadasdi und Nemeth), Slg. 2006, I–10115, Rn. 51.
[339] EuGH, Urt. v. 5.10.2006, verb. Rs. C–290/05 u. C–333/05 (Nadasdi und Nemeth), Slg. 2006, I–10115, Rn. 52.
[340] EuGH, Urt. v. 5.10.2006, verb. Rs. C–290/05 u. C–333/05 (Nadasdi und Nemeth), Slg. 2006, I–10115, Rn. 52.
[341] EuGH, Urt. v. 16.12.1986, Rs. 200/85 (Kommission/Italien), Slg. 1986, 3953, Rn. 10.
[342] EuGH, Urt. v. 22.6.1976, Rs. 127/75 (Bobie Getränkevertrieb), Slg. 1976, 1079, Rn. 9.
[343] EuGH, Urt. v. 10.10.1978, Rs. 148/77 (Hansen), Slg. 1978, 1787, Rn. 16.

ökologische³⁴⁴ sowie wirtschaftspolitische Ziele anerkannt.³⁴⁵ Denkbar erscheint auch eine Rechtfertigung mit Blick auf sozialwirtschaftliche Erwägungen³⁴⁶ sowie eine höhere Besteuerung von Luxusgütern.³⁴⁷ Als legitime Ziele wurden ferner die Förderung kleiner handwerklicher Unternehmen³⁴⁸ sowie kleinbäuerlicher Betriebe,³⁴⁹ das industriepolitische Ziel, die Destillation landwirtschaftlicher Erzeugnisse gegenüber der Herstellung von Alkohol aus Erdölderivaten zu begünstigen,³⁵⁰ sowie eine progressive Besteuerung verschiedener Arten von Spielautomaten anerkannt.³⁵¹

(3) Ausschluss unmittelbarer oder mittelbarer Diskriminierungen

124 Eine (verbotene) **unmittelbare Diskriminierung** liegt vor, wenn ein Steuertatbestand für eine erhöhte Besteuerung ein Kriterium verwendet, das per definitionem niemals auf gleichartige inländische Erzeugnisse anwendbar ist, weil beispielsweise an eine Ursprungs- oder Herkunftsbezeichnung angeknüpft wird³⁵² oder die Einfuhr selbst das Kriterium für eine höhere steuerliche Belastung darstellt.³⁵³

125 Keine klaren Konturen weist die Rechtsprechung in der Frage auf, wann von einer **mittelbaren Diskriminierung** auszugehen ist. Z. T. lässt es der Gerichtshof ausreichen, dass die am höchsten besteuerten Erzeugnisse ihrer Art nach eingeführte Erzeugnisse sind.³⁵⁴ Nach anderen Entscheidungen soll ein Steuersystem nicht allein deswegen als diskriminierend angesehen werden, weil nur, insbesondere aus anderen Mitgliedstaaten, eingeführte Erzeugnisse in die am höchsten besteuerte Gruppe fallen.³⁵⁵ Hier wird in einem weiteren Schritt geprüft, ob das System den Verbraucher vom Kauf des ausländischen zugunsten inländischer Produkte abhalten kann.³⁵⁶ Der gleiche Ansatz liegt Entscheidungen zugrunde, in denen der Gerichtshof prüft, ob die Ausgestaltung der Steuer eine diskriminierende oder protektionistische Wirkung entfaltet.³⁵⁷ Mit Rück-

---

³⁴⁴ EuGH, Urt. v. 2.4.1998, Rs. C–213/96 (Outokumpu Oy), Slg. 1998, I–1777, Rn. 31; Urt. v. 7.7.2011, Rs. C–263/10 (Nisipeanu), ECLI:EU:C:2011:466, Rn. 18; dazu umfassend *Wasmeier*, S. 134 ff.
³⁴⁵ EuGH, Urt. v. 17.7.1997, Rs. C–90/94 (Haahr Petroleum), Slg. 1997, I–4085, Rn. 29.
³⁴⁶ EuGH, Urt. v. 4.3.1986, Rs. 106/84 (Kommission/Dänemark), Slg. 1986, 833, Rn. 20.
³⁴⁷ EuGH, Urt. v. 15.3.1983, Rs. 319/81 (Kommission/Italien), Slg. 1983, 601, Rn. 14, 21.
³⁴⁸ EuGH, Urt. v. 18.4.1991, Rs. C–230/89 (Kommission/Griechenland), Slg. 1991, I–1909, Rn. 11.
³⁴⁹ EuGH, Urt. v. 26.4.1983, Rs. 38/82 (Hansen), Slg. 1983, 1271, Rn. 15.
³⁵⁰ EuGH, Urt. v. 14.1.1981, Rs. 140/79 (Chemial Farmaceutici), Slg. 1981, 1, Rn. 15.
³⁵¹ EuGH, Urt. v. 3.3.1988, Rs. 252/86 (Bergandi/Directeur général des impôts), Slg. 1988, 1343, Rn. 32.
³⁵² EuGH, Urt. v. 15.3.1983, Rs. 319/81 (Kommission/Italien), Slg. 1983, 601, Rn. 17; s. a. Urt. v. 29.4.2004, Rs. C–387/01 (Weigel), Slg. 2004, I–4981, Rn. 86; Urt. v. 17.7.1997, Rs. C–90/94 (Haahr Petroleum), Slg. 1997, I–4085, Rn. 30.
³⁵³ EuGH, Urt. v. 17.7.1997, Rs. C–90/94 (Haahr Petroleum), Slg. 1997, I–4085, Rn. 31.
³⁵⁴ EuGH, Urt. v. 17.7.1997, Rs. C–90/94 (Haahr Petroleum), Slg. 1997, I–4085, Rn. 30; Urt. v. 29.4.2004, Rs. C–387/01 (Weigel), Slg. 2004, I–4981, Rn. 86; Urt. v. 4.3.1986, Rs. 106/84 (Kommission/Dänemark), Slg. 1986, 833, Rn. 21; Urt. v. 11.7.1985, Rs. 278/83 (Kommission/Italien), Slg. 1985, 2503, Rn. 10; Urt. v. 18.4.1991, Rs. C–230/89 (Kommission/Griechenland), Slg. 1991, I–1909, Rn. 10.
³⁵⁵ EuGH, Urt. v. 5.4.1990, Rs. C–132/88 (Kommission/Griechenland), Slg. 1990, I–1567, Rn. 18; Urt. v. 30.11.1995, Rs. C–113/94 (Casarin), Slg. 1995, I–4203, Rn. 21.
³⁵⁶ EuGH, Urt. v. 30.11.1995, Rs. C–113/94 (Casarin), Slg. 1995, I–4203, Rn. 22 ff.; Urt. v. 5.4.1990, Rs. C–132/88 (Kommission/Griechenland), Slg. 1990, I–1567, Rn. 19 f.
³⁵⁷ EuGH, Urt. v. 17.9.1987, Rs. 433/85 (Feldain/Directeur des services fiscaux), Slg. 1987, 3521, Rn. 14; Urt. v. 9.5.1985, Rs. 112/84 (Humblot), Slg. 1985, 1367, Rn. 13 f.; Urt. v. 28.4.1988, verb. Rs. 76/87, 86/87 – 89/87 u. 149/87 (Seguela und Lachkar), Slg. 1988, 2397, Rn. 13 f.

sicht auf die finanzpolitische Souveränität der Mitgliedstaaten verdient die zweite Ansicht den Vorzug.

Von einer mittelbaren Belastung ist ferner auszugehen, wenn die Abgabe ausschließlich oder hauptsächlich zur **Finanzierung von Beihilfen** dient, die allein den inländischen Erzeugnissen zugutekommen.[358] Keine (mittelbare) Diskriminierung liegt hingegen vor, wenn die eingeführten Erzeugnisse tatsächlich in den Genuss derselben Vorteile kommen können wie die vergleichbaren inländischen Erzeugnisse.[359] Entsprechendes gilt, wenn die inländische Abgabe einheimische und zuvor eingeführte Erzeugnisse anlässlich ihrer Weiterverarbeitung trifft, ohne dass für die Höhe der Abgabe, ihre Festsetzung oder die Art und Weise ihrer Erhebung nach der Herkunft dieser Erzeugnisse unterschieden wird.[360]

Ein Schwerpunkt der neueren Rechtsprechung ist die diskriminierungsfreie Ausgestaltung von **KFZ-Zulassungssteuern**.[361] Mangels Harmonisierung darf hier jeder Mitgliedstaat steuerliche Maßnahmen nach eigenem Ermessen ausgestalten, ist aber durch Art. 110 AEUV daran gehindert, die Einfuhr ausländischer Waren zugunsten inländischer Waren zu erschweren.[362] Relevante Vergleichsgruppe sind bei der Einfuhr von Gebrauchtfahrzeugen die Gebrauchtfahrzeuge gleichen Typs mit denselben Eigenschaften und derselben Abnutzung, die in diesem Mitgliedstaat zum Verkauf angeboten werden.[363] Unerheblich ist hingegen, dass Fahrzeuge, die nicht zum Verkauf angeboten werden, unbelastet sind, weil es insoweit von vornherein an einem Wettbewerbsverhältnis fehlt.[364] In den **Belastungsvergleich** sind der Steuersatz, die Bemessungsgrundlage sowie alle Einzelheiten der Erhebung der Steuer einzubeziehen.[365] Wenn die Zulassung eines Fahrzeuges einer Steuer unterliegt, dann ist in einem späteren Verkaufspreis (inländischer Gebrauchtfahrzeuge) auch ein geminderter Steueranteil enthalten, der Teil des Fahrzeugwerts ist.[366] Dessen Höhe limitiert die Steuerbelastung eines Importfahrzeugs.[367] Um eine diskriminierende Besteuerung zu vermeiden, ist bei den eingeführten Fahrzeugen daher der **tatsächliche Wertverlust zu berücksichtigen**. Dies verlangt zwar keine Einzelbewertung für jedes Fahrzeug. Vielmehr ist auch eine Pauschalierung möglich, die durch Rechts- oder Verwaltungsvorschriften anhand von Kriterien wie Alter, Kilometerstand, Allgemeinzustand, Antriebsart, Fabrikat oder Modell des

---

[358] EuGH, Urt. v. 21.5.1980, Rs. 73/79 (Kommission/Italien), Slg. 1980, 1533, Rn. 15f.
[359] EuGH, Urt. v. 30.10.1980, Rs. 26/80 (Schneider-Import GmbH & Co. KG), Slg. 1980, 3469, Rn. 15; s. a. Urt. v. 26.4.1983, Rs. 38/82 (Hansen), Slg. 1983, 1271, Rn. 17.
[360] EuGH, Urt. v. 22.3.1977, Rs. 78/76 (Steinicke und Weinling/Bundesrepublik Deutschland), Slg. 1977, 595, Rn. 30.
[361] Zuletzt etwa EuGH, Urt. v. 17.12.2015, Rs. C–402/14 (Viamar), ECLI:EU:C:2015:830; Urt. v. 14.4.2015, Rs. C–76/14 (Manea), ECLI:EU:C:2015:216.
[362] EuGH, Urt. v. 7.4.2011, Rs. C–402/09 (Tatu), Slg. 2011, I–2711, Rn. 54.
[363] EuGH, Urt. v. 14.4.2015, Rs. C–76/14 (Manea), ECLI:EU:C:2015:216, Rn. 31; Urt. v. 11.12.1990, Rs. C–47/88 (Kommission/Dänemark), Slg. 1990, I–4509, Rn. 17; Urt. v. 3.6.2010, Rs. C–2/09 (Kalinchev), Slg. 2010, I–4939, Rn. 32, 40; Urt. v. 7.4.2011, Rs. C–402/09 (Tatu), Slg. 2011, I–2711, Rn. 55.
[364] EuGH, Urt. v. 14.4.2015, Rs. C–76/14 (Manea), ECLI:EU:C:2015:216, Rn. 32.
[365] EuGH, Urt. v. 14.4.2015, Rs. C–76/14 (Manea), ECLI:EU:C:2015:216, Rn. 33.
[366] EuGH, Urt. v. 14.4.2015, Rs. C–76/14 (Manea), ECLI:EU:C:2015:216, Rn. 49; Urt. v. 19.12.2013, Rs. C–437/12 (X), ECLI:EU:C:2013:857, Rn. 30.
[367] EuGH, Urt. v. 19.12.2013, Rs. C–437/12 (X), ECLI:EU:C:2013:857, Rn. 31: Es »liegt ein Verstoß gegen Art. 110 AEUV vor, wenn der Betrag der Steuer, die auf ein aus einem anderen Mitgliedstaat stammendes Gebrauchtfahrzeug erhoben wird, den Restwert der Steuer übersteigt, der noch im Wert im Inland bereits zugelassener gleichartiger Gebrauchtfahrzeuge enthalten ist«.

Fahrzeugs errechnet wird und die in der Regel dem tatsächlichen Wert sehr nahe kommt.[368] Nicht ausreichend ist es dagegen, sich an einem einzigen Wertminderungskriterium zu orientieren.[369] Wenn ein Gegenbeweis durch Sachverständigengutachten zugelassen ist, ist es nicht zu beanstanden, dass der Steuerpflichtige die Kosten dieses Sachverständigengutachtens zu übernehmen hat.[370] Eine **Steuerbefreiung bereits im Inland zugelassener Fahrzeuge**, die schon bei der Erstzulassung besteuert wurden, ist möglich. Diese führt solange nicht zu einer unzulässigen Diskriminierung, als im Verkaufspreis des inländischen Vergleichsfahrzeugs noch ein entsprechender Steueranteil enthalten ist. Daran fehlt es – womit eine Steuerbefreiung inländischer Gebrauchtfahrzeuge unzulässig ist – wenn die Erstzulassung unionsrechtswidrig erfolgt ist, sodass dem Steuerschuldner ein Rückerstattungsanspruch zusteht.[371]

ee) Kein Verbot der Inländerdiskriminierung

128   Art. 110 AEUV gewährt **keinen Schutz** vor einer Inländerdiskriminierung, was sich unmissverständlich aus dem Wortlaut ergibt.[372] Dieser untersagt den Mitgliedstaaten allein, eingeführte Erzeugnisse höher als inländische zu belasten, bietet aber keine Grundlage, Art. 110 AEUV als ein generelles steuerliches Diskriminierungsverbot zu verstehen. Damit ist es den Mitgliedstaaten nicht verboten, einheimische Erzeugnisse höher als ausländische zu belasten.[373] Eine abweichende Sichtweise würde einen Eingriff in die Finanzhoheit der Mitgliedstaaten bedeuten,[374] der derzeit keine Rechtsgrundlage im AEUV findet.

ff) Kein Verbot der Doppelbesteuerung

129   Ein **zwiespältiges** Bild bietet die Rechtsprechung in der Frage, inwieweit mit Art. 110 AEUV eine grenzüberschreitende Doppelbesteuerung zu vereinbaren ist. Zu einer **Doppelbesteuerung** kommt es, wenn der gleiche Sachverhalt in zwei Staaten belastet wird, ohne dass die in einem Mitgliedstaat entrichtete Steuer auf die in dem anderen Mitgliedstaat anfallende Steuer angerechnet wird oder von der Bemessungsgrundlage der Teil ausgenommen wird, der in dem anderen Staat bereits erfasst worden ist.

130   Anfänglich hat es der EuGH kategorisch abgelehnt, aus Art. 110 AEUV ein Verbot der Doppelbesteuerung abzuleiten. Die Beseitigung einer Doppelbesteuerung sei zwar im Interesse des freien Warenverkehrs wünschenswert, könne indes allein Folge einer Harmonisierung der nationalen Abgabensysteme sein.[375] Eine andere Sichtweise liegt einer Rechtsprechungslinie zum gemeinsamen Mehrwertsteuersystem zugrunde, die

---

[368] EuGH, Urt. v. 14.4.2015, Rs. C–76/14 (Manea), ECLI:EU:C:2015:216, Rn. 35; Urt. v. 29.4.2004, Rs. C–387/01 (Weigel), Slg. 2004, I–4981, Rn. 73; Urt. v. 7.4.2011, Rs. C–402/09 (Tatu), Slg. 2011, I–2711, Rn. 41.
[369] EuGH, Urt. v. 14.4.2015, Rs. C–76/14 (Manea), ECLI:EU:C:2015:216, Rn. 36.
[370] EuGH, Urt. v. 14.4.2015, Rs. C–76/14 (Manea), ECLI:EU:C:2015:216, Rn. 40; Urt. v. 7.4.2011, Rs. C–402/09 (Tatu), Slg. 2011, I–2711, Rn. 46.
[371] EuGH, Urt. v. 14.4.2015, Rs. C–76/14 (Manea), ECLI:EU:C:2015:216, Rn. 50.
[372] EuGH, Urt. v. 27.2.1980, Rs. 68/79 (Just/Ministerium für Steuerwesen), Slg. 1980, 501, Rn. 15.
[373] EuGH, Urt. v. 13.3.1979, Rs. 86/78 (Peureux), Slg. 1979, 897, Rn. 32 f., 38; Urt. v. 27.2.1980, Rs. 68/79 (Just/Ministerium für Steuerwesen), Slg. 1980, 501, Rn. 15 f.; s.a. Urt. v. 7.5.1981, Rs. 153/80 (Hansen), Slg. 1981, 1165, Rn. 12; Urt. v. 15.1.1985, Rs. 253/83 (Kupferberg), Slg. 1985, 157, Rn. 12; *Schön*, EuR 2001, 341 (345).
[374] EuGH, Urt. v. 13.3.1979, Rs. 86/78 (Peureux), Slg. 1979, 897, Rn. 40.
[375] EuGH, Urt. v. 29.6.1978, Rs. 142/77 (Statens Kontrol), Slg. 1978, 1543, Rn. 32 ff.

mit der 1982 ergangenen **Schul-I-Entscheidung** begründet wurde.[376] Dort wird ein Verbot der Doppelbesteuerung zwar nicht explizit, aber doch der Sache nach vertreten. Nach der Schul-Rechtsprechung hat der Einfuhrstaat, sofern er durch Privatpersonen gelieferte Waren aus anderen Mitgliedstaaten mit Mehrwertsteuer belastet, wohingegen die Lieferung gleichartiger Waren durch Privatpersonen innerhalb des Einfuhrmitgliedstaates nicht besteuert wird, die im Ausfuhrmitgliedstaat erhobene Mehrwertsteuer zu berücksichtigen. Dazu ist der bei der Einfuhr fällige Mehrwertsteuerbetrag um den Restbetrag der Mehrwertsteuer des Ausfuhrmitgliedstats zu verringern, der in dem Wert der Ware im Zeitpunkt ihrer Einfuhr noch enthalten ist.[377] Wie in der nachfolgenden Rechtsprechung präzisiert wurde, ist die Bemessungsgrundlage der Einfuhrumsatzsteuer um die zum Zeitpunkt der Einfuhr noch im Wert der Ware enthaltene Mehrwertsteuer zu bereinigen. Der im Wert der Ware enthaltene Mehrwertsteuerbetrag ist bei einer Wertsteigerung durch die im Ausfuhrstaat tatsächlich entrichtete Mehrwertsteuer gedeckt, wohingegen sich der Abzugsbetrag bei einer Wertminderung der Ware um den Prozentsatz dieser Wertminderung vermindert.[378]

In einer 1992 getroffenen Entscheidung sieht der EuGH den Einfuhrstaat bei parafiskalischen Abgaben hingegen **nicht in der Pflicht**, eine bereits im Ausfuhrstaat erhobene gleichartige Abgabe zu berücksichtigen.[379] Um den Widerspruch zu der oben referierten Rechtsprechung auszuräumen, verweist der Gerichtshof auf die Harmonisierung der Mehrwertsteuer, sodass das Urteil auch nicht als Aufgabe der Schul-Rechtsprechung gedeutet werden kann.

131

Richtigerweise kann Art. 110 AEUV **generell kein Verbot der Doppelbesteuerung** entnommen werden.[380] Adressaten des Diskriminierungsverbots sind die einzelnen Mitgliedstaaten, die Art. 110 AEUV allein in die Pflicht nimmt, ihr Besteuerungssystem diskriminierungsfrei auszugestalten. Demgegenüber kann auch nicht auf das Verbot mittelbarer Diskriminierungen verwiesen werden,[381] weil die Doppelbelastung Folge einer mangelnden Abstimmung der mitgliedstaatlichen Steuerrechtsordnungen ist, die im Wege der Harmonisierung zu beseitigen ist. Einem primärrechtlich begründeten Verbot der Doppelbesteuerung steht zudem entgegen, dass sich dem AEUV keine Kriterien entnehmen lassen, welcher Mitgliedstaat vorrangig in der Pflicht steht, die Doppelbesteuerung zu beseitigen. Praktische Bedeutung kommt der Schul-Rechtsprechung nicht mehr zu, weil das Sekundärrecht mittlerweile hinreichende Vorkehrungen trifft, eine Doppelbesteuerung auch im Fall der Einfuhr durch Privatpersonen zu vermeiden.[382]

132

---

[376] *Stumpf*, EuZW 1991, 713 (715).
[377] Grundlegend EuGH, Urt. v. 5.5.1982, Rs. 15/81 (Schul I), Slg. 1982, 1409, Rn. 34; fortgeführt durch Urt. v. 21.5.1985, Rs. 47/84 (Schul II), Slg. 1985, 1491, Rn. 23 ff.; Urt. v. 25.2.1988, Rs. 299/86 (Drexl), Slg. 1988, 1213, Rn. 12; Urt. v. 26.2.1991, Rs. C–120/88 (Kommission/Italien), Slg. 1991, I–621, Rn. 6; Urt. v. 26.2.1991, Rs. C–119/89 (Kommission/Spanien), Slg. 1991, I–641, Rn. 6; Urt. v. 26.2.1991, Rs. C–159/89 (Kommission/Griechenland), Slg. 1991, I–691, Rn. 7.
[378] EuGH, Urt. v. 21.5.1985, Rs. 47/84 (Schul II), Slg. 1985, 1491, Rn. 23, 34; Urt. v. 23.1.1986, Rs. 39/85 (Bergeres-Becque), Slg. 1986, 259, Rn. 10, 17 (Rn. 9 zur mangelnden Relevanz der Ent- bzw. Unentgeltlichkeit der Einfuhr); Urt. v. 29.4.2004, Rs. C–387/01 (Weigel), Slg. 2004, I–4981, Rn. 70.
[379] EuGH, Urt. v. 27.10.1993, Rs. C–72/92 (Scharbatke), Slg. 1993, I–5509, Rn. 15 f.
[380] Vgl. nur *Seiler*, in: Grabitz/Hilf/Nettesheim, EU, Art. 110 AEUV (März 2011), Rn. 10.
[381] So aber EuGH, Urt. v. 5.5.1982, Rs. 15/81 (Schul I), Slg. 1982, 1409, Rn. 32.
[382] Eine Einfuhrbesteuerung von Privatpersonen gestattet Art. 9 Abs. 2 Mehrwertsteuer-Systemrichtlinie (s. die Nachweise Art. 113 AEUV, Rn. 30) allein noch bei der gelegentlichen Lieferung neuer Fahrzeuge.

gg) Keine Rechtfertigungsmöglichkeit

133 Im Unterschied zu den Grundfreiheiten (s. Art. 34, Rn. 219 ff.; Art. 45, Rn. 101 ff., 125 ff.; Art. 49, Rn 70 ff.; Art. 56, Rn. 107 ff.; Art. 63, Rn. 31 ff.) sieht Art. 110 AEUV **keine expliziten Ausnahmen** vor, die Abweichungen von dem steuerlichen Diskriminierungsverbot rechtfertigen könnten. Die Rechtfertigungsgründe des Art. 36 AEUV **entsprechend** auf Art. 110 AEUV anzuwenden, lehnt der EuGH zutreffend ab.[383] Ebenso wenig kommt eine Rechtfertigung durch **ungeschriebene Gemeinwohlbelange** in Betracht,[384] wie dies bei den Grundfreiheiten zur Rechtfertigung von Beschränkungsverboten und mittelbaren Diskriminierungen anerkannt ist (s. Art. 36, Rn. 18, 23, 55 f.; Art. 45, Rn. 106; Art. 49, Rn. 70 ff.; Art. 54, Rn. 19). Abgelehnt wurde daher beispielsweise eine Rechtfertigung durch Belange des Umweltschutzes.[385] Ebenso unzulässig ist es, sich auf **Zusicherungen der Kommission** zu berufen, in denen diese ihr Einverständnis mit einer steuerlichen Maßnahme erklärt hat.[386]

134 **Steuertechnische Schwierigkeiten**, den inländischen Besteuerungsmaßstab auf das ausländische Erzeugnis zu übertragen, werden nicht anerkannt.[387] Die Anwendung einer pauschalen Besteuerungsregel kann nicht unter dem Aspekt der **Betrugsverhinderung** gerechtfertigt werden.[388] Diesem Anliegen kann durch Nachweispflichten der Importeure Rechnung getragen werden, soweit diese verhältnismäßig sind.[389] Untauglich ist auch der Versuch, die Begrenzung der Verringerung des steuerlichen Wertes importierter Gebrauchtwagen durch das Ziel zu rechtfertigen, dem Inverkehrbringen alter, gefährlicher und umweltschädlicher Fahrzeuge entgegenzuwirken.[390]

135 **Praktische Schwierigkeiten**, die Erfüllung eines privilegierenden Steuertatbestands im grenzüberschreitenden Sachverhalt festzustellen, können die Erhebung inländischer Abgaben nicht rechtfertigen, durch die aus anderen Mitgliedstaaten stammende Waren diskriminiert werden.[391] Vielmehr verlangt der EuGH, dem Importeur die Möglichkeit zu geben, den Nachweis der Erfüllung des privilegierenden Tatbestandes zu führen, um in den Genuss der Befreiung zu kommen, die für den Inlandssachverhalt vorgesehen ist. Sofern auch dies nicht möglich ist, kann die Differenzierung nicht aufrechterhalten werden.[392]

---

[383] EuGH, Urt. v. 27.2.2002, Rs. C–302/00 (Kommission/Frankreich), Slg. 2002, I–2055, Rn. 33.
[384] *Wernsmann*, in: Schulze/Zuleeg/Kadelbach, Europarecht, § 30, Rn. 58.
[385] EuGH, Urt. v. 18.1.2007, Rs. C–313/05 (Brzeziński), Slg. 2007, I–513, Rn. 39.
[386] EuGH, Urt. v. 23.10.1997, Rs. C–375/95 (Kommission/Griechenland), Slg. 1997, I–5981, Rn. 44.
[387] EuGH, Urt. v. 17.2.1976, Rs. 45/75 (Rewe), Slg. 1976, 181, Rn. 15.
[388] EuGH, Urt. v. 12.5.1992, Rs. C–327/90 (Kommission/Griechenland), Slg. 1992, I–3033, Rn. 24; s. a. Urt. v. 8.1.1980, Rs. 21/79 (Kommission/Italien), Slg. 1980, 1, Rn. 20 f.
[389] EuGH, Urt. v. 8.1.1980, Rs. 21/79 (Kommission/Italien), Slg. 1980, 1, Rn. 21.
[390] EuGH, Urt. v. 23.10.1997, Rs. C–375/95 (Kommission/Griechenland), Slg. 1997, I–5981, Rn. 28.
[391] EuGH, Urt. v. 8.11.2007, Rs. C–221/06 (Frohnleiten), Slg. 2007, I–9643, Rn. 70; Urt. v. 2.4.1998, Rs. C–213/96 (Outokumpu Oy), Slg. 1998, I–1777, Rn. 38; Urt. v. 23.10.1997, Rs. C–375/95 (Kommission/Griechenland), Slg. 1997, I–5981, Rn. 47; s. a. Urt. v. 18.1.2007, Rs. C–313/05 (Brzeziński), Slg. 2007, I–513, Rn. 39.
[392] Vgl. EuGH, Urt. v. 8.11.2007, Rs. C–221/06 (Frohnleiten), Slg. 2007, I–9643, Rn. 71 f.; Urt. v. 8.1.1980, Rs. 21/79 (Kommission/Italien), Slg. 1980, 1, Rn. 16; Urt. v. 2.4.1998, Rs. C–213/96 (Outokumpu Oy), Slg. 1998, I–1777, Rn. 40; s. a. *Schön*, EuR 2001, 341 (346).

III. Adressaten

Nach dem Wortlaut ist Art. 110 AEUV allein an die **Mitgliedstaaten** gerichtet. Um Umgehungsmöglichkeiten auszuschließen, ist irrelevant, ob die Abgabe von einem Mitgliedstaat selbst oder einer nichtstaatlichen Körperschaft[393] erhoben wird. Ebenso irrelevant ist, zu wessen Gunsten die Abgabe erhoben wird.[394] Die Verpflichtungen treffen die Mitgliedstaaten als solche und bestehen unabhängig davon, welches Staatsorgan durch sein Handeln oder Unterlassen den Verstoß verursacht hat.[395]

136

Über den Wortlaut hinaus geht der EuGH auch von einer Bindung der **Unionsorgane** selbst an Art. 110 AEUV aus.[396] Praktische Relevanz kommt dieser Bindung für Sekundärrechtsakte zu. Diese müssen Art. 110 AEUV gerecht werden[397] und gegebenenfalls **unionsrechtskonform ausgelegt** werden.[398] Von einer Vertragsverletzung durch Sekundärrecht kann dann nicht ausgegangen werden, wenn den Mitgliedstaaten durch die Richtlinie ein Ermessensspielraum belassen wird, der weit genug ist, um eine mit den Erfordernissen des Vertrages in Einklang stehende Umsetzung zu ermöglichen.[399]

137

IV. Rechtsfolgen

1. Unmittelbare Wirkung

Als Diskriminierungsverbot begründet Art. 110 Abs. 1 AEUV eine **klare und unbedingte Verpflichtung**, die nach Auslaufen der früheren Übergangsregelung des Art. 95 Abs. 3 EGV in der Fassung von 1992 (s. Rn. 60) an keine Bedingungen geknüpft ist und zu ihrer Durchführung oder Wirksamkeit auch keiner weiteren Maßnahmen der Gemeinschaftsorgane oder Mitgliedstaaten bedarf.[400] Folglich erfüllt Art. 110 AEUV die in der van-Gand Rechtsprechung genannten Kriterien für die unmittelbare Anwendbarkeit des Unionsrechts[401] und begründet unmittelbare Wirkungen und individuelle Rechte des Einzelnen, welche die staatlichen Gerichte zu beachten haben.[402]

138

Das Unionsrecht enthält dagegen keine Vorgabe, ob eine Abgabe, die nur über einen **bestimmten Betrag** hinaus mit Art. 110 Abs. 1 AEUV in Konflikt steht, insgesamt rechtswidrig ist oder nur hinsichtlich des Teiles, der jenen Betrag übersteigt.[403]

139

---

[393] EuGH, Urt. v. 22.3.1977, Rs. 74/76 (Iannelli & Volpi), Slg. 1977, 557, Rn. 19; Urt. v. 17.2.1976, Rs. 45/75 (Rewe), Slg. 1976, 181, Rn. 17.
[394] EuGH, Urt. v. 22.3.1977, Rs. 74/76 (Iannelli & Volpi), Slg. 1977, 557, Rn. 19.
[395] EuGH, Urt. v. 5.5.1970, Rs. 77/69 (Kommission/Belgien), Slg. 1970, 237, Rn. 15/16.
[396] Zustimmend *Wernsmann*, in: Schulze/Zuleeg/Kadelbach, Europarecht, § 30, Rn. 47.
[397] EuGH, Urt. v. 17.6.1999, Rs. C–166/98 (Socridis), Slg. 1999, I–3791, Rn. 13 ff.; Urt. v. 5.5.1982, Rs. 15/81 (Schul I), Slg. 1982, 1409, Rn. 42.
[398] EuGH, Urt. v. 5.5.1982, Rs. 15/81 (Schul I), Slg. 1982, 1409, Rn. 42 f.
[399] EuGH, Urt. v. 17.6.1999, Rs. C–166/98 (Socridis), Slg. 1999, I–3791, Rn. 19.
[400] EuGH, Urt. v. 16.6.1966, Rs. 57/65 (Lütticke), Slg. 1966, 258 (266).
[401] EuGH, Urt. v. 5.2.1963, Rs. 26/62 (Van Gend & Loos), Slg. 1963, 3 (25 ff.).
[402] EuGH, Urt. v. 16.6.1966, Rs. 57/65 (Lütticke), Slg. 1966, 258 (267); Urt. v. 22.3.1977, Rs. 74/76 (Iannelli & Volpi), Slg. 1977, 557, Rn. 22; Urt. v. 17.2.1976, Rs. 45/75 (Rewe), Slg. 1976, 181, Rn. 9; Urt. v. 26.2.1991, Rs. C–120/88 (Kommission/Italien), Slg. 1991, I–621, Rn. 5; Urt. v. 26.2.1991, Rs. C–119/89 (Kommission/Spanien), Slg. 1991, I–641, Rn. 5; Urt. v. 5.5.1982, Rs. 15/81 (Schul I), Slg. 1982, 1409, Rn. 46; Urt. v. 26.2.1991, Rs. C–159/89 (Kommission/Griechenland), Slg. 1991, I–691, Rn. 6; Urt. v. 3.4.1968, Rs. 28/67 (Molkereizentrale Westfalen-Lippe), Slg. 1968, 216 (230 ff.); Urt. v. 27.5.1981, verb. Rs. 142/80 u. 143/80 (Essevi und Salengo), Slg. 1981, 1413, Rn. 27; *Trautwein*, JA 1996, 813 (814); *Schön*, EuR 2016, 216 (219).
[403] EuGH, Urt. v. 3.4.1968, Rs. 28/67 (Molkereizentrale Westfalen-Lippe), Slg. 1968, 216 (233); Urt. v. 4.4.1968, Rs. 34/67 (Lück/Hauptzollamt Köln-Rheinau), Slg. 1968, 363 (373); Urt. v. 22.3.1977, Rs. 74/76 (Iannelli & Volpi), Slg. 1977, 557, Rn. 22.

140 Eine **zeitliche Begrenzung** der unmittelbaren Wirkung ist im Einklang mit allgemeinen Grundsätzen theoretisch denkbar, sofern die Betroffenen gutgläubig waren und die Gefahr schwerwiegender Störungen besteht.[404] Hieran sind aber strenge Anforderungen zu stellen. Allein die finanziellen Konsequenzen, die sich aus einem im Vorabentscheidungsverfahren ergangenen Urteil für einen Mitgliedstaat ergeben können, reichen für sich alleine nicht aus, um die zeitliche Begrenzung der Wirkungen dieses Urteils zu rechtfertigen.[405]

141 Die unmittelbare Wirkung stellt nur eine Mindestgarantie dar. Die Grundsätze der Rechtssicherheit und des Rechtsschutzes erfordern eine eindeutige Formulierung der Rechtsnormen der Mitgliedstaaten, die den betroffenen Personen die **klare und genaue Kenntnis ihrer Rechte und Pflichten** ermöglicht und die innerstaatlichen Gerichte in die Lage versetzt, deren Einhaltung sicherzustellen.[406]

2. Rückabwicklung

142 Bei einem Verstoß gegen Art. 110 AEUV ist der Mitgliedstaat grundsätzlich verpflichtet, die unter Verstoß gegen das Gemeinschaftsrecht erhobene **Abgabe zu erstatten**.[407] Zuzüglich sind **Zinsen** zu erstatten.[408] Die Verordnung (EWG) Nr. 1430/79 vom 2.7.1979 über die Erstattung oder den Erlass von Eingangs- oder Ausfuhrabgaben[409] ist hierauf nicht anwendbar.[410] Mangels Gemeinschaftsregeln über die Erstattung zu Unrecht erhobener inländischer Abgaben ist es daher Sache der innerstaatlichen Rechtsordnung der einzelnen Mitgliedstaaten, die zuständigen Gerichte zu bestimmen und die Verfahrensmodalitäten der Klagen zu regeln, die den Schutz der dem Bürger aus dem Gemeinschaftsrecht erwachsenden Rechte gewährleisten sollen. Eingeschränkt wird die mitgliedstaatliche Autonomie aber durch den Äquivalenz- und den Effektivitätsgrundsatz.[411]

143 Nach dem **Äquivalenzgrundsatz** dürfen die Rückabwicklungsmodalitäten nicht weniger günstig ausgestaltet sein als die entsprechender innerstaatlicher Klagen.[412] Dage-

---

[404] EuGH, Urt. v. 14.4.2015, Rs. C–76/14 (Manea), ECLI:EU:C:2015:216, Rn. 54; Urt. v. 3.6.2010, Rs. C–2/09 (Kalinchev), Slg. 2010, I–4939, Rn. 48 ff.; Urt. v. 27.5.1981, verb. Rs. 142/80 u. 143/80 (Essevi und Salengo), Slg. 1981, 1413, Rn. 30 ff.

[405] EuGH, Urt. v. 3.6.2010, Rs. C–2/09 (Kalinchev), Slg. 2010, I–4939, Rn. 52.

[406] EuGH, Urt. v. 26.2.1991, Rs. C–120/88 (Kommission/Italien), Slg. 1991, I–621, Rn. 9 f.; Urt. v. 26.2.1991, Rs. C–159/89 (Kommission/Griechenland), Slg. 1991, I–691, Rn. 9; Urt. v. 26.2.1991, Rs. C–119/89 (Kommission/Spanien), Slg. 1991, I–641, Rn. 8 ff.

[407] EuGH, Urt. v. 15.10.2014, Rs. C–331/13 (Nicula), ECLI:EU:C:2014:2285, Rn. 29; Urt. v. 9.2.1999, Rs. C–343/96 (Dilexport), Slg. 1999, I–579, Rn. 20; Urt. v. 9.11.1983, Rs. 199/82 (San Giorgio), Slg. 1983, 3595, Rn. 12; Urt. v. 24.3.1988, Rs. 104/86 (Kommission/Italien), Slg. 1988, 1799, Rn. 6; umfassend *Lange*, S. 44 ff.; *Trautwein*, JA 1996, 813 (818).

[408] EuGH, Urt. v. 6.10.2015, Rs. C–69/14 (Târşia), ECLI:EU:C:2015:662, Rn. 25; Urt. v. 15.10.2014, Rs. C–331/13 (Nicula), ECLI:EU:C:2014:2285, Rn. 29.

[409] ABl. 1979, L 175/1.

[410] EuGH, Urt. v. 14.1.1997, Rs. C–192/95 (Comateb), Slg. 1997, I–165, Rn. 21; Urt. v. 9.11.1983, Rs. 199/82 (San Giorgio), Slg. 1983, 3595, Rn. 20 f.

[411] EuGH, Urt. v. 6.10.2015, Rs. C–69/14 (Târşia), ECLI:EU:C:2015:662, Rn. 26 f.; Urt. v. 9.2.1999, Rs. C–343/96 (Dilexport), Slg. 1999, I–579, Rn. 25; Urt. v. 17.11.1998, Rs. C–228/96 (Aprile Srl/Amministrazione delle Finanze dello Stato), Slg. 1998, I–7141, Rn. 18; Urt. v. 15.9.1998, Rs. C–260/96 (Spac SpA), Slg. 1998, I–4997, Rn. 18; s.a. Urt. v. 9.11.1983, Rs. 199/82 (San Giorgio), Slg. 1983, 3595, Rn. 12; Urt. v. 29.6.1988, Rs. 240/87 (Deville/Administration des Impôts), Slg. 1988, 3513, Rn. 12; Urt. v. 27.2.1980, Rs. 68/79 (Just/Ministerium für Steuerwesen), Slg. 1980, 501, Rn. 25; instruktiv *Wernsmann*, in: Schulze/Zuleeg/Kadelbach, Europarecht, § 30, Rn. 135 ff.

[412] EuGH, Urt. v. 6.10.2015, Rs. C–69/14 (Târşia), ECLI:EU:C:2015:662, Rn. 32; Urt. v. 9.2.1999, Rs. C–343/96 (Dilexport), Slg. 1999, I–579, Rn. 25; weitere Nachweise s. o. Fn. 350.

gen sind die Mitgliedstaaten nicht verpflichtet, auf alle Klagen auf Erstattung von Abgaben und Gebühren, die unter Verstoß gegen das Gemeinschaftsrecht erhoben worden sind, ihre günstigsten Erstattungsregeln anzuwenden. Damit können die Einspruchs- und Klagemodalitäten für die Anfechtung von Steuern und sonstigen Abgaben weniger günstig sein als diejenigen, die im nationalen Recht allgemein für die Verjährung gelten.[413]

Nach dem **Effektivitätsgrundsatz** darf die Ausübung der durch die Gemeinschaftsrechtsordnung verliehenen Rechte nicht praktisch unmöglich gemacht oder übermäßig erschwert werden.[414] Im Interesse der Rechtssicherheit nicht zu beanstanden ist die Festsetzung angemessener Ausschlussfristen für die Rechtsverfolgung.[415] Gebilligt hat der EuGH eine nationale Verjährungsfrist von drei Jahren, die mit dem Zeitpunkt der Zahlung beginnt.[416] Nicht gefordert ist eine Durchbrechung des Grundsatzes der Rechtskraft.[417]

144

Das nationale Recht kann von einer Verpflichtung zur **Rückerstattung absehen**, wenn diese zu einer ungerechtfertigten Bereicherung der Berechtigten führen würde.[418] Mit Rücksicht auf das Äquivalenzprinzip ist diese Einschränkung nur zulässig, wenn sie auch im Übrigen gilt.[419] Allerdings sind Beweisanforderungen unzulässig, die es praktisch unmöglich oder übermäßig schwierig machen, die Erstattung von unter Verstoß gegen das Gemeinschaftsrecht erhobener Abgaben zu erreichen.[420] Dies verbietet eine Umkehr der Beweislast oder die Einschränkung der Beweisführung auf bestimmte Beweismittel.[421]

145

D. Verbot des mittelbaren Schutzes anderer Produktionen (Abs. 2)

Das Ziel vollkommener Wettbewerbsneutralität der warenbezogenen Steuern (s. Rn. 58) fordert eine Ergänzung des Art. 110 Abs. 1 AEUV. Dieser verbietet den Mit-

146

---

[413] EuGH, Urt. v. 9.2.1999, Rs. C–343/96 (Dilexport), Slg. 1999, I–579, Rn. 27 f.; Urt. v. 15.9.1998, Rs. C–260/96 (Spac SpA), Slg. 1998, I–4997, Rn. 23; s. a. Urt. v. 6.10.2015, Rs. C–69/14 (Târşia), ECLI:EU:C:2015:662, Rn. 35.

[414] EuGH, Urt. v. 9.2.1999, Rs. C–343/96 (Dilexport), Slg. 1999, I–579, Rn. 25; weitere Nachweise s. o. Fn. 350.

[415] EuGH, Urt. v. 9.2.1999, Rs. C–343/96 (Dilexport), Slg. 1999, I–579, Rn. 26; Urt. v. 16.12.1976, Rs. 33/76 (Rewe-Zentralfinanz und Rewe-Zentral), Slg. 1976, 1989, Rn. 5; Urt. v. 16.12.1976, Rs. 45/76 (Comet), Slg. 1976, 2043, Rn. 17; Urt. v. 17.7.1997, Rs. C–90/94 (Haahr Petroleum), Slg. 1997, I–4085, Rn. 48.

[416] EuGH, Urt. v. 9.2.1999, Rs. C–343/96 (Dilexport), Slg. 1999, I–579, Rn. 26; Urt. v. 17.11.1998, Rs. C–228/96 (Aprile Srl/Amministrazione delle Finanze dello Stato), Slg. 1998, I–7141, Rn. 19; Urt. v. 15.9.1998, Rs. C–260/96 (Spac SpA), Slg. 1998, I–4997, Rn. 19.

[417] EuGH, Urt. v. 6.10.2015, Rs. C–69/14 (Târşia), ECLI:EU:C:2015:662, Rn. 38.

[418] EuGH, Urt. v. 9.2.1999, Rs. C–343/96 (Dilexport), Slg. 1999, I–579, Rn. 30; Urt. v. 9.11.1983, Rs. 199/82 (San Giorgio), Slg. 1983, 3595, Rn. 13; Urt. v. 27.5.1981, verb. Rs. 142/80 u. 143/80 (Essevi und Salengo), Slg. 1981, 1413, Rn. 35; Urt. v. 24.3.1988, Rs. 104/86 (Kommission/Italien), Slg. 1988, 1799, Rn. 6.

[419] EuGH, Urt. v. 9.2.1999, Rs. C–343/96 (Dilexport), Slg. 1999, I–579, Rn. 30.

[420] EuGH, Urt. v. 9.11.1983, Rs. 199/82 (San Giorgio), Slg. 1983, 3595, Rn. 14; Urt. v. 25.2.1988, verb. Rs. 331/85, 376/85 u. 378/85 (Bianco), Slg. 1988, 1099, Rn. 12; Urt. v. 24.3.1988, Rs. 104/86 (Kommission/Italien), Slg. 1988, 1799, Rn. 7.

[421] EuGH, Urt. v. 9.11.1983, Rs. 199/82 (San Giorgio), Slg. 1983, 3595, Rn. 14; Urt. v. 24.3.1988, Rs. 104/86 (Kommission/Italien), Slg. 1988, 1799, Rn. 7, 11; s. a. Urt. v. 25.2.1988, verb. Rs. 331/85, 376/85 u. 378/85 (Bianco), Slg. 1988, 1099, Rn. 12, 17.

gliedstaaten allein, eingeführte Waren höher als **gleichartige** inländische Waren zu besteuern. Keinen Schutz bietet Art. 110 Abs. 1 AEUV dagegen vor einer Abschottung der nationalen Märkte durch Steuern auf eingeführte Waren, die zwar nicht mit inländischen Waren gleichartig sind, aber in einem zumindest (potentiellen) Konkurrenzverhältnis zu diesen stehen, weil sie sich wechselseitig substituieren können. Diese Lücke schließt Art. 110 Abs. 2 AEUV. Er soll jede Form eines mittelbaren steuerlichen Protektionismus bei eingeführten Waren erfassen, ohne dass sie gleichartig im Sinne des Abs. 1 sind, dennoch aber mit bestimmten inländischen Erzeugnissen, wenn auch nur teilweise, mittelbar oder potentiell im Wettbewerb stehen.[422]

I. Berechtigte

147 Hinsichtlich des Kreises der Berechtigten kann auf die entsprechenden Ausführungen zu Art. 110 Abs. 1 AEUV verwiesen werden (s. Rn. 79).

II. Tatbestand

1. Inländische Abgaben mit Warenbezug

148 Der Kreis der von Art. 110 Abs. 2 AEUV erfassten Abgaben beschränkt sich auf **inländische Abgaben mit Warenbezug**. Insoweit gelten gegenüber Art. 110 Abs. 1 AEUV keine Besonderheiten (s. Rn. 81).

2. Grenzüberschreitender Bezug

149 Auch hinsichtlich des Erfordernisses eines **grenzüberschreitenden Bezugs** kann auf die entsprechenden Ausführungen zu Art. 110 Abs. 1 AEUV verwiesen werden (s. Rn. 91).

3. Unzulässiger Schutz anderer Produktionen

150 Zentrales Tatbestandsmerkmal des Art. 110 Abs. 2 AEUV ist die **Schutzwirkung**, die die Abgabe zugunsten anderer inländischer Produktionen entfaltet. Dies setzt ein Wettbewerbsverhältnis zwischen der anderen inländischen und der besteuerten ausländischen Ware voraus (s. Rn. 151). Zudem muss die Abgabe eine protektionistische Wirkung entfalten (s. Rn. 153).

a) Wettbewerbsverhältnis.
aa) Grundlagen

151 Der Kreis der von Art. 110 Abs. 2 AEUV erfassten Wettbewerbsverhältnisse reicht weiter als bei Art. 110 Abs. 1 AEUV. Die Abgabe muss »Erzeugnisse erfassen, die zwar nicht gleichartig im Sinne des Abs. 1 sind, die aber doch mit bestimmten Erzeugnissen des Einfuhrlandes **wenigstens teilweise, mittelbar oder potentiell im Wettbewerb stehen**«.[423] Dabei ist entscheidend, ob das eingeführte Produkt mit dem bzw. den anderen

---

[422] EuGH, Urt. v. 8.4.2008, Rs. C–167/05 (Kommission/Schweden), Slg. 2008, I–2127, Rn. 41; Urt. v. 9.7.1987, Rs. 356/85 (Kommission/Belgien), Slg. 1987, 3299, Rn. 7; Urt. v. 11.8.1995, verb. Rs. C–367/93 – C–377/93 (Roders), Slg. 1995, I–2229, Rn. 38; Urt. v. 7.5.1987, Rs. 193/85 (Cooperativa Co-Frutta), Slg. 1987, 2085, Rn. 19; Urt. v. 15.7.1982, Rs. 216/81 (COGIS), Slg. 1982, 2701, Rn. 9.

[423] EuGH, Urt. v. 27.2.1980, Rs. 168/78 (Kommission/Frankreich), Slg. 1980, 347, Rn. 6; Urt. v. 7.5.1987, Rs. 193/85 (Cooperativa Co-Frutta), Slg. 1987, 2085, Rn. 19; Urt. v. 7.5.1987, Rs. 184/85

inländischen Produkten eine hinreichende Anzahl von Eigenschaften gemein hat, um wenigstens unter bestimmten Umständen eine **Alternative für den Verbraucher** darzustellen.[424] Ob ein derartiges Wettbewerbsverhältnis besteht, bestimmt sich nicht nur nach dem augenblicklichen Zustand des Marktes. Vielmehr sind gerade die im Rahmen des freien Warenverkehrs gegebenen Entwicklungsmöglichkeiten und neue Anreize für die Substitution von Erzeugnissen zu berücksichtigen.[425] Insofern muss die Wahrscheinlichkeit einer Wettbewerbsrelevanz der steuerlichen Belastungsdifferenzen bereits ausreichen.[426] Beispielsweise können sich lokale Trinkgewohnheiten verändern, weshalb die Steuerpolitik nicht dazu dienen darf, gegebene Verbrauchsgewohnheiten zu zementieren.[427] Um ein Wettbewerbsverhältnis i. S. d. Art. 110 Abs. 2 AEUV zu begründen, muss dieses aber dauerhafter Natur und typisch sein und darf »nicht nur gelegentlich vorliegen«.[428]

bb) Einzelfälle

Bejaht wurde eine **Substitutionskonkurrenz** für frische Bananen und Tafelobst typisch italienischer Erzeugung,[429] für Aquavit und andere Destillationsprodukte, sofern diese nicht bereits gleichartig i. S. d. Art. 110 Abs. 1 AEUV sind (s. Rn. 103)[430] sowie für Bier und billige Konsumweine.[431] Verneint wurde das Wettbewerbsverhältnis dagegen für getrocknete Bananen und Bananenmehl und Tafelobst typisch italienischer Erzeugung.[432]

152

b) Schutzwirkung

Im Unterschied zu Art. 110 Abs. 1 AEUV ist im Rahmen des Abs. 2 nicht ein »Vergleich der Abgabenbelastung maßgeblich«, weil dieser an der fehlenden Gleichartigkeit der Produkte scheitert. Vielmehr kommt es auf den »**Schutzcharakter einer inländischen Steuerregelung**« an.[433] Die hierfür grundlegende Frage ist, ob die Belastung geeignet ist, den betreffenden Markt durch eine **Verminderung des potentiellen Verbrauchs** der ein-

153

(Kommission/Italien), Slg. 1987, 2013, Rn. 11; Urt. v. 17.2.1976, Rs. 45/75 (Rewe), Slg. 1976, 181, Rn. 6; s. im Grundsatz bereits EuGH, Urt. v. 4.4.1968, Rs. 27/67 (Fink-Frucht GmbH/Hauptzollamt München Landsbergerstraße), Slg. 1968, 334 (347).
[424] EuGH, Urt. v. 7.5.1987, Rs. 184/85 (Kommission/Italien), Slg. 1987, 2013, Rn. 12; Urt. v. 27.2.1980, Rs. 168/78 (Kommission/Frankreich), Slg. 1980, 347, Rn. 40; Urt. v. 15.7.1982, Rs. 216/81 (COGIS), Slg. 1982, 2701, Rn. 10; Urt. v. 27.2.1980, Rs. 171/78 (Kommission/Dänemark), Slg. 1980, 447, Rn. 35; s.a. Urt. v. 7.5.1987, Rs. 193/85 (Cooperativa Co-Frutta), Slg. 1987, 2085, Rn. 21.
[425] EuGH, Urt. v. 27.2.1980, Rs. 170/78 (Kommission/Vereinigtes Königreich), Slg. 1980, 417, Rn. 6.
[426] *Schön*, EuR 2001, 341 (349).
[427] EuGH, Urt. v. 27.2.1980, Rs. 170/78 (Kommission/Vereinigtes Königreich), Slg. 1980, 417, Rn. 14.
[428] EuGH, Urt. v. 4.4.1968, Rs. 27/67 (Fink-Frucht GmbH/Hauptzollamt München Landsbergerstraße), Slg. 1968, 334 (347).
[429] EuGH, Urt. v. 7.5.1987, Rs. 193/85 (Cooperativa Co-Frutta), Slg. 1987, 2085, Rn. 21; Urt. v. 7.5.1987, Rs. 184/85 (Kommission/Italien), Slg. 1987, 2013, Rn. 12.
[430] EuGH, Urt. v. 27.2.1980, Rs. 171/78 (Kommission/Dänemark), Slg. 1980, 447, Rn. 35.
[431] EuGH, Urt. v. 17.6.1999, Rs. C–166/98 (Socridis), Slg. 1999, I–3791, Rn. 18; Urt. v. 9.7.1987, Rs. 356/85 (Kommission/Belgien), Slg. 1987, 3299, Rn. 10 f.; Urt. v. 8.4.2008, Rs. C–167/05 (Kommission/Schweden), Slg. 2008, I–2127, Rn. 43.
[432] EuGH, Urt. v. 7.5.1987, Rs. 184/85 (Kommission/Italien), Slg. 1987, 2013, Rn. 14.
[433] EuGH, Urt. v. 9.7.1987, Rs. 356/85 (Kommission/Belgien), Slg. 1987, 3299, Rn. 14; Urt. v. 27.2.1980, Rs. 168/78 (Kommission/Frankreich), Slg. 1980, 347, Rn. 7; Urt. v. 27.2.1980, Rs. 169/78 (Kommission/Italien), Slg. 1980, 385, Rn. 7.

geführten Erzeugnisse zugunsten der mit ihnen im Wettbewerb stehenden inländischen Erzeugnisse zu beeinflussen.[434] Hierbei sind der Unterschied zwischen den Verkaufspreisen, der Einfluss dieses Unterschieds auf die Entscheidung des Verbrauchers sowie die Entwicklung des Verbrauchs zu berücksichtigen.[435] In der Rechtsprechungspraxis ist das zentrale Kriterium die Höhe der Belastung in Relation zu den jeweiligen Verkaufspreisen. Bejaht wurde eine protektionistische Wirkung, sofern die Höhe der Abgabe nahezu die Hälfte des Einfuhrpreises ausmacht.[436] Dagegen fehlt es an der Schutzwirkung, wenn der Preisabstand zwischen den Erzeugnissen so groß ist, dass die steuerliche Mehrbelastung nicht geeignet ist, das Verbraucherverhalten zu beeinflussen.[437]

154 Auch im Rahmen des Art. 110 Abs. 2 AEUV steht den Mitgliedstaaten das Recht zu einer **differenzierenden Besteuerung** zu.[438] Fehlt es bereits an einem legitimen Ziel, reicht es für die Annahme eines Schutzcharakters einer differenzierenden Besteuerung aber bereits aus, wenn Erzeugnisse, die fast vollständig aus anderen Mitgliedstaaten eingeführt werden, eine höhere Steuerlast zu tragen haben.[439] Kann eine differenzierende Besteuerung hingegen den Anforderungen des Art. 110 Abs. 1 AEUV gerecht werden, führt eine solche Steuerregelung nicht allein deswegen zu einem unzulässigen mittelbaren Schutz der nationalen Produktion, wenn sich eine wirtschaftliche Produktion im Inland aufgrund der Besteuerung nicht hat entwickeln können und das höher besteuerte Erzeugnis tatsächlich ausschließlich aus anderen Mitgliedstaaten der Gemeinschaft importiert wird.[440]

III. Adressaten

155 Insoweit gelten gegenüber Art. 110 Abs. 1 AEUV **keine Besonderheiten** (s. Rn. 136).

IV. Rechtsfolgen

156 Die Rechtsfolgen einer Verletzung des Art. 110 Abs. 2 AEUV entsprechen grundsätzlich Art. 110 Abs. 1 AEUV.[441] Insbesondere kommt Art. 110 Abs. 2 AEUV **unmittelbare Wirkung** zu[442] und begründet **subjektive Rechte des Einzelnen**, die von den innerstaat-

---

[434] EuGH, Urt. v. 9.7.1987, Rs. 356/85 (Kommission/Belgien), Slg. 1987, 3299, Rn. 15; Urt. v. 11.8.1995, verb. Rs. C–367/93 – C–377/93 (Roders), Slg. 1995, I–2229, Rn. 39; Urt. v. 8.4.2008, Rs. C–167/05 (Kommission/Schweden), Slg. 2008, I–2127, Rn. 52.
[435] EuGH, Urt. v. 8.4.2008, Rs. C–167/05 (Kommission/Schweden), Slg. 2008, I–2127, Rn. 53; Urt. v. 11.8.1995, verb. Rs. C–367/93 – C–377/93 (Roders), Slg. 1995, I–2229, Rn. 40.
[436] EuGH, Urt. v. 7.5.1987, Rs. 184/85 (Kommission/Italien), Slg. 1987, 2013, Rn. 13; Urt. v. 7.5.1987, Rs. 193/85 (Cooperativa Co-Frutta), Slg. 1987, 2085, Rn. 22.
[437] EuGH, Urt. v. 9.7.1987, Rs. 356/85 (Kommission/Belgien), Slg. 1987, 3299, Rn. 18: Unterschied von 6 % im Mehrwertsteuersatz bei einem vierfach so hohen Verkaufspreis; Urt. v. 8.4.2008, Rs. C–167/05 (Kommission/Schweden), Slg. 2008, I–2127, Rn. 54 ff.: Endverkaufspreise stehen sich vor und nach Steuern im Verhältnis 1 zu 2,1 anstelle von 1 zu 2,3 gegenüber.
[438] EuGH, Urt. v. 27.2.1980, Rs. 168/78 (Kommission/Frankreich), Slg. 1980, 347, Rn. 16; Urt. v. 10.10.1978, Rs. 148/77 (Hansen), Slg. 1978, 1787, Rn. 20.
[439] EuGH, Urt. v. 15.7.1982, Rs. 216/81 (COGIS), Slg. 1982, 2701, Rn. 11; s. a. Urt. v. 27.2.1980, Rs. 171/78 (Kommission/Dänemark), Slg. 1980, 447, Rn. 36; Urt. v. 27.2.1980, Rs. 169/78 (Kommission/Italien), Slg. 1980, 385, Rn. 35.
[440] EuGH, Urt. v. 14.1.1981, Rs. 140/79 (Chemial Farmaceutici), Slg. 1981, 1, Rn. 18.
[441] *Stumpf*, in: Schwarze, EU-Kommentar, Art. 110 AEUV, Rn. 27; *Seiler*, in: Grabitz/Hilf/Nettesheim, EU, Art. 110 AEUV (März 2011), Rn. 46.
[442] EuGH, Urt. v. 4.4.1968, Rs. 27/67 (Fink-Frucht GmbH/Hauptzollamt München Landsbergerstraße), Slg. 1968, 334 (346 f.); Urt. v. 27.5.1981, verb. Rs. 142/80 u. 143/80 (Essevi und Salengo), Slg. 1981, 1413, Rn. 27.

lichen Gerichten zu beachten und zu schützen sind.[443] Analog den bei Art. 110 Abs. 1 AEUV geltenden Grundsätzen fordert Art. 110 Abs. 2 AEUV nicht, dass die Abgabe vollständig zurückzuvergüten ist (s. Rn. 139), weil dies der Ware aus dem anderen Mitgliedstaat einen Wettbewerbsvorteil gegenüber inländischen Waren verschaffen würde. Die Belastung ist aber im Wege tatrichterlicher Einzelfallwürdigung auf ein Niveau zu reduzieren, das die Schutzwirkung entfallen lässt. Insoweit steht dem Mitgliedstaat kein Gestaltungsspielraum offen und wird auch die unmittelbare Wirkung des Art. 110 Abs. 2 AEUV nicht in Frage gestellt.[444] Dessen ungeachtet stehen den Mitgliedstaaten in der Regel vielfältige Möglichkeiten offen, die protektionistische Wirkung auf andere Weise als der Absenkung der Abgabe zu beseitigen, die auf der ausländischen Ware lastet.

---

[443] EuGH, Urt. v. 4.4.1968, Rs. 27/67 (Fink-Frucht GmbH/Hauptzollamt München Landsbergerstraße), Slg. 1968, 334 (346 f.).
[444] A.A. *Seiler*, in: Grabitz/Hilf/Nettesheim, EU, Art. 110 AEUV (März 2011), Rn. 46; s.a. *Schön*, EuR 2001, 341 (347).

Artikel 111 AEUV [Verbot überhöhter Rückvergütungen inländischer Abgaben]

Werden Waren in das Hoheitsgebiet eines Mitgliedstaats ausgeführt, so darf die Rückvergütung für inländische Abgaben nicht höher sein als die auf die ausgeführten Waren mittelbar oder unmittelbar erhobenen inländischen Abgaben.

Literaturübersicht

S. die Literaturangaben zu Art. 110 AEUV

Leitentscheidungen

EuGH, Urt. v. 1.12.1965, Rs. 45/64 (Kommission/Italien), Slg. 1965, 1126
Urt. v. 4.4.1968, 27/67 (Fink-Frucht GmbH/Hauptzollamt München Landsbergerstraße), Slg. 1968, 327
Urt. v. 22.10.1974, 27/74 (Demag AG/Finanzamt Duisburg-Süd), Slg. 1974, 1037
Urt. v. 26.6.1991, C–152/89 (Kommission/Luxemburg), Slg. 1991, I–3141
Urt. v. 26.6.1991, C–153/89 (Kommission/Belgien), Slg. 1991, I–3171

Inhaltsübersicht

	Rn.
A. Regelungsgegenstand und Normzweck	1
B. Entstehungsgeschichte	3
C. Systematische Stellung	4
D. Berechtigte	6
E. Tatbestand	7
I. Warenbezug	8
II. Grenzüberschreitender Bezug	9
F. Adressaten	10
G. Rechtsfolgen	11
I. Limitierung der Rückvergütung	12
1. Inländische Abgaben	12
2. Höhe der Rückvergütung	14
3. Zulässigkeit niedriger Rückvergütungen	15
II. Unmittelbare Wirkung	16

A. Regelungsgegenstand und Normzweck

1 Art. 111 AEUV schützt die mitgliedstaatlichen Märkte vor **steuerlichen Wettbewerbsverzerrungen beim Warenexport**. Die Vorschrift verbietet den Mitgliedstaaten, bei der Ausfuhr von Waren **höhere Rückvergütungen für warenbezogene (inländische) Abgaben zu erstatten**, als die ausgeführten Waren tatsächlich zu tragen hatten. Wie Art. 110 AEUV verhindert damit auch Art. 111 AEUV, dass die Mitgliedstaaten ihren Unternehmen mit Hilfe des Abgabenrechts eine Vorzugsbehandlung zuteilwerden lassen[1] und dient so der Wettbewerbsneutralität zwischen den Mitgliedstaaten. Art. 110 AEUV verbietet eine Abgabenerhebung, die eingeführte Waren bei inländischen Abgaben diskriminiert oder eine unzulässige Schutzwirkung entfaltet. Bei nach Art. 111 AEUV unzulässigen Maßnahmen handelt es sich dagegen um eine **verkappte Exportförderung**,

---

[1] GA *Gand*, Schlussanträge zu Rs. 45/64 (Kommission/Italien), Slg. 1965, 1141 (1147).

die inländischen Waren auf ausländischen Märkten durch eine steuerliche Subventionierung Wettbewerbsvorteile verschafft.

Dass die Vorschrift überhaupt eine Rückerstattung inländischer Abgaben bei der Ausfuhr erlaubt, ist Folge des dem Art. 111 AEUV stillschweigend zugrunde gelegten **Bestimmungslandprinzips**.[2] Im grenzüberschreitenden Warenverkehr zielt dieses darauf, die Ware im Einfuhrland entsprechend dem Besteuerungsniveau des Importstaates zu belasten. Um eine Doppelbesteuerung zu vermeiden, hat der Exportstaat dazu die Warenbewegung von den auf ihr lastenden inländischen Abgaben zu befreien. Dagegen erhebt der Importstaat auf die Einfuhr eine Steuer, die dem Belastungsniveau rein inländischer Sachverhalte entspricht. Das Sekundärrecht hält bislang weitgehend am Bestimmungslandprinzip fest, nachdem die Vorstöße der Kommission, zum Ursprungslandprinzip überzugehen (s. Art. 110 AEUV, Rn. 19; Art. 115 AEUV, Rn. 24), bislang nicht die erforderlichen Mehrheiten gefunden haben. Sollte vom Bestimmungslandprinzip abgerückt werden, wäre die Vorschrift gegenstandslos, da nach dem Ursprungslandprinzip der Einfuhrstaat auf eine Besteuerung verzichtet und die Ware einmalig im Ursprungsland besteuert wird.[3]

B. Entstehungsgeschichte

Art. 111 AEUV findet sich bereits im EGV in der Fassung der Römischen Verträge. Regelungsstandort war ursprünglich Art. 96 EWGV. Der Amsterdamer Vertrag wies der Vorschrift Art. 91 EGV, der Vertrag von Lissabon Art. 111 AEUV zu. Der Wortlaut blieb in allen Fassungen **unverändert**.

C. Systematische Stellung

Regelungsgegenstand des Art. 111 AEUV ist allein das Verbot überhöhter Rückvergütung **warenbezogener Abgaben**. Inwieweit eine Rückvergütung für **sonstige Abgaben**, insbesondere direkte Steuern, zulässig ist, bestimmt sich hingegen nach **Art. 112 AEUV** (s. Art. 112 AEUV, Rn. 1).

Art. 111 AEUV steht systematisch in enger Verbindung mit dem **Beihilfeverbot des Art. 107 AEUV**, das auch für Exportbeihilfen gilt. Nach Art. 107 AEUV ist es den Mitgliedstaaten prinzipiell verboten, den Export mithilfe von Subventionen gleich welcher Art zu fördern. Über Ausnahmen entscheidet der Rat in dem besonderen Verfahren des Art. 108 Abs. 3 AEUV. Im Unterschied zu Art. 107 AEUV lässt Art. 111 AEUV von dem Verbot erhöhter Rückvergütungen inländischer warenbezogener Abgaben keine Ausnahmen zu. Der Vorschrift kommt damit nicht nur eine relative, sondern eine **absolute Wirkung** zu.[4] Insbesondere entfaltet eine Ausnahmebewilligung nach Art. 108 Abs. 3 AEUV keine Legalisierungswirkung für Art. 111 AEUV.

---

[2] *Ohler*, Die fiskalische Integration in der Europäischen Gemeinschaft 1997, S. 360.
[3] *Stumpf*, in: Schwarze, EU-Kommentar, Art. 111 AEUV, Rn. 3.
[4] *Wolffgang/Gellert*, in: Lenz/Borchardt, EU-Verträge, Art. 111 AEUV, Rn. 2.

D. Berechtigte

6 Hinsichtlich des Kreises der Berechtigten gelten gegenüber Art. 110 AEUV keine Besonderheiten. Berechtigt, sich auf eine Verletzung des Art. 111 AEUV zu berufen, sind nicht nur die Angehörigen der Mitgliedstaaten, sondern ebenso Drittstaatler (s. Art. 110 AEUV, Rn. 79). In der **Exportsituation** kann der Verstoß vor den mitgliedstaatlichen Gerichten durch jede natürliche oder juristische Person geltend gemacht werden, die mit dem Lieferanten in einem Wettbewerbsverhältnis steht.

E. Tatbestand

7 Das Verbot überhöhter Rückvergütungen ist gegenständlich auf **Waren** (s. Rn. 8) und territorial auf den **Warenexport in andere Mitgliedstaaten** (s. Rn. 9) beschränkt.

I. Warenbezug

8 Wie Art. 110 AEUV setzt auch Art. 111 AEUV ausweislich seines klaren Wortlauts einen **Warenbezug** voraus. Überzeugende Gründe, diesen aufzugeben,[5] sind bei Art. 111 AEUV ebenso wenig wie bei Art. 110 AEUV ersichtlich (s. Art. 110 AEUV, Rn. 85).[6] Der Begriff der Ware i.S.d. Art. 111 AEUV ist **gleichbedeutend mit dem in Art. 110 AEUV** und entspricht Art. 29 AEUV. Erfasst sind sämtliche **Unionswaren**. Dies sind nicht nur solche, die ihren Ursprung in dem Mitgliedstaat der Ausfuhr haben. Eingeschlossen sind auch Waren, die aus Drittstaaten eingeführt worden sind und sich im freien Verkehr eines Mitgliedstaats befinden (s. Art. 110 AEUV, Rn. 92).

II. Grenzüberschreitender Bezug

9 Das Privilegierungsverbot gilt allein für die Warenausfuhr in andere Mitgliedstaaten. Nicht von Art. 111 AEUV erfasst ist der Warenexport in **Drittstaaten**. Überhöhte Rückerstattungen können im Bereich der **Umsatzsteuer** aber mit dem europäischen Sekundärrecht in Konflikt geraten. Beispielsweise widerspricht eine überhöhte Rückvergütung bei der Umsatzsteuer Art. 167 ff. Mehrwertsteuer-Systemrichtlinie,[7] die den Vorsteuerabzug auf die genannten Vorsteuerbeträge begrenzt. Primärrechtliche Grenzen setzt zudem das Beihilfeverbot (Art. 107 AEUV), weil eine Exportförderung zulasten mitgliedstaatlicher Mitbewerber gehen kann.[8]

---

[5] In diese Richtung aber wohl *Stumpf*, in: Schwarze, EU-Kommentar, Art. 111 AEUV, Rn. 6, die sich für eine Anpassung der Vorschrift an die Gegebenheiten einer europäischen Dienstleistungsgesellschaft ausspricht.

[6] So auch *Wolffgang/Gellert*, in: Lenz/Borchardt, EU-Verträge, Art. 111 AEUV, Rn. 3; *Waldhoff*, in: Calliess/Ruffert, EUV/AEUV, Art. 111 AEUV, Rn. 1; *Rossi*, in: Vedder/Heintschel v. Heinegg, Europäisches Unionsrecht, Art. 111 AEUV, Rn. 3; *Seiler*, in: Grabitz/Hilf/Nettesheim, EU, Art. 111 AEUV (März 2011), Rn. 6.

[7] Richtlinie 2006/112/EG des Rates vom 28.11.2006 über das gemeinsame Mehrwertsteuersystem, ABl. 2006, L 347/1.

[8] *Waldhoff*, in: Calliess/Ruffert, EUV/AEUV, Art. 111 AEUV, Rn. 1; *Stumpf*, in: Schwarze, EU-Kommentar, Art. 111 AEUV, Rn. 13; *Wolffgang/Gellert*, in: Lenz/Borchardt, EU-Verträge, Art. 111 AEUV, Rn. 2; *Beiser/Zorn*, in: Mayer/Stöger, EUV/AEUV, Art. 111 AEUV (Mai 2010), Rn. 3.

F. Adressaten

Art. 111 AEUV ist an die **Mitgliedstaaten** gerichtet. Entsprechend den bei Art. 110 AEUV geltenden Grundsätzen ist aber auch die **Union** selbst verpflichtet, im Sekundärrecht die Vorgaben des Art. 111 AEUV einzuhalten (s. Art. 110 AEUV, Rn. 137).

10

G. Rechtsfolgen

Rechtsfolge des Art. 111 AEUV ist die Begrenzung der Rückerstattung warenbezogener inländischer Abgaben auf das Belastungsniveau der erhobenen warenbezogenen inländischen Abgaben (s. Rn. 12). Auch Art. 111 AEUV kommt eine unmittelbare Wirkung zu (s. Rn. 16).

11

I. Limitierung der Rückvergütung

1. Inländische Abgaben

Der Begriff der inländischen Abgabe **entspricht Art. 110 AEUV** (s. Art. 110 AEUV, Rn. 82).[9] Inländische Abgabe und keine Abgabe zollgleicher Wirkung ist eine Sonderumsatzsteuer, die nationale Ausfuhrerzeugnisse einer Sonderbelastung unterwirft, um deren Wettbewerbsfähigkeit gegenüber den Erzeugnissen anderer Mitgliedstaaten zu beeinträchtigen.[10]

12

Unmittelbare Abgaben sind solche, die die Fertigware belasten, **mittelbare Abgaben** diejenigen Abgaben, mit denen auf den einzelnen Fertigungsstufen die für die Herstellung der Ware verwendeten Rohstoffe oder Halbfertigerzeugnisse belastet sind.[11] Auch als mittelbare inländische Abgaben nicht berücksichtigungsfähig sind damit die das Produktionsunternehmen als solches betreffenden Steuern, wie Eintragungs-, Stempel- und Hypothekensteuern, Abgaben für Lizenzen und Konzessionen sowie die Kraftfahrzeug- und die Werbungssteuern.[12] Erst recht muss sich aus deutscher Perspektive eine Rückvergütung der Belastung mit Einkommen-, Körperschaft- oder Gewerbesteuer verbieten, was sich zudem aus einem Umkehrschluss aus Art. 112 AEUV ergibt.[13]

13

2. Höhe der Rückvergütung

Nicht berücksichtigungsfähig ist die **Zollbelastung**.[14] Eine **Pauschalierung** ist nicht schlechthin ausgeschlossen. Diese darf im Ergebnis aber auch nicht in bestimmten Fällen dazu führen, dass die Rückvergütungen höher sind als die inländische Abgabenbelastung.[15] Die Beweislast hierfür hat der Mitgliedstaat zu tragen.

14

---

[9] EuGH, Urt. v. 4.4.1968, Rs. 31/67 (Stier/Hauptzollamt Hamburg-Ericus), Slg. 1968, 352 (360); s. a. EuGH, Urt. v. 22.10.1974, Rs. 27/74 (Demag AG/Finanzamt Duisburg-Süd), Slg. 1974, 1037, Rn. 7.
[10] EuGH, Urt. v. 22.10.1974, Rs. 27/74 (Demag AG/Finanzamt Duisburg-Süd), Slg. 1974, 1037, Rn. 9.
[11] EuGH, Urt. v. 1.12.1965, Rs. 45/64 (Kommission/Italien), Slg. 1965, 1126 (1138).
[12] EuGH, Urt. v. 1.12.1965, Rs. 45/64 (Kommission/Italien), Slg. 1965, 1126 (1138).
[13] *Stumpf*, in: Schwarze, EU-Kommentar, Art. 110 AEUV, Rn. 6.
[14] EuGH, Urt. v. 19.11.1969, Rs. 45/64 (Kommission/Italien), Slg. 1969, 433, Rn. 6/8.
[15] EuGH, Urt. v. 19.11.1969, Rs. 45/64 (Kommission/Italien), Slg. 1969, 433, Rn. 9/10; Urt. v. 1.12.1965, Rs. 45/64 (Kommission/Italien), Slg. 1965, 1126 (1139).

3. Zulässigkeit niedriger Rückvergütungen

15 Art. 111 AEUV verbietet es den Mitgliedstaaten nicht, den Betrag der Rückvergütungen **niedriger festzusetzen** als die Abgabenlast, mit der die Ware unmittelbar oder mittelbar belastet war.[16]

II. Unmittelbare Wirkung

16 Die Vorschrift ist unbedingt, vollständig und bedarf zu ihrer Wirksamkeit keiner weiteren Handlungen der Mitgliedstaaten oder der Unionsorgane. Damit begründet Art. 111 AEUV **unmittelbare Rechte** zugunsten der betroffenen Konkurrenten und ist von den innerstaatlichen Gerichten zu beachten.[17] Unter Verstoß gegen Art. 111 AEUV erfolgte Zahlungen sind zurückzuerstatten.[18]

---

[16] EuGH, Urt. v. 22.10.1974, Rs. 27/74 (Demag AG/Finanzamt Duisburg-Süd), Slg. 1974, 1037, Rn. 7.

[17] *Wolffgang/Gellert*, in: Lenz/Borchardt, EU-Verträge, Art. 111 AEUV, Rn. 11; *Waldhoff*, in: Calliess/Ruffert, EUV/AEUV, Art. 111 AEUV, Rn. 3; *Beiser/Zorn*, in: Mayer/Stöger, EUV/AEUV, Art. 111 AEUV (Mai 2010), Rn. 14; *Schröer-Schallenberg*, § 16, Rn. 49.

[18] *Beiser/Zorn*, in: Mayer/Stöger, EUV/AEUV, Art. 111 AEUV (Mai 2010), Rn. 15.

Artikel 112 AEUV [Genehmigung von Entlastungen und Rückvergütungen]

Für Abgaben außer Umsatzsteuern, Verbrauchsabgaben und sonstigen indirekten Steuern sind Entlastungen und Rückvergütungen bei der Ausfuhr nach anderen Mitgliedstaaten sowie Ausgleichsabgaben bei der Einfuhr aus den Mitgliedstaaten nur zulässig, soweit der Rat sie vorher auf Vorschlag der Kommission für eine begrenzte Frist genehmigt hat.

Literaturübersicht

S. die Literaturangaben zu Art. 110 AEUV

Inhaltsübersicht

	Rn.
A. Regelungsgegenstand und Normzweck	1
B. Entstehungsgeschichte	4
C. Berechtigte	5
D. Tatbestand	6
E. Rechtsfolge	8
F. Genehmigungsvorbehalt	9

A. Regelungsgegenstand und Normzweck

1 Art. 112 AEUV beschränkt die steuerliche Souveränität der Mitgliedstaaten bei der Erhebung **direkter Steuern**. Vorbehaltlich einer Ausnahmebewilligung durch den Rat dürfen bei den direkten Steuern bei der Ausfuhr in andere Mitgliedstaaten **keine Entlastungen oder Rückvergütungen** gewährt (Art. 112 Var. 1 AEUV), bei der Einfuhr aus anderen Mitgliedstaaten **keine Ausgleichsabgaben** erhoben werden (Art. 112 Var. 2 AEUV). Damit ergänzt die Vorschrift Art. 110 und Art. 111 AEUV, deren Regelungsgegenstand indirekte warenbezogene Abgaben sind. Während es beide Vorschriften den Mitgliedstaaten erlauben, Unterschiede in der Belastung mit warenbezogenen Abgaben zu neutralisieren, stellt Art. 112 AEUV im Grundsatz ein **absolutes Kompensationsverbot** auf. Damit müssen die Mitgliedstaaten Unterschiede in der Belastung mit direkten Steuern hinnehmen, sofern der Rat nicht eine Ausnahmebewilligung erteilt hat (s. Rn. 9).

2 Das Kompensationsverbot rechtfertigt sich aus verschiedenen Gründen: Eine Kompensation widerspricht der **Grundidee des gemeinsamen Marktes**, der nicht auf eine Nivellierung von Standortfaktoren, sondern auf eine differenzierte Wirtschaftsordnung gerichtet ist, die es den Mitgliedstaaten erlaubt, komparative Kostenvorteile zu erzielen. Steuerliche Mehrbelastungen bei den direkten Steuern auszugleichen, ist umso weniger einsichtig, weil diese Folge einer weitgehend **autonomen Ausgestaltung der nationalen Steuerrechtsordnung** sind. Zudem würde eine Kompensation der Strategie eines Wettbewerbs der Steuerrechtsordnungen zuwiderlaufen (s. Art. 110 AEUV, Rn. 29).

3 Die Option einer **Ausnahmebewilligung** hat bislang noch **keine praktische Bedeutung** erlangt. Denkbar erscheint eine solche Genehmigung allein für Staaten, die sich ganz

überwiegend durch hohe direkte Steuern finanzieren, sodass deren Unternehmen im Wettbewerb benachteiligt sind.[1]

B. Entstehungsgeschichte

4   Art. 112 AEUV ist seit den Römischen Verträgen inhaltlich unverändert geblieben. Regelungsstandort war zunächst Art. 98 EWGV, im Amsterdamer Vertrag Art. 92 EGV. Die Neufassung der Vorschrift im Lissabonner Vertrag in Art. 112 AEUV beschränkt sich auf **eine redaktionelle Änderung**. Die vorherigen Fassungen sahen für die Ausnahmegenehmigung des Art. 112 AEUV das Erfordernis einer qualifizierten Mehrheit vor. Da für Ratsbeschlüsse nunmehr gem. Art. 16 Abs. 3 EUV vorbehaltlich expliziter Abweichungen eine qualifizierte Mehrheit als Regelfall vorgeschrieben ist, konnte auf die entsprechende Passage ohne sachliche Änderung verzichtet werden.[2]

C. Berechtigte

5   Hinsichtlich des Kreises der Berechtigten muss zwischen dem Import- (Art. 112 Var. 1 AEUV) und dem Exportfall (Art. 112 Var. 1 AEUV) unterschieden werden. Für den **Importfall** kann auf Art. 110 AEUV (s. Art. 110 AEUV, Rn. 81) und für den **Exportfall** auf Art. 111 AEUV (s. Art. 111 AEUV, Rn. 6) verwiesen werden.

D. Tatbestand

6   Den Kreis der erfassten Abgaben umschreibt Art. 112 AEUV mit (sämtlichen) **Abgaben mit Ausnahme der Umsatzsteuer, Verbrauchsabgaben und sonstigen indirekten Steuern**. Erfasst sind damit allein die direkten Abgaben, insbesondere direkte Steuern, d. h. solche Steuern, bei denen der rechtliche mit dem wirtschaftlichen Steuerschuldner identisch ist (s. Art. 110 AEUV, Rn. 10).

7   Tatbestandlich setzt die Norm voraus, dass eine derartige Abgabe entweder an die **Ausfuhr** von **Waren** in andere Mitgliedstaaten (Art. 112 Var. 1 AEUV) oder an die **Einfuhr** von Waren aus anderen Mitgliedstaaten (Art. 112 Var. 2 AEUV) anknüpft. Steuersystematisch handelt es sich in beiden Fällen um **Lenkungsnormen** (s. Art. 110 AEUV, Rn. 53), mit denen entweder Exporte gefördert (Art. 112 Var. 1 AEUV) oder Importe erschwert werden (Art. 112 Var. 2 AEUV) sollen.

E. Rechtsfolge

8   Sofern keine wirksame Ausnahmebewilligung (s. Rn. 9) vorliegt, begründet Art. 112 AEUV ein absolutes Kompensationsverbot. Diesem widersprechende Entlastungen und Rückvergütungen sind **unionsrechtswidrig** und dürfen **nicht** ausgezahlt bzw. müssen nach Auszahlung zurückerstattet werden.

---

[1] *Wolffgang/Gellert*, in: Lenz/Borchardt, EU-Verträge, Art. 112 AEUV, Rn. 12.
[2] Instruktiv *Stumpf*, in: Schwarze, EU-Kommentar, Art. 112 AEUV, Rn. 2.

F. Genehmigungsvorbehalt

Art. 112 Hs. 2 AEUV gestattet, das Kompensationsverbot für eine begrenzte Zeit zu durchbrechen (repressives Verbot mit befristetem Befreiungsvorbehalt). Die Ausnahmebewilligung muss dazu mit **qualifizierter Mehrheit vom Rat auf Vorschlag der Kommission** genehmigt werden (Art. 16 Abs. 3–5 EUV). Die Genehmigung, die in Form einer Richtlinie oder Entscheidung ergehen kann, ist zeitlich zu befristen. Vor allem durch das Erfordernis der Befristung bringt Art. 112 AEUV deutlich zum Ausdruck, dass die Erteilung derartiger Genehmigungen systemwidrig (s. Rn. 2) und an sich unerwünscht ist. Da die Kommission bislang noch keinen entsprechenden Vorschlag unterbreitet hat, hat der Genehmigungsvorbehalt bislang keine praktische Bedeutung erlangt.

Artikel 113 AEUV [Harmonisierung der Rechtsvorschriften über indirekte Steuern]

Der Rat erlässt gemäß einem besonderen Gesetzgebungsverfahren und nach Anhörung des Europäischen Parlaments und des Wirtschafts- und Sozialausschusses einstimmig die Bestimmungen zur Harmonisierung der Rechtsvorschriften über die Umsatzsteuern, die Verbrauchsabgaben und sonstige indirekte Steuern, soweit diese Harmonisierung für die Errichtung und das Funktionieren des Binnenmarkts und die Vermeidung von Wettbewerbsverzerrungen notwendig ist.

Literaturübersicht

Blottke/Sotiriu, Umsatzsteuerbetrugsbekämpfung auf europäischer Ebene, SteuerStud 2010, 256 u. 323; *Jatzke*, Das System des deutschen Verbrauchsteuerrechts: unter Berücksichtigung der Ergebnisse der Verbrauchsteuerharmonisierung in der Europäischen Union, 1997; *P. Kirchhof*, 40 Jahre Umsatzsteuergesetz, DStR 2008, 1; *Sikorski*, Umsatzsteuer im Binnenmarkt, 8. Aufl., 2013; *Wernsmann/Zirkl*, Die Regelungskompetenz der EU für eine Finanztransaktionssteuer, EuZW 2014, 167; s. die Literaturangaben zu Art. 110 AEUV.

Leitentscheidungen

EuGH, Urt. v. 11. 9. 2003, Rs. C–211/01 (Kommission/Rat), Slg. 2003, I–8913
EuGH, Urt. v. 29. 4. 2004, Rs. C–338/01 (Kommission/Rat), Slg. 2004, I–4829
EuGH, Urt. v. 4. 6. 2015, Rs. C–5/14 (Kernkraftwerke Lippe-Ems), ECLI:EU:C:2015:354

Wesentliche sekundärrechtliche Vorschriften

Richtlinie 92/77/EWG vom 19. 10.1992 zur Ergänzung des gemeinsamen Mehrwertsteuersystems und zur Änderung der Richtlinie 77/388/EWG, ABl. 1992, L 316/1
Richtlinie 92/83/EWG vom 19. 10.1992 zur Harmonisierung der Struktur der Verbrauchsteuer auf Alkohol und alkoholische Getränke, ABl. 1992, L 316/21
Richtlinie 2006/112/EG vom 28. 11. 2006 über das gemeinsame Mehrwertsteuersystem, ABl. 2006, L 347/1
Richtlinie 2008/118/EG vom 16. 12. 2008 über das allgemeine Verbrauchsteuersystem und zur Aufhebung der Richtlinie 92/12/EWG, ABl. 2009, L 9/12
Richtlinie 2011/64/EU vom 21. 6. 2011 über die Struktur und die Sätze der Verbrauchsteuern auf Tabakwaren, ABl. 2011, L 176/24

Inhaltsübersicht

	Rn.
A. Regelungsgegenstand und Normzweck	1
B. Entstehungsgeschichte	4
C. Systematische Einordnung	5
D. Tatbestand	6
I. Gegenstände der Harmonisierung	7
1. Umsatzsteuer	8
2. Verbrauchsabgaben	10
3. Sonstige indirekte Steuern	11
II. Begriff und Instrumente der Harmonisierung	13
1. Harmonisierung versus Rechtsangleichung	13
2. Handlungsformen	15
III. Notwendigkeit der Harmonisierung	16
E. Verfahren	19
F. Überblick über das Sekundärrecht	22
I. Umsatzsteuer	22
1. Grundlagen	22
2. Wichtige Etappen der Harmonisierung	25

II. Verbrauchsabgaben 33
  III. Sonstige indirekte Steuern 37

A. Regelungsgegenstand und Normzweck

Art. 113 AEUV normiert eine **autonome Kompetenzgrundlage zur Harmonisierung der indirekten Steuern**, von der vor allem im Bereich der Umsatzsteuer in weitem Umfang Gebrauch gemacht worden ist (s. Rn. 22). Nicht anwendbar ist die Vorschrift auf die Harmonisierung der direkten Steuern. Diese kann auch nicht auf Art. 114 AEUV, sondern allein auf Art. 115 AEUV gestützt werden (Art. 114 Abs. 2 AEUV; s. Art. 110 AEUV, Rn. 22; Art. 114 AEUV, Rn. 29). Art. 113 AEUV dient ebenso wie die Art. 110–112 AEUV der Verwirklichung des **Binnenmarkts**, unterscheidet sich aber in Wirkungsweise und Zielrichtung von den steuerlichen Diskriminierungsverboten (s. Art. 110 AEUV, Rn. 75). Anders als den Art. 110–112 AEUV kommt Art. 113 AEUV keine unmittelbare Wirkung zu. Vielmehr ist die Norm lediglich eine Kompetenzgrundlage zur sekundärrechtlichen Harmonisierung. Zielrichtung des Art. 113 AEUV ist es im Unterschied zu Art. 110–112 AEUV aber nicht nur, diskriminierende oder schützende steuerliche Praktiken zu beseitigen. Vielmehr sollen umfassender und darüber hinausgehend durch den Erlass des Sekundärrechts Handelshindernisse abgeschwächt werden, die auf Unterschieden in den nationalen Steuerregelungen beruhen. Dies gilt unabhängig davon, ob diese mit einer diskriminierenden Wirkung verbunden sind oder nicht.[1]

Die Vorschrift statuiert einen **Harmonisierungsauftrag**, der ausweislich des Wortlautes über einen bloßen Prüfauftrag hinausgeht (zur historischen Entwicklung s. Rn. 4). Dessen gegenständliche wie verfahrensrechtliche Einschränkungen sind der Rücksicht auf die steuerpolitische Souveränität der Mitgliedstaaten geschuldet.[2] Als Ausfluss des **Subsidiaritätsprinzips** (Art. 5 Abs. 3 EUV) und des Grundsatzes der **Verhältnismäßigkeit** (Art. 5 Abs. 4 EUV) beschränkt sich Art. 113 AEUV inhaltlich auf eine Harmonisierung der indirekten Steuern, soweit diese für die Errichtung und das Funktionieren des Binnenmarkts und die Vermeidung von Wettbewerbsverzerrungen notwendig ist. Mit Rücksicht auf die steuerpolitische Souveränität der Mitgliedstaaten steht eine Harmonisierung zudem unter dem Vorbehalt eines einstimmigen Ratsbeschlusses. Die Beteiligung des Europäischen Parlaments ebenso wie des Wirtschafts- und Sozialausschusses beschränkt sich auf ein bloßes Anhörungsrecht.

Ungeachtet dieser Einschränkungen hat die Vorschrift eine **erhebliche praktische Wirkung** entfaltet. Auf ihrer Grundlage sind nicht nur die Umsatzsteuer, sondern auch eine Vielzahl anderer indirekter Steuern harmonisiert worden (s. Rn. 22 ff.).

B. Entstehungsgeschichte

Art. 113 AEUV geht bereits auf die **Römischen Verträge** zurück. Ursprünglicher Regelungsstandort war Art. 99 EWGV. Von Art. 113 AEUV unterschied sich die Ausgangsfassung in mehrfacher Hinsicht. Nach seinem Wortlaut beschränkte sich Art. 99 EWGV

---

[1] EuGH, Urt. v. 27.2.1980, Rs. 171/78 (Kommission/Dänemark), Slg. 1980, 447, Rn. 20.
[2] *Wernsmann*, in: Schulze/Zuleeg/Kadelbach, Europarecht, § 30, Rn. 14 f.

auf einen an die Kommission gerichteten Prüfauftrag zu einer Harmonisierung im Interesse des Gemeinsamen Marktes. Über entsprechende Vorschläge sollte der Rat einstimmig unbeschadet der Art. 100, 101 EWGV entscheiden. Der Kreis der erfassten Abgaben entsprach bereits der heute geltenden Fassung, bezog deklaratorisch aber auch noch die »Ausgleichsmaßnahmen für den Handelsverkehr zwischen den Mitgliedstaaten« ein. Der Passus entfiel durch die Einheitliche Europäische Akte.[3] Diese formte den Prüf- in einen Harmonisierungsauftrag um, soweit die »Harmonisierung für die Errichtung und das Funktionieren« des zum Jahresende 1992 zu verwirklichenden Binnenmarkts »notwendig ist«. Festgeschrieben wurde ferner das Anhörungsrecht des Europäischen Parlaments, der (deklaratorische) Bezug auf Art. 100, 101 EWGV entfiel. Der Vertrag von Maastricht räumte dem Wirtschafts- und Sozialausschuss ein Anhörungsrecht ein, das allerdings bereits zuvor der geltenden Praxis entsprochen hatte.[4] Der Amsterdamer Vertrag wies der inhaltlich unverändert gebliebenen Vorschrift den Art. 93 EGV zu und passte den Verweis auf die Binnenmarktfrist an die geänderte Nummerierung an. Der Vertrag von Lissabon platzierte die Vorschrift in Art. 113 AEUV. Als weitere Anforderung an die Harmonisierung benennt die Neufassung »die Vermeidung von Wettbewerbsverzerrungen«. Der Fristbezug wurde gestrichen. Die übrigen Änderungen sind redaktioneller Art. Da sich das Initiativrecht der Kommission bereits aus den allgemeinen Regeln der Art. 17 Abs. 2 Satz 1 EUV i. V. m. Art. 289 Abs. 2, 3 AEUV ergibt, wurde es gestrichen. Mit Rücksicht auf Art. 289 Abs. 2 AEUV ist die Vorschrift um den Passus »gemäß einem besonderen Gesetzgebungsverfahren« ergänzt worden.

C. Systematische Einordnung

5 Ausweislich des Art. 114 Abs. 2 AEUV ist Art. 113 AEUV systematisch lex specialis zur **Binnenmarktkompetenz des Art. 114 AEUV**. Hauptunterschied ist das Einstimmigkeitserfordernis, das der Rücksichtnahme auf die finanzpolitische Souveränität der Mitgliedstaaten geschuldet ist (s. Art. 110 AEUV, Rn. 1). Ebenso verdrängt Art. 113 AEUV den Rückgriff auf die **allgemeinen Rechtsangleichungskompetenzen der Art. 115 AEUV und Art. 116 AEUV**.[5] Abweichend von Art. 115 AEUV steht bei Art. 113 AEUV als Instrument der Harmonisierung nicht nur die Richtlinie (Art. 288 Abs. 3 AEUV), sondern ebenso die Verordnung zur Verfügung (Art. 288 Abs. 2 AEUV). Möglich ist der Rückgriff auf Art. 115 AEUV dagegen für die Harmonisierung der direkten Steuern (s. Art. 110 AEUV, Rn. 22; Art. 115 AEUV, Rn. 81).

D. Tatbestand

6 Der Tatbestand des Art. 113 AEUV lässt sich nach den **Gegenständen** (s. Rn. 7) sowie den **materiellrechtlichen Anforderungen** an eine Harmonisierung systematisieren (s. Rn. 16).

---

[3] S. Art. 17 der Einheitlichen Europäischen Akte (ABl. 1987, L 169/1).
[4] *Stumpf*, in: Schwarze, EU-Kommentar, Art. 110 AEUV, Rn. 4.
[5] *Kamann*, in: Streinz, EUV/AEUV, Art. 113 AEUV, Rn. 11.

I. Gegenstände der Harmonisierung

Die Harmonisierungskompetenz ist gegenständlich auf die **Umsatzsteuer** (s. Rn. 8), **Verbrauchsabgaben** (s. Rn. 10) und **sonstige indirekte Steuern** beschränkt (s. Rn. 11). Soweit ein Harmonisierungsgegenstand Bezüge zu einem **anderen Politikbereich** der Union aufweist, müssen gegebenenfalls die Voraussetzungen beider Vertragsvorschriften nebeneinander zur Anwendung kommen, sodass die Maßnahme einer **Doppelgrundlage** bedarf.[6] Denkbar ist dies etwa bei steuerlichen Lenkungsnormen auf dem Gebiet der Umwelt- sowie der Verkehrspolitik (s. a. Art. 110 AEUV, Rn. 8). Demgegenüber hält es der EuGH bei der Konkurrenz von Ermächtigungsbestimmungen prinzipiell für denkbar, dass einer Rechtsgrundlage der Vorrang zukommt.[7] Mit Rücksicht auf die finanzpolitische Souveränität der Mitgliedstaaten kann dem jedenfalls für den Bereich der Steuern nicht gefolgt werden.

7

1. Umsatzsteuer

Der Steuergegenstand der Umsatzsteuer ist der **Austausch von Lieferungen oder sonstigen Leistungen**.[8] Im Unterschied zu besonderen Verbrauchsteuern knüpft die Umsatzsteuer nicht an einzelne besondere Objekte oder Leistungen an, sondern wird allgemein erhoben. Die Bemessungsgrundlage bestimmt sich nach dem vom Unternehmer erzielten Erlös. Beim Tarif wird vielfach zwischen einem Grundtarif und weiteren Sondertarifen unterschieden, die entweder bestimmte Umsätze höher (Luxusbesteuerung) oder aus sozialen Gründen niedriger besteuern.

8

Die Umsatzsteuer wurde in Deutschland vor ihrer Harmonisierung (s. Rn. 22) in Form der **Allphasen-Brutto-Umsatzsteuer** erhoben.[9] Dabei wurden sämtliche von Unternehmern ausgeführte Umsätze auf allen Handelsstufen besteuert, ohne die auf vorherigen Handelsstufen erhobene Umsatzsteuer zu erstatten. Das harmonisierte Mehrwertsteuersystem basiert dagegen auf dem System der **Allphasen-Netto-Umsatzsteuer**.[10] Bei dieser kann der Unternehmer die ihm selbst von anderen Unternehmern in Rechnung gestellte und auf allen Handelsstufen erhobene Umsatzsteuer von seiner Umsatzsteuerschuld als sogenannte Vorsteuer abziehen (§ 15 UStG). Durch die Abzugsmöglichkeit, die Privaten grundsätzlich vorenthalten ist, wird im wirtschaftlichen Ergebnis nur der erzielte Mehrwert besteuert. Wirtschaftlich zu tragen haben die Umsatzsteuer allein die privaten Endverbraucher, weil diesen kein Recht zum Vorsteuerabzug zusteht. Vorteil dieses Systems ist, dass es die Benachteiligung kleiner und mittlerer Unternehmen vermeidet, bei denen sich die Umsatzsteuer bei der Allphasen-Brutto-

9

---

[6] *Wolffgang/Gellert*, in: Lenz/Borchardt, EU-Verträge, Art. 113 AEUV, Rn. 5; *Waldhoff*, in: Calliess/Ruffert, EUV/AEUV, Art. 113 AEUV, Rn. 7; im Grundsatz auch EuGH, Urt. v. 11.6.1991, Rs. C–300/89 (Kommission/Rat), Slg. 1991, I–2867, Rn. 17; Urt. v. 27.9.1988, Rs. 165/87 (Kommission/Rat), Slg. 1988, 5545, Rn. 11.
[7] Vgl. EuGH, Urt. v. 29.4.2004, Rs. C–338/01 (Kommission/Rat), Slg. 2004, I–4829, Rn. 55; Urt. v. 11.9.2003, Rs. C–211/01 (Kommission/Rat), Slg. 2003, I–8913, Rn. 48.
[8] *Birk/Desens/Tappe*, Steuerrecht, 18. Aufl., 2015, Rn. 1695 ff.; *Englisch*, § 17, Rn. 20, 84 ff.
[9] *Birk/Desens/Tappe*, (Fn. 8), Rn. 1671 ff.; zur Unvereinbarkeit der Allphasen-Brutto-Umsatzsteuer mit Art. 3 GG BVerfGE 21, 12; zur Entwicklungsgeschichte *P. Kirchhof*, DStR 2008, 1 ff.
[10] *Birk/Desens/Tappe* (Fn. 8), Rn. 1676 f.; *Wernsmann*, in: Schulze/Zuleeg/Kadelbach, Europarecht, § 30, Rn. 22; ausführlich zu den unionsrechtlichen Vorgaben *Gröpl*, in: Dauses, Handbuch des EU-Wirtschaftsrechts, Abschnitt J, April 2015, S. 389 ff.; zum Umsatzsteuerrecht der anderen Mitgliedstaaten im Überblick *Sikorski*, Rn. 601 ff.

Umsatzsteuer mangels einer langen Wertschöpfungskette kumulierte.[11] Ein Nachteil ist die Betrugsanfälligkeit des Systems, die durch sogenannte Vorsteuer- oder Umsatzsteuerkarusselle ausgenutzt wird.[12] Zudem sind die zwischen Unternehmern ausgetauschten Leistungen fiskalisch ein reines Nullsummenspiel, weil die abgeführte Umsatzsteuer vom unternehmerischen Leistungsempfänger wieder als Vorsteuer geltend gemacht werden kann.

2. Verbrauchsabgaben

10   Neben die allgemeine Umsatzsteuer treten häufig besondere Verbrauchsteuern bzw. Verbrauchsabgaben, die den privaten Endverbrauch besteuern sollen. Diese werden neben oder anstelle der allgemeinen Umsatzsteuer erhoben und sind gegenständlich **auf bestimmte Produkte bzw. Objekte** beschränkt. Historisch handelt es sich um die ältesten Steuerarten. Belastungsgrund ist eine erhöhte Leistungsfähigkeit, die sich im Konsum von besonderen Gütern, nicht notwendigerweise von Luxusgütern manifestiert.[13] Daneben können besondere Verbrauchsteuern und Verbrauchsabgaben aber auch Lenkungszwecke verfolgen.[14] Beispiele für auf Grundlage des Art. 113 AEUV harmonisierte Steuern sind die Tabak-, Bier-, Branntwein- oder die Mineralölsteuer (s. Rn. 34 f.). Da der Vertrag den umfassenden Begriff der Verbrauchsabgabe verwendet, können auf Grundlage des Art. 113 AEUV nicht nur Verbrauchsteuern, sondern auch sonstige Verbrauchsabgaben harmonisiert werden.

3. Sonstige indirekte Steuern

11   Sonstige indirekte Steuern sind solche, die (im Gegensatz zu direkten Steuern, s. Art. 110 AEUV, Rn. 10) auf eine **Überwälzung vom steuerpflichtigen Unternehmer auf den Verbraucher** angelegt sind und bei denen es sich weder um eine Umsatzsteuer (s. Rn. 8) noch eine sonstige Verbrauchsabgabe (s. Rn. 10) handelt. Ein Beispiel für auf Grundlage des Art. 113 AEUV harmonisierte sonstige indirekte Steuern war die früher erhobene Kapitalverkehrsteuer (s. Rn. 37).

12   Umstritten ist, ob der Begriff der sonstigen indirekten Steuern i. S. d. Art. 113 AEUV auf gegenleistungsunabhängige Gemeinlasten, d. h. nach deutschem Verständnis auf Steuern i. S. d. § 3 AO, beschränkt ist oder ob er auch Abgaben im weiteren Sinne, d. h. **Gebühren und Beiträge** einschließt. Nachdem der EuGH Notargebühren als indirekte Steuern eingeordnet hat,[15] geht er offensichtlich von einem weiten Verständnis aus.[16] Wortlaut und Systematik der deutschen Sprachfassung legen dagegen eher ein enges Verständnis nahe. Wenn Art. 113 AEUV im Unterschied zu Art. 110 und Art. 112 AEUV nicht den Oberbegriff der Abgabe verwendet, so könnte dies im Umkehrschluss

---

[11] BVerfGE 21, 12 (28 ff.).
[12] *Blottke/Sotiriu*, SteuerStud 2010, 256 (323).
[13] *Seiler*, in: Grabitz/Hilf/Nettesheim, EU, Art. 113 AEUV (März 2011), Rn. 43.
[14] *Jatzke*, S. 61 ff.
[15] EuGH, Urt. v. 21.3.2002, Rs. C–264/00 (Amtsgericht Müllheim/Baden), Slg. 2002, I–3333, Rn. 31 ff.
[16] So auch *Wernsmann*, in: Schulze/Zuleeg/Kadelbach, Europarecht, § 30, Rn. 50; *Kamann*, in: Streinz, EUV/AEUV, Art. 113 AEUV, Rn. 3; *Stumpf*, in: Schwarze, EU-Kommentar, Art. 110 AEUV, Rn. 12; *Wolffgang/Gellert*, in: Lenz/Borchardt, EU-Verträge, Art. 113 AEUV, Rn. 8; a. A. *Seiler*, in: Grabitz/Hilf/Nettesheim, EU, Art. 110 AEUV (März 2011), Rn. 20; *Kreibohm*, S. 242; *Ohler*, S. 192; offen gelassen von *Waldhoff*, in: Calliess/Ruffert, EUV/AEUV, Art. 113 AEUV, Rn. 4.

auf einen Ausschluss von Vorzugslasten hindeuten. Dagegen spricht indes, dass in anderen Sprachfassungen, insbesondere in der englischen (»taxation«) und der niederländischen (»belastingen«) nicht zwischen Steuern und Abgaben unterschieden wird. Da auch von Vorzugslasten Beschränkungen für den freien Binnenmarkt sowie Wettbewerbsverzerrungen ausgehen können, deutet zudem die Teleologie des Art. 113 AEUV eher in die Richtung, den Begriff der Steuern in einem umfassenden Sinne als jegliche Form der Gemeinlast unter Einschluss der Vorzugslasten zu verstehen.

II. Begriff und Instrumente der Harmonisierung

1. Harmonisierung versus Rechtsangleichung

Abweichend von Art. 114 Abs. 1, 115 Abs. 1 AEUV ermächtigt Art. 113 AEUV die Union nicht zur »Rechtsangleichung«, sondern zur »Harmonisierung« der Rechtsvorschriften der dort genannten Steuer- und Abgabenarten. Wenn diese terminologische Differenzierung auch in anderen Sprachfassungen aufgegriffen wird,[17] ist damit nicht nur eine redaktionelle Ungenauigkeit, sondern ein Unterschied in der Sache verbunden. Im Rahmen des Art. 113 Abs. 1 AEUV werden der Union **weiterreichende Kompetenzen** eingeräumt. Über eine Angleichung nationaler Bestimmungen hinaus deckt die Vorschrift prinzipiell auch eine Vollharmonisierung. Zu beachten bleiben aber die Begrenzungen, die sich aus der Schranke der Notwendigkeit ergeben (s. Rn. 16).[18] 13

Umstritten ist, ob Art. 113 AEUV der Union auch ein **Steuererfindungsrecht** verleiht. Dies wird zum Teil mit der Erwägung verneint, der Binnenmarkt könne nur durch bereits eingeführte Steuern behindert werden.[19] Sofern in einem oder mehreren Mitgliedstaaten Bestrebungen bestehen, eine neue Steuer einzuführen, kann die Union aber nicht daran gehindert sein, dem durch eine Harmonisierung zuvorzukommen.[20] Die Einführung einer Finanztransaktionssteuer[21] begegnet damit jedenfalls insoweit keinen europarechtlichen Bedenken.[22] 14

2. Handlungsformen

Unterschiede zwischen Art. 115 AEUV und Art. 113 AEUV sind auch hinsichtlich der Handlungsformen zu beachten. Während Art. 115 AEUV nur den Erlass von Richtlinien gestattet, spricht Art. 113 AEUV umfassender von »Bestimmungen zur Harmonisierung der Rechtsvorschriften«. Zulässige Handlungsformen sind neben der Richtlinie (Art. 288 Abs. 2 AEUV) auch die Verordnung (Art. 288 Abs. 2 AEUV) sowie die übrigen Handlungsformen des Art. 288 AEUV. Eingeschränkt wird die Wahlfreiheit durch die Schranke der Notwendigkeit (s. Rn. 16). Diese gebietet, grundsätzlich der souveränitätsschonenderen Richtlinie den Vorzug vor der Verordnung zu geben. Praktisch dominierende Handlungsform ist die Richtlinie. 15

---

[17] *Stumpf*, in: Schwarze, EU-Kommentar, Art. 110 AEUV, Rn. 5.
[18] So auch *Wernsmann*, in: Schulze/Zuleeg/Kadelbach, Europarecht, § 30, Rn. 14 ff., wonach eine Vollharmonisierung dann zulässig ist, wenn das Binnenmarktziel anderweitig nicht erreichbar ist.
[19] *Seiler*, in: Grabitz/Hilf/Nettesheim, EU, Art. 113 AEUV (März 2011), Rn. 29; *Wernsmann/Zirkl*, EWS 2014, 167 (168).
[20] *Beiser/Zorn*, in: Mayer/Stöger, EUV/AEUV, Art. 113 AEUV (Mai 2010), Rn. 9.
[21] Beschluss des Rates vom 22.1.2013 über die Ermächtigung zu einer Verstärkten Zusammenarbeit im Bereich der Finanztransaktionssteuer (2013/52/EU) ABl. 2013, L 22/11.
[22] Überzeugend *Wernsmann/Zirkl*, EWS 2014, 167 (168 f.); a. A. aber *Stumpf*, in: Schwarze, EU-Kommentar, Art. 110 AEUV, Rn. 5.

III. Notwendigkeit der Harmonisierung

16 Neben der Begrenzung auf die abschließend genannten Steuer- und Abgabenarten (s. Rn. 7) normiert Art. 113 AEUV eine weitere Harmonisierungsschranke: Die Harmonisierung muss »für die Errichtung und das Funktionieren des Binnenmarkts und die Vermeidung von Wettbewerbsverzerrungen notwendig« sein. Die Steuerharmonisierung nach Art. 113 AEUV ist folglich kein Selbstzweck, sondern dient allein der **Verwirklichung des Binnenmarkts**. Systematisch steht die Klausel in enger Verbindung mit dem Subsidiaritätsgrundsatz (Art. 5 Abs. 3 EUV) sowie dem Grundsatz der Verhältnismäßigkeit (Art. 5 Abs. 4 EUV).

17 Auswirkungen hat die Binnenmarktfinalität sowohl auf das »Ob« als auch auf das »Wie« der Harmonisierung. Unzulässig wäre eine Harmonisierung von Steuerarten, die keinen **transnationalen Bezug** aufweisen. Ausscheiden müsste daher beispielsweise eine Harmonisierung der »Hundesteuer«.[23] Dagegen kann eine Zweitwohnsitzsteuer die Freizügigkeit im Binnenmarkt beeinträchtigen, sodass eine Harmonisierung denkbar erscheint.[24] Hinsichtlich des »Wie« der Rechtsangleichung stellt die Schranke der Notwendigkeit Anforderungen an die **Regelungsdichte**.[25] Zu bejahen ist die Notwendigkeit für Strukturfragen der Bemessungsgrundlage. Problematisch sind hingegen Vorgaben für die Auswahl der Steuergegenstände bei den Verbrauchsabgaben und sonstigen indirekten Steuern. Bei den **Steuersätzen** gebietet die Binnenmarktfinalität, von einer Festlegung des Steuersatzes zugunsten von Rahmenvorgaben Abstand zu nehmen. An der Binnenmarktfinalität scheitern müssten ferner Vorgaben hinsichtlich der **Verwendung** der vereinnahmten Mittel, ebenso wie eine Begründung einer **Ertragskompetenz** zugunsten der Union.[26]

18 Im Rahmen des Art. 113 AEUV erlassene Sekundärrechtsakte sind materiell an **Art. 110, 111 AEUV** zu messen (s. Art. 110 AEUV, Rn. 137).

E. Verfahren

19 Gem. Art. 113 AEUV wird über die Harmonisierung in einem besonderen Gesetzgebungsverfahren entschieden (Art. 289 Abs. 2 AEUV a.E.). In verfahrensrechtlicher Hinsicht baut dieses auf den **allgemeinen Vorschriften** auf, modifiziert diese aber mit Rücksicht auf die steuerpolitische Souveränität der Mitgliedstaaten. Im Einklang mit der allgemeinen Regel des Art. 17 Abs. 2 EUV darf ein Gesetzgebungsakt nur auf Vorschlag der Kommission erlassen werden. Unberührt bleibt das Recht des Europäischen Parlaments, gem. Art. 225 AEUV die Kommission aufzufordern, einen Vorschlag vorzulegen. Zu beachten ist ferner das Recht des Rates, den Vorschlag einstimmig zu ändern (Art. 293 Abs. 1 Hs. 1 AEUV). Den Gemeinschaftsorganen steht es nach der Rechtsprechung des EuGH frei, einen Bereich nur schrittweise zu harmonisieren oder nationale Rechtsvorschriften nur in Etappen anzugleichen.[27]

---

[23] *Seiler*, in: Grabitz/Hilf/Nettesheim, EU, Art. 113 AEUV (März 2011), Rn. 28; *Voß*, in: Dauses, Handbuch des EU-Wirtschaftsrechts, Abschnitt J, August 2006, Rn. 58.
[24] A.A. aber *Voß*, in: Dauses, Handbuch des EU-Wirtschaftsrechts, Abschnitt J, August 2006, Rn. 58.
[25] Überzeugend *Seiler*, in: Grabitz/Hilf/Nettesheim, EU, Art. 113 AEUV (März 2011), Rn. 28.
[26] *Seiler*, in: Grabitz/Hilf/Nettesheim, EU, Art. 113 AEUV (März 2011), Rn. 29.
[27] EuGH, Urt. v. 17.6.1999, Rs. C–166/98 (Socridis), Slg. 1999, I–3791, Rn. 26; Urt. v. 13.7.2000, Rs. C–36/99 (Idéal tourisme SA/Belgien), Slg. 2000, I–6049, Rn. 37; s.a. BFHE 213, 155.

Abweichend vom ordentlichen Gesetzgebungsverfahren (Art. 289 Abs. 1, 294 AEUV) räumt Art. 113 AEUV dem **Europäischen Parlament** allein ein **Anhörungsrecht** ein, das als wesentliche Verfahrensvorschrift i. S. d. Art. 263 Abs. 2 AEUV zu qualifizieren ist. Ebenfalls anzuhören ist der **Wirtschafts- und Sozialausschuss** (Art. 304 Abs. 1 S. 1 AEUV). In formeller Hinsicht ist ferner das **Begründungserfordernis** zu beachten (Art. 296 Abs. 2 AEUV), das der verfahrensrechtlichen Sicherung der materiellen Anforderungen, der Effektivität einer sich anschließenden Rechtskontrolle sowie der Einheitlichkeit der Normdurchsetzung dient.

20

Im Unterschied zur Grundregel des Art. 16 Abs. 3 AEUV entscheidet der **Rat** über den Vorschlag der Kommission nicht mit qualifizierter Mehrheit, sondern **einstimmig**. Die schwache Stellung des Europäischen Parlaments und das Einstimmigkeitserfordernis im Rat sind der Rücksicht auf die mitgliedstaatliche Souveränität im Finanzwesen geschuldet (s. Art. 110 AEUV, Rn. 3). Da Kehrseite des Einstimmigkeitserfordernisses ein Vetorecht ist, ist der Bereich der Steuern durch eine Politik des kleinsten gemeinsamen Nenners bestimmt. Wenn dies in Rechnung gestellt wird, so sind bei der Harmonisierung der indirekten Steuern gleichwohl beachtliche Fortschritte erzielt worden (s. Art. 113 AEUV, Rn. 22 ff.).

21

F. Überblick über das Sekundärrecht

I. Umsatzsteuer

1. Grundlagen

Auf Grundlage des Art. 113 AEUV und seiner Vorgängerregelungen (s. Rn. 4) ist die Umsatzsteuer weitgehend harmonisiert worden.[28] Im europäischen Sekundärrecht ist sie als **allgemeine, auf sämtliche Waren und Dienstleistungen und auf allen Handelsstufen zu erhebende und zum Preis genau proportionale Verbrauchsteuer mit Vorsteuerabzug** konzipiert (Allphasen-Netto-Umsatzsteuer). Steuerpflichtig ist allein der Unternehmer, wirtschaftlich belastet hingegen der Endverbraucher. Um diesen Effekt zu erreichen und eine Kumulation der Umsatzsteuer auf den verschiedenen Handelsstufen zu vermeiden, dient das Institut des Vorsteuerabzugs: Der steuerpflichtige Unternehmer kann von der von ihm geschuldeten Umsatzsteuer den Betrag als Vorsteuer abziehen, der ihm von anderen Unternehmern als Umsatzsteuer in Rechnung gestellt wurde. Dagegen ist dem nichtunternehmerischen Endverbraucher ein Vorsteuerabzug verwehrt, sodass er die vom steuerpflichtigen Unternehmer in seiner Rechnung ausgewiesene Umsatzsteuer wirtschaftlich zu tragen hat.

22

Zentrale Aufgabe der Harmonisierung ist die Vermeidung einer Doppelbesteuerung beim grenzüberschreitenden Leistungsaustausch. Um dieses Ziel zu erreichen, kommen prinzipiell das Bestimmungs- oder das Ursprungslandprinzip in Betracht.[29] Nach dem **Ursprungslandprinzip** wird der grenzüberschreitende Leistungsaustausch allein im Land des Leistungserbringers besteuert. Nach dem **Bestimmungslandprinzip** steht das Besteuerungsrecht hingegen dem Land des Leistungsempfängers zu. Dazu ist der Leistungserbringer von der von ihm selbst von anderen Unternehmern in Rechnung ge-

23

---

[28] *Birk/Desens/Tappe* (Fn. 8), Rn. 1678 ff.; *Englisch*, § 4, Rn. 66.
[29] *Birk/Desens/Tappe* (Fn. 8), Rn. 1680; *Englisch*, § 4, Rn. 92, § 17, Rn. 393 f.; *Scheffler*, Besteuerung von Unternehmen, Band I, 2012, S. 407 f.

stellten Umsatzsteuer im Wege des Vorsteuerabzugs zu entlasten (sog. Grenzausgleich), wohingegen der Leistungsempfänger die Umsatzsteuer nach den im Bestimmungsland geltenden Regeln zu entrichten hat. Beide Systeme haben Vor- und Nachteile. Für das Bestimmungslandprinzip spricht, dass der Grenzausgleich unterschiedliche Steuersätze neutralisiert. Nachteil ist, dass dies sowohl die Finanzverwaltung wie die Steuerpflichtigen mit hohen bürokratischen Kosten belastet und sich das System zudem als missbrauchs- und betrugsanfällig erweist.[30] Das Ursprungslandprinzip ermöglicht dagegen einen Verzicht auf einen Grenzausgleich. Diesem Vorteil steht als Nachteil gegenüber, dass unterschiedliche Steuersätze den Wettbewerb verfälschen. Um den Charakter der Umsatzsteuer als Verbrauchsteuer zu wahren, müssen die Steuererträge zudem in einem **Clearing-Verfahren** zwischen den Mitgliedstaaten aufgeteilt werden (s. Rn. 28).

24 Obwohl langfristig der Übergang zum Ursprungslandprinzip angestrebt wird, hält die Union deshalb im Grundsatz weiterhin am **Bestimmungslandprinzip** fest. Mit der Rückausnahme des Erwerbs neuer Fahrzeuge ist für den Privatverbrauch dagegen das Ursprungslandprinzip anzuwenden, was in Grenzregionen bei unterschiedlichen Steuersätzen zu Wettbewerbsverzerrungen führen muss.

2. Wichtige Etappen der Harmonisierung

25 Da die Ausgangslage durch erhebliche Unterschiede in den Besteuerungssystemen der Mitgliedstaaten geprägt war, hat sich die Harmonisierung nur schrittweise und in mehreren Etappen vollzogen. Der aktuelle Stand und die derzeit geltenden Rechtsgrundlagen sind auf den Internetseiten der Kommission im Einzelnen nachgewiesen.[31] Die folgenden Ausführungen können sich daher auf einen Überblick beschränken.

26 Konzeptionell sind die Grundlagen des gemeinsamen Umsatzsteuersystems durch den **Neumark-Bericht** gelegt worden, der 1962 den Übergang zu einer Allphasen-Netto-Umsatzsteuer mit Vorsteuerabzug (s. Rn. 22) nach französischem Vorbild empfohlen hatte.[32] Vollzogen wurde dieser Systemwechsel durch die **Erste Richtlinie 67/227/EWG**[33] und die **Zweite Richtlinie 67/228/EWG**[34] vom 11.4.1967 zur Harmonisierung der Rechtsvorschriften der Mitgliedstaaten über die Umsatzsteuer. Während die Erste Richtlinie die Allphasen-Netto-Umsatzsteuer mit Vorsteuerabzug festschrieb, konkretisierte die Zweite Richtlinie die Struktur und die Anwendungsmodalitäten des gemeinsamen Mehrwertsteuersystems. In der Bundesrepublik Deutschland wurden diese Vorgaben durch das UStG vom 29.5.1967 (BGBl. I 1967, S. 545) umgesetzt und die bisher geltende Allphasen-Brutto-Umsatzsteuer[35] abgelöst.

27 Einen wichtigen Harmonisierungsschritt markierte die **Sechste Richtlinie 77/388/EWG** vom 17.5.1977.[36] Hintergrund war der Beschluss des Rates vom 21.4.1970,[37]

---

[30] Zur Problematik der Umsatzsteuerkarusselle s. *Jochum*, UR 2005, 88 ff.
[31] http://europa.eu/legislation_summaries/taxation/l31057_de.htm (10.5.2016).
[32] Bericht des Steuer- und Finanzausschusses, 1962 (sog. Neumark-Report).
[33] Erste Richtlinie 67/227/EWG vom 11.4.1967 zur Harmonisierung der Rechtsvorschriften der Mitgliedstaaten über die Umsatzsteuer, ABl. 1967, L 71/1301.
[34] Zweite Richtlinie 67/228/EWG vom 11.4.1967 zur Harmonisierung der Rechtsvorschriften der Mitgliedstaaten über die Umsatzsteuern – Struktur und Anwendungsmodalitäten des gemeinsamen Mehrwertsteuersystems, ABl. 1967, L 71/1303.
[35] *Birk/Desens/Tappe* (Fn. 8), Rn. 1671 ff.
[36] Sechste Richtlinie 77/388/EWG vom 17.5.1977 zur Harmonisierung der Rechtsvorschriften der Mitgliedstaaten über die Umsatzsteuern – Gemeinsames Mehrwertsteuersystem: einheitliche und steuerpflichtige Bemessungsgrundlage, ABl. 1977, L 145/1.
[37] ABl. 1970, L 94/19; s. hierzu *Stumpf*, in: Schwarze, EU-Kommentar, Art. 110 AEUV, Rn. 18.

wodurch sich die Gemeinschaft zukünftig auch aus Mehrwertsteuereinnahmen als Teil der sogenannten Eigenmittel finanzieren sollte. Dies erforderte, eine **einheitliche Bemessungsgrundlage** zu schaffen. Näher konkretisiert worden ist die Sechste Richtlinie durch eine umfangreiche Rechtsprechung des EuGH, die diese zu einem Nukleus des Europäischen Umsatzsteuerrechts ausgeformt hat.

Mit der Binnenmarktrichtlinie **Richtlinie 91/680/EWG** vom 16.12.1991[38] wurden die Binnengrenzen für den innergemeinschaftlichen Warenverkehr abgeschafft und durch ein modifiziertes Bestimmungslandprinzip ersetzt. Perspektivisch sollte letzteres durch den Übergang zum Ursprungslandprinzip abgelöst werden (Art. 281). Gescheitert ist dieses ambitionierte Vorhaben u. a. an den Schwierigkeiten, sich auf ein **Clearing-System** zu verständigen, das das erzielte Aufkommen zwischen den beteiligten Mitgliedstaaten verteilt.[39] Damit gilt das ursprünglich als Übergangsregelung gedachte modifizierte Bestimmungslandprinzip bis auf Weiteres fort. Danach bestimmt sich die umsatzsteuerliche Belastung grundsätzlich nach den Verhältnissen des Bestimmungslandes (s. Rn. 23). Für Umsätze zwischen steuerpflichtigen Unternehmern ist der frühere Tatbestand der Einfuhr entfallen. An dessen Stelle ist allerdings ein kompliziertes und missbrauchsanfälliges Grenzausgleichsverfahren getreten, das von den Landesgrenzen letztlich nur in die Binnenfinanzämter der Mitgliedstaaten verlagert wurde.

28

Durch die Richtlinie 92/77/EWG vom 19.10.1992[40] wurde der **Normalsatz** für die Mehrwertsteuer auf mindestens 15 % festgeschrieben, um so Wettbewerbsverzerrungen zu vermeiden. Weitergehende Bemühungen der Kommission, die **Umsatzsteuersätze** zu vereinheitlichen, sind hingegen am Widerstand der Mitgliedstaaten gescheitert.[41]

29

Die Sechste Richtlinie ist durch zahlreiche Folgerichtlinien modifiziert worden. Zudem mussten in verschiedenen Änderungsrichtlinien zu ambitionierte Umsetzungsfristen verlängert werden.[42] Konsolidiert worden ist der erreichte Rechtszustand durch die sogenannte **Mehrwertsteuer-Systemrichtlinie 2006/112/EG** vom 28.2.2006.[43] Diese bildet die derzeit geltende Grundlage des gemeinsamen Mehrwertsteuersystems. Ausweislich der Begründungserwägungen sollten die Struktur und der Wortlaut der Richtlinie nur neu gefasst, jedoch der **Inhalt des geltenden Rechts** grundsätzlich **beibehalten** werden.

30

Ergänzt worden sind die Richtlinien ferner durch Verordnungen über die **Zusammenarbeit der Verwaltungsbehörden der Mitgliedstaaten**[44] sowie durch diese konkretisierende **Durchführungsverordnungen**.[45]

31

---

[38] Richtlinie 91/680/EWG vom 16.12.1991 zur Ergänzung des gemeinsamen Mehrwertsteuersystems und zur Änderung der Richtlinie 77/388/EWG im Hinblick auf die Beseitigung der Steuergrenzen, ABl. 1991, L 376/1.

[39] *Mick*, Steuerkonzeption, S. 92 f.

[40] Richtlinie 92/77/EWG vom 19.10.1992 zur Ergänzung des gemeinsamen Mehrwertsteuersystems und zur Änderung der Richtlinie 77/388/EWG (Annäherung der MwSt.-Sätze), ABl. 1992, L 316/1.

[41] Nachweise bei *Stumpf*, in: Schwarze, EU-Kommentar, Art. 110 AEUV, Rn. 25.

[42] Vgl. die Nachweise bei *Stumpf*, in: Schwarze, EU-Kommentar, Art. 110 AEUV, Rn. 17 ff.

[43] Richtlinie 2006/112/EG vom 28.11.2006 über das gemeinsame Mehrwertsteuersystem, ABl. 2006, L 347/1.

[44] VO (EG) Nr. 1798/2003 vom 7.10.2003, ABl. 2003, L 264/1; zuletzt geändert durch VO (EU) Nr. 904/2010 vom 7.10.2010, ABl. 2010, L 268/1.

[45] Durchführungsverordnung zur Konkretisierung der Verordnungen über die Zusammenarbeit der Verwaltungsbehörden (EU) VO Nr. 815/2012 vom 13.9.2012, ABl. 2012, L 249/3 und VO (EU)

32 Die letzte Harmonisierungsmaßnahme wurde in Gestalt einer Regelung betreffend die Rechnungsstellungsvorschriften in der Richtlinie 2010/45/EU vom 13.7.2010[46] unternommen. Letztmals geändert wurde eine Richtlinie im Bereich des Umsatzsteuerrechts in Bezug auf die fakultative und zeitweilige Anwendung der Umkehr der Steuerschuldnerschaft **(Reverse-Charge-Verfahren)** auf Lieferungen bestimmter betrugsanfälliger Gegenstände und Dienstleistungen. Hierfür wurde die Richtlinie 2006/112/EG durch die Richtlinie 2013/43/EU vom 22.7.2013[47] angepasst.

II. Verbrauchsabgaben

33 Der im Bereich der Verbrauchsabgaben (s. Rn. 10) erreichte **Harmonisierungsstand** bleibt hinter der Umsatzsteuer zurück. Gegenwärtig beschränkt er sich auf strukturelle Annäherungen sowie die Festsetzung von Mindeststeuersätzen,[48] nachdem weiterreichende Harmonisierungspläne der Kommission politisch nicht durchsetzbar waren.

34 Der Grundstein für die Harmonisierung der Verbrauchsteuern ist durch die **Systemrichtlinie 92/12/EWG** vom 25.2.1992 über das allgemeine System, den Besitz, die Beförderung und die Kontrolle verbrauchsteuerpflichtiger Waren[49] gelegt worden. Neu gefasst worden ist die Systemrichtlinie durch die **Richtlinie 2008/118/EG** vom 16.12.2008,[50] die letztmals durch die Richtlinie 2010/12/EU vom 19.4.2012[51] für den Bereich der Fruchtsäfte und sonstiger bestimmter gleichartiger Erzeugnisse für die menschliche Ernährung geändert wurde. Die Systemrichtlinie basiert im gewerblichen Bereich auf dem Bestimmungslandprinzip, das zugunsten von Privatpersonen durch das Ursprungslandprinzip durchbrochen wird.

35 Ausgefüllt wird die Systemrichtlinie durch **Satz- und Struktur-Richtlinien**, die im Oktober 1992 verabschiedet und zum Teil durch Nachfolgeregelungen modifiziert worden sind. Hierzu zählt etwa die Richtlinie 92/83/EWG vom 19.10.1992 zur Harmonisierung der Struktur der Verbrauchsteuer auf Alkohol und alkoholische Getränke.[52] Zu nennen sind ferner die Richtlinie 2011/64/EU vom 21.6.2011 über die **Struktur und die Sätze der Verbrauchsteuern auf Tabakwaren**[53] sowie die Richtlinie 2003/96/EG vom 27.10.2003 zur **Restrukturierung der gemeinschaftlichen Rahmenvorschriften zur Be-**

Nr. 79/2012 vom 31.1.2012, ABl. 2012, L 29/13 geändert durch VO (EU) Nr. 519/2013 vom 21.2.2013, ABl. 2013, L 158/74. Zur Festlegung von Durchführungsvorschriften betreffend das gemeinsame Mehrwertsteuersystem VO (EG) Nr. 1777/2005 vom 17.10.2005, ABl. 2005, L 288/1, ersetzt durch VO (EU) Nr. 282/2011 vom 15.3.2011, ABl. 2011, L 77/1; zuletzt geändert durch VO (EU) Nr. 967/2012 vom 9.10.2012, ABl. 2012, L 290/1.

[46] Richtlinie 2010/45/EU vom 13.7.2010 zur Änderung der Richtlinie 2006/112/EG über das gemeinsame Mehrwertsteuersystem hinsichtlich der Rechnungsstellungsvorschriften, ABl. 2010, L 189/1; diese ändert die Richtlinie 2006/112/EG vom 28.11.2006, ABl. 2006, L 347/1.

[47] Richtlinie 2013/43/EU vom 22.7.2013 zur Änderung der Richtlinie 2006/112/EG über das gemeinsame Mehrwertsteuersystem im Hinblick auf eine fakultative und zeitweilige Anwendung der Umkehrung der Steuerschuldnerschaft (Reverse-Charge-Verfahren) und Lieferung bestimmter betrugsanfälliger Gegenstände und Dienstleistungen, ABl. 2013, L 201/4.

[48] *Seiler*, in: Grabitz/Hilf/Nettesheim, EU, Art. 113 AEUV (März 2011), Rn. 44.

[49] ABl. 1992, L 74/1.

[50] ABl. 2009, L 9/12; zur Vereinbarkeit der deutschen Kernbrennstoffsteuer mit der Richtlinie s. EuGH, Urt. v. 4.6.2015, Rs. C–5/14 (Kernkraftwerke Lippe-Ems), ECLI:EU:C:2015:354, Rn. 40 ff.

[51] Richtlinie 2010/12/EU vom 16.2.2010 zur Änderung der Richtlinie 92/79/EWG, der Richtlinie 92/80/EWG und der Richtlinie 95/59/EG hinsichtlich der Struktur der Sätze der Verbrauchsteuern auf Tabakwaren sowie der Richtlinie 2008/118/EG, ABl. 2010, L 50/1.

[52] ABl. 1992, L 316/21.

[53] ABl. 2011, L 176/24.

steuerung von **Energieerzeugnissen und elektrischem Strom**.⁵⁴ Unberührt bleibt das Recht der Mitgliedstaaten, weitere Verbrauchsteuern zu erheben. Nach Art. 1 Abs. 2 Richtlinie 2008/118/EG müssen diese Steuern aber in Bezug auf die Bestimmung der Bemessungsgrundlage, die Berechnung der Steuer, die Entstehung des Steueranspruchs und die steuerliche Überwachung mit den gemeinschaftlichen Vorschriften für die Verbrauchsteuer oder die Mehrwertsteuer vereinbar sein, was zu einer Mindestharmonisierung beiträgt. Die Erhebung auf andere als verbrauchsteuerpflichtige Waren sowie Dienstleistungen im Zusammenhang mit verbrauchsteuerpflichtigen Waren bleibt nach Art. 1 Abs. 2 Richtlinie 2008/118/EG möglich, darf aber im grenzüberschreitenden Handelsverkehr keine mit dem Grenzübertritt verbundenen Formalien nach sich ziehen.

Die **Zusammenarbeit der Verwaltungsbehörden** auf dem Gebiet der Verbrauchsteuern ist Gegenstand der Verordnung (EG) Nr. 2073/2004 vom 16. 11. 2004.⁵⁵ In diesen Kontext gehört auch die Verordnung (EG) Nr. 684/2009 der Kommission vom 24. 7. 2009 zur Durchführung der Richtlinie 2008/118/EG des Rates in Bezug auf die **EDV-gestützten Verfahren für die Beförderung verbrauchsteuerpflichtiger Waren unter Steueraussetzung**.⁵⁶

III. Sonstige indirekte Steuern

Bei der Harmonisierung der sonstigen indirekten Steuern sind vor allem die Richtlinie 2008/7/EG vom 12. 2. 2008 betreffend die indirekten Steuern auf die **Ansammlung von Kapital** (sogenannte Gesellschaftssteuerrichtlinie)⁵⁷ sowie die Richtlinie 1999/62/EG vom 17. 6. 1999 über die **Erhebung von Gebühren für die Benutzung bestimmter Verkehrswege durch schwere Nutzfahrzeuge**⁵⁸ zu nennen. Zur Angleichung der Rechtsvorschriften der Mitgliedstaaten über **Maßnahmen gegen die Verunreinigung der Luft durch Abgase von Kraftfahrzeugmotoren** mit Fremdzündung wurde die Richtlinie 70/220/EWG vom 20. 3. 1970⁵⁹ zum 1. 1. 2013 durch die Verordnung (EG) Nr. 715/2007 vom 20. 6. 2007⁶⁰ ersetzt.

Die Kommission hat bereits am 14. 2. 2013 einen (neuen) Richtlinienentwurf zur **Einführung einer Finanztransaktionssteuer**⁶¹ vorgelegt, der im Wege der Verstärkten Zusammenarbeit beschlossen werden soll.⁶² Eine hiergegen seitens Großbritanniens erhobene Klage gegen den hierzu ermächtigenden Beschluss 2013/52/EU des Rates⁶³ ist gescheitert,⁶⁴ wobei der EuGH ausdrücklich nur über die Gültigkeit der Ermächtigung, nicht hingegen über den zukünftigen Rechtsakt entschieden hat.

---

⁵⁴ ABl. 2003, L 283/51; zur Vereinbarkeit der deutschen Kernbrennstoffsteuer mit der Richtlinie EuGH, Urt. v. 4. 6. 2015, Rs. C–5/14 (Kernkraftwerke Lippe-Ems), ECLI:EU:C:2015:354, Rn. 40 ff.
⁵⁵ ABl. 2004, L 259/1.
⁵⁶ ABl. 2009, L 197/24.
⁵⁷ ABl. 2008, L 46/11; s. hierzu im Überblick *Cloer/Lavrelashvili*, Einführung in das Europäische Steuerrecht, 2008, S. 126 ff.; da in Deutschland keine Gesellschaftssteuer erhoben wird, hat die Richtlinie in der Bundesrepublik keine praktische Relevanz.
⁵⁸ ABl. 1999, L 187/42.
⁵⁹ ABl. 1970, L 76/1.
⁶⁰ ABl. 2007, L 171/1.
⁶¹ Dazu etwa *Wernsmann/Zirkl*, EuZW 2014, 167 ff.; *Mayer/Heidfeld*, EuZW 2011, 373 ff.
⁶² Vorschlag für eine Richtlinie des Rates über die Umsetzung einer Verstärkten Zusammenarbeit im Bereich der Finanztransaktionssteuer, KOM (2013) 71 endg.
⁶³ Beschluss des Rates v. 22. 1. 2013 über die Ermächtigung zu einer Verstärkten Zusammenarbeit im Bereich der Finanztransaktionssteuer (2013/52/EU), ABl. 2013, L 22/11.
⁶⁴ EuGH, Urt. v. 30. 4. 2014, Rs. C–209/13 (Vereinigtes Königreich Großbritannien und Nordirland/Rat) ECLI:EU:C:2014:283.

Kapitel 3
Angleichung der Rechtsvorschriften

Artikel 114 AEUV [Rechtsangleichung im Binnenmarkt]

(1) Soweit in den Verträgen nichts anderes bestimmt ist, gilt für die Verwirklichung der Ziele des Artikels 26 die nachstehende Regelung. Das Europäische Parlament und der Rat erlassen gemäß dem ordentlichen Gesetzgebungsverfahren und nach Anhörung des Wirtschafts- und Sozialausschusses die Maßnahmen zur Angleichung der Rechts- und Verwaltungsvorschriften der Mitgliedstaaten, welche die Errichtung und das Funktionieren des Binnenmarkts zum Gegenstand haben.

(2) Absatz 1 gilt nicht für die Bestimmungen über die Steuern, die Bestimmungen über die Freizügigkeit und die Bestimmungen über die Rechte und Interessen der Arbeitnehmer.

(3) Die Kommission geht in ihren Vorschlägen nach Absatz 1 in den Bereichen Gesundheit, Sicherheit, Umweltschutz und Verbraucherschutz von einem hohen Schutzniveau aus und berücksichtigt dabei insbesondere alle auf wissenschaftliche Ergebnisse gestützten neuen Entwicklungen. Im Rahmen ihrer jeweiligen Befugnisse streben das Europäische Parlament und der Rat dieses Ziel ebenfalls an.

(4) Hält es ein Mitgliedstaat nach dem Erlass einer Harmonisierungsmaßnahme durch das Europäische Parlament und den Rat beziehungsweise durch den Rat oder die Kommission für erforderlich, einzelstaatliche Bestimmungen beizubehalten, die durch wichtige Erfordernisse im Sinne des Artikels 36 oder in Bezug auf den Schutz der Arbeitsumwelt oder den Umweltschutz gerechtfertigt sind, so teilt er diese Bestimmungen sowie die Gründe für ihre Beibehaltung der Kommission mit.

(5) Unbeschadet des Absatzes 4 teilt ferner ein Mitgliedstaat, der es nach dem Erlass einer Harmonisierungsmaßnahme durch das Europäische Parlament und den Rat beziehungsweise durch den Rat oder die Kommission für erforderlich hält, auf neue wissenschaftliche Erkenntnisse gestützte einzelstaatliche Bestimmungen zum Schutz der Umwelt oder der Arbeitsumwelt aufgrund eines spezifischen Problems für diesen Mitgliedstaat, das sich nach dem Erlass der Harmonisierungsmaßnahme ergibt, einzuführen, die in Aussicht genommenen Bestimmungen sowie die Gründe für ihre Einführung der Kommission mit.

(6) Die Kommission beschließt binnen sechs Monaten nach den Mitteilungen nach den Absätzen 4 und 5, die betreffenden einzelstaatlichen Bestimmungen zu billigen oder abzulehnen, nachdem sie geprüft hat, ob sie ein Mittel zur willkürlichen Diskriminierung und eine verschleierte Beschränkung des Handels zwischen den Mitgliedstaaten darstellen und ob sie das Funktionieren des Binnenmarkts behindern.

Erlässt die Kommission innerhalb dieses Zeitraums keinen Beschluss, so gelten die in den Absätzen 4 und 5 genannten einzelstaatlichen Bestimmungen als gebilligt.

Die Kommission kann, sofern dies aufgrund des schwierigen Sachverhalts gerechtfertigt ist und keine Gefahr für die menschliche Gesundheit besteht, dem betreffenden Mitgliedstaat mitteilen, dass der in diesem Absatz genannte Zeitraum gegebenenfalls um einen weiteren Zeitraum von bis zu sechs Monaten verlängert wird.

(7) Wird es einem Mitgliedstaat nach Absatz 6 gestattet, von der Harmonisierungsmaßnahme abweichende einzelstaatliche Bestimmungen beizubehalten oder einzuführen, so prüft die Kommission unverzüglich, ob sie eine Anpassung dieser Maßnahme vorschlägt.

(8) Wirft ein Mitgliedstaat in einem Bereich, der zuvor bereits Gegenstand von Harmonisierungsmaßnahmen war, ein spezielles Gesundheitsproblem auf, so teilt er dies der Kommission mit, die dann umgehend prüft, ob sie dem Rat entsprechende Maßnahmen vorschlägt.

(9) In Abweichung von dem Verfahren der Artikel 258 und 259 kann die Kommission oder ein Mitgliedstaat den Gerichtshof der Europäischen Union unmittelbar anrufen, wenn die Kommission oder der Staat der Auffassung ist, dass ein anderer Mitgliedstaat die in diesem Artikel vorgesehenen Befugnisse missbraucht.

(10) Die vorgenannten Harmonisierungsmaßnahmen sind in geeigneten Fällen mit einer Schutzklausel verbunden, welche die Mitgliedstaaten ermächtigt, aus einem oder mehreren der in Artikel 36 genannten nicht wirtschaftlichen Gründe vorläufige Maßnahmen zu treffen, die einem Kontrollverfahren der Union unterliegen.

Literaturübersicht

Ackermann, Vollharmonisierung im Wettbewerbsrecht, in: Gsell/Herresthal (Hrsg.), Vollharmonisierung im Privatrecht, 2009, S. 289; *Albin/Bär*, Nationale Alleingänge nach dem Vertrag von Amsterdam – Der neue Art. 95 EGV: Fortschritt oder Rückschritt für den Umweltschutz?, NuR 1999, 185; *Andenas/Baasch Andersen* (Hrsg.), Theory and Practice of Harmonisation, 2011; *Anselmann*, Die Rolle der europäischen Normung bei der Schaffung des europäischen Binnenmarktes, RIW 1986, 936; *Barents*, The internal market unlimited: some legal observations on the legal basis of community legislation, CMLRev. 30 (1993), 85; *Basedow*, Über Privatrechtsvereinheitlichung und Marktintegration, FS Mestmäcker, 1996, S. 347; *ders.*, A common contract law for the Common Market, CMLRev. 33 (1996), 1169; *Behrens*, Rechtsgrundlagen der Umweltpolitik der Europäischen Gemeinschaften, 1976; *Beitzke*, Probleme der Privatrechtsangleichung in der Europäischen Wirtschaftsgemeinschaft, Zeitschrift für Rechtsvergleichung 1964, 80; *Beck*, Abgestufte Integration im Europäischen Gemeinschaftsrecht unter besonderer Berücksichtigung des Umweltrechts: Bestandsaufnahme und Perspektiven, 1995; *Beuve-Méry*, Le rapprochement des législations, l'article 100 du Traité CEE et ses applications, RTDE 1967, 845; *ders.*, Les applications des articles 100, 101 et 102 du traité de la C. E. E., RTDE 1970, 303; *ders.*, L'élimination des entraves techniques aux échanges intracommunautaires, in: Angleichung des Rechts der Wirtschaft in Europa, 1971, S. 704; *Beyer*, Rechtsnormanerkennung im Binnenmarkt, 1998; *ders.*, Anerkennung nationaler Rechtsakte zwischen den Staaten der Europäischen Gemeinschaft, EWS 1999, 12; *Beyerlin*, Umsetzung von EG-Richtlinien durch Verwaltungsvorschriften?, EuR 1987, 126; *Bock*, Rechtsangleichung und Regulierung im Binnenmarkt – zum Umfang der allgemeinen Binnenmarktkompetenz, 2005; *Böse*, Die Zuständigkeit der Europäischen Gemeinschaft für das Strafrecht, GA 2006, 211; *Boeck*, Die Abgrenzung der Rechtsetzungskompetenzen von Gemeinschaft und Mitgliedstaaten in der Europäischen Union, 2000; *Börner*, Die Harmonisierung der Regeln der Technik in der EWG, in: Studien zum Deutschen und Europäischen Wirtschaftsrecht, Bd. 1, KSE Bd. 17, 1973, S. 231; *ders.*, Rechtsangleichung als Interessenangleichung – Die Wirtschafts- und Währungsunion, in: Studien zum Deutschen und Europäischen Wirtschaftsrecht, Bd. 3, KSE Bd. 30, 1980, S. 23; *v. Borries*, Gedanken zur Tragweite des Subsidiaritätsprinzips im Europäischen Gemeinschaftsrecht, FS Deringer, 1993, S. 22; *Breulmann*, Normung und Rechtsangleichung in der Europäischen Wirtschaftsgemeinschaft, 1993; *Brenncke*, Die Zulässigkeit des europarechtlichen Verbots der Glühlampe nach Art. 95 EG, EuZW 2009, 247; *Bruha*, Rechtsangleichung in der Europäischen Wirtschaftsgemeinschaft – Deregulierung durch »Neue Strategie«?, ZaöRV 1986, 1; *Brüning*, Möglichkeiten einer unionsrechtlichen Regulierung des Glücksspiels im europäischen Binnenmarkt, NVwZ 2013, 23; *Bücker/Schlacke*, Rechtsangleichung im Binnenmarkt – Zur Konkretisierung verfahrens- und materiell-rechtlicher Anforderungen an nationale Alleingänge durch den EuGH, NVwZ 2004, 62; *Buser*, Die Finanzierung der EU: Möglichkeiten und Grenzen einer EU-Steuer nach Europarecht und Grundgesetz, ZEuS 2014, 91; *v. Caemmerer*, Rechtsvereinheitlichung und internationales Privatrecht, FS Hallstein, 1966, S. 63; *Calliess*, Nach dem »Tabakwerbung-Urteil« des EuGH: Binnenmarkt und gemeinschaftsrechtliche Kompetenzverfassung im neuen Licht, Jura 2001, 311; *ders.*, Kontrolle zentraler Kompetenzausübungen in Deutschland und Europa: Ein Lehrstück für die europäische Verfassung, EuGRZ 2003, 181; *ders.*, Der Binnenmarkt, die europäische Kompetenzordnung und das Subsidiaritätsprinzip im Lichte der neuen Europäischen Verfassung, FS Peter Fischer, 2004, S. 3; *Calliess/Schoenfleisch*, Die Bankenunion, der ESM und die Rekapitalisierung von Banken,

JZ 2015, 113; *Carstens/Börner*, Angleichung des Rechts der Wirtschaft in Europa, Kölner Schriften zum Europarecht, Bd. 11, 1971; *Classen*, Der EuGH hält das Fremdbesitzerverbot für Apotheken für mit dem EG-Vertrag vereinbar, Jura 2010, 56; *Close*, Harmonisation of laws: use or abuse of the powers under the EEC Treaty?, E. L.Rev. 1978, 461; *Cosgrove Twitchett* (Hrsg.), Harmonisation in the EEC, 1981; *Conrad*, Das Konzept der Mindestharmonisierung, 2004; *v. Danwitz*, Zur Reichweite der Gemeinschaftskompetenz nach Art. 100 a I und II EGV a. F. (Art. 95 I und III EGV n. F.), EuZW 1999, 622; *ders.*, Der Grundsatz der Verhältnismäßigkeit im Gemeinschaftsrecht, EWS 2003, 393; *Dauses*, Die rechtliche Dimension des Binnenmarktes, EuZW 1990, 8; *ders.*, Die Rechtsprechung des EuGH zum Verbraucherschutz und zur Wettbewerbsfreiheit im Binnenmarkt, EuZW 1995, 425; *ders.*, Produktwerbung in der Europäischen Union zwischen gemeinschaftlichen Kompetenzschranken und europäischem Grundrechtsschutz, 1998; *Davies*, Subsidiarity: the wrong idea, in the wrong place, at the wrong time, CMLRev. 43 (2006), 63; *Dawes/Lynskey*, The ever-longer arm of EC law: the extension of community competence into the field of criminal law, CMLRev. 45 (2008), 131; *Davies*, Can selling arrangements be harmonised?, E. L.Rev. 2005, 370; *de Ripainsel-Landy/Gérard/Limpens-Meinertzhagen/Louis/Soldatos/Vander Elst/Vandersanden*, Les instruments du rapprochement des législations dans la Communauté économique européenne, 1976; *Deckert/Lilienthal*, Die Rechtsetzungskompetenzen der EG im Privatrecht, EWS 1999, 121; *Di Fabio*, Werbeverbote – Bewährungsprobe für europäische Grundfreiheiten und Grundrechte, Archiv für Presserecht 1998, 564; *Donner*, Tabakwerbung und Europa: die Zulässigkeit und der Umfang von Maßnahmen der Europäischen Gemeinschaft auf dem Gebiet der kommerziellen Kommunikation am Beispiel einer Richtlinie über Werbung und Sponsoring zugunsten von Tabakerzeugnissen, 1999; *Dougan*, Minimum Harmonization and the Internal Market, CMLRev. 37 (2000), 853; *Dreher*, Richtlinienumsetzung durch Exekutive und Judikative?, EuZW 1997, 522; *ders.*, Wettbewerb oder Vereinheitlichung der Rechtsordnungen in Europa?, JZ 1999, 105; *Durner/Hillgruber*, Review of the Balance of Competences, ZG 2014, 105; *Ehlermann*, Harmonization for harmonization's sake?, CMLRev. 15 (1978), 4; *ders.*, The Internal Market Following the Single European Act, CMLRev. 24 (1987), 361; *ders.*, Engere Zusammenarbeit nach dem Amsterdamer Vertrag: Ein neues Verfassungsprinzip? EuR 1997, 362; *Ehricke*, Dynamische Verweise in EG-Richtlinien auf Regelungen privater Normungsgremien, EuZW 2002, 746; *Eiden*, Die Rechtsangleichung gemäß Art. 100 des EWG-Vertrages, 1984; *Engel*, Außergerichtliche Streitbeilegung in Verbraucherangelegenheiten – Mehr Zugang zu weniger Recht, NJW 2015, 1633; *Epiney*, Gemeinschaftsrechtlicher Umweltschutz und Verwirklichung des Binnenmarktes – »Harmonisierung« auch der Rechtsgrundlagen?, JZ 1992, 564; *dies.*, Umweltrecht in der Europäischen Union, 2. Aufl., 2005; *dies.*, Zur Auslegung des Art. 95 V EGV – Anmerkungen zu T-366/03, NuR 2007, 111; *dies.*, Die Rechtsprechung des EuGH zur Zulässigkeit »nationaler Alleingänge« (Art. 95 Abs. 4–6 und Art. 176 EGV), FS Rengeling, 2008, S. 215; *Ensthaler*, Europäischer Binnenmarkt: Stand und Perspektiven der Rechtsharmonisierung, 1989; *Everling*, Rechtsvereinheitlichung durch Richterrecht in der Europäischen Gemeinschaft, RabelsZ 1986, 193; *ders.*, Gestaltungsbedarf des Europäischen Rechts, EuR 1987, 214; *ders.*, Zur Funktion des Gerichtshofs bei der Rechtsangleichung in der Europäischen Gemeinschaft, FS Lukes 1989, S. 359; *ders.*, Probleme der Rechtsangleichung zur Verwirklichung des europäischen Binnenmarktes, FS Steindorff, 1990, S. 1155; *ders.*, Abgrenzung der Rechtsangleichung zur Verwirklichung des Binnenmarktes nach Art. 100a EWGV durch den Gerichtshof, EuR 1991, 179; *ders.*, Zur Funktion der Rechtsangleichung – Vom Abbau der Verzerrungen zur Schaffung des Binnenmarktes –, in: *ders.*, Unterwegs zur Europäischen Union, 2001, S. 15; *Everling/Roth* (Hrsg.), Mindestharmonisierung im Europäischen Binnenmarkt, 1997; *Ferid*, Methoden, Möglichkeiten und Grenzen der Privatrechtsvereinheitlichung, ZfRV 1962, 193; *Ficker*, Die Rechtsentwicklung innerhalb der Europäischen Gemeinschaften und ihre Auswirkungen auf die EFTA-Staaten, Zeitschrift für Rechtsvergleich 1973, 161; *ders.*, Zur Angleichung der Gesellschaftsrechte in den erweiterten Europäischen Gemeinschaften, FS Schmitthoff, 1973, S. 157; *ders.*, Bemerkungen zur Rechtsangleichung in der Europäischen Gemeinschaft, FS Aubin, 1979, S. 57; *ders.*, Zur Internationalen Gesetzgebung, FS Dölle, 1963, Band II, S. 35; *Forwood/Clough*, The Single European Act and Free Movement – Legal Implications of the Provisions for the Completion of the Internal Market, E. L.Rev. 1986, 383; *Franzen*, Privatrechtsangleichung durch die Europäische Gemeinschaft, 1999; *Geber*, Rechtsangleichung nach Art. 114 AEUV im Spiegel der EuGH-Rechtsprechung, JuS 2014, 20; *Glaesner*, Die Einheitliche Europäische Akte, EuR 1986, 119; *ders.*, Die Einheitliche Europäische Akte – Versuch einer Wertung, in: Schwarze (Hrsg.), Der Gemeinsame Markt – Bestand und Zukunft in wirtschaftsrechtlicher Perspektive, 1987, S. 9; *Goldman*, Droit commercial européen, 3. Aufl., 1975; *Görlitz*, Tabakwerbung und Europa: Im zweiten Anlauf endlich am Ziel?, ZUM 2002, 97; *Gosalbo Bono*, Les politiques et actions communautaires, RTDE 1997, 769; *Götz*, Anmerkung zu EuGH, Urt. v. 5. 10. 2000, C–376/98, JZ 2001, 34; *ders.*, Der Grundsatz der gegenseitigen Anerkennung im europäischen Binnenmarkt, FS Jaenicke, 1998, S. 763; *von der Groeben*, Die Aufgaben der Wettbewerbspolitik im Gemeinsamen Markt und in der atlantischen Partnerschaft, WuW 1964, Nr. 12, 1001; *ders.*, Zur Politik der Rechtsangleichung in der Europäischen Wirtschaftsgemeinschaft, Zeitschrift für Rechtsvergleichung 1967, 129; *ders.*, Die Politik der Europäischen Kommission auf dem Gebiet der Rechtsangleichung, NJW 1970, 359; *Grundmann*, Richtlinienkonforme Auslegung im Bereich des Privatrechts – insbesondere: der Kanon der nationalen Auslegungsmethoden als Grenze?, ZeuP 1996, 399; *Gulmann*, The Single European Act – Some Remarks from a Danish Perspective, CMLRev. 24 (1987), 31; *Gundel*, Die Neuordnung der Rechtsangleichung durch den Vertrag von Amsterdam: neue Voraussetzungen für den »nationalen Alleingang«, JuS 1999, 1171; *ders.*, Die Tabakprodukt-Richtlinie vor dem EuGH: Zur Zulässigkeit der Nutzung doppelter Rechtsgrundlagen im Rechtsetzungsverfahren der Gemeinschaft, EuR 2003, 100; *ders.*, Die zweite Fassung der Tabakwerberichtlinie vor dem EuGH: Weitere Klärungen zur Binnenmarkt-Harmonisierungskompetenz der Gemeinschaft: Anmerkungen zu EuGH Rs. C–380/03 – Deutschland/Parlament und Rat, EuR 2007, 251; *ders.*, Die »gespaltene Harmonisierung« von Produktnormen durch den Gemeinschaftsgesetzgeber: Ein Fall für die Warenverkehrsfreiheit?, EuR 2008, 248; *Gunther*, Grenzen der Rechtsangleichung nach Art. 95 EG – Zugleich eine Anmerkung zu den Urteilen des EuGH vom 14. 12. 2004 (Arnold André und Swedish Match), EuZW 2005, 171 *Güttler*, Umweltschutz und freier Warenverkehr, BayVBl. 2002, 225: *Hailbronner*, Der »nationale Alleingang« im Gemeinschaftsrecht am Beispiel der Abgasstandards für PKW, EuGRZ 1989, 101; *Hallstein*, Angleichung des Privat- und Prozeßrechts in der Europäischen Wirtschaftsgemeinschaft, RabelsZ 1964, 211; *ders.*, Die EWG-eine Rechtsgemeinschaft, Rede zur Ehrenpromotion, Universität Padua, in: Oppermann (Hrsg.), Europäische Reden, 1979, S. 341; *Hatje* (Hrsg.), Verfassungszustand und Verfassungsentwicklung der Europäischen Union, EuR Beiheft 2/2015; *Hauschild*, Probleme der Rechtsangleichung im Rahmen der EWG unter besonderer Berücksichtigung des Privat- und Prozeßrechts, ÖJZ 1966, 11; *Hayder*, Neue Wege zur europäischen Rechtsangleichung? Die Auswirkungen der Einheitlichen Europäischen Akte, RabelsZ 1989, 622; *Hecker*, Europäisches Strafrecht, 2. Aufl., 2007; *Helm*, Allgemeine Schranken für die Rechtsangleichung nach dem EWG-Vertrag, AWD 1968, 453; *Herlin-Karnell*, Case C–301/06, Ireland v. Parliament and Council, Judgment of the Court 'Grand Chamber' of 10 February 2009, CMLRev. 46 (2009), 1681; *Herrmann*, Die Grenzen der Binnenmarktkompetenz in der jüngeren Rechtsprechung des EuGH, in: Schroeder, Werner (Hrsg.), Europarecht als Mehrebenensystem, 2008, S. 141; *Hervey*, Community and National Competence in Health After Tobacco Advertising, CMLRev. 38 (2001), 1421; *Hidien*, Mitgliedsstaatliche Steuerhoheit im formellen Abgabenrecht: zugleich eine Anmerkung zum Zuständigkeitsstreit in der Entscheidung des EuGH vom 26. 10. 2006, Rs. C–533/03 (Kommission/Rat) zur Auslegung der Art. 93, 95 Abs. 2 EG, EuR 2007, 370; *Hilf*, Die Richtlinie der EG – ohne Richtung, ohne Linie?, EuR 1993, 1; *Hommelhoff/Jayme/Mangold* (Hrsg.), Europäischer Binnenmarkt – Internationales Privatrecht und Rechtsangleichung, 1995; *Huber*, Rechnungslegung und Demokratie, AöR 133 (2008), 389; *Ihns*, Entwicklung und Grundlagen der europäischen Rechtsangleichung, 2005; *Jarass*, Binnenmarktrichtlinien und Umweltschutzrichtlinien, EuZW 1991, 530; *ders.*, EG-Kompetenzen und das Prinzip der Subsidiarität nach Schaffung der Europäischen Union, EuGRZ 1994, 209; *Jickeli*, Der Binnenmarkt im Schatten des Subsidiaritätsprinzips, JZ 1995, 57; *Joerges*, The New Approach to Technical Harmonization and the Interests of Consumers: Reflections on the Requirements and Difficulties of a Europeanization of Product Safety Policy, in: 1992: One European Market?, 1988, S. 175; *Kahl*, Umweltprinzip und Gemeinschaftsrecht, 1993; *Kaiser*, Grenzen der EG-Zuständigkeit, EuR 1980, 97; *Kamann*, Viel Rauch um nichts? – Gesundheitsschutz im Rahmen der Binnenmarktharmonisierung gemäß Artikel 95 EGV nach dem »Tabakurteil« des EuGH, ZEuS 2001, 23; *Keune*, Gleichgewicht der Gewalten, VW 2015, Heft 9, 60; *Kieninger*, Wettbewerb der Privatrechtsordnungen im Europäischen Binnenmarkt, 2002; *Kischel*, Souveränität, Einbindung, Autonomie, in: Erbguth/Masing (Hrsg.), Verwaltung unter dem Einfluss des Europarechts, 2006, S. 11; *Klamert*, Altes und Neues zur Harmonisierung im Binnenmarkt, EuZW 2015, 265; *Klauer*, Die Europäisierung des Privatrechts, 1998; *Klein*, Integration und Verfassung, AöR 139 (2014), 165; *Klindt*, Der »new approach« im Produktrecht des europäischen Binnenmarkts: Vermutungswirkung technischer Normung, EuZW 2002, 133; *Koenig/Kühling*, Der Streit um die neue Tabakrichtlinie, EWS 2002, 12; *Kötz*, Rechtsvereinheitlichung – Nutzen, Kosten, Methoden, Ziele, RabelsZ 50 (1986), 1; *Krämer*, Einheitliche Europäische Akte und Umweltschutz: Überlegungen zu einigen neuen Bestimmungen im Gemeinschaftsrecht, in: Rengeling (Hrsg.), Europäisches Umweltrecht und europäische Umweltpolitik, 1988, S. 137; *ders.*, Das »hohe Schutzniveau« für die Umwelt im EG-Vertrag, ZUR 1997, 303; *Lachmann*, Some Danish Reflections on the Use of Article 235 of the Rome Treaty, CMLRev. 18 (1981), 447; *Langeheine*, Rechtsangleichung unter Art. 100 a EWGV – Harmonisierung vs. nationale Schutzinteressen, EuR 1988, 235; *ders.*, Rechtsprobleme der Anwendung des Art. 100a Abs. 4 EG-

Vertrag, GS Grabitz, 1995, S. 369; *Leleux*, Le rapprochement des législations dans la Communauté économique européenne, CDE 1968, 129; *ders.*, Die Kompetenzordnung der Europäischen Union im Vertragsentwurf über eine Verfassung von Europa, ZEuS 2004, 211; *ders.*, Rechtsangleichung nach Art. 94, 95 EG-Vertrag, 2004; *Ludwigs*, Rechtsangleichung nach Art. 94, 95 EG-Vertrag, 2004; *ders.*, Art. 95 als Rechtsgrundlage für ein Vermarktungsverbot von Tabakerzeugnissen zum oralen Gebrauch?, Europablätter 2006, 45; *ders.*, Art. 95 EG als allgemeine Kompetenz zur Regelung des Binnenmarktes oder als »begrenzte Einzelermächtigung«?, EuZW 2006, 417; *ders.*, Verwirklichung des Binnenmarkts durch ein »Gemeinsames Europäisches Kaufrecht«?, EuZW 2012, 608; *Lurger*, Grundfragen der Vereinheitlichung des Vertragsrechts in der Europäischen Union, 2002; *Lutter*, Zum Umfang der Bindung durch Richtlinien, FS Everling, 1995, S. 765; *Marx*, Funktion und Grenzen der Rechtsangleichung nach Art. 100 EWG-Vertrag, 1976; *G. Meier*, Einheitliche Europäische Akte und freier EG-Warenverkehr, NJW 1987, 537; *Mestmäcker*, Auf dem Wege zu einer Ordnungspolitik für Europa, FS von der Groeben, 1987, S. 9; *Meyer*, Das Strafrecht im Raum der Freiheit, der Sicherheit und des Rechts, EuR 2011, 169; *Mögele*, Die gemeinschaftliche Agrarkompetenz nach Amsterdam, ZEuS 2000, 79; *Montag*, Umweltschutz, Freier Warenverkehr und Einheitliche Europäische Akte, RIW 1987, 935; *Möstl*, Grenzen der Rechtsangleichung im europäischen Binnenmarkt: Kompetenzielle, grundfreiheitliche und grundrechtliche Schranken des Gemeinschaftsgesetzgebers, EuR 2002, 318; *M. Müller*, Systemwettbewerb, Harmonisierung und Wettbewerbsverzerrung, 2000; *Müller-Graff*, Die Rechtsangleichung zur Verwirklichung des Binnenmarktes, EuR 1989, 107; *ders.*, Binnenmarktauftrag und Subsidiaritätsprinzip?, ZHR 159 (1995), 34; *ders.*, Der Begriff der Rechtsangleichung in Art. 114 AEUV im Lichte eines gemeinsamen europäischen Kaufrechts, FS Schwarze, 2014, S. 617; *Nettesheim*, Horizontale Kompetenzkonflikte in der EG, EuR 1993, 243; *Nolte*, Die Kompetenzgrundlage der Europäischen Gemeinschaft zum Erlass eines weitreichenden Tabakwerbeverbots, NJW 2000, 1144; *Nowak*, Entwicklung, Koordinatensystem und Kernbestandteile des Europäischen Umweltverfassungsrechts, NuR 2015, 306; *Pauly*, Strukturfragen des unionsrechtlichen Grundrechtsschutzes, EuR 1998, 242; *Pernice*, Kompetenzordnung und Handlungsbefugnisse der Europäischen Gemeinschaft auf dem Gebiet des Umwelt- und Technikrechts, Die Verwaltung 22 (1989), 1; *Perau*, Werbeverbot im Gemeinschaftsrecht: Gemeinschaftsrechtliche Grenzen nationaler und gemeinschaftsrechtlicher Werbebeschränkungen, 1997; *Pescatore*, Die »Einheitliche Europäische Akte« – Eine ernste Gefahr für den Gemeinsamen Markt, EuR 1986, 153; *Rademacher*, Symposium zu den Grenzen Europäischer Normgebung – EU-Kompetenzen und Europäische Grundrechte, EuZW 2014, 368; *Rambow*, Möglichkeiten und Grenzen der Verbraucherpolitik im Gemeinsamen Markt, EuR 1981, 240; *Randazzo*, Annotation of Case C–271/04, United Kingdom v. European Parliament and Council of the European Union, judgment of the Grand Chamber of 2 May 2006, CMLRev. 44 (2007), 155; *Reher/Schöner*, Das Werbeverbot für Tabakerzeugnisse – geht das Prinzip der begrenzten Einzelermächtigung in Rauch auf?, EWS 1998, 294; *Reich*, Binnenmarkt als Rechtsbegriff, EuZW 1991, 203; *ders.*, Passagiere auf dem europäischen Schiff, NJW 1998, 2191; *ders.*, Tollhaus Europa oder Narrenschiff Staatsrechts, Einige Bemerkungen zum Kommentar von Schneider, NJW 1998, 576, NJW 1998, 1537; *ders.*, Von der Minimal- zur Voll- zur »Halbharmonisierung« – Ein europäisches Privatrechtsdrama in fünf Akten, ZEuP 2010, 7; *Ress* (Hrsg.), Rechtsprobleme der Rechtsangleichung, Vorträge, Reden und Berichte aus dem Europa-Institut der Universität des Saarlandes, Nr. 137, 1998; *Richter*, »Nationale Alleingänge« – Förderung hoher Regelungsstandards oder Behinderung eines einheitlichen Binnenmarktes?, 2007; *Riesenhuber*, Der Vorschlag für eine Verordnung über ein »Gemeinsames Europäisches Kaufrecht«, EWS 2012, 7; *Rodière*, L'harmonisation des législations européennes dans le cadre de la C.E.E., RTDE 1965, 336; *Rodríguez Iglesias*, Zu den Grenzen der verfahrensrechtlichen Autonomie der Mitgliedsstaaten bei der Anwendung des Gemeinschaftsrechts, EuGRZ 1997, 289; *Röhling*, Übertriebene technische Normen als nichttarifäre Handelshemmnisse im Gemeinsamen Markt, 1972; *Rönck*, Technische Normen als Gestaltungsmittel des europäischen Gemeinschaftsrechts: Zulässigkeit und Praktikabilität ihrer Rezeption zur Realisierung des Gemeinsamen Marktes, 1995; *L.P. Roth*, Wettbewerbsverzerrungen durch Strafrecht: Strafrechtliche Harmonisierungskompetenz der EG auf Grundlage der Binnenmarktkompetenz des Art. 95 EGV?, 2010; *W.-H. Roth*, Rechtsetzungskompetenzen für das Privatrecht in der Europäischen Union, EWS 2008, 401; *ders.*, Rechtsetzungskompetenz und Rechtspolitik in der Europäischen Union, FS Honsell, 2009, S. 31; *ders.*, Kompetenzen der EG zur vollharmonisierenden Angleichung des Privatrechts, in: Gsell/Herresthal (Hrsg.), Vollharmonisierung im Privatrecht, 2009, S. 13; *ders.*, Der »Vorschlag für eine Verordnung über ein Gemeinsames Europäisches Kaufrecht«, EWS 2012, 12; *Ruffert*, Europarecht: Rechtsgrundlagen und Rechtsetzungsbefugnisse von Agenturen, JuS 2014, 279; *Rüffler*, Kontinuität oder Kehrtwende im Streit um die gemeinschaftsrechtlichen Umweltschutzkompetenzen, Jura 1994, 653; *Saurer*, Die Errichtung von Europäischen Agenturen auf Grundlage der Binnenmarktharmonisierungskompetenz des Art. 114 AEUV, DÖV 2014, 549; *de Sadeleer*, Procedures for derogations from the principle of approximation of laws under Article 95 EC, CMLRev. 40 (2003), 889; *Satzger*, Internationales und Europäisches Strafrecht, 5. Aufl., 2011; *Scharpf*, Politische Optionen im vollendeten Binnenmarkt, in: Jachtenfuchs/Kohler-Koch (Hrsg.), Europäische Integration 2003, S. 219; *Scheffer*, Die Marktfreiheiten des EG-Vertrages als Ermessensgrenze des Gemeinschaftsgesetzgebers, 1997; *Scheuing*, Umweltschutz auf der Grundlage der Einheitlichen Europäischen Akte, EuR 1989, 152; *Schilling*, Gleichheitssatz und Inländerdiskriminierung, JZ 1994, 8; *Schmeder*, Die Rechtsangleichung als Integrationsmittel der Europäischen Gemeinschaft, 1978; *W. Schmid*, Privatrechtsangleichung in den Europäischen Gemeinschaften, 1975; *R. Schmidt*, Einige Bemerkungen über Möglichkeiten und Grenzen der Angleichung des Versicherungsvertragsrechts im Bereich des Gemeinsamen Marktes und der OECD, FS Dölle, Band II, 1963, S. 485; *ders.*, Neuere höchstrichterliche Rechtsprechung zum Umweltrecht, JZ 1995, 545; *Schneider/Stein* (Hrsg.), The European Ban on Tobacco Advertising, 1999; *Schricker*, Probleme der Europäischen Angleichung des Rechts des unlauteren Wettbewerbs, FS Zweigert, 1981, S. 537; *Schroeder/Kostenzer*, Wissenschaftsbasierte Regulierung im EU-Produktrecht, EuR 2013, 389; *Schwartz*, Zur Konzeption der Rechtsangleichung in der Europäischen Wirtschaftsgemeinschaft, FS Hallstein, 1966, S. 474; *ders.*, Wege zur EG-Rechtsvereinheitlichung: Verordnungen der Europäischen Gemeinschaft oder Übereinkommen unter den Mitgliedstaaten, FS v. Caemmerer 1978, S. 1067; *ders.*, 30 Jahre EG-Rechtsangleichung, FS von der Groeben, 1987, S. 333; *ders.*, EG-Kompetenzen für den Binnenmarkt: Exklusiv oder konkurrierend/subsidiär?, FS Everling, Band II, 1995, S. 1331; *ders.*, Rechtsangleichung und Rechtswettbewerb im Binnenmarkt – Zum europäischen Modell, EuR 2007, 199; *Schwarze* (Hrsg.), Werbung und Werbeverbote im Lichte des europäischen Gemeinschaftsrechts, 1999; *Schwarze/Becker/Pollak*, Die Implementation von Gemeinschaftsrecht, 1993; *Schweitzer/Schroeder/Bock*, EG-Binnenmarkt und Gesundheitsschutz, 2002; *Schwemer*, Die Bindung des Gemeinschaftsgesetzgebers an die Grundfreiheiten, 1995; *Sedemund*, »Cassis de Dijon« und das neue Harmonisierungskonzept der Kommission, in: Schwarze (Hrsg.), Der Gemeinsame Markt – Bestand und Zukunft in wirtschaftsrechtlicher Perspektive, 1987, S. 37; *Seidel*, Die Beseitigung der technischen Handelshemmnisse, in: Angleichung des Rechts der Wirtschaft in Europa, 1971, S. 733; *Seidl-Hohenveldern*, Rechtsakte der Organe der EWG als Mittel der Angleichung, in: Angleichung des Rechts der Wirtschaft, 1971, S. 170; *Selmayr/Kamann/Ahlers*, Die Binnenmarktkompetenz der Europäischen Gemeinschaft, EWS 2003, 56; *Siems*, Effektivität und Legitimität einer Richtlinienumsetzung durch Generalklauseln, ZEuP 2002, 747; *Silny*, Die binnenmarktbezogene Rechtsangleichungskompetenz des Art. 95 EG: Reichweite und Grenzen der Harmonisierungskompetenz sowie ihre Stellung in der gemeinschaftsrechtlichen Kompetenzverfassung, 2007; *Simma/Weiler/Zöckler*, Kompetenzen und Grundrechte – Beschränkungen der Tabakwerbung aus der Sicht des Europarechts, 1999; *Slot*, Harmonisation of Law, E.L.Rev. 1996, 378; *Starkowski*, Die Angleichung technischer Rechtsvorschriften und industrieller Normen in der Europäischen Wirtschaftsgemeinschaft, 1973; *E. Stein*, Assimilation of National Laws as a Function of European Integration AJIL 1964, S. 1; *T. Stein*, Freier Wettbewerb und Werbeverbote in der Europäischen Union, EuZW 1995, 435; *ders.*, Werbeverbote und Europäisches Gemeinschaftsrecht, in: Randelzhofer/Scholz/Wilke (Hrsg.), GS Grabitz, 1995, S. 777; *ders.*, Die Grundfreiheiten müssen »Freiheiten« bleiben! – Nochmals zu Tabakwerbeverbot und Gemeinschaftskompetenz, EuZW 2000, 337; *ders.*, Keine Europäische »Verbots«-Gemeinschaft – das Urteil des EuGH über die Tabakwerbeverbot-Richtlinie, EWS 2001, 12; *ders.*, Keine »Verbots«-Gemeinschaft – das Urteil des EuGH Rs. C-380/03, EuZW 2007, 54; *Steindorff*, Gemeinsamer Markt als Binnenmarkt, ZHR 150 (1986), 687; *ders.*, Grenzen der EG-Kompetenzen, 1990; *Strassburger*, Die Dogmatik der EU-Grundfreiheiten, 2012; *Streinz*, Die Herstellung des Binnenmarktes im Bereich des Lebensmittelrechts – Rechtsangleichung und gegenseitige Anerkennung als ergänzende Instrumente, ZfRV 1991, 357; *Streit*, Systemwettbewerb im europäischen Integrationsprozeß, FS Mestmäcker, 1996, S. 521; *Tamm*, Das Grünbuch der Kommission zum Verbraucheracquis und das Modell der Vollharmonisierung – eine kritische Analyse, EuZW 2007, 756; *Taschner*, Rechtsangleichung in der Bewährung?, GS Constantinesco, 1983, S. 765; *ders.*, Mittelbare Rechtsangleichung?, FS von der Groeben, 1987, S. 407; *Terhechte*, Der Vertrag von Lissabon: Grundlegende Verfassungsurkunde der europäischen Rechtsgemeinschaft oder technischer Änderungsvertrag? EUR 2008, 143; *ders.*, Rechtsangleichung zwischen Gemeinschafts- und Unionsrecht – die Richtlinie über die Vorratsdatenspeicherung vor dem EuGH, EuZW 2009, 199; *Timmermans*, Directives: Their Effect within the National Legal System, CMLRev. 16 (1979), 533; *ders.*, Die europäische Rechtsangleichung im Gesellschaftsrecht, RabelsZ 1984, 1; *Toth*, The Legal Status of the Declarations Annexed to the Single European Act, CMLRev. 23 (1986), 803; *Trüe*, Das System der Rechtsetzungskompetenzen der Europäischen Gemeinschaft und der Europäischen Union, 2002; *Ullrich*, Die Wahl der Rechtsgrundlage als Rechtsproblem des Gemeinschaftsrechts, ZEuS

2000, 243; *Valta*, Grundfreiheiten im Kompetenzkonflikt, 2013; *VerLoren van Themaat*, Die Rechtsangleichung als Integrationsinstrument, FS Ophüls, 1965, S. 243; *Vogelaar*, The Approximation of the Laws of Member States under the Treaty of Rome, CMLRev. 12 (1975), 211; *Vogenauer/Weatherill*, Zur Angleichung des Vertragsrechts in der EG, JZ 2005, 870; *B. Wägenbaur*, Binnenmarkt und Gesundheitsschutz – eine schwierige Kohabitation, EuZW 2000, 549; *R. Wägenbauer*, Werberecht und Werbeverbote – Einige Bemerkungen aus Sicht des Gemeinschaftsrechts, EuZW 1995, 431; *ders.*, Das Verbot »indirekter« Tabakwerbung und seine Vereinbarkeit mit Art. 30 EGV, EuZW 1998, 709; *Wagner*, Das Konzept der Mindestharmonisierung, 2001; *G. Wagner*, The Economics of Harmonization: the Case of Contract Law, CMLRev. 39 (2002), 995; *Wahl/Groß*, Die Europäisierung des Genehmigungsrechts am Beispiel der Novel Food-Verordnung, DVBl 1998, 2; *Weatherill*, Better competence monitoring, E.L.Rev. 2005, 23; *Weidemann*, Die Bedeutung der Querschnittsklauseln für die Kompetenzen innerhalb der Europäischen Gemeinschaft, 2009; *Wenneras*, Towards an ever greener Union? Competence in the field of environment and beyond, CMLRev. 45 (2008), 1645; *Wernsmann/Zirkl*, Die Regelungskompetenz der EU für eine Finanztransaktionssteuer, EuZW 2014, 167; *Westphal*, Die Richtlinie zur Vorratsdatenspeicherung von Verkehrsdaten – Brüsseler Stellungnahme zum Verhältnis von Freiheit und Sicherheit in der »Post–911-Informationsgesellschaft«, EuR 2006, 706; *Wichard*, Europäisches Markenrecht zwischen Territorialität und Binnenmarkt, ZeuP 2002, 23; *Wunderlich/Pickartz*, Hat die Richtlinie ausgedient? Zur Wahl der Handlungsform nach Art. 296 Abs. 1 AEUV, EuR 2014, 659; *Zeitzmann*, Zur angestrebten Reform der Vorratsdatenspeicherungsrichtlinie – Lehren aus dem EuGH-Urteil in der Rechtsache C–301/06 sowie dem Regelungsgehalt der zugrunde liegenden Richtlinie, ZEuS 2011, 433; *Zürner*, Deutschland scheitert (vorerst?) mit nationalem Alleingang bei Schadstoffgrenzwerten für Kinderspielzeug – Anmerkung zu EuG, Urteil vom 14.5.2014 – Rs. T–198/12 (Deutschland/Kommission), EurUP 2015, 60; *Zweigert*, Die Rechtsvergleichung im Dienste der europäischen Rechtsvereinheitlichung, RabelsZ 1951, 387

Leitentscheidungen

EuGH, Urt. v. 11.6.1991, Rs. C–300/89 (Titanoxid), Slg. 1991, I–2867
EuGH, Urt. v. 9.8.1994, Rs. C–359/92 (Produktsicherheits-Richtlinie), Slg. 1994, I–3681
EuGH, Urt. v. 5.10.2000, Rs. C–376/98 (Tabakwerbeverbot I), Slg. 2000, I–8419
EuGH, Urt. v. 10.12.2002, Rs. C–491/01 (British American Tobacco), Slg. 2002, I–11453
EuGH, Urt. v. 9.10.2001, Rs. C–377/98 (Niederlande/Parlament und Rat), Slg. 2001, I–7079
EuGH, Urt. v. 14.12.2004, Rs. C–434/02 (Arnold Andre), Slg. 2004, I–11825
EuGH, Urt. v. 14.12.2004, Rs. C–210/03 (Swedish Match), Slg. 2004, I–6451
EuGH, Urt. v. 12.7.2004, verb. Rs. C–154/04 u. C–155/04 (Alliance for Natural Health u.a.), Slg. 2005, I–6451
EuGH, Urt. v. 12.12.2006, Rs. C–380/03 (Tabakwerbeverbot II), Slg. 2006, I–11573
EuGH, Urt. v. 2.5.2006, Rs. C–217/04 (ENISA), Slg. 2006, I–3771
EuGH, Urt. v. 10.2.2009, Rs. C–301/06 (Vorratsdatenspeicherung), Slg. 2009, I–593
EuGH, Urt. v. 8.6.2010, Rs. C–58/08 (Vodafone u.a.), Slg. 2010, I–4999

Wesentliche sekundärrechtliche Vorschriften

Richtlinie 92/59/EWG des Rates vom 29.6.1992 über die allgemeine Produktsicherheit, ABl. 1992, L 228/24
Richtlinie 98/43/EG vom 6.7.1998 zur Angleichung der Rechts- und Verwaltungsvorschriften der Mitgliedstaaten über Werbung und Sponsoring zugunsten von Tabakerzeugnissen, ABl. 199 L 213/9
Richtlinie 2001/37/EG vom 5.6.2001 zur Angleichung der Rechts- und Verwaltungsvorschriften der Mitgliedstaaten über die Herstellung, die Aufmachung und den Verkauf von Tabakerzeugnissen, ABl. 2001, L 194/26
Richtlinie 2002/46/EG vom 10.6.2002 zur Angleichung der Rechtsvorschriften der Mitgliedstaaten über Nahrungsergänzungsmittel, ABl. 2002, L 183/51

Inhaltsübersicht

	Rn.
A. Überblick: Rechtsangleichung und europäischer Binnenmarkt	1
I. Allgemeines	1
II. Verwirklichung des Binnenmarktziels durch Rechtsangleichung	6
III. Systematik	7
1. Stellung im Vertrag	7
2. Binnenstruktur der Art. 114 ff. AEUV	8
B. Funktion der Rechtsangleichung im Rahmen der europäischen Integration	9
I. Positive und negative Integration	9
II. Bedeutung der Rechtsangleichung für den Binnenmarkt	10
1. Rechtsunion und Rechtsangleichung	10
2. Rechtsangleichung, Binnenmarkt, soziale Dimensionen	11
III. Historische Entwicklung	13
C. Methoden und Instrumente	15
I. Allgemeines	15
II. Vollständige Harmonisierung	16
III. Teilharmonisierung	17
IV. Sonderfall der Verweistechnik	24
D. Abgrenzungen und Ausnahmen	25
I. Spezielle Ermächtigungen zur Rechtsangleichung	25
II. Ausnahmen (Abs. 2)	28
1. Bestimmungen über Steuern	29
2. Bestimmungen über die Freizügigkeit	30
3. Bestimmungen über die Rechte und Interessen der Arbeitnehmer	31
III. Verhältnis zu anderen Vorschriften des AEUV	32
1. Verhältnis zu Art. 43 AEUV (Agrarpolitik)	35
2. Verhältnis zu Art. 81 AEUV (Justizielle Zusammenarbeit in Zivilsachen)	36
3. Verhältnis zu Art. 207 AEUV (Handelspolitik)	37
4. Verhältnis zu Art. 168 Abs. 5 AEUV (Gesundheitsschutz)	38
5. Verhältnis zu Art. 169 AEUV (Verbraucherschutz)	39
6. Verhältnis zu Art. 171, 172 AEUV (Transeuropäische Netze)	40
7. Verhältnis zu Art. 91, 100 AEUV (Verkehrspolitik)	41
8. Verhältnis zu Art. 192 AEUV (Umweltschutz)	42
9. Verhältnis zu Art. 194 AEUV (Energiebinnenmarkt)	43
10. Verhältnis zu Art. 115 AEUV	44
11. Verhältnis zu Art. 352 AEUV	45
E. Rechtsangleichung gem. Art. 114 Abs. 1 AEUV	46
I. Begriff der Rechtsangleichung	46
II. Gegenstand der Rechtsangleichung	51
1. Rechtsvorschriften der Mitgliedstaaten	52
2. Verwaltungsvorschriften der Mitgliedstaaten	53
III. Ziel: Errichtung und Funktionieren des Binnenmarktes	54
1. Begriff des Binnenmarktes	55
2. Beseitigung von Handelshemmnissen	57
3. Spürbarkeit von Wettbewerbsverfälschungen	61
IV. Maßnahmen zur Rechtsangleichung	64
V. Grenzen der Rechtsangleichung	69
1. Verhältnismäßigkeit	69
2. Subsidiarität	70
VI. Verfahren	71
F. Hohes Schutzniveau in den Bereichen Gesundheit, Sicherheit, Umwelt- und Verbraucherschutz (Abs. 3)	74
G. Bestehende Schutzmaßnahmen der Mitgliedstaaten in den Bereichen Arbeitsumwelt und Umwelt (Abs. 4)	80
I. Hintergrund	80
II. Voraussetzungen des Art. 114 Abs. 4 und Abs. 5 AEUV	82
H. Neue Schutzmaßnahmen der Mitgliedstaaten in den Bereichen Arbeitsumwelt und Umwelt (Abs. 5)	90

I. Mitgliedstaatliche Schutzmaßnahmen und Überwachung durch die Kommission
(Abs. 6) 97
J. Anpassungsklauseln (Abs. 7 und 8) 101
K. Rechtsschutz bei Missbrauch (Abs. 9) 102
L. Schutzklausel (Abs. 10) 104
M. Ausblick 106

A. Überblick: Rechtsangleichung und europäischer Binnenmarkt

I. Allgemeines

1   Art. 114 AEUV enthält eine umfassende **Kompetenz der EU zur Rechtsangleichung**, die dazu dienen soll, das in Art. 3 Abs. 3 Satz 1 EUV und Art. 26 AEUV niedergelegte **Binnenmarktziel zu verwirklichen**. Die Vorschrift konkretisiert so den ausdrücklich in Art. 26 Abs. 1 AEUV formulierten Gesetzgebungsauftrag der EU (dazu Art. 26 AEUV, Rn. 18 ff.). Gem. Art. 114 Abs. 1 AEUV erlassen das Europäische Parlament und der Rat im Rahmen des ordentlichen Gesetzgebungsverfahrens (vgl. Art. 294 AEUV) und nach Anhörung des Wirtschafts- und Sozialausschusses solche Maßnahmen zur Angleichung der Rechts- und Verwaltungsvorschriften der Mitgliedstaaten, welche die Errichtung und das Funktionieren des Binnenmarktes zum Gegenstand haben.

2   Art. 114 AEUV geht auf **Art. 100a EWGV** zurück, der seiner Zeit in den EWGV eingefügt wurde, um das Binnenmarktziel (Art. 8a EWGV, Art. 14 EGV) zu verwirklichen. Ursprünglich war die Errichtung des Binnenmarktes an eine Frist gebunden (zuletzt gem. Art. 14 Abs. 1 EGV bis zum 31.12.1992), die der EG und den Mitgliedstaaten eine klare zeitliche Priorisierung ermöglichen sollte.[1] Die Einführung des Art. 100a EWGV ist vor dem Hintergrund zu sehen, dass das Ziel, einen einheitlichen Binnenmarkt zu schaffen, in den 1980-iger Jahren ins Stocken gekommen war, da zahlreiche Maßnahmen, die den zwischenstaatlichen Handelsverkehr fördern sollten, daran scheiterten, dass Art. 100 EWGV (heute: Art. 115 AEUV) die **Einstimmigkeit** im Rat vorsah und zudem als einzig zulässige Handlungsform die Richtlinie (dazu Art. 115 AEUV, Rn. 15) vorschrieb.

3   Eine Reaktion auf dieses Problem war die Einfügung des Art. 100a EWGV (heute: 114 AEUV) durch die **Einheitliche Europäische Akte** (Art. 18 EEA) mit Wirkung zum 1.7.1987.[2] Mit dieser neuen Regelung wurden Maßnahmen der allgemeinen Rechtsangleichung zur Verwirklichung des Binnenmarkts durch Ratsbeschlüsse mit qualifizierter Mehrheit ermöglicht. Doch nicht nur deshalb hat sich die Vorschrift zu einer allgemeinen Harmonisierungskompetenz entwickelt, sondern auch, weil sie den vom EuGH[3] entwickelten Grundsatz der gegenseitigen Anerkennung (eingehend zu den Hintergründen

---

[1] *Voet van Vormizeele*, in: GSH, Europäisches Unionsrecht, Art. 26 AEUV, Rn. 1; *Herrnfeld*, in: Schwarze, EU-Kommentar, Art. 114 AEUV, Rn. 6; allgemein zur Funktion der Rechtsangleichung in der EU s. auch *Everling*, Zur Funktion der Rechtsangleichung in der Europäischen Gemeinschaft – Vom Abbau der Verzerrungen zur Schaffung des Binnenmarktes –, in: *ders.*, Unterwegs zur Europäischen Union, 2001, S. 15 ff.

[2] *Leible/Schröder*, in: Streinz, EUV/AEUV, Art. 114 AEUV, Rn. 1; *Korte*, in: Calliess/Ruffert, EUV/AEUV, 4. Aufl., 2011, Art. 114 AEUV, Rn. 1; *Voet van Vormizeele*, in: GSH, Europäisches Unionsrecht, Art. 26 AEUV, Rn. 1.

[3] EuGH, Urt. v. 20.2.1979, Rs. C–120/78 (Rewe-Zentral), Slg. 1979, 650.

Art. 26 AEUV, Rn. 10 ff.) ins Primärrecht umsetzte und es der Kommission ermöglichte, ihr anspruchsvolles Binnenmaktprogramm⁴ zu verwirklichen.

Im Vergleich zu früheren Vorschriften sind im heutigen Art. 114 AEUV einige **Neuerungen** verankert. Zum einen wurden die Handlungsmöglichkeiten erweitert. Art. 114 AEUV spricht nunmehr von »Maßnahmen« (zum Begriff Rn. 64). Zum anderen liegt der Vorschrift nunmehr das ordentliche Gesetzgebungsverfahren (Art. 294 AEUV) zugrunde, d. h. Maßnahmen können auf der Grundlage einer **qualifizierten Mehrheitsentscheidung im Rat** und nach **Zustimmung durch das Europäische Parlament** erlassen werden. Allerdings fand die Einführung des Mehrheitsprinzips nur Akzeptanz durch Aufnahme weiterer Regelungen: So sind bedeutsame Bereiche vom Anwendungsbereich des Art. 114 Abs. 1 AEUV ausgenommen (Bereichsausnahmen gem. Art. 114 Abs. 2 AEUV, s. dazu Rn. 28), die Kommission wurde auf ein hohes Schutzniveau (Art. 114 Abs. 3 AEUV) verpflichtet und den Mitgliedstaaten wurden durch besondere Regelungen Abweichungsbefugnisse zugestanden (Art. 114 Abs. 4 ff. AEUV). Freilich war diese Regelungstechnik schon früher für die Rechtsangleichung prägend (s. Art. 100a Abs. 4, 5 EWG bzw. Art. 95 Abs. 4, 5 und 10 EGV).⁵

4

Art. 114 AEUV ist dann durch den **Vertrag von Amsterdam** geändert worden. Insbesondere wurde die Verpflichtung zur Einhaltung des **hohen Schutzniveaus** auf Rat und Parlament ausgedehnt (Abs. 3) und einige klarstellende Voraussetzungen für mitgliedstaatliche Abweichungsbefugnisse (Abs. 4) eingefügt.⁶ Der **Vertrag von Lissabon** brachte dagegen nur einige **redaktionelle Anpassungen** an die neue Konstruktion von EUV/AEUV mit sich.⁷

5

II. Verwirklichung des Binnenmarktziels durch Rechtsangleichung

Für die Verwirklichung des Binnenmarktziels ist das Instrument der Rechtsangleichung von **überragender Bedeutung**, denn sie ist ein effektives Mittel, um bestehende und ggf. auch neue Hindernisse für die Verwirklichung eines Marktes ohne Grenzen für den Waren-, Personen- und Kapitalverkehr zu beseitigen, sind solche Hindernisse doch in vielen Fällen auf nationale Regelungen zurückzuführen.⁸ Die Rechtsangleichung hat vor diesem Hintergrund die Aufgabe, zur **Beseitigung bestehender Hindernisse** für die effektive Ausübung der Grundfreiheiten im Binnenmarkt und zur **Vermeidung von Wettbewerbsverzerrungen** beizutragen, die sich aus der Anwendung unterschiedlicher mitgliedstaatlicher Vorschriften ergeben (dazu auch Art. 26 AEUV, Rn. 12).⁹ Hierbei muss sich die inhaltliche Gestaltung der Angleichungsmaßnahmen sowohl an den **spezifischen Erfordernissen des Binnenmarktes** orientieren als auch die im Vertrag normierten Zielvorgaben sonstiger Gemeinsamer Politiken berücksichtigen.¹⁰ Die Rechtsangleichung ist ein Instrument der **sog. positiven Integration**. Sie kommt insbesondere dann zum Einsatz, wenn sich zeigt, dass ein vereinheitlichender Regelungsbedarf auf Uni-

6

---

[4] KOM (1985) 310 endg.
[5] *Tietje*, in: Grabitz/Hilf/Nettesheim, EU, Art. 114 AEUV (Juli 2016), Rn. 71.
[6] *Classen*, in: GSH, Europäisches Unionsrecht, Art. 114 AEUV, Rn. 4; *Tietje*, in: Grabitz/Hilf/Nettesheim, EU, 114 AEUV (Juli 2016), Rn. 72.
[7] *Herrnfeld*, in: Schwarze, EU-Kommentar, Art. 114 AEUV, Rn. 4; *Tietje*, in: Grabitz/Hilf/Nettesheim, EU, Art. 114 AEUV (Juli 2016) Rn. 72.
[8] *Classen*, in: GSH, Europäisches Unionsrecht, Art. 114 AEUV, Rn. 42.
[9] *Fischer*, in: Lenz/Borchardt, EU-Verträge, Art. 114 AEUV, Rn. 2; *Herrnfeld*, in: Schwarze, EU-Kommentar, Art. 114 AEUV, Rn. 1.
[10] *Herrnfeld*, in: Schwarze, EU-Kommentar, Art. 114 AEUV, Rn. 1.

Jörg Philipp Terhechte

onsebne besteht, weil die Instrumente der negativen Integration wie etwa die Anwendung der Grundfreiheiten nicht die erwünschte Wirkung erzielen. Das ist z. B. dann der Fall, wenn die nationalen Maßnahmen die Grundfreiheiten nicht verletzten, weil sie gerechtfertigt sind.[11] Vor diesem Hintergrund erschließt sich der weite Anwendungsbereich der Vorschrift: **Maßnahmen der positiven Integration können** nicht nur dazu eingesetzt werden, nationale Beschränkungen des freien Verkehrs zu beseitigen, sondern auch dazu nationale Maßnahmen, die »verfälschte Wettbewerbsbedingungen schaffen oder aufrecht erhalten«, zu verändern.[12]

III. Systematik

1. Stellung im Vertrag

7 Art. 114 ff. AEUV sind Teil des Kapitel 3 im Titel VII des AEUV (»Gemeinsame Regeln betreffend Wettbewerb, Steuerfragen und Angleichung der Rechtsvorschriften«). Diese Lokation ist historisch wohl darauf zurückzuführen, dass bei den Verhandlungen zum EWG-Vertrag die Aufhebung vorhandener Wettbewerbsverzerrungen im Mittelpunkt des Interesses stand, was insbesondere durch den ehemaligen Art. 100 EWG-Vertrag (heute Art. 115 AEUV) verwirklicht werden sollte. Deshalb lag die Nähe der Rechtsangleichung zu den Wettbewerbsvorschriften (heute Art. 101 ff. AEUV) auf der Hand.[13] Ähnlich wie die Vorschriften über den Wettbewerb ist auch die Rechtsangleichung kein Selbstzweck im System der Verträge (dazu Art. 26 AEUV, Rn. 12), sondern dient den Zielen der EU. Das belegen insbesondere die durch den Lissabonner Vertrag erfolgten Reformen der EU-Verträge. Der Vertrag von Lissabon hat die Aufzählung der Aufgaben der EU, wie sie bis dahin in Art. 3 Abs. 1 EGV niedergelegt war, aufgehoben und die Ziele der EU in Art. 3 EUV übergreifend formuliert. Hiermit wird auch aus der systematischen Perspektive unterstrichen, dass die Rechtsangleichung für die Union kein Selbstzweck sein kann, sondern ihr vielmehr stets eine **dienende und integrationsbezogene Funktion** im Kontext der Verwirklichung des Binnenmarktes zukommt.[14]

2. Binnenstruktur der Art. 114 ff. AEUV

8 Aufgrund unterschiedlicher Funktionen und Bedeutungen ist zwischen Art. 114, 115 AEUV einerseits und Art. 116, 117 AEUV andererseits zu differenzieren. Während Art. 114 und Art. 115 AEUV allgemein zu Maßnahmen zur Verwirklichung des Binnenmarktes ermächtigen, sollen Maßnahmen, die auf Art. 116 und Art. 117 AEUV gestützt werden, spezifische Wettbewerbsverzerrungen im Binnenmarkt beseitigen. Art. 116 AEUV schafft dabei die Voraussetzung für repressive, Art. 117 AEUV für präventive Maßnahmen der EU.[15]

---

[11] *Leible/Schröder*, in: Streinz, EUV/AEUV, Art. 26 AEUV, Rn. 29.
[12] EuGH, Urt. v. 11. 7. 1991, Rs. C–300/89 (Titanoxid), Slg. 1991, I–2867, Rn. 15.
[13] *Tietje*, in: Grabitz/Hilf/Nettesheim, EU, Art. 114 AEUV (Juli 2016), Rn. 4.
[14] *v. Danwitz*, in: Dauses, Handbuch des EU-Wirtschaftsrechts, Abschnitt B. II., Juni 2010, Rn. 84; *Tietje*, in: Grabitz/Hilf/Nettesheim, EU, Art. 114 AEUV (Juli 2016), Rn. 5; grundlegend auch *von der Groeben*, NJW 1970, 359.
[15] *Tietje*, in: Grabitz/Hilf/Nettesheim, EU, Art. 114 AEUV (Juli 2016), Rn. 5.

B. Funktion der Rechtsangleichung im Rahmen der europäischen Integration

I. Positive und negative Integration

Grundsätzlich gibt es verschiedene Möglichkeiten, Hemmnisse für den europäischen Binnenmarkt zu beseitigen (s. bereits o. Rn. 6). Während im Rahmen der sog. **positiven Integration** beabsichtigt wird, durch eine **aktiv gestaltende Politik der Harmonisierung/ Koordinierung** das Binnenmarktziel durch gezielte gesetzgeberische Maßnahmen zu verwirklichen,[16] geht es bei der **sog. negativen Integration** um die **Beseitigung nationaler Handelshemmnisse** durch die Aktivierung der Grundfreiheiten. Letztere ist folglich kein Mittel der regulativen Ausgestaltung der Märkte.[17] Beide Ansätze schließen sich deshalb nicht aus, sondern ergänzen sich. Dementsprechend versucht auch der EuGH im Rahmen seiner Rechtsprechung eine **Kohärenz** zwischen beiden Ansätzen herzustellen, z. B. wenn er vor der Anwendung einer Grundfreiheit untersucht, ob der fragliche Bereich nicht bereits durch einen Sekundärrechtsakt der EU abschließend geregelt ist.[18] Dies bedeutet aber nicht, dass das Verhältnis von positiver und negativer Integration schon immer spannungsfrei war. Insbesondere in der Frühphase der EG wurde ein Übergewicht der negativen Integration von Seiten der Mitgliedstaaten kritisiert, das in der Auslegung der Grundfreiheiten zu Beschränkungsverboten durch den EuGH erblickt wurde. Es kann vermutet werden, dass dies auch daran lag, dass die Rechtsangleichung wegen des Einstimmigkeitserfordernisses des Art. 100 EWGV a. F. ein schwerfälliges Entscheidungsverfahren war, was das Voranschreiten der negativen Integration begünstigt haben könnte.[19]

9

II. Bedeutung der Rechtsangleichung für den Binnenmarkt

1. Rechtsunion und Rechtsangleichung

Das Instrument der Rechtsangleichung ist insbesondere für eine »Rechtsunion«[20] wie die EU von elementarer Bedeutung. Mit dem Schlagwort »Integration durch Recht«[21] oder dem Hallsteinschen Begriff der »Rechtsgemeinschaft« wird verdeutlicht, dass die EU maßgeblich auf gemeinsamen Regeln beruht.[22] Sie ist zwar nicht nur eine Rechtsgemeinschaft bzw. Rechtsunion, sie ist aber immerhin eine Rechtsgemeinschaft bzw. Rechtsunion. Aufgrund dieser zentralen Rolle des Rechts im Rahmen des Integrationsprozesses liegt es auch auf der Hand, dass es in der EU nicht allein darum geht, den Mitgliedstaaten im Wege eines »Top-down-Ansatzes« Recht überzustülpen, sondern dass gemeinsame Lösungen gefunden werden müssen. Die Akzeptanz und notwendige Effektivität kann das Unionsrecht nur dann entfalten, wenn es »natürlicher Bestandteil« der mitgliedstaatlichen Rechtsordnungen wird. Und ein Hebel dieses wichtige Ziel zu erreichen, wird durch das Instrument der Rechtsangleichung verkörpert.

10

---

16 *Kingreen*, in: Calliess/Ruffert, EUV/AEUV, Art. 36 AEUV, Rn. 2.
17 *Kingreen*, in: Calliess/Ruffert, EUV/AEUV, Art. 36 AEUV, Rn. 2; *Scharpf,* S. 219 ff.
18 EuGH, Urt. v. 5. 10. 2000, Rs. C–376/98 (Deutschland/Parlament und Rat), Slg. 2000, I–8419, Rn. 106 ff.; s. auch *Kingreen*, in: Calliess/Ruffert, EUV/AEUV, Art. 36 AEUV, Rn. 2.
19 *Kingreen*, in: Calliess/Ruffert, EUV/AEUV, Art. 36 AEUV, Rn. 3.
20 Dazu EuGH, Urt. v. 29. 6. 2010, Rs. C–550/09 (E und F), Slg. 2010, I–6213, Rn. 44.
21 *Leible/Schröder*, in: Streinz, EUV/AEUV, Art. 114 AEUV, Rn. 4.
22 *Hallstein*, S. 341 ff.

2. Rechtsangleichung, Binnenmarkt, soziale Dimensionen

11 Freilich kann ein solches Instrument nicht universeller Natur sein und ist deshalb auch im Rahmen der Unionsverträge sektoriell ausgerichtet. Die Rechtsangleichung gem. Art. 114 AEUV dient vor diesem Hintergrund der **Verwirklichung des Binnenmarktes**. Gerade in diesem Bereich hatte sich gezeigt, dass das Instrument der Rechtsangleichung von enormer Bedeutung für die Verwirklichung der Gemeinschaftsziele (hier: des Binnenmarktziels) sein kann. Zugleich wurden die ursprünglichen Regelungen als unzureichend angesehen, sodass Art. 114 AEUV mitunter als »wichtigste Ergänzung des Vertrages« bezeichnet wurde.[23] Es wurde nämlich immer deutlicher, dass die Unterschiede in mitgliedstaatlichen Rechtsordnungen die wirtschaftliche Integration hemmen können. Unterschiedliche nationale Regelungen führten dazu, dass Waren und Dienstleistungen aus anderen Mitgliedstaaten aufgrund formaler Hindernisse im Binnenmarkt der EU nicht frei zirkulieren konnten. Auch für Personen erschwerten sie den Grenzübertritt. Schließlich bestand die Gefahr von Wettbewerbsverzerrungen.[24] Hier konnten und können Rechtsangleichungsmaßnahmen wesentlich dazu beitragen, einheitliche Standards festzulegen und so die Durchlässigkeit des jeweils nationalen Marktes zu erhöhen.

12 Indes sollte man Maßnahmen der Rechtsangleichung nicht nur aus der Warte der reinen Binnenmarktfunktionalität sehen. In jüngerer Zeit wird in diesem Zusammenhang auch darauf hingewiesen, dass die EU gem. Art. 3 Abs. 3 EUV auf einer **sozialen Marktwirtschaft** beruht. Deshalb verlangt auch das »Europäische Sozialmodell«, dass die Marktkräfte nicht unbeschränkt walten. Vielmehr soll durch die Vorgabe entsprechender Regeln dort ein verbindlicher Rechtsrahmen gesetzt werden, wo der (unregulierte) Markt nur unzulängliche Ergebnisse erzielt.[25] Hier können entsprechende Vorschriften, die auf Art. 114 AEUV gestützt werden, einen wichtigen Beitrag leisten.

III. Historische Entwicklung

13 Die Verbindung von nationalen Gesellschafts- und Wirtschaftsräumen über die Vereinheitlichung ihrer Rechtsräume im Wege der Rechtsangleichung ist keine Erfindung der EU.[26] Vielmehr ist sie seit langer Zeit ein fester Bestandteil der internationalen Zusammenarbeit zwischen Staaten. Bestrebungen, Rechtsangleichungsmaßnahmen zur Beseitigung von Wettbewerbsverzerrungen zu etablieren, gab es bspw. so schon beim Zollverein von 1834 und den Haager Regeln zum Seefrachtrecht von 1924.[27]

14 Im europäischen Integrationsprozess erlangte die Rechtsangleichung erstmals mit der Gründung der EWG Bedeutung. So enthielt Art. 100 EWGV (heute Art. 115 AEUV) die ersten Vorschriften zur Rechtsangleichung und regelte als »**Generalnorm**« die Kompetenz zur Rechtsangleichung mit dem Ziel der Herstellung des Gemeinsamen Marktes.[28] Diesbezügliche Maßnahmen beschränkten sich allerdings auf die Beseitigung spezifi-

---

[23] *Schwartz*, FS Hallstein, S. 477; ähnlich auch *Tietje*, in: Grabitz/Hilf/Nettesheim, EU, Art. 114 AEUV (Juli 2016), Rn. 1.
[24] *Classen*, in: GSH, Europäisches Unionsrecht, Art. 114 AEUV, Rn. 5; *Fischer*, in: Lenz/Borchardt, EU-Verträge, Vorb. Art. 114–118 AEUV, Rn. 2.
[25] *Classen*, in: GSH, Europäisches Unionsrecht, Art. 114 AEUV, Rn. 6.
[26] Hierzu *Basedow*, FS Mestmäcker, S. 350; *Tietje*, in: Grabitz/Hilf/Nettesheim, EU, Art. 114 AEUV (Juli 2016), Rn. 8.
[27] *Basedow*, FS Mestmäcker, S. 362.
[28] *Classen*, in: GSH, Europäisches Unionsrecht, Art. 114 AEUV, Rn. 1.

scher Wettbewerbsverzerrungen.[29] Nach In-Kraft-Treten des EWG-Vertrags zeigte sich aber bald die Notwendigkeit darüber hinausgehender Rechtsangleichungsmaßnahmen, denn eine durch den Wegfall von Zöllen sowie mengenmäßigen Beschränkungen entstehende Marktöffnung ließ eine Beeinträchtigung der Funktionen des Gemeinsamen Marktes durch unterschiedliche Rechts- und Verwaltungsvorschriften erkennen.[30] So führte Anfang der 1970er Jahre die sich immer weiter ausdehnende Rechtsangleichungspraxis zu vermehrten Problemen und Widerstand in den Mitgliedstaaten. Insbesondere die im Rahmen einer Vollharmonisierung verfolgte Rechtsangleichung im Bereich technischer Handelshemmnisse stieß auf harte Kritik (abschließende Detailregelungen im Bereich technischer Standards erwiesen sich als undurchführbar).[31] Das in der Cassis de Dijon-Rechtsprechung des EuGH[32] entwickelte **Prinzip der gegenseitigen Anerkennung** bewegte die Kommission die Rechtsangleichung für Warenhandel auf innerstaatliche Regelungen, die durch zwingende Allgemeininteressen gerechtfertigt waren, zu verlagern.[33] Sie erkannte nämlich, dass die Möglichkeit der Mitgliedstaaten einen Verstoß gegen den Grundsatz der gegenseitigen Anerkennung über die ungeschriebenen Rechtfertigungsgründe der zwingenden Erfordernisse des Allgemeinwohls rechtfertigen zu können, einen Harmonisierungsbedarf im Hinblick auf die in Betracht kommenden Rechtfertigungsgründe nach sich ziehen würde. Vor diesem Hintergrund sowie aufgrund einer zunehmenden Anzahl von Vertragsverletzungsverfahren wegen Nichtumsetzung von Rechtsangleichungsrichtlinien wurde der Kommission überzogener »Rechtsangleichungsaktionismus« vorgeworfen.[34] Auf die immer größer werdende Kritik der Staaten an einer Vollharmonisierung reagierte die Kommission durch das im Jahr 1985 vorgelegte »Weißbuch an den Europäischen Rat über die Vollendung des Binnenmarktes«.[35] Aufgestellt war darin ein Katalog von ca. 300 Vorschlägen und Maßnahmen, durch deren Umsetzung die den gemeinsamen Binnenmarkt behindernden materiellen, technischen und steuerlichen Schranken beseitigt werden sollten.[36]

C. Methoden und Instrumente

I. Allgemeines

Im Laufe der Integration haben sich in der Unionspraxis verschiedene Methoden der Rechtsangleichung herausgebildet. Die unterschiedlichen Methoden lassen sich insbesondere nach Intensität der Harmonisierung und Umfang der in den Mitgliedstaaten verbleibenden Regelungsbefugnisse kategorisieren.[37] Hier ist in erster Linie zwischen

15

---

[29] *Herrnfeld*, in: Schwarze, EU-Kommentar, Art. 114 AEUV, Rn. 3; *Tietje*, in: Grabitz/Hilf/Nettesheim, EU, Art. 114 AEUV (Juli 2016), Rn. 9.
[30] *Tietje*, in: Grabitz/Hilf/Nettesheim, EU, Art. 114 AEUV (Juli 2016), Rn. 10.
[31] *Tietje*, in: Grabitz/Hilf/Nettesheim, EU, Art. 114 AEUV (Juli 2016), Rn. 13.
[32] EuGH, Urt. v. 20.2.1979, Rs. C–120/78 (Rewe-Zentral), Slg. 1979, S. 650.
[33] *Tietje*, in: Grabitz/Hilf/Nettesheim, EU, Art. 114 AEUV (Juli 2016), Rn. 13; *Korte*, in: Calliess/Ruffert, EUV/AEUV, Art. 114 AEUV, Rn. 4.
[34] Sieh hierzu bspw. *Close*, E.L.Rev 1978, 461; *Lachmann*, CMLRev 18 (1981), 447; *Kaiser*, EuR 1980, 97ff.
[35] KOM (1985) 310 endg.
[36] *Leible/Schröder*, in: Streinz, EUV/AEUV, Art. 114 AEUV, Rn. 1.
[37] *Fischer*, in: Lenz/Borchardt, EU-Verträge, Vorb. Art. 114–118 AEUV, Rn. 10; *Leible/Schröder*, in: Streinz, EUV/AEUV, Art. 114 AEUV, Rn. 25.

einer vollständigen Harmonisierung und einer Teilharmonisierung zu unterscheiden; im Rahmen der Teilharmonisierung kann zwischen optioneller und fakultativer sowie einer Mindestharmonisierung differenziert werden (zum Ganzen Rn. 16 ff.).[38] Die Harmonisierungsintensität einer Rechtsangleichungsmaßnahme ist vor dem Hintergrund der entsprechenden Kompetenzgrundlage, dem System der Richtlinie und ihrem Gesamterscheinungsbild zu beurteilen.[39] Soweit sich aus dieser Gesamtschau ergibt, dass die Mitgliedstaaten keine abweichenden Regelungen erlassen dürfen, liegt eine vollständige Harmonisierung vor (dazu nachfolgend Rn. 16).[40]

II. Vollständige Harmonisierung

16 Maßnahmen der vollständigen Harmonisierung zielen gewöhnlich auf eine umfassende Angleichung mitgliedstaatlicher Rechtsvorschriften in einem bestimmten Rechtsgebiet. In diesem Fall verbleibt bei den Mitgliedstaaten bezüglich des erfassten Sachbereichs in der Regel kein Gestaltungsspielraum. Sie können grundsätzlich keine abweichenden Regelungen beibehalten oder die Harmonisierungsvorgaben durch eigene Regelungen ergänzen.[41] Die entsprechenden **EU-Regelungen gelten insoweit abschließend** und erzeugen eine »**Sperrwirkung**«.[42] Nationale Abweichungen sind im Falle einer vollständigen Harmonisierung nur unter den Voraussetzungen der Art. 114 Abs. 4–6 AEUV zulässig.[43] Diese Abweichungsmöglichkeiten sind abschließend, sodass es den Mitgliedstaaten verwehrt ist, abweichende nationale Regelungen auf andere Rechtfertigungsgründe des AEUV (z. B. Art. 36 AEUV) zu stützen.[44] Dieses gilt allerdings nur insoweit, als die betreffende Richtlinie eine vollständige Harmonisierung der mitgliedstaatlichen Regelungen vorsieht, die zum Schutz der einschlägigen Rechtsgüter des Art. 36 AEUV bzw. im Sinne der Cassis-Rechtsprechung gerechtfertigt sind.[45] Beispiele vollständiger Harmonisierungsmaßnahmen sind etwa Regelungen im Bereich technischer Normen.[46] Ob eine Richtlinie tatsächlich in allen Bereichen abschließende Regelungen beabsichtigt, ist jeweils im Einzelfall durch Auslegung des Wortlauts, der Zielsetzung sowie der Regelungssystematik der Richtlinie zu ermitteln.[47] Hierbei kann die Richtlinie sowohl

---

[38] *Tietje*, in: Grabitz/Hilf/Nettesheim, EU, Art. 114 AEUV (Juli 2016), Rn. 38; vgl. zu dieser Differenzierung *v. Danwitz*, in: Dauses, Handbuch des EU-Wirtschaftsrechts, Abschnitt B.II., Juni 2010, Rn. 100 f.; ausführlich auch *Reich*, ZEuP 2010, 7 ff.

[39] EuGH, Urt. v. 5.4.1997 Rs. C–148/78 (Ratti), Slg. 1979, 1629, 1643; Urt. v. 14.10.1987, Rs. C–278/85 (Kommission/Dänemark), Slg. 1987, 4069, Rn. 12; kritisch zu den unterschiedlichen Harmonisierungsstrategien *Reich*, ZEuP 2010, 7 ff.

[40] *Tietje*, in: Gabitz/Hilf/Nettesheim, EU, Art. 114 AEUV (Juli 2016), Rn. 39.

[41] *Frenz*, Handbuch Europarecht, Band 6, Rn. 3386; *Tietje*, in: Gabitz/Hilf/Nettesheim, EU, Art. 114 AEUV (Juli 2016), Rn. 39; *Bleckmann*, Europarecht, S. 621.

[42] EuGH, Urt. v. 14.10.1987, Rs. 278/85 (Kommission/Dänemark), Slg. 1987, Rn. 12; *Fischer*, in: Lenz/Borchard, EU-Verträge, Vorb. Art. 114–118 AEUV, Rn. 10.

[43] *Leible/Schröder*, in: Streinz, EUV/AEUV, Art. 114 AEUV, Rn. 26.

[44] EuGH, Urt. v. 15.9.2005, Rs. C–281/03 (Cindu Chemicals u. a.), Slg. 2005, I–8069, Rn. 44.

[45] EuGH, Urt. v. 3.11.1983, Rs. 227/82 (van Bennekom), Slg. 1983, Rn. 35.

[46] Entschl. des Rates vom 7.5.1985 über eine neue Konzeption auf dem Gebiet der technischen Harmonisierung und der Normung, ABl. 1985, C 136/1.

[47] EuGH, Urt. v. 25.4.2002, Rs. C–52/00 (Kommission/Frankreich), Slg. 2002 I–3827, Rn. 16; Urt. v. 25.4.2002, Rs. C–154/00 (Kommission/Griechenland), Slg. 2002, I–3879, Rn. 12; Urt. v. 25.4.2002, Rs. C–183/00 (Sánchez), Slg. 2002, I–3901, Rn. 25; stärker am Wortlaut orientiert etwa EuGH, Urt. v. 8.11.2007, Rs. C–374/05 (Gintec International), Slg. 2007, I–9517, Rn. 26.

abschließende Bestimmungen enthalten als auch Ermessensspielräume gewähren.[48] Mitgliedstaatliche Wahlmöglichkeiten oder Schutzklauseln ändern nicht den Charakter einer vollständigen Harmonisierung, sondern bedeuten nur eine Minderung der Harmonisierungsintensität.[49] Soweit eine Richtlinie den Mitgliedstaaten durch unbestimmte Rechtsbegriffe Handlungsspielräume gewährt, müssen diese so ausgelegt werden, dass der Zweck der Richtlinie erreicht wird.[50] Die EU ist auch nicht daran gehindert, abschließende Harmonisierungsmaßnahmen zu einem späteren Zeitpunkt zu verändern oder zu ergänzen, soweit dadurch die angestrebten Ziele der Richtlinie verbessert werden.[51] Es liegt auf der Hand, dass eine **Totalharmonisierung** aufgrund eigenständig gewachsener nationaler Rechtstraditionen häufig zu **Akzeptanzproblemen** in den Mitgliedstaaten der EU führt und Fragen nach den Grenzen der vertraglichen Angleichungsbefugnisse der Union aufwirft.[52] In diesem Zusammenhang wird etwa gegenwärtig die Absicht der Kommission, eine vollständige Rechtsangleichung in den Bereichen Verbraucherschutz (Verbrauchsgüterkauf/Verwendung missbräuchlicher Klauseln) zu erreichen, kontrovers diskutiert.[53]

III. Teilharmonisierung

Soweit unionale Maßnahmen auf eine Teilharmonisierung abzielen, wird den Mitgliedstaaten i. d. R. die Beibehaltung oder Einführung abweichender Regelungen gestattet. Eine Teilharmonisierung eröffnet den Mitgliedstaaten gewisse Spielräume, die unterschiedlich weit ausgeprägt sein können.[54] Insoweit kann zwischen einer optionalen Harmonisierung (Rn. 18), einer fakultativen Harmonisierung (Rn. 19) und einer Mindestharmonisierung (Rn. 20 ff.) unterschieden werden.

17

Im Rahmen der **optionalen Harmonisierung** bleibt den Mitgliedstaaten die Möglichkeit belassen, **parallel** zu den unionsrechtlichen Vorschriften für reine Inlandssachverhalte vom EU-Recht abweichende, strengere Regelungen beizubehalten oder einzuführen. Die Harmonisierung ist insoweit darauf beschränkt, die **Verkehrsfähigkeit** von Waren und Dienstleistungen zwischen den Mitgliedstaaten grenzüberschreitend verpflichtend zu regeln.[55] Abweichende mitgliedstaatliche Bestimmungen dürfen dabei gleichwohl nur strengere Regelungen beinhalten; die Festsetzung eines geringeren als des unionsrechtlich vorgegebenen Standards ist daher nicht möglich.[56] Mit der den Mitgliedstaaten überlassenen Festlegung höherer oder der Beibehaltung bestehender Standards im Produkt- und Dienstleistungsbereich geht die Problematik der Inlän-

18

---

[48] EuGH, Urt. v. 23. 6.1992, Rs. C–11/92 (Gallagher), Slg. 1993, I–3545 Rn. 12 und 14; Urt. v. 5.10.1994, Rs. C–323/93 (Crespelle), Slg. 1994, I–5077, Rn. 33.
[49] *Leible/Schröder*, in: Streinz, EUV/AEUV, Art. 114 AEUV, Rn. 25; *Tietje*, in: Grabitz/Hilf/Nettesheim, EU, Art. 114 AEUV (Juli 2016), Rn. 39.
[50] EuGH, Urt. v. 21.10.2010, Rs. C–467/08 (Padawan), Slg. 2010, I–10055, Rn. 37 ff.
[51] EuGH, Urt. v. 8.11.2007, Rs. C–374/05 (Gintec International), Slg. 2007, I–9517, Rn. 29.
[52] *v. Danwitz*, in: Dauses, Handbuch des EU-Wirtschaftsrechts, Abschnitt B. II., Juni 2010, Rn. 99; KOM (2008) 614 endg.
[53] KOM (2008) 614 endg.; dazu *Müller-Graff*, FS Schwarze, S. 617.
[54] *Tietje*, in: Grabitz/Hilfs/Nettesheim, EU, Art. 114 AEUV (Juli 2016), Rn. 41; *Leible/Schröder*, in: Streinz, EUV/AEUV, Art. 114 AEUV, Rn. 28.
[55] *Leible/Schröder*, in: Streinz, EUV/AEUV, Art. 114 AEUV, Rn. 34; *Classen*, in: GSH, Europäisches Unionsrecht, Art. 114 AEUV, Rn. 18; *Fischer*, in: Lenz/Borchardt, EU-Verträge, Vorb. Art. 114–118 AEUV, Rn. 10.
[56] *Frenz*, Handbuch Europarecht, Band 6, Rn. 3390.

derdiskriminierung einher. Diese ist jedoch zunächst nur in der nationalen Rechtsordnung relevant.[57]

19 Bei der **fakultativen Harmonisierung** obliegt den am Wirtschaftsverkehr Beteiligten die Wahlfreiheit, sich bezüglich der Herstellung oder Erbringung von Waren oder Dienstleistungen an nationalen Bestimmungen oder harmonisierten Richtlinienvorgaben der EU zu orientieren.[58] Im Gegensatz zur optionalen Harmonisierung können die Mitgliedstaaten im Rahmen der fakultativen Harmonisierung keine strengeren Regelungen für interne Sachverhalte festlegen, so dass das Problem der Inländerdiskriminierung entfällt.[59] Beispiele dieses Rechtsangleichungsansatzes sind etwa das internationale Gütesiegel »Europäisches Umweltzeichen«[60] oder das Statut über die Europäische Aktiengesellschaft (SE) aus dem Jahr 2001.[61]

20 Die Methode der **Mindestharmonisierung** ist spezifisch in bestimmten Politikbereichen wie etwa der Arbeitnehmer- (Art. 153 Abs. 2 Buchst. b AEUV), der Verbraucher- (Art. 169 Abs. 4 AEUV), der Umwelt- (Art. 193 AEUV) oder der Gesundheitspolitik (Art. 168 Abs. 4 AEUV Buchst. a AEUV) sowie im Anwendungsbereich des Art. 114 Abs. 4 und 5 AEUV (s. dazu Rn. 80 ff.) und zum Teil auch sekundärrechtlich vorgesehen.[62]

21 Das Unionsrecht schreibt hier in der Regel **Mindeststandards** vor, die von den einzelnen Mitgliedstaaten zwingend einzuhalten sind. Darüber hinaus besteht für die Mitgliedstaaten die Möglichkeit der Festlegung höherer, auch über das europäisch festgelegte Maß hinausgehender Standards.[63] Durch sog. »**Freiverkehrsklauseln**« kann ein Unionsrechtsakt die Mitgliedstaaten jedoch verpflichten, den freien Verkehr aller Produkte aus anderen Mitgliedstaaten zu ermöglichen, die den gesetzten Mindeststandards der Richtlinie genügen. Abweichende Regelungen dürfen dann nur bzgl. innerstaatlicher Sachverhalte erfolgen.[64] Fehlen derartige Klauseln können die Mitgliedstaaten ihre strengeren Standards auch importierten Produkten aus anderen Mitgliedstaaten entgegenhalten.[65]

22 Freilich können Maßnahmen der Mindestharmonisierung auf der Grundlage von Freiverkehrsklauseln zu einer Schlechterstellung inländischer Produkte und Unterneh-

---

[57] EuGH, Urt. v. 27.10.1982, Rs. C–35/82 (Morson), 1982, 3723, Rn. 12 ff., 16; Urt. v. 8.12.1987, Rs. C–20/87 (Gauchard), Slg. 1987, 4879, Rn. 12 f.; Urt. v. 16.2.1995, Rs. C–29/94 (Aubertin), Slg. 1995, I–301, Rn. 9, 13; zur Inländerdiskriminierung s. auch *König*, AöR 1993 (118), 591 ff.; *Schilling*, JZ 1994, 8 ff.

[58] *v. Danwitz*, in: Dauses, Handbuch des EU-Wirtschaftsrechts, Abschnitt B. II., Juni 2010, Rn. 100; *Fischer*, in: Lenz/Borchardt, Vorb. Art. 114–118 AEUV, Rn. 10; *Leible/Schröder*, in: Streinz, EUV/AEUV, Art. 114 AEUV, Rn. 35; *Classen*, in: GSH, Europäisches Unionsrecht, Art. 114, Rn. 18.

[59] *Frenz*, Handbuch Europarecht, Band 6, Rn. 3392.

[60] Gem. Art. 11 VO (EG) Nr. 1980/2000 vom 17.7.2000 zur Revision des gemeinschaftlichen Systems zur Vergabe eines Umweltzeichens, ABl. 2000, L 237/1.

[61] VO (EG) Nr. 2157/2001 vom 8.10.2001 über das Statut der Europäischen Gesellschaft (SE), ABl. 2001, L 294/1.

[62] *Classen*, in: GSH, Europäisches Unionsrecht, Art. 114 AEUV, Rn. 17.

[63] *Fischer*, in: Lenz/Borchardt, EU-Verträge, Vorb. Art. 114–118 AEUV, Rn. 10; *Classen*, in: GSH, Europäisches Unionsrecht, Art. 114 AEUV, Rn. 17; *Leible/Schröder*, in: Streinz, EUV/AEUV, Art. 114 AEUV, Rn. 29.

[64] EuGH, Urt. v. 23.6.1992, Rs. C–11/92 (Gallagher), Slg. 1993, I–3545, Rn. 16; *Leible/Schröder*, in: Streinz, EUV/AEUV, Art. 114 AEUV, Rn. 29; *Classen*, in: GSH, Europäisches Unionsrecht, Art. 114 AEUV, Rn. 19.

[65] EuGH, Urt. v. 25.10.2001, verb. Rs. C–49/98, C–50/98, bis C–54/98 u. C–68/98 bis C–71/98 (Finalarte u. a.), Slg. 2001, I–7831, Rn. 55–59; *Fischer*, in: Lenz/Borchardt, EU-Verträge, Vorb. Art. 114–118 AEUV, Rn. 10.

men führen. Eine derartige »**Inländerdiskriminierung**« durch den mitgliedstaatlichen Gesetzgeber ist allerdings als Folge des beabsichtigten Harmonisierungsgrades unionsrechtlich unbedenklich.[66] Eine Mindestharmonisierung ist auch nicht gleichbedeutend mit einer »Minimalharmonisierung«. Das Ziel besteht hier nicht in einer unionsweiten Festlegung des niedrigsten Standards. Vielmehr können derartige Harmonisierungsmaßnahmen mitunter auch strengen Schutz gewähren. Alles andere wäre auch nicht mit Art. 114 Abs. 3 AEUV vereinbar. Den Mitgliedstaaten bleibt es indes unbelassen, noch strengere Regelungen festzulegen.[67]

Eine weitere Möglichkeit im Rahmen einer Teilharmonisierung ist neben Abweichungsmöglichkeiten der Mitgliedstaaten für inländische Sachverhalte auch **regional sowie zeitlich beschränkte Abweichungen** von den betreffenden Richtlinienstandards.[68] 23

IV. Sonderfall der Verweistechnik

Bei der Verweistechnik handelt es sich um eine qualifizierte Methode der Rechtsangleichung, die vor allem im Rahmen der Harmonisierung technischer Vorschriften und Normen sowie in Bereichen des Handels- und Gesellschaftsrechts eingesetzt wird. Die Rechtsangleichung erfolgt durch Verweisung auf technische Detailregelungen nichtstaatlicher Organisationen, wobei der Unionsgesetzgeber insoweit nur grundlegende Anforderungen für bestimmte Produkte festlegt. Die detaillierte Ausarbeitung der technischen Inhalte erfolgt durch europäische Organisationen.[69] Kritisch wird vor allem die Standardsetzung durch die privaten Verbände gesehen, fehlt es ihnen doch mitunter an der erforderlichen demokratischen Legitimation.[70] Angesichts der Diskussion über Standards in bilateralen Handelsverträgen wird dieses Thema sicher noch an Bedeutung gewinnen. 24

D. Abgrenzungen und Ausnahmen

I. Spezielle Ermächtigungen zur Rechtsangleichung

Maßnahmen der Rechtsangleichung, die auf der Grundlage des Art. 114 AEUV ergehen, können aufgrund des funktional zu bestimmenden Anwendungsbereichs der Vorschrift so weit ausgelegt werden, dass sie potenziell weite Bereiche der Gesetzgebung der Mitgliedstaaten erfassen.[71] Insoweit kommt einer sauberen Abgrenzung der jeweiligen Kompetenzen auf diesem Gebiet eine besondere Bedeutung zu. Hier ist Art. 114 AEUV zum einen von speziellen Ermächtigungsgrundlagen abzugrenzen, die ebenfalls Rechtsangleichungskompetenzen zur Verwirklichung des Binnenmarktes beinhal- 25

---

[66] EuGH, Urt. v. 23.6.1992, Rs. C–11/92 (Gallagher), Slg. 1993, I–3545, Rn. 22; Urt. v. 18.2.1987, Rs. C–98/86 (Mathot), Slg. 1987, I–89, Rn. 7; *Leible/Schröder*, in: Streinz, EUV/AEUV, Art. 114 AEUV, Rn. 29.
[67] EuGH, Urt. v. 12.11.1996, Rs. C–84/94 (Vereinigtes Königreich/Rat), Slg. 1996, I–5755, Rn. 56.
[68] Dazu *Leible/Schröder*, in: Streinz, EUV/AEUV, Art. 114 AEUV, Rn. 36.
[69] *Tietje*, in: Grabitz/Hilf/Nettesheim, EU, Art. 114 AEUV (Juli 2016), Rn. 43.
[70] Ausführlich hierzu *Di Fabio*, Produktharmonisierung durch Normung und Selbstüberwachung, 1996, S. 94 ff.; *Bauer*, Zur Internationalisierung des Wirtschaftsrechts, in: ders./Czybulka/Kahl/Voßkuhle, (Hrsg.) Umwelt, Wirtschaft und Recht, 2002, S. 69 (80 ff.); *Huber*, AöR 133 (2008), 389 ff.
[71] *Herrnfeld*, in: Schwarze, EU-Kommentar, Art. 114 AEUV, Rn. 14.

ten. Zum anderen aber auch von Ermächtigungsgrundlagen, welche die EU zur Rechtsangleichung ermächtigen ohne einen Binnenmarktbezug aufzuweisen.[72] Allgemein gilt, dass soweit eine Angleichungsmaßnahme auch der Verwirklichung des Binnenmarktes dient, **speziellere binnenmarktbezogene Kompetenzgrundlagen** als Rechtsetzungskompetenzen Art. 114 AEUV vorgehen.[73] Speziellere Kompetenzgrundlagen sind insoweit etwa Art. 46 AEUV (Freizügigkeit der Arbeitnehmer), Art. 50 AEUV und Art. 52 Abs. 2 AEUV (Niederlassungsrecht, darunter insb. Art. 50 Abs. 2 Buchst. g AEUV hinsichtlich des Gesellschaftsrechts, sowie bestimmte Fragen des Wertpapier- und Börsenrechts), Art. 53 AEUV (gegenseitige Anerkennung von beruflichen Befähigungsnachweisen sowie Harmonisierung sonstiger Regelungen über die Berufszulassung und -ausübung), Art. 59 AEUV und Art. 62 AEUV i. V. m. Art. 52 Abs. 2 AEUV bzw. Art. 53 AEUV (Dienstleistungsrecht) und Art. 64 Abs. 2 AEUV (Kapitalverkehr mit Drittstaaten).[74]

26   Nach Ansicht des EuGH stellt im Bereich der **Landwirtschaft** Art. 43 AEUV die ausschließliche Rechtsgrundlage für Maßnahmen der Rechtsangleichung dar, soweit es sich um die Erzeugung und den Verkauf der in Anhang I des AEUV aufgeführten landwirtschaftlichen Erzeugnisse handelt. Dies gilt zumindest im Verhältnis zu Art. 115 AEUV,[75] wobei aufgrund der inzwischen zu verzeichnenden Identität der Begriffe »Gemeinsamer Markt« und »Binnenmarkt« diese Rechtsprechung auch auf Art. 114 AEUV zu übertragen ist.[76] Ferner verkörpern Art. 91 AEUV (Verkehr), Art. 113 AEUV (Steuern) sowie Art. 207 AEUV (Gemeinsame Handelspolitik) im Verhältnis zu Art. 114 AEUV speziellere Kompetenzgrundlagen.[77] Mit späteren Änderungsverträgen sind zudem weitere spezielle Kompetenznormen aus dem Bereich der **Gemeinsamen Politiken mit Binnenmarktbezug** hinzugekommen: Art. 81 Abs. 2 AEUV (justizielle Zusammenarbeit in Zivilsachen), Art. 170 AEUV (Transeuropäische Netze) und Art. 194 Abs. 2 AEUV (Energiepolitik).[78]

27   Art. 114 AEUV kann auch dazu eingesetzt werden, Maßnahmen, die auf eine spezielle Ermächtigungsgrundlage gestützt werden, jedoch über den jeweiligen Regelungsschwerpunkt hinausgehen, zu stützen. In diesen Fällen wird Art. 114 AEUV als eine Art »Stütz- oder Ergänzungskompetenz« herangezogen. Das kommt insbesondere bei der Verwirklichung **sonstiger gemeinsamer Politiken** im Rahmen der konkurrierenden Kompetenz in Betracht.[79] Im Zweifel ist hier auf den Schwerpunkt der jeweiligen Maßnahme abzustellen, wobei dieser Ansatz in der Praxis auf Schwierigkeiten stoßen kann (dazu ausführlich Rn. 33). Von Bedeutung können hier etwa Art. 18 Abs. 2 AEUV, Art. 19 Abs. 2 AEUV (Diskriminierungsverbote), Art. 21 Abs. 2 AEUV (Freizügigkeit der Unionsbürger), Art. 77 ff. AEUV (Grenzkontrollen, Asyl, Einwanderung), Art. 82 f.

---

[72] *Tietje*, in: Grabitz/Hilf/Nettesheim, EU, Art. 114 AEUV (Juli 2016), Rn. 122.
[73] *Tietje*, in: Grabitz/Hilf/Nettesheim, EU, Art. 114 AEUV (Juli 2016), Rn. 122; *Classen*, in: GSH, Europäisches Unionsrecht, Art. 114 AEUV, Rn. 90.
[74] *Herrnfeld*, in: Schwarze, EU-Kommentar, Art. 114 AEUV, Rn. 15.
[75] EuGH, Urt. v. 23.2.1988, Rs. C–68/86 (GB/Rat), Slg. 1988, I–855, Rn. 20 f.
[76] *Tietje*, in: Grabitz/Hilf/Nettesheim, EU, Art. 114 AEUV (Juli 2016), Rn. 122; *Mögele*, ZEuS 2000, 79 (81 f.); wohl auch EuGH, Urt. v. 4.4.2000, Rs. C–269/97 (Kommission/Rat), Slg. 2000, I–2257, Rn. 47.
[77] *Fischer*, in: Lenz/Borchardt, EU-Verträge, Art. 114 AEUV, Rn. 3; *Herrnfeld*, in: Schwarze, EU-Kommentar, Art. 114 AEUV, Rn. 15.
[78] *Herrnfeld*, in: Schwarze, EU-Kommentar, Art. 114 AEUV, Rn. 15.
[79] *Herrnfeld*, in: Schwarze, EU-Kommentar, Art. 114 AEUV, Rn. 22; siehe dazu auch *Terhechte*, EuZW 2009, 199 (200); *Gundel*, EuR 2003, 100 (103).

AEUV (strafrechtliche Zusammenarbeit, Strafverfahrensrecht, materielles Strafrecht), Art. 87 AEUV (polizeiliche Zusammenarbeit), Art. 153 AEUV (Verbesserung der Arbeitsumwelt und Sozialvorschriften), Art. 157 Abs. 3 AEUV (Gleiches Entgelt für Männer und Frauen), Art. 168 Abs. 4 Buchst. a und b AEUV (Gesundheitswesen), Art. 169 AEUV (Verbraucherschutz) und Art. 192 AEUV (Umweltschutz) sein. Zu beachten ist, dass die Anwendung des Art. 114 AEUV zudem für bestimmte Bereiche nach Abs. 2 ausdrücklich ausgeschlossen wird (dazu Rn. 28 ff.).

II. Ausnahmen (Abs. 2)

Art. 114 Abs. 2 AEUV enthält drei Bereichsausnahmen, die die **politisch sensiblen Bereiche** Steuer, Freizügigkeit und die Rechte und Interessen der Arbeitnehmer betreffen. In diesen Bereichen soll nur ein Rückgriff auf speziellere Kompetenzvorschriften bzw. Art. 115 AEUV möglich sein.[80] Ferner bleibt die Möglichkeit einer Heranziehung des Art. 116 AEUV bestehen, soweit dessen Voraussetzungen, vor allem die Situation einer Wettbewerbsverzerrung, vorliegen.[81] Art. 114 Abs. 2 AEUV ist als Ausnahmeregelung eng auszulegen[82] und greift nur, soweit die dort genannten Sachbereiche substantiell berührt werden oder der wesentliche Regelungsgegenstand der beabsichtigten Unionsmaßnahme unter eine der Bereichsausnahmen fällt.[83] Abzustellen ist daher auf den wesentlichen Regelungsgegenstand einer beabsichtigten Maßnahme und nicht auf nebensächliche oder untergeordnete Einzelregelungen.[84]

1. Bestimmungen über Steuern

Der Begriff der »Steuern« in Art. 114 Abs. 2 AEUV wird weit verstanden, sodass die Bereichsausnahme für Steuern eine Vielzahl von Bestimmungen umfasst.[85] Sie gilt nach Ansicht des EuGH ebenso für die **Harmonisierung des materiellen Steuerrechts und des Steuerverfahrensrechts** wie für das Recht der **grenzüberschreitenden Amtshilfe** der Steuerbehörden und für Bestimmungen, welche die Modalitäten der **Beitreibung** der entsprechenden Steuern regeln.[86] Die Angleichung mitgliedstaatlicher Bestimmungen

---

[80] *Herrnfeld*, in: Schwarze, EU-Kommentar, Art. 114 AEUV, Rn. 18; *Classen*, in: GSH, Europäisches Unionsrecht, Art. 114 AEUV, Rn. 96.
[81] *Classen*, in: GSH, Europäisches Unionsrecht, Art. 114 AEUV, Rn. 96; *Leible/Schröder*, in: Streinz, EUV/AEUV, Art. 114 AEUV, Rn. 13; *Tietje*, in: Grabitz/Hilfs/Nettesheim, EU, Art. 114 AEUV (Juli 2016), Rn. 89.
[82] *Herrnfeld*, in: Schwarze, EU-Kommentar, Art. 114 AEUV, Rn. 18; *Classen*, in: GSH, Europäisches Unionsrecht, Art. 114 AEUV, Rn. 97.
[83] *Leible/Schröder*, in: Streinz, EUV/AEUV, Art. 114 AEUV, Rn. 13.
[84] *Leible/Schröder*, in: Streinz, EUV/AEUV, Art. 114 AEUV, Rn. 13; *Classen*, in: GSH, Europäisches Unionsrecht, Art. 114 AEUV, Rn. 67; EuGH-Gutachten 1/87 (Naturkautschukabkommen), Slg. 1979, 2871 (2917).
[85] *Fischer*, in: Lenz/Borchardt, EU-Verträge, Art. 114 AEUV, Rn. 4.
[86] EuGH, Urt. v. 29. 4. 2004, Rs. C–338/01 (Kommission/Rat), Slg. 2004, I–4829, Rn. 67 zur RL 2001/44/EG vom 15. Juni 2001 zur Änderung der RL 76/308/EWG über die gegenseitige Unterstützung bei der Beitreibung von Forderungen im Zusammenhang mit Maßnahmen, die Bestandteil des Finanzierungssystems des Europäischen Ausrichtungs- und Garantiefonds für die Landwirtschaft sind, sowie von Abschöpfungen und Zöllen und bezüglich der Mehrwertsteuer und bestimmter Verbrauchsteuern, ABl. 2001 L 175/17 betreffend Änderungen bei Vorschriften über die Gegenseitige Unterstützung der nationalen Verwaltungen bei der Beitreibung u. a. von Steuern; so auch EuGH, Urt. v. 26. 1. 2006, Rs. C–533/03 (Kommission/Rat), Slg. 2006, I–1025, Rn. 49 zur VO (EG) Nr. 1798/2003 ABl. 2003, L 264/1 zu einem zur Bekämpfung der Steuerhinterziehung eingerichteten Informations-

über **indirekte Steuern** erfolgt auf Grundlage des Art. 113 AEUV, welcher als speziellere Vorschrift den Art. 114, 115 AEUV vorgeht.[87] Im Bereich der **Harmonisierung der direkten Steuern** verkörpert Art. 115 AEUV die geeignete Kompetenzgrundlage,[88] sofern die Harmonisierung der Steuervorschriften einen Bezug zum Binnenmarkt hat, wie das etwa bei der Richtlinie des Rates 9/435/EWG vom 23.7.1990 über das gemeinsame Steuersystem der Mutter- und Tochtergesellschaften verschiedener Mitgliedstaaten der Fall ist.[89]

2. Bestimmungen über die Freizügigkeit

30 Ebenfalls von der Harmonisierung gem. Art. 114 Abs. 2 AEUV ausgenommen sind die Regelungen über die Freizügigkeit. Das liegt daran, dass diese Bereichsausnahme sicherstellen soll, dass in dem **sensiblen Bereich des Freizügigkeitsrechts**, welches ggf. über die Freizügigkeit der Arbeitnehmer und die Niederlassungsfreiheit hinausgeht, keine Maßnahmen erlassen werden sollten, die nicht einstimmig von den Mitgliedstaaten beschlossen wurden. Darüber hinaus sollten auch sicherheitspolitische Fragen, die mit der Abschaffung von Grenzkontrollen einhergehen und der damit verbundenen Zusammenarbeit der innerstaatlichen Sicherheitsbehörden, weiterhin dem Einstimmigkeitsprinzip unterliegen.[90] Demgegenüber bedarf es keines Rückgriffs auf Art. 114 Abs. 2 AEUV, wenn es um Maßnahmen zur Verwirklichung der Freizügigkeit der Arbeitnehmer und selbständig Erwerbstätigen nach den Art. 46, 50, 52, 53 AEUV bzw. der Dienstleistungsfreiheit nach Art. 59, 62 AEUV geht, da diese Kompetenzen Art. 114 AEUV zurzeit vorgehen.[91] Aufgrund dieser Spezialvorschriften kommt der Bereichsausnahme eine geringe Bedeutung zu. Relevanz entfaltet sie noch im Rahmen der Bestimmungen über ein allgemeines Aufenthaltsrecht der Unionsbürger gem. Art. 21 Abs. 1 AEUV, bei Rechtsfragen im Zusammenhang mit Grenzkontrollen nach Art. 66 ff. AEUV sowie für Regelungen über Personenkontrollen und das Aufenthaltsrecht von Drittstaatsangehörigen nach Art. 77 ff. AEUV.[92]

3. Bestimmungen über die Rechte und Interessen der Arbeitnehmer

31 Die Auslegung des Umfangs dieser Bereichsausnahme sowie eine Abgrenzung zu anderen Kompetenznormen des AEUV gestaltet sich schwierig soweit nicht spezielle Ermächtigungsgrundlagen Art. 114 AEUV ohnehin vorgehen, wie etwa im Rahmen der vertraglichen Vorschriften zur Herstellung der Freizügigkeit der Arbeitnehmer gem. Art. 46 AEUV und ihrer sozialen Sicherheit gem. Art. 48 AEUV.[93] Da in Art. 114 Abs. 4

---

verfahren sowie zur RL 2003/92/EG ABl. 2003, L 264/23; *Leible/Schröder*, in: Streinz, EUV/AEUV, Art. 114 AEUV, Rn. 14; *Classen*, in: GSH, Europäisches Unionsrecht, Art. 114 AEUV, Rn. 99; a. A. *Tietje*, in: Grabitz/Hilfs/Nettesheim, EU, Art. 114 AEUV (Juli 2016), Rn. 90.

[87] EuGH, Urt. v. 26.1.2006, Rs. C–533/03 (Kommission/Rat), Slg. 2006, I–1025, Rn. 45; *Herrnfeld*, in: Schwarze, EU-Kommentar, Art. 114 AEUV, Rn. 19.

[88] *Herrnfeld*, in: Schwarze, EU-Kommentar, Art. 114 AEUV, Rn. 19.

[89] ABl. 1990, L 225/6.

[90] *Tietje*, in: Grabitz/Hilf/Nettesheim, EU, Art. 114 AEUV (Juli 2016), Rn. 91; *Classen*, in: GSH, Europäisches Unionsrecht, Art. 114 AEUV, Rn. 100.

[91] *Herrnfeld*, in: Schwarze, EU-Kommentar, Art. 114 AEUV, Rn. 20; *Fischer*, in: Lenz/Borchardt, EU-Verträge, Art. 114 AEUV, Rn. 5.

[92] *Tietje*, in: Grabitz/Hilf/Nettesheim, EU, Art. 114 AEUV (Juli 2016), Rn. 92; *Herrnfeld*, in: Schwarze, EU-Kommentar, Art. 114 AEUV, Rn. 20.

[93] *Fischer*, in: Lenz/Borchardt, EU-Verträge, Art. 114 AEUV, Rn. 6.

AEUV der Schutz der Arbeitsumwelt normiert ist, müssen diesbezügliche Maßnahmen vom Anwendungsbereich der allgemeinen Binnenmarktharmonisierung des Art. 114 Abs. 1 AEUV gedeckt sein.[94] Um den Rahmen dieser Bereichsausnahme festzulegen, ist daher das Verhältnis von Art. 114 AEUV zu Art. 153 AEUV zu bestimmen. Wie der EuGH in seinem Urteil zu Arbeitszeitrichtlinie[95] betont hat, stellt Art. 153 AEUV zu Art. 114 AEUV zwar eine »Sonderregelung« dar,[96] entscheidend für die Bestimmung der geeigneten Kompetenzgrundlage ist jedoch das »Hauptziel«[97] des jeweiligen Rechtsetzungsaktes. Soweit Aspekte der Verbesserung der Arbeitsumwelt, der Arbeitsbedingungen oder der sozialen Sicherheit als Ausgleich zwischen Arbeitnehmer und Arbeitgeberinteressen im Vordergrund stehen, stellt Art. 153 AEUV die vorrangige Kompetenzgrundlage dar,[98] etwa im Rahmen von Teilzeitarbeit, Erziehungsurlaub oder Mutterschutz.[99] Ein Rückgriff auf Art. 114 AEUV bleibt bei produktbezogenen Regelungen bestehen, die im Wesentlichen im Interesse der Verwirklichung des Binnenmarktes erlassen werden und nebenbei dem Schutz der Sicherheit und der Gesundheit der Arbeitskräfte dienen.[100] Andernfalls wären die Schutzergänzungsklauseln des Art. 114 Abs. 4 und 5 AEUV, soweit sie sich auf den »Schutz der Arbeitsumwelt« beziehen, überflüssig.[101] Art. 153 AEUV steht daher zu Art. 114, 115 AEUV nicht im Verhältnis der Spezialität, sondern in Konkurrenz zu ihnen.[102]

III. Verhältnis zu anderen Vorschriften des AEUV

Schon aufgrund des Wortlauts des Art. 114 Abs. 1 AEUV (»soweit in den Verträgen nichts anderes bestimmt ist«) **sperren speziellere Rechtsangleichungskompetenzen** des EUV und des AEUV, welche auch der Verwirklichung des Binnenmarktes dienen, den Anwendungsbereich des Art. 114 AEUV und gehen diesem als lex specialis vor.[103] Sofern kein eindeutiges Spezialitätsverhältnis festzustellen ist, kommt es allerdings häufig zu schwierigen Abgrenzungsfragen.[104] Da die Abweichungsmöglichkeiten nach Art. 114 Abs. 4–6 AEUV nur für Maßnahmen gem. Art. 114 Abs. 1 AEUV gelten und spezielle Kompetenzvorschriften ggf. nur Mindestharmonisierungen zulassen oder vollständige Harmonisierungen sogar ganz ausschließen, ist eine Abgrenzung des Art. 114 AEUV zu anderen Kompetenzgrundlagen von enormer Bedeutung.[105] Eine Abgrenzung

32

---

[94] *Classen*, in: GSH, Europäisches Unionsrecht, Art. 114 AEUV, Rn. 102; *Tietje*, in: Grabitz/Hilf/Nettesheim, EU, Art. 114 AEUV (Juli 2016), Rn. 93.
[95] EuGH, Urt. v. 12.11.96, Rs. C–84/94 (Vereinigtes Königreich/Rat), Slg. 1996, I–5793.
[96] EuGH, Urt. v. 12.11.96, Rs. C–84/94 (Vereinigtes Königreich/Rat), Slg. 1996, I–5793, Rn. 12.
[97] EuGH, Urt. v. 12.11.96, Rs. C–84/94 (Vereinigtes Königreich/Rat), Slg. 1996, I–5793, Rn. 21.
[98] EuGH, Urt. v. 12.11.96, Rs. C–84/94 (Vereinigtes Königreich/Rat), Slg. 1996, I–5793, Rn. 12.
[99] *Leible/Schröder*, in: Streinz, EUV/AEUV, Art. 114 AEUV, Rn. 16.
[100] *Classen*, in: GSH, Europäisches Unionsrecht, Art. 114 AEUV, Rn. 103; *Leible/Schröder*, in: Streinz, EUV/AEUV, Art. 114 AEUV, Rn. 16; vgl. etwa RL 93/68/EWG vom 22.7.1993 über persönliche Schutzausrüstungen, dazu EuGH, Urt. v. 22.5.2003, Rs. C–103/01 (Kommission/Deutschland), Slg. 2003, I–5369, Rn. 42 f.
[101] *Classen*, in: GSH, Europäisches Unionsrecht, Art. 114 AEUV, Rn. 102; *Leible/Schröder*, in: Streinz, EUV/AEUV, Art. 114 AEUV, Rn. 16.
[102] *Fischer*, in: Lenz/Borchardt, EU-Verträge, Art. 114 AEUV, Rn. 6; *Tietje*, in: Grabitz/Hilf/Nettesheim, EU, Art. 114 AEUV (Juli 2016), Rn. 93.
[103] *Tietje*, in: Grabitz/Hilf/Nettesheim, EU, Art. 114 AEUV (Juli 2016), Rn. 122; *Classen*, in: GSH, Europäisches Unionsrecht, Art. 114 AEUV, Rn. 90.
[104] *Tietje*, in: Grabitz/Hilf/Nettesheim, EU, Art. 114 AEUV (Juli 2016), Rn. 124.
[105] *Leible/Schröder*, in: Streinz, EUV/AEUV, Art. 114 AEUV, Rn. 128.

konkurrierender Kompetenzen kann hierbei in horizontaler und in vertikaler Perspektive erforderlich sein.[106]

33 Die **Auswahl der Rechtsgrundlage** des unionalen Rechtsaktes muss grundsätzlich auf objektiven, gerichtlich nachprüfbaren Umständen basieren, wofür insbesondere Ziel und Inhalt des Rechtsaktes maßgebend sind.[107] Verfolgt ein unionaler Rechtsakt mehrere Ziele, ist im Rahmen des Möglichen die überwiegende Zielsetzung zu ermitteln und der Rechtsakt nur auf die entsprechende Rechtsgrundlage zu stützen. Entscheidend für die Auswahl der Rechtsgrundlage ist insoweit, welches Ziel **Schwerpunkt der Maßnahme** ist[108] (sog. »Schwerpunkttheorie«[109]). Ergibt die Abgrenzung der Anwendungsbereiche der Kompetenznormen, dass ein Rechtsakt fälschlicherweise auf eine nicht einschlägige oder nicht primär einschlägige Kompetenznorm gestützt wird, so führt das nicht notwendigerweise zur Nichtigkeit des Rechtsakts. Vielmehr ist das zunächst ein Formfehler.[110] Anders ist es, wenn die falsche Kompetenzwahl dazu geführt hat, dass ein Rechtsetzungsverfahren durchgeführt wurde, das der einschlägigen Kompetenzgrundlage nicht entspricht. Daraus kann sich die Nichtigkeit des Rechtsakts ergeben, allerdings auch nur, wenn der »Wesenskern« des Rechtsetzungsverfahrens beeinträchtigt wird.[111] Verfolgt ein Rechtsakt gleichzeitig mehrere, untrennbar miteinander verbundene Ziele, die nicht in einem abgestuften Verhältnis stehen, kann der Rechtsakt ausnahmsweise auf mehrere Rechtsgrundlagen gestützt werden.[112] Das ist jedoch dann ausgeschlossen, wenn die für die jeweiligen Rechtsgrundlagen vorgesehenen Verfahren miteinander unvereinbar sind.[113] Ferner kommt eine Verbindung des Art. 114 AEUV mit Rechtsgrundlagen, die explizite Harmonisierungsverbote enthalten, nicht in Betracht, z. B. Art. 84 AEUV, Art. 189 Abs. 2 AEUV, Art. 195 Abs. 2 AEUV, Art. 196 Abs. 2 AEUV und Art. 197 Abs. 2 AEUV.[114]

34 Die **Auswahl der Rechtsgrundlage ist ermessensmissbräuchlich** soweit berechtigte Gründe die Annahme rechtfertigen, dass darauf gestützte Maßnahmen ein vertraglich

---

[106] Vgl. *Nettesheim*, EuR 1993, 243 ff.

[107] EuGH, Urt. v. 11.7.1991, Rs. C–300/89 (Titanoxid), Slg. 1991, I–2867, Rn. 10; Urt. v. 29.4.2004, Rs. C–338/01 (Kommission/Rat), Slg. 2004, I–4829, Rn. 54; Urt. v. 1.1.2006, Rs. C–178/03 (Kommission/Parlament und Rat) Slg. 2006, I–107, Rn. 41; Urt. v. 26.1.2006, Rs. C–533/03 (Kommission/Rat), Slg. 2006, I–1025, Rn. 43; Urt. v. 23.10.2007, Rs. C–440/05 (Kommission/Rat), Slg. 2007, I–9097, Rn. 61; Urt. v. 10.2.2009, Rs. C–301/06 (Irland/Parlament und Rat), Slg. 2009, I–593, Rn. 60; Urt. v. 8.9.2009, Rs. C–411/06 (Kommission/Parlament und Rat), Slg. 2009, I–7585, Rn. 45.

[108] EuGH, Urt. v. 23.2.1999, Rs. C–42/97 (Parlament/Rat), Slg. 1999, I–869, Rn. 39 f.; Urt. v. 30.1.2001, Rs. C–36/98 (Spanien/Rat), Slg. 2001, I–779, Rn. 59; Urt. v. 29.4.2004, Rs. C–338/01 (Kommission/Rat), Slg. 2004, I–4829, Rn. 55; Urt. v. 10.1.2006, Rs. C–178/03 (Kommission/Parlament und Rat), Slg. 2006, I–107, Rn. 42; Urt. v. 8.9.2009, Rs. C–411/06 (Kommission/Parlament und Rat), Slg. 2009, I–7585, Rn. 46; *Terhechte*, EuZW 2009, 199 (200).

[109] Für eine umfassende Anwendung der Schwerpunkttheorie auch bei vertikalen Kompetenzkonflikten vgl. *Koenig/Kühling*, EWS 2002, 12 (17); *Müller-Graff*, EuR 1989, 107 (133); *Stein*, EWS 2001, 12 (15); a. A. *Tietje*, in: Grabitz/Hilf/Nettesheim, EU, Art. 114 AEUV (Juli 2016), Rn. 124 ff.; kritisch auch *Nettesheim*, EuR 1993, 243 (257).

[110] EuGH, Urt. v. 27.9.1988, Rs. 165/87 (Kommission/Rat), Slg. 1988, 5545, Rn. 19; Urt. v. 10.12.2002, Rs. C–491/01 (British American Tobacco), Slg. 2002, I–11453, Rn. 98.

[111] EuGH, Urt. v. 10.12.2002, Rs. C–491/01 (British American Tobacco), Slg. 2002, I–11453, Rn. 106 ff.

[112] EuGH, Urt. v. 29.4.2004, Rs. C–338/01 (Kommission/Rat), Slg. 2004, I–4829, Rn. 56; Urt. v. 10.1.2006, Rs. C–178/03 (Kommission/Parlament und Rat), Slg. 2006, I–107, Rn. 43; Urt. v. 8.9.2009, Rs. C–411/06 (Kommission/Parlament und Rat), Slg. 2009, I–7585, Rn. 47.

[113] EuGH, Urt. v. 29.4.2004, Rs. C–338/01 (Kommission/Rat), Slg. 2004, I–4829, Rn. 57.

[114] *Leible/Schröder*, in: Streinz, EUV/AEUV, Art. 114 AEUV, Rn. 130.

festgelegtes Verfahren umgehen sollen,[115] etwa bei einer Umgehung von Abstimmungsquoten im Rat oder bei Harmonisierungsverboten.[116]

1. Verhältnis zu Art. 43 AEUV (Agrarpolitik)

Art. 43 AEUV ist die geeignete Rechtsgrundlage, soweit Regelungen über die Erzeugung und den Verkauf der im Anhang I des AEUV genannten landwirtschaftlichen Erzeugnisse im Vordergrund stehen (s. bereits o. Rn. 26).[117] Werden im Rahmen einer Maßnahme gleichzeitig Ziele des Gesundheitsschutzes verfolgt, ist dies unbeachtlich, da auch der Schutz der Gesundheit ein Ziel der gemeinsamen Agrarpolitik darstellt.[118]

35

2. Verhältnis zu Art. 81 AEUV (Justizielle Zusammenarbeit in Zivilsachen)

Art. 81 AEUV stellt für die Bereiche des Internationalen Zivilverfahrens- und Privatrechts sowie des sonstigen Zivilprozessrechts die speziellere Rechtsgrundlage gegenüber Art. 114 AEUV dar, da zur Eröffnung des Anwendungsbereichs des Art. 81 AEUV bereits eine mittelbar fördernde Wirkung eines Rechtsakts genügt (Art. 81 Abs. 2 AEUV).[119]

36

3. Verhältnis zu Art. 207 AEUV (Handelspolitik)

Im Rahmen einer Abgrenzung des Art. 114 AEUV zu Maßnahmen im Bereich der Gemeinsamen Handelspolitik ist auf das Hauptziel der Harmonisierungsmaßnahme abzustellen.[120] Sofern eine Maßnahme vorrangig auf eine Verbesserung der Bedingungen für das Funktionieren des Binnenmarktes abzielt und nur untergeordnet die Umsetzung einer gemeinsamen Handelspolitik bezweckt, stellt Art. 114 AEUV die geeignete Rechtsgrundlage dar.[121] Dient eine Maßnahme vorrangig der Regelung von Handelsströmen, ist Art. 207 AEUV als speziellere Rechtsgrundlage heranzuziehen. Dies gilt jedoch nicht, soweit die entsprechenden Maßnahmen ausschließlich innerhalb der Union wirken.[122] Art. 114 AEUV genießt ebenfalls Vorrang, soweit der Schwerpunkt der Maßnahme auf der Harmonisierung nationaler Vorschriften gegenüber Drittstaaten liegt.[123] Nach jüngerer Rechtsprechung des EuGH ist Art. 207 Abs. 2 AEUV zudem

37

---

[115] EuGH, Urt. v. 13.11.1990, Rs. C–331/88 (Fedesa u. a.), Slg. 1990, I–4023, Rn. 24; Urt. v. 13.7.1995, Rs. C–156/93 (Parlament/Kommission), Slg. 1995, I–2019, Rn. 31; Urt. v. 14.5.1998, Rs. C–48/96 (Windpark Groothusen/Kommission), Slg. 1998, I–2873, Rn. 52; Urt. v. 22.11.2001, Rs. C–110/97 (Niederlande/Rat), Slg. 2001, I–8763, Rn. 137; Urt. v. 10.12.2002, Rs. C–491/01 (British American Tobacco), Slg. 2002, I–11453, Rn. 189.
[116] *Leible/Schröder*, in: Streinz, EUV/AEUV, Art. 114 AEUV, Rn. 131.
[117] Vgl. z.B. EuGH, Urt. v. 5.5.1998, Rs. C–180/96 (Vereinigtes Königreich/Kommission), Slg. 1998, I–2265, Rn. 133.
[118] EuGH, Urt. v. 5.5.1998, Rs. C–180/96 (Vereinigtes Königreich/Kommission), Slg. 1998, I–2265, Rn. 120 f.; Urt. v. 4.4.2000, Rs. C–269/97 (Kommission/Rat), Slg. 2000, I–2257, Rn. 49.
[119] *Leible/Schröder*, in: Streinz, EUV/AEUV, Art. 114 AEUV, Rn. 133.
[120] *Fischer*, in: Lenz/Borchard, EU-Verträge. Art. 114 AEUV, Rn. 46.
[121] Deutlich EuGH, Urt. v. 1.12.2002, Rs. C–491/01 (British American Tobacco), Slg. 2002, I–11453, Rn. 96 f.
[122] EuGH, Urt. v. 12.12.2002, Rs. C–281/01 (Kommission/Rat), Slg. 2002, I–12049, Rn. 46.
[123] Vgl. EuGH, Gutachten 2/92 (OECD), Slg. 1992, I–521, Rn. 29 ff.; Urt. v. 1.12.2002, Rs. C–491/01 (Britisch American Tabacco), Slg. 2002, I–11453, Rn. 94 ff.; *Gundel*, EuR 2003, 100 (106); a. A. Spezialität von Art. 207 AEUV: *Trüe*, S. 464.

immer dann heranzuziehen, wenn ein Abkommen spezifische Auswirkungen auf den internationalen Handel haben kann.[124]

4. Verhältnis zu Art. 168 Abs. 5 AEUV (Gesundheitsschutz)

38 Art. 168 Abs. 5 AEUV ermächtigt die Union im Bereich des Gesundheitswesens zum Erlass von Maßnahmen zur Förderung der dort verankerten Ziele unter Ausschluss jeglicher Harmonisierung. Die Union darf keine anderen Vorschriften des Vertrags heranziehen, um diesen Ausschluss zu umgehen.[125] Soweit allerdings die Voraussetzungen des Art. 114 AEUV vorliegen, können auch Maßnahmen auf diese Vorschrift gestützt werden, bei deren Zielsetzung der Gesundheitsschutz eine hohe Bedeutung hat.[126] Das Zurücktreten von Art. 114 AEUV wäre in einem solchen Fall mit der funktionalen Ausrichtung der Norm sowie den Zielen des AEUV nicht vereinbar. Sowohl nach Art. 168 Abs. 1 UAbs. 1 AEUV als auch nach Art. 114 Abs. 3 AEUV ist ein hohes Gesundheitsschutzniveau sicherzustellen. Insofern kann das Harmonisierungsverbot des Art. 168 Abs. 5 AEUV nicht so weit ausgelegt werden, dass es Maßnahmen entgegen steht, die mit denjenigen vergleichbar sind, die bereits vor der Einführung des Art. 168 AEUV auf Art. 114 Abs. 1 AEUV oder seine Vorläufervorschriften gestützt wurden.[127]

5. Verhältnis zu Art. 169 AEUV (Verbraucherschutz)

39 Die Abgrenzung zwischen Art. 114 AEUV und Art. 169 AEUV richtet sich nach dem Binnenmarktbezug der angestrebten Harmonisierungsmaßnahme. Verbraucherschutz wird durch die Union primär durch Maßnahmen gewährt, welche sie im Rahmen der Verwirklichung des Binnenmarktes nach Art. 114 AEUV erlässt (Art. 169 Abs. 2 Buchst. a AEUV). Art. 169 Abs. 2 Buchst. b AEUV räumt der Union zudem Handlungsmöglichkeiten zum Erlass nicht binnenmarktfinaler Maßnahmen zur Unterstützung, Ergänzung und Überwachung der Politik der Mitgliedstaaten ein. Soweit der Hauptzweck der Harmonisierungsmaßnahme der Verwirklichung des Binnenmarktes (bspw. durch Harmonisierung nationaler Bestimmungen zum Verbraucherschutz) dient, ist Art. 114 AEUV die geeignete Rechtsetzungsgrundlage. Dient die Maßnahme ohne den erforderlichen Binnenmarktbezug lediglich der Verbesserung des Verbraucherschutzniveaus, sind die entsprechenden Maßnahmen auf Art. 169 Abs. 2 Buchst. b. AEUV zu stützen.[128]

6. Verhältnis zu Art. 171, 172 AEUV (Transeuropäische Netze)

40 Mit Art. 171, 172 AEUV wird der Union die Rechtsangleichungskompetenz zur Gewährleistung der »Interoperabilität« von Netzen eingeräumt, insbesondere die Har-

---

[124] EuGH, Urt. v. 22.10.2013, Rs. C–137/12 (Kommission/Rat), ECLI:EU:C:2013:675, Rn. 58; Urt. v. 18.7.2013, Rs. C–414/11 (Daiichi Nanky und Sanofi Aventis Deutschland), ECLI:EU:C:2013: 520, Rn. 52.
[125] EuGH, Urt. v. 5.10.2000, Rs. C–376/98 (Deutschland/Parlament und Rat), Slg. 2000, I–8419, Rn. 79.
[126] EuGH, Urt. v. 5.10.2000, Rs. C–376/98 (Deutschland/Parlament und Rat), Slg. 2000, I–8419, Rn. 88; Urt. v. 10.12.2002, Rs. C–491/01 (British American Tobacco), Slg. 2002, I–11453, Rn. 62; Urt. v. 12.12.2006, Rs. C–380/03 (Deutschland/Parlament und Rat), Slg. 2006, I–11573, Rn. 39.
[127] *Leible/Schröder*, in: Streinz, EUV/AEUV, Art. 114 AEUV, Rn. 135; so auch *Gundel*, EuR 2007, 251 (253).
[128] *Leible/Schröder*, in: Streinz, EUV/AEUV, Art. 114 AEUV, Rn. 136.

monisierung technischer Normen steht hierbei im Vordergrund. Art. 172 AEUV ist daher als speziellere Norm heranzuziehen, soweit der Hauptzweck einer Maßnahme darin liegt, die Interoperabilität nationaler Netze »durch operationelle Maßnahmen technischer Art« zu gewährleisten.[129] Nach Ansicht des EuGH darf der Anwendungsbereich von Art. 172 AEUV nicht durch Art. 114 AEUV beschränkt werden.[130]

7. Verhältnis zu Art. 91, 100 AEUV (Verkehrspolitik)

Art. 91, 100 AEUV ermöglichen der Union den Erlass verschiedener Maßnahmen zur Verwirklichung der gemeinsamen Verkehrspolitik. Im Rahmen einer Abgrenzung zu Art. 114 AEUV ist darauf abzustellen, ob eine Maßnahme eher dem Freiverkehr (bspw. fahrzeugtechnischen Zulassungsvorschriften) oder verkehrspolitischen Zielen (bspw. Maßnahmen zur Verkehrssicherheit) dient.[131]

41

8. Verhältnis zu Art. 192 AEUV (Umweltschutz)

Obgleich sowohl Art. 192 AEUV auf dem Gebiet des Umweltschutzes als auch Art. 114 AEUV (dazu Rn. 71 ff.) inzwischen das ordentliche Gesetzgebungsverfahren vorsehen, bleibt eine Abgrenzung der Vorschriften von praktischer Bedeutung.[132] Denn Art. 192 Abs. 2 AEUV legt für bestimmte Bereiche der Umweltpolitik ein Einstimmigkeitserfordernis und lediglich die Anhörung des Europäischen Parlaments fest. Zudem sind die Mitgliedstaaten unter deutlich abweichenden verfahrensrechtlichen Voraussetzungen zur Beibehaltung verstärkter Schutzmaßnahmen befugt (einerseits Art. 192 AEUV, andererseits Art. 114 Abs. 4–9 AEUV).[133] Nach der EuGH-Rechtsprechung ist zur Ermittlung der einschlägigen Kompetenznorm auch hier auf den Regelungsschwerpunkt der Maßnahme abzustellen. Soweit diese primär der Verwirklichung des Binnenmarktes dient (etwa durch eine Verminderung von Handelshemmnissen oder eine Beseitigung von, durch unterschiedliche Schutzstandards verursachten, Wettbewerbsverfälschungen) stellt Art. 114 AEUV die geeignete Rechtsgrundlage dar.[134] Soweit der Rechtsakt hingegen »nur nebenbei einer Harmonisierung der Marktbedingungen innerhalb der EG« dient, ist Art. 192 AEUV heranzuziehen.[135] Dieser Ansatz des EuGH ist nicht unumstritten.[136] Während einige Stimmen zumindest dem Grunde nach der Abgrenzungsmethode des EuGH folgen,[137] wird von anderen die Ansicht vertreten, die Art. 192 AEUV und Art. 114 AEUV gleichberechtigt nebeneinander anzuwenden.[138] Hierfür spricht insbesondere das nationale Tranparenzprinzip.

42

---

[129] EuGH, Urt. v. 26.3.1996, Rs. C–271/94 (Parlament/Rat), Slg. 1996, I–1689, Rn. 32.
[130] EuGH, Urt. v. 26.3.1996, Rs. C–271/94 (Parlament/Rat), Slg. 1996, I–1689, Rn. 32.
[131] *Leible/Schröder*, in: Streinz, EUV/AEUV, Art. 114 AEUV, Rn. 136.
[132] *Korte*, in: Calliess/Ruffert, EUV/AEUV, Art. 114 AEUV, Rn. 136; vgl. auch *Dougan*, CMLRev. 37 (2000), 853 (865, 882 f.).
[133] *Leible/Schröder*, in: Streinz, EUV/AEUV, Art. 114 AEUV, Rn. 139.
[134] EuGH, Urt. v. 11.7.1991, Rs. C–300/89 (Kommission/Rat), Slg. 1991, I–2867, Rn. 23; Urt. v. 28.6.1994, Rs. C–187/93 (Parlament/Rat), Slg. 1994, I–2857, Rn. 25.
[135] EuGH, Urt. v. 17.3.1993, Rs. C–155/91 (Kommission und Parlament/Rat), Slg. 1993, I–939, Rn. 19.
[136] Vgl. die eingehenden Darstellungen bei *Epiney*, S. 64 ff.; *Rüffler*; Jura 1994, 635 ff.; *Trüe*, S. 296 ff.; *Ulrich*, ZEuS 2000, 243 (255 ff.).
[137] *Epiney*, S. 67 ff.; *Rüffler*, Jura 1994, 635 (638 ff.); *Gundel*, EuR 2003, 100 (105); *Nettesheim*, EuR 1993, 243 (259); *Trüe*, S. 296 ff.; *Schmidt*, JZ 1995, 545 (546).
[138] *Leible/Schröder*, in: Streinz, EUV/AEUV, Art. 114 AEUV, Rn. 139; *Korte*, in: Calliess/Ruffert, EUV/AEUV, Art. 114 AEUV, Rn. 144; *Rüffler*, Jura 1994, 635 (642).

9. Verhältnis zu Art. 194 AEUV (Energiebinnenmarkt)

43 Seit dem Vertrag von Lissabon unterfallen Maßnahmen zur Schaffung des Energiebinnenmarkts nicht mehr der Kompetenznorm des Art. 114 AEUV. Die Formulierung des Art. 194 Abs. 2 AEUV, wonach die Energiebinnenmarktkompetenz unbeschadet der Anwendung anderer Bestimmungen der Verträge greift, hat lediglich klarstellende Funktion und begründet keinen Nachrangigkeit des Art. 194 AEUV gegenüber Art. 114 AEUV.[139]

10. Verhältnis zu Art. 115 AEUV

44 Art. 114 AEUV geht dem Rechtsangleichungsverfahren nach Art. 115 AEUV vor. Dies ergibt sich bereits aus dem Wortlaut des Art. 115 AEUV (»unbeschadet des Art. 114 AEUV«). Eine Anwendbarkeit von Art. 115 AEUV neben oder anstelle von Art. 114 AEUV ist aber auch aus systematischen Gesichtspunkten nicht zulässig.[140] Ein solches Vorgehen könnte dazu führen, dass die **Mitentscheidungsrechte des Europäischen Parlaments** gem. Art. 294 AEUV umgangen würden. Freilich bleibt auch sachlich für Art. 115 AEUV kein Raum, wenn man einmal von Maßnahmen bezogen auf die **Bereichsausnahmen des Art. 114 Abs. 2 AEUV** absieht (dazu Rn. 28 ff.).[141]

11. Verhältnis zu Art. 352 AEUV

45 Art. 114 AEUV ist schließlich auch lex specialis gegenüber Art. 352 AEUV, d.h. ein Rückgriff auf die sog. »Generalklausel« des Art. 352 AEUV kommt nur in Betracht, soweit der Erlass einer Maßnahme zwar zur Erreichung der Vertragsziele erforderlich ist, die Art. 114, 115 AEUV aber keine geeignete Rechtsgrundlage darstellen.[142]

E. Rechtsangleichung gem. Art. 114 Abs. 1 AEUV

I. Begriff der Rechtsangleichung

46 Unter Rechtsangleichung kann allgemein die »Anpassung nationaler Bestimmungen an unionsrechtlich vorgegebene Standards zur Behebung störender Auswirkungen auf den Binnenmarkt, die aus divergierenden mitgliedstaatlichen Rechtsvorschriften resultieren«, verstanden werden.[143] Rechtsangleichung ist als »wesensmäßiges Minus« insbesondere zur Rechtsvereinheitlichung anzusehen. Während die Rechtsvereinheitlichung vollständige Gleichheit in Einzelregelungen bewirkt, überlässt die Rechtsangleichung den Mitgliedstaaten in der Regel einen erheblichen Gestaltungsspielraum, die jeweiligen unionalen Vorgaben in das eigene Rechtssystem zu integrieren. Die Grenze zu einer strikten Rechtsvereinheitlichung ist indes oft fließend, da der Umsetzungsspielraum der Mitgliedstaaten durch mitunter allzu detaillierte Regelungen in Richtlinien stark einge-

---

[139] *Leible/Schröder*, in: Streinz, EUV/AEUV, Art. 114 AEUV, Rn. 141.
[140] EuGH, Urt. v. 29.4.2004, Rs. C–338/01 (Kommission/Rat), Slg. 2004, I–4829, Rn. 58.
[141] *Tietje*, in: Grabitz/Hilf/Nettesheim, EU, Art. 114 AEUV (Juli 2016), Rn. 123.
[142] *Herrnfeld*, in: Schwarze, EU-Kommentar, Art. 114 AEUV, Rn. 17; vgl. EuGH, Urt. v. 2.5.2006, Rs. C–436/03 (Parlament/Rat), Slg. 2006, I–3733, Rn. 36; Urt. v. 26.3.1996, Rs. C–271/94 (Telematik-Netze), Slg. 1996, I–1689, Rn. 13.
[143] *Fischer*, in: Lenz/Borchardt, EU-Verträge, Vorb. Art. 114–118 AEUV, Rn. 1.

schränkt werden kann, ein Phänomen, das sich in den letzten Jahren immer stärker beobachten lässt.[144]

47 Der Begriff der Rechtsangleichung wird im AEUV nicht einheitlich verwendet. Vielmehr werden auch die Begriffe »Harmonisierung« und »Koordinierung« verwendet.[145] Auch wenn in der Vergangenheit argumentiert wurde, dass hinter den unterschiedlichen Begriffen auch ein unterschiedlicher Harmonisierungsgrad stehe,[146] besteht heute Einigkeit darüber, dass diese Formulierungen keine bewusste Differenzierung anzeigen, sondern vielmehr **synonym** verwendet werden. Dies belegt insbesondere auch der Vergleich mit anderen Sprachfassungen der Verträge.[147]

48 Obgleich der Begriff »Angleichung« ein Bestehen von Rechtsunterschieden in mitgliedstaatlichen Rechts- und Verwaltungsvorschriften vorauszusetzen scheint, stellt dies keine zwingende Voraussetzung für ein Tätigwerden der Union dar. Angleichung ist vielmehr auch bei **materieller Gleichartigkeit der mitgliedstaatlichen Vorschriften** möglich, sofern von diesen beeinträchtigende Wirkungen für den Binnenmarkt ausgehen.[148]

49 Zudem ist für eine Rechtsangleichung nicht erforderlich, dass in sämtlichen Mitgliedstaaten bereits Regelungen für das jeweils betroffene Sachgebiet erlassen worden sind, die sich auf die Verwirklichung des Binnenmarktes auswirken. Die Rechtsangleichungskompetenz greift vielmehr auch, soweit nur in einem Mitgliedstaat angleichungsbedürftige Rechts- und Verwaltungsvorschriften bestehen.[149] Notwendig ist aber stets, dass von diesen Vorschriften mehr als eine abstrakte Gefahr für den Binnenmarkt ausgeht.[150]

50 Maßnahmen der Rechtsangleichung sind auch zulässig, sofern für den betreffenden Sachbereich jegliche mitgliedstaatliche Rechts- und Verwaltungsvorschriften fehlen (sog. »präventive Rechtsangleichung«).[151] Art. 114 AEUV gestattet der Union die Kompetenz zur **präventiven Rechtsangleichung** durch Erlass von Richtlinien, um von Anfang an entstehende Rechtsunterschiede und damit einhergehende Funktionsstörungen des Binnenmarktes zu unterbinden.[152] Die Union kann auf diese Weise neuen technischen Entwicklungen Rechnung tragen und so »einer heterogenen Entwicklung der nationalen

---

[144] *Leible/Schröder*, in: Streinz, EUV/AEUV, Art. 114 AEUV, Rn. 18; *v. Danwitz*, in: Dauses, Handbuch des EU-Wirtschaftsrechts, Abschnitt B. II., Juni 2010, Rn. 86.
[145] Z. B. Art. 19 Abs. 2, Art. 113, Art. 114 Abs. 4 AEUV.
[146] Heute noch tendenziell in diesem Sinne *v. Danwitz*, in: Dauses, Handbuch des EU-Wirtschaftsrechts, Abschnitt B. II., Juni 2010, Rn. 86.
[147] *Tietje*, in: Grabitz/Hilf/Nettesheim, EU, Art. 114 AEUV (Juli 2016), Rn. 2; *Leible/Schröder*, in: Streinz, EUV/AEUV, Art. 114 AEUV, Rn. 19; *Classen*, in: GSH, Europäisches Unionsrecht, Art. 114 AEUV, Rn. 14; *Bock*, S. 54.
[148] *Leible/Schröder*, in: Streinz, EUV/AEUV, Art. 114 AEUV, Rn. 20; *Korte*, in: Calliess/Ruffert, EUV/AEUV, Art. 114 AEUV, Rn. 22; *Vogelarr*, CMLRev. 12 (1975), 211 (213 ff.); a. A. *Seidl-Hohenveldern*, KSE, Bd. 11 (1971), S. 170 (173 f.).
[149] *Leible/Schröder*, in: Streinz, EUV/AEUV, Art. 114 AEUV, Rn. 21; *Kahl* (Fn. 2), Art. 114 AEUV, Rn. 18.
[150] Vgl. etwa EuGH, Urt. v. 5. 10. 2000, Rs. C–376/98 (Deutschland/Parlament und Rat), Slg. 2000, I–8419, Rn. 84 und 95; Urt. v. 1. 12. 2002, Rs. C–491/01 (British American Tobacco), Slg. 2002, I–11453, Rn. 60; Urt. v. 14. 12. 2004, Rs. C–434/02 (Arnold André), Slg. 2004, I–11825, Rn. 30; Urt. v. 14. 12. 2004, Rs. C–210/03 (Swedish Match), Slg. 2004, I–11893, Rn. 29; Urt. v. 12. 7. 2004, verb. Rs. C–154/04 – C–155/04 (Alliance for Natural Health u. a.), Slg. 2005, I–6451, Rn. 28; Urt. v. 12. 12. 2006, Rs. C–380/03 (Deutschland/Parlament und Rat), Slg. 2006, I–11573, Rn. 37; Urt. v. 8. 6. 2010, Rs. C–58/08 (Vodafone), Slg. 2010, I–4999, Rn. 32.
[151] So h. M. *Leible/Schröder*, in: Streinz, EUV/AEUV, Art. 114 AEUV, Rn. 22; *Kahl* (Fn. 2), Art. 114 AEUV, Rn. 18; *Bock*, S. 137 ff.; *Close*, E. L.Rev. 3 (1978), 461 (462).
[152] *Leible/Schröder*, in: Streinz, EUV/AEUV, Art. 114 AEUV, Rn. 22; *Rambow*, EuR 1981, 240 (243).

Rechtsvorschriften vorbeugen, wenn das Entstehen solcher Hindernisse wahrscheinlich ist und die fragliche Maßnahme ihre Vermeidung bezweckt«.[153] Mitunter wird für eine präventive Rechtsangleichung gefordert, dass mindestens in zwei Mitgliedstaaten divergierende Regelungen bestehen.[154] Insgesamt haben diese Erwägungen – soweit ersichtlich – aber nur Auswirkungen auf die Begründungspflicht (Art. 296 AEUV) der Union für ein Tätigwerden, die entsprechend höher ist, soweit (noch) keine mitgliedstaatlichen Maßnahmen vorliegen.[155]

II. Gegenstand der Rechtsangleichung

51 Gegenstand der Rechtsangleichung können alle »Rechts und Verwaltungsvorschriften der Mitgliedstaaten« sein. Dieser weit auszulegende Begriff umfasst alle hoheitlich erlassenen Regelungen abstrakt-genereller Art, die ausweislich des Wortlauts des Art. 114 Abs. 1 AEUV »die Errichtung und das Funktionieren des Binnenmarktes« zum Gegenstand haben müssen.[156] Diese Formulierung ist letztlich missverständlich: Zum Ausdruck kommen soll, dass die Rechts- und Verwaltungsvorschriften den Binnenmarkt negativ beeinflussen müssen.[157] »Mitgliedstaaten« meint dabei alle in Art. 52 Abs. 1 EUV aufgeführten Mitgliedstaaten.[158]

1. Rechtsvorschriften der Mitgliedstaaten

52 Rechtsvorschriften im Sinne des Art. 114 Abs. 1 AEUV sind zunächst **Gesetze im formellen und materiellen Sinn**, aber ggf. auch Gewohnheits- und Richterrecht. Aus der Perspektive des Unionsrechts ist allein entscheidend, dass die unterschiedliche Rechtslage in den Mitgliedstaaten eine Angleichung erfordert, und nicht dass die Rechtsunterschiede auf geschriebenem Recht beruhen.[159] Deshalb können auch **Organisationsnormen autonomer Träger öffentlicher Gewalt** (z. B. Satzungen öffentlich-rechtlicher Körperschaften oder Anstalten) unter den Begriff der »Rechtsvorschriften der Mitgliedstaaten« gefasst werden.[160] Bei **privaten Normen** gilt dies nur, soweit diese durch Inbe-

---

[153] *Leible/Schröder*, in: Streinz, EUV/AEUV, Art. 114 AEUV, Rn. 22; EuGH, Urt. v. 5.10.2000, Rs. C–376/98 (Deutschland/Parlament und Rat), Slg. 2000, I–8419, Rn. 86; Urt. v. 9.10.2001, Rs. C–377/98 (Niederlande/Parlament und Rat), Slg. 2001, I–7079, Rn. 15; Urt. v. 10.12.2002, Rs. C–491/01 (British American Tobacco), Slg. 2002, I–11453, Rn. 61; Urt. v. 14.12.2004, Rs. C–434/02, (Arnold André), Slg. 2004, I–11825, Rn. 31; Urt. v. 14.12.2004, Rs. C–210/03 (Swedish Match), Slg. 2004, I–11893, Rn. 30; Urt. v. 12.7.2005, verb. Rs. C–154/04 – 155/04 (Alliance for Natural Health u. a.), Slg. 2005, I–6451, Rn. 29; Urt. v. 12.12.2006, Rs. C–380/03 (Deutschland/Parlament und Rat), Slg. 2006, I–11573, Rn. 38; Urt. v. 8.6.2010, Rs. C–58/08 (Vodafone), Slg. 2010, I–4999, Rn. 33.

[154] *v. Danwitz*, in: Dauses, Handbuch des EU-Wirtschaftsrechts, Abschnitt B. II., Juni 2010, Rn. 97; Hinweise darauf bspw. auch in EuGH, Urt. v. 13.7.1995, Rs. C–350/92 (Spanien/Rat), Slg. 1995, I–1985, Rn. 34.

[155] *Leible/Schröder*, in: Streinz, EUV/AEUV, Art. 114 AEUV, Rn. 22.

[156] *Fischer*, in: Lenz/Borchardt, EU-Verträge, Art. 114 AEUV, Rn. 8; *Leible/Schröder*, in: Streinz, EUV/AEUV, Art. 114 AEUV, Rn. 54.

[157] *Leible/Schröder*, in: Streinz, EUV/AEUV, Art. 114 AEUV, Rn. 54; kritisch zum missverständlichen Wortlaut auch *Everling*, FS Steindorff, S. 1169.

[158] *Leible/Schröder*, in: Streinz, EUV/AEUV, Art. 114 AEUV, Rn. 54.

[159] *Leible/Schröder*, in: Streinz, EUV/AEUV, Art. 114 AEUV, Rn. 55; *Herrnfeld*, in: Schwarze, EU-Kommentar, Art. 114 AEUV, Rn. 34.

[160] *Fischer*, in: Lenz/Borchardt, EU-Verträge, Art. 114 AEUV, Rn. 8; *Leible/Schröder*, in: Streinz, EUV/AEUV, Art. 114 AEUV, Rn. 55; *Herrnfeld*, in: Schwarze, EU-Kommentar, Art. 114 AEUV, Rn. 55.

zugnahme in staatliche Normaktivitäten eine mit Rechts- und Verwaltungsvorschriften vergleichbare Position erlangen.[161]

2. Verwaltungsvorschriften der Mitgliedstaaten

Verwaltungsvorschriften der Mitgliedstaaten i. S. d. Art. 114 Abs. 1 AEUV sind zunächst alle **abstrakt-generellen Anweisungen an nationale Verwaltungsbehörden**. Hierunter kann aber auch eine ständige Verwaltungspraxis gefasst werden, soweit durch diese Praxis der Binnenmarkt nachhaltig beeinträchtigt wird.[162] 53

III. Ziel: Errichtung und Funktionieren des Binnenmarktes

Rechtsangleichungsmaßnahmen müssen inhaltlich die Errichtung oder das Funktionieren des Binnenmarktes zum Ziel haben.[163] Art. 114 AEUV ist daher geeignete Kompetenzgrundlage, um **Hindernisse zur Verwirklichung der Grundfreiheiten und Wettbewerbsverfälschungen zu beseitigen**, die aus den unterschiedlichen Rechtsordnungen der Mitgliedstaaten resultieren.[164] Die Vorschrift ist funktional auf die Erfordernisse des Binnenmarktes ausgerichtet, so dass grundsätzlich jede Sachmaterie von Rechtsangleichungsmaßnahmen erfasst sein kann.[165] Nach der Rechtsprechung des EuGH[166] gewährt Art. 114 AEUV allerdings keine allgemeine Kompetenz zur Regulierung des Binnenmarktes. Maßnahmen können vielmehr nur dann auf Art. 114 AEUV gestützt werden, wenn sie zur **Verbesserung des Binnenmarktes** mit dem Ziel beitragen, Handelshemmnisse oder Wettbewerbsverzerrungen abzubauen.[167] Soweit eine Angleichungsmaßnahme die Verbesserung des Binnenmarktes zum Ziel hat, ist unerheblich, dass auch anderen Zwecken, etwa dem Gesundheits- und Verbraucherschutz eine maßgebliche Bedeutung zukommt.[168] Aufgrund funktional ausgerichteter Kompetenzzuweisung können auch Maßnahmen in angrenzenden Bereichen erfasst werden (bspw. Kultur, Schutz der öffentlichen Gesundheit, Verbraucherschutz, Verwaltungsorganisation und -verfahren). Das gilt allerdings nur, soweit **objektives Ziel** die Verbesserung der Funktionsfähigkeit des Binnenmarktes ist.[169] Nicht ausreichend ist das Vorliegen abstrakter 54

---

[161] *Leible/Schröder*, in: Streinz, EUV/AEUV, Art. 114 AEUV, Rn. 55; *Herrnfeld*, in: Schwarze, EU-Kommentar, Art. 114 AEUV, Rn. 55.

[162] *Leible/Schröder*, in: Streinz, EUV/AEUV, Art. 114 AEUV, Rn. 56; *Korte*, in: Calliess/Ruffert, EUV/AEUV, Art. 114 AEUV, Rn. 34; *Bleckmann*, Europarecht, Rn. 1511 f.

[163] Dazu auch *Frenz*, Handbuch Europarecht, Band 6, Rn. 3457.

[164] EuGH, Urt. v. 12.12.2006, Rs. C–380/03 (Deutschland/Parlament und Rat), Slg. 2006, I–11573, Rn. 37; Urt. v. 13.7.1995, Rs. C–350/92 (Spanien/Rat), Slg. 1995, I–1985, Rn. 32.

[165] *Schweizer/Hummer/Obwexer*, Europarecht, Rn. 1843; *Fischer*, in: Lenz/Borchardt, EU-Verträge, Art. 114 AEUV, Rn. 99.

[166] EuGH, Urt. v. 5.10.2000, Rs. C–376/98 (Deutschland/Parlament und Rat), Slg. 2000, I–8419, bestätigt durch EuGH, Urt. v. 8.6.2010, Rs. C–58/08 (Vodafone), Slg. 2010, I–4999, Rn. 32.

[167] EuGH, Urt. v. 5.10.2000, Rs. C–376/98 (Deutschland/Parlament und Rat), Slg. 2000, I–8419, Rn. 83 f., 95; Urt. v. 10.12.2002, Rs. C–491/01 (British American Tabacco), Slg. 2002, I–11 453, Rn. 60, 75, 82; Urt. v. 20.5.2003, verb. Rs. C–465/00, C–138/01 u. C–139/01 (Österreichischer Rundfunk), Slg. 2003, I–4989, Rn. 41.

[168] EuGH, Urt. v. 5.10.2000, Rs. C–376/98 (Deutschland/Parlament und Rat), Slg. 2000, I–8419, Rn. 88; Urt. v. 10.12.2002, Rs. C–491/01 (British American Tobacco), Slg. 2002, I–114 533, Rn. 62; Urt. v. 12.7.2005, verb. Rs. C–154/04 – 155/04 (Alliance for Natural Health u. a.), Slg. 2005, I–6451, Rn. 30; Urt. v. 8.6.2010, Rs. C–58/08 (Vodafone), Slg. 2010, I–4999, Rn. 36.

[169] EuGH, Urt. v. 10.12.2002, Rs. C–491/01 (British American Tobacco), Slg. 2002, I–11 453, Rn. 60; Urt. v. 2.5.2006, Rs. C–217/04, Slg. 2006, I–3771 (Vereinigtes Königreich/Parlament und

Gefahren für die Grundfreiheiten oder die bloße Möglichkeit von Wettbewerbsverzerrungen.[170]

1. Begriff des Binnenmarktes

55 Der Binnenmarkt ist nach der **Legaldefinition** des Art. 26 Abs. 2 AEUV ein »Raum ohne Binnengrenzen, in dem der freie Verkehr von Personen, Dienstleistungen und Kapital gemäß den Bestimmungen der Verträge gewährleistet ist«. Der Begriff des »**Binnenmarktes**« fand erst durch die EEA Verankerung in den europäischen Verträgen und stand vorerst neben dem des »**Gemeinsamen Marktes**«, was lange zu Abgrenzungsschwierigkeiten führte.[171] Zum Teil wurde die Ansicht vertreten, der Gemeinsame Markt verkörpere eine Art Zwischenstation oder Vorstufe in Richtung Binnenmarkt.[172] Teils wurde der Binnenmarkt im Vergleich zum Gemeinsamen Markt nur als ein Minus angesehen.[173] Überwiegend wurden aber keine wesentlichen Unterschiede zwischen den beiden Begrifflichkeiten gesehen, was für eine synonyme Verwendung der Begriffe sprach.[174] Seit dem Vertrag von Lissabon existiert ausschließlich der Begriff des Binnenmarktes in den Verträgen.[175] Damit haben sich die Diskussionen erledigt – der Gemeinsame Markt war auch immer schon der Binnenmarkt und umgekehrt.

56 Art. 114 AEUV nimmt ausdrücklich Bezug auf den Binnenmarktbegriff des Art. 26 AEUV (dazu auch Art. 26 AEUV, Rn. 6).[176] Der Binnenmarkt zielt hiernach auf eine effektive Ausübung der Grundfreiheiten durch Beseitigung noch bestehender bzw. gerechtfertigter Beschränkungen (etwa gem. Art. 36 AEUV oder aufgrund der Cassis-Rechtsprechung des EuGH).[177] Der Binnenmarktkompetenz unterfallen grundsätzlich alle produkt- und dienstleistungsbezogenen Rechtsvorschriften, welche die Herstellung, Beschaffenheit und Vermarktung von Waren und Dienstleistungen betreffen.[178] Der Binnenmarkt als »Raum ohne Binnengrenzen«[179] bleibt jedoch nicht auf den **freien Verkehr von Waren, Personen, Dienstleistungen und Kapital** beschränkt. Vielmehr ist davon auszugehen, dass die Rechtsangleichungskompetenz des Art. 114 AEUV neben der Verwirklichung der Grundfreiheiten als vorrangigem Ziel auch der **Beseitigung von allen denkbaren Wettbewerbsverfälschungen** dienen kann.[180]

Rat), Rn. 42; Urt. v. 8.6.2010, Rs. C–58/08 (Vodafone), Slg. 2010, I–4999, Rn. 32; Ausführlich *Kamann*, ZEuS 2001, 23.
[170] EuGH, Urt. v. 5.10.2000, Rs. C–376/98 (Deutschland/Parlament/Rat) Slg. 2000, I–8419, Rn. 84; Urt. v. 14.12.2004, Rs. C–210/03 (Swedish Match), Slg. 2004, I–11 893, Rn. 29.
[171] *Leible/Schröder*, in: Streinz, EUV/AEUV, Art. 26 AEUV, Rn. 19.
[172] So etwa *Dauses*, EuZW 1990, 8 (10); *Ehlermann*, CMLRev 24 (1987), 361 (383); *Müller-Graff*, EuR 1989, 107 (123 ff.); *Reich*, EuZW 1991, 203 (207 f.).
[173] *Epiney*, JZ 1992, 464; *Forwood/Clough*, E.L.Rev. 1986, 383 (385); *Zacker*, RIW 1989, 489 f.
[174] So etwa *Nicolaysen*, Europarecht II, S. 310; s. für einen ausführlichen Überblick auch *Korte*, in: Calliess/Ruffert, EUV/AEUV, Art. 26 AEUV, Rn. 6 ff.; *Hatje*, in: Schwarze, EU-Kommentar, Art. 26 AEUV, Rn. 8 ff. m.w.N.
[175] Dazu *Terhechte*, EuR 2008, 143 (177); *Korte*, in: Calliess/Ruffert, EUV/AEUV, Art. 26 AEUV, Rn. 21.
[176] EuGH, Urt. v. 5.10.2000, Rs. C–376/98 (Deutschland/Parlament und Rat), Slg. 2000, I–8419, Rn. 83.
[177] *Herrnfeld*, in: Schwarze, EU-Kommentar, Art. 114 AEUV, Rn. 8.
[178] *v. Danwitz*, in: Dauses, Handbuch des EU-Wirtschaftsrecht, Abschnitt B. II., Juni 2010 Rn. 114.
[179] So auch GA Cosmas, Schlussanträge zu Rs. C–378/97 (Wisjenbeek), Slg. 1999, I–6207, Rn. 40.
[180] EuGH, Urt. v. 11.7.1991, Rs. C–300/89 (Titanoxid), Slg. 1991, I–2867, Rn. 14.

2. Beseitigung von Handelshemmnissen

Unterschiedliche mitgliedstaatliche Bestimmungen führen insbesondere im Bereich des freien Warenverkehrs i. S. d. Art. 34 AEUV fast zwangsläufig zu Handelshemmnissen.[181] Das Bedürfnis nach einer Angleichung der mitgliedstaatlichen Bestimmungen entsteht insbesondere dann, wenn diese aufgrund ihrer Unterschiedlichkeit Hindernisse verkörpern, die nicht durch Art. 36 AEUV oder zwingende Erfordernisse im Sinne der Cassis-Rechtsprechung des EuGH gerechtfertigt werden können.[182] Soweit Handelshemmnissen allerdings bereits unter Zuhilfenahme der Grundfreiheiten entgegengetreten werden kann, besteht i. d. R. keine Notwendigkeit einer Harmonisierungsmaßnahme nach Art. 114 AEUV, es sei denn, verbleibende Inländerdiskriminierungen führen zu »spürbaren« Wettbewerbsverzerrungen für den Binnenmarkt.[183]

57

Harmonisierungsmaßnahmen nach Art. 114 AEUV können nur diejenigen mitgliedstaatlichen Vorschriften angleichen, die den **grenzüberschreitenden Handel** zwischen den Mitgliedstaaten beinträchtigen.[184] Dies ist an den Grundsätzen des Art. 34 AEUV zu messen.[185] Nach der Rechtsprechung des EuGH verkörpern mitgliedstaatliche Regelungen dann Hemmnisse für die Grundfreiheiten, soweit sie »geeignet sind, den innerunionalen Handel unmittelbar oder mittelbar, tatsächlich oder potentiell zu behindern«.[186] Mitgliedstaatliche Regelungen, die schon tatbestandlich keine Beeinträchtigung der Grundfreiheiten darstellen (etwa verkaufs- oder absatzbezogene Regelungen im Sinne der Keck-Rechtsprechung des EuGH)[187] wirken deshalb grds. nicht handelsbeschränkend und können daher nicht auf Grundlage von Art. 114 AEUV angeglichen werden.[188]

58

Zu beseitigende Hindernisse für Grundfreiheiten können darüber hinaus auch in einer **uneinheitlichen Auslegung völkerrechtlicher Verträge** bestehen. Nach Ansicht des EuGH kann eine Harmonisierungsmaßnahme nach Art. 114 AEUV auch erfolgen, soweit ungleiche Gegebenheiten in den Mitgliedstaaten auf einer unterschiedlichen Auslegung von Begriffen völkerrechtlicher Abkommen beruhen, deren Vertragsparteien die Mitgliedstaaten sind.[189] Die völkerrechtlichen Verpflichtungen der Mitgliedstaaten stehen der unionalen Gesetzgebungskompetenz grundsätzlich nicht entgegen, soweit der Unionsrechtsakt materiell mit den völkerrechtlichen Verpflichtungen der Mitgliedstaaten im Einklang steht.[190]

59

---

[181] *Tietje*, in: Grabitz/Hilf/Nettesheim, EU, Art. 114 AEUV (Juli 2016), Rn. 97; *Frenz*, Handbuch Europarecht, Band 6, Rn. 3460.
[182] *Leible/Schröder*, in: Streinz, EUV/AEUV, Art. 114 AEUV, Rn. 40; EuGH, Urt. v. 12.7.1990, Rs. C–128/89 (Kommission/Italien), Slg. 1990, I–3239, Rn. 16; besonders deutlich GA Geehoed, Schlussanträge zu Rs. C–491/01 (British American Tabacco), Slg. 2002, I–11453, Rn. 103 ff., krit. *Bock*, S. 143 f.
[183] *Leible/Schröder*, in: Streinz, EUV/AEUV, Art. 114 AEUV, Rn. 40.
[184] *Korte*, in: Calliess/Ruffert, EUV/AEUV, Art. 114 AEUV, Rn. 22 ff.
[185] *Frenz*, Handbuch Europarecht, Band 6, Rn. 3460; *Kahl* (Fn. 2), Art. 114 AEUV, Rn. 21.
[186] EuGH, Urt. v. 11.7.1974, Rs. 8/74 (Dasonville), Slg. 1974, 837, Rn. 2 ff.
[187] EuGH, Urt. v. 24.11.1993, Rs. C–267/91 u. C–268/91 (Keck und Mithouard), Slg. 1993, I–6097, Rn. 16 f.
[188] EuGH, Urt. v. 14.12.2004, Rs. C–434/02 (Arnold André), Slg. 2004, I–11 825, Rn. 39; Urt. v. 14.12.2004, Rs. C–210/03 (Swedish Match), Slg. 2004, I–11 893, Rn. 38; *Herr*, EuZW 2005, 171 (172); *Roth*, EWS 2008, 401 (409); a. A. *Bock*, S. 97 ff.; *Nolte*, NJW 2000, 1444 (1146); *Gundel*, EuR, 2007, 251 (257); *Trüe*, S. 266 f.
[189] EuGH, Urt. v. 9.10.2001, Rs. C–377/98 (Niederlande/Parlament und Rat), Slg. 2001, I–7079, Rn. 20.
[190] Vgl. die ausführliche Darstellung bei *Tietje*, in: Grabitz/Hilf/Nettesheim, EU, Art. 114 AEUV (Juli 2016), Rn. 107 ff.

60 Teilweise wird im Rahmen der Beseitigung von Handelshemmnissen (ebenso wie bei Wettbewerbsbeschränkungen) eine »**spürbare**« Beeinträchtigung des Binnenmarktes verlangt.[191] Dieser Ansatz steht zwar in gewisser Weise mit der Rechtsprechung des EuGH zur Warenverkehrsfreiheit im Einklang,[192] ist aber mit dem recht neutral gehaltenen Wortlaut des Art. 114 Abs. 1 AEUV (»zum Gegenstand haben«) nur schwer in Verbindung zu bringen.[193]

3. Spürbarkeit von Wettbewerbsverfälschungen

61 Art. 114 AEUV ist auch auf Rechtsangleichungsmaßnahmen anwendbar, die den **Abbau von Wettbewerbsverfälschungen** bezwecken.[194] Die Union wird also auch dann zu einem Tätigwerden auf Grundlage des Art. 114 AEUV ermächtigt, wenn divergierende mitgliedstaatliche Rechtsordnungen »verfälschte Wettbewerbsbedingungen schaffen oder aufrecht erhalten«.[195]

62 Umstritten ist, ob Rechtsakte der Union zur Beseitigung von Wettbewerbsverfälschungen nur auf Art. 114 AEUV gestützt werden können, soweit sich die Wettbewerbsverfälschungen auch zugleich nachteilig auf den grenzüberschreitenden Warenverkehr auswirken.[196] Nach richtiger Auffassung hat aber eine Maßnahme bereits dann »die Errichtung und das Funktionieren des Binnenmarktes zum Gegenstand«, wenn nur ein Teilbereich des Binnenmarktes verbessert wird (Grundfreiheiten oder unverfälschter Wettbewerb).[197] Etwas anderes folgt auch nicht aus der Entscheidung des EuGH zur **Tabakwerberichtlinie**. Hier verlangt der EuGH gerade nicht, dass »Freiverkehrshindernis« und »Wettbewerbsverzerrung« stets kumulativ vorliegen müssen, sondern lediglich alternativ.[198] Die Verwendung des Begriffs »sowie«[199] in dem Urteil erklärt sich daraus, dass der Unionsgesetzgeber beide Ziele in den Erwägungsgründen der Richtlinie aufgeführt hatte. Auch in seiner Entscheidung zur **Biopatentrichtlinie** prüft der EuGH

---

[191] *Leible/Schröder*, in: Streinz, EUV/AEUV, Art. 114 AEUV, Rn. 42; *Schweitzer/Schroeder/Bock*, S. 44 f.

[192] EuGH, Urt. v. 13.10.1993, Rs. C–93/92 (CMC Motorradcenter), Slg. 1993, I–5009, Rn. 12 f.; Urt. v. 14.7.1994, Rs. C–379/92 (Peralta), Slg. 1994, I–3453, Rn. 23 ff.; Urt. v. 5.10.1995, Rs. C–96/94 (Centro Servizi Spediporto), Slg. 1995, I–2883, Rn. 41; Urt. v. 17.10.1995, verb. Rs. C–140/94, C–141/94 u. 142/94 (DIP u.a.), Slg. 1995, I–3257, Rn. 29; Urt. v. 30.11.1995, Rs. C–134/94 (Esso Española), Slg. 1995, I–4223, Rn. 24; Urt. v. 18.6.1998, Rs. C–266/96 (Corsica Ferries France), Slg. 1998, I–3949, Rn. 31.

[193] *Kahl*, in: Calliess/Ruffert, EUV/AEUV, 4. Aufl. 2011, Art. 114 AEUV, Rn. 21.

[194] *Fischer*, in: Lenz/Borchardt, EU-Verträge, Art. 114 AEUV, Rn. 14.

[195] EuGH, Urt. v. 11.6.1991, Rs. C–300/89 (Kommission/Rat), Slg. 1991, I–2867, Rn. 15.

[196] Für ein kumulatives Verhältnis: EuGH, Urt. v. 5.10.2000, Rs. C–376/98 (Deutschland/Parlament und Rat), Slg. 2000, I–8419, Rn. 95.

[197] Für ein alternatives Verhältnis EuGH, Urt. v. 12.12.2006, Rs. C–380/03 (Deutschland/Parlament und Rat), Slg. 2006, I–11 573, Rn. 67; Urt. v. 10.12.2002, Rs. C–491/01 (British American Tabacco), Slg. 2002, I–11 453, Rn. 60; GA Léger, Schlussantrag. zu Rs. C–380/03 (Deutschland/Parlament und Rat), Slg. 2006, I–11 573, 11573 Ziff. 81 ff.; Urt. v. 8.6.2010, Rs. C–58/08 (Vodafone), Slg. 2010, I–4999, Rn. 32; *Korte*, in: Calliess/Ruffert, EUV/AEUV, Art. 114 AEUV, Rn. 45; *Leible/Schröder*, in: Streinz, EUV/AEUV, Art. 114 AEUV, Rn. 44; *Fischer*, in: Lenz/Borchardt, EU-Verträge. Art. 114 AEUV, Rn. 14; *Calliess*, FS Fischer, S. 16 f.; *Herr*, EuZW 2005, 171 (173).

[198] Für ein Festhalten an einem alternativen Verständnis daher nach der EuGH-Entscheidung zur Tabakwerberichtlinie *Kamann*, ZEuS 2001, 23 (36); *Koenig/Kühling*, EWS 2002, 12 (17).

[199] Vgl. EuGH, Urt. v. 5.10.2000, Rs. C–376/98 (Deutschland/Parlament und Rat), Slg. 2000, I–8419, Rn. 95: »Es ist demnach zu prüfen, ob die Richtlinie tatsächlich zur Beseitigung von Hemmnissen des freien Warenverkehrs und der Dienstleistungsfreiheit sowie von Wettbewerbsverzerrungen beiträgt.«

nur, ob diese zum Ziel hat »der Entstehung neuer Hindernisse für den Handel« vorzubeugen«.[200] Ähnlich verlangt er im Fall British American Tobacco, dass eine auf Art. 114 AEUV (Art. 95 EGV) gestützte Maßnahme »zur Beseitigung von Hemmnissen für den freien Waren- oder Dienstleistungsverkehr oder aber von Wettbewerbsverzerrungen beitragen« müsse.[201]

Voraussetzung für die Beseitigung von Wettbewerbsverfälschungen ist, dass sich diese **spürbar** auf den Binnenmarkt auswirken.[202] Nach der Rechtsprechung des EuGH ist in diesem Zusammenhang stets zu prüfen, ob eine Maßnahme »tatsächlich zur Beseitigung spürbarer Verzerrungen des Wettbewerbs beiträgt«, da nur »geringfügige Wettbewerbsverzerrungen« keinesfalls eine Rechtsetzungskompetenz gem. Art. 114 Abs. 1 AEUV begründen.[203] Der Verzicht auf das »Spürbarkeitskriterium« wäre auch nicht mit dem Prinzip der begrenzten Einzelermächtigung vereinbar und würde zu einer nahezu grenzenlosen Zuständigkeit des Unionsgesetzgebers führen, da zwischen mitgliedstaatlichen Rechtsvorschriften oftmals Unterschiede bestehen, die sich mittelbar und unmittelbar auf die Wettbewerbsbedingungen auswirken (etwa aufgrund geschichtlicher Entwicklungen sowie soziokultureller Verhältnisse).[204] »Spürbare« Wettbewerbsverzerrungen können insbesondere aus Bestimmungen resultieren, die zu unterschiedlichen Herstellungskosten führen, während sich Bestimmungen, welche Unternehmen einzelner Mitgliedstaaten »hinsichtlich der Größenvorteile und der Gewinnzielung« begünstigen, nur mittelbar und entfernt auf den Wettbewerb auswirken.[205] Bei dem Spürbarkeitskriterium handelt es sich um ein qualitatives Kriterium; im Gegensatz zum europäischen Wettbewerbsrecht scheidet ein Rückgriff auf quantitative Gesichtspunkte aus.[206]

63

IV. Maßnahmen zur Rechtsangleichung

Art. 114 AEUV spricht allgemein von »Maßnahmen«. Hieraus folgt, dass die Vorschrift einen Rückgriff auf alle in Art. 288 AEUV genannten Rechtsakte erlaubt.[207] Eine Begrenzung auf Richtlinien als Instrument der Rechtsangleichung ist, anders als in der zentralen Vorschrift des Art. 115 AEUV, ausdrücklich nicht vorgesehen.[208]

64

---

[200] EuGH, Urt. v. 9.10.2001, Rs. C–377/98 (Niederlande/Parlament und Rat), Slg. 2001, I–7079, Rn. 15.
[201] EuGH, Urt. v. 8.6.2010, Rs. C–58/08 (Vodafone), Slg. 2010, I–4999, Rn. 32.
[202] *Fischer*, in: Lenz/Borchardt, EU-Verträge, Art. 114 AEUV, Rn. 14; *Tietje*, in: Grabitz/Hilf/Nettesheim, EU, Art. 114 AEUV (Juli 2016), Rn. 103; *Herrnfeld*, in: Schwarze, EU-Kommentar, Art. 114 AEUV, Rn. 13; *Leible/Schröder*, in: Streinz, EUV/AEUV, Art. 114 AEUV, Rn. 45; *Möstl*, EuR 2002, 342.
[203] EuGH, Urt. v. 5.10.2000, Rs. C–376/98 (Deutschland/Parlament und Rat), Slg. 2000, I–8419, Rn. 106 f.; unter Verweis auf EuGH, Urt. v. 11.7.1991, Rs. C–300/89 (Titandioxid), Slg. 1991, I–2867, Rn. 23.
[204] EuGH, Urt. v. 5.10.2000, Rs. C–376/98 (Deutschland/Parlament und Rat), Slg. 2000, I–8419, Rn. 107; *Fischer*, in: Lenz/Borchardt, EU-Verträge, Art. 114 AEUV, Rn. 14; *Herrnfeld*, in: Schwarze, EU-Kommentar, Art. 114 AEUV, Rn. 13.
[205] EuGH, Urt. v. 5.10.2000, Rs. C–376/98 (Deutschland/Parlament und Rat), Slg. 2000, I–8419, Rn. 109.
[206] Eingehend dazu *Terhechte*, Die ungeschriebenen Tatbestandsmerkmale des europäischen Wettbewerbsrechts, 2004, S. 139 ff.; *Tietje*, in: Grabitz/Hilf/Nettesheim, EU, Art. 114 AEUV (Juli 2016), Rn. 104; *Leible/Schröder*, in: Streinz, EUV/AEUV, Art. 114 AEUV, Rn. 46; a.A. *Kamann*, ZEuS 2001, 23 (37 f.); *Görlitz*, ZUM 2002, 97 (100).
[207] *Classen*, in: GSH, Europäisches Unionsrecht, Art. 114 AEUV, Rn. 132; *Korte*, in: Calliess/Ruffert, EUV/AEUV, Art. 114 AEUV, Rn. 65.
[208] *Leible/Schröder*, in: Streinz, Art. 114 AEUV, Rn. 58; *Herrnfeld*, in: Schwarze, EU-Kommentar, Art. 114 AEUV, Rn. 53.

65 Dem Unionsgesetzgeber obliegt nach Auffassung des EuGH ein **Ermessensspielraum** hinsichtlich der zur Erreichung des angestrebten Ergebnisses »am besten geeigneten Angleichungstechnik«.[209] Seit dem Vertrag von Lissabon bestehen keine ausdrücklichen Vorgaben mehr hinsichtlich des Verhältnisses der Verordnung zur Richtlinie (so aber noch im »Protokoll über die Anwendung der Grundsätze der Subsidiarität und der Verhältnismäßigkeit«[210] zum Vertrag von Amsterdam).[211] Die Organe haben bei der Auswahl des konkreten Rechtsangleichungsinstruments den **Grundsatz der Verhältnismäßigkeit** gem. Art. 5 Abs. 4 EUV zu beachten (dazu Rn. 69).[212]

66 **Verordnungen** sind damit als Maßnahmen zur Rechtsangleichung im Sinne des Art. 114 Abs. 1 AEUV zulässig, was z. B. die sog. Roaming VO (EG) Nr. 717/2007, die der EuGH ausdrücklich als geeignetes Instrument zur Rechtsangleichung gebilligt hat, verdeutlicht.[213] Die Auswahl einer Verordnung als Handlungsform ist aber durch die Kommission stets sachlich zu begründen (Art. 296 Abs. 2 AEUV).[214]

67 Der Begriff der »Maßnahmen zur Angleichung« gem. Art. 114 AEUV umfasst nach Ansicht des EuGH im Rechtsstreit zur Produktsicherheits-Richtlinie auch die Befugnis »**Maßnahmen hinsichtlich eines bestimmten Produkts** oder einer bestimmtem Produktkategorie und ggf. auch Einzelmaßnahmen hinsichtlich dieser Produkte vorzuschreiben«.[215]

68 Möglich ist zudem die **Gründung von Gemeinschaftsagenturen** auf Grundlage von Rechtsangleichungskompetenzen. Der EuGH hat hier festgehalten,[216] dass die EU auf der Grundlage des heutigen Art. 114 AEUV grundsätzlich befugt ist, Organisationsakte zum Aufbau rechtsfähiger Gemeinschaftsagenturen zu erlassen.[217] Dazu müssen jedoch die den Einrichtungen übertragenen Aufgaben in einem engen Zusammenhang zu den Sachbereichen der Rechtsangleichungsmaßnahme stehen.[218]

V. Grenzen der Rechtsangleichung

1. Verhältnismäßigkeit

69 Das Prinzip der Verhältnismäßigkeit (Art. 5 Abs. 4 EUV) findet auch auf ein Tätigwerden der Union nach Art. 114 AEUV Anwendung.[219] Dieses allgemeine Prinzip des Uni-

---

[209] Vgl. EuGH, Urt. v. 6.12.2005, Rs. C–66/04 (Vereinigtes Königreich/Parlament und Rat), Slg. 2005, I–10553, Rn. 45; Urt. v. 2.5.2006, Rs. C–217/04 (Vereinigtes Königreich/Parlament und Rat), Slg. 2006, I–3771, Rn. 42; Urt. v. 8.6.2010, Rs. C–58/08 (Vodafone), Slg. 2010, I–4999, Rn. 35; Urt. v. 6.12.2005, Rs. C–66/04 (Raucharomen) Slg. 2005, I–10553, Rn. 46.
[210] ABl. 1997, C 340/105.
[211] *Leible/Schröder*, in: Streinz, EUV/AEUV, Art. 114 AEUV, Rn. 59.
[212] *Herrnfeld*, in: Schwarze, EU-Kommentar, Art. 114 AEUV, Rn. 53; *Fischer*, in: Lenz/Borchardt, EU-Verträge, Art. 114 AEUV, Rn. 16.
[213] EuGH, Urt. v. 8.6.2010, Rs. C–58/08 (Roaming-VO), Slg. 2010, I–4999, Rn. 46.
[214] *Leible/Schröder*, in: Streinz, EUV/AEUV, Art. 114 AEUV, Rn. 59.
[215] EuGH, Urt. v. 9.8.1994, Rs. C–359/92 (Deutschland/Rat) Slg. 1994, I–3681, Rn. 37.
[216] EuGH, Urt. v. 2.5.2006, Rs. C–217/04 (Vereinigtes Königreich/Parlament und Rat), Slg. 2006, I/3771, Rn. 45.
[217] Vorliegend ist jedoch zu berücksichtigen, dass der hier betroffenen Agentur keine Hoheitsbefugnisse gegenüber dem Unionsbürger zustanden. Die Rechtsprechung kann daher nicht uneingeschränkt auf anderweitige Sachverhalte übertragen werden.
[218] *Leible/Schröder*, in: Streinz, EUV/AEUV, Art. 114 AEUV, Rn. 60.
[219] EuGH, Urt. v. 10.12.2002, Rs. C–491/01 (British American Tobacco), Slg. 2002, I–11453, Rn. 122; Urt. v. 22.5.2003, Rs. C–103/01 (Kommission/Deutschland), Slg. 2003, I–5369, Rn. 48; Urt. v. 8.7.2010, Rs. C–58/08 (Vodafone), Slg. 2010, I–4999, Rn. 51.

onsrechts besagt, dass Maßnahmen der EU zur Erreichung des angestrebten Ziels geeignet sein müssen und nicht über das Maß hinausgehen dürfen, was für die Verwirklichung des angestrebten Ziels erforderlich ist.[220] Formal gilt insbesondere die **Wahl des mildesten Mittels zur Rechtsangleichung**; rechtlich unverbindliche Rechtakte genießen Vorrang vor rechtsverbindlichen Akten, Richtlinien Vorrang vor Verordnungen.[221] Die gerichtliche Überprüfung ist hier allerdings eingeschränkt, denn nach der EuGH-Rechtsprechung steht dem Unionsgesetzgeber im Rahmen der Beachtung des Grundsatzes der Verhältnismäßigkeit ein **weiter Ermessensspielraum** zu, soweit die Rechtsangleichungsmaßnahmen auf komplexen Abwägungsvorgängen in wirtschaftlicher, politischer oder sozialer Hinsicht beruhen.[222] Der Unionsgesetzgeber muss seine Entscheidung jedoch auf »objektive Kriterien« stützen und prüfen, ob die mit der gewählten Maßnahme angestrebten Ziele »negative wirtschaftliche Folgen für bestimmte Wirtschaftsteilnehmer rechtfertigen können.«[223]

2. Subsidiarität

Der Subsidiaritätsgrundsatz gem. Art. 5 Abs. 3 EUV findet nach Ansicht des EuGH auch auf Rechtsangleichungsmaßnahmen nach Art. 114 AEUV Anwendung, da die Kompetenz zur Rechtsangleichung im Binnenmarkt gem. Art. 4 Abs. 2 Buchst. a AEUV in den Bereich der **geteilten Zuständigkeiten** fällt[224] – und gerade nicht zu den »für das Funktionieren des Binnenmarktes erforderlichen Wettbewerbsregeln« gem. Art. 3 Abs. 1 Buchst. b AEUV gehört, welche der Union eine ausschließliche Zuständigkeit verleihen.[225] Das – bislang recht konturlose – Subsidiaritätsprinzip dürfte jedoch eingehalten sein, soweit eine Maßnahme die tatbestandlichen Voraussetzungen des Art. 114 AEUV erfüllt.[226] Die Anwendung des Subsidiaritätsprinzips auf Rechtsangleichungsmaßnahmen wird jedoch auch kritisiert, weil seine Anwendung der Zielsetzung von Rechtsangleichungsmaßnahmen entgegen laufen kann.[227]

70

VI. Verfahren

Maßnahmen zur Rechtsangleichung sind nach Art. 114 Abs. 1 AEUV im **ordentlichen Gesetzgebungsverfahren (Art. 294 AEUV)** zu erlassen. Der Europäischen Kommission obliegt das alleinige (förmliche) Initiativrecht (vgl. Art. 17 Abs. 2 Satz 1 EUV). Der Rat kann die Kommission jedoch auffordern, entsprechende Harmonisierungsvorschläge zu

71

---

[220] EuGH, Urt. v. 14.12.2004, Rs. C–210/03 (Swedish Match), Slg. 2004, I–11893, Rn. 47.
[221] *Leible/Schröder*, in: Streinz, EUV/AEUV, Art. 114 AEUV, Rn. 64.
[222] EuGH, Urt. v. 12.11.1996, Rs. C–84/94 (Vereinigtes Königreich/Rat), Slg. 1996, I–5755, Rn. 58; Urt. v. 13.5.1997, Rs. C–233/94 (Deutschland/Parlament und Rat), Slg. 1997, I–2405, Rn. 55 f.; Urt. v. 5.5.1998, Rs. C–157/96 (National Farmers' Union u. a.), Slg. 1998, I–2211, Rn. 61; Urt. v. 10.12.2002, Rs. C–491/01 (British American Tobacco), Slg. 2002, I–11453, Rn. 123; Urt. v. 12.7.2005, verb. Rs. C–154/04 – 155/04 (Alliance for Natural Health u. a.), Slg. 2005, I–6451, Rn. 52; Urt. v. 8.6.2010, Rs. C–58/08 (Vodafone), Slg. 2010, I–4999, Rn. 52.
[223] EuGH, Urt. v. 8.6.2010, Rs. C–58/08 (Vodafone), Slg. 2010, I–4999, Rn. 53.
[224] EuGH, Urt. v. 10.12.2002, Rs. C–491/01 (British American Tobacco), Slg. 2002, I–11453, Rn. 177 ff.; Urt. v. 12.7.2005, verb. Rs. C–154/04 – 155/04 (Alliance for Natural Health u.a.), Slg. 2005, I–6451, Rn. 103.
[225] *Herrnfeld*, in: Schwarze, EU-Kommentar, Art. 114 AEUV, Rn. 38; so auch *Ludwigs*, ZEuS 2004, 226.
[226] EuGH, Urt. v. 9.10.2001, Rs. C–377/98 (Niederlande/Parlament und Rat), Slg. 2001, I–7079, Rn. 32.
[227] So *Tietje*, in: Grabitz/Hilf/Nettesheim, EU, Art. 114 AEUV (Juli 2016), Rn. 59 m.w.N.

unterbereiten (Art. 241 AEUV). Ein entsprechendes Aufforderungsrecht kann auch das Europäische Parlament ausüben, das hierüber mit der Mehrheit seiner Mitglieder entscheiden muss (Art. 225 AEUV). Schließlich gewährt Art. 114 Abs. 8 AEUV den Mitgliedstaaten ein »Quasi-Initiativrecht« für den Bereich des Gesundheitsschutzes.[228]

72 Im ordentlichen Gesetzgebungsverfahren entscheidet der Rat mit qualifizierter Mehrheit. Das Europäische Parlament nimmt gleichberechtigt am Gesetzgebungsverfahren teil und hat insbesondere die Möglichkeiten, inhaltliche Änderungen des seitens der Kommission eingebrachten Vorschlags zu veranlassen (Art. 294 Abs. 7 Buchst. c AEUV) oder diesen scheitern zu lassen (Art. 294 Abs. 13 AEUV). Der Rat kann von Vorschlägen der Kommission nur durch einstimmigen Beschluss abweichen (Art. 293 Abs. 1 AEUV), es sei denn, die Abweichung erfolgt im Vermittlungsverfahren gem. Art. 294 Abs. 10 AEUV.[229]

73 Eine Berufung auf die **»Luxemburger Vereinbarung« ist ausgeschlossen**. Es gibt nunmehr abschließende spezielle Regelungen zur Befriedigung der nationalen Interessen (vgl. Art. 27, 114 Abs. 4, 5 und 10, 153 Abs. 5, 168 Abs. 4 Buchst. a, 169 Abs. 4, 191 Abs. 2 UAbs. 2, 193 AEUV).[230] Dagegen ist eine Anhörung des Wirtschafts- und Sozialausschusses zwingend vorgesehen.[231]

F. Hohes Schutzniveau in den Bereichen Gesundheit, Sicherheit, Umwelt- und Verbraucherschutz (Abs. 3)

74 Art. 114 Abs. 3 Satz 1 AEUV verpflichtet die Kommission in ihren Vorschlägen nach Abs. 1 in den Bereichen Gesundheit, Sicherheit, Umweltschutz und Verbraucherschutz auf ein hohes Schutzniveau. Dabei hat die Kommission insbesondere alle auf wissenschaftliche Ergebnisse gestützten neuen Entwicklungen zu berücksichtigen. Ausweislich Art. 114 Abs. 3 Satz 2 AEUV streben auch der Rat und das Europäische Parlament ein hohes Schutzniveau an. Mit der Regelung des Art. 114 Abs. 3 AEUV, die durch die die EEA eingeführt wurde, sollte der Sorge verschiedener Mitgliedstaaten (v.a. Dänemark und Deutschland), dass es aufgrund der Verankerung des Mehrheitsprinzips in Art. 114 AEUV in binnenmarktrelevanten Bereichen zu Absenkungen höherer nationaler Standards komme, entgegengetreten werden.[232]

75 Art. 114 Abs. 3 AEUV enthält eine **Rechtspflicht** der EU-Organe, mit ihren Harmonisierungsvorschlägen ein hohes Schutzniveau zu erzielen.[233] Diese Pflicht ist bei Einbringung des Harmonisierungsvorschlags in das Rechtsetzungsverfahren zu beachten und kann dazu führen, dass Vorschläge auch während des laufenden Verfahrens aufgrund neuer, wissenschaftlicher Erkenntnisse angepasst werden müssen.[234] Die in

---

[228] *Herrnfeld*, in: Schwarze, EU-Kommentar, Art. 114 AEUV, Rn. 72; *Leible/Schröder*, in: Streinz, EUV/AEUV, Art. 114 AEUV, Rn. 69.
[229] *Leible/Schröder*, in: Streinz, EUV/AEUV, Art. 114 AEUV, Rn. 70.
[230] *Kahl* (Fn. 2), Art. 114 AEUV, Rn. 32; *Everling*, FS Steindorff, S. 1164 f.
[231] *Kahl* (Fn. 2), Art. 114 AEUV, Rn. 32.
[232] *Leible/Schröder*, in: Streinz, EUV/AEUV, Art. 114 AEUV, Rn. 73; *Tietje*, in: Grabitz/Hilf/Nettesheim, EU, Art. 114 AEUV (Juli 2016), Rn. 132; *Krämer*, ZUR 1997, 303.
[233] *Leible/Schröder*, in: Streinz, EUV/AEUV, Art. 114 AEUV, Rn. 73; *Kahl* (Fn. 2), Art. 114 AEUV, Rn. 34; *v. Danwitz*, in: Dauses, Handbuch des EU-Wirtschaftsrechts, Abschnitt B. II., Juni 2010, Rn. 125.
[234] *Leible/Schröder*, in: Streinz, EUV/AEUV, Art. 114 AEUV, Rn. 73.

Art. 114 Abs. 3 Satz 2 AEUV gewählte Formulierung »streben an« kann nicht mit einem »Bemühen um« gleichgesetzt werden. Der Wortlaut ist vielmehr so auszulegen, dass sich Rat und Europäisches Parlament auf ein hohes Schutzniveau festzulegen haben.[235]

Das »**hohe Schutzniveau**« in Art. 114 Abs. 3 AEUV ist nicht gleichzusetzen mit »höchstmöglichem Niveau«, da ansonsten die den Mitgliedstaaten ausweislich des Art. 114 Abs. 5 AEUV gewährte Option zur Schutzverstärkung überflüssig wäre.[236] Der Begriff des »hohen Schutzniveaus« ist autonom und unabhängig von einem bereits vor der Harmonisierungsmaßname in den Mitgliedstaaten bestehenden Schutzniveaus zu bestimmen. Die Unionsorgane sind daher weder verpflichtet, das höchste in einem Mitgliedstaat bestehende Schutzniveau auszuwählen,[237] noch dürfen sie eine Harmonisierung anhand des mitgliedstaatlichen Durchschnittsniveaus festlegen.[238] Das Schutzniveau muss vielmehr **über dem unionalen Durchschnitt** liegen, wobei die wirtschaftliche Vertretbarkeit für ökonomisch schwache Staaten Berücksichtigung finden muss.[239] 76

Seit dem Vertrag von Amsterdam sind zudem auch »alle auf wissenschaftliche Ergebnisse gestützten neuen Entwicklungen« zu berücksichtigen. Hierbei handelt es sich um eine Konkretisierung des **Vorsorgeprinzips** (Art. 191 Abs. 2 UAbs. 1 Satz 2 AEUV), das eine Anbindung des angestrebten Schutzniveaus an den Stand der Wissenschaft sicherstellen soll.[240] 77

Der **EuGH beschränkt seine Kontroll**e darauf, ob eine Maßnahme hinsichtlich der Einhaltung der von Art. 114 Abs. 3 AEUV gestellten Anforderung offensichtlich fehlerhaft oder unangemessen ist.[241] Um eine bessere gerichtliche Kontrolle zu ermöglichen, hat der Unionsgesetzgeber Gründe anzuführen, aus denen sich das Erreichen und Einhalten des hohen Schutzniveaus ergibt (Art. 296 AEUV).[242] 78

Die Rechtspflicht gem. Art. 114 Abs. 3 AEUV besteht in den Bereichen Gesundheit, Sicherheit, Umweltschutz und Verbraucherschutz.[243] Hierbei ist der Begriff **Gesundheit** identisch mit dem Begriff in Art. 36 Abs. 1 AEUV (Gesundheit und Leben von Menschen, Tieren, Pflanzen). Der Begriff **Sicherheit** meint nicht etwa »öffentliche Sicherheit« (vgl. engl. Sprachfassung »safety«), sondern bezieht sich auf die technische Sicherheit von Produkten, Produktionseinrichtungen oder Dienstleistungen.[244] Der Be- 79

---

[235] *Kahl* (Fn. 2), Art. 114 AEUV, Rn. 34; *Fischer*, in: Lenz/Borchardt, EU-Verträge, Art. 114 AEUV, Rn. 23.
[236] EuGH, Urt. v. 13.5.1997, Rs. C–233/94 (Deutschland/Parlament und Rat), Slg. 1997, I–2405, Rn. 48; Urt. v. 14.7.1998, Rs. C–284/95 (Safety HI-Tech), Slg. 1998, I–4301, Rn. 49; Urt. v. 14.7.1998, Rs. C–341/95 (Bettati), Slg. 1998, I–4355, Rn. 47.
[237] EuGH, Urt. v. 13.5.1997, Rs. C–233/94 (Deutschland/Rat und Parlament), Slg. 1997, I–2405, Rn. 48.
[238] *Leible/Schröder*, in: Streinz, EUV/AEUV, Art. 114 AEUV, Rn. 76.
[239] *Leible/Schröder*, in: Streinz, EUV/AEUV, Art. 114 AEUV, Rn. 76; *Kahl* (Fn. 2), Art. 114 AEUV, Rn. 35.
[240] *Leible/Schröder*, in: Streinz, EUV/AEUV, Art. 114 AEUV, Rn. 77; *Kahl*, (Fn. 2), Art. 114 AEUV, Rn. 35.
[241] EuGH, Urt. v. 12.11.1996, Rs. C–84/94 (Vereinigtes Königreich/Rat), Slg. 1996, I–5755, Rn. 57 f.; Urt. v. 13.5.1997, Rs. C–233/94 (Deutschland/Parlament und Rat), Slg. 1997, I–2405, Rn. 55 f.; Urt. v. 5.5.1998, Rs. C–180/96 (Großbritannien/Kommission), Slg. 1998, I–2265, Rn. 97. Für einen Spielraum bei der Festsetzung des Gesundheitsschutzniveaus auch GA Fennelly, Schlussanträge zu Rs. C–376/98 (Deutschland/Parlament und Rat), Slg. 2000, I–8419, Rn. 97; vgl. außerdem EuGH, Urt. v. 14.7.1998, Rs. C–284/95 (Safety HI-Tech), Slg. 1998, I–4301, Rn. 43 ff., 49 und 55; Urt. v. 14.12.2004, Rs. C–210/03 (Swedish Match), Slg. 2004, I–11893, Rn. 46 ff.
[242] *Leible/Schröder*, in: Streinz, EUV/AEUV, Art. 114 AEUV, Rn. 78; *Bock*, S. 224.
[243] Vgl. dazu auch *Pescatore*, EuR 1986, 153 (160).
[244] *Fischer*, in: Lenz/Borchardt, EU-Verträge, Art. 114 AEUV, Rn. 22; *Leible/Schröder*, in: Streinz, EUV/AEUV, Art. 114 AEUV, Rn. 80.

griff **Umweltschutz** entspricht dem Begriff in Art. 191 ff. AEUV und meint die natürliche und die von Menschen geschaffene Umwelt, also Umweltmedien, Flora und Fauna, Luft, Boden, Wasser, Klima und Landschaft einschließlich jeweiliger Wechselwirkungen sowie sämtlicher Organismen. Auch der Mensch ist mitunter Gegenstand der Umweltpolitik, die Tiere, soweit es um den Artenschutz geht.[245] Der Begriff des **Verbraucherschutzes** entspricht dem in Art. 169 AEUV.[246]

G. Bestehende Schutzmaßnahmen der Mitgliedstaaten in den Bereichen Arbeitsumwelt und Umwelt (Abs. 4)

I. Hintergrund

80 Art. 114 Abs. 4 und 5 AEUV gewähren den Mitgliedstaaten die Möglichkeit im Rahmen eines sog. »**nationalen Alleingangs**« bestehende nationale Bestimmungen beizubehalten oder neue einzuführen.[247] Die Historie zeigt, dass bereits durch die EEA neben dem heutigen Art. 114 Abs. 3 AEUV eine Möglichkeit in den Vertrag eingefügt wurde, wonach die Mitgliedstaaten unter bestimmten Voraussetzungen von harmonisierten Bestimmungen abweichen durften (Art. 100a Abs. 4 EWGV).[248] Um das mit Einführung des Art. 114 AEUV verbundene Mehrheitsprinzip politisch durchzusetzen, wurde den Mitgliedstaaten durch Art. 114 Abs. 4 und 5 AEUV ein sog. »opting up« zur Wahrung berechtigter mitgliedstaatlicher Interessen zugestanden. Hiermit sollte auch der Sorge begegnet werden, dass etwaig angestrebte Harmonisierungsmaßnahmen trotz der Verpflichtung auf ein »hohes Schutzniveau« nach Art. 114 Abs. 3 AEUV hinter höheren bereits bestehenden Standards der Mitgliedstaaten zurück bleiben.[249]

81 Den Mitgliedstaaten ist es grundsätzlich verwehrt, abweichende Regelungen zu treffen, soweit die EU bestimmte Bereiche durch eine Maßnahme nach Art. 114 AEUV abschließend harmonisiert hat. Insoweit ist auch keine Berufung auf zwingende Gründe i. S. d. Cassis-de-Dijon-Rechtsprechung oder Art. 36 AEUV möglich.[250] Art. 114 Abs. 4 und 5 AEUV durchbrechen als sog. »**Schutzergänzungsklauseln**« die Sperrwirkung einer abschließenden Harmonisierungsmaßnahme.[251] Soweit die EU einen Bereich durch eine Maßnahme nach Art. 114 AEUV abschließend geregelt hat, dürfen die Mitgliedstaaten ergänzende Schutzmaßnahmen folglich nur noch auf Art. 114 Abs. 4, 5, 10 stützen.[252] Insofern ist in der Rechtsprechung des EuGH in Bezug auf Art. 114 Abs. 4

---

[245] *Classen*, in: GSH, Europäisches Unionsrecht, Art. 114 AEUV, Rn. 169.
[246] *Leible/Schröder*, in: Streinz, EUV/AEUV, Art. 114 AEUV, Rn. 80.
[247] *Fischer*, in: Lenz/Borchardt, EU-Verträge, Art. 114 AEUV, Rn. 24; *Classen*, in: GSH, Europäisches Unionsrecht, Art. 114 AEUV, Rn. 206.
[248] Vgl. zum Zweck der Vorschrift sowie zur Entstehungsgeschichte des Art. 100a Abs. 4 EWGV GA Tesauro, Schlussanträge zu Rs. C–41/93 (Frankreich/Kommission), Slg. 1994, 1831, Rn. 4 m. w. N., ausführlich auch *Albin/Bär*, NuR 1999, 185 ff.
[249] Vgl. GA Saggio, Schlussanträge zu Rs. C–127/97 (Burstein), Slg. 1998, I–6005, Rn. 19; *ders.*, Schlussanträge zu Rs. C–319/97 (Kortas), Slg. 1999, I–3143, Rn. 17.
[250] *Korte*, in: Calliess/Ruffert, EUV/AEUV, Art. 114 AEUV, Rn. 69; *Herrnfeld*, in: Schwarze, EU-Kommentar, Art. 114 AEUV, Rn. 87.
[251] *Frenz*, Handbuch Europarecht, Band 6, Rn. 3474.
[252] Vgl. EuGH, Urt. v. 5.10.1977, Rs. 5/77 (Tedeschi/Denkavit), Slg. 1977, 1555, Rn. 33/35; Urt. v. 5.4.1979, Rs. 148/78 (Ratti), Slg. 1979, 1629, Rn. 36; Urt. v. 12.7.1990, Rs. C–128/89 (Kommission Italien), Slg. 1990, I–3239, Rn. 15.

und 5 AEUV von sog. »**Harmonisierungsdurchbrechungsklauseln**« die Rede, welche Möglichkeiten einräumen i. S. eines restriktiv auszulegenden Ausnahmeverhältnisses wesentliche Grundsätze der Integration zu durchbrechen.[253]

II. Voraussetzungen des Art. 114 Abs. 4 und Abs. 5 AEUV

Zunächst muss eine auf Art. 114 Abs. 1 AEUV gestützte Harmonisierungsmaßnahme vorliegen. Bei Angleichungsmaßnahmen aufgrund anderer Kompetenznormen des AEUV findet Abs. 4 keine unmittelbare Anwendung.[254] Wird eine Harmonisierungsmaßnahme auf verschiedene Kompetenznormen gestützt, gelten die Abs. 4 und 5 des Art. 114 AEUV daher nur für den Teil der Maßnahme, der in den Anwendungsbereich von Art. 114 AEUV fällt.[255] Der Wortlaut des Art. 114 Abs. 4 AEUV stellt klar, dass Harmonisierungsmaßnahmen sowohl durch den Rat als auch durch die Kommission erlassen werden können. Art. 114 Abs. 4, 5 und 10 AEUV sind daher auch im Rahmen von Durchführungsmaßnahmen der Kommission gem. Art. 290 f. AEUV anwendbar.[256] Abzustellen ist jeweils auf den **Zeitpunkt des Erlasses des Unionsrechtsakts**, der sich aus Art. 294 Abs. 2–10, 13 AEUV ergibt und nicht auf das Inkrafttreten oder den Ablauf der Umsetzungsfrist.[257] 82

Der **Begriff der »einzelstaatlichen Bestimmungen«** ist auf sämtliche Normen auf nationaler, regionaler oder kommunaler Ebene zu beziehen.[258] Art. 114 Abs. 4 AEUV gestattet den Mitgliedstaaten nur eine Beibehaltung nationaler Vorschriften, während Abs. 5 ausdrücklich eine Neuschaffung erlaubt. Ein »Beibehalten« ist gegeben, soweit eine schon vor dem Erlass des Harmonisierungsaktes bestehende nationale Regelung unverändert fortgilt, bzw. nur geringfügig verändert wird, ohne den Regelungskern zu modifizieren.[259] Dies gilt auch, soweit ein Mitgliedstaat eine innerstaatliche Bestimmung nur zum Teil unionsrechtlichen Vorgaben anpasst, ansonsten aber unverändert lässt.[260] 83

Unbeachtlich ist zudem das Abstimmungsverhältnis der einzelnen Mitgliedstaaten beim Erlass des Rechtsakts. Liegen die Tatbestandsvoraussetzungen des Art. 114 Abs. 4 AEUV vor, kann jeder Mitgliedstaat, unabhängig davon, ob er der Harmonisierungsmaßnahme zugestimmt hat, **vom »opting-out«-Recht** Gebrauch machen.[261] Dies gilt auch für Mitgliedstaaten, die zum Zeitpunkt des Erlasses der Maßnahme noch gar nicht Mitglied der EU waren.[262] 84

---

[253] Vgl. zu Art. 100 a EGV a. F. GA Saggio, Schlussanträge zu Rs. C–127/97 (Burstein), Slg. 1998, I–6005, Rn. 22; *ders.*, Schlussanträge zu Rs. C–319/97 (Kortas), Slg. 1999, I–3143, Ziff. 23 f.; *Slot*, E.L.Rev. 21 (1996), 378 (392); so auch *Leible/Schröder*, in: Streinz, EUV/AEUV, Art. 114 AEUV, Rn. 85; *Fischer*, in: Lenz/Borchardt, EU-Verträge, Art. 114 AEUV, Rn. 24; gegen die These vom Regel-Ausnahme-Verhältnis *Korte*, in: Calliess/Ruffert, EUV/AEUV, Art. 114 AEUV, Rn. 79.
[254] *Classen*, in: GSH, Europäisches Unionsrecht, Art. 114 AEUV, Rn. 214; *Korte*, in: Calliess/Ruffert, EUV/AEUV, Art. 114 AEUV, Rn. 86; *Epiney*, S. 136; *Glaesner*, EuR 1986, 119 (134).
[255] *Kahl* (Fn. 2), Art. 114 AEUV, Rn. 48; *Gundel*, EuR 2003, 100, (103 f.).
[256] Wie hier EuGH, Urt. v. 6.12.2005, Rs. C–66/04 (Vereinigtes Königreich/Parlament und Rat), Slg. 2005, I–10 553, Rn. 50; *Korte*, in: Calliess/Ruffert, EUV/AEUV, Art. 114 AEUV, Rn. 88.
[257] *Leible/Schröder*, in: Streinz, EUV/AEUV, Art. 114 AEUV, Rn. 87; *Korte*, in: Calliess/Ruffert, EUV/AEUV, Art. 114 AEUV, Rn. 85.
[258] *Classen*, in: GSH, Europäisches Unionsrecht, Art. 114 AEUV, Rn. 217.
[259] *Leible/Schröder*, in: Streinz, EUV/AEUV, Art. 114 AEUV, Rn. 88; *Frenz*, Handbuch Europarecht, Band 6, Rn. 3476.
[260] EuGH, Urt. v. 20.3.2003, Rs. C–3/00 (Dänemark/Kommission), Slg. 2003, I–2643, Rn. 87.
[261] *Leible/Schröder*, in: Streinz, EUV/AEUV, Art. 114 AEUV, Rn. 89; *Korte*, in: Calliess/Ruffert, EUV/AEUV, Art. 114 AEUV, Rn. 90.
[262] EuGH, Urt. v. 1.6.1999, Rs. C–319/97 (Kortas), Slg. 1999, I–3143, Rn. 19.

85 Die Formulierung in Abs. 4 »**wichtige Erfordernisse i. S. v. Art. 36 AEUV**« meint allein die in Art. 36 AEUV explizit aufgeführten Schutzgüter (öffentliche Sittlichkeit, Ordnung und Sicherheit, Schutz der Gesundheit und des Lebens von Menschen, Tieren oder Pflanzen, Schutz des nationalen Kulturguts von künstlerischem, geschichtlichem oder archäologischem Wert oder des gewerblichen und kommerziellen Eigentums). Ausgeschlossen ist deshalb eine Berufung auf die vom EuGH im Rahmen der Cassis-Rechtsprechung als ungeschriebene Tatbestandsmerkmale des Art. 34 AEUV entwickelten Rechtfertigungsgründe der »zwingenden Erfordernisse«, wie bspw. Verbraucherschutz oder die Lauterkeit des Handelsverkehrs.[263]

86 Nach Abs. 4 ist insbesondere eine Beibehaltung **strengerer nationaler Maßnahmen zum Schutz der Umwelt sowie der Arbeitsumwelt** möglich. Die Belange des »Umweltschutzes« konstituieren nach der Rechtsprechung des EuGH ein zwingendes Erfordernis, welches Beschränkungen des Handelsverkehrs und Maßnahmen gleicher Wirkung rechtfertigt.[264] Während der Begriff des Umweltschutzes deckungsgleich mit dem des Art. 191 ff. AEUV ist, bedarf der Begriff der »Arbeitsumwelt« entsprechend Art. 153 AEUV einer weiten Auslegung und umfasst so v. a. Maßnahmen zum Schutz der Gesundheit und Sicherheit der Arbeitnehmer.[265]

87 Eine Berufung auf Abs. 4 ist nur möglich bei einer »**Schutzerhöhung**«, d. h. die beibehaltene mitgliedstaatliche Regelung muss das durch die Unionsmaßnahme angestrebte Schutzniveau überschreiten. Ansonsten wäre sie nicht zur Verstärkung der Rechtsgüter des Abs. 4 erforderlich.[266]

88 Weitere Voraussetzungen für das Beibehalten strengerer nationaler Bestimmungen sind ausweislich des Wortlauts des Abs. 4 nicht zu erfüllen. Nach der Rechtsprechung des EuGH sind insbesondere die zusätzlichen Voraussetzungen des Abs. 5 (»neue wissenschaftliche Erkenntnisse« sowie das Vorliegen eines »spezifischen Problems«) nicht anwendbar.[267]

89 Art. 114 Abs. 4 AEUV enthält eine **zwingende Notifizierungspflicht** als Wirksamkeitsvoraussetzung. Seit dem Vertrag von Amsterdam sind abweichende nationale Sonderbestimmungen nunmehr von der Kommission zu überwachen.[268] Will ein Mitgliedstaat abweichende nationale Bestimmungen beibehalten, dann muss er die Bestimmungen sowie die Gründe für ihre Beibehaltung der Kommission **so früh wie möglich mitteilen**.[269] Dies muss in jedem Fall bereits vor Ablauf der Umsetzungsfrist erfolgen, so dass die Kommission ihre Entscheidung innerhalb der in Art. 114 Abs. 6 AEUV festgelegten Frist treffen kann.[270]

---

[263] *Leible/Schröder*, in: Streinz, EUV/AEUV, Art. 114 AEUV, Rn. 90; *Tietje*, in: Grabitz/Hilf/Nettesheim, EU, Art. 114 AEUV (Juli 2016), Rn. 170; *Herrnfeld*, in: Schwarze, EU-Kommentar, Art. 114 AEUV, Rn. 96; a. A. *Güttler*, BayVBl. 2002, 225 (231).
[264] EuGH, Urt. v. 20.9.1988, Rs. 302/86 (Kommission/Dänemark), Slg. 1988, I–4607, Rn. 9.
[265] *Herrnfeld*, in: Schwarze, EU-Kommentar, Art. 114 AEUV, Rn. 96; *Fischer*, in: Lenz/Borchardt, EU-Verträge, Art. 114 AEUV, Rn. 25; EuGH, Urt. v. 12.11.1996, Rs. C–84/94 (Vereinigtes Königreich/Rat), Slg. 1996, I–5793, Rn. 15.
[266] Ganz h. M., vgl. nur GA Tesauro, Schlussanträge zu Rs. C–41/93 (Frankreich/Kommission), Slg. 1994, I–1829, Rn. 4.
[267] EuGH, Urt. v. 20.3.2003, Rs. C–3/00 (Deutschland/Kommission), Slg. 2003, I–2643, Rn. 59 f., 62.
[268] *Herrnfeld*, in: Schwarze, EU-Kommentar, Art. 114 AEUV, Rn. 98.
[269] EuGH, Urt. v. 1.6.1999, Rs. C–319/97 (Kortas), Slg. 1999, I–3143, Rn. 35 unter Hinweis auf Art. 10 EGV (nunmehr Art. 4 Abs. 3 AEUV).
[270] *Leible/Schröder*, in: Streinz, EUV/AEUV, Art. 114 AEUV, Rn. 94; *Herrnfeld*, in: Schwarze, EU-Kommentar, Art. 114 AEUV, Rn. 98.

H. Neue Schutzmaßnahmen der Mitgliedstaaten in den Bereichen Arbeitsumwelt und Umwelt (Abs. 5)

Art. 114 Abs. 5 AEUV gestattet unter strengeren Voraussetzungen nicht nur eine Beibehaltung, sondern auch den **Neuerlass abweichender mitgliedstaatlicher Vorschriften**. Solche nationalen Vorschriften sind jedoch ausschließlich zum Schutze der Umwelt und Arbeitsumwelt zulässig; auf andere, darüberhinausgehende Gründe kann nicht zurückgegriffen werden.[271]

90

Die Voraussetzungen des Art. 114 Abs. 5 AEUV müssen kumulativ vorliegen.[272] Zum Teil besteht zwischen den einzelnen Voraussetzungen ein enger Zusammenhang, so insbesondere zwischen »neuen wissenschaftlichen Erkenntnissen« und des im Rahmen von Abs. 5 geforderten »spezifischen Problems«.[273] Eine zwingende Prüfungsreihenfolge ergibt sich daraus jedoch nicht.[274]

91

Die Einführung abweichender mitgliedstaatlicher Regelungen darf ausweislich des Wortlauts des Art. 114 Abs. 5 AEUV nur erfolgen, soweit diese auf »**neue wissenschaftliche Erkenntnisse**« gestützt werden. Die Erkenntnisse müssen indes wissenschaftlich nicht unumstritten sein; vielmehr genügen fundierte Zweifel, ob das durch die Unionsmaßnahme angestrebte Schutzniveau ausreicht.[275] »Neu« bedeutet in diesem Zusammenhang, dass die entsprechenden Erkenntnisse dem Unionsgesetzgeber zeitlich erst nach Erlass der Harmonisierungsmaßnahme bekannt geworden sind.[276]

92

Mit dem Neuerlass der nationalen Bestimmung muss einem »spezifischen Problem« desjenigen Mitgliedstaats begegnet werden, der eine Verstärkung der Schutzmaßnahmen in den Bereichen Umwelt und Arbeitsumwelt anstrebt.[277] Nach der Rechtsprechung des EuGH muss ein **deutlicher Unterschied** zur Lage in den anderen Mitgliedstaaten bestehen.[278] Die Spezifizität des Problems kann inhaltlich auf vielfältigen Umständen beruhen, die etwa in geographischen, geologischen, wirtschaftlichen oder sonstigen Besonderheiten des jeweiligen Mitgliedstaates belegt sein können.[279] Soweit ein Problem in sämtlichen Mitgliedstaaten unionsweit auftritt, fehlt es an dem von Abs. 5 geforderten »spezifischen Charakter«. In diesem Fall sollte eine grundsätzliche Anhebung des Schutzniveaus durch eine Anpassung der Harmonisierungsmaßnahme erfolgen.[280] Das Erfordernis eines »spezifischen Problems« bedeutet gleichwohl nicht, dass dieses Pro-

93

---

[271] EuG, Urt. v. 27.6.2007, Rs. T–182/06 (Niederlande/Kommission), Slg. 2007, II–1983, Rn. 60.
[272] EuGH, Urt. v. 21.1.2003, Rs. C–512/99 (Deutschland/Kommission), Slg. 2003, I–845, Rn. 80f.; EuG, verb. Rs. T–366/03 u. T–235/04 (Oberösterreich und Österreich/Kommission), Slg. 2005, II–4005, Rn. 54.
[273] GA Tizzano, Schlussanträge zu Rs. C–3/00, Slg. 2003, I–2643, Rn. 75.
[274] Vgl. EuGH, Urt. v. 21.1.2003, Rs. C–512/99 (Deutschland/Kommission), Slg. 2003, I–845, Rn. 80 ff., 88, verb. Rs. C–439/05 P u. C–454/05 P (Land Oberösterreich und Österreich/Kommission), Slg. 2007, I–7141, Rn. 56 ff.
[275] *Fischer*, in: Lenz/Borchardt, EU-Verträge, Art. 114 AEUV, Rn. 29; *Herrnfeld*, in: Schwarze, EU-Kommentar, Art. 114 AEUV, Rn. 101; *Korte*, in: Calliess/Ruffert, EUV/AEUV, Art. 114 AEUV, Rn. 103; *Albin/Bär*, NuR 1999, 185 (187f.).
[276] *Korte*, in: Calliess/Ruffert, EUV/AEUV, Art. 114 AEUV, Rn. 103; *Classen*, in: GSH, Europäisches Unionsrecht, Art. 114 AEUV, Rn. 239.
[277] *Leible/Schröder*, in: Streinz, EUV/AEUV, Art. 114 AEUV, Rn. 99; *Fischer*, in: Lenz/Borchardt, EU-Verträge, Art. 114 AEUV, Rn. 30.
[278] EuG, Urt. v. 27.6.2007, Rs. T–182/06 (Niederlande/Kommission), Slg. 2007, II–1983, Rn. 53.
[279] *Classen*, in: GSH, Europäisches Unionsrecht, Art. 114 AEUV, Rn. 241; *Albin/Bär*, NuR 1999, 185 (189); siehe auch Entsch. der Kommission vom 26.10.1999, ABl. 1999 Nr. L 329/25, Rn. 61 ff.
[280] *Leible/Schröder*, in: Streinz, EUV/AEUV, Art. 114 AEUV, Rn. 99.

blem ausschließlich in nur einem Mitgliedstaat auftritt; ansonsten wäre die Verpflichtung der Kommission nach Art. 114 Abs. 7 AEUV sinnlos.[281] Der EuGH beurteilt das Bestehen eines spezifischen Problems danach, ob die »Harmonisierung der anwendbaren Vorschriften geeignet ist, örtlich aufgetretenen Schwierigkeiten angemessen zu begegnen oder nicht, wobei die Feststellung, dass sie dazu ungeeignet ist, die Einführung einzelstaatlicher Maßnahmen rechtfertigt«.[282]

94 Die Einführung abweichender nationaler Regelungen ist ausschließlich zum Schutz der Umwelt oder der Arbeitsumwelt zulässig. Anders als bei der Beibehaltung abweichenden nationalen Rechts gelten aufgrund des eindeutigen Wortlauts des Art. 114 Abs. 5 AEUV die in Art. 36 Abs. 1 AEUV aufgeführten Rechtfertigungsgründe nicht.[283] Als »Erlassen« der Harmonisierungsmaßnahme gilt hier, ebenso wie im Rahmen des Art. 114 Abs. 4 AEUV, der Zeitpunkt des Erlasses des Rechtsakts durch den Rat und das Europäische Parlament (Art. 294 Abs. 2–10, 13 AEUV). Sowohl das spezifische Problem als auch die wissenschaftlichen Erkenntnisse müssen zeitlich nach Erlass des Rechtsakts aufgetreten sein.[284]

95 Der Begriff »Einführen« neuer einzelstaatlicher Bestimmungen umfasst neben einem gänzlichen Neuerlass einer mitgliedstaatlichen Bestimmung auch eine wesentliche Novellierung eines bereits vorhandenen Rechtsakts.[285]

96 Die Notifizierungspflicht gilt auch im Rahmen der **Einführung strengerer nationaler Bestimmungen**. Der Kommission sind demnach die angestrebten Bestimmungen sowie die Gründe ihrer Einführung mitzuteilen.[286] Darzulegen sind insbesondere die Neuheit der wissenschaftlichen Erkenntnisse sowie das Vorliegen des spezifischen Problems für den Mitgliedstaat.[287]

I. Mitgliedstaatliche Schutzmaßnahmen und Überwachung durch die Kommission (Abs. 6)

97 Nach ordnungsgemäßer Notifikation durch den Mitgliedstaat entscheidet die Kommission über eine Ablehnung oder Billigung der abweichenden einzelstaatlichen Bestimmungen. In diesem Kontext steht ihr **ein umfassendes Prüfungsrecht** zu.[288] Die Entscheidung der Kommission ergeht als Beschluss i. S. d. Art. 288 Abs. 4 AEUV und ist nach Art. 296 Abs. 2 AEUV zu begründen.[289] Die Darlegungs- und Beweislast obliegt

---

[281] *Leible/Schröder*, in: Streinz, EUV/AEUV, Art. 114 AEUV, Rn. 99; *Albin/Bär*, NuR 1999, 185 (189); *Epiney*, S. 140.
[282] EuG, Urt. v. 27. 6. 2007, Rs. T–182/06 (Niederlande/Kommission), Slg. 2007, II–1983, Rn. 64.
[283] *Herrnfeld*, in: Schwarze, EU-Kommentar, Art. 114 AEUV, Rn. 99; *Leible/Schröder*, in: Streinz, EUV/AEUV, Art. 114 AEUV, Rn. 100; *Korte*, in: Calliess/Ruffert, EUV/AEUV, Art. 114 AEUV, Rn. 69.
[284] *Leible/Schröder*, in: Streinz, EUV/AEUV, Art. 114 AEUV, Rn. 96.
[285] *Korte*, in: Calliess/Ruffert, EUV/AEUV, Art. 114 AEUV, Rn. 83.
[286] *Fischer*, in: Lenz/Borchardt, EU-Verträge, Art. 114 AEUV, Rn. 31; *Leible/Schröder*, in: Streinz, EUV/AEUV, Art. 114 AEUV, Rn. 101.
[287] *Classen*, in: GSH, Europäisches Unionsrecht, Art. 114 AEUV, Rn. 235; bei einer unvollständigen Darlegung ist der Antrag unbegründet, vgl. etwa EuGH, Urt. v. 21. 1. 2003, Rs. C–512/99 (Deutschland/Kommission), Slg. 2003, I–845, Rn. 78 ff.
[288] Vgl. EuGH, Urt. v. 1. 6. 1999, Rs. C–319/97 (Kortas), Slg. 1999, I–3143, Rn. 26; Urt. v. 17. 5. 1994, Rs. C–41/93 (Frankreich/Kommission), Slg. 1994, I–1829, Rn. 27; *Korte*, in: Calliess/Ruffert, EUV/AEUV, Art. 114 AEUV, Rn. 115; *Forwood/Clough*, E.L.Rev. 11 (1986), 383 (402).
[289] EuGH, Urt. v. 17. 5. 1994, Rs. C–41/93 (Frankreich/Kommission), Slg. 1994, I–1829, Rn. 27 ff.;

dem Mitgliedstaat, der die jeweilige Abweichung geltend macht, gleiches gilt für einen etwaig folgenden Rechtsstreit.[290] Die Kommission muss die Entscheidung innerhalb einer Frist von sechs Monaten treffen, wobei die Frist ab dem Zugang der Mitteilung bei der Kommission zu laufen beginnt.[291] Sofern ein schwieriger Sachverhalt vorliegt und keine Gefahr für die menschliche Gesundheit gegeben ist, kann ausnahmsweise eine Fristverlängerung auf bis zu zwölf Monate erfolgen (Art. 114 Abs. 6 UAbs. 3 AEUV).[292] Trifft die Kommission bis zum Ablauf der entsprechenden Frist keine Entscheidung zur Sache, gelten die einzelstaatlichen Bestimmungen im Sinne einer vertraglichen Fiktion als gebilligt (Art. 114 Abs. 6 UAbs. 3 AEUV).[293] Dieser Ansatz verkörpert eine wesentliche Abweichung zur alten Rechtslage vor Inkrafttreten des Vertrags von Amsterdam, denn Art. 95 EGV enthielt keine entsprechende Fristenregelung.[294] Bis zur Einführung dieser Regelung konnte eine nachlässige Behandlung der Notifikation zwar auch eine Pflichtverletzung der Kommission darstellen, sie blieb im Ergebnis jedoch folgenlos.[295]

Der **Billigung durch die Kommission** kommt stets eine konstitutive Bedeutung zu.[296] **98**
Dies folgt schon aus dem eindeutigen Wortlaut des Art. 114 Abs. 6 UAbs. 1 AEUV (»zu billigen oder abzulehnen«) und Art. 114 Abs. 6 UAbs. 2 AEUV (»Entscheidung«).[297] Erst eine positive Entscheidung der Kommission ermächtigt die Mitgliedstaaten zur Beibehaltung bzw. Einführung der notifizierten Bestimmungen. Bis dahin müssen die Mitgliedstaaten bereits bestehende, abweichende nationale Bestimmungen aussetzen sowie das Inkrafttreten neuer Bestimmungen unterbinden.[298] Die fragliche Harmonisierungsmaßnahme bleibt uneingeschränkt anwendbar.[299] Eine Billigung der Kommission wirkt hierbei grundsätzlich nur ex nunc, soweit nicht ausnahmsweise sachliche Gründe für eine Rückwirkung dargelegt werden.[300]

Bei dem **Verfahren nach Art. 114 Abs. 6 AEUV** handelt es sich um ein **eigenständiges** **99**
Verwaltungsverfahren.[301] Dieses ist nicht Bestandteil des Gesetzgebungsverfahrens,

---

Urt. v. 20.3.2003, Rs. C–3/00 (Dänemark/Kommission), Slg. 2003, I–2643, Rn. 123 ff.; EuG, verb. Rs. T–366/03 u. T–235/04 (Österreich und Land Oberösterreich/Kommission), Slg. 2005, II–4005, Rn. 50 ff.

[290] Vgl. etwa EuG, Urt. v. 27.6.2007, Rs. T–182/06 (Niederlande/Kommission), Slg. 2007, II–1983, Rn. 59.
[291] *Leible/Schröder*, in: Streinz, EUV/AEUV, Art. 114 AEUV, Rn. 105; *Korte*, in: Calliess/Ruffert, EUV/AEUV, Art. 114 AEUV, Rn. 113, kritisch *Classen*, in: GSH, Europäisches Unionsrecht, Art. 114 AEUV, Rn. 245.
[292] *Herrnfeld*, in: Schwarze, EU-Kommentar, Art. 114 AEUV, Rn. 109; *Classen*, in: GSH, Europäisches Unionsrecht, Art. 114 AEUV, Rn. 245; s. auch Kommission, Entsch. 2001/599/EG vom 13.7.2001, ABl. 2001 Nr. L 210/46; Entsch. 2003/549/EG vom 17.7.2003, ABl. 2003 Nr. L 187/27.
[293] *Tietje*, in: Grabitz/Hilf/Nettesheim, EU, Art. 114 AEUV (Juli 2016), Rn. 208; *Kahl* (Fn. 2), Art. 114 AEUV, Rn. 67; *Fischer*, in: Lenz/Borchardt, EU-Verträge, Art. 114 AEUV, Rn. 33.
[294] EuGH, Urt. v. 1.6.1999, Rs. C–319/97 (Kortas), Slg. 1999, I–3143, Rn. 34.
[295] EuGH, Urt. v. 1.6.1999, Rs. C–319/97 (Kortas), Slg. 1999, I–3143, Rn. 33, 36; vgl. zu den praktischen Auswirkungen *Gundel*, JuS 1999, 1117 (1175).
[296] *Herrnfeld*, in: Schwarze, EU-Kommentar, Art. 114 AEUV, Rn. 5; *Classen*, in: GSH, Europäisches Unionsrecht, Art. 114 AEUV, Rn. 244; *Korte*, in: Calliess/Ruffert, EUV/AEUV, Art. 114 AEUV, Rn. 118; EuGH, Urt. v. 1.7.1999, Rs. C.–319/97 (Kortas), Slg. 1999, I–3143, Rn. 20; *Dougan*, CLMRev. 3 (2000), 853 (880).
[297] *Korte*, in: Calliess/Ruffert, EUV/AEUV, Art. 114 AEUV, Rn. 118.
[298] EuGH, Urt. v. 1.6.1999, Rs. C–319/97 (Kortas), Slg. 1999, I–3143, Rn. 36.
[299] EuGH, Urt. v. 1.6.1999, Rs. C–319/97 (Kortas), Slg. 1999, I–3143, Rn. 28.
[300] GA *Saggio*, Schlussanträge zu Rs. C–127/97 (Burstein), Slg. 1998, I–6005, Rn. 30.
[301] GA *Tizzano*, Schlussanträge zu Rs. C–3/00 (Dänemark/Kommission), Slg. 2003, I–2643, Rn. 45.

welches zum Erlass des Rechtsaktes führt.³⁰² Der im Verwaltungsrecht geltende allgemeine Grundsatz des kontradiktorischen Verfahrens (die öffentliche Gewalt hat dem Betroffenen vor Erlass einer belastenden Maßnahme Gelegenheit zur Anhörung zu geben),³⁰³ der grundsätzlich auch im Verhältnis von Union und Mitgliedstaaten gilt,³⁰⁴ findet nach Rechtsprechung des EuGH im Rahmen des Verfahrens nach Art. 114 Abs. 6 AEUV keine Anwendung, da diese auf Initiative eines betroffenen Mitgliedstaates zustande gekommen³⁰⁵ und den Mitgliedstaaten bereits während des Beantragungsverfahrens Gelegenheit zur Stellungnahme gegeben ist.³⁰⁶ Ziel des Verfahrens nach Abs. 6 ist nämlich eine rasche Prüfung der Zulässigkeit einer mitgliedstaatlichen Abweichung. Der EuGH betont, dass dieses Ziel »nur schwer mit dem Erfordernis eines längeren Informations- und Meinungsaustausches vereinbar« sei.³⁰⁷ Aufgrund der eingeschränkten Beteiligungsmöglichkeiten sind die übrigen verfahrensmäßigen Garantien zu beachten,³⁰⁸ etwa eine unparteiische und sorgfältige Untersuchung des Einzelfalls sowie eine hinreichende Begründung der Entscheidung.³⁰⁹

100 Ein Mitgliedstaat, der strengere nationale Bestimmungen einführen will, kann gegen eine Ablehnung durch die Kommission (s. Rn. 97) **Nichtigkeitsklage** erheben (Art. 263 Abs. 1 AEUV). Auch die übrigen Mitgliedstaaten können ihrerseits im Wege der Nichtigkeitsklage vorgehen.³¹⁰ Daneben besteht die Möglichkeit eines beschleunigten Vertragsverletzungsverfahrens gem. Art. 114 Abs. 9 i. V. m. Art. 285 f. AEUV. Dieses kommt auch im Falle einer Billigung durch Fristablauf in Betracht.³¹¹ Daneben ist eine Vorlage an den EuGH nach Art. 267 AEUV möglich bzw. sogar verpflichtend, soweit es der Klärung bedarf, ob ein Mitgliedstaat zur Anwendung bestimmter nationaler Vorschriften berechtigt war.³¹²

J. Anpassungsklauseln (Abs. 7 und 8)

101 Die Anpassungsklauseln des Art. 114 Abs. 7 und Abs. 8 AEUV stehen im Zusammenhang mit Art. 114 Abs. 3 AEUV, der die Kommission bei ihren Harmonisierungsvor-

---

³⁰² EuGH, Urt. v. 20. 3. 2003, Rs. C–3/00 (Dänemark/Kommission), Slg. 2003, I–2643, Rn. 38 ff.; *Leible/Schröder*, in: Streinz, EUV/AEUV, Art. 114 AEUV, Rn. 101.
³⁰³ *Leible/Schröder*, in: Streinz, EUV/AEUV, Art. 114 AEUV, Rn. 104.
³⁰⁴ EuGH, Urt. v. 5. 10. 2000, Rs. C–288/96 (Deutschland/Kommission), Slg. 2000, I–8237, Rn. 99; Urt. v. 20. 3. 2003, Rs. C–3/00, Slg. 2003, I–2643 (Dänemark/Kommission), Rn. 46.
³⁰⁵ EuGH, Urt. v. 20. 3. 2003, Rs. C–3/00 (Dänemark/Kommission), Slg. 2003, I–2643, Rn. 50; a. A. *Korte*, in: Calliess/Ruffert, EUV/AEUV, Art. 114 AEUV, Rn. 112; differenzierend auch *Herrnfeld*, in: Schwarze, EU-Kommentar, Art. 114 AEUV, Rn. 11; *Bücker/Schlacke*, NVwZ, 2004, 62 (63).
³⁰⁶ EuG, Urt. v. 5. 10. 2005, verb. Rs. T–366/03 u. T–235/04 (Oberösterreich und Österreich/Kommission), Slg. 2005, II–4005, Rn. 40; EuGH, Urt. v. 13. 9. 2007, verb. Rs. C–439/05 P u. C–454/05 P (Oberösterreich und Österreich/Kommission), Slg. 2007, I–7141, Rn. 37 f.
³⁰⁷ EuGH, Urt. v. 20. 3. 2003, Rs. C–3/00 (Dänemark/Kommission), Slg. 2003, I–2643, Rn. 49.
³⁰⁸ EuGH, Urt. v. 6. 11. 2008, Rs. C–405/07 P (Niederlande/Kommission), Slg. 2008, I–8301, Rn. 57.
³⁰⁹ EuGH, Urt. v. 6. 11. 2008, Rs. C–405/07 P (Niederlande/Kommission), Slg. 2008, I–8301, Rn. 56.
³¹⁰ *Korte*, in: Calliess/Ruffert, EUV/AEUV, Art. 114 AEUV, Rn. 121.
³¹¹ *Korte*, in: Calliess/Ruffert, EUV/AEUV, Art. 114 AEUV, Rn. 123; *Leible/Schröder*, in: Streinz, EUV/AEUV, Art. 114 AEUV, Rn. 114; a. A. *Gundel*, JuS 1999, 1171 (1175).
³¹² *Korte*, in: Calliess/Ruffert, EUV/AEUV, Art. 114 AEUV, Rn. 126.

schlägen auf ein hohes Schutzniveau verpflichtet.³¹³ Da die Befugnis der Mitgliedstaaten, abweichende einzelstaatliche Bestimmungen zu erlassen, mit einer Einschränkung der unionsweiten Rechtseinheit einhergeht und zugleich die Gefahr einer Beeinträchtigung des Binnenmarktes mit sich bringt, ist die Kommission im Falle einer positiven Entscheidung nach Abs. 6 verpflichtet, im Rahmen des Abs. 7 zu prüfen, ob insgesamt eine Erhöhung des Standards angezeigt ist und demzufolge Anpassungsvorschläge der Harmonisierungsmaßnahme vorzunehmen wären.³¹⁴ Der Kommission obliegt eine diesbezügliche **Prüfpflicht**.³¹⁵ Hinsichtlich des »ob« der Anpassung sowie der weiteren Modalitäten der Prüfung steht ihr ein Ermessensspielraum zu.³¹⁶ Nach Art. 114 Abs. 8 AEUV besteht ebenfalls eine Prüfungspflicht der Kommission, soweit ein Mitgliedstaat im Rahmen einer bereits erfolgten Harmonisierung ein spezielles Gesundheitsproblem mitteilt.³¹⁷ Dem Mitgliedstaat verbleibt nämlich keine Möglichkeit, in diesem Bereich abweichende nationale Bestimmungen einzuführen, da ein »opting-out« nach Art. 114 Abs. 5 AEUV nur zum Schutz der dort normierten Rechtsgüter durchführbar ist (s. dazu Rn. 90).³¹⁸ Zur Gewährleistung schneller Reaktionsmöglichkeiten auch in solchen Fällen eröffnet Abs. 8 den Mitgliedstaaten ein »**Quasi-Initiativrecht**«.³¹⁹ Der Kommission obliegt hinsichtlich ihres Tätigwerdens jedoch ein weiter Ermessenspielraum.³²⁰

K. Rechtsschutz bei Missbrauch (Abs. 9)

Art. 114 Abs. 9 AEUV gewährt der Kommission und den Mitgliedstaaten die Möglichkeit, den Gerichtshof im Rahmen eines **verkürzten Vertragsverletzungsverfahrens** anzurufen,³²¹ sofern ein Mitgliedstaat Derogationsmaßnahmen ergreift, ohne dass die formellen und materiellen Voraussetzungen der Art. 114 Abs. 4–6 AEUV vorliegen.³²²   102

Umstritten ist, ob Art. 114 Abs. 9 AEUV auch auf die Fallgestaltungen des Art. 114 Abs. 10 AEUV Anwendung findet.³²³ Hiergegen sprechen aber normsystematische   103

---

³¹³ *Classen*, in: GSH, Europäisches Unionsrecht, Art. 114 AEUV, Rn. 142; *Fischer*, in: Lenz/Borchardt, EU-Verträge, Art. 114 AEUV, Rn. 35.
³¹⁴ *Leible/Schröder*, in: Streinz, EUV/AEUV, Art. 114 AEUV, Rn. 117; *Classen*, in: GSH, Europäisches Unionsrecht, Art. 114 AEUV, Rn. 143.
³¹⁵ *Fischer*, in: Lenz/Borchardt, EU-Verträge, Art. 114 AEUV, Rn. 35.
³¹⁶ *Leible/Schröder*, in: Streinz, EUV/AEUV, Art. 114 AEUV, Rn. 117; *Classen*, in: GSH, Europäisches Unionsrecht, Art. 114 AEUV, Rn. 143; *Tietje*, in: Grabitz/Hilf/Nettesheim, EU, Art. 114 AEUV (Juli 2016), Rn. 221.
³¹⁷ *Leible/Schröder*, in: Streinz, EUV/AEUV, Art. 114 AEUV, Rn. 117.
³¹⁸ *Herrnfeld*, in: Schwarze, EU-Kommentar, Art. 114 AEUV, Rn. 113; *Fischer*, in: Lenz/Borchardt, EU-Verträge, Art. 114 AEUV, Rn. 35; *Leible/Schröder*, in: Streinz, EUV/AEUV, Art. 114 AEUV, Rn. 117; *Tietje*, in: Grabitz/Hilfs/Nettesheim, EU, Art. 114 AEUV (Juli 2016), Rn. 222.
³¹⁹ *Leible/Schröder*, in: Streinz, EUV/AEUV, Art. 114 AEUV, Rn. 118.
³²⁰ *Leible/Schröder*, in: Streinz, EUV/AEUV, Art. 114 AEUV, Rn. 118.
³²¹ *Korte*, in: Calliess/Ruffert, EUV/AEUV, Art. 114 AEUV, Rn. 124; *Tietje*, in: Grabitz/Hilf/Nettesheim, EU, Art. 114 AEUV (Juli 2016), Rn. 225.
³²² *Herrnfeld*, in: Schwarze, EU-Kommentar, Art. 114 AEUV, Rn. 115; *Classen*, in: GSH, Europäisches Unionsrecht, Art. 114 AEUV, Rn. 259; *Tietje*, in: Grabitz/Hilf/Nettesheim, EU, Art. 114 AEUV (Juli 2016), Rn. 225.
³²³ Für eine Anwendung auch auf Art. 114 Abs. 10 AEUV *Leible/Schröder*, in: Streinz, EUV/AEUV, Art. 114 AEUV, Rn. 119; *Kahl* (Fn. 2), Art. 114 AEUV, Rn. 74; a. A. *Classen*, in: GSH, Europäisches Unionsrecht, Art. 114 AEUV, Rn. 259; *Tietje*, in: Grabitz/Hilf/Nettesheim, EU, Art, 114 AEUV (Juli 2016), Rn. 227 m.w.N.

Gründe. Als Rechtsfolge des Art. 114 Abs. 9 AEUV ergibt sich eine Vereinfachung des Vertragsverletzungsverfahrens durch Verzicht auf eine Durchführung der in Art. 258 und 259 AEUV normierten Vorverfahren.[324] Im Interesse eines »Beschleunigungsgrundsatzes« entfallen daher verschiedene Verfahrensschritte, etwa die Einräumung der Gelegenheit zur Äußerung nach Art. 258 Abs. 1, Art. 259 Abs. 3 AEUV, der Erlass einer begründeten Stellungnahme nach Art. 258 Abs. 1, 259 Abs. 3 AEUV, sowie die Verpflichtung des klagenden Mitgliedstaates, zunächst die Kommission mit dem entsprechenden Sachverhalt zu befassen (vgl. Art. 259 AEUV).[325] Die Darlegungs- und Beweislast für die Erforderlichkeit der Abweichung trägt (wie im Rahmen des Art. 114 Abs. 4 AEUV) auch im Verfahren vor dem EuGH der Mitgliedstaat, welcher die Beibehaltung oder Einführung der abweichenden Regelung erreichen will.[326]

L. Schutzklausel (Abs. 10)

104 Harmonisierungsmaßnahmen nach Art. 114 Abs. 1 AEUV können in geeigneten Fällen mit Schutzklauseln verbunden werden und so ausdrücklich ein Abweichen von den unionsrechtlichen Vorgaben erlauben.[327] Die Aufnahme von Schutzklauseln in Angleichungsmaßnahmen war bereits nach alter Rechtslage vor Inkrafttreten der EEA (Art. 100a Abs. 5 EWG) möglich und im Rahmen von Art. 115 AEUV (Art. 94 EGV) übliche Praxis. Die Vorschrift des Art. 114 Abs. 10 AEUV hat daher lediglich eine klarstellende Funktion.[328] Die Schutzklauseln ermöglichen den Mitgliedstaaten vorläufige Schutzmaßnahmen zu treffen, welche ausschließlich auf die nicht-wirtschaftlichen Gründe des Art. 36 AEUV gestützt werden können.[329] Zu den Gründen gehören weder der Schutz der Umwelt noch der Arbeitsumwelt. Dies ergibt sich sowohl aus dem Wortlaut als auch aus der Systematik der Vorschrift, denn beide Gründe sind in Art. 36 AEUV nicht genannt, werden hingegen in Art. 114 Abs. 4 und 5 AEUV ausdrücklich aufgeführt.[330] Es wird allerdings vertreten, dass der Schutz der Arbeitsumwelt und der natürlichen Umwelt nicht zu den nach Art. 114 Abs. 10 AEUV zulässigen Schutzgründen gehört. Denn diese Gründe sind als zwingende Erfordernisse im Sinne der Cassis-Rechtsprechung vom EuGH zur Rechtfertigung von Verstößen gegen die Warenverkehrsfreiheit anerkannt worden und gehören deshalb zu den ungeschrieben Rechtfertigungsgründen, die systematisch dem Art. 36 AEUV zugeordnet werden könnten.[331]

---

[324] *Classen*, in: GSH, Europäisches Unionsrecht, Art. 114 AEUV, Rn. 260; *Herrnfeld*, in: Schwarze, EU-Kommentar, Art. 114 AEUV, Rn. 115.
[325] *Korte*, in: Calliess/Ruffert, EUV/AEUV, Art. 114 AEUV, Rn. 126.
[326] *Frenz*, Handbuch Europarecht, Band 6, Rn. 3494.
[327] *Fischer*, in: Lenz/Borchardt, EU-Verträge, Art. 114 AEUV, Rn. 38.
[328] *Tietje*, in: Grabitz/Hilf/Nettesheim, EU, Art. 114 AEUV (Juli 2016), Rn. 228.
[329] *Tietje*, in: Grabitz/Hilf/Nettesheim, EU, Art. 114 AEUV (Juli 2016), Rn. 228; *Herrnfeld*, in: Schwarze, EU-Kommentar, Art. 114 AEUV, Rn. 70.
[330] So *Tietje*, in: Grabitz/Hilf/Nettesheim, EU, Art. 114 AEUV (Juli 2016), Rn. 229; *Fischer*, in: Lenz/Borchardt, EU-Verträge, Art. 114 AEUV, Rn. 39; *Herrnfeld*, in: Schwarze, EU-Kommentar, Art. 114 AEUV, Rn. 70; *Leible/Schröder*, in: Streinz, EUV/AEUV, Art. 114 AEUV, Rn. 124; *Forewood/Clough*, E.L.Rev. 11 1986, 282 (398); EuGH, Urt. v. 17.1.1985, Rs. 11/82 (Piraiki-Patraiki), Slg. 1985, 207, 245.
[331] *Korte*, in: Calliess/Ruffert, EUV/AEUV, Art. 114 AEUV, Rn. 59; *Frenz*, Handbuch Europarecht, Band 6, Rn. 3489.

Schutzklauseln sind als Ausnahmeregelung eng auszulegen[332] und sollen die Mitgliedstaaten in erster Linie befähigen, in Notfällen schnell zu reagieren.[333] Die Verbindung einer Harmonisierungsmaßnahme mit einer Schutzklausel soll ausweislich des Wortlauts des Art. 114 Abs. 10 AEUV **nur in »geeigneten Fällen«** erfolgen; es liegt daher im Ermessen des Unionsgesetzgebers, diese Handlungsmöglichkeit zu nutzen.[334]

Die in Anwendung der Schutzklausel getroffenen Maßnahmen unterliegen einem unionalen Kontrollverfahren durch die Kommission. In diesem Zusammenhang ist eine Anrufung des EuGH gem. Art. 158, 259 AEUV möglich.[335] Schutzklauseln nach Art. 114 Abs. 10 AEUV entfalten schließlich keine Sperrwirkungen gegenüber Maßnahmen gem. Art. 114 Abs. 4 und 5 AEUV; beide Optionen bestehen vielmehr nebeneinander.[336] Die Schutzklauseln auf der Grundlage des Art. 114 Abs. 10 AEUV beziehen sich auf besondere Gefahrensituationen und gestatten daher nur vorläufige Maßnahmen, während solche, die auf Grundlage der Art. 114 Abs. 4 und 5 AEUV ergehen, den Mitgliedstaaten weiterreichende Befugnisse einräumen.[337]

M. Ausblick

Die Kompetenz zur Rechtsangleichung hat in den letzten Jahren immer wieder Konflikte zwischen der EU-Kommission und den Mitgliedstaaten hervorgerufen, die sich im Kern immer um die Fragen drehten, ob die EU die ihr zugewiesenen Kompetenzen womöglich überschritten hat.[338] Auch wenn die EU bei Rechtsangleichungsmaßnahmen sicher gut beraten ist, nicht über das Ziel hinauszuschießen, so muss auch gesehen werden, dass die Mitgliedstaaten nicht selten zu einer unionsrechtlich gar nicht erforderlichen Überschüssigkeit neigen. Gleichwohl zeigen aber auch einige Urteile des EuGH Grenzen auf, die zu respektieren sind. Die Kompetenz des Art. 114 AEUV soll der EU helfen, das wichtige Binnenmarktziel zu erfüllen. Diesem Ziel wird geschadet, wenn auf diese Kompetenznorm Maßnahmen gestützt werden, die mit dem eigentlichen Binnenmarktziel nur noch schwer in Verbindung gebracht werden können. Ein solcher Ansatz wird letztlich auch der Binnenstruktur des Art. 114 AEUV nicht gerecht, die zu guten Teilen auch durch Vorbehalte und Ausnahmen geprägt ist, und gefährdet schließlich auch die Akzeptanz der entsprechenden Maßnahmen.

---

[332] Vgl. EuGH, Urt. v. 17.1.1985, Rs. 11/82 (Piraiki-Patraiki), Slg. 1985, 207, Rn. 26.
[333] *Fischer*, in: Lenz/Borchardt, EU-Verträge, Art. 114 AEUV, Rn. 38; GA *Tesauro*, Schlussanträge zu Rs. C–359/92 (Deutschland/Rat), Slg. 1994, I–3681, Rn. 23.
[334] *Herrnfeld*, in: Schwarze, EU-Kommentar, Art. 114 AEUV, Rn. 70.
[335] *Leible/Schröder*, in: Streinz, EUV/AEUV, Art. 114 AEUV, Rn. 127.
[336] *Korte*, in: Calliess/Ruffert, EUV/AEUV, Art. 114 AEUV, Rn. 75; *Leible/Schröder*, in: Streinz, EUV/AEUV, Art. 114 AEUV, Rn. 126; *Hailbronner*, EuGRZ 1989, 101 (113); a. A. *Glaesner*, EuR 1986, 119 (134), *Meier*, NJW 1987, 537 (540).
[337] *Leible/Schröder*, in: Streinz, EUV/AEUV, Art. 114 AEUV, Rn. 126.
[338] *Schwarze*, Europäisches Wirtschaftsrecht, 2007, Rn. 795; *Terhechte*, EuZW 2009, 199 (201).

Artikel 115 AEUV [Nationales Recht mit unmittelbarer Auswirkung auf den Binnenmarkt; Rechtsangleichung]

Unbeschadet des Artikels 114 erlässt der Rat gemäß einem besonderen Gesetzgebungsverfahren einstimmig und nach Anhörung des Europäischen Parlaments und des Wirtschafts- und Sozialausschusses Richtlinien für die Angleichung derjenigen Rechts- und Verwaltungsvorschriften der Mitgliedstaaten, die sich unmittelbar auf die Errichtung oder das Funktionieren des Binnenmarkts auswirken.

Literatur:

Bock, Rechtsangleichung und Regulierung im Binnenmarkt, 2005; *v. Brocke*, Transparenz, Beihilferecht und direkte Steuern: Die Kommission geht gegen sog. »Rulings« vor, SAM 2015, 104; *Conrad*, Das Konzept der Mindestharmonisierung, 2004; *Eiden*, Die Rechtsangleichung gemäß Art. 100 des EWG-Vertrages, 1984; *Hey*, Harmonisierung der Unternehmensbesteuerung in Europa, 1997; *Hidien*, Mitgliedstaatliche Steuerhoheit im formellen europäischen Abgabenrecht – zugleich eine Anmerkung zum Zuständigkeitsstreit in der Entscheidung des EuGH vom 26.1.2006, Rs. C–533/03 (Kommission/Rat) zur Auslegung der Art. 93, 95 Abs. 2 EG, EuR 2007, 370; *Hindelang/Köhler*, Der Einfluss der Grundfreiheiten auf direkte Steuern, JuS 2014, 405; *Ihns*, Entwicklung und Grundlagen der europäischen Rechtsangleichung, 2005; *Lampert*, Perspektiven der Rechtsangleichung auf dem Gebiet der direkten Steuern in der Europäischen Union, EuZW 2013, 493; *Leleuz*, Le rapprochement des législations dans la Communauté Economique Européenne, C.D.E. 1968, 129; *Ludwigs*, Rechtsangleichung nach Art. 94, 95 EG-Vertrag, 2004; *Marx*, Funktion und Grenzen der Rechtsangleichung nach Art. 100 EWG-Vertrag, 1976; *F. C. Mayer/Heidfeld*, Europarechtliche Aspekte einer Finanztransaktionsteuer, EuZW 2011, 373; *Möstl*, Grenzen der Rechtsangleichung im europäischen Binnenmarkt – Kompetenzielle, grundfreiheitliche und grundrechtliche Schranken des Gemeinschaftsgesetzgeber, EuR 2002, 318; *Schmeder*, Die Rechtsangleichung als Integrationsmittel der EG, 1978; *Terhechte*, Der Vertrag von Lissabon: Grundlegende Verfassungsurkunde der europäischen Rechtsgemeinschaft oder technischer Änderungsvertrag?, EuR 2008, 143; *Wagner*, Das Konzept der Mindestharmonisierung, 2001.

Leitentscheidungen

EuGH, Urt. v. 18.3.1980, Rs. 91/79 (Kommission/Italien), Slg. 1980, I–1099
EuGH, Urt. v. 9.12.1981, Rs. C–193/80 (Kommission/Italien), Slg. 1981, I–3019
EuGH, Urt. v. 12.11.1996, Rs. C–84/94 (Arbeitszeitrichtlinie), Slg. 1996, I–5755

Wesentliche sekundärrechtliche Vorschriften

Richtlinie 2009/133/EG vom 19.10.2009 über das gemeinsame Steuersystem für Fusionen, Spaltungen, Abspaltungen, die Einbringung von Unternehmensteilen und den Austausch von Anteilen, die Gesellschaften verschiedener Mitgliedstaaten betreffen, sowie für die Verlegung des Sitzes einer Europäischen Gesellschaft oder einer Europäischen Genossenschaft von einem Mitgliedstaat in einen anderen Mitgliedstaat, ABl. 2009, L 310/34
Richtlinie 90/435/EWG vom 23.7.1990 über das gemeinsame Steuersystem der Mutter- und Tochtergesellschaften verschiedener Mitgliedstaaten, ABl. 1990, L 225/6
Richtlinie 2003/48/EG vom 3.6.2003 im Bereich der Besteuerung von Zinserträgen, ABl. 2003, L 157/38

Inhaltsübersicht

	Rn.
A. Überblick	1
B. Art. 115 AEUV als Auffangvorschrift	3
I. Hintergrund	3
II. Verhältnis zu Art. 114 AEUV	4
C. Voraussetzungen	8

I. Gegenstand der Rechtsangleichung gem. Art. 115 AEUV 8
  II. Errichtung und Funktionieren des Binnenmarktes 12
  III. Unmittelbarkeit als eigenes Kriterium? 13
D. Verfahren 15

A. Überblick

Der heutige Art. 115 AEUV verkörpert aus historischer Sicht die **ursprüngliche Fassung** **1** **der Kompetenz zur Rechtsangleichung.** Die Vorschrift ermächtigt die EU im Rahmen eines besonderen Gesetzgebungsverfahrens (dazu Rn. 15 f.) zum Erlass von Richtlinien zur Angleichung von Rechts- und Verwaltungsvorschriften der Mitgliedstaaten, soweit sich diese unmittelbar auf die Errichtung oder das Funktionieren des Binnenmarkts auswirken. Art. 115 AEUV liegt so – historisch bedingt – ein anderes Verfahren als Art. 114 AEUV zugrunde. Auch der sachliche Anwendungsbereich der beiden Vorschriften unterscheidet sich (s. Rn. 4 ff.).

Art. 115 AEUV geht auf Art. 100 EWGV zurück, der bereits in der Ursprungsfassung **2** des EWG-Vertrages zentrale Rechtsgrundlage für die Rechtsangleichung zur Verwirklichung des EU-Binnenmarkts[1] war und der bis zum Inkrafttreten des Vertrages von Lissabon nur marginalen Änderungen unterworfen wurde.[2] Insofern ist hier zu Recht von einem »unveränderte[n] Urgestein der Verträge« die Rede.[3] Mit dem **Vertrag von Lissabon** kam es allerdings zu wesentlichen Änderungen:[4] Den Bezugspunkt der Vorschrift bildet nicht mehr der »Gemeinsame Markt« sondern der »Binnenmarkt«.[5] Auch **die Lokation im AEUV** hat sich verändert; stand der Art. 100 EGV früher an der Spitze der allgemeinen Rechtsangleichungsnormen, ist er nun – entsprechend seiner heutigen Bedeutung – hinter Art. 114 AEUV »eingereiht« worden.[6] Diese Reihenfolge ist auch folgerichtig, verkörpert Art. 114 AEUV nunmehr lex specialis gegenüber Art. 115 AEUV.[7]

B. Art. 115 AEUV als Auffangvorschrift

I. Hintergrund

Art. 115 AEUV hat nach Einfügung des jetzigen Art. 114 AEUV stark an praktischer **3** Bedeutung verloren.[8] Rechtsvorschriften zur Harmonisierung wurden in einzelnen Sek-

---

[1] *Classen*, in: GSH, Europäisches Unionsrecht, Art. 115 AEUV, Rn. 1.
[2] Zu den Änderungen s. *Leible/Schröder*, in: Streinz, EUV/AEUV, Art. 115 AEUV, Rn. 1.
[3] *Korte*, in: Calliess/Ruffert, EUV/AEUV, Art. 115 AEUV, Rn. 2; siehe auch *Leible/Schröder*, in: Streinz, EUV/AEUV, Art. 115 AEUV, Rn. 1.
[4] *Classen*, in: GSH, Europäisches Unionsrecht, Art. 115 AEUV, Rn. 2.
[5] *Korte*, in: Calliess/Ruffert, EUV/AEUV, Art. 115 AEUV, Rn. 2; dazu auch *Terhechte*, EuR 2008, 143 (178).
[6] *Leible/Schröder*, in: Streinz, EUV/AEUV, Art. 115 AEUV, Rn. 1; *Tietje*, in: Grabitz/Hilf/Nettesheim, EU, Art. 115 AEUV (März 2011), Rn. 2.
[7] *Classen*, in: GSH, Europäisches Unionsrecht, Art. 115 AEUV, Rn. 2; *Tietje*, in: Grabitz/Hilf/Nettesheim, EU, Art. 115 AEUV (März 2011), Rn. 2.
[8] *Herrnfeld*, in: Schwarze, EU-Kommentar, Art. 115 AEUV, Rn. 1; *Tietje*, in: Grabitz/Hilf/Nettesheim, EU, Art. 115 AEUV (März 2011), Rn. 1; *von Danwitz*, in: Dauses, Handbuch des EU-Wirtschaftsrechts, Abschnitt B. II., Juni 2010, Rn. 134.

toren zwar noch recht umfassend auf Art. 100 EWGV gestützt. So ergingen etwa Regelungen in Bereichen der technischen Handelshemmnisse,[9] des Verbraucherschutzes,[10] des Arbeitnehmerschutzes,[11] der gesundheitspolizeilichen Maßnahmen[12] oder des Tier-[13] und Umweltschutzes.[14] Der (potentielle) Anwendungsbereich der Vorschrift beschränkt sich jedoch – bereits seit dem EGV[15] – auf besonders »**souveränitätsrelevante Bereiche**«

---

[9] S. z. B. Richtlinie 85/10/EWG des Rates vom 18.12.1984 zur Änderung der Richtlinie 75/106/EWG zur Angleichung der Rechtsvorschriften der Mitgliedstaaten über die Abfüllung bestimmter Flüssigkeiten nach Volumen in Fertigpackungen, ABl. 1985, L 4/20; Richtlinie 85/1/EWG des Rates vom 18. Dezember 1984 zur Änderung der Richtlinie 80/181/EWG zur Angleichung der Rechtsvorschriften der Mitgliedstaaten über die Einheiten im Meßwesen, ABl. 1985, L 2/1; Richtlinie 79/530/EWG des Rates vom 14.5.1979 zur Unterrichtung über den Energieverbrauch von Haushaltsgeräten durch Etikettierung, ABl. 1979, L 145/1; Richtlinie 71/127/EWG des Rates vom 1. März 1971 zur Angleichung der Rechtsvorschriften der Mitgliedstaaten über Rückspiegel von Kraftfahrzeugen, ABl. 1971, L 68/1; Richtlinie 67/653/EWG des Rates vom 24.10.1967 zur Änderung der Richtlinie des Rates zur Angleichung der Rechtsvorschriften der Mitgliedstaaten für färbende Stoffe, die in Lebensmitteln verwendet werden dürfen, ABl. 1967, 263/4.

[10] S. z. B. Richtlinie 85/577/EWG des Rates vom 20.12.1985 betreffend den Verbraucherschutz im Falle von außerhalb von Geschäftsräumen geschlossenen Verträgen, ABl. 1985, L 372/31; Richtlinie 85/374/EWG des Rates vom 25.7.1985 zur Angleichung der Rechts- und Verwaltungsvorschriften der Mitgliedstaaten über die Haftung für fehlerhafte Produkte, ABl. 1985, L 210/29.

[11] S. z. B. Richtlinie 92/56/EWG des Rates vom 24.6.1992 zur Änderung der Richtlinie 75/129/EWG zur Angleichung der Rechtsvorschriften der Mitgliedstaaten über Massenentlassungen, ABl. 1992, L 245/3; Richtlinie 91/533/EWG des Rates vom 14.10.1991 über die Pflicht des Arbeitgebers zur Unterrichtung des Arbeitnehmers über die für seinen Arbeitsvertrag oder sein Arbeitsverhältnis gelten den Bedingungen, ABl. 1991, L 288/32; Richtlinie 78/610/EWG des Rates vom 29.6. 1978 zur Angleichung der Rechts- und Verwaltungsvorschriften der Mitgliedstaaten über den Schutz der Gesundheit von Arbeitnehmern, die Vinylchloridmonomer ausgesetzt sind, ABl. 1978, L 197/12.

[12] Richtlinie 85/511/EWG des Rates vom 18.11.1985 zur Einführung von Maßnahmen der Gemeinschaft zur Bekämpfung der Maul- und Klauenseuche, ABl. 1985, L 315/11; Richtlinie 85/324/EWG des Rates vom 12.6.1985 zur Änderung der Richtlinie 71/118/EWG zur Regelung gesundheitlicher Fragen beim Handelsverkehr mit frischem Geflügelfleisch, ABl. 1985, L 168/45; Richtlinie 64/432/EWG des Rates vom 26.6.1964 zur Regelung viehseuchenrechtlicher Fragen beim innergemeinschaftlichen Handelsverkehr mit Rindern und Schweinen, ABl. 1964, 121/1977.

[13] Richtlinie 81/389/EWG des Rates vom 12.5.1981 zur Festlegung von Maßnahmen für die Durchführung der Richtlinie 77/489/EWG über den Schutz von Tieren beim internationalen Transport, ABl. 1981, L 150/1.

[14] Richtlinie 85/337/EWG des Rates vom 27.6.1985 über die Umweltverträglichkeitsprüfung bei bestimmten öffentlichen und privaten Projekten, ABl. 1985, L 175/40; Richtlinie 70/220/EWG des Rates vom 20.3.1970 zur Angleichung der Rechtsvorschriften der Mitgliedstaaten über Maßnahmen gegen die Verunreinigung der Luft durch Abgase von Kraftfahrzeugmotoren mit Fremdzündung, ABl. 1970, L 76/1.

[15] Richtlinie 2009/133/EG vom 19.10.2009 über das gemeinsame Steuersystem für Fusionen, Spaltungen, Abspaltungen, die Einbringung von Unternehmensteilen und den Austausch von Anteilen, die Gesellschaften verschiedener Mitgliedstaaten betreffen, sowie für die Verlegung des Sitzes einer Europäischen Gesellschaft oder einer Europäischen Genossenschaft von einem Mitgliedstaat in einen anderen Mitgliedstaat, ABl. 2009. L 310/34; Richtlinie 2005/19/EG vom 17.2.2005 zur Änderung der Richtlinie 90/434/EWG über das gemeinsame Steuersystem für Fusionen, Spaltungen, die Einbringung von Unternehmensteilen und den Austausch von Anteilen, die Gesellschaften verschiedener Mitgliedstaaten betreffen, ABl. 2005, L 58/19; Richtlinie 2004/76/EG vom 29.4.2004 zur Änderung der Richtlinie 2003/49/EG insoweit als bestimmte Mitgliedstaaten Übergangszeiten für eine gemeinsame Steuerregelung für Zahlungen von Zinsen und Lizenzgebühren zwischenverbundenen Unternehmen verschiedener Mitgliedstaaten anwenden können, ABl.2004, L 157/106; Richtlinie 2004/56/EG des Rates vom 21.4.2004 zur Änderung der Richtlinie 77/799/EWG über die gegenseitige Amtshilfe zwischen den zuständigen Behörden der Mitgliedstaaten im Bereich der direkten Steuern, bestimmter Verbrauchsteuern und der Steuern auf Versicherungsprämien, ABl. 2004, L 127/70; Richtlinie 2003/123/EG des Rates vom 22.12.2003 zur Änderung der Richtlinie

des Binnenmarktes, etwa im Bereich der **Harmonisierung der direkten Steuern**, die weder von Art. 114 noch von Art. 113 AEUV, der sich nur auf die indirekten Steuern bezieht, erfasst werden.[16]

II. Verhältnis zu Art. 114 AEUV

Art. 115 AEUV verkörpert heute eine **subsidiäre Auffangnorm**.[17] Sein Hauptanwendungsbereich liegt nunmehr dort, wo Art. 114 Abs. 1 AEUV wegen der für jene Vorschrift geltenden Bereichsausnahmen (s. Art. 114 Abs. 2; dazu Art. 114 AEUV, Rn. 28) keine Anwendung finden kann und darüber hinaus keine speziellere Kompetenznorm einschlägig ist.[18] Insofern gehen sämtliche speziellen Ermächtigungen zur Rechtsangleichung im Binnenmarkt Art. 115 AEUV vor. Dies bezieht sich etwa im Rahmen der Grundfreiheiten auf die Art. 43, 46, 50, 52 Abs. 2, 53 Abs. 1, 59, 62 i. V. m. Art. 51–54, 64 Abs. 2 und 3 AEUV. Auch Art. 91 und 100 AEUV sind im Rahmen der binnenmarktlichen Verkehrspolitik vorrangig anzuwenden. Art. 113 AEUV geht Art. 115 AEUV ebenso vor wie Art. 207 AEUV.[19] Art. 352 AEUV ist schließlich anzuwenden, soweit eine Maßnahme nicht nur auf Art. 115 AEUV gestützt werden kann, etwa weil sie in Teilen keinen Binnenmarktbezug aufweist oder weil sie nicht als Richtlinie ergehen soll.[20]

Art. 114 und Art. 115 AEUV sind hinsichtlich einiger **Tatbestandsvoraussetzungen deckungsgleich**.[21] Beide Vorschriften beziehen sich auf die Errichtung und das Funktionieren des Binnenmarkts, beiden ist auch der Gegenstand der Angleichung, nämlich die Rechts- und Verwaltungsvorschriften der Mitgliedstaaten, gemein.[22] Freilich bestehen

4

5

90/435/EWG über das gemeinsame Steuersystem der Mutter- und Tochtergesellschaften verschiedener Mitgliedstaaten, ABl. 2003, L 7/41; Richtlinie 2003/93/EG des Rates vom 7. 10. 2003 zur Änderung der Richtlinie 77/799/EWG über die gegenseitige Amtshilfe zwischen den zuständigen Behörden der Mitgliedstaaten im Bereich der direkten und indirekten Steuern, ABl. 2003, L 264/2; Richtlinie 2003/48/EG des Rates vom 3. Juni 2003 im Bereich der Besteuerung von Zinserträgen, ABl. 2003, L 157/38; Richtlinie 2003/49/EG des Rates vom 3. Juni 2003 über eine gemeinsame Steuerregelung für Zahlungen von Zinsen und Lizenzgebühren zwischen verbundenen Unternehmen verschiedener Mitgliedstaaten, ABl. 2003, L 157/49.

[16] *Leible/Schröder*, in: Streinz, EUV/AEUV, Art. 114 AEUV, Rn. 4; *Tietje*, in: Grabitz/Hilf/Nettesheim, EU, Art. 115 AEUV (März 2011), Rn. 1; *Classen*, in: GSH, Europäisches Unionsrecht, Art. 115 AEUV, Rn. 17; s. Richtlinie 2010/24/EU vom 16. März 2010 über die Amtshilfe bei der Beitreibung von Forderungen in Bezug auf bestimmte Steuern, Abgaben und sonstige Maßnahmen, ABl. 2010, L 84/1 (113 und 115 AEUV); Richtlinie 2011/96/EU vom 30. 11. 2011 über das gemeinsame Steuersystem der Mutter- und Tochtergesellschaften verschiedener Mitgliedstaaten, ABl. 2011, L 345/8; Richtlinie 2011/16/EU vom 15. Februar 2011 über die Zusammenarbeit der Verwaltungsbehörden im Bereich der Besteuerung und zur Aufhebung der Richtlinie 77/799/EWG, ABl. 2011, L 64/1.

[17] *Leible/Schröder*, in: Streinz, EUV/AEUV, Art. 114 AEUV, Rn. 1; *Korte*, in: Calliess/Ruffert, EUV/AEUV, Art. 115 AEUV, Rn. 17; vgl. EuGH, Urt. v. 13. 7. 1995, Rs. C–350/92 (Spanien/Rat), Slg. 1995, I–1985, Rn. 29.

[18] *Herrnfeld*, in: Schwarze, EU-Kommentar, Art. 115 AEUV, Rn. 1.

[19] *Leible/Schröder*, in: Streinz, EUV/AEUV, Art. 114 AEUV, Rn. 21.

[20] *Leible/Schröder*, in: Streinz, EUV/AEUV, Art. 114 AEUV, Rn. 22; *Tietje*, in: Grabitz/Hilf/Nettesheim, EU, Art. 115 AEUV (März 2011), Rn. 1.

[21] *Leible/Schröder*, in: Streinz, EUV/AEUV, Art. 115 AEUV, Rn. 5 ff.

[22] *Classen*, in: GSH, Europäisches Unionsrecht, Art. 115 AEUV, Rn. 8; *von Danwitz*, in: Dauses, Handbuch des EU-Wirtschaftsrechts, Abschnitt B. II., Juni 2010, Rn. 135 f.

auch **gewichtige Unterschiede** zwischen den Vorschriften.[23] Dies gilt etwa bei Herstellung des Bezugs zum Binnenmarkt: Während Art. 114 AEUV in Bezug auf den Binnenmarkt nur vom »Gegenstand« entsprechender Rechtsetzungsmaßnahmen spricht (dazu Art. 114 AEUV, Rn. 51), fordert Art. 115 AEUV eine »unmittelbare Auswirkung« (dazu Rn. 13). Art. 115 AEUV ist auch hinsichtlich der zulässigen Handlungsformen beschränkt; auf seiner Grundlage können ausschließlich Richtlinien erlassen werden (s. Rn. 10). Art. 114 AEUV erlaubt alle Handlungsformen im Sinne des Art. 288 AEUV (Art. 114 AEUV, Rn. 64). Unterschiede bestehen insoweit auch im Rahmen des **Rechtsetzungsverfahrens** (s. Rn. 15). Schließlich fordert die Vorschrift im Rahmen der Richtlinien kein hohes Schutzniveau wie Art. 114 Abs. 3 AEUV und lässt keine nationalen Alleingänge zu (dazu Art. 114 AEUV, Rn. 74).

6   Bezüglich der Tatbestandsmerkmale, bei denen sich Art. 114 und Art. 115 AEUV decken, ist eine **übereinstimmende Auslegung** geboten;[24] d.h. die Begriffe »Errichtung oder das Funktionieren des Binnenmarkts« sowie »Rechts- und Verwaltungsvorschriften der Mitgliedstaaten« sind jeweils identisch auszulegen (vgl. eingehend Art. 114 AEUV, Rn. 52).[25]

7   Richtlinien auf Grundlage des Art. 115 AEUV müssen sich nicht auf wirtschaftsrechtliche Regelungen beschränken, denn zahlreiche Regelungen wirken sich »unmittelbar« auf den Binnenmarkt, insbesondere die dort bestehenden Wettbewerbsverhältnisse, aus. Daher ist unter Umständen auch der Erlass von **Regelungen mit nichtwirtschaftlicher Zielsetzung** möglich.[26] Hinsichtlich der Abgrenzung des Art. 115 AEUV zu anderen Kompetenzgrundlagen für Maßnahmen der Union kann auf die im Rahmen von Art. 114 AEUV verankerten Grundsätze zurückgegriffen werden (eingehend dazu Art. 114 AEUV, Rn. 32 ff.).[27]

C. Voraussetzungen

I. Gegenstand der Rechtsangleichung gem. Art. 115 AEUV

8   Der Begriff der »**Rechts- und Verwaltungsvorschriften**« im Art. 115 AEUV ist unionsautonom zu bestimmen[28] und zugleich weit auszulegen.[29] Der Begriff erfasst so alle außenwirksamen, abstrakt generellen Rechtssätze, das ggf. zu beachtende Gewohnheits- und Richterrecht sowie eine ständige Verwaltungspraxis.[30] »Verwaltungsvorschriften« sind regelmäßig im verwaltungsinternen Bereich angesiedelte Richtlinien für das Verwaltungshandeln.[31] Erfasst sind ggf. auch genuin **private Rechtsvorschriften** (etwa pri-

---

[23] *Classen*, in: GSH, Europäisches Unionsrecht, Art. 115 AEUV, Rn. 8; *Tietje*, in: Grabitz/Hilf/Nettesheim, EU, Art. 115 AEUV (März 2011), Rn. 5.
[24] *Classen*, in: GSH, Europäisches Unionsrecht, Art. 115 AEUV, Rn. 10.
[25] *Tietje*, in: Grabitz/Hilf/Nettesheim, EU, Art. 115 (März 2011), Rn. 7; *Classen*, in: GSH, Europäisches Unionsrecht, Art. 115 AEUV, Rn. 10.
[26] *Classen*, in: GSH, Europäisches Unionsrecht, Art. 115 AEUV, Rn. 10.
[27] Vgl. dazu *Tietje*, in: Grabitz/Hilf/Nettesheim, EU, Art. 114 AEUV (März 2011), Rn. 122 ff.; ergänzend auch *Ludwigs*, S. 281 ff.; *Bock*, S. 227 ff.
[28] Vgl. bspw. EuGH, Urt. v. 4.10.2001, Rs. C-294/99 (Athenaiki Zythophia), Slg. 2001, I-6797, Rn. 27 m.w.N., aus dem Schrifttum *Hidien*, EuR 2007, 370 (380 f.).
[29] *Tietje*, in: Grabitz/Hilf/Nettesheim, EU, Art. 115 AEUV (März 2011), Rn. 9.
[30] Vgl. *Leible/Schröder*, in: Streinz, EUV/AEUV, Art. 114 AEUV, Rn. 54 ff.
[31] *Tietje*, in: Grabitz/Hilf/Nettesheim, EU, Art. 115 AEUV (März 2011), Rn. 10.

vate techn. Standards, z. B. DIN-Normen), soweit sich staatliche Bestimmungen auf sie beziehen.[32] Zudem werden **Regelungen autonomer Träger öffentlicher Gewalt** (z. B. öffentlich-rechtliche Körperschaften oder Anstalten) erfasst. Dies folgt insbesondere aus der Pflicht zur loyalen Zusammenarbeit der Mitgliedstaaten gem. Art. 4 Abs. 3 EUV, die für alle staatlichen Ebenen und Untergliederungen verbindlich ist.[33] Allerdings ist die Existenz unterschiedlicher Rechts- und Verwaltungsvorschriften in den Mitgliedstaaten auch im Rahmen von Art. 115 AEUV keine Voraussetzung für ein Tätigwerden der Union.[34] Richtlinien zur Rechtsangleichung gem. Art. 115 AEUV können deshalb auch dann erlassen werden, wenn es nur in einem Mitgliedstaat Rechts- und Verwaltungsvorschriften für einen bestimmten Bereich gibt.[35]

Art. 115 AEUV ermöglicht zudem auch den Erlass von Richtlinien zur **präventiven Rechtsangleichung**.[36] Von präventiver Rechtsangleichung kann gesprochen werden, soweit Richtlinien auf der Grundlage des Art. 115 AEUV erlassen werden, obwohl noch in keinem Mitgliedstaat Rechts- und Verwaltungsvorschriften zu dem betreffenden Sachverhalt bestehen.[37] Der EuGH hatte in der Vergangenheit die Möglichkeit präventiver Rechtsangleichungsmaßnahmen im Rahmen von Art. 114 Abs. 1 AEUV als zulässig erachtet, soweit »das Entstehen von Handelshemmnissen mit Blick auf eine mögliche heterogene Rechtsentwicklung in den Mitgliedstaaten wahrscheinlich ist und die fragliche Maßnahme ihre Vermeidung bezweckt«.[38] Zweifel, solche Maßnahmen auf Art. 115 AEUV zu stützen, bestehen daher nicht. Für präventive Rechtsangleichung im Rahmen von Art. 115 AEUV ist daher nur entscheidend, dass besondere Anforderungen an die Wahrscheinlichkeit einer heterogenen, sich auf die Verwirklichung des Binnenmarktes unmittelbar auswirkenden Rechtsentwicklung zu stellen sind.[39]

9

Auf Grundlage des Art. 115 AEUV können **ausschließlich Richtlinien** i. S. d. Art. 288 Abs. 3 AEUV gestützt werden.[40] Diese **Handlungsformenbeschränkung** ist Ausdruck der allgemeinen Funktion der Rechtsangleichung, die nicht auf Vereinheitlichung, sondern auf die berühmte »Einheit in der Vielfalt« abzielt.[41] Richtlinien richten sich im Rahmen von Art. 115 AEUV in der Regel an sämtliche Staaten; zulässig nach Art. 115 AEUV ist aber grds. auch der Erlass von Richtlinien, die nur für einige Mitgliedstaaten verpflichtend sind.[42]

10

---

[32] *Tietje*, in: Grabitz/Hilf/Nettesheim, EU, Art. 115 AEUV (März 2011), Rn. 10; *Leible/Schröder*, in: Streinz, EUV/AEUV, Art. 115 AEUV, Rn. 5.
[33] *Tietje*, in: Grabitz/Hilf/Nettesheim, EU, Art. 115 AEUV (März 2011), Rn. 11.
[34] *Leible/Schröder*, in: Streinz, EUV/AEUV, Art. 115 AEUV, Rn. 5; *Tietje*, in: Grabitz/Hilf/Nettesheim, EU, Art. 115 AEUV (März 2011), Rn. 12.
[35] *Ludwigs*, S. 94 m. w. N.; *Möstl*, EuR 2002, 318 (324 ff.).
[36] *Tietje*, in: Grabitz/Hilf/Nettesheim, EU, Art. 115 AEUV (März 2011), Rn. 13; *Classen*, in GSH, Europäisches Unionsrecht, Art. 115 AEUV, Rn. 14,
[37] So *Tietje*, in: Grabitz/Hilf/Nettesheim, EU, Art. 115 AEUV (März 2011), Rn. 13; abweichend *Ludwigs*, S. 94; *von Danwitz*, in: Dauses, Handbuch des EU-Wirtschaftsrechts, B.II., Juni 2010, Rn. 123.
[38] EuGH, Urt. v. 5. 10. 2000, Rs. C–376/98 (Deutschland/Parlament und Rat), Slg. 2000, I–8419, Rn. 86; EuGH, Urt. v. 9. 10. 2001, Rs. C–377/98 (Niederlande/Parlament und Rat), Slg. 2001, I–7079, Rn. 15; EuGH, Urt. v. 10. 12. 2002, Rs. C–491/01 (British American Tobacco), Slg. 2002, I–11453, Rn. 61.
[39] *Tietje*, in: Grabitz/Hilf/Nettesheim, EU, Art. 115 AEUV (März 2011), Rn. 14.
[40] *Leible/Schröder*, in: Streinz, EUV/AEUV, Art. 115 AEUV, Rn. 15; *Classen*, in GSH, Europäisches Unionsrecht, Art. 115 AEUV, Rn. 25; *Herrnfeld*, in: Schwarze, EU-Kommentar, Art. 115 AEUV, Rn. 7.
[41] So *Korte*, in: Calliess/Ruffert, EUV/AEUV, Art. 115 AEUV, Rn. 16.
[42] Vgl. z. B. EuGH, Urt. v. 15. 12. 1982, Rs. 211/81 (Kommission/Dänemark), Slg. 1982, 4547, Rn. 30 f.

11 Die entsprechenden Richtlinien, die auf Art. 115 AEUV gestützt werden sollen, müssen den sonstigen Voraussetzungen entsprechen; insbesondere sind das **Verhältnismäßigkeitsprinzip** (Art. 5 Abs. 4 EUV)[43] und das **Subsidiaritätsprinzip** (Art. 5 Abs. 3 EUV)[44] zu beachten. Bei Richtlinien zur Rechtsangleichung kommt es hier insbesondere darauf an, dass die Harmonisierungsmaßnahme zur Beseitigung der (drohenden) Beeinträchtigung des Binnenmarkts **erforderlich** ist.[45] Die Erforderlichkeit darf indes nicht mit dem eigenständigen Tatbestandsmerkmal der unmittelbaren Binnenmarktbeeinträchtigung (dazu Rn. 13 f.) verwechselt werden. Hier ist vielmehr im Sinne einer Kompetenzausübungskontrolle zu prüfen, ob es **keine andere Möglichkeit** für die Behebung des festgestellten Harmonisierungsbedarfs gibt. Die Feststellung des Harmonisierungsbedarfs ist dagegen eine Frage des Tatbestandsmerkmals der unmittelbaren Binnenmarktbeeinträchtigung. Dieses Kriterium fungiert gleichsam als eine Begrenzung des Beurteilungsspielraums der Kommission bei der Frage, welche Rechts- und Verwaltungsvorschriften des Mitgliedstaates der Funktionsfähigkeit des Binnenmarktes entgegenstehen.

II. Errichtung und Funktionieren des Binnenmarktes

12 Auf Art. 115 AEUV gestützte Richtlinien müssen einen »Binnenmarktbezug« aufweisen.[46] Der Begriff des Binnenmarktes ist z. T. in Art. 26 Abs. 2 AEUV legaldefiniert.[47] Er wird im Rahmen des Art. 115 AEUV wie in Art. 114 AEUV ausgelegt,[48] wobei sich die »Errichtung« des Binnenmarktes auf die Phase der Entwicklung und den Aufbau des Binnenmarktes bezieht, während das »Funktionieren« die andauernde Wirkungsweise des Binnenmarktes betrifft. Letztlich wird so klargestellt, dass die Rechtsangleichung eine zeitlich unbegrenzte Aufgabe der Union verkörpert, sodass bereits bestehende Rechtsakte angepasst, verändert oder vertieft werden können.[49]

III. Unmittelbarkeit als rechtliches Kriterium?

13 Nach dem Wortlaut des Art. 115 AEUV ist eine »unmittelbare Auswirkung« der mitgliedstaatlichen Rechts- und Verwaltungsvorschriften auf die Errichtung und das Funktionieren des Binnenmarkts erforderlich. Die konkreten Anforderungen an das Kriterium der »unmittelbaren Auswirkung« sind aber bis heute nicht abschließend geklärt. Hier wird überwiegend ein von den nationalen Vorschriften ausgehender **störender Effekt für den Binnenmarkt** verlangt.[50] Für ein Tätigwerden der EU ist so eine gewisse

---

[43] Vgl. z. B. EuGH, Urt. v. 18.11.1987, Rs. 137/85 (Maizena), Slg. 1987, 4587, Rn. 15; EuGH, Urt. v. 7.12.1993, Rs. C–339/92 (ADM Ölmühlen), Slg. 1993, I–6473, Rn. 15; Urt. v. 11.7.2002, Rs. C–210/00 (Käserei Champignon Hofmeister); Slg. 2002, I–6453, Rn. 59.

[44] *Classen*, in: GSH, Europäisches Unionsrecht, Art. 115 AEUV, Rn. 24; *Korte*, in: *Calliess/Ruffert*, EUV/AEUV, Art. 115 AEUV, Rn. 13; *Leible/Schröder*, in: Streinz, EUV/AEUV, Art. 115 AEUV, Rn. 17.

[45] *Leible/Schröder*, in: Streinz, EUV/AEUV, Art. 115 AEUV, Rn. 17; *Classen*, in: GSH, Europäisches Unionsrecht, Art. 115 AEUV, Rn. 15.

[46] *Herrnfeld*, in: Schwarze, EU-Kommentar, Art. 115 AEUV, Rn. 4; *Leible/Schröder*, in: Streinz, EUV/AEUV, Art. 115 AEUV, Rn. 6.

[47] S. dazu *Schröder*, in: Streinz, EUV/AEUV, Art. 26 AEUV, Rn. 18 ff.; *Hatje*, in: Schwarze, EU-Kommentar, Art. 26 AEUV, Rn. 7 f.

[48] *Leible/Schröder*, in: Streinz, EUV/AEUV, Art. 115 AEUV, Rn. 6; *Leible/Schröder*, in: Streinz, EUV/AEUV, Art. 114 AEUV, Rn. 38 ff.

[49] *Leible/Schröder*, in: Streinz, EUV/AEUV, Art. 115 AEUV, Rn. 7.

[50] Vgl. EuGH, Urt. v. 16.12.1976, Rs. 33/76 (Rewe), Slg. 1976, 1989, Rn. 5; *Terhechte*, Die unge-

Spürbarkeit erforderlich, die anhand der Wahrscheinlichkeit und Intensität der Auswirkungen auf den Binnenmarkt festgemacht werden kann.[51] Richtlinien gem. Art. 115 AEUV müssen demnach zur Beseitigung von spürbaren Hemmnissen für den Binnenmarkt beitragen und dessen Funktionieren verbessern.[52] Dies ist etwa gegeben, wenn gerechtfertigte Beschränkungen der Grundfreiheiten beseitigt werden, oder wenn mitgliedstaatliche Rechts- und Verwaltungsvorschriften zu Wettbewerbsverfälschungen führen und durch eine Richtlinie angeglichen werden sollen.[53] Eine **Funktionsstörung** muss allerdings noch nicht eingetreten sein. Vielmehr genügt es nach der Rechtsprechung des EuGH, dass die mitgliedstaatlichen Vorschriften »das Funktionieren des Binnenmarktes zu beeinträchtigen geeignet sind«.[54] Hierfür bedarf es einer gewissen Wahrscheinlichkeit; eine bloße Gefahr einer fernliegenden Funktionsstörung ist insoweit nicht ausreichend.[55]

Der Kommission und dem Rat kommt bei der Beurteilung der »unmittelbaren Auswirkung« eine gerichtlich nur **beschränkt überprüfbare Einschätzungsprärogative** zu.[56] Dies hängt vor allem damit zusammen, dass sich die konkret störende Wirkung der jeweiligen mitgliedstaatlichen Rechts- und Verwaltungsvorschrift regelmäßig aus komplexen und vielfältigen Faktoren ergibt und somit Abwägungsprozesse erforderlich sind, welche die gerichtliche Kontrolldichte einschränken.[57]

14

IV. Verfahren

Art. 115 AEUV sieht vor, dass die entsprechenden Richtlinien im Sinne des Art. 288 Abs. 3 AEUV durch den Rat in einem **besonderen Gesetzgebungsverfahren** zu erlassen sind. Hiernach werden die entsprechenden Richtlinien vom Rat auf Vorschlag der Kommission **einstimmig** beschlossen. Das Europäische Parlament besitzt dagegen kein Mitentscheidungsrecht und ist – wie auch der Wirtschafts- und Sozialausschuss (WSA) – lediglich **anzuhören**.[58] Allerdings kann auch das Anhörungsrecht für das EP und den WSA eine gewisse Rolle spielen, denn ein Verstoß gegen das Anhörungserfordernis kann zur Nichtigkeit der betreffenden Richtlinie führen.[59]

15

---

schriebenen Tatbestandsmerkmale des europäischen Wettbewerbsrechts, 2004, S. 403; *Leible/Schröder*, in: Streinz, EUV/AEUV, Art. 115 AEUV, Rn. 8.

[51] *Von Danwitz*, in: Dauses, Handbuch des EU-Wirtschaftsrechts, B. II., Juni 2010, Rn. 136; *Leible/Schröder*, in: Streinz, EUV/AEUV, Art. 115 AEUV, Rn. 8; *Korte*, in: Calliess/Ruffert, EUV/AEUV, Art. 115 AEUV, Rn. 8; *Ludwigs*, S. 184; *Ihns*, S. 109.

[52] *Leible/Schröder*, in: Streinz, EUV/AEUV, Art. 115 AEUV, Rn. 9; *Herrnfeld*, in: Schwarze, EU-Kommentar, Art. 115 AEUV, Rn. 5; a. A. *Tietje*, in: Grabitz/Hilf/Nettesheim, EU, Art. 115 AEUV (März 2011), Rn. 22, der ein umfassendes Spürbarkeitskriterium ablehnt.

[53] *Leible/Schröder*, in: Streinz, EUV/AEUV, Art. 115 AEUV, Rn. 9; *Tietje*, in: Grabitz/Hilf/Nettesheim, EU, Art. 115 AEUV (März 2011), Rn. 23 f; *Herrnfeld*, in: Schwarze, EU-Kommentar, Art. 115 AEUV, Rn. 4.

[54] Vgl. EuGH, Urt. v. 16. 12. 1976, Rs. 33/76 (Rewe), Slg. 1976, 1989, Rn. 5.

[55] *Leible/Schröder*, in: Streinz, EUV/AEUV, Art. 115 AEUV, Rn. 10; *Fischer*, in: Lenz/Borchardt, EU-Verträge, Art. 115 AEUV, Rn. 2.

[56] *Leible/Schröder*, in: Streinz, EUV/AEUV, Art. 115 AEUV, Rn. 12; *Ihns*, S. 109.

[57] Vgl. *Leible/Schröder*, in: Streinz, EUV/AEUV, Art. 115 AEUV, Rn. 12; *Tietje*, in: Grabitz/Hilf/Nettesheim, EU, Art. 115 AEUV (März 2011), Rn. 20.

[58] *Classen*, in: GSH, Europäisches Unionsrecht, Art. 115 AEUV, Rn. 26; *Korte*, in: Calliess/Ruffert, EUV/AEUV, Art. 115 AEUV, Rn. 11; *Tietje*, in: Grabitz/Hilf/Nettesheim, EU, Art. 115 AEUV (März 2011), Rn. 18; *Leible/Schröder*, in: Streinz, EUV/AEUV, Art. 115 AEUV, Rn. 18.

[59] EuGH, Urt. v. 29. 10. 1980, Rs. 138/79 (Roquette Frères), Slg. 1980, 3333, Rn. 32 ff.

16 Zu beachten ist auch, dass das in Art. 115 AEUV vorgesehene besondere Verfahren grundsätzlich auch für eine **nachträgliche Änderung** von Rechtsangleichungsrichtlinien einzuhalten ist. Freilich besteht hier die Möglichkeit, dass der Rat sich aus **Gründen der Verfahrensautonomie** selbst ermächtigen kann, spätere Änderungen ohne grundlegende Bedeutung mit qualifizierter Mehrheit statt mit Einstimmigkeit zu beschließen.[60] Änderungen ohne grundlegende Bedeutung betreffen dabei Bestimmungen in Bereichen, in denen auch nach Art. 291 Abs. 2 AEUV Durchführungsbefugnisse auf die Kommission übertragen werden könnten. Zudem wird auf dem Gebiet der technischen Regelungen ein besonderes Ausschussverfahren herangezogen, um bestimmte Detailregelungen zügig und flexibel mit dem technischen Fortschritt in Einklang zu bringen.[61]

---

[60] *Leible/Schröder*, in: Streinz, EUV/AEUV, Art. 115 AEUV, Rn. 19; *Korte*, in: Calliess/Ruffert, EUV/AEUV, Art. 115 AEUV, Rn. 12; kritisch *Ihns*, S. 113.
[61] *Korte*, in: Calliess/Ruffert, EUV/AEUV, Art. 115 AEUV, Rn. 12; *Leible/Schröder*, in: Streinz, EUV/AEUV, Art. 115 AEUV, Rn. 19.

Artikel 116 AEUV [Behandlung bestehender wettbewerbsverzerrender Vorschriften]

Stellt die Kommission fest, dass vorhandene Unterschiede in den Rechts- und Verwaltungsvorschriften der Mitgliedstaaten die Wettbewerbsbedingungen auf dem Binnenmarkt verfälschen und dadurch eine Verzerrung hervorrufen, die zu beseitigen ist, so tritt sie mit den betreffenden Mitgliedstaaten in Beratungen ein.

¹Führen diese Beratungen nicht zur Beseitigung dieser Verzerrung, so erlassen das Europäische Parlament und der Rat gemäß dem ordentlichen Gesetzgebungsverfahren die erforderlichen Richtlinien. ²Es können alle sonstigen in den Verträgen vorgesehenen zweckdienlichen Maßnahmen erlassen werden.

Literaturübersicht

Aubin, Zum Aufbau des Tatbestands in Art. 101 des Vertrages zur Gründung der Europäischen Wirtschaftsgemeinschaft, FS Riese 1964, S. 245; *Bartosch*, Die Selektivität der Selektivität – Wie ist es um die Gestaltungsfreiräume der Mitgliedstaaten in der Wirtschaftsförderung bestellt?, EuZW 2015, 99; *Collins/Hutchings*, Articles 101 and 102 of the EEC Treaty: Completing the Internal Market, E.L.Rev. 11 (1986), 191; *Everling*, Zur Funktion der Rechtsangleichung in der Europäischen Gemeinschaft, FS Pierre Pescatore, 1987, S. 227; *Schwartz*, Zur Konzeption der Rechtsangleichung in der Europäischen Wirtschaftsgemeinschaft, FS Hallstein, 1966, S. 474.

Inhaltsübersicht

	Rn.
A. Überblick	1
B. Unterschiede in den Rechts- und Verwaltungsvorschriften	2
C. Verfälschung der Wettbewerbsbedingungen	3
D. Verzerrung	4
E. Verfahren	5
I. Beratungen	6
II. Erlass von erforderlichen Richtlinien	7
III. Sonstige zweckdienliche Maßnahmen	8

A. Überblick

Die heutige Regelung des Art. 116 AEUV ist seit jeher Bestandteil der Europäischen Verträge, zunächst als Art. 101 EWGV, später in Art. 96 EGV niedergelegt.[1] Während Art. 114 und 115 AEUV zu allgemeinen Rechtsangleichungsmaßnahmen ermächtigt, die auf das Funktionieren des Binnenmarkts abzielen, enthalten Art. 116 und 117 AEUV Ermächtigungen zur Rechtsangleichung in besonderen Situationen.[2] Hierbei ermächtigt Art. 116 AEUV zur **Beseitigung bestehender Wettbewerbsverzerrungen** wegen Unterschieden in den Rechtsordnungen der Mitgliedstaaten im Sinne einer »**repressiven Rechtsangleichung**«.[3] Die Vorschrift kennt **keine Beschränkung auf bestimmte Materien**, sondern knüpft an bereits bestehende Wettbewerbsverzerrungen im

---

[1] *Leible/Schröder*, in: Streinz, EUV/AEUV, Art. 116 AEUV, Rn. 1.
[2] *Tietje*, in: Grabitz/Hilf/Nettesheim, EU, Art. 116 AEUV (März 2011), Rn. 1.
[3] *Tietje*, in: Grabitz/Hilf/Nettesheim, EU, Art. 116 AEUV (März 2011), Rn. 1; *Leible/Schröder*, in: Streinz, EUV/AEUV, Art. 116 AEUV, Rn. 2; *Korte*, in: Calliess/Ruffert, EUV/AEUV, Art. 116 AEUV, Rn. 3.

Binnenmarkt an. Anders als bei Art. 114 und 115 AEUV ist im Rahmen des Art. 116 AEUV nicht jede negative Auswirkung mitgliedstaatlicher Rechts- und Verwaltungsvorschriften auf das Funktionieren des Binnenmarktes ausreichend. Vielmehr müssen die mitgliedstaatlichen Regelungen »Verzerrungen« hervorrufen (dazu Rn. 4).[4] Das Regelungsziel der Vorschrift ist so die Herstellung eines **Höchstmaßes an Chancengleichheit** für die auf dem europäischen Binnenmarkt in Wettbewerb stehenden Unternehmen.[5]

B. Unterschiede in den Rechts- und Verwaltungsvorschriften

2   Die Definition des Begriffs »Rechts- und Verwaltungsvorschriften« in Art. 116 AEUV orientiert sich zunächst an Art. 114 AEUV (vgl. Art. 114 AEUV, Rn. 51).[6] Er ist jedoch in gewisser Weise enger zu fassen, da er inhaltlich an unterschiedliche und schon vorhandene Rechtsnormen anknüpft.[7] Die in Art. 116 AEUV angesprochenen Unterschiede in den Rechtsordnungen der Mitgliedstaaten **müssen bereits existieren**, um den Anwendungsbereich der Vorschrift zu eröffnen. Hierbei reicht die Existenz einer wettbewerbsverzerrenden Rechts- oder Verwaltungsvorschrift in einem Mitgliedstaat bereits aus. Dagegen ist auf der Grundlage des Art. 116 AEUV eine präventive Rechtsangleichung gerade nicht möglich.[8] Mitgliedstaatliche Rechtsnormen, deren Wirkung rein territorial begrenzt ist, können nicht zu Wettbewerbsverzerrungen führen.[9] Teilweise wird allerdings angenommen, dass sich aus Art. 117 Abs. 2 Satz 2 AEUV ergebe, dass etwa benachteiligte Unternehmen nicht zwingend in einem anderen Staat angesiedelt sein müssten.[10] **Drohende oder künftige Unterschiede**, die aus dem Erlass oder der Änderung nationaler Recht- oder Verwaltungsvorschriften herrühren, fallen dagegen in den Anwendungsbereich des Art. 117 AEUV.[11]

C. Verfälschung der Wettbewerbsbedingungen

3   Die ausgemachten Unterschiede zwischen den Rechts- und Verwaltungsvorschriften müssen in einem weiteren Schritt **ursächlich** für die Verfälschung der Wettbewerbsbedingungen sein.[12] Voraussetzung für eine Wettbewerbsverfälschung im Sinne des Art. 116 AEUV ist eine staatliche **Beeinflussung der Wettbewerbsbedingungen im Bin-**

---

[4] *Tietje*, in: Grabitz/Hilf/Nettesheim, EU, Art. 116 AEUV (März 2011), Rn. 1.
[5] *Classen*, in: GSH, Europäisches Unionsrecht, Art. 116 AEUV, Rn. 12.
[6] *Leible/Schröder*, in: Streinz, EUV/AEUV, Art. 116 AEUV, Rn. 6; *Leible/Schröder*, in: Streinz, EUV/AEUV, Art. 114 AEUV, Rn. 54 ff.
[7] *Korte*, in: Calliess/Ruffert, EUV/AEUV, Art. 116 AEUV, Rn. 6; *Leible/Schröder*, in: Streinz, EUV/AEUV, Art. 116 AEUV, Rn. 6; *Ihns*, Entwicklung und Grundlagen der europäischen Rechtsangleichung, 2005, S. 135; *Khan*, in: Geiger/Khan/Kotzur, EUV/AEUV, Art. 116 AEUV, Rn. 5; *Fischer*, in: Lenz/Borchardt, EU-Verträge, Art. 116/117 AEUV, Rn. 2.
[8] *Tietje*, in: Grabitz/Hilf/Nettesheim, EU, Art. 116 AEUV (März 2011), Rn. 6; *Leible/Schröder*, in: Streinz, EUV/AEUV, Art. 116 AEUV, Rn. 6; *Classen*, in: GSH, Europäisches Unionsrecht, Art. 116 AEUV, Rn. 10.
[9] *Tietje*, in: Grabitz/Hilf/Nettesheim, EU, Art. 116 AEUV (März 2011), Rn. 6.
[10] *Classen*, in: GSH, Europäisches Unionsrecht, Art. 116 AEUV, Rn. 12.
[11] *Classen*, in: GSH, Europäisches Unionsrecht, Art. 116 AEUV, Rn. 10.
[12] *Leible/Schröder*, in: Streinz, EUV/AEUV, Art. 116 AEUV, Rn. 7.

nenmarkt, durch welche einzelne Wirtschaftszweige oder Unternehmen gegenüber Mitbewerbern bevorzugt oder benachteiligt werden.[13] Allerdings müssen für die Annahme einer Wettbewerbsverfälschung keine direkten Kostendifferenzen o. Ä. zwischen den Mitbewerben nachgewiesen werden.[14]

D. Verzerrung

Die so vorhandene Verfälschung der Wettbewerbsbedingungen muss darüber hinaus zu einer Wettbewerbsverzerrung im Binnenmarkt führen. Das Merkmal der »Verzerrung« in Art. 116 AEUV hat nicht nur erklärende Funktion,[15] sondern stellt ein eigenständiges Tatbestandsmerkmal dar.[16] Zur inhaltlichen Präzisierung wird häufig der »**Spaak-Bericht**«[17] herangezogen. Dieser unterscheidet zwischen »allgemeinen« und »spezifischen« Verzerrungen.[18] **Allgemeine Verzerrungen**, die auf unterschiedlichen Belastungen der gesamten nationalen Volkswirtschaft (Steuern oder Sozialabgaben) beruhen, führen nach dem Spaak-Bericht nicht zu einer Wettbewerbsverfälschung, sondern nur solche Verzerrungen, die bestimmte Wirtschaftszweige begünstigen oder benachteiligen.[19] **Spezifische Verzerrungen** werden nach dem Bericht dagegen als Belastung definiert, wenn diese einen Industriezweig stärker oder geringer treffen als den Durchschnitt der Gesamtwirtschaft des betreffenden Mitgliedstaats.[20] Diese Definitionen der Verzerrung des Spaak-Berichts wird teilweise kritisiert, da sie einseitig an der unterschiedlichen Kostenbelastung ausgerichtet ist und andere Wettbewerbsparameter unberücksichtigt lässt. Als Beurteilungskriterium – so diese Stimmen – müssten zusätzlich auch kostenunabhängige Belastungen berücksichtigt werden.[21] Sicher ist aber, dass Wettbewerbsverzerrungen insgesamt eine Intensität erreichen müssen, die eine Beseitigung erforderlich machen (sog. **Beseitigungsbedürfnis**). Bei der Frage, ob dies der Fall ist, steht der Kommission ein **weiter Beurteilungsspielraum** zur Verfügung.[22]

4

---

[13] *Korte*, in: Calliess/Ruffert, EUV/AEUV, Art. 116 AEUV, Rn. 8; *Classen*, in: GSH, Europäisches Unionsrecht, Art, 116 AEUV, Rn. 12.
[14] *Tietje*, in: Grabitz/Hilf/Nettesheim, EU, Art. 117 AEUV (März 2011), Rn. 8; *Leible/Schröder*, in: Streinz, EUV/AEUV, Art. 116 AEUV, Rn. 7; ausführlich auch *Bock*, Rechtsangleichung, S. 106 ff. m. w. N.; vgl. auch Ausführungen des EuGH zum Begriff der Wettbewerbsverfälschung in Art. 87 EGV in EuGH, Urt. v. 2.7.1974, Rs. C–173/73 (Italien/Kommission-Familienzulagen im Textilsektor), Slg. 1974, 709, 720; Urt. v. 12.9.1980, Rs. C–730/79 (Philip Morris), Slg. 1980, 2671, 2689; GA *Roemer*, Schlussanträge zu verb. Rs. C–6/69 – C–11/69 (Kommission/Frankreich), Slg. 1996, 546 (552).
[15] So aber *Aubin*, S. 256 f.
[16] *Leible/Schröder*, in: Streinz, EUV/AEUV, Art. 116 AEUV, Rn. 8; *Tietje*, in: Grabitz/Hilf/Nettesheim, EU, Art. 116 AEUV (März 2011), Rn. 9; *Korte*, in Calliess/Ruffert, EUV/AEUV, Art. 116 AEUV, Rn. 5; *Schwartz*, S. 474.
[17] Bericht der Delegationsleiter des von der Konferenz von Messina eingesetzten Regierungsausschusses an die Außenminister vom 21.4.1956, S. 64 ff., abgedruckt in: *Schulze/Hoeren* (Hrsg.), Dokumente zum Europäischen Recht, Bd. 1: Gründungsverträge, 1999, S. 752 ff.
[18] *Leible/Schröder*, in: Streinz, EUV/AEUV, Art. 116 AEUV, Rn. 8; *Aubin*, S. 251 f.
[19] *Tietje*, in: Grabitz/Hilf/Nettesheim, EU, Art. 116 AEUV (März 2011), Rn. 9; *Leible/Schröder*, in: Streinz, EUV/AEUV, Art. 116 AEUV, Rn. 8; *Schulze/Hoeren* (Fn. 17), S. 64.
[20] *Schulze/Hoeren* (Fn. 17), S. 65 f.; auch *Everling*, S. 227 (228).
[21] *Leible/Schröder*, in: Streinz, EUV/AEUV, Art. 116 AEUV, Rn. 8; *Korte*, in: Calliess/Ruffert, EUV/AEUV, Art. 116 AEUV, Rn. 10.
[22] *Leible/Schröder*, in: Streinz, EUV/AEUV, Art. 116 AEUV, Rn. 9; *Tietje*, in: Grabitz/Hilf/Nettesheim, EU, Art. 116 AEUV (März 2011), Rn. 15.

E. Verfahren

5 Das Art. 116 AEUV zugrundeliegende Verfahren ist durch den Vertrag von Lissabon grundlegend geändert worden. Maßnahmen zur Beseitigung von Wettbewerbsverzerrungen werden nunmehr durch das Parlament und den Rat nach Maßgabe des **ordentlichen Gesetzgebungsverfahrens (Art. 289 und 294 AEUV)** verabschiedet.[23] Die ursprünglich im Entscheidungsverfahren vorgesehene Einstimmigkeit im Rat ist bereits mit dem Vertrag von Amsterdam aufgehoben worden.[24]

I. Beratungen

6 Stellt die Kommission eine beseitigungsbedürftige Wettbewerbsverzerrung fest, tritt sie mit den Mitgliedstaaten, deren Rechts- und Verwaltungsvorschriften ursächlich für Wettbewerbsverzerrungen waren, in Beratungen ein.[25] Das Ziel dieser **obligatorischen Kontaktaufnahme** besteht in erster Linie darin, den Mitgliedstaaten die Möglichkeit zu geben, durch Änderung der entsprechenden nationalen Vorschriften die entsprechenden Wettbewerbsverzerrungen eigenständig zu beseitigen.[26] Die konkrete Ausgestaltung des Beratungsverfahrens obliegt der Kommission.[27]

II. Erlass von erforderlichen Richtlinien

7 Soweit die Beratungen zwischen Kommission und dem betreffenden Mitgliedstaat erfolglos sind, kann der nächste Verfahrensschritt erfolgen.[28] Im Rahmen des Verfahrens erlässt der Rat auf Vorschlag der Kommission die erforderlichen Richtlinien. Hierbei ist das Parlament gem. Art. 294 AEUV zu beteiligen.[29] Nach überwiegender Ansicht können allerdings **nur Harmonisierungs-Richtlinien** und keine Schutzmaßnahmen-Richtlinien erlassen werden.[30] Zwar verfügen Kommission und Rat beim Erlass der entsprechenden Richtlinien über einen Einschätzungsspielraum, dieser ist aber der gerichtlichen Nachprüfung durch den EuGH zugänglich.[31] Adressaten der Richtlinie sind diejenigen Mitgliedstaaten, deren Rechts- und Verwaltungsvorschriften ursächlich für die Wettbewerbsverzerrung sind.[32] Entgegen dem Wortlaut des Art. 116 Abs. 2 Satz 1 AEUV besteht aber **keine Verpflichtung des Rats zum Erlass einer Richtlinie**. Vielmehr verfügen die Unionsorgane bei der Frage, auf welche Weise der Wettbewerbsverzerrung nachgegangen wird, über ein Ermessen (s. Art. 116 Abs. 2 Satz 2 AEUV).[33]

---

[23] *Tietje*, in: Grabitz/Hilf/Nettesheim, EU, Art. 116 AEUV (März 2011), Rn. 17; zum ordentlichen Gesetzgebungsverfahren s. etwa *Schoo*, in: Schwarze, EU-Kommentar, Art. 289 AEUV, Rn. 2 ff.
[24] *Classen*, in: GSH, Europäisches Unionsrecht, Art. 116 AEUV, Rn. 1.
[25] *Leible/Schröder*, in: Streinz, EUV/AEUV, Art. 116 AEUV, Rn. 10; *Tietje*, in: Grabitz/Hilf/Nettesheim, EU, Art. 116 AEUV (März 2011), Rn. 18; *Classen*, in: GSH, Europäisches Unionsrecht, Art. 116 AEUV, Rn. 29.
[26] Ebd.
[27] *Leible/Schröder*, in: Streinz, EUV/AEUV, Art. 116 AEUV, Rn. 10.
[28] *Tietje*, in: Grabitz/Hilf/Nettesheim, EU, Art. 116 AEUV (März 2011), Rn. 19; *Leible/Schröder*, in: Streinz, EUV/AEUV, Art. 116 AEUV, Rn. 10.
[29] *Tietje*, in: Grabitz/Hilf/Nettesheim, EU, Art. 116 AEUV (März 2011), Rn. 19.
[30] *Korte*, in: Calliess/Ruffert, EUV/AEUV, Art. 116 AEUV, Rn. 17; *Ihns* (Fn. 7), S. 136.
[31] *Kahl*, in: Calliess/Ruffert, EUV/AEUV, 4. Aufl., 2011, Art. 116 AEUV, Rn. 8.
[32] *Leible/Schröder*, in: Streinz, EUV/AEUV, Art. 116 AEUV, Rn. 12.
[33] *Leible/Schröder*, in: Streinz, EUV/AEUV, Art. 116 AEUV, Rn. 12.

III. Sonstige zweckdienliche Maßnahmen

Gem. Art. 116 Abs. 2 Satz 2 AEUV kann die EU alle sonstigen in den Verträgen vorgesehenen zweckdienlichen Maßnahmen erlassen. Die Vorschrift ist allerdings kein Verweis auf die übrigen in Art. 288 Abs. 1 AEUV aufgeführten Handlungsformen, sondern dient lediglich der Verdeutlichung, dass die EU zur Beseitigung von Wettbewerbsverzerrungen nicht nach Art. 116 AEUV vorgehen muss, sondern ihr Tätigwerden auch auf andere Rechtsgrundlagen des AEUV stützen kann.[34]

---

[34] *Leible/Schröder*, in: Streinz, EUV/AEUV, Art. 116 AEUV, Rn. 14.

Artikel 117 AEUV [Behandlung geplanter wettbewerbsverzerrender Vorschriften]

(1) ¹Ist zu befürchten, dass der Erlass oder die Änderung einer Rechts- oder Verwaltungsvorschrift eine Verzerrung im Sinne des Artikels 116 verursacht, so setzt sich der Mitgliedstaat, der diese Maßnahme beabsichtigt, mit der Kommission ins Benehmen. ²Diese empfiehlt nach Beratung mit den Mitgliedstaaten den beteiligten Staaten die zur Vermeidung dieser Verzerrung geeigneten Maßnahmen.

(2) ¹Kommt der Staat, der innerstaatliche Vorschriften erlassen oder ändern will, der an ihn gerichteten Empfehlung der Kommission nicht nach, so kann nicht gemäß Artikel 116 verlangt werden, dass die anderen Mitgliedstaaten ihre innerstaatlichen Vorschriften ändern, um die Verzerrung zu beseitigen. ²Verursacht ein Mitgliedstaat, der die Empfehlung der Kommission außer Acht lässt, eine Verzerrung lediglich zu seinem eigenen Nachteil, so findet Artikel 116 keine Anwendung.

Leitentscheidung

EuGH, Urt. v. 15.7.1964, Rs. C-6/64 (Costa/ENEL), Slg. 1964, 1254

Inhaltsübersicht

	Rn.
A. Überblick	1
B. Erlass oder Änderungen von Rechts- und Verwaltungsvorschriften	2
C. Verzerrung i.S.d. Art. 116 AEUV	3
D. Unterrichtungspflicht der Mitgliedstaaten	4
E. Verfahren	5
I. Empfehlung der Kommission	6
II. Verfahren im Falle der Verweigerung	7
F. Ausnahmen (Art. 117 Abs. 2 Satz 2 AEUV)	8

A. Überblick

1 Der Regelungsgehalt des Art. 117 AEUV ist bereits seit den Römischen Verträgen Teil der Vorschriften über die Rechtsangleichung im Binnenmarkt (erst Art. 102 EWGV, später Art. 97 EGV) und unterlag seitdem keinen wesentlichen Änderungen.[1] Gem. Art. 117 AEUV hat die Kommission die Möglichkeit, zur Vermeidung von Wettbewerbsverzerrungen **präventiv** tätig zu werden.[2] Art. 117 AEUV »soll verhindern, dass die Unterschiede noch vergrößert werden, die unter dem Gesichtspunkt der Vertragsziele zwischen den innerstaatlichen Rechtsordnungen bestehen.«[3] Der Ansatzpunkt ist hierbei die drohende Schaffung von Wettbewerbsverzerrungen durch Erlass neuer oder Änderung bestehender Rechtsvorschriften durch die Mitgliedstaaten. Diese haben sich dabei »einem zweckmäßigen Anhörungsverfahren unterworfen und damit ihre Hand-

---

[1] *Ihns*, Entwicklung und Grundlagen der europäischen Rechtsangleichung, 2005, S. 138f.; *Leible/Schröder*, in: Streinz, EUV/AEUV, Art. 117 AEUV, Rn. 1.
[2] *Korte*, in: Calliess/Ruffert, EUV/AEUV, Art. 117 AEUV, Rn. 2.
[3] EuGH, Urt. v. 15.7.1964, Rs. C-6/64 (Costa/ENEL), Slg. 1964, 1254 (1271).

lungsfreiheit eingeschränkt«.[4] Die Vorschrift hat keine unmittelbare Wirkung,[5] konkretisiert aber die Pflicht zur Unionstreue (Art. 4 Abs. 3 EUV).[6] In der **Praxis hat die Vorschrift wenig Bedeutung** und es wurden nur wenige Empfehlungen auf Grundlage des Art. 117 AEUV ausgesprochen.[7]

B. Erlass oder Änderungen von Rechts- und Verwaltungsvorschriften

Anders als bei Art. 116 AEUV kommt es bei Art. 117 AEUV nicht auf bereits bestehende Unterschiede zwischen den mitgliedstaatlichen Rechts- und Verwaltungsvorschriften an, sondern darauf, dass ein Mitgliedstaat den Erlass oder eine Änderung einer potentiell wettbewerbsverzerrenden Maßnahme beabsichtigt. Art. 117 AEUV gilt so insbesondere der **Prävention von Gefahren für den europäischen Binnenmarkt**.[8] Der Begriff der Rechts- und Verwaltungsvorschriften in Art. 117 AEUV ist identisch mit dem in Art. 114 AEUV (dazu Art. 114 AEUV, Rn. 51 ff.). 2

C. Verzerrung i. S. d. Art. 116 AEUV

Voraussetzung für ein Tätigwerden der Kommission nach Art. 117 Abs. 1 Satz 2 AEUV ist, dass eine »Verzerrung im Sinne des Artikels 116« zu befürchten ist. Dieser Verweis auf Art. 116 AEUV ist weit auszulegen und umfasst sowohl das Erfordernis einer Wettbewerbsverfälschung als auch die Beseitigungsbedürftigkeit einer dadurch hervorgerufenen Verzerrung.[9] Abweichend von Art. 116 AEUV ist hierbei der Fall präventiver Rechtsangleichung bei drohenden Rechtsunterschieden und Verzerrungen gemeint, nicht die Beseitigung bereits eingetretener Wettbewerbsverzerrungen.[10] Eine Wettbewerbsverzerrung ist nach der Rechtsprechung des EuGH bereits dann zu befürchten, wenn die beabsichtigten Maßnahmen eines Mitgliedstaates »**auch nur entfernt die Gefahr von Verzerrungen** mit sich bringen können«.[11] 3

---

[4] EuGH, Urt. v. 15. 7.1964, Rs. 6/64 (Costa/ENEL), Slg. 1964, 1254 (1271).
[5] EuGH, Urt. v. 15. 7.1964, Rs. 6/64 (Costa/ENEL), Slg. 1964, 1254 (1271); Urt. v. 30.11.1995, Rs. C–134/94 (Esso Espanola SA/Comunidad Autonoma de Canarias), Slg. 1995, I–4223, Rn. 22.
[6] *Korte*, in: Calliess/Ruffert, EUV/AEUV, Art. 117 AEUV, Rn. 2.
[7] *Leible/Schröder*, in: Streinz, EUV/AEUV, Art. 117 AEUV, Rn. 2; vgl. z. B. Empfehlung 67/563/EWG vom 31. 7.1967 an die Republik Italien betreffend den Gesetzesvorschlag Nr. 792 B des italienischen Parlaments über die Normen zur Kontrolle der Werbung und des Handels bei Olivenöl und Saatenöl, ABl. 1967, 198/10; Empfehlung 69/14/EWG vom 11. 12.1968 zum Entwurf eines deutschen Weingesetzes, ABl. 1969, L 18/3.
[8] *Korte*, in: Calliess/Ruffert, EUV/AEUV, Art. 117 AEUV, Rn. 1; *Classen*, in: GSH, Europäisches Unionsrecht, Art. 117 AEUV, Rn. 2.
[9] *Leible/Schröder*, in: Streinz, EUV/AEUV, Art. 117 AEUV, Rn. 3.
[10] *Korte*, in: Calliess/Ruffert, EUV/AEUV, Art. 117 AEUV, Rn. 5.
[11] EuGH, Urt. v. 15. 7.1964, Rs. C–6/64 (Costa/ENEL), Slg. 1964, 1254 (1271).

D. Unterrichtungspflicht der Mitgliedstaaten

4 Soweit ein Mitgliedstaat eine Rechtsänderung beabsichtigt, durch die auch nur »entfernt«[12] eine Wettbewerbsverzerrung droht, muss er die Kommission so umfassend und rechtzeitig informieren, dass sie innerhalb einer angemessener Frist die Möglichkeit hat, das tatsächliche Vorliegen einer Wettbewerbsverzerrung zu überprüfen.[13] Diese Unterrichtungspflicht besteht auch, soweit eine beabsichtigte Rechtsänderung ausschließlich für den jeweiligen Mitgliedstaat eine nachteilige Wettbewerbsverzerrung zur Folge hat (vgl. Art. 117 Abs. 2. Satz 2 AEUV).[14] Soweit ein Mitgliedstaat gegen diese **Unterrichtungspflicht verstößt**, steht der Kommission das **Vertragsverletzungsverfahren** gem. Art. 258 AEUV offen.[15] Die Kommission kann auch ohne vorherige Benachrichtigung durch den Mitgliedstaat ein Verfahren nach Art. 117 AEUV einleiten, sofern sie von entsprechenden mitgliedstaatlichen Maßnahmen erfährt. Auch in diesem Fall kann sie Empfehlungen nach eigenständig eingeleiteten Maßnahmen aussprechen (dazu Rn. 8).[16]

E. Verfahren

I. Empfehlung der Kommission

5 Die Kommission fällt ihre Entscheidung, welche Maßnahmen ergriffen werden sollen, auf der Grundlage eines Konsultationsprozesses, in den sämtliche Mitgliedstaaten einbezogen werden. Im Falle einer zu befürchtenden Wettbewerbsverzerrung empfiehlt sie sämtlichen durch die mitgliedstaatlichen Regelungen betroffenen Mitgliedstaaten die zur Vermeidung der Verzerrung geeigneten Maßnahmen.[17] Bei der Empfehlung der Kommission handelt es sich um eine **Maßnahme der Rechtsangleichung**.[18] Diese kann entweder den Mitgliedstaat dazu veranlassen, auf die beabsichtigte Maßnahme zu verzichten, oder die anderen Mitgliedstaaten zu entsprechenden Änderungen ihrer Rechtsordnungen bewegen, durch welche die drohende Verzerrung aufgefangen würde.[19] Die Kommission muss den konsultierenden Mitgliedstaat unverzüglich in Kenntnis setzen, soweit keine hinreichenden Anhaltspunkte für eine mögliche Wettbewerbsverzerrung vorliegen. Sofern die Kommission dies in unangemessener Weise unterlässt, steht dem betreffenden Mitgliedstaat das Verfahren nach Art. 265 AEUV offen.[20]

---

[12] EuGH, Urt. v. 15.7.1964, Rs. 6/64 (Costa/ENEL), Slg. 1964, 1251 (1271).
[13] Vgl. EuGH, Urt. v. 12.6.1979, verb. Rs.181/78 u. 229/78 (van Paassen), Slg. 1979, 2063, 2078; Urt. v. 13.2.1984, Rs. C–5/84 (Direct Cosmetics/Commissioners of Customs and Excise), Slg. 1985, 631, Rn. 28; *Tietje*, in: Grabitz/Hilf/Nettesheim, EU, Art. 117 AEUV (März 2011), Rn. 2.
[14] *Tietje*, in: Grabitz/Hilf/Nettesheim, EU, Art. 117 AEUV (März 2011), Rn. 3; *Leible/Schröder*, in: Streinz, EUV/AEUV, Art. 117 AEUV, Rn. 4.
[15] *Leible/Schröder*, in: Streinz, EUV/AEUV, Art. 117 AEUV, Rn. 4; vgl. GA *Lagrange* Schlussantrag zu Rs. C–6/64 (Costa/ENEL), Slg. 1964, 1279, 1269 f.
[16] Vgl. GA *Lagrange*, Schlussantrag zu Rs. 6/64 (Costa/ENEL), Slg. 1964, 1279 (1296 f.); *Schwartz*, Zur Konzeption der Rechtsangleichung in der Europäischen Wirtschaftsgemeinschaft, FS Hallstein, 1966, S. 494.
[17] *Leible/Schröder*, in: Streinz, EUV/AEUV, Art. 117 AEUV, Rn. 6; *Tietje*, in Grabitz/Hilf/Nettesheim, EU, Art. 117 AEUV (März 2011), Rn. 6.
[18] *Tietje*, in: Grabitz/Hilf/Nettesheim, EU, Art. 117 AEUV (März 2011), Rn. 7; *Leible/Schröder*, in: Streinz, EUV/AEUV, Art. 117 AEUV, Rn. 6.
[19] *Leible/Schröder*, in: Streinz, EUV/AEUV, Art. 117 AEUV, Rn. 6.
[20] *Tietje*, in: Grabitz/Hilf/Nettesheim, EU, Art. 117 AEUV (März 2011), Rn. 6.

II. Verfahren im Falle der Verweigerung

Gem. Art. 117 AEUV verfügt die EU über **keine Kompetenz, Richtlinien zur Beseitigung einer Wettbewerbsverzerrung** zu erlassen. Für einen solchen Weg steht Art. 116 AEUV zur Verfügung. Für den Fall, dass trotz Durchführung des Verfahrens nach Art. 117 Abs. 1 AEUV eine Wettbewerbsverzerrung eintritt, ist der Anwendungsbereich von Art. 116 AEUV allerdings eingeschränkt.[21] Art. 117 Abs. 2 AEUV regelt den Fall, dass ein Mitgliedstaat entgegen der Empfehlung der Kommission, Rechtsvorschriften ändert oder erlässt und daraufhin eine beseitigungsbedürftige Wettbewerbsverzerrung eintritt. Gem. Art. 117 Abs. 2 Satz 1 AEUV können Richtlinien zur Beseitigung der Wettbewerbsverzerrung dann abweichend von Art. 116 AEUV ausschließlich gegen den verursachenden Mitgliedstaat gerichtet werden. Ein Tätigwerden gegenüber dritten Mitgliedstaaten ist insoweit ausgeschlossen.[22]

6

Soweit es trotz Beachtung der Empfehlung zu einer beseitigungsbedürftigen Wettbewerbsverzerrung kommt, findet Art. 116 AEUV uneingeschränkt Anwendung (Umkehrschluss aus Art. 117 Abs. 1 Satz 1. AEUV). Richtlinien können dann auf Art. 116 AEUV gestützt werden und dementsprechend entweder den verursachenden Mitgliedstaat oder dritte Mitgliedstaaten zu einer Rechtsänderung verpflichten.[23] Gleiches gilt, soweit eine Verzerrung eintritt, die Kommission aber irrtümlicher Weise keine Empfehlung ausgesprochen hat.[24]

7

Unklar ist, ob die Folgen des Art. 117 Abs. 2 Satz 1 AEUV auch eintreten, soweit ein **Mitgliedstaat es versäumt** hat, die Kommission von einer beabsichtigten Rechtsänderung **zu unterrichten** und dadurch eine Verzerrung eintritt. Z.T. wird eine entsprechende Anwendung des Art. 117 Abs. 2 Satz 2 AEUV für möglich gehalten, da es sich hinsichtlich der Auswirkung um zwei gleiche Verfehlungen des Mitgliedstaates handele. Allerdings fehlt es an einer planwidrigen Regelungslücke und einer Vergleichbarkeit der Sachverhalte. Zudem ist ausweislich des Wortlauts des Art. 117 Abs. 2 Satz 1 AEUV die Anwendbarkeit des Art. 116 AEUV nur für den Fall eingeschränkt, dass der Kommission zuvor eine Möglichkeit zur eingehenden Prüfung und Würdigung des Sachverhaltes eingeräumt wurde.[25]

8

F. Ausnahmen (Art. 117 Abs. 2 Satz 2 AEUV)

Art. 117 Abs. 2 Satz 2 AEUV regelt den Fall, dass ein Mitgliedstaat gegen die Empfehlung der Kommission Rechts- oder Verwaltungsvorschriften erlässt oder ändert und dadurch eine nach Art. 116 AEUV zu beseitigende Wettbewerbsverzerrung eintritt, die sich lediglich zu seinem Nachteil auswirkt. In diesem Fall ist eine entsprechende Anwendung von Art. 116 AEUV ausgeschlossen. Unbenommen bleibt der EU aber eine Harmonisierung aufgrund anderer Kompetenzgrundlagen (etwa Art. 114 AEUV).[26]

9

---

[21] *Leible/Schröder*, in: Streinz, EUV/AEUV, Art. 117 AEUV, Rn. 7.
[22] *Korte*, in: Calliess/Ruffert, EUV/AEUV, Art. 117 AEUV, Rn. 10.
[23] *Korte*, in: Calliess/Ruffert, EUV/AEUV, Art. 117 AEUV, Rn. 11.
[24] *Leible/Schröder*, in: Streinz, EUV/AEUV, Art. 117 AEUV, Rn. 9.
[25] So *Korte*, in: Calliess/Ruffert, EUV/AEUV, Art. 117 AEUV, Rn. 11; *Leible/Schröder*, in: Streinz, EUV/AEUV, Art. 117 AEUV, Rn. 10; *Tietje*, in: Grabitz/Hilf/Nettesheim, EU, Art. 117 AEUV (März 2011), Rn. 11.
[26] *Leible/Schröder*, in: Streinz, EUV/AEUV, Art. 117 AEUV, Rn. 8.

Artikel 118 AEUV [Schutz des geistigen Eigentums]

Im Rahmen der Verwirklichung oder des Funktionierens des Binnenmarkts erlassen das Europäische Parlament und der Rat gemäß dem ordentlichen Gesetzgebungsverfahren Maßnahmen zur Schaffung europäischer Rechtstitel über einen einheitlichen Schutz der Rechte des geistigen Eigentums in der Union sowie zur Einführung von zentralisierten Zulassungs-, Koordinierungs- und Kontrollregelungen auf Unionsebene.

Der Rat legt gemäß einem besonderen Gesetzgebungsverfahren durch Verordnungen die Sprachenregelungen für die europäischen Rechtstitel fest. Der Rat beschließt einstimmig nach Anhörung des Europäischen Parlaments.

Literatur:

Ann, Die Europäisierung des Markenrechts, ZEuP 2002, 5; *Arntz*, Weg frei für das Einheitspatent, EuZW 2015, 544; *Asmus*, Die Harmonisierung des Urheberpersönlichkeitsrechts in Europa, 2004; *Beier*, Stand und Aussichten der europäischen Rechtsvereinheitlichung auf dem Gebiete des gewerblichen Rechtsschutzes, GRUR Int. 1969, 145; *ders.*, Ziele und Leitgedanken des europäischen Markenrechts, GRUR Int. 1976, 363; *ders.*, Die Zukunft des geistigen Eigentums in Europa – Gedanken zur Entwicklung des Patent-, Gebrauchs- und Geschmacksmusterrechts, GRUR Int. 1990, 675; *van Benthem*, Das europäische Patentsystem und die europäische Integration, MittDPatAnw 1993, 151; *Bossung*, Rückführung des europäischen Patentrechts in die Europäische Union, GRUR Int. 1995, 923; *ders.*, The Return of European Patent Law to the European Union, IIC 27 1996, 287; *ders.*, Unionspatent statt Gemeinschaftspatent, GRUR Int. 2002, 463 ff., 575 ff.; *Brosinger/Fischer/Früh/Jaeger/Postl*, Europäische Union – Unterzeichnung des Reformvertrages von Lissabon, GRUR Int. 2008, 178; *dies.*, Der Reformvertrag von Lissabon – Immaterialgüterrechtliche/wettbewerbsrechtliche Aspekte, Briefing Paper, 2. Fassung (Stand: September 2008); *Bumiller*, Europäische Gerichtsbarkeit und europäische Verfahrensordnung für alle gemeinschaftlichen gewerblichen Schutzrechte?, ZIP 2002, 115; *Bungenberg*, Dynamische Integration, Art. 308 und die Forderung nach dem Kompetenzkatalog, EuR 2000, 879; *Cook*, EU Intellectual Property Law, 2010; *Drasch*, Die Rechtsgrundlagen des europäischen Einheitsrechts im Bereich des gewerblichen Eigentums (Art. 100 a, 235, 36 und 222 EGV), ZEuP 1998, 123; *Dreier/Leistner*, Urheberrecht im Internet: die Forschungsherausforderungen, GRUR 2014, Beilage 1/2014, 13; *Dybdahl-Müller*, Europäisches Patentrecht, 3. Aufl., 2009; *van Eechoud/Hugenholtz/van Gompe/Guibault/Helberger*, Harmonizing European Copyright Law – The Challenges of Better Lawmaking, Chapter 9: The Last Frontier: Territoriality, 2009, S. 307; *Eck*, Europäisches Einheitspatent und Einheitspatentgericht – Grund zum Feiern?, GRUR Int 2014, 114; *Eisenführ/Schennen*, Gemeinschaftsmarkenverordnung, 3. Aufl., 2010; *Ermer*, Die Weiterentwicklung des Patentschutzsystems in Europa, MittDPatAnw 2006, 145; *Fezer*, Grundprinzipien und Entwicklungslinien im europäischen und internationalen Markenrecht, WRP 1998, 1; *Fischer*, Perspektiven für ein europäisches Urheberrecht, 2014; *Gaster*, Das urheberrechtliche Territorialitätsprinzip aus Sicht des Europäischen Gemeinschaftsrechts, ZUM 2006, 8; *ders.*, Zum Stand der Arbeiten der EU an einer Reform des europäischen Patentwesens, MR-Int 2010, 1; *ders.*, Die EU-Patentreform – Entstehungsgeschichte und Grundzüge des Gesamtpakets zur Schaffung einheitlichen Patentschutzes, CR 2013, 69; *von der Groeben*, Rechtsangleichung auf dem Gebiet des gewerblichen Rechtsschutzes im Rahmen der Europäischen Wirtschaftsgemeinschaft, GRUR Int. 1959, 629; *Glombik*, Das Patent, VR 2014, 267; *Gronau*, Europäisches Urheberrecht – Weiterer Harmonisierungsbedarf oder ein einheitliches Europäisches Urheberrechtsgesetz?, 2010; *Gundel*, Die Europäische Gemeinschaft im Geflecht des internationalen Systems zum Schutz des geistigen Eigentums, ZUM 2007, 603; *Haberl/Schallmoser*, EU-Patent und einheitliches Europäisches Patentgerichtssystem, GRUR-Prax 2010, 23; *Haedicke/Grosch*, European Patents and the Draft Agreement on a European and European Union Patents Court, ZGE 2 (2010), 196; *Hilty*, Intellectual Property and the European Community's Internal Market Legislation – Copyright in the Internal Market, IIC 2004, 760; *ders./Jaeger/Lamping/Hanns*, The Unitary Patent Package: Twelve Reasons for Concern, Statement of the Max Planck Institute for Intellectual Property and Competition Law, 2012; *Hüttermann/Kupka*, Zur Rolle des Europäischen Gerichtshofs beim zukünftigen Einheitspatentsystem, MittdtschPatAnw 2015, 6; *Jung*, Gemeinschaftsmarke und Rechtsschutz, in: FS Everling, 1995, 611; *Kaiser*, Geistiges Eigentum und Gemeinschaftsrecht, 2004; *König*, Zur Harmonisierung des materiellen Patentrechts – ein dritter Weg, MittD-

PatAnw 1997, 340; *Kreile/Becker*, Neuordnung des Urheberrechts in der Europäischen Union, GRUR Int. 1994, 901; *Krieger*, Das Gemeinschaftspatent – ein Essential des europäischen Binnenmarkts, in: FS Everling, 1995, S. 701; *Kur/Dreier*, European Intellectual Property Law, 2013; *Leardini*, Das Grünbuch der Europäischen Kommission über das Gemeinschaftspatent und das Patentschutzsystem in Europa, MittDPatAnw 1997, 324; *Lehne*, Patent Initiative for a New European Patent Law, GRUR Int. 2006, 353; *Leistner*, Konsolidierung und Entwicklungsperspektive des Europäischen Urheberrechts, 2008; *Lerach*, Modernisierung des Europäischen Markensystems: Ein erster Blick auf den Vorschlag der EU-Kommission, GRUR-Prax 2013, 195; *Lucas*, Libres propos sur l'harmonisation communautaire du droit d'auteur et des droits voisins, in: FS Schricker, 2005, S. 435; *Ludwigs*, Die Kompetenzordnung der Europäischen Union im Vertragsentwurf über eine Verfassung in Europa, ZEuS 2004, 211; *Luginbühl*, Streitregelungsübereinkommen vs. Gemeinschaftspatent?, GRUR Int. 2004, 357; *ders.*, The Future of Centralised Patent Litigation in Europe: Between the EPLA and the EU Patent Judiciary, in: Leible/Ohly (Hrsg.), Intellectual Property and Private International Law, 2009, S. 231; *ders.*, Das europäische Patent mit einheitlicher Wirkung (Einheitspatent), GRUR Int. 2013, 305; *Mestmäcker*, Beiträge zum Urheberrecht, 2006; *Marten*, Die Reform des Unionsmarkensystems 2016, GRUR Int. 2016, 114; *Metzger*, Europäisches Urheberrecht ohne Droit moral? – Status quo und Perspektiven einer Harmonisierung des Urheberpersönlichkeitsrechts, in: FS Schricker, 2005, S. 455; *ders.*, Perspektiven des internationalen Urheberrechts – zwischen Territorialität und Ubiquität, JZ 2010, 929; *Mogel*, Europäisches Urheberrecht, 2001; *von Mühlendahl*, Koexistenz und Einheitlichkeit im europäischen Markenrecht, GRUR Int. 1976, 27; *ders.*, Das künftige Markenrecht der Europäischen Gemeinschaft, GRUR Int. 1989, 353; *Ohly*, Die Europäisierung des Designrechts, ZEuP 2004, 296; *ders.* Geistiges Eigentum? JZ 2003, 545; *Oser*, European Patent Litigation Agreement – Zulässigkeit und Zukunft einer Streitregelung für Europa, GRUR Int. 2006, 539; *Pagenberg*, Community Patent – Main Features and Comments, IIC 2003, 281; *ders.*, Die Zukunft nationaler Patentgerichte im System einer künftigen europäischen Gerichtsbarkeit, GRUR 2009, 314; *Peifer*, Das Territorialitätsprinzip im Europäischen Gemeinschaftsrecht vor dem Hintergrund der technischen Entwicklungen, ZUM 2006, 1; *ders.*, A Legal View of Selected Aspects and the Development of Digital Europe, GRUR Int. 2010, 671; *Probst/Wurzel*, Überblick über das Europäische Patentrecht, BayVBl. 2003, 229; *Reinbothe*, Der Stellenwert des geistigen Eigentums im Binnenmarkt, in: Schwarze/Becker (Hrsg.), Geistiges Eigentum und Kultur im Spannungsfeld von nationaler Regelungskompetenz und europäischem Wirtschafts- und Wettbewerbsrecht, 1998, S. 31; *ders.*, Geistiges Eigentum und die Europäische Gemeinschaft, ZEuP 2000, 5; *ders.*, Der acquis communautaire des Europäischen Urheberrechts: Stand und Entwicklung der Rechtsangleichung und Harmonisierungskonzept, in: Riesenhuber (Hrsg.), Systembildung im Europäischen Urheberrecht, 2007, S. 79; *Rosati*, Originality in US and UK Copyright Experiences as a Springboard for an EU-Wide Reform Debate, IIC 2010, 524; *Röttinger*, Das Urheberrecht in Rechtspolitik und Rechtsetzung der Europäischen Gemeinschaft – vom Handelshemmnis zum »Espace européen de la créativité«, UFITA 2001, 9; *Ruhl*, Gemeinschaftsgeschmacksmuster, 2. Aufl., 2010; *Sack*; Kritische Anmerkungen zur Regelung der Markenverletzungen in den Kommissionsvorschlägen für eine Reform des europäischen Markenrechts, GRUR 2013, 657 ff.; *Sack*, Kritische Anmerkungen zur Regelung der Markenverletzungen in den Kommissionsvorschlägen für eine Reform des europäischen Markenrechts, GRUR 2013, 657; *Schack*, Europäisches Urheberrecht im Werden, ZEuP 2000, 799; *ders.*, Europäische Urheberrechtsverordnung: erwünscht oder unvermeidlich?, in: Leistner (Hrsg.), Europäische Perspektiven des Geistigen Eigentums, 2010, S. 173; *Schade*, Das Streitregelungssystem zum Gemeinschaftspatent nach dem Verordnungs-Vorschlag der Kommission, GRUR 2000, 827; *Schäfers*, Anmerkungen zu einem gemeinschaftsrechtlichen Gemeinschaftspatent, GRUR 1999, 820; *Schieble*, Die Kompetenz der Europäischen Gemeinschaft für die Harmonisierung des Urheberrechts im Zeitalter der Informationsgesellschaft, 2003; *Schippan*, Die Harmonisierung des Urheberrechts in Europa im Zeitalter von Internet und digitaler Technologie, 1999; *Schricker/Bastian/Knaak*, Gemeinschaftsmarke und Recht der EU-Mitgliedstaaten, 2006; *Sichel*, Das Gemeinschaftspatentübereinkommen und TRIPS, 2007; *Streinz*, Primärrechtliche Grundlagen des Europäischen Urheberrechts, in: Riesenhuber (Hrsg.), Systembildung im Europäischen Urheberrecht, 2007, S. 11; *Sydow*, Die Ausdifferenzierung des Gerichtssystems der EU – Zur Struktur der künftigen europäischen Patentgerichtsbarkeit, GRUR 2001, 689; *Tilmann*, Grundfragen des EWG-Markenrechts, GRUR Int. 1979, 20; *ders.*, Patentschutzsystem in Europa, GRUR 1998, 325; *ders.*, Gemeinschaftspatent mit einem zentralen Gericht, GRUR Int. 2003, 381; *ders.*, Das europäische Zivilrecht des gewerblichen Rechtsschutzes, ZEuP 2004, 672; *ders.*, Glücklich im Hafen: das Einheitspatent, GRUR 2015, 527; *Tritton*, Intellectual Property in Europe, 3. Aufl., 2008; *Walter/von Lewinski* (Hrsg.), European Copyright Law, 2. Aufl., 2010; *Wichard*, Europäisches Markenrecht zwischen Territorialität und Binnenmarkt, ZEuP 2002, 23; *Würfel*, Europarechtliche Möglichkeiten einer Gesamtharmonisierung des Urheberrechts, 2005.

Leitentscheidungen

EuGH, Urt. v. 28. 6.1971, Rs. 78/70 (Deutsche Grammophon/Metro SB), Slg. 1971, 487
EuGH, Urt. v. 31. 10.1974, Rs. 16/74 (Centrafarm), Slg. 1974, 1183
EuGH, Urt. v. 13. 7.1995, Rs. C–350/92 (Spanien/Rat), Slg. 1995, I–1985
EuGH, Urt. v. 9. 10. 2001, Rs. C–377/98 (Niederlande/Parlament und Rat), Slg. 2001, I–7079
EuGH, Urt. v. 9. 9. 2003, Rs. C–361/01 (Kik/Harmonisierungsamt für den Binnenmarkt), Slg. 2003, I–8309
EuGH, Urt. v. 16. 4. 2013, verb. Rs. C–274/11 u. C–295/11 (Spanien und Italien/Rat), ECLI:EU:C:2013:240
EuGH, Urt. v. 5. 5. 2015, verb. Rs. C–146/13 u. 147/13 (Spanien/Rat), ECLI:EU:C:2015:298
EuGH, Gutachten 1/94 vom 15.11.1994 (Zuständigkeit der Gemeinschaft für den Abschluss völkerrechtlicher Abkommen auf dem Gebiet der Dienstleistungen und des Schutzes des geistigen Eigentums), Slg. 1994, I–5267
EuGH, Gutachten 1/09 P vom 8. 3. 2011 (Einheitliches Patentgerichtssystem), Slg. 2011, I–1137

Wesentliche sekundärrechtliche Vorschriften

Verordnung (EU) Nr. 2015/2424 vom 16. 12. 2015 zur Änderung der Verordnung (EG) Nr. 207/2009 des Rates über die Gemeinschaftsmarke und der Verordnung (EG) Nr. 2868/95 der Kommission zur Durchführung der Verordnung (EG) Nr. 40/94 des Rates über die Gemeinschaftsmarke und zur Aufhebung der Verordnung (EG) Nr. 2869/95 der Kommission über die an das Harmonisierungsamt für den Binnenmarkt (Marken, Muster und Modelle) zu entrichtenden Gebühren, ABl. 2015, L 341/21
Verordnung (EU) Nr. 1257/2012 vom 17. 12. 2012 über die Umsetzung der Verstärkten Zusammenarbeit im Bereich der Schaffung eines einheitlichen Patentschutzes, ABl. 2012, L 361/1
Verordnung (EU) Nr. 1260/2012 vom 17. 12. 2012 über die Umsetzung der verstärkten Zusammenarbeit im Bereich der Schaffung eines einheitlichen Patentschutzes im Hinblick auf die anzuwendenden Übersetzungsregelungen, ABl. 2012, L 361/89
Verordnung (EG) Nr. 15/2008 vom 20. 12. 2007 zur Änderung der Verordnung (EG) Nr. 2100/94 bezüglich der Berechtigung zur Stellung des Antrags auf gemeinschaftlichen Sortenschutz, ABl. 2008, L 8/2
Verordnung (EG) Nr. 6/2002 vom 12. 12. 2001 über das Gemeinschaftsgeschmacksmuster, ABl. 2002, L 3/1
Übereinkommen über ein Einheitliches Patentgericht, ABl. 2013, C 175/01

Inhaltsübersicht

	Rn.
A. Übersicht	1
I. Unionaler Binnenmarkt und geistiges Eigentum	4
II. Entwicklung der Unionskompetenzen im Bereich des geistigen Eigentums	9
B. Europäische Rechtstitel	14
I. Begriff	15
II. Stand der Entwicklung in den einzelnen Referenzgebieten	19
1. Patentrecht	19
2. Urheberrecht	23
3. Markenrecht	24
III. Zentralisierte Zulassungs-, Koordinierungs- und Kontrollregelungen	26
C. Weitere Voraussetzungen der Vorschrift	28
I. Verwirklichung des Binnenmarktes	28
II. Sonstige Voraussetzungen für ein Tätigwerden der EU und verstärkte Zusammenarbeit	29
D. Verfahren	30
I. Ordentliches Gesetzgebungsverfahren	30
II. Besonderes Gesetzgebungsverfahren im Rahmen der Sprachenregelungen	31
E. Ausblick	33

A. Übersicht

Art. 118 AEUV enthält eine **Kompetenz der EU** zur Schaffung europäischer Rechtstitel über einen einheitlichen **Schutz der Rechte des geistigen Eigentums**, die auf Art. III–176 EVV zurückgeht.[1] Angesichts der enormen Bedeutung dieses Bereichs und den recht unterschiedlichen Ansätzen in den Mitgliedstaaten wollte schon der Europäische Konvent eine solche einheitliche Kompetenzgrundlage für Rechte des geistigen Eigentums schaffen.[2] Vor diesem Hintergrund soll die Vorschrift eine **kompetenzielle Konsolidierungs- und Klarstellungsfunktion** erfüllen. Sie fungiert nunmehr als Dreh- und Angelpunkt für alle Fragen rund um die inzwischen weit vorangeschrittene **Europäisierung der Rechte des geistigen Eigentums** bzw. der Schaffung **originärer europäischer Rechtstitel** in diesem Bereich.[3]

1

Während Art. 118 Abs. 1 AEUV zur Schaffung der entsprechenden europäischen Rechtstitel ermächtigt (dazu Rn. 14) sowie zur Einführung von zentralisierten Zulassungs-, Koordinierungs- und Kontrollregelungen auf Unionsebene (s. Rn. 26), enthält Art. 118 Abs. 2 AEUV eine verfahrensrechtliche Spezialregelung für die entsprechenden **Sprachenregelungen**, die vor dem Hintergrund der in diesem Bereich gesammelten – mitunter schwierigen – Erfahrungen zu sehen ist (s. Rn. 31).

2

Art. 118 AEUV ist ein wichtiger Bestandteil des unionalen Kompetenzgefüges zur Verwirklichung und Sicherung der Funktionsfähigkeit des Binnenmarkts und unterfällt somit der **geteilten Zuständigkeit der EU** (vgl. Art. 4 Abs. 2 Buchst. a AEUV).[4] Hieraus folgt, dass soweit die EU ihre Kompetenzen in diesem Bereich wahrnimmt, die Mitgliedstaaten ihre Zuständigkeit nicht ausüben dürfen (Art. 2 Abs. 2 AEUV). Diese Kompetenzausübung wird indes durch das **Subsidiaritäts- und Verhältnismäßigkeitsprinzip** beschränkt.[5] Solange die EU aber von der Kompetenz des Art. 118 AEUV keinen Gebrauch macht, können die Mitgliedstaaten entsprechende Rechtsakte erlassen. Trotz des Harmonisierungsverbots im Bereich der Kultur gem. Art. 167 Abs. 5 AEUV, stellt diese Norm keine Grenze für Maßnahmen nach Art. 118 Abs. 1 AEUV im Bereich des Urheberrechts dar.[6] Auch hindert Art. 345 AEUV, der die mitgliedstaatliche Eigentumsordnung sichert, die EU nicht, entsprechende Maßnahmen zu erlassen.[7] Diese Vorschrift steht einer unionsrechtlichen Überformung von Eigentumsrechten nicht entgegen, sondern garantiert lediglich den jeweiligen Bestand der Eigentumsordnung in den Mitgliedstaaten als solche.[8]

3

---

[1] Zur Genese der Vorschrift s. etwa *Gaster*, in: GSH, Europäisches Unionsrecht, Art. 118 AEUV, Rn. 8 ff.

[2] *Holzmüller*, in: Schwarze, EU-Kommentar, Art. 118 AEUV, Rn. 1 weist darauf hin, dass es auch darum ging, spezielle Kompetenzgrundlagen zu schaffen, um die Bedeutung des Art. 352 AEUV einzugrenzen.

[3] Eingehend zur Europäisierung des Rechts des geistigen Eigentums s. etwa *Ann*, ZEuP 2002, 5 ff.; *Kur/Dreier*, European Intellectual Property Law, 2013; *Metzger*, JZ 2010, 929 ff.; *Ohly*, JZ 2004, 296 ff.; *Tilmann*, ZEuP 2004, 672 ff.; *Würfel*, Europarechtliche Möglichkeiten, 2005.

[4] EuGH, Urt. v. 16.4.2013, C–274/11 und C–295/11 (Spanien und Italien/Rat), ECLI:EU:C:2013:240, Rn. 25; EuGH, Urt. v. 5.5.2015, verb. Rs. C–146/13 u. 147/13 (Spanien/Rat), ECLI:EU:C:2015:298, Rn. 40.

[5] *Kotzur*, in: Geiger/Khan/Kotzur, EUV/AEUV, Art. 2 AEUV, Rn. 5.

[6] *Gaster*, in: GSH, Europäisches Unionsrecht, Art. 118 AEUV, Rn. 19; a. A. offenbar *Holzmüller*, in: Schwarze, EU-Kommentar, Art. 118 AEUV, Rn. 25.

[7] *Holzmüller*, in: Schwarze, EU-Kommentar, Art. 118 AEUV, Rn. 19 m. w. N.

[8] *Stieper*, in: Grabitz/Hilf/Nettesheim, EU, Art. 118 (August 2015), Rn. 28.

I. Unionaler Binnenmarkt und geistiges Eigentum

4 Rechte des geistigen Eigentums unterliegen traditionell dem **sog. Territorialitätsprinzip**, d. h., dass ihre Schutzwirkung nur im Rahmen der jeweiligen nationalen Rechtsordnung besteht.[9] Daraus folgt zwangsläufig, dass eine Vielzahl an gewerblichen Schutzrechten existiert, sodass in jedem Staat (bzw. Mitgliedstaat) gesonderte Erteilungsverfahren bzw. Hinterlegungen durchgeführt werden müssen.[10] Mögen solche Prinzipien aus der Sicht einzelner Staaten folgerichtig sein, führen sie aber aus der Sicht des **unionalen Binnenmarktprinzips** (Art. 3 Abs. 3 Satz 1 EUV, Art. 26 AEUV) zu erheblichen Problemen. Aus der Perspektive des Unionsrechts stellt ein **Pluriversum nationaler Vorschriften zum Schutz des geistigen Eigentums** seit jeher ein gewichtiges Hindernis für den freien Warenverkehr dar.[11]

5 Um eine Abschottung der nationalen Märkte durch das Nebeneinander verschiedener mitgliedstaatlicher Immaterialgüterrechtsregime zu verhindern, hatte der EuGH bereits 1971 aus der **Warenverkehrsfreiheit (heute Art. 34 AEUV)** das »**Prinzip der gemeinschaftsweiten Erschöpfung**« abgeleitet. In seinem grundlegenden Urteil Deutsche Grammophon/Metro SB führt der EuGH hierzu aus:
»Wird ein dem Urheberrecht verwandtes Schutzrecht benützt, um in einem Mitgliedstaat den Vertrieb von Waren, die vom Rechtsinhaber oder mit seiner Zustimmung im Hoheitsgebiet eines anderen Mitgliedstaats in Verkehr gebracht worden sind, allein deshalb zu verbieten, weil dieses Inverkehr-bringen nicht im Inland erfolgt ist, so verstößt ein solches die Isolierung der nationalen Märkte aufrecht erhaltendes Verbot gegen das wesentliche Ziel des Vertrages, den Zusammenschluß der nationalen Märkte zu einem einheitlichen Markt. Dieses Ziel wäre nicht zu erreichen, wenn Privatpersonen aufgrund der verschiedenen Rechtssysteme der Mitgliedstaaten die Möglichkeit hätten, den Markt aufzuteilen und willkürliche Diskriminierungen oder verschleierte Beschränkungen im Handel zwischen den Mitgliedstaaten herbeizuführen.«[12]
Aus dem Prinzip der gemeinschaftsweiten Erschöpfung folgt so, dass Inhaber von Immaterialgüterrechten den Vertrieb von Erzeugnissen in einem Mitgliedstaat nicht verbieten können, soweit sie unter Zustimmung des Rechteinhabers in einem anderen Mitgliedstaat in Verkehr gebracht worden sind.[13] Dieses Prinzip hat zumindest die **Verkehrsfähigkeit von Produkten im Binnenmarkt** zu guten Teilen sichergestellt. Allerdings gewährte das Unionsrecht in Art. 36 AEUV schon immer Ausnahmen von der Anwendung des Art. 34 AEUV zugunsten mitgliedstaatlicher Regelungen zum Schutz des »gewerblichen und kommerziellen Eigentums«.

6 Das Austarieren des unionsrechtlichen Grundsatzes des freien Warenverkehrs mit den in **Art. 36 AEUV** enthaltenen Ausnahmen zum **Schutz des »gewerblichen und kommerziellen Eigentums«** ist folglich eine Kernaufgabe der Binnenmarktpolitik.[14] Nach

---

[9] *Stieper*, in: Grabitz/Hilf/Nettesheim, EU, Art. 118 AEUV (August 2015), Rn. 4; *Wichard*, ZEuP 2002, 23 (27); *Ohly*, ZEuP 2004, 296 ff.; *Gaster*, ZUM 2006, 8 f.; *Metzger*, JZ 2010, 929 f.
[10] *Stieper*, in: Grabitz/Hilf/Nettesheim, EU, Art. 118 AEUV (August 2015), Rn. 4; *Gaster*, in: GSH, Europäisches Unionsrecht, Art. 118 AEUV, Rn. 19.
[11] Schon früh dazu etwa *von der Groeben*, GRUR Int. 1959, 629 f.; s. auch *Reinbothe*, ZEuP 2000, 5 (8 f.).
[12] EuGH, Urt. v. 8.7.1971, Rs. 78/70 (Deutsche Grammophon/Metro SB), Slg. 1971, 487, Rn. 12.
[13] EuGH, Urt. v. 8.7.1971, Rs. 78/70 (Deutsche Grammophon/Metro SB), Slg. 1971, 487, Rn. 13 f.; *Stieper*, in: Grabitz/Hilf/Nettesheim, EU, Art. 118 AEUV (August 2015), Rn. 5; *Strauss*, EnzEuR, Bd. 4, § 18, Rn. 4.
[14] *Reinbothe*, ZEuP 2000, 5 (9).

Ansicht des EuGH darf die Reichweite des nationalen Schutzes von Immaterialgüterrechten nicht über dasjenige hinausgehen, was zum Schutz des »spezifischen Gegenstands« des jeweiligen Eigentumsrechts erforderlich ist.[15] Umgekehrt erkennt er aber auch an, dass der **Schutz des geistigen Eigentums ein »wesentliches Kriterium für den Erfolg des Binnenmarkts«**[16] ist, dem »ein wichtiger, eigenständiger Stellenwert zukommt bei der Verwirklichung der Ziele der Europäischen Union«.[17]

Diese Aufgabe ist komplex, denn es liegt auf der Hand, dass sich **unterschiedliche mitgliedstaatliche Vorschriften zum Schutz des geistigen Eigentums** im Binnenmarkt regelmäßig wettbewerbsverzerrend auswirken.[18] Eine Möglichkeit der Abhilfe liegt hier in einer Harmonisierung der entsprechenden nationalen Vorschriften im Bereich des geistigen Eigentums.[19] Ein solcher Ansatz reicht aber zumeist nicht aus, denn solche Harmonisierungsmaßnahmen könnten zwar Mindeststandards schaffen, alle Ursachen für die Beeinträchtigung des freien Warenverkehrs würden sie gleichwohl nicht immer beseitigen. Denn diese ergeben sich nicht nur aus den Unterschieden der nationalen Rechtsordnungen, sondern auch aus dem **Territorialitätsprinzip** und der damit einhergehenden Koexistenz nationaler Rechte.[20] Das den Binnenmarkt behindernde Prinzip der Territorialität der Schutzrechte bleibt also trotz Angleichung nationaler Vorschriften regelmäßig bestehen.[21]

Dieses Problem kann letztlich nur durch die **Einführung originär europäischer Rechtstitel** im Bereich des geistigen Eigentums gelöst werden.[22] Hierbei stand in den letzten Jahren insbesondere der Bereich des **Patentrechts** im Vordergrund, der bis dahin kaum durch das Unionsrecht vorgeformt wurde.[23] Dagegen kennt das Unionsrecht schon längere Zeit europäische Rechtstitel im Bereich der **Marken**,[24] **Geschmacksmuster**[25] und **Sorten**.[26]

II. Entwicklung der Unionskompetenzen im Bereich des geistigen Eigentums

Trotz langjähriger Bemühungen um einen einheitlichen Ansatz im Bereich des Immaterialgüterrechts, sahen weder der EGV noch der EUV eine ausdrückliche Rechtsetzungskompetenz der Union auf dem Gebiet des geistigen Eigentums vor.[27] Rechte des

---

[15] EuGH, Urt. v. 31.10.1974, Rs. 16/74 (Centrafarm), Slg. 1974, 1183, Rn. 7; EuGH, Urt. v. 22.6.76, Rs. 119/75 (Terraoin/Terranova), Slg. 1976, 1039, Rn. 5; EuGH, Urt. v. 22.1.1981, Rs. 58/80 (Dansk Supermarked/Imerco), Slg. 1981, 181, Rn. 11.
[16] Erwägungsgrund 1 der Richtlinie 2004/48/EG vom 29.4.2004 zur Durchsetzung der Rechte des geistigen Eigentums, ABl. 2004, L 157/45.
[17] *Reinbothe*, in: Schwarze/Becker, Geistiges Eigentum und Kultur, S. 37.
[18] So bereits früh *von der Groeben*, GRUR Int. 1959, 629 f.
[19] *Stieper*, in: Grabitz/Hilf/Nettesheim, EU, Art. 118 AEUV (August 2015), Rn. 6.
[20] *Wichard*, in: Calliess/Ruffert, EUV/AEUV, Art. 118 AEUV, Rn. 4.
[21] So bereits *von der Groeben*, GRUR Int. 1959, 629 (631).
[22] *Stieper*, in: Grabitz/Hilf/Nettesheim, EU, Art. 118 AEUV (August 2015), Rn. 8.
[23] Eingehend zur Entwicklungsgeschichte *Straus*, EnzEuR, Bd. 4, § 18, Rn. 23 ff.
[24] VO (EG) Nr. 40/94 vom 20.12.1993 über die Gemeinschaftsmarke, nunmehr in der VO (EG) Nr. 207/2009 kodifiziert, ABl. 2009, L 78/1.
[25] VO (EG) Nr. 6/2002 vom 12.12.2001 über das Gemeinschaftsgeschmacksmuster, ABl. 2002, L 3/1, zuletzt geändert durch Anh. III 2. III. ÄndEU-BeitrAkt 2013 v. 9.12.2011, ABl. 2012, L 112/21.
[26] VO (EG) Nr. 2100/94 vom 27.7.1994 über den gemeinschaftlichen Sortenschutz, ABl. 1994, L 227/1, zuletzt geändert durch VO (EG) Nr. 15/2008 v. 20.12.2007, ABl. 2008, L 8/2.
[27] *Stieper*, in: Grabitz/Hilf/Nettesheim, EU, Art. 118 AEUV (August 2015), Rn. 1, eingehend auch *Drasch*, ZEuP 1998, 123 ff.; hierzu kritisch *Jung*, FS Everling, S. 626 f.; *Bossung*, GRUR Int. 1995, 923 (934).

geistigen Eigentums wurden lediglich in **Art. 36 EWGV** (als Ausnahme von den Regelungen des freien Warenverkehrs,[28] s. o. Rn. 5 f.) sowie – seit dem Vertrag von Amsterdam – in **Art. 133 Abs. 5 EGV** erwähnt.[29]

10 Gleichwohl war schon immer anerkannt, dass die EG im Rahmen der binnenmarktrechtlichen Harmonisierungskompetenzen gem. **Art. 100 und 100a EGV-Maastricht (bzw. Art. 94 und 95 EGV-Nizza)** zum Erlass der zur Verwirklichung des Binnenmarktes erforderlichen Maßnahmen befugt war.[30] Allerdings stellte der EuGH in seinem Gutachten 1/94[31] und nachfolgenden Entscheidungen[32] klar, dass die Union im Bereich des geistigen Eigentums zwar über eine Kompetenz zur Harmonisierung nationaler Rechtsvorschriften verfügt; insbesondere Art. 95 EGV konnte so nur zur Angleichung mitgliedstaatlicher Vorschriften im Bereich des geistigen Eigentums herangezogen werden, nicht aber als Grundlage zur Schaffung neuer europäischer Rechtstitel in diesem Bereich dienen.[33] Die Einführung des Art. 118 AEUV stellt letztlich eine unmittelbare Reaktion auf die Rechtsprechung des EuGH zu Fragen der Unionskompetenzen in diesem Bereich dar.[34]

11 Zwar bot der mit dem Vertrag von Nizza eingefügte **Art. 229a EGV** (heute Art. 262 AEUV) die Möglichkeit, zusätzliche Zuständigkeiten des EuGH im Bereich der »europäischen Rechtstitel für das geistige Eigentum« zu begründen, eine Kompetenz diese Titel zu schaffen, verkörpert diese Vorschrift dagegen nicht.[35] Die EU hat von der Möglichkeit des Art. 262 AEUV allerdings bis heute keinen Gebrauch gemacht. Es scheint vielmehr so zu sein, dass sich derzeit neuartige judikative Strukturen jenseits dieser Evolutivklausel entwickeln, insbesondere im Bereich des Patentrechts (dazu Rn. 19 ff.).

12 Aufgrund des Fehlens entsprechender Kompetenzgrundlagen wurden die bis dahin im Unionsrecht eingeführten Rechtstitel zum Schutz des geistigen Eigentums (also insbesondere die durch die Verordnungen zur Schaffung der Gemeinschaftsmarke,[36] des Gemeinschaftsgeschmacksmusters[37] sowie des Gemeinschaftssortenrechts[38] geschaffenen Titel) auf der Grundlage der sog. **Flexibilitätsklausel des Artikels 308 EGV (heutiger Art. 352 AEUV)** erlassen.[39] Art. 308 EGV sah vom gewöhnlichen Legislativverfahren abweichende Abstimmungs- und Verfahrensvorschriften vor.[40] Daraus folgte für die

---

[28] Dazu *Leible/Streinz*, in: Grabitz/Hilf/Nettesheim, EU, Art. 36 AEUV (Januar 2015), Rn. 32 ff.
[29] *Straus*, EnzEuR, Bd. 4, § 18, Rn. 7; *Stieper*, in: Grabitz/Hilf/Nettesheim, EU, Art. 118 AEUV (August 2015), Rn. 1; *Reinbothe*, ZeuP 2000, 5 (21 ff.).
[30] *Stieper*, in: Grabitz/Hilf/Nettesheim, EU, Art. 118 AEUV (August 2015), Rn. 2; *Reinbothe*, ZEuP 2000, 5 (9).
[31] EuGH, Gutachten 1/94 vom 15.11.1994 – Zuständigkeit der Gemeinschaft für den Abschluss völkerrechtlicher Abkommen auf dem Gebiet der Dienstleistungen und des Schutzes des geistigen Eigentums, Slg. 1994, I–5267, Rn. 59.
[32] EuGH, Urt. v. 13.7.1995, Rs. C–350/92 (Spanien/Rat), Slg. 1995, I–1985, Rn. 27; EuGH, Urt. v. 9.10.2001, Rs. C–377/98 (Niederlande/Parlament und Rat), Slg. 2001, I–7079, Rn. 24.
[33] *Gaster*, in: GSH, Europäisches Unionsrecht, Art. 118 AEUV, Rn. 1; s. auch *Borchardt*, in: Lenz/Borchardt, EU-Verträge, Art. 118 AEUV, Rn. 1 m. w. N.
[34] *Gaster*, in: GSH, Europäisches Unionsrecht, Art. 118 AEUV, Rn. 1.
[35] *Terhechte*, in: Grabitz/Hilf/Nettesheim, EU, Art. 262 AEUV (Mai 2014), Rn. 8 ff.
[36] VO (EG) Nr. 207/2009 des Rates vom 26.2.2009 über die Gemeinschaftsmarke, ABl. 2009, L 78/1 (kodifizierte Fassung der VO (EG) Nr. 40/94).
[37] VO (EG) Nr. 6/2002 des Rates vom 12.12.2001 über das Gemeinschaftsgeschmacksmuster, ABl. 2002, L 3/1.
[38] VO (EG) Nr. 2100/94 des Rates vom 27.7.1994 über den gemeinschaftlichen Sortenschutz, ABl. 1994, L 227/1.
[39] *Gaster*, in: GSH, Europäisches Unionsrecht, Art. 118 AEUV, Rn. 4.
[40] Eingehend dazu *Bungenberg*, EuR 2000, 879 ff.

entsprechenden Verordnungsvorschläge zur Schaffung gemeinschaftlicher Schutzrechtstitel ein Einstimmigkeitserfordernis im Rat; das Europäische Parlament wurde dagegen lediglich angehört.⁴¹ Seit dem Inkrafttreten des Lissabonner Vertrags ist Art. 118 AEUV lex specialis zu Art. 352 AEUV.⁴²

Mit dem **Vertrag von Lissabon** wurde die Kompetenzlage für den Erlass von Maßnahmen zum Schutz des geistigen Eigentums auf Unionsebene nunmehr eindeutig geregelt: Während Art. 118 AEUV eine genuine **Rechtsetzungskompetenz** der EU zur Schaffung unionaler Rechtstitel zum Schutz des geistigen Eigentums enthält,⁴³ sieht Art. 262 AEUV auch weiterhin die Möglichkeit vor, neue Zuständigkeiten des EuGH in diesem Bereich zu begründen.⁴⁴ Darüber hinaus bietet Art. 17 Abs. 2 GRCh grundrechtlichen Schutz für das geistige Eigentum auf der Ebene des Unionsrechts (»Geistiges Eigentum wird geschützt«).⁴⁵ Schließlich ermächtigt Art. 207 Abs. 1 AEUV die EU zum Abschluss völkerrechtlicher Verträge über handelsbezogene Aspekte des geistigen Eigentums.⁴⁶ Angesichts des weiten Umfangs des Art. 118 AEUV und dem unionsrechtlichen Grundsatz, dass sich Innen- und Außenkompetenzen spiegeln,⁴⁷ dürfte aber die internationale Einbettung des unionalen Rechts des geistigen Eigentums künftig stärker auf Art. 118 AEUV gestützt werden, da Art. 207 AEUV im Kontext der Gemeinsamen Handelspolitik insoweit deutlich enger gefasst ist.⁴⁸

13

B. Europäische Rechtstitel

Gem. Art. 118 AEUV verfügt die EU über eine Kompetenz, europäische Rechtstitel über einen einheitlichen Schutz der Rechte des geistigen Eigentums zu schaffen. Entscheidend für den Umfang der Kompetenz ist damit die Frage, welche Bereiche hiervon erfasst sind bzw. welche europäischen Rechtstitel die EU konkret schaffen darf (dazu Rn. 15 ff.). Es liegt hierbei auf der Hand, dass der Begriff der europäischen Rechtstitel einer genuin unionsrechtlichen Auslegung bedarf.

14

I. Begriff

Allgemein bezieht sich der Begriff des »geistigen Eigentums« zunächst auf **alle Immaterialgüterrechte**. Hierbei handelt es sich nach allgemeiner Auffassung um die einem Rechteinhaber zustehenden ausschließlichen Rechte an Leistungen und Schöpfungen.⁴⁹

15

---

⁴¹ *Gaster*, in: GSH, Europäisches Unionsrecht, Art. 118 AEUV, Rn. 6.
⁴² *Stieper*, in: Grabitz/Hilf/Nettesheim, EU, Art. 118 AEUV (August 2015), Rn. 3; *Bings*, in: Streinz, EUV/AEUV, Art. 118 AEUV, Rn. 17; *Holzmüller*, in: Schwarze, EU-Kommentar, Art. 118 AEUV, Rn. 15.
⁴³ *Bings*, in: Streinz, EUV/AEUV, Art. 118 AEUV, Rn. 2.
⁴⁴ Dazu *Terhechte*, in: Grabitz/Hilf/Nettesheim, EU, Art. 262 AEUV (Mai 2014), Rn. 8 ff.
⁴⁵ Eingehend dazu *Torremans*, in: Peers/Hervey/Kenner/Ward, EU Charter of Fundamental Rights, Art. 17 (2), Rn. 34 ff.; *Wollenschläger*, in: GSH, Europäisches Unionsrecht, Art. 17 GRC, Rn. 39 ff.; *Streinz*, in: Streinz, EUV/AEUV, Art. 17 GRCH, Rn. 24; *Straus*, EnzEuR, Bd. 4, § 18, Rn. 11.
⁴⁶ Vgl. *Nettesheim/Duvigneau*, in: Streinz, EUV/AEUV, Art. 207 AEUV, Rn. 8.
⁴⁷ EuGH, Urt. v. 31.3.1971, Rs. 22/70 (AETR), Slg. 1971, 263; *Terhechte*, in: Schwarze, EU-Kommentar, Art. 216 AEUV, Rn. 7.
⁴⁸ So auch *Holzmüller*, in: Schwarze, EU-Kommentar, Art. 118 AEUV, Rn. 29.
⁴⁹ *Gaster*, in: GSH, Europäisches Unionsrecht, Art. 118 AEUV, Rn. 17.

Der Begriff des geistigen Eigentums wird allerdings weder im EUV noch im AEUV definiert,[50] und zudem auch in den Mitgliedstaaten uneinheitlich ausgelegt.[51] Sicher ist, dass hier zwei Bereiche im Zentrum der Diskussion stehen: Zum einen **gewerbliche Schutzrechte**, worunter alle sog. Registerrechte fallen (also Patenrechte, Markenrechte, Gebrauchs- und Geschmacksmuster) und zum anderen das **Urheberrecht**, das in erster Linie kulturelle Leistungen schützt (dazu Rn. 23).[52]

16 Aufgrund der unterschiedlichen Verständnisse in den Mitgliedstaaten bedarf der Begriff des geistigen Eigentums einer **unionsautonomen Auslegung**.[53] Hierbei ist insbesondere umstritten, ob hierunter auch das Urheberrecht fällt. Teilweise wird in diesem Zusammenhang davon ausgegangen, dass Art. 118 AEUV primär auf den Bereich des **gewerblichen Rechtsschutzes** ziele und damit das **Urheberrecht** vom Anwendungsbereich des Art. 118 AEUV ausgenommen sei.[54] Dies folge schon daraus, dass das Ziel des Art. 118 AEUV in der Verwirklichung des Binnenmarktes liege. Da Urheberrechte aber sowohl eine wirtschaftliche als auch eine **kulturelle Bedeutung** aufweisen, könne Art. 118 AEUV zumindest nicht alle Dimensionen von Urheberrechten umfassen; dies gelte in besonderer Weise für das Urheberpersönlichkeitsrecht.[55] Nach zutreffender Ansicht, die insbesondere die wirtschaftlichen Dimensionen des Urheberrechts im Kontext des Binnenmarktziels im Blick hat, bestehen in diesem Zusammenhang aber keine Kompetenzbeschränkungen.[56]

17 Die Diskussion über die Ausnahme des Urheberrechts von Art. 118 AEUV ist auch vor dem Hintergrund zu sehen, dass das Urheberrecht kraft Gesetzes mit dem Schöpfungsakt entsteht und eine Registereintragung nicht erforderlich ist. Diskutiert wird insofern, ob die **Eintragungsfähigkeit eines Immaterialgüterrechts** eine ungeschriebene Voraussetzung dafür ist, dass das betroffene Recht ein europäischer Rechtstitel i. S. v. Art. 118 AEUV sein kann.[57] Eine wie auch immer zu definierende Bedingung der Registerfähigkeit eines zu schaffenden Rechtstitels ergibt sich jedoch nicht aus dem Wortlaut des Art. 118 AEUV. Vielmehr sieht Art. 118 AEUV generell die Schaffung europäischer Rechtstitel vor, ohne zwischen unterschiedlichen Ausprägungen des geistigen Eigentums zu differenzieren.[58]

18 Hinweise für eine weite Auslegung des Begriffs »geistiges Eigentum« liefert auch die Erklärung der Kommission zu Art. 2 der RL 2004/48/EG zur Durchsetzung der Rechte des geistigen Eigentums.[59] Diese enthält eine – freilich nicht abschließende – Aufzählung

---

[50] Allgemein zum Begriff des geistigen Eigentums *Ohly*, JZ 2003, 545 ff.; *Straus*, EnzEuR, Bd. 4, § 18, Rn. 1.
[51] *Bings*, in: Streinz, EUV/AEUV, Art. 118 AEUV, Rn. 5.
[52] *Bings*, in: Streinz, EUV/AEUV, Art. 118 AEUV, Rn. 5; *Holzmüller*, in: Schwarze, EU-Kommentar, Art. 118 AEUV, Rn. 10; *Götting*, GRUR 2006, 353 (354).
[53] Eingehend zur unionsautonomen Auslegung etwa *Pechstein/Drechsler*, in: Riesenhuber (Hrsg.), Europäische Methodenlehre, 3. Aufl., 2015, § 7, Rn. 19 ff.; s. auch zur Auslegung des Unionsrechts *Terhechte*, Die ungeschriebenen Tatbestandsmerkmale des europäischen Wettbewerbsrechts, 2004, S. 52 ff.
[54] So für die entsprechende Norm im EVV *Rossi*, in: Vedder/Heintschel von Heinegg, Art. III–176 EVV, Rn. 5.
[55] *Rossi*, in: Vedder/Heintschel von Heinegg, Art. III–176 EVV, Rn. 5.
[56] *Stieper*, in: Grabitz/Hilf/Nettesheim, EU, Art. 118 AEUV (August 2015), Rn. 11; ähnlich auch *Bings*, in: Streinz, EUV/AEUV, Art. 118 AEUV, Rn. 10; *Wichard*, in: Calliess/Ruffert, EUV/AEUV, Art. 118, Rn. 8.
[57] *Bings*, in: Streinz, EUV/AEUV, Art. 118 AEUV, Rn. 8.
[58] *Bings*, in: Streinz, EUV/AEUV, Art. 118 AEUV, Rn. 8.
[59] V. 29.4.2004, ABl. 2005, L 94/37.

der unter diese Richtlinie fallenden Rechte. Danach gehören zu den von Art. 118 AEUV erfassten Rechten des geistigen Eigentuns die **gewerblichen Schutzrechte** wie Patente, Gebrauchsmuster, Marken, Geschmacksmuster (Design) sowie der Halbleiter- und Sortenschutz. **Handelsnamen** können indes nur unter Art. 118 AEUV fallen »soweit es sich dabei nach dem Recht des betreffenden Mitgliedstaates um ausschließliche Rechte handelt«.[60] Die Ermächtigung umfasst zudem das **Urheberrecht und die verwandten Schutzrechte**.[61] Insgesamt bezieht sich die Kompetenz des Art. 118 Abs. 1 AEUV so auf **Ausschließlichkeitsrechte**. Dagegen können **Verhaltensnormen**, die den Einsatz der jeweiligen Rechte zum Gegenstand haben, wie z.B. Regelungen zum Schutz des lauteren Wettbewerbs oder ggf. kartellrechtliche Vorschriften, nicht auf Art. 118 Abs. 1 AEUV gestützt werden, sondern ggf. auf die Kompetenz der Rechtsangleichung im Binnenmarkt gem. Art. 114 AEUV bzw. auf spezielle Vorschriften, wie z.B. Art. 103 AEUV.[62]

II. Stand der Entwicklung in den einzelnen Referenzgebieten

1. Patentrecht

Art. 118 AEUV hat große Bedeutung für die Schaffung eines **EU-weit einheitlichen Patentrechts**.[63] Insbesondere die EU-Kommission hat sich im Interesse des Binnenmarktes und angesichts der internationalen Bedeutung von Patentrechten immer wieder für die Schaffung eines einheitlichen EU-Patentsystems ausgesprochen.[64] Nach verschiedenen, letztlich stets an der Uneinigkeit hinsichtlich der Sprachenfrage gescheiterten Anläufen für die Einführung eines einheitlichen europäischen Patent- und Gerichtssystems (s. Rn. 24),[65] wurden auf Grundlage von Art. 118 AEUV schließlich am 17.12.2012 EU-Regelungen zur Schaffung eines einheitlichen europäischen Patents sowie der dazugehörigen Patentgerichtsbarkeit erlassen.[66] Bereits im November 2011 einigten sich Rat, Parlament und Kommission auf einen gemeinsamen Gesetzestext für die Verordnungen zum Einheitspatent[67] und zu den anzuwendenden Übersetzungsregelungen.[68] Aufgrund des Widerstandes von Italien und Spanien wurden die beiden Verordnungen allerdings nicht im Rahmen des ordentlichen Verfahrens, sondern im Wege einer **Verstärkten Zusammenarbeit (VzA)** gem. Art. 20 EUV, 329 AEUV erlassen, an der nahezu alle Mitgliedstaaten beteiligt sind (außer Spanien und Italien).[69]

19

---

[60] Ebenda.
[61] *Bings*, in: Streinz, EUV/AEUV, Art. 118 AEUV, Rn. 9; *Stieper*, in: Grabitz/Hilf/Nettesheim, EU, Art. 118 AEUV (August 2015), Rn. 10; *Brosinger/Fischer/Früh/Jaeger/Postl*, GRUR Int. 2008, 178 ff.; ebenso zu Art. 262 AEUV *Terhechte*, in: Grabitz/Hilfs/Nettesheim, EU, Art. 262 AEUV (Mai 2014), Rn. 8.
[62] *Wichard*, in: Calliess/Ruffert, EUV/AEUV, Art. 118 AEUV, Rn. 3.
[63] *Stieper*, in: Grabitz/Hilf/Nettesheim, EU, Art. 118 AEUV (August 2015), Rn. 29.
[64] Mitteilung »Vertiefung des Patentsystems in Europa« v. 3.4.2007, KOM(2007) 165 endg., 2 f.
[65] Zur historischen Entwicklung *Stieper*, in: Grabitz/Hilf/Nettesheim, EU, Art. 118 AEUV (August 2015), Rn. 30 ff.; *Eck*, GRUR Int. 2014 (114 ff.); *Lugingsbühl*, GRUR Int. 2013 (305 ff.).
[66] Dazu auch *Gaster*, in: GSH, Europäisches Unionsrecht, Art. 118 AEUV, Rn. 7; *Straus*, EnzEuR, Bd. 4, § 18, Rn. 60.
[67] Verordnung Nr. 1257/2012 vom 17.12.2012 über die Umsetzung der Verstärkten Zusammenarbeit im Bereich der Schaffung eines einheitlichen Patentschutzes, ABl. 2012, L 361/1.
[68] Verordnung Nr. 1260/2012 vom 17.12.2012 über die Umsetzung der Verstärkten Zusammenarbeit im Bereich der Schaffung eines einheitlichen Patentschutzes im Hinblick auf die anzuwendenden Übersetzungsregelungen, ABl. 2012, L 361/89.
[69] *Stieper*, in: Grabitz/Hilf/Nettesheim, EU, Art. 118 AEUV (August 2015), Rn. 33; eingehend dazu *Straus*, EnzEuR, Bd. 4, § 18, Rn. 56 ff.

20 Der neue Patentschutz beruht auf einem **europäischen und einem einheitlichen europäischen Patent**, sowie der Einrichtung eines **einheitlichen Patentgerichts**.[70] Das einheitliche Patentgericht basiert indes auf einem völkerrechtlichen Vertrag (»Übereinkommen zur Errichtung eines einheitlichen Patentgerichts«, EPGÜ[71]). Von besonderer Bedeutung für die Vereinbarkeit dieser völkerrechtlichen Übereinkommen mit dem Unionsrecht ist die Vorlageverpflichtung des Europäischen Patentgerichts an den EuGH und seine Bindung an die EuGH-Rechtsprechung.[72] Mit dieser Ausgestaltung wurde insbesondere den Bedenken, die der EuGH in seinem **Gutachten 1/09** geäußert hatte, entsprochen.[73]

21 **Spanien** und **Italien** haben den Ratsbeschluss über die VzA im Bereich des Patentrechts vor dem EuGH angegriffen. Beide Mitgliedstaaten waren insbesondere der Ansicht, dass diese VzA kompetenzwidrig sei und gegen Art. 118 AEUV verstoße. Der EuGH sah die VzA aber als mit dem Unionsrecht vereinbar an.[74] Spanien hat ferner die beiden EinheitspatentVOen (Verordnungen 1257/2012 und 1260/2012) mit Nichtigkeitsklagen angegriffen.[75] Auch diese Klagen waren nicht erfolgreich.[76] Die zur Umsetzung der VzA erlassenen Verordnungen sind bereits am 20.1.2013 in Kraft getreten, werden jedoch gemäß Art. 18 Abs. 2 VO Nr. 1257/2012 und Art. 7 Abs. 2 VO Nr. 1260/2012 erst dann zur Anwendung gelangen, sobald auch das EPGÜ in Kraft tritt. Dies setzt gem. Art. 89 Abs. 1 EPGÜ die Ratifizierung durch mindestens 13 Vertragsstaaten (darunter zwingend die drei Mitgliedstaaten mit den höchsten Patentanmeldezahlen, also Deutschland, Frankreich und England) voraus.[77] Bisher ist das EPGÜ von elf Staaten ratifiziert worden (Stand 6.2.2017), zuletzt haben die Niederlande am 14.9.2016 das EPGÜ ratifiziert.[78]

22 Das **Einheitspatent** stellt ein vom Europäischen Patentamt nach Vorschriften und Verfahren des Europäischen Patentübereinkommen (EPÜ) erteiltes Europäisches Patent dar, dem auf Antrag des Patentinhabers einheitliche Wirkung für das Hoheitsgebiet derjenigen Mitgliedstaaten verliehen wird, die an der verstärkten Zusammenarbeit teilnehmen.[79]

2. Urheberrecht

23 Art. 118 AEUV kann auch für die Schaffung europäischer Rechtstitel im Bereich des Urheberrechts herangezogen werden.[80] Freilich ist die Reichweite der Kompetenz in

---

[70] *Terhechte*, in: Grabitz/Hilf/Nettesheim, Art. 262 AEUV (Mai 2014), Rn. 13.
[71] Übereinkommen über ein einheitliches Patentgericht v. 11.1.2013, ABl. 2013 C 175/1.
[72] *Terhechte*, in: Grabitz/Hilf/Nettesheim, Art. 262 AEUV (Mai 2014), Rn. 13; ausführlich zum EPGÜ s. auch *Straus*, EnzEuR, Bd. 4, § 18, Rn. 76 ff.
[73] EuGH, Gutachten 1/09 P vom 8.3.2011 (Einheitliches Patentgerichtssystem), Slg. 2011, I–1137.
[74] EuGH, Urt. v. 16.4.2013, verb. Rs. C–274/11 und 295/11 (Spanien, Italien/Rat u.a.), ECLI:EU:C:2013:240.
[75] Vgl. zu den geltend gemachten Klagegründen *Haberl/Schallmoser*, GRUR-Prax 2014, 551 ff.
[76] EuGH, Urt. v. 5.5.2015, verb. Rs. C–146/13–147/13 (Spanien/Rat), ECLI:EU:C:2015:298; siehe zur Begründung des EuGH auch *Jaeger*, EuR 2015, 461 ff.; *Arntz*, EuZW 2015, 544 ff.; *Haberl/Schallmoser*, GRUR-Prax 2015, 212 ff.
[77] *Stieper*, in: Grabitz/Hilf/Nettesheim, EU, Art. 118 AEUV (August 2015), Rn. 36; *Straus*, EnzEuR, Bd. 4, Rn. 60.
[78] Vgl. den aktuellen Stand der Ratifizierung auf der Website des Europäischen Rats unter http://www.consilium.europa.eu/en/documents-publications/agreements-conventions/agreement/?aid=2013001 (6.2.2017).
[79] *Stieper*, in: Grabitz/Hilf/Nettesheim, EU, Art. 118 AEUV (August 2015), Rn. 33.
[80] Eingehend zum gegenwärtigen Stand und Perspektiven etwa *Fischer*, Perspektiven für ein

Bezug auf das Urheberrecht umstritten (s. Rn. 16). Im Bereich des Urheberrechts ist die EU bisher nicht legislativ tätig geworden.[81] Dies mag damit zusammenhängen, dass sich das Territorialitätsprinzip in diesem Bereich weniger stark auswirkt, weil Urheberrechte ipso iure ohne weitere staatliche Intervention oder Erteilung entstehen. Insgesamt besteht damit eher ein geringerer Bedarf nach einem europäischen Einheitsrecht.[82] Dagegen könnte Art. 118 AEUV auf **Ebene des Rechteerwerbs und der Rechteverwaltung** jedoch eine wichtige Rolle spielen.[83]

3. Markenrecht

Im Gegensatz zum Patentrecht wurde das **Marken- und Geschmacksmusterrecht** schon vor vielen Jahren nahezu vollständig europäisiert, insbesondere durch die Verordnung über die Gemeinschaftsmarke (GMV),[84] die Markenrechtsrichtlinie (MRL)[85] und die VO über das Gemeinschaftsgeschmacksmuster.[86] Die jeweiligen Rechtsetzungsakte wurden hierbei auf Art. 95 und 308 EGV gestützt. Im März 2016 ist die neue Unionsmarkenverordnung (UMV)[87] in Kraft getreten. Daneben wurde auch die im Jahr 2008 erlassene Markenrichtlinie geändert.[88] Die UMV basiert ausdrücklich auf Art. 118 AEUV. Anlass der jüngsten Reform des unionalen Markenrechts war insbesondere das Bedürfnis nach einer Umverteilung der jährlich vom **Harmonisierungsamt für den Binnenmarkt (HABM)** erzielten Überschüsse auf die nationalen Systeme.[89] Die zu diesem Zweck notwendige Änderung der GMV wurde Auslöser einer umfassenden Evaluation des europäischen Markensystems, um etwaige Korrekturbedürfnisse aufzuzeigen und zusätzliche Harmonisierungsmaßnahmen zu entwickeln.[90] Im Anschluss an eine entsprechende Studie erfolgte eine Veröffentlichung der Kommissionsvorschläge zur Novellie-

24

---

europäisches Urheberrecht, 2014; s. auch *Stieper*, in: Grabitz/Hilf/Nettesheim, EU, Art. 118 AEUV (August 2015), Rn. 37; *Gaster*, in: GSH, Unionsrecht, Art. 118 AEUV, Rn. 42 ff.

[81] Dazu etwa *Wichard*, in: Calliess/Ruffert, EUV/AEUV, Art. 118 AEUV, Rn. 7.

[82] *Wichard*, in: Calliess/Ruffert, EUV/AEUV, Art. 118 AEUV, Rn. 7; *Würfel*, S. 5 ff.

[83] Vgl. den Bericht über die öffentliche Anhörung der Kommission zum Thema: Kollektive Wahrnehmung der Urheberrechte und der verwandten Schutzrechte in der EU vom 23. 4. 2010 und weitere Dokumente unter http://ec.europa.eu/internal_market/copyright/management/management_de.htm; einschränkend in Bezug auf den Erlass zentralisierter Zulassungsregeln *Gaster*, in: GSH, Unionsrecht, Art. 118 AEUV, Rn. 46 mit Verweis auf die revidierte Berner Übereinkunft.

[84] VO (EG) Nr. 40/94 vom 20. 12. 1993 über die Gemeinschaftsmarke, nunmehr in der VO (EG) Nr. 207/2009 kodifiziert, ABl. 2009 L 78/1.

[85] Richtlinie (EG) Nr. 2008/95 vom 22. 10. 2008 zur Angleichung der Rechtsvorschriften der Mitgliedstaaten über Marken, ABl. 2008 L 299/25.

[86] Verordnung (EG) Nr. 6/2002 vom 12. Dezember 2001 über das Gemeinschaftsgeschmacksmuster, ABl. 2002, L 3/1.

[87] Verordnung (EU) Nr. 2015/2424 vom 16. Dezember 2015 zur Änderung der Verordnung (EG) Nr. 207/2009 des Rates über die Gemeinschaftsmarke und der Verordnung (EG) Nr. 2868/95 der Kommission zur Durchführung der Verordnung (EG) Nr. 40/94 des Rates über die Gemeinschaftsmarke und zur Aufhebung der Verordnung (EG) Nr. 2869/95 der Kommission über die an das Harmonisierungsamt für den Binnenmarkt (Marken, Muster und Modelle) zu entrichtenden Gebühren, ABl. 2015 L 341/21.

[88] RL 2015/2436/EU des Europäischen Parlaments und des Rates vom 16. Dezember 2015 zur Angleichung der Rechtsvorschriften der Mitgliedstaaten über die Marken (Neufassung), ABl. 2015 L 336/1; vgl. zur den umfangreichen Änderungen der Unionsmarkenverordnung *Marten*, GRUR Int. 2016, 114 ff.

[89] Ausführlich zu den Hintergründen der Reformbestrebungen s. *Knaak/Kur/v. Mühlendahl*, GRUR Int. 2012, 197 ff.

[90] *Kur*, in: Eichmann/Kur, Designrecht, Art. 3 Markenrecht, Rn. 16.

rung des europäischen Markenrechts im März 2013.[91] Ende April 2015 erfolgte eine endgültige Einigung des Europäischen Parlaments, Europäischen Rats und Kommission über offene Fragen der Reform des europäischen Markensystems.[92]

25 Inhaltlich werden der bisherige Stand des Gleichlaufs von GMV und MRL in materieller Hinsicht und insbesondere in verfahrensrechtlicher Hinsicht gestärkt: Die Verfahren in den Mitgliedstaaten sollen in wesentlichen Aspekten in Übereinstimmung mit dem Unionsrecht geregelt werden (Art. 38 ff. MRL n. F.). In materieller Hinsicht erfolgt eine Erweiterung des Harmonisierungsstandes auf Vorschriften über die Marke als Gegenstand des Vermögens (Art. 22 ff. MRL n. F.) sowie hinsichtlich des Schutzes von Gütezeichen und Kollektivmarken (Art. 28 ff. MRL n. F.).[93] Das für die Verwaltung der Gemeinschaftsmarke bislang zuständige HABM trägt nun als Agentur der Union den Namen »**Europäisches Amt für geistiges Eigentum**« (EUIPO: European Union Intellectual Property Office).[94] Die Gemeinschaftsmarke wird nunmehr durch die »Europäische Unionsmarke« ersetzt, die Gemeinschaftsmarkengerichte firmieren nun als »Unionsmarkengerichte«.[95]

III. Zentralisierte Zulassungs-, Koordinierungs- und Kontrollregelungen

26 Art. 118 Abs. 1 AEUV ermächtigt die EU zur Einführung zentralisierter Zulassungs-, Koordinierungs- und Kontrollregelungen. Diese beziehen sich etwa auf die Prüfung der Erteilungsvoraussetzungen im Erteilungsverfahren, Streitigkeiten im Zusammenhang mit dem Erteilungsverfahren oder administrative Streitbeilegungsverfahren (etwa Widerspruchsverfahren).[96]

27 Problematisch ist die Frage, ob auf der Grundlage des Art. 118 AEUV auch **einheitliche europäische Gerichte** errichtet werden können. Auf Grundlage von Art. 308 EGV war dies nicht möglich[97] und wird dem Wortlaut nach auch nicht von Art. 118 AEUV ermöglicht. Die prozessuale Durchsetzung der Schutzrechte aus der Gemeinschaftsmarke, dem Gemeinschaftsgeschmacksmuster und dem gemeinschaftlichen Sortenschutz muß deshalb vor den mitgliedstaatlichen Gerichten erfolgen, die dann als »Gemeinschaftsgerichte« (nunmehr als »Unionsgerichte«) tätig werden.[98] Dagegen sieht das Unionsrecht auf der Grundlage von Art. 262 AEUV i. V. m. Art. 257 AEUV die Möglichkeit vor, die Zuständigkeit der Unionsgerichtsbarkeit in diesem Bereich auszubauen und entsprechende **eigene Fachgerichte** einzurichten.[99] Solange von der Ermächtigung aber kein Gebrauch gemacht wird, bleibt es bei den jeweiligen Zuständigkeiten nach Maßgabe der Unionsverträge.[100]

---

[91] GMV: KOM (2013), 161 endg.; MRL: KOM (2013) 162. endg.; vgl. zu den Kommissionsvorschlägen auch *Lerach*, Modernisierung des Europäischen Markensystems: Ein erster Blick auf den Vorschlag der EU-Kommission, GRUR-Prax 2013, 195 ff.; *Sack*, GRUR 2013, 657 ff.
[92] *Marten*, GRUR Int. 2016, 114 ff.
[93] *Kur*, in Kur/v. Bomhard/Albrecht, Beckscher Online-Kommentar Markengesetz, Rn. 68 ff. m. w. N.; vgl. zu den inhaltlichen Änderungen auch die umfassenden Ausführungen in *Marten*, GRUR Int. 2016, 114 ff.
[94] *Marten*, GRUR Int. 2016, 114 (115).
[95] *Marten*, GRUR Int. 2016, 114 ff.
[96] *Wichard*, in: Calliess/Ruffert, EUV/AEUV, Art. 118 AEUV, Rn. 11.
[97] *Stieper*, in: Grabitz/Hilf/Nettesheim, EU, Art. 118 AEUV (August 2015), Rn. 26; *Wichard*, ZEuP 2002, 23 (56).
[98] Vgl. Art. 95 ff. VO (EG) Nr. 207/2009; Art. 80 ff. VO (EG) Nr. 6/2002; Art. 101 ff. VO (EG) Nr. 2100/94; zu den damit verbundenen Problemen *Bumiller*, ZIP 2002, 115 (121 f.); *Wichard*, ZEuP 2002, 23 (47 ff.).
[99] *Terhechte*, in: Grabitz/Hilf/Nettesheim, Art. 262 AEUV (Mai 2014), Rn. 3.

C. Weitere Voraussetzungen der Vorschrift

I. Verwirklichung des Binnenmarktes

Art. 118 AEUV dient laut seines Wortlautes der Verwirklichung oder dem Funktionieren des Binnenmarktes. Insofern ist eine Voraussetzung für den Erlass von Maßnahmen immer ein **Binnenmarktbezug**.[101] Angesichts der grundsätzlichen Bedeutung von Rechten zum Schutze des geistigen Eigentums, die auch vom EuGH regelmäßig unterstrichen wird (s. o. Rn. 6), kann dieses Kriterium allerdings nur selten eine begrenzende Rolle spielen. Es reicht im Allgemeinen aus, dass die fragliche Maßnahme, die auf Art. 118 AEUV gestützt werden soll, zumindest einen Bezug zum Binnenmarkt aufweist.[102] Auch wenn bestimmte Facetten des Urheberrechts (Stichwort: Urheberpersönlichkeitsrecht) auf den ersten Blick diesen Bezug vermissen lassen, so wird eine eingehende Betrachtung auch hier Verbindungslinien zum Binnenmarkt aufdecken.[103]

28

II. Sonstige Voraussetzungen für ein Tätigwerden der EU und verstärkte Zusammenarbeit

Auf Art. 118 AEUV gestützte Maßnahmen sind Rechtsetzungsakte im Bereich der geteilten Zuständigkeit zwischen EU und Mitgliedstaaten (vgl. Art. 2 Abs. 2, 4 AEUV). Insofern sind die entsprechenden Voraussetzungen für ein Tätigwerden der EU zu beachten. Die EU ist so etwa an das **Subsidiaritäts- und Verhältnismäßigkeitsprinzip** gebunden.[104] Der EuGH hat zudem festgestellt, dass die Formulierung des Art. 118 Abs. 1 AEUV, wonach es bei den europäischen Rechtstiteln auf einen einheitlichen Schutz der Rechte des geistigen Eigentums **in der Union** ankommt, nicht folgt, dass in allen Mitgliedstaaten gleichzeitig entsprechende Titel gelten müssen. Vielmehr können die Mitgliedstaaten grundsätzlich auch eine VzA vereinbaren. Aus der Formulierung des Art. 118 Abs. 1 EUV folgt also nicht, dass von vornherein nur unionsweit geltende Titel geschaffen werden können.[105] Das Beispiel des Patentrechts hat so gezeigt, dass unter den Voraussetzungen des Art. 20 Abs. 2 EUV die in Art. 118 AEUV verliehene Kompetenz auch im Rahmen einer VzA ausgeübt werden kann.[106] Es liegt dann aber in der Natur der VzA, dass sich die Rechtswirkungen der in diesem Wege geschaffenen Rechtstitel nur auf die teilnehmenden Mitgliedstaaten erstrecken kann.[107]

29

---

[100] Tatsächlich ist ein solcher Schritt in absehbarer Zeit nicht zu erwarten, s. dazu *Hoffmann*, EuR 2016, 197 ff.
[101] *Holzmüller*, in: Schwarze, EU-Kommentar, Art. 118 AEUV, Rn. 21.
[102] *Holzmüller*, in: Schwarze, EU-Kommentar, Art. 118 AEUV, Rn. 21.
[103] *Wichard*, in Calliess/Ruffert, EUV/AEUV, Art. 118 AEUV, Rn. 8.
[104] *Streinz*, in: Streinz, EUV/AEUV, Art. 5 EUV, Rn. 3.
[105] EuGH, Urt. v. 16. 4. 2013, C–274/11 und C–295/11 (Spanien und Italien/Rat), ECLI:EU:C:2013:240, Rn. 67 f.; EuGH, Urt. v. 5. 5. 2015, verb. Rs. C–146/13 und 147/13 (Spanien/Rat), ECLI:EU:C:2015:298, Rn. 41.
[106] EuGH, Urt. v. 16. 4. 2013, C–274/11 und C–295/11 (Spanien und Italien/Rat), ECLI:EU:C:2013:240, Rn. 47 ff.
[107] EuGH, Urt. v. 16. 4. 2013, C–274/11 und C–295/11 (Spanien und Italien/Rat), ECLI:EU:C:2013:240, Rn. 68.

D. Verfahren

I. Ordentliches Gesetzgebungsverfahren

30 Gem. Art. 118 Abs. 1 AEUV unterliegen Maßnahmen, mit denen europäische Rechtstitel geschaffen werden sollen, dem **ordentlichen Gesetzgebungsverfahren**. Dies ist im Gegensatz zur früheren Rechtslage auf der Grundlage des Art. 308 EGV von erheblicher Bedeutung, weil nunmehr für die Schaffung der entsprechenden Titel eine qualifizierte Mehrheit im Rat ausreicht (Art. 289 Abs. 1 AEUV i. V. m. Art. 294 AEUV).[108] Etwas anderes gilt für die Sprachenfrage (s. Rn. 31). **Maßnahmen im Sinne des Art. 118 Abs. 1 AEUV** sind hierbei alle Rechtsakte i. S. d. Art. 288 AEUV.[109]

II. Besonderes Gesetzgebungsverfahren im Rahmen der Sprachenregelungen

31 Für die Festlegung der Sprachenregelungen der europäischen Rechtstitel sieht Art. 118 Abs. 2 AEUV ein **besonderes Gesetzgebungsverfahren** vor.[110] Die Sprachenregelung betrifft die Festlegung der **Sprache für Erteilungs-, Widerrufs-, Nichtigkeitsverfahren** sowie die Frage, in welcher **Sprache Rechtstitel** rechtswirksam sind.[111] Gem. Art. 342 AEUV wird die Regelung der Sprachenfrage für die Organe der Union traditionell einstimmig vom Rat im Rahmen von Verordnungen getroffen.[112] Nach Art. 118 Abs. 2 AEUV sind Sprachenregelungen abweichend von Art. 118 Abs. 1 AEUV im Rahmen einer einstimmig zu beschließenden Verordnung des Rates zu erlassen, zu der das Europäische Parlament nur angehört wird.[113]

32 Da der Rat nunmehr zum Erlass besonderer Sprachenregelungen ermächtigt ist, können Sprachenregelungen vom Grundsatz der Gleichberechtigung aller Sprachen abweichen. Die Vorschrift ermöglicht so in erster Linie Beschränkungen im Rahmen der jeweiligen Sprachregimes.[114] Der EuGH hat in der Vergangenheit die **prinzipielle Zulässigkeit** derartiger Beschränkungen bestätigt. Nach dieser Rechtsprechung gibt es kein unionsrechtliches Prinzip, nach dem jeder Unionsbürger Anspruch darauf habe, dass »alles, was seine Interessen berühren könnte, unter allen Umständen in seiner Sprache verfasst sein müsste«.[115] Diese spezielle Regelung ist als Reaktion auf die Auseinandersetzungen bei der Sprachenfrage im Zusammenhang mit der Einführung des Unionspatents zurückzuführen.[116] Die Mitgliedstaaten konnten sich in der Vergangenheit zwar trotz des Einstimmigkeitsprinzips bei Sortenrechten, Marken und Geschmacksmustern auf brauchbare Sprachregime einigen,[117] im Bereich der Patente scheiterten seit den 1960er Jahren jedoch wiederholt jegliche Reformbemühungen an der Sprachenfrage.[118] Um zu vermeiden, dass sich diese Entwicklung zementiert, wurde Art. 118 Abs. 2 AEUV in den Vertrag eingefügt.

---

[108] *Stieper*, in: Grabitz/Hilf/Nettesheim, EU, Art. 118 AEUV (August 2015), Rn. 24.
[109] *Bings*, in: Streinz, EUV/AEUV, Art. 118 AEUV, Rn. 12.
[110] *Wichard*, in: Calliess/Ruffert, EUV/AEUV, Art. 118 AEUV, Rn. 12.
[111] *Wichard*, in: Calliess/Ruffert, EUV/AEUV, Art. 118 AEUV, Rn. 12.
[112] *Gaster*, in: GSH, Europäisches Unionsrecht, Art. 118 AEUV, Rn. 66.
[113] *Stieper*, in: Grabitz/Hilf/Nettesheim, EU, Art. 118 AEUV (August 2015), Rn. 27.
[114] *Wichard*, in: Calliess/Ruffert, EUV/AEUV, Art. 118 AEUV, Rn. 13.
[115] EuGH, Urt. v. 9.9.2003, Rs. C–361/01 P (Kik/Harmonisierungsamt für den Binnenmarkt), Slg. 2003, I–8283, Rn. 45 ff., 82 ff.
[116] *Bings*, in: Streinz, EUV/AEUV, Art. 118 AEUV, Rn. 13.
[117] S. dazu im Detail *Gaster*, in: GSH, Europäisches Unionsrecht, Art. 118 AEUV, Rn. 78 ff.
[118] *Gaster*, in: GSH, Europäisches Unionsrecht, Art. 118 AEUV, Rn. 67.

E. Ausblick

Art. 118 AEUV bildet in gewisser Weise den Schlusspunkt einer Entwicklung hin zu einem **genuin unionalen System des Schutzes des geistigen Eigentums**. Dass dieser Weg schwierig war – und sicher hinsichtlich vieler Detailfragen auch bleibt – zeigt sich schon am Beispiel der zahlreichen Meinungsverschiedenheiten und Rechtsstreitigkeiten rund um die Einführung des Einheitspatents (s. Rn. 19). Der gesamte Bereich der Schutzrechte kann aber in seiner Bedeutung für den Binnenmarkt und die Entwicklung der Unionsstrukturen kaum überschätzt werden. Dies gilt etwa für seine Verwaltung durch Agenturen aber auch in Bezug auf die Aufgabe der Unionsgerichtsbarkeit, die etwa im Bereich des Markenrechts zahlreiche Fällen entschieden hat. Insofern ist auch verständlich, warum in der Vergangenheit mitunter gefordert wurde, ein eigenes EU-Gericht für diesen Bereich zu schaffen.[119] Entsprechende Initiativen sind aber in den letzten Jahren nicht mehr zu verzeichnen gewesen. Offen ist auch, ob das neu geschaffene Patentsystem die erhofften Vorteile bietet – die Herausforderungen sind jedenfalls auch auf der Seite der jeweiligen Institutionen und den Kooperationsanforderungen schon jetzt erkennbar.[120]

33

---

[119] Eingehend zur Diskussion etwa *Sydow*, GRUR 2001, 689; in Bezug auf die Patentgerichtsbarkeit *Terhechte*, in: Grabitz/Hilf/Nettesheim, EU, Art. 262 AEUV (Mai 2014), Rn. 11; s. auch *Everling*, EuR-Beiheft 1/2009, S. 71 ff. (81).

[120] Dazu nur EuGH, Gutachten 1/09 vom 8.3.2011, Slg. 2011, I–1137.

Titel VIII
Die Wirtschafts- und Währungspolitik

Artikel 119 AEUV [Grundsätze]

(1) Die Tätigkeit der Mitgliedstaaten und der Union im Sinne des Artikels 3 des Vertrags über die Europäische Union umfasst nach Maßgabe der Verträge die Einführung einer Wirtschaftspolitik, die auf einer engen Koordinierung der Wirtschaftspolitik der Mitgliedstaaten, dem Binnenmarkt und der Festlegung gemeinsamer Ziele beruht und dem Grundsatz einer offenen Marktwirtschaft mit freiem Wettbewerb verpflichtet ist.

(2) Parallel dazu umfasst diese Tätigkeit nach Maßgabe der Verträge und der darin vorgesehenen Verfahren eine einheitliche Währung, den Euro, sowie die Festlegung und Durchführung einer einheitlichen Geld- sowie Wechselkurspolitik, die beide vorrangig das Ziel der Preisstabilität verfolgen und unbeschadet dieses Zieles die allgemeine Wirtschaftspolitik in der Union unter Beachtung des Grundsatzes einer offenen Marktwirtschaft mit freiem Wettbewerb unterstützen sollen.

(3) Diese Tätigkeit der Mitgliedstaaten und der Union setzt die Einhaltung der folgenden richtungweisenden Grundsätze voraus: stabile Preise, gesunde öffentliche Finanzen und monetäre Rahmenbedingungen sowie eine dauerhaft finanzierbare Zahlungsbilanz.

Literaturübersicht

Beaumont/Walker (Hrsg.), Legal Framework of the Single European Currency, 1999; *Beutel*, Differenzierte Integration in der Europäischen Wirtschafts- und Währungsunion, 2006; *Dauses*, Rechtliche Grundlagen der Europäischen Wirtschafts- und Währungsunion, 2003; *EZB*, Die Geldpolitik der EZB, 2004; *dies.* (Hrsg.), Legal Aspects of the European System of Central Banks, GS Zamboni Garavelli, 2005; *Gaitanides*, Das Recht der Europäischen Zentralbank, 2005; *Geiger*, Das Währungsrecht im Binnenmarkt der Europäischen Union, 1996; *Häde*, Der Vertrag von Nizza und die Wirtschafts- und Währungsunion, EWS 2001, 97; *ders.*, Die Wirtschafts- und Währungsunion im Vertrag von Lissabon, EuR 2009, 200; *Hahn/Häde*, Währungsrecht, 2. Aufl., 2010; *Herdegen*, Price Stability and Budgetary Restraints in the Economic and Monetary Union: the Law as Guardian of Economic Wisdom, CMLRev. 35 (1998), 9; *Herrmann*, Währungshoheit, Währungsverfassung und subjektive Rechte, 2010; *ders.*, Die Folgen der Finanzkrise für die europäische Wirtschafts- und Währungsunion, in: Kadelbach (Hrsg.), Nach der Finanzkrise: Politische und rechtliche Rahmenbedingungen einer neuen Ordnung, 2012, S. 79; *Hinarejos*, The Euro Area Crisis in Constitutional Perspective, 2015; *Krägenau/Wetter*, Europäische Wirtschafts- und Währungsunion, 1993; *Lastra*, Legal Foundations of International Monetary Stability, 2006; Neergard/Jacqueson/Hartig Danielsen (Hrsg.), The Economic and Monetary Union: Constitutional and Institutional Aspects of the Economic Governance within the EU, The XXVI FIDE Congress in Copenhagen, Congress Publications, Vol. 1, 2014; *Ohler*, Bankenaufsicht und Geldpolitik in der Währungsunion, 2015; *Palm*, Preisstabilität in der Europäischen Wirtschafts- und Währungsunion, 2000; *Seidel*, Aufhebung der angeblich »unumkehrbaren« (»irreversiblen«) Währungsunion und Substituierung durch ein neues europäisches Währungssystem, ifo Schnelldienst 6/2015, 9; *Selmayr*, Das Recht der Wirtschafts- und Währungsunion, 2002; *Smits*, The European Central Bank, 1997; *Thiele*, Das Mandat der EZB und die Krise des Euro, 2013; *ders.*, Die EZB als fiskal- und wirtschaftspolitischer Akteur? Zur Abgrenzung der Geld- von der Fiskal- und Wirtschaftspolitik, EuZW 2014, 694; *Schulze-Steinen*, Rechtsfragen der Wirtschaftsunion. Möglichkeiten der gemeinschaftlichen Gestaltung mitgliedstaatlicher Wirtschaftspolitik nach dem EG-Vertrag, 1998; *Tuori/Tuori*, The Eurozone Crisis, 2014; *Watzinger*, Rechtliche Probleme der Ausgestaltung von Zahlungsverkehrssystemen in der Europäischen Wirtschafts- und Währungsunion, 2016.

Grundsätze	Art. 119 AEUV

Leitentscheidungen

EuGH, Urt. v. 24.10.1973, Rs. 10/73 (Rewe Zentral AG/HGA Kehl), Slg. 1973, 1175
EuGH, Urt. v. 3.10.2000, Rs. C–9/99 (Echirolles Distributions/Association Dauphiné), Slg. 2000, I–8442
EuGH, Urt. v. 27.11.2012, Rs. C–370/12 (Thomas Pringle/Ireland), ECLI:EU:C:2012:756
EuGH, Urt. v. 16.6.2015, Rs. C–62/14 (Gauweiler), ECLI:EU:C:2015:400
EuGH, Urt. v. 20.9.2016, verb. Rs. C–8/15 P–C–10/15 P (Ledra Advertising Ltd. u.a./Kommission u. EZB), ECLI:EU:C:2016:701
EuGH, Urt. v. 20.9.2016, Rs. C–105/15 P–C–109/15 P (Mallis u.a./Kommission u. EZB), ECLI:EU:C:2016:702

Inhaltsübersicht

	Rn.
A. Einleitung	1
B. Die Wirtschafts- und Währungsunion (Wirtschafts- und Währungsunion) als Gegenstand der europäischen Integration	4
I. Ordnungsfragen der grenzüberschreitenden Währungszusammenarbeit	4
II. Währungspolitik und europäischer Binnenmarkt	7
III. Die stufenweise Entwicklung der Wirtschafts- und Währungsunion	9
IV. Die Wirtschafts- und Währungsunion als Teilintegrationsverband der EU	10
V. Die Weiterentwicklung der Wirtschafts- und Währungsunion infolge der Euro-Staatsschuldenkrise	11
VI. Verfassungsrechtliche Grenzen der Wirtschafts- und Währungsunion-Weiterentwicklung	15
C. Ziele, Elemente, Systematik und Institutioneller Rahmen der EU	16
I. Ziele der Wirtschafts- und Währungsunion	16
II. Elemente	20
1. Kapitalverkehrsfreiheit	21
2. Einheitliche Währung	22
3. Grenzüberschreitende Zahlungsverkehrssysteme und europäischer Zahlungsraum	25
4. Wirtschaftspolitische Koordinierung	26
5. Bankenunion	27
III. Systematik	30
1. Systematik der Vertragsnormen und Sekundärrechtsvorschriften	30
2. Ergänzendes Völkervertragsrecht	32
IV. Institutioneller Rahmen	35
1. Das Zentralbanksystem	36
2. Weitere Organe und Gremien	38
D. Art. 119 AEUV im Einzelnen	41
I. Grundsätzliche Bedeutung	41
II. Genese der Norm	45
III. Die Koordinierung der Wirtschaftspolitik (Abs. 1)	46
1. Einführung einer Wirtschaftspolitik	46
2. Enge Koordinierung	47
3. Binnenmarkt, Festlegung gemeinsamer Ziele und Grundsatz einer offenen Marktwirtschaft mit freiem Wettbewerb	50
IV. Einheitliche Währung; Geld- und Wechselkurspolitik (Abs. 2)	51
1. Einheitliche Währung Euro	51
2. Einheitliche Geld- und Wechselkurspolitik	53
a) Begriff	53
b) Preisstabilität als Primärziel	55
c) Unterstützung der Wirtschaftspolitik in der Union; Grundsatz einer offenen Marktwirtschaft mit freiem Wettbewerb	56
3. Parallelität mit der Wirtschaftspolitik; Abgrenzungsfragen	58
V. Wirtschaftsverfassungsrechtliche Grundsätze (Abs. 3)	59
1. Generelle Bedeutung	59
2. Stabile Preise	60

3. Gesunde öffentliche Finanzen 61
4. Gesunde monetäre Rahmenbedingungen 62
5. Dauerhaft finanzierbare Zahlungsbilanz 63

A. Einleitung

1   Art. 119 AEUV steht am Anfang des Titels VIII des Dritten Teils des AEUV und bildet damit die grundlegende und einleitende Vorschrift für die **Wirtschafts- und Währungsunion** als einem zentralen Integrationsfeld der Europäischen Union. Moderne Währungen sind »Geschöpfe der Rechtsordnungen«.[1] Ihre Akzeptanz als Zahlungs- und Wertaufbewahrungsmittel beruht ausschließlich auf rechtlichen Regelungen (lex monetae), die Staaten auf der Grundlage ihrer allgemein anerkannten **Währungshoheit** (ius cudendae monetae) erlassen. Die Mitgliedstaaten der Europäischen Union, die bereits dem **Euro-Währungsgebiet** angehören (derzeit 19)[2] haben diese Währungshoheit – nur im Rahmen des Art. 50 EUV widerruflich[3] – auf die Europäische Union übertragen (s. Art. 3 Abs. 4 EUV).

2   Die Zuständigkeit für die **Währungspolitik (Geld- und Wechselkurspolitik)** für diese Mitgliedstaaten liegt ausschließlich bei der EU (Art. 3 Abs. 1 Buchst. c AEUV), d. h. in diesem Bereich darf ausschließlich die EU rechtsverbindlich nach innen wie außen handeln, sofern die EU nicht die Mitgliedstaaten rückermächtigt (Art. 2 Abs. 1 AEUV; s. aber Art. 219 Abs. 4 AEUV). Die Wirtschafts- und Währungsunion beruht aber nicht allein auf der Währungspolitik für den Euro, sondern umfasst auch die **Koordinierung der Wirtschaftspolitik der Mitgliedstaaten** in der EU (Art. 5 Abs. 1 AEUV); bei genauer Betrachtung gehört zudem auch das Kapitel über die **Kapital- und Zahlungsverkehrsfreiheit** (Art. 63–66 AEUV) zur Wirtschafts- und Währungsunion (die ursprünglich Erste Stufe der Wirtschafts- und Währungsunion, s. dazu unten Rn. 9, 21), ebenso wie die Bankenunion als »vierte Stufe« der Wirtschafts- und Währungsunion[4] (dazu unten Rn. 27).

3   Wenngleich der rechtliche Einfluss auf staatliche Papier- bzw. Buchgeldwährungen an sich evident ist, ist die Bedeutung des **Währungsrechts** in der Vergangenheit häufig bezweifelt worden.[5] Spätestens mit der **Euro-Staatsschuldenkrise** sowie den zahlreichen damit verbundenen Gerichtsverfahren vor dem Bundesverfassungsgericht,[6] anderen nationalen (Verfassungs-)Gerichten[7] und dem Gerichtshof der Europäischen Union[8] ist

---

[1] *Knapp*, Staatliche Theorie des Geldes, 4. Aufl., 1923, S. 1.
[2] Lettland wurde durch Einführung des Euro am 1. 1. 2014 zum 18. Mitglied der Eurozone, Litauen wurde am 1. 1. 2015 Mitglied der Eurozone.
[3] Zur Möglichkeit eines Austritts allein aus der Wirtschafts- und Währungsunion s. *Hanschel*, NVwZ 2012, 995 m. w. N. Zur Rückabwicklung der WWU generell *Seidel*, ifo Schnelldienst 6/2015, S. 9 ff.
[4] S. *Cœuré*, The »fourth stage« of EMU: laying the foundations for a sustained recovery, Rede v. 21. 1. 2014, abrufbar unter www.ecb.eu (9.12.2014).
[5] Zur rechtlichen Bedeutung vgl. *Herrmann*, Währungshoheit, S. 144 ff. m. w. N.
[6] BVerfGE 126, 158; 129, 124; 130, 318; 131, 152; 132, 195; 132, 287; ferner BVerfG, RIW 2012, 692; NVwZ 2013, 858; NJW 2014, 907; sowie NJW 2014, 1505.
[7] S. *Amtenbrink*, General Report, in: Neergard/Jacqueson/Hartig Danielsen (Hrsg.), The Economic and Monetary Union: Constitutional and Institutional Aspects of the Economic Governance within the EU, The XXVI FIDE Congress in Copenhagen, Congress Publications, Vol. 1, 2014, S. 73 (142 ff.).
[8] S. insbesondere EuG, Beschl. v. 15. 6. 2011, Rs. T–259/10 (Ax/Rat der Europäischen Union);

jedoch allgemein deutlich geworden, dass gerade die rechtlichen Regelungen der Währung von herausragender Bedeutung sind, auch wenn – allerdings weitgehend auf Deutschland beschränkt – vielstimmig das Gegenteil behauptet wird, nämlich dass das Recht bei der Bewältigung der Krise systematisch gebrochen worden sei (»klarer Rechtsbruch«) und daher oftmals eine »Rückkehr zum Recht«[9] gefordert wird.[10]

B. Die Wirtschafts- und Währungsunion als Gegenstand der europäischen Integration

I. Ordnungsfragen der grenzüberschreitenden Währungszusammenarbeit

Rechtliche Regeln über die Ordnung einer Währung unterliegen stets dem Territorialitätsprinzip. Der hoheitliche Zugriff ist auf das eigene Gebiet (und sei es auch das Unionsgebiet) beschränkt. Grenzüberschreitende Wirtschaftstransaktionen berühren damit regelmäßig mindestens zwei Währungsordnungen. Hierdurch werden mehrere Rechtsfragen aufgeworfen, die durch das **Währungsvölkerrecht**, die **Außenwährungsverfassung eines Staates** oder durch das **Währungsintegrationsrecht** einer internationalen Organisation wie der EU zu regeln sind. Zu regeln ist, ob und in welchem Umfang eigene wie fremde Geldzeichen über die Grenze verbracht und im Inland getauscht werden dürfen, welcher Wechselkurs beim Umtausch gegebenenfalls zur Anwendung kommen soll, in welchem Umfang (und für welche Zwecke) Zahlungen an Gebietsfremde zulässig sein sollen, ob im Ausland bzw. in Fremdwährung Kredite aufgenommen werden dürfen und – schließlich – wie ein Saldenausgleich bewerkstelligt werden soll, wenn die Marktkräfte unter Umständen diesen nicht herbeiführen (z. B. wegen fester Wechselkurse) oder herbeiführen können (z. B. wegen Devisenknappheit im Inland), und zuletzt wie Zahlungsbilanzkrisen bewältigt werden sollen.

Zwischen diesen Fragen und der Binnenwährungspolitik (Geldpolitik) besteht ein mehr oder weniger unmittelbarer Wirkungszusammenhang, der auch als »**Trilemma**« **der Währungspolitik** beschrieben wird.[11] Danach sind feste Wechselkurse und Kapitalverkehrsfreiheit nicht mit einer autonomen Geldpolitik vereinbar, d. h. dass bei Bin-

---

Beschl. v. 27.11.2012, Rs. T–215/11 (Adedy u.a./Rat der Europäischen Union); Beschl. v. 16.12.2011, Rs. T–532/11 (Städter/EZB); Beschl. v. 10.12.2013, Rs. T–492/12 (von Storch u. a./EZB); EuGH, Urt. v. 27. 11. 2012, Rs. C–370/12 (Pringle/Ireland), ECLI:EU:C:2012:756; EuGH, Urt. v. 16. 6. 2015, Rs. C–62/14 (Gauweiler u. a.), ECLI:EU:C:2015:400; Urt. v. 20. 9. 2016, verb. Rs. C–8/15 P–C–10/15 P (Ledra Advertising Ltd. u. a./Kommission u. EZB), ECLI:EU:C:2016:701; Urt. v. 20. 9. 2016, Rs. C–105/15 P–C–109/15 P (Mallis u. a./Kommission u. EZB), ECLI:EU:C:2016:702.

[9] S. lediglich *Kirchhof*, NJW 2013, 1 sowie *Möllers*, Die Rolle des Rechts im Rahmen der Währungsunion und Schuldenkrise, in: Möllers/Zeitler (Hrsg.), Europa als Rechtsgemeinschaft – Währungsunion und Schuldenkrise, 2013, S. 1 sowie die weiteren Beiträge in diesem Band.

[10] S. u. a. *Brück/Schalast/Schanz*, BB 2010, 2522; *Calliess*, Das europäische Solidaritätsprinzip und die Krise des Euro – Von der Rechtsgemeinschaft zur Solidaritätsgemeinschaft?, Berliner Online-Beiträge zum Europarecht Nr. 62; *Faßbender*, NVwZ 2010, 799; *Frenz/Ehlenz*, EWS 2010, 65; *Häde*, EuZW 2009, 399; *ders.*, EuR 2010, 854; *Herdegen*, Was die EU-Verträge wirklich zum Bail-out sagen, Handelsblatt v. 17. 3. 2010, S. 7; *Kämmerer*, NJW 20/2010, Editorial; *Knopp*, NJW 2010, 1777; *Kube/Reimer*, NJW 2010, 1911; *Polzin*, DÖV 2011, 209; *Ruffert*, Der rechtliche Rahmen für die gegenseitige Nothilfe innerhalb des Euro-Raums, Bitburger Gespräche Jahrbuch 2011/1, S. 15.; *Seidel*, Integration 2010, 334.

[11] *Chown*, A History of Monetary Unions, 2003, S. 14 f.; *Gilpin*, Global Political Economy, 2001, S. 248 f.

nenorientierung der Geldpolitik entweder die Wechselkurse der Währung zu anderen Währungen frei schwanken können müssen, oder die Kapitalverkehrsfreiheit eingeschränkt werden muss. Andernfalls muss die Sicherung des Saldenausgleichs bei **Kapitalverkehrsfreiheit** und festem Wechselkurs dazu führen, dass die Geldpolitik auf die Einhaltung des Wechselkurses und ein **Zahlungsbilanzgleichgewicht** ausgerichtet wird.

6 Alle diese Fragen stellen sich für die EU in dreierlei Hinsicht: für das echte Binnenverhältnis der Mitgliedstaaten des Euro-Währungsgebiets (die sogenannten »Ins«), für das Verhältnis zwischen diesen und den weiteren EU-Mitgliedstaaten (»Pre-Ins« bzw. »Outs«) und für das Verhältnis zu Drittstaaten (**EU-Außenwährungsverfassung**). Die rechtlichen Lösungen sind jeweils unterschiedlich: das Euro-Währungsgebiet entspricht mit dem Euro einem Fixkurssystem mit Kapitalverkehrsfreiheit bei Wegfall einer eigenständigen Geldpolitik für die einzelnen Mitgliedstaaten (vgl. Art. 140 Abs. 3 AEUV); im Verhältnis zu den sonstigen EU-Mitgliedstaaten geht das EU-Recht von einer einseitigen Verpflichtung der Letzteren aus, ihre Geld- und Wechselkurspolitik am Euro (und auf den Beitritt zu diesem) auszurichten, ohne dass ein echtes Fixkurssystem bestünde, bei gleichzeitiger Kapitalverkehrsfreiheit (Art. 142 AEUV). Im Verhältnis zu Drittstaaten beruht das Unionsrecht derzeit auf Kapitalverkehrsfreiheit bei frei schwankenden Wechselkursen; die Geldpolitik für den Euro ist damit rein binnenorientiert, ohne dass dies jedoch normativ zwingend vorgegeben wäre (Art. 127 Abs. 1 AEUV; s. aber Art. 219 Abs. 1 und Abs. 2 AEUV).

II. Währungspolitik und europäischer Binnenmarkt

7 Die EU-Binnenmarktintegration ist auf eine Ausweitung und Intensivierung des wirtschaftlichen Austauschs zwischen den Mitgliedstaaten ausgerichtet (vgl. Art. 26 AEUV). Das Vorhandensein unterschiedlicher Währungen führt dabei zu Handelsbeeinträchtigungen und zu Wettbewerbsverzerrungen. Zu Recht stellte der Gerichtshof bereits im Jahr 1973 fest, dass frei schwankende Wechselkurse mit einem echten Binnenmarkt an sich nicht vereinbar sind.[12] Die durch den **europäischen Integrationsprozess aufgeworfenen währungspolitischen Fragen** wurden anfänglich vom Gemeinschaftsrecht jedoch weitgehend unbeantwortet gelassen, da dieses bis zu dessen Auseinanderbrechen ab 1971 auf das im **Statut des IWF** angelegte **Festkurssystem** mit der indirekten Goldanbindung sowie die Zahlungsverkehrsfreiheit als währungspolitischer Anker aufbauen konnte.[13] Zudem waren Fragen des – zunächst bi-, dann multilateralen – Saldenausgleichs Gegenstand zahlreicher **Zahlungsverkehrsabkommen**, die in den 1950er Jahren zunächst in der **Europäischen Zahlungsunion** und dann im **Europäischen Währungsabkommen** mündeten.[14]

8 Ungeachtet dessen führten die wirtschaftspolitischen Entwicklungen in den 1960er Jahren wiederholt zu Spannungen sowohl im **IWF-System** als auch in der EWG, insbesondere in der gemeinsamen Landwirtschaftspolitik sowie der Zollunion. Die in diesem Jahrzehnt wieder aufgenommenen Überlegungen zu einer währungspolitischen Ergänzung des Integrationsprogramms mündeten 1970 im **Werner-Plan**,[15] der die Errichtung einer gemeinsamen Währung in drei Stufen binnen eines Jahrzehnts vorsah, an den

---

[12] EuGH, Urt. v. 24.10.1973, Rs. 10/73 (Rewe Zentral AG/HZA Kehl), Slg. 1973, 1175, Rn. 26.
[13] *Lastra*, S. 177; *Selmayr*, S. 123; *Smits*, S. 10 f.
[14] Zu dieser Entwicklung s. *Herrmann*, Währungshoheit, S. 195 ff. m. w. N.
[15] Bericht an Rat und Kommission über die stufenweise Verwirklichung der Wirtschafts- und Währungsunion in der Gemeinschaft, abgedruckt in ABl. 1970, C 136/1.

währungspolitischen Turbulenzen des auseinanderbrechenden IWF-Systems aber scheiterte. Im Rahmen der EWG wurde das entfallene IWF-Festkurssystem ab 1978/79 durch das **Europäische Währungssystem (EWS)** mit dem **ECU (European Currency Unit)** als Bezugspunkt (der das Gold ersetzte) und dem Paritätengitter bilateraler Leitkurse zwischen den Teilnehmerwährungen ersetzt. Bis zur EWS-Krise 1992/93 betrug die Wechselkursbandbreite für die Teilnehmerwährungen zunächst 2,25 %, um dann im Rahmen der Krise auf 15 % ausgeweitet zu werden.[16]

III. Die stufenweise Entwicklung der Wirtschafts- und Währungsunion

In den 1990er Jahren wurde sodann ein erneuter Anlauf zur Verwirklichung der Wirtschafts- und Währungsunion unternommen, wobei der **Delors-Bericht**[17] (1989) die geistige Grundlage bildete. Die vertragliche Vereinbarung der Einführung einer gemeinsamen Währung in drei Stufen erfolgte mit dem **Vertrag von Maastricht**,[18] wobei die erste Stufe durch die Herstellung der **Kapitalverkehrsfreiheit** mit der **Kapitalverkehrsrichtlinie**[19] bereits am 1. 7.1990 (zeitgleich mit der deutsch-deutschen Währungsunion)[20] erreicht worden war. Mit Beginn der zweiten Stufe am 1.1.1994 trat eine Reihe von Vorschriften in Kraft, durch die den Mitgliedstaaten die unterschiedlichen Formen der **monetären Finanzierung** verboten wurden (Art. 123, 124 AEUV), **die Überwachung der Haushaltsdisziplin** einsetzte (Art. 126 AEUV), der **Konvergenzprozess** der wirtschaftspolitischen Zusammenarbeit begann (Art. 121 AEUV) und das **Europäische Währungsinstitut (EWI)** als Vorläufer der späteren **Europäischen Zentralbank (EZB)** gegründet[21] und mit der Vorbereitung der dritten Stufe und der Einführung der gemeinsamen Währung betraut wurde. Die dritte Stufe begann dann – nachdem zuvor für den optionalen früheren Beginn jeweils keine hinreichende Zahl von Mitgliedstaaten die Konvergenzvoraussetzungen erfüllt hatte – am 1.1.1999 »automatisch«,[22] und zwar mit den elf Mitgliedstaaten (von damals 15), für die der Rat in der Zusammensetzung der Staats- und Regierungschefs das Vorliegen der Konvergenzvoraussetzungen bejaht hatte.[23] Für diese Mitgliedstaaten wurden zum 1.1.1999 die **Wechselkurse »unwiderruflich« festgelegt** und der Euro als gesetzliche Währung – zunächst nur als Buchwährung – eingeführt.[24] Die Notenbankaufgaben wurden auf das **Europäische System der Zentral-**

9

---

[16] Zu dieser Entwicklung s. *Herrmann*, Währungshoheit, S. 207 ff. m. w. N.
[17] Bericht zur Wirtschafts- und Währungsunion in der EG, vorgelegt vom Ausschuss zur Prüfung der Wirtschafts- und Währungsunion am 12. 4.1989, abgedruckt in EuR 1989, 274 sowie in *Krägenau/Wetter*, Europäische Wirtschafts- und Währungsunion, 1993, S. 146.
[18] Auch wenn der Vertrag von Maastricht die ursprüngliche vertragliche Grundlage für die Errichtung der Wirtschafts- und Währungsunion bildete, so ist es heute dennoch technisch nicht korrekt, davon zu sprechen, die geltenden vertraglichen Regelungen der Wirtschafts- und Währungsunion fänden sich »im Vertrag von Maastricht«.
[19] RL 88/361/EWG vom 24.6.1988 zur Durchführung von Art. 67 des Vertrages, ABl. 1988, L 178/5.
[20] Einen Überblick dazu gibt *Vogel*, DtZ 1990, 33.
[21] Zur zweiten Stufe der Wirtschafts- und Währungsunion s. *Dauses*, S. 145 ff.; *Geiger*, S. 116 ff.; *Lastra*, S. 191 ff.; *Selmayr*, S. 224 ff.; *Smits*, S. 45 ff.
[22] Art. 109j Abs. 3 EGV = zuletzt Art. 121 Abs. 4 EGV; s. Entscheidung 96/736/EG des Rates vom 13. 12.1996 nach Artikel 109j Absatz 3 des Vertrags zur Gründung der Europäischen Gemeinschaft über den Eintritt in die dritte Stufe der Wirtschafts- und Währungsunion, ABl. 1996, L 335/48.
[23] Entscheidung des Rates 98/317/EG vom 3.5.1998 gemäß Artikel 109j Absatz 4 des Vertrags, ABl. 1998, L 139/30.
[24] VO Nr. 974/98 vom 3.5.1998 über die Einführung des Euro, ABl. 1998, L 139/1.

banken (ESZB), in dem der Europäischen Zentralbank (EZB) eine zentrale Rolle zukommt, übertragen.[25] Die Einführung des Euro-Bargelds erfolgte sodann am 1.1.2002 in den zwischenzeitlich um Griechenland erweiterten zwölf Euro-Teilnehmerstaaten. Durch die Verträge von Nizza und Lissabon wurden die Vorschriften über die Wirtschafts- und Währungsunion vor allem in redaktioneller Hinsicht grundlegend überarbeitet, teilweise aber auch materiell-inhaltlich geändert.[26]

IV. Die Wirtschafts- und Währungsunion als Teilintegrationsverband der EU

10 Generell kennt das Unionsrecht verschiedene Formen der »**abgestuften Integration**«, der »**Asymmetrie**« oder der »**Ungleichzeitigkeit**« des Integrationsprozesses. Diese umfassen primärrechtlich unterschiedliche Verpflichtungsumfänge, Opt-in- oder Opt-out-Modelle sowie die Möglichkeit zur verstärkten Zusammenarbeit.[27] Im Bereich der Wirtschafts- und Währungsunion sind diese Elemente besonders stark ausgeprägt, da die dauerhafte wirtschaftliche Konvergenz als Voraussetzung des Beitritts zum Euro-Währungsgebiet praktisch nicht von allen Mitgliedstaaten gleichzeitig erfüllt werden konnte. Die Vorschriften über die Wirtschafts- und Währungsunion unterscheiden daher zwischen den **Mitgliedstaaten**, die den Euro bereits als Währung eingeführt haben, und solchen, **für die eine** »**Ausnahmeregelung**« gilt (Art. 139 Abs. 1 AEUV). Große Teile der Wirtschafts- und Währungsunion-Vorschriften finden auf Letztere keine Anwendung (Art. 139 Abs. 2, 3 AEUV) und ihr Stimmrecht im Rat (ECOFIN) ist in vielen Fragen beschnitten (Art. 139 Abs. 4 AEUV). Gleichzeitig gelten für sie die Übergangsvorschriften (Art. 140–144 AEUV), die sich insbesondere auf die Wechselkurspolitik sowie die Möglichkeit zu einem finanziellen Beistand bei Zahlungsbilanzschwierigkeiten beziehen.

V. Die Weiterentwicklung der Wirtschafts- und Währungsunion infolge der Euro-Staatsschuldenkrise

11 Die **wirtschaftspolitische Konvergenz** zwischen den Teilnehmerstaaten des Euro-Währungsgebiets sowie ihre **fiskalpolitische Solidität** bilden konzeptionell zwei wesentliche Säulen der Wirtschafts- und Währungsunion als Stabilitätsunion (s. dazu auch unten Rn. 18, 46 ff.). Das Euro-Währungsgebiet konnte diesbezüglich in den ersten zehn Jahren auf bemerkenswerte Erfolge zurückblicken. Die **Finanz- und Wirtschaftskrise** seit dem Jahr 2007 hat jedoch in der EU zu einem teilweise dramatischen Anstieg der Staatsverschuldung geführt;[28] in der Folge konnten einige der am Rande der Eurozone gelegenen Mitgliedstaaten (die sog. PIIGS[29]) seit dem Jahr 2010 nur noch zu erheblich gestiegenen Finanzierungskosten an den Kapitalmärkten Anleihen auflegen bzw. Kredite aufnehmen oder waren vom Zugang zu den Kapitalmärkten völlig abgeschnitten. Überdies gerieten auch die Finanzsysteme einiger Mitgliedstaaten an den Rand des Kollaps' bzw. benötigten Finanzhilfen für die Rekapitalisierung, wobei zwischen **Staatsschul-**

---

[25] Zum Inhalt der dritten Stufe der WWU s. insgesamt *Herrmann*, Währungshoheit, S. 214 ff.; Grundlegend zum Recht der EZB, *Gaitanides*, S. 1 ff.; *Smits*, S. 1 ff.
[26] S. hierzu *Häde*, EWS 2001, 97; *ders.*, EuR 2009, 201.
[27] Umfassend *Beutel*, S. 1 ff.
[28] S. dazu Deutsche Bundesbank, Von der Finanz- zur Staatsschuldenkrise, Finanzstabilitätsbericht November 2010, S. 17 ff.
[29] Ein Ausdruck, der während der Schuldenkrise für folgende Staaten aufkam: Portugal, Irland, Italien, Griechenland, Spanien.

denkrise und **Bankenkrise** ein enger Ursachenzusammenhang sowie ein sich wechselseitig verstärkender Wirkungszusammenhang (**Banken-Staaten-Nexus** bzw. negative feedback-loop) besteht.

In Reaktion auf diese Krisen wurden seit 2010 die währungsverfassungsrechtlichen Vorschriften der EU um wesentliche Teile ergänzt.[30] Durch **EFSM**[31] (dazu Art. 122 AEUV, Rn. 26 ff.), **EFSF**[32] und **ESM**[33] (dazu Art. 136 AEUV, Rn. 11 ff.) wurde ein dem IWF ähnelnder, aber der Situation der Mitgliedstaaten innerhalb des Euro-Währungsgebiets, in dem keine eigentlichen Zahlungsbilanzen mehr bestehen, angepasster **Finanzstabilitätsmechanismus** errichtet, der es ermöglicht, Mitgliedstaaten des Euro-Währungsgebiets konditionierte Finanzhilfen in ihrer eigenen Währung zu gewähren. Zur Klarstellung[34] der Rechtmäßigkeit dieser Mechanismen wurde mit Wirkung zum 1.5.2013 dem Art. 136 AEUV ein neuer Absatz 3 hinzugefügt[35] (s. Art. 136 AEUV, Rn. 13). Ferner wurden die sekundärrechtlichen Regelungen über die Koordinierung der Wirtschaftspolitiken der Mitgliedstaaten deutlich verschärft (sog. **Six-Pack** und sog. **Two-Pack**), und zwar sowohl im Hinblick auf die präventive und repressive Haushaltsaufsicht, als auch im Hinblick auf die allgemeine Wirtschaftspolitik (s. dazu Art. 126 AEUV, Rn. 8, 10), sowie um den völkerrechtlichen **Vertrag über Stabilität, Koordinierung und Steuerung (VSKS)**[36] und den **Euro-Plus-Pakt**[37] ergänzt (zu diesen s. Art. 121 AEUV, Rn. 66 f.).

Als quasi »vierte Stufe« der Wirtschafts- und Währungsunion (s. oben Rn. 2) wurde in den Jahren 2013/14 eine **Bankenunion** errichtet, die – neben den bereits bestehenden harmonisierenden Rechtsakten und koordinierenden Finanzaufsichtsbehörden – eine einheitliche Aufsicht über systemrelevante Finanzinstitute durch die EZB (**SSM**)[38] sowie einen einheitlichen Bankenabwicklungsmechanismus samt Abwicklungsfonds (**SRM**)[39] (letzterer wiederum auf völkervertraglicher Grundlage) umfasst.[40]

Darüber hinaus wurden weitere Maßnahmen zur Vollendung einer »echten Wirtschafts- und Währungsunion« von den Organen in Erwägung gezogen (z.B. eine zentrale Haushaltskapazität für die Eurozone, ein Schuldentilgungsfonds, Eurobonds oder

---

[30] Für einen Überblick vgl. *Herrmann*, Folgen der Finanzkrise, S. 79 ff.; für eine umfassende primärrechtliche Bewertung der getroffenen Maßnahmen siehe auch *Tuori/Tuori*, S. 119 ff.; *Hinarejos*, S. 15 ff.
[31] Europäischer Finanzstabilisierungs-Mechanismus.
[32] Europäische Finanzstabilisierungs-Fazilität.
[33] Europäischer Stabilitätsmechanismus.
[34] Nach der Rspr. des Gerichtshofs in der Rs. C–370/12 (Pringle/Ireland), ECLI:EU:C:2012:756, hat Art. 136 Abs. 3 AEUV lediglich klarstellende Wirkung.
[35] Beschluss 2011/199/EU des Europäischen Rates vom 25.3.2011 zur Änderung des Artikels 136 des Vertrags über die Arbeitsweise der Europäischen Union hinsichtlich eines Stabilitätsmechanismus für die Mitgliedstaaten, deren Währung der Euro ist, ABl. 2011, L 91/1.
[36] BGBl. 2012 II S. 1006.
[37] Anhang I der revidierten Fassung der Schlussfolgerungen der Tagung des Europäischen Rates vom 24./25.3.2011, EUCO 10/1/11.
[38] Single Supervisory Mechanism.
[39] Single Resolution Mechanism.
[40] Zur Bankenunion s. lediglich *Binder*, ZBB 2013, 297; *Deutsche Bundesbank*, Die neuen europäischen Regeln zur Sanierung und Abwicklung von Kreditinstituten, Monatsbericht Juni 2014, S. 31 ff.; *Lehmann/Manger-Nestler*, ZBB 2014, 2; *Peters*, WM 2014, 396.; *Sacarcelik*, BKR 2013, 353; Sachverständigenrat zur Beurteilung der gesamtwirtschaftlichen Entwicklung, Jahresgutachten 2013/2014, S. 167 ff.

Eurobills), sind aber über das Stadium politischer Skizzen und Machbarkeitsstudien bislang nicht hinausgeraten.[41]

VI. Verfassungsrechtliche Grenzen der Wirtschafts- und Währungsunion-Weiterentwicklung

15 Die Wirtschafts- und Währungsunion wurde von Anbeginn an in der deutschen Öffentlichkeit kritisch begleitet und immer wieder vor dem Bundesverfassungsgericht angegriffen. Über die allgemeinen Grenzen der Integrationsermächtigung hinaus, die im Wesentlichen in Art. 23 Abs. 1 GG und Art. 79 Abs. 3 GG verankert sind, hat das Bundesverfassungsgericht auch und gerade für den Bereich der Währungsintegration Schranken aufgestellt, deren Relevanz noch nicht gänzlich abschließend geklärt ist. Nach dieser Rechtsprechung beruht die Wirtschafts- und Währungsunion auf einer **stabilitätspolitischen Gesamtkonzeption**, die die **haushaltspolitische Eigenverantwortung** der EU-Mitgliedstaaten, welche eine automatische Haftung für Schulden anderer Mitgliedstaaten ausschließt (Art. 125 AEUV; dazu Art. 125 AEUV, Rn. 8 ff.), und wohl auch das Verbot der monetären Finanzierung (Art. 123 AEUV; dazu Art. 123 AEUV, Rn. 9 ff.) umfasst. Diese Gesamtkonzeption ist nach dem Verständnis des Bundesverfassungsgerichts Gegenstand des Zustimmungsgesetzes des Deutschen Bundestages; würde sie verlassen, so bedürfte dies zumindest einer neuen Betätigung der Integrationsverantwortung des Bundestages. Eine gänzliche Entäußerung der **Haushaltsverantwortung** des Deutschen Bundestages als integrationsfestem Kern des Demokratieprinzips ist diesem selbst verwehrt.[42] Ob danach insbesondere ein **Schuldentilgungsfonds** bzw. **Eurobonds** verfassungsrechtlich zulässig wären, ist im Schrifttum umstritten; die überwiegende Auffassung geht von der Unzulässigkeit dieser Instrumente aus.[43] Als ultima ratio käme auch ein Austritt aus der EU bzw. der Eurozone aus verfassungsrechtlicher Sicht wohl in Betracht,[44] auch wenn das Bundesverfassungsgericht diese Möglichkeit im OMT-Vorlagebeschluss vom 14. 1. 2014[45] gerade nicht angedeutet hat.

---

[41] S. insbesondere Europäische Kommission, Mitteilung vom 28. 11. 2012 – Ein Konzept für ein vertiefte und echte Wirtschafts- und Währungsunion Auftakt für eine europäische Diskussion, KOM (2012) 777 endgültig; dies., Grünbuch über die Durchführbarkeit der Einführung von Stabilitätsanleihen, KOM (2011) 818 endgültig vom 23. 11. 2012; *Van Rompuy/Barroso/Juncker/Draghi*, Towards a Genuine Economic and Monetary Union, 5. 12. 2012 (abrufbar unter: http://www.consilium.europa.eu/uedocs/cms_Data/docs/pressdata/en/ec/134069.pdf [18. 3. 2016]); *Juncker/Tusk/Dijsselbloem/Draghi/Schulz*, Completing Europe's Economic and Monetary Union, 22. 6. 2015, abrufbar unter https://ec.europa.eu/priorities/publications/five-presidents-report-completing-europes-economic-and-monetary-union_en [18. 3. 2016].
[42] BVerfGE 123, 267 (359).
[43] S. hierzu *Heun/Thiele*, JZ 2012, 973 (für verfassungsrechtliche Zulässigkeit, aber europarechtliche Unzulässigkeit von Eurobonds); *Mayer/Heidfeld*, NJW 2012, 422; *dies.*, ZRP 2012, 129 (für eine begrenzte Zulässigkeit bestimmter Eurobonds-Konzepte); *Müller-Franken*, NVwZ 2012, 1201; *ders.*, JZ 2012, 219 (für eine europarechtliche und verfassungsrechtliche Unzulässigkeit eines Schuldentilgungsfonds sowie von Eurobonds).
[44] BVerfGE 89, 155 (204).
[45] BVerfG, NJW 2014, 907 ff.

C. Ziele, Elemente, Systematik und Institutioneller Rahmen der EU

I. Ziele der Wirtschafts- und Währungsunion

Nach Art. 3 Abs. 4 EUV gehört die **Errichtung der Wirtschafts- und Währungsunion**, deren Währung der Euro ist, zu den Zielen der Europäischen Union. Die Teilnahme an der gemeinsamen Währung ist – außer für **Großbritannien** und **Dänemark** infolge ihrer primärrechtlichen Sonderstellung[46] – zunächst ein rechtsverbindliches Ziel der Union als Ganzes, zu dem sich auch alle neu beitretenden Mitgliedstaaten bekennen müssen. Die Wirtschafts- und Währungsunion steht damit gleichrangig neben anderen Unionszielen wie dem Binnenmarkt oder dem Raum der Freiheit, der Sicherheit und des Rechts. Sie ist ihnen nicht funktional untergeordnet.

Für die Ausgestaltung der Wirtschafts- und Währungsunion selbst ist eine Reihe von Zielen in den Verträgen von Bedeutung. Art. 3 Abs. 3 Satz 2 EUV richtet die Union auf ein **ausgewogenes Wirtschaftswachstum und Preisstabilität** aus, nennt darüber hinaus aber auch **Vollbeschäftigung** und **sozialen Fortschritt**; Art. 3 Abs. 3 UAbs. 5 EUV verlangt zudem die Förderung des **wirtschaftlichen, sozialen und territorialen Zusammenhalts**, für die die Ausgestaltung der Wirtschafts- und Währungsunion ebenfalls von Bedeutung ist. Art. 119 Abs. 1 AEUV verweist ausdrücklich auf Art. 3 EUV.

Die **Koordinierung der mitgliedstaatlichen Wirtschaftspolitik** als Teil der Wirtschafts- und Währungsunion orientiert sich wiederum am **Grundsatz einer offenen Marktwirtschaft mit freiem Wettbewerb** (Art. 119 Abs. 1, 120 Satz 2 AEUV; vgl. auch Art. 127 Abs. 1 Satz 3 AEUV; s. dazu unten Rn. 50). Den Mitgliedstaaten wird zudem auferlegt, **übermäßige öffentliche Defizite** zu vermeiden (Art. 126 Abs. 1 AEUV); die fiskalpolitische Nachhaltigkeit bildet damit ebenfalls eine Zielvorgabe für die Wirtschafts- und Währungsunion, genauso wie die grundsätzliche finanzielle Eigenständigkeit und Eigenverantwortung der Mitgliedstaaten (dazu Art. 126 AEUV, Rn. 14).

Das vorrangige Ziel für die Währungspolitik stellt die **Gewährleistung der Preisstabilität** dar (Art. 127 Abs. 1 Satz 1 AEUV), die damit zu einer Art »Grundnorm« der Wirtschafts- und Währungsunion gerät[47] und durch Art. 88 Satz 2 GG auch verfassungsrechtlich vorgegeben ist.[48] Während die anderen Ziele der Wirtschafts- und Währungsunion weitgehend offen und unbestimmt sind, hat die EZB – in rechtlich nicht zu beanstandender Ausfüllung ihrer diesbezüglichen Einschätzungsprärogative – **Preisstabilität** als einen mittelfristigen jährlichen Anstieg des **Harmonisierten Verbraucherpreisindex (HVPI)** für das Euro-Währungsgebiet als Ganzes von unter, aber nahe an 2 % definiert.[49]

II. Elemente

Die Wirtschafts- und Währungsunion besteht – anders als Art. 3 Abs. 4 AEUV vielleicht vermuten lassen könnte – nicht allein aus der einheitlichen Währung, dem Euro. Sie umfasst bereits dem Vertragswortlaut nach auch die **Koordinierung der Wirtschaftspo-**

---

[46] S. Protokoll (Nr. 15) vom 7.2.1992 über einige Bestimmungen betreffend das Vereinigte Königreich Großbritannien und Nordirland, ABl. 2010, C 83/284 sowie Protokoll (Nr. 16) über einige Bestimmungen betreffend Dänemark vom 7.2.1992, ABl. 2010, C 83/287. S. dazu allgemein *Beutel*.
[47] *Herdegen*, CMLRev. 35 (1998), 9 (21).
[48] S. hierzu *Herrmann*, Währungshoheit, S. 226 ff. m.w.N.
[49] EZB, Monatsbericht Januar 1999, S. 51; *dies.*, Die Geldpolitik der EZB, 2004, S. 52; Grundlegend zur Preisstabilität *Palm*, S. 1 ff.

litik der Mitgliedstaaten in der EU (Art. 5 Abs. 1 AEUV). Eine unmittelbare Relevanz für die Wirtschafts- und Währungsunion weist überdies ohne Zweifel – auch schon ausweislich der maßgeblichen Folgen für ihre Verwirklichung – die **Kapitalverkehrsfreiheit** auf. Schließlich – das wurde sowohl im *Werner*-Bericht als auch im *Delors*-Report noch übersehen – erfordert die Wirtschafts- und Währungsunion im Hinblick auf die Integration der Finanzdienstleistungsmärkte (deren Relevanz für die Kapitalverkehrsfreiheit die Verträge durchaus erkennen, vgl. Art. 64 Abs. 2 AEUV) ein über die sonstigen Dienstleistungsmärkte hinausgehendes Integrationsniveau, das erst mit der **Bankenunion** im Jahr 2014 ansatzweise erreicht wurde.

1. Kapitalverkehrsfreiheit

21   Eine der grundlegendsten Voraussetzungen einer echten Währungsunion bildet die **Kapital- und Zahlungsverkehrsfreiheit**. Während die Zahlungsverkehrsfreiheit schon die Voraussetzung für einen freien Waren- und Dienstleistungsverkehr bildet, schafft erst der freie grenzüberschreitende Fluss von Kapital die notwendigen, aber nicht hinreichenden, Voraussetzungen für einen einheitlichen Finanzmarkt, der wiederum für die gleichmäßige **Transmission geldpolitischer Impulse** und damit den effektiven Einsatz geldpolitischer Instrumente zur Erreichung der währungspolitischen Ziele im gesamten Währungsraum unverzichtbar ist.[50] Realisiert wurde die Kapitalverkehrsfreiheit in der Europäischen Union allerdings zunächst losgelöst von den währungspolitischen Entwicklungen als Teil des durch die Einheitliche Europäische Akte in die Verträge eingefügten »**Binnenmarktprogramms**«[51] durch den Erlass der **Kapitalverkehrsrichtlinie**, deren Umsetzungsfrist für die Mitgliedstaaten am 1.7.1990 ablief.[52] Mit dem Inkrafttreten des **Vertrags von Maastricht** wurde die Kapitalverkehrsfreiheit sodann auch primärrechtlich verankert (nunmehr Art. 63–66 AEUV) und genießt seitdem – wenn auch im Verhältnis zu den anderen Grundfreiheiten verspätet – den gleichen Status wie diese, d.h. sie hat insbesondere an der unmittelbaren Anwendbarkeit und am Vorrang des Unionsrechts teil.[53] Der Gewährleistungsumfang der Kapitalverkehrsfreiheit und ihr Verhältnis zu den anderen Grundfreiheiten (Dienstleistungs- und Niederlassungsfreiheit) bereiten im Einzelnen immer wieder erhebliche Schwierigkeiten, zumal die Kapitalverkehrsfreiheit als einzige Grundfreiheit auch im Verhältnis zu Drittstaaten greift.[54] Die Erweiterung der Zuständigkeiten der Europäischen Union auf »**ausländische Direktinvestitionen**« durch den Vertrag von Lissabon (Art. 206, 207 AEUV) hat insoweit noch eine weitere kompetenzielle Problemebene hinzugefügt.

---

[50] S. so schon den Bericht an Rat und Kommission über die stufenweise Verwirklichung der Wirtschafts- und Währungsunion in der Gemeinschaft – »*Werner* Bericht« v. 8.10.1970, abgedruckt in *Krägenau/Wetter*, Europäische Wirtschafts- und Währungsunion, 1993, S. 98 (99); ebenso Bericht zur Wirtschafts- und Währungsunion in der EG, vorgelegt vom Ausschuss zur Prüfung der Wirtschafts- und Währungsunion am 12.4.1989 (*Delors*-Bericht), abgedruckt ebd., S. 146 (149).
[51] Kommission, Weißbuch zur Vollendung des Binnenmarkts, KOM (85) 310 endgültig vom 14.6.1985.
[52] Richtlinie 88/361/EWG zur Durchführung von Artikel 67 des Vertrages, ABl. 1988, Nr. L 178/5.
[53] Umfassend zur Kapitalverkehrsfreiheit *Bröhmer*, in: Calliess/Ruffert, EUV/AEUV, Art. 63–66 AEUV; *Ohler*, Kapital- und Zahlungsverkehrsfreiheit, 2002; *Ress/Ukrow*, in: Grabitz/Hilf/Nettesheim, EU, Art. 63–66 AEUV (Januar 2014).
[54] S. dazu *Hindelang*, The Free Movement of Capital and Foreign Direct Investment: The Scope of Protection in EU Law, 2010.

2. Einheitliche Währung

Mit Eintritt in die **dritte Stufe der Wirtschafts- und Währungsunion** wurden die Umrechnungskurse zwischen den an der gemeinsamen Währung teilnehmenden Mitgliedstaaten »unwiderruflich festgelegt« und der Euro damit zu einer »eigenständigen Währung« (vgl. ex-Art. 123 Abs. 4 EGV). Nunmehr ist **der Euro die »einheitliche Währung der Union«** (vgl. Art. 3 Abs. 4 EUV; Art. 140 Abs. 3 AEUV).[55] Das alleinige **Recht zur Ausgabe von Banknoten**, die als **alleiniges gesetzliches Zahlungsmittel** gelten, liegt nunmehr bei der EZB und den nationalen Zentralbanken, wobei das Recht zur Genehmigung der Ausgabe von Banknoten ausschließlich der EZB zukommt (Art. 128 Abs. 1 AEUV; Art. 282 Abs. 3 Satz 2 AEUV). Die weiteren Regelungen über den Euro als Währung und gesetzliches Zahlungsmittel finden sich in der **Euro-EinführungsVO**.[56]

22

Gemäß Art. 2 der Euro-EinführungsVO ist der Euro ab dem 1.1.1999 bzw. ab dem in der jeweiligen Änderungsverordnung für den jeweiligen Mitgliedstaat festgelegten Datum »die Währung«. Die **Währungseinheit** selbst ist identisch als Euro bezeichnet, der wiederum in 100 Cent eingeteilt ist. Gemäß Art. 3 der Euro-EinführungsVO trat der Euro zum Umrechnungskurs an die Stelle der Währungen der teilnehmenden Mitgliedstaaten. Ab dem 1.1.2002 setzte das Eurosystem auf Euro lautende Banknoten in Umlauf, denen – abgesehen von einer Übergangsregelung – die Eigenschaft des alleinigen **gesetzlichen Zahlungsmittels** zugeschrieben ist (Art. 128 Abs. 1 Satz 3 AEUV; Art. 10 Euro-EinführungsVO). Ab diesem Zeitpunkt durften die Mitgliedstaaten überdies auf Euro und Cent lautende Münzen ausgeben, die allerdings nur der Zahl nach beschränkt als gesetzliche Zahlungsmittel fungieren (Art. 128 Abs. 2 AEUV; Art. 11 Euro-EinführungsVO).

23

Die Zuweisung der Eigenschaft der »**Währung**« und des »**alleinigen gesetzlichen Zahlungsmittels**« bedarf der weiteren gesetzlichen Ausgestaltung durch unionale und mitgliedstaatliche Rechtsakte. Hierzu gehört insbesondere, jegliche Bezugnahmen auf die gesetzliche Währungseinheit bzw. geschuldete Geldverbindlichkeiten anzupassen und eine Angabe bzw. Bezahlung in Euro verpflichtend zu machen (insbesondere für Preise, Wertausdrücke (z.B. in Bilanzen) und Geldschulden). Hierzu dienten in den Mitgliedstaaten die zahlreichen **Begleitgesetze zur Einführung des Euro**.[57] Das gesetzliche Zahlungsmittel, d.h. allein das Euro-Bargeld, ist auf dieser Grundlage regelmäßig mit einem **Annahmezwang** verbunden, wenngleich dieser Annahmezwang in der modernen Buchgeldwirtschaft vielfach durchbrochen wird und im täglichen Geschäftsverkehr auch an praktische Grenzen stößt.

24

3. Grenzüberschreitende Zahlungsverkehrssysteme und europäischer Zahlungsraum

In modernen Buchgeldwirtschaften werden Zahlungen ganz überwiegend in Form elektronischer Transfers in **Zahlungsverkehrssystemen** abgewickelt. Diesen Systemen kommt damit eine grundlegende Bedeutung für einen Währungsraum zu, und zwar sowohl für den Zahlungs- und Kapitalverkehr, als auch für die Geldpolitik, deren geldpolitische Impulse nur bei hinreichender Integration der Finanzmärkte gleichmäßig in der Wirtschafts- und Währungsunion wirken können.[58] Unter anderem aus diesem

25

---

[55] Umfassend dazu Beaumont/Walker (Hrsg.), S. 1 ff.
[56] Verordnung (EG) Nr. 974/98 vom 3.5.1998 über die Einführung des Euro, ABl. 1998, L 139/1.
[57] S. hierzu für Deutschland *Schorkopf*, NJW 2001, 3734.
[58] S. hierzu allgemein Kokkola (Hrsg.), ECB – The Payment System, 2010; *Padoa-Schioppa*, Euro-

Grund überträgt Art. 127 Abs. 2, 4. Gedstr. AEUV dem ESZB auch die Aufgabe, zum reibungslosen Funktionieren der Zahlungssysteme beizutragen. Diese Aufgabe wird vom Eurosystem durch die Bereitstellung des Echtzeitbruttozahlungsverkehrssystems **TARGET2** erfüllt.[59]

4. Wirtschaftspolitische Koordinierung

26 Ein weiteres wesentliches Element der Wirtschafts- und Währungsunion bildet die **Koordinierung der Wirtschaftspolitik** (Art. 120, 121, 126 AEUV). Die Preisentwicklung, das Zinsniveau und die allgemeine Konjunkturentwicklung eines Wirtschaftsraums hängen maßgeblich sowohl von staatlicher Haushaltspolitik als auch von allgemeinen wirtschaftspolitischen Entscheidungen, z. B. der Förderung von Investitionen, den Sozialversicherungssystemen oder auch der Lohnpolitik etc. ab. Weichen diese Politiken verschiedener Länder sowie ihre Wirtschaftsentwicklung in dieser Hinsicht erheblich voneinander ab, werden die daraus resultierenden Divergenzen normalerweise durch die Wechselkursentwicklung abgefedert; diese Möglichkeit besteht innerhalb des Euro-Währungsgebiets hingegen nicht mehr. Bereits die Einführung des Euro als gesetzliches Zahlungsmittel, d. h. der Beitritt zum Euro-Währungsgebiet unterliegt daher der Voraussetzung einer hinreichenden **wirtschaftlichen Konvergenz** (Art. 140 Abs. 1 Satz 3 AEUV), die aber auch nach der Euro-Einführung nachhaltig gesichert werden muss (s. dazu und zu den diesbezüglichen Regelungen Art. 121 AEUV; Art. 126 AEUV).

5. Bankenunion

27 Eine moderne Geldwirtschaft beruht zum großen Teil auf der Tätigkeit von Geschäftsbanken, die im Rahmen der durch die Geldpolitik der Zentralbank geschaffenen Möglichkeiten Geld schöpfen können.[60] Derartiges »**Geschäftsbankengeld**« (endogenes Zahlungsmittel) stellt rechtlich letztlich nur eine Forderung auf Zentralbankgeld (exogenes Zahlungsmittel) dar, woraus – zusammen mit der im Bankensektor stattfindenden Fristentransformation – das **systemische Liquiditätsrisiko** moderner Geldwirtschaften folgt, dass eine Zentralbank im Krisenfall durch die Rolle eines **lender of last resort** jedenfalls des Bankensystems zu lösen versucht.[61]

28 Das Bankensystem spielt systemisch zudem zwei zentrale Rollen innerhalb der Wirtschafts- und Währungsunion: es stellt Kredite für Investitionen bereit, die sich wiederum unmittelbar auf die wirtschaftliche Entwicklung der Mitgliedstaaten auswirken. Zudem bildet es die Finanzierungsquelle für einen Teil der Staatsausgaben der Mitgliedstaaten, indem es Staatsanleihen von diesen am Primärmarkt erwirbt. Damit hängen sowohl die wirtschaftliche Entwicklung in einem Land wie auch sein Zugang zum Kapitalmarkt wesentlich von der **Funktionsfähigkeit und dem Zustand seines Finanzsystems** ab. Gerät dieses in Schieflage, wirkt sich das unmittelbar aus, und zwar sowohl auf die Kreditvergabe der Banken als auch die Refinanzierung des Staates. Gleichzeitig kann im Regelfall

---

pean Payment System(s) in perspective: a Central Banker's view, ECU No. 33, S. 3 ff., abrufbar unter http://www.ecu-activities.be/documents/publications/publication/1995_4/padoa.htm (2.2.2017).
[59] S. dazu Deutsche Bundesbank, TARGET2 – das neue Zahlungsverkehrssystem für Europa, Monatsbericht Oktober 2007, S. 69 ff.; *Watzinger*, 2016, *passim*.
[60] Kritisch dazu *Mensching*, EuR 2014, 333.
[61] S. hierzu *Ohler*, Bankensanierung als staatliche Aufgabe, in: Bungenberg/Huber/Streinz (Hrsg.), Der Staat in der Wirtschafts- und Finanzkrise, 2011, S. 71 (74 f.).

nur der jeweilige Staat seinen nationalen Banken zur Hilfe eilen, indem er z. B. Rekapitalisierungsbeihilfen zur Verfügung stellt, bzw. wird nur dieser das tun.[62] Zwischen den Mitgliedstaaten und den nationalen Banksystemen besteht damit eine Schicksalsgemeinschaft, die jedoch infolge der erreichten Finanzmarktintegration im Binnenmarkt mit grenzüberschreitenden spill-over-Effekten (Ansteckungsgefahr) verbunden ist.

Zur Begrenzung bzw. Beseitigung dieser Effekte bedarf es zahlreicher Regelungen, die von einheitlichen Zulassungs- und Aufsichtsanforderungen an Banken über einheitliche Aufsichtsverfahren und Rekapitalisierungsmöglichkeiten bis hin zu einheitlichen Maßstäben für die Abwicklung von Banken reichen. Während insbesondere das materielle **Zulassungs- und Aufsichtsrecht** bereits vor der Finanzkrise im Rahmen des **Finanzdienstleistungsbinnenmarkts** weitgehend harmonisiert war,[63] wurden wesentliche Schritte zu einer echten **Bankenunion** einschließlich einer einheitlichen Aufsicht über bestimmte Institute und einem einheitlichen Abwicklungsmechanismus erst in den Jahren 2013 und 2014 getan.[64]

III. Systematik

1. Systematik der Vertragsnormen und Sekundärrechtsvorschriften

Vorschriften über die Wirtschafts- und Währungsunion finden sich auch außerhalb des Dritten Teils, Titel VIII (Art. 119–144 AEUV). Neben der Zielbestimmung des Art. 3 EUV gehören auch die Kompetenzregelungen der Art. 3 Abs. 1 Buchst. c und Art. 5 Abs. 1 AEUV dazu, die Vorschriften über die Kapital- und Zahlungsverkehrsfreiheit (Art. 63–66 AEUV) genauso wie die institutionellen Regelungen über die Europäische Zentralbank (Art. 282–284 AEUV) und die zentrale Norm der Außenwährungsverfassung der Europäischen Union (Art. 219 AEUV). Ferner gehören die – ebenfalls im Rang von Primärrecht stehenden – Protokolle Nr. 4 (über die Satzung des Europäischen Systems der Zentralbanken und der Europäischen Zentralbank) sowie Nr. 12-Nr. 18 zu den vertraglichen Regelungen der Wirtschafts- und Währungsunion.

Ergänzt wird das Primärrecht durch zahlreiche Unionssekundärrechtsakte, insbesondere die Entscheidungen bzw. Entschlüsse über die **Zusammensetzung des Euro-Währungsgebiets** (Art. 140 Abs. 2 AEUV) sowie die Rechtsakte zur Einführung des Euro als gesetzliches Zahlungsmittel (Art. 140 Abs. 3 AEUV).[65] Ebenfalls von hoher Bedeutung sind die sekundärrechtlichen Regelungen des sog. **Stabilitäts- und Wachstumspakts**, durch den die **wirtschaftspolitische Koordinierung** (Art. 121 AEUV) sowie das **Verfahren bei einem übermäßigen Defizit** (Art. 126 AEUV und Protokoll Nr. 14) präzisiert werden (dazu Art. 121 AEUV, Rn. 1, 32 ff.; Art. 126 AEUV, Rn. 2, 6 ff.).

Hinzu kommt das von der EZB im Rahmen ihrer Rechtsetzungsbefugnis (Art. 282 Abs. 4 AEUV, Art. 132 AEUV, Art. 34 ESZB-Satzung) gesetzte **EZB-Sekundärrecht**, darunter insbesondere die Anforderungen an Mindestreserven der Banken, durch die Geldschöpfung im Bankensektor begrenzt wird (dazu Art. 132 AEUV, Rn. 3 ff.).

---

[62] S. zu diesen Zusammenhängen *Herrmann*, Beihilfenrecht als Schönwetterrecht?, in: Bungenberg/Huber/Streinz (Hrsg.), Der Staat in der Wirtschafts- und Finanzkrise, 2011, S. 55.
[63] S. dazu *Ohler*, 137 ff.
[64] S. dazu oben Fn. 40.
[65] Der Großteil dieses europäischen Währungsrechts ist abgedruckt in *Herrmann*, Europäisches Währungsrecht, Textausgabe, 2013.

2. Ergänzendes Völkervertragsrecht

33 Im Rahmen der Euro-Staatsschuldenkrise wurden zahlreiche Ergänzungen der unionalen Währungsverfassung außerhalb des eigentlichen Unionsrechts vorgenommen, weil der EU für den Erlass von Sekundärrecht die Kompetenzen fehlten oder weil sich die Mitgliedstaaten auf eine Änderung des Primärrechts nicht einigen konnten. Zu diesen Instrumenten gehören insbesondere die rechtlichen Grundlagen der **Europäischen Finanzstabilisierungs-Fazilität (EFSF)**[66] und des **Europäischen Stabilitätsmechanismus ((ESM)**; s. dazu Art. 136 AEUV, Rn. 11 ff.) sowie der **Vertrag über Stabilität, Koordinierung und Steuerung in der Wirtschafts- und Währungsunion ((VSKS)**[67]; zu diesem s. Art. 121 AEUV, Rn. 4, 68 ff.).

34 Diese Instrumente können das Unionsrecht nicht ändern bzw. sie gehen ihm im Rang nach (vgl. auch explizit Art. 2 VSKS). Aus verfassungsrechtlicher Sicht handelt es sich nach der Rechtsprechung des Bundesverfassungsgerichts auch bei dieser Art von Verträgen um »**Angelegenheiten der Europäischen Union**«, auf die sich die **Informationspflichten der Bundesregierung** nach Art. 23 Abs. 2 GG beziehen.[68]

IV. Institutioneller Rahmen

35 **Der institutionelle Rahmen** der Europäischen Union insgesamt ist mit seinen Organen und sonstigen Einrichtungen generell kompliziert. Die Wirtschafts- und Währungsunion verfügt allerdings über weitere Gremien, die ihn noch unübersichtlicher machen. Im Kern spiegelt der institutionelle Rahmen der Wirtschafts- und Währungsunion ihre Zweiteilung wider.

1. Das Zentralbanksystem

36 Moderne staatliche Papiergeldwährungen beruhen auf einer Monopolisierung der Banknotenausgabe bei einer **zentralen Monopolnotenbank (Zentralbank)**. Sie allein hat die Fähigkeit zur primären Geldschöpfung und kontrolliert damit die Versorgung der Wirtschaft und des Geschäftsbankensystems mit Zentralbankgeld. Zudem obliegt ihr die Steuerung dieser Versorgung mit geldpolitischen Zielsetzungen **(Geldpolitik)**. Für die Europäische Union werden diese Zentralbankfunktionen formal dem Europäischen System der Zentralbanken (ESZB), der Sache nach aber dem **Eurosystem**, das – anders als das ESZB, dass neben der EZB alle nationalen Zentralbanken der EU-Mitgliedstaaten umfasst – nur aus der Europäischen Zentralbank (EZB) und den nationalen Zentralbanken der Euro-Teilnehmerstaaten besteht, als ausschließliche Zuständigkeit zugewiesen (Art. 3 Abs. 1 Buchst. c AEUV, Art. 282 Abs. 1 Satz 2, 2. Hs. AEUV, Art. 127 Abs. 2 AEUV, Art. 3 ESZB -Satzung). Die rechtlichen Grundlagen finden sich daneben im Protokoll über die Satzung des Europäischen Systems der Zentralbanken und der Europäischen Zentralbank sowie u. a. in der Geschäftsordnung der EZB. Danach ist die EZB berechtigt, umfassend eigenes **EZB-Sekundärrecht** zu erlassen. Zugleich unterliegt

---

[66] Zur EFSF und deren weiteren rechtlichen Grundlagen (Gesellschaftsvertrag etc.) s. http://www.efsf.europa.eu/about/index.htm (15.3.2016); *Regling*, EWS 2011, 261. Die gesetzliche Grundlage in Deutschland wurde durch das Gesetz zur Übernahme von Gewährleistungen im Rahmen eines europäischen Stabilisierungsmechanismus vom 22.5.2010, BGBl. 2010 I S. 627 geschaffen. Zu den Inhalten im Einzelnen s. *Brück/Schalast/Schanz*, BB 2010, 2522 (2523 f.).
[67] BGBl. 2012 II S. 1006.
[68] BVerfGE 131, 152.

sie der gerichtlichen Kontrolle durch den Gerichtshof (Art. 282 Abs. 4 AEUV, Art. 132 AEUV, Art. 34 ESZB-Satzung, 35 ESZB-Satzung). Die zentrale und für die Währungsunion spezifische Einrichtung der EU ist damit die EZB. Seit ihrer Gründung 1998 hat sie Rechtspersönlichkeit (Art. 282 Abs. 3 Satz 1 AEUV). Seit dem Vertrag von Lissabon ist sie zudem Unionsorgan (Art. 13 Abs. 1 EUV). Weder das ESZB noch das Eurosystem sind hingegen selbst rechtsfähig.

Weiterhin rechtlich selbständig nach dem jeweiligen nationalen Recht, aber dennoch integraler Bestandteil des Eurosystems, sind die **nationalen Zentralbanken** der Eurozonen-Mitgliedstaaten. Geleitet werden das Eurosystem und das ESZB von den Beschlussorganen der EZB (Art. 282 Abs. 2 Satz 1 AEUV). Die nationalen Zentralbanken der Euro-Mitgliedsländer handeln gemäß den Leitlinien und Weisungen der EZB (Art. 14.3 ESZB-Satzung, Art. 12.1 UAbs. 2 Satz 2 ESZB-Satzung). Innerhalb der EZB trifft der **EZB-Rat** die grundlegenden geldpolitischen Entscheidungen (Art. 12.1 UAbs. 1 ESZB-Satzung). Dem **Direktorium** obliegt die Vorbereitung und Ausführung dieser Beschlüsse sowie die Führung der laufenden Geschäfte der EZB (Art. 12.1 UAbs. 2 Satz 1 ESZB-Satzung). Die EZB und die Zentralbanken aller Mitgliedstaaten – mit Ausnahme **Großbritanniens**[69] – genießen in der Ausübung ihrer währungspolitischen Befugnisse von allen Unionsorganen und Regierungen der Mitgliedstaaten zu achtende **Unabhängigkeit**.[70] Sie und ihre Beschlussorgane dürfen Weisungen weder einholen noch entgegennehmen (Art. 282 Abs. 3 Satz 3, 4, Art. 130, 131 AEUV). Jede Art von Beeinflussungsversuch ist den EU-Organen und den Mitgliedstaaten streng untersagt[71]. Dennoch sehen die Verträge die Kommunikation der jeweiligen Amtsträger über währungs- und finanzpolitische Themen ausdrücklich vor (dazu Art. 130 AEUV, Rn. 16 ff.).[72]

2. Weitere Organe und Gremien

Die **währungspolitischen Befugnisse** der EU sind ganz umfassend der EZB bzw. dem Eurosystem zugeordnet. Die Kommission nimmt wichtige Aufgaben im Bereich der Koordinierung und Überwachung der Wirtschafts- und Haushaltspolitik war. Diese reichen allerdings nicht so weit wie in den anderen Bereichen des Unionsrechts. Art. 126 AEUV i. V. m. dem sog. **Stabilitäts- und Wachstumspakt** etabliert ein eigenständiges Sanktionsverfahren und schließt insofern die Anwendung des Vertragsverletzungsverfahrens weitgehend aus. Art. 121 AEUV wiederum verzichtet weitgehend auf den Einsatz rechtlich verbindlicher Handlungsformen (überwiegend »Empfehlungen«) und ist damit per se nur in geringem Umfang justiziabel (s. auch Art. 121 AEUV, Rn. 16, 28 f.).

Das **Europäische Parlament** genießt im Rahmen der Wirtschafts- und Währungsunion lediglich eingeschränkte Mitwirkungsrechte. So wird es z. B. im Bereich der wirtschaftspolitischen Koordinierung nur unterrichtet (Art. 121 Abs. 2 UAbs. 3 S. 2, Abs. 5 AEUV), auch im Hinblick auf die Aufnahme eines Mitgliedstaates in die Eurozone wird es lediglich gehört (Art. 140 Abs. 2 AEUV).

---

[69] Die Bank of England genießt aufgrund britischer Rechtsvorschriften ebenfalls Unabhängigkeit; Großbritannien ist zur Achtung dieser Unabhängigkeit aber unionsrechtlich nicht verpflichtet (vgl. Ziff. 4 Protokoll Nr. 15).
[70] S. dazu *Dittrich*, ZEuS 2012, 259.
[71] Zum genauen Umfang des Beeinflussungsverbots s. *Häde*, in: Calliess/Ruffert, EUV/AEUV, Art. 130 AEUV, Rn. 14 ff.
[72] S. z. B. Art. 1 S. 4 Protokoll (Nr. 14) betreffend die Euro-Gruppe, ABl. 2010, C 83/283.

Insbesondere im Bereich der **Koordinierung der Wirtschafts- und Überwachung der Haushaltspolitik** korrespondiert der schwachen Stellung von Kommission und Parlament in der Wirtschafts- und Währungsunion eine deutlich stärkere Rolle des **Rates in der Zusammensetzung der Wirtschafts- und Finanzminister (ECOFIN)**. Die **Euro-Gruppe** (Art. 137 AEUV) ist insoweit vom ECOFIN zu unterscheiden. In diesem informellen Gremium finden aber wesentliche Vorbereitungen auch der ECOFIN-Sitzungen statt.[73]

40 Der **Europäische Rat** gibt der Union die für Ihre Entwicklung erforderlichen politischen Impulse und legt die allgemeinen politischen Zielvorstellungen und Prioritäten fest. Er wird aber nicht gesetzgeberisch tätig (Art. 15 Abs. 1 EUV). Jenseits davon spielt er keine nennenswerte Rolle. Das in den EU-Verträgen formal so gar nicht vorgesehene Gremium der **Zusammenkunft der Staats- und Regierungschefs der Eurozone (»Euro-Gipfel«)** hat hingegen im Rahmen der Euro-Schuldenkrise einen wesentlichen Bedeutungszuwachs erlangt. In diesem Gremium wurden zunehmend die fundamentalsten politischen Grundentscheidungen im Zusammenhang mit den Euro-Rettungspaketen getroffen. Eine vertragliche Anerkennung erfährt es mit Art. 12 des VSKS.[74] Eine beratende Rolle mit breitem Mandat nimmt der in Art. 134 AEUV primärrechtlich vorgesehene **Wirtschafts- und Finanzausschuss** wahr. Daneben bestehen die auf sekundärrechtlicher Grundlage gegründeten Ausschüsse für Wirtschaftspolitik[75] sowie für Währungs-, Finanz- und Zahlungsbilanzstatistiken.[76] Eine geringfügig reduzierte Rolle kommt im Bereich der Wirtschafts- und Währungsunion dem Gerichtshof der Europäischen Union zu. Die EZB ist zwar umfassend der gerichtlichen Kontrolle unterworfen (Art. 35 ESZB-Satzung); ihre Unabhängigkeit und die notwendigen geldpolitischen Beurteilungs- und Gestaltungsspielräume lassen eine strikte gerichtliche Kontrolle aber von vornherein nicht zu.

D. Art. 119 AEUV im Einzelnen

I. Grundsätzliche Bedeutung

41 Art. 119 AEUV konkretisiert die Vorgabe des Art. 3 Abs. 4 AEUV und beschreibt die umfassten Tätigkeiten etwas genauer. Insbesondere bestätigt Art. 119 AEUV die Aufspaltung der Wirtschafts- und Währungsunion in »**Wirtschaftspolitik**« (Abs. 1) und die **Einführung »einer einheitlichen Währung«** samt Festlegung und Durchführung einer einheitlichen Geld- und Wechselkurspolitik (Abs. 2). Während letzteres eine ausschließliche Zuständigkeit der EU für die dem Euro-Währungsgebiet bereits beigetretenen Mitgliedstaaten darstellt (Art. 3 Abs. 1 Buchst. c AEUV), stellt die »Koordinierung der Wirtschaftspolitik der Mitgliedstaaten« in der Union eine eigenständige Kompetenzkategorie dar (Art. 5 Abs. 1 AEUV).

---

[73] Zur Euro-Gruppe s. *Herrmann*, in: Siekmann, EWU, Art. 137 AEUV m.w.N.
[74] BGBl. 2012 II S. 1006.
[75] Beschluss 2000/604/EG des Rates vom 29.9.2000 über die Zusammensetzung und die Satzung des Ausschusses für Wirtschaftspolitik, ABl. 2000, L 257/28. Zum Ausschuss s. *Hahn/Häde*, S. 262f.
[76] Beschluss 2006/856/EG des Rates vom 13.11.2006 zur Einsetzung eines Ausschusses für die Währungs-, Finanz- und Zahlungsbilanzstatistiken, ABl. 2006, L 332/21. Zum Ausschuss s. *Hahn/Häde*, S. 263.

Aus Art. 119 Abs. 1 und 2 AEUV selbst ergeben sich die jeweiligen **Kompetenzumfänge** allerdings nicht, da sie selbst **keine Kompetenzgrundlagen** darstellen.[77] Insoweit ist vielmehr auf die in den folgenden Kapiteln zusammengefassten Einzelnormen abzustellen. Beide Zuständigkeitsbereiche sind nicht trennscharf voneinander abgrenzbar, sondern sind wechselseitig aufeinander bezogen und überlappen sich teilweise.[78] Ungeachtet dessen ist es infolge der **kompetenziellen Asymmetrie** rechtlich erforderlich und auch möglich, Maßnahmen jeweils als primär wirtschaftspolitisch oder primär geld- bzw. währungspolitisch einzuordnen. Nach der generellen Rechtsprechung des Gerichtshofs zur Wahl der jeweils einschlägigen Kompetenzgrundlagen ist dabei auf objektive, gerichtlich nachvollziehbare Kriterien abzustellen, zu denen Ziel und Inhalt des Rechtsakts gehören.[79] Auf dieser Grundlage kam der Gerichtshof hinsichtlich des **Europäischen Stabilitätsmechanismus (ESM)** in der Rechtssache Thomas Pringle zutreffend zu der Beurteilung, dass es sich hierbei um eine primär wirtschaftspolitische Maßnahme handelt, die nicht in die Kompetenz der EU für die Währungspolitik eingreift.[80]

42

Der daraus vom Bundesverfassungsgericht im **OMT-Vorlagebeschluss** gezogene Umkehrschluss, bei ex ante unbegrenzten **selektiven Staatsanleihekäufe**n durch die EZB handele es sich um einen Finanzhilfemechanismus und damit um eine unzulässige Maßnahme der Wirtschaftspolitik[81] war hingegen verfehlt, da er mit der – nicht erweislichen – Unterstellung operierte, beim OMT-Programm handele es sich um einen Finanzhilfemechanismus, obwohl das Instrument »finale Sekundärmarktkäufe von Staatsanleihen« nach Art. 18.1 ESZB-Satzung ausdrücklich zulässig und die von der EZB vorgetragene Zielsetzung (Behebung von Störungen des geldpolitischen Transmissionsmechanismus) keinesfalls evident fehlerhaft ist (s. auch Art. 123 AEUV, Rn. 18 ff.).[82] Eine strikte Trennung beider Kompetenzen kann schon deswegen nicht erforderlich sein, weil die Währungspolitik explizit in Art. 119 Abs. 2 AEUV und Art. 127 Abs. 1 Satz 2 AEUV zur Unterstützung der allgemeinen Wirtschaftspolitik (als Sekundärziel) aufgerufen ist.[83] Der Gerichtshof hat daher völlig zutreffend in seinem OMT-Urteil vom 16.6.2015 die OMT-Ankündigung durch die EZB für rechtmäßig erachtet und lediglich

43

---

[77] *Bandilla*, in: Grabitz/Hilf/Nettesheim, EU, Art. 119 AEUV (Mai 2011), Rn. 17.
[78] *Khan*, in: Geiger/Khan/Kotzur, EUV/AEUV, Art. 119, Rn. 3; *Rodi*, in: Vedder/Heintschel v. Heinegg, Europäisches Unionsrecht, Art. 119 AEUV, Rn. 3 f.; eingehend *Siekmann*, in: Siekmann, EWU, Art. 119 AEUV, Rn. 22 ff.
[79] EuGH, Urt. v. 26.3.1987, Rs. 45/86 (Kommission/Rat), Slg. 1987, 1493, Rn. 11; Urt. v. 11.6.1991, Rs. C–300/89 (Kommission/Rat), Slg. 1991, I–2867, Rn. 10; Urt. v. 17.3.1993, Rs. C–155/91 (Kommission/Rat), Slg. 1993, I–939, Rn. 7; Urt. v. 22.11.1995, Rs. C–271/94 (Parlament/Rat), Slg. 1996, I–1689, Rn. 14; Urt. v. 25.2.1999, verb. Rs. C–164/97 u. C–165/97 (Parlament/Rat), Slg. 1999, I–1139, Rn. 12; Urt. v. 8.11.1992, Rs. C–209/97 (Kommission/Rat), Slg. 1999, I–8067, Rn. 13; Urt. v. 4.4.2000, Rs. C–269/97 (Kommission/Rat), Slg. 2000, I–2257, Rn. 43; Gutachten 2/00 v. 6.12.2001 (Cartagena), Slg. 2001, I–9713, Rn. 22; Urt. v. 19.9.2002, Rs. C–336/00 (Huber), Slg. 2002, I–7699, Rn. 30; Urt. v. 10.12.2002, Rs. C–491/01 (British American Tobacco), Slg. 2002, I–11 453, Rn. 93; Urt. v. 11.9.2003 Rs. C–211/01 (Kommission/Rat), Slg. 2003, I–8913, Rn. 38; Urt. v. 29.4.2004, Rs. C–338/01 (Kommission/Rat), Slg. 2004, I–4829, Rn. 54; Urt. v. 13.9.2005, Rs. C–176/03 (Kommission/Rat), Slg. 2005, I–7879, Rn. 45; Urt. v. 6.12.2005, verb. Rs. C–453/03, C–11/04, C–12/04 u. C–194/04 (ABNA u. a.), Slg. 2005, I–10 423, Rn. 54; Urt. v. 26.1.2006, Rs. C–533/03 (Kommission/Rat), Slg. 2006, I–1025, Rn. 43.
[80] EuGH, Urt. v. 27.11.2012, Rs. C–370/12 (Pringle/Ireland), ECLI:EU:C:2012:756 (Rn. 99 ff.).
[81] BVerfGE 134, 366 (404).
[82] Vgl. nur *Heun*, JZ 2014, 331; *Thiele*, GLJ 2014, 254 (264).
[83] So auch nochmals Art. 127 Abs. 1 Satz 2 AEUV für die Ziele und Aufgaben der EZB; für eine strikte Trennung jedoch *Siekmann*, in: Siekmann, EWU, Art. 119 AEUV, Rn. 24.

eine Beachtung des Verhältnismäßigkeitsgrundsatzes bei einer etwaigen Durchführung eingefordert (dazu näher Art. 123 AEUV, Rn. 20 ff.).[84]

44 Art. 119 Abs. 3 AEUV legt – neben den bereits in den Absätzen 1 und 2 enthaltenen **wirtschaftsverfassungsrechtlichen Maximen** – die von der Union und den Mitgliedstaaten einzuhaltenden »**richtungsweisenden Grundsätze**« fest.[85] Alle diese wirtschaftsverfassungsrechtlichen Vorgaben enthalten bloße Programmsätze, denen keine unmittelbare Wirkung dergestalt zukommen kann, dass unionale oder mitgliedstaatliche Maßnahmen wegen Verstößen allein gegen sie unanwendbar oder nichtig sein könnten.[86] Die darin genannten **vier Einzelgrundsätze** sind – abgesehen von der vorrangigen Verpflichtung der Währungspolitik auf die Preisstabilität – gleichwertig, entfalten ihre Bindungswirkung aber allein für die in den Absätzen 1 und 2 genannten Politiken, nicht jedoch für sonstige Politiken der Union (wie z. B. die Handels- oder Wettbewerbspolitik).[87]

II. Genese der Norm

45 Art. 119 AEUV entspricht im Kern Art. 4 EGV, der durch den Vertrag von Maastricht in die Verträge eingefügt wurde. Ähnliche, aber bei weitem nicht so weitreichende Regelungen enthielten zuvor bereits die Art. 102a EWGV (durch die Einheitliche Europäische Akte eingefügt) und Art. 103 EWGV über die Zusammenarbeit in der Wirtschafts- und Währungspolitik und die Konjunkturpolitik. Durch den Vertrag von Lissabon wurde die Norm systematisch sinnvoll Titel VIII über die Wirtschafts- und Währungspolitik als Grundsatznorm vorangestellt und im Übrigen lediglich terminologisch an den bereits erreichten Integrationsstand (Existenz des Euro, Abschluss der ersten und zweiten Stufe der Wirtschafts- und Währungsunion) angepasst.

III. Die Koordinierung der Wirtschaftspolitik (Abs. 1)

1. Einführung einer Wirtschaftspolitik

46 Die Wirtschafts- und Währungsunion umfasst nach Art. 119 Abs. 1 AEUV die **Einführung einer Wirtschaftspolitik**. Beziehen kann sich diese Regelung nicht auf die bereits durch andere Bestimmungen des Unionsrechts vergemeinschafteten besonderen Wirtschaftspolitiken, namentlich die Zollunion, die Wettbewerbspolitik, die gemeinsame Handelspolitik sowie die Rechtsangleichung im Binnenmarkt, aber auch die Währungspolitik (s. dazu unten Rn. 53 ff.). Der genaue **Umfang der Kompetenz** erschließt sich auch durch einen Blick auf die in Kapitel 1 des Titel VIII enthaltenen Bestimmungen nicht in voller Klarheit; sie umfasst vor dem Hintergrund des Art. 126 AEUV aber jedenfalls auch die **mitgliedstaatliche Haushaltspolitik**. Generell wird man annehmen dürfen, dass sämtliche für die wirtschaftliche Konvergenz wichtigen Politiken, die noch in der Zuständigkeit der Mitgliedstaaten verblieben und auf Unionsebene bestenfalls

---

[84] EuGH, Urt. v. 16. 6. 2015, Rs. 62/14 (Gauweiler), ECLI:EU:C:2015:400; dazu *Herrmann/Dornacher*, Grünes Licht vom EuGH für EZB-Staatsanleihenkäufe – ein Lob der Sachlichkeit!, EuZW 2015, 579; *Ohler*, Rechtliche Maßstäbe der Geldpolitik nach dem Gauweiler-Urteil des EuGH, NVwZ 2015, 1001.
[85] Umfassend zum Wirtschaftsverfassungsrecht der EU *Tuori/Tuori*, S. 13 ff.
[86] Vgl. EuGH, Urt. v. 3. 10. 2000, Rs. C–9/99 (Échirolles Distribution/Association Dauphiné), Slg. 2000, I–8224.
[87] *Bandilla*, in: Grabitz/Hilf/Nettesheim, EU, Art. 119 AEUV (Mai 2011), Rn. 44; *Siekmann*, in: Siekmann, EWU, Art. 119 AEUV, Rn. 40 f.

unterstützt und ergänzt werden, einer Koordinierung nach Art. 120 f. AEUV zugänglich sind. Dazu zählen jedenfalls die Haushalts-, Arbeitsmarkt-, Sozial- (Gesundheit, Renten etc.), Lohn- und Einkommens-, Investitions- und Infrastrukturpolitik, ohne dass diese Aufzählung abschließend wäre. Letztlich steht der Begriff einer Konkretisierung durch die Praxis von Union und Mitgliedstaaten offen.

2. Enge Koordinierung

Der Union wird durch Art. 119 Abs. 1 AEUV, Art. 120–126 AEUV nicht die Festlegung und Durchführung einer eigenständigen Wirtschaftspolitik zugewiesen, erst recht nicht durch eine »**europäische Wirtschaftsregierung**«, sondern nur die Einführung einer Wirtschaftspolitik, überdies durch die Union und die Mitgliedstaaten. Vielmehr sprechen Art. 5 Abs. 1 AEUV und Art. 119 Abs. 1 AEUV davon, dass »die Mitgliedstaaten ihre Wirtschaftspolitik innerhalb der Union (eng) koordinieren«.[88] Die in Art. 119 Abs. 1 AEUV angesprochene Tätigkeit ist allerdings eine der Mitgliedstaaten und der Union; es handelt sich mithin bei der »Einführung einer Wirtschaftspolitik« um eine Gemeinschaftsaufgabe, bei der die Letztverantwortung für die einzelstaatliche Wirtschaftspolitik bei den Mitgliedstaaten verbleibt, diese jedoch einer unionsrechtlich determinierten **engen Koordinierung** unterworfen werden, um so die für die gemeinsame Währung erforderliche »**dauerhafte wirtschaftliche Konvergenz**« (vgl. Art. 140 Abs. 1, 4. Gedstr. AEUV) sicherzustellen.[89] Diese Grundanlage steht jedoch auch strikten rechtlichen Bindungen und diesbezüglichen Sanktionen nicht kategorisch entgegen; zum einen erlässt der Rat Maßnahmen zur Koordinierung (Art. 5 Abs. 1 UAbs. 1 Satz 2 AEUV, Art. 121 AEUV); zum anderen gelten für die Mitglieder des Euro-Währungsgebiets »besondere Regeln«, durch die die Koordinierung intensiviert werden kann (Art. 5 Abs. 1 UAbs. 2 AEUV, Art. 136 Abs. 1 AEUV). Den rechtlichen Maßstab für die Koordinierung bildet damit nicht Art. 119 Abs. 1 AEUV selbst, sondern bilden vielmehr die Bestimmungen der Art. 120–126 AEUV sowie die sekundärrechtlichen Ergänzungen durch den (reformierten) Stabilitäts- und Wachstumspakt (dazu Art. 121 AEUV, Rn. 1, 32 ff. sowie Art. 126 AEUV, Rn. 2, 6 ff.).

47

Ebenso wie der Begriff der »**Wirtschaftspolitik**« als solcher deutungs- und entwicklungsoffen ist, ist dies auch der Begriff der »**engen Koordinierung**«. Eine rechtlich unübersteigbare Schwelle, an der die zulässige Koordinierung zu einer unzulässigen Festlegung umschlagen würde, wird man abstrakt nicht bestimmen können. Der Grundsatz der begrenzten Einzelermächtigung und die nur beschränkt vorhandenen Kompetenzgrundlagen für die Koordinierung im Einzelnen ziehen hier allerdings effektive Entwicklungsgrenzen (s. auch Art. 121 AEUV, Rn. 17 ff.).

48

Zuerst in der Wirtschafts- und Finanzkrise seit dem Jahr 2007 und sodann in der **Euro-Staatsschuldenkrise** seit dem Jahr 2010 hat sich offenbart, dass die bisherige Koordinierung nicht hinreichend effektiv war, um eine dauerhafte Konvergenz und damit Stabilität des als unauflösbar angelegten Währungsraums langfristig zu sichern. Vielmehr hatten sich seit Einführung des Euro und der damit verbundenen Nivellierung der Zinsunterschiede zwischen den Euro-Teilnehmerstaaten erhebliche wirtschaftliche Ungleichgewichte i. S. v. unterschiedlichen Entwicklungen der Wettbewerbsfähigkeit so-

49

---

[88] Grundlegend zum Ganzen *Hufeld*, EnzEuR, Bd. 4, § 22; *Schulze-Steinen*, S. 1 ff.
[89] *Häde*, in: Calliess/Ruffert, EUV/AEUV, Art. 119 AEUV, Rn. 6; *Bandilla*, in: Grabitz/Hilf/Nettesheim, EU, Art. 119 AEUV (Mai 2011), Rn. 20 m. w. N.; *Kempen*, in: Streinz, EUV/AEUV, Art. 119 AEUV, Rn. 11.

wie Leistungsbilanzüberschüssen bzw. -defiziten entwickelt. Neben den unmittelbaren Krisenbekämpfungsmaßnahmen (»**Europäischer Rettungsschirm**«) wurden die Regeln sowohl über die wirtschaftspolitische Koordinierung i. e. S. als auch über die Haushaltsüberwachung erheblich verschärft und zudem durch extra-unionale Instrumente – namentlich den **Vertrag über Stabilität, Koordinierung und Steuerung in der Wirtschafts- und Währungsunion (VSKS)**[90] sowie den **Euro-Plus-Pakt**[91] – ergänzt. Noch weitergehend wird die Wirtschaftspolitik derjenigen Mitgliedstaaten unionsrechtlich bestimmt, die finanzielle Hilfen von EFSF oder ESM in Anspruch nehmen (s. dazu Art. 121 AEUV, Rn. 57 ff.).

3. Binnenmarkt, Festlegung gemeinsamer Ziele und Grundsatz einer offenen Marktwirtschaft mit freiem Wettbewerb

50 Die einzuführende Wirtschaftspolitik beruht nach Art. 119 Abs. 1 AEUV auf dem **Binnenmarkt**, der **Festlegung gemeinsamer Ziele** sowie dem **Grundsatz einer offenen Marktwirtschaft** mit freiem Wettbewerb. Der Binnenmarkt bildet als Fortentwicklung der Zollunion das wirtschaftsverfassungsrechtliche Rückgrat der Europäischen Union als wirtschaftlicher Integrationsraum. Er ist einerseits Voraussetzung für die Möglichkeit und andererseits Ursache für die Notwendigkeit einer wirtschaftspolitischen Koordinierung, da wirtschaftspolitische Impulse in offenen integrierten Marktwirtschaften leicht durch außenwirtschaftliche Entwicklungen neutralisiert oder überspielt werden können. Dementsprechend ist es auch erforderlich, dass die Mitgliedstaaten sich gemeinsame wirtschaftspolitische Ziele setzen. Ein System, das den Wettbewerb im Binnenmarkt gegen Verfälschungen schützt, ist bereits ausweislich des Protokolls über den Binnenmarkt und den Wettbewerb Bestandteil des Binnenmarktkonzepts und der Wettbewerb wird umfassend durch die Vorschriften der Art. 101–109 AEUV vor privaten und staatlichen Verfälschungen geschützt. Der **Grundsatz einer offenen Marktwirtschaft mit freiem Wettbewerb** mag insofern als Bestätigung einer grundsätzlichen Ausrichtung der Europäischen Union auf eine (soziale) Marktwirtschaft (vgl. Art. 3 Abs. 2 EUV) mit einer liberalen Handelspolitik (vgl. Art. 206, 207 Abs. 1 AEUV) verstanden werden. Der normative Gehalt ist allerdings gering. Zwar schließt die Vielzahl deutlicher Anrufungen der »Marktwirtschaft« den Befund einer »**wirtschaftspolitischen Neutralität**« des Unionsrechts – anders als das Grundgesetz nach der Lesart des Bundesverfassungsgerichts[92] – aus; konkrete normative Folgen lassen sich aus dieser Grundentscheidung allerdings nicht ableiten. Hierfür ist – wie beim Grundgesetz auch – auf die Einzelgewährleistungen zurückzugreifen.[93]

IV. Einheitliche Währung; Geld- und Wechselkurspolitik (Abs. 2)

1. Einheitliche Währung Euro

51 Die Benennung der »einheitlichen Währung, [des] Euro« als eine der Tätigkeiten der EU wiederholt die Aufzählung in Art. 3 Abs. 4 EUV, wonach die EU »eine Wirtschafts- und Währungsunion errichtet, deren Währung der Euro ist«. Damit wird zum einen die

---

[90] Sog. Fiskalvertrag, BGBl II 2012 S. 1006.
[91] Veröffentlicht als Anh. 1 der revidierten Fassung der Schlussfolgerungen der Tagung des Europäischen Rates v. 24./25. 3. 2011, Nr.: EUCO 10/1/11.
[92] BVerfGE 4, 7 (17); BVerfGE 50, 290 (336 ff.).
[93] Vgl. *Siekmann*, in: Siekmann, EWU, Art. 119 AEUV, Rn. 19 f., 31 ff.

Entscheidung, die einheitliche Währung – in Abweichung von der früheren Nennung der **European Currency Unit (ECU)** – als Euro zu benennen[94] durch den Vertrag von Lissabon nachträglich sanktioniert. Zum anderen wird durch die Beseitigung der Formulierung von der »unwiderruflichen Festlegung der Wechselkurse« (Art. 4 Abs. 2 EGV a. F.) dem Umstand Rechnung getragen, dass der **Euro nunmehr bereits eingeführt ist**.[95] Nach wie vor bleibt – das kommt in dem Wort »einheitlich« zum Ausdruck – aber die Aufgabe bestehen, die noch nicht dem **Euro-Währungsgebiet** angehörenden EU-Mitgliedstaaten (seit 2015 neun) in dieses zu integrieren – mit Ausnahme **Dänemarks und Großbritanniens**, die infolge der jeweiligen Protokollvorschriften keiner Teilnahmepflicht unterliegen.[96] Insoweit ist es auch durchaus sinnvoll, dass Art. 119 Abs. 2 AEUV mit der Formulierung »diese Tätigkeit« auf Abs. 1 verweist, der sowohl von einer Tätigkeit der EU als auch der Mitgliedstaaten spricht. Während die **Währungspolitik eine ausschließliche Zuständigkeit** der EU für die Mitglieder des Euro-Währungsgebiets darstellt (Art. 3 Abs. 1 Buchst. c AEUV), adressiert Art. 119 Abs. 2 AEUV mit den »Mitgliedstaaten« insoweit auch die noch nicht dem Euro-Währungsgebiet angehörenden **Mitgliedstaaten mit Ausnahmeregelung** und betont deren Verpflichtung, konstruktiv auf die Einführung des Euro als gesetzliche Währung hinzuarbeiten.[97]

Der Wegfall der Formulierung von der »unwiderruflichen Festlegung der Wechselkurse« darf zudem nicht dahingehend fehlinterpretiert werden, die einheitliche Währung sei von den Verträgen nunmehr als revisibel ausgestaltet. Dagegen spricht zum einen, dass Art. 140 Abs. 3 AEUV nach wie vor die Festlegung der Wechselkurse als unwiderruflich bezeichnet. Darüber hinaus impliziert die »Einheitlichkeit« der Währung die **Unantastbarkeit des einmal erreichen Integrationsstandes**. Das bedeutet, dass die Zusammensetzung des Währungsgebiets als gegeben und jedenfalls rechtlich nicht auflösbar unterstellt werden darf. Die Auffassung des Bundesverfassungsgerichts, die Zusammensetzung des Währungsgebiets sei eine politische Entscheidung,[98] ist demnach im Hinblick auf die Verkleinerung des Währungsgebiets nach Maßgabe des geltenden Rechts – abgesehen von einem Austritt aus der EU insgesamt nach Art. 50 EUV – verfehlt. 52

2. Einheitliche Geld- und Wechselkurspolitik

a) Begriff
Eine einheitliche Währung erfordert zwingend eine **einheitliche Geld- und Wechselkurspolitik**. Die Verträge bezeichnen beides gemeinsam auch als »**Währungspolitik**« 53

---

[94] Die Einführung des Euro erfolgte durch die VO (EG) Nr. 1103/97 vom 9. 6. 1997 über bestimmte Vorschriften im Zusammenhang über die Einführung des Euro, ABl. 1997, L 162/1, VO (EG) Nr. 974/98 vom 3. 5. 1998 über die Einführung des Euro, ABl. 1998, L 139/1 und VO (EG) Nr. 2866/98 vom 31. 12. 1998 über die Umrechnungskurse zwischen dem Euro und den Währungen der Mitgliedstaaten, die den Euro einführen, ABl. 1998, L 359/1; gerade wegen dieser Bezeichnung der Währung wurde sogar eine Nichtigkeitsklage vor dem EuGH angestrengt, s. Rs. T–207/97 (Berthu/Rat), Beschluss, Slg. II 511; vgl. dazu auch *Kempen*, in: Streinz, EUV/AEUV, Art. 119 AEUV, Rn. 23 m. w. N.
[95] Vgl. zu diesen Änderungen *Häde*, EuR 2009, 200 (206 ff.).
[96] Umgesetzt durch Protokoll (Nr. 15) über einige Bestimmungen betreffend das Vereinigte Königreich Großbritannien und Nordirland, Protokoll vom 7. 2. 1992 (ABl. C 191 S. 87), geänd. durch Prot. vom 13. 12. 2007 (ABl. 2007, C 306/165); Protokoll (Nr. 16) vom 7. 2. 1992 über einige Bestimmungen betreffend Dänemark, Protokoll (ABl. 1992, C 191/89), geänd. durch Prot. v. 13. 12. 2007 (ABl. 2007, C 306/165).
[97] Zur rechtlichen Stellung dieser vgl. *Herrmann*, Währungshoheit, S. 220 ff.; *Siekmann*, in: Siekmann, EWU, Art. 3 EUV, Rn. 11.
[98] BVerfG, BVerfGE 134, 366 (405).

(Art. 3 Abs. 1 Buchst. c AEUV, Überschriften Titel VIII und dort Kapitel 2).[99] Die erstere ist dabei unzweifelhaft ausschließlich dem Eurosystem übertragen (Art. 127 Abs. 2, 1. Gedstr. AEUV, Art. 3 Abs. 1 Buchst. c AEUV), die Letztere dem Rat, wobei der Primat der Preisstabilität jedoch fort gilt (Art. 127 Abs. 2, 2. Gedstr. AEUV, Art. 219 AEUV).

54 Eine **Definition dessen, was Geld- und Währungspolitik umfasst** bzw. ausmacht, enthält das Unionsrecht nicht. Der Gerichtshof geht grundsätzlich davon aus, dass sich die **Wahl einer Rechtsgrundlage** nach objektiven und damit gerichtlich nachvollziehbaren Umständen richten muss, wozu Ziel und Inhalt der Maßnahme gehören. Bei der Geldpolitik stößt man hier allerdings auf zwei Probleme: geht man von dem **Primärziel der Preisstabilität** aus, so würden auch zahlreiche mitgliedstaatliche Wirtschaftspolitiken, die sich auf die Preisentwicklung mehr oder weniger unmittelbar auswirken können, als Geldpolitik qualifiziert werden müssen. Der Blick auf die Inhalte, d. h. auf die eingesetzten Instrumente, führt allerdings vor dem Hintergrund des »**Instrumentenerfindungsrechts« des Eurosystems** (Art. 20 ESZB-Satzung) auch nicht sonderlich weit. Zweckmäßig erscheint damit ein Rückgriff auf ein **ökonomisches Vorverständnis der »Geldpolitik«** als einer Politik, die die Geldversorgung der Wirtschaft mit dem Ziel der Beeinflussung monetärer Größen wie Geldmengen, Zinsen und Inflation beinhaltet. Zweitens wird man dem EZB-Rat einen weiten Einschätzungsspielraum hinsichtlich der geldpolitischen Beurteilungen einräumen müssen. Schlussendlich muss dann eine Vermutung zugunsten einer konkreten Maßnahme als Geldpolitik greifen, wenn sie sich eines der explizit in Art. 18 und 19 ESZB-Satzung aufgeführten Instrumente bedient, deren unmittelbare Einwirkung auf die Geldversorgung evident ist. Nach diesem Maßstab handelt es sich beim **OMT-Programm** der EZB um eine legitime geldpolitische Maßnahme: der finale Ankauf von börsengängigen Wertpapieren ist explizit in Art. 18.1 der Satzung zugelassen und die Argumentation der EZB, es bedürfe des OMT-Programms (bzw. lediglich dessen Ankündigung), um eine Störung des geldpolitischen Transmissionsmechanismus zu beheben, ist jedenfalls nicht evident fehlerhaft (s. auch Art. 123 AEUV, Rn. 18ff.).[100] Dem hat sich der Gerichtshof in seinem OMT-Urteil[101] umfassend angeschlossen (s. Rn. 43 und Art. 123 AEUV, Rn. 25).

b) Preisstabilität als Primärziel

55 Die Währungspolitik der EU ist auf das »**vorrangige Ziel der Preisstabilität**« ausgerichtet. Die Verträge wiederholen diese Zielsetzung an mehreren anderen Stellen (Art. 3 Abs. 3 EUV, Art. 127 Abs. 1 AEUV, Art. 219 Abs. 1 AEUV, Art. 282 Abs. 2 Satz 1 AEUV) und betonen damit die Wichtigkeit dieser Zielsetzung.[102] Gleichzeitig definiert das Unionsrecht nicht, **was unter Preisstabilität zu verstehen ist**. Die EZB hat insofern von ihrer Befugnis zur Festlegung der Geldpolitik der EU Gebrauch gemacht und die

---

[99] *Häde*, in: Calliess/Ruffert, EUV/AEUV, Art. 119 AEUV, Rn. 10.
[100] Vgl. BVerfG, BVerfGE 134, 366 (376 und 415); dazu *Heun*, JZ 2014, 331 (334f.); *Thiele*, GLJ 2014, 242.
[101] EuGH, Urt. v. 16.6.2015, Rs. 62/14 (Gauweiler), ECLI:EU:C:2015:400; dazu *Herrmann/Dornacher*, Grünes Licht vom EuGH für EZB-Staatsanleihenkäufe – ein Lob der Sachlichkeit!, EuZW 2015, 579; *Ohler*, Rechtliche Maßstäbe der Geldpolitik nach dem Gauweiler-Urteil des EuGH, NVwZ 2015, 1001.
[102] Grundlegend *Endler*, Europäische Zentralbank und Preisstabilität, 1998; *Herrmann*, Währungshoheit, S. 226ff.; *Häde*, in: Calliess/Ruffert, EUV/AEUV, Art. 127 AEUV, Rn. 2ff.

Zielvorgabe als **mittelfristigen Anstieg des harmonisierten Verbraucherpreisindex (HVPI)** von nahe an, aber unter **2 % per annum** bezeichnet.[103] Dabei wird eine Zielerreichung für das Euro-Währungsgebiet als Ganzes, d. h. im Durchschnitt, angestrebt.[104] Rechtliche Bedenken gegen die Zulässigkeit oder Angemessenheit dieser Festlegung sind unberechtigt, auch insoweit die EZB davon ausgeht, dass auch eine Deflation zu vermeiden ist.[105] Ebenfalls gut begründbar ist die Annahme der EZB, die Wahrung der Preisstabilität setzte die Wahrung der Währungsstabilität im Sinne der Integrität des Währungsraums (s. oben Rn. 53 f.) voraus.

c) Unterstützung der Wirtschaftspolitik in der Union; Grundsatz einer offenen Marktwirtschaft mit freiem Wettbewerb

Auch wenn die Währungspolitik auf das vorrangige Ziel der Preisstabilität ausgerichtet ist, so soll sie doch – soweit ohne dessen Beeinträchtigung möglich – die **allgemeine Wirtschaftspolitik in der EU** – das heißt die in der EU koordinierte Politik der Mitgliedstaaten[106] – »unterstützen«. Sofern also die Preisstabilität nicht gefährdet ist, kann das Eurosystem durchaus eine expansive Geldpolitik mit dem Ziel der Konjunkturankurbelung oder – als lender of last resort – der Stabilisierung des Finanzsystems betreiben. Selbst die Unterstützung haushaltspolitischer Konsolidierungsbemühungen durch das Niedrighalten des Zinsniveaus ist danach nicht ausgeschlossen, soweit nicht das Verbot der monetären Finanzierung nach Art. 123 AEUV verletzt wird. Ein generelles Verbot zur Begünstigung bzw. Vergünstigung staatlicher Kreditaufnahme an den Märkten ist dem Unionsrecht schlicht nicht zu entnehmen.[107] 56

Bei der Unterstützung der Wirtschaftspolitik – nicht jedoch bei der eigentlichen Währungspolitik selbst – ist **der Grundsatz einer offenen Marktwirtschaft mit freiem Wettbewerb** zu beachten, d. h. im Rahmen der Unterstützung der Wirtschaftspolitik sind die Eingriffe »marktmäßig« zu gestalten.[108] Dazu gehört insbesondere die Beachtung des Grundsatzes der **Gleichbehandlung aller Marktteilnehmer**. 57

3. Parallelität mit der Wirtschaftspolitik; Abgrenzungsfragen

Praktisch keinen normativen Gehalt hat die Formulierung, wonach die Tätigkeit nach Abs. 2 »parallel« zur Einführung einer Wirtschaftspolitik erfolgen soll. In temporaler Hinsicht hat diese Bezugnahme mit Erreichen der dritten Stufe der Wirtschafts- und Währungsunion ihren Sinn eingebüßt. In inhaltlicher Hinsicht kann schon wegen der kompetenziellen Asymmetrie sowie der unterschiedlichen Integrationstiefe und -dichte kaum von »Parallelität« gesprochen werden. 58

---

[103] Sog. relative Preisstabilität; Europäische Zentralbank, Monatsbericht 1/1999, Die stabilitätsorientierte geldpolitische Strategie des Eurosystems, S. 43, 51.
[104] Ebd., S. 51 f.
[105] Europäische Zentralbank, Monatsbericht 1/1999, Die stabilitätsorientierte geldpolitische Strategie des Eurosystems, S. 43, 51; *dies.*, Die Geldpolitik der EZB, 2004, S. 52; *Herrmann*, Währungshoheit, S. 226 ff.; *Waldhoff*, in: Siekmann, EWU, Art. 127 AEUV, Rn. 13.
[106] *Bandilla*, in: Grabitz/Hilf/Nettesheim, EU, Art. 120 AEUV (Mai 2011), Rn. 2, 5; *Hatje*, in: Schwarze, EU-Kommentar, Art. 119 AEUV, Rn. 5.
[107] *Thiele*, S. 73; *ders.*, EuZW 2014, 694 (696).
[108] So auch *Siekmann*, in: Siekmann, EWU, Art. 119 AEUV, Rn. 33, 106.

V. Wirtschaftsverfassungsrechtliche Grundsätze (Abs. 3)

1. Generelle Bedeutung

59 Den in Abs. 3 aufgelisteten »**richtungsweisenden Grundsätzen**« kommt zwar erhebliche wirtschaftspolitische Bedeutung zu und an ihrer Richtigkeit dürften auch kaum begründete Zweifel bestehen. Dessen ungeachtet entfalten sie allenfalls **begrenzte normative Bedeutung**. Letztlich handelt es sich lediglich um **Programmsätze**, die der Ausfüllung durch die wirtschafts- und währungspolitischen Verantwortungsträger bedürfen, einer gerichtlichen Engführung aber nicht zugänglich sind. Abs. 3 bezieht sich entgegen dem Wortlaut (»Tätigkeit«) sowohl auf die Wirtschafts- als auch die Währungspolitik. Zwischen den Grundsätzen besteht jenseits des – allerdings andernorts normierten – Vorrangs der Preisstabilität für die Geldpolitik keine hierarchische Stufung.[109] Ebenso wenig kommt diesen Grundsätzen ein Vorrang gegenüber anderen unionalen Politikzielen zu.[110]

2. Stabile Preise

60 Zwischen der Forderung nach Preisstabilität (Art. 119 Abs. 2 AEUV u. a.) und »**stabilen Preisen**« nach Art. 119 Abs. 3 AEUV besteht **kein inhaltlicher Unterschied**, d. h. das Postulat bezieht sich auf die Binnenpreisstabilität. In Ermangelung einer tragfähigen Definition oder gar quantitativen Festlegung wird man daher auch in Art. 119 Abs. 3 AEUV die von der EZB verwendete Definition (s. oben Rn. 19) verwenden können.[111]

3. Gesunde öffentliche Finanzen

61 Unter **gesunden öffentlichen Finanzen** im Sinne des Art. 119 Abs. 3 AEUV dürfte die allseitige Vermeidung »übermäßiger öffentlicher Defizite« i. S. v. Art. 126 AEUV i. V. m. dem Protokoll (Nr. 12) über das **Verfahren bei einem übermäßigen Defizit** sowie i. V. m. dem Protokoll (Nr. 13) über die Konvergenzkriterien gemeint sein.[112] Danach müssen für gesunde öffentliche Finanzen jedenfalls die Referenzwerte des Protokolls Nr. 12 von 3 % für die Netto-Neuverschuldung und 60 % für den Gesamtschuldenstand eingehalten werden.[113] Das allein ist zwar noch keine Voraussetzung für die von den Verträgen angestrebte Stabilität, so dass die diesbezüglichen sekundärrechtlichen Verschärfungen (s. dazu Art. 126 AEUV, Rn. 6 ff.) begrüßenswert sind; den Inhalt der vertraglichen Konzeption vermögen letztere jedoch nicht zu beeinflussen.

4. Gesunde monetäre Rahmenbedingungen

62 Schwer zu fassen ist der Grundsatz der »**gesunden monetären Rahmenbedingungen**«, zumal die Meinungen darüber, was im Einzelnen »gesund« ist, erheblich auseinanderklaffen dürften. Da es sich um den einzigen unmittelbar auf die Gelpolitik bezogenen

---

[109] Zum ganzen *Siekmann*, in: Siekmann, EWU, Art. 119 AEUV, Rn. 38 ff.
[110] Für einen grundsätzlichen Gleichlauf auch *Bandilla*, in: Grabitz/Hilf/Nettesheim, EU, Art. 119 AEUV (Mai 2011), Rn. 44.
[111] So wohl auch *Bandilla*, in: Grabitz/Hilf/Nettesheim, EU, Art. 119 AEUV (Mai 2011), Rn. 38; *Khan*, in: Geiger/Khan/Kotzur, EUV/AEUV, Art. 119 AEUV, Rn. 12.
[112] In diese Richtung auch *Hatje*, in: Schwarze, EU-Kommentar, Art. 119 AEUV, Rn. 18; *Rodi*, in: Vedder/Heintschel v. Heinegg, Europäisches Unionsrecht, Art. 119 AEUV, Rn. 15.
[113] So auch *Siekmann*, in: Siekmann, EWU, Art. 119 AEUV, Rn. 53 f.

Grundsatz handelt, wird darunter eine Versorgung der Wirtschaft mit Zentralbankgeld zu verstehen sein, die sowohl hinsichtlich des Zinses als auch der Geldbasis **keine Inflationsgefahren** schafft, gleichzeitig jedoch auch den **monetären Spielraum für Wirtschaftswachstu**m gewährt.[114] Weitere Rahmenbedingungen ergeben sich aus dem institutionellen und materiell-rechtlichen Gefüge der Verträge (z. B. Art. 123, 124 und Art. 127 ff. AEUV).[115]

5. Dauerhaft finanzierbare Zahlungsbilanz

Mit Zahlungsbilanz ist im technischen Sinne die **Außenzahlungsbilanz des Euro-Währungsgebiets** gemeint.[116] »Finanzierbar« ist diese dann, wenn nicht dauerhaft ein Leistungsbilanzdefizit herrscht, das durch Kapitalimporte oder aus Devisenreserven nicht ausgeglichen werden kann. Langfristig ist lediglich eine **ausgeglichene Leistungsbilanz bzw. ein Leistungsbilanzüberschuss** geeignet, diesem Erfordernis zu genügen. Sichergestellt werden kann die Beachtung des Grundsatzes sowohl durch die Wirtschaftspolitik (attraktive Investitions- und Exportbedingungen) als auch die Währungspolitik (niedrige Wechselkurse oder hohe Zinssätze zur Anziehung von Kapital). In einem System frei flottierender Wechselkurse, wie es für den Euro bislang üblich, normativ aber nicht zwingend vorgegeben ist (vgl. Art. 219 Abs. 1 AEUV), gleichen sich **Zahlungsbilanzungleichgewichte** automatisch über den Wechselkurs aus. Ungeachtet dessen sieht Art. 66 AEUV sogar **Schutzmaßnahmen für die Zahlungsbilanz** des Euro-Währungsgebiets vor, die allerdings nur befristet ergriffen werden können. Für die Wechselkurse und Zahlungsbilanzen der Mitgliedstaaten mit Ausnahmeregelung gelten die Art. 142–144 AEUV.

---

[114] In diese Richtung wohl auch *Bandilla*, in: Grabitz/Hilf/Nettesheim, EU, Art. 119 AEUV (Mai 2011), Rn. 40.
[115] Die genannten Vorschriften beinhalten ja gerade die Funktionsweise und den Ordnungsrahmen des Agierens im monetären Bereich, s. auch *Siekmann*, in: Siekmann, EWU, Art. 119 AEUV, Rn. 58.
[116] Dies ergibt sich bereits aus dem systematischen Standort in Art. 119 III AEUV; zur vom Unionsrecht selbst nicht vorgegebenen Definition vgl. *Herrmann*, in: Siekmann, EWU, Art. 144 AEUV, Rn. 18: »Die Aufstellung der Gesamtheit grenzüberschreitender, mit einem Zahlungsstrom verbundener wirtschaftlicher Transaktionen innerhalb einer Zeitperiode.«

Kapitel 1
Die Wirtschaftspolitik

Artikel 120 AEUV [Marktwirtschaftliche Ausrichtung]

¹Die Mitgliedstaaten richten ihre Wirtschaftspolitik so aus, dass sie im Rahmen der in Artikel 121 Absatz 2 genannten Grundzüge zur Verwirklichung der Ziele der Union im Sinne des Artikels 3 des Vertrags über die Europäische Union beitragen. ²Die Mitgliedstaaten und die Union handeln im Einklang mit dem Grundsatz einer offenen Marktwirtschaft mit freiem Wettbewerb, wodurch ein effizienter Einsatz der Ressourcen gefördert wird, und halten sich dabei an die in Artikel 119 genannten Grundsätze.

Literaturübersicht

Blanke, The Economic Constitution of the European Union, in: Blanke (Hrsg.) u. a., The European Union after Lisbon, 2011, S. 369; *Dreher*, Wirtschaftsverfassung und Wirtschaftsrecht, JZ 2014, 185; *Herrmann*, Wirtschaftsverfassung und Wirtschaftsregierung, in: Giegerich (Hrsg.), Herausforderungen und Perspektiven der EU 60 Jahre nach dem Schuman-Plan, 2012, S. 51; *Lenaerts*, EMU and the European Union's Constitutional Framework, E.L.Rev. 39 (2014), 753; *Luczak*, Die Europäische Wirtschaftsverfassung als Legitimationselement europäischer Integration, 2009; *Müller-Graff*, Das wirtschaftsverfassungsrechtliche Profil der EU nach Lissabon, in: Fastenrath (Hrsg.) u. a., Der Lissabonner Reformvertrag, 2009, S. 173; *ders.*, Die rechtliche Neujustierung der Europäischen Wirtschafts- und Währungsunion, ZHR 176 (2012), 2; *Nowak*, Binnenmarktziel und Wirtschaftsverfassung der Europäischen Union vor und nach dem Reformvertrag von Lissabon, EuR-Beiheft 1/2009, 129; *Puntscher-Riekmann*, Europas Verfassung nach Lissabon. Europäische Politik in der Finanz- und Wirtschaftskrise zwischen Pragmatismus und Legitimation, in: Eilmansberger (Hrsg.) u. a., Rechtsfragen der Implementierung des Vertrags von Lissabon, 2011, S. 497; *Schwarze*, Europäisches Wirtschaftsrecht – Grundlagen, Gestaltungsformen, Grenzen, 2007; *Weber*, Die Reform der Wirtschafts- und Währungsunion in der Finanzkrise, EuZW 2011, 935.

Leitentscheidung

EuGH, Urt. v. 3.10.2000, Rs. C–9/99 (Échirolles Distribution SA/Association du Dauphiné u. a.), Slg. 2000, I–8207

Inhaltsübersicht

	Rn.
A. Überblick	1
B. Genese	2
C. Systematische Einbettung und Bezugnahmen	4
D. Normativer Gehalt	9
I. Eigenständige Wirtschaftspolitik der Mitgliedstaaten	9
II. Beitrag zu einer offenen Marktwirtschaft und anderen Unionszielen	12
1. Marktwirtschaftliche Ausrichtung	12
2. Förderung eines effizienten Ressourceneinsatzes	13
3. Keine unmittelbare Anwendbarkeit	14
4. Verpflichtung zum aktiven Tätigwerden	15

A. Überblick

1 Art. 120 AEUV konkretisiert die Rahmenbedingungen der unionalen Wirtschaftspolitik unter gleichzeitiger Betonung der **wirtschaftspolitischen Eigenständigkeit der Mitgliedstaaten**, die allerdings unionsrechtskonform ausgeübt werden muss. Im Wesentlichen

werden die Ausrichtung auf eine offene Marktwirtschaft und den freien Wettbewerb (vgl. bereits Art. 119 Abs. 1 AEUV und Art. 3 Abs. 3 UAbs. 1 Satz 2 EUV) sowie die übrigen Ziele der Europäischen Union (Art. 3 EUV) wiederholend bekräftigt. Die Vorschrift verzahnt die wirtschaftspolitischen Maßnahmen der Union mit denen der Mitgliedstaaten. Schließlich schlägt Art. 120 AEUV systematisch und inhaltlich eine Brücke zwischen den Grundsätzen der Wirtschafts- und Währungsunion (Art. 119 AEUV) und deren konkreter Anwendung und Ausgestaltung in der Wirtschaftspolitik der Union und der Mitgliedstaaten (Art. 121–126 AEUV). Insgesamt kommt Art. 120 AEUV aufgrund seines verweisenden und wiederholenden Normcharakters nur ein eingeschränkter eigenständiger Regelungsgehalt zu. Er bekräftigt die bestehende Zuständigkeitsverteilung zwischen der Union und den Mitgliedstaaten im wirtschaftspolitischen Bereich, ohne selbst Kompetenzen zu begründen.[1]

B. Genese

Die aktuelle Fassung der Vorschrift wurde in ihrer Struktur und ihrem wesentlichen Inhalt während des Übergangs von der EWG zur EG als **Art. 102a EGV (Maastricht)** in das europäische Primärrecht eingeführt.[2] Der Verweis auf die Ziele der EG (Art. 2 EGV Maastricht) umfasste zu diesem Zeitpunkt lediglich wirtschaftspolitische Zielsetzungen im weiteren Sinne. Der Vertrag von Amsterdam (1999) behielt den Wortlaut als neuer Art. 98 EGV (Amsterdam) bei.[3] Lediglich die Vertragsziele erfuhren geringe Änderungen. Der 2009 in Kraft getretene Vertrag von Lissabon ergänzt die bestehenden Ziele der EU um zahlreiche nicht-wirtschaftliche Ziele (Art. 3 Abs. 2, Abs. 3 UAbs. 2ff. und Abs. 5 EUV), zwischen denen die »wettbewerbsfähige soziale Marktwirtschaft« und die »Wirtschafts- und Währungsunion« in Absatz 3 UAbs. 1 und Absatz 4 genannt werden.[4]

2

Die **marktwirtschaftlich ausgerichtete Koordinierung der Wirtschaftspolitiken** innerhalb der Union soll nunmehr nach Art. 120 AEUV i.V.m. Art. 3 EUV eine Vielzahl von offenen gleichrangigen Handlungsaufträgen erfüllen; sie reflektiert damit die Entwicklung der Europäischen Union von einer Wirtschafts- zu einer Wertegemeinschaft.[5] Inwiefern dieser Konnex insbesondere der wirtschaftsfremden Ziele mit der Wirtschaftspolitik dieselbe beeinflusst, kann mangels aktueller Anwendungsfälle als fraglich gelten bzw. noch nicht abschließend beurteilt werden.[6]

3

C. Systematische Einbettung und Bezugnahmen

Die Vorschrift leitet das erste Kapitel der Wirtschafts- und Währungspolitik (Titel VIII) ein und konkretisiert die sich zu einer »Europäischen Wirtschaftsverfassung« entwickelnde unionale Wirtschaftspolitik (Art. 119 Abs. 1 AEUV). Die materiell-rechtlichen

4

---

[1] *Ohler*, in: Siekmann, EWU, Art. 120 AEUV, Rn. 8.
[2] *Dreher*, JZ 2014, 185 (186) spricht daher von einer »wirtschaftsverfassungsrechtlichen Zäsur«.
[3] Näher *Schwarze*, S. 207f.
[4] *Hufeld*, S. 1089, Rn. 5, 17–20; kritisch *Terhechte*, in: Grabitz/Hilf/Nettesheim, EU, Art. 3 EUV (Mai 2014), Rn. 22–24.
[5] *Terhechte*, in: Grabitz/Hilf/Nettesheim, EU, Art. 3 EUV (Mai 2014), Rn. 24; *Luczak*, S. 384–388.
[6] Zweifelnd auch *Ohler*, in: Siekmann, EWU, Art. 120 AEUV, Rn. 1, 12.

Vorgaben der Art. 119 Abs. 1, Art. 120 AEUV bilden systematisch den allgemeinen Teil der in den Art. 121–126 AEUV konkreter ausgestalteten Wirtschaftspolitik.

5   Normtechnisch verklammert Art. 120 AEUV die Zielvorgaben der EU-Wirtschaftspolitik (Art. 3 EUV) mit den bei ihrer Umsetzung zu beachtenden **Grundsätzen der offenen Marktwirtschaft, des freien Wettbewerbs sowie den in Art. 119 Abs. 3 AEUV genannten finanzpolitischen Maximen.** Nur diese Grundsätze kann der Verweis auf Art. 119 AEUV bei sinnvoller Auslegung umfassen, da Marktwirtschaft und Wettbewerb bereits explizit in Art. 120 Satz 2 AEUV genannt werden.[7]

6   Der konkrete Rahmen der Wirtschaftspolitik der Mitgliedstaaten ergibt sich gemäß Art. 120 Satz 1 i. V. m. Art. 121 Abs. 2 UAbs. 3 AEUV erst aus den in Empfehlungen (Art. 288 Abs. 5 AEUV) des Rates der Europäischen Union verabschiedeten Grundzügen der Wirtschaftspolitik der Mitgliedstaaten und der Union (s. Art. 121 AEUV, Rn. 16–31). Dies bestätigt die eher **intergouvernementale Ausrichtung** dieses Politikbereichs insofern, als dass der Unionsgesetzgeber hier nicht mittels anderer Instrumente tätig werden darf.[8] Darüber hinaus konkretisieren auf der Grundlage der Art. 121, 126 und Art. 136 AEUV erlassenes Sekundärrecht (u.a. die sog. Six-Pack und Two-Pack) und Völkerrecht rechtsverbindlicher (ESM-Vertrag, sog. Fiskalvertrag) und weicher Natur (Euro-Plus-Pakt) die koordinierende Wirtschaftspolitik der Union (s. Art. 121 AEUV, Rn. 50 ff.; Art. 126 AEUV, Rn. 5–10, 43–56, 66–68 und Art. 136 AEUV, Rn. 15).

7   Im systematischen Kontext des ersten Kapitels der Wirtschafts- und Währungspolitik ermöglicht Art. 122 AEUV sodann allerdings **exzeptionelle Hilfsmaßnahmen** der Europäischen Union für Mitgliedstaaten in Notstandssituationen. Die folgenden konkreten finanzpolitischen Verbote der Art. 123–125 AEUV setzen den Wirtschaftspolitiken der Mitgliedstaaten und der EU materiell-rechtliche Grenzen. Das Kapitel über die Wirtschaftspolitik schließt mit dem Gebot der Haushaltsdisziplin und dem dieses Gebot flankierenden Defizitverfahren (Art. 126 AEUV i. V. m. Protokoll 12 über das Verfahren bei einem übermäßigen Defizit).

8   Schließlich steht die Koordinierung der mitgliedstaatlichen Wirtschaftspolitiken in einem engen Zusammenhang mit den wirtschaftsrechtlichen Kompetenzbereichen, die der Europäischen Union zugewiesen sind und durch vorrangig anwendbares Unionsrecht näher ausgestaltet werden. Darunter fallen die Marktfreiheiten (Art. 26 ff. AEUV), die Wettbewerbsvorschriften (Art. 101 ff. AEUV), die Harmonisierung im Binnenmarkt (Art. 114 ff. AEUV), die gemeinsame Handelspolitik (Art. 206 f. AEUV) und die EU-Wirtschaftsgrundrechte (Art. 15–17 GRC).[9] Zusammenfassend können diese auch als **Funktionsgarantien der marktwirtschaftlichen Zielsetzung** bezeichnet werden.[10]

---

[7] Wie hier *Hufeld*, S. 1102, Rn. 39 und *Kempen*, in: Streinz, EUV/AEUV, Art. 120 AEUV, Rn. 5; a. A. *Ohler*, in: Siekmann, EWU, Art. 120 AEUV, Rn. 22, nach dem sich der Verweis auf den gesamten Art. 119 AEUV bezieht.
[8] *Müller-Graff*, ZHR 2012, 2 (4 f.); *Hufeld*, S. 1092, Rn. 12; *Lenaerts*, E.L.Rev. 39 (2014), 753 (763, 766 f.).
[9] *Müller-Graff*, Wirtschaftsverfassungsrechtliches Profil der EU, S. 182; *Nowak*, EuR-Beiheft 1/2009, 129 (167–181, 191).
[10] Exemplarisch *Luczak*, S. 190 ff. und *Hatje*, in: v. Bogdandy/Bast, Europäisches Verfassungsrecht, S. 811 ff.; ähnlich *Blanke*, S. 374 f.

D. Normativer Gehalt

I. Eigenständige Wirtschaftspolitik der Mitgliedstaaten

Dass Art. 120 Satz 1 AEUV nur die Mitgliedstaaten adressiert und von »ihrer« Wirtschaftspolitik spricht, bekräftigt die **fehlende Vergemeinschaftung** dieses Politikfeldes, wie sie bereits in der aus Art. 5 Abs. 1 UAbs. 1 i. V. m. Art. 2 Abs. 3 AEUV, Art. 4 Abs. 1 EUV folgenden Zuständigkeitsverteilung angelegt ist (s. Art. 119 AEUV, Rn. 47).[11] Verfehlt wäre es hingegen, aus der mitgliedstaatlich eigenständigen Wirtschaftspolitik darauf zu schließen, die Europäische Union könne überhaupt keine eigene Wirtschaftspolitik verfolgen. Denn diese sehen die Art. 119 Abs. 1 AEUV, Art. 121 Abs. 2 AEUV ausdrücklich vor, allerdings nicht auf dem die Währungsunion (Art. 119 Abs. 2, 127–133 AEUV) kennzeichnenden Integrationsniveau, sondern mittels unionsweiter Koordinierung (vgl. Art. 5 Abs. 1 AEUV).[12] Davon unbenommen kann die Europäische Union gezielte Wirtschaftspolitik innerhalb der oben genannten Kompetenzbereiche betreiben.

9

Die gemeinsame Nennung in Art. 120 Satz 2 AEUV hebt die somit gebotene **Differenzierung der Wirtschaftspolitiken der Mitgliedstaaten und der Europäischen Union** nicht auf, verpflichtet sie aber auf dieselben Ziele und sorgt damit zumindest für eine gleichlaufende Grundausrichtung. Daneben wirken die gemäß Art. 121 Abs. 2 AEUV durch den Rat verabschiedeten Grundzüge der Wirtschaftspolitik auf die einzelstaatlichen Wirtschaftspolitiken ein, allerdings wiederum rückanknüpfend an die »Maßgabe des Artikels 120« (Art. 121 Abs. 1 AEUV).

10

Unter den weit zu verstehenden Begriff der »Wirtschaftspolitik« fallen richtigerweise **(bereichsübergreifende) Maßnahmen, die »makroökonomischer Größen«**[13] wie das Wirtschaftswachstum, die Arbeitslosenquote, Exportüberschüsse oder das Binneninvestitionsklima **beeinflussen** (s. Art. 119 AEUV, Rn. 46–49). Wie bereits der Verweis auf den Binnenmarkt in Art. 119 Abs. 1 a. E. AEUV zeigt, kann Art. 120 AEUV nicht als Auffangtatbestand verstanden werden, der hinter explizit eröffneten Kompetenzbereichen wie den Art. 26 ff. AEUV zurücktritt. Gleichzeitig ist die Koordinierung der Wirtschaftspolitiken aber auch gerade nicht auf Politikbereiche beschränkt, in denen der Union Kompetenzen zugewiesen wurden.

11

II. Beitrag zu einer offenen Marktwirtschaft und anderen Unionszielen

1. Marktwirtschaftliche Ausrichtung

Die Wirtschaftspolitiken der Mitgliedstaaten und der Europäischen Union werden der Ausrichtung auf die Unionsziele, insbesondere auf die **offene Marktwirtschaft mit freiem Wettbewerb** verpflichtet.[14] Eine über die bereits wortgleich in Art. 119 Abs. 1 AEUV

12

---

[11] Dazu näher *Herrmann*, S. 59–61; *Braams*, Koordinierung als Kompetenzkategorie, 2013, S. 228–232; Oppermann/Classen/Nettesheim, Europarecht, § 18, Rn. 16; *Rodi*, in: Vedder/Heintschel v. Heinegg, Europäisches Unionsrecht, Art. 120 AEUV, Rn. 2.

[12] *Häde*, in: Calliess/Ruffert, EUV/AEUV, Art. 120 AEUV, Rn. 2; *Kempen*, in: Streinz, EUV/AEUV, Art. 120 AEUV, Rn. 1; *Puntscher-Riekmann*, S. 501 f., 505.

[13] *Hattenberger*, in: Schwarze, EU-Kommentar, Art. 120 AEUV, Rn. 5 m. w. N.; *Rodi*, in: Vedder/Heintschel v. Heinegg, Europäisches Unionsrecht, Art. 120 AEUV, Rn. 3; für den Einbezug mikroökonomischer Aspekte *Ohler*, in: Siekmann, EWU, Art. 120 AEUV, Rn. 7.

[14] Dazu näher *Hatje*, in: v. Bogdandy/Bast, Europäisches Verfassungsrecht, S. 810 f. und *Luczak*, S. 178 ff.

enthaltene Vorgabe hinausgehende Aussage ist dabei nicht ersichtlich (s. Art. 119 AEUV, Rn. 16–19, 50, 59–63).

2. Förderung eines effizienten Ressourceneinsatzes

13 Die Frage, ob die Förderung eines **effizienten Ressourceneinsatzes** (Satz 2) den Grundsatz einer offenen Marktwirtschaft mit freiem Wettbewerb in seinen Folgen deklaratorisch konkretisiert[15] oder einen zusätzlichen Grundsatz darstellt,[16] wird uneinheitlich beantwortet. Während der Wortlaut »wodurch« und »gefördert wird« für eine bloße Folgenbeschreibung spricht, haben die Vertragsparteien diese Konkretisierung dort wie auch in Art. 127 Abs. 1 Satz 3 AEUV vermutlich absichtsvoll vorgenommen, nicht aber in Art. 119 Abs. 1 AEUV. Der Zusatz wäre somit nicht als redaktionelle Ungenauigkeit oder Beiwerk aufzufassen, sondern ihm käme als zusätzlicher Aspekt der genannten Grundsätze Bedeutung zu. Allerdings überzeugt im Hinblick auf den stärker repetitiven und verweisenden Gesamtcharakter der Vorschrift eher die Annahme einer deskriptiven Klarstellung. Dafür spricht auch, dass der effiziente Ressourceneinsatz von den Wirtschaftsakteuren zu verantworten ist, die Vorschrift allerdings die Mitgliedstaaten und die Union adressiert.[17] Im Ergebnis bleibt die Entscheidung des Meinungsstreits ohne praktische Konsequenzen, da die Grundsätze der Marktwirtschaft und des Wettbewerbs ebenso wie der effiziente Ressourceneinsatz offen gedeutet und konkretisiert werden müssen. Es handelt sich gerade nicht um konkrete Handlungsdirektiven.[18]

3. Keine unmittelbare Anwendbarkeit

14 Den Befund, dass Art. 120 AEUV keine genauen wirtschaftspolitischen Vorgaben enthält, bestätigte der EuGH bereits in der Rechtssache Échirolles Distribution SA.[19] Danach stellt der wortgleiche Art. 102a EGV a. F. (Maastricht) einen allgemeinen Grundsatz dar, dessen **Umsetzung durch die nationalen Behörden** vorgenommen werden muss. Da den nationalen Behörden keine klaren und unbedingten Verpflichtungen auferlegt werden, scheidet eine unmittelbare Anwendbarkeit der Vorschrift nach zutreffender Auffassung des EuGH somit aus.[20]

4. Verpflichtung zum aktiven Tätigwerden

15 Die Wirtschaftspolitiken der Mitgliedstaaten sollen so ausgerichtet sein, dass sie zur Erreichung der Ziele der Europäischen Union beitragen. Dies geht schon dem Wortlaut nach über eine bloße Beachtung der Unionsziele hinaus. Erforderlich ist vielmehr ein **aktives Tätigwerden zur Förderung der Ziele**.[21] Einen eigenständigen Regelungsgehalt

---

[15] *Bandilla*, in: Grabitz/Hilf/Nettesheim, EU, Art. 120 AEUV (Mai 2011), Rn. 13; *Part*, in: Mayer/Stöger, EUV/AEUV, Art. 120 AEUV, Rn. 14.

[16] *Hattenberger*, in: Schwarze, EU-Kommentar, Art. 120 AEUV, Rn. 7 m. w. N.

[17] *Bandilla*, in: Grabitz/Hilf/Nettesheim, EU, Art. 120 AEUV (Mai 2011), Rn. 13; *Part*, in: Mayer/Stöger, EUV/AEUV, Art. 120 AEUV, Rn. 14.

[18] Wie hier *Ohler*, in: Siekmann, EWU, Art. 120 AEUV, Rn. 10; a. A. wohl *Khan*, in: Geiger/Khan/Kotzur, EUV/AEUV, Art. 120 AEUV, Rn. 4 und *Rodi*, in: Vedder/Heintschel v. Heinegg, Europäisches Unionsrecht, Art. 120 AEUV, Rn. 5.

[19] EuGH, Urt. v. 3.10.2000, Rs. C–9/99 (Échirolles Distribution SA/Association du Dauphiné u. a.), Slg. 2000, I–8207.

[20] EuGH, Urt. v. 3.10.2000, Rs. C–9/99 (Échirolles Distribution SA/Association du Dauphiné u. a.), Slg. 2000, I–8207, Rn. 24.

[21] *Khan*, in: Geiger/Khan/Kotzur, Art. 120 AEUV, Rn. 2; *Rodi*, in: Vedder/Heintschel v. Heinegg,

erhält die Vorschrift dadurch indes nicht. Denn die Ausrichtung wird tatsächlich durch die vom Rat verabschiedeten Grundzüge (Art. 121 Abs. 2 AEUV) determiniert, die kaum den sehr allgemein formulierten Zielen des Art. 3 EUV widersprechen werden.[22] Doch auch außerhalb der konkretisierenden Grundzüge folgt die aktive Zielverpflichtung der Mitgliedstaaten bereits aus Art. 3 EUV (i.V.m. Art. 4 Abs. 3 UAbs. 3 EUV)[23] und belässt ihnen bis zur **Grenze eines Wirtschaftssystemwechsels** erhebliche – wenngleich teilweise sekundär- und völkerrechtlich verengte – Spielräume (s. Rn. 1, 4, 6 und Art. 121 AEUV, Rn. 50 ff.).[24]

Europäisches Unionsrecht, Art. 120 AEUV, Rn. 4; a. A. *Ohler*, in: Siekmann, EWU, Art. 120 AEUV, Rn. 10 unter Verweis auf die Konkretisierungsbedürftigkeit der Vorschrift.
[22] *Ohler*, in: Siekmann, EWU, Art. 120 AEUV, Rn. 10.
[23] *Ruffert*, in: Calliess/Ruffert, EUV/AEUV, Art. 3 EUV, Rn. 4; *Terhechte*, in: Grabitz/Hilf/Nettesheim, EU, Art. 3 EUV (Mai 2014), Rn. 27.
[24] *Nowak*, Europarecht, S. 204 f.; *Ohler*, in: Siekmann, EWU, Art. 120 AEUV, Rn. 19 f.; zur Ausgestaltung der Wirtschafts- und Währungsunion und dem Nebeneinander intergouvernementaler und gemeinschaftlicher bzw. supranationaler Elemente im Überblick *Weber*, EuZW 2011, 935 (935 ff.).

Artikel 121 AEUV [Koordinierung der Wirtschaftspolitik]

(1) Die Mitgliedstaaten betrachten ihre Wirtschaftspolitik als eine Angelegenheit von gemeinsamem Interesse und koordinieren sie im Rat nach Maßgabe des Artikels 120.

(2) Der Rat erstellt auf Empfehlung der Kommission einen Entwurf für die Grundzüge der Wirtschaftspolitik der Mitgliedstaaten und der Union und erstattet dem Europäischen Rat hierüber Bericht.

Der Europäische Rat erörtert auf der Grundlage dieses Berichtes des Rates eine Schlussfolgerung zu den Grundzügen der Wirtschaftspolitik der Mitgliedstaaten und der Union.

¹Auf der Grundlage dieser Schlussfolgerung verabschiedet der Rat eine Empfehlung, in der diese Grundzüge dargelegt werden. ²Der Rat unterrichtet das Europäische Parlament über seine Empfehlung.

(3) Um eine engere Koordinierung der Wirtschaftspolitik und eine dauerhafte Konvergenz der Wirtschaftsleistungen der Mitgliedstaaten zu gewährleisten, überwacht der Rat anhand von Berichten der Kommission die wirtschaftliche Entwicklung in jedem Mitgliedstaat und in der Union sowie die Vereinbarkeit der Wirtschaftspolitik mit den in Absatz 2 genannten Grundzügen und nimmt in regelmäßigen Abständen eine Gesamtbewertung vor.

Zum Zwecke dieser multilateralen Überwachung übermitteln die Mitgliedstaaten der Kommission Angaben zu wichtigen einzelstaatlichen Maßnahmen auf dem Gebiet ihrer Wirtschaftspolitik sowie weitere von ihnen für erforderlich erachtete Angaben.

(4) ¹Wird im Rahmen des Verfahrens nach Absatz 3 festgestellt, dass die Wirtschaftspolitik eines Mitgliedstaats nicht mit den in Absatz 2 genannten Grundzügen vereinbar ist oder das ordnungsgemäße Funktionieren der Wirtschafts- und Währungsunion zu gefährden droht, so kann die Kommission eine Verwarnung an den betreffenden Mitgliedstaat richten. ²Der Rat kann auf Empfehlung der Kommission die erforderlichen Empfehlungen an den betreffenden Mitgliedstaat richten. ³Der Rat kann auf Vorschlag der Kommission beschließen, seine Empfehlungen zu veröffentlichen.

Der Rat beschließt im Rahmen dieses Absatzes ohne Berücksichtigung der Stimme des den betreffenden Mitgliedstaat vertretenden Mitglieds des Rates.

Die qualifizierte Mehrheit der übrigen Mitglieder des Rates bestimmt sich nach Artikel 238 Absatz 3 Buchstabe a.

(5) ¹Der Präsident des Rates und die Kommission erstatten dem Europäischen Parlament über die Ergebnisse der multilateralen Überwachung Bericht. ²Der Präsident des Rates kann ersucht werden, vor dem zuständigen Ausschuss des Europäischen Parlaments zu erscheinen, wenn der Rat seine Empfehlungen veröffentlicht hat.

(6) Das Europäische Parlament und der Rat können gemäß dem ordentlichen Gesetzgebungsverfahren durch Verordnungen die Einzelheiten des Verfahrens der multilateralen Überwachung im Sinne der Absätze 3 und 4 festlegen.

Literaturübersicht

Antpöhler, Emergenz der europäischen Wirtschaftsregierung – Das Six Pack als Zeichen supranationaler Leistungsfähigkeit, ZaöRV 72 (2012), 353; *Armstrong*, The New Governance of EU Fiscal Discipline, E.L.Rev. 38 (2013), 601; *Berger/Ücker* Die Finanz-, Wirtschafts- und Schuldenkrise und die Europäische Wirtschaftsregierung in: Beichelt/von Ondarza/Verheugen (Hrsg.), Die EU auf dem Weg zur Wirtschaftsregierung? MES-Perspektiven 1/2011, 7; *Blanke*, The Economic Constitution of the European Union, in: *ders.* (Hrsg.) u.a., The European Union after Lisbon, 2011, S. 369; *Braams*, Koordinierung als Kompetenzkategorie, 2013; *Calliess*, Die Reform der Wirtschafts- und Währungsunion als Herausforderung für die Integrationsarchitektur der EU, DÖV 2013, 785; *Europäische Zentralbank*, Wesentliche Elemente der Reform der wirtschaftspolitischen Steuerung im Euro-Währungsgebiet, Monatsbericht März 2011, S. 109; *dies.*, Fiskalpakt für eine stärkere Wirtschafts- und Währungsunion, Monatsbericht Mai 2012, S. 85; *Häde*, The Treaty of Lisbon and the Economic and Monetary Union, in: Blanke (Hrsg.) u. a., The European Union after Lisbon, 2011, S. 421; *Hentschelmann*, Der Stabilitäts- und Wachstumspakt, 2009; *Herrmann*, Europäische Wirtschafts- und Währungsunion, in: Ehlers/Fehling/Pünder, Besonderes Verwaltungsrecht – Band 1: Öffentliches Wirtschaftsrecht, 3. Aufl., 2012, § 10; *ders.*, Die Folgen der Finanzkrise für die europäische Wirtschafts- und Währungsunion, in: Kadelbach (Hrsg.), Nach der Finanzkrise: Politische und rechtliche Rahmenbedingungen einer neuen Ordnung, 2011, S. 79; *ders.*, Europäisches Währungsrecht – Textausgabe mit Einführung, 2013; *Hinarejos*, Fiscal Federalism in the European Union: Evolution and Future Choices for EMU, CMLRev. 50 (2013), 1621; *Konow*, Der Stabilitäts- und Wachstumspakt, 2002; *Lenaerts*, EMU and the European Union's Constitutional Framework, E.L.Rev. 39 (2014), 753; *Louis*, The Review of the Stability and Growth Pact, CMLRev. 43 (2006), 85; *aus dem Moore*, Eine Wirtschaftsregierung für Europa?, rwi Positionen Nr. 41, Dezember 2010; *Obwexer*, Das System der »Europäischen Wirtschaftsregierung« und die Rechtsnatur ihrer Teile: Sixpack – Euro-Plus-Pakt – Europäisches Semester – Rettungsschirm, ZÖR 2012, 209; *Puntscher-Riekmann*, Europas Verfassung nach Lissabon. Europäische Politik in der Finanz- und Wirtschaftskrise zwischen Pragmatismus und Legitimation, in: Eilmansberger (Hrsg.) u. a., Rechtsfragen der Implementierung des Vertrags von Lissabon, 2011, S. 497; *Sachverständigenrat zur Begutachtung der gesamtwirtschaftlichen Entwicklung*, Jahresgutachten 2010/11, Drittes Kapitel: Euro-Raum in der Krise, S. 68, http://www.sachverstaendigenrat-wirtschaft.de/fileadmin/dateiablage/download/gutachten/ga10_ges.pdf (2.2.2017); *ders.*, Jahresgutachten 2013/14, Viertes Kapitel: Institutionelle Reformen für die Europäische Währungsunion: Zwischen vertiefter Wirtschafts- und Finanzunion und Maastricht 2.0, S. 156, http://www.sachverstaendigenrat-wirtschaft.de/fileadmin/dateiablage/gutachten/jg201314/JG13_Ges.pdf (2.2.2017); *Schulze-Steinen*, Rechtsfragen der Wirtschaftsunion, 1998; *Seidel*, Euro-Diplomatie durch gemeinsame »Wirtschaftsregierung«, ZEI Working Paper B 1/2008; *Seyad*, A Critical Evaluation of the Revised and Enlarged European Stability and Growth Pact, Journal of International Banking Law and Regulation 2012, 202; *Weber*, Die Reform der Wirtschafts- und Währungsunion in der Finanzkrise, EuZW 2011, 935; *ders.*, Europa- und völkerrechtliche Elemente der Gewährung von Haushaltsdisziplin in der Währungsunion, in: Blanke/Pilz (Hrsg.), Die »Fiskalunion«: Voraussetzungen einer Vertiefung der politischen Integration im Währungsraum der Europäischen Union, 2014, S. 3.

Wesentliche sekundärrechtliche Vorschriften

VO (EG) Nr. 1466/97 vom 7.7.1997 über den Ausbau der haushaltspolitischen Überwachung und der Überwachung und Koordinierung der Wirtschaftspolitiken, ABl. 1997, L 209/1
Mitteilung der Kommission vom 3.3.2010, EUROPA 2020 Eine Strategie für intelligentes, nachhaltiges und integratives Wachstum, KOM(2010) 2020 endgültig
Mitteilung der Kommission vom 30.6.2010, Stärkung der wirtschaftspolitischen Koordinierung für Stabilität, Wachstum und Beschäftigung – Instrumente für bessere wirtschaftspolitische Steuerung der EU, KOM(2010) 367 endgültig
Empfehlung des Rates vom 13. Juli 2010 über die Grundzüge der Wirtschaftspolitik der Mitgliedstaaten und der Union (2010/410/EU), ABl. 2010, L 191/28
Der Euro-Plus-Pakt – Stärkere Koordinierung der Wirtschaftspolitik im Hinblick auf Wettbewerbsfähigkeit und Konvergenz, Anlage 1 der revidierten Fassung der Schlussfolgerungen der Tagung des Europäischen Rates vom 24./25.3.2011, Ratsdok. EUCO 10/1/11
VO (EU) Nr. 1173/2011 vom 16.11.2011 über die wirksame Durchsetzung der haushaltspolitischen Überwachung im Euro-Währungsgebiet, ABl. 2011, L 306/1
VO (EU) Nr. 1174/2011 vom 16.11.2011 über Durchsetzungsmaßnahmen zur Korrektur übermäßiger Ungleichgewichte im Euro-Währungsgebiet, ABl. 2011, L 306/8
VO (EU) Nr. 1175/2011 vom 16.11.2011 zur Änderung der Verordnung (EG) Nr. 1466/97 des Rates über den Ausbau der haushaltspolitischen Überwachung und Koordinierung der Wirtschaftspolitiken, ABl. 2011, L 306/12
VO (EU) Nr. 1176/2011 vom 16.11.2011 über die Vermeidung und Korrektur makroökonomischer Ungleichgewichte, ABl. 2011, L 306/25
Vertrag über Stabilität, Koordinierung und Steuerung in der Wirtschafts- und Währungsunion vom 2.3.2012, BGBl. II 2012 S. 1006

VO (EU) Nr. 472/2013 vom 21. 5. 2013 über den Ausbau der wirtschafts- und haushaltspolitischen Überwachung von Mitgliedstaaten im Euro-Währungsgebiet, die von gravierenden Schwierigkeiten in Bezug auf ihre finanzielle Stabilität betroffen oder bedroht sind, ABl. 2013, L 140/1

VO (EU) Nr. 473/2013 vom 21. 5. 2013 über gemeinsame Bestimmungen für die Überwachung und Bewertung der Übersichten über die Haushaltsplanung und für die Gewährleistung der Korrektur übermäßiger Defizite der Mitgliedstaaten im Euro-Wahrungsgebiet, ABl. 2013, L 140/11

Empfehlung des Rates vom 9. 7. 2013 zur Umsetzung der Grundzüge der Wirtschaftspolitik der Mitgliedstaaten, deren Währung der Euro ist, ABl. 2013, C 217/97

Europäische Kommission, Die Wirtschafts- und Währungsunion Europas vollenden, abrufbar unter http://ec.europa.eu/priorities/economic-monetary-union/five-presidents-report/index_de.htm (02.3.2016)

Empfehlung des Rates vom 14. 7. 2015 über die Grundzüge der Wirtschaftspolitik der Mitgliedstaaten und der Union (2015/1184/EU), ABl. 2015, L 192/27

Beschluss des Rates vom 5. 10. 2015 zu Leitlinien für beschäftigungspolitische Maßnahmen der Mitgliedstaaten für 2015 (20150/1848707/EU), ABl. 2015, L 268/28

Inhaltsübersicht

	Rn.
A. Überblick	1
B. Genese	5
C. Systematische Einbettung und Bezugnahmen	8
D. Wirtschaftspolitik als gemeinsames Interesse der Mitgliedstaaten (Abs. 1)	13
E. Koordinierung durch gemeinsame Grundzüge der Wirtschaftspolitik (Abs. 2)	16
I. Koordinierung als Kompetenzkategorie	17
II. Ausgestaltung des Verfahrens	19
III. Inhaltliche Vorgaben und Überprüfbarkeit	26
IV. Bisherige Praxis	30
F. Multilaterale Überwachung	32
I. Regelmäßige Überwachung durch die Unionsorgane (Abs. 3)	33
1. Ziele der Überwachung	34
2. Gegenstand und Maßstab der Überwachung	35
3. Ablauf der Überwachung	36
II. Sanktionsmechanismen (Abs. 4)	39
1. Verwarnung durch die Kommission	41
2. Empfehlungen des Rates	42
III. Abschluss der multilateralen Überwachung (Abs. 5)	44
G. Ermächtigung zum Sekundärrechtserlass (Abs. 6)	46
H. Ausbau der Koordinierung und Überwachung durch Sekundär- und Völkerrecht	49
I. Überblick	49
II. Stärkung der allgemeinen Haushaltsaufsicht durch die VO (EU) Nr. 1175/2011	50
III. Intensivierung der präventiven Haushaltsaufsicht innerhalb des Euro-Währungsgebiets	53
1. VO (EU) Nr. 1173/2011	53
2. VO (EU) Nr. 473/2013	55
3. VO (EU) Nr. 472/2013	56
IV. Vermeidung und Korrektur makroökonomischer Ungleichgewichte	59
V. Ausbau von Informationsaustausch und Erörterungspflichten	63
VI. Extra-unionale wirtschaftspolitische Koordinierung der Mitgliedstaaten	65
1. Euro-Plus-Pakt	67
2. Fiskalvertrag (VSKS)	67

A. Überblick

Art. 121 AEUV bildet die **zentrale Rechtsgrundlage für das Verfahren der wirtschaftspolitischen Koordinierung** der Mitgliedstaaten in der Europäischen Union als erster Säule der Wirtschafts- und Währungsunion. Neben der wirtschaftspolitischen Koordinierung im engeren Sinne umfasst Art. 121 AEUV auf der Grundlage zahlreicher sekundärrechtlicher Vorschriften des Stabilitäts- und Wachstumspakts (SWP)[1] sowie des Six-Packs (2011) und des Two-Packs (2013) (s. dazu im Einzelnen Rn. 50 ff. und Art. 126 AEUV, Rn. 2, 8, 10) auch eine haushaltspolitische Koordinierung, die sog. »präventive Komponente« des Stabilitäts- und Wachstumspakts (vgl. auch Art. 2 Nr. 1 VO (EU) Nr. 1173/2011). Sie tritt neben die »korrektive Komponente« (vgl. Art. 2 Nr. 2 VO (EU) Nr. 1173/2011) des Verfahrens bei einem übermäßigen Defizit nach Art. 126 AEUV.[2] Gemeinsam bilden die beiden Vertragsnormen das **Grundgerüst der »economic governance«** insbesondere des Euro-Währungsgebiets. Dabei handelt es sich aber nicht um eine echte EU-Wirtschaftsregierung,[3] sondern lediglich ein verfahrensmäßiges Gerüst und eine – schwache – Kompetenznorm.

Innerhalb der wirtschaftspolitischen Koordinierung gelten **unterschiedlich weitreichende Pflichten** für Mitgliedstaaten des Euro-Währungsgebiets sowie für Mitgliedstaaten mit Ausnahmeregelung. Das folgt zum einen aus Art. 139 Abs. 2 Buchst. a AEUV, zum anderen aus dem durch den Vertrag von Lissabon eingefügten Art. 136 Abs. 1 AEUV, der eine Intensivierung der Koordinierung und Überwachung nur für die Mitgliedstaaten des Euro-Währungsgebiets erlaubt.

Im Rahmen des Koordinierungsverfahrens kommt dem Rat die zentrale Entscheidungsbefugnis zu, auch wenn die Kommissionsbefugnisse durch den Vertrag von Lissabon sowie im Rahmen der **europäischen Staatsschuldenkrise** signifikant gestärkt wurden. So wurde etwa die Annahme von Kommissionsempfehlungen »automatisiert«, gegen die sich keine qualifizierte Ratsmehrheit bildet (s. Rn. 63). Primärrechtlich sieht das Verfahren lediglich unverbindliche und nicht sanktionierte Empfehlungen vor; sekundärrechtlich sind die Organe hierüber sowohl im Bereich der Haushaltsaufsicht als auch der wirtschaftspolitischen Koordinierung nunmehr für die Mitgliedstaaten des Eurowährungsgebiets allerdings weit hinausgegangen (zum Streit um die Zulässigkeit dieser Verschärfungen s. Art. 136 AEUV, Rn. 5–9). In zeitlicher Hinsicht sind nunmehr alle Überwachungsverfahren in das sog. **Europäischen Semester** eingebettet, das seit Januar 2011 angewandt wird und die Überwachung auf den Zeitraum von Januar bis Juli eines Jahres »taktet«.[4]

Ergänzt wird die Koordinierung nach Art. 121 AEUV durch die völkerrechtlich begründeten Verpflichtungen, die die Euro-Teilnehmerstaaten und andere, freiwillig teil-

---

[1] Dazu umfassend *Hentschelmann*, S. 69 ff.; zusammenfassend *Hentschelmann*, S. 1835 ff.
[2] *Hinarejos*, CMLRev. 51 (2013), 1621 (1625).
[3] Zu der diesbezüglichen Forderung nach einer europäischen Wirtschaftsregierung und diese ablehnend *aus dem Moore*, rwi Positionen Nr. 41, Dezember 2010, S. 3 ff. und Sachverständigenrat, Jahresgutachten 2013/14, S. 194.
[4] Europäischer Rat, Schlussfolgerungen vom 17. 6. 2010, EUCO 13/10; das Europäische Semester ist nunmehr ausdrücklich in Art. 2a der VO (EG) Nr. 1466/97 verankert. Es beginnt im Oktober/November mit dem Jahreswachstumsbericht, erstreckt sich über die Vorlage der Stabilitäts- bzw. Konvergenzprogramme im April bis zur Annahme der länderspezifischen Empfehlungen durch den Rat; zum Ablauf s. die Darstellung unter http://ec.europa.eu/europe2020/making-it-happen/index_en.htm (2. 3. 2016) sowie bei EZB, Reform der wirtschaftspolitischen Steuerung, S. 111.

nehmende EU-Mitgliedstaaten nach dem Vertrag über Stabilität, Koordinierung und Steuerung in der Wirtschafts- und Währungsunion (VSKS)[5] (s. Rn. 68 f. und Art. 126 AEUV, Rn. 2, 9, 13) eingegangen sind, sowie die nicht strikt verbindlichen Koordinierungsregeln des EURO-PLUS-Pakts[6] (s. Rn. 66 f.).

B. Genese

5 Bereits **Art. 103 EWGV** bezeichnete die mitgliedstaatlichen Konjunkturpolitiken als Angelegenheit von gemeinsamem Interesse. Diesbezügliche Maßnahmen der Mitgliedstaaten sollten untereinander und mit der Kommission abgestimmt werden (Abs. 1). Der Rat konnte einstimmig Maßnahmen beschließen (Abs. 2), deren Durchführung durch Richtlinien des Rates konkretisiert wurde (Abs. 3). Daneben verpflichtete **Art. 105 Abs. 1 EWGV** die Mitgliedstaaten zur wirtschaftspolitischen Koordinierung durch zwischenstaatliche Verwaltungskooperation, die auf Empfehlung der Kommission durch den Rat herbeigeführt werden sollte.

6 **Art. 103 EGV (Maastricht)** führte sodann die nach aktuellem Primärrecht **fortgeltende Grundstruktur** der wirtschaftspolitischen Koordinierung ein. Sie wurde in eine unionale Wirtschafts- und Währungspolitik eingebettet (Art. 102a, 103 Abs. 1, Art. 105 ff. EGV) und zweigeteilt in die Koordinierung durch Grundzüge der Wirtschaftspolitik einerseits (Art. 103 Abs. 2 EGV) und deren multilaterale Überwachung andererseits (Art. 103 Abs. 2 bis 5 EGV). Die Änderungsverträge von Amsterdam und Nizza (1997 bzw. 2001) brachten diesbezüglich keine inhaltlichen Änderungen.

7 Im Jahr 2009 wurde mit dem Vertrag von Lissabon die multilaterale Überwachung der wirtschaftspolitischen Vorgaben durch den Stimmrechtsausschluss des betroffenen Mitgliedstaates im Rat effektuiert und neben dem Rat auch der Kommission ermöglicht, Verwarnungen auszusprechen. Die Verbreiterung der Ziele der Union nach Art. 3 EUV ermöglicht nunmehr aufgrund ihrer Einbeziehung in die Koordinierung der Wirtschaftspolitik (Art. 121 Abs. 1, 120, 119 AEUV), die Grundzüge der Wirtschaftspolitik an zahlreichen auch nicht-wirtschaftlichen Zielen auszurichten (Art. 120 AEUV, Rn. 2 f.). Weiterhin wurde die Stellung des Parlaments gestärkt, indem die – zunehmend detailliertere – sekundärrechtliche Ausgestaltung des Überwachungsverfahrens nunmehr im ordentlichen Gesetzgebungsverfahren erfolgt (Art. 121 Abs. 6 AEUV).[7]

C. Systematische Einbettung und Bezugnahmen

8 Art. 121 AEUV füllt die unter Art. 2 Abs. 3, Art. 5 Abs. 1 AEUV beschriebene Kompetenzart der Koordinierung hinsichtlich ihres Umfangs und der Einzelheiten ihrer Ausübung inhaltlich aus (Art. 2 Abs. 6 AEUV). Sie stellt damit die prozedurale Konkretisierung der in Art. 119 Abs. 1 AEUV avisierten engen Koordinierung der mitgliedstaat-

---

[5] BGBl. 2012 II S. 1006.
[6] Anh. 1 der revidierten Schlussfolgerungen der Tagung des Europäischen Rates vom 24./25.3.2011, EUCO 10/1/11.
[7] *Puntscher-Riekmann*, S. 508; hinsichtlich weiterer Neuerungen vgl. *Hattenberger*, in: Schwarze, EU-Kommentar, Art. 121 AEUV, Rn. 1–3; *Ohler*, in: Siekmann, EWU, Art. 121 AEUV, Rn. 1; *Rodi*, in: Vedder/Heintschel v. Heinegg, Europäisches Unionsrecht, Art. 121 AEUV, Rn. 3.

lichen Wirtschaftspolitiken dar. Die durch den Rat beschlossenen Grundzüge (Abs. 2) und deren Überwachung (Abs. 3–6) bilden mit der Vermeidung übermäßiger Haushaltsdefizite (Art. 126 AEUV) das **Grundgerüst der präventiven Seite der sich herausbildenden »europäischen Wirtschaftsverfassung«**.[8]

Dass die Koordinierung »nach Maßgabe des Artikels 120« (Abs. 1) geschieht, richtet sie teleologisch auf die Ziele der EU aus, insbesondere auf die Verwirklichung einer offenen Marktwirtschaft mit freiem Wettbewerb. Gleichzeitig haben die Mitgliedstaaten dabei die in Art. 119 Abs. 3 AEUV genannten richtungsweisenden finanzpolitischen Grundsätze zu beachten. 9

Während die Grundzüge und deren Überwachung grundsätzlich alle EU-Mitgliedstaaten betreffen, besteht wegen des entsprechenden Verweises in Art. 136 Abs. 1 Buchst. b AEUV die **Möglichkeit einer verstärkten Koordinierung innerhalb der Eurozone**. Die Mitgliedstaaten, deren Währung der Euro ist, können unter Stimmrechtsausschluss der übrigen Mitgliedstaaten gesonderte Grundzüge der Wirtschaftspolitik beschließen und diese selbst überwachen. Anders herum finden die allgemeinen Grundsätze, soweit sie sich auf das Euro-Währungsgebiet beziehen, nach Art. 139 Abs. 2 UAbs. 1 Buchst. a, Abs. 1 AEUV keine Anwendung auf EU-Mitgliedstaaten mit Ausnahmeregelung. Diesen Mitgliedstaaten ist das Stimmrecht in diesem Bereich sowie bei der Überwachung der Euro-Mitgliedstaaten insgesamt entzogen (Art. 139 Abs. 4 UAbs. 1 Buchst. a AEUV).[9] 10

Die Grundzüge werden nicht nur normativ mit den nach Art. 148 Abs. 2 AEUV ebenfalls durch den Rat verabschiedeten beschäftigungspolitischen Leitlinien verknüpft (vgl. Art. 148 Abs. 2 Satz 2 AEUV), sondern in der Praxis als sog. integrierte Leitlinien beider Politikfelder verabschiedet.[10] 11

Vielfach konkretisiert und ergänzt das in Reaktion auf die Wirtschafts- und Staatsschuldenkrisen zahlreicher EU-Mitgliedstaaten nach Art. 121 Abs. 6 AEUV (i. V. m. Art. 136 Abs. 1 AEUV) erlassene Sekundärrecht die primärrechtlich verankerte wirtschaftspolitische Koordinierung und Überwachung (s. Rn. 47 ff.). 12

D. Wirtschaftspolitik als gemeinsames Interesse der Mitgliedstaaten (Abs. 1)

Der Wortlaut des Art. 121 Abs. 1 AEUV belegt die **grundsätzliche wirtschaftspolitische Autonomie** der Mitgliedstaaten[11] mit zwei einschränkenden Ergänzungen: danach werden die nationalen Wirtschaftspolitiken zu Angelegenheiten von gemeinsamem Interesse erklärt[12] und deren Koordinierung dem Rat aufgegeben. Die grammatikalische Auslegung lässt hierbei sowohl den Schluss auf die Aufzählung zweier eigenständiger Re- 13

---

[8] *Kempen*, in: Streinz, EUV/AEUV, Art. 121 AEUV, Rn. 2; *Rodi*, in: Vedder/Heintschel v. Heinegg, Europäisches Unionsrecht, Art. 121 AEUV, Rn. 4.
[9] *Häde*, in: Calliess/Ruffert, EUV/AEUV, Art. 136 AEUV, Rn. 8; zum Hintergrund der Regelung *Häde*, S. 424 f.
[10] *Bandilla*, in: Grabitz/Hilf/Nettesheim, EU, Art. 121 AEUV (Mai 2011), Rn. 9; *Ohler*, in: Siekmann, EWU, Art. 121 AEUV, Rn. 8.
[11] *Hattenberger*, in: Schwarze, EU-Kommentar, Art. 121 AEUV, Rn. 4; *Khan*, in: Geiger/Khan/Kotzur, EUV/AEUV, Art. 121 AEUV, Rn. 1.; *Rodi*, in: Vedder/Heintschel v. Heinegg, Europäisches Unionsrecht, Art. 121 AEUV, Rn. 2.
[12] Näher *Schulze-Steinen*, S. 184–189.

gelungen als auch auf eine einzelne Regelung zu, in der aus dem gemeinsamen Interesse die Koordinierung der Wirtschaftspolitiken im Rat folgt.[13] Letzterer Auslegung ist insofern zuzustimmen, als die Regelung in ihrem ersten Teil ein unionales Gemeinanliegen kreiert, das den Mitgliedstaaten eine gewisse Geisteshaltung vorschreibt, die sich im zweiten Teil der Regelung in einer Verhaltenspflicht innerhalb des zentralen Forums, nämlich dem des Rates der Europäischen Union, konkretisiert. Diese Konkretisierung ist nicht abschließend zu verstehen, denn dem gemeinsamen Interesse kann auch außerhalb des Rates, insbesondere innerhalb der Euro-Gruppe, im Europäischen Rat oder bilateral Rechnung getragen werden.[14]

14 Steht die mitgliedstaatliche Wirtschaftspolitik im Blickpunkt gemeinsamen Interesses, so ist ihre Ausübung **besonderen gegenseitigen Rücksichtnahmepflichten** unterworfen. Dazu gehören gegenseitige Konsultation und Information, ein Schädigungsverbot und die Abstimmung der gemeinsamen Zielerreichung.[15] Beispielhaft sei hier das Abstimmungsgebot bezüglich größerer geplanter Reformen nach Art. 11 des Fiskalvertrags genannt (s. Rn. 68). Daneben darf und muss die Wirtschaftspolitik anderer Mitgliedstaaten vor allem bei einer Gefährdung der Unionsziele im Rat und anderen Foren thematisiert werden, ohne dass der betroffene Staat dies unter Hinweis auf seine Souveränität verhindern könnte (»Einwendungsausschluss«).[16] Auch und gerade innerhalb der »weichen« Koordinierungskompetenz der EU müssen solche Maßnahmen bereits als ein Minus zu der formalisierten multilateralen Überwachung der Abs. 2 bis 5 zulässig sein. Vertretbar, aber im Hinblick auf das Gebot sinnhafter Auslegung zweifelhaft, scheint die Herleitung dieser Pflichten (allein) aus dem allgemeinen Loyalitätsgebot des Art. 4 Abs. 3 EUV.[17]

15 Daran knüpft sich die Frage an, ob der erwähnten Koordinierung überhaupt ein **normativ eigenständiger Gehalt** zukommt, und falls ja, welchen Inhalts dieser ist. Teilweise wird dies verneint und der Regelung im Hinblick auf die Art. 119, 120 AEUV repetitiver Charakter zugesprochen oder sie systematisch auf eine Präambel zu den Absätzen 2 ff. reduziert.[18] Aus historischer Sicht spricht dagegen, dass Art. 103 EWGV ein gemeinsames Interesse der Mitgliedstaaten nebst Abstimmungspflichten vorsah, nicht aber ein den Art. 121 Abs. 2 ff. AEUV entsprechendes Koordinierungsverfahren. Würde sich nunmehr der Regelungsgehalt des Absatzes 1 in einer Überleitung zu den Absätzen 2 ff. erschöpfen, müsste den Vertragsparteien des Maastrichter Vertrages schwer vertretbar unterstellt werden, den Gehalt der entsprechenden Norm substituiert und gleichzeitig geschmälert zu haben.[19] Letztlich kann dies dahingestellt bleiben, wenn die Koordinierungspflicht im Rat nicht ihrerseits als alleinige Ausprägung des gemeinsamen Interesses an den mitgliedstaatlichen Wirtschaftspolitiken verstanden wird.

---

[13] A.A. *Kempen*, in: Streinz, EUV/AEUV, Art. 121 AEUV, Rn. 3.
[14] Vgl. Ziff. 1 der Empfehlung des Rates vom 9.7.2013 zur Umsetzung der Grundzüge der Wirtschaftspolitik der Mitgliedstaaten, deren Währung der Euro ist, ABl. 2013 Nr. C 217/97.
[15] *Bandilla*, in: Grabitz/Hilf/Nettesheim, EU, Art. 121 AEUV (Mai 2011), Rn. 5 f.; *Hattenberger*, in: Schwarze, EU-Kommentar, Art. 121 AEUV, Rn. 5.; *Rodi*, in: Vedder/Heintschel v. Heinegg, Europäisches Unionsrecht, Art. 121 AEUV, Rn. 7.
[16] *Kempen*, in: Streinz, EUV/AEUV, Art. 121 AEUV, Rn. 6.
[17] So aber *Ohler*, in: Siekmann, EWU, Art. 121 AEUV, Rn. 6; für weitergehende Verpflichtungen *Schulze-Steinen*, S. 189.
[18] *Hattenberger*, in: Schwarze, EU-Kommentar, Art. 121 AEUV, Rn. 4 f.
[19] Wie hier *Schulze-Steinen*, S. 191–195.

E. Koordinierung durch gemeinsame Grundzüge der Wirtschaftspolitik (Abs. 2)

Die als Empfehlungen des Rates erlassenen Grundzüge der Wirtschaftspolitik konkretisieren den Rahmen der mitgliedstaatlichen Wirtschaftspolitik (Art. 120 Satz 1 AEUV) und stellen ihrerseits das wesentliche Koordinationsinstrument mittelfristiger unionaler Wirtschaftspolitik dar.[20] Obgleich die Empfehlungen rechtlich nicht verbindlich sind, kommt ihnen gegenüber den Mitgliedstaaten durch die Beteiligung des Europäischen Rates und des Rates ein hohes politisches Gewicht zu,[21] welches durch den Überwachungsmechanismus der Absätze 3 ff. zusätzlich verstärkt wird.

I. Koordinierung als Kompetenzkategorie

Das Tätigwerden der Union setzt auch im Bereich der Wirtschaftspolitik eine explizite Kompetenzzuweisung nach dem Grundsatz der begrenzten Einzelermächtigung (Art. 5 Abs. 1, 2 EUV) voraus, die in Art. 121 AEUV vorgenommen wurde. Sie verweist auf die Art. 2 Abs. 3, Art. 5 Abs. 1 AEUV und damit auf eine Zuständigkeitskategorie, die auf eine **Annäherung der Politiken der Mitgliedstaaten** zielt, **ohne der Union »harte regulative Kompetenzen« zu übertragen**.[22] Dementsprechend verbleiben den zuständigen Unionsorganen zumeist politisch, nicht aber rechtlich verbindliche Handlungsformen.[23]

Die **Abgrenzung zu anderen Kompetenzbereichen** der EU ist im Hinblick auf die gleichartige Zuständigkeit für die Beschäftigungspolitik (Art. 145 ff. AEUV) dahingehend gelöst worden, dass sog. integrierte Leitlinien zu der Beschäftigungs- und der Wirtschaftspolitik erlassen werden (dazu s. u. Rn. 30). Hinsichtlich der Sozial-, Bildungs- und Strukturpolitik, die in den Art. 153 Abs. 2 Buchst. b, Art. 165 f. und 177 AEUV Gesetzgebungskompetenzen der EU vorsehen, muss zwar grundsätzlich nach Regelungsgegenstand und Regelungsziel abgegrenzt werden.[24] Dies gestaltet sich hinsichtlich der weiten Begrifflichkeit von »Wirtschaftspolitik der Mitgliedstaaten und der Union« (Art. 120 Abs. 2 AEUV, s. u. Rn. 26 ff. und Art. 119 AEUV, Rn. 46–48, Art. 120 AEUV, Rn. 11) allerdings problematisch. Zielführender – und im Hinblick darauf, dass die Wahl der richtigen Rechtsgrundlage und des richtigen Verfahrens entscheidend für die Gültigkeit der Handlung ist,[25] von grundlegender Bedeutung – erscheint, das Abstraktionsniveau der sich für die Adressaten ergebenden wirtschaftspolitischen Verpflichtungen zur Abgrenzung heranzuziehen, indem der tatbestandlichen Beschränkung auf »Grundzüge« Rechnung getragen wird (s. Rn. 26 f.).[26] Weiterhin ist insbesondere im

---

[20] *Hattenberger*, in: Schwarze, EU-Kommentar, Art. 121 AEUV, Rn. 6; *Rodi*, in: Vedder/Heintschel v. Heinegg, Europäisches Unionsrecht, Art. 121 AEUV, Rn. 8 f.; missverständlich insoweit *Häde*, in: Calliess/Ruffert, EUV/AEUV, Art. 121 AEUV, Rn. 5, der darin lediglich den Rahmen für wirtschaftliche Koordinierung erblickt; vgl. im Einzelnen *Schulze-Steinen*, S. 139–169, allerdings noch zu Art. 103 Abs. 2 EGV (Maastricht).
[21] *Bandilla*, in: Grabitz/Hilf/Nettesheim, EU, Art. 121 AEUV (Mai 2011), Rn. 9; *Khan*, in: Geiger/Khan/Kotzur, EUV/AEUV, Art. 121 AEUV, Rn. 8.
[22] *Braams*, S. 181; *Seidel*, ZEI Working Paper B 1/2008, S. 4 f.; *Lennarts*, E.L.Rev. 39 (2014), 753 (755).
[23] *Ohler*, in: Siekmann, EWU, Art. 121 AEUV, Rn. 6; im Einzelnen *Braams*, S. 237–240.
[24] EuGH, Urt. v. 6.9.2012, Rs. C-490/10 (Europäisches Parlament/Rat der Europäischen Union), ECLI:EU:C:2012:525, Rn. 68; *Ohler*, in: Siekmann, EWU, Art. 121 AEUV, Rn. 9.
[25] Oppermann/Classen/Nettesheim, Europarecht, § 11, Rn. 5.
[26] Ähnlich *Ohler*, in: Siekmann, EWU, Art. 121 AEUV, Rn. 9.

Hinblick auf die unterschiedlichen Kompetenzarten die Abgrenzung zu der Währungspolitik der EU (Art. 127–133 AEUV) von Bedeutung (s. Art. 120 AEUV, Rn. 9).[27]

II. Ausgestaltung des Verfahrens

19 Die Erstellung der Grundzüge (Abs. 2) und deren Überwachung (Abs. 3–5) kann in der Praxis nicht voneinander abgegrenzt werden, sondern erfolgt in einem Prozess gegenseitiger Beeinflussung. Erst die Informationen der überwachten Mitgliedstaaten nach Art. 120 Abs. 3 UAbs. 2 AEUV und die Gesamtbewertung der Kommission ermöglichen die (Neu)fassung aktueller Grundzüge.[28] Seit der Änderung der VO (EG) Nr. 1466/97 durch die VO (EU) Nr. 1175/2011 sind die einzelnen Verfahrenskomponenten im Rahmen des sog. »**Europäischen Semesters**« zeitlich aufeinander und mit dem Verfahren bei einem übermäßigen Haushaltsdefizit nach Art. 126 AEUV verschränkt (Art. 2a der VO (EG) Nr. 1466/97; s. dazu Rn. 52). Die Koordinierung findet danach im Kern im ersten Halbjahr eines Kalenderjahres statt.[29]

20 Nach Art. 121 Abs. 2 UAbs. 1 AEUV erarbeitet die Kommission in der **ersten Phase** auf Grundlage eines Vorentwurfs, mit dem sich bereits der Rat befasst hatte, eine **unverbindliche Empfehlung des Entwurfs der Grundzüge**. Der Rat erstellt sodann unter Mitwirkung des Wirtschafts- und Finanzausschusses (Art. 134 Abs. 1, 2, 3. Gedstr. AEUV) die Entwurfsempfehlung, Diese wird gemäß Art. 16 Abs. 3 EUV mit qualifizierter Mehrheit verabschiedet und kann von der Empfehlung der Kommission ohne Einstimmigkeitserfordernis abweichen (arg. e Art. 288 Abs. 5 AEUV und e contrario Art. 293 Abs. 1 AEUV). Die konkret erforderlichen Mehrheitsverhältnisse richten sich vorerst nach dem Protokoll Nr. 36 über die Übergangsbestimmungen[30] bzw. jedenfalls ab dem 1. 4. 2017 nach Art. 238 Abs. 2 AEUV.[31]

21 *Hattenberger* folgend muss hinsichtlich der Abstimmungsberechtigung und der Mehrheitsverhältnisse bereits in dieser Phase die nach Art. 139 Abs. 2 Buchst. a, Abs. 4 UAbs. 1 AEUV gebotene Modifizierung bei der »Annahme der das Euro-Währungsgebiet generell betreffenden Teile der Grundzüge« Berücksichtigung finden.[32] Denn der Begriff der »Annahme« kann über die »Verabschiedung« des Art. 121 Abs. 2 UAbs. 3 AEUV auch die vorangegangenen Verfahrensschritte umfassen, was hinsichtlich eines kohärenten Verfahrens und des durch Art. 139 AEUV verfolgten Ziels (s. Art. 139 AEUV, Rn. 5, 32 f.) sachlich angemessen erscheint. Den Entwurf der Grundzüge leitet der Rat sodann dem Europäischen Rat in Berichtsform weiter.

22 Art. 121 Abs. 2 UAbs. 2 AEUV sieht in **der zweiten Phase** die Erörterung der Grundzüge durch den Europäischen Rat (Art. 15 EUV) vor. Die diesbezüglichen **Schlussfol-**

---

[27] *Häde*, S. 423; *Hatje*, in: v. Bogdandy/Bast, Europäisches Verfassungsrecht, S. 825; *Herrmann*, Europäische Wirtschafts- und Währungsunion, § 10, Rn. 13 f., 48.
[28] Weitergehend zum Verfahrensablauf *Bandilla*, in: Grabitz/Hilf/Nettesheim, EU, Art. 121 AEUV (Mai 2011), Rn. 10–18; *Hattenberger*, in: Schwarze, EU-Kommentar, Art. 121 AEUV, Rn. 6–10; *Ohler*, in: Siekmann, EWU, Art. 121 AEUV, Rn. 13 f.
[29] Das Europäische Semester beginnt im Oktober/November mit dem Jahreswachstumsbericht, erstreckt sich über die Vorlage der Stabilitäts- bzw. Konvergenzprogramme im April bis zur Annahme der länderspezifischen Empfehlungen durch den Rat; zum Ablauf s. die Darstellung unter http://ec.europa.eu/europe2020/making-it-happen/index_en.htm (2. 3. 2016) sowie bei EZB, 2011, S. 109 (111).
[30] ABl. 2010 C 83/322.
[31] *Ziegenhorn*, in: Grabitz/Hilf/Nettesheim, EU, Art. 238 AEUV (Januar 2015), Rn. 8–18.
[32] *Hattenberger*, in: Schwarze, EU-Kommentar, Art. 121 AEUV, Rn. 7.

gerungen verabschiedet der Europäische Rat im Konsens (Art. 15 Abs. 4 AEUV). Rechtlich handelt es sich um unverbindliche Äußerungen, die freilich ein hohes politisches Gewicht besitzen.[33]

Auf dieser Grundlage verabschiedet der Rat der Europäischen Union in der **dritten Phase** des Verfahrens eine **Empfehlung über die Grundzüge der Wirtschaftspolitik** der Mitgliedstaaten und der Union, die einen nicht verbindlichen Rechtsakt darstellt (Art. 288 Abs. 1 und 5 AEUV). Geringfügige Abweichungen oder Ergänzungen der Schlussfolgerungen sind zulässig.[34] Die Beschlussfassung erfolgt wiederum gemäß Art. 16 Abs. 3 EUV mit qualifizierter Mehrheit der Mitglieder des Rates. Wiederum schließt Art. 139 Abs. 2 Buchst. a, Abs. 4 UAbs. 1 AEUV nicht am Euro teilnehmende Staaten von der Verabschiedung der Teile der Grundzüge aus, die das Euro-Währungsgebiet (generell) betreffen. 23

Zum **Abschluss des Verfahrens** unterrichtet der Rat das Europäische Parlament über seine Empfehlungen. Das Parlament besitzt somit keine aktive Einwirkungsmöglichkeit auf die Ausgestaltung der Grundzüge. Obschon daran gelegentlich politische Kritik geäußert wurde, spiegelt die wenig ausgeprägte Stellung des Parlamentes konsequent den mitgliedstaatlichen Souveränitätsvorbehalt in wirtschaftspolitischen Fragen wider.[35] 24

Der Verweis auf Art. 121 AEUV in Art. 136 Abs. 1 AEUV ermöglicht eine **verstärkte Zusammenarbeit der Euro-Gruppe** in der Form von eigenen gemeinsamen Grundzügen der Wirtschaftspolitik. Dabei bleiben der Verfahrensablauf und die Akteure dieselben wie in der Grundkonstellation; allein die Stimmberechtigung und dementsprechende Mehrheitsverhältnisse stellen nur auf die Staaten ab, deren Währung der Euro ist (Art. 136 Abs. 2 AEUV).[36] 25

III. Inhaltliche Vorgaben und Überprüfbarkeit

Weder ist der Begriff der **Grundzüge** primärrechtlich legaldefiniert noch sind deren Inhalte vorgegeben.[37] Die gleiche Begriffswahl weist in Art. 171 Abs. 1 UAbs. 1, 1. Gedstr. AEUV (Verkehrspolitik) Grundzüge als Teil von Leitlinien aus und nennt in Art. 182 Abs. 1 UAbs. 2, 2. Gedstr. AEUV Grundzüge von Maßnahmen (Forschung und Entwicklung). Über die Begriffsverwendung kann insbesondere im Hinblick auf den in den englischen und französischen Vertragsfassungen abweichenden Wortlaut (Art. 121 AEUV: »broad guidelines« bzw. »grandes orientations«, Art. 171 und 182 AEUV: »broad lines« bzw. »grandes lignes«) systematisch wenig gefolgt werden. 26

Den Wortlaut und die lediglich koordinierende Kompetenz der EU in einer mitgliedstaatlichen Domäne berücksichtigend stellen die Grundzüge den **Rahmen wirtschaftspolitischen Handelns der Mitgliedstaaten** dar.[38] Spezifische Vorgaben ohne Handlungs- und Anpassungsspielraum im nationalen Wirtschaftsraum wären damit unzulässig, soweit sie nicht gesamtwirtschaftlich ausgerichtet sind.[39] Inhaltlich müssen sich die Grund- 27

---

[33] *Ohler*, in: Siekmann, EWU, Art. 121 AEUV, Rn. 13.
[34] *Bandilla*, in: Grabitz/Hilf/Nettesheim, EU, Art. 121 AEUV (Mai 2011), Rn. 12 f.
[35] *Häde*, in: Calliess/Ruffert, EUV/AEUV, Art. 121 AEUV, Rn. 9 m. w. N.; *Hufeld*, EnzEuR, Bd. 4, § 22, Rn. 27; *Khan*, in: Geiger/Khan/Kotzur, EUV/AEUV, Art. 121 AEUV, Rn. 7.
[36] *Hattenberger*, in: Schwarze, EU-Kommentar, Art. 121 AEUV, Rn. 16.
[37] *Bandilla*, in: Grabitz/Hilf/Nettesheim, EU, Art. 121 AEUV (Mai 2011), Rn. 19.
[38] *Bandilla*, in: Grabitz/Hilf/Nettesheim, EU, Art. 121 AEUV (Mai 2011), Rn. 19; *Ohler*, in: Siekmann, EWU, Art. 121 AEUV, Rn. 11.
[39] *Hattenberger*, in: Schwarze, EU-Kommentar, Art. 121 AEUV, Rn. 15; *Kempen*, in: Streinz, EUV/AEUV, Art. 121 AEUV, Rn. 14.

züge **an einer offenen Marktwirtschaft mit freiem Wettbewerb ausrichten, die übrigen Unionsziele fördern** (Art. 121 Abs. 1 a.E., Art. 120 AEUV) und dabei die makroökonomischen Grundsätze aus Art. 119 Abs. 3 AEUV einschließlich der »gesunden öffentlichen Finanzen« beachten. Diese Verknüpfung mit der Finanzpolitik der Mitgliedstaaten verdeutlicht, dass die nach Art. 126 AEUV geforderte Haushaltsdisziplin über die Grundzüge bereits ex ante und damit präventiv eingefordert wird und nicht in Art. 126 AEUV ihre abschließende Regelung findet.[40]

28 Die Grundzüge werden als **rechtlich nicht verbindliche Empfehlungen** verabschiedet (Art. 121 Abs. 2 UAbs. 3, Art. 288 Abs. 5 AEUV). Somit stellt ihre Nichtbeachtung keine Rechtsverletzung dar und ist nicht justitiabel.[41] Daneben sind die Grundzüge kaum hinreichend konkret, um einen Verstoß feststellen zu können. Die **politische Verbindlichkeit** der Grundzüge wird allerdings durch den speziellen Kontrollmechanismus nach Art. 121 Abs. 3–5 AEUV verstärkt, wenngleich die schärfsten Sanktionen nur aus Empfehlungen des Rates bestehen.[42]

29 Aus dem expliziten Ausschluss des Vertragsverletzungsverfahrens im Bereich des Defizitverfahrens (Art. 126 Abs. 10 AEUV) kann zwar auf die theoretische Möglichkeit eines solchen Verfahrens im Rahmen des Art. 120 AEUV geschlossen werden. Da die Beachtung und Durchsetzung der Grundsätze mangels Rechtsverbindlichkeit jedoch nicht in den tatsächlichen Anwendungsbereich von Vertragsverletzungsverfahren fällt, verbleiben nur außergewöhnliche Fallgestaltungen im gerichtlich durchsetzbaren Bereich. Darunter könnten evidente Verstöße gegen das Gebot, die mitgliedstaatliche Wirtschaftspolitik nach den unionalen Zielverpflichtungen auszurichten oder Konstellationen fallen, in denen sich ein Mitgliedstaat jeglicher Koordinierung verweigert.[43]

IV. Bisherige Praxis

30 Von 1993 bis 2002 wurden die Grundzüge der Wirtschaftspolitik im Jahresrhythmus verabschiedet.[44] Zwischen 2003 und 2010 etablierte sich ein dreijähriger Zyklus, während die letzten Grundzüge für die Jahre 2010 bis 2014 unverändert blieben.[45] Die aktuellen Grundzüge datieren von 2015 und sehen keine begrenzte Geltungsdauer vor.[46] Der nach den Art. 146 Abs. 1, Art. 148 Abs. 2 Satz 2 AEUV erforderlichen Abstimmung zwischen den Leitlinien der Beschäftigungspolitik der Union und den Grundzügen der Wirtschaftspolitik wird durch gegenseitige Referenzen, einen zeitlichen Gleichlauf und den Oberbegriff der integrierten Leitlinien zu der aktuellen Strategie Europa

---

[40] Vgl. Leitlinie 1 der Empfehlung des Rates vom 13.7.2010 über die Grundzüge der Wirtschaftspolitik der Mitgliedstaaten und der Union (2010/410/EU), ABl. 2010, L 191/28; ähnlich *Ohler*, in: Siekmann, EWU, Art. 121 AEUV, Rn. 8.

[41] *Bandilla*, in: Grabitz/Hilf/Nettesheim, EU, Art. 121 AEUV (Mai 2011), Rn. 13; *Häde*, in: Calliess/Ruffert, EUV/AEUV, Art. 121 AEUV, Rn. 5; *Ohler*, in: Siekmann, EWU, Art. 121 AEUV, Rn. 14.

[42] *Rodi*, in: Vedder/Heintschel v. Heinegg, Europäisches Unionsrecht, Art. 121 AEUV, Rn. 5; kritisch auch *Herrmann*, Europäisches Währungsrecht, S. XXX.

[43] *Ohler*, in: Siekmann, EWU, Art. 121 AEUV, Rn. 10, 14; *Rodi*, in: Vedder/Heintschel v. Heinegg, Europäisches Unionsrecht, Art. 121 AEUV, Rn. 8.

[44] *Häde*, in: Calliess/Ruffert, EUV/AEUV, Art. 121 AEUV, Rn. 7.

[45] 17. Erwägungsgrund der Empfehlung des Rates vom 13.7.2010 über die Grundzüge der Wirtschaftspolitik der Mitgliedstaaten und der Union (2010/410/EU), ABl. 2010, L 191/28.

[46] Empfehlung des Rates vom 14.7.2015 über die Grundzüge der Wirtschaftspolitik der Mitgliedstaaten und der Union (2015/1184/EU), ABl. 2015, L 192/27.

2020 Rechnung getragen.[47] Obgleich die wirtschafts- und beschäftigungspolitischen Leitlinien fortlaufend nummeriert sind, handelt es sich dennoch um zwei Rechtsakte unterschiedlichen Charakters, nämlich eine Empfehlung (Art. 121 Abs. 2 UAbs. 3 AEUV) und einen Beschluss.[48]

In den letzten als Leitlinien verabschiedeten Grundsätzen, die den Mitgliedstaaten eine »präzise Richtschnur« für anstehende Reformprogramme geben sollten, wurden die Gewährleistung der Qualität und langfristigen Tragfähigkeit der öffentlichen Finanzen, die Beseitigung makroökonomischer Ungleichgewichte, insbesondere der Abbau von Ungleichgewichten im Euro-Währungsgebiet, die Optimierung der Forschungs- und Entwicklungs- sowie der Innovationsförderung, die Stärkung des Wissensdreiecks und die Freisetzung des Potenzials der digitalen Wirtschaft, die Verbesserung der Ressourceneffizienz und der Abbau der Treibhausgase, die Verbesserung der Rahmenbedingungen für Unternehmen und Verbraucher und die Modernisierung und Weiterentwicklung der industriellen Basis, um das reibungslose Funktionieren des Binnenmarkts sicherzustellen, angemahnt und gefordert.[49] Die aktuellen Grundsätze betreffen die produktive Investitionsförderung, die Umsetzung mitgliedstaatlicher Strukturreformen, die Integration des EU-Binnenmarktes, des Finanzsektors und der Engergieunion, verbesserte Rahmenbedingungen für innerunionalen Wettbewerb sowie die Konsolidierung öffentlicher Finanzen.[50]

F. Multilaterale Überwachung

Die multilaterale Überwachung gem. Art. 121 Abs. 2 und 3 AEUV dient den wirtschaftspolitischen Zielen der Union, indem sie ein **zweistufiges Verfahren zur Einhaltung der Grundzüge und einer haushaltspolitisch gesunden Wirtschaftsentwicklung** in den Mitgliedstaaten etabliert. Die geringe primärrechtliche Regelungsdichte führte zum Erlass umfangreichen konkretisierenden Sekundärrechts, zuvorderst der dem Stabilitäts- und Wachstumspakt zugehörigen Verordnung (EG) Nr. 1466/97[51] und, als Teile des sog. Six-Packs, der Verordnungen (EU) Nr. 1173, 1174, 1175 und 1176/2011.[52] Hinzu kommen die beiden Verordnungen (EU) Nr. 472/2013 und (EU) Nr. 473/2013, das sog. Two-Pack.

---

[47] 5. Erwägungsgrund der Empfehlung des Rates (2015/1184/EU); 3., 4. und 8. Erwägungsgrund des Beschlusses des Rates vom 5.10.2015 zu Leitlinien für beschäftigungspolitische Maßnahmen der Mitgliedstaaten für 2015 (2015/1848/EU), ABl. 2015, L 268/28; Mitteilung der Kommission vom 3.3.2010, EUROPA 2020 Eine Strategie für intelligentes, nachhaltiges und integratives Wachstum, KOM(2010) 2020 endgültig; s.a. *Bandilla*, in: Grabitz/Hilf/Nettesheim, EU, Art. 121 AEUV (Mai 2011), Rn. 9; kritisch zur Strategie Europa 2020 *Ohler*, in: Siekmann, EWU, Art. 121 AEUV, Rn. 12; neuere Entwicklungen zusammenfassend *Hattenberger*, in: Schwarze, EU-Kommentar, Art. 121 AEUV, Rn. 11–14.

[48] Vgl. Beschluss des Rates (2010/707/EU); *Braams*, S. 201; *Marauhn/Simon*, in: Grabitz/Hilf/Nettesheim, EU, Art. 148 AEUV (Januar 2014), Rn. 11; dagegen gehen *Ohler*, in: Siekmann, EWU, Art. 121 AEUV, Rn. 8 und *Bandilla*, in: Grabitz/Hilf/Nettesheim, EU, Art. 121 AEUV (Mai 2011), Rn. 9 anscheinend von einer einzigen bzw. zwei Empfehlungen aus.

[49] Empfehlung des Rates (2010/410/EU), Anhang; *Hufeld*, EnzEuR, Bd. 4, § 22, Rn. 30–33.

[50] Empfehlung des Rates (2015/1184/EU), Anhang.

[51] Zur Rechtslage vor der Reform des SWP *Hentschelmann*, S. 287 ff.

[52] *Hattenberger*, in: Schwarze, EU-Kommentar, Art. 121 AEUV, Rn. 26; *Khan*, in: Geiger/Khan/Kotzur, EUV/AEUV, Art. 121 AEUV, Rn. 12.

I. Regelmäßige Überwachung durch die Unionsorgane (Abs. 3)

33 Die Wirtschaftspolitik der Mitgliedstaaten und der Union unterwirft der normtechnisch komplexe Art. 121 Abs. 3 AEUV einer präventiven regelmäßigen Haushaltsüberwachung.[53] Dabei ist nach den Zielen, dem Gegenstand und den Maßstäben sowie der praktischen Ausgestaltung der Überwachung zu differenzieren.

1. Ziele der Überwachung

34 Erstes Ziel ist, die **Wirtschaftspolitik enger zu koordinieren**, was den allgemeinen wirtschaftspolitischen Handlungsauftrag an die beteiligten Akteure aus Art. 119 Abs. 1, Art. 121 Abs. 1 AEUV (s. Rn. 13–15, 26 ff. und Art. 119 AEUV, Rn. 47) wiederholt. Gleichzeitig lässt die Formulierung erkennen, dass der Überwachungsmechanismus die Verabschiedung der **Grundzüge als maßgebliche Koordinierungsinstrumente effektuieren** soll. Als zweites Ziel wird genannt, die dauerhafte Konvergenz der Wirtschaftsleistungen der Mitgliedstaaten – und darunter fallen insbesondere dem Euro-Währungsbereich beigetretene Volkswirtschaften – zu gewährleisten. Die indikative Formulierung eines augenscheinlich nicht bestehenden Status quo leistungsmäßig entsprechender europäischer Volkswirtschaften umfasst auch, einen solchen Zustand erst herbeizuführen bzw. zu verhindern, dass sich die Wirtschaftskräfte weiter auseinander entwickeln. Des Weiteren bekräftigen die Zielvorgaben, dass die Mitgliedstaaten sich keiner umfassenden wirtschaftspolitischen Kontrolle der Unionsorgane unterwerfen, sondern nur im Hinblick auf die genannte Koordinierung und Konvergenz überwacht werden. Teilweise wird auch in der Funktionsfähigkeit der Wirtschafts- und Währungsunion (Art. 121 Abs. 4 AEUV, s. Rn. 35) ein weiteres Ziel der multilateralen Überwachung gesehen.[54]

2. Gegenstand und Maßstab der Überwachung

35 Im Fokus der Überwachung steht zum einen die **wirtschaftliche Entwicklung in allen Mitgliedstaaten und der Union**.[55] Unklar bleibt, anhand welcher Kriterien jenseits der Zielverpflichtungen des Art. 121 Abs. 3 UAbs. 1 AEUV die wirtschaftlichen Entwicklungen überwacht werden. Systematisch liegt es nahe, die Voraussetzungen, unter denen die Unionsorgane nach Abs. 4 Sanktionen aussprechen können, als Konkretisierungen des Überwachungsmaßstabes anzusehen. Denn ansonsten könnte das Vorliegen der Voraussetzungen nicht »im Rahmen des Verfahrens nach Absatz 3« (Art. 121 Abs. 4 UAbs. 1 Satz 1 AEUV) festgestellt werden. Somit überprüfen die Kommission und der Rat die wirtschaftliche Entwicklung insbesondere darauf, ob sie das **ordnungsgemäße Funktionieren der Wirtschafts- und Währungsunion** zu gefährden droht.[56] Zum anderen wird die Vereinbarkeit der Wirtschaftspolitik der Mitgliedstaaten und der Union mit den nach Abs. 2 **verabschiedeten Grundzügen** überwacht.

---

[53] *Khan*, in: Geiger/Khan/Kotzur, EUV/AEUV, Art. 121 AEUV, Rn. 13, 15; *Ohler*, in: Siekmann, EWU, Art. 121 AEUV, Rn. 15; vgl. im Einzelnen *Schulze-Steinen*, S. 149–169.
[54] So etwa *Hentschelmann*, S. 327–329.
[55] *Hattenberger*, in: Schwarze, EU-Kommentar, Art. 121 AEUV, Rn. 28.
[56] *Bandilla*, in: Grabitz/Hilf/Nettesheim, EU, Art. 121 AEUV (Mai 2011), Rn. 25; *Kempen*, in: Streinz, EUV/AEUV, Art. 121 AEUV, Rn. 17; *Ohler*, in: Siekmann, EWU, Art. 121 AEUV, Rn. 16, 19.

3. Ablauf der Überwachung

Das Überwachungsverfahren wird durch die dem Stabilitäts- und Wachstumspakt zugehörige VO (EG) Nr. 1466/97 maßgeblich konkretisiert (die sog. »präventive Komponente« des SWP, vgl. Art. 2 Nr. 1 der VO (EU) Nr. 1173/2011) und ist nunmehr zeitlich umfassend im Rahmen des »Europäischen Semesters« nach Art. 2-a der VO Nr. 1466/97 auf die übrigen wirtschaftspolitischen Instrumente abgestimmt (s. Rn. 3). Es beginnt gem. Art. 121 Abs. 3 UAbs. 2 AEUV damit, dass die Mitgliedstaaten der Kommission Informationen zu wichtigen einzelstaatlichen Maßnahmen auf dem Gebiet der Wirtschaftspolitik sowie weitere für erforderlich erachtete Angaben zur Verfügung stellen. Kritik an der wertungsoffenen Formulierung dieser Regelung wird durch die sekundärrechtlichen Vorgaben entkräftet: Die Euro-Staaten haben detaillierte **Stabilitätsprogramme** (Art. 3 VO (EG) Nr. 1466/97) und die übrigen Mitgliedstaaten ebensolche **Konvergenzprogramme** (Art. 7 VO (EG) Nr. 1466/97) im Jahresturnus vorzulegen.[57]

36

Neben Angaben zu allgemeinen wirtschaftspolitischen Entwicklungen und Maßnahmen enthalten diese insbesondere das »**Mittelfristige Haushaltsziel**« und den diesbezüglichen **Anpassungspfad**; bei erheblichen Abweichungen erlaubte bereits Art. 6 Abs. 2 der VO (EG) Nr. 1466/97 in ihrer ursprünglichen Fassung dem Rat, eine Verwarnung an den Mitgliedstaat zu richten. Bis zur Verschärfung der VO (EG) Nr. 1466/97 durch die Six-Pack-VO (EU) Nr. 1175/2011 blieben diese Verpflichtungen allerdings weitgehend abstrakt und es mangelte insbesondere an konkreten zahlenmäßigen Verpflichtungen im Hinblick auf das mittelfristige Haushaltsziel.

37

Die Angaben werden von der Kommission in einem Bericht zusammengestellt und analysiert. Mit diesem Bericht befassen sich sodann der Wirtschafts- und Finanzausschuss (Art. 134 Abs. 2, 3. Gedstr. AEUV) und schließlich der Rat.[58] Teil seiner Überwachungsfunktion sind **regelmäßige Gesamtbewertungen** (Art. 11 VO (EG) Nr. 1466/97).[59] Schließlich wird dem Europäischen Parlament darüber nach Art. 121 Abs. 5 Satz 1 AEUV Bericht erstattet.[60]

38

II. Sanktionsmechanismen (Abs. 4)

Auf Grundlage der regelmäßigen Überwachung (Art. 121 Abs. 4 UAbs. 1 1. HS., Abs. 2 AEUV; s. o. Rn. 33 ff.) regelt Art. 121 Abs. 4 AEUV i. V. m. Art. 6 Abs. 2 VO (EG) Nr. 1466/97 die Reaktionsmöglichkeiten der überwachenden Unionsorgane, wenn ein Mitgliedstaat gegen die Grundzüge der Wirtschaftspolitik (Abs. 2) verstößt oder seine Wirtschaftspolitik das ordnungsgemäße Funktionieren der Wirtschafts- und Währungsunion zu gefährden droht.[61]

39

Dabei handelt es sich um **Ermessensentscheidungen der Kommission und des Rates**,[62] was durch das sekundärrechtlich geforderte Tätigwerden »gemäß Artikel 121 Absatz 4

40

---

[57] *Hattenberger*, in: Schwarze, EU-Kommentar, Art. 121 AEUV, Rn. 29; *Kempen*, in: Streinz, EUV/AEUV, Art. 121 AEUV, Rn. 18; *Rodi*, in: Vedder/Heintschel v. Heinegg, Europäisches Unionsrecht, Art. 121 AEUV, Rn. 15.; ausführlich auch im Hinblick auf die Unionsrechtmäßigkeit der sekundärrechtlichen Verschärfungen *Hentschelmann*, S. 305 ff.
[58] Ausführliche Regelungen in Art. 5, 6 Abs. 1, Art. 9, 10 Abs. 1 VO (EG) Nr. 1466/97); vgl. *Ohler*, in: Siekmann, EWU, Art. 121 AEUV, Rn. 17–20.
[59] *Khan*, in: Geiger/Khan/Kotzur, EUV/AEUV, Art. 121 AEUV, Rn. 14.
[60] *Rodi*, in: Vedder/Heintschel v. Heinegg, Europäisches Unionsrecht, Art. 121 AEUV, Rn. 16.
[61] *Rodi*, in: Vedder/Heintschel v. Heinegg, Europäisches Unionsrecht, Art. 121 AEUV, Rn. 14.
[62] *Häde*, in: Calliess/Ruffert, EUV/AEUV, Art. 121 AEUV, Rn. 13; *Kempen*, in: Streinz, EUV/AEUV, Art. 121 AEUV, Rn. 20; *Ohler*, in: Siekmann, EWU, Art. 121 AEUV, Rn. 21.

AEUV« (Art. 6 Abs. 2 UAbs. 2 und 3 Art. 10 Abs. 2 UAbs. 1 und 2 VO (EG) Nr. 1466/97) gerade nicht in Frage gestellt wird.[63] Rechtlich verbindliche Maßnahmen gegenüber den Mitgliedstaaten stellen weder die Verwarnungen der Kommission noch die Empfehlungen des Rates dar. Diese »**weiche« Ausgestaltung möglicher Sanktionen** baut stärker politischen Gruppendruck und öffentliches Bewusstsein auf, denn als harter Durchsetzungsmechanismus zu dienen.[64] Der Einführung härterer Sanktionen steht nach überwiegender Auffassung entgegen, dass die multilaterale Überwachung in Art. 120 Abs. 3 und 4 AEUV abschließend geregelt ist.[65] Gleichzeitig kann das dort vorgesehene Verfahren durch den Unionsgesetzgeber nach Art. 121 Abs. 6 AEUV allerdings konkretisiert werden (s. Rn. 47–49).

1. Verwarnung durch die Kommission

41 Durch den Vertrag von Lissabon (2009) erhielt die Kommission die Möglichkeit, auf den Verstoß gegen die Grundzüge oder die Gefährdung der Wirtschafts- und Währungsunion mit einer Verwarnung an den betroffenen Mitgliedstaat zu reagieren (Art. 121 Abs. 4 UAbs. 1 Satz 2 AEUV).[66]

Welcher Rechtsnatur die Verwarnung ist, bleibt primärrechtlich offen. Da innerhalb des Art. 121 AEUV andere Überwachungsinstrumente explizit als Empfehlungen gekennzeichnet sind, handelt es sich wohl nicht um eine Empfehlung und im Hinblick auf das insgesamt weiche Sanktionsregime erst recht nicht um einen anderen, bindenden Rechtsakt i. S. d. Art. 288 AEUV.[67] Ihrer Funktion und ihres Inhalts nach handelt es sich vielmehr um eine **unverbindliche Stellungnahme** der Kommission, die auf eine verfehlte Haushaltspolitik oder drohende wirtschaftliche Schieflage hinweist und vor deren Folgen warnt.[68] Gleichzeitig kann eine Reservefunktion gegenüber den Empfehlungen des Rates (s. Rn. 43 f.) angenommen werden.[69]

2. Empfehlungen des Rates

42 Auch wenn das Tätigwerden des Rates nicht voraussetzt, dass der Mitgliedstaat bereits durch die Kommission verwarnt wurde,[70] legt die Regelung in nachfolgenden Sätzen und mit der Kommission als Bindeglied zwischen den beiden Sanktionsmöglichkeiten ein abgestuftes Verfahren nahe. Nach Art. 121 Abs. 4 UAbs. 1 Satz 2 AEUV empfiehlt die Kommission dem Rat, die erforderlichen Empfehlungen zu verabschieden, die wiederum rechtlich nicht verbindlich sind (Art. 288 Abs. 5 AEUV). Der Wirtschafts- und Fi-

---

[63] Anders *Häde*, in: Calliess/Ruffert, EUV/AEUV, Art. 121 AEUV, Rn. 13; jedenfalls kritisch *Hattenberger*, in: Schwarze, EU-Kommentar, Art. 121 AEUV, Rn. 44.
[64] *Hattenberger*, in: Schwarze, EU-Kommentar, Art. 121 AEUV, Rn. 36; *Rodi*, in: Vedder/Heintschel v. Heinegg, Europäisches Unionsrecht, Art. 121 AEUV, Rn. 12 f.; *Lennarts*, E.L.Rev. 39 (2014), 753 (755).
[65] *Bandilla*, in: Grabitz/Hilf/Nettesheim, EU, Art. 121 AEUV (Mai 2011), Rn. 33; *Ohler*, in: Siekmann, EWU, Art. 121 AEUV, Rn. 23.
[66] *Blanke*, S. 398 f.; *Häde*, S. 423 f.
[67] Wie hier *Kempen*, in: Streinz, EUV/AEUV, Art. 121 AEUV, Rn. 22; *Ohler*, in: Siekmann, EWU, Art. 121 AEUV, Rn. 21; anders *Bandilla*, in: Grabitz/Hilf/Nettesheim, EU, Art. 121 AEUV (Mai 2011), Rn. 27.
[68] *Ohler*, in: Siekmann, EWU, Art. 121 AEUV, Rn. 21.
[69] *Rodi*, in: Vedder/Heintschel v. Heinegg, Europäisches Unionsrecht, Art. 121 AEUV, Rn. 13.
[70] *Ohler*, in: Siekmann, EWU, Art. 121 AEUV, Rn. 32.

nanzausschuss ist gem. Art. 134 Abs. 2, 3. Gedstr. AEUV zu beteiligen. In den Empfehlungen werden dem Mitgliedstaat **konkrete Abhilfemaßnahmen** vorgeschlagen.[71] Um den so aufgebauten politischen Druck zu erhöhen und die beobachteten Missstände samt Lösungsvorschlägen stärker in das öffentliche Bewusstsein zu rücken, kann der Rat auf Vorschlag der Kommission beschließen, seine **Empfehlungen zu veröffentlichen**.[72]

Der Rat erlässt die Maßnahmen mit qualifizierter Mehrheit ohne die Mitwirkung des betroffenen Mitgliedstaates (Art. 121 Abs. 4 UAbs. 3 und 4 AEUV i.V.m. Art. 16 Abs. 3 EUV). Die nach Art. 139 Abs. 4 Buchst. a AEUV differenzierte Behandlung von Euro-Staaten gegenüber anderen Mitgliedstaaten führt auch hier zu einer anderen Zusammensetzung des Rates, wenn Empfehlungen gegenüber Euro-Staaten verabschiedet werden (s. Rn. 20–23). Einzelheiten sowie Folgemaßnahmen des primärrechtlichen Sanktionsmechanismus regeln die Art. 6 Abs. 2 und Art. 10 Abs. 2 VO (EG) Nr. 1466/97.[73] **43**

III. Abschluss der multilateralen Überwachung (Abs. 5)

Zum Abschluss der multilateralen Überwachung erstatten der Präsident des Rates und die Kommission dem Europäischen Parlament über die Ergebnisse der Überwachung Bericht. An dieser Regelung wird die schwache Stellung des Parlaments im gesamten Koordinierungsprozess nach Art. 121 AEUV deutlich, der das Parlament grundsätzlich nur an den Ergebnissen der Überwachung, also einem fait accompli, teilhaben lässt und nicht etwa an der laufenden Überwachung.[74] **44**

Auch die Möglichkeit, den Präsidenten des Rates zu befragen (Art. 121 Abs. 5 Satz 2 AEUV), besteht ausdrücklich erst nach der – fakultativen – Veröffentlichung der Empfehlungen des Rates gem. Art. 121 Abs. 4 UAbs. 1 Satz 3 AEUV.[75] Nach dem Zweck der Vorschrift, die Überwachungsorgane vor dem Parlament politisch verantwortlich und die Überwachung transparent zu machen,[76] ist dem Ersuchen des Parlaments grundsätzlich nachzukommen und seine Fragen sind zu beantworten.[77] **45**

G. Ermächtigung zum Sekundärrechtserlass (Abs. 6)

Art. 121 Abs. 6 AEUV ermöglicht es dem Europäischen Parlament und dem Rat, im Wege des **ordentlichen Gesetzgebungsverfahrens** (Art. 289 Abs. 1, Art. 294 AEUV) die multilaterale Überwachung näher auszugestalten. Dafür sind Verordnungen (Art. 288 Abs. 1, 2 AEUV) vorgesehen, die jedoch den kompetenziellen Rahmen der Koordinierung (s. Rn. 17 f.) zu wahren haben. Fraglich und im Hinblick auf den erfolgten **Ausbau der wirtschaftspolitischen Kontrolle** der Mitgliedstaaten (s. Rn. 50 ff.) umstritten ist, **46**

---

[71] *Ohler*, in: Siekmann, EWU, Art. 121 AEUV, Rn. 22.
[72] *Bandilla*, in: Grabitz/Hilf/Nettesheim, EU, Art. 121 AEUV (Mai 2011), Rn. 30; *Hattenberger*, in: Schwarze, EU-Kommentar, Art. 121 AEUV, Rn. 32 f.
[73] Dazu ausführlich *Hattenberger*, in: Schwarze, EU-Kommentar, Art. 121 AEUV, Rn. 43 f.
[74] *Bandilla*, in: Grabitz/Hilf/Nettesheim, EU, Art. 121 AEUV (Mai 2011), Rn. 34, *Khan*, in: Geiger/Khan/Kotzur, EUV/AEUV, Art. 121 AEUV, Rn. 20; *Rodi*, in: Vedder/Heintschel v. Heinegg, Europäisches Unionsrecht, Art. 121 AEUV, Rn. 16.
[75] *Häde*, in: Calliess/Ruffert, EUV/AEUV, Art. 121 AEUV, Rn. 16.
[76] Vgl. Art. 2-a Abs. 4, Art. 2-ab Abs. 1 VO (EG) Nr. 1466/97.
[77] *Hattenberger*, in: Schwarze, EU-Kommentar, Art. 121 AEUV, Rn. 35; *Ohler*, in: Siekmann, EWU, Art. 121 AEUV, Rn. 24.

47 Der Wortlaut ermöglicht lediglich eine sekundärrechtliche Konkretisierung der Verfahren »im Sinne der Absätze 3 und 4«. Im Vertragstext finden sich an verschiedenen Stellen gleiche Formulierungen, die für einen Rechtsgrundverweis oder die abschließende Definition eines konkretisierungsbedürftigen Begriffs sprechen (vgl. etwa Art. 120 Satz 1, Art. 139 Abs. 2 UAbs. 2, Art. 140 Abs. 1 UAbs. 1 Satz 3, 2. Gedstr., Art. 144 Abs. 1 Satz 1 AEUV). Dies deutet darauf hin, dass das Kontrollverfahren in Art. 121 Abs. 3 und 4 AEUV abschließend geregelt ist und keine schärferen oder zusätzlichen Überwachungsmechanismen eingeführt werden dürfen.[78]

48 Diese restriktive Auslegung erfährt richtigerweise allerdings eine systematisch und teleologisch gebotene Erweiterung. Zum einen belegt bereits die Möglichkeit der verstärkten Zusammenarbeit im Bereich der wirtschaftspolitischen Überwachung (Art. 136 Abs. 1 Buchst. b AEUV), dass Art. 121 AEUV sekundärrechtlich verschärft werden kann. Ansonsten könnte die verstärkte Zusammenarbeit inhaltlich nicht über das hinausgehen, was grundsätzlich für alle Mitgliedstaaten gilt. Dies ist aber möglich (s. Art. 136 AEUV, Rn. 5–9). Stattdessen gibt Art. 121 AEUV das Grundgerüst – eben gerade keine abschließende Regelung, wie die Existenz des Absatzes 6 selbst belegt – und die Grenze der multilateralen Überwachung vor. Somit können keine gänzlich neuartigen Kontrollmechanismen eingeführt werden, die anstelle der Überwachung nach den Absätzen Absätze 3 und 4 treten und etwa gegen die darin enthaltenen Handlungsformgebote verstoßen oder den Unionsorganen die Ermessensausübung versagen. Eine die verfahrensrechtlichen Vorgaben wahrende **Einführung schärferer oder ergänzender Kontrollen** bleibt hingegen rechtlich möglich und ist mittlerweile gängige und konsentierte Praxis der Unionsorgane.

H. Ausbau der Koordinierung und Überwachung durch Sekundär- und Völkerrecht

I. Überblick

49 Im Rahmen der Euro-Staatsschuldenkrise setzte sich die Erkenntnis durch, dass die bisherige wirtschaftspolitische Koordinierung in Gänze nicht hinreichend wirksam war.[79] Zum einen hatte die präventive Haushaltsaufsicht die Entstehung übermäßiger Defizite nicht verhindern können; zum anderen hatten sich im Vorlauf zur Krise zwischen den Mitgliedstaaten erhebliche ökonomische Ungleichgewichte aufgebaut, durch die der wirtschaftliche Zusammenhalt des Euro-Währungsgebiets nachhaltig bedroht war.[80] Die **Reformen des Six-Packs (2011)** intensivieren daher sowohl die haushaltspolitische Koordinierung für die EU als Ganzes (s. Rn. 51–53) als auch für die Mitglied-

---

[78] So etwa *Ohler*, in: Siekmann, EWU, Art. 121 AEUV, Rn. 23.
[79] Eingehend Sachverständigenrat zur Begutachtung der gesamtwirtschaftlichen Lage, Jahresgutachten 2010/11, Drittes Kapitel: Euro-Raum in der Krise, S. 68 ff., http://www.sachverstaendigenrat-wirtschaft.de/fileadmin/dateiablage/download/gutachten/ga10_ges.pdf (2.3.2016); *Armstrong*, E.L.Rev. 38 (2013), 601 (602); *Berger/Ücker*, S. 7 ff.; *Seyad*, JIBLR 2012, 202 (209 f.) und *Lennarts*, E.L.Rev. 39 (2014), 753 (755 f.).
[80] Dazu *Herrmann*, Folgen der Finanzkrise, S. 79 (91 ff.) und *Hinarejos*, CMLRev. 50 (2013), 1621 (1627) jeweils m. w. Nachw.

staaten des Euro-Währungsgebiets im Besonderen (gestützt auf Art. 136 Abs. 1 i. V. m. Art. 121 Abs. 6 AEUV). Überdies führen die Reformen als echte wirtschaftspolitische Koordinierung eine **Überwachung ökonomischer Ungleichgewichte** zwischen allen Mitgliedstaaten sowie eine Sanktionierung solcher Ungleichgewichte für Mitgliedstaaten des Euro-Währungsgebiets ein (s. Rn. 60–63). Weitere Ergänzungen der »economic governance« folgen aus dem völkerrechtlichen **Vertrag über Stabilität, Koordinierung und Steuerung in der Wirtschafts- und Währungsunion (VSKS, 2012)** sowie dem als soft law zu qualifizierenden **Euro-Plus-Pakt** (s. Rn. 66 f.).[81] Die beiden Verordnungen des Two-Packs (2013) (s. Art. 126 AEUV, Rn. 10) wiederum verschärfen einerseits die wirtschafts- und haushaltspolitische Überwachung von Mitgliedstaaten des Euro-Währungsgebiets, die von gravierenden finanziellen Schwierigkeiten betroffen oder bedroht sind und ergänzen und präzisieren andererseits die formalen Aspekte der Koordinierung, insbesondere durch die Normierung eines gemeinsamen Haushaltszeitplans (s. Rn. 56).[82] Auf Grundlage des im Juni 2015 vorgelegten »Berichtes der fünf Präsidenten«,[83] einer ambitionierten politischen Agenda der im Wirtschafts- und Währungsbereich tätigen unionalen Institutionen, erarbeitet die Kommission derzeit Vorschläge zur Erreichung einer »vertieften«, »echten« und »fairen« Wirtschafts- und Währungsunion.[84] Innerhalb der ersten Phase sollen dabei bis Juni 2017 u. a. das Europäische Semester gestrafft und die Gesetzgebung des Six-Packs und des Two-Packs (s. Rn. 1, 32 ff.) überprüft werden.

II. Stärkung der allgemeinen Haushaltsaufsicht durch die VO (EU) Nr. 1175/2011

Durch die VO (EU) Nr. 1175/2011 wurde die präventive Komponente des Stabilitäts- und Wachstumspakts, d. h. die VO (EG) Nr. 1466/97, auf der Grundlage des Art. 121 Abs. 6 AEUV umfassend geändert und ergänzt und damit die präventive Haushaltsaufsicht für alle EU-Mitgliedstaaten signifikant verstärkt.[85]

50

Nunmehr präzisiert Art. 2a der VO (EG) Nr. 1466/97 das mittelfristige Ziel eines »nahezu ausgeglichenen oder einen Überschuss ausweisenden Haushalts«, der eine Sicherheitsmarge zum 3 %-Defizitkriterium nach Art. 126 Abs. 2 Buchst. a AEUV i. V. m. Art. 1, 1. Gedstr. des Protokolls (Nr. 12) über das Verfahren bei einem übermäßigen Defizit aufweisen soll. Danach soll das konjunkturbereinigte »**strukturelle**« Defizit **höchstens 1 % des BIP** betragen, wird in die nunmehr geforderten haushaltspolitischen

51

---

[81] S. die Überblicksdarstellungen bei EZB, Reform der wirtschaftspolitischen Steuerung, 109 ff. und Sachverständigenrat, Jahresgutachten 2013/2014, S. 198; *Armstrong*, E.L.Rev. 38 (2013), 601; *Obwexer*, ZÖR 2012, 209; *Weber*, EuZW 2011, 935 und *ders.*, Haushaltsdisziplin in der Währungsunion, S. 3 ff., 17 ff.

[82] Zu den Implikationen dieser Instrumente für das institutionelle Gleichgewicht der Unionsorgane untereinander und ihrem Verhältnis zu den mitgliedstaatlichen Parlamenten *Lennarts*, E.L.Rev. 39 (2014), 753 (753, 763 ff.).

[83] Europäische Kommission, Die Wirtschafts- und Währungsunion Europas vollenden, abrufbar unter http://ec.europa.eu/priorities/economic-monetary-union/five-presidents-report/index_de.htm (2.2.2017), S. 7–11, 20–25.

[84] Pressemitteilung der Europäischen Kommission vom 21.10.2015, Die Wirtschafts- und Währungsunion Europas vollenden: Kommission ergreift konkrete Maßnahmen zur Stärkung der WWU, IP/15/5874, abrufbar unter http://europa.eu/rapid/press-release_IP–15–5874_de.htm (2.3.2016) m. w. Nachw.

[85] *Louis*, CMLRev. 43 (2006), 85 (90–94).

Rahmen der Mitgliedstaaten aufgenommen und muss alle drei Jahre überprüft werden (s. auch Art. 126 AEUV, Rn. 24). Ferner sieht die VO (EG) Nr. 1466/97 nunmehr eine umfassende Gesamtbewertung des Stabilitätsprogramms bzw. seines mittelfristigen Haushaltsziels vor sowie umfassende Regelungen für die Haushaltspolitik, die insbesondere das zulässige Ausgabenwachstum betreffen (Art. 5).

52 Bei Abweichungen vom Anpassungspfad erlaubt Art. 6 Abs. 2 der VO (EG) Nr. 1466/97 der Kommission, den Mitgliedstaat zu verwarnen. Im Anschluss sieht Art. 6 Abs. 2 den Ausspruch von Empfehlungen zur Haushaltskorrektur durch den Rat vor. Insgesamt ist das Folgeverfahren aber auch in diesem Rahmen ohne strikte wirksame Konsequenzen ausgestaltet.[86]

III. Intensivierung der präventiven Haushaltsaufsicht innerhalb des Euro-Währungsgebiets

1. VO (EU) Nr. 1173/2011

53 Eine signifikante Verschärfung der präventiven Haushaltsaufsicht, die gestützt auf Art. 136 Abs. 1 i. V. m. Art. 121 Abs. 6 AEUV erlassen wurde und damit lediglich **für die Mitgliedstaaten des Euro-Währungsgebiets** greift, stellt die VO (EU) Nr. 1173/2011 über die wirksame Durchsetzung der haushaltspolitischen Überwachung im Euro-Währungsgebiet dar.[87] Durch die Verordnung wird ein dem Verfahren bei einem übermäßigen Defizit ähnelndes **Sanktionsregime** eingeführt, durch das die Sanktionierung durch verzinsliche Einlage (Art. 4 der Verordnung), unverzinsliche Einlage (Art. 5) und Geldbußen (Art. 6) deutlich vorverlagert werden. Dabei knüpft allerdings lediglich die Verhängung einer verzinslichen Einlage nach Art. 4 der Verordnung allein an das Vorliegen eines Verstoßes gegen die Pflichten der präventiven Komponente des Stabilitäts- und Wachstumspakts an, wohingegen für die weiteren Sanktionsstufen auch ein übermäßiges Defizit vorliegen muss.

54 Daneben können Geldbußen wegen der Manipulation von Daten über Defizite und Schulden, die für die Anwendung des Art. 121 AEUV relevant sind, verhängt werden (Art. 8 der VO (EU) Nr. 1173/2011; im Übrigen s. Art. 126 AEUV, Rn. 27 ff.).[88]

2. VO (EU) Nr. 473/2013

55 Eine weitere Intensivierung der Koordinierung der Haushaltsaufsicht ergibt sich für die Euro-Teilnehmerstaaten aus der als Teil des Two-Packs erlassenen VO (EU) Nr. 473/2013 über gemeinsame Bestimmungen für die Überwachung und Bewertung der Übersichten über die Haushaltsplanung und für die Gewährleistung der Korrektur übermäßiger Defizite der Mitgliedstaaten im Euro-Währungsgebiet. Ziel der Verordnung ist insbesondere die stärkere zeitliche Harmonisierung der gesamten Haushaltsplanung im Euro-Währungsgebiet, d. h. noch über das bereits durch Art. 2a der VO (EG) Nr. 1466/97 ins Sekundärrecht eingeführte »Europäische Semester« hinaus. Hierzu dient der **gemeinsame Haushaltszeitplan** nach Art. 4 der Verordnung, der eine Veröffentlichung der mittelfristigen Finanzplanung im April eines jeden Jahres und die Veröffentlichung des Haushaltsplans für das jeweilige Folgejahr bis zum 15.10 sowie seine

---

[86] Zur Stärkung der präventiven Komponente des SWP auch *Obwexer*, ZÖR 2012, 209 (215 ff.).
[87] *Seyad*, JIBLR 2012, 202 (205 f.).
[88] Dazu *Obwexer*, ZÖR 2012, 209 (224 ff.).

Verabschiedung bis zum 31.12 vorsieht (s. auch Art. 6f. der Verordnung zum notwendigen Inhalt der Meldungen sowie der Überwachung durch die Kommission). Weitere Verschärfungen nach dieser Verordnung betreffen lediglich die Mitgliedstaaten, die Gegenstand eines Defizitverfahrens nach Art. 126 AEUV sind (Art. 9–13; s. Art. 126 AEUV, Rn. 10).

2. VO (EU) Nr. 472/2013

Im Rahmen der Euro-Staatsschuldenkrise erhielten bzw. erhalten eine Reihe von Mitgliedstaaten des Euro-Währungsgebiets **Finanzhilfen** von EFSM, EFSF, ESM, IWF und auf Grundlage bilateraler Kredite der anderen Euro-Teilnehmerstaaten. Diese sind **stets Gegenstand wirtschaftspolitischer Konditionalität** (vgl. auch Art. 136 Abs. 3 AEUV), die nach der Rechtsprechung des Gerichtshofs (wohl) auch Voraussetzung dafür ist, dass die Finanzhilfen nicht gegen Art. 125 Abs. 1 AEUV verstoßen. Die Konditionalität wird durch ein sog. Memorandum of Understanding fixiert, in dem die von dem fraglichen Mitgliedstaat vorzunehmenden Wirtschaftsreformen und Haushaltsmaßnahmen niedergelegt sind (vgl. Art. 3 Abs. 3 Buchst. b, Art. 5 Abs. 2 VO (EU) Nr. 407/2010, Art. 2 Abs. 1 Buchst. a EFSF-Rahmenvertrag, Art. 12 Abs. 1 ESMV). 56

Die auf Grundlage des Art. 136 Abs. 1 i. V. m. Art. 121 Abs. 6 AEUV erlassene VO (EU) Nr. 472/2013 über den Ausbau der wirtschafts- und haushaltspolitischen Überwachung von Mitgliedstaaten des Euro-Währungsgebiets, die von gravierenden Schwierigkeiten in Bezug auf ihre finanzielle Stabilität betroffen oder bedroht sind, dient vor diesem Hintergrund dazu, derartig ausgehandelte Verpflichtungen, die inhaltlich in vollem Umfang in den Anwendungsbereich des Verfahrens nach Art. 121 Abs. 3 und 4 AEUV fallen, in kohärenter Weise in das Unionsrecht zu überführen (vgl. 3. Erwägungsgrund der Verordnung), gleichzeitig aber Doppelbelastungen des betroffenen Mitgliedstaats zu vermeiden. 57

Die VO (EU) Nr. 472/2013 regelt ein Verfahren der verstärkten Überwachung, unter die ein Mitgliedstaat von der Kommission gestellt werden kann, wenn er von gravierenden Schwierigkeiten in Bezug auf seine Finanzstabilität betroffen oder bedroht ist, die voraussichtlich nachteilige Ansteckungseffekte auf andere Mitgliedstaaten im Euro-Währungsgebiet haben werden (Art. 2 Abs. 1). Die Entscheidung hierüber trifft die Kommission (Art. 2 Abs. 1, 2). Wenn ein Mitgliedstaat des Euro-Währungsgebiets Finanzhilfen einer der o. g. Einrichtungen erhält, so wird er zwingend unter die **verstärkte Überwachung** gestellt. Das Verfahren im Einzelnen regeln die Art. 3–9 der Verordnung. Das von einem Mitgliedstaat für den Fall einer Finanzhilfe zu erstellende Makroökonomische Anpassungsprogramm ersetzt gegebenenfalls das Stabilitätsprogramm; falls der Mitgliedstaat auch Gegenstand eines Defizitverfahrens nach Art. 126 AEUV ist (d. h., falls ein Beschluss des Rates nach dessen Abs. 6 bereits getroffen wurde) ersetzt dieses Programm auch die damit zusammenhängenden Pflichten bzw. werden beide aufeinander abgestimmt (Art. 10 der VO (EU) Nr. 472/2013); das Europäische Semester wiederum wird für den betroffenen Mitgliedstaat ebenso ausgesetzt wie die Überwachung ökonomischer Ungleichgewichte und die Überwachung der Haushaltspolitik nach den Art. 6–12 der VO (EU) Nr. 473/2013 (Art. 11–13 VO (EU) Nr. 472/2013). 58

IV. Vermeidung und Korrektur makroökonomischer Ungleichgewichte

59 Neben der mangelnden Disziplin der Mitgliedstaaten bei der Befolgung der europarechtlichen Defizitregeln waren insbesondere erhebliche wirtschaftliche Ungleichgewichte zwischen den Euro-Teilnehmerstaaten mitursächlich für die Entstehung und die Entwicklung der Euro-Staatsschuldenkrise. »Ungleichgewichte« in diesem Sinne sind letztlich Symptome für eine **fehlende wirtschaftliche Konvergenz**, wie sie eigentlich Voraussetzung für den Beitritt zum und Verbleib im gemeinsamen Währungsgebiet ist. In Ermangelung der Möglichkeit einer Abwertung schlagen Fehlentwicklungen z. B. im Bereich der Lohnzuwächse unmittelbar auf die Wettbewerbsfähigkeit der Mitgliedstaaten und ihrer Unternehmen durch, die sich in entsprechenden Leistungsbilanzdefiziten niederschlagen können. Umgekehrt signalisieren aber auch anhaltende **Leistungsbilanzüberschüsse** nicht lediglich eine besonders hohe Wettbewerbsfähigkeit, sondern gleichzeitig auch ein Ungleichgewicht i. S. einer zu stark auf den Export ausgerichteten Wirtschaft(spolitik).[89]

60 Da **Leistungsbilanzdefizite** entweder durch Transfers öffentlicher Mittel oder durch die Finanzmärkte »finanziert« werden müssen, weisen sie allerdings eine höhere potentielle Sprengkraft für das Euro-Währungsgebiet auf; nur Defizite sind letztlich geeignet, die Haushaltssituation eines Mitgliedstaats bis hin zum Auftreten gravierender finanzieller Schwierigkeiten zu beeinflussen; sie bedürfen daher in der Wirtschafts- und Währungsunion und ihrer haushaltspolitischen Säule besonderer Aufmerksamkeit.[90]

61 Durch die auf Art. 121 Abs. 6 AEUV gestützte und für alle EU-Mitgliedstaaten anwendbare VO (EU) Nr. 1176/2011 über die Vermeidung und Korrektur makroökonomischer Ungleichgewichte werden detaillierte Regeln für die Erkennung makroökonomischer Ungleichgewichte (Definition in Art. 2 Ziff. (1)), sowie zur Vermeidung und gegebenenfalls Korrektur übermäßiger Ungleichgewichte (Definition in Art. 2 Ziff. (2)) festgelegt (Art. 1 Abs. 1 der Verordnung), die im Rahmen des Europäischen Semesters angewendet werden (Art. 1 Abs. 2).[91] Kern des Verfahrens ist zunächst ein **Warnmechanismus**, in dessen Rahmen die Kommission auf der Grundlage eines von der Kommission selbst näher zu bestimmenden **Scoreboards** von Indikatoren eine eingehende Überprüfung durchführt und gegebenenfalls dem Rat empfiehlt, geeignete Empfehlungen an den Mitgliedstaat zu richten (Art. 3–6 der Verordnung).

62 Kommt die Kommission bei der Überprüfung zu dem Ergebnis, dass in dem untersuchten Mitgliedstaat sogar übermäßige Defizite bestehen, so empfiehlt sie wiederum dem Rat, eine Empfehlung an den Mitgliedstaat zu richten, auf deren Grundlage dieser einen **Korrekturmaßnahmenplan** vorzulegen hat, der wiederum vom Rat bewertet

---

[89] S. zu dieser Problematik insgesamt Deutsche Bundesbank, Zur Problematik makroökonomischer Ungleichgewichte im Euro-Raum, Monatsbericht Juli 2010, S. 17; Projektgruppe Gemeinschaftsdiagnose, Erholung setzt sich fort – Risiken bleiben groß, Gemeinschaftsdiagnose Frühjahr 2010, S. 76 ff., http://www.boeckler.de/pdf/p_imk_report_47_2010.pdf (2.3.2016); Sachverständigenrat, Jahresgutachten 2010/11, S. 68 ff.; *Hüther*, Die Europäische Währungsunion in der Zerreißprobe: Wirtschaftspolitische Empfehlungen, Institut der deutschen Wirtschaft, Pressestatement 9.3.2009; zum parallelen Problem globaler Ungleichgewichte s. Sachverständigenrat zur Begutachtung der gesamtwirtschaftlichen Lage, Jahresgutachten 2007/08, Drittes Kapitel: Stabilität des internationalen Finanzsystems, S. 89 ff., http://www.sachverstaendigenrat-wirtschaft.de/fileadmin/dateiablage/download/gutachten/jg07_ges.pdf (2.3.2016).
[90] Für eine kritische Diskussion der Bedeutung von Leistungsbilanzdefiziten in Europa s. *Willgerodt*, Defizite der Leistungsbilanz, in: FS Möschel, 2011, S. 871.
[91] *Seyad*, JIBLR 2012, 202 (206).

wird. Die Umsetzung des Plans wird vom Rat auf der Grundlage eines Berichts der Kommission überwacht und die Nichteinhaltung gegebenenfalls festgestellt (Art. 7–10 der Verordnung). Mit Sanktionen bewehrt ist das Verfahren auf dieser allgemeinen Grundlage jedoch nicht. Durch die auf Art. 136 Abs. 1 i.V.m. Art. 121 Abs. 6 AEUV gestützte und damit nur für die Euro-Teilnehmerstaaten anwendbare Verordnung (EU) Nr. 1174/2011 über Durchsetzungsmaßnahmen zur Korrektur übermäßiger makroökonomischer Ungleichgewichte im Euro-Währungsgebiet wird hingegen ein Sanktionsinstrumentarium eingeführt, das verzinsliche Einlagen (bei einmaliger Nichtbefolgung einer Empfehlung zur Korrektur eines übermäßigen makroökonomischen Defizits nach Art. 10 Abs. 4 der VO (EU) Nr. 1176/2011) und jährliche Geldbußen bei wiederholter Notwendigkeit zur Annahme von Korrekturmaßnahmenplänen sowie wiederholter Nichtbefolgung vorsieht.[92] Die **Sanktionen werden mit einer umgekehrten Mehrheit »angenommen«**, d.h. sie gelten als vom Rat angenommen, wenn sie nach Annahme einer dahingehenden Empfehlung durch die Kommission nicht binnen zehn Tagen vom Rat mit qualifizierter Mehrheit abgelehnt werden. Geldbuße bzw. verzinsliche Einlage sollen sich im Regelfall auf 0,1 % des BIP bemessen und dem ESM zufließen (Art. 3 der Verordnung). Bei den Beschlussfassungen im Rat über Sanktionen sind nur die Mitgliedstaaten des Euro-Währungsgebiets stimmberechtigt; die Stimme des betroffenen Mitgliedstaats wird nicht berücksichtigt (Art. 5 der Verordnung).

V. Ausbau von Informationsaustausch und Erörterungspflichten

Die Beteiligung des Parlaments erfährt durch die Einführung des »Europäischen Semesters«[93] und den darin geforderten **»wirtschaftlichen Dialog«** aller Beteiligten gewisse Modifizierungen. Zum einen wird klargestellt, dass sich die Berichtspflicht auch auf die Grundzüge nach Art. 121 Abs. 2 AEUV erstreckt (Art. 2-ab Abs. 1 Buchst. a VO (EG) Nr. 1466/97). Zum anderen wird das Parlament punktuell über die laufende Überwachung unterrichtet, um die avisierte »umfassende Einbindung des Parlamentes« (Art. 2-a Abs. 4 VO (EG) Nr. 1466/97) zu gewährleisten.[94] 63

Andere Berichts- und Erörterungspflichten des »wirtschaftlichen Dialoges« über die VO (EG) Nr. 1175/2011 ergeben sich aus weiteren Teilen des sog. »Six-Packs«.[95] So werden über das Europäische Parlament hinaus weitere EU-Organe und Gremien an der Koordinierung der Wirtschaftspolitiken, der multilateralen Überwachung und des korrektiven Verfahrens bei einem übermäßigen Defizit (s. Art. 126 Abs. 2 ff. AEUV) beteiligt.[96] 64

---

[92] Sachverständigenrat, Jahresgutachten 2013/14, S. 195 f.; *Seyad*, JIBLR 2012, 202 (206).
[93] Mitteilung der Kommission vom 30.6.2010, KOM(2010) 367 endgültig, S. 13 f.; Art. 2-a VO (EG) Nr. 1466/97, zuletzt geändert durch VO (EU) Nr. 1175/2011.
[94] Z.B. nach Art. 2-ab Abs. 1 Buchst. f und Abs. 4 VO (EG) Nr. 1466/97.
[95] VO (EU) Nr. 1173/2011, VO (EU) Nr. 1174/2011, VO (EU) Nr. 1176/2011 und VO (EU) Nr. 1177/2011; dazu *Antpöhler*, ZaöRV 72 (2012), 353 (362–382) und *Obwexer*, S. 211–227.
[96] *Hattenberger*, in: Schwarze, EU-Kommentar, Art. 121 AEUV, Rn. 54.

VI. Extra-unionale wirtschaftspolitische Koordinierung der Mitgliedstaaten

1. Euro-Plus-Pakt

65 Der Euro-Plus-Pakt wurde im Jahre 2011 von den Staats- und Regierungschefs der Euro-Gruppe geschlossen; sechs weitere EU-Mitgliedstaaten sind ihm beigetreten.[97] Ausweislich seiner Präambel soll der Pakt die wirtschaftliche Säule der Währungsunion stärken und die Koordinierung der Wirtschaftspolitiken intensivieren. Dabei verpflichten sich die teilnehmenden Staaten auf vier Leitvorgaben (Handlungsmaximen) und vier Ziele, die sie durch konkrete zwischenstaatliche Absprachen über wirtschaftspolitische Maßnahmen erreichen wollen. Die Vorgaben des Paktes differenzieren nicht zwischen Zugehörigkeit zum Euro-Raum und Mitgliedstaaten mit Ausnahmeregelung.

66 Die Wahl dieses als **politische Selbstverpflichtung** (sog. gentlemen's agreement) einzustufenden Instrumentes[98] liegt darin begründet, dass der Europäischen Union allgemeine materiell-wirtschaftsrechtliche Kompetenzen fehlen,[99] die teilnehmenden Staaten aber gleichwohl gleichlaufende Verpflichtungen für erforderlich hielten, um eine engere Koordinierung zu erreichen (s. Präambel, Leitvorgabe b, allgemeine Zielbeschreibung) und um die bestehenden unionsrechtlichen Instrumente zu stärken. Erst in deren Rahmen entfaltet der Pakt seine – wenn auch in concreto schwer zu beurteilende – Wirksamkeit.[100]

2. Fiskalvertrag (VSKS)

67 Als weitere Reaktion auf die Staatsschuldenkrise schlossen die Mitgliedstaaten, deren Währung der Euro ist, nebst mittlerweile acht weiteren Mitgliedstaaten (Ausnahmen: das Vereinigte Königreich, Tschechien und Kroatien) im März 2012 den Vertrag über Stabilität, Koordinierung und Steuerung in der Wirtschafts- und Währungsunion (VSKS).[101] Anknüpfend an die haushaltspolitischen Verpflichtungen der Mitgliedstaaten aus den Art. 121, 126 und 136 AEUV sowie deren sekundärrechtliche Ausgestaltung soll dieser Vertrag unter anderem dazu beitragen, die wirtschaftspolitischen Ziele der Union (s. Art. 119 AEUV, Rn. 16–19, 50, 59–63) zu erreichen (Art. 1 Abs. 1 VSKS). Dazu verpflichtet der fiskalpolitische Pakt (Titel III VSKS) zu einem **ausgeglichenen Haushalt, der innerstaatlichen Einführung einer wirksamen Schuldenbremse und der Verringerung des übermäßigen Defizits** (s. Art. 126 AEUV, Rn. 24 f.). Ferner bringt Titel IV VSKS die Bereitschaft der Vertragsparteien zum Ausdruck, notwendige Schritte und Maßnahmen im Rahmen der Koordinierung der Wirtschaftspolitiken (s. Art. 119 AEUV, Rn. 46 ff.) einzuleiten und von der verstärkten Zusammenarbeit nach Art. 136 AEUV aktiv Gebrauch zu machen. Außerdem sollen größere wirtschaftliche Reformen vorab mit den anderen Vertragspartnern erörtert und gegebenenfalls koordiniert

---

[97] Der Euro-Plus-Pakt – Stärkere Koordinierung der Wirtschaftspolitik im Hinblick auf Wettbewerbsfähigkeit und Konvergenz, Anlage 1 der revidierten Fassung der Schlussfolgerungen der Tagung des Europäischen Rates vom 24./25. 3. 2011, Ratsdok. EUCO 10/1/11.
[98] Unklar insoweit *Weber*, Haushaltsdisziplin in der Währungsunion, S. 10, der von einer »selbst auferlegten rechtsnormativen Verpflichtung« spricht, der er gleichzeitig »mangelnde rechtliche Außenwirkung« attestiert.
[99] *Kempen*, in: Streinz, EUV/AEUV, Art. 121 AEUV, Rn. 26; *Obwexer* S. 228.
[100] *Obwexer*, S. 228.
[101] BGBl. 2012 II S. 1006; dazu näher *Armstrong*, E. L.Rev. 38 (2013), 601 (603–605) und EZB, Fiskalpakt, S. 85 ff.

werden (Art. 11 VSKS).¹⁰² Auf dem Gebiet der in Art. 121 AEUV vorgesehenen wirtschaftspolitischen Koordinierung führt der Vertrag damit keine über die bereits bestehenden Bindungen hinausgehende Verpflichtungen ein. Schließlich soll die Einführung eines Euro-Gipfels die Steuerung des Euro-Währungsgebiets (Titel V) organisatorisch verbessern.¹⁰³

Der Fiskalvertrag wurde als **völkerrechtlicher Vertrag**¹⁰⁴ abgeschlossen, da innerhalb der Mitgliedstaaten der Union kein Einvernehmen darüber erzielt werden konnte, eine Verschärfung der Haushaltsüberwachung primärrechtlich zu verankern.¹⁰⁵ Bemerkenswert ist die Unterscheidung zwischen der vollumfänglichen Geltung der Regelungen für die Euro-Staaten einerseits und der fakultativ partiellen Geltung für die übrigen Vertragsstaaten (Art. 1 Abs. 2, Art. 14 VSKS). Dieses Konzept kann auf die Bedeutung zurückgeführt werden, die das Funktionieren der im Euro-Währungsverbund zusammengeschlossenen Mitgliedstaaten für den gesamteuropäischen Wirtschaftsraum hat und spiegelt sich auch primärrechtlich in den Art. 126 und 136 AEUV wider.

68

---

¹⁰² *Calliess*, DÖV 2013, 785 (791).
¹⁰³ Näher *Antpöhler*, ZaöRV 72 (2012), 353 (382 ff.); *Craig*, E.L.Rev. 37 (2012), 231; *Obwexer*, S. 244–246; *Hufeld*, EnzEuR, Bd. 4, § 22, Rn. 135–141; EZB, Fiskalpakt für eine stärkere Wirtschafts- und Währungsunion, Monatsbericht Mai 2012, S. 85; zur Umsetzung des Fiskalpakts in den Mitgliedstaaten s. *Burret/Schnellenbach*, Umsetzung des Fiskalpakts im Euro-Raum, Expertise im Auftrag des Sachverständigenrats für die Begutachtung der gesamtwirtschaftlichen Entwicklung, September 2013.
¹⁰⁴ Auch als »binnenunionsvölkerrechtlicher« Vertrag (*Weber*, S. 13 ff.) oder Methode des »Semi-intergovernmentalism« (*Lenaerts*, E.L.Rev. 39 (2014), 753 (765 ff.) bezeichnet.
¹⁰⁵ *Ohler*, in: Siekmann, EWU, Art. 121 AEUV, Rn. 35.

Artikel 122 AEUV [Maßnahmen in Notlagen]

(1) Der Rat kann auf Vorschlag der Kommission unbeschadet der sonstigen in den Verträgen vorgesehenen Verfahren im Geiste der Solidarität zwischen den Mitgliedstaaten über die der Wirtschaftslage angemessenen Maßnahmen beschließen, insbesondere falls gravierende Schwierigkeiten in der Versorgung mit bestimmten Waren, vor allem im Energiebereich, auftreten.

(2) ¹Ist ein Mitgliedstaat aufgrund von Naturkatastrophen oder außergewöhnlichen Ereignissen, die sich seiner Kontrolle entziehen, von Schwierigkeiten betroffen oder von gravierenden Schwierigkeiten ernstlich bedroht, so kann der Rat auf Vorschlag der Kommission beschließen, dem betreffenden Mitgliedstaat unter bestimmten Bedingungen einen finanziellen Beistand der Union zu gewähren. ²Der Präsident des Rates unterrichtet das Europäische Parlament über den Beschluss.

Literaturübersicht

Calliess, Das europäische Solidaritätsprinzip und die Krise des Euro, Vortrag an der Humboldt-Universität zu Berlin am 18.1.2011, FCE 1/11; *ders.*, Perspektiven des Euro zwischen Solidarität und Recht – Eine rechtliche Analyse der Griechenlandhilfe und des Rettungsschirms, ZEuS 2011, 213; *Frenz/Ehlenz*, Schuldenkrise und Grenzen der europäischen Wirtschaftspolitik, EWS 2010, 211; *Häde*, Finanzausgleich. Die Verteilung der Aufgaben, Ausgaben und Einnahmen im Recht der Bundesrepublik Deutschland und der Europäischen Union, 1996; *ders.*, Haushaltsdisziplin und Solidarität im Zeichen der Finanzkrise, EuZW 2009, 399; *Herrmann*, Griechische Tragödie – der währungsverfassungsrechtliche Rahmen für die Rettung, den Austritt oder den Ausschluss von überschuldeten Staaten aus der Eurozone, EuZW 2010, 413; *Kube/Reimer*, Die Grenzen des Europäischen Stabilitätsmechanismus, NJW 2010, 1911; *Lais*, Das Solidaritätsprinzip im Europäischen Verfassungsverbund, 2007; *Lienemeyer*, Die Finanzverfassung der EU: ein Rechtsvergleich mit bundesstaatlichen Finanzverfassungen, 2002; *Pipkorn*, Legal arrangements in the Treaty of Maastricht for the effectiveness of the Economic and Monetary Union, CMLRev. 31 (1994), 263; *Tuori/Tuori*, The Eurozone Crisis, 2014.

Leitentscheidung

EuGH, Urt. v. 27.11.2012, Rs. C–370/12 (Pringle), ECLI:EU:C:2012:756.

Wesentliche sekundärrechtliche Vorschriften

Richtlinie 2009/119/EG vom 14.9.2009 zur Verpflichtung der Mitgliedstaaten, Mindestvorräte an Erdöl und/oder Erdölerzeugnissen zu halten, ABl. 2009, L 39/12
Verordnung (EU) Nr. 407/2010 vom 11.5.2010 zur Einführung eines europäischen Finanzstabilisierungsmechanismus, ABl. 2010, L 118/1
Beschluss 2011/77/EU vom 7.12.2010 über einen finanziellen Beistand der Union für Irland, ABl. 2011, L 30/34
Beschluss 2011/344/EU vom 17.5.2011 über einen finanziellen Beistand der Union für Portugal, ABl. 2011, L 159/88

Inhaltsübersicht

	Rn.
A. Überblick	1
B. Genese	2
C. Systematische Einordnung	5
D. Maßnahmen im Bereich der Wirtschaftspolitik nach Abs. 1	9
I. Tatbestand	9
II. Mögliche Maßnahmen	10
III. Verfahren	14
E. Gewährung finanziellen Beistands nach Abs. 2	9

I. Tatbestand	15
II. Rechtsfolge	20
III. Verfahren	25
IV. Relevanz in der Finanzkrise	26

A. Überblick

Nach Art. 3 Abs. 3 UAbs. 3 EUV fördert die EU den wirtschaftlichen, sozialen und territorialen Zusammenhalt und die Solidarität zwischen den Mitgliedstaaten. Art. 122 AEUV ist Ausdruck dieses **Solidaritätsprinzips**. Er erlaubt dem Rat, im Falle von (drohenden) Schwierigkeiten wirtschaftspolitische Maßnahmen (Abs. 1) oder finanziellen Beistand für einen Mitgliedstaat (Abs. 2) zu beschließen, und bildet somit die alleinige Rechtsgrundlage im Rahmen der Wirtschaftspolitik für den Erlass von einzelfallbezogenen, bindenden Maßnahmen der Union. Insbesondere bildet Art. 122 Abs. 2 AEUV ein **Pendant zu Art. 125 AEUV** und dem darin beschworenen »bail-out«-Verbot. Während die Vorschrift lange Zeit ohne große politische Relevanz war, kommt ihr seit Beginn der Euro-Staatsschuldenkrise eine zentrale Bedeutung zu: Als Rechtsgrundlage für den Europäischen Finanzstabilisierungsmechanismus (EFSM; s. Rn. 26 ff.) genauso wie als Interpretationselement für das Gesamtgefüge der Vorschriften über die Wirtschafts- und Währungsunion.

1

B. Genese

Art. 122 AEUV beruht weitestgehend auf der Vorgängernorm Art. 100 EGV. Durch den Vertrag von Lissabon (2009) wurde in Abs. 1 ergänzt, dass die wirtschaftspolitischen Maßnahmen »im Geiste der Solidarität zwischen den Mitgliedstaaten« beschlossen werden sollen. Hinzugefügt wurde zudem, dass insbesondere beim Auftreten von Versorgungsschwierigkeiten »vor allem im Energiebereich« das Ergreifen einer Maßnahme möglich ist. Daraus lässt sich schließen, dass beim Abschluss des Vertrags von Lissabon vornehmlich Schwierigkeiten bei der Energieversorgung erwartet wurden.[1]

2

Die Regelung des **Art. 122 Abs. 1 AEUV** geht bereits auf den früheren Art. 103 Abs. 2, 4 EWGV zurück, der dem Rat die Kompetenz zumaß, auf Vorschlag der Kommission »über die der Lage entsprechenden Maßnahmen« zu entscheiden. Aus Art. 103 Abs. 1 EWGV ergab sich, dass mit den entsprechenden Maßnahmen nur konjunkturpolitische gemeint waren. Mit dem Vertrag von Maastricht wurde die Beschränkung auf konjunkturpolitische Maßnahmen obsolet und der Rat konnte ab sofort allgemein wirtschaftspolitische Maßnahmen erlassen.[2]

3

Art. 122 Abs. 2 AEUV, der wortgleich mit Art. 100 Abs. 2 EGV ist, wurde durch den Vertrag von Maastricht auf Bestreben der Kommission und der wirtschaftlich schwächeren Mitgliedstaaten neu eingeführt.[3] Die auf Art. 108 EWGV zurückgehende Beistandsmöglichkeit bei Zahlungsbilanzschwierigkeiten gilt heute nur noch für Mitgliedstaaten, deren Währung nicht der Euro ist (vgl. Art. 143, 144 AEUV), während Art. 122

4

---

[1] *Häde*, in: Calliess/Ruffert, EUV/AEUV, Art. 122 AEUV, Rn. 3.
[2] *Kempen*, in: Streinz, EUV/AEUV, Art. 122 AEUV, Rn. 1.
[3] *Häde*, EuZW 2009, 399 (402 f.); *Pipkorn*, CMLRev. 31 (1994), 263 (273 f.).

AEUV einen finanziellen Beistand auch zugunsten der Mitglieder der Währungsunion zulässt.

C. Systematische Einordnung

5   Art. 122 AEUV erlaubt der Union im Falle einer Notlage unter engen Voraussetzungen entsprechende Gegenmaßnahmen zu erlassen. Dies wirft die Frage auf, in welchem **Verhältnis Art. 122 AEUV zu Art. 125 AEUV** steht, der den Grundsatz statuiert, dass die Union und die Mitgliedstaaten nicht für die Verbindlichkeiten anderer Mitgliedstaaten haften (dazu Art. 125 AEUV, Rn. 8 ff.). Zunächst stehen beide Normen, als Vorschriften des Primärrechts auf derselben normhierarchischen Stufe. Die in der Literatur bisweilen vertretene Auffassung, wonach Art. 122 AEUV eine Ausnahmevorschrift zu Art. 125 AEUV darstelle, überzeugt bereits vor dem Hintergrund der jeweiligen systematischen Stellung innerhalb des Kapitels nicht.[4] Vielmehr müssen beide Vorschriften so ausgelegt werden, dass sie jeweils ihre größtmögliche Wirksamkeit entfalten können. So ist bei der Auslegung des Art. 122 Abs. 2 AEUV das in Art. 125 AEUV niedergelegte Verbot zwar zu beachten, umgekehrt Art. 125 AEUV jedoch nicht in einer Weise zu interpretieren, die die Gewähr eines finanziellen Beistands unmöglich macht.

6   Art. 143, 144 AEUV erlauben im Falle von Zahlungsbilanzschwierigkeiten von Mitgliedstaaten, deren Währung nicht der Euro ist, gegenseitigen Beistand. Art. 122 AEUV gilt hingegen für alle Mitgliedstaaten, also gerade auch für die Staaten der Eurozone. Liegen allerdings Zahlungsbilanzschwierigkeiten auf Seiten eines Mitgliedstaats mit Ausnahmeregelung vor, so sind **Art. 143, 144 AEUV spezieller**.[5]

7   Überschneidungen auf Tatbestands- und Rechtsfolgenseite bestehen zudem mit der **Solidaritätsklausel des Art. 222 AEUV**. Jedenfalls stehen die beiden Vorschriften in keinem Ausschlussverhältnis, sondern dürften gegebenenfalls auch parallel zur Anwendung kommen.

8   Art. 122 AEUV kann zudem als Konkretisierung eines allgemeinen europäischen **Solidaritätsprinzips** angesehen werden.[6] Als Ziel der Union ist die Solidarität in Art. 3 Abs. 3 UAbs. 3 EUV genannt. In ihrer materiellen Ausprägung erfordert sie die Unterstützung der schwächeren Mitgliedstaaten. Die Solidarität als ein die Europäische Union von Beginn an tragendes Leitprinzip[7] resultiert aus der besonderen Natur der Europäischen Union, die eben nicht nur reiner Zweckverband zur Verfolgung der wirtschaftlichen Interessen der einzelnen Mitgliedstaaten ist, sondern vielmehr ein darüber hinausgehender und vertieft integrierter Staatenverbund.[8]

---

[4] So aber *Kämmerer*, in: Siekmann, EWU, Art. 122 AEUV, Rn. 3.
[5] Vgl. *Häde*, in: Calliess/Ruffert, EUV/AEUV, Art. 122 AEUV, Rn. 7.
[6] *Lais*, S. 309; *Calliess*, Vortrag zum europäischen Solidaritätsprinzip und zur Krise des Euro, S. 25 ff.
[7] *Calliess*, S. 13.
[8] *Lais*, S. 263 f.

D. Maßnahmen im Bereich der Wirtschaftspolitik nach Abs. 1

I. Tatbestand

Die Tatbestandsvoraussetzungen für das Ergreifen einer Maßnahme sind im Art. 122 Abs. 1 AEUV nicht klar formuliert. Allerdings kann aus Art. 122 Abs. 1 2. HS AEUV, der ein Eingreifen beispielhaft für das Auftreten »gravierende[r] Schwierigkeiten in der Versorgung mit bestimmten Waren, vor allem im Energiebereich« vorsieht, geschlossen werden, dass ein Eingreifen nach Art. 122 Abs. 1 AEUV nur im Falle **wirtschaftlicher Schwierigkeiten** in Frage kommt.[9] Eine Begrenzung der wirtschaftlichen Schwierigkeiten auf einen bestimmten Bereich ist dagegen nicht Voraussetzung.[10] Zudem müssen die wirtschaftlichen Schwierigkeiten noch nicht eingetreten sein. Es genügt, dass solche unmittelbar drohen.[11]

II. Mögliche Maßnahmen

Ermessen kommt dem Rat hinsichtlich des »Ob« und des »Wie« des Eingreifens zu. So »kann« er Maßnahmen nach Abs. 1 ergreifen, muss dies aber nicht. Auch bei der Ausgestaltung, also dem Umfang und dem Geltungsbereich der Maßnahmen, kommt dem Rat ein weiter Spielraum zu. Die Ermessensausübung durch den Rat ist durch den EuGH wiederum nur eingeschränkt überprüfbar.[12]

Allerdings weist Art. 122 Abs. 1 AEUV dem Rat **keine umfassende wirtschaftspolitische Kompetenz** zu. Dies ergibt sich aus der systematischen Stellung des Art. 122 AEUV. In Art. 121 AEUV und Art. 126 AEUV wird der Rat unter einschränkenden Voraussetzungen zu wirtschaftspolitischen Maßnahmen ermächtigt. Könnte der Rat sich für den Erlass von wirtschaftspolitischen Maßnahmen nunmehr immer auf Art. 122 Abs. 1 AEUV stützen, würden die Hürden, die in Art. 121 AEUV und Art. 126 AEUV aufgestellt werden, unterlaufen.[13] Zudem ist der Rat nur »unbeschadet der sonstigen in den Verträgen vorgesehenen Verfahren« zum Erlass von Maßnahmen befugt und somit lediglich subsidiär, soweit keine spezielleren Kompetenznormen greifen.[14]

Außerdem können auf Grundlage des Art. 122 Abs. 1 AEUV keine Maßnahmen beschlossen werden, die eine finanzielle Unterstützung der Mitgliedstaaten vorsehen, da Art. 122 Abs. 2 AEUV insofern lex specialis ist.[15]

Zuletzt wurde 2009 eine Maßnahme auf Art. 122 Abs. 1 AEUV gestützt. So wurden die Mitgliedstaaten im Rahmen der Richtlinie 2009/119/EG verpflichtet, Mindestvorräte an Erdöl und/oder Erdölerzeugnissen vorzuhalten.[16]

---

[9] *Kämmerer*, in: Siekmann, EWU, Art. 122 AEUV, Rn. 5; *Bandilla*, in: Grabitz/Hilf/Nettesheim, EU, Art. 122 AEUV (Mai 2011), Rn. 10, der allerdings zusätzlich verlangt, dass die wirtschaftlichen Schwierigkeiten in begrenzten Bereichen vorliegen müssen.
[10] So aber *Bandilla*, in: Grabitz/Hilf/Nettesheim, EU, Art. 122 AEUV (Mai 2011), Rn. 10.
[11] *Bandilla*, in: Grabitz/Hilf/Nettesheim, EU, Art. 122 AEUV (Mai 2011), Rn. 13; *Hattenberger*, in: Schwarze, EU-Kommentar, Art. 122 AEUV, Rn. 3; a. A. *Kempen*, in: Streinz, EUV/AEUV, Art. 122 AEUV, Rn. 3.
[12] *Kämmerer*, in: Siekmann, EWU, Art. 122 AEUV, Rn. 12.
[13] Vgl. *Kempen*, in: Streinz, EUV/AEUV, Art. 122 AEUV, Rn. 3.
[14] *Bandilla*, in: Grabitz/Hilf/Nettesheim, EU, Art. 122 AEUV (Mai 2011), Rn. 11; *Kempen*, in: Streinz, EUV/AEUV, Art. 122 AEUV, Rn. 3.
[15] *Häde*, in: Calliess/Ruffert, EUV/AEUV, Art. 122 AEUV, Rn. 6.
[16] ABl. 2009, L 265/9.

III. Verfahren

14 Art. 122 Abs. 1 AEUV sieht vor, dass der Rat auf Vorschlag der Kommission über potentielle Maßnahmen beschließt. Da in Art. 122 Abs. 1 AEUV keine abweichende Regelung getroffen wurde, beschließt der Rat mit **qualifizierter Mehrheit**, vgl. Art. 16 Abs. 3 EUV. Das Parlament ist somit grundsätzlich, anders als beispielsweise beim ordentlichen Gesetzgebungsverfahren nach Art. 289 Abs. 1 i. V. m. Art. 294 AEUV, nicht in das Verfahren miteingebunden. Eine fakultative Beteiligung des Parlaments ist in Form einer freiwilligen Konsultation oder im Rahmen der allgemeinen Beratungsbefugnis des Parlaments aber durchaus möglich.[17] Dafür spricht, dass sogar fakultative Anhörungen des Ausschusses der Regionen (Art. 307 Abs. 1 AEUV) und des Wirtschafts- und Sozialausschusses (Art. 304 Abs. 1 AEUV) möglich sind, eine fakultative Beteiligung des Parlaments der gestiegenen Bedeutung des Parlaments Rechnung trägt und damit schließlich auch die demokratische Legitimation der getroffenen Maßnahmen erhöht (vgl. Art. 2 EUV). Der Rat ist ermächtigt, Maßnahmen in der Rechtsform der Verordnung, Richtlinie oder des Beschlusses zu erlassen.[18]

E. Gewährung finanziellen Beistands nach Abs. 2

I. Tatbestand

15 Art. 122 Abs. 2 AEUV erlaubt die finanzielle Unterstützung eines Mitgliedstaats, wenn dieser aufgrund von Naturkatastrophen oder außergewöhnlichen Ereignissen entweder von Schwierigkeiten betroffen ist oder von gravierenden Schwierigkeiten ernstlich bedroht wird.

16 Der Begriff der **Naturkatastrophe** impliziert, dass es sich dabei um ein nicht unmittelbar durch menschliches Verschulden ausgelöstes Ereignis handeln muss. In Frage kommen somit insbesondere geophysikalische (z. B. Tsunami, Erdbeben), meteorologische (Stürme), hydrologische (z. B. Überschwemmungen) und klimatologische (z. B. Dürre) Ereignisse.[19] Zudem ist erforderlich, dass durch das Ereignis Schäden von gewissem Ausmaß verursacht wurden.[20] Bei der Beurteilung des konkreten Sachverhalts ist dem Rat jedoch ein Einschätzungsspielraum einzuräumen.

17 Schwieriger ist die Bestimmung der konkreten Bedeutung der **außergewöhnlichen Ereignisse**, die sich der Kontrolle des jeweiligen Mitgliedstaats entziehen. Sieht man Naturkatastrophen als spezielle außergewöhnliche Ereignisse an, so ergibt sich daraus, dass ein außergewöhnliches Ereignis ebenfalls unkontrollierbar und von ähnlichem Umfang wie eine »Katastrophe« sein muss.[21] Als außergewöhnliche Ereignisse i. S. d.

---

[17] Auch schon *Smulders.*, in: GS, EUV/EGV, Art. 100 EGV, Rn. 16; *Kluth*, in: Calliess/Ruffert, EUV/AEUV, Art. 14 EUV, Rn. 19 ff.; a. A. *Kämmerer*, in: Siekmann, EWU, Art. 122 AEUV, Rn. 11.

[18] So EuGH, Urt. v. 24.10.1973, Rs. 5/73 (Balkan-Import-Export), Slg. 1973, 1091, 1109, allerdings noch zu Art. 103 EWGV, als der Wortlaut noch missverständlich war; vgl. *Smulders/Keppenne*, in: GSH, Europäisches Unionsrecht, Art. 122 AEUV, Rn. 4.

[19] Vgl. zum Begriff der Naturkatastrophe *Calliess*, in: Calliess/Ruffert, EUV/AEUV, Art. 222 AEUV, Rn. 20.

[20] Die Anforderungen müssten jedenfalls unter denen der Verordnung (EG) Nr. 2012/2002 vom 11.11.2002 zur Errichtung des Solidaritätsfonds der Europäischen Union, ABl. 2002, L 311/3 liegen, die für eine »Katastrophe größeren Ausmaßes« verlangt, dass diese Schäden verursacht, die auf über 3 Mrd. EUR, zu Preisen von 2002, oder mehr als 0,6 % seines BIP geschätzt werden.

[21] *Kämmerer*, in: Siekmann, EWU, Art. 122 AEUV, Rn. 27.

Art. 122 Abs. 2 AEUV können somit beispielsweise soziale Unruhen, militärische und außenpolitische Konflikte,[22] schwere terroristische Anschläge[23] (s. auch Art. 222 AEUV) und Unfälle mit schwerwiegenden Folgen (z. B. im Zusammenhang mit Atomkraftwerken) sowie die Ausbreitung von Seuchen angesehen werden. Auch eine drohende Staatsinsolvenz kann ein außergewöhnliches Ereignis sein, wenn diese nicht nur auf einer schleichenden Anhäufung von Staatsschulden basiert, sondern zudem ein unberechenbares Moment hinzutritt, wie es beispielsweise in der Finanzkrise, von der Europa seit 2010 betroffen ist, der Fall war.[24] Auch ein massenhafter und unkontrollierter Zustrom von illegalen Migranten bzw. Flüchtlingen wie seit dem Sommer 2015 kann ungeachtet der (noch) spezielleren Vorschriften des Art. 78 Abs. 3 i. V. m. Art. 80 AEUV ein solches außergewöhnliches Ereignis darstellen.

Allerdings müssen Naturkatastrophe oder außergewöhnliches Ereignis sich in **Schwierigkeiten** niederschlagen oder gravierende Schwierigkeiten zumindest ernstlich drohen. Diese müssen begriffsnotwendig finanzielle Auswirkungen haben, da ansonsten eine finanzielle Unterstützung nach Art. 122 Abs. 2 AEUV nicht zielführend wäre. Jedoch hat auch hier der Rat bei der Beurteilung der Lage einen gewissen Spielraum.[25] 18

Naturkatastrophe oder außergewöhnliches Ereignis müssen zudem kausal für die mitgliedstaatlichen Schwierigkeiten sein. Das Verschulden eines Mitgliedstaats bildet keinen Ausschlusstatbestand.[26] 19

II. Rechtsfolge

Liegen die genannten Voraussetzungen vor, so kann der Rat finanziellen Beistand gewähren, d. h. es kommt ihm Entschließungs**ermessen** zu.[27] Auch bezüglich des »Wie« besitzt der Rat Ermessen, obgleich der finanzielle Beistand grundsätzlich an Bedingungen geknüpft sein muss.[28] 20

Der Begriff des finanziellen Beistands ist weit und eröffnet somit die Möglichkeit der finanziellen Unterstützung durch Kredite, Bürgschaften und sonstige Arten des finanziellen Transfers.[29] 21

Umstritten ist, inwiefern die Union die geleisteten Beistandsleistungen durch Anleihen refinanzieren kann. Während eine Ansicht für eine Finanzierung durch Anleihen eine ausdrückliche Kompetenzgrundlage fordert und deshalb eine auf Art. 122 Abs. 2 AEUV gestützte Anleihebegebung ablehnt,[30] befürwortet die Gegenansicht diese auf- 22

---

[22] *Kempen*, in: Streinz, EUV/AEUV, Art. 122 AEUV, Rn. 9.
[23] *Kämmerer*, in: Siekmann, EWU, Art. 122 AEUV, Rn. 27.
[24] Vgl. Erwg. 3ff. VO (EU) Nr. 407/2010; *Bandilla*, in: Grabitz/Hilf/Nettesheim, EU, Art. 122 AEUV (Mai 2011), Rn. 28; *Calliess*, ZEuS 2011, 213 (244); *Häde*, EuZW 2009, 399 (401); *Herrmann*, EuZW 2010, 413 (414); a. A. *Hattenberger*, in: Schwarze, EU-Kommentar, Art. 122 AEUV, Rn. 6; *Kube/Reimer*, NJW 2010, 1911 (1914).
[25] *Kämmerer*, in: Siekmann, EWU, Art. 122 AEUV, Rn. 30.
[26] *Häde*, EuZW 2009, 399 (403).
[27] *Bandilla*, in: Grabitz/Hilf/Nettesheim, EU, Art. 122 AEUV (Mai 2011), Rn. 19; *Lais*, S. 307.
[28] A.A. *Hattenberger*, in: Schwarze, EU-Kommentar, Art. 122 AEUV, Rn. 7.
[29] *Bandilla*, in: Grabitz/Hilf/Nettesheim, EU, Art. 122 AEUV (Mai 2011), Rn. 19; *Hattenberger*, in: Schwarze, EU-Kommentar, Art. 122 AEUV, Rn. 8; in VO (EU) Nr. 407/2010 ist finanzieller Beistand in Form eines Darlehens oder einer Kreditlinie vorgesehen, vgl. Art. 2 Abs. 1 UAbs. 1 VO (EU) Nr. 407/2010.
[30] *Häde*, in Calliess/Ruffert, Art. 122 AEUV, Rn. 9; *ders.*, Finanzausgleich, S. 467ff.; *Kempen*, in: Streinz, EUV/AEUV, Art. 122 AEUV, Rn. 11; *Seidel*, ZEI Working paper B 1/2010, S. 9; *Calliess*, ZEuS 2011, 213 (244ff.).

grund der Entstehungsgeschichte der Norm.[31] Danach beruht Art. 122 Abs. 2 AEUV auf Art. 119 EGV, in dessen Rahmen eine Refinanzierung durch Anleihen für zulässig gehalten wurde. Zudem erfordert ein finanzieller Beistand der Union denknotwendig eine Refinanzierung, die nur über eine Anleihebegebung oder durch Beiträge der Mitgliedstaaten geleistet werden kann, wenn keine entsprechenden Haushaltsmittel vorhanden sind. Insbesondere ein schnelles Handeln der EU, das gerade in den erfassten Situationen regelmäßig erforderlich ist, lässt sich ohne eine Anleihebegebung meist nicht sicherstellen.

23 Zudem muss es sich um einen **Beistand der Union** handeln. Das bedeutet, dass der Beistand den Unionshaushalt (potentiell) belasten muss. Die Mitgliedstaaten selbst können nach Art. 122 Abs. 2 AEUV nicht zu einem finanziellen Beistand verpflichtet werden. Allerdings bleibt eine freiwillige Unterstützung seitens der Mitgliedstaaten davon unberührt (s. dazu Art. 125 AEUV, Rn. 9).[32]

24 Schließlich muss der Beistand an bestimmte **Bedingungen** geknüpft sein. Die Gewährung eines Beistandes ohne solche Bedingungen ist nicht zulässig. Denkbar sind insofern auflösende und aufschiebende Bedingungen oder auch Befristungen.[33] Auch inhaltliche Festlegungen betreffend der Verwendung der Mittel kommen in Betracht. Die inhaltliche Gestaltung der konkreten Bedingungen steht allerdings im Ermessen des Rates. Dieser kann auch nur Leitlinien beschließen und es der Kommission übertragen, mit dem betroffenen Mitgliedstaat die Einzelheiten auszuhandeln.[34]

III. Verfahren

25 Bezüglich des Verfahrens kann auf die Ausführungen zu Art. 122 Abs. 1 AEUV verwiesen werden. Der Rat entscheidet auf Vorschlag der Kommission mit qualifizierter Mehrheit. Allerdings ist in Art. 122 Abs. 2 Satz 2 AEUV vorgesehen, dass das Europäische Parlament durch den Präsidenten des Rates über den Beschluss informiert wird. Wird die Unterrichtung unterlassen, schlägt dies allerdings nicht auf die Rechtmäßigkeit des Beschlusses durch, da eine nachträgliche Informationspflicht, infolge derer kein Einfluss auf den Beschluss selbst genommen werden kann, keine wesentliche Formvorschrift darstellt.[35]

IV. Relevanz in der Finanzkrise

26 Während der europäischen Staatsschuldenkrise wurde Art. 122 Abs. 2 AEUV erstmals relevant. Um die Zahlungsunfähigkeit Griechenlands zu verhindern wurde zunächst ein Hilfspaket aus bilateralen Krediten der Staaten der Eurozone an Griechenland, unterstützt durch erweiterte Kreditlinien des IWF, geschnürt. Zusätzlich wurden Anfang Mai

---

[31] *Bandilla*, in: Grabitz/Hilf/Nettesheim, EU, Art. 122 AEUV (Mai 2011), Rn. 19; *Lienemeyer*, S. 254 ff.
[32] EuGH, Urt. v. 27.11.2012, Rs. C–370/12 (Pringle), ECLI:EU:C:2012:756, Rn. 121; siehe auch *Tuori/Tuori*, 2014, 137.
[33] *Kämmerer*, in: Siekmann, EWU, Art. 122 AEUV, Rn. 52.
[34] Vgl. Art. 3 VO (EU) Nr. 407/2010, ABl. 2010, L 118/1.
[35] Vgl. *Dörr*, in: Grabitz/Hilf/Nettesheim, EU, Art. 263 AEUV (November 2012), Rn. 171; i.E. *Kämmerer*, in: Siekmann, EWU, Art. 122 AEUV, Rn. 54.

2010 der Europäische Finanzstabilisierungsmechanismus (**EFSM**)³⁶ und die Europäische Finanzstabilisierungsfazilität (**EFSF**) beschlossen.³⁷

Während die EFSF auf einer intergouvernementalen und einer privatrechtlichen Vereinbarung basiert, fußt der EFSM auf der VO (EU) Nr. 407/2010, die gestützt auf Art. 122 Abs. 2 AEUV erlassen wurde. Auf Grundlage der VO (EU) Nr. 407/2010 kann Mitgliedstaaten, die von Schwierigkeiten betroffen oder von gravierenden Schwierigkeiten ernstlich bedroht sind, finanzieller Beistand bis zu einem Gesamtvolumen von max. 60 Mrd. € gewährt werden.³⁸ Zur Refinanzierung des Beistands wird die Kommission ermächtigt auf den Kapitalmärkten Anleihen zu begeben und bei Finanzinstituten Finanzmittel aufzunehmen, Art. 2 Abs. 1 UAbs. 2 VO (EU) Nr. 407/2010.³⁹ 27

Art. 3 Abs. 2 VO (EU) Nr. 407/2010 legt fest, dass jeder finanzielle Beistand eines Mitgliedstaats durch gesonderten Beschluss des Rates gewährt wird. Der Beschluss enthält auch eine Billigung des Sanierungsprogramms des jeweiligen Mitgliedstaats (Art. 3 Abs. 3 Buchst. c, 4 Buchst. c VO (EU) Nr. 407/2010), das dieser zuvor mit der Kommission erarbeitet hat (Art. 3 Abs. 1 VO (EU) Nr. 407/2010). Der finanzielle Beistand kann in Form eines Darlehens oder einer Kreditlinie gewährt werden, Art. 2 Abs. 1 UAbs. 1 VO (EU) Nr. 407/2010. 28

Vereinzelt wurde kritisiert, dass die pauschalierte Einordnung der Finanzkrise als außergewöhnliches Ereignis i.S.d. Art. 122 Abs. 2 AEUV durch die VO (EU) Nr. 407/2011 bereits mit Art. 122 Abs. 2 AEUV unvereinbar sei,⁴⁰ da dieser eine Einzelfallprüfung voraussetze.⁴¹ Diese Einschätzung ist jedoch unzutreffend, da die VO (EU) Nr. 407/2010 nur einen allgemeinen Verfahrensrahmen aufstellt. Ob im konkreten Fall eine finanzielle Hilfe gewährt wird, wird jeweils durch Beschluss des Rates nach einer Einzelfallprüfung entschieden.⁴² 29

Mittlerweile steht dem EFSM der seinem Volumen nach bedeutend wichtigere ständige Europäische Stabilitätsmechanismus (**ESM**) zur Seite. Dieser beruht auf einer völkerrechtlichen Vereinbarung und nimmt keinen Bezug auf Art. 122 AEUV. Insbesondere verbietet Art. 122 Abs. 2 AEUV auch nicht die Einrichtung eines ständigen Mechanismus wie dem ESM (s. Art. 136 AEUV, Rn. 15).⁴³ 30

---

³⁶ VO (EU) Nr. 407/2010, ABl. 2010, L 118/1.
³⁷ Insgesamt dazu *Herrmann*, Die Folgen der Finanzkrise für die Europäische Wirtschafts- und Währungsunion, in: Kadelbach (Hrsg.), Nach der Finanzkrise, 2012, S. 79.
³⁸ Dieses Volumen wurde zum Großteil bereits aktiviert. Irland wurde Beistand i. H. v. 22,5 Mrd. €, vgl. Art. 1 Abs. 1 Beschl. 2011/77/EU, und Portugal i.H. v. 26 Mrd. €, vgl. Art. 1 Abs. 1 Beschl. 2011/344/EU, gewährt. Davon hat Irland den vollen Betrag und Portugal bis heute nur 23,9 Mrd. € abgerufen. Eine weitere Mittelvergabe an Portugal ist wegen des Austritts Portugals aus dem EU/IMF Programm nicht mehr zu erwarten, vgl. Stellungnahme der Kommission STAT/14/145 vom 5.5.2014.
³⁹ Zur Zulässigkeit dieser Vorgehensweise, vgl. Rn. 22.
⁴⁰ Vgl. Erwg. 1ff. VO (EU) Nr. 407/2010.
⁴¹ *Frenz/Ehlenz*, EWS 2010, 211 (213); ähnlich *Hattenberger*, in: Schwarze, EU-Kommentar, Art. 122 AEUV, Rn. 6.
⁴² Ebenso *Hentschelmann*, EuR 2011, 282 (304); *Hattenberger*, in: Schwarze, EU-Kommentar, Art. 122 AEUV, Rn. 9 a. E.
⁴³ EuGH, Urt. v. 27.11.2012, Rs. C-370/12 (Pringle), ECLI:EU:C:2012:756, Rn. 115ff.

Artikel 123 AEUV [Verbot der monetären Staatsfinanzierung]

(1) Überziehungs- oder andere Kreditfazilitäten bei der Europäischen Zentralbank oder den Zentralbanken der Mitgliedstaaten (im Folgenden als »nationale Zentralbanken« bezeichnet) für Organe, Einrichtungen oder sonstige Stellen der Union, Zentralregierungen, regionale oder lokale Gebietskörperschaften oder andere öffentlich-rechtliche Körperschaften, sonstige Einrichtungen des öffentlichen Rechts oder öffentliche Unternehmen der Mitgliedstaaten sind ebenso verboten wie der unmittelbare Erwerb von Schuldtiteln von diesen durch die Europäische Zentralbank oder die nationalen Zentralbanken.

(2) Die Bestimmungen des Absatzes 1 gelten nicht für Kreditinstitute in öffentlichem Eigentum; diese werden von der jeweiligen nationalen Zentralbank und der Europäischen Zentralbank, was die Bereitstellung von Zentralbankgeld betrifft, wie private Kreditinstitute behandelt.

Literaturübersicht

Borger, Outright Monetary Transactions and the stability mandate of the ECB: Gauweiler, CMLRev. 53 (2016), 139; *Dornacher*, ANFA – ein Rechtsbruch des Euro-Systems? Die währungsrechtliche Beurteilung des Agreement on Net Financial Assets, WM 2016, 1912; *Europäische Zentralbank*, Auswirkungen und Rücknahme der Sondermaßnahmen der EZB, Monatsbericht Juli 2011, 59; *Gaitanides*, Das Recht der Europäischen Zentralbank, 2005; *Hahn/Häde*, Währungsrecht, 2. Auflage, 2010; *Herrmann*, Währungshoheit, Währungsverfassung und subjektive Rechte, 2010; *ders.*, Griechische Tragödie – der währungsverfassungsrechtliche Rahmen für die Rettung, den Austritt oder den Ausschluss von überschuldeten Staaten aus der Eurozone, EuZW 2010, 413; *ders.*, EZB-Programm für die Kapitalmärkte verstößt nicht gegen die Verträge – Erwiderung auf Martin Seidel, EuZW 2010, 645; *ders.*, Die Bewältigung der Euro-Staatsschulden-Krise an den Grenzen des deutschen und europäischen Währungsverfassungsrechts, EuZW 2012, 805; *ders/Dornacher*, Grünes Licht vom EuGH für EZB-Staatsanleihenkäufe – ein Lob der Sachlichkeit, EuZW 2015, 579; *Heun*, Eine verfassungswidrige Verfassungsgerichtsentscheidung – der Vorlagebeschluss des BVerfG vom 14.1.2014, JZ 2014, 331; *Kerber/Städter*, Die EZB in der Krise: Unabhängigkeit und Rechtsbindung als Spanungsverhältnis – Ein Beitrag zum Individualrechtsschutz gegen Rechtsverstöße der EZB, EuZW 2011, 536; *Klement*, Der Euro und seine Demokratie, ZG 2014, 169; *Kube*, EU-Rechtswidrigkeit einer Refinanzierung des ESM bei der EZB, WM 2013, 57; *Mensching*, Das Verbot der monetären Haushaltsfinanzierung in Artikel 123 Absatz 1 AEUV – eine kritische Bestandsaufnahme, EuR 2014, 333; *Ohler*, Die fiskalische Integration in der Europäischen Gemeinschaft, 1997; *ders.*, Rechtliche Maßstäbe der Geldpolitik nach dem Gauweiler-Urteil des EuGH, NVwZ 2015, 1001; *Seidel*, Der Ankauf nicht markt- und börsengängiger Staatsanleihen, namentlich Griechenlands, durch die Europäische Zentralbank und durch nationale Zentralbanken – rechtlich nur fragwürdig oder Rechtsverstoß?, EuZW 2010, 521; *Selmayr*, Das Recht der Wirtschafts- und Währungsunion, 2002; *Sester*, Die Rolle der EZB in der europäischen Staatsschuldenkrise, EWS 2012, 80; *Siekmann*, Missachtung rechtlicher Vorgaben des AEUV durch die Mitgliedstaaten und die EZB in der Schuldenkrise, in: Möllers/Zeitler (Hrsg.), Europa als Rechtsgemeinschaft – Währungsunion und Schuldenkrise, 2013, S. 97; *Smits*, The European Central Bank – Institutional Aspects, 1997; *Steinbach*, Die Rechtmäßigkeit der Anleihekäufe der Europäischen Zentralbank, NVwZ 2013, 918; *Thiele*, Das Mandat der EZB und die Krise des Euro, 2013; *Wendel*, Kompetenzrechtliche Grenzgänge: Karlsruhes Ultra-vires-Vorlage an den EuGH, ZaöRV 2014, 615.

Leitentscheidungen

EuGH, Urt. v. 27.11.2012, Rs. C–370/12 (Pringle), ECLI:EU:C:2012:756
EuGH, Urt. v. 16.6.2015, Rs. C–62/14 (Gauweiler), ECLI:EU:C:2015:400

Wesentliche sekundärrechtliche Vorschrift

Verordnung (EG) Nr. 3603/93 vom 13.12.1993 zur Festlegung der Begriffsbestimmungen für die Anwendung der in Artikel 104 und Artikel 104b Absatz 1 des Vertrages vorgesehenen Verbote, ABl. 1993, L 332/1

Inhaltsübersicht   Rn.

A. Einleitung 1
B. Genese 2
C. Telos 3
D. Systematischer Zusammenhang 6
E. Verbotstatbestände 7
    I. Adressaten 7
   II. Verbote 9
      1. Verbot von Kreditfazilitäten (Alt. 1) 10
      2. Verbot des unmittelbaren Erwerbs von Schuldtiteln (Alt. 2) 13
      3. Verbotene Schuldner 14
        a) Organe, Einrichtungen oder sonstige Stellen der Union 15
        b) Mitgliedstaaten 16
  III. Verbot der Umgehung 18
      1. SMP-Programm und OMT-Ankündigun 20
      2. »Quantitative Easing« 27
      3. »Qualitative Easing« 28
      4. Agreement on Net Financial Assets (ANFA) 29
   IV. Ausnahmen 30
      1. Schuldnerkreis (Art. 123 Abs. 2 AEUV) 31
      2. Kreditformen 34
        a) Keine Kreditfazilitäten i.S.v. Art. 123 Abs. 1 Alt. 1 AEUV 34
        b) Keine Schuldtitel i.S.v. Art. 123 Abs. 1 Alt. 2 AEUV 36
   V. Rechtsfolge 37
F. Rechtsschutz 38

A. Einleitung

Art. 123 AEUV, besser bekannt unter dem Stichwort »**Verbot der monetären Staatsfinanzierung**«, stellt eine materielle Kompetenzausübungsschranke dar, deren Adressaten die EZB und die Zentralbanken der Mitgliedstaaten sind (Rn. 7). Im Kern verbietet Art. 123 Abs. 1 AEUV, dass die Mitgliedstaaten ihre Staatsausgaben direkt bei der EZB oder den mitgliedstaatlichen Zentralbanken refinanzieren (Rn. 9). Das Verbot dient der Sicherung der Preisniveaustabilität im Euro-Währungsgebiet und der Unabhängigkeit der EZB. Eine erwünschte Nebenfolge soll auch die Förderung der Haushaltsdisziplin der Mitgliedstaaten sein (Rn. 3). Die bis vor einigen Jahren in der Literatur und Rechtsprechung relativ unstrittige Norm ist im Zuge der europäischen Finanz- und Staatsschuldenkrise ins Zentrum der Aufmerksamkeit gerückt. Hauptsächlich wird dem Eurosystem vorgeworfen, mit seinen getätigten bzw. geplanten Käufen von Staatsanleihen ausgewählter Euro-Teilnehmerstaaten (SMP,[1] OMT[2]) das Verbot des Art. 123 Abs. 1 AEUV zu umgehen (Rn. 18). Insbesondere in Deutschland hat die historische Vorlage

1

---

[1] Beschluss der EZB vom 14.5.2010 zur Einführung eines Programms für die Wertpapiermärkte, EZB 2010/5, ABl. 2010, L 124/8. Das SMP war von Mai 2010 bis September 2012 in Kraft.
[2] Vgl. Pressemitteilung der EZB vom 6.9.2012, Technical features of Outright Monetary Transactions.

des Bundesverfassungsgerichts[3] an den EuGH zur Klärung der Rechtmäßigkeit des Outright Monetary Transactions (OMT) Programms für Aufsehen gesorgt (Rn. 20 und 39).

B. Genese

2 Die in Art. 123 AEUV enthaltene Regelung war beinahe wortgleich bereits in den Vorgängervorschriften enthalten (Art. 104 EGV-Maastricht[4] und Art. 101 EGV-Amsterdam[5]). Der Inhalt der Norm geht auf Empfehlungen des Berichts zur Wirtschafts- und Währungsunion in der EG (»**Delors-Report**«)[6] zurück,[7] welcher vorschlug, den Zugang der Mitgliedstaaten zu monetärer Finanzierung zu beschränken.[8] Die Verbote gelten seit dem Beginn der zweiten Stufe der Wirtschafts- und Währungsunion (1.1.1994) unmittelbar (Art. 109e Abs. 1 und 3 EGV-Maastricht und Art. 116 Abs. 1 und 3 EGV-Nizza).[9] Sie wurden jedoch mittels Sekundärrecht weiter ausgestaltet.[10] Einzelheiten zu den Verboten finden sich in der VO (EG) Nr. 3603/93,[11] die ebenfalls seit dem 1.1.1994 in Kraft ist.[12]

C. Telos

3 Zum einen dient Art. 123 AEUV der Sicherung der in Art. 119 Abs. 3 AEUV aufgelisteten **Stabilitätsgrundsätze** der WWU.[13] Die Logik des Kreditgewährungsverbotes entspricht der Kompetenzverteilung in den Verträgen. Trotz der Zentralisierung der Geldpolitik mit Gründung der Währungsunion verbleiben die Zuständigkeiten für die Wirtschafts- und Fiskalpolitik im Kern bei den Mitgliedstaaten (s. Art. 119 AEUV, Rn. 41). Dementsprechend soll jeder Mitgliedstaat weiterhin das Refinanzierungsrisiko seines Finanzbedarfs am Markt selbst tragen.[14] Durch das Kreditgewährungsverbot bleibt den Mitgliedstaaten zur Finanzierung von Staatsausgaben neben der Erhebung von Steuern nur die Möglichkeit, sich wie jeder andere Kreditnehmer am Markt Geld zu beschaffen. Dabei wird angenommen, dass mangelnde Haushaltsdisziplin seitens der Mitgliedstaaten von den Märkten mit erhöhten Zinsen »bestraft« würde.[15] Art. 123 AEUV ist folg-

---

[3] BVerfGE 134, 366.
[4] Konsolidierte Fassung Stand 31.8.1992, ABl. 1992, C 224/34.
[5] Konsolidierte Fassung Stand 10.11.1997, ABl. 1997, C 340/95.
[6] Bericht zur Wirtschafts- und Währungsunion in der EG, vorgelegt vom Ausschuss zur Prüfung der Wirtschafts- und Währungsunion am 12.4.1989, abgedruckt in EuR 1989, 274 (282).
[7] *Smits*, S. 40.
[8] Für eine ausführliche Abhandlung der Entstehungsgeschichte: *Gnan*, in: GS, EUV/EGV, Art. 101 EGV, Rn. 11ff.
[9] So auch ausdrücklich der 1. Erwägungsgrund der VO (EG) Nr. 3603/93.
[10] *Selmayr*, S. 229f.
[11] Verordnung (EG) Nr. 3603/93 vom 13.12.1993 zur Festlegung der Begriffsbestimmungen für die Anwendung der in Artikel 104 und Artikel 104b Absatz 1 des Vertrages vorgesehenen Verbote, ABl. 1993, L 332/1.
[12] Die Ermächtigung zum Verordnungserlass ist nun in Art. 125 Abs. 2 AEUV enthalten. Aus Art. 5 Abs. 3 AEUV folgt, dass die Verordnung weiterhin in Kraft bleibt.
[13] *Kämmerer*, in: Siekmann, EWU, Art. 123 AEUV, Rn. 2; *Kempen*, in: Streinz, EUV/AEUV, Art. 123 AEUV, Rn. 1; *Siekmann*, S. 127.
[14] *Morgenthaler*, JuS 1997, 673 (680).
[15] *Herrmann*, Währungshoheit, S. 232; *Hattenberger*, in: Schwarze, EU-Kommentar, Art. 123

lich ein »**marktgestützter Disziplinierungsmechanismus**«,[16] der einen wirtschaftlichen Anreiz geben soll, solide Haushaltspolitik zu betreiben.[17]

Zum anderen dient das sog. Verbot der monetären Finanzierung auch der Vermeidung von **Inflation**.[18] Weitgehend anerkannt ist heute, dass Inflation primär ein monetäres Phänomen darstellt.[19] Grundsätzlich ist der Zusammenhang von Staatsschulden[20] und Inflation in der Wirtschaftswissenschaft umstritten.[21] Einigkeit besteht jedoch dahingehend, dass die Monetisierung von Staatsschulden – also die Finanzierung von Defiziten durch Zentralbankkredite – einen ähnlichen Effekt auf die Geldmenge hat wie der Betrieb der »Notenpresse« und folglich inflationär wirkt.[22] Indem der direkte Zugang zu Zentralbankgeld für die öffentliche Hand versperrt wird, wird auch die Inflationsgefahr gebannt, die neben der Ausweitung der Geldbasis vom Interesse der öffentlichen Schuldner herrührt, das nominell angestiegene Defizit wieder durch Geldentwertung real zu verringern.[23]

Schlussendlich stärkt Art. 123 AEUV auch die **Unabhängigkeit** der EZB (Art. 130 AEUV, 282 Abs. 3 AEUV).[24] Die unabhängige Stellung der EZB ist in vielerlei Hinsicht abgesichert,[25] jedoch liefen diese Vorkehrungen faktisch leer, wenn die EZB bei geldpolitischen Entscheidungen politischem Druck seitens der Union oder der Mitgliedstaaten ausgesetzt wäre.[26] Könnten sich die Mitgliedstaaten bei der EZB refinanzieren, so bestünde die nicht unwesentliche Gefahr, dass sich die Geldpolitik an der Finanzpolitik der Mitgliedstaaten und nicht an der Preisniveaustabilität (Art. 127 Abs. 1 Satz 1 AEUV) orientieren würde.[27] Daher wurden auch die ursprünglichen Entwürfe, die Ver-

---

AEUV, Rn. 1; *Priewe*, WSI Mitteilungen 6/1997, 365 (368); *Borger*, CMLRev. 53 (2016), 139 (142); zweifelnd: *Roth*, EuR-Beiheft 1/1994, 45 (78); *Lesch*, Finanzpolitische Diszplin in einer Währungsunion – Ein Stabilitätspakt für Europa?, 1996, S. 10: Die Reaktion der Marktteilnehmer sei von deren Erwartungen abhängig, ob eine Solidarhaftung in der Währungsunion für wahrscheinlich gehalten wird oder nicht. Erst kurz vor einem möglichen Zahlungsausfall würden im Falle der ersten Alternative die Zinsen angepasst und bestrafende Höhen erreichen. Zu bestätigen scheinen diese Annahme die Ereignisse im Laufe der Griechenland Krise im Jahre 2010.

[16] *Rodi*, in: Vedder/Heintschel v. Heinegg, Europäisches Unionsrecht, Art. 123 AEUV, Rn. 2.
[17] So auch: *Herrmann*, EuZW 2010, 413 (415); *Häde*, in: Calliess/Ruffert, EUV/AEUV, Art. 123 AEUV, Rn. 4. Kritisch bzgl. der tatsächlichen Auswirkungen dieses Anreizes auf das Verhalten von Staaten sind die Vertreter der politischen Ökonomie: *Hentschelmann*, Der Stabilitäts- und Wachstumspakt, 2009, S. 191.
[18] Allg. zur Inflation siehe *Mankiw/Taylor*, Grundzüge der Volkswirtschaftslehre, 6. Aufl., 2016, S. 825ff.
[19] *Vaubel*, Wirtschaftsdienst 1997/I, 7 (11); *Hentschelmann* (Fn. 17), S. 150.
[20] Staatsverschuldung ist »die Anhäufung von Budgetdefiziten aus früheren Perioden«, *Mankiw/Taylor* (Fn. 18), S. 759.
[21] *Priewe*, WSI Mitteilungen 6/1997, 365 (367,369); *Tietmeyer*, Staatsschulden und Geldwertstabilität im grenzüberschreitenden Vergleich, in: Hahn (Hrsg.), Geldwertstabilität und Staatsschulden, 1993, S. 69 (74); *Vaubel*, Wirtschaftsdienst 1997/I, 7 (11).
[22] *Herrmann*, Währungshoheit, S. 53; *Tietmeyer* (Fn. 21), S. 69 (76f.); *Schulze-Steinen*, Rechtsfragen zur Wirtschaftsunion, 1998, S. 75; *Issing*, Einführung in die Geldpolitik, 6. Aufl., 1996, S. 12.
[23] *Kämmerer*, in: Siekmann, EWU, Art. 123 AEUV, Rn. 4; *Heinemann*, ZWS 115 (1995), 605; *Hahn/Häde*, S. 211.
[24] *Herrmann*, Währungshoheit, S. 233; Zum Zusammenhang zwischen Unabhängigkeit der Zentralbank und Preisstabilität *Endler*, Europäische Zentralbank und Preisstabilität, 1998, S. 213ff.
[25] So unterscheidet *Gaitanides*, S. 44f., 5 Merkmale der Unabhängigkeit (institutionell, finanziell, funktionell, personell, strukturell).
[26] Auch der EuGH stellte im Urt. v. 10.7.2003, Rs. C–11/00 (Kommission/EZB), Slg. 2003, I–7147, Rn. 134 fest, dass »die EZB im Wesentlichen vor jedem politischen Druck (bewahrt werden muss), damit sie die für ihre Aufgaben gesetzten Ziele (…) wirksam verfolgen kann.«
[27] *Gaitanides*, S. 98; zu diesem Zusammenhang auch: *Mensching*, EuR 2014, 333 (343).

gabe von Krediten in das Ermessen der EZB zu stellen, aufgegeben.[28] Insofern unterbindet Art. 123 AEUV die mitgliedstaatliche Einflussnahme durch politischen Druck »im Vorfeld der geldpolitischen Entscheidungsprozesse«.[29] Das Verbot fungiert somit als **materielle Absicherung der primären Aufgabe der EZB**, nämlich der Sicherung der Preisniveaustabilität, und deren Unabhängigkeit.

D. Systematischer Zusammenhang

6   Art. 123 AEUV stellt eine präventiv wirkendes,[30] materielles **Ausübungsverbot** dar[31] und soll im Zusammenhang mit den Art. 124 (Verbot des bevorrechtigten Zugangs zu Finanzinstituten), Art. 125 AEUV (»Bailout-Verbot«) und Art. 126 AEUV (Defizitverfahren) die unionsrechtlichen Vorgaben für die mitgliedstaatliche Finanzpolitik bilden.[32] Systematisch passender wäre Art. 123 AEUV allerdings bei den Art. 127 ff. AEUV zu verorten, da er sich auf währungspolitische und nicht auf wirtschaftspolitische Maßnahmen bezieht und vorrangig an das ESZB gerichtet ist. Dementsprechend sah der Kommissionsentwurf zum Maastrichtvertrag auch noch vor, dass der heutige Art. 123 AEUV unter dem Kapitel Währungspolitik aufgeführt werden sollte.[33] Adressaten des Ausübungsverbotes sind die EZB und die mitgliedstaatlichen Zentralbanken und nicht die Mitgliedstaaten selbst (Rn. 7). Im Gegensatz zu Art. 126 AEUV, der eine quantitative Begrenzung der Staatsverschuldung vorsieht, wird in Art. 123 AEUV das Kreditvolumen nicht auf eine bestimmte Höhe begrenzt, sondern eine volkswirtschaftlich als besonders gefährlich eingestufte **Form der Refinanzierung** verboten.[34]

---

[28] *Gaitanides*, S. 99.
[29] *Hahn/Häde*, S. 314; *Roth*, EuR-Beiheft 1/1994, 45 (50); a. A. *Lesch*, Konvergenzkriterien einer Europäischen Währungsunion, 1993, S. 72; *Schulze-Steinen* (Fn. 22), S. 77; *Hentschelmann* (Fn. 17), S. 152 ff., die eine Aufspaltung von rechtlicher und faktischer Zentralbankautonomie für möglich halten und feststellen, dass im Falle extrem hoher mitgliedstaatlicher Verschuldung die EZB eine Art »lender of last resort« sein werde und sich auf Grund von politischem Druck ihrer gesamtwirtschaftlichen Verantwortung kaum entziehen könne. Auch *Mensching*, EuR 2014, 333 (340), sieht die EZB als »lender of last resort«; siehe auch *Borger*, CMLRev. 53 (2016), 139 (148 ff.). Allg. zur politischen Dimension der Zentralbank: *Issing* (Fn. 22), S. 12.
[30] EuGH, Urt. v. 27. 11. 2012, Rs. C–370/12 (Pringle), ECLI:EU:C:2012:756, Rn. 59; so ähnlich auch *Hahn/Häde*, S. 311; *Kämmerer*, in: Siekmann, EWU, Art. 123 AEUV, Rn. 3.
[31] Bzgl. Art. 125 AEUV so auch *Herrmann*, EuZW 2010, 413 (415), der den Begriff materielle Schranke verwendet; *Siekmann*, Missachtung rechtlicher Vorgaben des AEUV, S. 145, der Art. 123 AEUV nicht nennt bei der Auflistung der Kompetenznormen; a. A. wohl das *BVerfG* im Vorlagebeschluss vom 14. 1. 2014, EuZW 2014, 192 (193), das Art. 123 AEUV inzident als formelle Kompetenznorm einstuft, indem es die Norm zum Gegenstand der ultra-vires Rechtsprechung macht.
[32] *Kämmerer*, in: Siekmann, EWU, Art. 123 AEUV, Rn. 43.
[33] Vgl. Art. 106a Nr. 3 Kommissionsentwurf vom 10. 12. 1990. Allerdings war das Kreditgewährungsverbot zweimal in diesem Entwurf enthalten, Art. 104a richtete das Verbot an die Mitgliedstaaten. Der französische und deutsche Entwurf schlugen jeweils ein eigenes Kapitel Haushaltspolitik vor, vgl. *Viebig*, Der Vertrag von Maastricht, S. 529.
[34] *Thiele*, S. 63; die meisten der weltweiten Zentralbanken unterliegen einem solchen oder ähnlichen Verbot unmittelbarer Staatsfinanzierung, vgl. *Jácome/Matamoros-Indorf/Sharma/Townsend*, Central Bank Credit to the Government: What can we learn from international Practices?, IMF Working Paper 12/16, S. 3 ff.

E. Verbotstatbestände

I. Adressaten

Vielfach wird vertreten, die Verbote des Art. 123 AEUV richteten sich gleichermaßen an die Zentralbanken und die Stellen des »öffentlichen Sektors«.[35] Diese Aussage ist vermutlich der passiven Formulierung der Verbote, welche die verbotenen Handlungen in den Vordergrund stellen, geschuldet. Richtig ist, dass die Kommission und die Mitgliedstaaten davon ausgingen, die Verbote müssten sich auch an sie selbst richten, um effektiv zu sein.[36] Hintergrund dieser rechtspolitischen Denkweise war die damals vorherrschende meist wenig ausgeprägte Unabhängigkeit der nationalen Zentralbanken.[37] Solange die Mitgliedstaaten noch irgendeinen rechtlichen Einfluss auf die Zentralbanken hatten, mussten sich die Verbote des Art. 123 AEUV auch an die Mitgliedstaaten richten. Dies ist aber bei der vollumfänglich gewährten Unabhängigkeit der EZB und der mitgliedstaatlichen Zentralbanken nicht mehr der Fall. Daher begründet Art. 123 AEUV nur konkrete Verhaltenspflichten für **die Zentralbanken**;[38] sie dürfen weder Kredite an bestimmte Schuldner gewähren noch unmittelbar Schuldtitel von diesen Schuldnern erwerben (Rn. 9).[39] Der Sinn und Zweck der Norm steht diesem Befund nicht entgegen. Art. 123 AEUV mag zwar ein »marktgestützter Disziplinierungsmechanismus« sein und soll u. a. die Haushaltsdisziplin fördern; dies ist jedoch nur ein erwünschter Nebeneffekt des Ausübungsverbotes.

Damit lässt sich auch die Frage beantworten, ob die Kreditvergabe im Rahmen der Europäischen Finanzstabilisierungsfazilität (**EFSF**), des Europäischen Finanzstabilisierungsmechanismus (**EFSM**), des Europäischen Stabilitätsmechanismus (**ESM**) und die zuerst gewährten **bilateralen Kredite** der Mitgliedstaaten[40] eine verbotene Kreditfazilität i. S. d. Art. 123 Abs. 1 AEUV darstellen. Kurzzeitig war dies in der Literatur umstritten, da vereinzelt vertreten wurde, die Mitgliedstaaten selbst seien Adressaten des Art. 123 Abs. 1 AEUV auf Gläubigerseite und somit sei die Kreditvergabe direkt oder mittels Konstruktionen wie der EFSF, dem EFSM oder dem ESM an andere Mitgliedstaaten verboten. Vertreter dieser These begründen dies u. a. mit dem Sinn und Zweck der Norm, der eine Erweiterung des Adressatenkreises auf die Mitgliedstaaten gebiete, sowie mit einem Umkehrschluss aus 123 Abs. 2 AEUV.[41] Dem Telos des Art. 123 Abs. 1 AEUV entsprechend sind die Mitgliedstaaten nach dem eindeutigen Wortlaut jedoch

---

[35] U.a. *Kämmerer*, in: Siekmann, EWU, Art. 123 AEUV, Rn. 8; *Gaitanides*, S. 99. Die Aufzählung in Art. 123 Abs. 1 AEUV entspricht der Definition des »öffentlichen Sektors« in Art. 3 VO (EG) Nr. 3603/93 mit Ausnahme der sonstigen Stellen der Union, welche erst durch den Vertrag von Lissabon hinzugefügt wurden.
[36] Kommentar zum Kommissionsentwurf vom 10.12.1990, S. 11 und 13.
[37] Vgl. *Europäisches Währungsinstitut*, Fortschritte auf dem Weg zur Konvergenz, 1996, S. 108 ff.
[38] So auch *Ohler*, S. 268 ff., der die Mitgliedstaaten nur als Adressaten ansieht, solange die vorgeschriebene Unabhängigkeit noch nicht umgesetzt wurde.
[39] Vgl. hierzu Kommentar zum Kommissionsentwurf vom 10.12.1990, S. 13.
[40] Vgl. zur Historie der Maßnahmen während der Schuldenkrise *Herrmann*, Die Folgen der Finanzkrise für die europäische Wirtschafts- und Währungsunion, in: Kadelbach (Hrsg.), Nach der Finanzkrise, 2012, S. 83 ff. sowie *Herrmann*, EuZW 2012, 805 f.
[41] *Kube/Reimer*, NJW 2010, 1911 (1912); *Frenz/Ehlenz*, EWS 2010, 65 (67).

nicht Adressaten des Verbots.[42] Dieser Ansicht ist daher zu Recht Weise auch der EuGH gefolgt.[43]

II. Verbote

9 Art. 123 Abs. 1 AEUV verbietet der EZB und den nationalen Zentralbanken die Finanzierung der öffentlichen Haushalte der Union und der Mitgliedstaaten. Die Norm enthält zwei Verbote: Das Kreditgewährungsverbot (Art. 123 Abs. 1 Alt. 1 AEUV) und das Verbot des unmittelbaren Erwerbs von Schuldtiteln (Art. 123 Abs. 1 Alt. 2 AEUV). Ausweislich ihres 1. und 2. Erwägungsgrundes werden zentrale Begriffe des Art. 123 AEUV in der VO (EG) Nr. 3603/93 definiert.

1. Verbot von Kreditfazilitäten (Alt. 1)

10 Die Vergabe oder Einräumung sämtlicher Kreditfazilitäten ist verboten. **Kreditfazilität** bedeutet in der Wirtschaftswissenschaft »Gesamtheit aller Kreditmöglichkeiten, die einem Kunden zur Deckung seines Kreditbedarfs bei einer oder mehreren Banken zur Verfügung stehen«[44] und bildet den Oberbegriff für **Überziehungsfazilitäten** und **andere Kreditfazilitäten**.[45]

11 Eine **Überziehungsfazilität** ist gem. Art. 1 Abs. 1 Buchst. a VO (EG) Nr. 3603/93 jede Bereitstellung von Mitteln zugunsten des öffentlichen Sektors, deren Verbuchung einen Negativsaldo ergibt oder ergeben könnte.

12 Unter **andere Kreditfazilitäten** werden drei verschiedene Sachverhalte gefasst. Laut Art. 1 Abs. 1 Buchst. b VO (EG) Nr. 3603/93 sind dies (1) jede am 1.1.1994 bestehende Forderung an den öffentlichen Sektor mit Ausnahme der vor diesem Zeitpunkt erworbenen Forderungen mit fester Laufzeit, (2) jede Finanzierung von Verbindlichkeiten des öffentlichen Sektors gegenüber Dritten, und (3) unbeschadet des Art. 123 Abs. 2 AEUV (ehemals Art. 104 Abs. 2 EGV) jede Transaktion mit dem öffentlichen Sektor, die zu einer Forderung an diesen führt oder führen könnte.

2. Verbot des unmittelbaren Erwerbs von Schuldtiteln (Alt. 2)

13 Das Verbot zur Gewährung von Kreditfazilitäten wird in Art. 123 Abs. 1 Alt. 2 AEUV ergänzt durch das Verbot des **unmittelbaren Erwerbs** von Schuldtiteln der öffentlichen Hand. Aus Art. 1 Abs. 2 VO (EG) Nr. 3603/93 ergibt sich, dass mit Schuldtiteln alle verbrieften und handelbaren Forderungen der öffentlichen Hand gemeint sind.[46] Entscheidend ist, dass der Staat aus den Wertpapieren zu geldwerten Leistungen verpflichtet wird. Unwichtig ist daher, ob die Papiere privat- oder öffentlich-rechtlich ausgestaltet sind. Art. 123 Abs. 1 Alt. 2 AEUV verbietet nur den unmittelbaren Erwerb auf dem Primärmarkt, also den Erwerb direkt vom Emittenten – dem Staat. Der Erwerb von Forderungen und börsengängigen Wertpapieren auf dem **Sekundärmarkt** ist der EZB und den nationalen Zentralbanken jedoch weiterhin ausdrücklich erlaubt (Art. 18.1

---

[42] *Häde,* in: Calliess/Ruffert, EUV/AEUV, Art. 123 AEUV, Rn. 17; *Kempen,* in: Streinz, EUV/AEUV, Art. 123 AEUV, Rn. 2; *Calliess,* Das europäische Solidaritätsprinzip und die Krise des Euro, S. 39 f.
[43] EuGH, Urt. v. 27.11.2012, Rs. C–370/12 (Pringle), ECLI:EU:C:2012:756, Rn. 125 f.
[44] *Hölscher,* in: Gabler, Wirtschaftslexikon, 18 Aufl., 2014, Stichwort »Kreditfazilität«, S. 1826.
[45] So auch *Kämmerer,* in: Siekmann, EWU, Art. 123 AEUV, Rn. 10.
[46] So auch *Kämmerer,* in: Siekmann, EWU, Art. 123 AEUV, Rn. 23.

ESZB-Satzung)[47] (zu einem etwaigen Umgehungsverbot s. Rn. 18). »Börsengängigkeit« i. S. v. Art. 18.1, 1. Gedstr. ESZB-Satzung meint dabei letztlich nur die Zulassung zum Handel an einem geregelten Markt i. S. d. Richtlinie (EG) Nr. 2004/39[48] und nicht – wie teilweise behauptet – das Bestehen eines liquiden Marktes für den jeweiligen Schuldtitel.[49]

3. Verbotene Schuldner

Der Kreis der verbotenen Vertragspartner bzgl. der durch Art. 123 Abs. 1 AEUV untersagten Handlungsformen ist bei Kreditfazilitäten und Erwerb von Schuldtiteln derselbe. In beiden Alternativen würde der öffentliche Sektor Schuldner der Zentralbanken. Erfasst wird dabei der gesamte »**öffentliche Sektor**«[50] sowohl auf nationaler als auch auf Unionsebene. Die Aufnahme der Unionsebene in das Verbot ist bzgl. Alt. 1 weitgehend redundant, da der Unionshaushalt ohnehin nicht durch Kredite finanziert werden darf (Art. 311 Abs. 2 AEUV). Insgesamt wird dadurch aber die Kontrolle der Mitgliedstaaten über die Finanzmittel der Union abgesichert.[51]   14

a) Organe, Einrichtungen oder sonstige Stellen der Union

Mit Organen der EU sind die in Art. 13 Abs. 2 EUV aufgezählten gemeint.[52] Organe selbst haben grundsätzlich keine Rechtspersönlichkeit,[53] sondern nur Kompetenzen und handeln dementsprechend für juristische Personen, hier die EU. Ihre Nennung muss also so verstanden werden, dass die Zentralbanken keine Kredite an die EU vergeben dürfen.[54] Unter Einrichtungen sind die sog. Neben- bzw. Hilfsorgane[55] zu fassen, wie sie das Primärrecht z. B. in Art. 13 Abs. 4 EUV vorsieht. Der Begriff der »sonstigen Stellen« war in den Vorgängernormen des Art. 123 AEUV noch nicht enthalten und geht auf den Verfassungsvertrag zurück (vgl. Art. III–181 Abs. 1 VVE). Insbesondere die englische Sprachfassung macht deutlich, dass damit die steigende Anzahl an auf Sekundärrechtsakt beruhenden oder näher ausgestalteten Fachbehörden gemeint ist; zu erwähnen sind hierbei vor allem die »Agenturen«.[56] Die Europäische Investitionsbank (EIB) (Art. 308 f. AEUV) ist ebenfalls eine Einrichtung der EU i. S. v. Art. 123 Abs. 1 AEUV.[57] Sie ist keine Zentralbank und hat auch keine Zentralbankfunktionen; somit fällt die EIB nicht unter die Ausnahme des Art. 8 Abs. 2 VO (EG) Nr. 3603/93. Die EZB und die   15

---

[47] Protokoll Nr. 4 vom 7. 2. 1992 über die Satzung des Europäischen Systems der Zentralbanken und der Europäischen Zentralbank, ABl. 1992, C 191/68.
[48] RL 2004/39/EG vom 21. 4. 2004 über Märkte für Finanzinstrumente, zur Änderung der RL 1985/611/EWG und 1993/6/EWG des Rates und der RL 2000/12/EG des Europäischen Parlaments und des Rates und zur Aufhebung der RL 93/22/EWG des Rates, ABl. 2004, L 145/1.
[49] *Herrmann*, EuZW 2010, 645 (646); im Ergebnis wohl so auch *Kämmerer*, in: Siekmann, EWU, Art. 123 AEUV, Rn. 27; a. A. *Seidel*, EuZW 2010, 521.
[50] Die Aufzählung in Art. 123 Abs. 1 AEUV entspricht der Definition des »öffentlichen Sektors« in Art. 3 VO (EG) Nr. 3603/93 mit Ausnahme der sonstigen Stellen der Union, welche erst durch den Vertrag von Lissabon hinzugefügt wurden.
[51] *Häde*, in: Calliess/Ruffert, EUV/AEUV, Art. 123 AEUV, Rn. 6.
[52] *Ohler*, S. 270.
[53] Ausnahme: EZB gem. Art. 282 Abs. 3 S. 1 AEUV.
[54] *Ohler*, S. 270.
[55] Zum Begriff vgl. *Streinz*, Europarecht, Rn. 430 ff.
[56] Näher hierzu *Streinz*, Europarecht, Rn. 442 ff.; *Haratsch/König/Pechstein*, Europarecht, Rn. 323.
[57] *Ohler*, S. 270. Im Ergebnis so auch *Kämmerer*, in: Siekmann, EWU, Art. 123 AEUV, Rn. 31.

nationalen Zentralbanken sind hingegen gem. Art. 8 Abs. 2 i.V.m. Art. 3 Abs. 2 VO (EG) Nr. 3603/93 nicht Objekte des Verbots, sondern Adressaten.

b) Mitgliedstaaten

16 Verbotene Schuldner sind bei den Mitgliedstaaten nicht nur der Bund (»Zentralregierung« meint den Verband und nicht nur das Organ),[58] sondern auch Gliedstaaten wie Bundesländer, Regionen, Comunidades Autónomas etc. (»regionale Gebietskörperschaften«) sowie Kommunen (»lokale Gebietskörperschaften«). Erfasst werden daneben auch sämtliche öffentlich-rechtlichen juristischen Personen nach mitgliedstaatlichem Recht. Dies ist vor dem Hintergrund des Zwecks der Norm verständlich, stellt allerdings einen Systembruch dar, da das Europarecht ansonsten regelmäßig an die Funktion und nicht die Rechtsform anknüpft.[59] Beliehene, die privatrechtlich organisiert sind, sind dem Wortlaut nach folglich keine verbotenen Schuldner für die Zentralbanken. Gemessen am Sinn und Zweck der Norm muss der Begriff der »Einrichtung des öffentlichen Rechts« jedoch erweiternd ausgelegt werden, falls von einer privatrechtlich organisierten Einrichtung Aufgaben im öffentlichen Interesse wahrgenommen werden und für deren Verbindlichkeiten letztendlich eine staatliche Stelle haftet (Haushaltsrelevanz).[60] Dementsprechend sind Beliehene ggf. vom Verbot umfasst.

17 Der Begriff des Unternehmens ist einheitlich im Unionsrecht auszulegen und umfasst nach ständiger Rechtsprechung »jede eine wirtschaftliche Tätigkeit ausübende Einheit, unabhängig von ihrer Rechtsform und der Art ihrer Finanzierung«.[61] Wann ein Unternehmen öffentlich ist, definiert Art. 8 Abs. 1 VO (EG) Nr. 3603/93.

III. Verbot der Umgehung

18 Im Zusammenhang mit dem SMP und dem OMT-Programm wurde – nachdem der Wortlaut des Art. 123 Abs. 1 AEUV und des Art. 18.1 ESZB-Satzung auch finale Staatsanleihenkäufe eindeutig zulässt – wiederholt vorgetragen, bei diesen handele es sich um eine ebenfalls verbotene »Umgehung«. Das Bestehen eines **generellen Umgehungsverbots** im Europarecht wird dabei allgemein in der Literatur und Rechtsprechung angenommen.[62] Als Begründung wird in diesem speziellen Fall zuvörderst auf den 7. Erwägungsgrund der Präambel der VO (EG) Nr. 3630/93 verwiesen.[63] Daran ist zumindest zu kritisieren, dass dieser Erwägungsgrund sich explizit ausschließlich an die Mitgliedstaaten richtet und der ursprüngliche Zweck dieses Erwägungsgrundes war, die Instrumentalisierung der Zentralbanken durch die Mitgliedstaaten während der zweiten Stufe der WWU zu verhindern.[64] Mit der dritten Stufe der Wirtschafts- und Währungsunion sowie

---

[58] Vgl. die frz. oder spa. Textfassungen, die nicht von Regierung sondern »administrations« und »autoridades« sprechen. *Ohler*, S. 270f.

[59] *Kämmerer*, in: Siekmann, EWU, Art. 123 AEUV, Rn. 35.

[60] *Ohler*, S. 272; so im Ergebnis auch *Kämmerer*, in: Siekmann, EWU, Art. 123 AEUV, Rn. 36.

[61] U.a. EuGH, Urt. v. 11.12.1997, Rs. C–55/96 (Job Centre coop), Slg. 1997, I–7119, Rn. 21.

[62] Vgl. u.a. *Beukers*, German Law Journal Special Issue 2014, 343 (355), *Heun*, JZ 2014, 331 (335); *Kämmerer*, in: Siekmann, EWU, Art. 123 AEUV, Rn. 11; *Häde*, in: Bonner Kommentar GG, Art. 88 GG (Dezember 2012), Rn. 383; Vorlagebeschluss des BVerfG, BVerfGE 134, 366 (Rn. 85); *EZB*, Stellungnahme zu den Verfassungsbeschwerden 2 BvR 1390/12 u.a., S. 14; speziell auf Art. 123 AEUV bezogen vgl. GA *Villalón*, Schlußanträge zu Rs. C–62/14 (Gauweiler), ECLI:EU:C:2015:7, Rn. 225 ff.; EuGH, Urt. v. 16.6.2015, Rs. C–62/14 (Gauweiler), ECLI:EU:C:2015:400, Rn. 101; kritischer *Herrmann*, EuZW 2012, 805 (810).

[63] BVerfG, BVerfGE 134, 366 (Rn. 86).

[64] *Herrmann*, EuZW 2012, 805 (810).

der Unabhängigkeit der EZB und der nationalen Zentralbanken besteht diese Gefährdungslage so jedenfalls nicht mehr. Zudem trägt die insbesondere vom Bundesverfassungsgericht zitierte[65] Rechtsprechung des EuGH die Annahme eines weitreichenden Umgehungsverbots gerade nicht, da diese lediglich von der Unzulässigkeit einer »betrügerische(n) oder missbräuchliche(n)«[66] Berufung auf das Unionsrecht spricht.

Nimmt man die Existenz eines Umgehungsverbots allerdings an, dann kann ein Verstoß hiergegen jedenfalls nur vorliegen, wenn die Maßnahme dem Sinn und Zweck der Norm beabsichtigt zuwider läuft und denselben Effekt wie die ausdrücklich verbotenen Handlungen hat, worauf es wiederum dem handelnden Akteur ankommen muss.[67] 19

1. SMP-Programm und OMT-Ankündigung

Im Rahmen des als Teil der koordinierten Maßnahmen zur Bekämpfung der Euro-Staatsschuldenkrise im Mai 2010 angenommenen **Securities Markets Programme (SMP)**[68] erwarb die EZB seit Mai 2010 börsengängige Schuldtitel der Mitgliedstaaten auf dem Sekundärmarkt im Volumen von etwa 210 Mrd. Euro endgültig, d. h. als echter Käufer mit der Absicht, die Anleihen bis zur Endfälligkeit zu halten.[69] Das Gesamtvolumen der noch gehaltenen Anleihen belief sich im Dezember 2015 auf 128,4 Mrd. Euro.[70] Im Februar 2012 wurden die letzten SMP-Anleihenankäufe getätigt. 20

Im September 2012 wurde als Nachfolger des SMP das **Outright Monetary Transactions (OMT)**[71] Programm angekündigt, welches den ex ante mengenmäßig unbegrenzten Ankauf von mitgliedstaatlichen Schuldtiteln auf dem Sekundärmarkt vorsieht. Entsprechende Ankäufe wären an die Teilnahme des betroffenen Mitgliedstaates an einem ESM-Programm geknüpft. Der erforderliche Rechtsakt wurde bislang allerdings noch nicht erlassen, weswegen das SMP de jure nach wie vor in Kraft ist. 21

Als Grund für die Einführung beider Programme wurden die Bekämpfung von **Störungen im geldpolitischen Transmissionsmechanismus**,[72] die Sicherung einer einheitlichen Geldpolitik sowie die Bekämpfung von irrationalen Ängsten bzgl. der Reversibilität des Euro genannt.[73] Diese Vorgehensweise ist durch Art. 18.1, 1. Gedstr. ESZB-Satzung ausdrücklich erlaubt und widerspricht dem Wortlaut nach auch nicht dem 22

---

[65] BVerfG, BVerfGE 134, 366 (Rn. 85).
[66] EuGH, Urt. v. 20. 6. 2013, Rs. C–259/12 (Rodopi-M 91), ECLI:EU:C:2013:414, Rn. 41.
[67] EuGH, Urt. v. 16. 6. 2015, Rs. C–62/14 (Gauweiler), ECLI:EU:C:2015:400, Rn. 97; nur im Ergebnis ähnlich auch BVerfG, BVerfGE 134, 366 (Rn. 86).
[68] Beschluss der EZB vom 14. 5. 2010 zur Einführung eines Programms für die Wertpapiermärkte, EZB 2010/5, ABl. 2010, L 124/8. Das SMP war von Mai 2010 bis September 2012 in Kraft.
[69] Zur Historie des Programms siehe *Thiele*, S. 12 ff. Zu den Nachteilen des endgültigen Ankaufs durch Zentralbanken siehe *Herrmann*, Währungshoheit, S. 48 f. Bisher gelang es der EZB aber das zusätzlich in Umlauf geratene Zentralbankgeld wieder zu sterilisieren, vgl. u. a. http://www.faz.net/aktuell/finanzen/anleihen-zinsen/neutralisierte-liquiditaet-ezb-entzieht-geldmarkt–208–5–milliarden-euro–11 951805.html (28. 7. 2014). Siehe auch die Diskussion zur drohenden Deflation, u. a. Weltbank, Global Economic Prospects June 2014, S. 22.
[70] EZB, Pressemitteilung Jahresabschluss der EZB für 2014, S. 6, und 2015, S. 3 (Stand Dezember 2015).
[71] Vgl. Pressemitteilung der EZB vom 6. 9. 2012, Technical features of Outright Monetary Transactions.
[72] Allgemein zur Störung des geldpolitischen Transmissionsmechanismus: EZB, Monatsbericht Juli 2011, S. 60 ff.
[73] EZB, Monatsbericht September 2012, S. 7. Zum Erfolg der Ankündigung des OMT-Programms vgl. Editorial Comments, CMLRev. 51 (2014), 375 (377 f.).

Verbot des Art. 123 Abs. 1 Alt. 2 AEUV. Es handelt sich vielmehr um ein »tradiertes geldpolitisches Instrument«.[74]

23 Das Bundesverfassungsgericht sah darin allerdings zunächst einen **Verstoß gegen das generelle Umgehungsverbot** i. V. m. Art. 123 Abs. 1 Alt. 2 AEUV[75] sowie eine von der Kompetenz der EZB für die Währungspolitik nicht gedeckte wirtschaftspolitische Maßnahme.[76] Grund hierfür sei das kumulative Vorliegen folgender Voraussetzungen: (1) die Zielsetzung des ESZB, Zinsaufschläge zu neutralisieren, (2) die Selektivität des Erwerbs, (3) die Parallelität mit EFSF- und ESM-Hilfsprogrammen, (4) die Möglichkeit, die Anleihen bis zur Endfälligkeit zu halten, (5) die Bereitschaft, sich an einem Schuldenschnitt zu beteiligen, (6) das erhöhte Risiko, dass es zu einem solchen Schuldenschnitt kommt, (7) die Störung der freien Marktpreisbildung und (8) der Anreiz für Markeilnehmer zum Ersterwerb dieser Anleihen.

24 Diese Argumentation wurde in der Literatur zu Recht **stark kritisiert**.[77] Gegen die Punkte 4, 5 und 6 ist einzuwenden, dass Art. 18.1, 1. Gedstr. ESZB-Satzung das Halten von Anleihen bis zur Endfälligkeit ausdrücklich erlaubt und die Beteiligung an einem Schuldenschnitt sowie das Risiko eines solchen in Art. 123 Abs. 1 Alt. 1 AEUV nicht erwähnt werden und mithin auch nicht Gegenstand des Verbots sind.[78] Ausfälle, die aus einer Umschuldung resultieren, stellen vielmehr ein mit dem Erwerb von Wertpapieren typischerweise verbundenes Risiko dar, welches im Anleihekurs, den Zinsen oder dem Risikoabschlag eingepreist wird.[79] Die Selektivität des Erwerbs rührt zum einen von der Fragmentierung der Wirtschafts- und Währungsunion in unterschiedliche nationale Märkte – es gibt schlicht keine »Eurobonds«[80] – und zum anderen vom Auslöser für diese Ankäufe, der Störung des geldpolitischen Transmissionsmechanismus, her. Wenn eine Störung nur in gewissen Teilen des Euro-Währungsgebiets vorliegt, dann ist auch nur dort sinnvoll gegen sie vorzugehen.[81] Was die Parallelität mit einem ESM-Programm angeht, so ist diese durch die Verpflichtung der EZB zur Unterstützung der Wirtschaftspolitik aus Art. 127 Abs. 1 AEUV durchaus gerechtfertigt, soweit die geldpolitischen Ziele des Programms dadurch nicht gefährdet werden.[82] Eine Umgehung des verbotenen unmittelbaren Erwerbs liegt auch darin nicht.

25 Einzig die Punkte 1, 7 und 8 könnten eine Umgehung begründen, wenn dadurch die **Sanktionswirkung des Primärmarktes** aufgehoben würde.[83] Dies ist aber nur vorstellbar, wenn die EZB die Anleihen sofort und (mindestens) zum Emissionspreis erwerben würde, weil die Ersterwerber der Anleihe auf dem Primärmarkt dann von jeglichem Verlustrisiko befreit wären und keine Marktpreisbildung mehr stattfände.[84] Diese Garantie

---

[74] *Herrmann*, EuZW 2012, 805 (810); vgl. auch die Praxis der Deutschen Bundesbank, Die Deutsche Bundesbank – Geldpolitische Aufgaben und Instrumente, 1993, S. 117; allg. zu geldpolitischen Instrumenten der EZB: *Selmayr*, EnzEuR, Bd. 4, § 23, Rn. 233 ff.
[75] BVerfG, BVerfGE 134, 366 (Rn. 87 ff.).
[76] BVerfG, BVerfGE 134, 366 (Rn. 56 ff.); a. A. *Thiele*, EuZW 2014, 694 (698), der das OMT-Programm als währungspolitische Maßnahme einstuft.
[77] U.a. siehe *Pliakos/Anagnostaras*, German Law Journal Special Issue 2014, 369 ff., *Beukers*, German Law Journal Special Issue 2014, 343 ff.
[78] A.A. *Sester*, EWS 2012, 80 (85).
[79] *Herrmann*, in: The XXVI Fide Congress, S. 363; *Heun*, JZ 2014, 331 (336).
[80] So auch *Heun*, JZ 2014, 331 (334).
[81] *Thiele*, German Law Journal Special Issue 2014, 241 (257 f.).
[82] So auch *Heun*, JZ 2014, 331 (335); *Wendel*, ZaöRV 2014, 615 (659, 662).
[83] Vgl. *Thiele*, S. 73 f.
[84] So auch *Thiele*, S. 73; *Herrmann* (Fn. 79), S. 363 f.

hat die EZB wohlweislich aber gerade nicht gegeben, so dass eine freie Preisbildung weiterhin stattfindet. Die Vorteile, die einigen Staaten aus solchen Staatsanleihekäufen der EZB erwachsen, sind im Übrigen irrelevant in Bezug auf Art. 123 Abs. 1 Alt. 2 AEUV, da ein »allgemeines Begünstigungsverbot«[85] dem europäischen Primärrecht fremd ist. Es liegt demnach weder durch das SMP noch durch das OMT-Programm ein Verstoß gegen Art. 123 Abs. 1 Alt. 2 AEUV vor.[86] Die Rechtmäßigkeit des OMT-Programms wurde im Juni 2015 vom EuGH im Vorabentscheidungsurteil zur Rs. Gauweiler bestätigt.[87] Methodisch bemerkenswert war angesichts der noch nicht erfolgten Umsetzung des OMT-Programms die vollumfängliche Verhältnismäßigkeitskontrolle.[88] Dieser methodische Ansatz wurde erstmals durch den Generalanwalt Villalón in den Schlussanträgen ins Spiel gebracht; dort allerdings nicht unbedingt in Form einer abschließenden Kontrolle – diese wäre erst an Hand der konkreten Umsetzungsmaßnahme möglich – sondern vielmehr als Anknüpfungspunkt, um dem Eurosystem Vorgaben und Grenzen für eine künftige Umsetzung an die Hand zu geben.[89] Schlussendlich ist auch das BVerfG dieser Rechtsprechung im Ergebnis gefolgt.[90]

Vereinzelte Stimmen in der Literatur, die generell den Ankauf auf dem Sekundärmarkt dem Ankauf auf dem Primärmarkt gleichstellen wollen,[91] missachten sowohl den eindeutigen Wortlaut der Art. 123 Abs. 1 Alt. 2 AEUV, Art. 18.1, 1. Gedstr. ESZB -Satzung als auch die ökonomische Ratio des Verbots.[92]

26

2. »Quantitative Easing«

Ein anderes, vom SMP und OMT-Programm unabhängiges Anleihen-Ankaufprogramm wurde unter der Bezeichnung »**Quantitative Easing (QE)**« bekannt.[93] Hinter dieser Bezeichnung verbirgt sich ein Programm zum Ankauf von Wertpapieren des öffentlichen Sektors an den Sekundärmärkten (PSPP). Das PSPP ist eine Erweiterung bereits bestehender Wertpapierankaufprogramme (konkret des Ankaufprogramms für gedeckte Schuldverschreibungen (CBPP3) und für Asset-Backed Securities (ABSPP)), welches dem Eurosystem den flächendeckenden Erwerb von Staatsanleihen an den Sekundärmärkten bis zu einem monatlichen Gesamt-Volumen von nunmehr 80 Mrd. Euro ermöglicht, um die anhaltenden Deflations-Tendenzen im Eurowährungsraum zu bekämpfen.[94] Die Laufzeit des Programms wurde zunächst auf bis mindestens März 2017 festgesetzt. Trotz des beträchtlichen Volumens stellt das PSPP mangels Selektivität und

27

---

[85] *Thiele*, S. 73; so auch *Beukers*, German Law Journal Special Issue 2014, 343 (349).
[86] So auch *Selmayr*, EnzEuR, Bd. 4, § 23, Rn. 248 und 251; a.A *Siekmann*, S. 149.
[87] EuGH, Urt. v. 16. 6. 2015, Rs. C–62/14 (Gauweiler), ECLI:EU:C:2015:400, Rn. 127. Siehe auch die breite Rezeption des Urteils in der Literatur, u. a. *Ohler*, NVwZ 2015, 1001 ff.; *Mayer*, NJW 2015, 1999 ff.; *Herrmann/Dornacher*, EuZW 2015, 579 f.; *Klement*, JZ 2015, 754 ff.; *Borger*, CML Rev. 2016, 139 ff.; *Anagnostaras*, E. L. Rev. 2015, 744 ff.
[88] EuGH, Urt. v. 16. 6. 2015, Rs. C–62/14 (Gauweiler), ECLI:EU:C:2015:400, Rn. 66 ff.
[89] GA *Villalón*, Schlußanträge zu Rs. C–62/14 (Gauweiler), ECLI:EU:C:2015:7, Rn. 165 ff.
[90] BVerfG, NJW 2016, 2473 (2483 ff.), Rn. 175 ff.; siehe hierzu auch *Sander*, EuZW 2016, 614.
[91] *Kerber/Städter*, EuZW 2011, 536 (537 f.); *Frenz/Ehlenz*, GewArch 2010, 329 (334).
[92] So auch *Häde*, in: Bonner Kommentar GG, Art. 88 GG (Dezember 2012), Rn. 381 f. und *Thiele*, S. 67 f.
[93] *Lammers*, EuZW 2015, 212 (213 f.).
[94] Vgl. Pressemitteilung der EZB vom 22. 1. 2015, EZB kündigt erweitertes Programm zum Ankauf von Vermögenswerten an; Beschluss der EZB v. 4.3.2015 über ein Programm zum Ankauf von Wertpapieren des öffentlichen Sektors an den Sekundärmärkten, EZB/2015/10, ABL 2015, L 121/1, S. 20 ff.

Parallelität und auf Grund der eindeutigeren währungspolitischen Zielsetzung, die Inflationsrate wieder an 2 % anzunähern (vgl. Art. 127 AEUV, Rn. 5), eine rechtlich weit weniger strittige Maßnahme dar. Grundsätzlich gelten aber auch hier die bereits unter Rn. 24 ff. angeführten Argumente, weshalb das PSPP ebenfalls weder einen Verstoß gegen noch eine Umgehung des Art. 123 Abs. 1 AEUV darstellt.[95]

3. »Qualitative Easing«

28 Unter »Qualitative Easing« versteht man die Lockerung der **Anforderungen an die Notenbankfähigkeit von Sicherheiten**, die nach Art. 18.1, 2. Gedstr. ESZB-Satzung für Kreditgeschäfte nötig sind. U. a. hat die EZB Staatsanleihen von Staaten mit geringer Bonität im Zuge der Staatsschuldenkrise – allerdings mit Bewertungsabschlägen – weiterhin als Sicherheiten akzeptiert.[96] Vertreten wird mitunter, eine Umgehung liege hier vor, wenn das Ausfallrisiko des Kredits erkennbar nicht mehr abgedeckt werde, oder die EZB die Sicherheiten wegen der »Systemrelevanz« der Bank nicht verwerten werde, weil damit die Zentralbanken das Verlustrisiko der Geschäftsbanken übernehmen und somit letztlich Staatsschulden monetisieren.[97] Angesichts des erheblichen Beurteilungsspielraums der EZB hinsichtlich der Anforderungen an die Notenbankfähigkeit und der sehr abstrakten Gefahr einer verbotenen Monetisierung von Staatsschulden stellt dies jedoch ebenfalls keine Umgehung dar.[98]

4. Agreement on Net Financial Assets – ANFA

29 Das **Agreement on Net Financial Assets (ANFA)**[99] ist ein Abkommen zwischen der EZB und den nationalen Zentralbanken des Euroraums. ANFA stellt kein Ankaufprogramm dar, sondern legt vielmehr ein Verfahren zur jährlichen Ermittlung und Festlegung von Obergrenzen für die Tätigkeiten der nationalen Zentralbanken im Rahmen der ihnen verbliebenen Aufgaben i. S. d. Art. 14.4 ESZB-Satzung fest. Formal gesehen kommt ANFA damit eine Ergänzungs- und Unterstützungsfunktion für die aufsichtsrechtlichen Aufgaben der EZB nach Art. 14.4 ESZB-Satzung zu und es stellt per se jedenfalls keinen Verstoß und keine Umgehung des Verbots monetärer Staatsfinanzierung dar. Für die von den nationalen Zentralbanken getätigten Geldanlagen gelten vielmehr ungeachtet des ANFA die in Art. 123 Abs. 1 AEUV statuierten Verbote.[100]

---

[95] So auch *Thiele*, ZBB/JBB 5/15, 295 (304 ff.); *Mayer*, EuR 2014, 473 (487 f.).
[96] Zu den einzelnen Beschlüssen der EZB vgl. *Thiele*, S. 80 ff.; Zu den Zulassungskriterien der EZB allgemein siehe *EZB*, Durchführung der Geldpolitik im Euro-Währungsgebiet, ABl. 2011, L 331/1, S. 29 ff.
[97] *Kämmerer*, in: Siekmann, EWU, Art. 123 AEUV, Rn. 26 ff.
[98] So im Ergebnis auch *Kämmerer*, in: Siekmann, EWU, Art. 123 AEUV, Rn. 28; zum Beurteilungsspielraum vgl. *Thiele*, S. 80; *Smits*, S. 272.
[99] Agreement of 19 November 2014 on net financial assets, https://www.ecb.europa.eu/ecb/legal/pdf/en_anfa_agreement_19nov2014_f_sign.pdf (23.3.2016); dazu *Dornacher*, WM 2016, 1912 .
[100] S. Erwägungsgrund Nr. (13) des ANFA (oben Fn. 98); eingehend Bundesbank, Zur Bedeutung und Wirkung des Agreement on Net Financial Assets (ANFA) für die Implementierung der Geldpolitik, Monatsbericht März 2016, S. 87 ff.; *König/Bernoth*, ANFA-ABKOMMEN – Verdeckte Staatsfinanzierung oder erlaubte Portfoliosteuerung? Das ANFA-Abkommen des Eurosystems, DIW Wochenbericht Nr. 12+13.2016, S. 243 ff.

IV. Ausnahmen

Zu den oben genannten Verboten gibt es Tatbestandsausnahmen, die den Schuldner- (Art. 123 Abs. 1 Var. 1 AEUV) bzw. Gläubigerkreis (Art. 123 Abs. 1 Var. 2 AEUV) und bestimmte Kreditformen betreffen. 30

1. Schuldnerkreis (Art. 123 Abs. 2 AEUV)

Art. 123 Abs. 2 AEUV nimmt Kreditinstitute im öffentlichen Eigentum aus dem Anwendungsbereich des Art. 123 Abs. 1 AEUV heraus und stellt sie bzgl. der Refinanzierung bei den Zentralbanken den privaten Kreditinstituten gleich. Der Begriff des öffentlichen Eigentums bezieht sich gem. Art. 345 AEUV dabei auf die jeweilige innerstaatliche Eigentumsordnung und erfasst jedwede sachenrechtliche Zuordnung zum öffentlichen Sektor.[101] Zum einen ermöglicht dies auch in Mitgliedstaaten mit einem (teilweise) staatlichen Banksystem die Versorgung des Marktes mit Zentralbankgeld,[102] und zum anderen fehlt es bei solchen Kreditinstituten an der **normtypischen Gefährdungslage**.[103] Beispiele für Kreditinstitute im öffentlichen Eigentum sind in Deutschland die Sparkassen und die Kreditanstalt für Wiederaufbau (KfW). 31

Strittig ist, ob die **Europäische Investitionsbank** (EIB), die ähnlich wie die KfW öffentliche Interessen verfolgt und ebenfalls u.a. an staatliche Stellen Kredite vergibt, ein Kreditinstitut im öffentlichen Eigentum ist. Dagegen wird angeführt, die EIB betätige sich nicht aus erwerbswirtschaftlichen Gründen und sei daher kein Kreditinstitut.[104] Zudem komme ihr eine Sonderstellung zu, die eine Gleichstellung mit privaten Banken nicht zulasse und daher dem Zweck des Art. 123 Abs. 2 AEUV zuwiderliefe.[105] Die öffentliche Aufgabe schließt erwerbswirtschaftliches Handeln jedoch nicht aus; vielmehr ist ein wirtschaftlich zweckmäßiges Handeln der EIB gem. Art. 18 Nr. 1 EIB-Satzung[106] sogar vorgeschrieben. Darüber hinaus rechtfertigt allein die Tatsache, dass es sich um eine Einrichtung der EU handelt, noch nicht, der EIB eine Sonderstellung zuzuschreiben. Denkbar ist jedoch, aus dem Wortlaut »jeweilige nationale Zentralbank« zu schließen, dass die Ausnahme nur für öffentlich-rechtliche Einrichtungen der Mitgliedstaaten gilt. Die Einschränkung »jeweilige« existiert in den anderen Sprachfassungen allerdings nicht,[107] weswegen auch die EIB der Ausnahme des Abs. 2 unterfällt. 32

Ein weiteres Problem in diesem Umfeld ist die Frage, ob der Nachfolger des EFSM, der ESM, Zugang zum Eurosystem erhalten soll. Gemeinhin wird dies unter dem Begriff der »**Banklizenz**« diskutiert. Einige Stimmen in der Literatur, das Bundesverfassungsgericht und die EZB selbst[108] halten eine »Banklizenz« für unionsrechtswidrig. Gem. Art. 32 Nr. 9 ESMV sei der ESM kein Kreditinstitut und erfülle daher schon dem Wortlaut nach nicht die Anforderungen des Art. 123 Abs. 2 AEUV. Zum anderen handle es sich, obwohl der ESM eine von den Mitgliedstaaten unabhängige Rechtsperson ist, um 33

---

[101] *Kämmerer*, in: Siekmann, EWU, Art. 123 AEUV, Rn. 39.
[102] *Ohler*, S. 273.
[103] *Kämmerer*, in: Siekmann, EWU, Art. 123 AEUV, Rn. 12.
[104] *Ohler*, S. 270.
[105] *Kämmerer*, in: Siekmann, EWU, Art. 123 AEUV, Rn. 40.
[106] Protokoll Nr. 5 über die Satzung der Europäischen Investitionsbank, ABl. 2010, C 83/ 251.
[107] Vgl. z.B. die englische und spanische Textfassung.
[108] So zur möglichen Banklizenz des EFSF *Kube*, WM 2013, 57; *Siekmann*, Missachtung rechtlicher Vorgaben des AEUV, S. 141; EZB Stellungnahme ABl. 2011, C 140/8; BVerfG, NJW 2012, 3145 (3156).

monetäre Staatsfinanzierung, weil die Kredite letztendlich an die Mitgliedstaaten ausgeschüttet würden.[109] Übersehen wird dabei aber zweierlei: Zum einen legt Art. 32 Nr. 9 ESMV keineswegs fest, ob der ESM ein Kreditinstitut ist oder nicht. Er befreit den ESM lediglich von eventuell erforderlichen nationalen Zulassungsanforderungen. Das Wort »befreien« lässt sogar eher darauf schließen, dass der ESM doch Eigenschaften eines Kreditinstituts haben könnte. Im Übrigen dürfte der ESM auch die Vorgaben des Art. 4 Nr. 1 Richtlinie 2006/48/EG »Kreditinstitute« erfüllen. In öffentlichem Eigentum steht der ESM allemal, so dass Art. 123 Abs. 2 AEUV durchaus eingreifen könnte. Die Gefahr des uferlosen »Gelddruckens« ist allerdings bereits durch die Kreditvergabegrenze aus Art. 39 i. V. m. 10 ESMV gebannt.[110] Gegen eine Anwendung des Art. 123 Abs. 2 AEUV sprechen könnte jedoch dessen Sinn und Zweck, da Kreditinstitute im öffentlichen Eigentum nur ausgenommen sind, weil sie wie andere Marktteilnehmer auch am Marktgeschehen teilnehmen und nicht direkt Staatshaushalte finanzieren. Die Kredite des ESM gehen jedoch direkt und ausschließlich an Mitgliedstaaten, die Probleme haben, sich am Kapitalmarkt zu refinanzieren.[111]

2. Kreditformen

a) Keine Kreditfazilitäten i. S. v. Art. 123 Abs. 1 Alt. 1 AEUV

34 Bestimmte Geschäfte werden durch die VO (EG) Nr. 3603/93 vom Anwendungsbereich des Art. 123 Abs. 1 Alt. 1 AEUV ausgenommen und stellen daher keine Kreditfazilitäten dar. Gem. Art. 1 Abs. 1 Buchst. b i VO (EG) Nr. 3603/93 sind dies zum einen Forderungen an den öffentlichen Sektor, die vor dem Beginn der 2. Stufe der WWU (01.1.1994) erworben wurden und eine feste Laufzeit haben. Diese Ausnahme folgt der Logik, dass **Altschulden** nicht dasselbe Risiko wie Neuschulden für die Unabhängigkeit der Geldpolitik innewohnt,[112] und die sofortige Bedienung sämtlicher Altschulden schwerwiegende Folgen für den Haushalt mancher Mitgliedstaaten gehabt hätte.[113] **Tageskredite** können die Gewährleistung eines ordnungsgemäßen Funktionierens des Zahlungsverkehrs unterstützen und haben keine Finanzierungsfunktion, weshalb Art. 4 VO (EG) Nr. 3603/93 sie vom Anwendungsbereich ausnimmt.[114] Art. 5 VO (EG) Nr. 3603/93 betrifft Gutschriften aus von Dritten an den öffentlichen Sektor ausgestellten **Schecks**, die vor der Lastschrift gewährt werden und so Wertstellungsgewinne verursachen. Auch diese stellen, wenn sie die in Art. 5 genannten Voraussetzungen erfüllen, keine Kreditfazilitäten dar.[115]

35 Die Ausnahme des Art. 6 VO (EG) Nr. 3603/93 sichert den reibungslosen Münzumlauf,[116] in dem **Münzbestände der Zentralbanken**, die weniger als 10 % des Münzumlaufs ausmachen und Konten des öffentlichen Sektors gutgeschrieben wurden, nicht als Kreditfazilitäten gelten. Schlussendlich ist weder die **Mitwirkung der Zentralbanken** bei

---

[109] *Siekmann*, S. 141 und *Kube*, WM 2013, 57 (60 f.).
[110] *Herrmann*, EuZW 2012, 805 (810).
[111] So im Ergebnis auch *Häde*, in: Bonner Kommentar GG, Art. 88 GG (Dezember 2012), Rn. 472; *Thiele*, S. 74 ff.
[112] *Endler* (Fn. 24), S. 449 f.
[113] *Gnan*, in: GS, EUV/EGV, 2003, Art. 101 EGV, Rn. 30.
[114] 9. Erwägungsgrund VO (EG) Nr. 3603/93; *Gaitanides*, S. 101; *Häde*, in: Calliess/Ruffert, EUV/AEUV, 4. Aufl., 2011, Art. 123 AEUV, Rn. 8.
[115] Zur Begründung siehe 11. Erwägungsgrund VO (EG) Nr. 3603/93 und *Tutsch*, in: GS, EUV/AEUV/GRC, Art. 123 AEUV, Rn. 32.
[116] Dazu ausführlich: *Tutsch*, in: GS, EUV/AEUV, Art. 123 AEUV, Rn. 33.

der Erfüllung der Verpflichtungen der Mitgliedstaaten unter dem Statut des Internationalen Währungsfonds (IWF-Statut) gem. Art. 7 VO (EG) Nr. 3603/93 eine Kreditfazilität noch die Mitwirkung beim mittelfristigen finanziellen Beistand im Falle von Zahlungsbilanzschwierigkeiten der Mitgliedstaaten, die inzwischen auf Grund der Verordnung (EG) Nr. 332/2002[117] ergehen kann. Diese beiden Kredittypen sind vom Verbot ausgenommen, weil sie die Preisstabilität kaum gefährden können.[118] Nicht zu verwechseln ist letzterer mit dem finanziellen Beistand der durch den EFSM, der im Rahmen der Verordnung (EU) Nr. 407/2010[119] eingeführt wurde, gewährt wird. Eine finanzielle Beteiligung der Zentralbanken daran wäre nicht durch Art. 7 VO (EG) Nr. 3603/93 gedeckt.[120]

b) Keine Schuldtitel i. S. v. Art. 123 Abs. 1 Alt. 2 AEUV
Keine Schuldtitel i. S. v. Art. 123 Abs. 1 Alt. 2 AEUV sind die in Art. 1 Abs. 2 VO (EG) Nr. 3603/93 genannten **Altforderungen und »Ways and Means«–Fazilitäten**. Letztere haben mangels Eintritts des Vereinigten Königreichs in die dritte Stufe der Wirtschafts- und Währungsunion allerdings noch keinerlei Bedeutung. Der Grund für die Ausklammerung der Altforderungen ist derselbe wie bei den Kreditfazilitäten. Bestimmte in Art. 2 VO (EG) Nr. 3603/93 aufgeführte unmittelbare Ankäufe, die zum Zwecke der **Währungsreserveverwaltung** getätigt werden, gelten nicht als unmittelbarer Erwerb i. S. d. Verbots. Dabei ist »in der zweiten Stufe der Wirtschafts- und Währungsunion« (Art. 2 Abs. 1 VO (EG) Nr. 3603/93) als Staaten, für die eine Ausnahmeregelung gilt, zu lesen.[121]

36

V. Rechtsfolge

Ein Verstoß gegen eines der Verbote des Art. 123 Abs. 1 AEUV hat die **Nichtigkeit** des jeweiligen Vertrages zwischen den Zentralbanken und dem öffentlichen Sektor zur Folge. Je nachdem ob es sich um eine privatrechtliche oder öffentlich-rechtliche Konstruktion handelt, folgt die Nichtigkeit im deutschem Recht aus § 134 BGB oder aus § 59 Abs. 1 VwVfG i. V. m. § 134 BGB.

37

F. Rechtsschutz

Die Geldpolitik der EZB unterliegt der gerichtlichen Kontrolle gem. Art. 35 ESZB -Satzung. Dabei müssen jedoch die Einschätzungsprärogativen der EZB insbesondere bei ausdrücklich erlaubten Maßnahmen beachtet werden.[122] Im Zentrum des Rechtsschutzes bzgl. Verstößen gegen Art. 123 AEUV stehen dabei die **objektiven Verfahrensarten**, da Art. 123 AEUV angesichts der objektiven Zwecke, die die Norm verfolgt, keine

38

---

[117] VO (EG) Nr. 332/2002 vom 18. 2. 2002 zur Einführung einer Fazilität des mittelfristigen finanziellen Beistands zur Stützung der Zahlungsbilanzen der Mitgliedstaaten, ABl. 2002, L 53/1.
[118] Dazu ausführlich *Tutsch*, in: GS, EUV/AEUV, Art. 123 AEUV, Rn. 34.
[119] VO (EU) Nr. 407/2010 vom 11. 5. 2010 zur Einführung eines europäischen Finanzstabilisierungsmechanismus, ABl. 2010, L 118/1.
[120] So auch *Kämmerer*, in: Siekmann, EWU, Art. 123 AEUV, Rn. 21.
[121] *Kämmerer*, in: Siekmann, EWU, Art. 123 AEUV, Rn. 15.
[122] Vgl. dazu auch *Steinbach*, YJIL online 2014, 15 (26 ff.); siehe auch EuG, Urt. v. 7. 10. 2015, Rs. T-79/13 (Accorinti u. a. / EZB), ECLI:EU:T:2015:756, Rn. 68.

subjektiven Rechte verleiht.¹²³ Soweit es sich bei den Handlungen der EZB um Rechtsakte handelt,¹²⁴ haben diese »Verordnungscharakter« i. S. d. Art. 263 Abs. 4 AEUV, weil sie nicht in einem Gesetzgebungsverfahren erlassen werden (s. Art. 263, Rn. 70 ff.). Insofern können insbesondere Finanzmarktteilnehmer grundsätzlich die erleichterte Klagemöglichkeit für natürliche und juristische Personen in Anspruch nehmen, um Beschlüsse der EZB gerichtlich überprüfen zu lassen.¹²⁵ Im Übrigen hat das EuG jedoch bereits entschieden, dass natürliche Personen (»**Sparer**«) durch die Staatsanleihenankaufprogramme der EZB nicht unmittelbar betroffen und somit nicht klagebefugt sind.¹²⁶ Daraus folgt allerdings keine Präklusion hinsichtlich parallel oder unabhängig hiervon erhobener Schadensersatzklagen gem. Art. 268 i. V. m. Art. 340 Abs. 3 AEUV.¹²⁷

39   Für Rechtsstreitigkeiten zwischen der EZB und ihren Gläubigern, Schuldnern und dritten Personen sind grundsätzlich die **nationalen Gerichte** zuständig (Art. 35.2 ESZB-Satzung). Mangels Berührung subjektiver Rechte sind weder zivilrechtliche noch verwaltungsrechtliche Rechtsbehelfe Dritter zulässig. Das Bundesverfassungsgericht hat allerdings die Verfassungsbeschwerden und Organstreitverfahren gegen den **OMT-Beschluss** zur Entscheidung angenommen, was angesichts der bisherigen Rechtsprechung überraschend war und von vielen Seiten berechtigterweise kritisiert wurde.¹²⁸ Letztendlich entwickelte das Bundesverfassungsgericht einen auf Art. 38 Abs. 1 GG gestützten »allgemeinen Gesetzesvollziehungsanspruch«,¹²⁹ welcher mit der ultra-vires-Kontrolle verknüpft wurde. Den durch die Vorlage entstandenen Eindruck die bestehende ultra-vires-Rechtsprechung sei dahingehend modifiziert worden, dass kein offensichtlicher Verstoß mehr vorliegen müsse, sondern vielmehr jedweder einfache Kompetenzverstoß genüge, wies das Bundesverfassungsgericht in seiner endgültigen Entscheidung jedoch zurück.¹³⁰ Gleichzeitig formte es die ultra-vires-Kontrolle zu einem Spezialfall der Identitätskontrolle mit eigenem Prüfungsansatz – nämlich dem Zustimmungsgesetz gem. Art. 23 Abs. 1 Satz 2 GG – und verlieh dem Verhältnis beider Kontrollinstrumente damit Konturen.¹³¹

---

¹²³ *Häde*, in: Calliess/Ruffert, EUV/AEUV, Art. 123 AEUV, Rn. 2; a. A. *Selmayr*, S. 232 f.
¹²⁴ Zur Rechtsverbindlichkeit von Handlungen der EZB: *Steinbach*, NVwZ 2013, 918 (919).
¹²⁵ *Herrmann* (Fn. 79), S. 371.
¹²⁶ EuG, Beschl. v. 10. 12. 2013, Rs. T–492/12 (von Storch/EZB), EuZW 2014, 156. Kritisch hierzu *Steinbach*, EuZW 2014, 159; EuGH, Beschl. 29. 4. 2015, Rs. C–64/14 P (von Storch/EZB), der das Rechtsmittel als unbegründet abwies; EuGH, Beschl. v. 15. 11. 2012, Rs. C–102/12 (Städter/EZB), der das Rechtsmittel allerdings wegen Verfristung abwies. Zum subjektivrechtlichen Schutz des »Wertschutzinteresses« ausf. *Herrmann*, Währungshoheit, S. 361 ff.
¹²⁷ EuG, Urt. v. 7. 10. 2015, Rs. T-79/13 (Accorinti u. a. / EZB), ECLI:EU:T:2015:756, Rn. 60 ff., obwohl die Schadensersatzklage im vorliegenden Fall als unbegründet abgewiesen wurde.
¹²⁸ Vgl. stellvertretend *Wendel*, ZaöRV 2014, 615 ff.
¹²⁹ Obiter dictum von *Gerhardt* zum Vorlagebeschluss des BVerfG vom 14. 1. 2014, Rn. 6.
¹³⁰ Zur Vorlage siehe BVerfGE 134, 366 (397). Für einen Überblick über die Rechtsprechungsentwicklung des BVerfG während der Finanz- und Staatsschuldenkrise vgl. *Klement*, ZG 2014, 169 ff.; BVerfG, NJW 2016, 2473 (2478), Rn. 146 ff.
¹³¹ BVerfG, NJW 2016, 2473 (2479), Rn. 153. Siehe auch *Herrmann*, Verfassungsblog 17. 2. 2016, http://verfassungsblog.de/blutige-nase-im-endspiel-oder-im-freundschaftsspiel-eindruecke-von-der-zweiten-karlsruher-verhandlung-im-omt-verfahren/ (23. 3. 2016); für einen Überblick der verfassungsrechtlichen Kontrollinstrumente siehe *Schwerdtfeger*, EuR 2015, 290 ff.; zur Verfassungsidentität u. a. *Wischmeyer*, Archiv des öffentlichen Rechts 140, 415 ff.; *Ingold*, Archiv des öffentlichen Rechts 140 (2015), 1 ff.

Artikel 124 AEUV [Verbot des bevorrechtigten Zugangs zu Finanzinstituten]

Maßnahmen, die nicht aus aufsichtsrechtlichen Gründen getroffen werden und einen bevorrechtigten Zugang der Organe, Einrichtungen oder sonstigen Stellen der Union, der Zentralregierungen, der regionalen oder lokalen Gebietskörperschaften oder anderen öffentlich-rechtlichen Körperschaften, sonstiger Einrichtungen des öffentlichen Rechts oder öffentlicher Unternehmen der Mitgliedstaaten zu den Finanzinstituten schaffen, sind verboten.

Literaturübersicht

Calliess, Das europäische Solidaritätsprinzip und die Krise des Euro – Von der Rechtsgemeinschaft zur Solidaritätsgemeinschaft?, Vortrag an der Humboldt-Universität zu Berlin am 18.1.2011, FCE 1/11; *Herrmann*, Währungshoheit, Währungsverfassung und subjektive Rechte, 2010; *ders.*, Griechische Tragödie – der währungsverfassungsrechtliche Rahmen für die Rettung, den Austritt oder den Ausschluss von überschuldeten Staaten aus der Eurozone, EuZW 2010, S. 413; *Selmayr*, Das Recht der Wirtschafts- und Währungsunion, 2002.

Wesentliche Sekundärrechtsvorschriften

Verordnung (EG) Nr. 3604/93 des Rates vom 13.12.1993 zur Festlegung der Begriffsbestimmungen für die Anwendung des Verbots des bevorrechtigten Zugangs gemäß Art. 104a des Vertrages, ABl. 1993, L 332/4

Inhaltsübersicht

	Rn.
A. Einleitung	1
B. Genese	2
C. Sinn und Zweck	3
D. Verbotstatbestand	4
I. Adressaten	4
II. Verbot	5
1. Verbotene Maßnahmen	6
2. Bezugssubjekte	13
III. Ausnahmen	17
IV. Rechtsfolge	19
E. Rechtsschutz	20

A. Einleitung

Das Verbot des Art. 124 AEUV, auch bekannt unter dem Schlagwort »**no privileged access**«, stellt neben dem Verbot der monetären Staatsfinanzierung nach Art. 123 AEUV sicher, dass die Mitgliedstaaten bei der Refinanzierung am Kapitalmarkt den Marktkräften ausgesetzt sind. Art. 123 AEUV könnte leerlaufen, wenn die Mitgliedstaaten zwar selbst keinen unmittelbaren Zugang zu Zentralbankgeld hätten, sich einen solchen aber mittelbar über Finanzinstitute verschaffen könnten, die wiederum auf Zentralbankfinanzierungsinstrumente zurückgreifen können. Art. 124 AEUV richtet sich an Union und Mitgliedstaaten gleichermaßen (Rn. 4) und dient dem Schutz der offenen Marktwirtschaft sowie indirekt der Förderung der Haushaltsdisziplin (Rn. 3). Trotz der intensiven Diskussionen, die im Zuge der Euro-Staatsschuldenkrise um die Art. 122 ff. AEUV entbrannt sind, stellt Art. 124 AEUV weiterhin eine in Literatur und Rechtsprechung relativ unstrittige Norm dar.

1

B. Genese

2 Das in Art. 124 AEUV enthaltene Verbot besteht nahezu wortgleich seit seiner erstmaligen Einführung durch den Vertrag von Maastricht (ehemals Art. 104a EGV-Maastricht,[1] dann Art. 102 EGV-Amsterdam[2]) fort. Die ehemals in Abs. 2 der Vorgängervorschriften befindliche Ermächtigung zur Begriffsbestimmung mittels Sekundärrechtsakten findet sich nun in Art. 125 Abs. 2 AEUV. Das Verbot gilt seit dem Beginn der zweiten Stufe der Wirtschafts- und Währungsunion (1.1.1994) unmittelbar (Art. 109e Abs. 1 und 3 EGV-Maastricht und Art. 116 Abs. 1 und 3 EGV-Nizza).[3] Näher ausgestaltet wird es durch die VO (EG) Nr. 3604/93,[4] die zentrale Begriffe der Vorschrift definiert.

C. Sinn und Zweck

3 Art. 124 AEUV verbietet es dem öffentlichen Sektor (zu den Adressaten siehe Rn. 4), sich einen bevorrechtigten Zugang zu Finanzinstituten zu verschaffen. Das bedeutet, dass jegliche Besserstellung gegenüber anderen Marktbeteiligten, sofern sie nicht aus aufsichtsrechtlichen Gründen erfolgt, untersagt ist. Zum einen schützt dies den **Grundsatz der offenen Marktwirtschaft**, in der staatliche wie private Akteure grundsätzlich gleichgestellt sind und in freiem Wettbewerb miteinander stehen.[5] Zum anderen soll die Haushaltsdisziplin der Mitgliedstaaten gefördert werden, indem sie den **Marktmechanismen** ausgesetzt werden und keine »verbilligten« Kredite erhalten können.[6] Insofern Art. 124 AEUV indirekt zu ausgeglichenen Staatshaushalten beiträgt, dient die Vorschrift auch der Vermeidung von **Inflation**[7] und flankiert insoweit die Verbote des Art. 123 AEUV, indem verhindert wird, dass sich die Mitgliedstaaten durch Sonderkonditionen bei Finanzinstituten den Marktbedingungen entziehen.[8]

D. Verbotstatbestand

I. Adressaten

4 Die Adressaten des Verbots umfassen den gesamten **öffentlichen Sektor**[9] sowohl auf unionaler als auch nationaler Ebene. Der Adressatenkreis ist deckungsgleich mit den verbotenen Schuldnern des Art. 123 Abs. 1 AEUV (s. dazu Art. 123 AEUV, Rn. 13).

---

[1] Konsolidierte Fassung Stand 31.8.1992, ABl. 1992, C 224/34.
[2] Konsolidierte Fassung Stand 10.11.1997, ABl. 1997, C 340/95.
[3] *Selmayr,* S. 230; *Kempen,* in: Streinz, EUV/AEUV, Art. 124 AEUV, Rn. 2; *Häde,* in: Calliess/Ruffert, EUV/AEUV, Art. 124 AEUV, Rn. 1.
[4] VO (EG) Nr. 3604/93 vom 13.12.1993 zur Festlegung der Begriffsbestimmungen für die Anwendung des Verbots des bevorrechtigten Zugangs gemäß Art. 104a des Vertrages, ABl. 1993, L 332/4, die Verordnung gilt gem. Art. 5 Abs. 3 AEUV fort.
[5] 3. und 4. Erwägungsgrund VO (EG) Nr. 3604/93. Vgl. auch *Selmayr,* EnzEuR, Bd. 4, § 23, Rn. 102.
[6] 1. Erwägungsgrund der VO (EG) Nr. 3604/93; *Selmayr,* S. 230.
[7] Zum Zusammenhang zwischen Staatsschulden und Inflation siehe Art. 123 AEUV, Rn. 4.
[8] *Herrmann,* S. 232; so auch *Häde,* in: Bonner Kommentar GG, Art. 88 GG (Dezember 2012), Rn. 384.
[9] Der Begriff stammt aus Art. 1 Abs. 1, 1. Gedstr. VO (EG) Nr. 3604/93, welcher dieselben öffent-

Der einzige Unterschied betrifft die Zentralbanken: Während Art. 8 Abs. 2 VO (EG) Nr. 3604/93 diese vom öffentlichen Sektor gänzlich ausnimmt, stellt Art. 3 Abs. 2 VO (EG) Nr. 3604/93 klar, dass auch die Zentralbanken Adressaten des Verbots aus Art. 124 AEUV sind. Das bedeutet, weder die EZB noch die Zentralbanken dürfen unmittelbar oder mittelbar dafür sorgen, dass die öffentliche Hand einen bevorrechtigten Zugang zu Finanzinstituten erhält.

II. Verbot

Art. 124 AEUV verbietet es dem öffentlichen Sektor, sich durch hoheitliche Maßnahmen bevorrechtigten Zugang zu den Finanzinstituten zu verschaffen. 5

1. Verbotene Maßnahmen

Art. 1 Abs. 1 VO (EG) Nr. 3604/93 definiert die **Maßnahmen** i.S.v. Art. 124 AEUV als »Gesetze, Rechtsvorschriften oder sonstige zwingende Rechtsakte, die in Ausübung öffentlicher Gewalt erlassen werden«. Der Kreis der erfassten Handlungen ist weit gezogen und umschließt jegliche rechtlichen Akte, die einseitig verpflichtend sind und ggf. zwangsweise durchgesetzt werden können. 6

In Deutschland sind dies Gesetze, Rechtsverordnungen, Satzungen sowie Verwaltungsakte.[10] Auf europäischer Ebene sind es Verordnungen, Richtlinien und Beschlüsse (Art. 288 AEUV).[11] 7

Vom Wortlaut **nicht erfasst** sind demnach Verpflichtungen, die die Finanzinstitute (Rn. 13) freiwillig und auf vertraglicher Basis, also beidseitig verpflichtend und im Gleichordnungsverhältnis, eingehen.[12] Unabhängig von der Wahl der Vertragsform können dem Sinn und Zweck der Vorschrift entsprechend allerdings nur Verpflichtungen gemeint sein, die wirklich privatautonom ausgehandelt und vereinbart wurden.[13] Folglich stellen z.B. öffentlich-rechtliche Verträge, die anstatt eines Verwaltungsaktes ergehen (§ 54 Satz 2 VwVfG), regelmäßig ebenfalls Maßnahmen i.S.v. Art. 124 AEUV dar. 8

Einen **verbotenen bevorrechtigten Zugang** verschaffen diese Maßnahmen nur, wenn sie einen der in Art. 1 Abs. 1, 1. und 2. Gedstr. VO (EG) Nr. 3604/93 genannten Inhalte haben. Das betrifft einerseits die Verpflichtung zum Erwerb oder zum Besitz von Forderungen gegenüber dem öffentlichen Sektor (Art. 1 Abs. 1, 1. Gedstr. VO (EG) Nr. 3604/93). Ein Beispiel hierfür wäre eine Beschränkung des Katalogs der zulässigen Sicherheiten für Zentralbankkredite auf Staatsanleihen unter Ausschluss anderer Wertpapiere. Ebenfalls tatbestandsmäßig (aber von der aufsichtsrechtlichen Maßnahme erfasst, s. Rn. 17) ist die bislang in den maßgeblichen bankrechtlichen Eigenkapitalvorschriften zu findende Privilegierung von Staatsanleihen, wonach diese eine Unterlegung mit Eigenkapital nicht erfordern (»Risikogewichtung Null«).[14] 9

---

lichen Stellen aufzählt wie Art. 124 AEUV, mit Ausnahme der sonstigen Stellen der Union (der Begriff kam erst durch den Vertrag von Lissabon in die Norm).
[10] So auch *Kempen,* in: Streinz, EUV/AEUV, Art. 124 AEUV, Rn. 3.
[11] So auch *Kämmerer,* in: Siekmann, EWU, Art. 124 AEUV, Rn. 16.
[12] Siehe auch 5. Erwägungsgrund der VO (EG) Nr. 3604/93.
[13] *Kämmerer,* in: Siekmann, EWU, Art. 124 AEUV, Rn. 16.
[14] RL 2006/48/EG vom 14.6.2006 über die Aufnahme und Ausübung der Tätigkeit der Kreditinstitute Anhang VI, Abs. 1.2 Pkt. 4.

10   Andererseits dürfen keine Steuervergünstigungen, von denen ausschließlich Finanzinstitute profitieren, sowie keinerlei finanzielle **Vergünstigungen**, die nicht marktkonform sind, gewährt werden. Beide Vergünstigungen sind jedoch nur untersagt, wenn sie mit der Zielsetzung gewährt werden, den Erwerb oder Besitz von Forderungen gegen den öffentlichen Sektor zu fördern (Art. 1 Abs. 1, 2. Gedstr. VO (EG) Nr. 3604/93).

11   Im Umkehrschluss ergibt sich, dass **allgemeine Steuervergünstigungen**, selbst wenn sie dazu gedacht sind, den Erwerb oder den Besitz von Forderungen gegen den öffentlichen Sektor zu fördern, nicht verboten sind.[15] Man kann dies vor dem Hintergrund der offenen Formulierung des Art. 124 AEUV und dessen Sinn und Zweck kritisch sehen. Zu beachten ist allerdings, dass es gem. Art. 125 Abs. 2 (ehemals Art. 102 Abs. 2 EGV) erlaubt ist, Art. 124 AEUV sekundärrechtlich zu konkretisieren. Die Einschätzung, dass allgemeine Steuervergünstigungen unabhängig von den gesetzgeberischen Motiven keine ausreichend schwerwiegenden Vorteile für den öffentlichen Sektor gegenüber Privaten schaffen, um von einem bevorrechtigten Zugang zu sprechen, ist jedoch nicht zu beanstanden. Die Regelung stellt demnach eine zulässige Konkretisierung dar.[16]

12   »Mit den Grundsätzen der Marktwirtschaft nicht in Einklang« stehen Maßnahmen, die den **freien Wettbewerb verzerren** oder gar ausschließen; gemeint ist damit jeglicher Anreiz für Finanzinstitute, der zu einer über den »natürlichen« Bonitätsvorteil des öffentlichen Sektors hinausgehenden Besserstellung desselben gegenüber Privaten führt.

2. Bezugssubjekte

13   Welche Einrichtungen unter den Begriff der **Finanzinstitute** fallen ist in Art. 4 VO (EG) Nr. 3604/93 geregelt. Dort finden sich ein Positiv- (Abs. 1) und ein Negativkatalog (Abs. 2). Die Aufzählung ist nicht abschließend und insbesondere Art. 4 Abs. 1, 6. Gedstr. VO (EG) Nr. 3604/93, anknüpfend an funktionale Kriterien, ist als Auffangtatbestand weit auszulegen.[17]

14   Die Positivliste in Art. 4 Abs. 1 VO (EG) Nr. 3604/93 nimmt Bezug auf Richtlinien, die inzwischen fast alle novelliert oder aufgehoben wurden.[18] Wurde die Richtlinie ersatzlos aufgehoben, gilt bzgl. der Begriffsbestimmung die alte Regelung fort.[19] Die novellierten Richtlinien enthalten jedoch allesamt Regelungen, welche die Verweisung auf die aufgehobenen Richtlinien auf die jeweilige neue Richtlinie »umleiten«; somit sind diese neuen Definitionen maßgeblich.[20]

---

[15] So auch *Kämmerer*, in: Siekmann, EWU, Art. 124 AEUV, Rn. 18; *Hattenberger*, in: Schwarze, EU-Kommentar, Art. 124 AEUV, Rn. 5, die aber auch eine restriktivere Auffassung für vertretbar hält.

[16] Im Ergebnis so auch *Kämmerer*, in: Siekmann, EWU, Art. 124 AEUV, Rn. 18.

[17] Vgl. 10. Erwägungsgrund VO (EG) Nr. 3604/93.

[18] Die RL 1977/780/EWG vom 12.12.1977 zur Koordinierung der Rechts- und Verwaltungsvorschriften über die Aufnahme und Ausübung der Tätigkeiten der Kreditinstitute, ABl. 1977, L 322/30 – jetzt ersetzt durch die RL 2013/36/EU, ABl. 2013, L 176/338. Die RL 1992/49/EWG, ABl. 1992, L 228/1 wurde ersetzt durch RL 2009/138/EG, ABl. 2009, L 335/1. Die RL 1992/96/EWG, ABl. 1992, L 360/1 wurde aufgehoben. Die RL 1985/611/EWG, ABl. 1985, L 375/3 wurde ersetzt durch die RL 2009/65/EG, ABl. 2009, L 302/32. Die RL 1993/22/EWG, ABl. 1993, L 141/27 wurde ersetzt durch die RL 2004/39/EG, ABl. 2004, L 145/1.

[19] So auch *Kämmerer*, in: Siekmann, EWU, Art. 124 AEUV, Rn. 10.

[20] Entgegen der ausdrücklichen Regelung in den jeweiligen Richtlinien hält *Kämmerer*, in: Siekmann, EWU, Art. 124 AEUV, Rn. 10, die in Art. 4 Abs. 1 VO (EG) Nr. 3604/93 genannten früheren Richtlinien weiterhin für maßgeblich.

Die EZB und die nationalen **Zentralbanken** des ESZB sind vom Begriff der Finanzinstitute ausgenommen (Art. 4 Abs. 2, 1. Gedstr. VO (EG) Nr. 3604/93), weil zum einen Art. 123 AEUV das Verhältnis der Zentralbanken zu den Mitgliedstaaten regelt und zum anderen das klassische währungspolitische Instrument, Mindestreserven bei den Zentralbanken zu unterhalten, nicht beeinträchtigt werden sollte.[21] Die weiteren beiden Negativbeispiele des Art. 4 Abs. 2 VO (EG) Nr. 3604/93 entsprechen dem Gedanken, dass den Mitgliedstaaten nicht der bevorrechtigte Zugang zu sich selbst versperrt werden soll.[22]

Ein Problem stellt die Einordnung der im Zuge der Euro-Staatsschuldenkrise erschaffenen Europäischen Finanzstabilisierungsfazilität (**EFSF**), des Europäischen Finanzstabilisierungsmechanismus (**EFSM**) und des Europäischen Stabilitätsmechanismus (**ESM**) dar. So wird vertreten, diese Einrichtungen seien unter Art. 4 Abs. 1, 6. Gedstr. VO (EG) Nr. 3604/93 zu subsumieren.[23] Unabhängig davon, ob man dieser Einordnung zustimmt, liegen jedenfalls keine hoheitlichen Maßnahmen vor, die diesen Einrichtungen bestimmte Pflichten auferlegen. Im Übrigen wendet sich Art. 124 AEUV primär gegen Konstellationen, in denen sich der betroffene Mitgliedstaat selbst einen bevorrechtigten Zugang verschafft, also seine Hoheitsgewalt ausnutzt.[24] Auch dies ist vorliegend nicht der Fall; vielmehr werden die genannten Einrichtungen zu Gunsten einzelner Mitgliedstaaten tätig, die dieses Tätigwerden selbst nicht maßgeblich herbeiführen können. Überdies wäre eine Einbeziehung nur dann teleologisch sinnvoll, wenn EFSF, EFSM oder ESM Zugang zu Zentralbankfinanzierung hätten. Dem ist aber gerade nicht so (s. Art. 123 AEUV, Rn. 33). Vielmehr müssen sich die genannten Einrichtungen selbst am Markt refinanzieren. Unschädlich ist damit auch, dass die begünstigten Mitgliedstaaten auf diesem Wege bessere Konditionen erhalten als es ohne diese Einrichtungen der Fall wäre, weil es an der für Art. 124 AEUV relevanten Benachteiligung der anderen Marktteilnehmer fehlt.[25]

III. Ausnahmen

Die erste Ausnahme des Verbots findet sich bereits im Wortlaut der Vorschrift; danach sind »Maßnahmen, die [...] aus **aufsichtsrechtlichen Gründen** getroffen werden«, nicht vom Verbot umfasst. Welche Gründe aufsichtsrechtliche sind, wird in Art. 2 VO (EG) Nr. 3604/93 definiert. Eine Regelung, die unter diese Ausnahme fällt, ist z.B. die Bevorzugung von Staatsanleihen bzgl. der Notwendigkeit zur Unterlegung mit Eigenkapital (s. Rn. 9).[26]

Darüber hinaus listet Art. 1 Abs. 2 VO (EG) Nr. 3604/93 Tatbestände, die nicht als Maßnahmen i.S.v. Art. 124 AEUV gelten, auf. Die beiden Tatbestandsausnahmen des Art. 1 Abs. 2, 1. und 3. Gedstr. VO (EG) Nr. 3604/93 verfolgen **soziale Zwecke** und bilden letztlich keinen Finanzierungsvorteil für den öffentlichen Sektor.[27] Die in Art. 1 Abs. 2, 2. Gedstr. VO (EG) Nr. 3604/93 genannte Tatbestandsausnahme ist eine auf

---

[21] Vgl. 8. Erwägungsgrund VO (EG) Nr. 3604/93.
[22] *Kämmerer*, in: Siekmann, EWU, Art. 124 AEUV, Rn. 14.
[23] *Hattenberger*, in: Schwarze, EU-Kommentar, Art. 124 AEUV, Rn. 5.
[24] *Herrmann*, EuZW 2010, 413 (415 f.).
[25] Im Ergebnis so auch *Calliess*, S. 40 f.; *Herrmann*, EuZW 2010, 413 (415 f.).
[26] *Herrmann*, Europäisches Währungsrecht, 2013, S. XXIX.
[27] *Kämmerer*, in: Siekmann, EWU, Art. 124 AEUV, Rn. 23 und 25.

Frankreich bezogene Übergangsregel und betrifft eine zur Zeit des Verordnungserlasses existierende französische Vorschrift, die eine solche Zentralisierung vorsah.[28]

IV. Rechtsfolge

19 Ein Verstoß gegen das Verbot des Art. 124 AEUV hat primär die **Nichtigkeit** von Unionsrechtsakten und die **Nicht-Anwendbarkeit**[29] des betreffenden mitgliedstaatlichen Rechtsaktes zur Folge. Die infolge des Rechtsaktes entstanden jeweiligen Verträge zwischen dem Finanzinstitut und dem öffentlichen Sektor sind ebenfalls nichtig. Je nachdem ob es sich um eine privatrechtliche oder öffentlich-rechtliche Konstruktion handelt, folgt die Nichtigkeit des jeweiligen Vertrages im deutschem Recht aus § 134 BGB oder aus § 59 Abs. 1 VwVfG i. V. m. § 134 BGB.

E. Rechtsschutz

20 Ein wegen Verstoßes gegen Art. 124 AEUV nichtiger Unionsrechtsakt darf wegen des **Verwerfungsmonopols** des EuGH nicht einfach von den Finanzinstituten missachtet werden. Seine Nichtigkeit muss vielmehr entweder im Wege der Nichtigkeitsklage (Art. 263 AEUV) oder über die nationalen Gerichte im Wege des Vorabentscheidungsverfahrens (Art. 267 AEUV) durch den EuGH festgestellt werden.

21 Gegen **nationale Rechtsakte** können die Kommission und andere Mitgliedstaaten ein Vertragsverletzungsverfahren einleiten (Art. 258 und 259 AEUV). Natürlichen und juristischen Personen verbleibt auch hier der nationale Rechtsschutz mit der Möglichkeit der Vorlage an den EuGH (Art. 267 AEUV). Insoweit kann auf die entsprechenden Ausführungen zu Art. 123 AEUV (Rn. 38 f.) verwiesen werden.

---

[28] Vgl. *Wittelsberger,* in: GS, EUV/EGV, 2003, Art. 102 EGV, Rn. 18.
[29] EuGH, Urt. v. 15.7.1964, Rs. 6/64 (Costa/ENEL), Slg. 1964, 1253.

Artikel 125 AEUV [Haftungsausschlüsse]

(1) ¹Die Union haftet nicht für die Verbindlichkeiten der Zentralregierungen, der regionalen oder lokalen Gebietskörperschaften oder anderen öffentlich-rechtlichen Körperschaften, sonstiger Einrichtungen des öffentlichen Rechts oder öffentlicher Unternehmen von Mitgliedstaaten und tritt nicht für derartige Verbindlichkeiten ein; dies gilt unbeschadet der gegenseitigen finanziellen Garantien für die gemeinsame Durchführung eines bestimmten Vorhabens. ²Ein Mitgliedstaat haftet nicht für die Verbindlichkeiten der Zentralregierungen, der regionalen oder lokalen Gebietskörperschaften oder anderen öffentlich-rechtlichen Körperschaften, sonstiger Einrichtungen des öffentlichen Rechts oder öffentlicher Unternehmen eines anderen Mitgliedstaats und tritt nicht für derartige Verbindlichkeiten ein; dies gilt unbeschadet der gegenseitigen finanziellen Garantien für die gemeinsame Durchführung eines bestimmten Vorhabens.

(2) Der Rat kann erforderlichenfalls auf Vorschlag der Kommission und nach Anhörung des Europäischen Parlaments die Definitionen für die Anwendung der in den Artikeln 123 und 124 sowie in diesem Artikel vorgesehenen Verbote näher bestimmen.

Literaturübersicht

Bonke, Die »Causa Griechenland«: Rechtmäßigkeit der Krisenhilfen und Möglichkeit des Ausscheidens eines Mitgliedstaates aus der Europäischen Währungsunion, ZEuS 2010, 493; *Calliess*, Das europäische Solidaritätsprinzip und die Krise des Euro, Vortrag an der Humboldt-Universität zu Berlin am 18.1.2011, FCE 1/11; *Faßbender*, Der europäische »Stabilisierungsmechanismus« im Lichte von Unionsrecht und deutschem Verfassungsrecht, NVwZ 2010, 799; *Gregorio Merino*, Legal developments in the Economic and Monetary Union during the debt crisis: The mechanisms of financial assistance, CMLRev. 49 (2012), 1613; *Häde*, Haushaltsdisziplin und Solidarität im Zeichen der Finanzkrise, EuZW 2009, 399; *ders.*, Die europäische Währungsunion in der internationalen Finanzkrise – An den Grenzen europäischer Solidarität?, EuR 2010, 854; *Hentschelmann*, Finanzhilfen im Lichte der Bailout-Klausel – Eigenverantwortung und Solidarität in der Währungsunion, EuR 2011, 282; *Herrmann*, Griechische Tragödie – der währungsverfassungsrechtliche Rahmen für die Rettung, den Austritt oder den Ausschluss von überschuldeten Staaten aus der Eurozone, EuZW 2010, 413; *ders.*, Die Bewältigung der Euro- Staatsschulden-Krise in den Grenzen des deutschen und europäischen Währungsverfassungsrechts, EuZW 2012, 805; *ders.*, Germany (National Report), in: Nergaard/Jacqueson/Danielsen (Hrsg.), The Economic and Monetary Union: Constitutional and Institutional Aspects of the Economic Governance within the EU, 2014, S. 341; *Heun/Thiele*, Verfassungs- und europarechtliche Zulässigkeit von Eurobonds, JZ 2012, 973; *Knopp*, Griechenland-Nothilfe auf dem verfassungsrechtlichen Prüfstand, NJW 2010, 1777; *Kube/Reimer*, Grenzen des Europäischen Stabilisierungsmechanismus, NJW 2010, 1911; *Nettesheim*, Der Umbau der europäischen Währungsunion: Politische Aktion und rechtliche Grenzen, in: Kadelbach (Hrsg.), Nach der Finanzkrise. Rechtliche Rahmenbedingungen einer neuen Ordnung, 2012, S. 31; *Palmstorfer*, To Bail Out or Not to Bail Out? The Current Framework of Financial Assistance for Euro Area Member States measured against the Requirements of EU Primary Law, E.L.Rev. 37 (2012), 771; *Ruffert*, The European Debt Crisis and European Union Law, CMLRev. 48 (2011), 1777; *Selmayr*, Die »Euro-Rettung« und das Unionsprimärrecht: Von putativen, unnötigen und bisher versäumten Vertragsänderungen zur Stabilisierung der Wirtschafts- und Währungsunion, ZöR 68 (2013), 259; *Simon*, »Whatever it takes«: Selbsterfüllende Prophezeiung am Rande des Unionsrechts?, EuR 2015, 107; *Tuori/Tuori*, The Eurozone Crisis, 2014.

Leitentscheidung

EuGH, Urt. v. 27.11.2012, Rs. C–370/12 (Pringle), ECLI:EU:C:2012:756

Wesentliche sekundärrechtliche Vorschrift

VO (EG) Nr. 3603/93 des Rates vom 13.12.1993 zur Festlegung der Begriffsbestimmungen für die Anwendung der in Artikel 104 und Artikel 104b Absatz 1 des Vertrages vorgesehenen Verbote, ABl. 1993, L 332/1

Inhaltsübersicht

	Rn.
A. Überblick	1
B. Art. 125 Abs. 1 AEUV	4
I. Ratio der Vorschrift	4
II. Tatbestand	6
1. Adressaten des Verbots	6
2. Haftungsausschluss; verbotene Haftungs- und Eintrittstatbestände	8
3. Verbindlichkeiten eines Mitgliedstaats	13
4. Ausnahmen	15
III. Rechtsfolgen und Rechtsschutz	18
C. Art. 125 Abs. 2 AEUV	20

A. Überblick

1   Art. 125 AEUV bildet eine der zentralen Säulen der rechtlichen Verfasstheit der Wirtschafts- und Währungsunion. Zusammen mit Art. 123 und 124 AEUV errichtet Art. 125 AEUV eine »**Verbote-Trias**« mit dem Ziel der Sicherung der haushälterischen Eigenverantwortung und Disziplinierung der Haushaltspolitik der Mitgliedstaaten. Durch den Ausschluss der Haftung der EU für die Mitgliedstaaten bzw. der Mitgliedstaaten füreinander sollen diese dem Marktdruck, d.h. einer Sanktionierung unsolider Haushaltspolitik durch verteuerte Refinanzierung, ausgesetzt werden, um dadurch zur nachhaltigen Haushaltsführung bewegt zu werden.

2   Besondere Brisanz erlangte die oft auch missverständlich[1] als »No-bailout-Klausel« bezeichnete Vorschrift im Rahmen der europäischen Staatsschuldenkrise. Weite Teile der – im wesentlichen deutschen – Literatur vertraten die Auffassung, die von den Mitgliedstaaten bilateral, im Rahmen des Europäischen Finanzstabilisierungsmechanismus (EFSM), der Europäischen Finanzstabilisierungsfazilität (EFSF) oder durch den Europäischen Stabilitätsmechanismus (ESM) gewährten Hilfskredite stellten eine Verletzung des Art. 125 AEUV dar.[2] Dem ist der EuGH zu Recht in der Rechtssache Thomas Pringle (2012) nicht gefolgt, und hat konditionierte Hilfskredite für mit dem Unionsrecht vereinbar angesehen.[3] Für die Tätigkeit des ESM ist durch den am 1.5.2013 in Kraft getretenen neuen Art. 136 Abs. 3 AEUV diese Frage auch primärrechtlich eindeutig – wenngleich nur deklaratorisch – geklärt (s. Art. 136 AEUV, Rn. 13).

3   Art. 125 AEUV wurde durch den Vertrag von Maastricht in das Primärrecht eingefügt und ist seither inhaltlich unverändert geblieben (Art. 104 b EGV-Maastricht; Art. 103 EGV-Amsterdam; Art. 103 EGV-Nizza).

---

[1] Ebenfalls kritisch *Bandilla*, in: Grabitz/Hilf/Nettesheim, EU, Art. 125 AEUV (Mai 2011), Rn. 2; *Nettesheim*, S. 57.
[2] Zum heutigen Meinungsstand s. Rn. 9f.
[3] EuGH, Urt. v. 27.11.2012, Rs. C–370/12 (Pringle), ECLI:EU:C:2012:756, Rn. 129ff.

B. Art. 125 Abs. 1 AEUV

I. Ratio der Vorschrift

Art. 125 Abs. 1 AEUV schließt die Haftung der Union und der Mitgliedstaaten für Verbindlichkeiten der (anderen) Mitgliedstaaten aus. Dieses Verbot hält die Mitgliedstaaten zur **disziplinierten Haushaltsführung** an und stärkt die **Eigenverantwortung** eines jeden Mitgliedstaats für den eigenen Haushalt. Denn das Risiko, welches aus einer hohen Staatsverschuldung resultiert, würde – so die Idee – von den Finanzmärkten entsprechend eingepreist und hätte somit für den jeweiligen Mitgliedstaat erhöhte Kreditkosten zur Folge. Hohe Kreditkosten wiederum würden die Mitgliedstaaten zu verantwortungsvoller Haushaltspolitik anhalten.[4] Art. 125 Abs. 1 AEUV wird somit vom selben Grundgedanken getragen wie Art. 123 und 124 AEUV, die ebenfalls die mitgliedstaatliche Haushaltsdisziplin fördern sollen. Die mangelnde Präventivwirkung des Verbots der automatischen Haftung, die im Falle Griechenlands offenbar wurde, ist als »Versagen dieses regulatorischen Gesamtmodells« zu werten.[5]

Indirekt verfolgt Art. 125 AEUV das grundlegende Ziel, die **Stabilität der gemeinsamen Währung** zu schützen. Eine disziplinierte und eigenverantwortliche Haushaltspolitik der Mitgliedstaaten fördert die Stabilität des Euro, weil fiskalische Risiken für die Geld- wie die Finanzstabilität reduziert werden. Zu einem Zielkonflikt zwischen haushälterischer Eigenverantwortung und Währungsstabilität kommt es hingegen, wenn die Finanzmärkte in Krisenzeiten das Vertrauen in einen Mitgliedstaat verlieren, ihm in der Konsequenz die benötigte Refinanzierung verweigern und damit seine Zahlungsunfähigkeit auslösen.[6] Angesichts der Bedeutung und der – de lege lata – Unumkehrbarkeit des Integrationsziels der gemeinsamen Währung Euro (Art. 3 Abs. 4 EUV) muss es den Organen und den Mitgliedstaaten möglich sein, den Konflikt (auf Ebene der Normziele) notfalls zu Gunsten des Integrationsziels aufzulösen, soweit dabei der durch den Wortlaut der Vorschrift beschriebene Kern des Art. 125 Abs. 1 AEUV nicht verletzt wird.

II. Tatbestand

1. Adressaten des Verbots

Sowohl die **Union** (Art. 125 Abs. 1 Satz 1 AEUV) als auch die **Mitgliedstaaten** (Art. 125 Abs. 1 Satz 2 AEUV) sind Verpflichtungsadressaten des in Art. 125 Abs. 1 AEUV enthaltenen Verbots. Das schließt auf mitgliedstaatlicher Seite alle staatlichen Ebenen (z. B. Bundesländer) mit ein. Unklar ist jedoch, ob auch öffentlich-rechtliche Körperschaften und öffentliche Unternehmen der Mitgliedstaaten adressiert werden, obwohl Art. 125 Abs. 1 AEUV sie nach seinem Wortlaut nur als Begünstigte einer Haftungsübernahme ausschließt.[7] Aus der Ratio der Norm ist allerdings zu folgern, dass das Verbot des Art. 125 Abs. 1 AEUV ebenfalls für **öffentliche Unternehmen und Körperschaften** gilt. Eine Umgehung des Verbots durch Gründung eines öffentlichen Unternehmens wäre ansonsten unschwer möglich. Ähnlich problematisch ist die Adressatenstellung der im

---

[4] *Ohler*, in: Siekmann, EWU, Art. 125 AEUV, Rn. 2 ff.; *Hentschelmann*, EuR 2011, 282 (284 f.); *Herrmann*, EuZW 2010, 413 (415); bereits kritisch *Häde*, EuZW 2009, 399 (402).
[5] *Herrmann*, EuZW 2010, 413 (415).
[6] *Häde*, EuR 2010, 854 (860); *Hentschelmann*, EuR 2011, 282 (285).
[7] *Ohler*, in: Siekmann, EWU, Art. 125 AEUV, Rn. 7.

Zuge der Staatsschuldenkrise gegründeten Zweckgesellschaften EFSF und ESM.[8] Gründen Mitgliedstaaten Zweckgesellschaften, die dann schließlich in die Verbindlichkeiten anderer Mitgliedstaaten eintreten oder für diese haften, liegt ebenfalls ein Verstoß gegen Art. 125 AEUV auf der Hand, weil die Mitgliedstaaten dann indirekt haften bzw. eintreten. Eine »Flucht ins Privatrecht« soll den Mitgliedstaaten nicht eröffnet werden, weswegen im Rahmen der extensiven Auslegung ebenfalls **von den Mitgliedstaaten gegründete Zweckgesellschaften** als Adressaten unter Art. 125 Abs. 1 zu fassen sind.[9]

7 Keine Verpflichtungsadressaten des Art. 125 Abs. 1 AEUV sind hingegen **außenstehende internationale Organisationen**. Auch wenn die Finanzierung des IWF letztlich auch über Mittel der Mitgliedstaaten erfolgt, sind Kredite des IWF mangels beherrschenden Einflusses der Mitgliedstaaten nach Art. 125 Abs. 1 AEUV unproblematisch.[10]

2. Haftungsausschluss; verbotene Haftungs- und Eintrittstatbestände

8 Nach Art. 125 Abs. 1 AEUV »haften« Union und Mitgliedstaaten nicht für die Verbindlichkeiten anderer Mitgliedstaaten und »treten« auch nicht für solche »ein«. Völlig unzweideutig haben Dritte damit niemals einen, lediglich auf der Zugehörigkeit eines Mitgliedstaats zum Euro-Währungsgebiet fußenden, Anspruch auf Schuldbefriedigung gegen die EU oder die anderen Mitgliedstaaten. Nach dem Wortlaut sind jedenfalls **Schuldübernahmen, Bürgschaften und Garantien** von dem Verbot umfasst.[11]

9 Sehr umstritten ist hingegen die Frage, ob **Darlehen** an einen Mitgliedstaat ebenfalls vom Verbot des Art. 125 AEUV umfasst werden.[12] Nach dem insoweit klaren Wortlaut der Norm erstreckt sich das Verbot aus Art. 125 AEUV nicht auf Darlehen, da dadurch nicht in ein Schuldverhältnis eingetreten, sondern vielmehr ein neues Schuldverhältnis begründet wird. Zudem kennt das Unionsrecht auch kein allgemeines Umgehungsverbot dahingehend, dass jeder Tatbestand, der in seiner Wirkung normierten Tatbeständen entfernt ähnelt, ebenfalls gemeint sei. Unter Berücksichtigung von Art. 3 Abs. 3 UAbs. 3 EUV, nach welchem die Union den wirtschaftlichen, sozialen und territorialen Zusammenhalt und die Solidarität fördert, ist vielmehr davon auszugehen, dass eine freiwillige bilaterale Kreditvergabe der Mitgliedstaaten untereinander zulässig ist.[13] Die Gegenansicht befürwortet eine (zu) extensive Auslegung des Wortlauts (oder jedenfalls eine analoge Anwendung des Verbots) auf Darlehen, da Art. 125 AEUV ein kategorisches »bail-out«-Verbot darstelle und die extensive Auslegung (oder Analogie) somit teleologisch geboten sei.[14] Eine vermittelnde Auffassung will eine Kreditvergabe unter engen Voraussetzungen erlauben. Aus dem systematischen Zusammenhang zwischen Art. 125 und Art. 122 Abs. 2 AEUV ergebe sich, dass eine Kreditvergabe unter den Voraussetzungen des Art. 122 Abs. 2 AEUV auch mit Art. 125 AEUV im Einklang ste-

---

[8] Kritisch zur Einschaltung von Zweckgesellschaften *Kube/Reimer*, NJW 2010, 1911 (1913 f.), die aber eine missbräuchliche Umgehung des Art. 125 AEUV annehmen.
[9] So auch *Gregorio Merino*, CMLRev. 49 (2012), 1613 (1626); *Palmstorfer*, E.L.Rev. 37 (2012), 771 (778); *Tuori/Tuori*, S. 122 f.
[10] I.E. *Ohler*, in: Siekmann, EWU, Art. 125 AEUV, Rn. 8.
[11] *Nettesheim*, S. 58; *Ohler*, in: Siekmann, EWU, Art. 125 AEUV, Rn. 13.
[12] Überblick zum Meinungsstand *Herrmann*, EuZW 2012, 805 (807 f.).
[13] *Herrmann*, EuZW 2010, 413 (415); ähnlich *Nettesheim*, S. 57 f.; *Selmayr*, ZöR 68 (2013), 259 (269 ff.); ebenfalls bereits *Gnan*, in: GS, EUV/EGV, Art. 103 EGV, Rn. 28.
[14] *Kube/Reimer*, NJW 2010, 1911 (1913); *Faßbender*, NVwZ 2010, 799 (800); *Bonke*, ZEuS 2010, 493 (508 f.); *Calliess*, S. 46; *Seidel*, EuZW 2011, 529; *Ruffert*, CMLRev. 48 (2011), 1777 (1785); *Palmstorfer*, E.L.Rev. 37 (2012), 771 (775 ff.).

he. Ist ein Mitgliedstaat daher von einem Ereignis betroffen, dass sich seiner Kontrolle entzieht, so dürfte er durch freiwillige Kredite unterstützt werden.[15] Eine weitere Ansicht sieht eine Kreditvergabe als mit Art. 125 AEUV vereinbar an, soweit sie unter Marktbedingungen erfolgt. Nur dann bestünde keine Umgehungsgefahr.[16] In der Rechtssache Thomas Pringle hat der Gerichtshof die Problematik dahingehend aufgelöst, dass Art. 125 AEUV eine bilaterale Kreditvergabe dem Wortlaut nach nicht kategorisch verbiete. Solange diese unter strenger Konditionalität erfolge, sei die Darlehensvergabe mit dem Telos der Norm vereinbar, weil so kein Anreiz für eine unsolide Haushaltspolitik geschaffen werde.[17] Dieser Lösung folgt letztlich auch der (deklaratorische) Art. 136 Abs. 3 AEUV, durch den die Zulässigkeit des ESM ausdrücklich primärrechtlich konsentiert wird.

Die zum Anfang der Krise vergebenen **bilateralen Kredite** an Griechenland verstoßen nach dem dargestellten Maßstab daher nicht gegen das Verbot des Art. 125 Abs. 1 AEUV. Derselbe Maßstab ist bei Kreditvergaben durch EFSF und ESM anzulegen. Maßgeblich ist dabei immer die Beziehung zwischen dem antragstellenden Staat und der kreditgewährenden Institution.[18] Da beide Institutionen Kredite nur unter strenger Konditionalität vergeben, sind auch diese mit Art. 125 Abs. 1 AEUV vereinbar.[19]   **10**

Die im Rahmen der Staatsschuldenkrise vielfach vorgeschlagene **Einführung von Eurobonds** – einer gemeinsamen Begebung von Staatsanleihen – oder die Einrichtung eines Schuldentilgungsfonds wären ebenfalls an Art. 125 Abs. 1 AEUV zu messen. Nach der in Deutschland überwiegenden Auffassung sind derlei Konstruktionen regelmäßig mit Art. 125 Abs. 1 AEUV unvereinbar, weil sie einen verbotenen Haftungsautomatismus für (gemeinsame) Verbindlichkeiten und eben keine neuen Verbindlichkeiten schaffen.[20] In dieser Pauschalität dürften die Einwände allerdings – jedenfalls mit Blick auf einen Schuldentilgungsfonds – nicht zutreffen oder wären gegebenenfalls durch sekundärrechtliche Klarstellungen nach Art. 125 Abs. 2 AEUV zu überwinden.   **11**

Fraglich ist auch, wie ein möglicher **freiwilliger Schuldenerlass** zu Gunsten eines Mitgliedstaats durch Union und/oder Mitgliedstaaten im Lichte des Art. 125 Abs. 1 AEUV zu beurteilen wäre. Wäre ein solcher bereits bei Gewährung der Kredite sicher absehbar, so würden bereits die Kredite im Ergebnis auf eine echte Schuldübernahme hinauslaufen und wären also mit Art. 125 Abs. 1 AEUV nicht vereinbar. Nähmen Union und Mitgliedstaaten jedoch im Rahmen einer mit anderen Gläubigern gemeinsam verhandelten Umschuldung an einem solchen »Hair-cut« teil, wäre die Beurteilung nach Art. 125 Abs. 1 AEUV eine andere. Wenn die Kreditgewährung ursprünglich zulässig ist, dann muss es den Mitgliedstaaten – wie der EZB bei Art. 123 AEUV auch – grundsätzlich gestattet sein, wie normale Gläubiger zu agieren und – durchaus auch im wohlverstandenen Eigeninteresse – nötigenfalls auf Teile ihrer Forderungen zu verzichten.   **12**

---

[15] *Häde*, EuR 2010, 854 (859 ff.).
[16] *Hentschelmann*, EuR 2011, 282 (292 ff.); *Ohler*, in: Siekmann, EWU, Art. 125 AEUV, Rn. 14.
[17] EuGH, Urt. v. 27.11.2012, Rs. C–370/12 (Pringle), ECLI:EU:C:2012:756, Rn. 136, 142 f.; so auch *Gregorio Merino*, CMLRev. 49 (2012), 1613 (1627); kritisch hingegen *Tuori/Tuori*, S. 126 ff.; *Simon*, EuR 2015, 107 (111).
[18] *Nettesheim*, S. 58 f.; a. A. *Ohler*, in: Siekmann, EWU, Art. 125 AEUV, Rn. 11.
[19] Ebenfalls *Selmayr*, ZöR 68 (2013), 259 (284).
[20] Ausführlich zur Einführung von Eurobonds *Mayer/Heidfeld*, NJW 2012, 422 (424 f.); *Heun/Thiele*, JZ 2012, 973 (978 ff.); *Ohler*, in: Siekmann, EWU, Art. 125 AEUV, Rn. 12; *Häde*, in: Bonner Kommentar, GG, Art. 88 GG (Dezember 2012), Rn. 457.

3. Verbindlichkeiten eines Mitgliedstaats

13 Art. 125 Abs. 1 AEUV verbietet den Eintritt in Verbindlichkeiten eines Mitgliedstaats. Als Verbindlichkeit ist **jede Geldleistungspflicht gegenüber einem beliebigen Gläubiger** zu verstehen. Irrelevant ist zum einen die Person des Gläubigers; gerade Verbindlichkeiten gegenüber privaten Banken sind von dem Verbot umfasst.[21] Zum anderen werden nicht nur Kapitalmarktverbindlichkeiten, sondern jegliche Art von Verbindlichkeiten unter Art. 125 Abs. 1 AEUV subsumiert.[22] In Art. 125 Abs. 1 AEUV ist ferner dezidiert aufgelistet, welche potentiell Begünstigten unter das Verbot fallen. Die Auflistung entspricht der in Art. 123 Abs. 1 AEUV (vgl. insofern Art. 123 AEUV, Rn. 13 ff.). Der Begriff des öffentlichen Unternehmens ist in Art. 8 VO (EG) Nr. 3603/93 definiert.[23]

14 Ein Eintreten für Verbindlichkeiten der Union ist hingegen schon nach dem Wortlaut nicht von Art. 125 AEUV verboten. Ein solches Verbot wäre im Übrigen möglicherweise völkerrechtswidrig.[24]

4. Ausnahmen

15 Vom Verbot sind nach Art. 125 Abs. 1 Satz 1 2. HS, Satz 2, 2. HS AEUV gegenseitige finanzielle Garantien für die **gemeinsame Durchführung eines bestimmten Vorhabens** ausgenommen. Erforderlich sind daher ein konkreter Vorhabenbezug, Gegenseitigkeit und ein gemeinsames Projekt. Ein solches stellt beispielsweise ein Brückenbau zwischen Dänemark und Schweden dar.[25]

16 Weiterhin ist **Art. 143 AEUV lex specialis** zu Art. 125 AEUV, sodass finanzieller Beistand nach Art. 143 AEUV für Mitgliedstaaten mit Zahlungsbilanzschwierigkeiten, deren Währung nicht der Euro ist, vom Verbot des Art. 125 AEUV von vornherein nicht umfasst wird.

17 In der Literatur werden zudem oft **Maßnahmen nach Art. 122 Abs. 2 AEUV** als Ausnahmen von Art. 125 Abs. 1 AEUV qualifiziert.[26] Dieser Einordnung ist nicht zuzustimmen. Vielmehr sind beide Vorschriften Teil des Gesamtgefüges der Vorschriften über die Wirtschafts- und Währungsunion und stehen somit in einem gegenseitigen Wechselstatt in einem Regel-Ausnahme-Verhältnis (vgl. Art. 122 AEUV, Rn. 5).[27]

III. Rechtsfolgen und Rechtsschutz

18 Aus der eindeutigen und unbedingten Formulierung des Art. 125 Abs. 1 AEUV in Zusammenschau mit Art. 125 Abs. 2 AEUV und der darauf gestützten VO (EG) Nr. 3603/93 ergibt sich, dass in diesem ein **unmittelbar anwendbares Verbot** statuiert ist.[28] Dies hat je nach Rechtsnatur der Haftungsübernahme im deutschen Recht entweder

---

[21] *Kube/Reimer,* NJW 2010, 1911 (1913).
[22] *Ohler,* in: Siekmann, EWU, Art. 125 AEUV, Rn. 9.
[23] VO (EG) Nr. 3603/93 des Rates vom 13.12.1993 zur Festlegung der Begriffsbestimmungen für die Anwendung der in Artikel 104 und Artikel 104b Absatz 1 des Vertrages vorgesehenen Verbote, ABl. 1993, L 332/1.
[24] *Häde,* in: Calliess/Ruffert, EUV/AEUV, Art. 125 AEUV, Rn. 3, der von einer Völkerrechtswidrigkeit ausgeht; allgemein zur Haftung von Mitgliedstaaten für internationale Organisationen vgl. nur *von Arnauld,* Völkerrecht, 2. Aufl., 2014, Rn. 127.
[25] *Schmulders/Keppenne,* in: GSH, Europäisches Unionsrecht, Art. 125 AEUV, Rn. 16.
[26] Vgl. beispielsweise *Kempen,* in: Streinz, EUV/AEUV, Art. 125 AEUV, Rn. 6; *Knopp,* NJW 2010, 1777 (1780).
[27] So auch *Calliess,* S. 42 ff.
[28] *Bandilla,* in: Grabitz/Hilf/Nettesheim, EU, Art. 125 AEUV (Mai 2011), Rn. 5; *Ohler,* in: Siek-

deren Nichtigkeit nach § 134 BGB oder – wegen unionsrechtlich determinierter Ermessensreduzierung – die Rücknahme des entsprechenden unionsrechtswidrigen Verwaltungsaktes nach § 48 VwVfG zur Folge.[29]

Zudem kann wegen eines mitgliedstaatlichen Verstoßes gegen Art. 125 Abs. 1 AEUV ein **Vertragsverletzungsverfahren** nach Art. 258, 259 AEUV eingeleitet werden.[30] Bei einer unionalen Haftungsübernahme, die gegen Art. 125 Abs. 1 AEUV verstößt, ist hingegen die Erhebung einer **Nichtigkeitsklage** nach Art. 263 AEUV denkbar. Individuen dürfte es hierfür allerdings regelmäßig an der nach Art. 263 Abs. 4 AEUV mindestens erforderlichen unmittelbaren Betroffenheit mangeln. 19

C. Art. 125 Abs. 2 AEUV

Dem Rat kommt nach Art. 125 Abs. 2 AEUV die Kompetenz zu, auf Vorschlag der Kommission, **Definitionen** für die Verbote der Art. 123, 124 und 125 Abs. 1 AEUV zu erlassen. Der Rat hat das Parlament jedoch vor Erlass der Verordnung anzuhören. Um das Ziel einheitlicher Definitionen zu erreichen, kommt praktisch nur die Handlungsform der Verordnung in Frage.[31] Von dieser Kompetenz hat der Rat durch den Erlass der VO (EG) Nr. 3603/93 Gebrauch gemacht, in der verschiedene Begriffe definiert sind. Zweifelhaft ist jedoch der Inhalt des Begriffs »Definition« und somit schließlich die Reichweite der Kompetenz aus Art. 125 Abs. 2 AEUV. Letztlich wäre eine Definition der Beistandstatbestände auf Grundlage des Art. 125 Abs. 2 AEUV qua Mehrheitsbeschluss im Rat durchaus möglich gewesen.[32] Stattdessen wurde für den ESM – wohl politisch motiviert – eine primärrechtliche Klarstellung in Art. 136 Abs. 3 AEUV gewählt. 20

---

mann, EWU, Art. 125 AEUV, Rn. 15; *Hattenberger*, in: Schwarze, EU-Kommentar, Art. 125 AEUV, Rn. 1.

[29] *Ohler*, in: Siekmann, EWU, Art. 125 AEUV, Rn. 15, der die Unwirksamkeit durch teleologische Auslegung herleitet.

[30] *Bandilla*, in: Grabitz/Hilf/Nettesheim, EU, Art. 125 AEUV (Mai 2011), Rn. 5; *Ohler*, in: Siekmann, EWU, Art. 125 AEUV, Rn. 15; *Hattenberger*, in: Schwarze, EU-Kommentar, Art. 125 AEUV, Rn. 1.

[31] *Ohler*, in: Siekmann, EWU, Art. 125 AEUV, Rn. 24.

[32] Schon *Herrmann*, S. 343.

Artikel 126 [Haushaltsüberwachung; Defizitverfahren]

(1) Die Mitgliedstaaten vermeiden übermäßige öffentliche Defizite.

(2) ¹Die Kommission überwacht die Entwicklung der Haushaltslage und der Höhe des öffentlichen Schuldenstands in den Mitgliedstaaten im Hinblick auf die Feststellung schwerwiegender Fehler. ²Insbesondere prüft sie die Einhaltung der Haushaltsdisziplin anhand von zwei Kriterien, nämlich daran,
a) ob das Verhältnis des geplanten oder tatsächlichen öffentlichen Defizits zum Bruttoinlandsprodukt einen bestimmten Referenzwert überschreitet, es sei denn, dass
– entweder das Verhältnis erheblich und laufend zurückgegangen ist und einen Wert in der Nähe des Referenzwerts erreicht hat
– oder der Referenzwert nur ausnahmsweise und vorübergehend überschritten wird und das Verhältnis in der Nähe des Referenzwerts bleibt,
c) ob das Verhältnis des öffentlichen Schuldenstands zum Bruttoinlandsprodukt einen bestimmten Referenzwert überschreitet, es sei denn, dass das Verhältnis hinreichend rückläufig ist und sich rasch genug dem Referenzwert nähert.
³Die Referenzwerte werden in einem den Verträgen beigefügten Protokoll über das Verfahren bei einem übermäßigen Defizit im Einzelnen festgelegt.

(3) ¹Erfüllt ein Mitgliedstaat keines oder nur eines dieser Kriterien, so erstellt die Kommission einen Bericht. ²In diesem Bericht wird berücksichtigt, ob das öffentliche Defizit die öffentlichen Ausgaben für Investitionen übertrifft; berücksichtigt werden ferner alle sonstigen einschlägigen Faktoren, einschließlich der mittelfristigen Wirtschafts- und Haushaltslage des Mitgliedstaats.

Die Kommission kann ferner einen Bericht erstellen, wenn sie ungeachtet der Erfüllung der Kriterien der Auffassung ist, dass in einem Mitgliedstaat die Gefahr eines übermäßigen Defizits besteht.

(4) Der Wirtschafts- und Finanzausschuss gibt eine Stellungnahme zu dem Bericht der Kommission ab.

(5) Ist die Kommission der Auffassung, dass in einem Mitgliedstaat ein übermäßiges Defizit besteht oder sich ergeben könnte, so legt sie dem betreffenden Mitgliedstaat eine Stellungnahme vor und unterrichtet den Rat.

(6) Der Rat beschließt auf Vorschlag der Kommission und unter Berücksichtigung der Bemerkungen, die der betreffende Mitgliedstaat gegebenenfalls abzugeben wünscht, nach Prüfung der Gesamtlage, ob ein übermäßiges Defizit besteht.

(7) ¹Stellt der Rat nach Absatz 6 ein übermäßiges Defizit fest, so richtet er auf Empfehlung der Kommission unverzüglich Empfehlungen an den betreffenden Mitgliedstaat mit dem Ziel, dieser Lage innerhalb einer bestimmten Frist abzuhelfen. ²Vorbehaltlich des Absatzes 8 werden diese Empfehlungen nicht veröffentlicht.

(8) Stellt der Rat fest, dass seine Empfehlungen innerhalb der gesetzten Frist keine wirksamen Maßnahmen ausgelöst haben, so kann er seine Empfehlungen veröffentlichen.

(9) Falls ein Mitgliedstaat den Empfehlungen des Rates weiterhin nicht Folge leistet, kann der Rat beschließen, den Mitgliedstaat mit der Maßgabe in Verzug zu setzen, innerhalb einer bestimmten Frist Maßnahmen für den nach Auffassung des Rates zur Sanierung erforderlichen Defizitabbau zu treffen.

Der Rat kann in diesem Fall den betreffenden Mitgliedstaat ersuchen, nach einem konkreten Zeitplan Berichte vorzulegen, um die Anpassungsbemühungen des Mitgliedstaats überprüfen zu können.

(10) Das Recht auf Klageerhebung nach den Artikeln 258 und 259 kann im Rahmen der Absätze 1 bis 9 dieses Artikels nicht ausgeübt werden.

(11) Solange ein Mitgliedstaat einen Beschluss nach Absatz 9 nicht befolgt, kann der Rat beschließen, eine oder mehrere der nachstehenden Maßnahmen anzuwenden oder gegebenenfalls zu verschärfen, nämlich
- von dem betreffenden Mitgliedstaat verlangen, vor der Emission von Schuldverschreibungen und sonstigen Wertpapieren vom Rat näher zu bezeichnende zusätzliche Angaben zu veröffentlichen,
- die Europäische Investitionsbank ersuchen, ihre Darlehenspolitik gegenüber dem Mitgliedstaat zu überprüfen,
- von dem Mitgliedstaat verlangen, eine unverzinsliche Einlage in angemessener Höhe bei der Union zu hinterlegen, bis das übermäßige Defizit nach Ansicht des Rates korrigiert worden ist,
- Geldbußen in angemessener Höhe verhängen.

Der Präsident des Rates unterrichtet das Europäische Parlament von den Beschlüssen.

(12) ¹Der Rat hebt einige oder sämtliche Beschlüsse oder Empfehlungen nach den Absätzen 6 bis 9 und 11 so weit auf, wie das übermäßige Defizit in dem betreffenden Mitgliedstaat nach Ansicht des Rates korrigiert worden ist. ²Hat der Rat zuvor Empfehlungen veröffentlicht, so stellt er, sobald der Beschluss nach Absatz 8 aufgehoben worden ist, in einer öffentlichen Erklärung fest, dass in dem betreffenden Mitgliedstaat kein übermäßiges Defizit mehr besteht.

(13) Die Beschlussfassung und die Empfehlungen des Rates nach den Absätzen 8, 9, 11 und 12 erfolgen auf Empfehlung der Kommission.

Erlässt der Rat Maßnahmen nach den Absätzen 6 bis 9 sowie den Absätzen 11 und 12, so beschließt er ohne Berücksichtigung der Stimme des den betreffenden Mitgliedstaat vertretenden Mitglieds des Rates.

Die qualifizierte Mehrheit der übrigen Mitglieder des Rates bestimmt sich nach Artikel 238 Absatz 3 Buchstabe a.

(14) Weitere Bestimmungen über die Durchführung des in diesem Artikel beschriebenen Verfahrens sind in dem den Verträgen beigefügten Protokoll über das Verfahren bei einem übermäßigen Defizit enthalten.

Der Rat verabschiedet gemäß einem besonderen Gesetzgebungsverfahren einstimmig und nach Anhörung des Europäischen Parlaments sowie der Europäischen Zentralbank die geeigneten Bestimmungen, die sodann das genannte Protokoll ablösen.

Der Rat beschließt vorbehaltlich der sonstigen Bestimmungen dieses Absatzes auf Vorschlag der Kommission und nach Anhörung des Europäischen Parlaments nähere Einzelheiten und Begriffsbestimmungen für die Durchführung des genannten Protokolls.

Protokoll über das Verfahren bei einem übermäßigen Defizit
Vom 7.2.1992 (ABl. 1992, C 191/84)
Zuletzt geändert durch Art. 1 Abs. 4 Buchst. c, Abs. 5 Buchst. b, Abs. 6 Buchst. b, Abs. 24 Protokoll Nr. 1 zum Vertrag von Lissabon vom 13.12.2007 (ABl. 2007, C 306/165)
DIE HOHEN VERTRAGSPARTEIEN –
IN DEM WUNSCH, die Einzelheiten des in Artikel 126 des Vertrags über die Arbeitsweise der Europäischen Union genannten Verfahrens bei einem übermäßigen Defizit festzulegen –

SIND über folgende Bestimmungen ÜBEREINGEKOMMEN, die dem Vertrag über die Europäische Union und dem Vertrag über die Arbeitsweise der Europäischen Union beigefügt sind:

Artikel 1 [1] [Referenzwerte]

Die in Artikel 126 Absatz 2 des Vertrags über die Arbeitsweise der Europäischen Union genannten Referenzwerte sind:

– 3 % für das Verhältnis zwischen dem geplanten oder tatsächlichen öffentlichen Defizit und dem Bruttoinlandsprodukt zu Marktpreisen,
– 60 % für das Verhältnis zwischen dem öffentlichen Schuldenstand und dem Bruttoinlandsprodukt zu Marktpreisen.

Artikel 2 [Definitionen]

In Artikel 126 des genannten Vertrags und in diesem Protokoll bedeutet

– »öffentlich« zum Staat, d. h. zum Zentralstaat (Zentralregierung), zu regionalen oder lokalen Gebietskörperschaften oder Sozialversicherungseinrichtungen gehörig, mit Ausnahme von kommerziellen Transaktionen, im Sinne des Europäischen Systems volkswirtschaftlicher Gesamtrechnungen;
– »Defizit« das Finanzierungsdefizit im Sinne des Europäischen Systems volkswirtschaftlicher Gesamtrechnungen;
– »Investitionen« die Brutto-Anlageinvestitionen im Sinne des Europäischen Systems volkswirtschaftlicher Gesamtrechnungen;
– »Schuldenstand« den Brutto-Gesamtschuldenstand zum Nominalwert am Jahresende nach Konsolidierung innerhalb und zwischen den einzelnen Bereichen des Staats- sektors im Sinne des ersten Gedankenstrichs.

Artikel 3 [Wirksamkeit des Verfahrens]

¹Um die Wirksamkeit des Verfahrens bei einem übermäßigen Defizit zu gewährleisten, sind die Regierungen der Mitgliedstaaten im Rahmen dieses Verfahrens für die Defizite des Staatssektors im Sinne von Artikel 2 erster Gedankenstrich verantwortlich. ²Die Mitgliedstaaten gewährleisten, daß die innerstaatlichen Verfahren im Haushaltsbereich sie in die Lage versetzen, ihre sich aus diesen Verträgen ergebenden Verpflichtungen in diesem Bereich zu erfüllen. ³Die Mitgliedstaaten müssen ihre geplanten und tatsächlichen Defizite und die Höhe ihres Schuldenstands der Kommission unverzüglich und regelmäßig mitteilen.

Artikel 4 [Statistischen Daten]

Die zur Anwendung dieses Protokolls erforderlichen statistischen Daten werden von der Kommission zur Verfügung gestellt.

Literaturübersicht

Adamski, National Power Games and Structural Failures in the European Macroeconomic Governance, CMLRev. 49 (2012), 1319; *Antpöhler*, Emergenz der europäischen Wirtschaftsregierung – Das Six Pack als Zeichen supranationaler Leistungsfähigkeit, ZaöRV 2012, 353; *Armstrong*, The New Governance of EU Fiscal Discipline, E. L.Rev. 38 (2013), 601; *Calliess*, Die Reform der Wirtschafts- und Währungsunion als Herausforderung für die Integrationsarchitektur der EU, DÖV 2013, S. 785; *Craig*, The Stability, Coordination and Governance Treaty: Principle, Politics and Pragmatism, E. L.Rev. 37 (2012), 231; *Deutsche Bundesbank*, Zur Reform des Stabilitäts- und Wachstumspakts, Monatsbericht Januar 2005, S. 43; *dies.*, Die Änderungen am Stabilitäts- und Wachstumspakt, Monatsbericht April 2005, S. 15; *Europäische Zentralbank*, Zehn Jahre Stabilitäts- und Wachstumspakt, Monatsbericht Oktober 2008, S. 59; *dies.*, Fiskalpakt für eine stärkere Wirtschafts- und Währungsunion, Monatsbericht Mai 2012, S. 85; *dies.*, Das Zusammenspiel von Geld- und Finanzpolitik in einer Währungspolitik, Monatsbericht Juli 2012, S. 53; *Häde*, Die Wirtschafts- und Währungsunion im Vertrag von Lissabon, EuR 2009, 200; *Hahn*, The Stability Pact for Monetary Union: Compliance with

[Haushaltsüberwachung; Defizitverfahren   Art. 126 AEUV

the deficit as a constant legal duty, CMLRev. 35 (1998), 77; *Hahn/Häde*, Währungsrecht, 2. Aufl., 2010; *Hentschelmann*, Der Stabilitäts- und Wachstumspakt, 2009; *Herrmann*, Währungshoheit, Währungsverfassung und subjektive Rechte, 2010; *Ioannidis*, EU Financial Assistance Conditionality after »Two Pack«, ZaöRV 74 (2014), 61; *Konow*, Der Stabilitäts- und Wachstumspakt, 2002; *Kortz*, Die Konvergenzkriterien des EGV, RIW 1997, 357; *Louis*, The Review of the Stability and Growth Pact, CMLRev. 43 (2006), 85; *Pilz*, Europa auf dem Weg zur Stabilitätsunion?, DÖV 2012, 909; *Schorkopf*, Europas Verfasstheit im Lichte des Fiskalvertrages, ZSE 2012, 1; *Selmayr*, Das Recht der Wirtschafts- und Währungsunion, 2002; *Singer*, Der Europäische Stabilitäts- und Wachstumspakt: Sachstand und Reformdebatte, Wissenschaftliche Dienst des Deutschen Bundestages, Info-Brief, WF X 27/05, 2005; *Streinz/Ohler/Herrmann*, Totgesagte leben länger – oder doch nicht?, NJW 2004, 1553; *Weber*, Die Reform der Wirtschafts- und Währungsunion in der Finanzkrise, EuZW 2011, 935.

Leitentscheidung

EuGH, Urt. v. 13. 7. 2004, Rs. C–27/04 (Kommission/Rat), Slg. 2004, I–6649

Wesentliche Sekundärrechtliche Vorschriften

Verordnung (EG) Nr. 2223/96 vom 25. 6. 1996 zum Europäischen System volkswirtschaftlicher Gesamtrechnungen auf nationaler und regionaler Ebene in der Europäischen Gemeinschaft, ABl. 1996, L 310/1

Entschließung des Europäischen Rates vom 17. 6. 1997 über den Stabilitäts- und Wachstumspakt, ABl. 1997, C 236/1

Verordnung (EG) Nr. 1467/97 vom 7. 7. 1997 über die Beschleunigung und Klärung des Verfahrens bei einem übermäßigen Defizit, ABl. 1997, L 209/6

Verordnung (EG) Nr. 1222/2004 vom 28. 6. 2004 über die Erhebung und Übermittlung von Daten zum vierteljährlichen öffentlichen Schuldenstand, ABl. 2004, L 233/1

Verordnung (EG) Nr. 479/2009 vom 25. 5. 2009 über die Anwendung des dem Vertrag zur Gründung der Europäischen Gemeinschaft beigefügten Protokolls über das Verfahren bei einem übermäßigen Defizit, ABl. 2009, L 145/1

Verordnung (EU) Nr. 1174/2011 vom 16. 11. 2011 über Durchsetzungsmaßnahmen zur Korrektur übermäßiger makroökonomischer Ungleichgewichte im Euro-Währungsgebiet, ABl. 2011, L 306/8

Richtlinie 2011/85/EU vom 8. 11. 2011 über die Anforderungen an die haushaltspolitischen Rahmen der Mitgliedstaaten, ABl. 2011, L 306/41

Vertrag über Stabilität, Koordinierung und Steuerung in der Wirtschafts- und Währungsunion vom 2. 3. 2012, BGBl. 2012 II, S. 1006

Verordnung (EG) Nr. 472/2013 vom 21. 5. 2013 über den Ausbau der wirtschafts- und haushaltspolitischen Überwachung von Mitgliedstaaten im Euro-Währungsgebiet, die von gravierenden Schwierigkeiten in Bezug auf ihre finanzielle Stabilität betroffen oder bedroht sind, ABl. 2013, L 140/1

Verordnung (EU) Nr. 473/2013 vom 21. 5. 2013 über gemeinsame Bestimmungen für die Überwachung und Bewertung der Übersichten über die Haushaltsplanung und für die Gewährleistung der Korrektur übermäßiger Defizite der Mitgliedstaaten im Euro-Währungsgebiet, ABl. 2013, L 140/11

S. auch bei Art. 121 AEUV

Inhaltsübersicht

	Rn.
I. Überblick	1
II. Genese des Art. 126 AEUV und des Stabilitäts- und Wachstumspakts	5
III. Systematik	11
IV. Telos	14
V. Art. 126 und seine Ergänzungen im Einzelnen	15
1. Überblick	15
2. Pflicht zur Vermeidung eines übermäßigen Defizits (Abs. 1)	21
3. Überwachung durch die Kommission und Referenzwerte (Abs. 2–5)	27
a) Überwachung	27
b) Kriterien für die Ermittlung eines übermäßigen öffentliche Defizits; Berechnung; Mitteilungspflichten der Mitgliedstaaten	27

    c) Relativierungen und Ausnahmen 33
    d) Kommissionsbericht und Stellungnahme des Wirtschafts- und
       Sozialausschuss 36
 4. Feststellung eines übermäßigen Defizits (Abs. 6) 39
 5. Durchsetzung der Haushaltsdisziplin; Sanktionen (Abs. 7–9, Abs. 11) 43
 6. Ausschluss des Vertragsverletzungsverfahrens; Jurisdiktion des
    Gerichtshofs der Europäischen Union (Abs. 10) 57
 7. Aufhebung von Maßnahmen (Abs. 12) 60
 8. Mehrheitserfordernisse im Rat (Abs. 13) 62
 9. Verweis auf das Protokoll über das Verfahren bei einem übermäßigen
    Defizit; Befugnis zur Ersetzung und Ergänzung des Protokolls (Abs. 14) ... 66

I. Überblick

1 Art. 126 AEUV, ergänzt um das Protokoll über das Verfahren bei einem übermäßigen Defizit, bildet die **Zentralnorm der europäisierten Kontrolle über die Haushaltspolitik der Mitgliedstaaten** als Teil der »Koordinierung der Wirtschaftspolitik der Mitgliedstaaten« in der EU. Die Norm unterfüttert den in Art. 119 Abs. 3 AEUV niedergelegten »richtungweisenden Grundsatz« der »gesunden öffentlichen Finanzen«, dessen Einhaltung eine Voraussetzung der Wirtschaftspolitik darstellt (dazu Art. 119 AEUV, Rn. 61). Zurecht verfügt die Wirtschafts- und Währungsunion im Rahmen ihrer Ausgestaltung als **Stabilitätsunion** über eine **haushaltspolitische Säule**. Eine übermäßige Verschuldung der Mitgliedstaaten kann in vielerlei Hinsicht Gefährdungen der Stabilität verursachen: (1) Übermäßige Kreditaufnahme an den Finanzmärkten kann die Zinsen in die Höhe treiben und gleichzeitig private Kreditnehmer verdrängen (crowding out), was wiederum negativ auf das Wachstum wirken kann; (2) eine übermäßige Kreditaufnahme der Mitgliedstaaten kann unter dem Aspekt drohender Staatsinsolvenzen die Stabilität des Finanzsystems gefährden, für das Staatsanleihen regelmäßig einen notwendigen Anlagekern bilden; (3) schließlich kann eine übermäßige Staatsverschuldung politischen Druck zu Gunsten einer »Weginflationierung« der Schulden durch eine »finanzielle Repression« (Zinsen unterhalb der nominellen Inflationsraten) auf die geldpolitischen Entscheidungsträger begünstigen.[1]

2 Art. 126 AEUV wird umfangreich durch Sekundärrecht, namentlich den (zweimal reformierten) **Stabilitäts- und Wachstumspakt (SWP)**,[2] der das Verfahren nach Art. 126 AEUV (die »**korrektive Komponente**« des SWP, vgl. Art. 2 Nr. 2 der VO (EU) Nr. 1173/2011[3]) mit der Koordinierung der Wirtschaftspolitik (Art. 121 AEUV; die »**präventive Komponente**« des SWP, vgl. Art. 2 Nr. 1 der VO (EU) Nr. 1173/2011) verklammert, ausgestaltet und ergänzt. Für die Mitgliedstaaten des Euro-Währungsgebiets gelten dabei generell ambitioniertere Haushaltsziele als die sog. »Maastricht-Kriterien«, d.h. die Referenzwerte des Protokolls über das Verfahren bei einem übermäßigen Defizit (Art. 1 Defizitprotokoll: 3 % Defizit, 60 % Schuldenstand) sowie strengere Verfahrens- und Sanktionsregeln als für die Mitgliedstaaten mit Ausnahme-

---

[1] S. *Herrmann*, Währungshoheit, S. 53 m.w. Nachw. sowie *Deutsche Bundesbank*, Monatsbericht April 2010, S. 15; *Europäische Zentralbank*, Monatsbericht Juli 2012, S. 53; *Kuschnick*, DZWir 1997, 315; *Weidmann*, ZSE 2013, 461.
[2] Zu dessen Entwicklung s. *Europäische Zentralbank*, Monatsbericht Oktober 2008, S. 59.
[3] VO (EU) Nr. 1173/2011 vom 16.11.2011 über die wirksame Durchsetzung der haushaltspolitischen Überwachung im Euro-Währungsgebiet, ABl. 2011, L 306/1.

regelung (Art. 139 AEUV). Teilweise folgt dies bereits aus dem Primärrecht selbst (s. Art. 139 Abs. 2 Buchst. b AEUV), teilweise aus auf Grundlage des Art. 136 Abs. 1 AEUV erlassenem, nur die Euro-Teilnehmerstaaten bindendem Sekundärrecht. Dieses bezieht sich jedoch sämtlich überwiegend auf das Verfahren nach Art. 121 AEUV und nicht auf das in Art. 126 AEUV geregelte Verfahren, wenngleich hier nicht unerhebliche Berührungspunkte bestehen (s. unten Rn. 10; zur Reichweite dieser Rechtsetzungsermächtigung und dem diesbezüglichen Streit um die Zulässigkeit der bisherigen Praxis s. Art. 136 AEUV, Rn. 5 ff.).

Hinzu tritt daneben der im März 2012 abgeschlossene völkerrechtliche **Vertrag über Stabilität, Koordinierung und Steuerung in der WWU (VSKS** bzw. **»Fiskalpakt«)**,[4] der den Mitgliedstaaten des Euro-Währungsgebiets und acht weiteren Mitgliedstaaten zusätzliche Verpflichtungen auferlegt, die sich teilweise unmittelbar auf das in Art. 126 AEUV geregelte Verfahren beziehen.[5]

3

Die Wirksamkeit des Verfahrens bei einem übermäßigen Defizit sowie seine Sinnhaftigkeit werden seit jeher politisch in Zweifel gezogen (»dummer Pakt«).[6] Streit zwischen den Mitgliedstaaten über seine Reform (und die dabei gegebenenfalls einzuschlagende Richtung) gehört zum politischen Alltag in der Europäischen Union. Zu konstatieren ist jedenfalls, dass auch das Verfahren bei einem übermäßigen Defizit die Staatsschuldenkrise seit dem Jahr 2010 nicht hat verhindern können; zudem war die Anwendung der Regeln mit großer Wahrscheinlichkeit defizitär und einige Regeln waren möglicherweise auch nicht geeignet, Probleme frühzeitig zu identifizieren oder zu bannen. Ob und inwieweit der nach **Six-Pack** (2011),[7] **VSKS** (2012) und **Two-Pack** (2013)[8] erheblich **gestraffte Mechanismus der Haushaltskontrolle**[9] in Zukunft besser funktionieren wird, bleibt insbesondere vor dem Hintergrund der teilweise mangelhaften Überzeugung von der Notwendigkeit nachhaltiger Haushaltspolitik seitens einzelner Mitgliedstaaten abzuwarten.

II. Genese des Art. 126 AEUV und des Stabilitäts- und Wachstumspakts

Art. 126 AEUV wurde als Art. 104c EGV (Maastricht) im Rahmen der Gesamtkonzeption der Wirtschafts- und Währungsunion auf Grundlage des **Delors-Reports**[10] in den EGV (zusammen mit dem Protokoll über das Verfahren bei einem übermäßigen Defizit) eingefügt, um von vornherein eine haushaltspolitische Absicherung der Pläne zur Errichtung der gemeinsamen Währung sicherzustellen. Während der ersten beiden Stufen

4

---

[4] BGBl. 2012 II S. 1006.
[5] Zum Fiskalpakt s. *Europäische Zentralbank*, Monatsbericht Mai 2012, S. 85; *Pilz*, DÖV 2012, 909; *Schorkopf*, ZSE 2012, 1.
[6] S. dazu *Heise*, Blätter für deutsche und internationale Politik 2002, 1420; zur Reform des SWP von 2005 s. *Deutsche Bundesbank*, Monatsbericht Januar 2005, S. 43; *dies.*, Monatsbericht April 2005, S. 15; *Louis*, CMLRev. 46 (2006), 85; *Zeitler*, Was bleibt vom Stabilitäts- und Wachstumspakt, FS R. Schmidt, 2006, S. 223.
[7] Als Six-Pack werden die sechs im ABl. 2011, L 306 veröffentlichten Rechtsakte (fünf Verordnungen, eine Richtlinie) bezeichnet. Dazu *Antpöhler*, ZaöRV 2012, 353; *Calliess*, DÖV 2013, 785.
[8] Als Two-Pack werden die zwei Verordnungen (EU) Nr. 472/2013 und Nr. 473/2013 bezeichnet, veröffentlicht in ABl. 2013, 140; dazu *Calliess*, DÖV 2013, 785; *Ioannidis*, ZaöRV 2014, 61.
[9] Zur Bewertung der Reformen s. *Armstrong*, E.L.Rev. 38 (2013), 601; *Adamski*, CMLRev. 37 (2012), 1319.
[10] Bericht zur Wirtschafts- und Währungsunion in der EG, vorgelegt vom Ausschuss zur Prüfung der Wirtschafts- und Währungsunion am 12.4.1989, abgedruckt in EuR 1989, 274; dazu *Schönfelder/Thiel*, Ein Markt – Eine Währung, 2. Aufl., 1996, S. 40 ff.

der Wirtschafts- und Währungsunion diente die Vorschrift der Herbeiführung der für die Einführung des Euro geforderten **Haushaltskomponenten der wirtschaftlichen Konvergenz**,[11] entfaltete zu dieser Zeit aber noch nicht die heutige rechtliche Bindungswirkung (bloße Bemühensverpflichtung, keine Sanktionen). Seit der Einführung des Euro am 1.1.1999 sind nunmehr alle Mitgliedstaaten (außer Großbritannien)[12] zur Vermeidung übermäßiger öffentlicher Defizite rechtlich verbindlich verpflichtet. Für die Mitgliedstaaten mit Ausnahmeregelung greifen die Sanktionsvorschriften allerdings nach wie vor nicht (Art. 139 Abs. 2 Buchst. b AEUV).

5 Insbesondere von deutscher Seite wurde die Regelung des heutigen Art. 126 AEUV einschließlich des Defizitprotokolls und der dieses weiter konkretisierenden Verordnung (EG) Nr. 3605/93[13] (heute VO (EU) Nr. 479/2009) jedoch als unzureichend angesehen,[14] so dass auf deutsches Drängen im Juni 1997 der **Stabilitäts- und Wachstumspakt (SWP)** abgeschlossen wurde. Bestehend aus einer Entschließung des Europäischen Rates sowie den zwei Verordnungen (EG) Nr. 1466/97[15] und (EG) Nr. 1467/97[16] präzisierte dieser die **Begrifflichkeiten des Defizitverfahrens**, führte **Fristenregelungen** für die Beschlussfassung ein, hegte die Ermessensausübung des Rates ein und verklammerte das Verfahren nach Art. 126 AEUV mit dem Verfahren der multilateralen Überwachung nach Art. 121 AEUV.[17]

6 Im Jahr 2005 wurden die beiden Verordnungen des Stabilitäts- und Wachstumspakts auf Grundlage eines Berichts zur Verbesserung der Umsetzung des Stabilitäts- und Wachstumspakts erstmals geändert,[18] indem **Entscheidungsfristen verlängert und zusätzliche Flexibilitäten und Ermessensspielräume** im Hinblick auf die in Art. 126 Abs. 2 und 3 AEUV angesprochenen Ausnahmen (»vorübergehende Überschreitung«) und »sonstigen einschlägigen Faktoren« geschaffen wurden, die weitläufig als Aufweichung des Pakts gedeutet wurden.[19] Durch den **Vertrag von Lissabon** (2009) hingegen wurden die Rechte der Kommission im Rahmen des Defizitverfahrens – wie auch im Rahmen der Koordinierung der Wirtschaftspolitik nach Art. 121 AEUV – auf primärrechtlicher Ebene, d.h. durch Modifikationen des Art. 126 AEUV, aufgewertet und das Verfahren insgesamt etwas strikter ausgestaltet.[20]

---

[11] Zu den Konvergenzkriterien im Einzelnen s. *Kortz*, RIW 1997, 357.
[12] Ziff. 5 des Protokolls (Nr. 15) über einige Bestimmungen betreffend das Vereinigte Königreich Großbritannien und Nordirland.
[13] VO (EG) Nr. 3605/93 des Rates vom 22.11.1993 über die Anwendung des dem Vertrag zur Gründung der Europäischen Gemeinschaft beigefügten Protokolls über das Verfahren bei einem übermäßigen Defizit, ABl. 1993, L 332/7, aufgehoben durch VO Nr. 479/2009, ABl. 2009, L 145/1.
[14] Näher dazu *Hahn*, CMLRev. 35 (1998), 77, 80 ff.
[15] VO (EG) Nr. 1466/97 vom 7.7.1997 über den Ausbau der haushaltspolitischen Überwachung und der Überwachung und Koordinierung der Wirtschaftspolitiken, ABl. 1997, L 209/1.
[16] VO (EG) Nr. 1467/97 vom 7.7.1997 über die Beschleunigung und Klärung des Verfahrens bei einem übermäßigen Defizit, ABl. 1997, L 209/6.
[17] Insgesamt zum SWP *Hentschelmann*, Der Stabilitäts- und Wachstumspakt, 2009; *Herrmann*, Währungshoheit, S. 233 ff. m.w. Nachw.; *Konow*; *Singer*, Wissenschaftlicher Dienst des Deutschen Bundestages, Info Brief, WF X 27/05; *Streinz/Ohler/Herrmann*, NJW 2004, 1553.
[18] VO (EG) Nr. 1055/2005 vom 27.6.2005 zur Änderung der Verordnung (EG) Nr. 1466/97 über den Ausbau der haushaltspolitischen Überwachung und der Überwachung und Koordinierung der Wirtschaftspolitiken, ABl. 2005, L 174/1; VO (EG) Nr. 1056/2005 vom 27.6.2005 zur Änderung der Verordnung (EG) Nr. 1467/97 über die Beschleunigung und Klärung des Verfahrens bei einem übermäßigen Defizit, ABl. 2005, L 174/5; dazu s. den Literaturnachweis in Fn. 5.
[19] *Gaitanides*, in: Siekmann, EWU, Art. 126 AEUV, Rn. 2.
[20] *Häde*, EuR 2009, 200 (202 ff.); zu den Handlungsspielräumen der Kommission vor den Reformen s. *Henseler*, ZEuS 2004, 541.

[Haushaltsüberwachung; Defizitverfahren] Art. 126 AEUV

Zu einer **zweiten Reform des Stabilitäts- und Wachstumspakts** kam es sodann als unmittelbare Reaktion auf die **Euro-Staatsschuldenkrise** im Jahr 2011 durch das sog. »**Six-Pack**«,[21] bestehend aus fünf Verordnungen und einer Richtlinie, die am 13.12.2011 in Kraft traten. Von diesen sechs Rechtsakten beziehen sich zwei auf das Verfahren nach Art. 126 AEUV[22] und zwei weitere (primär) auf die präventive haushaltspolitische Überwachung nach Art. 121 AEUV.[23] Ebenfalls zwei Verordnungen führen im Rahmen der wirtschaftspolitischen Koordinierung ein besonderes Verfahren zur Überwachung und Sanktionierung (letzteres nur für Mitglieder des Euro-Währungsgebiets) (übermäßiger) ökonomischer Ungleichgewichte ein.[24]

Im März 2012 schlossen 25 der damals 27 EU-Mitgliedstaaten den völkerrechtlichen **Vertrag über Stabilität, Koordinierung und Steuerung in der Wirtschafts- und Währungsunion (VSKS)** ab, der in Übereinstimmung mit dem Unionsrecht angewandt und ausgelegt werden soll und nur unter dem Vorbehalt seiner Unionsrechtskonformität gilt (Art. 2 VSKS). Grund dafür war die Weigerung Großbritanniens, einer Änderung des Art. 126 AEUV bzw. der Ablösung des Protokolls über das Verfahren bei einem übermäßigen Defizit, die ebenfalls nur mit Einstimmigkeit aller EU-Mitgliedstaaten beschlossen werden kann (Art. 126 Abs. 14 UAbs. 2 AEUV), zuzustimmen.

Die beiden im Mai 2013 erlassenen Verordnungen des **Two-Packs**[25] beruhen zwar auch ausschließlich auf Art. 121 Abs. 6 AEUV (i.V.m. Art. 136 AEUV), die Verordnung (EU) Nr. 473/2013[26] knüpft in ihrem Kapitel V (Art. 9–12 der VO (EU) Nr. 473/2013) allerdings an das Vorliegen bestimmter Verfahrensstufen des Defizitverfahrens an und integriert nach ihrem Art. 12 das Verfahren nach der Verordnung explizit in das Verfahren nach Art. 126 AEUV bzw. nach der Verordnung Nr. 1467/97. Dadurch werden die Maßnahmen zur Korrektur eines übermäßigen Defizits wiederum an das Verfahren der wirtschaftspolitischen Koordinierung rückgekoppelt. Auch die Verordnung (EU) Nr. 472/2013[27] über den Ausbau der wirtschafts- und haushaltspolitischen Überwachung von Mitgliedstaaten im Euro-Währungsgebiet, die von gravierenden Schwierigkeiten in Bezug auf ihre finanzielle Stabilität betroffen oder bedroht sind,[28] ist mit dem Defizitverfahren in ihrem Art. 10 verknüpft; dieser trifft Regelungen über die Kohärenz zwischen den Verpflichtungen nach der Verordnung – namentlich der Annahme eines

---

[21] Dazu *Antpöhler*, ZaöRV 2012, 353; *Calliess*, DÖV 2013, 785; *Weber*, EuZW 2011, 935.
[22] VO (EU) Nr. 1177/2011 vom 8.11.2011 zur Änderung der Verordnung (EG) Nr. 1467/97 über die Beschleunigung und Klärung des Verfahrens bei einem übermäßigen Defizit, ABl. 2011, L 306/33; RL 2011/85/EU vom 8.11.2011 über die Anforderungen an die haushaltspolitischen Rahmen der Mitgliedstaaten, ABl. 2011, L 306/41.
[23] VO (EU) Nr. 1173/2011, ABl. 2011, L 306/1; VO (EU) Nr. 1175/2011 vom 16.11.2011 zur Änderung der Verordnung (EG) Nr. 1466/97 des Rates über den Ausbau der haushaltspolitischen Überwachung und Koordinierung der Wirtschaftspolitiken, ABl. 2011, L 306/12.
[24] VO (EU) Nr. 1176/2011 vom 16.11.2011 über die Vermeidung und Korrektur makroökonomischer Ungleichgewichte, ABl. 2011, L 306/25; VO (EU) Nr. 1174/2011 vom 16.11.2011 über Durchsetzungsmaßnahmen zur Korrektur übermäßiger makroökonomischer Ungleichgewichte im Euro-Währungsgebiet, ABl. 2011, L 306/8.
[25] Dazu *Calliess*, DÖV 2013, 785; *Ioannidis*, ZaöRV 2014, 61.
[26] VO (EU) Nr. 473, 2013 vom 21.5.2013 über gemeinsame Bestimmungen für die Überwachung und Bewertung der Übersichten über die Haushaltsplanung und für die Gewährleistung der Korrektur übermäßiger Defizite der Mitgliedstaaten im Euro- Währungsgebiet, ABl. 2013, L 140/1.
[27] VO (EU) Nr. 472/2013 vom 21.5.2013 über den Ausbau der wirtschafts- und haushaltspolitischen Überwachung von Mitgliedstaaten im Euro- Währungsgebiet, die von gravierenden Schwierigkeiten in Bezug auf ihre finanzielle Stabilität betroffen oder bedroht sind, ABl. 2013, L 140/1.
[28] ABl. 2013, L 140/1.

makroökonomischen Anpassungsprogramms für Mitgliedstaaten, die Finanzhilfen in Anspruch nehmen – und dem Defizitverfahren.

III. Systematik

10 Die Wirtschafts- und Währungsunion zerfällt in zwei sehr unterschiedlich tief integrierte Teile: die Wirtschaftspolitik und die Währungspolitik,[29] wie u. a. Art. 2 Abs. 3, Art. 3 Abs. 1 Buchst. c, Art. 119 AEUV und die zwei Kapitel des Titel VIII des dritten Teils des AEUV überdeutlich klar machen (zur Abgrenzung Art. 119 AEUV, Rn. 54, 58). Die Vorschriften über die **Wirtschaftspolitik** selbst wiederum beinhalten die materiell-rechtlichen Verbote der Art. 123–125 AEUV, die Vorschrift über die Möglichkeit eines finanziellen Beistands (Art. 122 AEUV) sowie die beiden Koordinierungselemente: wirtschaftspolitische Koordinierung (Art. 120, 121 AEUV) und Überwachung der Haushaltsdisziplin (Art. 126 AEUV). Letzterer wird durch das Protokoll über das Verfahren bei einem übermäßigen Defizit ergänzt, auf das in Art. 126 Abs. 14 AEUV verwiesen wird, und das wiederum durch Sekundärrechtsakte geändert und ergänzt werden kann. Von dieser Ergänzungsmöglichkeit wurde durch die Verordnungen (EU) Nr. 479/2009, (EG) Nr. 1222/2004 und (EG) Nr. 1467/97 sowie die Richtlinie 2011/85/EU Gebrauch gemacht. Art. 136 Abs. 1 Buchst. a AEUV erlaubt wiederum mit Wirkung allein für die Mitgliedstaaten des Euro-Währungsgebiets den Erlass von **Maßnahmen um die »Koordinierung und Überwachung der Haushaltsdisziplin zu verstärken«**; dabei verweist Art. 136 Abs. 1 AEUV zwar auf das Verfahren nach Art. 126 AEUV, nimmt dessen Abs. 14 aber ausdrücklich von dem Verweis aus (zum Streit um die genaue Bedeutung dieses Verweises s. Art. 136 AEUV, Rn. 5 ff.). In Verbindung mit Art. 126 AEUV (dort dann Abs. 6) wurde Art. 136 Abs. 1 AEUV lediglich für Beschlüsse, die an einzelne Mitgliedstaaten individuell adressiert waren (zahlreiche Beschlüsse betreffend Griechenland, zuletzt Spanien[30] und Zypern[31]) genutzt; hingegen wurden keine abstraktgenerellen Rechtsakte auf Basis dieser Kombination erlassen. Allerdings haben auch die auf Art. 136 i. V. m. Art. 121 Abs. 6 AEUV gestützten Verordnungen (EU) Nr. 1173/2011, Nr. 472/2013 und (EU) Nr. 473/2013 Auswirkungen auf das Defizitverfahren und sind eng mit diesem verschränkt.

11 Auf die Mitgliedstaaten mit Ausnahmeregelung finden die **Sanktionsvorschriften** des Art. 126 AEUV keine Anwendung (Art. 139 Abs. 2 Buchst. b AEUV), auf Großbritannien auch dessen Abs. 1 nicht.[32]

12 Lediglich 25 der 28 Mitgliedstaaten haben den VSKS abgeschlossen.[33] Nach dem **VSKS** übernehmen die Vertragsstaaten Verpflichtungen, die sich auf die Gegenstände des Art. 126 AEUV beziehen, über die primärrechtlichen Verpflichtungen aber deutlich hinausgehen (etwa die **Verpflichtung zu einem ausgeglichenen Haushalt bzw. einem Haushaltsüberschuss**, Art. 3 Abs. 1 Buchst. a VSKS) bzw. eine stärkere Absicherung im

---

[29] Zu deren Grundprinzipien s. *Hahn/Häde*, S. 132 ff.
[30] Beschluss des Rates vom 23.7.2012 gerichtet an Spanien über spezifische Maßnahmen zur Stärkung der Finanzstabilität, ABl. 2012, L 202/17.
[31] Beschluss des Rates vom 25.4.2013 gerichtet an Zypern über spezifische Maßnahmen zur Wiederherstellung von Finanzstabilität und nachhaltigem Wachstum, ABl. 2013, L 141/32.
[32] S. Ziff. 5 des Protokolls (Nr. 15) über einige Bestimmungen betreffend das Vereinigte Königreich Großbritannien und Irland.
[33] Soweit ersichtlich hat bis heute auch Kroatien (trotz der Euro-Einführung am 1.1.2015) den VSKS jedenfalls noch nicht ratifiziert (vgl. Fundstellennachweis B des Bundesgesetzblatts II, 2015, S. 965 f.).

innerstaatlichen Recht verlangen (s. Art. 3 Abs. 2 VSKS). Eine Reihe von Regelungen ist wiederum unmittelbar auf das Defizitverfahren bezogen bzw. wiederholt Verpflichtungen, die sekundärrechtlich (nunmehr) ebenfalls bestehen.[34] Zu nennen sind hier insbesondere Art. 4, 5 und 7 VSKS. Nach letzterer Vorschrift verpflichten sich die Vertragsstaaten zu einem bestimmten **Abstimmungsverhalten im Rahmen des Defizitverfahrens**, und zwar dahingehend, dass alle Vertragsstaaten einen Vorschlag oder eine Empfehlung der Kommission unterstützen, sofern unter ihnen nicht eine qualifizierte Mehrheit gegen den vorgeschlagenen Beschluss ist. Damit sollen die erforderlichen Mehrheitsverhältnisse faktisch umgekehrt werden. Eine solche **Umkehrung der Beschlussfassungsregeln** (Fiktion der Annahme, sofern keine ablehnende qualifizierte Mehrheit im Rat zustande kommt) enthält die auf Art. 126 Abs. 14 AEUV gestützte Verordnung (EU) Nr. 1467/97 – anders als die gegenüber Art. 126 AEUV zusätzliche Sanktionen im Verfahren nach Art. 121 AEUV einführende Verordnung (EU) Nr. 1173/2011 – gerade nicht.

IV. Telos

Durch die Unionsverträge wird den Mitgliedstaaten – sowohl denen des Euro-Währungsgebiets als auch denen mit Ausnahmeregelung – dem Grundsatz nach die **haushaltspolitische Souveränität** belassen und – abgesichert u.a. durch Art. 125 AEUV – auch die – verfassungsrechtlich in Deutschland nach der Lesart des Bundesverfassungsgerichts unveräußerliche[35] – **haushaltspolitische Eigenverantwortlichkeit** bewahrt. Der Unionshaushalt selbst bildet innerhalb der Europäischen Union wiederum infolge seiner Beschränkung auf regelmäßig nur knapp über 1 % des Brutto-Nationaleinkommens der EU insgesamt keine für die ganze Union konjunkturpolitisch relevante Größe **(kein »dominanter Haushalt«)**. Die wirtschaftliche Entwicklung innerhalb der EU hängt damit – soweit sie durch Haushaltsentscheidungen überhaupt beeinflusst werden kann – maßgeblich von der mitgliedstaatlichen Haushaltspolitik ab. Sie bedarf daher im Rahmen der Herbeiführung bzw. Sicherung der dauerhaften wirtschaftspolitischen Konvergenz zwischen den Mitgliedstaaten, die sich dem Ziel der gemeinsamen Währung verschrieben haben, der rechtlichen Einhegung, um fiskalpolitisch verursachte »Konjunkturstrohfeuer« ebenso zu vermeiden wie Stabilitätsrisiken für das Finanzsystem und die Entstehung nicht nachhaltig tragfähiger Verschuldungslagen. Schließlich bestünde bei einer übermäßigen Verschuldung der Mitgliedstaaten ein erheblicher politischer Druck, diese durch Inflation abzubauen.[36] Dementsprechend nennt Art. 119 Abs. 3 AEUV »gesunde öffentliche Finanzen« als einen richtungsweisenden Grundsatz der Wirtschafts- und Währungsunion. Art. 126 AEUV dient der Sicherung dieses Grundsatzes und damit insgesamt der Stabilität des Euro-Währungsgebiets.[37]

13

---

[34] S. hierzu EZB, Monatsbericht Mai 2012, S. 85 inkl. einer vergleichenden Übersicht.
[35] BVerfGE 123, 267 (359).
[36] Spezifisch zum Verhältnis zwischen Fiskalpolitik und Geldpolitik zuletzt *Weidmann*, ZSE 2013, 461.
[37] Zum Zweck des Art. 126 AEUV s. auch *Gaitanides*, in: Siekmann, EWU, Art. 126 AEUV, Rn. 68 ff.; *Häde*, in: Calliess/Ruffert, EUV/AEUV, Art. 126 AEUV, Rn. 1 ff.; *Kempen*, in: Streinz, EUV/AEUV, Art. 126 AEUV, Rn. 3.

V. Art. 126 AEUV und seine Ergänzungen im Einzelnen

1. Überblick

14 Das im Detail durch die vielfältige Konkretisierung im Sekundärrecht mittlerweile kaum noch überschaubare **Defizitverfahren** als »**korrektive Komponente**« des SWP gliedert sich in vier große Abschnitte: die generelle Verpflichtung zur Vermeidung eines übermäßigen Defizits, die mittlerweile im Wesentlichen im Rahmen der auf Art. 121 AEUV basierenden **präventiven Komponente des Stabilitäts- und Wachstumspakts** gesichert wird (Art. 126 Abs. 1 AEUV), das Verfahren zur Überwachung der Haushaltspolitik anhand von Referenzwerten durch die Kommission (Abs. 2–5), die Feststellung des Vorliegens eines übermäßigen Defizits nach Abs. 6 sowie das mehrstufige Verfahren zur Korrektur und gegebenenfalls Sanktionierung eines übermäßigen Defizits (Abs. 7–9, 11).

15 In allen maßgeblichen Phasen des Verfahrens kommt letztlich dem Rat die **Entscheidungsgewalt** zu, die allerdings rechtlich dahingehend eingehegt wird, dass er einer Entscheidungspflicht unterliegt und überdies das Prinzip der **Stufenstrenge** gilt, wonach der Rat die jeweils nach dem gestuften Verfahren zu treffende Entscheidung zu treffen hat und überdies auch keine nicht vorgesehene Entscheidung treffen darf.[38] Der Rat kann überdies stets von Empfehlung oder Vorschlag der Kommission abweichen und die zu treffende Entscheidung abändern. Soweit er dabei auf Vorschlag der Kommission handelt (Abs. 6), bedarf es dazu allerdings der Einstimmigkeit der abstimmungsberechtigten Ratsmitglieder (Art. 293 Abs. 1 AEUV). Soweit für zu treffende Entscheidungen keine Mehrheit zustande kommt, kommt es zu einem **faktischen Ruhen des Verfahrens**. Denkbar ist insoweit auch, dass der Rat einer Pflicht zum Tätigwerden unterliegt, die im Wege der Untätigkeitsklage geltend gemacht werden könnte.[39] Rechtlich ruht das Verfahren nach Art. 9 der VO (EG) Nr. 1467/97, wenn der Mitgliedstaat gemäß den Empfehlungen des Rates tätig wird. Wird das übermäßige öffentliche Defizit beseitigt, so wird das Verfahren eingestellt und die maßgeblichen Beschlüsse des Rates werden aufgehoben (Art. 126 Abs. 12 AEUV).

16 Der Mitgliedstaat, auf den sich die zu treffenden Entscheidungen beziehen, ist mittlerweile umfassend **von der Beschlussfassung ausgeschlossen** (Art. 126 Abs. 13 UAbs. 2 AEUV). Das Gleiche gilt für die Mitgliedstaaten mit Ausnahmeregelung, soweit die Beschlussfassung Euro-Teilnehmerstaaten betrifft (Art. 139 Abs. 4 Buchst. b AEUV). Die Kommission überwacht zwar die Haushaltspolitik der Mitgliedstaaten, kann aber generell nur Beschlüsse vorschlagen oder empfehlen. Die Mitgliedstaaten des Euro-Währungsgebiets haben sich allerdings nach Art. 7 des VSKS zur Unterstützung des Vorschlags bzw. der Empfehlung der Kommission verpflichtet, sofern nicht eine qualifizierte Mehrheit gegen diese Beschlussvorlage ist. Hinsichtlich der durch Sekundärrecht eingeführten zusätzlichen Sanktionsmaßnahmen sehen die jeweiligen Rechtsgrundlagen regelmäßig ein umgekehrtes Verfahren vor, nachdem ein Vorschlag bzw. eine Empfehlung der Kommission als angenommen gelten, wenn der Rat nicht innerhalb einer kurzen 10-Tages-Frist mit qualifizierter Mehrheit den Beschluss ablehnt (s. Rn. 64).

17 Das Defizitverfahren ersetzt im Hinblick auf die Einhaltung der Rechtspflicht der Mitgliedstaaten nach Abs. 1 das **Vertragsverletzungsverfahren** der Art. 258–260 AEUV (Art. 126 Abs. 10 AEUV).

---

[38] EuGH, Urt. v. 13.7.2004, Rs. C–27/04 (Kommission/Rat), Slg. 2004, I–6697.
[39] EuGH, Urt. v. 13.7.2004, Rs. C–27/04 (Kommission/Rat), Slg. 2004, I–6697, Rn. 35, 90.

Das Parlament wird im Rahmen des Defizitverfahrens generell nur informiert, kann aber teilweise im wirtschaftspolitischen Dialog Stellung nehmen und Auskunft verlangen.[40]

Unterschiede im Verfahren bestehen zwischen Mitgliedstaaten mit Ausnahmeregelung, für die das Sanktionsinstrumentarium (Abs. 9, 11) nicht zur Anwendung kommt (Art. 139 Abs. 2 Buchst. b AEUV) und den Mitgliedstaaten des Euro-Währungsgebiets, für die die Regelungen des Art. 126 AEUV im Sekundärrecht noch weiter verschärft wurden bzw. die sich weitergehende Ziele setzen. Sofern einer dieser Staaten sogar in gravierende finanzielle Schwierigkeiten gerät, greift ein verschärfter Überwachungsmechanismus nach der VO (EU) Nr. 472/2013.

2. Pflicht zur Vermeidung eines übermäßigen Defizits (Abs. 1)

Die **Pflicht zur Vermeidung eines übermäßigen öffentlichen Defizit**s ist seit Beginn der dritten Stufe der Wirtschafts- und Währungsunion, d.h. seit dem 1.1.1999, echte – wenngleich nicht einklagbare – **Rechtspflicht**[41] für alle EU-Mitgliedstaaten mit Ausnahme Großbritanniens, das sich weiterhin nur um die Vermeidung »bemühen« muss, allerdings ungeachtet dessen der Überwachung nach den Abs. 2–8 unterliegt.[42] Für die Mitgliedstaaten mit Ausnahmeregelung ist das Nichtbestehen eines übermäßigen (öffentlichen) Defizits (konkret: eines diesbezüglichen Beschlusses des Rates nach Abs. 6) **Konvergenzvoraussetzung** nach Art. 140 Abs. 1, 1. Gedstr. AEUV. Im Umkehrschluss folgt aus dieser Regelung, dass die Haushaltsdisziplin, die Art. 126 Abs. 1 AEUV einfordert »dauerhaft« sein muss.[43]

Was unter einem **übermäßigen öffentlichen Defizit** im Einzelnen zu verstehen ist, regelt Abs. 2 i.V.m. dem Protokoll über das Verfahren bei einem übermäßigen Defizit sowie den diesbezüglichen sekundärrechtlichen Konkretisierungen (s. dazu sogleich Rn. 29) indirekt dadurch, dass die maßgeblichen **Kriterien, Faktoren und Referenzwerte** festgelegt werden, anhand derer die Kommission die »Haushaltsdisziplin« überwacht. Eine echte Legaldefinition des Begriffs des übermäßigen Defizits kennt das Unionsrecht nicht, und sie wäre in dem stark auf politische Beurteilungen wirtschaftlicher und haushalterischer Gesamtlagen abstellenden System auch ein Fremdkörper. Klar macht Art. 126 Abs. 1 AEUV aber jedenfalls, dass Defizitfinanzierung von Staatsausgaben nicht per se verboten ist, sondern nur dann, wenn sie »übermäßig« erscheint. Damit darf die **Kreditfinanzierung von Staatsausgaben** stets nur die Ausnahme bilden; die EU-Mitgliedstaaten sind primär »**Steuerstaaten**«.[44]

Das »Wie« der Durchsetzung der Rechtspflicht ist wiederum im »barocken Verfahrensrecht«[45] der Abs. 2–13 politisiert und in maßgeblichem Umfang in die Hände des Rates gelegt.

---

[40] Siehe hierzu die Vorschriften der Art. 15 VO (EU) Nr. 473/2013; Art. 2-ab VO (EG) Nr. 1466/97; Art. 3 VO (EU) Nr. 1173/2011; Art. 6 VO (EU) Nr. 1174/2011; Art. 14 VO (EU) Nr. 1176/2011, die allerdings auf beide Komponenten des Stabilitäts- und Wachstumspakts bezogen sind. Generell zur Rolle des EP und der nationalen Parlamente in der Koordinierung der Wirtschaftspolitik *Deubner*, Integration 2014, S. 21.
[41] Nahezu einhellige Meinung, s. lediglich *Häde*, in: Calliess/Ruffert, EUV/AEUV, Art. 126 AEUV, Rn. 8 m.w. Nachw.
[42] Ziff. 5 und Ziff. 4 des Protokolls (Nr. 15) über einige Bestimmungen betreffend das Vereinigte Königreich Großbritannien und Nordirland.
[43] *Häde*, in: Calliess/Ruffert, EUV/AEUV, Art. 126 AEUV, Rn. 7.
[44] Dazu *Hufeld*, EnzEuR, Bd. 4, § 22, Rn. 117.
[45] *Hufeld*, EnzEuR, Bd. 4, § 22, Rn. 115.

23 **Restriktivere Haushaltsdisziplin** als lediglich die »Vermeidung übermäßiger öffentlicher Defizite« fordern die sekundärrechtlichen Vorschriften der präventiven Komponente des Stabilitäts- und Wachstumspakts sowie der VSKS ein. Nach der VO (EG) Nr. 1466/97 legen die Mitgliedstaaten des Euro-Währungsgebiets Stabilitätsprogramme vor, die ein mittelfristiges Haushaltsziel von maximal 1 % struktureller Neuverschuldung und einen diesbezüglichen Anpassungspfad beinhalten, der insbesondere auch eine Senkung des Schuldenstands umfasst, sofern dieser den maßgeblichen Referenzwert von 60 % des BIP überschreitet (Art. 2 a ff. VO (EG) Nr. 1466/97). Für die Mitgliedstaaten mit Ausnahmeregelung gilt eine ähnliche Verpflichtung im Rahmen der von ihnen vorzulegenden Konvergenzprogramme (Art. 7 ff.).

24 Nach dem nur für die Mitgliedstaaten des Euro-Währungsgebiets verpflichtenden Art. 3 Abs. 1 Buchst. a VSKS sind die gesamtstaatlichen Haushalte der Euro-Teilnehmerstaaten hingegen sogar »**ausgeglichen oder weis[en] einen Überschuss aus**«. Defizitfinanzierung wird damit an sich kategorisch ausgeschlossen.[46] Diese auf dem Papier eindeutige Formulierung wird allerdings durch die »**Einhaltungsfiktion**« nach Buchst. b derselben Vorschrift insoweit ausgehöhlt, als wiederum nur die Einhaltung des mittelfristigen Haushaltsziels nach der VO (EG) Nr. 1466/97 verlangt wird; allerdings wird die Obergrenze für das mittelfristige Haushaltsziel auf ein strukturelles Defizit von 0,5 % des BIP heruntergesetzt und überdies verlangt, dass diese Verschuldungsgrenze durch **zwingendes innerstaatliches Recht**, bevorzugt mit Verfassungsrang, abgesichert wird (Art. 3 Abs. 1 Buchst. b, Abs. 2 VSKS).

25 Ebenfalls auf die nationale Haushaltsgesetzgebung zielt die in Art. 5 ff. der Richtlinie 2011/85/EU niedergelegte Verpflichtung aller Mitgliedstaaten, wonach diese über »**numerische Haushaltsregeln**« und einen **mittelfristigen Haushaltsrahmen** verfügen müssen, die die Einhaltung der Referenzwerte sicherstellen sollen und für die nationalen Haushaltsgesetze rechtlich verbindlich sein müssen. Die Mitgliedstaaten des Euro-Währungsgebiets müssen zudem über **unabhängige Einrichtungen zur Überwachung** der numerischen Haushaltsregeln verfügen (Art. 5 der VO Nr. 473/2013).[47]

3. Überwachung durch die Kommission und Referenzwerte (Abs. 2–5)

26 **a) Gegenstand der Überwachung** Ausweislich Art. 126 Abs. 2 Satz 1 AEUV **überwacht die Kommission** »die Entwicklung der Haushaltslage und die Höhe des öffentlichen Schuldenstands in den Mitgliedstaaten im Hinblick auf die Feststellung schwerwiegender Fehler«. Hierin wird bereits deutlich, dass die Haushaltspolitik der Mitgliedstaaten in zweifacher Hinsicht unter unionaler Aufsicht steht: im Hinblick auf die **Haushaltslage**, d. h. die jeweils aktuellen jährlichen Haushalte, als auch auf die Höhe des **öffentlichen Schuldenstands**. Dabei soll die Kommission nach Satz 2 »insbesondere« die »Einhaltung der Haushaltsdisziplin« anhand dieser zwei näher definierten Kriterien prüfen. Systematisch muss mit der Einhaltung der Haushaltsdisziplin die Beachtung der Verpflichtung zur Vermeidung eines übermäßigen Defizits nach Abs. 1 gemeint sein;[48] dem Wortlaut nach soll sich die Kommission dabei allerdings auf die **Feststellung »schwerwiegender Fehler«** beschränken.

---

[46] *Hufeld*, EnzEuR, Bd. 4, § 22, Rn. 119.
[47] Insgesamt zur Beeinflussung der nationalen finanzpolitischen Regelwerke durch das Unionsrecht EZB, Die Bedeutung und Wirksamkeit der nationalen finanzpolitischen Regelwerke in der EU, Monatsbericht Februar 2013, S. 81.
[48] Ähnlich *Gaitanides*, in: Siekmann, EWU, Art. 126 AEUV, Rn. 78,

Der Überwachung durch die Kommission mag man eine **präventive Funktion** zuschreiben (vgl. auch Art. 1 Abs. 1 VO (EG) Nr. 1467/97),[49] die aber jedenfalls an dieser Stelle lediglich in der Abschreckungswirkung der Möglichkeit eines Berichts nach Art. 126 Abs. 3 AEUV bestehen kann, da Art. 126 AEUV der Kommission allein in Abs. 5 auch eine geringe präventive Aufsicht zuweist (»oder ergeben könnte«). Grundsätzlich setzt das Verfahren nach Art. 126 AEUV stets das aktuelle Bestehen eines übermäßigen Defizits voraus, ist also ausschließlich repressiv-korrektiv ausgestaltet.[50] Durch die im Sekundärrecht vorgesehenen kurzen Fristen kann es allerdings zu einer Feststellung nach Abs. 6, dass ein übermäßiges Defizit besteht, bereits während eines noch laufenden Haushaltsjahres kommen, so dass insoweit auch eine unterjährige und damit präventive Korrektur noch möglich – wenngleich auch nicht wahrscheinlich – ist (dazu unten Rn. 39).

27

b) Kriterien für die Ermittlung eines übermäßigen öffentliche Defizits; Berechnung; Mitteilungspflichten der Mitgliedstaaten Der **Begriff des »übermäßigen (öffentlichen) Defizits«** wird durch die zwei Kriterien des Art. 126 Abs. 2 Satz 2 AEUV näher konkretisiert, die aber weder die Existenz noch die Abwesenheit eines übermäßigen Defizits abschließend determinieren. Selbst wenn beide Kriterien überschritten werden, kann der Rat bei seiner Beschlussfassung nach Abs. 6 unter **Berücksichtigung der »Gesamtlage«** zu dem Ergebnis kommen, dass kein übermäßiges Defizit vorliegt.[51] Auch die Kommission muss in ihrem Bericht nach Abs. 3 »alle einschlägigen Faktoren« berücksichtigen. Umgekehrt kann die Kommission ausweislich Abs. 3 UAbs. 2 auch dann der Auffassung sein, dass ein übermäßiges Defizit besteht, wenn beide Kriterien des Abs. 2 unterschritten werden. Selbiges muss damit selbstverständlich auch für den Rat gelten. Ungeachtet dessen bilden die Kriterien, regelmäßig immer noch als die **»Maastricht-Kriterien«** bezeichnet, den Ausgangs- und zentralen Beurteilungspunkt für die Praxis der Haushaltsüberwachung.[52]

28

Die Zweiteilung des Art. 126 Abs. 2 Satz 1 AEUV aufgreifend nennt Satz 2 »das Verhältnis des geplanten oder tatsächlichen öffentlichen Defizits zum Bruttoinlandsprodukt« **(Haushaltsdefizit)** und »das Verhältnis des öffentlichen Schuldenstands zum Bruttoinlandsprodukt« **(Schuldenstand)** als Gegenstände der Überprüfung durch die Kommission und verweist für beide auf die Überschreitung von **Referenzwerten**, die nach Satz 3 durch das Protokoll über das Verfahren bei einem übermäßigen Defizit festgelegt werden.

29

Nach dessen Art. 1 sind dies für das Haushaltsdefizit 3 % des Bruttoinlandsprodukts zu Marktpreisen und für das Schuldenstandskriterium 60 % des Bruttoinlandsprodukts zu Marktpreisen. Die notwendigen **Definitionen für die Berechnung des »öffentlichen Defizits«**, das den gesamten Staatsektor umfasst (Art. 2, 1. Gedstr. Defizitprotokoll; Art. 1 VO (EG) Nr. 479/2009), für den die Mitgliedstaaten insgesamt verantwortlich sind (Art. 3 Defizitprotokoll), legt das Protokoll im Zusammenspiel mit der VO (EG) Nr. 479/2009 fest. Die **Berechnungseinzelheiten** regelt die VO (EG) Nr. 479/2009 i. V. m. der VO (EG) Nr. 2223/96 zum Europäischen System Volkswirtschaftlicher Gesamtrechnungen, ebenso wie die Details der Mitteilungspflichten der Mitgliedstaaten

30

---

[49] *Gaitanides*, in: Siekmann, EWU, Art. 126 AEUV, Rn. 78; *Häde*, in: Calliess/Ruffert, EUV/AEUV, Art. 126 AEUV, Rn. 22.
[50] Dazu *Bandilla*, in: Grabitz/Hilf/Nettesheim, EU, Art. 126 AEUV (August 2012), Rn. 12.
[51] So auch *Häde*, in: Calliess/Ruffert, EUV/AEUV, Art. 126 AEUV, Rn. 38 f.
[52] Zur Tauglichkeit der Referenzkriterien hinsichtlich der Sicherung der Preisstabilität s. *Hattenberger*, in: Schwarze, EU-Kommentar, Art. 126 AEUV, Rn. 24.

aus Art. 3 Satz 3 des Defizitprotokolls (Art. 3 ff. VO (EG) Nr. 479/2009). Die Grundsätze für die Meldung ergeben sich aus Art. 16 der VO (EG) Nr. 479/2009. Nach Art. 3 der RL 2011/85/EU müssen die **mitgliedstaatlichen Systeme des öffentlichen Rechnungswesens** bestimmten Mindestanforderungen genügen und einer unabhängigen Rechnungsprüfung unterliegen. Art. 4 der VO (EU) Nr. 473/2013 legt für die Mitgliedstaaten des Euro-Währungsgebiets die Mitteilungsfristen für ihre mittelfristige Haushaltsplanung (15. bzw. 30.4) sowie ihres Haushaltsentwurfs (15.10. des jeweiligen Vorjahres) fest.

31 Nach Art. 8 der VO (EG) Nr. 479/2009 wird die **Qualität der mitgliedstaatlichen Haushaltsdaten** durch die Kommission (Eurostat) bewertet. Werden relevante Daten durch einen Mitgliedstaat des Euro-Währungsgebiets falsch dargestellt, können nach Art. 8 der VO (EU) Nr. 1173/2011 Geldbußen gegen den Mitgliedstaat verhängt werden. Die statistischen Daten sind sodann von der Kommission (Eurostat) für die Zwecke des Defizitverfahrens bereitzustellen (Art. 4 Defizitprotokoll, Art. 14 f. VO (EG) Nr. 479/2009).

32 **c) Relativierungen und Ausnahmen** Haushaltsdefizit und Schuldenstand sollen jeweils am Maßstab der »Referenzwerte« beurteilt werden. Bei diesen handelt es sich bereits **nicht um strikte Grenzwerte**, die keinesfalls überschritten werden dürfen, sondern lediglich um **bedeutsame Anhaltspunkte**.[53] Bereits Art. 126 Abs. 2 Satz 2 AEUV relativiert jedoch selbst diese Bedeutung der Referenzwerte. Bezüglich des Haushaltsdefizits soll danach bereits genügen, wenn das Verhältnis zum BIP »erheblich und laufend zurückgegangen ist und einen Wert in der Nähe des Referenzwerts erreicht hat« oder wenn »der Referenzwert nur ausnahmsweise und vorübergehend überschritten wird und das Verhältnis in der Nähe des Referenzwerts bleibt«. Letzteres soll nach Art. 2 Abs. 1 der VO (EG) 1467/97 dann der Fall sein, »wenn die Überschreitung auf ein außergewöhnliches Ereignis, das sich der Kontrolle des betreffenden Mitgliedstaats entzieht und die Lage der öffentlichen Finanzen erheblich beeinträchtigt, oder auf einen schwerwiegenden Wirtschaftsabschwung zurückzuführen ist«. Ein solches Ereignis wird wiederum in Art. 2 Abs. 2 der VO (EG) 1467/97 näher definiert (negative Wachstumsrate BIP bzw. längere Nichtausschöpfung des Potenzialwachstums). Weitere zu berücksichtigende Faktoren erläutern Abs. 3–7, wobei Rentenreformen ein besonderes Augenmerk gewidmet wird.

33 Nicht näher quantifiziert werden im Sekundärrecht die Anforderungen an Art. 126 Abs. 2 Buchst. a, 1. Gedstr. AEUV. Dieser Regelung sollte allerdings im Regelfall nur für die Frage der **Beendigung eines Defizitverfahrens** Bedeutung zukommen, da sie eine Anfangssituation impliziert, bei der ein übermäßiges Defizit bestanden haben muss. Anhaltspunkte kann man den Regelungen über den Anpassungspfad an ein mittelfristiges Haushaltsziel sowie für die Korrektur eines übermäßigen Defizits entnehmen. Danach würde damit eine Reduzierung des Defizits um 0,5 % des BIPs pro Jahr genügen.

34 Die **ausnahmsweise Überschreitung des Schuldenstandkriteriums** ist nach Art. 2 Abs. 1a der VO (EG) Nr. 1467/97 dann anzunehmen, wenn sie sich um etwa ein Zwanzigstel der Differenz zwischen tatsächlichem Schuldenstand und dem 60 %-Referenzwert verringert hat, und zwar in den letzten drei Jahren im Durchschnitt bzw. wenn sie

---

[53] Ähnlich *Häde*, in: Calliess/Ruffert, EUV/AEUV, Art. 126 AEUV, Rn. 25 ff.; *Kempen*, in: Streinz, EUV/AEUV, Art. 126 AEUV, Rn. 17; *Bandilla*, in: Grabitz/Hilf/Nettesheim, EU, Art. 126 AEUV (August 2012), Rn. 45.

voraussichtlich in den kommenden drei Jahren eintritt (also z. B. eine Verringerung von 80 % des BIP auf 77 % des BIP in drei Jahren); ein tatsächlicher realer Schuldenabbau ist dafür nicht zwingend erforderlich. Vielmehr sinkt die Schuldenstandsquote bereits dann, wenn die Relation zwischen Haushaltsdefizit und nominellen BIP-Zuwachs geringer ist als die Schuldenstandsquote.[54]

d) Kommissionsbericht und Stellungnahme des Wirtschafts- und Finanzausschusses

Sofern ein Mitgliedstaat auch nur eines der Referenzkriterien im vorbeschriebenen modifizierten Sinne nicht erfüllt, erstellt die Kommission einen **Bericht**, in dem sämtliche in Abs. 3 sowie in Art. 2 der VO (EG) Nr. 1467/97 aufgeführten Kriterien im Rahmen einer **umfassenden wirtschafts- und haushaltspolitischen Einzelfallprüfung** zu berücksichtigen sind (Abs. 3 UAbs. 1), bei der dem Ziel einer nachhaltigen Sicherung gesunder öffentlicher Finanzen Rechnung zu tragen ist. Keinem einzelnen Faktor, sei er explizit genannt oder nicht, kann dabei allein-entscheidende Bedeutung für die Beurteilung der Haushaltsdisziplin zukommen. Allerdings führt der Verstoß gegen eines der Referenzkriterien jeweils zu einer Darlegungslast, warum entgegen der **Regelvermutung**, die man Abs. 2 entnehmen kann, ausnahmsweise doch kein übermäßiges Defizit vorliegt. Dies gilt bei einer Überschreitung beider Kriterien umso mehr. Nach Art. 12 Abs. 1 Buchst. a der VO (EU) Nr. 473/2013 berücksichtigt die Kommission bei ihrem Bericht überdies den Umfang der Befolgung der von der Kommission nach Art. 7 Abs. 1 derselben Verordnung abgegebenen Haushaltsplanung durch den Mitgliedstaat. 35

Auch wenn beide Referenzwerte erfüllt sind, kann die Kommission einen Bericht erstellen, wenn sie dessen ungeachtet von der **Gefahr eines übermäßigen Defizits** ausgeht (UAbs. 2). Dann trifft sie allerdings die Darlegungslast, warum vor dem Hintergrund aller relevanten Faktoren ein übermäßiges Defizit trotz Einhaltung der Referenzwerte vorliegen soll bzw. sich ergeben könnte (Abs. 5). 36

Zu dem Bericht der Kommission gibt der Wirtschafts- und Finanzausschuss (Art. 134 AEUV) eine **Stellungnahme** ab, und zwar gemäß Art. 3 Abs. 1 der VO (EG) Nr. 1467/97 innerhalb von zwei Wochen. Diese hat die Kommission zu berücksichtigen, bevor sie nach Abs. 5 darüber entscheidet, ob in einem Mitgliedstaat ein übermäßiges Defizit besteht. Eine Anhörung des Mitgliedstaats ist in dieser Phase des Verfahrens – anders als bei Art. 258 Abs. 1 AEUV – nicht vorgesehen, was aber angesichts der umfangreichen Kommunikation zwischen Mitgliedstaat und Kommission im Rahmen der notwendigen Übermittlung von Haushaltsdaten auch entbehrlich erscheint, zumal der Mitgliedstaat auch im Währungs- und Finanzausschuss selbst vertreten ist (Art. 134 Abs. 2 AEUV a. E.). Ist die Kommission auch unter Berücksichtigung der **Stellungnahme des Währungs- und Finanzausschusses** der Auffassung, dass ein übermäßiges Defizit besteht oder sich ergeben könnte, so legt sie dem betreffenden Mitgliedstaat eine Stellungnahme vor, über die sie den Rat unterrichtet.[55] Nach Art. 3 Abs. 2 der VO (EG) Nr. 1467/97 legt die Kommission diese Stellungnahme samt einem Vorschlag zu einem Beschluss nach Art. 126 Abs. 6 AEUV auch dem Rat vor und unterrichtet hierüber das Europäische Parlament. 37

---

[54] So fällt z. B. bei einem Schuldenstand von 1,6 Billionen Euro und einem BIP von 2,0 Billionen Euro (80 %) der Schuldenstand bei einem ausgeglichenen Haushalt auf 77,66 %, wenn das BIP nominell um 3 % auf 2,06 Billionen Euro wächst.
[55] Bis zum Vertrag von Lissabon legte die Kommission die Stellungnahme lediglich dem Rat vor. S. dazu *Häde*, EuR 2009, 200 (202 f.).

4. Feststellung eines übermäßigen Defizits (Abs. 6)

38 Nach Art. 126 Abs. 6 AEUV beschließt der Rat »auf Vorschlag der Kommission und unter Berücksichtigung der Bemerkungen, die der betreffende Mitgliedstaat gegebenenfalls abzugeben wünscht, nach Prüfung der Gesamtlage, ob ein übermäßiges Defizit besteht«. Abs. 6 stellt damit die **zentrale Zäsur innerhalb des Defizitverfahrens** dar und überführt das Verfahren in eine stärker formalisierte Phase mit konkreteren Pflichten und Entscheidungsmöglichkeiten für alle Beteiligten, insbesondere aber für den betroffenen Mitgliedstaat, der durch eine positive Entscheidung des Rates einen neuen rechtlichen Status erhält.

39 Für die **Feststellung, ob ein übermäßiges Defizit vorliegt**, sind die gleichen Faktoren zu berücksichtigen wie zuvor von der Kommission in ihrem Bericht (Abs. 6: »Gesamtlage«; Art. 2 Abs. 4–6 VO (EG) Nr. 1467/97). Auch dem Rat kommt bei diesem Beschluss ein **weiter Beurteilungsspielraum** zu.[56] Der Beschluss des Rates ist konstitutiv und nicht lediglich deklaratorisch.[57]

40 Den Beschluss fasst der **Rat in der Zusammensetzung der Wirtschafts- und Finanzminister (ECOFIN)**.[58] Eine zwingende verfahrensrechtliche Vorgabe stellt dies allerdings nicht dar. Seit dem Vertrag von Lissabon beschließt der Rat über das Bestehen eines übermäßigen Defizits »auf Vorschlag der Kommission«, kann also nur einstimmig von dem dahingehenden Vorschlag abweichen (Art. 293 Abs. 1 AEUV). Eine **Umkehrung des Mehrheitserfordernisses** für diese Entscheidung ist im Sekundärrecht mit Blick auf die Einschränkungen des Art. 136 Abs. 1 AEUV (dazu Art. 136 AEUV, Rn. 5) auch für die Mitgliedstaaten des Euro-Währungsgebiets nicht vorgesehen. Allerdings haben sich die Mitgliedstaaten des Euro-Währungsgebiets völkerrechtlich in Art. 7 VSKS verpflichtet, den Vorschlag der Kommission zu unterstützen, sofern nicht eine qualifizierte Mehrheit von ihnen gegen diesen Vorschlag ist. Das führt faktisch zu einer Umkehrung des Prinzips der qualifizierten Mehrheit, ist aber weder unionsrechtlich bindend noch nach den Bestimmungen des VSKS einklagbar.[59]

41 Nach Art. 3 Abs. 3 der VO (EG) Nr. 1467/97 entscheidet der Rat in der Regel innerhalb von vier Monaten nach den in der VO (EG) Nr. 479/2009 genannten Meldeterminen für das geplante Defizit des laufenden Haushaltsjahres der Mitgliedstaaten, d. h. bis zum 1.8. des laufenden Haushaltsjahres oder bis zum 1.2. des Folgejahres. Diese **Beschleunigung** ermöglicht es, Empfehlungen nach Abs. 7 – die gemäß Art. 3 Abs. 3 Satz 2 der VO (EG) Nr. 1467/97 gleichzeitig an den Mitgliedstaat gerichtet werden sollen – sogar noch für das **laufende Haushaltsjahr** auszusprechen, und so möglichst noch die Realisierung eines sich nach den geplanten Haushaltszahlen erst abzeichnenden Defizits zu verhindern.

5. Durchsetzung der Haushaltsdisziplin; Sanktionen (Abs. 7–9, Abs. 11)

42 Stellt der Rat ein übermäßiges Defizit in einem Mitgliedstaat fest, so richtet er auf Empfehlung der Kommission unverzüglich **Empfehlungen an den Mitgliedstaat**. Nach Art. 3 Abs. 3 Satz 2 der VO (EG) Nr. 1467/97 müssen diese Empfehlungen sogar gleichzeitig

---

[56] *Häde*, in: Calliess/Ruffert, EUV/AEUV, Art. 126 AEUV, Rn. 21; *Hattenberger*, in: Schwarze, EU-Kommentar, Art. 126 AEUV, Rn. 36.
[57] *Häde*, in: Calliess/Ruffert, EUV/AEUV, Art. 126 AEUV, Rn. 41.
[58] Art. 16 Abs. 6 I EUV, Art. 236 Buchst. a AEUV, Art. 2 Abs. 1 i. V. m. Anhang I Ziff. 3 der Geschäftsordnung des Rates.
[59] S. *Pilz*, DÖV 2012, 909 (914): »nicht justiziabel«.

mit dem Beschluss nach Abs. 6 angenommen werden. Inhaltlich können sich die Empfehlungen auf alle Bereiche der Wirtschafts- und Haushaltspolitik erstrecken, die für die Korrektur des übermäßigen Defizits möglicherweise von Einfluss sind und auch sonst der wirtschafts- und haushaltspolitischen Koordinierung innerhalb der EU unterliegen.[60]

In der Empfehlung soll dem Mitgliedstaat eine Frist von **höchstens sechs Monaten**, in dringlichen Fällen sogar von nur drei Monaten, für die **Ergreifung wirksamer Maßnahmen** gesetzt werden (Art. 3 Abs. 4 Satz 1, 2 VO (EG) Nr. 1467/97), sowie eine Frist für die **Korrektur des übermäßigen Defizits.** Letzteres Ziel soll im Regelfall bereits im der Feststellung folgenden Jahr erreicht werden. Überdies soll die Empfehlung Haushaltszwischenziele für den Anpassungspfad festlegen, wobei eine Regelreduzierung des strukturellen Defizits von 0,5 % des BIP per annum vorgesehen ist (Art. 3 Abs. 4 Satz 4 VO (EG) Nr. 1467/97). Nach Art. 3 Abs. 4a der VO (EG) Nr. 1467/97 unterliegt der Mitgliedstaat einer **Pflicht zur Berichterstattung** über die Maßnahmen, die er zur Umsetzung der Empfehlung des Rates ergriffen hat. Dieser Bericht ist – anders als die Empfehlung selber – von den Mitgliedstaaten zu veröffentlichen. Hat der Mitgliedstaat wirksame Maßnahmen ergriffen, und kommt es sodann zu unerwarteten nachteiligen wirtschaftlichen Ereignissen mit sehr ungünstigen Auswirkungen auf die öffentlichen Finanzen, so kann der Rat auf Empfehlung der Kommission die Empfehlung an den Mitgliedstaat ändern und die Frist für die Korrektur des übermäßigen Defizits um ein Jahr verlängern (Art. 3 Abs. 5 VO (EG) Nr. 1467/97). 43

Soweit **Mitgliedstaaten des Euro-Währungsgebiets** betroffen sind, greift für die Beschlussfassung die **völkerrechtliche Verpflichtung der Mitgliedstaaten** zur Unterstützung der Empfehlung der Kommission nach Art. 7 VSKS, d. h. faktisch gilt eine umgekehrt qualifizierte Mehrheit. 44

Für die Mitgliedstaaten des Euro-Währungsgebiets hat der Beschluss nach Abs. 6 weitere rechtliche Konsequenzen, wenn zuvor bereits Verstöße gegen Verpflichtungen im Rahmen der präventiven Komponente des Stabilitäts- und Wachstumspakts vorgelegen haben, die durch eine verzinsliche Einlage sanktioniert worden waren (Art. 4 Abs. 1 VO (EU) Nr. 1173/2011 i. V. m. Art. 6 Abs. 2 UAbs. 2 der VO (EG). 1466/97). Gemäß Art. 5 der VO (EU) Nr. 1173/2011 empfiehlt die Kommission dem Rat in einem solchen Fall innerhalb von 20 Tagen nach dem Beschluss des Rates, dass der Rat mit einem weiteren Beschluss dem Mitgliedstaat auferlegt, eine **unverzinsliche Einlage zu hinterlegen**. Dieser Beschluss gilt nach Art. 5 Abs. 2 der VO (EU) Nr. 1173/2011 als angenommen, sofern nicht binnen zehn Tagen nach der Annahme der diesbezüglichen Empfehlung der Kommission eine qualifizierte Ratsmehrheit (der Euro-Teilnehmerstaaten, unter Ausschluss des betreffenden Mitgliedstaats, Art. 12 der VO (EU) Nr. 1173/2011) diesen Beschluss ablehnt oder gemäß Art. 5 Abs. 3 der VO (EU) Nr. 1173/2011 abändert. 45

Überdies müssen die **Mitgliedstaaten des Euro-Währungsgebiets** nach Art. 9 Abs. 1 der VO (EU) Nr. 473/2013 und Art. 5 VSKS ein »**(Haushalts- und) Wirtschaftspartnerschaftsprogramm**« vorlegen (gleichzeitig mit dem Bericht nach Art. 3 Abs. 4a der VO (EG) Nr. 1467/97) und unterliegen weitergehenden Berichtspflichten nach Art. 10 der VO (EU) Nr. 473/2013. Sofern ein Mitgliedstaat des Euro-Währungsgebiets sogar **Finanzhilfen von EFSF, EFSM, ESM oder IWF** – mit Ausnahme einer vorsorglichen Kreditlinie – erhält und deswegen unter »**verstärkter Überwachung**« nach der VO (EU) Nr. 472/2013 steht, so hat er auf Basis des mit den Geldgebern erarbeiteten Memoran- 46

---

[60] *Häde*, in: Calliess/Ruffert, EUV/AEUV, Art. 126 AEUV, Rn. 43.

dum of Understanding nach Art. 7 der VO (EU) Nr. 472/2013 ein **makroökonomisches Anpassungsprogramm** auszuarbeiten, das wiederum nach Art. 10 derselben Verordnung in das Defizitverfahren integriert wird; von den vorgenannten Berichtspflichten ist er dann im Gegenzug entbunden.[61]

47 Die **Empfehlungen des Rates** nach Abs. 7 werden zunächst **nicht veröffentlicht** (Abs. 7 Satz 2). Abs. 8 sieht ihre Veröffentlichung dann vor, wenn die Empfehlungen nach der Feststellung des Rates (auf Empfehlung der Kommission, Abs. 13) keine wirksamen Maßnahmen seitens des Mitgliedstaats »ausgelöst haben«. Der Beschluss ergeht unmittelbar nach der für die Ergreifung der Maßnahmen gesetzten Frist, also im Regelfall sechs Monate nach dem Beschluss nach Art. 126 Abs. 6 AEUV (Art. 4 Abs. 1 der VO (EG) Nr. 1467/97). Er ist auf Grundlage des von dem Mitgliedstaat vorgelegten Berichts und dessen Umsetzung sowie sonstiger öffentlich bekanntgegebener Beschlüsse der betroffenen Regierung zu treffen (Art. 4 Abs. 2).

48 Für **Mitglieder des Euro-Währungsgebiets** bildet auch der Bericht nach Art. 10 der VO (EU) Nr. 473/2013 die Grundlage für die Beschlussfassung. Bereits zuvor kann jedoch nunmehr die Kommission, gestützt auf Art. 11 der VO (EU) Nr. 473/2013, an den Mitgliedstaat nochmals eine Empfehlung zur Umsetzung der Empfehlung des Rats richten, wenn die Gefahr der Nichteinhaltung der vom Rat gesetzten Frist besteht (Abs. 2). Auch über die zur Umsetzung dieser Verpflichtungen getroffenen Maßnahmen muss der Mitgliedstaat berichten (Abs. 3); die von der Kommission auf dieser Grundlage getroffene Beurteilung (Abs. 4) geht wiederum in die Beschlussempfehlungen der Kommission nach Art. 126 Abs. 7 und Abs. 9 AEUV ein (Art. 12 Abs. 2, 3 der VO (EU) Nr. 473/2013).

49 Im Falle der **Feststellung, dass keine wirksamen Maßnahmen** ergriffen wurden, erstattet der Rat dem Europäischen Rat hierüber Bericht (Art. 4 Abs. 3). Ob der Rat in diesem Fall auch die Veröffentlichung seiner Empfehlungen beschließt, steht in seinem Ermessen (Abs. 8: »kann«), das auch nicht durch Sekundärrecht eingeschränkt wird (vgl. auch Art. 5 Abs. 1 der VO (EG) Nr. 1467/97, der nur an die Feststellung, nicht an die Veröffentlichung anknüpft).

50 Nach Art. 4 der VO (EU) Nr. 1303/2013[62] kann die **Feststellung des Rates** nach Art. 126 Abs. 8 AEUV die Grundlage für die teilweise oder vollständige Aussetzung der Mittelbindungen oder Zahlungen aus den unterschiedlichen **europäischen Förderfonds** bilden.[63]

51 Mit der etwaigen Veröffentlichung der Empfehlungen des Rates kommt das Defizitverfahren für **Mitgliedstaaten mit Ausnahmeregelung** zum Abschluss (bzw. verharrt bis zur Aufhebung nach Abs. 12 in dieser Phase). Für **Mitgliedstaaten des Euro-Währungsgebiets** schließen sich hingegen nach Abs. 9 und 11 weitere Phasen an, in denen die Rechtsfolgen für die Mitgliedstaaten zunehmend Beugezwang-Charakter annehmen.[64]

---

[61] Zur Überwachung nach dem Two-Pack s. *Ioannidis*, ZaöRV 2014, 61 (76 ff.).
[62] VO (EU) Nr. 1303/2013 vom 17. 12. 2013 mit gemeinsamen Bestimmungen über den Europäischen Fonds für regionale Entwicklung, den Europäischen Sozialfonds, den Kohäsionsfonds, den Europäischen Landwirtschaftsfonds für die Entwicklung des ländlichen Raums und den Europäischen Meeres- und Fischereifonds sowie mit allgemeinen Bestimmungen über den Europäischen Fonds für regionale Entwicklung, den Europäischen Sozialfonds, den Kohäsionsfonds und den Europäischen Meeres- und Fischereifonds und zur Aufhebung der VO (EG) Nr. 1083/2006 des Rates, ABl. 2013, L 347/320.
[63] Kritisch zur Vorläuferregelung *Häde*, in: Calliess/Ruffert, EUV/AEUV, Art. 126 AEUV, Rn. 58.
[64] So auch *Rodi*, in: Vedder/Heintschel v. Heinegg, Europäisches Unionsrecht, Art. 126 AEUV, Rn. 23; *Kempen*, in: Streinz, EUV/AEUV, Art. 126 AEUV, Rn. 37.

Für sie greifen allerdings nach der VO (EU) Nr. 1173/2011 auch auf dieser Stufe des Verfahrens bereits ernstere Sanktionen. So sieht Art. 6 der Verordnung vor, dass die Kommission dem Rat für den Fall einer Feststellung nach Art. 126 Abs. 8 AEUV empfiehlt, eine **Geldbuße** i. H. v. 0,2 % des BIP des Vorjahres gegen den Mitgliedstaat zu verhängen, die gemäß Art. 10 der Verordnung dem ESM zufließen würde. Sofern bereits zuvor eine unverzinsliche Einlage nach Art. 5 der Verordnung angeordnet worden war, wird diese in die Geldbuße umgewandelt. Auch nach Art. 6 der Verordnung (EU) Nr. 1173/2011 gilt wiederum die **Fiktion der Annahme des Beschlusses**, sofern der Rat nicht binnen zehn Tagen nach Empfehlung der Kommission diese ablehnt. Die Verpflichtung der Mitgliedstaaten zur Unterstützung von Kommissionsempfehlungen nach Art. 7 VSKS ist insoweit dann unbedeutend, da diese bei Vorliegen einer ablehnenden qualifizierten Mehrheit nicht existiert.

Gemäß Art. 126 Abs. 9 AEUV kann der Rat, falls der Mitgliedstaat seinen Empfehlungen weiterhin – d. h. trotz der Feststellung nach Abs. 8, aber ungeachtet einer Veröffentlichung – nicht nachkommt, beschließen, »den Mitgliedstaat mit der Maßgabe in Verzug zu setzen, innerhalb einer bestimmten Frist Maßnahmen für den nach Auffassung des Rates zur Sanierung erforderlichen Defizitabbau zu treffen« und darüber regelmäßige Berichte von dem Mitgliedstaat verlangen. Dieser Beschluss ist nach Art. 5 Abs. 1 Satz 1 der VO (EG) Nr. 1467/97 binnen zwei Monaten nach der Feststellung nach Art. 126 Abs. 8 AEUV zu treffen. Der Rat gibt sodann erneut Haushaltsziele vor und benennt förderliche Maßnahmen (Art. 5 Abs. 1 Satz 2 und Satz 3 der VO). Die **Inverzugsetzung** löst erneut Berichtspflichten aus (Art. 5 Abs. 1 a der VO) und kann bei Auftreten nachteiliger wirtschaftlicher Ereignisse mit sehr ungünstigen Auswirkungen auf die öffentlichen Finanzen geändert werden. Eine wesentliche Verschärfung gegenüber den Empfehlungen nach Abs. 7 bedeutet dies offensichtlich nicht. Eine solche Verschärfung ergibt sich lediglich aus den in der VO (EU) Nr. 473/2013 enthaltenen **Vorverlagerungen der finanziellen Sanktionierung** des Fehlverhaltens der Mitgliedstaaten. 52

Art. 126 Abs. 11 AEUV räumt dem Rat primärrechtlich die Befugnis ein, gegenüber einem Mitgliedstaat, der einen Beschluss nach Abs. 9 nicht befolgt, **Sanktionsmaßnahmen** zu ergreifen, die in Abs. 11 abschließend aufgezählt werden. Der Beschluss soll nach Art. 6 Abs. 2 Satz 2 der VO (EG) Nr. 1467/97 innerhalb von vier Monaten nach dem Beschluss zur Inverzugsetzung gefasst werden und nach Art. 7 derselben Verordnung in der Regel innerhalb von sechzehn Monaten nach den Meldeterminen für die Haushaltsdaten nach der VO (EG) Nr. 479/2009, d. h. bis zum 1.8. des auf das Haushaltsjahr folgenden Jahres bzw. 1.2. des nächsten Jahres. Art. 6 Abs. 2 Satz 1 VO (EG) Nr. 1467/97 reduziert das Ermessen des Rates auf null. Dabei soll **in der Regel eine Geldbuße** verhängt werden (Art. 11 Satz 1 der Verordnung), die sich aus einer festen Komponente (0,2 % des Vorjahres-BIP des Mitgliedstaats) und einer variablen Komponente, die sich nach dem Defizit bemisst, errechnet (Art. 12 Abs. 1 der Verordnung). In den Folgejahren kann der Rat die Sanktionen gegebenenfalls weiter verschärfen (Abs. 2), die im Einzelfall 0,5 % des BIP aber nicht übersteigen dürfen (Abs. 3). Das Verhältnis zwischen der bereits zuvor nach Art. 6 der VO (EU) Nr. 1173/2011 verhängten Geldbuße und der späteren Geldbuße nach Art. 126 Abs. 11 AEUV findet im Unionsrecht – soweit ersichtlich – keine Regelung. Man wird hier wohl von einer Sanktionskumulation ausgehen müssen. 53

Auch für die Entscheidung nach Abs. 11 greift **die faktisch umgekehrte qualifizierte Mehrheitsentscheidung** nach Art. 7 des VSKS, die aber unionsrechtlich nicht bindend und deren Beachtung auch nicht einklagbar ist. Unionsrechtlich zählt allein, dass bei 54

55 Eine **Vollstreckung der Geldbußen** gegen die Mitgliedstaaten ist wegen Art. 299 Abs. 1 AEUV ausgeschlossen. Darunter soll auch eine Aufrechnung gegen Zahlungsforderungen des Mitgliedstaats fallen, weil sonst das Vollstreckungsverbot umgangen würde.[65] Diese Auffassung überzeugt allerdings nicht, da eine Aufrechnung ihrer Rechtsnatur nach gerade keine Vollstreckungshandlung ist.[66] Infolge der zwischenzeitlichen Verschärfungen des Defizitverfahrens nach der VO (EU) Nr. 1173/2011 sollte sich das Problem allerdings kaum stellen, da im Regelfall vor Verhängung einer Geldbuße bereits eine unverzinsliche Einlage geleistet werden musste (Art. 5 der Verordnung), die dann umgewandelt werden kann, wenn sie nicht bereits nach Art. 6 der VO (EU) Nr. 1173/2011 umgewandelt wurde.

Einleitend sei bemerkt, dass die qualifizierte Mehrheit der Mitgliedstaaten des Euro-Währungsgebiets (ohne den betroffenen Mitgliedstaat) der Empfehlung der Kommission zustimmt.

6. Ausschluss des Vertragsverletzungsverfahrens; Jurisdiktion des Gerichtshofs der Europäischen Union (Abs. 10)

56 Auch wenn Art. 126 Abs. 1 AEUV eine **echte Rechtspflicht** darstellt, so ist ihre Durchsetzung nach den Absätzen 2–9 doch allein in die Hände von Kommission und Rat gelegt, denen bei den zu treffenden Entscheidungen **umfangreiche Beurteilungs- und Ermessensspielräume** zukommen. Diese **Überwachungs- und Durchsetzungszuständigkeiten** ersetzen funktional das ansonsten nahezu umfassend im Unionsrecht zur Anwendung kommende Vertragsverletzungsverfahren nach den Art. 258, 259 AEUV. Ihre Anwendung ist daher – letztlich vor dem Hintergrund des nach wie vor politischen Charakters des Verfahrens konsequent – für die Absätze 1 bis 9 des Art. 126 AEUV ausgeschlossen. Damit können weder die Kommission noch einzelne Mitgliedstaaten andere Mitgliedstaaten vor dem Gerichtshof der Europäischen Union auf Einhaltung der Regeln über das Verfahren bei einem übermäßigen Defizit verklagen. Lediglich die Befolgung von Sanktionen nach Abs. 11 kann im Umkehrschluss aus dem Wortlaut des Abs. 10 eingeklagt werden.[67] Die Formulierung »im Rahmen der Absätze 1 bis 9« muss sinnvoller Weise auch bedeuten, dass die sekundärrechtlichen Präzisierungen und Ergänzungen dieser Vorschriften, jedenfalls soweit sie sich auf Art. 126 Abs. 14 AEUV stützen, ebenfalls nicht vor dem Gerichtshof im Wege des Vertragsverletzungsverfahrens geltend gemacht werden können.

57 Ausgeschlossen sind allerdings nur die Vertragsverletzungsklagen als föderale Aufsichtsklagen. Hingegen stehen **andere Direktklagen des unionalen Prozessrechts**, namentlich die Nichtigkeitsklage (Art. 263 AEUV) und die Untätigkeitsklage (Art. 265 AEUV), sowohl den Mitgliedstaaten als auch den Organen als Klägern ebenso zur Verfügung wie das Vorabentscheidungsverfahren (Art. 267 AEUV). Insbesondere mit der fortschreitenden unionsrechtlichen Determinierung des mitgliedstaatlichen Haushaltsrechts erscheint es zunehmend wahrscheinlich, dass ein nationales Gericht, vor dem Verletzungen des nationalen Budgetrechts verhandelt werden, zukünftig auch einmal eine Auslegungs- oder Gültigkeitsfrage zu diesen Materien dem Gerichtshof vorlegt. In

---

[65] *Häde*, in: Calliess/Ruffert, EUV/AEUV, Art. 126 AEUV, Rn. 55; *Heidig*, EuR 2000, 872 (890 f.); wie hier i. E. *Selmayr*, S. 344, Fn. 1473.
[66] So auch *Kempen*, in: Streinz, EUV/AEUV, Art. 126 AEUV, Rn. 40.
[67] *Gaitanides*, in: Siekmann, EWU, Art. 126 AEUV, Rn. 153; *Häde*, in: Calliess/Ruffert, EUV/AEUV, Art. 126 AEUV, Rn. 59 ff.

den Sekundärrechtsakten ist die Prüfungsbefugnis des Gerichtshofs vereinzelt ausdrücklich betont (so z. B. in Art. 8 Abs. 5 der VO (EU) Nr. 1173/2011).

Der **VSKS** sieht wiederum in seinem Art. 8 eine Befassung des Gerichtshofs auf Grundlage von Art. 273 AEUV vor, sofern eine Vertragspartei ihrer Verpflichtung aus Art. 3 Abs. 2 VSKS (nationale Schuldenbremsen) nicht nachgekommen ist. Die näheren Einzelheiten zu dieser Klage haben die Vertragsparteien in eine dem VSKS als Protokoll angefügte Erklärung aufgenommen.[68]

7. Aufhebung von Maßnahmen (Abs. 12)

Art. 126 Abs. 12 AEUV sieht die schritt- und teilweise Aufhebung der Beschlüsse nach den Absätzen 6 bis 9 und 11 vor, soweit das übermäßige Defizit korrigiert worden ist. Dies wird man dahingehend interpretieren dürfen, dass schon bei Befolgung der vom Rat empfohlenen Maßnahmen die entsprechenden **Sanktionsbeschlüsse aufzuheben sind**, auch wenn das übermäßige Defizit damit noch nicht beseitigt ist.[69] Wenn der Beschluss nach Abs. 8 aufgehoben werden kann, muss der Rat in einer öffentlichen Erklärung feststellen, dass in dem Mitgliedstaat kein übermäßiges Defizit mehr besteht.[70] Eine Aufhebung des Beschlusses nach Abs. 8 setzt damit logisch zwingend die Aufhebung auch des Beschlusses nach Abs. 6 voraus. Sinnvoll ist diese Aufhebungsregelung in ihrer Gesamtheit nicht, da Feststellungen, die in der Vergangenheit getroffen, und Empfehlungen, die gegeben wurden, nicht unwahr werden, wenn sie befolgt wurden oder werden, und die Situation dementsprechend nun eine andere ist. Auch wird eine **verhängte Geldbuße** im Gegensatz zu einer unverzinslichen Einlage nicht zurückbezahlt.[71] Vernünftigerweise sollte daher lieber ein Beschluss ergehen, nachdem ein übermäßiges Defizit nicht mehr besteht, dass der Mitgliedstaat nunmehr wirksame Maßnahmen ergriffen hat usw.

Für die **vorverlagerten Sanktionsregelungen** (verzinsliche bzw. unverzinsliche Einlage) für Mitgliedstaaten des Euro-Währungsgebiets treffen Art. 4 Abs. 6 und Art. 7 der VO (EU) Nr. 1173/2011 entsprechende Regelungen.

8. Mehrheitserfordernisse im Rat (Abs. 13)

Mit Ausnahme des Beschlusses nach Abs. 6, der auf Vorschlag der Kommission erfolgt, beschließt der Rat nach Art. 126 Abs. 13 AEUV auf Empfehlung der Kommission. Ohne eine solche ist die **Beschlussfassung** daher nicht möglich; der Rat kann die Kommission allerdings um eine Empfehlung ersuchen (Art. 135 Satz 1 AEUV) und gegebenenfalls eine Untätigkeitsklage nach Art. 265 AEUV erheben. Praxisrelevant ist diese Konstellation nicht, da es ja regelmäßig gerade nicht der Kommission, sondern eher dem Rat an dem notwendigen Willen zur Durchsetzung des Defizitverfahrens fehlt.

Sämtliche Beschlüsse des Rates werden mit **qualifizierter Mehrheit** gefasst. Lediglich wenn der Rat dem Vorschlag der Kommission für einen Beschluss nach Abs. 6 nicht folgen will, kann er dies nach Art. 293 Abs. 2 AEUV nur einstimmig tun. **Abstimmungsberechtigt** sind alle EU-Mitgliedstaaten mit Ausnahme des jeweils betroffenen, soweit es

---

[68] Dazu *Craig*, E.L.Rev. 37 (2012), 231 (245 ff.).
[69] *Bandilla*, in: Grabitz/Hilf/Nettesheim, EU, Art. 126 AEUV (August 2012), Rn. 106; *Häde*, in: Calliess/Ruffert, EUV/AEUV, Art. 126 AEUV, Rn. 56 f.
[70] Zum Zweck s. *Kempen*, in: Streinz, EUV/AEUV, Art. 126 AEUV, Rn. 42; *Schulze-Steinen*, S. 268.
[71] *Häde*, in: Calliess/Ruffert, EUV/AEUV, Art. 126 AEUV, Rn. 57.

um das übermäßige Defizit eines Mitgliedstaats mit Ausnahmeregelung geht (Abs. 13 UAbs. 2); bezüglich der Beschlüsse betreffend die **Mitgliedstaaten des Euro-Währungsgebiets** sind nur diese – wiederum unter Ausschluss des betroffenen Mitgliedstaats – stimmberechtigt (Art. 139 Abs. 4 Buchst. b AEUV). Die qualifizierte Mehrheit berechnet sich nach Art. 238 Abs. 3 Buchst. b AEUV. Bis zum 31. 3. 2017 galt dabei noch die optionale Abstimmung nach Art. 16 Abs. 5 EUV i. V. m. Art. 3 Abs. 2, Abs. 4 i. V. m. Abs. 3 des Protokolls (Nr. 36) über die Übergangsbestimmungen. Nach dieser Regelung werden die Stimmen der Mitgliedstaaten gewogen. Erst seit dem 1. 4. 2017 kommt ausschließlich die doppelt-qualifizierte Mehrheitsregelung nach Art. 238 Abs. 3 Buchst. b AEUV zur Anwendung. Im Ergebnis wurde das Mehrheitserfordernis damit sogar erhöht (von 2/3 der Mitglieder mit einem bestimmten Stimmgewicht auf 72 % der Mitglieder).

63 In den auf Art. 136 Abs. 1 AEUV i. V. m. Art. 121 Abs. 6 AEUV gestützten, lediglich das Euro-Währungsgebiet betreffenden Sekundärrechtsakten, wird regelmäßig die Annahme eines Beschlusses fingiert, wenn der Rat nicht innerhalb eines bestimmten Zeitraums (zehn Tage) den Vorschlag mit qualifizierter Mehrheit ablehnt oder abändert (s. z. B. Art. 4 Abs. 2, 3 5 Abs. 2, 3, Art. 6 Abs. 2, 3 der VO (EU) Nr. 1173/2011; zum Streit um die Zulässigkeit dieser Regelung s. Art. 136 AEUV, Rn. 5 ff.).

64 Nach Art. 7 VSKS verpflichten sich die Mitgliedstaaten des Euro-Währungsgebiets, Vorschläge oder Empfehlungen der Kommission im Verfahren nach Art. 126 AEUV stets **zu unterstützen**, sofern nicht eine qualifizierte Mehrheit von ihnen, die analog zu Art. 126 Abs. 13 AEUV berechnet wird, gegen diesen Beschluss ist.

9. Verweis auf das Protokoll über das Verfahren bei einem übermäßigen Defizit; Befugnis zur Ersetzung und Ergänzung des Protokolls (Abs. 14)

65 Art. 126 Abs. 14 UAbs. 1 AEUV verweist – wegen Art. 51 EUV an sich unnötig und die Verweisung in Abs. 2 Satz 3 wiederholend – auf **das Protokoll über das Verfahren bei einem übermäßigen Defizit**. Ausweislich der Verweisung beinhaltet dieses »[w]eitere Bestimmungen über die Durchführung des in diesem Artikel beschriebenen Verfahrens« (zum Inhalt s. Rn. 31).

66 Abs. 14 UAbs. 2 regelt – in Abweichung von den Verfahren der Vertragsänderung nach Art. 48 EUV – ein **besonderes Verfahren der Vertragsänderung**, indem er zulässt, dass der Rat nach einem besonderen Gesetzgebungsverfahren einstimmig und nach Anhörung von Europäischem Parlament und EZB »die geeigneten Bestimmungen erlässt, die das genannte Protokoll ablösen«. Eine vergleichbare Regelung gilt auch für das Protokoll über die Konvergenzkriterien nach dessen Art. 6. Ungeachtet dieses **primärrechtsändernden Charakters** der Beschlussfassung des Rates wird Art. 126 Abs. 14 UAbs. 2 AEUV im Integrationsverantwortungsgesetz nicht erwähnt. Gleiches galt allerdings für Art. 127 Abs. 6 AEUV, was den Bundestag jedoch nicht von einer entsprechenden ermächtigenden Gesetzgebung abhielt.[72] Nach wohl überwiegender Auffassung müsste ein entsprechender Sekundärrechtsakt das Protokoll ersetzen, kann es aber nicht inhaltlich ändern und ihm gleichzeitig den Primärrechtscharakter bewahren. Im Ergebnis spielt diese Differenzierung aber praktisch keine Rolle, weil jedenfalls die

---

[72] Gesetz zum Vorschlag für eine Verordnung des Rates zur Übertragung besonderer Aufgaben im Zusammenhang mit der Aufsicht über Kreditinstitute auf die Europäische Zentralbank vom 25. 7. 2013, BGBl. 2013 II S. 1050; dazu *Mayer/Kollmeier*, DVBl 2013, 1158.

ersetzenden Sekundärrechtsvorschriften selbst wiederum nur nach dem Verfahren des Abs. 14 UAbs. 2 geändert oder aufgehoben werden dürften.

Inhaltlich soll – wie in der Praxis mit der VO (EG) Nr. 1467/97 geschehen[73] – nach der vorherrschenden Auffassung auch eine **sekundärrechtliche Ergänzung** des Protokolls auf Grundlage des Abs. 14 UAbs. 2 zulässig sein.[74] Das ist mit dem Wortlaut kaum vereinbar und vor allem deswegen problematisch, weil dieses ergänzende Sekundärrecht nur einstimmig änderbar ist, wohingegen Art. 126 Abs. 14 UAbs. 3 AEUV »nähere Einzelheiten und Begriffsbestimmungen für die Durchführung des genannten Protokolls« mit qualifizierter Mehrheit erlassen werden können.[75] Überzeugender wäre daher eine Unterscheidung danach, ob die Regelungen des Protokolls durch den zu erlassenden Rechtsakt geändert oder abgelöst werden sollen (UAbs. 2) oder ob sie ergänzt werden sollen (UAbs. 3). Hier böte sich eine Abgrenzung entsprechend der vom Gerichtshof zu Art. 290 und 291 AEUV entwickelten Kriterien an.[76]

67

Generell hat sich auch das Verfahren nach Art. 126 Abs. 14 AEUV in der **Euro-Staatsschuldenkrise** als zu schwerfällig erwiesen, weil durch die Ablösung des Protokolls auch nach UAbs. 2 keine inhaltlichen Änderungen an den Bestimmungen des Art. 126 AEUV möglich sind. Zudem ist ein Vorgehen nach Art. 136 Abs. 1 Buchst. a AEUV i. V. m. Art. 126 Abs. 14 AEUV explizit ausgeschlossen, so dass auch nicht isoliert für die Mitgliedstaaten des Euro-Währungsgebiets Verschärfungen des Verfahrens, die die Substanz des Art. 126 AEUV berühren, möglich sind (zum Streit um die Nutzung des Art. 136 AEUV s. Art. 136 AEUV, Rn. 5 ff.). Erforderlich wäre vielmehr die Möglichkeit ein Verfahren zur Änderung der in Art. 139 Abs. 2 AEUV aufgelisteten Vorschriften des Primärrechts, die auf Mitgliedstaaten mit Ausnahmeregelung nicht anwendbar sind, ohne dass es hierzu einer Zustimmung und Ratifikation durch diese Mitgliedstaaten zu diesem Zeitpunkt bedürfte.[77]

68

---

[73] S. deren Erwägungsgrund (1).
[74] *Häde*, in: Calliess/Ruffert, EUV/AEUV, Art. 126 AEUV, Rn. 73; *Hentschelmann*, Der Stabilitäts- und Wachstumspakt, S. 1206 f.
[75] Ebenfalls kritisch *Palm*, Preisstabilität in der Europäischen Wirtschafts- und Währungsunion, 2000, S. 147 ff.; *Smits*, The European Central Bank, 1997, S. 89 f.
[76] EuGH, Urt. v. 18. 3. 2014, Rs. C–427/2012 (Kommission/Rat), ECLI:EU:C:2014:170.
[77] Zu diesem Vorschlag s. *Herrmann*, Differentiated Integration in the Field of Economic and Monetary Policy and the Use of Semi-Extra Union Legal Instruments – The Case for Inter Se Treaty Amendments, in: De Witte/Vos/Ott (Hrsg.), Between Flexibility and Disintegration: The State of EU law today, 2017 (im Erscheinen).

Kapitel 2
Die Währungspolitik

Artikel 127 AEUV [Ziele und Aufgaben des ESZB]

(1) ¹Das vorrangige Ziel des Europäischen Systems der Zentralbanken (im Folgenden »ESZB«) ist es, die Preisstabilität zu gewährleisten. ²Soweit dies ohne Beeinträchtigung des Zieles der Preisstabilität möglich ist, unterstützt das ESZB die allgemeine Wirtschaftspolitik in der Union, um zur Verwirklichung der in Artikel 3 des Vertrags über die Europäische Union festgelegten Ziele der Union beizutragen. ³Das ESZB handelt im Einklang mit dem Grundsatz einer offenen Marktwirtschaft mit freiem Wettbewerb, wodurch ein effizienter Einsatz der Ressourcen gefördert wird, und hält sich dabei an die in Artikel 119 genannten Grundsätze.

(2) Die grundlegenden Aufgaben des ESZB bestehen darin,
– die Geldpolitik der Union festzulegen und auszuführen,
– Devisengeschäfte im Einklang mit Artikel 219 durchzuführen,
– die offiziellen Währungsreserven der Mitgliedstaaten zu halten und zu verwalten,
– das reibungslose Funktionieren der Zahlungssysteme zu fördern.

(3) Absatz 2 dritter Gedankenstrich berührt nicht die Haltung und Verwaltung von Arbeitsguthaben in Fremdwährungen durch die Regierungen der Mitgliedstaaten.

(4) Die Europäische Zentralbank wird gehört
– zu allen Vorschlägen für Rechtsakte der Union im Zuständigkeitsbereich der Europäischen Zentralbank,
– von den nationalen Behörden zu allen Entwürfen für Rechtsvorschriften im Zuständigkeitsbereich der Europäischen Zentralbank, und zwar innerhalb der Grenzen und unter den Bedingungen, die der Rat nach dem Verfahren des Artikels 129 Absatz 4 festlegt.

Die Europäische Zentralbank kann gegenüber den zuständigen Organen, Einrichtungen oder sonstigen Stellen der Union und gegenüber den nationalen Behörden Stellungnahmen zu in ihren Zuständigkeitsbereich fallenden Fragen abgeben.

(5) Das ESZB trägt zur reibungslosen Durchführung der von den zuständigen Behörden auf dem Gebiet der Aufsicht über die Kreditinstitute und der Stabilität des Finanzsystems ergriffenen Maßnahmen bei.

(6) Der Rat kann einstimmig durch Verordnungen gemäß einem besonderen Gesetzgebungsverfahren und nach Anhörung des Europäischen Parlaments und der Europäischen Zentralbank besondere Aufgaben im Zusammenhang mit der Aufsicht über Kreditinstitute und sonstige Finanzinstitute mit Ausnahme von Versicherungsunternehmen der Europäischen Zentralbank übertragen.

Literaturübersicht

Beutel, Differenzierte Integration in der Europäischen Wirtschafts- und Währungsunion, 2006; *Committee of Governors of the Central Banks*, Draft Statute of the European System of Central Banks and of the European Central Bank, Agence Europe Documents (No. 1669/1670), 1990; *Cromme*, Die Einführung einer Wirtschaftsregierung der EU, EuR 2014, 448; *Dziechciarz*, Rechtliche Integration der nationalen Zentralbanken in das Europäische System der Zentralbanken und in das Eurosystem, 2009; *Ferran/Babis*, The European Single Supervisory Mechanism, Legal Studies Research Paper Series, University of Cambridge, Paper No. 10/2013; *Frenz/Ehlenz*, Schuldenkrise und Grenzen der europäischen Wirtschaftspolitik; EWS 2010, 211; *Gaitanides*, Die Verfassung für Europa und das Europäische System der Zentralbanken, FS Zuleeg, 2005, S. 550; *Goetze*, Die Tätigkeit der nationalen

Zentralbanken in der Wirtschafts- und Währungsunion, 1999; *Gurlit/Schnabel*, The New Actors of Macroprudential Supervision in Germany and Europe – A Critical Evaluation, ZBB 2015, 349; *Gramlich*, »Lockruf des Goldes« – Zu einigen aktuellen Rechtsfragen von Währungsreserven, WM 2005, 1201; *ders./Manger-Nestler*, Währungsrechtliche Defizite der Verfassung für Europa, EuZW 2005, 193; *dies.*, Währungsrechtliche Aspekte des Reformprojekts »Europäische Verfassung«, ZfgK 2005, 478; *Groß*, Die Legitimation der polyzentralen EU-Verwaltung, 2015; *Häde*, Das Gesetz zur Änderung von Vorschriften über die Deutsche Bundesbank, NJW 1994, 3214; *ders.*, Zur rechtlichen Stellung der Europäischen Zentralbank, WM 2006, 1605; *ders.*, Die Wirtschafts- und Währungsunion im Vertrag von Lissabon, EuR 2009, 200; *ders.*, Die Europawährung in der Finanzkrise, FS Martiny, 2014, S. 891; *ders.*, Die Rechtsprechung zur Eurokrise, FS A. Weber, 2015, S. 197; *Hahn*, The European Central Bank: Key to European Monetary Union or Target?, CMLRev. 28 (1991), 783; *Hahn/Häde*, Währungsrecht, 2. Aufl., 2010; *Herrmann*, Währungshoheit, Währungsverfassung und subjektive Rechte, 2010; *ders.*, EZB-Programm für die Kapitalmärkte verstößt nicht gegen die Verträge – Erwiderung auf Martin Seidel, EuZW 2010, 521, EuZW 2011, 645; *ders./Dornacher*, Grünes Licht vom EuGH für EZB-Staatsanleihenkäufe – ein Lob der Sachlichkeit!, EuZW 2015, 579; *Kerber/Städter*, Die EZB in der Krise: Unabhängigkeit und Rechtsbindung als Spanungsverhältnis – Ein Beitrag zum Individualrechtsschutz gegen Rechtsverstöße der EZB, EuZW 2011, 536; *Knappe*, Das geldpolitische Instrumentarium des Europäischen Systems der Zentralbanken (ESZB), in: Heinemann/Schröder (Hrsg.), Europäische Währungsunion und Kapitalmärkte, 1997, S. 143; *Kramer/Hinrichsen*, Die Europäische Zentralbank, JuS 2015, 673; *Kümpel*, Das währungspolitische Instrumentarium der Deutschen Bundesbank aus rechtlicher Sicht, WM-Sonderbeilage 1/1992, 4; *Lehmann/Manger-Nestler*, Einheitlicher Europäischer Aufsichtsmechanismus: Bankenaufsicht durch die EZB, ZBB 2014, 2; *Louis*, L´Union économique et monétaire, CDE 1992, 251; *ders.*, The Project of a European Central Bank, in: Stuyck (Hrsg.), Financial and Monetary Integration in the European Economic Community, 1993, S. 13; *Ludwigs*, Der Ultra-vires-Vorbehalt des BVerfG – Judikative Kompetenzanmaßung oder legitimes Korrektiv?, NVwZ 2015, 537; *Manger*, Interbankenzahlungsverkehrssysteme: Entwicklungsstand und Perspektiven für Deutschland und Europa, 2008; *Manger-Nestler*, Par(s) inter pares?, 2008; *dies.*, Die Rolle der Bundesbank im Gefüge des ESZB, EuR 2008, 577; *dies.*, Die Bankenunion, in: Blanke/Pilz (Hrsg.), Die »Fiskalunion«, 2014, S. 299; *dies.*, Institutionell-organisatorische Aspekte des Einheitlichen Abwicklungsmechanismus, in: Jahn/Schmitt/Geier, Handbuch Bankensanierung und -abwicklung, 2016, S. 236; *dies.*, Von der Kunst, Recht zu behalten: Zur Rechtsprechung von BVerfG und EuGH in der Eurokrise, NJ 2016, 353; *dies./Böttner*, Ménage à trois? – Zur gewandelten Rolle der EZB im Spannungsfeld zwischen Geldpolitik, Finanzaufsicht und Fiskalpolitik, EuR 2014, 621; *Michael Mayer*, Die gegenwärtige und künftige Rolle der Europäischen Zentralbank bei der Verhütung und Bewältigung von Finanzkrisen, ZBB 2011, 25; *Franz C. Mayer*, Rebels without a cause? Zur OMT-Vorlage des Bundesverfassungsgerichts, EuR 2014, 473; *Nowak*, Binnenmarktziel und Wirtschaftsverfassung der Europäischen Union vor und nach dem Reformvertrag von Lissabon, EuR-Beiheft 1/2009, 129; *Ohler*, Rechtliche Maßstäbe der Geldpolitik nach dem Gauweiler-Urteil des EuGH, NVwZ 2015, 1001; *Oppermann*, Eine Verfassung für die Europäische Union, DVBl 2003, 1234; *Potacs*, Nationale Zentralbanken in der Wirtschafts- und Währungsunion, EuR 1993, 23; *Roth*, Der rechtliche Rahmen der Wirtschafts- und Währungsunion, EuR-Beiheft 1/1994, 45; *Schmidt*, Die entfesselte EZB, JZ 2015, 317; *Seidel*, Der Ankauf nicht markt- und börsengängiger Staatsanleihen, namentlich Griechenlands, durch die Europäische Zentralbank und durch nationale Zentralbanken – rechtlich nur fragwürdig oder Rechtsverstoß?, EuZW 2010, 521; *ders.*, Die Bankenunion als verdeckte Umwandlung der EU zu einem – partiellen – Bundesstaat, EuZW 2013, 841; *Siekmann*, The Legality of Outright Monetary Transactions (OMT) of the European System of Central Banks, IMFS Working Paper Series No. 90 (2015), 1; *Smits*, The European Central Bank, 1997; *Stadler*, Der rechtliche Handlungsspielraum des Europäischen Systems der Zentralbanken, 1996; *Thiele*, Die EZB vor Gericht, ZBB 2015, 295; *ders.*, Finanzaufsicht, 2014; *ders.*, Das Mandat der EZB und die Krise des Euro, 2013; *Weber/Knappe*, Inwieweit kann die Deutsche Bundesbank auf Goldreserven verzichten?, Wirtschaftsdienst 2004, 372; *Martin Weber*, Die Kompetenzverteilung im Europäischen System der Zentralbanken bei der Festlegung und Durchführung der Geldpolitik, 1995; *Weinbörner*, Die Stellung der Europäischen Zentralbank (EZB) und der nationalen Zentralbanken in der Wirtschafts- und Währungsunion nach dem Vertrag von Maastricht, 1998; *Weiß*, Kompetenzverteilung in der Währungspolitik und Außenvertretung des Euro, EuR 2002, 165; *Zilioli/Selmayr*, The European Central Bank: An Independent Specialized Organization of Community Law, CMLRev. 37 (2000), 591; *dies.*, The Law of the European Central Bank, 2001; *Zimmermann*, Die nationalen Zentralbanken als Bestandteile des Europäischen Systems der Zentralbanken, 2000.

Leitentscheidungen

EuGH, Urt. v. 10.7.2003, Rs. C–11/00 (Kommission/EZB), Slg. 2003, I–7147
EuGH, Urt. v. 27.11.2012, Rs. C–370/12 (Pringle), ECLI:EU:C:2012:756
EuGH, Urt. v. 16.6.2015, Rs. C–62/14 (Gauweiler u. a.), ECLI:EU:C:2015:400

Wesentliche sekundärrechtliche Vorschriften

Verordnung (EG) Nr. 2531/98 des Rates vom 23.11.1998 über die Auferlegung einer Mindestreservepflicht durch die EZB, ABl. 1998, L 318/1, geändert durch Verordnung (EG) Nr. 134/2002 des Rates vom 22.1.2002, ABl. 2002, L 24/1

Verordnung (EG) Nr. 1745/2003 der Europäischen Zentralbank vom 12.9.2003 über die Auferlegung einer Mindestreservepflicht, ABl. 2003, L 250/10, geändert durch VO (EU) Nr. 1376/2014 vom 10.12.2014, ABl. 2014, L 366/79

Verordnung (EG) Nr. 2532/98 des Rates vom 23.11.1998 über das Recht der Europäischen Zentralbank, Sanktionen zu verhängen, ABl. 1998, L 318/4, geändert durch VO (EU) Nr. 2015/159 vom 27.1.2015, ABl. 2015, L 27/1

Verordnung (EG) Nr. 2157/1999 der Europäischen Zentralbank vom 23.9.1999 über das Recht der Europäischen Zentralbank, Sanktionen zu verhängen (EZB/1999/4), ABl. 1999, L 264/21, geändert durch VO (EU) Nr. 469/2014 vom 16.4.2014, ABl. 2014, L 141/51

Verordnung (EG) Nr. 1010/2000 des Rates vom 8.5.2000 über die Einforderung weiterer Währungsreserven durch die EZB, ABl. 2000, L 115/2

Verordnung (EU) Nr. 1022/2013 des Europäischen Parlaments und des Rates vom 22.10.2013 zur Änderung der Verordnung (EU) Nr. 1093/2010 zur Errichtung einer Europäischen Aufsichtsbehörde (Europäische Bankenaufsichtsbehörde) hinsichtlich der Übertragung besonderer Aufgaben auf die EZB gemäß der Verordnung (EU) Nr. 1024/2013, ABl. 2013, L 287/5

Verordnung (EU) Nr. 1024/2013 des Rates vom 15.10.2013 zur Übertragung besonderer Aufgaben im Zusammenhang mit der Aufsicht über Kreditinstitute auf die Europäische Zentralbank, ABl. 2013, L 287/63

Verordnung (EU) Nr. 468/2014 der Europäischen Zentralbank vom 16.4.2014 zur Einrichtung eines Rahmenwerks für die Zusammenarbeit zwischen der EZB und den nationalen zuständigen Behörden und den nationalen benannten Behörden innerhalb des einheitlichen Aufsichtsmechanismus (SSM-Rahmenverordnung) (EZB/2014/17), ABl. 2014, L 141/51

Verordnung (EU) Nr. 806/2014 des Europäischen Parlaments und des Rates vom 15. Juli 2014 zur Festlegung einheitlicher Vorschriften und eines einheitlichen Verfahrens für die Abwicklung von Kreditinstituten und bestimmten Wertpapierfirmen im Rahmen eines einheitlichen Abwicklungsmechanismus und eines einheitlichen Abwicklungsfonds sowie zur Änderung der Verordnung (EU) Nr. 1093/2010, ABl. 2014, L 225/1

Inhaltsübersicht

	Rn.
A. Einführung	1
B. Ziele	3
I. Begriff der Preisstabilität	3
II. Verhältnis zur Unterstützung der allgemeinen Wirtschaftspolitik	6
III. Rechtsschutz	9
C. Aufgaben	10
I. Überblick	10
II. Festlegung und Ausführung der Geldpolitik	12
1. Entwicklung	12
2. Geldpolitische Strategie	13
3. Kompetenzverteilung	14
a) Festlegung	15
b) Durchführung	16
4. Instrumentarium	17
a) Grundlagen	17
b) Offenmarktpolitik	20
c) Ständige Fazilitäten	22
d) Mindestreserven	23

	e) Sonstige geldpolitische Instrumente	24
III.	Devisengeschäfte	25
IV.	Verwaltung der Währungsreserven	28
	1. Umfang	28
	2. Arbeitsguthaben in Fremdwährungen	29
	3. Transaktionen der nationalen Zentralbanken mit verbliebenen Reserveguthaben	30
V.	Reibungsloser Zahlungsverkehr	32
	1. Bedeutung	32
	2. Aufgabenumfang	33
	3. TARGET-System	34
D. Krisenbedingte Sondermaßnahmen		36
I.	Überblick	36
II.	Quantitative Easing	37
III.	Weitere Maßnahmen	40
E. Mitwirkungsrechte der EZB		41
I.	Überblick	41
II.	Anhörungsrechte	43
	1. Rechtsakt der Union	43
	2. Nationaler Rechtsakt	46
III.	Stellungnahmen	48
F. Aufsicht über Kreditinstitute und Finanzsystemstabilität		50
I.	Aufsicht über Kreditinstitute	50
	1. Mitwirkungsrechte des ESZB	50
	2. Eigene Aufsichtsaufgaben der EZB und einheitlicher Aufsichtsmechanismus	52
II.	Rolle der EZB im einheitlichen Abwicklungsmechanismus	57
III.	Stabilität des Finanzsystems	58
IV.	Weitere Aufgaben?	59

A. Einführung

Art. 127 AEUV, der dem früheren Art. 105 EGV entspricht, steht innerhalb des Titels VIII am Beginn des Kapitels zur Währungspolitik (Art. 127–133 AEUV). Die Vorschrift enthält **Kernaussagen der europäischen Währungsverfassung**,[1] indem sie Ziele und Aufgaben des Europäischen Systems der Zentralbanken (ESZB) festlegt und gleichzeitig originäre[2] Zuständigkeiten und Befugnisse der unionalen Währungspolitik begründet. Der materiellrechtliche Gehalt der Norm wird ergänzt durch die Art. 282–284 AEUV, die institutionelle Aspekte von EZB und ESZB regeln. Aus vertragssystematischen Gründen ist die auf den Vertrag von Lissabon zurückgehende Separierung der materiell- von den organisationsrechtlichen Vorschriften zur Währungspolitik indes wenig praktikabel. 1

Der **Geltungsbereich** der Norm bezieht sich nur auf diejenigen Mitgliedstaaten, deren Währung der Euro ist. Für Mitgliedstaaten mit Ausnahmeregelung schließt Art. 139 Abs. 2 Buchst. c AEUV[3] die Anwendbarkeit von Art. 127 Abs. 1, 2, 3 und 5 AEUV aus; diese gelten nur für das »Eurosystem«. Die Abs. 4 und 6 sind demgegenüber grund- 2

---

[1] Ähnlich *Potacs*, in: Schwarze, EU-Kommentar, Art. 127 AEUV, Rn. 1; *Rodi*, in: Vedder/Heintschel v. Heinegg, Europäisches Unionsrecht, Art. 127 AEUV, Rn. 1.
[2] Gegen die Zuschreibung eines originären Kompetenzbereichs an das ESZB *Griller*, in: Grabitz/Hilf/Nettesheim, EU, Art. 127 AEUV (August 2012), Rn. 8.
[3] Für Dänemark folgt dies aus Nr. 1 des Protokolls Nr. 16.

sätzlich für alle Mitgliedstaaten anwendbar. Für Großbritannien gilt zusätzlich auch Art. 127 Abs. 4 AEUV nicht.[4]

B. Ziele

I. Begriff der Preisstabilität

3   Abs. 1 normiert eine **richtungweisende Entscheidung**, denn er legt die Währungspolitik der Union expressis verbis[5] auf das vorrangige Ziel der **Preisstabilität** fest. Die Stabilitätsverpflichtung bekräftigt das Primärrecht auch an anderen Stellen (z. B. Art. 119 Abs. 2, Art. 282 Abs. 2 AEUV); gegenüber den allgemeinen wirtschaftspolitischen Unionszielen (Art. 3 Abs. 3 UAbs. 1 EUV) ist die Norm **lex specialis**.[6] Art. 127 Abs. 1 Satz 1 AEUV verknüpft das stabilitätspolitische Ziel mit konkreten Aufgaben (Abs. 2) und verleiht ihm dadurch **rechtliche Bindungswirkung**.[7] Daraus folgt, dass das ESZB im Falle von Gefahren für die Preisstabilität zu Gegenmaßnahmen nicht nur berechtigt, sondern auch verpflichtet ist.[8]

4   Auch wenn die europäischen Verträge den Begriff der Preisstabilität **an keiner Stelle legaldefinieren**, würden unterschiedliche nationale Vorstellungen über den tragbaren Inflationsgrad innerhalb der Union ein einheitliches monetäres Politikverständnis konterkarieren. Dem Primärrecht liegt daher ein **einheitlicher Stabilitätsbegriff**[9] zugrunde. Dies ist nicht im Sinne eines stabilen Außenwertes der Währung (Wechselkursstabilität), sondern als **Binnenwährungsstabilität**[10] zu interpretieren. Gemeint ist eine **relative Preisniveaustabilität** innerhalb des gemeinsamen Währungsraums, d. h. eine »Nullinflation«[11] im Sinne absoluter Preisstabilität ist weder ökonomisch realistisch noch wünschenswert.[12]

---

[4] Ursprünglich Protokoll Nr. 8 vom 7.2.1992, ABl. 1992, C 191/87; inzwischen den Verträgen beigefügt als Protokoll Nr. 15, ABl. 2010, C 83/284.

[5] Im Gegensatz dazu verpflichtete § 3 BBankG a. F. die Deutsche Bundesbank nur zur Währungssicherung; die Norm wurde von der Zentralbank jedoch als Selbstbindung an die Preisstabilität interpretiert; weiterführend *Manger-Nestler*, S. 50 ff.

[6] *Griller*, in: Grabitz/Hilf/Nettesheim, EU, Art. 127 AEUV (August 2012), Rn. 16.

[7] *Kempen*, in: Streinz, EUV/AEUV, Art. 127 AEUV, Rn. 4; *Rodi*, in: Vedder/Heintschel v. Heinegg, Europäisches Unionsrecht, Art. 127 AEUV, Rn. 2.

[8] *Dziechciarz*, S. 94; *Khan*, in: Geiger/Kahn/Kotzur, EUV/AEUV, Art. 127 AEUV, Rn. 2; *Koch*, in: Lenz/Borchardt, EU-Verträge, Art. 127 AEUV, Rn. 2.

[9] *Manger-Nestler*, S. 176. Ausführlich zur Auslegung des Begriffs der Preisstabilität vgl. *Gaitanides*, S. 16 ff.; *Thiele*, 2013, S. 27 ff.

[10] Herrschende Meinung *Häde*, in: Calliess/Ruffert, EUV/AEUV, Art. 127 AEUV, Rn. 3; *Nicolaysen*, Rechtsfragen der Währungsunion, 1996, S. 39 f.; *Waldhoff*, in: Siekmann, EWU, Art. 127 AEUV, Rn. 12; *Stadler*, S. 104; *Selmayr*, EnzEuR, Bd. 4, § 23, Rn. 93.

[11] Diese befürwortend *Rodi*, in: Vedder/Heintschel v. Heinegg, Europäisches Unionsrecht, Art. 127 AEUV, Rn. 3; *Smits*, in: GS, EUV/EGV, Art. 105 EGV, Rn. 12. Ähnlich *Gaitanides*, S. 17 f., 39; *Schütz*, EuR 2001, 291 (298 f.), die aufgrund statistischer Messungenauigkeiten eine Unsicherheitsmarge von bis zu 2 % zulassen will.

[12] Ebenso *Griller*, in: Grabitz/Hilf/Nettesheim, EU, Art. 127 AEUV (August 2012), Rn. 21; *Häde*, in: Calliess/Ruffert, EUV/AEUV, Art. 127 AEUV, Rn. 3; *Kempen*, in: Streinz, EUV/AEUV, Art. 127 AEUV, Rn. 3; *Potacs*, in: Schwarze, EU-Kommentar, Art. 127 AEUV, Rn. 3; *Smits*, in: GS, EUV/EGV, Art. 105 EGV, Rn. 12; *Stadler*, S. 104; *Waldhoff*, in: Siekmann, EWU, Art. 127 AEUV, Rn. 13. Die »relativ-optimale Gleichgewichtslage« im nationalen Kontext des gesamtwirtschaftlichen Gleichgewichts betonte bereits BVerfGE 79, 311 (343 f.).

Die Ausfüllung des **unbestimmten Rechtsbegriffs**[13] ist der EZB übertragen, die dazu über weite, nur begrenzt justitiable Einschätzungs- und Prognosespielräume verfügt (s. Rn. 9). Schon kurz nach seiner Gründung im Jahr 1998 definierte der **EZB-Rat** die Preisstabilität als Anstieg des Harmonisierten Verbraucherpreisindex (HVPI) für das Euro-Währungsgebiet von unter 2 % gegenüber dem Vorjahr. Nach Überprüfung seiner geldpolitischen Strategie im Jahr 2003 relativierte der EZB-Rat seine **quantitative Definition** dahingehend, dass er eine mittelfristige Preissteigerungsrate von »**unter, aber nahe 2 %**« anstrebe.[14] Dies wird allgemein rechtlich nicht beanstandet,[15] wenn auch in der Praxis kaum erreicht.[16] Zu beachten ist aber, dass diese Zahlen bei Auslegung des Begriffs der Preisstabilität nur als mittelfristig anzustrebende Referenzwerte dienen können. Insoweit besteht ein gewisser »Referenzkorridor«, von dem die jährlichen Werte leicht abweichen können, solange sie über einen Zeitraum hinweg das Stabilitätsziel halten.[17]

II. Verhältnis zur Unterstützung der allgemeinen Wirtschaftspolitik

Sowohl der ausdrückliche Wortlaut von Abs. 1 Satz 1 als auch die Regelungssystematik der nachfolgenden Sätze 2 und 3 verdeutlichen, dass das ESZB bei seiner Tätigkeit der Preisstabilität den **absoluten Vorrang** gegenüber anderen wirtschaftspolitischen Zielen einzuräumen hat. Ebenso ergibt sich dies aus Art. 119 Abs. 2 AEUV, wonach die einheitliche Geld- und Wechselkurspolitik beide vorranging das Ziel der Preisstabilität verfolgen sollen (engl.: primary objective; frz.: l'objectif principal). Daran kann und darf auch das Gebot zur loyalen Zusammenarbeit mit anderen Unionsorganen (Art. 13 Abs. 2 EUV, s. Art. 13 EUV, Rn. 17), dem die EZB aufgrund ihrer Organstellung seit dem Vertrag von Lissabon verpflichtet ist, nichts ändern.[18]

Unter Beachtung des Stabilitätsprimats erlauben die Art. 127 Abs. 1 Satz 2 (»soweit«), Art. 119 Abs. 2 und Art. 282 Abs. 2 S. 2 (»unbeschadet«) dem ESZB, die **allgemeine Wirtschaftspolitik** in der Union zu unterstützen. Dabei ergibt sich aus dem Wortlaut der Vorschriften, dass es sich nicht nur um das Recht, sondern um eine Verpflichtung zur Unterstützung handelt,[19] solange dabei das Primat der Preisstabilität nicht vernachlässigt wird. Die Verknüpfung mit den (Sekundär-)Zielen des Art. 3 EUV soll klarstellen, dass der Geldpolitik aus gesamtwirtschaftlicher Sicht eine dienende Funktion[20] zugemessen wird. Sofern das ESZB dem Vorrang der Geldpolitik Rechnung trägt, ist ihr die Wahl der Form und Mittel der wirtschaftspolitischen Unterstützung selbst überlassen.[21] Es ist daher nicht ausgeschlossen, dass geldpolitische Maßnahmen durchaus wirtschafts-

---
[13] *Dziechciarz*, S. 52; *Potacs*, in: Schwarze, EU-Kommentar, Art. 127 AEUV, Rn. 3.
[14] *EZB*, S. 69.
[15] *Gaitanides*, S. 39 f.; *Smits*, in: GS, EUV/EGV, Art. 105 EGV, Rn. 12 ff.
[16] *Herrmann*, S. 228; anders *Selmayr*, EnzEuR, Bd. 4, § 23, Rn. 99, wonach sich die Währungsunion auch in der Praxis »als Hort der Preisstabilität« erwiesen habe.
[17] *Selmayr*, EnzEuR, Bd. 4, § 23, Rn. 98.
[18] *Gaitanides*, S. 54; *Griller*, in: Grabitz/Hilf/Nettesheim, EU, Art. 127 AEUV (August 2012), Rn. 12; *Häde*, in: Calliess/Ruffert, EUV/AEUV, Art. 127 AEUV, Rn. 7; vgl. auch *Herrmann*, S. 231; *Oppermann*, DVBl 2003, 1234 (1236). Vgl. zur Kritik am Verfassungsvertrag *Gramlich/Manger-Nestler*, EuZW 2005, 193; *dies.*, ZfgK 2005, 478 (480).
[19] *Selmayr*, EnzEuR, Bd. 4, § 23, Rn. 112 f.
[20] *Häde*, in: Calliess/Ruffert, EUV/AEUV, Art. 127, AEUV, Rn. 5; *Selmayr*, EnzEuR, Bd. 4, § 23, Rn. 89.
[21] *Selmayr*, EnzEuR, Bd. 4, § 23, Rn. 114 ff.

politische Auswirkungen mit sich bringen, wie der EuGH 2015 im OMT-Urteil (Rn. 39) explizit betonte. Aufgrund des kompetenziellen Ungleichgewichts[22] zwischen Wirtschafts- und Währungspolitik stellt Art. 127 Abs. 1 Satz 3 AEUV allerdings klar, dass das ESZB im wirtschaftspolitischen Interesse der gesamten Union handeln, d.h. nicht nationale Interessen einseitig präferieren soll.[23]

8 Die Bezugnahme auf den **Grundsatz einer offenen Marktwirtschaft** (Abs. 1 Satz 3) verknüpft die Währungspolitik des ESZB mit der wirtschaftsverfassungsrechtlichen Ausrichtung der Union auf marktwirtschaftliche **Programmsätze**.[24] Für die Geld- und Währungspolitik des ESZB folgt daraus der **Vorrang marktkonformer Steuerungsinstrumente** gegenüber hoheitlichen Mitteln,[25] was insbesondere in der Geldpolitik (s. Rn. 18) zum Ausdruck kommt.

III. Rechtsschutz

9 Die funktionale Unabhängigkeit (Art. 130 AEUV) findet dort ihre Grenzen, wo das Primärrecht die EZB in das unionale Rechtsschutzsystem[26] (insb. durch Art. 35.1 ESZB-Satzung; Art. 271 Buchst. d, Art. 263 bzw. Art. 265 AEUV) einbindet. Allerdings **schränkt** der weite **Beurteilungsspielraum**,[27] der der EZB in Bezug auf das Stabilitätsziel sowie bei der Wahl der jeweiligen währungspolitischen Instrumente eingeräumt ist (s. Rn. 5), die **gerichtliche Kontrolldichte** deutlich **ein**. Damit die Zentralbank ihren geldpolitischen Beurteilungsspielraum sinnvoll ausschöpfen kann, muss sie weitgehend frei von politischer wie rechtlicher Einflussnahme sein. Eine funktional unabhängige (Art. 130 AEUV, Rn. 9 ff.) Institution wie die EZB wäre ihrer Arbeitsgrundlage beraubt, wenn Politiker wie Richter über makroökonomische Effekte von geldpolitischen Entscheidungen spekulieren oder eine vertretbare ökonomische Position durch abweichende, eigene Standpunkte ersetzen könnten. Vielmehr garantiert die Autonomie, dass geldpolitische Entscheidungen nur dann und insoweit kontrollierbar sind, wie die Zentralbank sich von sachfremden Erwägungen leiten lässt und ihr Mandat damit offensichtlich überschreitet.[28] Der EuGH kann demnach nur überprüfen, ob die EZB und die nationalen Zentralbanken (NZB) das Stabilitätsprimat nicht offensichtlich zugunsten anderer Ziele zurückgestellt haben oder eine Maßnahme dem Stabilitätsziel evident zuwiderläuft;[29] diese »Vertretbarkeitsgrenze« hat der Gerichtshof im OMT-Urteil (s. Rn. 39) bestätigt. Die **Zweckmäßigkeit** einer einzelnen **geldpolitischen Maßnahme**, auch mit Blick auf die (vollständige) Erreichung des Stabilitätsziels, ist aufgrund der währungspolitischen Einschätzungsprärogative **nicht justitiabel**.[30] **Ausgeschlossen** wäre

---

[22] Vgl. Kommentierung zu Art. 119 AEUV, Rn. 42 f.
[23] *Griller*, in: Grabitz/Hilf/Nettesheim, EU, Art. 127 AEUV (August 2012), Rn. 5 f.; *Kempen*, in: Streinz, EUV/AEUV, Art. 127 AEUV, Rn. 5 f.
[24] *Dziechciarz*, S. 53; *Nowak*, EuR-Beiheft 1/2009, 129 ff.; *Kempen*, in: Streinz, EUV/AEUV, Art. 127 AEUV, Rn. 7; vgl. auch *Selmayr*, in: GSH, Europäisches Unionsrecht, Art. 282 AEUV, Rn. 52 ff.
[25] *Häde*, in: Calliess/Ruffert, EUV/AEUV, Art. 127 AEUV, Rn. 8; *Selmayr*, in: GSH, Europäisches Unionsrecht, Art. 127 AEUV, Rn. 7; *Stadler*, S. 109, 207. Restriktiver *Goetze*, S. 93.
[26] Vgl. ausführlich *Waldhoff*, in: Siekmann, EWU, Art. 127 AEUV, Rn. 17 ff.
[27] *Potacs*, in: Schwarze, EU-Kommentar, Art. 127 AEUV, Rn. 5; *Roth*, EuR-Beiheft 1/1994, 45 (66); *Stadler*, S. 108; *Thiele*, ZBB 2015, 295 (298).
[28] *Manger-Nestler*, NJ 2016, 353 (357); *Thiele*, EuZW 2014, 694 (695 f.); *ders.*, ZBB 2015, 295 (302). Gegen ein weites Ermessen der EZB *Schmidt*, JZ 2015, 317 (318 f.).
[29] *Kempen*, in: Streinz, EUV/AEUV, Art. 127 AEUV, Rn. 4.
[30] *Gaitanides*, S. 278; *Griller*, in: Grabitz/Hilf/Nettesheim, EU, Art. 127 AEUV (August 2012),

daher auch eine auf Verletzung der Eigentumsfreiheit als Folge der Vernachlässigung des Stabilitätsziels gestützte **Individualgrundrechtsbeschwerde** vor dem EuG oder dem EuGH.[31] Das **Bundesverfassungsgericht** vertritt grundsätzlich eine ähnliche Position und lehnt es ab, im Rahmen von Verfassungsbeschwerden »wirtschafts- und finanzpolitische Maßnahmen auf negative Folgewirkungen für die Geldwertstabilität zu überprüfen«.[32] Im OMT-Vorlagebeschluss (Rn. 38) ist das Bundesverfassungsgericht von dieser Rechtsprechungslinie abgewichen, indem es entgegen der Einschätzung der EZB das OMT-Programm nicht als geldpolitische, sondern als wirtschaftspolitische Maßnahme qualifizierte.[33] In seiner abschließenden Entscheidung[34] folgte es jedoch dem EuGH, der in seiner Vorabentscheidung[35] die nur in engen Grenzen kontrollierbare Entschätzungsprärogative der EZB bestätigte (Rn. 39).

C. Aufgaben

I. Überblick

Abs. 2 nennt **vier grundlegende Aufgaben des ESZB**; sie umfassen die Festlegung und Ausführung der unionalen Geldpolitik (1. Gedstr., s. Rn. 12–24), die Devisengeschäfte (2. Gedstr., s. Rn. 25–27), die Haltung und Verwaltung der Währungsreserven (3. Gedstr., s. Rn. 28–31) sowie die Funktionsfähigkeit der Zahlungssysteme (4. Gedstr., s. Rn. 32–35). Die Norm weist dem ESZB noch **weitere Aufgaben** zu, die jeweils in engem Zusammenhang mit den Hauptaufgaben stehen. Dazu zählen legislative Beteiligungsrechte der EZB (Abs. 4, s. Rn. 41–49) sowie die Unterstützungspflicht des ESZB in Bezug auf die Aufsicht über die Kreditinstitute sowie die Finanzsystemstabilität (Abs. 5, 6 AEUV, s. Rn. 50–59). Die **Aufzählung der** dem **ESZB** obliegendem **Aufgaben** ist **abschließend** (s. Rn. 59). 10

Auch wenn das ESZB kein selbständiger Rechtsträger ist,[36] überträgt Art. 127 Abs. 2 AEUV die **Gesamtverantwortung** für die **Erfüllung** der geld- und währungspolitischen **Hauptaufgaben** dem **Zentralbanksystem als Ganzes**. Damit bringt das Primärrecht die ungeteilte, weil dem Verbund aus EZB und NZB gemeinsam übertragene Verantwortung für die unionale Geldpolitik zum Ausdruck.[37] Da das ESZB nur als organisationsrechtliche Klammer zwischen EZB und NZB fungiert und kein Zuordnungssubjekt eigenständiger Aufgaben und Befugnisse ist,[38] sind die einzelnen Kompetenzen entweder 11

Rn. 26; *Potacs*, in: Schwarze, EU-Kommentar, Art. 127 AEUV, Rn. 5; *Selmayr*, in: GSH, Europäisches Unionsrecht, Art. 127 AEUV, Rn. 113.

[31] *Waldhoff*, in: Siekmann, EWU, Art. 127 AEUV, Rn. 16.
[32] BVerfGE 135, 317 (389, Rn. 131), und unter Verweis auf BVerfGE 129, 124 (174).
[33] Das BVerfG erklärte die offizielle Zielsetzung der EZB für »irrelevant«, s. BVerfGE 134, 366, 415 f. Dem zustimmend *Schmidt*, JZ 2015, 317 (321 ff.). Dagegen *Siekmann*, The Legality of OMT, S. 1 (8, 10 f.); *Thiele*, ZBB 2015, 295 (301 f.).
[34] BVerfG, Urt. v. 21.6.2016, 2 BvR 2728/13.
[35] EuGH, Urt. v. 16.6.2015, Rs. C–62/14 (Gauweiler u.a.), ECLI:EU:C:2015:400.
[36] *Gaitanides*, S. 89; *Hahn/Häde*, § 16, Rn. 135; *Herrmann*, S. 229; *Kempen*, in: Streinz, EUV/AEUV, Art. 282 AEUV, Rn. 2 f.; *Waldhoff*, in: Siekmann, EWU, Art. 127 AEUV, Rn. 6; *Selmayr*, EnzEuR, Bd. 4, § 23, Rn. 150. Vgl. auch Kommentierung zu Art. 282 AEUV, Rn. 5.
[37] *Dutzler*, S. 78 ff.; *Dziechciarz*, S. 54; *Gaitanides*, S. 39; *Waldhoff*, in: Siekmann, EWU, Art. 127 AEUV, Rn. 31.
[38] *Häde*, in: Calliess/Ruffert, EUV/AEUV, Art. 282 AEUV, Rn. 2 f.; *Selmayr*, in: GSH, Europäisches Unionsrecht, Art. 127 AEUV, Rn. 6; vgl. auch *Zilioli/Selmayr*, Y.E.L. 2001, 347 (357 ff.).

der EZB oder den NZB oder beiden gemeinsam übertragen. Einzelheiten zur systeminternen Aufgaben- und Befugnisverteilung regelt die ESZB-Satzung.

II. Festlegung und Ausführung der Geldpolitik

1. Entwicklung

12 Mit Beginn der **dritten Stufe der Wirtschafts- und Währungsunion** am 1.1.1999 transferierten diejenigen (11, seit 2015: 19) Mitgliedstaaten, die die einheitliche Währung einführten, ihre geldpolitische Souveränität auf die Union. Die **Union** nimmt die Währungspolitik für die Euro-Mitgliedstaaten in **ausschließlicher Zuständigkeit** (Art. 3 Abs. 1 Buchst. c AEUV) wahr. Das aus EZB und NZB bestehende **ESZB**, das von den Beschlussorganen der EZB geleitet wird, bildet den dazugehörigen **institutionellen Rahmen** (Art. 129 Abs. 1, Art. 282 Abs. 1, 2 AEUV; s. Art. 129, Rn. 3–12 sowie Art. 282, Rn. 3–10). Innerhalb der Hauptaufgaben des ESZB kommt der Festlegung und Ausführung der unionalen Geldpolitik (Art. 127 Abs. 2, 1. Gedstr. AEUV) eine herausragende Rolle zu.

2. Geldpolitische Strategie

13 Das **Ziel** der Geldpolitik, die einen Teilbereich der umfassender zu verstehenden Währungspolitik bildet,[39] ist die Steuerung von Angebot und Nachfrage auf dem Geldmarkt.[40] Im Rahmen ihrer Kredit- und Refinanzierungspolitik (s. Rn. 20–22) besitzt die Zentralbank unmittelbaren Einfluss auf das Zinsniveau; mittelbar kann sie darüber auch das Preisniveau beeinflussen. Bezogen auf die **geldpolitische Strategie**, d. h. die Art und Weise, wie eine Zentralbank das Zinsniveau lenkt, konkurrieren **zwei Modelle** miteinander: Zum einen die Inflationssteuerung, die in Großbritannien und Schweden praktiziert wird, zum anderen die Geldmengensteuerung, deren Verfechter die Deutsche Bundesbank war. Die **EZB** verfolgt eine **Doppelstrategie**[41] **neuen Typs**, die sowohl bisherige nationale Modelle vereint, als auch den Spezifika des Eurosystems Rechnung trägt.[42] Auch wenn die EZB die erste Säule nicht als reines Geldmengenziel, die zweite Säule nicht als absolutes Inflationsziel[43] verstanden wissen will, räumt sie der Geldmenge eine herausragende Rolle ein.[44]

3. Kompetenzverteilung

14 Abs. 2, **1. Gedstr.** spricht von der, also einer einheitlichen Geldpolitik,[45] unterscheidet aber zwischen ihrer Festlegung und Ausführung, woraus eine kompetenzmäßige **Trennung zwischen zentraler und dezentraler Aufgabenerfüllung**[46] resultiert. Art. 12.1

---

[39] *Hahn/Häde*, § 2, Rn. 4; *Herrmann*, S. 50 f. Von »Geldpolitik im weiteren Sinn« sprechen *Zilioli/Urban*, in: GSH, Europäisches Unionsrecht, ESZB/EZB, Art. 12, Rn. 7.
[40] *Kempen*, in: Streinz, EUV/AEUV, Art. 127 AEUV, Rn. 9; *Selmayr*, in: GSH, Europäisches Unionsrecht, Art. 127 AEUV, Rn. 12.
[41] Beschluss des EZB-Rates vom 13.10.1998, s. dazu *EZB*, Monatsbericht November 2000, S. 41 (42); *dies.*, S. 69 ff.; *Thiele*, 2013, S. 3 ff.; *Waldhoff*, in: Siekmann, EWU, Art. 127 AEUV, Rn. 33 ff.
[42] *Manger-Nestler*, S. 180.
[43] Vgl. zur quantitativen Definition der Preisstabilität durch die EZB, oben Rn. 5.
[44] *EZB*, Monatsbericht November 2000, S. 41 ff.; *dies.*, Monatsbericht Juni 2003, S. 87 (87); *Gaitanides*, S. 105 ff.; *Manger-Nestler*, S. 180.
[45] *Louis*, in: Struyck, S. 13 (22).
[46] *Griller*, in: Grabitz/Hilf/Nettesheim, EU, Art. 127 AEUV (August 2012), Rn. 32.

UAbs. 1 ESZB-Satzung greift diese semantische Aufteilung auf und weist die Festlegung dem EZB-Rat (Satz 2), die Ausführung entsprechend der Vorgaben des EZB-Rates hingegen dem Direktorium (UAbs. 2) sowie den nationalen Zentralbanken (UAbs. 2, S. 2 sowie UAbs. 3) zu. Die darin zum Ausdruck kommende Unterscheidung zwischen zentraler und dezentraler Aufgabenwahrnehmung, die eine für die supranationale Befugnisverteilung in der Union typische Kompetenzausübungsregel widerspiegelt, wird für die Geldpolitik durch das Prinzip der dezentralen Aufgabenerfüllung (s. Rn. 16) in Art. 12.1 **ESZB-Satzung** präzisiert.

a) Festlegung

Die **Festlegung** ist der unionalen Ebene in Gestalt des **EZB-Rat**es übertragen, der geldpolitische »Entscheidungen in Bezug auf geldpolitische Zwischenziele, Leitinssätze und die Bereitstellung von Zentralbankgeld im ESZB« trifft und »die für ihre Ausführung notwendigen Leitlinien« erlässt (Art. 12.1 UAbs. 1 Satz 2 ESZB-Satzung).[47] Die damit dem EZB-Rat übertragene »Königskompetenz« ist zugleich seine mit Abstand wichtigste Aufgabe. Der **Handlungsrahmen** der gemeinsamen Geldpolitik wurde vom EZB-Rat in einer **Leitlinie** festgelegt, die regelmäßig aktualisiert wird.[48] Der EZB-Rat kann zudem die Mindestreservepflicht näher ausgestalten (Art. 19.1 Satz 2 ESZB-Satzung) und über sonstige geldpolitische Instrumente beschließen (Art. 20. 1 ESZB-Satzung). In den beiden letztgenannten Bereichen hat der EZB-Rat jedoch den vom (ECOFIN-)[49] **Rat** abgesteckten **Handlungsrahmen** zu berücksichtigen. Dieser legt die **Mindestreservebasis** fest (Art. 19.2 ESZB-Satzung) und beschließt über **sonstige geldpolitische Instrumente**, die Verpflichtungen für Dritte mit sich bringen (Art. 20 Abs. 2 ESZB-Satzung).[50] Zudem kann der ECOFIN-Rat wichtige Bestimmungen der ESZB-Satzung, u. a. über geldpolitische Instrumente, gemäß Art. 129 Abs. 3 AEUV gemeinsam mit dem Europäischen Parlament im ordentlichen Gesetzgebungsverfahren ändern.[51]

15

b) Durchführung

Die EZB, konkret das für Exekutivaufgaben zuständige Direktorium (s. Art. 283 AEUV, Rn. 32), kann die **nationalen Zentralbanken** zur **Durchführung** von Geschäften im Aufgabenkreis des ESZB (Art. 12.1 UAbs. 3 ESZB-Satzung) in Anspruch nehmen (Grundsatz der **dezentrale**n **Aufgabenerfüllung**). Die NZB handeln dabei gemäß den Leitlinien des EZB-Rates und den Weisungen des Direktoriums (Art. 14.3 Satz 2 und Art. 12.1 UAbs. 2 Satz 2 ESZB-Satzung). Die EZB kann so die Einheitlichkeit der Geldpolitik bei dezentraler Durchführung gewährleisten.[52] Allerdings soll die EZB die NZB

16

---

[47] Art. 12.1 UAbs. 1 S. 2 ESZB-Satzung spricht von *der*, also einer einheitlichen Geldpolitik in(nerhalb) der Union. Da derzeit nur 19 der 28 EU-Mitgliedstaaten die gemeinsame Währung eingeführt haben, handelt es sich genau genommen um die einheitliche, d.h. nicht mehr der nationalen Hoheit obliegende Geld- und Währungspolitik derjenigen EU-Mitgliedstaaten, deren Währung der Euro ist (Art. 3 Abs. 1 Buchst. c) AEUV), s. o. Rn. 12.
[48] Vgl. Leitlinie (EU) 2015/510 der EZB vom 19. Dezember 2014 über die Umsetzung des geldpolitischen Handlungsrahmens des Eurosystems (EZB/2014/60), ABl. 2014, L 91/3.
[49] Entscheidungsbefugt ist der Rat in Zusammensetzung der Wirtschafts- und Finanzminister (ECOFIN), vgl. Erklärung Nr. 3 zum Dritten Teil Titel III und IV des Vertrags zur Gründung der Europäischen Gemeinschaft (1992). S. auch *Smits*, S. 115.
[50] Der Rat beschließt jeweils im Verfahren nach Art. 129 Abs. 4 AEUV, s. Kommentierung zu Art. 129 AEUV, Rn. 19 ff.
[51] S. Kommentierung zu Art. 129 AEUV, Rn. 16 ff., insb. 18.
[52] *Zilioli/Selmayr*, Y. E. L. 2006, 1 (60 ff.).

nur in Anspruch nehmen, »soweit dies möglich und sachgerecht erscheint« (Art. 12.1 UAbs. 3 ESZB-Satzung). Aus dieser Formulierung, eine Art sektorielle Subsidiaritätsklausel,[53] resultiert die Frage, inwieweit den NZB ein **Anspruch auf Einbeziehung bei der Ausführung der Geldpolitik** zusteht. Gegen ein solches Recht lässt sich Art. 271 Buchst. d AEUV anführen, der bei Streitigkeiten innerhalb des ESZB nur der EZB das Recht einräumt, im Wege der Aufsichtsklage gegen die NZB vorzugehen;[54] der umgekehrte Fall ist expressis verbis nicht geregelt.[55] Für einen Anspruch auf Einbeziehung spricht jedoch der Sinn und Zweck der Subsidiaritätsklausel, der gerade darin besteht, Kompetenzspielräume[56] der NZB bei der Durchführung der Geldpolitik nachhaltig zu sichern. Ein beschränkt justitiables Recht[57] besteht indes nur, solange und soweit ein zieladäquater Vollzug sichergestellt ist, womit gleichzeitig eine objektiv nachprüfbare Kompetenzausübungsschranke formuliert wird. Die NZB haben überdies die effektive Möglichkeit, im Rahmen des Stimmenübergewichts ihrer Präsidenten im EZB-Rat eine Einbeziehung durchzusetzen.[58]

4. Instrumentarium

a) Grundlagen

17 Als Mittel zur Umsetzung der geldpolitischen Strategie steht dem ESZB, ähnlich wie anderen Zentralbanken, eine erhebliche Instrumentenfülle[59] zur Verfügung: Es führt Offenmarktgeschäfte durch, bietet ständige Fazilitäten an und verlangt, dass Kreditinstitute Mindestreserven auf Konten im Eurosystem halten.[60] Den **Rechtsrahmen** der einzelnen geldpolitischen Instrumente liefert Kapitel IV der **ESZB-Satzung**. Weitere Details, insbesondere die systeminterne Befugnisverteilung, regelte die EZB in einer an die NZB gerichteten **Leitlinie** über geldpolitische Instrumente und Verfahren des Eurosystems,[61] die sie bei Bedarf aktualisiert.[62]

18 Die einzelnen geldpolitischen Maßnahmen besitzen sowohl unterschiedliche **rechtliche Wirkungen**, z.B. marktkonforme oder hoheitliche Instrumente,[63] als auch **makroökonomische Effekte**, z.B. Haupt- oder längerfristige Refinanzierung.[64] Über den sachgerechten Einsatz einzelner bzw. die Kombination mehrerer Instrumente entscheidet der **EZB-Rat** aufgrund seines **währungspolitischen Ermessens**, das gerichtlich nur in engen Grenzen überprüfbar ist (s. Rn. 9).

---

[53] Ausführlich *Manger-Nestler*, S. 222 ff.; vgl. auch *Stadler*, S. 158; *Zilioli/Urban*, in: GSH, Europäisches Unionsrecht, Art. 12 ESZB-Satzung, Rn. 19; *Zimmermann*, S. 104.
[54] *Weinbörner*, S. 395 f.
[55] *Häde*, in: Calliess/Ruffert, EUV/AEUV, Art. 127 AEUV, Rn. 31.
[56] S. ausführlich zu Kompetenzspielräumen der NZB bei geldpolitischen Maßnahmen *Manger-Nestler*, S. 236 ff.
[57] *Goetze*, S. 90; *Krauskopf/Steven*, CMLRev. 46 (2009), 1143 (1159 f.); *Manger-Nestler*, S. 228; *Zilioli/Urban*, in: GSH, Europäisches Unionsrecht, Art. 12 ESZB-Satzung, Rn. 20; *Martin Weber*, S. 140 ff.; *Zimmermann*, S. 86. Ähnlich *Louis*, CMLRev. 41 (2004), 575 (590 ff.).
[58] *Häde*, in: Calliess/Ruffert, EUV/AEUV, Art. 127 AEUV, Rn. 33; *Stadler*, S. 129.
[59] *Thiele*, 2013, S. 41 ff.; *Smits*, S. 223 ff.
[60] Ausführlicher *Gaitanides*, S. 110 ff.; *Koch*, in: Lenz/Borchardt, EU-Verträge, Art. 127 AEUV, Rn. 8; *Kümpel*, WM-Sonderbeilage 1/1992; *Potacs*, in: Schwarze, EU-Kommentar, Art. 127 AEUV, Rn. 7. Vgl. auch *EZB*, S. 9 ff.
[61] Leitlinie EZB/2000/7 vom 31.8.2000, ABl. 2000, L 310/1. Vgl. zur Rechtsnatur von Leitlinien Kommentierung bei Art. 132 AEUV, Rn. 11.
[62] Neufassung in Leitlinie (EU) 2015/510 der EZB vom 19. Dezember 2014 (Fn. 48), die die Leitlinie EZB/2011/14 vom 20.9.2011, ABl. 2011, L 331/1 ersetzt.
[63] *Häde*, in: Calliess/Ruffert, EUV/AEUV, Art. 127 AEUV, Rn. 8; *Hahn/Häde*, § 17, Rn. 6 f.
[64] *Hahn/Häde*, § 17, Rn. 16 f.

Der geldpolitische Handlungsrahmen des ESZB gewährleistet die Teilnahme eines großen Kreises von **Geschäftspartnern**, vorrangig Kreditinstituten.[65] Voraussetzung für die Inanspruchnahme der ständigen Fazilitäten sowie der Teilnahme an Offenmarktgeschäften ist die **Mindestreservepflichtigkeit** des Instituts (Art. 19.1 ESZB-Satzung). Die Teilnahme an Feinsteuerungsgeschäften kann die EZB auf einen bestimmten Kreis von Geschäftspartnern begrenzen. Geldpolitisch motivierte Devisenswapgeschäfte werden mit devisenmarktaktiven Instituten abgeschlossen, die in der Eurozone ansässig sind.[66]

b) Offenmarktpolitik

Als marktkonformes Steuerungsinstrument zählt die Offenmarktpolitik zum **wichtigsten geldpolitischen Steuerungsmittel** des ESZB.[67] **Ziel** des Einsatzes von Offenmarktgeschäften (**Art. 18 ESZB-Satzung**) ist es, Zinssätze und Liquidität am Markt zu steuern und Signale bezüglich des geldpolitischen Kurses zu setzen. Im Gegensatz zur Deutschen Bundesbank fasst die EZB die Offenmarktpolitik weiter und bezieht auch Refinanzierungsgeschäfte mit ein, die auf ihre Initiative zustande kommen.[68] Entsprechend der Zielsetzung, dem Rhythmus und den jeweils angewandten Verfahren unterteilt die EZB die Offenmarktgeschäfte in **vier Kategorien**. **Hauptrefinanzierungsgeschäfte** sind das zentrale geldpolitische Instrument des ESZB und dienen, ebenso wie **längerfristige Refinanzierungsgeschäfte**, der vorübergehenden, aber regelmäßigen Bereitstellung von Liquidität für die Kreditinstitute.[69] **Feinsteuerungsoperationen** werden zur Steuerung der Marktliquidität und der Zinssätze durchgeführt, insbesondere, um unerwartete marktmäßige Liquiditätsschwankungen auszugleichen.[70] **Strukturelle Operationen** werden genutzt, um die strukturelle Liquiditätsposition des Finanzsektors gegenüber dem ESZB anzupassen.[71]

Um das Eurosystem vor unkalkulierbaren finanziellen Risiken zu schützen, führt das ESZB alle liquiditätszuführenden geldpolitischen Geschäfte nur gegen ausreichende Sicherheiten durch (Art. 18.2, 1. Gedstr. ESZB-Satzung). Das vom ESZB für sämtliche Kreditgeschäfte akzeptierte Spektrum an marktfähigen, in engem Rahmen auch nicht marktfähigen, Sicherheiten ergibt sich aus dem **einheitlichen Sicherheitenverzeichnis**.[72] Seit dem 1.1.2007 ersetzt die einheitliche Regelung das bis dato aus Kategorie-1- und Kategorie-2-Sicherheiten bestehende Verzeichnis, im Rahmen dessen die NZB gewisse Entscheidungsspielräume[73] besaßen. Alle notenbankfähigen Sicherheiten können über das **Korrespondenzzentralbank-Modell**[74] auch grenzüberschreitend genutzt werden.

---

[65] Vgl. Kap. 2 Leitlinie EZB/2014/60.
[66] Ausführlich zu Rechtsschutzfragen von Offenmarkt- und Refinanzierungspolitik, *Hahn/Häde*, § 17, Rn. 37 ff.
[67] *Häde*, in: Calliess/Ruffert, EUV/AEUV, Art. 127 AEUV, Rn. 16; *Waldhoff*, in: Siekmann, EWU, Art. 127 AEUV, Rn. 39.
[68] Dem ESZB stehen fünf Arten von Instrumenten zur Durchführung von Offenmarktgeschäften zur Verfügung: befristete Transaktionen (Pensionsgeschäfte oder besicherte Kredite), endgültige Käufe bzw. Verkäufe, die Emission von EZB-Schuldverschreibungen, Devisenswapgeschäfte sowie die Hereinnahme von Termineinlagen, vgl. Art. 5 Nr. 3 Leitlinie EZB/2014/60.
[69] Art. 6 und 7 Leitlinie EZB/2014/60; vgl. ausführlich *EZB*, S. 102 ff.
[70] Art. 8 Leitlinie EZB/2014/60.
[71] Art. 9 Leitlinie EZB/2014/60.
[72] Art. 61 Leitlinie EZB/2014/60; vgl. *Deutsche Bundesbank*, Monatsbericht April 2006, S. 31 ff.
[73] Ausführlich *Manger-Nestler*, S. 240 ff.; s. a. *Hahn/Häde*, § 17, Rn. 18; *Waldhoff*, in: Siekmann, EWU, Art. 127 AEUV, Rn. 40 f.
[74] Zur Funktionsweise, Art. 149 und Anhang VI Leitlinie EZB/2014/60, sowie *EZB*, Monatsbericht Mai 2006, S. 81 ff.

c) Ständige Fazilitäten

22 Die ständigen Fazilitäten – **Spitzenrefinanzierungs- und Einlagenfazilität** – dienen dazu, **Übernachtliquidität** bereitzustellen oder abzuschöpfen.[75] Die Spitzenrefinanzierungsfazilität markiert dabei die Obergrenze, die Einlagenfazilität die Untergrenze für Tagesgeldsätze. Beide vom EZB-Rat festgelegten **Leitzinssätze**[76] (Art. 12.1 UAbs. 1 Satz 2 ESZB-Satzung) besitzen **Signalwirkung** für den allgemeinen geldpolitischen Kurs der EZB. Im Gegensatz zu den Offenmarktgeschäften, die auf Initiative der EZB zustande kommen, sind die ständigen Fazilitäten das **laufend angebotene** Kreditierungsinstrument, deren Inanspruchnahme von den Kreditinstituten ausgehen soll.[77]

d) Mindestreserven

23 Der geldpolitische **Steuerungszweck** des Mindestreservesystems besteht darin, die Geldmarktzinsen zu beeinflussen und eine strukturelle Liquiditätsknappheit herbeizuführen. Die Reservepflicht, die sich aus dem von ECOFIN- und EZB-Rat festgelegten Rechtsrahmen[78] (s. Rn. 15) ergibt, gilt **nur für Kreditinstitute**, die **in der Eurozone ansässig** sind (Art. 19.1 Satz 1 ESZB-Satzung), und wird anhand bestimmter Bilanzpositionen des einzelnen Instituts festgelegt. Um die belastende Wirkung[79] der Mindestreservepflicht abzumildern, wird das Reservesoll, das die Institute auf Konten bei den NZB halten müssen, verzinst; zudem gestattet die EZB den Instituten eine (nur) durchschnittliche Erfüllung der Reservepflicht.[80] Im Falle der Nichterfüllung der Mindestreservepflicht ist die EZB berechtigt, **Sanktionen** gegenüber den Geschäftspartnern zu verhängen.[81]

e) Sonstige geldpolitische Instrumente

24 Die in **Art. 20 ESZB-Satzung** niedergelegte Öffnungsklausel[82] räumt dem **EZB-Rat** das Recht ein, den **Kreis der geldpolitischen Instrumente zu erweitern**, um auf aktuelle Marktentwicklungen flexibel reagieren zu können. Neu eingeführte geldpolitische Steuerungsmittel müssen dem Grundsatz marktkonformer Einflussnahme durch Offenmarkt- und Refinanzierungspolitik entsprechen und dürfen eine effiziente Ressourcenallokation in der Eurozone nicht durch dirigistische Maßnahmen verhindern.[83] Als zulässig einzustufen ist die in Art. 12.1 Satz 2 ESZB-Satzung erwähnte Festlegung von Geldmengen- oder Inflationszielen durch den EZB-Rat.[84] Angesichts der Schwere des

---

[75] Vgl. im Einzelnen Titel II (Art. 17 ff.) Leitlinie EZB/2014/60.
[76] Ausführlich zu Rechtsschutzfragen bezüglich der Festlegung von Leitzinssätzen *Hahn/Häde*, § 17, Rn. 24 ff.
[77] *Hahn/Häde*, § 17, Rn. 20.
[78] VO (EG) Nr. 2531/98 des Rates vom 23.11.1998, geändert durch VO (EG) Nr. 134/2002 des Rates vom 22.1.2002; VO (EG) Nr. 1745/2003 der EZB vom 12.9.2003, geändert durch VO (EG) Nr. 1052/2008 vom 22.10.2008.
[79] S. zum Rechtsschutz gegen Mindestreservebeschlüsse *Gaitanides*, S. 268 ff.; *Hahn/Häde*, § 17, Rn. 50 f.
[80] Vgl. die Erläuterungen in Anhang I Leitlinie EZB/2014/60.
[81] Vgl. im einzelnen VO (EG) Nr. 2532/98 des Rates vom 23.11.1998; VO (EG) Nr. 2157/1999 der EZB vom 23.9.1999. Ausführlich dazu *Gaitanides*, S. 271 ff.
[82] *Kempen*, in: Streinz, EUV/AEUV, Art. 127 AEUV, Rn. 12. Für ein weitverstandenes »Instrumentenerfindungsrecht« *Thiele*, EuZW 2014, 695.
[83] *Keller*, in: Siekmann, EWU, Art. 20 ESZB-Satzung, Rn. 10; *Manger-Nestler*, S. 257; *Stadler*, S. 207; *Weenink*, in: GSH, Europäisches Unionsrecht, Art. 20 ESZB-Satzung, Rn. 2.
[84] *Kempen*, in: Streinz, EUV/AEUV, Art. 127 AEUV, Rn. 12.

Eingriffs in das Marktgeschehen darf der EZB-Rat nur in monetären Ausnahmesituationen von Art. 20 ESZB-Satzung Gebrauch machen.[85] Krisenbedingte Sondermaßnahmen (s. dazu Rn. 36 ff.) im Zuge der Finanz- und Staatsschuldenkrise wurden zu Recht bislang nicht auf die Norm gestützt.[86] Die Grenze markiert jedoch der Punkt, an dem ein Bündel aus wirtschafts- und fiskalpolitischen Zielvorgaben das geldpolitische Primat verdrängt,[87] ganz im Sinne einer angelsächsischen unconventional monetary policy.

III. Devisengeschäfte

Zu den Aufgaben des ESZB zählt gemäß Abs. 2, **2. Gedstr.** die Durchführung von Devisengeschäften, womit hauptsächlich der **An- und Verkauf von Fremdwährungen**[88] umschrieben ist. Einzelheiten regelt **Art. 23 ESZB-Satzung**, der auch den Begriff der Devisen (2. Gedstr.) legaldefiniert. 25

Die EZB hat bei der Durchführung von Devisengeschäften die **währungsaußenpolitischen Kompetenzen** des (ECOFIN-)**Rat**es zu respektieren. Dazu gehören insbesondere förmliche Vereinbarungen mit Drittstaaten über ein Wechselkurssystem für den Euro (Art. 219 Abs. 1 UAbs. 1 AEUV) sowie die Festlegung der Euro-Leitkurse innerhalb eines solchen Systems (UAbs. 2). Darüber hinaus ist der Rat befugt, **allgemeine Orientierungen für die Wechselkurspolitik** aufzustellen (Art. 219 Abs. 2 AEUV). Wie weit die **Verbindlichkeit** der allgemeinen Orientierungen reicht, ist **umstritten**. Selbst wenn eine schwache Bindungswirkung bejaht[89] wird, spricht bereits die namentliche Bezeichnung dafür, dass sie nur generelle Ausrichtungen von geringer inhaltlicher Dichte enthalten. Zudem müssen sie im Einklang mit der Preisstabilität stehen (Art. 219 Abs. 2 Satz 2 AEUV), für die die EZB die Deutungshoheit besitzt (Art. 127 Abs. 1 Satz 1 AEUV). Angesichts des maßgeblichen Einflusses des ESZB bei der Umsetzung der Wechselkurspolitik[90] als Folge der Zuständigkeit für Devisengeschäfte können allgemeine Orientierungen nur **unverbindliche**[91] **Zielvorgaben** mit empfehlendem Charakter beinhalten. 26

Schließlich verursacht die Trennung der Zuständigkeiten zwischen Rat und EZB, die dem nationalen Verständnis von Außen(währungs)politik entstammt,[92] vor allem **praktische Schwierigkeiten**. Wechselkursfestsetzung und Geldpolitik stehen de facto nicht unverknüpft nebeneinander, sondern beeinflussen sich gegenseitig; beispielsweise kann ein fixes Wechselkursziel die Binnenwährungsstabilität gefährden. Solange Art. 219 AEUV die Verantwortlichkeiten im Bereich der Währungsaußenpolitik nicht klar trennt und wechselseitig prozessual verschränkt oder eine Vorrangregel etabliert, bleibt der Regelungsgehalt der Norm ohne praktischen Nutzen.[93] 27

---

[85] *Gaitanides*, S. 132; *Manger-Nestler*, S. 258; *Stadler*, S. 207; *Keller*, in: Siekmann, EWU, Art. 20 EZB-Satzung, Rn. 14.
[86] *M. Mayer*, ZBB 2011, 25 (28). So auch *Schmidt*, JZ 2015, 317 (318).
[87] *Manger-Nestler/Böttner*, EuR 2014, 621 (635); *Thiele*, EuZW 2014, 694 (695).
[88] *Selmayr*, in: GSH, Europäisches Unionsrecht, Art. 127 AEUV, Rn. 17.
[89] *Potacs*, in: Schwarze, EU-Kommentar, Art. 127 AEUV, Rn. 6, 8; *Weiß*, EuR 2002, 165 (184).
[90] *Häde*, in: Calliess/Ruffert, EUV/AEUV, Art. 127 AEUV, Rn. 35.
[91] *Selmayr*, in: GSH, Europäisches Unionsrecht, Art. 127 AEUV, Rn. 18; ausführlich *Hahn*, BayVBl. 1999, 741 (742 ff.).
[92] *Hahn/Häde*, § 24, Rn. 6.
[93] *Griller*, in: Grabitz/Hilf/Nettesheim, EU, Art. 127 AEUV (August 2012), Rn. 36 (»zweischneidige« Regelung).

IV. Verwaltung der Währungsreserven

1. Umfang

28 Abs. 2, 3. Gedstr. weist dem ESZB die Aufgabe zu, die offiziellen Währungsreserven der Mitgliedstaaten zu halten und zu verwalten.[94] Einzelheiten sind in **Art. 30 und 31 ESZB-Satzung** geregelt. Die EZB wurde bei ihrer Errichtung von den NZB, die die gemeinsame Währung einführten, mit Währungsreserven **bis zu einem Gegenwert von 50 Milliarden Euro** ausgestattet (Art. 30.1 Satz 1). Im Rahmen ihrer **Nachschusspflicht** kann die EZB von den **NZB** verlangen, bei Bedarf zusätzliche Reserven bis zu einem Gegenwert von weiteren 50 Milliarden Euro einzuzahlen (Art. 30.1 Satz 2).[95] Entsprechend dem Grundsatz der Dezentralisierung (Art. 12.1 UAbs. 3 ESZB-Satzung, s. Art. 129 AEUV, Rn. 9) hat die EZB die **operative Verwaltung** der übertragenen **Währungsreserven** innerhalb des ESZB weitgehend den **NZB** übertragen, die die Geschäfte im Auftrag und Namen der EZB durchführen.[96]

2. Arbeitsguthaben in Fremdwährungen

29 Von der Zuständigkeit des ESZB für die nationalen Währungsreserven unberührt bleiben **Arbeitsguthaben in Fremdwährungen**, deren Haltung und Verwaltung gemäß Art. 127 Abs. 3 AEUV den **Regierungen der Mitgliedstaaten** überlassen ist. Transaktionen der Mitgliedstaaten oder der NZB oberhalb bestimmter, von der EZB per Leitlinie[97] festgelegter **Schwellenwerte** bedürfen jedoch der **Zustimmung der EZB** (Art. 31.2, 31.3 ESZB-Satzung). Die einheitlichen Grenzen dienen dem Zweck, die **Kohärenz der Währungs- mit der Wechselkurspolitik** der Union sicherzustellen. Bei besonders außergewöhnlichen Umständen kann die EZB von den Mitgliedstaaten eine Verschiebung der Transaktion verlangen oder ihre Zustimmung verweigern;[98] letzteres kommt einem de facto-Verbot gleich.

3. Transaktionen der nationalen Zentralbanken mit verbliebenen Reserveguthaben

30 Abs. 2, 3. Gedstr. trennt nicht zwischen den der EZB übertragenen Währungsreserven und dem Großteil der mitgliedstaatlichen Reserveguthaben, die bei den NZB verbleiben (Art. 31.2 ESZB-Satzung). Mangels separater Rechtsgrundlage erfasst die Norm beide Kategorien von Währungsreserven.[99] Daraus folgt, dass die NZB **auch** bei **Transaktionen mit** ihnen **verbliebenen Reserveguthaben** im Rahmen der Aufgaben des ESZB (Art. 14.3 ESZB-Satzung) handeln können und infolge ihrer Autonomie (Art. 130 AEUV) an Weisungen der Unionsorgane sowie der nationalen Ebene nicht gebunden sind. Würde ein Mitgliedstaat seiner NZB beispielsweise die **Weisung** erteilen, Goldre-

---

[94] S. dazu *Beutel*, S. 184 ff.
[95] Art. 2 Abs. 1 VO (EG) 1010/2000 des Rates vom 8. 5. 2000.
[96] Vgl. Art. 2 Leitlinie der EZB vom 20. 6. 2008 über die Verwaltung von Währungsreserven der EZB durch die NZB sowie über die Rechtsdokumentation bei Geschäften mit diesen Währungsreserven (EZB/2008/5), ABl. 2008, L 192/63.
[97] Leitlinie der EZB vom 23. 10. 2003 gemäß Artikel 31.3 ESZB-Satzung für die von den teilnehmenden Mitgliedstaaten ausgeführten Transaktionen mit ihren Arbeitsguthaben in Fremdwährungen (EZB/2003/12), ABl. 2003, L 283/81.
[98] *Griller*, in: Grabitz/Hilf/Nettesheim, EU, Art. 127 AEUV (August 2012) Rn. 41.
[99] *Hahn/Häde*, § 17, Rn. 73; *Selmayr*, in: GSH, Europäisches Unionsrecht, Art. 127 AEUV, Rn. 23 f.

serven zu verkaufen[100] oder ein Mitspracherecht hinsichtlich der Erlöse aus einem solchen Verkauf geltend machen, wäre dies als **Verstoß gegen** das **Unabhängigkeitspostulat** zu werten.[101]

Vom »Halten und Verwalten« zu trennen ist die Frage nach den **Eigentumsverhältnissen an den Währungsreserven**. Während hinsichtlich der übertragenen Reserven von einer Übereignung mit der Folge des Eigentumserwerbs durch die EZB auszugehen ist,[102] trifft das Primärrecht keinerlei Regelung zu den Eigentumsverhältnissen der noch im Besitz der Mitgliedstaaten und der NZB befindlichen Mittel. Entsprechende Regelungen obliegen den nationalen Rechtsordnungen, die – für den lediglich hypothetischen Konfliktfall des widmungswidrigen Einsatzes der Reserven außerhalb der geldpolitischen Designierung – ausnahmslos keine Eigentumsübertragung an die NZB verfügen.[103]

31

V. Reibungsloser Zahlungsverkehr

1. Bedeutung

Leistungsfähige und reibungslos funktionierende Zahlungsverkehrs- und Abwicklungssysteme gewährleisten die technische und (zentral-)bankorganisatorische **Funktionsfähigkeit des geldpolitischen Transmissionsmechanismus**. Dies ist eine der Voraussetzungen für die effektive Verwirklichung der Kapital- und Zahlungsverkehrsfreiheit im Finanzdienstleistungsbinnenmarkt (Art. 63 AEUV). Gleichzeitig bilden Zahlungssysteme, gerade in Krisenzeiten, das unverzichtbare Rückgrat eines **stabilen Finanzsystems**.[104] Sie schützen vor unkalkulierbaren systemischen Risiken, die aus hoch vernetzten Zahlungsströmen sowie der Größe und fehlenden Substituierbarkeit von Marktakteuren resultieren.[105]

32

2. Aufgabenumfang

Abs. 2, **4. Gedstr.** überträgt dem ESZB, d. h. EZB und NZB gemeinsam, die Aufgabe, das reibungslose Funktionieren der Zahlungssysteme zu fördern. Das dafür notwendige Instrumentarium liefert **Art. 22 ESZB-Satzung**, der dem ESZB das Recht (aber keine Pflicht)[106] einräumt, einheitliche, effiziente und zuverlässige Verrechnungs- und Zahlungssysteme zur Verfügung zu stellen. Dass nur die EZB die Befugnis zum Verordnungserlass besitzt, widerspiegelt die systeminterne Kompetenz- und Aufgabenteilung (Art. 9.2 ESZB-Satzung).

33

---

[100] Vgl. ausführlich *Gramlich*, WM 2005, 1201. S. auch *Häde*, DM/Euro 2004, 65; *Weber/Knappe*, Wirtschaftsdienst 2004, 372.
[101] *Waldhoff*, in: Siekmann, EWU, Art. 127 AEUV, Rn. 56. Ebenso *Gaitanides*, S. 56 ff.; *Griller*, in: Grabitz/Hilf/Nettesheim, EU, Art. 127 AEUV (August 2012), Rn. 45.
[102] *Gaitanides*, S. 58; *Hahn/Häde*, § 17, Rn. 72.
[103] *Griller*, in: Grabitz/Hilf/Nettesheim, EU, Art. 127 AEUV (August 2012), Rn. 43; *Selmayr*, in: GSH, Europäisches Unionsrecht, Art. 127 AEUV, Rn. 23 f.; *Waldhoff*, in: Siekmann, EWU, Art. 127 AEUV, Rn. 55, mit Hinweis auf Wortlaut »Währungsreserven der Mitgliedstaaten«. Dagegen mit a. A. *Kroppenstedt*, in: GS, EUV/EGV, 6. Aufl. 2003, nach Art. 124 EGV, EZB-Satzung, Art. 30, Rn. 8.
[104] *EZB*, Monatsbericht April 2002, 52 (53, 63); *Waldhoff*, in: Siekmann, EWU, Art. 127 AEUV, Rn. 57.
[105] Vgl. ausführlich und auch rechtsvergleichend *Manger*, Interbankenzahlungsverkehrssysteme, 2008, insb. S. 114 ff.
[106] *Waldhoff*, in: Siekmann, EWU, Art. 127 AEUV, Rn. 57.

3. TARGET-System

34 Mit dem Ziel, grenzüberschreitende Großbetragszahlungen im Rahmen geldpolitischer Maßnahmen effizient abzuwickeln, entwickelte das Europäische Währungsinstitut (EWI), die Vorläuferinstitution der EZB, das sog. **TARGET-System**[107] (Trans-European Automated Real-Time Gross Settlement Express Transfer System). TARGET ist ein **transnationales Echtzeit-Brutto-Express-Zahlungsverkehrssystem**, das von der EZB seit Anfang 1999 betrieben wird. 2007 wurde das alte TARGET-System in Gestalt eines Verbundes von teils recht unterschiedlichen nationalen Echtzeit-Brutto-Zahlungssystemen (Real-Time Gross Settlement Systems, RTGS)[108] durch das verbesserte **TARGET2-System**[109] abgelöst, das auf einem höheren Standardisierungsgrad sowie einer einheitlichen technischen Plattform basiert. Das System gewährleistet den raschen Austausch von Zentralbankliquidität zwischen den nationalen Geldmärkten und stellt sicher, dass alle Teilnehmer bei nationalen wie grenzüberschreitenden Zahlungen harmonisierte Leistungen zu einheitlichen Preisen erhalten. Entsprechend der systeminternen Aufgabenverteilung ist der EZB-Rat zuständig für den Rechtsrahmen (Art. 22 ESZB-Satzung) sowie die Leitung, Kontrolle und Steuerung von TARGET.[110] Grundsätzlich ist den NZB eine Teilnahme an TARGET2 freigestellt; eine Nutzungspflicht besteht nur bei der Abwicklung der Hauptrefinanzierungsgeschäfte des Eurosystems.[111]

35 Daneben errichtete die EZB eine neue Plattform zur zentralen und harmonisierten Wertpapierabrechnung und -abwicklung in Zentralbankgeld, das sog. **TARGET2-Securities**[112]. Das einem effizienten, einheitlichen europäischen Kapitalmarkt dienende System hat im Juni 2015 den Betrieb aufgenommen.[113]

D. Krisenbedingte Sondermaßnahmen

I. Überblick

36 Seit Beginn der internationalen **Finanzkrise** im September 2007 ist die **EZB** bestrebt, die **negativen Effekte** der Liquiditätsengpässe in verschiedenen Kapitalmarktsegmenten für die Eurozone zu **begrenzen**.[114] Auf die seit März 2010 andauernde **Staatsschuldenkrise**

---

[107] S. Leitlinie der EZB vom 24.6.2001 über ein transnationales automatisches Echtzeit-Brutto-Express-Zahlungsverkehrssystem (TARGET), ABl. 2001, L 140/72; vgl. dazu *Zilioli/Selmayr*, Y.E.L. 2006, 1 (72 ff.).
[108] Vgl. zum früheren RTGSplus-System der Deutschen Bundesbank, *dies.*, Monatsbericht April 2002, 59.
[109] S. Leitlinie der EZB vom 26.4.2007 über ein transeuropäisches automatisiertes Echtzeit-Brutto-Express-Zahlungsverkehrssystem (TARGET2), ABl. 2007, L 237/1, geändert durch VO vom 7.5.2009, ABl. 2009, L 123/94; neugefasst durch Leitlinie der EZB vom 5.12.2012 (EZB/2012/27), ABl. 2013, L 30/1. Vgl. zu Einzelheiten *Deutsche Bundesbank*, Monatsbericht Oktober 2007, 69; *EZB*, Monatsbericht November 2008, 107.
[110] *Griller*, in: Grabitz/Hilf/Nettesheim, EU, Art. 127 AEUV (August 2012), Rn. 55.
[111] *Griller*, in: Grabitz/Hilf/Nettesheim, EU, Art. 127 AEUV (August 2012), Rn. 55.
[112] S. dazu Leitlinie der EZB vom 18.7.2012 über TARGET2-Securities (Neufassung) (EZB/2012/13), ABl. 2012, L 215/19, sowie Beschluss der EZB vom 29.3.2012 über die Einrichtung des TARGET2-Securities-Vorstands und zur Aufhebung des Beschlusses EZB/2009/6 (EZB/2012/6), ABl. 2012, L 117/13.
[113] EZB, Pressemitteilung v. 22.6.2016, TARGET2-Securities heute erfolgreich in Betrieb gegangen.
[114] Vgl. zur Rolle der EZB bei der Krisenbewältigung *M. Mayer*, ZBB 2011, 25 (26 ff.).

einiger **Euro-Mitgliedstaaten** reagierte die EZB mit einer **Kombination** aus **verschiedenen geldpolitischen Maßnahmen**, vor allem offenmarktpolitischen Refinanzierungsgeschäften, die intensiv eingesetzt und teilweise verstetigt wurden.[115] Dem Ziel einer erleichterten Liquiditätsbereitstellung für den Bankensektor dienen soll(t)en Zinssenkungen, die Bereitstellung zusätzlicher Liquidität, die Verlängerung von Kreditlaufzeiten sowie die vorübergehende Absenkung der Anforderungen an akzeptierte Sicherheiten;[116] die erhöhte Liquiditätsbereitstellung führte vorübergehend auch zu einem Anstieg der Target2-Salden.[117] Ziel aller dieser krisenbedingten Maßnahmen war und ist es, die Gefahren für die Stabilität des Euro-Währungsgebietes insgesamt abzuwehren und insbesondere Domino- und Ansteckungseffekte sowie deren unkalkulierbare Folgen zu vermeiden.[118] Sofern derartige Sondermaßnahmen auch wirtschaftspolitische Effekte besitzen können, muss die EZB die Preisstabilität als vorrangiges Ziel (s. Rn. 3–7) stets und ständig im Auge behalten.

II. OMT-Programm

Dieses Postulat gilt uneingeschränkt auch für die krisenbedingten Ankäufe von Staatsanleihen zu gesenkten Bonitätsanforderungen am Sekundärmarkt, die zunächst aufgrund des Securities Market Programme (SMP)[119] durchgeführt und 2012 durch den Grundsatzbeschluss[120] des EZB-Rates zu sog. **Outright Monetary Transactions** (OMT) ersetzt wurden.[121] Ebenso wie SMP dient OMT dem Ziel, krisenbedingte Störungen des geldpolitischen Transmissionsmechanismus zu beheben[122] und soll mit geldpolitischen Mitteln (Offenmarktgeschäften) umgesetzt werden. Allein die Ankündigung des Programms hatte bereits eine marktberuhigende Wirkung, weshalb die EZB bislang darauf verzichtete, den OMT-Beschluss in die Tat umzusetzen. Insgesamt ist zu konstatieren, dass die EZB bis zum Ausbruch der Krise in ihrer geldpolitischen Strategie den marktgestützten Steuerungsinstrumenten den Vorzug gab (Rn. 20), während sie seither mit SMP, OMT und vor allem auch Quantitative Easing (Rn. 40) eine stärker auf Interventionen ausgerichtete Stabilisierungspolitik präferiert. Inwieweit solche Maßnahmen mit der ratio des Systems der Art. 123 ff. AEUV vereinbar sind, ist vor allem im deutsch-

37

---

[115] Verordnung (EU) Nr. 1053/2008 der EZB vom 23. 10. 2008 über zeitlich befristete Änderungen der Regelungen hinsichtlich der Notenbankfähigkeit von Sicherheiten (EZB/2008/11), ABl. 2008, L 282/17, ersetzt durch EZB-Leitlinie 2008/18 vom 21. 11. 2008, ABl. 2008, L 314/14, die bis 31. 12. 2010 befristet war; s. a. Beschluss der EZB Nr. 2009/16 vom 2. 7. 2009, ABl. 2009, L 175/18, der bis zum 30. 6. 2010 befristet war. Vgl. zum Quantitative Easing Kommentierung in Rn. 40 sowie in Art. 123 AEUV, Rn. 27.

[116] *Häde*, in: Calliess/Ruffert, EUV/AEUV, Art. 127 AEUV, Rn. 24, der den Instrumentenmix als »gelungen« bezeichnet; *M. Mayer*, ZBB 2011, 25 (27); vgl. auch *Häde*, in: FS Weber, S. 197 ff. zur Rechtsprechung zur Eurokrise.

[117] Ausführliche Kritik von ökonomischer Seite *Burghold/Voll*, Mythos TARGET2: ein Zahlungsverkehrssystem in der Krise, Working Papers on Global Financial Markets, No. 29, Universität Jena, April 2012. Vgl. dazu auch *Cromme*, EuR 2014, 448 (450f.).

[118] *Häde*, FS Martiny, S. 891 (893).

[119] Beschluss der EZB v. 14. 5. 2010 zur Einführung eines Programms für die Wertpapiermärkte (EZB/2010/5), ABl. 2010, L 124/8; dazu ausf. *Selmayr*, EnzEuR, Bd. 4, § 23, Rn. 243 ff.

[120] Pressemitteilung des EZB-Rates vom 6. 9. 2012 zu Technical features of Outright Monetary Transactions.

[121] Vgl. Kommentierung zu Art. 123 AEUV, Rn. 20 ff.

[122] *Ohler*, NVwZ 2015, 1001; *Thiele*, ZBB 2015, 295 (298); ausf. *Selmayr*, EnzEuR, Bd. 4, § 23, Rn. 249 ff.

sprachigen Schrifttum nicht unumstritten[123] und beschäftigt(e) europäische wie deutsche Höchstgerichte.[124]

38 Das **Bundesverfassungsgericht** äußerte im Rahmen des ESM-Urteils[125] verfassungsrechtliche Bedenken,[126] vermied jedoch die Einstufung des OMT-Grundsatzbeschlusses als Ultra-Vires-Akt.[127] In seiner stattdessen formulierten, historisch ersten Vorlage an den EuGH ordnete das Gericht das OMT-Programm nicht der Geldpolitik, sondern der Wirtschaftspolitik zu, weshalb die Maßnahme vom geldpolitischen Mandat der EZB nicht gedeckt sei[128]; darüber hinaus erblickte das Gericht eine unzulässige Umgehung der Art. 123 ff. AEUV durch funktional adäquate Maßnahmen (OMT)[129].[130] Dass OMT die währungspolitische Zielsetzung der EZB unterstützt und auch mit geldpolitischen Mitteln (Offenmarktgeschäfte) umgesetzt werden würde, seien allenfalls Indizien, nicht aber Rechtfertigungsgründe für die währungsrechtliche Zulässigkeit.[131] Auch wenn die vom deutschen Verfassungsgericht geäußerten Bedenken die Abgrenzungsschwierigkeiten der inhaltlich eng verwobenen Währungs- und Wirtschaftspolitik klar aufzeigen, sollte sich die gerichtliche Kontrolle funktional darauf beschränken, die Maßnahmen (OMT) unter der von der EZB explizit formulierten Zielsetzung auf ihre Vertretbarkeit zu überprüfen. Hingegen sind Notwendigkeit, Effizienz sowie die Wirkungen der eingesetzten Instrumente dem währungspolitischen Beurteilungsspielraum der funktional unabhängigen EZB vorbehalten.[132]

39 In seiner Vorabentscheidung ordnete der **EuGH**[133] das OMT-Programm als geldpolitische Maßnahme ein und bestätigte damit die Position der EZB; dieser Einschätzung stünden auch mittelbare wirtschaftspolitische Effekte nicht entgegen. Die funktionalen Grenzen seiner Kontrolle betonend[134] anerkennt der EuGH den Beurteilungsspielraum, in dessen Rahmen nur die EZB zu beurteilen vermag, ob eine Störung des geldpolitischen Transmissionsmechanismus vorliegt, und ordnet OMT als verhältnismäßige[135] und damit vertretbare[136] Maßnahme ein.

---

[123] Eher kritisch *Cromme*, EuR 2014, 448 (450 f.); *Frenz/Ehlenz*, EWS 2010, 211 (212); *Griller*, in: Grabitz/Hilf/Nettesheim, EU, Art. 127 AEUV (August 2012), Rn. 35; *Kerber/Städter*, EuZW 2011, 536 ff.; *M. Mayer*, ZBB 2011, 25 (29 f.); *Rodi*, in: Vedder/Heintschel v. Heinegg, Europäisches Unionsrecht, Art. 127 AEUV, Rn. 15; *Seidel*, EuZW 2010, 521; *Siekmann*, The Legality of OMT, S. 1. Dagegen *Herrmann*, EuZW 2011, 645 f.; *Herrmann/Dornacher*, EuZW 2015, 579; *F.C. Mayer*, EuR 2014, 473; *Thiele*, EuZW 2014, 694; *ders.*, ZBB 2015, 295.
[124] EuG, Urt. v. 10.12.2013, Rs. T–492/12 (v. Storch et al.), Rn. 32, 51 f. mit Anm. *Steinbach*, EuZW 2014, 159. Vgl. zum Rechtsprechungsdialog zwischen BVerfG und EuGH in der Eurokrise *Manger-Nestler*, NJ 2016, 353.
[125] BVerfG, Urt. v. 18.3.2014, 2 BvR 1390/12 mit Anm. *Manger-Nestler/Böttner*, NJ 2014, 202 ff. sowie vorangegangene einstweilige Entscheidung BVerfGE 132, 195.
[126] BVerfGE 134, 366 (404, Rn. 69 ff.; 409, Rn. 80 ff.). Vgl. dazu Anm. *Manger-Nestler/Böttner*, NJ 2015, 422.
[127] BVerfGE 134, 366 (383, Rn. 23; 392, Rn. 36; vgl. auch *Kahl*, EuZW 2013, S. 197 (199 f.); *di Fabio*, GLJ 2014, S. 107 (109).
[128] BVerfGE 134, 366 (404 ff.).
[129] BVerfGE 134, 366 (412).
[130] Ausführlich *Thiele*, ZBB 2015, 295 (300 f.).
[131] So auch BVerfGE 134, 366 (415 f.) unter Verweis auf EuGH, Rs. C–370/12 (Pringle), Rn. 56.
[132] *Thiele*, ZBB 2015, 295 (298); allgemeiner vom »imperial overstretch« spricht Ebenso *F.C. Mayer*, EuR 2014, 473 (500 ff.); Dagegen *Siekmann*, The Legality of OMT, S. 1 (19).
[133] EuGH, Urt. v. 16.6.2015, Rs. C–62/14 (Gauweiler u. a.), ECLI:EU:C:2015:400, Rn. 46.
[134] EuGH, Urt. v. 16.6.2015, Rs. C–62/14 (Gauweiler u. a.), ECLI:EU:C:2015:400, Rn. 67–68.
[135] EuGH, Urt. v. 16.6.2015, Rs. C–62/14 (Gauweiler u. a.), ECLI:EU:C:2015:400, Rn. 114.
[136] Auf diesen Aspekt verweisen auch *Herrmann/Dornacher*, EuZW 2015, 579 (580 f.); *Thiele*, ZBB 2015, 295 (303).

Entsprechend der primärrechtlich bindenden[137] Auslegungsentscheidung des EuGH stufte das BVerfG in seinem abschließenden Urteil[138] den OMT-Grundsatzbeschluss des EZB-Rates weder als qualifizierte Kompetenzüberschreitung (ultra vires-Akt)[139] noch als Verstoß gegen das Verbot monetärer Haushaltsfinanzierung (Art. 123 AEUV) ein. Die Deutsche Bundesbank dürfte sich daher an einer Durchführung des OMT-Beschlusses beteiligen, sofern sie im Rahmen der vom EuGH aufgestellten Kriterien für den Ankauf von Staatsanleihen handelt.[140] Im Ergebnis verdeutlicht der über OMT geführte Rechtsprechungsdialog einmal mehr die Maßstäbe für die gerichtliche Überprüfbarkeit von Zentralbankhandeln im Eurosystem: Als Korrelat zur Selbsteinschätzung der EZB ist eine neutrale und objektive Kompetenzkontrolle, die funktional allein dem EuGH obliegt[141] und sich materiell auf die Prüfung der Vertretbarkeit[142] der Maßnahmen beschränkt, unabdingbar.

III. Weitere Maßnahmen

40 Im Rahmen des sog. **Quantitative Easing**[143] beschloss der EZB-Rat seit Januar 2015 verschiedene Anleiheankaufprogramme als **krisenbedingte geldpolitische Sondermaßnahmen**. In Form von Anleihekäufen (Outright-Geschäfte) zielen die Operationen darauf ab, die Transmission der Geldpolitik zu verstärken, indem das Bankensystem bei langfristig niedrigen Zinsen mit zusätzlicher Liquidität versorgt wird. Als standardisierte Offenmarktgeschäfte (Rn. 20) sind endgültige An- und Verkäufe von Wertpapieren am Markt vom Eurosystem nur für den strukturellen Liquiditätsausgleich des Finanzsektors vorgesehen. Der EZB-Rat beschloss daher zusätzliche geldpolitische Ankaufprogramme mit veränderter Zielsetzung, die gezielt Deflationsgefahren entgegenwirken und die Preisentwicklung wieder stärker an das selbst definierte Inflationsziel (Rn. 5) annähern sollen, womit – im Gegensatz zu OMT – ausdrücklich und originär geldpolitische Ziele verfolgt werden.[144] Das erweiterte Programm der EZB zum Ankauf von Vermögenswerten (Asset Purchase Programme, APP) umfasst vier verschiedene Ankaufprogramme, deren Laufzeit der EZB-Rat, entgegen der ursprünglichen Begrenzung auf 2 Jahre, bis mindestens Ende Dezember 2017 verlängert hat; falls erforderlich, sollen die Programme auch darüber hinaus aktiv bleiben.[145] Im Einzelnen handelt es sich um das Covered Bond Purchase Programme (CBPP3),[146] das Asset-Backed Securities

---

[137] Diese Tendenz ließ das BVerfG bereits in Rn. 100 des Vorlagebeschlusses (BVerfGE 134, 366) erkennen. Vgl. zu den Szenarien *Ludwigs*, NVwZ 2015, 537; *Mayer*, EuR 2014, 473 (489); *Thiele*, ZBB 2015, 295 (303 f.).
[138] BVerfG, Urt. v. 21.6.2016, 2 BvR 2728/13 mit Anm. *Böttner*, ZJS 2016, 776.
[139] BVerfG, Urt. v. 21.6.2016, 2 BvR 2728/13, Rn. 175. Vgl. dazu *Ludwigs*, NVwZ 2015, 537.
[140] BVerfG, Urt. v. 21.6.2016, 2 BvR 2728/13, 4. Leitsatz sowie Rn. 199. Vgl. Kommentierung zu Art. 123 AEUV, Rn. 23 sowie *Manger-Nestler*, NJ 2016, 353 (357).
[141] *Groß*, S. 127; *Schmidt*, JZ 2015, 317 (321).
[142] *Thiele*, ZBB 2015, 295 (298); ebenso *Herrmann/Dornacher*, EuZW 2015, 579 (580 f.). Dagegen plädiert *Schmidt*, JZ 2015, 317 (318 f.) für einen eng gefassten Ermessensspielraum beim geldpolitischen Instrumenteneinsatz.
[143] Vgl. auch Kommentierung zu Art. 123 AEUV, Rn. 27.
[144] *Manger-Nestler*, NJ 2016, 353 (357). Ebenso bereits *F.C. Mayer*, EuR 2014, 473 (487); *Thiele*, ZBB 2015, 295 (304 f.).
[145] Zur ersten Verlängerung Erwägungsgrund 3 des Beschlusses (EU) 2015/2464 der EZB v. 16.12.2015 zur Änderung des Beschlusses (EU) 2015/774 (EZB/2015/48), ABl. 2015, L 344/1; zur erneuten Verlängerung EZB, Pressemitteilung v. 8.12.2016.
[146] Beschluss der EZB v. 15.10.2014 über die Umsetzung des dritten Programms zum Ankauf gedeckter Schuldverschreibungen (EZB/2014/40), ABl. 2014, L 335/22.

Purchase Programme (ABSPP)[147], das Public Sector Purchase Programme (PSPP)[148] sowie das Corporate Sector Purchase Programme (CSPP)[149].

Seit 2013 nutzt die EZB zudem sog. zukunftsgerichtete Hinweise (Forward Guidance) als Instrument im Rahmen ihrer Kommunikationspolitik (s. Art. 284 AEUV, Rn. 16), um eine transparente Orientierungshilfe über die künftige geldpolitische Ausrichtung zu geben und somit die Erwartungen der Marktteilnehmer zu stabilisieren.[150]

E. Mitwirkungsrechte der EZB

I. Überblick

41 Die ratio legis von **Abs. 4** besteht darin, die EZB möglichst frühzeitig und in Gestalt von **Anhörung** (UAbs. 1) oder **Stellungnahme** (UAbs. 2) in Gesetzgebungsprozesse auf europäischer wie nationaler Ebene einzubinden. Gleichzeitig verdeutlicht die Norm die **Grenzen** der **Beratungsfunktion**, indem sie die Notwendigkeit der geld- und währungspolitischen Expertise auf solche Rechtsakte beschränkt, die in den **Zuständigkeitsbereich der EZB** fallen. Art. **4 ESZB-Satzung** normiert wortlautidentisch »Beratende Funktionen« der EZB.

42 Abs. 4 beinhaltet eine **wesentliche Formvorschrift**, die im Rahmen der Nichtigkeitsklage (Art. 263 Abs. 2, Art. 264 AEUV) geltend gemacht werden kann.[151] Verletzt ein Mitgliedstaat die Anhörungspflicht, kann er dafür im Vertragsverletzungsverfahren (Art. 258, 259 AEUV) zur Rechenschaft gezogen werden.[152] Missachtet eine national zuständige NZB die Anhörungspflicht der EZB, kann letztgenannte den EuGH im Wege der besonderen Feststellungsklage (Art. 271 Buchst. d AEUV) anrufen.[153]

II. Anhörungsrechte

1. Rechtsakt der Union

43 Im Rahmen der Anhörungsrechte unterscheidet Abs. 4 UAbs. 1 zwischen der **Beteiligung** bei der **unionalen** bzw. der **nationalen Rechtsetzung**. Auf **Unionsebene** ist die EZB zu **sämtliche**n (»allen«) **Rechtsakte**n zu hören, die in ihren Zuständigkeitsbereich fallen (**1. Gedstr.**). Neben Abs. 4 UAbs. 1 finden sich Regelungen zum Anhörungsrecht für

---

[147] Beschluss (EU) 2015/5 der EZB v. 19.11.2014 über die Umsetzung des Ankaufprogramms für Asset-Backed Securities (EZB/2014/45), ABl. 2015, L 1/4 sowie Beschluss (EU) 2015/1613 der EZB v. 10.9.2015 zur Änderung des Beschlusses (EU) 2015/5 (EZB/2015/31), ABl. 2015, L 249/28.
[148] Beschluss (EU) 2015/774 der EZB v. 4.3.2015 über ein Programm zum Ankauf von Wertpapieren des öffentlichen Sektors an den Sekundärmärkten (EZB/2015/10), ABl. 2015, L 121/20 sowie Beschluss (EU) 2015/2464 der EZB v. 16.12.2015 zur Änderung des Beschlusses (EU) 2015/774 (EZB/2015/48), ABl. 2015, L 344/1.
[149] Beschluss (EU) 2016/948 der EZB v. 1.6.2016 zur Umsetzung des Programms zum Ankauf von Wertpapieren des Unternehmenssektors (EZB/2016/16), ABl. 2016, L 157/28.
[150] *Deutsche Bundesbank*, Monatsbericht August 2013, S. 30 (31); *Manger-Nestler/Böttner*, EuR 2014, 621 (635).
[151] EuGH, Urt. v. 10.7.2003, Rs. C–11/00 (Kommission/EZB), Slg. 2003, I–7147 Rn. 108 ff.
[152] *Griller*, in: Grabitz/Hilf/Nettesheim, EU, Art. 127 AEUV (August 2012), Rn. 36; *Kempen*, in: Streinz, EUV/AEUV, Art. 127 AEUV, Rn. 23; *Selmayr*, in: GSH, Europäisches Unionsrecht, Art. 282 AEUV, Rn. 134; *Waldhoff*, in: Siekmann, EWU, Art. 127 AEUV, Rn. 85.
[153] *Waldhoff*, in: Siekmann, EWU, Art. 127 AEUV, Rn. 85.

unionale Rechtsakte auch in anderen Primärrechtsnormen, u. a. in Art. 66 und Art. 282 Abs. 5 AEUV[154] sowie in Art. 48 EUV.[155]

Das Anhörungsrecht der EZB besteht unabhängig davon, ob die für den jeweiligen Rechtsakt maßgebliche Primärrechtsnorm die Anhörung explizit vorsieht.[156] Der **EuGH** hat die Anhörungspflicht der Unionsorgane dahingehend präzisiert, als dass der Rechtssetzungsvorschlag den Zuständigkeitsbereich der EZB tangieren muss. Die EZB ist daher immer dann zu beteiligen, wenn ihre währungspolitischen Zuständigkeiten berührt werden und insofern spezifischer Sachverstand notwendig ist. Betrifft der Rechtsakt die interne Organisation der EZB, wird keine Anhörungspflicht begründet.[157]

Daraus folgt, dass ein Anhörungsrecht der EZB jedenfalls in den geld- und währungspolitischen Aufgabenbereichen besteht, die Art. 127 Abs. 2 AEUV nennt. Gleiches muss aufgrund des engen Sachzusammenhangs mit der Währungspolitik auch im Bereich der Bankenaufsicht (Abs. 5, 6)[158] und der Stabilität des Finanzsystems (Abs. 5) sowie für das Banknotenausgabemonopol (Art. 128 AEUV) der EZB gelten. Schließlich setzt eine Anhörung als legislatives Beteiligungsrecht denklogisch voraus, dass die EZB im jeweiligen Politikbereich nicht selbst verbindliches Recht setzen darf.[159]

2. Nationaler Rechtsakt

Handelt es sich um **nationale Rechtsvorschriften (2. Gedstr.)**, besteht die **Anhörungspflicht** im gleichen Umfang wie nach Gedstr. 1. Allerdings legt der Rat (im Verfahren nach Art. 129 Abs. 4 AEUV) Grenzen und Bedingungen des Anhörungsrechts fest;[160] dazu zählt auch eine nicht abschließende Aufzählung der Politikbereiche, in denen die EZB anzuhören ist.[161]

Im Falle der Verletzung der Anhörungspflicht stellt sich neben dem unionsrechtlichen Rechtsschutz (s. Rn. 44–45) die Frage nach innerstaatlichen Konsequenzen. Jene würden voraussetzen, dass Art. 127 Abs. 4 (2. Gedstr.) AEUV nicht nur rein institutionelle Beziehungen im Sinne von Unterrichtungspflichten zwischen Union und Mitgliedstaaten beträfe,[162] sondern **unmittelbar anwendbar** wäre.[163] Die Norm beinhaltet nicht nur

---

[154] S. zur umstrittenen inhaltlichen Reichweite von Art. 282 Abs. 5 im Verhältnis zu Art. 127 Abs. 4 AEUV, Kommentierung zu Art. 282 AEUV, Rn. 14.
[155] S. zu den Anhörungsrechten im Rahmen von Art. 66 AEUV und Art. 48 EUV, *Hahn/Häde*, § 17, Rn. 93 f.
[156] *Häde*, in: Calliess/Ruffert, EUV/AEUV, Art. 127 AEUV, Rn. 42; *Kempen*, in: Streinz, EUV/AEUV, Art. 127 AEUV, Rn. 23; *Potacs*, in: Schwarze, EU-Kommentar, Art. 127 AEUV, Rn. 9; *Selmayr*, in: GSH, Europäisches Unionsrecht, Art. 282 AEUV, Rn. 127.
[157] EuGH, Urt. v. 10. 7. 2003, Rs. C–11/00 (Kommission/EZB), Slg. 2003, I–7147 Rn. 110 f.
[158] Ebenso *Häde*, in: Calliess/Ruffert, EUV/AEUV, Art. 127 AEUV, Rn. 44; *Kempen*, in: Streinz, EUV/AEUV, Art. 127 AEUV, Rn. 23. Weniger weitreichend hingegen EuGH, Urt. v. 10. 7. 2003, Rs. C–11/00 (Kommission/EZB), Slg. 2003, I–7147 Rn. 137.
[159] *Griller*, in: Grabitz/Hilf/Nettesheim, EU, Art. 127 AEUV (August 2012), Rn. 65.
[160] Vgl. Entscheidung des Rates vom 29. 6. 1998 über die Anhörung der Europäischen Zentralbank durch die nationalen Behörden zu Entwürfen für Rechtsvorschriften (98/415/EG), ABl. 1998, L 189/42.
[161] Vgl. *Hahn/Häde*, § 17, Rn. 82.
[162] Der EuGH verneint die unmittelbare Anwendbarkeit, wenn die Norm keinen über die Information hinausgehenden Zweck verfolgt und kein Kontrollverfahren vorsieht, vgl. EuGH, Urt. v. 30. 4. 1996, Rs. C–194/94 (CIA International Security), Slg. 1996, I–2201 Rn. 49; Urt. v. 16. 7. 1998, Rs. C–235/95 (Dumon und Froment), Slg. 1998, I–4531 Rn. 28 ff.; Urt. v. 6. 6. 2002, Rs. C–159/00 (Sapod), Slg. 2002, I–5031 Rn. 60.
[163] Vgl. ausführlich zu den Voraussetzungen *Hahn/Häde*, § 17, Rn. 89 ff.

wechselseitige Informationspflichten, sondern verfolgt den Zweck, die EZB bereits frühzeitig und aktiv, d. h. mit inhaltlichem Einfluss am Legislativprozess zu beteiligen.[164] Das Anhörungsrecht verleiht der EZB somit politisches Gewicht bei der Normsetzung, weshalb mit dem überwiegenden Schrifttum[165] die unmittelbare Anwendbarkeit der Vorschrift zu bejahen ist. In der Folge kann sich der Einzelne im Falle des Verstoßes gegen die Anhörungspflicht vor Behörden oder Gerichten auf die Unanwendbarkeit der nationalen Vorschrift berufen.[166]

III. Stellungnahmen

48 Im Rahmen von Stellungnahmen kann sich die EZB auf entsprechendes Ersuchen oder aus eigener Initiative zu verschiedensten Fragen äußern.[167] Übereinstimmend mit Art. 288 UAbs. 5 AEUV besitzen die in Art. 127 Abs. 4 UAbs. 2 AEUV genannten Stellungnahmen der EZB **keine rechtliche Verbindlichkeit**. Das den Stellungnahmen innewohnende politische Gewicht[168] kann die EZB weiter verstärken, indem sie die Veröffentlichung ihrer Positionen beschließt (Art. 34.2 ESZB-Satzung).[169]

F. Aufsicht über Kreditinstitute und Finanzsystemstabilität

49 Abs. 5 erlaubt dem ESZB **unterstützende Tätigkeiten** in Bezug auf die Aufsicht über Kreditinstitute sowie die Stabilität des Finanzsystems. Bereits der Wortlaut der Vorschrift verdeutlicht, dass es sich dabei nicht um Haupt-, sondern um **Nebenaufgaben**[170] des ESZB handelt, die die Befugnisse der primär zuständigen nationalen Behörden nur ergänzen, nicht aber verdrängen. Allerdings können der EZB durch den Rat »besondere Aufgaben« bei der Aufsicht über Kredit- und sonstige Finanzinstitute übertragen werden; dies gilt jedoch **nicht** im Bereich der **Versicherungsaufsicht** (Abs. 6). Damit sind umfassende Befugnisse der EZB im Sinne eines **Allfinanzaufsichtsansatz**es, wie beispielsweise im **Europäischen System der Finanzaufsicht** (ESFS),[171] de lege lata ausgeschlossen.

---

[164] Vgl. Erwägungsgrund 6 sowie Art. 4 der Entscheidung des Rates vom 29. 6.1998 (98/415/EG).
[165] *Griller*, in: Grabitz/Hilf/Nettesheim, EU, Art. 127 AEUV (August 2012), Rn. 70; *Häde*, in: Calliess/Ruffert, EUV/AEUV, Art. 127 AEUV, Rn. 47 f.; *Kempen*, in: Streinz, EUV/AEUV, Art. 127 AEUV, Rn. 24; *Smits*, S. 243; *Zilioli/Selmayr*, S. 101.
[166] S. zur Position der deutschen Verwaltungsrechtsprechung *Häde*, in: Calliess/Ruffert, EUV/ AEUV, Art. 127 AEUV, Rn. 52.
[167] *Selmayr*, in: GSH, Europäisches Unionsrecht, Art. 282 AEUV, Rn. 129; *Waldhoff*, in: Siekmann, EWU, Art. 127 AEUV, Rn. 86.
[168] *Griller*, in: Grabitz/Hilf/Nettesheim, EU, Art. 127 AEUV (August 2012), Rn. 69.
[169] *Kempen*, in: Streinz, EUV/AEUV, Art. 127 AEUV, Rn. 24; *Waldhoff*, in: Siekmann, EWU, Art. 127 AEUV, Rn. 87.
[170] *Waldhoff*, in: Siekmann, EWU, Art. 127 AEUV, Rn. 64; dagegen *Smits*, S. 319, der von »major tasks« spricht.
[171] S. dazu ausführlich *Lehmann/Manger-Nestler*, ZBB 2011, 2; *Michel*, DÖV 2011, 718. Vgl. auch *Häde*, in: Calliess/Ruffert, EUV/AEUV, Art. 127 AEUV, Rn. 53; *Kempen*, in: Streinz, EUV/AEUV, Art. 127 AEUV, Rn. 25.

I. Aufsicht über Kreditinstitute

1. Mitwirkungsrechte des ESZB

Aus der Unterstützungsfunktion (Abs. 5) folgt, dass dem **ESZB keine eigenständigen Befugnisse**[172] übertragen sind, weder zur legislativen Konzeption noch zur exekutiven Umsetzung eines einheitlichen Aufsichtsansatzes über Kredit- und Finanzinstitute. Vielmehr respektiert die Norm die organisatorischen wie inhaltlichen **Unterschiede zwischen** den **mitgliedstaatlichen Aufsichtssystemen**. Somit ist eine eigenverantwortliche, durch das nationale Recht begründete Rolle der NZB bei der Bankenaufsicht nicht ausgeschlossen,[173] sondern kann von der **NZB** als »**andere Aufgabe**« im Sinne von Art. 14.4 ESZB-Satzung wahrgenommen werden. Bei der operativen Aufsichtstätigkeit haben die nationalen Aufsichtsbehörden und, je nach Umfang ihrer Beteiligung auch die NZB, den sekundärrechtlich gesetzten Rahmen der materiellen Aufsichtsstandards[174] zu berücksichtigen. Obwohl Maßnahmen der Bankenaufsicht eine effektive Geldpolitik maßgeblich (unter)stützen, kann die weite aufsichtsrechtliche Definition des Begriffs Kreditinstitut[175] angesichts der unterschiedlichen Zielsetzungen (s.u. Rn. 53) nicht ohne weiteres in den Bereich der Geldpolitik übertragen werden.[176] 50

Die nähere Ausgestaltung der Mitwirkungsrechte, zu der Abs. 5 schweigt, wird von **Art. 25.1 ESZB-Satzung** präzisiert. Danach kann sich die EZB durch **Beratungs- und Konsultationsrechte** sowohl auf eigene Initiative als auch nach Aufforderung durch Unionsorgane oder mitgliedstaatliche Behörden zu Fragen der Bankenaufsicht Gehör verschaffen. Zur inhaltlichen Unterstützung hat die EZB einen **Ausschuss für Bankenaufsicht** (Banking Supervision Committee, BSC) gegründet, der sich mit grundlegenden und strukturellen Fragen der Aufsicht befasst und für einen effektiven Informationsaustausch zwischen der nationalen Aufsicht und der Zentralbank Sorge trägt.[177] 51

2. Eigene Aufsichtsaufgaben der EZB und einheitlicher Aufsichtsmechanismus

Der (ECOFIN-)Rat kann im besonderen Gesetzgebungsverfahren (Art. 289 Abs. 2 AEUV) und nach einstimmigem Ratsbeschluss ausgewählte Aufgaben im Bereich der Finanzaufsicht auf die EZB übertragen; für die Versicherungsaufsicht ist dies ausgeschlossen (Art. 127 **Abs. 6** AEUV). Der **Umfang** der übertragbaren Befugnisse ist expressis verbis auf »besondere Aufgaben« begrenzt, womit spezifische, d.h. eindeutig beschriebene und genau begrenzte Teilbereiche gemeint sind.[178] Dies bestätigt ein Ver- 52

---

[172] *Waldhoff*, in: Siekmann, EWU, Art. 127 AEUV, Rn. 66.
[173] *Manger-Nestler*, S. 278f.; *Selmayr*, in: GSH, Europäisches Unionsrecht, Art. 127 AEUV, Rn. 41; *Stadler*, S. 118; *Waldhoff*, in: Siekmann, EWU, Art. 127 AEUV, Rn. 66.
[174] Vgl. insbesondere Richtlinie 2013/36/EU des Europäischen Parlaments und des Rates vom 26.6.2013 über den Zugang zur Tätigkeit von Kreditinstituten und die Beaufsichtigung von Kreditinstituten und Wertpapierfirmen, zur Änderung der Richtlinie 2002/87/EG und zur Aufhebung der Richtlinien 2006/48/EG und 2006/49/EG (2013/36/EU), ABl. 2013, L 176/338, sowie Verordnung (EU) Nr. 575/2013 des Europäischen Parlaments und des Rates vom 26.6.2013 über Aufsichtsanforderungen an Kreditinstitute und Wertpapierfirmen und zur Änderung der Verordnung (EU) Nr. 646/2012, ABl. 2013, L 176/1.
[175] Vgl. Art. 4 Abs. 1 Nr. 1 VO (EU) Nr. 575/2013 (vormals Art. 4 Nr. 1 RL 2006/48/EG).
[176] So auch *Kempen*, in: Streinz, EUV/AEUV, Art. 127 AEUV, Rn. 27; *Waldhoff*, in: Siekmann, EWU, Art. 127 AEUV, Rn. 68; *Weenink*, in: GSH, Europäisches Unionsrecht, ESZB-Satzung, Art. 17, Rn. 4ff.
[177] *Manger-Nestler*, S. 266; *Waldhoff*, in: Siekmann, EWU, Art. 127 AEUV, Rn. 70.
[178] *Griller*, in: Grabitz/Hilf/Nettesheim, EU, Art. 127 AEUV (August 2012), Rn. 60; *Häde*, in:

gleich mit der englischen (»specific tasks«) und französischen (»missions spécifiques«) Sprachfassung. Ein Transfer umfangreicher Aufgaben oder sogar eine generelle Übertragung der (gesamten) Aufsicht auf die EZB sind somit ausgeschlossen. Zudem spricht der (deutsche) Vertragstext von Aufgaben, die – systematisch gesehen – als allgemeine Zielvorgaben zu interpretieren sind; aus ihnen können nicht ohne weiteres konkrete Befugnisse abgeleitet werden, die die bloßen Mitwirkungsrechte der EZB aus Art. 25.1 ESZB-Satzung (s. Rn. 50–51) konterkarieren würden.

53 Hintergrund der primärrechtlichen Restriktion sind **unterschiedliche Zielvorgaben**, die die Gefahr von **Interessenkonflikten** bergen: Während die **Geld- und Währungspolitik** dem Primat der **Preisstabilität** verpflichtet ist, wird die **Finanzaufsicht** dominiert von der **Finanzsystemstabilität**, die auf mikro- wie makroprudenzieller Ebene gesichert werden kann. Da es zwischen beiden Zielen erhebliche Schnittmengen gibt, können Preis- und Systemstabilität durchaus nebeneinander verfolgt werden (Zielpluralität), entweder durch verschiedene Institutionen (Zentralbank und Aufsichtsbehörde) oder durch dieselbe Institution (Zentralbank als Aufsichtsbehörde), dann aber mit abgestufter Intensität. Werden beide Aufgabenbereiche ein- und derselben Institution übertragen, ist die Gefahr von Zielkonflikten nur durch eine uneingeschränkte Zielpriorität auszuschließen, die bei der Aufgabenerfüllung strikt einzuhalten ist.[179]

54 Als erste Säule der europäischen »**Bankenunion**«[180] wurde im Oktober 2013 ein aus EZB und nationalen Aufsichtsbehörden bestehender **einheitlicher europäischer Aufsichtsmechanismus**[181] (single supervisory mechanism, SSM) errichtet. Mit dem Ziel der Schaffung integrierter Aufsichtsstrukturen innerhalb der Eurozone wurden der EZB vom Rat konkrete Aufsichtsaufgaben sowie entsprechende -befugnisse übertragen. Seit dem 4. **November 2014**[182] ist die EZB insbesondere verantwortlich für die **Erteilung** sowie den Entzug der **Zulassung** von Instituten,[183] die Überprüfung von **Eigenkapitalanforderungen**[184] sowie die Durchführung aufsichtsrechtlicher Prüfungen (Stresstests).[185] Dafür wurde die EZB mit einer Reihe von Aufsichts-, Untersuchungs- und Sanktionsbefugnissen ausgestattet.[186] Unter die volle Aufsicht der EZB fallen jedoch nur die »bedeutenden« Kreditinstitute der Eurozone, also solche, deren Bilanzsumme 30 Mrd. Euro oder 20 % des Bruttoinlandsprodukts (BIP) des Heimatmitgliedstaates übersteigt sowie Banken, die Hilfen aus der EFSF bzw. dem ESM in Anspruch nehmen und schließlich die drei »bedeutendsten« Banken in jedem Mitgliedstaat der Eurozone.[187] Bei allen

---

Calliess/Ruffert, EUV/AEUV, Art. 127 AEUV, Rn. 53; *Kempen*, in: Streinz, EUV/AEUV, Art. 127 AEUV, Rn. 25; *Manger-Nestler*, S. 266; *Waldhoff*, in: Siekmann, EWU, Art. 127 AEUV, Rn. 72. Dagegen *Smits*, in: GS, EUV/EGV, Art. 105 EGV, Rn. 74, wonach die EZB »zur natürlichen Aufsichtsbehörde oder zur zentralen Gewalt für die Finanzmärkte« werden könne.

[179] Vgl. ausführlich zum Verhältnis von Geldpolitik und Finanzaufsicht *Gurlit/Schnabel*, ZBB 2015, 349 (352 ff.); *Manger-Nestler/Böttner*, EuR 2014, 621; *Thiele*, 2014, S. 375 ff. Kritisch zur Übertragung von Aufsichtsbefugnissen auf die Zentralbank bereits *Louis*, CDE 1992, 284 ff.

[180] Vgl. zum Konzept der Bankenunion *Herdegen*, WM 2012, 1889; *Kämmerer*, NVwZ 2013, 830; *Sacarcelik*, BKR 2013, 353; *Waldhoff/Dieterich*, EWS 2013, 72.

[181] VO (EU) Nr. 1024/2013 des Rates vom 15.10.2013; sowie VO (EU) Nr. 1022/2013 des Europäischen Parlaments und des Rates vom 22.10.2013. Vgl. *Lehmann/Manger-Nestler*, ZBB 2014, 2; *Manger-Nestler*, 2014, S. 299 ff.; *Selmayr*, EnzEuR, Bd. 4, § 23, Rn. 271 ff.

[182] Art. 33 Abs. 2 VO (EU) 1024/2013 nennt dieses Datum der tatsächlichen Arbeitsaufnahme.

[183] Art. 4 Abs. 1 Buchst. a i.V.m. Art. 14, 16 VO (EU) Nr. 1024/2013.

[184] Art. 4 Abs. 1 Buchst. c i.V.m. Art. 15, 16 VO (EU) Nr. 1024/2013.

[185] Art. 4 Abs. 1 Buchst. f VO (EU) Nr. 1024/2013.

[186] Art. 9 VO (EU) Nr. 1024/2013; ausführlich *Manger-Nestler*, 2014, S. 333 ff.

[187] Art. 6 Abs. 4 VO (EU) Nr. 1024/2013; vgl. dazu *Schuster*, EuZW Beilage 1/2014, 3 (4 f.).

anderen Banken der SSM-Länder nimmt die EZB lediglich die in Art. 4 Abs. 1 Buchst. a und c VO (EU) 1024/2013 aufgelisteten ausschließlichen Zuständigkeiten war.[188] Die nicht explizit auf die EZB übertragenen Aufgaben verbleiben indes bei den nationalen Aufsichtsbehörden (etwa im Bereich des Verbraucherschutzes).[189]

Die Rolle, die die EZB nunmehr im Aufsichtsprozess innerhalb der Eurozone innehat, ähnelt einer Art Primärverantwortung, die vom Wortlaut des Art. 127 Abs. 6 AEUV nicht ohne weiteres gedeckt ist.[190] Besonderes Augenmerk liegt hier auf der demokratischen Verantwortlichkeit der EZB, die durch personelle Legitimation, politische, finanzielle und rechtliche Kontrolle sowie ergänzende Legitimationsinstrumente zu gewährleisten ist (s. Art. 130 AEUV, Rn. 11).[191] Die SSM-VO versucht dem durch Auferlegung einer Reihe von Rechenschaftspflichten Rechnung zu tragen.[192] Fraglich ist daneben auch, inwieweit die EZB als **unabhängig handelnde Aufsichtsbehörde**[193] bei der Wahrnehmung ihrer Aufsichtsbefugnisse an Rechtsakte (insb. das Single Rulebook) gebunden ist, die von der Kommission auf Vorschlag der Europäischen Bankenaufsichtsbehörde (European Banking Authority, EBA) erlassen werden.[194] Vor allem die (Aufsichts)Praxis muss zeigen, dass die EZB dem Aufgabendreieck aus geldpolitischer Verantwortung, Banken- und Systemrisikoaufsicht gerecht werden kann, ohne dabei ihre primäre Aufgabe der Preisstabilität aus den Augen zu verlieren.[195]

55

Da Art. 139 Abs. 2 Buchst. c den Art. 127 **Abs. 6** AEUV nicht erwähnt, gilt die Vorschrift auch für **Mitgliedstaaten mit Ausnahmeregelung**.[196] Die EZB wird ihre Aufsichtsbefugnisse indes auf die in den Euro-Mitgliedstaaten ansässigen Finanzinstitute begrenzen, da sich ihr Zuständigkeitsbereich auf die Eurozone beschränkt.[197] Somit werden insbesondere Geschäftstätigkeiten am europäischen Finanzplatz London solange nicht erfasst, wie Großbritannien nicht von dem – allen Mitgliedstaaten mit Ausnahmeregelung eingeräumten – Recht einer freiwilligen Teilnahme am SSM Gebrauch macht.[198]

56

---

[188] Art. 6 Abs. 4 UAbs. 1 VO (EU) Nr. 1024/2013.
[189] Erwgr. 28 VO (EU) 1024/2013.
[190] Vgl. ausführlich *Manger-Nestler*, 2014, S. 313 ff.; ebenso *Gurlit/Schnabel*, ZBB 2015, 349 (362); *Häde*, FS Martiny, S. 891 (912 f.); *Häde*, in: Calliess/Ruffert, EUV/AEUV, Art. 127 AEUV, Rn. 56 (»grenzwertig«); s. zur Diskussion auch *Selmayr*, in: GSH, Europäisches Unionsrecht, Art. 127 AEUV, Rn. 53 ff.; indes zu weitgehend *Seidel*, EuZW 2013, 841 (842), der von »vertragsrechtswidriger Umwandlung« spricht.
[191] S. dazu *Groß*, S. 129 ff.
[192] Art. 9 VO (EU) 1024/2013 sowie das Interinstitutional Agreement between the European Parliament and the European Central Bank on the practical modalities of the exercise of democratic accountability and oversight over the exercise of the tasks conferred on the ECB within the framework of the Single Supervisory Mechanism, November 2013; vgl. auch *Selmayr*, in: GSH, Europäisches Unionsrecht, Art. 127 AEUV, Rn. 59.
[193] Art. 19 VO (EU) Nr. 1024/2013. Vgl. zur funktionalen Unabhängigkeit Kommentierung zu Art. 130 AEUV, Rn. 9–18.
[194] Art. 4 Abs. 3 UAbs. 2 VO (EU) 1024/2013; ausführlich zum Verhältnis EBA/EZB *Gurlit*, EuZW Beilage 1/2014, 14 ff.; *Manger-Nestler*, 2014, S. 322 ff.
[195] Vgl. dazu *Gurlit/Schnabel*, ZBB 2015, 349 (355 ff.); *Manger-Nestler*, 2014, S. 319; *Manger-Nestler/Böttner*, EuR 2014, 621; skeptisch *Thiele*, 2014, S. 523 f.
[196] *Häde*, in: Calliess/Ruffert, EUV/AEUV, 4. Aufl. 2011, Art. 127 AEUV, Rn. 55.
[197] Art. 2 Ziff. 1 sowie freiwilliges Recht zur Teilnahme von Nicht-Mitgliedstaaten, Art. 7 VO (EU) 1024/2013.
[198] Art. 7 VO (EU) Nr. 1024/2013.

II. Rolle der EZB im einheitlichen Abwicklungsmechanismus

57 Auch in der zweiten Säule der Bankenunion, dem **einheitlichen Abwicklungsmechanismus** (single resolution mechanism, SRM),[199] der seine Tätigkeit zum 1.1.2015 aufgenommen hat, ist die EZB involviert. Die Aufgabe des SRM besteht darin, die Abwicklung maroder Kreditinstitute in den SSM-Staaten zu organisieren und zu koordinieren und so die Finanzsystemstabilität (wieder)herzustellen. Zu diesem Zwecke wurde eine einheitliche Abwicklungsbehörde (single resolution board, SRB) eingerichtet, die über die Restrukturierung und letztlich die Abwicklung notleidender Kreditinstitute mit Mitteln eines einheitlichen Abwicklungsfonds (single resolution fund, SRF) entscheidet. Der EZB kommt innerhalb des SRM eine nicht zu unterschätzende Rolle zu, auch wenn ihr – im Gegensatz zum SSM – keine direkten Entscheidungsbefugnisse in Bezug auf Abwicklung oder Sanierung übertragen wurden. Allerdings ist die EZB damit nicht – wie die Kommission – auf den bloßen Beobachterstatus im SRB beschränkt,[200] sondern liefert aus ihrer Aufsichtstätigkeit im SSM wichtige Informationen zur Beurteilung von Instituten, die als Grundlage für Sanierung bzw. Abwicklung herangezogen werden. Dies gilt insbesondere für abwicklungsrechtliche Initialzündung, den Abwicklungstrigger, bei dem die EZB nach Aufforderung durch das SRB die Tragfähigkeit des Instituts (failing or likely to fail) zu beurteilen hat.[201] Mit der Beurteilung der Ausfallwahrscheinlichkeit eines Instituts liefert die EZB die maßgebliche Informationsgrundlage, aufgrund derer das SRB konkrete Abwicklungsbeschlüsse zu treffen hat. Der EZB kommt daher eine Schlüsselstellung an der Schnittstelle zwischen Aufsicht und Abwicklung zu, die von der Zentralbank ein Höchstmaß an mikroprudenziellem Sachverstand und makroprudenzieller Weitsicht erfordern. Gleichzeitig dürfen die vom SRB angeforderten Beurteilungen keinerlei Aus- oder Rückwirkungen auf geldpolitische Entscheidungen der EZB haben. Auch wenn das Mandat der EZB rechtlich damit klar umrissen ist, steht die Zentralbank vor der praktischen Herausforderung, die unterschiedlichen Aufgaben, die ihr im Zuge der Finanz- und Staatsschuldenkrise schrittweise übertragen wurden, so zu erfüllen, dass die Pluralität der Zielvorgaben (Preisstabilität sowie mikro- wie makroprudenzielle Finanzsystemstabilität) nicht zum Ziel- und damit zum Interessenskonflikt mutiert.[202] Um dieser »Zerreißprobe« Stand zu halten, sind im Vorfeld klar abgegrenzte Organisationsstrukturen (notfalls im Sinne von chinese walls) notwendig; die mandatsgetreue Aufgabenerfüllung muss sodann durch regelmäßige und stetige Transparenz- sowie Rechenschaftspflichten gegenüber demokratisch legitimierten Organen von Union und Mitgliedstaaten kontrolliert werden.[203]

---

[199] Verordnung (EU) Nr. 806/2014 des Europäischen Parlaments und des Rates vom 15. Juli 2014 zur Festlegung einheitlicher Vorschriften und eines einheitlichen Verfahrens für die Abwicklung von Kreditinstituten und bestimmten Wertpapierfirmen im Rahmen eines einheitlichen Abwicklungsmechanismus und eines einheitlichen Abwicklungsfonds sowie zur Änderung der Verordnung (EU) Nr. 1093/2010, ABl. 2014, L 225/1; dazu *Manger-Nestler*, 2014, S. 308f., 336ff.; *dies.*, in: Jahn/Schmitt/Geier, Handbuch Bankensanierung, S. 241ff.

[200] *Manger-Nestler*, 2014, S. 309; *dies.*, in: Jahn/Schmitt/Geier, Handbuch Bankensanierung, S. 263.

[201] Art. 10 VO(EU) 806/2014.

[202] Darauf hinweisend auch *Kramer/Hinrichsen*, JuS 2015, S. 673 (679); *Selmayr*, in: GSH, Europäisches Unionsrecht, Art. 127 AEUV, Rn. 62.

[203] *Manger-Nestler*, in: Jahn/Schmitt/Geier, Handbuch Bankensanierung, S. 263.

III. Stabilität des Finanzsystems

Die dem ESZB von Abs. 5 zugewiesene unterstützende Funktion bei der Finanzsystemstabilität steht in engem Zusammenhang mit der Aufsicht über die Kredit- und Finanzinstitute. Die Finanzkrise hat deutlich vor Augen geführt, dass einzelne Institute, die aufgrund ihrer Größe, (Nicht)Ersetzbarkeit und Vernetzung im Markt **Systemrelevanz**[204] besitzen, die Stabilität des gesamten Finanzsystems gefährden können. Um die **makroprudenzielle Aufsicht** zu stärken, hat die Union 2010 im Rahmen des ESFS das **European Systemic Risk Board** (ESRB) errichtet.[205] Dessen Aufgabe ist es, »in normalen Zeiten die Systemrisiken zu überwachen und zu bewerten, um die Gefahr des Ausfallrisikos von Systemkomponenten für das System zu begrenzen und die Widerstandsfähigkeit des Finanzsystems gegen Schocks zu stärken.«[206] Den Vorsitz im ESRB führt der EZB-Präsident,[207] der zusammen mit dem Vizepräsidenten der EZB neben anderen[208] im ESRB-Verwaltungsrat stimmberechtigt ist. Der EZB, die auch das Sekretariat des ESRB beheimatet,[209] wurde eine herausgehobene Position[210] in dem Gremium zugewiesen. Dies ist insofern bedeutungsvoll, als das ESRB mit der Finanzsystemstabilität auf ein Ziel verpflichtet wurde, das sich von der währungspolitischen Preisstabilität durchaus unterscheidet, auch wenn es deutliche Schnittmengen zwischen beiden Mandaten gibt.[211] Da die Mitgliedstaaten auf Empfehlung[212] des ESRB jeweils nationale Gremien zur Makroaufsicht errichtet haben, an denen die NZB mitbeteiligt sind (z. B. der deutsche Ausschuss für Finanzstabilität),[213] sind die Grenzen der »Mitwirkungsrechte«[214] der EZB aus Abs. 5 gewahrt. Perspektivisch sollte der gestiegenen Bedeutung der Finanzsystemstabilität auch dadurch Rechnung getragen werden, dass sie deutlicher als sepa-

58

---

[204] Vgl. zum Begriff der Systemrelevanz *Günther*, WM 2010, 825.
[205] Verordnung (EU) Nr. 1092/2010 des Europäischen Parlaments und des Rates vom 24.10.2010 über die Finanzaufsicht der Europäischen Union auf Makroebene und zur Errichtung eines Europäischen Ausschusses für Systemrisiken, ABl. 2010, L 331/1; Verordnung (EU) Nr. 1096/2010 des Rates vom 17.11.2010 zur Betrauung der EZB mit besonderen Aufgaben bezüglich der Arbeitsweise des Europäischen Ausschusses für Systemrisiken, ABl. 2010, L 331/162. Vgl. zum ESRB *Gurlit/Schnabel*, ZBB 2015, 349 (350ff.).
[206] Erwgr. 10 der VO (EU) 1092/2010.
[207] Vgl. Art. 5 VO (EU) 1092/2010.
[208] Dazu zählen die Präsidenten aller 28 NZB, ein Kommissionsmitglied, die Vorsitzenden der EBA, EIOPA und ESMA, der Vorsitzende und die beiden stellvertretenden Vorsitzenden des Beratenden Wissenschaftlichen Ausschusses des ESRB sowie der Vorsitzende des Beratenden Fachausschusses des ESRB, Art. 6 Abs. 1 VO (EU) 1092/2010.
[209] Art. 2 VO (EU) 1096/2010.
[210] S. auch *Ferran/Babis*, S. 28; *Selmayr*, in: GSH, Europäisches Unionsrecht, Art. 127 AEUV Rn. 50.
[211] Vgl. Art. 3 (Ziel und Aufgaben) sowie Art. 15–17 (Instrumentarium) VO (EU) 1092/2010. S. zu Einzelheiten des ESRB *Kaufhold*, Die Verwaltung, 2013, 21; *Lehmann/Manger-Nestler*, ZBB 2011, 2 (20ff.); *M. Mayer*, ZBB 2011, 25 (31f.). Zum Spannungsfeld zu anderen Aufgaben vgl. *Gurlit/Schnabel*, ZBB 2015, 349 (352); *Manger-Nestler/Böttner*, EuR 2014, 621.
[212] ESRB, Empfehlung vom 22.12.2011 zu dem makroprudenziellen Mandat der nationalen Behörden (ESRB/2011/3), ABl. 2012, C 41/1.
[213] Gesetz zur Stärkung der deutschen Finanzaufsicht vom 28.11.2012, BGBl. I-2369. S. ausführlich zum deutschen AFS im Kontext des ESRB *Gurlit/Schnabel*, ZBB 2015, 349 (353ff.).
[214] Vgl. zu den unterschiedlichen Auslegungen *Selmayr*, in: GSH, Europäisches Unionsrecht, Art. 127 AEUV, Rn. 63; *Waldhoff*, in: Siekmann, EWU, Art. 127 AEUV, Rn. 78.

rate Zielvorgabe des ESZB verankert[215] und mit einem eigenständigen Instrumentarium[216] untersetzt wird.

IV. Weitere Aufgaben?

59 Eine **optionale Kompetenzerweiterung**, die über den abschließenden Wortlaut von Art. 127 AEUV hinausgeht, könnte nur durch Vertragsänderung (Art. 48 Abs. 6 EUV) legitimiert werden. Eine **sekundärrechtliche Ausdehnung** der Tätigkeitsbereiche des ESZB, wie beispielsweise im Rahmen des ESFS (s. Rn. 49) sowie des SSM (Rn. 52 ff.), setzt eine entsprechende primärrechtliche Ermächtigung[217] voraus. Werden dadurch geld- und währungspolitische Funktionen des ESZB tangiert, muss dies im Einklang mit dem Stabilitätsprimat (Art. 127 Abs. 1 Satz 1) sowie der Unabhängigkeit (Art. 130 AEUV) stattfinden.[218] Der EuGH billigte insoweit auch die der EZB durch den ESM-Vertrag übertragenen Aufgaben und erblickte, auch mangels Entscheidungsbefugnissen der EZB, keine Beeinträchtigung der währungspolitischen Zuständigkeiten der Zentralbank.[219]

---

[215] Dafür plädieren auch *Häde*, in: Calliess/Ruffert, EUV/AEUV, Art. 127 AEUV, Rn. 24; *Rodi*, in: Vedder/Heintschel v. Heinegg, Europäisches Unionsrecht, Art. 127 AEUV, Rn. 15. Für eine eigenständige EU-Institution zur Mikro- und Makroaufsicht *Gurlit/Schnabel*, ZBB 2015, 349 (362).
[216] Vgl. Empfehlung des ESRB vom 4.4.2013 zu Zwischenzielen und Instrumenten für makroprudenzielle Maßnahmen (ESRB/2013/1), ABl. 2013, C 170/1.
[217] *Häde*, in: Calliess/Ruffert, EUV/AEUV, Art. 127 AEUV, Rn. 58; *Krauskopf/Steven*, CMLRev. 46 (2009), 1143 (1173 f.). So wohl auch *Groß*, S. 128.
[218] *Häde*, in: Calliess/Ruffert, EUV/AEUV, Art. 127 AEUV, Rn. 61.
[219] EuGH, Urt. v. 27.11.2012, Rs. C–370/12 (Pringle), ECLI:EU:C:2012:756, Rn. 155 ff.; *Häde*, in: Calliess/Ruffert, EUV/AEUV, Art. 127 AEUV, Rn. 62; s. a. *Häde*, FS Martiny, S. 891 (897 f.).

Artikel 128 AEUV [Ausgabe von Banknoten und Münzen]

(1) ¹Die Europäische Zentralbank hat das ausschließliche Recht, die Ausgabe von Euro-Banknoten innerhalb der Union zu genehmigen. ²Die Europäische Zentralbank und die nationalen Zentralbanken sind zur Ausgabe dieser Banknoten berechtigt. ³Die von der Europäischen Zentralbank und den nationalen Zentralbanken ausgegebenen Banknoten sind die einzigen Banknoten, die in der Union als gesetzliches Zahlungsmittel gelten.

(2) ¹Die Mitgliedstaaten haben das Recht zur Ausgabe von Euro-Münzen, wobei der Umfang dieser Ausgabe der Genehmigung durch die Europäische Zentralbank bedarf. ²Der Rat kann auf Vorschlag der Kommission und nach Anhörung des Europäischen Parlaments und der Europäischen Zentralbank Maßnahmen erlassen, um die Stückelung und die technischen Merkmale aller für den Umlauf bestimmten Münzen so weit zu harmonisieren, wie dies für deren reibungslosen Umlauf innerhalb der Union erforderlich ist.

Literaturübersicht

Borries/Repplinger-Hach, Auf dem Weg zur »Euro-Verordnung«, NJW 1996, 3111; *Franzen*, Probleme bei der Euro-Bargeldeinführung, WM 2001, 349; *Häde*, Die Europäische Wirtschafts- und Währungsunion und ihr Bargeld, WM 1993, 2031; *Hahn*, Das Entstehen der Euro-Währung – Szenarien ihrer Einführung, JZ 1996, 321; *Hahn/Häde*, Währungsrecht, 2. Aufl., 2010; *Herrmann*, Währungshoheit, Währungsverfassung und subjektive Rechte, 2010; *Kilb*, Die Euro-Bargeldeinführung und die Glättung von Signalbeträgen, EuZW 2000, 709; *ders.*, Das Euro-Bargeld ist da, EuZW 2002, 5; *Krauskopf*, How euro banknotes acquire the properties of money, in: ECB (Hrsg.), Legal aspects of the European System of Central Banks, 2005, S. 243; *Reich*, Übergangsregelung für den Euro?, ZRP 1998, 338; *Röttinger*, Das Urheberrecht an den Euro-Münzen und Euro-Banknoten, ecolex 2000, 654; *Schefold*, Die europäischen Verordnungen über die Einführung des Euro, WM Sonderbeilage 4/1996, 1; *Schmidt*, Die »Staatliche Theorie des Geldes«: Jahrhundertwerk oder Makulatur? – Ein Streifzug durch Knapps »Staatliche Theorie des Geldes«, FS Hahn, 1997, S. 81; *Schorkopf*, Die Einführung des Euro: der europäische und deutsche Rechtsrahmen, NJW 2001, 3734; *Schröder*, Die Einführung des Euro und die Geldfälschung, NJW 1998, 3179; *Seiler*, Das Europäische System der Zentralbanken (ESZB) als Verantwortungsverbund: Systemgebundene Aufgabenerfüllung durch eigenständige Kompetenzträger, EuR 2004, 52; *Selmayr*, Das Recht der Wirtschafts- und Währungsunion, Erster Band: Die Vergemeinschaftung der Währung, 2001; *Smits*, The European Central Bank, 1997; *Vogel*, Strafrechtlicher Schutz des Euro vor Geldfälschung, ZRP 2002, 7; *Wagner*, Von der Deutschen Mark zum Euro, NJW 2001, 3743.

Wesentliche sekundärrechtliche Vorschriften

Verordnung (EG) Nr. 1103/97 des Rates vom 17.6.1997 über bestimmte Vorschriften im Zusammenhang mit der Einführung des Euro, ABl. 1997, L 162/1, geändert durch Verordnung (EG) Nr. 2595/2000 vom 27.11.2000, ABl. 2000, L 300/1
Verordnung (EG) Nr. 974/98 des Rates vom 3.5.1998 über die Einführung des Euro, ABl. 1998, L 139/1, geändert durch Verordnung (EU) Nr. 827/2014 vom 23.7.2014, ABl. 2014, L 228/3
Verordnung (EU) Nr. 729/2014 des Rates vom 24.6.2014 über die Stückelungen und technischen Merkmale der für den Umlauf bestimmten Euro-Münzen (Neufassung), ABl. 2014, L 194/1
Verordnung (EU) Nr. 651/2012 des Rates und des Parlaments vom 4.7.2012 über die Ausgabe von Euro-Münzen, ABl. 2012, L 201/135
Beschluss vom 12.12.2008 zur Änderung des Beschlusses EZB/2001/15 über die Ausgabe von Euro-Banknoten (EZB/2008/26), ABl. 2009, L 21/75
Beschluss vom 19.4.2013 über die Stückelung, Merkmale und Reproduktion sowie den Umtausch und Einzug von Euro-Banknoten (EZB/2013/10), ABl. 2013, L 118/37
Beschluss vom 13.12.2010 über die Ausgabe von Euro-Banknoten (EZB/2010/29), ABl. 2011, L 35/26, geändert durch Beschluss (EZB/2013/27) vom 29.8.2013, ABl. 2014, L 16/51

Inhaltsübersicht Rn.

A. Grundlagen 1
    I. Euro als gesetzliches Zahlungsmittel 1
    II. Kompetenzverteilung 3
    III. Räumlicher Geltungsbereich 5
    IV. Einführung des Euro-Bargeldes 6
B. Banknotenemission 7
    I. Ausschließliche Genehmigungsbefugnis 7
    II. Banknotenausgabe 11
C. Münzausgabe 12
    I. Zuständigkeiten 12
    II. Euro-Münzsystem 13
D. Strafrechtlicher Schutz des Bargeldes 15

A. Grundlagen

I. Euro als gesetzliches Zahlungsmittel

1 Die Ausgabe von Banknoten setzt zunächst einen Widmungsakt voraus, der einer Sache (z. B. Papierschein, Edelmetall-Münze) die öffentlich-rechtliche **Eigenschaft als gesetzliches Zahlungsmittel** verleiht. In der sog. **Monetarisierung** manifestiert sich die üblicherweise den Zentralbanken und/oder den Regierungen obliegende Befugnis, die hoheitlich ausgegebenen Scheine oder Münzen mit einem allgemeinen Annahmezwang auszustatten, aus dem die Akzeptanz im Rechtsverkehr als Zahlungsmittel resultiert.[1] Die gesetzlichen Zahlungsmittel gelten daher als Geld im Rechtssinne.[2]

2 Art. 128 Abs. 1 AEUV normiert, ebenso wie Art. 10 der Verordnung (EG) Nr. 974/98, das ausschließliche Recht des ESZB, auf **Euro** lautende Banknoten als **gesetzliche Zahlungsmittel** zu emittieren. Daraus folgt e contrario ein Verbot der Verwendung anderer körperlicher Zahlungsmittel innerhalb des Euro-Währungsgebietes.[3] Wenngleich der Wortlaut von Art. 128 Abs. 1 S. 3 AEUV so verstanden werden könnte, ist der **Euro nicht als Währung der Union**, sondern nur der Mitgliedstaaten einzustufen, die die gemeinsame Währung eingeführt haben. Infolge der unterschiedlichen Kompetenzverteilung bei der Emission (s. u. Rn. 7 ff. u. 12 ff.) sind die Euro-Scheine als **gemeinsame Banknoten des ESZB** einzuordnen, während es sich bei den Euro-**Münzen** um **nationale Zahlungsmittel** handelt, die auf eine gemeinsame Währung lauten.[4]

II. Kompetenzverteilung

3 Im Einzelnen regelt Art. 128 AEUV die **Zuständigkeitsverteilung** zwischen EZB und den nationalen Zentralbanken in Bezug auf die Genehmigung und die Ausgabe von Banknoten (Abs. 1) und Münzen (Abs. 2) innerhalb des Euro-Währungsgebietes. Abs. 1 Satz 2 weist das Recht zur **Ausgabe von Banknoten** der EZB und den **nationalen Zentralbanken** gleichermaßen zu. Hingegen verbleibt das **Recht zur Ausgabe von Münzen**

---

[1] Grundlegend für die deutsche Rechtsordnung *Häde*, Geldzeichen im Recht der Bundesrepublik Deutschland, 1991; vgl. zum währungsrechtlichen Geldbegriff *Hahn/Häde*, § 3, Rn. 12 ff.; *Smits*, 1997, S. 207 f.
[2] Grundlegend *Knapp*, Staatliche Theorie des Geldes, 1905; *Schmidt*, FS Hahn, 1997, S. 81.
[3] *Hahn/Häde*, § 3, Rn. 20.
[4] *Hahn/Häde*, § 23, Rn. 59 ff.; *Seiler*, EuR 2004, 52 (67).

bei den **Mitgliedstaaten**, wobei die EZB über den Umfang der Münzemission entscheidet (Abs. 2 Satz 1). Die **EZB** verfügt damit nicht über das notenbanktypische, exklusive Recht zur Emission von Geldzeichen (s. dazu u. Rn. 8 ff.), wohl aber über einen **Genehmigungsvorbehalt** für die Ausgabe von Euro-Geldzeichen (Abs. 1 Satz 1). Dieser setzt voraus, dass die EZB auch auf Art und Beschaffenheit sowie sicherheitstechnische Merkmale der Euro-Geldzeichen Einfluss nehmen darf; diesbezüglich ist jedoch die Grenzziehung zur Zuständigkeit des Rates, die zudem auf Euro-Münzen begrenzt ist (Abs. 2 Satz 1), primärrechtlich nicht eindeutig.[5]

Aus der Befugnis der EZB, den Banknoten durch Hoheitsakt die Eigenschaft als gesetzliches Zahlungsmittel zu verleihen, muss im Umkehrschluss folgen, dass die EZB auch die Befugnis zum **actus contrarius** in Gestalt der **Demonetarisierung** von Euro-Banknoten besitzt.[6] Obwohl das Primärrecht keinerlei Regelungen zur Außerkurssetzung und zum Umtausch enthält, ist die Annexkompetenz[7] der EZB aus Art. 128 Abs. 1 AEUV abzuleiten. Auf dieser Grundlage regelt Art. 5 des EZB-Beschlusses 2003/4[8] den Verlust der Geldeigenschaft von Euro-Banknoten durch Einzug. Die Außerkurssetzung von Euro-Münzen obliegt dem emittierenden Mitgliedstaat; in Deutschland regelt § 9 MünzG eine entsprechende Zuständigkeit der Bundesregierung.[9] 4

III. Räumlicher Geltungsbereich

Der räumliche Geltungsbereich von Art. 128 AEUV beschränkt sich auf die **Mitgliedstaaten** der EU, die den Euro als gemeinsame Währung eingeführt haben. Für Mitgliedstaaten mit **Ausnahmeregelung** schließt Art. 139 Abs. 2 Buchst. d AEUV sachlogisch die Anwendbarkeit von Art. 128 AEUV aus. 5

IV. Einführung des Euro-Bargeldes

In zeitlicher Hinsicht wurde Art. 128 AEUV erstmals im Zuge der **Euro-Bargeldeinführung** zum **1. 1. 2002** relevant.[10] Während die Gemeinschaftswährung bereits zum 1. 1. 1999 als Buchgeld eingeführt wurde,[11] hatte der Europäische Rat bereits 1995 eine längere Vorbereitungsphase sowie die **schrittweise Einführung** des Euro-Bargeldes beschlossen.[12] Für frühzeitige Rechtssicherheit sorgten die beiden **Euro-Einführungsverordnungen** (EG) Nr. 1103/97 und 974/98, die die sekundärrechtlichen Grundlagen des Szenarios lieferten.[13] Während der Übergangsphase (1. 1. 1999 – 31. 12. 2001) besaßen 6

---

[5] So auch *Kempen*, in: Streinz, EUV/AEUV, Art. 128 AEUV, Rn. 3.
[6] Ausführlich *Hahn/Häde*, § 23, Rn. 43 ff.; ebenso *Selmayr*, S. 432.
[7] *Hahn/Häde*, § 23, Rn. 37; *Kempen*, in: Streinz, EUV/AEUV, Art. 128 AEUV, Rn. 9.
[8] Ergänzt wird der Beschluss durch die Leitlinie der EZB vom 19. 4. 2013 zur Änderung der Leitlinie EZB/2003/5 über die Anwendung von Maßnahmen gegen unerlaubte Reproduktion von Euro-Banknoten sowie über den Umtausch und Einzug von Euro-Banknoten (EZB/2013/11), ABl. 2013, L 118/43.
[9] S. dazu *Hahn/Häde*, § 23, Rn. 54 f.
[10] Vgl. zur Euro-Bargeldeinführung in den einzelnen Mitgliedstaaten *Kilb*, EuZW, 2000, 709 (712 ff.).
[11] *Borries/Repplinger-Hach*, NJW 1996, 3111 f.; *Hahn*, JZ 1996, 321 (324); *Herrmann*, S. 217; *Schorkopf*, NJW 2001, 3734 (3737).
[12] *Europäischer Rat*, Tagung vom 15./16. 12. 1995, Schlussfolgerungen des Vorsitzes, Teil B, Anhang 1, ABl. 1996, C 22/2; vgl. *Schefold*, WM Sonderbeilage 4/1996, 1 (3 f.).
[13] Vgl. zu den Euro-Einführungsverordnungen: *Kilb*, EuZW 2002, 5 (7); *Reich*, ZRP 1998, 388 (389); *Schorkopf*, NJW 2001, 3734 (3736); *Wagner*, NJW 2001, 3743 (3745).

die nach wie vor umlaufenden nationalen Währungen de iure nur noch die Funktion nichtdezimaler Untereinheiten des Euro.[14] Parallel dazu wurden am 1.1.2002 die Euro-Banknoten und -Münzen in Umlauf gebracht, die nach einer weiteren sechsmonatigen Übergangsphase die inzwischen außer Kurs gesetzten nationalen Geldzeichen vollständig ersetzten. Den Mitgliedstaaten wurde das Recht zur Verkürzung der parallelen Währungen eingeräumt; Deutschland verkürzte durch das DM-Beendigungsgesetz die Übergangszeit, im Zuge eines juristischen Big Bang, auf Null.[15]

B. Banknotenemission

I. Ausschließliche Genehmigungsbefugnis

7 Art. 128 Abs. 1 AEUV, den Art. 16 UAbs. 1 ESZB-Satzung wortlautidentisch wiederholt, regelt die Genehmigung sowie die Ausgabe von Euro-Banknoten. Die daraus folgenden **Zuständigkeiten** sind zwischen der EZB und den nationalen Zentralbanken **geteilt**. Die systematische Stellung der Sätze 1 und 2 von Art. 128 Abs. 1 AEUV verdeutlicht die **vorgelagerte Stellung des Genehmigungsrechts** der EZB gegenüber dem eigentlichen Emissionsakt, der die Entstehung einer Verbindlichkeit des Emittenten (der EZB) in Höhe des Nennwertes der Banknote begründet.[16]

8 Sinn und Zweck des **Genehmigungsmonopols**[17] (Art. 128 Abs. 1 Satz 1 AEUV) ist es, der EZB die Kontrolle über die umlaufende (Bar-)Geldmenge zu sichern, welche für eine stabilitätsorientierte Geld- und Währungspolitik[18] unabdingbar ist. Allerdings kontrolliert die EZB die Geldmenge nicht direkt, sondern nur indirekt über den geldpolitischen Instrumenteneinsatz (s. Art. 127 AEUV, Rn. 13).[19]

9 Dem Wortlaut zufolge beschränkt sich der Genehmigungsvorbehalt der EZB auf die Union (Art. 128 Abs. 1 Satz 3 AEUV), d.h. das Staatsgebiet der Euro-Mitgliedstaaten. Die Ausgabe von Euro-Banknoten durch **Drittstaaten** – inner- wie außerhalb der EU – kann die EZB nicht direkt kontrollieren.[20] Die EZB besitzt kein Recht, Hoheitsakte wie die Banknotenemission in währungspolitisch souveränen Staaten zu genehmigen. Der Euro wäre in einem solchen Falle nicht als gesetzliches Zahlungsmittel legitimiert;[21] dies würde voraussetzen, dass der Staat Mitglied der EU sowie des Eurosystems wäre, womit wiederum Art. 128 Abs. 1 AEUV direkt Anwendung fände. Sofern nationale Zentral-

---

[14] *Rodi*, in: Vedder/Heintschel v. Heinegg, Europäisches Unionsrecht, Art. 128 AEUV, Rn. 1.
[15] *Franzen*, WM 2001, 349; *Kilb*, EuZW 2000, 709 (711); *Schorkopf*, NJW 2001, 3734 (3736); *Wagner*, NJW 2001, 3743 (3745).
[16] *Freimuth*, in: Siekmann, EWU, Art. 128 AEUV, Rn. 23.
[17] *Freimuth*, in: Siekmann, EWU, Art. 128 AEUV, Rn. 11f., 25; *Häde*, in: Calliess/Ruffert, EUV/AEUV, Art. 128 AEUV, Rn. 4; *Kempen*, in: Streinz, EUV/AEUV, Art. 128 AEUV, Rn. 2; *Rodi*, in: Vedder/Heintschel v. Heinegg, Europäisches Unionsrecht, Art. 128 AEUV, Rn. 2.
[18] Vgl. zu Einzelheiten die Kommentierung zu Art. 127 AEUV.
[19] Vgl. für das Selbstverständnis der EZB: Beschluss (EZB/2001/15) vom 6.12.2001 über die Ausgabe von Euro-Banknoten, ABl. 2001, L 337/52, 3. Erwägungsgrund; *Herrmann*, EuZW 2010, 645 (646), der auch auf die Problematik des Ankaufs von Staatsanleihen verweist; ähnlich *Rodi*, in: Vedder/Heintschel v. Heinegg, Europäisches Unionsrecht, Art. 127 AEUV, Rn. 7.
[20] Dagegen *Khan*, in: Geiger/Khan/Kotzur, EUV/AEUV, Art. 128 AEUV, Rn. 2, wonach sich der Genehmigungsvorbehalt auch auf Drittstaaten erstrecke; ähnlich *Potacs*, in: Schwarze, EU-Kommentar, Art. 128 AEUV, Rn. 1; so auch *Griller*, in: Grabitz/Hilf/Nettesheim, EU, Art. 128 AEUV (Mai 2013), Rn. 4.
[21] So wohl *Freimuth*, in: Siekmann, EWU, Art. 128 AEUV, Rn. 16, wonach die Erstreckung der Ausgabe an Drittstaaten »denklogisch nicht möglich« sei.

banken im ESZB den Versuch unternehmen würden, an Geschäftsbanken in Drittstaaten Euro-Bargeldbestände in unverhältnismäßigen Größenordnungen zu transferieren, wäre dies im Rahmen der ESZB-internen Meldepflichten für die EZB mühelos zurückverfolgbar und damit auch sanktionierbar. Die Existenz eines hohen Volumens an umlaufendem Euro-Bargeld, das somit als **faktisches Zahlungsmittel neben der Landeswährung** (z. B. in kleineren EU-, aber nicht Euro-Mitgliedstaaten bzw. der Schweiz) fungiert, kann dadurch indes nicht verhindert werden.[22]

Der Genehmigungsvorbehalt umfasst **jede für den Notenumlauf relevante Handlung**,[23] d. h. sämtliche Tätigkeiten, die die Gestaltung, das Aussehen, den Herstellungs-, Transport- und Auslieferungsprozess sowie die Stückelung der Banknoten betreffen. Aus Gründen einer einheitlichen Außendarstellung der Eurozone sowie der Sicherheit des Barzahlungsverkehrs besitzen die Euro-Banknoten ein **einheitliches äußeres Erscheinungsbild**, das vom EZB-Rat per Beschluss[24] festgelegt wurde. Die emittierende nationale Zentralbank ist nur anhand eines der Nummer vorangestellten Buchstabens zu erkennen.[25] Die Nennwerte der derzeit im Umlauf befindlichen Euro-Banknoten lauten auf 5, 10, 20, 50, 100, 200 und 500 Euro.[26] Die Einführung von Banknoten in 1- und 2-Euro-Stückelung wurde mehrfach diskutiert, jedoch bislang nicht realisiert.[27] Hingegen beschloss der EZB-Rat am 4. Mai 2016, die Herstellung und Ausgabe der 500-Euro-Banknote wegen der hohen Fälschungsraten dauerhaft einzustellen. Im Zuge der geplanten Ausgabe der 100- und 200-Euro-Banknoten der neuen Europa-Serie wird es keine 500-Euro-Stückelung mehr geben. Die im Umlauf befindlichen 500-Euro-Scheine bleiben gesetzliches Zahlungsmittel und behalten auf Dauer ihren Wert.[28]

Die Banknoten zeigen keinerlei mitgliedstaatliche Symbole, sondern Motive (v. a. Brücken, Tore, Fenster) des österreichischen Künstlers *Robert Kalina*, die »Zeitalter und Stile in Europa« repräsentieren. Mit dieser Entscheidung[29] folgte der EZB-Rat einem Vorschlag des Europäischen Währungsinstituts, das als Vorgängerinstitution der EZB die technischen Vorarbeiten der Gestaltung überwachte.[30]

II. Banknotenausgabe

Abs. 1 Satz 2 AEUV verleiht sowohl der EZB als auch den nationalen Zentralbanken das **Recht zur Notenausgabe**.[31] Allerdings hat die EZB per Beschluss[32] den **nationalen Zen-**

---

[22] *Kilb*, EuZW 2002, 5 (13), verweist auf das Beispiel des Kosovo, wo die D-Mark ca. 95 % der umlaufenden Währung ausmachte; die Rolle der früheren D-Mark übernimmt seit 2002 de facto der Euro, obwohl das Kosovo de iure weder EU-, noch Euro-Mitglied ist.
[23] *Khan*, in: Geiger/Khan/Kotzur, EUV/AEUV, Art. 128 AEUV, Rn. 2.
[24] Beschluss der EZB vom 7.7.1998, ersetzt durch Beschluss der EZB 2003/4.
[25] Zu Einzelheiten und zur Klassifikation s. *Hahn/Häde*, § 23, Rn. 14 f.
[26] Zur Frage der Begründung und des Verlusts der Geldeigenschaft bei Euro-Banknoten *Krauskopf*, S. 243 (249 ff.).
[27] *EZB*, Pressemitteilung vom 18.11.2004, demzufolge der EZB-Rat mitteilte, auf die Einführung von 1- oder 2-Euro-Banknoten vorerst zu verzichten.
[28] Vgl. Pressemitteilung der EZB vom 4. Mai 2016, EZB stellt Produktion und Ausgabe der 500-Euro-Banknote ein. Vgl. zur Kompetenz zum Einzug von Banknoten, oben Rn. 4.
[29] Beschluss der EZB vom 7.7.1998, ersetzt durch Beschluss der EZB 2003/4.
[30] Zur Entstehungsgeschichte der Banknoten vgl. EWI, Jahresbericht 1996, April 1997, S. 81 f.
[31] Zu weiterführenden Rechtsfragen vgl. *Seiler*, EuR 2004, 52 (67 ff.); vgl. auch *Smits*, 1997, S. 206 f.; zum »Lebenszyklus« einer Euro-Banknote s. ausführlich *Papapaschalis*, in: GSH, Europäisches Unionsrecht, Art. 128 AEUV, Rn. 12 ff.
[32] S. Art. 3 Abs. 1 EZB-Beschluss 2010/29.

tralbanken das Inverkehrbringen,[33] den Einzug sowie die physische Bearbeitung aller Euro-Banknoten übertragen, einschließlich der von der EZB ausgegebenen Banknoten.

C. Münzausgabe

I. Zuständigkeiten

12 Im Gegensatz zur Banknotenausgabe belässt Abs. 2 Satz 1 die Zuständigkeit zur Ausgabe von Euro-Münzen bei den **Mitgliedstaaten**.[34] Die insofern verbleibende nationale Restkompetenz,[35] die währungspolitisch jedoch von untergeordneter Bedeutung ist,[36] sichert den Mitgliedstaaten mit dem Gewinn aus der Münzprägung, dem sog. **Münzregal**, eine kalkulierbare staatliche Einnahmequelle.[37] Die EZB besitzt keine eigene unionsrechtliche Kompetenz zur Münzausgabe. Allerdings überträgt Art. 128 Abs. 2 Satz 1, letzter HS AEUV der EZB die alleinige Befugnis, per Beschluss den Umfang der mitgliedstaatlichen Münzausgabe zu genehmigen. Sinn und Zweck dieser **Genehmigungszuständigkeit**[38] ist es, der **EZB** die Kontrollhoheit über das umlaufende Bargeldvolumen als Teil der Gesamtgeldmenge zu sichern.[39] Von ihrer Genehmigungsbefugnis macht die EZB durch Entscheidungen Gebrauch, die die Kontingente für die Ausgabe von Umlauf- und Sammlermünzen durch die einzelnen Mitgliedstaaten festlegen.[40]

II. Euro-Münzsystem

13 Die in Art. 128 Abs. 2 S. 1 AEUV verankerte **Harmonisierungskompetenz** des **Rates** ist zunächst Ausdruck nationaler Vielfalt. Eine unionsweite Angleichung soll nur insofern erfolgen, wie dies dem Ziel eines reibungslosen und rechtssicheren Barzahlungsverkehrs (Art. 127 Abs. 2, 4. Gedstr. AEUV, s. Art. 127 Rn. 32–35) dient. Auf dieser Grundlage bestimmt die Verordnung (EG) Nr. 729/2014 ein **einheitliches europäisches Münzsystem** und legt Stückelung und technische Merkmale der für den Umlauf bestimmten Euro-Münzen fest. Die **Stückelungen** der Euro-Münzen betragen 1, 2, 5, 10, 20 und 50 Cent sowie 1 und 2 Euro. Alle von den Mitgliedstaaten ausgegebenen Euro-Münzen weisen dieselbe **Gestaltung** auf. Sie haben die gleiche Vorderseite, gefertigt nach Entwürfen des Belgiers *Luc Luyxc*.[41] Die Rückseiten sind geprägt von nationaler Vielfalt, sie zeigen Symbole der jeweiligen Mitgliedstaaten. Die infolge des europawei-

---

[33] S. zum Begriff *Freimuth*, in: Siekmann, EWU, Art. 128 AEUV, Rn. 24.
[34] Zum »Lebenszyklus« einer Euro-Münze s. ausführlich *Papaschalis*, in: GSH, Europäisches Unionsrecht, Art. 128 AEUV, Rn. 28 ff.
[35] *Manger-Nestler*, Par(s) inter pares?, 2008, S. 265; ähnlich *Freimuth*, in: Siekmann, EWU, Art. 128 AEUV, Rn. 87; *Smits*, 1997, S. 210; a. A. *Zilioli/Di Preso*, in: GS, EUV/EGV, 6. Aufl., 2003, Art. 106 EGV, Rn. 27, die für eine aus der ausschließlichen Unionszuständigkeit in Währungssachen abgeleiteten mitgliedstaatlichen Kompetenz plädieren.
[36] *Rodi*, in: Vedder/Heintschel v. Heinegg, Europäisches Unionsrecht, Art. 128 AEUV, Rn. 5.
[37] Darauf verweist auch *Kempen*, in: Streinz, EUV/AEUV, Art. 128 AEUV, Rn. 10.
[38] *Freimuth*, in: Siekmann, EWU, Art. 128 AEUV, Rn. 90; so auch *Griller*, in: Grabitz/Hilf/Nettesheim, EU, Art. 128 AEUV (Mai 2013), Rn. 10.
[39] *Herrmann*, S. 228.
[40] Vgl. Beschluss der EZB vom 1. 12. 2011 über die Genehmigung des Umfangs der Ausgabe von Münzen im Jahr 2012 (EZB//2011/21), ABl. 2011, L 324, 37.
[41] Vgl. *Röttinger*, ecolex 2000, 654 (656 ff.).

ten Bargeldverkehrs eintretende Vermischung der Euro-Münzen soll einen **integrationspolitisch positiven Effekt**[42] bewirken.

Ausweislich seines Wortlautes bezieht sich die Harmonisierungskompetenz des Abs. 2 Satz 2 nur auf Euro-Münzen, die für den Umlauf bestimmt sind. Daneben können **Sondermünzen**, d.h. **Gedenk- und Sammlermünzen** geprägt werden,[43] deren Gestaltung und Prägung von den Mitgliedstaaten in eigener Zuständigkeit geregelt und umgesetzt werden kann. Sofern die nationalen Sondermünzen den primärrechtlich harmonisierten Vorgaben (Abs. 2 Satz 2) entsprechen, gewährleistet ihre Umlauffähigkeit einen grenzüberschreitenden Münzumlauf.[44] Dies gilt beispielsweise für die zum Umlauf bestimmten Euro-Gedenkmünzen, von denen jeder Mitgliedstaat pro Jahr zwei Stück emittieren darf.[45] Weicht die Gestaltung der Gedenkmünzen von den einheitlichen Merkmalen ab,[46] sind sie nur im emittierenden Mitgliedstaat als gesetzliches Zahlungsmittel anerkannt.[47]

14

D. Strafrechtlicher Schutz des Bargeldes

Der strafrechtliche Schutz des Bargeldes fällt prinzipiell in die **Zuständigkeit der Mitgliedstaaten**,[48] weshalb Art. 12 der Verordnung (EG) Nr. 974/98 den Mitgliedstaaten die Pflicht auferlegt, Nachahmungen und Fälschungen von Euro-Banknoten angemessen zu sanktionieren. Im Rahmen der unionsweiten Koordinierung erließ der Rat 2001 im Zuge der Bargeldeinführung die **Verordnung** (EG) Nr. 1338/2001,[49] in der zum Schutz des Euro gegen Geldfälschung erforderliche Maßnahmen festgelegt sind, sowie einen **Rahmenbeschluss** zum Schutz des Euro,[50] der kurze Zeit später durch das sog. Pericles-**Aktionsprogramm**[51] ergänzt wurde. Seit dem Vertrag von **Lissabon** ermächtigt Art. 83 Abs. 1 AEUV den Unionsgesetzgeber zum Erlass von Mindestvorschriften in Gestalt von Richtlinien, die Straftaten und Strafen bei der Fälschung von Zahlungsmitteln regeln (s. ausführlich Art. 83 AEUV, Rn. 25).

15

Die aus Art. 128 AEUV abzuleitenden **Kompetenzen der EZB** im Rahmen der Bekämpfung von **Geldfälschung**[52] beschränken sich auf Informationsaustausch, Zusammenarbeit und nötigenfalls Amtshilfe. Neben den Kreditinstituten, die entsprechende

16

---

[42] *Häde*, in: Calliess/Ruffert, EUV/AEUV, Art. 128 AEUV, Rn. 1. Die Bedenken von *Selmayr*, S. 432, gegen die grenzüberschreitende Umlauftauglichkeit der Münzen erwiesen sich als unbegründet.
[43] *Häde*, WM 1993, 2031 (2039); vgl. zu den Begriffen Art. 1 VO (EU) Nr. 651/2012.
[44] Gemäß Art. 11 der VO (EG) 974/98 sind umlauffähige Euro-Münzen im gesamten Euro-Währungsraum gesetzliches Zahlungsmittel.
[45] Vgl. Art. 4 Abs. 1 VO (EU) Nr. 651/2012.
[46] Beispielsweise verlangt § 5 Satz 1 des deutschen MünzG, dass sich deutsche Euro-Gedenkmünzen hinreichend von den Euro-Münzen unterscheiden müssen.
[47] *Hahn/Häde*, § 23, Rn. 25; *Laschat*, EuBl. 2002, 2 (12).
[48] *Griller*, in: Grabitz/Hilf/Nettesheim, EU, Art. 128 AEUV (Mai 2013), Rn. 15.
[49] Verordnung (EG) Nr. 1338/2001 vom 28.6.2001, ABl. 2001, L 181/6, geändert durch Verordnung (EG) Nr. 44/2009 vom 18.12.2009, ABl. 2009, L 17/1.
[50] Rb über die Verstärkung des mit strafrechtlichen und anderen Sanktionen bewehrten Schutzes gegen Geldfälschung im Hinblick auf die Einführung des Euro vom 29.5.2000, ABl. 2000, L 140/1, geändert durch Rahmenbeschluss 2001/888/JI vom 6.12.2001, ABl. 2001, L 329/3.
[51] Grundlage bildet der Beschluss des Rates 2001/923/EG vom 17.12.2001, ABl. 2001, L 339/50.
[52] *Griller*, in: Grabitz/Hilf/Nettesheim, EU, Art. 128 AEUV (Mai 2013), Rn. 17; *Kempen*, in: Streinz, EUV/AEUV, Art. 128 AEUV, Rn. 4; *Schröder*, NJW 1998, 3179.

Meldepflichten treffen,⁵³ kooperiert die EZB vor allem mit den nationalen Zentralbanken, die innerhalb des ESZB für die operative Bargeldbearbeitung Sorge tragen;⁵⁴ den Rahmen dafür bildet das Falschgeldüberwachungssystem (FGÜS) der EZB. Schließlich arbeitet die EZB mit grenzüberschreitenden Polizeibehörden (Europol und Interpol) zusammen.⁵⁵

---

⁵³ S. Art. 6 der Verordnung (EG) Nr. 1338/2001.
⁵⁴ Vgl. Beschluss der EZB (EZB/2010/14) vom 16. 9. 2010 über die Prüfung der Echtheit und Umlauffähigkeit und über die Wiederausgabe von Euro-Banknoten, ABl. 2010, L 267/1.
⁵⁵ Vgl. zu institutionellen Maßnahmen in diesem Bereich *Hahn/Häde*, § 23, Rn. 77 f.

Artikel 129 AEUV [Struktur des ESZB; Satzung]

(1) Das ESZB wird von den Beschlussorganen der Europäischen Zentralbank, nämlich dem Rat der Europäischen Zentralbank und dem Direktorium, geleitet.

(2) Die Satzung des Europäischen Systems der Zentralbanken und der Europäischen Zentralbank (im Folgenden »Satzung des ESZB und der EZB«) ist in einem den Verträgen beigefügten Protokoll festgelegt.

(3) ¹Das Europäische Parlament und der Rat können die Artikel 5.1, 5.2, 5.3, 17, 18, 19.1, 22, 23, 24, 26, 32.2, 32.3, 32.4, 32.6, 33.1 Buchstabe a und 36 der Satzung des ESZB und der EZB gemäß dem ordentlichen Gesetzgebungsverfahren ändern. ²Sie beschließen entweder auf Empfehlung der Europäischen Zentralbank nach Anhörung der Kommission oder auf Empfehlung der Kommission nach Anhörung der Europäischen Zentralbank.

(4) Der Rat erlässt entweder auf Vorschlag der Kommission und nach Anhörung des Europäischen Parlaments und der Europäischen Zentralbank oder auf Empfehlung der Europäischen Zentralbank und nach Anhörung des Europäischen Parlaments und der Kommission die in den Artikeln 4, 5.4, 19.2, 20, 28.1, 29.2, 30.4 und 34.3 der Satzung des ESZB und der EZB genannten Bestimmungen.

Literaturübersicht

Brosius-Gersdorf, Deutsche Bundesbank und Demokratieprinzip, 1997; *Gaitanides*, Das Recht der Europäischen Zentralbank, 2005; *Häde*, Die Europäische Wirtschafts- und Währungsunion, EuZW 1992, 171; *ders.*, Die Wirtschafts- und Währungsunion im Vertrag von Lissabon, EuR 2009, 200; *Hahn/Häde*, Währungsrecht, 2. Aufl., 2010; *Herrmann*, Währungshoheit, Währungsverfassung und subjektive Rechte, 2010; *Janzen*, Der neue Art. 88 Satz 2 des Grundgesetzes, 1996; *Krauskopf/Steven*, The institutional framework of the European System of Central Banks: Legal issues in the practice of the first ten years of its existence, CMLRev. 46 (2009), 1143; *Louis*, The Economic and Monetary Union: Law and Institutions, CMLRev. 41 (2004), 575; *Manger-Nestler*, Par(s) inter pares?, 2008; *Potacs*, Nationale Zentralbanken in der Wirtschafts- und Währungsunion, EuR 1993, 23; *Priego/Conlledo*, The role of the decentralisation principle in the legal construction of the European System of Central Banks, in: ECB (Hrsg.), Legal Aspects of the European System of Central Banks, 2005, 189; *Seidel*, Konstitutionelle Schwächen der Währungsunion, EuR 2000, 861; *ders.*, Im Kompetenzkonflikt: ESZB versus EZB, EuZW 2000, 552; *Selmayr*, Die Wirtschafts- und Währungsunion als Rechtsgemeinschaft, AöR 124 (1999), 357; *Smits*, The European Central Bank – Institutional Aspects, 1997; *Stadler*, Der rechtliche Handlungsspielraum des Europäischen Systems der Zentralbanken, 1996; *van den Berg*, The making of the Statute of the European System of Central Banks, 2004; *Weber*, Die Kompetenzverteilung im Europäischen System der Zentralbanken bei der Festlegung und Durchführung der Geldpolitik, 1995; *Weinbörner*, Die Stellung der Europäischen Zentralbank (EZB) und der nationalen Zentralbanken in der Wirtschafts- und Währungsunion nach dem Vertrag von Maastricht, 1998; *Zilioli/Selmayr*, Recent Developments in the Law of the European Central Bank, Yearbook of European Law, 2006, 1; *Zimmermann*, Die nationalen Zentralbanken als Bestandteile des Europäischen Systems der Zentralbanken, 2000.

Wesentliche sekundärrechtliche Vorschriften

Verordnung (EG) Nr. 2531/98 des Rates vom 23.11.1998 über die Auferlegung einer Mindestreservepflicht durch die EZB, ABl. 1998, L 318/1, geändert durch VO (EG) Nr. 134/2002 des Rates vom 22.1.2002, ABl. 2002, L 24/1

Verordnung (EG) Nr. 1745/2003 der EZB vom 12.9.2003 über die Auferlegung einer Mindestreservepflicht, ABl. 2003, L 250/10, geändert durch VO (EU) Nr. 1376/2014 vom 10.12.2014, ABl. 2014, L 366/79

Verordnung (EG) Nr. 2532/98 des Rates vom 23.11.1998 über das Recht der EZB, Sanktionen zu verhängen, ABl. 1998, L 318/4, geändert durch VO (EU) Nr. 2015/159 vom 27.1.2015, ABl. 2015, L 27/1

Verordnung (EG) Nr. 2157/1999 der EZB vom 23.9.1999 über das Recht der EZB, Sanktionen zu verhängen (EZB/1999/4), ABl. 1999, L 264/21, geändert durch VO (EU) Nr. 469/2014 vom 16.4.2014, ABl. 2014, L 141/51

Verordnung (EG) Nr. 2533/98 des Rates vom 23. 11. 1998 über die Erfassung statistischer Daten durch die EZB, ABl. 1998, L 318/8, geändert durch VO (EU) 2015/373 vom 5.3.2015, ABl. 2015, L 64/6

Verordnung (EG) Nr. 1009/2000 des Rates vom 8.5.2000 über Kapitalerhöhungen der Europäischen Zentralbank, ABl. 2000, L 115/1

Verordnung (EU) Nr. 1071/2013 der EZB vom 24.9.2013 über die Bilanz des Sektors der monetären Finanzinstitute (Neufassung) (EZB/2013/33), ABl. 2013, L 297/1, geändert durch VO (EU) Nr. 1375/2014 der EZB vom 10.12.2014, ABl. 2014, L 366/77

Beschluss des Rates vom 5.6.1998 über die zur Festlegung des Schlüssels für die Zeichnung des Kapitals der EZB benötigten statistischen Daten (98/382/EG), ABl. 1998, L 171/33

Beschluss des Rates vom 15.7.2003 über die statistischen Daten, die bei der Anpassung des Schlüssels für die Zeichnung des Kapitals der Europäischen Zentralbank anzuwenden sind (2003/517/EG), ABl. 2003, L 181/43

Beschluss des Rates vom 21.3.2003 über eine Änderung des Artikels 10.2 der Satzung des Europäischen Systems der Zentralbanken und der Europäischen Zentralbank (2003/223/EG), ABl. 2003, L 83/6

Entscheidung (EG) Nr. 98/415/EG des Rates vom 29.6.1998 über die Anhörung der EZB durch die nationalen Behörden zu Entwürfen für Rechtsvorschriften, ABl. 1998, L 189/42

Inhaltsübersicht

	Rn.
A. Funktion der Norm	1
B. Binnenstruktur des ESZB	3
I. Überblick	3
II. Rolle der EZB	6
III. Stellung der nationalen Zentralbanken	9
1. Allgemeines	9
2. Grundsatz der Dezentralisierung	10
3. Anspruch der NZB auf Einbeziehung?	12
C. Satzung des ESZB und der EZB	13
I. Inhalt	13
II. Rechtsnatur	14
D. Änderung der Satzung von ESZB und EZB	16
I. Grundsatz	16
II. Sachbereiche	18
III. Verfahren	20
E. Ausführungsbestimmungen zur Satzung von ESZB und EZB	21

A. Funktion der Norm

1 Art. 129 AEUV trifft **organisations- und verfahrensrechtliche Grundaussagen** für das ESZB.[1] Durch den Vertrag von Lissabon erhielt die EZB die Stellung eines Unionsorgans (Art. 13 Abs. 1 UAbs. 2 EUV), weshalb sich die Einzelheiten zu Rechtsstellung und Aufbau im Kapitel über die Organe der EU (Art. 282 ff. AEUV) wiederfinden. Die bislang in Art. 107 EGV, der Vorgängernorm von Art. 129 AEUV, normierten Inhalte wurden zweigeteilt und entweder Art. 129 AEUV (Art. 107 Abs. 3–6 EGV) oder Art. 282 AEUV (Art. 107 Abs. 1–2 EGV) zugeordnet. Allerdings setzt das Normver-

---

[1] Ähnlich *Becker*, in: Siekmann, EWU, Art. 129 AEUV, Rn. 2; *Kempen*, in: Streinz, EUV/AEUV, Art. 129 AEUV, Rn. 2; a. A. *Khan*, in: Geiger/Khan/Kotzur, EUV/AEUV, Art. 129 AEUV, Rn. 2, der Art. 129 AEUV nur eine »politische Funktion« zuschreibt.

ständnis von Art. 129 die Kenntnis von Art. 282 AEUV voraus.² Die mittlerweile zersplitterten, weil in zwei teilweise redundanten Vorschriften enthaltenen Regelungen sind daher wenig praktikabel,³ denn sie widersprechen dem politischen Integrationszweck eines einheitlichen Währungsraums.

Abs. 1, der Binnenorganisation und Leitungsstruktur des ESZB festlegt, dient als **regelungstechnische Klammer**, indem er die währungsrechtlichen Bestimmungen der Art. 127 ff. AEUV mit den Vorschriften zur Organstruktur der EU verknüpft. Weitere **Regelungsgegenstände** von Art. 129 AEUV betreffen die Rechtsnatur der ESZB-Satzung (Abs. 2), verfahrensrechtliche Modalitäten einer Satzungsänderung (Abs. 3) sowie das in der Satzung für bestimmte Maßnahmen anzuwendende Rechtsetzungsverfahren (Abs. 4). Da Art. 139 den Art. 129 AEUV nicht erwähnt, gilt die Vorschrift auch für Mitgliedstaaten mit Ausnahmeregelung. 2

B. Binnenstruktur des ESZB

I. Überblick

Art. 129 Abs. 1, dessen Inhalt Art. 282 Abs. 2 Satz 1 AEUV wortlautidentisch wiederholt, überträgt die Leitung des **ESZB** den Beschlussorganen der EZB. Dieser Aussage liegt das primärrechtliche Rechtsverständnis zugrunde, wonach nur die EZB (Art. 282 Abs. 3 AEUV, s. Art. 282, Rn. 7 ff.), **nicht** aber das ESZB **Rechtspersönlichkeit** besitzen. Mangels eigener Rechts- und Handlungsfähigkeit ist das ESZB **kein** Zuordnungssubjekt unionsrechtlicher Rechte und Pflichten und damit auch kein **Unionsorgan**[4] (Art. 13 Abs. 2, 3 EUV). 3

Das Zentralbanksystem, das seiner Funktion nach auch als »Dachverband für die ihm angehörenden Institutionen«,[5] als »Unionseinrichtung eigener Art«[6] oder »Sammelbezeichnung für seine Bestandteile«[7] bezeichnet wird, fungiert als **organisationsrechtlicher Systemverbund**[8] **für das koordinierte Zusammenwirken** von EZB und nationalen Zentralbanken (NZB). Infolge seiner primärrechtlichen Abstützung in den Art. 127 ff. sowie der Einrichtungsgarantie des Art. 282 AEUV ist das ESZB, nach vorherrschender Auffassung,[9] **im institutionellen Gefüge der Union fest verankert**. Es bildet daher keine eigenständige, außerhalb der Union angesiedelte zwischenstaatliche Einrichtung.[10] 4

Da das ESZB nicht über eigene Organe verfügt, überträgt Abs. 1 die **Leitung** den **Beschlussorganen** der **EZB**. Der EZB-Rat und das Direktorium werden dadurch aber 5

---

² *Häde*, in: Calliess/Ruffert, EUV/AEUV, Art. 129 AEUV, Rn. 1.
³ Vgl. *Kempen*, in: Streinz, EUV/AEUV, Art. 129 AEUV, Rn. 1.
⁴ *Becker*, in: Siekmann, EWU, Art. 282 AEUV, Rn. 36; *Hahn/Häde*, § 16, Rn. 145; *Kempen*, in: Streinz, EUV/AEUV, Art. 282 AEUV, Rn. 4; *Manger-Nestler*, S. 146; a. A. *Seidel*, EuR 2000, 861 (864 f., 868).
⁵ *Brosius-Gersdorf*, S. 283.
⁶ *Kempen*, in: Streinz, EUV/AEUV, Art. 129 AEUV, Rn. 2; *Rodi*, in: Vedder/Heintschel v. Heinegg, Europäisches Unionsrecht, Art. 282 AEUV, Rn. 6.
⁷ *Hahn/Häde*, § 16, Rn. 141.
⁸ Ähnlich *Herrmann*, S. 229 (»Überbau«).
⁹ Vgl. ausf. zum Meinungsstand *Becker*, in: Siekmann, EWU, Art. 282 AEUV, Rn. 34 ff. Ebenso *Häde*, in: Calliess/Ruffert, EUV/AEUV, Art. 282 AEUV, Rn. 35 ff.; *Palm*, in: Grabitz/Hilf/Nettesheim, EU, Art. 282 AEUV (Oktober 2011), Rn. 47; *Weinbörner*, S. 451; *Zimmermann*, S. 18 f.
¹⁰ So aber *Selmayr*, AöR 124 (1999), 357 (369 ff.); *Seidel*, EuZW 2000, 552.

nicht zu Organen des ESZB,[11] sondern handeln im Wege der Organleihe[12] für das ESZB.

II. Rolle der EZB

6 Die herausgehobene Position der **EZB an der Spitze**[13] des zweistufig verfassten Zentralbanksystems verdeutlicht deren Überordnung über die NZB als Folge des währungsrechtlichen Kompetenztransfers. Allerdings schweigt Art. 129 Abs. 1 AEUV zu der Frage, welche konkreten »Leitungsbefugnisse« den Beschlussorganen der EZB in Bezug auf das ESZB obliegen sollen. Für das Verständnis der Organstruktur aufschlussreicher ist indes Art. 283 AEUV, auf dessen Kommentierung an dieser Stelle verwiesen sei. Ergänzend dazu finden sich in der ESZB-Satzung detaillierte Regelungen zur ESZB-internen Aufgaben- und Befugnisverteilung zwischen EZB-Rat (Art. 12 ESZB-Satzung) und Direktorium (Art. 11 ESZB-Satzung) sowie zur Rolle der NZB (Art. 14 ESZB-Satzung).

7 Der Begriff »**Leitung**« beinhaltet die alleinige Zuständigkeit des **EZB-Rates** (Art. 283 Abs. 1 AEUV, s. Art. 283, Rn. 3 ff.), als **oberstes Beschlussorgan** der EZB die Geldpolitik der Union festzulegen und die zur Aufgabenerfüllung erforderlichen Leitlinien zu erlassen (Art. 12.1 UAbs. 1 Satz 1 ESZB-Satzung). Die umfassende Leitungskompetenz schließt das Recht des EZB-Rates ein, Beschlüsse zu geldpolitischen Zwischenzielen zu erlassen, die Leitzinssätze festzulegen und die Bereitstellung von Zentralbankgeld im ESZB zu kontrollieren (Art. 12.1 UAbs. 1 Satz 2 ESZB-Satzung). Das **Direktorium** (Art. 283 Abs. 2 UAbs. 1 AEUV, s. Art. 283, Rn. 26) handelt als **Exekutivorgan** gemäß den Leitlinien und Beschlüssen des EZB-Rates und erteilt im Rahmen der Ausführung der Geldpolitik den NZB die erforderlichen Weisungen (Art. 12.1 UAbs. 2 ESZB-Satzung).

8 Art. 129 Abs. 1 AEUV stellt klar, dass die Geschäfte des ESZB nur durch den EZB-Rat und das Direktorium geführt werden. **Nicht** erwähnt wird der **Erweiterte Rat** (Art. 141 AEUV; Art. 44 ESZB-Satzung), der als drittes Beschlussorgan der EZB auf Zeit angelegt ist und nur zu Koordinierungs- und Abstimmungszwecken zwischen dem Eurosystem und den Mitgliedstaaten mit Ausnahmeregelung (Art. 139 ff. AEUV) tätig wird.[14]

III. Stellung der nationalen Zentralbanken

1. Allgemeines

9 Die **NZB** sind »integrale Bestandteile«[15] des ESZB und »handeln gemäß den Leitlinien und Weisungen der EZB« (Art. 14.3 Satz 1 ESZB-Satzung). Trotz ihrer Stellung als

---

[11] Ebenso *Häde*, in: Calliess/Ruffert, EUV/AEUV, Art. 129 AEUV, Rn. 2; dagegen *Griller*, in: Grabitz/Hilf/Nettesheim, EU, Art. 129 AEUV (Mai 2013), Rn. 3; *Seidel*, EuZW 2000, 552; *ders.*, Die Weisungs- und Herrschaftsmacht der Europäischen Zentralbank im Europäischen System der Zentralbanken – eine rechtliche Analyse, FS Nölling, 2003, S. 481 (492 ff.).

[12] *Häde*, in: Calliess/Ruffert, EUV/AEUV, Art. 282 AEUV, Rn. 2; *Manger-Nestler*, S. 146; gegen eine Organleihe *Becker*, in: Siekmann, EWU, Art. 129 AEUV, Rn. 6; *Seidel*, EuZW 2000, 552 (552).

[13] So auch *Griller*, in: Grabitz/Hilf/Nettesheim, EU, Art. 129 AEUV (Mai 2013), Rn. 2, der die EZB als »Herzstück« des ESZB bezeichnet.

[14] *Becker*, in: Siekmann, EWU, Art. 129 AEUV, Rn. 5 sowie Art. 282 AEUV, Rn. 21; *Kempen*, in: Streinz, EUV/AEUV, Art. 129 AEUV, Rn. 1 f.

[15] Vgl. näher zum Begriffsverständnis *Hahn/Häde*, § 16, Rn. 97 ff.

rechtlich selbständige Einrichtungen der Mitgliedstaaten[16] besitzen sie infolge der ausschließlichen währungsrechtlichen Kompetenz der Union (Art. 3 Abs. 1 Buchst. c AEUV) **keine eigenen geldpolitischen Zuständigkeiten** mehr.[17] Unabhängig davon darf die EZB die NZB im Rahmen des **Grundsatzes der Dezentralisierung** zur Durchführung von Geschäften im Aufgabenbereich des ESZB heranziehen (Art. 12.1 UAbs. 3 ESZB-Satzung), »soweit dies möglich und sachgerecht erscheint«. Im Gegenzug sind die NZB gehalten, gemäß den Leitlinien und Weisungen der EZB zu handeln (Art. 14.3 Satz 1 ESZB-Satzung).

2. Grundsatz der Dezentralisierung

Art. 12.1 UAbs. 3 ESZB-Satzung bringt mit diesem **organisationsrechtlichen Strukturprinzip**, das prägend für das Verhältnis von europäischer und nationaler Ebene im ESZB ist, eine Kompetenzausübungsschranke[18] zum Ausdruck, die dem Subsidiaritätsprinzip[19] – allerdings nur unter umgekehrten Vorzeichen – vergleichbar[20] und daher als eine Art **sektorielle Subsidiaritätsklausel** zu interpretieren ist. Hintergrund der Regelung ist, dass bereits das Committee of Governors einig darin war, bei der Durchführung der Geschäfte des ESZB weitgehend auf die Expertise sowie die personellen Ressourcen der NZB zurückzugreifen, sprich die Vollzugszuständigkeiten den nationalen Einheiten zuzuordnen.[21]

10

Der Denzentralisierungsgrundsatz enthält **zwei kumulativ zu erfüllende Kriterien** – die Möglichkeit und die Sachgerechtigkeit. Beim **Möglichkeitskriterium** geht es darum, dass die nationalen Zentralbanken grundsätzlich in der Lage sind, die inhaltlichen Vorgaben der EZB umzusetzen,[22] wozu sie infolge ihrer Rolle als integrale Bestandteile des ESZB von ihren Mitgliedstaaten mit entsprechenden Mitteln ausgestattet werden müssen.[23] Die Sachgerechtigkeit bemisst sich danach, ob die Aufgabenerfüllung auf dezentraler Ebene als qualitativ akzeptabel anzusehen ist, wozu nicht allein auf die Kosteneffizienz abgestellt werden darf,[24] oder aber darauf, ob eine zentral(isiert)e Aufgabenwahrnehmung notwendig scheint. Die Einschätzung beider Kriterien unterliegt dem Beurteilungsspielraum des EZB-Rates.[25]

---

[16] *Häde*, in: Calliess/Ruffert, EUV/AEUV, Art. 282 AEUV, Rn. 14; *Kempen*, in: Streinz, EUV/AEUV, Art. 129 AEUV, Rn. 4; *Manger-Nestler*, S. 192 f.; *Potacs*, EuR 1993, 23 (38 f.); *Zimmermann*, S. 139 f.; a. A. *Janzen*, Der neue Art. 88 Satz 2 des Grundgesetzes, 1996, S. 99; *Seidel*, EuR 2000, 861 (863); *Smits*, S. 94.
[17] *Smits*, S. 111 f.; vgl. ausführlich zum verbleibenden Handlungsspielraum *Manger-Nestler*, S. 187 ff.
[18] *Stadler*, S. 158 (»sektorieller Subsidiaritätsgrundsatz«); ähnlich *Zimmermann*, S. 104.
[19] Das Subsidiaritätsprinzip (Art. 5 Abs. 3 EUV) kann für die in ausschließlicher Kompetenz ausgeübte Währungspolitik keine Anwendung finden. Vgl. *Zilioli/Urban*, in: GSH, Europäisches Unionsrecht, ESZB/EZB, Art. 12, Rn. 19; *Manger-Nestler*, S. 295 f. Zum Ursprung der Vorschrift *Priego/Conlledo*, The role of the decentalisation principle in the legal construction of the European System of Central Banks, S. 189 (190 ff.); *van den Berg*, S. 301.
[20] Vgl. ausführlich *Manger-Nestler*, S. 222 ff.; dagegen *Zilioli/Urban*, in: GSH, Europäisches Unionsrecht, ESZB/EZB, Art. 12, Rn. 19 f.
[21] *Steven*, in: Siekmann, EWU, ESZB/EZB, Art. 12, Rn. 40; *van den Berg*, S. 301.
[22] Einzelheiten bei *Manger-Nestler*, S. 225 f.
[23] *Steven*, in: Siekmann, EWU, ESZB/EZB, Art. 12, Rn. 44.
[24] *Manger-Nestler*, S. 226; *Steven*, in: Siekmann, EWU, ESZB/EZB, Art. 12, Rn. 45.
[25] *Steven*, in: Siekmann, EWU, ESZB/EZB, Art. 12, Rn. 44 f., die jedoch auf unterschiedliche Reichweite des Beurteilungsspielraums hinweisen.

11 Schließlich steht der Dezentralisierungsgrundsatz auch der Möglichkeit einer **Spezialisierung einzelner** bzw. Gruppen von nationalen **Zentralbanken** nicht entgegen.[26] Für einzelne, besonders komplexe Projekte, bei denen zudem umfangreiche Expertise bei speziellen NZB vorhanden ist, können sich besondere Kooperationsstrukturen etablieren, die am Ende effiziente Lösungen für das gesamte Eurosystem entwickeln. Als Beispiel sei die Kooperation zwischen der deutschen, französischen und italienischen Zentralbank im Zusammenhang mit dem Betrieb des Trans-European Automated Realtime Gross settlement Express Transfer system (TARGET2)[27] genannt.[28]

3. Anspruch der NZB auf Einbeziehung?

12 Die **Reichweite** des Dezentralisierungsgrundsatzes wirft die Frage auf, inwieweit den **nationalen Zentralbanken** ein **Anspruch auf Einbeziehung bei der Ausführung der Geldpolitik** zusteht. Gegen ein solches Recht lässt sich Art. 271 Buchst. d AEUV anführen, der bei Streitigkeiten innerhalb des ESZB nur der **EZB** das Recht einräumt, im Wege der **Aufsichtsklage** gegen die NZB vorzugehen; der umgekehrte Fall ist expressis verbis nicht geregelt.[29] **Für einen Anspruch auf Einbeziehung** spricht jedoch der Sinn und Zweck des Dezentralisierungsgrundsatzes, mit Hilfe dessen Kompetenzspielräume[30] der NZB bei der Durchführung der Geldpolitik nachhaltig gesichert werden können. Insofern ist auch ein vollständiger Entzug von Aufgaben der NZB, insbesondere von Kernfunktionen z. B. bei der Durchführung von Refinanzierungsgeschäften, ausgeschlossen.[31] **Zu weitreichend** scheint hingegen die Interpretation von Art. 12.1 UAbs. 3 ESZB-Satzung als widerlegbare Vermutung, wonach der EZB-Rat beweisen müsse, dass die NZB bestimmte Geschäfte nicht durchführen können oder es nicht sachgerecht wäre.[32] Ein solch umfassender Anspruch wäre mit dem grundsätzlichen geldpolitischen Beurteilungsspielraum des EZB-Rates unvereinbar. Ein – zugegebenermaßen eher theoretisches[33] – beschränkt justitiables Recht[34] ist nur anzuerkennen, solange und soweit ein zieladäquater Vollzug durch die NZB sichergestellt ist, der als objektiv nachprüfbare Kompetenzausübungsschranke kontrollierbar ist.

Gerade weil der Dezentralisierungsgrundsatz von der EZB selbst in die Nähe von soft law gerückt wurde,[35] sind grundsätzliche Überlegungen, insbesondere auch zur Justitiabilität wichtig, um im Konfliktfall darauf zurückgreifen zu können. Zudem sei auf die

---

[26] *Zilioli/Selmayr*, Yearbook of European Law, 2006, 1 (63 ff.).
[27] Leitlinie der EZB vom 5.12.2012 über ein transeuropäisches automatisiertes Echtzeit-Brutto-Express-Zahlungsverkehrssystem (TARGET2)(Neufassung) (EZB/2012/27), ABl. 2013, L 30/1.
[28] Vgl. *Zilioli/Urban*, in: GSH, Europäisches Unionsrecht, ESZB/EZB, Art. 12, Rn. 21; *Manger-Nestler*, S. 224; vgl. zu Einzelheiten der TARGET2-Kooperation *Steven*, in: Siekmann, EWU, ESZB/EZB, Art. 12, Rn. 49.
[29] *Hahn/Häde*, § 17, Rn. 61 f.
[30] Vgl. ausführlich zu Kompetenzspielräumen der NZB bei geldpolitischen Maßnahmen *Manger-Nestler*, S. 236 ff.; vgl. zu unterschiedlichen Graden der Dezentralisierung *Priego/Conlledo*, S. 189 (194 f.); *Weber*, S. 140 f.
[31] *Priego/Conlledo*, S. 189 (196).
[32] So aber *Steven*, in: Siekmann, EWU, ESZB/EZB, Art. 12, Rn. 43.
[33] *Zilioli/Urban*, in: GSH, Europäisches Unionsrecht, ESZB/EZB, Art. 12, Rn. 20.
[34] *Krauskopf/Steven*, CMLRev. 46 (2009), 1143 (1159 f.); *Manger-Nestler*, S. 228. Ähnlich *Louis*, CMLRev. 41 (2004), 575 (590 ff.).
[35] *Priego/Conlledo*, S. 189 (195).

effektive Möglichkeit der NZB verwiesen, im Rahmen des Stimmenübergewichts ihrer Präsidenten im EZB-Rat eine Einbeziehung durchzusetzen.[36]

C. Satzung des ESZB und der EZB

I. Inhalt

Neben den allgemeinen währungsrechtlichen Vorschriften des AEUV finden sich in der Satzung von ESZB und EZB **detaillierte Spezialregelungen**.[37] Die in neun Kapitel gegliederte ESZB-Satzung beinhaltet neben den Zielen und Aufgaben (Art. 2–6) sowie organisationsrechtlichen Fragen (Art. 1, 7–16) spezifische Regelungen zu währungspolitischen Operationen des ESZB (Art. 17–24) und zur Rolle des ESZB bei der Finanzaufsicht (Art. 25). Enthalten sind zudem Finanzvorschriften (Art. 26–33), allgemeine Bestimmungen (Art. 34–39), Regelungen zur Satzungsänderung (Art. 40–41) sowie Übergangs- und sonstige Bestimmungen für das ESZB (Art. 42–50).[38]

13

II. Rechtsnatur

Die Satzung wurde den Verträgen als separates Protokoll (Nr. 4 Lissabon,[39] vormals Protokoll Nr. 18 der Maastricht-Schlussakte) beigefügt (Art. 129 Abs. 2 AEUV). Der technisch-durchführende Charakter der Satzungsbestimmungen hätte die Regelungssystematik des AEUV überfrachtet. Zugleich konnten Bestrebungen abgewehrt werden, alle das Währungssystem betreffenden Regelungen auf Sekundärrechtsebene zu regeln.[40] **Normenhierarchisch** genießt die ESZB-Satzung **Primärrechtsqualität**, wie aus Art. 51 EUV folgt. Infolgedessen kann die Satzung nur im Wege des Vertragsänderungsverfahrens (Art. 48 EUV) modifiziert werden, wobei Art. 129 Abs. 3 AEUV Ausnahmen (s. Rn. 16 ff.) von dieser Regel zulässt.

14

Allerdings bestehen zwischen den währungsrechtlichen Vorgaben des AEUV und der Satzung an vielen Stellen Normdopplungen,[41] was die Frage nach der rechtlichen Konsequenz derartiger Redundanzen aufwirft. Infolge ihrer primärrechtlichen Natur genießen AEUV und ESZB-Satzung grundsätzlich eine gleichberechtigte Stellung.[42] Im Falle eines **Normenkonflikts** besteht kein prinzipieller Anwendungs- oder Geltungsvorrang einer der beiden Vorschriften.[43] Im Einzelfall kann eine Differenzierung nach Gewicht und Stellung der entsprechenden Vorschrift als Auslegungshilfe dienen, ohne dass damit eine normenhierarchische Aussage verbunden wäre.

15

---

[36] *Hahn/Häde*, § 17, Rn. 63.
[37] Vgl. zur Entstehungsgeschichte der Satzung *van den Berg*.
[38] Übersicht über den Inhalt der Satzung bei *Kempen*, in: Streinz, EUV/AEUV, Art. 129 AEUV, Rn. 6 ff.; vgl. zudem die vollständige Kommentierung der Satzung in: GSH, Europäisches Unionsrecht, ESZB-Satzung sowie in: Siekmann, EWU, nach Art. 343 AEUV, ESZB-Satzung.
[39] ABl. 2010, C 83/230.
[40] Dies betont *Khan*, in: Geiger/Khan/Kotzur, EUV/AEUV, Art. 129 AEUV, Rn. 4.
[41] Die mangelnde Rechtsklarheit beklagend *Kempen*, in: Streinz, EUV/AEUV, Art. 129 AEUV, Rn. 5.
[42] *Becker*, in: Siekmann, EWU, Art. 129 AEUV, Rn. 65; *Hahn/Häde*, § 16, Rn. 4.
[43] Ebenso *Becker*, in: Siekmann, EWU, Art. 129 AEUV, Rn. 65; *Nettesheim*, EuR 2006, 737 (740 f.).

D. Änderung der Satzung von ESZB und EZB

I. Grundsatz

16 Infolge ihrer Primärrechtsnatur (s. Rn. 14) ist die ESZB-Satzung prinzipiell nur im Wege einer von allen Mitgliedstaaten zu ratifizierenden **Vertragsänderung** gemäß dem Verfahren des Art. 48 EUV änderbar. Art. 129 Abs. 3 AEUV statuiert **Ausnahmen** vom genannten Grundsatz, indem er das Europäische Parlament und den Rat[44] ermächtigt, eine ganze Reihe von Vorschriften der ESZB-Satzung im wesentlich einfacheren ordentlichen Gesetzgebungsverfahren (Art. 294 AEUV) zu modifizieren. Die geänderten Vorschriften bleiben jedoch solche der ESZB-Satzung, d. h. sie werden trotz des Handelns von Parlament und Rat nicht zu Sekundärrecht.[45] Alle **übrigen Satzungsvorschriften** sind nur im Verfahren des Art. 48 EUV änderbar.

17 **Sinn und Zweck** dieses **Regel-Ausnahme-Verhältnisses** ist es, die Funktionsfähigkeit des ESZB im Rahmen des übertragenen Aufgabenumfangs zu sichern und gleichzeitig ein Tätigwerden des Unionsgesetzgebers zu ermöglichen, das flexibel auf ein sich veränderndes Umfeld an den Finanzmärkten reagieren kann[46] und zudem nicht von langwierigen nationalen Zustimmungsverfahren abhängig ist.[47]

II. Sachbereiche

18 Die Aufzählung (Art. 129 Abs. 3 AEUV) der änderbaren Satzungsnormen ist **abschließend**.[48] Der **Katalog** der Bestimmungen, den Art. 40.1 ESZB-Satzung wiederholt, bezieht sich auf folgende Bereiche: Erhebung statistischer Daten (Art. 5.1, 5.2 und 5.3); Kontoführung durch EZB und NZB (Art. 17); Rahmenregelung für Offenmarkt- und Kreditgeschäfte (Art. 18); Recht zur Erhebung einer Mindestreserve (Art. 19.1); Gewährleistung von Verrechnungs- und Zahlungssystemen (Art. 22); Geschäfte des ESZB mit Drittländern und internationalen Organisationen (Art. 23); Geschäften für den eigenen Betrieb (Art. 24); Jahresabschlüsse (Art. 26); Verteilung der Einkünfte aus der Geldpolitik des ESZB (Art. 32.2, 32.3, 32.4 und 32.6); Verteilung von Gewinnen und Verlusten der EZB (Art. 33.1 Buchst. a) sowie das Dienstrecht für das Personal der EZB (Art. 36 ESZB-Satzung). Bislang hat der Unionsgesetzgeber von dem Recht zur Änderung der genannten Satzungsbestimmungen keinen Gebrauch gemacht.[49]

19 In Art. 129 Abs. 3 AEUV nicht erwähnt ist die in **Art. 40.2 ESZB-Satzung** (vormals Art. 10.6 a. F.) gesondert geregelte Befugnis, per Beschluss die Satzungsbestimmung zu ändern, die die Zusammensetzung des EZB-Rates (Art. 10.2 ESZB-Satzung) betrifft.

---

[44] Adressiert ist der Rat in Zusammensetzung der Wirtschafts- und Finanzminister (Ecofin-Rat), vgl. Erklärung Nr. 3 zum Dritten Teil Titel III und VI des Vertrags zur Gründung der Europäischen Gemeinschaft, ABl. 1992, C 191/1 (98). S. auch *Smits*, S. 115.

[45] Ebenso *Gaitanides*, S. 49; *Häde*, in: Calliess/Ruffert, EUV/AEUV, Art. 129 AEUV, Rn. 6; *Kempen*, in: Streinz, EUV/AEUV, Art. 129 AEUV, Rn. 15; *Hahn/Häde*, § 16, Rn. 6, betonen, dass es sich deshalb um das »vereinfachte Vertragsänderungsverfahren« handele; *Khan*, in: Geiger/Khan/Kotzur, EUV/AEUV, Art. 129 AEUV, Rn. 5, spricht von einer »vereinfachten Änderung auf autonomem Wege«.

[46] So auch *Becker*, in: Siekmann, EWU, Art. 129 AEUV, Rn. 70.

[47] *Griller*, in: Grabitz/Hilf/Nettesheim, EU, Art. 129 AEUV (Mai 2013), Rn. 13.

[48] *Becker*, in: Siekmann, EWU, Art. 129 AEUV, Rn. 68; *Häde*, in: Calliess/Ruffert, EUV/AEUV, Art. 129 AEUV, Rn. 4; *Kempen*, in: Streinz, EUV/AEUV, Art. 129 AEUV, Rn. 17.

[49] *Griller*, in: Grabitz/Hilf/Nettesheim, EU, Art. 129 AEUV (Mai 2013), Rn. 18; *Kempen*, in: Streinz, EUV/AEUV, Art. 129 AEUV, Rn. 18.

Seit dem Vertrag von Lissabon gebührt dieses Recht nicht mehr dem Rat, sondern dem Europäischen Rat. Das Verfahren, das auf Empfehlung der EZB oder der Kommission in Gang gesetzt wird und lediglich ein Anhörungsrecht des Parlaments beinhaltet, ähnelt dem vereinfachten Vertragsänderungsverfahren (Art. 48 Abs. 6 UAbs. 2 EUV). Im Unterschied zu Art. 129 Abs. 3 AEUV tritt eine Änderung von Art. 10.2 ESZB-Satzung erst nach Ratifikation durch alle 28 Mitgliedstaaten in Kraft (Art. 40.2 Satz 2 ESZB-Satzung). Auf das spezielle Änderungsverfahren des heutigen Art. 40.2 ESZB-Satzung gestützt wurde der Beschluss des Rates vom 21.3.2003 zur Einführung eines Rotationssystems für Abstimmungen im EZB-Rat.[50]

III. Verfahren

Art. 129 Abs. 3 AEUV erlaubt die Initiative zur Satzungsänderung in **zwei Konstellationen**, die jeweils sicherstellen, dass sowohl die Kommission als auch die EZB Gelegenheit zur Stellungnahme haben: Entweder unterbreitet der EZB-Rat nach einstimmigem Beschluss (Art. 40.2 ESZB-Satzung), oder die Kommission eine Empfehlung zur Satzungsänderung. Im ersten Fall ist die Anhörung der Kommission, im zweiten Fall die Anhörung der EZB Voraussetzung für die Beschlüsse von Rat und Parlament im ordentlichen Gesetzgebungsverfahren (Art. 129 Abs. 3 Satz 2 AEUV).[51] 20

E. Ausführungsbestimmungen zur Satzung von ESZB und EZB

Die ESZB-Satzung sieht an einigen Stellen den Erlass von Ausführungsbestimmungen durch den Rat vor, die vor allem (verfahrens-)technische und organisationsrechtliche Aspekte der Tätigkeit des ESZB betreffen. Art. 129 **Abs. 4** AEUV, der sich inhaltsgleich in Art. 41 ESZB-Satzung wiederfindet, regelt das **Verfahren** zum **Erlass** derartiger **Ausführungsbestimmungen**. 21

Entsprechend der Regelungssystematik von Art. 129 Abs. 3 AEUV ist auch der in Abs. 4 genannte **Katalog der Satzungsbestimmungen** abschließend.[52] Im Einzelnen sieht die ESZB-Satzung in folgenden Sachbereichen den Erlass von Ausführungsbestimmungen[53] vor: Anhörung der EZB durch nationale Behörden zu Entwürfen für Rechtsvorschriften (Art. 4);[54] Bestimmung des Kreises der bei statistischer Datenerhebung berichtspflichtigen Personen (Art. 5.4);[55] Festlegung des Rechtsrahmens für die Erhebung von Mindestreserven (Art. 19.2);[56] Einführung zusätzlicher geldpolitischer Elemente (Art. 20);[57] Grenzen und Bedingungen für Kapitalerhöhungen der 22

---

[50] S. zum Beschluss des Rates (2003/223/EG) Art. 283 AEUV, Rn. 8 ff.
[51] Kritisch unter Hinweis auf eine mögliche Schwächung der Unabhängigkeit *Gaitanides*, S. 49.
[52] Ebenso *Khan*, in: Geiger/Khan/Kotzur, EUV/AEUV, Art. 129 AEUV, Rn. 6; wohl auch *Kempen*, in: Streinz, EUV/AEUV, Art. 129 AEUV, Rn. 21.
[53] Vgl. Übersicht bereits erlassener Vorschriften bei *Becker*, in: Siekmann, EWU, Art. 129 AEUV, Rn. 79.
[54] Entscheidung (EG) Nr. 415 des Rates vom 29.6.1998.
[55] VO (EG) Nr. 2533/1998 des Rates vom 23.11.1998, geändert durch VO (EG) 951/2009 des Rates vom 9.10.2009.
[56] VO (EG) Nr. 2531/1998 des Rates vom 23.11.1998, geändert durch VO (EG) 134/2002 des Rates vom 22.1.2002.
[57] Bislang, auch im Zuge der Finanz- und Staatsschuldenkrise, hat die EZB von dieser Vorschrift keinen Gebrauch gemacht. Vgl. auch *Gaitanides*, S. 132; *Keller*, in: Siekmann, EWU, Art. 20 ESZB-Satzung, Rn. 6 ff.

EZB (Art. 28.1);[58] Regelungen, die den Kapitalzeichnungsschlüssel der EZB betreffen (Art. 29.2);[59] Grenzen und Bedingungen für die Einforderung zusätzlicher Währungsreserven durch die EZB (Art. 30.4) sowie Rahmenregelungen für Sanktionen, die die EZB gegenüber Unternehmen verhängen kann (Art. 34.3).[60]

23 Art. 129 Abs. 4 AEUV sieht, ebenso wie Abs. 3, **zwei** verfahrensrechtlich unterschiedliche **Konstellationen** vor. Der Rat wird entweder auf Vorschlag der Kommission (Art. 129 Abs. 4 Alt. 1 AEUV) oder auf Empfehlung der EZB (Alt. 2) rechtsetzend tätig, wobei das jeweils andere Organ ein Anhörungsrecht besitzt. Das Parlament hat beim Erlass von Ausführungsbestimmungen in beiden Fällen nur ein Anhörungs-, aber im Gegensatz zu Abs. 3 kein Mitspracherecht.

---

[58] VO (EG) Nr. 1009/2000 des Rates vom 8.5.2000.
[59] Beschluss des Rates vom 5.6.1998 sowie Beschluss des Rates vom 15.7.2003.
[60] VO (EG) Nr. 2532/1998 des Rates vom 23.11.1998.

Artikel 130 AEUV [Unabhängigkeit von EZB und nationalen Zentralbanken]

¹Bei der Wahrnehmung der ihnen durch die Verträge und die Satzung des ESZB und der EZB übertragenen Befugnisse, Aufgaben und Pflichten darf weder die Europäische Zentralbank noch eine nationale Zentralbank noch ein Mitglied ihrer Beschlussorgane Weisungen von Organen, Einrichtungen oder sonstigen Stellen der Union, Regierungen der Mitgliedstaaten oder anderen Stellen einholen oder entgegennehmen. ²Die Organe, Einrichtungen oder sonstigen Stellen der Union sowie die Regierungen der Mitgliedstaaten verpflichten sich, diesen Grundsatz zu beachten und nicht zu versuchen, die Mitglieder der Beschlussorgane der Europäischen Zentralbank oder der nationalen Zentralbanken bei der Wahrnehmung ihrer Aufgaben zu beeinflussen.

Literaturübersicht

Alesina/Summers, Central Bank Independence and Macroeconomic Performance, Journal of Money, Credit and Banking, 25 (1993), 151; *Amtenbrink*, The democratic accountability of Central Banks, 1999; *Beutel*, Differenzierte Integration in der Europäischen Wirtschafts- und Währungsunion, 2006; *v. Borries*, Die Europäische Zentralbank als Gemeinschaftsinstitution, ZEuS 1999, 281; *De Haan/Eijffinger*, The Democratic Accountability of the European Central Bank: A Comment on Two Fairytales, JCMSt, 38 (2000), 393; *Dernedde*, Autonomie der Europäischen Zentralbank, 2002; *Dziechciarz*, Rechtliche Integration der nationalen Zentralbanken in das Europäische System der Zentralbanken und in das Eurosystem, 2009; *Endler*, Europäische Zentralbank und Preisstabilität, 1996; *Friedl*, Die Europäische Wirtschafts- und Währungsunion, 2003; *Gaitanides*, Das Recht der Europäischen Zentralbank, 2005; *Galahn*, Die Deutsche Bundesbank im Prozeß der europäischen Währungsintegration, 1996; *Glomb*, Bedarf die Wirtschafts- und Währungsunion einer gemeinsamen »Wirtschaftsregierung«?; in: Caesar/Scharrer (Hrsg.), Die Europäische Wirtschafts- und Währungsunion, 1998, S. 15; *Gormley/de Haan*, The Democratic Deficit of the European Central Bank, E.L.Rev. 21 (1996), 95; *Gurlit/Schnabel*, The New Actors of Macroprudential Supervision in Germany and Europe – A Critical Evaluation, ZBB 2015, 349; *Gramlich*, Die Wirtschafts- und Währungspolitik der Union, in: Niedobitek (Hrsg.), Europäisches Unionsrecht, Bd. 2, 2014; *Groß*, Die Legitimation der polyzentralen EU-Verwaltung, 2015; *Häde*, Die Deutsche Bundesbank in der Europäischen Währungsunion, in: Hahn (Hrsg.), Die Europäische Währung, 1999, S. 103; *ders.*, Bundesbank und Bundesregierung – ein schwieriges Verhältnis, NJW 2004, 1641; *ders.*, Unabhängigkeit für die ungarische Notenbank?, EuZW 2005, 679; *ders.*, Zur Abberufung von Vorstandsmitgliedern der Deutschen Bundesbank, WM 2005, 205; *Hahn/Häde*, Die Zentralbank vor Gericht, ZHR 2001, 30; *dies.*, Währungsrecht, 2. Aufl., 2010; *Hahn/Siebelt*, Zur Autonomie einer künftigen Europäischen Zentralbank, DÖV 1989, 233; *Herrmann*, Währungshoheit, Währungsverfassung und subjektive Rechte, 2010; *ders.*, Die Bewältigung der Euro-Staatsschulden-Krise an den Grenzen des deutschen und europäischen Währungsverfassungsrechts, EuZW 2012, 805; *Janzen*, Der neue Art. 88 Satz 2 des Grundgesetzes, 1996; *Krauskopf/Freimuth*, Vorzeitige Abberufung von Vorstandsmitgliedern der Deutschen Bundesbank, WM 2005, 1297; *Lastra*, The Independence of the European System of Central Banks, HILJ 33 (1992), 475; *dies.*, How Much Accountability for Central Banks and Supervision?, Central Banking, 12 (2001), 69; *Lavranos*, Die begrenzte funktionelle Unabhängigkeit der Europäischen Zentralbank, EuR 2003, 878; *Manger-Nestler*, Par(s) inter pares?, 2008; *dies.*, Von der Kunst, Recht zu behalten: Zur Rechtsprechung von BVerfG und EuGH in der Eurokrise, NJ 2016, 353; *Papaschinopoulou*, The legal articulation of central bank independence, 2002; *Petersson/Ullrich*, Die Unabhängigkeit der Europäischen Zentralbank im historischen und ökonomischen Kontext, 2004; *Reumann*, Die Europäische Zentralbank: Zwischen Selbstbestimmung und vertragsmäßiger Zusammenarbeit mit der Gemeinschaft, 2001; *Roth*, Der rechtliche Rahmen der Wirtschafts- und Währungsunion, EuR-Beiheft 1/1994, 45; *Sacarcelik*, Die Europäische Bankenunion: Rechtliche Rahmenbedingungen und Herausforderungen der einheitlichen europäischen Bankenaufsicht, BKR 2013, 353; *Schmidt*, Die entfesselte EZB, JZ 2015, 317; *Schneider*, Inconsistencies and unsolved Problems in the European Banking Union, EuZW 2013, 452; *Seiler*, Das Europäische System der Zentralbanken (ESZB) als Verantwortungsverbund: Systemgebundene Aufgabenerfüllung durch eigenständige Kompetenzträger, EuR 2004, 52; *Selmayr*, Das Recht der Wirtschafts- und Währungsunion, Erster Band: Die Vergemeinschaftung der

Währung, 2001; *ders.*, Wie unabhängig ist die Europäische Zentralbank? Eine Analyse anhand der ersten geldpolitischen Entscheidungen der EZB, WM 1999, 2429; *Sester*, Die Rolle der EZB in der europäischen Staatsschuldenkrise, EWS 2012, 80; *Smits*, The European Central Bank – Institutional Aspects, 1997; *Sodan*, Die funktionelle Unabhängigkeit der Zentralbanken, NJW 1999, 1521; *Stadler*, Der rechtliche Handlungsspielraum des Europäischen Systems der Zentralbanken, 1996; *Studt*, Rechtsfragen einer europäischen Zentralbank, 1993; *Uhlenbruck*, Die verfassungsmäßige Unabhängigkeit der Deutschen Bundesbank und ihre Grenzen, 1968; *Wahlig*, Die Unabhängigkeit der nationalen Zentralbanken als institutionelles Kriterium für den Eintritt in die dritte Stufe der europäischen Währungsunion, FS Hahn, 1997, S. 265; *Waigel*, Die Unabhängigkeit der Europäischen Zentralbank, 1999; *Waldhoff/Dieterich*, Einführung einer gemeinsamen Bankenaufsicht auf EU-Ebene, EWS 2013, 72 (78); *Walter*, Das Federal Reserve System, die Deutsche Bundesbank und das Europäische System der Zentralbanken, die Europäische Zentralbank im Vergleich, 1994; *Woll*, Die Unabhängigkeit der Europäischen Zentralbank: Dogma oder Notwendigkeit?, in: Weber (Hrsg.), Europa auf dem Weg zur Währungsunion, 1991, S. 157; *Zeitler*, Bundesbank und Bundesregierung – Wer entscheidet über den Rücktritt des Bundesbankpräsidenten?, NJW 2004, 2293; *Zilioli/Selmayr*, The Law of the European Central Bank, 2001; *dies.*, Recent Developments in the Law of the European Central Bank, Yearbook of European Law, 2006, 1.

Leitentscheidungen

EuGH, Urt. v. 10.7.2003, Rs. C–11/00 (Kommission/EZB), Slg. 2003, I–7147
EuGH, Urt. v. 16.6.2015, Rs. C–62/14 (Gauweiler u. a.), ECLI:EU:C:2015:400

Inhaltsübersicht   Rn.

A. Grundlagen 1
   I. Normativer Rahmen 1
   II. Zielbezogenheit 2
   III. Geltungsbereich 4
B. Ausprägungen der Unabhängigkeit 5
   I. Institutionell 6
   II. Funktionell 9
      1. Begriff und Grenzen 9
      2. Adressaten 12
      3. Weisungen und Beeinflussungsverbot 16
   III. Persönlich 19
      1. Mitglieder des Direktoriums 20
      2. Präsidenten der nationalen Zentralbanken 22
   IV. Finanziell 25
C. Unabhängigkeit und Demokratieprinzip 27
D. Rechtsschutzaspekte 29

A. Grundlagen

I. Normativer Rahmen

1 Die Entscheidung, die Elemente des ESZB mit einem hohen Grad an Unabhängigkeit auszustatten, gilt als **richtungsweisender Baustein** der gemeinsamen Währung;[1] dies kommt durch mehrfache – direkte wie indirekte – Erwähnung der Autonomie im Primärrecht zum Ausdruck. Im Sinne einer **Institutsgarantie** verankert die **Regelung des Art. 130 AEUV**, die sich nahezu wortgleich in Art. 7 ESZB-Satzung findet, die unab-

---

[1] *Dziechciarz*, S. 75, führt zusätzliche empirische Studien an. Ähnlich *Gaitanides*, S. 280 ff.; *Seiler*, EuR 2004, 52 (54); *Kempen*, in: Streinz, EUV/AEUV, Art. 130 AEUV, Rn. 2; *Rodi*, in: Vedder/Heintschel v. Heinegg, Europäisches Unionsrecht, Art. 130 AEUV, Rn. 4.

hängige Aufgabenerfüllung seitens der EZB und der nationalen Zentralbanken (NZB). Seit dem Vertrag von Lissabon wiederholt Art. 282 Abs. 3 Satz 3 und 4 AEUV die Unabhängigkeitsgarantie für die EZB;[2] aufgrund der normenhierarchischen Gleichordnung vermag er die Regelung des Art. 130 AEUV inhaltlich indes nicht zu beschränken.[3] Art. 283 AEUV, dessen Inhalt sich in ähnlicher Form in Art. 11 ESZB-Satzung findet, präzisiert den Aspekt der personellen Unabhängigkeit (s. Art. 283 AEUV, Rn. 5). Flankiert wird die Autonomie des ESZB vom haushaltspolitischen Verbot monetärer Staatsfinanzierung (Art. 123 AEUV, s. Art. 123, Rn. 7 ff.), der Anpassungspflicht im Falle des Beitritts zur Eurozone (Art. 131 AEUV, s. Art. 131, Rn. 2–5) sowie der Vorschrift zur Außenwährungspolitik (Art. 219 AEUV, s. Art. 219, Rn. 7 ff.).

II. Zielbezogenheit

Ein hoher Grad an Unabhängigkeit ist kein Selbstzweck,[4] sondern dient in zweierlei Hinsicht der normativen Verankerung der Aufgabenerfüllung. Zum einen sichert die **Zielbezogenheit der Unabhängigkeit** deren Rückbindung an die Preisstabilität als funktionsleitende (Rn. 9 ff.) Vorgabe. Zum anderen charakterisiert die Autonomie die Art und Weise, wie die Aufgaben zu erfüllen sind. Mit anderen Worten: sie verkörpert den **modus operandi**, in dessen Rahmen die EZB und die nationalen Zentralbanken (NZB) vor allem ihre geldpolitische Hauptaufgabe (Art. 127 Abs. 2, 1. Gedstr. AEUV) zu erfüllen haben. Wenngleich unter Juristen wie Ökonomen nach wie vor umstritten ist, inwieweit ein hoher Autonomiegrad tatsächlich eine stabilere Zentralbankpolitik bedingt, ist ein Wirkungszusammenhang zwischen Unabhängigkeit und Preisstabilität evident.[5] Dem EuGH folgend ist die Unabhängigkeit aber nicht allein auf das Primärziel der Preisstabilität beschränkt, sondern gilt für alle Ziele und Befugnisse, die der EZB durch die Verträge übertragen sind.[6]

Nicht zuletzt die erfolgreiche Stabilitätspolitik der **Deutschen Bundesbank**, die über einen vergleichsweise hohen Grad an Unabhängigkeit verfügte,[7] war bei den kontroversen Verhandlungen[8] zum Maastricht-Vertrag ausschlaggebendes **Vorbild** für die Ausgestaltung der zielbezogenen Unabhängigkeit des ESZB. Während die Autonomie der

---

[2] *Griller*, in: Grabitz/Hilf/Nettesheim, EU, Art. 130 AEUV (Mai 2013), Rn. 2; *Rodi*, in: Vedder/Heintschel v. Heinegg, Europäisches Unionsrecht, Art. 130 AEUV, Rn. 5. Vgl. auch Kommentierung bei Art. 282 AEUV, Rn. 10.

[3] *Häde*, in: Calliess/Ruffert, EUV/AEUV, Art. 130 AEUV, Rn. 4.

[4] *Gaitanides*, S. 280 sowie S. 44 unter Verweis darauf, dass die Unabhängigkeit institutionelle Vorkehrung zur Sicherung der Preisstabilität sei. Vgl. auch *Griller*, in: Grabitz/Hilf/Nettesheim, EU, Art. 130 AEUV (Mai 2013), Rn. 29; *Selmayr*, EnzEuR, Bd. 4, § 23, Rn. 109; *Stadler*, S. 125.

[5] *Alesina/Summers*, Journal of Money, Credit and Banking, 25 (1993), 151; *Gnan/Wittelsberger*, in: GS, EUV/EGV, 6. Aufl. 2003, Art. 108 EGV, Rn. 12 unter Verweis auf empirische Untersuchungen; *Groß*, S. 121 f.; *Papaschinopoulou*, S. 69 ff.; *Petersson/Ullrich*, S. 6 ff.; *Schmidt*, JZ 2015, 317 (318); *Siekmann*, in: Siekmann, EWU, Art. 130 AEUV, Rn. 24 ff.; *Waigel*, S. 47–50.; *Zilioli*, in: GSH, Europäisches Unionsrecht, Art. 130 AEUV, Rn. 1 f.

[6] EuGH, Urt. v 10. 7. 2003, Rs. C–11/00 (Kommission/EZB), Slg. 2003, I–7147, Rn. 134; vgl. auch *Selmayr*, EnzEuR, Bd. 4, § 23, Rn. 110.

[7] *Dziechciarz*, S. 75; *Herrmann*, S. 181 f.; *Kempen*, in: Streinz, EUV/AEUV, Art. 130 AEUV, Rn. 2; *Rodi*, in: Vedder/Heintschel v. Heinegg, Europäisches Unionsrecht, Art. 130 AEUV, Rn. 3; *Seiler*, EuR 2004, 52 (54); *Siekmann*, in: Sachs, GG, Art. 88, Rn. 2–4; *Sodan*, NJW 1999, 1521 (1521 f.)

[8] Vgl. *Häde*, EuZW 1992, 171 (174); *Hahn/Siebelt*, DÖV 1989, 233 (234); *Studt*, S. 248. Ausführlich zu den Forderungen von deutscher Seite *Woll*, in: Weber, S. 157 ff.

Bundesbank nach herrschender Meinung⁹ nur einfachgesetzlich in § 12 Satz 2 BBankG (a.F.) verankert war, stützt Art. 130 AEUV die Unabhängigkeit des ESZB quasi im Verfassungsrecht der Union und damit sichtbar änderungsfester ab.¹⁰ Auf der Ebene des deutschen Verfassungsrechts verhindert Art. 88 Satz 2 GG¹¹ ein Autonomiegefälle zwischen EZB und Bundesbank.

III. Geltungsbereich

4 Infolge seiner hinreichenden Bestimmtheit ist Art. 130 AEUV **unmittelbar anwendbar**.¹² Die Vorschrift gilt grundsätzlich für alle 28 Mitgliedstaaten der EU, somit auch für diejenigen, die die gemeinsame Währung bislang nicht eingeführt haben.¹³ Eine durch Sonderstatut festgelegte Ausnahme gilt für nur das **Vereinigte Königreich**.¹⁴ Da Art. 130 in Art. 139 Abs. 2 AEUV ausdrücklich nicht erwähnt wird, ist er auch auf die **Mitgliedstaaten mit Ausnahmeregelung**,¹⁵ einschließlich **Dänemark**,¹⁶ anwendbar. Einschränkend sei jedoch darauf hingewiesen, dass sich Art. 130 AEUV expressis verbis nur auf die im Rahmen des ESZB übertragenen Aufgaben, Befugnisse und Pflichten bezieht.¹⁷ Außerhalb des ESZB kann das Unabhängigkeitspostulat daher nur geringe Rechtswirkungen entfalten. Allerdings bezeichnet die Zentralbankunabhängigkeit eines der wenigen Kriterien, die im Rahmen der Aufnahmekriterien der Währungsunion de iure überprüfbar sind (Art. 140 Abs. 1 Satz 2 AEUV, s. Art. 140, Rn. 11 f.).

B. Ausprägungen der Unabhängigkeit

5 Ganz allgemein verbirgt sich hinter dem **Begriff** der Unabhängigkeit die **von Weisungen unbeeinflusste Aufgabenwahrnehmung** der Zentralbank. Zu den unterschiedlichen Ausprägungen der Unabhängigkeit zählen Aspekte der institutionellen, funktions-

---

⁹ Vgl. BVerwGE 41, 334 (354 f.) sowie *Blanke*, in: v. Mangold/Klein/Strack, GG, Art. 88, Rn. 29; *Häde*, in: Calliess/Ruffert, EUV/AEUV, Art. 130 AEUV, Rn. 3.

¹⁰ *Blanke*, in: v. Mangold/Klein/Strack, GG, Art. 88, Rn. 21 und 33 f.; *Gaitanides*, S. 46; *Groß*, S. 121 (»unabhängigste Zentralbank der Welt«); *Häde*, in: Calliess/Ruffert, EUV/AEUV, Art. 130 AEUV, Rn. 3; *Kämmerer*, in: v. Münch/Kunig, GG, Art. 88, Rn. 13, 26 und 32; *Koch*, in: Lenz/Borchardt, EU-Verträge, Art. 130 AEUV, Rn. 2, 3; *Pernice*, in: Dreier, GG, Art. 88, Rn. 20 f.; *Rodi*, in: Vedder/Heintschel v. Heinegg, Europäisches Unionsrecht, Art. 130 AEUV, Rn. 14.

¹¹ Ausführlich *Blanke*, in: v. Mangold/Klein/Strack, GG, Art. 88, Rn. 33 f.; *Pernice*, in: Dreier, GG, Art. 88, Rn. 20.

¹² *Kämmerer*, in: v. Münch/Kunig, GG, Art. 88, Rn. 27; *Kempen*, in: Streinz, EUV/AEUV, Art. 130 AEUV, Rn. 4; *Potacs*, in: Schwarze, EU-Kommentar, Art. 130 AEUV, Rn. 4; *Rodi*, in: Vedder/Heintschel v. Heinegg, Europäisches Unionsrecht, Art. 130 AEUV, Rn. 7.

¹³ *Häde*, in: Calliess/Ruffert, Art. 130 AEUV, Rn. 20; *Kempen*, in: Streinz, EUV/AEUV, Art. 130 AEUV, Rn. 1; *Potacs*, in: Schwarze, EU-Kommentar, Art. 130 AEUV, Rn. 3.

¹⁴ Ziff. 4 und 7 des Protokolls Nr. 15 über einige Bestimmungen betreffend das Vereinigte Königreich Großbritannien und Nordirland, ABl. 2010, C 83/284. Die ursprüngliche Regelung fand sich im Protokoll Nr. 8 vom 7.2.1992, ABl. 1992, C 191/87.

¹⁵ Vgl. zur Autonomie der nationalen Zentralbanken der Mitgliedstaaten mit Ausnahmeregelung *Hahn/Häde*, § 20, Rn. 55 ff.

¹⁶ *Häde*, in: Calliess/Ruffert, EUV/AEUV, Art. 130 AEUV, Rn. 2; *Rodi*, in: Vedder/Heintschel v. Heinegg, Europäisches Unionsrecht, Art. 130 AEUV, Rn. 2; *Siekmann*, in: Siekmann, EWU, Art. 130 AEUV, Rn. 101.

¹⁷ *Beutel*, S. 160 ff.; ebenso *Potacs*, in: Schwarze, EU-Kommentar, Art. 130 AEUV, Rn. 3.

bezogenen, persönlichen sowie finanziellen Autonomie,[18] wobei zwischen den Kategorien keinerlei Rangordnung oder Exklusivität besteht.

I. Institutionell

Die Grundlage der institutionellen Autonomie von EZB und NZB bilden diejenigen Vorschriften, die in Gestalt eines weitgehend **änderungsfesten Rechtsrahmens** neben der institutionellen Existenz zugleich die Absicherung gegen organisatorische oder aufgabenbezogene Veränderungen gewährleisten.[19] Sowohl das währungspolitische Kapitel (Art. 127 ff. AEUV) als auch die institutionellen Vorschriften über die Unionsorgane (Art. 282 ff. AEUV) beinhalten eine **primärrechtliche Bestandsgarantie**[20] für die EZB sowie die dem ESZB angehörenden NZB. Was die **Absicherung gegen organisatorische und kompetenzielle Veränderungen** betrifft, ist zwischen den unionsrechtlichen Regelungen für die EZB sowie dem mitgliedstaatlichen Recht für die NZB zu differenzieren.

Angesichts der primärrechtlich verankerten Rechtspersönlichkeit (Art. 282 Abs. 3 Satz 1 AEUV) der **EZB** sowie ihrer Kompetenzausstattung (Art. 127 ff. AEUV; ESZB-Satzung) sind Änderungen nur im Wege einer **Vertragsrevision** (Art. 48 EUV) möglich. Art. 129 Abs. 3 AEUV (s. Art. 129 AEUV, Rn. 18 f.) zählt bestimmte Satzungsbestimmungen auf, die allerdings wesentliche Elemente der geldpolitischen Steuerung betreffen, und ermöglicht deren Modifizierung in einem vereinfachten Vertragsänderungsverfahren.[21]

Als integrale Bestandteile des ESZB (Art. 14.3 Satz 1 ESZB-Satzung) kann die Existenzberechtigung der **nationalen Zentralbanken** mittelbar auf das Unionsprimärrecht gestützt werden. Als Einrichtungen der Mitgliedstaaten unterliegen sie aber gleichzeitig dem **nationalen Recht**, das Einzelheiten zu Organisationsstruktur und Aufgaben regeln und modifizieren kann. Änderungen des nationalen Zentralbankrechts haben jedoch die primärrechtlichen Grundlagen, insbesondere Art. 130, 131 AEUV sowie Art. 14 ESZB-Satzung,[22] zu respektieren.[23]

II. Funktionell

1. Begriff und Grenzen

Im Fokus der funktionellen Autonomie, die Art. 282 Abs. 3 Satz 3 AEUV explizit erwähnt, steht die **aufgabenbezogene Weisungsfreiheit**. Ihr Gradmesser ist die nicht von Mitspracherechten Dritter abhängige Verfügungsgewalt der Zentralbank über den geldpolitischen Instrumenteneinsatz.[24] Art. 130 AEUV verknüpft die Art und Weise der

---

[18] In der Literatur werden weitere Kategorien vorgeschlagen, vgl. *Endler*, S. 405 ff.; *Gaitanides*, S. 89 (strukturelle Unabhängigkeit).
[19] Ähnliche Definition finden sich bei *Gaitanides*, S. 45; *Galahn*, S. 145; *Hahn/Häde*, § 20, Rn. 11; *Kempen*, in: Streinz, EUV/AEUV, Art. 130 AEUV, Rn. 7; *Rodi*, in: Vedder/Heintschel v. Heinegg, Europäisches Unionsrecht, Art. 130 AEUV, Rn. 6.
[20] *Hahn/Häde*, § 16, Rn. 3.
[21] *Hahn/Häde*, § 20, Rn. 22 ff.; kritisch dazu *Manger-Nestler*, S. 326 f. m.w.N.
[22] *Hahn/Häde*, § 20, Rn. 14; so wohl auch *Kempen*, in: Streinz, EUV/AEUV, Art. 130 AEUV, Rn. 7, Fn. 22.
[23] Beispielhaft zu den Meinungsverschiedenheiten zwischen EU-Kommission und der Republik Ungarn bezüglich der Änderungen am ungarischen Notenbankgesetz, *Häde*, EuZW 2005, 679.
[24] *Gaitanides*, S. 64, 66; *Zilioli*, in: GSH, Europäisches Unionsrecht, Art. 130 AEUV, Rn. 6; *Herrmann*, S. 230; *Sodan*, NJW 1999, 1521. Vgl. zu einzelnen Aspekten der funktionellen Autonomie *Hahn/Häde*, § 20, Rn. 26 ff.

Aufgabenerfüllung im ESZB mit dem Primat der Preisstabilität (Art. 127 Abs. 1 Satz 1 AEUV, s. Art. 127, Rn. 3 ff.).[25] Sinn und Zweck der Vorschrift ist es, die unabhängige Aufgabenerfüllung durch die EZB und die NZB an den primärrechtlichen Rechtsrahmen (AEUV; ESZB-Satzung) der übertragenen Befugnisse und Pflichten zu binden. Die darin zum Ausdruck kommende **Zielbezogenheit** (s. o. Rn. 2) verdeutlicht, dass die Unabhängigkeit kein Selbstzweck ist, sondern den modus operandi beschreibt, der die Art und Weise der Aufgabenwahrnehmung durch das ESZB charakterisiert.[26] Obwohl die Funktionsbezogenheit expressis verbis nur in Art. 130 Satz 1 AEUV geregelt ist, entfaltet sie ihre Wirkung in gleichem Umfang auch für Satz 2.[27]

10 Die **Grenzen** der funktionellen Autonomie verlaufen dort, wo EZB und NZB nicht mehr im Rahmen der übertragenen Aufgaben handeln[28] oder das Handeln nicht dem Stabilitätsauftrag dient.[29] Der EuGH verneinte im sog. OLAF-Urteil[30] eine Verletzung von Art. 130 AEUV, sofern die EZB zu Maßnahmen gezwungen wird, die ihre Aufgabenerfüllung nicht beeinträchtigen, etwa Untersuchungen des Europäischen Amtes für Betrugsbekämpfung (OLAF). Voraussetzung ist, so der EuGH, dass die Unionseinrichtungen die sich aus der Aufgabenerfüllung der EZB ergebenden Besonderheiten angemessen berücksichtigen.[31]

11 Da Art. 130 AEUV vor allem jegliche äußere Einflussnahme auf die zentrale Aufgabe der EZB, die Geldpolitik, verhindern soll, erfasst die Vorschrift nicht in gleichem Umfang diejenigen Zuständigkeiten, die der EZB und den NZB zusätzlich übertragen werden können. Die Übertragung eines Großteils der Aufgaben im Zuge der **Aufsicht über Finanzinstitute** im Euroraum auf die EZB (single supervisory mechanism, SSM)[32] verschärft das Spannungsfeld zwischen Unabhängigkeit und notwendiger demokratischer Kontrolle. Die Rolle der EZB als Aufsichtsbehörde ist mit Art. 130 AEUV nur insofern vereinbar, als die sekundärrechtlich gewährte Unabhängigkeit im Bereich der Bankenaufsicht nicht mit geldpolitischen Erfordernissen gerechtfertigt werden kann.[33] Nehmen die **NZB Aufgaben außerhalb des ESZB** (Art. 14.4 ESZB-Satzung) wahr, verstößt dies nicht gegen die funktionelle Autonomie. Art. 130 AEUV ist nicht verletzt, wenn der

---

[25] *v. Borries*, ZEuS 1999, 281 (301); *Häde*, in: Calliess/Ruffert, EUV/AEUV, Art. 130 AEUV, Rn. 9 f.; *Kempen*, in: Streinz, EUV/AEUV, Art. 130 AEUV, Rn. 3.
[26] Ebenso *Groß*, S. 121; *Schmidt*, JZ 2015, 317 (318).
[27] *Gaitanides*, S. 64; *Häde*, in: Calliess/Ruffert, EUV/AEUV, Art. 130 AEUV, Rn. 17.
[28] *Kempen*, in: Streinz, EUV/AEUV, Art. 130 AEUV, Rn. 8; *Potacs*, in: Schwarze, EU-Kommentar, Art. 130 AEUV, Rn. 2; *Rodi*, in: Vedder/Heintschel v. Heinegg, Europäisches Unionsrecht, Art. 130 AEUV, Rn. 10.
[29] *Häde*, in: Calliess/Ruffert, EUV/AEUV, Art. 130 AEUV, Rn. 7.
[30] EuGH, Urt. v 10.7.2003, Rs. C–11/00 (Kommission/EZB), Slg. 2003, I–7147; vgl. *Häde*, EuR 2009, 200 (218); *Lavranos*, EuR 2003, 878 (881); *Seidel*, EuR 2004, 52 (58)
[31] EuGH, Urt. v. 10.7.2003, Rs. C–11/00 (Kommission/EZB), Slg. 2003, I–7147, Rn. 135 ff., insb. Rn. 143.
[32] VO (EU) Nr. 1022/2013 des Europäischen Parlaments und des Rates vom 22.10.2013 zur Änderung der Verordnung (EU) Nr. 1093/2010 zur Errichtung einer Europäischen Aufsichtsbehörde (Europäische Bankenaufsichtsbehörde) hinsichtlich der Übertragung besonderer Aufgaben auf die EZB gemäß der Verordnung (EU) Nr. 1024/2013, ABl. 2013, L 287/5; VO (EU) Nr. 1024/2013 des Rates vom 15.10.2013 zur Übertragung besonderer Aufgaben im Zusammenhang mit der Aufsicht über Kreditinstitute auf die Europäische Zentralbank, ABl. 2013, L 287/63. Vgl. Kommentierung zu Art. 127 AEUV, Rn. 49–55.
[33] *Groß*, S. 128; *Gurlit/Schnabel*, ZBB 2015, 349 (359). Siehe zum Problemkreis *Herdegen*, WM 2012, 1889 (1894 f.); *Sacarcelik*, BKR 2013, 353 (357); *Schneider*, EuZW 2013, 452 (456); *Waldhoff/Dieterich*, EWS 2013, 72 (78).

nationale Gesetzgeber im Bereich der Finanzaufsicht den Grad der Unabhängigkeit, der an der Aufsicht mitbeteiligten nationalen Zentralbank, deutlich reduziert.[34]

2. Adressaten

Die Weisungsunabhängigkeit wird in **doppelter Weise** in Art. 130 AEUV normativ abgestützt: Während Art. 130 Satz 1 AEUV aus einer Art **Innensicht** ein **Verbot** an EZB und NZB sowie deren Beschlussorgane richtet, formuliert Satz 2 das **Gebot**, das jegliche **äußere Einflussnahme** seitens der EU-Ebene wie der Mitgliedstaaten auf das ESZB ausschließt.[35]

Auf Seiten der **Union** erwähnt Art. 130 AEUV neben Organen und Einrichtungen der EU, die schon die Vorgängervorschrift (Art. 108 EGV) aufzählte, seit dem Vertrag von Lissabon auch die **sonstigen Stellen**. Der damit bezweckte umfassende Schutz vor unerwünschter Einflussnahme bezieht sich somit auf alle **Akteure**, die als **Träger öffentlicher Gewalt** dem Unionsrecht unterworfen sind.[36] Wenngleich das Unionsrecht zwar weder **Private** (Einzelpersonen; Unternehmen) noch **Stellen außerhalb der Union**, d.h. Drittstaaten sowie internationale Organisationen (z.B. den Internationalen Währungsfonds) verpflichten kann und deshalb jene in Satz 2 nicht erwähnt, ist eine umfassende Weisungsfreiheit nur dann sinnvoll, wenn sie Beeinflussungsversuche von jeglicher Seite untersagt.[37]

Bezogen auf die nationale Ebene nennt Art. 130 Satz 1 AEUV die **Mitgliedstaaten** sowie andere Stellen; letztere sind wegen der Reihenfolge der Aufzählung als solche der Mitgliedstaaten zu verstehen.[38] Obwohl in Art. 130 AEUV explizit nicht erwähnt, widerspräche es dem Sinn des Weisungsverbots, die anderen Stellen der Mitgliedstaaten in Satz 2 auszuschließen. Der weit zu interpretierende Begriff der **anderen Stellen** umfasst alle Träger öffentlicher Gewalt auf nationaler Ebene.[39] Dazu zählen auch die **Beschlussorgane der NZB**.[40] Damit ist sichergestellt, dass die der Vorbereitung und Abwicklung von EZB-Entscheidungen dienende Meinungsbildung bei den NZB autonom stattfindet; dazu zählt auch die Weisungsfreiheit der Zentralbankpräsidenten in Bezug auf ihr Stimmverhalten im EZB-Rat.[41]

Da Art. 130 AEUV sich nur auf das Außenverhältnis bezieht, entfaltet er im **Innenverhältnis** zwischen EZB und NZB bei der Erfüllung geldpolitischer Aufgaben **keine**

---

[34] So auch *Dziechciarz*, S. 79; *Hahn/Häde*, § 20, Rn. 9; *Kempen*, in: Streinz, EUV/AEUV, Art. 130 AEUV, Rn. 9. Vgl. zum Verhältnis zwischen Bundesbank, BaFin und Ausschuss für Finanzstabilität *Gurlit/Schnabel*, ZBB 2015, 349 (359 f.).
[35] *Gramlich*, Rn. 39; ausf. *Zilioli/Selmayr*, Yearbook of European Law, 2006, 1 (11 ff.); a. A. *Griller*, in: Grabitz/Hilf/Nettesheim, EU, Art. 130 AEUV (Mai 2013), Rn. 9, der Art. 130 Satz 2 AEUV als ein primärrechtliches Verbot ansieht.
[36] *Gaitanides*, S. 68 f.; vgl. auch *Zilioli*, in: GSH, Europäisches Unionsrecht, Art. 130 AEUV, Rn. 14.
[37] So auch *Kempen*, in: Streinz, EUV/AEUV, Art. 130 AEUV, Rn. 6. *Häde*, in: Calliess/Ruffert, EUV/AEUV, Art. 130 AEUV, Rn. 13, will bei Privaten nach Satz 1 und Satz 2 differenzieren; ebenso *Gnan/Wittelsberger*, in: GS, EUV/EGV, Art. 108 EGV, Rn. 45.
[38] *Häde*, in: Calliess/Ruffert, EUV/AEUV, Art. 130 AEUV, Rn. 11; *Siekmann*, in: Siekmann, EWU, Art. 130 AEUV, Rn. 92.
[39] *Hahn/Häde*, § 20, Rn. 34.
[40] *v. Borries*, ZEuS 1999, 281 (297); *Häde*, in: Hahn, Die Europäische Währung, S. 103 (112 f.); *Herdegen*, in: Maunz/Dürig (Hrsg.), GG, Art. 88 GG, Oktober 2010, Rn. 82; *Kempen*, in: Streinz, EUV/AEUV, Art. 130 AEUV, Rn. 6; *Manger-Nestler*, S. 165 f.; *Siekmann*, in: Siekmann, EWU, Art. 130 AEUV, Rn. 95. Dagegen ausdrücklich *Zeitler*, WM 1995, 1609 (1614).
[41] *Häde*, in: Calliess/Ruffert, EUV/AEUV, Art. 130 AEUV, Rn. 12.

Wirkung.[42] Erteilt die EZB eine ESZB-interne Weisung, haben die NZB dem Folge zu leisten (Art. 14.3 Satz 1 ESZB-Satzung).

3. Weisungen und Beeinflussungsverbot

16 Satz 1 untersagt den Zentralbanken sowie den Mitgliedern ihrer Beschlussorgane das Einholen sowie die Entgegennahme von **Weisungen**,[43] womit nach deutschem Rechtsverständnis[44] **Anordnungen** gemeint sind, die vom Anweisenden als **verbindlich**[45] eingestuft werden.

17 Satz 2 wechselt die Betrachtungsebene, um jede Form der Beeinflussung bereits im frühen Keim zu ersticken. Die Norm verpflichtet sämtliche öffentlich-rechtlichen Akteure von Union und Mitgliedstaaten, die Unabhängigkeit der Mitglieder der Beschlussorgane[46] von EZB und NZB dadurch zu achten, dass sie in keiner Weise[47] den **Versuch einer Einflussnahme** unternehmen.[48] Als Beeinflussung ist jede Einflussnahme zu verstehen, die Verbindlichkeit für sich in Anspruch nimmt oder mit Konsequenzen droht.[49] Satz 2 untersagt bereits den Versuch und setzt damit in jenem frühen Stadium absichtsvollen Handelns ein, in dem der Erfolg der tatsächlichen Beeinflussung noch nicht eingetreten ist. Trotz seiner Wortwahl geht Satz 2 in seiner Reichweite nicht über Satz 1 hinaus.[50]

18 Von unzulässiger Beeinflussung abzugrenzen und damit zulässig ist **sachliche Überzeugungsarbeit**, die dominiert wird vom Wettstreit abweichender Standpunkte, fachlicher Diskussionen oder nachdrücklich mahnender Meinungsäußerung.[51] Obwohl alle genannten Formen denselben Zweck verfolgen, das ESZB zu einem Richtungswechsel zu motivieren, besitzen sie jeweils keine Verbindlichkeit für die Währungshüter. Die im Einzelfall nur schwer bestimmbare Grenze zur unzulässigen Beeinflussung[52] ist jedenfalls dann überschritten, wenn die Art und Weise der Einflussnahme bei der Öffentlichkeit den Eindruck erweckt, dass die Zentralbank nicht mehr Herr über die unabhängige Geldpolitik ist. Vor diesem Hintergrund sind die vor allem von französischer Seite

---

[42] *Häde*, in: Calliess/Ruffert, EUV/AEUV, Art. 130 AEUV, Rn. 12.
[43] Beispiele für unzulässige Weisungen nennt *Siekmann*, in: Siekmann, EWU, Art. 130 AEUV, Rn. 112.
[44] Zweifelnd mit Blick auf den englischen Vertragstext (»instructions«) *Siekmann*, in: Siekmann, EWU, Art. 130 AEUV, Rn. 113.
[45] *Palm*, in: Grabitz/Hilf/Nettesheim, EU, Art. 284 AEUV (Oktober 2011), Rn. 6; *Reumann*, S. 40. Für einen weitgefassten Weisungsbegriff *Häde*, in: Calliess/Ruffert, EUV/AEUV, Art. 130 AEUV, Rn. 14; *Siekmann*, in: Siekmann, EWU, Art. 130 AEUV, Rn. 113.
[46] *Dziechciarz*, S. 77; *Zilioli*, in: GSH, Europäisches Unionsrecht, Art. 130 AEUV, Rn. 10.
[47] *Potacs*, in: Schwarze, EU-Kommentar, Art. 130 AEUV, Rn. 1.
[48] Ausführlich *Stadler*, S. 123 ff.
[49] Ähnlich *Friedl*, S. 206; *Häde*, in: Calliess/Ruffert, EUV/AEUV, Art. 130 AEUV, Rn. 15, 23.
[50] *Häde*, in: Calliess/Ruffert, EUV/AEUV, Art. 130 AEUV, Rn. 15; dagegen *Siekmann*, in: Siekmann, EWU, Art. 130 AEUV, Rn. 117.
[51] *Häde*, in: Calliess/Ruffert, EUV/AEUV, Art. 130 AEUV, Rn. 15; *Rodi*, in: Vedder/Heintschel v. Heinegg, Europäisches Unionsrecht, Art. 130 AEUV, Rn. 9; *Siekmann*, in: Siekmann, EWU, Art. 130 AEUV, Rn. 117. Etwas differenzierter *Palm*, in: Grabitz/Hilf/Nettesheim, EU, Art. 284 AEUV (Oktober 2011), Rn. 6; vgl. dazu auch *Smits*, S. 172.
[52] *Häde*, in: Calliess/Ruffert, EUV/AEUV, Art. 130 AEUV, Rn. 15. Vgl. zur Problematik der Abstimmung einer europäischen Geldpolitik mit einer »Europäischen Wirtschaftsregierung« *Cromme*, EuR 2014, 448 (455 ff.); *Glomb*, in: Caesar/Scharrer, S. 15 (16 f.); *Häde*, in: Calliess/Ruffert, EUV/AEUV, Art. 130 AEUV, Rn. 16.

vorgebrachten Vorschläge einer gouvernement économique (Europäische Wirtschaftsregierung) durchaus kritisch zu betrachten.[53]

III. Persönlich

Die persönliche Unabhängigkeit dient der **Integrität als natürliche Person** und gilt für die **Mitglieder** der **Beschlussorgane** des ESZB, d. h. für die Direktoriumsmitglieder sowie die Präsidenten der NZB (arg. ex Art. 129 Abs. 1 AEUV). Die personelle Unabhängigkeit soll verhindern, dass die Geldpolitik praktisch schon durch die Auswahl der Mitglieder der Beschlussorgane »vorbestimmt« ist, die die geldpolitischen Entscheidungen treffen; die personelle Unabhängigkeit bietet daher einen präventiven Schutz gegen eine Unterwanderung des funktionellen Aspekts.[54]   19

1. Mitglieder des Direktoriums

Wichtige Eckpunkte der persönlichen Unabhängigkeit der Direktoriumsmitglieder sind deren achtjährige **Amtszeit**, verbunden mit dem **Verbot der Wiederwahl** (Art. 283 Abs. 2 UAbs. 3 AEUV) sowie der Ausschluss von Nebentätigkeiten (Art. 11.1 Abs. 2 ESZB-Satzung). Die die Länge regulärer Parlamentsperioden deutlich übersteigende Amtszeit von **acht Jahren** scheint angemessen;[55] kürzere Zeiträume bergen die Gefahr, dass die Beständigkeit der Zentralbankpolitik ab- und deren Beliebigkeit zunimmt. Da die Amtszeit primärrechtlich fixiert wurde, sind **weder** die **Verkürzung** nach Belieben der Direktoriumsmitglieder **noch** diesbezügliche **Absprachen** zwischen den Mitgliedstaaten **zulässig**.[56] Ohne rechtliche Bindungswirkung war daher auch die im Zuge seiner Ernennung abgegebene Erklärung des ersten EZB-Präsidenten, auf die Hälfte seiner Amtszeit »freiwillig zu verzichten« (causa Duisenberg).[57] Auch wenn der Verzicht rechtlich nicht durchsetzbar gewesen wäre, warf er kein gutes Licht auf die noch junge EZB (s. Art. 283 AEUV, Rn. 31).   20

Erfüllt ein Direktoriumsmitglied die Voraussetzungen für die Ausübung seines Amtes nicht mehr oder begeht es eine schwere Verfehlung,[58] kann es seines Amtes enthoben werden (Art. 11.4 ESZB-Satzung). Für das eigentliche **Amtsenthebungs**verfahren ist der EuGH zuständig, der auf Antrag des EZB-Rates oder des Direktoriums tätig wird. Diese verfahrensmäßige Entkoppelung stärkt zugleich die persönliche Unabhängigkeit der übrigen Mitglieder der Beschlussorgane, da sie nicht über die Amtsenthebung befinden müssen, sondern sich uneingeschränkt ihren Sachaufgaben widmen können.   21

---

[53] Vgl. *Cromme*, EuR 2014, 448 (455 ff.); *Glomb*, in: Caesar/Scharrer, S. 15 (16 f.); *Häde*, in: Calliess/Ruffert, EUV/AEUV, Art. 130 AEUV, Rn. 16.

[54] *Gaitanides*, S. 75; vgl. *Uhlenbruck*, S. 42.

[55] *Gramlich*, Rn. 113, für längere Amtszeiten, z.B. 12 Jahre, hingegen *Kempen*, in: Streinz, EUV/AEUV, Art. 130 AEUV, Rn. 9.

[56] *Häde*, in: Calliess/Ruffert, EUV/AEUV, Art. 130 AEUV, Rn. 27; *Kempen*, in: Streinz, EUV/AEUV, Art. 130 AEUV, Rn. 9 f.; *Siekmann*, in: Siekmann, EWU, Art. 130 AEUV, Rn. 118.

[57] *Häde*, JZ 1998, 1088 (1092 ff.); *ders.*, EuR 2009, 200 (215), so auch *Kempen*, in: Streinz, EUV/AEUV, Art. 130 AEUV, Rn. 10.

[58] Vgl. zu den beiden Voraussetzungen der Amtsenthebung *Friedl*, S. 191; *Häde*, WM 2005, 205 (213); *Hahn/Häde*, § 20, Rn. 77 ff. sowie 81 f.

2. Präsidenten der nationalen Zentralbanken

22 Die mit **fünf Jahren** deutlich kürzere Amtszeit der NZB-Präsidenten (Art. 14.2 Satz 1 ESZB-Satzung) scheint aus dem Gesichtspunkt der Kontinuität eher zu knapp bemessen.[59] Allerdings sieht das Unionsrecht nur eine **Mindestamtszeit**[60] vor, d. h. die nationalen Zentralbankgesetze können längere Amtszeiten vorgeben. So regelt z. B. das BBankG für alle Mitglieder des Vorstands der Deutschen Bundesbank grundsätzlich eine achtjährige Amtszeit (§ 7 Abs. 3 Satz 5 BBankG). In Österreich beträgt die Amtszeit des Zentralbankgouverneurs hingegen nur fünf Jahre (§ 33 Abs. 2 Satz 2 NBG). Im Sinne der Kontinuität und Parallelität der Amtszeiten innerhalb des ESZB wäre es jedoch zweckmäßiger, wenn die Dauer der Amtszeiten auf europäischer und nationaler Ebene vereinheitlicht wäre.[61]

23 Die **Amtsenthebung der nationalen Zentralbankpräsidenten** steht unter den gleichen Voraussetzungen wie die der Direktoriumsmitglieder (s. o. Rn. 21); dies folgt aus Art. 14.2 UAbs. 2 ESZB-Satzung. Strengere nationale Anforderungen an die Amtsenthebung, die wegen der mitgliedstaatlichen Regelungshoheit für die Zentralbankgesetzgebung prinzipiell nicht ausgeschlossen sind,[62] dürfen die enumerativen Mindestvoraussetzungen des Art. 14.2 UAbs. 2 ESZB-Satzung allerdings nicht konterkarieren.[63] Eine zusätzliche Stärkung erfährt die persönliche Unabhängigkeit der NZB-Präsidenten durch das Recht, gegen die Abberufung vor dem EuGH Klage zu erheben (Art. 14.2 UAbs. 2 Satz 2 ESZB-Satzung).[64]

24 Unionsrechtlich nicht geregelt und damit den Mitgliedstaaten überlassen ist dagegen das **Abberufungsverfahren der Mitglieder der Beschlussorgane** der NZB. Da das Primärrecht diese Fälle gerade nicht regelt, scheidet eine Analogie zu den Vorschriften für die EZB-Direktoriumsmitglieder aus.[65] Fast alle Mitgliedstaaten haben dementsprechend die Abberufung ausdrücklich geregelt und räumen dabei den Regierungen eine zentrale Rolle ein. Eine unbefriedigende Ausnahme bildet die deutsche Zentralbankgesetzgebung, die keinerlei Abberufungsregeln enthält. Die bundesdeutsche Praxis verfährt auf der Basis von Bestimmungen der unveröffentlichten Beschäftigungsverträge mit den Mitgliedern des Bundesbankvorstandes. Demnach ist die Bundesregierung berechtigt, dem Bundespräsidenten die Abberufung nach den Voraussetzungen des Art. 14.2. ESZB-Satzung vorzuschlagen.[66] Unter rechtsstaatlichen Gesichtspunkten lässt sich diese Verfahrensweise nicht rechtfertigen und ist daher dringend reformbedürftig.[67]

---

[59] *Häde*, in: Calliess/Ruffert, EUV/AEUV, Art. 130 AEUV, Rn. 29; *Kempen*, in: Streinz, EUV/AEUV, Art. 130 AEUV, Rn. 9; *Lastra*, HILJ 33 (1992), 475 (486); *Siekmann*, in: Siekmann, EWU, Art. 130 AEUV, Rn. 21.

[60] *Gaitanides*, S. 86; *Griller*, in: Grabitz/Hilf/Nettesheim, EU, Art. 130 AEUV (Mai 2013), Rn. 17.

[61] So auch *Gaitanides*, S. 87; vgl. dazu *Lastra*, HILJ 33 (1992), 475 (486); *Walter*, S. 214.

[62] Dies betonen *Häde*, in: Calliess/Ruffert, EUV/AEUV, Art. 130 AEUV, Rn. 30; *Hahn/Häde*, § 20, Rn. 92. Dagegen *Krauskopf/Freimuth*, WM 2005, 1297.

[63] *Häde*, NJW 2004, 1641 f.

[64] A.A. und ausführlich zum Abberufungsverfahren *Gaitanides*, S. 88.

[65] So *Häde*, in: Calliess/Ruffert, EUV/AEUV, Art. 130 AEUV, Rn. 35; im Ergebnis ebenso, jedoch mit abweichender Begründung *Siekmann*, in: Siekmann, EWU, Art. 130 AEUV, Rn. 128; a. A. *Zeitler*, NJW 2004, 2293 (2294).

[66] *Häde*, in: Calliess/Ruffert, EUV/AEUV, Art. 130 AEUV, Rn. 36.

[67] Ebenso kritisch *Häde*, in: Calliess/Ruffert, EUV/AEUV, Art. 130 AEUV, Rn. 36; *Siekmann*, in: Siekmann, EWU, Art. 130 AEUV, Rn. 129 f., 132, a. A. hingegen *Krauskopf/Freimuth*, WM 2005, 1297 (1298 f.); *Zeitler*, NJW 2004, 2293 (2294).

IV. Finanziell

Art. 130 umfasst schließlich die finanzielle Autonomie, die Art. 282 Abs. 3 Satz 3 AEUV (s. Art. 282, Rn. 10) als unabhängige **Verwaltung der Mittel** beschreibt, und die verhindern soll, dass die EZB beim geldpolitischen Instrumenteneinsatz nicht in unangemessene Abhängigkeit von Dritten[68] gerät. Alleinige Kapitalzeichner und -eigner[69] sind die NZB (Art. 28.2. ESZB-Satzung). Die Gewährleistung finanzieller Unabhängigkeit bildet zugleich eine Ausnahme von den umfassenden Kontrollrechten des **Rechnungshof**es (Art. 287 AEUV, s. Art. 287, Rn. 4), dessen Prüfungskompetenz die Art. 27.2 ESZB-Satzung **auf** die **Effizienz der Verwaltung** der EZB **beschränkt**.

25

Fraglich ist, inwieweit das von der EZB im Jahr 2012 angekündigte **OMT-Programm** (Outright Monetary Transactions),[70] das die Verpflichtung der Zentralbank zum Kauf von Staatsanleihen in unbegrenzter Höhe auf dem Sekundärmarkt umfasst,[71] eine Gefahr für die finanzielle Autonomie darstellt.[72] Die Vereinbarkeit des Programms mit europäischem Recht war Gegenstand eines vom Bundesverfassungsgericht initiierten Vorlageverfahrens vor dem EuGH.[73] Wie schon in einem früheren Urteil[74] bestätigte der EuGH, dass eine kompetenzrechtliche Überprüfung nicht mit der Unabhängigkeit der EZB konfligiert und erblickte auch im OMT-Programm keine Gefährdung der Autonomie.[75] Dem schloss sich das BVerfG in seinem abschließenden Urteil zu OMT an, wies aber erneut auf den erhöhten Rechtfertigungsbedarf hin, dem ein – wie im Falle der EZB – abgesenktes demokratisches Legitimationsniveau unterliegt.[76]

26

C. Unabhängigkeit und Demokratieprinzip

In Gestalt von Unabhängigkeit und Demokratieprinzip stehen sich zwei Rechtsgrundsätze gegenüber, deren widerstreitende Interessen – auf Unions- wie nationaler Ebene – nicht ohne weiteres in Einklang zu bringen sind.[77] Der Regelungsgehalt des unionsrechtlichen Demokratieprinzips (Art. 2 EUV, s. Art. 2, Rn. 16 f., sowie Art. 10 Abs. 1 EUV, s. Art. 10, Rn. 12 f.) erschöpft sich in der Zusammenschau derjenigen Primärrechtsnormen, die eine legitimatorische Rückbindung der Unionsorgane, insbesondere des Europäischen Parlaments, an das Wahlvolk in den Mitgliedstaaten sicherstellen.[78] Hingegen findet die von funktioneller **Autonomie** geprägte Aufgabenerfüllung der EZB ihre

27

---

[68] *Zilioli*, in: GSH, Europäisches Unionsrecht, Art. 130 AEUV, Rn. 16; *Wahlig*, FS Hahn, S. 265 (271).
[69] Eingehend *Gaitanides*, S. 55 ff.
[70] Pressemitteilung der EZB v. 6. 9. 2012 zu Technical features of Outright Monetary Transactions. Vgl. auch *EZB*, Monatsbericht September 2012, S. 7 ff.
[71] Zur Vereinbarkeit mit Art. 127 AEUV vgl. Kommentierung bei Art. 127 AEUV, Rn. 36 ff.
[72] So jedenfalls bzgl. des SMP-Programms *Sester*, EWS 2012, 80; andeutungsweise auch *Herrmann*, EuZW 2012, 805 (811).
[73] BVerfGE 134, 366. Vgl. Kommentierung zu Art. 127, Rn. 36 ff.
[74] EuGH, Urt. v. 3. 10. 2002, Rs. C–11/00 (Kommission/EZB), Slg. 2003, I–7147 Rn. 135 ff.
[75] EuGH, Urt. v. 16. 6. 2015, Rs. C–62/14 (Gauweiler u. a.), ECLI:EU:C:2015:400, Rn. 60. Vgl. Kommentierung zu Art. 127, Rn. 39.
[76] BVerfG, Urt. v. 21. 6. 2016, 2 BvR 2728/132, Rn. 166. Vgl. Anm. *Böttner*, ZJS 2016, 776; *Manger-Nestler*, NJ 2016, 353 (357 f.).
[77] S. insgesamt *Amtenbrink*, S. 359 ff.; *Dernedde*, S. 169 ff.; *Waigel*, S. 215 ff.
[78] Ausführlich *Gaitanides*, S. 199 ff.; vgl. auch *Kempen*, in: Streinz, EUV/AEUV, Art. 130 AEUV, Rn. 5.

Rechtfertigung im Primat der Preisstabilität (s. o. Rn. 2). Um diese Zielbezogenheit nicht in weiten Teilen zu nivellieren, kann das autonome Handeln der EZB nur sehr eingeschränkt am unionsrechtlichen Demokratieprinzip gemessen werden.[79] Der Gefahr eines »verselbständigten« Agierens der Zentralbank wirkt das Primärrecht insoweit entgegen, als Rechenschaftspflichten der EZB gegenüber dem Europäischen Parlament (Art. 284 Abs. 3 AEUV, s. Art. 284, Rn. 10 f.) sowie parlamentarische Anhörungsrechte bei der Bestellung von Direktoriumsmitgliedern (Art. 283 Abs. 2 UAbs. 2 AEUV, s. Art. 283, Rn. 26) vorgesehen sind. Zudem erkennt das ESZB seit geraumer Zeit eine mit den Transparenzpflichten eng verknüpfte democratic accountability[80] der Öffentlichkeit gegenüber an; Reichweite und Grenzen dieser Verantwortlichkeit sind jedoch nur schwer abzustecken.[81]

28 Aus Sicht des **deutschen Verfassungsrechts** betonte das **Bundesverfassungsgericht** bereits im Maastricht-Urteil, dass Modifikationen des Demokratieprinzips »im Dienste der Sicherung des in eine Währung gesetzten Einlösungsvertrauens vertretbar [seien], weil es der – in der deutschen Rechtsordnung erprobten und, auch aus wissenschaftlicher Sicht, bewährten – Besonderheit Rechnung trägt, daß eine unabhängige Zentralbank den Geldwert [...] sichert«.[82] Die durch Art. 88 Satz 2 GG[83] eingefügte, verfassungsrechtliche Verankerung der Unabhängigkeit der EZB verstieß somit nicht gegen Art. 79 Abs. 3 GG.[84]

D. Rechtsschutzaspekte

29 Unabhängige Aufgabenerfüllung ist nicht gleichbedeutend mit unbeschränktem Handeln im rechtsfreien Raum.[85] Die **Autonomie** der EZB ist daher **nicht absolut**. Zum einen existieren faktische Wechselbeziehungen zwischen dem ESZB sowie Organen von Union und Mitgliedstaaten (z. B. in Teilnahmerechten aus Art. 284 Abs. 1 AEUV, s. Art. 284, Rn. 5, sowie Berichtspflichten aus Art. 283 Abs. 3 AEUV, s. Art. 284, Rn. 13 ff.). Zum anderen findet die Autonomie ihre **Schranken im unionalen Rechtsschutzsystem**. In Gestalt der Nichtigkeits- (Art. 263)[86] und Untätigkeitsklage (Art. 265),[87] des Vorabentscheidungsverfahrens (Art. 267)[88] sowie der Schadensersatzklage (Art. 268 AEUV)[89] kann der EuGH überprüfen, ob sich das Handeln der EZB innerhalb des gewährten rechtlichen Rahmens bewegt.[90] Ein möglicher Verstoß eines

---

[79] Ähnlich *Häde*, in: Calliess/Ruffert, EUV/AEUV, Art. 130 AEUV, Rn. 36. Einen Konflikt für »ausgeschlossen« hält *Siekmann*, in: Siekmann, EWU, Art. 130 AEUV, Rn. 148. Ähnlich auch *Kempen*, in: Streinz, EUV/AEUV, Art. 130 AEUV, Rn. 5. Unter Verweis auf das Demokratiedefizit der EU anderer Auffassung *Gormley/de Haan*, E.L.Rev. 21 (1996), 95.
[80] EZB, Monatsbericht November 2002, S. 45 ff. Vgl. auch Kommentierung zu Art. 284 AEUV, Rn. 15.
[81] Ausführlich *De Haan/Eijffinger*, JCMSt, 38 (2000), 393; *Lastra*, Central Banking, 12 (2001), 69.
[82] BVerfGE 89, 155 (208 f.); jüngst BVerfGE 134, 366, Rn. 59.
[83] Vgl. ausführlich *Janzen*, Der neue Art. 88 Satz 2 des Grundgesetzes.
[84] BVerfGE 89, 155 (172, 181, 208). Vgl. auch *Dernedde*, S. 139 ff.; *Siekmann*, in: Siekmann, EWU, Art. 130 AEUV, Rn. 153.
[85] *Kempen*, in: Streinz, EUV/AEUV, Art. 130 AEUV, Rn. 11.
[86] S. in Bezug auf die EZB Art. 263 AEUV, Rn. 86.
[87] S. in Bezug auf die EZB Art. 265 AEUV, Rn. 18.
[88] S. in Bezug auf die EZB Art. 267 AEUV, Rn. 16 f.
[89] S. in Bezug auf die EZB Art. 268 AEUV, Rn. 8, 20.
[90] Ausführlich *Hahn/Häde*, ZHR 2001, 30; speziell zu Art. 263 AEUV in Bezug auf die Autonomie

Mitgliedstaates gegen die Autonomie (Art. 130 Satz 2 AEUV, s. o. Rn. 14) ist als Vertragsverletzung (Art. 258, 259 AEUV) sanktionierbar, wobei die EZB nicht selbst als Klägerin auftreten kann, sondern von Kommission oder klageberechtigten Mitgliedstaaten »abhängig« ist.[91]

Nicht beabsichtigt ist hingegen die **Kontrolle** der – **operative**n wie **strategische**n – **monetären Entscheidungen** der EU-Währungshüter.[92] Dafür spricht, dass der im ESZB gebündelte geld- und währungspolitische Beurteilungsspielraum[93] einer richterlichen Beurteilung nur schwer zugänglich ist, da diese die Situationsbezogenheit der Entscheidungen sowie ihre Prognosewirkungen nicht angemessen und sachgerecht erfassen kann. Diese Position hat der EuGH im OMT-Urteil bestätigt (s. Art. 127 AEUV, Rn. 38 f.).[94]

30

Kempen, in: Streinz, EUV/AEUV, Art. 130 AEUV, Rn. 12; vgl. auch EuGH, Urt. v. 3. 10. 2002, Rs. C–11/00 (Kommission/EZB), Slg. 2003, I–7147 Rn. 135.
[91] *Häde*, in: Calliess/Ruffert, EUV/AEUV, Art. 130 AEUV, Rn. 23; zweifelnd *Seidel*, EuR 2000, 861 (874).
[92] *Kempen*, in: Streinz, EUV/AEUV, Art. 130 AEUV, Rn. 11; vgl. *Gaitanides*, S. 248.
[93] *Potacs*, in: Schwarze, EU-Kommentar, Art. 127 AEUV, Rn. 5; *Roth*, EuR-Beiheft 1/1994, 45 (69); *Stadler*, S. 108.
[94] EuGH, Urt. v. 16. 6. 2015, Rs. C–62/14 (Gauweiler u. a.), ECLI:EU:C:2015:400, Rn. 46 ff.

Artikel 131 AEUV [Anpassungspflicht der Mitgliedstaaten]

Jeder Mitgliedstaat stellt sicher, dass seine innerstaatlichen Rechtsvorschriften einschließlich der Satzung seiner nationalen Zentralbank mit den Verträgen sowie mit der Satzung des ESZB und der EZB im Einklang stehen.

Literaturübersicht

Dziechciarz, Rechtliche Integration der nationalen Zentralbanken in das Europäische System der Zentralbanken und in das Eurosystem, 2009; *Häde*, Unabhängigkeit für die ungarische Notenbank?, EuZW 2005, 679; *ders.*, Das Gesetz zur Änderung von Vorschriften über die Deutsche Bundesbank, NJW 1994, 3214; *Manger-Nestler*, Die Rolle der Bundesbank im Gefüge des ESZB, EuR 2008, 577; *Nestler*, Stellung der Bundesbank in der europäischen Integration, WM 2001, 2425; s. auch die Literaturhinweise zu Art. 129 und 130 AEUV.

Inhaltsübersicht

	Rn.
A. Einführung	1
B. Geltungsbereich	2
I. Räumlich	2
II. Sachlich	3
C. Anpassung in der Bundesrepublik Deutschland	6

A. Einführung

1   Art. 131 AEUV, dem Art. 14.1 ESZB-Satzung inhaltlich entspricht, ist durch den Vertrag von Lissabon nicht bedeutungslos[1] geworden, wenngleich sich seine **Ratio** erst im Kontext der **Vorgängervorschrift** erschließt. Art. 109 EGV besagte, dass die Mitgliedstaaten ihre nationalen Rechtsvorschriften »spätestens zum Zeitpunkt der Errichtung des ESZB« anzupassen haben, wodurch der allgemeine Anwendungsvorrang[2] des Unionsrechts zeitlich hinausgeschoben wurde. Auf diese Weise wurde ein reibungsloser Start der dritten Stufe der Wirtschafts- und Währungsunion (WWU) sichergestellt, da nicht alle Vorschriften des Vertrags von Maastricht zur WWU zeitgleich in Kraft traten.[3] Mittlerweile besitzt **Art. 131 AEUV** eher eine **klarstellende Funktion**, indem er die Pflicht zum unionstreuen Verhalten speziell für die gemeinsame Währungspolitik betont. Dies dient zugleich der Vermeidung etwaiger Rechtsunsicherheiten im Fall der Kollision von Unions- und nationalem Recht; letzteres muss mit dem Unionsrecht »in Einklang« stehen.[4] Die Anpassungspflicht aus Art. 131 AEUV bezieht sich daher nicht auf »die Verträge«, sondern aufgrund von Systematik sowie Textzusammenhang der Norm nur auf Art. 119 ff. AEUV sowie das Protokoll Nr. 4 über die Satzung des ESZB und der EZB, welches nach Art. 51 EUV ebenfalls den Rang von Primärrecht hat.[5]

---

[1] *Häde*, in: Calliess/Ruffert, EUV/AEUV, Art. 131 AEUV, Rn. 2; dagegen *Khan*, in: Geiger/Khan/Kotzur, EUV/AEUV, Art. 131 AEUV, Rn. 1, der Art. 131 AEUV für »praktisch obsolet« hält.

[2] In ständiger Rechtsprechung EuGH, Urt. v. 2.7.1996, Rs. C–290/94 (Kommission/Griechenland), Slg. 1996, I–3285; vgl. auch Kommentierung zu Art. 1 EUV Rn. 45.

[3] *Dziechciarz*, S. 87; *Kempen*, in: Streinz, EUV/AEUV, Art. 131 AEUV, Rn. 2.

[4] *Dziechciarz*, in: GSH, Europäisches Unionsrecht, Art. 131 AEUV, Rn. 15; *Steven*, in: Siekmann, EWU, Art. 131 AEUV, Rn. 7.

[5] *Dziechciarz*, in: GSH, Europäisches Unionsrecht, Art. 131 AEUV, Rn. 8; *Kempen*, in: Streinz, EUV/AEUV, Art. 131 AEUV, Rn. 1; *Rodi*, in: Vedder/Heintschel v. Heinegg, Europäisches Unionsrecht, Art. 131 AEUV, Rn. 4.

B. Geltungsbereich

I. Räumlich

Der Geltungsbereich von Art. 131 erstreckt sich auf **alle Mitgliedstaaten**, d.h. auch solche mit Ausnahmeregelung, da Art. 131 in Art. 139 AEUV nicht erwähnt wird. Eine **Ausnahme** gilt nur zugunsten von **Großbritannien**, das durch Protokoll[6] Nr. 15 von Art. 131 AEUV befreit wurde.

2

II. Sachlich

Die Anpassungspflicht aus Art. 131 AEUV ist kein Selbstzweck, sondern besteht in der Konvergenz der währungsrechtlichen Bestimmungen der Mitgliedstaaten, die die einheitliche Währung eingeführt haben und dem Eurosystem angehören. Art. 131 präzisiert daher die Anforderungen an die rechtliche Konvergenz, die Art. 140 Abs. 1 Satz 2 AEUV (s. Art. 140 AEUV, Rn. 9–13) als Voraussetzung für die spätere Teilnahme an der WWU fordert. Die aus Art. 131 AEUV abzuleitende, **unmittelbare Rechtspflicht** ist daher **differenziert**[7] zu sehen: Solange ein Mitgliedstaat als solcher mit **Ausnahmeregelung** (Art. 139 ff. AEUV) zu qualifizieren ist, umfasst die Anpassungspflicht **nur** diejenigen **Vorschriften**, die für diese Mitgliedstaaten **gemäß Art. 139 AEUV** gelten. Art. 131 AEUV ist indes in der Liste des Art. 139 AEUV nicht genannt und gilt daher grundsätzlich für alle Mitgliedstaaten, einschließlich Dänemark,[8] nicht jedoch für Großbritannien[9]. Erfüllt ein Mitgliedstaat die Konvergenzkriterien (Art. 140 AEUV), trifft ihn eine **vollumfängliche Anpassungspflicht**, d.h. er muss **im Zeitpunkt des Beitritts** zum Eurosystem sicherstellen, dass sämtliche währungsrechtliche Bestimmungen des nationalen Rechts dem in Art. 131 AEUV genannten Primärrecht entsprechen.[10]

3

Aus der unmittelbaren Rechtspflicht zur Anpassung folgt auch, dass (außer für Großbritannien) Verstöße im Wege des **Vertragsverletzungsverfahren**s (Art. 258 AEUV) vom EuGH sanktioniert werden können.[11] Die jahrelange, hartnäckige Weigerung Schwedens, seine Rechtsvorschriften entsprechend anzupassen, ist bislang sanktionslos geblieben.[12]

4

Der **Umfang der Anpassungspflicht**[13] bezieht sich auf sämtliche relevante innerstaatliche Rechtsvorschriften, die allgemeine Verbindlichkeit im jeweiligen Mitgliedstaat besitzen,[14] und mit den primärrechtlichen Vorgaben aus Art. 119 ff. AEUV sowie der

5

---

[6] Ziff. 4 und 7 Protokoll Nr. 15, ABl. 2010, C 83/284; ursprünglich Protokoll Nr. 8 vom 7.2.1992, ABl. 1992, C 191/87; inzwischen den Verträgen beigefügt als Protokoll Nr. 15.

[7] Ebenso *Häde*, EuZW 2005, 679; *Potacs*, in: Schwarze, EU-Kommentar, Art. 131 AEUV, Rn. 2; dagegen sieht *Khan*, in: Geiger/Khan/Kotzur, EUV/AEUV, Art. 131 AEUV, Rn. 2, die Anwendung von Art. 131 AEUV auf Nicht-Eurostaaten »nicht unproblematisch«.

[8] Gemäß Ziffer 1 des Protokolls Nr. 16 über einige Bestimmungen betreffend Dänemark finden alle eine Ausnahmeregelung betreffenden Bestimmungen auf Dänemark Anwendung, also Art. 139 ff. AEUV.

[9] Gemäß Ziffer 4 des Protokolls Nr. 15 über einige Bestimmungen betreffend das Vereinigte Königreich gilt u.a. Art. 131 AEUV für diesen Mitgliedstaat nicht; vgl. *Häde*, in: Calliess/Ruffert, EUV/AEUV, Art. 131 AEUV, Rn. 1.

[10] *Dziechciarz*, S. 88 f.

[11] *Rodi*, in: Vedder/Heintschel v. Heinegg, Europäisches Unionsrecht, Art. 131 AEUV, Rn. 5.

[12] Dazu *Steven*, in: Siekmann, EWU, Art. 131 AEUV, Rn. 44 ff. m.w.N.

[13] Vgl. ausführlich zum Umfang der Anpassungspflicht *Dziechciarz*, S. 86 ff.

[14] *Steven*, in: Siekmann, EWU, Art. 131 AEUV, Rn. 28.

ESZB-Satzung unvereinbar sind. Dabei sind die Mitgliedstaaten frei bei der Wahl der ihrer Rechtsordnung am besten entsprechenden Anpassungsmethode; zur Auswahl stehen beispielsweise Verweise der nationalen Norm auf Primärrecht, wörtliche Übernahmen unionsrechtlicher Regelungen oder eine Kombination der Regelungstechniken.[15]

C. Anpassung in der Bundesrepublik Deutschland

6   Die Anpassung[16] der deutschen (Währungs-)Rechtsordnung an die WWU erfolgte in mehreren Schritten, die sämtlich den Vorgaben des Primärrechts gerecht wurden[17] Bereits das **5. BBankÄndG**[18] schaffte die Möglichkeit zur Gewährung von Kassenkrediten ab. Das **6. BBankÄndG**[19] bereitete die Bundesbank auf ihre geänderte Rolle als integraler Bestandteil des ESZB vor, indem insbesondere die Mindestamtszeit der Mitglieder der Beschlussorgane sowie die geldpolitischen Befugnisse angepasst wurden. Der geänderten Aufgabenstellung entsprechend führten das **7. BBankÄndG**[20] und das **8. BBankÄndG**[21] zur Neuordnung und Verschlankung der Leitungsstruktur der Bundesbank.

---

[15] *Steven*, in: Siekmann, EWU, Art. 131 AEUV, Rn. 32.
[16] Vgl. zum Stand der Anpassung in Litauen, den Niederlanden und Schweden *Steven*, in: Siekmann, EWU, Art. 131 AEUV, Rn. 40 ff.
[17] Vgl. *Nestler*, WM 2001, 2425.
[18] Vom 8.7.1994, BGBl. I 1994, S. 1465, s. dazu *Nestler*, WM 2001, 2425 (2431).
[19] Vom 22.12.1997, BGBl. I 1997, S. 3274, s. dazu *Häde*, NJW 1994, 3214; *Nestler*, WM 2001, 2425 (2431).
[20] Vom 23.3.2002, BGBl. I 2002, S. 1159, s. dazu *Manger-Nestler*, EuR 2008, 577 (587 ff.).
[21] Vom 16.7.2007, BGBl. I 2007, S. 1382, s. dazu *Manger-Nestler*, EuR 2008, 577 (587).

Artikel 132 AEUV [Rechtsakte]

(1) Zur Erfüllung der dem ESZB übertragenen Aufgaben werden von der Europäischen Zentralbank gemäß den Verträgen und unter den in der Satzung des ESZB und der EZB vorgesehenen Bedingungen
- Verordnungen erlassen, insoweit dies für die Erfüllung der in Artikel 3.1 erster Gedankenstrich, Artikel 19.1, Artikel 22 oder Artikel 25.2 der Satzung des ESZB und der EZB festgelegten Aufgaben erforderlich ist; sie erlässt Verordnungen ferner in den Fällen, die in den Rechtsakten des Rates nach Artikel 129 Absatz 4 vorgesehen werden,
- Beschlüsse erlassen, die zur Erfüllung der dem ESZB nach den Verträgen und der Satzung des ESZB und der EZB übertragenen Aufgaben erforderlich sind,
- Empfehlungen und Stellungnahmen abgegeben.

(2) Die Europäische Zentralbank kann die Veröffentlichung ihrer Beschlüsse, Empfehlungen und Stellungnahmen beschließen.

(3) Innerhalb der Grenzen und unter den Bedingungen, die der Rat nach dem Verfahren des Artikels 129 Absatz 4 festlegt, ist die Europäische Zentralbank befugt, Unternehmen bei Nichteinhaltung der Verpflichtungen, die sich aus ihren Verordnungen und Beschlüssen ergeben, mit Geldbußen oder in regelmäßigen Abständen zu zahlenden Zwangsgeldern zu belegen.

Literaturübersicht

Gaitanides, Das Recht der Europäischen Zentralbank, 2005; *Hahn/Häde*, Die Zentralbank vor Gericht, ZHR 2001, 30; *dies.*, Währungsrecht, 2. Aufl., 2010; *Lehmann/Manger-Nestler*, Das neue Europäische Finanzaufsichtssystem, ZBB 2011, 2; *dies.*; Einheitlicher Europäischer Aufsichtsmechanismus: Bankenaufsicht durch die EZB, ZBB 2014, 2; *Manger-Nestler*, Par(s) inter pares?, 2008; *Martín/Teixeira*, The Imposition of regulatory sanctions by the European Central Bank, E.L.Rev 25 (2000), 1; *Schütz*, Die Legitimation der Europäischen Zentralbank zur Rechtsetzung, EuR 2001, 291; *Smits*, The European Central Bank: Institutional Aspects, 1997; *Stadler*, Der rechtliche Handlungsspielraum des Europäischen Systems der Zentralbanken, 1996; *Thomas*, Die Bindungswirkung von Mitteilungen, Bekanntmachungen und Leitlinien der EG-Kommission, EuR 2009, 423; *Weber*, Die Kompetenzverteilung im Europäischen System der Zentralbanken bei der Festlegung und Durchführung der Geldpolitik, 1995; *Zilioli/Selmayr*, The Law of the European Central Bank, 2001.

Wesentliche sekundärrechtliche Vorschriften

Verordnung (EG) Nr. 2532/98 des Rates vom 23.11.1998 über das Recht der EZB, Sanktionen zu verhängen, ABl. 1998, L 318/4, geändert durch VO (EU) Nr. 2015/159 vom 27.1.2015, ABl. 2015, L 27/1

Verordnung Nr. 2157/1999 der EZB vom 23.9.1999 über das Recht der EZB, Sanktionen zu verhängen, ABl. 1999, L 264/21, geändert durch VO (EU) Nr. 469/2014 vom 16.4.2014, ABl. 2014, L 141/51

Verordnung (EU) Nr. 1071/2013 vom 24.9.2013 über die Bilanz des Sektors der monetären Finanzinstitute (Neufassung) (EZB/2013/33), ABl. 2013 L 297/1, geändert durch VO (EU) Nr. 1375/2014 der EZB vom 10.12.2014, ABl. 2014, L 366/77

Verordnung (EG) Nr. 1745/2003 der EZB über die Auferlegung einer Mindestreservepflicht, ABl. 2003, L 250/10, geändert durch VO (EU) Nr. 1376/2014 vom 10.12.2014, ABl. 2014, L 366/79

Beschluss der EZB vom 29.8.2013 zur Festlegung der Maßnahmen, die für den Beitrag zum kumulierten Wert der Eigenmittel der Europäischen Zentralbank und für die Anpassung der den übertragenen Währungsreserven entsprechenden Forderungen der nationalen Zentralbanken erforderlich sind (EZB/2013/26), ABl. 2014, L 16/47

Empfehlung der EZB über die Verabschiedung bestimmter Maßnahmen zur Verbesserung des rechtlichen Schutzes der Euro-Banknoten und -Münzen, ABl. 1999, C 11/13

Inhaltsübersicht Rn.

A. Einführung 1
B. EZB-Rechtsakte 3
   I. Grundlagen 3
   II. Verordnungen 5
   III. Beschlüsse 8
   IV. Empfehlungen und Stellungnahmen 9
   V. ESZB-interne Handlungsformen 10
      1. Überblick 10
      2. Leitlinien 11
      3. Weisungen 14
C. Verfahren und Rechtsschutz 15
D. Sanktionen 17

A. Einführung

1   Art. 132 AEUV **regelt**, ebenso wie der inhaltsgleiche Art. 34 ESZB-Satzung, die der EZB übertragenen **Rechtsetzungs-** (Abs. 1) **und Sanktionsbefugnisse** (Abs. 3). Im Gegensatz zur Vorgängernorm (Art. 110 EGV) verzichtet Art. 132 AEUV auf eine Definition derjenigen Rechtsakte, zu deren Erlass die EZB befugt ist.[1] Infolge der Stellung der EZB als Unionsorgan (Art. 13 Abs. 1 UAbs. 2 EUV, s. Art. 13, Rn. 13) gilt der **allgemeine Katalog der Unionsrechtsakte** (Art. 288 AEUV) auch für die EZB. Nur die **Richtlinie** ist von Art. 132 Abs. 1, 2 AEUV aus dem Kreis der Rechtsakte **ausgenommen**, die die EZB als sog. **EZB-Recht** (ECB law) erlassen darf. Im Übrigen bestehen keinerlei Unterschiede in Rechtsnormqualität oder Normenhierarchie der EZB-Rechtsakte als integrale Bestandteile des Unionsrechts.[2]

2   Art. 132 Abs. 1 AEUV begrenzt die Rechtsetzungsbefugnis der EZB auf die dem ESZB übertragenen Aufgabenbereiche. Darin zum Ausdruck kommen das **Prinzip der begrenzten Ermächtigung** (Art. 5 Abs. 1 EUV) sowie der Verhältnismäßigkeitsgrundsatz[3] (Art. 5 Abs. 4 EUV), weshalb Art. 132 Abs. 1 AEUV sowohl kompetenzbegründende als auch kompetenzbegrenzende **Funktion** besitzt.[4] Art. 139 Abs. 2 Buchst. e AEUV bestimmt, dass Art. 132 AEUV auf Mitgliedstaaten mit Ausnahmeregelung (Art. 139 ff. AEUV) nicht anwendbar ist. Demnach ist die normative Bindungswirkung der EZB-Rechtsakte **räumlich** auf die Eurozone begrenzt.[5]

---

[1] *Hahn/Häde*, § 18, Rn. 3; *Khan*, in: Geiger/Khan/Kotzur, EUV/AEUV, Art. 132 AEUV, Rn. 1 (»redaktionelle Bereinigung«).
[2] Ebenso *Khan*, in: Geiger/Khan/Kotzur, EUV/AEUV, Art. 132 AEUV, Rn. 3; *Ohler/Schmidt-Wenzel*, in: Siekmann, EWU, Art. 132 AEUV, Rn. 7; *Rodi*, in: Vedder/Heintschel v. Heinegg, Europäisches Unionsrecht, Art. 132 AEUV, Rn. 3; *Smits*, S. 102 f.
[3] Ebenso *Khan*, in: Geiger/Khan/Kotzur, EUV/AEUV, Art. 132 AEUV, Rn. 4; *Kempen*, in: Streinz, EUV/AEUV, Art. 132 AEUV, Rn. 5; *Rodi*, in: Vedder/Heintschel v. Heinegg, Europäisches Unionsrecht, Art. 132 AEUV, Rn. 5; *Smits*, S. 105; *Ohler/Schmidt-Wenzel*, in: Siekmann, EWU, Art. 132 AEUV, Rn. 35, postulieren zudem die Grundsätze der offenen Marktwirtschaft.
[4] *Ohler/Schmidt-Wenzel*, in: Siekmann, EWU, Art. 132 AEUV, Rn. 4; ähnlich *Khan*, in: Geiger/Khan/Kotzur, EUV/AEUV, Art. 132 AEUV, Rn. 4; *Kempen*, in: Streinz, EUV/AEUV, Art. 132 AEUV, Rn. 2 (»Kompetenzschranken«).
[5] *Gaitanides*, S. 175; *Kempen*, in: Streinz, EUV/AEUV, Art. 132 AEUV, Rn. 1; *Khan*, in: Geiger/Khan/Kotzur, EUV/AEUV, Art. 132 AEUV, Rn. 3; *Smits*, S. 103.

B. EZB-Rechtsakte

I. Grundlagen

Art. 132 Abs. 1 AEUV zählt die der EZB im **Außenverhältnis** zur Verfügung stehenden **Handlungsformen** auf. Der Rechtsaktskatalog ist jedoch **nicht abschließend**. Nicht erwähnt werden diejenigen Instrumente, die die Aufgabenverteilung innerhalb des ESZB regeln. Dazu zählen insbesondere Leitlinien und Weisungen, die nur die ESZB-Satzung erwähnt.

Die von Art. 132 Abs. 1 AEUV enumerativ genannten **Rechtsinstrumente** umfassen Verordnungen (1. Gedstr.) und Beschlüsse (2. Gedstr.) sowie Empfehlungen und Stellungnahmen (3. Gedstr.). Die Mitgliedstaaten verzichteten bewusst auf eine Kompetenz der EZB zum Erlass von **Richtlinien**; insoweit verdrängt Art. 132 Abs. 1 als **lex specialis**[6] den allgemeinen Art. 288 AEUV. Richtlinien bergen die Gefahr einer zeitlich verzögerten als auch das Risiko einer inhaltlich defizitären Umsetzung durch die nationale Ebene.[7] Ihr Sinn und Zweck widerspräche der Unteilbarkeit geldpolitischer Entscheidungen, die für einen integrierten Währungsraum wie die Eurozone unabdingbar ist. Sie sind daher für die einheitliche Geldpolitik ungeeignet.[8] Daran ändern auch die Art. 31.3, 32.2 und 32.6 ESZB-Satzung nichts, die ihrem Wortlaut nach dem EZB-Rat die Kompetenz zum Erlass von »Richtlinien« übertragen. Es handelt sich insoweit um eine sprachliche Ungenauigkeit des Unionsgesetzgebers. Dem Telos der genannten Normen entsprechend sind »**Leitlinien**« im Sinne von Art. 12.1 UAbs. 1 ESZB-Satzung (s. dazu näher Rn. 11–13) gemeint.[9] Mit Hilfe von Leitlinien kann die EZB den nationalen Zentralbanken gewisse Umsetzungsspielräume gewähren und nationalen Besonderheiten Rechnung tragen.[10]

II. Verordnungen

Allgemeinverbindliche Verordnungen darf die EZB nur in den in Art. 132 Abs. 1, 1. Gedstr. AEUV **abschließend**[11] genannten Fällen erlassen, d. h. entweder aufgrund einer direkten Rechtsgrundlage in der ESZB-Satzung (Alt. 1) oder auf der Basis einer Ermächtigung durch den Rat (Alt. 2).

Die in der **ersten Alternative** genannten Satzungsvorschriften ermächtigen die EZB zum Erlass von Verordnungen in bestimmten Sachbereichen. Dazu zählt zunächst die zentrale Aufgabe der Festlegung und Ausführung der einheitlichen **Geldpolitik** (Art. 3.1, 1. Gedstr. ESZB-Satzung), wobei aus Art. 127 Abs. 1 Satz 3 AEUV die Begrenzung auf marktkonforme Maßnahmen[12] resultiert. Außerdem ist die EZB berech-

---

[6] *Ohler/Schmidt-Wenzel*, in: Siekmann, EWU, Art. 132 AEUV, Rn. 4.
[7] *Gaitanides*, S. 175; anders *Zilioli/Selmayer*, S. 101 f.
[8] *Häde*, in: Calliess/Ruffert, EUV/AEUV, Art. 132 AEUV, Rn. 1; *Manger-Nestler*, S. 208; *Ohler/Schmidt-Wenzel*, in: Siekmann, EWU, Art. 132 AEUV, Rn. 16.
[9] *Hahn/Häde*, § 18, Rn. 21 f.; *Manger-Nestler*, S. 208; *Ohler/Schmidt-Wenzel*, in: Siekmann, EWU, Art. 132 AEUV, Rn. 17.
[10] *Hahn/Häde*, § 18, Rn. 2; *Schütz*, EuR 2001, 291 (293); *Zilioli/Selmayr*, S. 101 f.
[11] *Griller*, in: Grabitz/Hilf/Nettesheim, EU, Art. 132 AEUV (Mai 2013), Rn. 8, 9; *Häde*, in: Calliess/Ruffert, EUV/AEUV, Art. 132 AEUV, Rn. 3; *Khan*, in: Geiger/Khan/Kotzur, EUV/AEUV, Art. 132 AEUV, Rn. 4; *Rodi*, in: Vedder/Heintschel v. Heinegg, Europäisches Unionsrecht, Art. 132 AEUV, Rn. 5; *Zilioli/Kroppenstedt*, in: GS, EUV/EGV, Art. 110 EGV, Rn. 7.
[12] Speziell für die Geldpolitik *Häde*, in: Calliess/Ruffert, EUV/AEUV, Art. 132 AEUV, Rn. 3, sowie *Gaitanides*, S. 177; allgemeiner *Kempen*, in: Streinz, EUV/AEUV, Art. 132 AEUV, Rn. 3.

tigt, im Bereich der **Mindestreservepolitik** (Art. 19.1 Satz 2 ESZB-Satzung) die Berechnung und Bestimmung des Mindestreservesolls per Verordnung zu konkretisieren; sie hat dabei den vom Rat gesetzten Rechtsrahmen für die Mindestreserve (Art. 19.1 Satz 1 ESZB-Satzung, s. Art. 129 AEUV, Rn. 22) zu beachten. Verordnungen kann die EZB auch im Bereich der **Verrechnungs- und Zahlungssysteme** (Art. 22 ESZB-Satzung) erlassen. Schließlich kann die EZB Verordnungen im Zusammenhang mit der **Aufsicht über Finanzinstitute** (Art. 25.2. ESZB-Satzung) verfügen, wobei sie den vom Rat übertragenen Umfang der »besonderen Aufgaben« (Art. 127 Abs. 6 AEUV) zu respektieren hat.[13]

7 Gemäß der **zweiten Alternative** erlässt die EZB Verordnungen aufgrund ausdrücklicher Ermächtigung durch den Rat. Dieser kann in den von Art. 129 Abs. 4 AEUV (s. Art. 129, Rn. 21–23) aufgezählten Tätigkeitsbereichen des ESZB Ausführungsbestimmungen erlassen und der EZB das Recht zum Verordnungserlass übertragen. Eine vollständige Delegation der Rechtsetzungskompetenz des Rates auf die EZB ist jedoch ausgeschlossen, da sie der unionalen Kompetenzordnung widerspräche. Es bedarf daher zunächst einer Ratsverordnung, auf deren Grundlage die EZB eine (Durchführungs-)Verordnung erlassen kann.

III. Beschlüsse

8 Beschlüsse sind in allen ihren Teilen verbindliche Entscheidungen, die entweder adressatenbezogen sind (Art. 288 Abs. 4 Satz 2 AEUV) oder aber normativen Charakter haben (Satz 1) und sich insoweit vom früheren Art. 110 Abs. 2 UAbs. 3 EGV unterscheiden.[14] Der **Inhalt** der Beschlüsse ist je nach Regelungsgegenstand und Adressat(en) sehr heterogen. Zumeist betreffen die Beschlüsse **interne** normative **Regelungen** (z. B. Geschäftsordnungen oder das Kapital der EZB). Im Gegensatz dazu handelte es sich bei der Bestellung von Mitgliedern des Ausschusses für Betrugsbekämpfung (OLAF)[15] um eine kontrovers diskutierte **Einzelfallentscheidung**, mit der sich auch der EuGH unter dem Gesichtspunkt der Unabhängigkeit der EZB zu befassen hatte.[16] Schließlich sind einige der EZB-Beschlüsse zumindest auch an die Öffentlichkeit gerichtet, wie die Festlegung der Leitzinssätze, der Zugang zu Archiven[17] oder die Regelung zum Umtausch von Banknoten[18] beweisen.

---

[13] VO (EU) Nr. 1022/2013 des Europäischen Parlaments und des Rates vom 22.10.2013 zur Änderung der Verordnung (EU) Nr. 1093/2010 zur Errichtung einer Europäischen Aufsichtsbehörde (Europäische Bankenaufsichtsbehörde) hinsichtlich der Übertragung besonderer Aufgaben auf die EZB gemäß der Verordnung (EU) Nr. 1024/2013, ABl. 2013, L 287/5; VO (EU) Nr. 1024/2013 des Rates vom 15.10.2013 zur Übertragung besonderer Aufgaben im Zusammenhang mit der Aufsicht über Kreditinstitute auf die Europäische Zentralbank, ABl. 2013, L 287/63. Vgl. Kommentierung und Nachweise bei Art. 127 AEUV, Rn. 50 ff.
[14] Ausführlich zur früheren Regelung in Art. 110 Abs. 2 EGV, *Hahn/Häde*, § 18, Rn. 14 ff.
[15] Beschluss vom 16.11.1999, ABl. 1999, L 299/40.
[16] EuGH, Urt. v. 10.7.2003, Rs. C–11/00 (Kommission/EZB), Slg. 2003, I–7145. Vgl. Art. 130 AEUV, Rn. 10.
[17] Beschluss vom 3.11.1998, ABl. 1999, L 110/30.
[18] Beschluss vom 20.3.2003, ABl. 2003, L 78/16; vgl. dazu *Hahn/Häde*, § 18, Rn. 13, Fn. 8.

IV. Empfehlungen und Stellungnahmen

Empfehlungen und Stellungnahmen sind rechtlich **unverbindlich** (Art. 288 Abs. 5 AEUV). Für Empfehlungen gilt ein zusätzliches Protokoll über die Rolle der nationalen Parlamente in der EU.[19] Bei Empfehlungen für Satzungsänderungen gemäß Art. 40 der ESZB-Satzung ist das Protokoll über die Anwendung der Grundsätze der Subsidiarität und der Verhältnismäßigkeit zu beachten.[20] Das Recht der EZB, Stellungnahmen abzugeben ist überall dort von Bedeutung, wo der EZB primärrechtliche Anhörungsrechte eingeräumt werden (z. B. Art. 127 Abs. 4 AEUV, s. Art. 127, Rn. 43–47; Art. 129 Abs. 3 und 4 AEUV, s. Art. 129, Rn. 23; Art. 133 AEUV, s. Art. 133, Rn. 2) oder die EZB es für notwendig erachtet, sich politisches Gehör zu verschaffen.[21]

V. ESZB-interne Handlungsformen

1. Überblick

Neben den in Art. 132 Abs. 1 AEUV expressis verbis genannten Rechtsakten verweist die ESZB-Satzung auf weitere Handlungsformen der EZB, die vor allem im ESZB-internen Verhältnis Relevanz besitzen.[22] Im Einzelnen können die Organe der EZB Leitlinien und Weisungen erlassen, Geschäftsordnungen beschließen (Art. 12.3 ESZB-Satzung), allgemeine Grundsätze aufstellen (Art. 18.2 ESZB-Satzung)[23] und sonstige Beschlüsse fassen.

2. Leitlinien

Die in Art. 12.1 und Art. 14.3 ESZB-Satzung verwendete Bezeichnung der »Leitlinien« mag nahelegen, dass es sich um bloße politische Orientierungen handelt, denen keinerlei rechtliche Verbindlichkeit zukommt. Gestützt wird diese Annahme dadurch, dass Leitlinien auch im Katalog der Sekundärrechtsakte (Art. 288 AEUV) nicht genannt sind. Indes ist das Rechtsinstrument der Leitlinien dem EU-Recht nicht fremd. Leitlinien finden sich nicht nur im Zusammenhang mit dem ESZB, wo sie zumindest in der Satzung ausdrücklich genannt werden, sondern auch in **anderen Politikbereichen der Union**, z. B. im Wettbewerbsrecht, wo der EuGH sie als »rules of conduct of general application« beschrieb,[24] und insbesondere auch in den seit der Finanzkrise geschaffenen Aufsichtsverbünden für die Finanzaufsicht (European System of Financial Supervision)[25] sowie die Bankenaufsicht (Single Supervisory Mechanism)[26].

Aufgrund der Systemverbundstruktur des ESZB war ein Rechtsinstrument erforderlich, dass die **einheitliche, aber dezentrale Erfüllung von ESZB-Aufgaben** gewährleistet und zugleich unterschiedlichen nationalen Rechtssystemen und Gegebenheiten Rechnung trägt.[27] Diesem Zweck dienen die Leitlinien, mit deren Hilfe der EZB-Rat in der

---

[19] ABl. 2010, C 83/203.
[20] ABl. 2010, C 83/206.
[21] Vgl. u. a. Stellungnahme der EZB zur Reform der wirtschaftspolitischen Steuerung in der Europäischen Union vom 16. 2. 2011, ABl. 2011, C 150/1.
[22] *Potacs*, in: Schwarze, EU-Kommentar, Art. 132 AEUV, Rn. 1, schlägt zur Abgrenzung eine Differenzierung zwischen Grund- und Betriebsverhältnis vor.
[23] Vgl. zur Rechtsqualität *Hahn/Häde*, § 18, Rn. 23 f.
[24] EuGH, Urteil vom 18. 5. 2006, Rs. C–397/03 P, Slg. 2006, I–4429 4 (ADM), Rn. 24.
[25] Einzelheiten bei *Lehmann/Manger-Nestler*, ZBB 2011, 2 (12 f.).
[26] Vgl. *Lehmann/Manger-Nestler*, ZBB 2014, 2 (19).
[27] EZB, Monatsbericht November 1999, 61 (65); *Steven*, in: Siekmann, EWU, ESZB/EZB, Art. 12, Rn. 17.

Lage ist, politische Grundentscheidungen für das gesamte Eurosystem einheitlich festzulegen und damit den nationalen Zentralbanken verbindliche Vorgaben für die dezentrale Umsetzung zu geben.[28] Leitlinien sind daher **abstrakt-generelle Regelungen** zur Ausführung der ESZB-Aufgaben, insbesondere der gemeinsamen Geldpolitik, die direkte Rechtswirkung innerhalb des Eurosystems besitzen, d. h. für die EZB sowie für einzelne oder alle teilnehmenden nationalen Zentralbanken.[29] Gegenüber Kreditinstituten bzw. juristischen oder natürlichen Personen entfalten Leitlinien (erst) dann eine indirekte Wirkung, wenn eine nationale Zentralbank oder Behörde eine Maßnahme ihrerseits explizit auf eine EZB-Leitlinie stützt.[30] Trotz gewisser Ähnlichkeiten zu Richtlinien[31] sind Leitlinien dennoch nicht mit dieser Sekundärrechtskategorie vergleichbar, was bereits an der unterschiedlichen Bezeichnung zum Ausdruck kommt; sie sind vielmehr als Rechtsakte sui generis einer eigenen untergesetzlichen Normkategorie zu qualifizieren.[32] In Abgrenzung zu einzelfallbezogenen Weisungen (Rn. 14) sind Leitlinien eher abstrakt-generell; in der EZB-Praxis sind sie indes regelmäßig so detailliert ausgestaltet, dass den nationalen Zentralbanken meist nur ein eng umgrenzter Umsetzungsspielraum bleibt.[33]

13 Auch wenn sich im Bereich der Geldpolitik die wichtigsten Leitlinien der EZB wiederfinden,[34] ist die Befugnis zum **Erlass von Leitlinien** inhaltlich nicht auf die Geldpolitik beschränkt, sondern kann auch in **anderen Aufgabenbereichen**, die dem ESZB zugewiesen sind, eingesetzt werden. Der EZB-Rat hat Leitlinien u. a. in den Bereichen der Zahlungsverkehrs- und Abwicklungssysteme (TARGET2)[35] und der Statistik[36] beschlossen.[37]

3. Weisungen

14 Bei den Weisungen, die eher vom Direktorium genutzt werden, aber auch durch den EZB-Rat ergehen können, handelt es sich nicht um politische Grundsatzentscheidungen, sondern um **konkret-individuelle Handlungsanordnungen**.[38] Sie verpflichten regelmä-

---

[28] *Zilioli/Selmayr*, The Law of the European Central Bank, S. 105 f.
[29] Vgl. ausführlich *Manger-Nestler*, S. 206 ff.; *Steven*, in: Siekmann, EWU, ESZB/EZB, Art. 12, Rn. 16; *Weber*, S. 149 ff.
[30] Vgl. *Smits*, S. 104; *Zilioli/Selmayr*, S. 108 f.
[31] So *Potacs*, in: Schwarze, EU-Kommentar, Art. 132 AEUV, Rn. 1, der ohne Begründung die Leitlinien den Richtlinien gleichstellt; *Weber*, S. 148; zur Unterscheidung auch *Schulte*, in: GSH, Europäisches Unionsrecht, Art. 132 AEUV, Rn. 33 f.
[32] *Manger-Nestler*, S. 210 f.; *Ohler/Schmidt-Wenzel*, in: Siekmann, EWU, Art. 132 AEUV, Rn. 59; *Smits*, S. 104; *Thomas*, EuR 2009, 423 (424).
[33] Ausführlich *Manger-Nestler*, S. 210 ff.; *Hahn/Häde*, § 18, Rn. 19; *Steven*, in: Siekmann, EWU, ESZB/EZB, Art. 12, Rn. 16; *Weber*, S. 149 ff.
[34] Der Handlungsrahmen der gemeinsamen Geldpolitik wurde vom EZB-Rat in einer Leitlinie festgelegt, die regelmäßig aktualisiert wird, vgl. Leitlinie (EU) 2015/510 der EZB vom 19. Dezember 2014 über die Umsetzung des geldpolitischen Handlungsrahmens des Eurosystems (EZB/2014/60), ABl. 2014, L 91/3.
[35] Leitlinie der EZB vom 5. 12. 2012 über ein transeuropäisches automatisiertes Echtzeit-Brutto-Express-Zahlungsverkehrssystem (TARGET2) (Neufassung) (EZB/2012/27), ABl. 2012, L 30/1.
[36] Leitlinie der EZB vom 16. 7. 2004 über die statistischen Berichtsanforderungen der EZB im Bereich der Zahlungsbilanz, des Auslandsvermögensstatus sowie des Offenlegungstableaus für Währungsreserven und Fremdwährungsliquidität (EZB/2004/15), ABl. 2004, L 354/34.
[37] Vgl. den Überblick über weitere Leitlinien bei *Steven*, in: Siekmann, EWU, ESZB/EZB, Art. 12, Rn. 18.
[38] *Steven*, in: Siekmann, EWU, ESZB/EZB, Art. 12, Rn. 26; *Zilioli/Selmayr*, S. 108.

ßig die nationale(n) Zentralbank(en) direkt (Art. 12.1 UAbs. 2 Satz 1) und können von diesen nur durch Vollzug befolgt werden (Art. 14.3 Satz 2 ESZB-Satzung).[39] Die einzelfallbezogene Weisungsbefugnis des Direktoriums hat ihre Grundlage immer in einer Leitlinie des EZB-Rates, die limitierend auf Inhalt und Zweck der Anordnung wirkt, wie aus dem systematischen Zusammenhang der Sätze 1 und 2 von Art. 12.1 UAbs. 2 hervorgeht.

In der EZB-Praxis spielen Weisungen v. a. im Zusammenhang mit Wechselkursinterventionen eine Rolle. Im Jahr 2000 hat die EZB derartige Interventionen durchgeführt und die nationalen Zentralbanken zu bestimmten Geschäften in ihrem Namen angewiesen.[40]

C. Verfahren und Rechtsschutz

Mit Ausnahme der unverbindlichen Empfehlungen und Stellungnahmen sind die **Rechtsakte** der EZB solche **ohne Gesetzgebungscharakter** (Art. 297 Abs. 2 AEUV), da sie nicht in einem förmlichen Rechtsetzungsverfahren angenommen werden. Die formalen Voraussetzungen der Rechtsakte regelt die ESZB-Satzung. Während der EZB-Rat regelmäßig über die **Organkompetenz** zum Erlass von EZB-Recht verfügt,[41] ist dem Direktorium insbesondere das Weisungsrecht übertragen.[42] Die Veröffentlichungspflicht für EZB-Verordnungen folgt aus Art. 297 Abs. 2; als lex specialis stellt Art. 132 Abs. 2 AEUV die **Veröffentlichung** von Beschlüssen,[43] Empfehlungen und Stellungnahmen in das Ermessen der EZB.[44]

15

Soweit die Rechtsakte der EZB rechtlich verbindlich sind, können sie Gegenstand des unionsrechtlichen **Rechtsschutz**es sein. Während allein die EZB über das Recht verfügt, eine Pflichtverletzung der nationalen Zentralbanken vom EuGH feststellen zu lassen (Art. 271 Buchst. d AEUV, s. Art. 271, Rn. 21 ff.), sind EZB und nationale Zentralbanken unter den spezifischen Voraussetzungen der unionsrechtlichen Klagearten aktiv- und passivlegitimiert (insb. Art. 263 AEUV, s. Art. 263, Rn. 23, 86; Art. 265 AEUV, s. Art. 265, Rn. 18, 49; Art. 267 AEUV, s. Art. 267, Rn. 16; Art. 340 AEUV, s. Art. 340, Rn. 20).

16

---

[39] Vgl. ausführlich *Manger-Nestler*, S. 211 f.; *Zilioli/Urban*, in: GSH, Europäisches Unionsrecht, ESZB/EZB, Art. 12, Rn. 16; *Ohler/Schmidt-Wenzel*, in: Siekmann, EWU, Art. 132 AEUV, Rn. 64.
[40] *EZB*, Jahresbericht 2000, S. 78 f.
[41] Ausdrücklich für den Fall des Art. 19.1 Satz 2 normiert, folgt dies ansonsten aus der in Art. 12 ESZB-Satzung geregelten Aufgabenverteilung.
[42] Für Einzelheiten s. Art. 17 GO EZB, vgl. Beschluss der EZB vom 19. 2. 2004, ABl. 2004, L 80/33.
[43] Vgl. zur Frage der Veröffentlichungspflicht für adressatenlose Beschlüsse, *Häde*, in: Calliess/Ruffert, EUV/AEUV, Art. 132 AEUV, Rn. 5.
[44] *Hahn/Häde*, § 19, Rn. 35; *Ohler/Schmidt-Wenzel*, in: Siekmann, EWU, Art. 132 AEUV, Rn. 81.

D. Sanktionen

17 Die EZB verfügt über die beschränkte[45] **Kompetenz**, Sanktionen in Gestalt von **Buß- und Zwangsgeldern** zu verhängen (Art. 132 **Abs. 3** AEUV). Dies ist bemerkenswert,[46] da der EZB dieses Recht **gegenüber Unternehmen** zusteht.[47] Den vom Rat dazu erlassenen **Rechtsrahmen**[48] hat die EZB durch weitere Verordnungen[49] konkretisiert. Für Verstöße gegen die Mindestreservepflicht[50] sowie statistische Berichtspflichten,[51] jeweils typische Anwendungsfälle für Sanktionen, existieren Sonderregelungen.[52] Die Kompetenz zur Verfahrenseinleitung obliegt alternativ dem Direktorium oder der jeweils zuständigen nationalen Zentralbank des Handlungsortes.[53] Die Entscheidung über die Sanktion trifft allein das Direktorium durch **Beschluss**, der gleichzeitig vollstreckbarer Titel (Art. 299 Abs. 1 AEUV) ist.[54] Gegen den Beschluss kann das betroffene Unternehmen nach Überprüfung durch den EZB-Rat **Nichtigkeitsklage** (Art. 263 AEUV) vor dem EuG erheben.[55]

---

[45] *Kempen*, in: Streinz, EUV/AEUV, Art. 132 AEUV, Rn. 8; *Rodi*, in: Vedder/Heintschel v. Heinegg, Europäisches Unionsrecht, Art. 132 AEUV, Rn. 14.
[46] *Hahn/Häde*, § 17, Rn. 113.
[47] Weiterführend *Martin/Texieira*, E.L.Rev 25 (2000), 1; *Ohler/Schmidt-Wenzel*, in: Siekmann, EWU, Art. 132 AEUV, Rn. 96 f.
[48] VO (EG) Nr. 2532/98 des Rates vom 23.11.1998.
[49] VO (EG) Nr. 2157/1999 der EZB vom 23.9.1999.
[50] Art. 7 der Verordnung (EG) Nr. 2531/98 des Rates vom 23.11.1998 über die Auferlegung einer Mindestreservepflicht durch die EZB, ABl. 1998, L 318/1.
[51] Art. 7 Abs. 4 der VO (EG) Nr. 2531/98, ABl. 1998, L 318/1 (8).
[52] Ausführlich *Hahn/Häde*, § 17, Rn. 120 f., sowie Rn. 122 ff.; vgl. auch *Rodi*, in: Vedder/Heintschel v. Heinegg, Europäisches Unionsrecht, Art. 132 AEUV, Rn. 14.
[53] *Ohler/Schmidt-Wenzel*, in: Siekmann, EWU, Art. 132 AEUV, Rn. 92; ausführlich zum Sanktionsverfahren durch das EZB-Direktorium vgl. *Zilioli/Selmayr*, S. 108 ff.
[54] *Häde*, in: Calliess/Ruffert, EUV/AEUV, Art. 132 AEUV, Rn. 9; *Ohler/Schmidt-Wenzel*, in: Siekmann, EWU, Art. 132 AEUV, Rn. 89; *Stadler*, S. 214.
[55] *Hahn/Häde*, ZHR 2001, 30 (54); *Kempen*, in: Streinz, EUV/AEUV, Art. 132 AEUV, Rn. 9; *Ohler/Schmidt-Wenzel*, in: Siekmann, EWU, Art. 132 AEUV, Rn. 93.

Artikel 133 AEUV [Rechtsakte betreffend den Euro]

¹Unbeschadet der Befugnisse der Europäischen Zentralbank erlassen das Europäische Parlament und der Rat gemäß dem ordentlichen Gesetzgebungsverfahren die Maßnahmen, die für die Verwendung des Euro als einheitliche Währung erforderlich sind. ²Diese Maßnahmen werden nach Anhörung der Europäischen Zentralbank erlassen.

Literaturübersicht

Hafke, Rechtliche Fragen von Wertsicherungsvereinbarungen vor und nach Eintritt in die Währungsunion, WM 1997, 693; *Hahn/Häde*, Währungsrecht, 2. Aufl., 2010; *Herrmann*, Währungsverfassung und subjektive Rechte, 2010; *Steiner*, Wertsicherungsklauseln, 2003; *Sandrock*, Der Euro und sein Einfluß auf nationale und internationale privatrechtliche Verträge, RIW Beilage 3 zu Heft 8/1997; *Schefold*, Die Europäischen Verordnungen über die Einführung des Euro, WM Sonderbeilage 4/1996.

Wesentliche sekundärrechtliche Vorschriften

Verordnung (EG) 1103/97 des Rates vom 17. 6.1997 über bestimmte Vorschriften im Zusammenhang mit der Einführung des Euro, ABl. 1997, L 162/1, geändert durch VO (EG) Nr. 2595/2000 vom 27. 11. 2000, ABl. 2000, L 300/1

Verordnung (EG) 974/98 des Rates vom 3.5.1998 über die Einführung des Euro, ABl. 1998, L 139/1 zuletzt geändert durch VO (EU) Nr. 827/2014 vom 23.7.2014, ABl. 2014, L 228/3

Verordnung (EG) Nr. 1338/2001 des Rates vom 28. 6. 2001 zur Festlegung von zum Schutz des Euro gegen Geldfälschung erforderlichen Maßnahmen ABl. 2001, L 181/6, zuletzt geändert durch VO (EG) Nr. 44/2009 vom 18. 12. 2008, ABl. 2009, L 17/1

Inhaltsübersicht

	Rn.
A. Einführung	1
B. Formelle Anforderungen	2
C. Materielle Anforderungen	3
I. Ausschließliche Unionskompetenz	3
II. Währungsrechtliche Regelungen der Mitgliedstaaten	5

A. Einführung

Indem Art. 133 AEUV die vormals zersplitterten Kompetenzen aus Art. 123 Abs. 4 Satz 3, Abs. 5 sowie Art. 308 EGV konsolidiert,[1] schafft er eine dauerhafte[2] Rechtsgrundlage für den Erlass von Unionsrechtsakten,[3] »die für die Verwendung des Euro als einheitliche Währung erforderlich sind«. Dazu gehören grundsätzlich alle Regelungen, »die den Euro als Währung in seiner Einheitlichkeit und Integrität schützen und seine praktische Nutzung als einheitliche Währung im Wirtschaftsverkehr der Euro-Teilnehmerstaaten ermöglichen sollen«.[4] Davon unberührt bleiben die Rechtsetzungsbefugnisse der EZB in Bezug auf Geldpolitik (Art. 127 AEUV, Art. 12 ESZB-Satzung; 1

---

[1] *Khan*, in: Geiger/Khan/Kotzur, EUV/AEUV, Art. 133 AEUV, Rn. 1.
[2] *Häde*, in: Calliess/Ruffert, EUV/AEUV, Art. 133 AEUV, Rn. 1.
[3] *Kempen*, in: Streinz, EUV/AEUV, Art. 133 AEUV, Rn. 1; *Schefold*, WM Sonderbeilage 4/1996, 1 (5).
[4] *Selmayr*, in: GSH, Europäisches Unionsrecht, Art. 133 AEUV, Rn. 7.

s. Art. 127, Rn. 15) sowie Euro-Banknoten und -Münzen (Art. 128 AEUV, s. Art. 128, Rn. 7 ff.).[5]

B. Formelle Anforderungen

2 Während währungsrechtliche Rechtsakte früher nur durch einstimmigen Ratsbeschluss verabschiedet werden konnten, genügt seit dem Vertrag von Nizza die **qualifizierte Ratsmehrheit**.[6] Stimmberechtigt im Rat sind nur die Vertreter der Euro-Mitgliedstaaten (Art. 139 Abs. 2 UAbs. 1 Buchst. f i. V. m. Abs. 4 UAbs. 1 AEUV). Im Rahmen des nunmehr geltenden **ordentlichen Gesetzgebungsverfahrens** (Art. 289 Abs. 1, Art. 294 AEUV) sind bei der Abstimmung im Parlament alle Abgeordneten stimmberechtigt, auch solche aus Nicht-Euro-Staaten.[7] Die EZB besitzt ein Anhörungsrecht (Art. 133 Satz 2 AEUV).

C. Materielle Anforderungen

I. Ausschließliche Unionskompetenz

3 Im Wege der **funktionalen Auslegung**[8] ist zunächst die Bedeutung des Begriffs währungsrechtlicher Rechtsakt zu klären. Entsprechend ihres Normzwecks sind währungsrechtliche Vorschriften **öffentlich-rechtlicher Natur**,[9] denn sie regeln hoheitliche Kompetenzen sowie institutionell-organisatorische Fragen des (einheitlichen) Währungsraums. Ausgeschlossen sind daher rein zivilrechtliche Regelungen, etwa des privaten Geldschuldrechts,[10] sowie strafrechtliche Bestimmungen, die keinen Bezug zu währungsrechtlichen Fragen aufweisen.[11]

4 Der **Union** obliegt die **ausschließliche Zuständigkeit** für die Geld- und Währungspolitik der Euro-Mitgliedstaaten; daraus folgt eine unbedingte Sperrwirkung für die nationale Gesetzgebung in diesem Bereich.[12] Art. 3 Abs. 1 Buchst. c AEUV, der alle in Art. 127 bis 144 sowie Art. 282 bis 284 AEUV geregelten Bereiche des Währungs- und Zentralbankrechts erfasst, **überlagert** aufgrund seines weiten Regelungsgegenstandes den Art. 133 AEUV.[13] Die Norm ist auch subsidiär zu spezielleren Regelungen und Befugnissen der EZB, insbesondere Art. 128 sowie Art. 129 Abs. 3 und 4 AEUV.[14] Stützen sich Rat und Parlament auf ihre Kompetenz aus Art. 133 AEUV, haben sie im Rahmen des ihnen zuzubilligenden **Ermessensspielraums**[15] den Maßstab der »Erforder-

---

[5] *Häde*, in: Calliess/Ruffert, EUV/AEUV, Art. 133 AEUV, Rn. 3; *Khan*, in: Geiger/Khan/Kotzur, EUV/AEUV, Art. 133 AEUV, Rn. 1.

[6] *Häde*, EWS 2001, 97 (100).

[7] Darauf verweist *Becker*, in: Siekmann, EWU, Art. 133 AEUV.

[8] *Kempen*, in: Streinz, EUV/AEUV, Art. 133 AEUV, Rn. 2.

[9] *Häde*, in: Calliess/Ruffert, EUV/AEUV, Art. 133 AEUV, Rn. 2; *Hahn/Häde*, § 2, Rn. 8 f.

[10] *Sandrock*, RIW Beilage 3 zu Heft 8/1997, 11.

[11] *Kempen*, in: Streinz, EUV/AEUV, Art. 133 AEUV, Rn. 2.

[12] *Nettesheim*, EuR 2004, 511 (532).

[13] *Dziechciarz*, Rechtliche Integration der nationalen Zentralbanken in das Europäische System der Zentralbanken und in das Eurosystem, 2009, S. 350.

[14] *Rodi*, in: Vedder/Heintschel v. Heinegg, Europäisches Unionsrecht, Art. 133 AEUV, Rn. 1.

[15] *Häde*, in: Calliess/Ruffert, EUV/AEUV, Art. 133 AEUV, Rn. 2; *Rodi*, in: Vedder/Heintschel v. Heinegg, Europäisches Unionsrecht, Art. 133 AEUV, Rn. 3.

II. Währungsrechtliche Regelungen der Mitgliedstaaten

Nationale währungsrechtliche Vorschriften können die Euro-Mitgliedstaaten nur außerhalb der ausschließlichen Unionszuständigkeit erlassen. Solche beschränkten nationalen Regelungshoheiten finden sich im **Münzrecht**,[17] wobei Vorgaben aus Art. 128 Abs. 2 Satz 1 AEUV zu beachten sind (s. Art. 128, Rn. 12 ff.), beim **strafrechtlichen Schutz von Geld und Währung** im Rahmen der Mindestvorschriften der Union[18] sowie bei der nationalen **Zentralbankgesetzgebung**,[19] die die Vorgaben des Art. 131 AEUV (s. Art. 131, Rn. 5) zu respektieren hat.[20]

Regelungen, die nur einen mittelbaren währungsrechtlichen Bezug aufweisen, insbesondere **Wertsicherungsklauseln**, werfen die Frage auf, inwieweit solche von der Union (aufgrund von Art. 133 AEUV) oder den Mitgliedstaaten erlassen werden dürfen. Wertsicherungsklauseln sind einerseits Maßnahmen der Währungssicherung, andererseits dienen sie der Preisstabilität als allgemeinem wirtschaftspolitischen Unionsziel (Art. 3 Abs. 3 EUV). Wirtschaftspolitisch begründete Preisklauseln der Mitgliedstaaten (z. B. § 1 Abs. 1 des deutschen Preisklauselgesetzes) sind zulässig, solange und soweit die Union nicht von ihrer geteilten Kompetenz (Art. 2 Abs. 2 AEUV) Gebrauch macht.[21] Nach Meinung der EZB dürfen die Mitgliedstaaten Wertsicherungsregeln erlassen, solange diese mit dem Unionsrecht vereinbar seien.[22]

---

[16] *Khan*, in: Geiger/Khan/Kotzur, EUV/AEUV, Art. 133 AEUV, Rn. 2.
[17] *Häde*, in: Calliess/Ruffert, EUV/AEUV, Art. 133 AEUV, Rn. 8.
[18] Ausführlich *Hahn/Häde*, § 23, Rn. 69 ff.
[19] *Häde*, in: Calliess/Ruffert, EUV/AEUV, Art. 133 AEUV, Rn. 9; *Hahn/Häde*, § 2, Rn. 7; differenzierend *Herrmann*, S. 116.
[20] *Hahn/Häde*, § 16, Rn. 107.
[21] Vgl. ausführlich *Hahn/Häde*, § 6, Rn. 40 ff.; *Herrmann*, S. 359 f.; a. A. *Steiner*, S. 87, später relativierend S. 144 ff. Zur Vereinbarkeit mit der Kapitalverkehrsfreiheit *Hafke*, WM 1997, 693 (695).
[22] *ECB*, Opinion of 3 June 2002 (CON/2004/20), Ziff. 4.

Kapitel 3
Institutionelle Bestimmungen

Artikel 134 AEUV [Wirtschafts- und Finanzausschuss]

(1) Um die Koordinierung der Politiken der Mitgliedstaaten in dem für das Funktionieren des Binnenmarkts erforderlichen Umfang zu fördern, wird ein Wirtschafts- und Finanzausschuss eingesetzt.

(2) Der Wirtschafts- und Finanzausschuss hat die Aufgabe,
– auf Ersuchen des Rates oder der Kommission oder von sich aus Stellungnahmen an diese Organe abzugeben;
– die Wirtschafts- und Finanzlage der Mitgliedstaaten und der Union zu beobachten und dem Rat und der Kommission regelmäßig darüber Bericht zu erstatten, insbesondere über die finanziellen Beziehungen zu dritten Ländern und internationalen Einrichtungen;
– unbeschadet des Artikels 240 an der Vorbereitung der in Artikel 66, Artikel 75, Artikel 121 Absätze 2, 3, 4 und 6, Artikel 122, Artikel 124, Artikel 125, Artikel 126, Artikel 127 Absatz 6, Artikel 128 Absatz 2, Artikel 129 Absätze 3 und 4, Artikel 138, Artikel 140 Absätze 2 und 3, Artikel 143, Artikel 144 Absätze 2 und 3 und Artikel 219 genannten Arbeiten des Rates mitzuwirken und die sonstigen ihm vom Rat übertragenen Beratungsaufgaben und vorbereitenden Arbeiten auszuführen;
– mindestens einmal jährlich die Lage hinsichtlich des Kapitalverkehrs und der Freiheit des Zahlungsverkehrs, wie sie sich aus der Anwendung der Verträge und der Maßnahmen des Rates ergeben, zu prüfen; die Prüfung erstreckt sich auf alle Maßnahmen im Zusammenhang mit dem Kapital- und Zahlungsverkehr; der Ausschuss erstattet der Kommission und dem Rat Bericht über das Ergebnis dieser Prüfung.
Jeder Mitgliedstaat sowie die Kommission und die Europäische Zentralbank ernennen jeweils höchstens zwei Mitglieder des Ausschusses.

(3) ¹Der Rat legt auf Vorschlag der Kommission und nach Anhörung der Europäischen Zentralbank und des in diesem Artikel genannten Ausschusses im Einzelnen fest, wie sich der Wirtschafts- und Finanzausschuss zusammensetzt. ²Der Präsident des Rates unterrichtet das Europäische Parlament über diesen Beschluss.

(4) Sofern und solange es Mitgliedstaaten gibt, für die eine Ausnahmeregelung nach Artikel 139 gilt, hat der Ausschuss zusätzlich zu den in Absatz 2 beschriebenen Aufgaben die Währungs- und Finanzlage sowie den allgemeinen Zahlungsverkehr der betreffenden Mitgliedstaaten zu beobachten und dem Rat und der Kommission regelmäßig darüber Bericht zu erstatten.

Literaturübersicht

Hahn/Häde, Währungsrecht, 2. Aufl., 2010; *Köster,* Das Recht der europäischen Währungspolitiken, 1990.

Wesentliche sekundärrechtliche Vorschriften

Beschluss des Rates 98/743/EG vom 21.12.1998 über die Einzelheiten der Zusammensetzung des Wirtschafts- und Finanzausschusses, ABl. 1998, L 358/109
Beschluss des Rates 1999/8/EG vom 31.12.1998 über die Satzung des Wirtschafts- und Finanzausschusses, ABl. 1999, L 5/71, geändert durch Beschluss des Rates 2012/245/EU vom 26.4.2012 über die Überarbeitung der Satzung des Wirtschafts- und Finanzausschusses, ABl. 2012, L 121/22

Inhaltsübersicht Rn.
A. Einführung 1
B. Rechtsstellung 2
C. Zusammensetzung und Tagungen des Ausschusses 4
D. Aufgaben 8
E. Beobachtung der Mitgliedstaaten mit Ausnahmeregelung 14

A. Einführung

Der Wirtschafts- und Finanzausschuss (WFA) wurde mit Beginn der dritten Stufe der 1 Wirtschafts- und Währungsunion errichtet und ist Nachfolger des 1958 geschaffenen **Beratenden Währungsausschusses**[1] (Art. 105 Abs. 2 EWGV, Art. 114 Abs. 1, 2 EGV). Konzipiert als Konsultationsgremium,[2] sollte dieser nicht durch Entscheidungsbefugnisse, sondern durch die Expertise seiner Mitglieder Einfluss nehmen.[3] Neben dem WFA besteht der 1974 gegründete Ausschuss für Wirtschaftspolitik;[4] mangels ausdrücklicher Erwähnung im Primärrecht lassen sich seine Befugnisse nicht immer trennscharf von denen des WFA abgrenzen.

B. Rechtsstellung

Der WFA ist kein Beschlussorgan, sondern ein aus Vertretern von Union und Mitglied- 2 staaten gebildetes **Expertengremium**. Der Ausschuss bietet eine **informelle Konsultationsplattform**,[5] um den Dialog zwischen dem Rat und der EZB auf der Ebene hoher Beamter der Ministerien, der nationalen Zentralbanken, der Kommission und der EZB weiterzuführen und vorzubereiten (Art. 2, 3. Gedstr. WFA-Satzung).

In der Rechtspraxis nimmt der WFA **Sekretariat**saufgaben für den **ECOFIN-Rat** so- 3 wie die **Eurogruppe** (Art. 137 AEUV) wahr. Er ist maßgeblich beteiligt an der Vorbereitung der informellen, regelmäßig vor den Sitzungen des ECOFIN-Rates stattfindenden Meetings der Eurogruppe, und gewährleistet somit den Informationsfluss zwischen beiden Gremien. Zudem besitzt der WFA **Beobachterstatus**[6] im **Europäischen Ausschuss für Systemrisiken** (ESRB), der 2011 als Teil des Europäischen Systems der Finanzaufsicht und mit dem Ziel der Überwachung makroprudenzieller Risiken gegründet wurde.

---

[1] Dazu *Hahn/Häde*, § 13, Rn. 7, § 22, Rn. 68; *Köster*, S. 40 ff.
[2] *Wittelsberger*, in: GS, EUV/EGV, Art. 114 EGV, Rn. 19, spricht von »multilateralem Überwachungsorgan«.
[3] *Häde*, in: Calliess/Ruffert, EUV/AEUV, Art. 134 AEUV, Rn. 1.
[4] Beschluss des Rates 74/122/EG vom 18.2.1974, ABl. 1974, L 63/21, zuletzt geändert durch Beschluss 2000/604/EG vom 29.9.2000, ABl. 2000, L 257/28 sowie Beschluss 2003/475 vom 1.7.2003, ABl. 2003, L 158/58; vgl. *Rodi*, in: Vedder/Heintschel v. Heinegg, Europäisches Unionsrecht, Art. 134 AEUV, Rn. 2.
[5] Ähnlich *Khan*, in: Geiger/Khan/Kotzur, EUV/AEUV, Art. 134 AEUV, Rn. 3; *Becker*, in: Siekmann, EWU, Art. 134 AEUV, Rn. 6 (»Dialoggremium«); so auch *Palm*, in: Grabitz/Hilf/Nettesheim, EU, Art. 134 AEUV (Oktober 2011), Rn. 10.
[6] S. *Koch*, in: Lenz/Borchardt, EU-Verträge, Art. 134 AEUV, Rn. 2.

C. Zusammensetzung und Tagungen des Ausschusses

4   Der WFA setzt sich zusammen aus jeweils höchstens zwei Mitgliedern der Mitgliedstaaten, der Kommission sowie der EZB (Abs. 2 Satz 2). Ferner können jeweils zwei stellvertretende Mitglieder ernannt werden.[7] Insgesamt besteht der WFA aus **maximal 60 Mitgliedern**, die sich aus 56 Mitgliedern der 28 Mitgliedstaaten sowie 4 Vertretern der Unionsebene zusammensetzen.

5   Die genaue **Zusammensetzung** des WFA legt der Rat fest. Er berücksichtigt dabei den Vorschlag der Kommission sowie die Stellungnahmen von EZB und WFA (Abs. 3 Satz 1) und informiert das Europäische Parlament über den endgültigen Beschluss (Satz 2). Die Satzung des WFA regelt Einzelheiten zum Tätigwerden des WFA[8] sowie Fragen der Berichterstattung[9] über die im Grundsatz vertraulichen Sitzungen.[10] Die **Mitglieder** des WFA werden »aus einem Kreis von **Personen mit herausragender Sachkunde im Wirtschafts- und Finanzbereich ausgewählt**«.[11] Die seitens der Mitgliedstaaten ernannten zwei Mitglieder werden »aus den Reihen hoher Beamter der Regierung und der nationalen Zentralbank«[12] bestimmt und sind üblicherweise Ministerialbeamte aus Finanz- oder Wirtschaftsministerien im Rang eines Staatssekretärs oder einer vergleichbaren Position; bei den nationalen Zentralbankvertretern handelt es sich in der Regel um Vorstandsmitglieder. Von Unionsebene entsandt werden nach gängiger Praxis von Seiten der Kommission der für Wirtschaft und Finanzen zuständige Generaldirektor sowie einer der stellvertretenden Generaldirektoren mit Zuständigkeiten für die Wirtschaft des Eurogebiets und der Mitgliedstaaten; die EZB entsendet das für internationale und europäische Beziehungen zuständige Direktoriumsmitglied.[13]

6   Im Zuge der EU-Erweiterung (2004) änderte der Rat per Beschluss (2003/476/EG) die Satzung des WFA. Seither **tagt** der WFA in **zwei Varianten**: (1) in seiner **vollständigen Zusammensetzung**, d.h. mit den Mitgliedern der nationalen Regierungen, der nationalen Zentralbanken, der Kommission und der EZB, oder (2) **nur** mit den Mitgliedern der **nationalen Regierungen**, der **Kommission** und der EZB.[14] Die Mitglieder, die aus den nationalen Zentralbanken ernannt wurden, nehmen nur noch an den Sitzungen teil, wenn spezifische Fragen behandelt werden;[15] wann dies der Fall ist, beschließt der WFA eigenständig und in Vollbesetzung. Damit soll ein Kompromiss gefunden werden zwischen der Effizienz eines zahlenmäßig deutlich angewachsenen Gremiums sowie der Nutzung von Sachkompetenz und Analysevermögen der nationalen Zentralbanken.[16] Damit einher geht jedoch eine Schwächung der Position der nationalen Zentralbanken, die nicht mehr ständig im WFA vertreten sind.[17] Ferner tagt der WFA zweimal jährlich in »sachspezifischen Sonderformationen« wie dem Financial Stability Table (FST).[18]

---

[7] Art. 1 Satz 2 des Beschlusses des Rates 98/743/EG.
[8] Art. 10 der Satzung des WFA.
[9] Art. 11 Satz 1 der Satzung des WFA.
[10] Art. 12 Satz 1, 2 der Satzung des WFA.
[11] Art. 2 des Beschlusses des Rates 98/743/EG.
[12] Art. 3 Satz 1 des Beschlusses des Rates 98/743/EG.
[13] *Prüßmann*, in: GSH, Europäisches Unionsrecht, Art. 134 AEUV, Rn. 2.
[14] Art. 4 Satz 1 der Satzung des WFA (Beschluss des Rates 2003/476/EG).
[15] Art. 4 Satz 2 der Satzung des WFA.
[16] *Becker*, in: Siekmann, EWU, Art. 132 AEUV, Rn. 39.
[17] *Häde*, in: Calliess/Ruffert, EUV/AEUV, Art. 134 AEUV, Rn. 6; *Hahn/Häde*, § 22, Rn. 73.
[18] S. dazu *Becker*, in: Siekmann, EWU, Art. 134 AEUV, Rn. 41.

Darüber hinaus existiert eine weitere Zusammensetzung des WFA für das Euro-Währungsgebiet: die **Arbeitsgruppe »Euro-Gruppe«**. Darin vertreten sind die Euro-Länder, die Kommission und die EZB. Im Oktober 2011 bekundeten die Staats- und Regierungschefs der Eurozone ihren Willen, der »Euro-Gruppe« (Art. 1 Protokoll Nr. 14) einen Vollzeit-Präsidenten vorsitzen zu lassen, der dann zum Unionsbediensteten wird und kein Beamter einer nationalen Regierung mehr ist. Daraufhin änderte der Rat erneut per Beschluss die WFA-Satzung (2012/245/EU), wodurch nun auch der Eurogruppen-Chef für das Amt des WFA-Präsidenten wählbar ist.

D. Aufgaben

Mit dem **weitgefassten Ziel**, die Koordinierung der mitgliedstaatlichen Politiken in einem Umfang zu fördern, der für das Funktionieren des Binnenmarktes erforderlich ist (Abs. 1), ist ein breitgefächertes Aufgabenspektrum des WFA verbunden. Art. 134 Abs. 2 AEUV konkretisiert die Befugnisse in **vier Aufgabenbereichen**, im Rahmen derer der WFA sowohl auf eigene Initiative als auch auf Anforderung eines Unionsorgans tätig werden kann.

An erster Stelle nennt Art. 134 Abs. 2, **1. Gedstr.** AEUV **Stellungnahmen**, die der WFA auf Ersuchen von Rat oder Kommission oder auf eigene Initiative abgeben kann. Gegenstand der Stellungnahmen soll die Wirtschafts- und Finanzpolitik im weitesten Sinne sein.[19] Dazu zählen beispielsweise Anhörungsrechte des WFA, die zu Beschlüssen über den Wechselkursmechanismus der dritten Stufe der Wirtschafts- und Währungsunion (WKM II) führen.[20]

Gemäß Art. 134 Abs. 2, **2. Gedstr.** AEUV obliegt dem WFA die **Beobachtung** der **Wirtschafts- und Finanzlage** der Mitgliedstaaten und der Union. Diese umfangreiche Aufgabe geht über die Befugnis des Beratenden Währungsausschusses hinaus, die sich nur auf die Währungs- und Finanzlage[21] bezog. Über die Ergebnisse seiner Beobachtungen, insbesondere die finanziellen Beziehungen zu dritten Ländern und internationalen Einrichtungen, berichtet der WFA regelmäßig an Rat und Kommission.

Der WFA wirkt an zahlreichen Arbeiten des Rates im Zusammenhang mit dem Kapital- und Zahlungsverkehr sowie der Wirtschafts- und Währungsunion (Art. 134 Abs. 2, **3. Gedstr.** AEUV) mit; dies geschieht durch Berichte und Analysen, teilweise bis zur Entscheidungsreife.[22] Zudem kann der Rat dem WFA zusätzliche **beratende oder vorbereitende Aufgaben** übertragen. Dabei betont Art. 134 Abs. 2, 3. Gedstr. AEUV ausdrücklich, dass eine Übertragung von Aufgaben auf den WFA nichts an der Zuständigkeit des Ausschusses der Ständigen Vertreter der Mitgliedstaaten (Art. 240 AEUV; COREPER) für die Vorbereitung der Arbeiten des Rates ändert. Im Einzelnen besitzt der WFA **Mitwirkungsrechte** bei folgenden, nicht abschließend aufgezählten[23] Maßnahmen:
– Kurzfristige Schutzmaßnahmen im Rahmen des Kapitalverkehrs (Art. 66 AEUV);
– (Embargo-)Maßnahmen gegen Terrorismusfinanzierung (Art. 75 AEUV);

---

[19] *Hahn/Häde*, § 22, Rn. 69.
[20] Art. 2, 1. Gedstr. der Satzung des WFA.
[21] So noch die Vorgängerregelung in Art. 114 Abs. 2 EGV, vgl. *Häde*, in: Calliess/Ruffert, EUV/AEUV, Art. 134 AEUV, Rn. 2; *Kempen*, in: Streinz, EUV/AEUV, Art. 134 AEUV, Rn. 2.
[22] *Becker*, in: Siekmann, EWU, Art. 134 AEUV, Rn. 56.
[23] *Becker*, in: Siekmann, EWU, Art. 134 AEUV, Rn. 56.

- Wirtschaftspolitische Koordinierung und Überwachung (Art. 121 Abs. 2, 3, 4, 6 AEUV);
- Hilfsmaßnahmen bei gravierenden Schwierigkeiten eines Mitgliedstaates (Art. 122 AEUV);
- Festlegung von Begriffsbestimmungen im Zusammenhang mit dem Verbot des bevorrechtigten Zugangs zu Finanzinstituten (Art. 124 AEUV) sowie dem Verbot wechselseitiger Haftungsübernahme (bail out-Verbot, Art. 125 AEUV);
- Defizitverfahren (Art. 126 AEUV);
- Übertragung besonderer Aufgaben im Rahmen der Aufsicht über Finanzinstitute auf die EZB (Art. 127 Abs. 6 AEUV);
- Münzharmonisierung durch den Rat (Art. 128 Abs. 2 AEUV);
- Modifikation einzelner Vorschriften der ESZB-Satzung (Art. 129 Abs. 3, 4 AEUV);
- Rolle des Euro im internationalen Währungssystem (Art. 138 AEUV);
- Konvergenzprüfung für die Mitgliedstaaten mit Ausnahmeregelung (Art. 140 Abs. 2, 3 AEUV);
- Maßnahmen bei Zahlungsbilanzschwierigkeiten (Art. 143 AEUV) sowie Schutzmaßnahmen bei plötzlichen Zahlungsbilanzkrisen (Art. 144 Abs. 2, 3 AEUV);
- Wechselkursfestlegung nach außen und internationale währungsrechtliche Vereinbarungen (Art. 219 AEUV).

12 Hervorzuheben ist das Recht des WFA, bei den dem Rat obliegenden Überprüfungen der Wechselkursentwicklung des Euro vorbereitend tätig zu werden.[24] Damit erhält insbesondere die EZB Gelegenheit, ihren Sachverstand in Fragen des Außenwährungsrechts einzubringen und ihre Position gegenüber dem allein entscheidungsbefugten Rat deutlich zu vertreten.[25]

13 Schließlich verpflichtet Art. 134 Abs. 2, **4. Gedstr.** AEUV den WFA, mindestens einmal jährlich den Stand der **Integrationsmaßnahmen im Kapital- und Zahlungsverkehr** zu überprüfen und Rat und Kommission über das Ergebnis seiner Prüfung **Bericht** zu erstatten.

E. Beobachtung der Mitgliedstaaten mit Ausnahmeregelung

14 Ergänzend zu den in Abs. 2 genannten Aufgaben beobachtet der WFA die Währungs- und Finanzlage sowie den allgemeinen Zahlungsverkehr der zehn[26] Mitgliedstaaten mit Ausnahmeregelung (Art. 139 AEUV). Während der WFA für die Euro-Staaten die »Wirtschafts- und Finanzlage« observieren soll, beschränkt sich seine Befugnis für die Mitgliedstaaten mit Ausnahmeregelung auf die »Währungs- und Finanzlage«. Allerdings ist – auch im Vergleich zur englischen und französischen Sprachfassung – nicht klar, wo die tatsächlichen Grenzen zwischen Währungs- und Wirtschaftsfragen verlaufen.[27] Für die Mitgliedstaaten mit Ausnahmeregelung besitzt der WFA insofern die Rolle, die einst dem Beratenden Währungsausschuss zukam (s. Rn. 1).

---

[24] Art. 2, 2. Gedstr. der Satzung des WFA.
[25] *Kempen*, in: Streinz, EUV/AEUV, Art. 134 AEUV, Rn. 3; *Wittelsberger*, in: GS, EUV/EGV, Art. 114 EGV, Rn. 14, 17.
[26] Bulgarien, Dänemark, Großbritannien, Kroatien, Litauen, Polen, Rumänien, Schweden, Tschechische Republik, Ungarn.
[27] *Wittelsberger*, in: GS, EUV/EGV, Art. 114 EGV, Rn. 2, begründet die Unschärfe mit der historischen Entwicklung des WFA.

Über das Ergebnis seiner Beobachtungen hat der WFA dem Rat und der Kommission 15
regelmäßig Bericht zu erstatten (Art. 134 Abs. 4 AEUV). Die in diesem Zusammenhang
gesammelten Informationen kann der WFA inhaltlich konsistent im Rahmen seiner
Mitwirkungsrechte einbringen, über die er bei Beschlüssen des Rates über die Teilnahme
neuer Mitgliedstaaten an der dritten Stufe der Wirtschafts- und Währungsunion
(Art. 140 Abs. 2 AEUV) verfügt (s. Rn. 11). Ab dem Zeitpunkt der Einführung der
gemeinsamen Währung überträgt der WFA die Aufgabe der Beobachtung der Währungs- und Finanzlage für den jeweiligen Mitgliedstaat auf die EZB.[28]

---

[28] *Kempen*, in: Streinz, EUV/AEUV, Art. 134 AEUV, Rn. 5. *Khan*, in: Geiger/Khan/Kotzur, EUV/AEUV, Art. 134 AEUV, Rn. 4, spricht daher von »Übergangsbestimmung«; ähnlich *Rodi*, in: Vedder/Heintschel v. Heinegg, Europäisches Unionsrecht, Art. 134 AEUV, Rn. 5.

Artikel 135 AEUV [Empfehlungen und Vorschläge der Kommission]

¹Bei Fragen, die in den Geltungsbereich von Artikel 121 Absatz 4, Artikel 126 mit Ausnahme von Absatz 14, Artikel 138, Artikel 140 Absatz 1, Artikel 140 Absatz 2 Unterabsatz 1, Artikel 140 Absatz 3 und Artikel 219 fallen, kann der Rat oder ein Mitgliedstaat die Kommission ersuchen, je nach Zweckmäßigkeit eine Empfehlung oder einen Vorschlag zu unterbreiten. ²Die Kommission prüft dieses Ersuchen und unterbreitet dem Rat umgehend ihre Schlussfolgerungen.

Literaturübersicht

Blumenwitz/Schöbener, Stabilitätspakt für Europa, 1997; *Hahn*, Der Stabilitätspakt für die EWU, JZ 1997, 1133; *Louis*, Perspectives of the EMU after Maastricht, in: Struyck (Hrsg.), Financial and Monetary Integration in the European Economic Community, 1993, S. 1; *Palm*, Preisstabilität in der Europäischen Wirtschafts- und Währungsunion, 2000.

Inhaltsübersicht

		Rn.
A.	Einführung	1
B.	Anwendungsbereiche des Ersuchens	2
C.	Art. 135 als lex specialis gegenüber Art. 241 AEUV	6
D.	Rechtswirkung des Ersuchens	8

A. Einführung

1 Art. 135 AEUV gilt für sämtliche, d. h. auch für Mitgliedstaaten mit Ausnahmeregelung.[1] Die Vorschrift basiert auf einem der Grundprinzipien europäischer Rechtsetzung, dem **Initiativmonopol** der Kommission (Art. 17 Abs. 2 EUV; s. Art. 17, Rn. 12–15), mit Hilfe dessen sie den Legislativprozess in Gang setzen kann. Unterlässt die Kommission entsprechende Empfehlungen oder Vorschläge, ist der Rat regelmäßig nicht zur Rechtsetzung befugt. **Sinn und Zweck** von Art. 135 AEUV ist es, für den Bereich der Wirtschafts- und Währungsunion die Gefahr potentieller Rechtsetzungsblockaden[2] durch die Kommission auszuschließen.

B. Anwendungsbereiche des Ersuchens

2 Wie schon die Vorgängernorm (Art. 115 EGV) gewährt Art. 135 AEUV dem (ECOFIN-)[3] Rat sowie einzelnen Mitgliedstaaten die **Befugnis**, die Kommission zur Vorlage einer Empfehlung oder eines Vorschlags für einen Rechtsakt des Rates **aufzufor-**

---

[1] *Kempen*, in: Streinz, EUV/AEUV, Art. 135 AEUV, Rn. 1.
[2] *Becker*, in: Siekmann, EWU, Art. 135 AEUV, Rn. 1; *Häde*, in: Calliess/Ruffert, EUV/AEUV, Art. 135 AEUV, Rn. 1; *Kempen*, in: Streinz, EUV/AEUV, Art. 135 AEUV, Rn. 2; *Khan*, in: Geiger/Khan/Kotzur, EUV/AEUV, Art. 135 AEUV, Rn. 1; *Rodi*, in: Vedder/Heintschel v. Heinegg, Europäisches Unionsrecht, Art. 135 AEUV, Rn. 1.
[3] Im Rahmen der Wirtschafts- und Währungsunion entscheidet, sofern im Vertrag nichts Gegenteiliges geregelt ist, stets der Rat in Zusammensetzung der Wirtschafts- und Finanzminister (sog. Ecofin-Rat), vgl. Erklärung Nr. 3 zum Dritten Teil Titel III und VI des Vertrags zur Gründung der Europäischen Gemeinschaft, ABl. 1992, C 191/ 1 (98).

dern.[4] Art. 135 AEUV verzichtet damit auf ein eigenes Initiativrecht für Rat und Mitgliedstaaten. Die eingeräumte Befugnis ist dennoch normativ[5] relevant, denn Rat und Mitgliedstaaten können den Legislativprozess zumindest indirekt in Gang setzen[6] und somit gleichzeitig politischen Druck erzeugen.

Ausdrücklich nennt Art. 135 AEUV **drei**[7] **Politikbereiche**, in denen die Kommission zur Vorlage von Empfehlungen und Vorschlägen aufgefordert werden kann: Erstens, zu Beschlüssen und Rechtsakten des Rates im Bereich der **haushaltspolitischen Überwachung** (Art. 121 Abs. 4) sowie des Defizitverfahrens (Art. 126), wobei Beschlüsse nach Art. 126 Abs. 14 AEUV (s. Rn. 7) ausdrücklich ausgenommen sind. Im Rahmen des Defizitverfahrens kompensiert Art. 135 AEUV das durch Art. 126 Abs. 10 AEUV ausgeschlossene Recht der Kommission (Art. 258 AEUV) bzw. der Mitgliedstaaten (Art. 259 AEUV), eine Vertragsverletzungsklage (Art. 258, 259 AEUV) anzustrengen (s. Art. 126 AEUV, Rn. 56–58).[8]

3

Art. 135 AEUV nennt als zweite Gruppe Maßnahmen des Rates in Bezug auf **Konvergenzentscheidungen** für Mitgliedstaaten mit Ausnahmeregelung (Art. 140 Abs. 1, Abs. 2 UAbs. 1, Abs. 3 AEUV). Da sich Art. 135 AEUV auf Vorschläge und Empfehlungen der Kommission bezieht, kann die Erwähnung von Art. 140 Abs. 1 AEUV nur als Ersuchen des Rates oder eines Mitgliedstaates zur Vorlage eines Konvergenzberichts interpretiert werden.[9]

4

Schließlich erfasst Art. 135 Satz 1 AEUV Rechtsakte des Rates im Bereich der **Außenwährungspolitik**, einem klassisch (inter)gouvernemental dominierten Politikfeld. Dazu zählen Maßnahmen des Rates in Bezug auf die einheitliche Vertretung bei internationalen Einrichtungen und Konferenzen im Finanz- und Währungsbereich (Art. 138 AEUV). Nur für die Euro-Staaten von Bedeutung ist Art. 219 AEUV, wonach der Rat ermächtigt ist, förmliche Vereinbarungen über ein Wechselkurssystem zu treffen (Abs. 1) sowie allgemeine Orientierungen für die Wechselkurspolitik (Abs. 2) aufzustellen (s. Art. 219 AEUV, Rn. 7–13).

5

C. Art. 135 als lex specialis gegenüber Art. 241 AEUV

Art. 241 AEUV gewährt dem Rat im Allgemeinen das Recht, die Kommission zur Unterbreitung von Vorschlägen aufzufordern. Dieser Grundsatz wird im Bereich der Wirtschafts- und Währungspolitik modifiziert, **sofern der Rat in einem der** von Art. 135 AEUV **genannten Bereiche** (s. Rn. 3–5) **tätig werden will**. Nur insoweit verdrängt Art. 135 als **lex specialis** den Art. 241 AEUV.[10]

6

---

[4] *Häde*, in: Calliess/Ruffert, EUV/AEUV, Art. 135 AEUV, Rn. 1; *Kempen*, in: Streinz, EUV/AEUV, Art. 135 AEUV, Rn. 4.
[5] *Khan*, in: Geiger/Khan/Kotzur, EUV/AEUV, Art. 135 AEUV, Rn. 1.
[6] *Becker*, in: Siekmann, EWU, Art. 135 AEUV, Rn. 1; *Palm*, in: Grabitz/Hilf/Nettesheim, EU, Art. 135 AEUV (Oktober 2011), Rn. 2.
[7] *Khan*, in: Geiger/Khan/Kotzur, EUV/AEUV, Art. 135 AEUV, Rn. 5.
[8] *Becker*, in: Siekmann, EWU, Art. 135 AEUV, Rn. 3.
[9] *Häde*, in: Calliess/Ruffert, EUV/AEUV, Art. 135 AEUV, Rn. 5.
[10] So auch *Häde*, in: Calliess/Ruffert, EUV/AEUV, Art. 135 AEUV, Rn. 2; *Kempen*, in: Streinz, EUV/AEUV, Art. 135 AEUV, Rn. 4; *Rodi*, in: Vedder/Heintschel v. Heinegg, Europäisches Unionsrecht, Art. 135 AEUV, Rn. 4.

7 Im übrigen Zusammenhang der Wirtschafts- und Währungsunion ist die Anwendung von Art. 241 AEUV nicht generell ausgeschlossen,[11] da ansonsten die spezielle Regelung des Art. 135 AEUV überflüssig wäre. Die in Art. 241 AEUV nicht enthaltene Befugnis der Mitgliedstaaten ist weniger als ein Ausdruck mangelnden Vertrauens in die Kommission[12] zu interpretieren. Sie ist vielmehr als formalisiertes Recht einzelner oder auch mehrerer Mitgliedstaaten zu verstehen, die Kommission in Einzelfällen für nationale wie auch multinationale Interessenlagen zu sensibilisieren.[13] Insofern ist es folgerichtig, Art. 126 Abs. 14 AEUV ausdrücklich auszuschließen, um den einstimmigen Ratsbeschluss nicht durch das Recht einzelner Mitgliedstaaten zu konterkarieren; in diesem Fall kann nur der Rat als Organ die Kommission zu einer Initiative auffordern.[14] Keine Ausschlusswirkung entfaltet Art. 135 AEUV für das praktisch identische Initiativrecht des Parlaments gemäß Art. 225 AEUV.[15]

D. Rechtswirkung des Ersuchens

8 Die **Kommission** hat die **Rechtspflicht**,[16] das Ersuchen **inhaltlich zu prüfen** und darauf zu reagieren, indem sie dem Rat zeitnah das Ergebnis ihrer Prüfung mitteilt (Art. 135 Satz 2 AEUV). Infolge des **Ermessensspielraums**,[17] den Art. 135 AEUV der Kommission gewährt, ist diese nicht verpflichtet, dem Ersuchen nachzukommen.[18] Aus der Pflicht zur loyalen Zusammenarbeit (Art. 13 Abs. 2 Satz 2 EUV, s. Art. 13, Rn. 17) folgt jedoch, dass sich die Kommission intensiv mit den Argumenten des Ersuchens auseinanderzusetzen und ihre Schlussfolgerungen gegenüber dem Rat ausführlich und sachgerecht zu begründen hat.[19]

9 Unterlässt die Kommission die Prüfung des Ersuchens ohne sachlichen Grund oder lehnt das Ersuchen ohne hinreichende Erklärung ab, kann dieses Verhalten Gegenstand

---

[11] So wohl aber *Khan*, in: Geiger/Khan/Kotzur, EUV/AEUV, Art. 135 AEUV, Rn. 3; *Becker*, in: Siekmann, EWU, Art. 135 AEUV, Rn. 2.
[12] So aber *Louis*, Perspectives of the EMU after Maastricht, in: Struyck (Hrsg.), Financial and Monetary Integration in the European Economic Community, 1993, S. 1 (8).
[13] A.A. *Palm*, in: Grabitz/Hilf/Nettesheim, EU, Art. 135 AEUV (Oktober 2011), Rn. 1, wonach die Norm einer Verfahrensverschleppung durch Untätigkeit der Kommission entgegenwirken soll; so auch *Khan*, in: Geiger/Khan/Kotzur, EUV/AEUV, Art. 135 AEUV, Rn. 1.
[14] *Palm*, in: Grabitz/Hilf/Nettesheim, EU, Art. 135 AEUV (Oktober 2011), Rn. 13.
[15] *Khan*, in: Geiger/Khan/Kotzur, EUV/AEUV, Art. 135 AEUV, Rn. 4; *Palm*, in: Grabitz/Hilf/Nettesheim, EU, Art. 135 AEUV (Oktober 2011), Rn. 13.
[16] Gegen eine rechtliche Bindung *Palm*, in: Grabitz/Hilf/Nettesheim, EU, Art. 135 AEUV (Oktober 2011), Rn. 8.
[17] *Khan*, in: Geiger/Khan/Kotzur, EUV/AEUV, Art. 135 AEUV, Rn. 2, spricht von »Restermessensspielraum«.
[18] *Häde*, in: Calliess/Ruffert, EUV/AEUV, Art. 135 AEUV, Rn. 3; *Potacs*, in: Schwarze, EU-Kommentar, Art. 135 AEUV; *Kempen*, in: Streinz, EUV/AEUV, Art. 135 AEUV, Rn. 6, mit dem Hinweis, dass das Ergebnis der Sachprüfung auch darin bestehen kann, dass eine Initiative nicht angezeigt ist.
[19] *Becker*, in: Siekmann, EWU, Art. 135 AEUV, Rn. 5; *Häde*, in: Calliess/Ruffert, EUV/AEUV, Art. 135 AEUV, Rn. 3; *Potacs*, in: Schwarze, EU-Kommentar, Art. 135 AEUV; *Dziechciarz*, in: GSH, Europäisches Unionsrecht, Art. 135 AEUV, Rn. 9.

einer **Untätigkeitsklage** (Art. 265 AEUV) sein,[20] mit Hilfe derer die Kommission zur Vorlage eines Vorschlags gezwungen werden kann.[21]

---

[20] *Becker*, in: Siekmann, EWU, Art. 135 AEUV, Rn. 8; *Blumenwitz/Schöbener*, S. 42 f.; *Häde*, in: Calliess/Ruffert, EUV/AEUV, Art. 135 AEUV, Rn. 3; *Hahn*, JZ 1997, 1141; *Palm*, in: Grabitz/Hilf/Nettesheim, EU, Art. 135 AEUV (Oktober 2011), Rn. 11; *Palm*, S. 173.
[21] *Rodi*, in: Vedder/Heintschel v. Heinegg, Europäisches Unionsrecht, Art. 135 AEUV, Rn. 1 und 3.

Kapitel 4
Besondere Bestimmungen für die Mitgliedsstaaten, deren Währung der Euro ist

Artikel 136 AEUV [Wirtschaftspolitik und Haushaltsdisziplin; Verstärkte Koordinierung des Euro-Währungsgebiets]

(1) Im Hinblick auf das reibungslose Funktionieren der Wirtschafts- und Währungsunion erlässt der Rat für die Mitgliedstaaten, deren Währung der Euro ist, Maßnahmen nach den einschlägigen Bestimmungen der Verträge und dem entsprechenden Verfahren unter den in den Artikeln 121 und 126 genannten Verfahren, mit Ausnahme des in Artikel 126 Absatz 14 genannten Verfahrens, um

a) die Koordinierung und Überwachung ihrer Haushaltsdisziplin zu verstärken,

b) für diese Staaten Grundzüge der Wirtschaftspolitik auszuarbeiten, wobei darauf zu achten ist, dass diese mit den für die gesamte Union angenommenen Grundzügen der Wirtschaftspolitik vereinbar sind, und ihre Einhaltung zu überwachen.

(2) Bei den in Absatz 1 genannten Maßnahmen sind nur die Mitglieder des Rates stimmberechtigt, die die Mitgliedstaaten vertreten, deren Währung der Euro ist.

Die qualifizierte Mehrheit dieser Mitglieder bestimmt sich nach Artikel 238 Absatz 3 Buchstabe a.

(3) ¹Die Mitgliedstaaten, deren Währung der Euro ist, können einen Stabilitätsmechanismus einrichten, der aktiviert wird, wenn dies unabdingbar ist, um die Stabilität des Euro-Währungsgebiets insgesamt zu wahren. ²Die Gewährung aller erforderlichen Finanzhilfen im Rahmen des Mechanismus wird strengen Auflagen unterliegen.

Literaturübersicht

Antpöhler, Das Six Pack als Zeichen supranationaler Leistungsfähigkeit, ZaöRV 2012, 353; *Bark/Gilles*, Der ESM in der Praxis: Rechtsgrundlagen und Funktionsweise, EuZW 2013, 367; *Bast/Rödl*, Jenseits der Koordinierung? Zu den Grenzen der EU-Verträge für eine Europäische Wirtschaftsregierung, EuGRZ 2012, 269; *Calliess*, Der ESM zwischen Luxemburg und Karlsruhe, NVwZ 2013, 97; *Europäische Zentralbank*, Der Europäische Stabilitätsmechanismus, Monatsbericht Juli 2011, 76; *Häde*, Art. 136 AEUV – eine neue Generalklausel für die Wirtschafts- und Währungsunion?, JZ 2011, 333; *Ioannides*, EU Financial Assistance Conditionality after »Two Pack«, ZaöRV 2014, 61; *Kube*, Rechtsfragen der völkervertraglichen Euro-Rettung, WM 2012, 245; *Ohler*, Die zweite Reform des Stabilitäts- und Wachstumspakts, ZG 2010, 330; *ders.*, The European Stability Mechanism: The Long Road to Financial Stability in the Euro Area, GYIL 2011, 47; *Pilz*, Der Europäische Stabilitätsmechanismus, 2016; *Rathke*, Von der Stabilitäts- zur Stabilisierungsunion: Der neue Art. 136 Abs. 3 AEUV, DÖV 2011, 753; *Schwarz*, A Memorandum of Misunderstanding – The Doomed Road Oft he European Stability Mechanism and a Possible Way Out: Enhanced Cooperation, CMLRev. 51 (2014), 389; *Selmayr*, Die »Euro-Rettung« und das Unionsprimärrecht: Von putativen, unnötigen und bisher versäumten Vertragsänderungen zur Stabilisierung der Wirtschafts- und Währungsunion, ZöR 68 (2013), 259; *Simon*, »Whatever it takes«: Selbsterfüllende Prophezeiung am Rande des Unionsrechts?, EuR 2015, 107; *Tuori/Tuori*, The Eurozone Crisis, 2014.

Leitentscheidung

EuGH, Urt. v. 27.11.2012, Rs. C–370/12 (Pringle), ECLI:EU:C:2012:756

Wesentliche sekundärrechtliche Vorschriften

Verordnung (EU) Nr. 1173/2011 vom 16.11.2011 über die wirksame Durchsetzung der haushaltspolitischen Überwachung im Euro-Währungsgebiet ABl. 2011, L 306/1

Verordnung (EU) Nr. 1174/2011 vom 16.11.2011 über Durchsetzungsmaßnahmen zur Korrektur übermäßiger makroökonomischer Ungleichgewichte im Euro-Währungsgebiet, ABl. 2011, L 306/8

Beschluss 2011/199/EU des Europäischen Rates vom 25.3.2011 zur Änderung des Artikels 136 des Vertrags über die Arbeitsweise der Europäischen Union hinsichtlich eines Stabilitätsmechanismus für die Mitgliedstaaten, deren Währung der Euro ist, ABl. 2011, L 91/1

Verordnung (EG) Nr. 472/2013 vom 21.5.2013 über den Ausbau der wirtschafts- und haushaltspolitischen Überwachung von Mitgliedstaaten im Euro-Währungsgebiet, die von gravierenden Schwierigkeiten in Bezug auf ihre finanzielle Stabilität betroffen oder bedroht sind, ABl. 2013, L 140/1

Verordnung (EU) Nr. 473/2013 vom 21.5.2013 über gemeinsame Bestimmungen für die Überwachung und Bewertung der Übersichten über die Haushaltsplanung und für die Gewährleistung der Korrektur übermäßiger Defizite der Mitgliedstaaten im Euro-Währungsgebiet, ABl. 2013, L 140/11

Inhaltsübersicht

	Rn.
A. Überblick	1
B. Genese und Systematik	2
C. Reichweite der Rechtsetzungskompetenz (Abs. 1)	5
D. Verfahren (Abs. 2)	10
E. Europäischer Stabilitätsmechanismus (ESM) (Abs. 3)	11
I. Wesensgehalt des Art. 136 Abs. 3 AEUV	11
II. Vertrag zur Einrichtung des Europäischen Stabilitätsmechanismus (ESMV)	15

A. Überblick

Art. 136 Abs. 1 AEUV bildet eine erst mit dem Vertrag von Lissabon eingeführte, seither allerdings umfangreich genutzte **Rechtsgrundlage für die Intensivierung der Wirtschaftsunion** als Teil der Wirtschafts- und Währungsunion. Der erst im Jahr 2011 durch eine vereinfachte Vertragsänderung angefügte Abs. 3 wiederum stellt – vom EuGH konsentiert – deklaratorisch klar, dass der von den Mitgliedstaaten auf völkerrechtlicher Grundlage gegründete Europäische Stabilitätsmechanismus (ESM)[1] mit dem Unionsrecht insgesamt vereinbar ist, und zwar kompetenziell wie materiell-inhaltlich. Beides war zuvor bezweifelt worden (s. Rn. 12 ff.). Insgesamt stellt Art. 136 AEUV damit eine auf den ersten Blick unscheinbare, für die tatsächliche Entwicklung des Euro-Währungsgebiets aber kaum zu überschätzende rechtliche Bestimmung dar, wobei insbesondere die Grenzen der in Abs. 1 enthaltenen Rechtsetzungsermächtigungen strittig und in der Praxis ungeklärt sind (s. Rn. 5 ff.).

1

B. Genese und Systematik

Durch den **Vertrag von Lissabon** wurden Art. 136 Abs. 1 und 2 AEUV neu in das europäische Primärrecht eingeführt. Mit ähnlichem Wortlaut waren Art. 136 Abs. 1 und 2

2

---

[1] Vertrag zur Errichtung des Europäischen Stabilitätsmechanismus vom 2.2.2012, BGBl. 2012 II, S. 982.

AEUV bereits im später gescheiterten Verfassungsvertrag vorgesehen (Art. III–194).[2] Art. 136 Abs. 3 AEUV wurde, um rechtlichen Streitigkeiten bezüglich der Errichtung eines ständigen europäischen Stabilitätsmechanismus entgegenzuwirken, im **vereinfachten Vertragsänderungsverfahren** nach Art. 48 Abs. 6 EUV durch den Beschluss 2011/199/EU[3] und die anschließende verfassungsrechtliche Zustimmung in allen Mitgliedstaaten neu in die Verträge eingefügt.[4] Er ist am 1. 5. 2013 in Kraft getreten.

3   Systematisch findet sich Art. 136 AEUV im Kapitel 4 über besondere Bestimmungen für die Mitgliedstaaten, deren Währung der Euro ist, wieder. Diesen soll im Rahmen des Art. 136 AEUV aufgrund ihrer aus der gemeinsamen Währung folgenden starken Interdependenz die **Möglichkeit zur verstärkten Zusammenarbeit** auf dem Gebiet der wirtschafts- und haushaltspolitischen Koordinierung eröffnet werden, um so »das reibungslose Funktionieren der Wirtschafts- und Währungsunion« zu gewährleisten. Insofern steht Art. 136 AEUV in enger Beziehung zu den Vorschriften über die Koordinierung der Wirtschaftspolitik (Art. 121 AEUV) und die Vermeidung übermäßiger Haushaltsdefizite (Art. 126 AEUV). Dieser enge Normzusammenhang kommt in der tatbestandlichen Anknüpfung des Art. 136 AEUV auch explizit zum Ausdruck.

4   Art. 136 Abs. 3 steht in engem Verhältnis zu Art. 125 AEUV, da er klarstellt, dass ein ständiger europäischer Stabilitätsmechanismus gerade nicht gegen Art. 125 AEUV verstößt.

C. Reichweite der Rechtsetzungskompetenz (Abs. 1)

5   Art. 136 Abs. 1 AEUV erlaubt dem Rat »Maßnahmen nach den einschlägigen Bestimmungen der Verträge und dem entsprechenden Verfahren unter den in den Artikeln 121 und 126 AEUV genannten Verfahren, mit Ausnahme des in Artikel 126 Absatz 14 AEUV genannten Verfahrens« zu erlassen. Die **Bedeutung dieses Verweises** auf Art. 121 AEUV und 126 AEUV ist **umstritten**. Eine Auffassung folgert daraus, auch unter Heranziehung des englischen Wortlauts, dass infolge der Verweisung nur Maßnahmen ergriffen werden dürfen, die ebenfalls im Einklang mit Art. 121 AEUV und 126 AEUV stehen. Es sei nicht beabsichtigt gewesen, dem europäischen Gesetzgeber weitergehende Kompetenzen als in Art. 121 AEUV und 126 AEUV zuzuweisen. Im Übrigen sei die Union an den Grundsatz der begrenzten Einzelermächtigung gebunden.[5]

6   Dieses Verständnis unterstellt den Mitgliedstaaten jedoch, eine bedeutungslose und redundante Norm erlassen zu haben, deren einzige Folge wäre, dass nach Art. 121 Abs. 6 AEUV bzw. nach Art. 126 AEUV zulässige Maßnahmen ohne Zustimmung der Mitgliedstaaten mit Ausnahmeregelung beschlossen werden könnten, dann aber auch nur für die Mitgliedstaaten anwendbar wären, die Teil des Euro-Währungsgebiets sind. Sekundärrechtliche Konkretisierungen wären dann aber bereits auf der Grundlage der

---

[2] Näher zur Genese *Häde*, JZ 2011, 333 (336).
[3] Beschluss 2011/199/EU des Europäischen Rates vom 25. 3. 2011 zur Änderung des Artikels 136 des Vertrags über die Arbeitsweise der Europäischen Union hinsichtlich eines Stabilitätsmechanismus für die Mitgliedstaaten, deren Währung der Euro ist, ABl. 2011, L 91/1.
[4] Zur Zulässigkeit der Heranziehung des vereinfachten Vertragsänderungsverfahrens *Kube*, WM 2012, 245 (246).
[5] *Häde*, EuR 2009, 200 (205); *ders.*, JZ 2011, 333 (334 f.); *Ohler*, ZG 2010, 330 (338); *ders.*, in: Siekmann, EWU, Art. 134 AEUV, Rn. 7; *Frenz/Ehlenz*, EWS 2010, 211 (212); *Bast/Rödl*, EuGRZ 39 (2012), 269 (270 ff.), die dem Wortlautargument jedoch kritisch gegenüberstehen.

Art. 121 AEUV und 126 AEUV möglich, sodass Art. 136 Abs. 1 AEUV kein eigener Anwendungsbereich verbliebe, zumal die Mitgliedstaaten mit Ausnahmeregelung bei Teilen des Art. 121 AEUV und des Art. 126 AEUV ohnehin nicht stimmberechtigt sind (s. Art. 139 Abs. 4 AEUV).[6] Auch ist der Wortlaut keinesfalls so eindeutig, wie von den Vertretern einer engen Auslegung behauptet wird. Die Verwendung des abstrakten Ausdrucks »Maßnahme« weißt eher auf eine modifizierende Verweisung hin, die weitergehende Rechtsakte zulässt.[7] Telos und Wortlaut stützen daher eine weite Auslegung des Art. 136 Abs. 1 AEUV. Art. 136 Abs. 1 AEUV ermächtigt somit auch zu Maßnahmen, die über Art. 121 und 126 AEUV hinausgehen, soweit jene den Zielen dieser Bestimmungen nicht zuwiderlaufen bzw. den Inhalt der Vorschriften ändern.[8]

Gegenstand der verstärkten Zusammenarbeit ist nach Art. 136 Abs. 1 Buchst. a AEUV die **Koordinierung und Überwachung der Haushaltsdisziplin**. Diese Kompetenz bezieht sich inhaltlich primär auf das Verfahren nach Art. 126 AEUV, wobei jedoch zu beachten ist, dass das Verfahren nach Art. 126 Abs. 14 AEUV gerade ausdrücklich ausgeschlossen ist. Folglich ist auf Grundlage des Art. 136 Abs. 1 Buchst. a AEUV weder eine Ablösung des Protokolls (Nr. 12) über das Verfahren bei einem übermäßigen Defizit noch eine Änderung desselben nach Art. 126 Abs. 14 UAbs. 2 AEUV möglich. Eine Verschärfung der Referenzwerte aus Art. 1 des Protokolls (»Maastricht-Kriterien«) scheidet somit aus.[9] Aber selbst der Erlass von Vorschriften zur Ergänzung des Protokolls über das Verfahren bei einem übermäßigen Defizit nach Art. 126 Abs. 14 UAbs. 3 AEUV scheidet damit auf Grundlage des Art. 136 Abs. 1 Buchst. a AEUV aus. Eine andere Rechtsgrundlage zum Erlass von abstrakt-generellen Rechtsvorschriften enthält Art. 126 AEUV aber nicht. Dementsprechend wurde Art. 136 Abs. 1 i.V.m. Art. 126 AEUV auch lediglich zum Erlass von Beschlüssen, gerichtet an einzelne Mitgliedstaaten mit finanziellen Schwierigkeiten, genutzt (s. Art. 126 AEUV, Rn. 11). Sämtliche Verordnungen zur Intensivierung der Haushaltskontrolle stützen sich hingegen auf Art. 136 Abs. 1 i.V.m. Art. 121 Abs. 6 AEUV.

Außerdem ist nach Art. 136 Abs. 1 Buchst. b AEUV die Ausarbeitung und Überwachung von speziellen **wirtschaftspolitischen Grundzügen** für die Euro-Staaten möglich.

Besonders umstritten ist die **Primärrechtskonformität** der als Teile des **Six-Packs** auf Grundlage von Art. 136 AEUV in Verbindung mit Art. 121 AEUV erlassenen VO (EU) Nr. 1173/2011[10] und VO (EU) Nr. 1174/2011.[11] Nach Auffassung mancher Autoren sind insbesondere die in diesen enthaltenen Sanktionsmöglichkeiten nicht von ihrer Rechtsgrundlage gedeckt.[12] Da Art. 136 Abs. 1 AEUV jedoch bei sinnvoller Interpre-

---

[6] *Antpöhler*, ZaöRV 2012, 353 (371 ff.); *Potacs*, in: Schwarze, EU-Kommentar, Art. 136 AEUV, Rn. 2.
[7] *Bast/Rödl*, EuGRZ 39 (2012), 269 (272); für einen offenen Wortlaut *Antpöhler*, ZaöRV 2012, 353 (372 f.).
[8] So auch *Potacs*, in: Schwarze, EU-Kommentar, Art. 136 AEUV, Rn. 2; *Antpöhler*, ZaöRV 2012, 353 (376).
[9] *Ohler*, in: Siekmann, EWU, Art. 136 AEUV, Rn. 8.
[10] Verordnung (EU) Nr. 1173/2011 vom 16.11.2011 über die wirksame Durchsetzung der haushaltspolitischen Überwachung im Euro-Währungsgebiet, ABl. 2011, L 306/1.
[11] Verordnung (EU) Nr. 1174/2011 des Europäischen Parlaments und des Rates vom 16.11.2011 über Durchsetzungsmaßnahmen zur Korrektur übermäßiger makroökonomischer Ungleichgewichte im Euro-Währungsgebiet, ABl. 2011, L 306/8.
[12] *Ohler*, in: Siekmann, EWU, Art. 136 AEUV, Rn. 12; *Häde*, in: Bonner Kommentar, GG, Art. 88 GG (Dezember 2012), Rn. 494, 512 ff.; zu VO (EU) Nr. 1174/2011 ebenfalls *Bast/Rödl*, EuGRZ 39 (2012), 269 (210 ff.); *Tuori/Tuori*, 2014; S. 168 ff.

tation auch zu Maßnahmen ermächtigt, die inhaltlich über Art. 121, 126 AEUV hinausgehen, ist der von der Rechtsgrundlage gesteckte Rahmen durch diese Verordnungen nicht überschritten.[13] Die im Zuge des **Two-Packs** erlassenen Verordnungen[14] dürften hingegen mangels darin enthaltener Sanktionsmöglichkeiten im Hinblick auf ihre Vereinbarkeit mit Art. 136 Abs. 1 weniger umstritten sein.[15]

D. Verfahren (Abs. 2)

10 Das Verfahren zum Erlass von Maßnahmen nach Art. 136 Abs. 1 AEUV richtet sich nach den in Art. 121 AEUV und 126 AEUV angeordneten Verfahren. Allerdings sind davon abweichend nach Art. 136 Abs. 2 AEUV nur Vertreter der Eurostaaten stimmberechtigt. Mangels anderweitiger Regelungen beschließt der Rat mit qualifizierter Mehrheit, Art. 16 Abs. 3 EUV, die sich wiederum nach Art. 238 Abs. 3 Buchst. a AEUV berechnet. Bis zum 31.3.2017 galten noch die optional anwendbaren Vorschriften des Protokolls (Nr. 36) über die Übergangsregeln. Verfahrensrechtlich problematisch ist die im Rahmen des Six-Packs eingeführte **umgekehrt qualifizierte Mehrheit**.[16] Lehnt der Rat einen Vorschlag der Kommission innerhalb einer bestimmten Frist nicht ab, so gilt dieser als angenommen.[17] Umstritten ist insbesondere, ob die Einführung dieses neuen Abstimmungsmodus mit dem primärrechtlich festgelegten Abstimmungsmodus in Art. 16 Abs. 3 AEUV vereinbar ist und ob dadurch eine unerlaubte Verschiebung des institutionellen Gleichgewichts einhergeht.[18] Vorliegend wird allerdings nicht eine in den Verträgen bereits angelegte Beschlussfassung einem anderen Modus unterworfen, sondern vielmehr wird für zusätzliche, allein sekundärrechtlich geregelte Beschlüsse ein anderer Abstimmungsmodus geschaffen. Die umgekehrte Mehrheitsentscheidung fand sich auch in der Vergangenheit schon im Unionssekundärrecht, z. B. im Bereich der gemeinsamen Handelspolitik.[19]

---

[13] *Antpöhler*, ZaöRV 2012, 353 (377 f.); *Potacs*, in: Schwarze, EU-Kommentar, Art. 136 AEUV, Rn. 3.
[14] Verordnung (EU) Nr. 473/2013 vom 21.5.2013 über gemeinsame Bestimmungen für die Überwachung und Bewertung der Übersichten über die Haushaltsplanung und für die Gewährleistung der Korrektur übermäßiger Defizite der Mitgliedstaaten im Euro-Währungsgebiet, ABl. 2013, L 140/11; Verordnung (EG) Nr. 472/2013 des Europäischen Parlaments und des Rates vom 21.5.2013 über den Ausbau der wirtschafts- und haushaltspolitischen Überwachung von Mitgliedstaaten im Euro-Währungsgebiet, die von gravierenden Schwierigkeiten in Bezug auf ihre finanzielle Stabilität betroffen oder bedroht sind, ABl. 2013, L 140/1.
[15] Kritisch jedoch *Ioannides*, ZaöRV 2014, 61 (89 ff.).
[16] Dazu *Bast/Rödl*, EuGRZ 39 (2012), 269 (275 ff.).
[17] Vgl. beispielsweise Art. 4 Abs. 2, 5 Abs. 2, 6 Abs. 2 VO (EU) Nr. 1173/2011 oder auch Art. 3 Abs. 3 VO (EU) Nr. 1174/2011.
[18] Dafür *Bast/Rödl*, EuGRZ 39 (2012), 269 (276 f.); *Häde*, JZ 2011, 333 (335); *Ohler*, in: Siekmann, EWU, Art. 136 AEUV, Rn. 13; wohl auch *Potacs*, in: Schwarze, EU-Kommentar, Art. 136 AEUV, Rn. 4; dagegen *Antpöhler*, ZaöRV 2012, 353 (379 ff.); *Ziegenhorn*, in: Grabitz/Hilf/Nettesheim, EU, Art. 16 EUV (September 2013), Rn. 11.
[19] S. lediglich Art. 14 der Verordnung (EG) Nr. 3286/94 vom 22.12.1994 zur Festlegung der Verfahren der Gemeinschaft im Bereich der gemeinsamen Handelspolitik zur Ausübung der Rechte der Gemeinschaft nach internationalen Handelsregeln, insbesondere den im Rahmen der Welthandelsorganisation vereinbarten Regeln, ABl. 1994, L 349/71.

E. Europäischer Stabilitätsmechanismus (ESM) (Abs. 3)

I. Wesensgehalt des Art. 136 Abs. 3 AEUV

Art. 136 Abs. 3 AEUV wurde im Wege des vereinfachten Vertragsänderungsverfahrens nach Art. 48 Abs. 6 AEUV neu in das Primärrecht eingefügt und ist seit dem 1. 5. 2013 in Kraft (s. Rn. 2).

Die Rechtsnatur der Vorschrift war von Anfang an umstritten. Strittig ist insbesondere, ob durch Art. 136 Abs. 3 AEUV eine Ausnahme zu Art. 125 AEUV geschaffen wird. Während die einen Art. 136 Abs. 3 AEUV für die Gründung eines ständigen europäischen Stabilitätsmechanismus als konstitutiv ansehen,[20] messen andere Stimmen in der Literatur diesem lediglich einen deklaratorischen Charakter bei.[21]

Für die Entscheidung der Frage ist die Auslegung des Art. 125 AEUV entscheidend. Insbesondere der klare Wortlaut des Art. 125 AEUV spricht dafür, dass dieser bereits kein allgemeines Beistandsverbot statuiert und somit freiwillige Finanzhilfen der Mitgliedstaaten zulässt (näher Art. 125, Rn. 9 ff.). Folglich kommt Art. 136 Abs. 3 AEUV lediglich **klarstellende Wirkung** zu. Diese Auffassung hat der Gerichtshof in seinem Urteil in der Rs. Thomas Pringle bestätigt und zudem ebenfalls klargestellt, dass die Gründung des ESM keine in die ausschließliche Zuständigkeit der EU eingreifende Maßnahme der Währungspolitik sei. So kam der Gerichtshof zu dem Schluss, »dass das Recht eines Mitgliedstaats, den ESM-Vertrag abzuschließen und zu ratifizieren, nicht vom Inkrafttreten des Beschlusses 2011/199 abhängt«. Damit hängt die Rechtmäßigkeit des ESM wiederum logisch zwingend nicht an der Existenz des Art. 136 Abs. 3 AEUV.[22] Das Inkrafttreten einer Vorschrift ist nur dann irrelevant, wenn sie lediglich deklaratorischer Natur ist. Hervorzuheben ist allerdings die in Art. 136 Abs. 3 Satz 2 AEUV erfolgte Fixierung des Prinzips der strengen Konditionalität, welche jedoch auf Grundlage von Art. 125 Abs. 2 AEUV möglich gewesen wäre.[23]

Keinesfalls stellt Art. 136 Abs. 3 AEUV eine Ermächtigungsgrundlage für die Mitgliedstaaten zur Errichtung des ESM dar. Da sie keine Adressaten des Grundsatzes der begrenzten Einzelermächtigung (Art. 5 Abs. 1 EUV) sind, bedürfen die Mitgliedstaaten für den Erlass gemeinsamer Akte keiner gesonderten unionsrechtlichen Ermächtigung.

II. Vertrag zur Einrichtung des Europäischen Stabilitätsmechanismus (ESMV)

Als absehbar wurde, dass auch nach dem Auslaufen der Europäischen Finanzstabilisierungs-Fazilität (EFSF) im Juni 2013 ein Mechanismus zur finanziellen Unterstützung von Mitgliedstaaten der Eurozone benötigt werden würde, schlossen die Mitgliedstaa-

---

[20] *Rathke*, DÖV 2011, 753 (755); *Thym*, EuZW 2011, 167 (170); *Potacs*, in: Schwarze, EU-Kommentar, Art. 136 AEUV, Rn. 6; BVerfG, Urteil vom 12. 9. 2012, NJW 2012, 3145, Rn. 232, das in Art. 136 Abs. 3 AEUV eine »grundlegende Umgestaltung der bisherigen Wirtschafts- und Währungsunion« sieht.

[21] *Selmayr*, ZöR 2013, 259 (296 ff.); *Simon*, EuR 2015, 107 (112).

[22] EuGH, Urt. v. 27. 11. 2012, Rs. C–370/12 (Pringle), ECLI:EU:C:2012:756.; zustimmend *Calliess*, NVwZ 2013, 97 (100); ebenso *Tuori/Tuori*, S. 145.

[23] *Herrmann*, Germany: National Report, in: Neergard/Jacqueson/Danielsen (Hrsg.), The Economic and Monetary Union: Constitutional and Institutional Aspects of the Economic Governance within the EU, The XXVI FIDE Congress in Copenhagen, Congress Publications Vol. 1, 2014, 341 (343); a. A. *Kube/Reimer*, NJW 2010, 1911 (1914), die allerdings auch von einem Verstoß gegen Art. 125 AEUV durch den ESM ausgehen.

ten des Euro-Währungsgebiets den völkerrechtlichen Vertrag zur Einrichtung des Europäischen Stabilitätsmechanismus (ESMV) ab.[24] Durch diesen wurde der Europäische Stabilitätsmechanismus (ESM) als **rechtlich selbständige internationale Finanzinstitution** errichtet und mit einem genehmigten Stammkapital von 700 Mrd. EUR ausgestattet, von welchem zunächst lediglich 80 Mrd. EUR einzuzahlen waren (Art. 8 Abs. 1, 2 ESMV).[25] Der ESM verfolgt den Zweck, an den Finanzmärkten Finanzmittel aufzunehmen, um diese ESM-Mitgliedern mit schwerwiegenden Finanzierungsproblemen unter strikten Auflagen als Stabilitätshilfe bereitzustellen (Art. 3 ESMV). Stabilitätshilfe kann nach Art. 14 bis 18 ESMV in Form von vorsorglichen Kreditlinien, Finanzhilfen zur Rekapitalisierung von Finanzinstituten, ESM-Darlehen und Primär- oder Sekundärmarktkäufen von Staatsanleihen durch den ESM geleistet werden. Die bestehenden Instrumentarien können nach Art. 19 ESMV durch den Gouverneursrat überprüft und geändert werden.[26] Auf diese Weise können im Ergebnis auch neue Instrumente geschaffen werden, die aber im Einklang mit dem restlichen Vorschriften des ESMV stehen müssen. Ansonsten wäre eine erneute Ratifizierung des Vertrags durch die Mitglieder erforderlich.[27] Bisher haben Spanien, Zypern und Griechenland Stabilitätshilfe unter dem ESM erhalten.

---

[24] Für Deutschland s. Gesetz v. 13.9.2012, BGBl. 2012 II S. 981; das Bundesverfassungsgericht hatte in seiner Eilentscheidung vom 12.9.2013 den ESMV (unter einschränkender Auslegung, deren völkerrechtliche Verbindlichkeit herbeizuführen das BVerfG dabei – unnötig – einforderte) für verfassungskonform erachtet (BVerfGE 132, 195); die vom BVerfG geforderte Klarstellung zur Haftungsobergrenze ist abgedruckt in BGBl. 2012 II S. 1086; am 18.3.2014 hat das BVerfG auch in der Hauptsache die Vereinbarkeit des ESM mit dem GG festgestellt (BVerfG, NJW 2014, 1505).
[25] Die Finanzierung des deutschen Anteils richtet sich nach Art. 2 des Gesetzes zu dem Vertrag vom 2.2.2012 zur Einrichtung des Europäischen Stabilitätsmechanismus, BGBl. 2012 II S. 981 sowie nach dem ESMFinG, BGBl. 2012 I S. 1918.
[26] Ausführlich zum ESM *Ohler*, GYIL 2011, 47; *Herrmann*, Europäisches Währungsrecht, 2013, XXXIV; *Häde*, in: Bonner Kommentar, GG, Art. 88 (Dezember 2012), Rn. 458 ff.; *Bark/Gilles*, EuZW 2013, 367; *EZB*, Der Europäische Stabilitätsmechanismus, Monatsbericht Juli 2011, 76, 79; *Pilz*, 2016; *Schwarz*, CMLRev. 51 (2014), 389.
[27] *Bark/Gilles*, EuZW 2013, 367 (370).

Artikel 137 AEUV [Tagungen der Euro-Gruppe]

Die Einzelheiten für die Tagungen der Minister der Mitgliedstaaten, deren Währung der Euro ist, sind in dem Protokoll betreffend die Euro-Gruppe festgelegt.

Literaturübersicht

Blanke, The Economic Constitution of the European Union, in: Blanke/Mangiameli (Hrsg.), The European Union after Lisbon, 2012, S. 369; *Coeuré*, L'Eurogroupe: bilan et perspectives, Revue d'Économie Financière 65 (2002), 69; *Glomb*, Bedarf die WWU einer gemeinsamen »Wirtschaftsregierung«?, in: Caesar/Scharrer (Hrsg.), Die Europäische Wirtschafts- und Währungsunion. Regionale und globale Herausforderungen, 1998, S. 15; *Hahn/Häde*, Währungsrecht, 2. Aufl., 2010; *Hodson*, The EU Economy: The Euro Area in 2009, JCMSt 48 (2010), 225; *Linsenmann/Meyer*, Euro-Gruppe und Wirtschafts- und Finanzausschuss, in: Weidenfels/Wessels (Hrsg.), Jahrbuch der Europäischen Integration 2002/2003, S. 123; *Louis*, Differentiation and the EMU, in: de Witte (Hrsg.), The many faces of differentiation in EU law, S. 43; *Pisiani-Ferry*, Only One Bed for Two Dreams: A Critical Retrospective on the Debate over the Economic Governance of the Euro Area, JCMSt 44 (2006), 823; *Puetter*, The Euro-Group, How a Secretive Circle of Finance Ministers Shape European Economic Governance, 2006; *ders.*, Governing informally: the role of the Eurogroup in EMU and the Stability and Growth Pact, Journal of European Public Policy 2004, 854; Schönfelder/Thiel, Euro-X, Integration 1998, 69; *Schwarzer*, Zehn Jahre Governance der Eurozone: ökonomische Bilanz und institutionelle Dynamiken jenseits der Vertragsrevisionen, Integration 2009, 17; *Seidel*, Eine Wirtschaftsregierung für die Europäische Union: Rechtliche Grundlagen, Legitimation, Funktion und Verhältnis zur Europäischen Zentralbank, ZEI Working Paper, B 1/2012; *Snyder*, EMU – Integration and Differentiation: Metaphor for European Union, in: Craig/De Búrca (Hrsg.), The Evolution of EU Law, 2. Aufl., 2011, S. 687.

Wesentliche sekundärrechtliche Vorschriften

Entschließung des Europäischen Rates vom 13.12.1997 über die wirtschaftspolitische Koordinierung in der dritten Stufe der WWU und zu den Artikeln 109 und 109b des EG-Vertrags, ABl. 1998, C 35/1

Inhaltsübersicht

	Rn.
A. Art. 137 AEUV im Vertragsgefüge	1
B. Die Euro-Gruppe: Begriff, Historie und Rolle	3
C. Struktur und Operatives	6
I. Teilnehmerkreis und Sitzungsmodus	6
II. Vorsitz: Mr. Euro?	8
III. Entscheidungsbefugnisse?	11
D. Euro-Gruppe und EZB	12
E. Eurogruppe und »Gipfel-Kultur«	13
F. Befund	14

A. Art. 137 AEUV im Vertragsgefüge

Art. 137 AEUV stellt eine Neuerung des Vertrages von Lissabon dar.[1] Dieser Bestimmung kommt der Charakter einer Blankettnorm zu, da sie außer der begrifflichen Verankerung der Euro-Gruppe keine inhaltlichen Vorgaben macht, sondern diesbezüglich vollumfänglich auf das Protokoll betreffend die Euro-Gruppe (Protokoll Nr. 14), welchem Art. 51 EUV primärvertraglichen Charakter attestiert, verweist.

1

---

[1] *Häde*, EuR 2009, 200 (216 f.); *Herrmann*, in: Siekmann, EWU, Art. 137 AEUV, Rn. 1.

2 Das allerdings ebenfalls knapp gehaltene[2] Protokoll Nr. 14 i. V. m. Art. 137 AEUV verleiht der Euro-Gruppe einen selbständigen, von anderen Organen – insbesondere dem Rat – **unabhängigen institutionellen Rahmen**,[3] ohne sie mit Rechtspersönlichkeit auszustatten[4] oder ihr gar Organqualität zuzusprechen,[5] und stellt sie insofern auf ein **primärvertragliches Podest**.[6] Die Verträge betrachten die Euro-Gruppe als mehr denn ein rein informelles Gremium,[7] auch wenn es operativ bei ihrer informellen Prägung bleibt,[8] dem ihre Bezeichnung als »Gruppe« Ausdruck verleiht.[9] Jedenfalls kann seit der »Konstitutionalisierung« dieses Gremiums kein Zweifel daran gehegt werden, dass sie ihre Aktivitäten **nicht in einem rechtlichen Vakuum** entfaltet.[10] Die sich in ihrem Rahmen koordinierenden Euro-Mitgliedstaaten dürfen sich in ihren Aktivitäten nicht in Widerspruch zu den Verträgen setzen und werden durch ihnen obliegende primärvertragliche Loyalitätspflichten diszipliniert. Insoweit ist ihr Wirken – auch wenn es auf informeller Ebene erfolgt – justitiabel.[11]

B. Die Euro-Gruppe: Begriff, Historie und Rolle

3 Die Euro-Gruppe stellt sich als Beratungsforum der Wirtschafts- und Finanzminister der Mitgliedstaaten,[12] deren Währung der Euro ist (Art. 1 Protokoll Nr. 14), dar und ist von der Gesamtheit der Mitgliedstaaten, deren Währung der Euro ist, abzugrenzen, die unter dem Begriff des »**Euro-Währungsgebietes**« firmiert, vgl. Art. 139 Abs. 2 Buchst. a AEUV,[13] wobei sich für den Geltungsbereich der Währungsunion in zunehmendem Maße ebenfalls der dem Primärrecht unbekannte Begriff der »**Eurozone**« etabliert.[14] Unpräzise ist es ebenfalls anzunehmen, die »Euro-Gruppe« sei Adressat, wo die Verträge allein den Mitgliedstaaten, deren Währung der Euro ist, ein Stimmrecht einräumen. Aus der Systematik des Titel VIII, Kapitel 4 folgt, dass lediglich die regelmäßigen,

---

[2] Nach *Kempen*, in: Streinz, EUV/AEUV, Art. 137 AEUV, Rn. 2, gar unpräzise.
[3] *Blanke*, S. 398; *Snyder*, S. 704.
[4] *Hervé*, ELJ 18 (2012), 143 (152).
[5] Zur Situation vor Lissabon *Coeuré*, Revue d'Économie Financière 65 (2002), 69 (77). Missverständlich *Walter/Becker*, in: Deutsche Bank Research, EU-Monitor 50 vom 23.10.2007, S. 7. Von ihrer »Organähnlichkeit« spricht *Seidel*, S. 14.
[6] *Allemand*, ELJ 11 (2005), 586 (607); *Häde*, in: Calliess/Ruffert, EUV/AEUV, Art. 137 AEUV, Rn. 5, *Piris*, The Lisbon Treaty, 2010, S. 305. *Smits*, The European Central Bank, 1997, S. 166, spricht gar von einem »constitutional value«, den der Verfassungsvertrag angestrebt habe.
[7] *Häde*, in: Calliess/Ruffert, EUV/AEUV, Art. 137 AEUV, Rn. 7; *Hahn/Häde*, § 22, Rn. 44; *Blanke*, S. 398.
[8] *Kempen*, in: Streinz, EUV/AEUV, Art. 137 AEUV, Rn. 1; *Rodi*, in: Vedder/Heitschel v. Heinegg, EVV, Art. III–195 EVV, Rn. 1; *Snyder*, S. 704.
[9] *Hahn/Häde*, § 22, Rn. 39.
[10] Anders noch *Puetter*, S. 21; *Zilioli/Selmayr*, The Law of the European Central Bank, 2001, S. 150.
[11] Anders *Zilioli/Selmayr* (Fn. 10), S. 150.
[12] Neben dem Minister nimmt zumeist pro Mitgliedstaat ein hochrangiger Ministerialbeamter an den Sitzungen teil, *Linsenmann/Meyer*, S. 123.
[13] *Herrmann*, in: Siekmann, EWU, Art. 137 AEUV, Rn. 7.
[14] Vgl. nur *Coeuré*, Revue d'Économie Financière 65 (2002), 69 (69); *Dyson*, Politics of the Euro-Zone, 2002; *Kunstein*, WeltTrends 59 (2008), 71; *Oppermann/Classen/Nettesheim*, Europarecht, § 19, Rn. 1. Zudem die Internetpräsenz http://eurozone.europa.eu (27.9.2016). Ungenau *Gloggnitzer*, Geldpolitik & Wirtschaft Q1/08, 74 (86).

informellen Zusammenkünfte unter den Begriff der Euro-Gruppe zu fassen sind.[15] Nicht gleichzusetzen ist die Euro-Gruppe ferner mit dem Begriff des »Euroraums«, den einige Stimmen zur Erfassung des Euro-Währungssystems samt des wirtschaftspolitischen Teils der EWU für passender halten.[16]

Die Euro-Gruppe ist Ausprägung des Prozesses differenzierter Integration,[17] der die Entwicklung der WWU bestimmte. Sie ist keine Schöpfung des AEUV, sondern hat in der vom Europäischen Rat im Rahmen der Entschließung vom 12./13.12.1997[18] ins Leben gerufenen »Euro–11-Gruppe« ihre Vorgängerin.[19] Ziff. 6 Abs. 3 der Entschließung konstatierte, »die Minister der dem Euro-Währungsgebiet angehörenden Staaten« könnten »sich in informellem Rahmen treffen, um Fragen zu erörtern, die im Zusammenhang mit ihrer gemeinsam getragenen besonderen Verantwortung für die gemeinsame Währung stehen.« Über diese »Verantwortungsübernahme« seitens der Euro-Teilnehmerstaaten hinausgehend wurde insbesondere von französischer Seite ein Gegengewicht zur EZB[20] und einer ordoliberal[21] geprägten EWU propagiert.[22] Dieser Idee wurde vor dem Hintergrund der Unabhängigkeit der Zentralbank Argwohn entgegengebracht.[23] Das mittlerweile wieder verstärkt diskutierte Konzept eines »**gouvernement économique pour la zone euro**«,[24] einer Wirtschaftsregierung,[25] das bereits im *Delors*-Bericht[26] angelegt war, nahm hier seinen Ausgangspunkt.[27] Dem programmatisch anmutenden Begriff der »Wirtschaftsregierung« ermangelt es aufgrund seiner uneinheitlichen Verwendung an Präzision. In seinem Kern zielt er jedenfalls auf eine stärkere wirtschaftspolitische Koordination der Mitgliedstaaten und insofern eine größere **wirtschafts- und währungspolitische (Kompetenz)symmetrie** innerhalb der EU, wobei der Begriff der »Regierung« insbesondere Durchsetzbarkeit wirtschaftspolitischer Maßnahmen gegenüber den Mitgliedstaaten indiziert.[28] Frankreich konnte sein Konzept zwar nicht verwirklichen, indes lässt sich die Euro–11-Gruppe als Ergebnis des dahingehenden französischen Drängens[29] und insofern als Kompromiss zwischen den diver-

---

[15] Unpräzise aus diesem Grund *Henning*, JCMSt 45 (2007), 315 (318); *Seidel*, S. 14.
[16] *Louis*, Revue d'Économie Financière 88 (2007), 123 (insb. 128); *Hervé*, ELJ 18 (2012), 143 (151, Fn. 37).
[17] *Louis*, S. 54.
[18] ABl. 1998, C 35/1, Ziff. I.6 Abs. 3.
[19] Zur Geschichte *Häde*, in: Calliess/Ruffert, EUV/AEUV, Art. 137 AEUV, Rn. 3; *Schönfelder/Thiel*, Integration 1998, 69 (73 ff.); *Stotz*, in: Schwarze, Verfassungsentwurf, S. 226; *Weiland*, Wirtschaftsdienst 2000, 565 (568).
[20] Vgl. *Blanke*, S. 413.
[21] Vgl. auch *Blanke*, S. 370 f. Zum »Ordoliberalismus« *Sauter*, CJEL 1998, 27 (46 ff.).
[22] *Schwarzer*, Integration 2009, 17 (24 f.).
[23] Vgl. *Kees*, Maastricht – Vorentscheidung für eine europäische Währung, in: Gramlich/Weber/Zehetner (Hrsg.), Auf dem Wege zur europäischen Währungsunion, 1992, S. 19 (33); *McNamara/Meunier*, International Affairs 2002, 849 (862); *Puetter*, S. 9.
[24] *Jospin*, Rede v. 19.6.2001, L'avenir de l'Europe élargie, I.2. Vgl. *Hägele/Wessels*, Die Euro-Gruppe und der Wirtschafts- und Finanzausschuss, in: Weidenfeld/Wessels (Hrsg.), Jahrbuch der Europäischen Integration 2000/2001, S. 107 (109); *Linsenmann/Meyer*, S. 127.
[25] Hierzu *Blanke*, S. 412; *Glomb*, S. 15 ff.; *Glienicker-Gruppe*, ZRP 2013, 248 (251); *Seidel*, ZEI Working Paper B 1/2008; *ders.*, ZEI Working Paper B 1/2012, 1 ff.
[26] Bericht über die Wirtschafts- und Währungsunion in der Europäischen Gemeinschaft v. 12.4. 1989, Agence internationale, Europe Documents Nr. 1550/1551, Rn. 30.
[27] Vgl. *Ungerer*, A Concise History of European Monetary Integration, 1997, S. 222 f.
[28] *Antpöhler*, ZaöRV 72 (2012), 353 (360 f.).
[29] *Duijm*, Wirtschaftsdienst 1998, 661; *Weiland*, Wirtschaftsdienst 2000, 565 (568).

gierenden Vorstellungen[30] über die Konzeption der EWU, die in Frankreich und Deutschland vorherrschten,[31] einordnen. Dies reflektiert das heutige Selbstverständnis der Euro-Gruppe, die sich nach ihrer strategischen Neuausrichtung im Jahre 2004[32] als »**economic forum**« begreift, in dessen Rahmen **makro- und strukturpolitische Materien** diskutiert und diesbezügliche mitgliedstaatliche Maßnahmen koordiniert, aber auch währungspolitische Fragen erörtert werden[33] und so gegenseitiges Verständnis befördert wird.[34] Hervorzuheben sind insbesondere die im Vorfeld der Verabschiedung von Haushaltsgesetzen in den einzelnen Mitgliedstaaten im Rahmen der Euro-Gruppen-Sitzungen stattfindenden Orientierungsaussprachen zu den mitgliedstaatlichen Haushaltslagen.[35] Insofern agiert die Euro-Gruppe inhaltlich in der Lücke, die die Asymmetrie zwischen umfassender währungspolitischer und rudimentärer wirtschaftspolitischer Kompetenz[36] der Union bedingt.

5 Die Entwicklung der Euro 11-Gruppe bzw. – seit ihrer Umbenennung im Jahre 2000[37] – der Euro-Gruppe zu einem wichtigen Koordinationsforum[38] ließ Forderungen nach ihrer weitergehenden Integration in das Unionsgefüge laut werden. Diesen erteilt Art. 137 AEUV (vorerst) eine Absage, indem er eine »**einfrierende**« Wirkung zeitigt und sich auf die **Absicherung des status quo** beschränkt.[39] Diskutiert wurde anlässlich des Konvents zur Zukunft Europas neben der vollständigen »Auflösung« dieses Gremiums auch die von der Kommission favorisierte Option,[40] ihr ein formales Beschlussfassungsrecht einzuräumen. Von der Idee eines solchen **Euro-ECOFIN-Rates**[41] wurde im Ergebnis Abstand genommen,[42] allerdings einigte sich der Konvent auf Art. III–194 EVV,[43] dem im Wesentlichen nunmehr Art. 136 AEUV entspricht. Dieser erlaubt es, für Euro-Mitgliedstaaten besondere Grundzüge der Wirtschaftspolitik festzulegen, über die – wie aus Art. 136 Abs. 2 AEUV folgt – nur die Mitglieder des Rates, die Euro-Mitgliedstaaten vertreten, zu befinden haben. Art. 136 AEUV bildet den Ausgangspunkt einer Verankerung des **Prinzips struktureller Differenzierung**[44] und differenzierter In-

---

[30] Vgl. *Ferry*, JCMSt 4 (2006), 823; *Puetter*, S. 13; *Selmayr*, AöR 124 (1999), 357 (384 f.).
[31] *Puetter*, S. 13 f.; *Schwarzer*, Integration 2009, 17 (25).
[32] Vgl. auch *Ferry*, JCMSt 4 (2006), 823 (840).
[33] *Juncker*, Mission Letter v. 15.1.2010, S. 1 f., abrufbar unter: www.consilium.europa.eu/uedocs/cmsUpload/Eurogroup-mission-letter20100115.pdf (27.9.2016).
[34] *Coeuré*, Revue d'Économie Financière 65 (2002), 69 (77); *Weiland*, Wirtschaftsdienst 2000, 565 (568).
[35] Vgl. Euro-Gruppen-Treffen in Scheveningen, BFM, Monatsbericht 9/2004, 26 f.
[36] *Seidel*, S. 4 f.
[37] *Gaitanides*, Das Recht der Europäischen Zentralbank, 2005, S. 69; *Puetter*, Journal of European Public Policy 2004, 854 (857).
[38] Anders in der Prognose noch *Selmayr*, AöR 124 (1999), 357 (385).
[39] Vgl. *Hahn/Häde*, § 20, Rn. 46; *Khan*, in: Geiger/Khan/Kotzur, EUV/AEUV, Art. 137 AEUV, Rn. 1; *Linsenmann/Meyer*, S. 126; *Stotz*, Wirtschafts- und Währungsunion, in: Hummer/Obwexer (Hrsg.), Der Vertrag über eine Verfassung für Europa, 2007, S. 267 (269); *Thym*, Ungleichzeitigkeit und europäisches Verfassungsrecht, 2003, S. 145. Vgl. zur Diskussion Bericht Konvents-Arbeitsgruppe »Economic Governance«, CONV 357/02 v. 21.10.2002, S. 7 f.
[40] Konventsdok. WG VI, WD 6, vgl. *Lehmann*, Die Beiträge aus den Arbeitsgruppen VI und XI: Europäische Ordnungs- und Sozialpolitik, in: Maurer (Hrsg.), SWP-Dokumentation, Der Konvent über die Zukunft der Europäischen Union, Band 5, 2003, S. 17.
[41] *Lehmann* (Fn. 40), S. 12; *Selmayr*, AöR 124 (1999), 357 (384 f.). Im Jahre 2002 schlug der Wirtschafts- und Finanzausschuss eine Aufwertung der Euro-Gruppe vor, *Linsenmann/Meyer*, S. 126. Anders *Walter/Becker* (Fn. 5), S. 6.
[42] *Stotz* (Fn. 39), S. 280.
[43] Hierzu (bzw. Art. III–88 EVV) *Stotz*, in: Schwarze, Verfassungsentwurf, S. 226 f.
[44] *Puetter*, S. 15; *Seidel*, S. 14; *Snyder*, S. 705.

tegration (s. Art. 139, Art. 140 AEUV). Das Primärrecht gestattet zwei wirtschaftspolitische Regime[45] und verankert – wie sich aus einer Gesamtschau mit Art. 139, 140 AEUV ergibt – somit den Gedanken eines Europas zweier Geschwindigkeiten. Die primärvertragliche Absicherung der Euro-Gruppe in Art. 137 AEUV fügt sich in den dieser Regimedualität zugrunde liegenden Grundgedanken. Die Identität von Stimmberechtigten i. S. d. Art. 136 Abs. 2 AEUV und Teilnehmern der Euro-Gruppe bedingt zudem faktisch einen Konnex zwischen Art. 136 und Art. 137 AEUV. Dabei scheint sich in der Verankerung der Euro-Gruppe eine »**intergouvernementale Methode**«[46] der Integration bzw. ein »deliberativer Intergovernementalismus«[47] abzuzeichnen, indem unter den Euro-Mitgliedstaaten Vertrauen[48] geschaffen und gegenseitige Kontrolle[49] im informellen Rahmen ermöglicht werden soll. Insofern leistet die Euro-Gruppe in der Tat einen Beitrag zu einer »culture of coordination«[50] – insbesondere auch im wirtschaftspolitischen Bereich.

C. Struktur und Operatives

I. Teilnehmerkreis und Sitzungsmodus

An den Sitzungen der Euro-Gruppe nehmen je Mitgliedstaat ein Minister und in der Regel ein Staatssekretär teil (»one minister plus one«).[51] Zwar tagt die Euro-Gruppe grundsätzlich bei Bedarf,[52] in praxi jedoch in der Regel im Vorfeld der Sitzungen des ECOFIN-Rates,[53] was faktisch monatliche Sitzungsintervalle bedingt und ihre Funktion als »**ECOFIN-vorbereitendes**« **Gremium** bestätigt.[54]

Die Kommission ist an den Sitzungen der Euro-Gruppe verpflichtend zu beteiligen (Art. 1 Satz 3 Protokoll Nr. 14). Sie nimmt regelmäßig vertreten durch Wirtschafts- bzw. Währungskommissar und dessen Generaldirektor teil.[55] Des Weiteren wird der Vorsitzende des Wirtschafts- und Finanzausschusses fakultativ hinzugezogen (Art. 134 AEUV).[56] Dies ist nicht zuletzt darauf zurückzuführen, dass die Arbeitsgruppe »Euro-

---

[45] *Blanke*, S. 397 f.; *Snyder*, 703 f.; *Stotz*, in: Schwarze, Verfassungsentwurf, S. 227.
[46] Vgl. *Schorkopf*, Schriftfassung des Referats auf dem XIII. Walter Hallstein Kolloquium, 21. 3. 2014, S. 10.
[47] *Jacobsson/Vifell*, Integration by Deliberation, Paper im Rahmen des Workshop »The Forging of Deliberative Supranationalism in the EU«, Florenz 2003, S. 23 f. *Moravcsik*, JCMSt 31 (1993), 473, prägte den Begriffe des »liberal intergovernmentalism«. Kritisch bezüglich der Anwendung dieses Ansatzes auf die Euro-Gruppe, *Puetter*, S. 3 ff.
[48] *Linsenmann/Meyer*, S. 123; *Louis*, CMLRev. 41 (2004), 575 (586); *Puetter*, S. 16; *Stotz*, in: Schwarze, Verfassungsentwurf, S. 226.
[49] *Linsenmann/Meyer*, S. 123; *Schwarzer*, Integration 2009, 17 (25).
[50] *Jaquet/Pisani-Ferry*, Economic policy co-ordination in the Eurozone: what has been achieved? What should be done?, SEI Working Paper No. 40, 2001, S. 11; *Puetter*, S. 18.
[51] *Puetter*, S. 16; *Stotz*, in: Schwarze, Verfassungsentwurf, S. 226.
[52] *Grupp*, in: Bergmann (Hrsg.), Handlexikon der Europäischen Union, 5. Aufl., 2015, »Euro-Gruppe«.
[53] *Coeuré*, Revue d'Économie Financière 65 (2002), 69 (73); *Hahn/Häde*, § 22, Rn. 38; *Palm*, in: Grabitz/Hilf/Nettesheim, EU, Art. 137 AEUV (August 2012), Rn. 1.
[54] *Linsenmann/Meyer*, S. 123; *Puetter*, S. 17.
[55] *Herrmann*, in: Siekmann, EWU, Art. 137 AEUV, Rn. 10; *Puetter*, Journal of European Public Policy 2004, 854 (858); *Snyder*, S. 704.
[56] *Linsenmann/Meyer*, S. 123, 125 ff.

Gruppe« (Eurogroup Working Group – EWG) (s. Art. 138 AEUV, Rn. 32), die dem Wirtschafts- und Finanzausschuss zuzuordnen ist, Unterstützung bei den Arbeiten der Euro-Gruppe leistet.[57] Eingeladen wird zudem die EZB (Art. 1 Satz 4 Protokoll Nr. 14), was der Idee eines Dialogs zwischen dieser und den eine spezielle Verantwortung tragenden Euro-Mitgliedstaaten geschuldet ist, wobei der EZB Spielraum dahingehend eingeräumt wird, ihren jeweiligen Vertreter zu bestimmen.[58] Minister der Mitgliedstaaten mit Ausnahmeregelung werden bei Interessensberührung ebenfalls eingeladen.[59]

II. Vorsitz: Mr. Euro?

8   Das System des Vorsitzes der Euro-Gruppe wurde maßgeblich am 10. 9. 2004 reformiert. U. a. wurde von einem bis dato halbjährigen Rotationssystem, das als Hindernis für eine Kompetenzkonzentration bei der Euro-Gruppe wahrgenommen wurde,[60] Abstand genommen und ein ständiger zweijähriger, gewählter Vorsitz eingerichtet.[61] An der Spitze der Euro-Gruppe steht nunmehr ihr Präsident, dessen Amt primärvertraglich verankert ist (Art. 2 Protokolls Nr. 14, Art. 51 EUV).[62] Er wird aus der Mitte der Minister mit einer einfachen Mehrheit für eine **Amtszeit von zweieinhalb Jahren** gewählt. Sinn und Zweck der Verlängerung der Amtszeit war es, diese mit der Amtszeit der Kommission und der Legislaturperiode des EP zu parallelisieren,[63] so Kontinuität zu steigern und auf diese Weise das politische Gewicht der Euro-Gruppe zu stärken.[64] Die Kommission hat sich jüngst dafür ausgesprochen, die Vertretung des Euro-Währungsgebietes im Gouverneursrat des IWF sowie im Internationalen Währungs- und Finanzausschuss (International Monetary and Financial Committee – IMFC) beim Präsidenten der Euro-Gruppe anzusiedeln[65] und so dessen Signifikanz im Bereich der Außenvertretung nochmals gestärkt (Art. 138 AEUV, Rn. 45). Allein in der Übergangszeit soll eine Vertretung im IMFC neben dem Präsidenten der Euro-Gruppe auch durch Kommission und EZB erfolgen.[66]

9   Ob auch ein Nichtfinanzminister eines Euro-Mitgliedstaates[67] oder gar ein Minister eines Mitgliedstaats mit Ausnahmeregelung gewählt werden könnte, ist offen. Letzteres wird man vor dem Hintergrund der Funktion der Euro-Gruppe zu verneinen haben.

---

[57] *Herrmann*, in: Siekmann, EWU, Art. 137 AEUV, Rn. 13.
[58] *Hahn/Häde*, § 20, Rn. 47 f.
[59] *Grupp* (Fn. 52).
[60] *Henning*, JCMSt 45 (2007), 315 (325).
[61] Vgl. Euro-Gruppen-Treffen in Scheveningen, hierzu BMF (Fn. 35); *Schwarzer*, Integration 2009, 17 (25).
[62] *Seidel*, S. 14.
[63] *Linsenmann/Meyer*, S. 127.
[64] *Pisiani-Ferry*, JCMSt 44 (2006), 823 (840). Zur sechsmonatigen Rotation *Henning*, JCMSt 45 (2007), 315 (324 ff.). Die Amtszeit *Jean-Claude Junckers* wurde – entgegen dem damaligen Statut der Euro-Gruppe zwei Mal verlängert. Im Januar 2010 wurde er zum Präsidenten der nunmehr primärvertraglich verankerten Euro-Gruppe gewählt. Nach Wiederwahl im Juli 2012 legte er sein Amt – wobei er dies bereits bei seiner Wiederwahl ankündigte – am 21. 1. 2013 nieder. Die Euro-Gruppen-Teilnehmer wählten *Jeroen Dijsselbloem* zum Vorsitzenden, der nach erfolgreicher Wiederwahl am 13. 7. 2015 seine zweite Amtszeit antrat.
[65] Art. 3 1. und 2. Gedstr, Vorschlag für einen Beschluss des Rates über Maßnahmen zur schrittweisen Einrichtung einer einheitlichen Vertretung des Euro-Währungsgebiets im Internationalen Währungsfonds, 21. 10. 2015, COM (2015) 603 final.
[66] Art. 7 Abs. 2 COM (2015) 603 (Fn. 33).
[67] Von der Zulässigkeit ausgehend *Herrmann*, in: Siekmann, EWU, Art. 137 AEUV, Rn. 14; auch *Linsenmann/Meyer*, S. 126.

Ersteres wurde beabsichtigt und ist bereits praktiziert worden, als Jean-Claude Juncker sein Finanzministeramt niederlegte und neben ihm der neue luxemburgische Finanzminister an den Sitzungen der Euro-Gruppe teilnahm.[68] Eine Identität zwischen ECOFIN-Vorsitz, der zwischen den Mitgliedstaaten in einem Turnus von sechs Monaten rotiert (Art. 16 Abs. 9 EUV i. V. m. Art. 1 Abs. 2 Beschluss des Europäischen Rates v. 1.12.2009),[69] und der Präsidentschaft der Euro-Gruppe besteht nicht. Dass ein Mitgliedstaat den Präsidenten der Euro-Gruppe stellt und sich hiermit sein ECOFIN-Vorsitz teilweise überschneidet, ist indes nicht ausgeschlossen. Möglich und von einigen gewünscht bleibt die Identität von Währungskommissar und dem Präsidenten der Euro-Gruppe.[70]

Neben der Außenpräsentation der Euro-Gruppe obliegt dem Präsidenten die Teilnahme an Sitzungen des EZB-Rates sowie eine regelmäßige Berichterstattung vor dem Europäischen Parlament.[71] Relevanz erlangt der Präsident auf internationaler Tribüne (innerhalb von Organisationen wie dem IWF oder Gremien wie dem G7/8) insofern, als er oftmals zusammen mit dem Währungskommissar und dem EZB-Präsidenten als »Euro-Troika« auftritt.[72] Einige wollen vor diesem Hintergrund in dem Amt des Präsidenten der Euro-Gruppe einen »**Mr. Euro**«[73] sehen, der ein Gegengewicht zum EZB-Präsidenten bilden könnte,[74] was an den doktrinären Ursprung des französischen Bestrebens zurückführen würde. Von einem Alleinvertretungsanspruch der Euro-Gruppe für eurozonenspezifische Belange gehen die Verträge – trotz dahingehender Vorschläge[75] – indes nicht aus (s. Art. 138 AEUV, Rn. 39), wohl bestätigt der jüngste Kommissionsvorschlag jedoch ihre zentrale Rolle als internationales Sprachrohr des Euro-Währungsgebietes (Rn. 8 oben, Art. 138 AEUV, Rn. 45).

III. Entscheidungsbefugnisse?

Die Euro-Gruppe berät, sie fasst jedoch keine außenverbindlichen Beschlüsse.[76] Allein der Entscheidung über ihren Vorsitz kann angesichts Art. 2 des Protokolls Nr. 14 Rechtswirkung beigemessen werden. Auch sekundärrechtlich können ihr keine Beschlusskompetenzen auferlegt werden.[77] Eine faktische Einigung innerhalb der Euro-Gruppe substituiert nicht einen Ratsbeschluss, auch wenn bei der konkreten Entschei-

---

68 *Herrmann*, in: Siekmann, EWU, Art. 137 AEUV, Rn. 14, Fn. 32.
69 Beschluss des Europäischen Rates vom 1.12.2009 über die Ausübung des Vorsitzes im Rat (2009/881/EU), ABl. 2009, L 315/50.
70 Hierzu und vorhergehend *Linsenmann/Meyer*, S. 127.
71 *Herrmann*, in: Siekmann, EWU, Art. 137 AEUV, Rn. 14.
72 *Herrmann*, in: Siekmann, EWU, Art. 137 AEUV, Rn. 15.
73 Vgl. *Linsenmann/Meyer*, S. 127; *Smits*, Fordham International Law Journal 31 (2007–2008), 1614 (1634). Die Installierung eines »Mr. Euro« propagierend *McNamara/Meunier*, International Affairs 78 (2002), 849 (863 ff.). Der Kampf um die Repräsentation der Eurozone ist offen zwischen dem EZB-Präsidenten *Jean-Claude Trichet* und *Jean-Claude Juncker* ausgetragen worden, vgl. *Smits*, Fordham International Law Journal 31 (2007–2008), 1614 (1628 f.).
74 Vgl. *Linsenmann/Meyer*, S. 127).
75 Vgl. *Stotz*, in: Schwarze, Verfassungsentwurf, S. 227. Eine Vertretung durch den Präsidenten der Euro-Gruppe erscheint *Snyder*, S. 714, »logisch«.
76 *Khan*, in: Geiger/Khan/Kotzur, EUV/AEUV, Art. 137 AEUV, Rn. 1; *Linsenmann/Meyer*, S. 127; *Rodi*, in: Vedder/Heitschel v. Heinegg, EVV, Art. III–195 EVV, Rn. 1; *Wölker*, in: GS, EUV/EGV, Art. 122 EGV, Rn. 25. Missverständlich *Gloggnitzer*, Geldpolitik & Wirtschaft Q1/08, 74 (86); *Walter/Becker* (Fn. 5), S. 6.
77 *Gaitanides* (Fn. 37), S. 70; *Herrmann*, in: Siekmann, EWU, Art. 137 AEUV, Rn. 11.

dungsfindung den Mitgliedstaaten mit Ausnahmeregelung kein Stimmrecht zusteht.[78] Zwar greift die Euro-Gruppe in die **Kompetenzen des ECOFIN-Rates** nicht ein,[79] allerdings ist nicht daran zu zweifeln, dass sich ihr Bedeutungszuwachs potentiell auf seine Rolle auswirken kann.[80] Ihre Funktion als Forum zur Sicherstellung einer kohärenten Positionierung[81] im ECOFIN-Rat sowie zur Vorbereitung dessen Sitzungen lässt sie zu einem **faktisch entscheidungserheblichen Forum** werden. In einem gewissen Spannungsverhältnis hierzu steht das Beratungs- und Teilnahmerecht der Mitgliedstaaten mit Ausnahmeregelung an Ratssitzungen,[82] welches auch im Falle einer Stimmberechtigung allein der Euro-Mitgliedstaaten (Art. 139 Abs. 2, 4 AEUV) unberührt bleibt.[83] So bleibt es dabei, dass in den in Art. 139 Abs. 4 aufgelisteten Fällen der Rat als solcher entscheidet[84] und nicht die Euro-Gruppe. Art. 137 AEUV legitimiert in gewisser Diskrepanz hierzu ein **exklusives Beratungsprozedere**, das man angesichts der Eindeutigkeit des Art. 137 AEUV für unionsrechtlich zulässig wird erachten müssen. Zu erwarten ist, dass die Mitglieder der Euro-Gruppe in Zukunft wohl verstärkt als »dominierender Block«[85] im ECOFIN-Rat auftreten werden.

D. Euro-Gruppe und EZB

12 Die Verselbstständigung der Euro-Gruppe steht in einem Spannungsverhältnis zu der in Art. 130 AEUV verankerten Unabhängigkeit des Primats der Preisstabilität verpflichteten **ESZB**.[86] Verbindliche Weisungen vermag die Euro-Gruppe nicht an die EZB zu richten, über verlautbarte, i. d. R. wachstumsorientierte, Positionen kann sie jedoch faktischen Druck ausüben.[87] Die informelle Natur der Beratungen der Euro-Gruppe lässt diese Spannungen **mangels unabhängigkeitsgefährdenden Ausmaßes**[88] hinnehmbar erscheinen,[89] im Übrigen sind diese unter Berücksichtigung primärvertraglicher Grundsätze aufzulösen. Im Dienst einer derartigen Auflösung steht das insofern zentrale,[90] funktional jedoch nicht genauer konkretisierte Teilnahmerecht der EZB an Sitzungen

---

[78] *Duijm*, Wirtschaftsdienst 1998, 661; *Herrmann*, in: Siekmann, EWU, Art. 137 AEUV, Rn. 11; *Hahn/Häde*, § 22, Rn. 40, 43; *Oppermann/Classen/Nettesheim*, Europarecht, § 19, Rn. 24; *Selmayr*, AöR 124 (1999), 357 (385).
[79] *Smits* (Fn. 6), S. 166.
[80] *Puetter*, S. 1.
[81] Vgl. auch EZB, Monatsbericht 1/2010, S. 77 (83 f.).
[82] Kritisch insofern *Selmayr*, AöR 124 (1999), 357 (384 f.); *Zilioli/Selmayr* (Fn. 10), S. 149 f. A. A. *Wölker*, in: GS, EUV/EGV, Art. 122 EGV, Rn. 25.
[83] *Hahn/Häde*, § 22, Rn. 43, § 25, Rn. 14; *Herrmann*, in: Siekmann, EWU, Art. 137 AEUV, Rn. 6; *Kempen*, in: Streinz, EUV/AEUV, Art. 137 AEUV, Rn. 2, *Potacs*, in: Schwarze, EU-Kommentar, Art. 137 AEUV. Insofern sind an ECOFIN-Sitzungen regelmäßig 100 Personen beteiligt, vgl. *Linsenmann/Meyer*, S. 123.
[84] *Häde*, in: Calliess/Ruffert, EUV/AEUV, Art. 139 AEUV, Rn. 9.
[85] *Linsenmann/Meyer*, S. 124.
[86] Vgl. *Blanke*, S. 398.
[87] Vgl. *Walter/Becker* (Fn. 5), S. 7.
[88] So auch *Avbelj*, GLJ 2013, 191 (204); *Palm*, in: Grabitz/Hilf/Nettesheim, EU, Art. 137 AEUV (August 2012), Rn. 7; *Seidel*, S. 14.
[89] So *Häde*, in: Calliess/Ruffert, EUV/AEUV, Art. 137 AEUV, Rn. 8; *Hahn/Häde*, § 20, Rn. 45; *Gaitanides* (Fn. 37), S. 70; *Palm*, in: Grabitz/Hilf/Nettesheim, EU, Art. 137 AEUV (August 2012), Rn. 7.
[90] *Blanke*, S. 398.

der Euro-Gruppe. Nicht zuletzt verschaffte erst dieses der Idee, die Euro-Gruppe primärvertraglich zu verankern, Aufschwung, da insbesondere seitens kleiner Staaten die Chance eines Dialogs mit der EZB gesehen wurde.[91]

E. Euro-Gruppe und »Gipfel-Kultur«

Konkurrenz erfährt die Euro-Gruppe von den in jüngster Vergangenheit etablierten und nach politischen Bekundungen auf Kontinuität angelegten[92] Zusammenkünften der höchsten politischen Ebene der Mitgliedstaaten. Diese sich abzeichnende informelle[93] **»Gipfelkultur«**, im Rahmen derer insbesondere die Eurozone eine Repräsentation erfährt, markiert eine Rückbesinnung auf die klassisch völkerrechtlichen Ursprünge der Union im Sinne des Gedankens der Mitgliedstaaten als den »Herren über die Verträge«.[94] Diesen Gipfeln bloß diplomatisch-symbolischen Charakter zu attestieren, ginge fehl, vielmehr werden in diesen Rahmen mitunter entscheidende Weichen für die weitere Entwicklung des Unionsrechts gestellt – erwähnt seien nur der »Euro-Plus-Pakt«,[95] sowie der »gipfelinitiierte« Fiskalpakt.[96] Obwohl diese Gipfeltreffen nicht als Angriff auf die Rolle der Euro-Gruppe intendiert sind, sondern angestrebt wird, beide Foren miteinander zu verschränken,[97] wird die zukünftige Bedeutung der Euro-Gruppe im institutionellen Gefüge der EU entscheidend davon abhängen, inwiefern es gelingen wird, ein handhabbares Prozedere für die Abgrenzung der Verantwortungsbereiche beider Formen der Zusammenkünfte zu finden.

13

F. Befund

Der Befund im Hinblick auf die Euro-Gruppe fällt ambivalent aus, was nicht zuletzt auf das doktrinäre Ringen um eine »Wirtschaftsregierung« zurückzuführen ist. Einerseits hat die Euro-Gruppe im Zuge der Finanzkrise – insbesondere durch ihren (makro)wirtschaftspolitische Fokus, der sie als **»policy making institution«**[98] erscheinen lässt, an

---

[91] *Schwarzer*, Integration 2009, 17 (25); vgl. *Hahn/Häde*, § 20, Rn. 47.
[92] Vgl. Erklärung des Euro-Gipfels v. 8.11.2011, SN 3993/5/11 REV 5. »Zehn Maßnahmen zur Verbesserung der wirtschaftspolitischen Steuerung im Euro-Währungsgebiet«, Anl. 1.
[93] *Herrmann*, in: Siekmann, EWU, Art. 137 AEUV, Rn. 8.
[94] Vgl. nur BVerfGE 134, 267 (349 f., 368, 381, 398); *Cremer*, in: Calliess/Ruffert, EUV/AEUV, Art. 48 EUV, Rn. 19.
[95] Schlussfolgerungen der Staats- und Regierungschefs der Mitgliedstaaten des Euro-Währungsgebiets v. 11.3.2011; *Europäischer Rat*, Schlussfolgerungen vom 24./25.3.2011, EUCO 10/1/11 REV 1, Anl. I.
[96] Vgl. *Europäischer Rat*, Erklärung der Staats- und Regierungschefs des Euro-Währungsgebiets v. 9.12.2011. Hierzu *Antpöhler*, ZaöRV 72 (2012), 353. Vgl. auch die Erwägungsgründe: »Eingedenk dessen, dass sich die Staats- und Regierungschefs der Mitgliedstaaten des Euro-Währungsgebiets am 9. Dezember 2011 auf eine verstärkte Architektur für die Wirtschafts- und Währungsunion verständigt haben, […]«. Der Fiskalpakt sieht zudem in Art. 12 zweimal jährlich informelle Gipfel der Staats- und Regierungschefs vor.
[97] Wobei die Euro-Gruppe insbesondere gipfelvor- und nachbereitend tätig werden soll, *Herrmann*, in: Siekmann, EWU, Art. 137 AEUV, Rn. 10.
[98] *Pisiani-Ferry*, JCMSt 44 (2006), 823 (840). Vgl. *Coeuré*, Revue d'Économie Financière 65 (2002), 69 (74).

Bedeutung gewonnen.[99] Ihre auch faktische Einflussnahme konnte sie seit ihrer Etablierung stetig – in unionsrechtlich wohl noch zulässigem Umfang – erweitern.[100] Dabei wird ihre Institutionalisierung insbesondere durch medienwirksames Auftreten (Pressekonferenzen,[101] Internetpräsenz »Eurozone Portal«,[102] Zirkulation von Stellungnahmen) verstärkt. Im Gespräch ist ebenfalls die Einrichtung eines eigenen Sekretariats.[103] Eine Vergrößerung des Verwaltungsapparats würde zweierlei zeigen: zum einen eine Wertschätzung der Bedeutung der Euro-Gruppe, zum anderen den Willen, auf eine Stärkung ihrer Position hinzuwirken. Potentiell könnte sie ebenfalls »Zwischenstation« in Richtung der Installierung einer Wirtschaftsregierung[104] oder auch eines formellen »Euro-ECOFIN-Rates« sein.[105] Andererseits weisen ihr weder die Verträge noch die jetzige Praxis eine singuläre und exklusive Rolle im Hinblick auf eine verstärkte wirtschaftspolitische Koordination zu. Es griffe zu kurz, die Idee eines »**gouvernement économique**«[106] allein in der Euro-Gruppe angesiedelt zu sehen. Dies findet gerade auch darin Bestätigung, dass Art. 137 AEUV sich auf die primärvertragliche Verankerung des status quo beschränkt. Im Angesicht großer Krisen greift man auf die Kooperation und Koordination auf höchster politischer Ebene zurück – eine Tendenz, die die **Rückbesinnung auf das Völkerrecht** deutlich macht. **Kooperative Diplomatie** erlebt eine Renaissance (Rn. 13).[107] Auch betrachten die Verträge die Euro-Gruppe nicht als einzig legitimes Gremium für die Vertretung eurozonenspezifischer Belange nach außen. Insofern erscheint es verfehlt, in dem Präsidenten der Euro-Gruppe einen »**Mr. Euro**« zu sehen. Eindeutig ist indes, dass Art. 137 AEUV den Selbststand der Eurozone normativ befördert. Je stärker der politisch-faktische Einfluss der Euro-Gruppe – u. U. beflügelt durch ihre primärrechtliche Legitimierung –, desto intensiver wird man sie vor dem Hintergrund des **Demokratieprinzips** und der **Transparenz** hinterfragen müssen.[108] Angebracht sind derartige Bedenken bereits jetzt, wenn man sich vor Augen führt, dass die Euro-Gruppe Entscheidungen primärvertraglich eingerichteter Gremien wie des Rates präjudiziert.

---

[99] *Palm*, in: Grabitz/Hilf/Nettesheim, EU, Art. 137 AEUV (August 2012), Rn. 8.
[100] *Khan*, in: Geiger/Khan/Kotzur, EUV/AEUV, Art. 137 AEUV, Rn. 1; *Puetter*, S. 9 ff.; *Stotz* (Fn. 39), S. 281.
[101] *Koch*, in: Lenz/Borchardt, EU-Verträge, Art. 136–138 AEUV, Rn. 3; *Linsenmann/Meyer*, S. 124.
[102] http://eurozone.europa.eu/eurogroup (27. 9. 2016).
[103] *Juncker* (Fn. 33), S. 7; *Hodson*, JCMSt 48 (2010), 225 (238).
[104] *Hahn/Häde*, § 20, Rn. 46; *Khan*, in: Geiger/Khan/Kotzur, EUV/AEUV, Art. 137 AEUV, Rn. 3. Zweifelnd *Linsenmann/Meyer*, S. 127; *Selmayr*, AöR 124 (1999), 357 (385).
[105] *Rodi*, in: Vedder/Heitschel v. Heinegg, EVV, Art. III–195, Rn. 1. Für nicht ausgeschlossen hält dies *Kempen*, in: Streinz, EUV/AEUV, Art. 137 AEUV, Rn. 1.
[106] *Schwarzer*, Integration 2009, 17 (28).
[107] Vgl. auch *Hodson*, JCMSt 48 (2010), 225 (238).
[108] *Kadelbach*, EuR 2013, 489 (499); *Palm*, in: Grabitz/Hilf/Nettesheim, EU, Art. 137 AEUV (August 2012), Rn. 9.

Artikel 138 AEUV [Euro im internationalen Währungssystem]

(1) ¹Zur Gewährleistung der Stellung des Euro im internationalen Währungssystem erlässt der Rat auf Vorschlag der Kommission einen Beschluss zur Festlegung der innerhalb der zuständigen internationalen Einrichtungen und Konferenzen im Finanzbereich einzunehmenden gemeinsamen Standpunkte zu den Fragen, die von besonderer Bedeutung für die Wirtschafts- und Währungsunion sind. ²Der Rat beschließt nach Anhörung der Europäischen Zentralbank.

(2) ¹Der Rat kann auf Vorschlag der Kommission geeignete Maßnahmen mit dem Ziel erlassen, eine einheitliche Vertretung bei den internationalen Einrichtungen und Konferenzen im Finanzbereich sicherzustellen. ²Der Rat beschließt nach Anhörung der Europäischen Zentralbank.

(3) Bei den in den Absätzen 1 und 2 genannten Maßnahmen sind nur die Mitglieder des Rates stimmberechtigt, die die Mitgliedstaaten vertreten, deren Währung der Euro ist.

Die qualifizierte Mehrheit dieser Mitglieder bestimmt sich nach Artikel 238 Absatz 3 Buchstabe a.

Literaturübersicht

Ahearne/Eichengreen, External monetary and financial policy: a review and a proposal, in: Sapir (Hrsg.), Fragmented Power: Europe and the Global Economy, 2007, S. 127; *Bénassy-Quéré/Bowles*, La voix européenne au FMI, La Lettre du CEPII No. 216, 2001; *Bothe*, Die Stellung der EG im Völkerrecht, ZaöRV 37 (1977), 122; *Bergthaler/Giddings*, Recent Quota and Governance Reforms at the International Monetary Fund, EYIEL (2013), 371; *Broome*, The Politics of IMF-EU Cooperation: Institutional Change from the Maastricht Treaty to the Launch of the Euro, Journal of European Public Policy 20 (2013), 589; *Claber/Hasse*, Veränderungen im Weltwährungsgefüge als Folge der WWU und der Einführung des Euro, in: Caesar/Scharrer (Hrsg.), Die Europäische Wirtschafts- und Währungsunion, 1998, S. 446; *Debaere*, EU Coordination in International Institutions: Policy and Process in Gx Forums, 2015; *Eeckhout*, EU External Relations Law, 2011; *Gramlich*, Eine neue internationale »Finanzarchitektur« oder: Der IMF in der Krise?, AVR 38 (2000), 339; *Gstöhl*, »Patchwork Power« Europe: The EU's Representation in International Institutions, EFAR 2009, 385; *Hahn/Häde*, Währungsrecht, 2. Aufl., 2010; *Herrmann*, Monetary Sovereignty over the Euro and External Relations of the Euro Area: Competences, Procedures and Practice, EFAR 2002, 1; *Hervé*, The Participation of the European Union in Global Economic Governance Fora, ELJ 18 (2012), 143; *Hodson*, The IMF as a de facto Institution of the EU: A Multiple Supervisor Approach, 22 Review of International Political Economy (2015), 770; *Hoffmeister*, Outsider or Frontrunner?: Recent Development on European and International Law on the Status of the European Union in International Organizations and Treaty Bodies, CMLRev. 44 (2007), 41; *Lebullenger*, La projection externe de la zone Euro, RTDE 1998, 468. *Louis*, Differentiation and the EMU, in: de Witte (Hrsg.), The many faces of differentiation in EU law, 2001, S. 43; *ders.*, Les relations extérieures de l'Union économique et monétaire, in: Cannizzaro (Hrsg.), The European Union as an Actor in International Relations, 2002, S. 77; *ders.*, The Euro Area and Multilateral Financial Institutions and Bodies, FS Maresceau, 2014, S. 191; *ders.*, The International Projection of the Euro and the International Monetary System, in: Telò (Hrsg.), The European Union and Global Governance, 2009, S. 64; *Martenczuk*, Die Außenvertretung der Europäischen Gemeinschaft auf dem Gebiet der Währungspolitik, ZaöRV 59 (1999), 93; *Metz*, Die Außenbeziehungen der Europäischen Union nach dem Vertrag für eine Verfassung für Europa, 2007; *Nowak-Far*, External Representation of the Eurozone, Polish Quarterly of International Affairs 3 (2013), 19; *Oppermann*, Internationale Vertretung von Euroland, FS Vogel, 2000, S. 529; *Puccio*, The EU and the IMF: the Financial Crisis as a Catalyst for a Stronger Union Representation? in: de Waele/Kuipers (Hrsg.), The European Union's Emerging International Identity, 2013, S. 211; *Schwarzer/Steinberg/Valiante*, Towards a common external representation for the eurozone?, Notre Europe, Jacques Delors Institute, Policy Paper 86; *Snyder*, EWU – Integration and Differentiation: Metaphor for European Union, in: Craig/De Búrca (Hrsg.), The Evolution of EU Law, 2. Aufl., 2011, S. 687; *Stumpf*, Die auswärtigen Beziehungen der Europäischen Währungsunion, ZaöRV 63 (2003), 1075; *Weiß*, Kompetenzverteilung in der Währungspolitik und Außenvertretung des Euro, EuR 2002, 165; *Zilioli/ Selymayr*, The External Relations of the Euro Area: Legal Aspects, CMLRev. 36 (1999), 273; *dies.*, The Law of the European Central Bank, 2001.

Leitentscheidungen

EuGH, Urt. v. 31.3.1971, Rs. 22/70 (AETR), Slg. 1971, 263
EuGH, Urt. v. 14.7.1976, verb. Rs. 3/76, 4/76 u. 6/76 (Kramer), Slg. 1976, 127
EuGH, Gutachten 1/76 v. 26.4.1977 (Stilllegungsfonds), Slg. 1977, 741
EuGH, Gutachten 2/91 v. 13.3.1993 (ILO), Slg. 1993, I–1061
EuGH, Gutachten 1/94 v. 15.11.1994 (WTO), Slg. 1994, I–5267

Wesentliche sekundärrechtliche Vorschriften

Entschließung des Europäischen Rates vom 13.12.1998 über die wirtschaftspolitische Koordinierung in der dritten Stufe der WWU zu den Artikeln 109 und 109b des EG-Vertrags, ABl. 1998, C 35/1
Europäischer Rat von Wien, 11. und 12.12.1998, Schlussfolgerungen des Vorsitzes, Bull EU 12–1998
Vorschlag für einen Beschluss des Rates über Maßnahmen zur schrittweisen Einrichtung einer einheitlichen Vertretung des Euro-Währungsgebiets im Internationalen Währungsfonds, 21.10.2015, COM (2015) 603

Inhaltsübersicht

	Rn.
A. Art. 138 AEUV im Gefüge der Verträge	1
B. Art. 138 AEUV als Problem des primärvertraglichen Kompetenzgefüges	6
C. Einzelerläuterungen	10
I. Absatz 1: Kompetenz zum Erlass »gemeinsamer Standpunkte«	11
1. »Internationale Einrichtungen und Konferenzen im Finanzbereich«	13
2. Fragen, die von besonderer Bedeutung für die Wirtschafts- und Währungsunion sind	18
3. »Erlässt«	19
4. Bindungswirkungen	20
II. Absatz 2	23
1. Die »Stimme der Eurozone«	24
a) Beschränkung der Zuständigkeit	25
b) Spannungsverhältnis zwischen allgemeiner Vertretung der Union und der »Stimme der Eurozone«	26
aa) Vertretenes Subjekt	27
bb) Mitgliederkreis einer internationalen Organisation und Anwendungsbereich des Art. 138 Abs. 2	28
2. Maßnahmen zur Sicherstellung der »einen Stimme« und das Kompetenzgefüge	29
a) Gegenwärtiger Modus Operandi der Außenvertretung	30
aa) IWF	31
bb) Bank for International Settlements und Financial Stability Board	33
cc) OECD	34
dd) G7/8/10/20-Zusammenkünfte	35
b) Mögliche Maßnahmen nach Art. 138 Abs. 2 AEUV innerhalb kompetenzieller Schranken	37
aa) Vertretungsreglements	38
bb) Inhaltliches Weisungsrecht?	43
3. »Euro-Sitz« im IWF?	44
III. Absatz 3	46
IV. Befund	47

A. Art. 138 AEUV im Gefüge der Verträge

Art. 138 AEUV ist eine weitere Vorschrift, die – wie aus ihrer systematischen Stellung 1 (Abschnitt VIII, Titel 4) ersichtlich – spezifisch auf Mitgliedstaaten, deren Währung der Euro ist, Bezug nimmt und insofern einen weiteren Beitrag zur normativen Verselbstständigung der Eurozone (s. Art. 137 AEUV, Rn. 2) leistet. Sie fügt sich in die Idee einer »**differenzierten Integration**«, die der Lissabonner Vertrag festschrieb. Art. 138 AEUV behandelt Fragen, die sich aus der gleichzeitigen Existenz von Mitgliedstaaten mit und ohne Ausnahmeregelung für die Außenvertretung ergeben.[1] Insoweit ist er eine Ausprägung der **währungspolitischen Verbandskompetenz** der EU im Bereich der Eurozone, vgl. Art. 3 Abs. 1 Buchst. c AEUV.[2] Im Einklang mit den vom EuGH u. a. in den Urteilen AETR[3] und Kramer[4] sowie seinen Gutachten zum Stilllegungsfonds[5] und der WTO[6] entwickelten Grundsätzen zur Vertragsschlusskompetenz der EU,[7] die sich in Art. 216 Abs. 1 AEUV widerspiegeln,[8] berechtigt diese Rechtsträgerkompetenz nicht nur zum Handeln nach innen, sondern – woran Art. 138 AEUV normativ anknüpft – unter bestimmten Voraussetzungen auch zum Handeln außerhalb der unionsrechtlichen Sphäre – in foro externo.[9] Bestätigung findet diese **Parallelität von Außen- und Binnenkompetenzen**[10] in Art. 3 Abs. 2 AEUV[11] sowie Art. 21 Abs. 3 UAbs. 2 EUV, der nicht

---

[1] Vgl. *Louis*, Differentiation and the EMU, S. 55; *Wouters/Ramopoulos*, Revisiting the Lisbon Treaty's Constitutional Design of EU External Relations, Leuven Centre für Global Governance Studies, Working Paper No. 119, Sept. 2013, S. 18.

[2] *Palm*, in: Grabitz/Hilf/Nettesheim, EU, Art. 219 AEUV (Januar 2014), Rn. 4. *Louis*, Differentiation and the EMU, S. 56, will indes auch im wirtschaftspolitischen Bereich eine Koordination der Mitgliedstaaten auf internationaler Ebene unter Ausschluss der EU nicht zulassen.

[3] Vgl. EuGH, Urt. v. 31.3.1971, Rs. 22/70 (AETR), Slg. 1971, 263; *Hilf*, EuZW 1995, 7 (8).

[4] EuGH, Urt. v. 14.7.1976, verb. Rs. 3/76, 4/76 u. 6/76 (Kramer), Slg. 1976, 127.

[5] EuGH, Gutachten 1/76 v. 26.4.1977 (Stilllegungsfonds), Slg. 1977, 741.

[6] EuGH, Gutachten 1/76 v. 15.11.1994 (WTO), Slg. 1994, I–5267.

[7] Hierzu *Geiger*, ZaöRV 37 (1977), 640 (641 ff.).

[8] *Vöneky/Beylage-Haarmann*, in: Grabitz/Hilf/Nettesheim, EU, Art. 216 AEUV (August 2011), Rn. 6; *Mögele*, in: Streinz, EUV/AEUV, Art. 3 AEUV, Rn. 13 ff., Art. 216 AEUV, Rn. 35.

[9] *Pescatore*, CMLRev. 16 (1979), 615 (618); *Thym*, Ungleichzeitigkeit und europäisches Verfassungsrecht, 2004, S. 288; *Tomuschat*, in: GS, EUV/EGV, Art. 300 EGV, Rn. 4. Ferner *Bischoff*, EuZW 2006, 295; *Kadelbach*, in: Siekmann, EWU, Art. 138 AEUV, Rn. 4; *Louis*, Differentiation and the EMU, S. 55 f.; *Zilioli/Selymayr*, CMLRev. 36 (1999), 273 (287). Vgl. *Hahn/Häde*, § 24, Rn. 23. Dies gilt jedenfalls, sofern die Union ihre interne Zuständigkeit wahrgenommen hat (EuGH, Gutachten 1/94 v. 15.11.1994 [WTO], Slg. 1994, I–5267, Rn. 85, 89; *Hahn/Häde*, § 24, Rn. 1) und die betreffende Binnenkompetenz Außenhandeln erfordert (EuGH, Urt. v. 14.7.1976, verb. Rs. 3/76, 4/76 u. 6/76 [Kramer], Slg. 1976, 1279, Rn. 19/20; *Oppermann/Classen/Nettesheim*, Europarecht, § 38, Rn. 16).

[10] Vgl. EuGH, Gutachten 2/91 v. 13.3.1993 (ILO), Slg. 1993, I–1061, insb. Rn. 17; auch Urt. v. 5.11.2002, Rs. C–476/98 (EG-Kommission/Bundesrepublik Deutschland), Slg. 2002, I–9855, Rn. 103. Ferner *Bandilla*, in: Grabitz/Hilf, EU, Art. 111 EGV (Juni 2006), Rn. 72; *Dauses*, EuR 1979, 138 (143); *Emiliou*, E.L.Rev. 19 (1994), 76 (78 f.); *Epiney*, Zur Tragweite des Art. 10 EGV im Bereich der Außenbeziehungen, in: Bröhmer (Hrsg.), Internationale Gemeinschaft und Menschenrechte, FS Ress, 2005, S. 441 (442); *Hummer*, in: Vedder/Heintschel v. Heinegg, Europäisches Unionsrecht, Art. 216 AEUV, Rn. 5; *Kotzur*, in: Geiger/Khan/Kotzur, EUV/AEUV, Art. 3 AEUV, Rn. 7; *Schmalenbach*, in: Calliess/Ruffert, EUV/AEUV, Art. 216 AEUV, Rn. 10; *Zilioli/Selmayr*, S. 184., *dies.*, CMLRev. 36 (1999), 273 (287). Vgl. *Mögele*, in: Streinz, EUV/AEUV, Art. 3 AEUV, Rn. 14.

[11] *Mögele*, in: Streinz, EUV/AEUV, Art. 3 AEUV, Rn. 12; *Nettesheim*, in: Grabitz/Hilf/Nettesheim, EU, Art. 3 AEUV (Januar 2014), Rn. 20; *Terhechte*, in: Schwarze, EU-Kommentar, Art. 216 AEUV, Rn. 3. Vgl. *Calliess*, in: Calliess/Ruffert, EUV/AEUV, Art. 3 AEUV, Rn. 16. Kritisch *Geiger*, ZaöRV 37 (1977), 640 (657 ff.), 663.

nur ein kohärentes auswärtiges Handeln der Union, sondern auch eine übereinstimmende Außen- und Innenpolitik der EU gebietet.[12] Es erscheint sachgerecht, die Prämisse des grundsätzlichen Gleichlaufs von internen und externen Kompetenzen nicht nur auf die Frage der Vertragsschlusskompetenzen zu beschränken, sondern auch auf die Ebene des auswärtigen Handelns außerhalb völkerrechtlicher Verträge zu transponieren.[13] Vor dem Hintergrund des Prinzips der begrenzten Einzelermächtigung (Art. 5 EUV) wäre es jedoch verfehlt anzunehmen, mit jeder ausschließlichen Zuständigkeit der Union nach innen ginge automatisch ihre Befugnis zum Außenhandeln einher,[14] vielmehr bedarf es stets einer spezifischen Herleitung. Ein recht eindeutiges Bild zeichnet sich im währungspolitischen Bereich ab: Eine effektive monetäre Politik setzt angesichts der Interdependenzen von Währungen notwendigerweise die Kompetenz der Union zum Außenwirken voraus. Viel spricht insofern dafür, die Befugnis zur Außenvertretung bereits in der währungspolitischen Sachkompetenz[15] verankert zu sehen. Die Frage, ob Art. 138 AEUV selbst zu völkerrechtlichem Handeln ermächtigt[16] oder vielmehr – was überzeugender erscheint – eine Außenvertretungskompetenz voraussetzt und lediglich ihre Wahrnehmung ausgestaltet,[17] erscheint im Ergebnis akademisch. In beiden Varianten ist ihm eine Außenvertretungskompetenz der EU – unmittelbar oder mittelbar – immanent.[18] Unterstützend lässt sich ein Außenwirken der Union jedenfalls im Hinblick auf Organisationen, in denen der EU (noch) keine Vollmitgliedschaft zukommt, auch auf Art. 220 AEUV stützen, der der EU gestattet, Beziehungen zu diesen zu pflegen.[19]

2   Verortet man die währungspolitische Außenvertretungskompetenz bereits implizit in der korrespondierenden Sachkompetenz, erscheint die mitunter diskutierte Frage, ob Art. 138 AEUV unmittelbar der auswärtigen Währungspolitik zuzuordnen und insofern als eine ausschließliche Unionskompetenz zu kategorisieren ist, was manche lediglich für dessen Abs. 2 bejahen,[20] nicht zielführend. Im Bereich ausschließlicher Währungs-

---

[12] Hierzu *Cremer*, in: Calliess/Ruffert, EUV/AEUV, Art. 21 EUV, Rn. 13; *Hahn*, in: Calliess/Ruffert, EUV/AEUV, Art. 207 AEUV, Rn. 4.

[13] A.A. im Hinblick auf eine Übertragung der Wertungen des Art. 218 auf nichtförmliches Handeln, *Gatti/Manzini*, CMLRev 49 (2012), 1703 (1733).

[14] Vgl. *Metz*, S. 48.

[15] Vgl. *Rodi*, in: Vedder/Heintschel v. Heinegg, Europäisches Unionsrecht, Art. 219 AEUV, Rn. 1. Zum Rekurs auf Sachkompetenzen vgl. EuGH, Urt. v. 14.7.1976, verb. Rs. 3/76, 4/76 u. 6/76 (Kramer), Slg. 1976, 127, Rn. 19/20; Gutachten 1/76 v. 26.4.1977 (Stilllegungsfonds), Slg. 1977, 741, Rn. 3; *Weiß*, in: Grabitz/Hilf/Nettesheim, EU, Art. 207 AEUV (August 2015), Rn. 60; *Vedder*, EuR 2007, 57 (61).

[16] Verneinend *Martenczuk*, ZaöRV 59 (1999), 93 (100) im Hinblick auf völkerrechtliche Abkommen und Art. 109 Abs. 4 EGV.

[17] So stellt sich auch Art. 216 AEUV nicht als (verbands)kompetenzbegründende Norm dar, siehe *Obwexer*, EuR-Beiheft 2/2012, 49 (51). Ebenso im Hinblick auf Art. 219 AEUV *Palm*, in: Grabitz/Hilf/Nettesheim, EU, Art. 219 AEUV (Januar 2014), Rn. 4; *Rodi*, in: Vedder/Heintschel v. Heinegg, Europäisches Unionsrecht, Art. 219 AEUV, Rn. 1. A.A. *Kempen*, in: Streinz, EUV/AEUV, Art. 219 AEUV, Rn. 2.

[18] Nicht eindeutig *Khan*, in: Geiger/Khan/Kotzur, EUV/AEUV, Art. 219 AEUV, Rn. 1.

[19] *Schmalenbach*, in: Calliess/Ruffert, EUV/AEUV, Art. 220 AEUV, Rn. 6. Dieser erfasst sämtliche Interorganisationsbeziehungen (z.B. Konsultationen) unterhalb des Beitritts, *Oesteneck*, in: Schwarze, EU-Kommentar, Art. 220 AEUV, Rn. 11; *Tietje*, in: Grabitz/Hilf/Nettesheim, EU, Art. 220 AEUV (April 2012), Rn. 12.

[20] *Calliess*, in: Calliess/Ruffert, VerfEU, Art. I–13, Rn. 12; *Streinz/Mögele*, in: Streinz, EUV/AEUV, Art. 3 AEUV, Rn. 8; *Nettesheim*, in: Grabitz/Hilf/Nettesheim, EU, Art. 3 AEUV (Januar 2014), Rn. 17. Unklar *Calliess*, in: Calliess/Ruffert, EUV/AEUV, Art. 3 AEUV, Rn. 12. Bejaht wohl auch für Abs. 1 von *Vedder*, in: Vedder/Heintschel v. Heinegg, EVV, Art. I–13.

kompetenzen der EU ist auch ihre Außenvertretungskompetenz eine ausschließliche.[21] Art. 219 Abs. 4 AEUV, der Mitgliedstaaten im währungspolitischen Bereich einen begrenzten außenpolitischen Handlungsspielraum einzuräumen scheint, widerspricht dieser Annahme nicht. Systematisch erscheint es zwingend, seinen Anwendungsbereich auf völkerrechtliche Aktivitäten der Mitgliedstaaten, die auf die Zeit vor Übertragung ihrer Währungssouveränität auf die EU zurückgehen, zu beschränken.[22] Er wirkt nur insofern nach, als er es den Mitgliedstaaten erlaubt, die völkerrechtlichen Pflichten, die diese vor diesem Zeitpunkt begründet haben, zu erfüllen.[23] Die Handlungsmöglichkeiten der Mitgliedstaaten stellt Art. 219 Abs. 4 AEUV unter den Vorbehalt des Unionsrechts (»unbeschadet der Unionszuständigkeiten«), so dass sie in der Währungsaußenpolitik prinzipiell nicht handlungsbefugt sind,[24] was auch Aktivitäten unterhalb vertraglicher Bindungen erfasst. Diese unionsrechtliche Wertung korrespondiert indes in vielen Fällen nicht mit den institutionellen Strukturen auf internationaler Ebene (s. Rn. 23 ff.).

Insgesamt lässt sich Art. 138 AEUV als Manifestation weitgehend integrierter[25] auswärtiger Währungspolitik der EU auffassen, die selbstständig neben dem auswärtigen Handeln der Union – zum einen im Bereich des GASP (Art. 16 Abs. 6 UAbs. 3, Art. 18 Abs. 3 EUV) und zum anderen den speziellen Außenkompetenzen gemäß Art. 206 bis 222 AEUV[26] – steht.[27] Dabei besteht eine besondere Nähebeziehung zwischen Art. 138 und Art. 219 AEUV,[28] der die Vertragsschlusskompetenz im Hinblick auf völkerrechtliche Vereinbarungen im Bereich von Wechselkurssystemen (Abs. 1, 2) und allgemeinen Währungsfragen (Abs. 3) regelt[29] und insofern ebenfalls an die währungspolitische Außenkompetenz der Union anknüpft. 3

Telos des Art. 138 Abs. 2 AEUV ist es sicherzustellen, dass die Eurozone im auswärtigen Bereich als Einheit wahrgenommen wird, gleichsam »mit einer Stimme« spricht,[30] und letztendlich einen Rahmen für die »Repräsentation des Euro«[31] in »multilaterale[n] Währungsbeziehungen«[32] zu schaffen. Dieser Telos bedingt eine gewisse Perplexität des Art. 138 AEUV, da die Eurozone mangels Rechtspersönlichkeit rechtstechnisch betrachtet nicht vertreten werden kann (s. Rn. 27). Dennoch kommt der Idee, die Euro- 4

---

[21] *Metz*, S. 351; *Tomuschat*, in: GS, EUV/EGV, Art. 300 EGV, Rn. 3; a. A. *Lorenzmeier*, in: Grabitz/Hilf, EU, Art. 300 EGV (Oktober 2009), Rn. 6.
[22] *Metz*, S. 351. Vgl. *Häde*, in: Calliess/Ruffert, EUV/AEUV, Art. 219 AEUV, Rn. 19.
[23] *Zilioli/Selmayr*, CMLRev. 36 (1999), 273 (320).
[24] *Bandilla*, in: Grabitz/Hilf, EU, Art. 111 EGV (Juni 2006), Rn. 72; *Zilioli/Selymayr*, CMLRev. 36 (1999), 273 (277).
[25] *Oppermann/Classen/Nettesheim*, Europarecht, § 38, Rn. 2. Den Mitgliedstaaten sind im Bereich der Außenwährungspolitik noch Restzuständigkeiten verblieben, was Art. 219 Abs. 4 AEUV zeigt, siehe *Hahn/Häde*, § 24, Rn. 2, 30 f.; *Kempen*, in: Streinz, EUV/AEUV, Art. 219 AEUV, Rn. 1; *Palm*, in: Grabitz/Hilf/Nettesheim, EU, Art. 219 AEUV (Januar 2014), Rn. 59.
[26] *Cremer*, in: Calliess/Ruffert, EUV/AEUV, Art. 205 AEUV, Rn. 1.
[27] Vgl. *Kadelbach*, in: Siekmann, EWU, Art. 138 AEUV, Rn. 5.
[28] *Khan*, in: Geiger/Khan/Kotzur, EUV/AEUV, Art. 219 AEUV, Rn. 1; *Rodi*, in: Vedder/Heintschel v. Heinegg, Europäisches Unionsrecht, Art. 219 AEUV, Rn. 1.
[29] *Kempen*, in: Streinz, EUV/AEUV, Art. 138 AEUV, Rn. 1.
[30] *Europäischer Rat* v. 11./12.12.1998, Schlussfolgerungen, Bull EU 12–1998, Ziff. 15; *Europäische Kommission*, EWU@10: successes and challanges after 10 years of Economic and Monetary Union, European Economy 2/2008, S. 6 ff., 142 ff.
[31] *Khan*, in: Geiger/Khan/Kotzur, EUV/AEUV, Art. 138 AEUV, Rn. 1; *Palm*, in: Grabitz/Hilf/Nettesheim, EU, Art. 138 AEUV (August 2012), Rn. 1. Allgemein *Lebullenger*, RTDE 1998, 468.
[32] *Kadelbach*, in: Siekmann, EWU, Art. 138 AEUV, Rn. 13.

zone »mit einer Stimme« sprechen zu lassen, bei der **Vollendung der WWU** ein erheblicher Stellenwert zu. Folgerichtig ist dieser im Nachzug der »Euro-Krise« erhöhte politische Relevanz zugesprochen worden, was insbesondere im »Fünf-Präsidenten-Bericht« sowie dem am 21.10.2015 seitens der Kommission verabschiedeten Maßnahmenpaket Niederschlag gefunden hat (Näheres hierzu Rn. 23, 32, 45).[33]

5   Art. 138 Abs. 1 AEUV fokussiert die politisch-inhaltliche Ebene und regelt die Festlegung »gemeinsamer Standpunkte«, die auf internationaler Ebene vertreten werden sollen. Abs. 2 regelt hingegen die Vertretung politischer Inhalte, nicht nur solcher nach Art. 138 Abs. 1 AEUV beschlossenen, auf internationalem Parkett. So berechtigt Art. 138 AEUV in seiner Zwecksetzung ist, so unklar verbleibt er in – mitunter entscheidenden – Details.[34]

B. Art. 138 AEUV als Problem des primärvertraglichen Kompetenzgefüges

6   Die Regelung des Art. 138 AEUV ist der Tatsache geschuldet, dass die Mitgliedstaaten trotz ihrer Einbettung in das supranationale Gefüge der EU ihre Eigenschaft als Subjekte des Völkerrechts nicht eingebüßt haben. Insofern treten sie auf internationaler Ebene auch bei Vorliegen ausschließlicher Unionszuständigkeiten mitunter neben der EU auf. Ihr kommt – wie Art. 47 EUV bestätigt – völkerrechtliche Rechtsfähigkeit, d. h. Völkerrechtssubjektivität zu.[35] Wo internationale Organisationen eine Mitgliedschaft der EU nicht zulassen, wie z. B. im Falle des IWF,[36] agieren satzungsrechtlich betrachtet allein die Mitgliedstaaten. Dieses alleinige oder parallele[37] Wirken der Mitgliedstaaten in der auswärtigen Währungspolitik steht in Konflikt mit dem Übergang der Währungssouveränität der Euro-Teilnehmerstaaten auf die EU. Zum einen bedarf es daher der Koordination zwischen den Organen der EU und den Mitgliedstaaten, um der Position der Union auf internationaler Ebene Gewicht zu verleihen.[38] Zum anderen sind unionsinterne Reglements notwendig, die das Primat der EU auf dem Gebiet der Währungspolitik auf die internationale Ebene transponieren. Gleichzeitig gilt es dort, wo die Mitgliedstaaten nach primärvertraglicher Konzeption überwiegend autonom sind – ergo im Be-

---

[33] »Fünf-Präsidenten-Bericht«, »Die Wirtschafts- und Währungsunion vollenden«, S. 23 (Stufe 1), http://ec.europa.eu/priorities/sites/beta-political/files/5-presidents-report_de_0.pdf (27.9.2016); Vorschlag für einen Beschluss des Rates über Maßnahmen zur schrittweisen Einrichtung einer einheitlichen Vertretung des Euro-Währungsgebiets im Internationalen Währungsfonds, 21.10.2015, COM (2015) 603 final; Mitteilung der Kommission an das Europäische Parlament, den Rat und die Europäische Zentralbank – Ein Fahrplan für die Schaffung einer kohärenteren Außenvertretung des Euro-Währungsgebiets in internationalen Foren, 21.10.2015, COM (2015) 602 final; Stellungnahme des Europäischen Wirtschafts- und Sozialausschusses v. 17.3.2016, ECO/392, 3.1, 4.4.
[34] *Hahn/Häde*, § 24, Rn. 18.
[35] *Bothe*, ZaöRV 37 (1977), 122 (124); *Oppermann/Classen/Nettesheim*, Europarecht, § 38, Rn. 8. Vgl. bereits EuGH, Gutachten 1/76 v. 26.4.1977 (Stilllegungsfonds), Slg. 1977, 741, Rn. 5.
[36] Nach Art. II Abschnitt 2 des IWF-Übereinkommens steht die Mitgliedschaft im IWF nur »countries« zu, hierzu *Schlemmer-Schulte*, International Monetary Fund (IMF), MPEPIL April 2011, Rn. 10 ff. Der Übergang der Währungssouveränität auf die EU macht diese entgegen mitunter vertretener Absicht nicht zu einem »country«, m. w. N. *Smits*, in: GS, EUV/EGV, Art. 111 EGV, Rn. 214. Siehe hierzu *Martha*, CMLRev. 30 (1993), 749.
[37] Vgl. *Kokott*, in: Streinz, EUV/AEUV, Art. 220 AEUV, Rn. 35.
[38] Vgl. *Häde*, in: Calliess/Ruffert, EUV/AEUV, Art. 138 AEUV, Rn. 2.

reich der Wirtschaftspolitik, im Rahmen derer Rat und Kommission nur koordinative Befugnisse zukommen –, ihren außenpolitischen Spielraum zu wahren.[39] Um die vertikale Kompetenzordnung zur Entfaltung zu bringen, nehmen sowohl Art. 138 Abs. 1 als auch 2 AEUV in mehrfacher Hinsicht – hierzu sogleich (s. Rn. 10 ff., 23 ff.) – Eingrenzungen vor.[40]

Dabei trifft Art. 138 AEUV eine wesentliche Grundentscheidung: Die Verantwortung für ein einheitliches Auftreten wird dem **Rat** übertragen. In inhaltlicher Hinsicht verfügt er im Rahmen der weiteren Voraussetzungen des Art. 138 Abs. 1 AEUV über **außenpolitische Organkompetenz**. Differenzierter ist Art. 138 Abs. 2 AEUV zu betrachten: Dieser ordnet dem Rat strikt gesehen nicht per se eine Organkompetenz für die Außenvertretung zu,[41] sondern räumt ihm vielmehr die Befugnis ein, eine Vertretungsregelung zu treffen und hierdurch eine Wahrnehmungskompetenz zu begründen. Ermächtigen kann der Rat allerdings auch sich selbst (s. Rn. 38 ff., 40). So verstanden verankert Art. 138 Abs. 2 AEUV – beschränkt durch dessen weitere Voraussetzungen – auch eine »Kompetenz-Kompetenz«. Die Ansiedlung der Organkompetenz beim Rat korrespondiert mit den Grundwertungen des Art. 219 Abs. 1 bis 3 AEUV.[42]

7

Spannungen bestehen auf horizontaler Ebene zwischen **Art. 138 AEUV** und den **Kompetenzen der EZB**.[43] Nach Art. 6.2 der ESZB-Satzung, der nach Art. 51 EUV primärvertraglicher Charakter zukommt, ist die EZB befugt, sich an internationalen Währungseinrichtungen zu beteiligen und dort Positionen zu vertreten.[44] Im Einklang hiermit ermächtigt Art. 23 der ESZB-Satzung sie, »mit Zentralbanken und Finanzinstituten in dritten Ländern und, soweit zweckdienlich, mit internationalen Organisationen Beziehungen aufzunehmen« (1. Gedstr.). Ob Art. 6 ESZB-Satzung Art. 138 und 219 AEUV nur ergänzt[45] und eine (partielle)[46] Unterordnung der EZB im Bereich auswärtiger Aktivitäten unter die Beschlüsse des Rates nach Art. 138 Abs. 1 und 2 AEUV anzunehmen ist, oder ob der EZB in Bereichen, die in ihren Aufgabenbereich fallen, als einem »natural bearer of external competences in the field of monetary policy«[47] eine exklusive Außenvertretungskompetenz zukommt,[48] die auch eine inhaltliche Positionierungsfreiheit umfasst,[49] ist umstritten. Manche nehmen zumindest eine Kompetenz-

8

---

[39] *Rodi*, in: Vedder/Heintschel v. Heinegg, EVV, Art. III–196, Rn. 2.
[40] Vgl. *Kadelbach*, in: Siekmann, EWU, Art. 138 AEUV, Rn. 9.
[41] Anders *Kadelbach*, in: Siekmann, EWU, Art. 138 AEUV, Rn. 5.
[42] Vgl. *Kempen*, in: Streinz, EUV/AEUV, Art. 219 AEUV, Rn. 3.
[43] Zu horizontalen Kompetenzkonflikten allgemein *Zilioli/Selmayr*, S. 42.
[44] Nach vertretener Auffassung zielt der Begriff der »Währungseinrichtungen« allein auf solche Einheiten, die nur eine Mitgliedschaft von Zentralbanken zulassen, *Dutzler*, The European System of Central Banks: An Autonomous Actor? The Quest for an Institutional Balance in the EWU, 2003, S. 60 ff.; *Kadelbach*, in: Siekmann, EWU, Art. 138 AEUV, Rn. 31.
[45] *Herrmann*, in: Siekmann, EWU, Art. 6 ESZB-Satzung, Rn. 13.
[46] *Herrmann*, in: Siekmann, EWU, Art. 6 ESZB-Satzung, Rn. 5; *Palm*, in: Grabitz/Hilf/Nettesheim, EU, Art. 138 AEUV (August 2012), Rn. 17.
[47] *Glomb*, S. 23 f.; *Zilioli/Selymayr*, CMLRev. 36 (1999), 273 (292); *dies.*, S. 233. Vgl. ferner *Smits*, The European Central Bank, 1997, S. 414. A. A. *Hervé*, ELJ 18 (2012), 143 (152); *Herrmann*, EFAR 2002, 1 (2 ff.); *Slot*, S. 227 (241). *Zilioli/Selmayr* – CMLRev. 36 (1999), 273 (290 ff.) – gehen davon aus, die Euro-Teilnehmer hätten ihre Währungshoheit auf die EZB übertragen, was sich angesichts Art. 13 Abs. 1 UAbs. 2, 6. Gedstr. EUV nicht als haltbar erweist, so auch *Palm*, in: Grabitz/Hilf/Nettesheim, EU, Art. 219 AEUV (Januar 2014), Rn. 4.
[48] *Zilioli/Selmayr*, S. 232; tendenziell *Weiß*, EuR 2002, 165 (189 f.) [vorrangige Vertretung durch EZB]. Unklar *Snyder*, S. 714.
[49] *Smits*, in: GS, EUV/EGV, Art. 6 ESZB, Rn. 4; *ders.* (Fn. 46), S. 410, der allerdings an der Außenkompetenz des Rates an sich nicht zweifelt, jedoch von ihm abverlangt, die Binnenkompetenz der EZB zu berücksichtigen. Auch *Weiß*, EuR 2002, 165 (187).

vermutung a priori zugunsten der EZB auf währungspolitischen Gebiet an.[50] Diese bereits in der Vorgängervorschrift des Art. 111 Abs. 4 EGV angelegten Kompetenzkonflikte zwischen EZB und Rat vermag Art. 138 AEUV nicht aufzulösen, vielmehr erhält er die bisher bestehende »kompetenzielle Grauzone«,[51] die mitunter aufgrund der Flexibilität, die sie ermöglicht, begrüßt wird,[52] aufrecht. An der Annahme ausschließlicher Außenkompetenz der EZB im Bereich der Währungspolitik kann allerdings nicht mehr festgehalten werden. Vielmehr installiert Art. 138 eine »**Reservekompetenz**« des Rates.[53] Dies verdeutlicht Art. 6.3 ESZB-Satzung, demzufolge das Beteiligungsrecht der EZB unbeschadet des Art. 138 AEUV besteht, wodurch eine etwaige Außenvertretungskompetenz der EZB unter den Vorbehalt des Art. 138 AEUV Abs. 2 gestellt wird.[54] Hierauf deutet ebenfalls die Tatsache, dass der seitens der EZB vorgeschlagene Zusatz, die Zuständigkeitsverteilung nach »Art: III–71 und III–77« – mithin die wirtschaftspolitischen Kompetenzen (Art. 121 ff. AEUV) sowie die besonderen EZB-Kompetenzen (Art. 127 ff. AEUV) – sei bei beschlossenen Maßnahmen einzuhalten,[55] in die endgültige Version des Art. 138 AEUV keinen Eingang gefunden hat. Vor diesem Hintergrund erscheint auch das in Art. 138 Abs. 1 (und 2) Satz 2 AEUV vorgesehene Anhörungserfordernis der EZB sinnvoll. Gegen ein allgemeines Primat der EZB bei der »Vertretung« der Eurozone und diesbezüglich einzunehmender Standpunkte spricht ferner, dass die Eurozone durch mehr denn bloß geldpolitische Grundsätze geprägt ist.[56] Nicht zuletzt bestätigen teleologische Erwägungen dieses Ergebnis: Nur wenn in kompetenziellen Zweifelsfällen die auswärtige Währungspolitik bei einer Stelle konzentriert ist, kann der Zweck des Art. 138 AEUV – Sicherstellung einheitlichen Auftretens – verwirklicht werden.

9 Die Verortung einer Reservekompetenz beim Rat darf indes nicht zu der Annahme verleiten, hiermit gehe eine Suspendierung der übrigen Kompetenzordnung einher.[57] So verlangt das **Gebot kompetenzieller Rücksichtnahme**,[58] Art. 13 Abs. 2 Satz 2 EUV, dass der Rat die Auswirkungen seiner Entscheidungen auf Funktion und Aufgaben der EZB sowie ihre Unabhängigkeit maßgeblich berücksichtigt und einen schonenden Ausgleich[59] anstrebt.[60] Dabei bindet das Rücksichtnahmegebot auch die EZB.[61] Dieses **Gebot**

---

[50] *Weiß*, EuR 2002, 165 (187).
[51] *Khan*, in: Geiger/Khan/Kotzur, EUV/AEUV, Art. 138 AEUV, Rn. 1.
[52] *Kadelbach*, in: Siekmann, EWU, Art. 138 AEUV, Rn. 6.
[53] *Khan*, in: Geiger/Khan/Kotzur, EUV/AEUV, Art. 138 AEUV, Rn. 3. Auch *Kempen*, in: Streinz, EUV/AEUV, Art. 138 AEUV, Rn. 1.
[54] *Palm*, in: Grabitz/Hilf/Nettesheim, EU, Art. 138 AEUV (August 2012), Rn. 17; *Puccio*, S. 228; *Stumpf*, ZaöRV 63 (2003), 1075 (1080). A. A. *Zilioli/Selymayr*, CMLRev. 36 (1999), 273 (336); wohl *Weiß*, EuR 2002, 165 (189f.).
[55] Stellungnahme der Europäischen Zentralbank vom 19. 9. 2003 auf Ersuchen des Rates der Europäischen Union zum Entwurf eines Vertrags über eine Verfassung für Europa (CON/2003/20), ABl. 2003, C 229/7 (11).
[56] *Herrmann*, EFAR 2002, 1; *Hervé*, ELJ 18 (2012), 143 (152).
[57] Vgl. *Kadelbach*, in: Siekmann, EWU, Art. 138 AEUV, Rn. 12; *Puccio*, S. 228; *Weiß*, EuR 2002, 165 (186).
[58] Vgl. *Kadelbach*, in: Siekmann, EWU, Art. 138 AEUV, Rn. 12.
[59] Begriff geprägt von *Konrad Hesse*, Grundzüge des Verfassungsrechts der Bundesrepublik Deutschland, 20. Aufl., 1999, Rn. 72.
[60] In diese Richtung, aber wohl strenger *Smits*, in: GS, EUV/EGV, Art. 111 EGV, Rn. 169.
[61] GA *Jacobs*, Schlussanträge zu Rs. C–11/00 (Kommission/EZB), Slg. 2003, I–7155, Rn. 155; *Griller/Dutzler*, in: Grabitz/Hilf, EU, Art. 108 EGV (Januar 2008), Rn. 28; *Kämmerer*, in: v. Münch/Kunig, GG, Art. 88, Rn. 29; *Stumpf*, ZaöRV 63 (2003), 1075 (1084).

gegenseitiger Loyalität im Interorganverhältnis[62] entfaltet sich in erster Linie innerhalb der **Tatbestandsmerkmale** des Art. 138 Abs. 1 und 2 AEUV (hierzu Rn. 11 ff., 25 ff.).

C. Einzelerläuterungen

Art. 138 Abs. 1 und 2 AEUV stehen in unmittelbarem Zusammenhang, nicht jedoch in einem gegenseitigen Abhängigkeitsverhältnis. Zwar sollte Art. 138 Abs. 2 AEUV gerade auch die Frage beantworten, wer die beschlossenen »gemeinsamen Standpunkte« auf internationalem Parkett präsentiert.[63] Hinweise darauf, dass jedoch nur in diesem Fall Maßnahmen, die die einheitliche Vertretung sicherstellen, ergriffen werden können, liefern weder der Wortlaut der Norm noch ihre Entstehungsgeschichte. Doch kann sowohl über den »gemeinsamen Standpunkt« als auch die Vertretungsfrage in einem Verfahren befunden werden.[64]

I. Absatz 1: Kompetenz zum Erlass »gemeinsamer Standpunkte«

Art. 138 Abs. 1 Satz 1 AEUV räumt dem Rat eine Kompetenz zum Erlass »gemeinsamer Standpunkte« ein, dem ein Vorschlag der Kommission voranzugehen hat. Der Begriff der »gemeinsamen Standpunkte« erfasst zunächst jegliche Art von politischer Positionierung.[65] Dies schließt auch solche Positionen ein, die in den Anwendungsbereich des Art. 219 AEUV fallen, der im Wesentlichen – wie sich aus seiner Einordnung in Titel V des AEUV ergibt – den Abschluss von Übereinkünften in Zusammenhang mit Währungsfragen, insbesondere der Wechselkurspolitik, regelt und hierzu detailliertere Verfahrensvorgaben macht,[66] während Art. 138 Abs. 1 AEUV primär auf Absprachen unterhalb der Vertragsebene bezogen ist.[67] Da der Vorbehalt, den Abs. 4 des »Regelungsungetüms«[68] Art. 111 EGV (nunmehr im Wesentlichen Art. 138 AEUV) im Hinblick auf dessen Abs. 1 (nunmehr Art. 219 AEUV) anmeldete,[69] im Zuge der Lissabonner Vertragsänderungen fallen gelassen wurde, spricht einiges dafür, eine **gleichzeitige Anwendbarkeit von Art. 138 und Art. 219 AEUV**, soweit sie sich überschneiden, anzunehmen.[70] In der Konsequenz bedeutet dies zum einen, dass die Festlegung von Positio-

---

[62] EuGH, Urt. v. 27. 9.1988, Rs. 204/86 (Griechenland/Rat), Slg. 1988, 5323; Rn. 16; Urt. v. 30. 3. 1995, Rs. C–65/93 (Parlament/Rat), Slg. 1995, I–643, Rn. 23; *Calliess*, in: Calliess/Ruffert, EUV/AEUV, Art. 13 EUV, Rn. 28; *Hatje*, in: Schwarze, EU-Kommentar, Art. 13 EUV, Rn. 34; *Nettesheim*, in: Grabitz/Hilf/Nettesheim, EU, Art. 13 EUV (Januar 2015), Rn. 79; *Streinz*, in: Streinz, EUV/AEUV, Art. 13 EUV, Rn. 26.
[63] *Kadelbach*, in: Siekmann, EWU, Art. 138 AEUV, Rn. 35.
[64] *Martenczuk*, ZaöRV 59 (1999), 93 (101).
[65] *Häde*, in: Calliess/Ruffert, EUV/AEUV, Art. 138 AEUV, Rn. 7.
[66] *Kadelbach*, in: Siekmann, EWU, Art. 138 AEUV, Rn. 8.
[67] So im Hinblick auf Art. 111 Abs. 4 EGV (Nizza) bzw. Art. 109 Abs. 4 EGV (Amsterdam) *Smits* (Fn. 46), S. 410.
[68] *Stadler*, Der rechtliche Handlungsspielraum des Europäischen Systems der Zentralbanken, 1996, S. 172.
[69] *Smits*, in: GS, EUV/EGV, Art. 111 EGV, Rn. 163.
[70] So *Palm*, in: Grabitz/Hilf/Nettesheim, EU, Art. 138 AEUV (August 2012), Rn. 6. Wohl auch *Kempen*, in: Streinz, EUV/AEUV, Art. 138 AEUV, Rn. 1. Von einem Spezialitätsverhältnis indes ausgehend *Häde*, in: Calliess/Ruffert, EUV/AEUV, Art. 138 AEUV, Rn. 1; *Kadelbach*, in: Siekmann, EWU, Art. 138 AEUV, Rn. 53; Art. 219 AEUV, Rn. 82. Spezialität wurde auch zwischen Art. 111 Abs. 4 EGV und dessen Abs. 3 angenommen, *Bandilla*, in: Grabitz/Hilf, EU, Art. 111 EGV (Juni

nen im Rahmen von Vertragsverhandlungen, auch wenn es sich um solche im Zusammenhang mit »Währungsfragen« im Sinne des Art. 219 Abs. 3 AEUV handelt, sowohl Art. 219 Abs. 3 als auch dem umfassenderen[71] Art. 138 Abs. 1 AEUV unterfällt. Zum anderen stehen Konsultationen nicht allein deshalb außerhalb des Anwendungsbereichs des Art. 138 Abs. 1 AEUV, weil sie im Ergebnis in völkerrechtlich verbindliche Vereinbarungen münden bzw. diese vorbereiten.[72] So erschiene es widersinnig, einen »gemeinsamen Standpunkt« auszuschließen, wenn sogar eine völkerrechtliche Bindung angestrebt wird.[73] Insbesondere bietet sich an, Art. 138 Abs. 2 AEUV ergänzend heranzuziehen, wenn es um die Delegation der Verhandlungsführung im Rahmen des Art. 219 Abs. 3 AEUV geht. Zugleich schränkt Art. 138 Abs. 1 AEUV den begrenzten Handlungsspielraum, den Art. 219 Abs. 4 AEUV den Mitgliedstaaten auf währungspolitischem Gebiet einräumt, ein.[74] Finden die Verhandlungen außerhalb von internationalen Konferenzen bzw. Einrichtungen im Finanzbereich statt, kommt allein Art. 219 AEUV zur Anwendung. Da sowohl Art. 138 als auch Art. 219 AEUV dem Rat Organkompetenz zuordnen, ermangelt es dem Streit indes an praktischer Signifikanz.

12 Conditio sine qua non für den Erlass eines »gemeinsamen Standpunktes« ist die in concreto gegebene **Zuständigkeit der Union für die Materie**, auf die er sich bezieht.[75] Dies stützt die Tatsache, dass das Verfahren durch einen formellen Vorschlag der Kommission eingeleitet wird, womit es Ähnlichkeit mit den Gesetzgebungsverfahren aufweist.[76] Jede andere Auslegung wäre zudem mit dem Grundsatz der begrenzten Einzelermächtigung gem. Art. 5 EUV nicht vereinbar, da sie der Union im Wege auswärtigen Handelns eine systemwidrige Kompetenzausweitung erlaubte.[77] In erster Linie bestehen Kompetenzen der Union auf **währungspolitischem**, jedoch auch in gewissem, **eingeschränkten Umfang auch auf wirtschaftspolitischen Gebiet** (Art. 121 Abs. 2 bis 5, 126 AEUV). In beiden Bereichen ist der Erlass »gemeinsamer Standpunkte« grundsätzlich möglich[78] – allerdings nur unter Berücksichtigung der weiteren Tatbestandsvoraussetzungen des Art. 138 Abs. 1 AEUV. Dieser betrifft »gemeinsame Standpunkte« in »internationalen Einrichtungen und Konferenzen im Finanzbereich«. Sie sind zu erlassen, wenn Fragen »besondere Bedeutung für die Wirtschafts- und Währungsunion« zukommt und sie der »Gewährleistung der Stellung des Euro im internationalen Währungssystem« dienen. Insofern besteht **kein vollkommener Gleichlauf** zwischen der

---

2006), Rn. 58. Kritisch hierzu *Palm*, in: Grabitz/Hilf/Nettesheim, EU, Art. 138 AEUV (August 2012), Rn. 6.

[71] *Kadelbach*, in: Siekmann, EWU, Art. 138 AEUV, Rn. 12.
[72] Letzteres bejaht auch *Kadelbach*, in: Siekmann, EWU, Art. 138 AEUV, Rn. 8.
[73] *Palm*, in: Grabitz/Hilf/Nettesheim, EU, Art. 138 AEUV (August 2012), Rn. 6.
[74] *Bandilla*, in: Grabitz/Hilf, EU, Art. 111 EGV (Juni 2006), Rn. 72; *Kempen*, in: Streinz, EUV/AEUV, Art. 219 AEUV, Rn. 13; *Weiß*, EuR 2002, 165 (183). Vgl. auch *Häde*, in: Calliess/Ruffert, EUV/AEUV, Art. 219 AEUV, Rn. 19. Vgl. *Kadelbach*, in: Siekmann, EWU, Art. 219 AEUV, Rn. 67.
[75] *Kadelbach*, in: Siekmann, EWU, Art. 138 AEUV, Rn. 12; *Palm*, in: Grabitz/Hilf/Nettesheim, EU, Art. 138 AEUV (August 2012), Rn. 7. Ferner *Bandilla*, in: Grabitz/Hilf, EU, Art. 111 EGV (Juni 2006), Rn. 59.
[76] *Kadelbach*, in: Siekmann, EWU, Art. 138 AEUV, Rn. 11; *Palm*, in: Grabitz/Hilf/Nettesheim, EU, Art. 138 AEUV (August 2012), Rn. 7.
[77] EuGH, Gutachten 2/94 v. 28.3.1996 (EMRK), Slg. 1996, I-1759, Rn. 24; *Lorenzmeier*, in: Grabitz/Hilf, EU, Art. 300 EGV (Oktober 2009), Rn. 4; *Palm*, in: Grabitz/Hilf/Nettesheim, EU, Art. 138 AEUV (August 2012), Rn. 8. Vgl. *Nowak-Far*, Polish Quarterly of International Affairs 22 (2013), 19 (19).
[78] *Bandilla*, in: Grabitz/Hilf, EU, Art. 111 EGV (Juni 2006), Rn. 62; *Palm*, in: Grabitz/Hilf/Nettesheim, EU, Art. 138 AEUV (August 2012), Rn. 9.

Außenkompetenz der Union und der **Befugnis des Rates zum Erlass »gemeinsamer Standpunkte«** (s. Rn. 1, 18).

1. »Internationale Einrichtungen und Konferenzen im Finanzbereich«

Eine internationale Einrichtung ist eine in irgendeiner Weise verselbständigte Einheit, die über eine gewisse Infrastruktur und Dauerhaftigkeit verfügt und deren Existenz auf Völkerrecht fußt. Zuvörderst zählen zu internationalen Einrichtungen somit die rechtsfähigen internationalen Organisationen.[79] Dass es sich bei der betreffenden Einheit um eine rechtsfähige Entität handelt, ist nicht zwingend erforderlich.[80] Dies folgt bereits daraus, dass der Tatbestand auch »Konferenzen« umschließt, denen weder rechtliche Verselbständigung noch Dauerhaftigkeit zukommen. Ausgehend vom Sinn und Zweck des Art. 138 Abs. 1 AEUV müssen internationale Organisationen und Konferenzen der außerunionsrechtlichen Sphäre zuzuordnen sein. Dies ist der Fall, wenn sie nicht durch Unionsrecht geschaffen werden und die Mitgliedschaft bzw. der Teilnehmerkreis sich nicht allein aus Subjekten, die dem Unionsrecht unterliegen, speist.

13

Qualifiziert werden die internationalen Einrichtungen und Konferenzen durch den Zusatz »im Finanzbereich«. Vor dem Hintergrund der systematischen Stellung des Art. 138 AEUV, seiner Zielsetzung (»Gewährleistung der Stellung des Euro«) sowie seiner Interdependenz mit der ausschließlichen Unionskompetenz in Währungsangelegenheiten ist der Begriff »Finanzbereich« dahingehend zu verstehen, dass die Einrichtung bzw. Konferenz selbst eine spezifische **währungspolitische Relevanz** haben muss.[81] Der währungspolitische Bezug einer von der Organisation bzw. auf der Konferenz behandelten Materie reicht nicht aus.[82] Da jedoch jegliches politische Handeln Einfluss auf die Wirtschaft hat und deren Gegebenheiten wiederum Auswirkungen auf das Währungsgefüge haben können, ist angesichts des kompetenziellen Primats der Mitgliedstaaten im wirtschaftspolitischen Bereich zu fordern, dass die Zielsetzungen und Aktivitäten der Einrichtung bzw. Konferenz zumindest zum Teil währungspolitischer Natur[83] und für diese prägend sind, auch wenn dies in der praktischen Umsetzung Schwierigkeiten bereiten kann. Dies führt zu einer restriktiven Auslegung des Art. 138 Abs. 1 AEUV.[84] Nicht geboten ist jedenfalls, dass sich die Einrichtung exklusiv der Währungspolitik verschreibt. Werden in einer »Einrichtung im Finanzbereich« i. S. d. Art. 138 Abs. 1 AEUV auch wirtschaftspolitische Materien diskutiert, so steht dem Rat nicht die Kompetenz zu, »gemeinsame Standpunkte« in wirtschaftspolitischen Fragen festzulegen. Werden hingegen innerhalb einer Organisation bzw. Konferenz, deren Aufgabenprofil im Allgemeinen einen besonderen Währungsbezug vermissen lässt und die somit Art. 138 Abs. 1 AEUV nicht zuzuordnen ist, währungspolitische Materien diskutiert, so treffen die Mitgliedstaaten Loyalitätspflichten[85] gegenüber und verstärkte

14

---

[79] Zum Begriff *Schmalenbach*, International Organizations or Institutions/General Aspects, MPEPIL, Dezember 2006, Rn. 3 ff.
[80] *Häde*, in: Calliess/Ruffert, EUV/AEUV, Art. 138 AEUV, Rn. 5.
[81] Weitgehender *Häde*, in: Calliess/Ruffert, EUV/AEUV, Art. 138 AEUV, Rn. 3.
[82] A.A. *Häde*, in: Calliess/Ruffert, EUV/AEUV, Art. 138 AEUV, Rn. 3, der deutliche Wechselbeziehungen der in Frage stehenden Materie zur Währungspolitik genügen lässt.
[83] *Khan*, in: Geiger/Khan/Kotzur, EUV/AEUV, Art. 138 AEUV, Rn. 2.
[84] Vgl. *Kadelbach*, in: Siekmann, EWU, Art. 138 AEUV, Rn. 9.
[85] Vgl. *Kokott*, in: Streinz, EUV/AEUV, Art. 351 AEUV, Rn. 17.

Koordinierungspflichten mit der EU sowie untereinander (Art. 4 Abs. 3 EUV),[86] mittels derer der ausschließlichen Kompetenz der EU im Bereich der Währungspolitik Geltung zu verschaffen ist. Die Mitgliedstaaten trifft die Pflicht, die Ausübung der Kompetenzen der EU zu fördern.[87] Die betreffende Außenvertretungskompetenz der Union folgt aus ihrer ausschließlichen Zuständigkeit für die Währungspolitik. (s. Rn. 1). Art. 138 AEUV greift hingegen nicht.

15 Diese Grundsätze zugrunde legend zeichnet sich auf der Ebene internationaler Akteure folgendes Bild ab: Zu den **internationalen Einrichtungen** i. S. d. Abs. 1 ist zuvörderst der **IWF** zu rechnen, dessen wesentliche Aufgaben angesichts des Art. I des IWF-Übereinkommens[88] – Förderung der internationalen Kooperation im Bereich der Währungspolitik und der Währungsstabilität[89] – ihrer Natur nach »clearly monetary«[90] sind. Nach Artikel IV, Abschn. 3, Buchst. a des Übereinkommens überwacht der IWF das internationale Währungssystem und unterstützt seine Mitglieder bei ihrem Bemühen um eine adäquate Währungspolitik (Buchst. b). Er leistet einen Beitrag zur Vermeidung extremer Wechselkursschwankungen und bei Zahlungsbilanzschwierigkeiten Unterstützung.[91] Dass er auch wirtschaftspolitische Funktionen erfüllt,[92] lässt ihn nicht aus dem Anwendungsbereich des Art. 138 Abs. 1 AEUV fallen, wirkt sich jedoch – je nachdem in welchem Bereich er in concreto tätig wird – auf die Kompetenzen des Rates aus (s. Rn. 18). Im Zuge der »Euro-Krise« war der IWF an Rekonvaleszenz-Programmen für Euro-Mitgliedstaaten beteiligt (Griechenland, Portugal, Irland, Zypern), was seine Signifikanz für das Euro-Währungsgebiet unter Beweis stellt.[93] Entgegen vereinzelt anzutreffender Ansicht[94] unterfällt ebenfalls die **Bank für Internationalen Zahlungsausgleich** (Bank for International Settlements – BIS),[95] die der Förderung finanzieller Stabilität verschrieben ist, Art. 138 Abs. 1 AEUV.[96] Die BIS fördert die Zusammenarbeit der Zentralbanken[97] und unterstützt sie insbesondere bei der Verwaltung ihrer ausländischen Währungsreserven.[98] Insofern wird sie in einem genuin währungsspezifischen Bereich tätig. Da Art. 138 Abs. 1 AEUV keine rechtliche Selbstständigkeit der Einrich-

---

[86] Vgl. *von Bogdandy/Schill*, in: Grabitz/Hilf/Nettesheim, EU, Art. 4 EUV (September 2013), Rn. 102.
[87] Hierzu *Epiney* (Fn. 10), S. 451.
[88] Übereinkommen über den Internationalen Währungsfonds in der Fassung vom 30. 4. 1976, BGBl. II 1978 S. 13.
[89] Vgl. *Martenczuk*, ZaöRV 59 (1999), 93 (101).
[90] *Smits* (Fn. 46), S. 443; *ders.*, in: GS, EUV/EGV, Art. 111 EGV, Rn. 209.
[91] *Martenczuk*, ZaöRV 59 (1999), 93 (101); *Schlemmer-Schulte*, International Monetary Fund (IMF), MPEPIL, April 2011, Rn. 45 ff.
[92] Vgl. *Hahn/Häde*, § 24, Rn. 25; *Herrmann*, EFAR 2002, 1 (22).
[93] *Directorate General for Internal Policies*, The European Union's Role in International Economic Fora, Paper 4: The IMF, Oktober 2015, IP/A/ECON/2014–15, S. 50. Zur Bedeutung des IWF in der »Euro-Krise« *Hodson*, The IMF as a de facto Institution of the EU: A Multiple Supervisor Approach, 22 Review of International Political Economy (2015), 770 ff.
[94] *Kadelbach*, in: Siekmann, EWU, Art. 138 AEUV, Rn. 30.
[95] »Bank of International Settlements«, Gesetz zum Abkommen über die Bank für internationalen Zahlungsausgleich v. 20. 1. 1930, RGBl. II 1939 S. 28. Hierzu *Gramlich*, AVR 38 (2000), 339 (417 ff.); *Hahn/Häde*, § 29, Rn. 6.
[96] *Häde*, in: Calliess/Ruffert, EUV/AEUV, Art. 138 AEUV, Rn. 5; *Palm*, in: Grabitz/Hilf/Nettesheim, EU, Art. 138 AEUV (August 2012), Rn. 11. In Zusammenhang mit Art. 111 EGV vgl. *Oppermann*, S. 535, 540.
[97] *Jacob*, Bank for International Settlements (BIS), MPEPIL, Mai 2011, Rn. 15 ff.
[98] Art. 23 Statuten der Bank für Internationalen Zahlungsausgleich v. 20. 1. 1930, i. d. F. v. 27. 6. 2005, abrufbar unter: www.bis.org/about/statutes-d.pdf (27. 9. 2016).

tung erfordert,[99] wird auch das von den G 7-Staaten errichtete Forum für Finanzstabilität, das von den G 20 im April 2009 zum auf einem breiteren Mandat fußenden[100] **Rat für Finanzstabilität** (Financial Stability Board)[101] umgeformt wurde, erfasst.[102] Der Rat für Finanzstabilität nimmt sich in erster Linie des »standard setting« im finanziellen Bereich an.[103] Er handelt auf Grundlage einer Satzung und wird von einem Sekretariat unterstützt, so dass ihm eine einrichtungstypische Infrastruktur zukommt. Art. 138 Abs. 1 AEUV unterfallen allerdings weder die **Internationale Bank für Wiederaufbau und Entwicklung** (International Bank for Reconstruction and Development – IBRD) noch die die zur **Weltbank-Gruppe** gehörende Internationale Entwicklungsorganisation (International Development Association – IDA) sowie die Internationale Finanz-Corporation (International Finance Corporation – IFC),[104] da sie allein auf entwicklungspolitischen Terrain ihre Aktivitäten entfalten.[105] Keinen währungspolitischen Bezug weisen zudem die entwicklungspolitisch orientierte[106] Multilaterale Investitions-Garantie-Agentur (Multilateral Investment Guarantee Agency – MIGA) sowie das Internationale Zentrum zur Beilegung von Investitionsstreitigkeiten (International Centre for the Settlement of Investment Disputes – ICSID)[107] – zwei weitere internationale Organisationen der Weltbank-Gruppe – auf.

Nicht eindeutig ist die Lage im Hinblick auf die Welthandelsorganisation (WTO),[108] im Rahmen derer sowohl die EU als Vollmitglied – vertreten durch die Kommission[109] – als auch die Mitgliedstaaten vertreten sind.[110] Diese behandelt in erster Linie (welt)handelspolitische Materien, erforscht aber durchaus auch Zusammenhänge zwischen Währungs- und Handelspolitik. Zwar haben im Rahmen des GATT[111] (Artikel XV) die Mitglieder Pflichten im Hinblick auf den Zahlungsverkehr übernommen. Inwiefern Art. XV indes (manipulative) Währungskurspolitik umfasst, ist strittig.[112] Die WTO ließe sich sicherlich

16

---

[99] *Häde*, in: Calliess/Ruffert, EUV/AEUV, Art. 138 AEUV, Rn. 5.
[100] *Louis*, FS Maresceau, S. 204.
[101] Siehe Articles of Association v. 28.1.2013, www.financialstabilityboard.org/publications/r_130128aoa.pdf (27.9.2014). Allgemein *Directorate General for Internal Policies*, External Representation of the Euro Areas, Study, 2012, S. 26f.
[102] *Snyder*, S. 714.
[103] *Louis*, FS Maresceau, S. 204.
[104] *Kadelbach*, in: Siekmann, EWU, Art. 138 AEUV, Rn. 14; a.A. *Häde*, in: Calliess/Ruffert, EUV/AEUV, Art. 138 AEUV, Rn. 5; *Palm*, in: Grabitz/Hilf/Nettesheim, EU, Art. 138 AEUV (August 2012), Rn. 11.
[105] *Dann*, International Finance Corporation (IFC), MPEPIL, März 2011, Rn. 1f.; *Guder*, International Development Association (IDA), MPEPIL, April 2011, Rn. 1; *Schlemmer-Schulte*, Internationales Währungs- und Finanzrecht, in: Tietje (Hrsg.), Internationales Wirtschaftsrecht, 2009, § 9, Rn. 80; *dies.*, International Bank for Reconstruction and Development (IBRD), MPEPIL, Mai 2011, Rn. 49f.
[106] *Schill*, Multilateral Investment Guarantee Agency (MIGA), MPEPIL, April 2011, Rn. 1.
[107] *Schreuer*, International Centre for Settlement of Investment Disputes (ICSID), MPEPIL, Mai 2013, Rn. 1.
[108] Übereinkommen zur Errichtung der Welthandelsorganisation (WTO) vom 15.4.1994, BGBl. II 1994 S. 1625.
[109] *Weiß*, in: Grabitz/Hilf/Nettesheim, EU, Art. 207 AEUV (August 2015), Rn. 210.
[110] Nach *Häde*, in: Calliess/Ruffert, EUV/AEUV, Art. 138 AEUV, Rn. 5, von Art. 138 Abs. 1 AEUV erfasst; ebenfalls *Palm*, in: Grabitz/Hilf/Nettesheim, EU, Art. 138 AEUV (August 2012), Rn. 11; a.A. wohl *Kadelbach*, in: Siekmann, EWU, Art. 138 AEUV, Rn. 14.
[111] General Agreement on Tariffs and Trade, BGBl. II 1951 S. 173.
[112] *Viterbo*, International Economic Law and Monetary Measures, 2012, S. 307ff. Differenzierend *Thorstensen/Ramos/Muller*, JIEL 16 (2013), 353 (377ff.).

Art. 138 AEUV zuordnen, wenn man bloße Wechselwirkungen zwischen Aufgaben einer Organisation und der Währungspolitik für hinreichend erachtete,[113] was angesichts der grundsätzlich gebotenen restriktiven Auslegung des Art. 138 Abs. 1 AEUV abzulehnen ist. Zudem gilt es im Kontext der WTO zu berücksichtigen, dass sie zu einem großen Teil auf dem Gebiet der Gemeinsamen Handelspolitik tätig wird, die der exklusiven Kompetenz der EU unterfällt, vgl. Art. 3 Abs. 1 Buchst. e, Art. 207 AEUV.[114] Vor diesem Hintergrund lassen die Mitgliedstaaten im Rahmen der WTO außenpolitisch Zurückhaltung walten, so dass sich hier eine Asymmetrie zwischen Binnen- und faktischer Außenkompetenz der Union, der Art. 138 AEUV von seinem Telos her Abhilfe verschaffen will, gerade nicht feststellen lässt. Insofern ist es auch ergebnisorientiert betrachtet haltbar, sie aus dem Anwendungsbereich des Art. 138 AEUV herauszunehmen.[115] Sollten – wie mitunter vorgeschlagen – innerhalb der WTO Mechanismen zur Behebung fehlerhafter Wechselkursbewertungen installiert werden[116] und sie so in einem währungsgenuinen Bereich tätig werden, wird sie unter dem Blickwinkel des Art. 138 AEUV zukünftig u. U. anders zu betrachten sein. Der Förderung wirtschaftlicher Entwicklung und Wachstums u. a. im Wege der Handelsliberalisierung[117] und somit wirtschafts- und handelspolitischen Materien ist die **OECD**[118] verschrieben.[119] Anders als im Falle der WTO findet sich jedoch ein spezifisch finanzpolitischer[120] und währungsrechtlicher Bezug in ihren Zielsetzungen.[121] So zählt zu deren Handlungsmaximen nach Art. 1 Buchst. a des OECD-Übereinkommens die Sicherstellung finanzieller Stabilität.[122] Dies lässt sie als währungspolitisch geprägte[123] und von Art. 138 Abs. 1 AEUV erfasste Institution erscheinen.[124]

---

[113] So *Häde*, in: Calliess/Ruffert, EUV/AEUV, Art. 138 AEUV, Rn. 3.

[114] *Weiß*, in: Grabitz/Hilf/Nettesheim, EU, Art. 207 AEUV (August 2015), Rn. 211. Zur Frage, ob die Mitgliedstaaten angesichts der Kompetenz der EU, ihre WTO-Mitgliedschaften aufzugeben verpflichtet sind *Tietje*, Das Ende der parallelen Mitgliedschaft von EU und Mitgliedstaaten in der WTO?, in: Herrmann/Krenzler/Streinz (Hrsg.), Die Außenwirtschaftspolitik der Europäischen Union nach dem Verfassungsvertrag, 2006, S. 161 (172); *Weiß*, in: Grabitz/Hilf/Nettesheim, EU, Art. 207 AEUV (August 2015), Rn. 211. Ablehnend *Hahn*, in: Calliess/Ruffert, EUV/AEUV, Art. 207 AEUV, Rn. 76.

[115] Der Grad der Koordination ist im Hinblick auf die WTO sehr hoch, vgl. *Gstöhl*, EFAR 2009, 385 (390).

[116] Hierzu *Thorstensen/Ramos/Muller*, JIEL 16 (2013), 353 (380f.).

[117] *Tietje*, in: Grabitz/Hilf, EU, Art. 304 EGV (Januar 2000), Rn. 2; *Troberg/Tiedje*, in: GS, EUV/EGV, Vorb. zu Art. 43–48 EGV, Rn. 54.

[118] Übereinkommen über die Organisation für wirtschaftliche Zusammenarbeit und Entwicklung (OECD) vom 14.12.1960, BGBl. II 1961 S. 1151.

[119] *Martens/Schulze*, OECD, in: Freistein/Leininger (Hrsg.), Handbuch Internationale Organisationen, 2012, S. 184 (185f.).

[120] *Osteneck*, in: Schwarze, EU-Kommentar, Art. 220 AEUV, Rn. 28.

[121] *Ungerer*, in: Bergmann (Hrsg.), Handlexikon der Europäischen Union, 54 Aufl., 2015, »OECD«.

[122] Vgl. nur *Ahrend/Goujard/Schwellnus*, International Capital Mobility: Which Structural Policies Reduce Financial Fragility?, OECD Economic Policy Papers, No. 2, 2012. Siehe auch www.oecd.org/eco/monetary (27.9.2016).

[123] Vgl. *Padoa-Schioppa*, The external representation of the Euro area, Rede v. 17.3.1999, Brüssel, Punkt 4, www.ecb.europa.eu/press/key/date/1999/html/sp990317.en.html (27.9.2016).

[124] *Kadelbach*, in: Siekmann, EWU, Art. 138 AEUV, Rn. 14; *Oppermann*, S. 545.

Die Frage, ob die **G7**[125]/**G8**,[126] **G10**[127] und **G20**,[128] die i. d. R. vor den Jahrestreffen des 17
IWF und der Weltbank zusammenkommen, schon Einrichtungen oder noch organisatorisch verfestigte **Konferenzen** – wofür ihr geringer Institutionalisierungsgrad spricht[129] – darstellen, ist umstritten,[130] im Ergebnis jedoch irrelevant.[131] Die Ausrichtung der Zusammenkünfte insbesondere auf Themen, die im IWF diskutiert werden, verleiht ihnen währungspolitische Bedeutung. Ihr wirtschaftspolitischer Fokus[132] im Übrigen hindert ihre Subsumtion unter Abs. 1 mit Blick auf währungspolitische Themen nicht.

2. Fragen, die von besonderer Bedeutung für die Wirtschafts- und Währungsunion sind

Die Beschränkung auf »Fragen, die von besonderer Bedeutung für die Wirtschafts- und 18
Währungsunion sind«, erklärt sich zunächst vor dem Hintergrund der engen wirtschaftspolitischen Kompetenzen der EU und der Notwendigkeit, den Handlungsspielraum der Mitgliedstaaten in diesem Bereich zu wahren. Indes wird dies bereits über das Tatbestandsmerkmal »**Gewährleistung der Stellung des Euro**« insofern verwirklicht, als bei wirtschaftspolitischen Themen, die in die Zuständigkeit der Union fallen, stets eine unmittelbare währungspolitische Relevanz gegeben sein muss.[133] Sinn und Zweck der Beschränkung auf bedeutsame Fragen ist in erster Linie, konkurrierende Kompetenzen anderer Unionsorgane – zuvörderst der EZB – nicht zu beeinträchtigen[134] und so das **Gebot kompetenzieller Rücksichtnahme** (s. Rn. 9) zu verwirklichen. Wann Fragen eine »besondere Bedeutung« zu attestieren ist, lässt sich ex ante und in abstracto nur schwer erfassen.[135] Jedenfalls wird es sich hierbei um Umstände handeln müssen, die hochpolitischer Natur sind, sich prägend auf die WWU und die ihr zugrundeliegenden Prinzipien auswirken und – was entscheidend ist – die **Stellung des Euro im internationalen Währungssystem** betreffen.[136] Dies bedeutet zugleich, dass sich »**operative Fragen**« der WWU kaum als solche von »besonderer Bedeutung« einordnen lassen. Sind operative Fragen betroffen, obliegt dem Rat auch vor dem Hintergrund der Zentralbankunabhän-

---

[125] Die G7 ist seit dem 25.3.2014 wieder reaktiviert worden, als die sieben größten Industrienationen Russland wegen seines Verhaltens während der Krimkrise ausschlossen, vgl. *Merkel*, Regierungserklärung v. 20.3.2014, http://www.bundesregierung.de/Content/DE/Regierungserklaerung/2014/2014-03-20-bt-merkel.html (27.9.2016).
[126] Deutschland, Frankreich, Großbritannien, Italien, Japan, Kanada, USA und seit 1998 Russland.
[127] Hierzu zählen die größten Beitragszahler des IWF. Zu den G7/8 Staaten kommen Belgien, Niederlande, Schweden, Schweiz hinzu.
[128] G20 setzt sich zusammen aus den G7/8-Staaten und weiteren 11 Schwellenländern. Der EU wird eine vollwertige Mitgliedschaft zu teil, siehe Rn. 36.
[129] Hierzu *Gramlich*, AVR 38 (2000), 339 (415 f.).
[130] Ablehnend *Kadelbach*, in: Siekmann, EWU, Art. 138 AEUV, Rn. 28.
[131] *Häde*, in: Calliess/Ruffert, EUV/AEUV, Art. 138 AEUV, Rn. 6.
[132] *Weiß*, EuR 2002, 165 (190).
[133] *Palm*, in: Grabitz/Hilf/Nettesheim, EU, Art. 138 AEUV (August 2012), Rn. 10. Vgl. *Bandilla*, in: Grabitz/Hilf, EU, Art. 111 EGV (Juni 2006), Rn. 14.
[134] *Khan*, in: Geiger/Khan/Kotzur, EUV/AEUV, Art. 138 AEUV, Rn. 12. Zu horizontalen Abgrenzung *ECB*, Mothly Bulletin May 2011, 87 (90); *Stumpf*, ZaöRV 63 (2003), 1075 (1080) [in Bezug auf Art. 111 EGV].
[135] Vgl. *Smits*, in: GS; EUV/EGV, Art. 111 EGV, Rn. 163.
[136] *Kadelbach*, in: Siekmann, EWU, Art. 138 AEUV, Rn. 11. Weitergehender *Bandilla*, in: Grabitz/Hilf, EU, Art. 111 EGV (Juni 2006), Rn. 63.

gigkeit, vgl. Art. 130 AEUV, eine hohe Argumentationslast, sollte er der EZB nach Art. 138 Abs. 1 AEUV inhaltliche Vorgaben machen (s. Rn. 8f., 20f.).[137]

3. »Erlässt«

19 Art. 138 Abs. 1 AEUV ermächtigt den Rat nicht nur zum Erlass »gemeinsamer Standpunkte«, sondern legt ihm im Falle eines Vorschlags der Kommission eine Pflicht hierzu auf. Die Kommission ist zur Unterbreitung des Vorschlags verpflichtet.[138] Beiden Organen stehen jedoch hinsichtlich der Voraussetzungen des Art. 138 Abs. 1 AEUV sowie des Inhalts der Standpunkte **Beurteilungsspielräume** zu, die **Raum für politische Opportunität** lassen.[139] Bleibt die Kommission untätig, kann der Rat sie nach Art. 135 AEUV um einen Vorschlag ersuchen oder alternativ den EuGH im Wege der Untätigkeitsklage nach Art. 265 AEUV anrufen.[140] Der Rat erlässt den »gemeinsamen Standpunkt«, ähnlich wie dies auch Art. 29 EUV für den »Standpunkt der Union« im Bereich des GASP vorsieht,[141] in Beschlussform, vgl. Art. 288 Abs. 4 AEUV. Da der Rat auf Vorschlag der Kommission und nicht nur auf ihre Empfehlung einen Beschluss fasst, kann er diesen nach Art. 293 Abs. 1 Hs. 1 AEUV nur einstimmig ändern. Solange er noch keinen Beschluss gefasst hat, kann die Kommission ihren Vorschlag jederzeit ändern (Art. 293 Abs. 2 AEUV).[142] Die EZB ist vor dem Ratsbeschluss anzuhören (Art. 138 Abs. 1 Satz 2 AEUV). Im Falle einer wesentlichen Modifikation des Kommissionsvorschlags seitens des Rates ist – um einer Aushöhlung ihrer Partizipation vorzubeugen – die EZB nochmals anzuhören.[143]

4. Bindungswirkungen

20 Die Standpunkte sind für die Mitgliedstaaten sowie die Unionsorgane, auch die EZB, **verbindlich**.[144] Dies spiegelt sich in Art. 138 Abs. 1 AEUV selbst wider, indem dieser von den »einzunehmenden« Standpunkten spricht,[145] was eine Befolgungspflicht impliziert. Dies korrespondiert mit Art. 288 Abs. 4 Satz 1 AEUV, wonach Beschlüsse grundsätzlich in ihrer Gesamtheit verbindlich sind. Allerdings lässt Art. 288 Abs. 4 Satz 2 AEUV zu, dass ihre Verbindlichkeit auf bestimmte Adressaten beschränkt wird. Art. 138 Abs. 1 AEUV benennt den möglichen Adressatenkreis »der gemeinsamen Standpunkte« nicht ausdrücklich. Die potentiellen Adressaten sind vielmehr vor dem Hintergrund seines Telos zu bestimmen. Die Bündelung möglicher Akteure zu einer Stimme der Eurozone – der Zweck des Art. 138 AEUV – erfordert zunächst eine Bindung der Mitgliedstaaten. Er ließe sich jedoch auch nicht verwirklichen, wären andere Unionsorgane von der Verpflichtungswirkung des Beschlusses ausgenommen.[146] Qualifiziert man den

---

[137] Vgl. tendenziell *Stumpf*, ZaöRV 63 (2003), 1075 (1080). Der EZB sei, soweit ihre Aufgaben betroffen sind, eine angemessene Rolle einzuräumen, *Martenczuk*, ZaöRV 59 (1999), 93 (101).
[138] *Bandilla*, in: Grabitz/Hilf, EU, Art. 111 EGV (Juni 2006), Rn. 67.
[139] *Bandilla*, in: Grabitz/Hilf, EU, Art. 111 EGV (Juni 2006), Rn. 67; *Palm*, in: Grabitz/Hilf/Nettesheim, EU, Art. 138 AEUV (August 2012), Rn. 5.
[140] *Palm*, in: Grabitz/Hilf/Nettesheim, EU, Art. 138 AEUV (August 2012), Rn. 5.
[141] *Regelsberger/Kugelmann*, in: Streinz, EUV/AEUV, Art. 29 EUV, Rn. 2, 7.
[142] *Smits*, in: GS, EUV/EGV, Art. 111 EGV, Rn. 179.
[143] *Smits*, in: GS, EUV/EGV, Art. 111 EGV, Rn. 193.
[144] *Kadelbach*, in: Siekmann, EWU, Art. 138 AEUV, Rn. 34; *Smits* (Fn. 46), S. 410ff. Vgl. auch *Stumpf*, ZaöRV 63 (2003), 1075 (1081).
[145] *Häde*, in: Calliess/Ruffert, EUV/AEUV, Art. 138 AEUV, Rn. 7.
[146] Beschlüsse können auch an Unionsorgane gerichtet sein, *Ruffert*, in: Calliess/Ruffert, EUV/AEUV, Art. 288 AEUV, Rn. 92.

Beschluss als Weisung an die EZB,[147] gerät man allerdings in Konflikt mit deren Unabhängigkeit, die Art. 130 AEUV verankert. So ist unter einer Weisung i. S. d. Art. 130 Abs. 1 Satz 1 AEUV jegliche verbindliche Anordnung zu verstehen,[148] worunter sich auch ein Beschluss fassen ließe. Die Weisungsunabhängigkeit, die Art. 130 AEUV sichert, ist indes nicht dahingehend zu verstehen, dass die EZB Unionrechtsakte, die im Einklang mit den Verträgen erlassen werden, nicht zu befolgen hätte.[149] Gestattet das Primärrecht bestimmten Organen im Einzelfall verpflichtende Anordnungen gegenüber der EZB, so schränkt dies das Spektrum der Weisungsunabhängigkeit der EZB gegenständlich ein.[150] Vor dahingehenden Modifikationen des Primärrechts gewährt Art. 130 AEUV keinen Schutz.[151] Unabhängigkeit ist nicht im Sinne einer »Freiheit von rechtlichen Bindungen«,[152] sondern vielmehr einer »Autonomie im Rahmen des Rechts«[153] zu verstehen. Eine absolute Unabhängigkeit der EZB war bereits unter Geltung des Art. 111 EGV in der Währungsaußenpolitik nicht zu attestieren.[154] In ähnlicher Weise wirken sich Art. 219[155] und Art. 138 AEUV unabhängigkeitsbeschränkend aus.

Verletzt der Rat im Rahmen seines Beschlusses indes das Gebot kompetenzieller 21 Rücksichtnahme, so bedingt dies die Unionsrechtswidrigkeit eines »gemeinsamen Standpunktes«. Der Rat verhält sich auch vertragswidrig, wenn er Standpunkte festlegt, die mit der Unabhängigkeit der EZB und ihrer Verpflichtung auf das Primat der Preisstabilität[156] unvereinbar sind. Aus Gründen der Rechtssicherheit und vor dem Hintergrund des Telos des Art. 138 AEUV wird man einen unionsrechtswidrigen Beschluss nicht ex ante und per se als unverbindlich einordnen können.[157] Jedem Unionsakt und somit auch »gemeinsamen Standpunkten« kommt die Vermutung der Wirksamkeit zu, solange ein Nichtigkeitsurteil seitens des EuGH nicht gefällt wurde.[158] So ist ein Unionsakt nach allgemeiner Auffassung nur in außergewöhnlichen Fällen schwerwiegender, nicht hinnehmbarer und offensichtlicher Fehlerhaftigkeit als von Anfang an nichtig zu betrachten.[159] Angesichts der kompetenziellen Grauzone zwischen EZB und Rat und

---

[147] Bejahend *Palm*, in: Grabitz/Hilf/Nettesheim, EU, Art. 138 AEUV (August 2012), Rn. 13. *Gaitanides*, Das Recht der Europäischen Zentralbank, 2005, S. 71 f., versteht unter Weisungen Akte sui generis ohne Außenwirkung.

[148] *Häde*, in: Calliess/Ruffert, EUV/AEUV, Art. 130 AEUV, Rn. 14; *Sodan*, NJW 1999, 1521 (1523).

[149] *Herrmann*, EFAR 2002, 1 (8). A. A. *Selmayr*, WM 1999, 2429 (2434); wohl auch *Smits*, in: GS, EUV/EGV, Art. 111 EGV, Rn. 105.

[150] Vgl. *Rodi*, in: Vedder/Heintschel v. Heinegg, Europäisches Unionsrecht, Art. 130 AEUV, Rn. 12.

[151] *Kämmerer*, in: v. Münch/Kunig, GG, Art. 88, Rn. 28.

[152] *Kempen*, in: Streinz, EUV/AEUV, Art. 130 AEUV, Rn. 11.

[153] *Palm*, Preisstabilität in der Europäischen Wirtschafts- und Währungsunion, 2000, S. 123. Vgl. *Janzen*, Der neue Artikel 88 Satz 2 des Grundgesetzes, 1996, S. 124 f.

[154] *Manger-Nestler*, Par(s) inter pares, 2008, S. 170.

[155] *Rodi*, in: Vedder/Heintschel v. Heinegg, Europäisches Unionsrecht, Art. 130 AEUV, Rn. 12.

[156] Diesen kommt nach *Martenczuk*, ZaöRV 59 (1999), 93 (105), Vorrang zu.

[157] A.A. *Palm*, in: Grabitz/Hilf/Nettesheim, EU, Art. 138 AEUV (August 2012), Rn. 13. Für die Unverbindlichkeit einer Weisung, die gegen Art. 130 Abs. 1 Satz 1 AEUV verstößt *Häde*, in: Calliess/Ruffert, EUV/AEUV, Art. 130 AEUV, Rn. 14. In Richtung der hier vertretenen Ansicht *Gaiser*, EuR 2002, 517 (519).

[158] *Cremer*, in: Calliess/Ruffert, EUV/AEUV, Art. 263 AEUV, Rn. 1; *Dörr*, in: Grabitz/Hilf/Nettesheim, EU, Art. 264 AEUV (November 2012), Rn. 1, Art. 263 AEUV (November 2012), Rn. 3; *Ehricke*, in: Streinz, EUV/AEUV, Art. 264 AEUV, Rn. 1; *Kotzur*, in: Geiger/Khan/Kotzur, EUV/AEUV, Art. 264 AEUV, Rn. 2; *Schwarze*, in: Schwarze, EU-Kommentar, Art. 263 AEUV, Rn. 3.

[159] Siehe *Glaser*, Die Entwicklung Europäischen Verwaltungsrechts aus der Perspektive der Handlungsformenlehre, 2013, S. 425.

den zahlreichen hiermit verbundenen offenen Fragen wird nur selten eine offensichtliche Unionsrechtswidrigkeit eines »gemeinsamen Standpunktes« angenommen werden können. Allerdings ist der Beschluss als verbindlicher Rechtsakt im Rahmen einer Nichtigkeitsklage nach Art. 263 AEUV justiziabel,[160] die seitens der EZB als teilprivilegierter Klägerin nach Art. 263 Abs. 3 AEUV zur Wahrung ihrer Rechte angestrengt werden kann.[161] Die EZB kann den EuGH zudem, um schnell Rechtssicherheit zu erlangen, um einstweiligen Rechtsschutz nach Art. 278, 279 AEUV ersuchen.[162] Folgendes ist allerdings zu berücksichtigen: Stellt der EuGH die Nichtigkeit eines Unionsrechtsaktes fest, so gilt diese ex tunc und der betreffende Akt ist für die Vergangenheit als inexistent zu behandeln.[163] Leistet die EZB somit einem Beschluss vor seiner Nichtigerklärung nicht Folge, der in ihre Kompetenzen vordringt, und wird dieser im weiteren Lauf seitens des EuGH aufgehoben, so verhält sie sich im Ergebnis nicht vertragswidrig.

22 Da sich Art. 138 Abs. 1 AEUV im Kapitel zu den »Bestimmungen für Mitgliedstaaten, deren Währung der Euro ist« findet, ist er für die Euro-Teilnehmerstaaten vollumfänglich verpflichtend.[164] Systematisch wird dies durch Art. 139 Abs. 2 Buchst. h AEUV bestätigt. Von einem territorial beschränkten Anwendungsbereich[165] eines solchen Ratsbeschlusses bzw. seinen territorial beschränkten Rechtswirkungen zu sprechen, überzeugt nicht vollends. Mitgliedstaaten mit Ausnahmeregelung verpflichtet der Ratsbeschluss zwar nicht zum Vertreten einer bestimmten Position, jedoch haben diese den Beschluss zu respektieren und Maßnahmen zu unterlassen, die die effektive Befolgung des Beschlusses durch die umfassend verpflichteten Mitgliedstaaten verhindern könnten. Gleiches gilt für die Mitgliedstaaten mit Sonderstatus (Dänemark, Vereinigtes Königreich, hierzu Art. 139 AEUV, Rn. 40 ff.). In diesem Sinne zeitigen »gemeinsame Standpunkte« auch für Mitgliedstaaten mit Ausnahmeregelung abgeschwächte Bindungswirkungen,[166] jedenfalls im Sinne eines **Frustrationsverbots**.

II. Absatz 2

23 Abs. 2 betrifft nicht die einheitliche inhaltliche Positionierung für die Eurozone, sondern die Frage der Vertretung, deren uneinheitliche Handhabung die EU auf internationalem Finanzparkett mitunter entgegen ihrer weltwirtschaftlichen Potenz als »**politischen Zwerg**« erscheinen lässt.[167] Er soll eine effektive Wahrnehmung europäischer Interessen nach außen ermöglichen und so auch zu einer »**Internationalisierung des**

---

[160] *Kadelbach*, in: Siekmann, EWU, Art. 138 AEUV, Rn. 34.
[161] *Ehricke*, in: Streinz, EUV/AEUV, Art. 263 AEUV, Rn. 27; *Gaiser*, EuR 2002, 517 (518 f.); *Griller*, in: Grabitz/Hilf/Nettesheim, EU, Art. 130 AEUV (Mai 2013), Rn. 10; *Kämmerer*, in: v. Münch/Kunig, GG, Art. 88, Rn. 28; *Kempen*, in: Streinz, EUV/AEUV, Art. 130 AEUV, Rn. 11; *Rodi*, in: Vedder/Heintschel v. Heinegg, Europäisches Unionsrecht, Art. 130 AEUV, Rn. 13; *Zilioli/Selmayr*, S. 43.
[162] Vgl. *Wegener*, in: Calliess/Ruffert, EUV/AEUV, Art. 278 AEUV, Rn. 10.
[163] EuGH, Urt. v. 31.3.1971, Rs. 22/70 (AETR), Slg. 1971, 263, Rn. 59/60; *Gaiser*, EuR 2002, 517 (519).
[164] Vgl. *Kadelbach*, in: Siekmann, EWU, Art. 138 AEUV, Rn. 7.
[165] So auch *Kadelbach*, in: Siekmann, EWU, Art. 138 AEUV, Rn. 7.
[166] Vgl. zu möglichen Bindungsdimensionen *Starski*, Der Landesverwaltungsakt im Bundesgebiet, 2014, S. 65 ff.
[167] *Europäische Kommission* (Fn. 130), S. 142. Ferner *Hervé*, ELJ 18 (2012), 143 (143); *Louis*, CMLRev. 41 (2004), 575 (607); *Schwarzer/Steinberg/Valiante*, Notre Europe, Jacques Delors Institute, Policy Paper 86, S. 4; *Smaghi*, International Finance 9/2 (2006), 261; *Snyder*, S. 715; *Vehrkamp*, Spotlight Europe, 2008/09, August 2008, 1 (2).

Euro« – womöglich auch Etablierung des Euro als einer Reservewährung – beitragen.[168] Als weitere Vorteile einer einheitlichen »Vertretung der Eurozone« werden Synergieeffekte sowie eine höhere Transparenz der Währungspolitik für den Bürger genannt.[169] Die Notwendigkeit einer Regelung wie des Art. 138 Abs. 2 AEUV folgt daraus, dass entgegen der prinzipiellen mitgliedstaatlichen Nichtkompetenz im Bereich der Währungspolitik innerhalb internationaler Organisationen und Konferenzen formell betrachtet nach wie vor lediglich die Mitgliedstaaten eine Stimme haben. Dabei ist die Frage der (völkerrechtlichen) Außenvertretung angesichts ihrer Bezüge zur klassischen staatlichen Souveränität eine äußerst sensible und kontrovers diskutierte Materie.[170] Der Lissabonner Vertrag schafft in diesem Bereich **keine normative Klarheit**,[171] sondern verlagert angesichts der Offenheit des Art. 138 Abs. 2 AEUV die Beantwortung unter den Mitgliedstaaten umstrittener Fragen[172] auf die Ebene der Rechtsanwendung und praktischen Umsetzung. Bestärkt wird diese Unklarheit dadurch, dass die Vorgängernorm des Art. 139 Abs. 2 AEUV – Art. 111 Abs. 4 EGV – auf Grund eines jedenfalls politisch angenommenen Konsenserfordernisses[173] in praxi nie angewandt wurde,[174] und man sich vielmehr auf ein wechselhaftes, pragmatisches Prozedere einigte (hierzu Rn. 30). In Richtung einer Konkretisierung des Art. 138 Abs. 2 AEUV qua Anwendung hat die Kommission nunmehr einen erheblichen Schritt getätigt und im Oktober 2015 nach Aufforderung durch das Parlament[175] und anknüpfend an den »Fünf-Präsidenten-Bericht« als Teil des Pakets von Maßnahmen zur Vollendung der europäischen WWU einen Fahrplan zur Sicherstellung einer einheitlichen Außenvertretung des Euro-Währungsgebiets vorgelegt (s. Rn. 4). Dieser soll der weiteren Konsensfindung in Parlament sowie im Rat dienen.[176] Verbunden hiermit wurde ein Vorschlag für einen Beschluss des Rates, der sich – unter Verweis auf dessen globale Signifikanz – auf die Außenvertretung im IWF konzentriert.[177] Gleichzeitig stellt die Kommission jedoch klar, nicht »künftigen Entwicklungen« innerhalb anderer internationaler Foren vorgreifen zu wollen.[178] Potentiell könnte ein Reglement hinsichtlich des IWF jedoch einen »Zugpferd-Effekt« auf die Realisierung eines einheitlichen Außenvertretungsmodus innerhalb anderer internationaler Organisationen zeigen. Die Kommissionsinitiativen sind ambitioniert und lassen an einigen Stellen rechtliche Bedenken aufkommen. Ob es darüber hinaus gelingen wird, zu erwartenden Widerstand seitens der Euro-Mitgliedstaaten sowie des IWF gegen ihre Umsetzung zu überwinden, wird die Zeit zeigen müssen.

---

[168] Vgl. *Cohen*, JCMSt 47 (2009), 741; *Snyder*, S. 715.
[169] *Kunstein*, WeltTrends 59 (2008), 71 (72).
[170] Vgl. *Louis*, Les relations extérieures, S. 103.
[171] So *Directorate General* (Fn. 101), S. 14.
[172] So *Directorate General* (Fn. 101), S. 14.
[173] Art. 111 EGV in der Amsterdam-Version sah für den Beschluss von »gemeinsamen Standpunkten« noch ein Einstimmigkeitsquorum vor. Siehe *Kadelbach*, in: Siekmann, EWU, Art. 138 AEUV, Rn. 3.
[174] *Louis*, The International Projection, S. 75.
[175] Entschließung des Europäischen Parlaments vom 22. Oktober 2014 zu dem Europäischen Semester für wirtschaftspolitische Koordinierung: Umsetzung der Prioritäten für 2014 (2014/2059(INI)), Gedstr. 16.
[176] COM (2015) 602 final (Fn. 33).
[177] COM (2015) 603 final (Fn. 33). Der Wirtschafts- und Sozialausschuss hat in seiner jüngsten Stellungnahme betont, es dürften andere relevante internationale Organisationen nicht aus dem Blickfeld geraten, ECO/392 (Fn. 33), 1.4, 2.3, 3.6.
[178] COM (2015) 602 final (Fn. 33), S. 3.

1. Die »Stimme der Eurozone«

24 Art. 138 Abs. 2 AEUV ist in ein komplexes und unklares Gefüge an Vertretungsregelungen einzuordnen. Insbesondere lässt er Fragen hinsichtlich der Zuständigkeitsbereiche der Unionsorgane untereinander teilweise unbeantwortet.

a) Beschränkung der Zuständigkeit

25 Die Zuständigkeit des Rates nach Art. 138 Abs. 2 AEUV ist in zweifacher Hinsicht beschränkt. Erstens geht es darin nur um die einheitliche Vertretung – wie die Norm ausdrücklich regelt – »bei den internationalen Einrichtungen und Konferenzen« im Finanzbereich. Diese Begriffe sind kongruent zu Art. 138 Abs. 1 AEUV auszulegen.[179] Auch das Telos des Art. 138 Abs. 1 AEUV (»zur Gewährleistung der Stellung des Euro im internationalen Währungssystem«) ist zur Auslegung des Abs. 2 heranzuziehen. Entscheidend ist die währungspolitische Relevanz der Einrichtung bzw. des Forums (s. Rn. 14). Zwar kann – zweitens – Art. 138 Abs. 2 AEUV die Beschränkung – obwohl man sich für eine ausdrückliche Verankerung einsetzte[180] – auf wichtige währungspolitische Materien nicht entnommen werden, für eine solche spricht jedoch die Systematik.[181] Dass man von einer norminternen Berücksichtigung gegenläufiger Kompetenzen, wie sie bereits die umstrittene[182] Vorgängernorm Art. 111 Abs. 4 EGV statuierte, abrücken wollte, ist nicht ersichtlich. Eine restriktive Auslegung gebietet bereits die übrige Kompetenzordnung und das ihr inhärente Gebot interorganschaftlicher Loyalität.[183] Dass man von der Aufnahme einer ausdrücklichen Beschränkung Abstand nahm, ist wohl im Sinne einer Betonung der Reservekompetenz des Rates zu deuten.

b) Spannungsverhältnis zwischen allgemeiner Vertretung der Union und der »Stimme der Eurozone«

26 Wie aus Art. 17 Abs. 1 Satz 6 EUV folgt, obliegt außerhalb der intergouvernementalen Außenpolitik (GASP)[184] grundsätzlich der Kommission die Außenvertretung der Union in allen integrierten Politikbereichen. Von dieser Grundregel macht Art. 138 Abs. 2 AEUV eine Ausnahme.[185] Ob unter Geltung des Art. 111 Abs. 4 EGV angesichts des Art. 6.1 und 6.2 ESZB-Satzung von einer exklusiven Außenvertretungskompetenz der EZB im Rahmen währungspolitischer Fora auszunehmen war,[186] erwies sich damals schon als streitig. Die These kann jedoch im Hinblick auf Art. 138 Abs. 2 AEUV (s. Rn. 41, 8) jedenfalls nicht mehr aufrechterhalten werden.

---

[179] Vgl. *Kadelbach*, in: Siekmann, EWU, Art. 138 AEUV, Rn. 35.
[180] *EZB* (Fn. 54), Ziff. 15 u. 17.
[181] Im Ergebnis wohl so *Kadelbach*, in: Siekmann, EWU, Art. 138 AEUV, Rn. 36. Ferner *Rodi*, in: Vedder/Heintschel v. Heinegg, EVV, Art. III–196, Rn. 3. Dies hält *Kempen*, in: Streinz, EUV/AEUV, Art. 139 AEUV, Rn. 3, für fragwürdig.
[182] *Louis*, Les relations extérieures, S. 83.
[183] So auch *Rodi*, in: Vedder/Heintschel v. Heinegg, Europäisches Unionsrecht, Art. 138 AEUV, Rn. 3.
[184] Im Bereich des GASP ist der Hohe Vertreter für die Außen- und Sicherheitspolitik, vgl. Art. 27 Abs. 2 EUV, bzw. auf Ebene der Staats- und Regierungschefs der ständige Präsident des Europäischen Rates, vgl. Artikel 15 Abs. 6 Satz 2 EUV, zuständig.
[185] So *Directorate General* (Fn. 101), S. 13.
[186] So *Zilioli/Selymayr*, S. 233.

aa) Vertretenes Subjekt

Ungenau ist Art. 138 Abs. 2 AEUV bereits bei der Bestimmung des vertretenen Subjektes. Aus der Systematik des Vertrages folgt, dass Abs. 2 die »Repräsentation der Eurozone« und nicht – wie es noch in Art. 111 Abs. 4 EGV lautete – »der Gemeinschaft« regeln will.[187] Insofern knüpft er an die auf die Union übergegangene Währungshoheit der Euro-Teilnehmerstaaten an.[188] Weder der – dem Primärrecht begrifflich unbekannten[189] – Eurozone noch der Eurogruppe (s. Art. 137 AEUV) kommt indes Rechtspersönlichkeit zu (s. Art. 137 AEUV, Rn. 2).[190] Eine Vertretung der Eurozone ist rechtstechnisch nicht möglich, vielmehr können lediglich »**eurozonenspezifische**« **Interessen** wahrgenommen werden. Obwohl die Eurozone integraler Bestandteil der EU ist, erkennt das Primärrecht an, dass unterschiedliche Interessenlagen der verschiedenen Integrationsebenen – Mitgliedstaaten mit und ohne Ausnahmeregelung – bestehen. Er legitimiert, indem er die Idee einer Repräsentation eurozonenspezifischer Belange verkörpert,[191] eine Differenzierung nach außen.

27

bb) Mitgliederkreis einer internationalen Organisation und Anwendungsbereich des Art. 138 Abs. 2

Naturgemäß hat Abs. 2 keinen Einfluss auf den Kreis mitglieds- und vertretungsberechtigter Subjekte nach den jeweiligen Satzungen der internationalen Organisationen.[192] Teleologisch (»Sicherstellung der einen Stimme«) wird Art. 138 Abs. 2 AEUV sowohl in der Konstellation alleiniger Mitgliedschaft der Mitgliedstaaten in einer internationalen Organisation mit Währungsbezug[193] als auch paralleler Mitgliedschaft Platz greifen. Das erste Phänomen wird insbesondere darauf zurückgehen, dass die betreffende Organisation eine Mitgliedschaft der EU nicht zulässt, das zweite darauf, dass sie nicht nur im Bereich von Unionskompetenzen tätig wird. Art. 138 Abs. 2 AEUV ermöglicht es dem Rat, die strenge Loyalitätsverpflichtung,[194] die die Mitgliedstaaten bei Behandlung währungspolitischer Materien aufgrund der Kompetenz der EU in beiden Fällen trifft, in ein konkretes Vertretungsreglement zur Wahrnehmung eurozonenspezifischer Interessen zu übersetzen. Zu sehen ist sie insofern in Zusammenhang mit Art. 219 Abs. 4 AEUV, der von dem Fortbestand der Mitgliedschaft der Mitgliedstaaten in internationalen Organisationen im währungspolitischen Bereich auch nach Übergang der Währungssouveränität auf die EU ausgeht,[195] was auch Art. 351 AEUV bestätigt.[196] Ob Art. 138 Abs. 2 AEUV auch in dem (hypothetischen) Fall einer »Nurmitgliedschaft« der EU

28

---

[187] Vgl. *Kadelbach*, in: Siekmann, EWU, Art. 138 AEUV, Rn. 35; *Smits*, International representation in the area of Economic and Monetary Union, Paper anlässlich der Konferenz »10 years of European Monetary Union: a legal perspective«, 2009, S. 4.
[188] *Puccio*, S. 228.
[189] *Zilioli/Selmayr*, S. 155.
[190] *Hervé*, ELJ 18 (2012), 143 (152).
[191] *Puccio*, S. 228.
[192] *Hahn/Häde*, § 24, Rn. 23; *Martenczuk*, ZaöRV 59 (1999), 93 (100).
[193] Tendenziell anders *Häde*, in: Calliess/Ruffert, EUV/AEUV, Art. 138 AEUV, Rn. 12.
[194] EuGH, Gutachten 2/91 v. 13.3.1993 (ILO), Slg. 1993, I–1061, Rn. 37. »Sachwalter des Unionsinteresses«, vgl. *Kokott*, in: Streinz, EUV/AEUV, Art. 220 AEUV, Rn. 62. Ferner *Casolari*, The principle of loyal co-operation: A ›master key‹ for EU external Representation, in: Blockmans/Wessel (Hrsg.), Principles and Practices of EU external representation, Cleer Working Papers 2012/5, S. 11 ff.
[195] *Palm*, in: Grabitz/Hilf/Nettesheim, EU, Art. 219 AEUV (Januar 2014), Rn. 62; *Weiß*, EuR 2002, 165 (180 f.). Zu Art. 111 Abs. 5 EGV *Bandilla*, in: Grabitz/Hilf, EU, Art. 111 EGV (Juni 2006), Rn. 69.
[196] *Kadelbach*, in: Siekmann, EWU, Art. 219 AEUV, Rn. 67.

Anwendung findet, ist zweifelhaft. Zwar kann eine Abweichung von der Grundregel des Art. 17 Abs. 1 EUV – Vertretung durch die Kommission – auch hier Sinn ergeben, die Gefahr einer Polyphonie von Mitgliedstaaten und EU, der Art. 138 Abs. 2 AEUV begegnen will, stellt sich hier jedoch nicht.

2. Maßnahmen zur Sicherstellung der »einen Stimme« und das Kompetenzgefüge

29 Der Rat wird ermächtigt, »Maßnahmen mit dem Ziel« zu erlassen, »eine einheitliche Vertretung bei internationalen Einrichtungen und Konferenzen im Finanzbereich sicherzustellen.« Ihm steht hinsichtlich des »Ob« und »Wie« Ermessen zu,[197] das jedoch Bindungen unterliegt.

a) Gegenwärtiger Modus Operandi der Außenvertretung[198]

30 Trotz des dahingehenden Schweigens der Verträge erkannte man früh die Notwendigkeit eines praxistauglichen und pragmatischen[199] Reglements für die Außenvertretung. Der Europäische Rat[200] billigte im Jahre 1998 ein sich im Wesentlichen auf eine Kommissionsentscheidung[201] stützendes Vertretungsregime (Schlussfolgerungen des Rates von 1998), das – getragen von dem Gedanken das institutionelle Gleichgewicht zu wahren – eine Beteiligung von Rat, Kommission und EZB vorsah.[202] Der Kommission sprach er – anders als von dieser anvisiert – eine Rolle in der Außenvertretung jedoch nur insoweit zu, als ihre Aufgabenerfüllung es erforderte,[203] während er die Gemeinschaft in erster Linie auf der »Rats-/Ministerebene« sowie der Zentralbankebene«[204] repräsentiert sah. Vertretungsregelungen für die G7[205] sowie den IWF,[206] die ebenfalls abgesegnet wurden, gelang es – auch aufgrund Widerstandes der betreffenden Institutionen – nicht in Gänze umzusetzen. Seit dem Lissabonner Vertrag haben sich in der Praxis – u. a. auch bedingt durch die Institution des Europäischen Rates – Veränderungen in den Vertretungsreglements abgezeichnet, ohne dass diese in Zusammenhang mit Art. 138 Abs. 2 AEUV stehen. Bis dato hat er keine praktische Relevanz erlangen können.[207] Die Kommission hat im Rahmen ihres jüngsten Maßnahmenpakets ihren ursprünglichen Ratsbeschluss-Vorschlag, auf dem das in praxi unangewendet gebliebene »Wiener Vertretungsregime« basierte, zurückgezogen (Rn. 23).[208] Inwiefern dies eine

---

[197] A.A. wohl *Louis*, The International Projection, S. 74.
[198] Hierzu *Louis*, Les relations extérieures, S. 77 ff. Die nachfolgende Aufstellung beschränkt sich auf die nach hier vertretener Auffassung von Art. 138 AEUV erfassten zentralen Einrichtungen bzw. Konferenzen.
[199] Schlussfolgerungen des Vorsitzes, *Europäischer Rat*, Wien, 11./12.12.1998, Anl. II, Ziff. 13 http://www.europarl.europa.eu/summits/wie2_de.htm (27.9.2016); *Hervé*, ELJ 18 (2012), 143 (153); *Martenczuk*, ZaöRV 59 (1999), 93 (101).
[200] Schlussfolgerungen des Vorsitzes, *Europäischer Rat*, Wien, 11./12.12.1998, Anl. II.
[201] Entschließung zu einem Vorschlag für einen Beschluß des Rates über die Vertretung und die Festlegung von Standpunkten der Gemeinschaft auf internationaler Ebene im Zusammenhang mit der Wirtschafts- und Währungsunion (KOM(98) 637 C4–0638/98), ABl. 1998, C 398/61.
[202] Hierzu *McNamara/Meunier*, International Affairs 78 (2002), 849 (857).
[203] Schlussfolgerungen des Europäischen Rates v. 11./12.12.1998, Annex II, Ziffer 5, 2. Gedstr.
[204] Schlussfolgerungen des Europäischen Rates v. 11./12.12.1998, Annex II, Ziffer 5, 3. Gedstr.
[205] Schlussfolgerungen des Europäischen Rates v. 11./12.12.1998, Annex II, Ziffer 7 ff. (»Vertretung in der G7-Gruppe«); *Louis*, FS Maresceau, S. 201.
[206] Schlussfolgerungen des Europäischen Rates v. 11./12.12.1998, Annex II, Ziffer 13.
[207] *Louis*, The International Projection, S. 75; *Palm*, in: Grabitz/Hilf/Nettesheim, EU, Art. 138 AEUV (August 2012), Rn. 4.
[208] COM (2015) 603 final (Fn. 33), S. 4.

Änderung des gegenwärtigen modus operandi bedingen wird, zeichnet sich noch nicht ab.

aa) IWF

Die fragmentarische »Repräsentation der Eurozone« im Rahmen des IWF[209] ist nicht zuletzt dadurch bedingt, dass der IWF eine Konstruktion, bei der die EU stellvertretend für die EU-Mitgliedstaaten, denen allein die Mitgliedschaft offensteht, auftreten würde, wie es die unionsrechtliche Kompetenzordnung in währungspolitischen Belangen am effektivsten zur Entfaltung brächte,[210] nicht anerkennt.[211] Zudem sind die 19 Euro-Mitgliedstaaten auf sechs Stimmrechtsgruppen und zwei Einzelsitze (Deutschland und Frankreich) innerhalb der insgesamt 24 Gruppierungen im IWF aufgeteilt.[212] Nach den Schlussfolgerungen des Rates von 1998 (s. Rn. 30) sollte im Namen der EU das Mitglied des Exekutivdirektoriums des Mitgliedstaats, das den Vorsitz der der Euro–11 führt, unterstützt durch ein Kommissionsmitglied sprechen,[213] was auf Widerstand des IWF stieß und nicht umgesetzt wurde. Die EZB erhielt kurz vor der Einführung des Euro[214] im Januar 1999 einen permanenten Beobachterstatus im Exekutivdirektorium des IWF.[215] Sie wird zu Beratungen des Fonds zu bestimmten Materien, insbesondere Konsultationen im Kontext von Art. IV und der Überwachung von Euro-Mitgliedstaaten, geladen,[216] ohne jedoch aktiv an den Diskussionen teilzunehmen.[217] Die Kommission ist mittlerweile mit Beobachterstatus im Internationalen Währungs- und Finanzausschuss (International Monetary and Financial Committee – IMFC) und im Entwicklungsausschuss (Development Committee) vertreten. Im IMFC kommt auch der EZB Beobachterstatus zu, was von vielen als ungenügend aufgefasst wird.[218] Dem Finanzminister des Mitgliedstaats, der die Ratspräsidentschaft (Ministerrat) innehat, wird auf den Sitzungen des IMFC gestattet, eine Rede zu halten.[219] Soweit im Rahmen des IWF eurospezifische Themen – insbesondere die Wechselkurspolitik[220] – diskutiert werden, gibt für die EU-Mitgliedstaaten der EZB-Beobachter oder der Präsident des Ministerrats[221] eine Stellungnahme ab.[222] Die Kommission spricht sich nunmehr dafür aus, dass Erklärungen anlässlich der Frühjahrs- und Jahrestagungen des IMFC für das Euro-Währungsgebiet

31

---

[209] *Hervé*, ELJ 18 (2012), 143 (156); *Martenczuk*, ZaöRV 59 (1999), 93 (100 ff.).
[210] Vgl. *Kokott*, in: Streinz, EUV/AEUV, Art. 220 AEUV, Rn. 61.
[211] *Claber/Hasse*, S. 455 ff.; *Hahn/Häde*, § 24, Rn. 24; *Herrmann*, EFAR 2002, 1 (23). Kritisch bzgl. dieser Vertragsauslegung *Smits* (Fn. 46), S. 443.
[212] Vgl. https://www.imf.org/external/np/sec/memdir/eds.aspx (27.9.2016).
[213] Schlussfolgerungen des Europäischen Rates v. 11./12.12.1998, Annex II, Ziffer 11, 2. Gedstr.; *Hoffmeister*, CMLRev. 44 (2007), 41 (48); *Weinrichter*, EioP 4 (2000), 1 (22).
[214] Vgl. *Broome*, Journal of European Public Policy 20 (2013), 589 (600).
[215] Entscheidung Nr. 12925–(03/1), 27.12.2002, geändert durch Entscheidungen Nr. 13414–(05/01), 3612–(05/108), 14517–(10/1). Vgl. *Directorate General* (Fn. 101), S. 6; *Dt. Bundesbank*, Monatsbericht, Sept. 1999, S. 15 (20).
[216] Ziff. 1 Entscheidung Nr. 12925–(03/1).
[217] *Directorate General* (Fn. 93), S. 44.
[218] So insbesondere die Kritik von *Jean-Paul Juncker*, vgl. *Ahearne/Eichengreen*, S. 136.
[219] *Ahearne/Eichengreen*, S. 136; *Nowak-Far*, Polish Quarterly of Int. Affairs 22 (2013), 19 (39).
[220] *Puccio*, S. 227.
[221] *Pisany-Ferry/Sapir*, Euro Area: Ready for the Storm?, in: Pisany Ferry/Posen (Hrsg.), Euro at Ten: The Next Global Currency, 2009, S. 69 (76). Sollte dieser keinem Euro-Mitgliedstaat entstammen, spricht der Vertreter eines Euro-Mitgliedstaats, dem die nachfolgende Ratspräsidentschaft zustünde, *Gstöhl*, EFAR 2009, 385 (389).
[222] *Gstöhl*, EFAR 2009, 385 (389).

nunmehr allein vom Präsidenten der Euro-Gruppe abgegeben werden sollten.[223] Dessen ungeachtet besteht bei Abstimmungen etc. zwischen den im IWF bestehenden Mitgliedstaaten darüber hinausgehender Koordinierungsbedarf,[224] der sich zwangsläufig aus den spezifischen IWF-Strukturen ergibt. Einige Mitgliedstaaten sind mit einem eigenen Vertreter im Exekutivdirektorium präsent,[225] andere sind lediglich Teil einer Stimmrechtsgruppe (»constituency«) von vier oder mehr Staaten, die durch einen von ihnen gewählten Exekutivdirektor vertreten werden,[226] so dass die Möglichkeiten einer Einflussnahme je nach Mitgliedstaat in erheblichem Umfang divergieren.

32 Bis dato findet die verbesserungswürdige[227] Koordination im Vorfeld von IWF-Sitzungen in einem seit 2003 als ständiger Ausschuss eingesetzten[228] Unterausschuss des Wirtschafts- und Finanzausschusses (Economic and Financial Committee – EFC) des ECOFIN zu IWF-Angelegenheiten statt (Sub-Committee on IMF – SCIMF), welcher in Brüssel tagt.[229] In diesem wird jeder Mitgliedstaat durch zwei Vertreter repräsentiert (Finanzminister und Zentralbankvertreter), hinzu kommen je zwei Vertreter der EZB und der Kommission, welche durch zwei Repräsentanten der Generaldirektion Wirtschaft und Finanzen (Directorate General for Economic and Financial Affairs – DG Ecfin) vertreten wird. Thematiken, die für das Euro-Währungsgebiet von Belang sind, werden von der Arbeitsgruppe »Euro-Gruppe« (Eurogroup Working Group – EWG) innerhalb des SCIMF behandelt, welche sich aus Vertretern von Euro-Mitgliedstaaten, der Kommission sowie der EZB zusammensetzt.[230] Hier erarbeitete Stellungnahmen gelangen zum Ministerrat und den Exekutivdirektoren, die den Empfehlungen, die oftmals bewusst vage formuliert sind, jedoch nicht Folge zu leisten haben.[231] Die Kommission und EZB fungieren als Sekretariat des SCIMF.[232] Jüngst haben sich Kommission und der Wirtschafts- und Sozialausschuss dafür ausgesprochen, einen nur aus Vertretern von Euro-Mitgliedstaaten zusammengesetzten, vollwertigen Unterausschuss des ECOFIN einzurichten (Euro-SCIMF), der der Arbeitsgruppe »Euro-Gruppe« Bericht erstatten soll.[233] Das SCIMF soll dann zu einem Unterausschuss des Wirtschafts- und Finanzausschusses für alle internationalen Organisationen ausgebaut werden.[234] Zwischen dem SCIMF und der seit 1998 bestehenden Gruppe der »Vertreter der Mitgliedstaaten beim IWF« (EU Representatives to the IMF – EURIMF) in Washington – einem weiteren informellen Koordinationsforum – vermittelt der Präsident des EU-Ministerrates: EURIMF setzt sich aus den Exekutivdirektoren der EU-Mitgliedstaaten und weiteren Vertretern dieser, dem IMF-Beobachter der EZB und sowie einem Vertreter Kommission zusammen.[235] Die EU-Exekutivdirektoren wählen einen EURIMF-Vorsitzenden aus

---

[223] Erwägungsgrund (15) COM (2015) 603 (Fn. 33).
[224] *Ahearne/Eichengreen*, S. 137.
[225] Deutschland, Großbritannien, Frankreich, *Hahn/Häde*, § 24, Rn. 26, § 28, Rn. 47.
[226] *Bénassy-Quéré/Bowles*, S. 2; *Molle*, Economic Governance in the EU, 2011, S. 295; *Vehrkamp*, Spotlight Europe, 2008/09, August 2008, 1 (3).
[227] *Louis*, FS Maresceau, S. 195. Anders *Ahearne/Eichengreen*, S. 135.
[228] *Ahearne/Eichengreen*, S. 135.
[229] *Louis*, The International Projection, S. 75.
[230] *Directorate General* (Fn. 93), S. 46.
[231] *Ahearne/Eichengreen*, S. 135, *Directorate General* (Fn. 93), S. 4.
[232] *Directorate General* (Fn. 93), S. 46.
[233] COM (2015) 602 final (Fn. 33), S. 8; ECO/392 (Fn. 33), 1.8.
[234] COM (2015) 602 final (Fn. 33), S. 8.
[235] *Louis*, The International Projection, S. 75; *Molle* (Fn. 217), S. 296; *Directorate General* (Fn. 93), S. 45.

dem Kreis der Vertreter der EU-Mitgliedstaaten beim IWF für einen Zeitraum von zwei Jahren. Dieser fungiert zur Zeit als die »Stimme« der EU im Exekutivdirektorium, ist aber zugleich zuvörderst seiner jeweiligen Stimmrechtsgruppe verpflichtet.[236] Der EU-RIMF-Vorsitzende bemüht sich um eine Koordinierung der Positionen der EU-Exekutivdirektoren (sog. »national grays«).[237] In währungsrelevanten Materien verliest er Stellungnahmen (sog. »buffs«), die seitens der EWG und des EURIMF vorbereitet werden.[238] Die Kommission setzt sich auch innerhalb des EURIMF für die Bildung einer Organisationseinheit ein, die allein Euro-Mitgliedstaaten umfasst.[239] Um die Koordination zu verbessern, ist zudem vorgeschlagen worden, einen Unterausschuss der Arbeitsgruppe »Euro-Gruppe« einzurichten, welcher sich der Ausarbeitung gemeinsamer Positionen der Euro-Mitgliedstaaten im Exekutivdirektorium annehmen sollte.[240] Zudem existieren ad hoc-Zusammenkünfte der EU-Staaten, denen im Exekutivdirektorium ein Sitz zukommt.[241] Nur selten erfolgt eine Einigung auf gemeinsame Positionen.[242] Der jüngste legislative Vorstoß der Kommission könnte (s. Rn. 4), so denn er den Segen des Rates erhält, den bisherigen modus operandi weitgehend modifizieren. Ziel ist es bis 2025 – neben der Errichtung eines Sitzes des Euro-Währungsgebietes im Exekutivdirektorium, für dessen Realisierung der gleiche Zeithorizont angelegt wird (hierzu Rn. 44) –, zu erreichen, dass alle Standpunkte, die aus dem Euro-Raum kommen und innerhalb der Organe des IWF abgegeben werden, im Vorfeld abgestimmt werden und von individuellen Erklärungen einzelner Euro-Mitgliedstaaten Abstand genommen wird.[243] Neben der Euro-Gruppe erachtet die Kommission dabei als weitere mögliche Abstimmungsgremien den Rat selbst, den Wirtschafts- und Finanzausschuss und/oder die Arbeitsgruppe »Euro-Gruppe«,[244] womit sie indiziert, in dieser Hinsicht keine Vorrangstellung der Euro-Gruppe etablieren zu wollen. Dieses Abstimmungserfordernis soll »unbeschadet« eines nach Art. 138 Abs. 1 AEUV festgelegten Standpunktes des Rates gelten. Da Art. 138 Abs. 1 AEUV die Rechtsgrundlage einer angeordneten Pflicht zur Abstimmung einzunehmender Positionen darstellt,[245] sind die von ihm gesetzten Grenzen einzuhalten. Conditio sine qua non des Art. 138 Abs. 1 AEUV ist die Unionszuständigkeit für die berührte Materie sowie ihre »besondere Bedeutung« für die WWU (Rn. 18), die nicht bei allen im IWF behandelten Fragen, zu denen Stellung zu nehmen ist, gegeben sein wird. In gleicher Weise ist auch die Übergangsregelung des Art. 9 des Kommissionsvorschlags (Rn. 4) problematisch, die eine Ablegung gemeinsamer Standpunkte »in allen Fragen, die für das Euro-Währungsgebiet von Bedeutung sind« vorsieht: Art. 138 Abs. 1 AEUV beschränkt die Kompetenz des Rates zur Festlegung gemeinsamer Standpunkte jedoch auf Fragen, die von »*besonderer* Bedeutung« für die WWU sind (Rn. 18). Mögliche Loyalitätspflichten der EU-Teilnehmerstaaten, aus denen sich Abstimmungspflichten ergeben können, vermögen es nicht, EU Kompetenzen zu begründen. Vor diesem Hintergrund wäre es zwingend, Art. 9 – so denn er

---

[236] *Directorate General* (Fn. 93), S. 45.
[237] *Directorate General* (Fn. 93), S. 47.
[238] *Directorate General* (Fn. 93), S. 48.
[239] COM (2015) 602 final (Fn. 93), S. 11.
[240] Vgl. *Directorate General* (Fn. 101), S. 6.
[241] *Ahearne/Eichengreen*, S. 135.
[242] *Nowak-Far*, Polish Quarterly of Int. Affairs 22 (2013), 19 (39).
[243] Art. 4 (a) COM (2015) 603 (Fn. 33); COM (2015) 602 final (Fn. 33), S. 8.
[244] Art. 4 (a), Art. 9 COM (2015) 603 (Fn. 33).
[245] COM (2015) 603 (Fn. 33), S. 4.

zukünftig normativen Status erreichen sollte – allein als Normierung strenger Rücksichtnahmepflichten zu betrachten. Verfehlt wäre es, unter Verweis auf ihn eine extensive Auslegung des Art. 138 Abs. 1 AEUV zu propagieren. Nicht außer Acht gelassen werden darf des Weiteren, dass eine Intensivierung der Rolle von EU-Organen bzw. auch informellen EU-Gremien im Bereich der Positionierung und Vertretung in äußeren Angelegenheiten auch unionsinterne Auswirkungen zeitigen muss: Mit dieser muss die Etablierung effektiver unionsrechtlicher Kontroll- sowie Rechenschaftsmechanismen einhergehen. Grundsätzlich zu begrüßen ist insofern die von der Kommission vorgeschlagene verpflichtende Unterrichtung des Europäischen Parlaments seitens der Kommission nach Beratung mit der Euro-Gruppe und der EZB über Abstimmungen im IWF (sowie auch innerhalb anderer internationaler Organisationen).[246]

bb) Bank for International Settlements und Financial Stability Board

33 Die EZB und die nationalen Zentralbanken von 26 Mitgliedstaaten – hiervon 15 Teil der Eurozone – sind Mitglieder der Bank for International Settlements. Die EZB sowie die Kommission sind Mitglieder des Financial Stability Board neben den Zentralbanken, Finanzministerien sowie weiteren Finanzinstitutionen – auf deutscher Seite z. B. der BaFin – von sechs Mitgliedstaaten.[247] Die Kommission will in naher Zukunft Vorschläge für eine Verbesserung der Abstimmungsmechanismen insbesondere hinsichtlich des Financial Stability Board unterbreiten.[248]

cc) OECD

34 22 EU-Staaten (jüngstes Mitglied seit 2016 ist Lettland) sind Mitglieder der OECD. Der EU, vertreten durch die Kommission[249] – seit dem Lissabonner Vertrag der »Delegation der EU« –, kommt kraft des Zusatzprotokolls Nr. 1 zur OECD-Konvention[250] ein besonderer Status zu, der über den eines bloßen Beobachters hinausgeht (»Quasi-Mitgliedschaft« bzw. »assoziierte Mitgliedschaft«)[251] und die Kompetenz der Union auf dem Gebiet der Gemeinsamen Handelspolitik[252] nach Art. 207 AEUV, aber auch – soweit sie währungspolitische Ziele verfolgt – monetäre Unionskompetenzen umsetzt.[253] Die enge Zusammenarbeit zwischen EU und OECD legitimiert zudem Art. 220 Abs. 1 AEUV. Ein Beitritt der EU ließe sich jedoch auf diese Bestimmung nicht stützen,[254] vielmehr wäre er auf die betreffenden Sachkompetenzen der EU[255] sowie Art. 216, 218

---

[246] Erwägungsgrund (21) COM (2015) 603 (Fn. 33); COM (2015) 602 final (Fn. 33), S. 8.
[247] *Häde*, in: Calliess/Ruffert, EUV/AEUV, Art. 138 AEUV, Rn. 5; *Nowak-Far*, Polish Quarterly of Int. Affairs 22 (2013), 19 (40); *Directorate-General* (Fn. 93), S. 11 ff.
[248] COM (2015) 602 final (Fn. 33), S. 11.
[249] Im Rahmen der EU Delegation ist auch ein Mitglied er EZB vertreten, *Gstöhl*, EFAR 2009, 385 (398); *Kadelbach*, in: Siekmann, EWU, Art. 138 AEUV, Rn. 2.
[250] Zusatzprotokoll Nr. 1 zu dem Übereinkommen über die OECD v. 14.12.1960, BGBl. II 1961 S. 1159.
[251] *Osteneck*, in: Schwarze, EU-Kommentar, Art. 220 AEUV, Rn. 29; *Schröder*, in: GS, EUV/EGV, Art. 304 EGV, Rn. 3. Vgl. *Bonucci/Kothari*, Organization for Economic Cooperation and Development, MPEPIL, Mai 2011, Rn. 11 f.
[252] *Hahn*, in: Calliess/Ruffert, EUV/AEUV, Art. 207 AEUV, Rn. 4.
[253] Es bestehen in weitem Umfang Überschneidungen zwischen EU-Kompetenzen und Zielsetzungen der OECD, *Kokott*, in: Streinz, EUV/AEUV, Art. 220 AEUV, Rn. 68; *Schmalenbach*, in: Calliess/Ruffert, EUV/AEUV, Art. 220 AEUV, Rn. 19.
[254] *Tietje*, in: Grabitz/Hilf/Nettesheim, EU, Art. 220 AEUV (April 2012), Rn. 12.
[255] EuGH, Gutachten 1/76 v. 26.4.1977 (Stilllegungsfonds), Slg. 1977, 741, Rn. 5; *Kokott*, in: Streinz, EUV/AEUV, Art. 220 AEUV, Rn. 35.

AEUV zu rekurrieren.²⁵⁶ Einer Vollmitgliedschaft steht jedoch Art. 16 der OECD-Satzung im Weg, welcher diese nur Staaten gestattet. Eine Koordination erfolgt im Ratsausschuss für Handelspolitik (Trade Policy Committee)²⁵⁷ – früher »133-Komitee«²⁵⁸ –, erweist sich aber als verbesserungswürdig.²⁵⁹ Ein strukturierter Abstimmungsmechanismus im Hinblick auf eine einheitliche Positionierung der Eurozone innerhalb der OECD fehlt, obwohl relevante Punkte innerhalb der EWG und dem EFC diskutiert werden.²⁶⁰ Des Weiteren erfolgen informelle Absprachen zwischen Vertretern der EZB sowie der Kommission.²⁶¹

dd) G7/8/10/20-Zusammenkünfte

Die Praxis der G-Treffen ist recht ausdifferenziert,²⁶² zugleich jedoch angesichts der informellen Natur der Zusammenkünfte flexibel.²⁶³ Faktisch steht die EU einem vollwertigen Mitglied der G8 gleich,²⁶⁴ auch wenn sie mitunter als bloßer »Teilnehmer« betrachtet wird,²⁶⁵ nicht zuletzt weil ihr weder das Recht zugestanden wird, einen Gipfel zu organisieren, noch den Vorsitz zu übernehmen. Das gegenwärtige Vertretungsarrangement unterscheidet nach der Ebene der Zusammenkünfte.²⁶⁶ Im Rahmen der im Zuge der Krimkrise vorübergehend ausgesetzten²⁶⁷ G8-Gifpeltreffen der Staats- und Regierungschefs wird die EU sowohl vom Kommissionspräsidenten²⁶⁸ als vom Präsidenten des Europäischen Rates,²⁶⁹ sofern die GASP betroffen ist, vertreten.²⁷⁰ Der Präsident des Europäischen Rates und der Kommissionspräsident bilden eine einheitliche,²⁷¹ von den Gesandten der anderen Mitgliedstaaten getrennte Delegation. Auf der Ebene der Finanzministertreffen tritt der Wirtschaftskommissar auf.²⁷² Bei Treffen der Außenminister wird die EU durch den Hohen Vertreter repräsentiert. Ist die Währungspolitik betroffen, tritt die EZB auf.

---

²⁵⁶ *Mögele*, in: Streinz, EUV/AEUV, Art. 218 AEUV, Rn. 27, Art. 216 AEUV, Rn. 8.
²⁵⁷ *Woolcock*, European Union Economic Diplomacy, 2012, S. 54.
²⁵⁸ *Schorkopf*, in: Bergmann (Hrsg.), Handlexikon der Europäischen Union, 5. Aufl., 2015, »Handelspolitik, Ausschuss für«.
²⁵⁹ *Europäische Kommission* (Fn. 30), S. 143.
²⁶⁰ *Directorate-General* (Fn. 93), S. 52.
²⁶¹ *Directorate-General* (Fn. 93), S. 53.
²⁶² Hierzu *Debaere/Orbie*, The European Union in the Gx System: representation and coordination, in: Jørgensen/Laatikainen (Hrsg.), Routledge Handbook on the European Union, 2013, S. 311.
²⁶³ Allgemein *Debaere*, EU Coordination in International Institutions: Policy and Process in Gx Forums.
²⁶⁴ Siehe http://ec.europa.eu/economy_finance/international/forums/index_de.htm (27.9.2016): »vollwertiges Mitglied«.
²⁶⁵ *Huigens/Neimann*, The EU within the G8: A Case of Ambiguous and Contested Actorness, EU Diplomacy Papers, 5/2009, S. 12; *Debaere/Orbie* (Fn. 262), S. 314. Mitunter wird der Kommission auf lediglich ein Beobachterstatus zugesprochen, siehe http://www.bmwi.de/DE/Themen/Aussenwirtschaft/Internationale-Gremien/weltwirtschaftsgipfel.html (27.9.2016).
²⁶⁶ Hierzu *Wouters/Van Kerckhoven/Odermatt*, The EU's External Representation at the G20 and the G20's Impact on the European Union, in: Blockmanns/Wessel (Hrsg.), Principles and Practices of EU External Representation, Cleer Working Papers 2012/5, S. 127 ff.
²⁶⁷ Siehe Fn. 125.
²⁶⁸ Vgl. *Snyder*, S. 714.
²⁶⁹ Nicht mehr von dem rotierenden Präsidenten des Ministerrates, siehe *Debaere/Orbie* (Fn. 262), S. 314.
²⁷⁰ *Martenczuk*, in: Grabitz/Hilf/Nettesheim, EU, Art. 17 EUV (Juli 2010), Rn. 44.
²⁷¹ *Debaere/Orbie* (Fn. 262), S. 314.
²⁷² *Debaere/Orbie* (Fn. 262), S. 314.

36 Für die Erörterung finanz- und währungspolitischer Fragen treffen sich die G8-Staaten ohne Russland in der G7-Konstellation auf Ebene der Finanzminister. Nachdem die G7-Teilnehmer zunächst eine Vertretung der EU ausschließlich durch die EZB für ausreichend erachteten, nehmen nunmehr sowohl der Zentralbankpräsident als auch der Präsident der Euro-Gruppe teil.[273] Gelegentlich tritt auch der EU-Wirtschaftskommissar auf.[274] Im Rahmen der G10 kommt sowohl EZB als auch der Kommission ein Beobachterstatus zu.[275] Mitglieder der G20 sind die Finanzminister und Zentralbankpräsidenten von 19 Staaten und die EU.[276] Der EU steht als einzigen »Nichtstaat« eine volle Mitgliedschaft zu.[277] Auf Ebene der Treffen der Staats- und Regierungschefs treten seit Ottawa 2010 der Kommissionspräsident und der Präsident des Europäischen Rates, im Rahmen der Finanzministertreffen der Wirtschaftskommissar, der Präsident der EZB sowie der Finanzminister der rotierenden Ratspräsidentschaft (EU-Ministerrat) auf.[278] Die Abstimmung zwischen den Mitgliedstaaten läuft darüber hinaus in allen G-Formationen auf informeller Ebene ab.[279]

b) Mögliche Maßnahmen nach Art. 138 Abs. 2 AEUV innerhalb kompetenzieller Schranken

37 Art. 138 Abs. 2 AEUV räumt dem Rat ein, Vertretungsreglements zu treffen, und eröffnet die Chance, die bisherige Praxis, die in vielen Bereichen den Eindruck eines Flickenteppichs macht,[280] durch eine stringentere zu ersetzen. Während Art. 111 Abs. 4 EGV statuierte, der Rat »befinde« (»shall decide«) im Sinne einer Pflicht[281] über eine Vertretungsregelung, ist Art. 138 Abs. 2 AEUV als Ermächtigung konstruiert (»kann«),[282] so dass er je nach **Zweckmäßigkeit** – insbesondere bei informellen Zusammenkünften – auch Raum für Polyphonie lässt.[283] Allerdings werden die Mitgliedstaaten in ihren Aktivitäten aufgrund der ausschließlichen währungspolitischen Kompetenz der Union, die Art. 138 Abs. 2 AEUV umsetzt, auch in diesem Fall durch strenge Loyalitätspflichten gebunden (s. Rn. 1 ff., 9, 14), so dass für unkoordinierte Mehrstimmigkeit kein Raum ist. Ist ein Ratsbeschluss im Sinne des Absatzes 2 nicht gefasst, erscheint vielmehr ein paralleles Auftreten der Unionsorgane möglich. Für die konkrete Ausgestaltung einer Vertretungsregelung macht Abs. 2 keine Vorgaben,[284] dem Rat steht je-

---

[273] *Louis*, The International Projection, S. 75; *Nowak-Far*, Polish Quarterly of Int. Affairs 22 (2013), 19 (38); *Pisani-Ferry/Aghion/Belka/von Hagen/Heikensten/Sapir*, Coming of Age, 2008, S. 91.
[274] *Debaere/Orbie* (Fn. 262), S. 315.
[275] *EZB*, Monatsbericht Januar 2001, S. 63 (73).
[276] Vgl. *Snyder*, S. 714.
[277] *Louis*, FS Maresceau, S. 202.
[278] *Debaere/Orbie* (Fn. 262), S. 315; *Nowak-Far*, Polish Quarterly of Int. Affairs 22 (2013), 19 (38).
[279] *Kadelbach*, in: Siekmann, EWU, Art. 138 AEUV, Rn. 28.
[280] Vg. *Gstöhl*, EFAR 2009, 385.
[281] *Louis*, Les relations extérieures, S. 88.
[282] *Wouters/van Kerckhoven/Ramopoulos*, The EU and the Euro Area in International Economic Governance: The Case of the IMF, in: Kochenov/Amtenbrink (Hrsg.), The European Union's Shaping of the International Legal Order, 2014, S. 306 (311 f.). Auch *Frenz/Ehlenz*, GewArch 2010, 329 (333); *Piris*, The Lisbon Treaty, 2010, S. 306; *Smits* (Fn. 187), S. 4; *Rodi*, in: Vedder/Heintschel v. Heinegg, Europäisches Unionsrecht, Art. 138 AEUV, Rn. 3.
[283] A.A. *Louis*, The International Projection, S. 74. Vorteile einer Polyphonie betonend *Herrmann*, EFAR 2002, 1 (22); *Louis*, FS Maresceau, S. 203.
[284] *Kadelbach*, in: Siekmann, EWU, Art. 138 AEUV, Rn. 38.

doch nur ein gebundenes Ermessen zu.[285] So hat er das Kompetenzgefüge, das die Verträge errichten, maßgeblich zu berücksichtigen (s. Rn. 9, 18).[286] Konkurrierende Kompetenzen der Mitgliedstaaten und Unionsorgane verwirklichen sich dabei primär innerhalb der **Tatbestandsmerkmale** des Art. 138 Abs. 2 AEUV (s. Rn. 9).[287] Von besonderer Relevanz sind sie insbesondere im Hinblick auf die Vertretung bei Einrichtungen, die ihrer Natur zwar auf währungspolitische Materien fokussieren,[288] im Einzelfall jedoch nicht währungsgenuine Themen behandeln. Die Unionsrechtskonformität einer getroffenen Regelung wird insofern maßgeblich von der in Frage stehenden Materie determiniert werden.[289] An die beschlossene Vertretungsregelung sind – entsprechend der Erwägungen im Hinblick zu Art. 138 Abs. 1 AEUV (s. Rn. 20 ff.) – sowohl die Mitgliedstaaten als auch die Unionsorgane gebunden. Der Beschluss vermittelt Handlungspflichten der zur Vertretung berufenen Stellen – im Sinne effektiver Vertretung – aber auch Unterlassungspflichten aufseiten der Akteure, denen die Vertretung nicht übertragen wurde (s. Rn. 20 ff.).

aa) Vertretungsreglements

In diesen Grenzen wird der Rat die konkrete Ausgestaltung der Vertretung im Einzelnen von **Zweckmäßigkeitserwägungen** abhängig zu machen haben, wobei die Statuten der jeweiligen internationalen Organisation von wesentlicher Bedeutung sind.[290] 38

Man wird dem Regelungsgefüge nicht entnehmen können, dass der Rat gehalten ist, die »Repräsentation« der Eurozone in erster Linie oder im Zweifel der Euro-Gruppe anzuvertrauen.[291] Überlegungen, Art. 138 Abs. 2 AEUV – in Gestalt des damaligen Art. III–90 EVV – mit den Bestimmungen zur Euro-Gruppe zu verschränken und die einheitliche Vertretung durch den Präsidenten der Euro-Gruppe sicherzustellen,[292] haben sich im Ergebnis nicht durchgesetzt. So kommt der **Euro-Gruppe kein exklusiver »Vertretungsanspruch« für die Eurozone** zu, was im Einklang damit steht, dass sie angesichts der Herausbildung der Zusammenkünfte der »Staats- und Regierungschefs« und der sog. Euro-Gipfel (s. Art. 137 AEUV, Rn. 13) nicht die Funktion eines singulären Koordinierungsforums der Eurozone erfüllt. Da jedoch Art. 138 Abs. 2 AEUV die »Repräsentation« der Eurozone sicherstellen will und insofern das Konzept der »differenzierten Integration« anerkennt, stärkt er auch – jedenfalls potentiell – das Gewicht der Euro-Gruppe,[293] auch wenn er nicht ihre »organähnliche« Stellung[294] bedingt. Dass 39

---

[285] Weitgehender *Palm*, in: Grabitz/Hilf/Nettesheim, EU, Art. 138 AEUV (August 2012), Rn. 15.
[286] Auch *Herrmann*, in: Siekmann, EWU, Art. 6 ESZB-Satzung, Rn. 5; *Kadelbach*, in: Siekmann, EWU, Art. 138 AEUV, Rn. 37; *Puccio*, S. 227 f.; *Smits*, in: GS, EUV/EGV, Art. 6 ESZB-Satzung, Rn. 4. Vgl. *Hervé*, ELJ 18 (2012), 143 (151). Vgl. zur Lage vor Lissabon *Louis*, Les relations extérieures, S. 88 ff.; *Weiß*, EuR 2002, 165 (190). Nicht eindeutig *Hahn/Häde*, § 24, Rn. 22.
[287] *Weiß*, EuR 2002, 165 (179).
[288] So z. B. der IWF, *Hahn/Häde*, § 24, Rn. 25.
[289] Vgl. *Kadelbach*, in: Siekmann, EWU, Art. 219 AEUV, Rn. 75.
[290] *Martenczuk*, ZaöRV 59 (1999), 93 (101).
[291] *Metz*, S. 312, hält die Betrauung der Kommission mit der Außenvertretung für naheliegend.
[292] Vgl. *Stotz*, in: Schwarze, Verfassungsentwurf, S. 227. Eine Vertretung durch den Präsidenten der Euro-Gruppe erscheint *Snyder*, S. 714, »logisch«. Favorisiert auch von *Pisani-Ferry/Aghion/Belka/von Hagen/Heikensten/Sapir* (Fn. 273), S. 97; *Strauss-Kahn*, The Economist v. 28.5.1998, http://www.economist.com/node/130979 (27.9.2016).
[293] Im Ergebnis so *Maruhn*, Politisierung, in: Weidenfeld (Hrsg.), Lissabon in der Analyse, 2008, S. 115 (121); *Rodi*, in: Vedder/Heintschel v. Heinegg, Europäisches Unionsrecht, Art. 138 AEUV, Rn. 3.
[294] In diese Richtung *Seidel*, Eine Wirtschaftsregierung für die Europäische Union: Rechtliche

der der **Euro-Gruppe** angesichts ihrer Verankerung in Art. 137 AEUV im Hinblick auf eine »Vertretung« der Eurozone eine **primärvertraglich umhegte Legitimität** zukommt,[295] wird der Rat bei seiner **Ermessensentscheidung** jedoch zu berücksichtigen haben.[296] Der aktuelle Kommissionsvorschlag für ein Vertretungsreglement im Rahmen des IWF[297] (Rn. 32, 44) bekräftigt die hervorgehobene Stellung der Euro-Gruppe, ohne von ihrem Alleinvertretungsanspruch auszugehen.

40 Vorstellbar ist ein gemeinschaftliches Auftreten von Unionsorganen oder den Mitgliedstaaten.[298] Mögliche Unionsorgane sind zuvörderst der der Rat selbst, die Kommission und die EZB. Art. 138 Abs. 2 AEUV ist nicht dahingehend zu interpretieren, dass sich der Rat nicht selbst mit der Vertretung betrauen könnte.[299] Kann aufgrund besonderer Regelungen internationaler Organisationen die EZB z. B. nicht für die Union auftreten, obwohl sie nach den Wertungen des Vertrages primär zuständig wäre, ist es vorstellbar, dass die Mitgliedstaaten dazu berufen werden, die Positionen der EZB »treuhänderisch« wahrzunehmen.[300]

41 Für Art. 138 Abs. 2 AEUV und die horizontale Kompetenzabgrenzung zwischen Rat und der EZB[301] gelten die zu Art. 138 Abs. 1 AEUV entwickelten Grundsätze entsprechend – insbesondere wechselseitige kompetenzielle Rücksichtnahme (s. Rn. 18, 20 ff., 8). Sie haben als Leitlinie für die Lösung der Probleme, die die verbleibende normative Grauzone entstehen lässt, zu dienen. Zur Wahrung ihrer Kompetenzen und der Abwehr übermäßiger Eingriffe ist die EZB auf den gerichtlichen Weg zu verweisen (s. Rn. 21). Eindeutig dürfte die Situation im Falle der BIS (Bank for International Settlements) sein. Da die Mitgliedschaft in der BIS allein auf Zentralbanken beschränkt ist, scheidet eine anderweitige Vertretung der Eurozone neben der EZB in der BIS aus.[302]

42 Bereits aus der ausschließlichen Unionskompetenz auf dem Gebiet der Währungspolitik folgt, dass die Mitgliedstaaten im Grundsatz nach außen nicht mehr handlungsbefugt sind (s. Rn. 1 ff.). Hat der Rat sogar eine Vertretungsregelung getroffen, verlangt das Telos des Art. 138 Abs. 2 AEUV gepaart mit der Idee einer Loyalität zur Union darüber hinaus, dass die Mitgliedstaaten in der betreffenden Organisation bzw. Konferenz nicht selbständig auftreten, es sei denn die Vertretungsregelung sieht dies vor.[303]

Grundlagen, Legitimation, Funktion und Verhältnis zur Europäischen Zentralbank, ZEI Working Paper, B 1/2012, S. 14.
[295] *Hervé*, ELJ (2012), 143 (152). Vgl. auch Prognose von *Dörr*, in: Grabitz/Hilf/Nettesheim, EU, Art. 47 EUV (Mai 2011), Rn. 37.
[296] Vgl. *Dörr*, in: Grabitz/Hilf/Nettesheim, EU, Art. 47 EUV (Mai 2011), Rn. 37.
[297] COM (2015) 603 (Fn. 33).
[298] *Häde*, in: Calliess/Ruffert, EUV/AEUV, Art. 138 AEUV, Rn. 12.
[299] *Kadelbach*, in: Siekmann, EWU, Art. 138 AEUV, Rn. 38.
[300] *Stumpf*, ZaöRV 63 (2003), 1075 (1082). Gedanke der treuhänderischen Wahrnehmung taucht auch auf bei *Herrmann*, EFAR 2002, 1 (23).
[301] Vgl. hierzu auch *Louis*, Les relations extérieures, S. 88 ff. Eine Berücksichtigung befürwortend *Stumpf*, ZaöRV 63 (2003), 1075 (1081 f.).
[302] So *Directorate General* (Fn. 101), S. 28. Anders *Kadelbach*, in: Siekmann, EWU, Art. 138 AEUV, Rn. 30, der Art. 138 Abs. 1 bereits nicht für einschlägig erachtet.
[303] Negativmaßnahmen i. S. eines gegenüber den Mitgliedstaaten ausgesprochenen Verbots des Auftretens erachtet *Palm*, in: Grabitz/Hilf/Nettesheim, EU, Art. 138 AEUV (August 2012), Rn. 15, indes als unzulässig.

bb) Inhaltliches Weisungsrecht?

Problematisch ist, inwiefern unter Maßnahmen nach Art. 138 Abs. 2 AEUV auch inhaltliche Weisungen im Hinblick auf die Positionierung der jeweils mit der Vertretung Betrauten verstanden werden kann. Systematisch spricht hiergegen, dass Abs. 1 die inhaltliche Ebene regelt.[304] Es ist jedoch möglich, dass der Rat sowohl – basierend auf Art. 138 Abs. 2 – zur externen Vertretung als auch in einem weiteren Schritt auf Art. 138 Abs. 1 AEUV zurückgreifend zur inhaltlichen Positionierung Vorgaben macht. 43

3. »Euro-Sitz« im IWF?

Angesichts der ausschließlichen währungspolitischen Kompetenzen der EU wird ihr formaler Beitritt zum IWF, der im Wesentlichen in ausschließlichen Zuständigkeitsbereichen der EU tätig wird,[305] – parallel zu[306] oder anstelle der Mitgliedschaft der Mitgliedstaaten[307] – mitunter für unionsrechtlich geboten gehalten.[308] Zu berücksichtigen ist indes, dass allein die Euro-Teilnehmerstaaten ihre **Währungssouveränität**[309] auf die EU übertragen haben. Insofern spitzt sich die Diskussion auf die Frage eines »**Sitzes der Eurozone**«[310] neben einem weiteren Sitz für die übrigen Mitgliedstaaten zu,[311] was im Ergebnis eine gespaltene Außenvertretung der EU bedeutete. Durch Bündelung des Stimmgewichts der Euro-Teilnehmer würde die Eurozone eine kritische Entscheidungsmasse im IWF bilden,[312] so dass auch politische Erwägungen hierfür streiten. Sowohl zur Einrichtung eines »EU-Sitzes« als auch eines »Euro-Sitzes« bedürfte es indes der Änderung der IWF-Satzung,[313] die zahlreiche verfahrenstechnische Fragen – Abstimmungsprozedere, Quorenzuteilung – aufwürfe.[314] 44

Zur Frage einer **Hinwirkungspflicht**[315] der Mitgliedstaaten auf einen EU-/Euro-Sitz und eine dementsprechende Modifikation der IWF-Satzung nehmen die Verträge **nicht eindeutig Stellung**. Auf der einen Seite streiten hierfür die **allgemeine Loyalitätspflicht** aus Art. 4 Abs. 3 EUV i. V. m. der währungspolitischen Kompetenz der EU sowie Art. 351 Abs. 2 AEUV.[316] Auf der anderen Seite sollte Art. 219 Abs. 4 AEUV gerade 45

---

[304] *Nowak-Far*, Polish Quarterly of Int. Affairs 22 (2013), 19 (34 f.).
[305] *Zilioli/Selmayr*, S. 322. Nach *Herrmann*, EFAR 2002, 1 (22), sogar nur im Bereich von Unionskompetenzen.
[306] *Bandilla*, in: Grabitz/Hilf, EU, Art. 111 EGV (Juni 2006), Rn. 77; *Oppermann*, S. 538. Vgl. *Louis*, The International Projection, S. 80.
[307] Vgl. *Kokott*, in: Streinz, EUV/AEUV, Art. 220 AEUV, Rn. 38; Art. 351 AEUV, Rn. 28.
[308] *Martenczuk*, ZaöRV 59 (1999), 93 (103); *Smits*, in: GS, EUV/EGV, Art. 111 EGV, Rn. 220. Von einer automatischen Sukzession der Union ist nicht auszugehen, *Kadelbach*, in: Siekmann, EWU, Art. 219 AEUV, Rn. 69 ff.
[309] Hierzu *Angyal*, European Integration Studies 7 (2009), 109 (117 f.).
[310] *Louis*, CMLRev. 41 (2004), 575 (606 f.).
[311] *Ahearne/Eichengreen*, S. 149; *Wouters/van Kerckhoven* (Fn. 238), S. 227. Hierzu *Louis*, The International Projection, S. 81.
[312] *Ahearne/Eichengreen*, S. 139; *Claber/Hasse*, S. 456; *Mahieu/Oms/Rottier*, Financial Stability Review 2003, 173 (183). Zu praktischen Umsetzungsschwierigkeiten, vgl. *Schwarzer/Steinberg/Valiante*, Notre Europe, Jacques Delors Institute, Policy Paper 86, März 2013, S. 1 (6).
[313] Insb. Änderungen des Art. II, hierzu *Horng*, ELJ 11 (2005), 802 (814 ff.); *Kokott*, in: Streinz, EUV/AEUV, Art. 351 AEUV, Rn. 28.
[314] *Kadelbach*, in: Siekmann, EWU, Art. 219 AEUV, Rn. 74. Vgl. *Bénassy-Quéré/Bowles*, S. 3.
[315] Bejahend *Wouters/Hoffmeister/Ruys*, Epilogue, in: Wouters/Hoffmeister/Ruys (Hrsg.), The United Nations and the European Union, 2006, S. 383 (387). Ferner *Petersmann/Spennemann*, in: GS, EUV/EGV, Art. 307 EGV, Rn. 8.
[316] *Kokott*, in: Streinz, EUV/AEUV, Art. 220 AEUV, Rn. 5, Art. 351 AEUV, Rn. 17.

den Fortbestand der Mitgliedschaft der Mitgliedstaaten im IWF und deren Unionsrechtskonformität bestätigen (s. Rn. 11).[317] Unzweifelhaft ist indes, dass die Mitgliedstaaten zumindest auf eine kompetenzgerechte Mitwirkung der Union in internationalen Organisationen hinzuarbeiten haben,[318] was allerdings nicht zwingend ihre Vollmitgliedschaft erfordert. Insbesondere ist zu berücksichtigen, dass sich der IWF nicht nur mit währungspolitischen, sondern mit in mitgliedstaatlicher Hoheit verbliebenen wirtschaftspolitischen Materien auseinandersetzt.[319] Gerade dies bildet das Hauptmotiv der seitens der Mitgliedstaaten einem einheitlichen »Euro-Sitz« entgegengebrachten Skepsis[320] und steht jedenfalls einem die Euro-Teilnehmerstaaten insgesamt verdrängenden Sitz der Eurozone entgegen.[321] Vor Hintergrund dieser Unsicherheiten wird insbesondere kritisiert, dass versäumt wurde, in Art. 138 Abs. 2 AEUV eine ausdrückliche Pflicht der Mitgliedstaaten sowie der EU-Organe, auf eine formale Vertretung der Eurozone innerhalb des IWF hinzuwirken, zu verankern.[322] Eine klare Richtungsentscheidung trifft Art. 138 Abs. 2 AEUV in der Tat nicht. Er steht dem Hinwirken auf einen »Euro-Sitz« jedoch zumindest nicht entgegen, obwohl sein **Wortlaut** in dieser Hinsicht bewusst **offen** gestaltet worden ist.[323] Dessen ungeachtet bedürfte es vor einem etwaigen Beitritt der EU angesichts des nicht nur währungs-, sondern auch wirtschaftspolitischen Mandats[324] des IWF genauerer Untersuchung, ob er eine Primärrechtsänderung[325] erforderte oder auf Art. 219 Abs. 3 AEUV fußen könnte.[326] Die Kommission hat in ihrer jüngsten legislativen Initiative zur Frage eines Sitzes für die Eurozone klar Stellung bezogen: Zu seiner Einrichtung soll es bis 2025 unter Beibehaltung einer parallelen

---

[317] *Palm*, in: Grabitz/Hilf/Nettesheim, EU, Art. 219 AEUV (Januar 2014), Rn. 62; *Rodi*, in: Vedder/Heintschel v. Heinegg, Europäisches Unionsrecht, Art. 219 AEUV, Rn. 9. Kritisch zu Art. 219 Abs. 4 AEUV *Oppermann*, S. 539; *Metz*, S. 310 f.

[318] EuGH, Urt. v. 14.7.1976, Rs. verb. 3/76, 4/76 u. 6/76 (Kramer), Slg. 1976, 1279, Rn. 44; *Dauses*, EuR 1979, 138 (158); *Hoffmeister*, CMLRev. 44 (2007), 41 (59); *Kahl*, in: Calliess/Ruffert, EUV/AEUV, Art. 4 EUV, Rn. 87; *Schloh*, KSE 25 (1975), 83 (87); *Schmalenbach*, in: Calliess/Ruffert, EUV/AEUV, Art. 351 AEUV, Rn. 18; *Schröder*, in: GS, EUV/EGV, Vorb. Art. 302 ff. EGV, Rn. 7 f.; *von Bogdandy/Schill*, in: Grabitz/Hilf/Nettesheim, EU, Art. 4 EUV (September 2013), Rn. 105.

[319] *Kadelbach*, in: Siekmann, EWU, Art. 219 AEUV, Rn. 73. Tendenziell auch *Häde*, in: Calliess/Ruffert, EUV/AEUV, Art. 138 AEUV, Rn. 11.

[320] *Hahn/Häde*, § 24, Rn. 25; *Maystadt*, Implications of the EWU on the IMF, in: Masson (Hrsg., u.a.), EWU and the International Monetary System, 1997, S. 146 (147); *Palm*, in: Grabitz/Hilf/Nettesheim, EU, Art. 219 AEUV (Januar 2014), Rn. 62.

[321] *Kadelbach*, in: Siekmann, EMU, Art. 219 AEUV, Rn. 74. Siehe auch *Louis*, The International Projection, S. 80. A. A. wohl *Herrmann*, EFAR 2002, 1 (22).

[322] *Louis*, CMLRev. (2004), 575 (585); *Thiele*, Regeln und Verfahren der Entscheidungsfindung innerhalb von Staaten und Staatenverbindungen, 2008, S. 195. So insbesondere von der Europäischen Kommission (Fn. 30), S. 142, propagiert; auch http://ec.europa.eu/economy_finance/international/forums/index_de.htm (27.9.2016). Vgl. *Mahieu/Oms/Rottier*, Financial Stability Review (2003), 173; *Rodi*, in: Heintschel v. Heinegg, EVV, Art. III–196, Rn. 3; *ders.*, in: Vedder/Heintschel v. Heinegg, Europäisches Unionsrecht, Art. 138 AEUV, Rn. 3; *Smaghi*, IMF and the Political Economy of a Consolidated European Seat, in: Truman (Hrsg.), Reforming the IMF for the 21st Century, 2006, S. 233 ff.

[323] *Kiekens*, What kind of External Representation for the Euro?, Rede anlässlich des OeNB-Seminars in Wien, 2.6.2003, http://hfcs.at/de/img/statement_kiekens_tcm14–16877.pdf (27.9.2016), S. 10.

[324] *Kadelbach*, in: Siekmann, EWU, Art. 219 AEUV, Rn. 73.

[325] *Mahieu/Oms/Rottier*, Financial Stability Review (2003), 173 (184, 186); *Vehrkamp*, Spotlight Europe, 2008/09, August 2008, 1 (5).

[326] *Kadelbach*, in: Siekmann, EWU, Art. 219 AEUV, Rn. 55.

Mitgliedschaft der Euro-Mitgliedstaaten kommen.[327] Neben einer Vertretung des Euro-Währungsgebiets durch den Präsidenten der Euro-Gruppe im Gouverneursrat sowie im IMFC soll die Eurozone im Exekutivdirektorium durch einen EU-Exekutivdirektor einer Stimmrechtsgruppe des Euro-Währungsgebietes nach Einrichtung einer oder mehrerer Stimmrechtsgruppen, die allein aus Euro-Mitgliedstaaten bestehen, erfolgen. Dieser soll auf Vorschlag des Präsidenten der Euro-Gruppe nach dem Verfahren des Art. 2 des Protokolls Nr. 14 betreffend die Euro-Gruppe bestimmt werden. Dies setzt eine nicht unerhebliche Änderung der IWF-Governance-Strukturen, insbesondere die Errichtung exklusiver »Euro-Stimmrechtsgruppen«, voraus:[328] Deutschland und Frankreich, die bislang einen eigenen Sitz im Exekutivdirektorium haben, könnten zukünftig andere Euro-Staaten in ihre Stimmrechtsgruppen aufnehmen.[329] Ein Eingeständnis der EU könnte IWF-interne Widerstände gegen eine derartige Konsolidierung europäischer Stimmrechtsgruppen beseitigen: So haben sich die europäischen Industriestaaten im Zuge des im Januar in Kraft getretenen Reformpakets 2010[330] politisch verpflichtet, den Exekutivrat um zwei »EU-Exekutivdirektoren« zugunsten von aufstrebenden Ökonomien bei den nächsten regulären Wahlen im Oktober 2016 zu reduzieren.[331] Diesbezüglich wurden bereits Maßnahmen ergriffen. Auszugehen ist jedoch davon, dass die übrigen IWF-Mitglieder mit der Bildung von Euro-Stimmrechtsgruppen nur unter gleichzeitiger Modifikation des Stimmgewichts der einzelnen Euro-Mitgliedstaaten einverstanden sein werden. Um bereits vor der Errichtung des Euro-Sitzes eine effektive Vertretung der Eurozone zu gewährleisten, soll diese durch den Präsidenten der Euro-Gruppe zusammen mit der EZB sowie der Kommission im IMFC vertreten werden.[332] Des Weiteren ist auf einen einheitlichen Beobachterstatus des Euro-Währungsgebietes im Exekutivdirektorium des IWF hinzuwirken,[333] wobei es in diesem Rahmen durch den Repräsentanten eines Euro-Mitgliedstaats, der bereits Mitglied des Exekutivrats ist, – in Absprache mit Kommission und EZB – vertreten werden soll.[334] Dessen Wahl soll auf Vorschlag des Präsidenten der Euro-Gruppe ebenfalls nach dem Verfahren des Art. 2 des Protokolls Nr. 14 erfolgen.[335] Dieser stufenweise Fahrplan sowie Kommissionsvorschlag für einen Beschluss des Rates haben jüngst im Grundsatz Zuspruch seitens des Wirtschafts- und Sozialausschusses erfahren.[336] Die Reaktion des Rates bleibt abzuwarten.

III. Absatz 3

Der »gemeinsame Standpunkt« sowie die Vertretungsregelung werden nach Anhörung der EZB auf Vorschlag der Kommission vom Rat mit qualifizierter Mehrheit beschlossen (Art. 138 Abs. 3 AEUV und auch Art. 16 Abs. 3 EUV). Für den Berechnungsmodus

---

[327] COM (2015) 602 final (Fn. 33), S. 10; Art. 3 COM (2015) 603 (Fn. 33).
[328] Art. 8 Abs. 3 COM(2015) 603 (Fn. 33); COM(2015) 602 final (Fn. 33), S. 9.
[329] COM (2015) 602 (Fn. 33), S. 9.
[330] Press Release No. 16/25, https://www.imf.org/external/np/sec/pr/2016/pr1625a.htm (27.9.2016).
[331] *Bergthaler/Giddings*, Recent Quota and Governance Reforms at the International Monetary Fund, EYIEL (2013), 371 (383).
[332] Art. 3 1. und 2. Gedstr, COM (2015) 603 (Fn. 33).
[333] COM (2015) 602 final (Fn. 33), S. 10; Erwägungsgrund (13) 3 COM (2015) 603 (Fn. 33).
[334] COM (2015) 602 final (Fn. 33), S. 10.
[335] Art. 6 Abs. 2 COM (2015) 603 (Fn. 33).
[336] ECO/392 (Fn. 33).

verweist Abs. 3 UAbs. 2 auf Art. 238 Abs. 3 Buchst. a. Das Erfordernis qualifizierter Mehrheit wurde bereits durch den Vertrag von Nizza eingeführt,[337] davor sah Art. 111 Abs. 4 EGV ein Einstimmigkeitserfordernis vor.[338] Stimmberechtigt sind allein die Mitgliedstaaten, deren Währung der Euro ist, so dass zwischen umfassend Verpflichteten und zur Abstimmung Berechtigten eine Kongruenz sichergestellt wird.

IV. Befund

47 Art. 138 AEUV steht in einem komplexen Beziehungsgeflecht zu der primärvertraglich konzipierten Kompetenzordnung. Er knüpft an die ausschließliche Außenkompetenz der Union in der Währungspolitik an und gestaltet diese aus. Sein Bestreben ist die Zuordnung **eurozonenspezifischer, außenpolitischer Organkompetenz** zum **Rat**. Er zielt auf die Auflösung der Spannungen, die zwischen der formalen Position der Union innerhalb internationaler Institutionen und ihrer internen Kompetenzen bestehen. Dort, wo es der EU rechtstechnisch an »einer Stimme« ermangelt, sind die Mitgliedstaaten in der Pflicht, ihre Interessen wahrzunehmen[339] und diese aufgrund ihrer Loyalitätsverpflichtung zur Leitlinie ihres Handelns zu machen. Treten Mitgliedstaaten neben der EU im Bereich ihrer ausschließlichen Zuständigkeiten auf, so werden sie ebenfalls durch strenge Loyalitätspflichten diszipliniert. Art. 138 AEUV erlaubt es der Union darüber hinausgehend zu bestimmen, was in ihrem Namen gesagt wird, sowie durch wen dies geschieht und so die bestehenden Treuepflichten in konkrete rechtsverbindliche Reglements zu übersetzen. Konflikte, die hieraus im Hinblick auf die der EZB sowie die Hoheitsbereiche der Mitgliedstaaten resultieren, gilt es in erster Linie normintern im Wege einer einschränkenden Auslegung der Tatbestandsmerkmale unter Berücksichtigung des **Gebots wechselseitiger kompetenzieller Rücksichtnahme** aufzulösen. Offene Fragen, die bereits vor dem Lissabonner Vertrag intensiv diskutiert wurden, beantwortet Art. 138 AEUV nur zum Teil, neue wirft er in erheblichem Umfang auf. Sein Beitrag zur normativen Verselbständigung der Eurozone ist indes nicht in Abrede zu stellen. Potential, eine Erhöhung des außenpolitischen Gewichts der Eurozone zu bewirken, ist ihm durchaus zu attestieren. Inwiefern dies tatsächlich erreicht werden kann, ist indes eine Frage der Normanwendung. Bis dato ermangelt es der Eurozone in der internationalen Außenwahrnehmung an Einheitlichkeit.[340] Als Instrument, um diesem Missstand abzuhelfen, hat Art. 138 AEUV bisher keine Relevanz erlangt. Die Notwendigkeit, auf eine einheitliche außenpolitische Vertretung des EU-Währungsgebietes hinzuwirken, haben mittlerweile jedoch sämtliche Organe der EU internalisiert.[341] Die jüngsten seitens der Kommission mit ihrem Vorschlag für einen Beschluss des Rates gemachten Schritte sind bester Beweis hierfür (Rn. 4, 32). Deren primärer Fokus auf den IWF ist angesichts seines Stellenwertes im Rahmen globaler wirtschafts- und finanzpolitischer Steuerung nachvollziehbar, langfristig betrachtet jedoch angesichts der Vielzahl internationaler Foren und Organisationen, die im Bereich währungsrechtlicher Kompetenzen tätig werden, nicht hinreichend. Zu hoffen bleibt, dass ein kohärentes Vertretungs-

---

[337] *Palm*, in: Grabitz/Hilf/Nettesheim, EU, Art. 138 AEUV (August 2012), Rn. 19.
[338] Hierzu *Herrmann*, EFAR 2002, 1 (21); *Martenczuk*, ZaöRV 59 (1999), 93 (101) zu Art. 109 Abs. 4 EGV.
[339] EuGH, Gutachten 2/91 v. 19. 3. 2003 (ILO), Slg. 1993, I–1061, Rn. 37.
[340] *Nowak-Far*, Polish Quarterly of International Affairs 22 (2013), 19 (42).
[341] Siehe nur COM (2015) 602 final (Fn. 33), S. 10; »Fünf-Präsidenten-Bericht« (Fn. 33), S. 23 (Stufe 1).

regime im Rahmen des IWF einen »Zugpferd-Effekt« für das internationale Parkett insgesamt zeitigen wird. Erfreulich ist insofern, dass die Kommission vorschlägt, den Unterausschuss für IWF-Angelegenheiten in einen Ausschuss für sämtliche internationalen Organisationen auszubauen (Rn. 32). Einen Bedeutungszuwachs der EU als internationaler Akteur bremst insbesondere ihre im Wesentlichen auf Währungspolitik beschränkte Kompetenz im wirtschaftlichen Bereich. Allerdings kann den Herausforderungen, die mit den jüngsten Krisen[342] einhergingen, nur schwer unter Außerachtlassung wirtschaftspolitischer Agenden begegnet werden.[343] So hat denn auch die »Euro-Krise« europäische Aktivitäten im makroökonomischen Bereich bedingt. Zu erwähnen sind hier beispielhaft das Europäische Semester, die in Zusammenhang mit dem »Six-pack« und »Twopack«[344] ergangenen Rechtsvorschriften, die Errichtung des Europäischen Stabilitätsmechanismus sowie die Bankenunion. Die Forderung, dass sich eine verstärkte wirtschaftspolitische Ausrichtung der EU ebenfalls im Reglement zur Außenvertretung des Euro-Währungsgebietes widerspiegeln sollte, erscheint politisch sinnvoll.[345] Auch ist sicherlich richtig, dass umgekehrt eine kohärente Außenvertretung auch entscheidend für die effektive Implementierung wirtschaftspolitischer Agenden ist.[346] Dennoch wäre es mehr denn verfehlt, sich hierdurch zu einer extensiven Interpretation von Art. 138 AEUV verleitet zu führen. Die Kompetenzordnung des Primärrechts setzt juristischer Kreativität Grenzen. Der jetzt zur Debatte stehende Kommissionsvorschlag (Rn. 4, 32) erwähnt allein in seinem 1. Erwägungsgrund, dass Maßnahmen nur innerhalb spezifischer Zuständigkeiten der Union ergriffen werden können. Es muss auch im Übrigen Sorge dafür getragen werden, dass dessen Bestimmungen im Weiteren keine sekundärrechtlich induzierte Aufweichung der Tatbestandsvoraussetzungen des Art. 138 Abs. 1 und 2 AEUV gleichsam »durch die Hintertür« bedingen (Rn. 32). Eine weitere Herausforderung ist, bei all dem Fokus auf das Euro-Währungsgebiet die Interessen der EU sowie deren Integrität als solcher – trotz des primärrechtlich umhegten Europas zweier Geschwindigkeiten (Art. 137 AEUV, Rn. 5) – nicht aus dem Blickfeld zu verlieren. Zu begrüßen ist insofern, dass die Kommission eine engere Zusammenarbeit zwischen Euro-Währungsgebiet und (noch) nicht zu diesem gehörenden Mitgliedstaaten im IWF beabsichtigt.[347] Es kann erwartet werden, dass die allernächste Zukunft Art. 138 AEUV in dogmatischer Hinsicht erheblich prägen und seine noch unscharfen Konturen präzisieren wird.

---

[342] Hierzu *Vischer*, Geld- und Währungsrecht, 2010, S. 130 ff.
[343] Vgl. *Nowak-Far*, Polish Quarterly of International Affairs 22 (2013), 19 (43).
[344] Siehe nur http://europa.eu/rapid/press-release_MEMO-13-457_en.htm; http://europa.eu/rapid/press-release_MEMO-11-898_de.htm (27.9.2016).
[345] Siehe auch Erwägungsgrund (7) COM (2015) 603 (Fn. 33), Gedstr. 4.
[346] »Fünf-Präsidenten-Bericht« (Fn. 33), S. 19; COM (2015) 602 final (Fn. 33), S. 3.
[347] Erwägungsgründe (11), (20), Art. 11 COM (2015) 603 (Fn. 33).

Kapitel 5
Übergangsbestimmungen

Artikel 139 AEUV [Mitgliedstaaten mit Ausnahmeregelung]

(1) Die Mitgliedstaaten, für die der Rat nicht beschlossen hat, dass sie die erforderlichen Voraussetzungen für die Einführung des Euro erfüllen, werden im Folgenden als »Mitgliedstaaten, für die eine Ausnahmeregelung gilt« oder »Mitgliedstaaten mit Ausnahmeregelung« bezeichnet.

(2) Auf die Mitgliedstaaten, für die eine Ausnahmeregelung gilt, finden die im Folgenden aufgeführten Bestimmungen der Verträge keine Anwendung:
a) Annahme der das Euro-Währungsgebiet generell betreffenden Teile der Grundzüge der Wirtschaftspolitik (Artikel 121 Absatz 2);
b) Zwangsmittel zum Abbau eines übermäßigen Defizits (Artikel 126 Absätze 9 und 11);
c) Ziele und Aufgaben des ESZB (Artikel 127 Absätze 1, 2, 3 und 5);
d) Ausgabe des Euro (Artikel 128);
e) Rechtsakte der Europäischen Zentralbank (Artikel 132);
f) Maßnahmen bezüglich der Verwendung des Euro (Artikel 133);
g) Währungsvereinbarungen und andere Maßnahmen bezüglich der Wechselkurspolitik (Artikel 219);
h) Ernennung der Mitglieder des Direktoriums der Europäischen Zentralbank (Artikel 283 Absatz 2);
i) Beschlüsse zur Festlegung der innerhalb der zuständigen internationalen Einrichtungen und Konferenzen im Finanzbereich einzunehmenden gemeinsamen Standpunkte zu den Fragen, die von besonderer Bedeutung für die Wirtschafts- und Währungsunion sind (Artikel 138 Absatz 1);
j) Maßnahmen zur Sicherstellung einer einheitlichen Vertretung bei den internationalen Einrichtungen und Konferenzen im Finanzbereich (Artikel 138 Absatz 2).
Somit sind »Mitgliedstaaten« im Sinne der in den Buchstaben a bis j genannten Artikel die Mitgliedstaaten, deren Währung der Euro ist.

(3) Die Mitgliedstaaten, für die eine Ausnahmeregelung gilt, und deren nationale Zentralbanken sind nach Kapitel IX der Satzung des ESZB und der EZB von den Rechten und Pflichten im Rahmen des ESZB ausgeschlossen.

(4) Das Stimmrecht der Mitglieder des Rates, die Mitgliedstaaten mit Ausnahmeregelung vertreten, ruht beim Erlass von Maßnahmen nach den in Absatz 2 genannten Artikeln durch den Rat sowie bei
a) Empfehlungen an die Mitgliedstaaten, deren Währung der Euro ist, im Rahmen der multilateralen Überwachung, einschließlich Empfehlungen zu den Stabilitätsprogrammen und Verwarnungen (Artikel 121 Absatz 4);
b) Maßnahmen bei übermäßigem Defizit von Mitgliedstaaten, deren Währung der Euro ist (Artikel 126 Absätze 6, 7, 8, 12 und 13).
Die qualifizierte Mehrheit der übrigen Mitglieder des Rates bestimmt sich nach Artikel 238 Absatz 3 Buchstabe a.

Literaturübersicht

Beutel, Differenzierte Integration in der Europäischen. Wirtschafts- und Währungsunion, 2006; *Dziechciarz*, Rechtliche Integration der nationalen Zentralbanken in das Europäische System der Zentralbanken und in das Eurosystem, 2009; *ders.*, Impact of the European Union Enlargement on EMU, in: Inglis/Ott (Hrsg.), The Constitution for Europe and an Enlarging Union, 2005, S. 133; *Fratianni*, Maxi versus Mini EMU: the Political Economy of Stage III, CJEL 4 (1998), 375; *Grabitz/Iliopoulos*, Typologie und Differenzierungen und Ausnahmen im Gemeinschaftsrecht, in: Grabitz (Hrsg.), Abgestufte Integration, 1984, S. 31; *Grieser*, Flexible Integration, 2003; *Häde*, Währungsintegration mit abgestufter Geschwindigkeit. Primärrechtliche Grundlagen für das Verhältnis der Mitgliedstaaten innerhalb und außerhalb der Europäischen Wirtschafts- und Währungsunion, FS Hahn, 1997, S. 141; *Hahn/Häde*, Währungsrecht, 2. Aufl., 2010; *Hofmann*, Wieviel Flexibilität für welches Europa?, EuR 1999, 713; *Horn*, Währungsunion als Instrument der Integration? Deutsche Erfahrungen und europäische Perspektiven, FS Mestmäcker, 1996, S. 381; *Louis*, Differentiation and the EMU, in: de Witte (Hrsg., u.a.), The many faces of differentiation in EU law, 2001, S. 43; *Maillet/Velo*, L'Europe à géométrie variable, 1994; *Scharrer*, Eine Europäische Währungsunion nach dem Modell des Europa mehrerer Geschwindigkeiten, in: Caesar/Scharrer (Hrsg.), Maastricht: Königsweg oder Irrweg zur Europäischen Währungsunion, 1994, S. 498; *Snyder*, EMU – Integration and Differentiation: Metaphor for European Union, in: Craig/De Búrca (Hrsg.), The Evolution of EU Law, 2. Aufl., 2011, S. 687; *Stubb*, A Categorisation of Differentiated Integration, JCMSt 34 (1996), 283; *Thym*, Flexible Integration: Garant oder Gefahr für die Einheit und die Legitimation des Unionsrechts, EuR-Beilage 2013, 23; *ders.*, Ungleichzeitigkeit und europäisches Verfassungsrecht, 2004; *Usher*, Variable Geometry or Concentric Circles: Patterns for the European Union, ICLQ 1997, 243; *Vranes*, The »internal« external relations of EMU – on the legal framework of the relationship of »in« and »out« states, CJEL. 6 (2000), 361; *Weber*, Die Währungsunion – Modell für ein Europa mehrerer Geschwindigkeiten, FS Hahn, 1997, S. 273; *Wise*, Variable Geometry and the European Central Bank: How the ECB Can Assert itself Against Attacks from Member States with Derogations, B. C. International'l & Comp. L. Rev. 20 (1997), 407; *Wölker*, The Continuity of Contracts in the Transition to the Third Stage of Economic and Monetary Union, CMLRev. 33 (1996), 1117; *Zilioli/Selmayr*, The Law of the European Central Bank, 2001.

Inhaltsübersicht

	Rn.
A. Art. 139 AEUV im Vertragsgefüge	1
B. Das Konzept der Ausnahmeregelung: Absatz 1	6
C. Einzelerläuterungen zu den übrigen Absätzen	11
I. Absatz 2	11
1. Keine Anwendung von Bestimmungen	12
2. Ausgenommene Vorschriften	14
II. Absatz 3	26
III. Absatz 4	32
1. Ruhen des Stimmrechts	32
2. Die erfassten Rechtsakte	34
D. Staaten mit Sonderstatus	40
I. Dänemark	43
II. Vereinigtes Königreich von Großbritannien und Nordirland	47
E. Bewertung und Ausblick	50

A. Art. 139 im Vertragsgefüge

Bei der Währungspolitik gliedern sich die Mitgliedstaaten in **zwei Klassen**: auf der einen Seite diejenigen, »deren Währung der Euro ist« (vgl. etwa Art. 140 Abs. 2 UAbs. 2 Satz 1 AEUV), die also ihre währungspolitische Zuständigkeit an die Union abgegeben haben, und auf der anderen Seite Mitgliedstaaten, die noch über eine eigene Währung und die entsprechenden Zuständigkeiten verfügen. Sofern für sie nicht eine protokollarische Sonderregelung gilt (wie für das Vereinigte Königreich und Dänemark; dazu u. Rn. 40 ff.

sowie Rn. 13 zu Art. 140 AEUV), bezeichnet der Vertrag diese Staaten als »Mitgliedstaaten, für die eine Ausnahmeregelung gilt« oder »Mitgliedstaaten mit Ausnahmeregelung« (Legaldefinition des Art. 139 Abs. 1 AEUV). Diese Ausnahmeregelung besteht von Vertrags wegen; nicht sie wird durch Beschluss herbeigeführt, sondern vielmehr ihre Aufhebung durch den Rat (Art. 140 Abs. 2 UAbs. 1; s. auch u. Rn. 6). Voraussetzung hierfür ist, dass der Mitgliedstaat die Anforderungen des Art. 140 Abs. 1 erfüllt hat. Erst mit der Aufhebung der Ausnahmeregelung gelten für die Mitgliedstaaten die Bestimmungen über die Wirtschafts- und Währungsunion vollumfänglich. Ihre Minister haben dann der Euro-Gruppe (Art. 137) und ihre Zentralbanken am Eurosystem teil (Art. 282 Abs. 1 Satz 2 AEUV). Eine von der EU-Mitgliedschaft abtrennbare oder als Annex zu ihr hinzutretende »**Euro-Mitgliedschaft**« ist im Vertrag aber **nicht angelegt**. Dementsprechend besteht weder kraft Vertrages noch nach allgemeinen Regeln das Recht eines Mitgliedstaats, sich von der Unionswährung durch einseitigen Akt wieder zu lösen (näher Rn. 69 ff. zu Art. 140 AEUV).

2 Für das von in Art. 139 und 140 AEUV verkörperte Konzept hat das (vor allem deutsche) juristische Schrifttum ein Panoptikum von Begriffen[1] entwickelt: abgestufte bzw. differenzierte Integration,[2] Europa der verschiedenen Geschwindigkeiten[3] oder der Ungleichzeitigkeit[4] bzw. der Flexibilität,[5] Europa variabler Geometrie[6] oder unterschiedlicher Rhythmen.[7] Weniger passend erscheint jedenfalls der Begriff »Europa à la carte«:[8] Das Optionsrecht, das er suggeriert, will der Vertrag (außerhalb des Anwendungsbereichs der für das Vereinigte Königreich und Dänemark geltenden Protokolle Nr. 15 und 16) gerade nicht gewähren. Es besteht eine grundsätzliche, durch die Erfüllung der Kriterien des Art. 140 Abs. 1 und die Ratsbeschlüsse nach Art. 140 Abs. 2 aufschiebend bedingte Pflicht aller Staaten zur Vergemeinschaftung ihrer Währungspolitik. Dies verdeutlicht auch der Begriff »Ausnahmeregelung«, der zugleich den transitorischen Charakter des in Art. 139 Abs. 1 definierten Status zum Ausdruck bringt. Faktisch allerdings ist es kaum möglich, einen Mitgliedstaat zur Einführung des Euro zu zwingen (dazu Art. 140 AEUV, Rn. 5–7, 12, 42), so dass ihm aus politischer Perspektive praktisch doch die Möglichkeit eines »non opting-in« eröffnet ist.

3 Die kategoriale Differenzierung zwischen Euro-Mitgliedstaaten und Mitgliedstaaten mit Ausnahmeregelung wird durch die Finalität der Verträge (»Verwirklichung einer immer engeren Union der Völker Europas«, Art. 1 Abs. 2 EUV) zugleich begrenzt und bedingt. Die Nachteile des uneinheitlichen Integrationsstands werden durch die beson-

---

[1] Zu den Begriffen *Grabitz/Iliopoulos*, S. 31; *Langenheine*, Europäisches Gemeinschaftsrecht und abgestufte Integration, 1988, S. 12 ff.; *Martenczuk*, ZeuS 1998, 447 ff.; *Stubb*, JCMSt 34 (1996), 283 (287 f.).
[2] *Beutel*, S. 9 ff.; *Dziecharcz*, Impact of the European Union Enlargement on EMU, S. 133 (135 f.); *Göttlinger*, in: GSH, Art. 139 Rn. 22; *Louis*, S. 43 ff.; *Zilioli/Selymayr*, S. 133.
[3] *Fratianni*, CJEL 4 (1998), 375 (377 ff.); *Horn*, S. 391; *Palm*, in: Grabitz/Hilf/Nettesheim, EU, Art. 139 AEUV (November 2012), Rn. 1; *Scharrer*, S. 498; *Snyder*, S. 687 ff.; *Thym*, EuR-Beilage 2013, 23 (23); *Weber*, S. 273 ff. Vgl. *Roth*, EuR 1994, 45 (52).
[4] *Thym*, S. 132 ff.
[5] *Hofmann*, EuR 1999, 713 (716 ff.); *Usher*, Cambridge Yearbook of Europ. Studies 3 (2000), 479 ff.
[6] So etwa *Maillet/Velo*, S. 1 ff.; *Usher*, ICLQ 1997, 243 ff.
[7] *Olesti-Rayo*, Whittier L. Rev. 20 (1998–1999), 625 ff.
[8] Hierzu nur Forgó, Zwischen »Europe à la carte« und Einheit: Modelle differenzierter Integration, in: Breuss (Hrsg.), Flexible Integration in Europa – Einheit oder »Europe à la carte«?, 1998, S. 41 ff.; *Scharrer*, Abgestufte Integration: Eine Einführung, in: Grabitz (Hrsg.), Abgestufte Integration, 1984, S. 1 (12); *Weber*, FS Hahn, S. 275.

dere **Dynamik der monetären Integration** aufgewogen, von der im besten Fall eine Sogwirkung ausgeht. Die Unterscheidung zwischen »in« und »out«[9] (wobei »out« systematisch besser als »pre-in«,[10] als Vorstufe, zu beschreiben wäre) bei der Währungsunion spiegelt die Überzeugung, dass der Integrationsprozess durch unwillige Mitgliedstaaten nicht insgesamt aufgehalten werden dürfe.[11] Der Ausbruch der EU-Krise im Jahr 2007 scheint diese Erwartung fortschreitender Integration nur wenig gebremst zu haben; jedenfalls ist die Zahl der Euro-Mitgliedstaaten seither weiter angestiegen.[12] Eine weitere Vergrößerung der »Eurozone« in naher Zukunft ist allerdings unwahrscheinlich, da derzeit (Mitte 2016) keiner der Mitgliedstaaten mit Ausnahmeregelung am Europäischen Wechselkursmechanismus (EWS) II teilhat, dessen Bandbreiten nach Art. 140 Abs. 1 UAbs. 1 S. 3 Gedstr. 3 über zwei Jahre eingehalten werden müssen, bevor ein Mitgliedstaat den Euro einführen darf (dazu Rn. 43 zu Art. 140).

Art. 139 AEUV schreibt die Art. 122 EG (Amsterdam/Nizza) und Art. 109k EGV (Maastricht) fort, die noch auf den (allerdings bereits 1998 vollzogenen) erstmaligen Eintritt in die damals so bezeichnete dritte Stufe der WWU (d. h. die vollständige Übertragung der Währungshoheit auf die EU; hierzu auch Rn. 2 zu Art. 140) bezogen waren. Gemeinsam mit Art. 140 statuiert Art. 139 jedoch im Verhältnis zu den Vorgängerbestimmungen einen verfahrensrechtlichen Paradigmenwechsel: Vor dem Inkrafttreten des Lissabon-Vertrags wurde die Ausnahmeregelung nach Art. 122 Abs. 1 UAbs. 2 EG und Art. 109k EGV durch den Rat »gewährt«, wenn die Konvergenzvorgaben nicht erfüllt waren.[13] Nunmehr besteht sie von Vertrags wegen unter der aufschiebenden Bedingung der Erfüllung der Konvergenzvorgaben und der Aufhebung der Ausnahmeregelung durch den Rat (u. Rn. 6). Damit entspricht Art. 139, von den Bestimmungen über die qualifizierte Mehrheit in Abs. 4 S. 2 abgesehen, nahezu wortgetreu Art. III-197 VVE. Zwar führt der neue Art. 139 den Begriff der Ausnahmeregelung ad absurdum, wenn damit ein Status bezeichnet wird, den jeder neue Mitgliedstaat nach seiner Aufnahme zunächst automatisch hat. Er genießt jedoch im Vergleich zu den Vorgängerbestimmungen den Vorteil größerer Praktikabilität und räumt Unklarheiten aus (z. B. darüber, was gelten soll, wenn der Rat bei einem Mitgliedstaat, der die Konvergenzkriterien noch nicht erfüllt, keine Ausnahmeregelung beschließt).[14]

Art. 139 Abs. 1 AEUV enthält lediglich eine **Definition** der Mitgliedstaaten mit Ausnahmeregelung, deren Gegenstück sich in Art. 139 Abs. 2 UAbs. 2 findet:[15] Als »Mitgliedstaaten« im Sinne der in UAbs. 1 aufgeführten Bestimmungen werden hiernach nur diejenigen verstanden, deren Währung der Euro ist; Mitgliedstaaten mit Ausnahmeregelung bleiben ausgenommen. Listet Art. 139 Abs. 2 AEUV (dazu Rn. 11 ff.) Bestimmungen auf, die auf Mitgliedstaaten mit Ausnahmeregelung keine Anwendung finden, dispensiert Art. 139 Abs. 3 diese auch von Rechten und Pflichten im Rahmen des

---

[9] Vgl. *Snyder*, S. 703 f.; *Vranes*, CJEL 6 (2000), 361 ff.
[10] *Zilioli/Selmayr*, S. 135 ff.
[11] Vgl. Bericht über die Wirtschafts- und Währungsunion in der Europäischen Gemeinschaft v. 12.4.1989 (sog. *Delors*-Bericht), Agence internationale, Europe Documents Nr. 1550/1551, Rn. 44; *Kommission*, Entscheidung v. 21.8.1990, SEK (90) 1659 endg., Nr. 5.3; *Louis*, S. 44.
[12] Malta und Zypern seit 2008, Slowakei seit 2009, Estland seit 2011, Lettland seit 2014, Litauen seit 2015.
[13] *Häde*, in: Calliess/Ruffert, EUV/AEUV, Art. 139 AEUV, Rn. 2; *Palm*, in: Grabitz/Hilf/Nettesheim, EU, Art. 139 AEUV (November 2012), Rn. 6. Zu Art. 122 Abs. 1 EGV *Bandilla*, in: Grabitz/Hilf, EU, Art. 122 EGV (September 2004), Rn. 9.
[14] *Herrmann*, in: Siekmann, EWU, Art. 139 AEUV, Rn. 1.
[15] *Kempen*, in: Streinz, EUV/AEUV, Art. 139 AEUV, Rn. 4.

ESZB. Art. 139 Abs. 4 schließt Mitgliedstaaten mit Ausnahmeregelung insoweit vom Stimmrecht aus (es »ruht«) und regelt zudem die Berechnung der qualifizierten Mehrheit bei Maßnahmen, an denen Mitgliedstaaten mit Ausnahmeregelung nicht teilhaben.

B. Das Konzept der Ausnahmeregelung: Absatz 1

6   In Absatz 1 findet sich die **Legaldefinition** der Kategorie »Mitgliedstaaten mit Ausnahmeregelung« bzw. »Mitgliedstaaten, für die eine Ausnahmeregelung gilt«. Während materiell-rechtlich – wie der Begriff »Ausnahmeregelung« unterstreicht – die volle Teilhabe an der Währungsunion als Regelfall zugrunde gelegt wird, verhält es sich in prozeduraler Hinsicht genau umgekehrt: Der Euro kann in einem Mitgliedstaat erst eingeführt werden, wenn der Rat nach Art. 140 Abs. 2 beschlossen hat, dass er die sog. Konvergenzkriterien erfüllt. Da die Ausnahmeregelung (anders als noch nach Art. 122 Abs. 2 UAbs. 2 EGV, s. o. Rn. 4) schon von Vertrags wegen besteht, statuiert Absatz 1 nicht nur eine Legaldefinition, sondern auch eine **Legalausnahme**.

7   Die grundsätzliche **Pflicht aller Mitgliedstaaten, den Euro einzuführen** (dazu auch o. Rn. 2),[16] wird durch Art. 139 nicht relativiert, sondern vielmehr unterstrichen. Mitgliedstaaten mit Ausnahmeregelungen haben die Pflicht, die Erfüllung der Konvergenzvoraussetzungen und damit die Voraussetzungen für die Einführung des Euro nicht zu konterkarieren.[17] Den **transitorischen Charakter**[18] sowohl der individuellen Ausnahmeregelung als auch des Art. 139 selbst unterstreicht auch die systematische Stellung in Kapitel 5: Übergangsbestimmungen.[19]

8   Die Ausnahmeregelung erstreckt sich **nicht auf alle Rechte und Pflichten** aus der WWU. Grundsätzlich keine Anwendung finden Mitwirkungsrechte in der Währungspolitik und in den Gremien der EZB (vgl. Abs. 2, 3), anwendbar hingegen sind (mit Einschränkungen, insbes. Abs. 2 UAbs. 1 Buchst. a, b) die wirtschaftspolitischen Pflichten und die Pflicht zur Herstellung von Konvergenz (zur rechtlichen Verbindlichkeit der Vorgaben in Art. 140 Abs. 1 s. dort Rn. 5 ff.). Soweit der Vertrag besondere Bestimmungen für Euro-Mitgliedstaaten vorsieht, finden diese auf Mitgliedstaaten mit Ausnahmeregelung naturgemäß keine Anwendung (Kapitel 4 mit Art. 136–138). Beschlüsse der EZB haben nach Art. 132 keine Wirkung für Mitgliedstaaten mit Ausnahmeregelung, vgl. Art. 139 Abs. 2 UAbs. 1 Buchst. e. Ob dies auch für nach Art. 127 Abs. 6 der EZB überantwortete Aufgaben (Bankenaufsicht) gilt, ist ausweislich des Wortlauts des Art. 139 Abs. 2 AEUV, der Art. 127 Abs. 6 AEUV nicht explizit erwähnt, offen; Normkontext und Telos sprechen allerdings dafür (hierzu u. Rn. 17)). Art. 141–144 AEUV berechtigen und verpflichten hingegen ausschließlich Mitgliedstaaten mit Ausnahmeregelung.

---

[16] *Beutel*, S. 29; *Herrmann*, in: Siekmann, EWU, Art. 139 AEUV, Rn. 1; *Rodi*, in: Vedder/Heintschel v. Heinegg, EVV, Art. III–197, Rn. 1; *Sideek*, Legal Issues of Economic Integration 24 (1997), 1 (7). A. A. *Usher*, Cambridge YB of Europ. Studies 3 (2000), 479 (484) (WWU-Teilnahme sei fakultativ).

[17] *Dziecharcz*, Impact of the European Union Enlargement on EMU S. 145 f.

[18] *Louis*, S. 44; *Usher*, Cambridge YB of Europ. Studies 3 (2000), 479 (484); *ders.*, Legal Background of the Euro, in: Beaumont/Walker (Hrsg.), Legal Framework of the European Single Currency, 1999, S. 7 (15); *Zilioli/Selmayr*, S. 137.

[19] *Herrmann*, in: Siekmann, EWU, Art. 139 AEUV, Rn. 7; *Khan*, in: Geiger/Khan/Kotzur, EUV/AEUV, Art. 139 AEUV, Rn. 1; *Nicolaysen*, Europarecht II, S. 384; *Vranes*, CJEL 6 (2000), 361 (372).

Auch die Zentralbanken der Mitgliedstaaten mit Ausnahmeregelung gehören dem 9
ESZB an (Art. 282 Abs. 1 Satz 1), ihnen verbleiben jedoch eigene währungspolitische
Befugnisse.[20] An geld- und währungspolitischen Entscheidungen der EZB/des ESZB, die
im Eurosystem gefasst werden (Art. 282 Abs. 1 Satz 2), haben sie nicht teil. Der Erweiterte Rat ist das einzige Gremium der EZB, in dem diese Zentralbanken vertreten sind,
er hat trotz seiner Bezeichnung als Beschlussorgan aber fast nur (s. Rn. 11 ff. zu
Art. 141) Konsultationsrechte und Koordinationsfunktionen.

Zwar wird in Beitrittsverträgen neuer Mitgliedstaaten zumeist vereinbart, dass sie als 10
Mitgliedstaaten mit Ausnahmeregelung gelten.[21] Diese Klauseln sind allerdings deklaratorischer Natur, da nach der Systematik der Verträge ein neu beitretender Staat per se
den Status eines Mitgliedstaats mit Ausnahmeregelung erhält.[22]

C. Einzelerläuterungen zu den übrigen Absätzen

I. Absatz 2

Art. 139 Abs. 2 UAbs. 1 AEUV benennt **Bestimmungen** des Titels VIII (Wirtschafts- 11
und Währungspolitik), die auf Mitgliedstaaten mit Ausnahmeregelung keine Anwendung finden. Die einheitliche Anwendbarkeit des Unionsrechts wird durch diese Normen in funktionaler, aber auch territorialer Hinsicht[23] durchbrochen.[24] Der Katalog ist
nicht abschließend, sondern wird insbesondere durch Abs. 3 und die Artikel 136–138
ergänzt. Die Vorschrift tritt an die Stelle des wesentlich weniger detaillierten Art. 122
Abs. 3 EG. Die in Bezug genommenen Vorschriften werden nicht nur aufgelistet, sondern ihr Inhalt auch schlagwortartig beschrieben.

1. Keine Anwendung von Bestimmungen

Die nach den in Art. 139 Abs. 2 UAbs. 1 AEUV aufgeführten Vertragsbestimmungen 12
bzw. die genannten (Sekundär-)Rechtsakte können **keine unmittelbaren Rechte und
Pflichten** für Mitgliedstaaten mit Ausnahmeregelung erzeugen, und diese Mitgliedstaaten sind auch (wie Abs. 4 nochmals verdeutlicht) an ihrer Erzeugung im Rat nicht beteiligt. Die Beteiligungsrechte werden somit auf den Wirkungsbereich von Rechtsakten
abgestimmt. Teils wird vertreten, dass solche Rechtsakte angesichts des Umstands, dass
es sich trotz allem um Unionsrecht handelt, in den Rechtsordnungen auch der Mitgliedstaaten mit Ausnahmeregelung unmittelbar, wenn auch ohne Verpflichtungswirkung,
anwendbar seien (»substantive effect«).[25] Überzeugender erscheint eine durch die Euro-Einführung **aufschiebend bedingte Geltung** für diese Mitgliedstaaten.[26] Gleichwohl
trifft auch Mitgliedstaaten mit Ausnahmeregelung gemäß Art. 3 Abs. 4, Art. 4 Abs. 3

---

[20] *Häde*, in: Calliess/Ruffert, EUV/AEUV, Art. 139 AEUV, Rn. 3.
[21] Vgl. nur Art. 4 Beitrittsakte Polens etc., ABl. 2003, L 236/1 (33).
[22] *Dziecharcz*, Impact of the European Union Enlargement on EMU, S. 137 f.; *Hahn/Häde*, § 25, Rn. 4; *Zilioli/Selmayr*, S. 144.
[23] *Wölker*, CMLRev. 33 (1996), 1117 (1128).
[24] *Herrmann*, in: Siekmann, EWU, Art. 139 AEUV, Rn. 15.
[25] So auch *Zilioli/Selmayr*, S. 154.
[26] Von einem räumlich beschränkten Geltungsbereich spricht *Häde*, in Calliess/Ruffert, EUV/AEUV, Art. 132 AEUV, Rn. 10; *Griller*, in: Grabitz/Hilf/Nettesheim, EU, Art. 132 AEUV (Mai 2013), Rn. 13.

EUV und Art. 140 Abs. 1 AEUV eine Loyalitätspflicht bzw. ein Frustrationsverbot mit Blick auf solche Rechtsakte: Sie müssen sich aller Handlungen enthalten, die ihre gegenwärtige Wirksamkeit in den Euro-Mitgliedstaaten oder ihre künftige Wirkung im eigenen Hoheitsgebiet beeinträchtigen.[27]

13 Die auf Euro-Mitgliedstaaten beschränkte (UAbs. 2) Verpflichtungswirkung der von UAbs. 1 erfassten Akte wird durch Art. 3 Abs. 1 Buchst. c gespiegelt, wonach sich die ausschließliche Zuständigkeit der EU für die Währungspolitik auf die Mitgliedstaaten beschränkt, deren Währung der Euro ist.[28] Mitgliedstaaten mit Ausnahmeregelung behalten bis zu deren Aufhebung ihre währungspolitischen Kompetenzen. Soweit Art. 139 Abs. 2 UAbs. 1 auch wirtschaftspolitische Befugnisse in Bezug nimmt (wie in Buchst. a, b), wird erkennbar, dass die nach Art. 5 AEUV ohnehin nur rudimentären Befugnisse der Union bei Mitgliedstaaten mit Ausnahmeregelung in der Sache noch weiter zurückgenommen sind als bei Euro-Mitgliedstaaten.

2. Ausgenommene Vorschriften

14 **Annahme der das Euro-Währungsgebiet generell betreffenden Teile der Grundzüge der Wirtschaftspolitik** (Art. 139 Abs. 2 UAbs. 1 Buchst. a i. V. m. Art. 121 Abs. 2 AEUV) – Die Bezugnahme allein auf Art. 121 Abs. 2 erscheint wenig geglückt, weil diese Bestimmung für sich genommen keine Beschränkung auf das Euro-Wirtschaftsgebiet anordnet; sie ergibt sich erst im Zusammenspiel mit Art. 136 Abs. 1 Buchst. b.[29] Auf das Stimmrecht im Rat bei von Art. 121 Abs. 2 erfassten Rechtsakten erstreckt sich Art. 139 Abs. 2 Buchst. a nicht; hierfür statuiert Art. 139 Abs. 4 AEUV eine spezielle Ausnahme. Die Vorgängerregelung des Art. 122 Abs. 3 EGV enthielt keine dem Art. 139 Abs. 2 Buchst. a AEUV entsprechende Regelung, sondern nahm bei der Wirtschaftspolitik die Mitgliedstaaten mit Ausnahmeregelung lediglich von auf das Defizitverfahren bezogenen Sanktionsbestimmungen aus.

15 **Zwangsmittel zum Abbau eines übermäßigen Defizits** (Art. 139 Abs. 2 UAbs. 1 Buchst. b i. V. m. Art. 126 Abs. 9, 11) – Diese Ausnahmeregelung erstreckt sich nicht auf das gesamte Defizitverfahren, sondern lediglich auf die Verhängung von Zwangsmitteln gegenüber einem Mitgliedstaat als ultima ratio. Die Grundpflicht, ein übermäßiges Defizit zu vermeiden (Art. 126 Abs. 1, 2) bindet auch Mitgliedstaaten mit Ausnahmeregelung uneingeschränkt.[30] Schon Art. 122 Abs. 3 EG hatte die Zwangsmittel für unanwendbar erklärt.[31] Die Ausnahme gründet offenbar auf der Prämisse, dass Zwangsmittel entbehrlich sind, wo ein übermäßiges Defizit auf die Stabilität der gemeinsamen Währung keine signifikanten Auswirkungen haben kann. Das äußerste Druckmittel des Rates besteht darin, seine an den Mitgliedstaat mit Ausnahmeregelung gerichteten Empfehlungen zu veröffentlichen (Art. 126 Abs. 8).[32]

---

[27] Vgl. *Palm*, in: Grabitz/Hilf/Nettesheim, EU, Art. 139 AEUV (November 2012), Rn. 20; *Wölker*, CMLRev. (1996), 1117 (1129); *v. Borries/Repplinger-Hach*, EuZW 1996, 492 (497); ferner *Starski*, Der interföderale Verwaltungsakt, 2014. Anders als von *Zilioli/Selmayr* (S. 154) angeführt, setzt dies nicht zwingend eine »unmittelbare Anwendbarkeit« der Rechtsakte in den Rechtsordnungen der Mitgliedstaaten mit Ausnahmeregelung voraus.
[28] Vgl. *Herrmann*, in: Siekmann, EWU, Art. 139 AEUV, Rn. 15.
[29] Vgl. auch *Palm*, in: Grabitz/Hilf/Nettesheim, EU, Art. 139 AEUV (November 2012), Rn. 11.
[30] *Häde*, in: Calliess/Ruffert, EUV/AEUV, Art. 126 AEUV, Rn. 8.
[31] *Bandilla*, in: Grabitz/Hilf, EU, 40. Aufl. 2009, Art. 122 EGV (September 2004), Rn. 18.
[32] *Bandilla*, in: Grabitz/Hilf/Nettesheim, EU, Art. 126 AEUV (August 2012), Rn. 86.

Ziele und Aufgaben der ESZB (Art. 139 Abs. 2 UAbs. 1 Buchst. c i. V. m. Art. 127 Abs. 1, 2, 3, 5 AEUV) – Da Mitgliedstaaten mit Ausnahmeregelung ihre währungspolitischen Zuständigkeiten nicht an die EZB abgegeben haben,[33] bleiben sie von deren Zielen und der Wahrnehmung ihrer Aufgaben unberührt. Dass ihnen die Währungshoheit für die Dauer der Ausnahmeregelung verbleibt, bestätigt nunmehr – eine Neuerung des Lissabonner Vertrages – Art. 282 Abs. 4 Satz 2.[34] (Eine weitere Aufgabe der EZB, die für die Mitgliedstaaten mit Ausnahmeregelung nicht gilt, die Ausgabe des Euro, Art. 128, ist in Art. 139 Abs. 2 UAbs. 1 Buchst. d AEUV gesondert genannt.) Nicht von Art. 139 Abs. 2 UAbs. 1 Buchst. c AEUV erfasst ist Art. 127 Abs. 4 AEUV, nach dessen 2. Gedstr. nationale Behörden die EZB zu Entwürfen von Regelungen, die in deren Zuständigkeitsbereich fallen, zu hören haben.[35] Tatsächlich erstreckt die Entscheidung 415/98 des Rates[36] das Anhörungserfordernis auch auf bestimmte Akte von Mitgliedstaaten mit Ausnahmeregelung, welch letztere damit – innerhalb des ESZB – an die EZB und letztendlich an das Eurosystem herangeführt werden.

16

Ebenfalls nicht explizit von Art. 139 Abs. 2 Buchst. c AEUV erfasst ist Art. 127 Abs. 6 AEUV, der zur Übertragung von Aufgaben im Zusammenhang mit der Aufsicht über Kreditinstitute auf die EZB ermächtigt. Auch in Art. 127 Abs. 6 selbst findet sich keine Aussage über seinen funktional-territorialen Geltungsbereich. Als der EZB im Rahmen des einheitlichen Aufsichtsmechanismus (Single Supervisory Mechanism, SSM) der **Bankenunion** Aufsichtsrechte über alle bedeutenden Banken ab November 2014 übertragen wurden,[37] wurde diese Zuständigkeit auf die Eurozone beschränkt; Mitgliedstaaten mit Ausnahmeregelung können sich für ihre Kreditinstitute nur freiwillig der EZB-Aufsicht unterwerfen.[38] Für die Vertragskonformität dieses Ansatzes streitet, dass nach Art. 139 Abs. 2 Buchst. e AEUV Rechtsakte der EZB (ohne dass hier zwischen geldpolitischer und aufsichtsrechtlicher Funktion unterschieden wird) für Mitgliedstaaten mit Ausnahmeregelung nicht wirken und dass eine Aufsicht über Banken in Mitgliedstaaten mit Ausnahmeregelung kaum effektiv sein kann, wenn die EZB nach Art. 127 Abs. 5 AEUV – der vom Ausnahmenkatalog wiederum umfasst ist – auf die behördliche Aufsichtstätigkeit nicht einwirken darf.[39] Auch würde, wenn Mitgliedstaaten mit Ausnahmeregelung generell von der EZB-Aufsicht nach Art. 127 Abs. 6 erfasst wären, eine umfängliche Verpflichtungswirkung bescheidenen Mitwirkungsrechten gegenüberstehen; denn an Beschlüssen des Rates der EZB, der in allen Belangen das zentrale Beschlussorgan ist (vgl. Art. 129 Abs. 1), haben sie nicht teil.[40] Insofern kann man die Auslassung des Art. 127 Abs. 6 in Art. 139 Abs. 2 UAbs. 1 Buchst. c als Redaktionsversehen deuten; überzeugender aber ist eine enge Interpretation der »Ziele und Aufgaben« in dem Sinne, dass darunter nur die unmittelbar durch Vertrag zugewiesenen und nicht die »besonderen«, nicht zentralbank-inhärenten des Art. 127 Abs. 6 zu ver-

17

---

[33] Vgl. auch *Vranes*, CJEL 6 (2000), 361 (366).
[34] *Häde*, in: Calliess/Ruffert, EUV/AEUV, Art. 282 AEUV, Rn. 7; *Palm*, in: Grabitz/Hilf/Nettesheim, EU, Art. 282 AEUV (Oktober 2011), Rn. 14.
[35] Das Anhörungserfordernis findet auf das Vereinigte Königreich keine Anwendung.
[36] V. 29.6.1998, ABl. L 189/42.
[37] VO (EU) Nr. 1024/2013 vom 15.10.2013 zur Übertragung besonderer Aufgaben im Zusammenhang mit der Aufsicht über Kreditinstitute auf die Europäische Zentralbank, ABl. 2013, L 287/63 (»SSM-Verordnung«).
[38] Art. 7 SSM-VO.
[39] *Kämmerer*, NVwZ 2013, 830 (835).
[40] So *Zilioli/Selmayr*, S. 148.

stehen sind.⁴¹ Dass die Norm für Mitgliedstaaten mit Ausnahmeregelung keine volle Wirkung entfaltet, scheint auch im Schrifttum überwiegende Auffassung zu sein.⁴² Manches deutet darauf, dass der Normgeber das Verhältnis zwischen Art. 127 und Art. 139 AEUV redaktionell nicht zu Genüge durchdacht hat.⁴³

18 **Rechtsakte betreffend die gemeinsame Währung** (Ausgabe des Euro, Art. 139 Abs. 2 UAbs. 1 Buchst. d i. V. m. Art. 128 AEUV, Maßnahmen hinsichtlich der Verwendung des Euro, Art. 129 Abs. 2 UAbs. 1 Buchst. f i. V. m. Art. 133; Wechselkursmaßnahmen, Art. 139 Abs. 2 UAbs. 1 Buchst. g i. V. m. Art. 219) – Da Mitgliedstaaten mit Ausnahmeregelung ihre währungspolitischen Zuständigkeiten noch nicht an die EU abgegeben haben, liegen diese Ausnahmen in der Natur der Sache. Auslegungsschwierigkeiten ergeben sich mitunter dort, wo Bestimmungen des AEUV – wie bei Wechselkursmaßnahmen – Bezug auf »Drittstaaten« nehmen. Inwiefern dieser Begriff auch Mitgliedstaaten mit Ausnahmeregelung erfasst, wird zumeist nach dem Telos der betreffenden Norm bestimmt. Aus der Systematik des AEUV folgt, dass tragendes Merkmal eines Drittstaates die Nichtmitgliedschaft in der EU ist, sodass Mitgliedstaaten mit Ausnahmeregelung von diesem Begriff nicht erfasst werden.⁴⁴ Die Wechselkurspolitik der Mitgliedstaaten mit Ausnahmeregelung ist in deren Hoheitssphäre verblieben, was erklärt, warum sie an Vereinbarungen betreffend den Euro-Wechselkurs nicht teilnehmen. Dennoch handelt es sich bei ihr nach Art. 142 um eine Angelegenheit von gemeinsamem Interesse.⁴⁵

19 **Rechtsakte der EZB** (Art. 139 Abs. 2 UAbs. 1 Buchst. e i. V. m. Art. 132 AEUV) – Bezug genommen wird nur auf solche Rechtsakte, die »zur Erfüllung der dem ESZB übertragenen Aufgaben« erlassen werden. Sie können für Mitgliedstaaten mit Ausnahmeregelung, deren Zentralbanken formlich zwar am ESZB teilhaben (Art. 282 Abs. 1 Satz 1 AEUV), nicht aber an ihren Zielen und Aufgaben (Art. 139 Abs. 2 UAbs. 1 Buchst. c AEUV), keine Wirkung entfalten. Nicht erfasst sind auch Aufgaben der Bankenaufsicht (dazu o. Rn. 17), die nach Art. 127 Abs. 6 nur der EZB, aber nicht dem ESZB überantwortet werden können. Soweit nationalen Behörden im Rahmen des SSM Aufsichtskompetenzen verbleiben, stehen sie nicht in allen Mitgliedstaaten den Zentralbanken, sondern in einigen Fällen auch speziellen Aufsichtsbehörden zu.

20 **Ernennung der Mitglieder des Direktoriums der EZB** (Art. 139 Abs. 2 UAbs. 1 Buchst. h i. V. m. Art. 283 Abs. 2 AEUV) – Da die Ernennung nicht zu den Zielen und Aufgaben der ESZB bzw. Rechtsakten der EZB zählt, sondern ihrer Tätigkeit logisch vorausgeht, musste die Nichtanwendung der entsprechenden Bestimmung gesondert festgeschrieben werden. Aus dem Kontext zu Art. 139 Abs. 2 UAbs. 2 AEUV folgt

---

⁴¹ So i. E. auch *Häde*, in: Calliess/Ruffert, EUV/AEUV, Art. 127, Rn. 53; vgl. zum Hintergrund auch *Kämmerer/Starski*, ZG 2013, 318 (321, 324 f.).
⁴² *Dziechciarz*, Rechtliche Integration der nationalen Zentralbanken in das Europäische System der Zentralbanken und in das Eurosystem, 2009, S. 181; *Lanoo*, The Roadmap to a Banking Union, CEPS Commentary, August 2012, S. 3; *López Torres*, in: GS, EUG/EGV, Art. 43 ESZB-Satzung, Rn. 7; *Wymeersch*, The single supervisory mechanism or »SSM«, part one of the Banking Union, National Bank of Belgium Working Paper Research, April 2014, S. 18. A. A. *Carmassi/Di Noia/Micossi*, Banking Union: A federal model for the European Union with prompt corrective action, CEPS Policy Brief No. 282, 2012, S. 3.
⁴³ Vgl. *Kämmerer*, NVwZ 2013, 830 (835).
⁴⁴ Im Ergebnis so *Kempen*, in: Streinz, EUV/AEUV, Art. 219 AEUV, Rn. 6.
⁴⁵ Vgl. *Palm*, in: Grabitz/Hilf/Nettesheim, EU, Art. 139 AEUV (November 2012), Rn. 12.

zugleich, dass die Mitgliedschaft im Direktorium Staatsangehörigen von Euro-Mitgliedstaaten vorbehalten bleiben muss.[46]

Vertretung im internationalen Finanzbereich – Bereits Art. 138 Abs. 3 AEUV ordnet an, dass bei der Abstimmung im Rat über Gemeinsame Standpunkte zu Fragen von besonderer Bedeutung für die WWU (Abs. 1) und Maßnahmen zur Wahrung einheitlicher internationaler Vertretung der EU im Finanzbereich (Abs. 2) Mitgliedstaaten mit Ausnahmeregelung nicht stimmberechtigt sind. Art. 139 Abs. 2 UAbs. 1 Buchst. i und j AEUV stellen klar, dass diese Maßnahmen für diese Mitgliedstaaten mit Ausnahmebestimmung auch keine Bindungswirkung erzeugen. Wohl aber trifft sie ein aus allgemeinen Loyalitätspflichten fließendes Frustrationsverbot (siehe Art. 138). 21

Die Liste des Art. 139 Abs. 2 UAbs. 1 AEUV ist **nicht abschließend**. Soweit Vorschriften hier nicht in Bezug genommen werden, kann sich daraus gleichwohl ein Ausschluss von Mitgliedstaaten mit Ausnahmeregelung von der Mitwirkung in Vertragsangelegenheiten ergeben. Dazu gehören Art. 283 Abs. 1 UAbs. 1 und die in Art. 42.1, .3, .4, .5 ESZB/EZB-Satzung aufgelisteten Vorschriften. Ebenfalls hier nicht aufgeführt ist Art. 136 III AEUV, der die Euro-Mitgliedstaaten zur Wahrung der Stabilität des Euro-Währungsgebiets berechtigt, einen **Stabilitätsmechanismus** einzurichten und auf dessen Grundlage zwischen diesen Staaten am 2.2.2012 der Vertrag zur Einrichtung des Europäischen Stabilitätsmechanismus (ESMV) abgeschlossen wurde.[47] Dies lässt sich zum einen damit erklären, dass Art. 136 III AEUV einziger Gegenstand einer erst 2012 und damit nach der Normierung des Art. 139 Abs. 2 beschlossenen Vertragsänderung im vereinfachten Verfahren nach Art. 48 Abs. 6 EUV war, möglicherweise aber auch mit dem Umstand, dass Art. 136 Abs. 3 AEUV eine souveräne Handlungsbefugnis außerhalb des gründungsvertraglichen Rahmens (und ihre Grenzen) bestätigt. 22

Art. 139 Abs. 2 UAbs. 1 **suspendiert nicht** das Erfordernis, **Zentralbanken** nach Art. 130, 131 **unabhängig** zu stellen,[48] das praktisch zu einer unionsverfassungsrechtlichen Grundregel der WWU geworden ist.[49] Für Mitgliedstaaten mit Ausnahmeregelung bleibt eine Missachtung dieses Erfordernisses allerdings praktisch sanktionsfrei und hat lediglich zur Folge, dass ihre Ausnahmeregelung (wie vom Mitgliedstaat intendiert) nicht aufgehoben wird (Art. 140 Abs. 1 UAbs. 1 Satz 2 und Abs. 2 UAbs. 1; dazu Rn. 11 zu Art. 140 AEUV). 23

Nicht zum Ausnahmenkanon zählt die **Entscheidung des Rats über die Aufhebung der Ausnahmeregelung** für einen Mitgliedstaat: Aus Art. 140 Abs. 2 UAbs. 1 ist zu schließen, dass an ihr auch die Ratsvertreter der Mitgliedstaaten mit Ausnahmeregelung beteiligt sind; lediglich die Empfehlung, sie zu treffen, bleibt den Ratsvertretern der Euro-Mitgliedstaaten vorbehalten (vgl. Rn. 59 zu Art. 140). Damit erkennt der Vertrag die Ersetzung der Währung als Angelegenheit von gemeinsamem Interesse und rechtlicher Tragweite für die gesamte Union an. 24

Abs. 2 UAbs. 2 enthält lediglich eine Klarstellung: Aufgrund des Ausschlusses von Mitgliedstaaten mit Ausnahmeregelung von den in UAbs. 1 aufgeführten Bestimmungen bezeichnet »Mitgliedstaaten« in deren Wortlaut nur diejenigen, deren Währung der Euro ist. 25

---

[46] *Palm*, in: Grabitz/Hilf/Nettesheim, EU, Art. 139 AEUV (November 2012), Rn. 13.
[47] BGBl. II, S. 1086.
[48] Eine Ausnahme gilt insoweit allerdings für das Vereinigte Königreich (s.u. Rn. 48).
[49] Vgl. *Vranes*, CJEL 6 (2000), 361 (369).

II. Absatz 3

26 Für Mitgliedstaaten mit Ausnahmeregelung gelten nicht nur nach Art. 139 Abs. 2 AEUV zahlreiche Vorschriften im Kontext des ESZB nicht, sie sind auch nach Art. 139 Abs. 3 AEUV **von Rechten und Pflichten** im Rahmen des ESZB gemäß Kapitel IX ESZB/EZB-Satzung **ausgeschlossen**. Gleiches gilt für ihre nationalen Zentralbanken. Eine Konkretisierung der Vorgabe findet sich in Art. 42.1 ESZB/EZB-Satzung. Einer expliziten Regelung des Ausschlusses von Rechten und Pflichten bedurfte es aber deshalb, weil das ESZB gemäß Art. 282 Abs. 1 Satz 1 die Zentralbanken aller Mitgliedstaaten umschließt.[50] Im Gegensatz hierzu gehören dem Eurosystem, Art. 282 Abs. 1 Satz 2, nur die Zentralbanken derjenigen Staaten an, deren Währung der Euro ist. Auch nach Art. 14.3 ESZB/EZB-Satzung sind »die nationalen Zentralbanken« integraler Bestandteil des ESZB; die in Art. 42.1 der Satzung verfügte Exemtion von Mitgliedstaaten mit Ausnahmeregelung kann sich im Lichte des Art. 282 Abs. 1 Satz 1 AEUV nur auf den zweiten Halbsatz beziehen, wonach sie nach den Leitlinien und Weisungen der EZB handeln.[51] Von der Anwendbarkeit **ausgenommen** sind insofern nur die **Rechte und Pflichten im ESZB, nicht die Teilhabe der Mitgliedstaaten am ESZB**. Dementsprechend zählen auch Art. 129[52] und 282 Abs. 1 Satz 1 nicht zum Ausnahmenkanon.[53] Ebenso wenig ausgenommen sind vertragliche Vorgaben über die Unabhängigkeit der Zentralbanken (Art. 130, 131 AEUV; s. auch o. Rn. 23). – Die Einbeziehung der Mitgliedstaaten mit Ausnahmeregelung in die EZB erfolgt über den Erweiterten Rat,[54] in dem die nationalen Zentralbanken aller Mitgliedstaaten vertreten sind. Er ist kein Leitungsorgan, allerdings wird er – ohne wirklich signifikante Beschlusskompetenzen zu haben – als Beschlussorgan der EZB bezeichnet (Art. 141).

27 Zwischen den Anwendungsbereichen des Art. 139 Abs. 2 und des Art. 139 Abs. 3 AEUV bestehen **Überschneidungen**, weil einerseits manche der von Art. 139 Abs. 2 UAbs. 1 AEUV in Bezug genommenen Vorschriften, wie Art. 127 Abs. 2 und 132, Rechten und Pflichten im ESZB umschließen, und auch, weil manche der in Art. 42.1 ESZB/EZB-Satzung aufgelisteten Satzungsbestimmungen wieder auf in Art. 139 Abs. 2 UAbs. 2 AEUV aufgeführte Bestimmungen der Verträge zurückverweisen (s. u. Rn. 29).

28 Die Bezugnahme des Art. 139 Abs. 3 auf **Kapitel IX der ESZB/EZB-Satzung** hat bloßen **Hinweischarakter**[55] und darf nicht als Regelungs- oder Ausgestaltungsvorbehalt verstanden werden. Die Satzung ist den Verträgen als Protokoll (Nr. 4) beigefügt (Art. 129 Abs. 2) und genießt selbst Primärrechtsrang:[56] Nach Art. 51 EUV sind Protokolle Bestandteil der Verträge und mit diesen rang- und wirkungsgleich.[57] Die Satzung vermag allerdings die Bestimmungen der Verträge nicht abzuändern, sondern darf diese nur konkretisieren.[58] Des Weiteren sind die Bestimmungen ihres Kapitals XI »sekun-

---

[50] *Gaitanides*, in: Schulze/Zuleeg/Kadelbach, Europarecht, § 31, Rn. 14; *Zilioli/Selmayr*, S. 155.
[51] A.A. *Beutel*, S. 150; *Dziechiarz*, Rechtliche Integration der nationalen Zentralbanken in das Europäische System der Zentralbanken und in das Eurosystem, 2009, S. 170 f.; *Herrmann*, in: Siekmann, EWU, Protokoll Nr. 4, Art. 42, Rn. 7.
[52] So auch *Kempen*, in: Streinz, EUV/AEUV, Art. 139 AEUV, Rn. 8.
[53] *Häde*, in: Calliess/Ruffert, EUV/AEUV, Art. 282 AEUV, Rn. 6.
[54] *Herrmann*, in: Siekmann, EWU, Art. 139 AEUV, Rn. 16.
[55] Nach *Palm*, in: Grabitz/Hilf/Nettesheim, EU, Art. 139 AEUV (November 2012), Rn. 14, hat die Verweisung nur klarstellende Bedeutung.
[56] *Becker*, in: Siekmann, EWU, Art. 129 AEUV, Rn. 60; *Palm*, in: Grabitz/Hilf/Nettesheim, EU, Art. 139 AEUV (November 2012), Rn. 14.
[57] *Dörr*, in: Grabitz/Hilf/Nettesheim, EU, Art. 51 EUV (August 2011), Rn. 28.
[58] *Waldhoff*, in: Siekmann, EWU, Protokoll Nr. 4, Art. 1, Rn. 1. *Herrmann* (in: Siekmann, EWU, Protokoll Nr. 4, Art. 42, Rn. 17) betrachtet Art. 42 ESZB-Satzung als lex specialis zu Art. 139 AEUV.

därrechtsimmun«:[59] Sie können anders als die in Art. 129 Abs. 3 und 4 genannten Vorschriften auch nicht durch die Unionsorgane geändert oder normativ konkretisiert werden. Änderungen der Satzung sind hier nur im Vertragsänderungsverfahren nach Art. 48 EUV möglich.[60]

Die auf Mitgliedstaaten mit Ausnahmeregelung nicht anwendbaren Bestimmungen sind in Art. 42.1 ESZB/EZB-Satzung aufgelistet. Art. 3 der Satzung (Aufgaben des ESZB) entspricht dabei im Kern Art. 139 Abs. 2 UAbs. 1 Buchst. c i. V. m. Art. 127 Abs. 1, 2, 3, 5 AEUV. Art. 16 der Satzung überschneidet sich mit Art. 139 Abs. 2 UAbs. 1 Buchst. d i. V. m. Art. 128 AEUV (dazu oben Rn. 16, 18) und Art. 34 der Satzung mit Art. 139 Abs. 2 Buchst. e i. V. m. Art. 132 AEUV. Darüber hinaus sind von der Anwendung ausgeschlossen: die internationale Zusammenarbeit im Aufgabenbereich der ESZB (Art. 6 Satzung), die Gewährleistung der Aufgabenerfüllung der EZB nach Art. 9.2 Satzung, die Aufgaben der EZB-Beschlussorgane (Art. 12.1 Satzung), das Handeln der nationalen Zentralbanken nach Leitlinien und Weisungen der EZB und die entsprechenden Befugnisse des EZB-Rates (Art. 14.3; dazu oben Rn. 26), die geld- und währungspolitischen Instrumente der EZB (Art. 18–20 Satzung), die Bestimmungen über Verrechnungs- und Zahlungssysteme (Art. 22 Satzung) und internationale Geschäfte (Art. 23 Satzung) und die für das ESZB geltenden Finanzvorschriften der Art. 26.2, 27, 30, 31 (Währungsreserven), 32, 33 (Verteilung der Einkünfte und Gewinne) sowie Art. 49 (Banknotenumtausch). Nicht in Art. 42.1 ESZB-Satzung aufgeführt – und somit von der Anwendung auf die Mitgliedstaaten mit Ausnahmeregelung nicht ausgenommen – ist Art. 2 ESZB/EZB-Satzung, der die Verpflichtung des ESZB auf den Grundsatz der Preisstabilität bekräftigt und insofern an Art. 127 Abs. 1 und Art. 282 Abs. 2 anknüpft. In einem Spannungsverhältnis hierzu steht, dass Art. 127 Abs. 1 über Art. 139 Abs. 1 Buchst. c auf Mitgliedstaaten mit Ausnahmeregelung keine Anwendung findet.[61] Hieraus zu folgern, die Nichterwähnung des Art. 2 ESZB-Satzung stelle ein redaktionelles Versehen dar, wäre indes vorschnell. Zum einen suspendiert Art. 139 die Anwendung des Art. 282 auf Mitgliedstaaten mit Ausnahmeregelung nicht, zum anderen sind die Mitgliedstaaten mit Ausnahmeregelung durch Art. 140 Abs. 1 Satz 3, Gedstr. 1 verpflichtet, auf Preisstabilität hinzuwirken. Satzung und Vertrag erscheinen in diesem Punkt jedenfalls nicht zu Genüge aufeinander abgestimmt.[62]

Die Gesamtheit der tatsächlich ausgeschlossenen Bestimmungen reicht über die Liste des Art. 42.1 Satzung hinaus, da viele Satzungsbestimmungen im Zusammenhang mit der Tätigkeit des EZB-Rates oder des EZB-Direktoriums stehen. Insofern erfasst Art. 139 Abs. 3 faktisch nicht nur Kapitel IX der Satzung, sondern auch die primärrechtlichen Bestimmungen des Art. 283 AEUV. Gesetzes- und verweisungstechnisch ist dieser gesetzestechnische Mechanismus mit seinen zahlreichen Überschneidungen, Doppelungen und Rückverweisungen sowie angesichts des uneindeutigen Wortlauts des Art. 139 Abs. 3 wenig gelungen und führt zu Unübersichtlichkeit.

Soweit die Teilnahme der Mitgliedstaaten mit Ausnahmegenehmigung am ESZB reicht, ist sie eine primär formale,[63] von den materiellen Aufgaben des ESZB sind sie

---

[59] Dazu *Becker*, in: Siekmann, EWU, Art. 129 AEUV, Rn. 60.
[60] *Becker*, in: Siekmann, EWU, Art. 129 AEUV, Rn. 68; *Häde*, in: Calliess/Ruffert, EUV/AEUV, Art. 129 AEUV, Rn. 4; *Potacs*, in: Schwarze, EU-Kommentar, Art. 129 AEUV, Rn. 4.
[61] *Herrmann*, in: Siekmann, EWU, Protokoll Nr. 4, Art. 42, Rn. 8.
[62] *López Torres*, in: GS, EUG/EGV Art. 43 ESZB-Satzung, Rn. 31.
[63] So die Wertung von *Kempen*, in: Streinz, EUV/AEUV, Art. 139 AEUV, Rn. 8.

exkludiert (s. o. Rn. 26).[64] Allerdings wird ihnen beim Schlüssel für die Zeichnung des Kapitals an der EZB ein Gewichtsanteil gem. Art. 29.1 ESZB-Satzung zugeordnet.[65] Das ihnen zugeordnete Kapital braucht, solange sie ihren Status als Mitgliedstaaten mit Ausnahmeregelung innehaben, nicht eingezahlt zu werden (Art. 47 ESZB-Satzung).[66] Dennoch steht die formelle Einbindung der Staaten für die Dynamik und Unumkehrbarkeit der europäischen Integration und soll die Mitgliedstaaten mit Ausnahmeregelung bei ihrem Bemühen unterstützen, ihre Wirtschafts- und Geldpolitik auf den Euro bzw. seine Einführung auszurichten.

III. Absatz 4

1. Ruhen des Stimmrechts

32 Art. 139 Abs. 4 ordnet an, dass das **Stimmrecht** der Vertreter der Mitgliedstaaten mit Ausnahmeregelung im Rat bei bestimmten Rechtsakten **ruht**. Mit Rat ist der Ministerrat der Europäischen Union (ECOFIN) gemeint, nicht der Rat der EZB, in dem diese Staaten nach Art. 283 Abs. 1 nicht vertreten sind. Durch Abs. 4 werden die Mitwirkungsrechte der Rechtsbetroffenheit angeglichen: Mitgliedstaaten mit Ausnahmeregelung sollen nicht (zu Lasten Dritter) in Angelegenheiten Stimmgewicht haben, die sie noch nicht betreffen. Das Wort »ruht« unterstreicht hierbei den transitorischen Charakter der Vorschrift, weil es eine (Re-)Aktivierung des Stimmrechts nach Aufhebung der Ausnahmeregelung in Aussicht stellt.

33 Die Anordnung des Art. 139 Abs. 4 AEUV bezieht sich auf den Erlass von Rechtsakten teils verbindlichen (Hs. 1, Hs. 2 Buchst. b) und teils unverbindlichen (Hs. 2 Buchst. a) Charakters. Ausgeschlossen sind Mitgliedstaaten mit Ausnahmeregelung nur von der Teilhabe an der Abstimmung, jedoch nicht von der Teilnahme an der Sitzung und Diskussion.[67] Dies ist allerdings im Anwendungsbereich des Art. 137 AEUV der Fall: Informelle Beratungen über Angelegenheiten, die nicht den Erlass eines solchen Rechtsakts zum Ziel haben, aber ausschließlich Mitgliedstaaten der (nach dieser Bestimmung mit primärrechtlicher Dignität versehenen) Euro-Gruppe betreffen, werden auch nur in diesem Kreis behandelt.[68]

2. Die erfassten Rechtsakte

34 Erfasst sind erstens Maßnahmen nach Art. 139 Abs. 2 AEUV. Soweit sich dessen Katalogposten auf den Ausschluss von einer Mitwirkungshandlung beziehen – wie die Ernennung von Mitgliedern des EZB-Direktoriums –, stellt Absatz 3 nur klar, dass sich die Ausschlusswirkung nicht nur auf die **Staaten** als Körperschaften, sondern auch auf ihre **Repräsentation im Rat** als EU-Organ erstreckt. In anderen Fällen stellt Absatz 4 den Gleichklang von materiell-rechtlichen Betroffenheit und verfahrensrechtlicher Teilhabe sicher.

35 Zweitens ruht das Stimmrecht der Mitgliedstaaten mit Ausnahmeregelung nach

---

[64] *Häde*, S. 145; *Vranes*, CJEL 6 (2000), 361 (367).
[65] *Langner*, in: Siekmann, EWU, Protokoll Nr. 4, Art. 29, Rn. 3; *Zilioli/Selmayr*, S. 161.
[66] Vgl. *Häde*, in: Calliess/Ruffert, EUV/AEUV, Art. 139 AEUV, Rn. 4; *Zilioli/Selmayr*, S. 161.
[67] *Göttlinger*, in: GSH, Art. 139 Rn. 20 f.; *Herrmann*, in: Siekmann, EWU, Art. 139 AEUV, Rn. 18; *Palm*, in: Grabitz/Hilf/Nettesheim, EU, Art. 139 AEUV (November 2012), Rn. 18.
[68] Vgl. *Häde*, in: Calliess/Ruffert, EUV/AEUV, Art. 139 AEUV, Rn. 10. Kritisch zu dieser Entwicklung *Palm*, in: Grabitz/Hilf/Nettesheim, EU, Art. 139 AEUV (November 2012), Rn. 18.

Buchst. a bei **Empfehlungen nach Art. 121 Abs. 4** an Mitgliedstaaten, deren Währung der Euro ist, im Rahmen der multilateralen Überwachung, Verwarnungen eingeschlossen. Der Wortlaut des Art. 139 Abs. 4 UAbs. 1 Buchst. a ist auf den des Art. 121 Abs. 4 schlecht abgestimmt. So erwähnt Letzterer »Empfehlungen zu den Stabilitätsprogrammen« ebenso wenig wie speziell an Euro-Mitgliedstaaten gerichtete Empfehlungen; vielmehr ist die Norm auf Maßnahmen gegenüber einzelnen Mitgliedstaaten zugeschnitten.

Das Stimmrecht ruht drittens auch **Maßnahmen bei übermäßigem Defizit** gegenüber Mitgliedstaaten, deren Währung der Euro ist (Buchst. b). Aufgeführt sind hier Art. 126 Abs. 6, 7, 8, 12 und 13: Bei diesen Maßnahmen, insbesondere also bei Sanktionen gegen Euro-Mitgliedstaaten, stimmen die Mitgliedstaaten mit Ausnahmeregelung also nicht mit. Wenig Sinn ergibt die Bezugnahme auf Art. 126 Abs. 13, der selbst keine Beschlussfassung des Rates vorsieht.[69] Auf der Passivseite, also gegenüber Mitgliedstaaten, die selbst ein übermäßiges Defizit akkumuliert haben, sind, wenn es sich hierbei um Mitgliedstaaten mit Ausnahmeregelung handelt, hingegen nur Art. 126 Abs. 9 und 11 von der Anwendung ausgenommen (Art. 139 Abs. 2 UAbs. 1 Buchst. b; dazu oben Rn. 15). Dies wirkt sich im Defizitverfahren wie folgt aus: Betrifft der Beschluss über das Bestehen eines übermäßigen Defizits einen Mitgliedstaat mit Ausnahmeregelung, so dürfen alle diese Mitgliedstaaten (mit Ausnahme desjenigen Mitgliedstaats, an den der Beschluss gerichtet ist, Art. 126 Abs. 13 UAbs. 2[70]) neben den Euro-Mitgliedstaaten daran mitwirken. Betrifft der Beschluss hingegen einen Euro-Mitgliedstaat, sind Mitgliedstaaten mit Ausnahmeregelung (so wie auch der betroffene Euro-Mitgliedstaat) von der Mitwirkung daran ausgeschlossen. Diese Unterscheidung gehört zu den Neuerungen des Vertrags von Lissabon. Dass in Art. 139 Abs. 4 die Maßnahmen nach Art. 126 Abs. 9 und 11 AEUV nicht aufgeführt sind, ist kein Redaktionsversehen; vielmehr ergibt sich der Ausschluss der Mitgliedstaaten mit Ausnahmeregelung von der Mitwirkung an solchen Ratsbeschlüssen bereits aus Art. 139 Abs. 4 UAbs. 1 Hs. 1, da zu den in Absatz 2 genannten Artikeln auch die Art. 126 Abs. 9, 11 AEUV zählen (Buchst. b).[71]

Da Art. 139 Abs. 4 lediglich das Stimmrecht ausschließt, bleibt die Frage, ob Ratsvertreter von Mitgliedstaaten mit Ausnahmeregelung an der **Beratung im Vorfeld** der Beschlussfassung über die genannten Maßnahmen teilnehmen dürfen. Dafür findet sich im Wortlaut des Art. 139 Abs. 4, der auf Maßnahmen bezogen ist, kein Anhaltspunkt;[72] auch würde ein Ausschluss dem Telos, solche Mitgliedstaaten an die volle Teilhabe an der Währungsunion heranzuführen, widersprechen. Aus den gleichen Gründen muss ihnen auch das Recht zustehen, an Beratungen über Sanktionsmaßnahmen mitzuwirken, auch wenn Art. 139 Abs. 2 UAbs. 1 Buchst. b die Art. 126 Abs. 9 und 11 insgesamt für unanwendbar erklärt.

In UAbs. 2 ist geregelt, wie die **qualifizierte Mehrheit** sich bemisst, wenn Mitgliedstaaten mit Ausnahmeregelung von der Mitwirkung im Rat ausgeschlossen sind. Insoweit wird hier wie auch in anderen Fällen (wie z.B. Art. 140 Abs. 2 UAbs. 3) auf Art. 238 Abs. 3 Buchst. a AEUV Bezug genommen. Im Übrigen gilt Art. 16 Abs. 4 EUV.

---

[69] *Häde*, The Treaty of Lisbon and the Economic and Monetary Union, in: Blanke/Mangiameli (Hrsg.), Europe after Lisbon, 2012, 421 (425).
[70] Zur Finalität dieser Neuregelung *Häde*, EuR 2009, 200 (203).
[71] *Herrmann*, in: Siekmann, EWU, Art. 139 AEUV, Rn. 17.
[72] *Häde*, in: Calliess/Ruffert, EUV/AEUV, Art. 139 AEUV, Rn. 6; *Herrmann*, in: Siekmann, EWU, Art. 139 AEUV, Rn. 18.

39 Für Mitgliedstaaten mit Ausnahmeregelung (Gleiches gilt für das über eine sog. Freistellung verfügende Dänemark; dazu sogleich Rn. 43 ff.), die den **Vertrag über Stabilität, Koordinierung und Steuerung** in der Wirtschafts- und Währungsunion (SKSV) vom 2.3.2012[73] ratifiziert haben, wird der SKSV erst aufschiebend bedingt mit der Aufhebung der Ausnahmebestimmungen wirksam (Art. 14 Abs. 5 SKSV). Es bleibt einem Mitgliedstaat mit Ausnahmeregelung jedoch unbenommen, freiwillig seine Bindung an ausgewählte Bestimmungen des Vertrags zu erklären. Nur unter dieser Voraussetzung[74] ist eine Verurteilung durch den EuGH wegen Verletzungen der spezifischen Defizitregeln dieses Vertrags und ggf. die anschließende Verhängung eines Zwangsgelds (Art. 8 SKSV) gegen ihn möglich.

D. Staaten mit Sonderstatus

40 Abzugrenzen ist eine Ausnahmeregelung nach Art. 139 Abs. 1 AEUV von befreienden **Sonderregelungen**,[75] wie sie nach den Verträgen beigefügten Protokolle (mit Primärrechtsrang, Art. 51 EUV) für das Vereinigte Königreich[76] und Dänemark[77] bestehen. Diese Staaten verfügen über ein veritables **Optionsrecht** und stehen damit außerhalb des Integrationsautomatismus der WWU.[78] Auch die Protokolle sind jedoch politisch von der Grundannahme bestimmt, dass die Nichtteilnahme der beiden Staaten an der gemeinsamen Währung von begrenzter Dauer sein wird.[79] Außer von der Erfüllung der Konvergenzkriterien hängt die Einführung des Euro insbesondere vom politischen Willen der betroffenen Mitgliedstaaten ab – welcher derzeit nicht erkennbar ist.[80] Die Regelungen für das Vereinigte Königreich von Großbritannien und Nordirland (Protokoll Nr. 15) und Dänemark (Protokoll Nr. 16) unterscheiden sich im Detail nicht unerheblich.

41 Es handelt sich nach überkommener Betrachtung **nicht um Mitgliedstaaten mit Ausnahmeregelung**, sondern um Mitgliedstaaten mit der Ausnahmeregelung ähnlichen Sonderregelungen.[81] Da der Lissabon-Vertrag diese Unterscheidung im Wortlaut nicht nachzeichnet, werden mitunter gleichwohl die Bestimmungen für Dänemark[82] und das Vereinigte Königreich als Ausnahmeregelungen klassifiziert.[83] Weder der Vertragswort-

---

[73] BGBl. II, S. 1008.

[74] Von den Nicht-Euro-Mitgliedstaaten haben sich Dänemark (protokollarische Sonderregelung) und Rumänien (Ausnahmeregelung) an die Titel III und IV des SKSV gebunden; vgl. Rn. 42.

[75] *Dziecharcz*, Impact of the European Union Enlargement on EMU S. 133 (136.); *Gaitanides*, in: Schulze/Zuleeg/Kadelbach, Europarecht, § 31, Rn. 14; *Manger-Nestler*, Par(s) inter pares?, 2008, S. 137; *Rodi*, in: Vedder/Heintschel v. Heinegg, EVV, Art. III–197, Rn. 1; *Vranes*, CJEL 6 (2000), 361 (365); *Zilioli/Selmayr*, S. 137 ff.

[76] Protokoll Nr. 15 zu den Verträgen (»Protokoll über einige Bestimmungen betreffend das Vereinigte Königreich Großbritannien und Nordirland«).

[77] Protokoll Nr. 16 zu den Verträgen (»Protokoll über einige Bestimmungen betreffend Dänemark«).

[78] *Zilioli/Selmayr*, S. 137 ff.; *Lépine*, Revue L'Europe en Formation 2014, 173 (Rn. 15).

[79] *Grieser*, S. 212; *Louis*, CMLRev. 35 (1998), 33 (64); *Siekmann*, in: Siekmann, EWU, Protokoll (Nr. 16), Rn. 11; *Vranes*, CJEL 6 (2000), 361 (372); Anders *Stubb*, JCMSt 34 (1996), 283 (292).

[80] *Hahn/Häde*, § 25, Rn. 21; *Indruchová*, TQL 3/2013, 225 (232).

[81] *Palm*, in: Grabitz/Hilf/Nettesheim, EU, Art. 139 AEUV (November 2012), Rn. 1, 8, spricht nach wie vor von »Sonderregelungen«.

[82] *Herrmann*, in: Siekmann, EWU, Art. 139 AEUV, Rn. 8.

[83] *Kempen*, in: Streinz, EUV/AEUV, Art. 139 AEUV, Rn. 1.

laut noch – insbesondere bei Protokoll Nr. 16 – die Verweisungssystematik berechtigen zu dieser Gleichsetzung.[84] Lediglich auf der Rechtsfolgenseite ist der jeweilige Status einer Ausnahmeregelung – in unterschiedlichem Maße – angenähert.[85] Beide Mitgliedstaaten trifft keine Pflicht, bei Erfüllung der Konvergenzkriterien den Euro einzuführen bzw. überhaupt auf seine Einführung hinzuwirken. Ihr Status ist im Verhältnis zur Ausnahmeregelung ein Aliud, auch wenn zumindest das für Dänemark geltende Recht die Ausnahmeregelung weitgehend paraphrasiert.

Art. 14 Abs. 5 SKSV stellt mit Blick auf die Regeln dieses Vertrags Mitgliedstaaten mit Ausnahmeregelung und mit Freistellung nach Prot. Nr. 16 (also Dänemark) gleich. Dänemark hat sich für Titel III (»Fiskalpakt«) und IV dem SKSV freiwillig unterworfen. Mit Blick auf das Vereinigte Königreich hingegen besteht weder für die Ratifikation mit aufschiebender Wirksamkeit der Vertragsbestimmungen noch für die freiwillige Unterwerfung eine Rechtsgrundlage. **42**

I. Dänemark

Nr. 1 des Protokolls Nr. 16, dessen Bestimmungen im Wesentlichen bereits dem Maastrichter Vertrag[86] beigefügt waren, spricht für **Dänemark eine »Freistellung«** – in der englischen Version »exemption«, in der französischen »dérogation« – mit der Folge aus, »dass alle eine Ausnahmeregelung betreffenden Artikel und Bestimmungen der Verträge und der Satzung des ESZB und der EZB auf Dänemark Anwendung finden.«[87] **43**

In Bezug auf die anwendbaren Bestimmungen wird Dänemark insoweit den Mitgliedstaaten mit Ausnahmegenehmigung gleichgestellt. Zumindest im Grundsatz werden insofern die (politisch zu verstehende) Pflicht zur Einführung des Euro anerkannt und auf die WWU tragende Prinzipien abgestellt.[88] Lediglich die Pflicht zur Einführung des Euro bei Erfüllung der Konvergenzkriterien und nach Maßgabe eines entsprechenden Ratsbeschlusses (Art. 140) besteht nicht. Dies bedeutet, dass alle Bestimmungen, die den Ausnahmestatus regeln, sowie alle Bestimmungen, die an ihn anknüpfen, auf Dänemark Anwendung finden.[89] Effektiv wurde die protokollarische Freistellung (anders als im Falle des Vereinigten Königreichs, dazu Rn. 47[90]) erst durch eine Notifikation durch Dänemark.[91] Nach Nr. 2 des Protokolls wird »zur Aufhebung der Freistellung« das Verfahren nach Art. 140 AEUV eingeleitet, sofern Dänemark einen Antrag stellt. Dies lässt offen, ob schon die Einleitung des Verfahrens oder erst ein Beschluss des Rates nach Art. 140 Abs. 2 zur Aufhebung der Freistellung führt – die nach Nr. 3 des Protokolls zur Folge hat, dass dieses keine Anwendung mehr findet. Führte bereits die Einleitung des Verfahrens zur Aufhebung der Freistellung, fiele die Ratsentscheidung aber **44**

---

[84] So *Khan*, in: Geiger/Khan/Kotzur, EUV/AEUV, Art. 139 AEUV, Rn. 3.
[85] Vgl. *Vranes*, CJEL 6 (2000), 361 (375).
[86] Protokoll (Nr. 26) über einige Bestimmungen betreffend Dänemark, ABl. 1992, C 191/1 (86). Die relevante Formulierung lautete da: »daß alle eine Ausnahmeregelung betreffenden Artikel und Bestimmungen dieses Vertrags und der Satzung des ESZB auf Dänemark Anwendung finden.«Zum politischen Hintergrund und weiteren Konsequenzen eines gescheiterten Referendums über die Ratifikation des Maastricht-Vertrags *Howarth*, The Compromise on Denmark and the Treaty on European Union: a Legal and Political Analysis, CML Rev. 1994, 765 (insbes. 773).
[87] Dessen Bevölkerung die Ratifikation des Maastricht-Vertrags zunächst im.
[88] Vgl. *Vranes*, CJEL 6 (2000), 361 (375).
[89] *Weber*, S. 275: Angleichung des dänischen »Vorbehaltsstatus« an den »Ausnahmestatus«.
[90] *Siekmann*, in: Siekmann, EWU, Protokoll (Nr. 16), Rn. 30.
[91] Die Übermittlung der Notifikation an den Rat erfolgte am 3.11.1993.

nicht zugunsten des Euro aus, wäre Dänemark fortan – und gegen seinen Willen – ein Mitgliedstaat mit Ausnahmeregelung i. S. v. Art. 139 Abs. 1.[92] Um Unklarheiten über den Status zu vermeiden, ist auf einen positiven Beschluss des Rates abzustellen. Dazu muss Dänemark sämtliche Konvergenzkriterien des Art. 140 Abs. 1 erfüllen.[93] Die Aufhebung seiner Freistellung tritt sodann an die Stelle der Aufhebung der bei anderen Mitgliedstaaten bestehenden Ausnahmeregelung.[94] Das Verfahren entspricht demjenigen, das auf Mitgliedstaaten mit Ausnahmeregelung Anwendung findet.[95]

45   Dänemark unterliegt aufgrund der Gleichstellung mit den Mitgliedstaaten mit Ausnahmeregelung der allgemeinen Konvergenzkontrolle des Art. 121 Abs. 3 AEUV und ist zur Vorlage von Konvergenzprogrammen verpflichtet.[96] Konvergenzberichte betreffend Dänemark werden jedoch abweichend von Art. 140 Abs. 1 UAbs. 1 Satz 1 AEUV nur auf dessen Antrag erstellt.[97]

46   Dänemarks Zurückhaltung gegenüber der Euro-Einführung gründet nicht unmaßgeblich auf verfassungsrechtlichen Bedenken, auf die sogar das Protokoll[98] selbst Bezug nimmt.[99] Ein am 28. 9. 2000 durchgeführtes Referendum ergab eine Mehrheit gegen die Aufhebung der Freistellung und damit gegen die Einführung des Euro.[100] Dänemark hat jedoch weiterhin am Europäischen Währungssystem und am **Wechselkursmechanismus II** in der Weise teil, dass der Wechselkurs der Dänischen Krone nur in einem relativ engen Korridor von +/– 2,25 % gegenüber dem Euro schwanken darf (»Währungsschlange«;[101] dazu Rn. 36, 38 zu Art. 140 AEUV). Insofern wird Dänemark mitunter als »de facto«-Mitglied der Eurozone betrachtet.[102]

II. Vereinigtes Königreich von Großbritannien und Nordirland

47   Weiter als bei Dänemark geht die **Protokollausnahme für das Vereinigte Königreich** nach dem – auch wesentlich detaillierter gefassten – Protokoll Nr. 15 (zuvor Protokoll Nr. 11 zum Maastricht-Vertrag).[103] Sie wird im Übrigen auch nicht als »Freistellung« bezeichnet. Der Sonderstatus des Vereinigten Königreichs ähnelt dem Dänemarks im Ansatz nur insoweit, als die Verpflichtung zur Einführung des Euro durch eine jederzeit mögliche Notifikation der Regierung aktiviert werden kann (Nr. 1, Nr. 9 Buchst. a Pro-

---

[92] So *Wölker*, in: GS, EUV/EGV, Art. 122 EGV, Rn. 7; *Palm*, in: Grabitz/Hilf/Nettesheim, EU, Art. 139 AEUV (November 2012), Rn. 25; *Schilmöller/Tutsch*, in: GSH, Art. 140 AEUV, Rn. 30.
[93] *Palm*, in: Grabitz/Hilf/Nettesheim, EU, Art. 139 AEUV (November 2012), Rn. 21.
[94] So *Häde*, in: Calliess/Ruffert, Art. 139 AEUV, Rn. 10; *Siekmann*, in: Siekmann, EWU, Protokoll (Nr. 16), Rn. 14, Rn. 30.
[95] *Beutel*, S. 306.
[96] Danish Government Convergence Programme, 2013. Vgl. zur Berichtspflicht der Nichtteilnehmerstaaten *Kempen*, in: Streinz, EUV/AEUV, Art. 121 AEUV, Rn. 18.
[97] *EZB*, Konvergenzbericht, Mai 2012, 5.
[98] »MIT RÜCKSICHT DARAUF, dass die dänische Verfassung Bestimmungen enthält, die vor einem Verzicht Dänemarks auf seine Freistellung in Dänemark eine Volksabstimmung erfordern könnten [...]«.
[99] Vgl. *Beutel*, S. 30; *Howarth*, CMLRev. 31 (1994), 765 (765 ff.); *Palm*, Grabitz/Hilf/Nettesheim, EU, Art. 139 AEUV (November 2012), Rn. 21; *Siekmann*, in: Siekmann, EWU, Protokoll (Nr. 16), Rn. 3.
[100] Zum Referendum *Marcussen/Zølner*, Government and Opposition 36 (2001), 379 ff.
[101] Der Begriff der »Europäische Währungsschlange« wird für den Wechselkursverbund von 1972 – Vorgänger des EWS – verwendet, vgl. *Batke-Spitzer*, DStR 1998, 36 (36); *Nicolaysen*, EuR II, S. 328.
[102] *Kommission*, EMU after five years, 2004, 201; *Indruchová*, TQL 3/2013, 225 (231).
[103] *Herrmann*, in: Siekmann, EWU, Protokoll (Nr. 15), Rn. 2; *Rodi*, in: Vedder/Heintschel v. Heinegg, EVV, Art. III–197, Rn. 4.

tokoll Nr. 15). Während das Notifikationserfordernis nach Protokoll Nr. 16 zu Dänemark dazu führte, dass die Freistellung Wirkung entfaltete, Dänemark somit im Grundsatz von der Einführungspflicht im Hinblick auf den Euro erfasst war, betrifft die Notifikation im Sinne der Nr. 1 Protokoll Nr. 15 das Entstehen der Pflicht zur Einführung des Euro (»Sofern das Vereinigte Königreich dem Rat nicht notifiziert, dass es den Euro einzuführen beabsichtigt, ist es dazu nicht verpflichtet.«). Insofern besteht für das Vereinigte Königreich eine Art »Opting-in«-Befugnis.[104]

Diejenigen **Bestimmungen des Vertrags** und der ESZB/EZB-Satzung, die auf das Vereinigte Königreich **keine Anwendung** finden, sind insbesondere in Nr. 4 und 7 des Protokolls einzeln aufgelistet und gehen über den Katalog des Art. 139 Abs. 2 deutlich hinaus. So gelten auch die Pflichten aus Art. 131 (Unabhängigstellung der Zentralbank), Art. 127 Abs. 1 Satz 1 und 282 Abs. 2 Satz 2 (Verpflichtung auf Preisstabilität) nicht, Art. 121 Abs. 2 nur eingeschränkt (Nr. 4 S. 2). Art. 123 (Verbot monetärer Haushaltsfinanzierung) wird durch die Ausnahme in Nr. 10 zugunsten der »Ways and Means«-Fazilität der Regierung bei der Bank of England stark eingeschränkt.[105] Auch Art. 126 Abs. 1 AEUV gilt nicht (Nr. 4 Protokoll Nr. 15);[106] vorgeschrieben ist lediglich ein Bemühen des Vereinigten Königreichs, ein übermäßiges öffentliches Defizit zu vermeiden (Nr. 5 Abs. 1 Protokoll Nr. 15).[107] Punktuell, u. a. bei der Stimmrechtsausübung, verweist Nr. 6 Protokoll Nr. 15 auf Art. 139 Abs. 4. Andernorts wird das Vorliegen einer Ausnahmeregelung simuliert (Nr. 5 Abs. 2). Dennoch gehört auch die Bank of England nach Art. 282 Abs. 1 S. 1 dem ESZB an.[108]

48

Das Protokoll ist Ausdruck eines weit reichenden »**Opting-out**«-**Konzepts**[109], mit dem das Vereinigte Königreich beim Integrationsniveau in Wirtschafts- und Währungsangelegenheiten noch hinter Neumitgliedstaaten mit Ausnahmeregelung zurückbleibt.[110] Im Verhältnis zu ihr stellt sich der britische Status klar als ein Aliud dar.[111] Der Sonderstatus ist Ausdruck mangelnder politischer Bereitschaft, alle Prinzipien der WWU anzuerkennen[112] und die umfassende »Währungshoheit« aufzugeben, die als Charakteristikum staatlicher Souveränität angesehen wird.[113] Dieser vom Geiste eines »Europa à la carte«[114] geprägte singuläre[115] und – sofern das Land in der Union verbleibt – faktisch

49

---

[104] *Wölker*, in: GS, EUV/EGV, Art. 122 EGV, Rn. 6; vgl. auch *Göttlinger*, in: GSH, Art. 139 AEUV Rn. 31.
[105] *Wölker*, in: GS, EUV/EGV, Art. 122 EGV, Rn. 14.
[106] *Häde*, in: Calliess/Ruffert, EUV/AEUV, Art. 126 AEUV, Rn. 8.
[107] Vgl. Darstellung bei *Herrmann*, in: Siekmann, EWU, Protokoll (Nr. 15), Rn. 5; *Göttlinger*, in: GSH, Art. 139 AEUV, Rn. 28.
[108] *Dziechciarz*, Rechtliche Integration der nationalen Zentralbanken in das Europäische System der Zentralbanken und in das Eurosystem, S. 170; *Häde*, in: Calliess/Ruffert, EUV/AEUV, Art. 282 AEUV, Rn. 6.
[109] *Grieser*, S. 215; *Palm*, in: Grabitz/Hilf/Nettesheim, EU, Art. 139 AEUV (November 2012), Rn. 3; *Weber*, S. 274.
[110] *Häde*, S. 147; *Herrmann*, in: Siekmann, EWU, Protokoll (Nr. 15), Rn. 3.
[111] So *Vranes*, CJEL 6 (2000), 361 (364). Vgl. *Wölker*, in: GS, EUV/EGV, Art. 122 EGV, Rn. 1.
[112] Vgl. *Vranes*, CJEL 6 (2000), 361 (376); *Louis*, S. 46.
[113] Vgl. *Herrmann*, Währungshoheit, Währungsverfassung und subjektive Rechte, 2010, S. 81 ff.; *Schliesky*, Souveränität und Legitimität von Herrschaftsgewalt, 2004, S. 135; *Smits*, European Central Bank, 1997, S. 444; *Straubhaar*, Regionale Wirkungen der WWU, in: Caesar/Scharrer (Hrsg.), Die Europäische Wirtschafts- und Währungsunion – Regionale und globale Herausforderungen, 1998, S. 45 (62).
[114] *Stubb*, JCMST 34 (1996), 283 (292).
[115] *Louis*, S. 44.

permanente[116] Status ist den Verträgen eigentlich systemfremd, war und ist aber politischer Opportunität geschuldet.[117]

E. Bewertung und Ausblick

50 Mit seiner unübersichtlichen Verweisungsmechanik ist Art. 139 AEUV kein Glanzlicht europäischer Vertragssetzung. Es kann nicht ausgeschlossen werden, dass eine Generalklausel, ggf. im Verbund mit speziellen Ausschlussregelungen in einzelnen Normen, dem Regelungsverständnis und der Rechtsklarheit zuträglicher gewesen wäre. Begrüßenswert immerhin ist die Entwicklung der Ausnahmeregelung zu einer Legalausnahme mithilfe des Lissabon-Vertrags (dazu bereits Rn. 6).

51 Trotz der transitorischen Grundcharakters der Bestimmung (o. Rn. 7) ist aus mehreren Gründen nicht zu erwarten, dass sie in absehbarer Zeit obsolet wird.[118] Erstens scheint die Aufnahme neuer EU-Mitgliedstaaten noch nicht beendet; neue Mitgliedstaaten sind aber notwendigerweise solche mit Ausnahmeregelung. Zweitens hat die europäische Krise seit 2007 gezeigt, dass die Erfüllung der Konvergenzkriterien und damit der Voraussetzungen für die Einführung des Euro für einige Staaten schwerer zu erreichen sein wird als vermutet.[119] Seit Zuspitzung der Krise um Griechenland im Jahre 2015 kann nicht einmal ausgeschlossen werden, dass einmal ein Euro-Mitgliedstaat unter unwiderstehlichem wirtschaftlichem Druck im gegenseitigen Einvernehmen der Vertragsparteien in den Status eines Mitgliedstaats mit Ausnahmeregelung zurückversetzt wird (s. hierzu auch Rn. 74 zu Art. 140). Und zum dritten ist mit einer Abschaffung der protokollarischen Sonderregelungen für Dänemark und das Vereinigte Königreich, die Art. 139 als normativen Bezugspunkt benötigen, in absehbarer Zukunft nicht zu rechnen. In diesem Sinne fügt sich Art. 139 in die jüngere Geschichte der europäischen Integration als einer solchen der fortschreitenden Ausdifferenzierung ein.[120]

---

[116] *Scheller*, The European Central Bank, 2004, S. 39.
[117] *Louis*, S. 43 f.; *Zilioli/Selmayr*, S. 142 f.
[118] Vgl. auch *Gaitanides*, Das Recht der Europäischen Zentralbank, 2005, S. 70.
[119] Siehe *Indruchová*, TLQ 2013, 225 (228), mit Blick auf Bulgarien und Rumänien; optimistisch für Polen *Knopp/Zgolak*, WiRO 2013, 360 ff.
[120] *Snyder*, S. 715.

Artikel 140 AEUV [Konvergenzbericht]

(1) ¹Mindestens einmal alle zwei Jahre oder auf Antrag eines Mitgliedstaats, für den eine Ausnahmeregelung gilt, berichten die Kommission und die Europäische Zentralbank dem Rat, inwieweit die Mitgliedstaaten, für die eine Ausnahmeregelung gilt, bei der Verwirklichung der Wirtschafts- und Währungsunion ihren Verpflichtungen bereits nachgekommen sind. ²In ihren Berichten wird auch die Frage geprüft, inwieweit die innerstaatlichen Rechtsvorschriften jedes einzelnen dieser Mitgliedstaaten einschließlich der Satzung der jeweiligen nationalen Zentralbank mit Artikel 130 und Artikel 131 sowie der Satzung des ESZB und der EZB vereinbar sind. ³Ferner wird darin geprüft, ob ein hoher Grad an dauerhafter Konvergenz erreicht ist; Maßstab hierfür ist, ob die einzelnen Mitgliedstaaten folgende Kriterien erfüllen:
– Erreichung eines hohen Grades an Preisstabilität, ersichtlich aus einer Inflationsrate, die der Inflationsrate jener – höchstens drei – Mitgliedstaaten nahe kommt, die auf dem Gebiet der Preisstabilität das beste Ergebnis erzielt haben;
– eine auf Dauer tragbare Finanzlage der öffentlichen Hand, ersichtlich aus einer öffentlichen Haushaltslage ohne übermäßiges Defizit im Sinne des Artikels 126 Absatz 6;
– Einhaltung der normalen Bandbreiten des Wechselkursmechanismus des Europäischen Währungssystems seit mindestens zwei Jahren ohne Abwertung gegenüber dem Euro;
– Dauerhaftigkeit der von dem Mitgliedstaat mit Ausnahmeregelung erreichten Konvergenz und seiner Teilnahme am Wechselkursmechanismus, die im Niveau der langfristigen Zinssätze zum Ausdruck kommt.
¹Die vier Kriterien in diesem Absatz sowie die jeweils erforderliche Dauer ihrer Einhaltung sind in einem den Verträgen beigefügten Protokoll näher festgelegt. ²Die Berichte der Kommission und der Europäischen Zentralbank berücksichtigen auch die Ergebnisse bei der Integration der Märkte, den Stand und die Entwicklung der Leistungsbilanzen, die Entwicklung bei den Lohnstückkosten und andere Preisindizes.

(2) Der Rat beschließt nach Anhörung des Europäischen Parlaments und nach Aussprache im Europäischen Rat auf Vorschlag der Kommission, welche der Mitgliedstaaten, für die eine Ausnahmeregelung gilt, die auf den Kriterien des Absatzes 1 beruhenden Voraussetzungen erfüllen, und hebt die Ausnahmeregelungen der betreffenden Mitgliedstaaten auf.

Der Rat beschließt auf Empfehlung einer qualifizierten Mehrheit derjenigen seiner Mitglieder, die Mitgliedstaaten vertreten, deren Währung der Euro ist. Diese Mitglieder beschließen innerhalb von sechs Monaten nach Eingang des Vorschlags der Kommission beim Rat.

Die in Unterabsatz 2 genannte qualifizierte Mehrheit dieser Mitglieder bestimmt sich nach Artikel 238 Absatz 3 Buchstabe a.

(3) Wird nach dem Verfahren des Absatzes 2 beschlossen, eine Ausnahmeregelung aufzuheben, so legt der Rat aufgrund eines einstimmigen Beschlusses der Mitgliedstaaten, deren Währung der Euro ist, und des betreffenden Mitgliedstaats auf Vorschlag der Kommission und nach Anhörung der Europäischen Zentralbank den Kurs, zu dem dessen Währung durch den Euro ersetzt wird, unwiderruflich fest und ergreift die sonstigen erforderlichen Maßnahmen zur Einführung des Euro als einheitliche Währung in dem betreffenden Mitgliedstaat.

Literaturübersicht

Allemand, The Impact of the EU Enlargement on Economic and Monetary Union, ELJ 11 (2005), 586; *Amtenbrink*, Denationalizing Monetary Policy: Reflections on 60 Years of European Monetary Integration, FS Usher, 2012, S. 13; *Athanassiou*, Withdrawal and Expulsion from the EU and EMU: Some Reflections, ECB Legal Working Paper Series, No. 10, 2009; *Bernitz,* Sweden and the European Union: On Sweden's Implementation and Application of European Law, CMLRev. 38 (2001), 903; *Beutel,* Differenzierte Integration, 2006; *Cortés Herrera,* Suecia y la UEM: ¿hecha la trampa?, Revista de derecho comunitario 2002, 209; *Dziechciarz*, Rechtliche Integration der nationalen Zentralbanken in das Europäische System der Zentralbanken und in das Eurosystem, 2009; *Goebel*, European Economic and Monetary union: Will the Emu ever Fly?, CJEL 4 (1998), 249; *Häde*, Zur Rechtmäßigkeit der Entscheidungen über die Europäische Wirtschafts- und Währungsunion, JZ 1998, 1088; *Hahn/ Häde*, Währungsrecht, 2. Aufl., 2010 ; *Herrmann*, Währungshoheit, Währungsverfassung und subjektive Rechte, 2010; *Horn*, Währungsunion als Instrument der Integration? Deutsche Erfahrungen und europäische Perspektiven, FS Mestmäcker, 1996, S. 381; *Janzen*, Der neue Artikel 88 Satz 2 des Grundgesetzes, 1996; *Kempen,* Die Europäische Währungsunion und der Streit um die Geltung des Gemeinschaftsrechts, AVR 35 (1997), 273; *Kortz*, Die Konvergenzkriterien des EGV, RIW 1996, 357; *Magiera*, Einführung und rechtliche Absicherung der einheitlichen europäischen Währung, in: Caesar/Scharrer (Hrsg.), Die europäische Wirtschafts- und Währungsunion: regionale und globale Herausforderungen, 1998, S. 419; *Meyer*, Rechtliche Möglichkeiten eines Ausscheidens aus dem EURO und die Rückübertragung der Währungssouveränität, EuR 2013, 334; *Louis*, Differentiation and the EMU, in: de Witte u. a. (Hrsg.), The many faces of differentiation in EU law, 2001, S. 43; *Morgenthaler*, Der Euro zwischen Integrationsdynamik und Geldwertstabilität, JuS 1997, 673; *Palm*, Preisstabilität in der Europäischen Wirtschafts- und Währungsunion, 2000; *Partsch*, De quelques questions juridiques relatives au passage à la troisième phase de l'Union économique et monétaire et au fonctionnement de celle-ci, RTDE 34 (1998), 35; *Roth*, Der rechtliche Rahmen der Wirtschafts- und Währungsunion, EuR-Beiheft 1994, 45; *Schmidt/Straubhaar*, Maastricht II, WD 1995, 434; *Seidel*, Der Euro – Schutzschild oder Falle?, ZEI Working Paper B 1/2010; *ders.*, Probleme der Währungsordnung der Europäischen Union, FS Vieregge, 1995, S. 793; *Selmayr*, Recht der Wirtschafts- und Währungsunion, 2002; *ders.*, Die Wirtschafts- und Währungsunion als Rechtsgemeinschaft, AöR 124 (1999), 356; *Sideek*, A Critical Interpretation of the EMU Convergence Rules, LIEI 24 (1997), 1; *Smits*, The European Central Bank, 2001; *Stern*, Die Konvergenzkriterien des Vertrags von Maastricht und ihre Umsetzung der bundesstaatlichen Finanzverfassung, FS Everling, 1995, S. 1469; *Tettinger*, Weg frei für die Europäische Währungsunion? Maastricht und die grundgesetzlichen Hürden, RIW-Beil. 3/1992, 1; *Vischer*, Geld- und Währungsrecht im nationalen und internationalen Kontext, 2010; *Weber*, Die Währungsunion – Modell für ein Europa mehrerer Geschwindigkeiten, FS Hahn, 1997, S. 273; *Zilioli/Selmayr*, The Law of the European Central Bank, 2001.

Wesentliche sekundärrechtliche Vorschriften

Entscheidung 98/317/EG des Rats vom 3.5.1998 gemäß Art. 109j Abs. 4 des Vertrages, ABl. 1998, L 139/30

Vorschlag für eine Entscheidung des Rates gemäß Artikel 122 Absatz 2 EG-Vertrag über die Einführung der Einheitswährung durch Griechenland am 1.1.2000, KOM (2000) 274 endg., ABl. 2000, C 248E/124

Entscheidung 2000/427/EG des Rates vom 19.6.2000 gemäß Artikel 122 Absatz 2 des Vertrages über die Einführung der Einheitswährung durch Griechenland am 1.1.2001, ABl. 2000, L 167/19

Beschluss 2010/416/EU des Rates vom 13.7.2010 gemäß Artikel 140 Absatz 2 des Vertrags über die Einführung des Euro in Estland am 1.1.2011, ABl. 2010, L 196/24

Empfehlung des Rates vom 1.5.1998 gemäß Artikel 109 j Absatz 2 des Vertrags (98/316/EG), ABl. 1998, L 139/21

Beschluss 2013/387/EU des Rates vom 9.7.2013 über die Einführung des Euro in Lettland am 1.1.2014, ABl. 2013, L195/24

Verordnung (EG) Nr. 2494/95 vom 23.10.1995 über harmonisierte Verbraucherpreisindizes, ABl. 1995, L 257/1

Verordnung (EG) Nr. 479/2009 vom 25.5.2009 über die Anwendung des dem Vertrag zur Gründung der Europäischen Gemeinschaft beigefügten Protokolls über das Verfahren bei einem übermäßigen Defizit, ABl. 2009, L 145/1

Verordnung (EU) Nr. 671/2010 vom 13.7.2010 zur Änderung der Verordnung (EG) Nr. 2866/98 in Bezug auf den Euro-Umrechnungskurs für Estland, ABl. 2010, L 196/4

Inhaltsübersicht Rn.

A. Funktion 1
B. Einzelerläuterungen 4
   I. Absatz 1 5
     1. Materielle Voraussetzungen: Verpflichtungen eines Mitgliedstaats bei der
        Verwirklichung der WWU 6
        a) Rechtliche Konvergenz 9
           aa) Unbenannte Pflichten (UAbs. 1 Satz 1) 9
           bb) Speziell die Unabhängigkeit der Zentralbank (Abs. 1 UAbs. 1 S. 2) . 11
        b) Ökonomische Konvergenz (Konvergenzkriterien i. e. S. des Art. 140
           Abs. 1 UAbs. 1 Satz 3) 14
     2. Konvergenzkriterien im Einzelnen 21
        a) Preisstabilität 21
           aa) Relative Preisstabilität (Referenzwerte) 22
           bb) Dauerhaftigkeit 29
        b) Auf Dauer tragbare Finanzlage der Öffentlichen Hand (Gedstr. 2) 30
        c) Einhaltung der normalen Bandbreiten des Wechselkursmechanismus des
           EWS seit mindestens 2 Jahren (Gedstr. 3) 36
        d) Niveau der langfristigen Zinssätze (Gedstr. 4) 44
     3. Ergänzende Parameter (Abs. 1 UAbs. 2 S. 2) 50
     4. Verfahren (Abs. 1 i. V. m. Abs. 2) 52
        a) Berichte der Kommission und der EZB 53
        b) Vorschlag der Kommission und Beschluss des Rates 56
   II. Folgeentscheidungen (Abs. 3) 65
D. Reversibilität der Euro-Einführung? 69
C. Bewertung und Ausblick 75

A. Funktion

Art. 140 regelt die formellen und materiellen Voraussetzungen der Aufhebung einer **1** Ausnahmeregelung (Art. 139) für einen Mitgliedstaat, d. h. für den Übergang der Währungshoheit auf die EU und die Einführung des Euro in diesem Mitgliedstaat (Abs. 3). Da die **Ausnahmeregelung** von Vertrags wegen als »**Legalausnahme**« ausgestaltet ist, stellt ihre Aufhebung – die durch Beschluss des Rates erfolgt – keinen actus contrarius zu ihrer Begründung dar (so bereits Rn. 6 zu Art. 139 AEUV). Die materiellen Voraussetzungen, an die sie gebunden ist, zeigen, dass der Stabilität der Währungsunion Vorrang vor ihrer Erweiterung eingeräumt ist.[1]

Sinn und Zweck der gemeinsamen europäischen Währung ist – neben ihrer identi- **2** tätsstiftenden Wirkung – die **Erleichterung grenzüberschreitender Transaktionen** im Binnenmarkt: Wechselkursrisiken werden beseitigt, Zahlungsvorgänge vereinfacht, grenzüberschreitende Finanzmärkte funktionsfähig erhalten. Diese Wirkungen kann die Währung nur entfalten, wo die wirtschaftlichen Bedingungen einigermaßen homogen sind. Da die Union für Wirtschaftspolitik, mit der solche Homogenität erreicht würde, nur über rudimentäre Kompetenzen verfügt (Art. 5, 119), werden den Mitgliedstaaten für ihre Wirtschaftspolitik konvergenzfördernde **Verhaltensregeln** (Art. 123 ff. AEUV) auferlegt. Überdies darf ein Mitgliedstaat den Euro nur einführen, wenn die wirtschafts- und währungspolitischen Voraussetzungen nach Art. 140 Abs. 1 UAbs. 1, 2 AEUV erfüllt sind und ein ausreichendes Maß wirtschaftlicher und fiskalischer Konver-

---

[1] *Palm*, in: Grabitz/Hilf/Nettesheim, EU, Art. 140 AEUV (November 2012), Rn. 42.

genz nach Maßgabe der in Art. 140 Abs. 1 UAbs. 1 Satz 3 AEUV (»Konvergenzkriterien«) hergestellt ist. So soll einem Scheitern der Währungsunion aufgrund ökonomischer Spannungen und Divergenzen vorgebeugt werden.[2] Mit Art. 140 setzte sich das von Deutschland, Dänemark und den Benelux-Staaten favorisierte Konzept einer auf wirtschaftlicher Konvergenz aufbauenden monetären Union durch. Der Gedanke, allein die Vergemeinschaftung der Währungspolitik werde für ausreichende wirtschaftliche Konvergenz sorgen, wurde verworfen.[3] Als wirtschaftspolitisch radizierte Vorgaben schlagen Art. 140 Abs. 1 UAbs. 1 Satz 1, 3 AEUV eine Brücke zwischen der EU-Währungs- und mitgliedstaatlicher Wirtschaftspolitik.[4] Art. 140 AEUV nimmt im Wesentlichen Art. 121, 122 Abs. 2, 123 Abs. 5 EGV (Amsterdam) und Art. 109j, 109k Abs. 2 sowie 109l Abs. 5 EGV (Maastricht) auf.[5] Darin war der Eintritt in die »dritte Stufe der Wirtschafts- und Währungsunion« als ein die gesamte Gemeinschaft bzw. Union erfassender Prozess angelegt, über welchen dementsprechend ihre Organe zu befinden hatten (Absatz 1 des Protokolls über den Übergang zur dritten Stufe der WWU).[6] Die Konvergenzkriterien entsprechen den Erfordernissen, die nach damaligem Recht für den (1999 erfolgten) Eintritt in die dritte Stufe zu erfüllen waren.[7] Insofern werden später in die Union aufgenommene Staaten bei der Einführung des Euro nicht anders behandelt als jene, die bereits bei Abschluss des Maastricht-Vertrags Mitglieder waren.[8]

3 Arrondiert wird das Konvergenzkonzept des Art. 140 AEUV[9] insbesondere durch **den Stabilitäts- und Wachstumspakt** (SWP, siehe hierzu insbes. Rn. 5 zu Art. 126 AEUV) – einem aus einer rechtlich unverbindlichen, politisch jedoch verpflichtenden Entschließung des Rates sowie zwei Verordnungen[10] bestehenden Maßnahmenpaket zur haushaltspolitischen Disziplinierung der Mitgliedstaaten und Konkretisierung der Spielräume, die Art. 126 eröffnet.[11] Nr. 1 der Entschließung des Rates gibt als mittelfristiges Ziel einen »nahezu ausgeglichenen oder einen Überschuß aufweisenden Haushalt[s]« vor. Der SWP wurde nach der Finanzkrise durch das sog. »Sixpack« – bestehend

---

[2] *Kortz*, RIW 1996, 357 (357 f.).
[3] *Fratianni*, CJEL 4 (1998), 375 (376 f.); *Kenen*, Colum. J. of Eur. L. 4 (1998), 359 (359 f.); *ders.*, Economic and Monetary Union in Europe, 1995, S. 19. Differenzierend zum Streit der »economists« vs. »monetarists« *Horn*, S. 391; allgemein *Mongelli*, European economic and monetary integration and the optimum currency are theory, 2008, S. 9 ff.
[4] *Stern*, S. 1476.
[5] *Rodi*, in: Vedder/Heintschel v. Heinegg, EVV, Art. III–198, Rn. 1.
[6] Vgl. *Kämmerer*, in: von Münch/Kunig, Grundgesetz Kommentar, 6. Aufl. 2012, Art. 88, Rn. 15; *Vranes*, CJEL 6 (2000), 361 (364, 373).
[7] *Hahn/Häde*, § 25, Rn. 23; eingehend auch *Partsch*, RTDE 34 (1998), 35 ff.
[8] *Hahn/Häde*, § 25, Rn. 23; a. A. – wonach die Konvergenzkriterien lediglich nicht willkürlich modifiziert werden dürfen, – *Palm*, in: Grabitz/Hilf/Nettesheim, EU, Art. 140 AEUV (November 2012), Rn. 6.
[9] *Bandilla*, in: Grabitz/Hilf, EU, Art. 121 EGV (Mai 2011), Rn. 13, zum Konvergenztelos des SWP.
[10] Entschließung des Europäischen Rats vom 17.6.1997, ABl. 1997, C 236/1; VO (EG) Nr. 1467/97 des Rats über die Beschleunigung und Klärung des Verfahrens bei einem übermäßigen Defizit, ABl. 1997, L 209/6; VO (EG) Nr. 1466/97 des Rates über den Ausbau der haushaltspolitischen Überwachung und der Überwachung und Koordinierung der Wirtschaftspolitiken, ABl. 1997, L 209/1. Hierzu *Häde*, in: Calliess/Ruffert, EUV/AEUV, Art. 126 AEUV, Rn. 81; *Kempen*, in: Streinz, EUV/AEUV, Art. 140 AEUV, Rn. 10; *Louis*, CMLRev. 41 (2004), 575 (578 ff.); *Schwarze*, Europäisches Wirtschaftsrecht, 2007, Rn. 396 ff.
[11] Hierzu *Hahn/Häde*, § 27, Rn. 37 ff.; *Olesti-Rayo*, Whittier L. Rev. 20 (1998–1999), 625 (639 ff.); *Steuer*, Der Europäische Stabilitäts- und Wachstumspakt, in: Caesar/Scharrer (Hrsg.), Die Europäische Wirtschafts- und Währungsunion. Regionale und globale Herausforderungen, 1998, S. 87 ff.

steht einer Prüfung im Rahmen des Art. 140 nicht entgegen. Im Ergebnis erstreckt sich das Prüfungsprogramm der Kommission und der EZB also auf rechtliche Verpflichtungen, die über Satz 2 hinaus auch durch Satz 1 in Bezug genommen werden (»rechtliche Konvergenz«), und überdies auf die vorwiegend wirtschaftlich-fiskalische Konvergenz im Sinne der (im engeren Sinne so genannten) Konvergenzkriterien des Satzes 3.[21]

a) Rechtliche Konvergenz
aa) Unbenannte Pflichten (UAbs. 1 Satz 1)

Art. 140 Abs. 1 Satz 1 AEUV nimmt Bezug auf Verpflichtungen der Mitgliedstaaten mit Ausnahmeregelung bei der Verwirklichung der WWU, ohne diese zu benennen. Klar ist nur, dass Vorgaben, von denen diese Mitgliedstaaten nach Art. 139 Abs. 2, 3 befreit sind (dazu Rn. 11 ff. zu Art. 139 AEUV), nicht erfasst sein können. Als Verpflichtungen, die speziell von Art. 140 Abs. 1 Satz 1 umfasst werden, bleiben insoweit namentlich

9

– die Pflicht zur **Koordinierung der Wirtschaftspolitik** gem. Art. 120, 121 Abs. 2 AEUV und die Koordinierungsvorschriften der Art. 121 Abs. 2, 3 mit ihren möglichen Rechtsfolgen nach Art. 121 Abs. 4. Sie sind auf Mitgliedstaaten mit Ausnahmeregelung nur insoweit nicht anwendbar, als sich Grundzüge der Wirtschaftspolitik speziell auf die Euro-Mitgliedstaaten erstrecken; Art. 139 Abs. 2 Buchst. a statuiert von Art. 121 Abs. 2 aber keine allgemeine Ausnahme (s. dort Rn. 14).
– das **Verbot** des Art. 123 AEUV, **Überziehungs- und Kreditfazilitäten** bei nationalen Zentralbanken zu unterhalten und ihnen staatliche Schuldtitel anzudienen. Fazilitäten bei der EZB werden, da Mitgliedstaaten mit Ausnahmeregelung im ESZB keine Rechte und Pflichten haben, in diesem Stadium regelmäßig ohne Bedeutung sein;
– und das in Art. 124 verankerte **Verbot**, der öffentlichen Hand zu Finanzinstituten **privilegierten Zugang** zu gewähren.[22]

Im Zusammenhang mit Art. 140 Abs. 1 Satz 1 AEUV wenig bedeutsam dürfte regelmäßig das »Bailout«-Verbot des Art. 125 sein; dies gilt umso mehr, als nach Ansicht des EuGH Leistungen hiervon nur erfasst werden, wenn sie den Empfänger von einer stabilitätsgerichteten Wirtschaftspolitik abhalten (moral hazard).[23] Leistungen in Empfang zu nehmen, ist einem Mitgliedstaat ohnehin nicht verboten. Wer über eine Ausnahmeregelung verfügt, kann überdies finanzielle Leistungen unter den erleichterten Voraussetzungen des Art. 143 in Empfang nehmen.

10

bb) Speziell die Unabhängigkeit der Zentralbank (Abs. 1 UAbs. 1 S. 2)

Explizit als Prüfungsgegenstand aufgeführt ist, »inwieweit« die innerstaatlichen Rechtsvorschriften und die Satzung der mitgliedstaatlichen Zentralbank mit Art. 130 AEUV (Unabhängigkeit der Zentralbanken) und Art. 131 AEUV (Gewährleistung dieser Unabhängigkeit durch die Mitgliedstaaten) vereinbar sind. Die Verweisung des Art. 140 Abs. 1 UAbs 1 S. 2 auf den nahezu wortgleichen Art. 131 AEUV erscheint auf den ersten Blick redundant; allerdings fordert dieser darüber hinaus explizit, dass die innerstaatlichen Rechtsvorschriften und die nationalen Zentralbank-Satzungen mit »den Verträgen« auch im Übrigen vereinbar sein müssen. Damit erstreckt sich die Prüfung ins-

11

---

[21] *Palm*: in: Grabitz/Hilf/Nettesheim, EU, Art. 140 AEUV (November 2012), Rn. 8.
[22] Vgl. auch *Kommission*, Convergence Report on Latvia, 2013, S. 3.
[23] EuGH, Urt. v. 27. 11. 2012, Rs. C–370/12 (Pringle), ECLI:EU:C:2012:756, Rn. 131; so auch *Bandilla*, in: Grabitz/Hilf/Nettesheim, EU, Art. 125 AEUV (Mai 2011), Rn. 11; *Palm*, S. 141; krit. *Starski*, E. L. Rev. 37 (2012), 186 (190).

besondere auch auf das Verbot monetärer Haushaltsfinanzierung des Staates durch die Zentralbank (Art. 123 AEUV).[24] Die **Unabhängigkeit der nationalen Zentralbanken** nach Art. 130 AEUV ist vor allem bei der Verfolgung der Ziele und Wahrnehmung der Aufgaben des ESZB, an der Mitgliedstaaten mit Ausnahmeregelung, obwohl sie formell zum ESZB gehören, nicht teilhaben (Art. 282 Abs. 1 Satz 1 einerseits und Art. 139 Abs. 2 UAbs. 1 Buchst. c andererseits). Nur wenige Vertragsbestimmungen (darunter Art. 123) nehmen auch auf Zentralbanken von Mitgliedstaaten mit Ausnahmeregelung Bezug; und nur insoweit kann Art. 130 AEUV für diese Wirkung zeitigen.[25] Umstritten ist insoweit, ob der auf den Gesetzgeber zielende Art. 131 AEUV an diesen begrenzten Wirkbereich der Unabhängigkeitsvorgabe nur akzessorisch anknüpft[26] – oder ob im Gegenteil die Formel »[j]eder Mitgliedstaat stellt sicher« so zu verstehen ist, dass auch Mitgliedstaaten mit Ausnahmeregelung von vornherein und mit Blick auf die irgendwann zu erwartende Einführung des Euro ihren Zentralbanken das volle Maß an Unabhängigkeit einräumen müssen, so wie es für die Erfüllung aller Pflichten aus dem ESZB notwendig ist.[27] Vertreter der erstgenannten Auffassung (Akzessorietät) halten Einschränkungen der Unabhängigkeit bei Mitgliedstaaten mit Ausnahmeregelungen für möglich,[28] wo ihre Zentralbanken nicht nach Unionsrecht agierten und noch keine Aufgaben im Rahmen des Eurosystems wahrnähmen.[29] Die Gegenauffassung stützt sich auf den Vertragswortlaut, vor allem des Art. 131 AEUV, und den Umstand, dass der Ausnahmenkatalog des Art. 139 Abs. 2 AEUV die Art. 130, 131 AEUV nicht auflistet.[30] Für die Ziele des Art. 140 Abs. 1 UAbs. 1 Satz 2 AEUV kann die Kontroverse zumindest im Ergebnis dahinstehen: Ein Mitgliedstaat, der die Aufhebung der Ausnahmeregelung anstrebt, muss im Prüfungszeitpunkt alle rechtlichen Vorkehrungen getroffen haben, um die Beachtung der Art. 130, 131 AEUV nach Einführung des Euro sicherzustellen. Zu prüfen ist also, ob die aktuelle Gesetzeslage volle Unabhängigkeit gewährleistet, und für die Zentralbank selbst ist unter Einbeziehung bisheriger Rechtspraxis eine Prognoseentscheidung darüber zu treffen, ob sie innerhalb des ESZB unabhängig handeln wird. – Ferner gibt Art. 140 Abs. 1 UAbs. 1 Satz 2 AEUV vor, dass die innerstaatlichen Vorschriften mit der ESZB/EZB-Satzung vereinbar sein müssen. Der Mitgliedstaat muss also – im Wege eines finalisierten Rechtsetzungsverfahrens – sicherstellen, dass die normativen Grundlagen für das Handeln der Zentralbank spätestens im Zeitpunkt der Einführung des Euro auf die Satzung angepasst sind,[31] welche die nationalen Zentralbanken nur als ausführende Institutionen für die EZB behandelt. In diesem Sinne hat er den Übergang der nationalen Währungshoheit auf die Union normtechnisch zu gewährleisten.

---

[24] *Schilmöller/Tutsch*, in: GSH, Art. 140 AEUV, Rn. 10; *Palm*, in: Grabitz/Hilf/Nettesheim, EU, Art. 140 AEUV (November 2012), Rn. 9.
[25] Nicht eindeutig *Zilioli/Selmayr*, S. 137.
[26] Vgl. *Häde*, in: Calliess/Ruffert, EUV/AEUV, Art. 131 AEUV, Rn. 3, Art. 130 AEUV, Rn. 17 ff.
[27] So *Siekmann*, in: *ders.*, EWU, Art. 130 AEUV, Rn. 101; wohl auch *Dziechiarz*, S. 168; *Galahn*, Die Deutsche Bundesbank im Prozeß der europäischen Währungsintegration, 1996, S. 139 f.; *Smits*, S. 122 (z. Zeitpunkt der Errichtung des ESZB unabhängig); nicht eindeutig *Rodi*, in: Vedder/Heintschel v. Heinegg, Europäisches Unionsrecht, Art. 130 AEUV, Rn. 2.
[28] *Beutel*, S. 160 ff.; *Zilioli/Selmayr*, S. 137, 141; tendenziell *Khan*, in: Geiger/Khan/Kotzur, EUV/AEUV, Art. 131 AEUV, Rn. 2.
[29] *Beutel*, S. 160 ff.; *Häde*, EuZW 2005, 679 (682); *Hahn/Häde*, § 20, Rn. 55 ff; *Potacs*, in: Schwarze, EU-Kommentar, Art. 130 AEUV, Rn. 3.
[30] *Kempen*, in: Streinz, AEUV, Art. 131 AEUV, Rn. 1; *Siekmann*, in: *ders.*, EWU, Art. 130 AEUV, Rn. 101.
[31] *Wölker*, in: GS, EUV/EGV, Art. 121 EGV, Rn. 8.

Praktisch ist es Mitgliedstaaten **möglich**, sich trotz Erfüllung der Konvergenzkriterien (Satz 3) **der Einführung der Unionswährung zu entziehen**, indem sie der Zentralbank die Unabhängigkeit teilweise versagen – wie Schweden.[32] Dies widerstreitet nicht nur unmittelbar den der Art. 130, 131;[33] mit der bewussten Verhinderung von Integrationsschritten, in die ein Staat vertraglich eingewilligt hat und zu denen er wirtschaftlich auch in der Lage wäre, verstößt er zudem gegen das Loyalitätsgebot aus Art. 4 Abs. 3 UAbs. 3 EUV.[34] Das so erwirkte vertragsapokryphe Opt-out[35] ist Ausprägung einer der WWU an sich fremden variablen Geometrie.[36]

12

Eine Ausnahme ist insoweit lediglich dem **Vereinigten Königreich** eingeräumt (Nr. 4 Protokoll Nr. 15).[37] Es ist zur Gewährleistung von Unabhängigkeit seiner Zentralbank nicht verpflichtet, sondern hat sich lediglich um sie zu bemühen, und unterliegt auch keiner Prüfung nach Art. 140 Abs. 1 AEUV. Entschiede sich das Vereinigte Königreich jedoch, den Euro einzuführen, müsste es die Vorgaben der Art. 140 Abs. 1 UAbs. 1 Satz 2 i. V. m. Art. 130, 131 erfüllen (Näher dazu Rn. 47 ff- zu Art. 139). Anderes gilt für **Dänemark**. Durch Protokoll Nr. 16 ist es einem Mitgliedstaat mit Ausnahmeregelung im Ergebnis gleichgestellt, weshalb die Art. 130, 131 im entsprechenden Umfang gelten (dazu Rn. 43 ff. zu Art. 139 AEUV).

13

b) Ökonomische Konvergenz (Konvergenzkriterien i. e. S. des Art. 140 Abs. 1 UAbs. 1 Satz 3)

Gleichberechtigt[38] neben den Anforderungen des Art. 140 Abs. 1 UAbs. 1 Sätze 1 und 2 AEUV stehen die erheblich prominenteren Kriterien des Satzes 3. Obschon auch Sätze 1 und 2 wirtschaftlich-fiskalische Bezüge aufweisen (vgl. etwa Art. 121 Abs. 3 UAbs. 1 AEUV) und insoweit als Konvergenzmaßstäbe begriffen werden können[39], verwendet der Vertrag den Begriff der Konvergenz nur für Satz 3. Als **Konvergenzkriterien** werden im engeren Sinn, der auch dem allgemeinen Sprachgebrauch korrespondiert, die vier durch Gedankenstriche markierten Indikatoren bezeichnet, an denen der geforderte »hoh[e] Grad an dauerhafter Konvergenz« ablesbar ist.[40] (Im Einzelnen hierzu Rn. 21 ff.) Sie sind Ausdruck der »wirtschaftspolitischen Energie«[41] des Vertrages, auch wenn interpretatorische Aufweichungen und politische Rücksichtnahme in der Rechtspraxis sie stabilitätsbildender Kraft teilweise beraubt haben. Mit solchen Konvergenz-

14

---

[32] *Goebel*, CJEL 4 (1998), 249 (307); *Schilmöller/Tutsch*, in: GSH, Europäisches Unionsrecht, Art. 140 AEUV, Rn. 28; sehr kritisch, auch zur Neigung der Unionsorgane, hiergegen nicht einzuschreiten, *Cortés Herrera*, Revista de derecho comunitario 2002, 209 (214, 224, 227 ff.).
[33] *Kempen*, in: Streinz, AEUV, Art. 140 AEUV, Rn. 10; *Rodi*, in: Vedder/Heintschel v. Heinegg, EVV, Art. III–197, Rn. 7.
[34] *Bernitz*, CMLRev. 38 (2001), 903 (934); *Cortés Herrera*, Revista de derecho comunitario 2002, 209 (217 f.).
[35] Vgl. *Amtenbrink*, S. 23; *Bernitz*, CMLRev. 38 (2001), 903 (932 ff.); *Rodi*, in: Vedder/Heintschel v. Heinegg, EVV, Art. III–197, Rn. 7.
[36] *Martenczuk*, ZEuS 1998, 447 (459).
[37] *Siekmann*, in: *ders.*, EWU, Art. 130 AEUV, Rn. 101.
[38] *Selmayr*, S. 317.
[39] Vgl. *Ohler*, in: Siekmann, EWU, Art. 121 AEUV, Rn. 15.
[40] *Häde*, in: Calliess/Ruffert, EUV/AEUV, Art. 140 AEUV, Rn. 10; *Herrmann/Steven*, in: Siekmann, EWU, Art. 140 AEUV, Rn. 39 ff.; *Palm*, in: Grabitz/Hilf/Nettesheim, EU, Art. 140 AEUV (November 2012), Rn. 10; *Grosset/Martino/Nguyen-Van*, Bulletin de l'Observatoire des politiques économiques en Europe 2015, 3 (3 f.).
[41] *Kees*, Maastricht – Vorentscheidung für eine europäische Währung, in: Gramlich/Weber/Zehetner (Hrsg.), Auf dem Wege zur Europäischen Währungsunion, 1992, S. 19 (30).

anforderungen huldigt der Vertrag der Vorstellung, dass eine stabile, überlebensfähige WWU ein gewisses Maß an wirtschaftlicher Kohärenz erfordert.[42] Insofern werden die Konvergenzkriterien mitunter als »**Kern der Wirtschaftsunion**« betrachtet.[43] Art. 140 Abs. 1 UAbs. 2 Satz 2 AEUV nennt noch weitere ökonomische Parameter, die in den Berichten der Kommission über die Erfüllung der Verpflichtungen »auch«, also neben den Konvergenzkriterien, berücksichtigt werden. Konstitutive Bedeutung für die Ratsentscheidung kommt diesen weiteren Parametern jedoch, wo die Konvergenzkriterien erfüllt sind, nicht zu (s. u. Rn. 50 f.).

15 Die Konvergenzkriterien der Gedstr. 1 bis 4 sind **kumulativ**[44] zu erfüllen und rechtlich **gleichrangig**,[45] auch wenn in der Praxis die Finanzlage der öffentlichen Hand – also die Staatsverschuldung – unter ihnen am bedeutsamsten sein dürfte. Konkretisiert werden sie gemäß Art. 140 Abs. 1 UAbs. 2 Satz 1 AEUV durch das Protokoll Nr. 13[46], welches nach Art. 51 EUV in gleicher Weise verbindlich ist wie die Gründungsverträge – verbindlich auch für den Rat, wenn dieser über die Aufhebung der Ausnahmeregelung entscheidet.[47] Die in den Kriterien verwendeten Termini sind unionsrechtliche, ihre Bedeutung muss daher aus dem Vertragskontext heraus erschlossen werden.[48] Art. 6 Protokoll Nr. 13 ermächtigt den Rat, auf Vorschlag der Kommission und nach Anhörung des Europäischen Parlaments und der EZB einstimmig Einzelheiten der Konvergenzkriterien festzulegen, die an die Stelle des Protokolls treten. Hiervon hat er nicht Gebrauch gemacht. Es erscheint auch unwahrscheinlich, dass diese Möglichkeit wahrgenommen werden wird, da Mitgliedstaaten mit Ausnahmeregelung kein Interesse daran haben, strengeren Anforderungen zu genügen, als sie für die Euro-Mitgliedstaaten der »ersten Generation« galten.[49] Die Konkretisierungsbefugnis erlaubt es dem Rat insbesondere nicht, die primärvertraglichen Vorgaben, die Art. 140 Abs. 1 aufstellt, zu ändern.[50]

16 Kernbegriff des Art. 140 Abs. 1 UAbs. 1 Satz 3 AEUV ist »**Konvergenz**«. Definiert wird diese nicht, doch erschließt sich aus dem Normkontext, dass (nach Einführung des Euro) die **Angleichung der wirtschaftspolitischen Koordinaten** (und in diesem Rahmen, soweit erforderlich, auch des nationalen Rechts, wie Abs. 1 UAbs. 2 Satz 2 erkennen lässt[51]) zwischen Euro- und Nicht-Euro-Mitgliedstaaten gemeint ist.[52] Diese Angleichung wird **nicht auf einheitliche Weise** vorgenommen; vielmehr geben manche der Konvergenzkriterien absolute Ziele vor, während in den Fällen des Gedstr. 1 und (nach Maßgabe von Art. 4 Protokoll Nr. 13) auch des Gedstr. 4 die Konvergenz relativen Charakter aufweist: Der Mitgliedstaat darf von den Mitgliedstaaten mit der besten »Performance« nur in einem bestimmten Rahmen abweichen, ohne dass jene in absoluten Zahlen bestimmt wird. An das mathematische Verständnis von Konvergenz – Annäherung an einen Grenzwert[53] bzw. Angleichung an einen stabilen Zustand – lehnt sich

---

[42] *Goetze*, Tätigkeit der nationalen Zentralbanken, 1999, S. 52; *Magiera*, S. 420.
[43] *Kees* (Fn. 42), S. 30.
[44] *Palm*, in: Grabitz/Hilf/Nettesheim, EU, Art. 140 AEUV (November 2012), Rn. 16.
[45] *Zeitler*, WM 1995, 1609 (1610).
[46] ABl. 2012, C 326/281.
[47] Vgl. BVerfGE 89, 155 (202 f.).
[48] Vgl. auch *Selmayr*, S. 366.
[49] *Wölker*, in: GS, EUV/EGV, Art. 121 EGV, Rn. 3.
[50] *Wölker*, in: GS, EUV/EGV, Art. 121 EGV, Rn. 3, Fn. 6.
[51] Vgl. *Häde*, in: Calliess/Ruffert, EUV/AEUV, Art. 140 AEUV, Rn. 34.
[52] *Palm*, in: Grabitz/Hilf/Nettesheim, EU, Art. 140 AEUV (November 2012), Rn. 1.
[53] *Walter*, Einführung in die Analysis, 2007, S. 49 ff.

der Vertrag insofern nur bedingt an, als die vorgegebenen Werte tatsächlich erreicht sein müssen. Allerdings unterliegen einzelne Kriterien, insbesondere die 60 %-Gesamtverschuldung, durchaus einem »asymptotischen« Verständnis (Art. 126 Abs. 2 Satz 2), bei dem die Annäherung an den Richtwert ausreicht.[54] Dieses Verständnis wird in Art. 140 Abs. 1 UAbs. 1 Satz 3 Gedstr. 2 allerdings lediglich mittelbar zugrunde gelegt: Die Annäherung ist Ausschlussvoraussetzung für einen Beschluss nach Art. 126 Abs. 6, der seinerseits wieder als normatives Fixum darstellt.[55] Der Begriff der »Konvergenz« hat auch insofern eine Berechtigung, als er die sich angleichende wirtschaftliche Gesamtentwicklung widerspiegelt, für welche die einzelnen Kriterien wiederum indiziell sind.

Konvergenz bedeutet **nicht Kongruenz**. Zum einen ist nur »hoher Grad« der Konvergenz erforderlich; die Kriterien lassen gewisse Spielräume zu (dazu unten Rn. 24, 35). Zum anderen verlangt Art. 140 Abs. 1 UAbs. 1 Satz 3 AEUV nur eine statistisch-arithmetische Konvergenz,[56] beschränkt auf die dort aufgeführten Kriterien.[57] Für eine Angleichung des realen BIP pro Kopf an den Durchschnitt in der EU, mithin über die »reale Konvergenz« im Sinne einer Angleichung des Lebensstandards und des Entwicklungsstandes,[58] kommt den Kriterien keine Aussagekraft zu.[59] Eine Angleichung der Produktionsstrukturen und Wirtschaftsschwerpunkte ist nicht intendiert. Insofern erscheint es etwas bedenklich, dass der Vertrag bereits bei Einhaltung nur vierer ökonomischer Mindestanforderungen Konvergenz annimmt.[60]

Alle Konvergenzkriterien sind (makro-)ökonomischer Natur[61] und mit der Theorie optimaler Währungsräume[62] eng verknüpft. Dies bedingt ein gewisses Maß an **Relativität und Flexibilität**,[63] die allerdings auch eine Anpassung an die Umstände des Einzelfalls erleichtert und Raum für Beurteilungs-, Einschätzungs- und Ermessensspielräume bietet.[64] Erkauft wird diese **Offenheit** mit Unklarheiten im Wortlaut (dazu Rn. 28)[65] und

---

[54] *Sideek*, LIRO 24 (1997), 1 (7); *Partsch*, RTDE 34 (1998), 35 (60).
[55] Entscheidung v. 3. 5.1998 (ABl. 1998, L 139/30) in Bezug auf Italien und Belgien, deren Schuldenquoten über 100 % lagen, siehe *EWI*, Konvergenzbericht März 1998, S. 16, 22.
[56] *Roth*, EuR 1994, 45 (52).
[57] *Morgenthaler*, JuS 1997, 673 (678); Vgl. auch *Emmerich-Fritsche*, EWS 1996, 77 (78).
[58] *Horn*, S. 391; *Morgenthaler*, JuS 1997, 673 (678); *Roth*, EuR 1994, 45 (52); *Schmidt/Straubhaar*, Wirtschaftsdienst 1995, 434 (436); *Wagner*, Monetäre und reale Konvergenz, in: Caesar/Scharrer (Hrsg.), Die Europäische Wirtschafts- und Währungsunion. Regionale und globale Herausforderungen, 1998, S. 69 (73).
[59] Vgl. *Knopp/Zgolak*, WIRO 2013, 360 (365); vgl. *Manger-Nestler*, Par(s) inter pares?, 2008, S. 141.
[60] Vgl. *Afxentiou*, Brown Journal of World Affairs 7 (2000), 245 (248).
[61] *Heun*, Die Europäische Zentralbank in der Europäischen Währungsunion, in: Beckmann (Hrsg., u. a.), Eine Verfassung für Europa, 2005, S. 403 (418); *Selmayr*, S. 316.
[62] *Mundell*, American Economic Review 51 (1961), 657; *Mongelli*, European economic and monetary integration and the optimum currency area theory, 2008, S. 1 ff.; vgl. auch *Afxentiou*, Brown Journal of World Affairs 7 (2000), 245 (248 f.).
[63] *Selmayr*, S. 316; *Tettinger*, RIW-Beilage 3/1992, 1 (5): »dehnbare Kompromißformeln«.
[64] *Becker-Neetz*, EWS 1996, 369 (371 ff.); *Emmerich-Fritsche*, EWS 1996, 77 (80); *Meyers/Levie*, CJEL 4 (1998), 321 (332); *Mohamed*, Europ. Business Law Rev. 2000, 363 (364); *Morgenthaler*, JuS 1997, 673 (678); *Roth*, EuR 1994, Beiheft 1, 45 (57 ff.).
[65] *Fatur*, Fordham Int'l L.J. 28 (2004–2005), 145 (173); *Kenen*, Colum. J. of Eur. L. 4 (1998), 359 (361).

der Gefahr der Aufweichung.⁶⁶ Um diese zu bannen, bedarf es der »disziplinierenden« interpretatorischen Leitlinie der **Währungsstabilität** (Rn. 21).

19 Vor dem Hintergrund dieser Offenheit fragt sich, ob die Erfüllung der vier Konvergenzkriterien, normativ betrachtet, eine hinreichende Voraussetzung für die Einführung des Euro ist (wonach mehr als die Einhaltung der dort genannten Standards nicht erforderlich ist), ob es sich bloß um eine notwendige Voraussetzung handelt (mit der Folge, dass Konvergenz im Einzelfall auch bei ihrer Einhaltung verneint werden könnte)⁶⁷ oder im Gegenteil um bloße Orientierungswerte (mit der Folge, dass Konvergenz u. U. auch bei formaler Überschreitung des Rahmens angenommen werden kann).⁶⁸ Der Wortlaut – »hoher Grad dauerhafter Konvergenz« – schließt die letztgenannte Deutung zumindest nicht aus. Für ein Verständnis der Konvergenzkriterien als **hinreichende und unbedingte Voraussetzungen** spricht indes der Passus »Maßstab hierfür ist«. Bezugnahmen auf zahlenmäßig klar umrissene Größenordnungen nach Maßgabe der Protokolle und die Worte – in Gedstr. 1 und 2 –»ersichtlich aus« verdeutlichen, dass die Konvergenzkriterien konkrete rechtliche Vorgaben und Regulative⁶⁹ und nicht bloß politische Zielgrößen darstellen.⁷⁰ Dies bestätigen die bisherigen Entscheidungen des Rates, die strikt auf die Anforderungen des Art. 140 Abs. 1 AEUV fokussiert bleiben.⁷¹

20 Die Konvergenz muss **dauerhaft** sein. Hierzu führt der Vertrag – mit Ausnahme von Gedstr. 3 (Einhaltung der WKM-Bandbreiten für die Dauer von zwei Jahren) nichts Näheres aus, wohl aber für die Gedstr. 1 und 2 das Protokoll Nr. 13. Die Referenzperiode beträgt hier jeweils ein Jahr. Für Gedstr. 2 (Schuldenstand) ist überhaupt kein Bewertungszeitraum festgelegt; auch Art. 2 Protokoll Nr. 12 nimmt keine Präzisierung vor. Aus verfahrensrechtlicher Sicht ist dies konsequent, da nicht unmittelbar materielle Anforderungen zugrunde gelegt werden, sondern das Fehlen eines Beschlusses nach Art. 126 Abs. 6 AEUV (s. hierzu Rn. 30 ff.). Rechtspolitisch ist diese Vorgabe jedoch bedenklich, weil Mitgliedstaaten durch Privatisierungen (»Veräußerung von Tafelsilber«) den Schuldenstand vorübergehend drücken können, der sich aufgrund der in den Folgejahren fehlenden Erträge dann jedoch überproportional erhöht.⁷² Dass als öffentlicher Schuldenstand nach Art. 1 Abs. 5 VO (EG) Nr. 479/2009⁷³ der Nominalwert aller am Jahresende ausstehenden Bruttoverbindlichkeiten des Sektors Staat gilt – womit ein gewisser Zeitaspekt einfließt –, schafft keine Abhilfe. Lediglich bei Mitgliedstaaten, deren Schuldenstand bereits jenseits der Grenzwerte liegt, werden Zeiträume bedeutsam: Nach Art. 2 Abs. 1 a UAbs. 1 der VO (EG) 1467/97 i. V. m. VO (EU) Nr. 1177/2011 ist seine hinreichende Rückläufigkeit i. S. d. Art. 126 Abs. 2 Buchst. b AEUV dann ge-

---

⁶⁶ Vgl. *Kortz*, RIW 1997, 357 (358); *Seidel*, S. 800 ff.; *Tettinger*, RIW-Beilage 3 1992, 5; zu »liberal« insofern *Mohamed*, Europ. Business Law Rev. 2000, 363 ff.

⁶⁷ Von »unverzichtbaren Mindestanforderungen« spricht *Janzen*, S. 166; ebenso *Häde*, in: Calliess/Ruffert, EUV/AEUV, Art. 140 AEUV, Rn. 10 f.; *Palm*, in: Grabitz/Hilf/Nettesheim, EU, Art. 140 AEUV (November 2012), Rn. 15.

⁶⁸ *Selmayr*, S. 281.

⁶⁹ *Kees* (Fn. 41), S. 32.

⁷⁰ In Richtung einer Interpretation als politische Zielgrößen aber *Stern*, S. 1475; *Tettinger*, RIW-Beilage 3, 1992, 1 (5); zum 1. und 2. Kriterium *Zeitler*, WM 1995, 1609 (1610); unklar *Manger-Nestler* (Fn. 59), S. 140 (»indizielle Zielgrößen«).

⁷¹ Siehe z. B. Beschluss des Rates v. 9. 7. 2013 (Aufhebung der Ausnahmeregelung im Hinblick auf Lettland), ABl. 2003, L 195/24.

⁷² Z. B. Privatisierung von France Télécom durch Frankreich, vgl. *Laser*, Volkswirtschaftslehre, 2000, S. 107.

⁷³ ABl. 2009, L 145/1. Die Verordnung ist auf Art. 126 Abs. 14 gestützt.

geben, »wenn sich als Richtwert der Abstand zum Referenzwert in den letzten drei Jahren jährlich durchschnittlich um ein Zwanzigstel verringert hat, bezogen auf die Veränderungen während der letzten drei Jahre, für die die Angaben verfügbar sind.« Die EZB versucht dem Erfordernis der Dauerhaftigkeit dadurch Rechnung zu tragen, dass sie dem Schuldenstand des Mitgliedstaats im Referenzjahr die Entwicklungen der letzten zehn Jahre gegenüberstellt[74] und daraus Prognosen ableitet. Auch die Kommission zieht Daten zur Schuldenentwicklung der vorausgegangenen Jahre heran.[75] Dies ändert jedoch nichts daran, dass es für die Beibehaltung oder Aufhebung der Ausnahmeregelung für Gedstr. 2 allein auf einen Beschluss nach Art. 126 Abs. 6 AEUV oder sein Fehlen ankommt.

2. Konvergenzkriterien im Einzelnen

a) Preisstabilität

Ein wichtiges Konvergenzkriterium ist die **hohe Preisstabilität** (Gedstr. 1). Trotz Gleichrangigkeit mit den anderen Kriterien[76] kommt ihm insoweit eine hervorgehobene Stellung zu, als der **Stabilitätsgrundsatz** auch für die übrigen Konvergenzkriterien eine Auslegungsmaxime bildet. Denn Telos und Leitlinie des Art. 140 Abs. 1 ist die Preis- und Währungsstabilität[77] als zentrale Maxime der Währungsunion, an welcher der Mitgliedstaat im ESZB künftig mitzuwirken beabsichtigt (Art. 3 Abs. 3 EUV, Art. 127 Abs. 1 Satz 1 AEUV, Art. 282 Abs. 2 Satz 2 AEUV). Insoweit stellt sich die EU als »Stabilitätsgemeinschaft« dar[78] – eine Ausrichtung, die das BVerfG zu einer Art Geschäftsgrundlage für die Mitwirkung Deutschlands in der WWU erhoben hat.[79] Demzufolge gilt ein Gebot »**stabilitätspolitisch strikter**« **Auslegung** aller Konvergenzkriterien.[80] Große Divergenzen bei den Inflationsraten – so die Annahme des Vertrages – bergen das Potential eines Zusammenbruchs der Währungsunion.[81]

21

aa) Relative Preisstabilität (Referenzwerte)

Mit Preisstabilität ist die **innere Geldwertentwicklung** (angegeben durch die Inflationsrate) gemeint, nicht die Wechselkursstabilität.[82] Während in Art. 127 Abs. 1 Satz 1 und Art. 282 Abs. 2 Satz 2 AEUV Preisstabilität absolut verstanden wird (und gemäß EZB eine Geldentwertung bezeichnet, die nahe 2 %, aber nicht darüber liegt[83]), betrachtet Art. 140 Abs. 1 UAbs. 1 Satz 3 Gedstr. 1 Preisstabilität relativ[84] und statuiert nicht (wie

22

---

[74] *EZB*, Konvergenzbericht 2010, S. 12; Konvergenzbericht, Juni 2013, S. 15.
[75] *Kommission*, Convergence Report 2012 (Bulgarien), S. 49 (bis zu acht Jahre).
[76] *Zeitler*, WM 1995, 1609 (1610).
[77] Vgl. *Borries*, ZEuS 1999, 281 (285); *Hahn/Häde*, § 15, Rn. 14; *Horn*, S. 389; *Palm*, S. 31 ff.; *ders.*, in: Grabitz/Hilf/Nettesheim, EU, Art. 140 AEUV (November 2012), Rn. 5. Zur Preisstabilität als allgemein anerkannter Grundsatz internationaler Währungspolitik *Goodfriend*, Journal of Economic Perspectives 21 (2007), 47 (60 ff.).
[78] BVerfGE 89, 155 (200); *Kortz*, RIW 1997, 357 (359); *Oppermann/Classen/Nettesheim*, Europarecht, § 19, Rn. 2.; *Schwarze*, Europäisches Wirtschaftsrecht, 2007, Rn. 388; *Seidel*, S. 800.
[79] BVerfGE 89, 155 (200); hierzu *Stern*, S. 1489.
[80] *Zeitler*, WM 1995, 1609 (1610).
[81] *Lehment/Scheide*, Weltwirtschaft 1992, 50 (52).
[82] *Selmayr*, S. 318; vgl. *Kommission*, Convergence Report 2012, S. 4, 114.
[83] *EZB*, Monatsbericht Januar 1999, 43 (50); *dies.*, Geldpolitik der EZB, 2004, S. 52 f.
[84] *Horn*, ZBB 1997, 314 (315); *Palm*, in: Grabitz/Hilf/Nettesheim, EU, Art. 140 AEUV (November 2012), Rn. 21.

von einigen Ökonomen gefordert) einen absoluten Schwellenwert:[85] Maßstab sind die Inflationsraten der höchstens drei Mitgliedstaaten, die insoweit das beste Ergebnis erzielt haben. Mit der relativen Betrachtung will der Vertrag offenbar auf konjunkturelle Schwankungen Rücksicht nehmen. Art. 1 Abs. 1 Protokoll Nr. 13 konkretisiert das »Nahekommen«, von dem der Vertrag spricht, in der Weise, dass die durchschnittliche Inflationsrate im letzten Jahr vor der Prüfung um nicht mehr als 1$^1/_2$ Prozentpunkte über der Inflationsrate jener Vergleichsstaaten liegen darf (Hs. 2). Eine entsprechende Abweichung nach unten ist jedenfalls solange unschädlich, wie im Mitgliedstaat keine Deflation (u. Rn. 25) herrscht.[86] In Hs. 1 wird zuvor außerdem vorgegeben, dass »eine anhaltende Preisstabilität« zu bestehen hat (dazu unten Rn. 29). Der Wortlaut des Art. 140 Abs. 1 Satz 3 Gedstr. 3 und Art. 1 Abs. 1 Protokoll Nr. 13 verbieten es, an eine »gemeinsame Inflationsrate des Eurowährungsgebiets« anzuknüpfen.[87]

23 Nach Art. 1 Satz 2 Protokoll Nr. 13 wird die Inflation »auf vergleichbarer Grundlage« und »unter Berücksichtigung der unterschiedlichen Definitionen in den einzelnen Mitgliedstaaten« gemessen. Zugrunde liegt der auf VO (EG) Nr. 2494/95 zurückgehende **harmonisierte Verbraucherpreisindex**,[88] welchen sämtliche Mitgliedstaaten der Kommission zu melden haben. Durch neuere Verordnungen[89] ist die Gefahr einer Manipulation[90] der Indexdaten unter Ausnutzung methodischer Diskrepanzen zwischen den Mitgliedstaaten weitgehend gebannt worden.

24 Im Gegensatz zur Maximalabweichung ist die Basis für die Berechnung des sog. **Referenzwertes**, der nicht überschritten werden darf, nicht exakt vorgegeben. Bestimmt ist lediglich, dass bis zu drei Mitgliedstaaten in die Betrachtung einbezogen werden. In der Praxis sind bisher auch stets drei Vergleichsstaaten herangezogen worden. Was unter dem »bestem Ergebnis« zu verstehen ist, erläutert das Protokoll nicht.[91] Auch fehlen Hinweise, wie der Referenzwert bestimmt werden soll, wenn sich Ergebnisse der für führend erachteten Mitgliedstaaten – u. U. signifikant – unterscheiden. Würde das Bestehen solcher Unterschiede nicht implizit vorausgesetzt, ergäbe die zahlenmäßige Begrenzung auf drei Staaten keinen Sinn.

25 Mit »bestem Ergebnis« ist grundsätzlich, aber **nicht immer die im Vergleich niedrigste Inflationsrate** gemeint. Dem Vertrag mag insoweit ein Gebot stabilitätspolitischer Strenge[92] inhärent sein, das aber in einem Spannungsfeld mit einem Kohärenzgebot steht. Würde immer der niedrigste Wert als Bemessungsbasis herangezogen, wären Wertungswidersprüche die Folge. Da z. B. **Deflation** nach Art. 127 Abs. 1 AEUV unerwünscht

---

[85] Kritisch auch *Galahn* (Fn. 27), S. 155; Manifest von 60 deutschen Ökonomen gegen Maastricht, Integration 1992, 229, These 3; *Knappe*, Die Bank (1992), 294 (298); kritisch zu den Konvergenzkriterien aus wirtschaftswissenschaftlicher Sicht ferner *Bilger*, ORDO 1993, 15 (22); *Lehment/Scheide*, Weltwirtschaft 1992, 50 (51 ff.); *Matthes*, Wirtschaftsdienst 1992, 409.
[86] Vgl. *Häde*, in: Calliess/Ruffert, Art. 140 AEUV, Rn. 19: a. A. *Beutel*, S. 279.
[87] *Selmayr*, S. 322.
[88] Vgl. Verordnung (EG) Nr. 2494/95 des Rates vom 23. Oktober 1995 über harmonisierte Verbraucherpreisindizes. ABl. 1995, L 257/1; *Khan*, in: Geiger/Khan/Kotzur, EUV/AEUV, Art. 140 AEUV, Rn. 8; *Selmayr*, S. 318; vgl. auch *Kommission*, Convergence Report 1998, S. 74 ff.
[89] Verordnung (EG) Nr. 1749/96 der Kommission vom 9. September 1996 über anfängliche Maßnahmen zur Umsetzung der Verordnung (EG) Nr. 2494/95 des Rates über harmonisierte Verbraucherpreisindizes, ABl. 1996, L 229/3; Verordnung (EG) Nr. 1334/2007 der Kommission vom 14. November 2007 zur Änderung der Verordnung (EG) Nr. 1749/96 über anfängliche Maßnahmen zur Umsetzung der Verordnung (EG) Nr. 2494/95 des Rates über harmonisierte Verbraucherpreisindizes, ABl. 2007, L 296/22.
[90] *Galahn* (Fn. 27), S. 155; *Kortz*, RIW 1997, 357 (360); *Tettinger*, RIW-Beilage 3 1992, 1 (3).
[91] *Galahn* (Fn. 27), S. 149 f.
[92] Vgl. *Häde*, in: Calliess/Ruffert, Art. 140 AEUV, Rn. 37; *Palm*, S. 31 ff.

ist[93], wäre es widersinnig, wenn sie auf der einen Seite durch die EZB bekämpft[94] und auf der anderen Seite als »bestes Ergebnis« maßstäblich würde.[95] In der Praxis des Rates geschieht dies dennoch; so wurden für die Euro-Einführung in Estland die durchweg negativen Inflationsraten dreier Mitgliedstaaten herangezogen.[96] Probleme bereiten auch Konstellationen, bei denen die Inflationsraten mehrerer Staaten knapp über null liegen: Bei einer Geldentwertung nahe 2 % – dem laut EZB für Preisstabilität optimalem Wert – würde dem überprüften Mitgliedstaat, dessen Inflationsrate maximal 1,5 Prozentpunkte über derjenigen der Referenzstaaten liegen darf, die Aufhebung seiner Ausnahmeregelung verwehrt, wenn auf die Mitgliedstaaten mit extrem niedriger Inflation als Referenz abgestellt werden müsste – auch dies ein Wertungswiderspruch. Andererseits scheint die Inflationsrate des überprüften Mitgliedstaats deutlich jenseits von 3 % liegen zu dürfen, wenn sich wiederum die Referenzstaaten mit ihrer Geldentwertung im »Optimalbereich« nahe 2 % befinden. Der Vertrag nimmt dies allerdings in Kauf[97], möglicherweise weil erwartet wird, dass von der Geldpolitik der EZB nach dem Beitritt eine dämpfende Wirkung auf die Inflationsrate eines Mitgliedstaats ausgeht, die bei Einführung des Euro noch über 2 % liegt. Durchweg erfüllt hat sich diese Erwartung allerdings nicht.[98]

Umstritten ist, ob stets die Inflationsraten aller drei bestplatzierten Mitgliedstaaten als Bemessungsgrundlage herangezogen werden müssen oder ob ausschließlich oder vornehmlich[99] das Ergebnis des »erfolgreichsten« Mitgliedstaats – sprich: des Staates mit der niedrigsten Inflationsrate – maßgeblich sein soll.[100] Für Letzteres kann zwar das Bestreben angeführt werden, die Geldentwertung möglichst gering zu halten.[101] Eine Pflicht, allein den »best performer« zum Maßstab zu nehmen, besteht jedoch nicht, denn die Formulierung »höchstens drei« zeigt, dass die gleichzeitige Heranziehung mehrerer Mitgliedstaaten erlaubt sein soll. In der Regel ist es auch **sachgerecht, drei Mitgliedstaaten** in die Betrachtung einzubeziehen. Tut der Rat dies (wie in der Praxis; Rn. 28), so muss er ihren Daten grundsätzlich auch gleiches Gewicht beimessen. In dem Maße, in dem sich der Mitgliedstaat mit der niedrigsten Inflation von der Geldwertentwicklung der anderen Mitgliedstaaten entfernt, kann es gleichwohl im Einzelfall sogar angezeigt sein, seinen Werten geringeres Gewicht beizumessen (zur Gewichtung sogleich Rn. 27) 26

---

[93] H.M.; *Kempen*, in: Streinz, EUV/AEUV, Art. 127 AEUV, Rn. 3; *Griller*, in: Grabitz/Hilf/Nettesheim, Art. 127 AEUV (August 2012), Rn. 17.
[94] Die Definition von Preisstabilität durch die EZB als einem Anstieg des Preisniveaus »von unter, aber nahe 2 %« verdeutlicht, dass Deflation unerwünscht ist, vgl. *EZB*, Die Geldpolitik der EZB, 2004, S. 42, 52 f.
[95] I.E. auch *Häde*, in: Calliess/Ruffert, EUV/AEUV, Art. 140 AEUV, Rn. 19; *Schilmöller/Tutsch*, in: GSH, Art. 140 AEUV, Rn. 14.
[96] Beschl. 2010/416/EU v. 13. 7. 2010, ABl. 2010 L 196/24, EGr. 8.
[97] So betrug der Referenzwert 1998, bei Einführung des Euro, 2,7 % (Empf. 98/316/EG des Rates v. 1. 5. 1998, ABl. 1998 L 139/21, EGr. 6); der gleiche Wert lag 2013 der Aufhebung der Ausnahmeregelung für Lettland zugrunde, EGr 8, Entscheidung des Rates v. 9. 7. 2013, ABl. 2013, L 195/24.
[98] Zu den Auswirkungen *Bulíř/Hurník*, Journal of Financial Economic Policy 1 (2009), 355 (357 f.); *Čihák/Fontenye*, Five Years After, IMF Working Paper, WP/09/68, S. 19.
[99] Nicolaysen, Europarecht II, S. 379; *Kortz*, RIW 1997, 357 (359).
[100] *Häde*, in: Calliess/Ruffert, EUV/AEUV, Art. 140 AEUV, Rn. 17 (Werte von drei Mitgliedstaaten nur, wenn diese nah beieinander liegen); *Kortz*, Die Entscheidung über den Übergang in die *Endstufe* der Wirtschafts- und Währungsunion, 1996, S. 90 (Orientierung am »best performer« mit Korrekturmöglichkeit über die Berücksichtigung der anderen zwei Werte).
[101] *Kortz*, RIW 1997, 357 (359); *ders.* (Fn. 100), S. 90; abl. – zu ergebnisorientiert – *Selmayr*, S. 319.

oder diesen Mitgliedstaat gar nicht in die Vergleichsgruppe aufzunehmen. Dies gilt insbesondere, wenn der Staat mit der niedrigsten Geldentwertung tief in der Deflation steht[102] und der ermittelte Referenzwert bei (ausschließlicher oder anteiliger) Berücksichtigung dieser Daten negativ wäre, denn Deflation widerspricht dem Vertragsziel der Preisstabilität. Die Geldwertentwicklung in Irland (damals minus 2,8 %) wurde daher bei der Euro-Einführung in Estland für die Bestimmung des Referenzwerts unberücksichtigt gelassen und auf drei Mitgliedstaaten mit höherer (wenn auch immer noch negativer) Inflationsrate abgestellt.[103] EZB und Kommission wollen Mitgliedstaaten aus der Betrachtung herausnehmen, wenn ihre Inflationsrate im Zwölfmonatsdurchschnitt deutlich unterhalb derjenigen der anderen Mitgliedstaaten liegt und dies auf außergewöhnliche Faktoren zurückzuführen ist.[104] Für diesen Ausschluss von »Extremwerten« spricht, dass er auch sonst der Praxis bei statistischen Erhebungen entspricht.[105] Andere Vorschläge wie z. B. derjenige, den Mitgliedstaat mit der drittniedrigsten Inflationsrate zum Ausgangspunkt zu nehmen,[106] mögen sich im Einzelfall einmal faktisch durchsetzen, als methodische Prämisse, die auch mit dem Gebot stabilitätsorientierter Auslegung kaum zu vereinbaren wäre, wären sie aber inopportun.[107]

27 Wie die Werte der zwei oder drei Mitgliedstaaten zueinander ins Verhältnis gesetzt werden, geben weder der Vertrag noch das Protokoll vor. Der Rat entschied sich 1998 (im Anschluss an das EWI[108]) für das **einfache arithmetische Mittel** der drei Werte[109] und hat diese Linie seither im Grundsatz beibehalten. Gleiches gilt für die EZB.[110] Nicht ausgeschlossen ist, wenn Anlass dazu besteht, auch die Bestimmung eines gewichteten Durchschnitts bzw. Medians.[111] Grundsätzlich muss es dem Rat möglich sein, die Berechnungsmethode danach auszuwählen, ob sie für die Konvergenz, die es letztlich zu bestimmen gilt, am aussagefähigsten ist, und ein mathematisch gewonnenes Ergebnis erforderlichenfalls wertend zu korrigieren, sofern dies nach statistischen und mathematischen Kriterien systemgerecht ist.[112] Das kann u. a. bei deflationären Entwicklungen (dazu oben Rn. 26) der Fall sein, aber auch, wenn es sich bei dem »Primus« um einen sehr kleinen Mitgliedstaat handelt, dessen ökonomische Koordinaten und Geldwertentwicklung für die Union insgesamt kaum repräsentativ sind.[113]

---

[102] *Häde*, in: Calliess/Ruffert, EUV/AEUV, Art. 140 AEUV, Rn. 19.
[103] Beschl. 2010/416/EU v. 13. 7. 2010, ABl. 2010 L 196/24, EGr. 8.
[104] Z. B. langanhaltende Rezession in Griechenland, vgl. *EZB*, Konvergenzbericht Juni 2013, S. 10. *Kommission*, Convergence Report on Latvia, 2013, S. 4.
[105] Vgl. *Goerke*, Ausreißerwerte, in: Albers/Klapper/Konradt/Walter/Wolf (Hrsg.), Methodik der empirischen Forschung, 3. Aufl. 2009, S. 1 ff.
[106] Als »mögliche« Berechnungsmethode von der Kommission angeführt, Konvergenzbericht 1996, KOM (96) 560 endg., S. 28 f. (Methode 3); ferner *Goebel*, CJEL 4 (1998), 249 (304); jedenfalls mit dem Wortlaut vereinbar nach *Wölker*, in: GS, EUV/EGV, Art. 121 EGV, Rn. 12; die Offenheit des Wortlauts in dieser Hinsicht kritisierend *Tettinger*, RIW-Beilage 3 1992, 1 (4).
[107] Im Ergebnis so auch *Kortz*, RIW 1997, 357 (359).
[108] *EWI*, Konvergenzbericht 1996, S. 6.
[109] Empf. 98/316/EG des Rates v. 1. 5. 1998, ABl. 1998 L 139/21, EGr. 6; zust. *Kortz*, RIW 1997, 357 (359); *Rodi*, in: Vedder/Heintschel v. Heinegg, EVV, Art. III–198, Rn. 4; *Seidel*, S. 801.
[110] *EZB*, Konvergenzbericht Juni 2013, S. 10.
[111] Vgl. auch *Kommission*, Konvergenzbericht 1996, KOM (96) 560 endg., S. 28 f. (Methode 6).
[112] Ähnlich, allerdings mit stärkerer Akzentuierung der »stabilitätspolitischen Strenge«, *Becker-Neetz*, EWS 1996, 369 (374); zur »flexiblen« Handhabung auch *Goebel*, CJEL 4 (1998), 249 (304).
[113] *Goetze* (Fn. 42), S. 54; *Kortz*, RIW 1997, 357 (359).

Ob alle Mitgliedstaaten oder nur die Euro-Mitgliedstaaten als Referenzmitgliedstaaten heranzuziehen sind, lässt der Wortlaut der Bestimmungen ebenfalls offen.[114] In der Praxis stellen Kommission und Rat auch auf die Geldwertentwicklung in anderen Mitgliedstaaten mit Ausnahmeregelung und nicht nur auf Euro-Mitgliedstaaten ab.[115] Da die geforderte Konvergenz vor allem die Stabilität der Währungsunion zum Ziel hat, mag dies erstaunen, ist aber vor dem Hintergrund der Art. 139 und 140 innewohnenden währungspolitischen Integrationsdynamik, die auch Mitgliedstaaten mit Ausnahmeregelung umschließt (Rn. 3 zu Art. 139), letztlich konsequent. Die Praxis wirkt sich auch stabilitätsfördernd vor dem Hintergrund aus, dass die Berücksichtigung aller 28 Mitgliedstaaten strengere Referenzwerte generieren kann als diejenige nur der Euro-Mitgliedstaaten.

bb) Dauerhaftigkeit

Ein Referenzzeitraum für die Preisstabilität ist im Vertrag nicht genannt, wohl aber in Art. 1 Satz 1 Hs. 1 Protokoll Nr. 13, dessen Wortlaut »**anhaltende Preisstabilität**« noch vor der Beachtung der Referenzwerte nennt. Denn Satz 2 Hs. 2 legt das letzte Jahr vor der Prüfung als Referenzzeitraum fest, wobei die Kommission monatliche Daten zugrunde legen will (s. o. Rn. 20). Ein Teil des Schrifttums wehrt sich mit Blick auf den Wortlaut (anhaltend = langfristig) gegen eine kurzzeitige Betrachtung;[116] auch das Nebeneinander der Vorgaben im Protokollwortlaut (anhaltende Preisstabilität »und« gemessene Inflationsrate) scheint dies zu stützen. Berechtigung hätte ein solches Erfordernis insbesondere vor dem Hintergrund, dass Beitrittskandidaten ihr Inflationsniveau vor Einführung des Euro mit kurzfristig effektiven Maßnahmen niedrig halten, strukturellen Reformen aber ausweichen und damit Inflationsgefahren generieren.[117] Wenn die Vertragsparteien die »anhaltende Preisstabilität« als eigenständiges Kriterium zusätzlich zur relativ, d. h. an den Ergebnissen anderer Mitgliedstaaten, orientierten Preisstabilität hätten begründen wollen, so hätten sie auch dafür einen Maßstab bzw. Referenzwert festlegen müssen; daran aber fehlt es. Ein Rekurs auf Art. 127 Abs. 1 Satz 1 AEUV (Preisstabilität bei nahe 2 % Inflation; siehe Rn. 22) wäre systemisch jedenfalls unangemessen. Aus diesem Grund bleibt der »anhaltende« Charakter der Preisstabilität auf ein Korrektiv für Fälle reduziert, in denen ein sonst inflationär geprägter Mitgliedstaat sich nur ausnahmsweise, im Jahr der Prüfung, im Rahmen der Referenzwerte bewegt (wegen einer Wirtschaftskrise oder weil der Referenzwert ungewöhnlich hoch liegt); allerdings ist dann aber auch die Nichterfüllung eines anderen Konvergenzkriteriums wahrscheinlich.

b) Auf Dauer tragbare Finanzlage der Öffentlichen Hand (Gedstr. 2)

Von zentraler Bedeutung ist das zweite – »fiskalische« – Konvergenzkriterium: die auf Dauer tragbare **Finanzlage der öffentlichen Hand**, ersichtlich aus einer Haushaltslage ohne übermäßiges Defizit i. S. d. Art. 126 Abs. 6 AEUV. Die Bestimmung bedient sich

---

[114] *Fatur*, Fordham Int'l L. J. 28 (2004–2005), 145 (174); *Palm*, in: Grabitz/Hilf/Nettesheim, EU, Art. 140 AEUV (November 2012), Rn. 22.
[115] Z. B. für die Euro-Einführung in Lettland: Schweden, Irland und Lettland selbst, *Kommission*, Convergence Report 2013, S. 26; für Einbeziehung von nicht Euro-Teilnehmerstaaten auch *Häde*, in: Calliess/Ruffert, EUV/AEUV, Art. 140 AEUV, Rn. 18; *Palm*, in: Grabitz/Hilf/Nettesheim, EU, Art. 140 AEUV (November 2012), Rn. 22; *Schilmöller/Tutsch*, in: GSH, Art. 140 AEUV, Rn. 14.
[116] *Kortz*, RIW 1997, 357 (359); *Selmayr*, S. 320; *Tettinger*, RIW-Beilage 3/1992, 1 (4).
[117] Vgl. *Bulíř/Hurník*, Journal of Financial Economic Policy 1 (2009), 355 (357 f.).

dabei eines komplexen Verweisungsmechanismus. So wird zum einen (nach Maßgabe des UAbs. 2) auf das Protokoll Nr. 13 verwiesen, dessen Art. 2 wiederum – wie Art. 140 Abs. 1 UAbs. 1 Satz 3 Gedstr. 2 AEUV – auf besagten Art. 126 Abs. 6 rekurriert. Diese Vorschrift hat **lediglich den Ratsbeschluss** über das Bestehen eines übermäßigen Defizits zum Gegenstand. Das Vorliegen der **materiellen Voraussetzungen**, unter denen er getroffen wird, wird von der Prüfung nach Art. 140 Abs. 1, 2 AEUV **nicht mehr umschlossen**. Sie ergeben sich wiederum aus Art. 126 Abs. 2, dessen normativer Gehalt seinerseits durch Protokoll Nr. 12 über das Verfahren bei einem übermäßigen Defizit erhellt wird.[118] Die Besonderheit der Defizitgrenzen besteht darin, dass sie für Mitgliedstaaten über Art. 126 AEUV auch nach Einführung des Euro beachtlich bleiben (und nach dessen Abs. 9 ff. sogar sanktionsbewehrt sind),[119] wohingegen die Maßstäblichkeit der anderen drei Konvergenzkriterien in einer Währungsgemeinschaft schon sachlogisch entfällt.

31 Gemäß Art. 2 Protokoll Nr. 13 darf **zum Zeitpunkt der Prüfung** kein Beschluss des Rates nach Art. 126 Abs. 6 vorliegen. Frühere oder spätere Beschlüsse haben keine Relevanz.[120] Die Bezugnahme nur auf Art. 126 Abs. 6 und nicht auch Art. 126 Abs. 2 ist kein Redaktionsversehen. Entscheidend ist allein, ob der Rat einen Beschluss nach Art. 126 Abs. 6 AEUV gefasst hat. Das Fehlen eines Ratsbeschlusses über das Bestehen eines übermäßigen Defizits ist also konstitutiv für die Erfüllung des Konvergenzkriteriums.[121] Umgekehrt führt das Vorliegen eines Ratsbeschlusses mit konstitutiver Wirkung zur Verfehlung des Konvergenzkriteriums.[122] Die Haushaltslage eines Mitgliedstaats darf im Verfahren nach Art. 140 nicht mehr untersucht und schon gar nicht der Ratsbeschluss oder dessen Fehlen auf seine Rechtmäßigkeit überprüft werden. Dies gewährleistet **Verfahrenseffizienz**, zumal die Akteure im Defizitverfahren und im Verfahren zur Aufhebung der Ausnahmeregelung weitgehend identisch sind. Der Vertrag unterstellt also, dass das Verfahren nach Art. 126 »funktioniert«, die Kommission ihrer Überwachungspflicht aus Art. 126 Abs. 2 kontinuierlich nachkommt und der Rat im Falle eines übermäßigen Defizits die erforderlichen Maßnahmen ergreift. Der **Vertrag über Stabilität, Koordinierung und Steuerung** in der Wirtschafts- und Währungsunion (SKSV) vom 2.3.2012[123] erlegt den Parteien zusätzliche Stabilitätsanforderungen auf, lässt aber Art. 126 Abs. 6 und damit die rechtlichen Voraussetzungen des Art. 140 Abs. 1 UAbs. 1 Satz 3 Gedstr. 3 verfahrens- wie materiell-rechtlich unberührt (vgl. Art. 4 SKSV). Überdies entfaltet der SKSV für Mitgliedstaaten mit Ausnahmeregelung, die ihn ratifizieren, erst mit Einführung des Euro Rechtswirkungen, es sei denn, dass sie sich den Vertragsregeln oder dem Fiskalpakt (Titel III) ausnahmsweise – wie Rumänien – freiwillig schon vorher unterwerfen (Art. 14 Abs. 5 SKSV; vgl. auch Rn. 39 zu Art. 139)

32 Da keine erneute Sachprüfung erfolgt, wird die Ausnahmeregelung also auch dann aufgehoben, wenn ein **Defizitbeschluss zu Unrecht unterblieben** ist.[124] (Umgekehrt bleibt die Ausnahmeregelung bestehen, wenn der Rat – ein unwahrscheinlicher Fall – zu Unrecht einen Defizitbeschluss nach Art. 126 Abs. 6 gefasst hat.) Eine Evidenzkon-

---

[118] *Selmayr*, S. 324; *EZB*, Konvergenzbericht 2000, S. 10 f.
[119] Vgl. *Zeitler*, WM 1995, 1609 (1610).
[120] *Palm*, in: Grabitz/Hilf/Nettesheim, EU, Art. 140 AEUV (November 2012), Rn. 26.
[121] *Hahn/Häde*, § 25, Rn. 34; *Khan*, in: Geiger/Khan/Kotzur, EUV/AEUV, Art. 140 AEUV, Rn. 8; *Schilmöller/Tutsch*, in: GSH, Art. 140 AEUV, Rn. 16; anders *Roth*, EuR-Beiheft 1/1994, 45 (57 f.).
[122] *Palm*, in: Grabitz/Hilf/Nettesheim, EU, Art. 140 AEUV (November 2012), Rn. 25.
[123] BGBl. II, S. 1008.
[124] *Seidel*, S. 803; *Wölker*, in: GS, EUV/EGV, Art. 121 EGV, Rn. 16.

trolle¹²⁵ ist abzulehnen. Dem Stabilitätsanliegen des Vertrags kann in der Weise ausreichend Rechnung getragen werden, dass der Rat, ehe er über die Aufhebung der Ausnahmeregelung entscheidet, eine neue Defizitentscheidung fällt und damit die frühere faktisch korrigiert oder einen noch nicht gefassten Defizitbeschluss nachholt. Unterbleibt ein solcher Defizitbeschluss zu Unrecht, kann gegen den Rat Untätigkeitsklage erhoben werden.¹²⁶ Ihr Erfolg hat jedoch nicht zur Konsequenz, dass auch die Aufhebung der Ausnahmeregelung für den Mitgliedstaat rückgängig gemacht werden müsste; denn sie setzt nur voraus, dass im Prüfungszeitpunkt ein Ratsbeschluss nach Art. 126 Abs. 6 nicht vorhanden war. (Zur Anfechtung des Ratsbeschlusses nach Art. 140 Abs. 2 s. u. Rn. 63). Hebt der Rat die Ausnahmeregelung auf, obwohl die Voraussetzungen für einen Beschluss nach Art. 126 Abs. 6 gegeben wären, ein solcher aber nicht gefällt wurde, ist hierin kein eigenständiger Vertragsverstoß gegen Art. 140 AEUV zu sehen,¹²⁷ wohl jedoch eine Verletzung des Art. 126 Abs. 6 AEUV.

Ein **Referenzzeitraum** ist für das zweite Konvergenzkriterium **nicht vorgesehen**. Dies ist auch nicht erforderlich, da der Ratsbeschluss nach Art. 126 Abs. 12 so lange wirkt, bis er durch actus contrarius wieder aufgehoben wird. Es ist also nicht zwingend geboten, dass auch er im letzten Jahr vor der Prüfung gefasst worden ist. 33

Grundlage des Ratsbeschlusses nach Art. 126 Abs. 6 AEUV ist nach Art. 126 Abs. 2 i. V. m. Art. 1 Protokoll Nr. 12, dass 34
– das öffentliche Defizit (Neuverschuldung) eines Mitgliedstaats 3 %, gemessen am Bruttoinlandsprodukt pro Jahr zu Marktpreisen, nicht überschreitet, wobei sich die Obergrenze auf den gesamten Konjunkturzyklus erstreckt¹²⁸;
– der öffentliche Schuldenstand (Gesamtverschuldung) 60 %, gemessen am Bruttoinlandsprodukt, nicht übersteigt.

Die rechnerische Überschreitung der Referenzwerte für den Schuldenstand wird unter den Voraussetzungen der Art. 126 Abs. 2 Buchst. a und b (dazu Rn. 32 ff. zu Art. 126 AEUV) allerdings hingenommen. Ausgaben für Investitionen sowie die mittelfristige Wirtschafts- und Haushaltslage finden zudem als Korrektive Berücksichtigung (Art. 126 Abs. 3 Satz 2).¹²⁹ Letztlich sind die zunächst strikt erscheinenden Defizitschranken eher flexible Kriterien,¹³⁰ zu denen sich noch ein Beurteilungsspielraum des Rates nach Art. 126 Abs. 6 gesellt. Auch wenn der Rat vielfach großzügig verfahren ist,¹³¹ sind die Referenzwerte auch im Rahmen des Art. 126 aber auch keine bloße Direktiven und Zielgrößen, sondern normativ verbindliche Vorgaben.¹³² In Art. 140 werden den Unionsorganen schon deswegen keine Spielräume eröffnet, weil hier rein 35

---

¹²⁵ Anders für den Fall offensichtlicher Fehlerhaftigkeit *Häde*, JZ 1998, 1088 (1089); für den Fall gravierender Fehlerhaftigkeit *Potacs*, in: Schwarze, EU-Kommentar, Art. 140 AEUV, Rn. 4.
¹²⁶ *Pipkorn*, in: EuR Beiheft 1/1994, 85 (92); *Wölker*, in: GS, EUV/EGV, Art. 121 EGV, Rn. 16.
¹²⁷ In diese Richtung wohl *Häde*, in: Calliess/Ruffert, EUV/AEUV, Art. 140 AEUV, Rn. 20 f.; kritisch zur Entscheidung des Rates vom 3.5.1998 (ABl. 1998, L 139/9) angesichts des Defizits von Belgien und Italien *Manger-Nestler* (Fn. 59), S. 140; *Palm*, in: Grabitz/Hilf/Nettesheim, EU, Art. 140 AEUV (November 2012), Rn. 37.
¹²⁸ *Zeitler*, WM 1995, 1609 (1610).
¹²⁹ Kritisch hierzu *Kortz*, RIW 1997, 357 (362).
¹³⁰ *Selmayr*, EuZW 1998, 101 (102 f.); kritisch insofern *Nerlich*, Zur wirtschaftlichen Stabilität einer Währungsunion, 1996, S. 147.
¹³¹ *Herdegen*, Internationales Wirtschaftsrecht, 2014, § 5, Rn. 14.
¹³² Anders aber *Roth*, EuR-Beiheft 1994, 45 (76).

formal auf das Vorliegen oder Nichtvorliegen eines Ratsbeschlusses nach Art. 126 Abs. 6 abgestellt wird.[133]

c) Einhaltung der normalen Bandbreiten des Wechselkursmechanismus des EWS seit mindestens 2 Jahren (Gedstr. 3)

36 Das dritte Konvergenzkriterium lautet: Einhaltung der normalen **Bandbreiten des Europäischen Währungssystems (EWS)** seit mindestens zwei Jahren ohne Abwertung gegenüber dem Euro. Art. 3 Protokoll Nr. 13 präzisiert, dass der Mitgliedstaat die im Rahmen des EWS-Wechselkursmechanismus vorgesehenen normalen Bandbreiten »ohne starke Spannungen« eingehalten haben muss. »Insbesondere darf er den bilateralen Leitkurs seiner Währung innerhalb des gleichen Zeitraums gegenüber dem Euro nicht von sich aus abgewertet haben.«

Das **EWS** wurde 1979 durch ein Übereinkommen der Zentralbanken begründet.[134] Zwischen den Währungen der meisten EG-Mitgliedstaaten wurde ein Wechselkursmechanismus (WKM I) geschaffen, der für die Wechselkurse maximale Schwankungsbreiten definierte und in dem sich die Mitgliedstaaten für den Fall, dass die erlaubten Maxima erreicht waren, zu Gegenmaßnahmen verpflichteten (Interventionspunkte). Die solchermaßen in den Ausschlägen beschränkten Wechselkurse beschreiben graphisch eine Schlangenlinie, weshalb auch von »Währungsschlange« (»snake in the tunnel«) die Rede ist.[135] EWS und WKM I wurden als Plattformen verstanden, die mit Blick auf eine künftige Währungsunion die Konvergenz stärken sollten. Mit der Einführung des Euro wurde 1999 das EWS mit dem WKM I durch einen **WKM II** ersetzt.[136] An die Stelle des multipolaren Wechselkurssystems trat ein auf den Euro ausgerichtetes. Einzelheiten seiner Funktionsweise regeln seit 1998 Abkommen zwischen der EZB und den nationalen Zentralbanken der nicht dem Euro-Währungsgebiet angehörenden Mitgliedstaaten, zuletzt dasjenige vom 16. 3. 2006.[137]

37 Mitgliedstaaten mit **Ausnahmeregelung** sind zur **Teilnahme am WKM II nicht verpflichtet**. 2016 nahm nur noch Dänemark – das nach Protokoll Nr. 16 (dazu Rn. 43 zu Art. 139) aber von der Pflicht zur Einführung des Euro befreit ist – am WKM II teil. Litauen[138] gehörte ihm bis zur Euro-Einführung am 1. 1. 2015 als Mitgliedstaat mit Ausnahmeregelung an, hatte seine Währung aber schon fest an den Euro gebunden. Die Währungen der anderen Mitgliedstaaten mit Ausnahmeregelung »floaten« frei gegen-

---

[133] *Wölker*, in: GS, EUV/EGV, Art. 121 EGV, Rn. 16.
[134] Vgl. *Selmayr*, S. 363.
[135] Der Begriff wurde im Hinblick auf den Wechselkursverbund von 1972 gebraucht, vgl. *Batke-Spitzer*, DStR 1998, 36 (36); ferner *James*, Making the European Monetary Union, 2012, S. 89 ff.
[136] Entschließung des Europäischen Rates vom 16. 6. 1997, ABl. 97/C 236/03; vgl. *Herrmann*, Währungshoheit, Währungsverfassung und subjektive Rechte, 2010, S. 207 ff.; *Olesti-Rayo*, Whittier L. Rev. 20 (1998–1999), 625 (638 f.); *Palm*, S. 57 ff.; *Schiemann*, Der neue Europäische Wechselkursmechanismus: Währungsbeziehungen zwischen Ins, Pre-Ins und Outs, in: Caesar/Scharrer (Hrsg.), Die Europäische Wirtschafts- und Währungsunion. Regionale und globale Herausforderungen, 1998, S. 293 ff.; *Schorkopf*, NJW 2001, 3734 (3737); *Vranes*, CJEL 6 (2000), 361 (377 ff.); umfassend *Selmayr*, S. 373 ff.
[137] Abkommen vom 16. 3. 2006 zwischen der Europäischen Zentralbank und den nationalen Zentralbanken der nicht dem Euro-Währungsgebiet angehörenden Mitgliedstaaten über die Funktionsweise eines Wechselkursmechanismus in der dritten Stufe der Wirtschafts- und Währungsunion (2006/C 73/08), ABl. C 73/21; vgl. im Übrigen das Abkommen vom 1. 9. 1998 zwischen der EZB und den nationalen Zentralbanken, ABl. 1998, C 345/6.
[138] *EZB*, Monatsbericht, Mai 2014, S. 15.

über dem Euro. Der Wortlaut des Art. 140 Abs. 1 UAbs. 1 Gedstr. 3 lässt offen, ob nur die Einhaltung der Schwankungsbreiten des WKM II oder auch die **tatsächliche Teilhabe am Mechanismus** verlangt wird. Im zweiten Fall könnte sich keiner der derzeitigen Mitgliedstaaten mit Ausnahmeregelung auf absehbare Zeit für den Euro qualifizieren. Für eine lediglich materielle Betrachtung lassen sich zwar die Freiwilligkeit der Teilnahme am WKM II[139] und das Telos des Art. 140 Abs. 1 anführen, die Einführung des Euro bei Annäherung der ökonomischen Kerndaten zu gestatten. Ihr steht allerdings Gedstr. 4 entgegen, der offensichtlich nicht nur auf die Teilnahme des Mitgliedstaats – genau genommen: seiner Zentralbank – am WKM II, sondern sogar auf deren Dauerhaftigkeit abhebt. Somit ist auch für Gedstr. 3 erheblich, dass der Mitgliedstaat tatsächlich am WKM II teilnimmt.[140] Der hier vertretenen Auffassung folgte in den 1990er Jahren auch das Europäische Währungsinstitut (EWI).[141] Die Teilnahme am WKM II muss sich dann konsequenterweise auch auf die gesamte zweijährige Bemessungsperiode erstrecken.[142] In zwei Fällen (Finnland[143] und Italien[144]) wurde diese Anforderung allerdings nicht eingehalten.

Schwierigkeiten bereitet die Bestimmung der »**normalen Bandbreiten**«. Art. 140 Abs. 1 UAbs. 1 AEUV entspricht dem durch den Maastricht-Vertrag eingeführten Art. 121 Abs. 1 UAbs. 1 EGV. Mit »normalen Bandbreiten« könnte insofern statisch auf die bei Einführung der Norm (1992) geltenden Bandbreiten (in der Regel 2,25, maximal 6 Prozentpunkte) Bezug genommen sein, wie auch ein erheblicher Teil des Schrifttums[145] nicht zuletzt mit Blick auf die überragende Bedeutung der Preisstabilität vertritt. Diese **Bandbreiten** wurden aber bereits 1993 unter dem Eindruck massiver Wechselkursschwankungen auf 15 Prozentpunkte **erweitert**,[146] was für den WKM II so beibehalten wurde.[147] Die dem WKM II zuletzt angehörenden Mitgliedstaaten nehmen

38

---

[139] *Cortés Herrera*, Revista de derecho comunitario 2002, 209 (220); vgl. zur Freiwilligkeit auch *Bandilla*, in: Grabitz/Hilf, EU, 40. Aufl. 2009, Art. 124 EGV, Rn. 7; *Häde*, S. 156.
[140] *Hahn/Häde*, § 25, Rn. 38; *Selmayr*, S. 389; *Smits*, S. 126; a. A. *Magiera*, S. 423.
[141] Zur EWI-Praxis *Fatur*, Fordham Int'l L. J. 28 (2004–2005), 145 (181); *Żogała*, The Maastricht exchange rate criterion: what do we know, what do we need to know?, in: Żukrowska/Soczak (Hrsg.), Eastward Enlargement, 2003, S. 43 (46).
[142] So auch *Häde*, in: Calliess/Ruffert, EUV/AEUV, Art. 140 AEUV, Rn. 28; *Rodi*, in: Vedder/Heintschel v. Heinegg, EVV, Art. III–197, Rn. 8; *Smits*, S. 465; a. A. *Hahn/Häde*, § 25, Rn. 39; *Herrmann/Steven*, in: Siekmann, EWU, Art. 140 AEUV, Rn. 58 (nicht die vollen zwei Jahre); *Magiera*, S. 432; *Mohamed*, Europ. Business Law Rev. 2000, 363 (367); *Wölker*, in: GS, EUV/EGV, Art. 121 EGV, Rn. 20 f.; vgl. *Beaumont/Walker*, The Euro and the European Legal Order, in: dies. (Hrsg.), Legal Framework of the Single *European* Currency, 1999, 170 (179).
[143] *EWI*, Konvergenzbericht 1998, S. 26, 98/317/EG; Entscheidung des Rates v. 3.5.1998, ABl. 1998, L 139/30 (34).
[144] *EWI*, Konvergenzbericht 1998, S. 22; Entscheidung des Rates v. 3.5.1998, ABl. 1998, L139/30 (32).
[145] *Häde*, in: Calliess/Ruffert, EUV/AEUV, Art. 140 AEUV, Rn. 24; *Hahn*, CMLRev. (1995), 1079 (1087 f.); *Janzen*, S. 162; *Khan*, in: Geiger/Khan/Kotzur, EUV/AEUV, Art. 140 AEUV, Rn. 8; *Manger-Nestler* (Fn. 59), S. 137; *Pipkorn*, EuR-Beiheft 1/1994, 85 (92); *Roth*, EuR-Beiheft 1994, 45 (58); *Weber*, JZ 1994, 53 (56); *Zeitler*, WM 1995, 1609 (1611); *Nicolaysen*, Europarecht II, S. 378, hält die Anwendung der ursprünglichen Bandbreiten nicht für ausgeschlossen; unklar *Bernholz*, Die Bundesbank und die Währungsintegration in Europa, in: Dt. Bundesbank (Hrsg.), Fünfzig Jahre Deutsche Mark, 1998, 773 (821).
[146] Vgl. Kommuniqué der EG v. 2.8.1993 abgedruckt in *Deutsche Bundesbank*, Monatsbericht August 1993, 20; *Fatur*, Fordham Int'l L. J. 28 (2004–2005), 145 (177).
[147] *Khan*, in: Geiger/Khan/Kotzur, EUV/AEUV, Art. 140 AEUV, Rn. 8; *Schorkopf*, NJW 2001, 3734 (3737).

geringere Bandbreiten in Anspruch (Dänemark 2,25 % auf bilateraler, Litauen vor 2015 0 % auf unilateraler Grundlage).[148] Kommission und Rat legen bei ihren Einschätzungen nach Art. 140 Abs. 1 UAbs. 1 und 2 die 1993 erweiterten weiten Bandbreiten des WKM II zugrunde.[149] Diese Praxis verdient Zustimmung:[150] Wenn bereits 1993 der in Bezug genommene WKM I zur Erhaltung seiner Funktionsfähigkeit fortgeschrieben worden ist, kann nicht unterstellt werden, dass die vertragschließenden Parteien des Jahres 1997 diese Modifikationen ausblenden wollten.[151] Besteht seitdem keine Pflicht mehr zur Intervention, um die ursprünglichen, engen Bandbreiten einzuhalten,[152] kann deren Unterbleiben einem Mitgliedstaat nicht zum Nachteil gereichen. Wäre eine statische Bezugnahme auf die ursprünglichen engen Bandbreiten des WKM I gewollt gewesen, hätte spätestens im Vertrag von Lissabon eine Klarstellung erfolgen müssen. Insofern hilft auch der Verweis[153] auf die Entschließung des Rates vom 16.6.1997, in der es hieß, die neuen Standardbandbreiten ließen die Auslegung des Art. 109j Abs. 1 3. Gedstr. EGV »unberührt«, nicht weiter.[154] Hinzu kommt, dass ein unmittelbarer Zusammenhang zwischen Schwankungen der Wechselkurse (äußerer Geldwert) und der zu schützenden Preisstabilität (innerer Geldwert) nicht ersichtlich ist[155] und dass die durch Währungsspekulationen leicht beeinflussbaren Wechselkurse nur in begrenztem Maße dem Einfluss der Staaten unterliegen. Eine destabilisierende Wirkung weiter Spielräume ist nicht nachgewiesen und wird in manchen wissenschaftlichen Studien auch verneint.[156] Enge Bandbreiten sind, weil sie Währungsspekulationen begünstigen[157], überdies nicht in allen Fällen erwünscht.

39 Wenn es demnach auf die aktuellen Bandbreiten des WKM II ankommt, bleibt noch die Frage, ob es auf die grundsätzlich geltende Schwankungsbreite von 15 % ankommt oder ob, wenn für einen Mitgliedstaat mit Ausnahmeregelung eine **geringere Schwankungsbreite** vereinbar ist, diese dann auch den Maßstab bildet. Letzteres würde zu kaum hinnehmbaren Wertungswidersprüchen führen: Trotz eines im Verhältnis zu anderen Mitgliedstaaten möglicherweise erheblich höheren Maßes an wirklicher Konvergenz würde ein Mitgliedstaat für den Euro nicht zugelassen, nur weil er sich freiwillig zu geringeren Wechselkursschwankungen verpflichtet hat. Dem Vertragsziel, Stabilität zu maximieren, würde dadurch nicht gedient. Maßgeblich ist also die allgemeine Schwankungsbreite von 15 %.

---

[148] Deutsche Bundesbank, Exchange Rate Statistics, February 2014, S. 7; *IMF*, Republic of Lithuania, Country Report No. 5/123, 2005, S. 3.
[149] Vgl. bereits Kommission, Vorschlag vom 29.8.2000, ABl. C 248E/124, EGr. 9; Beschl. 2010/416/EU v. 13.7.2010, ABl. 2010, L 196/24, EGr. 10; *Knopp/Zgolak*, WiRO 2013, 360 (365); die Anwendung aktueller Bandbreiten ebenfalls befürwortend *Bandilla*, in: Grabitz/Hilf, EU, Art. 121 EGV, Rn. 28.
[150] Beipflichtend auch *Magiera*, S. 432; i.E. ebenso *Mohamed*, Europ. Business Law Rev. 2000, 363 (367); nach *Hahn/Häde*, § 25, Rn. 37, sollte man sich mit »einem annähernden tatsächlichen Erreichen der früheren Werte im Rahmen der erweiterten Werte« begnügen; differenzierend auch *Schilmöller/Tutsch*, in: GSH, Art. 140 AEUV, Rn. 22.
[151] Ähnlich *Partsch*, RTDE 34 (1998), 35 (63).
[152] *Magiera*, S. 432.
[153] So aber *Palm*, in: Grabitz/Hilf/Nettesheim, EU, Art. 140 AEUV (November 2012) AEUV, Rn. 32.
[154] Nr. 2.5. der Entschl. 97/C 236/3 des Europäischen Rates, ABl. 1997, C 236/5.
[155] Str. siehe *Gaitanides*, Recht der Europäischen Zentralbank, 2005, S. 161 ff.; *Harms*, Internationale Markoökonomik, 2008, 453 f.
[156] *Bender/Lamar*, HmbJB für Wirtschafts- und Gesellschaftspolitik, 1995, 39 (47).
[157] *Hahn/Häde*, § 25, Rn. 37.

In der Praxis wird das Wechselkurskriterium nicht starr gehandhabt.[158] Dem entspricht die ergänzende Vorgabe in Art. 3 Satz 1 Protokoll Nr. 13, dass die Wechselkursbandbreiten »ohne starke Spannungen« eingehalten worden sein müssen. Umgekehrt kann eine Überschreitung der Bandbreiten hinnehmbar sein, wenn sie nicht Folge von Spannungen, sondern besonderen Umständen (wie Wechselkursspekulation) ist. Insofern erfolgt zur endgültigen Beurteilung eine Gesamtschau unterschiedlicher Gegebenheiten, darunter die Dauer der Schwankung und die ergriffenen Gegenmaßnahmen.[159] Mit den Konzessionen an ökonomische Flexibilität wird allerdings eine gewisse Unsicherheit in die Norm hineingetragen.

Zusätzlich zur Einhaltung der Bandbreiten des WKM II verlangt Gedstr. 3, dass **keine Abwertung gegenüber dem Euro** erfolgt sein darf. Wo nur eine Abwertung die Einhaltung der Bandbreiten gewährleisten kann, unterstellt der Vertrag also, dass es an Konvergenz mangelt. Das ist bei einer Abwertung des bilateralen Leitkurses der eigenen Währung im Verhältnis zum Euro ›insbesondere‹ der Fall, wenn sie einseitig durch den Mitgliedstaat vorgenommen wird (Art. 3 Satz 2 Protokoll Nr. 13). Doch kann auch eine konzertierte Abwertung Ausdruck »starker Spannungen« i. S. d. Satz 1 sein und die Erfüllung des dritten Konvergenzkriteriums dann in Frage stellen.

Da kein Mitgliedstaat unmittelbar verpflichtet ist, am WKM II teilzunehmen, und die Teilnahme, wie gezeigt (Rn. 36ff.), Voraussetzung für die Erfüllung des dritten Konvergenzkriteriums ist, kann sich ein Mitgliedstaat praktisch der Teilnahme an der Währungsunion dadurch entziehen, dass er sich nicht am WKM II beteiligt.[160] Ein Recht zum *opting out* ist im Vertrag jedoch nicht angelegt.[161] Vielmehr handelt ihm ein Mitgliedstaat, der bei Erfüllung sämtlicher sonstiger Konvergenzkriterien die Einführung des Euro durch Nichtteilnahme am WKM II gezielt zu verhindern sucht, zuwider. Wenngleich es sich bei der WKM II-Teilnahme, isoliert betrachtet, nur um eine »›teleologische‹ Erwartung«[162] handelt, besteht eine darüber hinausgehende allgemeine Pflicht,[163] auf zügige schnelle Erfüllung der Konvergenzkriterien hinzuwirken.[164] Zwar setzt dies, formal betrachtet, voraus, dass der betreffende Mitgliedstaat am WKM II teilnimmt.[165] Doch auch daraufhin hat er hinzuwirken. Das an sich »Euro-reife« Schweden etwa hat sich auch insoweit (zur mangelnden Unabhängigkeit der Zentralbank s. o. Rn. 12) vertragswidrig verhalten,[166] als es dem WKM II – wie eine Reihe anderer Mitgliedstaaten (Polen, Ungarn, Tschechische Republik, Slowakei, Rumänien, Bulgarien) – bewusst

---

[158] *Wölker*, in: GS, EUV/EGV, Protokoll Nr. 24, Rn. 23.
[159] Z. B. Kommission, KOM (2000) 277 endg., S. 69.; *Wölker*, in: GS, EUV/EGV, Art. 121 EGV, Rn. 23.
[160] *Grieser*, Flexible Integration in der Europäischen Union, 2003, S. 214.
[161] Zu diesem Problem *Usher*, Cambridge YB of Europ. Studies 3 (2000), 479 (484f.).
[162] Vgl. insbesondere Punkt 1.6 der Ratsentscheidung v. 16. 6.1997, ABl. 1997, L 236/5; *Palm*, in: Grabitz/Hilf/Nettesheim, EU, Art. 140 AEUV (November 2012), Rn. 38.
[163] *Goetze* (Fn. 42), S. 130; *Louis*, CMLRev. 11 (2004), 575 (604); *Smits*, S. 465; tendenziell für Pflicht zur WKM II-Teilnahme *Häde*, S. 157; *ders.*, in: Calliess/Ruffert, EUV/AEUV, Art. 140 AEUV, Rn. 32; *Herrmann/Steven*, in: Siekmann, EWU, Art. 140 AEUV, Rn. 58; *Kempen*, in: Streinz, EUV/EGV, Art. 121 EGV, Rn. 22; *Vranes*, CJEL 6 (2000), 361 (380).
[164] *Vranes*, CJEL 6 (2000), 361 (381).
[165] *Goetze* (Fn. 42), S. 130f.
[166] So auch *Häde*, JZ 1998, 1088 (1092); *Louis*, CMLRev. 41 (2004), 575 (605); *ders.*, S. 44; *Manger-Nestler* (Fn. 59), S. 137; *Palm*, in: Grabitz/Hilf/Nettesheim, EU, Art. 140 AEUV (November 2012), Rn. 39; *Selmayr*, 124 AöR (1999), 356 (363f.); *Vranes*, CJEL 6 (2000), 361 (373); etwas anders *Cortés Herrera*, Revista de derecho comunitario 2002, 209 (219ff.); Vgl. *EZB*, Konvergenzbericht 2002, S. 3.

nicht beitrat,[167] woran es nach dem negativ ausgegangenen Volksentscheid über die Einführung des Euro vom 14. 9. 2003[168] bewusst festhielt. Es lässt freies »floating« der Krone gegenüber dem Euro zu.[169]

43 Da derzeit (2016) kein Mitgliedstaat mit Ausnahmeregelung dem WKM II zugehört, wird die Erweiterung der »Eurozone« durch das dritte Konvergenzkriterium auf absehbare Zeit blockiert. Die Aufhebung von Ausnahmeregelungen ist frühestens zwei Jahre nach dem Beitritt eines dieser Staaten bzw. ihrer Zentralbanken zum WKM II möglich. Bis auf Bulgarien[170] hat kein Mitgliedstaat mit Ausnahmeregelung in jüngerer Vergangenheit daran Interesse bekundet. Unmittelbare »Euro-Anwärter« unter den Mitgliedstaaten existieren somit derzeit nicht.

d) Niveau der langfristigen Zinssätze (Gedstr. 4)

44 Zum Konvergenzkriterium ist das Niveau der **langfristigen Zinssätze** nicht um seiner selbst willen, sondern wegen seiner indiziellen Bedeutung für die Dauerhaftigkeit erstens der vom Mitgliedstaaten erreichten Konvergenz und zweitens seiner Teilnahme am Wechselkursmechanismus erhoben.[171] Insofern handelt es sich weniger um ein Konvergenz- als vielmehr ein **Konvergenzerkenntniskriterium**. Nach Wortlaut und Telos wird die Konvergenz hier vor allem im Erfordernis der Dauerhaftigkeit verkörpert, aber auch hierbei handelt es sich funktional um ein Annexkriterium.

45 Der Vertrag nimmt an, dass steigende Zinsen ein Inflationssignal darstellen, dauerhaft niedrige Zinsen also kontinuierliche Preisstabilität indizieren (»Frühindikatoren«).[172] Zudem kann am Niveau der langfristigen Zinssätze abgelesen werden, wie stark die Geldmärkte bereits vernetzt sind und wie stark die Wechselwirkung zwischen der Geldpolitik der jeweiligen Zentralbanken ist. Da bei hohen Zinsen ein übermäßiger Preisauftrieb nicht nur zu erwarten, sondern bereits akut sein wird, gewinnt das vierte Kriterium neben dem ersten nur geringe eigenständige Bedeutung.

46 Schon gesetzgebungstechnisch ist die Bestimmung misslungen: Der Vertrag misst die dauerhafte Konvergenz gemäß Art. 140 Abs. 1 UAbs. 1 Satz 3 Halbsatz 1 AEUV an der Erfüllung aller vier Kriterien, von denen eines aber wiederum Ausdruck der **Dauerhaftigkeit** der erreichten Konvergenz sein soll.[173] Hinzu kommt, dass Dauerhaftigkeit nicht nur der Konvergenz, sondern auch der Teilnahme am Wechselkursmechanismus gefordert ist, in der WKM II-Vereinbarung aber Zinsen nur am Rande behandelt werden und

---

[167] Vgl. Entsch. 98/317/EG des Rates v. 3. 5.1998, ABl. 1998, L 139/30 (34); *Kommission,* Konvergenzbericht 2000, KOM 2002/277 endg., S. 12; *Grieser,* (Fn. 159), S. 214.

[168] 56 % der abgegebenen Stimmen sprachen sich gegen die Einführung des Euro in Schweden aus.

[169] Vgl. *Kommission,* Konvergenzbericht 2006, S. 156 f.; *Knopp/Zgolak,* WIRO 2013, 360 (365); bereits 1997 hatte Schwedens Parlament einen Beschluss gefasst, mit dem es sich in der Frage der Euro-Einführung größtmögliche Freiheit vorbehalten will (Parlamentsbeschluss 1997/98:25, hierzu *Sveriges Riksbank,* The Euro in the Swedish Financial Sector – Situation Report 5, 2000, S. 7). Vgl. auch *Cortés Herrera,* Revista de derecho comunitario 2002, 209 (223 ff.).

[170] Neue Zürcher Zeitung vom 16. 1. 2015, http://www.nzz.ch/wirtschaft/bulgarien-will-gespraeche-ueber-euro-beitritt-fuehren–1.18462396 (30. 9. 2016).

[171] *Kortz,* RiW 1997, 357 (364 f.).

[172] *Kommission,* Konvergenzbericht 1998, S. 175; *Goebel,* Colum. J. Eur. L 4 (1998), 249 (304); *Lehment/Scheide,* Weltwirtschaft 1992, 50 (52); *Schmidt/Straubhaar,* Wirtschaftsdienst 1995, 434 (435); *Selmayr,* S. 393; vgl. zum Zusammenhang *Crowder/Hoffmann,* 28 Journal of Money, Credit and Banking (1996), 102 ff.; die Wechselbeziehung zwischen Inflationsrate und Zinssatz wird auch als »Fisher-Effekt« umschrieben, *Barsky,* Journal of Monetary Economics 19 (1987), 3 ff.; *Stoklossa,* Zinsstrukturtheorie, 2010, S. 88 ff.

[173] Anders *Selmayr,* S. 393.

zwischen Wechselkursen und Preisstabilität, wie dargelegt (Rn. 38), keine enge Verbindung besteht. Der Rekurs in Gedstr. 4 auf die Dauerhaftigkeit der Teilnahme am WKM ist also weder im Normzusammenhang sinnvoll (außer als Hilfestellung für die Interpretation des dritten Konvergenzkriteriums, s. o. Rn. 36ff.), noch findet sich dazu in Protokoll Nr. 13 Erhellendes. Das vierte Kriterium lässt sich also nur in der Weise handhaben, dass die Dauerhaftigkeit als Subsumtionselement **ausgeblendet** wird und sich die Betrachtung auf das Niveau der langfristigen Zinssätze beschränkt, wofür Art. 4 Protokoll Nr. 13 präzisere Anforderungen formuliert.

Ebenso wie das Kriterium der Preisstabilität (Gedstr. 1) ist auch das Zinserfordernis **relativer Natur**:[174] Nach Art. 4 S. 1 des Protokolls Nr. 13 darf der durchschnittliche langfristige Nominalzinssatz im Jahr vor der Prüfung um nicht mehr als 2 Prozentpunkte über dem entsprechenden Satz in jenen – wiederum höchstens drei – Mitgliedstaaten liegen, die auf dem Gebiet der Preisstabilität – ergo nicht die Mitgliedstaaten mit dem niedrigsten Zinssatz[175] – das beste Ergebnis erzielt haben. Für die Bestimmung der Referenzwerte und die Referenzgrößen (Zahl der Mitgliedstaaten) gilt Nämliches wie für den Referenzwert nach Gedstr. 1 (dazu oben Rn. 24ff.). Grundsätzlich ist auch hier vom **arithmetischen Mittelwert** auszugehen. Während Mitgliedstaaten mit Deflation nach hier vertretener Ansicht (Rn. 25) für die Bemessung des Inflations-Referenzwertes unberücksichtigt bleiben sollten, ist dies bei einer negativen Zinsentwicklung grundsätzlich nicht erforderlich: Abgesehen davon, dass solche – in den letzten Jahren wahrscheinlicher gewordenen[176] – Phänomene immer nur kurzzeitig auftreten, können **negative Zinsen**, da sie Geldanlagen unattraktiv machen, zumindest potenziell den Keim einer Tendenzumkehr in sich tragen. Herangezogen werden – wie auch im Rahmen des Preisstabilitätskriteriums – sowohl die Werte von Euro-Mitgliedstaaten als auch von Mitgliedstaaten mit Ausnahmeregelung.[177]

47

Nach Art. 4 Satz 2 Protokoll Nr. 13 werden die Zinssätze an langfristigen Staatsschuldverschreibungen oder vergleichbaren Wertpapieren unter Berücksichtigung der unterschiedlichen Definitionen in den einzelnen Mitgliedstaaten gemessen. Unterschiedliche Definitionen sind vor dem Hintergrund unterschiedlicher Schuldrechtsordnungen und Anleihetypen unvermeidlich; der weite Spielraum, den die Formel eröffnet,[178] ist nach Möglichkeit mit Hilfe von Kategorisierungen, welche die Kommission,[179] das EWI[180] bzw. jetzt die EZB[181] vorgenommen haben, zu schließen. Berücksichtigt werden hiernach Anleihen, deren Emittent der Zentralstaat ist, sowie festverzinsliche Schuldverschreibungen, die eine Restlaufzeit von etwa zehn Jahren aufweisen und »liquide« sind.[182] Die Renditen werden brutto berechnet.[183] Bewertungsprobleme kann es u. U. geben, wo in einem Mitgliedstaat kein Markt für derartige Wertpapiere existiert.[184]

48

---

[174] *Selmayr*, S. 393.
[175] *Kortz*, RIW 1997, 356 (365).
[176] Auswirkungen im Einzelnen sehr str., vgl. *Mankiw*, Principles of Macroeconomics, 2012, S. 470.
[177] *Palm*, in: Grabitz/Hilf/Nettesheim, EU, Art. 140 AEUV (November 2012), Rn. 35; *Selmayr*, S. 394; *Wölker*, in: GS, EUV/EGV, Art. 121 EGV, Rn. 25.
[178] Kritisch auch *Tettinger*, RIW-Beilage 3/1992, 1 (4).
[179] *Kommission*, Konvergenzbericht 1996, S. 58.
[180] Vgl. *EWI*, Konvergenzbericht 1998, S. 300.
[181] *EZB*, Konvergenzbericht, Mai 2000, S. 64f.
[182] *EZB*, Konvergenzbericht, Mai 2000, S. 64,
[183] *EZB*, Konvergenzbericht, Mai 2000, S. 64f.
[184] Vgl. *EZB*, Konvergenzbericht, Mai 2010, S. 46.

49 Ob das vierte Konvergenzkriterium **überhaupt noch zeitgemäß** ist, begegnet im Lichte der Entwicklungen seit der Finanzkrise starken Zweifeln. Die extrem **niedrigen Zinssätze** seit Beginn der zweiten Dekade des 21. Jahrhunderts sind nicht Ausdruck positiver Entwicklungen, sondern Folge einer Vertrauens-, Banken- und Liquiditätskrise. Preis des Bemühens der Zentralbanken (vor allem der EZB, aber auch außerhalb der Eurozone), Finanztransaktionen, insbesondere Kreditvergabe, und wirtschaftliche Entwicklung durch Niedrigzinsen zu fördern, ist die schleichende Aufzehrung von Geldanlagen durch – wenn auch niedrige – Inflation.[185] Insofern kann nicht mehr uneingeschränkt von »besten Ergebnissen« gesprochen werden, wenn Mitgliedstaaten ein ausgesprochen niedriges Zinsniveau aufweisen.

3. Ergänzende Parameter (Abs. 1 UAbs. 2 S. 2)

50 Die in Art. 140 Abs. 1 UAbs. 2 Satz 2 AEUV aufgeführten Parameter oder Kriterien werden in den Berichten der Kommission »**auch**« berücksichtigt. Diese **Parameter** – Integration der Märkte, Stand und Entwicklung der Leistungsbilanzen, Entwicklung bei den Lohnstückkosten und andere Preisindizes – sind allesamt Erkenntnisgrößen für die wirtschaftliche Situation des Mitgliedstaats.[186] Die rechtliche Bedeutung des UAbs. 2 Satz 2 ist unklar, auch dem Protokoll Nr. 13 lässt sich hierzu nichts entnehmen. Unbestreitbar ist lediglich, dass die Kommission über die Ergebnisse in den genannten Bereichen Bericht zu erstatten hat. Nach Art. 140 Abs. 2 UAbs. 1 beschließt der Rat, wenn er die Ausnahmeregelung aufhebt, ob ein Mitgliedstaat »die auf den Kriterien des Absatzes 1 beruhenden Voraussetzungen« erfüllt. Dies scheint darauf zu deuten, dass es sich um selbständige, über die vier Konvergenzkriterien des Abs. 1 UAbs. 1 hinaus für die Aufhebung der Ausnahmeregelung zu erfüllende Voraussetzungen handelt.[187] Dagegen spricht jedoch, dass der Vertrag für die vier Kriterien des UAbs. 2 Satz 2 keinerlei Maßstäbe oder Richtgrößen angibt, an denen sich ihre Erfüllung oder Nichterfüllung messen ließe. Auch Art. 140 Abs. 1 UAbs. 1 Satz 3 Hs. 2 – wonach Maßstab für die erreichte wirtschaftliche Konvergenz nur ist, ob »folgende Kriterien«, also die in den vier Gedankenstrichen aufgeführten, erfüllt sind, spricht dagegen, den Parametern des UAbs. 2 Satz 2 Entscheidungserheblichkeit für die Aufhebung der Ausnahmeregelung zuzuerkennen.[188]

51 Nach alledem sind die Kriterien des UAbs. 2 Satz 2 nicht mehr als **subsidiäre Erkenntnisquellen** für die Einhaltung der vier Konvergenzkriterien des UAbs. 1.[189] Vor dem Hintergrund der gebotenen stabilitätsorientierten Auslegung[190] verbietet sich, sie als »Korrektiv« einfließen zu lassen, das im Ergebnis zur Aufweichung der Konvergenzkriterien führt.[191] In der Praxis sind sie bis jetzt ohne Bedeutung geblieben[192] und bleiben in den Konvergenzberichten grundsätzlich unerwähnt.[193]

---

[185] Vgl. *BIZ*, Jahresbericht 2004, S. 80.
[186] Vgl. *Nicolaysen*, Europarecht II, S. 381.
[187] *Herrmann/Steven*, in: Siekmann, EWU, Art. 140 AEUV, Rn. 63, sehen darin Ergänzungen der Konvergenzkriterien.
[188] A.A. *Rodi*, in: Vedder/Heintschel v. Heinegg, EVV, Art. III–198, Rn. 12.
[189] Nicht eindeutig *Palm*, in: Grabitz/Hilf/Nettesheim, EU, Art. 140 AEUV (November 2012), Rn. 15; offengelassen auch von *Khan*, in: Geiger/Khan/Kotzur, EUV/AEUV, Art. 140 AEUV, Rn. 6; für partielle Eigenständigkeit *Herrmann/Steven*, in: Siekmann, EWU, Art. 140 AEUV, Rn. 63.
[190] *Häde*, in: Calliess/Ruffert, EUV/AEUV, Art. 140 AEUV, Rn. 37 ff.
[191] Zu dieser potentiellen Gefahr bereits *Tettinger*, RIW-Beilage 3/1992, 1 (5).
[192] Vgl. *Khan*, in: Geiger/Khan/Kotzur, EUV/AEUV, Art. 140 AEUV, Rn. 6.
[193] *Bandilla*, in: Grabitz/Hilf, EU, Art. 121 EGV, Rn. 11.

4. Verfahren (Abs. 1 i. V. m. Abs. 2)

Zuständig für die Aufhebung der Ausnahmeregelung ist der Rat. Er entscheidet nicht bloß auf Vorschlag der Kommission (Abs. 2 UAbs. 1), sondern auch auf der Basis ihres nach Abs. 1 erstellten Berichts, wenngleich dies im Vertragstext nicht explizit verfügt ist. Ob der Rat an die Feststellungen der Kommission gebunden ist, wird nicht einhellig beurteilt (dazu unten Rn. 60). 52

a) Berichte der Kommission und der EZB

Die Kommission und die EZB erstatten Bericht über die Fortschritte eines Mitgliedstaats bei der Verwirklichung der WWU und insbesondere die Erfüllung der Konvergenzkriterien (dazu bereits oben Rn. 5 ff.). Die Überprüfung ist als regelmäßige bzw. kontinuierliche angelegt. Von Amts wegen muss sie alle zwei Jahre erfolgen (zu Ausnahmen für Dänemark und das Vereinigte Königreich vgl. Rn. 40 ff. zu Art. 139). Stellt sich die Erfüllung der Konvergenzkriterien als überwiegend wahrscheinlich dar, muss die Berichterstattung ggf. vorgezogen werden. Möglich ist außerdem eine Überprüfung auf Antrag des Mitgliedstaats, für den die Ausnahmeregelung gilt und der ihre Aufhebung erstrebt (Art. 140 Abs. 1 UAbs. 1 Satz 1).[194] Kommission und EZB haben in diesem Fall kein Ermessen, sondern sind verpflichtet, in die Prüfung einzutreten und einen Bericht zu erstellen. Auch ganz offenkundig erfolglose Anträge müssen behandelt werden, schon weil auch sie Aufschluss auf – in diesem Fall weitgehend fehlende – Integrationsfortschritte liefern. Schließlich können auch der Rat oder andere Mitgliedstaaten um einen Konvergenzbericht nachsuchen, wie sich aus der Verweisung des Art. 135 AEUV auf Art. 140 Abs. 1 ergibt.[195] Ob die Kommission und EZB in diesen Fällen verpflichtet sind, in die Prüfung einzutreten, regelt der Vertrag nicht explizit. Im Lichte der Integrationsdynamik, deren Ausdruck Art. 140 ist, wird man ein darauf gerichtetes »intendiertes Ermessen« zugrunde legen müssen;[196] die Prüfung kann also nur aus wichtigen Gründen – z. B. weil der letzte Bericht erst kurz zurückliegt – verweigert werden. 53

Die Kommission und die EZB trifft, wie sich zudem aus Satz 2 und 3 ergibt (»wird […] geprüft«), nicht nur eine Berichtspflicht, sondern auch eine **Pflicht zur Prüfung**,[197] ob die Anforderungen des Abs. 1 UAbs. 1 Satz 2 und die Konvergenzkriterien des Satzes 3 erfüllt sind. Sie sind daher gehalten, nicht nur Fakten zu referieren, sondern auch ein **Urteil** darüber abzugeben, ob ein Konvergenzkriterium erfüllt ist oder nicht und ob die Ausnahmeregelung damit aufzuheben ist oder nicht.[198] Dies ergibt sich auch aus Abs. 2 UAbs. 1 Hs. 1: Die Kommission muss, wenn sie die Aufhebung der Ausnahmeregelung vorschlägt, diesen Vorschlag begründen können. Für die Kommission und die EZB gilt der gleiche Prüfungsmaßstab wie für den Rat.[199] 54

---

[194] Vgl. z. B. den Antrag Lettlands auf Länderprüfung v. 5.3.2013, vgl. *EZB*, Konvergenzbericht Juni 2013, S. 5.
[195] *Häde*, in: Calliess/Ruffert, EUV/AEUV, Art. 135 AEUV, Rn. 5; *Palm*, in: Grabitz/Hilf/Nettesheim, EU, Art. 135 AEUV (Oktober 2011), Rn. 6.
[196] Tendenziell *Khan*, in: Geiger/Khan/Kotzur, Art. 135 AEUV, Rn. 2 (»im Regelfall«); für Bindung der Kommission an Prinzipien des Unionsrechts (loyale Zusammenarbeit, Preisstabilität) *Palm*, in: Grabitz/Hilf/Nettesheim, EU, Art. 135 AEUV (Oktober 2011), Rn. 10; lediglich für Bindung an das Prinzip der Preisstabilität *Becker*, in: Siekmann, EWU, Art. 135 AEUV, Rn. 5.
[197] *Palm*, in: Grabitz/Hilf/Nettesheim, EU, Art. 140 AEUV (November 2012), Rn. 7.
[198] *Beutel*, S. 272; vgl. *Herrmann/Stevens*, in: Siekmann, EWU, Art. 140 AEUV, Rn. 66.
[199] *Beutel*, S. 272.

55 Art. 140 Abs. 1 UAbs. 1 Satz 1 präzisiert nicht, ob ein gemeinsamer Bericht von Kommission und EZB oder separate Berichte gefordert sind; für beide Optionen dürfte der Wortlaut Raum bieten. In der Praxis werden – häufig synchron – **zwei Berichte** erstellt[200] und gleichzeitig oder zumindest in engem zeitlichem Zusammenhang vorgelegt.[201] Dass Kommission und EZB in Bezug auf die Erfüllung eines Kriteriums uneinig sind, ist nicht auszuschließen. Dass dies in der Praxis auch schon der Fall gewesen sei (Griechenland 2000), wird behauptet,[202] ist aber mit den Berichten nicht eindeutig belegbar.[203] Uneinigkeit kann über Erfüllung der Voraussetzungen der Art. 130, 131 bestehen, aber z. B. auch die Bestimmung der Referenzwerte (dazu Rn. 24 ff., 47) bei Abs. 1 UAbs. 2 Spstr. 1 und 4. Kommen die Berichte zu **unterschiedlichen Schlussfolgerungen**, wirft dies die Frage auf, inwieweit die Kommission bei ihrem eigenen Bericht, falls er dem der EZB – in praxi unüblich[204] – zeitlich nachfolgt, und insbesondere bei ihrem Vorschlag gegenüber dem Rat (Abs. 2 UAbs. 2) eine gegenteilige Auffassung der (nicht vorschlagsberechtigten) EZB zu berücksichtigen hat. Grundsätzlich gebietet es die Organtreue, sich bei Bekanntwerden eines Dissenses ins Benehmen zu setzen, um diesen nach Möglichkeit auszuräumen. Aus dem gleichen Grund ist die Kommission verpflichtet, etwaige abweichende Einschätzungen der EZB nach Treu und Glauben bei ihrem Antrag nach Abs. 2 zu berücksichtigen. Eine inhaltliche Bindung in einem Maße, dass die Kommission sich über die Position der EZB nicht hinwegsetzen dürfte, besteht aber nicht.[205]

b) Vorschlag der Kommission und Beschluss des Rates

56 Über die Erfüllung der Kriterien des Art. 140 Abs. 1 und die Aufhebung der Ausnahmeregelung **entscheidet der Rat**. Rechtlich betrachtet fasst er zwei, allerdings akzessorische, Beschlüsse (u. Rn. 58 ff., 62). Die verfahrensrechtlichen Voraussetzungen hierfür sind (Art. 140 Abs. 2 UAbs. 1, UAbs. 2 Satz 1)
– ein darauf gerichteter Vorschlag der Kommission (u. Rn. 57),
– die Anhörung des Europäischen Parlaments (u. Rn. 58),
– eine Aussprache im Europäischen Rat (u. Rn. 58) und
– eine auf die Ratsbeschlüsse gerichtete Empfehlung der Vertreter der Euro-Mitgliedstaaten im Rat (u. Rn. 59).
In der Beteiligung relativ vieler Akteure und insbesondere des Europäischen Rates kommt die hohe Bedeutung der Entscheidungen für die Gesamtentwicklung der Union zum Ausdruck.[206]

57 Die Aufhebung der Ausnahmeregelung erfolgt auf **Vorschlag der Kommission**, Art. 140 Abs. 2 UAbs. 1. Die Kommission unterbreitet ihn auf Grundlage ihres eigenen

---

[200] Vgl. *Kommission*, Konvergenzbericht 2012; *EZB*, Konvergenzbericht, Mai 2012; *Häde*, in: Calliess/Ruffert, EUV/AEUV, Art. 140 AEUV, Rn. 7.

[201] *Palm*, in: Grabitz/Hilf/Nettesheim, EU, Art. 140 AEUV (November 2012), Rn. 7.

[202] So im Falle Griechenlands, vgl. KOM (2000) 274 endg., ABl. 2000, C 248E/124; demgegenüber *EZB*, Konvergenzbericht 2000, S. 3 f.

[203] In der Entscheidung des Rates (2000/427/EG), ABl. 2000, L 167/19 wird außer auf den veröffentlichten Vorschlag der Kommission (5.5.2000, KOM(2000) 274 endg.), ABl. 2000, C 248 E/124) auch auf den Vorschlag der EZB vom 28.4.2000 verwiesen; dieser ist allerdings nicht im Amtsblatt veröffentlicht worden.

[204] *Palm*, in: Grabitz/Hilf/Nettesheim, EU, Art. 140 AEUV (November 2012), Rn. 7.

[205] EGr. 13 zum Beschl. d. Rates v. 13.7.2010, ABl. 2010, L 196/24, gegenüber *EZB*, Konvergenzbericht 2010, S. 46, und *Kommission*, Konvergenzbericht 2010, S. 79 ff.

[206] Auch *Khan*, in: Geiger/Khan/Kotzur, EUV/AEUV, Art. 140 AEUV, Rn. 9.

Berichts, der sie mit Blick auf den Vorschlag faktisch selbst bindet,[207] und des Berichts der EZB, den die Kommission bei Unterbreitung des Vorschlags nach Treu und Glauben zu berücksichtigen hat (oben Rn. 55).

Der Rat beschließt nach **Anhörung des Europäischen Parlaments** und nach **Aussprache im Europäischen Rat**. Sinn ergibt diese Aussprache nur, wenn der Rat ihr Ergebnis auch zur Kenntnis nehmen muss; sie ist daher einer Anhörung gleichzusetzen.[208] **58**

Ferner beschließt der Rat **auf Empfehlung der Vertreter der Euro-Mitgliedstaaten** (Art. 140 Abs. 2 UAbs. 2 S. 1), die – um einer Entscheidungsverschleppung entgegenzuwirken[209] – binnen sechs Wochen nach Eingang des Kommissionsvorschlags beim Rat auszusprechen ist. Der Rat entscheidet also über die Aufhebung der Ausnahmeregelung im **Plenum** – unter Einschluss der Nicht-Euro-Mitgliedstaaten –, mit der qualifizierten Mehrheit des Art. 16 Abs. 4 EUV.[210] Die Anforderungen des Art. 140 Abs. 2 UAbs. 3 an die qualifizierte Mehrheit (dazu Rn. 64) gelten lediglich für die dem Ratsbeschluss vorausgehende Empfehlung, die zumindest verfahrensmäßig widerspiegelt, dass die Aufhebung der Ausnahmeregelung jedenfalls unmittelbar stärker die Euro-Mitgliedstaaten denn die übrigen EU-Mitglieder tangiert.[211] Die Empfehlung stellt eine notwendige Bedingung dar, bindet den Rat in seiner Entscheidung jedoch nicht.[212] **59**

Der Rat ist **nicht verpflichtet**, dem **Vorschlag der Kommission zu folgen**, hat ihn jedoch **nach Treu und Glauben zu berücksichtigen**.[213] Gegen eine volle Bindung spricht schon, dass von einem Vorschlag, nicht von einem Antrag die Rede ist, und dass dann die Aussprache im Europäischen Rat zur sinnlosen Formalität würde. Auch der Wortlaut des Abs. 2 UAbs. 1 Satz 2 streitet gegen eine bloß »notarielle« Funktion des Rates: Dort ist nicht lediglich verfügt, dass der Rat die Ausnahmeregelungen – auf Antrag der Kommission – aufhebt. Voraussetzung ist vielmehr ein Beschluss des Rates, wonach die betroffenen Mitgliedstaaten die Voraussetzungen des Abs. 1, also insbesondere die Konvergenzkriterien, erfüllen. Der Rat darf also nicht nur, sondern muss sogar eine eigene Subsumtion vornehmen,[214] die über eine Evidenzkontrolle der Berichte der EZB und der Kommission hinausreicht. Lediglich einer erneuten Tatsachenermittlung durch den Rat bedarf es nicht. **60**

Nicht anders als zuvor die Kommission und die EZB darf der Rat lediglich **überprüfen**, ob ein Mitgliedstaat »die auf den Kriterien des Absatzes 1 beruhenden Voraussetzungen« erfüllt. Sie sind für den Rat rechtlich bindende Maßstäbe, nicht nur unverbindliche Richtwerte.[215] Ein darüber hinausreichender **politischer Entscheidungsspielraum** steht **61**

---

[207] *Herrmann/Steven*, in: Siekmann, EWU, Art. 140 AEUV, Rn. 66.
[208] *Häde*, in: Calliess/Ruffert, EUV/AEUV, Art. 140 AEUV, Rn. 43.
[209] *Palm*, in: Grabitz/Hilf/Nettesheim, EU, Art. 140 AEUV (November 2012), Rn. 13.
[210] *Häde*, in: Calliess/Ruffert, EUV/AEUV, Art. 140 AEUV, Rn. 44; *Herrmann/Steven*, in: Siekmann, EWU, Art. 140 AEUV, Rn. 68; *Palm*, in: Grabitz/Hilf/Nettesheim, EU, Art. 140 AEUV (November 2012), Rn. 13; *Streinz*, EUV/AEUV, Art. 140 AEUV, Rn. 4.
[211] *Palm*, in: Grabitz/Hilf/Nettesheim, EU, Art. 140 AEUV (November 2012) AEUV, Rn. 13.
[212] *Dziechciarz*, S. 357; *Häde*, in: Calliess/Ruffert, Art. 140 AEUV, Rn. 44; *Palm*, in: Grabitz/Hilf/Nettesheim, EU, Art. 140 AEUV (November 2012), Rn. 13.
[213] *Janzen*, S. 163; *Seidel*, S. 805; *Herrmann/Stevens*, in: Siekmann, EWU, Art. 140 AEUV, Rn. 69; vgl. *Selmayr*, EuzW 1998, 101 (102).
[214] *Herrmann/Steven*, in: Siekmann, EWU, Art. 140 AEUV, Rn. 69; *Selmayr*, S. 275 f.
[215] *Häde*, in: Calliess/Ruffert, EUV/AEUV, Art. 140 AEUV, Rn. 10; *Janzen*, S. 164; *Morgenthaler*, JuS 1997, 673 (679). A. A. *Emmerich-Fritsche*, EWS 1996, 77 (81); *Jochimsen*, StWuStP 6 (1995), 533 (541) [in Bezug auf Art. 109j Abs. 3 EG (Maastricht), wonach der Rat unter »gebührender Berücksichtigung der Berichte« entscheidet]; für Bindung bei Eintritt in die dritte Stufe der WWU BVerfGE 89, 155 (202 f.).

ihm nicht zu.²¹⁶ Der Rat verfügt allerdings über eine eigene, weite und nur in Grenzen justiziable (dazu Rn. 62) **Einschätzungsprärogative** bei der Subsumtion.²¹⁷

62   Hat der Rat beschlossen, dass die Kriterien des Abs. 1 erfüllt sind, ist die **Aufhebung der Ausnahmeregelung die zwingende Folge**.²¹⁸ Anders als noch bei Art. 109j EGV und beim Übergang in die »dritte Stufe der WWU«, vgl. Art. 121 Abs. 4 EGV (Nizza), im Hinblick auf die Festlegung des Kreises der ursprünglichen Teilnehmer²¹⁹ ist **kein Raum für Zweckmäßigkeitserwägungen**.²²⁰ Die Aufhebung erfolgt, auch wenn der Vertrag dies nicht näher bestimmt, ihrerseits durch Beschluss. Es besteht hierbei kein rechtliches oder politisches Ermessen auf Rechtsfolgenseite,²²¹ indes stehen dem Rat jedoch im Hinblick auf die Erfüllung der Kriterien, mithin die Tatbestandsseite, eigene **Bewertungs- und Beurteilungsspielräume** zu.²²² Dem Rat ist verwehrt, bei Erfüllung der Kriterien die Aufhebung der Ausnahmeregelung zu versagen; umgekehrt darf er bei Nichterfüllung eines der Kriterien die Ausnahmeregelung nicht aufheben. Auch die in Art. 4 Abs. 2 Satz 1 EUV verankerte Gleichbehandlung der Mitgliedstaaten²²³ eröffnet kein Rechtsfolgeermessen, sondern verbietet dem Rat nur, bei der Interpretation der Maßstäbe des Art. 140 Abs. 1 willkürlich zu verfahren.

63   Die Beschlüsse des Rates können grundsätzlich **gerichtlich**²²⁴ im Rahmen einer **Nichtigkeitsklage** nach Art. 263²²⁵ überprüft und für nichtig erklärt werden.²²⁶ Sie werden nicht in einem »EuGH-freien Raum« gefällt.²²⁷ Voraussetzung dafür, dass der Rat überhaupt entscheidet, sind ein vorheriger positiver Antrag der Kommission und eine mit qualifizierter Mehrheit abgegebene Empfehlung der Euro-Staaten im Rat. Die Aufhebung der Ausnahmeregelung ohne Beachtung dieser Vorgaben ist ein höchst unwahrscheinliches Szenario und zöge schon aus verfahrensrechtlichen Gründen die Rechtswidrigkeit seines Beschlusses nach sich. Die Nichtigkeitsklage – nicht die Untätigkeitsklage – ist auch statthaft, wenn der Rat dem Antrag der Kommission nicht stattgibt. Begründet ist sie, wenn der Rat sachfremde Erwägungen (d. h. solche außerhalb des Abs. 1) herangezogen hat oder seine Subsumtion unter Abs. 1 auch unter Berücksichtigung einer Einschätzungsprärogative unter keinem Gesichtspunkt vertretbar ist. Hält der Rat die Kriterien für erfüllt und hebt die Ausnahmeregelung auf und schließt sich in der Sache damit vorgängigen Einschätzungen der Kommission und der EZB an, dürfte

---

²¹⁶ Vgl. *Kempen*, AVR 35 (1997), 273 (288).
²¹⁷ Ähnlich *Brinster*, Eintritt in die Wirtschafts- und Währungsunion, 2005, S. 438, 431; *Herrmann/Steven*, in: Siekmann, EWU, Art. 140 AEUV, Rn. 71; *Seidel*, S. 807 f.; für Art. 109j IV EGV (Maastricht) *Selmayr*, EuZW 1998, 101 (109).
²¹⁸ *Grieser* (Fn. 159), S. 213; *Palm*, in: Grabitz/Hilf/Nettesheim, EU, Art. 139 AEUV (November 2012), Rn. 14.
²¹⁹ *Bandilla*, in: Grabitz/Hilf, EU, 40. Aufl. 2009, Art. 121 EGV, Rn. 33.
²²⁰ *Häde*, in: Calliess/Ruffert, EUV/AEUV, Art. 140 AEUV, Rn. 10; *Kempen*, in: Streinz, EUV/AEUV, Art. 140 AEUV, Rn. 17. Zur damaligen Rechtslage vgl. *Janzen*, S. 164.
²²¹ *Palm*, in: Grabitz/Hilf/Nettesheim, EU, Art. 140 AEUV (November 2012), Rn. 14; *Rodi*, in: Vedder/Heintschel v. Heinegg, EVV, Art. III–198, Rn. 2.
²²² *Herrmann/Stevens*, in: Siekmann, EWU, Art. 140 AEUV, Rn. 69; *Selmayr*, 124 AöR (1999), 357 (363).
²²³ Hierzu *Herrmann/Steven*, in: Siekmann, EWU, Art. 140 AEUV, Rn. 82 ff.
²²⁴ *Seidel*, S. 807.
²²⁵ *Häde*, in: Calliess/Ruffert, EUV/AEUV, Art. 140 AEUV, Rn. 36; *Morgenthaler*, JuS 1997, 673 (679).
²²⁶ So auch *Meyer*, EuR 2013, 334 (338); *Seidel*, S. 807 ff.
²²⁷ In diese Richtung aber *Kempen*, AVR 35 (1997), 273 (293); für Justiziabilität der Konvergenzkriterien *Cortés Herrera*, Revista de derecho comunitario 2002, 209 (225 ff.); *Janzen*, S. 163.

der (hier mit der Nichtigkeitsklage zu verbindende) Vorwurf einer Überschreitung der Einschätzungsprärogative kaum jemals verfangen. Anders verhält es sich, wenn der Rat trotz eines Vorschlags der Kommission und entsprechend begründeter Berichte die Ausnahmeregelung nicht aufgehoben hat. Die Untätigkeitsklage, Art. 265, ist nur statthaft, wenn der Rat überhaupt keinen Beschluss fasst.

Die **Mehrheitsanforderungen für die Empfehlung der Euro-Mitgliedstaaten** im Rat sind in Abs. 2 UAbs. 3 geregelt. Sie muss mit deren qualifizierter Mehrheit ausgesprochen werden, die sich nach Art. 238 Abs. 3 Buchst. a berechnet. Was bei Überschreitung der Sechswochenfrist für die Abgabe der Empfehlung geschieht, regelt der Vertrag nicht.

II. Folgeentscheidungen (Abs. 3)

Der dritte Absatz behandelt weitere Entscheidungen, die sich aus dem Beschluss des Rates über die Aufhebung der Ausnahmeregelung notwendigerweise ergeben. Der Mitgliedstaat überträgt die Währungshoheit der EU zur ausschließlichen Zuständigkeit (Art. 3 Abs. 1 Buchst. c), gibt seine bisherige Währung auf und **führt den Euro ein**. Dies erfordert die Festlegung eines **Kurses** für den Zeitpunkt der Ersetzung der nationalen Währung durch den Euro und die Zeit danach. In der Praxis wird der Wechselkurs »versteinert«, den die nationale Währung im WKM II (dazu Rn. 36 ff.) im Verhältnis zum Euro zuletzt hatte.[228] Die Bezeichnung dieser Festlegung als »unwiderruflich« unterstreicht, dass mit dem Übergang der Währungshoheit auf der Union (und Abschaffung der nationalen Währung) der festgelegte Wechselkurs nicht mehr korrigiert werden kann. (Zur Frage, ob über den Wechselkurs hinaus die Teilhabe des Mitgliedstaats am Euro schlechthin unwiderruflich ist, s. u. Rn. 69 ff.) Neben der Festlegung des eigentlichen Wechselkurses entscheidet der Rat nach Ermessen über die Modalitäten (u.a. Zeitpunkt) und flankierende Maßnahmen.[229]

Zuständig für den Beschluss über die **Festlegung des Ersetzungskurses** ist wiederum der Rat.[230] Die verfahrensrechtlichen Voraussetzungen dafür sind
– ein einstimmiger Beschluss der – anders als dies bei Art. 140 Abs. 2 der Fall ist – Euro-Mitgliedstaaten und des betreffenden Mitgliedstaats,
– ein Vorschlag der Kommission und
– die Anhörung der EZB.

Da der Rat **einstimmig beschließt**, fällt dem betroffenen Mitgliedstaat mit Ausnahmeregelung faktisch ein Vetorecht für den Fall zu, dass er sich in diesem Stadium doch (noch) gegen die Einführung des Euro sträubt.[231] Dies wäre jedoch als Verletzung der Unionstreue und der grundlegenden Verpflichtung zur währungspolitischen Integration zu qualifizieren.[232] Verweigert werden darf die Zustimmung nur bei Streitigkeiten um den konkreten Umrechnungskurs,[233] doch haben sich die Parteien in solchen Fällen um eine Lösung des Konflikts zu bemühen. Die Einstimmigkeit in Art. 140 Abs. 3 bezieht sich nicht auf das Ob, sondern das **Wie der Festlegung des Ersetzungskurses**.

---

[228] Vgl. EGr. 4 VO Nr. 671/2010, ABl. 2010, L 196/4 (Umrechnungskurs Estland); *Herrmann/Stevens*, in: Siekmann, EWU, Art. 140 AEUV, Rn. 87.
[229] *Schilmöller/Tutsch*, in: GSH, Art. 140 AEUV, Rn. 33.
[230] *Palm*, in: Grabitz/Hilf/Nettesheim, EU, Art. 139 AEUV (November 2012), Rn. 18.
[231] Vgl. *Khan*, in: Geiger/Khan/Kotzur, EUV/AEUV, Art. 140 AEUV, Rn. 10.
[232] *Seidel*, S. 809.
[233] *Seidel*, S. 809.

68 Rechtsfolge des Beschlusses ist die **unwiderrufliche Festlegung** des Ersetzungskurses. Außerdem sieht Abs. 3 vor, dass der Rat »sonstige Maßnahmen« zur Einführung des Euro als Währung in diesen Mitgliedstaat ergreifen kann. Praktisch besteht dafür kaum ein Bedürfnis, da im Moment der Aufhebung der Ausnahmeregelung ohnehin umfängliche sekundärrechtliche Bestimmungen über die Einführung des Euro[234] und die einheitliche Verwendung der gemeinsamen Währung etc. für den Mitgliedstaat verbindlich werden.[235] Maßnahmen werden, wo sie dennoch erforderlich sein sollten, einstimmig beschlossen.[236] Nicht unter Art. 140 Abs. 3 fallen der Druck der Euro-Banknoten und die Regelung der Voraussetzungen für die Ausgabe der Münzen, für die nach Art. 128 die EZB zuständig ist. Der EZB obliegt es auch, im Nachgang zur Ratsentscheidung nach Art. 49 ESZB/EZB-Satzung den Umtausch der mitgliedstaatlichen Banknoten nach den unwiderruflich festgelegten Wechselkursen sicherzustellen.[237]

D. Reversibilität der Euro-Einführung?

69 Nach h. M. ist der Übergang der Währungshoheit auf die Union irreversibel.[238] So wird die Währungsunion mitunter als »›unwiderrufliche‹ Rechtsgemeinschaft«[239] oder gar »nicht mehr kündbare Solidargemeinschaft«[240] bezeichnet. Ob ein einzelner Mitgliedstaat aus der **Währungsunion wieder ausscheiden** kann, ohne die Union verlassen zu müssen, wird nicht einheitlich beantwortet[241] (im Einzelnen hierzu Rn. 70 ff.). Im Zuge der Finanzkrise[242] hat sich ein rechtspolitisches Bedürfnis dafür gezeigt, einen »Ausstieg aus dem Euro« im Ernstfall zu ermöglichen oder ihn gar zu erzwingen. Es erwies sich, dass wirtschaftlich-fiskalische Konvergenz für die Einführung des Euro erforderlich ist, dass seine vorausgegangene Einführung künftige Konvergenz jedoch nicht sicher gewährleisten kann,[243] sondern dass im Gegenteil Divergenzen auftreten können, welche die Stabilität der Währungsunion bedrohen.[244] Daraus kann bei allen Beteiligten ein

---

[234] Siehe Verordnung (EG) Nr. 974/98 des Rates vom 3. Mai 1998 über die Einführung des Euro, ABl. 1998, Nr. L 139/1), Verordnung (EG) 1103/97 über bestimmte Vorschriften im Zusammenhang mit der Einführung des. Euro, ABl. 1997, Nr. L 162/1; Verordnung (EG) Nr. 2595/2000 des Rates vom 27. November 2000 zur Änderung der Verordnung (EG) Nr. 1103/97 über bestimmte Vorschriften im Zusammenhang mit der Einführung des Euro, ABl. 2000, Nr. L 300/1.
[235] *Häde*, in: Calliess/Ruffert, Art. 140 AEUV, Rn. 46; *Herrmann/Steven*, in: Siekmann, EWU, Art. 140 AEUV, Rn. 90; *Beutel*, 302 f.
[236] *Palm*, in: Grabitz/Hilf/Nettesheim, EU, Art. 139 AEUV (November 2012), Rn. 19.
[237] *Palm*, in: Grabitz/Hilf/Nettesheim, EU, Art. 139 AEUV (November 2012), Rn. 20.
[238] Vgl. *Seidel*, EuZW 2007, 617 ff.; siehe insb. Protokoll über den Übergang zur dritten Stufe der Wirtschafts- und Währungsunion, ABl. 1992, C 191/87.
[239] *Herdegen*, Die Währungsunion als dauerhafte Rechtsgemeinschaft – Ausstiegsszenarien aus rechtlicher Perspektive, EWU-Monitor Nr. 52 v. 22.6.1998, Deutsche Bank Research (Hrsg.), 1998, S. 3.
[240] *Deutsche Bundesbank*, Stellungnahme der Deutschen Bundesbank zur Errichtung einer Wirtschafts- und Währungsunion in Europa v. 19.9.1990, abgedruckt in: Monatsbericht der Deutschen Bundesbank, Oktober 1990, S. 41 (41).
[241] Überblick bei *Meyer*, EuR 2013, 334 (337 ff.); *Hofmeister*, DVBl 2015, 1496.
[242] Zu deren Auswirkungen auf die Eurozone, *de Grauwe*, Economics of Monetary Union, 10. Aufl. 2014, 14 f.
[243] Einigen zufolge zeitigt die Einführung des Euro im Hinblick auf die Preisstabilität nur geringe Konvergenzeffekte, so *Cuaresma/Egert/Silgoner*, Geldpolitik und Wirtschaft 2007, 104.
[244] Vgl. *Hishow*, Divergenz statt Konvergenz in der Wirtschafts- und Währungsunion, SWP-Studie, April 2014.

Bedürfnis dafür erwachsen, dass ein einzelner Mitgliedstaat, ohne die EU zu verlassen, aus dem Euro »aussteigt«.²⁴⁵

Die Lösung oder Entlassung eines Mitgliedstaats »aus dem Euro« sind im Vertrag nicht vorgesehen. Die verfahrensrechtlichen Bestimmungen des Art. 140 gelten nur für die Aufhebung, nicht auch für eine Anwendung auf die »Wiedereinführung der Ausnahmeregelung«. Im Schrifttum wird vereinzelt die Ansicht vertreten, dass der Gegenstand einer Ermächtigung stets auch den »actus contrarius« einschließe.²⁴⁶ Die Wiedereinführung der Ausnahmeregelung kann zumindest mit Blick auf die tatsächlichen Folgen nicht als »actus contrarius« zu ihrer Aufhebung betrachtet werden, wenn das Ergebnis vom »Status quo ante Euro« erheblich abweicht. Die beim Ausscheiden »aus dem Euro« eingeführte nationale Währung wäre mit der früher bestehenden nicht identisch, so dass bei der Wiederbegründung nationaler Währungshoheit nicht ohne weiteres an den »unwiderruflichen« Wechselkurs im Ausscheidenszeitpunkt (Art. 140 Abs. 3) angeknüpft werden kann – auch wenn eine Konversion von Inlandsschulden nach diesem Wechselkurs aus politischer Sicht ein wahrscheinliches Szenario darstellt. Ob in Euro (der aus Sicht des ausscheidenden Staates zur Fremdwährung geworden ist) aufgenommene Staatsschuldverschreibungen in nationale Währung konvertiert werden können, erscheint zweifelhaft, sofern sie von Ausländern gehalten werden, insbesondere wenn sie – was nicht selten der Fall ist – nach dem Recht eines anderen EU-Mitgliedstaats ausgegeben worden sind.²⁴⁷ Die zu erwartende Abwertung der neuen nationalen Währung zieht im schlimmsten Fall eine – im Lichte des Art. 126 Abs. 1 bedenkliche – Vervielfachung der ohnehin drückenden Schuldenbelastung nach sich.²⁴⁸ Die Wiedereinführung der Ausnahmeregelung kann nach alledem jedenfalls materiell nicht den Status quo ante wiederherstellen. Unabhängig hiervon lässt sich die »actus contrarius«-These schon mit der Maßgeblichkeit des Gestaltungswillens der souveränen Mitgliedstaaten und dem Prinzip der begrenzten Einzelermächtigung nicht in Einklang bringen. Die nach Art. 140 Abs. 2, 3 getroffenen Beschlüsse könnten nur dann in Umkehr dieses Verfahrens revidiert und die Ausnahmeregelung wiederhergestellt werden, wenn sich dem Vertrag entnehmen ließe, dass mit Nichterfüllung der Konvergenzkriterien durch einen Euro-Mitgliedstaat nach dem Willen der Vertragsstaaten auch dessen »Euro-Berechtigung« eines Mitgliedstaats entfallen solle. Gegen diese Annahme streitet bereits, dass selbst ein übermäßiges Defizit lediglich die in Art. 126 Abs. 9 bis 11 aufgeführten Maßnahmen bzw. Sanktionen nach sich ziehen kann. Gegen die Annahme, in Art. 140 AEUV sei eine Ermächtigung zum »actus contrarius« bereits erhalten, lassen sich auch die Dynamik und Finalität der Gründungsverträge anführen, welche die Vergemeinschaftung der Währungshoheit als durch die Aufhebung der Ausnahmeregelung aufschiebend bedingte vertragliche Verbindlichkeit aller Mitgliedstaaten (ausgenommen das Vereinigte Königreich und Dänemark) konstruieren (s. Rn. 4 zu Art. 139). Gelegentlich wird unter Berufung auf das Protokoll (Nr. 24) über den Übergang zur dritten Stufe der Wirtschafts- und Währungsunion (1992) gegen die Reversibilität der Aufhebung der Ausnahmeregelung auch angeführt, dass, wenn die **währungspolitische Integration unwiderruflich** sei, dies auch für die Bindung eines Mitgliedstaats an den

---

²⁴⁵ *Damann*, Texas Int. L. Journal 48 (2013), 125 ff.; bejahend *Meyer*, Orientierungen zur Wirtschafts- und Gesellschaftspolitik 91 (2002), 18 ff.
²⁴⁶ *Behrens*, EuZW 2010, 121.
²⁴⁷ Hierzu *D. Meyer*, EuR 2013, 334 (345 f.); allgemein zu privatrechtlichen Folgen *Ernst*, ZIP 2012, 49 ff.
²⁴⁸ Vgl. etwa *D. Meyer*, EuR 2013, 334 (343 ff.).

Euro gelte.²⁴⁹ Jeder völkerrechtliche Vertrag kann, wenn die Mitgliedstaaten dies beschließen, geändert werden, weshalb Unwiderruflichkeit nicht im Sinne einer rechtlichen, sondern einer lediglich programmatischen Bindung verstanden werden. Solange indes die Mitgliedstaaten kein Verfahren zur Wiederherstellung der Ausnahmeregelung beschließen, kann sie dem Mitgliedstaat nicht unter Rekurs auf den AEUV entzogen werden.

71 Auch der »**Austritt**« eines Mitgliedstaats »**aus dem Euro**« auf der Grundlage einer einseitigen Erklärung ist nicht zulässig. Manche begründen auch dies mit der Unwiderruflichkeit der währungspolitischen Integration, die auf die Teilhabe des einzelnen Mitgliedstaats an ihr erstreckt wird: Um sich des Euro zu entledigen, müsse der Staat stets auch die Mitgliedschaft in der Union als solche (nach Art. 50 EUV) aufkündigen.²⁵⁰ Dass der Vertrag ihm diese Option überhaupt eröffnet, relativiert jedoch gerade die Behauptung von der Unwiderruflichkeit seiner Partizipation. Soweit der Vertrag in Art. 140 Abs. 3 überhaupt von Unwiderruflichkeit spricht, betrifft sie nur die Festlegung des Ersetzungskurses als notwendige Folgemaßnahme aus der Aufhebung der Ausnahmeregelung, erfasst vom Wortlaut her deren eigene Aufhebung also nicht.²⁵¹ Gewiss würde die Rückkehr eines Euro-Mitgliedstaats zu einer eigenen Währung der im Vertrag angelegten währungspolitischen Integrationsdynamik zuwiderlaufen; doch ist ein Schluss von dieser Maxime auf ein Postulat, wonach ein am Euro einmal beteiligter Mitgliedstaat ihn für alle Zeit beibehalten müsse, nicht zwingend.²⁵²

72 Maßgeblich für die Unzulässigkeit eines »Euro-Austritts« ist, dass eine von der Unionsmitgliedschaft abtrennbare, zu ihr hinzutretende oder in ihr als wesensgleiches Minus umschlossene »**Euro-Mitgliedschaft**« **nicht existiert**.²⁵³ Daher kann die Abschaffung des Euro in einem Mitgliedstaat weder als Teilaustritt²⁵⁴ noch als eine partielle Vertragsbeendigung²⁵⁵ konstruiert werden. Auch einer auf die Währungsunion beschränkten Kündigung durch den Mitgliedstaat – gestützt durch ein argumentum de maiore ad minus auf Art. 50 EUV²⁵⁶ – steht entgegen, dass es ein wesensgleiches »minus« zur Vollmitgliedschaft nicht gibt.²⁵⁷ Manche halten für denkbar, dass dem Mitgliedstaat die Wahrnehmung eigener währungspolitischer Befugnisse nach Art. 2 Abs. 1 Hs. 2 AEUV durch die Union bewilligt wird (»Rückdelegation«).²⁵⁸ Doch erlaubt diese Vorschrift weder eine Sonderbehandlung einzelner Mitgliedstaaten noch die Rückübertragung

---

²⁴⁹ Vgl. *Häde*, in: Calliess/Ruffert, EUV/AEUV, Art. 140 AEUV, Rn. 50; einschränkend *Wölker*, in: GS, EUV/EGV, Art. 121 EGV, Rn. 43.
²⁵⁰ *Siekmann*, in: *ders.*, EWU, Einf., Rn. 50; *Beutel*, S. 336; a. A. wohl *Herdegen*, in: Maunz/Dürig (Hrsg.), GG, Art. 88 (Oktober 2010), Rn. 27.
²⁵¹ So etwa *Damann*, Texas Int. L. Journal 48 (2013), 125 (139); a. A. *Potacs*, in: Schwarze, EU-Kommentar, Art. 140 AEUV, Rn. 7.
²⁵² *Behrens*, EuZW 2010, 121; zurückhaltend auch BVerfGE 89, 155 (200, 203); hierzu *Pipkorn*, EuR Beiheft 1/1994, 85 (93 f.); *Stern*, S. 1489; Unumkehrbarkeit bedeute nach *Herrmann* (Fn. 135), S. 120) nur, dass der Euro nicht auf sekundärrechtlichem Wege aufgehoben werden könne.
²⁵³ *Hahn/Häde*, § 26, Rn. 10; *Siekmann*, in: *ders.*, EWU, Einf., Rn. 50.
²⁵⁴ Dafür *Vischer*, § 3, Rn. 81 ff.; *Seidel*, EuZW 2007, 617 (jedenfalls dann zulässig, wenn er den Interessen der EU entspricht); *Hanschel*, NVwZ 2012, 995 (1000).
²⁵⁵ Für grundsätzliche Möglichkeit einer partiellen Vertragsbeendigung *Hanschel*, NVwZ 2012, 995 (1000) (übrige Mitgliedstaaten ggü. einem Mitgliedstaat); *Herrmann*, EuZW 2010, 413 (417) (Es lasse sich über Teilaustritt »nachdenken«).
²⁵⁶ So *Khan*, in: Geiger/Khan/Kotzur, EUV/AEUV, Art. 140 AEUV, Rn. 11; *Perry/Gelman*, Rich. J. Global L. & Bus. 12 (2013), 479 (509 ff.); *Seidel*, EuZW 2007, 617; ferner *Vischer*, § 3, Rn. 81.
²⁵⁷ *Hahn/Häde*, § 26, Rn. 10; *Siekmann*, in: *ders.*, EWU, Einf., Rn. 50.
²⁵⁸ *Seidel*, S. 26.

eines ganzen Politikbereichs in ausschließliche Zuständigkeit eines Mitgliedstaats,[259] sondern ist vielmehr als Ausnahmebestimmung im Sinne einer »punktuellen Flexibilisierung«[260] und in Übereinstimmung mit den vertraglichen Grundentscheidungen eng auszulegen.

Der Euro-Austritt oder -Ausschluss kann auch **nicht** unter Berufung auf **Völkervertragsrecht** erklärt werden.[261] Ist die Mitgliedschaft in der EU, wie dargelegt (Rn. 72), eine funktional unteilbare, kann auch das Völkerrecht keine Teilkündigung oder einen Teilaustritt ermöglichen. Zudem blockiert das Unionsrecht den Rekurs auf die Vorschriften der Wiener Vertragsrechtskonvention über die Beendigung völkerrechtlicher Verträge,[262] da die Gründungsverträge als autonomer Regelungscorpus[263] oder jedenfalls als leges speciales zu gelten haben.[264] Entgegen Teilen des Schrifttums[265] besteht auch keine planwidrige Regelungslücke (mehr), die den subsidiären Zugriff auf die WVK eröffnen könnte. Dies ergibt sich aus Art. 126, der bei einem – für die Stabilität des Euro potenziell bedrohlichen – übermäßigen Defizit anstelle einer Kündigung oder Suspendierung allenfalls Sanktionsmaßnahmen gestattet, und wird nunmehr unterstrichen durch Art. 136 Abs. 3: Bedroht die Lage eines Mitgliedstaats die Stabilität des Euro-Währungsgebiets insgesamt, wird der Krise durch konditionale Finanzhilfen des ESM begegnet werden und damit gerade nicht durch dessen Entlassung aus der gemeinsamen Währung. Sind die Rechtsgrundlagen insofern mit einem Gefahrenvorsorgemechanismus ausgestattet, verbietet sich auch deswegen die Modifikation vertraglicher Pflichten (in Gestalt der Wiedereinführung der Ausnahmeregelung) auf der Grundlage der »Clausula rebus sic stantibus« (Änderung der Geschäftsgrundlage, Art. 62 WVK). Eine »Flucht aus der [währungspolitischen] Integration in das Völkerrecht«[266] ist unzulässig. 73

Die Ausnahmeregelung eines Mitgliedstaats (und damit seine ausschließliche währungspolitische Zuständigkeit) kann nach alledem allein durch **multilateralen Vertrag der Mitgliedstaaten rekonstruiert** werden.[267] Die konsensuale »Rekonstruktion der Ausnahmeregelung« wäre nichts anderes als eine »kleine« Vertragsänderung,[268] die sich nach Art. 48 EUV richtet.[269] Probat wäre dafür womöglich die Verabschiedung eines Protokolls, das einem Mitgliedstaat, dessen wirtschaftliche Lage die Währungsunion dauerhaft bedroht, den »Status ante Euro« einräumt. Prinzipiell könnten nach diesem Muster auch eine Suspendierung der Mitwirkung an der gemeinsamen Währungspolitik 74

---

[259] *Schaefer*, EuR 2008, 721 (735); *Hofmeister*, DVBl 2015, 1496 (1497).
[260] *Calliess*, in: Calliess/Ruffert, EUV/AEUV, Art. 2 AEUV, Rn. 10.
[261] So aber etwa *Horn*, BKR 2015, 353 (355 ff.).
[262] *Becker*, in: Schwarze, EU-Kommentar, Art. 50 EUV, Rn. 1; *Oppermann/Classen/Nettesheim*, Europarecht, § 9, Rn. 152; *Schwarze*, EuR 1983, 1; *Zeh*, ZEuS 2004, 173 (181).
[263] Allgemein EuGH, Urt. v. 15. 7. 1964, Rs. 6/64 (Costa/Enel), Slg. 1964, 1251 (1269); so *Janzen*, S. 167; a. A. etwa *Behrens*, EuZW 2010, 121; *Kokott/Pechstein*, in: Streinz, EUV/AEUV, Art. 53 EUV, Rn. 2; *Pechstein*, in: Streinz, EUV/AEUV, Art. 49 EUV, Rn. 17; für Rekurs auf Völkerrecht im Falle von Vertragslücken *Hancher*, NYIL (1994), 259 (270); *Kempen*, AVR 35 (1997), 273 (283 f.).
[264] *Athanassiou*, S. 15; *Dörr*, in: Grabitz/Hilf/Nettesheim, EU, Art. 50 EUV (August 2011), Rn. 43; *Herrmann*, EuZW 2010, 413 (417); *Streinz*, Europarecht, Rn. 106.
[265] So etwa *Horn*, BKR 2015, 353 (354).
[266] *Giegerich*, Europäische Verfassung und deutsche Verfassung im transnationalen Konstitutionalisierungsprozess, 2003, S. 540.
[267] *Smits*, CMLRev. (2005), 425 (464); Ausscheiden aus der Eurozone bei Einverständnis aller Mitgliedstaaten, *Seidel*, EuZW 2007, 617.
[268] *Hahn/Häde*, § 26, Rn. 10; *Herrmann*, EuZW 2010, 413 (417); *ders.* (Fn. 135), S. 120.
[269] Siehe *Athanassiou*, S. 30; zum Verbot einer Vertragsmodifikation außerhalb von Art. 48 durch völkerrechtlichen Vertrag, *Zeh*, ZEuS 2004, 173 (187).

und ein von Art. 140 abweichendes, vereinfachtes Verfahren für die Wiedereinführung des Euro verabredet werden.[270] Gleiches gilt für die im Schrifttum ebenfalls vorgeschlagene Begründung einer landeseigenen Parallelwährung neben dem Euro.[271] Die anderen Mitgliedstaaten wären durch das Gebot der **Unionstreue** verpflichtet, sich den rechtlichen Voraussetzungen dafür (Ratifikation) im Rahmen des für sie Möglichen und Zumutbaren nicht ohne triftigen Grund zu verweigern. Der Weg des Austritts aus der Union und ein Wiedereintritt, in welchem Fall der Mitgliedstaat automatisch mit einer Ausnahmeregelung versehen wäre, ist diesem dagegen regelmäßig nicht zuzumuten. Nicht nur die nach Art. 49 Abs. 2 Satz 2 EUV erforderliche Ratifikation der Beitrittsvereinbarung durch jeden einzelnen Mitgliedstaat, sondern auch der u.a. an den die Prüfung der Funktionsfähigkeit einer Marktwirtschaft einschließenden »Kopenhagener Kriterien« orientierte Beitrittsbeschloss des Rates und die Zustimmung des Europäischen Parlaments wären ihm keineswegs sicher.[272] Die EU-Austrittsoption wäre daher mit einem hohen Risiko des endgültigen Verlusts der Unionsmitgliedschaft behaftet.

C. Bewertung und Ausblick

75 Rechts- und wirtschaftspolitisch ist Art. 140 AEUV bis heute **umstritten**. Dies gilt insbesondere – und nicht zu Unrecht – für die Konvergenzkriterien, jeweils für sich und auch in ihrer Gesamtheit. Die einseitige Fixierung des Vertrags auf Gefahren für die Preisstabilität bei der Beurteilung von Konvergenz ist fragwürdig, wenn wirtschaftspolitische Disparitäten – die wegen der insofern bei den Mitgliedstaaten verbleibenden Kompetenzen nicht verfahrensmaßgeblich sind – die erreichte Konvergenz jederzeit und insbesondere in Krisenlagen wieder zu stören vermögen. Nicht unbedenklich ist die Gleichsetzung der niedrigsten Werte mit den besten Werten beim ersten und vierten Konvergenzkriterium; tatsächlich können niedrige Inflation und Zinsen auch Ausdruck krisenhafter Situationen sein und eignen sich dann als Orientierungsbasis weniger. Insbesondere dem zweiten Konvergenzkriterium (Finanzlage der öffentlichen Hand) wohnt eine **Scheinrationalität** inne, hinter der sich allzu oft politisch motivierte Rücksichtnahme (verbunden mit der Verwässerung des SWP) verborgen hat.[273] Die Überlagerung des Art. 126 AEUV durch die strikteren Kriterien des SKSV ist insofern zu begrüßen, sie entfalten aber für Art. 140 AEUV keine normative Wirkung. Der Vertrag will mit dem zweiten Kriterium verhindern, dass sich Mitgliedstaaten vor Einführung der gemeinsamen Währung verschulden und diese Schulden dann qua Inflation abbauen.[274] Nicht verhindern konnte er, dass Mitgliedstaaten kurzfristig durch **Privatisierung** ihren Schuldenstand senken und sich nach Einführung des Euro (wegen ausfallender Einnahmequellen und Kreditaufnahmen zu nunmehr günstigen Zinsen) die Staatsverschuldung erhöhen.[275] Die dem Spstr. 2 zugrunde liegende These, dass hohe Staats-

---

[270] *Herrmann*, EuZW, 2010, 413 (418); gegen eine Suspendierung der Mitgliedschaft in der Währungsunion, *Meyer*, EuR 2013, 334 (335); offen gelassen, *Behrens*, EuZW 2010, 121.
[271] *Kerber*, Mehr Wettbewerb wagen. Zur politischen Ökonomie monetärer Sezession in der Eurozone, 2. Aufl., 2015, S. 58 ff. (unter Benennung der juristischen Hürden); *Meyer*, EuR 2013, 334 (336); *ders.*, ZSE 2015, 246 ff.
[272] Darauf verweist *Hofmeister*, DVBl 2015, 1496 (1499).
[273] Zur Verwässerung des Wachstumspaktes *Palm*, EuZW 2004, 71 ff.
[274] *Morgenthaler*, JuS 1997, 673 (678).
[275] *Herrmann/Steven*, in: Siekmann, EWU, Art. 140 AEUV, Rn. 43; umfassend *Christiano/Fitz-*

verschuldung das Inflationsrisiko erhöht und das Wirtschaftswachstum senkt, bleibt auch unter Ökonomen nicht unumstritten.[276]

Mit den Kriterien des Art. 140 Abs. 1 AEUV wird Konvergenz zwar im Moment der Einführung des Euro gemessen, für die Zeit danach aber nicht gesichert. Sie ist nicht einmal dort gewährleistet, wo, wie bei der Zinspolitik der EZB, ein nivellierendes Instrumentarium zur Anwendung kommt. Trotz vordergründiger Annäherung des Zinsniveaus haben sich wirtschaftliche Ungleichgewichte seit Einführung des Euro teilweise verstärkt, weil die artifizielle Vereinheitlichung den noch immer sehr unterschiedlichen wirtschaftlichen Gegebenheiten nicht gerecht wird: Wirtschaftswachstum wird an einem Ort beschleunigt, andernorts gebremst. Insofern müsste das Konvergenzraster des Art. 140 Abs. 1 UAbs. 1 Satz 3 AEUV noch wirtschaftsstrukturpolitisch aufgeladen werden.

De pacto ferendo sollte über **folgende Maßnahmen** – jeweils für sich oder im Paket – **nachgedacht** werden: Eine Konvergenzkontrolle sollte auch nach Einführung des Euro stattfinden und sich über die Staatsverschuldung hinaus auf wirtschaftspolitische Koordinaten erstrecken. Zudem empfiehlt sich aufgrund der in der Finanz- und Fiskalkrise erworbenen Erfahrungen, die Unbedingtheit der währungspolitischen Integrationsdynamik zugunsten einer Stärkung des Stabilitätsmoments zurückzunehmen und die Einführung des Euro unter engen Voraussetzungen reversibel zu gestalten.[277] Eine solche »Rekonstruktion der Ausnahmeregelung« in der Krise könnte verfahrensrechtlich an Art. 240 Abs. 2 AEUV angelehnt werden. Die Wiederherstellung einer eigenen Währung könnte eine Alternative zur finanziellen Alimentierung des Mitgliedstaats über Union, EFSF und ESM in einer weiterhin fragilen Währungsunion eröffnen.

---

gerald, Understanding the Fiscal Theory of Price Level, Federal Reserve Bank of Cleveland Economic Review 36 (2000), 2 ff.
[276] Siehe *Lehment/Scheide*, Weltwirtschaft 1992, 50 (53 f.) (hohe Staatsverschuldung sei nur inflationstreibend, wenn die Notenbank nicht unabhängig sei); auf stärkere Wechselbeziehung bei stark inflationären Tendenzen hinweisend etwa *Lin/Chu*, Journal of Int. Money and Finance 32 (2013), 214 ff.; *Catão/Terrones*, IMF Working Paper No. 3/65, 2003, S. 26 (signifikante Wechselbeziehung nur in entwickelten Wirtschaftsordnungen).
[277] Vgl. *Athanassiou*, S. 29 f.; *Smits*, CMLRev. (2005), 425 (463).

Artikel 141 AEUV [Erweiterter Rat der EZB]

(1) Sofern und solange es Mitgliedstaaten gibt, für die eine Ausnahmeregelung gilt, wird unbeschadet des Artikels 129 Absatz 1 der in Artikel 44 der Satzung des ESZB und der EZB bezeichnete Erweiterte Rat der Europäischen Zentralbank als drittes Beschlussorgan der Europäischen Zentralbank errichtet.

(2) Sofern und solange es Mitgliedstaaten gibt, für die eine Ausnahmeregelung gilt, ist es die Aufgabe der Europäischen Zentralbank, in Bezug auf diese Mitgliedstaaten
- die Zusammenarbeit zwischen den nationalen Zentralbanken zu verstärken;
- die Koordinierung der Geldpolitiken der Mitgliedstaaten mit dem Ziel zu verstärken, die Preisstabilität aufrechtzuerhalten;
- das Funktionieren des Wechselkursmechanismus zu überwachen;
- Konsultationen zu Fragen durchzuführen, die in die Zuständigkeit der nationalen Zentralbanken fallen und die Stabilität der Finanzinstitute und -märkte berühren;
- die seinerzeitigen Aufgaben des Europäischen Fonds für währungspolitische Zusammenarbeit, die zuvor vom Europäischen Währungsinstitut übernommen worden waren, wahrzunehmen.

Literaturübersicht

Allemand, The Impact of the EU Enlargement on Economic and Monetary Union, ELJ 11 (2005), 586; *Beutel*, Differenzierte Integration in der Europäischen Wirtschafts- und Währungsunion, 2006; *Hahn/Häde*, Währungsrecht, 2. Aufl., 2010; *Häde*, Die Wirtschafts- und Währungsunion nach dem Vertrag von Lissabon, EuR 2009, 200; *ders.*, Währungsintegration mit abgestufter Geschwindigkeit, FS Hahn, 1997, S. 144; *Hahn*, Guest Editorial: The European Monetary Institute's Annual Reports: Fact-finding, means of control, incentive, CMLRev. 32 (1995), 1079; *Krauskopf/Steven*, The Institutional Framework of the European System of Central Banks: Legal Issues in the Practice of the First Ten Years of its Existence, CMLRev. 46 (2009), 1143; *Louis*, The Economic and Monetary Union: Law and institutions, CMLRev. 41 (2004), 575; *ders.*, Differentiation and the EMU, in: de Witte (Hrsg., u.a.), The many faces of differentiation in EU law, 2001, S. 43; *Smits*, The European Central Bank, 1997; *Vranes*, The »Internal« External Relations of EMU – on the Legal Framework of the Relationship of »In« and »Out« States, CJEL 6 (2000), 361; *Zilioli/Selymayr*, The Law of the European Central Bank, 2001.

Wesentliche sekundärrechtliche Vorschriften

Beschluss der EZB vom 17.6.2004 zur Verabschiedung der Geschäftsordnung des Erweiterten Rates der EZB (EZB/2004/12), ABl. 2004, L 230/61
Beschluss der EZB vom 19.2.2004 zur Verabschiedung der Geschäftsordnung der EZB (EZB/2004/2), ABl. 2004, L 80/33

Inhaltsübersicht

		Rn.
A.	Bedeutung des Art. 141 AEUV	1
B.	Geschichte und Funktion des ErwR	3
C.	Zusammensetzung	4
D.	Konstituierung sowie temporäre Natur des ErwR	6
E.	Aufgaben und Befugnisse des ErwR	8
	I. Aufgaben	9
	II. Befugnisse	10
	III. Im Einzelnen	15
	1. Art. 46.1 ESZB-Satzung: Aufgaben nach Art. 141 Abs. 2 sowie Art. 43 ESZB	15
	2. Art. 46.2 ESZB-Satzung	18

3. Art. 46.3 ESZB-Satzung 21
  4. Art. 46.4 ESZB-Satzung 22
F. Modus Operandi 23
G. Befund 25

A. Bedeutung des Art. 141 AEUV

Art. 141 AEUV, welcher im Wortlaut Art. III–199 EVV im Wesentlichen entspricht, zieht **institutionelle Konsequenzen** aus der in Art. 139, 140 AEUV verankerten **Existenz von Mitgliedstaaten mit Ausnahmeregelung** im Hinblick auf die EZB.[1] Die nationalen Zentralbanken der Mitgliedstaaten mit Ausnahmeregelung sind nach Art. 282 Abs. 1 Satz 1 AEUV in das ESZB eingegliedert, nicht jedoch Bestandteile des Eurosystems (Art. 282 Abs. 1 Satz 2 AEUV).[2] Indem Art. 141 AEUV den Erweiterten EZB-Rat (ErwR) als »drittes Beschlussorgan« bzw. »Entscheidungsfindungsorgan«[3] der EZB einrichtet,[4] schafft er einen **institutionellen Konnex** zwischen dieser und dem ESZB.[5] Art. 44.1 ESZB-Satzung, der den ErwR »unbeschadet« des Art. 129 AEUV einrichtet, verdeutlicht, dass diese institutionelle Eingliederung den ErwR zwar zu einem **Organ der EZB**, nicht jedoch zu einem Leitungsorgan erhebt. Als konstitutiver Teil der EZB bilden die Ziele des ESZB, insbesondere der Grundsatz der Preisstabilität, eine Leitlinie auch für das Wirken des ErwR.[6]

1

Der ErwR fungiert als **institutionelles Ausgleichsinstrument** zwischen der den Mitgliedstaaten mit Ausnahmeregelung verbliebenen umfassenden Währungshoheit (Art. 282 Abs. 4 Satz 2 AEUV) und dem Unionsziel der Einführung der gemeinsamen Währung in allen Mitgliedstaaten,[7] dessen Verwirklichung Kooperation erfordert. Die Zentrifugalkräfte,[8] welche die differenzierte Integration (hierzu Art. 139 AEUV) im Rahmen des ESZB bedingt, sollen durch ihn abgeschwächt werden.[9] Mittels der Einbindung der Mitgliedstaaten mit Ausnahmeregelung in die EZB soll verhindert werden, dass sie sich von der Konvergenzreife (Art. 140 AEUV) entfernen[10] und ihr Übergang zum Euro ins Stocken gerät.[11] **Bewältigung des Koordinierungsbedarfs** zwischen den Mitgliedstaaten mit Ausnahmeregelung und dem Eurosystem sowie Sicherstellung eines

2

---

[1] *Grieser*, Flexible Integration in der Europäischen Union, 2003, S. 212; *López Torres*, in: GS, EUV/EGV, Art. 45 ESZB-Satzung, Rn. 2; *Palm*, in: Grabitz/Hilf/Nettesheim, EU, Art. 141 AEUV (Mai 2013), Rn. 1, 21; *Zilioli/Selmayr*, S. 160.
[2] Eurosystem umfasst die EZB sowie die nationalen Zentralbanken, vgl. Art. 1 Abs. 1 Satz 2 ESZB-Satzung, vgl. *Louis*, CMLRev. 41 (2004), 575 (587). Der räumliche Anwendungsbereich der das Eurosystem regelnden Bestimmungen wird als »Eurozone« bezeichnet, siehe Art. 137 AEUV, Rn. 3.
[3] *López Torres*, in: GS, EUV/EGV, Art. 45 ESZB-Satzung, Rn. 2.
[4] *Galahn*, Die Deutsche Bundesbank im Prozeß der Europäischen Währungsintegration, 1996, S. 199; *Khan*, in: Geiger/Khan/Kotzur, EUV/AEUV, Art. 141 AEUV, Rn. 1; *Zilioli/Selmayr*, S. 160.
[5] *Allemand*, ELJ 11 (2005), 586 (594); *Beutel*, S. 48; *Geiger*, Das Währungsrecht im Binnenmarkt der Europäischen Union, 1996, S. 140; *Meyers/Levie*, CJEL 4 (1998), 321 (333); *Rodi*, in: Vedder/Heintschel v. Heinegg, EVV, Art. III–199, Rn. 1.
[6] *Beutel*, S. 155.
[7] *Palm*, in: Grabitz/Hilf/Nettesheim, EU, Art. 141 AEUV (Mai 2013), Rn. 1.
[8] Vgl. auch *Zilioli/Selymayr*, S. 160.
[9] *Zilioli/Selmayr*, S. 160.
[10] Vgl. *Vranes*, CJEL. 6 (2000), 361 (364).
[11] Vgl. *Hahn*, CMLRev. 32 (1995), 1079; *Kempen*, in: Streinz, EUV/AEUV, Art. 141 AEUV, Rn. 2; *Khan*, in: Geiger/Khan/Kotzur, EUV/AEUV, Art. 141 AEUV, Rn. 1; *Louis*, CMLRev. 41 (2004), 575 (598); *Palm*, in: Grabitz/Hilf/Nettesheim, EU, Art. 141 AEUV (Mai 2013), Rn. 1, 8.

umfassenden Informationsaustauschs[12] sind insofern Telos sowie wesentliche Auslegungsmaximen des Art. 141 AEUV. Diese Zwecke spiegeln sowohl die Satzung des ESZB als auch die Geschäftsordnung des ErwR (GO-ErwR) wider. Zum Erlass letzterer ermächtigt ihn Art. 45.4 ESZB-Satzung abweichend von der Grundregel des Art. 12.3 ESZB-Satzung, wonach der EZB-Rat eine Geschäftsordnung beschließt,»die die interne Organisation der EZB und ihrer Beschlussorgane regelt«.[13] Die GO-ErwR ist weitgehend der GO-EZB nachgebildet.[14]

B. Geschichte und Funktion des ErwR

3   Die ungleichzeitige Einführung der gemeinsamen Währung in den einzelnen Mitgliedstaaten erforderte eine besondere Kooperation zwischen den an der gemeinsamen Währung teilnehmenden und nicht teilnehmenden Staaten. Sie erfolgte zunächst im Rahmen eines **Ausschusses der Präsidenten der Zentralbanken der EWG**,[15] den das als juristische Person ausgestaltete **Europäische Währungsinstitut** (EWI)[16] ablöste, Art. 109f. Abs. 1 (Maastricht)/Art. 117 Abs. 1 EGV (Amsterdam/Nizza), in dem auch der Europäische Fonds für währungspolitische Zusammenarbeit[17] (EFWZ) aufging.[18] Als Entscheidungsorgan des mit der Vorbereitung der Einführung der gemeinsamen Währung betrauten EWI (Art. 109f. Abs. 3 EGV, Art. 117 Abs. 3 EGV) fungierte ein Rat, dem alle Präsidenten der nationalen Zentralbanken angehörten.[19] Mit Errichtung der EZB am 1.6.1998 (Art. 123 Abs. 1 Satz 1 EGV) und dem Eintritt in die dritte Stufe der WWU am 1.1.1999 wurde das EWI aufgelöst (Art. 123 Abs. 2 Satz 2 EGV).[20] Die Installierung des ErwR – von einigen auch als »Notlösung«[21] betrachtet – kompensierte den beschlossenen Ausschluss[22] der Mitgliedstaaten mit Ausnahmeregelung von einer Beteiligung im EZB-Rat. Vorschläge, ihnen einen Sitz im EZB-Rat einzuräumen, aber lediglich die Anwendbarkeit bestimmter Bestimmungen auf die Zentralbanken der Mitgliedstaaten mit Ausnahmeregelung auszuschließen[23] – z.B. Stimmrecht im EZB-Rat –, oder den EZB-Rat in unterschiedlicher Zusammensetzung tagen zu lassen, vermochten sich nicht durchzu-

---

[12] *Häde*, FS Hahn, S. 150, *Galahn* (Fn. 4), S. 200; *Kempen*, in: Streinz, EUV/AEUV, Art. 141 AEUV, Rn. 3; *López Torres*, in: GS, EUV/EGV, Art. 46 ESZB-Satzung, Rn. 8, *Potacs*, in: Schwarze, EU-Kommentar, Art. 141 AEUV, Rn. 1; *Smits*, S. 97.
[13] Vgl. *Krauskopf/Steven*, CMLRev. 46 (2009), 1143 (1155).
[14] Beschluss der EZB vom 17.6.2004 zur Verabschiedung der Geschäftsordnung des ErwR der EZB (EZB/2004/12), ABl. 2004, L 230/61.
[15] Beschluss des Rates v. 8.5.1964 (64/300/EWG), ABl. 1964, L 77/1206; *Amtenbrink*, Denationalizing Monetary Policy: Reflections on 60 Years of European Monetary Integration, GS Usher, 2012, S. 13 (17f.).
[16] Hierzu *Goetze*, Die Tätigkeit der nationalen Zentralbanken in der Wirtschafts- und Währungsunion, 1999, S. 41ff.; *Louis*, CMLRev. 35 (1998), 33 (35).
[17] VO (EWG) Nr. 907/73, ABl. 1973, L 89/2.
[18] *Manger-Nestler*, Par(s) inter pares?, 2008, S. 127; *Palm*, in: Grabitz/Hilf/Nettesheim, EU, Art. 141 AEUV (April 2012), Rn. 4.
[19] *Häde*, FS Hahn, S. 149.
[20] *López Torres*, in: GS, EUV/EGV, Art. 44 ESZB-Satzung, Rn. 2.
[21] *Stocker*, Wechselkursmanagement auf Euro-Basis, 2001, S. 24.
[22] *Häde*, EuR 2009, 200 (215); *Hahn/Häde*, § 16, Rn. 69; *Kempen*, in: Streinz, EUV/AEUV, Art. 141 AEUV, Rn. 2; *Palm*, in: Grabitz/Hilf/Nettesheim, EU, Art. 141 AEUV (April 2012), Rn. 2.
[23] *Louis*, S. 43, 48.

setzen.²⁴ Im Einklang mit dieser Historie hebt Art. 141 AEUV den ErwR auf ein **primärvertragliches Fundament**.²⁵

C. Zusammensetzung

Die primär **koordinative und verflechtende**²⁶ Funktion des als Kollegialorgan konzipierten²⁷ ErwR wird durch seine Zusammensetzung reflektiert. Als stimmberechtigte Mitglieder gehören ihm die Präsidenten aller nationalen Zentralbanken²⁸ – nach Nr. 8 Protokoll Nr. 15 auch der Präsident der Bank of England sowie nach Nr. 1 Protokoll Nr. 16²⁹ der Präsident der Danmarks Nationalbank – und der Präsident und Vizepräsident der EZB an (Art. 44.2 Satz 1 ESZB-Satzung). Der Vorsitz ist dem Präsidenten der EZB übertragen. Damit war die Hoffnung auf eine disziplinierende Wirkung im Hinblick auf potentielle, mit Art. 129 Abs. 1 AEUV nicht zu vereinbarende Leitungsambitionen des ErwR verbunden.³⁰

Weitere Mitglieder des EZB-Direktoriums verfügen – was dessen primäre Fokussierung auf die Eurozone spiegelt³¹ – lediglich über ein stimmloses Teilnahmerecht an den Sitzungen des ErwR, so dass die Bezeichnung »ErwR« (in der englischen Sprachfassung »General Council«), der eine Kongruenz mit dem EZB-Rat suggeriert, irreführend erscheint.³² Ein Teilnahmerecht steht darüber hinaus nach Art. 45.2 der ESZB-Satzung dem Präsidenten des Rates der Europäischen Union sowie einem Mitglied der Kommission (Art. 3 Abs. 1 GO-ErwRat) zu. Die hiermit einhergehende und potentiell mit dem Unabhängigkeitsprimat der EZB und ihrer Organe³³ konfligierende Einflussnahme nimmt das Primärrecht hin. Soweit der ErwR es für zweckmäßig hält, kann er auch andere Personen zu seinen Sitzungen einladen, Art. 3 Abs. 5 GO-ErwR.

D. Konstituierung sowie temporäre Natur des ErwR

Der Bestand des ErwR ist gem. Art. 50 ESZB-Satzung an die Existenz von Mitgliedstaaten, die noch über eine eigene Währung verfügen, gekoppelt,³⁴ so dass er als eine **Übergangsinstitution**³⁵ konzipiert ist. Seine temporäre Natur wird durch die Satzung,

---

²⁴ Vgl. *Sprung*, in: Siekmann, EWU, Art. 44 ESZB-Satzung, Rn. 9.
²⁵ *Krauskopf/Steven*, CMLRev. 46 (2009), 1143 (1155); *Sprung*, in: Siekmann, EWU, Art. 141 AEUV, Rn. 1; *Vranes*, CJEL 6 (2000), 361 (364).
²⁶ Vgl. auch *López Torres*, in: GS, EUV/EGV, Art. 45 ESZB-Satzung, Rn. 7.
²⁷ *Palm*, in: Grabitz/Hilf/Nettesheim, EU, Art. 141 AEUV (April 2012), Rn. 14.
²⁸ Jeder Zentralbankpräsident kann nach Art. 3 Abs. 2 GO-ErwR in der Regel von einer Person begleitet werden.
²⁹ *Khan*, in: Geiger/Khan/Kotzur, EUV/AEUV, Art. 141 AEUV, Rn. 1; *Potacs*, in: Schwarze, EU-Kommentar, Art. 141 AEUV, Rn. 1.
³⁰ *López Torres*, in: GS, EUV/EGV, Art. 45 ESZB-Satzung, Rn. 6; *Zilioli/Selmayr*, S. 160.
³¹ *López Torres*, in: GS, EUV/EGV, Art. 45 ESZB-Satzung, Rn. 7.
³² *Palm*, in: Grabitz/Hilf/Nettesheim, EU, Art. 141 AEUV (April 2012), Rn. 13.
³³ Vgl. GA *Jacobs*, Schlussanträge zu Rs. C–11/00 (OLAF), Slg. 2003, I–7155, Rn. 55.
³⁴ *Sprung*, in: Siekmann, EWU, Art. 141 AEUV, Rn. 2, Fn. 6; *ders.*, in: Siekmann, EWU, Art. 50 ESZB-Satzung, Rn. 10.
³⁵ *Allemand*, ELJ 11 (2005), 586 (593); *Goetze* (Fn. 16), S. 62; *Kempen*, in: Streinz, EUV/AEUV, Art. 141 AEUV, Rn. 2; *Khan*, in: Geiger/Khan/Kotzur, EUV/AEUV, Art. 141 AEUV, Rn. 1; *Vranes*, CJEL 6 (2000), 361 (364).

die ihn Kapitel IX (»Übergangbestimmungen und sonstige Bestimmungen für das ESZB«) zuordnet, unterstrichen. Faktisch könnten jedoch die Sonderreglements für Dänemark und das Vereinigte Königreich dessen dauerhaften Bestand zur Folge haben.[36] Da Art. 141 AEUV eine Bestimmung darstellt, die eine Ausnahmeregelung i. S. d. Nr. 1 Protokoll Nr. 15 betrifft, sichert der als systemfremdes Aliud[37] zu betrachtende dänische Sonderstatus (s. Art. 139 AEUV, Rn. 40 ff.) den Fortbestand des ErwR. Darüber hinaus erklärt Nr. 8 Protokoll Nr. 16[38] Art. 44 ESZB-Satzung unabhängig von der Existenz von Mitgliedstaaten mit Ausnahmeregelung für anwendbar und knüpft den Bestand des ErwR an die Euro-Einführung im Vereinigten Königreich,[39] die angesichts des »Brexit«-Referendums nunmehr nicht zu erwarten ist.

7 Ob der ErwR ipso iure durch Art. 123 Abs. 3 EGV[40] oder erst durch Art. 45.1 a. F. ESZB-Satzung – nunmehr Art. 44.1 ESZB-Satzung (»wird der ErwR [...] eingesetzt«)[41] errichtet wurde, erweist sich angesichts des primärrechtlichen Charakters der ESZB-Satzung, vgl. Art. 51 EUV, als rein akademische Frage. Im Ergebnis wird von einem bereits vertraglich verankerten Automatismus auszugehen sein. Im Einklang hiermit deutet auch der Wortlaut des Art. 141 Abs. 1 AEUV und Art. 44. 1 i. V. m. Art. 50 ESZB-Satzung bei Wegfall der Ausnahme- und Sonderregelungs-Mitgliedstaaten auf einen **Auflösungsautomatismus** hin.[42] Bestätigung findet dies in Art. 11 der GO-ErwR,[43] wonach bei Einführung der gemeinsamen Währung in allen Mitgliedstaaten »der ErwR aufgelöst [wird], womit diese Geschäftsordnung nicht mehr anwendbar ist.« In dieses Bild fügt sich **Art. 50 ESZB-Satzung** auch insofern, als ihm zufolge Art. 44.1 als Satzungsvorschrift anwendbar bleibt, »sofern und solange es Mitgliedstaaten gibt, für die eine Ausnahmeregelung gilt.« Dies verleiht Art. 50 ESZB-Satzung den Charakter einer **Reaktivierungsklausel**,[44] die zur (Neu)Konstituierung ipso iure des ErwR bei dem Beitritt neuer Mitgliedstaaten führt, auch wenn zwischenzeitlich seine Auflösung eingetreten ist.[45] Wohl müsste sich jedoch der neukonstituierte ErwR eine neue GO geben.[46]

E. Aufgaben und Befugnisse des ErwR

8 Primärrecht und Satzung differenzieren nicht genau zwischen Aufgaben und Kompetenzen. Nicht mit allen Aufgaben, die temporärer Natur sind,[47] korrespondieren auch spezifische Entscheidungsbefugnisse.

---

[36] *López Torres*, in: GS, EUV/EGV, Art. 44 ESZB-Satzung, Rn. 4.
[37] *Sprung*, in: Siekmann, EWU, Art. 44 ESZB-Satzung, Rn. 50, Fn. 99, hingegen betrachtet Dänemark als Mitgliedstaat mit Ausnahmeregelung. Wie hier wohl *López Torres*, in: GS, EUV/EGV, Art. 45 ESZB-Satzung, Rn. 4.
[38] Vgl. auch *Vranes*, CJEL 6 (2000), 361 (364).
[39] *López Torres*, in: GS, EUV/EGV, Art. 45 ESZB-Satzung, Rn. 4; *Smits*, S. 97; *Sprung*, in: Siekmann, EWU, Art. 44 ESZB-Satzung, Rn. 50.
[40] In diese Richtung *Häde*, EuR 2009, 200 (215).
[41] *López Torres*, in: GS, EUV/EGV, Art. 45 ESZB-Satzung, Rn. 3.
[42] Bejahend *Allemand*, ELJ 11 (2005), 586 (593).
[43] *Zilioli/Selymayr*, S. 161.
[44] *Kempen*, in: Streinz, EUV/AEUV, Art. 141 AEUV, Rn. 2; Im Ergebnis hält *López Torres*, in: GS, EUV/EGV, Art. 45 ESZB-Satzung, Rn. 5, wohl einen Neuerrichtungsakt für notwendig.
[45] *Häde*, in: Calliess/Ruffert, EUV/AEUV, Art. 141 AEUV, Rn. 1; *Sprung*, in: Siekmann, EWU, Art. 141 AEUV, Rn. 9; *ders.*, in: Siekmann, EWU, Art. 44 ESZB-Satzung, Rn. 51. Nicht eindeutig *Hahn/Häde*, § 16, Rn. 70.
[46] *López Torres*, in: GS, EUV/EGV, Art. 46 ESZB-Satzung, Rn. 3.
[47] *Krauskopf/Steven*, CMLRev. 46 (2009), 1143 (1155).

I. Aufgaben

Zuvörderst dient der ErwR nach Art. 46.1, 1. Gedstr. ESZB-Satzung der eigenverantwortlichen **Erfüllung der Aufgaben**, welche ehemals dem **EWI** zustanden und nunmehr in den Verantwortungsbereich der EZB fallen (Art. 43 ESZB-Satzung).[48] Einige der ehemaligen EWI-Aufgaben werden nunmehr – nach Aufhebung der EWI-Satzung[49] – in Art. 141 Abs. 2 AEUV enumerativ aufgeführt.[50] Das vollständige Aufgabenspektrum des ErwR erschließt sich allerdings erst in einer Gesamtbetrachtung des Art. 141 Abs. 2 AEUV mit Art. 46 ESZB-Satzung, die insofern komplementär sind, sowie weiteren Bestimmungen der ESZB-Satzung.[51] Art. 44.3 ESZB-Satzung, der den abschließenden Charakter der Aufgabenauflistung in Art. 46 ESZB-Satzung zu suggerieren scheint, ist relativierend dahingehend zu verstehen,[52] dass eine Aufgabenübertragung auf den ErwR lediglich durch das Primärrecht und die Satzung erfolgen kann und nicht der Entscheidungsbefugnis des EZB-Rates unterliegt.[53] Art. 46.1, 2. Gedstr., Art. 46.2, 46.3 ESZB-Satzung verpflichten ihn darüber hinaus zur Mitwirkung an bestimmten Maßnahmen anderer Organe, insbesondere des EZB-Rates.

II. Befugnisse

Die Befugnisse des ErwR sind allein dem Primärrecht und der EZB-Satzung zu entnehmen[54] und können trotz historisch bedingter Interdependenzen nicht – auch nicht im Wege eines Analogieschlusses[55] – aus den ehemaligen Kompetenzen des EWI abgeleitet werden.[56] Zum einen wurden letztere nicht dem ErwR, sondern der EZB als solcher übertragen,[57] zum anderen kann die EWI-Satzung infolge ihrer Aufhebung keinerlei Rechtswirkungen mehr zeitigen. Dies steht der (vorsichtigen) Heranziehung der **EWI-Kompetenzen als Auslegungshilfe** nicht entgegen.

Im Einklang mit seiner primär koordinativen Ausrichtung stehen dem ErwR **wenige echte Entscheidungs- bzw. Rechtsetzungsbefugnisse**,[58] jedoch **zahlreiche Mitwirkungsrechte** zu. Gründe für die Kompetenzarmut des ErwR sind in erster Linie die Überzeugung der Mitgliedstaaten, auf dem Gebiet der Geldpolitik eine möglichst klare Verantwortungsteilung sicherzustellen, was sich in der zentralisierten Struktur der EZB

---

[48] Vgl. *Häde*, FS Hahn, 144 (150).
[49] Art. 1 Nr. 9 Buchst. c Protokoll Nr. 1, ABl. 2007, C 306/165.
[50] Anlage zur Stellungnahme der EZB vom 5.7.2007, ABl. 200, C 160/2 (4 unter Nr. 5); *Häde*, EuR 2009, 200 (216).
[51] *Beutel*, S. 153. Ungenau insofern *Kempen*, in: Streinz, EUV/AEUV, Art. 141 AEUV, Rn. 2; *Khan*, in: Geiger/Khan/Kotzur, EUV/AEUV, Art. 141 AEUV, Rn. 2; *Rodi*, in: Vedder/Heintschel v. Heinegg, EVV, Art. III–1999, Rn. 3.
[52] *Dziechiarz*, Rechtliche Integration der nationalen Zentralbanken in das Europäische System der Zentralbanken und in das Eurosystem, 2009, S. 174.
[53] Vgl. *Krauskopf/Steven*, CMLRev. 46 (2009), 1143 (1155); *López Torres*, in: GS, EUV/EGV, Art. 45 ESZB-Satzung, Rn. 10, 12; *Sprung*, in: Siekmann, EWU, Art. 44 ESZB-Satzung, Rn. 57.
[54] *Palm*, in: Grabitz/Hilf/Nettesheim, EU, Art. 141 AEUV (April 2012), Rn. 19.
[55] *Sprung*, in: Siekmann, EWU, Art. 46 ESZB-Satzung, Rn. 39.
[56] Vgl. *Palm*, in: Grabitz/Hilf/Nettesheim, EU, Art. 141 AEUV (April 2012), Rn. 19; *Sprung*, in: Siekmann, EWU, Art. 43 ESZB-Satzung, Rn. 15, Fn. 16.
[57] *López Torres*, in: GS, EUV/EGV, Art. 44 ESZB-Satzung, Rn. 3; *Palm*, in: Grabitz/Hilf/Nettesheim, EU, Art. 141 AEUV (April 2012), Rn. 3.
[58] *Sprung*, in: Siekmann, EWU, Art. 46 ESZB-Satzung, Rn. 11.

spiegelt,[59] und womöglich auch, den »Derogationsstatus« für Nicht-Euro-Teilnehmer unattraktiv erscheinen zu lassen.[60]

12 Im Wesentlichen lassen sich zwei **originäre Entscheidungskompetenzen**, die beide in Art. 46 ESZB-Satzung unerwähnt bleiben, feststellen:[61] Zum einen beschließt der ErwR – (s. Rn. 2) – angesichts der ihm diesbezüglich durch Art. 45.4 ESZB-Satzung eingeordneten Autonomie seine **Satzung**. Zum anderen befindet der ErwR mit Verpflichtungswirkung[62] nach Art. 47 Satz 2 ESZB-Satzung darüber,[63] ob Mitgliedstaaten mit Ausnahmeregelung einen **Mindestprozentsatz des von ihnen gezeichneten Kapitals** als Beitrag zu den Betriebskosten der EZB einzuzahlen haben. Die unmittelbaren Auswirkungen eines solchen Beschlusses auf Mitgliedstaaten mit Ausnahmeregelung lassen die Zuständigkeit des ErwR sachgerecht erscheinen.[64] Angesichts der Inanspruchnahme der Dienste der EZB seitens der Mitgliedstaaten mit Ausnahmeregelung sind derartige Beschlüsse[65] üblich,[66] wobei sich der derzeit zu leistende Betrag auf 3,75 % des gezeichneten Kapitals beläuft.[67] Über den Schlüssel betreffend der Kapitalzeichnungen sowie dessen Anpassungen befindet indes der EZB-Rat, der ErwR wirkt lediglich mit (s. Rn. 20).[68] Darüber hinaus stehen dem ErwR **echte Beschlusskompetenzen**[69] im Rahmen der **ehemaligen Aufgaben des EWI** zu,[70] die er eigenverantwortlich erfüllt (s. Rn. 15 a. E.).

13 Im Bereich der koordinativen Aufgaben beschränken sich die (Mitwirkungs-)befugnisse des ErwR auf **Äußerungs-, Unterrichtungs-, sowie Konsultationsrechte**. Soweit der EZB-Rat Beschlüsse auf den Gebieten fasst, an denen der ErwR beratend mitwirkt, steht diesem nach Art. 12.1 und 13.1 der GO-EZB[71] ein Äußerungsrecht zu, was wiederum seine Position als »Meinungsbildungsforum«[72] bestätigt. Insofern erhält der ErwR auch gegenüber dem Direktorium Gelegenheit zur Äußerung, ehe dieses Rechtsakte des EZB-Rates umsetzt oder Rechtsakte kraft übertragener Kompetenz erlässt, bei denen jeweils die Mitwirkung des ErwR gem. Art. 12.1, 13 GO-EZB, 7 Abs. 1 GO-ErwR er-

---

[59] *López Torres*, in: GS, EUV/EGV, Art. 47 ESZB-Satzung, Rn. 2; *Zilioli/Selmayr*, S. 63 ff., 160.
[60] *Smits*, S. 98.
[61] *Hahn/Häde*, § 16, Rn. 18.
[62] *López Torres*, in: GS, EUV/EGV, Art. 45 ESZB-Satzung, Rn. 2, Fn. 2.
[63] *Krauskopf/Steven*, CMLRev. 46 (2009), 1143 (1156).
[64] *Beutel*, S. 133 f.
[65] Beschluss der Europäischen Zentralbank zur Bestimmung der Maßnahmen, die zur Einzahlung des Kapitals der Europäischen Zentralbank durch die nationalen Zentralbanken nicht teilnehmender Mitgliedstaaten erforderlich sind (EZB 1998/14), ABl. 1999, L 110/33; Beschluss der Europäischen Zentralbank vom 15. 12. 2008 zur Bestimmung der Maßnahmen, die zur Einzahlung des Kapitals der Europäischen Zentralbank durch die nicht teilnehmenden nationalen Zentralbanken erforderlich sind (EZB/2008/28), ABl. 2009, L 21/81; Beschluss der Europäischen Zentralbank über die Einzahlung des Kapitals der Europäischen Zentralbank durch die nicht dem Euro-Währungsgebiet angehörenden nationalen Zentralbanken (EZB/2010/28), ABl. 2011, L 11/56; Beschluss der Europäischen Zentralbank über die Einzahlung des Kapitals der Europäischen Zentralbank durch die nicht dem Euro-Währungsgebiet angehörenden nationalen Zentralbanken (EZB/2013/31), ABl. 2014, L 16/63.
[66] *Langner*, in: Siekmann, EWU, Art. 47 ESZB-Satzung, Rn. 11.
[67] Art. 1 (EZB/2013/31), ABl. 2014, L 16/63.
[68] *Beutel*, S. 134.
[69] Insbesondere im Kontext der Verwaltung des Interventions- und Zahlungsmechanismus im Rahmen des WKM II.
[70] *Beutel*, S. 116 ff.; *López Torres*, in: GS, EUV/EGV, Art. 47 ESZB-Satzung, Rn. 1; *Smits*, S. 98. A. A. wohl *Palm*, in: Grabitz/Hilf/Nettesheim, EU, Art. 141 AEUV (April 2012), Rn. 20.
[71] ABl. 2004, L 80/33.
[72] *Beutel*, S. 154.

forderlich ist. Sofern das Äußerungsrecht in Frage stand, bedurfte es nach Art. 4.4 GO-ErwR a. F.[73] nicht zwingend einer einheitlichen Positionierung des ErwR, so dass dieser dem EZB-Rat auch den Standpunkt der Minderheit mitteilen konnte.[74] Da sich diese Bestimmung in der GO-ErwR von 2004 nicht wiederfindet, ist ein solches Vorgehen nicht mehr zulässig.

Die **verbliebenen Gestaltungsräume** im Hinblick auf die Art und Weise, wie der ErwR zu beteiligen ist, füllen sowohl die **GO-EZB** (insbesondere Kapitel IV) als auch **GO-ErwR** aus. Dabei fragt sich, inwiefern der ErwR in seiner eigenen Geschäftsordnung Rechte zu Lasten anderer Organe zu begründen vermag.[75] Der Satzung ermangelt es hier an Klarheit.[76] Da die Mitwirkungsbefugnisse sich auf Aufgaben beziehen, die die ständigen Organe der EZB selbständig wahrzunehmen haben, wird man die Modalitäten der Einbeziehung des ErwR angesichts von Art. 12.3 ESZB-Satzung ihrer Geschäftsordnungsautonomie zu überlassen haben. Dabei hat er die primärrechtlich vorgesehenen Partizipationsbefugnisse des ErwR maßgeblich zu berücksichtigen.[77]

14

III. Im Einzelnen

1. Art. 46.1 ESZB-Satzung: Aufgaben nach Art. 141 Abs. 2 AEUV sowie Art. 43 ESZB

Zu den Aufgaben des ErwR gehören nach Art. 46.1, 1. Gedstr., 43.1 ESZB-Satzung i. V. m. Art. 141 Abs. 2 AEUV:
– die Verstärkung der Zusammenarbeit zwischen den nationalen Zentralbanken (Art. 141 Abs. 2, 1. Gedstr AEUV, 43.1 ESZB-Satzung) – Hierin ist eher eine Zweckbeschreibung zu sehen denn eine spezifische Befugniszuweisung.[78]
– die Verstärkung der Koordinierung der Geldpolitiken der Mitgliedstaaten mit dem Ziel, die Preisstabilität aufrechtzuerhalten (Art. 141 Abs. 2 AEUV, 2. Gedstr., 43.1 ESZB-Satzung) – Der ErwR diskutiert geldpolitische Maßnahmen der nationalen Zentralbanken, ein Anhörungsrecht besteht nicht.[79]
– die Überwachung des Funktionierens des Wechselkursmechanismus (Art. 141 Abs. 2, 3. Gedstr. AEUV, Art. 43.1 ESZB-Satzung) – Nach Art. 16.1 des WKM-Abkommens vom 16.3.2006[80] kontrolliert der ErwR das Funktionieren des **WKM II** (s. Art. 140 AEUV),[81] die jeweiligen Wechselkursrelationen sowie nach Art. 16.2 die Anwendungsbedingungen des Abkommens »regelmäßig im Licht der gesammelten Erfahrungen«. Die ausgeübte Kontrolle beschränkt sich auf Beobachtung und Analyse, deren Ergebnisse in jährlichen Berichten präsentiert werden.[82] Beschlusskom-

15

---

[73] Geschäftsordnung des erweiterten Rates der Europäischen Zentralbank, ABl. 1999, L 75/36.
[74] *Zilioli/Selymayr*, S. 158, 159; *López Torres*, in: GS, EUV/EGV, Art. 46 ESZB-Satzung, Rn. 13.
[75] Ablehnend *Palm*, in: Grabitz/Hilf/Nettesheim, EU, Art. 141 AEUV (April 2012), Rn. 19.
[76] *Beutel*, S. 156.
[77] Tendenziell *Palm*, in: Grabitz/Hilf/Nettesheim, EU, Art. 141 AEUV (April 2012), Rn. 19.
[78] *Sprung*, in: Siekmann, EWU, Art. 43 ESZB-Satzung, Rn. 13.
[79] *Sprung*, in: Siekmann, EWU, Art. 43 ESZB-Satzung, Rn. 18; a. A. *Beutel*, S. 35.
[80] Abkommen zwischen der EZB und den Zentralbanken der nicht dem Euro-Währungsgebiet angehörenden Mitgliedstaaten über die Funktionsweise eines Wechselkursmechanismus in der dritten Stufe der Wirtschafts- und Währungsunion, ABl. 2006, C 73/21. Zuletzt geändert durch Abkommen vom 13.12.2010, ABl. 2011, C 5/3.
[81] *Häde*, in: Calliess/Ruffert, EUV/AEUV, Art. 141 AEUV, Rn. 10.
[82] *Sprung*, in: Siekmann, EWU, Art. 43 ESZB-Satzung, Rn. 26.

petenzen über Wechselkursangelegenheiten stehen ihm nicht zu.[83] Kompetenzen des ErwR vermag das Übereinkommen nicht zu begründen; dessen Bestimmungen sind allein insofern relevant, als sie die Zuständigkeiten, die bereits aus Art. 141 Abs. 2 AEUV fließen, konkretisieren.[84]

– Durchführung von Konsultationen zu Fragen, die in die Zuständigkeit der nationalen Zentralbanken fallen und die Stabilität der Finanzinstitute und -märkte berühren (Art. 141 Abs. 2, 4. Gedstr. AEUV, 43.1 ESZB-Satzung). Die Aktivitäten des ErwR beschränken sich hier im Wesentlichen auf interne Diskussionen.[85]

– die Wahrnehmung der seinerzeitigen Aufgaben des Europäischen Fonds für währungspolitische Zusammenarbeit,[86] die zuvor vom Europäischen Währungsinstitut übernommen worden waren (Art. 141 Abs. 2 AEUV, 5. Gedstr., 43.1 ESZB-Satzung) – Der ErwR verwaltet den **Interventions- und Finanzierungsmechanismus im Rahmen des WKM II**. Dabei stellen nationale Zentralbanken einander sog. sehr kurzfristige Kreditfazilitäten[87] (Art. 6 ff., 16 WKM II-Abkommen)[88] sowie Darlehen im Rahmen des mittelfristigen finanziellen Beistands zur Verfügung.[89] Die Formulierung (»zuvor«) erscheint insofern, als weder der EFWZ noch das EWI jemals Aufgaben im Rahmen des WKM II wahrgenommen haben, missglückt. Sie ist sachlogisch als Verweis auf diejenigen Aufgaben im Rahmen des WKM II zu verstehen, die im Wesentlichen mit den im Rahmen des EWS-Übereinkommens übertragenen korrespondieren.[90]

16 Art. 46.1, 1. Gedstr., Art. 43.2 ESZB Satzung überträgt dem ErwR zudem die

– Beratung bei der Vorbereitung der Aufhebung der Ausnahmeregelung nach Art. 140 AEUV (Art. 43.2, Art. 46.1, 1. Gedstr. ESZB-Satzung) – Vor Beschlüssen des EZB-Rates ist der ErwR nach Art. 12.1, 7. Gedstr. GO-EZB anzuhören. Entgegen mitunter vertretener Ansicht[91] wirkt der ErwR an der Erstellung der Konvergenzberichte nicht nur mit, sondern ist für deren Verabschiedung auch zuständig.[92]

17 Nach Art. 46.1, 2. Gedstr. ESZB-Satzung obliegt ihm des Weiteren die

– Unterstützung der EZB bei der Erfüllung ihrer Beratungspflichten nach Art. 4 und

---

[83] *Smits*, S. 463.
[84] *Sprung*, in: Siekmann, EWU, Art. 43 ESZB-Satzung, Rn. 25.
[85] *Sprung*, in: Siekmann, EWU, Art. 43 ESZB-Satzung, Rn. 31.
[86] Verordnung (EWG) Nr. 907/73 des Rates vom 3.4.1973 zur Errichtung eines Europäischen Fonds für währungspolitische Zusammenarbeit, ABl. 1973, L 89/2.
[87] Vgl. bereits Art. 6.2, 7.1 EWS Abkommen v. 13.3.1979; Art. 6.1, 1. Gedstr. EWI-Satzung.
[88] *Sprung*, in: Siekmann, EWU, Art. 43 ESZB-Satzung, Rn. 46.
[89] Art. 9 Verordnung (EG) Nr. 332/2002 des Rates vom 18.2.2002 zur Einführung einer Fazilität des mittelfristigen finanziellen Beistands zur Stützung der Zahlungsbilanzen der Mitgliedstaaten, ABl. 2002, L 53/1, geändert durch Verordnung (EG) Nr. 1360/2008 des Rates vom 2.12.2008, ABl. 2008, L 352/11 sowie Verordnung (EG) Nr. 431/2009 des Rates vom 18.5.2009, ABl. 2009, L 128/1; *Smits*, S. 463. Der sog. kurzfristige Währungsbeistand hat sich im Rahmen des WKM II erübrigt, *Schiemann*, Der neue Europäische Wechselkursmechanismus: Währungsbeziehungen zwischen Ins, Pre-Ins und Outs, in: Caesar/Scharrer (Hrsg.), Die Europäische Wirtschafts- und Währungsunion. Regionale und globale Herausforderungen, 1998, S. 293 (301). Zu Abwicklungsfragen hat der ErwR einen Beschluss gefasst, EZB/2003/14, ABl. 2003, L 297/35.
[90] *Sprung*, in: Siekmann, EWU, Art. 43 ESZB-Satzung, Rn. 34.
[91] *Beutel*, S. 271; *López Torres*, in: GS, EUV/EGV, Art. 47 ESZB-Satzung, Rn. 4.
[92] So *Issing*, The Birth of the Euro, 2008, S. 75; *Krauskopf/Steven*, CMLRev. 46 (2009), 1143 (1155); *Sprung*, in: Siekmann, EWU, Art. 43 ESZB-Satzung, Rn. 46. Vgl. EZB, Konvergenzbericht, Juni 2013, S. 9; Konvergenzbericht, Mai 2012, S. 8; *Trichet*, Press Briefing v. 20.10.2004, BIS Review 61/2004, 1. Zudem CON/2004/35. Ziff. 13 (Stellungnahme ungarische Zentralbank). A. A. wohl *López Torres*, in: GS, EUV/EGV, Art. 47 ESZB-Satzung, Rn. 4.

25.1 ESZB – Der ErwR erhält im von Vorfeld Stellungnahmen des EZB-Rates zu Vorschlägen von Unionsrechtakten (Art. 4) und der Aufsicht über Kreditinstitute sowie zur Stabilität des Finanzsystems (Art. 25.1 ESZB-Satzung) Gelegenheit zur Äußerung.[93] Unerwähnt bleibt hier seine Mitwirkung an Stellungnahmen des EZB-Rates gem. Art. 127 Abs. 4 AEUV.[94] Ein Recht zu autonomer Stellungnahme steht ihm nicht zu.[95] Die Überwachung der Einhaltung von Art. 123, 124 AEUV zählt nicht zu den Aufgaben des ErwR, eine Einbeziehung von Mitgliedern des ErwR wäre allerdings nach Art. 3.5 GO-EZB-Rat möglich.[96]

2. Art. 46.2 ESZB-Satzung

Im Einklang mit Art. 46.2, 1. Gedstr. ESZB-Satzung soll der ErwR im Hinblick auf die Datenerhebung gem. Art. 5 ESZB-Satzung, die sämtliche Mitgliedstaaten betrifft,[97] nach Art. 6 Abs. 3 GO-ErwR auf eine Stärkung der Zusammenarbeit zwischen den mitgliedstaatlichen Zentralbanken sowie auf eine Harmonisierung datenerhebungsrelevanter Bestimmungen hinwirken und sich zu Empfehlungsentwürfen des EZB-Rates an die EZB äußern.[98] **18**

Des Weiteren nimmt er – auf diesem Wege die EZB bei ihren Berichtsaktivitäten nach Art. 15 ESZB-Satzung (Art. 46.2, 2. Gedstr. ESZB-Satzung) unterstützend – zu Berichten gegenüber dem EZB-Rat vor seiner Verabschiedung Stellung (Art. 12.1, 3. Gedstr. GO-EZB, Art. 6 Abs. 4 GO-ErwR).[99] Dies betrifft den Jahresbericht, aufgrund freiwilliger Selbstbeschränkung jedoch nicht die Monatsberichte, deren Erstellung dem Direktorium seitens des EZB-Rates übertragen wurde.[100] **19**

Der ErwR äußert sich gegenüber dem EZB-Rat zu dessen Entwürfen über Regeln für die Anwendung von Art. 26 ESZB-Satzung gemäß Art. 26.4 ESZB-Satzung (Art. 46.2, 3. Gedstr. ESZB- Satzung) – Festlegung/Anpassung[101] prozentualer Anteile am Schlüssel für Zeichnung des EZB-Kapitals –, zu allen sonstigen erforderlichen Maßnahmen zur Anwendung von Art. 29 ESZB-Satzung gemäß Art. 29.4 ESZB-Satzung (Art. 46.2, 4. Gedstr. ESZB-Satzung)[102] – i. d. R. sog. Konkretisierungsbeschlüsse[103] – sowie zu der Festlegung der Beschäftigungsbedingungen für das Personal der EZB gemäß Art. 36 ESZB-Satzung (Art. 46.2, 5. Gedstr. ESZB-Satzung). Ratio der zuletzt genannten Einbindung wird wohl die Erwägung sein, dass das EZB-Personal sich nicht allein aus Staats- **20**

---

[93] *López Torres*, in: GS, EUV/EGV, Art. 47 ESZB-Satzung, Rn. 8.
[94] *Häde*, in: Calliess/Ruffert, EUV/AEUV, Art. 127 AEUV, Rn. 41; *López Torres*, in: GS, EUV/EGV, Art. 47 ESZB- Satzung, Rn. 8; *Sprung*, in: Siekmann, EWU, Art. 43 ESZB-Satzung, Rn. 30, Fn. 73.
[95] *Sprung*, in: Siekmann, EWU, Art. 46 ESZB-Satzung, Rn. 35; wohl auch *López Torres*, in: GS, EUV/EGV, Art. 47 ESZB-Satzung, Rn. 6 f. A. A. *Beutel*, S. 120.
[96] *Sprung*, in: Siekmann, EWU, Art. 43 ESZB-Satzung, Rn. 40 ff.
[97] *Zilioli/Selymayr*, S. 159.
[98] Vgl. *López Torres*, in: GS, EUV/EGV, Art. 47 ESZB-Satzung, Rn. 10.
[99] *López Torres*, in: GS, EUV/EGV, Art. 47 ESZB-Satzung, Rn. 14.
[100] *Sprung*, in: Siekmann, EWU, Art. 46 ESZB-Satzung, Rn. 30.
[101] Vgl. *EZB*, Beschluss vom 22.4.2004 über die prozentualen Anteile der nationalen Zentralbanken im Schlüssel für die Zeichnung des Kapitals der Europäischen Zentralbank, EZB/2004/5, ABl. 2004, L 205/5.
[102] *Langner*, in: Siekmann, EWU, Art. 29 ESZB-Satzung, Rn. 36. Dies erstreckt sich nicht auf Mitwirkung an Beschlüssen des Rates nach Art. 28.5, *Sprung*, in: Siekmann, EWU, Art. 46 ESZB-Satzung, Rn. 39. A. A. *Beutel*, S. 135.
[103] *Langner*, in: Siekmann, EWU, Art. 29 ESZB-Satzung, Rn. 33.

angehörigen der Euro-Teilnehmer speist[104] und sich das Gehalt der Beschäftigten auf die Gewinnverteilung nach Art. 33.2 ESZB-Satzung auswirkt.[105]

3. Art. 46.3 ESZB-Satzung

21 Art. 46.3 ESZB-Satzung steht in enger Beziehung zu Art. 43.2, Art. 46.1, 1. Gedstr. ESZB-Satzung. Der ErwR äußert sich zu Entwürfen von EZB-Stellungnahmen nach Art. 140 Abs. 3 AEUV (unwiderrufliche Festlegung der Wechselkurse) sowie Rechtsakten, welche die Ausnahmeregelung aufheben,[106] und teilt seine diesbezüglichen Beobachtungen mit.[107] Nach Nr. 8 Buchst. b Protokoll Nr. 15 betreffend das Vereinigte Königreich wirkt der ErwR auch an der Vorbereitung von Entscheidungen nach Nr. 9 Buchst. a und b des Protokolls (Beschlüsse des Rates nach Art. 140 Abs. 2, 3 AEUV) beratend mit (Art. 6 Abs. 8 GO-ErwR).

4. Art. 46.4 ESZB-Satzung

22 Der Informationsaustausch verwirklicht sich insbesondere über die Unterrichtungspflicht der EZB. Dem ErwR steht kein Recht auf Information über noch zu beratende Gegenstände zu,[108] sondern nur über getroffene Beschlüsse. Einer Erstreckung des Informationsrechts auf andere, für die durchaus teleologische Gesichtspunkte streiten,[109] steht der eindeutige Wortlaut des Art. 46.4 ESZB-Satzung entgegen.

F. Modus Operandi

23 In der Praxis fasst der ErwR – was von einigen Autoren als Anomalie betrachtet wird – selten Beschlüsse,[110] die Sitzungen nehmen zumeist die Gestalt von **reinen Diskussionen** an.[111] Für Entscheidungen bedarf es grundsätzlich seiner Beschlussfähigkeit, die nach Art. 4 Abs. 1 Satz 1 GO-ErwR gegeben ist, wenn mindestens zwei Drittel seiner Mitglieder oder ihrer Stellvertreter an der Abstimmung teilnehmen. Nach Satz 2 kann der Präsident des Rates auch außerordentliche Sitzungen einberufen, bei denen das Quorum für die Beschlussfähigkeit nicht erreicht werden muss, Art. 4 Abs. 1 Satz 2 GO-ErwR. Soweit der ErwR keine Beschlüsse fällt, handelt er in Bereichen, in denen ihm Entscheidungskompetenzen zukommen (Art. 43 ESZB-Satzung), durch Stellungnahmen und Empfehlungen.[112] Der ErwR trifft, sofern sich der Satzung nicht anderes entnehmen lässt, seine Beschlüsse mit einfacher Mehrheit (Art. 4 Abs. 2 GO-ErwR). Eine Sonderregelung findet sich in Art. 47 Satz 2 ESZB-Satzung für die Einzahlung des ge-

---

[104] *López Torres*, in: GS, EUV/EGV, Art. 47 ESZB-Satzung, Rn. 13.
[105] *Sprung*, in: Siekmann, EWU, Art. 46 ESZB-Satzung, Rn. 39.
[106] *Hahn/Häde*, § 16, Rn. 77; *Sprung*, in: Siekmann, EWU, Art. 46 ESZB-Satzung, Rn. 43.
[107] *López Torres*, in: GS, EUV/EGV, Art. 47 ESZB-Satzung, Rn. 16. Vgl. Abs. 5 der Präambel zu Verordnung (EG) Nr. 2548/2000 der EZB vom 2.11.2000 über Übergangsbestimmungen für die Auferlegung einer Mindestreservepflicht durch die EZB nach der Einführung des Euro in Griechenland (EZB/2000/11), ABl. 2000, L 291/28.
[108] Vgl. *Howard/Loedel*, The European Central Bank, 2003, S. 95.
[109] So *Sprung*, in: Siekmann, EWU, Art. 46 ESZB-Satzung, Rn. 47; *Zilioli/Selmayr*, S. 160, Fn. 95.
[110] *Smits*, S. 98; *Zilioli/Selmayr*, S. 158.
[111] *Sprung*, in: Siekmann, EWU, Art. 44 ESZB-Satzung, Rn. 52.
[112] *Sprung*, in: Siekmann, EWU, Art. 46 ESZB-Satzung, Rn. 14.

zeichneten Kapitals. Allein in diesem Zusammenhang regelt Art. 29 ESZB-Satzung die Gewichtung der Stimmen der Mitglieder des ErwR.[113] Da es an einer mit Art. 284 Abs. 1 UAbs. 1 AEUV vergleichbaren Bestimmung ermangelt, steht dem Ratspräsidenten im ErwR kein Antragsrecht zu.[114]

In welchen Intervallen Sitzungen des ErwR stattzufinden haben, ist nicht konkretisiert. In der Regel tritt er in einem Turnus von drei Monaten in Frankfurt zusammen.[115] Seine Sitzungstermine bestimmt der ErwR auf Vorschlag seines Präsidenten (Art. 1 Abs. 1 GO-ErwR); dieser hat Sitzungen einzuberufen, wenn er es für notwendig erachtet (Art. 1 Abs. 3 GO-ErwR) oder von drei Mitgliedern hierum ersucht wird (Art. 1 Abs. 2 GO-ErwR). 24

G. Befund

Trotz des faktisch »**minimalen**«[116] **Grades der Partizipation** der Mitgliedstaaten mit Ausnahmeregelung an der EZB, die der ErwR vermittelt, ist seine institutionelle Symbolkraft nicht zu unterschätzen.[117] Sie bedingte, dass er in der Diskussion um Maßnahmen zur Eindämmung der Finanzkrise, die sich nicht nur als eine solche der Eurozone, sondern vielmehr der gesamten Union darstellte, an Bedeutung gewann. Mit seinem institutionellen Telos und seiner primärvertraglichen Legitimierung steht dies auch in Einklang. So sollte – wie der De Larosière-Bericht[118] vorschlug – der Vorsitzende des European Systemic Risk Board[119] aus den Reihen des ErwR stammen, wovon man sich eine Sicherstellung der Finanzaufsicht auch über die Eurozone versprach.[120] Im Ergebnis einigte man sich darauf, den ersten stellvertretenden Vorsitzenden des ESRB sowie vier Mitglieder des Lenkungsausschusses[121] aus den Organvertretern des ErwR zu berufen.[122] Die Bezugnahme auf den ErwR diente hier allerdings lediglich einer personellen Eingrenzung des Kreises potentieller Funktionsträger. Zwar ist eine Aufgabenübertragung an den ErwR außerhalb von Verträgen und Satzung nicht möglich, es bieten sich im Rahmen der Organisationsautonomie der EZB jedoch durchaus Wege, seine Rolle im Unionsgefüge aufzuwerten. Eine wesentliche Rolle könnte in diesem Zusammenhang der EZB-Rat spielen, indem er den Sachverstand des ErwR in verstärktem Umfang bei 25

---

[113] *López Torres*, in: GS, EUV/EGV, Art. 46 ESZB-Satzung, Rn. 12; *Langner*, in: Siekmann, EWU, Art. 29 ESZB-Satzung, Rn. 3; *Smits*, S. 102.
[114] *Hahn/Häde*, § 16, Rn. 74.
[115] *López Torres*, in: GS, EUV/EGV, Art. 45 ESZB-Satzung, Rn. 9; *Louis*, CMLRev. 41 (2004), 575 (598).
[116] *Zilioli/Selmayr*, S. 158.
[117] Vgl. *Beutel*, S. 153.
[118] *High-Level Group on financial supervision in the EU*, 2009, Rn. 178.
[119] Verordnung (EU) Nr. 1096/2010 des Rates vom 17.11.2010 zur Betrauung der Europäischen Zentralbank mit besonderen Aufgaben bezüglich der Arbeitsweise des Europäischen Ausschusses für Systemrisiken, ABl. 2010, L 331/162; Verordnung (EU) Nr. 1092/2010 des Europäischen Parlaments und des Rates vom 24.11.2010 über die Finanzaufsicht der Europäischen Union auf Makroebene und zur Errichtung eines Europäischen Ausschusses für Systemrisiken, ABl. 2010, L 331/1.
[120] Vgl. *Hodson*, JCMSt 48 (2010), 225 (237).
[121] Art. 5 Abs. 2 Buchst. c Verordnung (EU) Nr. 1092/2010 des Europäischen Parlaments und des Rates vom 24.11.2010 über die Finanzaufsicht der Europäischen Union auf Makroebene und zur Errichtung eines Europäischen Ausschusses für Systemrisiken, ABl. 2010, L 331/1.
[122] Art. 5 Abs. 2 VO (EU) Nr. 1092/2010.

seinen Sitzungen heranzieht, was Art. 3.5 der GO-EZB-Rat erlaubt.[123] Je mehr sich abzeichnet, dass die **Dichotomie von Mitgliedstaaten mit Ausnahmeregelung** und Euro-Mitgliedstaaten entgegen der den Verträgen zugrundeliegenden Erwartungen permanent wird, desto mehr erscheint eine primärvertragliche Neujustierung der Aufgaben des ErwR erwägenswert, obwohl momentan eher unwahrscheinlich.

---

[123] Vgl. auch *Sprung*, in: Siekmann, EWU, Art. 43 ESZB-Satzung, Rn. 44.

Artikel 142 AEUV [Wechselkurspolitik]

¹Jeder Mitgliedstaat, für den eine Ausnahmeregelung gilt, behandelt seine Wechselkurspolitik als eine Angelegenheit von gemeinsamem Interesse. ²Er berücksichtigt dabei die Erfahrungen, die bei der Zusammenarbeit im Rahmen des Wechselkursmechanismus gesammelt worden sind.

Literaturübersicht

Ausschuss der Präsidenten der Zentralbanken der Mitgliedstaaten der Europäischen Wirtschaftsgemeinschaft/Europäischer Fonds für währungspolitische Zusammenarbeit, Textsammlung zum Europäischen Währungssystem, 1985; Deutsche Bundesbank, Wechselkursanpassung im Europäischen Währungssystem, Monatsbericht Januar 1987, 15; *Häde*, Finanzausgleich, 1996; *Hahn*, Das Europäische Währungssystem – Systemvergleich und Funktionsweise, EuR 1979, 337; *ders.*, Vom Europäischen Währungssystem zur Europäischen Währungsunion, 1990; *Malanczuk*, Die Außenvertretung der Europäischen Gemeinschaft auf dem Gebiet der Währungspolitik, ZaöRV 59 (1999), 93; *Siebelt*, Der juristische Verhaltensspielraum der Zentralbank, 1988; Währungsausschuss der Europäischen Gemeinschaften, Kompendium von Gemeinschaftstexten im Bereich der Währungspolitik, 1974; *Weiß*, Kompetenzverteilung in der Währungspolitik und Außenvertretung des Euro, EuR 2002, 165.

Leitentscheidung

EuGH, Urt. v. 24.10.1973, Rs. 10/73 (REWE/HZA Kehl), Slg. 1973, 1175

Wesentliche sekundärrechtliche Vorschriften

Beschluss des Rates vom 8.5.1964 über die Zusammenarbeit zwischen den Zentralbanken der Mitgliedstaaten der Europäischen Wirtschaftsgemeinschaft (64/300/EWG), ABl. 1964, Nr. 77/1206, geändert durch Beschluss des Rates vom 12.3.1990 (90/142/EWG), ABl. 1990, L 78/25
Entscheidung des Rates vom 12.3.1990 zur Erreichung einer schrittweisen Konvergenz der Politiken und der wirtschaftlichen Ergebnisse während der ersten Stufe der Wirtschafts- und Währungsunion (90/141/EWG), ABl. 1990, L 78/23
Entschließung des Europäischen Rates vom 16.6.1997 über die Einführung eines Wechselkursmechanismus in der dritten Stufe der Wirtschafts- und Währungsunion, ABl. 1997, C 236/5
Abkommen vom 1.9.1998 zwischen der Europäischen Zentralbank und den nationalen Zentralbanken der nicht dem Euro-Währungsgebiet angehörenden Mitgliedstaaten über die Funktionsweise eines Wechselkursmechanismus in der dritten Stufe der Wirtschafts- und Währungsunion, ABl. 1998, C 345/6, i.d.F.v. 16.3.2006, ABl. 2006, C 73/21, zuletzt geändert durch Abkommen vom 21.6.2013, ABl. 2013, C 187/1
Beschluss des Rates vom 9.7.2013 über die Einführung des Euro in Lettland am 1.1.2014, ABl. 2013, L 195/24

Inhaltsübersicht

	Rn.
A. Entwicklung der Vorschrift, Vorläuferregelungen	1
I. Primärrecht	1
II. Sekundärrecht	2
B. Kontext der Regelung	6
C. Angelegenheit aller betr. Mitgliedstaaten von gemeinsamem Interesse als Pflicht zur Zusammenarbeit (Satz 1)	7
I. Wechselkurspolitik	7
1. Verhältnis zur Währungsinnenpolitik	7
2. Formen und Bindungen der Wechselkurspolitik	8
II. Mitgliedstaat, für den eine Ausnahmeregelung gilt	9
III. Angelegenheit von gemeinsamen Interesse	11
D. Weitere inhaltliche Vorgaben (Satz 2)	13

E. Verfahrensfragen	15
I. »Behandlung« durch jeden Mitgliedstaat mit Ausnahmeregelung	15
II. »Berücksichtigung« bei der »Behandlung«	18
III. Institutionelle Regeln	19
1. Wirtschafts- und Finanzausschuss	19
2. Erweiterter EZB-Rat	21

A. Entwicklung der Vorschrift, Vorläuferregelungen

I. Primärrecht

1   Schon Art. 107 (Abs. 1) EWGV – in Titel II (Wirtschaftspolitik), Kapitel 2 (Zahlungsbilanz) – enthielt die heute in Art. 142 Satz 1 AEUV normierte Formulierung, jedoch in Bezug auf alle Mitgliedstaaten der Gemeinschaft.[1] Eine Berücksichtigung bisheriger Erfahrungen (wie nunmehr in Art. 142 Satz 2 AEUV) wurde, Wirtschafts- und Währungspolitik umfassend, in Art. 102a (Abs. 1 Satz 2) EWGV durch die Einheitliche Europäische Akte (**EEA**) eingefügt, war aber noch enger gefasst, nämlich auf die »Zusammenarbeit im Rahmen des Europäischen Währungssystems (EWS) und bei der Entwicklung der ECU« gemünzt.[2] Den Wortlaut der EEA behielten Art. 109m (Abs. 1 Satz 2) EGV und Art. 124 (Abs. 1 Satz 2) EGV bei; zugleich wurden (jeweils in Abs. 2 der Vorschriften) ab Beginn der Endstufe der Wirtschafts- und Währungsunion (WWU) die Regelungen des ersten Absatzes personell auf Mitgliedstaaten mit Ausnahmeregelung und zeitlich für deren Dauer begrenzt.[3]

II. Sekundärrecht

2   Erst nach den EEA-Änderungen wurde der **Ratsbeschluss 90/142/EG** getroffen.[4] Gestützt auf Art. 105 Abs. 1 EWGV, sollten hierdurch im Hinblick »auf das Ziel der schrittweisen Verwirklichung der Wirtschafts- und Währungsunion« die Aufgaben und Befugnisse des bereits 1964 errichteten[5] **Ausschusses der Präsidenten der Zentralbanken der EWG-Mitgliedstaaten**, des Vorläufers des Europäischen Währungsinstituts (**EWI**),[6] »erweitert und verstärkt« werden (Erwägungsgrund 6). Nach Art. 2a des Beschlusses wurde nunmehr der Vorsitzende des Ausschusses eingeladen, an den Sitzungen des Ministerrates teilzunehmen, »wenn dieser Fragen behandelt, welche die« in Art. 3 konkretisierten »Aufgaben des Ausschusses berühren«.

3   Am selben Tage erging die (zwei 1974 erfolgte Regelungen[7] aufhebende) **Ratsentscheidung 90/141/EG** »zur Erreichung einer schrittweisen Konvergenz der Politiken und der wirtschaftlichen Ergebnisse während der ersten Stufe der Wirtschafts- und

---

[1] Dazu EuGH, Urt. v. 24.10.1973, Rs. 10/73 (REWE/HZA Kehl), Slg. 1973, 1175, Rn. 26.
[2] Eingehend *Siebelt*, S. 123ff.; ferner *Hahn*, S. 14f.
[3] Vgl. *Häde*, in: Calliess/Ruffert, EUV/EGV, Art. 124 EGV, Rn. 1; *Wölke*r, in: GS, EUV/EGV, Art. 124 EGV, Rn. 1ff.
[4] Beschluss vom 12.3.1990, ABl. 1990, L 78/25.
[5] Beschluss vom 8.5.1964, ABl. 1964, Nr. 77/1206.
[6] Vgl. näher *Häde*, S. 514ff.
[7] Entscheidung des Rates vom 18.2.1974 zur Erreichung eines hohen Grades an Konvergenz der Wirtschaftspolitik der Mitgliedstaaten der Europäischen Wirtschaftsgemeinschaft (74/120/EWG), ABl. 1974, L 63/16; Richtlinie des Rates vom 18.2.1974 über die Stabilität, das Wachstum und die Vollbeschäftigung in der Gemeinschaft (74/121/EWG), ABl. 1974, L 63/19.

Währungsunion«, basierend auf Art. 103 EWGV. Eine stärkere und wirksamere wirtschaftspolitische Koordinierung sei zur Erreichung der Ziele der Gemeinschaft, nicht zuletzt der Vollendung des Binnenmarktes geboten (Erwägungsgründe 2, 3; Art. 1 Satz 1). Eingerichtet wurde eine mindestens halbjährlich durch den Rat (Art. 1) auf der Grundlage von Berichten und Untersuchungen der Kommission durchzuführende »**multilaterale Überwachung**« der gesamten mitgliedstaatlichen Wirtschaftspolitik(en), speziell der makro- und mikroökonomischen sowie der Strukturpolitik (Art. 3 Satz 1). Der Rat wurde auch zu wirtschaftspolitischen Anregungen und (auf Vorschlag der Kommission) zu Empfehlungen ermächtigt (Art. 2 Abs. 2, ferner Art. 5 Satz 2). Bei der Vorbereitung war auch der Währungsausschuss involviert. Art. 5 und 6 zielten auf den Umgang mit intern bzw. extern ausgelösten Krisen ab; zu den einschlägigen Tagungen des Rates wurde, um »die Übereinstimmung zwischen den Geld- und den anderen Wirtschaftspolitiken zu fördern«, nach Art. 7 der Vorsitzende des Ausschusses der Zentralbankpräsidenten (s. Rn. 2) eingeladen.

Teil des Europäischen Währungssystems (**EWS**) war ein **Wechselkursmechanismus** (später: **WKM I**); Regeln hierfür ergaben sich zum einen aus einer Entschließung des Europäischen Rats vom Dezember 1978,[8] zum anderen aus einem bereits 1972[9] zwischen den Zentralbanken der E(W)G-Mitgliedstaaten geschlossenen Abkommen.[10] Für jede am WKM (I) teilnehmende Währung wurde ein Leitkurs in ECU festgesetzt, der nur im gegenseitigen Einvernehmen der an diesem Mechanismus beteiligten Länder und der Kommission geändert werden konnte, was des Öfteren erfolgte.[11] Zur Einhaltung der Bandbreiten um ein Gitter bilateraler Wechselkurse bestanden Bandbreiten von (i.d.R.) 2,25 Prozent. Um deren Einhaltung nach unten wie nach oben zu sichern, galten fakultative, aber auch obligatorische Interventionsverpflichtungen, die grundsätzlich über An- oder Verkäufe der Währungen der Teilnehmerländer am Devisenmarkt zu erfolgen hatten.[12]

4

1998 wurde auf der Basis einer Entschließung des Europäischen Rates durch ein Abkommen zwischen der Europäischen Zentralbank (EZB) und den nationalen Zentralbanken der (noch) nicht an der dritten Stufe der WWU teilnehmenden EG-Staaten die Funktionsweise des Wechselkursmechanismus (als **WKM II**) nachjustiert,[13] die bisher letzte Änderung des Abkommens erfolgte anlässlich des EU-Beitritts Kroatiens.[14] Bis heute stützt sich diese Vereinbarung nicht explizit auf Art. 352 AEUV, sondern allein auf eine Entschließung des Europäischen Rates vom Juni 1997;[15] dieser zufolge ist

5

---

[8] Ausschuss der Präsidenten der Zentralbanken der Mitgliedstaaten der Europäischen Wirtschaftsgemeinschaft EWG/Europäischer Fonds für währungspolitische Zusammenarbeit, S. 13 ff.
[9] Basler Abkommen vom 10.4.1972, Währungsausschuss der Europäischen Gemeinschaften, S. 58.
[10] Ausschuss der Präsidenten der Zentralbanken der Mitgliedstaaten der Europäischen Wirtschaftsgemeinschaft EWG/Europäischer Fonds für währungspolitische Zusammenarbeit, S. 25 ff.
[11] Vgl. etwa Deutsche Bundesbank, Monatsbericht Januar 1987, S. 15 ff.; *Siebelt*, S. 121 f.
[12] Vgl. *Hahn*, EuR 1979, 337 (349 ff.).
[13] Ursprünglich Abkommen vom 1.9.1998 zwischen der Europäischen Zentralbank und den nationalen Zentralbanken der nicht dem Euro-Währungsgebiet angehörenden Mitgliedstaaten über die Funktionsweise eines Wechselkursmechanismus in der dritten Stufe der Wirtschafts- und Währungsunion, ABl. 1998, C 345/6. Ob angesichts der nationalen Parteien hier eine völkerrechtliche Vereinbarung (in Gestalt eines Verwaltungsabkommens) gegeben ist, hängt davon ab, ob auf dieser Seite eine entsprechende (ggf. gesetzlich – wie in § 4 BBankG – konkretisierte) Außenvertretungskompetenz vorliegt.
[14] Abkommen vom 21.6.2013, ABl. 2013, C 187/1.
[15] Entschließung des Europäischen Rates vom 16.6.1997 über die Einführung eines Wechselkurs-

der WKM II so konzipiert, dass er den hieran freiwillig teilnehmenden Mitgliedstaaten, deren Währung nicht der Euro ist, »bei der Ausrichtung ihrer Wirtschaftspolitik auf Stabilität hilft, die Konvergenz fördert« und somit deren Anstrengungen »zur Einführung des Euro unterstützt« (Erwägungsgrund 2 des Abkommens vom Juni 2013). Im Herbst 2016 nahm nur noch Dänemark am WKM II teil.[16]

B. Kontext der Regelung

6 Die Vorschrift ist auch nach dem Lissabon-Vertrag weiterhin – wie seit »Maastricht« – in den Übergangsbestimmungen (nunmehr Kapitel 5) des Titels über »Wirtschafts- und Währungspolitik« verankert, jedoch nicht mehr an letzter Stelle. Zudem wurde sie sprachlich verschlankt und von historischem Ballast bereinigt. Ihren **Gegenpol** bilden **Art. 138** und **219 AEUV**. Jene Vorschrift bezüglich der Stellung des Euro im internationalen Währungssystem gilt nach Art. 139 Abs. 2 Satz 1 Buchst. i, j nicht für Mitgliedstaaten mit Ausnahmeregelung nach Art. 139 Abs. 1 AEUV. Dasselbe bestimmt Art. 139 Abs. 2 Buchst. g für Währungsvereinbarungen und andere Maßnahmen bezüglich der Wechselkurspolitik. Art. 219 AEUV als Ausnahme von der allgemeinen Regelung zum Verfahren beim Abschluss völkerrechtlicher Verträge (auch) seitens der EU bezieht sich ebenfalls nur auf »Mitgliedstaaten, deren Währung der Euro ist« (Art. 139 Abs. 2 Satz 2 AEUV). Klarstellend formuliert insoweit Art. 282 Abs. 4 Satz 2 AEUV, nach Maßgabe der Vorschriften der Art. 127 ff., 138 AEUV sowie der Satzung des ESZB und der EZB behielten die Mitgliedstaaten (noch) ohne Euro-Währung sowie deren Zentralbanken ihre **Zuständigkeiten im Währungsbereich** (»nach innerstaatlichem Recht«, Art. 42.2 ESZB-Satzung).[17]

C. Angelegenheit aller betr. Mitgliedstaaten von gemeinsamem Interesse als Pflicht zur Zusammenarbeit (Satz 1)

I. Wechselkurspolitik

1. Verhältnis zur Währungsinnenpolitik

7 Die Unterscheidung zwischen **Währungsinnen- und -außenpolitik** liegt mehreren Vorschriften des EU-Primärrechts zugrunde: Art. 119 Abs. 2 AEUV differenziert zwischen Geld-/Währungs- und Wechselkurspolitik, Art. 127 Abs. 2, Gedstr. 1 AEUV weist dem ESZB als erste »grundlegende Aufgabe« lediglich zu, die »Geldpolitik« der Union »festzulegen und auszuführen«.[18] »**Devisengeschäfte**« hingegen darf das ESZB nur im Ein-

---

mechanismus in der dritten Stufe der Wirtschafts- und Währungsunion, ABl. C 236/5; dazu *Herrmann*, in: Siekmann, EWU, Art. 142 AEUV, Rn. 6; *Häde*, in: Calliess/Ruffert, EUV/AEUV, Art. 142 AEUV, Rn. 6 f.; *Palm*, in: Grabitz/Hilf/Nettesheim, EU, Art. 142 AEUV (April 2012), Rn. 12 ff.; *Wölker*, in: GS, EUV/EGV, Art. 124 EGV, Rn. 7 ff.
[16] http://ec.europa.eu/economy_finance/euro/adoption/erm2/(26.9.2016).
[17] *Becker*, in: Siekmann, EWU, Art. 282 AEUV, Rn. 4; *Palm*, in: Grabitz/Hilf/Nettesheim, EU, Art. 142 AEUV (Mai 2013), Rn. 1.
[18] *Waldhoff*, in: Siekmann, EWU, Art. 127 AEUV, Rn. 32; *Häde*, in: Calliess/Ruffert, EUV/AEUV, Art. 127 AEUV, Rn. 10 ff.

klang mit Art. 219 AEUV durchführen (Art. 127 Abs. 2, Gedstr. 2).[19] Im Rahmen dieser Vorschrift (und soweit die Unionskompetenz reicht) obliegt die Entscheidung dem Rat der EU, nicht der EZB; letztere wird lediglich als sachverständige Institution beteiligt. Nicht direkt der Wechselkurspolitik zugeordnet wird das Halten und Verwalten der offiziellen **Währungsreserven** der Mitgliedstaaten seitens der ESZB (Art. 127 Abs. 2, Gedstr. 3 und Abs. 3). Insoweit sichert Art. 31.3. i. V. m. Art. 31.2. der ESZB-Satzung die »Übereinstimmung mit der Wechselkurs- und der Währungspolitik der Union« erst dadurch ab, dass alle hierauf bezogenen Geschäfte (außer solchen nach Art. 31.1.) oberhalb eines vom EZB-Rat festgelegten Betrags der Zustimmung der EZB bedürfen.[20] Nach Art. 139 Abs. 2 Buchst. c AEUV gelten auch Art. 127 Abs. 2 und 3 nur für EU-Mitgliedstaaten, deren Währung der Euro ist.

2. Formen und Bindungen der Wechselkurspolitik

»**Wechselkurspolitik**« (»exchange-rate policy«) umfasst, wie sich insbesondere aus Art. 219 Abs. 1, 2 und Art. 139 Abs. 2 Buchst. g AEUV ergibt, sowohl in Vertragsform gekleidetes als auch einseitiges (hoheitliches) Handeln auf dem Gebiet der gesamten Währungsaußenpolitik, speziell auch eine Teilnahme an »**Wechselkurssystemen**« (»foreign-exchange systems«).[21] Insoweit bleiben mitgliedschaftliche Verpflichtungen der betroffenen Unionsländer aus dem **IWF-Übereinkommen** (IWFÜ)[22] wirksam und relevant, als völkervertragliche Bindungen i. S. v. Art. 3 Abs. 5 EUV.[23] Insoweit werden auch, selbst wenn hierdurch unmittelbar nur IWF-Organe gebunden sind, die Ziele gem. Art. I Satz 1 Ziff. iii IWFÜ bedeutsam, nämlich »die Stabilität der Währungen zu fördern, geordnete Währungsbeziehungen unter den Mitgliedern aufrechtzuerhalten und Währungsabwertungen aus Wettbewerbsgründen zu vermeiden«. Gleichermaßen indirekt wirken Vorgaben nach Art. IV IWFÜ über »**Wechselkursregelungen**« hinsichtlich »allgemeiner Verpflichtungen« (Abschnitt 1) und »allgemeiner« Regelungen dieser Art, wenn dort »Gemeinschaftsregelungen« explizit für zulässig erachtet werden (Abschnitt 2 Buchst. b Ziff. ii).

II. Mitgliedstaat, für den eine Ausnahmeregelung gilt

Art. 139 Abs. 1 AEUV definiert für Kapitel 5 (Übergangsbestimmungen) insgesamt den Kreis der »**Mitgliedstaaten mit Ausnahmeregelung**« – so die Kurzbezeichnung. Dem entspricht reziprok Art. 139 Abs. 2 Satz 2 AEUV (»Mitgliedstaaten, deren Währung der Euro ist«).[24] Das in Art. 139 Abs. 1 AEUV aufgestellte Kriterium, insoweit dürfe der Rat der EU noch nicht beschlossen haben, dass der betroffene EU-Mitgliedstaat die erforderlichen Voraussetzungen für die Einführung des Euro erfülle, bezieht sich auf Art. 140 Abs. 2 AEUV (und damit auch auf Art. 140 Abs. 1 AEUV). Deshalb sind letztlich das **Vereinigte Königreich** und **Dänemark** ebenfalls »pre-ins«, denn das jeweilige

---

[19] *Waldhoff*, in: Siekmann, EWU, Art. 127 AEUV, Rn. 47 f.; *Häde*, in: Calliess/Ruffert, EUV/AEUV, Art. 127 AEUV, Rn. 34 f.
[20] *Keller*, in: Siekmann, EWU, Art. 31 Satzung des ESZB und der EZB, Rn. 19, 27 ff.
[21] *Kadelbach*, in: Siekmann, EWU, Art. 219 AEUV, Rn. 1, 5, 15, 40; *Häde*, in: Calliess/Ruffert, EUV/AEUV, Art. 219 AEUV, Rn. 4 ff.
[22] Vgl. dazu *Weiß*, EuR 2002, 165 (182).
[23] *Kadelbach*, in: Siekmann, EWU, Art. 219 AEUV, Rn. 68, 72; *Häde*, in: Calliess/Ruffert, EUV/AEUV, Art. 219 AEUV, Rn. 19 f.; *Malanczuk*, ZaöRV 59 (1999), 93 (105).
[24] *Herrmann*, in: Siekmann, EWU, Art. 139 AEUV, Rn. 8.

Protokoll (Art. 51 EUV) bestimmt für beide (in Ziff. 9 a für das UK [Nr. 15] und in Ziff. 2 für Dänemark [Nr. 16]), bei einem entsprechenden Antrag werde das Aufnahme-Verfahren nach Art. 140 (Abs. 1, 2) AEUV durchgeführt.[25]

10 Nach der Einführung des Euro in Lettland zum Jahresanfang 2014[26] und in Litauen ein Jahr später[27] bleiben damit außer den beiden »Protokoll«-Staaten (s. Rn. 9) noch **weitere 8 Staaten** mit Ausnahmeregelung übrig, nämlich Polen, Tschechien, Schweden, Slowenien, Ungarn, Bulgarien, Rumänien und Kroatien.

III. Angelegenheit von gemeinsamen Interesse

11 Die Kennzeichnung als »seine« Wechselkurspolitik unterstreicht, dass es insoweit bei jedem Mitgliedstaat mit Ausnahmeregelung nach wie vor um eine **staatliche Verbandskompetenz** geht, die außerhalb des Katalogs der Art. 3–6 AEUV angesiedelt ist.[28] Insbesondere handelt es sich nicht um einen Teil der »Wirtschaftspolitik« i. S. v. Art. 2 Abs. 3, Art. 5 Abs. 1 UAbs. 1 AEUV; vielmehr lässt sich auf die Sonderregelung des Art. 5 Abs. 1 UAbs. 2 ein Umkehrschluss stützen.

12 Auch wenn keine Unionsangelegenheit vorliegt, resultieren aus Art. 142 Sätze 1 und 2 AEUV jedoch **unionsrechtliche materielle Bindungen**: Zunächst bezieht sich das vorrangige Ziel der **Preisstabilität** aus Art. 119 Abs. 2 AEUV auf die »Tätigkeiten« aller EU-Mitgliedstaaten (Art. 119 Abs. 1 AEUV), obgleich im Rahmen des Art. 142 AEUV keine Vorgaben aus Art. 219 AEUV zu beachten sind (Art. 139 Abs. 2 UAbs. 1 Buchst. g). Die sprachliche Übereinstimmung mit Art. 121 Abs. 1 AEUV bedeutet auch inhaltliche Parallelität, jedoch fehlen bei Art. 142 AEUV dem Art. 120 AEUV entsprechende konkretisierende Maßgaben. Dies wirkt sich zumindest dahin aus, dass eine »Verdichtung« ähnlich dem Art. 121 Abs. 2 AEUV bei Art. 142 AEUV nicht vorgesehen ist (Art. 139 Abs. 2 UAbs. 1 Buchst. a). Angesichts des unterschiedlichen Kreises der Verpflichteten (gegenüber Art. 121 Abs. 1 AEUV) muss sich das »gemeinsame Interesse« bei Art. 142 AEUV nicht zwingend auf alle EU-Staaten beziehen. Das generell geltende Loyalitätsgebot aus Art. 4 Abs. 3 EUV (s. Rn. 15) führt jedoch dazu, dass auch die Interessen der WWU-Teilnehmer angemessen berücksichtigt müssen und jedenfalls nicht gezielt missachtet werden dürfen.

D. Weitere inhaltliche Vorgaben (Satz 2)

13 Nicht nur die eigenen, sondern alle »Erfahrungen«, die – auch von anderen Beteiligten und Dritten – erlangt und gesammelt worden sind, werden in Art. 142 Satz 2 AEUV als Entscheidungsgrundlage für die mitgliedstaatliche Wechselkurspolitik adressiert. Der sachliche Bezug zum »gemeinsamen Interesse« liegt in der Anknüpfung an die »Zusammenarbeit« einzelner europäischer Staaten in Angelegenheiten der Währungsaußenpolitik.

---

[25] Ebenso *Herrmann*, in: Siekmann, EWU, Art. 139 AEUV, Rn. 9, 11; *Häde*, in: Calliess/Ruffert, Art. 142 AEUV, Rn. 2.
[26] Beschluss des Rates vom 9. 7. 2013 über die Einführung des Euro in Lettland am 1. 1. 2014, ABl. 2013, L 195/24.
[27] Beschluss des Rates vom 23. 7. 2014 über die Einführung des Euro in Litauen zum 1. 1. 2015 ABl. 2014, L 228/29.
[28] *Herrmann*, in: Siekmann, EWU, Art. 139 AEUV, Rn. 15, 16.

Die primär politische, weniger rechtliche und jedenfalls nicht justiziable Pflicht zur 14
»Berücksichtigung« der (Erkenntnisse aus) historischen Entwicklungen erstreckt sich
zunächst nur auf den seit der Errichtung von Währungsunion und ESZB zwischen den
vorerst nicht teilnehmenden anderen EU-Staaten wirksamen Wechselkursmechanismus
(**WKM II**, Rn. 5). Jedoch beschränkt sich die Regelung bereits ihrem Wortlaut zufolge
nicht darauf, sondern bezieht frühere Erfahrungen (im Europäischen Währungssystem,
vor allem aus dem Funktionieren des damaligen [1.] Wechselkursmechanismus, **WKM I**)
mit ein (Rn. 4). Insofern stellen vor allem die Berichte und Dokumentationen des EWI[29]
eine wichtige Informationsquelle dar. Nicht statuiert wird eine wie auch immer geartete
Bindung an die Wechselkurspolitik des Eurosystems; umgekehrt hat Art. 142 weder die
Union selbst noch das ESZB zum Adressaten.[30]

E. Verfahrensfragen

I. »Behandlung« durch jeden Mitgliedstaat mit Ausnahmeregelung

Die Wechselkurspolitik der (aktuellen) Nicht-Euro-Staaten bleibt bis auf weiteres »ei- 15
gene«, nationale Angelegenheit, jedoch nicht mehr ausschließlich an eigenen (wirt-
schafts-/währungs)politischen Interessen ausgerichtet. Vielmehr muss jeder Mitgliedstaat mit Ausnahmeregelung das **»gemeinsame« Interesse** im Blick behalten und es bei
seiner Willensbildung einbeziehen. Die Verpflichtung zur Loyalität (s. Art. 4 Abs. 3
EUV)[31] betrifft zunächst nur das Verfahren der Wechselkurspolitik, nicht ein bestimmtes
Ergebnis. Auch ist damit keine förmliche Beteiligung von Unionsorganen am Entscheidungsprozess verbunden. Werden letztlich eigene nationale Interessen an der Beibehaltung oder Änderung des Wechselkurses als ausschlaggebend erachtet (und wird dabei
einem »gemeinsamen Interesse« zuwider gehandelt), so verstößt der betreffende Staat
nur dann gegen Art. 142 Satz 1, wenn seine zuständigen Stellen überhaupt keine ernsthafte Abwägung vorgenommen haben.

Ob eine danach unzulässige »kompetitive« Abwertung innerhalb des Binnenmarkts 16
bzw. eine Wechselkurs-»Manipulation« unter Verstoß gegen **IWF-Recht** (Art. IV
Abschn. 1 Satz 2 Ziff. iii IWFÜ) erfolgt, wird sich an allgemeinen, von den Fondsorga-
nen praktizierten **Kriterien** messen lassen müssen, denn auch alle »pre-ins« gehören
dem IWF an.[32]

Davon zu trennen ist die Frage, ob und ggf. inwieweit eine gerichtliche Kontrolle der 17
Wechselkurspolitik eines Landes, dessen Währung noch nicht der Euro ist, durch den
EuGH auf Klage der Kommission (Art. 258 AEUV) oder eines anderen, an der WWU
teilnehmenden oder auch dieser bislang (ebenfalls) noch nicht beigetretenen EU-Staates
(Art. 259 AEUV) in Betracht kommt. Ein expliziter Ausschluss von Rechtsbehelfen ist
nicht ersichtlich, jedoch fehlen (ungeachtet des Art. 142 Satz 2 und der Anlehnung an

---

[29] Verfügbar unter: http://www.ecb.europa.eu/pub/pubbydate/ (26.9.2016) für die Jahre
1994–1998.
[30] Wie hier *Herrmann*, in: Siekmann, EWU, Art. 142 AEUV, Rn. 17 ff.; anders wohl *Häde*, in:
Calliess/Ruffert, EUV/AEUV, Art. 142 AEUV, Rn. 4.
[31] *Herrmann*, in: Siekmann, EWU, Art. 142 AEUV, Rn. 14; *Häde*, in: Calliess/Ruffert, Art. 142
AEUV, Rn. 3 f.; *Palm*, in: Grabitz/Hilf/Nettesheim, EU, Art. 142 AEUV (Mai 2013), Rn. 8.
[32] *Herrmann*, in: Siekmann, EWU, Art. 142 AEUV, Rn. 10, 15; ferner *Palm*, in: Grabitz/Hilf/Net-
tesheim, EU, Art. 142 AEUV (Mai 2013), Rn. 10.

IWF-Praxis, Rn. 16) konkrete Maßstäbe für eine Rechtsverletzung, so dass wohl nur bei evidentem Fehlverhalten – bzw. der Überschreitung eines weiten Beurteilungs- und Handlungsspielraums[33] – eine Beanstandung erfolgen darf.

II. »Berücksichtigung« bei der »Behandlung«

18 Im Rahmen der Abwägung zwischen eigenem nationalen und »gemeinsamem Interesse« bei Art. 142 Satz 1 AEUV gibt lediglich Satz 2 eine inhaltliche **Konkretisierung** vor. Der Mitgliedstaat muss bestimmte (eigene und fremde) Erfahrungen heran- und bei seiner Entscheidung einbeziehen; jedoch hat er diese (vergangenen) tatsächlichen Umstände und deren Bewertung lediglich zu »berücksichtigen«, ohne dass ihnen damit, über die bloße ausdrückliche Nennung hinaus, im Vergleich zu anderen generell erhöhte oder sogar entscheidende Bedeutung zukommt.

III. Institutionelle Regeln

1. Wirtschafts- und Finanzausschuss

19 Der Wirtschafts- und Finanzausschuss nach Art. 134 Abs. 1 AEUV, der zum 1.1.1999 (durch Art. 109c EGV/Art. 114 EGV) errichtet wurde und dessen Mitwirkung teils schon durch das Primärrecht vorgegeben wird (Art. 134 Abs. 2 Satz 2, Abs. 3 Satz 1 AEUV), wird in Art. 139 Abs. 2 Satz 1 AEUV nicht erwähnt. Ihm obliegen daher **Aufgaben** in Bezug auf alle EU-Mitgliedstaaten,[34] nicht zuletzt die Beteiligung an den auf Mitgliedstaaten mit Ausnahmeregelung gemünzten »Arbeiten« – nicht nur endgültige oder verbindliche Rechtsakte – des EU-Rates nach Art. 140 Abs. 2, 3, Art. 143 und Art. 144 Abs. 2, 3 AEUV (Art. 134 Abs. 2 Satz 1, 3. Gedstr. AEUV). Zusätzlich wird diesem Gremium durch Art. 134 Abs. 4 AEUV die Aufgabe zugewiesen, die »Währungs- und Finanzlage« sowie den »allgemeinen Zahlungsverkehr« der Mitgliedstaaten zu beobachten, für die (noch) eine Ausnahme gilt, und darüber regelmäßig dem Rat wie der Kommission Bericht zu erstatten (vgl. Art. 134 AEUV, Rn. 12 f.). Ein bestimmter fester (Jahres-)Rhythmus für diese Berichtspflicht ist nicht vorgeschrieben.

20 Der Wirtschafts- und Finanzausschuss hat mit Beginn der dritten Stufe der Wirtschafts- und Währungsunion gem. Art. 114 Abs. 2 Satz 1 EGV (Nizza) den Beratenden Währungsausschuss abgelöst.[35]

2. Erweiterter EZB-Rat

21 Sofern und solange Mitgliedstaaten mit Ausnahmeregelungen bestehen, amtiert als **drittes Beschlussorgan** der Erweiterte Rat (Art. 141 Abs. 1 AEUV), der sich aus dem Präsidenten und Vizepräsidenten der EZB und den Präsidenten aller nationalen Zentralbanken zusammensetzt (Art. 44.2, 42.4 ESZB-Satzung). In Bezug auf die »pre-ins« fällt es nach Art. 141 Abs. 2 AEUV (und Art. 46.1, 43 der ESZB-Satzung) in die **Kompetenz der EZB** und speziell des Erweiterten Rates, das Funktionieren des Wechselkursmechanismus zu überwachen (Art. 141 Abs. 2, 3. Gedstr. AEUV),[36] soweit nötig die früher

---

[33] So für Art. 107 EWGV bereits EuGH, Urt. v. 24.10.1973, Rs. 10/73 (REWE/HZA Kehl), Slg. 1973, 1175, Rn. 26.
[34] Ebenso *Häde*, in: Calliess/Ruffert, EUV/AEUV, Art. 134 AEUV, Rn. 3, 6.
[35] *Becker*, in: Siekmann, EWU, Art. 134 AEUV, Rn. 1; *Häde*, in: Calliess/Ruffert, EUV/AEUV, Art. 134 AEUV, Rn. 1.
[36] *Häde*, in: Calliess/Ruffert, EUV/AEUV, Art. 141 AEUV, Rn. 9; *Palm*, in: Grabitz/Hilf/Nettesheim, EU, Art. 141 AEUV (Mai 2013), Rn. 9.

beim EFWZ und dann beim EWI liegenden Aufgaben weiter wahrzunehmen (5. Gedstr.) und schließlich allgemein »Konsultationen zu Fragen durchzuführen, die in die Zuständigkeit der nationalen Zentralbanken fallen und die Stabilität der Finanzinstitute und -märkte berühren« (4. Gedstr.). Dies umfasst auch Fragen der Währungsaußenpolitik. Schließlich spielt der Erweiterte Rat eine beratende Rolle bei der Aufhebung der Ausnahmeregelung (Art. 43.2, 46.3. ESZB-Satzung) – und damit auch bei der Beendigung einer nationalen Wechselkurspolitik der Noch-Nicht-Euro-Länder.

Artikel 143 AEUV [Zahlungsbilanz-Schwierigkeiten]

(1) ¹Ist ein Mitgliedstaat, für den eine Ausnahmeregelung gilt, hinsichtlich seiner Zahlungsbilanz von Schwierigkeiten betroffen oder ernstlich bedroht, die sich entweder aus einem Ungleichgewicht seiner Gesamtzahlungsbilanz oder aus der Art der ihm zur Verfügung stehenden Devisen ergeben, und sind diese Schwierigkeiten geeignet, insbesondere das Funktionieren des Binnenmarkts oder die Verwirklichung der gemeinsamen Handelspolitik zu gefährden, so prüft die Kommission unverzüglich die Lage dieses Staates sowie die Maßnahmen, die er getroffen hat oder unter Einsatz aller ihm zur Verfügung stehenden Mittel nach den Verträgen treffen kann. ²Die Kommission gibt die Maßnahmen an, die sie dem betreffenden Mitgliedstaat empfiehlt.

Erweisen sich die von einem Mitgliedstaat mit Ausnahmeregelung ergriffenen und die von der Kommission angeregten Maßnahmen als unzureichend, die aufgetretenen oder drohenden Schwierigkeiten zu beheben, so empfiehlt die Kommission dem Rat nach Anhörung des Wirtschafts- und Finanzausschusses einen gegenseitigen Beistand und die dafür geeigneten Methoden.

Die Kommission unterrichtet den Rat regelmäßig über die Lage und ihre Entwicklung.

(2) ¹Der Rat gewährt den gegenseitigen Beistand; er erlässt Richtlinien oder Beschlüsse, welche die Bedingungen und Einzelheiten hierfür festlegen. ²Der gegenseitige Beistand kann insbesondere erfolgen

a) durch ein abgestimmtes Vorgehen bei anderen internationalen Organisationen, an die sich die Mitgliedstaaten, für die eine Ausnahmeregelung gilt, wenden können;

b) durch Maßnahmen, die notwendig sind, um Verlagerungen von Handelsströmen zu vermeiden, falls der in Schwierigkeiten befindliche Mitgliedstaat mit Ausnahmeregelung mengenmäßige Beschränkungen gegenüber dritten Ländern beibehält oder wieder einführt;

c) durch Bereitstellung von Krediten in begrenzter Höhe seitens anderer Mitgliedstaaten; hierzu ist ihr Einverständnis erforderlich.

(3) ¹Stimmt der Rat dem von der Kommission empfohlenen gegenseitigen Beistand nicht zu oder sind der gewährte Beistand und die getroffenen Maßnahmen unzureichend, so ermächtigt die Kommission den in Schwierigkeiten befindlichen Mitgliedstaat mit Ausnahmeregelung, Schutzmaßnahmen zu treffen, deren Bedingungen und Einzelheiten sie festlegt.

²Der Rat kann diese Ermächtigung aufheben und die Bedingungen und Einzelheiten ändern.

Literaturübersicht

Deutsche Bundesbank, Änderungen in der Systematik der Zahlungsbilanz, Monatsbericht März 1995, 33; *Gaitanides*, Intervention des IWF in der Eurozone – mandatswidrig?, NVwZ 2011, 848; *Häde*, Haushaltsdisziplin und Solidarität im Zeichen der Finanzkrise, EuZW 2009, 399; *Piecha*, Die Europäische Gemeinschaftsanleihe – Vorbild für EFSF, ESM und Eurobonds?, EuZW 2012, 532; *Ruckriegel*, Der neue Aufbau der Zahlungsbilanz, wisu 1996, 117; *Weiß/Haberkamm*, Der ESM vor dem EuGH – Widersprüchliche Wertungen in Luxemburg und Karlsruhe?, EuZW 2013, 95

Leitentscheidung des EuGH

EuGH, Urt. v. 10. 12.1969, verb. Rs. 6/69 u. 11/69 (Kommission/Frankreich), Slg. 1969, 523

Wesentliche sekundärrechtliche Vorschriften

Entscheidung des Rates vom 22. 3.1971 über die Einführung eines Mechanismus für den mittelfristigen finanziellen Beistand (71/143/EWG), ABl. 1971, L 73/15, geändert durch Entscheidung des Rates vom 22. 12.1986 (86/656/EWG), ABl. 1986, L 382/28
Verordnung des Rates (EWG) Nr. 397/75 vom 17. 2.1975 über Gemeinschaftsanleihen, ABl. 1975, L 46/1
Verordnung des Rates (EWG) Nr. 398/75 vom 17. 2.1975 zur Durchführung der Verordnung (EWG) Nr. 397/75 über Gemeinschaftsanleihen, ABl. 1975, L 46/3.
Verordnung des Rates (EWG) Nr. 682/81 vom 19. 3.1981 für die Anpassung des Systems der Gemeinschaftsanleihen zur Stützung der Zahlungsbilanzen der Mitgliedstaaten, ABl. 1981, L 73/1, geändert durch Verordnung des Rates (EWG) Nr. 1181/85 vom 30. 4.1985, ABl. 1985, L 118/59
Verordnung des Rates (EWG) Nr. 1969/88 vom 24. 6.1988 zur Einführung eines einheitlichen Systems des mittelfristigen finanziellen Beistands zur Stützung der Zahlungsbilanzen der Mitgliedstaaten, ABl. 1988, L 178/1
Verordnung (EG) Nr. 332/2002 des Rates vom 18. 2. 2002 zur Einführung einer Fazilität des mittelfristigen finanziellen Beistands zur Stützung der Zahlungsbilanzen der Mitgliedstaaten, ABl. 2002, L 53/1, zuletzt geändert durch Verordnung (EG) Nr. 431/2009 des Rates vom 18.5.2009, ABl. 2009, L 128/1
Beschluss der Europäischen Zentralbank vom 7. 11. 2003 zur Verwaltung der im Rahmen der Fazilität des mittelfristigen finanziellen Beistands von der Europäischen Gemeinschaft abgeschlossenen Anleihe- und Darlehensgeschäfte (EZB/2003/14), ABl. 2003, L 297/35
Leitlinie der Europäischen Zentralbank vom 1. 12.1998 über die statistischen Berichtsanforderungen der Europäischen Zentralbank in den Bereichen Zahlungsbilanz und Auslandsvermögensstatus (EZB/1998/17), ABl. 1999, L 115/47
Leitlinie der Europäischen Zentralbank vom 9. 12. 2011 über die statistischen Berichtsanforderungen der Europäischen Zentralbank im Bereich der außenwirtschaftlichen Statistiken (EZB/2011/23), ABl. 2012, L 65/1, geändert durch Leitlinie (EU) 2016/231 vom 26. 11. 2015, ABl. 2016, L 41/28

Inhaltsübersicht

	Rn.
A. Entwicklung und Vorläuferregelungen	1
B. Kontext zur Währungs- und (allgemeinen) Wirtschaftspolitik	2
C. Anwendungsbereich der Vorschrift	5
I. Mitgliedstaaten, für die eine Ausnahmeregelung gilt	5
II. Zahlungsbilanz	6
III. Zahlungsbilanzschwierigkeiten	8
D. Voraussetzungen von Maßnahmen nach Art. 143	10
I. Gründe für Zahlungsbilanzschwierigkeiten	10
II. Art und Ausmaß der Probleme	11
E. Verfahren	13
I. Prüfung durch Kommission (erste Stufe)	13
II. Weiteres Vorgehen (zweite und dritte Stufe)	14
F. Arten und Ebenen von Maßnahmen; Konkretisierungsbefugnisse von Rat und Kommission	17
I. Kompetenzen des Rates	17
II. »Gegenseitiger Beistand«	19
G. Dauer und spätere Änderungen von Maßnahmen	26
I. Befristung und Überwachung	26
II. Unions- und mitgliedstaatliches Handeln	28

A. Entwicklung und Vorläuferregelungen

1 Inhaltlich und prozedural mit Art. 143 AEUV weithin übereinstimmende Regelungen enthielt bereits der EWG-Vertrag in Art. 108 (Titel II: Wirtschaftspolitik – Kapitel 2 Zahlungsbilanz). Daran knüpften zunächst Art. 109h EGV (Maastricht) bzw. später Art. 119 EGV an.[1] Art. 109k Abs. 6 (bzw. Art. 122 Abs. 6 EGV) sah zudem vor, dass die Vorschrift für Mitgliedstaaten mit Ausnahmeregelung auch nach Eintritt (anderer EU-Länder) in die Endstufe der Wirtschafts- und Währungsunion weiter Anwendung finde.

B. Kontext zur Währungs- und (allgemeinen) Wirtschaftspolitik

2 Art. 143 AEUV steht, wie sich schon aus dem Wortlaut des Art. 144 (Abs. 1 und 2) AEUV ergibt, in einem engen Verhältnis zu dieser unmittelbar nachfolgenden (und letzten Übergangs-)Vorschrift: Beide gelten nur für **Mitgliedstaaten mit Ausnahmeregelung** (i.S.v. Art. 139 Abs. 1 AEUV).[2] Daraus folgt u. a., dass die Vorschrift im Rahmen der Staatsschuldenkrise für Hilfsmaßnahmen gegenüber Euro-Mitgliedstaaten nicht anwendbar war bzw. ist (s. Rn. 4). Auch kommt es bei beiden Artikeln zu einer **Verzahnung unionaler und nationaler Maßnahmen**, wenngleich mit unterschiedlichem Primat und divergierendem Verfahren. Schließlich decken sich die Voraussetzungen für Art. 144 AEUV nur teilweise mit jenen für Art. 143 AEUV; die erstgenannte Vorschrift fordert zusätzlich eine »plötzliche Krise« (und damit regelmäßig auch mehr als normale oder gar nur drohende »Schwierigkeiten«, s. Rn. 8 f.).

3 Im Blick auf die historische Entwicklung bzw. die Vorgängerregeln (s. Rn. 1) zählt die Bestimmung systematisch (eher) zur Wirtschaftspolitik;[3] eine »**tragfähige**« **Zahlungsbilanz** gehört zu den von allen Mitgliedstaaten wie von der Union selbst einzuhaltenden »richtungsweisenden Grundsätzen« (Art. 119 Abs. 3 AEUV).

4 Rein äußerlich unterscheidet sich »gegenseitiger Beistand« nach Art. 143 AEUV, soweit er, was jedoch nicht zwingend ist (s. Rn. 25), im **Verhältnis zwischen einzelnen Mitgliedstaaten** erfolgt, von einem **Eintreten der Union für mitgliedstaatliche Verbindlichkeiten** nach Art. 125 Abs. 1 Satz 1 AEUV. Art. 125 Abs. 1 Satz 2 AEUV – diese Vorschrift wird in Art. 139 Abs. 2 Satz 1 AEUV nicht genannt, gilt also generell, nicht nur für Teilnehmerländer des Eurosystems! – untersagt in seinem Anwendungsbereich freilich auch eine Haftungsübernahme oder den Eintritt für fremde Verbindlichkeiten im (horizontalen) Verhältnis zwischen Mitgliedstaaten.[4] Insoweit wird durch Art. 125 Abs. 1 AEUV die Reichweite von unionalen wie nationalen Handlungsmöglichkeiten nach Art. 143 AEUV (und Art. 144 AEUV) begrenzt.[5] Davon abgesehen sind aber, auch wenn Art. 143, 144 AEUV nicht als (personell-sachlich) begrenzte (vorrangige) Sondervorschriften angesehen würden (dazu Art. 125 AEUV, Rn. 16), Rat und Kommission

---

[1] Vgl. *Häde*, EuZW 2009, 399 (403).
[2] *Herrmann*, in: Siekmann, EWU, Art. 143, 144 AEUV, Rn. 15; *Herrmann*, in: Siekmann, EWU, Art. 139 AEUV, Rn. 8; *Bandilla*, in: Grabitz/Hilf/Nettesheim, EU, Art. 143 AEUV (April 2012), Rn. 1, 6.
[3] Ähnlich *Herrmann*, in: Siekmann, EWU, Art. 143, 144 AEUV, Rn. 12.
[4] Auch im Hinblick auf Art. 143, 144 plädieren *Weiß/Haberkamm*, EuZW 2013, 95 (99), gegen eine »zu extensive« Auslegung von Art. 125 AEUV.
[5] Wenig klar *Ohler*, in: Siekmann, EWU, Art. 125 AEUV, Rn. 17, 25; ähnlich wie hier *Häde*, EuZW 2009, 399 (403); *Smulders.*, in: GS, EUV/EGV, Art. 119, 120 EGV, Rn. 13.

durchaus in der Lage, sowohl allgemein (über die Befugnisse nach Art. 125 Abs. 2 bzw. Art. 143 Abs. 2 Satz 1 AEUV)[6] als auch bei konkreten Maßnahmen beiden primärrechtlichen Vorgaben angemessen Rechnung zu tragen.

C. Anwendungsbereich der Vorschrift

I. Mitgliedstaaten, für die eine Ausnahmeregelung gilt

Für die **personelle Anknüpfung** gelten die Ausführungen zu Art. 142 auch hier (s. Art. 142 AEUV, Rn. 9 f.). 5

II. Zahlungsbilanz

Sachlich bezieht sich die Vorschrift auf die eigene (»seine«) EU-Zahlungsbilanz des betroffenen Mitgliedstaates mit Ausnahmeregelung. Eine Zahlungsbilanz erfasst wertmäßig alle **wirtschaftlichen Transaktionen zwischen Gebietsansässigen und Gebietsfremden innerhalb eines bestimmten Zeitraums** und gibt damit Auskunft über die wirtschaftliche Verflechtung einer Einheit (eines Staates, aber auch der Wirtschafts- und Währungsunion oder der Europäischen Union) mit dem (jeweiligen) Ausland. Sie ist keine Bilanz im Sinne einer zeitpunktbezogenen Vermögensaufstellung, sondern eine »Stromrechnung«. Auch werden nicht nur Transaktionen, die mit einer grenzüberschreitenden Zahlung verbunden sind, erfasst, sondern darüber hinaus auch solche, die zu keiner oder keiner unmittelbaren Zahlung führen. Die Zahlungsbilanz gliedert sich in **Teilbilanzen**: Leistungsbilanz (Warenhandel, Dienstleistungen, Erwerbs- und Vermögenseinkommen und laufende Übertragungen), Vermögensübertragungen, Kapitalbilanz (Direktinvestitionen, Wertpapieranlagen, Finanzderivate, übriger Kapitalverkehr, Veränderung der Währungsreserven) und Restposten (Saldo der statistisch nicht aufgliederbaren Transaktionen).[7] 6

Die Zahlungsbilanz aller EU-Staaten, die sämtlich auch Mitglieder des Internationalen Währungsfonds (IWF) sind,[8] richtet sich bezüglich der Konzepte und Definitionen sowie bei der (statistischen) Darstellung der Ergebnisse an den methodischen Vorgaben des **Zahlungsbilanzhandbuches des IWF** (Balance of Payments and International Investment Position Manual, BPM6)[9] aus. Zu den expliziten Aufgabe des IWF gehört es, »die Dauer der Ungleichgewichte der internationalen Zahlungsbilanzen der Mitglieder abzukürzen und den Grad der Ungleichgewichte zu vermindern« (Art. I Abs. 1 Ziff. vi] IWF-Übereinkommen). An den **Standards des IWF** orientiert sich auch die **Europäische Zentralbank** (EZB). Grundlage hierfür sind Art. 5 der ESZB-Satzung, eine Leitlinie nach 7

---

[6] Dazu unten, Rn. 17 ff.
[7] Vgl. *Ruckriegel*, wisu 1996, 117 ff.; Deutsche Bundesbank, Monatsbericht März 1995, 33 (35 ff.); http://www.bundesbank.de/Navigation/DE/Statistiken/Aussenwirtschaft/Zahlungsbilanz/zahlungsbilanz.html (23. 9. 2016).
[8] https://www.imf.org/external/np/sec/memdir/memdate.htm (23. 9. 2016).
[9] https://www.imf.org/external/pubs/ft/bop/2007/pdf/bpm6.pdf (23. 9. 2016).

Art. 12.1 UAbs. 1 der Satzung[10] sowie Erläuterungen dazu in einer Publikation zu »Erhebung und Aufbereitung statistischer Daten durch das ESZB«.[11]

III. Zahlungsbilanzschwierigkeiten

8 Art. 143 Abs. 1 UAbs. 1 AEUV nennt lediglich **Gründe**, nicht aber Arten von oder Beispiele für »Schwierigkeiten«, die eine Zahlungsbilanz (hier: eines Mitglieds mit Ausnahmeregelung) betreffen können. Kaum konkreter sind hier auch die Vorgaben des IWF-Übereinkommens (»Ungleichgewichte«) oder des Art. 119 Abs. 3 AEUV (mangelnde »Tragfähigkeit«). Aus ihnen ergibt sich nur, aber immerhin, dass letztlich auf die einzelnen **Teilbilanzen** (und gegebenenfalls sogar deren weitere Untergliederungen) sowie auf den konkreten **Zeitraum** abzustellen ist – und dass generell die Größenordnung, das Vorzeichen (plus/minus) sowie die Veränderung des Restpostens bedeutsam sind, da formal auch diese Bilanz ein ausgeglichenes Ergebnis aufweisen muss.[12] Insofern lassen sich auch aus den in Art. 143 Abs. 1 UAbs. 1 Satz 1 AEUV genannten Gründen Rückschlüsse auf die **Art** der Schwierigkeiten ziehen.

9 Schon im Hinblick auf den relevanten Zeitfaktor, aber ganz allgemein auch unter präventiven Gesichtspunkten muss nicht zugewartet werden, bis – kaum quantitativ exakt zu definierende – »Schwierigkeiten« bereits offensichtlich **eingetreten** sind.[13] Vielmehr darf schon vorher, bei einer ersichtlichen, nicht nur unerheblichen (»ernstlichen«) oder zufälligen **Verschlechterung des Status quo** (»Bedrohung«), auf der Grundlage des Art. 143 AEUV gehandelt werden, zumal – von der Not-Kompetenz nach Art. 144 AEUV abgesehen – im Rahmen des Art. 143 AEUV erst einmal ein mehrstufiges Verfahren (s. Rn. 13 ff.) zu durchlaufen ist, bevor es zu einem Beistands-Beschluss des Rates und damit zu Korrekturmaßnahmen auf Unionsebene kommt.

D. Voraussetzungen von Maßnahmen nach Art. 143

I. Gründe für Zahlungsbilanzschwierigkeiten

10 Ein »Ungleichgewicht« der Gesamtzahlungsbilanz als der zuerst genannte Grund ergibt sich nicht bilanziell aus dem Saldo (s. Rn. 8), sondern beim **Vergleich** der einzelnen Positionen auf Einnahmen- und Ausgabenseite bzw. beim Ansteigen oder Abnehmen der Währungsreserven. »**Überschüsse**« können aus »aktiven« Handels- bzw. Leistungs- oder auch Kapitalbilanzen entstehen, dementsprechend »**Defizite**« bei »passiven« Teilbilanzen. Beiden kann sowohl mit güterwirtschaftlichen als auch mit monetären Maß-

---

[10] Zunächst Leitlinie der Europäischen Zentralbank vom 1.12.1998 über die statistischen Berichtsanforderungen der Europäischen Zentralbank in den Bereichen Zahlungsbilanz und Auslandsvermögensstatus (EZB/1998/17), ABl. 1999, L 115/47; aktuell: Leitlinie der Europäischen Zentralbank vom 9.12.2011 über die statistischen Berichtsanforderungen der Europäischen Zentralbank im Bereich der außenwirtschaftlichen Statistiken (EZB/2011/23), ABl. 2012, L 65/1.
[11] http://www.bundesbank.de/Redaktion/DE/Downloads/Presse/EZB_Publikationen/2000/200_09_26_erhebung.pdf?__blob=publicationFile (23.10.2016).
[12] Ähnlich *Häde*, in: Calliess/Ruffert, EUV/AEUV, Art. 143 AEUV, Rn. 2; *Smulders.*, in: GS, EUV/EGV, Art. 119, 120 EGV, Rn. 15 f.
[13] *Herrmann*, in: Siekmann, EWU, Art. 143/144 AEUV, Rn. 20; *Smulders.*, in: GS, EUV/EGV, Art. 119, 120 EGV, Rn. 19 f.; *Bandilla*, in: Grabitz/Hilf/Nettesheim, EU, Art. 143 AEUV (April 2012), Rn. 8.

nahmen entgegen gewirkt werden. Im Falle von Zahlungsbilanzdefiziten ist nicht nur die Höhe der verfügbaren Währungsreserven (im Hinblick auf Zahlung notwendiger Importgüter) maßgeblich, sondern auch, wenn nicht gar primär die »Art der zur Verfügung stehenden Devisen«, vor allem deren Konvertibilität auf internationalen Märkten, denn Fremdwährungsguthaben (der Zentralbanken) bilden einen wesentlichen Teil der jeweiligen Währungsreserven.

II. Art und Ausmaß der Probleme

Nicht explizit genannt ist, aber aus dem Regelungszusammenhang des Art. 143 Abs. 1 UAbs. 1 AEUV, vor allem aus der notwendigen Gefährdungs-Eignung ergibt sich, dass nicht nur Art und (absehbare) Wirkung der Probleme, sondern auch deren Ausmaß als Voraussetzung für ein Einschreiten von der Kommission bei ihrer Prüfung zu berücksichtigen sind. Sachlich muss ein **hinreichender Bezug zu wesentlichen Politikbereichen der Union** vorliegen. Ausdrücklich, aber nur beispielhaft genannt werden zum einen das (ordnungsgemäße) »Funktionieren« des »Binnenmarktes« (Art. 26 Abs. 2 AEUV), zum andern die »Verwirklichung« der »Gemeinsamen Handelspolitik« (Art. 207 AEUV). Insoweit ist unerheblich, dass jener (primär nach innen orientierte) Bereich zur (zwischen Union und Mitgliedstaaten) geteilten, dieser hingegen (als Aspekt auswärtigen Handelns) zur ausschließlichen Zuständigkeit der Union zählt (Art. 4 Abs. 2 Buchst. a bzw. Art. 3 Abs. 1 Buchst. e AEUV). Die möglichen (negativen) Auswirkungen können daher auch und gerade tatsächlicher Art sein. Die exemplarisch erwähnten Bereiche werden pars pro toto als je zentrale Gebiete der Innen- bzw. Außenbeziehungen der Union genannt, daneben können auch andere, **speziellere Politiken** betroffen sein und als Voraussetzung für ein Vorgehen nach Art. 143 AEUV herangezogen werden.[14]

Als Auslöser für eine Prüfungspflicht der Kommission muss eine Beeinträchtigung einer genannten oder sonst relevanten »Politik« nicht schon fest- oder doch unmittelbar bevorstehen; die (objektive) Eignung reicht hierzu aus. Überdies genügt bereits eine mögliche »**Gefährdung**«, es muss nicht zugewartet werden, bis eine »Schädigung« droht. **Befassungsrecht und -pflicht der Kommission** setzen damit zu einem sehr frühen Zeitpunkt an, damit trotz der (gegebenenfalls nicht unerheblichen) Dauer des damit eingeleiteten Verfahrens es gar nicht zu einseitigen mitgliedstaatlichen Maßnahmen nach Art. 144 Abs. 1 Satz 1 AEUV kommen muss.

E. Verfahren

I. Prüfung durch Kommission (erste Stufe)

Art. 143 Abs. 1 UAbs. 1 AEUV sieht keine Antrags- oder sonstige Mitwirkungspflicht des Mitgliedstaats mit Ausnahmeregelung vor. Die **Kommission** handelt **von Amts wegen**,[15] sie muss auf die allgemeinen Befugnisse aus Art. 17 Abs. 1 EUV – insbesondere Sätze 2, 3 – zurückgreifen und ist bei auf diese Weise erlangten Erkenntnissen (dem

---

[14] Unionsbezug; s. *Herrmann*, in: Siekmann, EWU, Art. 143, 144 AEUV, Rn. 21; *Häde*, in: Calliess/Ruffert, EUV/AEUV, Art. 143 AEUV, Rn. 4; *Smulders*, in: GS, EUV/EGV, Art. 119, 120 EGV, Rn. 17.

[15] *Herrmann*, in: Siekmann, EWU, Art. 143, 144 AEUV, Rn. 24; *Häde*, in: Calliess/Ruffert, EUV/AEUV, Art. 143 AEUV, Rn. 5.

Grunde nach) zum Tätigwerden verpflichtet. Der Beginn der **Prüfung(spflicht)** wird durch das Wort »unverzüglich« mit der vorhergehenden Informationsermittlung verknüpft: Erst bei hinreichend breiten und gesicherten Informationen (»Anfangsverdacht«) ist eine umfassende Prüfung der »Lage« des betroffenen Mitgliedstaates veranlasst. »Unverzüglich« betrifft auch die Dauer des Verfahrens, die Kommission ist also zu einem »zügigen« Vorgehen angehalten. Die Prüfung erstreckt sich nicht allein auf die konkreten Zahlungsbilanzprobleme, sondern allgemein auf die interne und externe wirtschaftliche »Lage« des Mitgliedstaates, wie sie sich in der Zahlungsbilanzentwicklung niederschlägt. Explizit muss sich die Kommission dabei auch mit den »Maßnahmen« des betroffenen Staates befassen, die dieser bereits zur Bekämpfung der Schwierigkeiten getroffen hat oder treffen könnte. Dabei ist die Bedingung, dass dafür alle zur Verfügung stehenden Mittel einzusetzen seien, freilich nur auf nach Unionsrecht legale Maßnahmen bezogen.[16] Die Not-Kompetenz nach Art. 144 Abs. 1 AEUV ist hierbei jedoch nicht zu berücksichtigen, weil und soweit für deren Einsatz andere Voraussetzungen und Modalitäten gelten. Zahlungsbilanzrelevante Maßnahmen sind daher auch primärrechtlich, etwa auf Grund von Art. 36 oder Art. 65 Abs. 1 Buchst. b AEUV zulässige mitgliedstaatliche Beschränkungen von Grundfreiheiten.

II. Weiteres Vorgehen (zweite und dritte Stufe)

14 Insbesondere wenn ein Mitgliedstaat noch keine, unzureichende oder ungeeignete Maßnahmen getroffen hat oder zumindest beabsichtigt, wird die Kompetenz der **Kommission** nach Art. 143 Abs. 1 UAbs. 1 Satz 1 AEUV wichtig, »**Empfehlungen**« (i.S.v. Art. 288 Abs. 5 AEUV) zu richtigem Handeln zu geben. Solche Ratschläge erübrigen sich, soweit und solange der Mitgliedstaat das (nach Ansicht der Kommission) Richtige tut. Dann endet auch (bis auf weiteres) das Verfahren in diesem frühen Stadium (ohne förmliche Entscheidung). Die amtliche Veröffentlichung einer Empfehlung ist nicht geboten (s. Art. 297). Auch bedarf es in diesem Fall keiner **Unterrichtung des Rates** nach Art. 143 Abs. 1 UAbs. 3 AEUV.

15 Diese Informationsverpflichtung greift erst dann bei, wenn das Verfahren fortgesetzt wird (**2. Stufe**). Dazu zählt auch der Fall, dass der Empfehlung der Kommission nicht (vollauf) Folge geleistet wird oder sich diese als unzulänglich oder irrig erweist; auch ob letzteres der Fall ist, kann und sollte sich bei der Überwachung des mitgliedstaatlichen Handelns zeigen. Art. 143 Abs. 1 UAbs. 2 AEUV präzisiert jedoch **keine Frist** für die Rückkehr zur Normalität, d. h. die völlige Behebung der bestehenden oder die effektive Eindämmung drohender Zahlungsschwierigkeiten.

16 Zur nächsten, **dritten Stufe** darf die Kommission allerdings nur übergehen, wenn sich die nationalen Maßnahmen als unzureichend »erwiesen« haben. Damit ist notwendig der Ablauf einer angemessen langen Zeitspanne zur Beobachtung und Evaluierung verbunden; andererseits muss hier auch (schon) die Not-Kompetenz nach Art. 144 Abs. 1 UAbs. 1 AEUV eingreifen dürfen, soweit nationale Schutzmaßnahmen nicht (weiterhin) auf die Souveränitätsvorbehalte zu Grundfreiheiten gestützt werden können. Der Sache nach gilt das auch für die Unterrichtungspflicht, die nicht erst zusammen mit bzw. als Basis der Empfehlung nach Art. 143 Abs. 1 UAbs. 2 AEUV entsteht, sondern zu

---

[16] *Herrmann*, in: Siekmann, EWU, Art. 143, 144 AEUV, Rn. 25; *Häde*, in: Calliess/Ruffert, EUV/AEUV, Art. 143 AEUV, Rn. 5; *Smulders.*, in: GS, EUV/EGV, Art. 119, 120 EGV, Rn. 24; *Bandilla*, in: Grabitz/Hilf/Nettesheim, EU, Art. 143 AEUV (April 2012), Rn. 11.

Beginn dieser mittleren Stufe. Die Zeitdauer bis zur Vorlage einer Empfehlung an den Rat, die sich aus der »Lage« (im Sinne von Art. 143 Abs. 1 UAbs. 1 AEUV) des sich in Schwierigkeiten befindlichen Staates und deren Entwicklung rechtfertigt, wird auch dadurch bestimmt, dass eine vorherige »**Anhörung**« des Wirtschafts- und Finanzausschusses (Art. 134 AEUV) geboten ist. Anders als bei der Prüfung (1. Stufe) fehlt eine Pflicht zu »unverzüglichem« Handeln; insoweit richtet sich die Aufforderung in Art. 144 Abs. 1 Satz 1 AEUV allein an den Rat bezüglich der Entscheidung über die Empfehlung, nicht auch an die Kommission hinsichtlich der Vorlage derselben. Art. 143 Abs. 1 UAbs. 2 AEUV nennt als deren notwendigen **Inhalt** »einen gegenseitigen Beistand« (»Ob«) sowie die »dafür geeigneten Methoden« (»Wie«).[17]

F. Arten und Ebenen von Maßnahmen; Konkretisierungsbefugnisse von Rat und Kommission

I. Kompetenzen des Rates

Der Rat muss von der Kommission ab Beginn der 2. Stufe »regelmäßig« über die Lage des betroffenen Mitgliedstaates und deren Entwicklung unterrichtet werden (Art. 143 Abs. 1 UAbs. 3 AEUV). Damit kann er sich ein eigenes Bild machen und ist für seine **Entscheidung**, die mit **qualifizierter Mehrheit** erfolgt (Art. 16 Abs. 3 EUV),[18] nicht allein auf die der Empfehlung der Kommission (nach Art. 296 Abs. 2 AEUV) beigefügte Begründung angewiesen. Art. 143 Abs. 2 Satz 1 Hs. 1 AEUV beinhaltet lediglich eine ausschließliche Kompetenzzuweisung an den Rat (in normaler Zusammensetzung, Art. 139 Abs. 2, 4 AEUV). Aus Art. 143 Abs. 3 AEUV ergibt sich explizit auch ein Recht, der Empfehlung nicht zuzustimmen.

17

Zu unterscheiden sind hierbei **allgemeine Regelungen** über einen gemeinsamen Beistand und Entscheidungen über **konkrete Einzelfall-Empfehlungen**. Die dafür vorgesehenen Rechtsakte sind »**Richtlinien**« (Art. 288 Abs. 3 AEUV) einer-, »**Beschlüsse**« (Art. 288 Abs. 4 AEUV) andererseits.[19] Bei dem einen wie dem anderen werden »Bedingungen« (»conditions«) und »Einzelheiten« für den gegenseitigen Beistand festgelegt, wofür Art. 143 Abs. 2 Satz 2 AEUV unterschiedliche Formen nennt (s. Rn. 21 ff.).

18

II. »Gegenseitiger Beistand«

Die in Art. 143 Abs. 2 Satz 2 AEUV ausdrücklich genannten **drei Formen** »gegenseitigen Beistands« sind nur **exemplarisch**, nicht abschließend. Eine Gesamtschau auf alle Beispiele zeigt, dass Beistand nicht notwendig eine (direkte) finanzielle Unterstützung des »Problemstaates« beinhalten muss. Bereits aus Abs. 1 ergibt sich allerdings (s. Rn. 10), dass einen wesentlichen Anlass für die Schwierigkeiten die (aktuell) nicht hinreichende Verfügbarkeit von Devisen (bzw. »types of currency«) bildet, um damit aus dem Ausland zu beziehende Güter oder Leistungen bezahlen zu können. Der Beistand soll daher finanzielle Engpässe beheben (helfen).

19

---

[17] *Herrmann*, in: Siekmann, EWU, Art. 143, 144 AEUV, Rn. 26.
[18] *Herrmann*, in: Siekmann, EWU, Art. 143, 144 AEUV, Rn. 27.
[19] *Herrmann*, in: Siekmann, EWU, Art. 143, 144 AEUV, Rn. 28; *Häde*, in: Calliess/Ruffert, EUV/AEUV, Art. 143 AEUV, Rn. 7; *Smulders.*, in: GS, EUV/EGV, Art. 119, 120 EGV, Rn. 31.

20   Explizit werden drei unterschiedliche Beistandsformen unterschieden, die allerdings nur **Regelbeispiele** bilden:[20]

21   (1) ein zwischen (betroffenen) Mitgliedstaaten und Union »**abgestimmtes**« **Vorgehen** bei »anderen« Internationalen Organisationen, an die sich ein (Finanz-)Hilfe suchender Mitgliedstaat mit Ausnahmeregelung wenden kann, wofür regelmäßig eine Mitgliedschaft in dieser Einrichtung Voraussetzung ist. Erste, aber nicht einzige Adresse hierfür ist der **IWF**, im Hinblick insbesondere auf Art. V des Übereinkommens,[21] als Kreditgeber kommen ferner die Bank für Internationalen Zahlungsausgleich (**BIZ**),[22] die Europäische Bank für Wiederaufbau und Entwicklung (**EBRD**)[23] und die Europäische Investitionsbank (**EIB**)[24] in Betracht. Eine »Abstimmung« im Sinne einer vorherigen Festlegung eines einheitlichen Auftretens bezieht sich dabei vor allem auf das **Verhalten der Staaten-Vertreter** im jeweils für die Entscheidung zuständigen **Hauptorgan** der betr. (intergouvernementalen) Organisation;[25]

22   (2) zur **Vermeidung von Verlagerungen von Handelsströmen** (»deflection of trade«) nötige Maßnahmen. Dies kommt jedoch nur in Betracht, wenn der in Schwierigkeiten befindliche Mitgliedstaat nationale »mengenmäßige Beschränkungen« i. S. v. Art. 34 ff. AEUV gegenüber Drittstaaten entweder wieder einführt oder noch bestehende beibehält. Die im Rahmen der Gemeinsamen Handelspolitik bis 30. 11. 2009 existierende Ermächtigung seitens der Kommission nach Art. 134 EGV, solche Schutzmaßnahmen zu treffen,[26] besteht unter dem Lissabon-Vertrag nicht weiter, so dass hier nur noch »Alt«-Fälle bedeutsam bleiben dürften.[27] Der Beistand bezieht sich dabei nicht auf die Gestattung von Handelsrestriktionen (und daraus resultierende Verringerungen von Zahlungspflichten aus Ex- oder Importen), sondern nur auf **Begleitmaßnahmen**, damit sich keine ökonomisch-politisch unerwünschten Folgen bei anderen EU-Ländern einstellen;

23   (3) eine **Bereitstellung von** »**Krediten**« in »begrenzter Höhe« seitens eines oder mehrerer, notwendiger Weise anderer EU-Staaten,[28] jedoch nur, wenn diese (etwa in Form einer Zustimmung ihres Regierungsvertreters im Rat zur Beistandsentscheidung) mit einer solchen Kooperation einverstanden sind. In den Anfangsjahren der EWG stand diese Form im Vordergrund.[29]

24   Gestützt auf Art. 235 EWGV (heute: Art. 352 AEUV) erließ der Rat jedoch schon 1975 eine **Verordnung über** »**Gemeinschaftsanleihen**«, um der E(W)G entweder »direkt

---

[20] Vgl. *Smulders.*, in: GS, EUV/EGV, Art. 119, 120 EGV, Rn. 36; *Bandilla*, in: Grabitz/Hilf/Nettesheim, EU, Art. 143 AEUV (April 2012), Rn. 16.
[21] Generell krit. *Gaitanides*, NVwZ 2011, 848 (850).
[22] Nach Art. 21 der Statuten (i.d.F. vom 27. 6. 2005, http://www.bis.org/about/statutes-d.pdf [29. 9. 2016]) sind dieser Einrichtung nur Geschäfte mit Zentralbanken erlaubt.
[23] Jedoch nach Art. 11 des Übereinkommens (i.d.F. vom 30. 11. 2011; BGBl. 2013 II S. 451 ff.) nicht direkt an Staaten, sondern nur an »staatseigene« Unternehmen in mittel- und osteuropäischen Ländern.
[24] Vgl. *Häde*, EuZW 2009, 399 (400); des Näheren Art. 16 ff. der Satzung (http://www.eib.org/attachments/general/statute/eib_statute_2013_07_01_de.pdf [29. 9. 2016]).
[25] Soweit das nach dem relevanten Organisationsrecht zulässig ist, z. B. nicht beim Verwaltungsrat der EIB, dessen Mitglieder nach Art. 9.2. der Satzung »nur der Bank verantwortlich« sind.
[26] Zur Vorgängerregelung (Art. 115 EWGV) EuGH, Urt. v. 23. 11. 1971, Rs. 62/70 (Bock/Kommission), Slg. 1971, 897, Rn. 13 f.
[27] Für heute praktisch gegenstandslos erachtet von *Bandilla*, in: Grabitz/Hilf/Nettesheim, EU, Art. 143 AEUV (April 2012), Rn. 17.
[28] Anders als bei Art. 122 Abs. 2 AEUV; *Häde*, EuZW 2009, 399 (403).
[29] *Häde*, in: Calliess/Ruffert, EUV/AEUV, Art. 143 AEUV, Rn. 7.

bei Drittstaaten und bei Kreditinstituten oder über die Kapitalmärkte« Mittel zu beschaffen, die »ausschließlich« für die Weitergabe an Mitgliedsländer bestimmt« waren, die »durch die Erdölverteuerung hervorgerufene Zahlungsbilanzschwierigkeiten haben« (Art. 1 VO [EWG] Nr. 397/75); diese Mittel durften nur den nationalen Zentralbanken zufließen (Art. 4 VO [EWG] Nr. 397/75).[30] Eine Änderung 1981 bezweckte, die »Effizienz zu erhöhen und die Durchführungsverfahren zu vereinfachen« (Erwägungsgrund 3).[31]. Als Rechtsgrundlage nannte dann eine 1988 ergangene Rats-Verordnung[32] auch Art. 108 EWGV (die Vorgängernorm zu Art. 143 AEUV); mit diesem (anders als zuvor unbefristeten) Rechtsakt sollte ein »einheitliches System des mittelfristigen finanziellen Beistands zur Stützung der Zahlungsbilanzen der Mitgliedstaaten« errichtet werden. 2002 wurde diese Verordnung abgelöst durch eine weitere zur »Einführung einer **Fazilität des mittelfristigen finanziellen Beistands** zur Stützung der Zahlungsbilanzen der Mitgliedstaaten«,[33] der zur Verfügung stehende finanzielle Rahmen dann mehrfach (von 12 über 25 auf heute 50 Mrd. Euro)[34] erhöht.[35] Eine weitere Änderung soll die Beistandsverordnung an die Entwicklung im Euro-Währungsgebiet (EFSF, EFSM, ESM) anpassen, Bezug nehmend auf Art. 143 AEUV (Erwägungsgründe 1, 9), aber gestützt auf Art. 352 AEUV.[36]

Nicht in Art. 143 Abs. 2 AEUV erwähnt, aber auch nicht ausgeschlossen sind (und bisher primär gegeben werden) **Kredite durch die (EG/)EU selbst** auf der Grundlage der zuvor (s. Rn. 24) genannten Verordnung(en). Die Refinanzierung der hierfür verwendeten Mittel erfolgt typischerweise über Gemeinschafts-/Unionsanleihen (s. Art. 1 Abs. 3 und Erwägungsgründe 5, 9, 12 der VO [EG] Nr. 332/2002); eine eindeutige Basis für diese Art von Einnahmen enthält das primäre Unionsrecht bisher nicht, vielmehr wird (allein) Art. 352 AEUV herangezogen.[37]

25

---

[30] Vgl. *Piecha*, EuZW 2012, 532 (532 f.).
[31] Verordnung des Rates (EWG) Nr. 682/81 vom 19.3.1981 für die Anpassung des Systems der Gemeinschaftsanleihen zur Stützung der Zahlungsbilanzen der Mitgliedstaaten, ABl. 1981, L 73/1; *Piecha*, EuZW 2012, 532 (533).
[32] Verordnung des Rates (EWG) Nr. 1969/88 vom 24.6.1988 zur Einführung eines einheitlichen Systems des mittelfristigen finanziellen Beistands zur Stützung der Zahlungsbilanzen der Mitgliedstaaten, ABl. 1988, L 178/1; *Piecha*, EuZW 2012, 532 (533); *Smulders.*, in: GS, EUV/EGV, Art. 119, 120 EGV, Rn. 38; *Bandilla*, in: Grabitz/Hilf/Nettesheim, EU, Art. 143 AEUV (April 2012), Rn. 19 f.
[33] Verordnung (EG) Nr. 332/2002 des Rates vom 18.2.2002 zur Einführung einer Fazilität des mittelfristigen finanziellen Beistands zur Stützung der Zahlungsbilanzen der Mitgliedstaaten, ABl. 2002, L 53/1.
[34] Von 2002 (bis dahin 16 Mrd. Euro) über 2008 (VO [EG] Nr. 1360/2008 vom 2.12.2008, ABl. 2008, L 352/11) bis 2009 (VO [EG] Nr. 431/2009 vom 18.5.2009, ABl. 2009, L 128/1).
[35] *Herrmann*, in: Siekmann, EWU, Art. 143, 144 AEUV, Rn. 3, 30; zur Praxis *Piecha*, EuZW 2012, 532 (533).
[36] Vorschlag für eine Verordnung des Rates zur Schaffung einer Fazilität des finanziellen Beistands für Mitgliedstaaten, deren Währung nicht der Euro ist, COM(2012) 336 final/ 2 vom 19.3.2013; dazu BR-Drs. 370/1/12 vom 10.9.2012 und 371/12 (Beschluß) vom 21.9.2012; Stellungnahme der EZB vom 7.1.2013, ABl. 2013, C 96/11.
[37] Vgl. Erwägungsgrund 14 VO (EG) Nr. 332/2002; *Herrmann*, in: Siekmann, EWU, Art. 143, 144 AEUV, Rn. 31; *Häde*, EuZW 2009, 399 (403); *Piecha*, EuZW 2012, 532 (532); krit. *Häde*, in: Calliess/Ruffert, EUV/AEUV, Art. 143 AEUV, Rn. 9.

G. Dauer und spätere Änderungen von Maßnahmen

I. Befristung und Überwachung

26 Eine Befristung des Beistands bzw. damit verbundener Maßnahmen ist in Art. 143 AEUV nicht ausdrücklich vorgesehen. Eine **zeitliche Begrenzung** ergibt sich jedoch aus dem Zweck der Maßnahmen; wenn und soweit diese zur Korrektur der Problemlage führen, entfällt der Grund für eine weitere Unterstützung.

27 Das sekundärrechtliche **System des mittelfristigen finanziellen Beistands** (s. Rn. 24) ermöglicht, einem oder mehreren (Nicht[38]-Euro-)Mitgliedstaaten, »die von Leistungs- oder Kapitalbilanzschwierigkeiten betroffen oder ernstlich bedroht sind«, Darlehen in Euro (Art. 7 VO [EG] Nr. 332/2002) zu gewähren (Art. 1 Abs. 1 VO [EG] Nr. 332/2002).[39] Vor Inanspruchnahme von an wirtschaftspolitische Bedingungen geknüpften Finanzierungsquellen außerhalb der Gemeinschaft/Union müssen zunächst Konsultationen (auch mit der Kommission) im Wirtschafts- und Finanzausschuss stattfinden (Art. 2 VO [EG] Nr. 332/2002). Über die Anwendung der »Gemeinschaftsfazilität« entscheidet dann der Rat mit qualifizierter Mehrheit (Art. 3, 8 VO [EG] Nr. 332/2002); die Verwaltung obliegt der EZB (Art. 9 und 7 Abs. 5 VO [EG] Nr. 332/2002). Zur Konkretisierung der Kreditbedingungen sieht Art. 3a seit 2009 eine von Kommission und Mitgliedstaat formulierte »Absichtserklärung« vor. Die Wirtschaftspolitik des Kreditnehmer-Landes wird regelmäßig daraufhin kontrolliert, ob sie den auferlegten Konditionen entspricht (Art. 5 VO [EG] Nr. 332/2002), vom Rechnungshof bei Verdacht betrügerischen Verhaltens (Art. 9a VO [EG] Nr. 332/2002); eine generelle Überprüfung durch den Rat erfolgt alle drei Jahre (Art. 10 VO [EG] Nr. 332/2002).[40]

II. Unions- und mitgliedstaatliches Handeln

28 Art. 143 Abs. 3 AEUV befasst sich mit Fällen, in denen ein Beistand entweder nicht zustande kommt oder (zeitlich/sachlich) nicht ausreicht. Die (auch von subjektiven Faktoren geprägte) Einschätzung der Schwierigkeiten kann unterschiedlich oder fehlerhaft sein. Der **Rat** muss auch hier die Beurteilung der Situation durch die Kommission (im Hinblick auf Tatbestand wie auf Rechtsfolge) nicht teilen. Ihm obliegt eine eigene Bewertung, die dann (allein oder neben anderen Gründen) zur Ablehnung der Empfehlung führen kann. Art. 143 AEUV hindert in diesem Fall die Kommission nicht daran, eine neue, besser fundierte und/oder geänderte Empfehlung zu unterbreiten, ebenso wie bei der Variante, dass sich (bei Beobachtung der weiteren Entwicklung) zeigt, dass der erste Beistandsbeschluss nicht zu einer (gänzlichen) Problembehebung führt.

29 Da in all' diesen Fällen die Zahlungsbilanzschwierigkeiten andauern, wenn nicht gar sich vergrößern, sollte sich der **betroffene Staat** selbst um die (eigenen) Probleme kümmern dürfen. Art und wohl auch Ausmaß der Situation müssen hier aber noch eine **präventive Kontrolle** durch ein EU-Organ, die Kommission zulassen.[41] Anders als bei

---

[38] *Weiß/Haberkamm*, EuZW 2013, 95 (99).
[39] Z. B. Entscheidung des Rates vom 4. 11. 2008 über einen mittelfristigen finanziellen Beistand der Gemeinschaft für Ungarn, ABl. 2009, L 37/5; s. näher *Bandilla*, in: Grabitz/Hilf/Nettesheim, EU, Art. 143 AEUV (April 2012), Rn. 21 ff., 25 f.
[40] Zur Bewertung im Lichte des Solidaritätsprinzips (Art. 3 Abs. 3 UAbs. 3 EUV) s. *Bandilla*, in: Grabitz/Hilf/Nettesheim, EU, Art. 143 AEUV (April 2012), Rn. 34 ff.
[41] Sofort und nur auf der dritten Stufe (s. Rn. 16); so *Herrmann*, in: Siekmann, EWU, Art. 143, 144 AEUV, Rn. 33, anders *Häde*, in: Calliess/Ruffert, EUV/AEUV, Art. 143 AEUV, Rn. 12.

Art. 144 AEUV setzt die Rechtmäßigkeit mitgliedstaatlicher Schutzmaßnahmen nach Art. 143 Abs. 3 AEUV nämlich voraus, dass die **Kommission** den betroffenen Mitgliedstaat mit Ausnahmeregelung hierzu (durch Beschluss nach Art. 288 Abs. 4 AEUV) **ermächtigt** und in diesem Rechtsakt auch nähere Vorgaben (»Bedingungen« und »Einzelheiten«, terminologisch entsprechend Art. 143 Abs. 2 AEUV) festgelegt hat. »**Schutzmaßnahmen**« dürfen insoweit entweder neben (unzulänglichen) Beistands-Maßnahmen – ergänzend, aber nicht im Widerspruch zu diesen – oder selbstständig getroffen werden; für deren Art und Ausgestaltung ist dann primär das nationale Verfassungsrecht bedeutsam. Jedoch muss auch hier der unionsrechtliche Rahmen (insbesondere der Grundfreiheiten) so weit wie möglich gewahrt werden.[42]

Nach Art. 143 Abs. 3 UAbs. 2 AEUV ist der **Rat** befugt, die Ermächtigung zu Schutzmaßnahmen – nicht diese Maßnahmen selbst – im Nachhinein zu korrigieren. Hierzu ist kein Kommissionsvorschlag notwendig; jedoch könnte und dürfte auch die Kommission selbst ihren Rechtsakt wieder ganz oder teilweise aufheben. Die dem Rat als Alternative zu einer völligen **Beseitigung der Ermächtigung** eröffnete Kompetenz zur bloßen **Änderung** der dort enthaltenen »Bedingungen« und »Einzelheiten« ist in der Regel vorzugswürdig, da hierbei die mitgliedstaatlichen Belange weniger stark betroffen werden. Eine Änderung im Sinne einer Erweiterung der Ermächtigung durch den Rat lässt Art. 143 Abs. 3 UAbs. 2 AEUV nicht zu. Wird dies für notwendig erachtet, greift entweder Art. 144 Abs. 1 AEUV ein, oder es bedarf einer (gegebenenfalls weiteren) Beistandsentscheidung des Rates auf Kommissionsempfehlung hin. 30

Die Ermächtigung wie deren Aufhebung/Änderung (ebenfalls durch Beschluss nach Art. 288 Abs. 4 AEUV) wirken jeweils nur **für die Zukunft** (nach der Bekanntgabe gem. Art. 297 Abs. 2 AEUV). Mit dem Wirksamwerden müssen auch bereits getroffene Schutzmaßnahmen modifiziert oder revidiert werden. Eine spezielle Aufforderung an den jeweiligen Mitgliedstaat oder ein bestimmtes Verfahren wie in Art. 144 Abs. 3 AEUV kennt Art. 143 Abs. 3 UAbs. 2 AEUV nicht; der Ratsbeschluss hat formal nur die Kommission, nicht auch den Mitgliedstaat mit Ausnahmeregelung zum Adressaten. Gleichwohl kann von dessen Seite Nichtigkeitsklage zum EuGH erhoben werden (Art. 263 Abs. 2 AEUV).[43] 31

Angesichts der divergierenden Voraussetzungen bei Art. 143 und 144 AEUV ist eine auf Art. 144 Abs. 1 Satz 1 AEUV gestützte **Beibehaltung** von Schutzmaßnahmen nicht völlig ausgeschlossen, muss aber die Grenzen des Art. 144 Abs. 2 Satz 2 i. V. m. Art. 143 Abs. 2 AEUV und des Art. 144 Abs. 3 AEUV einhalten. 32

---

[42] Anders wohl *Häde*, in: Calliess/Ruffert, EUV/AEUV, Art. 143 AEUV, Rn. 13; *Herrmann*, in: Siekmann, EWU, Art. 143, 144 AEUV, Rn. 32; ähnlich wie hier *Smulders.*, in: GS, EUV/EGV, Art. 119, 120 EGV, Rn. 59 f.; *Bandilla*, in: Grabitz/Hilf/Nettesheim, EU, Art. 143 AEUV (April 2012), Rn. 30 f.

[43] Ebenso wohl *Smulders.*, in: GS, EUV/EGV, Art. 119, 120 EGV, Rn. 45, 48.

Artikel 144 AEUV [Zahlungsbilanzkrise]

(1) ¹Gerät ein Mitgliedstaat, für den eine Ausnahmeregelung gilt, in eine plötzliche Zahlungsbilanzkrise und wird ein Beschluss im Sinne des Artikels 143 Absatz 2 nicht unverzüglich getroffen, so kann der betreffende Staat vorsorglich die erforderlichen Schutzmaßnahmen ergreifen. ²Sie dürfen nur ein Mindestmaß an Störungen im Funktionieren des Binnenmarkts hervorrufen und nicht über das zur Behebung der plötzlich aufgetretenen Schwierigkeiten unbedingt erforderliche Ausmaß hinausgehen.

(2) ¹Die Kommission und die anderen Mitgliedstaaten werden über die Schutzmaßnahmen spätestens bei deren Inkrafttreten unterrichtet. ²Die Kommission kann dem Rat den gegenseitigen Beistand nach Artikel 143 empfehlen.

(3) Auf Empfehlung der Kommission und nach Anhörung des Wirtschafts- und Finanzausschusses kann der Rat beschließen, dass der betreffende Mitgliedstaat diese Schutzmaßnahmen zu ändern, auszusetzen oder aufzuheben hat.

Literaturübersicht

Von Horn, Zahlungsbilanz-Schwierigkeiten und Zahlungsbilanz-Krise nach dem EWG-Vertrag, EuR 1969, 37.

Leitentscheidung

EuGH, Urt. v. 10.12.1969, verb. Rs. 6 u. 11/69 (Kommission/Frankreich), Slg. 1969, 523

Inhaltsübersicht

	Rn.
A. Entwicklung/Vorläufer	1
B. Verhältnis zu Art. 143	2
I. Allgemein	2
II. Einzelheiten	3
C. Voraussetzungen für mitgliedstaatliche Schutzmaßnahmen	5
D. Eigene (nationale) Schutzmaßnahmen	10
I. Inhalt	10
II. Schranken	11
III. Verfahren	15
IV. Dauer	16
E. Verfahren und Maßnahmen auf Unionsebene	17
I. Empfehlungen gegenseitigen Beistands durch Kommission	17
II. Modifizierungsbeschlüsse des Rates	18
F. Praktische Bedeutung	19

A. Entwicklung/Vorläufer

1 Bis auf geringe Verfahrensmodalitäten (in Abs. 3 »Stellungnahme« der Kommission statt »Empfehlung«, Beteiligung des »Währungs«- statt des Wirtschafts- und Finanzausschusses) findet sich die Regelung bereits in Art. 109 EWGV, im Kapitel Zahlungsbilanz des Teils Wirtschaftspolitik. Durch den Maastricht-Vertrag änderte sich (außer modifizierten Querverweisen auf andere Vorschriften) im nunmehrigen Art. 109i EGV wenig: In Abs. 3 wurde für die Ratsentscheidung eine qualifizierte Mehrheit normiert, und anzuhören ist seit Beginn der dritten Stufe der Wirtschafts- und Währungsunion das in Art. 109c EGV bezeichnete Nachfolgegremium des zu diesem Datum aufgelösten Wäh-

rungsausschusses. Zugleich wurde ein Abs. 4 angefügt, nach welchem zum Zeitpunkt des Beginns dieser dritten Stufe die Geltungsdauer des gesamten Artikels ende, allerdings »unbeschadet des Art. 109k Abs. 6«, d. h. er finde »weiterhin auf Mitgliedstaaten Anwendung, für die eine Ausnahmeregelung gilt«. Von Neunummerierungen abgesehen (seit Amsterdam: Art. 120 EGV), blieb es auch nach Lissabon dabei.

B. Verhältnis zu Art. 143

I. Allgemein

Auf Art. 143 AEUV wird an zwei Stellen des Art. 144 AEUV (in Abs. 1 Satz 1 und Abs. 2 Satz 2) explizit Bezug genommen. Auch darüber hinaus ergänzen sich die beiden historisch seit je her aufeinander folgenden Bestimmungen.

II. Einzelheiten

Art. 144 Abs. 1 Satz 1 AEUV stellt klar, dass ein Beistands-Beschluss des Rats nach Art. 143 Abs. 2 AEUV auch im Falle einer »Zahlungsbilanzkrise« zulässig ist. Bei deren »plötzlichem« Eintritt könnte das komplexe Verfahren nach Art. 143 Abs. 1 AEUV (s. Art. 143 AEUV, Rn. 13 ff.) allerdings dazu führen, dass eine effektive Bekämpfung nicht möglich wäre, weil sie zu spät käme. Für solche dringlichen Situationen eröffnet Art. 144 (Abs. 1) AEUV ein Ventil für rasche und nur daher auch wirksame »vorsorgliche« Reaktionen.[1]

Art. 144 Abs. 2 Satz 2 und Abs. 3 AEUV sollen gewährleisten, dass der Rahmen für nationale **Dringlichkeitsmaßnahmen** (nach Abs. 1 Satz 2) eingehalten wird, indem dort sowohl ein nachträgliches Handeln auf Unionsebene als auch eine Korrektur der mitgliedstaatlichen Maßnahmen vorgesehen sind. Umgekehrt können nach Art. 143 Abs. 3 AEUV bei fehlendem oder nicht ausreichendem Beistand zusätzliche nationale Maßnahmen gestattet werden; auch diese bleiben aber weiterhin unter Unions-, speziell Ratsaufsicht.

C. Voraussetzungen für mitgliedstaatliche Schutzmaßnahmen

Wie Art. 143 AEUV richtet sich auch Art. 144 AEUV nur auf (einzelne) **Mitgliedstaaten mit Ausnahmeregelung**, und für die Abgrenzung dieses Personenkreises ist auch hier Art. 139 Abs. 1 AEUV maßgeblich.[2]

Wie bei Art. 143 AEUV bezieht sich auch das Ungleichgewicht auf die je eigene mitgliedstaatliche Zahlungsbilanz, und wie dort kann das Problem sowohl die **Zahlungsbilanz als Ganze** als auch einzelne **Teilbilanzen** betreffen; daher kann direkt an die Differenzierungen in Art. 143 Abs. 1 UAbs. 1 Satz 1 AEUV angeknüpft werden (s. Art. 143 AEUV, Rn. 6 ff., 10).

»**Krise**« unterscheidet sich von der bloßen »**Schwierigkeit**« durch Art und/oder Ausmaß der (negativen) Abweichung vom Normalzustand. Die kritische Lage kann auch

---

[1] *Herrmann*, in: Siekmann, EWU, Art. 143, 144 AEUV, Rn. 36; EuGH, Urt. v. 10.12.1969, verb. Rs. 6/69 u. 11/69 (Kommission/Frankreich), Slg. 1969, 523, Rn. 28 f.
[2] Ebenso *Häde*, in: Calliess/Ruffert, EUV/AEUV, Art. 144 AEUV, Rn. 1.

dann eintreten, wenn eine »Schwierigkeit« wächst. Wann die Grenze zur »Krise« erreicht bzw. überschritten ist, lässt sich nicht direkt anhand bestimmter Zahlengrößen bemessen.³ Eine korrekte Auslegung durch den sich hierauf berufenden Mitgliedstaat wird »nur« durch die Kontrolle durch Unionsorgane (Kommission, Rat und letztlich Gerichtshof) gesichert, wobei der Terminus letztlich allenfalls bedingt justitiabel erscheint.

8 Nur »**plötzliche**« Krisen fallen in den Anwendungsbereich des Art. 144 AEUV. Mittelbar wird dieses Merkmal dadurch konkretisiert, dass die mitgliedstaatliche Not-Kompetenz mit dem Beistands-Beschluss des Rats (s. Art. 143 AEUV, Rn. 17 f.) – spätestens mit dessen Wirksamwerden – endet.⁴ Ein »plötzliches« Eintreten muss weder zugleich (für den betr. Mitgliedstaat, die Union oder Dritte) unerwartet noch unwahrscheinlich sein, primär entscheidend ist eine kurzfristig erfolgende, objektiv messbare wesentliche Verschlechterung⁵. Auch insoweit wird einem Missbrauch durch die Unionsaufsicht vorgebeugt.

9 Eine **weitere zeitliche Begrenzung** der Not-Zuständigkeit resultiert aus der Verknüpfung mit einem (noch) fehlenden Rats-Beschluss nach Art. 143 Abs. 2 AEUV. Zwar hindern dessen Ergehen und Wirksamwerden (durch Bekanntmachung, Art. 297 Abs. 2 AEUV) auch spätere Maßnahmen eines Mitgliedstaats im Rahmen des Art. 143 Abs. 3 AEUV nicht gänzlich.⁶ Jedoch gelten je verschiedene Verfahrensregeln. Maßgeblicher Zeitpunkt kann daher nur einheitlich die äußere Wirksamkeit – Erscheinungsdatum des Amtsblattes – des den Beistand bewilligenden oder ablehnenden Rats-Beschlusses nach Art. 143 Abs. 3 AEUV sein.

D. Eigene (nationale) Schutzmaßnahmen

I. Inhalt

10 Der Inhalt mitgliedstaatlicher Notkompetenzen wird bei Vorliegen der Voraussetzungen lediglich durch **drei Kriterien** konturiert: Erlaubt sind nach Art. 144 Abs. 1 Satz 1 AEUV »Schutzmaßnahmen«, die zur Bewältigung der Krise sachlich »**erforderlich**« sind, zudem dürfen sie – zeitliche Komponente – nur »vorsorglich« ergriffen werden. Für die Auswahl bzw. Art der Maßnahmen ergeben sich allgemeine Vorgaben allein aus Art. 120 (Satz 2) AEUV, wodurch letztlich auch die relevanten, aber nicht völlig konsistenten Ziele des Art. 119 Abs. 3 AEUV bedeutsam werden. Worin »**Schutzmaßnahmen**« bestehen können und dass sie nicht allein den Kapital- oder Zahlungsverkehr betreffen müssen, zeigen überdies die nur beispielhaft genannten Arten bzw. Methoden des »gegenseitigen Beistands« in Art. 143 Abs. 2 Satz 2 AEUV.⁷ Das Merkmal »**vorsorglich**« deckt sich mit der Zielrichtung von Schutzmaßnahmen insofern, als Verschärfungen der Lage vorgebeugt werden soll. Aus ihm ergeben sich aber weder eine explizite

---

³ *Von Horn*, EuR 1969, 37 ff.
⁴ *Häde*, in: Calliess/Ruffert, EUV/AEUV, Art. 144 AEUV, Rn. 2.
⁵ Vgl. *Smulders.*, in: GS, EUV/EGV, Art. 119, 120 EGV, Rn. 55 f.; ähnlich *Bandilla*, in: Grabitz/Hilf/Nettesheim, EU, Art. 144 AEUV (April 2012), Rn. 4.
⁶ Vgl. *Herrmann*, in: Siekmann, EWU, Art. 143, 144 AEUV, Rn. 37, 43.
⁷ Ähnlich *Herrmann*, in: Siekmann, EWU, Art. 143, 144 AEUV, Rn. 43.

Befristung (wie bei »vorübergehend«)⁸ noch eine Absenkung der allgemeinen Anforderungen an die richtige Zweck-Mittel-Relation noch gar ein bestimmter (möglichst früher) Zeitpunkt. Letztlich dürfte daher hierdurch allenfalls ein größerer Spielraum bei der Bewertung, ob die Schwelle zur Krise erreicht oder gar überschritten sei, eröffnet werden. Dies entspricht auch der verbalen Unterscheidung von »Krise« (»crisis«) und »Schwierigkeit« (»difficulties«) in Abs. 1 Satz 1 bzw. Satz 2.

II. Schranken

Nicht nur als Vorgabe, sondern auch als Schranke wirkt die Bindung der Mitgliedstaaten (wie der Union) an den »Grundsatz einer **offenen Marktwirtschaft mit freiem Wettbewerb**« (Art. 120 Satz 2 AEUV), mit dem grundsätzlich nur punktuelle, sachlich (und zeitlich) begrenzte Eingriffe in die grundrechtlich gewährleisteten Handlungsfreiheiten der Unionsbürger und anderer wirtschaftlicher Akteure vereinbar sind. Bei gleicher Effizienz sind daher indirekt wirkende Maßnahmen direkten Eingriffen vorzuziehen. Ansonsten werden Mitgliedstaaten hier **nicht** bei der **Durchführung von Unionsrecht** (i.S.v. Art. 51 Abs. 1 GRC) tätig, sondern unterliegen (nur) den Schranken ihres **nationalen Verfassungsrechts**.⁹ Auch nur partielle Abweichungen von anderem Unionsrecht kommen lediglich im Hinblick auf bzw. für den gefährdeten Mitgliedstaat in Betracht.¹⁰

Das hierbei maßgebliche Verhältnis von Zweck (Krisenbewältigung) und Mittel (Schutzmaßnahmen) wird jedoch unionsrechtlich, nämlich durch Art. 144 Abs. 1 Satz 2 AEUV geprägt. Hierdurch darf zum einen das **Funktionieren des Binnenmarktes** (Art. 26 Abs. 2 AEUV) **nur in einem »Mindestmaß« gestört** werden, d. h. auch die hierfür konstitutiven Grundfreiheiten dürfen nur beschränkt werden, soweit dies jeweils im Hinblick auf mitgliedstaatliche Rest-Kompetenzen vorgesehen ist (etwa in Art. 65 Abs. 1 Buchst. b AEUV). Für Maßnahmen im Bereich der Gemeinsamen Handelspolitik (Art. 207 AEUV) fehlt es auch hier schon an einer mitgliedstaatlichen Verbands-Kompetenz (Art. 3 Abs. 1 Buchst. e AEUV).

Als zweite, kumulative Voraussetzung wird (nur) das **Ausmaß** von zulässigen Schutzmaßnahmen auf das **»unbedingt« Erforderliche** begrenzt; bezogen ist dies allein auf die »Behebung« (und nicht mehr!) und nur auf die »plötzlich« aufgetretenen (und nicht schon vor diesem Zeitpunkt vorhandenen) »Schwierigkeiten«.¹¹ Damit wird erneut die Beschränkung mitgliedstaatlichen Handelns im Sinne einer Not- und Dringlichkeitskompetenz hervorgehoben, die letztlich nur solange und soweit zum Tragen kommt, wie Unionsorgane nicht angemessen einschreiten.

Für beide Fallgestaltungen des Art. 144 Abs. 1 Satz 2 AEUV kommt es auf die Zielsetzung des Mitgliedstaates an, nicht darauf, ob die beabsichtigte Wirkung auch tatsächlich eingetreten ist.

---

⁸ Anders offenbar *Herrmann*, in: Siekmann, EWU, Art. 143, 144 AEUV, Rn. 41; *Smulders.*, in: GS, EUV/EGV, Art. 119, 120 EGV, Rn. 61.
⁹ Ähnlich *Herrmann*, in: Siekmann, EWU, Art. 143, 144 AEUV, Rn. 39.
¹⁰ So wohl auch *Herrmann*, in: Siekmann, EWU, Art. 143, 144 AEUV, Rn. 35, 39.
¹¹ *Häde*, in: Calliess/Ruffert, EUV/AEUV, Art. 144 AEUV, Rn. 3; *Bandilla*, in: Grabitz/Hilf/Nettesheim, EU, Art. 144 AEUV (April 2012), Rn. 6.

III. Verfahren

15 Über die nach Art. 144 Abs. 1 Satz 1 AEUV getroffenen Schutzmaßnahmen müssen seitens des betr. Mitgliedstaates mit Ausnahmeregelung sowohl die **Kommission** als auch alle **anderen (EU-)Mitgliedsländer** (nicht nur die übrigen »pre-ins«) **unterrichtet** werden (Art. 144 Abs. 2 Satz 1 AEUV).[12] Die Form einer solchen Information ist nicht, der Inhalt zumindest nicht näher vorgeschrieben. Der letztmögliche Zeitpunkt für die Erfüllung der Pflicht ist das Inkrafttreten (innere Wirksamkeit) der Schutzmaßnahmen. Die Kommission wird hierdurch in die Lage versetzt zu prüfen, ob sie dem Rat den gegenseitigen Beistand nach Art. 143 AEUV empfiehlt.[13] Eine solche Empfehlung kann und muss sie abgeben, wenn sie zur Auffassung gelangt, die vom Mitgliedstaat mit Ausnahmeregelung ergriffenen Maßnahmen seien unzureichend (s. Art. 144 Abs. 2 Satz 2 i. V. m. Art. 143 Abs. 1 UAbs. 2 AEUV).[14]

IV. Dauer

16 Schutzmaßnahmen nach Art. 144 Abs. 1 Satz 1 AEUV sind nicht per se befristet, jedoch **stets temporär**.[15] Werden sie nicht vom jeweiligen Mitgliedstaat selbst aus eigenem Entschluss revidiert, so kann der **Rat** nach Art. 144 Abs. 3 AEUV diesbezüglich eine **Änderungs-, Aussetzungs- oder Aufhebungsverpflichtung** beschließen, die dann einer gerichtlichen Überprüfung nach Art. 263 AEUV unterzogen werden könnte. Spezielle inhaltliche Maßstäbe hierfür gibt es ebenso wenig wie eine Beschränkung des Modifizierungsbeschlusses allein auf rechtswidrige Schutzmaßnahmen – zumal gerade diese Wertung nicht sofort und/oder eindeutig feststehen mag. Eine direkte Korrektur seitens des Rates oder eines anderen EU-Organs (im Sinne der Ersetzung des nationalen durch einen Unionsrechtsakt) ist nicht vorgesehen.[16] Würden allerdings im Rahmen des gemeinsamen Beistands sachlich mit den mitgliedstaatlichen Schutzmaßnahmen übereinstimmende Maßnahmen erfolgen, so würde der Vorrang des Unionsrechts zur Unanwendbarkeit gleichlautenden oder gar abweichenden nationalen Rechts führen.

E. Verfahren und Maßnahmen auf Unionsebene

I. Empfehlungen gegenseitigen Beistands durch Kommission

17 Art. 144 Abs. 2 Satz 2 AEUV geht nur insoweit über Art. 143 Abs. 1 UAbs. 2 AEUV hinaus bzw. weicht hiervon ab, wie im Rahmen des Art. 144 AEUV **Empfehlungen** der Kommission (an den Rat) **fakultativ** sind.[17] Wenn jedoch auch die (weiteren) Voraussetzungen des Art. 143 Abs. 1 UAbs. 2 AEUV vorliegen, verdichtet sich das Vorschlagsrecht zur Pflicht. Stets ist dann aber noch vor Abgabe der Empfehlung der **Wirtschafts- und Finanzausschuss** (Art. 134 AEUV) anzuhören.

---

[12] *Herrmann*, in: Siekmann, EWU, Art. 143, 144 AEUV, Rn. 38.
[13] EuGH, Urt. v. 10.12.1969, verb. Rs. 6/69 u. 11/69 (Kommission/Frankreich), Slg. 1969, 523, Rn. 30f.
[14] Für Ermessen hingegen *Smulders.*, in: GS, EUV/EGV, Art. 119, 120 EGV, Rn. 64; *Bandilla*, in: Grabitz/Hilf/Nettesheim, EU, Art. 144 AEUV (April 2012), Rn. 10.
[15] *Herrmann*, in: Siekmann, EWU, Art. 143, 144 AEUV, Rn. 41; EuGH, Urt. v. 10.12.1969, verb. Rs. 6/69 u. 11/69 (Kommission/Frankreich), Slg. 1969, 523, Rn. 29.
[16] *Herrmann*, in: Siekmann, EWU, Art. 143, 144 AEUV, Rn. 44.
[17] *Herrmann*, in: Siekmann, EWU, Art. 143, 144 AEUV, Rn. 42.

II. Modifizierungsbeschlüsse des Rates

Beschlüsse des Rates nach Art. 144 Abs. 3 (i.V.m. Art. 288 Abs. 4[18]) AEUV erfolgen nur auf Empfehlung der Kommission hin; eine Möglichkeit zu eigenständigem Handeln ist auch nicht über Art. 241 AEUV eröffnet.[19] Wie bei Art. 143 Abs. 1 UAbs. 2 AEUV muss zuvor der Wirtschafts- und Finanzausschuss nach Maßgabe von Art. 134 Abs. 2, 3. Gedstr. angehört werden. Anders als noch nach Art. 120 EGV ist für diese Ratsbeschlüsse keine qualifizierte Mehrheit, sondern die **einfache Mitgliedermehrheit** notwendig und ausreichend (Art. 238 Abs. 1 AEUV).   18

F. Praktische Bedeutung

In der Praxis haben nationale Schutzmaßnahmen in der EG/EU seit Mitte der 1970er Jahre keine Rolle mehr gespielt, wohl auch wegen der verstärkten multilateralen Überwachung nach Art. 121 Abs. 3 AEUV.[20] Bei einem Ausscheiden von Teilnehmern aus der Eurozone könnte die Vorschrift jedoch erneut Bedeutung erlangen.[21]   19

---

[18] So schon *Smulders.*, in: GS, EUV/EGV, Art. 119, 120 EGV, Rn. 67.
[19] *Herrmann*, in: Siekmann, EWU, Art. 143, 144 AEUV, Rn. 45.
[20] So *Bandilla*, in: Grabitz/Hilf/Nettesheim, EU, Art. 144 AEUV (April 2012), Rn. 3.
[21] So auch *Herrmann*, in: Siekmann, EWU, Art. 143, 144 AEUV, Rn. 34.

Titel IX
Beschäftigung

Artikel 145 AEUV [Entwicklung einer koordinierten Beschäftigungsstrategie]

Die Mitgliedstaaten und die Union arbeiten nach diesem Titel auf die Entwicklung einer koordinierten Beschäftigungsstrategie und insbesondere auf die Förderung der Qualifizierung, Ausbildung und Anpassungsfähigkeit der Arbeitnehmer sowie der Fähigkeit der Arbeitsmärkte hin, auf die Erfordernisse des wirtschaftlichen Wandels zu reagieren, um die Ziele des Artikels 3 des Vertrags über die Europäische Union zu erreichen.

Literaturübersicht

Abig, Die Europäische Beschäftigungsstrategie im Lichte des Förderns und Forderns, Sozialer Fortschritt 2005, 113; *Becker*, Der Sozialstaat in der Europäischen Union, in: Becker/Hockerts/Tenfelde (Hrsg.), Sozialstaat Deutschland – Geschichte und Gegenwart, 2010, S. 313; *Braams*, Koordinierung als Kompetenzkategorie, 2013; *Devetzi*, The European Employment Strategy, in: Stendahl/Erhag/Devetzi (Hrsg.), A European Work-First Welfare State, 2008, S. 31; *Eichenhofer*, Sozialrecht der Europäischen Union, 4. Aufl., 2010; *ders.*, Das Europäische Sozialmodell, SDSRV 59 (2010), 139; *ders.*, Sozialrechtliche Perspektiven europäischer Integration angesichts der Globalisierung, FS 60 Jahre Bundessozialgericht, 2014, S. 517; *Eichhorst/Rhein*, Die europäische Beschäftigungsstrategie – Beispiel der Methode der offenen Koordinierung, SDSRV 53 (2005), 53; *Frenz*, Soziale Grundlagen in EUV und AEUV, NZS 2011, 81; *Frenz/Götzkes*, Die Beschäftigungspolitik nach dem AEUV, RdA 2010, 337; *Heinze*, Rechtlicher Rahmen einer europäischen Beschäftigungspolitik, EWS 2000, 526; *Höch*, Beschäftigungspolitik im Gemeinschaftsrecht, 2009; *Kraatz/Rhein*, Die Europäische Beschäftigungsstrategie für Ältere – Der schwierige Weg zur Entwicklung des Potentials, Sozialer Fortschritt 2007, 149; *Luthe/Palsherm*, Fürsorgerecht, 3. Aufl., 2013; *Palsherm*, Die staatliche Lenkung des Arbeitsmarktes, 2005; *Pilz*, Von der europäischen Beschäftigungsstrategie zur Integration der Beschäftigungspolitik in der Europäischen Union?, 2010; *Schellinger*, Wie sozial ist die EU? – Eine Perspektive für die soziale Dimension, Hrsg. Friedrich-Ebert-Stiftung, 2015; *Schulte*, Das »Europäische Sozialmodell« zwischen Realität und Normativität, in: Becker/Hockerts/Tenfelde (Hrsg.), Sozialstaat Deutschland – Geschichte und Gegenwart, 2010, S. 171; *ders.*, »Ein Blick über den Tellerrand« – Europäische Beschäftigungspolitik, FS Bieback, 2010, S. 281; *ders.*, Politik der Aktivierung, Recht auf Teilhabe und das »EU-Recht auf Jobsuche im Ausland«: Herausforderungen für das Europäische Koordinierungsrecht, ZESAR 2014, 58 und 112; *Steinle*, Europäische Beschäftigungspolitik, 2001; *Stephan*, Die Beschäftigungspolitik der EU, 2008; *Wendtland*, Aktuelle Entwicklungen der Offenen Methode der Koordinierung in der europäischen Beschäftigungspolitik, ZESAR 2008, 419, *Wolfswinkler*, Die Europäisierung der Arbeitsmarktpolitik, 2006.

Leitentscheidungen

EuGH, Urt. v. 14.12.1995, Rs. C–317/93 (Nolte), Slg. 1995, I–4625, Rn. 33
EuGH, Urt. v. 9.2.1999, Rs. C–167/97 (Seymour-Smith und Perez), Slg. 1999, I–623, Rn. 74 f.
EuGH, Urt. v. 14.4.2005, Rs. C–110/03 (Belgien/Kommission), Slg. 2005, I–2801, Rn. 65 ff.
EuGH, Urt. v. 6.12.2012, Rs. C–152/11 (Odar), ECLI:EU:C:2012:772, Rn. 37, 49, 64
EuGH, Urt. v. 4.7.2013, Rs. C–233/12 (Gardella), ECLI:EU:C:2013:449, Rn. 40
EuGH, Urt. v. 5.2.2015, Rs. C–117/14 (Nisttahuz Poclava), ECLI:EU:C:2015:60, Rn. 40

Wesentliche sekundärrechtliche Vorschriften

Verordnung (EG) Nr. 1466/97 des Rates vom 7.7.1997 über den Ausbau der haushaltspolitischen Überwachung und der Überwachung und Koordinierung der Wirtschaftspolitiken, ABl. 1997, L 209/1; geändert durch Verordnung (EU) Nr. 1175/2011 des Europäischen Parlaments und des Rates vom 16.11.2011, ABl. 2011, L 306/12
Verordnung (EG) Nr. 883/2004 des Europäischen Parlaments und des Rates vom 29.4.2004 zur Koordinierung der Systeme der sozialen Sicherheit, ABl. 2004, L 166/1; Vorläufer: Verordnung (EWG) Nr. 1408/71, ABl. 1971, L 149/2
Verordnung (EU) Nr. 492/2011 des Europäischen Parlaments und des Rates vom 5.4.2011 über die Freizügigkeit der Arbeitnehmer innerhalb der Union, ABl. 2011, L 141/1; Vorläufer: Verordnung (EWG) Nr. 1612/68, ABl. 1968, L 257/2
Verordnung (EU) Nr. 1296/2013 des Europäischen Parlaments und des Rates vom 11.12.2013 über ein Programm der Europäischen Union für Beschäftigung und soziale Innovation (»EaSI«) und zur Änderung des Beschlusses Nr. 283/2010/EU über die Einrichtung eines europäischen Progress-Mikrofinanzierungsinstruments für Beschäftigung und soziale Eingliederung, ABl. 2013, L 347/238
Beschluss des Rates vom 21.10.2010 über Leitlinien für beschäftigungspolitische Maßnahmen der Mitgliedstaaten, ABl. 2010, L 308/46[1]
Beschluss des Rates vom 6.5.2014 zu Leitlinien für beschäftigungspolitische Maßnahmen für 2014 (2014/322/EU), ABl. 2014, L 165/49
Beschluss des Rates vom 5.10.2015 zu Leitlinien für beschäftigungspolitische Maßnahmen für 2015 (Beschluss (EU) 2015/1848), ABl. 2015, L 268/28[2]

Inhaltsübersicht

		Rn.
A.	Regelungsinhalt und Normzweck	1
B.	Systematischer Zusammenhang und Historie der Regelung	2
C.	Einzelne Merkmale der Norm	10
	I. Koordinierte Beschäftigungsstrategie	10
	II. Maßnahmen für Arbeitnehmer	18
	III. Maßnahmen für Arbeitsmärkte	22
	IV. Einbindung in die Ziele der Europäischen Union	23

---

[1] Die beschäftigungspolitischen Leitlinien von 2010 sind jedes Jahr überprüft und bis ins Jahr 2014 einschließlich beibehalten worden. 2015 wurden dann integrierte Leitlinien vorgeschlagen, die dem neuen wirtschaftspolitischen Konzept aus dem Jahreswachstumsbericht 2015 Ausdruck verleihen sollen, welches auf Investitionen, Strukturreformen und einer verantwortungsvollen Fiskalpolitik beruht (vgl. *Rat der Europäischen Union*, 9632/15 vom 12.6.2015, S. 1f.).

[2] Vgl. auch den Vorschlag der Kommission zur Beibehaltung der Leitlinien für 2016 vom 15.2.2016, COM(2016) 71 final und Bericht über den Vorschlag für einen Beschluss des Rates zu Leitlinien für beschäftigungspolitische Maßnahmen der Mitgliedstaaten v. 20.7.2016 (A8–0247/2016). Der Jahreswachstumsbericht 2016 legt die Prioritäten für das Jahr 2016 dar (vgl. *Europäische Kommission*, Mitteilung der Kommission an das Europäische Parlament, den Rat, die Europäische Zentralbank, den Europäischen Wirtschafts- und Sozialausschuss, den Ausschuss der Regionen und die Europäische Investitionsbank, Jahreswachstumsbericht 2016 vom 26.11.2015, COM(2015) 690 final, S. 4, im Hinblick auf die Arbeitsmarktpolitik wird zum einen die Zielsetzung betont, Flexibilität und Sicherheit in ein ausgewogenes Verhältnis zu bringen, wobei jugendliche und Langzeitarbeitslose besonders in den Blick genommen werden sollen, und zum anderen eine Überarbeitung der Steuersysteme, um Beschäftigungshemmnisse anzugehen (vgl. COM(2015) 690 final, S. 5).

A. Regelungsinhalt und Normzweck

1   Art. 145 AEUV verpflichtet sowohl die Mitgliedstaaten als auch die Europäische Union auf die Entwicklung einer **koordinierten Beschäftigungsstrategie**. Damit wird zugleich eine eingeschränkte Kompetenz der Union gemäß der weiteren Normen des Beschäftigungstitels begründet. In diesem Zusammenhang hebt Art. 145 AEUV zwei Gesichtspunkte inhaltlich besonders hervor: Erstens sollen mit Bezug auf die Arbeitnehmer deren Qualifizierung, Ausbildung und Anpassungsfähigkeit gefördert werden; zweitens sollen die mitgliedstaatlichen Arbeitsmärkte befähigt werden, auf den wirtschaftlichen Wandel zu reagieren. Die **Norm zielt** darauf ab, die koordinierte europäische Beschäftigungsstrategie durch die Festlegung als Pflichtaufgabe zu stärken und zugleich diesbezügliche Rahmenvorgaben zu machen.

B. Systematischer Zusammenhang und Historie der Regelung

2   Art. 145 AEUV steht in vielfältigen **systematischen Zusammenhängen**: Zunächst ist die Bestimmung durch ausdrücklichen Verweis in die **Zielvorgaben der EU** eingebunden. Diese Ziele der Union sehen u. a. eine soziale Marktwirtschaft vor, die auf Vollbeschäftigung abzielt (Art. 3 Abs. 3 UAbs. 1 Satz 2 EUV). Bei Festlegung und Durchführung ihrer Politik und Maßnahmen trägt die Union ferner den Erfordernissen im Zusammenhang mit der Förderung eines hohen Beschäftigungsniveaus Rechnung (Art. 9 AEUV). Die im Binnenmarkt dazu erforderliche Koordinierung der Beschäftigungspolitiken der Mitgliedstaaten gehört zu den tragenden Grundätzen der Europäischen Union. Der Union kommt insofern eine Zuständigkeit eigener Art zu (Art. 5 Abs. 2 AEUV),[3] weil sich das mitgliedstaatliche Handeln im Rahmen der von der Union festgelegten Regeln, insbesondere von beschäftigungspolitischen Leitlinien bewegen soll (Art. 2 Abs. 3 AEUV).

3   Art. 145 AEUV gehört zum **Titel IX »Beschäftigung«**. Dieser Titel befindet sich im dritten Teil des AEUV über die »internen Politiken und Maßnahmen der Union«. Art. 145–147 AEUV legen Ziele und allgemeine Maßnahmen der Beschäftigungspolitik in der Union fest.[4] Art. 148–150 AEUV beziehen sich dann auf den Koordinierungsprozess der europäischen Beschäftigungsstrategie.[5] Im Einzelnen: Art. 146 AEUV sieht vor, dass die Mitgliedstaaten im Rahmen der koordinierten Beschäftigungsstrategie eine eigene Beschäftigungspolitik verfolgen, bestätigt diese Politiken als Angelegenheit von gemeinsamem Interesse und regelt das Miteinander der Beschäftigungs- mit der Wirtschaftspolitik. Art. 147 AEUV normiert dann die eigene Aufgabenkompetenz der Europäischen Union zur Förderung der Zusammenarbeit der Mitgliedstaaten auf dem Gebiet der Beschäftigungspolitik. Art. 148 AEUV regelt das Herzstück der Europäischen Beschäftigungsstrategie, nämlich das Procedere der Koordinierung der Beschäftigungspolitik. Art. 149 AEUV gibt dem Europäischen Parlament und dem Rat überdies die

---

[3] Vgl. *Braams*, S. 230 ff.; *Marauhn/Simon*, in: Grabitz/Hilf/Nettesheim, EU, Art. 145 AEUV (Mai 2011), Rn. 13: weder ausschließliche noch geteilte, sondern Zuständigkeit sui generis der Union. S. dazu näher Rn. 12.

[4] Vgl. EuGH, Urt. v. 4. 7. 2013, Rs. C–233/12 (Gardella), ECLI:EU:C:2013:449, Rn. 40.

[5] Vgl. *Hemmann*, in: GSH, Europäisches Unionsrecht, Vorbemerkung zu den Artikeln 145 bis 150 AEUV, Rn. 5.

Befugnis, den Informationsaustausch und das gegenseitige Lernen über best-practice-Modelle anzustoßen. Schließlich sieht Art. 150 AEUV als organisatorische Abrundung die Einsetzung des Beschäftigungsausschusses vor und regelt seine Aufgaben.

Eingebettet ist der Beschäftigungs-Titel zwischen Titel VIII zur »Wirtschafts- und Währungspolitik« und Titel X zur »Sozialpolitik«. Gegenseitige Abhängigkeiten der Unions-Politiken werden somit bereits durch die **systematische Stellung im Vertrag** zum Ausdruck gebracht.[6] Diese Interdependenzen verstärken sich dadurch, dass Art. 146 Abs. 1 AEUV die Beschäftigungspolitik nur »im Einklang« mit den Grundzügen der **Wirtschaftspolitik** nach Art. 121 Abs. 2 AEUV vorsieht.[7] Dem liegt die einfache, aber zwingende Erkenntnis zu Grunde, dass Beschäftigung und wirtschaftlicher Erfolg unmittelbar zusammenhängen. Dem für die Beschäftigungspolitik besonders wichtigen Ziel eines hohen Beschäftigungsniveaus kommt sogar eine Querschnittsfunktion zu, denn Art. 9 und Art. 147 Abs. 2 AEUV sehen vor, dass es bei der Festlegung und Durchführung aller Unionspolitiken berücksichtigt wird. 4

Daneben bestehen mit der **Sozialpolitik** – über die Einordnung in angrenzenden Titeln des Vertrags hinaus – explizite Berührungspunkte: Zunächst begründet Art. 153 Abs. 1 Buchst. b und h-j AEUV eine Unionskompetenz zur Unterstützung der Mitgliedstaaten auf den Gebieten der Arbeitsbedingungen, der beruflichen Eingliederung, der Chancengleichheit von Männern und Frauen sowie der Bekämpfung der sozialen Ausgrenzung. Außerdem wird die Kommission zur Förderung der Zusammenarbeit und der Erleichterung der Abstimmung zwischen den Mitgliedstaaten auf dem Gebiet der Beschäftigung ermächtigt (Art. 156 Abs. 1 AEUV). Die eher auf die Lebensbedingungen des einzelnen fokussierende Sozialpolitik ergänzt damit die vorwiegend auf die indirekte Steuerung der Arbeitskräftenachfrage zielende Beschäftigungspolitik.[8] Des Weiteren sieht Art. 166 AEUV eine **Unionspolitik der beruflichen Bildung** vor, die – wie die Beschäftigungspolitik auch – einen Primat mitgliedstaatlicher Zuständigkeit anerkennt. Hier ist eine gegenseitige Verstärkung der Politiken vorstellbar, wenn durch die berufliche Bildung ebenfalls Fragen der Qualifizierung, Ausbildung und Anpassungsfähigkeit der Arbeitnehmer berührt werden. 5

Schließlich weist der **Europäische Sozialfonds** nach Art. 162 AEUV Bezüge zur Beschäftigungspolitik auf, wenn er vorsieht, dass zur Verbesserung der Beschäftigungsmöglichkeiten Maßnahmen zur Förderung der beruflichen Verwendbarkeit und Mobilität sowie zur Erleichterung der Anpassung an Wandel durch berufliche Bildung und Umschulung gefördert werden. 6

Die **Historie der Regelung** ist vergleichsweise kurz. Art. 145 AEUV hat einen im Wesentlichen gleich lautenden **Vorläufer** in Art. 125 EGV,[9] der durch den Vertrag von Amsterdam eingeführt worden ist. Die Idee der Sorge für mehr Beschäftigung hat **jedoch eine längere Tradition** in Europa.[10] Bereits in der am 18.10.1961 unterzeichneten Eu- 7

---

[6] Ähnlich *Kreßel*, in: Schwarze, EU-Kommentar, Art. 145 AEUV, Rn. 1.
[7] Ausführlich zu den beschäftigungsbezogenen Implikationen der Wirtschaftspolitik *Höch*, S. 187 ff. und S. 322 ff. S. auch unten Rn. 25.
[8] Vgl. *Marauhn/Simon*, in: Grabitz/Hilf/Nettesheim, EU, Art. 145 AEUV (Mai 2011), Rn. 20. Ausführlich zur Beziehung zwischen Sozial- und Beschäftigungspolitik *Höch*, S. 243 ff., 305 ff. und 336 ff.
[9] Vor der Konsolidierung des Vertrags als Titel VIa und Artikel 109n EGV. Vgl. zu den Änderungen gegenüber dem EGV im Einzelnen: *Gassner*, in: Vedder/Heintschel v. Heinegg, Europäisches Unionsrecht, Art. 145 AEUV, Rn. 1 f.; *Niedobitek*, in: Streinz, EUV/AEUV, Art. 145 AEUV, Rn. 1 in der Fußnote 1.
[10] Vgl. dazu vertiefend *Höch*, S. 157 ff.; *Marauhn/Simon*, in: Grabitz/Hilf/Nettesheim, EU, Art. 145 AEUV (Mai 2011), Rn. 3 ff.; *Steinle*, S. 93 ff.

ropäischen Sozialcharta des Europarates ist vorgesehen, einen möglichst hohen Beschäftigungsstand zu erreichen und das Ziel der Vollbeschäftigung anzustreben.[11] Aber auch die Europäische Union hat schon vor der Einfügung des neuen Titels zur Beschäftigungspolitik Impulse auf diesem Gebiet gesetzt. Vor allem der Kommission kam zunächst die Aufgabe zu, die Zusammenarbeit der Mitgliedstaaten auf dem Gebiet des Sozialen, insbesondere der Beschäftigung zu fördern.[12] Zu nennen sind des Weiteren sowohl die Förderwirkungen des Europäischen Sozialfonds und die Schaffung neuer Arbeitsmöglichkeiten als Aufgabe der Europäischen Investitionsbank als auch andere EU-Politiken mit Auswirkungen auf den Arbeitsmarkt wie die Sozial- oder Wirtschaftspolitik.[13] In der Folge setzte das völkerrechtlich eigenständige Abkommen über die Sozialpolitik vom Dezember 1991 beschäftigungspolitische Akzente und durch den Vertrag von Maastricht wurde das »hohe Beschäftigungsniveau« zur Aufgabe der Gemeinschaft (s. Art. 2 EGV).[14]

8 Die konkrete **Einführung des Beschäftigungstitels** in den seinerzeitigen EG-Vertrag steht am Ende einer Entwicklung,[15] die ihren Anfang genommen hat im Aufgreifen des Problems der Arbeitslosigkeit durch die Kommission und dem Weißbuch »Wachstum, Wettbewerbsfähigkeit, Beschäftigung. Herausforderungen der Gegenwart und Wege ins 21. Jahrhundert«.[16] Der Europäische Rat hat in Essen 1994 (daraus die notwendigen) Schlussfolgerungen gezogen und die Europäische Beschäftigungsstrategie beschlossen.[17] In fortentwickelter Form bildete dies die Grundlage für den neuen Beschäftigungstitel im Vertrag von Amsterdam.[18] Aber auch im weiteren Verlauf wurden die Regelungen fortwährend ausgebildet: Anwendung der Regeln zur koordinierten Beschäftigungsstrategie vor Inkrafttreten des Vertrags von Amsterdam (sog. Luxemburg-Prozess, 1997),[19] Strukturreformen: Erstellung von Jahresendberichten zur Un-

---

[11] Vgl. *Kreßel*, in: Schwarze, EU-Kommentar, Art. 145 AEUV, Rn. 5; *Marauhn/Simon*, in: Grabitz/Hilf/Nettesheim, EU, Art. 145 AEUV (Mai 2011), Rn. 2; s. vertiefend zur Beschäftigungsförderung in der Europäischen Sozialcharta *Palsherm*, S. 361 ff.
[12] Vgl. *Marauhn/Simon*, in: Grabitz/Hilf/Nettesheim, EU, Art. 145 AEUV (Mai 2011), Rn. 3.
[13] Vgl. *Höch*, S. 293 ff.; *Krebber*, in: Calliess/Ruffert, EUV/AEUV, Art. 145 AEUV, Rn. 2; *Marauhn/Simon*, in: Grabitz/Hilf/Nettesheim, EU, Art. 145 AEUV (Mai 2011), Rn. 4; *Pilz*, S. 140 ff.
[14] Vgl. *Marauhn/Simon*, in: Grabitz/Hilf/Nettesheim, EU, Art. 145 AEUV (Mai 2011), Rn. 8.
[15] Ausführlich zur Entwicklung der europäischen Beschäftigungspolitik *Pilz*, S. 139 ff.; *Steinle*, S. 93 ff. und insb. S. 131 ff.; *Stephan*, S. 96 ff.; s. auch *Palsherm*, S. 272 f., *Schuster*, Europäische Beschäftigungspolitik, 1998 und *Thomas*, Handbuch europäischer Beschäftigungspolitik, 1999.
[16] KOM (93) 700 endg. vom 5.12.1993; vgl. auch *Lang/Bergfeld*, EuR 2005, 381 (382); *Marauhn/Simon*, in: Grabitz/Hilf/Nettesheim, EU, Art. 145 AEUV (Mai 2011), Rn. 9; *Palsherm*, S. 272.
[17] Vgl. *Europäischer Rat*, Schlussfolgerungen des Vorsitzes zur Tagung am 9./10.12.1994 in Essen, I. Wirtschaftsthemen, 1. Verbesserung der Beschäftigungslage (erhältlich unter http://www.europarl.europa.eu/summits/ess1_de.htm, 12.9.2016); *Hemmann*, in: GSH, Europäisches Unionsrecht, Vorbemerkung zu den Artikeln 145 bis 150 AEUV, Rn. 1; *Marauhn/Simon*, in: Grabitz/Hilf/Nettesheim, EU, Art. 145 AEUV (Mai 2011), Rn. 10.
[18] Vgl. *Kommission der Europäischen Gemeinschaften*, Fünf Jahre Europäische Beschäftigungsstrategie – Eine Bestandsaufnahme, KOM (2002) 416 endg. vom 17.7.2002, S. 5 f. unter 1.2; *Lang/Bergfeld*, EuR 2005, 381 (382); *Marauhn/Simon*, in: Grabitz/Hilf/Nettesheim, EU, Art. 145 AEUV (Mai 2011), Rn. 10. S. ausführlich zu den vorangehenden Verhandlungen *Höch*, S. 403 ff. und *Steinle*, S. 131 ff.
[19] Vgl. *Europäischer Rat*, Schlussfolgerungen des Vorsitzes zur Sondertagung über Beschäftigungsfragen am 20./21.11.1997 in Luxemburg, Ziffer 3 (erhältlich unter http://www.europarl.europa.eu/summits/lux3_de.htm, 12.9.2016); KOM (2002) 416 endg. vom 17.7.2002, S. 6; *Steinle*, S. 161 ff.; *Streinz*, EuZW 1998, 137 (144). S. zum seinerzeitigen Ablauf der Koordinierung auch *Höch*, S. 377 ff. und *Pilz*, S. 144 ff.

terstützung der wirksamen Koordinierung der Wirtschaftspolitiken mit dem Ziel, Wachstum und Beschäftigung zu fördern (sog. Cardiff-Prozess, 1998),[20] Verstärkung der Zusammenarbeit für mehr Beschäftigung und Bündelung der beschäftigungspolitischen Maßnahmen in einem Gesamtkonzept (sog. Köln-Prozess, 1999, und Europäischer Beschäftigungspakt)[21] und die Entwicklung der Union zum wettbewerbsfähigsten und dynamischsten wissensbasierten Wirtschaftsraum mit mehr und besseren Arbeitsplätzen (sog. Lissabon-Strategie, 2000).[22]

Abgelöst wurde die Lissabon-Strategie durch die vom Europäischen Rat am 17.6.2010 endgültig beschlossene »**Strategie Europa 2020**«, die die beschäftigungspolitische Ausrichtung im Wesentlichen fortsetzt und mit einer wachstumsorientierten Wirtschaftspolitik verknüpft.[23] Um die Fortschritte bei der Umsetzung der Strategie 2020 – einem intelligenten, nachhaltigen und integrativen Wachstum – messbar zu machen, hat die EU für das Jahr 2020 fünf Kernziele in den Bereichen Beschäftigung, Forschung und Entwicklung, Klimawandel und nachhaltige Energiewirtschaft, Bildung sowie Bekämpfung von Armut und sozialer Ausgrenzung vereinbart. Diese Ziele wirken sich wechselseitig aufeinander aus, verstärken sich u. U. sogar. Bereits dem Wortlaut nach ist hier das Beschäftigungsziel einschlägig: Bis zum Jahr 2020 sollen 75 % der 20 bis 64-Jährigen in Arbeit stehen.[24] Die Mitgliedstaaten greifen dies mit nationalen Zielen auf, die den unterschiedlichen örtlichen Gegebenheiten Rechnung tragen. Die integrierten Leitlinien für Wachstum und Beschäftigung machen dazu Vorgaben, die die Mitgliedstaaten berücksichtigen sollen. Verfahrensmäßig erfolgt die Umsetzung der Strategie 2020 durch das Europäische Semester (s. Art. 148 AEUV). Ferner wird die Beschäftigungspolitik durch aktuelle Maßnahmen zur Bewältigung der Schuldenkrise einiger Mitgliedstaaten berührt, sei es dass es um die Verringerung der Zahl im öffentlichen Dienst Beschäftigter geht, sei es dass die öffentliche Beschäftigungsförderung nahezu »brachliegt«.

9

---

[20] Vgl. *Europäischer Rat*, Schlussfolgerungen des Vorsitzes zur Tagung am 15./16.6.1998 in Cardiff, III. Wirtschaftliche Reform und gesunde öffentliche Finanzen als Grundlagen für Wachstum, Wohlstand und Beschäftigung, Ziffer 11 (erhältlich unter www.europarl.europa.eu/summits/car1_de.htm, 12.9.2016).

[21] Vgl. *Europäischer Rat*, Schlussfolgerungen des Vorsitzes zur Tagung am 3./4.6.1999 in Köln, III. Beschäftigung, Wachstum, Wettbewerbsfähigkeit und nachhaltige Entwicklung, Ziffer 7 ff. zum Europäischen Beschäftigungspakt (erhältlich unter http://www.europarl.europa.eu/summits/kol1_de.htm, 12.9.2016).

[22] Vgl. *Europäischer Rat*, Schlussfolgerungen des Vorsitzes zur Tagung am 23./24.3.2000 in Lissabon, I. Beschäftigung, Wirtschaftsreform und sozialer Zusammenhalt, Ziffer 5 (erhältlich unter http://www.europarl.europa.eu/summits/lis1_de.htm, 12.9.2016); *Kreßel*, in: Schwarze, EU-Kommentar, Art. 145 AEUV, Rn. 7; *Marauhn/Simon*, in: Grabitz/Hilf/Nettesheim, EU, Art. 145 AEUV (Mai 2011), Rn. 11; *Niedobitek*, in: Streinz, EUV/AEUV, Art. 145 AEUV, Rn. 14. S. dazu auch vertiefend *Palsherm*, S. 272 ff. und *Steinle*, S. 171 ff.

[23] Vgl. dazu *Europäische Kommission*, Europa 2020. Eine Strategie für intelligentes, nachhaltiges und integratives Wachstum, KOM (2010) 2020 endg. vom 3.3.2010 und die Billigung der wesentlichen Aspekte der Strategie durch den Europäischen Rat in Brüssel vom 25. und 26.3.2010, EUCO 7/10 sowie die endgültige Annahme durch den Europäischen Rat in Brüssel vom 17.6.2010, EUCO 13/10.

[24] Vgl. KOM (2010) 2020 endg. vom 3.3.2010, S. 13, 1. Gedstr.; Beschluss des Rates vom 21.10.2010 über Leitlinien für beschäftigungspolitische Maßnahmen der Mitgliedstaaten, Leitlinie 7, ABl. 2010, L 308/46 (49).

C. Einzelne Merkmale der Norm

I. Koordinierte Beschäftigungsstrategie

10 Nach Art. 145 AEUV arbeiten die Mitgliedstaaten und die Europäische Union auf die Entwicklung einer koordinierten Beschäftigungsstrategie hin. Durch Vergleich mit der englischen und französischen Vertragsfassung[25] wird deutlicher als im insoweit sprachlich unergiebigen deutschen Präsens »**arbeiten [...] hin**«, dass der Vertrag hier pflichtige Aufgaben benennt und eine Zielvorgabe macht.[26] Eine koordinierte Beschäftigungsstrategie muss entwickelt werden. Zugleich wird durch die recht zurückhaltende Wortwahl[27] aber die Frage angedeutet, welche konkreten Ziele vorgegeben werden und inwiefern das Ziel einer gemeinsamen Strategie auch kurzfristig erreichbar ist (s. zur Einbindung der Norm in die Unionsziele Rn. 23 ff.). Dies darf jedoch nicht dazu verleiten, die Bedeutung der Regelung zu gering einzuschätzen. Allein die Tatsache, dass der Beschäftigungspolitik ein Titel des Vertrags und damit formell der gleiche Rang wie der Wirtschafts- und Währungs- oder der Sozialpolitik eingeräumt wird, spricht für die Bedeutung der koordinierten Beschäftigungsstrategie.[28] Eine solche Relevanz von Gewicht darf aber nicht dahingehend verstanden werden, dass es dem Beschäftigungstitel – jedenfalls nicht unmittelbar – um Politikgestaltung auf der Mikro-Ebene geht. Vielmehr wird »nur« der notwendige Rahmen für makroökonomische und politische Prozesse gesetzt.[29] Letztlich kommt es maßgeblich auf den politischen Willen der einzelnen Mitgliedstaaten zur Umsetzung der koordinierten Strategie an.[30]

11 Die Norm verpflichtet zwar sowohl die **Mitgliedstaaten** als auch die **Europäische Union** auf die Entwicklung einer Beschäftigungsstrategie. Bei systematischer Betrachtung des Gesamtzusammenhangs der Vorschrift wird aber deutlich, dass die **Hauptzuständigkeit der Mitgliedstaaten** für die Beschäftigungspolitik durch die Verpflichtung auch der Europäischen Union im Rahmen der europäischen Beschäftigungsstrategie nicht unterlaufen werden soll (s. insbesondere Art. 147 Abs. 1 Satz 2 und Art. 149 Abs. 2 AEUV).[31] Nirgends im Beschäftigungstitel ist die Rede von einer »Beschäfti-

---

[25] Wortlaut der englischen und französischen Vertragsfassung: »shall [...] work towards« bzw. »s'attachent [...] à élaborer«.
[26] Ähnlich *Coen*, in: Lenz/Borchardt, EU-Verträge, Art. 145 AEUV, Rn. 1 unter Hinweis auf die Schlussfolgerungen des Europäischen Rates von Luxemburg im Jahr 1997 unter Ziffer 22; *Höch*, S. 427. S. auch *Palsherm*, S. 275 f. Vgl. aber auch die Kritik von *Steinmeyer* zur Vorgängervorschrift im EGV, RdA 2001, 10 (12): »Wer die einschlägigen Vorschriften des Vertrags liest, fragt sich, ob es sich dabei um mehr handelt als juristische Rhetorik«.
[27] Insbesondere »hinarbeiten« und »s'attacher«.
[28] Vgl. *Hemmann*, in: GSH, Europäisches Unionsrecht, Vorbemerkung zu den Artikeln 145 bis 150 AEUV, Rn. 4, der trotz der vorwiegend in einem politischen Prozess angelegten Regeln erhebliche rechtliche Implikationen des Beschäftigungstitels sieht; *Krebber*, in: Calliess/Ruffert, EUV/AEUV, Art. 145 AEUV, Rn. 1. Dagegen sehr zurückhaltend in der Einschätzung *Marauhn/Simon*, in: Grabitz/Hilf/Nettesheim, EU, Art. 145 AEUV (Mai 2011), Rn. 1: »Abgesehen von der Kompetenzverteilung und der rechtlichen Einhegung politischer Prozesse entfaltet der Beschäftigungstitel daher kaum Rechtswirkungen.«.
[29] Vgl. *Marauhn/Simon*, in: Grabitz/Hilf/Nettesheim, EU, Art. 145 AEUV (Mai 2011), Rn. 1.
[30] Vgl. *Krebber*, in: Calliess/Ruffert, EUV/AEUV, Art. 145 AEUV, Rn. 1.
[31] Vgl. *Bieber/Epiney/Haag*, Die EU, § 22, Rn. 45; *Braams*, S. 35; *Coen*, in: Lenz/Borchardt, EU-Verträge, Vorb. Art. 145–150 AEUV, Rn. 9; *Frenz/Götzkes*, RdA 2010, 337; *Frenz*, Handbuch Europarecht, Band 6, Rn. 3739; *Gassner*, in: Vedder/Heintschel v. Heinegg, Europäisches Unionsrecht, Art. 145 AEUV, Rn. 9; *Krebber*, in: Calliess/Ruffert, EUV/AEUV, Art. 145 AEUV, Rn. 3; *Marauhn/Simon*, in: Grabitz/Hilf/Nettesheim, EU, Art. 145 AEUV (Mai 2011), Rn. 16; *Schulte*, ZESAR 2014,

gungspolitik der Union«.³² Durch Vergleich mit anderssprachigen Vertragsfassungen wird deutlich, dass auch der im Deutschen nicht ganz eindeutige Art. 150 Satz 2, 1. Gedstr. AEUV, eine solche nicht begründet.³³ Ganz im Gegenteil wird ansonsten nur von der Beschäftigungspolitik der Mitgliedstaaten gesprochen (s. Art. 2 Abs. 3 und 5 Abs. 2 AEUV sowie Art. 146 Abs. 1 AEUV). Andererseits ist plausibel, dass im gemeinsamen Binnenmarkt wegen der vielfältigen Abhängigkeiten der Volkswirtschaften nur eine koordinierte Beschäftigungsstrategie eine nachhaltige Beschäftigungsentwicklung für alle Arbeitsmärkte zur Folge haben kann.³⁴ Daher ist die gemeinsame Nennung von Mitgliedstaaten und Europäischer Union trotz der vorgetragenen Bedenken gleichwohl folgerichtig.

Ob aber deshalb von einer **Parallelzuständigkeit** von Union und Mitgliedstaaten in der Beschäftigungspolitik gesprochen werden kann,³⁵ begegnet zumindest Bedenken. Richtig daran ist, dass die Rolle der Union durch den Beschäftigungstitel gestärkt worden ist. Wenn die Beschäftigungspolitik nämlich den Unionszielen des Art. 3 EUV unterworfen ist und von den Mitgliedstaaten als Angelegenheit von gemeinsamem Interesse angesehen wird, die aufeinander abzustimmen ist (s. Art. 146 Abs. 2 AEUV), liegt eine – im Sinne von Unionsdisziplin – führende Rolle der EU vor.³⁶ Auch sieht Art. 5 Abs. 2 AEUV explizit eine Zuständigkeit der Union für die Festlegung von Leitlinien für die mitgliedstaatliche Beschäftigungspolitik vor. Andererseits spricht Art. 146 Abs. 1 AEUV von der Beschäftigungspolitik der Mitgliedstaaten (»ihre«). Ferner weist Art. 147 Abs. 1 AEUV der Union nur eine »unterstützende« Aufgabe zu und betont die Beachtung der Zuständigkeit der Mitgliedstaaten für die Maßnahmen zur Erreichung eines hohen Beschäftigungsniveaus. Schließlich sieht Art. 148 Abs. 2 AEUV lediglich vor, dass die Mitgliedstaaten die Leitlinien des Rates in ihrer Beschäftigungspolitik »berücksichtigen«. Auch soweit dem Europäischen Parlament und dem Rat durch Art. 149 AEUV eine begrenzte eigene Möglichkeit eingeräumt wird, Maßnahmen zu fördern, bleiben die Mitgliedstaaten über ihre Vertreter im Rat (s. Art. 16 Abs. 2 EUV) in die Entscheidung eingebunden und können auf sie einwirken.³⁷ Im Ergebnis hat die Union daher lediglich eine **unterstützende Koordinierungskompetenz**, aber keine eigenständige Regelungsbefugnis auf dem Gebiet der Beschäftigungspolitik (vgl. vertiefend zu den Handlungsmöglichkeiten der Union Art. 147 AEUV, Rn. 3 ff.).³⁸

12

---

58 (59); *Steinle*, S. 175 ff.; *Steinmeyer*, RdA 2001, 10 (21). Zur fortbestehenden Zuständigkeit der Mitgliedstaaten aus der Rechtsprechung grundlegend EuGH, Urt. v. 14.12.1995, Rs. C–317/93 (Nolte), Slg. 1995, I–4625, Rn. 33 und EuGH, Urt. v. 9.2.1999, Rs. C–167/97 (Seymour-Smith und Perez), Slg. 1999, I–623, Rn. 74 f. sowie aus jüngerer Zeit EuGH, Urt. v. 11.4.2013, verb. Rs. C–335/11 u. C–337/11 (Ring, Skouboe Werge), NZA 2013, 553, Rn. 81.

³² Es ist daher missverständlich, wenn der EuGH davon spricht, dass in Art. 145–147 AEUV Ziele und allgemeine Maßnahmen der Beschäftigungspolitik der Union festgelegt würden, vgl. EuGH, Urt. v. 4.7.2013, Rs. C–233/12 (Gardella), ECLI:EU:C:2013:449, Rn. 40.

³³ Vgl. *Niedobitek*, in: Streinz, EUV/AEUV, Art. 145 AEUV, Rn. 6. Ähnlich *Eichenhofer*, § 18, Rn. 459: »eigene beschäftigungspolitische Kompetenz« der EU.

³⁴ Zu einzelnen Bedenken von Volkswirten an der Notwendigkeit einer zentral abgestimmten Beschäftigungspolitik *Coen*, in: Lenz/Borchardt, EU-Verträge, Vorb. Art. 145–150 AEUV, Rn. 12 m.w.N.

³⁵ Vgl. *Niedobitek*, in: Streinz, EUV/AEUV, Art. 145 AEUV, Rn. 9.

³⁶ Vgl. *Krebber*, in: Calliess/Ruffert, EUV/AEUV, Art. 145 AEUV, Rn. 4.

³⁷ Vgl. *Krebber*, in: Calliess/Ruffert, EUV/AEUV, Art. 145 AEUV, Rn. 5.

³⁸ Ähnlich offenbar *Hemmann*, in: GSH, Europäisches Unionsrecht, Vorbemerkung zu den Artikeln 145 bis 150 AEUV, Rn. 3, der eine eigene, jedoch eingeschränkte Kompetenz der EU für den Beschäftigungsbereich sieht. So auch *Frenz/Götzkes*, RdA 2010, 337: »flankierende Politik«; *Frenz*,

13 Aufgrund der Verpflichtung der »Mitgliedstaaten« in Art. 145 AEUV wird deutlich, dass es nur um die **Koordinierung staatlicher Beschäftigungspolitik** geht. Tarifvertragliche oder gar betriebliche Maßnahmen werden nicht erfasst.[39] Dafür spricht bereits, dass der Beschäftigungstitel die einzelstaatlichen Gepflogenheiten in Bezug auf die Verantwortung der Sozialpartner berücksichtigt (Art. 146 Abs. 2 AEUV), also nicht koordiniert (s. dazu Art. 146 AEUV, Rn. 12 f.). Dies betrifft in Deutschland die grundgesetzlich garantierte Tarifautonomie (Art. 9 Abs. 3 GG). Eine Abgrenzung zwischen staatlichen und – hier nicht umfassten – tariflichen Regelungen sollte insofern, um praktischen Bedürfnissen Rechnung zu tragen, rein formell anhand des Urhebers einer konkreten streitigen Regelung erfolgen.[40]

14 Gegenstand der gemeinsamen Arbeit von Europäischer Union und Mitgliedstaaten ist eine **koordinierte Beschäftigungsstrategie**. Darunter versteht man die vergleichbar der Methode offener Koordinierung miteinander verzahnte, geplante Entwicklung und Abstimmung der nationalen Beschäftigungspolitiken und Arbeitsmärkte. Da die Hauptkompetenz der Mitgliedstaaten auf dem Gebiet der Beschäftigungspolitik erhalten bleibt, ist eine solche das Subsidiaritätsprinzip achtende Methode notwendig.[41] Im Kern geht es hier nicht darum, verbindliches Europäisches Recht zu setzen, sondern um eine multilaterale Überwachung des nationalen Handelns im Hinblick auf gemeinsame Ziele.[42] Wichtigstes Instrument dazu ist das in Art. 148 AEUV geregelte Verfahren zur Koordinierung der Politiken (sog. Europäisches Semester): In einem regelmäßigen Kreislauf sollen gemeinsame Ziele, Leitlinien und messbare Indikatoren vereinbart und dann nationale Umsetzungspläne erstellt werden, die schließlich von EU-Organen evaluiert und gegebenenfalls mit öffentlichen Empfehlungen an die Mitgliedstaaten verbunden werden. Die Verwirklichung der Ziele und die erreichten Fortschritte werden somit regelmäßig überwacht. Dadurch sollen bewährte mitgliedstaatliche Verfahren ausgetauscht und die Zusammenarbeit gefördert werden. Durch den Vergleich mit anderen besteht mithin die Möglichkeit gemeinsamen Lernens.[43] Man kann darin »eine politische Koordination nach dem Prinzip des »management by objectives« erkennen.[44] Darüber hinaus sieht Art. 149 AEUV vor, dass das Europäische Parlament und der Rat Anreizmaßnahmen zur Förderung der Zusammenarbeit und zum Informationsaustausch zwischen den Mitgliedstaaten beschließen können. Eine Harmonisierung von Rechts- und Verwaltungsvorschriften der Mitgliedstaaten ist aber keinesfalls vorgesehen (Art. 149 Abs. 2 AEUV). Schließlich werden im vorliegenden Kontext der Kommission durch den Titel zur Sozialpolitik Kompetenzen zur Förderung der Zusammenarbeit zwischen den Mitgliedstaaten auf dem Gebiet der Beschäftigung eingeräumt (Art. 156 Abs. 1 AEUV).

Handbuch Europarecht, Band 6, Rn. 3739 und Rn. 3750 ff.; *Kreßel*, in: Schwarze, EU-Kommentar, Art. 146 AEUV, Rn. 5.

[39] Vgl. *Krebber*, in: Calliess/Ruffert, EUV/AEUV, Art. 145 AEUV, Rn. 7.

[40] Offenbar weiter gehend *Krebber*, in: Calliess/Ruffert, EUV/AEUV, Art. 145 AEUV, Rn. 7: »im Zweifel vom Vorliegen einer staatlichen Maßnahme auszugehen«.

[41] *Wendtland*, ZESAR 2008, 419 spricht deshalb von einem typischen »Soft Law« – Instrument.

[42] Vgl. *Braams*, S. 2 f., S. 11 f.

[43] Vgl. zur Idee der offenen Koordinierungsmethode: *Kommission der Europäischen Gemeinschaften*, Europäisches Regieren. Ein Weißbuch, KOM (2001) 428 endg. vom 25.7.2001, S. 28. S. dazu auch *Eichenhofer*, § 19, Rn. 466 ff.; *Kraatz/Rhein*, Sozialer Fortschritt 2007, 149 (150), *Lang/Bergfeld*, EuR 2005, 381 (381 f.) und *Wendtland*, ZESAR 2008, 419 (420 ff.).

[44] KOM (2002) 416 endg. vom 17.7.2002 (Fn. 22), S. 6.

Aus dem Begriff der **Strategie**, also einem planvollen Vorgehen, das unter möglichst umfassender Berücksichtigung sämtlicher Umstände ein bestimmtes Ziel zu erreichen sucht,[45] sowie den weiteren Vorgaben für den Inhalt der koordinierten Beschäftigungsstrategie (s. u.) folgt, dass bloßes marktvertrauendes Nichtstun im Sinne einer **Laisser-faire-Politik** prinzipiell nicht den Anforderungen der Norm genügt.[46] In Deutschland wäre dies auch deshalb schon nicht möglich, weil dem Grundgesetz in der Gesamtschau der Art. 1 Abs. 1, 12 Abs. 1, 20 Abs. 1 und 109 Abs. 2 GG ein ungeschriebenes Staatsziel der Arbeitsförderung zu entnehmen ist.[47] Etwas anderes ist es freilich, wenn aktive staatliche Maßnahmen in Zeiten guter Konjunktur auf das Notwendigste beschränkt bleiben. Deshalb besteht auch kein Widerspruch zwischen prinzipieller Rechtspflicht zur Führung einer aktiven Beschäftigungspolitik und einer im Einzelfall nach dem Prinzip des Übermaßverbots reduzierten staatlichen Intervention.[48] Schließlich verlangt eine »Strategie«, dass ein **fortlaufender Abgleich** staatlichen Handelns im Hinblick auf seine Beschäftigungswirksamkeit erfolgen muss. Denn der Beschäftigungsförderung kontraindizierte Maßnahmen sind zu unterlassen.[49] 15

Soweit vertreten wird, dass die sachliche **Tragweite der koordinierten Beschäftigungsstrategie** unklar bleibt,[50] kann dem nur mit Einschränkungen gefolgt werden. Im Wesentlichen unbestritten dürfte insofern sein, dass der Beschäftigungstitel Vorgaben zum »Ob« der Beschäftigungspolitik mit der Zielsetzung macht, ein hohes Beschäftigungsniveau zu erreichen (s. Art. 147 AEUV).[51] Nach hier vertretener Auffassung wird die Ausrichtung der Europäischen Beschäftigungsstrategie aber durch weitere Bestimmungen auch ansatzweise konkretisiert (s. Rn. 18 ff. und 22 f.). Insoweit enthält Art. 145 AEUV (zugegeben nur) rudimentäre Vorgaben zum »Wie« der Beschäftigungspolitik.[52] Gegen diese Annahme von – wenn auch vergleichsweise geringfügigen – Spezifikationen für die Art und Weise der Beschäftigungspolitik lässt sich nicht überzeugend einwenden, dass inhaltliche Fragen des Arbeitsrechts durch den spezielleren und daher vorgehenden Titel zur Sozialpolitik in den Art. 151 ff. AEUV geregelt würden.[53] 16

---

[45] Vgl. *Duden*, Das Bedeutungswörterbuch, 4. Aufl., 2010, Stichwort Strategie.
[46] Vgl. *Palsherm*, S. 276 f. Anderer Ansicht *Krebber*, in: Calliess/Ruffert, EUV/AEUV, Art. 145 AEUV, Rn. 3 und 10 f.; wohl auch *Kotzur*, in: Geiger/Khan/Kotzur, EUV/AEUV, Art. 145 AEUV, Rn. 3: »keine notwendig interventionistische Arbeitsmarktpolitik«. Wie hier offenbar *Kreßel*, in: Schwarze, EU-Kommentar, Art. 145 AEUV, Rn. 21. Vermittelnd *Niedobitek*, in: Streinz, EUV/AEUV, Art. 145 AEUV, Rn. 7: keine Laisser-faire Politik, aber auch keine interventionistische Beschäftigungspolitik. Wenn man damit einen unbedingten Vorrang einer angebotsorientierten Wirtschaftspolitik gegenüber einer nachfrageorientierten Politik zur Belebung der Beschäftigung annimmt, würde dies aber den normativen Gehalt der Regelung überspannen. Denn diesbezüglich trifft der Vertrag gerade keine Regelung (s. Rn. 16).
[47] Vgl. zur Herleitung ausführlich *Palsherm*, S. 172 ff.
[48] Anderer Ansicht offenbar *Krebber*, in: Calliess/Ruffert, EUV/AEUV, Art. 145 AEUV, Rn. 11, der staatliche Beschäftigungspolitik prinzipiell auch auf reines Nichtstun und Vertrauen auf Schaffung und Sicherung von Arbeitsplätzen durch Marktkräfte zulässigerweise reduziert sehen will.
[49] Vgl. *Frenz/Götzkes*, RdA 2010, 337; *Frenz*, Handbuch Europarecht, Band 6, Rn. 3743; *Kreßel*, in: Schwarze, EU-Kommentar, Art. 145 AEUV, Rn. 20.
[50] Vgl. *Krebber*, in: Calliess/Ruffert, EUV/AEUV, Art. 145 AEUV, Rn. 6.
[51] Vgl. *Höch*, S. 421; *Krebber*, in: Calliess/Ruffert, EUV/AEUV, Art. 145 AEUV, Rn. 6.
[52] Vgl. *Palsherm*, S. 277 f. Ähnlich offenbar *Höch*, S. 422; *Marauhn/Simon*, in: Grabitz/Hilf/Nettesheim, EU, Art. 145 AEUV (Mai 2011), Rn. 17: »[…] inhaltlich nur in geringem Maße determiniert«; *Niedobitek*, in: Streinz, EUV/AEUV, Art. 145 AEUV, Rn. 21 ff. Vgl. aber auch *Hemmann*, in: GSH, Europäisches Unionsrecht, Vorbemerkung zu den Artikeln 145 bis 150 AEUV, Rn. 3: »Eckpfeiler […] ohne allerdings ein inhaltliches Konzept in der Beschäftigungspolitik vorzugeben.«
[53] So aber *Krebber*, in: Calliess/Ruffert, EUV/AEUV, Art. 145 AEUV, Rn. 6.

Denn die Förderung von Beschäftigung hat – wie auch das deutsche Arbeitsförderungsrecht nach dem SGB III belegt – nicht nur eine die soziale Sicherheit von Arbeitnehmern umfassende Komponente (s. dazu Art. 153 Abs. 1 Buchst. c AEUV). Vielmehr geht sie entscheidend darüber hinaus, wenn sie beispielsweise auch Leistungen für Menschen vorsieht, die noch niemals als Arbeitnehmer tätig waren, ferner für Arbeitgeber und Maßnahmenträger. Offen bleibt hier jedoch, ob die Förderung der Beschäftigung im Wege einer angebots- oder nachfrageorientierten Politik erfolgen soll.[54] Auch eine Begrenzung auf eine bloße Arbeitsmarktpolitik (s. zum Begriff Art. 150 AEUV, Rn. 5) lässt sich der Regelung nicht entnehmen, wie sich aus dem Wortlaut »Beschäftigungsstrategie« und der Einbindung in eine Vielzahl weitläufiger Unionsziele nach Art. 3 EUV ergibt.[55]

17 Freilich lässt sich aus der Vorgabe einer Rahmensetzung für die Mitgliedstaaten **keine subjektiv öffentlich-rechtliche Position** eines einzelnen arbeitsuchenden Bürgers ableiten.[56] Dies folgt auch bereits aus dem Umstand, dass in der sozialen Marktwirtschaft das konkrete Schaffen von Arbeitsplätzen auf dem ersten Arbeitsmarkt keine Aufgabe der Politik, sondern von Unternehmen ist.[57] Schließlich dürfte die Relevanz der Art. 145 ff. AEUV in **Vorabentscheidungsersuchen** mitgliedstaatlicher Gerichte auch eher gering sein. Dazu sind die Vorschriften und oftmals auch die darauf beruhenden Leitlinien einfach zu weit.[58]

II. Maßnahmen für Arbeitnehmer

18 Die Vorschrift macht einige zwingende **Vorgaben für den Inhalt** der koordinierten Beschäftigungsstrategie.[59] Denn das Wort »**insbesondere**«[60] bezieht sich sprachlich auf ein Bezugswort – hier die koordinierte Beschäftigungsstrategie – und leitet gewöhnlich eine beispielhafte Aufzählung ein. Soweit diskutiert wird, dass nach dem Wort »insbesondere« besonders wichtige Aspekte folgen, die aber nicht unter den Begriff der »koordinierten Beschäftigungsstrategie« fallen, sondern weitere Gesichtspunkte einer europäischen Beschäftigungspolitik bilden,[61] kann dem nicht gefolgt werden. Denn dann wäre es zur Vermeidung von möglichen Missverständnissen naheliegender gewesen, sowohl mit diesen Punkten anstatt mit der »koordinierten Beschäftigungsstrategie« die

---

[54] Vgl. *Kreßel*, in: Schwarze, EU-Kommentar, Art. 145 AEUV, Rn. 22. Vertiefend zur angebots- oder nachfrageorientierten Politik zur Beschäftigungsförderung *Palsherm*, S. 58 ff.

[55] Vgl. *Gassner*, in: Vedder/Heintschel v. Heinegg, Europäisches Unionsrecht, Art. 145 AEUV, Rn. 11; *Niedobitek*, in: Streinz, EUV/AEUV, Art. 147 AEUV, Rn. 3.

[56] Vgl. EuGH, Urt. v. 4.7.2013, Rs. C-233/12 (Gardella), ECLI:EU:C:2013:449, Rn. 40; LSG Baden-Württemberg, Urt. v. 28.5.2010, L 12 AL 3116/09, Rn. 30, juris; *Kreßel*, in: Schwarze, EU-Kommentar, Art. 146 AEUV, Rn. 6; *Marauhn/Simon*, in: Grabitz/Hilf/Nettesheim, EU, Art. 145 AEUV (Mai 2011), Rn. 25; vgl. dazu auch vertiefend *Palsherm*, S. 251 ff., insb. S. 260 ff. und S. 280.

[57] Vgl. *Kreßel*, in: Schwarze, EU-Kommentar, Art. 145 AEUV, Rn. 20.

[58] Vgl. jüngst EuGH, Urt. v. 5.2.2015, Rs. 117/14 (Nisttahuz Poclava), ECLI:EU:C:2015:60, Rn. 40.

[59] Vgl. *Hemmann*, in: GSH, Europäisches Unionsrecht, Art. 145 AEUV, Rn. 4; *Höch*, S. 418.

[60] Wortlaut der englischen und französischen Vertragsfassung: »particularly« bzw. »en particulier«.

[61] Vgl. *Kreßel*, in: Schwarze, EU-Kommentar, Art. 145 AEUV, Rn. 19. Diese Frage offen lassend *Frenz*, Handbuch Europarecht, Band 6, Rn. 3742 und *Krebber*, in: Calliess/Ruffert, EUV/AEUV, Art. 145 AEUV, Rn. 9. Wie hier dagegen *Marauhn/Simon*, in: Grabitz/Hilf/Nettesheim, EU, Art. 145 AEUV (Mai 2011), Rn. 26; *Niedobitek*, in: Streinz, EUV/AEUV, Art. 145 AEUV, Rn. 21; *Steinle*, S. 250 f.

Aufgabenaufzählung zu beginnen als auch die Gleichrangigkeit verschiedener Verpflichtungen – einerseits Beschäftigungsstrategie, andererseits benannte Einzelinhalte – sprachlich deutlicher zu machen, z. B. durch Worte wie »ferner« oder »außerdem«. Die koordinierte Beschäftigungsstrategie ist damit der Oberbegriff zu den Unterpunkten »Förderung der Qualifizierung, Ausbildung und Anpassungsfähigkeit der Arbeitnehmer sowie der Fähigkeit der Arbeitsmärkte, auf die Erfordernisse des wirtschaftlichen Wandels zu reagieren«. Freilich sind diese Unterpunkte, wie auch der Wortlaut »insbesondere« zeigt, nicht abschließend zu verstehen.[62]

Zunächst geht es also um die **Förderung der Qualifizierung und Ausbildung der Arbeitnehmer**. Damit wird der staatlichen Beschäftigungspolitik die Sorge für die Förderung berufsvorbereitender Maßnahmen, die Erstausbildung und die anschließende Fortbildung von Arbeitnehmern aufgetragen. Hintergrund für die besondere Betonung des Bildungserfordernisses ist die Tatsache, dass die Wahrscheinlichkeit von Arbeitslosigkeit umso geringer ist, je höher der Bildungsgrad ist.[63] Daher betont beispielsweise auch der Jahreswachstumsbericht 2016 die Notwendigkeit von Reformen der allgemeinen und betrieblichen Bildung, um Arbeitsplätze und nachhaltiges Wachstum zu schaffen.[64] Es geht dabei jedoch nicht um eine staatliche Garantie für einen Ausbildungsplatz für jeden Menschen. Denn die Verantwortung der Sozialpartner bleibt ausdrücklich unberührt (s. Art. 146 Abs. 2 AEUV) und die Beschäftigungspolitik bewegt sich innerhalb der wirtschaftspolitischen Grundzüge der Europäischen Union – und damit auch eines »freien« Arbeitsmarktes (s. Art. 146 Abs. 1 AEUV). Die Mitgliedstaaten dürfen sich den Besonderheiten des Arbeits**marktes** aber nicht verschließen, sondern sind im Rahmen der sozialen Marktwirtschaft (s. Art. 3 Abs. 3 Satz 2 EUV) verpflichtet, Fördermaßnahmen für Qualifizierung und Ausbildung vorzusehen, soweit sie erforderlich sind. In Deutschland wird dies grundlegend durch Leistungen nach der Grundsicherung für Arbeitsuchende (SGB II) und nach dem Recht der Arbeitsförderung (SGB III) gemacht. Zu nennen sind insofern beispielsweise[65] tragende Prinzipien wie der Grundsatz des Förderns (§ 14 SGB II) und der Vorrang der aktiven Arbeitsförderung (§ 5 SGB III); ferner einzelne Leistungen zur Eingliederung in Arbeit wie Arbeitsgelegenheiten (§ 16d SGB II) sowie Leistungen zur aktiven Arbeitsförderung wie Maßnahmen zur Begleitung des Übergangs von der Schule in die Berufsausbildung (§§ 48 ff. SGB III), berufsvorbereitende Maßnahmen (§§ 51 ff. SGB III), den Lebensunterhalt während Ausbildung unterstützende Leistungen wie die Berufsausbildungsbeihilfe (§§ 56 ff. SGB III) oder Übergangs- bzw. Ausbildungsgeld für behinderte Menschen (§§ 119 ff. SGB III) und schließlich Leistungen zur Unterstützung der Ausbildung von Menschen mit besonderem Förderbedarf wie z. B. behinderte Menschen oder lernbeeinträchtigte und sozial benachteiligte junge Menschen (§§ 73 ff. SGB III).

---

[62] Vgl. *Frenz*, Handbuch Europarecht, Band 6, Rn. 3747; *Gassner*, in: Vedder/Heintschel v. Heinegg, Europäisches Unionsrecht, Art. 145 AEUV, Rn. 11; *Kreßel*, in: Schwarze, EU-Kommentar, Art. 145 AEUV, Rn. 22; *Marauhn/Simon*, in: Grabitz/Hilf/Nettesheim, EU, Art. 145 AEUV (Mai 2011), Rn. 30.

[63] Vgl. *Dietz/Stops/Walwei*, APuZ 14–15/2012, 20 (26); *Weber/Weber*, IAB-Kurzbericht 4/2013.

[64] Vgl. *Europäische Kommission*, Mitteilung der Kommission an das Europäische Parlament, den Rat, die Europäische Zentralbank, den Europäischen Wirtschafts- und Sozialausschuss, den Ausschuss der Regionen und die Europäische Investitionsbank, Jahreswachstumsbericht 2016 – Die wirtschaftliche Erholung konsolidieren und die Konvergenz fördern, vom 26. 11. 2015, COM(2015) 690 final, S. 9.

[65] Vgl. dazu ausführlich *Luthe/Palsherm*, Rn. 513 ff.

20 Die Vorschrift sieht auch die **Förderung der Anpassungsfähigkeit der Arbeitnehmer** als Gesichtspunkt der koordinierten Beschäftigungsstrategie an. Hintergrund für diese Aufgabenstellung ist die Tatsache, dass in Zeiten zunehmend rascheren Wandels die Fähigkeit, auf diese Änderungen adäquat reagieren zu können, essentiell zur Vermeidung von Arbeitslosigkeit ist. Dazu gehört insbesondere die Befähigung der Arbeitnehmer zu »lebenslangem Lernen«, da Wissen in immer kürzeren Zyklen veraltet. Aber auch die Unterstützung der Mobilität von Arbeitnehmern ist ein wichtiger Gesichtspunkt im Hinblick auf individuelle Anpassungsfähigkeit. Denn starke regionale Beharrungstendenzen sind ein wichtiger Grund strukturell bedingter Arbeitslosigkeit.

21 Bemerkenswert ist, dass Art. 145 AEUV somit ein besonderes Augenmerk auf **Leistungen aktiver Arbeitsmarktpolitik** legt, wenn er durch Förderung von Qualifizierung und Anpassungsfähigkeit die Beschäftigungsfähigkeit der Arbeitnehmer in den Blick nimmt. Die Vorschrift steht damit in der Tradition modernen Denkens über den »aktivierenden Sozialstaat«.[66]

III. Maßnahmen für Arbeitsmärkte

22 Zudem sollen durch die Mitgliedstaaten und die Europäische Union die **Arbeitsmärkte befähigt werden**, auf die Erfordernisse des wirtschaftlichen Wandels zu reagieren. Dies ist im gemeinsamen Euroraum bereits deshalb notwendig, weil unterschiedliche Produktivität nicht mehr über Wechselkursanpassungen, also z.B. eine Abwertung der nationalen Währung, ausgleichbar ist.[67] Die **Wandlungsfähigkeit** spricht zum einen strukturpolitische Entscheidungen an, um den Folgen geänderter Produktionsbedingungen und Wachstumsschwächen in einzelnen Branchen zu begegnen (z.B. durch Unterstützung von Transformationsprozessen). Zur strukturellen Wandlungsfähigkeit der Arbeitsmärkte gehören im weiteren Sinne auch möglichst schnell wirkende Programme zur Umschulung von Arbeitnehmern, um »nutzlos« gewordene Kompetenzen durch neues, aktuell am Arbeitsmarkt nachgefragtes Wissen zu ersetzen. Zum zweiten gehören hierzu auch Leistungen, die die Folgen saisonaler oder konjunktureller Schwankungen der Beschäftigung abfedern. Ein in dieser Hinsicht offenbar sehr erfolgreiches Instrument ist das Kurzarbeitergeld.[68]

IV. Einbindung in die Ziele der Europäischen Union

23 Die koordinierte Beschäftigungsstrategie ist schließlich eingebunden in die übergeordneten Ziele der Europäischen Union. Art. 145 AEUV sieht insofern nämlich vor, dass die Strategie entwickelt werden soll, **um die Ziele des Art. 3 EUV zu erreichen**. Diese finale Verknüpfung mit den Unionszielen ist für die Beschäftigungspolitik ganz grundlegend.[69]

---

[66] Ähnlich *Eichenhofer*, § 18, Rn. 465. Vgl. dazu auch *Fuchs*, Freizügigkeit in der Europäischen Union! – auch bei Arbeitslosigkeit, FS Gagel, 2011, S. 183 (186 f.).

[67] Vgl. *Coen*, in: Lenz/Borchardt, EU-Verträge, Art. 145 AEUV, Rn. 2; *Frenz*, Handbuch Europarecht, Band 6, Rn. 3745.

[68] Vgl. *Crimmann/Wießner*, IAB-Kurzbericht 14/2009; *Straubhaar*, Wege zur Vollbeschäftigung, APuZ 14–15/2012, 3 (4); differenzierend *Bogedan*, WSI-Mitteilungen 2010, 577.

[69] *Hemmann*, in: GSH, Europäisches Unionsrecht, Art. 145 AEUV, Rn. 1, spricht sogar von einem »substanziellen Eckpfeiler des Beschäftigungsansatzes«.

Die Beschäftigungspolitik wird damit ausdrücklich in einen **Kontext** ganz **unterschiedlicher Ziele** gesetzt.[70] Entsprechendes findet sich für die Wirtschaftspolitik in Art. 120 AEUV. Durch den Beschäftigungstitel werden diese Ziele der EU konkretisiert und operationalisiert.[71] Freilich ist der Beitrag der Beschäftigungspolitik zur Erreichung der Ziele des Art. 3 EUV nicht immer gleichermaßen gegeben. Manche Ziele können für Maßnahmen der Beschäftigungspolitik sogar begrenzend wirken, beispielsweise wenn Preisstabilität anzustreben ist. Andererseits finden sich zahlreiche Ziele, die durch eine geeignete Beschäftigungspolitik deutlich unterstützt werden: In diesem Sinne dient das Innehaben einer Beschäftigung – ganz grundlegend betrachtet – basalen menschlichen Bedürfnissen[72] und sichert damit beispielsweise »Frieden, Werte und Wohlergehen« der Völker der Union, wie es Art. 3 Abs. 1 EUV formuliert. Dies wird aktuell deutlich, wenn sich die bedrückende Lage von Menschen in Krisenländern mit extrem hoher (Jugend-)Arbeitslosigkeit Luft verschafft, indem Gewalt gegen Sachen und z. T. sogar Menschen ausgeübt wird. Durch die europäische Beschäftigungsstrategie wird ferner ein Beitrag zu sozialer Gerechtigkeit und zu sozialem Schutz i. S. d. Art. 3 Abs. 3 UAbs. 2 EUV geleistet: Durch Arbeit wird sowohl dem Prinzip der Bedarfsgerechtigkeit, also der Sicherung desjenigen, dessen man für eine menschenwürdige Existenz bedarf, als auch der Verteilungsgerechtigkeit Genüge getan. Denn nur wenn hinreichend Menschen ihr Einkommen aus Erwerbsarbeit beziehen, sind die finanziellen Grundlagen sozialen Ausgleichs durch Umverteilung gesichert. Aber auch auf der eher praktischen Ebene des gemeinsamen Binnenmarktes und der nachhaltigen wirtschaftlichen Entwicklung Europas im Rahmen einer sozialen Marktwirtschaft mit den Zielen der Vollbeschäftigung und des sozialen Fortschritts nach Art. 3 Abs. 3 UAbs. 1 Satz 2 und 3 EUV trägt die europäische Beschäftigungsstrategie zur Zielerreichung bei.[73] Dies gilt sogar für den in Art. 3 Abs. 3 UAbs. 1 Satz 2 EUV zum Ziel gesetzten Umweltschutz mit einer Verbesserung der Umweltqualität. Besonders deutlich wird dies, wenn »grüne Industrien« wie Solarfirmen unterstützt werden. Aber auch die Anreize zur energieeffizienten Produktion sind hier zu nennen.

Ob sich aus diesem Gesamtgefüge von Zielen und Unionspolitiken aber eine **Unterordnung der Beschäftigungs- unter die Wirtschaftspolitik** entnehmen lässt,[74] muss bezweifelt werden. Natürlich ist die Europäische Union – historisch betrachtet – eine Wirt-

---

[70] Vgl. den Plural im Wortlaut: »die Ziele des Artikels 3«; s. auch die englische und französische Vertragsfassung: »the objectives defined in Article 3« und »les objektifs énoncés à l'article 3«.
[71] Vgl. *Kreßel*, in: Schwarze, EU-Kommentar, Art. 145 AEUV, Rn. 1.
[72] Vgl. zur Bedeutung der Arbeit für den Menschen *Palsherm*, S. 35 ff.
[73] Zu Recht weist *Niedobitek*, in: Streinz, EUV/AEUV, Art. 145 AEUV, Rn. 10, darauf hin, dass das Ziel der Vollbeschäftigung im Zusammenhang des Beschäftigungstitels »besonderes Gewicht« hat. Dies darf man freilich nicht im Sinne eines Vorrangs verstehen. Vielmehr können die im Beschäftigungstitel genannten Instrumente dieses Ziel besonders gut unterstützen. Ähnlich offenbar *Gassner*, in: Vedder/Heintschel v. Heinegg, Europäisches Unionsrecht, Art. 145 AEUV, Rn. 5: »Vollbeschäftigung ist also nur ein Politikziel unter vielen und somit diesen nicht übergeordnet«.
[74] So *Krebber*, in: Calliess/Ruffert, EUV/AEUV, Art. 145 AEUV, Rn. 8; *Steinle*, S. 83 f. Aufgrund einer »konstitutionellen Asymmetrie« zwischen wirtschafts- und sozialpolitischen Instrumenten, die durch den faktischen Vorrang wirtschaftspolitischer Zielsetzungen in der Eurokrise noch verstärkt worden sei, eine Nachordnung der beschäftigungspolitischen Leitlinien gegenüber wirtschafts- und fiskalpolitischen Vorgaben annehmend, was aber kritikwürdig und daher zu ändern sei: *Schellinger*, Wie sozial ist die EU?, 2015, S. 4 ff., insb. S. 6. Anderer Ansicht und gegen die Unterordnung *Frenz*, Handbuch Europarecht, Band 6, Rn. 3770; *Kreßel*, in: Schwarze, EU-Kommentar, Art. 145 AEUV, Rn. 11: »integrierter Ansatz«; *Marauhn/Simon*, in: Grabitz/Hilf/Nettesheim, EU, Art. 145 AEUV (Mai 2011), Rn. 15.

schaftsgemeinschaft, was sich auch immer noch an vielen Zielsetzungen – im Rahmen des Art. 3 EUV auch an einem zahlenmäßigen Übergewicht wirtschaftspolitischer Zielsetzungen – ablesen lässt. Die Union hat sich aber auch deutlich zu einer Werte- und Sozialgemeinschaft fortentwickelt. Dies wird nicht zuletzt durch die im Absatz 1 des Art. 3 EUV hervorgehobene Spitzenstellung der Wertegemeinschaft deutlich. Im Übrigen lässt sich Art. 3 EUV keine weitere Hierarchisierung von Zielen entnehmen.[75] Außerdem berücksichtigt die Union in ihren wirtschaftspolitischen Vorgaben explizit beschäftigungspolitische Zielsetzungen,[76] was eher gegen eine Unterordnung spricht. Man wird daher vielmehr – ähnlich dem in Art. 109 Abs. 2 GG normierten gesamtwirtschaftlichen Gleichgewicht[77] – eine prinzipielle Gleichwertigkeit der beschäftigungs-, sozial- und wirtschaftspolitischen Zielsetzungen annehmen können. Dies bedingt, dass bei der Auslegung des Beschäftigungstitels sozioökonomische Ziele gleichrangig zu berücksichtigen sind.[78]

26 Aufgrund dieser prinzipiellen Gleichrangigkeit mit den wirtschaftspolitischen Zielen der Union können **beschäftigungspolitische Maßnahmen** im Einzelfall auch eine **Beschränkung der Grundfreiheiten**, vor allem der Freiheit des Warenverkehrs, der Dienstleistungsfreiheit und der Arbeitnehmerfreizügigkeit rechtfertigen.[79] Desgleichen kann die Beschäftigungspolitik ein legitimes Ziel sein, um **Ungleichbehandlungen** wegen des Alters **rechtfertigen** zu können.[80]

---

[75] Vgl. *Marauhn/Simon*, in: Grabitz/Hilf/Nettesheim, EU, Art. 145 AEUV (Mai 2011), Rn. 15.
[76] Vgl. Empfehlung (EU) 2015/1184 des Rates vom 14.7.2015 über die Grundzüge der Wirtschaftspolitik der Mitgliedstaaten und der Europäischen Union, ABl. 2015, L 192/27, z. B. Erwägungsgrund 3 und 4, und Empfehlung des Rates vom 14.7.2015 zur Umsetzung der Grundzüge der Wirtschaftspolitik der Mitgliedstaaten, deren Währung der Euro ist, ABl. 2015, C 272/98, z. B. Erwägungsgrund 3 und 4, sowie bereits Empfehlung des Rates vom 13.7.2010 über die Grundzüge der Wirtschaftspolitik der Mitgliedstaaten und der Union, ABl. 2010, L 191/28, z. B. Erwägungsgrund 3–5, 7 und insb. 15.
[77] Vgl. *Kreßel*, in: Schwarze, EU-Kommentar, Art. 145 AEUV, Rn. 15; dazu vertiefend *Palsherm*, S. 155 ff.
[78] Vgl. *Marauhn/Simon*, in: Grabitz/Hilf/Nettesheim, EU, Art. 145 AEUV (Mai 2011), Rn. 17.
[79] Vgl. *Marauhn/Simon*, in: Grabitz/Hilf/Nettesheim, EU, Art. 145 AEUV (Mai 2011), Rn. 18.
[80] Vgl. EuGH, Urt. v. 6.12.2012, Rs. C–152/11 (Odar), ECLI:EU:C:2012:772, Rn. 37, 49, 64.

Artikel 146 AEUV [Abgestimmte Beschäftigungspolitik der Mitgliedstaaten]

(1) Die Mitgliedstaaten tragen durch ihre Beschäftigungspolitik im Einklang mit den nach Artikel 121 Absatz 2 verabschiedeten Grundzügen der Wirtschaftspolitik der Mitgliedstaaten und der Union zur Erreichung der in Artikel 145 genannten Ziele bei.

(2) Die Mitgliedstaaten betrachten die Förderung der Beschäftigung als Angelegenheit von gemeinsamem Interesse und stimmen ihre diesbezüglichen Tätigkeiten nach Maßgabe des Artikels 148 im Rat aufeinander ab, wobei die einzelstaatlichen Gepflogenheiten in Bezug auf die Verantwortung der Sozialpartner berücksichtigt werden.

Literaturübersicht

S. Art. 145 AEUV

Inhaltsübersicht

	Rn.
A. Regelungsinhalt und Normzweck	1
B. Systematischer Zusammenhang und Historie der Regelung	2
C. Einzelne Merkmale der Norm	3
I. Absatz 1	3
1. Beschäftigungspolitik und Wirtschaftspolitik	3
2. Erreichung der Ziele des Art. 145 AEUV	6
II. Absatz 2	8
1. Beschäftigungsförderung als gemeinsames Interesse	8
2. Abstimmung im Rat	10
3. Berücksichtigung einzelstaatlicher Gepflogenheiten	12

A. Regelungsinhalt und Normzweck

Art. 146 AEUV **regelt**, dass die Mitgliedstaaten durch ihre nationale Beschäftigungspolitik, die mit den Grundzügen der Wirtschaftspolitik i. S. v. Art. 121 Abs. 2 AEUV im Einklang stehen muss (str.), zur Erreichung der in Art. 145 AEUV genannten Ziele beitragen. Dazu stimmen die Mitgliedstaaten ihre nationalen beschäftigungsfördernden Tätigkeiten unter Beachtung der jeweiligen nationalen Gepflogenheiten bezüglich der Sozialpartner aufeinander ab. Die Vorschrift normiert also die Aufgaben der Mitgliedstaaten im Rahmen der koordinierten europäischen Beschäftigungsstrategie. Die **Norm bezweckt**, dass die Mitgliedstaaten ihre jeweilige Beschäftigungspolitik als Angelegenheit von gemeinsamem Interesse mit den anderen abstimmen und mit dieser nationalen Politik auch zur Erreichung der Unionsziele beitragen.

1

B. Systematischer Zusammenhang und Historie der Regelung

Art. 146 AEUV ist Teil des Beschäftigungstitels. Die Norm steht damit in ähnlichen **systematischen Zusammenhängen** wie Art. 145 AEUV (vgl. Art. 145 AEUV, Rn. 2 ff.). Zwar nimmt die Vorschrift nicht ausdrücklich auf die Unionsziele Bezug. Sie inkorporiert aber über den Verweis auf die »in Artikel 145 genannten Ziele« diese mittelbar. Das Verfahren der in Art. 146 AEUV angesprochenen Abstimmung regelt Art. 148

2

AEUV. Im Unterschied zu dem die Kompetenzen der Mitgliedstaaten betreffenden Art. 146 AEUV normiert Art. 147 AEUV die Aufgaben der Union. Schließlich bestimmt Art. 121 Abs. 1 AEUV eine dem Art. 146 Abs. 2 AEUV weitgehend ähnliche Verpflichtung der Mitgliedstaaten zur Koordinierung ihrer Wirtschaftspolitiken. Die **Regelungshistorie** entspricht der des Art. 145 AEUV (vgl. Art. 145 AEUV, Rn. 7 f.). Art. 146 AEUV hat einen im Wesentlichen gleich lautenden **Vorläufer** in Art. 126 EGV,[1] der durch den Vertrag von Amsterdam eingeführt worden ist.

C. Einzelne Merkmale der Norm

I. Absatz 1

1. Beschäftigungspolitik und Wirtschaftspolitik

3 Art. 146 Abs. 1 AEUV verdeutlicht, dass die **Beschäftigungspolitik** eine Aufgabe, aber auch eine Hauptdomäne **der Mitgliedstaaten** ist.[2] Denn diese wird den Mitgliedstaaten über das Possessivpronomen »ihre«[3] zugewiesen (s. dazu bereits Art. 145 AEUV, Rn. 11). Außerdem ist hier im Unterschied zu dem für die Koordinierung bei gemeinsamer Kompetenz – im Sinne einer Hauptkompetenz der Mitgliedstaaten und einer unterstützenden koordinierenden Kompetenz der Union (s. dazu bereits Art. 145 AEUV, Rn. 12) – in Art. 145 AEUV verwendeten Begriff der Beschäftigungsstrategie von Beschäftigungspolitik die Rede, die zudem im ganzen Vertrag sprachlich immer mit den Mitgliedstaaten verbunden wird.[4] Der **Begriff** der Beschäftigungspolitik greift die Überschrift des Titels IX »Beschäftigung« auf. Er reicht weiter als der zuweilen synonym verwandte Begriff der Arbeitsmarktpolitik, wie sich aus der Entstehungsgeschichte des Beschäftigungstitels und der Querschnittsfunktion der Beschäftigungspolitik nach Art. 147 Abs. 2 AEUV ersehen lässt (s. zum Begriff auch Art. 150 AEUV, Rn. 5).[5] Hauptzweck der Beschäftigungspolitik ist, was Art. 146 Abs. 2 AEUV belegt, die Förderung von Beschäftigung. Der europarechtliche Begriff der Beschäftigungspolitik ist daher umfassend zu verstehen. Er beinhaltet im Sinne einer Zielpolitik alle Maßnahmen, die »die Quantität und Qualität von Beschäftigung im Hinblick auf die vollständige und bestmögliche Auslastung des Faktors Arbeit zu optimieren« suchen.[6]

---

[1] Vor der Konsolidierung des Vertrags als Titel VIa und Artikel 109o EGV.
[2] Vgl. *Hemmann*, in: GSH, Europäisches Unionsrecht, Art. 146 AEUV, Rn. 1 f.; *Kotzur*, in: Geiger/Khan/Kotzur, EUV/AEUV, Art. 146 AEUV, Rn. 1; *Krebber*, in: Calliess/Ruffert, EUV/AEUV, Art. 146 AEUV, Rn. 1; *Kreßel*, in: Schwarze, EU-Kommentar, Art. 146 AEUV, Rn. 5; *Marauhn/Simon*, in: Grabitz/Hilf/Nettesheim, EU, Art. 146 AEUV (Mai 2011), Rn. 1; *Palsherm*, S. 281.
[3] Vgl. in der englischen bzw. französischen Vertragsfassung: »their« und »leurs«. Zudem kommt in diesen Vertragsfassungen durch die Verwendung des Plurals »employment policies« bzw. »politiques de l'emploi« deutlicher heraus, dass es nationale Politiken zur Förderung der Beschäftigung gibt, die durchaus heterogen sein können.
[4] Vgl. *Hemmann*, in: GSH, Europäisches Unionsrecht, Art. 146 AEUV, Rn. 2; *Höch*, S. 415.
[5] Vgl. *Braams*, S. 34; *Hemmann*, in: GSH, Europäisches Unionsrecht, Art. 145 AEUV, Rn. 3; *Marauhn/Simon*, in: Grabitz/Hilf/Nettesheim, EU, Art. 146 AEUV (Mai 2011), Rn. 1.
[6] *Höch*, S. 426. Ähnlich *Steinle*, S. 76: alle Maßnahmen zur weitgehenden Ausschöpfung des Erwerbspersonenpotenzials.

Die Beschäftigungspolitik muss »**im Einklang**«[7] **mit** den nach Art. 121 Abs. 2 AEUV   4
verabschiedeten **Grundsätzen der Wirtschaftspolitik** der Mitgliedstaaten und der
Union stehen (s. zu diesen Grundsätzen der Wirtschaftspolitik ausführlich die Kommentierung zu Art. 121 AEUV). Zwar deutet der Wortlaut der Norm darauf hin, dass
»nur« die Ziele des Art. 145 AEUV im Einklang von Beschäftigungs- und gemeinschaftlicher Wirtschaftspolitik verfolgt werden müssen.[8] Es erscheint aber praktisch
kaum vorstellbar, dass die Ziele des Art. 145 AEUV bei einem Zielkonflikt von Beschäftigungs- und Wirtschaftspolitik »im Einklang« angestrebt werden.[9] Das Erfordernis des Einklangs bedeutet daher, dass die Mitgliedstaaten die Verpflichtung haben,
ihre Beschäftigungspolitik auf das Fehlen von (wesentlichen) Widersprüchen zu den
Grundsätzen der Wirtschaftspolitik zu prüfen.[10] Dies darf jedoch nicht im Sinne eines
Vorrangs der Wirtschafts- gegenüber der Beschäftigungspolitik verstanden werden (s.
dazu bereits Art. 145 AEUV, Rn. 25).[11] Problematisch an dieser in Art. 146 AEUV
enthaltenen Verpflichtung zur Prüfung auf Übereinstimmung zwischen Beschäftigungs-
und Wirtschaftspolitik ist, dass die wirtschaftspolitischen Grundzüge nur in der Form
einer Empfehlung erlassen werden (s. Art. 121 Abs. 2 UAbs. 3 Satz 1 AEUV). Empfehlungen sind nach Art. 288 Abs. 5 AEUV aber nicht verbindlich. Praktisch wird die
beachtenswerte Verzahnung zwischen Beschäftigungs- und Wirtschaftspolitik gleichwohl erreicht, indem der Rat integrierte Leitlinien für Wachstum und Beschäftigung
durch Beschluss annimmt.[12]

Im Einklang mit den Grundsätzen der Wirtschaftspolitik kann aber jedenfalls nur eine   5
mit einer **sozialen Marktwirtschaft** vereinbare Beschäftigungspolitik sein (s. Art. 3
Abs. 3 UAbs. 1 Satz 1 AEUV).[13] Daher folgen aus der sozialen Marktwirtschaft Begrenzungen für die Formen der Beschäftigungsförderung. Beispielsweise muss man im Hinblick auf die Möglichkeiten eines geförderten, sog. »zweiten« Arbeitsmarktes prinzi-

---

[7] Vgl. in der englischen bzw. französischen Vertragsfassung: »in a way consistent with the broad guidelines of the economic policies« bzw. »d'une maniere compatible avec les grandes orientations des politiques économiques«.

[8] Vgl. *Krebber*, in: Calliess/Ruffert, EUV/AEUV, Art. 146 AEUV, Rn. 2: »Art. 146 Abs. 1 bezieht auch in anderen sprachlichen Fassungen den Einklang auf das Beitragen der Mitgliedstaaten zum Erreichen der Ziele des Art. 145. Seinem Wortlaut nach verlangt Art. 146 Abs. 1 [AEUV] damit keinen Einklang der mitgliedstaatlichen Beschäftigungspolitik mit der gemeinschaftlichen Währungspolitik«. Ähnlich *Gassner*, in: Vedder/Heintschel v. Heinegg, Europäisches Unionsrecht, Art. 146 AEUV, Rn. 2.

[9] Dies räumt auch *Krebber* ein, in: Calliess/Ruffert, EUV/AEUV, Art. 146 AEUV, Rn. 2.

[10] Ähnlich *Kreßel*, in: Schwarze, EU-Kommentar, Art. 146 AEUV, Rn. 2: keine konträren Zielsetzungen von Wirtschafts- und Beschäftigungspolitik.

[11] Enger *Niedobitek*, in: Streinz, EUV/AEUV, Art. 146 AEUV, Rn. 9: inhaltliche Orientierung der Beschäftigungs- an der Wirtschaftspolitik i. S. e. Ein- bzw. Unterordnung. Ähnlich *Gassner*, in: Vedder/Heintschel v. Heinegg, Europäisches Unionsrecht, Art. 146 AEUV, Rn. 2.

[12] Vgl. *Coen*, in: Lenz/Borchardt, EU-Verträge, Art. 146 AEUV, Rn. 2; *Gassner*, in: Vedder/Heintschel v. Heinegg, Europäisches Unionsrecht, Art. 146 AEUV, Rn. 2; *Marauhn/Simon*, in: Grabitz/Hilf/Nettesheim, EU, Art. 146 AEUV (Mai 2011), Rn. 6; *Niedobitek*, in: Streinz, EUV/AEUV, Art. 146 AEUV, Rn. 8 f. Vgl. auch die entsprechenden Ausführungen der Kommission im Vorschlag für einen Beschluss des Rates über Leitlinien für beschäftigungspolitische Maßnahmen der Mitgliedstaaten, KOM(2010) 193 endg. vom 27. 4. 2010, S. 2 und Beschluss des Rates vom 21. 10. 2010 über Leitlinien für beschäftigungspolitische Maßnahmen der Mitgliedstaaten, Erwägungsgrund 17, ABl. 2010, L 308/46 (48).

[13] Insoweit wird das in Art. 119 Abs. 1 AEUV referenzierte weitere Prinzip einer »offenen Marktwirtschaft mit freiem Wettbewerb« durch die Unionsziele auf die soziale Marktwirtschaft konkretisiert und begrenzt.

piell Zurückhaltung üben, insbesondere wenn es zu Wettbewerbsverzerrungen kommen kann.[14]

2. Erreichung der Ziele des Art. 145 AEUV

6 Die Mitgliedstaaten leisten einen »**Beitrag**« **zur Zielerreichung**. Damit kommt ihnen nicht die alleinige Verantwortung zu. Denn das Wort beitragen[15] verdeutlicht, dass es neben der Aktivität der Mitgliedstaaten auf weitere Unterstützung der Ziele ankommt, z. B. durch Handeln der Organe der EU im Rahmen des Europäischen Semesters, und auch auf gesamtgesellschaftliche Entwicklungen. Freilich lässt sich aus der Vorgabe, einen Beitrag zum Vollbeschäftigungsziel zu leisten, **keine subjektiv öffentlich-rechtliche Position** eines einzelnen arbeitsuchenden Bürgers ableiten.[16] Dies folgt auch bereits aus dem Umstand, dass in der sozialen Marktwirtschaft das Schaffen von Arbeitsplätzen auf dem ersten Arbeitsmarkt keine Aufgabe der Politik, sondern von Unternehmen ist.[17]

7 Der Beitrag der Mitgliedstaaten soll den **in Art. 145 AEUV genannten Zielen dienen**. Dies ist nahezu zwangsläufig, wenn man die mitgliedstaatliche Beschäftigungspolitik in das große Ganze der europäischen Beschäftigungsstrategie einbindet (s. Art. 145 AEUV).[18] Die Ziele sind zunächst die in Art. 145 AEUV ausdrücklich referenzierten Ziele des Art. 3 EUV. Darüber hinaus enthält Art. 145 AEUV nicht nur die Aufgabe einer koordinierten Beschäftigungsstrategie, sondern macht insofern auch einige Vorgaben zur Ausgestaltung (s. Art. 145 AEUV, Rn. 16 ff.). Dies betrifft insbesondere die Unterpunkte der gemeinsamen Beschäftigungsstrategie, nämlich die Förderung der Qualifizierung, Ausbildung und Anpassungsfähigkeit der Arbeitnehmer sowie die Fähigkeit der Arbeitsmärkte zur Reaktion auf den wirtschaftlichen Wandel. Dadurch wird den Mitgliedstaaten eine Struktur aufgezeigt, in die sie ihre nationale Politik einbetten müssen.[19] Umstritten ist, ob die Ziele i. S. d. Art. 146 AEUV auch die europäische Beschäftigungsstrategie an sich umfassen. Dagegen kann man in systematischer Hinsicht anführen, dass das Wort »Ziel« in Art. 145 AEUV nur im Zusammenhang mit Art. 3 EUV verwendet wird.[20] Zudem ist die koordinierte Beschäftigungsstrategie gleichsam das Mittel, um durch beschäftigungspolitische Maßnahmen die Ziele des Art. 3 EUV zu erreichen.[21] Andererseits kann man nicht erfolgreich bestreiten, dass Art. 145 AEUV

---

[14] Vgl. *Palsherm*, S. 279 f. Dies zeigt sich auch z. B. an der deutlichen Einschränkung von Arbeitsgelegenheiten nach § 16d SGB II (sog. Ein-Euro-Jobs) durch die Erfordernisse der Zusätzlichkeit der Arbeit, des Liegens im öffentlichen Interesse und der Wettbewerbsneutralität; s. dazu vertiefend *Luthe/Palsherm*, Rn. 515 ff. Freilich kann aus dem dargelegten Prinzip aber nicht auf Unzulässigkeit eines »geförderten Arbeitsmarktes« geschlossen werden. Ganz im Gegenteil sprechen beachtliche Argumente für seine teilweise Notwendigkeit, um z. B. verfestigte Langzeitarbeitslosigkeit zu bekämpfen (vgl. *Bauer*, Sozialer Arbeitsmarkt, in: IAB-Stellungnahme 4/2015),
[15] Vgl. in der englischen bzw. französischen Vertragsfassung: »shall contribute« bzw. »contribuent«
[16] Vgl. EuGH, Urt. v. 4. 7. 2013, Rs. C–233/12 (Gardella), ECLI:EU:C:2013:449, Rn. 40; LSG Baden-Württemberg, Urt. v. 28. 5. 2010, L 12 AL 3116/09, Rn. 30, juris; *Kreßel*, in: Schwarze, EU-Kommentar, Art. 146 AEUV, Rn. 6; *Marauhn/Simon*, in: Grabitz/Hilf/Nettesheim, EU, Art. 145 AEUV (Mai 2011), Rn. 25; vgl. dazu auch vertiefend *Palsherm*, S. 251 ff., insb. S. 260 ff. und S. 280.
[17] Vgl. *Kreßel*, in: Schwarze, EU-Kommentar, Art. 145 AEUV, Rn. 20.
[18] Vgl. *Marauhn/Simon*, in: Grabitz/Hilf/Nettesheim, EU, Art. 146 AEUV (Mai 2011), Rn. 3.
[19] *Marauhn/Simon*, in: Grabitz/Hilf/Nettesheim, EU, Art. 146 AEUV (Mai 2011), Rn. 4 sprechen insofern von »Handlungsfeldern«.
[20] Vgl. *Marauhn/Simon*, in: Grabitz/Hilf/Nettesheim, EU, Art. 146 AEUV (Mai 2011), Rn. 4. Ähnlich *Niedobitek*, in: Streinz, EUV/AEUV, Art. 146 AEUV, Rn. 4.
[21] Vgl. *Marauhn/Simon*, in: Grabitz/Hilf/Nettesheim, EU, Art. 146 AEUV (Mai 2011), Rn. 4.

neben der Zuweisung einer Aufgabe für Union und Mitgliedstaaten auch eine Zielvorgabe macht, nämlich auf die Entwicklung der koordinierten Beschäftigungsstrategie hinzuarbeiten. Dann kann man aber nicht trennen zwischen der Erreichung eines Ziels von Art. 3 EUV, z. B. dem Vollbeschäftigungsziel, und der europaweiten Einbettung dieses Ziels.[22] Im Ergebnis fällt daher unter den Begriff des Ziels in Art. 146 AEUV auch das Hinarbeiten auf eine koordinierte europäische Beschäftigungsstrategie.[23]

II. Absatz 2

1. Beschäftigungsförderung als gemeinsames Interesse

Die **Förderung der Beschäftigung** ist in einem umfassenden Sinne zu verstehen: Es geht um alle Maßnahmen zur Erhöhung der Erwerbspersonenzahl. Dies ergibt sich in systematischer Hinsicht bereits aus dem in Absatz 1 verwendeten Begriff der Beschäftigungspolitik (s. Rn. 3). Die Beschäftigungsförderung ist eine **Angelegenheit von gemeinsamem Interesse**. Der Begriff des »gemeinsamen Interesses« findet sich an zahlreichen Stellen in den Verträgen, nämlich in Art. 34 Abs. 2 UAbs. 1 EUV mit der Regelung des Austausches zu Fragen der gemeinsamen Sicherheits- und Außenpolitik, falls ein Mitgliedstaat auf einer internationalen Sitzung nicht vertreten war, den Regelungen zur Wirtschafts- und Wechselkurspolitik in Art. 121 Abs. 1 und 142 Satz 1 AEUV, zur Etablierung transeuropäischer Verkehrs-, Kommunikations- und Energienetze in Art. 171 Abs. 1 und 3, 172 UAbs. 2 AEUV, zur Verwaltungszusammenarbeit in Art. 197 AEUV und zu Aufgaben der Europäischen Investitionsbank in Art. 309 AEUV. In der Gesamtschau dieser Regelungen wird deutlich, dass es darum geht, aufeinander Rücksicht zu nehmen und die Unionsziele zu verfolgen.[24]

8

Art. 146 Abs. 2 AEUV stellt damit klar, dass die Förderung der Beschäftigung nicht nur mitgliedstaatliche Hoheitsdomäne ist. Die nationalstaatliche Beschäftigungspolitik ist **eingebunden in den großen europäischen Rahmen**.[25] Sie dient, wie Art. 145 AEUV belegt, auch der Erreichung von Unionszielen i. S. d. Art. 3 EUV. Zudem anerkennt Art. 146 Abs. 2 AEUV, dass eine Abstimmung der unterschiedlichen Beschäftigungspolitiken wegen wechselseitiger Abhängigkeiten, insbesondere im gemeinschaftlichen Euroraum notwendig ist. Das bedeutet, dass ein Mitgliedstaat verpflichtet ist, auch die Interessen anderer Mitgliedstaaten und der Union zu beachten (»**Unionstreue**« bzw. »Unionsdisziplin«), also im Zweifel die Option zu wählen, die den Interessen der anderen am wenigsten schadet, und im Zweifelsfall den anderen Mitgliedstaat vorher zu konsultieren.[26] Die Deklaration als »Angelegenheit von gemeinsamem Interesse« ist im

9

---

[22] Dies gestehen auch *Marauhn/Simon* zu, wenn sie ausführen, dass durch Art. 146 AEUV eine zunächst rein nationale Ausrichtung um die Unionsperspektive erweitert wurde, in: Grabitz/Hilf/Nettesheim, EU, Art. 146 AEUV (Mai 2011), Rn. 4.
[23] So auch *Coen*, in: Lenz/Borchardt, EU-Verträge, Art. 146 AEUV, Rn. 2; *Kreßel*, in: Schwarze, EU-Kommentar, Art. 146 AEUV, Rn. 2.
[24] Vgl. *Frenz/Götzkes*, RdA 2010, 337; *Frenz*, Handbuch Europarecht, Band 6, Rn. 3741; *Gassner*, in: Vedder/Heintschel v. Heinegg, Europäisches Unionsrecht, Art. 146 AEUV, Rn. 3; *Marauhn/Simon*, in: Grabitz/Hilf/Nettesheim, EU, Art. 146 AEUV (Mai 2011), Rn. 7.
[25] Vgl. zur Herausbildung und Entwicklung des Europäischen Sozialmodells im Wege gegenseitigen Lernens *Schulte*, Das »Europäische Sozialmodell«, S. 188.
[26] Vgl. *Coen*, in: Lenz/Borchardt, EU-Verträge, Art. 146 AEUV, Rn. 1 und 4; *Frenz/Götzkes*, RdA 2010, 337; *Frenz*, Handbuch Europarecht, Band 6, Rn. 3741; *Gassner*, in: Vedder/Heintschel v. Heinegg, Europäisches Unionsrecht, Art. 146 AEUV, Rn. 3; *Höch*, S. 435; *Kreßel*, in: Schwarze, EU-Kommentar, Art. 146 AEUV, Rn. 3; *Hemmann*, in: GSH, Europäisches Unionsrecht, Art. 146 AEUV,

Ergebnis insofern eine Vorstufe zur Integration, als den Mitgliedstaaten bei prinzipiellem Fortbestehen der nationalen Verantwortung Vorgaben zur Aufgabendurchführung gemacht werden.[27] Prozessual erfolgt diese Abstimmung durch das Verfahren nach Art. 148 AEUV. Art. 146 Abs. 2 AEUV ist dabei rechtliche Grundlage dafür, dass mitgliedstaatliche Beschäftigungspolitiken im Rat mit dem Ziel der Wahrung der Unionstreue zum Gegenstand gemacht werden können.[28]

2. Abstimmung im Rat

10 Das Verfahren der Abstimmung der nationalen Maßnahmen mit beschäftigungsfördernder Zielsetzung ist im **Art. 148 AEUV** geregelt. Es handelt sich um eine variierende Ausprägung der offenen Koordinierungsmethode. Auch wenn in diesem Verfahren zahlreiche Organe und Institutionen eingebunden sind, findet eine zentrale **Abstimmung im** hier in Bezug genommenen **Rat** statt, weil dieser die beschäftigungspolitischen Leitlinien erlässt. Durch diese Verpflichtung zur Abstimmung im Verfahren des Art. 148 AEUV sind die Mitgliedstaaten im Hinblick auf ihre Beschäftigungspolitik rechenschaftspflichtig und unterwerfen sich diesbezüglich auch einem gewissen politischen Druck.[29] Wenn von Abstimmung **der Tätigkeiten** die Rede ist, kann damit ganz ausnahmsweise auch Unterlassen gemeint sein;[30] nämlich dann wenn aktives beschäftigungspolitisches Handeln z. B. aufgrund einer guten Konjunkturlage nicht angezeigt ist (vgl. dazu bereits Art. 145 AEUV, Rn. 15).

11 Durch die Verpflichtung zur Abstimmung wird insoweit eine gegebenenfalls **justiziable Pflicht** der Mitgliedstaaten begründet, als Koordination und Zusammenarbeit belegbar sein müssen. Bestimmte konkrete Inhalte können einer nationalen Beschäftigungspolitik aber nicht, auch nicht durch gerichtliche Überprüfung vorgeschrieben werden.[31] Denn dies würde zu stark in die fortbestehende beschäftigungspolitische Autonomie der Mitgliedstaaten eingreifen.

3. Berücksichtigung einzelstaatlicher Gepflogenheiten

12 Bei den nationalen staatlichen Maßnahmen zur Förderung der Beschäftigung und der daran anschließenden Koordination der Tätigkeiten im Rat sollen die einzelstaatlichen Gepflogenheiten bezüglich der Verantwortung der Sozialpartner nicht unberücksichtigt bleiben müssen. Da es um **einzelstaatliche Gepflogenheiten** geht, sind damit die mitgliedstaatlichen Sozialpartner gemeint.[32] In Deutschland bezieht sich dies insbesondere auf die durch Art. 9 Abs. 3 GG garantierte Freiheit, Vereinigungen zur Förderung der

---

Rn. 4; *Marauhn/Simon*, in: Grabitz/Hilf/Nettesheim, EU, Art. 146 AEUV (Mai 2011), Rn. 7; *Palsherm*, S. 282; *Steinle*, S, 205 f. Enger *Niedobitek*, in: Streinz, EUV/AEUV, Art. 146 AEUV, Rn. 11: Schaden gänzlich vermeiden.
[27] Vgl. *Marauhn/Simon*, in: Grabitz/Hilf/Nettesheim, EU, Art. 146 AEUV (Mai 2011), Rn. 7; *Niedobitek*, in: Streinz, EUV/AEUV, Art. 146 AEUV, Rn. 10.
[28] Vgl. *Coen*, in: Lenz/Borchardt, EU-Verträge, Art. 146 AEUV, Rn. 4.
[29] Vgl. *Hemmann*, in: GSH, Europäisches Unionsrecht, Art. 146 AEUV, Rn. 4.
[30] Vgl. *Marauhn/Simon*, in: Grabitz/Hilf/Nettesheim, EU, Art. 146 AEUV (Mai 2011), Rn. 1. Weitergehend *Niedobitek*, in: Streinz, EUV/AEUV, Art. 146 AEUV, Rn. 7: auch gezieltes Unterlassen, keinesfalls aber Pflicht zu interventionistischer Beschäftigungspolitik.
[31] Vgl. *Marauhn/Simon*, in: Grabitz/Hilf/Nettesheim, EU, Art. 146 AEUV (Mai 2011), Rn. 10. Ähnlich *Steinle*, S. 213 f.
[32] Vgl. *Gassner*, in: Vedder/Heintschel v. Heinegg, Europäisches Unionsrecht, Art. 146 AEUV, Rn. 5; *Krebber*, in: Calliess/Ruffert, EUV/AEUV, Art. 146 AEUV, Rn. 4; *Steinle*, S. 223.

Wirtschaftsbedingungen zu bilden. Auch wenn der Wortlaut der Regelung relativ zurückhaltend erscheint (»Gepflogenheiten [...] berücksichtigt werden«),[33] kann dies eingedenk der verfassungsrechtlichen Absicherung der Tarifautonomie und der europarechtlichen Garantie des Rechts auf Kollektivverhandlungen nur dahingehend verstanden werden, dass eine europaweite Koordinierung insoweit nicht erfolgt, als diese die Freiheit von Gewerkschaften und Arbeitgebern/Arbeitgeberverbänden verletzen würde.[34] Dies muss insbesondere für lohnbezogene Regelungen gelten.[35] Freilich ist die Tarifautonomie auch nicht schrankenlos gewährt. Gesichtspunkte der Beschäftigungsförderung sind prinzipiell geeignet, einen Eingriff in Art. 9 Abs. 3 GG zu rechtfertigen.[36] Daher spricht viel dafür, dass die einzelstaatlichen Gepflogenheiten bezüglich der Sozialpartner nur insoweit der Koordinierung der Beschäftigungspolitiken entgegengesetzt werden können, als der Kernbereich der Tarifautonomie betroffen ist.[37] Anderenfalls könnte jeglicher Koordinierung eine vergangene tarifliche Praxis entgegengesetzt werden.[38]

Wenn die Vorschrift von »**Verantwortung der Sozialpartner**« spricht, wird man das aber nicht dahingehend verstehen können, dass neben der Berücksichtigung von deren Zuständigkeiten durch die Mitgliedstaaten auch eine Verpflichtung der Sozialpartner geregelt werden soll.[39] Denn die Norm zielt auf die Beachtung nationaler Gepflogenheiten im Rahmen der abgestimmten Beschäftigungspolitiken, mithin die Sicherstellung der Rechte der Sozialpartner ab. Im Ergebnis können die Mitgliedstaaten daher nur im Rahmen der national vorgesehenen Möglichkeiten auf die Sozialpartner einwirken, die Abstimmungsergebnisse ebenfalls zu unterstützen.[40]

13

---

[33] Vgl. in der englischen und französischen Vertragsfassung: »[...] having regard to national practices related to the responsibilities of management and labour [...]« bzw. »[...] compte tenu des pratiques nationales liées aux responsabilités des partenaires sociaux [...]«

[34] Vgl. *Kotzur*, in: Geiger/Khan/Kotzur, EUV/AEUV, Art. 146 AEUV, Rn. 1; *Steinle*, S. 226. S. auch das Recht auf Kollektivverhandlungen und -maßnahmen nach Art. 28 GRCh; s. aber zur früheren Rechtslage noch GA *Jacobs*, Schlussanträge zu Rs. C–67/96 (Albany), Slg. 1999, I–5751, Rn. 131 ff. Zurückhaltender dagegen *Gassner*, in: Vedder/Heintschel v. Heinegg, Europäisches Unionsrecht, Art. 146 AEUV, Rn. 5, da die Vorschrift als Ausnahme zu Art. 4 Abs. 3 UAbs. 2 EUV eng auszulegen sei. So auch *Frenz*, Handbuch Europarecht, Band 6, Rn. 3760; *Krebber*, in: Calliess/Ruffert, EUV/AEUV, Art. 146 AEUV, Rn. 4; *Marauhn/Simon*, in: Grabitz/Hilf/Nettesheim, EU, Art. 146 AEUV (Mai 2011), Rn. 14 und *Niedobitek*, in: Streinz, EUV/AEUV, Art. 146 AEUV, Rn. 19: Verantwortung der Sozialpartner muss zur Sprache kommen, das Abstimmungsergebnis muss sie aber nicht zwingend widerspiegeln. Ähnlich *Coen*, in: Lenz/Borchardt, EU-Verträge, Art. 146 AEUV, Rn. 5: Beschäftigungskapitel lässt Tarifautonomie nicht unberührt.

[35] Vgl. *Hemmann*, in: GSH, Europäisches Unionsrecht, Art. 146 AEUV, Rn. 5; *Steinle*, S. 226.

[36] Vgl. dazu vertiefend *Palsherm*, S. 62 ff.

[37] Vgl. *Höch*, S. 437; *Kreßel*, in: Schwarze, EU-Kommentar, Art. 146 AEUV, Rn. 4.

[38] Vgl. *Hemmann*, in: GSH, Europäisches Unionsrecht, Art. 146 AEUV, Rn. 5; *Krebber*, in: Calliess/Ruffert, EUV/AEUV, Art. 146 AEUV, Rn. 4; *Marauhn/Simon*, in: Grabitz/Hilf/Nettesheim, EU, Art. 146 AEUV (Mai 2011), Rn. 14; *Steinle*, S. 227 f.

[39] So aber *Niedobitek*, in: Streinz, EUV/AEUV, Art. 146 AEUV, Rn. 20. Zweifel an dieser Auslegung dagegen bei *Höch*, S. 438. Wie hier *Krebber*, in: Calliess/Ruffert, EUV/AEUV, Art. 146 AEUV, Rn. 4. Ausdrücklich gegen unmittelbare Pflichten der Sozialpartner: *Gassner*, in: Vedder/Heintschel v. Heinegg, Europäisches Unionsrecht, Art. 146 AEUV, Rn. 6.

[40] Vgl. *Höch*, S. 437 f.; *Marauhn/Simon*, in: Grabitz/Hilf/Nettesheim, EU, Art. 146 AEUV (Mai 2011), Rn. 15; *Niedobitek*, in: Streinz, EUV/AEUV, Art. 146 AEUV, Rn. 19: *Steinle*, S. 227 f.

Artikel 147 AEUV [Hohes Beschäftigungsniveau]

(1) ¹Die Union trägt zu einem hohen Beschäftigungsniveau bei, indem sie die Zusammenarbeit zwischen den Mitgliedstaaten fördert und deren Maßnahmen in diesem Bereich unterstützt und erforderlichenfalls ergänzt. ²Hierbei wird die Zuständigkeit der Mitgliedstaaten beachtet.

(2) Das Ziel eines hohen Beschäftigungsniveaus wird bei der Festlegung und Durchführung der Unionspolitiken und -maßnahmen berücksichtigt.

Literaturübersicht

S. Art. 145 AEUV

Inhaltsübersicht

	Rn.
A. Regelungsinhalt und Normzweck	1
B. Systematischer Zusammenhang und Historie der Regelung	2
C. Einzelne Merkmale der Norm	3
I. Absatz 1	3
1. Beitrag der Union zum hohen Beschäftigungsniveau	3
2. Zusammenarbeit zwischen den Mitgliedstaaten	4
3. Beschäftigungsniveaubezogene Maßnahmen	5
4. Beachtung der Zuständigkeiten der Mitgliedstaaten	8
II. Absatz 2	9
1. Querschnittsziel hohes Beschäftigungsniveau	9
2. Verhältnis zu Unionspolitiken und -maßnahmen	10

A. Regelungsinhalt und Normzweck

1 Art. 147 AEUV weist der **Union die Aufgabe** zu, zu einem hohen Beschäftigungsniveau beizutragen. Dazu soll die Union die Zusammenarbeit unter den Mitgliedstaaten fördern und einschlägige Maßnahmen unterstützen. Die mitgliedstaatliche Hauptzuständigkeit bleibt dadurch freilich unangetastet. Zudem etabliert die Vorschrift das Ziel eines hohen Beschäftigungsniveaus als Querschnittsziel über alle Politiken und Unionsmaßnahmen hinweg. Die **Norm bezweckt**, das Ziel eines hohen Beschäftigungsniveaus bei allem Unionshandeln zu berücksichtigen. Zugleich grenzt sie die Zuständigkeiten der Union und der Mitgliedstaaten voneinander ab.[1]

B. Systematischer Zusammenhang und Historie der Regelung

2 Art. 147 AEUV ist Teil des Beschäftigungstitels. Die Norm steht damit in ähnlichen **systematischen Zusammenhängen** wie Art. 145 AEUV (vgl. Art. 145 AEUV, Rn. 2 ff.). Art. 147 AEUV anerkennt ebenfalls die Hauptzuständigkeit der Mitgliedstaaten für die Beschäftigungspolitik und ergänzt dies um Unionsaufgaben. Soweit der Union in Absatz 1 Satz 1 einige die Mitgliedstaaten unterstützende Aufgaben zugewiesen werden, greift dies die Verpflichtung zur Abstimmung zwischen den Mitgliedstaaten bei der Beschäf-

---

[1] Vgl. *Kreßel*, in: Schwarze, EU-Kommentar, Art. 147 AEUV, Rn. 1.

tigungspolitik nach Art. 146 Abs. 2 AEUV auf.[2] Die Zielsetzung eines »hohen Beschäftigungsniveaus« nach Absatz 2 findet sich auch in Art. 9 und Art. 151 Abs. 1 AEUV. Gerade wegen der Einfügung des Art. 9 AEUV wird § 147 Abs. 2 AEUV jedoch zuweilen als redundant angesehen.[3] Schließlich trifft Art. 156 AEUV für den Bereich der Sozialpolitik ebenfalls Regelungen zur Förderung der Zusammenarbeit unter den Mitgliedstaaten. Die **Regelungshistorie** entspricht der des Art. 145 AEUV (vgl. Art. 145 AEUV, Rn. 7 f.). Art. 147 AEUV hat einen im Wesentlichen gleich lautenden **Vorläufer** in Art. 127 EGV,[4] der durch den Vertrag von Amsterdam eingeführt worden ist.

C. Einzelne Merkmale der Norm

I. Absatz 1

1. Beitrag der Union zum hohen Beschäftigungsniveau

Art. 147 Abs. 1 AEUV weist der **Union** eine Aufgabe und ein Ziel zu, indem er ihren **Beitrag zu einem hohen Beschäftigungsniveau** (s. dazu Rn. 9) betont. Durch die Anerkennung eines Beitrags der Union wird – wie die identische Wortwahl in Art. 146 AEUV belegt – eine begrenzte eigene Handlungsmöglichkeit der Union auf dem Gebiet der Förderung von Beschäftigung begründet.[5] Die Inhalte zulässigen Handelns sind jedoch zugleich eng umrissen: Förderung der Zusammenarbeit zwischen den Mitgliedstaaten sowie Unterstützung und erforderlichenfalls Ergänzung von deren hier einschlägigen Maßnahmen. Darüber hinausgehende Befugnisse werden nicht begründet (s. dazu Rn. 8).

3

2. Zusammenarbeit zwischen den Mitgliedstaaten

Die Union soll **die Zusammenarbeit zwischen den Mitgliedstaaten fördern**. Die Regelung ist die »zweite Seite« der in Art. 146 Abs. 2 AEUV vorgesehenen Pflicht der Mitgliedstaaten zur Zusammenarbeit auf dem Gebiet der Beschäftigungsförderung. Zur Förderung der Zusammenarbeit sieht das europäische Recht diverse Instrumentarien vor: Zu nennen ist zunächst das im Beschäftigungstitel selbst vorgesehene Procedere (sog. europäisches Semester) einschließlich des Beschäftigungsausschusses. In einem weiteren Sinne fallen aber auch sämtliche Formen des Wissenstransfers und der Kommunikation von best-practice-Beispielen unter die Förderung der Zusammenarbeit. Da Art. 156 AEUV für die Sozialpolitik eine vergleichbare Pflicht zur Förderung der Zusammenarbeit zwischen den Mitgliedstaaten vorsieht, können die dort bereits länger anerkannten Grundsätze hier entsprechend angewendet werden.[6]

4

---

[2] Vgl. *Kreßel*, in: Schwarze, EU-Kommentar, Art. 147 AEUV, Rn. 1; *Marauhn/Simon*, in: Grabitz/Hilf/Nettesheim, EU, Art. 147 AEUV (Mai 2011), Rn. 3.
[3] Vgl. *Gassner*, in: Vedder/Heintschel v. Heinegg, Europäisches Unionsrecht, Art. 147 AEUV, Rn. 6; *Krebber*, in: Calliess/Ruffert, EUV/AEUV, Art. 147 AEUV, Rn. 3, der deshalb für eine Streichung der Norm plädiert; dagegen mit überzeugenden Argumenten *Niedobitek*, in: Streinz, EUV/AEUV, Art. 147 AEUV, Rn. 10.
[4] Vor der Konsolidierung des Vertrags als Titel VIa und Artikel 109p EGV.
[5] Vgl. *Palsherm*, S. 283.
[6] Vgl. *Höch*, S. 440.

3. Beschäftigungsniveaubezogene Maßnahmen

5 Die Union hat weiterhin die Kompetenz, Maßnahmen der Mitgliedstaaten zur Erreichung eines hohen Beschäftigungsniveaus zu unterstützen und erforderlichenfalls zu ergänzen. Die **Unterstützung mitgliedstaatlicher Anstrengungen** wird vielfach finanzielle Formen annehmen, z. B. über ESF-Mittel.[7]

6 **Ergänzende Maßnahmen** stehen unter dem Vorbehalt der Erforderlichkeit, d. h. entsprechende Handlungen der Union werden eingeschränkt.[8] Wenn aber (nur) **erforderlichenfalls** ergänzt werden darf, so kann damit keine Ausweitung der mitgliedstaatlichen Maßnahmen aus eigenem Antrieb der Union gemeint sein. Dafür lässt sich aus systematischer Sicht bereits Art. 147 Abs. 1 Satz 2 AEUV anführen, der die Hauptzuständigkeit der Mitgliedstaaten für die Beschäftigungspolitik explizit anerkennt. Darüber hinaus spricht auch eine am Wortlaut anderer Vertragsfassungen orientierte Auslegung[9] eher dafür, dass es weniger um eine substantielle Ausweitung als vielmehr um eine moderate Vervollständigung von Lücken im mitgliedstaatlichen Tun geht. Die Unterstützung und Ergänzung muss sich aber jedenfalls im Rahmen der durch den Beschäftigungstitel vorgegebenen Kompetenzen bewegen.[10]

7 Wenn die Union Vorgaben für mitgliedstaatliche Beihilfen zum Zweck der Beschäftigungsförderung – beispielweise im Hinblick auf die Schaffung neuer Arbeitsplätze oder die Beschäftigung benachteiligter und behinderter Arbeitnehmer – macht, kommt ihr ein **Ermessen** zu, das vom EuGH nur auf offensichtliche Beurteilungsfehler und Ermessensmissbrauch sowie offensichtliche Überschreitung der Grenzen des Ermessens überprüft wird.[11]

4. Zuständigkeiten der Mitgliedstaaten

8 Art. 147 Abs. 1 Satz 2 AEUV verpflichtet die Union bei ihrem Beitrag für ein hohes Beschäftigungsniveau zur **Beachtung der Zuständigkeit** der Mitgliedstaaten.[12] Durch die mittels des Wortes »hierbei«[13] erfolgte Verknüpfung zu den Aufgaben nach Satz 1 wird verdeutlicht, dass die Union bei der Sorge um die Beschäftigungsförderung **keine Politik**

---

[7] *Eichenhofer* spricht deshalb im Anschluss an *Pitschas* von Geld als der zentralen Ressource zur Steuerung der Sozialentwicklung, § 18, Rn. 446. Ausführlich zu ESF-Maßnahmen, die die nationale Beschäftigungsförderung unterstützen *Schulte*, FS Bieback, S. 294 ff.

[8] Vgl. *Frenz/Götzkes*, RdA 2010, 337 (339); *Frenz*, Handbuch Europarecht, Band 6, Rn. 3755. Differenzierend *Krebber*, in: Calliess/Ruffert, EUV/AEUV, Art. 147 AEUV, Rn. 2, *Marauhn/Simon*, in: Grabitz/Hilf/Nettesheim, EU, Art. 147 AEUV (Mai 2011), Rn. 5 und *Steinle*, S. 217, die auch die alternative Deutung diskutieren, dass ein Handlungsauftrag der Union entsteht, wenn mitgliedstaatliche Beschäftigungspolitik nicht erfolgreich ist.

[9] Vgl. die englische und die französische Vertragsfassung: »[…] and, if necessary, complementing their action.« und »[…] et, au besoin, en complétant leur action.«

[10] Vgl. *Coen*, in: Lenz/Borchardt, EU-Verträge, Art. 147 AEUV, Rn. 1; *Gassner*, in: Vedder/Heintschel v. Heinegg, Europäisches Unionsrecht, Art. 147 AEUV, Rn. 2 f. Ähnlich *Höch*, S. 440 f.; *Krebber*, in: Calliess/Ruffert, EUV/AEUV, Art. 147 AEUV, Rn. 1 f., *Marauhn/Simon*, in: Grabitz/Hilf/Nettesheim, EU, Art. 147 AEUV (Mai 2011), Rn. 3 und 9 sowie *Niedobitek*, in: Streinz, EUV/AEUV, Art. 147 AEUV, Rn. 3, die der Norm nur »programmatische Natur« zugestehen; s. auch *Kreßel*, in: Schwarze, EU-Kommentar, Art. 147 AEUV, Rn. 2.

[11] Vgl. EuGH, Urt. v. 14.4.2005, Rs. C–110/03 (Belgien/Kommission), Slg. 2005, I–2801, Rn. 65 ff.; *Marauhn/Simon*, in: Grabitz/Hilf/Nettesheim, EU, Art. 147 AEUV (Mai 2011), Rn. 8.

[12] Vgl. zur Hauptkompetenz der Mitgliedstaaten im Bereich der Beschäftigungspolitik bereits die Kommentierung zu Art. 145 AEUV, Rn. 12.

[13] Vgl. die englische und die französische Vertragsfassung: »In doing so […]« bzw. Ce faisant […]«.

mit **gegenläufiger Zielrichtung** zu beschäftigungspolitischen Maßnahmen eines Mitgliedstaates betreiben darf. Denn wenn die Vorschrift nicht inhaltlich entwertet werden soll, muss eine Maßnahme der Union unterbleiben, sofern sie die Kompetenz eines Mitgliedstaates durch eine diametrale Ausrichtung untergräbt.[14] Zugleich reicht die Aussagekraft der Norm in der Gesamtschau mit dem Beschäftigungstitel auch über das Verbot einzelner, Mitgliedstaaten widersprechender Maßnahmen hinaus. Es wird deutlich, dass insgesamt die Hauptkompetenz in der Beschäftigungspolitik bei den Mitgliedstaaten verbleibt und die Union nur eine unterstützende Koordinierungszuständigkeit besitzt.[15]

II. Absatz 2

1. Querschnittsziel hohes Beschäftigungsniveau

Das Ziel eines **hohen Beschäftigungsniveaus** war noch im EU-Vertrag in der Fassung von Nizza ausdrücklich in den Unionszielen nach Art. 2 erwähnt. In Art. 3 Abs. 3 UAbs. 1 Satz 2 EUV aktueller Fassung findet sich ausdrücklich »nur noch« bzw. sogar die auf Vollbeschäftigung abzielende soziale Marktwirtschaft.[16] Im Ergebnis ist damit aber keine Veränderung eingetreten. Denn die Begriffe »hohes Beschäftigungsniveau« und »Vollbeschäftigung« werden häufig – wenn auch nicht immer[17] – synonym gebraucht, da es niemals eine Arbeitslosenquote von 0 %, sondern immer einen Grundbestand an (friktioneller) Arbeitslosigkeit geben wird.[18] Praktisch gesehen wird damit eine Arbeitslosenquote um die 3 % angestrebt, bei der man von Vollbeschäftigung sprechen kann.[19] Das hohe Beschäftigungsniveau hat neben diesem quantitativen aber auch einen qualitativen Gehalt.[20] Dies wird deutlich, wenn Art. 151 Abs. 1 AEUV es in einen Zusammenhang zur **Entwicklung des Arbeitskräftepotentials** setzt. Die geforderte Entwicklung wird durch die beschäftigungspolitischen Leitlinien konkretisiert. Die Fassung von 2010, welche bis 2014 explizit fortgalt, sah im vorliegenden Zusammenhang in Leitlinie 7 die Erhöhung der Beschäftigungsquote vor, also der Erwerbsbeteiligung insbesondere

9

---

[14] Anderer Ansicht offenbar *Niedobitek*, in: Streinz, EUV/AEUV, Art. 147 AEUV, Rn. 4, der der Vorschrift nur Appellcharakter zubilligt.
[15] Vgl. dazu bereits die Kommentierung zu Art. 145 AEUV, Rn. 12.
[16] Vgl. in der englischen bzw. französischen Vertragsfassung: »[…]a highly competitive social market economy, aiming at full employment […]« und »[…] une économie sociale de marché hautement compétitive, qui tend au plein emploi […]«
[17] Vgl. *Yollu-Tok/Sesselmeier*, APuZ 14–15/2012, 13 (14). Differenzierend *Frenz*, Handbuch Europarecht, Band 6, Rn. 3749: hohes Beschäftigungsniveau als konkret maßgebliches Ziel, wohingegen Vollbeschäftigung ein Ideal zeichne.
[18] Vgl. *Palsherm*, S. 161 m.w.N. Ähnlich offenbar *Höch*, S. 62 f.; *Kreßel*, in: Schwarze, EU-Kommentar, Art. 147 AEUV, Rn. 4; *Niedobitek*, in: Streinz, EUV/AEUV, Art. 147 AEUV, Rn. 11, 13. Differenzierend *Marauhn/Simon*, in: Grabitz/Hilf/Nettesheim, EU, Art. 147 AEUV (Mai 2011), Rn. 1, die davon sprechen, dass durch das »hohe Beschäftigungsniveau« das Unionsziel der Vollbeschäftigung wirklichkeitsnäher heruntergebrochen werde.
[19] Vgl. *Promberger*, APuZ 14–15/2012, 30 (31) unter Bezugnahme auf *William H. Beveridge*. Anders *Frenz*, NZS 2011, 81: 4 %. Noch anders *Yollu-Tok/Sesselmeier*, APuZ 14–15/2012, 13 (14): Arbeitslosenquote von 5 % als Vollbeschäftigung. Vermittelnd *Straubhaar/Bräuninger*, Wege zur Vollbeschäftigung – Gutachten des HWWI für die Initiative Neue Soziale Marktwirtschaft, in: Texte zur Sozialen Marktwirtschaft 7/2011, S. 12: Vollbeschäftigungskorridor zwischen 2 und 5 %. Grundlegend aus volkswirtschaftlicher Sicht *Gartner*, IAB-Forum 2/08, 9.
[20] Vgl. *Marauhn/Simon*, in: Grabitz/Hilf/Nettesheim, EU, Art. 147 AEUV (Mai 2011), Rn. 2; *Niedobitek*, in: Streinz, EUV/AEUV, Art. 147 AEUV, Rn. 12.

von Jugendlichen, älteren Arbeitnehmern und Frauen, und die Förderung der Arbeitsplatzqualität.[21] Dies sollte insbesondere durch die Steigerung von Flexibilität und Sicherheit im Arbeitsmarkt (sog. Flexicurity) im Wege aktiver Arbeitsmarktpolitik, lebenslangen Lernens, der Förderung der Mobilität sowie sozialer Sicherung von Übergangsphasen erreicht werden.[22] Aber auch die Anpassung der Qualifikation von Arbeitskräften an Arbeitsmarkterfordernisse einschließlich lebenslangen Lernens (Leitlinie 8) und die Steigerung von Qualität und Leistungsfähigkeit des Bildungswesens inklusive beruflicher Bildung und Zugang zur Hochschulausbildung (Leitlinie 9) waren hier zu nennende qualitative Ausprägungen der Zielsetzung eines hohen Beschäftigungsniveaus. Ähnliches findet sich in den **Leitlinien für beschäftigungspolitische Maßnahmen der Mitgliedstaaten für 2015** vom 5. 10. 2015 in den Leitlinien 5 bis 8.[23] Demnach sollen sich die beschäftigungspolitischen Maßnahmen an folgenden Leitlinien ausrichten: (Leitlinie 5) Ankurbelung der Nachfrage nach Arbeitskräften, z. B. durch die Verringerung von Einstellungshindernissen, Förderung der Sozialwirtschaft, Verlagerung der Steuerlast weg vom Faktor Arbeit, (Leitlinie 6) Verbesserung des Arbeitskräfteangebots, der Fähigkeiten und Kompetenzen, z. B. durch Investitionen in alle Systeme der allgemeinen und beruflichen Bildung, Verbesserung des Zugangs zu lebenslangem Lernen, Verringerung der Zahl der Schulabbrecher, individualisierte Unterstützung der Rückkehr zum allgemeinen Arbeitsmarkt und Förderung der Vereinbarkeit von Familie und Beruf, (Leitlinie 7) Verbesserung der Funktionsweise der Arbeitsmärkte, z. B. durch Flexicurity bei angemessenem Schutzniveau für Arbeitnehmer und Arbeitsuchende, Verstärkung aktiver Arbeitsmarktmaßnahmen, Steigerung der Wirksamkeit der öffentlichen Arbeitsverwaltung mittels maßgeschneiderter Dienstleistungsangebote und Förderung der Mobilität der Arbeitskräfte und (Leitlinie 8) Förderung der sozialen Inklusion, Bekämpfung der Armut und Verbesserung der Chancengleichheit, z. B. Förderung sozialer Inklusion durch Ermutigung zu aktiver Teilhabe am Arbeitsmarkt und an der Gesellschaft sowie dafür nötige bezahlbare, zugängliche und hochwertige Dienstleistung wie Kinderbetreuung.

2. Verhältnis zu Unionspolitiken und -maßnahmen

10 Die Bedeutung des Art. 147 Abs. 2 AEUV folgt aus der Tatsache, dass das **Ziel** des hohen Beschäftigungsniveaus (s. auch Art. 9 und 151 Abs. 1 AEUV) **bei** der Festlegung und Durchführung der **Unionspolitiken und -maßnahmen berücksichtigt** wird. Auch wenn eine Berücksichtigung nicht notwendig eine unbedingte Beachtung zur Folge haben muss,[24] wird damit das Beschäftigungsziel als rechtsverbindliche Querschnittsvorgabe für sämtliches Handeln von Unionsorganen etabliert.[25] Da durch den Wortlaut »Uni-

---

[21] Vgl. Beschluss des Rates vom 21. 10. 2010 über Leitlinien für beschäftigungspolitische Maßnahmen der Mitgliedstaaten, Leitlinie 7, ABl. 2010, L 308/46 (49).

[22] Vgl. dazu Beschluss des Rates vom 21. 10. 2010, Leitlinie 7, ABl. 2010, L 308/46 (49). S. dazu auch *Gassner*, in: Vedder/Heintschel v. Heinegg, Europäisches Unionsrecht, Art. 147 AEUV, Rn. 3. Vgl. zum Flexicurity-Ansatz ferner *Schulte*, FS Bieback, S. 299 f.

[23] Vgl. ABl. L 268/28 vom 15. 10. 2015. Es ist beabsichtigt, dass diese auch für 2016 fortgelten (vgl. COM(2016) 71 final vom 15. 2. 2016).

[24] Vgl. *Marauhn/Simon*, in: Grabitz/Hilf/Nettesheim, EU, Art. 147 AEUV (Mai 2011), Rn. 7, die zu Recht darauf hinweisen, dass der »hohe Beschäftigungsstand« eine zweifache Einschränkung erfährt: zum einen durch die Bezeichnung als Ziel und zum zweiten durch die recht schwache Vorgabe der »Berücksichtigung«; *Niedobitek*, in: Streinz, EUV/AEUV, Art. 147 AEUV, Rn. 6; *Schulte*, FS Bieback, S. 294.

[25] Vgl. *Bieber/Epiney/Haag*, Die EU, § 22, Rn. 45; *Coen*, in: Lenz/Borchardt, EU-Verträge,

onsmaßnahmen« zudem die verwaltungsmäßige Umsetzung der Unionspolitik angesprochen wird, verpflichtet die Vorschrift ebenfalls die für konkretes Durchführungshandeln zuständigen Mitgliedstaaten.[26] Die nur »berücksichtigte«, also gegebenenfalls eingeschränkte Durchsetzung der Beschäftigungspolitik wird insbesondere an Zielkonflikten mit solchen EU-Politiken deutlich, deren Ansätze der Beschäftigungsförderung diametral entgegenstehen können. Dies betrifft z. B. die Geldpolitik, die das vorrangige Ziel der Preisstabilität verfolgt.[27]

Trotz dieser zurückhaltenden Formulierung der Vorschrift hat die Rechtsprechung des EuGH in einer Entscheidung zu Vorgaben für staatliche Beihilfen zur Beschäftigungsförderung anerkannt, dass die Regelung insofern **justiziabel** ist, als sie bei der Prüfung auf Fehler bei der Ermessensausübung der Kommission im Rahmen der Vorgabensetzung im EU-Beihilfenrecht zu berücksichtigen ist.[28]

11

Art. 147 AEUV, Rn. 2: horizontaler Politikbereich; *Eichenhofer*, § 18, Rn. 461; *Frenz*, Handbuch Europarecht, Band 6, Kapitel 22, § 4, Rn. 3801; *Haratsch/Koenig/Pechstein*, Europarecht, Rn. 1269; *Höch*, S. 441; *Kotzur*, in: Geiger/Khan/Kotzur, EUV/AEUV, Art. 147 AEUV, Rn. 3; *Krebber*, in: Calliess/Ruffert, EUV/AEUV, Art. 147 AEUV, Rn. 3; *Steinle*, S. 256 und 265.

[26] Vgl. *Hemmann*, in: GSH, Europäisches Unionsrecht, Art. 147 AEUV, Rn. 4; *Höch*, S. 442; *Marauhn/Simon*, in: Grabitz/Hilf/Nettesheim, EU, Art. 147 AEUV (Mai 2011), Rn. 6; *Niedobitek*, in: Streinz, EUV/AEUV, Art. 147 AEUV (Mai 2011), Rn. 9.

[27] Vgl. *Coen*, in: Lenz/Borchardt, EU-Verträge, Art. 147 AEUV, Rn. 3f., der einen unbedingten Primat der Preisstabilität gegenüber anderen Vertragszielen annimmt, so dass die Verletzung der Euro-Stabilitätskriterien nicht durch Maßnahmen gegen hohe Arbeitslosigkeit zu rechtfertigen seien. Ähnlich *Herdegen*, Europarecht, § 26, Rn. 1: »Dominanz der Preisstabilität«. Anders offenbar *Frenz*, NZS 2011, 81, der eine verstärkte Staatsverschuldung zugunsten der Beschäftigung zumindest nicht ausschließt. Ausführlich zur Diskussion um die Lösung von Zielkonflikten *Höch*, S. 447 ff.; *Steinle*, S. 266 ff. und 278 ff.

[28] Vgl. EuGH, Urt. v. 14.4.2005, Rs. C–110/03 (Belgien/Kommission), Slg. 2005, I–2801, Rn. 65 ff.; *Marauhn/Simon*, in: Grabitz/Hilf/Nettesheim, EU, Art. 147 AEUV (Mai 2011), Rn. 10.

Artikel 148 AEUV Beschäftigungslage in der Union, Festlegung beschäftigungspolitischer Leitlinien]

(1) Anhand eines gemeinsamen Jahresberichts des Rates und der Kommission prüft der Europäische Rat jährlich die Beschäftigungslage in der Union und nimmt hierzu Schlussfolgerungen an.

(2) ¹Anhand der Schlussfolgerungen des Europäischen Rates legt der Rat auf Vorschlag der Kommission und nach Anhörung des Europäischen Parlaments, des Wirtschafts- und Sozialausschusses, des Ausschusses der Regionen und des in Artikel 150 genannten Beschäftigungsausschusses jährlich Leitlinien fest, welche die Mitgliedstaaten in ihrer Beschäftigungspolitik berücksichtigen. ²Diese Leitlinien müssen mit den nach Artikel 121 Absatz 2 verabschiedeten Grundzügen in Einklang stehen.

(3) Jeder Mitgliedstaat übermittelt dem Rat und der Kommission jährlich einen Bericht über die wichtigsten Maßnahmen, die er zur Durchführung seiner Beschäftigungspolitik im Lichte der beschäftigungspolitischen Leitlinien nach Absatz 2 getroffen hat.

(4) ¹Anhand der in Absatz 3 genannten Berichte und nach Stellungnahme des Beschäftigungsausschusses unterzieht der Rat die Durchführung der Beschäftigungspolitik der Mitgliedstaaten im Lichte der beschäftigungspolitischen Leitlinien jährlich einer Prüfung. ²Der Rat kann dabei auf Empfehlung der Kommission Empfehlungen an die Mitgliedstaaten richten, wenn er dies aufgrund der Ergebnisse dieser Prüfung für angebracht hält.

(5) Auf der Grundlage der Ergebnisse der genannten Prüfung erstellen der Rat und die Kommission einen gemeinsamen Jahresbericht für den Europäischen Rat über die Beschäftigungslage in der Union und über die Umsetzung der beschäftigungspolitischen Leitlinien.

Literaturübersicht

S. Art. 145 AEUV

Inhaltsübersicht

	Rn.
A. Regelungsgehalt und Normzweck	1
B. Systematischer Zusammenhang und Historie der Regelung	3
C. Einzelne Merkmale der Norm	4
I. Absatz 1	4
1. Gemeinsamer Beschäftigungsbericht	4
2. Schlussfolgerungen des Europäischen Rats	5
II. Absatz 2	7
1. Leitlinien-Vorschlag der Kommission und Anhörungen	7
2. Leitlinien des Rats	9
3. Verhältnis der Leitlinien zur Wirtschaftspolitik	13
4. Berücksichtigung der Leitlinien durch Mitgliedstaaten	14
III. Absatz 3	15
1. Beschäftigungspolitische Maßnahmen der Mitgliedstaaten	15
2. Bericht der Mitgliedstaaten	16
IV. Absatz 4	17
1. Prüfung der mitgliedstaatlichen Politik durch den Rat	17
2. Empfehlungen des Rates	19
V. Absatz 5 (Neuer Gemeinsamer Beschäftigungsbericht)	20

A. Regelungsinhalt und Normzweck

Art. 148 AEUV **regelt** in einem **jährlichen Kreislauf** das Procedere der Koordinierung der Beschäftigungspolitiken: Der Europäische Rat prüft auf der Grundlage eines gemeinsamen Jahresberichts von Rat und Kommission die Beschäftigungslage und nimmt hierzu Schlussfolgerungen an (Absatz 1). Anhand dieser Schlussfolgerungen legt der Rat auf Vorschlag der Kommission und nach Anhörung diverser Stellen jährlich Leitlinien für die Beschäftigungspolitik fest (Absatz 2). Diese Leitlinien werden von den Mitgliedstaaten in ihrer Beschäftigungspolitik berücksichtigt. Die Mitgliedstaaten übermitteln dem Rat und der Kommission jährliche Berichte zu den dazu getroffenen wichtigsten Maßnahmen (Absatz 3). Der Rat prüft die mitgliedstaatliche Beschäftigungspolitik anhand dieser Berichte und nach Maßgabe der Leitlinien. Der Beschäftigungsausschuss gibt hierzu eine Stellungnahme ab. Auf Empfehlung der Kommission kann der Rat überdies an einzelne Mitgliedstaaten Empfehlungen richten (Absatz 4). Die Ergebnisse der Prüfung bilden die Grundlage für den gemeinsamen Jahresbericht für den Europäischen Rat von Rat und Kommission zur Beschäftigungslage und der Umsetzung der beschäftigungspolitischen Leitlinien (Absatz 5).

Die **Norm bezweckt**, in einem geordneten Verfahren die Europäische Beschäftigungsstrategie umzusetzen. Zu Recht wird daher von Art. 148 AEUV als dem »Herzstück des Beschäftigungstitels«[1] gesprochen. Es handelt sich insofern um eine in den Verträgen normierte variierte Ausprägung der offenen Koordinierungsmethode,[2] die sowohl die beschäftigungspolitischen Maßnahmen der Union als auch die Beschäftigungspolitiken der Mitgliedstaaten miteinander zu verzahnen und voranzubringen sucht. Dabei wird die konsequente Ausrichtung auf die Strategie Europa 2020 verfolgt. Durch das vorgesehene Procedere wird eine stärker mittelfristig ausgerichtete Koordinierung der Beschäftigungspolitiken angestrebt und überdies auch versucht, ein größeres Gewicht für die Umsetzung und Bewertung der Politiken sowie durch die Bündelung um bestimmte Termine im Jahr eine größere Transparenz zu erreichen.[3]

B. Systematischer Zusammenhang und Historie der Regelung

Art. 148 AEUV ist Teil des Beschäftigungstitels. Die Norm steht damit in ähnlichen **systematischen Zusammenhängen** wie Art. 145 AEUV (vgl. Art. 145 AEUV, Rn. 2 ff.). Art. 5 Abs. 2 AEUV sieht vor, dass die Union Maßnahmen zur Koordinierung der Beschäftigungspolitik der Mitgliedstaaten trifft, insbesondere indem Leitlinien für diese Politik festgelegt werden. Diese Leitliniengebung wird nun durch die Kompetenzzuordnung zu dem Rat aufgegriffen (Art. 148 Abs. 2 AEUV). Das in Art. 148 AEUV beschriebene Procedere dient der in Art. 146 Abs. 2 AEUV vorgesehenen Abstimmung der beschäftigungspolitischen Tätigkeiten der Mitgliedstaaten. Der Beschäftigungsausschuss nach Art. 150 AEUV ist im Verfahren eingebunden, indem er zu den beschäfti-

---

[1] *Hemmann*, in: GSH, Europäisches Unionsrecht, Art. 148 AEUV, Rn. 1; s. auch *Steinle*, S. 328.
[2] Vgl. zur offenen Koordinierungsmethode als Gestaltungsgrundsatz europäischen Rechts *Eichenhofer*, § 19, Rn. 466 ff.; *Karl*, SDSRV 53 (2005), 7.; *Schulte*, ZESAR 2014, 58 (59 f.). Zur Diskussion um Stärken und Schwächen dieses Ansatzes *Stephan*, S. 73 ff.
[3] Vgl. Mitteilung der Kommission zur Straffung der alljährlichen wirtschafts- und beschäftigungspolitischen Koordinierung, KOM (2002) 487 endgültig vom 3. 9. 2002; *Palsherm*, S. 285.

gungspolitischen Leitlinien angehört wird (Art. 148 Abs. 2 Satz 1 AEUV) und vor der Prüfung der Durchführung der Beschäftigungspolitik der Mitgliedstaaten durch den Rat eine Stellungnahme abgibt (Art. 148 Abs. 4 Satz 1 i. V. m. Art. 150 Satz 2 AEUV). Schließlich normiert Art. 121 AEUV das ansatzweise ähnliche Verfahren zur Koordinierung der Wirtschaftspolitik. Die **Regelungshistorie** entspricht der des Art. 145 AEUV (vgl. Art. 145 AEUV, Rn. 7 f.). Art. 148 AEUV hat einen im Wesentlichen gleich lautenden **Vorläufer** in Art. 128 EGV,[4] der durch den Vertrag von Amsterdam eingeführt worden ist.

C. Einzelne Merkmale der Norm

I. Absatz 1

1. Gemeinsamer Beschäftigungsbericht

4   Der **Gemeinsame Beschäftigungsbericht** von Rat und Kommission steht immer **am Anfang des** sog. **Europäischen Semesters**[5] – einer erstmals 2011 angewendeten und nun durch Art. 2-a VO (EG) Nr. 1466/97[6] geregelten Arbeitsmethode zur Abstimmung der Wirtschafts- und Beschäftigungspolitik. Der Bericht gleicht die Entwicklung der Beschäftigungspolitik in den Mitgliedstaaten mit den beschäftigungspolitischen Leitlinien ab.[7] Zudem beruht er auf der Bewertung des Scoreboards beschäftigungs- und sozialpolitischer Schlüsselindikatoren (Arbeitslosigkeit, Jugendarbeitslosigkeit und NEET-Quote[8], verfügbares Einkommen der privaten Haushalte, Armutsgefährdungsquote und Einkommensungleichheiten).[9] Neben der Kommission ist der Ministerrat für Beschäftigung, Soziales, Gesundheit und Verbraucherschutz[10] hier zuständig. Der Bericht ist in seiner Entwurfsfassung ein **Begleitdokument des** jährlich von der Kommission mittler-

---

[4] Vor der Konsolidierung des Vertrags als Titel VIa und Artikel 109q EGV.

[5] Die Bezeichnung Semester leitet sich von der Tatsache ab, dass ganz wesentliche Teile der Abstimmung – insbesondere die Leitliniengebung auf EU-Ebene und die länderspezifischen Empfehlungen – in der ersten Jahreshälfte erfolgen (vgl. zu dieser Zeitvorgabe *Europäische Kommission*, Jahreswachstumsbericht 2013, COM (2012) 750 final vom 28.11.2012, S. 3). Vgl. zum ersten Europäischen Semester auch *Europäische Kommission*, Abschluss des ersten Europäischen Semesters für die Koordinierung der Wirtschaftspolitik: Orientierungen für die Politik der Mitgliedstaaten 2011–2012, KOM (2011) 400 endgültig vom 7.6.2011, insb. S. 4. Schließlich zum gestrafften Zeitplan des Europäischen Semesters: *Europäische Kommission*, Mitteilung der Kommission an das Europäische Parlament, den Rat und die Europäische Zentralbank, Schritte zur Vollendung der Wirtschafts- und Währungsunion, COM(2015) 600 final vom 21.10.2015, S. 3f.

[6] Verordnung (EG) Nr. 1466/97 des Rates vom 7.7.1997 über den Ausbau der haushaltspolitischen Überwachung und der Überwachung und Koordinierung der Wirtschaftspolitiken, ABl. 1997, L 209/1; Art. 2-a eingefügt durch die VO (EU) Nr. 1175/2011 vom 16.11.2011, ABl. 2011, L 306/12.

[7] Vgl. Beschluss des Rates vom 21.10.2010 über Leitlinien für beschäftigungspolitische Maßnahmen der Mitgliedstaaten (2010/707/EU), ABl. 2010, L 308/46 (48), Erwägungsgrund 18.

[8] NEET = Not in Education, Employment oder Training, also Menschen, die weder eine Arbeit haben, noch eine schulische oder berufliche Ausbildung absolvieren (vgl. COM(2015) 700 final vom 26.11.2015, S. 4).

[9] Vgl. dazu *Europäische Kommission*, Stärkung der sozialen Dimension der Wirtschafts- und Währungsunion, COM (2013) 690 final. Vgl. im Einzelnen Anhang 1–5 von *Europäische Kommission*, Entwurf des gemeinsamen Beschäftigungsberichts der Kommission und des Rates, Begleitunterlage zur Mitteilung der Kommission zum Jahreswachstumsbericht 2016, COM (2015) 700 final.

[10] BESOGEKO-Rat; englische Bezeichnung: Employment, Social Policy, Health and Consumer Affairs Council (EPSCO); französische Bezeichnung: le Conseil Emploi, Politique sociale, Santé et Consommateurs (EPSCO).

weile bereits im November veröffentlichten **Wachstumsberichts**.[11] Dieser verhält sich inhaltlich nicht nur zur vorhandenen Wirtschaftslage in der Union und den Mitgliedstaaten, sondern erläutert auch wirtschaftliche und soziale Prioritäten der künftigen Politik; in der aktuellen Fassung beispielsweise zur Bekämpfung der Jugend- und der Langzeitarbeitslosigkeit.[12] Damit bildet die Veröffentlichung des Jahreswachstumsberichts der Kommission und seiner Begleitdokumente faktisch den Auftakt zum »Europäischen Semester«.[13]

2. Schlussfolgerungen des Europäischen Rats

Im Zeitraum Dezember bis Februar erfolgt die **Erörterung** des jährlichen Wachstumsberichts und seiner begleitenden Teile/Anhänge durch die jeweils zuständigen Fachminister der Mitgliedstaaten **im Rat**.[14] Auf der Frühjahrstagung im März bestätigt der Europäische Rat dann die Inhalte des Jahreswachstumsberichts.[15]

Nach Art. 148 Abs. 1 AEUV nimmt der **Europäische Rat** anhand des vom Ministerrat akzeptierten Beschäftigungsberichts und nach eigener Prüfung **Schlussfolgerungen zur Beschäftigungslage** an.[16] Durch die Beteiligung des Europäischen Rates wird nicht nur die mitgliedstaatliche Hauptzuständigkeit für beschäftigungspolitische Fragen nochmals unterstrichen, sondern auch wegen der damit verbundenen höchsten politischen Autorität der weitere Abstimmungsprozess erleichtert.[17] Die Handlungsform der »Schlussfolgerung« findet sich neben Art. 148 AEUV nur noch im Titel zur Wirtschafts- und Währungspolitik zum einen bei der Abstimmung der Wirtschaftspolitik gemäß Art. 121 Abs. 2 UAbs. 2 AEUV, was konsequent ist, und zum anderen in Art. 135 AEUV bezüglich der Antwort der Kommission auf ein Ersuchen um einen Vorschlag. Trotz dieses dürftigen textlichen Befundes geht es bei den »Schlussfolgerungen« um nichts anderes als die übliche Form, in der die Ergebnisse einer Tagung des Europäischen Rates festgehalten werden.[18] Auch wenn Schlussfolgerungen des Europäischen Rates prinzipiell rechtlich nicht verbindlich sind, haben sie über die innerstaatliche Richtlinienkompetenz der Staats- und Regierungschefs politisch hohes Gewicht und erzeugen so

---

[11] Vgl. zuletzt Jahreswachstumsbericht 2016, COM(2015) 690 final vom 26.11.2015. Vgl. ergänzend Jahreswachstumsbericht 2015, COM (2014) 902 final vom 28.11.2014, dort auch insb. S. 25 zum zeitlichen Ablauf, und Entwurf des Gemeinsamen Beschäftigungsberichts der Kommission und des Rates vom 28.11.2014, COM (2014) 906 final.

[12] Vgl. COM (2015) 690 final, S. 11 ff.

[13] Vgl. COM (2015) 690 final, S. 18 unter 5.

[14] Vgl. z.B. *Rat der Europäischen Union (BESOGEKO-Rat)*, Sitzung vom 7.3.2016 mit der Annahme des Gemeinsamen Beschäftigungsberichts, 6781/16, und für den Jahreswachstumsbericht 2015 der *Rat der Europäischen Union*, Schlussfolgerungen des BESOGEKO-Rates in seiner Tagung vom 9.3.2015 zum Jahreswachstumsbericht, 7007/15.

[15] Vgl. die Sitzung des Europäischen Rates vom 17./18.3.2016 für den Jahreswachstumsbericht 2016 (s. EUCO 12/1/16, REV 1, S. 3 unter 11.) und für den Jahreswachstumsbericht 2015 die Schlussfolgerungen des Europäischen Rates zur Tagung vom 19./20.3.2015, EUCO 11/15, S. 3, und ergänzend die Schlussfolgerungen zur Tagung vom 25./26.6.2015, EUCO 22/15, S. 7.

[16] Vgl. Schlussfolgerungen der Tagung vom 17./18.3.2016, EUCO 12/1/16 REV 1, S. 3 f. und vom 19./20.3.2015, EUCO 11/15 vom 20.3.2015, S. 3.

[17] Vgl. *Coen*, in: Lenz/Borchardt, EU-Verträge, Art. 148 AEUV, Rn. 10; *Frenz/Götzkes*, RdA 2010, 337 (340); *Frenz*, Handbuch Europarecht, Band 6, Rn. 3764; *Hemmann*, in: GSH, Europäisches Unionsrecht, Art. 148 AEUV, Rn. 2; *Marauhn/Simon*, in: Grabitz/Hilf/Nettesheim, EU, Art. 148 AEUV (Mai 2011), Rn. 5.

[18] Vgl. *Frenz/Götzkes*, RdA 2010, 337 (340); *Frenz*, Handbuch Europarecht, Band 6, Rn. 3765; *Marauhn/Simon*, in: Grabitz/Hilf/Nettesheim, EU, Art. 148 AEUV (Mai 2011), Rn. 7.

z. B. auch eine Bindung des Ministerrats.[19] Diese Bindung wird im Hinblick auf den Rat gesteigert, indem Art. 148 Abs. 2 AEUV die Schaffung beschäftigungspolitischer Leitlinien »anhand der Schlussfolgerungen« vorsieht. Dies muss dahingehend verstanden werden, dass hier sogar eine rechtliche Verbindlichkeit bestehen soll.[20]

II. Absatz 2

1. Leitlinien-Vorschlag der Kommission und Anhörungen

7   Die **Kommission fertigt** auf der Grundlage der Schlussfolgerungen des Europäischen Rates einen **Vorschlag** für die Leitlinien des Rates zur Beschäftigungspolitik.[21] Nur die Kommission ist damit in der Lage, den Prozess der Leitliniengebung anzustoßen.[22] Zudem wird ihre Position dadurch gestärkt, dass eine Änderung des Kommissionsvorschlags durch den Rat nur einstimmig zulässig ist (Art. 293 Abs. 1 AEUV).[23]

8   Im Verfahren der Leitlinien-Schaffung ist die **Anhörung** des Europäischen Parlaments,[24] des Wirtschafts- und Sozialausschusses (s. Art. 304 AEUV),[25] des Ausschusses der Regionen (s. Art. 307 AEUV)[26] und des Beschäftigungsausschusses (s. Art. 150

---

[19] Vgl. *Gassner*, in: Vedder/Heintschel v. Heinegg, Europäisches Unionsrecht, Art. 148 AEUV, Rn. 9; *Marauhn/Simon*, in: Grabitz/Hilf/Nettesheim, EU, Art. 148 AEUV (Mai 2011), Rn. 8; *Niedobitek*, in: Streinz, EUV/AEUV, Art. 148 AEUV, Rn. 6; *Palsherm*, S. 286.
[20] Vgl. *Gassner*, in: Vedder/Heintschel v. Heinegg, Europäisches Unionsrecht, Art. 148 AEUV, Rn. 9; *Marauhn/Simon*, in: Grabitz/Hilf/Nettesheim, EU, Art. 148 AEUV (Mai 2011), Rn. 8; *Niedobitek*, in: Streinz, EUV/AEUV, Art. 148 AEUV, Rn. 7.
[21] Vgl. *Europäische Kommission*, Vorschlag für Beschluss des Rates zu Leitlinien für beschäftigungspolitische Maßnahmen der Mitgliedstaaten, COM(2016) 71 final vom 15. 2. 2016 und zu den vorhergehenden Leitlinien Vorschlag für einen Beschluss des Rates zu Leitlinien für beschäftigungspolitische Maßnahmen der Mitgliedstaaten, COM (2015) 98 final vom 2. 3. 2015; s. auch bereits: *Europäische Kommission*, Vorschlag für einen Beschluss des Rates über Leitlinien für beschäftigungspolitische Maßnahmen der Mitgliedstaaten. Teil II der integrierten Leitlinien zu Europa 2020, KOM (2010) 193 endgültig vom 27. 4. 2010.
[22] Vgl. *Hemmann*, in: GSH, Europäisches Unionsrecht, Art. 148 AEUV, Rn. 7; *Marauhn/Simon*, in: Grabitz/Hilf/Nettesheim, EU, Art. 148 AEUV (Mai 2011), Rn. 10.
[23] Vgl. *Braams*, S. 36; *Coen*, in: Lenz/Borchardt, EU-Verträge, Art. 148 AEUV, Rn. 12; *Frenz/Götzkes*, RdA 2010, 337 (340); *Frenz*, Handbuch Europarecht, Band 6, Rn. 3766; *Höch*, S. 458; *Kotzur*, in: Geiger/Khan/Kotzur, EUV/AEUV, Art. 148 AEUV, Rn. 4. *Steinle*, S. 331 f. mit ausführlicher und überzeugender Prüfung der Anwendbarkeit der Regelung auf die beschäftigungspolitische Leitlinie.
[24] Vgl. den Entwurf vom 20. 7. 2016, A 8–0247/2016 und die Legislative Entschließung des Europäischen Parlaments vom 8. 7. 2015 zu dem Vorschlag für einen Beschluss des Rates zu Leitlinien für beschäftigungspolitische Maßnahmen der Mitgliedstaaten, P8 TA-PROV (2015)0261, und bereits die Legislative Entschließung des Europäischen Parlaments vom 8. 9. 2010 zu dem Vorschlag für einen Beschluss des Rates über Leitlinien für beschäftigungspolitische Maßnahmen der Mitgliedstaaten – Teil II der integrierten Leitlinien zu Europa 2020, P7 TA(2010)0309.
[25] Vgl. die Stellungnahmen des Europäischen Wirtschafts- und Sozialausschusses vom 27. 4. 2016 und 27. 5. 2015 zu dem Vorschlag für einen Beschluss des Rates zu Leitlinien für beschäftigungspolitische Maßnahmen der Mitgliedstaaten, SOC/540 und SOC/519, und bereits zu den Leitlinien von 2010 die Stellungnahme des Europäischen Wirtschafts- und Sozialausschusses vom 27. 5. 2010 zu dem »Vorschlag für einen Beschluss des Rates über Leitlinien für beschäftigungspolitische Maßnahmen der Mitgliedstaaten – Teil II der integrierten Leitlinien zu Europa 2020«, ABl. 2011, C 21/66.
[26] Vgl. Stellungnahme des Europäischen Ausschusses der Regionen zur Plenartagung vom 3./4. 6. 2015, Leitlinien für beschäftigungspolitische Maßnahmen der Mitgliedstaaten, ABl. 2015, C 260/22, und bereits zu den Leitlinien von 2010 die Entschließung des Ausschusses der Regionen vom 9./10. 6. 2010 »Für ein besseres Instrumentarium zur Umsetzung der EU–2020-Strategie: die integrierten wirtschafts- und beschäftigungspolitischen Leitlinien der Mitgliedstaaten und der Union«, ABl. 2010, C 267/1.

AEUV)[27] vorgesehen. Damit kommt den genannten Organen ein Recht zur Beteiligung und Äußerung zu, das freilich recht schwach ausgestaltet ist.[28] Beispielsweise handelt es sich im Hinblick auf das Europäische Parlament nicht um eine Mitentscheidung im ordentlichen Gesetzgebungsverfahren nach Art. 294 AEUV.[29] An der Vielzahl der zu beteiligenden Organe wird jedoch der hohe Stellenwert der Leitlinien deutlich, die sicherlich das Kerninstrument der offenen Koordinierungsmethode im Rahmen der europäischen Beschäftigungsstrategie sind.

2. Leitlinien des Rats

Der Rat legt die Leitlinien zur Beschäftigungspolitik fest.[30] Für diesen Beschluss ist eine qualifizierte Mehrheit erforderlich (Art. 16 Abs. 3 EUV). **Leitlinien** sind Richtschnur und Orientierungspunkte, die gleichsam aus der Metaperspektive der Union Rahmenvorgaben für eine nationale Politik machen und die aufgrund der Hauptzuständigkeit der Mitgliedstaaten für das Politikfeld von diesen praktisch umgesetzt werden müssen.[31] Es geht mithin um »eine politische Koordination nach dem Prinzip des »management by objectives«.[32] Daraus folgt, dass bestimmte und ganz konkrete Einzelmaßnahmen nicht Inhalt der Leitlinie sein sollen.[33] Die damit bestehende Weite wird noch dadurch gesteigert, dass im Rahmen integrierter Leitlinien eine Verknüpfung mit der Wirtschaftspolitik stattfindet.[34] Der mögliche Gegenstand von beschäftigungspolitischen Leitlinien wird allein durch den Regelungsbereich des Beschäftigungstitels begrenzt. Insbesondere Art. 145 AEUV macht insofern rudimentäre Vorgaben, wenn er die koordinierte Beschäftigungsstrategie umreißt (s. Art. 145 AEUV, Rn. 16, 18 ff.). Sollte ein Mitgliedstaat eine Verletzung der rechtlichen Vorgaben bei der Festlegung der Leitlinie durch den Rat sehen, so kann er dies vom Gerichtshof im Wege der Nichtigkeitsklage nach Art. 263 AEUV klären lassen.[35]

9

---

[27] Vgl. zur Stellungnahme vom 20.5.2010: *Rat der Europäischen Union*, Stellungnahme des Beschäftigungsausschusses vom 21.5.2010 zum Vorschlag für einen Beschluss des Rates über Leitlinien für beschäftigungspolitische Maßnahmen der Mitgliedstaaten – Teil II der integrierten Leitlinien zu Europa 2020, 10030/10.
[28] Vgl. *Marauhn/Simon*, in: Grabitz/Hilf/Nettesheim, EU, Art. 148 AEUV (Mai 2011), Rn. 10.
[29] Vgl. *Hemmann*, in: GSH, Europäisches Unionsrecht, Art. 148 AEUV, Rn. 2.
[30] Vgl. zu den Inhalten der Leitlinien seit 1998 und deren Entwicklung vertiefend *Höch*, S. 489 ff.; *Kreßel*, in: Schwarze, EU-Kommentar, Art. 148 AEUV, Rn. 8 ff.; *Pilz*, S. 157 ff.; *Stephan*, S. 153 ff., 204 ff. und 261 ff. mit sehr detaillierter Auswertung. Wirkungsanalysen der Koordinierung fasst *Braams* zusammen, S. 117 ff.
[31] Vgl. Beschluss des Rates vom 6.5.2014 zu Leitlinien für beschäftigungspolitische Maßnahmen der Mitgliedstaaten, Erwägungsgrund 3, ABl. 2014, L 165/49, und bereits Beschluss des Rates vom 21.10.2010 (Fn. 7), über Leitlinien für beschäftigungspolitische Maßnahmen der Mitgliedstaaten, Erwägungsgrund 14, ABl. 2010, L 308/46; *Lang/Bergfeld*, EuR 2005, 381 (384).
[32] *Kommission der Europäischen Gemeinschaften*, Fünf Jahre Europäische Beschäftigungsstrategie – Eine Bestandsaufnahme, KOM (2002) 416 endg. vom 17.7.2002, S. 6. S. auch *Steinle*, S. 357.
[33] Vgl. *Frenz/Götzkes*, RdA 2010, 337 (341); *Frenz*, Handbuch Europarecht, Band 6, Rn. 3767; *Höch*, S. 469; *Karl*, SDSRV 53 (2005), 7 (18); *Krebber*, in: Calliess/Ruffert, EUV/AEUV, Art. 148 AEUV, Rn. 4: »Über Leitlinien können nicht mehr als Eckpfeiler allgemeiner Art festgehalten werden […]«; *Marauhn/Simon*, in: Grabitz/Hilf/Nettesheim, EU, Art. 148 AEUV (Mai 2011), Rn. 13.
[34] Vgl. *Frenz/Götzkes*, RdA 2010, 337 (341); *Frenz*, Handbuch Europarecht, Band 6, Rn. 3768 f.; *Krebber*, in: Calliess/Ruffert, EUV/AEUV, Art. 148 AEUV, Rn. 5.
[35] Vgl. *Hemmann*, in: GSH, Europäisches Unionsrecht, Art. 148 AEUV, Rn. 20. Vgl. auch EuGH, Urt. v. 20.3.1997, Rs. C–57/95, Rn. 7, und EuG, Urt. v. 20.5.2010, Rs. T–258/06, Rn. 25–31.

10 Die **Mitgliedstaaten** sind durch die Leitlinie jedenfalls **politisch gebunden**.[36] Es besteht insofern die ausdrückliche Erwartung, dass sich die Mitgliedstaaten durch die den beschäftigungspolitischen Leitlinien zugeordneten Kernziele bei ihren nationalen Anstrengungen leiten lassen.[37] Vom Grundansatz könnte die Verwendung der Form der »Leitlinie« jedoch darauf schließen lassen, dass es juristisch ohne Folgen bliebe, wenn ihre Vorgaben nicht erfüllt würden.[38] Faktisch sind die Leitlinien für die Mitgliedstaaten aber **rechtlich verbindlich** (s. vertiefend zur Rechtsverbindlichkeit Rn. 14).

11 Zu den Leitlinien im engeren Sinne kommt die Festlegung von **messbaren Zielpunkten** quantitativer und auch qualitativer Art. Dadurch soll eine Vergleichbarkeit von »bewährten Praktiken« der einzelnen Mitgliedstaaten erreicht werden, um voneinander lernen zu können (sog. **Benchmarking**; s. dazu auch Art. 150 AEUV, Rn. 7).[39] Die Kommission sieht im Benchmarking ein nützliches Instrument, damit die Mitgliedstaaten sich »stärker mit den Strukturreformen identifizieren und für ihre Umsetzung sorgen«.[40]

12 Die »**Leitlinien für beschäftigungspolitische Maßnahmen der Mitgliedstaaten**« vom 21.10.2010 wurden in den Jahren 2011 bis 2014 aufrechterhalten.[41] Der Rat begründet dies damit, dass trotz der Verpflichtung zur jährlichen Erstellung, die Leitlinien bis 2014 unverändert bleiben sollen, »damit das Hauptaugenmerk auf die Umsetzung gerichtet werden kann«.[42] Die vier beschäftigungspolitischen Leitlinien[43] für die Jahre 2010 bis 2014 umfassen folgende Bereiche:[44] (a) die Erhöhung der Erwerbsbeteiligung von Frauen und Männern, den Abbau der strukturellen Arbeitslosigkeit und die Förderung der Arbeitsplatzqualität mit dem Kernziel einer Erhöhung der Erwerbsbeteiligung der 20- bis 64jährigen auf 75 % bis zum Jahr 2020, (b) die Heranbildung von Arbeitskräften, deren Qualifikation den Anforderungen des Arbeitsmarktes entsprechen, und die Förderung des lebenslangen Lernens, (c) die Steigerung der Qualität und Leistungsfähigkeit des allgemeinen und beruflichen Bildungswesens auf allen Ebenen und die Verbesserung des Zugangs zur Hochschulbildung oder zu einer gleichwertigen Bildung mit dem Kern-

---

[36] Vgl. *Lang/Bergfeld*, EuR 2005, 381 (384); *Steinle*, S. 353f.; *Steinmeyer*, RdA 2001, 10 (21).

[37] Vgl. Beschluss des Rates vom 6.5.2014 (Fn. 35), Erwägungsgründe 3 und 4, ABl. 2014, L 165/49, sowie bereits Beschluss des Rates vom 21.10.2010 (Fn. 7), Erwägungsgründe 14 und 18, ABl. 2010, L 308/46.

[38] Vgl. *Gassner*, in: Vedder/Heintschel v. Heinegg, Europäisches Unionsrecht, Art. 148 AEUV, Rn. 11; *Steinmeyer*, RdA 2001, 10 (21) und *ders.*, in: Schulze/Zuleeg, Europarecht, § 40, Rn. 16. Gleichwohl ist eine Abgrenzung der Leitlinie i.S.d. Art. 148 AEUV von sonstigen »Leitlinien« und soft law notwendig (vgl. *von Graevenitz*, EuZW 2013, 169 [170]).

[39] Vgl. *Abig*, Sozialer Fortschritt 2005, 113 (119); *Eichenhofer*, § 18, Rn. 462; *Höch*, S. 460; *Kraatz/Rhein*, Sozialer Fortschritt 2007, 149 (154f.); *Lang/Bergfeld*, EuR 2005, 381 (386); *Pilz*, S. 177ff.; *Stephan*, S. 59ff.; *Wendtland*, ZESAR 2008, 419 (422); *Wolfswinkler*, S. 100ff.

[40] *Europäische Kommission*, Mitteilung der Kommission an das Europäische Parlament, den Rat, die Europäische Zentralbank, den Europäischen Wirtschafts- und Sozialausschuss, den Ausschuss der Regionen und die Europäische Investitionsbank, Jahreswachstumsbericht 2016 – Die wirtschaftliche Erholung konsolidieren und die Konvergenz fördern, COM(2015) 690 final vom 26.11.2015, S. 11.

[41] Vgl. Beschluss des Rates vom 6.5.2014 (Fn. 35), Art. 1 sowie Erwägungsgrund 5, ABl. 2014, L 165/49 (50); s. zum Wortlaut der Leitlinien: ABl. 2010, L 308/46.

[42] Beschluss des Rates vom 6.5.2014 (Fn. 35), Erwägungsgrund 5, ABl. 2014, L 165/49 (50); s. auch bereits Beschluss des Rates vom 21.10.2010 (Fn. 7), Erwägungsgrund 20, ABl. 2010, L 308/46 (48).

[43] Gezählt werden sie als Leitlinie 7 bis 10, weil die Leitlinien 1–6 wirtschaftspolitische Fragestellungen betreffen.

[44] Beachtliche Kritik am ganz vorwiegend angebotsorientierten Ansatz vieler Empfehlungen übt *Schellinger*, Wie sozial ist die EU?, 2015, S. 6.

ziel der Senkung der Schulabbrecherquoten auf unter 10 % und die Erhöhung des Anteils der 30 bis 34-Jährigen mit Hochschul- oder gleichwertigem Abschluss auf mindestens 40 % sowie (d) die Förderung der sozialen Eingliederung und Bekämpfung der Armut mit dem Kernziel mindestens 20 Mio. von Armut und Ausgrenzung bedrohte Menschen davor zu bewahren. Die vier **Leitlinien der beschäftigungspolitischen Leitlinien für 2015** beziehen sich auf folgende Bereiche: (a) Ankurbelung der Nachfrage nach Arbeitskräften, vor allem durch Empfehlungen zur Schaffung von Arbeitsplätzen und gerechtere Arbeitsbesteuerung und Lohnfestsetzung, (b) Verbesserung des Arbeitskräfteangebots und der Qualifikation durch Behebung struktureller Schwächen in der allgemeinen und beruflichen Bildung sowie der Verringerung der Jugend- und Langzeitarbeitslosigkeit, (c) Verbesserung der Funktionsweise der Arbeitsmärkte, vor allem durch Abbau der Segmentierung des Arbeitsmarktes sowie Verbesserung aktiver arbeitsmarktpolitischer Maßnahmen und der Arbeitskräftemobilität, und (d) Fairness, Armutsbekämpfung und Chancengleichheit.[45]

3. Verhältnis der Leitlinien zur Wirtschaftspolitik

Da die Strategie Europa 2020 beschäftigungspolitische und allgemein wirtschaftspolitische Fragestellungen zusammen anspricht, besteht auch eine enge Verbindung zwischen den beschäftigungspolitischen Leitlinien und den Grundzügen der Wirtschaftspolitik der Mitgliedstaaten und der Union gemäß der Empfehlung des Rates.[46] Zusammen bilden sie die **integrierten Leitlinien zu Europa 2020**.[47]

4. Berücksichtigung der Leitlinien durch Mitgliedstaaten

Die in Absatz 2 Satz 1 vorgesehene Berücksichtigung der Leitlinien durch die Mitgliedstaaten in ihrer nationalen Beschäftigungspolitik wird in Art. 1 des Beschlusses des Rates über die Leitlinien vom 6.5.2014 wiederholt und damit in seiner Bedeutung unterstrichen. Im Hinblick auf die Frage der **rechtlichen Verbindlichkeit der Leitlinien** ist der Wortlaut des Art. 148 Abs. 2 Satz 1 AEUV jedoch nicht eindeutig.[48] Aus systema-

---

[45] Vgl. Beschluss (EU) 2015/1848 des Rates vom 5.10.2015 zu Leitlinien für beschäftigungspolitische Maßnahmen der Mitgliedstaaten für 2015, ABl. 2015, L 268/28. Zur fortdauernden Relevanz dieser Leitlinie s. *Europäische Kommission*, Vorschlag für Beschluss des Rates zu Leitlinien für beschäftigungspolitische Maßnahmen der Mitgliedstaaten, vom 15.2.2016, COM(2016) 71 final, S. 4 Artikel 1.

[46] Vgl. Empfehlung (EU) 2015/1184 des Rates vom 14.7.2015 über die Grundzüge der Wirtschaftspolitik der Mitgliedstaaten und der Europäischen Union, ABl. 2015, L 192/27, sowie Empfehlung des Rates vom 8.3.2016 zur Wirtschaftspolitik des Euro-Währungsgebiets (2016/C 96/01), ABl. 2016, C 96/1 und zur Umsetzung der Grundzüge der Wirtschaftspolitik der Mitgliedstaaten, deren Währung der Euro ist (2015/C 272/26), ABl. 2015, C 272/98 und bereits Empfehlung des Rates vom 13.7.2010 über die Grundzüge der Wirtschaftspolitik der Mitgliedstaaten und der Union (2010/410/EU), ABl. 2010, L 191/28.

[47] Vgl. Beschluss des Rates vom 6.5.2014 (Fn. 31), Erwägungsgrund 2, ABl. 2014, L 165/49, sowie bereits Beschluss des Rates vom 21.10.2010 (Fn. 7), Erwägungsgrund 17, ABl. 2010, L 308/46.

[48] Gegen eine Rechtsverbindlichkeit der Leitlinien die herrschende Meinung: *Braams*, S. 39; *Gassner*, in: Vedder/Heintschel v. Heinegg, Europäisches Unionsrecht, Art. 148 AEUV, Rn. 11; *Karl*, SDSRV 53 (2005), 7 (18); *Kotzur*, in: Geiger/Khan/Kotzur, EUV/AEUV, Art. 148 AEUV, Rn. 2: nur »empfehlenden Charakter«, bei vollständiger Ignoranz aber Vertragsverletzungsverfahren; *Krebber*, in: Calliess/Ruffert, EUV/AEUV, Art. 148 AEUV, Rn. 6; *Maruhn/Simon*, in: Grabitz/Hilf/Nettesheim, EU, Art. 148 AEUV (Mai 2011), Rn. 11 f.; *Niedobitek*, in: Streinz, EUV/AEUV, Art. 148 AEUV, Rn. 11, der aber im Falle offensichtlichen Ignorierens der Leitlinie ein Vertragsverletzungsverfahren für erfolgreich hält, und ausführlich *Steinle*, S. 347 ff., der der Leitlinie gleichwohl Rechtserheblichkeit für die Auslegung zubilligt, und ähnlich *Höch*, S. 467 f.

tischer Sicht spricht eher gegen eine rechtliche Verpflichtung, dass in Art. 148 Abs. 4 AEUV für Mitgliedstaaten mit Problemen bei der Umsetzung der Leitlinie als Reaktionsmöglichkeit der Union die nur unverbindliche Empfehlung vorgesehen ist.[49] Auch die Tatsache, dass in Bezug auf transeuropäische Netze in Art. 171 Abs. 1, 1. Gedstr. AEUV die Leitlinie als Instrument vorgesehen ist und Art. 172 AEUV insoweit ausdrücklich – und damit anders als Art. 148 AEUV – die Verabschiedung im ordentlichen Gesetzgebungsverfahren nach Art. 289, 294 AEUV vorsieht, lässt sich als systematisches Argument gegen die Rechtsverbindlichkeit der beschäftigungspolitischen Leitlinien anführen.[50] Im Ergebnis überzeugen die Argumente für eine rechtliche Verbindlichkeit der Leitlinie aber mehr,[51] wenngleich trotz dieser Verbindlichkeit die Unbestimmtheit der Leitlinien schwerlich einen klaren Verstoß zur Folge haben wird: Zunächst wird man bereits aus dem Grundsatz der Unionstreue und der loyalen Zusammenarbeit (s. Art. 4 Abs. 3 EUV) ableiten können, dass nur gravierende Ausnahmen eine Abweichung von den Leitlinien rechtfertigen könnten.[52] In formeller Hinsicht spricht die Veröffentlichung im Amtsblatt in der Reihe L anstatt in der Reihe C dafür, dass ein rechtlich verbindlicher Rechtsakt gewollt ist.[53] Praktisch beantwortet sich die Frage nach der Rechtsverbindlichkeit der Leitlinien auch dadurch, dass sie in den letzten Jahren als Rechtsakt ohne Gesetzescharakter in der Form eines Beschlusses angenommen worden sind.[54] Sie sind also in allen ihren Teilen für ihre Adressaten – das sind die Mitgliedstaaten (s. Art. 3 des Beschlusses vom 5.10.2015[55]) – verbindlich (Art. 288 Abs. 4 AEUV).[56] Schließlich sieht Art. 2-a Abs. 3 UAbs. 3 der Verordnung (EG) Nr. 1466/97 Maßnahmen vor, falls ein Mitgliedstaat nicht entsprechend der an ihn gerichteten Leitlinien handelt. Aufgrund dieser Rechtsverbindlichkeit können die Leitlinien auch prinzipiell nach Art. 263 AEUV mit der Nichtigkeitsklage angefochten werden, wenn ein Mitgliedstaat ihnen nicht zustimmt.[57]

---

[49] Vgl. *Karl*, SDSRV 53 (2005), 7 (18 f.); *Krebber*, in: Calliess/Ruffert, EUV/AEUV, Art. 148 AEUV, Rn. 6; *Palsherm*, S. 288.
[50] Vgl. *Braams*, S. 39.
[51] So offenbar auch *Coen*, in: Lenz/Borchardt, EU-Verträge, Art. 148 AEUV, Rn. 19; *Hemmann*, in: GSH, Europäisches Unionsrecht, Art. 148 AEUV, Rn. 15 f. mit dem ergänzenden Hinweis, dass aus der Berücksichtigungspflicht nicht zwingend eine vollständige Umsetzung folge, und ansatzweise *Kreßel*, in: Schwarze, EU-Kommentar, Art. 148 AEUV, Rn. 29: die Leitlinien treffen als Entscheidungen sui generis »in Teilen rechtsverbindliche Vorgaben für die Mitgliedstaaten« sowie *Oppermann/Classen/Nettesheim*, Europarecht, § 29, Rn. 21: »[…] Rechtsakte besonderer Art, die von den MSen zu berücksichtigen sind« und *Steinle*, S. 353: »halbrechtlicher Status« der Leitlinien. Vgl. auch LSG Baden-Württemberg, Urt. v. 28.5.2010, L 12 AL 3116/09, juris Rn. 30: für Mitgliedstaaten »nur begrenzt rechtsverbindlich«, aber Möglichkeit eines Vertragsverletzungsverfahren bei Verletzung messbarer Ziele.
[52] Vgl. *Palsherm*, S. 288. Ähnlich *Coen*, in: Lenz/Borchardt, EU-Verträge, Art. 148 AEUV, Rn. 14; *Höch*, S. 464; wohl auch *Kotzur*, in: Geiger/Khan/Kotzur, EUV/AEUV, Art. 148 AEUV, Rn. 2.
[53] Vgl. EuGH, Urt. v. 13.12.2012, Rs. C–226/11, ECLI:EU:C:2012:795, Rn. 30.
[54] Vgl. Beschluss (EU) 2015/1848 des Rates vom 5.10.2015 zu Leitlinien für beschäftigungspolitische Maßnahmen der Mitgliedstaaten für 2015, ABl. 2015, L 268/28, ferner Beschluss des Rates vom 6.5.2014 (Fn. 35), ABl. 2014, L 165/49 und bereits Beschluss des Rates vom 21.10.2010 (Fn. 7), ABl. 2010, L 308/46. Ausführliche Herleitung der Rechtsform bei *Hemmann*, in: GSH, Europäisches Unionsrecht, Art. 148 AEUV, Rn. 14.
[55] Beschluss des Rates vom 5.10.2015 (Fn. 54), ABl. 2015, L 268/28.
[56] Vgl. *Coen*, in: Lenz/Borchardt, EU-Verträge, Art. 148 AEUV, Rn. 14; *Gassner*, in: Vedder/Heintschel v. Heinegg, Europäisches Unionsrecht, Art. 148 AEUV, Rn. 11. Offenbar enger *Maraubn/Simon*, in: Grabitz/Hilf/Nettesheim, EU, Art. 148 AEUV (Mai 2011), Rn. 11: »nur begrenzt rechtsverbindlich«.
[57] Vgl. *Hemmann*, in: GSH, Europäisches Unionsrecht, Art. 148 AEUV, Rn. 20. Vgl. auch EuGH, Urt. v. 20.3.1997, Rs. C–57/95, Rn. 7, und EuG, Urt. v. 20.5.2010, Rs. T–258/06, Rn. 25–31.

III. Absatz 3

1. Beschäftigungspolitische Maßnahmen der Mitgliedstaaten

Die Mitgliedstaaten treffen in eigener Zuständigkeit »**im Lichte der beschäftigungspolitischen Leitlinien**« des Absatzes 2 Maßnahmen zur Beschäftigungspolitik. Die Formulierung »im Lichte« ist recht zurückhaltend und suggeriert eine nur eingeschränkte europäische Vorgabe für die Mitgliedstaaten. Praktisch haben die Leitlinien durch die Verabschiedung als Beschluss aber Verbindlichkeit für die Mitgliedstaaten (s. Rn. 14). Dies darf aber nicht darüber hinwegtäuschen, dass für die praktische Umsetzung, also bestimmte beschäftigungspolitische Maßnahmen, entsprechend des Leitliniencharakters kaum konkrete Vorgaben existieren. Die Art und Weise der Leitlinien ist eher auf die Setzung von Zielen angelegt. Insofern besitzen die Mitgliedstaaten deutlichen Freiraum für eigene Lösungsansätze, wenngleich durch den Vergleich mit anderen Nationen – das Benchmarking – ein gehöriger Handlungsdruck erzeugt wird, sich an erfolgreichen Konzepten zu orientieren.[58] Die Kommission formuliert recht deutlich: »[Das Benchmarking] kann dazu beitragen, dass sich die Mitgliedstaaten stärker mit den Strukturreformen identifizieren und für Ihre Umsetzung sorgen«.[59]

15

2. Bericht der Mitgliedstaaten

Im März/April übermitteln die Mitgliedstaaten dem Rat und der Kommission jährlich einen **Bericht über** ihre wichtigsten **Maßnahmen zur Durchführung** der Beschäftigungspolitik. Nach einer Übereinkunft im Europäischen Rat[60] und auch aufgrund der Verzahnung mit der wirtschaftspolitischen Berichterstattung nach Art. 121 AEUV erfolgt die **Übermittlung in Form der nationalen Reformprogramme** (NRP) für ein intelligentes, nachhaltiges und integratives Wachstum i. S. d. Strategie Europa 2020 zudem zusammen mit der mittelfristigen Haushaltsplanung und den Stabilitäts- und Konvergenzprogrammen zur Haushaltskonsolidierung (SCP); damit werden also ebenfalls die Planungen für beschäftigungspolitische Maßnahmen zur Steigerung des Beschäftigungsstands erfasst.[61] Die durch diese Berichte hergestellte Öffentlichkeit im Hinblick auf die nationalen Reformprogramme und die anschließende Bewertung der nationalen Anstrengungen zur Erreichung der Europa 2020-Ziele sind ein deutlicher Motor für Abstimmung und Integration von Wirtschafts- und Beschäftigungspolitik.

16

---

[58] Vgl. *Kraatz/Rhein*, Sozialer Fortschritt 2007, 149 (150): »Peer pressure«; *Pilz*, S. 177 ff.; *Preunkert*, FES Perspektive April 2012, 2; *Stephan*, S. 61 und 65 f.; *Wolfswinkler*, S. 100 ff. Im Anhang zum Jahreswachstumsbericht 2015 spricht die Kommission davon, die mitgliedstaatlichen Maßnahmen und Ergebnisse besser miteinander vergleichen und gegenüberstellen zu wollen, um »den Gruppendruck [zu] erhöhen und weitere Anregungen für einschlägige multilaterale Gespräche [zu] liefern«, COM (2014) 902 final vom 28. 11. 2014, S. 23.

[59] *Europäische Kommission*, Mitteilung der Kommission an das Europäische Parlament, den Rat, die Europäische Zentralbank, den Europäischen Wirtschafts- und Sozialausschuss, den Ausschuss der Regionen und die Europäische Investitionsbank, Jahreswachstumsbericht 2016 – Die wirtschaftliche Erholung konsolidieren und die Konvergenz fördern, COM(2015) 690 final vom 26. 11. 2015, S. 11.

[60] Vgl. Sondertagung des Europäischen Rates von Luxemburg über Beschäftigungsfragen vom 20./21. 11. 1997, Schlussfolgerungen des Vorsitzes, Die Beschäftigungspolitische Herausforderung: Ein neuer Ansatz, unter I.4. Schlussfolgerung Nr. 16, die die nationalen beschäftigungspolitischen Pläne, die »Vorläufer« der NRP, ansprach, Bull. EU 11–1997, S. 9. S. auch *Hemmann*, in: GSH, Europäisches Unionsrecht, Art. 148 AEUV, Rn. 8.

[61] Vgl. aus deutscher Sicht das Nationale Reformprogramm 2016, BT-Drs. 18/8116 vom 14. 4. 2016, und 2015 mit Angaben zur Umsetzung der länderspezifischen Empfehlungen des vergangenen Jahres, BT-Drs. 18/4549 vom 2. 4. 2015.

IV. Absatz 4

1. Prüfung der mitgliedstaatlichen Politik durch den Rat

17 Der **Rat überprüft** jährlich die Durchführung der mitgliedstaatlichen Beschäftigungspolitik. Das Material für diese Prüfung entnimmt er den jeweiligen Jahresberichten der Mitgliedstaaten. Prüfungsmaßstab ist das Verfolgen der beschäftigungspolitischen Leitlinien. Das Verfahren einschließlich der gegebenenfalls folgenden Empfehlungen zielt darauf ab, durch Öffentlichkeit einen Handlungsdruck auf die Mitgliedstaaten zu erzeugen (»naming, shaming and faming«).[62]

18 Der **Beschäftigungsausschuss** (s. Art. 150 AEUV) gibt eine **Stellungnahme** zu den Länderberichten ab. Die Stellungnahme ist ein nicht verbindlicher Rechtsakt (s. Art. 288 Abs. 5 AEUV). Sie ist damit für den Rat bei seiner eigenen Bewertung nicht bindend.

2. Empfehlungen des Rates

19 Im Mai/Juni macht die **Kommission** nach Prüfung der Länderberichte eine **Empfehlung** für länderbezogene Empfehlungen.[63] Der **Rat** kann dann – gewöhnlich Ende Juni/Anfang Juli – **länderbezogene Empfehlungen** an die Mitgliedstaaten richten, **soweit** er dies für »**angebracht**« hält.[64] Dem Rat kommt also ein Gestaltungsspielraum bei der Frage zu, ob er eine Empfehlung erlässt.[65] Für den Beschluss über eine Empfehlung benötigt der Rat eine qualifizierte Mehrheit (Art. 16 Abs. 3 EUV). Voraussetzung ist aber jedenfalls das Vorliegen einer Empfehlung der Kommission.[66] Da die Empfehlung der Kommission jedoch keine rechtliche Bindung für den Rat hat – es handelt sich gerade nicht um einen Vorschlag i. S. d. Art. 293 Abs. 1 AEUV – kann er durchaus von der Empfehlung der Kommission abweichen.[67] Inhaltliche Basis für solche Empfehlungen sind die beschäf-

---

[62] Vgl. *Gassner*, in: Vedder/Heintschel v. Heinegg, Europäisches Unionsrecht, Art. 148 AEUV, Rn. 17: »naming and shaming«; *Kraatz/Rhein*, Sozialer Fortschritt 2007, 149 (150 und 153 f.): »naming, shaming and faming«; *Pilz*, S. 175: »naming, shaming und blaming-Effekt«, dort auch zur Diskussion über Vor- und Nachteile dieses Verfahrens. S. auch *Stephan*, S. 286 ff., zum Prozess des gegenseitigen Lernens voneinander.

[63] Vgl. *Europäische Kommission*, Europäisches Semester 2016: Bewertung der Fortschritte bei den Strukturreformen und bei der Verhinderung und Korrektur makroökonomischer Ungleichgewichte sowie Ergebnisse der eingehenden Überprüfungen gemäß Verordnung (EU) Nr. 1176/2011, COM (2016) 95 final/2, sowie aus deutscher Sicht: *Europäische Kommission*, Empfehlung für eine Empfehlung des Rates zum nationalen Reformprogramm Deutschlands 2016 mit einer Stellungnahme des Rates zum Stabilitätsprogramm Deutschlands 2016, COM (2016) 326 final vom 18.5.2016.

[64] Vgl. Empfehlung des Rates zur Wirtschaftspolitik des Euro-Währungsgebiets, vom 8.3.2016, ABl. 2016, C 96/1, und aus deutscher Sicht: Empfehlung des Rates zum nationalen Reformprogramm Deutschlands 2016 mit einer Stellungnahme des Rates zum Stabilitätsprogramm Deutschlands 2016, ABl. 2016, C 299/19.

[65] Vgl. *Gassner*, in: Vedder/Heintschel v. Heinegg, Europäisches Unionsrecht, Art. 148 AEUV, Rn. 16.

[66] Vgl. *Frenz/Götzkes*, RdA 2010, 337 (342); *Frenz*, Handbuch Europarecht, Band 6, Rn. 3781; *Krebber*, in: Calliess/Ruffert, EUV/AEUV, Art. 148 AEUV, Rn. 8; *Maruahn/Simon*, in: Grabitz/Hilf/Nettesheim, EU, Art. 148 AEUV (Mai 2011), Rn. 19; *Niedobitek*, in: Streinz, EUV/AEUV, Art. 148 AEUV, Rn. 18. Vgl. zu den Abstimmungsmodalitäten auch Rat der Europäischen Union vom 7.7.2016, 9187/2/16 REV 2, S. 2 (»neue Abstimmungsregelln«)

[67] Vgl. *Coen*, in: Lenz/Borchardt, EU-Verträge, Art. 148 AEUV, Rn. 20; *Frenz/Götzkes*, RdA 2010, 337 (342); *Frenz*, Handbuch Europarecht, Band 6, Rn. 3781; *Hemmann*, in: GSH, Europäisches Unionsrecht, Art. 148 AEUV, Rn. 11; *Höch*, S. 461; *Maruahn/Simon*, in: Grabitz/Hilf/Nettesheim, EU, Art. 148 AEUV (Mai 2011), Rn. 19; *Niedobitek*, in: Streinz, EUV/AEUV, Art. 148 AEUV, Rn. 18; *Steinle*, S. 369.

tigungspolitischen Leitlinien.⁶⁸ Ob der Rat über die Beachtung der Leitlinien hinaus eine Prüfung der mitgliedstaatlichen Beschäftigungspolitik an sich vornehmen darf, erscheint angesichts der bei den Mitgliedstaaten verbliebenen Hauptkompetenz in der Beschäftigungspolitik zumindest sehr fraglich.⁶⁹ Auch wenn die Empfehlungen für die adressierten Mitgliedstaaten nicht verbindliche Rechtsakte sind (Art. 288 Abs. 5 AEUV),⁷⁰ darf man den von ihnen durch die Veröffentlichung ausgehenden politischen Druck nicht unterschätzen.⁷¹ In der Praxis des Europäischen Semesters werden die länderspezifischen Empfehlungen vor der förmlichen Annahme durch den Rat auch vom **Europäischen Rat gebilligt**, weil die Empfehlungen sowohl wirtschafts- als auch beschäftigungspolitische Fragestellungen berühren und Art. 121 Abs. 2 AEUV dieses Verfahren für die Koordinierung der Wirtschaftspolitik im Unterschied zu Art. 148 Abs. 4 AEUV so vorsieht.⁷²

V. Absatz 5 (Neuer Gemeinsamer Beschäftigungsbericht)

Das europäische Semester startet dann wieder im November mit einem **neuen Beschäftigungsbericht** von Rat und Kommission für den Europäischen Rat. Trotz des etwas differenten Wortlauts von Absatz 1 und 5 handelt es sich um den bereits in Absatz 1 angesprochenen Bericht.⁷³ Berichtsinhalt sind somit abermals die Beschäftigungslage in der Union und die Umsetzung der beschäftigungspolitischen Leitlinien.

20

---

⁶⁸ Vgl. Beschluss des Rates vom 6.5.2014 (Fn. 31), Erwägungsgrund 3, ABl. 2014, L 165/49 sowie bereits Beschluss des Rates vom 21.10.2010 (Fn. 7), Erwägungsgrund 18, ABl. 2010, L 308/46. Andeutungsweise auch Beschluss (EU) 2015/1848 des Rates vom 5.10.2015 zu Leitlinien für beschäftigungspolitische Maßnahmen der Mitgliedstaaten für 2015, Erwägungsgrund 3, ABl. 2015, L 268/28
⁶⁹ Vgl. *Frenz/Götzkes*, RdA 2010, 337 (342); *Frenz*, Handbuch Europarecht, Band 6, Rn. 3779; *Krebber*, in: Calliess/Ruffert, EUV/AEUV, Art. 148 AEUV, Rn. 8; *Steinle*, S. 367.
⁷⁰ Bei grundsätzlicher Verweigerung gegenüber einer solchen Empfehlung wird z.T. die Zulässigkeit des Vertragsverletzungsverfahrens nach Art. 258 bzw. 259 AEUV zur Umsetzung der Empfehlung angenommen (vgl. *Coen*, in: Lenz/Borchardt, EU-Verträge, Art. 148 AEUV, Rn. 21). Das dürfte aber den Charakter einer Empfehlung, die eben keine Pflicht ausdrückt, überdehnen.
⁷¹ Vgl. *Frenz/Götzkes*, RdA 2010, 337 (342); *Frenz*, Handbuch Europarecht, Band 6, Rn. 3782; *Gassner*, in: Vedder/Heintschel v. Heinegg, Europäisches Unionsrecht, Art. 148 AEUV, Rn. 17; *Hemmann*, in: GSH, Europäisches Unionsrecht, Art. 148 AEUV, Rn. 11; *Höch*, S. 461; *Kraatz/Rhein*, Sozialer Fortschritt 2007, 149 (150); *Krebber*, in: Calliess/Ruffert, EUV/AEUV, Art. 148 AEUV, Rn. 8; *Marauhn/Simon*, in: Grabitz/Hilf/Nettesheim, EU, Art. 148 AEUV (Mai 2011), Rn. 21; *Steinle*, S. 370.
⁷² Vgl. *Europäischer Rat*, Schlussfolgerungen der Tagung vom 28.6.2016, EUCO 26/16 vom 28.6.2016, S. 4 unter Ziffer 9 und Tagung vom 25./26.6.2015, EUCO 22/15 vom 26.6.2015, S. 7 unter Ziffer 11, und bereits Empfehlungen des Rates zu den nationalen Reformprogrammen 2013, 11505/1/13 REV 1 vom 8.7.2013, S. 2, und *Europäischer Rat*, Schlussfolgerungen der Tagung vom 27./28.6.2013, EUCO 104/2/13 vom 28.6.2013, S. 4 unter Ziffer 4.
⁷³ Vgl. *Frenz/Götzkes*, RdA 2010, 337 (340); *Frenz*, Handbuch Europarecht, Band 6, Rn. 3763; *Gassner*, in: Vedder/Heintschel v. Heinegg, Europäisches Unionsrecht, Art. 148 AEUV, Rn. 8; *Höch*, S. 456; *Krebber*, in: Calliess/Ruffert, EUV/AEUV, Art. 148 AEUV, Rn. 2; *Marauhn/Simon*, in: Grabitz/Hilf/Nettesheim, EU, Art. 148 AEUV (Mai 2011), Rn. 3; *Niedobitek*, in: Streinz, EUV/AEUV, Art. 148 AEUV, Rn. 4.

Artikel 149 AEUV [Anreizmaßnahmen zur Förderung der Zusammenarbeit]

Das Europäische Parlament und der Rat können gemäß dem ordentlichen Gesetzgebungsverfahren und nach Anhörung des Wirtschafts- und Sozialausschusses sowie des Ausschusses der Regionen Anreizmaßnahmen zur Förderung der Zusammenarbeit zwischen den Mitgliedstaaten und zur Unterstützung ihrer Beschäftigungsmaßnahmen durch Initiativen beschließen, die darauf abzielen, den Austausch von Informationen und bewährten Verfahren zu entwickeln, vergleichende Analysen und Gutachten bereitzustellen sowie innovative Ansätze zu fördern und Erfahrungen zu bewerten, und zwar insbesondere durch den Rückgriff auf Pilotvorhaben.

Diese Maßnahmen schließen keinerlei Harmonisierung der Rechts- und Verwaltungsvorschriften der Mitgliedstaaten ein.

Literaturübersicht

S. Art. 145 AEUV

Wesentliche sekundärrechtliche Vorschriften

Verordnung (EU) Nr. 1296/2013 des Europäischen Parlaments und des Rates vom 11.12.2013 über ein Programm der Europäischen Union für Beschäftigung und soziale Innovation (»EaSI«) und zur Änderung des Beschlusses Nr. 283/2010/EU über die Einrichtung eines europäischen Progress-Mikrofinanzierungsinstruments für Beschäftigung und soziale Eingliederung, ABl. 2013, L 347/238

Beschluss Nr. 573/2014/EU des Europäischen Parlaments und des Rates vom 15.5.2014 über die verstärkte Zusammenarbeit zwischen den öffentlichen Arbeitsverwaltungen, ABl. 2014, L 159/32

Inhaltsübersicht

	Rn.
A. Regelungsinhalt und Normzweck	1
B. Systematischer Zusammenhang und Historie der Regelung	2
C. Einzelne Merkmale der Norm	3
I. Absatz 1	3
1. Befugnis im ordentlichen Gesetzgebungsverfahren	3
2. Ziele: Förderung und Unterstützung	5
3. Maßnahmeninhalte	7
II. Absatz 2 (keine Harmonisierung)	11

A. Regelungsinhalt und Normzweck

1 Art. 149 AEUV **regelt** die Befugnis von Europäischem Parlament und dem Rat, die Zusammenarbeit zwischen den Mitgliedstaaten und einzelne mitgliedstaatliche Beschäftigungsmaßnahmen insofern zu fördern, als es um den gegenseitigen Austausch und das Lernen voneinander geht. Dabei ist jedoch eine Harmonisierung von Rechts- und Verwaltungsvorschriften ausgeschlossen. Die **Norm bezweckt**, Zusammenarbeit und Austausch zwischen den Mitgliedstaaten auf dem Gebiet der Beschäftigungspolitik zu fördern.

B. Systematischer Zusammenhang und Historie der Regelung

Art. 149 AEUV ist Teil des Beschäftigungstitels. Die Norm steht damit in ähnlichen **systematischen Zusammenhängen** wie Art. 145 AEUV (vgl. Art. 145 AEUV, Rn. 2 ff.). Die **Regelungshistorie** entspricht der des Art. 145 AEUV (s. Art. 145 AEUV, Rn. 7 f.). Art. 149 AEUV hat einen im Wesentlichen gleich lautenden **Vorläufer** in Art. 129 EGV,[1] der durch den Vertrag von Amsterdam eingeführt worden ist.

C. Einzelne Merkmale der Norm

I. Absatz 1

1. Befugnis im ordentlichen Gesetzgebungsverfahren

Art. 149 Abs. 1 AEUV normiert eine eigenständig neben dem Europäischen Semester stehende und über die reine Koordinierung hinausreichende **Befugnis** – aber keine Pflicht[2] – auf dem Gebiet der Beschäftigungsförderung von Europäischem Parlament und dem Rat.[3] Das Recht zum Beschluss von Anreizmaßnahmen wird gemäß dem **ordentlichen Gesetzgebungsverfahren** ausgeübt. Dieses zielt nach Art. 289 Abs. 1 AEUV auf die gemeinsame Annahme einer Verordnung, einer Richtlinie oder eines Beschlusses durch das Europäische Parlament und den Rat auf Vorschlag der Kommission ab. Somit müssen die Anreizmaßnahmen des Art. 149 AEUV in einer solchen Rechtsaktform beschlossen werden.[4] Das genaue Gesetzgebungsverfahren ist in Art. 294 AEUV geregelt.

Die Vorschrift sieht die **Anhörung** des **Wirtschafts- und Sozialausschusses** (vgl. Art. 304 AEUV) und des **Ausschusses der Regionen** (vgl. Art. 307 AEUV) vor. Anhörung meint dabei, dass das Recht zur Stellungnahme besteht. Unterbleibt die Anhörung, so liegt ein wesentlicher Formfehler im Gesetzgebungsverfahren vor.[5] Auch wenn der **Beschäftigungsausschuss** hier nicht erwähnt wird, kann er aus eigenem Antrieb eine Stellungnahme zu einer Anreizmaßnahme abgeben (Art. 150 Abs. 1 Satz 2 AEUV).[6]

2. Ziele: Förderung und Unterstützung

Art. 149 Abs. 1 AEUV verwendet den Begriff der Anreizmaßnahmen[7] – wie auch die Worte »Förderung« und »Unterstützung« in Art. 149 Abs. 1 AEUV unterstreichen –, um zu verdeutlichen, dass es nur darum geht, Handlungen der Mitgliedstaaten in eine

---

[1] Vor der Konsolidierung des Vertrags als Titel VIa und Artikel 109r EGV.
[2] Vgl. *Hemmann*, in: GSH, Europäisches Unionsrecht, Art. 149 AEUV, Rn. 1.
[3] Vgl. *Krebber*, in: Calliess/Ruffert, EUV/AEUV, Art. 149 AEUV, Rn. 1; *Niedobitek*, in: Streinz, EUV/AEUV, Art. 149 AEUV, Rn. 1
[4] Vgl. *Frenz/Götzkes*, RdA 2010, 337 (343); *Frenz*, Handbuch Europarecht, Band 6, Rn. 3791; *Gassner*, in: Vedder/Heintschel v. Heinegg, Europäisches Unionsrecht, Art. 149 AEUV, Rn. 5; *Niedobitek*, in: Streinz, EUV/AEUV, Art. 149 AEUV, Rn. 3.
[5] Vgl. *Frenz*, Europarecht, 2011, Rn. 631 mit Hinweis auf die fehlende Möglichkeit des Wirtschafts- und Sozialausschusses zur eigenen Ahndung des Unterlassens und Rn. 642 mit Hinweis auf die Möglichkeit des Ausschusses der Regionen zur Nichtigkeitsklage nach Art. 263 Abs. 3 AEUV.
[6] Vgl. *Marauhn/Simon*, in: Grabitz/Hilf/Nettesheim, EU, Art. 149 AEUV (Mai 2011), Rn. 3; *Niedobitek*, in: Streinz, EUV/AEUV, Art. 149 AEUV, Rn. 3.
[7] Vgl. in der englischen Fassung »incentive measures« und in der französischen »des actions d'encouragement«.

bestimmte Richtung zu lenken und nicht die Beschäftigungsförderung vom Mitgliedstaat zu übernehmen.[8] Damit reicht die Norm einerseits über die bloße Koordinierung hinaus, begrenzt aber andererseits stark auf das Anstoßen von Maßnahmen.[9] Dauerförderungen größeren Ausmaßes sind damit jedenfalls nicht erfasst.[10] Die Schlussakte des Vertrags von Amsterdam nimmt in der von der Konferenz angenommenen Erklärung Nr. 23 in diesem Sinne eine bedingte Konkretisierung vor: **Anreizmaßnahmen** zeichnen sich danach durch einen objektiven Zusatznutzen aus, haben eine regelmäßig beschränkte Geltungsdauer von nicht mehr als 5 Jahren und sind auch im Hinblick auf den eher vorläufig-versuchsmäßigen Ansatz von geringerem finanziellen Volumen.[11] Wie ein solcher Ansporn damit konkret aussehen kann, wird aber nicht genauer festgelegt. In Betracht kommt somit sowohl ein finanzieller als auch ein geldloser Anreiz.[12]

6 Inhaltlich kann die Entscheidung von Europäischem Parlament und Rat zunächst darauf abzielen, durch Anreize die **Zusammenarbeit** zwischen den **Mitgliedstaaten** zu **fördern**. Ferner können Anreizmaßnahmen zur **Unterstützung** der Beschäftigungsmaßnahmen **von Mitgliedstaaten** ergriffen werden. Die Union hat sich mit Laufzeit von 2007–2013 unter dem Namen **PROGRESS** ein Arbeitsprogramm gegeben, um in den Bereichen Beschäftigung und soziale Solidarität solche Anreize zu geben.[13] Als Nachfolger dazu hat die Union dann ein Programm für Beschäftigung und soziale Innovation (»**EaSI**«) eingerichtet, welches zur Umsetzung der Ziele der Europa–2020-Strategie beitragen soll. Es gewährt finanzielle Unterstützung, um ein hohes Niveau hochwertiger und nachhaltiger Beschäftigung zu fördern, angemessenen und fairen sozialen Schutz zu gewährleisten, Armut und soziale Ausgrenzung zu bekämpfen sowie die Arbeitsbedingungen zu verbessern (Art. 1 Abs. 1 Verordnung (EU) Nr. 1296/2013). Das Programm läuft vom 1.1.2014 bis zum 31.12.2020 (Art. 1 Abs. 2 Verordnung (EU) Nr. 1296/

---

[8] Vgl. *Coen*, in: Lenz/Borchardt, EU-Verträge, Art. 149 AEUV, Rn. 2: »flankierender Charakter«; *Frenz/Götzkes*, RdA 2010, 337 (342): »[…] nicht über eine Katalysatorrolle hinaus […] [Maßnahmen mit einem] flankierender Charakter«; *Frenz*, Handbuch Europarecht, Band 6, Rn. 3788; *Hemmann*, in: GSH, Europäisches Unionsrecht, Art. 149 AEUV, Rn. 1; *Kotzur*, in: Geiger/Khan/Kotzur, EUV/AEUV, Art. 149 AEUV, Rn. 1: »flankieren«; *Marauhn/Simon*, in: Grabitz/Hilf/Nettesheim, EU, Art. 149 AEUV (Mai 2011), Rn. 1; *Niedobitek*, in: Streinz, EUV/AEUV, Art. 149 AEUV, Rn. 2: »Katalysatorrolle«.

[9] Vgl. *Niedobitek*, in: Streinz, EUV/AEUV, Art. 149 AEUV, Rn. 1.

[10] Vgl. *Hemmann*, in: GSH, Europäisches Unionsrecht, Art. 149 AEUV, Rn. 3; *Marauhn/Simon*, in: Grabitz/Hilf/Nettesheim, EU, Art. 149 AEUV (Mai 2011), Rn. 5.

[11] Vgl. *Gassner*, in: Vedder/Heintschel v. Heinegg, Europäisches Unionsrecht, Art. 149 AEUV, Rn. 3; *Kotzur*, in: Geiger/Khan/Kotzur, EUV/AEUV, Art. 149 AEUV, Rn. 5; *Kreßel*, in: Schwarze, EU-Kommentar, Art. 149 AEUV, Rn. 2; *Marauhn/Simon*, in: Grabitz/Hilf/Nettesheim, EU, Art. 149 AEUV (Mai 2011), Rn. 6 m. N. für Bindungswirkung dieser Erklärung.

[12] Vgl. *Frenz/Götzkes*, RdA 2010, 337 (343); *Frenz*, Handbuch Europarecht, Band 6, Rn. 3790; *Kotzur*, in: Geiger/Khan/Kotzur, EUV/AEUV, Art. 149 AEUV, Rn. 2; *Marauhn/Simon*, in: Grabitz/Hilf/Nettesheim, EU, Art. 149 AEUV (Mai 2011), Rn. 5; *Niedobitek*, in: Streinz, EUV/AEUV, Art. 149 AEUV, Rn. 7.

[13] Vgl. Beschluss Nr. 1672/2006/EG des Europäischen Parlaments und des Rates vom 24.10.2005 über ein Gemeinschaftsprogramm für Beschäftigung und soziale Solidarität – Progress, ABl. 2006, L 315/1, und Beschluss Nr. 284/2010/EU des Europäischen Parlaments und des Rates vom 25.3.2010 zur Änderung des Beschlusses Nr. 1672/2006/EG über ein Gemeinschaftsprogramm für Beschäftigung und soziale Solidarität – Progress, ABl. 2010, L 87/6. Vgl. zur Situation von 2002–2006 den Beschluss Nr. 1145/2002/EG des Europäischen Parlaments und des Rates vom 10.6.2002 über gemeinschaftliche Maßnahmen zum Anreiz im Bereich der Beschäftigung, ABl. 2002, L 170/1, und den zugehörigen Abschlussbericht, *Kommission der Europäischen Gemeinschaften*, KOM(2008) 328 endgültig vom 30.5.2008.

2013). Sein Gesamtbudget beläuft sich auf 919.469.000 Euro (Art. 5 Abs. 1 Verordnung (EU) Nr. 1296/2013). Dieses verteilt sich auf die drei komplementären Unterprogramme (a) Progress zur Modernisierung der Beschäftigungs- und Sozialpolitik mit einem Anteil von 61 % am Gesamtbudget, (b) EURES zur Förderung der beruflichen Mobilität mit 18 % und (c) dem Progress-Mikrofinanzierungsinstrument zur Förderung des Zugangs zu Mikrofinanzierung und des sozialen Unternehmertums mit 21 % (Art. 3 Abs. 1, 5 Abs. 2 Verordnung (EU) Nr. 1296/2013). Ein weiteres wichtiges Instrument zur Unterstützung der Zusammenarbeit ist die Errichtung eines Netzwerks der öffentlichen Arbeitsverwaltungen (»ÖAV-Netzwerk«).[14] Schließlich soll hier beispielhaft als Anreizmaßnahme zur Unterstützung der Beschäftigungsmaßnahmen der Mitgliedstaaten die **Empfehlung des Rates zur Wiedereingliederung Langzeitarbeitsloser** in den Arbeitsmarkt genannt werden.[15] Zentrale Inhalte sind die Förderung der Meldung des Langzeitarbeitslosen bei einer Arbeitsverwaltung, eine individuelle Bestandsaufnahme des Bedarfs und Potenzials sowie schließlich eine Wiedereinstiegsvereinbarung als ein maßgeschneidertes Interventionsangebot mit einer Kombination von Maßnahmen unterschiedlicher Einrichtungen. Man kann in Bezug auf die dargestellten Instrumente kritisieren, dass ihre **Projektdauer** den ursprünglich für »Anreizmaßnahmen« intendierten Fünf-Jahreszeitraum übersteigt (s. Rn. 5). Gleichwohl ist dies im Ergebnis unproblematisch, weil diese Geltungsdauer nur eine Soll-Regelung ist (»…ihre Geltungsdauer, die fünf Jahre nicht überschreiten sollte«). Zudem ist zumindest zweifelhaft, ob eine bloße Erklärung der Mitgliedstaaten – wie hier die Erklärung Nr. 23 zur Schlussakte des Amsterdamer Vertrags – für die Auslegung einer Bestimmung des Vertrags zwingend berücksichtigt werden muss, wenn ihr Inhalt im Wortlaut der Bestimmung keinen Niederschlag gefunden hat.[16]

3. Maßnahmeninhalte

Art. 149 Abs. 1 AEUV zählt die **zulässigen Inhalte** der Anreizmaßnahmen von Europäischem Parlament und Rat abschließend auf.[17] Eine genauere Zuordnung dieser Maßnahmengegenstände zu den beiden zulässigen Zielen der Anreizmaßnahmen – Förderung der Zusammenarbeit und Unterstützung der mitgliedstaatlichen Beschäftigungsmaßnahmen – erübrigt sich, weil eine trennscharfe Unterscheidung ohnehin vielfach

7

---

[14] Vgl. Beschluss Nr. 573/2014/EU des Europäischen Parlaments und des Rates vom 15.5.2014 über die verstärkte Zusammenarbeit zwischen den öffentlichen Arbeitsverwaltungen, ABl. 2014, L 159/32.
[15] Über den Vorschlag der Kommission für eine entsprechende Empfehlung des Rates vom 17.9.2015 (COM(2015) 462 final) wurde in der Sitzung des Rates der Europäischen Union vom 7.12.2015 eine politische Einigung erzielt (vgl. 14968/15, s. auch 14361/15).
[16] Daher in Bezug auf das ÖAV-Netzwerk einen Verstoß gegen Art. 149 AEUV ablehnend: *Sohn/Czuratis*, cepAnalyse Nr. 46/2013 unter Bezugnahme auf EuGH, Urt. v. 3.12.1998, Rs. C–233/97 (KappAhl), Slg. 1998, I–8069, Rn. 23. Wohl enger dagegen *Kreßel*, in: Schwarze, EU-Kommentar, Art. 149 AEUV, Rn. 2, der die Erklärungen zur Schlussakte als verbindliche Auslegung des Art. 149 AEUV durch die Mitgliedstaaten und daher für »Gerichte und Verwaltungsbehörden zwingend« bezeichnet.
[17] Vgl. *Bieber/Epiney/Haag*, Die EU, § 22, Rn. 45: »[…] eng umschriebene Bereichen […]«; *Frenz/Götzkes*, RdA 2010, 337 (342); *Frenz*, Handbuch Europarecht, Band 6, Rn. 3789; *Hemmann*, in: GSH, Europäisches Unionsrecht, Art. 149 AEUV, Rn. 3; *Krebber*, in: Calliess/Ruffert, EUV/AEUV, Art. 149 AEUV, Rn. 5; *Maraunh/Simon*, in: Grabitz/Hilf/Nettesheim, EU, Art. 149 AEUV (Mai 2011), Rn. 4; *Niedobitek*, in: Streinz, EUV/AEUV, Art. 149 AEUV, Rn. 5.

nicht möglich ist.[18] Im Kern geht es bei den Maßnahmeninhalten um den Austausch von Informationen und Erfahrungen, um voneinander lernen zu können.[19]

8 Die Vorschrift benennt als zulässige Gegenstände von Maßnahmen bestimmte Initiativen, die das Europäische Parlament und der Rat zu beschließen haben: Zunächst geht es um die Entwicklung des **Austauschs von Informationen** und **bewährten Verfahren**. Unter dem Begriff der »bewährten Verfahren« versteht man solche, die im Hinblick auf die Zielsetzung der Beschäftigungspolitik und die dazu entwickelten Indikatoren in der Vergangenheit erfolgreich waren. Es geht mithin um einen Benchmarking-Ansatz, der gegenseitiges Lernen voneinander ermöglicht.

9 Weiterhin sollen vergleichende **Analysen** und **Gutachten** bereitgestellt werden. Dadurch wird die im Europäischen Semester nach Art. 148 AEUV angelegte Evaluation der Beschäftigungspolitiken der Mitgliedstaaten unterstützt.[20] Der hiermit angesprochene Vergleich setzt voraus, dass Indikatoren existieren bzw. geschaffen werden, um die verschiedenen mitgliedstaatlichen Ansätze in Relation zueinander setzen zu können. Entsprechende wissenschaftliche Untersuchungen können durch die Bestimmung unterstützt werden.[21]

10 Schließlich geht es um die **Förderung innovativer Ansätze** und die **Bewertung von Erfahrungen**, wobei insbesondere Pilotvorhaben herangezogen werden sollen.[22] Das **Pilotvorhaben** zeichnet sich durch eine deutliche Begrenzung des zeitlichen und finanziellen Rahmens aus und weist eher einen Versuchscharakter auf.[23] Der Begriff der Pilotvorhaben schränkt aber nicht den zulässigen Austausch von Informationen, bewährten Verfahren und die vergleichende Analyse ein. Denn dies würde der Vorschrift ohne ersichtlichen Grund einen ausnehmend reduzierten Anwendungsbereich geben.[24]

---

[18] Vgl. *Frenz/Götzkes*, RdA 2010, 337 (342 f.); *Frenz*, Handbuch Europarecht, Band 6, Rn. 3790. Anderer Ansicht *Krebber*, in: Calliess/Ruffert, EUV/AEUV, Art. 149 AEUV, Rn. 5, der der Förderung der Zusammenarbeit den Informationsaustausch, das Erstellen vergleichender Analysen und Gutachten sowie die Bewertung von Erfahrungen zuordnet, ferner die Förderung innovativer Ansätze der Unterstützung von Beschäftigungsmaßnahmen zurechnet und die Entwicklung bewährter Verfahren für nicht genau zuordbar hält.

[19] Vgl. *Kreßel*, in: Schwarze, EU-Kommentar, Art. 149 AEUV, Rn. 1; *Marauhn/Simon*, in: Grabitz/Hilf/Nettesheim, EU, Art. 149 AEUV (Mai 2011), Rn. 5.

[20] Vgl. *Coen*, in: Lenz/Borchardt, EU-Verträge, Art. 149 AEUV, Rn. 1; *Niedobitek*, in: Streinz, EUV/AEUV, Art. 149 AEUV, Rn. 5.

[21] *Hemmann*, in: GSH, Europäisches Unionsrecht, Art. 149 AEUV, Rn. 3, sieht durch die Norm die Möglichkeit von »Politikberatung und Politikanalyse« eröffnet; vgl. auch *Kreßel*, in: Schwarze, EU-Kommentar, Art. 149 AEUV, Rn. 1.

[22] Vgl. *Kreßel*, in: Schwarze, EU-Kommentar, Art. 149 AEUV, Rn. 1.

[23] Vgl. *Krebber*, in: Calliess/Ruffert, EUV/AEUV, Art. 149 AEUV, Rn. 5; *Marauhn/Simon*, in: Grabitz/Hilf/Nettesheim, EU, Art. 149 AEUV (Mai 2011), Rn. 5; *Niedobitek*, in: Streinz, EUV/AEUV, Art. 149 AEUV, Rn. 6.

[24] Vgl. *Gassner*, in: Vedder/Heintschel v. Heinegg, Europäisches Unionsrecht, Art. 149 AEUV, Rn. 1. Dagegen beziehen *Coen*, in: Lenz/Borchardt, EU-Verträge, Art. 149 AEUV, Rn. 1, und *Niedobitek*, in: Streinz, EUV/AEUV, Art. 149 AEUV, Rn. 6, den letzten Halbsatz des Absatzes 1 auf den ganzen Absatz 1, entnehmen aber aus dem Wort »insbesondere« zugleich, dass keine Einschränkung auf Pilotvorhaben besteht. Im Ergebnis besteht damit kein Unterschied zur hier vorgeschlagenen Zuordnung des Wortes Pilotvorhaben auf die Förderung innovativer Ansätze und Bewertung von Erfahrungen, wenngleich m. E. nicht ersichtlich ist, warum für den Informationsaustauch und die vergleichende Analyse insbesondere Pilotprojekte in Frage kommen könnten.

II. Absatz 2 (keine Harmonisierung)

Art. 149 Abs. 2 AEUV schließt ausdrücklich aus, dass durch Anreizmaßnahmen des Europäischen Parlaments und des Rates Rechts- und Verwaltungsvorschriften der Mitgliedstaaten **harmonisiert** werden sollen. Damit greift die Norm nochmals das Prinzip auf, die Hauptzuständigkeit für die Beschäftigungspolitik bei den Mitgliedstaaten zu belassen (vgl. Art. 145 AEUV, Rn. 11).[25] Das Harmonisierungsverbot beschränkt sich nach dem Wortlaut der Vorschrift ausdrücklich auf Anreizmaßnahmen i. S. d. Art. 149 AEUV. Damit wird eine **mittelbar harmonisierende Wirkung** durch andere Regelungen nicht ausgeschlossen.[26] Auch wenn das Verfahren des Europäischen Semesters nicht auf Harmonisierung abzielt, sondern sich der offenen Koordinierungsmethode bedient, kann man durch das gegenseitige Benchmarking harmonisierende Effekte beobachten.[27]

11

---

[25] Vgl. *Gassner*, in: Vedder/Heintschel v. Heinegg, Europäisches Unionsrecht, Art. 149 AEUV, Rn. 6; *Kreßel*, in: Schwarze, EU-Kommentar, Art. 149 AEUV, Rn. 2.

[26] Vgl. *Frenz/Götzkes*, RdA 2010, 337 (343); *Frenz*, Handbuch Europarecht, Band 6, Rn. 3793; *Hemmann*, in: GSH, Europäisches Unionsrecht, Art. 149 AEUV, Rn. 2; *Kotzur*, in: Geiger/Khan/Kotzur, EUV/AEUV, Art. 149 AEUV, Rn. 4; *Niedobitek*, in: Streinz, EUV/AEUV, Art. 149 AEUV, Rn. 10; *Steinle*, S. 400 f. Offenbar enger *Krebber*, in: Calliess/Ruffert, EUV/AEUV, Art. 149 AEUV, Rn. 2, der ein Umgehungsverbot postuliert; ähnlich *Marauhn/Simon*, in: Grabitz/Hilf/Nettesheim, EU, Art. 149 AEUV (Mai 2011), Rn. 10 f., die »diese Maßnahmen« als inhaltlichen Verweis auf die die Beschäftigungspolitik gestaltenden Maßnahmen verstehen.

[27] Vgl. *Coen*, in: Lenz/Borchardt, EU-Verträge, Art. 149 AEUV, Rn. 1. S. auch *Abig*, Sozialer Fortschritt 2005, 113 zum Einfluss der europäischen Beschäftigungsstrategie auf das Sozialstaatsverständnis von Mitgliedstaaten.

Artikel 150 AEUV [Beschäftigungsausschuss]

¹Der Rat, der mit einfacher Mehrheit beschließt, setzt nach Anhörung des Europäischen Parlaments einen Beschäftigungsausschuss mit beratender Funktion zur Förderung der Koordinierung der Beschäftigungs- und Arbeitsmarktpolitik der Mitgliedstaaten ein. ²Der Ausschuss hat folgende Aufgaben:
- Er verfolgt die Beschäftigungslage und die Beschäftigungspolitik in den Mitgliedstaaten und der Union;
- er gibt unbeschadet des Artikels 240 auf Ersuchen des Rates oder der Kommission oder von sich aus Stellungnahmen ab und trägt zur Vorbereitung der in Artikel 148 genannten Beratungen des Rates bei.

Bei der Erfüllung seines Auftrags hört der Ausschuss die Sozialpartner.
Jeder Mitgliedstaat und die Kommission entsenden zwei Mitglieder in den Ausschuss.

Literaturübersicht

S. Art. 145 AEUV

Wesentliche sekundärrechtliche Vorschriften

Beschluss (EU) 2015/772 des Rates vom 11.5.2015 zur Einsetzung des Beschäftigungsausschusses und zur Aufhebung des Beschlusses 2000/98/EG, ABl. 2015, L 121/12

Inhaltsübersicht	Rn.
A. Regelungsinhalt und Normzweck	1
B. Systematischer Zusammenhang und Historie der Regelung	2
C. Einzelne Merkmale der Norm	3
I. Absatz 1	3
1. Einsetzung des Beschäftigungsausschusses	3
2. Funktion und Aufgaben des Beschäftigungsausschusses	4
II. Absatz 2 (Anhörung der Sozialpartner)	9
III. Absatz 3 (Mitglieder des Beschäftigungsausschusses)	11

A. Regelungsinhalt und Normzweck

1 Art. 150 AEUV **regelt** die Errichtung und die Aufgaben des Beschäftigungsausschusses. Die **Norm bezweckt**, ein beratendes Gremium – den Beschäftigungsausschuss – zu errichten, um die Koordinierung der Beschäftigungs- und Arbeitsmarktpolitik der Mitgliedstaaten zu fördern.

B. Systematischer Zusammenhang und Historie der Regelung

2 Art. 150 AEUV ist Teil des Beschäftigungstitels. Die Norm steht damit in ähnlichen **systematischen Zusammenhängen** wie Art. 145 AEUV (vgl. Art. 145 AEUV, Rn. 2 ff.). Der Beschäftigungsausschuss ist ein Instrument zur Förderung der Koordinierung der Beschäftigungspolitik (s. Art. 2 Abs. 3 und 5 Abs. 2 AEUV). Er ist entsprechend dieses Auftrags durch sein Anhörungsrecht eingebunden in die Leitliniengebung nach Art. 148 Abs. 2 AEUV und die Prüfung der mitgliedstaatlichen Beschäftigungspolitik durch den

Rat nach Art. 148 Abs. 4 AEUV. Dem Beschäftigungsausschuss vergleichbar sieht Art. 160 AEUV einen Ausschuss für Sozialschutz vor. Schließlich ist die Förderung der Anhörung der Sozialpartner auch eine Aufgabe der Kommission (s. Art. 154 AEUV). Die **Regelungshistorie** entspricht der des Art. 145 AEUV (vgl. Art. 145 AEUV, Rn. 7 f.). Art. 150 AEUV hat einen im Wesentlichen gleich lautenden **Vorläufer** in Art. 130 EGV,[1] der durch den Vertrag von Amsterdam eingeführt worden ist.

C. Einzelne Merkmale der Norm

I. Absatz 1

1. Einsetzung des Beschäftigungsausschusses

Der **Beschäftigungsausschuss**[2] wird **vom Rat** nach Anhörung des Europäischen Parlaments **eingesetzt**. Dem ist der Rat mit Beschluss vom 11. 5. 2015 nachgekommen.[3] Der Beschluss über die Einsetzung erfolgt im Unterschied zum Normalfall des Art. 16 Abs. 3 EUV mit nur einfacher Mehrheit. Die notwendige **Anhörung des Parlaments** vor der Einsetzung gibt diesem das Recht zur Stellungnahme.[4]   3

2. Funktion und Aufgaben des Beschäftigungsausschusses

Dem Beschäftigungsausschuss kommt nach Art. 150 Abs. 1 Satz 1 AEUV eine **beratende Funktion** zur Koordinierung der Beschäftigungs- und Arbeitsmarktpolitik der Mitgliedstaaten zu.[5] Zweck der Errichtung des Beschäftigungsausschusses ist also die Koordination der Politik der Mitgliedstaaten. Dies drückt sich bereits in der Einbindung des Ausschusses in die Leitliniengebung nach Art. 148 Abs. 2 AEUV als dem wichtigsten Koordinierungsinstrument aus. Angesichts dieser Funktion ist es systematisch inkonsequent, dass eine Anhörung bezüglich Anreizmaßnahmen i. S. d. Art. 149 AEUV nicht vom Vertrag vorgesehen ist.[6]   4

Art. 150 AEUV verwendet neben der Beschäftigungs- auch den Begriff der Arbeitsmarktpolitik, ohne dass damit eine andere Aussage getroffen werden soll als in anderen Bestimmungen des Titels IX, die nur auf die Beschäftigungspolitik Bezug nehmen. Beiden Politikformen ist nämlich die gleiche Zielrichtung inhärent: das Anstreben eines   5

---

[1] Vor der Konsolidierung des Vertrags als Titel VIa und Artikel 109s EGV.
[2] Englische Bezeichnung: Employment Committee (EMCO); französische: Comité de l'emploi (EMCO).
[3] Vgl. Beschluss des Rates vom 11. 5. 2015 zur Einsetzung des Beschäftigungsausschusses und zur Aufhebung des Beschlusses 2000/98/EG, ABl. 2015, L 121/12. Der Beschäftigungsausschuss wurde erstmalig mit Beschluss vom 24. 1. 2000 (2000/98/EG) eingesetzt, ABl. 2000, L 29/21, und ersetzte den vormaligen Ausschusses für Beschäftigung und Arbeitsmarkt (vgl. Artikel 6 des Einsetzungsbeschlusses vom 24. 1. 2000).
[4] Vgl. die billigende Stellungnahme des Europäischen Parlaments: Legislative Entschließung vom 15. 4. 2015 zu dem Entwurf eines Beschlusses des Rates zur Einsetzung des Beschäftigungsausschusses und zur Aufhebung des Beschlusses 2000/98/EG, P 8 TA (2015) 92.
[5] *Pilz* spricht insoweit überzeugend von einer »Mediatorenfunktion« zwischen den Mitgliedstaaten der Europäischen Union und der Kommission, S. 155.
[6] Anderer Auffassung *Krebber*, in: Calliess/Ruffert, EUV/AEUV, Art. 150 AEUV, Rn. 1; *Marauhn/Simon*, in: Grabitz/Hilf/Nettesheim, EU, Art. 150 AEUV (Mai 2011), Rn. 4, die dies durch die über eine reine Koordinierung hinausreichende Tätigkeit nach Art. 149 AEUV begründen.

hohen Beschäftigungsniveaus.⁷ Die Arbeitsmarktpolitik weist in weiten Teilen eine gemeinsame Schnittmenge mit der umfassenderen Beschäftigungspolitik auf. Während die **Arbeitsmarktpolitik** »lediglich« auf den Arbeitsmarkt einwirkt, um dort einen Ausgleich zwischen Angebot und Nachfrage nach Arbeitskräften herbeizuführen, umfasst die **Beschäftigungspolitik** beschäftigungsbezogene Maßnahmen sowohl der Arbeitsmarkt- als auch der Geld- und Fiskalpolitik sowie weiterer Bereiche wie z. B. der Lohn- und Arbeitszeitpolitik.⁸ Die besondere Erwähnung der Arbeitsmarktpolitik dient damit allein der Betonung eines wichtigen Kernbereichs der Ausschussarbeit.⁹

6   Art. 150 Abs. 1 Satz 2 AEUV weist dem Beschäftigungsausschuss in einer Aufzählung **einzelne Aufgaben** zu: Zunächst verfolgt er die Beschäftigungslage und -politik in den Mitgliedstaaten und in der Union. Er ist damit in der Rolle einer Datenerhebungsstelle. Des Weiteren hat er die Aufgabe Stellungnahmen abzugeben, die aber keine verbindliche Wirkung haben (s. für Organe der EU auch Art. 288 Abs. 5 AEUV; Art. 148 AEUV, Rn. 18). Er kann dies auf Ersuchen des Rates bzw. der Kommission oder aus eigenem Antrieb heraus tun. Der Beschäftigungsausschuss darf somit seiner Beratungsfunktion auch ohne einen konkreten Auftrag nachkommen, was seine Position stärkt und die Förderung des beständigen Hinwirkens auf ein hohes Beschäftigungsniveau erleichtert.¹⁰ Überdies leistet er einen Beitrag zu den Vorbereitungen der Beratungen des Rates im Verfahren nach Art. 148 Abs. 2 und 4 AEUV. Ausdrücklich verweist die Norm darauf, dass dadurch nicht die Vorbereitung der Ratsarbeiten durch den Ausschuss der Ständigen Vertreter nach Art. 240 AEUV berührt werden soll.

7   Die **Aufgaben** des Ausschusses werden durch Artikel 2 Abs. 2 seines Einsetzungsbeschlusses **beispielhaft** dahingehend erläutert, dass er insbesondere (a) die Berücksichtigung des Ziels eines hohen Beschäftigungsniveaus fördert, (b) verfahrensmäßig daran mitwirkt, Konsistenz zwischen den beschäftigungspolitischen Leitlinien und den Grundzügen der Wirtschaftspolitik herzustellen, (c) sich am EU-Dialog über die makroökonomische Politik beteiligt, (d) im Rahmen seines Mandats zu allen Aspekten des Europäischen Semesters beiträgt und dem Rat darüber Bericht erstattet sowie schließlich (e) den Informations- und Erfahrungsaustausch zwischen den Mitgliedstaaten und mit der Kommission fördert. Zu den wesentlichen Aufgaben des Beschäftigungsausschusses gehört mithin seine Einbindung in das Europäische Semester (s. Art. 148 Abs. 2 S. 1 AEUV; Art. 148 AEUV, Rn. 18). In der Praxis wird die Bedeutung des Beschäftigungsausschusses dadurch gestärkt, dass in ihm die Einigung auf Indikatoren zur Bewertung der mitgliedstaatlichen Beschäftigungspolitiken erfolgt.¹¹ Der Beschäftigungsausschuss hat – zusammen mit dem Ausschuss für Sozialschutz – mit dem gemeinsamen Bewertungsrahmen ein indikatorgestütztes Bewertungssystem zu den beschäftigungspolitischen Leitlinien entwickelt.¹² Ergänzend zum gemeinsamen Bewertungsrahmen

---

⁷ Vgl. *Steinle*, S. 67.
⁸ Vgl. *Braams*, S. 34; *Steinle*, S. 67 f. So wohl auch *Niedobitek*, in: Streinz, EUV/AEUV, Art. 150 AEUV, Rn. 3.
⁹ Vgl. *Marauhn/Simon*, in: Grabitz/Hilf/Nettesheim, EU, Art. 150 AEUV (Mai 2011), Rn. 4; *Niedobitek*, in: Streinz, EUV/AEUV, Art. 150 AEUV, Rn. 3.
¹⁰ Vgl. *Höch*, S. 481; *Kotzur*, in: Geiger/Khan/Kotzur, EUV/AEUV, Art. 150 AEUV, Rn. 2; *Kreßel*, in: Schwarze, EU-Kommentar, Art. 150 AEUV, Rn. 1.
¹¹ Vgl. *Coen*, in: Lenz/Borchardt, EU-Verträge, Art. 150 AEUV, Rn. 2; *Hemmann*, in: GSH, Europäisches Unionsrecht, Art. 150 AEUV, Rn. 3; *Wendtland*, ZESAR 2008, 419 (422).
¹² Vgl. Gemeinsame Stellungnahme des Beschäftigungsausschusses und des Ausschusses für Sozialschutz zum gemeinsamen Bewertungsrahmen und zum Anzeiger für die Leistungen im Beschäftigungsbereich, 16984/10 vom 26.11.2010.

kommen für Benchmarking und Leistungsbewertung der Anzeiger für die Leistungen im Beschäftigungsbereich, der Anzeiger für die Leistungsfähigkeit des Sozialschutzes und das Scoreboard mit beschäftigungs- und sozialpolitischen Schlüsselindikatoren zum Einsatz.[13]

Die **Arbeitsweise** des Ausschusses wird durch Art. 4 seines Einsetzungsbeschlusses konkretisiert. Er hat außerdem das Recht, **Arbeitsgruppen** zu bilden (Art. 5 des Einsetzungsbeschlusses). Von diesem Recht hat der Ausschuss Gebrauch gemacht und eine »Ad-hoc-Gruppe« zur Unterstützung bei der Förderung der Koordination zwischen den Mitgliedstaaten und eine »Gruppe Indikatoren« zur Unterstützung bei Auswahl und Erarbeitung von Indikatoren für die Überwachung der Beschäftigungsstrategie eingesetzt.[14] 8

II. Absatz 2 (Anhörung der Sozialpartner)

Art. 150 Abs. 2 AEUV sieht vor, dass der Beschäftigungsausschuss bei der Erfüllung seines Auftrags die Sozialpartner hört. Der Begriff der **Sozialpartner** wird durch Art. 6 S. 2 seines Einsetzungsbeschlusses dahingehend konkretisiert, dass insbesondere die Vertreter des sozialen Dialogs im dreigliedrigen Sozialgipfel für Wachstum und Beschäftigung (s. Art. 152 Abs. 2 AEUV) zu hören sind. Praktikabilitätserwägungen sprechen dafür, dass Art. 150 Abs. 2 AEUV genauso wie Art. 154 und 155 AEUV – und im Unterschied zu Art. 146 Abs. 2 und 153 Abs. 3 AEUV – die Sozialpartner auf Unionsebene meint. Denn eine Beteiligung mitgliedstaatlicher Einrichtungen an einem EU-Verfahren durch Anhörung der örtlich-mitgliedstaatlichen Sozialpartner erscheint kaum umsetzbar.[15] 9

Eine erforderliche Zusammenarbeit mit **weiteren wirtschaftspolitisch relevanten Organisationen** wird durch die ausschließliche Erwähnung der Sozialpartner freilich nicht ausgeschlossen (s. auch Art. 4 Abs. 8 des Einsetzungsbeschlusses). Darunter fallen vor allem der Ausschuss für Wirtschaftspolitik und der Ausschuss für Sozialschutz.[16] 10

III. Absatz 3 (Mitglieder des Beschäftigungsausschusses)

Der Ausschuss **setzt sich** aus zwei Personen je Mitgliedstaat und zwei durch die Kommission entsendeten Mitgliedern **zusammen** (Art. 150 Abs. 3 AEUV). Darüber hinaus können zwei stellvertretende Mitglieder entsendet werden (Art. 3 Abs. 1 S. 2 des Einsetzungsbeschlusses). Mitglieder und Stellvertreter rekrutieren sich aus dem Kreis der hohen Beamten oder hochrangigen Sachverständigen mit herausragender Kompetenz 11

---

[13] Vgl. COM (2013) 690 final unter 3.3. Vgl. dazu auch die kritische Entschließung des Europäischen Parlaments v. 25.11.2014 zu beschäftigungsbezogenen und sozialen Aspekten der Strategie Europa 2020, P8 TA-PROV (2014) 60

[14] Vgl. *Gassner*, in: Vedder/Heintschel v. Heinegg, Europäisches Unionsrecht, Art. 150 AEUV, Rn. 6; *Hemmann*, in: GSH, Europäisches Unionsrecht, Art. 150 AEUV, Rn. 3; *Marauhn/Simon*, in: Grabitz/Hilf/Nettesheim, EU, Art. 150 AEUV (Mai 2011), Rn. 11; *Niedobitek*, in: Streinz, EUV/AEUV, Art. 150 AEUV, Rn. 5.

[15] Vgl. *Kotzur*, in: Geiger/Khan/Kotzur, EUV/AEUV, Art. 150 AEUV, Rn. 3; *Krebber*, in: Calliess/Ruffert, EUV/AEUV, Art. 150 AEUV, Rn. 2; *Marauhn/Simon*, in: Grabitz/Hilf/Nettesheim, EU, Art. 150 AEUV (Mai 2011), Rn. 9; *Niedobitek*, in: Streinz, EUV/AEUV, Art. 150 AEUV, Rn. 6; *Steinle*, S. 230 f.

[16] So bereits vor der Schaffung des neuen, nun ausdrücklichen Einsetzungsbeschlusses: *Kotzur*, in: Geiger/Khan/Kotzur, EUV/AEUV, Art. 150 AEUV, Rn. 3; *Marauhn/Simon*, in: Grabitz/Hilf/Nettesheim, EU, Art. 150 AEUV (Mai 2011), Rn. 8.

Ingo Palsherm

im Bereich der Beschäftigungs- und Arbeitsmarktpolitik in den Mitgliedstaaten (Art. 3 Abs. 2 des Einsetzungsbeschlusses). Die im Einzelfall erforderliche Hinzuziehung externer Sachverständiger ist zulässig (Art. 2 Abs. 4 des Einsetzungsbeschlusses).

Titel X
Sozialpolitik

Artikel 151 AEUV [Ziele und Maßnahmen]

Die Union und die Mitgliedstaaten verfolgen eingedenk der sozialen Grundrechte, wie sie in der am 18. Oktober 1961 in Turin unterzeichneten Europäischen Sozialcharta und in der Gemeinschaftscharta der sozialen Grundrechte der Arbeitnehmer von 1989 festgelegt sind, folgende Ziele: die Förderung der Beschäftigung, die Verbesserung der Lebens- und Arbeitsbedingungen, um dadurch auf dem Wege des Fortschritts ihre Angleichung zu ermöglichen, einen angemessenen sozialen Schutz, den sozialen Dialog, die Entwicklung des Arbeitskräftepotenzials im Hinblick auf ein dauerhaft hohes Beschäftigungsniveau und die Bekämpfung von Ausgrenzungen.

Zu diesem Zweck führen die Union und die Mitgliedstaaten Maßnahmen durch, die der Vielfalt der einzelstaatlichen Gepflogenheiten, insbesondere in den vertraglichen Beziehungen, sowie der Notwendigkeit, die Wettbewerbsfähigkeit der Wirtschaft der Union zu erhalten, Rechnung tragen.

Sie sind der Auffassung, dass sich eine solche Entwicklung sowohl aus dem eine Abstimmung der Sozialordnungen begünstigenden Wirken des Binnenmarkts als auch aus den in den Verträgen vorgesehenen Verfahren sowie aus der Angleichung ihrer Rechts- und Verwaltungsvorschriften ergeben wird.

Literaturübersicht

Bryde, Europäisches Grundrecht der Tarifautonomie und europäisches Sozialstaatsprinzip als Schranken europäischer Wirtschaftsregulierung, SR 2012, 2; *Clauwaert/Schömann*, The protection of fundamental social rights in times of crisis: A trade union battlefield, FS Lörcher, 2014, 239; *Colneric*, Grundrechtsschutz im Dreiecksverhältnis zwischen Bundesverfassungsgericht, Gerichtshof der Europäischen Gemeinschaften und Europäischem Gerichtshof für Menschenrechte, FS Richardi, 2007, 21; *Däubler*, Der vergaberechtliche Mindestlohn im Fadenkreuz des EuGH – Auf dem Weg zu Rüffert II?, NZA 2014, 694; *Deakin*, From Constraining to Rebalancing: The Role of Transnational Social Rights in Shaping European Union Economic Policy, FS Lörcher, 2014, 353; *Dieterich*, Arbeitskampfrechtsprechung als arbeitsteiliger Prozess deutscher und europäischer Gerichtshöfe, FS Jaeger, 2011, 95; *Eichenhofer*, Soziales Europa, VSSR 2014, 29; *Evju*, Labour is not a Commodity: Reappraising the origins of the maxim, ELLJ 4 (2013), 222; *Fischer-Lescano*, Troika in der Austerität. Rechtsbindungen der Unionsorgane beim Abschluss von Memoranda of Understanding, KJ 2014, 2; *Heuschmid*, Zur Bedeutung von IAO-Normen für das EU-Arbeitsrecht, SR 2014, 1; *Hütter*, Reprise der Rs. Rüffert? – Der Vergabemindestlohn vor dem EuGH, ZESAR 2015, 170; *Höpner*, Das Soziale Fortschrittsprotokoll des Europäischen Gewerkschaftsbundes: ein Vorschlag zur Weiterentwicklung, WSI-Mitt. 2016, 245; *Joerges/Rödl*, Informal politics, formalised law and the ›social deficit‹ of European integration: reflections after the judgments of the ECJ in Viking and Laval, European Law Journal 15 (2009), 1; *Kingreen*, Soziales Fortschrittsprotokoll. Potenzial und Alternativen, 2014; *Kirchhof*, Grundrechtsschutz durch europäische und nationale Gericht, NJW 2011, 3681 ff.; *Kocher*, Stoppt den EuGH? Zum Ort der Politik in einer europäischen Arbeitsverfassung, in: Fischer-Lescano/Rödl/Schmid (Hrsg.), Europäische Gesellschaftsverfassung, 2009, 161; *Kokott*, Der EuGH – eine neoliberale Institution?, FS Jaeger, 2011, 115; *Konzen*, Die Entwicklung des europäischen Arbeitsrechts, in: Dörr/Dreher (Hrsg.), Europa als Rechtsgemeinschaft, 1997, 53; *Krebber*, Soziale Rechte in der Gemeinschaftsrechtsordnung, RdA 2009, 224; *Latzel/Serr*, Kartellkontrollprivileg für Tarifverträge als formeller Rahmen eines Unionstarifrechts, EuZW 2014, 410; *Mathisen*, Consistency and coherence as conditions for justification of Member State measures restricting free movement, CMLRev. 47 (2010), 1021; *Rieble/Kolbe*, Vom Sozialen Dialog zum europäischen Kollektivvertrag?, EuZA 1 (2008), 453; *Sagan*, § 1 Grundlagen des europäischen Arbeitsrechts, in: Preis/Sagan (Hrsg.), Europäisches Arbeitsrecht, 2015; *Salais,* Employment and the social dimension of Europe: what constitutive conventions of the market?, in: Rogowski/Salais/Whiteside (Hrsg.). Transforming European Employment Policy. Labour Market Transitions and the Promotion of Capability, 2011, 255; *Schiek, Dagmar,* Economic and Social Integration in Europe, 2012; *Schrammel,* Dienstleistungsfreiheit und Sozialdumping, EuZA 2 (2009), 36; *Seifert,* European Economic Governance and the Labor Laws of the E. U. Member States, Comparative Labor Law & Policy Journal 35 (2014), 311; *ders.,* Neue Formen der Wirtschaftssteuerung in der EU und das Arbeitsrecht in den Mitgliedstaaten, SR 2014, 14; *Simon,* Verstößt das Tariftreue- und Vergabegesetz Nordrhein-Westfalen gegen EU-Recht?, RdA 2014, 165; *Weiss,* The Potential of the Treaty has to be used to its full extent, ELLJ 4 (2013), 24.

Leitentscheidungen

EuGH, Urt. v. 9.7.1987, verb. Rs. C–281/85, C–283–285/85 u. C–287/85 (Deutschland u. a./Kommission), Slg. 1987, I–3203

EuGH, Urt. v. 29.9.1987, Rs. C–126/86 (Giménez Zaera), Slg. 1987, 3697

EuGH Urt. v. 27.3.1990, Rs. C–113/89 (Rush Portuguesa), Slg. 1990, I–1417

EuGH, Urt. v. 21.9.1999, Rs. C–67/96 (Albany), Slg. 1999, I–5863

EuGH, Urt. v. 25.10.2001, verb. Rs. C–49/98, C–50/98, C–52/98 – C–54/98 u. C–68/98 – C–71/98 (Finalarte u. a.), Slg. 2001, I–7831

EuGH, Urt. v. 11.12.2007, Rs. C–438/05 (Viking), Slg. 2007, I–10779

EuGH, Urt. v. 17.11.2015, Rs. C–115/14 (RegioPost), ECLI:EU:C:2015:760

Inhaltsübersicht Rn.

A. Sozialpolitik im Vertrag von Lissabon	1
B. Sozialpolitische Ziele der Union	5
I. Gegenstände und Ziele der Sozialpolitik nach Art. 151 Abs. 1 AEUV	7
II. Bedeutung der Grundrechte	17
C. Verhältnis zur Erhaltung der Wettbewerbsfähigkeit der Wirtschaft	22
D. Verhältnis von Wirtschafts- und Sozialpolitik (Art. 151 Abs. 3 AEUV)	25
I. Grundsätzliche Verweisung der Sozialpolitik auf die mitgliedstaatliche Ebene	25
II. Sozialpolitische Grenzen der Wettbewerbsfreiheit	34
III. Sozialpolitik als legitimer Grund zur Beschränkung von Grundfreiheiten	38

A. Sozialpolitik im Vertrag von Lissabon

1 Im Vertrag von Lissabon ist Sozialpolitik – entsprechend der mit dem Vertrag von Amsterdam begründeten **Tradition** – ein eigener Titel. In der Sache waren die Regelungen des Titels X zur Sozialpolitik z. T. schon im EWGV von 1957 enthalten oder entstammen spätestens dem Abkommen über die Sozialpolitik, das mit dem Vertrag von Maastricht 1992 verabschiedet und mit dem Vertrag von Amsterdam Teil der Verträge wurde.[1] Der Vertrag von Lissabon hat die Struktur des Titels wieder etwas geändert, so dass der heutige Art. 151 AEUV wieder ungefähr Art. 117 EWGV von 1957 entspricht. Im Vergleich mit dieser Norm ist lediglich Abs. 2 neu gefasst, und Abs. 1 formuliert neben dem bereits in Art. 117 Abs. 1 EWGV 1957 enthaltenen Ziel der »Verbesserung der Lebens- und Arbeitsbedingungen« und der »Angleichung auf dem Wege des Fortschritts« weitere Ziele.[2]

---

[1] ABl. 1992, C 191/91; vgl. *Gassner,* in: Vedder/Heintschel v. Heinegg, Europäisches Unionsrecht, Art. 151 AEUV, Rn. 1 f.

[2] Zur Geschichte der »Sozialvorschriften« vgl. auch *Eichenhofer,* in: Streinz, EUV/AEUV, Art. 151 AEUV, Rn. 11 ff.; *Langer,* in: GSH, Europäisches Unionsrecht, Art. 151 AEUV, Rn. 14 ff.; EUArbR/*Franzen,* Art. 151 AEUV, Rn. 5 ff.

Mit der Benennung sozialpolitischer Ziele der Union **ergänzt** Art. 151 Abs. 1 AEUV 2
insbesondere die Querschnittsklausel in Art. 9³ sowie die Präambel, wonach die Union
insgesamt »die stetige Besserung der Lebens- und Beschäftigungsbedingungen ihrer
Völker als wesentliches Ziel [anstrebt]« (für weitere Vorschriften zur Sozialpolitik s.
Art. 9 AEUV, Rn. 1 ff., 10).⁴ Alle diese Normen sind Ausdruck des Selbstverständnisses
einer **sozialen Marktwirtschaft** (Art. 3 Abs. 3 UA 1 Satz 2 EUV). Für die Sozialpolitik ist
auch von großer Bedeutung, dass mit dem Vertrag von Lissabon die GRC verbindlich
wurde, und der Beitritt zur EMRK ansteht.⁵

Welche möglichen Zielkonflikte diese Maßnahmen lösen müssen und welche Grund- 3
sätze bei der Umsetzung zu beachten sind, ergibt sich aus Abs. 2. Hingegen formuliert
Abs. 3 die Annahme, sozialpolitische Ziele könnten durch die Schaffung eines Gemeinsamen Marktes erreicht werden. Die Norm ist insofern Ausdruck des »**sozialen Inte-
grationskompromisses**«, auf dem die Europäische Union bis heute basiert und der davon
ausgeht, dass ein Wettbewerb allenfalls über die Produktivität, nicht aber über die Entgelte und sozialen Bedingungen stattfinden werde, und dass etwaige soziale Nachteile
jedenfalls durch positive Skaleneffekte ausgeglichen würden.⁶

Die **Kompetenzen der Union** sind **in der Sozialpolitik** enger begrenzt als in anderen 4
Bereichen, da die Primärzuständigkeit für die Sozialpolitik bei den Mitgliedstaaten liegt
(genauer s. Rn. 25 ff.). Dies betont auch die Erklärung zu Art. 156 (s. Art. 156 AEUV,
Rn. 1). Allerdings ermöglichen die Art. 151 ff. AEUV durchaus eine eigene Sozialpolitik
der EU, die insofern ein **europäisches Sozialmodell** fortentwickeln kann (s. Rn. 28).

B. Sozialpolitische Ziele der Union

Die in Art. 151 AEUV genannten **Zielbestimmungen** haben »im Wesentlichen« pro- 5
grammatischen Charakter und dienen darüber hinaus in erster Linie einer Auslegung
anderer Bestimmungen des Vertrags, insbesondere der Kompetenzen in Art. 153
AEUV, sowie des auf dieser Grundlage erlassenen Sekundärrechts.⁷ Mitgliedstaatliche
Maßnahmen der Sozialpolitik sind jedoch nicht an diesen Zielen zu messen.⁸

Kompetenzen für die Union ergeben sich nicht aus Art. 151, sondern aus Art. 153, 6
157 Abs. 3, 46 und 48 AEUV. Durch die Vermehrung der normativen Zielbestimmungen bei gleichbleibend begrenzten Kompetenzen ergibt sich eine gewisse Asymmetrie.⁹
Subjektive Rechte ergeben sich nicht aus den Zielbestimmungen,¹⁰ sondern aus Art. 45,

---

³ Zur Bedeutung des Art. 9 siehe insbesondere *Weiss*, ELLJ 4 (2013), 24 ff.
⁴ Für einen Überblick s. auch *Kingreen*, S. 42 ff.
⁵ *Rebhahn/Reiner*, in: Schwarze, EU-Kommentar, Art. 151 AEUV, Rn. 2 f.
⁶ Zu den Hintergründen in der neoklassischen Außenhandelstheorie der 1950er Jahre siehe ausführlich *Rödl*, in: v. Bogdandy/Bast (Hrsg.), Europäisches Verfassungsrecht, S. 861 ff., 868; siehe auch
Joerges/Rödl, European Law Journal 15 (2009), 1; *Konzen*, 59 (»neoliberale Tradition« des Vertrags).
⁷ EuGH, Urt. v. 29.9.1987, Rs. C–126/86 (Giménez Zaera), Slg. 1987, 3697, Rn. 13 f.; Urt. v.
17.3.1993, Rs. C–72–73/91 (Sloman Neptun), Slg. 1993, I–887, Rn. 25 f.; *Gassner*, in: Vedder/Heint-
schel v. Heinegg, Europäisches Unionsrecht, Art. 151 AEUV, Rn. 11; *Krebber*, in: Calliess/Ruffert,
EUV/AEUV, Art. 151 AEUV, Rn. 29, *Rebhahn/Reiner*, in: Schwarze, EU-Kommentar, Art. 151
AEUV, Rn. 8; *Kingreen*, S. 46; EUArbR/*Franzen*, Art. 151 AEUV, Rn. 11.
⁸ EuGH, Urt. v. 29.9.1987, Rs. C–126/86 (Giménez Zaera), Slg. 1987, 3697, Rn. 11, 17; Urt. v.
17.3.1993, Rs. C–72–73/91 (Sloman Neptun), Slg. 1993, I–887, Rn. 26; für das deutsche Recht LAG
Niedersachsen, Urt. v. 19.11.2008, Az. 15 TaBV 159/07 (n.rkr.), juris.
⁹ *Rödl*, in: v. Bogdandy/Bast (Hrsg.), Europäisches Verfassungsrecht, S. 882 ff.
¹⁰ EuGH, Urt. v. 29.9.1987, Rs. C–126/86 (Giménez Zaera), Slg. 1987, 3697, Rn. 11.

157 Abs. 1 AEUV sowie den Grundrechten der Art. 27 ff. GRC. Subjektive Rechte können sich auch aus den sekundärrechtlichen Maßnahmen ergeben, die zur Verwirklichung der Ziele erlassen werden.

I. Gegenstände und Ziele der Sozialpolitik nach Art. 151 Abs. 1 AEUV

7 Mit **Sozialpolitik** sind herkömmlich Politiken gemeint, die sich auf den Ausgleich oder die Regelung des Gegensatzes von Kapital und Arbeit, von Wohlstand und Armut, von Weisungsbefugnis und -abhängigkeit beziehen.[11] Sie soll die Maxime, Arbeitskraft dürfe nicht nur eine Ware sein,[12] in Politik umsetzen. Sie bezieht sich insofern auf **jegliche Form von Erwerbsarbeit**, die sozialen Schutz erfordert.[13] Die freien Berufe sind nicht erfasst,[14] da sie selbstständig ausgeübt werden und deshalb keinen sozialpolitischen Bedarf begründen. In aller Regel wird die Notwendigkeit sozialen Schutzes im Bereich abhängiger Erwerbsarbeit bestehen. Aufgrund der Aufgabenteilung zwischen Union und Mitgliedstaaten muss die Frage des zulässigen Anwendungsbereichs sozialpolitischer Maßnahmen je nach Rechtsgrundlage und Entscheidungsgegenstand im Einzelfall entschieden werden; auf die Abgrenzung zwischen Arbeitnehmern und Selbstständigen im Sinne der Art. 45, 49, 53 AEUV kommt es insofern nicht an[15] (genauer zur Reichweite der Kompetenzen s. Art. 153 AEUV, Rn. 60 ff.).

8 Spätestens Art. 156 AEUV macht deutlich, dass der Begriff der Sozialpolitik **sehr weit zu verstehen** ist und mit der Beschäftigung, der beruflichen Aus- und Fortbildung sowie dem Kollektivverhandlungsrecht auch Maßnahmen erfasst, die nicht auf Grundlage dieses Kapitels getroffen werden. Auch die Migrationspolitik in Bezug auf Drittstaaten gehört insofern zur Sozialpolitik, als sie auf die Beschäftigungssituation und die Verbesserung der Lebens- und Arbeitsbedingungen innerhalb der Union Einfluss haben kann; dies gilt für alle Maßnahmen der Migrationspolitik, da diese ihre Sozial- und Beschäftigungswirkungen, insbesondere die Integration von Drittstaatenangehörigen in die Arbeitsmärkte, immer mitberücksichtigen muss. Lediglich die Förderung der kulturellen Integration von Drittstaatsangehörigen liegt außerhalb des Bereichs der Sozialpolitik.[16]

9 Die Sozialpolitik im Sinne des AEUV betrifft im Wesentlichen das **Arbeitsrecht** (siehe Art. 153 Abs. 1 AEUV). Schwerpunkt des europäischen **Sozialrechts** ist die Koordinierung der mitgliedstaatlichen Sozialrechtsordnungen im Zusammenhang mit der Arbeitnehmerfreizügigkeit (s. Art. 48 AEUV).[17]

---

[11] Vgl. *Basedow*, EuZW 2013, 41.
[12] Zur Formulierung sowie Entwicklung, insbesondere in Bezug auf die ILO *Evju*, ELLJ 4 (2013), 222.
[13] Ein Indiz hierfür ist auch die Verwendung des Begriffs »Arbeitskräftepotenzial« (EUArbR/*Franzen*, Art. 151 AEUV, Rn. 20 f.).
[14] EuGH, Urt. v. 12.9.2000, verb. Rs. C–180/98–184/98 (Pavlov u.a.), Slg. 2000, I–6451, Rn. 69. An einer Begründung fehlt es insoweit jedoch.
[15] Enger (Beschränkung auf »Arbeitnehmer« im Sinne des Art. 45 AEUV) *Latzel/Serr*, EuZW 2014, 410 (413) für das Verhältnis zu Art. 101 AEUV. Allerdings nimmt bereits Art. 48 AEUV, der eine Koordinierung von Ansprüchen im Bereich der sozialen Sicherheit explizit auch für selbstständig Tätige möglich ist, auf die Abgrenzung zwischen Art. 45 und 49/53 AEUV keine Rücksicht.
[16] EuGH, Urt. v. 9.7.1987, verb. Rs. C–281/85, C–283–285/85 u. C–287/85 (Deutschland u.a./Kommission), Slg. 1987, I–3203, Rn. 16 ff., 22.
[17] *Krebber*, in: Calliess/Ruffert, EUV/AEUV, Art. 151 AEUV, Rn. 1; vgl. auch LAG Niedersachsen 19.11.2008–15 TaBV 159/07.

Art. 151 AEUV formuliert im Grundsatz dieselben sozialpolitischen Ziele wie **Art. 9 AEUV**. Was die rechtliche Wirkung angeht, so handelt es sich bei beiden Vorschriften in erster Linie um Auslegungsmaßgaben.[18] Jedoch geht Art. 151 AEUV in einzelnen Formulierungen über Art. 9 AEUV hinaus. Von Bedeutung ist insbesondere die klare Orientierung auf »Fortschritt« im Sinne des Arbeitnehmerschutzes (»Verbesserung«).[19] 10

Das Ziel einer **Förderung der Beschäftigung** kann die Union insbesondere durch die im Titel »Beschäftigung« (Art. 145–150 AEUV) genannten Maßnahmen verfolgen. Art. 151 Abs. 1 AEUV macht hier deutlich, dass der Vertrag von einem engen Zusammenhang zwischen Sozial- und Beschäftigungspolitik ausgeht und dass die Förderung der Beschäftigung nicht den Art. 145ff. AEUV vorbehalten bleibt.[20] Ziele sind ein dauerhaft hohes Beschäftigungsniveau (Art. 151 Abs. 1 a. E. AEUV) und letztlich Vollbeschäftigung (Art. 3 Abs. 3 UA 1 S. 2 EUV; s. Art. 9 AEUV, Rn. 2). 11

Mit dem Ziel der »**Entwicklung des Arbeitskräftepotenzials** im Hinblick auf ein dauerhaft hohes Beschäftigungsniveau« wird das Ziel der Förderung der Beschäftigung weiter konkretisiert. So wird als Ziel eine möglichst weitgehende Einbeziehung der Erwerbspersonen in den Arbeitsmarkt genannt (»dauerhaft hohes Beschäftigungsniveau«); dieses Ziel benennt Art. 147 AEUV auch als wesentliches Ziel der Beschäftigungspolitiken. Mit dem »Potenzial« sind in erster Linie Qualifikation und Beschäftigungsfähigkeit gemeint; mit dem Begriff »Arbeitskräfte« wird darauf hingewiesen, dass die Zielgruppen sich nicht nur auf Arbeitnehmer/innen beschränken.[21] Art. 165f. enthält darüber hinaus eine eigene Rechtsgrundlage zur Unterstützung, Ergänzung sowie Koordinierung mitgliedstaatlicher Politiken in der Bildungspolitik.[22] 12

Während in der Präambel des AEUV als Ziel die »stetige **Verbesserung der Lebens- und Beschäftigungsbedingungen**« genannt wird, stellt Art. 151 Abs. 1 AEUV das Ziel in einen breiteren sozialpolitischen Kontext: Es geht danach nicht nur um den sozialen Fortschritt als solchen, sondern auch um das Ziel einer Angleichung der Lebens- und Arbeitsbedingungen, das im Kontext mit einer Schaffung gleicher Wettbewerbsbedingungen der Unternehmen und Sozialsysteme steht. Das Ziel ist auch in der Präambel genannt; die dort abweichende Formulierung »Beschäftigungsbedingungen« soll wohl keinen inhaltlichen Unterschied bezeichnen; jedenfalls in der englischen Fassung wird sowohl in der Präambel wie in Art. 151 AEUV von »living and working conditions« gesprochen.[23] Wie Abs. 3 deutlich macht, ist mit »Angleichung« sowohl die tatsächliche[24] wie die rechtliche Angleichung gemeint. 13

Mit dem Ziel eines **angemessenen sozialen Schutzes** wird für den sozialen Schutz nicht nur eine dynamische Entwicklung, sondern auch die Gewährleistung eines Mindestmaßes angestrebt. Der »angemessene soziale Schutz« in Art. 151 AEUV ist weiter 14

---

[18] *Kingreen*, S. 46 sieht deshalb keinen Mehrwert in Art. 151 AEUV; a. A. *Rödl*, in: v. Bogdandy/Bast (Hrsg.), Europäisches Verfassungsrecht, S. 872: ähnlich dem Sozialstaatsprinzip nach Art. 20 Abs. 1 GG.
[19] *Langer*, in: GSH, Europäisches Unionsrecht, Art. 151 AEUV, Rn. 58ff.; Rn. 68ff.; fehlende Konsistenz des Katalogs moniert EUArbR/*Franzen*, Art. 151 AEUV, Rn. 20f.
[20] *Krebber*, in: Calliess/Ruffert, EUV/AEUV, Art. 151 AEUV, Rn. 31.
[21] EUArbR/*Franzen*, Art. 151 AEUV, Rn. 20.
[22] Vgl. *Krebber*, in: Calliess/Ruffert, EUV/AEUV, Art. 151 AEUV, Rn. 31.
[23] Nach Meinung von *Langer*, in: GSH, Europäisches Unionsrecht, Art. 151 AEUV, Rn. 67 erfasst das Ziel jetzt auch soziale Bedingungen, die nicht direkt mit der Berufstätigkeit in Verbindung stehen. Aufgrund des systematischen Kontextes des Art. 151 AEUV wird aber schon eine Verbindung vorausgesetzt sein.
[24] EUArbR/*Franzen*, Art. 151 AEUV, Rn. 25.

zu verstehen als der in Art. 153 Abs. 1 Buchst. c AEUV und umfasst die Absicherung in arbeits- und sozialrechtlichen Fragen.[25] Dieses Ziel ist nach der Querschnittsklausel des Art. 9 AEUV bei allen Maßnahmen der Union zu berücksichtigen. Art. 153 Abs. 1 Buchst. c AEUV enthält eine kompetenzielle Grundlage zur Erreichung dieses Ziels durch eigene Maßnahmen der Union.

15 Wie das Ziel einer **Förderung des sozialen Dialogs** verfolgt werden kann und soll, wird in Art. 152 Abs. 1 S. 2, Abs. 2, 154, 155 AEUV konkretisiert, allerdings nur für die Ebene der Union. In Art. 151 AEUV hingegen wird das Ziel auch für die Mitgliedstaaten formuliert. Da der soziale Dialog ausweislich entsprechender grundrechtlicher Gewährleistungen (Art. 28 GRC) auch **Kollektivverhandlungen** und den Abschluss kollektiver Vereinbarungen zum Gegenstand hat, muss diese Zielbestimmung bedeuten, dass eine entsprechende mitgliedstaatliche Förderung und Anerkennung auch europarechtlich als legitim zu akzeptieren ist (zum Verhältnis zu Art. 101 AEUV s. Rn. 34 ff.).

16 Zuletzt benennt die Norm auch die **Bekämpfung von Ausgrenzungen** als sozialpolitisches Ziel. Anders als Art. 9 AEUV richtet sich diese Formulierung nicht nur gegen »soziale« Ausgrenzungen.[26] Allerdings besteht nur für die Bekämpfung von »sozialen« Ausgrenzungen in Art. 153 Abs. 1 Buchst. j) AEUV eine kompetenzielle Grundlage, z. B. für die Armutsbekämpfung (vgl. Art. 3 Abs. 5 EUV).

II. Bedeutung der Grundrechte

17 Die Norm verbindet programmatische Zielbestimmungen mit der Benennung der sozialen Rechte in der Europäischen Sozialcharta (ESC) und der Gemeinschaftscharta der sozialen Grundrechte der Arbeitnehmer von 1989.[27] Gleichzeitig werden die programmatischen Ziele auf das **übergeordnete Ziel** der Verwirklichung der benannten Grundrechte bezogen.

18 Die Erinnerung an die »sozialen Grundrechte, wie sie in der am 18. 10.1961 in Turin unterzeichneten Europäischen Sozialcharta und in der Gemeinschaftscharta der sozialen Grundrechte der Arbeitnehmer von 1989 festgelegt sind«, ist unverändert aus dem Vertrag von Amsterdam entnommen und berücksichtigt weder die **Europäische Menschenrechts-Konvention** (EMRK) noch die **GRC**. Diese sind aber nach der ständigen Rechtsprechung des EuGH genauso für die Ziele der Sozialpolitik relevant wie die völkerrechtlichen Normen der ILO und der UN.[28] Schon die hier erwähnte Gemeinschaftscharta der sozialen Grundrechte der Arbeitnehmer nimmt in ihrer Präambel auf den Normbestand der Internationalen Arbeitsorganisation ILO Bezug.[29] Zu beachten ist insbesondere, dass die Europäische Union selbst der UN-Behindertenrechtskonvention beigetreten ist.[30]

---

[25] *Rebhahn/Reiner*, in: Schwarze, EU-Kommentar, Art. 151 AEUV, Rn. 11.
[26] So auch *Krebber*, in: Calliess/Ruffert, EUV/AEUV, Art. 151 AEUV, Rn. 31.
[27] KOM(89)248 endg. Zu den Wirkungen unionsrechtlicher »Empfehlungen« siehe aber EuGH, Urt. v. 13. 12.1989, Rs. C–322/88 (Grimaldi), Slg. 1989, 4407, Rn. 18 f.
[28] EuGH, Urt. v. 14. 5.1974, Rs. C–4/73 (Nold), Slg. 1974, 491, Rn. 13 zu den Menschenrechten als Rechtserkenntnisquelle (internationale Verträge über den Schutz der Menschenrechte, an deren Abschluss die Mitgliedstaaten beteiligt waren oder denen sie beigetreten sind); siehe auch Art. 6 Abs. 3 EUV (EMRK und Grundrechte aus gemeinsamen Verfassungsüberlieferungen der Mitgliedstaaten).
[29] *Heuschmid*, SR 2014, 1 (2 ff.).
[30] Beschluss 2010/48/EG des Rates vom 26. 11. 2009 über den Abschluss des Übereinkommens der Vereinten Nationen über die Rechte von Menschen mit Behinderungen durch die Europäische Gemeinschaft, ABl. 2010, L 23/35; Zu den Wirkungen vgl. EuGH, Urt. v. 11. 4. 2013, Rs. C–335/11 (Ring) und C–337/11 (Skouboe Werge), ECLI:EU:C:2013:222.

Zum Teil wird angenommen, der Verweis auf die sozialen **Rechte der Europäischen** 19
Sozialcharta (ESC) sowie der Gemeinschaftscharta erübrige sich mit der Geltung der
GRC.[31] Allerdings geht insbesondere die ESC mit ihrem Art. 1 (Recht auf Möglichkeit
der Existenzsicherung durch Erwerbsarbeit) und Art. 8 (Recht auf Mutterschutz) über
die Rechte aus der GRC hinaus.[32]

Die Vielzahl der relevanten Grundrechte erleichtert die konkrete dogmatische Arbeit 20
mit diesen Rechten allerdings nicht.[33] Angesichts der ausdrücklichen Geltung der
Grundrechte-Charta und der EMRK (s. Art. 6 EUV) kann der Verweis auf die ESC sowie
die Gemeinschaftscharta von 1989 nur als **Auslegungshilfe** verstanden werden. Dieses
»luftige Rechtsquellengebäude«[34] war ja nicht zuletzt mit der Notwendigkeit einer Entwicklung eigener europäischer Grundrechte durch den EuGH entstanden.

Von Bedeutung sind hier auch die von den jeweils zuständigen Gerichten entwickel- 21
ten Regeln über den **Dialog der Gerichte**, die im Mehrebenensystem anstelle einer Hierarchie der Normen das Verhältnis regeln.[35]

C. Verhältnis zur Erhaltung der Wettbewerbsfähigkeit der Wirtschaft

Abs. 2 formuliert weitere Ziele der Europäischen Union, die möglicherweise der steti- 22
gen Verbesserung im Sinne des Abs. 1 entgegenstehen können, und geht implizit davon
aus, dass die sozialpolitischen Ziele und die Erhaltung der Wettbewerbsfähigkeit der
Wirtschaft **potenziell gegenläufige Ziele** darstellen können.[36]

Aus der Norm lässt sich allerdings nicht die Zielsetzung entnehmen, dass sozialpoli- 23
tische Maßnahmen die Konkurrenzfähigkeit der Unternehmen nicht einschränken sollen.[37] Schließlich ist die hier benannte **Wettbewerbsfähigkeit der Wirtschaft** der Union
bzw. »der Industrie der Union« (Art. 173 AEUV) von der Wettbewerbsfähigkeit »der
Unternehmen« zu unterscheiden. Das Verhältnis zwischen Sozialpolitik und den Interessen einzelner Unternehmen regeln die Grundfreiheiten in ihrem Verhältnis zu den
Grundrechten (s. Rn. 38 ff.).

Auch in Hinblick auf die Wettbewerbsfähigkeit der Gesamtwirtschaft der Europäi- 24
schen Union stellt Art. 151 Abs. 2 AEUV keine allgemeine Grenze der Kompetenzwahrnehmung dar.[38] Die Norm formuliert vielmehr implizit das Ziel, eine **praktische**

---

[31] *Krebber*, RdA 2009, 224 ff. (230); genauer zur Gemeinschaftscharta auch EUArbR/*Franzen*,
Art. 151 AEUV, Rn. 16 ff.
[32] Zum Recht auf gerechtes Arbeitsentgelt in der GRC (Art. 4 ESC) s. Art. 31 GRC, Rn. 19.
[33] Siehe die Kritik von *Krebber*, RdA 2009, 224 ff. (229): »führt im Ergebnis sogar zur Notwendigkeit einer Loslösung von diesen Normen.« 230: Der EuGH geht so weit, die dort genannten sozialen
Rechte »zu einem seichten Einheitsbrei mit unscharfen Konturen zu verquirlen«; vgl. auch *Kirchhof*,
NJW 2011, 3681 ff.: Eine Vielzahl von Rechtsgrundlagen verbessert den Grundrechtsschutz nicht
unbedingt.
[34] *Dieterich*, FS Jaeger, S. 99.
[35] *Kirchhof*, NJW 2011, 3681 ff.; *Colneric*, FS Richardi, S. 21; zur Zurückhaltung des EGMR bei
Zuständigkeit der EU siehe z. B. EGMR, Urt. v. 30. 6. 2005, Beschwerde-Nr. 45036/98 (Bosphorus
Hava Yolları Turizm ve Ticaret Anonim Şirketi/Irland), NJW 2006, 197; vgl. auch die Zielsetzung des
Memorandum betreffend den Beitritt der Europäischen Gemeinschaften zur Konvention über den
Schutz der Menschenrechte und Grundfreiheiten vom 10. 4.1979, dort Punkt 9., EuGRZ 1979, 330.
[36] Gegen diese Sichtweise ausführlich *Deakin*, FS Lörcher, 353 ff.
[37] So aber *Gassner*, in: Vedder/Heintschel v. Heinegg, Europäisches Unionsrecht, Art. 151 AEUV,
Rn. 13.
[38] So aber wohl *Krebber*, in: Calliess/Ruffert, EUV/AEUV, Art. 151 AEUV, Rn. 33.

Konkordanz zwischen verschiedenen Zielen, insbesondere zwischen sozialem Schutz und der Wettbewerbsfähigkeit der Union herzustellen.

D. Verhältnis von Wirtschafts- und Sozialpolitik (Art. 151 Abs. 3 AEUV)

I. Grundsätzliche Verweisung der Sozialpolitik auf die mitgliedstaatliche Ebene

25 Art. 151 Abs. 3 AEUV soll den engen Zusammenhang zwischen Wirtschafts- und Sozialpolitik betonen. Die Norm ist in der Sache identisch mit Art. 117 Abs. 2 EWGV von 1957. Im damaligen Kontext sollte sie erklären, weshalb der Europäischen Wirtschaftsgemeinschaft in der Sozialpolitik keine Handlungskompetenzen zukommen mussten, rechtfertigte also die Handlungsfreiheiten der Mitgliedstaaten im Bereich der Sozialpolitik und erläuterte insofern, dass die Europäische Union im Wesentlichen bereits durch ihre Wirtschaftspolitik sozialpolitisch tätig werde.[39] Die Norm weist zwar im neueren Kontext auch auf die rechtlichen Handlungsbefugnisse der Art. 45 ff. und Art. 152 ff. AEUV hin (»Angleichung ihrer Rechts- und Verwaltungsvorschriften«). Dennoch bleibt dies deklaratorisch, womit wesentlicher Regelungsgegenstand des Art. 151 Abs. 3 AEUV nach wie vor in der Bestimmung des **Verhältnisses von Unionspolitiken und mitgliedstaatlichen Politiken** liegt. Die Union hält sich danach in der Sozialpolitik zurück und verfolgt die hier genannten Ziele in erster Linie mit der Errichtung eines Gemeinsamen Marktes und der fortschreitenden Annäherung der Wirtschaftspolitik der Mitgliedstaaten.[40]

26 Der Annahme eines Gegenübers bzw. eines potenziellen Gegeneinanders von Wirtschaftspolitik und Sozialpolitik (s. Art. 151 Abs. 2 AEUV) liegt die Annahme zu Grunde, dass Marktschaffung und Marktkorrektur unterschiedliche Politiken erfordern. Die Zuständigkeitsabgrenzungen gehen auch insofern auf die **ordoliberale wirtschaftstheoretische Grundlegung** der Europäischen Wirtschaftsgemeinschaft zurück.[41]

27 Sozialpolitisch wird die Abgrenzung zwischen mitgliedstaatlichen und Unions-Kompetenzen auch mit der großen Unterschiedlichkeit der **Wohlfahrtsstaatsmodelle in Europa** begründet. Europäische Vorgaben für das nationale Arbeitsrecht haben danach ganz unterschiedliche Implikationen und Auswirkungen in den mitgliedstaatlichen Arbeits- und Sozialrechtsordnungen. Dies muss aber nicht notwendig bedeuten, dass dadurch dysfunktionale Effekte entstehen.[42] Denn alle modernen Wohlfahrtsstaaten sind bereits aufgrund von Entwicklungen der Globalisierung in den letzten zwanzig Jahren Einflüssen von außen unterworfen gewesen. Die Reaktionen hierauf sind unter dem

---

[39] *Gassner*, in: Vedder/Heintschel v. Heinegg, Europäisches Unionsrecht, Art. 151 AEUV, Rn. 11; *Krebber*, in: Calliess/Ruffert, EUV/AEUV, Art. 151 AEUV, Rn. 24; *Rebhahn/Reiner*, in: Schwarze, EU-Kommentar, Art. 151 AEUV, Rn. 8.
[40] EuGH, Urt. v. 29.9.1987, Rs. C–126/86 (Giménez Zaera), Slg. 1987, 3697, Rn. 10; Urt. v. 17.3.1993, Rs. C–72–73/91 (Sloman Neptun), Slg. 1993, I–887, Rn. 26.
[41] *Salais*, S. 259 ff.; *Schiek*, S. 20 ff.; für eine wirtschaftstheoretische Begründung der Zurückhaltung der Union in diesen Fragen s. *Rödl*, in: v. Bogdandy/Bast (Hrsg.), Europäisches Verfassungsrecht, S. 861 ff., 868.
[42] So aber *Rödl*, in: v. Bogdandy/Bast (Hrsg.), Europäisches Verfassungsrecht, S. 884 mit Verweis auf die Wohlfahrtsstaatstypisierungen von Esping-Andersen, Ferrera und Hall/Soskice.

Stichwort einer »Modernisierung« nicht zuletzt Gegenstand europäischer Debatten gewesen.[43]

Insgesamt hat sich die Europäische Union mittlerweile von der ursprünglich allein auf Marktfunktionalität ausgerichteten Zielsetzung weit entfernt; das Eintreten für ein »Europäisches Sozialmodell« wird nicht nur in Abgrenzung zu den nordamerikanischen und asiatischen Wirtschaftsmodellen als Identitätsmerkmal einer Europäischen Union beschworen.[44] Man hat auch erkannt, dass ein gewisses Maß an sozialer Gerechtigkeit und Homogenität (»**Soziales Europa**«) eine wichtige Voraussetzung für die gesellschaftliche Integration in einem vereinten Europa sein muss.[45] Dies machen insbesondere Art. 9 AEUV sowie die Betonung des Kampfes gegen soziale Ausgrenzung deutlich.[46]

28

Das deutsche **Bundesverfassungsgericht** hält grundsätzlich in der Sozialpolitik eine Zuständigkeitsabgrenzung zugunsten der Mitgliedstaaten im Grundsatz auch für aufgrund des Grundgesetzes geboten. Gerade bei »Entscheidungen über die sozialstaatliche Gestaltung von Lebensverhältnissen« sei eine Ausdehnung von Kompetenzen auf der europäischen Ebene problematisch. Begründet wird dies damit, dass diese Entscheidungen »besonders sensibel« für die demokratische Selbstgestaltungs- und Steuerungsfähigkeit der Mitgliedstaaten seien.[47] Eine Verlagerung von Kompetenzen auf die europäische Ebene sei hier besonders vorsichtig zu handhaben, weil bei der sozialstaatlichen »Gestaltung von Lebensverhältnissen« politische Entscheidungen »auf kulturelle, historische und sprachliche Vorverständnisse angewiesen« seien und »sich im parteipolitisch und parlamentarisch organisierten Raum einer politischen Öffentlichkeit diskursiv entfalten«.[48] Dabei unterschätzt es allerdings möglicherweise die tatsächlichen Dynamiken der Globalisierung und die Notwendigkeit der Entwicklung demokratischer Strukturen für eine transnationale soziale Bürgerschaft.

29

Die Problematik der grundsätzlichen Zuständigkeitsabgrenzung des Art. 151 AEUV zeigt sich insbesondere darin, dass Art. 151 Abs. 3 AEUV eine **empirische Annahme** über die sozialpolitischen Wirkungen der Herstellung eines Gemeinsamen Marktes enthält, deren Richtigkeit zunehmend bestritten werden kann. Die Annahme, die Schaffung eines Gemeinsamen Marktes werde nicht zu einer relevanten Lohnkostenkonkurrenz führen, ist genauso widerlegt wie die Annahme, der wirtschaftliche Wettbewerb werde in der Folge zu einer Angleichung der Sozialstandards »auf dem Wege des Fortschritts« führen.[49]

30

Auch die in der **Wirtschaftskrise seit 2008** getroffenen Maßnahmen und ausgesprochenen Empfehlungen gehen in der Sache oft davon aus, dass bestimmte Lohnbildungs-

31

---

[43] Insbesondere *Eichenhofer*, VSSR 2014, 29 (78), der den aktivierenden Wohlfahrtsstaat als europäisches Modernisierungsziel benennt; zur Debatte um die »Modernisierung« siehe z.B. *Esping-Andersen*, Leviathan 34 (2006), 61 ff.

[44] Zur Entwicklung ausführlich *Eichenhofer*, VSSR 2014, 29 (83 ff.), der als »Schlüsseldokument« das Weißbuch über Wachstum, Wettbewerbsfähigkeit, Beschäftigung, KOM(1993) 700 unter Jacques Delors benennt; *Schiek*, S. 38 ff.; 219 ff.; vgl. auch *Rödl*, in: v. Bogdandy/Bast (Hrsg.), Europäisches Verfassungsrecht, S. 879.

[45] *Schiek*, S. 38 ff.

[46] *Bieber/Epiney/Haag*, Die EU, § 22, Rn. 6.

[47] BVerfGE 123, 267, Rn. 252; dieser Aspekt wurde in BVerfGE 126, 286 nicht mehr angesprochen.

[48] BVerfGE 123, 267, Rn. 249 ff.

[49] *Rödl*, in: v. Bogdandy/Bast (Hrsg.), Europäisches Verfassungsrecht, S. 868; siehe auch *Schiek*, S. 231 zur Problematik der stark veränderten Lohnkostenkonkurrenz seit der Ausdehnung der EU; vgl. auch *Eichenhofer*, in: Streinz, EUV/AEUV, Art. 151 AEUV, Rn. 25; *Eichenhofer*, VSSR 2014, 29 (66 f.).

verfahren und der Grad der Zentralisierung im Verhandlungsprozess und der Indexierungsmechanismen genauso eine potenzielle Gefahr für die Ziele der wirtschaftspolitischen Stabilität darstellen können wie die Alterssicherungssysteme, dass also Wirtschafts- und Sozialpolitik nicht unabhängig voneinander reguliert werden können. Die hier getroffenen Maßnahmen[50] gehen von Annahmen aus, die denen des Art. 151 Abs. 3 AEUV diametral **widersprechen** – und stehen insofern auch in Widerspruch zu den Zielen des Art. 151 AEUV, der Zurückhaltung der Union gerade auf dem Gebiet in der Sozialpolitik fordert (s. Art. 153 AEUV, Rn. 112; Rn. 127; Rn. 135).[51]

32 Mit dem Entfallen der Rechtfertigung für den »sozialen Integrationskompromiss« muss die Zurückhaltung der Union in der Sozialpolitik neu begründet und eingeordnet werden. An der Aussage des Bundesverfassungsgerichts, das einen engen Zusammenhang zwischen sozialpolitischen Handlungsspielräumen und demokratischer Selbstgestaltungs- und Steuerungsfähigkeit herstellt, kann dabei insofern angeknüpft werden, als der Vorbehalt für die mitgliedstaatliche Sozialpolitik Ausdruck eines bestimmten Verständnisses des Subsidiaritätsprinzips ist. Ausdruck dessen sind die **Bereichsausnahmen** für sozialpolitische Maßnahmen in Art. 153 Abs. 4 und 5 AEUV, die für das Verständnis des Subsidiaritätsprinzips in der Sozialpolitik von besonderer Bedeutung sind. Sie benennen den **Kern der mitgliedstaatlichen Selbstgestaltungsfähigkeit**. Dies betrifft einerseits Fragen der Anerkennung und Finanzierung der staatlichen oder mit Staatseinfluss verwalteten Systeme der sozialen Sicherheit, andererseits die Gestaltung von Arbeitsverhältnissen durch Ausübung kollektiver Autonomie. Sie stellen – zusammen mit der großen Bedeutung des sozialen Dialogs zwischen den Kollektivverhandlungsparteien – Kernelemente des Europäischen Sozialmodells dar.

33 Art. 151 AEUV, der in Abs. 3 ein solches Verständnis von mitgliedstaatlicher Kompetenz und unionsrechtlichen Eingriffsbefugnissen in der Wirtschaftspolitik konkretisiert, muss insofern auch jenseits des Art. 153 AEUV die **Ausübung von unionsrechtlichen Befugnissen und Kompetenzen beeinflussen**.[52] So muss die Dynamik des europäischen marktlichen Wettbewerbs den stärker politisch-demokratisch und nationalstaatlich bestimmten Dynamiken der Sozialversicherungssysteme und der Kollektivverhandlungssysteme nachgeordnet bleiben. Die Aufgabenverteilung hat auch Einfluss auf die Auslegung der Grundrechte; für die Art. 27 ff. GRC muss in erster Linie der Stand in den Mitgliedstaaten maßgeblich sein. So kann sich ein Verschlechterungsverbot zwar nicht aus den Zielen der unionsrechtlichen Sozialpolitik ergeben,[53] aber aus den nach mitgliedstaatlichem Recht interpretierten Grundrechten, die im Anwendungsbereich des Unionsrechts zu berücksichtigen sind. Die Aufgabenverteilung muss außerdem Auswirkungen auf die Frage haben, inwieweit mitgliedstaatliche Akteure im Kern-

---

[50] *Seifert*, Comparative Labor Law & Policy Journal 35 (2014), 311; *Fischer-Lescano*, KJ 2014, 2; *Seifert*, SR 2014, 14; vgl. auch *Eichenhofer*, VSSR 2014, 29 (65) zur Politik der Alterssicherung als zentraler Bestimmungsgröße der supranationalen Wirtschaftspolitik.

[51] Zur Europarechtskonformität siehe z. B. *Seifert*, SR 2014, 14 (24 ff.); *Fischer-Lescano/Kommer*, KJ 2011, 412 ff.; siehe auch *Bryde*, SR 2012, 2 ff.; zur Rechtsprechung des EGMR insofern siehe *Clauwaert/Schömann*, S. 248.

[52] Vgl. auch Art. 114 Abs. 4 bis 6 AEUV für Maßnahmen in anderen Politikbereichen, wonach die Mitgliedstaaten in der Sozialpolitik einzelstaatliche Bestimmungen nach Erlass einer Harmonisierungsmaßnahme beibehalten oder sogar einführen können.

[53] EuGH, Urt. v. 29. 9. 1987, Rs. C–126/86 (Giménez Zaera), Slg. 1987, 3697, Rn. 10; vgl. *Krebber*, in: Calliess/Ruffert, EUV/AEUV, Art. 151 AEUV, Rn. 8.

bereich ihrer Sozialpolitik durch Grundfreiheiten beschränkt werden; insbesondere sind die Kollektivverhandlungs- und Sozialversicherungssysteme gegenseitig anzuerkennen.[54]

II. Sozialpolitische Grenzen der Wettbewerbsfreiheit

Aus dieser Aufgabenverteilung ergibt sich u. a., dass die Mitgliedstaaten bestehende **Monopole der Sozialversicherung** verteidigen können, selbst wenn diese private Versicherungen verdrängen.[55]

Aus der sozialpolitischen Zielsetzung einer Förderung des sozialen Dialogs sowie der entsprechenden Aufgabenverteilung zwischen Union und Mitgliedstaaten ergibt sich auch, dass die Verfolgung sozialpolitischer Ziele durch **Kollektivverträge** grundsätzlich legitim und anzuerkennen ist. Dies gilt auch für die **wettbewerbsbeschränkenden Wirkungen** auf den Arbeitsmärkten, die mit solchen Kollektivverhandlungen »zwangsläufig« verbunden sind. »Die Erreichung der mit derartigen Verträgen angestrebten sozialpolitischen Ziele wäre […] ernsthaft gefährdet, wenn für die Sozialpartner bei der gemeinsamen Suche nach Maßnahmen zur Verbesserung der Beschäftigungs- und Arbeitsbedingungen Art. 101 Abs. 1 AEUV Geltung hätte.«[56]

Um einen Kollektivvertrag in diesem Sinn handelt es sich, wenn die Vereinbarung das Ziel verfolgt, die Beschäftigungs- und Arbeitsbedingungen der Arbeitnehmer zu verbessern und insofern eins der unionsrechtlich in Art. 151 AEUV anerkannten **Ziele der Sozialpolitik verfolgt**; es sind nur Abreden ausgenommen, die keinen arbeitsrechtlichen Bezug haben.[57]

Dies muss für alle Kollektivvereinbarungen gelten, die im nationalen Recht als entsprechende Vereinbarungen mit sozialpolitischer Zielsetzung anerkannt sind,[58] unabhängig von deren rechtlicher Verbindlichkeit im nationalen Recht.[59] Der Begriff der sozialpolitischen Zielsetzung richtet sich dabei nach dem Anwendungsbereich des Art. 151 AEUV. Dieser ist nicht auf Maßnahmen zugunsten von Arbeitnehmerinnen und Arbeitnehmern im Sinne einer engen Auslegung des Art. 45 AEUV beschränkt,[60] sondern erfasst auch sogenannte **»arbeitnehmerähnliche Personen«** (Art. 45 AEUV, Rn. 22 f.; Rn. 43).[61] Er gilt jedoch nicht für selbstständig Tätige im engeren Sinn, insbesondere Angehörige freier Berufe[62] (s. Rn. 7).

---

[54] *Rieble/Kolbe*, EuZA 2008, 453 (477); *Rödl*, in: v. Bogdandy/Bast (Hrsg.), Europäisches Verfassungsrecht, S. 888 (»Arbeitsverfassungsverbund«).

[55] *Eichenhofer*, VSSR 2014, 29 (76), der dem EuGH insofern zustimmt.

[56] Vgl. EuGH, Urt. v. 21.9.1999, Rs. C–67/96 (Albany), Slg. 1999, I–5863, Rn. 54 ff., 59; Urt. v. 21.9.1999, Rs. C–115/97 (Brentjens), Slg. 1999, I–6025, Rn. 61; Urt. v. 21.9.1999, Rs. C–219/97 (Drijvende Bokken), Slg. 1999, I–6121, Rn. 51; Urt. v. 9.7.2009, Rs. C–319/07 (P–3F/Kommission), Slg. 2009, I–5963, Rn. 5.

[57] *Kamanabrou*, EuZA 3 (2010), 157 (164); *Latzel/Serr*, EuZW 2014, 410 (412).

[58] Eine Anerkennung als normativ wirkender »Tarifvertrag« ist nicht notwendig erforderlich (in diese Richtung aber *Latzel/Serr*, EuZW 2014, 410 (411 f.) (gegen *Ackermann*, GWB Novelle und kartellrechtlicher Geltungsanspruch, in: Rieble/Junker/Giesen (Hrsg.), Kartellrecht und Arbeitsmarkt, 2010, Rn. 22).

[59] *Latzel/Serr*, EuZW 2014, 410 (412).

[60] So aber *Latzel/Serr*, EuZW 2014, 410 (413).

[61] EuGH, Urt. v. 4.12.2014, Rs. C–413/13 (FNV), ECLI:EU:C:2014:2411, Rn. 25 ff.; so auch die Interpretation des Urteils durch *Junker*, EuZA 9 (2016), 184 (195); a. A. EUArbR/*C. Schubert*, Art. 28 GRC, Rn. 89

[62] EuGH, Urt. v. 12.9.2000, verb. Rs. C–180/98 bis 184/98 (Pavlov u. a.), Slg. 2000, I–6451,

III. Sozialpolitik als legitimer Grund zur Beschränkung von Grundfreiheiten

38 Nach der Aufgabenverteilung des Art. 151 AEUV besteht weder ein allgemeiner Vorrang der Grundfreiheiten und wirtschaftspolitischen Ziele gegenüber den sozialpolitischen Belangen noch ein umgekehrter Vorrang der sozialen Grundrechte und sozialpolitischen Belange gegenüber den Grundfreiheiten.[63] Allerdings können Ziele der Sozialpolitik der Ausübung der Grundfreiheiten Grenzen setzen. Insbesondere stellen sozialpolitische Ziele **zwingende Gründe des Allgemeininteresses** dar, die Beschränkungen der Grundfreiheiten (insbesondere der Dienstleistungs- und der Niederlassungsfreiheit) zu rechtfertigen vermögen.[64] Diese Feststellung ist wichtig, da die Grundlagen für den sozialpolitischen Integrationskompromiss entfallen sind und die forcierte Arbeits- und Lohnkostenkonkurrenz zunehmend Gefahren eines sozialen Dumpings mit sich gebracht hat. Es mag nicht zur »Philosophie des Europäischen Binnenmarktes« gehört haben, einen »Wettbewerb der schlechteren Arbeitsbedingungen« zu ermöglichen;[65] die **Grundfreiheiten**, insbesondere die Niederlassungs- und die Dienstleistungsfreiheit, dienen nach der Rechtsprechung des EuGH zunehmend dennoch als Instrument dafür, sozialpolitische Handlungsbedingungen aus einem Mitgliedstaat in die Arbeitsmärkte anderer Mitgliedstaaten zu tragen.[66] Sie können nur beschränkt werden durch legitime, im Allgemeininteresse getroffene politische Entscheidungen der Mitgliedstaaten[67] bzw. durch grundrechtlich geschützte Handlungen im Bereich der Kollektivverhandlungsfreiheit.

39 Insbesondere der sozialpolitische **Schutz von Arbeitnehmerinnen und Arbeitnehmern** ist ein zwingender Grund des Allgemeininteresses, der einen Eingriff in eine Grundfreiheit rechtfertigen kann;[68] dies gilt auch für den Schutz von entsandten Arbeitnehmern sowie Beschäftigte in anderen Formen der Erwerbstätigkeit. Die Bemerkung des EuGH, dies gelte »insbesondere im Bausektor«,[69] ist wohl dahin zu verstehen, dass der Arbeitnehmerschutz bei hoher transnationaler Lohnkostenkonkurrenz als besonders dringlich und bedeutend einzuschätzen sei. Auch die Arbeitnehmerüberlassung ist ein »aus beruflicher und sozialer Sicht besonders sensibler Bereich«.[70] Eine Regelung mit beschränkter Reichweite (nur für öffentliche Aufträge) kann allerdings in Hinblick

---

Rn. 68 f.; weitergehend *Heuschmid/Hlava*, HSI-Newsletter 5/2014, Anm. 1 (zu EuGH, Urt. v. 4.12.2014, Rs. C–413/13 (FNV)).

[63] *Krebber*, in: Calliess/Ruffert, EUV/AEUV, Art. 151 AEUV, Rn. 12.

[64] Vgl. EUArbR/*Franzen*, Art. 151 AEUV, Rn. 34 ff.

[65] *Hanau*, NJW 1996, 1369 (1372).

[66] Ausführlich *Kocher*, S. 161 ff.; siehe neuerdings wieder EuGH, Urt. v. 18.9.2014, Rs. C–549/13 (Bundesdruckerei), ECLI:EU:C:2014:2235, Rn. 34 (wonach die Dienstleistungsfreiheit die Möglichkeit schütze, »aus den zwischen den jeweiligen Lohnniveaus bestehenden Unterschieden einen Wettbewerbsvorteil zu ziehen«.

[67] EuGH, Urt. vom 17.12.1981, Rs. C–279/80 (Webb), Slg. 1981, I–3305, Rn. 18 f.

[68] St. Rspr., vgl. EuGH Urt. v. 3.2.1982, verb. Rs. C–62/81 und 63/81 (Seco und Desquenne & Giral), Slg. 1982, 223; Urt. v. 9.8.1994, Rs. C–43/93 (Vander Elst), Slg. 1994, I–3803; Urt. v. 28.3.1996, Rs. C–272/94 (Guiot), Slg. 1996, I–1905; Urt. v. 23.11.1999, verb. Rs. C–369/96 u. C–376/96 (Arblade u.a.), Slg. 1999, I–8453; Urt. v. 25.10.2001, verb. Rs. C–49/98, C–50/98, C–52/98 bis C–54/98 u. C–68/98 bis C–71/98 (Finalarte u.a.), Slg. 2001, I–7831; Urt. v. 14.4.2005, Rs. C–341/02 (Kommission/Deutschland), Slg. 2005, I–2733; ausführlich auch *Britz*, in: Britz/Volkmann (Hrsg.), Tarifautonomie in Deutschland und Europa, 2003, S. 52.

[69] EuGH Urt. v. 27.3.1990, Rs. C–113/89 (Rush Portuguesa), Slg. 1990, I–1417; Urt. v. 24.1.2002, Rs. C–164/99 (Portugaia Construções), Slg. 2002, I–787.

[70] EuGH, Urt. vom 17.12.1981, Rs. C–279/80 (Webb), Slg. 1981, I–3305, Rn. 18 f.

auf den Arbeitnehmerschutz inkonsistent sein (zu anderen Rechtfertigungsgründen s. Rn. 40).[71] Arbeitnehmerschutz kann insofern in der **Gewährleistung von Mindestentgelten** bestehen; diese hält der EuGH allerdings nur für erforderlich, soweit sie darauf abzielen, eine angemessene Entlohnung der Arbeitnehmerinnen und Arbeitnehmer im Hinblick auf die Lebenshaltungskosten im Staat, in dem sie arbeiten, zu gewährleisten.[72]

Weitere mögliche sozialpolitische Ziele sind die Sicherung des finanziellen Gleichgewichts eines Systems der sozialen Sicherheit, z. B. durch die Bekämpfung von Sozialbetrug, die Aufdeckung von Scheinselbstständigkeit und das Vorgehen gegen Schwarzarbeit,[73] oder die Verhinderung unlauteren Wettbewerbs z. B. durch Sozialdumping.[74] Auch der Schutz der Kollektivverhandlungsfreiheit kommt als zwingender Grund des Allgemeininteresses in Betracht, z. B. bei der Rechtfertigung von Maßnahmen zur Stärkung der »Tariftreue«[75] (Art. 28 GRC, Rn. 29). 40

Aufgrund der hier ausgeführten Aufgabenverteilung kommt den Mitgliedstaaten ein **erheblicher Einschätzungsspielraum** zu. Er bezieht sich auf die Bestimmung sozialpolitischer Ziele sowie der Mittel zu deren Erreichung. Soweit in den Mitgliedstaaten aufgrund entsprechender Grundrechtsgewährleistungen sozialpolitische Ziele durch Koalitionen und Tarifparteien verfolgt werden (dürfen), steht auch diesen der Spielraum zu.[76] Die Einschätzungsprärogative gilt überall dort, wo sozialpolitische Ziele im Sinne des Art. 151 AEUV verfolgt werden, ist aber am weitesten ausgedehnt im Kernbereich der Sozialpolitik (Finanzierung der sozialen Sicherungssysteme, Kollektivverhandlungen über Austauschbedingungen, s. Art. 153 AEUV, Rn. 101 ff.). 41

Der Einschätzungsspielraum betrifft insbesondere die Frage der **Eignung und Erforderlichkeit** einer bestimmten Maßnahme zur Zielerreichung; soweit diese unter den Gesichtspunkten von Kohärenz und Konsistenz zu prüfen sind,[77] erstreckt sich der Spielraum auch hierauf. Deshalb ist dem EuGH zu widersprechen, wenn er von den nationalen Gerichten fordert, im Einzelnen zu überprüfen, ob eine Grundfreiheiten be- 42

---

[71] EuGH, Urt. v. 3.4.2008, Rs. C–346/06 (Rüffert), Slg. 2008, I–1989, Rn. 38 ff.; zu dieser Interpretation der Entscheidung *Kocher*, DB 2008, 1042 ff.; *Simon*, RdA 2014, 165 (170); *v. Danwitz*, EuZA 3 (2010), 6 (13); so auch EuGH, Urt. v. 17.11.2015, Rs. C–115/14 (RegioPost), ECLI:EU:C:2015:760, Rn. 62 f. für einen Vergabemindestlohn, der unabhängig von einem Tarifvertrag festgelegt war; vgl. auch EuGH, Urt. v. 18.9.2014, Rs. C–549/13 (Bundesdruckerei), ECLI:EU:C:2014:2235, Rn. 32.

[72] EuGH, Urt. v. 18.9.2014, Rs. C–549/13 (Bundesdruckerei), ECLI:EU:C:2014:2235, Rn. 32 ff.; zust. *Forst*, NJW 2014, 3755; *Hütter*, ZESAR 2015, 170; kritisch *Däubler*, NZA 2014, 694.

[73] Etwas verkürzt daher EuGH, Urt. v. 3.4.2008, Rs. C–346/06 (Rüffert), Slg. 2008, I–1989, Rn. 42; Urt. v. 18.9.2014, Rs. C–549/13 (Bundesdruckerei), ECLI:EU:C:2014:2235, Rn. 35.

[74] EuGH Urt. v. 12.10.2004, Rs. C–60/03 (Wolff & Müller), Slg. 2004, I–9553; Urt. v. 19.12.2012, Rs. C–577/10 (Kommission/Belgien), ECLI:EU:C:2012:814 (Rn. 45); Urt. v. 18.9.2014, Rs. C–549/13 (Bundesdruckerei), ECLI:EU:C:2014:2235, Rn. 31; siehe auch *Nassibi*, AuR 2015, 206 in ihrer ablehnenden Anmerkung dieser Entscheidung.

[75] EuGH, Urt. v. 3.4.2008, Rs. C–346/06 (Rüffert), Slg. 2008, I–1989; die folgenden Entscheidungen zu Tariftreueregelungen erwähnen allerdings die Kollektivverhandlungsfreiheit nicht mehr: EuGH, Urt. v. 19.6.2008, Rs. C–319/06 (Kommission/Luxemburg), Slg. 2008, I–4323; Urt. v. 18.9.2014, Rs. C–549/13 (Bundesdruckerei), ECLI:EU:C:2014:2235; EuGH, Urt. v. 17.11.2015, Rs. C–115/14 (RegioPost), ECLI:EU:C:2015:760, Rn. 63 ff.; Rn. 71 ff.

[76] *Kocher*, S. 161 ff.; *Dieterich*, FS Jaeger, S. 111 (»großzügigere Verhältnismäßigkeitskontrolle«); siehe aber auch *Kokott*, S. 115 für eine ausführliche Verteidigung der EuGH-Urteile Viking und Laval sowie mit einer Kritik der Kritik.

[77] Dazu ausführlich *Glaser/Kahl*, ZHR 177 (2013), 643 (669); *Simon*, RdA 2014, 165 ff.; allgemein zum Prinzip der Kohärenz und Konsistenz in Hinblick auf die Geeignetheit und Erforderlichkeit von Grundfreiheitenbeschränkungen *Mathisen*, CMLRev. 47 (2010), 1021.

schränkende Regelung »bei objektiver Betrachtung den Schutz der entsandten Arbeitnehmer fördert« und einen »tatsächlichen Vorteil verschafft, der deutlich zu ihrem sozialen Schutz beiträgt«.[78] Auch die tatsächlichen Annahmen, von denen der mitgliedstaatliche Gesetzgeber ausgegangen ist, sind lediglich auf Plausibilität zu prüfen.[79] Hierfür ist zwar nicht allein »die geäußerte Absicht eines Gesetzgebers, wie sie bei den politischen Debatten vor dem Erlass eines Gesetzes oder in dessen Begründung zum Ausdruck kommt,« ausschlaggebend; diese ist aber auch mehr als ein bloßer »Anhaltspunkt« für das durch dieses Gesetz verfolgte Ziel;[80] ihr kommt vielmehr eine Richtigkeitsvermutung zu.

43 Bei der Prüfung ist allerdings die Notwendigkeit der **gegenseitigen Anerkennung** des sozialen Schutzes und der sozialen Sicherheit durch die Mitgliedstaaten zu berücksichtigen. Eine strengere Kontrolle der Erforderlichkeit ist also dort zulässig, wo ein Mitgliedstaat Nachweise und Sicherheiten verlangt, die das Unternehmen oder der Arbeitnehmer bereits in einem anderen Mitgliedstaat erworben hat.[81]

---

[78] EuGH, Urt. v. 25.10.2001, verb. Rs. C–49/98, C–50/98, C–52/98 – C–54/98 u. C–68/98 bis C–71/98 (Finalarte u.a.), Slg. 2001, I–7831, Rn. 41 ff.; Urt. v. 11.12.2007, Rs. C–438/05 (Viking), Slg. 2007, I–10779; im Urt. Finalarte u.a., Rn. 50 ff. fordert der EuGH sogar eine detaillierte Interessenabwägung und damit Bewertung des sozialen Schutzes, der den Arbeitnehmern gewährt wird.
[79] A.A. wohl *Kainer*, NZA 2016, 399.
[80] So aber EuGH, Urt. v. 25.10.2001, verb. Rs. C–49/98, C–50/98, C–52/98 – C–54/98 u. C–68/98 – C–71/98 (Finalarte u.a.), Slg. 2001, I–7831, Rn. 46 ff.; zu den Widersprüchen in gerade der dort angesprochenen Frage siehe auch *Schrammel*, EuZA 2 (2009), 36 (40).
[81] Siehe z.B. EuGH, Urt. v. 17.12.1981, Rs. C–279/80 (Webb), Slg. 1981, I–3305, Rn. 20.

Artikel 152   AEUV [Sozialpartner auf Ebene der Union, sozialer Dialog]

¹Die Union anerkennt und fördert die Rolle der Sozialpartner auf Ebene der Union unter Berücksichtigung der Unterschiedlichkeit der nationalen Systeme. ²Sie fördert den sozialen Dialog und achtet dabei die Autonomie der Sozialpartner.
Der Dreigliedrige Sozialgipfel für Wachstum und Beschäftigung trägt zum sozialen Dialog bei.

Literaturübersicht

Ales, Der transnationale Kollektivvertrag zwischen Vergangenheit, Gegenwart und Zukunft, ZESAR 2007, 151; *Ales/Engblom/Jaspers/Laulom/Sciarra/Sobczak/Valdés dal-Ré*, Transnational Collective Bargaining: Past, Present, Future, 2006; *Deinert*, Der europäische Kollektivvertrag, 1999; *ders.*, Partizipation europäischer Sozialpartner an der Gemeinschaftsrechtsetzung, RdA 2004, 211; *Hyman*, Understanding European Trade Unionism. Between Market, Class and Society, 2001; *Kingreen*, Soziales Fortschrittsprotokoll. Potenzial und Alternativen, 2014; *Kowanz*, Europäische Kollektivvertragsordnung. Bestandsaufnahme und Entwicklungsperspektiven, 1999; *Rieble/Kolbe*, Vom Sozialen Dialog zum europäischen Kollektivvertrag?, EuZA 1 (2008), 453; *Schiek*, Economic and Social Integration in Europe. The Challenge for EU Constitutional Law, 2012; *H. Schmidt*, Aufgaben und Befugnisse der Sozialpartner im Europäischen Arbeitsrecht und die Europäisierung der Arbeitsbeziehungen, 2002; *M. Schmidt*, Perspektiven und Sinn weiterer Regulierung durch Europarecht, EuZA 1 (2008), 196; *Seifert*, Neue Formen der Wirtschaftssteuerung in der EU und das Arbeitsrecht in den Mitgliedstaaten, SR 2014, 14; *Thüsing/Traut*, Zur begrenzten Reichweite der Koalitionsfreiheit im Unionsrecht, RdA 2012, 65; *Weiss*, Transnationale Kollektivvertragsstrukturen in der EG: Informalität oder Verrechtlichung?, FS Birk, 2008, S. 957; *Zachert*, Europäische Kollektivvereinbarungen – Wahnsinn ohne Grenzen oder ein Gebot der Vernunft?, FS Hromadka, 2008, S. 529.

Wesentliche sekundärrechtliche Vorschriften

Beschluss 2003/174/EG des Rates vom 6.3.2003 zur Einrichtung eines Dreigliedrigen Sozialgipfels für Wachstum und Beschäftigung, ABl. 2003, L 70/31

Inhaltsübersicht

	Rn.
A. Reichweite und Bedeutung	1
B. Begriff der »Sozialpartner«	11
C. Formen des sozialen Dialogs auf europäischer Ebene	15

A.   Reichweite und Bedeutung

Art. 152 AEUV enthält eine **institutionelle Garantie** für die Sozialpartner.[1] Mit der Rolle der Sozialpartner ist dabei sowohl deren Rolle bei der Festsetzung der Sozialpolitik der Europäischen Union gemeint als auch die darüber hinausgehende Entwicklung eigener autonomer Prozesse.[2] Nicht erfasst wird die Rolle der Sozialpartnerschaft auf mitgliedstaatlicher Ebene.[3] Die Formulierung »auf Ebene der Union« bezieht sich allerdings nicht auf die Organisation der Sozialpartner, sondern auf das Aktionsfeld; auch eine mögliche Rolle mitgliedstaatlicher Sozialpartnerorganisationen auf europäischer Ebene ist anerkannt.

1

---

[1] *Kingreen*, S. 45 ff.
[2] Siehe z.B. *Weiss*, S. 967 zur Doorn-Erklärung (Koordinierung der Tarifpolitik).
[3] *Kingreen*, S. 47.

2 Die institutionelle Garantie erfasst auch Verfahren des sozialen Dialogs. **Verfahren und Rechtsgrundlagen** zur Beteiligung der Sozialpartner auf Ebene der Union gehen auf das Abkommen über die Sozialpolitik[4] zurück, dessen Vorgaben in Art. 154, 155 AEUV übernommen wurden (zur Entstehungsgeschichte der Vorschriften über den Sozialen Dialog siehe Art. 155 AEUV, Rn. 1). Mit Art. 152 AEUV ergänzt jedoch der Vertrag von Lissabon einen programmatischen Rahmen und eine Zielbestimmung für die Rolle der Sozialpartner auf Ebene der Union. Eine entsprechende Aufgabenzuweisung an die Kommission enthält Art. 154 Abs. 1 AEUV.

3 Soweit der soziale Dialog durch die Sozialpartner selbst organisiert wird, ist er Ausdruck **gesellschaftlicher, kollektiv ausgeübter Autonomie**; eine solche Beteiligung der Sozialpartner an Politiken der EU kann auch als Ausdruck von Bürgerbeteiligung verstanden werden.[5] Soweit allerdings die EU als Förderer und die Kommission als Mediatorin dieser Prozesse auftreten, wird man dies als korporatistische Prozesse bezeichnen müssen,[6] die allerdings als spezifische Form zivilgesellschaftlicher Beteiligung ebenfalls demokratisch legitimiert und insofern legitim ist.[7] Sie ist Ausdruck des Europäischen Sozialmodells (s. Art. 151 AEUV, Rn. 28; Rn. 32).

4 Art. 152 AEUV normiert selbst keine Zielsetzungen, die in etwaigen materiell-rechtlichen **Abwägungsprozessen** einzustellen wären.[8] Der soziale Dialog ist aber in Art. 151 Abs. 1 AEUV als abwägungsrelevantes sozialpolitisches Ziel benannt (s. Art. 151 AEUV, Rn. 15).

5 Die Autonomie der Sozialpartner und ihres Handelns sind durch eigene **Grundrechte** abgesichert (insbesondere Art. 12 Abs. 1 und Art. 28 GRC). Diese sowie die sozialpolitischen Vorbehalte für die Mitgliedstaaten sind die Rechtfertigung dafür, Kollektivverträge als Ausnahmebereich zur Wettbewerbsfreiheit (Art. 101 AEUV) zu behandeln (s. Art. 151 AEUV, Rn. 35).

6 Satz 2 macht deutlich, dass zwischen der Autonomie der Sozialpartner und der Förderung ihrer Rolle durch die Union ein **Spannungsverhältnis** bestehen kann.[9] Vor diesem Hintergrund ist es von Bedeutung, dass Art. 152 AEUV sich auf die Rollen der Sozialpartner auf europäischer Ebene beschränkt und sie von den Rollen auf den mitgliedstaatlichen Ebenen unterscheidet. Die Anerkennung und Förderung der Sozialpartner (Satz 1) sowie des sozialen Dialogs (Satz 2) auf Ebene der Union kann dazu führen, dass sich diese von den in den Mitgliedstaaten bestehenden Autonomien und Verfahren unterscheiden.[10] In Hinblick auf die mitgliedstaatlichen Verfahren, insbesondere Fragen

---

[4] ABl. 1992, C 191/91.
[5] *Gassner*, in: Vedder/Heintschel-von-Heinegg, Europäisches Unionsrecht, Art. 152 AEUV, Rn. 3; vgl. Art. 24 AEUV, Art. 12 und 28 GRC; *Krebber*, in: Calliess/Ruffert, EUV/AEUV, Art. 152 AEUV, Rn. 3; zu einem solchen konzeptionellen Verständnis siehe insbesondere *Schiek*, S. 207 ff. (»Constitution of Social Governance«).
[6] *Schiek*, S. 109 ff.; *Krebber*, in: Calliess/Ruffert, EUV/AEUV, Art. 152 AEUV, Rn. 4 hält diesen Korporatismus allerdings allgemein für »nicht zu billigend«.
[7] Nach Meinung von *Kowanz*, S. 224 geht der Einfluss der Kommission insofern nicht über das hinaus, was die nationalen Hoheitsträger an indikativen Lenkungs- und Einwirkungsmechanismen zur Beeinflussung des Ergebnisses von Kollektivverhandlungen haben (was allerdings für Deutschland nicht vollständig zutreffend ist).
[8] *Kingreen*, S. 45 ff.
[9] Ein ähnliches Spannungsverhältnis drückt sich in Art. 153 Abs. 5 AEUV aus (s. Art. 153 AEUV, Rn. 133 ff.).
[10] Besonders groß ist die Divergenz zwischen der Bedeutung auf europäischer und nationaler Ebene in Staaten wie Großbritannien oder den osteuropäischen Mitgliedstaaten; vgl. hierzu auch *Rebhahn/Reiner*, in: Schwarze, EU-Kommentar, Art. 152 AEUV, Rn. 4.

der Koalitionsfreiheit, hat die Union nach Art. 153 Abs. 5 AEUV jedenfalls keine sozialpolitische Rechtsetzungskompetenz.

Daraus ergibt sich insbesondere eine **Pflicht zur Neutralität**, was eine mögliche Einflussnahme auf die mitgliedstaatlichen Systeme des sozialen Dialogs angeht. Gegen das Gebot des Respekts vor der Unterschiedlichkeit nationaler Systeme wird mit den Maßnahmen im Rahmen des Europäischen Semesters (s. Art. 151 AEUV, Rn. 31) verstoßen. Danach wird eine Dezentralisierung der Kollektivverhandlungssysteme angestrebt.[11]

Neben der Anerkennung des sozialen Dialogs als integralem Bestandteil eines Europäischen Sozialmodells (s. Art. 151 AEUV, Rn. 32) liegt die Bedeutung des Art. 152 AEUV vor allem darin, dass er in Bezug auf die bestehenden Autonomierechte nicht nur Anerkennung, sondern auch **Förderung** des sozialen Dialogs durch die Kommission erlaubt. Angesichts des bestehenden Spannungsverhältnisses zur Autonomie ist dies aber eng zu interpretieren. So müssen Förderungsmaßnahmen zielgenau und konkret eingesetzt sein; pauschale Zuwendungen ohne konkrete Mittelverwendungsbindung sind unzulässig.[12] In Betracht kommt insbesondere eine Förderung von Treffen und Übersetzung.[13]

Die institutionelle Garantie des Art. 152 AEUV enthält **keine Bestandsgarantie** für die Sozialpartner.[14] Sie enthält aber eine Befugnis, bestehende Organisationen, die bereits die Voraussetzungen für die Beteiligung am sozialen Dialog mitbringen, für die Arbeit auf europäischer Ebene zu befähigen. Insbesondere wegen der möglichen Einflüsse auf die mitgliedstaatlichen Strukturen darf aber dort keine Förderung stattfinden, wo es an jeglichen Voraussetzungen für den Dialog fehlt.[15]

Das Ziel einer **Ausgewogenheit** bei der Anhörung wird ausdrücklich nur in Art. 154 Abs. 1 AEUV erwähnt, nicht jedoch bei der Förderung des sozialen Dialogs in Art. 152 AEUV. Tatsächlich kann das Förderungsgebot nur bei einer differenzierten Förderung angemessen erfüllt werden; insbesondere darf nach der Repräsentativität differenziert werden. Allerdings dürfen die Fördermaßnahmen nicht Ziele einer Gleichgewichtigkeit im Verhältnis von Arbeitnehmer- und Arbeitgeberorganisationen anstreben und insofern Machtungleichgewichte auszugleichen suchen.[16]

B. Begriff der »Sozialpartner«

Die große Bedeutung dessen, was in der Europäischen Union als Sozialpartnerschaft bezeichnet wird, geht letztlich auf den gemeineuropäischen grundrechtlichen Schutz der **Kollektivverhandlungsautonomie** zurück. Insofern ist ein wichtiges Konstitutionselement der in Art. 152 AEUV gemeinten Sozialpartner der freiwillige Beitritt, eine

---

[11] Zu den Auswirkungen der Memoranda of Understanding auf nationale Systeme der Kollektivverhandlungen siehe z. B. *Seifert*, SR 2014, 14 (22 ff.).
[12] *Rebhahn/Reiner*, in: Schwarze, EU-Kommentar, Art. 152 AEUV, Rn. 7.
[13] Vgl. auch *Eichhorst/Kendzia/Vandeweghe*, Grenzüberschreitende Kollektivverhandlungen und transnationaler sozialer Dialog, 2011, S. 7, die dem Europäischen Parlament vorschlagen, den Aufbau von Sozialpartnerschaften in den mittel- und osteuropäischen Mitgliedstaaten zu fördern. Siehe auch EuArbR/*Franzen*, Art. 152 AEUV, Rn. 2.
[14] *Gassner*, in: Vedder/Heintschel v. Heinegg, Europäisches Unionsrecht, Art. 152 AEUV, Rn. 10.
[15] *Rebhahn/Reiner*, in: Schwarze, EU-Kommentar, Art. 152 AEUV, Rn. 7 f.
[16] *Rebhahn/Reiner*, in: Schwarze, EU-Kommentar, Art. 152 AEUV, Rn. 8.

demokratische Binnenstruktur sowie die Unabhängigkeit vom sozialen Gegenspieler und vom Staat.[17]

12 Im Übrigen ist aber bei Anerkennung und Förderung von Sozialpartnern die Unterschiedlichkeit der »nationalen Systeme« zu berücksichtigen. Damit sind die **Systeme der industriellen Beziehungen** angesprochen. Dies betrifft insbesondere die Frage, ob eine Interessenvertretung der Arbeitnehmerinnen und Arbeitnehmer eher auf Betriebs- oder eher auf Branchenebene stattfindet, ob Gewerkschaften stärker Berufsgruppen oder auf Unternehmensebene organisieren, ob ein sozialer Dialog im Rahmen eines nationalen Kollektivverhandlungssystems existiert, ob bipartistische oder tripartistische Systeme vorherrschen, ob Gewerkschaften sich parteipolitisch festlegen oder eher einem Einheitsgewerkschaftsgedanken folgen.[18] Ein Sozialpartner kann auch sowohl eine Gewerkschaft, ein Verband oder ein Verband von Verbänden sei; die Koalitionen müssen allerdings auch sozial- und nicht lediglich wirtschafts- und industriepolitische Interessen vertreten.

13 Obwohl lediglich Koalitionen, nicht aber betriebliche Vertretungen am förmlichen Dialog nach Art. 154 Abs. 2–4 AEUV teilnehmen können (s. Art. 154 AEUV, Rn. 12), können diese von Art. 152 AEUV erfasst werden, soweit sie als »**autonom**« im Sinn der Norm und des Grundrechts aus Art. 28 GRC angesehen werden können. Dies ist aber nur der Fall, wenn ihnen aufgrund einer freien Gründung eigene Autonomierechte zustehen, was beim Europäischen Betriebsrat im Sinne der Richtlinie 2009/38[19] jedenfalls nicht der Fall ist.[20] Auch öffentlich-rechtlich verfasste Einrichtungen sind nicht erfasst.[21]

14 Der Begriff des Sozialpartners ist in den Art. 152 sowie 154/155 AEUV grundsätzlich gleichlaufend zu interpretieren. Allerdings sind die Anforderungen an die Teilnahme an der förmlichen Anhörung nach Art. 154 Abs. 2–4 AEUV sowie am Abschluss von Vereinbarungen nach Art. 155 AEUV enger zu interpretieren; hier ist jeweils zusätzlich ein bestimmtes Maß an **Repräsentativität** vorausgesetzt (dazu s. Art. 155 AEUV, Rn. 19 ff.). Für Art. 152 AEUV kann auf diese Anforderung verzichtet werden.[22]

---

[17] *Deinert*, RdA 2004, 211 (224), der dies aus einem Ansatz der wertenden Rechtsvergleichung begründet; im Ergebnis genauso *Krebber*, in: Calliess/Ruffert, EUV/AEUV, Art. 154 AEUV, Rn. 14 ff.

[18] Für eine (etwas andere) Typisierung von Gewerkschaften siehe auch *Hyman*, 2001 (passim); ähnlich wie hier aber *Rust*, in: GSH, Europäisches Unionsrecht, Art. 155 AEUV, Rn. 53 ff.; zu Unterschieden im Hinblick auf Organisationsgrade vgl. *dies.*, ebd., Rn. 25 f.

[19] RL 2009/38 vom 6.5.2009 über die Einsetzung eines Europäischen Betriebsrates oder die Schaffung eines Verfahrens zur Unterrichtung und Anhörer der Arbeitnehmer in gemeinschaftsweit operierenden Unternehmen und Unternehmensgruppen, ABl. 2009, L 122/28.

[20] Anders aber wohl Erwägungsgrund 8 der Richtlinie 2009/38/EG vom 16.5.2009 über die Einsetzung eines Europäischen Betriebsrats oder die Schaffung eines Verfahrens zur Unterrichtung und Anhörung der Arbeitnehmer in gemeinschaftsweit operierenden Unternehmen und Unternehmensgruppen, ABl. 2009, L 122/28: Ziel sei eine Förderung des sozialen Dialogs. Dagegen vermeidet die Richtlinie 2002/14/EG vom 11.3.2002 zur Festlegung eines allgemeinen Rahmens für die Unterrichtung und Anhörung der Arbeitnehmer in der Europäischen Gemeinschaft, ABl. 2002, L 80/29, den Begriff des Sozialen Dialogs bewusst als Bezeichnung für den Dialog zwischen Arbeitnehmervertretern und Arbeitgeber (Art. 2g)).

[21] Vgl. EuGH, Urt. v. 13.9.2011, Rs. C–447/09 (Prigge u.a.), Slg. 2011, I–8003, Rn. 60 f.

[22] Anders wohl *Eichenhofer*, in: Streinz, EUV/AEUV, Art. 152 AEUV, Rn. 6 f.

C. Formen des sozialen Dialogs auf europäischer Ebene

Art. 152 umfasst den in Art. 154 und 155 AEUV geregelten förmlichen sozialen Dialog und den vertraglich nicht näher geregelten informellen sozialen Dialog. Der **förmliche soziale Dialog** erfolgt zweiseitig (zwischen europäischen Arbeitgeber- und Gewerkschaftsorganisationen)[23] und dreiseitig (unter Beteiligung öffentlicher Stellen, insbesondere der Kommission).[24] Er findet sowohl auf Branchenebene statt (sektoraler sozialer Dialog) als auch auf gesamteuropäischer Ebene.[25] 15

Ein sektoraler sozialer Dialog, der von der Kommission moderiert wird, findet seit Mitte der 1990er Jahre vor allem in den europäischen **Sektorensozialdialog-Ausschüssen** statt.[26] Diese paritätisch besetzten Ausschüsse wurden von der Kommission eingerichtet und dienen der gemeinsamen Beratung sozialpolitischer Fragen und damit dem Dialog der Sozialpartner auf europäischer Ebene. Entsprechende Ausschüsse können auf gemeinsamen Antrag der Sozialpartner gebildet werden.[27] 16

Um eine kontinuierliche Grundlage für den dreiseitigen Dialog zu schaffen, wurde 2003 der **Dreigliedrige Sozialgipfel** für Wachstum und Beschäftigung geschaffen. Er soll eine kontinuierliche Konzertierung zwischen dem Rat, der Kommission und den Sozialpartnern sicherstellen.[28] Art. 152 Abs. 2 AEUV hebt diese Bedeutung nun hervor. Der Dreigliedrige Sozialgipfel tagt mindestens einmal jährlich. Er ist weder Organ i. S. v. Art. 223 ff., noch beratende Einrichtung i. S. v. Art. 300 ff. AEUV.[29] An ihm nehmen der amtierende Ratsvorsitz, die beiden anschließenden Ratsvorsitze, die Kommission (jeweils einschließlich der Zuständigen für Arbeit und Soziales) sowie die Sozialpartner teil; diese entsenden zwei gleich große Delegationen von je zehn Vertreterinnen und Vertretern branchenübergreifender europäischer Verbände, »die allgemeine Interessen oder spezifischere Interessen von Führungskräften sowie von kleinen und mittleren Unternehmen auf europäischer Ebene vertreten«. Eine ausgewogene Beteiligung von Männern und Frauen ist sicherzustellen.[30] 17

Am förmlichen Dialog können nur europäische, am **informellen Dialog** können hingegen auch mitgliedstaatliche Sozialpartner mitwirken.[31] 18

---

[23] Überblicke über die bestehenden Strukturen und Organisationen finden sich bei *Platzer/Müller* (Hrsg.), Die globalen und europäischen Gewerkschaftsverbände, 2009; *Behrens/Traxler*, Arbeitgeberverbände in Europa, 2004, in: eironline <http://www.eurofound.europa.eu/eiro/2003/11/study/tn0311102s.htm> (2.2.2017).
[24] *Gassner*, in: Vedder/Heintschel v. Heinegg, Europäisches Unionsrecht, Art. 152 AEUV, Rn. 4.
[25] Zur Entwicklung ausführlich *Rust*, in: GSH, Europäisches Unionsrecht, Art. 152 AEUV, Rn. 3 ff.
[26] *Ales/Engblom/Jaspers/Laulom/Sciarra/Sobczak/Valdés dal-Ré, European Commission*, Transnational Collective Bargaining: Past, Present, Future, 2006, S. 10 ff. mit weiteren Details; *Zachert*, S. 529.
[27] Für einen Überblick siehe auch *Ales*, ZESAR 2007, 151.
[28] Beschluss 2003/174/EG des Rates vom 6.3.2003 zur Einrichtung eines Dreigliedrigen Sozialgipfels für Wachstum und Beschäftigung, ABl. 2003, L 70/31. Zur Entwicklung *Rust*, in: GSH, Europäisches Unionsrecht, Art. 152 AEUV, Rn. 46 ff.
[29] *Krebber*, in: Calliess/Ruffert, EUV/AEUV, Art. 152 AEUV, Rn. 2.
[30] Genauer zur Zusammensetzung s. Art. 3 des Beschlusses 2003/174/EG.
[31] *Krebber*, in: Calliess/Ruffert, EUV/AEUV, Art. 152 AEUV, Rn. 6; Art. 154 AEUV, Rn. 8; zustimmend *Gassner*, in: Vedder/Heintschel v. Heinegg, Europäisches Unionsrecht, Art. 152 AEUV, Rn. 6.

Artikel 153 AEUV [Kompetenzen der Union]

(1) Zur Verwirklichung der Ziele des Artikels 151 unterstützt und ergänzt die Union die Tätigkeit der Mitgliedstaaten auf folgenden Gebieten:
a) Verbesserung insbesondere der Arbeitsumwelt zum Schutz der Gesundheit und der Sicherheit der Arbeitnehmer,
b) Arbeitsbedingungen,
c) soziale Sicherheit und sozialer Schutz der Arbeitnehmer,
d) Schutz der Arbeitnehmer bei Beendigung des Arbeitsvertrags,
e) Unterrichtung und Anhörung der Arbeitnehmer,
f) Vertretung und kollektive Wahrnehmung der Arbeitnehmer- und Arbeitgeberinteressen, einschließlich der Mitbestimmung, vorbehaltlich des Absatzes 5,
g) Beschäftigungsbedingungen der Staatsangehörigen dritter Länder, die sich rechtmäßig im Gebiet der Union aufhalten,
h) berufliche Eingliederung der aus dem Arbeitsmarkt ausgegrenzten Personen, unbeschadet des Artikels 166,
i) Chancengleichheit von Männern und Frauen auf dem Arbeitsmarkt und Gleichbehandlung am Arbeitsplatz,
j) Bekämpfung der sozialen Ausgrenzung,
k) Modernisierung der Systeme des sozialen Schutzes, unbeschadet des Buchstabens c.
(2) Zu diesem Zweck können das Europäische Parlament und der Rat
a) unter Ausschluss jeglicher Harmonisierung der Rechts- und Verwaltungsvorschriften der Mitgliedstaaten Maßnahmen annehmen, die dazu bestimmt sind, die Zusammenarbeit zwischen den Mitgliedstaaten durch Initiativen zu fördern, die die Verbesserung des Wissensstands, die Entwicklung des Austauschs von Informationen und bewährten Verfahren, die Förderung innovativer Ansätze und die Bewertung von Erfahrungen zum Ziel haben;
b) in den in Absatz 1 Buchstaben a bis i genannten Bereichen unter Berücksichtigung der in den einzelnen Mitgliedstaaten bestehenden Bedingungen und technischen Regelungen durch Richtlinien Mindestvorschriften erlassen, die schrittweise anzuwenden sind. Diese Richtlinien sollen keine verwaltungsmäßigen, finanziellen oder rechtlichen Auflagen vorschreiben, die der Gründung und Entwicklung von kleinen und mittleren Unternehmen entgegenstehen.

Das Europäische Parlament und der Rat beschließen gemäß dem ordentlichen Gesetzgebungsverfahren nach Anhörung des Wirtschafts- und Sozialausschusses und des Ausschusses der Regionen.

In den in Absatz 1 Buchstaben c, d, f und g genannten Bereichen beschließt der Rat einstimmig gemäß einem besonderen Gesetzgebungsverfahren nach Anhörung des Europäischen Parlaments und der genannten Ausschüsse.

Der Rat kann einstimmig auf Vorschlag der Kommission nach Anhörung des Europäischen Parlaments beschließen, dass das ordentliche Gesetzgebungsverfahren auf Absatz 1 Buchstaben d, f und g angewandt wird.

(3) Ein Mitgliedstaat kann den Sozialpartnern auf deren gemeinsamen Antrag die Durchführung von aufgrund des Absatzes 2 angenommenen Richtlinien oder gegebenenfalls die Durchführung eines nach Artikel 155 erlassenen Beschlusses des Rates übertragen.

In diesem Fall vergewissert sich der Mitgliedstaat, dass die Sozialpartner spätestens zu dem Zeitpunkt, zu dem eine Richtlinie umgesetzt oder ein Beschluss durchgeführt sein muss, im Wege einer Vereinbarung die erforderlichen Vorkehrungen getroffen haben; dabei hat der Mitgliedstaat alle erforderlichen Maßnahmen zu treffen, um jederzeit gewährleisten zu können, dass die durch diese Richtlinie oder diesen Beschluss vorgeschriebenen Ergebnisse erzielt werden.

(4) Die aufgrund dieses Artikels erlassenen Bestimmungen
– berühren nicht die anerkannte Befugnis der Mitgliedstaaten, die Grundprinzipien ihres Systems der sozialen Sicherheit festzulegen, und dürfen das finanzielle Gleichgewicht dieser Systeme nicht erheblich beeinträchtigen;
– hindern die Mitgliedstaaten nicht daran, strengere Schutzmaßnahmen beizubehalten oder zu treffen, die mit den Verträgen vereinbar sind.

(5) Dieser Artikel gilt nicht für das Arbeitsentgelt, das Koalitionsrecht, das Streikrecht sowie das Aussperrungsrecht.

Literaturübersicht

Blanpain, The Treaty needs to be amended, ELLJ 4 (2013), 28; *Bruun/Bücker*, Der Monti II Verordnungsvorschlag der EU Kommission. Eine kritische Würdigung, NZA 2012, 1136; *Bryde*, Europäisches Grundrecht der Tarifautonomie und europäisches Sozialstaatsprinzip als Schranken europäischer Wirtschaftsregulierung, SR 2012, 2; *Eichenhofer*, Soziales Europa, VSSR 2014, 29; *Fabbrini/Granat*, »Yellow Card, but no Foul«: The Role for the National parliaments under the Subsidiarity Protocol and the Commission Proposal for an EU Regulation on the Right to Strike, CMLRev. 50 (2013), 115; *Fischer-Lescano*, Troika in der Austerität. Rechtsbindungen der Unionsorgane beim Abschluss von Memoranda of Understanding, KJ 2014, 2; *Franzen*, Neues zum Arbeitnehmerdatenschutz aus Brüssel, EuZA 5 (2012), 293; *ders.*, Urlaubsentgelt, Provisionen und andere unregelmäßig anfallende Vergütungsbestandteile, NZA 2014, 647; *Hamann*, Die Richtlinie Leiharbeit und ihre Auswirkungen auf das nationale Recht der Arbeitnehmerüberlassung, EuZA 2 (2009), 287; *Hasselbalch/Bruun*, Deregulation of EU Labour Law Directives. Is the Commission in Conflict with the Treaties?, ELLJ 4 (2013), 230; *Junker*, Europäische Vorschriften zur Kündigung, EuZA 7 (2014), 143; *Kingreen*, Soziales Fortschrittsprotokoll. Potenzial und Alternativen, 2014; *Kocher*, Zum Verhältnis von Recht und Politik nach der EuGH-Entscheidung »Viking«, GS Zachert, 2010, S. 37; *Kort*, Die Bedeutung der europarechtlichen Grundfreiheiten für die Arbeitnehmerentsendung und die Arbeitnehmerüberlassung, NZA 2002, 1248; *Kowanz*, Europäische Kollektivvertragsordnung. Bestandsaufnahme und Entwicklungsperspektiven, 1999; *Latzel/Serr*, Kartellkontrollprivileg für Tarifverträge als formeller Rahmen eines Unionstarifrechts, EuZW 2014, 410; *Rebhahn*, Arbeitnehmerähnliche Personen – Rechtsvergleich und Regelungsperspektive, RdA 2009, 236; *ders.*, Überlegungen zur Bedeutung der Charta der Grundrechte der EU für den Streik und für die Kollektive Rechtsgestaltung, GS Heinze, 2005, 649; *Richardi*, Arbeitnehmer als Beschäftigte, NZA 2010, 1101; *Scheibeler*, Begriffsbildung durch den Europäischen Gerichtshof – autonom oder durch Verweis auf die nationalen Rechtsordnungen?, 2004; *Schiek*, Economic and Social Integration in Europe. The Challenge for EU Constitutional Law, 2012; *M. Schmidt*, Perspektiven und Sinn weiterer Regulierung durch Europarecht, EuZA 1 (2008), 196; *J. Schubert*, Der Vorschlag der EU-Kommission für eine Monti-II-Verordnung. Eine kritische Analyse unter Einbeziehung der Überlegungen zu der Enforcement-Richtlinie, 2012; *Seifert*, Neue Formen der Wirtschaftssteuerung in der EU und das Arbeitsrecht in den Mitgliedstaaten, SR 2014, 14; *Simon*, Verstößt das Tariftreue- und Vergabegesetz Nordrhein-Westfalen gegen EU-Recht? Zur Inkohärenz von Tariftreuepflichten und Mindestlohnklauseln im Vergaberecht, RdA 2014, 165; *Stöbener/Böhm*, Kompetenzen ohne Grenzen – Der Vorschlag der EU-Kommission zur Frauenquote für Aufsichtsräte, EuZW 2013, 371; *Walter*, Monti II ist gescheitert. Gelbe Karte für die Kommission, AuR 2013, 27; *Weiss*, Transnationale Kollektivvertragsstrukturen in der EG: Informalität oder Verrechtlichung?, FS Birk, 2008, S. 957; *Ziegler*, Arbeitnehmerbegriffe im Europäischen Arbeitsrecht, 2011.

Leitentscheidungen

EuGH, Urt. v. 12.11.1996, Rs. C–84/94 (Vereinigtes Königreich/Rat), Slg. 1996, I–5755
EuGH, Urt. v. 10.1.2006, Rs. C–94/03 (Kommission/Rat), Slg. 2006, I–1
EuGH, Urt. v. 13.9.2007, Rs. C–307/05 (Del Cerro Alonso), Slg. 2007, I–7109
EuGH, Urt. v. 18.12.2008, Rs. C–306/07 (Andersen), Slg. 2008, I–10279
EuGH, Urt. v. 11.2.2010, Rs. C–405/08 (Holst), Slg. 2010, I–985
EuGH, Urt. v. 6.10.2010, verb. Rs. C–395/08 und C–396/08 (INPS), Slg. 2010, I–5119
EuGH, Urt. v. 7.6.2012, Rs. C–39/11 (VBV Vorsorgekasse), ECLI:EU:C:2012:327

Inhaltsübersicht

	Rn.
A. Allgemeine Grundsätze der Kompetenzwahrnehmung im Bereich der Sozialpolitik	1
B. Ermächtigung zum Erlass von Richtlinien (Abs. 2 UAbs. 1 Buchst. b)	11
I. Kompetenzen im ordentlichen Gesetzgebungsverfahren	12
1. Schutz von Gesundheit und Sicherheit am Arbeitsplatz (Art. 153 Abs. 1 Buchst. a)	13
2. Arbeitsbedingungen (Art. 153 Abs. 1 Buchst. b)	21
3. Unterrichtung und Anhörung der Arbeitnehmer (Art. 153 Abs. 1 Buchst. e)	27
4. Berufliche Eingliederung der aus dem Arbeitsmarkt ausgegrenzten Personen (Art. 153 Abs. 1 Buchst. h)	32
II. Kompetenzen im besonderen Gesetzgebungsverfahren	38
1. Soziale Sicherheit und sozialer Schutz der Arbeitnehmer (Art. 153 Abs. 1 Buchst. c)	39
2. Schutz der Arbeitnehmer bei Beendigung des Arbeitsvertrags (Art. 153 Abs. 1 Buchst. d)	44
3. Vertretung und kollektive Wahrnehmung der Arbeitnehmer- und Arbeitgeberinteressen (Art. 153 Abs. 1 Buchst. f)	49
4. Beschäftigungsbedingungen von Drittstaatsangehörigen (Art. 153 Abs. 1 Buchst. g)	57
III. Begriff des Arbeitsverhältnisses und der Beschäftigung	60
IV. Allgemeine Grundsätze der Richtliniensetzung	67
1. Mindestharmonisierung/Günstigkeitsprinzip	67
2. Schutz kleiner und mittlerer Unternehmen	72
3. Finanzielles Gleichgewicht der Systeme der sozialen Sicherheit	77
V. Verfahren beim Richtlinienerlass (Art. 153 Abs. 2 UAbs. 2 Buchst. b)	81
1. Ordentliches Gesetzgebungsverfahren	84
2. Besonderes Gesetzgebungsverfahren	85
C. Maßnahmen zur Förderung der Zusammenarbeit und des Wissensstandes (Art. 153 Abs. 2 Buchst. a)	87
I. Maßnahmen und Verfahren	87
II. Gegenstandsbereiche	91
1. Bekämpfung der sozialen Ausgrenzung (Art. 153 Abs. 1 Buchst. j)	92
2. Modernisierung der Systeme des sozialen Schutzes (Art. 153 Abs. 1 Buchst. k)	93
D. Der soziale Dialog bei der Richtlinienumsetzung (Abs. 3)	95
E. Mitgliedstaatliche Vorbehaltsbereiche (Abs. 4 und Abs. 5)	101
I. Grundprinzipien der sozialen Sicherungssysteme und deren Finanzierung (Art. 153 Abs. 4)	101
II. Gegenstandsbereiche des Kollektivverhandlungsrechts (Art. 153 Abs. 5)	107
1. Arbeitsentgelt	116
2. Koalitionsrecht	128
3. Streikrecht und Aussperrungsrecht	130
4. Tarifrecht	133

A. Allgemeine Grundsätze der Kompetenzwahrnehmung im Bereich der Sozialpolitik

Art. 153 AEUV ist die **zentrale Norm**, wenn es um die Begründung von Kompetenzen der Europäischen Union im Bereich der Sozialpolitik geht. Abs. 1 nennt die Bereiche, in denen Kompetenzen bestehen. Abs. 2 regelt die Reichweite der jeweiligen Kompetenz: Während Maßnahmen zur Förderung der Zusammenarbeit in den Mitgliedstaaten für alle in Abs. 1 genannten Bereiche erlassen werden können, ist eine arbeits- und sozialrechtliche Harmonisierung nur in den Bereichen von Abs. 1 Buchst. a-i und nur durch Mindestvorschriften in Richtlinien zulässig.[1] Abs. 3 geht auf die Möglichkeit einer Durchführung von Richtlinien durch die nationalen Sozialpartner ein. Die Abs. 4 und 5 begrenzen die sozialpolitischen Kompetenzen der Europäischen Union und regeln insofern Vorbehaltsbereiche der mitgliedstaatlichen Sozialpolitik.

Bereits vor **Einführung der Kompetenzgrundlage** des heutigen Art. 153 AEUV erließ die Europäische Wirtschaftsgemeinschaft zahlreiche Richtlinien mit arbeitsrechtlichem Regelungsgegenstand, z. B. zu Geschlechtergleichbehandlung, Massenentlassungen, Betriebsübergang oder Schutz bei Zahlungsunfähigkeit des Arbeitgebers.[2] Mit der Konkretisierung in Art. 153 AEUV erkennt die Union an, dass das Regelungsbedürfnis im Bereich der Sozialpolitik auf den **sozialen Schutz** von Arbeitnehmerinnen und Arbeitnehmern abzielt, und dass auf europarechtlicher Ebene im Hinblick auf die Verhinderung von sozialem Dumping in erster Linie unterstützende Mindestvorschriften, aber keine darüber hinaus gehende Harmonisierung erforderlich sind.[3]

Art. 153 AEUV begründet **keine subjektiven Rechte**. Rechte von Einzelpersonen können sich aber aus den Richtlinien ergeben, die auf Grundlage der Vorschrift erlassen wurden.

Vor dem Hintergrund der mitgliedstaatlichen Primärzuständigkeit für die Sozialpolitik ermächtigt Art. 153 Abs. 1 AEUV die Europäische Union ausdrücklich nur zum **Erlass unterstützender und ergänzender Maßnahmen**.[4] Die Unionsmaßnahme muss also in einem Bereich erfolgen, in dem die Mitgliedstaaten bereits Maßnahmen eingeführt haben, die unterstützt oder ergänzt werden können. Allerdings dürfte es ausreichen, wenn solche Maßnahmen auf Ebene der Sozialpartner getroffen werden oder wenn diese sich implizit aus allgemeinen (bürgerlichrechtlichen oder verfassungsrechtlichen) Regeln ergeben. Nicht erforderlich erscheint auch, dass alle Mitgliedstaaten schon über Maßnahmen in dem jeweiligen Bereich verfügen. Es handelt sich um eine Konkretisierung des Grundsatzes der Subsidiarität in der Sozialpolitik (s. Art. 151 AEUV, Rn. 3 f.; Rn. 25 ff.).

Nach Art. 153 Abs. 4, 2. Gedstr. AEUV dürfen die aufgrund dieses Artikels erlassenen Bestimmungen die Mitgliedstaaten nicht daran hindern, **strengere Schutzmaßnahmen** beizubehalten oder zu treffen, wenn diese ansonsten mit den Verträgen vereinbar sind. Dies gilt nicht nur für Richtlinien, die ohnehin nur Mindestvorschriften enthalten

---

[1] Zum Ganzen siehe auch *Gassner*, in: Vedder/Heintschel v. Heinegg, Europäisches Unionsrecht, Art. 153 AEUV, Rn. 5; *Krebber*, in: Calliess/Ruffert, EUV/AEUV, Art. 153 AEUV, Rn. 1.
[2] Zur Entwicklung des Art. 153 AEUV selbst siehe insbesondere Langer, in: GSH, Europäisches Unionsrecht, Art. 153 AEUV, Rn. 1 ff.
[3] Genauer Art. 151 AEUV (siehe die Kommentierung dort).
[4] *Gassner*, in: Vedder/Heintschel v. Heinegg, Europäisches Unionsrecht, Art. 153 AEUV, Rn. 5; *Krebber*, in: Calliess/Ruffert, EUV/AEUV, Art. 153 AEUV, Rn. 3; Langer, in: GSH, Europäisches Unionsrecht, Art. 153 AEUV, Rn. 7.

können (Abs. 2 UAbs. 1 Buchst. b, s. Rn. 67 ff.), sondern auch für alle sonstigen Maßnahmen aufgrund von Abs. 2 UAbs. 1 Buchst. a.

6 Die Kompetenzgrenzen selbst unterliegen der **autonomen Auslegung** durch den Europäischen Gerichtshof[5] (zum Begriff des Arbeitsverhältnisses aber s. Rn. 60 ff.). Neben dem Wortlaut sind dabei auch der Zusammenhang der Regelung und die Ziele, die mit ihr verfolgt werden, zu berücksichtigen.[6]

7 Die **Wahl der Rechtsgrundlage** muss durch objektive, gerichtlich nachprüfbare Umstände begründet sein. Dabei sind insbesondere Ziel und Inhalt des Rechtsakts zu berücksichtigen, wie sie sich nicht zuletzt aus den Begründungserwägungen ergeben.[7] Welche Rechtsgrundlage für den Erlass anderer Unionsmaßnahmen mit ähnlichem Gegenstand oder Zielsetzung herangezogen wurde, spielt keine Rolle.[8] In Hinblick auf die Eignung der jeweiligen Maßnahme zur Erreichung des angestrebten Ziels kommt dem Europäischen Gesetzgeber ein weiter Ermessensspielraum zu: »Die Ausübung der Befugnis kann gerichtlich nur daraufhin überprüft werden, ob ein offensichtlicher Irrtum oder ein Ermessensmissbrauch vorliegt oder ob die Grenzen des Ermessens offenkundig überschritten werden«.[9]

8 Betrifft eine Maßnahme von Inhalt oder Ziel her **mehrere der in Abs. 1 genannten Bereiche**, so sind diese unabhängig voneinander kompetenziell zu begründen, soweit sie sich voneinander trennen lassen. Nur wenn ein Aspekt so stark überwiegt, dass der andere nur von nebensächlicher Bedeutung ist, ist eine einzige Rechtsgrundlage maßgeblich (Annex-Kompetenz). Verfolgt ein- und dieselbe Maßnahme gleichzeitig mehrere Zielsetzungen oder umfasst sie mehrere Komponenten, die untrennbar miteinander verbunden sind, ohne dass die eine gegenüber der anderen nur zweitrangig und mittelbar ist, so kommen mehrere Rechtsgrundlagen nebeneinander in Betracht.[10] Dies hat insbesondere zur Folge, dass die Verfahrensvorschriften aller in Betracht kommender Rechtsgrundlagen zu beachten sind, außer diese lassen sich nicht miteinander vereinbaren und/oder die Verbindung der Rechtsgrundlagen würde die Rechte des Parlaments beeinträchtigen.[11] Allerdings darf die Wahl einer ergänzenden Rechtsgrundlage darf nicht dazu führen, dass die Beteiligung des Parlaments geschwächt wird.[12]

9 Die Norm stellt **gegenüber den Art. 114, 115 AEUV** eine Sonderregelung dar und ist insofern lex specialis.[13] Soweit es um »Bestimmungen über die Rechte und Interessen der Arbeitnehmer« geht, sind ausschließlich Art. 153 AEUV bzw. Art. 46, 48, 157 Abs. 3 AEUV anzuwenden, selbst wenn die Maßnahmen sich daneben auf die Errich-

---

[5] *Ziegler*, S. 169 ff.
[6] EuGH, Urt. v. 6.10.2010, verb. Rs. C–395/08 und C–396/08 (INPS), Slg. 2010, I–5119, Rn. 28; Urt. v. 15.4.2008, Rs. C–268/06 (Impact), Slg. 2008, I–2483, Rn. 110.
[7] EuGH, Urt. v. 10.1.2006, Rs. C–94/03 (Kommission/Rat), Slg. 2006, I–1, Rn. 34 ff.; Urt. v. 12.11.1996, Rs. C–84/94 (Vereinigtes Königreich/Rat), Slg. 1996, I–5755, Rn. 25; Rn. 28 verweist insofern insbesondere auf die Begründungserwägungen.
[8] EuGH, Urt. v. 10.1.2006, Rs. C–94/03 (Kommission/Rat), Slg. 2006, I–1, Rn. 50.
[9] EuGH, Urt. 12.11.1996, Rs. C–84/94 (Vereinigtes Königreich/Rat), Slg. 1996, I–5755, Rn. 58 zur Kompetenz der Gemeinschaft aufgrund von Art. 118a EGV in der damaligen Form.
[10] EuGH, Urt. v. 10.1.2006, Rs. C–94/03 (Kommission/Rat), Slg. 2006, I–1, Rn. 34 ff. Anders EUArbR/*Franzen*, Art. 153 AEUV, Rn. 16: Schwerpunkt der Maßnahme.
[11] EuGH, Urt. v. 10.1.2006, Rs. C–94/03 (Kommission/Rat), Slg. 2006, I–1, Rn. 52 ff.; siehe auch *Rebhahn/Reiner*, in: Schwarze, EU-Kommentar, Art. 153 AEUV, Rn. 25 f.
[12] EuGH, Urt. v. 1.6.1991, Rs. C–300/89 (Kommission/Rat), Slg. 1991, I–2867, Rn. 18 bis 21.
[13] *Rebhahn/Reiner*, in: Schwarze, EU-Kommentar, Art. 153 AEUV, Rn. 23 unter Hinweis auf Konsequenzen für die Auslegung des Art. 114 AEUV.

tung und das Funktionieren des Binnenmarkts auswirken können¹⁴ (so jetzt ausdrücklich Art. 114 Abs. 2 AEUV). Auch die besonderen Verfahrensvorschriften zum Schutz mitgliedstaatlicher Vorschriften zum Schutz der Arbeitsumwelt (Art. 114 Abs. 4–6 AEUV) gelten hier nicht.

Kommen für eine Maßnahme der Sozialpolitik noch andere Kompetenzgrundlagen in Betracht, so sind die Anforderungen des Art. 153 AEUV ebenfalls als **lex specialis** zu beachten. Auch für den Arbeitnehmerdatenschutz gilt insofern Art. 153 Abs. 2 AEUV.¹⁵   10

B. Ermächtigung zum Erlass von Richtlinien (Abs. 2 UAbs. 1 Buchst. b)

In Bezug auf die Kompetenzen des Art. 153 Abs. 1 Buchst. a-i ist nach Abs. 2 UAbs. 1 Buchst. b der Erlass von **Richtlinien** mit Mindestvorschriften möglich. Diese müssen eine schrittweise Anwendung ermöglichen (Art. 153 Abs. 2 Buchst. b AEUV).¹⁶   11

I. Kompetenzen im ordentlichen Gesetzgebungsverfahren

In Bezug auf die Kompetenzen des Art. 153 Abs. 1 Buchst. a, b, e, h und i AEUV geschieht dies im **ordentlichen Gesetzgebungsverfahren** nach Art. 294 AEUV unter Anhörung des Wirtschafts- und Sozialausschusses sowie des Ausschusses der Regionen.   12

1. Schutz von Gesundheit und Sicherheit am Arbeitsplatz (Art. 153 Abs. 1 Buchst. a)

Art. 153 Abs. 1 Buchst. a AEUV erlaubt Maßnahmen zur »Verbesserung insbesondere der Arbeitsumwelt zum Schutz der Gesundheit und der Sicherheit der Arbeitnehmer«. Mit **Arbeitsumwelt** ist insofern die Gesamtheit der Bedingungen gemeint, die Sicherheit und Gesundheit der Arbeitnehmerinnen und Arbeitnehmer bei ihren Tätigkeiten im Rahmen der Erwerbsarbeit betreffen. Die Begriffe der Gesundheit und Sicherheit beziehen sich insofern nicht nur auf körperliche Umstände und Gefahren am Arbeitsplatz, sondern auch auf Fragen der Arbeitszeit und des Urlaubs.¹⁷ Diese **weite Auslegung** ergibt sich vor allem aus dem Zusatz »insbesondere der Arbeitsumwelt« (Rn. 15).   13

Diese Zuständigkeit erfasst allgemeine **Maßnahmen für alle Beschäftigten** und beschränkt sich nicht darauf, Maßnahmen für bestimmte Gruppen von Arbeitnehmern (etwa Jugendliche oder Mütter) zu erlauben.¹⁸   14

Es reicht aus, wenn die Regelung den Schutz von Gesundheit und Sicherheit der Arbeitnehmerinnen und Arbeitnehmer anstrebt und hierfür nicht offensichtlich ungeeignet ist. Die Union muss sich nicht auf Maßnahmen beschränken, die nach wissenschaftlichen Erkenntnissen unbedingt erforderlich sind (s. Rn. 67). Der Anspruch einer   15

---

¹⁴ EuGH, Urt. v. 12.11.1996, Rs. C–84/94 (Vereinigtes Königreich/Rat), Slg. 1996, I–5755 zur Kompetenz der Gemeinschaft aufgrund von Art. 118a EGV in der damaligen Form.
¹⁵ *Franzen*, EuZA 5 (2012), 293 f. gegen die ausschließliche Bezugnahme auf Art. 16 AEUV durch die Kommission, die auch für die arbeitsrechtlichen Regelungen der EU-Datenschutz-Grundverordnung auf Art. 16 Abs. 1 und 114 Abs. 1 AEUV verwies (der am 14.4.2016 verabschiedete Text der EU-DSGVO enthält keine speziellen Regelungen zum Beschäftigtendatenschutz mehr).
¹⁶ Zur Bedeutung vgl. *Langer*, GSH, Europäisches Unionsrecht, Art. 153 AEUV, Rn. 58.
¹⁷ *Streinz*, Europarecht, Rn. 1127; *Langer*, in: GSH, Europäisches Unionsrecht, Art. 157 AEUV, Rn. 11, die auf die Herkunft des Begriffs aus dem skandinavischen Recht verweist.
¹⁸ EuGH, Urt. v. 12.11.1996, Rs. C–84/94 (Vereinigtes Königreich/Rat), Slg. 1996, I–5755.

solchen wissenschaftlichen Bewertung wäre hier auch deshalb unangebracht, da der EuGH für den **Begriff der Gesundheit** eine Orientierung an der Definition der Weltgesundheitsorganisation (WHO) vorschlägt, der sämtliche Mitgliedstaaten angehören; nach deren Satzung (Präambel) ist Gesundheit der Zustand des vollständigen körperlichen, geistigen und sozialen Wohnbefindens und nicht nur das Freisein von Krankheiten und Gebrechen.[19]

16   Die Kompetenznorm war Grundlage für den Erlass zahlreicher **Richtlinien zum Arbeitsschutz**, insbesondere der Arbeitsschutz-Rahmenrichtlinie 89/391/EWG[20] sowie zahlreicher, mittlerweile insgesamt zwanzig sogenannter Einzelrichtlinien zum Arbeitsschutz, wie z. B. der Mutterschutz-Richtlinie 92/85/EWG,[21] der Arbeitszeit-Richtlinie 2003/88/EG,[22] der Richtlinie 2003/10/EG[23] zum Schutz von Sicherheit und Gesundheit der Arbeitnehmer vor der Gefährdung durch physikalische Einwirkungen (Lärm), etc.

17   Da keine ausreichende Begründung dafür ersichtlich war, wieso der **Sonntag** in einem engeren Zusammenhang mit der Gesundheit und Sicherheit stehen sollte als ein anderer Wochentag, erklärte der EuGH den ursprünglichen Art. 5 Abs. 2 der Arbeitszeit-Richtlinie 93/104/EG[24] für nichtig, soweit er vorsah, dass die wöchentliche Mindestruhezeit grundsätzlich den Sonntag einschließen sollte.[25]

18   Auch beim Erlass von Richtlinien zum Schutz der Gesundheit und Sicherheit am Arbeitsplatz ist Art. 153 Abs. 5 AEUV zu beachten, wonach das Arbeitsentgelt nicht geregelt werden darf. So darf eine Arbeitszeitregelung z. B. keine Vorgaben hinsichtlich der Höhe oder des Niveaus der **Vergütungen** z. B. von Bereitschaftsdiensten machen (genauer hierzu, auch zur Begründung der Regelung für die Bezahlung des Jahresurlaubs nach Art. 7 Abs. 1 der Richtlinie 2003/88/EG, s. Rn. 124).[26]

19   **Einzelstaatliche Vorschriften zum Schutz der Arbeitsumwelt**, die außerhalb der Anwendungsbereiche des Sekundärrechts oder über die sekundärrechtlichen Mindestvorgaben hinaus bestehen oder erlassen werden, genießen nach Art. 114 Abs. 4 bis 6 AEUV einen besonderen Schutz gegenüber sonstigen Harmonisierungsmaßnahmen außerhalb der Sozialpolitik. (zum Verhältnis zu Art. 153 AEUV s. Rn. 9, Rn. 83). Diese Vorschriften sichern das besondere Subsidiaritätsprinzip des Art. 153 Abs. 1, Abs. 2 UAbs. 1 Buchst. b AEUV zusätzlich ab.

20   Richtlinien auf Grundlage von Art. 153 Abs. 1 Buchst. a AEUV können die **Grundrechte** aus Art. 31, 32 und 33 Abs. 2 GRC konkretisieren.

---

[19] EuGH, Urt. v. 12. 11. 1996, Rs. C–84/94 (Vereinigtes Königreich/Rat), Slg. 1996, I–5755, Rn. 39.
[20] RL 89/391/EWG vom 12. 6. 1989 über die Durchführung von Maßnahmen zur Verbesserung der Sicherheit und des Gesundheitsschutzes der Arbeitnehmer bei der Arbeit, ABl. 1989, L 183/1.
[21] RL 92/85/EWG vom 19. 10. 1992 über die Durchführung von Maßnahmen zur Verbesserung der Sicherheit und des Gesundheitsschutzes von schwangeren Arbeitnehmerinnen, Wöchnerinnen und stillenden Arbeitnehmerinnen am Arbeitsplatz (zehnte Einzelrichtlinie im Sinne des Art. 16 Abs. 1 RL 89/391/EWG, ABl. 1992, L 348/1 (Fn. 20).
[22] RL 2003/88/EG vom 4. 11. 2003 über bestimmte Aspekte der Arbeitsgestaltung, ABl. 2003, L 299/9.
[23] RL 2003/10/EG vom 6. 2. 2003 über Mindestvorschriften zum Schutz von Sicherheit und Gesundheit der Arbeitnehmer vor der Gefährdung durch physikalische Einwirkungen, ABl. 2003, L 42/38.
[24] RL 93/104/EG vom 23. 11. 1993 über bestimmte Aspekte der Arbeitsgestaltung, ABl. 1993, L 307/18.
[25] EuGH, Urt. v. 12. 11. 1996, Rs. C–84/94 (Vereinigtes Königreich/Rat), Slg. 1996, I–5755, Rn. 37. Die neue Arbeitszeit-RL 2003/88/EG enthält keine derartige Einschränkung mehr.
[26] EuGH, Beschluss v. 11. 1. 2007, Rs. C–437/05 (Vorel), Slg. 2007, I–331, Rn. 32; Urt. v. 13. 9. 2007, Rs. C–307/05 (Del Cerro Alonso), Slg. 2007, I–7109, Rn. 43 ff.; Urt. v. 1. 12. 2005, Rs. C–14/04 (Dellas), Slg. 2005, I–10253, Rn. 38 ff.

2. Arbeitsbedingungen (Art. 153 Abs. 1 Buchst. b)

Der Wortlaut des Begriffs »Arbeitsbedingungen« ist nicht eindeutig.[27] Manche Unionsrechtsakte bezeichnen ihren Anwendungsbereich mit »**Beschäftigungs- und Arbeitsbedingungen**«,[28] andere lediglich mit »**Beschäftigungsbedingungen**«.[29] Es spricht einiges dafür, dass damit ein Unterschied bezeichnet werden soll. Auch die englische Übersetzung von »Arbeitsbedingungen« mit »working conditions« und »Beschäftigungsbedingungen« mit »employment conditions« deutet darauf hin, dass »Arbeitsbedingungen« die tatsächliche Beschäftigung und »Beschäftigungsbedingungen« die vertraglichen Bedingungen und das Austauschverhältnis meinen. Im deutschen Recht hingegen ist »Beschäftigungsverhältnis« der weitere (und unbestimmtere) Begriff gegenüber dem der abhängigen Arbeit.[30] Im Unionssekundärrecht unterscheidet z. B. Art. 1 Abs. 2 der Richtlinie 2006/54/EG[31] den »Zugang zur Beschäftigung« einerseits und »Arbeitsbedingungen« andererseits. Anderseits ist es angesichts des fragmentarischen Charakters des EU-Rechts nicht ausgeschlossen, dass die Wortlautdifferenz nicht unbedingt eine begriffliche Differenz markieren soll. Selbst der AEUV verwendet die beiden Begriffe teilweise synonym; insbesondere verwendet Art. 270 AEUV einen weiten Begriff (»Verbesserung der Lebens- bzw. Beschäftigungsbedingungen« in der Präambel, »Verbesserung der Lebens- bzw. Arbeitsbedingungen« in Art. 151 Abs. 1 AEUV; zur Auslegung des Art. 153 Abs. 1 Buchst. g AEUV s. Rn. 57 ff.). Die Nachweis-Richtlinie 91/533/EWG[32] versteht unter »**Arbeitsbedingungen**« gerade die vertraglichen Bedingungen, und es ist nicht davon auszugehen, dass mit der jetzigen Formulierung in Art. 153 Abs. 1 Buchst. b AEUV solchen und ähnlichen Harmonisierungsbestrebungen die Rechtsgrundlage entzogen werden sollte. Es ist also davon auszugehen, dass der Begriff der Arbeitsbedingungen auch Regelungen über die Beschäftigungsbedingungen im engeren Sinn erfassen soll.[33] Umgekehrt hat der EuGH zur Reichweite des Begriffs »**Beschäftigungsbedingungen**« in gleicher Weise Stellung genommen, und zwar in Hinblick auf § 4 Abs. 1 der Rahmenvereinbarung zur Teilzeitrichtlinie 97/81/EG,[34] dem-

---

[27] EuGH, Urt. v. 6.10.2010, verb. Rs. C–395/08 u. C–396/08 (INPS), Slg. 2010, I–5119, Rn. 28; Urt. v. 15.4.2008, Rs. C–268/06 (Impact), Slg. 2008, I–2483, Rn. 108.
[28] Siehe z. B. Art. 3 Abs. 1 Buchst. c RL 2000/43/EG vom 20.6.2000 zur Anwendung des Gleichbehandlungsgrundsatzes ohne Unterschied der Rasse oder der ethnischen Herkunft, ABl. 2000, L 180/22 und RL 2000/78/EG vom 27.11.2000 zur Festlegung eines allgemeinen Rahmens für die Verwirklichung der Gleichbehandlung in Beschäftigung und Beruf, ABl. 2000, L 303/16 (beide auf Grundlage von Art. 19 AEUV); Art. 3 Abs. 1 Buchst. f RL 2008/104/EG vom 18.11.2008 über Leiharbeit, ABl. 2008, L 327/9; Art. 3 RL 96/71/EG vom 16.12.1996 über die Entsendung von Arbeitnehmern im Rahmen der Erbringung von Dienstleistungen, ABl. 1996, L 18/1.
[29] § 4 Abs. 1 der Rahmenvereinbarungen zu befristeten Arbeitsverhältnissen und Teilzeitarbeit (RL 1999/70/EG vom 18.6.1999, ABl. 1999, L 175/43 und RL 1997/81/EG vom 15.12.1997, ABl. 1997, L 14/9).
[30] *Richardi*, NZA 2010, 1101.
[31] RL 2006/54/EG vom 5.7.2006 zur Verwirklichung des Grundsatzes der Chancengleichheit und Gleichbehandlung von Männern und Frauen in Arbeits- und Beschäftigungsfragen (Neufassung), ABl. 2006, L 204/23.
[32] RL 91/533/EWG vom 14.10.1991 über die Pflicht des Arbeitgebers zur Unterrichtung des Arbeitnehmers über die für seinen Arbeitsvertrag oder sein Arbeitsverhältnis geltenden Bestimmungen, ABl. 1991, L 288/32.
[33] Für eine weite Auslegung von »Arbeitsbedingungen« auch *Langer*, in: GSH, Europäisches Unionsrecht, Art. 153 AEUV, Rn. 19.
[34] RL 97/81/EG vom 15.12.1997 zu der von UNICE, CEEP und EGB geschlossenen Rahmenvereinigung über Teilarbeit, ABl. 1997, L 14/9.

zufolge Teilzeitbeschäftigte in ihren Beschäftigungsbedingungen nicht schlechter als vergleichbare Vollzeitbeschäftigte behandelt werden dürfen.[35] Danach deute der Begriff darauf hin, dass er grundsätzlich weit auszulegen sei.[36] Die beiden Begriffe entsprechen sich deshalb (siehe aber Rn. 25 zum Verhältnis zu Art. 153 Abs. 1 Buchst. a AEUV).

22 In Hinblick auf Art. 153 Abs. 5 AEUV ist insbesondere streitig, inwieweit **Entgeltbedingungen** einschließlich der Versorgungsbezüge Gegenstand von Harmonisierungsmaßnahmen sein können. Dazu lässt sich aus dem Wortlaut des Art. 153 Abs. 1 Buchst. b AEUV wenig entnehmen. Zwar wird insbesondere in den antidiskriminierungsrechtlichen Richtlinien ausdrücklich zwischen Beschäftigungsbedingungen und Arbeitsentgelt unterschieden. Dies geht aber darauf zurück, dass ein subjektives Recht auf Gleichbehandlung der Geschlechter beim Arbeitsentgelt speziell in Art. 157 Abs. 1 und 2 AEUV, und die Gleichbehandlung bei den Arbeitsbedingungen nur sekundärrechtlich geregelt ist.[37] In der Sache erfassen sowohl die Antidiskriminierungsrichtlinien[38] als auch Art. 3 Abs. 1 Buchst. f der Richtlinie 2008/104/EG über Leiharbeit mit den Beschäftigungs- und Arbeitsbedingungen explizit (»einschließlich«) das Arbeitsentgelt.[39]

23 Die Abgrenzung muss sich also in erster Linie aus Wortlaut und systematischem Zusammenhang sowie Sinn und Zweck des **Art. 153 Abs. 5 AEUV** ergeben. Danach darf der Unionsgesetzgeber keine Regelungen über die Festlegung der Höhe der verschiedenen Bestandteile des Arbeitsentgelts treffen. Dies schließt aber nicht aus, dass Regelungen über die Gleichbehandlung unterschiedlicher Gruppen bei der Berechnung des Entgelts sowie sonstigen Entgeltbedingungen getroffen werden (genauer zur Auslegung von Abs. 5 s. Rn. 101 ff.).

24 Primärrechtlich spricht damit nichts gegen eine Auslegung des § 4 der **Rahmenvereinbarung zur Teilzeitrichtlinie 97/81/EG**, wonach der Begriff der »Beschäftigungsbedingungen« auch finanzielle Bedingungen einschließlich der Vergütung und der Versorgungsbezüge erfasst. Der Wortlaut der Richtlinie legt dies bereits insofern nahe, als die Anwendung des Pro-rata-temporis-Grundsatzes (§ 4 Nr. 2 der Rahmenvereinbarung) definitionsgemäß die Teilbarkeit von Leistungen, faktisch also die Anwendbarkeit auf finanzielle Bedingungen voraussetzt.[40] Problematisch ist allerdings das Argument des EuGH, zu den mit der Teilzeit-Richtlinie verfolgten Zielen im Sinne des Art. 151 AEUV gehöre mit der Europäischen Sozialcharta auch das Recht aller Arbeitnehmer auf ein gerechtes Arbeitsentgelt, das ihnen und ihren Familien einen angemessenen Lebensstandard sichert.[41] Denn dieses Ziel kann wegen Art. 153 Abs. 5 AEUV gerade nicht Gegenstand eines bindenden Rechtsakts sein. Allerdings handelt es sich bei dem Ziel der Gleichbehandlung um einen wichtigen Grundsatz des Sozialrechts der Union, der »nicht restriktiv ausgelegt werden darf«; auch bei Ausübung mitgliedstaatlicher Zuständigkeiten im Anwendungsbereich des Unionsrechts müssen die Mitgliedstaaten die Grund-

---

[35] Genauso lautet § 4 Abs. 1 der Rahmenvereinbarung zu befristeten Arbeitsverhältnissen zu RL 1999/70/EG (Fn. 29).
[36] EuGH, Urt. v. 6.10.2010, verb. Rs. C–395/08 u. C–396/08 (INPS), Slg. 2010, I–5119, Rn. 28, 33; Urt. v. 15.4.2008, Rs. C–268/06 (Impact), Slg. 2008, I–2483, Rn. 108, 115.
[37] EuGH, Urt. v. 15.4.2008, Rs. C–268/06 (Impact), Slg. 2008, I–2483, Rn. 109, 117 f.
[38] Siehe Fn. 28.
[39] *Hamann*, EuZA 2 (2009), 287 (291 ff.) zur Regelungskompetenz.
[40] EuGH, Urt. v. 15.4.2008, Rs. C–268/06 (Impact), Slg. 2008, I–2483, Rn. 116.
[41] EuGH, Urt. v. 6.10.2010, verb. Rs. C–395/08 u. C–396/08 (INPS), Slg. 2010, I–5119, Rn. 31; Urt. v. 15.4.2008, Rs. C–268/06 (Impact), Slg. 2008, I–2483, Rn. 113.

rechte (hier: Art. 20, 21, 23 GRC) beachten.⁴² Und jedenfalls Art. 157 AEUV regelt Gleichbehandlung beim Arbeitsentgelt (und erfasst insoweit insbesondere die Gleichbehandlung von Teilzeitbeschäftigten, s. Art. 157 AEUV, Rn. 118 ff.).

Die Kompetenz für Regelungen über den Schutz von Gesundheit und Sicherheit (Art. 153 Abs. 1 Buchst. a AEUV ist lex specialis zu Buchst. b. Sie ist auch auf die **Begrenzung der Arbeitszeit** im Interesse des Gesundheitsschutzes anzuwenden. Für Art. 153 Abs. 1 Buchst. b AEUV verbleiben also im Wesentlichen Fragen des Arbeitsvertragsrechts im engeren Sinn.⁴³

25

Richtlinien auf Grundlage von Art. 153 Abs. 1 Buchst. b AEUV können die **Grundrechte** aus Art. 31 Abs. 1 GRC konkretisieren. Sie müssen sich demzufolge an der Zielsetzung »gesunder, sicherer und würdiger« Arbeitsbedingungen orientieren (s. Art. 31 GRC, Rn. 17 ff.).

26

3. Unterrichtung und Anhörung der Arbeitnehmer (Art. 153 Abs. 1 Buchst. e)

Die Unterrichtung und Anhörung der Arbeitnehmerinnen und Arbeitnehmer wird in der Regel über Repräsentation vorgenommen werden müssen.⁴⁴ Insofern geht es in Abs. 1 Buchst. e wie bereits in Art. 153 Abs. 1 Buchst. f AEUV um Fragen der Interessenvertretung von Arbeitnehmern; die vorliegende Norm ist insofern **lex specialis** (s. Rn. 49).

27

Die Begriffe Unterrichtung und Anhörung sind zu unterscheiden. Nach Art. 2 Buchst. f der Richtlinie 2002/14/EG⁴⁵ verlangt **Unterrichtung** »die Übermittlung von Informationen durch den Arbeitgeber an die Arbeitnehmervertreter, um ihnen Gelegenheit zur Kenntnisnahme und Prüfung der behandelten Frage zu geben«. **Anhörung** hingegen ist (Art. 2 Buchst. g der Richtlinie 2002/14/EG) »die Durchführung eines Meinungsaustauschs und eines Dialogs zwischen Arbeitnehmervertretern und Arbeitgeber«. Hierfür reicht es nicht aus, wenn vom Arbeitgeber verlangt wird, die Meinungen der Arbeitnehmervertreter zu berücksichtigen und eine etwaige Ablehnung ihrer Auffassung zu begründen.⁴⁶ Unterrichtung und Anhörung sind aufeinander bezogen. Dementsprechend muss eine Regelung der Unterrichtung dem Ziel Rechnung tragen, eine **angemessene Prüfung durch die Arbeitnehmervertreter** zu ermöglichen, was voraussetzt, dass die Unterrichtung zu einem Zeitpunkt, in einer Weise und in einer inhaltlichen Ausgestaltung erfolgt, die diesem Zweck dienen, ohne den Entscheidungsprozess in den Unternehmen zu verlangsamen. Die Anhörung wiederum muss die Abgabe einer

28

---

⁴² EuGH, Urt. v. 13.9.2007, Rs. C–307/05 (Del Cerro Alonso), Slg. 2007, I–7109, Rn. 38; Urt. v. 15.4.2008, Rs. C–268/06 (Impact), Slg. 2008, I–2483, Rn. 114; Urt. v. 6.10.2010, verb. Rs. C–395/08 u. C–396/08 (INPS), Slg. 2010, I–5119, Rn. 32, 39 (missverständlich, wenn auch zutreffend, hingegen die Formulierung, dies gelte auch bei Ausübung mitgliedstaatlicher Zuständigkeiten außerhalb des Zuständigkeitsbereichs der Union).
⁴³ *Langer*, in: GSH, Europäisches Unionsrecht, Art. 153 AEUV, Rn. 20.
⁴⁴ Für die individuelle Unterrichtung siehe aber RL 91/533/EWG (Fn. 32); siehe dazu *Benecke*, in: Grabitz/Hilf/Nettesheim, EU, Art. 153 AEUV (März 2011), Rn. 84 f.
⁴⁵ RL 2002/14/EG vom 11.3.2002 zur Festlegung eines allgemeinen Rahmens für die Unterrichtung und Anhörung der Arbeitnehmer in der Europäischen Gemeinschaft, ABl. 2002, L 80/29.
⁴⁶ EuGH, Urt. v. 8.6.1994, Rs. C–383/92 (Kommission/Vereinigtes Königreich), Slg. 1994, I–2479, Rn. 34.

Stellungnahme ermöglichen, die bei der Entscheidung des Unternehmens tatsächlich berücksichtigt werden kann.[47]

29 Die Kompetenz betrifft auf den ersten Blick nur die Frage der Unterrichtung und Anhörung, nicht aber Fragen der Bestellung von Arbeitnehmervertretern. Der EuGH hat aber zu Recht entschieden, dass solche Regelungen nur praktisch wirksam werden können, wenn den Mitgliedstaaten die Entscheidung, ob überhaupt Arbeitnehmervertreter bestellt werden müssen, nicht freigestellt bleibt.[48] Art. 153 Abs. 1 Buchst. e AEUV enthält insofern eine Annex-Kompetenz (s. Rn. 8) für die Harmonisierung der Verpflichtung zur **Bestellung von Arbeitnehmervertretungen**. Auch der Schutz der Arbeitnehmervertreterinnen und -vertreter bei der Ausübung ihrer Funktion und damit die effektive Möglichkeit der Aufgabenwahrnehmung sind hiervon erfasst (vgl. Art. 7 der Richtlinie 2002/14/EG).

30 Von dieser Kompetenz wurde insbesondere durch die **Rahmen-Richtlinie 2002/14/EG** Gebrauch gemacht. Auch die Betriebsübergangsrichtlinie 2001/23/EG[49] (Art. 7) und die Massenentlassungsrichtlinie 98/59/EG[50] (Art. 2) treffen bereichsspezifisch Regelungen zur Unterrichtung und Anhörung von Arbeitnehmervertretungen.[51] Auf der Ebene der Europäischen Union unterstützt und ergänzt die **Richtlinie 2009/38/EG über Europäische Betriebsräte** die Maßnahmen der Mitgliedstaaten im Bereich der Unterrichtung und Anhörung der Arbeitnehmer.[52] Die Mitwirkung in Gesellschaftsorganen hingegen (Richtlinien 2001/86/EG,[53] 2003/72/EG[54] und 2005/56/EG[55]) wurde auf Grundlage der heutigen Art. 352 AEUV bzw. Art. 50 AEUV geregelt.[56]

31 Richtlinien auf Grundlage von Art. 153 Abs. 1 Buchst. e AEUV konkretisieren das **Grundrecht** aus Art. 27 GRC.[57]

---

[47] Erwägungsgrund 22 und 23 zur EBR-RL 2009/38/EG vom 6.5.2009 über die Einsetzung eines Europäischen Betriebsrats oder die Schaffung eines Verfahrens zur Unterrichtung und Anhörung der Arbeitnehmer in gemeinschaftsweit operierenden Unternehmen und Unternehmensgruppen, ABl. 2009, L 122/28; so auch Art. 4 Abs. 3 und 4 der RL 2002/14/EG (Fn. 45); sowie Art. 1 Buchst. f und g der EBR-RL.
[48] EuGH Urt. v. 8.6.1994, Rs. C–383/92 (Kommission/Vereinigtes Königreich), Slg. 1994, I–2479, Rn. 19, 27.
[49] RL 2001/23/EG vom 12.3.2001 zur Angleichung der Rechtsvorschriften der Mitgliedstaaten über die Wahrung von Ansprüchen der Arbeitnehmer beim Übergang von Unternehmen, Betrieben oder Unternehmes- oder Betriebsteilen, ABl. 2001, L 82/16.
[50] RL 98/59/EG vom 20.7.1998 zur Angleichung der Rechtsvorschriften der Mitgliedstaaten über Massenentlassungen, ABl. 1998, L 225/16.
[51] Zur Reichweite siehe auch Art. 8 der RL 2008/104/EG (Fn. 28).
[52] Erwägungsgrund 9 zur EBR-RL 2009/38/EG (Fn. 47).
[53] RL 2001/86/EG vom 8.10.2001 zur Ergänzung des Statuts der Europäischen Gemeinschaft hinsichtlich der Beteiligung der Arbeitnehmer, ABl. 2001, L 294/22.
[54] RL 2003/72/EG vom 22.7.2003 zur Ergänzung des Statuts der Europäischen Gemeinschaft hinsichtlich der Beteiligung der Arbeitnehmer, ABl. 2003, L 207/25.
[55] RL 2005/56/EG vom 26.10.2005 über die Verschmelzung von Kapitalgesellschaften aus verschiedenen Mitgliedstaaten, ABl. 2005, L 310/1.
[56] Für ihren Vorschlag für eine Richtlinie zur Gewährleistung einer ausgewogenen Vertretung von Frauen und Männern unter den nicht geschäftsführenden Direktoren/Aufsichtsratsmitgliedern börsennotierter Gesellschaften verweist die Kommission auf Art. 157 Abs. 3 AEUV (KOM(2012) 614, 10; zur Diskussion s. Art. 157 AEUV, Rn. 147; Rn. 174).
[57] EuGH, Urt. v. 15.1.2014, Rs. C–176/12 (Association de médiation sociale), ECLI:EU:C:2014:2, Rn. 45.

4. Berufliche Eingliederung der aus dem Arbeitsmarkt ausgegrenzten Personen (Art. 153 Abs. 1 Buchst. h AEUV)

Die Sozialpolitik der Europäischen Union dient nicht in erster Linie wirtschaftlichen, sondern sozialen Zielen. Dies wird auch aus der engen Verbindung mit der sozialen Integration deutlich.[58] Während Art. 9 AEUV die Bekämpfung der sozialen Ausgrenzung zu einer Querschnittsaufgabe macht und Art. 153 Abs. 1 Buchst. j AEUV zu diesem Zweck zur Förderung von Maßnahmen der Zusammenarbeit ermächtigt, haben harmonisierende Richtlinien aufgrund von Art. 153 Abs. 1 Buchst. h AEUV einen engeren Anwendungsbereich. Sie beziehen sich nur auf Ausgrenzungen »aus« dem Arbeitsmarkt; die Grenze zu Ausgrenzungen »auf« dem Arbeitsmarkt ist aber fließend, da es in beiden Fällen um Zugangsbarrieren zum Arbeitsmarkt geht. Während aber Diskriminierungen auf dem Arbeitsmarkt Fragen der Beschäftigungspolitik und des Arbeitsrechts im engeren Sinn aufwerfen, geht es bei Maßnahmen nach Abs. 1 Buchst. h auch um die **Schaffung der Voraussetzungen** zur Überwindung von Barrieren, die als solche legitim und nicht diskriminierend sind. 32

Dies können Voraussetzungen im Bereich der **beruflichen Bildung** (z. B. für gering Qualifizierte oder Langzeitarbeitslose), der **Familienpolitik** (insbesondere im Hinblick auf Alleinerziehende) oder der beruflichen **Rehabilitation von behinderten Menschen** sein. Für den Bereich der beruflichen Bildung ist vorrangig auf Art. 166 AEUV abzustellen, der ebenfalls in erster Linie die berufliche Eingliederung bzw. die Wiedereingliederung in den Arbeitsmarkt zum Ziel hat (Art. 166 Abs. 2, 2. Gedstr. AEUV). Dabei ist die Grenze des Art. 166 Abs. 4 AEUV zu beachten.[59] 33

Regelungen auf Grund dieser Kompetenz können die **Grundrechte** aus Art. 15 GRC (Berufsfreiheit), Art. 26 GRC (Integration von Menschen mit Behinderung) konkretisieren, aber auch Art. 20, 21 GRC. 34

5. Chancengleichheit von Männern und Frauen auf dem Arbeitsmarkt und Gleichbehandlung am Arbeitsplatz (Art. 153 Abs. 1 Buchst. i)

Die Kompetenz für Unionsmaßnahmen zur Chancengleichheit der Geschlechter auf dem Arbeitsmarkt und zur Gleichbehandlung am Arbeitsplatz ist **lex specialis** zur Kompetenz für die berufliche Eingliederung nach Abs. 1 Buchst. h. Der hier noch verwendete Begriff der **Chancengleichheit** erlaubt über den Diskriminierungsschutz im engen Sinn hinaus präventive Maßnahmen, die gleiche Ausgangssituationen für die Geschlechter ermöglichen sollen, wie z. B. Maßnahmen, die eine gleichmäßigere Verteilung der Familienaufgaben auf Frauen und Männer anstreben und insbesondere die **Vereinbarkeit von Familienarbeit und Erwerbsarbeit** fördern. Insofern ist der Einordnung der Richtlinie 2010/18/EU zur Durchführung der Rahmenvereinbarung über Elternurlaub unter diese Kompetenznorm zuzustimmen.[60] Sie wird zum Teil aber zu eng allein darauf beschränkt interpretiert.[61] An anderen Stellen der Verträge ist der hier verwendete Begriff für die Beschreibung der Ziele der europäischen Gleichstellungspolitiken mittlerweile durch den Begriff der **Gleichstellung** abgelöst worden. Soweit in 35

---

[58] *Schiek*, S. 38 ff.
[59] *Langer*, in: GSH, Europäisches Unionsrecht, Art. 153 AEUV, Rn. 36.
[60] Vgl. Erwägungsgrund 1 der RL 2010/18/EU vom 8.3.2010 zur Durchführung der überarbeiteten Rahmenvereinbarung über den Elternurlaub, ABl. 2010, L 68/13; *Benecke*, in: Grabitz/Hilf/Nettesheim, EU, Art. 153 AEUV (März 2011), Rn. 95.
[61] So auch noch *Rebhahn/Reiner*, in: Schwarze, EU-Kommentar, Art. 153 AEUV, Rn. 60.

Art. 153 Abs. 1 Buchst. i AEUV noch von Chancengleichheit die Rede ist, ist dieser Begriff im Sinne der Ziele des Art. 8 AEUV auszulegen (s. Art. 8 AEUV, Rn. 4), erfasst also insbesondere auch positive Fördermaßnahmen.[62]

36 **Weitere Kompetenzen** zur Rechtsetzung der Union im Bereich der Geschlechtergleichbehandlung enthalten Art. 157 Abs. 3 und Art. 19 AEUV. Was die Gleichbehandlung am Arbeitsplatz und damit im Arbeits- und Beschäftigungsverhältnis angeht, so unterscheiden sich die Anwendungsbereiche von Abs. 1 Buchst. i und Art. 157 Abs. 3 AEUV nicht. Mit der weiteren Benennung der Chancengleichheit auf dem Arbeitsmarkt werden jedenfalls auch Fragen des Zugangs und der Beendigung der Beschäftigung erfasst, die durch »am Arbeitsplatz« auf den ersten Blick ausgeschlossen scheinen. Die Vorrangigkeit von Art. 157 Abs. 3 AEUV ergibt sich insoweit daraus, dass diese Norm weder auf Mindestvorschriften noch auf eine unterstützende und ergänzende Tätigkeit der Union beschränkt und eine Regelung von Entgelthöhen ermöglicht. Art. 153 Abs. 1 Buchst. i AEUV geht allerdings insofern über Art. 157 Abs. 3 AEUV hinaus, als die Norm auch **Chancengleichheit auf den Arbeitsmarkt** erfasst.[63] Damit dürften auch Maßnahmen aus Anlass von Strukturproblemen erfasst sein, die den gesamten Arbeitsmarkt und nicht bloß bestimmte Branchen oder Beschäftigungsarten betreffen. Art. 19 AEUV hingegen ermächtigt auch zu Antidiskriminierungsvorschriften auf anderen Märkten als Arbeitsmärkten (ausführlich zur Debatte s. Art. 157 AEUV, Rn. 143 ff.).

37 Richtlinien auf dieser Grundlagen konkretisieren entsprechende **Grundrechte**, insbesondere Art. 21, 23 GRC sowie das Grundrecht auf Elternurlaub nach Art. 33 Abs. 2 GRC.

II. Kompetenzen im besonderen Gesetzgebungsverfahren

38 In Bezug auf die Kompetenzen des Art. 153 Abs. 1 Buchst. c, d, f und g AEUV können Richtlinien nur im **besonderen Gesetzgebungsverfahren** beschlossen werden, d. h. mit einstimmigem Beschluss des Rates nach Vorschlag der Kommission und Anhörung des Parlaments, des Wirtschafts- und Sozialausschusses sowie des Ausschusses der Regionen.[64] Allerdings kann der Rat gemäß Abs. 153 Abs. 2 UAbs. 2 Satz 3 AEUV außer im Bereich des Abs. 1 Buchst. c einstimmig auf Vorschlag der Kommission nach Anhörung des Europäischen Parlaments beschließen, dass das ordentliche Gesetzgebungsverfahren angewandt wird.

1. Soziale Sicherheit und sozialer Schutz der Arbeitnehmer (Art. 153 Abs. 1 Buchst. c)

39 Mit »sozialer Sicherheit und sozialer Schutz« meint die Norm den **Schutz vor den sozialen Risiken** z. B. des Alters, der Krankheit und Behinderung, der Arbeitslosigkeit.[65] Es handelt sich um eine Querschnittsaufgabe der Union (Art. 9 AEUV), die aber ausweislich des Art. 153 Abs. 4 AEUV grundsätzlich den Mitgliedstaaten obliegt. »Sozialer Schutz« ist in dieser Norm allein auf den Begriff der sozialen Sicherheit und damit auf die typischerweise durch die mitgliedstaatlichen Systeme der sozialen Sicherheit geregelten Risiken bezogen. Verstünde man ihn darüber hinaus im Sinne eines sozialen

---

[62] Anders *Stöbener/Böhm*, EuZW 2013, 371 (373).
[63] A.A. (»entbehrlich«) *Langer*, in: GSH, Europäisches Unionsrecht, Art. 153 AEUV, Rn. 37.
[64] *Rebhahn/Reiner*, in: Schwarze, EU-Kommentar, Art. 153 AEUV, Rn. 67.
[65] Vgl. zu den Aufgaben von sozialen Sicherungssystemen auch Übereinkommen Nr. 102 der Internationalen Arbeitsorganisation über die Mindestnormen der Sozialen Sicherheit (1952).

Schutzes am Arbeitsplatz, wäre eine sinnvolle Abgrenzung zu Abs. 1 Buchst. a und b nicht mehr möglich. Der hier verwendete Begriff ist also enger als der des »angemessenen sozialen Schutzes« in Art. 151 AEUV. Allerdings macht die Verbindung von sozialer Sicherheit und sozialem Schutz hier deutlich, dass der Anwendungsbereich über den des Art. 48 AEUV hinausgeht und auch den sozialen Schutz jenseits mitgliedschaftlich organisierter Systeme, insbesondere Sozialhilfe u.ä. erfasst.[66]

Weitere Einschränkungen und **Grenzen** in diesem Bereich enthält Art. 153 Abs. 1 Buchst. k AEUV, der für die »Modernisierung der Systeme des sozialen Schutzes« jede Harmonisierung ausschließt. Dementsprechend ist auch die Rechtsetzungskompetenz in Abs. 1 Buchst. c, Abs. 2 UAbs. 1 Buchst. b auf die Gewährleistung sozialen Schutzes in den bestehenden Systemen gerichtet. Darüber hinaus ist Art. 153 Abs. 4 AEUV zu beachten, wonach die Grundprinzipien der nationalen Systeme der sozialen Sicherheit durch unionsrechtliche Regelungen nicht »berührt« werden dürfen (s. Rn. 101 ff.). 40

Dies ist die einzige Kompetenznorm für Richtlinien im Bereich der Sozialpolitik, bei der notwendig in jedem Fall ein **einstimmiger Beschluss im Rat** erforderlich ist, da hier der Rat nicht einmal einstimmig selbst die Anwendung des ordentlichen Gesetzgebungsverfahrens beschließen kann. 41

Diese Kompetenznorm ist bisher **noch nicht** als Grundlage für Rechtsetzung genutzt worden (zur Offenen Methode der Koordinierung s. Rn. 87 ff.). 42

Maßnahmen nach dieser Norm können das **Grundrecht** aus Art. 34 GRC konkretisieren. 43

2. Schutz der Arbeitnehmer bei Beendigung des Arbeitsvertrags (Art. 153 Abs. 1 Buchst. d AEUV)

Die Unionskompetenz zur Harmonisierung eines Schutzes der Arbeitnehmer bei Beendigung des Arbeitsvertrags wurde mit der Aufnahme des Abkommens über die Sozialpolitik in die Verträge neu eingeführt. **Bestehende Regelungen** zum Schutz von Arbeitnehmern bei Entlassung wie insbesondere die Massenentlassungsrichtlinie 98/59/EG waren auf die Binnenmarktkompetenz (jetzt Art. 115 AEUV) gestützt worden. 44

Der Begriff der »**Beendigung** des Arbeitsvertrags« ist weit zu verstehen.[67] Bereits der sekundärrechtlich verwandte Begriff der **Entlassung** erfasst nicht nur Kündigungen. In der Massenentlassungsrichtlinie 98/59/EG ist der Begriff der Entlassung »dahin auszulegen, dass er jede vom Arbeitnehmer nicht gewollte, also ohne seine Zustimmung erfolgte, Beendigung des Arbeitsvertrags umfasst«.[68] Zustimmung ist hier in einem wei- 45

---

[66] I.d.S. *Lange*, in: GSH, Europäisches Unionsrecht, Art. 157 AEUV, Rn. 21 f.; a. A. *Benecke*, in: Grabitz/Hilf/Nettesheim, EU, Art. 153 AEUV (März 2011), Rn. 68.

[67] Siehe auch die weite Formulierung der englischen Fassung »protection of workers where their employment contract is terminated«; ähnlich weit die französische (»résiliation du contrat de travail«) und die spanische Fassung (»rescisión del contrato laboral«).

[68] EuGH, Urt. v. 16.2.1982, Rs. 19/81 (Burton), Slg. 1982, 555, Rn. 9, allerdings zu RL 76/207/EWG vom 9.2.1976 zur Verwirklichung des Grundsatzes der Gleichbehandlung von Männern und Frauen hinsichtlich des Zugangs zur Beschäftigung, zur Berufsbildung und zum beruflichen Aufstieg sowie in bezug auf die Arbeitsbedingungen, ABl. 1976, L 39/40 (heute ersetzt durch RL 2006/54/EG vom 5.7.2006 zur Verwirklichung des Grundsatzes der Chancengleichheit und Gleichbehandlung von Männern und Frauen in Arbeits- und Beschäftigungsfragen, ABl. 2006, L 204/23). Vgl. auch Urt. v. 27.1.2005, Rs. C–188/03 (Junk), Slg. 2005, I–885, Rn. 39, wonach »die Kündigungserklärung des Arbeitgebers das Ereignis ist, das als Entlassung gilt«.

ten und tatsächlichen Sinne gemeint; eine Beendigung ohne den Willen des Arbeitnehmers kann auch vorliegen bei einem Aufhebungsvertrag oder einer arbeitnehmerseitigen Eigenkündigung, wenn diese durch den Arbeitgeber maßgeblich veranlasst wurden. Nicht erforderlich ist auch, dass die Beendigung dem Willen des Arbeitgebers entspricht. Um eine Beendigung handelt es sich also auch, wenn im Fall der Liquidation des Unternehmens ein Arbeitsvertrag mit sofortiger Wirkung aufgelöst wird.[69]

46 Der Anwendungsbereich der Massenentlassungsrichtlinie regelt nicht den Anwendungsbereich von Art. 153 Abs. 1 Buchst. d AEUV; **Beendigung** ist ein weiter gehender Begriff als Entlassung. Er erfasst auch Umgehungen des Kündigungsschutzes, z. B. durch Befristungen. Unter Beendigung sind insofern alle Formen der Beendigung von Arbeitsverhältnissen zu verstehen, einschließlich der automatischen Beendigung des Arbeitsverhältnisses durch Erreichen einer Altersgrenze[70] oder dem Auslaufen einer **Befristung**.[71]

47 Vorschriften zum Kündigungsschutz können darüber hinaus als **Annex zu anderen Rechtsakten** beschlossen werden (s. Rn. 8). So finden die Antidiskriminierungsrichtlinien auch auf Entlassungsbedingungen Anwendung;[72] die Regelungen über den Mutterschutz und über den Schutz der Arbeitnehmer nach der Betriebsübergangsrichtlinie 2001/23/EG[73] enthalten auch Mindestvorschriften für den Kündigungsschutz.[74] In diesen Fällen sind allein die Kompetenzgrundlagen einschlägig, auf die der Rechtsakt im Übrigen gestützt ist.[75]

48 Richtlinien nach Art. 153 Abs. 1 Buchst. d AEUV können das **Grundrecht** aus Art. 30 GRC (Schutz bei ungerechtfertigter Entlassung) konkretisieren. Dies ist bisher jedoch nur insofern geschehen, als Antidiskriminierungsschutzvorschriften oder die Betriebsübergangsrichtlinie einzelne Entlassungs- und Kündigungsgründe für rechtswidrig erklären. Im Übrigen existieren aktuell lediglich sekundärrechtliche Vorgaben zu Unter-

---

[69] Vgl. auch Art. 3 Abs. 1 Satz 2 der RL 98/59/EG (Fn. 50), wonach diese auch gilt, wenn Entlassungen aufgrund einer auf einer gerichtlichen Entscheidung beruhenden Einstellung der Tätigkeit eines Betriebes erfolgen; EuGH, Urt. v. 12. 10. 2004, Rs. C–55/02 (Kommission/Portugal), Slg. 2004, I–9387, Rn. 50 ff., 54 f.; Urt. v. 3. 3. 2011, Rs. C–235/10 bis C–239/10 (Claes), Slg. 2011, I–1113 zum Anwendungsbereich der Massenentlassungsrichtlinie.
[70] Vgl. EuGH, Urt. v. 12. 9. 2013, Rs. C–614/11 (NÖ-LLWK), ECLI:EU:C:2013:544, Rn. 8 ff., 36 ff. zum Begriff der »Entlassung« in Art. 3 Buchst. c RL 2000/78/EG (Fn. 28).
[71] Siehe auch EuGH, Urt. v. 4. 10. 2001, Rs. C–438/99 (Jiménez Melgar), Slg. 2001, I–6915, Rn. 45 f; Urt. v. 12. 9. 2013, Rs. C–614/11 (NÖ-LLWK), ECLI:EU:C:2013:544, Rn. 35 ff., die diese Fälle zwar nicht als »Kündigung« im Sinne der Mutterschutzrichtlinie, aber zu Recht als »Entlassung« im Sinne der Diskriminierungsschutzrichtlinie einordnen.
[72] Siehe z. B. Art. 3 Abs. 1 Buchst. c RL 2000/43/EG (Fn. 28) und RL 2000/78/EG (Fn. 28) (beide auf Grundlage von Art. 19 AEUV); Art. 14 Abs. 1 Buchst. c RL 2006/54/EG (Fn. 68).
[73] RL 2001/23/EG vom 12. 3. 2001 zur Angleichung der Rechtsvorschriften der Mitgliedstaaten über die Wahrung von Ansprüchen der Arbeitnehmer beim Übergang von Unternehmen, Betrieben oder Unternehmens- oder Betriebsteilen, ABl. 2001, L 82/16.
[74] Art. 10 RL 92/85/EG vom 19. 10. 1992 über die Durchführung von Maßnahmen zur Verbesserung der Sicherheit und des Gesundheitsschutzes von schwangeren Arbeitnehmerinnen, Wöchnerinnen und stillenden Arbeitnehmerinnen am Arbeitsplatz, ABl. 1992, L 348/1; Art. 4 der Betriebsübergangsrichtlinie 2001/23/EG vom 12. 3. 2001 zur Angleichung der Rechtsvorschriften der Mitgliedstaaten über die Wahrung von Ansprüchen der Arbeitnehmer beim Übergang von Unternehmen, Betrieben oder Unternehmens- oder Betriebsteilen, ABl. 2001, L 82/16.
[75] Zur Abgrenzung siehe *Benecke*, in: Grabitz/Hilf/Nettesheim, EU, Art. 153 AEUV (März 2011), Rn. 74.

richtung und Anhörung bei Entlassungen.⁷⁶ In Richtung eines allgemeinen Kündigungsschutzes im engeren Sinn (Überprüfung der sozialen Rechtfertigung von Entlassungen) hat die Union von der Kompetenz noch keinen Gebrauch gemacht.⁷⁷

3. Vertretung und kollektive Wahrnehmung der Arbeitnehmer- und Arbeitgeberinteressen (Art. 153 Abs. 1 Buchst. f AEUV)

Sowohl Art. 153 Abs. 1 Buchst. e als auch Buchst. f behandeln Fragen des kollektiven Arbeitsrechts. Sie sind gegenüber Art. 153 Abs. 5 AEUV abzugrenzen. Da dieser Vorbehalt zugunsten der Mitgliedstaaten lediglich an dieser Stelle und nicht bei Abs. 1 Buchst. e ausdrücklich erwähnt und nur hier das Einstimmigkeitserfordernis des besonderen Gesetzgebungsverfahrens vorgesehen ist, handelt es sich hier um die **allgemeinere Norm** gegenüber Buchst. e. Der Begriff der Vertretung betont dabei stärker die Organisation der Interessen, der Begriff der **kollektiven Wahrnehmung** der Interessen betont stärker die Frage der Befugnisse bei Interessenwahrnehmung. Rechte auf Mitbestimmung, die über Unterrichtung und Anhörung im Sinne des Art. 153 Abs. 1 Buchst. e AEUV hinausgehen können, sind gesondert erwähnt und ermöglicht. In Abgrenzung zur Anhörung und Unterrichtung im Betrieb erfasst diese Kompetenznorm jedenfalls auch die überbetriebliche Vertretung von Arbeitnehmerinteressen durch Gewerkschaften sowie die branchenweite und überregionale Vertretung von Arbeitgeberinteressen durch Verbände.⁷⁸ 49

Problematisch ist die Reichweite dieser Kompetenz jedoch in Hinblick auf die mitgliedstaatlichen Vorbehaltsbereiche des Art. 153 Abs. 5 AEUV. Danach sind sowohl das Koalitionsrecht als auch Arbeitsentgelt und Arbeitskampf nicht von der Kompetenz der Union erfasst. Aus dieser Abgrenzung ist zunächst zu folgern, dass Regelungen über die **Gründung, Auflösung und Mitgliedschaft von Interessenvertretungsorganisationen** der Arbeitnehmer- und Arbeitgeberseite im mitgliedstaatlichen Raum nicht der Kompetenz der Union obliegen (für den Begriff des Sozialpartners s. Art. 152 AEUV, Rn. 11 ff.). 50

Umstritten ist insbesondere, inwieweit die Kompetenz eine **Regelung des Kollektivverhandlungsrechts** ermöglicht.⁷⁹ Dieses ist in Art. 153 Abs. 5 AEUV nicht ausdrücklich erwähnt. Der Wortlaut dieser Norm erfasst lediglich Gegenstände von Tarifverträgen (Arbeitsentgelt), sowie deren institutionelle und verfahrensmäßige Voraussetzungen (Koalitionsrecht, Arbeitskampfrecht); das Kollektivvertragsrecht ist gerade nicht als Ausnahmebereich benannt.⁸⁰ Konzeptionell und begrifflich lassen sich die Fragen durchaus voneinander trennen; dies zeigt nicht zuletzt die Unterscheidung zwischen Koalitionsrecht und Kollektivverhandlungen in Art. 156 Abs. 1, letzter Gedstr AEUV. Auch im Völkerrecht werden die Bereiche getrennt voneinander geregelt.⁸¹ Sowohl 51

---

⁷⁶ Betriebsübergangs- und Massenentlassungsrichtlinie, siehe Fn. 73 und 74.
⁷⁷ EuGH, Beschl. v. 16.1.2008, Rs. C–361/07 (Polier), Slg. 2008, I–6; *Junker*, EuZA 7 (2014), 143 (153); das BAG sah deshalb keinen Raum für die Anwendung des Art. 30 GRC im Rahmen von §§ 138, 242 BGB, Art. 12 GG (BAGE 140, 76); genauer dazu s. Art. 30 GRC, Rn. 10.
⁷⁸ So auch *Löwisch/Rieble*, TVG, 2012, Grundl., Rn. 420.
⁷⁹ *Krebber*, in: Calliess/Ruffert, EUV/AEUV, Art. 28 AEUV, Rn. 7.
⁸⁰ *Boecken*, in: Hailbronner/Wilms, Recht der EU, Art. 137 EGV (Januar 2009), Rn. 110; *Rebhahn/Reiner*, in: Schwarze, EU-Kommentar, Art. 153 AEUV, Rn. 58; *Schlachter*, in: Schulze/Zuleeg (Hrsg.), Europarecht – Handbuch, 2006, Kap. 39, Rn. 137; gegen eine Überstrapazierung des Wortlautarguments aber *Weiss*, S. 961.
⁸¹ *Kowanz*, S. 332 ff.; *M. Schmidt*, EuZA 1 (2008), 196 (210).

Art. 156 AEUV[82] als auch das Völkerrecht[83] behandeln die beiden Bereiche aber gleichzeitig als untrennbar miteinander verbunden. Kollektivverhandlungen sind nicht nur ein Kernbereich der Koalitionsbetätigung, sondern in ihren Verfahren abhängig von der Möglichkeit der Durchsetzung mit effektiven Mitteln des Arbeitskampfs.[84]

52 Eine Auslegung, die Art. 153 Abs. 1 Buchst. f AEUV jeden Gehalts entleert, entspricht allerdings nicht den Zielsetzungen dieser Norm. Diese erlaubt Mindeststandards auf europäischer Ebene unter gleichzeitiger Wahrung der grundrechtlich gewährleisteten Autonomiebereiche, die im Sinne des Art. 153 Abs. 5 AEUV in erster Linie auf mitgliedstaatlicher Ebene wahrgenommen werden sollen. Der Wortlaut des Art. 153 Abs. 5 AEUV ist insofern ernst zu nehmen; das Kollektivvereinbarungsrecht kommt grundsätzlich für eine Rechtsetzungsmaßnahme der EU in Betracht;[85] die Reichweite der Kompetenz richtet sich nach Art. 153 Abs. 1 Buchst. f AEUV. Der Wortlaut der Kompetenznorm in Abs. 1 Buchst. f deutet insofern darauf hin, dass die Regelungsbefugnis sich allein auf das **Handeln von Interessenvertretungen nach außen** beschränkt und nicht die innere Organisation von Koalitionen einschließlich Fragen der Mitgliedschaft erfassen darf.[86] In Bezug auf die Interessenvertretung nach außen, also auch in Bezug auf das Tarifrecht darf die Union den Mitgliedstaaten jedoch Mindestvorgaben machen, in denen sie u. a. bestimmen kann, unter welchen Voraussetzungen mitgliedstaatliche Tarifverträge in anderen Mitgliedstaaten und auf europäischer Ebene als solche anzuerkennen sind.[87] Dies betrifft insbesondere Anforderungen an die **Repräsentativität** – unter Anerkennung weitergehender Anforderungen auf mitgliedstaatlicher Ebene. Es ist zu kurz gedacht, wenn der EuGH grundsätzlich vorschreibt, »ausländische« und »inländische« Tarifverträge im Rahmen mitgliedstaatlicher Regelungen zum Arbeitnehmerschutz grundsätzlich gleich zu behandeln, ohne gerechtfertigte Anforderungen an die funktionale Äquivalenz zu erwähnen.[88] Statt einer negativen Harmonisierung in dieser Frage könnten aufgrund von Art. 153 Abs. 1 Buchst. f AEUV auch unionsrechtliche Mindeststandards gesetzt werden.

53 Die Art und Weise, wie Tarifnormen allerdings im nationalen Recht wirken und inwiefern sie zulasten von Koalitionsmitgliedern oder anderen Beschäftigten **Rechtswirkungen** entfalten können, ist nur in einem institutionellen Gesamtkontext von Arbeitskampf- und Tarifrecht zu regeln. Auf diese Frage erstreckt sich Art. 153 Abs. 1 Buchst. f AEUV nicht.

---

[82] *Weiss* S. 959.
[83] Siehe insbesondere die Rechtsprechung des EGMR, die das Koalitionsrecht nach Art. 11 EMRK auch als Rechtsgrundlage für kollektivverhandlungsrechtliche Pflichten ansieht (siehe z. B. *Lörcher*, AuR 2009, 229); vgl. auch EuGH, Urt. v. 11. 12. 2007, Rs. C–438/05 (Viking), Slg. 2007, I–10779, Rn. 36: Arbeitskampfmaßnahmen seien »als untrennbar mit dem Tarifvertrag anzusehen«.
[84] *Löwisch/Rieble* (Fn. 78), Grundl., Rn. 421 erinnern insofern daran, dass Tarifrecht ohne Kampfrecht auch auf Unionsebene nur »kollektives Betteln« wäre.
[85] So auch EUArbR/*Franzen*, Art. 153 AEUV, Rn. 50; a. A. *Sagan*, in: Preis/Sagan, Europäisches Arbeitsrecht, 2015, § 1, Rn. 60.
[86] So auch *Langer*, in: GSH, Europäisches Unionsrecht, Art. 153 AEUV, Rn. 47; *Thüsing/Traut*, RdA 2012, 65 (67).
[87] Zur Notwendigkeit solcher Regelungen angesichts einer Rechtsprechung des EuGH, die implizit von transnationalen tariflichen Zuständigkeiten ausgeht, siehe schon *Kocher*, S. 48; vgl. auch *Holoubek*, in: Schwarze, EU-Kommentar, Art. 28 GRC, Rn. 9, 15.
[88] EuGH, Urt. v. 24. 1. 2002, Rs. C–164/99 (Portugaia Construções), Slg. 2002, I–787.

Für die Regelung **transnationaler Kollektivverhandlungsstrukturen** kommt diese 54
Vorschrift schon deshalb nicht in Betracht, weil es hier nur um Harmonisierung und
Unterstützung bestehender mitgliedstaatlicher Strukturen geht.[89]

Der Begriff der **Mitbestimmung** bezeichnet Regelungen, die über die Unterrichtung 55
und Anhörung hinaus Rechte von Interessenvertretungsorganen der Arbeitnehmer gegenüber dem Arbeitgeber vorsehen. Die sogenannte Unternehmensmitbestimmung,
also die Mitwirkung in Unternehmensorganen ist keine Interessenvertretung im engeren Sinn; für sie sind gesellschaftsrechtliche Kompetenzgrundlagen einschlägig.[90]

Regelungen auf dieser Grundlage können das **Grundrecht** aus Art. 28 GRC konkretisieren. 56

4. Beschäftigungsbedingungen von Drittstaatsangehörigen (Art. 153 Abs. 1 Buchst. g)

Art. 153 Abs. 1 Buchst. g AEUV gewährt eine Kompetenz zur Regelung der **Beschäf-** 57
tigungsbedingungen von Drittstaatsangehörigen. Da in den anderen Bestimmungen dieser Norm durchgehend meist von Arbeitsbedingungen die Rede ist, fragt sich, ob damit etwas Unterschiedliches ausgedrückt sein soll. Eine systematische Auslegung ergibt allerdings, dass der Begriff mit dem Begriff der »Arbeitsbedingungen« synonym und weit auszulegen ist (ausführlich s. Rn. 21).

Der Zugang zu den Arbeitsmärkten ist allerdings eine migrationsrechtliche Frage; 58
entsprechende Regelungen sind deshalb bisher zu Recht auf der Grundlage von Art. 79
Abs. 2 Buchst. a und b AEUV im ordentlichen Gesetzgebungsverfahren getroffen worden. Diese Grundlage wurde z. B. angewandt bei Erlass der Richtlinie 2014/66/EU[91]
(**ICT-Richtlinie**) sowie Richtlinie 2014/36/EU über Einreise und Aufenthalt von **Saisonarbeitern**.

Art. 153 Abs. 1 Buchst. g AEUV ermöglicht den einstimmigen Erlass von Richtlinien 59
in Bezug auf die Staatsangehörigen dritter Länder, die sich rechtmäßig im Gebiet der
Union aufhalten. Sie beschränkt sich nicht darauf, eine Anwendung unionsrechtlicher
Harmonisierung auf Drittstaatsangehörige zu ermöglichen, denn diese Möglichkeit ergibt sich ohnehin aus Art. 153 Abs. 2 AEUV.[92] Hier geht es vielmehr um die Regelung
materiellrechtlicher Arbeits- und Beschäftigungsbedingungen jenseits der Harmonisierung. Dies betrifft insbesondere die Regelung der Beschäftigungsverhältnisse entsandter Arbeitnehmerinnen und Arbeitnehmer aus Drittstaaten.[93] Da die ICT-Richtlinie
2014/66/EU und die Saisonarbeiterrichtlinie 2014/36/EU[94] über die aufenthaltsrechtlichen Fragen hinaus auch Vorschriften zu Beschäftigungsbedingungen, insbesondere
zur Gleichbehandlung enthalten (s. z. B. Art. 18 der Richtlinie 2014/66/EU), wäre insofern Art. 153 Abs. 2 AEUV zu beachten gewesen, als nicht nur aufenthaltsrechtliche
Anforderungen formuliert werden, sondern darüber hinaus Rechte der Beschäftigten.

---

[89] *Löwisch/Rieble* (Fn. 78), Grundl., Rn. 422; *Weiss*, S. 972; *Rieble/Kolbe*, EuZA 1 (2008), 453 (464).
[90] Anders implizit *Benecke*, in: Grabitz/Hilf/Nettesheim, EU, Art. 153 AEUV (März 2011), Rn. 75.
[91] RL 2014/66/EU vom 15. 5. 2014 über die Bedingungen für die Einreise und den Aufenthalt von Drittstaatsangehörigen im Rahmen eines unternehmerischen Transfers, ABl. 2014, L 157/1.
[92] *Rebhahn/Reiner*, in: Schwarze, EU-Kommentar, Art. 153 AEUV, Rn. 54.
[93] *Eichenhofer*, in: Streinz, EUV/AEUV, Art. 153 AEUV, Rn. 19; a. A. *Krebber*, in: Calliess/Ruffert, EUV/AEUV, Art. 153 AEUV, Rn. 21; *Benecke*, in: Grabitz/Hilf/Nettesheim, EU, Art. 153 AEUV (März 2011), Rn. 92 (keine arbeitskollisionsrechtlichen Regelungen).
[94] RL 2014/36/EU vom 26. 2. 2014 über die Bedingungen für die Einreise und den Aufenthalt von Drittstaatsangehörigen zwecks Beschäftigung als Saisonarbeitnehmer, ABl. 2014, L 94/375.

III. Begriff des Arbeitsverhältnisses und der Beschäftigung

60 Art. 153 Abs. 1 Buchst. a-f AEUV beziehen sich explizit auf »Arbeitnehmer« bzw. »Arbeitsbedingungen«, Buchst. a und i beziehen sich auf den »Arbeitsmarkt« und den »Arbeitsplatz« (zum Begriff »Beschäftigungsbedingungen« s. Rn. 21; Rn. 57). Daran schließt sich die Frage an, ob diese Kompetenzbereiche auf die **Regelung der Verhältnisse von Arbeitnehmerinnen und Arbeitnehmern** beschränkt sind bzw. inwieweit im Einzelnen eine Anwendung auf arbeitnehmerähnliche oder andere wirtschaftlich abhängige Personen möglich erscheint.[95] Zahlreiche Arbeitsrechtsordnungen kennen über die Rechtsfigur des »Arbeitnehmers« und des »Arbeitsvertrags« hinaus sozialpolitische Schutzregelungen für andere Erwerbstätige, jedenfalls soweit diese die Leistung persönlich und ohne eigene Beschäftigte erbringen und/oder an einen einzigen Kunden oder eine einzige Auftraggeberin gebunden sind. Die Reichweite des Schutzes ist jedoch ganz unterschiedlich geregelt. Zum Teil wird für die abhängigen Selbstständigen lediglich sozialversicherungsrechtlicher Schutz vorgesehen. Zum Teil werden darüber hinaus die vertraglichen Beziehungen geregelt.[96]

61 Einen einheitlichen **Arbeitnehmerbegriff** gibt es im Unionsrecht allerdings nicht; die Bedeutung dieses Begriffes hängt vom jeweiligen Anwendungsbereich ab. So stimmt z. B. der Arbeitnehmerbegriff der Arbeitnehmerfreizügigkeit nicht notwendig mit dem überein, der im Bereich der Verordnung (EG) Nr. 883/2004[97] oder für die Arbeitsschutz-Rahmenrichtlinie gilt.[98] Die Sozialpolitik der EU, wie sie in Art. 151 ff. AEUV angesprochen ist, erfasst jedenfalls alle Konstellationen der abhängigen Erwerbsarbeit (s. Art. 151 AEUV, Rn. 7 ff.). Auch für die unterschiedlichen Kompetenzbereiche, die Art. 153 Abs. 1 AEUV anspricht, gilt deshalb kein einheitlicher Arbeitnehmerbegriff; dieser ist vielmehr vom jeweiligen Anwendungsbereich abhängig.[99] Dafür spricht neben der Reichweite des Art. 151 AEUV auch, dass die Anknüpfungspunkte in Art. 153 Abs. 1 AEUV ganz unterschiedlich formuliert sind (Arbeitnehmer, Beschäftigung, Arbeitsmarkt, Arbeitsplatz). Grundsätzlich kommt im Einzelfall auch eine Anwendung für Selbstständige in Betracht.[100] Die Schutzbedürfnisse unterscheiden sich je nachdem, ob es um Arbeitsschutz oder um Arbeitsvertragsbedingungen geht. Insbesondere in Hinblick auf den Arbeitsschutz ist anerkannt, dass ein weiterer und eigenständiger Arbeitnehmerbegriff verwendet werden kann.[101] Richtlinien über die Begrenzung der Arbeitszeiten von Selbstständigen können jedenfalls im Bereich des Verkehrs ohnehin bereits

---

[95] Zur Problematik s. Art. 45 AEUV, Rn. 22 ff.; vgl. auch Grünbuch der Kommission v. 22.11.2006, »Ein moderneres Arbeitsrecht für die Herausforderungen des 21. Jahrhunderts«, KOM(2006)708 endg., S. 12 ff. zur Analyse in Hinblick auf den Arbeitnehmerbegriff.

[96] Initiativstellungnahme des Europäischen Wirtschafts- und Sozialausschusses v. 19.1.2011, »Neue Trends bei der selbstständigen Erwerbstätigkeit: der Sonderfall der wirtschaftlich abhängigen selbstständigen Erwerbstätigkeit«, ABl. 2011, C 18/44; siehe *Rebhahn*, RdA 2009, 236; *Kocher*, KJ 2013, 145 (149 ff.).

[97] VO (EG) Nr. 883/2004 vom 29.4.2004 zur Koordinierung der Systeme der sozialen Sicherheit, ABl. 2004, L 166/1 (siehe Kommentierung zu Art. 48 AEUV).

[98] Zur Arbeitsschutzrahmenrichtlinie 89/389/EWG siehe Fn. 20. Siehe zum Zusammenhang von Arbeitnehmerbegriff und arbeitsrechtlichem Schutzumfang auch rechtsvergleichend *Ziegler*, S. 96 ff.; zur Begründung unterschiedlicher Begriffe S. 402 ff.; *Scheibeler*, S. 71 ff.

[99] *Krebber*, in: Calliess/Ruffert, EUV/AEUV, Art. 153 AEUV, Rn. 2.

[100] *Ziegler*, S. 180 ff.; a. A. *Latzel/Serr*, EuZW 2014, 410 (412); *Lange*, in: GSH, Europäisches Unionsrecht, Art. 157 AEUV, Rn. 9.

[101] *Ziegler*, S. 267 ff.; *Scheibeler*, S. 58 ff.

aufgrund des heutigen Art. 91 AEUV erlassen werden, so dass es insoweit auf die Reichweite des Art. 153 Abs. 1 Buchst. a AEUV nicht ankommt.[102]

Dies spricht gegen eine einheitliche autonome Auslegung des Begriffs für Art. 153 AEUV; es kommt insofern auf die jeweilige Kompetenzgrundlage in Art. 153 Abs. 1 AEUV an. Im Hinblick auf diese können die Sekundärrechtsakte autonom auszulegende Begriffe vorgeben. Es kommt dann auf die **Auslegung des jeweiligen Sekundärrechtsaktes** an.[103]

62

In einer Reihe von Richtlinien, die auf Grundlage von Art. 153 AEUV erlassen wurden, geht der EuGH von unionsrechtlicher, also **autonomer Auslegung** der Begriffe »Arbeitnehmer« bzw. »Arbeitsverhältnis« aus. Dies gilt z. B. für die Auslegung von Art. 1 der Insolvenzschutz-Richtlinie 2008/94/EG,[104] für die Arbeitszeitrichtlinie 2003/88/EG[105] und für die Mutterschutzrichtlinie 92/85/EG.[106] Für die Massenentlassungsrichtlinie geht der EuGH ebenfalls von einer autonomen Auslegung des Arbeitnehmerbegriffs.[107]

63

Zahlreiche Richtlinien, die auf der Grundlage des Art. 153 AEUV erlassen wurden, sehen vor, dass der **Anwendungsbereich nach mitgliedstaatlichem Recht zu bestimmen** ist, soweit er sich durch den Arbeitnehmerbegriff definiert. Dies gilt z. B. für die Teilzeitrichtlinie (Rahmenvereinbarung)[108] und für die Betriebsübergangsrichtlinie.[109]

64

Die Ablehnung einer autonomen Auslegung hat jedoch lediglich zur Folge, dass den Mitgliedstaaten ein Ermessen bei der Definition des Begriffs eingeräumt wird. Dieses ist **nicht unbegrenzt** und stößt an seine Grenzen, wenn die praktische Wirksamkeit des Unionsrechts nicht gewahrt zu werden droht. Auch bei mitgliedstaatlicher Definitionshoheit darf also ein Mitgliedstaat nicht unter Verletzung der praktischen Wirksamkeit einer Richtlinie bestimmte Personalkategorien von dem durch die Richtlinie bezweckten Schutz ausnehmen.[110]

65

---

[102] Der EuGH, Urt. v. 9.9.2004, verb. Rs. C–184/02 und C–223/02 (Spanien und Finnland/Parlament und Rat), Slg. 2004, I–7789, Rn. 30, 42 f. ließ deshalb die Frage unbeantwortet, ob Regelungen für selbstständige Kraftfahrer (siehe RL 2002/15/EG vom 11.3.2002 zur Regelung der Arbeitszeit von Personen, die Fahrtätigkeiten im Bereich des Straßentransports ausüben, ABl. 2002, L 80/35) auch aufgrund des heutigen Art. 153 AEUV hätten erlassen werden können.

[103] Genauso wohl auch EUArbR/*Franzen*, Art. 153 AEUV, Rn. 5.

[104] EuGH Urt. v. 15.5.2003, Rs. C–160/01 (Mau), Slg. 2003, I–47, Rn. 39 f.; vgl. auch *Ziegler* S. 209 ff.

[105] EuGH, Urt. v. 3.5.2012, Rs. C–337/10 (Neidel), ECLI:EU:C:2012:263, Rn. 23 (zu Art. 7 der Arbeitszeitrichtlinie 2003/88/EG); hier wird allerdings ohne weitere Begründung umstandslos auf den Begriff des Art. 45 AEUV abgestellt.

[106] EuGH, Urt. v. 11.11.2010, Rs. C–232/09 (Danosa), Slg. 2010, I–11405, Rn. 39; siehe auch schon *Scheibeler*, S. 283 ff. unter Bezug auf Urt. v. 20.9.2007, Rs. C–116/06 (Kiiski), Slg. 2007, I–7643, Rn. 24, allerdings zum Begriff der »schwangeren Arbeitnehmerin«.

[107] EuGH, Urt. v. 18.1.2007, Rs. C–385/05 (CGT), Slg. 2007, I–611, Rn. 34; Urt. v. 13.2.2014, Rs. C–596/12 (Kommission/Italien), ECLI:EU:C:2014:77, Rn. 23, zur Massenentlassungsrichtlinie; Urt. v. 15.1.2014, Rs. C–176/12 (Association de médiation sociale), ECLI:EU:C:2014:2, Rn. 25 ff. zur Berechnung von Schwellenwerten bei Massenentlassungen oder für die Einsetzung von Personalvertretungsorganen (RL 2002/14/EG (Fn. 45)) (hier argumentiert der EuGH allerdings auch mit dem Gebot der praktischen Wirksamkeit und dem Verbot der »Aushöhlung« des Unionsrechts); vgl. auch *Ziegler*, S. 224 ff.; *Scheibeler*, S. 359 ff.

[108] EuGH, Urt. v. 1.3.2012, Rs. C–393/10 (O'Brien), ECLI:EU:C:2012:110, Rn. 29 ff.; *Ziegler*, S. 238 ff. Vgl. auch Urt. v. 13.9.2007, Rs. C–307/05 (Del Cerro Alonso), Slg. 2007, I–7109, Rn. 27 ff. zu RL 1999/70/EG (Fn. 29); dort wird allerdings nicht klar zwischen autonomer und mitgliedstaatlicher Auslegung unterschieden, sondern stattdessen auf die hohe Bedeutung des Nichtdiskriminierungsgrundsatzes im Unionsrecht verwiesen; zur Diskussion dieser Entscheidung siehe auch *Ziegler*, S. 244 ff.

[109] EuGH, Urt. v. 6.9.2011, Rs. C–108/10 (Scattolon), Slg. 2011, I–7491, Rn. 39; *Ziegler*, S. 212 ff.

66 Bei der Begriffsbestimmung sind insbesondere Grundsätze der **Gleichbehandlung** zu beachten. So kann eine Gruppe von Personen nur dann aus der Anwendung einer Regelung ausgenommen werden, wenn das ausgenommene Rechtsverhältnis »seinem Wesen nach« erhebliche Unterschiede zum geregelten aufweist; »andernfalls [wäre] dieser Ausschluss als willkürlich zu betrachten«.[110]

IV. Allgemeine Grundsätze der Richtliniensetzung

1. Mindestharmonisierung/Günstigkeitsprinzip

67 Art. 153 Abs. 2 UAbs. 1 Buchst. b AEUV erlaubt lediglich den Erlass von **Mindestvorschriften** in Richtlinien. Hierbei handelt es sich nicht um eine spezielle Regelung des ultima-ratio-Grundsatzes oder um eine Beschränkung auf den kleinsten gemeinsamen Nenner bzw. den wissenschaftlichen Mindeststandard. Vielmehr dürfen die erlassenen Maßnahmen lediglich Mindestvorschriften im Verhältnis des Unionsrechts zum mitgliedstaatlichen Recht vorsehen. Die Mitgliedstaaten müssen also weitergehende Maßnahmen treffen können; es besteht im Bereich der Sozialpolitik **keine Kompetenz zur Vollharmonisierung**.[112] Deshalb können auch unionsrechtliche Ausnahmeregelungen für kleine und mittlere Unternehmen nicht als Verstoß gegen das Mindeststandardprinzip angesehen werden[113] (genauer zum KMU-Vorbehalt Rn. 72 ff.). Ein inhaltlicher Mindeststandard kann sich aber aus den Grundrechten, insbesondere der GRC, ergeben.

68 Art. 153 Abs. 4, 2. Gedstr. AEUV bestätigt diese Vorgabe.[114] Danach hindern die aufgrund dieses Artikels erlassenen Bestimmungen die Mitgliedstaaten nicht daran, **strengere Schutzmaßnahmen** beizubehalten oder zu treffen. Dies bedeutet nicht, dass ein Mitgliedstaat abweichende Regelungen treffen darf, die seiner Einschätzung nach besser zum Arbeitnehmerschutz geeignet und deshalb »strenger« sind. Vielmehr dürfen mitgliedstaatliche Maßnahmen lediglich zusätzlich oder über das Unionsrecht hinaus getroffen werden.[115] Die Behauptung, eine mitgliedstaatliche Maßnahme sei besser zum Arbeitnehmerschutz geeignet, bestreitet letztlich das Vorliegen der Voraussetzungen des Art. 153 Abs. 1 AEUV.

69 Bei der Frage, ob eine Regelung strenger ist oder nicht, kommt es auf den Zweck derjenigen Norm an, von der abgewichen wird.[116] Da es hier um Normen auf Grund von Art. 153 AEUV geht, sind die Richtlinienvorgaben im Zweifel im Sinne des Schutz-

---

[110] EuGH, Urt. v. 1.3.2012, Rs. C–393/10 (O'Brien), ECLI:EU:C:2012:110, Rn. 29 ff. für die Teilzeitrichtlinie 97/81/EG.
[111] EuGH, Urt. v. 1.3.2012, Rs. C–393/10 (O'Brien), ECLI:EU:C:2012:110, Rn. 29 ff. für die Anwendung der Teilzeit-Richtlinie 97/81/EG auf Richterinnen und Richter (das Bestehen oder Nichtbestehen der Unterschiede ist durch das nationale Gericht festzustellen).
[112] EuGH, Urt. v. 12.11.1996, Rs. C–84/94 (Vereinigtes Königreich/Rat), Slg. 1996, I–5755, Rn. 52, 56.
[113] So aber *Hasselbalch/Bruun*, ELLJ 4 (2013), 230 (237).
[114] Vgl. EUArbR/*Franzen*, Art. 153 AEUV, Rn. 56 f.
[115] Vgl. EuGH, Urt. v. 22.5.2003, Rs. C–441/01 (Kommission/Niederlande), Slg. 2003, I–5463, Rn. 43 f., 46 (die unionsrechtliche Vorgabe, wonach der Mitwirkung der Arbeitnehmer am Arbeitsschutz der Vorrang vor der Hinzuziehung außerbetrieblicher Fachleute einzuräumen sei, dürfe nicht durch die »strengere« Hinzuziehung externer Fachleute eines »Netzes hochwertiger Dienste im ganzen Land« ersetzt werden (dazu auch *Rebhahn/Reiner*, in: Schwarze, EU-Kommentar, Art. 153 AEUV, Rn. 70); siehe auch Urt. v. 13.2.2014, Rs. C–596/12 (Kommission/Italien), ECLI:EU:C:2014: 77, Rn. 22.
[116] *Rebhahn/Reiner*, in: Schwarze, EU-Kommentar, Art. 153 AEUV, Rn. 70.

zwecks der Sozialpolitik auszulegen. Wie bereits der Begriff »Schutzmaßnahmen« deutlich macht, wird dieser Zweck in der Regel im Arbeitnehmerschutz liegen, womit sich aus Abs. 4, 1. Gedstr., 2. Alternative ein **Günstigkeitsprinzip** ergibt.

Die Günstigkeitsprüfung muss nach Rechtsmaßstäben, nicht aber nach Maßstäben einer politisch-wirtschaftlichen Interessenabwägung vorgenommen werden. Es kommt also nicht auf eine Gesamtbetrachtung aller Regelungen für einen Bereich an, sondern auf einen Vergleich der Einzelregelung(en). Für jede Abweichung von Sekundärrecht ist gesondert zu prüfen, ob sie durch das Mindestnormprinzip gerechtfertigt werden kann. Ein Gruppenvergleich ist nur zulässig, soweit eine Richtlinie ausdrücklich Alternativlösungen oder **Kompensationsmöglichkeiten** vorsieht.[117] So kann es nicht als günstiger angesehen werden, wenn statt Information und Anhörung eine finanzielle Entschädigung vorgesehen ist.[118]

Der Verweis auf die Möglichkeit strengerer Normen wird in Abs. 4, 1. Gedstr., 2. Alternative dadurch relativiert, dass die mitgliedstaatlichen Normen ansonsten »mit den Verträgen vereinbar« sein müssen. Denn strengere Vorschriften können im Einzelfall gegen Grundfreiheiten verstoßen.[119]

2. Schutz kleiner und mittlerer Unternehmen

Nach Art. 153 Abs. 2 UAbs. 1 Buchst. b Satz 2 AEUV sollen Richtlinien auf Grundlage der Norm keine verwaltungsmäßigen, finanziellen oder rechtlichen Auflagen vorschreiben, die der Gründung und Entwicklung von **kleinen und mittleren Unternehmen** entgegenstehen. Die Einordnung von Unternehmen als Kleinstunternehmen, kleines oder mittleres Unternehmen richtet sich einer Empfehlung der Kommission zufolge nach der Zahl der Mitarbeiterinnen und Mitarbeiter (Vollzeitäquivalente) sowie dem Umsatz bzw. der Bilanzsumme. Ein mittleres Unternehmen hat weniger als 250 Beschäftigte und einen Umsatz von bis zu 50 Mio. Euro oder eine Jahresbilanz von bis zu 43 Mio. Euro; ein kleines Unternehmen beschäftigt weniger als 50 Mitarbeiterinnen und Mitarbeiter, sein Umsatz oder seine Jahresbilanz gehen nicht über 10 Mio. Euro hinaus; ein Kleinstunternehmen hat weniger als 10 Beschäftigte und einen Umsatz oder eine Jahresbilanz von bis zu 2 Mio. Euro.[120] Die Norm ist eine der möglichen Konkretisierungen des Art. 173 AEUV, wonach die Union und die Mitgliedstaaten darauf abzielen, ein »für die Initiative und Weiterentwicklung der Unternehmen in der gesamten Union, insbesondere der kleinen und mittleren Unternehmen,« günstiges Umfeld zu fördern.

Nach einem Umkehrschluss aus Art. 153 Abs. 2 UAbs. 1 Buchst. b AEUV ist es nicht ausgeschlossen, dass die Union auch für diese Unternehmen bindende Maßnahmen erlassen darf.[121] Aufgrund der Einschränkung zugunsten von kleinen und mittleren Unternehmen können aber unter bestimmten Umständen **Ausnahmeregelungen** für diese

---

[117] *Rebhahn/Reiner*, in: Schwarze, EU-Kommentar, Art. 153 AEUV, Rn. 70 f.
[118] EuGH, Urt. v. 13. 2. 2014, Rs. C–596/12 (Kommission/Italien), ECLI:EU:C:2014:77, Rn. 22 zu Art. 5 der Massenentlassungsrichtlinie 98/59/EG (Fn. 50); siehe auch Urt. v. 22. 5. 2003, Rs. C–441/01 (Kommission/Niederlande), Slg. 2003, I–5463, Rn. 43 f., 46.
[119] *Rebhahn/Reiner*, in: Schwarze, EU-Kommentar, Art. 153 AEUV, Rn. 72.
[120] Empfehlung 2003/361/EG der Kommission vom 6.5.2003 betreffend die Definition der Kleinstunternehmen sowie der kleinen und mittleren Unternehmen, ABl. 2003, L 124/36.
[121] EuGH, Urt. v. 12.11.1996, Rs. C–84/94 (Vereinigtes Königreich/Rat), Slg. 1996, I–5755, Rn. 44; vgl. auch Urt. v. 30. 11. 1993, Rs. C–189/91 (Kirsammer-Hack), Slg. 1993, I–6185, Rn. 34, dort allerdings zu einer Kleinbetriebsklausel im nationalen Recht.

getroffen werden. Jedoch ergibt sich aus dem Prinzip der Mindestharmonisierung, dass diese Ausnahmen den Mitgliedstaaten nicht bindend auferlegt werden dürfen.[122] Relevant können sie allerdings insofern sein, als ohne einen solchen KMU-Vorbehalt infolge des Günstigkeitsprinzips der Mindestharmonisierung (s. Rn. 68 f.) ein Mitgliedstaat keine Ausnahmeregelungen für kleine und mittlere Unternehmen vorsehen dürfte, die in der Richtlinie nicht angelegt sind.

74 Art. 153 Abs. 2 UAbs. 1 Buchst. b AEUV enthält lediglich eine Vorgabe zur Handhabung des Ermessens, also lediglich ein **Berücksichtigungserfordernis**.[123] Dessen Anforderungen sind erfüllt, wenn bei Erlass der Maßnahme die Auswirkungen auf die Klein- und Mittelbetriebe mitbedacht wurden (was sich aus den Begründungserwägungen ergeben kann).[124] Diese Pflicht zur Berücksichtigung der Interessen von Klein- und Mittelunternehmen ist allerdings **drittschützend**; ihre Einhaltung können Betroffene überprüfen lassen.[125] **Sekundärrecht**, das auf Art. 153 Abs. 2 AEUV beruht, ist so auszulegen, dass sich keine verwaltungsmäßigen, finanziellen oder rechtlichen Auflagen ergeben, die der Gründung und Entwicklung von kleinen und mittleren Unternehmen entgegenstehen.[126]

75 Der hier normierte allgemeine Grundsatz ist für die Frage der Einschränkung von Grundfreiheiten von Bedeutung. So ist der besondere Schutz von kleinen und mittleren Unternehmen ein **zwingender Grund des Allgemeininteresses**, der die Beschränkung von Grundfreiheiten rechtfertigen kann.[127]

76 Zu beachten sind auch die **Grundrechte**, insbesondere die GRC. Soweit deren Mindestschutzstandards betroffen sind, dürfen auch keine Ausnahmen in kleineren und mittleren Unternehmen gelten.[128]

3. Finanzielles Gleichgewicht der Systeme der sozialen Sicherheit

77 Eine weitere sachliche Grenze der Rechtsetzung versteckt sich in Abs. 4, 1. Gedstr., 2. Alternative. Danach dürfen Maßnahmen nach Art. 153 AEUV das **finanzielle Gleichgewicht** der Systeme der sozialen Sicherheit nicht erheblich beeinträchtigen. Mit Gleichgewicht ist insbesondere das Gleichgewicht zwischen Einnahmen und Ausgaben gemeint, das sich aus Grundprinzipien von Mitgliedschaft und Anspruchsberechtigungen ergibt.

78 Obwohl generell »rein wirtschaftliche Gründe« eine **Beschränkung von Grundfreiheiten** nicht rechtfertigen können, ist dies anders, wenn eine erhebliche Gefährdung des finanziellen Gleichgewichts des Systems der sozialen Sicherheit dargelegt ist. Diese

---

[122] *Hasselbalch/Bruun*, ELLJ 4 (2013), 230 (237).
[123] Vgl. auch EUArbR/*Franzen*, Art. 153 AEUV, Rn. 61 f.
[124] EuGH, Urt. v. 12.11.1996, Rs. C–84/94 (Vereinigtes Königreich/Rat), Slg. 1996, I–5755, Rn. 44; bestätigt im Urt. v. 26.6.2001, Rs. C–173/99 (BECTU), Slg. 2001, I–4881, Rn. 60; dagegen *Rebhahn/Reiner*, in: Schwarze, EU-Kommentar, Art. 153 AEUV, Rn. 81 (»zu pauschal«).
[125] *Rebhahn/Reiner*, in: Schwarze, EU-Kommentar, Art. 153 AEUV, Rn. 81; nicht ganz klar ist allerdings, ob das EuG, Urt. v. 17.6.1998, Rs. T–135/96 (UEAPME), Slg. 1998, II–2338 dies genauso sah; in diesem Verfahren ergab sich die Berechtigung des Verbandes bereits aus seinen Anhörungs- und möglichen Beteiligungsrechten aus (den heutigen) Art. 154/155 AEUV; a. A. *Krebber*, in Calliess/Ruffert, EUV/AEUV, Art. 153 AEUV, Rn. 32 (kein subjektives Recht).
[126] *Rebhahn/Reiner*, in: Schwarze, EU-Kommentar, Art. 153 AEUV, Rn. 81; ausführlich auch am Beispiel des Urlaubsrechts GA *Trstenjak*, Schlussanträge zu Rs. C–214/10 (KHS), Slg. 2011, I–11757, Rn. 62 ff, 64.
[127] EuGH, Urt. v. 30.11.1993, Rs. C–189/91 (Kirsammer-Hack), Slg. 1993, I–6185, Rn. 34.
[128] Vgl. *Hasselbalch/Bruun*, ELLJ 4 (2013), 230 (238).

kann einen zwingenden Grund des Allgemeininteresses darstellen, der Beschränkungen von Grundfreiheiten zu rechtfertigen vermag.[129]

Ein allein wirtschaftlicher Grund im Bereich der sozialen Sicherheit vermag zwar eine Begrenzung der Transnationalisierung von Märkten durch die Beschränkung von Grundfreiheiten zu rechtfertigen. Er rechtfertigt aber nicht die Einschränkung grundlegender Rechte auf Gleichbehandlung im Sinne des Art. 10 AEUV.

Da die Ausgestaltung dieser Systeme ganz in mitgliedstaatlicher Hand liegt und die Union hier lediglich koordinierend tätig wird (Art. 48 AEUV), liegt auch die Festlegung der Grundsätze, aus denen sich das finanzielle Gleichgewicht ergeben soll, in der Hand der Mitgliedstaaten (siehe auch Abs. 4, 1. Alternative). Ihnen obliegt insofern ein weiter **Beurteilungsspielraum**, der allerdings dadurch begrenzt wird, dass Art. 153 Abs. 4, 1. Gedstr., 2. Alternative AEUV lediglich eine **erhebliche** Beeinträchtigung des Gleichgewichts verbietet. Der EuGH hat diese Voraussetzung noch in keinem Fall als erfüllt angesehen, in dem lediglich das Wegfallen bestimmter Einnahmen oder Einnahmequellen[130] bzw. das Entstehen bestimmter Ausgaben[131] geltend gemacht worden war.[132] Den Mitgliedstaaten ist insofern eine hohe und ins Detail gehende **Darlegungslast** auferlegt.[133]

V. Verfahren beim Richtlinienerlass (Art. 153 Abs. 2 UAbs. 2 Buchst. b AEUV)

Das **Gesetzgebungsverfahren** für den Richtlinienerlass unterscheidet sich nach dem Gegenstandsbereich der Richtlinie. Beim Rechtsetzungsverfahren nach Art. 153 Abs. 2 UAbs. 1 Buchst. b AEUV ist zu unterscheiden einerseits zwischen den Tatbeständen des Abs. 1 Buchst. a, b, e, h, i, j und k (ordentliches Gesetzgebungsverfahren gem. Art. 294 AEUV und zusätzlich Anhörung des Wirtschafts- und Sozialausschusses sowie des Ausschusses der Regionen) und andererseits den Tatbeständen des Abs. 1 Buchst. c, d, f und g (Rat beschließt nach Vorschlag der Kommission und Anhörung des Parlaments, des Wirtschafts- und Sozialausschusses sowie des Ausschusses der Regionen). Die Kommission ist durch Art. 154 AEUV verpflichtet, vor Unterbreitung des Vorschlages (mindestens) zweimal die Europäischen Sozialpartner anzuhören.

Die Verfahrensregeln der Art. 153 ff. AEUV gelten gleichermaßen für **Änderungen** der erlassenen Regelungen.

Die Kompetenzvorschriften des Art. 153 AEUV sind leges speciales zu **Art. 114** Abs. 2 AEUV (s. Rn. 9). Im Bereich des Art. 153 AEUV sind deshalb die besonderen

---

[129] EuGH, Urt. v. 28.4.1998, Rs. C–158/96 (Kohll), Slg. 1998, I–1931, Rn. 41 (die Kommission hatte demgegenüber die niedrigere Eingriffsschwelle »Gefahr einer Störung« vorgeschlagen, siehe Rn. 38 f.); genauso Urt. v. 12.7.2001, Rs. C–157/99 (Smits und Peerbooms), Slg. 2001,– 5473, Rn. 72; Urt. v. 3.4.2008, Rs. C–346/06 (Rüffert), Slg. 2008, I–1989, Rn. 42; Urt. v. 16.5.2006, Rs. C–372/04 (Watts), Slg. 2006, I–4325, Rn. 103.
[130] EuGH, Urt. v. 3.4.2008, Rs. C–346/06 (Rüffert), Slg. 2008, I–1989, Rn. 42 (die Beeinträchtigung des finanziellen Gleichgewichts gehe aus den übersandten Akten nicht hervor).
[131] Siehe z. B. EuGH, Urt. v. 28.4.1998, Rs. C–158/96 (Kohll), Slg. 1998, I–1931, Rn. 42 für die Erstattung von Kosten einer Zahnbehandlung, die in einem anderen Mitgliedstaat erbracht wurde, nach den Tarifen des Versicherungsstaats.
[132] *Krebber*, in Calliess/Ruffert, EUV/AEUV, Art. 153 AEUV, Rn. 18 (es wird keine Kostenneutralität verlangt).
[133] Da es sich um einen unbestimmten Rechtsbegriff handelt, könnte dieser im Einzelfall konkretisiert werden (a.A. *Krebber*, in Calliess/Ruffert, EUV/AEUV, Art. 153 AEUV, Rn. 18, der den Begriff für nicht konkretisierbar hält).

Verfahrens- und Ausnahmevorschriften zugunsten von einzelstaatlichen Vorschriften zum Schutz der Arbeitsumwelt nach Art. 114 Abs. 4–6 AEUV nicht anzuwenden.[134]

1. Ordentliches Gesetzgebungsverfahren

84 In den Bereichen der Art. 153 Abs. 1 Buchst. a, b, e, h und i AEUV (insbesondere Arbeitsschutz, Arbeitsbedingungen, berufliche Eingliederung, Geschlechtergleichheit) gilt das ordentliche Verfahren nach **Art. 294 AEUV**. Im Rat reicht danach für die Beschlussfassung qualifizierte Mehrheit aus. Ein allgemeines Prinzip, wonach Regelungen, welche die Rechte und Interessen der Arbeitnehmer betreffen, grundsätzlich der Einstimmigkeit bedürfen,[135] gibt es nicht mehr.

2. Besonderes Gesetzgebungsverfahren

85 In den Bereichen der Art. 153 Abs. 1 Buchst. c, d, f und g AEUV (insbesondere sozialer Schutz, Kündigungsschutz, kollektive Interessenwahrnehmung) gilt ein **besonderes Gesetzgebungsverfahren**, in dem das Europäische Parlament genau wie der Wirtschafts- und Sozialausschuss sowie der Ausschuss der Regionen lediglich anzuhören sind. Der Rat muss dabei einstimmig beschließen.

86 Allerdings kann der Rat nach Anhörung des Europäischen Parlaments für Angelegenheiten im Anwendungsbereich von Art. 153 Abs. 1 Buchst. d, f, g AEUV (Kündigungsschutz und kollektive Interessenwahrnehmung) auch einstimmig beschließen, das ordentliche Verfahren anzuwenden, soweit die Kommission dies vorschlägt.[136]

C. Maßnahmen zur Förderung der Zusammenarbeit und des Wissensstandes (Art. 153 Abs. 2 Buchst. a AEUV)

I. Maßnahmen und Verfahren

87 **Sonstige Maßnahmen**, die keine Harmonisierung der Rechts- und Verwaltungsvorschriften der Mitgliedstaaten zum Gegenstand haben, können nach Art. 153 Abs. 2 Buchst. a AEUV zum Zweck getroffen werden, die Zusammenarbeit zwischen den Mitgliedstaaten zu fördern. Dabei ist an Initiativen gedacht, die den Wissensstand verbessern, den Austausch von Informationen und bewährten Verfahren entwickeln sowie innovative Ansätze fördern und Erfahrungen bewerten können, also insgesamt einen Erfahrungsaustausch über »best practices« zum Ziel haben. Die Norm ist insofern Grundlage für die Offene Methode der Koordinierung (OMK) im Bereich der Sozialpolitik (für die Beschäftigungspolitik siehe Art. 145 ff. AEUV).[137]

88 Eine Kompetenz zur Förderung der Zusammenarbeit zwischen den Mitgliedstaaten in der Sozialpolitik enthält auch **Art. 156 AEUV**. Dort sind allerdings auch das Koali-

---

[134] *Kahl*, in: Calliess/Ruffert, EUV/AEUV, Art. 114 AEUV, Rn. 48.
[135] *Benecke*, in: Grabitz/Hilf/Nettesheim, EU, Art. 153 AEUV (März 2011), Rn. 6.
[136] *Gassner*, in: Vedder/Heintschel v. Heinegg, Europäisches Unionsrecht, Art. 153 AEUV, Rn. 9; *Krebber*, in: Calliess/Ruffert, EUV/AEUV, Art. 153 AEUV, Rn. 7; *Rebhahn/Reiner*, in: Schwarze, EU-Kommentar, Art. 153 AEUV, Rn. 68; *Benecke*, in: Grabitz/Hilf/Nettesheim, EU, Art. 153 AEUV (März 2011), Rn. 6.
[137] *Rebhahn/Reiner*, in: Schwarze, EU-Kommentar, Art. 153 AEUV, Rn. 67.

tionsrecht und Kollektivverhandlungen zwischen Arbeitgebern und Arbeitnehmern als mögliche Gegenstände der Abstimmung genannt. Jedenfalls das Koalitionsrecht[138] ist in der vorliegenden Norm aber ausgenommen (Abs. 5). Voraussetzung für die in Art. 156 AEUV angestrebten Leitlinien und Indikatoren ist der in Art. 153 Abs. 2 Buchst. a AEUV angesprochene Erfahrungsaustausch; dieser wird nach Art. 156 AEUV fortgesetzt (s. Art. 156 AEUV, Rn. 3). Die mögliche Differenz lässt sich allenfalls dadurch erklären, dass Art. 156 AEUV auch die Abstimmung des Vorgehens in Hinblick auf internationale Organisationen und völkerrechtliche Vorhaben zum Ziel hat.

Wie der EuGH zum heutigen Art. 156 AEUV entschieden hat, bedürfen die Organe der Europäischen Union der **notwendigen Instrumente**, um die zugewiesenen Aufgaben erfüllen zu können.[139] Auch für Art. 153 Abs. 2 Buchst. a AEUV gilt also, dass die Union damit die Kompetenz zukommt, die Mitgliedstaaten zur Teilnahme an diesem Erfahrungsaustausch zu verpflichten. Der **Ausschuss für sozialen Schutz** (Art. 160 AEUV) erfüllt beratende Funktionen im Verfahren des Art. 153 Abs. 2 Buchst. a AEUV. 89

Von der vorliegenden Kompetenz wurde durch die Einführung der **Offenen Methode der Koordinierung** (OMK) Gebrauch gemacht. Die seit dem Jahre 2000 bestehenden drei Koordinierungsprozesse (soziale Eingliederung, angemessene und tragfähige Altersversorgung sowie hochwertige und nachhaltige Gesundheitsversorgung und Langzeitpflege) wurden im Jahre 2005 grundlegend reformiert und zu einer einzigen OMK im Bereich Soziales zusammengefasst.[140] 90

II. Gegenstandsbereiche

Die hier angesprochenen Maßnahmen können **auf allen Gebieten** getroffen werden, die in Art. 153 Abs. 1 AEUV genannt sind,[141] insbesondere auch in den Bereichen von Art. 153 Abs. 1 Buchst. j und k AEUV, in denen kein Richtlinienerlass zulässig ist. 91

1. Bekämpfung der sozialen Ausgrenzung (Art. 153 Abs. 1 Buchst. j AEUV)

Bereits Art. 151 AEUV benennt die »Bekämpfung von Ausgrenzungen« als sozialpolitisches Ziel, und der Kampf gegen **soziale Ausgrenzungen** ist in Art. 3 Abs. 3 UA 2 EUV als Ziel der Union benannt (Querschnittsaufgabe nach Art. 9 AEUV).[142] In beiden Fällen geht es aber um gesellschaftliche Ausgrenzungen; der begriffliche Unterschied bringt hier keinen Unterschied in der Bedeutung mit sich[143] (zum Verhältnis zur Ausgrenzung auf dem Arbeitsmarkt s. Rn. 32). 92

---

[138] Zu Kollektivverhandlungen s. Rn. 133 ff.
[139] EuGH, Urt. v. 9.7.1987, verb. Rs. C–281/85, C–283/85 – C–285/85 u. C–287/85 (Deutschland u. a./Kommission), Slg. 1987, I–3203, Rn. 28; vgl. *Rebhahn*, in: Schwarze, EU-Kommentar, Art. 156 AEUV, Rn. 2.
[140] Vgl. *Eichenhofer*, in: Streinz, EUV/AEUV, Art. 151 AEUV, Rn. 26; Mitteilung der Kommission, »Zusammenarbeiten, zusammen mehr erreichen: ein neuer Rahmen für die offene Koordinierung der Sozialschutzpolitik und der Eingliederungspolitik in der Europäischen Union«, KOM(2005) 706 endg.; siehe weiter Mitteilung der Kommission v. 2.7.2008 »Ein erneuertes Engagement für ein soziales Europa: Verstärkung der offenen Koordinierungsmethode für Sozialschutz und soziale Eingliederung«, KOM (2008) 418 endg.
[141] *Rebhahn/Reiner*, in: Schwarze, EU-Kommentar, Art. 153 AEUV, Rn. 67.
[142] So auch *Krebber*, in: Calliess/Ruffert, EUV/AEUV, Art. 151 AEUV, Rn. 31. Siehe auch Beschluss 50/2002/EG des Europäischen Parlaments und des Rates vom 7.12.2001 zur Einführung eines Aktionsprogramms der Gemeinschaft zur Förderung der Zusammenarbeit der Mitgliedstaaten bei der Bekämpfung der sozialen Ausgrenzung, ABl. 2002 L 10, 1.
[143] Enger EUArbR/*Franzen*, Art. 153 AEUV, Rn. 43.

2. Modernisierung der Systeme des sozialen Schutzes (Art. 153 Abs. 1 Buchst. k AEUV)

93 Während für den sozialen Schutz im besonderen Gesetzgebungsverfahren eine Harmonisierungskompetenz besteht, ist diese für die **Modernisierung der Systeme des sozialen Schutzes** ausgeschlossen. Trotz der Formulierung, dies gelte »unbeschadet des Buchstabens c«, hat dieser Aspekt eine Funktion der Begrenzung der Rechtsetzungskompetenz.

94 Was unter Modernisierung zu verstehen ist, wird durch die Politiken im Rahmen der Methode der Offenen Koordinierung konkretisiert. Das unionsrechtliche **Modernisierungsziel** ist dabei der aktivierende Wohlfahrtsstaat, der auf einer Arbeitsgesellschaft beruht.[144]

D. Der soziale Dialog bei der Richtlinienumsetzung (Abs. 3)

95 Harmonisierungsmaßnahmen in Form von Richtlinien nach Art. 153 Abs. 2 Buchst. b AEUV verpflichten die Mitgliedstaaten dazu, das nationale Recht an die Richtlinienvorgaben anzugleichen. Damit haben die Mitgliedstaaten auch dafür zu sorgen, dass **richtlinienwidrige Regelungen aus Tarifverträgen** entfernt oder für nichtig erklärt werden können.[145]

96 Nach Abs. 3 können die Mitgliedstaaten den Sozialpartnern auf deren Antrag hin die Durchführung einer aufgrund von Art. 153 AEUV erlassenen Richtlinie **übertragen**. Ferner können die Mitgliedstaaten es den Sozialpartnern auf geeigneter Ebene überlassen, abweichende Bestimmungen vorzusehen.[146] Diese Norm bezieht sich auf die nationalen Sozialpartner, nicht jedoch auf die Organisationen auf europäischer Ebene. Über einen entsprechenden gemeinsamen Antrag von Sozialpartnern haben die Mitgliedstaaten nach pflichtgemäßem Ermessen zu entscheiden. Die Übertragungsbefugnis ergibt sich unmittelbar aus Art. 153 Abs. 3 AEUV; eine entsprechende **Öffnungsklausel in der Richtlinie**[147] **ist nicht erforderlich**.

97 Einige Richtlinien enthalten darüber hinausgehende **unmittelbar an die Sozialpartner gerichtete Umsetzungsbefugnisse**. So sind die Mitgliedstaaten nach den Antidiskriminierungsrichtlinien 2000/78/EG, 2000/43/EG und 2006/54/EG dazu verpflichtet, den Sozialen Dialog mit dem Ziel zu fördern, »die Verwirklichung des Gleichbehandlungsgrundsatzes durch Überwachung der betrieblichen Praxis, durch Tarifverträge, Verhaltenskodizes, Forschungsarbeiten oder durch einen Austausch von Erfahrungen und bewährten Lösungen voranzubringen«.[148]

---

[144] *Eichenhofer*, VSSR 2014, 29 (78); vgl. im Einzelnen die Indikatoren und Leitlinien der OMK Soziales (Fn. 140).

[145] Ein ausdrückliches Gebot in diesem Sinne findet sich z. B. in Art. 16 b) RL 2000/78/EG (Fn. 28).

[146] EuGH Urt. v. 11.2.2010, Rs. C–405/08 (Holst), Slg. 2010, I–985, Rn. 38 zu Art. 5 RL 2002/14/EG (Fn. 45).

[147] Siehe z. B. Art. 11 Abs. 1, Alt. 2 RL 2008/104/EG (Fn. 28).

[148] Art. 11 Abs. 1 RL 2000/43/EG (Fn. 28), Art. 13 Abs. 1 der Gleichbehandlungs-Rahmenrichtlinie 2000/78/EG (Fn. 28) und Art. 21 Abs. 1 der Geschlechtergleichbehandlungs-Richtlinie für das Arbeitsrecht 2006/54/EG (Fn. 68).

Die **Durchführung erfolgt** in beiden Fällen nach den Kompetenzen und Rechtsformen, in denen die jeweiligen Sozialpartner nach der mitgliedstaatlichen Rechtsordnung zu handeln befugt sind.[149]

98

Die **Verantwortung für die Umsetzung** der Richtlinie verbleibt allerdings auch bei der Durchführung nach Art. 153 Abs. 3 AEUV beim Mitgliedstaat. Gemäß Satz 2 müssen diese »jederzeit« in der Lage sein zu gewährleisten, dass die vorgeschriebenen Ergebnisse erreicht werden.[150] Die Haftung wegen nicht ordnungsgemäßer Umsetzung von Richtlinien trifft den jeweiligen Mitgliedstaat. Dieser muss (etwa durch die Allgemeinverbindlicherklärung von Kollektivverträgen) sicherstellen, dass alle Arbeitnehmerinnen und Arbeitnehmer in vollem Umfang den Schutz des Unionsrechts in Anspruch nehmen können. Dies betrifft insbesondere den Fall, dass Arbeitnehmer keiner Gewerkschaft angehören und ihnen deshalb der rechtliche Schutz des Tarifvertrags entzogen ist.[151]

99

Der Mitgliedstaat muss das Heft des Handelns in der Hand behalten. Die Ermächtigungsvorschriften müssen **hinreichend genau** sein, damit gewährleistet wird, dass die genannten Maßnahmen die Richtlinienanforderungen beachten.[152] Darüber hinaus muss der jeweilige Mitgliedstaat den Sozialpartnern zumindest eine **Frist für die Umsetzung** setzen.[153] Nach Art. 153 Abs. 3 Satz 2 AEUV hat der Mitgliedstaat sich zu vergewissern, dass die Sozialpartner spätestens zum Ablauf der Umsetzungs- oder Durchführungsfrist »die erforderlichen Vorkehrungen« getroffen haben. Der EuGH hat allerdings erlaubt, dass die Frist für die endgültige Umsetzung durch die Sozialpartner über den Lauf der Umsetzungsfristen der Richtlinien hinausgeht.[154] Allerdings muss der Mitgliedstaat die **Entwicklung der tariflichen Praxis** im Auge behalten. Wenn die Praxis zeigt, dass die Annahme des nationalen Gesetzgebers, der Weg der Tarifverhandlung sei für die Anpassung der bestehenden Verhältnisse an das europäische Recht der effektivste,[155] unrichtig war, müssen wirksame staatliche Durchsetzungsgarantien an die Stelle des sozialen Dialogs treten. Damit wird »in gewissem Umfang« der Wirksamkeit einer Richtlinie Vorrang vor der Förderung von Kollektivverhandlungen eingeräumt, gleichzeitig aber auch die Bedeutung von Tarifverträgen im Rahmen der Unionsrechtsordnung anerkannt.[156]

100

---

[149] EuGH, Urt. v. 13.9.2011, Rs. C–447/09 (Prigge u.a.), Slg. 2011, I–8003, Rn. 59 zu Art. 2 Abs. 5 RL 2000/78/EG (Fn. 28).

[150] Vgl. EuGH, Urt. v. 11.2.2010, Rs. C–405/08 (Holst), Slg. 2010, I–985, Rn. 35 ff. zu Art. 11 Abs. 1 RL 2002/14/EG (Fn. 45); Urt. v. 18.12.20008, Rs. C–306/07 (Andersen), Slg. 2008, I–10279, Rn. 24 ff. zu Art. 9 RL 91/533/EWG (Fn. 32); *Rebhahn/Reiner*, in: Schwarze, EU-Kommentar, Art. 153 AEUV, Rn. 88–90.

[151] EuGH, Urt. v. 18.12.20008, Rs. C–306/07 (Andersen), Slg. 2008, I–10279, Rn. 26 zu Art. 9 RL 91/533/EWG (Fn. 32); Urt. v. 11.2.2010, Rs. C–405/08 (Holst), Slg. 2010, I–985, Rn. 40.

[152] EuGH, Urt. v. 13.9.2011, Rs. C–447/09 (Prigge u.a.), Slg. 2011, I–8003, Rn. 60 f. zu Art. 2 Abs. 5 RL 2000/78/EG (Fn. 28).

[153] EuGH, Urt. v. 25.10.1988, Rs. C–312/86 (Kommission/Frankreich), Slg. 1988, 6315.

[154] So wohl EuGH, Urt. v. 30.1.1985, Rs. C–143/83 (Kommission/Dänemark), Slg. 1985, 427; Urt. v. 10.7.1986, Rs. C–235/84 (Kommission/Italien), Slg. 1986, 2291; *Kocher*, ZESAR 2011, 265 ff.

[155] GA *Slynn*, Schlussanträge zu Rs. C–312/86 (Kommission/Frankreich), Slg. 1988, 6315.

[156] GA *Cruz Villalón*, Schlussanträge zu Rs. C–447/09 (Prigge u.a.), Slg. 2011, I–8003, Rn. 43 ff.

E. Mitgliedstaatliche Vorbehaltsbereiche (Abs. 4 und Abs. 5)

I. Grundprinzipien der sozialen Sicherungssysteme und deren Finanzierung (Art. 153 Abs. 4 AEUV)

101 Nach Art. 153 Abs. 4, 1. Gedstr. AEUV dürfen europäische Bestimmungen zur Sozialpolitik zunächst nicht die »anerkannte Befugnis« der Mitgliedstaaten berühren, die Grundprinzipien ihres Systems der sozialen Sicherheit festzulegen. Dies ist Ausdruck des grundsätzlichen Vorbehaltes zugunsten der Mitgliedstaaten in der Sozialpolitik (s. Art. 151 AEUV, Rn. 25 ff.). Jeder Mitgliedstaat verfügt danach als »Versicherungsmitgliedstaat« über die Möglichkeit, seine Systeme der Gesundheitsversorgung der Bevölkerung und der sozialen Sicherheit im Rahmen der ihm in den Art. 153 und Art. 168 AEUV verliehenen Befugnisse auszugestalten.[157] Allerdings gilt Art. 153 Abs. 4 AEUV nur für die aufgrund des Art. 153 AEUV erlassenen Bestimmungen. Anders als Abs. 5 handelt es sich dem Wortlaut nach um mehr als eine negative Kompetenznorm, insofern sie auch die **Ausübung der Kompetenzen** nach Art. 153 Abs. 1 und 2 AEUV begrenzt.

102 Art. 153 Abs. 4 AEUV enthält vor allem die **Absage an eine supranational getragene soziale Sicherung** und transnationale Träger sozialer Sicherheit.[158]

103 Mit den **Systemen der sozialen Sicherheit** sind insbesondere die Systeme der Sozialversicherung gemeint. Gegenstand dieser Systeme ist der Schutz vor sozialen Risiken, insbesondere der Schutz bei Krankheit, bei Unfällen, im Alter und bei Arbeitslosigkeit.[159] Kennzeichnend für solche Systeme sind die Risikovorsorge und in diesem Zusammenhang der **gegenseitige Ausgleich**. Soweit es um die soziale Sicherung bei Krankheitsrisiken geht, überschneiden sich die Anwendungsbereiche der Art. 153 AEUV und Art. 168 AEUV; der Vorbehalt des Art. 153 Abs. 4 AEUV gilt aber auch für Maßnahmen nach Art. 168 AEUV. Ein System der »sozialen« Sicherheit liegt nicht bereits dann vor, wenn ein gesetzliches Ausgleichssystem einen sozialen Zweck verfolgt. Vielmehr muss es Bestandteil des Systems der sozialen Sicherheit eines Mitgliedstaats sein. Dies wurde verneint für das österreichische System der Betrieblichen Vorsorgekassen, das nach dem Kapitalisierungsprinzip funktioniert, und in dem die Arbeitgeber regelmäßige Zahlungen in Höhe eines Prozentsatzes des Bruttoentgelts an die Betriebliche Vorsorgekasse entrichten; diese Vorsorgekassen finanzieren Abfertigungen, die Arbeitnehmer im Fall der Beendigung des Arbeitsverhältnisses erhalten. Für die Abgrenzung ist entscheidend, ob eine solche »Kasse« nur eine zwischengeschaltete Zahlungsstelle darstellt, die Gelder sammelt und auszahlt, oder ob sie darüber hinaus die Ausgleichsfunktion einer Versicherung wahrnimmt.[160]

---

[157] EuGH, Urt. v. 21.12.2011, Rs. C–271/09 (Kommission/Polen), Slg. 2011, I–13613, Rn. 43.
[158] *Eichenhofer*, VSSR 2014, 29 (62 ff.).
[159] Vgl. den Anwendungsbereich der Richtlinie 79/7/EWG 19.12.1978 zur schrittweisen Verwirklichung des Grundsatzes der Gleichbehandlung von Männern und Frauen im Bereich der sozialen Sicherheit, ABl. 1979, L 6/24, die sechs Risiken erfasst (Art. 3 Abs. 3a), die wiederum vier Versicherungszweigen zuzuordnen sind (Kranken-, Renten- (auch Invalidität), Unfall- (Arbeitsunfall und Berufskrankheit) und Arbeitslosenversicherung; *Husmann*, ZESAR 2014, 70 genauer zu Anwendungsbereich und ausgeschlossenen Risiken; vgl. auch den Anwendungsbereich der VO (EG) Nr. 883/2004 vom 29.4.2004 zur Koordinierung der Systeme der sozialen Sicherheit, ABl. 2004, L 166/1 (s. Art. 48 AEUV, Rn. 14 ff.) sowie die Aufgaben von sozialen Sicherungssystemen nach dem Übereinkommen Nr. 102 der Internationalen Arbeitsorganisation über die Mindestnormen der Sozialen Sicherheit (1952).
[160] EuGH, Urt. v. 7.6.2012, Rs. C–39/11 (VBV Vorsorgekasse), ECLI:EU:C:2012:327, Rn. 36.

Bei der **Ausgestaltung** dieser Systeme treffen die Mitgliedstaaten Entscheidungen über die Rechte auf Anschluss an das System, Verpflichtungen zum Anschluss sowie Ansprüche auf Leistung.[161] Bei der Festlegung der **Grundprinzipien** geht es insbesondere um Fragen der Beitragspflicht und Mitgliedschaft, der Trägerschaft, der Beitragsabhängigkeit von Leistungen und den Risikoausgleich zwischen »guten« und »schlechten« Risiken.[162] Diese Entscheidungen sind wichtig für die Herstellung eines finanziellen Gleichgewichts der Systeme.

104

Über die Kompetenzgrenze der ersten Alternative hinaus enthält die Norm auch eine Vorgabe für die Reichweite der Kompetenzausübung; Maßnahmen nach Art. 153 AEUV dürfen das **finanzielle Gleichgewicht** dieser Systeme nicht erheblich beeinträchtigen (genauer dazu schon s. Rn. 77 ff.).

105

Eine negative Harmonisierung kann sich allerdings dadurch ergeben, dass die hier angesprochenen Bereiche nicht von der **Geltung der Grundfreiheiten** (insbesondere der Dienstleistungs-, der Kapitalverkehrs- und der Niederlassungsfreiheit) ausgenommen sind. Allerdings stellt die Wahrung der Grundprinzipien der sozialen Sicherungssysteme einen **zwingenden Grund des Allgemeininteresses** dar, der Eingriffe in die Grundfreiheiten rechtfertigen kann.[163]

106

II. Arbeitsentgelt, Vereinigungs- und Kollektivverhandlungsrecht (Art. 153 Abs. 5 AEUV)

Eine weitere Vorschrift, die Kompetenzen der Union in der Sozialpolitik begrenzt, ist Art. 153 Abs. 5 AEUV. Danach erstrecken sich die Rechtsetzungskompetenzen der Union nicht auf »das Arbeitsentgelt, das Koalitionsrecht, das Streikrecht sowie das Aussperrungsrecht«. Als **Ausnahme** zu Art. 153 Abs. 1 bis 3 AEUV ist Abs. 5 autonom[164] und **eng auszulegen**.[165]

107

Art. 153 Abs. 5 AEUV regelt einen Vorbehaltsbereich der Mitgliedstaaten. Auf den zweiten Blick allerdings handelt es sich um einen **Vorbehaltsbereich für die mitgliedstaatlichen Sozialpartner und Kollektivvereinbarungen**. Denn Gegenstand der Ausnahme sind mit dem Koalitions-, Streik- und Aussperrungsrecht unmittelbar Fragen der Wahrnehmung kollektiver Grundrechte im Sinne des Art. 28 GRC.[166] Vor dem Hintergrund der mitgliedstaatlichen grundrechtlichen Gewährleistungen und den unterschiedlichen historischen Entwicklungen der Wohlfahrtsstaaten sind die einzelstaatlichen Vorstellungen und Traditionen von der Funktion der Koalitionen und der Arbeitskämpfe im Kollektivverhandlungssystem ohnehin so unterschiedlich, dass eine Harmonisierung

108

---

[161] EuGH, Urt. v. 28.4.1998, Rs. C–158/96 (Kohll), Slg. 1998, I–1931, Rn. 17 f.
[162] EuGH, Urt. v. 15.7.2010, Rs. C–271/08 (Kommission/Deutschland), Slg. 2010, I–7091, Rn. 57.
[163] Zur Dienstleistungsfreiheit: EuGH, Urt. v. 1.6.2010, Rs. C–570/07 und C–571/07 (Blanco Pérez und Chao Gómez), Slg. 2010, I–4629, Rn. 43; Urt. v. 16.5.2006, Rs. C–372/04 (Watts), Slg. 2006, I–4325, Rn. 86 ff.; zur Kapitalverkehrsfreiheit: Urt. v. 21.12.2011, Rs. C–271/09 (Kommission/Polen), Slg. 2011, I–13613, Rn. 43.
[164] *Krebber*, in: Calliess/Ruffert, EUV/AEUV, 3. Aufl., 2007, Art. 137 EGV, Rn. 9; *Rebhahn/Reiner*, in: Schwarze, EU-Kommentar, 2. Aufl. 2009, Art. 137 EGV, Rn. 56.
[165] EuGH, Urt. v. 6.10.2010, verb. Rs. C–395/08 u. C–396/08 (INPS), Slg. 2010, I–5119, Rn. 35; Urt. v. 13.9.2007, Rs. C–307/05 (Del Cerro Alonso), Slg. 2007, I–7109, Rn. 39; Urt. v. 15.4.2008, Rs. C–268/06 (Impact), Slg. 2008, I–2483, Rn. 122.
[166] Zum Zusammenhang von Vorbehaltsbereich (insbesondere im Bereich der Festlegung von Vergütungen) und Art. 28 GRC siehe auch EuGH, Urt. v. 8.9.2011, Rs. C–297/10 u. C–298/10 (Hennigs und Mai), Slg. 2011, I–7965, Rn. 64 ff., 92, 98; vgl. auch *Rebhahn*, GS Heinze, S. 656.

schwer vorstellbar erscheint.¹⁶⁷ Da die Kollektivautonomie aktuell noch in erster Linie im mitgliedstaatlichen Zusammenhang effektiv wahrgenommen wird, schützt Art. 153 Abs. 5 AEUV mittelbar auch die Kollektivverhandlungsautonomie.¹⁶⁸ Ein Verstoß von Unionsrecht gegen Art. 153 Abs. 5 AEUV wird in aller Regel gleichzeitig ein Verstoß gegen Art. 28 GRC (bzw. im Bereich der Koalitionsfreiheit des Art. 12 Abs. 1 GRC) sein.¹⁶⁹

109 Bei Art. 153 Abs. 5 AEUV handelt es sich genauso wenig wie bei Abs. 4 um eine allgemeine negative Kompetenznorm; sie ist vielmehr unmittelbar nur anwendbar bei Ausübung der Kompetenzen nach Art. 153 Abs. 1 und 2 AEUV.¹⁷⁰

110 Die Norm stellt aber auch eine wichtige Konkretisierung des Vorbehaltsbereichs der Mitgliedstaaten in der Sozialpolitik im Sinne des Art. 151 AEUV dar und konkretisiert insofern die Bereiche, in denen das **Gebot der Zurückhaltung**, das sich bereits aus Art. 151 AEUV ergibt, besonders streng zu handhaben ist, um eine Umgehung des Art. 153 Abs. 5 AEUV zu verhindern.¹⁷¹

111 In diesem Sinn muss die Vorschrift Einfluss auf die **Auslegung anderer Kompetenznormen** haben. Dies gilt z. B. für die Art. 114 Abs. 4 bis 6 AEUV, die Ausdruck derselben Zurückhaltung sind; die Auslegung des dort maßgeblichen Begriffs der »Arbeitsumwelt« muss sich u. a. an den Wertungen des Art. 153 Abs. 5 AEUV orientieren.¹⁷² Im Übrigen (z. B. im Rahmen des Art. 157 Abs. 3 AEUV) sind Regelungen zu den Gegenständen des Art. 153 Abs. 5 AEUV nur soweit zulässig, wie dies für eine sinnvolle und in sich konsistente und kohärente Regelung im Sinne der wahrgenommenen Kompetenzgrundlage erforderlich ist.¹⁷³ Die geplante »Monti-II-Verordnung«¹⁷⁴ wurde insofern zu Recht zurückgezogen, nachdem zwölf Mitgliedstaaten den Subsidiaritätseinwand erhoben und dabei überwiegend auf Art. 153 Abs. 5 AEUV hingewiesen hatten.¹⁷⁵

112 Das Gebot der Zurückhaltung ist auch bei indirektem Steuerungshandeln außerhalb der Verträge zu beachten. Insbesondere bei Aushandlung der **Memoranda of Understanding** im Rahmen des Europäischen Stabilitätsmechanismus (ESM) hat die EU ihre Verbandskompetenz zu beachten (Art. 13 Abs. 3 UAbs. 1 und 2 ESM-Vertrag).¹⁷⁶ So-

---

¹⁶⁷ Vgl. BAGE 117, 308, Rn. 50.
¹⁶⁸ Dazu *Krebber*, EnzEuR, Bd. 7, § 2, Rn. 19.
¹⁶⁹ *Bryde*, SR 2012, 2 (8, 11).
¹⁷⁰ *Rödl*, in: v. Bogdandy/Bast, Europäisches Verfassungsrecht, S. 873 ausführlich zu dieser Debatte.
¹⁷¹ Vgl. *Kocher*, Stoppt den EuGH? Zum Ort der Politik in einer europäischen Arbeitsverfassung, in: Fischer-Lescano/Rödl/Schmid (Hrsg.), Europäische Gesellschaftsverfassung, 2009, S. 161.
¹⁷² Vgl. *Boecken*, in: Hailbronner/Wilms, Recht der EU, Art. 137 EGV (Januar 2009), Rn. 106 für die frühere Rechtslage und die allgemeine Wahrnehmung von Kompetenzen im Sinne der heutigen Art. 114, 115, 352 AEUV.
¹⁷³ *Rödl*, in: v. Bogdandy/Bast, Europäisches Verfassungsrecht, S. 874; enger GA *Mengozzi*, Schlussanträge zu Rs. C–341/05 (Laval), Slg. 2007, I–11767, Rn. 57, nach dessen Meinung »Gemeinschaftsorgane selbstverständlich nicht auf andere Rechtsgrundlagen im Vertrag zurückgreifen [dürfen], um Maßnahmen zu erlassen, die darauf abzielen, die Rechtsvorschriften der Mitgliedstaaten auf diesem Gebiet einander anzunähern«.
¹⁷⁴ *Europäische Kommission*, Vorschlag für eine Verordnung über die Ausübung des Rechts auf Durchführung kollektiver Maßnahmen im Kontext der Niederlassungs- und der Dienstleistungsfreiheit) (Monti-II-Verordnung), KOM(2012) 130. Die Kommission hatte den Entwurf auf Art. 352 AEUV gestützt.
¹⁷⁵ *Bruun/Bücker*, NZA 2012, 1136 (1137); siehe auch *Walter*, AuR 2013, 27 mit einem Überblick über die Stellungnahmen aller Mitgliedstaaten zum Kommissionsvorschlag.
¹⁷⁶ Zum Problem der Verbandskompetenz im Hinblick auf die Praxis der MoU siehe *Fischer-Lescano*, KJ 2014, 2; a. A. EUArbR/*Franzen*, Art. 151 AEUV, Rn. 44 f.

weit dort eine Harmonisierung von Bereichen angestrebt wird, die nach der Aufgabenteilung der Art. 151, 153 Abs. 5 AEUV den Mitgliedstaaten obliegt, ist diese »kalte« Harmonisierung als Umgehung von Art. 153 Abs. 5 AEUV rechtswidrig.[177]

Art. 153 Abs. 5 AEUV begründet **keine Bereichsausnahme zu den Grundfreiheiten**. Ähnlich wie in Abs. 4 geht es hier nur um den Umfang der eigenständigen »positiven« Regelungskompetenzen der Union, nicht aber um die Reichweite des Unionsrechts in seiner negativen Integrationswirkung. Auch die Anerkennung der Kollektivverhandlungsautonomie als Grundrecht (Art. 28 GRC) spricht dafür, dass Kollektivverhandlungen und Arbeitskämpfe grundsätzlich unionsrechtlichen Regelungen unterfallen.[178] Anders ist dies nur in Hinblick auf das Kartellverbot aus Art. 101 AEUV, da dessen Anwendung die Kollektivvertragsautonomie notwendig funktionsunfähig machen würde. Dies ist bei den Grundfreiheiten nicht in gleicher Weise der Fall.[179]

113

Die hier normierte Kompetenzabgrenzung zwischen Union und Mitgliedstaaten sowie im Verhältnis zu den mitgliedstaatlichen Kollektivverhandlungssystemen (»doppelte Subsidiarität«)[180] muss darüber hinaus Leitlinie der Rechtsprechung bei der Frage nach einer möglichen **Beschränkung der Grundfreiheiten** sein. Denn auch soweit diese aus den Grundfreiheiten Regeln über die mitgliedstaatliche Ausübung kollektiver Befugnisse entwickelt, kann der europäische Gesetzgeber wegen Art. 153 Abs. 5 AEUV in diesem Bereich einem etwaigen Richterrecht keine eigene Rechtsetzung entgegen setzen. Der EuGH muss deshalb selbst darauf achten, dass die mitgliedstaatlichen Sozialpartner ihre Grundrechte auch effektiv wahrnehmen können. Tarifautonomie heißt aber in erster Linie, dass den Sozialpartnern ein eigener Gestaltungsraum zur Verfügung stehen muss; diesen muss also eine **Einschätzungsprärogative** zukommen, insbesondere in Bezug auf die Ziele der Tarifpolitik und die Erforderlichkeit des sozialen Schutzes der Arbeitnehmerinnen und Arbeitnehmer (s. Art. 28 GRC, Rn. 20 ff.). Bei der Frage des Arbeitnehmerschutzes als eines zwingenden Grundes des Allgemeininteresses unterliegt deshalb z. B. die Frage, ob eine bestimmte kollektive Maßnahme dem Schutz der Arbeitnehmerinnen und Arbeitnehmer dient, aus unionsrechtlicher Sicht nur einer eingeschränkten Rechtskontrolle.[181]

114

In Hinblick auf die künftige Ermöglichung europäischer Kollektivverhandlungssysteme[182] sowie der Notwendigkeit des proaktiven Grundrechtsschutzes wird teilweise diskutiert, ob es nicht einer **Änderung der Verträge** und der Begründung von Kompe-

115

---

[177] *Seifert*, SR 2014, 14 (25).
[178] EuGH, Urt. v. 11.12.2007, Rs. C–438/05 (Viking), Slg. 2007, I–10779, Rn. 39 ff.; *Boecken*, in: Hailbronner/Wilms, Recht der EU, Art. 137 EGV (Januar 2009), Rn. 104; *Joussen*, ZESAR 2008, 333 (334); a. A. *Däubler*, AuR 2008, 412 f.; *Kingreen/Pieroth/Haghgu*, NZA 2009, 870 ff.; Für eine Zusammenfassung der Diskussion siehe auch GA *Trstenjak*, Schlussanträge zu Rs. C–271/08 (Kommission/Deutschland), Slg. 2010, I–7091, Rn. 48 ff.; vgl. schon *Kocher*, S. 37 ff.
[179] EuGH, Urt. v. 11.12.2007, Rs. C–438/05 (Viking), Slg. 2007, I–10779, Rn. 49 in Abgrenzung vom Urt. v. 21.9.1999, Rs. C–67/96 (Albany), Slg. 1999, I–5751; Urt. v. 21.9.1999, Rs. C–115/97 bis C–117/97 (Brentjens'), Slg. 1999, I–6025; Urt. v. 21.9.1999, Rs. C–219/97 (Drijvende Bokken)Slg. 1999, I–6121; Urt. v. 21.9.2000, Rs. C–222/98 (van der Woude), Slg. 2000, I–7111 (s. Art. 151 AEUV, Rn. 34 ff.; Rn. 38 ff.).
[180] Zum Begriff siehe *Kempen*, KritV 1994, 13, allerdings bezogen auf den heutigen Art. 155 AEUV.
[181] Ausführlich *Kocher* (Fn. 171). S. 169 ff.
[182] Vgl. *Ahlberg/Bruun/Malmberg*, Transfer 2006, 163; ausführlich zu dieser Debatte s. Art. 155 AEUV, Rn. 10 ff.

tenzen zum Zweck des Erlasses eines europäischen Mindestlohns oder europäischer Allgemeinverbindlicherklärungen bedürfte.[183]

1. Arbeitsentgelt

116 Die Tatsache, dass auch das Arbeitsentgelt von der Ausnahme erfasst ist, wird z. T. damit **begründet**, dass man ursprünglich implizit davon ausgegangen sei, unter den Mitgliedstaaten der ersten Stunde gebe es keine ernsthafte Lohnkostendifferenz, so dass es unschädlich sei, wenn mit dem Arbeitsentgelt ein wichtiger Wettbewerbsparameter einer möglichen Harmonisierung entzogen werde.[184] Andere meinen, die Norm habe historisch dazu gedient, besonders fortgeschrittene Arbeitsordnungen vom Einfluss des EU-Rechts abzuschirmen,[185] während andere wiederum darauf hinweisen, dass die Ausklammerung des Arbeitsentgelts bei gleichzeitiger Annahme umfassender Beschränkungsverbote aus den Grundfreiheiten einen »Sozialkostenwettbewerb« gerade ermögliche bzw. verschärfe.[186] Nach den zahlreichen Erweiterungen der EU lässt sich heute diese Ausnahme nur noch im systematischen Kontext mit den weiteren Ausnahmebereichen im Koalitions- und Arbeitskampfrecht verstehen (s. Rn. 108): Da die Festsetzung von Lohn- und Gehaltsniveaus auf mitgliedstaatlicher Ebene fast ausschließlich der Kollektivverhandlungsautonomie unterliegt, schützt die Kompetenzbeschränkung für das Arbeitsentgelt vor allem diese Autonomie.[187]

117 Der **Begriff des Entgelts** entspricht deshalb nicht vollständig dem Verständnis des Art. 157 AEUV[188] (s. Art. 157 AEUV, Rn. 30 ff.). Art. 153 Abs. 5 AEUV schließt nicht die Regelung jedes aufgrund des Arbeitsverhältnisses geleisteten wirtschaftlichen Vorteils von der unionsrechtlichen Kompetenz aus, sondern nur unmittelbar vom Arbeitgeber geleistete finanzielle Zuwendungen, wie sie typischerweise kollektivvertraglich geregelt werden.

118 Mit dieser (ebenfalls noch weiten) Begriffsdefinition ist jedoch noch nichts darüber ausgesagt, welche **Parameter des Arbeitsentgelts** der Ausnahme unterfallen. Begriffliche Konsequenz zwingt keineswegs dazu, mit dem Begriff des Arbeitsentgelts auch den gesamten Anwendungsbereich des Art. 157 Abs. 1 AEUV in die Ausnahme hineinzulesen;[189] vielmehr sind die Begriffe jeweils kontextgebunden in Hinblick auf Sinn und

---

[183] *Blanpain*, ELLJ 4 (2013), 28 (32); *Jacobs*, Enhanced cooperation in social affairs, in: Wouters/Verhey/Kiiver (Hrsg.), European Constitutionalism beyond Lisbon, 2009, S. 124 f.; auch *Fabbrini/Granat*, CMLRev. 50 (2013), 115 (133) vertreten die Meinung, dass die Geschäftsgrundlage der Norm durch die EuGH-Urteile »Viking« und »Laval« entfallen sei (allerdings interpretieren sie die Funktion der Norm anders als hier, s. oben Rn. 51 ff.); vgl. auch ausführlich *Davies*, Should the EU Have the Power to Set Minimum Standards for Collective Labour Rights in the Member States?, in: Alston (Hrsg.), Labour Rights as Human Rights, 2005, S. 177.

[184] *Krebber*, in: Calliess/Ruffert, EUV/AEUV, Art. 153 AEUV, Rn. 11.

[185] *Fabbrini/Granat*, CMLRev. 50 (2013), 115 (133).

[186] *Streinz*, Europarecht, 7. Aufl. 2005, Rn. 1086.

[187] EuGH, Urt. v. 13. 9. 2007, Rs. C–307/05 (Del Cerro Alonso), Slg. 2007, I–7109, Rn. 40; Urt. v. 15. 4. 2008, Rs. C–268/06 (Impact), Slg. 2008, I–2483, Rn. 123; Urt. v. 6. 10. 2010, verb. Rs. C–395/08 u. C–396/08 (INPS), Slg. 2010, I–5119, Rn. 36; *Rebhahn*, GS Heinze, S. 656: wichtigster Inhalt von Kollektivverträgen.

[188] *Benecke*, in: Grabitz/Hilf/Nettesheim, EU, Art. 153 AEUV (März 2011), Rn. 103; a. A. *Rebhahn/Reiner*, in: Schwarze, EU-Kommentar, Art. 153 AEUV, Rn. 64; *Krebber* in: Calliess/Ruffert, EUV/AEUV, Art. 153 AEUV, Rn. 11. Fragen der Arbeitszeit, die ohne Zweifel Einfluss auf das Entgelt haben, fallen aber bereits schon nicht unter den Entgeltbegriff des Art. 157 AEUV (genauso für Art. 153 Abs. 5: EuGH, Urt. v. 1. 12. 2005, Rs. C–14/04 (Dellas), Slg. 2005, I–10253, Rn. 36 ff.).

[189] A.A. *Krebber*, in: Calliess/Ruffert, EUV/AEUV, Art. 153 AEUV, Rn. 11.

Zweck der jeweiligen Regelung auszulegen. Würde die Ausnahme in Art. 153 Abs. 5 AEUV für alle Fragen gelten, die mit dem Arbeitsentgelt in irgendeinem Zusammenhang stehen, würden einige der sozialpolitischen Kompetenzbereiche des Art. 153 Abs. 1 AEUV ihrer Substanz beraubt.[190]

In Hinblick auf den Zweck der Ausnahmeregelung, Kernbereiche der Kollektivvereinbarungsautonomie zu schützen, ist dem EuGH darin zuzustimmen, dass die Ausnahme nur die Regelung der unmittelbaren Austauschbedingungen, also die **unmittelbare Regelung von Entgeltniveaus** bzw. »die Festlegung der Höhe der verschiedenen Bestandteile des Arbeitsentgelts« betrifft.[191] 119

Unter Art. 153 Abs. 5 AEUV fallen daher z. B. die unionsweite Regelung eines **Mindestlohnes**[192] oder die Festlegung der Berechnungsweise von Mindestentgelten, soweit sie nicht das Gebot der Gleichbehandlung oder Nichtdiskriminierung betrifft. Richtlinien können insofern keine Vorgaben hinsichtlich der Höhe oder des Niveaus der Vergütungen z. B. von Bereitschaftsdiensten machen.[193] Die Norm steht auch der europaweiten Regelung von **Höchstentgelten** entgegen (etwa für Managerinnen und Manager).[194] 120

Auch bestimmte Regelungen des **Verfahrens der Entgeltfindung** sind ausgeschlossen, soweit sie dazu führen, dass die Höhe des Entgelts im Verfahren verbindlich festgelegt wird. Insbesondere staatliche Schiedssprüche (sog. »Zwangsschlichtung«) über Fragen des Entgelts sind ausgeschlossen. Dies erfasst Schiedssprüche auf betrieblicher Ebene, wie z. B. eine etwaige unionsrechtliche Harmonisierung der Schiedssprüche bzw. Einigungsstellensprüche über die Höhe von Entgelten oder Entgeltbestandteilen.[195] Die Harmonisierung des **Tarifrechts** würde an diesem Regelungsvorbehalt allerdings nicht scheitern, soweit sie nicht gleichzeitig Schiedsverfahren erfasst[196] (zur Problematik des Tarifrechts aus einer systematischen Perspektive s. Rn. 133ff.). 121

Regelungen über die **Gleichbehandlung und Nichtdiskriminierung in Hinblick auf festgelegte Entgeltniveaus** dürfen Gegenstand von Harmonisierungsmaßnahmen nach Art. 153 Abs. 2 Buchst. b AEUV sein, da sie lediglich an eine bereits festgelegte Höhe anknüpfen und andere Zwecke verfolgen. Dies betrifft sowohl die Antidiskriminierungsrichtlinien aufgrund von Art. 19 AEUV, als auch die Vorschriften über die Gleich- 122

---

[190] EuGH, Urt. v. 13. 9. 2007, Rs. C–307/05 (Del Cerro Alonso), Slg. 2007, I–7109, Rn. 41; Urt. v. 15. 4. 2008, Rs. C–268/06 (Impact), Slg. 2008, I–2483, Rn. 124 f.; Urt. v. 6. 10. 2010, verb. Rs. C–395/08 u. C–396/08 (INPS), Slg. 2010, I–5119, Rn. 37; Urt. v. 19. 6. 2014, verb. Rs. C–501/12 – C–506/12, C–540/12 u. C–541/12 (Specht u. a.), ECLI:EU:C:2014:2005, Rn. 33 ff.; so auch z. B. *Riesenhuber*, Europäisches Arbeitsrecht, 2009, § 4, Rn. 12.
[191] EuGH, Urt. v. 19. 6. 2014, verb. Rs. C–501/12 – C–506/12, C–540/12 u. C–541/12 (Specht u. a.), ECLI:EU:C:2014:2005, Rn. 33; Urt. v. 13. 9. 2007, Rs. C–307/05 (Del Cerro Alonso), Slg. 2007, I–7109, Rn. 41; Urt. v. 15. 4. 2008, Rs. C–268/06 (Impact), Slg. 2008, I–2483, Rn. 124 f.; Urt. v. 6. 10. 2010, verb. Rs. C–395/08 u. C–396/08 (INPS), Slg. 2010, I–5119, Rn. 37; so auch *Rebhahn/Reiner*, in: Schwarze, EU-Kommentar, Art. 153 AEUV, Rn. 64.
[192] EuGH, Urt. v. 19. 6. 2014, verb. Rs. C–501/12 bis C–506/12, C–540/12 und C–541/12 (Specht u. a.), ECLI:EU:C:2014:2005, Rn. 33; *Rödl*, in: v. Bogdandy/Bast, Europäisches Verfassungsrecht, S. 873; anders aber *Simon*, RdA 2014, 165 (172) unter Hinweis auf die soziale Zielsetzung der Union.
[193] EuGH, Beschluss v. 11. 1. 2007, Rs. C–437/05 (Vorel), Slg. 2007, I–331, Rn. 32.
[194] Zum Ganzen *Rebhahn/Reiner*, in: Schwarze, EU-Kommentar, Art. 153 AEUV, Rn. 64.
[195] *Löwisch/Rieble* (Fn. 78), Grundl., Rn. 421.
[196] *Rebhahn/Reiner*, in: Schwarze, EU-Kommentar, Art. 153 AEUV, Rn. 50, 64.

behandlung bei Teilzeit und Befristung[197] sowie die Vorschriften zur Gleichbehandlung bei Leiharbeit. Die Tatsache, dass hier Bezugspunkt der Gleichbehandlung das Entgeltniveau eines anderen Unternehmens, nämlich des Entleihers, ist, ändert nichts daran, dass die Richtlinie selbst lediglich Gleichbehandlung in Bezug auf ein festgelegtes Entgeltniveau regelt.[198]

123 Wegen Art. 153 Abs. 5 AEUV ist auch die unionsrechtliche Kompetenz für die **Entsenderichtlinie** 96/71/EG in Frage gestellt worden.[199] Da diese auf die Kompetenz zur Regelung der Dienstleistungsfreiheit (Art. 62, 53 AEUV) gestützt wurde, kam allerdings eine unmittelbare Anwendung des Art. 153 Abs. 5 AEUV nicht in Betracht. Fraglich war aber eine mögliche Umgehung dieser Norm (s. Rn. 110). Die Entsenderichtlinie trifft jedoch (insofern ähnlich der Leiharbeitsrichtlinie 2008/104/EG) keine eigenen Regelungen über die Entgelthöhe, sondern beschränkt sich auf das Gebot der Gleichbehandlung entsandter Arbeitnehmerinnen und Arbeitnehmern mit den Beschäftigten unter inländischem Arbeitsvertragsstatut.

124 Das Gleiche gilt für Regelungen, welche nur die **Fortzahlung des Entgelts** anordnen, z. B. während des Jahresurlaubs, bei Krankheit, bei Mutterschaft. Auch diese Regelungen legen keine Entgeltniveaus fest, sondern beziehen sich auf die Weiterzahlung eines anderweitig bereits festgelegten Entgelts. Sie sind erforderlich, um die effektive Verwirklichung der unionsrechtlichen Mindeststandards für die Freistellung zu ermöglichen. Regelungen über die Entgeltfortzahlung sind unverzichtbar, wenn Freistellungsrechte ihren sozialpolitischen Zweck erreichen sollen.[200] Für die Fortzahlung des Entgelts während des Urlaubs nach Art. 7 Abs. 1 der Arbeitszeitrichtlinie 2003/88/EG ergibt sich dies auch aus den entsprechenden primärrechtlichen Gewährleistungen nach Art. 158 AEUV sowie Art. 31 Abs. 2 a. E. GRC. Auch eine Vorgabe, wonach das Urlaubsentgelt nicht als Aufschlag zum monatlichen Entgelt »umgelegt« werden kann, lässt sich mit dieser Anforderung der Effektivität und damit als für die Zwecke der Richtlinie erforderliche Annexregelung begründen.[201]

125 Solche Vorgaben sind auch auf der Grundlage von Art. 153 AEUV zulässig, solange sie nicht selbst die **Höhe des Entgeltersatzes** regeln. Problematisch wäre eine unionsrechtliche Vorgabe über Zuschläge für Überstunden, Nacht- oder Feiertagsarbeit.[202] Problematisch wäre auch eine Auslegung des Art. 7 Abs. 1 der Arbeitszeitrichtlinie 2003/88/EG dahingehend, dass sie nur eine finanzielle Vergütung verlangt, die noch so

---

[197] *Rebhahn/Reiner*, in: Schwarze, EU-Kommentar, Art. 153 AEUV, Rn. 50, 64; für die Befristungsrichtlinie: EuGH, Urt. v. 15. 4. 2008, Rs. C–268/06 (Impact), Slg. 2008, I–2483, Rn. 105 ff.; Urt. v. 13. 9. 2007, Rs. C–307/05 (Del Cerro Alonso), Slg. 2007, I–7109, Rn. 31 ff.; a. A. *Krebber*, in: Calliess/Ruffert, EUV/AEUV, Art. 157 AEUV, Rn. 2. In Bezug auf die Teilzeitrichtlinie ergibt sich die Möglichkeit einer Gleichbehandlungsregelung auch aus Art. 157 Abs. 3 AEUV, da es sich hier um eine Frage der Entgeltgleichheit der Geschlechter handelt.

[198] *Riesenhuber* (Fn. 190), § 4, Rn. 12; *Hamann*, EuZA 2 (2009), 291 ff.; a. A. *Rebhahn/Reiner*, in: Schwarze, EU-Kommentar, Art. 153 AEUV, Rn. 64, der zwar wie Hamann zugesteht, dass dies zwar in der Linie der Rechtsprechung zur Teilzeit- und Befristungsrichtlinie liege, aber es selbst anders bewerten würde, weil hier der »Schwerpunkt« beim Entgelt liege.

[199] *Kort*, NZA 2002, 1248 (1250) m. w. N. zur Diskussion.

[200] EuGH, Urt. v. 22. 5. 2014, Rs. C–539/12 (Lock), ECLI:EU:C:2014:351.

[201] EuGH, Urt. v. 16. 3. 2006, Rs. C–131/04 und C–257/04 (Robinson-Steele u. a.), Slg. 2006, I–2531, Rn. 57, 61 zur so genannten »rolled-up holiday pay«-Vereinbarung; vgl. auch EuGH, 12. 2. 2015 – C–396/13 (Sähköalojen ammattiliitto), ECLI:EU:C:2015:86, Rn. 67, wonach der Anspruch auf Jahresurlaub und der Anspruch auf Zahlung des Urlaubsentgelts zwei Aspekte eines einzigen Anspruchs darstellen.

[202] A.A. *Rebhahn/Reiner*, in: Schwarze, EU-Kommentar, Art. 153 AEUV, Rn. 64.

bemessen ist, dass keine ernsthafte Gefahr besteht, dass der Arbeitnehmer seinen Jahresurlaub nicht antritt.[203] Problematisch ist insofern der Hinweis des EuGH, Art. 11 Nr. 1 der Mutterschutzrichtlinie 92/85/EWG stelle nur auf die Fortzahlung »eines« Arbeitsentgelts und nicht »des« Arbeitsentgelts der betroffenen Arbeitnehmerin ab. Eine solche Auslegung wäre nur möglich, wenn der EuGH die Bestimmung der Höhe des Arbeitsentgelts den mitgliedstaatlichen Rechtsordnungen überlassen würde (was einen möglichen Konflikt mit dem Effektivitätsgrundsatz zur Folge hätte). Akzeptiert man wie der EuGH die Möglichkeit, dass »die Mitgliedstaaten und gegebenenfalls die Sozialpartner die Bezüge in Form einer angemessenen Sozialleistung, eines Arbeitsentgelts oder einer Kombination aus beiden gewährleisten [können]«, so darf die praktische Wirksamkeit der von ihnen insoweit getroffenen Entscheidung und der Höhe, in der die Bezüge festgesetzt werden, vom EuGH nur auf Willkür überprüft werden.[204]

Zu kritisieren ist in den Fällen der Gleichbehandlung sowie der Entgeltfortzahlung auch, dass der EuGH sich nicht darauf beschränkt, die Fortzahlung oder Gleichbehandlung in Bezug auf ein anderweitig geregeltes Entgelt vorzuschreiben, sondern für die **Auslegung** des Entgeltbegriffs zunehmend **enge Vorgaben** macht. In Bezug auf das Arbeitsentgelt während des Jahresurlaubs verwendet er als Maßstab das »gewöhnliche Arbeitsentgelt« bzw. die Vergleichbarkeit der wirtschaftlichen Bedingungen bzw. die Vergleichbarkeit in Bezug auf das Entgelt mit den Zeiten geleisteter Arbeit. Der EuGH hat wiederholt genaue Vorgaben dazu gemacht. Er verlangt z. B. die Einbeziehung von Zulagen für eine »Unannehmlichkeit, die untrennbar mit der Erfüllung der dem Arbeitnehmer nach seinem Arbeitsvertrag obliegenden Aufgaben verbunden ist und durch einen in die Berechnung des Gesamtentgelts des Arbeitnehmers eingehenden Geldbetrag abgegolten wird«, während umgekehrt Entgeltbestandteile, die ausschließlich gelegentlich anfallende Kosten oder Nebenkosten decken sollen, nicht einbezogen werden müssten.[205] Die Beurteilung müsse auf der Basis eines Durchschnittswerts über einen hinreichend repräsentativen Referenzzeitraum vorgenommen werden. Zwar obliege die genaue Beurteilung dem mitgliedstaatlichen Gericht. Diesem verbleibt aber lediglich, den inneren Zusammenhang zwischen den verschiedenen Bestandteilen des Gesamtentgelts des Arbeitnehmers und der Erfüllung der ihm nach seinem Arbeitsvertrag obliegenden Aufgaben zu beurteilen.[206] Ähnliche Vorgaben werden für die Weiterzahlung von Entgelt während des Mutterschaftsurlaubs nach Art. 11 Nr. 1 der Richtlinie 92/85/EG gemacht.[207] Und in Bezug auf die Entsenderichtlinie 96/71/EG weist der EuGH zwar darauf hin, dass die Richtlinie den Begriff des Mindestlohnsatzes nicht selbst festlege, sondern es den Mitgliedstaaten überlasse zu bestimmen, welche Arbeitgeberleistungen als mindestlohnwirksame Leistungen berücksichtigungsfähig sind (Art. 3 Abs. 1 a. E. Entsenderichtlinie 96/71/EG). Dennoch hat der EuGH auch insofern begonnen, recht detaillierte Vorgaben zu machen, die das Prinzip umsetzen sollen, dass der

126

---

[203] EuGH, Urt. v. 15.9.2011, Rs. C–155/10 (Williams u.a.), Slg. 2011, I–8409, Rn. 21.
[204] Diese Einschränkung fehlt in EuGH, Urt. v. 1.7.2010, Rs. C–194/08 (Gassmayr), Slg. 2010, I–6281, Rn. 70.
[205] EuGH, Urt. v. 15.9.2011, Rs. C–155/10 (Williams u.a.), Slg. 2011, I–8409, Rn. 24ff.; Urt. v. 22.5.2014, Rs. C–539/12 (Lock), ECLI:EU:C:2014:351, zur Einbeziehung von Provisionen.
[206] EuGH, Urt. v. 15.9.2011, Rs. C–155/10 (Williams u.a.), Slg. 2011, I–8409, Rn. 24ff.; Urt. v. 22.5.2014, Rs. C–539/12 (Lock), ECLI:EU:C:2014:351, zur Einbeziehung von Provisionen. Kritisch dazu *Franzen*, NZA 2014, 647: EuGH sollte die Details den Mitgliedstaaten überlassen.
[207] Genauer EuGH, Urt. v. 1.7.2010, Rs. C–194/08 (Gassmayr), Slg. 2010, I–6281, Rn. 61; Urt. v. 1.7.2010, Rs. C–471/08 (Parviainen), Slg. 2010, I–6533, Rn. 58.

Mindestlohn keine Vergütungsbestandteile umfassen solle, die das »Gleichgewicht zwischen der Leistung des Arbeitnehmers und der von ihm erhaltenen Gegenleistung« veränderten.[208]

127 In Hinblick auf Art. 153 Abs. 5 AEUV unionsrechtlich kritisch sind auch die detaillierten Vorgaben für die Höhe der Gehälter und Löhne, die im Rahmen des Europäischen Stabilitätsmechanismus (Art. 13 Abs. 3 UAbs. 1 und 2 ESM-Vertrag) in **Memoranda of Understanding** vereinbart wurden.[209]

2. Koalitionsrecht

128 Eine Bereichsausnahme besteht darüber hinaus für das **Koalitionsrecht**. Dies erfasst Regelungen über die Gründung, den Beitritt sowie die innere Verfassung der Sozialpartner auf der mitgliedstaatlichen Ebene. Gemeint sind sowohl Koalitionen der Arbeitgeberseite wie Koalitionen der Arbeitnehmerseite.

129 In Abgrenzung zur Kompetenz nach Art. 153 Abs. 1 Buchst. f AEUV beschränkt die Ausnahme sich auf die innere Organisation von Koalitionen einschließlich Fragen der Mitgliedschaft. In Bezug auf das **Handeln von Interessenvertretungen nach außen** können Mindestvorgaben gemacht werden, insbesondere zur Frage, unter welchen Voraussetzungen und Repräsentativitätsanforderungen mitgliedstaatliche Tarifverträge in anderen Mitgliedstaaten und auf europäischer Ebene als solche anzuerkennen sind (genauer s. Rn. 51 ff.).

3. Streikrecht und Aussperrungsrecht

130 Streik und Aussperrung sind nur beispielhaft für **Arbeitskampfmaßnahmen** genannt; erfasst sind alle Maßnahmen, die nach Art. 28 GRC als »kollektive Maßnahmen« grundrechtlich geschützt sind (s. Art. 28 GRC, Rn. 25 ff.).

131 Im Hinblick auf diese Norm sind alle unionsrechtlichen Regelungen problematisch, die die Rechtmäßigkeit von Maßnahmen, aber auch informelle **Kontrollmöglichkeiten** sowie **Verfahrensanforderungen** bei Wahrnehmung der Rechte auf kollektive Maßnahmen betreffen. Dies betrifft auch die Stärkung alternativer Verfahren der Beilegung von Streitigkeiten aus der Ausübung des Rechts auf Durchführung kollektiver Maßnahmen oder einen »Warnmechanismus« mit Berichtspflichten der Mitgliedstaaten gegenüber der Union über mögliche Arbeitskampfmaßnahmen, wie sie mit dem **Monti-II-Verordnungsvorschlag** der Europäischen Kommission angedacht waren[210] (zu den Wirkungen des Art. 153 Abs. 5 AEUV in diesem Zusammenhang s. Rn. 111).

---

[208] EuGH, Urt. v. 7.11.2013, Rs. C–522/12 (Isbir), ECLI:EU:C:2013:711, Rn. 33, 36 f. im Anschluss an Urt. v. 14.4.2005, Rs. C–341/02 (Kommission/Deutschland), Slg. 2005, I–2733; vgl. auch zu den offen bleibenden Fragen *Ulber*, RdA 2014, 176.

[209] *Seifert*, SR 2014, 14 (25); *Fischer-Lescano*, KJ 2014, 2; anders *Bryde*, SR 2012, 2 (13) für das Scoreboard und die neuen Regelung zur makroökonomischen Steuerung. Vgl. auch die Empfehlungen zu Korrekturmaßnahmen nach Art. 8 Abs. 2 und 3 der Verordnung (EU) 1176/2011 v. 16.11.2011 über die Vermeidung und Korrektur makroökonomischer Ungleichgewichte, ABl. 2011, L 306/25.

[210] Europäische Kommission, Vorschlag für eine Verordnung über die Ausübung des Rechts auf Durchführung kollektiver Maßnahmen im Kontext der Niederlassungs- und der Dienstleistungsfreiheit) (Monti-II-Verordnung), KOM(2012) 130, Art. 3 (Streitbeilegungsverfahren), Art. 4 (Informationsaustausch); zur Bewertung *Bruun/Bücker*, NZA 2012, 1136 (1141); *J. Schubert/Jerchel*, EuZW 2012, 926; problematisch wäre wohl auch der von *Bruun/Bücker*, NZA 2012, 1136 (1139) gemachte Vorschlag, die Kommission solle zur Reduzierung des Haftungsrisikos unionsrechtlich begründete Haftungsansprüche gegenüber Sozialpartnern ausschließen.

Die Kompetenzausnahme muss als **Zurückhaltungsgebot** Auswirkungen auf die Auslegung anderer Kompetenzvorschriften sowie der Grundfreiheiten haben. Die Annahme, dass Arbeitskampfmaßnahmen als Beschränkungen der Dienstleistungs- oder Niederlassungsfreiheit einer unionsrechtlichen Kontrolle unterliegen, ohne dass es eine Harmonisierungskompetenz gibt, also ohne dass sich Rat, Kommission und Parlament positiv stützend vor das Arbeitskampfrecht stellen und die Ergebnisse der Entscheidungen des EuGH durch Rechtsetzung beeinflussen könnten,[211] muss Auswirkungen auf die Anwendung der Grundfreiheiten haben. Der EuGH hat in seinen umstrittenen **Entscheidungen »Viking« und »Laval«** verlangt, dass die nationalen Gerichte jegliche gewerkschaftliche Aktion strikt auf die Verhältnismäßigkeit in Hinblick auf einen eng verstandenen »Arbeitnehmerschutz« kontrollieren.[212] Das Zurückhaltungsgebot, das sich Art. 153 Abs. 5 AEUV in Hinblick auf Streik und Aussperrung entnehmen lässt, muss aber auch insofern zur Anerkennung einer **Einschätzungsprärogative** der mitgliedstaatlichen Sozialpartner führen. Diese betrifft insbesondere die Frage, ob eine Arbeitskampfmaßnahme tatsächlich dem Arbeitnehmerschutz (einem zwingenden Grund des Allgemeininteresses) dient oder nicht. 132

4. Tarifrecht

Art. 153 Abs. 1 Buchst. f AEUV enthält eine Rechtsetzungskompetenz der EU in Hinblick auf die »Vertretung und kollektive Wahrnehmung der Arbeitnehmer- und Arbeitgeberinteressen«; auf der anderen Seite schützt Art. 153 Abs. 5 AEUV die mitgliedstaatlichen Kollektivverhandlungssysteme durch die Schaffung von Vorbehaltsbereichen. Die Abgrenzung dieser beiden Bereiche ergibt, dass eine Unionskompetenz nach Art. 153 Abs. 1 Buchst. f AEUV in Hinblick auf das **Handeln von Interessenvertretungen nach außen** sowie Anforderungen an die **Repräsentativität** besteht. Die Frage der **Rechtswirkungen** von Kollektivverträgen hingegen unterfällt in einer systematischen Auslegung der Ausnahme des Abs. 5[213] (ausführlich dazu s. Rn. 51 ff.; zu transnationalen Kollektivverhandlungen s. Art. 155 AEUV, Rn. 10 ff.). 133

Im Hinblick auf Art. 153 Abs. 5 AEUV könnte auch die Regelung der zulässigen Verfahren der Mindestentgeltsetzung in der **Entsende-Richtlinie** 96/71/EG problematisch sein. Der EuGH verneint einen Konflikt mit Art. 153 Abs. 5 AEUV mit der Begründung, die Richtlinie harmonisiere nicht die Systeme zur Festsetzung der Arbeits- und Beschäftigungsbedingungen in den Mitgliedstaaten; die Mitgliedstaaten behielten die Freiheit, auf nationaler Ebene ein System zu wählen, das die Richtlinie nicht ausdrücklich vorsieht.[214] Diese Aussage ist allerdings nicht ganz zutreffend; so hat der EuGH insbesondere in der Entscheidung »**Rüffert**« die Verbindlicherklärung von Mindeststandards durch Tariftreue-Erklärungen bei staatlichen Aufträgen für einen Verstoß 134

---

[211] *Thüsing*, Europäisches Arbeitsrecht, 2008, Rn. 12.
[212] EuGH, Urt. v. 11.12.2007, Rs. C–438/05 (Viking), Slg. 2007, I–10779; EuGH, Urt. v. 18.12.2007, Rs. C–341/05 (Laval), Slg. 2007, I–11767; zur Kritik an »Viking« *Kocher*, AuR 2008, 13 ff.; *Rebhahn*, ZESAR 2008, 109 ff.; *Wedl*, DRdA 2008, 6 ff.; *Joerges/Rödl*, KJ 2008, 160 ff.; *Däubler*, AuR 2008, 409 ff.; *Wissmann*, AuR 2009, 149 ff.; *Wendeling-Schröder*, AiB 2007, 617.
[213] A.A. (die Regelung des Kollektivvertragsrechts ist insgesamt nicht durch Abs. 5 beschränkt) *Rebhahn/Reiner*, in: Schwarze, EU-Kommentar, Art. 153 AEUV, Rn. 65; *Kowanz* S. 332 ff.; *M. Schmidt*, EuZA 1 (2008), 196 (210); zur gegenteiligen Auffassung (keine Regelung in diesem Bereich möglich) siehe *Krebber*, in: Calliess/Ruffert, EUV/AEUV, Art. 157 AEUV, Rn. 12 sowie die bei Rn. 51 ff. zitierten Autoren.
[214] EuGH, Urt. v. 7.11.2013, C–522/12 (Isbir), ECLI:EU:C:2013:711, Rn. 35.

gegen die Richtlinie gehalten.²¹⁵ Mit der Voraussetzung der »Allgemeinverbindlichkeit« und der Auslegung dieses Begriffs wird auf die mitgliedstaatlichen Tarifordnungen Einfluss genommen; diesen werden nur bestimmte Formen der Verbindlicherklärung in Bezug auf entsandte Arbeitnehmerinnen und Arbeitnehmer erlaubt.²¹⁶ Allerdings entnimmt der EuGH sowohl die Voraussetzung der Allgemeinverbindlichkeit als auch deren Auslegung letztlich nicht der Richtlinie, sondern der Dienstleistungsfreiheit. Hier wäre zu fragen gewesen, ob die Einschätzungsprärogative der Mitgliedstaaten in Bezug auf ihre Kollektivverhandlungssysteme nicht zu einer anderen Auslegung führen musste. Problematisch ist insofern insbesondere, dass der EuGH eine Regelung mit beschränkter Reichweite (nur für öffentliche Aufträge) nicht nur für inkonsistent in Hinblick auf den Arbeitnehmerschutz hält (s. Art. 151 AEUV, Rn. 39 ff.),²¹⁷ sondern auch für ungeeignet zum angemessenen Schutz der Kollektivverhandlungsfreiheiten.²¹⁸ Schließlich hat die Ausübung von Kollektivverhandlungsfreiheiten notwendigerweise differenzierten Schutz zur Folge, abhängig von Wettbewerbsbedingungen und sozial- und entgeltpolitischen Erwägungen.²¹⁹

135 Deutlich erkennbare Eingriffe in die Kollektivverhandlungssysteme finden sich in den wirtschaftssteuernden Maßnahmen der **Krisenpolitik**, insbesondere in den länderspezifischen Empfehlungen zur Lohnpolitik im Rahmen der Koordinierung der Wirtschaftspolitik der Mitgliedstaaten nach Art. 121 AEUV²²⁰ und den Auflagen in Memoranda of Understanding zum Europäischen Stabilitätsmechanismus. Denn diesen Maßnahmen liegt ein lohn- und tarifpolitisches Modell zugrunde, das nach den Vorstellungen der Unionsorgane möglichst in allen Mitliedstaaten durchgesetzt werden soll. Ziel ist eine zunehmende Verlagerung von Kollektivverhandlungen von Branchenebene auf Unternehmensebene. Eine solche »kalte« Harmonisierung ist als Umgehung von Art. 153 Abs. 5 AEUV zu werten.²²¹

---

²¹⁵ EuGH, Urt. v. 3.4.2008, Rs. C–346/06 (Rüffert), Slg. 2008, I–1989; Urt. v. 19.6.2008, Rs. C–319/06 (Kommission/Luxemburg), Slg. 2008, I–4323; zur Kritik an »Laval«, »Rüffert« und »Luxemburg«: *Eklund*, Comp. Labor Law & Pol'y J 29 (2008), 551 ff.; *Köhler*, ZESAR 2008, 65 ff.; *Temming*, ZESAR 2008, 231 ff.
²¹⁶ Vgl. EuGH, Urt. v. 17.11.2015, Rs. C–115/14 (RegioPost), ECLI:EU:C:2015:760, Rn. 62 ff.
²¹⁷ Zu dieser Interpretation der Entscheidung *Kocher*, DB 2008, 1042 ff.; *Simon*, RdA 2014, 165 (170); *v. Danwitz*, EuZA 3 (2010), 6 (13); so auch EuGH, Urt. v. 17.11.2015, Rs. C–115/14 (RegioPost), ECLI:EU:C:2015:760, Rn. 62 f. für einen Vergabemindestlohn, der unabhängig von einem Tarifvertrag festgelegt war.
²¹⁸ EuGH, Urt. v. 3.4.2008, Rs. C–346/06 (Rüffert), Slg. 2008, I–1989, Rn. 41 unter Verweis auf Rn. 39 f.; zu dieser Frage siehe schon *Kocher*, DB 2008, 1042 (1045).
²¹⁹ Vgl. auch die Kritik von *Glaser/Kahl*, ZHR 177 (2013), 643 (669) am Verbot einer gestuften Zweckerreichung nach der Rüffert-Entscheidung. Diese Kritik richtet sich auch gegen die obiter dicta der Regio-Post-Entscheidung (EuGH, Urt. v. 17.11.2015, Rs. C–115/14).
²²⁰ Siehe auch Art. 8 der VO 1176/2011 (Fn. 209).
²²¹ *Seifert*, SR 2014, 14 (25), insbesondere zum Memorandum of Understanding mit Portugal; zur rechtlichen Einordnung der Memoranda of Understanding ausführlich *Fischer-Lescano*, KJ 2014, 2 ff.

Artikel 154 AEUV [Anhörung der Sozialpartner]

(1) Die Kommission hat die Aufgabe, die Anhörung der Sozialpartner auf Unionsebene zu fördern, und erlässt alle zweckdienlichen Maßnahmen, um den Dialog zwischen den Sozialpartnern zu erleichtern, wobei sie für Ausgewogenheit bei der Unterstützung der Parteien sorgt.

(2) Zu diesem Zweck hört die Kommission vor Unterbreitung von Vorschlägen im Bereich der Sozialpolitik die Sozialpartner zu der Frage, wie eine Unionsaktion gegebenenfalls ausgerichtet werden sollte.

(3) [1]Hält die Kommission nach dieser Anhörung eine Unionsmaßnahme für zweckmäßig, so hört sie die Sozialpartner zum Inhalt des in Aussicht genommenen Vorschlags. [2]Die Sozialpartner übermitteln der Kommission eine Stellungnahme oder gegebenenfalls eine Empfehlung.

(4) [1]Bei den Anhörungen nach den Absätzen 2 und 3 können die Sozialpartner der Kommission mitteilen, dass sie den Prozess nach Artikel 155 in Gang setzen wollen. [2]Die Dauer dieses Prozesses darf höchstens neun Monate betragen, sofern die betroffenen Sozialpartner und die Kommission nicht gemeinsam eine Verlängerung beschließen.

Literaturübersicht

Deinert, Partizipation europäischer Sozialpartner an der Gemeinschaftsrechtsetzung, RdA 2004, 211; *Europäische Kommission*, Mitteilung »Anpassung und Förderung des sozialen Dialogs auf Gemeinschaftsebene«, KOM(1998) 322.
Siehe auch Art. 152 AEUV.

Leitentscheidung

EuG, Urt. v. 17. 6. 1998, Rs. T–135/96 (UEAPME), Slg. 1998, II–2335

Inhaltsübersicht

	Rn.
A. Einführung	1
B. Maßnahmen zur Förderung der Anhörung und Erleichterung des sozialen Dialogs (Abs. 1)	2
C. Anhörungspflichten der Kommission (Abs. 2 und 3)	6
D. Übergang zum zweiseitigen Sozialen Dialog (Abs. 4)	16

A. Einführung

Art. 154 AEUV regelt einen der beiden zentralen Aspekte der Rolle der Sozialpartner im Sinne des Art. 152 AEUV, nämlich die Anhörung der Sozialpartner im Rahmen von Maßnahmen der Europäischen Union. Sie betrifft also den **dreiseitigen** »Dialog«. Den zweiten Aspekt des autonomen Handelns der Sozialpartner im Rahmen des zweiseitigen Dialogs regelt Art. 155 AEUV. Aus Art. 154 Abs. 4 ergibt sich jedoch, dass der Anhörungsprozess in einen zweiseitigen Dialog übergehen kann, die Sozialpartner die Kommission selbst also für gewisse Zeit aus dem Dialog ausschließen können.

1

B. Maßnahmen zur Förderung der Anhörung und Erleichterung des sozialen Dialogs (Abs. 1)

2 Nach Art. 154 Abs. 1 AEUV ist es zunächst Aufgabe der Kommission, die Anhörung der Sozialpartner zu fördern. Art. 154 Abs. 2 und 3 AEUV statuieren konkrete Anhörungspflichten, die dieses **Förderungsgebot** konkretisieren. Außerhalb des Anwendungsbereichs der Abs. 2 und 3 hat die Kommission nach pflichtgemäßem Ermessen zu entscheiden, ob eine Anhörung sachgerecht ist oder nicht. In der Regel werden die Sozialpartner danach auch bei unverbindlichen Maßnahmen und Informationen[1] sowie bei Maßnahmen, die nur mittelbar Auswirkungen auf die Sozialpolitik haben können, anzuhören sein. In diesem Fall gelten allerdings nicht die Fristen des Abs. 4.

3 Aufgabe der Kommission ist es, die **Anhörung auf Unionsebene** zu fördern; die Vorgabe beschränkt sich insofern nicht auf die Sozialpartner auf Unionsebene.[2] Für den Begriff der **Sozialpartner** bezieht sich Abs. 1 auf den in Art. 152 AEUV verwendeten Begriff (s. Art. 152 AEUV, Rn. 11 ff.); demgegenüber ist für die Anhörungspflichten der Kommission nach Abs. 2 und 3 von einem engeren Begriff auszugehen (s. Rn. 12 ff.).

4 Darüber hinaus ist es Aufgabe der Kommission nach Abs. 1, »alle zweckdienlichen Maßnahmen [zu erlassen], um den Dialog zwischen den Sozialpartnern zu erleichtern, wobei sie für Ausgewogenheit bei der Unterstützung der Parteien sorgt«. Dieser Halbsatz bezieht sich auf die **Unterstützung des zweiseitigen Dialogs** »zwischen den Sozialpartnern«. Die Kommission kann insofern die Infrastruktur und Ressourcen für Treffen und ähnliches bereitstellen.[3] Die Unterstützung soll in der Regel dem Dialog als solchem zugutekommen (zur grundsätzlichen Bewertung s. Art. 152 AEUV, Rn. 7 ff.).

5 Allerdings ermöglicht die Norm auch eine »**Unterstützung der Parteien**«, und der Hinweis auf die Ausgewogenheit deutet darauf hin, dass damit auch eine unmittelbare Unterstützung einzelner Sozialpartner auf europäischer Ebene gemeint sein kann. **Ausgewogenheit** ist zu unterscheiden von formaler Gleichbehandlung; die Norm geht also offenbar davon aus, dass die Unterstützung vom jeweiligen Unterstützungsbedarf abhängig gemacht werden kann (genauer s. Art. 152 AEUV, Rn. 8 ff.).

C. Anhörungspflichten der Kommission (Abs. 2 und 3)

6 Die Anhörungspflichten betreffen in einer **ersten Stufe** die vorherige Anhörung, bevor die Kommission einen Vorschlag im Bereich der Sozialpolitik unterbreitet (Art. 154 Abs. 2 AEUV) und in einer **zweiten Stufe** die nachträgliche Anhörung zum Inhalt eines bereits erarbeiteten Vorschlags (Art. 154 Abs. 3 AEUV). Vor Unterbreitung eines Vorschlags an Rat und/oder Parlament muss die Kommission die Sozialpartner also zweimal anhören. Außer im Fall der Art. 154 Abs. 4, Art. 155 AEUV ergibt sich das weitere Verfahren aus Art. 294 AEUV, wobei in den Fällen des Art. 153 AEUV dessen Abs. 2 zu beachten ist.

---

[1] Etwas anders *Krebber*, in: Calliess/Ruffert, EUV/AEUV, Art. 154 AEUV, Rn. 29, der diese Gegenstände »außerhalb des Art. 154« positioniert.
[2] Siehe insofern die englische Fassung: »consultation of management and labour at Union level«.
[3] EUArbR/*Franzen*, Art. 152 AEUV, Rn. 2 f. Zu den Untersuchungen und Datenbanken, die zur Verfügung gestellt werden, siehe *Rust*, in: GSH, Europäisches Unionsrecht, Art. 154 AEUV, Rn. 10 ff.

Die Anhörungspflichten der Absätze 2 und 3 setzen voraus, dass die Kommission 7
einen **Vorschlag** unterbreiten kann, also ein Initiativrecht für verbindliche Maßnahmen
hat. Eine Anhörungspflicht besteht nicht, wenn die Kommission über Stellungnahmen
und Informationen selbst entscheiden kann oder unverbindliche Maßnahmen vorschlägt;[4] hier gilt lediglich Abs. 1.

Die Anhörungspflichten bestehen »**im Bereich der Sozialpolitik**« und beziehen sich 8
insofern nur auf Maßnahmen nach Art. 151 ff. AEUV. Jedoch heißt dies nicht, dass sie
nur dort anwendbar wären, wo Art. 153 AEUV als Kompetenzgrundlage dient.[5] Denn
der Bereich der Sozialpolitik im Sinne dieses Abschnitts geht darüber hinaus, wie insbesondere Art. 156 AEUV deutlich macht, der beispielhaft zum Bereich der Sozialpolitik auch Maßnahmen auf den Gebieten der Beschäftigung, der beruflichen Aus- und
Fortbildung sowie des Koalitionsrechts und der Kollektivverhandlungen zählt; auch für
Regelungen wie die Entsenderichtlinie gilt diese Norm. Für andere Maßnahmen, die
mittelbar Auswirkungen auf die Sozialpolitik haben können,[6] gilt aber Abs. 1, Hs. 1 (s.
Rn. 4 f.). Dagegen spricht nicht, dass Abs. 4 die Anhörungspflichten eng mit den Sozialpartnerverhandlungen nach Art. 155 AEUV verknüpft.[7] Denn auch diese sind nicht
auf die Kompetenzfelder des Art. 153 AEUV beschränkt (s. Art. 155 AEUV, Rn. 37).

Gegenstand der Anhörung nach Abs. 2 ist die Frage, wie eine Unionsaktion gegebe- 9
nenfalls ausgerichtet werden sollte. Dies ist ein weiter Begriff, der alle denkbaren Regelungen erfasst. Dabei kann es insbesondere auch um Verfahrensfragen gehen.[8] Nach
Abs. 3 bezieht sich die Anhörung auf die Vor- und Nachteile der nun vorgeschlagenen
Maßnahme.

Der **Begriff der Anhörung** ist in demselben Sinne zu verstehen, in dem die Europäi- 10
sche Union ihn für die Anhörung von Arbeitnehmervertretern definiert hat (s. Art. 153
AEUV, Rn. 28). Danach ist Anhörung »die Durchführung eines Meinungsaustauschs
und eines Dialogs«; es reicht nicht aus, dass die Kommission den Sozialpartnern ihre
eigene Einschätzung mitteilt und deren Meinungen lediglich entgegennimmt. Für die
Anhörung nach Abs. 3 formuliert Satz 2 ausdrücklich, dass die Sozialpartner der Kommission »eine Stellungnahme oder gegebenenfalls eine Empfehlung« übermitteln.[9] Dies
ergibt sich bereits aus dem Begriff der Anhörung. Den Sozialpartnern ist deshalb eine
angemessene Frist zur Reaktion zu gewähren.[10]

Unklar ist des Weiteren, welche Folgen eine unterbliebene Anhörung hat. Jedenfalls 11
bei einem qualifizierten Verstoß gegen die Anhörungspflicht kann dies dazu führen, dass
der betreffende Rechtsakt für nichtig zu erklären wäre.[11] Ein qualifizierter Verstoß liegt
vor, wenn einzelne Sozialpartnerorganisationen, die offensichtlich anzuhören waren,

---

[4] *Krebber*, in: Calliess/Ruffert, EUV/AEUV, Art. 154 AEUV, Rn. 29; EUArbR/*Franzen*, Art. 152 AEUV, Rn. 8.
[5] So aber *Rebhahn*, in: Schwarze, EU-Kommentar, Art. 154 AEUV, Rn. 4.
[6] EuGH, Urt. v. 9.7.1987, verb. Rs. C–281, C–283/85–285/85 u. C–287/85 (Deutschland u. a./Kommission), Slg. 1987, I–3203, Rn. 22 nennt insofern die Fragen der kulturellen Integration von immigrierten Drittstaatenangehörigen.
[7] So aber *Krebber*, in: Calliess/Ruffert, EUV/AEUV, Art. 154 AEUV, Rn. 30.
[8] Anders aber *Krebber*, in: Calliess/Ruffert, EUV/AEUV, Art. 154 AEUV, Rn. 29.
[9] Zum Verhältnis der sekundärrechtlichen Definitionen zur Anhörung nach Art. 154 Abs. 2 AEUV siehe auch EUArbR/*Franzen*, Art. 152 AEUV, Rn. 9 f.
[10] *Krebber*, in: Calliess/Ruffert, EUV/AEUV, Art. 154 AEUV, Rn. 33.
[11] *Rebhahn*, in: Schwarze, EU-Kommentar, Art. 154 AEUV, Rn. 10; a. A. (Nichtigkeit nur, wenn die ordnungsgemäße Anhörung nachweislich zu einer geänderten Praxis geführt hätte) *Eichenhofer*, in: Streinz, EUV/AEUV, Art. 154 AEUV, Rn. 4; *Greiner*, EnzEuR, Bd. 7, § 21, Rn. 105.

übergangen wurden,¹² oder wenn das Verfahren offensichtlich unzureichend war, weil z. B. keine ausreichende Stellungnahmefrist gewährt wurde. Ein Verstoß ist in der Regel jedenfalls dann qualifiziert, wenn diejenigen Sozialpartner, die bereits in der Vergangenheit das Verfahren nach Abs. 4, Art. 155 AEUV gewählt haben, nicht hinreichend angehört wurden und auch keine Heilung stattgefunden hat.¹³ Weniger bedeutsame Verstöße führen nicht zur Nichtigkeit, können aber in Vertragsverletzungsverfahren nach Art. 264 Abs. 4 oder Art. 265 Abs. 3 AEUV angegriffen werden; dabei ist dann auch zu prüfen, ob evtl. eine Heilung des Anhörungsmangels in einer späteren Phase wirksam stattgefunden hat.¹⁴

12 Der **Begriff der Sozialpartner** im Sinne von Abs. 2 und 3 ist enger zu verstehen als bei den allgemeinen Förderpflichten nach Art. 152 und Art. 154 Abs. 1 AEUV. Zusätzlich zu den dort genannten Voraussetzungen (s. Art. 152 AEUV, Rn. 11 ff.) ist ein bestimmtes Maß an **Repräsentativität** zu verlangen. Für den Fall, dass es zu einer Vereinbarung der Sozialpartner kommt, die nach Art. 155 Abs. 2 AEUV durch Beschluss des Rates umgesetzt wird, gelten weitere Anforderungen (s. Art. 155 AEUV, Rn. 21 f.).

13 Für die Teilnahme am Anhörungsverfahren nach Art. 154 Abs. 2 und 3 AEUV hat die Kommission Kriterien aufgestellt.¹⁵ Danach müssen die Sozialpartnerorganisationen, die am sozialen Dialog teilnehmen, nicht notwendig branchenübergreifend sein, sondern können auch spezifische Sektoren/Branchen bzw. Kategorien/Berufe vertreten. Sie müssen Mitglieder haben, die selbst in einem Mitgliedstaat integraler und anerkannter Bestandteil des Systems der Arbeitsbeziehungen und in der Lage sind, Vereinbarungen auszuhandeln.¹⁶ Die Organisationen müssen insofern zwar nicht in allen, aber in mehreren Mitgliedstaaten vertreten sein; Repräsentativität wird nicht verlangt;¹⁷ insbesondere reicht eine Plausibilitätsprüfung der Kollektivverhandlungsfähigkeit aus; eine strenge Prüfung der Anforderungen des mitgliedstaatlichen Rechts ist nicht erforderlich.¹⁸ Die Notwendigkeit einer Dachverbandsstruktur mit einer entsprechenden

---

¹² Vgl. auch *Rebhahn*, in: Schwarze, EU-Kommentar, Art. 154 AEUV, Rn. 10: »wenn eine Richtlinie ohne jede Beteiligung der meist-repräsentativen Sozialpartner erlassen wurde«.

¹³ Vgl. EUArbR/*Franzen*, Art. 152 AEUV, Rn. 12.

¹⁴ *Greiner*, EnzEuR, Bd. 7, § 21, Rn. 105.

¹⁵ Mitteilung der Kommission, »Anpassung und Förderung des sozialen Dialogs auf Gemeinschaftsebene«, KOM(1998) 322; bestätigt die Mitteilung der Kommission, »Der europäische soziale Dialog. Determinante für Modernisierung und Wandel«, KOM(2002) 341; davor Mitteilung der Kommission über die Anwendung des Protokolls über die Sozialpolitik, KOM(1993) 600; vgl. Vorschläge der Sozialpartner für die Umsetzung des dem Protokoll über die Sozialpolitik im Vertrag über die Europäische Union beigefügten Abkommens v. 29.10.1993, abgedruckt u. a. in: Soziales Europa 1995, S. 175 (nach *Deinert*, RdA 2004, 211 (220)). Zu den Kriterien im Einzelnen *Rust*, in: GSH, Europäisches Unionsrecht, Art. 154 AEUV, Rn. 46 ff.; kritisch *Greiner*, EnzEuR, Bd. 7, § 21, Rn. 141 ff.

¹⁶ Vgl. dazu auch Europäisches Parlament, Entschließung zur Anwendung des Protokolls über die Sozialpolitik, BT-Drucks. 12/7796, zu J.1. (u.a. Nachweis der Repräsentativität sowie »nach Möglichkeit in den meisten Mitgliedstaaten vertreten«; Mitgliedsverbände müssen Recht auf Beteiligung an Tarifverhandlungen haben).

¹⁷ Vgl. aus neuerer Zeit *Europäische Kommission*, Vorschlag für eine Richtlinie zur Durchführung der Europäischen Vereinbarung über die Regelung bestimmter Aspekte der Arbeitszeitgestaltung in der Binnenschifffahrt, KOM(2014) 452 endg., S. 8 f., wo es für ausreichend angesehen wird, dass die Sozialpartner auf Arbeitgeberseite in 8, 9 bzw. 5 Mitgliedstaaten vertreten waren, die Sozialpartner auf Arbeitnehmerseite in 17 Mitgliedstaaten. *Krebber*, in: Calliess/Ruffert, EUV/AEUV, Art. 154 AEUV, Rn. 15 hält über die Präsenz hinaus die Repräsentativität in mehreren Mitgliedstaaten für erforderlich, da anderenfalls ein grenzüberschreitender Bezug fehle.

¹⁸ *Deinert*, RdA 2004, 211 (220).

Verankerung in den Mitgliedstaaten ergibt sich aus der Tatsache, dass die Sozialpolitik in erster Linie in den Mitgliedstaaten ausgeübt werden soll.[19]

Die Organisationen müssen außerdem über **geeignete Ressourcen** verfügen, um wirksam am Konsultationsprozess mitwirken zu können. Weshalb die Kommission darüber hinaus verlangt, dass die Anhörungsberechtigten selbst auf europäischer Ebene angesiedelt sind, d. h. über eine **Struktur auf Ebene der Europäischen Union** verfügen, ist nicht nachvollziehbar. Die Fähigkeit, am Anhörungsprozess wirksam teilnehmen zu können, reicht aus; es ist Sache der jeweiligen Organisation, die strukturellen und institutionellen Voraussetzungen hierfür zu schaffen. Diese supranationale Struktur kann auch durch einen ad hoc-Zusammenschluss mehrerer nationaler Verbände hergestellt werden.[20] Angesichts der Tatsache, dass die Organisationen nach den neueren Richtlinien der Kommission nicht mehr in allen Mitgliedstaaten vertreten sein müssen, kann jedenfalls nicht verlangt werden, dass die supranationale Struktur das gesamte Gebiet der Europäischen Union abzudecken beansprucht. Es reicht aus, wenn sich der Tätigkeitsbereich einer Organisation auf das Gebiet von mindestens zwei Mitgliedstaaten bezieht.[21]

Für die Zwecke der Anhörung nach Art. 154 AEUV[22] hat die Europäische Kommission nach diesen Kriterien ein **Verzeichnis** der von der Kommission als repräsentativ betrachteten Sozialpartner erstellt,[23] das regelmäßig überprüft und fortgeschrieben wird. Zur Beurteilung der Repräsentativität lässt sich die Europäische Kommission von der Europäischen Stiftung zur Verbesserung der Lebens- und Arbeitsbedingungen (Eurofound) beraten; diese führt regelmäßig Repräsentativitätsstudien durch.[24] Die wichtigsten Akteure auf Arbeitgeberseite sind die Verbände BusinessEurope, UEAPME (Handwerk, Handel, kleine und mittlere Unternehmen) und CEEP (öffentlicher Dienst). Die Interessen der Arbeitnehmerinnen und Arbeitnehmer vertreten ETUC (Europäischer Gewerkschaftsbund), Eurocadres (Leitende Angestellte) und FERPA (Rentner).

Die Anhörung stellt ein eigenes **subjektives Recht** repräsentativer Sozialpartnerorganisationen dar.[25] Bei der Frage der Anhörungsberechtigung handelt es sich um justiziable Rechtsfragen, für deren Auslegung der EuGH nicht an die von der Kommission erstellten Listen gebunden ist.[26]

---

[19] Gegen die Anforderung einer Konföderationsstruktur und für die Zulassung von »originären« europäischen Arbeitgeberverbänden oder Gewerkschaften *Deinert*, RdA 2004, 211 (224).
[20] *Deinert*, RdA 2004, 211 (220).
[21] So im Ergebnis schon *Deinert*, RdA 2004, 211 (220).
[22] EuG, Urt. v. 17.6.1998, Rs. T–135/96 (UEAPME), Slg. 1998, II–2335, Rn. 77 betont, dass das Verzeichnis ausschließlich diesen Zwecken dient.
[23] Anlage 1 der Mitteilung der Kommission, »Der europäische soziale Dialog. Determinante für Modernisierung und Wandel«, KOM(2002) 341 (368); siehe auch die auf der Website der Kommission angebotene Liste der angehörten Sozialpartnerorganisationen, <http://ec.europa.eu/employment_social/social_dialogue/index_de.htm> (2.2.2017).
[24] Siehe schon *Deinert*, RdA 2004, 211 (220) zum Vorschlag von *Jacobs* und *Ojeda Avilés* zur Errichtung einer Expertenkommission für die Überprüfung der Repräsentativität von Sozialpartnern.
[25] EUArbR/*Franzen*, Art. 152 AEUV, Rn. 5.
[26] *Greiner*, EnzEuR, Bd. 7, § 21, Rn. 141ff.; *Rust*, in: GSH, Europäisches Unionsrecht, Art. 154 AEUV, Rn. 41.

D. Übergang zum zweiseitigen Sozialen Dialog (Abs. 4)

17 In beiden Phasen der Anhörung nach Abs. 2 und Abs. 3 können einzelne Sozialpartnerorganisationen ihr **Initiativrecht** zur autonomen Regelung (Art. 155 AEUV) ausüben.

18 Teilen einzelne Sozialpartnerorganisationen der Kommission mit, dass sie den Prozess autonomer Verhandlungen in Gang setzen wollen, so **ruht das Rechtsetzungsverfahren** – unabhängig davon, ob zuvor Anhörungen nach Art. 154 Abs. 2 AEUV stattgefunden haben.[27] Während der Dauer der Verhandlungen kann die Kommission das Verfahren vor Ablauf der Frist von neun Monaten nicht an sich ziehen. Kommission und die betroffenen Sozialpartner können gemeinsam beschließen, die Frist zu verlängern. Das Ruhen des Verfahrens tritt bereits ein, wenn Organisationen, die am Anhörungsprozess beteiligt sind, sich auf Art. 155 AEUV berufen.[28] Die Frage, ob diese für eine entsprechende Vereinbarung ausreichend repräsentativ sind oder nicht, ist erst nach Abschluss der Vereinbarung zu prüfen. Für die Repräsentativität sind insofern allerdings bereits hier die Maßstäbe des Art. 155 AEUV maßgeblich[29] (s. Art. 155 AEUV, Rn. 19 ff.).

19 Kommt es innerhalb der Frist nicht zu einer Vereinbarung, **wird die Kommission erneut zuständig**.[30] Gleiches gilt, wenn eine Vereinbarung abgeschlossen wird, die nicht die Voraussetzungen des Art. 155 Abs. 1 AEUV erfüllt. Bei Abschluss einer wirksamen Vereinbarung endet jedoch die Zuständigkeit der Kommission endgültig, und zwar unabhängig davon, welcher der Durchführungswege des Art. 155 Abs. 2 AEUV gewählt wird.

---

[27] *Rust*, in: GSH, Europäisches Unionsrecht, Art. 155 AEUV, Rn. 43 (»Initiativrecht« der Sozialpartner); EUArbR/*Franzen*, Art. 152 AEUV, Rn. 18.

[28] Zu etwa dennoch fortbestehenden Handlungskompetenzen der Kommission vgl. *Greiner*, EnzEuR, Bd. 7, § 21, Rn. 104.

[29] Genauso EUArbR/*Franzen*, Art. 155 AEUV, Rn. 17.

[30] *Gassner*, in: Vedder/Heintschel v. Heinegg, Europäisches Unionsrecht, Art. 154 AEUV, Rn. 8–10; *Krebber*, in: Calliess/Ruffert, EUV/AEUV, Art. 154 AEUV, Rn. 35–39; *Rebhahn*, in: Schwarze, EU-Kommentar, Art. 154 AEUV, Rn. 11–13.

Artikel 155 AEUV [Dialog zwischen den Sozialpartnern]

(1) Der Dialog zwischen den Sozialpartnern auf Unionsebene kann, falls sie es wünschen, zur Herstellung vertraglicher Beziehungen einschließlich des Abschlusses von Vereinbarungen führen.

(2) ¹Die Durchführung der auf Unionsebene geschlossenen Vereinbarungen erfolgt entweder nach den jeweiligen Verfahren und Gepflogenheiten der Sozialpartner und der Mitgliedstaaten oder – in den durch Artikel 153 erfassten Bereichen – auf gemeinsamen Antrag der Unterzeichnerparteien durch einen Beschluss des Rates auf Vorschlag der Kommission. ²Das Europäische Parlament wird unterrichtet.

Der Rat beschließt einstimmig, sofern die betreffende Vereinbarung eine oder mehrere Bestimmungen betreffend einen der Bereiche enthält, für die nach Artikel 153 Absatz 2 Einstimmigkeit erforderlich ist.

Literaturübersicht

Ales/Engblom/Jaspers/Laulom/Sciarra/Sobczak/Valdés dal-Ré, Transnational Collective Bargaining: Past, Present, Future, 2006; *Ales*, Der transnationale Kollektivvertrag zwischen Vergangenheit, Gegenwart und Zukunft, ZESAR 2007, 151; *Britz*, Tarifautonomie in Europa, in: Britz/Volkmann (Hrsg.), Tarifautonomie in Deutschland und Europa, 2003, 58; *Britz/M. Schmidt*, Die institutionalisierte Mitwirkung der Sozialpartner an der Rechtsetzung der Europäischen Gemeinschaft – Herausforderung des gemeinschaftsrechtlichen Demokratieprinzips, EuR 1999, 467; *Deinert*, Der europäische Kollektivvertrag, 1999; *ders.*, Internationales Arbeitsrecht. Deutsches und europäisches Kollisionsrecht, 2013; *ders.*, Partizipation europäischer Sozialpartner an der Gemeinschaftsrechtsetzung, RdA 2004, 211; *Kowanz*, Europäische Kollektivvertragsordnung. Bestandsaufnahme und Entwicklungsperspektiven, 1999; *Langenbucher*, Zur Zulässigkeit parlamentsersetzender Normgebungsverfahren im Europarecht, ZEuP 2002, 265; *Ojeda Avilés*, Sind europäische Tarifverträge »bloße Empfehlungen«?, FS Däubler, 1999, S. 519; *Rieble/Kolbe*, Vom Sozialen Dialog zum europäischen Kollektivvertrag?, EuZA 1 (2008), 453; *M. Schmidt*, Perspektiven und Sinn weiterer Regulierung durch Europarecht, EuZA 1 (2008), 196; *Thüsing/Traut*, Zur begrenzten Reichweite der Koalitionsfreiheit im Unionsrecht, RdA 2012, 65; *Weiss*, Strategien zur Globalisierung arbeitsrechtlicher Mindeststandards, FS Richardi, 2007, S. 1097 ff; *ders.*, Transnationale Kollektivvertragsstrukturen in der EG: Informalität oder Verrechtlichung? FS Birk, 2008, S. 957 (961); *ders.*, Europa im Spannungsfeld zwischen Marktfreiheiten und Arbeitnehmerschutz, FS Hromadka, 2008, S. 493 ff.; *Zachert*, Europäische Tarifverträge – von korporatistischer zu autonomer Normsetzung, FS Schaub, 1998, S. 826; *ders.*, Europäische Kollektivvereinbarungen – Wahnsinn ohne Grenzen oder ein Gebot der Vernunft?, FS Hromadka, 2008, S. 529 ff
Siehe auch Art. 152 AEUV.

Leitentscheidung

EuG, Urt. v. 17.6.1998, Rs. T–135/96 (UEAPME), Slg. 1998, II–2335

Inhaltsübersicht

	Rn.
A. Allgemeine Grundsätze	1
I. Anerkennung von Kollektivverhandlungsautonomie	2
II. Praxis und Zukunft	7
III. Unionsrechtlicher Rahmen für transnationale Tarifvereinbarungen?	10
B. Voraussetzungen der Vereinbarung nach Art. 155 Abs. 1 AEUV	14
I. Das Verfahren der Kollektivverhandlungen	14
II. Legitimation und Anforderungen an die Repräsentativität	19

C. Rechtswirkungen und Durchführungswege (Art. 155 Abs. 2 AEUV)	24
I. Durchführung der Vereinbarungen durch Ratsbeschluss	25
1. Verfahren des Ratsbeschlusses	26
2. Rechtscharakter von Ratsbeschluss und Vereinbarung	32
II. Autonome/voluntaristische Durchführung	36

A. Allgemeine Grundsätze

1   Art. 155 AEUV ist die **Rechtsgrundlage für transnationale Kollektivverhandlungen** auf europäischer Ebene, die den sozialen Dialog von Val Duchesse institutionalisiert.[1]

I. Anerkennung von Kollektivverhandlungsautonomie

2   Art. 155 Abs. 1 AEUV war bereits als Art. 4 Abs. 1 im Abkommen über die Sozialpolitik enthalten. Hier geht es (im Sinne des Art. 152 Abs. 1 AEUV) nicht um die Förderung der Rolle der Sozialpartner, sondern um die Anerkennung von deren Autonomie. Denn vertragliche Vereinbarungen zwischen Organisationen sind auch ohne ausdrückliche Anerkennung einer Rechtsgrundlage möglich und zulässig; Regeln über den Abschluss und Bestand sind dem jeweils anwendbaren mitgliedstaatlichen Recht zu entnehmen[2] (zum anwendbaren Recht s. Rn. 39). Die Tatsache, dass dies hier ausdrücklich (und insoweit **deklaratorisch**) normiert ist, geht darauf zurück, dass zunächst an die Institutionalisierung von Rechtsetzung der Sozialpartner in einem paritätischen Organ gedacht war.[3]

3   Dementsprechend ist die Vereinbarungsautonomie nach Art. 155 Abs. 1 AEUV **Ausfluss des Grundrechts** der Kollektivvertragsautonomie und nicht dessen Verankerung.[4]

4   Mit den Begriffen »vertragliche Beziehungen« einerseits und »Vereinbarungen« andererseits werden Verträge mit allein schuldrechtlichem Anspruch von solchen unterschieden, die auch für die Arbeitsvertragsparteien Wirkungen entfalten sollen.[5] Die Aussage, der soziale Dialog der Sozialpartner führe zu einer Vereinbarung, »wenn sie es wünschen«, kann deshalb auch nicht als ein Eingriff in Rechte verstanden werden, die

---

[1] *Kowanz*, S. 112; im Januar 1985 hatte der als Kommissionsvorsitzender vorgesehene Jacques Delors die drei großen europäischen branchenübergreifenden Sozialpartnerorganisationen UNICE (heute BusinessEurope), CEEP und EGB zu einem Treffen außerhalb Brüssels im Schloss von Val Duchesse eingeladen, das den Ausgangspunkt für die Entwicklung entsprechender primärrechtlicher Vorschriften in der Sozialpolitik war; vgl. zu dieser Entwicklung *Deinert*, RdA 2004, 211 (212 ff.); *Greiner*, EnzEuR, Bd. 7, § 21, Rn. 96 ff. Zur Entstehungsgeschichte der Vorschriften zum Sozialen Dialog siehe auch *Rust*, in: GSH, Europäisches Unionsrecht, Art. 154 AEUV, Rn. 6.

[2] Vgl. *Krebber*, in: Calliess/Ruffert, EUV/AEUV, Art. 155 AEUV, Rn. 5 (»unklar«); vgl. aber *Deinert*, Internationales Arbeitsrecht, § 15 Rn. 2 zur Unterscheidung zwischen Tarifvertrags- und Tarifnormenstatut; Rn. 82 allerdings ebenfalls unentschieden zur Frage einer Anwendung europäischen Rechts statt IPR (die Nähe zum sozialen Dialog sei für die Abgrenzung entscheidend).

[3] Vgl. ABl. 1970, C 124/1; *Deinert*, RdA 2004, 211 (212 ff.) weist u. a. auf das Gutachten von Schnorr in dieser Frage hin.

[4] *Deinert*, RdA 2004, 211 219; *Eichenhofer*, in: Streinz, EUV/AEUV, Art. 154 AEUV, Rn. 6; etwas anders *Kowanz*, S. 112; s. Art. 28 GRC, Rn. 28.

[5] *Rust*, in: GSH, Europäisches Unionsrecht, Art. 155 AEUV, Rn. 12 ff.; *Eichenhofer*, in: Streinz, EUV/AEUV, Art. 155 AEUV, Rn. 1; kritisch zur Differenzierung EUArbR/*Franzen*, Art. 155 AEUV, Rn. 4; *Greiner*, EnzEuR, Bd. 7, § 21, Rn. 110.

aufgrund anderer Rechtsgrundlagen bestehen.[6] Zwar enthält die Norm selbst kein Streik- oder Arbeitskampfrecht.[7] Entsprechende Rechte können sich aber aus dem jeweils anwendbaren nationalen Recht ergeben.[8]

Die Tatsache, dass die Norm für die rechtliche Anerkennung von Sozialpartnervereinbarungen lediglich deklaratorische Bedeutung hat, bedeutet aber nicht, dass es sich um einen unverbindlichen Programmsatz mit bloßem Aufforderungscharakter[9] handele. Denn der Abschluss einer Vereinbarung nach Art. 155 Abs. 1 AEUV bewirkt jedenfalls, dass die Kommissionszuständigkeit in diesen Fällen ruht (s. auch Art. 154 AEUV, Rn. 17). Dies ist Ausdruck eines Verständnisses von Bürgernähe und Selbstbestimmung als Ausdruck von Subsidiarität. Danach hat der jeweils sachnähere Normgeber (hier die Sozialpartner) Vorrang und Regelungsprärogative vor dem Unionsgesetzgeber (Prinzip der »**doppelten Subsidiarität**«[10]) – jedenfalls soweit Kollektivvereinbarungen zur Verwirklichung des jeweils avisierten Ziels ausreichen.[11]

Art. 155 AEUV impliziert darüber hinaus eine **Verpflichtung der Mitgliedstaaten**, Rechtswirksamkeit und Effektivität entsprechender Kollektivvereinbarungen im jeweiligen nationalen Recht sicherzustellen (zur Möglichkeit unionsrechtlicher Regelungen s. Rn. 10 ff.).

II. Praxis und Zukunft

Europäische Vereinbarungen auf **Branchenebene** hat es bisher vor allem in den Branchen gegeben, die ökonomisch bereits stark transnationalisiert bzw. europäisch integriert oder beeinflusst waren (siehe z. B. das Rahmenabkommen über Arbeitszeit für die Landwirtschaft von 1968). Insbesondere die Sektorensozialdialog-Ausschüsse haben sich von einem paritätisch besetzten Beratungsgremium hin zu einem Verhandlungsgremium entwickelt: Aus den über dreißig Sektorensozialdialog-Ausschüssen sind schon weit über 200 branchenspezifische Übereinkommen entstanden, von denen nicht wenige nach Art. 155 Abs. 2 AEUV als Grundlage einer verbindlichen Richtlinie gedient haben.[12] Was den **branchenübergreifenden** sozialen Dialog angeht, so sind Vereinbarungen zu »atypischen« Beschäftigungsverhältnissen (wie die Rahmenvereinbarungen zum Elternurlaub, zur Teilzeitarbeit und zur Befristung) zwischen UNICE/Business Europe, CEEP und EGB abgeschlossen und als Richtlinien gemäß Art. 155 Abs. 2 AEUV

---

[6] In diese Richtung aber wohl *Thüsing/Traut*, RdA 2012, 65.
[7] *Eichenhofer*, in: Streinz, EUV/AEUV, Art. 155 AEUV, Rn. 9, der dies vor allem mit der Zweistufigkeit des Rechtsetzungsverfahren begründet.
[8] *Rebhahn*, Überlegungen zur Bedeutung der Charta der Grundrechte der EU für den Streik und für die Kollektive Rechtsgestaltung, GS Heinze, 2005, S. 649 (657).
[9] *Hauschka*, RIW 1990, 81 (88).
[10] Vgl. *Kempen*, KritV 1994, 13.
[11] *Deinert*, Der europäische Kollektivvertrag, S. 235 ff.; *Deinert*, RdA 2004, 211 (216 f.).
[12] Siehe z. B. die Arbeitszeitvereinbarungen für Seeleute (Richtlinie 1999/63/EG vom. 21.6.1999, ABl. 1999, L1 67/33) und Flugpersonal (Richtlinie 2000/79/EG vom 27.11.2000, ABl. 2000, L 302/57) oder die Richtlinie 2005/47/EG vom 18.7.2005 über bestimmte Aspekte der Einsatzbedingungen des fahrenden Personals im interoperablen grenzüberschreitenden Verkehr im Eisenbahnsektor, ABl. 2005, L 195/15. Für einen Überblick siehe *Ales*, ZESAR 2007, 151. Siehe aktuell Europäische Kommission, Vorschlag für eine Richtlinie zur Durchführung der Europäischen Vereinbarung über die Regelung bestimmter Aspekte der Arbeitszeitgestaltung in der Binnenschifffahrt, KOM(2014) 452 endg. (bezogen auf eine Vereinbarung geschlossen von der Europäischen Binnenschifffahrts-Union, der Europäischen Schifferorganisation und der Europäischen Transportarbeiter-Föderation).

für verbindlich erklärt worden.[13] Auf Grund eines Kooperationsabkommens zwischen UNICE/Business Europe und UEAPME vom Dezember 1998 wird UEAPME seither an den Verhandlungen beteiligt.[14] Sonstige Vereinbarungen bestehen z. B. über Telearbeit oder über Stress am Arbeitsplatz. Die Sozialpartner haben auch zahlreiche Stellungnahmen mit Empfehlungscharakter verabschiedet. Insgesamt sind allein zwischen 2010 und 2013 mehr als 70 gemeinsame Texte entstanden.[15]

8   Seit langem besteht die Hoffnung, die heutigen Art. 154, 155 AEUV könnten eine **Impulsfunktion** für die Entwicklung eines europäischen Kollektivverhandlungssystems gewinnen.[16] Bisher kann dieses jedenfalls noch nicht beobachtet werden.[17] Nach wie vor spielt die Kommission in den und für die europäischen Kollektivverhandlungen eine zentrale Rolle (zur Bewertung s. Art. 152 AEUV, Rn. 3).[18] Autonome Mechanismen z. B. zur Koordinierung der Tarifpolitik sind selten.[19]

9   Die stärksten Impulse für autonome transnationale Verhandlungen gehen nach wie vor von den Verhandlungen auf der Ebene der **transnationalen Unternehmen** und Unternehmensgruppen aus.[20] Der Arbeit Europäischer Betriebsräte kommt insofern eine Schlüsselstellung in der Entwicklung »autonomer« (von der Kommission unabhängiger) europäischer Arbeitsbeziehungen zu.[21]

III. Unionsrechtlicher Rahmen für transnationale Tarifvereinbarungen?

10 Rechtspolitisch ist umstritten, ob die Schaffung eines **Rechtsrahmens für europäische transnationale Kollektivvereinbarungen** über die Unternehmensebene hinaus angezeigt ist. Das Europäische Parlament hat bereits bei der Europäischen Kommission um Prüfung der Möglichkeit eines fakultativen europäischen Rechtsrahmens für europäische transnationale Unternehmensvereinbarungen gebeten,[22] nachdem die Kommission

---

[13] RL 97/81/EG vom 15.12.1997 zu der von UNICE, CEEP und EGB geschlossenen Rahmenvereinigung über Teilzeitarbeit, ABl. 1998, L 14/9; RL 1999/70/EG vom 28.6.1999 zu der EGB-UNICE-CEEP-Rahmenvereinbarung über befristete Arbeitsverträge, ABl. 1999, L 175/43; RL 2010/18/EU vom 8.3.2010 zur Durchführung der von BUSINESSEUROPE, UEAPME, CEEP und EGB geschlossenen überarbeiteten Rahmenvereinbarung über den Elternurlaub und zur Aufhebung der RL 96/34/EG, ABl. 2010 L 68/13.

[14] *M. Schmidt*, Arbeitsrecht der Europäischen Gemeinschaft, 2001, Rn. 64 ff.

[15] Zum Stand siehe *Ales/Engblom/Jaspers/Laulom/Sciarra/Sobczak/Valdés dal-Ré*, S. 8 ff.; *Europäische Kommission*, Industrial Relations in Europe 2012, 2013; für einen Überblick über die bestehenden vertraglichen Beziehungen siehe auch *Rust*, in: GSH, Europäisches Unionsrecht, Art. 155 AEUV, Rn. 27 ff.

[16] *Weiss*, Der soziale Dialog als Katalysator koordinierter Tarifpolitik in der EG, FS Kissel, 1994, S. 1116 (1253 f.); *Weiss*, FS Birk, 2008, S. 957 (961); *Zachert*, FS Schaub, S. 826.

[17] *Weiss*, FS Hromadka, 2008, S. 493 ff.; *Britz*, S. 58; zu praktischen und rechtlichen Bedenken der Sozialpartner in den 1990er Jahren siehe die Ergebnisse der Befragung von *Deinert*, Der europäische Kollektivvertrag, S. 105 ff.

[18] Vgl. auch *Schwerin*, Tripartismus im europäischen Arbeitsrecht, 2006.

[19] Zu den Chancen *Weiss*, FS Hromadka, S. 493; *Britz*, S. 62 ff.; siehe z. B. *Weiss*, FS Birk, S. 967 zur Doorn-Erklärung.

[20] *Zachert*, FS Hromadka, S. 529 ff.; *Weiss*, FS Richardi, S. 1097 ff.; zu den sogenannten »International Framework Agreements« siehe schon *Kocher*, RdA 2004, 27 ff.; zu den Verhandlungen im Rahmen der »Societates Europeae« *Ales*, ZESAR 2007, 152.

[21] *Ales/Engblom/Jaspers/Laulom/Sciarra/Sobczak/Valdés dal-Ré*, S. 21 ff.; vgl. auch *Eichhorst/Kendzia/Vandeweghe*, Grenzüberschreitende Kollektivverhandlungen und transnationaler sozialer Dialog, 2011 (Studie für den Ausschuss für Beschäftigung und Soziale Angelegenheiten des Europäischen Parlaments), S. 7 im Anschluss an Ales u. a.

[22] Entschließung des Europäischen Parlaments v. 12.9.2013 zu den grenzüberschreitenden Kollektivverhandlungen und zum transnationalen sozialen Dialog (2012/2292(INI)).

selbst die Möglichkeit eines »optionalen europäischen Rahmen[s]« für transnationale Kollektivverhandlungen« in den Raum gestellt[23] und hierzu eine wissenschaftliche Studie in Auftrag gegeben hatte. Diese Studie (sog. *Ales*-Bericht) schlug die Installierung eines gemeinsamen Verhandlungsgremiums europäischer Gewerkschaften und Arbeitgeberorganisationen auf sektoraler oder multi-sektoraler Ebene nach dem Vorbild der europäischen Mitbestimmung auf Unternehmensebene vor; Rechtsverbindlichkeit solle jeweils auf nationaler Ebene hergestellt werden.[24] Der Vorschlag wird sowohl im Hinblick auf Praktikabilität als auch wegen der korporatistischen Dynamiken einer Institutionalisierung neuer Gremien kritisiert.[25]

Fraglich ist auch, ob die **politisch-institutionellen Voraussetzungen** für die Schaffung eines rechtlichen Rahmens bereits gegeben sind; problematisch erscheint z. B. das Fehlen geeigneter Sozialpartnerorganisationen in vielen der mittel- und osteuropäischen Mitgliedstaaten.[26] Verlangte man aber Repräsentativität in allen erfassten Mitgliedstaaten und entsprechende Mandate, so wird eine europäische Regelung keine praktische Bedeutung erlangen können. Zwar handelt die transnationale kollektivvertragliche Praxis aktuell auf rechtlich prekärem Grund, solange es an Rahmenbedingungen fehlt, die Rechtssicherheit gewährleisten könnten.[27] Eine Regulierung ohne Praxis läuft jedoch Gefahr, mögliche autonome Entwicklungen vorzeitig zu begrenzen.[28] **11**

Fraglich ist auch, ob die Europäische Union für eine solche Regelung überhaupt über die erforderliche **Kompetenz** verfügt. Diskutiert werden insofern Art. 115 AEUV[29] oder Art. 352 AEUV.[30] Allerdings geht es hier nicht um Rechtsangleichung, sondern um einen neuen Rechtsrahmen für ein transnationales System; Art. 115 AEUV scheidet deshalb aus denselben Gründen aus wie Art. 153 AEUV.[31] Zu beachten sind auch die Fernwirkungen des Art. 153 Abs. 5 AEUV. Soweit eine Regelung für europäische Kollektivvereinbarungen Regelungen darüber trifft, wie die mitgliedstaatlichen Sozialpartner die Umsetzung zu gewährleisten haben, ist der Schutzbereich der Ausnahme in Abs. 5 erfasst. Diese ist zwar außerhalb des Art. 153 AEUV nicht unmittelbar anwendbar; das Gebot der Zurückhaltung ist jedoch bei der Ausübung des Entschließungsermessens zum Erlass einer Unionsmaßnahme zu berücksichtigen. **12**

---

[23] Mitteilung der Kommission für einen optionalen europäischen Rahmen für transnationale Kollektivverhandlungen, KOM(2005)33 endg.; *Europäische Kommission*, »Sozialpolitische Agenda«, KOM(2005) 33 (für transnationale Kollektivverhandlungen auf Unternehmens- oder auf Branchenebene in den Bereichen Arbeitsorganisation, Beschäftigung, Arbeitsbedingungen oder Fortbildung).
[24] Die Studie enthält hierzu allerdings nur eine sehr knappe und im Einzelnen nicht begründete Skizze, siehe *Ales/Engblom/Jaspers/Laulom/Sciarra/Sobczak/Valdés dal-Ré*, S. 38 ff.; zusammenfassend *Ales*, ZESAR 2007, 150.
[25] *Rieble/Kolbe*, EuZA 2008, 453 (467 ff.) (472 ff. kritisch zur Problematik der Herstellung von Bindungswirkungen); *Weiss*, FS Birk, S. 971 ff.; zustimmend hingegen *Zachert*, S. 534 ff.; eingeschränkt zustimmend *M. Schmidt*, EuZA 1(2008), 196 (207 f.).
[26] *M. Schmidt*, EuZA 1(2008), 196 (209).
[27] *Ales/Engblom/Jaspers/Laulom/Sciarra/Sobczak/Valdés dal-Ré*, S. 33 ff.; in diese Richtung geht auch die Begründung der Europäischen Kommission, Mitteilung »Sozialpolitische Agenda«, KOM(2005) 33 (ein Instrument, das es den Sozialpartnern ermöglicht, grenzübergreifend Kollektivverhandlungen zu führen und die dabei erzielten Ergebnisse zu formalisieren).
[28] *Weiss*, FS Birk, S. 974 kritisiert deshalb den »ungeduldige[n] wie untauglichen[n] Versuch, normativ die Entwicklung hin zu einem europäischen Tarifvertragssystem zu beschleunigen, obwohl die faktischen Voraussetzungen für eine solche Verrechtlichung noch lange nicht gegeben sind.«
[29] *Ales/Engblom/Jaspers/Laulom/Sciarra/Sobczak/Valdés dal-Ré*, S. 37 mit einem allerdings sehr weiten und unbestimmten Begriff von »Angleichung«; *R. Zimmer*, EuZA (2013), 247.
[30] *Kowanz*, S. 313 ff., der bereits ausführlich die möglichen Rechtsgrundlagen diskutiert (283 ff.); er schlägt den Erlass einer Verordnung vor.
[31] *Weiss*, FS Birk, S. 972; *Kowanz*, S. 334 ff.; s. Art. 153 AEUV, Rn. 54.

13 Möglich und zur Erreichung von Rechtssicherheit sinnvoll erscheint allerdings eine Regelung zum auf Kollektivverträge **anwendbaren Recht**[32] (zum geltenden Recht s. Rn. 39); hierfür kommt als Kompetenzgrundlage Art. 81 Abs. 2 Buchst. c AEUV in Betracht, auf den auch Art. 8 der Rom I-Verordnung gestützt ist.[33]

B. Voraussetzungen der Vereinbarung nach Art. 155 Abs. 1 AEUV

I. Das Verfahren der Kollektivverhandlungen

14 Verhandlungen zu Vereinbarungen im Sinne des Art. 155 Abs. 1 AEUV können entweder im Zuge einer Anhörung nach Art. 154 AEUV gestartet werden, oder – unabhängig von einer Initiative der Kommission – durch die Sozialpartner selbst. Nur im ersteren Fall gilt die **Frist des Art. 154 Abs. 4 AEUV** unmittelbar (siehe Art. 154 AEUV, Rn. 17).

15 Im Fall von autonomen Verhandlungen ohne Anstoß durch die Kommission ist Art. 154 Abs. 1 AEUV zu entnehmen, dass die Kommission mit eigenen Initiativen eine angemessene Zeit warten muss, wenn sie von diesen Verhandlungen unterrichtet wurde. Für die Dauer hat sie sich an der Frist des Art. 154 Abs. 4 AEUV zu orientieren. Die **Zuständigkeit der Kommission** ruht nach dem Grundsatz der doppelten Subsidiarität sowohl innerhalb dieser Frist wie auch nach Abschluss einer nach Art. 155 Abs. 1 AEUV wirksamen Vereinbarung (s. Rn. 5).

16 Alle angehörten Sozialpartner sowie alle Organisationen im Sinne von Art. 152, Art. 154 Abs. 1 AEUV sind befugt, solche Verhandlungen einzuleiten. Verhandlungen in diesem Sinne können **branchenbezogen** sowie **regional begrenzt**[34] geführt werden.[35] Die in Art. 155 AEUV angesprochenen betroffenen **Sozialpartner** sind also diejenigen, die den Willen bekundet haben, einen Verhandlungsprozess einzuleiten und zu Ende zu führen.[36]

17 Die verhandelnden Sozialpartner bestimmen damit selbst, wer an den Verhandlungen teilnimmt. Ausschließlich bei ihnen liegt auch die Herrschaft über die eigentliche Verhandlungsphase. Ein darüber hinausgehender **Kollektivverhandlungsanspruch besteht nicht**, genauso wenig wie ein Recht auf Beteiligung am Verhandlungsverfahren. Sozialpartner, selbst wenn sie von der Kommission angehört worden sind, haben keinen Anspruch darauf, an den Verhandlungen, die von anderen Organisationen eingeleitet und geführt werden, teilzunehmen.[37] Dies gilt auch dann, wenn es den verhandelnden Sozialpartner an der nötigen Repräsentativität fehlt. Rechtsfolge fehlender Repräsentativität ist, dass die abgeschlossene Vereinbarung nicht den Anforderungen des Art. 155 Abs. 1 AEUV genügt; ein unmittelbares Beteiligungsrecht ausgeschlossener

---

[32] So auch *Eichhorst/Kendzia/Vandeweghe* (Fn. 21), S. 8 (»pragmatische Lösung«).
[33] Verordnung (EG) Nr. 593/2008 vom 17.6.2008 über das auf vertragliche Schuldverhältnisse anzuwendende Recht (Rom I), ABl. 2008, L 177/6 ff. Vgl. auch *Krebber*, in: Calliess/Ruffert, EUV/AEUV, Art. 155 AEUV, Rn. 6 zu den insoweit bestehenden kollisionsrechtlichen Optionen, der dies allerdings nicht als rechtspolitisches Problem des Kollisionsrechts anzusehen scheint.
[34] So im Ergebnis schon *Deinert*, RdA 2004, 211 (220).
[35] Ausführlich zur Bestimmung der Geltungsbereiche von Vereinbarungen nach Art. 155 AEUV *Krebber*, in: Calliess/Ruffert, EUV/AEUV, Art. 155 AEUV, Rn. 13–15.
[36] EuG, Urt. v. 17.6.1998, Rs. T–135/96 (UEAPME), Slg. 1998, II–2335, Rn. 75, 78.
[37] EuG, Urt. v. 17.6.1998, Rs. T–135/96 (UEAPME), Slg. 1998, II–2335, Rn. 75, 78 f. Vgl. auch *Rust*, in: GSH, Europäisches Unionsrecht, Art. 154 AEUV, Rn. 53.

Organisationen ergibt sich nicht. Anders kann dies nur sein, wenn eine Sozialpartnervereinbarung selbst entsprechende Rechte enthält.[38]

Anhörungsberechtigte Sozialpartner, die am Abschluss der Vereinbarung nicht beteiligt waren, können gegen den Beschluss des Rates nach Abs. 2 **Nichtigkeitsklage nach Art. 263 Abs. 4 AEUV** erheben. Das EuG hat dies in der Entscheidung »UEAPME« damit begründet, dass »deren eigene Repräsentativität im Hinblick auf den Inhalt der Vereinbarung zur Herstellung der Gesamtrepräsentativität notwendig« sei. Dies ist nicht ganz zutreffend, denn ein Beteiligungsrecht am Verhandlungsverfahren besteht wegen der Autonomie der Verhandlungsparteien gerade nicht. Die Möglichkeit einer Nichtigkeitsklage wegen Verletzung von Verfahrensrechten bestünde nur, wenn die Anhörungsrechte aus Art. 154 Abs. 2 und 3 AEUV nicht gewahrt worden wären. Damit wäre aber die eigentlich geltend gemachte Beschwer mangelnder Repräsentativität der Verhandlungsparteien gerade kein Grund für eine Klagebefugnis. Überzeugender erscheint demgegenüber der Verweis des EuG auf seine Rechtsprechung, wonach Nichtigkeitsklagen gegen einen normativen Akt zulässig seien, »wenn eine höherrangige Rechtsnorm dem Urheber des Rechtsakts die Berücksichtigung der besonderen Lage der klagenden Partei vorschrieb«.[39] Ein anhörungsberechtigter Sozialpartner ist also dann von einem Ratsbeschluss auf Grundlage einer Sozialpartnervereinbarung im Sinne des Art. 155 Abs. 2 AEUV **unmittelbar betroffen**, wenn er Interessen vertritt, von denen er geltend macht, dass sie von den Vertragsparteien nicht ausreichend repräsentiert würden.

II. Legitimation und Anforderungen an die Repräsentativität

Für die erforderliche Repräsentativität unterscheidet die Kommission nicht zwischen den Verfahren nach Art. 154 Abs. 2 und 3 AEUV und den Verfahren nach **Art. 154 Abs. 4 und 155 AEUV**. Diese wäre allerdings sinnvoll, da die Verfahren mit unterschiedlichen Rechtsfolgen verbunden sind.[40]

Abzulehnen ist aber eine **Differenzierung zwischen »korporatistisch« (Beschluss des Rates) und autonom/voluntaristisch umzusetzenden Vereinbarungen**. Zwar können die Legitimationsmuster unterschiedlich sein, je nachdem ob es um Kollektivverhandlungen oder um Gesetzgebungsbeteiligung geht.[41] Die zusätzlichen Legitimationsanforderungen für eine Gesetzgebungsmaßnahme werden bei Vereinbarungen, die durch Beschluss des Rates umgesetzt werden, durch die Beteiligung von Rat und Parlament hergestellt. In Hinblick auf die Rechtsfolgen des Art. 155 Abs. 1 AEUV, das Entfallen der Kommissionszuständigkeit, sind jedoch beide Umsetzungsverfahren gleich zu bewerten.

Voraussetzung dafür, dass eine Sozialpartnervereinbarung die Wirkungen des Art. 155 AEUV haben kann, ist eine **Repräsentativität** der Sozialpartner, die demokratische Legitimität des erlassenen Rechtsaktes gewährleisten und insofern eine »doppelte Subsidiarität« der von der Kommission ausgehenden Gesetzgebung rechtfertigen

---

[38] *Rust*, in: GSH, Europäisches Unionsrecht, Art. 155 AEUV, Rn. 48.
[39] EuG, Urt. v. 17.6.1998, Rs. T–135/96 (UEAPME), Slg. 1998, II–2335, Rn. 88 ff.
[40] *Benecke*, in: Grabitz/Hilf/Nettesheim, EU, Art. 154 AEUV (Mai 2011), Rn. 7; siehe auch schon *Deinert*, RdA 2004, 211 (220) unter Verweis auf *Franssen*.
[41] *Deinert*, RdA 2004, 211 (220) unter Verweis auf *Franssen*; auch er akzeptiert es im Ergebnis aber (223), dass für autonome Umsetzung ähnliche Anforderungen wie für den korporatistischen Durchführungsweg nach Art. 155 Abs. 2, Alt. 1 AEUV gestellt werden.

kann. Repräsentativität in diesem Sinn hat also mit formaler Repräsentation im Sinne von Mitgliederlegitimation wenig zu tun, sondern bezieht sich auf (materiell verstandene) Interessenrepräsentation. Inwieweit damit demokratische Entscheidungen im Sinne des Art. 10 EUV gewährleistet werden, ist umstritten. Einige verweisen auf den Grundsatz der repräsentativen Demokratie nach Art. 10 Abs. 1 EUV und leugnen grundsätzlich die Legitimität insbesondere des in Art. 155 AEUV korporatistischen vorgesehenen Rechtsetzungsverfahrens durch Beschluss des Rates.[42] Andere ziehen Parallelen zur sonstigen Beteiligung von Fachausschüssen und Fachgremien an Rechtsetzungsverfahren der Union, die mit dem **demokratischen Prinzip** vereinbar seien.[43] Die Sozialpartnerbeteiligung nach Art. 155 AEUV dient insofern zwar tatsächlich stärker der sachlich-inhaltlichen Legitimation als der formal-repräsentativen Legitimation.[44] Anders als reine Gremien von Expertinnen und Experten gründet sie aber darüber hinaus auf den Grundrechten der Bürgerinnen und Bürger und kann im Sinn des Art. 10 Abs. 3 EUV als Ausdruck eines **zivilgesellschaftlich verstandenen Demokratieprinzips** aufgefasst werden.[45]

22 Die Repräsentativität beurteilt sich ausgehend von den zur Anhörungsberechtigung nach Art. 154 Abs. 2 AEUV entwickelten Kriterien (s. Art. 154 AEUV, Rn. 12 ff.). Darüber hinaus ist aber zu prüfen, ob die Sozialpartner **in Bezug auf die konkrete Vereinbarung** bzw. »im Hinblick auf deren Inhalt insgesamt hinreichend repräsentativ sind« (»**Gesamtrepräsentativität**«).[46] Dies ist erforderlich, um die nötige Legitimation gerade für den verbindlich zu erklärenden Rechtsakt zu gewährleisten. Der Hinweis darauf, dass der Rat ja nicht verpflichtet sei, die Verbindlicherklärung zu beschließen, spricht nicht gegen eine solche zusätzliche Anforderung;[47] denn es bedarf rechtlich verbindlicher Kriterien für eine Ausübung des Entschließungsermessens, die die erforderliche Legitimation gewährleistet. Die Gesamtrepräsentativität für die jeweilige Vereinbarung beurteilt sich nach Inhalt und Reichweite der Vereinbarung. Legt eine Rahmenvereinbarung Mindestanforderungen für alle Arbeitsverhältnisse fest, ist das Erfordernis einer ausreichenden Gesamtrepräsentativität nur erfüllt, wenn die Unterzeichner alle Grup-

---

[42] *Löwisch/Rieble* (Hrsg.), TVG Kommentar, 3. Aufl., 2012, Grundl., Rn. 397 ff. kritisch zur demokratischen Legitimität; ablehnend auch *Krebber*, in: Calliess/Ruffert, EUV/AEUV, Art. 155 AEUV, Rn. 28; *Greiner*, EnzEuR, Bd. 7, § 21, Rn. 137 f.

[43] Siehe insbesondere *Langenbucher*, ZEuP 2002, 265 ff. mit der Parallele zu den EU-Wertpapierausschusses (KOM (2001) 1493) (mit dem demokratischen Prinzip »gerade noch« vereinbar).

[44] *Britz/M. Schmidt*, EuR 1999, 467 (482 ff.); EUArbR/Franzen, Art. 154 AEUV, Rn. 13 f.; vgl. auch *Deinert*, RdA 2004, 211 (222 f.), wonach das Erfordernis der »virtuellen« Repräsentativität »nicht allein« aus dem Demokratieprinzip folge, sondern »aus dessen Verknüpfung mit dem im Prinzip der horizontalen Subsidiarität wurzelnden Sachnähegesichtspunkt«, der wiederum Ausdruck der »mit dem Subsidiaritätsprinzip verbundenen Bürgernähe« sei.

[45] Zu diesem Zusammenhang zwischen inhaltlicher Legitimation und Demokratieprinzip vgl. auch GA *Maduro*, Schlussanträge zu Rs. C–438/05 (Viking), Slg. 2007, I–10779, Rn. 60 zum Verständnis eines »sozialen Gesellschaftsvertrags«; siehe auch EuG, Urt. v. 17.6.1998, Rs. T–135/96 (UEAPME), Slg. 1998, II–2335, Rn. 88 ff.: »Beteiligung der Völker […] durch Vermittlung der Sozialpartner, die die Vereinbarung geschlossen haben«; vgl. auch *Eichenhofer*, in: Streinz, EUV/AEUV, Art. 155 AEUV, Rn. 13, der auf die Legitimation der grundrechtlich geschützten Sozial- oder Kollektivautonomie verweist.

[46] EuG, Urt. v. 17.6.1998, Rs. T–135/96 (UEAPME), Slg. 1998, II–2335, Rn. 88 ff. Siehe auch *Rust*, in: GSH, Europäisches Unionsrecht, Art. 155 AEUV, Rn. 49 zur Prüfung einer angemessenen Beteiligung aller Geschlechter (im Hinblick auf Art. 8 AEUV, siehe dort, Rn. 19 ff.).

[47] So aber *Krebber*, in: Calliess/Ruffert, EUV/AEUV, Art. 155 AEUV, Rn. 25, der allerdings die Legitimation für diese Form der Rechtsetzung ohnehin grundsätzlich anzweifelt (Rn. 28); ähnlich *Greiner*, EnzEuR, Bd. 7, § 21, Rn. 141 ff.

pen von Arbeitgebern und Arbeitnehmern auf europäischer Ebene repräsentieren können. Dabei sind auf Arbeitgeberseite nur diejenigen Unternehmen zu betrachten, die über die Arbeitgebereigenschaft verfügen, also Arbeitnehmer beschäftigen. Beschränkt sich eine Vereinbarung auf einen Sektor bzw. eine Branche, muss Repräsentativität für den jeweiligen Anwendungsbereich gegeben sein.[48] Für die Repräsentativität kommt es auf den **Zeitpunkt** des Abschlusses der Rahmenvereinbarung an.

Um eine zivilgesellschaftliche Legitimation in den Mitgliedstaaten geltend machen zu können, brauchen Dachorganisationen darüber hinaus ein **konkretes Mandat** für die jeweilige Vereinbarung durch die angeschlossenen nationalen Organisationen.[49]

C. Rechtswirkungen und Durchführungswege (Art. 155 Abs. 2 AEUV)

Rechtscharakter und damit Wirkung einer Vereinbarung der Sozialpartner auf Unionsebene sind vor allem davon abhängig, welches **Durchführungsverfahren** die Vertragsparteien vorgesehen haben. Der ursprüngliche Formulierungsvorschlag für diese Norm hatte noch die Möglichkeit vorgesehen, Kollektivverträge, die von den Sozialpartnern in mindestens drei Mitgliedstaaten abgeschlossen wurden, vom Rat mit qualifizierter Mehrheit und auf Vorschlag der Kommission für die Europäische Wirtschaftsgemeinschaft für allgemeinverbindlich zu erklären.[50] Die geltende Fassung ist demgegenüber unspezifischer. Danach kann die Durchführung entweder autonom/voluntaristisch »nach den jeweiligen Verfahren und Gepflogenheiten der Sozialpartner und der Mitgliedstaaten« und ohne Beteiligung der Unionsorgane erfolgen (Art. 155 Abs. 2, Alt. 1 AEUV) oder durch Ratsbeschluss (Art. 155 Abs. 2, Alt. 2 AEUV).

I. Durchführung der Vereinbarungen durch Ratsbeschluss

Das korporatistische Verfahren der Umsetzung durch Ratsbeschluss ist zwar noch als Ausfluss von Kollektivverhandlungsautonomie zu werten; durch den Einfluss des Rates ist dies aber als **tripartistisches Verfahren** ausgestaltet, so dass die Bedeutung der Autonomierechte hinter der politischen Verantwortung von Kommission und Rat zurücktritt.[51]

1. Verfahren des Ratsbeschlusses

Um eine Durchführung der Sozialpartnervereinbarung in verbindlicher Form auf Unionsebene zu ermöglichen, ist zunächst ein **gemeinsamer Antrag** der Unterzeichnerpar-

---

[48] Zum Ganzen EuG, Urt. v. 17.6.1998, Rs. T–135/96 (UEAPME), Slg. 1998, II–2335, Rn. 94 f. (das EuG stellte insofern insbesondere fest, dass die UNICE (heute: »BusinessEurope«) zum Zeitpunkt des Abschlusses der Rahmenvereinbarung Unternehmen jeder Größe des privaten Sektors vertrat, so dass sie auch KMU vertreten konnte).
[49] Vgl. *Krebber*, in: Calliess/Ruffert, EUV/AEUV, Art. 154 AEUV, Rn. 17: »tarifpolitisches Mandat« jedenfalls bei Art. 155 erforderlich; für ein Beispiel siehe Europäische Kommission, Vorschlag für eine Richtlinie zur Durchführung der Europäischen Vereinbarung über die Regelung bestimmter Aspekte der Arbeitszeitgestaltung in der Binnenschifffahrt, KOM(2014) 452 endg., S. 9.
[50] ABl. 1970, C 124/1.
[51] Enger *Löwisch/Rieble* (Fn. 42), Grundl., Rn. 395: eher staatliche Rechtsetzung mit Sozialpartnerhilfe als umgekehrt; ähnlich *Kowanz*, S. 229 ff. Gefahr supranationaler Tarifzensur.

teien erforderlich. Auf einen solchen Antrag hin übernimmt die **Kommission** die Herrschaft über das Verfahren und prüft, ob ein entsprechender Vorschlag an den Rat zu richten ist. Das **Eingreifen der Kommission** muss den Grundsätzen entsprechen, die für ihr Tätigwerden im Bereich der Sozialpolitik gelten.[52] Sie hat deshalb insbesondere umfassende Konsultationen im Sinne des Art. 154 AEUV vorzunehmen. Der **Rat** beschließt dann nach Unterrichtung des Parlaments.

27 Eine solche Maßnahme der Union kommt nur in Betracht, wenn die Materie in den **Kompetenzbereich der Union** nach Art. 153 AEUV fällt; die Ausnahme des Art. 153 Abs. 5 AEUV gilt insofern ebenfalls. Auch sonstige Gebiete der Sozialpolitik, insbesondere Regelungen zur Gleichbehandlung (z. B. nach Art. 157 Abs. 3 AEUV) sind nicht erfasst (siehe allerdings Art. 21 der Richtlinie 2006/54/EG,[53] der zu ergänzenden Vereinbarungen im Rahmen des Sozialen Dialogs ermächtigt (allerdings auf mitgliedstaatlicher Ebene)). Dies lässt sich damit begründen, dass das Gegeneinander der Sozialpartner nur im Bereich der Sozialpolitik die nötige Richtigkeitsgewähr für die Annahme einer sachlich-inhaltlichen Legitimation zu gewährleisten vermag.

28 Die **Kommission überprüft** darüber hinaus, ob das Verhandlungsverfahren der Sozialpartner dem Art. 155 Abs. 1 AEUV entsprach, insbesondere ob die Unterzeichner über die erforderliche Gesamtrepräsentativität verfügen. Fehlt es an einer dieser Voraussetzungen, insbesondere der »Gesamtrepräsentativität«, kann die Maßnahme nichtig sein[54] (vgl. auch Art. 154 AEUV, Rn. 11). Entsprechendes gilt für die Tätigkeit des Rates. Auch diese richtet sich nach den allgemeinen Grundsätzen für dessen Tätigwerden in der Sozialpolitik. So hat der Rat seinerseits zu prüfen, ob die Kommission ihre Verpflichtungen erfüllt hat und die Voraussetzungen für den Erlass einer rechtswirksamen Richtlinie vorliegen.[55] Grundsätzlich gilt für den Ratsbeschluss das Mehrheitsprinzip nach Art. 16 Abs. 3 EUV; der Rat muss aber einstimmig beschließen, sobald die Vereinbarung eine Bestimmung enthält, die unter Art. 153 Abs. 2 fällt; dies bestätigt Art. 155 Abs. 2 Satz 3 AEUV.

29 Nach Abs. 2 Satz 2 ist das **Europäische Parlament** zu unterrichten.[56] Art. 155 AEUV sieht auch keine Anhörung des Europäischen Wirtschafts- und Sozialausschusses sowie des Ausschusses der Regionen vor.

30 Kommission und Rat stehen vor Erlass des Beschlusses **keinerlei Abänderungsbefugnisse** zu; dies ergibt sich schon daraus, dass der Dialog der Sozialpartner hier ein funktionales Äquivalent für die Parlamentsbeteiligung darstellt.[57] Das Ermessen von Kommission und Rat ist demnach darauf beschränkt, ob sie die Vereinbarung beschließen (Entschließungsermessen).[58] Problematisch ist insofern der Ansatz der Richtlinie

---

[52] Zu den Anforderungen an die Entscheidung über eine Weiterleitung *Greiner*, EnzEuR, Bd. 7, § 21, Rn. 129 f.

[53] RL 2006/54/EG vom 5. 7. 2006 zur Verwirklichung des Grundsatzes der Chancengleichheit und Gleichbehandlung von Männern und Frauen in Arbeits- und Beschäftigungsfragen (Neufassung), ABl. 2006, L 204/23.

[54] Zum Ganzen EuG, Urt. v. 17. 6.1998, Rs. T–135/96 (UEAPME), Slg. 1998, II–2335, Rn. 85, 88 ff.; *Rebhahn*, in: Schwarze, EU-Kommentar, Art. 155 AEUV, Rn. 7. Zur Begründungspflicht der Kommission siehe *Rust*, in: GSH, Europäisches Unionsrecht, Art. 154 AEUV, Rn. 68 f.

[55] EuG, Urt. v. 17. 6.1998, Rs. T–135/96 (UEAPME), Slg. 1998, II–2335, Rn. 87 (nach Rn. 96 muss der Rat das Ergebnis der Kommission nur noch eingeschränkt überprüfen).

[56] Jetzt primärrechtlich geregelt, siehe *Rust*, in: GSH, Europäisches Unionsrecht, Art. 155 AEUV, Rn. 9; zu den praktischen Konsequenzen unterschiedlicher Publizitäten der Verfahren siehe *dies.*, ebd., Rn. 63 ff.

[57] *Weiss*, FS Birk, S. 961; *Greiner*, EnzEuR, Bd. 7, § 21, Rn. 132 f.

[58] *Gassner*, in: Vedder/Heintschel v. Heinegg, Europäisches Unionsrecht, Art. 155 AEUV, Rn. 5;

2009/13/EG, die Rahmenvereinbarung zur Vorgängerrichtlinie 1999/63/EG durch die Richtlinie selbst zu ändern.[59]

Ein einmal nach Art. 155 Abs. 2 UAbs. 1, Alt. 2 AEUV erlassener Rechtsakt kann aber wie jeder andere wirksame Rechtsakt im Verfahren nach Art. 153 f. AEUV aufgehoben oder **neu und abgeändert erlassen** werden; ein Vorschlag der Sozialpartner ist hierfür nicht erforderlich.[60] Da die Sozialpartner für Aufhebung oder Änderung ohnehin nach Art. 154 AEUV angehört werden, bleibt es ihnen überlassen, ob sie von den Befugnissen der Art. 154 Abs. 4, Art. 155 AEUV erneut Gebrauch machen möchten. 31

2. Rechtscharakter von Ratsbeschluss und Vereinbarung

Für die Umsetzung europäischer Sozialpartnervereinbarungen verwendet Art. 155 Abs. 2 Satz 1, Alt. 2 AEUV den als Handlungsform der Europäischen Union unbekannten Begriff eines **Ratsbeschlusses**. Für die Verbindlicherklärung gibt allerdings Art. 153 AEUV die Handlungsform der Richtlinie vor.[61] Mit einer Ausweitung des Geltungsbereichs von Kollektivvereinbarungen etwa im Sinne einer Allgemeinverbindlichkeitserklärung hat dies nichts zu tun. Die erlassene Richtlinie ist ein normativer Rechtsakt im Sinne des Art. 288 Abs. 2 AEUV, nicht ein sonstiger Beschluss in Gestalt einer Richtlinie.[62] 32

Wählen die Vertragspartner die Durchführung durch Beschluss des Rates, so ist davon auszugehen, dass keine weiteren schuldrechtlichen Durchführungspflichten zwischen den Sozialpartnern oder sonstige Rechtswirkungen entstehen. Nur solange und soweit die europäischen Kollektivvereinbarungen nicht in Richtlinien- oder Verordnungsrecht umgesetzt wurden oder werden sollen, sind sie noch als **selbstständige Kollektivvereinbarung** zu würdigen.[63] 33

Mit der Durchführung durch eine Richtlinie wird die jeweilige Rahmenvereinbarung »integraler Bestandteil der Richtlinie«.[64] Aus diesem Grund kann der Europäische Gerichtshof eine solche Rahmenvereinbarung in gleicher Weise wie echte Richtlinienbestimmungen **auslegen**.[65] Allerdings hat diese Auslegung auf den **Willen der Sozialpartner** Rücksicht zu nehmen, soweit dieser in der Vereinbarung Ausdruck gefunden hat. 34

Einige Vereinbarungen enthalten darüber hinaus gesonderte **Verfahrensregelungen**, die diese Rücksichtnahme sicherstellen sollen, ohne allerdings etwas an der rechtlichen Zuständigkeit von Kommission, einzelstaatlichen Gerichten und Europäischem Gerichtshof zur Auslegung zu ändern. So ist z.B. nach § 8 Nr. 6 der Rahmenvereinbarung 35

Krebber, in: Calliess/Ruffert, EUV/AEUV, Art. 155 AEUV, Rn. 26 f.; *Rebhahn*, in: Schwarze, EU-Kommentar, Art. 155 AEUV, Rn. 6; für die Kommission vgl. *Greiner*, EnzEuR, Bd. 7, § 21, Rn. 129 f.

[59] Art. 2 der RL 2009/13/EG v. 16.2.2009 zur Durchführung der Vereinbarung zwischen dem Verband der Reeder in der Europäischen Gemeinschaft (ECSA) und der Europäischen Transportarbeiter-Föderation (ETF) über das Seearbeitsübereinkommen 2006 und zur Änderung der Richtlinie 1999/63/EG, ABl. 2009, L 124/30.

[60] *Rebhahn/Reiner*, in: Schwarze, EU-Kommentar, Art. 153 AEUV, Rn. 67.

[61] *Rebhahn/Reiner*, in: Schwarze, EU-Kommentar, Art. 155 AEUV, Rn. 5 im Gegensatz zu *Krebber*, in: Calliess/Ruffert, EUV/AEUV, Art. 155 AEUV, Rn. 29, der die Handlungsform für offen hält.

[62] EuG, Urt. v. 17.6.1998, Rs. T-135/96 (UEAPME), Slg. 1998, II-2335, Rn. 64 ff.

[63] Ausführlich zu diesen Optionen *Ojeda Avilés*, FS Däubler, S. 519 (523).

[64] EuGH, Urt. v. 16.9.2010, Rs. C-149/10 (Chatzi), Slg. 2010, I-8489, Rn. 25; Urt. v. 15.4.2008, Rs. C-268/06 (Impact), Slg. 2008, I-2483, Rn. 58; Urt. v. 8.9.2011, Rs. C-177/10 (Rosado Santana), Slg. 2011, I-7907, Rn. 54.

[65] EuGH, Urt. v. 16.9.2010, Rs. C-149/10 (Chatzi), Slg. 2010, I-8489, Rn. 26.

zur Elternurlaubsrichtlinie 2010/18/EU[66] jede Frage, die die Auslegung dieser Vereinbarung auf europäischer Ebene betrifft, zunächst von der Kommission an die Unterzeichnerparteien zur Stellungnahme zurückverweisen. Dem EuGH ist allerdings darin zuzustimmen, dass ein Verstoß gegen diese Verfahrensvorschrift keine rechtlichen Folgen hat; die Sozialpartner können das Verhältnis zwischen Rechtsetzung und Auslegung im Sinne der Art. 158 ff. AEUV nicht ändern.[67]

II. Autonome/voluntaristische Durchführung

36 Wird nicht der Weg der Umsetzung über den Ratsbeschluss gewählt, so können die Mitgliedstaaten eine verbindliche Umsetzung (z. B. durch Allgemeinverbindlicherklärung) vorsehen. Bisher wurde insofern allerdings immer auf die Alternative der Umsetzung nach »Verfahren und Gepflogenheiten der Sozialpartner« vertraut, die keine normativ verbindliche Rechtsetzung ermöglicht.[68] Seit 2002 gibt es **Beispiele** einer autonomen Umsetzung europäischer Rahmenvereinbarungen.[69] So wurden für die Rahmenvereinbarungen über Telearbeit[70] und Stress[71] vereinbart, dass die Mitgliedsorganisationen der europäischen Sozialpartner, welche die Vereinbarung abgeschlossen haben, sie im jeweiligen Mitgliedsland durch geeignete Maßnahmen gemeinsam umsetzen sollen.[72] Möglich erschiene ein **Umsetzungssystem** mehrstufiger Kollektivverträge, ein politisch wirkender Muster-Kollektivvertrag oder der Abschluss von Vereinbarungen durch spezielle Tarifkommissionen bzw. europäische Verbände mit unmittelbarem Regelungsanspruch.[73]

37 Da diese Sozialpartnervereinbarungen keine eigenständigen unionsrechtlichen Wirkungen erzeugen, **gilt für sie nicht Art. 153 AEUV**; insbesondere gilt die Ausnahme des Art. 153 Abs. 5 AEUV nicht. Auch Art. 155 Abs. 2 Satz 2 AEUV, wonach das Europäische Parlament zu unterrichten ist, ist nicht anwendbar.

38 Für Sozialpartnervereinbarungen nach Art. 155 AEUV ergibt sich jedenfalls aus dem Unionsrecht keine **normative Verbindlichkeit**.[74] Der Abschluss einer Vereinbarung verpflichtet die Mitgliedsverbände der Sozialpartnerorganisationen auch nicht bereits aufgrund von Art. 155 AEUV zur Umsetzung des Vereinbarten.[75]

---

[66] RL 2010/18/EU vom 8.3.2010 zur Durchführung von BUSINESSEUROPE, UEAPME, CEEP und EGB geschlossenen überarbeiteten Rahmenvereinbarungen über den Elternurlaub und zur Aufhebung der Richtlinie 96/34/EG, ABl. 2010, L 68/13.
[67] Zur Praxis siehe z. B. EuGH, Urt. v. 16.9.2010, Rs. C–149/10 (Chatzi), Slg. 2010, I–8489, Rn. 23 f.; vgl. *Rust*, in: GSH, Europäisches Unionsrecht, Art. 155 AEUV, Rn. 73 ff.
[68] *Löwisch/Rieble* (Fn. 42), Grundl., Rn. 391 f. zu dieser Unterscheidung.
[69] Vgl. auch *Theiss*, Die Durchführung europäischer Sozialpartnervereinbarungen auf nationaler Ebene, 2005.
[70] *Prinz*, NZA 2002, 1268 ff.
[71] Rahmenvereinbarung zwischen UNICE, CEEP, UEAPME und EGB über arbeitsbedingten Stress, 2004.
[72] Als Beispiel für eine Branchenvereinbarung, die autonom umgesetzt werden soll, siehe Rahmenvereinbarung zur Verbesserung der entlohnten Beschäftigung in der Landwirtschaft in den Mitgliedstaaten der Europäischen Union vom 24.7.1997 zwischen GEOPA (Zusammenschluss der Arbeitgeber der berufsständischen landwirtschaftlichen Organisationen in der Europäischen Union) und EFA-EGB (Europäische Föderation der Gewerkschaften des Agrarsektors); weitere Beispiele bei *Rust*, in: GSH, Europäisches Unionsrecht, Art. 155 AEUV, Rn. 41 f.; Rn. 58 ff.
[73] Genauer *Däubler/Schiek*, in: Däubler (Hrsg.), TVG, 3. Aufl., 2012, Einl. Rn. 792 ff.; vgl. schon *Deinert*, Der europäische Kollektivvertrag, S. 162 ff.
[74] *Krebber*, in: Calliess/Ruffert, EUV/AEUV, Art. 155 AEUV, Rn. 16.
[75] *Heinze*, ZfA 1997, 505 (516); a. A. *Eichenhofer*, in: Streinz, EUV/AEUV, Art. 155 AEUV,

Die **Wirkungen** solcher Vereinbarungen ergeben sich bisher allein aus den allgemeinen Regeln, also aus dem mitgliedstaatlichen Recht. Zur Anwendung des nach dem Kollisionsrecht einschlägigen mitgliedstaatlichen Rechts bedarf es insofern keines ausdrücklichen Anhaltspunktes im AEUV.[76] Mangels spezieller kollisionsrechtlicher Vorschriften ist die Rom I-Verordnung[77] anzuwenden. Jedenfalls was die Frage der schuldrechtlichen Wirkungen angeht, können die Art. 3 und 4 Rom I-VO analog auch auf Kollektivverträge angewandt werden.[78] Wurde keine Rechtswahl vereinbart,[79] so ist bei transnationalen Vereinbarungen der Ort des Vertragsschlusses maßgeblich, soweit nicht auf den Regelungsschwerpunkt abgestellt werden kann.[80] Andere treten dafür ein, dass ein europäischer Kollektivvertrag in jedem Mitgliedstaat diejenigen Wirkungen erzeugt, die ein Tarifvertrag innerstaatlichen Rechts erzeugen würde.[81]

Das anwendbare Recht kann ergeben, dass eine Sozialpartnervereinbarung im Einzelfall die europäischen oder die innerstaatlichen Sozialpartner obligatorisch verpflichtet.[82] Auch eine weitergehende Verbindlichkeit nach mitgliedstaatlichem Recht ist jedenfalls durch Art. 155 Abs. 2 AEUV nicht ausgeschlossen.[83]

Rn. 4–6; Rn. 16 (Garantenstellung und -pflicht der Mitgliedstaaten für den Umsetzungserfolg); so auch *Sagan*, in: Preis/Sagan (Hrsg.), Europäisches Arbeitsrecht, 2015, § 1, Rn. 73.

[76] So aber *Krebber*, in: Calliess/Ruffert, EUV/AEUV, Art. 155 AEUV, Rn. 17 gegen *Höland*, ZIAS 1995, 425 (434); wie hier z.B. auch *Eichenhofer*, in: Streinz, EUV/AEUV, Art. 155 AEUV, Rn. 8f.; Rn. 15.

[77] Verordnung (EG) Nr. 593/2008 vom 17.6.2008 über das auf vertragliche Schuldverhältnisse anzuwendende Recht (Rom I), ABl. 2008, L 177/6.

[78] Siehe zum Beispiel *Schlachter*, in: Müller-Glöge/Preis/Schmidt (Hrsg.), Erfurter Kommentar zum Arbeitsrecht, 2012, Rom I-VO, Rn. 32; ausführlich zu dieser Debatte auch *Kocher*, in: Kempen/Zachert (Hrsg.), TVG. Kommentar für die Praxis, 5. Aufl., 2014, § 4 TVG, Rn. 45ff.; anders *Birk*, RdA 1984, 136 und *Löwisch/Rieble* (Fn. 42), Grundl., Rn. 91, die insoweit aber nicht zwischen schuldrechtlichen und normativen Wirkungen unterscheiden.

[79] Zur Frage, ob die Sozialpartner selbst die Rechtswirkungen der von ihnen abgeschlossenen Kollektivvereinbarungen autonom regeln könnten, siehe *Deinert*, Internationales Arbeitsrecht, § 15, Rn. 39ff. (Rechtswahlfreiheit hinsichtlich des normativen Teils).

[80] Vgl. Kocher (Fn. 78), § 4 TVG, Rn. 48ff.; vgl. *Deinert*, Internationales Arbeitsrecht, § 15, Rn. 25f. (gemeinsames Heimatrecht, im Zweifel akzessorisch zum Tarifnormenstatut; a.A. *Ojeda Avilés*, FS Däubler, S. 536: Der Gewerkschaftsverband sei das Subjekt der prägenden Leistung, es sei also das Recht des Staates, in dem dieser seinen Sitz habe, anzuwenden.

[81] *Deinert*, Der europäische Kollektivvertrag, S. 254ff., 436ff. (Konzept paralleler Wirkungsstatute); ders., Internationales Arbeitsrecht, § 15, Rn. 80; für andere internationale Tarifverträge ebd., Rn. 50 für das Tarifnormenstatut; zur Debatte siehe auch *Deinert*, RdA 2004, 211 (222).

[82] *Britz/Schmidt*, EuR 1999, 475; *Ojeda Avilés*, FS Däubler, S. 523.

[83] Siehe z.B. zur Möglichkeit des Abschlusses von Tarifverträgen nach TVG durch ausländische Tarifpartner *Kocher* (Fn. 78), § 4 TVG, Rn. 27ff., 35, 101ff.; siehe auch § 2 Abs. 2 TVG für Dachverbände; perspektivisch weitergehend (weitergehende Verbindlichkeit als eigenständige unionsrechtliche Rechtsquelle) *Eichenhofer*, in: Streinz, EUV/AEUV, Art. 155 AEUV, Rn. 4–6; Rn. 16.

Artikel 156 AEUV [Fördermaßnahmen der Kommission]

Unbeschadet der sonstigen Bestimmungen der Verträge fördert die Kommission im Hinblick auf die Erreichung der Ziele des Artikels 151 die Zusammenarbeit zwischen den Mitgliedstaaten und erleichtert die Abstimmung ihres Vorgehens in allen unter dieses Kapitel fallenden Bereichen der Sozialpolitik, insbesondere auf dem Gebiet
– der Beschäftigung,
– des Arbeitsrechts und der Arbeitsbedingungen,
– der beruflichen Ausbildung und Fortbildung,
– der sozialen Sicherheit,
– der Verhütung von Berufsunfällen und Berufskrankheiten,
– des Gesundheitsschutzes bei der Arbeit,
– des Koalitionsrechts und der Kollektivverhandlungen zwischen Arbeitgebern und Arbeitnehmern.

¹Zu diesem Zweck wird die Kommission in enger Verbindung mit den Mitgliedstaaten durch Untersuchungen, Stellungnahmen und die Durchführung von Konsultationen in Bezug auf innerstaatlich oder in den internationalen Organisationen zu behandelnde Fragen tätig, und zwar insbesondere im Wege von Initiativen, die darauf abzielen, Leitlinien und Indikatoren festzulegen, den Austausch bewährter Verfahren durchzuführen und die erforderlichen Elemente für eine regelmäßige Überwachung und Bewertung auszuarbeiten. ²Das Europäische Parlament wird in vollem Umfang unterrichtet.

Vor Abgabe der in diesem Artikel vorgesehenen Stellungnahmen hört die Kommission den Wirtschafts- und Sozialausschuss.

Leitentscheidung

EuGH, Urt. v. 9.7.1987, verb. Rs. C–281/85, C–283/85–285/85 u. C–287/85 (Deutschland u. a./Kommission), Slg. 1987, I–3203

Wesentliche sekundärrechtliche Vorschriften

Verordnung (EWG) 1365/75 vom 26.5.1975 über die Gründung einer Europäischen Stiftung zur Verbesserung der Lebens- und Arbeitsbedingungen, ABl. 1975, L 139/1
Verordnung (EG) Nr. 2062/94 des Rates vom 18.7.1994 über die Errichtung einer Europäischen Agentur für Sicherheit und Gesundheitsschutz am Arbeitsplatz, ABl. 1994, L 216/1

1 Auch soweit keine Gesetzgebungskompetenz der EU nach Art. 153 Abs. 2 UAbs. 1 Buchst. b AEUV besteht, kann die Kommission nach Art. 156 AEUV im gesamten Bereich der Sozialpolitik die Zusammenarbeit zwischen den Mitgliedstaaten fördern und erleichtern. Wie die Mitgliedstaaten in ihrer Erklärung zu Art. 156 AEUV bekräftigt haben,[1] fallen die hier aufgeführten Politikbereiche im Wesentlichen in die **Zuständigkeit der Mitgliedstaaten**. »Die auf Unionsebene nach diesem Artikel zu ergreifenden Förder- und Koordinierungsmaßnahmen haben ergänzenden Charakter. Sie dienen der Stärkung der Zusammenarbeit zwischen den Mitgliedstaaten und nicht der Harmonisierung einzelstaatlicher Systeme.« Das Bundesverfassungsgericht hat diese Abgrenzung auch aus Sicht des deutschen Verfassungsrechts für erforderlich gehalten (s. Art. 151 AEUV, Rn. 3).

---

[1] Erklärung Nr. 31 zur Schlussakte der Regierungskonferenz, die den am 13.12.2007 unterzeichneten Vertrag von Lissabon angenommen hat.

Art. 156 AEUV verwendet einen weiten Begriff der **Sozialpolitik**, der dem in Art. 151 Abs. 1 AEUV verwendeten entspricht. Die aufgezählten Aufgabenfelder sind nicht abschließend (»insbesondere«).[2] Von Bedeutung ist, dass mit dem Koalitionsrecht und der Kollektivverhandlungen zwischen Arbeitgebern und Arbeitnehmern auch ein Bereich angesprochen ist, der zum besonderen Vorbehaltsbereich der Mitgliedstaaten nach Art. 153 Abs. 5 AEUV gehört. Für eine Anwendung des Art. 156 AEUV reicht es aus, wenn die Sozialpolitik mittelbar betroffen ist.[3]

Konkret bezogen auf die Ziele des Art. 151 AEUV enthält auch schon Art. 153 Abs. 2 UAbs. 1 Buchst. a AEUV Kompetenzen der EU zur Förderung der Zusammenarbeit zwischen den Mitgliedstaaten (s. Art. 153, Rn. 87 ff.). Während der Schwerpunkt dort auf dem Erfahrungsaustausch liegt, geht es hier um die Festlegung von **Maßnahmen für die Zukunft**. Die vorliegende Norm stellt eine weitere Rechtsgrundlage für die **Offene Methode der Koordinierung** in der Sozialpolitik dar[4] (s. Art. 153, Rn. 90) und führt Art. 153 Abs. 2 UAbs. 1 Buchst. a AEUV insofern fort.

Art. 156 Abs. 2 AEUV hat nicht nur die Abstimmung des mitgliedstaatlichen innerstaatlichen Vorgehens zum Gegenstand und fördert insofern eine weiche Harmonisierung. Ausdrücklich benannt ist auch, das Vorgehen **in Bezug auf internationale Organisationen** (insbesondere die Internationale Arbeitsorganisation) abzustimmen.

Die Bestimmung hat überwiegend,[5] aber nicht ausschließlich programmatischen Charakter. Auch der EuGH hat nur betont, dass sich aus einer solchen Bestimmung keine subjektiven Rechte ergeben können.[6] Die hier benannten Bereiche werden allerdings den erwähnten Behörden, insbesondere der Kommission, als Aufgaben zur Erledigung in ihrem **pflichtgemäßen Ermessen** zugewiesen.

Die **Kompetenzen der Kommission** wurden mit dem Lissabon-Vertrag insoweit erweitert. Während sie nach der früheren Rechtslage (Art. 140 EGV, genauso Art. 118 EWGV von 1957) darauf beschränkt war, Beratungen der Mitgliedstaaten vorzubereiten, kann sie Konsultationen nun auch in eigener Verantwortung durchführen.[7] Ziele der Tätigkeit sind die Erstellung von Zielen und Leitlinien sowie die Ausarbeitung von Evaluierungsinstrumenten. Insofern die Norm auf ein laufendes Controlling der sozialpolitischen Entwicklungen abzielt, steht sie in einem engen Zusammenhang mit Art. 159 AEUV, der einen entsprechenden Bericht vorsieht.

Die Norm erlaubt nur **unverbindliche Maßnahmen**. Die Kommission erhält dadurch nicht die Befugnis, den Mitgliedstaaten Ergebnisse und Leitlinien verbindlich vorzu-

---

[2] *Gassner*, in: Vedder/Heintschel von Heinegg, Europäisches Unionsrecht, Art. 156 AEUV, Rn. 3; *Krebber*, in: Calliess/Ruffert, AEUV/EUV, Art. 156 AEUV, Rn. 6.

[3] EuGH, Urt. v. 9.7.1987, verb. Rs. C–281/85, C–283/85–285/85 u. C–287/85 (Deutschland u. a./Kommission), Slg. 1987, I–3203, Rn. 15 ff. in Bezug auf die »Wanderungspolitik gegenüber Drittländern«; so wohl auch *Eichenhofer*, in: Streinz, EUV/AEUV, Art. 156 AEUV, Rn. 3; a. A. *Krebber*, in: Calliess/Ruffert, AEUV/EUV, Art. 156 AEUV, Rn. 7. Ausführlich zum Hintergrund dieser Entscheidung *Langer*, in: GSH, Europäisches Unionsrecht, Art. 156 AEUV, Rn. 14 ff.

[4] *Eichenhofer*, in: Streinz, EUV/AEUV, Art. 156 AEUV, Rn. 5; a. A. (»überflüssig« *Langer*, in: GSH, Europäisches Unionsrecht, Art. 156 AEUV, Rn. 7.

[5] EuGH, Urt. v. 15.6.1978, Rs. C–149/77 (Defrenne III), Slg. 1978, S. 1365 ff., Rn. 19 in Bezug auf die damaligen Art. 117, 118 EWGV; vgl. auch *Gassner*, in: Vedder/Heintschel von Heinegg, Europäisches Unionsrecht, Art. 156 AEUV, Rn. 1; *Krebber*, in: Calliess/Ruffert, AEUV/EUV, Art. 156 AEUV, Rn. 1.

[6] EuGH, Urt. v. 15.6.1978, Rs. C–149/77 (Defrenne III), Slg. 1978, S. 1365 ff., Rn. 23.

[7] *Gassner*, in: Vedder/Heintschel von Heinegg, Europäisches Unionsrecht, Art. 156 AEUV, Rn. 1, 4; *Rebhahn*, in: Schwarze, EU-Kommentar, Art. 156 AEUV, Rn. 2.

schreiben oder Überwachungen, die über bloße Berichte hinausgehen, anzuordnen. Es handelt sich um eine allein prozedurale Aufgabe der Kommission.[8]

8 Allerdings geht der EuGH davon aus, dass mit der Zuweisung der Aufgabe nach Art. 156 AEUV der Kommission **implizit auch die Kompetenzen** zugewiesen wurden, die erforderlich sind, um diese Aufgaben erfüllen zu können. Die Norm ermächtigt die Kommission dazu, Mitgliedstaaten zur Teilnahme an einem Konsultationsverfahren und zur Beibringung wichtiger Informationen zu verpflichten. Dies sei nötig, um Probleme identifizieren und mögliche Leitlinien für künftige gemeinsame mitgliedstaatliche Aktionen entwickeln zu können.[9] Die Identifikation von Problemen ist allerdings vorrangig Gegenstand des Art. 153 Abs. 2 UAbs. 1 Buchst. a AEUV, der für das **Koalitionsrecht** gerade nicht gilt. Eine systematisch konsistente Auslegung muss deshalb diesen Bereich bei möglichen Informationspflichten der Mitgliedstaaten außen vor lassen.

9 Die Kommission wird bei ihrer Aufgabe durch den Ausschuss für sozialen Schutz (Art. 160 AEUV) **beraten**. Darüber hinaus muss nach Art. 156 Abs. 3 AEUV der **Wirtschafts- und Sozialausschuss** zwingend angehört werden, bevor die Kommission »in enger Verbindung mit den Mitgliedstaaten« die in Abs. 2 vorgesehenen Stellungnahmen abgibt. Die Anhörungspflicht gilt nach Meinung des EuGH jedoch nicht für vorbereitende und prozedurale Maßnahmen wie z. B. die Erhebung und Zusammenstellung von Informationen oder die Organisation eines Treffens; sie beschränkt sich auf Angelegenheiten und Stellungnahmen, für die eine Einschätzung sozio-ökonomischer Art durch den Ausschuss erforderlich ist.[10]

10 Wichtige Instrumente zur Ermittlung von Daten, Informationen und möglichen Leitlinien bieten die **Agenturen** der Europäischen Union. Von besonderer Bedeutung ist hier die Europäische Stiftung zur Verbesserung der Lebens- und Arbeitsbedingungen (Eurofound). Sie wurde 1975 auf Grundlage der Auffangkompetenz des Art. 235 EWGV (heute Art. 352 AEUV) vom Europäischen Rat gegründet und sitzt in Dublin. Aufgabe der Stiftung ist das Erforschen, Sammeln und die Veröffentlichung von Informationen. Zu diesem Zweck unterhält sie das European Industrial Relations Observatory (EIRO, für die Arbeitsbeziehungen), das European Working Conditions Observatory (EWCO, für die Arbeitsbedingungen) und das European Monitoring Centre on Change (EMCC, über den Wandel in der Arbeitswelt). Die **Europäische Agentur für Sicherheit und Gesundheitsschutz am Arbeitsplatz** in Bilbao sammelt z. B. Daten über bestimmte Arbeitskrankheiten (Muskel- und Skelettveränderungen), Arbeitsunfälle oder psychosoziale Gefahren.

11 Anders als für den Wirtschafts- und Sozialausschuss regelt Art. 156 Abs. 2 Satz 3 AEUV, dass das **Europäische Parlament** »in vollem Umfang« zu unterrichten sei. Diese Unterrichtungspflicht erstreckt sich auf alle Aktivitäten im Sinne des Abs. 2, insbesondere auf Verpflichtungen der Mitgliedstaaten zur Teilnahme am Konsultationsverfahren.

---

[8] EuGH, Urt. v. 9.7.1987, verb. Rs. C–281, C–283–285 u. C–287/85 (Deutschland u. a./Kommission), Slg. 1987, I–3203, Rn. 28; Rn. 34 f.
[9] EuGH, Urt. v. 9.7.1987, verb. Rs. C–281, C–283–285 u. C–287/85 (Deutschland u. a./Kommission), Slg. 1987, I–3203, Rn. 28; vgl. *Rebhahn*, in: Schwarze, EU-Kommentar, Art. 156 AEUV, Rn. 2; a. A. EUArbR/*Franzen*, Art. 156 AEUV, Rn. 5.
[10] EuGH, Urt. v. 9.7.1987, verb. Rs. C–281, C–283–285 u. C–287/85 (Deutschland u. a./Kommission), Slg. 1987, I–3203, Rn. 34 f., insoweit abweichend von der Meinung des GA (*Langer*, in: GSH, Europäisches Unionsrecht, Art. 156 AEUV, Rn. 9.

Artikel 157 AEUV [Verbot der Geschlechtsdiskriminierung im Hinblick auf das Entgelt]

(1) Jeder Mitgliedstaat stellt die Anwendung des Grundsatzes des gleichen Entgelts für Männer und Frauen bei gleicher oder gleichwertiger Arbeit sicher.

(2) Unter »Entgelt« im Sinne dieses Artikels sind die üblichen Grund- oder Mindestlöhne und -gehälter sowie alle sonstigen Vergütungen zu verstehen, die der Arbeitgeber aufgrund des Dienstverhältnisses dem Arbeitnehmer unmittelbar oder mittelbar in bar oder in Sachleistungen zahlt.

Gleichheit des Arbeitsentgelts ohne Diskriminierung aufgrund des Geschlechts bedeutet,

a) dass das Entgelt für eine gleiche nach Akkord bezahlte Arbeit aufgrund der gleichen Maßeinheit festgesetzt wird,

b) dass für eine nach Zeit bezahlte Arbeit das Entgelt bei gleichem Arbeitsplatz gleich ist.

(3) Das Europäische Parlament und der Rat beschließen gemäß dem ordentlichen Gesetzgebungsverfahren und nach Anhörung des Wirtschafts- und Sozialausschusses Maßnahmen zur Gewährleistung der Anwendung des Grundsatzes der Chancengleichheit und der Gleichbehandlung von Männern und Frauen in Arbeits- und Beschäftigungsfragen, einschließlich des Grundsatzes des gleichen Entgelts bei gleicher oder gleichwertiger Arbeit.

(4) Im Hinblick auf die effektive Gewährleistung der vollen Gleichstellung von Männern und Frauen im Arbeitsleben hindert der Grundsatz der Gleichbehandlung die Mitgliedstaaten nicht daran, zur Erleichterung der Berufstätigkeit des unterrepräsentierten Geschlechts oder zur Verhinderung bzw. zum Ausgleich von Benachteiligungen in der beruflichen Laufbahn spezifische Vergünstigungen beizubehalten oder zu beschließen.

Literaturübersicht

Adamietz, Geschlecht als Erwartung. Das Geschlechtsdiskriminierungsverbot als Recht gegen Diskriminierung wegen der sexuellen Orientierung und der Geschlechtsidentität, 2011; *Classen*, Diskriminierung aufgrund Geschlechts, JZ 2004, 513; *Colneric*, Der Anspruch auf gleichen Lohn für gleichwertige Arbeit und das Verbot der mittelbaren Diskriminierung, FS Dieterich, 1999, S. 57; *Grünberger*, § 3 Nichtdiskriminierungsrecht, in: Preis/Sagan (Hrsg.), Europäisches Arbeitsrecht, 2015; *Husmann*, Reformbedarf in der Richtlinie 79/7/EWG, ZESAR 2014, 70; *Junker*, Die Rechtsprechung des EuGH zum europäischen Arbeitsrecht im Jahr 2013, RIW 2014, 2; *Kocher*, Tarifliche Übergangsregelungen im Interesse des Diskriminierungsschutzes, ZESAR 2011, 265; *Kort*, Zur Gleichbehandlung im deutschen und europäischen Arbeitsrecht, insbesondere beim Arbeitsentgelt teilzeitbeschäftigter Betriebsratsmitglieder, RdA 1997, 277; *McCrudden*, Rethinking Positive Action, ILJ 1986, 219; *Pfarr*, Entgeltgleichheit in kollektiven Entgeltsystemen – Aufgabe für die Tarifparteien, die Rechtsprechung, aber auch die Gesetzgebung –, FS 50 Jahre Bundesarbeitsgericht, 2004, S. 779; *Pfarr/Bertelsmann*, Diskriminierung im Erwerbsleben. Ungleichbehandlung von Frauen und Männern in der Bundesrepublik Deutschland, 1992; *Rebhahn*, Die Arbeitnehmerbegriffe des Unionsrechts, EuZA 5 (2012), 3; *Schiek*, Gender Equality under the Charter of Fundamental Rights for the European Union – a New Lease of Life for Positive Actions?, FS Nielsen, 2013, S. 299; *Schlachter*, Methoden der Rechtsgewinnung zwischen EuGH und der Arbeitsgerichtsbarkeit, ZfA 2007, 249; *Stöbener/Böhm*, Kompetenzen ohne Grenzen. Der Vorschlag der EU-Kommission zur Frauenquote für Aufsichtsräte, EuZW 2013, 371; *Szydło*, Constitutional Values underlying Gender Equality on the Boards of Companies: How Should the EU put these Values into Practice?, International and Comparative Law Quarterly 2014, 167; *Waas*, Geschlechterquoten für die Besetzung der Leitungsgremien von Unternehmen. Bewertung der aktuellen Entwürfe aus unionsrechtlicher und rechtsvergleichender Sicht, 2012; *Winter*, Gleiches Entgelt für gleichwertige Arbeit. Ein Prinzip ohne Praxis, 1998; *Wißmann*, Geschlechtsdiskriminierung, EG-Recht und Tarifverträge, ZTR 1994, 230.

Leitentscheidungen

EuGH, Urt. v. 8. 4.1976, Rs. C–43/75 (Defrenne II), Slg. 1976, 455
EuGH, Urt. v. 15. 6.1978, Rs. C–149/77 (Defrenne III), Slg. 1978, I–1365
EuGH, Urt. v. 31. 3.1981, Rs. C–96/80 (Jenkins), Slg. 1981, 911
EuGH, Urt. v. 13. 5.1986, Rs. C–170/84 (Bilka), Slg. 1986, 1607
EuGH, Urt. v. 1. 7.1986, Rs. 237/85 (Rummler), Slg. 1986, 2101
EuGH, Urt. v. 13. 7.1989, Rs. C–171/88 (Rinner-Kühn), Slg. 1989, I–2743
EuGH, Urt. v. 17. 10.1989, Rs. 109/88 (Danfoss), Slg. 1989, 3199
EuGH, Urt. v. 17. 5.1990, Rs. C–262/88 (Barber), Slg. 1990, I–1889
EuGH, Urt. v. 27. 6.1990, Rs. C–33/89 (Kowalska), Slg. 1990, I–2591
EuGH, Urt. v. 7. 2.1991, Rs. C–184/89 (Nimz), Slg. 1991, I–297
EuGH, Urt. v. 17. 10.1995, Rs. C–450/93 (Kalanke), Slg. 1995, I–3051
EuGH, Urt. v. 11. 11.1997, Rs. C–409/95 (Marschall), Slg. 1997, I–6363
EuGH, Urt. v. 4. 6.1992, Rs. C–360/90 (Bötel), Slg. 1992, I–3589
EuGH, Urt. v. 27. 10.1993, Rs. C–127/92 (Enderby), Slg. 1993, I–5535
EuGH, Urt. v. 28. 9.1994, Rs. C–28/93 (van den Akker), Slg. 1994, I–4527
EuGH, Urt. v. 15. 12.1994, verb. Rs. C–399/92 u. a. (Helmig u. a.), Slg. 1994, I–5727
EuGH, Urt. v. 31. 5.1995, Rs. C–400/93 (Royal Copenhagen), Slg. 1995, I–1275
EuGH, Urt. v. 24. 10.1996, Rs. C–435/93 (Dietz), Slg. 1996, I–5223
EuGH, Urt. v. 9. 2.1999, Rs. C–167/97 (Seymour-Smith und Perez), Slg. 1999, I–623
EuGH, Urt. v. 11. 5.1999, Rs. C–309/97 (Angestelltenbetriebsrat der Wiener Gebietskrankenkasse), Slg. 1999, I–2865
EuGH, Urt. v. 21. 10.1999, Rs. C–333/97 (Lewen), Slg. 1999, I–7243
EuGH, Urt. v. 10. 2. 2000, verb. Rs. C–270/97 und C–271/97 (Sievers und Schrage), Slg. 2000, I–929
EuGH, Urt. v. 28. 3. 2000, Rs. C–158/97 (Badeck u. a.), Slg. 2000, I–1875
EuGH, Urt. v. 30. 3. 2000, Rs. C–236/98 (JämO), Slg. 2000, I–2189
EuGH, Urt. v. 25. 5. 2000, Rs. C–50/99 (Podesta), Slg. 2000, I–4039
EuGH, Urt. v. 6. 7. 2000, Rs. C–407/98 (Abrahamsson und Anderson), Slg. 2000, I–5539
EuGH, Urt. v. 26. 6. 2001, Rs. C–381/99 (Brunnhofer), Slg. 2001, I–4961
EuGH, Urt. v. 29. 11. 2001, Rs. C–366/99 (Griesmar), Slg. 2001, I–9383
EuGH, Urt. v. 19. 2. 2002, Rs. C–476/99 (Lommers), Slg. 2002, I–2891
EuGH, Urt. v. 7. 9. 2002, Rs. C–320/00 (Lawrence), Slg. 2002, I–7325
EuGH, Urt. v. 23. 10. 2003, verb. Rs. C–4/02 u. C–5/02 (Schönheit und Becker), Slg. 2003, I–12575
EuGH, Urt. v. 7. 1. 2004, Rs. C–117/01 (K.B. v. NHS), Slg. 2004, I–541
EuGH, Urt. v. 13. 1. 2004, Rs. C–256/01 (Allonby), Slg. 2004, I–873
EuGH, Urt. v. 8. 6. 2004, Rs. C–220/02 (Österreichischer Gewerkschaftsbund), Slg. 2004, I–5907
EuGH, Urt. v. 30. 9. 2004, Rs. C–319/03 (Briheche), Slg. 2004, I–8807
EuGH, Urt. v. 3. 10. 2006, Rs. C–17/05 (Cadman), Slg. 2006, I–9583
EuGH, Urt. v. 8. 9. 2011, verb. Rs. C–297/10 und C–298/10 (Hennigs und Mai), Slg. 2011, I–7965
EuGH, Urt. v. 28. 2. 2013, Rs. C–427/11 (Kenny u. a.), ECLI:EU:C:2013:122

Wesentliche sekundärrechtliche Vorschriften

Richtlinie 97/81/EG vom 15.12.1997 zu der von UNICE, CEEP und EGB geschlossenen Rahmenvereinigung über Teilzeitarbeit, ABl. 1998, L 14/9
Richtlinie 2006/54/EG vom 5. 7. 2006 zur Verwirklichung des Grundsatzes der Chancengleichheit und Gleichbehandlung von Männern und Frauen in Arbeits- und Beschäftigungsfragen, ABl. 2006, L 204/23 (insbesondere Art. 4)
Richtlinie 2010/41/EU vom 7. 7. 2010 zur Verwirklichung des Grundsatzes der Gleichbehandlung von Männern und Frauen, die eine selbständige Erwerbstätigkeit ausüben, und zur Aufhebung der Richtlinie 86/613/EWG des Rates, ABl. 2010, L 180/1
Empfehlung der Europäischen Kommission vom 7. 3. 2014 zur Stärkung des Grundsatzes des gleichen Entgelts für Frauen und Männer durch Transparenz, C(2014) 1405 final

Inhaltsübersicht Rn.

- A. Entwicklung und Regelungskontext 1
- B. Adressaten und Gewährleistungsgehalt 11
  - I. Wirkungen und Verpflichtete 11
  - II. Berechtigte und Inhalt des Anspruchs 16
- C. Anwendungsbereich 21
  - I. Persönlicher Anwendungsbereich: Arbeitnehmer/in 21
  - II. Zeitlicher Anwendungsbereich 23
- D. Sachlicher Anwendungsbereich: »Entgelt« 30
  - I. Vergütung des Arbeitgebers für den Arbeitnehmer 30
  - II. Aufgrund des Dienstverhältnisses 34
  - III. Einzelfälle 41
    1. Zusatzleistungen, insbesondere Zulagen 41
    2. Abfindungen 45
    3. Systeme der sozialen Sicherheit 46
    4. Entgeltersatzleistungen 53
    5. Sonstige Arbeitsbedingungen 55
- E. Der Tatbestand der Entgeltdiskriminierung 60
  - I. Gleiche Arbeit oder gleichwertige Arbeit 60
  - II. Ungleiches Entgelt 72
  - III. Wegen des Geschlechts (Diskriminierung) 80
    1. Art. 157 AEUV als Diskriminierungsverbot 80
    2. Wegen des »Geschlechts« 82
    3. Unmittelbare Diskriminierung beim Entgelt 87
       a) Rechtfertigung unmittelbarer Diskriminierung? 87
       b) Beweislast bei unbekannten Differenzierungskriterien 92
       c) Widerlegung eines ersten Anscheins/Indizes 96
    4. Mittelbare Diskriminierung beim Entgelt 100
       a) Allgemeine Grundsätze 100
          aa) Benachteiligung von wesentlich mehr Frauen als Männer 102
          bb) Objektive Rechtfertigung 107
          cc) Verhältnismäßigkeit 115
       b) Insbesondere: Die Entgeltdiskriminierung von Teilzeitbeschäftigten als Geschlechtsdiskriminierung 118
          aa) Allgemeine Grundsätze zur objektiven Rechtfertigung von Ungleichbehandlungen 120
          bb) Objektive Rechtfertigung von Leistungen pro-rata-temporis 125
          c) Weitere Anwendungsfelder 131
- G. Positive Maßnahmen Art. 157 Abs. 4 AEUV 148
  - I. Allgemeines 148
    1. Regelungsgehalt 148
    2. Adressaten 154
  - II. Zulässigkeit positiver Maßnahmen 157
    1. Förderung von Frauen bei der beruflichen Laufbahn (2. Alternative) 165
    2. Maßnahmen zur Erleichterung der Berufstätigkeit (1. Alternative) 173

A. Entwicklung und Regelungskontext

Der Grundsatz des gleichen Entgelts für Männer und Frauen gehört zu den **Grundlagen** 1
des Unionsrechts. Dies wird einerseits dadurch deutlich, dass der heutige Art. 157
AEUV als (neben den Vorschriften zur Arbeitnehmerfreizügigkeit) einzige sozialpolitische Vorschrift bereits in den Römischen Verträgen enthalten war.[1] Diese Bedeutung

---

[1] Zur Entwicklung des Rechts der Geschlechtergleichbehandlung im Unionsrecht ausführlich *Rust*, in: GSH, Europäisches Unionsrecht, Art. 157 AEUV, Rn. 1ff.

des Entgeltgleichheitsgebots wird durch die Verwendung des Begriffs »Grundsatz« zum Ausdruck gebracht.[2] Im Lissabon-Vertrag wird die Bedeutung des Art. 157 AEUV dadurch unterstrichen, dass Art. 3 Abs. 3 Satz 2 EUV sowie Art. 8 und 10 AEUV Gleichbehandlung und Gleichstellung der Geschlechter zu einem der Ziele der Europäischen Union erklären.[3] Er ist eng verknüpft mit dem Ziel der Verbesserung der Lebens- und Arbeitsbedingungen auf dem Wege des Fortschritts[4] und insofern nach dem AEUV nicht nur im Zusammenhang mit Art. 9 AEUV, sondern auch mit Art. 151 ff. AEUV zu lesen.

2 Der Entgeltgleichheitsgrundsatz »stellt eine spezifische Ausprägung des Grundsatzes der Gleichbehandlung von Männern und Frauen dar, der zu den in der Rechtsordnung der [Union] geschützten **Grundrechten** gehört«,[5] jetzt positiviert in Art. 21 ff. GRC. Gemäß Art. 52 Abs. 2 GRC ändert die Aufnahme des Entgeltgleichheitsgebots in Art. 23 GRC nichts am bisherigen Inhalt des Rechts.[6] Die sekundärrechtliche Vorschrift des Art. 4 der Richtlinie 2006/54/EG dient der Konkretisierung dieses Gebots (s. Rn. 8).[7]

3 Die Norm ist in Übereinstimmung mit den **völkerrechtlichen Vorgaben** zu interpretieren. Hier ist insbesondere auf das Übereinkommen 100 der Internationalen Arbeitsorganisation (ILO)[8] hinzuweisen, das in seinem Art. 2 Gleichheit des Entgelts für gleichwertige Arbeit vorschreibt.[9] Das Übereinkommen gehört zu den Kernarbeitsnormen und damit zum Bestand des zwingenden Arbeitsvölkerrechts.[10]

4 Art. 157 AEUV dient einem doppelten, nämlich **einem wirtschaftlichen und einem sozialen Zweck**. Einerseits soll die Vorschrift Wettbewerbsgleichheit zwischen den Mitgliedstaaten gewährleisten. Sie soll zu diesem Zweck von Frankreich in die Verträge eingebracht worden sein, weil dieses Wettbewerbsnachteile der französischen Wirtschaft gegenüber deutschen Unternehmen befürchtete, da die französischen Unternehmen Entgeltgleichheit zwischen den Geschlechtern stärker verwirklichten.[11] Andererseits dient die Entgeltgleichheit den sozialen Zielen der Union, insbesondere der Sicherung des sozialen Fortschritts und einer ständigen Besserung der Lebens- und Beschäftigungsbedingungen der europäischen Völker.[12] Der Charakter als Grundrecht (Art. 23 GRC) und subjektives Recht der Arbeitnehmerinnen und Arbeitnehmer macht

---

[2] EuGH, Urt. v. 8.4.1976, Rs. C–43/75 (Defrenne II), Slg. 1976, 455, Rn. 28 f.
[3] *Rebhahn*, in: Schwarze, EU-Kommentar, Art. 157 AEUV, Rn. 1.
[4] EuGH, Urt. v. 8.4.1976, Rs. C–43/75 (Defrenne II), Slg. 1976, 455, Rn. 14 f.
[5] St. Rspr.; siehe z. B. EuGH, Urt. v. 8.4.1976, Rs. C–43/75 (Defrenne II), Slg. 1976, 455, Rn. 12; Urt. v. 13.1.2004, Rs. C–256/01 (Allonby), Slg. 2004, I–873, Rn. 65.
[6] *Willemsen/Sagan*, NZA 2011, 258 (262).
[7] Zur Entwicklung des Sekundärrechts vgl. *Rust*, in: GSH, Europäisches Unionsrecht, Art. 157 AEUV, Rn. 2 ff. Zur Konkretisierung von Grundrechten durch Richtlinien siehe auch EuGH, Urt. v. 22.11.2005, Rs. C–144/04 (Mangold), Slg. 2005, I–9981; Urt. v. 23.9.2008, Rs. C–427/06 (Bartsch), Slg. 2008, I–7245; vgl. auch *Krebber*, in: Calliess/Ruffert, EUV/AEUV, Art. 157 AEUV, Rn. 9 (Richtlinie 2006/54/EG »flankiert« Art. 157 AEUV).
[8] Übereinkommen 100 von 1951 über die Gleichheit des Entgelts.
[9] EuGH, Urt. v. 8.4.1976, Rs. C–43/75 (Defrenne II), Slg. 1976, 455, Rn. 16–20. Zu weiteren völkerrechtlichen Rechtsquellen siehe *Rust,* in: GSH, Europäisches Unionsrecht, Art. 157 AEUV, Rn. 100 ff.
[10] Erklärung der ILO, »Fundamental Principles and Rights at Work«, 1998; *Tapiola*, Bulletin of Comparative Labour Relations 2000, 9.
[11] Vgl. *Rust*, in: GSH, Europäisches Unionsrecht, Art. 157 AEUV, Rn. 1 ff.
[12] Zur Entstehungsgeschichte ausführlich *Rust*, in: GSH, Europäisches Unionsrecht, Art. 157 AEUV, Rn. 115 ff.; siehe auch EuGH, Urt. v. 8.4.1976, Rs. C–43/75 (Defrenne II), Slg. 1976, 455, Rn. 8–11; Urt. v. 10.2.2000, verb. Rs. C–270/97 u. 271/97 (Sievers und Schrage), Slg. 2000, I–929, Rn. 53 ff.

aber deutlich, dass dem wirtschaftlichen Zweck gegenüber dem sozialen Ziel nur nachgeordnete Bedeutung zukommt.[13]

Die Norm soll dazu beitragen, dass ein bestimmtes Ergebnis – die Abschaffung des »**gender pay gap**« – erreicht wird.[14] Dieser betrug im Jahre 2011 im Bereich der Europäischen Union durchschnittlich 16,2 %, wobei erhebliche Unterschiede zwischen den Mitgliedstaaten bestehen (weniger als 10 % in Italien, Luxemburg und Polen, mehr als 20 % in Deutschland, Griechenland und der Slowakei). Er ist von zahlreichen Faktoren abhängig.[15] Der Grundsatz gleichen Entgelts für gleichwertige Arbeit nach Art. 157 AEUV adressiert einen Teil der zugrunde liegenden Probleme. Er wird durch Aktionsprogramme ergänzt[16] und durch Sekundärrecht konkretisiert.

Die volle Anwendung des Entgeltgleichheitsgrundsatzes war in der Europäischen Wirtschaftsgemeinschaft schon vom Ende der ersten Stufe der Übergangszeit im Sinne des Art. 8 Abs. 1 **EWG-Vertrag** an vorgeschrieben, also bis 1961 zu verwirklichen (s. genauer Rn. 23).[17] Mit dem Amsterdamer Vertrag wurden die heutigen Absätze 3 und 4 ergänzt. Zur Erreichung des Ziels auf der Ebene von Branchen bzw. in der gesamten Wirtschaft sind allerdings positive Maßnahmen der Union sowie der Mitgliedstaaten erforderlich, die über die Gewährung individueller Rechtsansprüche hinausgehen.[18] Entgeltgleichheit ist deshalb eins der Ziele, die auch mit Hilfe des Gender Mainstreaming und spezieller Aktionsprogramme verwirklicht werden sollen (s. Art. 8 AEUV, Rn. 10 ff.).

Soweit nur **Arbeitsbedingungen und nicht das Entgelt** im vorstehenden Sinn betroffen ist, kommt die Anwendung des Art. 157 Abs. 3 AEUV nicht in Betracht. Dies betrifft insbesondere die Diskriminierung wegen des Geschlechts beim Zugang zur Beschäftigung oder Entlassungsbedingungen. Bereits in seiner Entscheidung »Defrenne II« stellte der EuGH insoweit die Grenzen des Entgeltgleichheitsgebots fest (zur Abgrenzung s. Rn. 55 ff.). Es seien weitere unionsrechtliche und mitgliedstaatliche Maßnahmen erforderlich, um die Ziele des Art. 157 AEUV zu erreichen.[19]

Während der EuGH allerdings in »Defrenne III« für Diskriminierung jenseits von Entgeltfragen noch keine gemeinschaftsrechtlichen Regeln für anwendbar hielt,[20] kann heute einerseits auf die Grundrechte (s. Rn. 23 GRC), andererseits auf das konkretisie-

---

[13] EuGH, Urt. v. 10.2.2000, verb. Rs. C–270/97 u. 271/97 (Sievers und Schrage), Slg. 2000, I–929, Rn. 57.
[14] Vgl. EuGH, Urt. v. 8.4.1976, Rs. C–43/75 (Defrenne II), Slg. 1976, 455.
[15] Siehe z.B. den Überblick über die Daten von Eurostat, <http://ec.europa.eu/justice/gender-equality/gender-pay-gap/situation-europe/index_de.htm> (2.2.2017); für einen Überblick siehe z.B. *Jordan*, Entgeltdiskriminierung in Frauenberufen?, 2012. Zu den Gründen s. Erster Gleichstellungsbericht der Bundesregierung, BT-Drs. 17/6240, S. 138 ff.
[16] Siehe zuletzt auch Empfehlung der Kommission vom 7.3.2014 zur Stärkung des Grundsatzes des gleichen Entgelts für Frauen und Männer durch Transparenz, C(2014) 1405 final; zur Wirkung siehe *Rust*, in: GSH, Europäisches Unionsrecht, Art. 157 AEUV, Rn. 91 f. unter Verweis auf EuGH, Urt. v. 13.12.1989, Rs. C–322/88 (Grimaldi), Rn. 15 ff., wo es ebenfalls um eine Kommissionsempfehlung ging.
[17] Vgl. EuGH, Urt. v. 8.4.1976, Rs. C–43/75 (Defrenne II), Slg. 1976, 455, Rn. 13.
[18] So schon EuGH, Urt. v. 8.4.1976, Rs. C–43/75 (Defrenne II), Slg. 1976, 455, Rn. 16–20.
[19] EuGH, Urt. v. 8.4.1976, Rs. C–43/75 (Defrenne II), Slg. 1976, 455, Rn. 16–20 (in Bezug auf Altersgrenzen).
[20] EuGH, Urt. v. 15.6.1978, Rs. C–149/77 (Defrenne III), Slg. 1978, I–1365, Rn. 21 ff., 30 ff. Fraglich ist auch, die zugrunde liegende Annahme, in Hinblick auf das Entgelt dürfe ausschließlich die Vergleichbarkeit der Tätigkeiten eine Rolle spielen dürfe, während bei anderen Arbeitsbedingungen »wegen der Rücksichten, die der besonderen Stellung der Frau im Arbeitsprozess gebühren«, weitere Faktoren zu berücksichtigen sein könnten.

rende Sekundärrecht verwiesen werden. Die Richtlinien 76/207/EWG[21] sowie 75/117/EWG[22] über Entgeltgleichheit wurden insofern durch die **Richtlinie 2006/54/EG** konsolidiert.[23] Art. 14 Abs. 1 dieser Richtlinie verbietet jede unmittelbare oder mittelbare Diskriminierung aufgrund des Geschlechts bei den dort genannten Fragen des Arbeitslebens, dies sind alle Arbeitsbedingungen einschließlich des Entgelts (Art. 14 Abs. 1 Buchst. c, 2. Alternative)[24] und den Angelegenheiten der sozialen Sicherheit (Richtlinie 79/7/EWG[25]). Darüber hinaus konkretisiert die Richtlinie in Art. 4 auch Art. 157 AEUV. Im mitgliedstaatlichen Recht zusammenhängend geregelte Fragen können daher in Teilen gemäß Art. 157 AEUV und Art. 4 der Richtlinie 2006/54/EG, in anderen Teilen nach Art. 14 ff. der Richtlinie 2006/54/EG zu beurteilen sein. Im Gegensatz zur früheren Rechtslage stellt die Zusammenfassung all dieser Grundsätze in einer Richtlinie aber nun klar, dass es sich um ein Verhältnis von lex generalis (Art. 14 ff.) und lex specialis (Art. 4) geht (zur Abgrenzung s. Rn. 55 ff.).[26]

9 Art. 4 der Richtlinie 2006/54/EG dient der **Konkretisierung** des primärrechtlichen Grundsatzes des gleichen Entgelts, berührt also in keiner Weise dessen Inhalt oder Tragweite.[27] Die Begriffe »Entgelt« und »gleiche Arbeit« sind in beiden Rechtsnormen gleich auszulegen.[28]

10 In Hinblick auf das Verbot der Diskriminierung wegen Teilzeitbeschäftigung ist auch **Richtlinie 97/81/EG**[29] von Bedeutung; die Rahmenvereinbarung zu dieser Richtlinie enthält in § 4 Nr. 1 ein Diskriminierungsverbot. Die Entgeltbegriffe der beiden Richtlinien sind gleichlaufend zu interpretieren.[30] Gleiches gilt für die Richtlinien

---

[21] RL 76/207/EWG vom 9.2.1976 zur Verwirklichung des Grundsatzes der Gleichbehandlung von Männern und Frauen hinsichtlich des Zugangs zur Beschäftigung, zur Berufsbildung und zum beruflichen Aufstieg sowie in Bezug auf die Arbeitsbedingungen, ABl. 1976, L 39/40 (geändert durch RL 2002/73/EG zur Verwirklichung des Grundsatzes der Gleichbehandlung von Männern und Frauen hinsichtlich des Zugangs zur Beschäftigung, zur Berufsbildung und zum beruflichen Aufstieg sowie in Bezug auf die Arbeitsbedingungen, ABl. 2002, L 269/15.

[22] RL 75/117/EWG vom 10.2.1975 zur Angleichung der Rechtsvorschriften der Mitgliedstaaten über die Anwendung des Grundsatzes des gleichen Entgelts für Männer und Frauen, ABl. 1975, L 45/19.

[23] RL 2006/54/EG vom 5.7.2006 zur Verwirklichung des Grundsatzes der Chancengleichheit und Gleichbehandlung von Männern und Frauen in Arbeits- und Beschäftigungsfragen, ABl. 2006, L 204/23.

[24] Siehe auch die speziellen Regelungen innerhalb der Richtlinie in Art. 4 (Arbeitsentgelt) und Art. 7 Abs. 1 (betriebliche Systeme der sozialen Sicherheit).

[25] RL 79/7/EWG vom 19.12.1978 zur schrittweisen Verwirklichung des Grundsatzes der Gleichbehandlung von Männern und Frauen im Bereich der sozialen Sicherheit, ABl. 1979, L 6/24. Diese Richtlinie wurde aufgrund des (heutigen) Art. 352 AEUV erlassen.

[26] *Kotzur*, in: Geiger/Khan/Kotzur, EUV/AEUV, Art. 157 AEUV, Rn. 14, Rn. 20 (»kodifiziert den Gleichbehandlungsacquis«); *Krebber*, in: Calliess/Ruffert, EUV/AEUV, Art. 157 AEUV, Rn. 9, der als Beispiel den Kündigungsschutz nennt, bei dem es auch um Abfindungen gehen kann und insofern auch um Entgeltfragen (vgl. EuGH, Urt. v. 9.2.1999, Rs. C–167/97 (Seymour-Smith und Perez), Slg. 1999, I–623, Rn. 36 ff.).

[27] EuGH, Urt. v. 17.5.1990, Rs. C–262/88 (Barber), Slg. 1990, I–1889, Rn. 10 f.; Urt. v. 30.3.2000, Rs. C–236/98 (JämO), Slg. 2000, I–2189, Rn. 37; Urt. v. 26.6.2001, Rs. C–381/99 (Brunnhofer), Slg. 2001, I–4961, Rn. 29; Urt. v. 3.10.2006, Rs. C–17/05 (Cadman), Slg. 2006, I–9583, Rn. 29.

[28] Vgl. Art. 2 Abs. 1 Buchst. e der Richtlinie 2006/54/EG; EuGH, Urt. v. 11.5.1999, Rs. C–309/97 (Angestelltenbetriebsrat der Wiener Gebietskrankenkasse), Slg. 1999, I–2865.

[29] RL 97/81/EG vom 15.12.1997 zu der von UNICEF, CEEP and EGB geschlossenen Rahmenvereinbarung über Teilzeitarbeit, ABl. 1998, L 14/9.

[30] EuGH, Urt. v. 5.11.2014, Rs. C–476/12 (ÖGB), ECLI:EU:C:2014:2332.

Verbot der Diskriminierung im Hinblick auf das Entgelt   Art. 157 AEUV

2000/43/EG[31] und 2000/78/EG,[32] die ebenfalls Fragen der Diskriminierung beim Arbeitsentgelt regeln (jeweils Art. 3 Abs. 1 Buchst. c) und insoweit Ungleichbehandlung aufgrund der Rasse oder der ethnischen Herkunft, wegen der Religion oder der Weltanschauung, einer Behinderung, des Alters oder der sexuellen Ausrichtung verbieten. Abgrenzungsfragen zu Art. 157 AEUV können sich insbesondere bei Diskriminierungen wegen der sexuellen Identität ergeben (s. Rn. 82 ff.).

B.   Adressaten und Gewährleistungsgehalt

I.   Wirkungen und Verpflichtete

Verpflichtet sind zunächst die **Mitgliedstaaten**; bei Verstößen kommen Vertragsverletzungsverfahren in Betracht.[33]   11

Art. 157 Abs. 1 AEUV enthält darüber hinaus einen **unmittelbar anwendbaren Rechtsanspruch**; die Anwendung der Norm im konkreten Fall bedarf keiner weiteren Umsetzungsakte.[34] Soweit die Mitgliedstaaten den Anspruch im einzelstaatlichen Recht festschreiben, sind sie an die Vorgaben des Unionsrechts gebunden. Sinnvoll erschiene z. B. eine Konkretisierung der Begriffe, die – wie der der »gleichwertigen Arbeit« – kontextabhängig sind und deshalb große Bewertungsspielräume für die mitgliedstaatlichen Gerichte eröffnen.[35]   12

Das Gebot der Entgeltgleichheit bindet nicht nur die Mitgliedstaaten, sondern entfaltet auch **unmittelbare (Dritt-)Wirkung** zwischen Privaten[36]. Aus diesem Grund gilt das Diskriminierungsverbot »für alle die abhängige Erwerbstätigkeit kollektiv regelnden Tarifverträge« sowie für alle Verträge zwischen Privatpersonen.[37] Die Vorschrift hat zwingenden Charakter und ist unabdingbar.[38] Entgegenstehende Normen in Gesetzen und Tarifverträgen sind unwirksam.[39] Die nationalen Gerichte sind gehalten, jede diskriminierende Bestimmung unangewandt zu lassen, ohne dass diese zunächst durch Tarifverhandlungen oder ein verfassungsrechtliches Verfahren beseitigt werden müssten.[40]   13

---

[31] RL 2000/43/EG vom 9.6.2000 zur Anwendung des Gleichbehandlungsgrundsatzes ohne Unterschied der Rasse oder der ethnischen Herkunft, ABl. 2000, L 180/22.
[32] RL 2000/78/EG vom 27.11.2000 zur Festlegung eines allgemeinen Rahmens für die Verwirklichung der Gleichbehandlung in Beschäftigung und Beruf, ABl. 2000, L 303/16.
[33] EuGH, Urt. v. 8.4.1976, Rs. C–43/75 (Defrenne II), Slg. 1976, 455, Rn. 30–34.
[34] EuGH, Urt. v. 31.3.1981, Rs. C–96/80 (Jenkins), Slg. 1981, 911, Rn. 18; genauer zum Verhältnis entsprechender Rechtsnormen des nationalen Rechts *Schlachter*, ZfA 2007, 249 (256 f.); *Kocher*, ZESAR 2014, 142.
[35] So ist auch die Empfehlung der Kommission vom 7.3.2014 zur Stärkung des Grundsatzes des gleichen Entgelts für Frauen und Männer durch Transparenz, C(2014) 1405 final, Nr. 10 (S. 8), zu verstehen, die empfiehlt, dass die Mitgliedstaaten den Begriff der gleichwertigen Arbeit »präzisieren«.
[36] *Streinz*, Europarecht, Rn. 1131.
[37] EuGH, Urt. v. 8.4.1976, Rs. C–43/75 (Defrenne II), Slg. 1976, 455, Rn. 31, 39; Urt. v. 7.9.2002, Rs. C–320/00 (Lawrence), Slg. 2002, I–7325, Rn. 13; Urt. v. 9.9.1999, Rs. C–281/97 (Krüger), Slg. 1999, I–5127, Rn. 20; Urt. v. 7.2.1991, Rs. C–184/89 (Nimz), Slg. 1991, I–297, Rn. 11.
[38] EuGH, Urt. v. 28.9.1994, Rs. C–28/93 (van den Akker), Slg. 1994, I–4527, Rn. 24.
[39] EuGH, Urt. v. 13.1.2004, Rs. C–256/01 (Allonby), Slg. 2004, I–873, Rn. 77; Urt. v. 27.6.1990, Rs. C–33/89 (Kowalska), Slg. 1990, I–2591, Rn. 18; *Krebber*, in: Calliess/Ruffert, EUV/AEUV, Art. 157 AEUV, Rn. 65, 68; *Rebhahn*, in: Schwarze, EU-Kommentar, Art. 157 AEUV, Rn. 35.
[40] Siehe z. B. EuGH, Urt. v. 28.9.1994, Rs. C–28/93 (van den Akker), Slg. 1994, I–4527, Rn. 16; Urt. v. 7.2.1991, Rs. C–184/89 (Nimz), Slg. 1991, I–297, Rn. 18 ff.

14 Der **Arbeitgeber** ist damit selbst dem Anspruch auf Entgeltgleichheit ausgesetzt. Gleiches gilt für **alle anderen Institutionen**, die Leistungen im Sinne des Art. 157 Abs. 2 AEUV zu verwalten oder auszuzahlen haben (s. Rn. 31), wie z. B. die Verwalter eines Betriebsrentensystems, gemeinsame Einrichtungen der Tarifparteien oder ähnliche Institutionen. Die Verpflichtung gilt auch, wenn diese treuhänderisch tätig und vom Arbeitgeber formal unabhängig sind.[41] Der **Begriff des Arbeitgebers** ist insofern nicht arbeitsvertraglich zu bestimmen, sondern nach den tatsächlichen Verantwortlichkeiten für die Entgeltzahlung.[42]

15 Als eine der Grundlagen des Unionsrechts stellt die Förderung der Entgeltgleichheit, z. B. durch Verbesserung der Durchsetzung und der Transparenz[43] einen **zwingenden Grund des Allgemeininteresses** dar, das geeignet ist, eine Beschränkung von Grundfreiheiten zu rechtfertigen.[44] Dies kann z. B. relevant sein im Hinblick auf günstigere Regelungen der Mitgliedstaaten (vgl. Art. 27 Richtlinie 2006/54/EG).

II. Berechtigte und Inhalt des Anspruchs

16 Art. 157 Abs. 1 AEUV verleiht denjenigen Personen **subjektive Rechtsansprüche**, die an der Einhaltung der Pflichten interessiert sind. Jeder Arbeitnehmer und jede Arbeitnehmerin kann sich vor den Gerichten unmittelbar auf die Vorschrift berufen.[45] Allerdings werden keine subjektiven Rechte von Arbeitgebern begründet; diese können deshalb auch keinen unionsrechtlichen Schadensersatzanspruch gegen den Mitgliedstaat wegen einer möglichen unzureichenden Konkretisierung geltend machen.

17 Als Rechtsfolge eines Verstoßes ist auf die Angehörigen der benachteiligten Gruppe die gleiche Regelung anzuwenden, wie sie für die übrigen Arbeitnehmer gilt. Die Arbeitnehmer des diskriminierten Geschlechts haben damit insbesondere Anspruch auf das Entgelt, das die nichtdiskriminierten Arbeitnehmer erhalten (sog. »**Angleichung nach oben**«). Der EuGH hat dies u. a. mit dem sozialpolitischen Ziel der Verbesserung der Lebens- und Arbeitsbedingungen auf dem Wege des Fortschritts begründet.[46] Darüber hinaus ergibt sich diese Lösung schon daraus, dass die Regelung für die bevorzugten Arbeitnehmer das einzige gültige Bezugssystem und die einzige Anspruchsgrundlage darstellen wird, solange Art. 157 AEUV nicht ordnungsgemäß umgesetzt ist.[47] Entfällt dieses Bezugssystem, weil die diskriminierenden Aspekte potenziell alle Beschäftigten betrifft, so muss auf andere allgemeine Anspruchsgrundlagen zurückgegriffen werden, woraus sich nicht notwendig eine Angleichung nach oben ergeben muss.[48]

18 Handelt es sich um einen Fall mittelbarer Diskriminierung (s. Rn. 100 ff.), so gilt der Anspruch auf Angleichung für alle Mitglieder der benachteiligten Gruppe, Männer oder

---

[41] EuGH, Urt. v. 28. 9.1994, Rs. C–128/93 (Fisscher), Slg. 1994, I–4583.
[42] So auch *Krebber*, in: Calliess/Ruffert, EUV/AEUV, Art. 157 AEUV, Rn. 13.
[43] Vgl. die Maßnahmen, die in der Empfehlung der Kommission vom 7. 3. 2014 zur Stärkung des Grundsatzes des gleichen Entgelts für Frauen und Männer durch Transparenz, C(2014) 1405 final genannt werden.
[44] EuGH, Urt. v. 10. 2. 2000, verb. Rs. C–270/97 u. 271/97 (Sievers und Schrage), Slg. 2000, I–929, Rn. 58 f.
[45] EuGH, Urt. v. 8. 4.1976, Rs. C–43/75 (Defrenne II), Slg. 1976, 455, Rn. 31.
[46] EuGH, Urt. v. 8. 4.1976, Rs. C–43/75 (Defrenne II), Slg. 1976, 455, Rn. 14 f.
[47] Siehe z. B. EuGH, Urt. v. 28. 9.1994, Rs. C–28/93 (van den Akker), Slg. 1994, I–4527, Rn. 16 f.; Urt. v. 7. 2.1991, Rs. C–184/89 (Nimz), Slg. 1991, I–297, Rn. 18 ff.
[48] Vgl. EuGH, Urt. v. 19. 6. 2014, verb. Rs. C–501/12 – C–506/12, C–540/12 u. C–541/12 (Specht u. a.), ECLI:EU:C:2014:2005, Rn. 95 f. zu Richtlinie 2000/78/EG.

Frauen.⁴⁹ Sind mit dem Anspruch steuer- oder sozialversicherungsrechtliche Lasten verbunden, so sind diese von den Anspruchsinhabern zu tragen; so kann sich ein Arbeitnehmer, der Anspruch auf den rückwirkenden Anschluss an ein Betriebsrentensystem hat (s. Rn. 52), nicht der Zahlung der Beiträge für den betreffenden Zeitraum entziehen.⁵⁰

Ab dem Zeitpunkt der ordnungsgemäßen Umsetzung des Art. 157 AEUV wird ein neues Bezugssystem als Grundlage für Ansprüche eingeführt; ab diesem Zeitpunkt kann die Gleichbehandlung auch im Wege der **Einschränkung von ungerechtfertigten Vergünstigungen** der bis dahin bevorzugten Personen wiederhergestellt werden. Denn die Vorschrift verlangt nur, dass Männer und Frauen bei gleicher Arbeit das gleiche Entgelt erhalten, ohne eine bestimmte Höhe vorzuschreiben.⁵¹   **19**

Ein unionsrechtlicher **Schadensersatzanspruch** gegen den Mitgliedstaat steht dem Arbeitnehmer oder der Arbeitnehmerin zu, wenn der Anspruch gegen den Arbeitgeber wegen Zahlungsunfähigkeit ins Leere läuft und der oder die Betreffende nicht hinreichend über die Richtlinie 2008/94/EG⁵² geschützt ist, die Garantieeinrichtung also keinen ausreichenden Schutz gewährleistet.   **20**

C. Anwendungsbereich

I. Persönlicher Anwendungsbereich: Arbeitnehmer/in

Der Begriff »Arbeitnehmer« im Sinne von Art. 157 Abs. 1 AEUV wird im Vertrag nicht ausdrücklich definiert. Seine Bedeutung muss deshalb unter Rückgriff auf die allgemein anerkannten Auslegungsgrundsätze ermittelt werden. Dabei sind insbesondere der systematische Zusammenhang und die Ziele des Vertrages zu berücksichtigen. Vor dem Hintergrund der Bedeutung, die der Geschlechtergleichbehandlung als Grundrecht und als Mainstreaming-Gebot nach Art. 8 AEUV zukommt, legt der EuGH den Begriff zu Recht **autonom** und nicht eng aus.⁵³   **21**

In der Sache gelten dieselben Kriterien wie für die Bestimmung der Arbeitnehmereigenschaft nach Art. 45 AEUV (s. Art. 45 AEUV, Rn. 20 ff.). Als **Arbeitnehmer/in** ist also anzusehen, wer während einer bestimmten Zeit für einen anderen nach dessen Weisung Leistungen erbringt, für die er als Gegenleistung eine Vergütung erhält.⁵⁴ Die Norm ist also z. B. auch auf Beamtinnen und Beamte anzuwenden.⁵⁵   **22**

---

⁴⁹ EuGH, Urt. v. 13.12.1989, Rs. C–102/88 (Ruzius-Wilbrink), Slg. 1989, I–4311, Rn. 20 (zur Richtlinie 79/77/EWG (Fn. 25)); Urt. v. 27.6.1990, Rs. C–33/89 (Kowalska), Slg. 1990, I–2591, Rn. 19.
⁵⁰ EuGH, Urt. v. 10.2.2000, verb. Rs. C–270/97 u. 271/97 Sievers und Schrage), Slg. 2000, I–929, Rn. 43; Urt. v. 28.9.1994, Rs. C–128/93 (Fisscher), Slg. 1994, I–4583, Rn. 37.
⁵¹ EuGH, Urt. v. 28.9.1994, Rs. C–28/93 (van den Akker), Slg. 1994, I–4527, Rn. 19.
⁵² RL 2008/94/EG vom 22.10.2008 über den Schutz der Arbeitnehmer bei Zahlungsunfähigkeit des Arbeitgebers, ABl. 2008, L 283/36.
⁵³ EuGH, Urt. v. 13.1.2004, Rs. C–256/01 (Allonby), Slg. 2004, I–873, Rn. 64 ff.
⁵⁴ St. Rspr., z. B. EuGH, Urt. v. 13.1.2004, Rs. C–256/01 (Allonby), Slg. 2004, I–873, Rn. 67; ausführlich *Rebhahn*, EuZA 5 (2012), 3 (18 ff.); *Ziegler*, Arbeitnehmerbegriffe im Europäischen Arbeitsrecht, 2011, S. 195 ff.
⁵⁵ EuGH, Urt. v. 19.6.2014, verb. Rs. C–501/12 – C–506/12, C–540/12 u. C–541/12 (Specht u.a.), ECLI:EU:C:2014:2005: Richtlinie 2000/78/EG.

II. Zeitlicher Anwendungsbereich

23 Nach Art. 119 Abs. 1 EWGV war der Grundsatz des gleichen Entgelts spätestens ab Ende der ersten Stufe der **Übergangszeit**, also bis 1961 einheitlich anzuwenden. Auch nach Verlängerung der Frist bis zum 31. 12.1964 und der Androhung von Vertragsverletzungsverfahren waren viele Mitgliedstaaten ihrer Verpflichtung bis zum Juli 1973 noch nicht vollständig nachgekommen. Mit Bericht vom 17. 7.1974 erklärte die Kommission die Norm ab 1.1.1973 für voll anwendbar.[56] In den Beitrittsstaaten war die jeweilige Vorschrift mit Wirkung des Beitritts anwendbar. In Hinblick auf das Recht der DDR trat sie mit dem 3. 10.1990 in Kraft.[57]

24 Der Europäische Gerichtshof hat aber darüber hinaus vereinzelt die Anwendung der von ihm gefundenen Rechtssätze begrenzt, soweit sie **in die Vergangenheit wirken** konnten. Dies betraf zunächst die Anwendung der mit Urteil »Defrenne II« vom 8. 4. 1976 erkannten unmittelbaren Drittwirkung. »Angesichts der Unbekanntheit des Gesamtbetrags der in Betracht kommenden Entgelte« ergäben sich aus der Gesamtheit der beteiligten öffentlichen und privaten Interessen zwingende Erwägungen der Rechtssicherheit, die es ausschlössen, die Entgelte für Zeiträume in der Vergangenheit noch in Frage stellen zu lassen. Auf die unmittelbare Geltung des Entgeltgleichheitsgebots können also Ansprüche nur gestützt werden, wenn sie Lohn- und Gehaltsperioden ab dem 8.4.1976 betreffen, es sei denn, dass bereits Klage erhoben oder ein sonstiger Rechtsbehelf eingelegt war.[58]

25 Auch auf dem Gebiet der betrieblichen Altersversorgung war der EuGH der Meinung, dass sein Urteil »Barber« für die Mitgliedstaaten vernünftigerweise nicht vorhersehbar gewesen sei, jedenfalls soweit es einen Verstoß gegen das Entgeltgleichheitsgebot erkannte, wenn Betriebsrentensysteme unterschiedliche Renteneintrittsalter für Männer und Frauen vorschrieben.[59] Da gleichzeitig die Kosten für die Vergangenheit nach Meinung des EuGH das finanzielle Gleichgewicht der Betriebsrentensysteme hätten stören können, wollte er diese Grundsätze erst ab dem Zeitpunkt des Urteilserlasses, also ab 17. 5.1990 angewandt sehen.[60] Diese Begrenzung der zeitlichen Wirkung wurde durch die Mitgliedstaaten in vertragsergänzenden Protokollen bestätigt. Aktuell regelt Protokoll Nr. 33 zu Art. 157 AEUV (= Protokoll Nr. 2 zu Art. 119 EGV), dass Leistungen aufgrund eines betrieblichen Systems der sozialen Sicherheit nicht als Entgelt gelten, sofern und soweit sie auf Beschäftigungszeiten vor dem 17. 5.1990 (Urteilsverkündung im Fall Barber) zurückgeführt werden können. Anders war dies nur im Fall von Arbeitnehmern oder deren anspruchsberechtigten Angehörigen, die schon vor diesem Zeitpunkt eine Klage bei Gericht oder ein gleichwertiges Verfahren nach einzelstaatlichem Recht anhängig gemacht hatten. Protokoll Nr. 33 hat allerdings keine Auswir-

---

[56] Genauer zu dieser Geschichte *Rust,* in: GSH, Europäisches Unionsrecht, Art. 157 AEUV, Rn. 220 ff.; EuGH, Urt. v. 8. 4.1976, Rs. C–43/75 (Defrenne II), Slg. 1976, 455, Rn. 44 ff.

[57] Vertrag vom 31. August 1990 über die Herstellung der Einheit Deutschlands, BGBl. II 1990 S. 889; EuGH, Urt. v. 18.11. 2004, Rs. C–284/02 (Sass), Slg. 2004, I–11143, Rn. 22 ff.

[58] EuGH, Urt. v. 8.4.1976, Rs. C–43/75 (Defrenne II), Slg. 1976, 455, Rn. 74 f.

[59] Zu Art. 7 Abs. 1 Buchst. a der Richtlinie 79/7/EWG (Fn. 25), wonach die Mitgliedstaaten in gesetzlichen Alterssicherungssystemen vorübergehend noch ein unterschiedliches Rentenalter für Männer und Frauen festsetzen dürfen, solange dies »unter Berücksichtigung der sozialen Entwicklung in dem Bereich noch gerechtfertigt ist«, s. z. B. *Kocher/Skowron,* ZESAR 2012, 274 ff.; anders Art. 5 ff. der Richtlinie 2006/54/EG (Fn. 23) für Betriebsrenten; zum Stand ausführlich auch *Husmann,* ZESAR 2014, 70 (76 f.).

[60] EuGH, Urt. v. 17. 5.1990, Rs. C–262/88 (Barber), Slg. 1990, I–1889, Rn. 42 f.

kungen auf den Anspruch auf Anschluss an ein Betriebsrentensystem, wie er in der Rechtssache Bilka[61] anerkannt worden war (s. Rn. 52).

Bei diesen zeitlichen Beschränkungen der Wirkungen des Entgeltgleichheitsgebots handelte es sich in beiden Fällen um besondere **Ausnahmefälle**. Allein die finanziellen Konsequenzen, die sich aus einer Entscheidung für einen Mitgliedstaat ergeben können, rechtfertigen keine weitere zeitliche Begrenzung der Wirkung von Urteilen. Der EuGH darf auf diese Lösung allenfalls zurückgreifen, wenn sowohl eine große Zahl von Rechtsverhältnissen zu unbekannt hohen Kosten führen kann, als auch eine objektive Rechtsunsicherheit bestand, zu der das Verhalten von Unionsorganen beigetragen hatte.[62]

26

Eine zeitliche Beschränkung kommt aus Gründen der Rechtssicherheit ohnehin nur in Betracht, wenn der EuGH diese in seinem Urteil selbst ausspricht. Dies hatte der Europäische Gerichtshof in den Urteilen »Defrenne II« und »Barber« getan, da er die entsprechenden Wirkungen als durch die Arbeitgeber nicht notwendig erwartbar einschätzte. Die Wirkungen des **Urteils »Bilka«** waren jedoch nicht begrenzt worden. Die zeitliche Anwendung des Entgeltgleichheitsgebots auf Betriebsrentensysteme ist damit nur insoweit begrenzt, als sie unterschiedliche Altersgrenzen betrifft, nicht jedoch im Hinblick auf Ansprüche auf Anschluss an ein Betriebsrentensystem; diese Ansprüche konnten mit Wirkung ab 8.4.1976, dem Tag des Erlasses des Urteils Defrenne II, geltend gemacht werden.[63]

27

Die Anforderungen des Art. 157 AEUV sind im Übrigen **jederzeit** zu beachten, sei es zum Zeitpunkt des Erlasses einer Maßnahme, zum Zeitpunkt ihrer Durchführung oder zum Zeitpunkt ihrer Anwendung auf den konkreten Einzelfall. Allerdings kann die Rechtmäßigkeit im Zeitverlauf unterschiedlich zu bewerten sein, insbesondere weil sich Umstände rechtlicher wie tatsächlicher Art ändern. Es kommt dann sowohl auf die Rechtmäßigkeit zum Zeitpunkt des Erlasses als auch auf die Rechtmäßigkeit zum Zeitpunkt seiner Anwendung an; Veränderungen sind von den Rechtsetzungsorganen zu beobachten. Für statistische Befunde sind neuere Daten zu berücksichtigen.[64]

28

Es ist **Sache der mitgliedstaatlichen Gerichte**, den genauen Zeitpunkt zu bestimmen, der bei der Beurteilung der Rechtmäßigkeit einer Vorschrift zugrunde zu legen ist.[65]

29

D. Sachlicher Anwendungsbereich: »Entgelt«

I. Vergütung des Arbeitgebers für den Arbeitnehmer

Der Begriff des Entgelts im Sinne von Art. 157 Abs. 2 AEUV erfasst »alle gegenwärtigen oder künftigen in bar oder in Sachleistungen gezahlten **Vergütungen**, vorausgesetzt, dass sie der Arbeitgeber dem Arbeitnehmer wenigstens mittelbar aufgrund des Dienst-

30

---

[61] EuGH, Urt. v. 13.5.1986, Rs. C–170/84 (Bilka), Slg. 1986, 1607.
[62] EuGH, Urt. v. 27.4.2006, Rs. C–423/04 (Richards), Slg. 2006, I–3585, Rn. 41f.; zur Ablehnung einer zeitlichen Begrenzung siehe auch Urt. v. 29.11.2001, Rs. C–366/99 (Griesmar), Slg. 2001, I–9383, Rn. 70ff.
[63] EuGH, Urt. v. 24.10.1996, Rs. C–435/93 (Dietz), Slg. 1996, I–5223, Rn. 19ff.; Urt. v. 10.2.2000, verb. Rs. C–270/97 u. 271/97 (Sievers und Schrage), Slg. 2000, I–929, Rn. 39ff.; Urt. v. 11.12.1997, Rs. C–246/96 (Magorrian und Cunningham), Slg. 1997, I–7153, Rn. 36ff.
[64] EuGH, Urt. v. 9.2.1999, Rs. C–167/97 (Seymour-Smith und Perez), Slg. 1999, I–623, Rn. 50; zu den Aufgaben der mitgliedstaatlichen Gerichte insoweit s. Rn. 29, 63, 115, 163; zur möglichen rechtlichen Relevanz statistischer Daten s. Rn. 95; Rn. 102ff.
[65] EuGH, Urt. v. 9.2.1999, Rs. C–167/97 (Seymour-Smith und Perez), Slg. 1999, I–623, Rn. 50.

verhältnisses zahlt«.[66] Diese Definition in Art. 157 Abs. 2 AEUV geht auf Art. 1 f. des Übereinkommens Nr. 100 der ILO (s. Rn. 3) zurück.[67] Insbesondere erfasst die Norm mit Vergütungen »die üblichen Grund- oder Mindestlöhne und -gehälter« (genauso Art. 2 Abs. 1 Buchst. e der Richtlinie 2006/54/EG).[68] Auch die Beamtenbesoldung ist Vergütung in diesem Sinne.[69]

31 Voraussetzung für die Einordnung einer Leistung als Entgelt ist, dass sie **durch den Arbeitgeber** erfolgt. Steuervergünstigungen fallen deshalb nicht unter Art. 157 AEUV.[70] Es reicht aber aus, wenn die Leistung mittelbar durch den Arbeitgeber erfolgt. Dies ist der Fall, wenn der Arbeitgeber einen Dritten mit der Leistung beauftragt, wie es z. B. bei Fahrpreisermäßigungen geschehen kann[71] oder bei der Einrichtung von Pensionskassen für eine Betriebsrente.[72] In diesen Fällen sind neben dem Arbeitgeber auch die Dritten unmittelbar aus Art. 157 AEUV verpflichtet (s. Rn. 14). Um Entgelt handelt es sich auch bei einem Aufstockungsbetrag nach dem Altersteilzeitgesetz, wenn dieser in Form einer Erstattung an den Arbeitgeber zum Teil durch öffentliche Mittel finanziert wird.[73]

32 Um Entgelt kann es sich auch dann handeln, wenn die Leistung **nicht unmittelbar** dem Arbeitnehmer oder der Arbeitnehmerin gewährt wird. Dies ist z. B. der Fall, wenn Leistungen an Familienangehörige gewährt werden, wie z. B. Vergünstigungen für Bahnreisen für Ehegatten und unterhaltsberechtigte Kinder.[74] Auch (Betriebs-)Renten oder andere Leistungen für Hinterbliebene sind von Art. 157 AEUV erfasst; entscheidend ist, dass die Rente aufgrund des Beschäftigungsverhältnisses des Ehegatten bezahlt wird.[75]

33 Der Begriff der Vergünstigung erfasst grundsätzlich alle »geldwerte(n)«, also **wirtschaftlichen Vorteile**.[76] Es kommen Vergünstigungen in Bar oder in Sach- und Naturalleistungen in Betracht.[77] Dabei kann es sich um Fahrpreisermäßigungen,[78] die Zurver-

---

[66] EuGH, Urt. v. 27.6.1990, Rs. C–33/89 (Kowalska), Slg. 1990, I–2591, Rn. 9; Urt. v. 17.5.1990, Rs. C–262/88 (Barber), Slg. 1990, I–1889, Rn. 12.
[67] *Krebber*, in: Calliess/Ruffert, Art. 157 AEUV, Rn. 20.
[68] Zur Einzelbewertung jeder Leistung s. Rn. 76.
[69] EuGH, Urt. v. 19.6.2014, verb. Rs. C–501/12 – C–506/12, C–540/12 u. C–541/12 (Specht u. a.), ECLI:EU:C:2014:2005: Richtlinie 2000/78/EG.
[70] EuGH, Urt. v. 21.7.2005, Rs. C–207/04 (Vergani), Slg. 2005, I–7453, Rn. 23 zur steuerlichen Vergünstigung bei Abfertigung; hier ist aber RL 2006/54/EG (Fn. 23) anwendbar.
[71] EuGH, Urt. v. 9.2.1982, Rs. C–12/81 (Garland), Slg. 1982, 359.
[72] Zu diesen Fällen s. Rn. 46 ff.
[73] EuGH, Urt. v. 28.6.2012, Rs. C–172/11 (Erny), ECLI:EU:C:2012:399, Rn. 35 zu Art. 7 Abs. 4 VO (EU) Nr. 492/2011 vom 5.4.2011 über die Freizügigkeit der Arbeitnehmer innerhalb der Union, ABl. 2011, L 141/1.
[74] EuGH, Urt. v. 9.2.1982, Rs. C–12/81 (Garland), Slg. 1982, 359, Rn. 8 f.; Urt. v. 17.2.1998, Rs. C–249/96 (Grant), Slg. 1998, I–621.
[75] EuGH, Urt. v. 7.1.2004, Rs. C–117/01 (K.B. v. NHS), Slg. 2004, I–541, Rn. 26; Urt. v. 6.10.1993, Rs. C–109/91 (Ten Oever), Slg. 1993, I–4879, Rn. 12, 13; Urt. v. 9.10.2001, Rs. C–379/99 (Menauer), Slg. 2001, I–7275, Rn. 18; Urt. v. 25.5.2000, Rs. C–50/99 (Podesta), Slg. 2000, I–4039, Rn. 27; Urt. v. 17.4.1997, Rs. C–147/95 (Evrenopoulos), Slg. 1997, I–2057, Rn. 19 ff.
[76] *Schlachter*, in: Müller-Glöge/Preis/Schmidt (Hrsg.), Erfurter Kommentar zum Arbeitsrecht, 2014, Art. 157 AEUV, Rn. 7; *Krebber*, in: Calliess/Ruffert, EUV/AEUV, Art. 157 AEUV, Rn. 22; *Bieback*, in: Fuchs (Hrsg.), Europäisches Sozialrecht, 2013, Art. 157 AEUV, Rn. 11.
[77] Für einen Überblick über die Rechtsprechung siehe auch EUArbR/*Franzen*, Art. 157 AEUV, Rn. 19.
[78] EuGH, Urt. v. 9.2.1982, Rs. C–12/81 (Garland), Slg. 1982, 359; Urt. v. 17.2.1998, Rs. C–249/96 (Grant), Slg. 1998, I–621, Rn. 13 ff.

fügungstellung von Parkplätzen oder Unterkunft in einem Wohnheim und Ernährung handeln, wenn diese sich dabei als Gegenleistungen für die Arbeit darstellen[79] Allerdings wertete der EuGH die **Bereitstellung von Kindertagesstättenplätzen** zugunsten der Arbeitnehmer nicht als Entgelt im Sinne des Art. 157 Abs. 1 AEUV, selbst wenn die Kosten teilweise vom Arbeitgeber getragen werden. Er begründete dies damit, dass die Maßnahme vor allem praktischer Natur sei, um dort, wo es ein unzureichendes Angebot an Kindertagesstättenplätzen gebe, den Arbeitnehmern die Ausübung ihrer Berufstätigkeit zu erleichtern.[80] Aufgrund des erheblichen wirtschaftlichen Vorteils, den eine solche Maßnahme beinhaltet, vermag diese Argumentation jedoch nicht zu überzeugen.[81] Eine bloße **Freistellung** ist jedoch kein Entgelt für eine Leistung. Soweit sie allerdings bezahlt erfolgt, muss die geleistete Zahlung und damit auch die Differenzierung der Freistellungsgründe dem Art. 157 AEUV genügen (s. z. B. Rn. 53 f.).

II. Aufgrund des Dienstverhältnisses

Die Einschränkung, dass die Leistung »aufgrund des Dienstverhältnisses« gewährt sein müsse, verlangt einen Bezug zum Dienstverhältnis bzw. einen **Bezug zur Beschäftigung**.[82] Zu Recht versteht der EuGH dies dahingehend, dass es sich um eine Gegenleistung des Arbeitgebers für die Arbeitsleistung bzw. Arbeitskraft des Arbeitnehmers oder der Arbeitnehmerin handeln müsse. Entgelt kann als Zeitlohn oder Leistungslohn bezahlt werden. Bei Akkord- und anderen Leistungsentgelten wird die Bezahlung aufgrund von anderen Maßeinheiten als der Zeit festgesetzt und hängt ganz oder in wesentlichem Umfang vom Arbeitsergebnis des einzelnen Arbeitnehmers ab.[83]

34

Für die Anwendung des Entgeltgleichheitsgebots spielt es keine Rolle, auf welcher **Rechtsgrundlage** die Entgeltzahlung beruht. Sowohl arbeitsvertraglich vereinbarte wie auch gesetzlich vorgeschriebene oder durch Gerichtsentscheidung zugesprochene Leistungen unterfallen Art. 157 AEUV. Umgekehrt müssen auch freiwillige Leistungen des Arbeitgebers Entgeltgleichheit gewährleisten.[84]

35

Auch **Leistungen der sozialen Sicherheit** können dem Entgeltbegriff unterfallen.[85] Die Abgrenzung zwischen Entgelt und allein sozialpolitisch begründeten Leistungen ist in diesen Fällen nicht einfach. Eine wichtige Rolle spielt, ob die Leistung von (z. B. sozial- oder haushalts-)politischen Erwägungen abhängt und damit nicht nur von der Beschäftigung.[86]

36

---

[79] EuGH, Urt. v. 7. 9. 2004, Rs. C–456/02 (Trojani), Slg. 2004, I–7573, Rn. 22 ff. für den Begriff der »Gegenleistung« nach Art. 45 AEUV.
[80] EuGH, Urt. v. 19. 2. 2002, Rs. C–476/99 (Lommers), Slg. 2002, I–2891, Rn. 26 ff. im Gegensatz zur Meinung, die die Kommission im Verfahren vertreten hatte.
[81] So auch *Krebber*, in: Calliess/Ruffert, EUV/AEUV, Art. 157 AEUV, Rn. 25.
[82] EuGH, Urt. v. 8. 6. 2004, Rs. C–220/02 (Österreichischer Gewerkschaftsbund), Slg. 2004, I–5907, Rn. 44.
[83] EuGH, Urt. v. 31. 5. 1995, Rs. C–400/93 (Royal Copenhagen), Slg. 1995, I–1275, für ein Stücklohnsystem.
[84] EuGH, Urt. v. 17. 5. 1990, Rs. C–262/88 (Barber), Slg. 1990, I–1889, Rn. 16 f.; so auch schon Urt. v. 9. 2. 1982, Rs. C–12/81 (Garland), Slg. 1982, 359, Rn. 9 f.; Urt. v. 9. 2. 1999, Rs. C–167/97 (Seymour-Smith und Perez), Slg. 1999, I–623, Rn. 29.
[85] EuGH, Urt. v. 17. 5. 1990, Rs. C–262/88 (Barber), Slg. 1990, I–1889, Rn. 22.
[86] EuGH, Urt. v. 23. 10. 2003, verb. Rs. C–4/02 u. C–5/02 (Schönheit und Becker), Slg. 2003, I–12575, Rn. 58 ff.

37 Bei Leistungen auf individualvertraglicher oder kollektivvertraglicher **Rechtsgrundlage** genau wie bei freiwilligen Leistungen ist im Zweifel grundsätzlich davon auszugehen, dass es sich um Entgelt handelt.[87]

38 Problematisch ist die Abgrenzung für Leistungen auf gesetzlicher Grundlage, die zwingend für allgemein umschriebene Gruppen von Arbeitnehmern gelten und keine vertraglichen Vereinbarungen innerhalb des Unternehmens oder des betroffenen Gewerbezweigs zulassen. Handelt es sich bei den gesetzlichen Leistungen um Beiträge zu Sozialversicherungssystemen, insbesondere Altersrenten, so sind diese im Zweifel nicht als Entgelt anzusehen.[88] Anders kann es aber sein, wenn das Gesetz die Leistungsverpflichtung nicht allein zu Zwecken der sozialen Sicherung, sondern überwiegend zu Zwecken der individuellen Beschäftigungsverhältnisse begründet. Der Europäische Gerichtshof hat für solche Fälle wiederholt ein materielles Kriterium der Zwecksetzung angewandt hat, wonach ein Entgelt dann vorliege, wenn eine **Leistung im Interesse des Betriebs** liege, wobei »ein irgendwie geartetes Interesse« ausreichen soll.[89] Dies sei nach objektiven Maßstäben und Wertungen des Unionsrechts zu beantworten; auf die subjektiven Maßstäbe des jeweiligen Arbeitgebers und Betriebs komme es nicht an.

39 Allerdings fasst der EuGH das betriebliche Interesse in diesem Sinne sehr weit und definiert es objektiv anhand der sozialpolitischen Ziele der Union. Ein Interesse des Betriebs an der Leistungsgewährung wird insofern anerkannt, wenn mit der Leistung Ziele verfolgt werden, wie sie sich aus Art. 151 AEUV, aus der Europäischen Sozialcharta oder aus der GRC ergeben. Der EuGH hat dies z. B. für die Verwirklichung des Rechts auf Unterrichtung und Anhörung der Arbeitnehmerinnen und Arbeitnehmer im Unternehmen (Art. 27 GRC) oder das Recht auf gesunde, sichere und würdige Arbeitsbedingungen (Art. 31 GRC) angenommen. Erkläre der Richtliniengeber oder der mitgliedstaatliche Gesetzgeber die Arbeitgeber zu Verpflichteten eines bestimmten wirtschaftlichen Anspruchs, um diese Zielsetzungen zu verwirklichen, so stelle die Leistung »Entgelt« dar. Anstatt nach dem betrieblichen Interesse zu suchen, erscheint es für diese Fälle aber richtiger darauf abzustellen, ob der Arbeitgeber nur als Zahlstelle für öffentlich-rechtliche und soziale Leistungen dient oder ob die **Leistung aufgrund der Risiken des Beschäftigungsverhältnisses** dem Arbeitgeber zugewiesen wird. Erfolgt aber eine Leistung »ausschließlich im öffentlichen Interesse«, weil sie »in keinerlei Bezug« zum Arbeitsverhältnis steht, kann sie nicht mehr als Entgelt angesehen werden; die Tatsache, dass die Leistung durch den Arbeitgeber erfolgt, spielt in einem solchen Fall keine Rolle, solange dieser gesetzlich nur in Pflicht genommen wird.[90]

40 Der **Zeitpunkt**, zu dem die Leistungen erbracht werden, spielt für die Einordnung keine Rolle (s. Rn. 45 ff. zu Leistungen nach Abschluss des Beschäftigungsverhältnisses).[91]

---

[87] Vgl. EuGH, Urt. v. 5.11.2014, Rs. C–476/12 (ÖGB), ECLI:EU:C:2014:2332.
[88] EuGH, Urt. v. 17.5.1990, Rs. C–262/88 (Barber), Slg. 1990, I–1889, Rn. 22; Urt. v. 25.5.1971, Rs. 80/70 (Defrenne I), Slg. 1971, 445, Rn. 7, 8; zur Beamtenversorgung aber s. Rn. 47.
[89] EuGH, Urt. v. 8.6.2004, Rs. C–220/02 (Österreichischer Gewerkschaftsbund), Slg. 2004, I–5907.
[90] Zum Ganzen siehe EuGH, Urt. v. 8.6.2004, Rs. C–220/02 (Österreichischer Gewerkschaftsbund), Slg. 2004, I–5907.
[91] EuGH, Urt. v. 27.6.1990, Rs. C–33/89 (Kowalska), Slg. 1990, I–2591, Rn. 9.

III. Einzelfälle

1. Zusatzleistungen, insbesondere Zulagen

Eine **Zulage** für Erschwerungen und Belastungen bei der Arbeitstätigkeit wie z. B. für 41
ungünstige Arbeitszeit (Nachtarbeit, Schichtarbeit) stellt eine Form des Entgelts in diesem Sinne dar. Sie dient dazu, Störungen und Nachteile für den Arbeitnehmer auszugleichen, die durch die Beschäftigung selbst entstehen.[92]

Ein Bezug zum Arbeitsverhältnis besteht auch bei Leistungen, die keine Vergütung 42
für aktuell oder in der Vergangenheit geleistete Arbeit darstellen, sondern überwiegend oder ausschließlich zum Anreiz für zukünftige Dienstleistung und/oder **Betriebstreue** gewährt werden – wie eine Weihnachtsgratifikation.[93] Eine ähnliche Zielsetzung werden Leistungen wie »Eheschließungsprämien« haben.[94]

Die deutschen Beamtinnen und Beamten in Krankheitsfällen gewährte **Beihilfe** ord- 43
net der EuGH zu Recht ebenfalls als Entgelt ein, das »aufgrund des Dienstverhältnisses« gezahlt wird. Sie ist schon deshalb als untrennbar mit dem Dienstverhältnis verbunden anzusehen, als sie voraussetzt, dass der Beihilfeberechtigte ein Entgelt oder eine entsprechende Leistung bezieht (für Bundesbeamte siehe § 2 Abs. 2 BBhV).[95]

Insbesondere bei gesetzlich zwingend geregelten Zulagen und sonstigen Zuwendun- 44
gen, die nicht das Grund- und Mindestentgelt betreffen, sondern auch soziale Sicherungszwecke verfolgen, ist der Bezug zum Arbeitsverhältnis im Einzelfall festzustellen.[96] Dies ist bei einer **Kinderzulage** der Fall, die nicht nur generell die Unterhaltslast des arbeitenden Elternteils ausgleichen, sondern auch einen durch die Arbeitsleistung bedingten finanziellen Mehraufwand für die Kinderbetreuung abgelten soll.[97] Bei »Familienleistungen« im Sinne von Art. 1 Buchst. z der VO 883/2004[98] (s. Art. 48 AEUV, Rn. 54 ff.) handelt es sich nicht um Entgelt.[99]

2. Abfindungen

Leistungen, die nach Beendigung des Arbeitsverhältnisses erbracht werden, können als 45
»aufgeschobenes« Entgelt unter Art. 157 Abs. 2 AEUV fallen. **Entschädigungen für den Verlust des Arbeitsplatzes** bei betriebsbedingter (oder anderer) Entlassung erfüllen zwar eine Doppelfunktion, da sie nicht nur Belohnung für vergangene Dienste und Betriebstreue sind, sondern auch als Übergangsgeld für die Suche nach einem neuen Arbeitsplatz dienen. Es reicht jedoch insofern, dass die Leistung eine Art Entgelt ist, auf das der Arbeitnehmer Anspruch hat; dass das Geld auch als Übergangshilfe gedacht ist,

---

[92] EuGH, Urt. v. 30. 3. 2000, Rs. C–236/98 (JämO), Slg. 2000, I–2189, Rn. 40.
[93] EuGH, Urt. v. 9. 9.1999, Rs. C–281/97 (Krüger), Slg. 1999, I–5127, Rn. 17; Urt. v. 21.10.1999, Rs. C–333/97 (Lewen), Slg. 1999, I–7243, Rn. 21, 29.
[94] So im Ergebnis EuGH, Urt. v. 12. 12. 2013, Rs. C–267/12 (Hay), ECLI:EU:C:2013:823, Rn. 28, allerdings ohne klare Abgrenzung zum Sonderurlaub aus Anlass der Eheschließung, der lediglich »Arbeitsbedingung« sein konnte.
[95] EuGH, Urt. v. 6. 12. 2012, verb. Rs. C–124/11, C–125/11 und C–143/11 (Dittrich u. a.), E CLI: EU:C:2012:771, Rn. 36.
[96] EuGH, Urt. v. 8. 6. 2004, Rs. C–220/02 (Österreichischer Gewerkschaftsbund), Slg. 2004, I–5907.
[97] EuGH, Urt. v. 5. 11. 2014, Rs. C–476/12 (ÖGB), ECLI:EU:C:2014:2332.
[98] Verordnung (EG) Nr. 883/2004 vom 29. 4. 2004 zur Koordinierung der Systeme der sozialen Sicherheit, ABl. 2004, L 166/1.
[99] EuGH, Urt. v. 19. 9. 2013, verb. Rs. C–216/12 und 217/12 (Hliddal und Bornand), ECLI:EU: C:2013:568, Rn. 42 ff.

schadet nicht.[100] Wird die Entschädigung wegen sozial ungerechtfertigter Entlassung gewährt, so soll sie darüber hinaus ersetzen, was der Arbeitnehmer erhalten hätte, wenn der Arbeitgeber das Beschäftigungsverhältnis nicht rechtswidrig beendet hätte; sie wird schon deshalb »aufgrund der bisherigen Beschäftigung« gezahlt.[101]

3. Leistungen der sozialen Sicherheit

46 Ein betriebliches Versorgungssystem, das im Wesentlichen **von der Beschäftigung abhängt**, die der Betroffene ausübte, ist dem Entgelt zuzuordnen, das dem Betroffenen gezahlt wird.[102] Entsprechendes gilt für Hinterbliebenenrenten auf derselben Grundlage.[103] Das Kriterium, dass die Rente dem Arbeitnehmer aufgrund seines Dienstverhältnisses mit seinem früheren Arbeitgeber gezahlt wird, ist für die Zuordnung zum Entgelt insofern entscheidend.[104] Allerdings reicht dies als Abgrenzungskriterium nicht aus, denn dies gilt meist auch für gesetzliche Systeme der sozialen Sicherheit, von denen Entgeltleistungen abzugrenzen sind.[105] Nach Art. 2 Abs. 1 Buchst. f der Richtlinie 2006/54/EG handelt es sich bei »betriebliche[n] Systeme[n] der sozialen Sicherheit« um »Systeme, die nicht durch die Richtlinie 79/7/EWG [...] geregelt werden und deren Zweck darin besteht, [...] Leistungen zu gewähren, die als Zusatzleistungen oder Ersatzleistungen **die gesetzlichen Systeme der sozialen Sicherheit ergänzen oder an ihre Stelle treten**, unabhängig davon, ob der Beitritt zu diesen Systemen Pflicht ist oder nicht«.[106] Um Entgelt kann es sich demzufolge handeln, wenn ein betriebliches System an die Stelle des gesetzlichen Systems tritt und deshalb entsprechend gesetzlicher Vorgaben ausgestaltet wird,[107] oder wenn der Anschluss an das Betriebs(renten)system staatlicherseits bzw. auf Antrag der als repräsentativ angesehenen Arbeitgeber- und Arbeitnehmerorganisationen[108] für obligatorisch erklärt ist bzw. eine Pflichtzugehörigkeit[109] besteht. Die Tatsache, dass mit solchen Erklärungen in der Regel sozial- oder wettbewerbspolitische Zwecke verfolgt werden, ist irrelevant, solange der objektive Bezug zur Beschäftigung zu bejahen ist.[110]

47 Für die Abgrenzung bei **Altersrenten** ist entscheidend, ob die Rente nur für eine besondere Gruppe von Bediensteten gilt, unmittelbar von der abgeleisteten Dienstzeit abhängt und die Höhe nach den letzten Bezügen des Bediensteten berechnet wird; in

---

[100] EuGH, Urt. v. 27.6.1990, Rs. C–33/89 (Kowalska), Slg. 1990, I–2591, Rn. 9; Urt. v. 9.2.1982, Rs. C–12/81 (Garland), Slg. 1982, 359, Rn. 8 f. für Vergünstigungen im Reiseverkehr nach Eintritt in den Ruhestand.
[101] EuGH, Urt. v. 9.2.1999, Rs. C–167/97 (Seymour-Smith und Perez), Slg. 1999, I–623, Rn. 26 ff.
[102] EuGH, Urt. v. 13.5.1986, Rs. C–170/84 (Bilka), Slg. 1986, 1607, Rn. 22; Urt. v. 17.5.1990, Rs. C–262/88 (Barber), Slg. 1990, I–1889, Rn. 28; Urt. v. 10.2.2000, verb. Rs. C–270/97 u. 271/97 (Sievers und Schrage), Slg. 2000, I–929, Rn. 34; Urt. v. 13.1.2004, Rs. C–256/01 (Allonby), Slg. 2004, I–873, Rn. 52.
[103] EuGH, Urt. v. 25.5.2000, Rs. C–50/99 (Podesta), Slg. 2000, I–4039, Rn. 26 ff.
[104] EuGH, Urt. v. 25.5.2000, Rs. C–50/99 (Podesta), Slg. 2000, I–4039, Rn. 26; Urt. v. 17.4.1997, Rs. C–147/95 (Evrenopoulos), Slg. 1997, I–2057, Rn. 19.
[105] EuGH, Urt. v. 23.10.2003, verb. Rs. C–4/02 u. C–5/02 (Schönheit und Becker), Slg. 2003, I–12575, Rn. 56 f.
[106] Vgl. EuGH, Urt. v. 25.5.2000, Rs. C–50/99 (Podesta), Slg. 2000, I–4039, Rn. 31 ff.
[107] EuGH, Urt. v. 17.5.1990, Rs. C–262/88 (Barber), Slg. 1990, I–1889, Rn. 24 f.; Urt. v. 28.9.1994, Rs. C–128/93 (Fisscher), Slg. 1994, I–4583, Rn. 16.
[108] EuGH, Urt. v. 6.10.1993, Rs. C–109/91 (Ten Oever), Slg. 1993, I–4879, Rn. 10; Urt. v. 24.10.1996, Rs. C–435/93 (Dietz), Slg. 1996, I–5223.
[109] EuGH, Urt. v. 25.5.2000, Rs. C–50/99 (Podesta), Slg. 2000, I–4039, Rn. 32.
[110] EuGH, Urt. v. 24.10.1996, Rs. C–435/93 (Dietz), Slg. 1996, I–5223, Rn. 14.

diesem Fall sind zusätzliche Überlegungen des Allgemeininteresses wie der Sozialpolitik, der Staatsorganisation und der Ethik oder gar des Haushalts nicht relevant,[111] da sie sich nicht auf die erworbenen Ansprüche auswirken. Dabei kommt es nicht darauf an, ob je nach Beschäftigungsdauer oder dem letzten Gehalt ein bestimmter Leistungsumfang garantiert ist, solange die gewährten Leistungen in Beziehung zum letzten Gehalt stehen.[112] Die von einem öffentlichen Dienstherrn gewährte **Beamtenversorgung** steht einer Betriebsrente gleich, wenn sie diese Kriterien erfüllt und insofern dem entspricht, was ein privater Arbeitgeber seinen ehemaligen Arbeitnehmern zahlen würde.[113] Die Tatsache, dass ein solches System Teil eines allgemeinen durch Gesetz geregelten Systems ist, steht dem nicht entgegen (Art. 7 Abs. 2 der Richtlinie 2006/54/EG).

Ein wichtiges Abgrenzungskriterium stellt die **Rechtsgrundlage** dar (s. schon Rn. 37). Unter den Begriff der Betriebsrenten fallen alle Systeme, die entweder auf einer Vereinbarung zwischen den Sozialpartnern oder auf einseitiger Entscheidung des Arbeitgebers beruhen.[114] 48

Ein weiteres wichtiges Kriterium ist die **Finanzierungsgrundlage**. Betriebsrenten, die Entgelt im Sinne des Art. 157 Abs. 2 AEUV darstellen, werden ohne jede Beteiligung der öffentlichen Hand in vollem Umfang vom Arbeitgeber oder von diesem und den Arbeitnehmern gemeinsam finanziert. Tragen Arbeitnehmer, Arbeitgeber und eventuell die öffentliche Hand in einem Maße zur Finanzierung der Versorgungsbezüge aus einem gesetzlichen System bei, das weniger von einem Beschäftigungsverhältnis abhängt, sondern vielmehr durch sozialpolitische Erwägungen bestimmt wird, handelt es sich nicht um Entgelt.[115] Ob das System im Übrigen auf einem Verteilungsgrundsatz mit einem Gleichgewicht zwischen Beiträgen und Leistungen beruht oder nicht,[116] ist genauso wenig entscheidend wie die Frage, ob das Versorgungssystem von derselben öffentlichen Einrichtung verwaltet wird, die die gesetzlichen Systeme der sozialen Sicherheit verwaltet.[117] 49

Bei einem betrieblichen System der sozialen Sicherheit in diesem Sinn stellen die **Leistungen**, die den Beschäftigten aufgrund dieses Systems gewährt werden, Entgelt im Sinn des Art. 157 AEUV dar.[118] Gleiches gilt für die vom Arbeitgeber geleisteten **Beiträge**, erst recht wenn diese unmittelbar als Zuschläge an die Beschäftigten gezahlt werden, um anschließend vom Arbeitgeber abgezogen und für Rechnung des Arbeitnehmers an einen Rentenfonds abgeführt werden[119] (zum Gegenstand des Vergleichs (Brutto-/Nettolohn) s. Rn. 79). 50

---

[111] EuGH, Urt. v. 6.10.1993, Rs. C–109/91 (Ten Oever), Slg. 1993, I–4879, Rn. 10; Urt. v. 25.5.2000, Rs. C–50/99 (Podesta), Slg. 2000, I–4039, Rn. 35.
[112] EuGH, Urt. v. 25.5.2000, Rs. C–50/99 (Podesta), Slg. 2000, I–4039, Rn. 39 f.; siehe auch Urt. v. 1.4.2008, Rs. C–267/06 (Maruko), Slg. 2008, I–1757, Rn. 55 ff.
[113] EuGH, Urt. v. 23.10.2003, verb. Rs. C–4/02 u. C–5/02 (Schönheit und Becker), Slg. 2003, I–12575, Rn. 58.
[114] EuGH, Urt. v. 6.10.1993, Rs. C–109/91 (Ten Oever), Slg. 1993, I–4879, Rn. 10.
[115] EuGH, Urt. v. 6.10.2010, verb. Rs. C–395/08 u. C–396/08 (Bruno und Pettini), Slg. 2010, I–5119, Rn. 41.
[116] EuGH, Urt. v. 25.5.2000, Rs. C–50/99 (Podesta), Slg. 2000, I–4039, Rn. 36 f.
[117] EuGH, Urt. v. 6.10.2010, verb. Rs. C–395/08 u. C–396/08 (Bruno und Pettini), Slg. 2010, I–5119, Rn. 50.
[118] EuGH, Urt. v. 28.9.1994, Rs. C–128/93 (Fisscher), Slg. 1994, I–4583, Rn. 16; st. Rspr. (siehe schon Urt. v. 13.5.1986, Rs. C–170/84 (Bilka), Slg. 1986, 1607, Rn. 20, 22.
[119] EuGH, Urt. v. 11.3.1981, Rs. C–69/80 (Worringham und Humphreys), Slg. 1981, 767, Rn. 3 ff. für Beiträge zu einem Betriebsrentensystem; Urt. v. 3.12.1987, Rs. C–192/85 (Newstead), Slg. 1987, 4753, Rn. 17. Vgl. *Eichenhofer*, in: Streinz, EUV/AEUV, Art. 157 AEUV, Rn. 11 f.

51 Der Entgeltcharakter kann sich auch daraus ergeben, dass Leistungen **bei der Berechnung** anderer entgeltlicher Vergünstigungen (wie z. B. von Abfindungen oder Familienbeihilfen) berücksichtigt werden.[120]

52 In den Anwendungsbereich der Norm fällt nicht nur der Anspruch auf die Leistungen aus dem betrieblichen System, sondern auch der **Anspruch auf Beitritt zu diesem System**.[121] Der EuGH begründet dies insbesondere damit, dass der Anspruch auf Leistungen mit dem Anspruch auf Anschluss an dieses System untrennbar verbunden ist – denn der Anschluss erfolgt ausschließlich in Hinblick auf eine künftige Leistungsgewährung.[122] So können z. B. Teilzeitbeschäftigte den Anschluss an ein Betriebsrentensystem geltend machen. Allerdings kann bei einem rückwirkenden Anschluss an ein Betriebsrentensystem die Zahlung der Beiträge für den betreffenden Anschlusszeitraum verlangt werden.[123]

4. Entgeltersatzleistungen

53 Die **Entgeltfortzahlung im Krankheitsfall** erleichtert dem Arbeitnehmer die Wiederherstellung seiner Arbeitsfähigkeit; sie liegt deshalb im Interesse des Betriebs.[124] Ähnliches gilt für die Entlohnung von Arbeitnehmerinnen während ihres Mutterschaftsurlaubs, also der Zeit gesetzlich geregelter Beschäftigungsverbote unmittelbar vor und nach der Entbindung. Sie bezweckt mit dem Schutz der Gesundheit der schwangeren Arbeitnehmerin gleichzeitig die Erhaltung ihrer Arbeitsfähigkeit.[125]

54 Eine Entgeltersatzleistung an Mitglieder von Arbeitnehmervertretungen während ihrer **Betriebs- oder Personalratstätigkeit** stellt Entgelt dar, da diese Ämter der Aufrechterhaltung harmonischer Arbeitsbeziehungen und damit dem Arbeitsverhältnis dienen bzw. zu dessen spezifischen Zwecken (kollektive Interessenvertretung) geleistet werden. Dies gilt auch, soweit die Entgeltfortzahlung Einkommenseinbuße ausgleicht, die bei der Teilnahme an Schulungsveranstaltungen entsteht, bei denen für die Arbeit im Betriebsrat erforderliche Kenntnisse vermittelt werden.[126]

5. Sonstige Arbeitsbedingungen

55 Art. 157 Abs. 1 AEUV kann auch als Rechtsmaßstab für die Kontrolle **sonstiger Arbeitsbedingungen** dienen, soweit diese einen ausreichend engen Bezug zum Entgelt

---

[120] EuGH, Urt. v. 11.3.1981, Rs. 69/80 (Worringham und Humphreys), Slg. 1981, 767, Rn. 15.
[121] EuGH, Urt. v. 13.1.2004, Rs. C–256/01 (Allonby), Slg. 2004, I–873, Rn. 53; Urt. v. 28.9.1994, Rs. C–128/93 (Fisscher), Slg. 1994, I–4583, Rn. 12.
[122] EuGH, Urt. v. 24.10.1996, Rs. C–435/93 (Dietz), Slg. 1996, I–5223, Rn. 23; Urt. v. 11.12.1997, Rs. C–246/96 (Magorrian und Cunningham), Slg. 1997, I–7153, Rn. 20 ff.; etwas anders noch Urt. v. 13.5.1986, Rs. C–170/84 (Bilka), Slg. 1986, 1607, Rn. 27 f.; Urt. v. 28.9.1994, Rs. C–57/93 (Vröge), Slg. 1994, I–4541, Rn. 16, wo die potenziellen Leistungen aus dem System zur Stundenvergütung hypothetisch hinzugerechnet wurden (»gesamte Vergütung ist bei gleicher Anzahl von Arbeitsstunden höher als die bei Teilzeitbeschäftigten«; so auch *Rebhahn*, in: Schwarze, EU-Kommentar, Art. 157 AEUV, Rn. 28).
[123] EuGH, Urt. v. 28.9.1994, Rs. C–128/93 (Fisscher), Slg. 1994, I–4583, Rn. 37; Urt. v. 24.10.1996, Rs. C–435/93 (Dietz), Slg. 1996, I–5223, Rn. 34.
[124] EuGH, Urt. v. 13.7.1989, Rs. C–171/88 (Rinner-Kühn), Slg. 1989, I–2743, Rn. 7; bestätigt im Urt. v. 8.6.2004, Rs. C–220/02 (Österreichischer Gewerkschaftsbund), Slg. 2004, I–5907, Rn. 38.
[125] EuGH, Urt. v. 13.2.1996, Rs. C–342/93 (Gillespie), Slg. 1996, I–475, Rn. 14.
[126] EuGH, Urt. v. 4.6.1992, Rs. C–360/90 (Bötel), Slg. 1992, I–3589; Urt. v. 6.2.1996, C–457/93 (Lewark), Slg. 1996, I–243, Rn. 23; Bestätigung für Personalratsmitglieder im Urt. v. 7.3.1996, Rs. C–278/93 (Freers und Speckmann), Slg. 1996, I–1165, Rn. 18 f.

haben.¹²⁷ Ist dies nicht der Fall, sind allein die Art. 14 ff. der Richtlinie 2006/54/EG anzuwenden. Da es sich hier allerdings um eine allgemeine Regelung handelt, für die Art. 4 der Richtlinie lediglich lex specialis ist (s. Rn. 8), ist die Abgrenzung im Gegensatz zum früheren Recht nur noch insofern von Bedeutung, als die Art. 14 ff. der Richtlinie primärrechtlich nicht durch Art. 157 AEUV, sondern nur durch das Grundrecht des Art. 23 GRC verstärkt werden.

Damit sonstige Arbeitsbedingungen in den Geltungsbereich des Art. 157 AEUV fallen, reicht es nicht aus, dass sie **finanzielle Auswirkungen** haben können.¹²⁸ Regelungen über die Festlegung der **Dauer der Arbeitszeit** (Arbeitszeitverkürzung, Arbeitszeit nach Bedarf, Altersteilzeit) unterfallen trotz ihrer unmittelbaren Auswirkungen auf das Entgelt nicht Art. 157 AEUV.¹²⁹ Gleiches gilt für Regelungen über die Dauer der Beschäftigung und den **Bestand des Beschäftigungsverhältnisses** selbst (wie z. B. eine Altersgrenze).¹³⁰ 56

Schwierig ist die Abgrenzung, wenn es um Bedingungen geht, die **Berechnungsgrundlagen des Entgelts** betreffen. Art. 4 der Richtlinie 2006/54/EG verbietet Diskriminierung aufgrund des Geschlechts auch »in Bezug auf sämtliche Entgelt[…]bedingungen«. Es kommt darauf an, ob die Höhe des Entgelts »quasiautomatisch« betroffen ist.¹³¹ 57

Um eine **Entgeltbedingung** handelt es sich jedenfalls bei Regelungen über die Eingruppierung und die Voraussetzungen eines höheren Entgelts nach einem Entgeltsystem.¹³² Die Rückstufung eines Arbeitnehmers im Entgeltsystem nach Arbeitsplatzteilung bei Übergang oder Rückkehr zur Vollzeitregelung hat so unmittelbare Auswirkungen auf die Höhe seines Stundenlohns. Anders sind Voraussetzungen oder Regelungen zu beurteilen, die nicht die Berechnungsgrundlage selbst betreffen, sondern nur deren Auslegung bzw. die »Präzisierung der Bedingungen des Zugangs« zum beruflichen Aufstieg.¹³³ Entscheidend ist für den EuGH, ob der Aufstieg in eine höhere Vergütungsgruppe automatisch mit Erfüllung des Erfordernisses (z. B. einer längeren Dienstzeit) erfolgt, oder ob die streitige Bedingung (Aufnahme in eine Beförderungsliste nach Beamtenrecht) nur eine unter mehreren Voraussetzungen für das höhere Entgelt darstellt. Dies ist z. B. der Fall, wenn die Beförderung nicht nur von der Betriebszugehörigkeit, sondern darüber hinaus von der Verfügbarkeit einer Planstelle und der Beibehaltung der Position auf der Beförderungsliste abhängt.¹³⁴ Der EuGH meint auch, es betreffe lediglich die Voraussetzungen für die Inanspruchnahme der Leistung, wenn eine Abfindung bei freiwilligem Ausscheiden ab einem bestimmten Mindestalter gewährt werde (Männer 60 58

---

¹²⁷ *Krebber*, in: Calliess/Ruffert, EUV/AEUV, Art. 157 AEUV, Rn. 1, 72; *Rebhahn*, in: Schwarze, EU-Kommentar, Art. 157 AEUV, Rn. 1, 3.
¹²⁸ EuGH, Urt. v. 30. 3. 2000, Rs. C–236/98 (JämO), Slg. 2000, I–2189, Rn. 59; Urt. v. 19. 2. 2002, Rs. C–476/99 (Lommers), Slg. 2002, I–2891, Rn. 28. Für einen Überblick über die Rechtsprechung s. EUArbR/*Franzen*, Art. 157 AEUV, Rn. 20 f.
¹²⁹ EuGH, Urt. v. 30. 3. 2000, Rs. C–236/98 (JämO), Slg. 2000, I–2189, Rn. 60; Urt. v. 9. 2. 1999, Rs. C–167/97 (Seymour-Smith und Perez), Slg. 1999, I–623, Rn. 37; Urt. v. 12. 10. 2004, Rs. C–313/02 (Wippel), Slg. 2004, I–9483, Rn. 30 ff. (Arbeit auf Abruf); Urt. v. 11. 9. 2003, Rs. C–77/02 (Steinicke), Slg. 2003, I–9027, Rn. 49 ff. (Altersteilzeit).
¹³⁰ EuGH, Urt. v. 15. 6. 1978, Rs. C–149/77 (Defrenne III), Slg. 1978, I–1365, Rn. 19 ff.
¹³¹ *Krebber*, in: Calliess/Ruffert, EUV/AEUV, Art. 157 AEUV, Rn. 9 (den Begriff »quasiautomatisch« verwendet der EuGH, Urt. v. 7. 2. 1991, Rs. C–184/89 (Nimz), Slg. 1991, I–297, Rn. 9, 10; siehe auch Urt. v. 2. 10. 1997, Rs. C–1/95 (Gerster), Slg. 1997, I–5253, Rn. 24 »gleichsam automatisch«); *Rebhahn*, in: Schwarze, EU-Kommentar, Art. 157 AEUV, Rn. 13.
¹³² EuGH, Urt. v. 17. 6. 1998, Rs. C–243/9 (Hill und Stapleton), Slg. 1998, I–3739, Rn. 31 ff.
¹³³ EuGH, Urt. v. 18. 11. 2004, Rs. C–284/02 (Sass), Slg. 2004, I–11143, Rn. 31.
¹³⁴ EuGH, Urt. v. 2. 10. 1997, Rs. C–1/95 (Gerster), Slg. 1997, I–5253, Rn. 24 f.

Jahre, Frauen 55 Jahre);¹³⁵ maßgeblich soll hier wohl sein, dass Voraussetzung für die Abfindung nicht nur das Erreichen der Altersstufe, sondern auch das Ausscheiden aus dem Betrieb ist. Den aufgestellten Grundsätzen widerspricht es allerdings, wenn der EuGH eine Ungleichbehandlung nach Art. 157 AEUV anerkennt, wenn die Benachteiligung sich nicht auf die Zuerkennung der Leistung (einer Witwenrente) bezog, sondern auf **eine für deren Gewährung notwendige Voraussetzung**, nämlich die Fähigkeit, miteinander die Ehe einzugehen.¹³⁶

59 Hängt das Entgelt unmittelbar von der **Betriebszugehörigkeit** ab (wie z. B. beim beamtenrechtlichen Bewährungsaufstieg¹³⁷), so muss sich die Berechnung der Betriebszugehörigkeit am Maßstab des Art. 157 AEUV messen lassen. Jedoch hat der EuGH die Frage, welche (Urlaubs-)Zeiten bei der Berechnung der Dienstzeit im Rahmen eines Entgeltsystems zu berücksichtigen sind, nicht als Frage des Entgelts angesehen.¹³⁸ Dem ist zu widersprechen, zumal die Frage, ob die Anrechnung der Dauer eines Militärdienstes als Dienstzeit bei Berechnung einer Abfindung zu berücksichtigen ist, durchaus als Frage des Entgelts behandelt wird.¹³⁹

E. Der Tatbestand der Entgeltdiskriminierung

I. Gleiche Arbeit oder gleichwertige Arbeit

60 Gleiches Entgelt ist für »**gleiche Arbeit**« zu bezahlen. Der Begriff der Arbeit bezieht sich auf die ausgeübten Tätigkeiten, die Art der Arbeitsleistung und die zu erbringenden Aufgaben. Die Norm verlangt insofern einen Vergleich des Entgelts von Arbeitnehmern und Arbeitnehmerinnen, die gleiche oder gleichwertige Arbeit ausführen.

61 Der Arbeitnehmer oder die Arbeitnehmerin, die sich auf den Anspruch aus Art. 157 Abs. 1 AEUV beruft, muss die Gleichwertigkeit der Tätigkeiten **beweisen**¹⁴⁰ (zur Beweiserleichterung für die Kausalität des Geschlechts s. Rn. 92 ff.).

62 Um gleiche Arbeit im Sinne der Norm handelt es sich auch, wenn ein Arbeitsplatz neu besetzt wurde und zwischenzeitlich Zeit vergangen ist. Insofern verlangt Art. 157 AEUV, dass einer Amtsnachfolgerin dasselbe Entgelt wie ihrem **Amtsvorgänger** gezahlt wird (zur Möglichkeit der Rechtfertigung ungleicher Zahlungen s. Rn. 64; Rn. 94).¹⁴¹

63 Der Grundsatz der Entgeltgleichheit gilt auch für Tätigkeiten und Arbeiten, die sich unterscheiden, die aber als **gleichwertig** anzusehen sind. Ein solcher **individueller Vergleich** der Tätigkeiten von Arbeitnehmern unterschiedlichen Geschlecht kann auf allen Ebenen und zwischen allen Tätigkeiten stattfinden.¹⁴² So lassen sich Reinigungstätig-

---

¹³⁵ EuGH, Urt. v. 16. 2. 1982, Rs. C–19/81 (Burton), Slg. 1982, 555, Rn. 8.
¹³⁶ EuGH, Urt. v. 7. 1. 2004, Rs. C–117/01 (K.B.), Slg. 2004, I–541, Rn. 30 ff.; dagegen auch *Kreber*, in: Calliess/Ruffert, EUV/AEUV, Art. 157 AEUV, Rn. 33, der allerdings hier allein mit Praktikabilitätserwägungen argumentiert (»nicht das richtige dogmatische Instrument«); kritisch auch *Classen*, JZ 2004, 513 ff.; zur Frage der Vergleichspersonen s. Rn. 62 ff.
¹³⁷ EuGH, Urt. v. 7. 2. 1991, Rs. C–184/89 (Nimz), Slg. 1991, I–297, Rn. 15.
¹³⁸ EuGH, Urt. v. 18. 11. 2004, Rs. C–284/02 (Sass), Slg. 2004, I–11143, Rn. 30 ff.
¹³⁹ EuGH, Urt. v. 8. 6. 2004, Rs. C–220/02 (Österreichischer Gewerkschaftsbund), Slg. 2004, I–5907, Rn. 36 ff.
¹⁴⁰ EuGH, Urt. v. 28. 2. 2013, Rs. C–427/11 (Kenny u. a.), ECLI:EU:C:2013:122, mit Anm. *Kreber*, GPR 2014, 149 (151); Urt. v. 27. 10. 1993, Rs. C–127/92 (Enderby), Slg. 1993, I–5535, Rn. 13.
¹⁴¹ EuGH, Urt. v. 27. 3. 1980, Rs. C–129/79 (Macarthys), Slg. 1980, 1275, Rn. 11.
¹⁴² *Colneric*, Der Anspruch auf gleichen Lohn für gleichwertige Arbeit und das Verbot der mittelbaren Diskriminierung, FS Dieterich, 1999, S. 57.

keiten mit Tätigkeiten in den Bereichen Gartenpflege, Müllabfuhr und Kanalwartung vergleichen,[143] Logopädinnen mit Apothekern oder klinischen Psychologen,[144] diplomierte Psychologen mit Ärzten,[145] Hebammen mit Krankenhausingenieuren[146] oder maschinengesteuerte Arbeit mit Handarbeit.[147] Für die Würdigung des Sachverhalts sind allein die mitgliedstaatlichen Gerichte zuständig; ihnen obliegt insbesondere die Feststellung, ob Arbeiten als gleichwertig anzusehen sind.[148]

Die Anwendbarkeit ist nicht auf Fälle beschränkt, in denen Männer und Frauen ihre Arbeit für ein und denselben Arbeitgeber verrichten. Voraussetzung eines Vergleichs ist aber, dass die Arbeit in ein und demselben privaten oder öffentlichen **Betrieb** oder Dienststelle verrichtet wird[149] oder das Entgelt auf dieselben Rechtsvorschriften oder Kollektivverträge zurückgeht.[150] 64

Zur Feststellung der Gleichwertigkeit sind die geschuldeten Tätigkeiten insgesamt miteinander zu vergleichen. Dabei muss die Art der Arbeit objektiv betrachtet werden. So kann eine Arbeit, die objektiv den Einsatz größerer Kraft erfordert, anders entlohnt werden als eine Arbeit, die geringere Kräfte erfordert (zum Verbot der mittelbaren Diskriminierung insoweit s. Rn. 131 ff.). **Objektive Bewertung** bedeutet, dass diese unabhängig davon erfolgen muss, ob die Tätigkeit von einem Mann oder von einer Frau verrichtet wird. Zur Bewertung der Arbeit dürfen also keine Werte zugrunde gelegt werden, die den durchschnittlichen Leistungen von Personen nur eines Geschlechts entsprechen.[151] 65

Der Vergleich muss unter Zugrundelegung einer Gesamtheit von Faktoren erfolgen. Zu berücksichtigen sind insbesondere die Art der Arbeit sowie die Ausbildungsanforderungen (zu den Arbeitsbedingungen s. Rn. 70).[152] Was die **Art der Arbeit** angeht, so kann für die Feststellung von Gleichwertigkeit auf objektive Kriterien der Arbeitsbewertung abgestellt werden, insbesondere Bildungs-, Ausbildungs- und Berufsanforderungen, Qualifikationen, Belastung und Verantwortung, ausgeführte Arbeit und Art der dabei wahrgenommenen Aufgaben.[153] Dabei können z. B. der Umfang der Aufgaben, 66

---

[143] EuGH, Urt. v. 17. 9. 2002, Rs. C–320/00 (Lawrence), Slg. 2002, I–7325.
[144] EuGH, Urt. v. 27. 10. 1993, Rs. C–127/92 (Enderby), Slg. 1993, I–5535.
[145] EuGH, Urt. v. 11. 5. 1999, Rs. C–309/97 (Angestelltenbetriebsrat der Wiener Gebietskrankenkasse), Slg. 1999, I–2865.
[146] EuGH, Urt. v. 30. 3. 2000, Rs. C–236/98 (JämO), Slg. 2000, I–2189, Rn. 44 ff.
[147] EuGH, Urt. v. 31. 5. 1995, Rs. C–400/93 (Royal Copenhagen), Slg. 1995, I–1275.
[148] EuGH, Urt. v. 30. 3. 2000, Rs. C–236/98 (JämO), Slg. 2000, I–2189, Rn. 48; Urt. v. 31. 5. 1995, Rs. C–400/93 (Royal Copenhagen), Slg. 1995, I–1275, Rn. 42; Urt. v. 26. 6. 2001, Rs. C–381/99 (Brunnhofer), Slg. 2001, I–4961; Urt. v. 28. 2. 2013, Rs. C–427/11 (Kenny u. a.), ECLI:EU:C:2013:122.
[149] EuGH, Urt. v. 7. 9. 2002, Rs. C–320/00 (Lawrence), Slg. 2002, I–7325, Rn. 17; Urt. v. 13. 1. 2004, Rs. C–256/01 (Allonby), Slg. 2004, I–873, Rn. 45.
[150] EuGH, Urt. v. 7. 9. 2002, Rs. C–320/00 (Lawrence), Slg. 2002, I–7325, Rn. 18; Urt. v. 13. 1. 2004, Rs. C–256/01 (Allonby), Slg. 2004, I–873, Rn. 46.
[151] EuGH, Urt. v. 1. 7. 1986, Rs. 237/85 (Rummler), Slg. 1986, 2101, Rn. 13, 23.
[152] Vgl. EuGH, Urt. v. 28. 2. 2013, Rs. C–427/11 (Kenny u. a.), ECLI:EU:C:2013:122, Rn. 27; Urt. v. 11. 5. 1999, Rs. C–309/97 (Angestelltenbetriebsrat der Wiener Gebietskrankenkasse), Slg. 1999, I–2865, Rn. 16 ff.; vgl. in diesem Sinn Urt. v. 31. 5. 1995, Rs. C–400/93 (Royal Copenhagen), Slg. 1995, I–1275, Rn. 27 f., 32 f.
[153] Empfehlung der Kommission vom 7. 3. 2014 zur Stärkung des Grundsatzes des gleichen Entgelts für Frauen und Männer durch Transparenz, C(2014) 1405 final, Nr. 10 (S. 8); siehe dort auch den Verweis auf Anhang 1 der Arbeitsunterlage der Kommission zum Bericht über die Anwendung der Richtlinie 2006/54/EG (SWD(2013) 512 final). Die Kommission vertritt hier allerdings die Auffassung, die Mitgliedstaaten könnten diesen Begriff »präzisieren«, was nur insofern zutreffend ist, als die Mitgliedstaaten den Inhalt des Begriffs deklaratorisch festlegen können.

das Ausmaß des Kontakts zu Kunden und Kundinnen sowie die Handlungs- und Entscheidungskompetenzen eine Rolle spielen.[154] In der Anwendung ergeben sich große Bewertungsspielräume für die mitgliedstaatlichen Gerichte.

67　Die **Praxis der Kollektivverträge** und die allgemeine Verkehrsanschauung können Anhaltspunkte für die Bewertung geben. Diese sind jedoch nur Indizien; Entgeltunterschiede bedürfen darüber hinaus immer einer Bestätigung durch Faktoren, die sich aus den von den betroffenen Arbeitnehmern ausgeübten Tätigkeiten ergeben müssen.[155] Denn eine bestimmte Tarifierung kann auf allein sozialpolitischen Gründen beruhen.[156] Auch wenn es für zwei Tätigkeiten einen einheitlichen Tarif gibt, kann es sich um verschieden wertige Tätigkeiten im Sinne des Art. 157 AEUV handeln.[157]

68　Insbesondere **Berufsausbildung und Qualifikation** gehören zu den Kriterien, anhand derer sich feststellen lässt, ob die Arbeitnehmerinnen und Arbeitnehmer die gleiche Arbeit verrichten.[158] So kann es sein, dass Psychologen und Ärzte eine verschiedene Tätigkeit ausüben, weil sie sich bei der Behandlung ihrer Patienten auf in sehr unterschiedlichen Fachrichtungen erworbene Kenntnisse und Fähigkeiten stützen und deshalb über unterschiedlich breite Berechtigungen verfügen.[159] Auch hier handelt es sich um ein bloßes Indiz; ist die unterschiedliche Berufsausbildung von zwei Arbeitnehmern nicht relevant für die Art oder Qualität der Berufsausübung, rechtfertigt sie kein unterschiedliches Entgelt.[160]

69　Der EuGH hat angedeutet, dass gleiche oder gleichwertige Arbeit nur angenommen werden könne, wenn sich die betroffenen Arbeitnehmer und Arbeitnehmerinnen **in gleichen oder vergleichbaren Situationen** befinden. Allerdings stellt der Gerichtshof gleichzeitig fest, dass es für die Frage der Bewertung von Arbeiten als gleich allein auf die Art der Arbeit ankomme. Wenn mit »Situation« also lediglich die Arbeitsaufgaben gemeint sind,[161] so ist die Einführung des Kriteriums der »Situation« nicht hilfreich.

70　Unterschiede in **Kontextbedingungen und Ausübung der Arbeit** (Belästigungen und Belastungen bei der Arbeit, Pausen, individuelle Leistungen) sind ebenfalls schon als eine Frage unterschiedlicher Situationen angesehen worden, die eine unterschiedliche Wertigkeit von Arbeitstätigkeiten begründen könnte. Würden Arbeitnehmerinnen und Arbeitnehmer unter außergewöhnlichen Umständen auch im Außendienst eingesetzt,

---

[154] Vgl. EuGH, Urt. v. 26.6.2001, Rs. C–381/99 (Brunnhofer), Slg. 2001, I–4961, Rn. 50 (Betreuung von Großkunden und Verfügung über eine Handlungsvollmacht).
[155] EuGH, Urt. v. 27.3.1980, Rs. C–129/79 (Macarthys), Slg. 1980, 1275, Rn. 11; Urt. v. 1.7.1986, Rs. 237/85 (Rummler), Slg. 1986, 2101, Rn. 13, 23; Urt. v. 26.6.2001, Rs. C–381/99 (Brunnhofer), Slg. 2001, I–4961, Rn. 42, 47; großzügiger insofern das BAG, BAGE 113, 276; vgl. auch BAGE 80, 343.
[156] EuGH, Urt. v. 11.5.1999, Rs. C–309/97 (Angestelltenbetriebsrat der Wiener Gebietskrankenkasse), Slg. 1999, I–2865, Rn. 22.
[157] EuGH, Urt. v. 26.6.2001, Rs. C–381/99 (Brunnhofer), Slg. 2001, I–4961, Rn. 24, 44.
[158] EuGH, Urt. v. 28.2.2013, Rs. C–427/11 (Kenny u.a.), ECLI:EU:C:2013:122, Rn. 29; Urt. v. 17.10.1989, Rs. 109/88 (Danfoss), Slg. 1989, 3199, Rn. 23.
[159] EuGH, Urt. v. 11.5.1999, Rs. C–309/97 (Angestelltenbetriebsrat der Wiener Gebietskrankenkasse), Slg. 1999, I–2865, Rn. 19; vgl. auch, Urt. v. 28.2.2013, Rs. C–427/11 (Kenny u.a.), ECLI:EU:C:2013:122, Rn. 30.
[160] So auch *Rubenstein*, Industrial Relations Law Review 2013, 425 mit einer Kritik am Urteil des EuGH in der Rechtssache »Kenny u.a.« (EuGH, Urt. v. 28.2.2013, Rs. C–427/11, ECLI:EU:C:2013:122); dazu auch *Junker*, RIW 2014, 4 f.
[161] EuGH, Urt. v. 26.6.2001, Rs. C–381/99 (Brunnhofer), Slg. 2001, I–4961, Rn. 39; vgl. schon Urt. v. 11.5.1999, Rs. C–309/97 (Angestelltenbetriebsrat der Wiener Gebietskrankenkasse), Slg. 1999, I–2865, Rn. 19.

gehöre dies zu den Arbeitsbedingungen, die neben der Art der Tätigkeit und dem Ausbildungsstand als Kriterien der Gleichwertigkeitsprüfung in Betracht kämen.[162] Hier ist ganz deutlich, dass das Kriterium der »gleichen Situation« nicht geeignet ist, in Hinblick auf die Gleichwertigkeit der Arbeit zu größerer begrifflicher Klarheit zu führen. Sinnvoller ist eine Unterscheidung nach Tätigkeitsinhalten und -gegenständen, die die Anforderungen an die Arbeit in ihrem Kern prägen. Bei allen sonstigen Merkmalen wie zusätzliche Belastungen, außergewöhnliche Aufgaben, bezahlte Pausen, individuelle Leistungen oder Freiheit der individuellen Arbeitsorganisation handelt es sich um Merkmale, die als neutrale Faktoren zwar geeignet sind, ein differenziertes Entgelt zu rechtfertigen, die jedoch in Hinblick auf das Verbot der mittelbaren Diskriminierung einer objektiven Rechtfertigung bedürfen und nicht umstandslos die Anwendung des Art. 157 AEUV ausschließen.

Besondere **persönliche oder finanzielle Situationen** sind z. B. für Frauen im Mutterschaftsurlaub[163] oder für Personen im Erziehungsurlaub[164] angenommen worden, sowie in dem Fall, dass eine betriebliche Leistung bei unterschiedlichem Renteneintrittsalter von Männern und Frauen die finanzielle Überbrückung bis zum Renteneintritt gewährleisten sollte.[165] Die Frage, ob solche Unterschiede in den »Situationen« eine Entgeltdifferenzierung rechtfertigen, ist jedoch in diesen Fällen richtiger allein als eine Frage der Kausalität des Geschlechts für die Ungleichbehandlung zu behandeln[166] (s. Rn. 119). 71

II. Ungleiches Entgelt

Gleichheit des Entgelts bedeutet bei **Zeitlohn**, dass das Entgelt bei gleichem Arbeitsplatz gleich sein muss, insbesondere aufgrund gleicher Stundensätze berechnet werden (Art. 157 Abs. 2 UAbs. 2 Buchst. b AEUV).[167] Beim **Leistungsentgelt** muss das Entgelt für eine gleiche Arbeit aufgrund der gleichen Maßeinheit festgesetzt werden (Art. 157 Abs. 2 UAbs. 2 Buchst. a AEUV). 72

Daraus ergibt sich, dass die Arbeitsleistung von Teilzeitbeschäftigten je Zeiteinheit grundsätzlich genauso zu bewerten und zu entlohnen ist wie jene von Vollbeschäftigten[168] (**pro-rata-temporis-Prinzip**, siehe § 4 Abs. 2 Rahmenvereinbarung zur Teilzeitrichtlinie 97/81/EG). 73

Entgeltunterschiede müssen sich aber auf ein und dieselbe **Quelle** zurückführen lassen, weil sonst unklar ist, wer für die Ungleichbehandlung verantwortlich ist und die Gleichbehandlung wiederherstellen könnte.[169] Bei unterschiedlichen Tarifverträgen findet ein Vergleich nur statt, wenn für die beiden betroffenen Berufsgruppen entweder keine **getrennten Tarifverhandlungen** stattgefunden haben oder wenn die getrennt 74

---

[162] EuGH, Urt. v. 28. 2. 2013, Rs. C–427/11 (Kenny u. a.), ECLI:EU:C:2013:122, Rn. 33 f.; Vgl. Urt. v. 31. 5. 1995, Rs. C–400/93 (Royal Copenhagen), Slg. 1995, I–1275, Rn. 4.
[163] EuGH, Urt. v. 13. 2. 1996, Rs. C–342/93 (Gillespie), Slg. 1996, I–475, Rn. 20 ff.
[164] EuGH, Urt. v. 21. 10. 1999, Rs. C–333/97 (Lewen), Slg. 1999, I–7243, Rn. 49.
[165] EuGH, Urt. v. 9. 11. 1993, Rs. C–132/92 (Birds Eye Walls), Slg. 1993, I–5579, Rn. 18 ff.; Urt. v. 9. 12. 2004, Rs. C–19/02 (Hlozek), Slg. 2004, I–11491, Rn. 44 ff.
[166] *Rebhahn*, in: Schwarze, EU-Kommentar, Art. 157 AEUV, Rn. 22; zur wechselseitigen Abhängigkeit der Maßstäbe für die Gleichwertigkeit und für die Rechtfertigung siehe auch *Krebber*, in: Calliess/Ruffert, EUV/AEUV, Art. 157 AEUV, Rn. 58.
[167] EuGH, Urt. v. 31. 3. 1981, Rs. C–96/80 (Jenkins), Slg. 1981, 911, Rn. 13.
[168] *Rebhahn*, in: Schwarze, EU-Kommentar, Art. 157 AEUV, Rn. 28.
[169] EuGH, Urt. v. 7. 9. 2002, Rs. C–320/00 (Lawrence), Slg. 2002, I–7325, Rn. 18; Urt. v. 13. 1. 2004, Rs. C–256/01 (Allonby), Slg. 2004, I–873, Rn. 46.

durchgeführten Tarifverhandlungen zu einer unterschiedlichen Behandlung von zwei Gruppen geführt haben, die denselben Arbeitgeber haben und derselben Gewerkschaft angehören.[170]

75 Um dieselbe Rechtsquelle handelt es sich jedoch nicht, wenn der Arbeitgeber die Höhe der Vergütung einer Arbeitnehmerin tatsächlich davon beeinflussen lässt, was ein **anderer Arbeitgeber** dem Vergleichsarbeitnehmer bezahlt.[171] Ein Vergleich über Betriebs- und Unternehmensgrenzen hinweg kann nur stattfinden, wenn das Entgelt auf dieselbe Rechtsquelle zurückgeht.

76 Art. 157 Abs. 2 AEUV konkretisiert den Begriff des Entgelt als »die üblichen Grund- oder Mindestlöhne und -gehälter sowie alle sonstigen Vergütungen«. Die Norm verlangt Entgeltgleichheit bezüglich jedes einzelnen Entgeltbestandteils. Dies konkretisiert Art. 4 Abs. 1 Richtlinie 2006/54/EG dahingehend, dass bei gleicher oder gleichwertiger Arbeit Diskriminierung aufgrund des Geschlechts »in Bezug auf sämtliche **Entgeltbestandteile** und -bedingungen« beseitigt wird. Nur so ist die Transparenz möglich, die für eine wirksame Kontrolle erforderlich ist.[172] Es findet keine Gesamtbewertung der gewährten Vergütungen statt;[173] der Arbeitgeber kann also die Nichtgewährung bestimmter Vergünstigungen nicht durch höhere Leistungen bei anderen Bestandteilen ausgleichen. Grundgehälter sind nur miteinander, Zulagen sind mit entsprechenden Zulagen zu vergleichen.

77 Deshalb ist dem EuGH auch zu widersprechen, wenn er beim Vergleich von Teilzeitbeschäftigten und vollzeitbeschäftigten Arbeitnehmern nur in Betracht zieht, ob das den Vollzeitbeschäftigten gezahlte **Gesamtentgelt bei gleicher Zahl von Stunden** höher ist als das Teilzeitbeschäftigten gezahlte.[174] Dies kann zwar ein maßgeblicher Gesichtspunkt sein. So stellt es eine Ungleichbehandlung dar, wenn Stunden der Mehrarbeit sowohl bei Teilzeit- wie bei Vollzeitbeschäftigten ohne sachlichen Grund geringer entlohnt werden als die vereinbarte Arbeitszeit; denn im Ergebnis erhalten Vollzeitkräfte dann für die gleiche Gesamtarbeitszeit mehr Entgelt (s. Rn. 126).[175]

78 Darüber hinaus ist aber auch zu prüfen, ob innerhalb eines im Ergebnis gleichen Gesamtentgelts **Einzelleistungen** aufgrund des Geschlechts ungleich vergütet werden. Relevant ist dies für die Frage, ob **Überstundenzuschläge für Teilzeitbeschäftigte** erst

---

[170] EuGH, Urt. v. 27.10.1993, Rs. C–127/92 (Enderby), Slg. 1993, I–5535, Rn. 22; Urt. v. 28.2.2013, Rs. C–427/11 (Kenny u. a.), ECLI:EU:C:2013:122.
[171] EuGH, Urt. v. 13.1.2004, Rs. C–256/01 (Allonby), Slg. 2004, I–873, Rn. 47 f.
[172] Zu diesem Problem siehe auch rechtspolitisch Empfehlung der Kommission vom 7.3.2014 zur Stärkung des Grundsatzes des gleichen Entgelts für Frauen und Männer durch Transparenz, C(2014) 1405 final; in diese Richtung auch: Entschließung des Europäischen Parlaments v. 24.5.2012 (P7_TA(2012)0225) betreffend gleiches Entgelt für Frauen und Männer (Empfehlungen zur Erhöhung der Lohntransparenz sowie von Systemen zur geschlechtsneutralen Arbeitsbewertung und beruflichen Einstufung).
[173] EuGH, Urt. v. 26.6.2001, Rs. C–381/99 (Brunnhofer), Slg. 2001, I–4961, Rn. 35; vgl. auch Urt. v. 30.3.2000, Rs. C–236/98 (JämO), Slg. 2000, I–2189, Rn. 44 ff.; *Krebber*, in: Calliess/Ruffert, EUV/AEUV, Art. 157 AEUV, Rn. 46.
[174] EuGH, Urt. v. 15.12.1994, verb. Rs. C–399/92, C–409/92, C–425/92, C–34/93, C–50/93 (Helmig u. a.), Slg. 1994, I–5727, Rn. 26 ff.; Urt. v. 6.2.1996, C–457/93 (Lewark), Slg. 1996, I–243, Rn. 25.
[175] EuGH, Urt. v. 6.12.2007, Rs. C–300/06 (Voß), Slg. 2007, I–10573, Rn. 34 ff; vgl. auch Urt. v. 13.5.1986, Rs. C–170/84 (Bilka), Slg. 1986, 1607, Rn. 27 f., der den diskriminierenden Charakter eines Ausschlusses von Teilzeitbeschäftigten aus der Betriebsrente damit begründete, dass dadurch die gesamte Vergütung der Vollzeitbeschäftigten bei gleicher Anzahl von Arbeitsstunden höher sei als bei Teilzeitbeschäftigten; so auch *Rebhahn*, in: Schwarze, EU-Kommentar, Art. 157, Rn. 28.

dann zu bezahlen sind, wenn die übliche Arbeitszeit von Vollzeitbeschäftigten überschritten ist, oder bereits bei Überschreiten der Arbeitszeit, die vertraglich mit dem/der Teilzeitbeschäftigten vereinbart war.[176] Da Art. 157 AEUV einen Vergleich für jeden »Entgeltbestandteil« verlangt, sind die Entgelte für die Regelarbeitszeit und die Mehrarbeitsvergütungen getrennt voneinander zu vergleichen[177] (zur Frage der Rechtfertigung unterschiedlicher Bewertung der Überstunden von Teilzeit- und Vollzeitbeschäftigten s. Rn. 123).

Dies ist auch relevant für die Frage, ob für den Vergleich das Brutto- oder das Nettoentgelt maßgeblich ist.[178] Auch hier kommt es darauf an, welche Leistungen jeweils als »Entgelt« bzw. als »Entgeltbestandteil« anzusehen sind. So ist zunächst hinsichtlich des **Nettoentgelts** Diskriminierungsschutz zu gewährleisten, denn es wird in aller Regel die Voraussetzungen für »Entgelt« im Sinne des Art. 157 AEUV erfüllen. Bei weiteren Zahlungen des Arbeitgebers, die im **Bruttolohn** berücksichtigt werden, kommt es darauf an, ob diese zusätzlichen Leistungen als Entgelt einzuordnen sind; dies ist z.B. bei Beiträgen zu betrieblichen Systemen der sozialen Sicherheit der Fall, selbst wenn diese nicht unmittelbar an den Arbeitnehmer gezahlt werden (s. Rn. 46 ff.). Steuerliche Abgaben sowie Beiträge zu gesetzlichen Systemen der sozialen Sicherheit werden hingegen von Art. 157 AEUV nicht erfasst. Dient der Bruttolohn unter Einbeziehung solcher Abgaben und Beiträge als **Berechnungsgrundlage** für andere betriebliche Leistungen wie z.B. Abfindungen, so handelt es sich insgesamt um Entgelt, das den Anforderungen des Art. 157 AEUV genügen muss (zur Überprüfung solcher Berechnungsgrundlagen anhand des Maßstabs von Art. 157 AEUV s. Rn. 55 ff.).[179]

79

III. Wegen des Geschlechts (Diskriminierung)

1. Art. 157 AEUV als Diskriminierungsverbot

Es handelt sich um Diskriminierung, wenn unterschiedliche Vorschriften auf gleiche Sachverhalte angewandt werden oder wenn dieselbe Vorschrift auf ungleiche Sachverhalte angewandt wird.[180] Dies reicht aber für die Feststellung eines Verstoßes gegen Art. 157 AEUV nicht aus. Das Geschlecht muss auch ursächlich für die Entgeltungleichheit sein; die Ungleichbehandlung muss **auf dem unterschiedlichen Geschlecht der Arbeitnehmer beruhen**.[181] Dies ergibt sich bereits aus dem Wortlaut sowie aus der Tatsache,

80

---

[176] Dem EuGH zustimmend: *Ahrendt/Tillmanns*, in: Däubler/Hjort/J. Schubert/Wolmerath (Hrsg.), Arbeitsrecht. Handkommentar, 2013, § 4 TzBfG, Rn. 29; *Preis*, in: Müller-Glöge/Preis/Schmidt (Hrsg.), Erfurter Kommentar zum Arbeitsrecht, 2014, § 4 TzBfG, Rn. 32; *Rebhahn*, in: Schwarze, EU-Kommentar Art. 157 AEUV, Rn. 28; ausführlich zur Debatte auch *Krebber*, in: Calliess/Ruffert, EUV/AEUV, Art. 157 AEUV, Rn. 44.
[177] *Müller-Glöge*, in: Säcker/Rixecker (Hrsg.), Münchener Kommentar zum BGB, 2012, § 4 TzBfG, Rn. 22; auch *Krebber*, in: Calliess/Ruffert, EUV/AEUV, Art. 157 AEUV, Rn. 44 plädiert dafür, dieses Problem als eines der Rechtfertigung zu behandeln; so auch die Herangehensweise in EuGH, Urt. v. 27.5.2004, Rs. C–285/02 (Elsner-Lakeberg), Slg. 2004, I–5861, Rn. 15.
[178] Vgl. zur Debatte ausführlich *Krebber*, in: Calliess/Ruffert, EUV/AEUV, Art. 157 AEUV, Rn. 47.
[179] EuGH, Urt. v. 3.12.1987, Rs. C–192/85 (Newstead), Slg. 1987, 4753, Rn. 13 f., 17; *Bieback*, (Fn. 76), Art. 157 AEUV, Rn. 17; EuGH, Urt. v. 11.3.1981, Rs. C–69/80 (Worringham und Humphreys), Slg. 1981, 767, Rn. 13; Urt. v. 18.9.1984, Rs. 23/83 (Liefting u. a.), Slg. 1984, 3225, Rn. 12 f.
[180] EuGH, Urt. v. 11.5.1999, Rs. C–309/97 (Angestelltenbetriebsrat der Wiener Gebietskrankenkasse), Slg. 1999, I–2865, Rn. 15; Urt. v. 13.2.1996, Rs. C–342/93 (Gillespie u. a.), Slg. 1996, I–475, Rn. 16.
[181] EuGH Urt. v. 31.3.1981, Rs. 96/80 (Jenkins), Slg. 1981, 911, Rn. 10; Urt. v. 26.6.2001, Rs. C–381/99 (Brunnhofer), Slg. 2001, I–4961, Rn. 40.

dass es sich beim Entgeltgleichheitsgrundsatz um eine Vorschrift des Diskriminierungsschutzes handelt. Art. 157 Abs. 1 und 2 AEUV verbieten damit sowohl unmittelbare als auch mittelbare Diskriminierungen aufgrund des Geschlechts (siehe Art. 4 Abs. 1 Richtlinie 2006/54/EG).

81 Die Prüfung der **Kausalität** bereitet bei der Entgeltgleichheit besondere Schwierigkeiten. Denn bereits für die Feststellung der Gleichheit oder der Gleichwertigkeit von Tätigkeiten müssen objektive Vergleichsmaßstäbe herangezogen werden. Darüber hinaus ist die Frage der Kausalität des Geschlechts für die Ungleichbehandlung auch von der Frage zu unterscheiden, ob eine festgestellte ungleiche Behandlung aufgrund des Geschlechts **gerechtfertigt** ist. Sowohl für die Frage der Kausalität des Geschlechts wie für die Frage der Rechtfertigung festgestellter Geschlechtsdiskriminierung ist zwischen **drei Fallgruppen** zu unterscheiden. Unmittelbare Diskriminierung liegt vor, wenn »das Geschlecht« (s. Rn. 82 ff.) selbst als Grund für die Differenzierung von Leistungen verwendet wurde; mittelbare Diskriminierung kann vorliegen, wenn das Geschlecht nicht selbst der Grund für die Differenzierung von Leistungen ist, sondern hierfür ein »neutrales Kriterium« angewandt wurde. Dazwischen liegt die Gruppe der Fälle, in denen unklar ist, was als Differenzierungskriterium verwendet wurde und zu ungleichen Leistungen geführt hat, in denen also die Differenzierungskriterien intransparent sind (Rn. 92 ff.).

2. Wegen des »Geschlechts«

82 Die Benachteiligung wegen des »Geschlechts« meint die Benachteiligung wegen der Zugehörigkeit zu einer sozialen Kategorie.[182] Das Diskriminierungsverbot nach Art. 157 AEUV umfasst insofern auch die Diskriminierung wegen einer **Geschlechtsumwandlung**.[183] Der EuGH prüft hier, ob eine Person im Vergleich mit Angehörigen des Geschlechts, dem sie vor der Operation zugerechnet wurde, schlechter behandelt wird.[184]

83 In einem Fall, in dem einer **lesbischen Arbeitnehmerin** ein Entgeltbestandteil versagt wurde, weil sie in einer homosexuellen und nicht in einer heterosexuellen Partnerschaft lebte, verglich der EuGH hingegen nicht die konkret Betroffene mit einer Person des anderen Geschlechts, sondern fragte stattdessen, ob einem männlichen Arbeitnehmer die Vergünstigungen ebenso verweigert worden wären, wenn er mit einer Person seines Geschlechts zusammengelebt hätte.[185]

84 Dieser Wechsel der Vergleichsperson je nach vorliegendem Fall macht deutlich, dass das **Vergleichspersonenkonzept** hier ungeeignet ist; auch der EuGH stellt letztlich darauf ab, ob das unmittelbare Unterscheidungsmerkmal als »Geschlecht« im Sinne des Art. 157 AEUV einzuordnen ist. Um hier Fälle unterschiedlicher sexueller Orientierungen angemessen erfassen zu können, scheint es angemessener darauf abzustellen, ob es bei dem verwandten Differenzierungskriterium letztlich um eine **Stereotypisierung von**

---

[182] Genauer *Grünberger*, Rn. 73 ff.
[183] EuGH, Urt. v. 30. 4. 1996, Rs. C–13/94 (P. v S.), Slg. 1996, I–2159, Rn. 20; dazu auch *Rebhahn*, in: Schwarze, EU-Kommentar, Art. 157 AEUV, Rn. 18; Urt. v. 27. 4. 2006, Rs. C–423/04 (Richards), Slg. 2006, I–3585, Rn. 20 ff.
[184] EuGH, Urt. v. 30. 4. 1996, Rs. C–13/94 (P. v S.), Slg. 1996, I–2159, Rn. 20. Zur Problematik des Vergleichspersonenkonzepts insofern siehe *Kocher*, KJ 2009, 386 ff.
[185] EuGH, Urt. v. 17. 2. 1998, Rs. C–249/96 (Grant), Slg. 1998, I–621; vgl. auch EUArb/*Franzen*, Art. 157 AEUV, Rn. 35 (»hybride Formen der Geschlechteridentität seien einbezogen«).

Geschlecht und Geschlechtsrollen geht; Benachteiligungen wegen der sexuellen Orientierung wären dann ebenfalls »Diskriminierung aufgrund des Geschlechts«.[186] Die Diskriminierung wegen der sexuellen Ausrichtung in Beschäftigung und Beruf wird nun von der Richtlinie 2000/78/EG (Art. 1) erfasst. Danach müssen nun jedenfalls nach Sekundärrecht Entgeltbestandteile, die an den Bestand einer Ehe anknüpfen, in gleicher Weise für gleichgeschlechtliche Lebenspartnerschaften gewährt werden, soweit diese Partnerschaften im Hinblick auf den Zweck der betreffenden Leistung funktional gleichwertig sind.[187]

Art. 2 Abs. 2 c RL 2006/54/EG stellt ausdrücklich klar, dass jede ungünstigere Behandlung einer Frau im Zusammenhang mit **Schwangerschaft oder Mutterschaftsurlaub** eine unmittelbare Diskriminierung wegen des Geschlechts darstellt. Deshalb muss der Mutterschaftsurlaub z. B. bei Lohnerhöhungen[188] oder bei Weihnachtsgratifikationen[189] berücksichtigt werden.[190] 85

Anders ist dies jedoch bei Benachteiligungen wegen der **Elternschaft** oder wegen des **Familienstands**. Ein Betriebsrentensystem, von dem verheiratete Frauen ausgeschlossen sind, enthält dann eine unmittelbare Entgeltdiskriminierung aufgrund des Geschlechts, wenn es verheiratete Männer erfasst.[191] Die Entscheidung, bestimmte Vorteile verheirateten (und verpartnerten) Paaren vorzubehalten,[192] ist jedoch nur dann eine rechtswidrige Diskriminierung aufgrund des Geschlechts, wenn sie die Voraussetzungen einer mittelbaren Geschlechtsdiskriminierung erfüllt (s. Rn. 132; Rn. 138). 86

3. Unmittelbare Diskriminierung beim Entgelt

a) Rechtfertigung unmittelbarer Diskriminierung?

Streitig ist die Frage, ob im Fall einer unmittelbaren Diskriminierung überhaupt eine Rechtfertigung möglich ist. Weder Art. 157 AEUV noch Art. 4 der Richtlinie 2006/54/EG sehen dies in Bezug auf das Entgelt vor. Art. 4 der Richtlinie 2006/54/EG ist zwar lex specialis zum allgemeinen Diskriminierungsverbot in Art. 14 Abs. 1 Buchst. c derselben Richtlinie (s. Rn. 8), für das in Abs. 2 eine Rechtfertigungsmöglichkeit vorgesehen ist.[193] Diese gilt jedoch ausdrücklich nur für den Zugang zur Beschäfti- 87

---

[186] *Adamietz*, Geschlecht als Erwartung. Das Geschlechtsdiskriminierungsverbot als Recht gegen Diskriminierung wegen der sexuellen Orientierung und der Geschlechtsidentität, 2011; vgl. auch die Argumentation der Klägerin in EuGH Urt. v. 17.2.1998, Rs. C–249/96 (Grant), Slg. 1998, I–621, Rn. 18; siehe auch Entscheidung der US-amerikanischen Equal Employment Opportunity Commission (EEOC) v. 20.4.2012 (Macy v. Holder), Harvard Law Review 126 (2013), 1731 (1733 ff.) ausführlich und instruktiv zu den unterschiedlichen Ansätzen für die Einordnung von »transgender«-Diskriminierung als Geschlechtsdiskriminierung.
[187] EuGH, Urt. v. 1.4.2008, Rs. C–267/06 (Maruko), Slg. 2008, I–1757; Urt. v. 12.12.2013, Rs. C–267/12 (Hay), ECLI:EU:C:2013:823.
[188] EuGH, Urt. v. 13.2.1996, Rs. C–342/93 (Gillespie), Slg. 1996, I–475, Rn. 20 ff.; siehe auch BAG, Urt. v. 12.12.2013, Az. 8 AZR 838/12, NJW 2014, 2061.
[189] EuGH, Urt. v. 21.10.1999, Rs. C–333/97 (Lewen), Slg. 1999, I–7243, Rn. 48. Anders behandelt der EuGH in Rn. 49 die Situation des Erziehungsurlaubs. Hier handelte es sich aber um eine Konstellation der mittelbaren Diskriminierung, da Erziehungsurlaub lediglich mittelbar ein Kriterium des Geschlechts ist. Die Einordnung beider Konstellationen (Mutterschafts- und Erziehungsurlaub) in gleicher Weise als »unterschiedliche Situationen« zeigt die Unangemessenheit der Kategorie »gleiche Situation« (s. Rn. 69 ff.).
[190] Genauer auch *Grünberger*, Rn. 71 f.
[191] EuGH, Urt. v. 28.9.1994, Rs. C–128/93 (Fisscher), Slg. 1994, I–4583, Rn. 14.
[192] Vgl. z. B. EuGH, Urt. v. 7.1.2004, Rs. C–117/01 (K.B. v. NHS), Slg. 2004, I–541, Rn. 28 f.
[193] Dies übersieht *Krebber*, in: Calliess/Ruffert, EUV/AEUV, Art. 157 AEUV, Rn. 58.

gung und zur Berufsbildung. Diese Norm spricht also aus systematischer Sicht nicht für,[194] sondern **gegen eine Rechtfertigungsmöglichkeit bei unmittelbarer Entgeltdiskriminierung**.[195] Auch die Tatsache, dass die mittelbare Benachteiligung gerechtfertigt werden kann, spricht nicht für ein anderes Ergebnis.[196] Denn die unmittelbare und die mittelbare Diskriminierung beeinträchtigen das Gleichbehandlungsrecht insofern in unterschiedlicher Weise,[197] als die unmittelbare Diskriminierung voraussetzt, dass das Geschlecht selbst explizit als Differenzierungskriterium eingesetzt wird; dies verbietet bereits Art. 21 GRC[198] (zur Beweislast s. Rn. 92 ff.).

88 Eine Rechtfertigung unmittelbare Diskriminierung kann sich hingegen bei **positiven Maßnahmen** ergeben. Sie sind nach Maßgabe der Voraussetzungen der Art. 157 Abs. 4 AEUV, Art. 3 Richtlinie 2006/54/EG zulässig (s. Rn. 148 ff.). Entgeltregelungen werden insofern jedoch selten in Betracht kommen.

89 **Zusatzleistungen wegen der Mutterschaft** können allerdings auch bei unmittelbarer Geschlechtsdiskriminierung beim Entgelt gerechtfertigt sein. Art. 2 Abs. 2 Buchst. c der Richtlinie 2006/54/EG verbietet zwar jede ungünstigere Behandlung einer Frau im Zusammenhang mit Schwangerschaft oder Mutterschaftsurlaub als unmittelbare Diskriminierung; günstigere Vorschriften der Mitgliedstaaten erklärt Art. 28 Abs. 1 der Richtlinie 2006/54/EG allerdings ausdrücklich für zulässig.[199]

90 Problematisch bleiben Fälle, in denen ein Entgeltbestandteil nicht allein Gegenleistung für die Arbeit ist, sondern darüber hinaus sozialpolitische Aufgaben erfüllt. Soweit das Entgelt **sozialpolitische Leistungen ergänzt**, bei denen eine Geschlechtsdifferenzierung nach anderen Normen zulässig ist, und sich deshalb in der Leistungshöhe unmittelbar auf diese bezieht, muss die Rechtfertigung der Geschlechtsdifferenzierung in der sozialpolitischen Leistung auf die Entgeltleistung zurückwirken. So dürfen betriebliche Leistungen, die die finanzielle **Überbrückung bis zum Renteneintritt** gewährleisten sollen, bei unterschiedlichem Renteneintrittsalter von Männern und Frauen nach dem Geschlecht differenzieren (vgl. Art. 7 der Richtlinie 79/7/EWG).[200] Nach Art. 8

---

[194] So aber *Langenfeld*, in: Grabitz/Hilf/Nettesheim, EU, Art. 157 AEUV (Mai 2011), Rn. 29.
[195] So auch *Rust*, in: GSH, Europäisches Unionsrecht, Art. 157 AEUV, Rn. 239 f.
[196] So auch EuGH, Urt. v. 12.12.2013, Rs. C–267/12 (Hay), ECLI:EU:C:2013:823, Rn. 45, der die Möglichkeit einer Rechtfertigung bei unmittelbarer Diskriminierung im Kontext der Richtlinie 2000/78/EG verneinte; dies hält *Krebber*, GPR 2014, 149 (151 f.) vor dem Hintergrund seiner eigenen Auslegung der bisherigen Rechtsprechung für eine Rechtsprechungsänderung. Der EuGH ließ hier allerdings die Möglichkeit der Rechtfertigung aus Art. 4 Abs. 1 der Richtlinie 2000/78/EG unbeachtet, die anders als Art. 14 Abs. 2 der Richtlinie 2006/54/EG nicht auf Fälle des Zugangs zur Beschäftigung beschränkt ist.
[197] A.A. *Krebber*, in: Calliess/Ruffert, EUV/AEUV, Art. 157 AEUV, Rn. 58.
[198] EuGH, Urt. v. 1.3.2011, Rs. C–236/09 (Association belge des Consommateurs Test-Achats u. a.), Slg. 2011, I–773; vgl. auch GA *Kokott*, Schlussanträge zu Rs. C–318/13, Rn. 45 ff. ausführlich zur Problematik einer unmittelbaren Anknüpfung an das Geschlecht anlässlich einer Auslegung von Art. 4 Abs. 1 der Richtlinie 79/7/EWG (Fn. 25: »ein reines Geschlechterkriterium für die Lebenserwartungsprognose greift darüber hinaus auch deswegen zu kurz, weil es wichtige Gesichtspunkte [...] ausblendet und die Realitäten deshalb nur verzerrt widerspiegelt«; ebd., Rn. 49 ff. zu Art. 21 GRC.
[199] Nicht zulässig ist (jenseits des Mutterschutzes) eine Berücksichtigung von Kindererziehungszeiten nur bei Frauen (EuGH, Urt. v. 29.11.2001, Rs. C–366/99 (Griesmar), Slg. 2001, I–9383, s. Rn. 138 ff.).
[200] So im Ergebnis auch der EuGH, Urt. v. 9.11.1993, Rs. C–132/92 (Birds Eye Walls), Slg. 1993, I–5579, Rn. 18 ff. (betriebliche Überbrückungsrente); Urt. v. 9.12.2004, Rs. C–19/02 (Hlozek), Slg. 2004, I–11491, Rn. 44 ff. (Sozialplan). Er ordnet diese Differenzierung allerdings unrichtig als »neutrales Kriterium« ein; kritisch zu dieser Entscheidung auch *Krebber*, in: Calliess/Ruffert, EUV/AEUV, Art. 157 AEUV, Rn. 57, 20. Zum Ganzen auch *Husmann*, ZESAR 2014, 70 (77).

Abs. 2 der Richtlinie 2006/54/EG darf ein Arbeitgeber demnach auch Personen, welche bereits Ansprüche auf eine Betriebsrente, jedoch noch nicht das gesetzliche Rentenalter erreicht haben, eine Zusatzrente gewähren, damit der Betrag der gesamten Leistungen dem Betrag entspricht oder nahe kommt, der Personen des anderen Geschlechts, die bereits das gesetzliche Rentenalter erreicht haben, gewährt wird, bis die Bezieher der Zusatzrente das gesetzliche Rentenalter erreicht haben.

Ein weiteres Problem stellen **Überleitungsvorschriften** dar. Die Beseitigung einer Diskriminierung ist nicht selten mit zusätzlichen Kosten verbunden; dies allein stellt jedoch keinen Rechtfertigungsgrund für das Beibehalten der Ungleichbehandlung dar.[201] Auch eine **schrittweise Regelung** zur Herstellung der Gleichbehandlung ist in der Regel unionsrechtswidrig, wenn sie in einer Form geschieht, die für die Übergangszeit einen Fortbestand von Diskriminierung bedeutet.[202] Eine **tarifliche Übergangsregelung** (vom BAT zum TVöD) hat der EuGH aber erlaubt; er hat insofern die Besitzstandswahrung als objektive Rechtfertigung einer fortbestehenden unmittelbaren Diskriminierung anerkannt – übergangsweise und »unter Berücksichtigung des den Sozialpartnern zuerkannten weiten Gestaltungsspielraums im Bereich der Festlegung der Vergütungen«.[203] Allerdings geschah dies allein im Hinblick auf die Altersdiskriminierung, für die nach Art. 6 der Richtlinie 2000/78/EG eine Rechtfertigung unmittelbarer Ungleichbehandlungen durch legitime Ziele vorgesehen ist.[204] Der EuGH argumentierte dabei jedoch zu Recht nicht lediglich mit einem bestehenden Besitzstand, sondern auch mit den Regelungsbefugnissen und Handlungslogiken im Rahmen von Kollektivverhandlungen. Zu berücksichtigen ist insofern, inwieweit »die Sozialpartner bei der Wahrnehmung ihres in Art. 28 der Charta anerkannten Grundrechts auf Kollektivverhandlungen darauf geachtet haben, einen Ausgleich zwischen ihren jeweiligen Interessen festzulegen«, woraus sich »eine nicht unerhebliche Flexibilität ergibt, da jede der Parteien gegebenenfalls die Vereinbarung kündigen kann«.[205] In Bezug auf die Geschlechtergleichbehandlung ist darüber hinaus zu beachten, dass Art. 21 der Richtlinie 2006/54/EG den Sozialpartnern ausdrücklich die Aufgabe zuweist, die Verwirklichung der Gleichbehandlung u. a. durch »Beobachtung der Tarifverträge« voranzubringen (Abs. 1). Unter engen Voraussetzungen kann, wo sich für die Beseitigung der Diskriminierung ein Regelungsspielraum eröffnet, eine nur schrittweise Herstellung der Gleichbehandlung in

91

---

[201] EuGH, Urt. v. 17. 6.1998, C–243/95 (Hill und Stapleton), Slg. 1998, I–3739, Rn. 40.

[202] EuGH, Urt. v. 28. 9.1994, Rs. C–408/92 (Smith u. a.), Slg. 1994, I–4435 zu Übergangsregelungen für ein diskriminierendes Betriebsrentensystem; Urt. v. 28. 9.1994, Rs. C–28/93 (Van den Akker u. a.), Slg. 1994, I–4527; kritisch *Deakin*, Cambridge Law Journal 1995, 35; siehe auch Urt. v. 1. 3. 2011, Rs. C–236/09 (Association belge des Consommateurs Test-Achats u. a.), Slg. 2011, I–773, Rn. 32: Auch der europäische Richtliniengeber darf keine unbefristeten Ausnahmen zulassen.

[203] EuGH, Urt. v. 8. 9. 2011, verb. Rs. C–297/10 u. C–298/10 (Hennigs und Mai), Slg. 2011, I–7965; Urt. v. 19. 6. 2014, verb. Rs. C–501/12 – C–506/12, C–540/12 u. C–541/12 (Specht u. a.), ECLI:EU:C:2014:2005, Rn. 63 ff., zu Übergangsrichtlinien bei Altersdiskriminierung (Richtlinie 2000/78/EG); siehe dazu schon *Kocher*, ZESAR 2011, 265 ff.

[204] Unklar ist insofern, weshalb der EuGH, Urt. v. 19. 6. 2014, verb. Rs. C–501/12 – C–506/12, C–540/12 u. C–541/12 (Specht u. a.), ECLI:EU:C:2014:2005, Rn. 64, auf die Anforderung »zwingendes Allgemeininteresse« abstellt.

[205] EuGH, Urt. v. 8. 9. 2011, verb. Rs. C–297/10 u. C–298/10 (Hennigs und Mai), Slg. 2011, I–7965, Rn. 66, 92; selbst für die Überprüfung der gesetzlichen Besoldungsregelungen im Urt. v. 19. 6. 2014, verb. Rs. C–501/12 – C–506/12, C–540/12 u. C–541/12 (Specht u. a.), ECLI:EU:C:2014:2005, Rn. 63, spielte das Erfordernis einer Einigung mit der gewerkschaftlichen Seite eine wichtige Rolle.

bestimmten Einzelfällen rechtmäßig sein.[206] Erforderlich ist aber nicht nur eine enge zeitliche Begrenzung,[207] sondern auch eine Rechtskontrolle im Hinblick auf die Verhältnismäßigkeit des Fortbestehens von Diskriminierung in der Überleitungsphase.[208]

b) Beweislast bei unbekannten Differenzierungskriterien

92 Eine besondere Konstellation liegt vor, wenn die **Motivation der Entgeltdifferenzierung unbekannt** ist.[209] In diesen Fällen sind Fragen der »Rechtfertigung« im Rahmen der Beweislast zu stellen.[210]

93 Der Arbeitnehmer oder die Arbeitnehmerin muss zwar das Vorliegen einer Diskriminierung aufgrund des Geschlechts beweisen. Der Effektivitätsgrundsatz erfordert allerdings in manchen Hinsichten **Erleichterungen der Beweislast**, insbesondere in Hinblick auf die Kausalität des Geschlechts für Unterschiede im Entgelt. Der EuGH formuliert dazu herkömmlich, dass der Arbeitgeber festgestellte Unterschiede im Entgelt durch objektive Faktoren rechtfertigen müsse, die nichts mit einer Diskriminierung aufgrund des Geschlechts zu tun haben, wenn Indizien vorliegen bzw. »dem ersten Anschein« nach eine Diskriminierung aufgrund des Geschlechts vorliege.[211] Dementsprechend regeln jetzt Art. 19 Abs. 4 Buchst. a und Abs. 1 der Richtlinie 2006/54/EG ausdrücklich auch für Art. 157 AEUV, dass es dem Beklagten obliegt zu beweisen, dass keine Verletzung des Entgeltgleichheitsgrundsatzes vorgelegen hat, wenn Personen, die sich für beschwert halten, Tatsachen glaubhaft machen, die das Vorliegen einer unmittelbaren oder mittelbaren Diskriminierung vermuten lassen.[212]

94 Jedenfalls in Hinblick auf die Frage der Indizien bietet sich eine Differenzierung zwischen den Tatbeständen der **gleichen Arbeit** und der gleichwertigen Arbeit an.[213] Bei gleicher Arbeit ist bereits die Tatsache, dass eine Frau und ein Mann ungleiches Entgelt erhalten, ein Indiz für die Kausalität des Geschlechts. Nur wenn sachliche Gründe die Ungleichbehandlung rechtfertigen, ist dieses widerlegt.[214]

95 Bei gleichwertiger Arbeit müssen andere Indizien vorliegen. Indizien können sich daraus ergeben, dass die weiblichen Arbeitnehmerinnen bei gleichwertigen Tätigkeiten **im Durchschnitt** ein geringes Entgelt erhalten als die männlichen Arbeitnehmer – wenn es hierfür an einer Erklärung fehlt. »So obliegt insbesondere dann, wenn in einem Unternehmen ein Entlohnungssystem mit individuellen Zulagen zu den Mindestlöhnen angewandt wird, dem jede **Transparenz fehlt**, dem Arbeitgeber der Nachweis, dass seine

---

[206] Zu gesetzlichen Überprüfungsverpflichtungen mit Ermächtigung zu Überleitungsregelungen bereits *Pfarr*, S. 779; *Kocher*, djbZ 2010, 128.
[207] EuGH, Urt. v. 8.11.2002, Rs. C–297/10 u. C–298/10 (Hennigs und Mai), Slg. 2002, I–7965, Rn. 97 in Abgrenzung zum Urt. v. 1.3.2011, Rs. C–236/09 (Association belge des Consommateurs Test-Achats u.a.), Slg. 2011, I–773, Rn. 32.
[208] Einer Einschätzungsprärogative unterliegen insofern lediglich Eignung und Erforderlichkeit der Überleitung, nicht aber die Angemessenheit der getroffenen Regelung.
[209] EuGH, Urt. v. 27.3.1980, Rs. C–129/79 (Macarthys), Slg. 1980, 1275, Rn. 11f.
[210] Missverständlich insofern *Rebhahn*, in: Schwarze, EU-Kommentar, Art. 157 AEUV, Rn. 22.
[211] EuGH, Urt. v. 27.10.1993, Rs. C–127/92 (Enderby), Slg. 1993, I–5535, Rn. 14; Urt. v. 9.2.1999, Rs. C–167/97 (Seymour-Smith und Perez), Slg. 1999, I–623, Rn. 60; Urt. v. 28.2.2013, Rs. C–427/11 (Kenny u.a.), ECLI:EU:C:2013:122, Rn. 18ff.
[212] *Krebber*, GPR 2014, 149 (151) kritisiert deshalb zu Recht, dass der EuGH in »Kenny u.a.« nicht auf Art. 19 der Richtlinie 2006/54/EG Bezug nahm.
[213] Vgl. auch *Schlachter* (Fn. 69), § 8 AGG, Rn. 8: Entgeltgleichheit bei gleichwertiger Arbeit müsste einer mittelbaren Diskriminierung gemäß § 3 Abs. 2 AGG strukturell entsprechen.
[214] Siehe schon EuGH, Urt. v. 27.3.1980, Rs. C–129/79 (Macarthys), Slg. 1980, 1275; Urt. v. 26.6.2001, Rs. C–381/99 (Brunnhofer), Slg. 2001, I–4961, Rn. 58.

Lohnpolitik nicht diskriminierend ist, sofern eine Arbeitnehmerin auf der Grundlage einer relativen großen Zahl von Arbeitnehmern belegt, dass das durchschnittliche Entgelt der Frauen niedriger als das der Männer ist«.[215] Dies gilt auch dann, wenn zwei Tätigkeiten unterschiedlich entgolten werden, von denen die eine fast ausschließlich von Frauen und die andere hauptsächlich von Männern ausgeübt wird; erforderlich sind insofern **aussagekräftige Statistiken**.[216]

c) Widerlegung eines ersten Anscheins/Indizes

Sachliche Gründe, die unterschiedliches Entgelt rechtfertigen und ein Indiz entkräften können, können nach Meinung des EuGH in der **Produktivität** der Arbeitnehmerinnen und Arbeitnehmer und damit der **persönlichen Leistungsfähigkeit** liegen. Art. 157 Abs. 2 UAbs. 2 Buchst. a AEUV macht deutlich, dass solche Gründe tatsächlich ein maßgebliches Differenzierungskriterium beim Entgelt sein dürfen. Ein Arbeitgeber darf insofern die persönlichen Fähigkeiten eines Arbeitnehmers berücksichtigen; allerdings muss die Leistung tatsächlich gemessen und »während der Arbeit beurteilt« werden. Eine erwartete oder vermutete unterschiedliche Leistung kann kein unterschiedliches Entgelt rechtfertigen, schon gar nicht bereits ab dem Einstellungszeitpunkt.[217] Darüber hinaus kann ein Arbeitgeber einem Arbeitnehmer unterschiedliche Aufgaben zuweisen, »um so dessen beruflichen Werdegang im Vergleich zu dem eines Kollegen und also auch die spätere Verwendung und Entlohnung beider zu beeinflussen«;[218] in diesem Fall wird es sich aber nicht unmittelbar um einen Fall gleicher oder gleichwertiger Arbeit handeln. 96

Auch eine unterschiedliche **Berufsausbildung** kann sowohl Unterschiede bei der Bewertung der Arbeit (s. Rn. 68) als auch bei der Vergütung objektiv rechtfertigen.[219] 97

Allein **wirtschaftliche Überlegungen** wie der Wettbewerb mit Konkurrenzunternehmen rechtfertigen keine Entgeltunterschiede zwischen Männern und Frauen.[220] Besonders problematisch ist in diesem Zusammenhang die Rechtfertigung ungleicher Bezahlung mit der **Lage auf dem Arbeitsmarkt**. Nach Meinung des EuGH kann eine höhere Nachfrage nach Arbeitnehmerinnen und Arbeitnehmern einen Entgeltunterschied rechtfertigen; der Teil der Gehaltserhöhung, der auf die Marktlage zurückzuführen ist, müsse dann allerdings genau bestimmt werden.[221] Allein der Mangel an Bewerberinnen und Bewerbern kann jedoch keinen Grund dafür bieten, dass nur Bewerbern eines Geschlechts ein Anreiz durch ein höheres Gehalt geboten wird; dies kommt nur dann in 98

---

[215] EuGH, Urt. v. 17.10.1989, Rs. C–109/88 (Danfoss), Slg. 1989, I–3199, Rn. 13 ff.; Urt. v. 31.5.1995, Rs. C–400/93 (Royal Copenhagen), Slg. 1995, I–1275, Rn. 24.
[216] EuGH, Urt. v. 28.2.2013, Rs. C–427/11 (Kenny u.a.), ECLI:EU:C:2013:122; Urt. v. 27.10.1993, Rs. C–127/92 (Enderby), Slg. 1993, I–5535, Rn. 13, 16.
[217] EuGH, Urt. v. 26.6.2001, Rs. C–381/99 (Brunnhofer), Slg. 2001, I–4961, Rn. 44, 68, 76.
[218] EuGH, Urt. v. 26.6.2001, Rs. C–381/99 (Brunnhofer), Slg. 2001, I–4961, Rn. 77.
[219] EuGH, Urt. v. 28.2.2013, Rs. C–427/11 (Kenny u.a.), ECLI:EU:C:2013:122, Rn. 29; Urt. v. 17.10.1989, Rs. 109/88 (Danfoss), Slg. 1989, 3199, Rn. 23; Urt. v. 26.6.2001, Rs. C–381/99 (Brunnhofer), Slg. 2001, I–4961, Rn. 78.
[220] Siehe z.B. die Argumentation des House of Lords in der Rechtssache »Lawrence« (vgl. EuGH, Urt. v. 17.9.2002, Rs. C–320/00 (Lawrence), Slg. 2002, I–7325, Rn. 4); zur Möglichkeit der Rechtfertigung unterschiedlichen Entgelts auf derselben Stelle für unterschiedliche Zeiten siehe EuGH, Urt. v. 27.3.1980, Rs. C–129/79 (Macarthys), Slg. 1980, 1275, Rn. 12.
[221] EuGH, Urt. v. 27.10.1993, Rs. C–127/92 (Enderby), Slg. 1993, I–5535, Rn. 26 f.; zur Berechnung Rn. 27 (Aufgabe der nationalen Gerichte); *Rebhahn*, in: Schwarze, EU-Kommentar, Art. 157 AEUV, Rn. 31; *Krebber*, in: Calliess/Ruffert, EUV/AEUV, Art. 157 AEUV, Rn. 62.

Eva Kocher

Betracht, wenn die Zugehörigkeit zu diesem Geschlecht für die Arbeitsleistung im Sinne des Art. 4 Abs. 2 der Richtlinie 2006/54/EG erforderlich ist.

99 Ungerechtfertigt (weil diskriminierend) erworbener **Besitzstand** ist kein sachlicher Grund für eine Ungleichbehandlung (für Übergangsregelungen zur Herstellung künftiger Gleichbehandlung s. Rn. 91). Bei Besitzstand, der legitimerweise erworben wurde, ist zu differenzieren. Eine vertragliche Vereinbarung mit einem Arbeitnehmer kann nicht ohne weiteres einen ausreichenden sachlichen Grund für eine Ungleichbehandlung darstellen. Die Vertragsfreiheit rechtfertigt keine Umgehung des Grundsatzes der Entgeltgleichheit, der Interessen Dritter schützt. Einem gerichtlichen Vergleich kann allerdings unter bestimmten Umständen eine höhere Richtigkeitsgewähr als einer schlichten vertraglichen Vereinbarung zukommen.[222]

4. Mittelbare Diskriminierung beim Entgelt

a) Allgemeine Grundsätze

100 Falls das verwendete Differenzierungskriterium nicht das Geschlecht, es also insofern »neutral« ist, kommt es für die Frage nach dem Zusammenhang zwischen Geschlecht und Benachteiligung nicht auf die Motivation an,[223] sondern darauf, ob die Maßnahme »Personen wegen [des Geschlechts] gegenüber anderen Personen in besonderer Weise benachteiligen [kann]« (Art. 2 Abs. 1 Buchst. b der Richtlinie 2006/54/EG). Eine mittelbare Diskriminierung in diesem Sinn liegt nach ständiger Rechtsprechung vor, wenn eine Vorschrift, Maßnahme oder ein Kriterium zwar neutral formuliert ist, in ihrer Anwendung aber wesentlich mehr Frauen als Männer benachteiligt, und wenn sie nicht durch objektive Faktoren gerechtfertigt ist, die nichts mit einer Diskriminierung aufgrund des Geschlechts zu tun haben.[224]

101 Ob der Tatbestand der mittelbaren Diskriminierung nur eine spezifische Ausformung der allgemeinen Beweislastregel ist oder ob es sich um einen **eigenen Tatbestand** handelt, ist umstritten. Der EuGH hat den Tatbestand zunächst wie eine Beweislastregel für die Kausalität des Geschlechts behandelt: Ein unterschiedliches Entgelt für Vollzeit- und Teilzeitarbeitnehmer könne »in Wirklichkeit« nur ein indirektes Mittel dafür sein, das Lohnniveau der Teilzeitarbeitnehmer aus dem Grund zu senken, weil diese Arbeitnehmergruppe ausschließlich oder überwiegend aus weiblichen Personen besteht.[225] In diesem Fall wäre die Rechtfertigungsmöglichkeit bloß notwendiges Korrektiv des Schlusses aus Indizien bzw. aus dem ersten Anschein; die Bejahung der Rechtfertigung ließe dann den Tatbestand der Diskriminierung entfallen, ohne einen Rechtfertigungsgrund im Rechtssinne darzustellen.[226] Mittlerweile ist der Tatbestand der mittelbaren Diskrimi-

---

[222] *Kocher*, ZESAR 2014, 142 ff.
[223] Siehe auch *Potz*, ZESAR 2008, 495 (497).
[224] St. Rspr., insbesondere EuGH, Urt. v. 31.3.1981, Rs. C–96/80 (Jenkins), Slg. 1981, 911; Urt. v. 27.10.1993, Rs. C–127/92 (Enderby), Slg. 1993, I–5535, Rn. 14; Urt. v. 13.5.1986, Rs. C–170/84, (Bilka), Slg. 1986, 1607, Rn. 31; Urt. v. 27.6.1990, Rs. C–33/89 (Kowalska), Slg. 1990, I–2591, Rn. 16; Urt. v. 7.2.1991, Rs. C–184/89 (Nimz), Slg. 1991, I–297, Rn. 15; Urt. v. 21.10.1999, Rs. C–333/97 (Lewen), Slg. 1999, I–7243, Rn. 34; Urt. v. 9.2.1999, Rs. C–167/97 (Seymour-Smith und Perez), Slg. 1999, I–623, Rn. 67; Urt. v. 21.10.1999, Rs. C–333/97 (Lewen), Slg. 1999, I–7243, Rn. 26; Urt. v. 30.3.2000, Rs. C–236/98 (JämO), Slg. 2000, I–2189, Rn. 51; Urt. v. 28.2.2013, Rs. C–427/11 (Kenny u. a.), ECLI:EU:C:2013:122.
[225] EuGH, Urt. v. 31.3.1981, Rs. C–96/80 (Jenkins), Slg. 1981, 911, Rn. 15; missverständlich auch Urt. v. 30.3.2000, Rs. C–236/98 (JämO), Slg. 2000, I–2189, Rn. 50.
[226] *Krebber*, in: Calliess/Ruffert, EUV/AEUV, Art. 157 AEUV, Rn. 57, 58 für eine ausführliche Rekonstruktion der Diskussion; vgl. aus der Literatur etwa *Classen*, JZ 1996, 921 (923 f.), nach dem

nierung eigenständig ausformuliert (Art. 2 Abs. 1 Buchst. b der Richtlinie 2006/54/EG), so dass die Streitfrage dahinstehen kann. Der Tatbestand betrifft die Frage der Kausalität des Geschlechts für die Entgeltungleichheit. Ziel der Rechtfertigungsprüfung ist die Feststellung, ob »sich diese Ungleichbehandlungen mit objektiv gerechtfertigten Faktoren erklären lassen, die nichts mit einer Diskriminierung aufgrund des Geschlechts zu tun haben«.[227]

aa) Besondere Benachteiligung

Die Prüfung, ob Frauen oder Männer besonders benachteiligt sind, obliegt den mitgliedstaatlichen Gerichten. Mit »**Benachteiligung in besonderer Weise**«[228] ist nicht gemeint, dass die Benachteiligung besonders schwer oder gravierend sein muss. Es kommt allein darauf an, ob ein Geschlecht stärker als das andere Geschlecht betroffen ist.[229] **102**

Als Indiz[230] kann eine **statistische Betrachtung** angewandt werden, bei der überprüft wird, ob wesentlich mehr Frauen als Männer (oder umgekehrt) negativ betroffen sind. Das mitgliedstaatliche Gericht muss insbesondere beurteilen, ob die vorliegenden statistischen Daten hinreichend aussagekräftig sind, d. h. »ob sie sich auf eine ausreichende Zahl von Personen beziehen [oder] ob sie nicht rein zufällige oder konjunkturelle Erscheinungen widerspiegeln«.[231] **103**

Statistische Daten über den Vergleich zweier Gruppen können nur unter der Voraussetzung der Gleichwertigkeit einen ersten Anschein begründen.[232] Die **verglichenen Gruppen** müssen deshalb jeweils sämtliche Arbeitnehmerinnen und Arbeitnehmer umfassen, die sich in einer vergleichbaren Situation befinden.[233] Ist eine konkrete Regelung oder ein Kriterium zu überprüfen, so ist die Gesamtheit derjenigen Beschäftigten zu berücksichtigen, für die die Regelung oder das Kriterium gilt.[234] **104**

Für den Vergleich ist nicht auf die absolute Zahl der nachteilig betroffenen Männer und Frauen abzustellen, sondern auf den **Anteil der Benachteiligten in den verglichenen Gruppen** der weiblichen und männlichen Beschäftigten. Aussagekräftige Unterschiede liegen vor, wenn ein erheblich geringerer Prozentsatz der weiblichen Arbeitnehmerinnen als der männlichen Arbeitnehmer die Voraussetzungen des Anspruchs erfüllt, bzw. umgekehrt ein erheblich höherer Prozentsatz unter den weiblichen Arbeitnehmerinnen negativ betroffen ist als unter den männlichen Arbeitnehmern.[235] **105**

---

die Rechtfertigung bei der mittelbaren Diskriminierung Teil des Tatbestandes sein soll; dagegen *Schlachter*, NZA 1995, 393 (398).
[227] EuGH, Urt. v. 9.9.1999, Rs. C–281/97 (Krüger), Slg. 1999, I–5127, Rn. 19 unter Verweis auf Urt. v. 9.2.1999, Rs. C–167/97 (Seymour-Smith und Perez), Slg. 1999, I–623, Rn. 52.
[228] Siehe dazu auch *Grünberger*, Rn. 147 ff.
[229] EuGH, 16.7.2015 – C–83/14 (CHEZ Razpredelenie Bulgaria), ECLI:EU:C:2015:480.
[230] Vgl. EUArbR/*Franzen*, Art. 157 AEUV, Rn. 46.
[231] EuGH, Urt. v. 27.10.1993, Rs. C–127/92 (Enderby), Slg. 1993, I–5535, Rn. 17; Urt. v. 9.2.1999, Rs. C–167/97 (Seymour-Smith und Perez), Slg. 1999, I–623, Rn. 62.
[232] EuGH, Urt. v. 28.2.2013, Rs. C–427/11 (Kenny u. a.), ECLI:EU:C:2013:122.
[233] EuGH, Urt. v. 31.5.1995, Rs. C–400/93 (Royal Copenhagen), Slg. 1995, I–1275.
[234] EuGH, Urt. v. 13.1.2004, Rs. C–256/01 (Allonby), Slg. 2004, I–873, Rn. 73; Urt. v. 6.12.2007, Rs. C–300/06 (Voß), Slg. 2007, I–10573, Rn. 40.
[235] EuGH, Urt. v. 31.3.1981, Rs. C–96/80 (Jenkins), Slg. 1981, 911, Rn. 13; Urt. v. 9.2.1999, Rs. C–167/97 (Seymour-Smith und Perez), Slg. 1999, I–623, Rn. 59 f.; Urt. v. 6.12.2007, Rs. C–300/06 (Voß), Slg. 2007, I–10573, Rn. 41 f.; vgl. auch Urt. v. 30.3.2000, Rs. C–236/98 (JämO), Slg. 2000, I–2189, Rn. 50, 54 für eine Beweislastregel.

106 Auch ein relativ geringer Abstand kann relevant sein, wenn dieser über einen langen Zeitraum hinweg fortbestehend und relativ **konstant** ist.[236] Dies ergibt sich schon aus der bloß indiziellen Wirkung der statistischen Zahlen.

bb) Objektive Rechtfertigung

107 Die objektive Rechtfertigung setzt voraus, dass **sachliche Gründe** vorliegen, mit denen ein legitimes Ziel in verhältnismäßiger Weise verfolgt wird, die also zur Erreichung des verfolgten Zieles geeignet und erforderlich sind. Zu rechtfertigen ist nicht die Höhe des jeweiligen Entgelts, sondern die Unterschiedlichkeit.[237]

108 Auch die Prüfung der objektiven Rechtfertigung kommt nach Meinung des EuGH grundsätzlich in vollem Umfang **dem mitgliedstaatlichen Gericht** zu. Dieses hat zu prüfen, welche Gründe in Betracht kommen und ob die Voraussetzungen für eine Rechtfertigung im Einzelfall erfüllt sind.[238] Unproblematisch ist diese Herangehensweise des EuGH, soweit es die Fragen betrifft, ob die Ungleichbehandlung im Verhältnis zum verfolgten Ziel verhältnismäßig ist und ob die Voraussetzungen für die Rechtfertigung erfüllt sind. Hinsichtlich der Frage allerdings, ob mit der Ungleichbehandlung ein legitimes Ziel verfolgt wird, ist dem EuGH zu widersprechen. Die Anerkennung oder Nichtanerkennung von Differenzierungszielen entscheidet letztlich über die Wirksamkeit des Entgeltgleichheitsgebots sowie über die einheitliche Anwendung des Verbots der mittelbaren Diskriminierung in den Mitgliedstaaten. Einschränkungen in der Kontrolldichte lassen sich hier nur rechtfertigen, soweit es die mitgliedstaatliche Hoheit in Sachen der Sozialpolitik betrifft (s. Rn. 116) oder die Einschätzungsprärogative von Kollektivvertragsparteien (s. Rn. 110). In anderen Fällen, insbesondere bei der Anwendung des Art. 157 AEUV auf betriebliche Regelungen, ist die Zurückhaltung des EuGH unangebracht.

109 Geht es um eine Ungleichbehandlung **von Seiten eines Arbeitgebers**, so muss der für die Ungleichbehandlung angeführte Grund einem wirklichen Bedürfnis des Unternehmens entsprechen und für die Erreichung dieses Ziels geeignet und erforderlich sein.[239] Einseitige Maßnahmen des Arbeitgebers sind dementsprechend genau wie individualvertragliche Vereinbarungen allein an ihrer objektiven Zweckbestimmung zu überprüfen.[240]

110 Stehen **einzel- oder kollektivvertragliche Leistungen** zur Überprüfung, so kommt es nicht darauf an, welche denkbaren Zwecke mit der Leistung verfolgt werden könnten, sondern allein darauf, um welche Zwecke es den Vertragsparteien selbst ging.[241] Ein etwaiges »Interesse an guten Arbeitsbeziehungen«, das in der Praxis bestimmte **Kompromisse in Kollektivvereinbarungen** rechtfertigt, kann jedoch »als solches« Diskrimi-

---

[236] EuGH, Urt. v. 9.2.1999, Rs. C–167/97 (Seymour-Smith und Perez), Slg. 1999, I–623, Rn. 61, 64 (77,4 % der männlichen und 68,9 % der weiblichen Arbeitnehmer erfüllten diese Voraussetzung).
[237] EuGH, Urt. v. 28.2.2013, Rs. C–427/11 (Kenny u. a.), ECLI:EU:C:2013:122, Rn. 36 ff.
[238] EuGH, Urt. v. 13.7.1989, Rs. C–171/88 (Rinner-Kühn), Slg. 1989, I–2743, Rn. 15; Urt. v. 27.6.1990, Rs. C–33/89 (Kowalska), Slg. 1990, I–2591, Rn. 15; Urt. v. 9.2.1999, Rs. C–167/97 (Seymour-Smith und Perez), Slg. 1999, I–623, Rn. 67 ff.; ausführlich hierzu *Krebber*, in: Calliess/Ruffert, EUV/AEUV, Art. 157 AEUV, Rn. 59, der kritisiert, dass der EuGH diese Herangehensweise nicht konsequent durchhalte.
[239] EuGH, Urt. v. 13.5.1986, Rs. C–170/84 (Bilka), Slg. 1986, 1607, Rn. 36; Urt. v. 13.7.1989, Rs. C–171/88 (Rinner-Kühn), Slg. 1989, I–2743, Rn. 14; *Rebhahn*, in: Schwarze, EU-Kommentar, Art. 157 AEUV, Rn. 31.
[240] *Preis* (Fn. 176), § 4 TzBfG, Rn. 44.
[241] *Preis* (Fn. 176), § 4 TzBfG, Rn. 44.

nierungen nicht rechtfertigen.²⁴² Allerdings kommt den Kollektivvertragsparteien eine Einschätzungsprärogative zu. Diese bezieht sich vor allem auf die Frage der Eignung und Erforderlichkeit, weniger auf die Zielfestlegung selbst (s. Art. 28 GRC, Rn. 22 ff.).

Ist Verursacher der Diskriminierung der **Mitgliedstaat**, kommen als legitime Gründe Ziele der Sozialpolitik in Betracht.²⁴³ Selbstverständlich sind auch alle Ziele, die in Art. 9, 151 AEUV als sozialpolitische Ziele der Union genannt werden, hier als legitim anzuerkennen. So ist z. B. die Förderung von Einstellungen »unbestreitbar« ein legitimes Ziel der Sozialpolitik.²⁴⁴ **111**

Generell gilt allerdings, dass allein **wirtschaftliche Gründe bzw. anstehende Kosten** nicht als Rechtfertigung ausreichen können. Dies gilt sowohl für Kosten eines Arbeitgebers²⁴⁵ als auch für Haushaltserwägungen eines Mitgliedstaats.²⁴⁶ **112**

Allgemeine Behauptungen oder verallgemeinernde Aussagen reichen für eine Rechtfertigung nicht aus, diese müssen **substantiiert** sein.²⁴⁷ **113**

Die angeführten Rechtfertigungsgründe dürfen selbst **nichts mit dem Geschlecht zu tun** haben; so können z. B. Geschlechterstereotype über »geschlechtsspezifische« Fähigkeiten und Qualifikationen kein unterschiedliches Entgelt rechtfertigen, genauso wenig wie »die Schwierigkeiten, die die weiblichen Arbeitnehmer haben, um [eine bestimmte] Mindeststundenzahl pro Woche leisten zu können«.²⁴⁸ **114**

cc) Verhältnismäßigkeit

Insbesondere die Frage, inwieweit die Ungleichbehandlung zur Erreichung dieses Ziels geeignet und erforderlich ist, muss **durch die mitgliedstaatlichen Gerichte** geprüft werden.²⁴⁹ **115**

Angesichts der primären Zuständigkeit der Mitgliedstaaten für die Sozialpolitik haben die nationalen Gerichte auch eine **weite Einschätzungsprärogative der Mitgliedstaaten** bei der Frage der Eignung, der Erforderlichkeit sowie bei der Angemessenheit einer Maßnahme zu berücksichtigen.²⁵⁰ Der EuGH erlegt den Mitgliedstaaten aber zu Recht auf, auch entstehende nicht intendierte Folgen zu berücksichtigen.²⁵¹ **116**

---

²⁴² EuGH, Urt. v. 31.5.1995, Rs. C–400/93 (Royal Copenhagen), Slg. 1995, I–1275, Rn. 48 f.; Urt. v. 28.2.2013, Rs. C–427/11 (Kenny u. a.), ECLI:EU:C:2013:122, Rn. 49; (a.A. *Junker*, RIW 2014, S. 5, der der Meinung ist, die Frage sei hier nicht beantwortet worden).

²⁴³ EuGH, Urt. v. 9.2.1999, Rs. C–167/97 (Seymour-Smith und Perez), Slg. 1999, I–623, Rn. 72; *Krebber*, in: Calliess/Ruffert, EUV/AEUV, Art. 157 AEUV, Rn. 60.

²⁴⁴ EuGH, Urt. v. 9.2.1999, Rs. C–167/97 (Seymour-Smith und Perez), Slg. 1999, I–623, Rn. 70 ff.

²⁴⁵ EuGH, Urt. v. 17.6.1998, Rs. C–243/95 (Hill und Stapleton), Slg. 1998, I–3739, Rn. 40.

²⁴⁶ EuGH, Urt. v. 23.10.2003, verb. Rs. C–4/02 u. C–5/02 (Schönheit und Becker), Slg. 2003, I–12575, Rn. 84 f. (»Sonst würde die Anwendung und die Tragweite einer so grundlegenden Regel des Gemeinschaftsrechts wie der Gleichheit von Männern und Frauen zeitlich und räumlich je nach dem Zustand der Staatsfinanzen der Mitgliedstaaten variieren.«)

²⁴⁷ EuGH, Urt. v. 13.7.1989, Rs. C–171/88 (Rinner-Kühn), Slg. 1989, I–2743, Rn. 13 f.; Urt. v. 7.2.1991, Rs. C–184/89 (Nimz), Slg. 1991, I–297, Rn. 14; Urt. v. 17.6.1998, Rs. C–243/95 (Hill und Stapleton), Slg. 1998, I–3739, Rn. 38; Urt. v. 9.2.1999, Rs. C–167/97 (Seymour-Smith und Perez), Slg. 1999, I–623, Rn. 76.

²⁴⁸ EuGH, Urt. v. 31.3.1981, Rs. C–96/80 (Jenkins), Slg. 1981, 911, Rn. 13.

²⁴⁹ EuGH, Urt. v. 6.2.1996, C–457/93 (Lewark), Slg. 1996, I–243, Rn. 38.

²⁵⁰ EuGH, Urt. v. 9.2.1999, Rs. C–167/97 (Seymour-Smith und Perez), Slg. 1999, I–623, Rn. 73; Urt. v. 14.12.1995, Rs. C–317/93 (Nolte), Slg. 1995, I–4625, Rn. 33; zu Unrecht kritisiert *Kort*, RdA 1997, 277 (284) die Unbestimmtheit des Begriffs, denn diese ergibt sich aus der unionsrechtlich festgelegten sozialpolitischen Einschätzungsprärogative der Mitgliedstaaten (s. Art. 151 AEUV, Rn. 25 ff.).

²⁵¹ EuGH, Urt. v. 7.3.1996, Rs. C–278/93 (Freers und Speckmann), Slg. 1996, I–1165, Rn. 27; Urt.

117 Eine ähnliche Einschätzungsprärogative steht den **Kollektivvertragsparteien** nach Art. 28 GRC zu (s. Art. 28 GRC, Rn. 20 ff.).

b) Insbesondere: Die Entgeltdiskriminierung von Teilzeitbeschäftigten als Geschlechtsdiskriminierung

118 Ein Beispiel für mittelbare Geschlechtsdiskriminierung ist die Benachteiligung von Teilzeitbeschäftigten.[252] Hier ist die Voraussetzung, dass erheblich mehr weibliche als männliche Beschäftigte betroffen sind, in aller Regel erfüllt. Ein Unterfall ist die Benachteiligung »geringfügig« Beschäftigter im Sinn des deutschen Rechts.[253] Das Verbot der Diskriminierung von Teilzeitbeschäftigten ist mittlerweile auch in § 4 der Rahmenvereinbarung zur Teilzeitrichtlinie 97/81/EG festgeschrieben.

119 Das **unterschiedliche zeitliche Ausmaß** der Beschäftigung verhindert insofern nicht schon die Vergleichbarkeit der Situationen, sondern ist nur für die Frage der objektiven Rechtfertigung unterschiedlichen Entgelts relevant.[254]

aa) Allgemeine Grundsätze zur objektiven Rechtfertigung von Ungleichbehandlungen

120 Das personalpolitische Ziel, einen **Anreiz zur Vollzeitarbeit** zu geben, wurde ursprünglich vom EuGH als Rechtfertigungsgrund in Betracht gezogen und lediglich mangels Substantiierung nicht anerkannt.[255] Seit Erlass der Teilzeitarbeitsrichtlinie 97/81/EG, die unter anderem der Förderung der Teilzeitarbeit dient, ist dieses Ziel aber nicht mehr als legitim anzuerkennen.[256] Ähnliches gilt für das Argument, die Teilzeitbeschäftigung gewährleiste keine vollständige Existenzsicherung für den Unterhalt einer Person oder Familie und sei insofern nur »Zuverdienst«.[257]

121 Die Behauptung, Beschäftigte mit einer sehr geringen Stundenzahl seien schlechter in den Betrieb **eingegliedert** und ihm weniger verbunden, stellt lediglich eine verallgemeinernde Aussage dar, die sich zur Rechtfertigung von Entgeltunterschieden nicht eignet.[258]

122 Ähnliches gilt für die Annahme, vollzeitbeschäftigte Arbeitnehmerinnen und Arbeitnehmer gewännen schneller Fähigkeiten und Fertigkeiten für ihre Tätigkeit hinzu als die übrigen Arbeitnehmer bzw. verfügten über ein größeres **Erfahrungswissen**. Zwar darf angenommen werden, dass Erfahrung am Arbeitsplatz grundsätzlich die Qualität der

---

v. 4.6.1992, Rs. C–360/90 (Bötel), Slg. 1992, I–3589, Rn. 25; Urt. v. 6.2.1996, Rs. C–457/93 (Lewark), Slg. 1996, I–243, Rn. 37; zu den Spielräumen, die sich daraus für den deutschen Gesetzgeber ergeben, siehe *Kort*, RdA 1997, 277 (283 f.).

[252] Zusammenfassung der Einzelfälle bei *Krebber*, in: Calliess/Ruffert, EUV/AEUV, Art. 157 AEUV, Rn. 41.

[253] EuGH, Urt. v. 13.7.1989, Rs. C–171/88 (Rinner-Kühn), Slg. 1989, I–2743.

[254] Vgl. auch EuGH, Urt. v. 30.3.2000, Rs. C–236/98 (JämO), Slg. 2000, I–2189, Rn. 61 (objektive Bedingungen); zur Diskussion des Kriteriums auch s. Rn. 69 ff.

[255] EuGH, Urt. v. 31.3.1981, Rs. C–96/80 (Jenkins), Slg. 1981, 911, Rn. 12; Urt. v. 13.5.1986, Rs. C–170/84 (Bilka), Slg. 1986, 1607, Rn. 37.

[256] So auch *Rebhahn*, in: Schwarze, EU-Kommentar, Art. 157 AEUV, Rn. 32; vgl. in diese Richtung auch EuGH Urt. v. 17.6.1998, Rs. C–243/95 (Hill und Stapleton), Slg. 1998, I–3739, Rn. 42.

[257] EuGH, Urt. v. 27.6.1990, Rs. C–33/89 (Kowalska), Slg. 1990, I–2591, Rn. 14 f.

[258] EuGH, Urt. v. 13.7.1989, Rs. C–171/88 (Rinner-Kühn), Slg. 1989, I–2743, Rn. 13 f. für die Entgeltfortzahlung im Krankheitsfall für geringfügig Beschäftigte im Sinne des deutschen Rechts; vgl. auch BAGE 122, 215: Zeiten geringfügiger Beschäftigung müssen als Beschäftigungszeiten gelten.

Arbeit erhöht; wie dies jedoch im Einzelfall mit der Dauer der täglichen oder wöchentlichen Arbeitszeit zusammenhängt, hängt vom Einzelfall ab.[259]

Eine sachliche Rechtfertigung für ein geringeres Entgelt von Teilzeitbeschäftigten kann sich nicht daraus ergeben, dass mit einer höheren Arbeitszeit besondere **physische und psychische Anstrengungen** verbunden sind, die Arbeitsbelastung mit längerer Arbeitszeit also nicht lediglich linear steige; denn nach dem pro-rata-temporis-Prinzip in § 4 Abs. 2 der Rahmenvereinbarung zur Teilzeitrichtlinie 97/80/EG[260] sind die Arbeitsstunden von Teilzeit- und Vollzeitbeschäftigten grundsätzlich gleich zu bewerten.[261] Die Zahlung eines **Überstundenzuschlags** erst ab Überschreiten der regelmäßigen betrieblichen oder tariflichen Arbeitszeit lässt sich deshalb nicht mit einer vermuteten erhöhten physischen und psychischen Beanspruchung bei Überschreiten dieser Zeitgrenze rechtfertigen. Dient der Überstundenzuschlag im Einzelfall lediglich dem Schutz der individuellen Verfügungsmöglichkeit von Arbeitnehmern über ihre Freizeit, muss er bereits bei Überschreiten der individuell vereinbarten Arbeitszeit bezahlt werden.[262]

123

Ein legitimes sozialpolitisches Ziel ist die **Sicherung der Unabhängigkeit von Mitgliedern der Betriebs- und Personalräte**, z. B. durch das Prinzip der Unentgeltlichkeit, das gewährleisten kann, dass die Entscheidung für eine Kandidatur nicht von möglichen finanziellen Vorteilen abhängig gemacht wird.[263] Eine Regelung, nach der teilzeitbeschäftigte Betriebsratsmitglieder bei der Teilnahme an Vollzeitschulungen nur einen teilweisen Zeitausgleich erhalten, hat der EuGH jedoch zu Recht für unionsrechtswidrig gehalten. In der Sache geht es um die Frage der Erforderlichkeit und Angemessenheit einer Ungleichbehandlung, in der zwar erhebliche Einschätzungsspielräume der Mitgliedstaaten bestehen. Der EuGH erlegt den Mitgliedstaaten insofern aber zu Recht auf, auch nicht intendierte Folgen zu berücksichtigen. In Hinblick auf den Zeitausgleich für Betriebsratsschulungen war insofern entscheidend, dass die kritisierte Regelung den Nebeneffekt hatte, Teilzeitbeschäftigte von der Kandidatur abzuschrecken und somit die Vertretung dieser Arbeitnehmergruppe zu erschweren.[264]

124

bb) Objektive Rechtfertigung von Leistungen pro-rata-temporis

Unterschiede in der Arbeitszeit können objektive Gründe darstellen, die Unterschiede beim Entgelt rechtfertigen können.[265] So ist insbesondere die **zeitanteilige Berechnung des Ruhegehalts** von Teilzeitbeschäftigten zulässig,[266] allerdings nur nach Maßgabe einer

125

---

[259] EuGH, Urt. v. 7.2.1991, Rs. C–184/89 (Nimz), Slg. 1991, I–297, Rn. 13.
[260] RL 97/80/EG vom 15.12.1997 über die Beweislast bei Diskriminierung aufgrund des Geschlechts, ABl. 1998, L 14/6.
[261] So auch *Rebhahn*, in: Schwarze, EU-Kommentar, Art. 157 AEUV, Rn. 28; anders *Preis* (Fn. 176), § 4 TzBfG, Rn. 44.
[262] *Schüren*, ZTR 1992, 355 ff.
[263] EuGH, Urt. v. 7.3.1996, Rs. C–278/93 (Freers und Speckmann), Slg. 1996, I–1165, Rn. 26; Urt. v. 6.2.1996, C–457/93 (Lewark), Slg. 1996, I–243, Rn. 33 ff.
[264] EuGH, Urt. v. 7.3.1996, Rs. C–278/93 (Freers und Speckmann), Slg. 1996, I–1165, Rn. 27; Urt. v. 4.6.1992, Rs. C–360/90 (Bötel), Slg. 1992, I–3589, Rn. 25; Urt. v. 6.2.1996, Rs. C–457/93 (Lewark), Slg. 1996, I–243, Rn. 37; zu den Spielräumen, die sich daraus für den deutschen Gesetzgeber ergeben, siehe *Kort*, RdA 1997, 277 (283 f.).
[265] EuGH, Urt. v. 30.3.2000, Rs. C–236/98 (JämO), Slg. 2000, I–2189, Rn. 61.
[266] EuGH, Urt. v. 23.10.2003, verb. Rs. C–4/02 u. C–5/02 (Schönheit und Becker), Slg. 2003, I–12575, Rn. 90 ff. zu § 6 BeamtVG, wonach Zeiten einer Teilzeitbeschäftigung nur zu dem Teil ruhegehaltsfähig sind, der dem Verhältnis der ermäßigten zur regelmäßigen Dienstzeit entspricht; Urt. v. 6.10.2010, verb. Rs. C–395/08 u. C–396/08 (Bruno und Pettini), Slg. 2010, I–5119, Rn. 65.

strengen Proportionalität. § 4 Abs. 2 der Rahmenvereinbarung zu Teilzeit-Richtlinie 97/81/EG spiegelt dieses Verständnis wider: »Es gilt, wo dies angemessen ist, der Pro-rata-temporis-Grundsatz.«

126 Soweit Vollzeit- und Teilzeitbeschäftigte **dieselbe Gesamtarbeitszeit** arbeiten, müssen sie mindestens dasselbe Gesamtentgelt erhalten, soweit sich Differenzierungen nicht durch eine zulässige Differenzierung von Zulagen rechtfertigen lassen. Wird Mehrarbeit erst ab einer bestimmten Zahl von Mehrstunden bezahlt und erhalten Teilzeitbeschäftigte deshalb für dieselbe Stundenzahl ein geringeres Entgelt, lässt sich dies nicht objektiv rechtfertigen. Denn proportional zur individuellen Arbeitszeit stellen drei Überstunden für Teilzeitbeschäftigte eine größere Belastung dar als für Vollzeitbeschäftigte.[267]

127 **Zusatzleistungen** können ebenfalls zeitanteilig gekürzt werden, wenn sie beschäftigungsabhängig sind;[268] dies ist insbesondere bei Betriebsrentenansprüchen der Fall.[269] Es kommt darauf an, ob die Differenzierung aus dem Zweck der Leistung sachlich gerechtfertigt ist.[270] So haben Teilzeitbeschäftigte einen Anspruch auf gleiches Entgelt und gleiche Zulagen, soweit der Zweck dieser Zulagen sich nicht darin erschöpft, unmittelbar die Dauer der wöchentlichen Arbeitszeit abzugelten.

128 Der pro-rata-temporis-Grundsatz gilt z.B. für eine Leistung, die Betriebstreue würdigen soll, wie es bei der **Weihnachtsgratifikation** oder Jahressonderzuwendung in der Regel der Fall ist. Von dieser Leistung dürfen geringfügig Beschäftigte nicht ausgeschlossen werden; eine anteilige Zahlung erscheint hier aber angemessen, soweit sie quantitativ dem zeitlichen Verhältnis zur Vollzeitarbeit entspricht.[271] Dies gilt auch für andere Leistungen, die allein den Bestand des Beschäftigungsverhältnisses voraussetzen, wie z.B. die Ergänzung einer staatlichen Kinderzulage durch eine betriebliche Leistung.[272]

129 Wird eine Zulage für **besondere gesundheitliche Belastungen** bei der Arbeit gewährt, so kommt es darauf an, ob diese objektiv erst nach einer bestimmten Mindestdauer der Arbeitszeit auftreten oder nicht. Wird eine Leistung z.B. allein für das regelmäßige Arbeiten mit infektiösem Material gewährt,[273] so kommt eine Kürzung wegen Teilzeit nicht in Betracht.

130 In aller Regel muss die Zeit einer Teilzeitbeschäftigung für die **Berechnung von Betriebszugehörigkeitszeiten** in vollem Umfang berücksichtigt werden, jedenfalls dann, wenn die Arbeitszeit täglich oder wöchentlich reduziert ist. Dies gilt jedenfalls für solche Betriebszugehörigkeitszeiten, die Erfahrung oder Betriebstreue würdigen sollen. In diesen Fällen »entsprechen [die Zeiten] nämlich der tatsächlichen Dauer des Beschäfti-

---

[267] EuGH, Urt. v. 27.5.2004, Rs. C–285/02 (Elsner-Lakeberg), Slg. 2004, I–5861, Rn. 17.
[268] Vgl. EuGH, Urt. v. 5.11.2014, Rs. C–476/12 (ÖGB), ECLI:EU:C:2014:2332.
[269] EuGH, Urt. v. 23.10.2003, verb. Rs. C–4/02 u. C–5/02 (Schönheit und Becker), Slg. 2003, I–12575, Rn. 90; vgl. auch die Entscheidungen zur Anwendung des Pro-rata-temporis-Grundsatzes auf den Urlaub: Urt. v. 22.4.2010, Rs. C–486/08 (Zentralbetriebsrat der Landeskrankenhäuser Tirols), Slg. 2010, I–3527; Urt. v. 8.11.2012, verb. Rs. C–229/11 u. C–230/11 (Heimann und Toltschin), ECLI:EU:C:2012:693.
[270] Zu kurz deshalb EuGH, Urt. v. 5.11.2014, Rs. C–476/12 (ÖGB), ECLI:EU:C:2014:2332.
[271] EuGH, Urt. v. 9.9.1999, Rs. C–281/97 (Krüger), Slg. 1999, I–5127, Rn. 29; *Ahrendt/Tillmanns* (Fn. 176), § 4 TzBfG, Rn. 16 (keinen Reduzierung um absoluten Betrag zulässig); siehe auch Urt. v. 21.10.1999, Rs. C–333/97 (Lewen), Slg. 1999, I–7243, Rn. 50 für die insofern tatsächlich andere Situation des Erziehungsurlaubs.
[272] EuGH, Urt. v. 5.11.2014, Rs. C–476/12 (ÖGB), ECLI:EU:C:2014:2332.
[273] BAGE 79, 300.

gungsverhältnisses und nicht dem Umfang der während des Beschäftigungsverhältnisses geleisteten Arbeit«.[274]

c) Weitere Anwendungsfelder

Die Anforderung von **Flexibilität** bezüglich Arbeitszeit und Arbeitsort wird faktisch zum Nachteil von Personen mit familiären Betreuungsaufgaben, also überwiegend zum Nachteil von Frauen wirken. Objektiv gerechtfertigt ist das Kriterium deshalb nur, wenn die Anpassungsfähigkeit an unterschiedliche Arbeitszeiten und -orte für die spezifische Tätigkeit von Bedeutung ist. Hier gilt ein strenger Prüfungs- und Kontrollmaßstab, da das Kriterium sich leicht als systematische Benachteiligung von Frauen erweisen kann.[275]

131

In gleicher Weise bringt jede Benachteiligung wegen der **Elternschaft** bzw. von Beschäftigten mit Familienpflichten den Verdacht der mittelbaren Benachteiligung mit sich. Denn das Merkmal »Familienpflichten« wird in der Praxis überwiegend weibliche Beschäftigte treffen.[276] Umgekehrt werden Regelungen, die Personen wegen der Erziehung von Kindern Vorteile einräumen, in aller Regel nachteilig für männliche Beschäftigte wirken.[277] Eine Differenzierung z. B. nach der Wahrnehmung von Elternzeit muss deshalb objektiv gerechtfertigt sein. Soweit eine Gratifikation nach nationalem Recht eine Vergütung für in der Vergangenheit geleistete Arbeit darstellt, dürfen Zeiten des Elternurlaubs bei der Berechnung außer Betracht bleiben. Ist dies nicht der Fall, wird also z. B. lediglich die Betriebstreue honoriert, dürfen hingegen Zeiten des Elternurlaubs nicht leistungsmindernd berücksichtigt werden (zu Mutterschutzzeiten (unmittelbare Diskriminierung) s. Rn. 85; Rn. 89).[278]

132

Auch die Lage der Arbeit oder die Erbringung von **Arbeit nach Bedarf** darf keine Auswirkungen auf das Entgelt haben.[279] Gleiches gilt für die Frage, ob Beschäftigte sich einen **Arbeitsplatz teilen**.[280]

133

---

[274] EuGH, Urt. v. 6.10.2010, verb. Rs. C–395/08 u. C–396/08 (Bruno und Pettini), Slg. 2010, I–5119, Rn. 66.
[275] EuGH, Urt. v. 17.10.1989, Rs. C–109/88 (Danfoss), Slg. 1989, I–3199, Rn. 20 ff.; Urt. v. 3.10.2006, Rs. C–17/05 (Cadman), Slg. 2006, I–9583, Rn. 34 ff.; *Eichenhofer*, in: Streinz, EUV/AEUV, Art. 157 AEUV, Rn. 17.
[276] EuGH, Urt. v. 21.10.1999, Rs. C–333/97 (Lewen), Slg. 1999, I–7243, Rn. 35: Inanspruchnahme von Erziehungsurlaub.
[277] EuGH, Urt. v. 17.7.2014, Rs. C–173/13 (Leone und Leone), ECLI:EU:C:2014:2090; siehe schon zur Differenzierung zwischen unmittelbaren und mittelbaren Diskriminierungen Urt. v. 29.11.2001, Rs. C–366/99 (Griesmar), Slg. 2001, I–9383, Rn. 49 ff. Nach EuGH, Urt. v. 20.6.2013, Rs. C–7/12 (Riežniece), ECLI:EU:C:2013:410, Rn. 40 ist es aber Sache der mitgliedstaatlichen Gerichte, zu prüfen, ob in dem betreffenden Mitgliedstaat eine sehr viel höhere Zahl von Frauen als Männern Elternurlaub in Anspruch nimmt; dazu auch BVerfG, 8.6.2016, NZA 2016, 939; zur gegenteiligen Meinung des BAG siehe BAG, Urt. v. 18.9.2014, Az. 8 AZR 753/13, AP Nr 10 zu § 3 AGG, wo für Deutschland unter Bezugnahme auf Daten des Mikrozensus eine Geschlechtsrelevanz verneint wird. Siehe zur Relevanz der statistischen Daten auch Rn. 102 ff.
[278] Anders EuGH, Urt. v. 21.10.1999, Rs. C–333/97 (Lewen), Slg. 1999, I–7243, Rn. 29 ff., der auf den Bestand des Beschäftigungsverhältnisses zu einem bestimmten Zeitpunkt abstellt und insofern akzeptiert, wenn das Arbeitsverhältnis zu Zeiten des Erziehungsurlaubs anders als im Mutterschutz als nicht bestehend behandelt wird; vgl. auch Urt. v.,20.6.2013, Rs. C–7/12 (Riežniece), ECLI:EU:C:2013:410, Rn. 40; Urt. v. 17.7.2014, Rs. C–173/13 (Leone und Leone), ECLI:EU:C:2014:2090, Rn. 45 ff. für eine Regelung, die allerdings auch Mutterschutzzeiten erfasste.
[279] Dies ist unabhängig davon, dass der EuGH im Hinblick auf die Zulässigkeit und die Bedingungen von Arbeit nach Bedarf eine unterschiedliche Situation von Teilzeit- und Vollzeitbeschäftigten sieht (EuGH, Urt. v. 12.10.2004, Rs. C–313/02 (Wippel), Slg. 2004, I–9483, Rn. 63 ff.; kritisch dazu *Rebhahn*, in: Schwarze, EU-Kommentar, Art. 157 AEUV, Rn. 28).
[280] Vgl. EuGH, Urt. v. 17.6.1998, Rs. C–243/95 (Hill und Stapleton), Slg. 1998, I–3739, Rn. 41.

134 Selbst wenn es so sein sollte, dass weibliche Arbeitnehmerinnen weniger Möglichkeiten hatten, eine so »gründliche« Berufsausbildung zu erwerben wie die männlichen Arbeitnehmer oder diese Möglichkeiten in geringerem Maße genutzt haben, kann der Arbeitgeber die **Vergütung einer besonderen Berufsausbildung** rechtfertigen, indem er darlegt, dass diese Ausbildung für die Ausführung der übertragenen spezifischen Aufgaben von Bedeutung ist.[281]

135 Das Kriterium der Ancienität bzw. der **Dauer der Betriebszugehörigkeit** kann insofern zu einer Benachteiligung weiblicher Arbeitnehmerinnen gegenüber männlichen Arbeitnehmern führen, als Frauen statistisch weniger lange auf dem Arbeitsmarkt sind als Männer oder ihre Berufstätigkeit häufiger unterbrechen müssen.[282] Das Kriterium ist allerdings objektiv gerechtfertigt, soweit die Betriebszugehörigkeit mit der Berufserfahrung einhergeht und diese wiederum die Arbeitnehmerinnen und Arbeitnehmer tatsächlich befähigt, ihre Arbeit besser zu verrichten. In Hinblick auf die **Berufserfahrung** ist dem EuGH darin zuzustimmen, dass deren Bedeutung für die Ausführung der spezifischen Aufgaben nicht im Einzelfall dargelegt werden muss.[283] Anders ist dies aber für die Ancienität als solche. Hier hat auch der EuGH zu Recht zugestanden, dass es »Situationen geben kann, in denen der Rückgriff auf das Kriterium des Dienstalters vom Arbeitgeber im Einzelnen gerechtfertigt werden muss, insbesondere wenn der Arbeitnehmer Anhaltspunkte liefert, die geeignet sind, ernstliche Zweifel daran aufkommen zu lassen, dass im vorliegenden Fall der Rückgriff auf das Kriterium des Dienstalters zur Erreichung des genannten Zieles geeignet ist. Dann ist es Sache des Arbeitgebers, zu beweisen, dass das, was in der Regel gilt, nämlich dass das Dienstalter mit der Berufserfahrung einhergeht und dass diese den Arbeitnehmer befähigt, seine Arbeit besser zu verrichten, auch in Bezug auf den fraglichen Arbeitsplatz zutrifft«.[284]

136 Bestimmte Kriterien für die Leistungsbemessung und die Bestimmung des Grundentgelts können ungleiche Auswirkungen für männliche und weibliche Arbeitnehmer haben. Dies ist z. B. für das Kriterium der muskelmäßigen Anstrengung (**körperliche »Schwere« der Arbeit**) angenommen worden, da männliche Arbeitnehmer im Durchschnitt über größere Körperkraft verfügen.[285] Allerdings ist es objektiv gerechtfertigt, zur Differenzierung der Lohnstufen ein Kriterium zu verwenden, das auf den objektiv messbaren Krafteinsatz abstellt, der für die Verrichtung der Tätigkeit erforderlich ist.[286] Die Tatsache, dass Art. 157 AEUV gleiches Entgelt bei gleichwertiger Arbeit vorschreibt, muss jedoch auch Auswirkungen auf die Bewertung solcher abstrakter Kriterien haben. Der EuGH hat dies so auf den Punkt gebracht, dass ein **System beruflicher Einstufung** in seiner Gesamtheit nicht diskriminierenden Charakter haben dürfe und deshalb so ausgestaltet sein müsse, dass bei der Bewertung der Gleichwertigkeit von Arbeitsplätzen auch Kriterien berücksichtigt werden, »hinsichtlich deren die weibli-

---

[281] EuGH, Urt. v. 17.10.1989, Rs. C–109/88 (Danfoss), Slg. 1989, I–3199, Rn. 22.
[282] EuGH, Urt. v. 17.10.1989, Rs. C–109/88 (Danfoss), Slg. 1989, I–3199, Rn. 24; *Eichenhofer*, in: Streinz, EUV/AEUV, Art. 157 AEUV, Rn. 17; dazu erstmals ausführlich *Pfarr/Bertelsmann*, Diskriminierung im Erwerbsleben, 1992, S. 323 ff.
[283] EuGH, Urt. v. 17.10.1989, Rs. C–109/88 (Danfoss), Slg. 1989, I–3199, Rn. 24; Urt. v. 3.10.2006, Rs. C–17/05 (Cadman), Slg. 2006, I–9583, Rn. 34 ff.
[284] EuGH, Urt. v. 3.10.2006, Rs. C–17/05 (Cadman), Slg. 2006, I–9583, Rn. 37 f.; vgl. schon Urt. v. 7.2.1991, Rs. C–184/89 (Nimz), Slg. 1991, I–297, Rn. 14.
[285] EuGH, Urt. v. 1.7.1986, Rs. 237/85 (Rummler), Slg. 1986, 2101, Rn. 15; *Eichenhofer*, in: Streinz, EUV/AEUV, Art. 157 AEUV, Rn. 17.
[286] EuGH, Urt. v. 1.7.1986, Rs. 237/85 (Rummler), Slg. 1986, 2101, Rn. 14 f., 24.

chen Arbeitnehmer besonders geeignet sein können.« Kollektive Entgeltsysteme müssen insofern objektive Kriterien enthalten, die an die Art der Tätigkeit gebunden sind und das »Wesen« der Arbeit abbilden. Sie müssen darüber hinaus sicherstellen, dass die Kriterien diskriminierungsfrei ausgelegt und angewandt werden sowie einen »adäquaten Platz« im Gesamtsystem einnehmen.[287] Art. 4 der Richtlinie 2006/54/EG kodifiziert die Rechtsprechung des EuGH in Abs. 2 dahingehend, dass »insbesondere wenn zur Festlegung des Entgelts ein System beruflicher Einstufung verwendet wird, […] dieses System auf für männliche und weibliche Arbeitnehmer gemeinsamen Kriterien beruhen und so beschaffen sein [muss], dass Diskriminierungen aufgrund des Geschlechts ausgeschlossen werden.«

Tarifpolitische Faktoren wie Organisationsgrad, Durchsetzungsfähigkeit der Gewerkschaften oder die Mitgliederstruktur in den unterschiedlichen Tarifgebieten können ungleiche Entgeltvorschriften nicht rechtfertigen,[288] denn diese können selbst diskriminierende Arbeitsmarktstrukturen widerspiegeln (zur Berücksichtigung der Tarifautonomie s. Rn. 110). 137

Regelungen, die Personen wegen der **Erziehung von Kindern** Vorteile einräumen, werden in aller Regel überwiegend zugunsten von weiblichen Beschäftigten wirken (zu Vorteilen aufgrund der Stellung als biologische Mutter – unmittelbare Diskriminierung – s. Rn. 85; Rn. 89). Eine mittelbare Diskriminierung von Männern ergibt sich im Ergebnis jedoch nur, wenn diese nicht objektiv gerechtfertigt ist. Eine Rechtfertigung kommt insbesondere in Hinblick auf das legitime Ziel einer Verbesserung der Vereinbarkeit von Erwerbsarbeit und Familienarbeit (vgl. Art. 33 Abs. 2 GRC) in Betracht. Dies erfasst z. B. die (vom Geschlecht unabhängige, also neutrale) Berücksichtigung von **Unterbrechungszeiten wegen Kindererziehung** bei der Berechnung von Betriebsrentenansprüchen. Dies gilt auch dann, wenn die berücksichtigte Unterbrechungszeit mit der Dauer des obligatorischen Mutterschaftsurlaubs übereinstimmt.[289] Dieses Ergebnis lässt sich schon damit begründen, dass in diesem Fall auch eine unmittelbare Anknüpfung an den Mutterschaftsurlaub, also das Geschlecht zulässig wäre. Eine Maßnahme, die es Männern ermöglicht, bei freiwilliger Freistellung gleiche Vorteile zu erzielen, ist als geringere Beeinträchtigung erst recht zulässig. Darüber hinaus gehende Unterbrechungszeiten wegen Kindererziehung sind jedoch nur zulässig wenn sie nicht auf Frauen beschränkt sind.[290] Problematisch ist allerdings ein Recht von Eltern auf Versetzung in den vorzeitigen Ruhestand mit sofortigem Pensionsanspruch aufgrund Kinderbetreuungszeiten; insofern ist unklar, wie damit tatsächlich Nachteile ausgeglichen werden können.[291] 138

Auch eine Benachteiligung der Arbeitnehmerinnen und Arbeitnehmer in **Kleinst- oder Kleinunternehmen** könnte eine mittelbare Diskriminierung darstellen, wenn erwiesen wäre, dass diese einen erheblich höheren Prozentsatz Frauen als Männer beschäftigen.[292] Allerdings käme nach Maßgabe des Art. 153 Abs. 2 UAbs. 1 Buchst. b Satz 2 AEUV eine objektive Rechtfertigung in Betracht (s. Art. 153 AEUV; Rn. 75 f.). 139

---

[287] EuGH, Urt. v. 17.10.1989, Rs. C–109/88 (Danfoss), Slg. 1989, I–3199; Urt. v. 1.7.1986, Rs. 237/85 (Rummler), Slg. 1986, 2101.
[288] *Wißmann*, ZTR 1994, 230; *Preis*, ZIP 1995, 901.
[289] Vgl. zur Differenzierung zwischen unmittelbaren und mittelbaren Diskriminierungen EuGH, Urt. v. 29.11.2001, Rs. C–366/99 (Griesmar), Slg. 2001, I–9383, Rn. 49 ff. Die gleiche Frage behandelte auch schon GA *Jääskinen*, Schlussanträge zu Rs. C–572/10 (Amédée) (die Sache wurde nicht vom EuGH entschieden, da das Vorabentscheidungsersuchen zurückgezogen wurde).
[290] Vgl. EuGH, Urt. v. 29.11.2001, Rs. C–366/99 (Griesmar), Slg. 2001, I–9383.
[291] EuGH, Urt. v. 17.7.2014, Rs. C–173/13 (Leone und Leone), ECLI:EU:C:2014:2090, Rn. 90 ff.
[292] Nach Meinung des EuGH, Urt. v. 30.11.1993, Rs. C–189/91 (Kirsammer-Hack), Slg. 1993, I–6185, Rn. 34 belegten die damals vorgelegten Angaben aber kein solches Missverhältnis.

140   Die Tatsache, dass bestimmte (Teilzeit-)Beschäftigungsverhältnisses nicht der **Sozialversicherungspflicht** unterliegen, kann eine Ausnahme in einem Tarifvertrag und eine sich daraus ergebende Benachteiligung bei Entgeltleistungen nicht rechtfertigen.[293]

F. Rechtsetzungskompetenz (Art. 157 Abs. 3 AEUV)

141   Art. 157 Abs. 3 AEUV enthält eine Rechtsetzungskompetenz der Europäischen Union für »Maßnahmen zur Gewährleistung der Anwendung des Grundsatzes der Chancengleichheit und der Gleichbehandlung von Männern und Frauen in Arbeits- und Beschäftigungsfragen, einschließlich des Grundsatzes des gleichen Entgelts bei gleicher oder gleichwertiger Arbeit.« Beim Erlass von Maßnahmen nach Art. 157 Abs. 3 AEUV beschließen das Europäische Parlament und der Rat gemäß dem ordentlichen **Gesetzgebungsverfahren** im Sinne des Art. 294 AEUV und nach Anhörung des Wirtschafts- und Sozialausschusses. Die Anhörung der Sozialpartner nach Art. 154, 155 AEUV ist ebenfalls erforderlich, da es um Fragen der Unionssozialpolitik geht.[294]

142   Der Anwendungsbereich des Abs. 3 geht insofern über den persönlichen Schutzbereich von Art. 157 Abs. 1 und 2 AEUV hinaus, als er auch Unionsmaßnahmen für **selbstständig Erwerbstätige** erlaubt.[295]

143   Diese Rechtsetzungskompetenz **überschneidet sich teilweise** mit Art. 19 AEUV sowie mit Art. 153 Abs. 1 Buchst. i AEUV. Eine Vorstellung von der Parallelität und damit der möglichen Abgrenzung dieser Normen scheinen die Vertragsverfasser nicht gehabt zu haben.[296] Welche der Ermächtigungsgrundlagen einschlägig ist, bestimmt sich deshalb nach den allgemeinen Grundsätzen, also nach Ziel und Inhalt des Rechtsakts einerseits und Sinn und Zweck der unterschiedlichen Verfahrensweisen andererseits (s. Art. 153 AEUV, Rn. 7 f.). Für die Verfahrensweise ist zu beachten, dass Art. 19 Abs. 1 AEUV Einstimmigkeit im Rat verlangt und für das Parlament lediglich ein Anhörungsrecht vorsieht. Art. 153 AEUV verlangt hingegen zusätzlich eine Beteiligung des Ausschusses der Regionen und Berücksichtigung von Besonderheiten kleiner und mittlerer Unternehmen,[297] erlaubt anders als Art. 157 Abs. 3 AEUV nur unterstützende und ergänzende Mindestvorschriften[298] und keine Regelung der Entgelthöhen, ermöglicht aber die Verbindlicherklärung von Rahmenvereinbarungen nach Art. 155 Abs. 2 Satz 1, Alt. 2 AEUV.

144   Die Abgrenzung nach **Ziel und Inhalt** von Rechtsakten wird dadurch erschwert, dass die Zielrichtungen der Art. 19 Abs. 1, Art. 153 Abs. 1 Buchst. i und Art. 157 Abs. 3 AEUV gleichlaufend sind. Von großer Bedeutung ist deshalb jeweils, welche Zielsetzungen mit den unterschiedlichen Verfahrensvorschriften verfolgt werden. Zwar ent-

---

[293] EuGH, Urt. v. 9.9.1999, Rs. C–281/97 (Krüger), Slg. 1999, I–5127, Rn. 26 ff.
[294] *Rebhahn*, in: Schwarze, EU-Kommentar, Art. 157 AEUV, Rn. 38.
[295] *Ziegler* (Fn. 54), 195 ff.; a. A. *Szydo*, International and Comparative Law Quarterly 2014, 167 (181 ff.). Sowohl die Richtlinie 2006/54/EG (Fn. 23) als auch die Richtlinie 2010/41/EG treffen Regelungen für Selbstständige; kritisch zur Definition selbstständiger Erwerbstätigkeit in Richtlinie 2010/41/EU: *Rebhahn*, EuZA 5 (2012), 3 (33).
[296] *Krebber*, in: Calliess/Ruffert, EUV/AEUV, Art. 157 AEUV, Rn. 89.
[297] *Rebhahn/Reiner*, in: Schwarze, EU-Kommentar, Art. 153 AEUV, Rn. 60.
[298] *Krebber*, in: Calliess/Ruffert, EUV/AEUV, Art. 157 AEUV, Rn. 90; *Langenfeld*, in: Grabitz/Hilf/Nettesheim, EU, Art. 157 AEUV (Mai 2011), Rn. 79; *Eichenhofer*, in: Streinz, EUV/AEUV, Art. 157 AEUV, Rn. 24.

hält Art. 157 Abs. 3 AEUV nicht ausdrücklich das Ziel einer »Förderung der Gleichstellung« oder der »Bekämpfung« von Diskriminierung (vgl. Art. 8 AEUV). Dies hängt allerdings damit zusammen, dass diese Norm (wie auch Art. 153 Abs. 1 Buchst. i AEUV) auf eine ältere Begriffsverwendung zurückgeht. Der Begriff der »Gleichstellung« hat im Recht der EU seither den Begriff der »Chancengleichheit« abgelöst. Soweit dieser Begriff sich noch in Art. 153 Abs. 1 Buchst. i und Art. 157 Abs. 3 AEUV findet, die auf ältere Fassungen zurückgehen, ist er im Sinne der Ziele des Art. 8 AEUV auszulegen (siehe auch Art. 23 Abs. 2 GRC). Die beiden Kompetenzgrundlagen können also grundsätzlich **nebeneinander** angewandt werden.[299]

Auch **positive Fördermaßnahmen** lassen sich auf Art. 157 Abs. 3 stützen.[300] Das Argument eines Umkehrschlusses aus Art. 157 Abs. 4 AEUV, der lediglich den Mitgliedstaaten und damit nicht der Union den Erlass positiver Maßnahmen erlaube,[301] überzeugt nicht. Dieser Absatz ergänzt lediglich Abs. 1 und 2 der Norm, die sich an die Mitgliedstaaten richten, und stellt insofern gerade klar, dass dem Geschlechtergleichbehandlungsgebot des Art. 157 AEUV dasselbe Gleichbehandlungsverständnis wie Art. 8 AEUV zugrunde liegt.

145

Für die Rechtsgrundlagen von **Art. 153 Abs. 1** Buchst. **i** und **Art. 157 Abs. 3 AEUV** ist zu beachten, dass Art. 153 Abs. 1 Buchst. i AEUV die Chancengleichheit der Geschlechter auf dem Arbeitsmarkt betrifft und sich nicht nur auf **Arbeits- und Beschäftigungsfragen** beschränkt wie Art. 157 Abs. 3 AEUV. Insofern erlaubt Art. 153 Abs. 1 Buchst. i auch struktur- und beschäftigungspolitische Maßnahmen;[302] Art. 157 Abs. 3 AEUV ist hingegen nicht auf Mindestvorschriften und nicht durch Art. 153 Abs. 5 AEUV begrenzt. Jedoch sind diese Vorschriften Ausdruck eines grundsätzlichen Verständnisses der Sozialpolitik der Europäischen Union im Verhältnis zu den Mitgliedstaaten. Dies strahlt auf Art. 157 Abs. 3 AEUV aus, was insbesondere dort von Bedeutung ist, wo ergänzende Vorschriften in Bereichen vorgeschrieben werden sollen, die mitgliedstaatlicher Kollektivverhandlungsautonomie unterliegen.

146

Das besondere Verfahren nach **Art. 19 AEUV** macht deutlich, dass diese Vorschrift nachrangig gegenüber Art. 157 Abs. 3 AEUV und Art. 153 Abs. 1 Buchst. i AEUV anzuwenden ist.[303]

147

Die Richtlinien 2006/54/EG und 2010/41/EU haben den heutigen Art. 157 Abs. 3 AEUV zur Rechtsgrundlage. Umstritten ist die Wahl der Rechtsgrundlage für eine unionsrechtliche Richtlinie für eine **Geschlechterquote in Aufsichtsräten**. Der Kommissionsvorschlag nennt Art. 157 Abs. 3 AEUV als Grundlage.[304] Dem wird entgegen gehalten, dass es hier nicht um Arbeitsverhältnisse gehe.[305] Allerdings erfasst der Begriff der

148

---

[299] A.A. *Eichenhofer*, in: Streinz, EUV/AEUV, Art. 157 AEUV, Rn. 24 (Art. 157 Abs. 3 grundsätzlich vorrangig); siehe auch EUArbR/*Franzen*, Art. 153 AEUV, Rn. 39 ff.
[300] So auch EUArbR/*Franzen*, Art. 157 AEUV, Rn. 80.
[301] *Stöbener/Böhm*, EuZW 2013, 371 (372).
[302] *Krebber*, in: Calliess/Ruffert, EUV/AEUV, Art. 157 AEUV, Rn. 90.
[303] *Stöbener/Böhm*, EuZW 2013, 371 (373); *Rebhahn*, in: Schwarze, EU-Kommentar, Art. 157 AEUV, Rn. 38.
[304] Vorschlag für eine Richtlinie zur Gewährleistung einer ausgewogeneren Vertretung von Frauen und Männern unter den nicht geschäftsführenden Direktoren/Aufsichtsratsmitgliedern börsennotierter Gesellschaften verweist die Kommission auf Art. 157 Abs. 3 AEUV (KOM(2012) 614, 10. *Rust*, in: GSH, Europäisches Unionsrecht, Art. 157 AEUV, Rn. 280 ff. stimmt dem wohl in der Sache zu, kritisiert aber, dass in diesem Fall kein »KMU-Vorbehalt« zulässig sei; für eine umfassende unionsrechtliche Bewertung des Entwurfs vgl. *Waas*, passim.
[305] *Szydo*, International and Comparative Law Quarterly 2014, 167 (181 ff., 191); EUArbR/*Franzen*, Art. 157 AEUV, Rn. 81.

»Arbeits- und Beschäftigungsfragen« Gleichbehandlungsfragen im Erwerbsleben in einem weiten Sinn (zur Einbeziehung von Selbstständigen s. Rn. 142).

G. Positive Maßnahmen Art. 157 Abs. 4 AEUV

I. Allgemeines

1. Regelungsgehalt

149 Nach ständiger Rechtsprechung hat Art. 157 Abs. 4 AEUV den bestimmten und begrenzten Zweck, Maßnahmen zuzulassen, die zwar dem Anschein nach diskriminierend sind, tatsächlich aber in der sozialen Wirklichkeit bestehende faktische Ungleichheiten beseitigen oder verringern sollen.[306] Dieser **Ausnahmecharakter** ergibt sich insbesondere aus dem Begriff der zulässigen »Vergünstigungen«. Abs. 4 formuliert beispielhaft, welche Maßnahmen zum Ziel der »effektiven Gewährleistung der vollen Gleichstellung von Männern und Frauen im Arbeitsleben« zulässig sein können (zu diesem Ziel s. Art. 8 AEUV, Rn. 7 ff.). Hier geht es nicht um von vornherein unproblematisch als rechtmäßig anzusehende Maßnahmen zur Verhinderung von mittelbarer Diskriminierung, sondern um Vorzugsbehandlungen diskriminierter Gruppen, für die es einer solchen Ausnahme von formalen Gleichbehandlungsanspruch bedarf.[307]

150 Die Norm erlaubt sowohl unmittelbare als auch mittelbare Anknüpfungen an das Geschlecht. Soweit allerdings Fördermaßnahmen (z. B. zur Verbesserung der Vereinbarkeit von Familienarbeit und Erwerbsarbeit) **geschlechtsneutral** getroffen werden, also z. B. an die Elternstellung als solche anknüpfen, werden sie zwar in der Regel mittelbar diskriminierend wirken. Fehlt diesen Wirkungen jedoch die sachliche Rechtfertigung im Sinne des Art. 157 Abs. 1 AEUV (s. Rn. 138), werden sie auch nicht verhältnismäßig im Sinne des Art. 157 Abs. 4 AEUV sein. Die Erlaubnis nach Art. 157 Abs. 4 AEUV kommt in der Sache nur in Betracht, wenn die Maßnahme **unmittelbar** an das Geschlecht anknüpft.

151 Im europäischen Recht ist bereits seit längerem anerkannt, dass Diskriminierungsverbote, die auf gesellschaftliche Ungleichheiten reagieren, positive Maßnahmen nicht verbieten, wenn diese spezifische Vergünstigungen zum Ausgleich von Nachteilen enthalten. Konkret empfahl bereits die Empfehlung 84/635/EWG[308] den Mitgliedstaaten »geeignete allgemeine und spezifische Maßnahmen, deren Ziel es ist, a) der Benachteiligung der erwerbstätigen oder arbeitsuchenden Frauen aufgrund der vorhandenen Einstellungen, Verhaltensmuster und Strukturen, die auf einer herkömmlichen Rollenver-

---

[306] EuGH, Urt. v. 19.2.2002, Rs. C–476/99 (Lommers), Slg. 2002, I–2891, Rn. 32; Urt. v. 17.10.1995, Rs. C–450/93 (Kalanke), Slg. 1995, I–3051, Rn. 18, 19; Urt. v. 11.11.1997, Rs. C–409/95 (Marschall), Slg. 1997, I–6363, Rn. 26, 27; Urt. v. 28.3.2000, Rs. C–158/97 (Badeck u. a.), Slg. 2000, I–1875, Rn. 19.

[307] *Prechal*, CMLRev. 33 (1996), 1245 (1252); *Schiek*, S. 299 in der Auseinandersetzung mit *McCrudden*, Industrial Law Journal 1986, 219 ff.

[308] Empfehlung des Rates vom 13.12.1984 zur Förderung positiver Maßnahmen für Frauen, ABl. L 331/34; vgl. *Coen*, in: Lenz/Borchardt, EU-Verträge, Art. 157 AEUV, Rn. 46; *Rust*, in: GSH, Europäisches Unionsrecht, Art. 157 AEUV, Rn. 84 kritisiert die Unbestimmtheit der Empfehlung; vgl. allerdings die Bezugnahme auf die Empfehlung in EuGH, Urt. v. 19.3.2002, Rs. C–476/99 (Lommers), Slg. 2002, I–2891, Rn. 34; allgemein zur Wirkung von Empfehlungen siehe *Rust*, in: GSH, Europäisches Unionsrecht, Art. 9 AEUV, Rn. 47 f.; EuGH, Urt. v. 13.12.1989, Rs. C–322/88 (Grimaldi), Rn. 15 ff.

teilung in der Gesellschaft zwischen Männern und Frauen basieren, entgegenzuwirken oder sie auszugleichen; b) die Beteiligung der Frauen in den verschiedenen Berufen und Bereichen des Arbeitslebens, in denen sie gegenwärtig unterrepräsentiert sind, insbesondere in den zukunftsträchtigen Sektoren, und auf den Ebenen mit höherer Verantwortung zu fördern, um zu einer besseren Nutzung aller menschlichen Ressourcen zu gelangen« (Nr. 1 der Empfehlung 84/635/EWG). Erstmals rechtlich geregelt wurde dies mit Art. 2 Abs. 4 der Richtlinie 76/207/EWG[309]; diese Norm wurde mit der Novellierung der Richtlinie im Jahre 2002 durch eine Bezugnahme auf den damaligen Art. 141 Abs. 4 EGV-Nizza (jetzt Art. 157 Abs. 4 AEUV) ersetzt. An die Stelle dieser Vorschrift tritt Art. 3 der Richtlinie 2006/54/EG, der nun ebenfalls im Wortlaut Bezug auf Art. 157 Abs. 4 AEUV nimmt.[310] Wie auch Art. 23 Abs. 2 GRC deutlich macht,[311] enthält Art. 157 Abs. 4 AEUV ein **allgemeines Prinzip der Gleichbehandlung zum Zwecke der Gleichstellung**, soweit es um einen bestimmten und begrenzten Zweck geht, »nämlich die Zulassung von Maßnahmen, die zwar nach ihrer äußeren Erscheinung diskriminierend sind, tatsächlich aber in der sozialen Wirklichkeit bestehende faktische Ungleichheiten beseitigen oder verringern sollen«.[312]

Im Gegensatz zur ursprünglichen Fassung des Art. 2 Abs. 4 der Richtlinie 76/207/EWG, wonach die Richtlinie »nicht den Maßnahmen zur Förderung der Chancengleichheit für Männer und Frauen, insbesondere durch Beseitigung der tatsächlich bestehenden Ungleichheiten, die die Chancen der Frauen ... beeinträchtigen, entgegen[steht]«, formuliert Art. 157 Abs. 4 AEUV etwas anders, indem als Ziel die »effektive Gewährleistung der vollen Gleichstellung von Männern und Frauen im Arbeitsleben« benannt wird und als Maßnahme »spezifische Vergünstigungen« erlaubt werden. Allerdings handelt es sich nur um eine begriffliche Präzisierung; auch nach bisheriger Rechtslage war die Norm als Erlaubnis für spezifische Vergünstigungen[313] und als Klarstellung zu interpretieren, dass die Erlaubnis positiver Maßnahmen integraler Bestandteil eines Diskriminierungsverbots ist.[314] Art. 157 Abs. 4 AEUV geht also **inhaltlich nicht über die früheren Richtlinienbestimmungen hinaus**.[315]

152

---

[309] RL 76/207/EWG des Rates vom 9.2.1976 zur Verwirklichung des Grundsatzes der Gleichbehandlung von Männern und Frauen hinsichtlich des Zugangs zur Beschäftigung, zur Berufsbildung und zum beruflichen Aufstieg sowie in bezug auf die Arbeitsbedingungen, ABl. 1976, L 39/40, jetzt abgelöst durch RL 2006/54/EG.

[310] Zur Entwicklung siehe *Langenfeld*, in: Grabitz/Hilf/Nettesheim, EU, Art. 157 AEUV (Mai 2011), Rn. 82.

[311] *Schiek*, S. 299 ff.

[312] EuGH, Urt. v. 25.10.1988, Rs. 312/86 (Kommission/Frankreich), Slg. 1988, 6315 zum damaligen Art. 2 Abs. 4 RL 76/207/EWG (Fn. 16).

[313] EuGH, Urt. v. 19.2.2002, Rs. C–476/99 (Lommers), Slg. 2002, I–2891, Rn. 32; Urt. v. 17.10.1995, Rs. C–450/93 (Kalanke), Slg. 1995, I–3051, Rn. 18, 19; Urt. v. 11.11.1997, Rs. C–409/95 (Marschall), Slg. 1997, I–6363, Rn. 26, 27; Urt. v. 28.3.2000, Rs. C–158/97 (Badeck u. a.), Slg. 2000, I–1875, Rn. 19.

[314] Der EuGH, Urt. v. 17.10.1995, Rs. C–450/93 (Kalanke), Slg. 1995, I–3051, Rn. 23 sah noch einen Gegensatz zwischen Förderung der Chancengleichheit und »Ergebnis, zu dem allein die Verwirklichung einer solchen Chancengleichheit führen könnte«; mit der Erlaubnis von spezifischen Vergünstigungen seit dem Urt. v. 11.11.1997, Rs. C–409/95 (Marschall), Slg. 1997, I–6363 nimmt er diese Unterscheidung nicht mehr vor. Siehe auch Urt. v. 16.9.1999, Rs. C–218/98 (Abdoulaye), Slg. 1999, I–5723, für den Ausgleich von Nachteilen durch Mutterschaftsurlaub.

[315] *Rebhahn*, in: Schwarze, EU-Kommentar, Art. 157 AEUV, Rn. 52; *Langenfeld*, in: Grabitz/Hilf/Nettesheim, EU, Art. 157 AEUV (Mai 2011), Rn. 82; *Fredman*, Discrimination Law, 2. Aufl., 2010, S. 245; a. A. *Krebber*, in: Calliess/Ruffert, EUV/AEUV, Art. 157 AEUV, Rn. 75; *Schlachter* (Fn. 69), Art. 157 AEUV, Rn. 30; offen gelassen bei EuGH, Urt. v. 29.11.2001, Rs. C–366/99 (Griesmar),

153 Für die entsprechende Norm in der früheren Richtlinienvorschrift (Art. 2 Abs. 4 der Richtlinie 76/207/EWG) war der EuGH von einem Anwendungsvorrang des Sekundärrechts ausgegangen.[316] Für die neue Rechtslage gilt dies deshalb nicht mehr, weil **Art. 3 der Richtlinie 2006/54/EG** nur noch auf die Zulässigkeit von Maßnahmen nach Art. 157 Abs. 4 AEUV verweist, anstatt einen eigenen Prüfungsmaßstab aufzustellen.[317]

154 Als Ausnahme ist die Vorschrift **eng auszulegen**.[318]

2. Adressaten

155 Die Norm begründet **keine Individualrechte**.[319] Die Erlaubnis richtet sich zunächst an die **Mitgliedstaaten**. Es ist umstritten, unter welchen Voraussetzungen einzelne **Arbeitgeber oder Kollektivvertragsparteien** hiervon Gebrauch machen dürfen. Häufig wird jedenfalls eine hinreichend konkrete Ermächtigung durch die mitgliedstaatliche Rechtsordnung für erforderlich gehalten.[320] Da § 5 des deutschen Allgemeinen Gleichbehandlungsgesetzes (AGG) im Wesentlichen lediglich den Wortlaut des Art. 157 Abs. 4 AEUV wiedergibt, ist umstritten, ob er hierfür ausreicht.[321] Die Adressatenstellung der Mitgliedstaaten ist in Art. 157 Abs. 4 AEUV jedenfalls hervorgehoben, weil dieser Absatz die Absätze 1 und 2 der Norm ergänzt, die sich an die Mitgliedstaaten richten; Abs. 4 stellt insofern klar, welches Gleichbehandlungsverständnis dem Geschlechtergleichbehandlungsgebot der Norm zugrunde liegt. Er reicht genauso weit wie Art. 157 Abs. 1 AEUV (s. Rn. 11 ff.).

156 Aus denselben Gründen überzeugt auch das Argument nicht, die Norm erlaube lediglich den Mitgliedstaaten und damit nicht der **Union** den Erlass positiver Maßnahmen.[322] Der Grundsatz der engen Auslegung einer Ausnahme gilt insoweit nicht; der Ausnahmecharakter bezieht sich lediglich auf das Verhältnis spezifischer Vergünstigungen zum Gleichbehandlungsgrundsatz, nicht aber auf die Zuständigkeitsabgrenzung zwischen Mitgliedstaaten und Union.[323] Hier enthalten Art. 157 Abs. 3, Art. 153 Abs. 1 Buchst. i AEUV eine grundsätzlich nicht eng auszulegende Kompetenz. Auch der Grundsatz der loyalen Zusammenarbeit im Sinne des Art. 4 Abs. 3 Satz 1 EUV spricht für eine solche Auslegung.[324] Im Rahmen ihrer Kompetenzen zur Herstellung von Chan-

---

Slg. 2001, I–9383, Rn. 63 (ob mit Art. 6 Abs. 3 des Abkommens über die Sozialpolitik eine neue Vorschrift eingeführt worden ist, braucht nicht geprüft zu werden); auch Urt. v. 30.9.2004, Rs. C–319/03 (Briheche), Slg. 2004, I–8807, Rn. 31 lässt das Verhältnis offen.

[316] EuGH, Urt. v. 28.3.2000, Rs. C–158/97 (Badeck u.a.), Slg. 2000, I–1875, Rn. 67; vgl. so auch Urt. v. 30.9.2004, Rs. C–319/03 (Briheche), Slg. 2004, I–8807, Rn. 29 ff.

[317] *Schlachter* (Fn. 76), Art. 157 AEUV, Rn. 30.

[318] So zu Art. 2 Abs. 4 RL 76/207/EWG (Fn. 21): EuGH, Urt. v. 17.10.1995, Rs. C–450/93 (Kalanke), Slg. 1995, I–3051, Rn. 21; Urt. v. 15.5.1986, Rs. C–222/84 (Johnston), Slg. 1986, 1651, Rn. 36.

[319] *Schlachter* (Fn. 76), Art. 157 AEUV, Rn. 30.

[320] *Rebhahn*, in: Schwarze, EU-Kommentar, Art. 157 AEUV, Rn. 51; *Krebber*, in: Calliess/Ruffert, EUV/AEUV, Art. 157 AEUV, Rn. 78; *Schlachter* (Fn. 76), Art. 157 AEUV, Rn. 30; *Tillmanns* in: Henssler/Willemsen/Kalb (Hrsg.), Arbeitsrecht Kommentar, 2014, Art. 157 AEUV, Rn. 56; zweifelnd *Hanau*, Frauenförderung bei Ausschreibung und Besetzung von Arbeitsplätzen im deutschen und europäischen Recht, GS Lüderitz, 2000, S. 241 (262).

[321] Dagegen *Rebhahn*, in: Schwarze, EU-Kommentar, Art. 157 AEUV, Rn. 51; anders *Krebber*, in: Calliess/Ruffert, EUV/AEUV, Art. 157 AEUV, Rn. 78; EUArbR/*Franzen*, Art. 157 AEUV, Rn. 69.

[322] *Stöbener/Böhm*, EuZW 2013, 371372.

[323] Anders *Krebber*, in: Calliess/Ruffert, EUV/AEUV, Art. 157 AEUV, Rn. 78.

[324] *Krebber*, in: Calliess/Ruffert, EUV/AEUV, Art. 157 AEUV, Rn. 78 zieht dies ebenfalls in Betracht, lehnt es aber im Ergebnis ab.

cengleichheit kann die Union also die Mitgliedstaaten dazu verpflichten, spezifische Vergünstigungen zu gewähren.³²⁵

II. Zulässigkeit positiver Maßnahmen

1. Allgemeine Voraussetzungen der Zulässigkeit

Art. 157 Abs. 4 AEUV erlaubt sowohl den **Fortbestand** bestehender Maßnahmen als auch den **Neuerlass** von positiven (»kompensatorischen«³²⁶) Maßnahmen.

Erforderlich ist eine solche Erlaubnis ausschließlich für »**spezifische Vergünstigungen**«. Andere Regelungen zur Herstellung von Chancengleichheit (insbesondere Maßnahmen zur Verbesserung der Vereinbarkeit von Familienarbeit und Erwerbsarbeit) bedürfen dieser Erlaubnis nicht und sind deshalb nicht als »positive Maßnahmen« in diesem engen Sinn einzuordnen.³²⁷ Bei den positiven Maßnahmen ist zu unterscheiden zwischen den konkreten Fördermaßnahmen im Bereich des Zugangs zur Beschäftigung einschließlich des Aufstiegs (»zur Verhinderung bzw. zum Ausgleich von Benachteiligungen in der beruflichen Laufbahn«, 2. Alternative) und den Maßnahmen zur Förderung der Frauenbeschäftigung bei bestehenden Beschäftigungsverhältnissen (»zur Erleichterung der Berufstätigkeit«, 1. Alternative).³²⁸

Die Anwendung positiver Maßnahmen setzt voraus, dass ein Geschlecht unterrepräsentiert ist (1. Alternative) bzw. eine Benachteiligung beseitigt werden soll (2. Alternative). Beide Merkmale sind aufeinander bezogen: Unterrepräsentanz ist lediglich ein Indiz (wenn auch das wichtigste) für das Vorliegen einer Benachteiligung.³²⁹ Eine Unterrepräsentanz von Männern in bestimmten Bereichen rechtfertigt keine Benachteiligung von Frauen, wenn sie nicht mit struktureller (gesellschaftlicher) Benachteiligung einhergeht. Die Beseitigung von Benachteiligung kann aber auch dort angezeigt sein, wo sie sich nicht konkret in Unterrepräsentanz zeigt. Für die Bestimmung einer **Unterrepräsentanz** kommt es auf eine zahlenmäßige Repräsentation an. Der EuGH hat es in der Vergangenheit für möglich gehalten, sowohl die absoluten Zahlen der weiblichen und männlichen Beschäftigten zu vergleichen als auch ihren jeweiligen Anteil an der Besetzung von Stellen, insbesondere höherer Besoldungsgruppen.³³⁰ Wichtig ist, dass für den Vergleich eine angemessene Bezugsgruppe gewählt wird.³³¹ In Betracht kommen Vergütungsgruppen, Funktionsebenen, aber auch bestimmte Berufsgruppen.

Die Feststellung von Unterrepräsentation ist eine Frage der Erforderlichkeit des Eingreifens. Der EuGH akzeptiert hier zu Recht eine Einschätzungsprärogative der Mitgliedstaaten. So kann z.B. bei der Frage, ob eine Unterrepräsentation (noch) vorliegt, auf die **Zielvorgaben eines Frauenförderplans** abgestellt werden.³³² In diesem Zusammenhang sind insbesondere »**flexible Ergebnisquoten**« zulässig, die nicht einheitliche Zielvorgaben für alle betroffenen Bereiche und Dienststellen festsetzen, sondern deren Besonderheiten berücksichtigen; so kann z.B. an Universitäten für befristete Stellen des wissenschaftlichen Dienstes und für wissenschaftliche Hilfskräfte mindestens der Anteil

---

³²⁵ *Rebhahn*, in: Schwarze, EU-Kommentar, Art. 157 AEUV, Rn. 50 f.
³²⁶ *Eichenhofer*, in: Streinz, EUV/AEUV, Art. 157 AEUV, Rn. 2; Rn. 15; Rn. 25.
³²⁷ Siehe z.B. die von *Pfarr*, FS 50 Jahre BAG, S. 779 ff. vorgeschlagenen Maßnahmen.
³²⁸ Vgl. auch den Rechtsprechungsüberblick bei EUArbR/*Franzen*, Art. 157 AEUV, Rn. 7.
³²⁹ EuGH, Urt. v. 28.3.2000, Rs. C–158/97 (Badeck u.a.), Slg. 2000, I–1875, Rn. 28 f.
³³⁰ EuGH, Urt. v. 19.2.2002, Rs. C–476/99 (Lommers), Slg. 2002, I–2891, Rn. 36.
³³¹ *Rebhahn*, in: Schwarze, EU-Kommentar, Art. 157 AEUV, Rn. 51.
³³² EuGH, Urt. v. 28.3.2000, Rs. C–158/97 (Badeck u.a.), Slg. 2000, I–1875, Rn. 38.

Eva Kocher

an Frauen vorgesehen werden, den diese an den Absolventinnen und Absolventen, Promovierten und Studierenden des jeweiligen Fachbereichs stellen. Auch »**starre Ergebnisquoten**« sind vorstellbar, insbesondere im Bereich der Berufsausbildung, wo den weiblichen Bewerberinnen keine Arbeitsplätze, sondern Ausbildungsplätze vorbehalten bleiben, die zur Erlangung einer Qualifikation dienen, welche später den Zugang zu qualifizierten Tätigkeiten eröffnen kann (zur Verhältnismäßigkeit in diesem Fall auch s. Rn. 171).[333]

161 Positive Maßnahmen müssen **verhältnismäßig** sein. Dies setzt einerseits voraus, dass sie zur Erreichung ihres Ziels geeignet und erforderlich, andererseits auch im engeren Sinn angemessen sind. Das Ziel einer Verhinderung bzw. eines Ausgleichs von Benachteiligung bzw. einer Erleichterung der Berufstätigkeit muss durch den Gesetzgeber nicht subjektiv intendiert sein.[334]

162 **Eignung und Erforderlichkeit** der Maßnahmen sind in Hinblick auf das angestrebte Ziel zu beurteilen (Erleichterung der Berufstätigkeit (1. Alternative) oder Verhinderung bzw. Ausgleich von Benachteiligungen in der beruflichen Laufbahn (2. Alternative)). Maßnahmen sind auch dann geeignet und erforderlich bzw. konsistent, wenn sie abhängig von der Kompetenz des jeweiligen Regelsetzers nur für einen begrenzten Bereich des Arbeitsmarkts (z.B. öffentlicher Dienst oder eine bestimmte andere Branche) getroffen werden.

163 Die Prüfung, ob eine positive Maßnahme verhältnismäßig ist, obliegt dem EuGH und damit nicht allein den mitgliedstaatlichen Gerichten.[335] Dieser hat allerdings in Hinblick auf Eignung und Erforderlichkeit die **Einschätzungsprärogative** der Mitgliedstaaten zu beachten.[336] Dementsprechend prüft der EuGH hier nur negativ, ob eine bestimmte Maßnahme zu dem verfolgten Ziel »außer Verhältnis [steht]«.[337] Die Tatsache, dass eine Maßnahme bereits einige Zeit lang angewandt wird, ohne dass sich eine Verbesserung der Gleichstellung an konkreten Zahlen nachweisen lässt, reicht aber als Indiz für die Unwirksamkeit noch nicht aus.[338]

164 Eine strengere Prüfung ist bei der Frage der **Angemessenheit** vorzunehmen, denn hier ist dem Ausnahmecharakter des Abs. 4 Rechnung zu tragen.[339] An dieser Stelle hat eine Abwägung mit dem Individualrecht auf Gleichbehandlung zu erfolgen, von dem die jeweilige spezifische Vergünstigung eine Ausnahme macht. Ausnahmen dürfen nicht über das hinausgehen, was zur Erreichung des verfolgten Zieles angemessen ist, wobei der Grundsatz der Gleichbehandlung so weit wie möglich mit den Erfordernissen des auf diese Weise angestrebten Zieles in Einklang gebracht werden muss.[340]

---

[333] EuGH, Urt. v. 28.3.2000, Rs. C–158/97 (Badeck u.a.), Slg. 2000, I–1875, Rn. 23 ff., 28 f., 37 f., 44 (flexible Quoten), 51 ff. (starre Quoten).
[334] EuGH, Urt. v. 17.7.2014, Rs. C–173/13 (Leone und Leone), ECLI:EU:C:2014:2090.
[335] *Krebber*, in: Calliess/Ruffert, EUV/AEUV, Art. 157 AEUV, Rn. 76.
[336] Vgl. *Schlachter* (Fn. 76), Art. 157 AEUV, Rn. 30.
[337] EuGH, Urt. v. 30.9.2004, Rs. C–319/03 (Briheche), Slg. 2004, I–8807, Rn. 31; vgl. in diesem Sinne Urt. v. 6.7.2000, Rs. C–407/98 (Abrahamsson und Anderson), Slg. 2000, I–5539, Rn. 55.
[338] Unangebracht insofern EuGH, Urt. v. 29.11.2001, Rs. C–366/99 (Griesmar), Slg. 2001, I–9383, Rn. 66, wonach es »bezeichnend« sei, dass mit der fraglichen Maßnahme die Schwierigkeiten, denen eine solche Beamtin in ihrer Laufbahn begegnet, »bis heute noch nicht beseitigt werden konnten, obwohl diese Maßnahme schon 1924 erlassen wurde«.
[339] Vgl. *Schlachter* (Fn. 76), Art. 157 AEUV, Rn. 30.
[340] EuGH, Urt. v. 19.2.2002, Rs. C–476/99 (Lommers), Slg. 2002, I–2891, Rn. 39; Urt. v. 30.9.2004, Rs. C–319/03 (Briheche), Slg. 2004, I–8807, Rn. 24.

2. Förderung von Frauen bei der beruflichen Laufbahn (2. Alternative)

Die wichtigste Fallgruppe positiver Maßnahmen verfolgt das Ziel, »die Beteiligung der Frauen in den verschiedenen Berufen und Bereichen des Arbeitslebens, in denen sie gegenwärtig unterrepräsentiert sind, insbesondere in den zukunftsträchtigen Sektoren, und auf den Ebenen mit höherer Verantwortung zu fördern, um zu einer besseren Nutzung aller menschlichen Ressourcen zu gelangen« (Nr. 1 Buchst. b der Empfehlung 84/635/EWG). Sie lässt mitgliedstaatliche Maßnahmen im Bereich des Zugangs zur Beschäftigung einschließlich des Aufstiegs zu, die Frauen spezifisch begünstigen und ihre Fähigkeit verbessern sollen, im Wettbewerb auf dem Arbeitsmarkt zu bestehen und unter den gleichen Bedingungen wie Männer eine berufliche Laufbahn zu verfolgen.[341] Der EuGH hatte sich insofern mit Regelungen über den **Vorrang von Frauen bei Einstellungen oder Beförderungen** zu befassen.

165

Eine solche Maßnahme kann einen **Vorrang** bei gleicher Qualifikation anordnen (**Entscheidungsquote**). Die Tatsache, dass zwei Bewerber unterschiedlichen Geschlechts gleich qualifiziert sind, bedeutet schließlich nicht notwendig, dass sie gleiche Chancen hätten. Denn ungeachtet gleicher Qualifikation besteht nach zutreffender Feststellung des EuGH die Tendenz, männliche Bewerber vorrangig vor weiblichen Bewerberinnen zu befördern, »was vor allem mit einer Reihe von Vorurteilen und stereotypen Vorstellungen über die Rolle und die Fähigkeiten der Frau im Erwerbsleben zusammenhängt«.[342]

166

Unzulässig ist eine Vorrangregelung aber, wenn sie nicht gleiche, sondern nur »hinreichende Qualifizierung« der Frau verlangt.[343] Ob **gleiche Qualifikation** vorliegt oder nicht, ist eine Frage, die das mitgliedstaatliche Gericht zu entscheiden hat. Allerdings muss das Kriterium der gleichen Qualifikation in transparenter und nachprüfbarer Weise angewandt werden, um jede willkürliche Beurteilung der Qualifikation der Bewerber auszuschließen.[344]

167

Selbst bei gleicher Qualifikation ist ein Vorrang von Frauen nur angemessen, wenn er nicht »automatisch« und ohne Ausnahme wirkt, sondern die konkreten Voraussetzungen und Chancen des zweiten Bewerbers berücksichtigt und dessen Rechte nur verhältnismäßig einschränkt. Eine zulässige Vorrangregelung muss deshalb eine **Öffnungsklausel im Sinne einer Einzelfallprüfung** enthalten.[345] Den männlichen Bewerbern mit gleicher Qualifikation wie die weiblichen Bewerberinnen muss in jedem Einzelfall garantiert sein, dass ihre Bewerbungen Gegenstand einer objektiven Beurteilung sind, bei der die besondere persönliche Lage aller Bewerberinnen und Bewerber berücksichtigt wird. Es müssen alle die Person der Bewerber betreffenden Kriterien berücksichtigt

168

---

[341] EuGH, Urt. v. 19.2.2002, Rs. C–476/99 (Lommers), Slg. 2002, I–2891, Rn. 32; Urt. v. 17.10.1995, Rs. C–450/93 (Kalanke), Slg. 1995, I–3051, Rn. 18, 19; Urt. v. 11.11.1997, Rs. C–409/95 (Marschall), Slg. 1997, I–6363, Rn. 26, 27; Urt. v. 28.3.2000, Rs. C–158/97 (Badeck u.a.), Slg. 2000, I–1875, Rn. 19.
[342] EuGH, Urt. v. 11.11.1997, Rs. C–409/95 (Marschall), Slg. 1997, I–6363, Rn. 29, 30.
[343] EuGH, Urt. v. 6.7.2000, Rs. C–407/98 (Abrahamsson und Anderson), Slg. 2000, I–5539, Rn. 52.
[344] EuGH, Urt. v. 6.7.2000, Rs. C–407/98 (Abrahamsson und Anderson), Slg. 2000, I–5539, Rn. 49.
[345] EuGH, Urt. v. 11.11.1997, Rs. C–409/95 (Marschall), Slg. 1997, I–6363, Rn. 33–33; Urt. v. 28.3.2000, Rs. C–158/97 (Badeck u.a.), Slg. 2000, I–1875, Rn. 23 in Abgrenzung zur automatischen Vorrangregelung, die im Urt. v. 17.10.1995, Rs. C–450/93 (Kalanke), Slg. 1995, I–3051, Rn. 15 für europarechtswidrig erklärt worden war.

werden; der Vorrang für die weiblichen Bewerberinnen muss entfallen, wenn eines oder mehrere dieser Kriterien zugunsten des männlichen Bewerbers überwiegen.[346]

169 Die **Einzelfallbeurteilung** darf selbst nicht diskriminierend wirken. Das Kriterium des weiblichen Geschlechts darf bei gleicher Qualifikation z. B. Dienstalter und Lebensalter verdrängen, aber auch Unterhaltspflichten; der EuGH sieht letzteres als Beitrag zu einer »materiellen und nicht nur formellen Gleichheit«.[347] So können (männliche) Beschäftigte, die wegen Familienarbeit ausgeschieden sind, oder Personen, die aufgrund von Familienarbeit nur in Teilzeit tätig gewesen sind und wieder in Vollzeit beschäftigt werden wollen, individuellen Vorrang genießen. Auch die Pflicht zur Förderung von Schwerbehinderten kann der Frauenförderung vorgehen. Bei der Bevorzugung von ehemaligen Zeitsoldaten oder Langzeitarbeitslosen ist hingegen im Einzelfall zu prüfen, ob diese Kriterien nicht selbst mittelbar diskriminierend wirken.[348]

170 Bei der Beurteilung der Angemessenheit sind etwaige Nachteile für die **berufliche Laufbahn der Ehefrau oder Partnerin** des benachteiligten Mannes nicht zu berücksichtigen. Die Frage, ob sich eine positive Maßnahmen verhältnismäßig in Hinblick auf das Ziel der Geschlechtergleichstellung wirkt, kann immer nur in Hinblick auf den konkreten Handlungsspielraum des betroffenen Arbeitgebers beantwortet werden.[349]

171 Frauenförderung darf auch so praktiziert werden, dass nicht das Ergebnis einer einzelnen Auswahlentscheidung in einer »qualifikatorischen Pattsituation« zugunsten der Bewerberin beeinflusst wird, sondern Frauen und Männer sich getrennt auf jeweils **verbindliche Ergebnisquoten** bewerben müssen. Die Angemessenheit ist hier weniger problematisch als bei der individuellen Entscheidungsquote, denn es wird kein männlicher Bewerber definitiv von dem Arbeitsplatz bzw. von der Ausbildung ausgeschlossen. Problematisch sind solche Regelungen nur, soweit sie einen bestimmten Arbeitsmarkt für männliche Bewerber absperren. Dies ist jedoch nicht anzunehmen, wenn die fördernde Einrichtung (z. B. der öffentliche Dienst) kein Monopol über die jeweiligen Plätze hat, sondern auch noch in anderen Sektoren Bewerbungsmöglichkeiten bestehen. »Bei einer Gesamtbetrachtung der Ausbildung (öffentlicher und privater Sektor) beschränkt sich die fragliche Bestimmung daher auf die Verbesserung der Chancen weiblicher Bewerber im öffentlichen Sektor.«[350]

172 Aus denselben Gründen ist auch eine Regelung angemessen, wonach bei gleicher Qualifikation von Bewerberinnen und Bewerbern alle qualifizierten Frauen, die die vorgesehenen Voraussetzungen erfüllen, **zu Vorstellungsgesprächen eingeladen** werden; auch hier beschränkt sich die Bevorzugung auf die Verbesserung der Chancen.[351]

---

[346] EuGH, Urt. v. 11.11.1997, Rs. C–409/95 (Marschall), Slg. 1997, I–6363, Rn. 33; Urt. v. 28.3.2000, Rs. C–158/97 (Badeck u. a.), Slg. 2000, I–1875, Rn. 38.
[347] EuGH, Urt. v. 6.7.2000, Rs. C–407/98 (Abrahamsson und Anderson), Slg. 2000, I–5539, Rn. 48.
[348] Vgl. die entsprechenden Vorschläge des damaligen hessischen Ministerpräsidenten, auf die der EuGH, Urt. v. 28.3.2000, Rs. C–158/97 (Badeck u. a.), Slg. 2000, I–1875, Rn. 35 f verweist.
[349] EuGH, Urt. v. 19.2.2002, Rs. C–476/99 (Lommers), Slg. 2002, I–2891, Rn. 49.
[350] EuGH, Urt. v. 28.3.2000, Rs. C–158/97 (Badeck u. a.), Slg. 2000, I–1875, Rn. 51 ff.; für den Fall, dass bei einer 50 %-Quote nicht genügend Bewerbungen von Frauen vorlagen, konnten in diesem Fall auch mehr als die Hälfte dieser Plätze mit Männern besetzt werden.
[351] EuGH, Urt. v. 28.3.2000, Rs. C–158/97 (Badeck u. a.), Slg. 2000, I–1875, Rn. 63.

2. Maßnahmen zur Erleichterung der Berufstätigkeit (1. Alternative)

In der ersten Alternative erlaubt Art. 157 Abs. 4 AEUV positive Maßnahmen, die »der Benachteiligung der erwerbstätigen oder arbeitsuchenden Frauen aufgrund der vorhandenen **Einstellungen, Verhaltensmuster und Strukturen, die auf einer herkömmlichen Rollenverteilung in der Gesellschaft zwischen Männern und Frauen basieren**, [entgegenwirken] oder sie [ausgleichen]«. Hier kommen in erster Linie Maßnahmen in Betracht, die die gesellschaftliche Zuweisung privater Erziehungs- und Pflegearbeit an Frauen berücksichtigen, oder Ausgleichsmaßnahmen für die negative Bewertung typisch »weiblicher« Tätigkeiten bei der Entgeltgestaltung (soweit es sich nicht schon um gleichwertige Tätigkeit im Sinne des Art. 157 Abs. 1 AEUV handelt; s. Rn. 63 ff.). 173

Zu diesen Maßnahmen sind auch Regelungen zu zählen, nach denen bei der **Besetzung von Vertretungsorganen der Arbeitnehmer und Arbeitnehmerinnen sowie der Verwaltungs- und Aufsichtsräte** eine zumindest hälftige Beteiligung von Frauen erreicht werden soll.[352] Da es hier nicht um den beruflichen Aufstieg, sondern um die Repräsentation von Interessen geht, ist insofern auch kein Erfordernis »gleicher Qualifikation« zu verlangen.[353] 174

Auch diese Maßnahmen müssen **verhältnismäßig**, d. h. geeignet, erforderlich und angemessen sein. So ist ein höheres Entgelt für gleiche Arbeit nicht als angemessen zum Ausgleich des »gender pay gap« anzusehen, genauso wenig wie ein früheres Renteneintrittsalter für alle Frauen (dazu s. Rn. 179).[354] 175

Maßnahmen wie die Unterstützung zu **Kinderbetreuungskosten für Mütter** tragen dazu bei, Hindernisse auf dem Weg zur Chancengleichheit für Frauen abzubauen.[355] Bei all solchen Maßnahmen, die an der traditionellen Verteilung der Familienarbeit anknüpfen, besteht jedoch die Gefahr, zur Verfestigung einer herkömmlichen Rollenverteilung zwischen Männern und Frauen beizutragen.[356] Ob solche Maßnahmen angemessen sein können, ist umstritten.[357] Der EuGH hat dazu in einem Fall Stellung genommen, in dem subventionierte Kindertagesstättenplätze den weiblichen Beschäftigten vorbehalten waren, während männliche Beschäftigte nur in Notfällen Zugang zu diesen Plätzen hatten. Diese Maßnahme hielt der EuGH für die Gleichstellung geeignet und erforderlich, da im Ausgangsfall »das erwiesenermaßen unzureichende Angebot an angemessenen und erschwinglichen Kinderbetreuungseinrichtungen insbesondere die weiblichen Arbeitnehmer zur Aufgabe ihrer Beschäftigung veranlassen [konnte]«. Ähnlich wie bei der Frage der Ergebnisquoten (s. Rn. 160; Rn. 171 f.) kann bei der Beurteilung der Angemessenheit aber berücksichtigt werden, ob Einzelfallentscheidungen (hier: für Notsituationen) stattfinden, sowie ob ähnliche Leistungen den männlichen 176

---

[352] Vorschlag für eine Richtlinie zur Gewährleistung einer ausgewogeneren Vertretung von Frauen und Männern unter den nicht geschäftsführenden Direktoren/Aufsichtsratsmitgliedern börsennotierter Gesellschaften verweist die Kommission auf Art. 157 Abs. 3 AEUV (KOM(2012) 614); vgl. auch EuGH, Urt. v. 28. 3. 2000, Rs. C–158/97 (Badeck u. a.), Slg. 2000, I–1875, Rn. 66.
[353] *Schiek*, S. 299.
[354] *Rebhahn*, in: Schwarze, EU-Kommentar, Art. 157 AEUV, Rn. 51 (»nicht hinreichend spezifisch«).
[355] *Prechal*, CMLRev. 33 (1996), 1245 (1253).
[356] EuGH, Urt. v. 19. 2. 2002, Rs. C–476/99 (Lommers), Slg. 2002, I–2891, Rn. 41 f.
[357] Dagegen z. B. *Rebhahn*, in: Schwarze, EU-Kommentar, Art. 157 AEUV, Rn. 51, der nur geschlechtsneutrale Maßnahmen für zulässig hält, für die jedoch nicht auf Art. 157 Abs. 4 AEUV zurückgegriffen werden muss (s. Rn. 158).

Beschäftigten andernorts, insbesondere auf dem Markt für entsprechende Dienstleistungen zugänglich bleiben.³⁵⁸

177 Zulässig sind auch Leistungen bei Mutterschaft, die berufliche Nachteile ausgleichen sollen, die sich aus der durch den **Mutterschaftsurlaub** bedingten Abwesenheit vom Arbeitsplatz ergeben. Dies gilt z. B. für eine tarifliche Beihilfe für schwangere Frauen beim Antritt ihres Mutterschaftsurlaubs.³⁵⁹

178 Anders ist dies bei Leistungen zu beurteilen, die (wie eine Berücksichtigung von Erziehungszeiten bei der Berechnung der Betriebszugehörigkeit) generell **berufliche Nachteile durch Kindererziehung** ausgleichen sollen; bei diesen ist eine Differenzierung zwischen Müttern und Vätern nicht angemessen.³⁶⁰ Auch die Möglichkeit der Versetzung in den Ruhestand zur Pflege des Ehepartners kann nicht ausschließlich Beamtinnen vorbehalten bleiben.³⁶¹

179 Eine **Versetzung in den vorzeitigen Ruhestand** mit sofortigem Pensionsanspruch ist ebenfalls nicht geeignet, den Schwierigkeiten abzuhelfen, denen weibliche Beamte in ihrer beruflichen Laufbahn wegen der Inanspruchnahme von Urlaub aus familiären Gründen ausgesetzt sein können.³⁶² Gleiches gilt für eine **Ausnahme von der Altersgrenze** bei Beendigung von Beschäftigungsverhältnissen, die berücksichtigen soll, dass z. B. Mütter von drei oder mehr Kindern oder nicht wiederverheiratete Witwen stärker auf Erwerbsarbeit angewiesen sein sollen als andere Personen, weil sie sich in der Vergangenheit stärker der Hausarbeit gewidmet haben. Auch hier fehlt es an der Angemessenheit, wenn Frauen ein absoluter und unbedingter Vorrang eingeräumt wird, ohne dass Männer in derselben Situation die Möglichkeit haben, sich ebenfalls von der Altersgrenze befreien zu lassen.³⁶³ Darüber hinaus ist unklar, inwieweit solche Maßnahmen überhaupt die Berufstätigkeit zu erleichtern oder Nachteile auszugleichen geeignet sind. Ungleichheiten zum Nachteil von Frauen, die ihre berufliche Laufbahn unterbrochen haben, um Kinder zu erziehen, können nicht durch unspezifische Vorteile an anderer Stelle, nämlich beim Renteneintritt, ausgeglichen werden;³⁶⁴ insofern fehlt es an der Angemessenheit.

---

[358] EuGH, Urt. v. 19.2.2002, Rs. C–476/99 (Lommers), Slg. 2002, I–2891, Rn. 37, 44 ff., 50.
[359] EuGH, Urt. v. 16.9.1999, Rs. C–218/98 (Abdoulaye), Slg. 1999, I–5723, Rn. 18, 20, 22); vgl. auch Urt. v. 29.11.2001, Rs. C–366/99 (Griesmar), Slg. 2001, I–9383, Rn. 41.
[360] EuGH, Urt. v. 29.11.2001, Rs. C–366/99 (Griesmar), Slg. 2001, I–9383, Rn. 46, 65 f.
[361] EuGH, Urt. v. 13.12.2001, Rs. C–206/00 (Mouflin), Slg. 2001, I–10201, Rn. 20 ff.
[362] EuGH, Urt. v. 17.7.2014, Rs. C–173/13 (Leone und Leone), ECLI:EU:C:2014:2090, Rn. 90 ff.
[363] EuGH, Urt. v. 30.9.2004, Rs. C–319/03 (Briheche), Slg. 2004, I–8807, Rn. 27.
[364] EuGH, Urt. v. 17.7.2014, Rs. C–173/13 (Leone und Leone), ECLI:EU:C:2014:2090, Rn. 90 ff.

Artikel 158 AEUV [Bezahlte Freizeit]

Die Mitgliedstaaten sind bestrebt, die bestehende Gleichwertigkeit der Ordnungen über die bezahlte Freizeit beizubehalten.

Wesentliche sekundärrechtliche Vorschriften

Art. 7 der Richtlinie 2003/88/EG über bestimmte Aspekte der Arbeitszeitgestaltung, ABl. 2003, L 299/9

Der jetzige Art. 158 AEUV wurde **1957** als Art. 120 EWGV eingeführt; wie bei Art. 157 AEUV wird dies damit erklärt, dass Frankreich Wettbewerbsnachteile für französische Unternehmen befürchtete.[1] Die Norm ist seitdem nur grammatikalisch verändert worden.

Mit **bezahlter Freizeit** meint die Norm den bezahlten Erholungsurlaub.[2] Wegen ihrer offenen Formulierung ist sie allerdings nicht auf Arbeitsverhältnisse im Sinne des Art. 31 Abs. 2 GRC beschränkt (zum Schutzbereich dieses Grundrechts siehe Art. 31 GRC, Rn. 12).

Es handelt sich um eine programmatische Erklärung der Mitgliedstaaten, die überwiegend für überflüssig gehalten wird.[3] Sie kann allerdings als **Auslegungshilfe** für das Unionsrecht dienen, insbesondere im Hinblick auf Art. 7 der Arbeitszeitrichtlinie 2003/88/EG sowie für Art. 31 Abs. 2 GRC. Denn Art. 158 AEUV betont, dass effektive »Freizeit« nur ermöglicht werden kann, wenn diese auch bezahlt ist (vgl. Art. 153 AEUV, Rn. 124). Die Tatsache, dass die Gleichwertigkeit der Ordnungen beim bezahlten Urlaub seit 1957 primärrechtliche Qualität hat, ist ein Argument für die besondere Bedeutung des Grundrechts auf bezahlten Jahresurlaub (dazu Art. 31 GRC, Rn. 23). Die zugrunde liegende Annahme, Gleichwertigkeit sei bereits erreicht, birgt allerdings Missverständnisse im Hinblick auf Art. 153 Abs. 1 Buchs. a AEUV, der dem zu Recht widerspricht.[4]

---

[1] *Langer*, in GSH, Europäisches Unionsrecht, Art. 158 AEUV, Rn. 1; *Gassner*, in: Vedder/Heintschel v. Heinegg, Europäisches Unionsrecht, Art. 158 AEUV, Rn. 1.
[2] Die Vorschrift war Grundlage für die Empfehlung 74/457/EWG des Rates vom 22.7.1975 über den Grundsatz der Vierzig-Stunden-Woche und des vierwöchigen bezahlten Jahresurlaubs, ABl. 1974 L 199/32 (*Langer*, in GSH, Europäisches Unionsrecht, Art. 158 AEUV, Rn. 4).
[3] *Gassner*, in: Vedder/Heintschel v. Heinegg, Europäisches Unionsrecht, Art. 158 AEUV, Rn. 3; *Rebhahn*, in: Schwarze, EU-Kommentar, Art. 158 AEUV, Rn. 1; *Krebber*, in: Calliess/Ruffert, EUV/AEUV, Art. 158 AEUV, Rn. 1; *Langer*, in GSH, Europäisches Unionsrecht, Art. 158 AEUV, Rn. 6; EuArbR/*Franzen*, Art. 158 AEUV, Rn. 3.
[4] *Eichenhofer*, in Streinz, EUV/AEUV, Art. 158 AEUV, Rn. 2.

Artikel 159 AEUV [Bericht zur Verwirklichung der sozialpolitischen Ziele und über die demografische Lage]

¹Die Kommission erstellt jährlich einen Bericht über den Stand der Verwirklichung der in Artikel 151 genannten Ziele sowie über die demografische Lage in der Union. ²Sie übermittelt diesen Bericht dem Europäischen Parlament, dem Rat und dem Wirtschafts- und Sozialausschuss.

1   Art. 159 AEUV entspricht Art. 7 des Abkommens über Sozialpolitik, der durch den Vertrag von Amsterdam in den Vertrag aufgenommen wurde (Art. 143 EGV).[1] **Ursprünglich** enthielt die Norm einen zweiten Absatz über ein spezielles Informationsrecht des Parlaments; dieses wurde nun bei Art. 161 AEUV angefügt, der die Berichtspflichten der Kommission gegenüber dem Parlament behandelt. Das Recht des Parlaments, die Kommission um Einzelberichte betreffend die soziale Lage zu ersuchen, ist nun nur noch in Art. 161 Abs. 2 AEUV geregelt. In der Praxis wird der Bericht in zwei Teilen erstattet: Der erste widmet sich bestimmten Themen, der zweite besteht aus Statistiken und Datenanhängen.[2]

2   In nicht-amtlichen Überschriften werden die Ziele, über deren Verwirklichung nach Art. 159 AEUV Bericht zu erstatten ist, z.T. missverständlich als »beschäftigungspolitische« oder »soziale« Ziele bezeichnet. Der Wortlaut bezieht sich auf Art. 151 AEUV und damit auf die **sozialpolitischen Ziele** einer Förderung der Beschäftigung, die Verbesserung der Lebens- und Arbeitsbedingungen, angemessener sozialer Schutz, sozialer Dialog, Entwicklung des Arbeitskräftepotenzials im Hinblick auf ein dauerhaft hohes Beschäftigungsniveau und Bekämpfung von Ausgrenzungen. Mit der **demografischen Lage** sind die zahlenmäßige Bevölkerungsentwicklung und deren Altersstruktur gemeint.[3]

3   **Adressaten** des Berichts nach Art. 159 AEUV sind nach Satz 2 das Europäische Parlament, der Rat und der Wirtschafts- und Sozialausschuss.

4   Dem Europäischen Parlament ist nach **Art. 161 AEUV** im Rahmen des Jahresberichts noch ein weiterer Bericht über die Entwicklung der sozialen Lage zu erstatten. Er wird in der Regel auf dem Bericht nach Art. 159 AEUV aufbauen, ist aber anders als dieser angelegt.[4] Aufgrund der unterschiedlichen Adressaten ist die Verdoppelung der Pflicht in zwei unterschiedlich angelegte Berichte unglücklich.[5]

---

[1] Der Bericht sollte ursprünglich den jährlichen Bericht über die Anwendung der Sozialcharta von 1989 ersetzen (*Langenfeld/Benecke*, in Grabitz/Hilf/Nettesheim, EU, Art. 159 AEUV (März 2013), Rn. 2; Mitteilung der Kommission zur Anwendung des Protokolls über die Sozialpolitik, KOM (93) 600 (6)).

[2] *Gassner*, in: Vedder/Heintschel v. Heinegg, Europäisches Unionsrecht, Art. 159 AEUV, Rn. 3.

[3] Vgl. auch den Hinweis von *Schiek*, Economic and Social Integration in Europe. The Challenge for EU Constitutional Law, 2012, S. 149f. darauf, dass der EuGH, Urt. v. 18.7.2007, Rs. C-213/05 (Geven), Slg. 2007, I-6347, Rn. 21 implizit bevölkerungspolitische Erwägungen (Förderung der Geburtenrate) für einen der nationalen Sozialpolitik vorbehaltenen Bereich ansah.

[4] *Rebhahn*, in: Schwarze, EU-Kommentar, Art. 159 AEUV, Rn. 1; *Krebber*, in: Calliess/Ruffert, EUV/AEUV, Art. 159 AEUV, Rn. 2.

[5] *Langenfeld/Benecke*, in: Grabitz/Hilf/Nettesheim, EU, Art. 159 AEUV (März 2013), Rn. 1f.; *Eichenhofer*, in: Streinz, EUV/AEUV, Art. 159 AEUV, Rn. 2; *Langer*, in: GSH, Europäisches Unionsrecht, Art. 159 AEUV, Rn. 1.

Artikel 160 AEUV [Ausschuss für Sozialschutz]

¹Der Rat, der mit einfacher Mehrheit beschließt, setzt nach Anhörung des Europäischen Parlaments einen Ausschuss für Sozialschutz mit beratender Aufgabe ein, um die Zusammenarbeit im Bereich des sozialen Schutzes zwischen den Mitgliedstaaten und mit der Kommission zu fördern. ²Der Ausschuss hat folgende Aufgaben:
– Er verfolgt die soziale Lage und die Entwicklung der Politiken im Bereich des sozialen Schutzes in den Mitgliedstaaten und der Union;
– er fördert den Austausch von Informationen, Erfahrungen und bewährten Verfahren zwischen den Mitgliedstaaten und mit der Kommission;
– unbeschadet des Artikels 240 arbeitet er auf Ersuchen des Rates oder der Kommission oder von sich aus in seinem Zuständigkeitsbereich Berichte aus, gibt Stellungnahmen ab oder wird auf andere Weise tätig.
Bei der Erfüllung seines Auftrags stellt der Ausschuss geeignete Kontakte zu den Sozialpartnern her.
Jeder Mitgliedstaat und die Kommission ernennen zwei Mitglieder des Ausschusses.

Wesentliche sekundärrechtliche Vorschriften

Beschluss 2004/689/EG des Rates vom 4.10.2004 zur Einsetzung eines Ausschusses für Sozialschutz und zur Aufhebung des Beschlusses 2000/436/EG, ABl. 2004, L 314/8

Der Ausschuss für Sozialschutz wurde erstmals im Juni 2000 **eingesetzt**.[1] Nach dem Inkrafttreten des Vertrags von Nizza wurde dieser durch einen gleichnamigen Ausschuss ersetzt, der die Arbeit fortsetzte, aber mit zusätzlichen Aufgaben ausgestattet wurde.[2]   1

Ziel des Ausschusses ist nach Art. 160 AEUV die Förderung der Zusammenarbeit im Bereich des sozialen Schutzes zwischen den Mitgliedstaaten und mit der Kommission. Die Beratung bezieht sich auf die Aufgaben der Union nach Art. 153 Abs. 2 Buchst. a und Art. 156 AEUV (zum Begriff des »sozialen Schutzes« s. Art. 9 AEUV, Rn. 3).   2

Der Ausschuss hat nur **beratende** Funktion. Er ist deshalb weder Organ i.S.v. Art. 223 ff., noch beratende Einrichtung i.S.v. Art. 300 ff.[3] Er bereitet insbesondere die Ratstagungen zum sozialen Schutz und zu den länderspezifischen Empfehlungen im Rahmen des Europäischen Semesters vor.   3

Der Ausschuss besteht aus je zwei Mitgliedern für jeden der Mitgliedstaaten und zwei weiteren Mitgliedern für die Kommission (Art. 160 Abs. 3 AEUV), wobei bei der **Zusammensetzung** der Delegationen Geschlechterparität angestrebt werden soll (Art. 2 Abs. 1 Satz 2 des Ratsbeschlusses 2004/689/EG).   4

Der Ausschuss kann, sofern seine Aufgaben dies erfordern, **externe Sachverständige** hinzuziehen (Art. 2 Abs. 2 des Ratsbeschlusses 2004/689/EG) und arbeitet erforderlichenfalls mit anderen entsprechenden Gremien und Ausschüssen zusammen, die sich mit sozial- und wirtschaftspolitischen Fragen befassen (wie dem Beschäftigungsaus-   5

---

[1] Erwägungsgründe des Ratsbeschlusses 2004/689/EG zur Einsetzung eines Ausschusses für Sozialschutz und zur Aufhebung des Beschlusses 2000/436/EG, ABl. 2004, L 314/8; vgl. *Gassner*, in: Vedder/Heintschel v. Heinegg, Europäisches Unionsrecht, Art. 160 AEUV, Rn. 2.
[2] Beschluss 2004/689/EG des Rates.
[3] *Gassner*, in: Vedder/Heintschel v. Heinegg, Europäisches Unionsrecht, Art. 160 AEUV, Rn. 3; *Krebber*, in: Calliess/Ruffert, EUV/AEUV, Art. 160, 161 AEUV, Rn. 2.

schuss und dem Ausschuss für Wirtschaftspolitik). Der Ausschuss soll auch Kontakte zu Vertreterinnen und Vertretern der Bewerberländer herstellen (Art. 1 Abs. 3 des Ratsbeschlusses 2004/689/EG). Bei der Erfüllung seiner Aufgaben muss der Ausschuss für Sozialschutz Kontakte zu den Sozialpartnern herstellen (Art. 160 Abs. 2 AEUV). Bei dieser Pflicht sind die Sozialpartner auf Unionsebene gemeint.[4] Auch die Herstellung von Kontakten zu »sozialen Nichtregierungsorganisationen« bezieht sich auf Organisationen auf Unionsebene, die in Bezug auf die jeweils diskutierte und behandelte Aufgabe des sozialen Schutzes Verantwortung übernehmen. Zudem wird das Europäische Parlament über die Arbeit des Ausschusses unterrichtet (Art. 1 Abs. 4 des Ratsbeschlusses 2004/689/EG).

---

[4] *Krebber*, in: Calliess/Ruffert, EUV/AEUV, Art. 160, 161 AEUV, Rn. 4 i. V. m. Art. 150 AEUV, Rn. 2.

Artikel 161 AEUV [Bericht über soziale Lage]

Der Jahresbericht der Kommission an das Europäische Parlament hat stets ein besonderes Kapitel über die Entwicklung der sozialen Lage in der Union zu enthalten.

Das Europäische Parlament kann die Kommission auffordern, Berichte über besondere, die soziale Lage betreffende Fragen auszuarbeiten.

Mit dem Jahresbericht in Art. 161 Abs. 1 AEUV ist der jährliche Gesamtbericht der Kommission (Art. 233 AEUV) gemeint.[1] Der Begriff der »**sozialen Lage**« bezieht sich auf die faktische Analyse der sozialen Lage in Hinblick auf die in Art. 9 AEUV und 151 AEUV genannten Aspekte der Sozialpolitik.

Art. 161 AEUV steht in engem Zusammenhang mit Art. 159 AEUV, der ebenfalls ein Informationsrecht von Organen der Europäischen Union im Bereich der Sozialpolitik begründet. Das Europäische Parlament kann darüber hinaus die Kommission auffordern, Berichte über besondere, die soziale Lage betreffende Fragen auszuarbeiten. Die Norm entspricht inhaltlich der früheren Fassung, wonach das Europäische Parlament die Kommission um **Berichte zu Einzelproblemen** ersuchen konnte, welche die soziale Lage betreffen.[2]

Das Recht nach Art. 161 Abs. 2 AEUV steht dem **Parlament als Organ** zu, nicht hingegen einzelnen Abgeordneten oder anderen Teilen des Parlaments.[3]

---

[1] *Rebhahn*, in: Schwarze, EU-Kommentar, Art. 161 AEUV, Rn. 1.
[2] Art. 122 EWGV von 1957; Art. 143 EGV.
[3] *Rebhahn*, in: Schwarze, EU-Kommentar, Art. 161 AEUV, Rn. 1.

Titel XI
Der Europäische Sozialfonds

Artikel 162 AEUV [Errichtung und Ziele des Europäischen Sozialfonds]

Um die Beschäftigungsmöglichkeiten der Arbeitskräfte im Binnenmarkt zu verbessern und damit zur Hebung der Lebenshaltung beizutragen, wird nach Maßgabe der folgenden Bestimmungen ein Europäischer Sozialfonds errichtet, dessen Ziel es ist, innerhalb der Union die berufliche Verwendbarkeit und die örtliche und berufliche Mobilität der Arbeitskräfte zu fördern sowie die Anpassung an die industriellen Wandlungsprozesse und an Veränderungen der Produktionssysteme insbesondere durch berufliche Bildung und Umschulung zu erleichtern.

Literaturübersicht

Anderson, Die »soziale Dimension« der Strukturfonds: Sprungbrett oder Stolperstein?, in: Leibfried/Pierson (Hrsg.), Standort Europa – Sozialpolitik zwischen Nationalstaat und Europäischer Integration, 1998, S. 155; *Brückner*, Finanzielle Instrumente der Europäischen Gemeinschaften (EG), AöR 107 (1982), 561; *Conrad*, Der Europäische Sozialfonds, ZfSH/SGB 1994, 409; *von Drygalski*, Die Fonds der Europäischen Gemeinschaften, 1988; *Falke*, Die Flankierung nationaler Politiken zur Berufsbildung und Beschäftigungsförderung durch den Europäischen Sozialfonds, RdJB 1992, 521; *Frenz/Götzkes*, Die Beschäftigungspolitik nach dem AEUV, RdA 2010, 337; *Haverkate/Huster*, Europäisches Sozialrecht, 1999; *W. Herrmann*, Der Europäische Sozialfonds – Ein Instrument der Strukturpolitik im Wandel, in: Clever/Schulte (Hrsg.), Bürger Europas, 1995, S. 146; *Kairat*, Aufgaben und Arbeitsweise des Europäischen Sozialfonds im Rahmen der Reform der Strukturfonds der Europäischen Gemeinschaft, in: v. Maydell/Schnapp (Hrsg.), Die Auswirkungen des EG-Rechts auf das Arbeits- und Sozialrecht der Bundesrepublik, 1992, S. 12; *Kampmeyer*, Der Europäische Sozialfonds 2000–2006, Der Europäische Sozialfonds – das beschäftigungspolitische Förderinstrument der Europäischen Gemeinschaft, in: Bundesministerium für Arbeit und Sozialordnung (Hrsg.), Leben und Arbeiten in Europa – Europäische Union und Sozialpolitik, 2000, S. 67; *Stabenow*, The European Social Fund, CMLRev. 14 (1977), 435; *Valdés Dal-Ré*, Economic and Social Cohesion and the European Social Fund, Liber Amicorum Lord Wedderburn of Charlton, 1996, S. 261.

Wesentliche sekundärrechtliche Vorschriften

Verordnung (EU) Nr. 1304/2013 des Europäischen Parlaments und des Rates vom 17.12.2013 über den Europäischen Sozialfonds und zur Aufhebung der Verordnung (EG) Nr. 1081/2006 des Rates, ABl. 2013, L 347/470

Verordnung (EG) Nr. 1059/2003 des Europäischen Parlaments und des Rates vom 26.5.2003 über die Schaffung einer gemeinsamen Klassifikation der Gebietseinheiten für die Statistik (NUTS), ABl. 2003, L 154/1

Inhaltsübersicht

	Rn.
A. Entwicklung des Titels	1
B. Errichtung und Fortbestand des ESF	2
C. Der ESF als Strukturfonds	3
D. Ziele des ESF	4
E. Sekundärrecht	7

A. Entwicklung des Titels

Von Anfang an enthielt der **EWG-Vertrag** in seinem Dritten Teil, im Titel III »Die Sozialpolitik« ein Kapitel 2 »Der Europäische Sozialfonds« (Art. 123–128 EWGV).[1] Zuletzt fanden sich die einschlägigen Vorschriften im Dritten Teil als Kapitel 2 im Titel XI des EG-Vertrags, der die Überschrift »Sozialpolitik, allgemeine und berufliche Bildung und Jugend« trug. Der **Vertrag von Lissabon** hat diese Materien nun im Dritten Teil des AEUV auf drei Titel verteilt: Sozialpolitik (Titel X), Der Europäische Sozialfonds (Titel XI) und Allgemeine und berufliche Bildung, Jugend und Sport (Titel XII). Darin mag man eine gewisse Hervorhebung des Europäischen Sozialfonds (ESF) sehen.[2] Zugleich kommt zum Ausdruck, dass der ESF kein allgemeines Instrument der Sozialpolitik ist, sondern sich auf **Beschäftigungs- und Arbeitsmarktpolitik** konzentriert (s. Rn. 5).[3] Am Inhalt der Art. 162–164 AEUV hat sich im Vergleich zu Art. 146–148 EGV aber nichts Wesentliches verändert.

1

B. Errichtung und Fortbestand des ESF

Art. 162 AEUV sieht vor, dass »nach Maßgabe der folgenden Bestimmungen ein Europäischer Sozialfonds errichtet« wird. Aus dieser Formulierung ergeben sich einerseits die Befugnis und andererseits auch die Pflicht zur Errichtung des ESF.[4] Der Errichtungsakt erfolgte allerdings schon auf der Grundlage des insoweit wörtlich übereinstimmenden Art. 123 EWGV durch die **Verordnung Nr. 9 über den Europäischen Sozialfonds** vom 25.8.1960.[5] Seither[6] besteht der Fonds, der keine eigene Rechtspersönlichkeit hat;[7] er muss nicht immer wieder neu errichtet werden.[8] Heute folgt aus der Vorschrift daher nur noch, aber immerhin eine Verpflichtung, den ESF in einer den Bestimmungen dieses Titels des AEUV entsprechenden Weise zu erhalten. Sie sichert damit seinen Fortbestand.

2

C. Der ESF als Strukturfonds

Als erster und längere Zeit einziger Fonds der EWG arbeitete der ESF zunächst recht unabhängig.[9] Inzwischen gehört er nach Art. 175 Abs. 1 Satz 3 AEUV mit dem Europäischen Fonds für regionale Entwicklung (EFRE) und früher auch dem Europäischen

3

---

[1] S. dazu *Brückner*, AöR 107 (1982), 561 (569 ff.); *v. Drygalski*, S. 30 ff.
[2] Vgl. *Kotzur*, in: Geiger/Khan/Kotzur, EUV/AEUV, Art. 162 AEUV, Rn. 2.
[3] Vgl. *Frenz/Götzkes*, RdA 2010, 337 (345).
[4] Vgl. *Rossi*, in: Niedobitek, Europarecht – Politiken, § 5, Rn. 124.
[5] ABl. 1960, Nr. 56/1189.
[6] Vgl. *Conrad*, ZfSH/SGB 1994, 409 (410); *Högl*, in: GS, EUV/EGV, Vorbem. zu den Artikeln 146 bis 148 EGV, Rn. 11, wonach der ESF seine Tätigkeit am 1.9.1960 aufnahm. S. aber auch *Valdés Dal-Ré*, S. 262, Fn. 3, mit dem Hinweis auf das Inkrafttreten der VO Nr. 9 am 20.9.1960.
[7] *Overkämping*, in: GSH, Europäisches Unionsrecht, Vor Art. 162–164 AEUV, Rn. 2.
[8] Zur Entwicklung und Neuausrichtung des ESF vgl. *Anderson*, S. 161 ff.; *Eichenhofer*, in: Streinz, EUV/AEUV, Art. 162 AEUV, Rn. 3 ff.; *Falke*, RdJB 1992, 521 ff.; *Herrmann*, S. 149 ff.; *Valdés Dal-Ré*, S. 268 f.
[9] Vgl. *Valdés Dal-Ré*, S. 267.

Ausrichtungs- und Garantiefonds für die Landwirtschaft – Abteilung Ausrichtung (EAGL-AA) zu den **Strukturfonds** (s. Art. 175 AEUV, Rn. 7). Er steht insoweit auch im Zusammenhang mit Titel XVIII, der eine Politik zur Stärkung des wirtschaftlichen, sozialen und territorialen Zusammenhalts der Union vorsieht. Der ESF ist daher eines der im Laufe der Zeit immer stärker miteinander koordinierten Instrumente der europäischen Strukturpolitik geworden,[10] die nicht zuletzt auch **Ausdruck der Solidarität** zwischen den Mitgliedstaaten ist.[11]

D. Ziele des ESF

4   Die Errichtung des ESF soll erfolgen, »um die Beschäftigungsmöglichkeiten der Arbeitskräfte im Binnenmarkt zu verbessern und damit zur Hebung der Lebenshaltung beizutragen«. Das beschreibt die allgemeinen Ziele des Fonds,[12] in denen sich **Ziele der Union** widerspiegeln. So nennt schon Art. 3 Abs. 3 EUV Vollbeschäftigung als Ziel der Union. Die Präambel des AEUV erwähnt »die stetige Besserung der Lebens- und Beschäftigungsbedingungen ihrer Völker als wesentliches Ziel«. Die Sorge um die Beschäftigung und Lebenshaltung sind Gegenstand weiterer Bestimmungen des AEUV (z. B. Art. 37 Abs. 3, 43 Abs. 4 Buchst. a, 46 Buchst. d, 107 Abs. 3 Buchst. a) und insbesondere des Titels IX (Art. 145–150), der sich auf die Beschäftigungspolitik bezieht und der Union in diesem Bereich gewisse Zuständigkeiten zuweist.

5   Ausdrücklich als **Ziel des ESF** bezeichnet die Vorschrift dann allerdings andere Gegenstände: Die Förderung der beruflichen Verwendbarkeit und der örtlichen und beruflichen Mobilität der Arbeitskräfte innerhalb der Union sowie die Erleichterung der Anpassung an die industriellen Wandlungsprozesse und an Veränderungen der Produktionssysteme insbesondere durch berufliche Bildung und Umschulung. Art. 123 EWGV, der sich noch auf den ersten Komplex beschränkte, sprach insoweit von »Zweck«. Die Terminologie erscheint insoweit nicht vorrangig. Jedenfalls handelt es sich bei diesem Zielbündel um Konkretisierungen der allgemeinen Ziele des ESF, die der Fördertätigkeit des Fonds einen Rahmen geben, der nicht allgemein auf Sozialpolitik, sondern auf Arbeitsmarkt- und Beschäftigungspolitik zielt.[13]

6   Mit dieser Zielsetzung sind jedoch **keine Kompetenzen für eine eigenständige Beschäftigungspolitik** verbunden. Art. 5 Abs. 2 AEUV beschreibt die Zuständigkeit der Union damit, dass sie »Maßnahmen zur Koordinierung der Beschäftigungspolitik der Mitgliedstaaten [trifft], insbesondere durch die Festlegung von Leitlinien für diese Politik.« Eine nähere Ausgestaltung erfährt diese koordinierende Zuständigkeit durch die Art. 145 ff. AEUV. Das spricht dafür, dass auch die Fördermaßnahmen des ESF auf Unterstützung und Koordinierung der mitgliedstaatlichen Beschäftigungspolitiken ausgerichtet sein müssen, was eine Schwerpunktsetzung durch die Union nicht ausschließt.[14]

---

[10] Vgl. *Herrmann*, S. 148.
[11] *Stabenow*, CMLRev. 14 (1977), 435 (437).
[12] Vgl. *Budischowsky*, in: Mayer/Stöger, EUV/AEUV, Art. 162 AEUV (2010), Rn. 14; *Kotzur*, in: Geiger/Khan/Kotzur, EUV/AEUV, Art. 162 AEUV, Rn. 3.
[13] Vgl. *Coen*, in: Lenz/Borchardt, EU-Verträge, Vorb. Art. 162–164 AEUV, Rn. 2; *Gassner*, in: Vedder/Heintschel v. Heinegg, Europäisches Unionsrecht, Art. 162 AEUV, Rn. 2; *Haverkate/Huster*, S. 452; *Puttler*, in: Calliess/Ruffert, EUV/AEUV, Art. 162 AEUV, Rn. 2. S. auch *Kampmeyer*, S. 67.
[14] Vgl. *Eichenhofer*, in: Streinz, EUV/AEUV, Art. 162 AEUV, Rn. 2; Art. 163 AEUV, Rn. 1.

E. Sekundärrecht

Art. 177 Abs. 1 Satz 1 AEUV ermächtigt Parlament und Rat, »durch Verordnungen gemäß dem ordentlichen Gesetzgebungsverfahren und nach Anhörung des Wirtschafts- und Sozialausschusses und des Ausschusses der Regionen die Aufgaben, die vorrangigen Ziele und die Organisation der Strukturfonds« festzulegen. Die Vorschrift erwähnt ausdrücklich, dass das »ihre Neuordnung einschließen kann.« Dasselbe Verfahren sieht Art. 177 Abs. 1 Satz 2 AEUV für die Festlegung der »für die Fonds geltenden allgemeinen Regeln sowie [der] Bestimmungen (…), die zur Gewährleistung einer wirksamen Arbeitsweise und zur Koordinierung der Fonds sowohl untereinander als auch mit den anderen vorhandenen Finanzierungsinstrumenten erforderlich sind« vor.

7

Art. 177 Abs. 1 AEUV stellt demnach die wesentliche Grundlage für die **sekundärrechtliche Ausgestaltung des ESF** dar. Seine Regelungen stehen allerdings ausdrücklich unter dem Vorbehalt des Art. 178 AEUV, dessen Abs. 2 darauf hinweist, dass für den ESF weiterhin Art. 164 AEUV anwendbar ist. Für die dort vorgesehenen »den Europäischen Sozialfonds betreffenden Durchführungsbestimmungen« bleibt somit Art. 164 AEUV die vorrangige Basis (s. Art. 164 AEUV, Rn. 2).

8

Seit dem 21.12.2013 gilt die auf dieser Grundlage erlassene **Verordnung (EU) Nr. 1304/2013** des Europäischen Parlaments und des Rates vom 17.12.2013 über den Europäischen Sozialfonds und zur Aufhebung der Verordnung (EG) Nr. 1081/2006 des Rates.[15] Hinzu kommt die auf Art. 177 AEUV gestützte Verordnung (EU) Nr. 1303/2013,[16] die gemeinsame Bestimmungen für die verschiedenen Fonds enthält.

9

Die Verordnung 1303/2013 legt in ihrem Art. 9 die thematischen Ziele fest, die aus den Fonds unterstützt werden sollen. Außerdem stellt ihr Art. 10 die Strukturfonds und andere Finanzierungsinstrumente, die nach Art. 1 der Verordnung zusammen als die Europäischen Struktur- und Investitionsfonds (ESI-Fonds) bezeichnet werden, in einen **Gemeinsamen Strategischen Rahmen (GSR)**.

10

Art. 2 der ESF-Verordnung 1304/2013 formuliert die durchweg **beschäftigungspolitischen Aufgaben des ESF**. Art. 3 knüpft dann an den Vorgaben der Verordnung 1303/2013 an, und nennt vier der dort erwähnten thematischen Ziele, nämlich: Förderung nachhaltiger und hochwertiger Beschäftigung und Unterstützung der Mobilität der Arbeitskräfte (Art. 3 Abs. 1 Buchst. a VO 1304/2013), Förderung der sozialen Inklusion und Bekämpfung von Armut und jeglicher Diskriminierung (Art. 3 Abs. 1 Buchst. b VO 1304/2013), Investitionen in Bildung, Ausbildung und Berufsbildung für Kompetenzen und lebenslanges Lernen (Art. 3 Abs. 1 Buchst. c VO 1304/2013) und Verbesserung der institutionellen Kapazitäten von öffentlichen Behörden und Interessenträgern und der effizienten öffentlichen Verwaltung (Art. 3 Abs. 1 Buchst. d VO 1304/2013). In Unterabsätzen werden dann jeweils die Investitionsbereiche und -prioritäten dieser Ziele definiert.

11

---

[15] ABl. 2013, L 347/470.
[16] Verordnung (EU) Nr. 1303/2013 des Europäischen Parlaments und des Rates vom 17.12.2013 mit gemeinsamen Bestimmungen über den Europäischen Fonds für regionale Entwicklung, den Europäischen Sozialfonds, den Kohäsionsfonds, den Europäischen Landwirtschaftsfonds für die Entwicklung des ländlichen Raums und den Europäischen Meeres- und Fischereifonds sowie mit allgemeinen Bestimmungen über den Europäischen Fonds für regionale Entwicklung, den Europäischen Sozialfonds, den Kohäsionsfonds und den Europäischen Meeres- und Fischereifonds und zur Aufhebung der Verordnung (EG) Nr. 1083/2006 des Rates, ABl. 2013, L 347/320.

12 Hinsichtlich der **Förderfähigkeit von Regionen** verweist die Verordnung 1304/2013 mehrfach auf die Verordnung (EG) Nr. 1059/2003 des Europäischen Parlaments und des Rates vom 26.5.2003 über die Schaffung einer gemeinsamen Klassifikation der Gebietseinheiten für die Statistik (**NUTS**).[17] Diese Verordnung ordnet die europäischen Regionen anhand objektiver Kriterien den verschiedenen NUTS-Regionen zu.

---

[17] ABl. 2003, L 154/1. S. auch die Verordnung (EU) Nr. 1319/2013 der Kommission vom 9.12.2013 zur Änderung der Anhänge der Verordnung (EG) Nr. 1059/2003 des Europäischen Parlaments und des Rates über die Schaffung einer gemeinsamen Klassifikation der Gebietseinheiten für die Statistik (NUTS), ABl. 2013, L 342/1.

Artikel 163 AEUV [Verwaltung des Europäischen Sozialfonds]

Die Verwaltung des Fonds obliegt der Kommission.
Die Kommission wird hierbei von einem Ausschuss unterstützt, der aus Vertretern der Regierungen sowie der Arbeitgeber- und der Arbeitnehmerverbände besteht; den Vorsitz führt ein Mitglied der Kommission.

Wesentliche sekundärrechtliche Vorschriften

Verordnung (EU) Nr. 1304/2013 des Europäischen Parlaments und des Rates vom 17.12.2013 über den Europäischen Sozialfonds und zur Aufhebung der Verordnung (EG) Nr. 1081/2006 des Rates, ABl. 2013, L 347/470

Leitentscheidungen

EuGH, Urt. v. 26.5.1982, Rs. 44/81 (Deutschland/Kommission), Slg. 1982, 1855
EuGH, Urt. v. 7.5.1991, Rs. C–291/89 (Interhotel/Kommission), Slg. 1991, I–2257

Inhaltsübersicht

	Rn.
A. Rechtsstellung und Verwaltung des ESF	1
B. Mitwirkung eines Ausschusses	3

A. Rechtsstellung und Verwaltung des ESF

Die Vorschrift ist wortlautidentisch mit Art. 147 EGV. Wie schon unter der Geltung des EWG-Vertrags und des EG-Vertrags ist der Europäische Sozialfonds (ESF) nicht rechtlich verselbstständigt, sondern stellt ein **Finanzierungsinstrument der EU** dar,[1] das nach Abs. 1 von der Kommission verwaltet wird. Die über den Fonds getätigten Ausgaben sind daher im Gesamthaushaltsplan im Einzelplan der Kommission (Einzelplan III, Titel 04 02) verzeichnet.[2] Auch wenn die Kommission für die Verwaltung des ESF zuständig ist, wird sie nicht allein tätig. Vielmehr ist eine intensive Abstimmung und Koordinierung mit den Mitgliedstaaten erforderlich. Näheres regelt die Verordnung (EU) Nr. 1304/2013.[3]

Gegen Entscheidungen der Kommission über Fördermaßnahmen des ESF können sowohl die Mitgliedstaaten[4] nach Art. 263 Abs. 2 AEUV als auch betroffene natürliche oder juristische Personen[5] nach Art. 263 Abs. 4 AEUV mit der **Nichtigkeitsklage** vorgehen. Lässt die Kommission ein Zahlungsverlangen schlicht unbeantwortet, kommt eine

---

[1] Vgl. *Coen*, in: Lenz/Borchardt, EU-Verträge, Art. 163 AEUV, Rn. 10; *Högl*, in: GS, EUV/EGV, Vorbem. zu den Artikeln 146 bis 148 EGV, Rn. 28; *Puttler*, in: Calliess/Ruffert, EUV/AEUV, Art. 162 AEUV, Rn. 1.
[2] Vgl. *Stabenow*, CMLRev. 14 (1977), 435 (447).
[3] Verordnung (EU) Nr. 1304/2013 des Europäischen Parlaments und des Rates vom 17.12.2013 über den Europäischen Sozialfonds und zur Aufhebung der Verordnung (EG) Nr. 1081/2006 des Rates, ABl. 2013, L 347/470.
[4] EuGH, Urt. v. 26.5.1982, Rs. 44/81 (Deutschland/Kommission), Slg. 1982, 1855, Rn. 6.
[5] EuGH, Urt. v. 7.5.1991, Rs. C–291/89 (Interhotel/Kommission), Slg. 1991, I–2257, Rn. 13; EuGH, Urt. v. 4.6.1992, Rs. C–157/90 (Infortec/Kommission), Slg. 1992, I–3525, Rn. 17; EuG, Urt. v. 30.6.2005, Rs. T–347/03 (Eugénio Branco/Kommission), Slg. 2005, II–2555, Rn. 52.

Untätigkeitsklage nach Art. 265 AEUV in Betracht.[6] Darüber hinaus sind auch **Schadensersatzklagen** nach Art. 340 Abs. 2 AEUV möglich.[7]

B. Mitwirkung eines Ausschusses

3 Bei der Verwaltung des ESF wird die Kommission nach Abs. 2 von einem Ausschuss unterstützt (**ESF-Ausschuss**). Ihm gehören Vertreter der Regierungen der Mitgliedstaaten sowie der Arbeitgeber- und der Arbeitnehmerverbände an. Die Einzelheiten dazu regelt Art. 25 VO 1304/2013. Nach dessen Abs. 3 besteht der Ausschuss aus einem Vertreter der Regierung, einem Vertreter der Arbeitnehmerverbände und einem Vertreter der Arbeitgeberverbände aus jedem Mitgliedstaat,[8] die für die Dauer von höchstens sieben Jahren ernannt werden. Hinzu kommt je ein Vertreter der Dachorganisationen der Arbeitnehmer- und der Arbeitgeberverbände auf Unionsebene. Den **Vorsitz** der Kommission führt ein Mitglied der Europäischen Kommission, das diese Aufgabe nach Art. 25 Abs. 2 VO 1304/2013 aber auch »einem hohen Beamten der Kommission übertragen« kann. Über die Stimmberechtigung des Kommissionsmitglieds oder seines Vertreters im Ausschuss findet sich in der Verordnung keine Festlegung.[9]

4 Art. 25 Abs. 6 VO 1304/2013 nennt die **wesentlichen Aufgaben des Ausschusses**. Er gibt insbesondere Stellungnahmen zu den Entwürfen von Beschlüssen der Kommission über die operationellen Programme und zur Programmplanung ab. Außerdem wird er gehört, wenn es im Fall der Unterstützung durch den ESF um Maßnahmen der technischen Hilfe gemäß Art. 58 der Verordnung 1303/2013[10] geht. Der ESF-Ausschuss ist darüber hinaus zuständig dafür, die Liste gemeinsamer Themen für die transnationale Zusammenarbeit nach Art. 10 Abs. 3 VO 1304/2013 zu billigen. Schließlich steht es nach Art. 25 Abs. 7 VO 1304/2013 in seinem Ermessen, Stellungnahmen zu weiteren Fragen im Zusammenhang mit dem ESF abzugeben.

5 Dass die Kommission nicht an die Äußerungen des Ausschusses gebunden ist, ergibt sich schon aus dem Wesen von Stellungnahmen. Darüber hinaus sieht Art. 25 Abs. 8 Satz 2 VO 1304/2013 ausdrücklich vor, dass die Kommission den Ausschuss darüber unterrichtet, »inwieweit sie seine Stellungnahmen berücksichtigt hat.« Auch darin kommt einerseits zum Ausdruck, dass die **Entscheidungskompetenzen** grundsätzlich allein bei der Kommission liegen;[11] andererseits begründet die Vorschrift einen Anspruch des Ausschusses auf eine solche Unterrichtung.[12]

---

[6] EuGH, Urt. v. 26.5.1982, Rs. 44/81 (Deutschland/Kommission), Slg. 1982, 1855, Rn. 6.
[7] Vgl. EuGH, Urt. v. 11.10.1990, Rs. C–200/89 (FUNOC/Kommission), Slg. 1990, I–3669.
[8] Zu dieser »Drittelparität« vgl. *Eichenhofer*, in: Streinz, EUV/AEUV, Art. 163 AEUV, Rn. 3; *Stabenow*, CMLRev. 14 (1977), 435 (450).
[9] Vgl. aber die Hinweise von *Högl*, in: GS, EUV/EGV, Art. 147 EGV, Rn. 11, und *Gassner*, in: Vedder/Heintschel v. Heinegg, Europäisches Unionsrecht, Art. 163 AEUV, Rn. 6, wonach das Mitglied der Kommission nicht stimmberechtigt sei.
[10] Verordnung (EU) Nr. 1303/2013 des Europäischen Parlaments und des Rates vom 17.12.2013 mit gemeinsamen Bestimmungen über den Europäischen Fonds für regionale Entwicklung, den Europäischen Sozialfonds, den Kohäsionsfonds, den Europäischen Landwirtschaftsfonds für die Entwicklung des ländlichen Raums und den Europäischen Meeres- und Fischereifonds sowie mit allgemeinen Bestimmungen über den Europäischen Fonds für regionale Entwicklung, den Europäischen Sozialfonds, den Kohäsionsfonds, den Europäischen Meeres- und Fischereifonds und zur Aufhebung der Verordnung (EG) Nr. 1083/2006 des Rates, ABl. 2013, L 347/320.
[11] Vgl. *Puttler*, in: Calliess/Ruffert, EUV/AEUV, Art. 162 AEUV, Rn. 2.
[12] *Overkämping*, in: GSH, Europäisches Unionsrecht, Art. 163 AEUV, Rn. 11.

Artikel 164 AEUV [Durchführungsverordnungen]

Das Europäische Parlament und der Rat erlassen gemäß dem ordentlichen Gesetzgebungsverfahren und nach Anhörung des Wirtschafts- und Sozialausschusses sowie des Ausschusses der Regionen die den Europäischen Sozialfonds betreffenden Durchführungsverordnungen.

Wesentliche sekundärrechtliche Vorschrift

Verordnung (EU) Nr. 1304/2013 des Europäischen Parlaments und des Rates vom 17.12.2013 über den Europäischen Sozialfonds und zur Aufhebung der Verordnung (EG) Nr. 1081/2006 des Rates, ABl. 2013, L 347/470

Der Vertrag von Lissabon hat die nach Art. 148 EGV noch allein dem Rat zustehende Befugnis, Durchführungsbestimmungen zu erlassen, als gemeinsame Kompetenz von Parlament und Rat ausgestaltet. Früher war von Durchführungsbeschlüssen die Rede. Der Rat erließ aber Verordnungen, so zuletzt die auf Art. 148 EGV gestützte Verordnung (EG) Nr. 1081/2006 des Europäischen Parlaments und des Rates vom 5.7.2006 über den Europäischen Sozialfonds und zur Aufhebung der Verordnung (EG) Nr. 1784/1999.[1] Die Vorschrift legt nun ausdrücklich fest, dass Parlament und Rat **Durchführungsverordnungen** erlassen. Zur Anwendung kommt das **ordentliche Gesetzgebungsverfahren** des Art. 294 AEUV. Das Vorschlagsrecht hat nach Art. 294 Abs. 2 AEUV die Kommission. Der Wirtschafts- und Sozialausschuss sowie der Regionalausschuss sind anzuhören. 1

Inhaltlich geht es um »die den Europäischen Sozialfonds betreffenden Durchführungsverordnungen.« Daneben, aber nur unbeschadet des auf Art. 164 AEUV verweisenden Art. 178 AEUV, ergibt sich die Zuständigkeit von Parlament und Rat, **Regelungen zu den Strukturfonds** und damit auch zum Europäischen Sozialfonds (s. Art. 162 AEUV, Rn. 8) zu erlassen, aus Art. 177 Abs. 1 AEUV (s. Art. 177, Rn. 6).[2] 2

Auf der Grundlage von Art. 164 AEUV haben Parlament und Rat am 17.12.2013 die neue **Sozialfonds-Verordnung**[3] erlassen, die die Verordnung 1081/2006 ersetzt. Nach ihrem Art. 1 legt sie die Aufträge des Europäischen Sozialfonds (ESF) einschließlich der Beschäftigungsinitiative für junge Menschen, seinen »Interventionsbereich, besondere Bestimmungen und die Arten von Ausgaben, die für eine Unterstützung in Frage kommen«, fest. Die Verordnung unterteilt sich insoweit in fünf Kapitel. Kapitel I (Art. 1–5) enthält die allgemeinen Bestimmungen. Kapitel II (Art. 6–12) sieht besondere Bestimmungen für die Programmplanung und Umsetzung vor. Sonderbestimmungen für die finanzielle Verwaltung finden sich in Kapitel III (Art. 13–15). Kapitel IV (Art. 16–23) enthält Regelungen zur Beschäftigungsinitiative für junge Menschen. 3

---

[1] ABl. 2006, L 210/12. Geändert durch Verordnung (EG) Nr. 396/2009 des Europäischen Parlaments und des Rates vom 6.5.2009 zur Änderung der Verordnung (EG) Nr. 1081/2006 über den Europäischen Sozialfonds zwecks Aufnahme weiterer Kosten, die für eine Beteiligung des ESF in Betracht kommen, ABl. 2009, L 126/1.

[2] Zur Abgrenzung der Vorschriften s. *Overkämping*, in: GSH, Europäisches Unionsrecht, Art. 164 AEUV, Rn. 5.

[3] Verordnung (EU) Nr. 1304/2013 des Europäischen Parlaments und des Rates vom 17.12.2013 über den Europäischen Sozialfonds und zur Aufhebung der Verordnung (EG) Nr. 1081/2006 des Rates, ABl. 2013, L 347/470. S. dazu *Rossi*, in: Niedobitek, Europarecht – Politiken, § 5, Rn. 128 f.

4 Kapitel V (»Befugnisübertragung und Schlussbestimmungen«) weist zunächst in Art. 24 der Kommission die Befugnis zum Erlass delegierter Rechtsakte zu und legt die Voraussetzungen dieser Befugnisübertragung fest. Art. 25 enthält Regelungen über den in Art. 163 Abs. 2 AEUV erwähnten ESF-Ausschuss (s. Art. 163 AEUV, Rn. 3). Darüber hinaus finden sich in diesem Kapitel Übergangsbestimmungen (Art. 26), die grundsätzliche Aufhebung der Verordnung 1081/2006 (Art. 27), eine Überprüfungsklausel (Art. 28) und die Festlegung des Inkrafttretens (Art. 29).

Titel XII
Allgemeine und berufliche Bildung, Jugend und Sport

Artikel 165 AEUV [Bildung, Jugend, Sport]

(1) Die Union trägt zur Entwicklung einer qualitativ hoch stehenden Bildung dadurch bei, dass sie die Zusammenarbeit zwischen den Mitgliedstaaten fördert und die Tätigkeit der Mitgliedstaaten unter strikter Beachtung der Verantwortung der Mitgliedstaaten für die Lehrinhalte und die Gestaltung des Bildungssystems sowie der Vielfalt ihrer Kulturen und Sprachen erforderlichenfalls unterstützt und ergänzt.

Die Union trägt zur Förderung der europäischen Dimension des Sports bei und berücksichtigt dabei dessen besondere Merkmale, dessen auf freiwilligem Engagement basierende Strukturen sowie dessen soziale und pädagogische Funktion.

(2) Die Tätigkeit der Union hat folgende Ziele:
- Entwicklung der europäischen Dimension im Bildungswesen, insbesondere durch Erlernen und Verbreitung der Sprachen der Mitgliedstaaten;
- Förderung der Mobilität von Lernenden und Lehrenden, auch durch die Förderung der akademischen Anerkennung der Diplome und Studienzeiten;
- Förderung der Zusammenarbeit zwischen den Bildungseinrichtungen;
- Ausbau des Informations- und Erfahrungsaustauschs über gemeinsame Probleme im Rahmen der Bildungssysteme der Mitgliedstaaten;
- Förderung des Ausbaus des Jugendaustauschs und des Austauschs sozialpädagogischer Betreuer und verstärkte Beteiligung der Jugendlichen am demokratischen Leben in Europa;
- Förderung der Entwicklung der Fernlehre;
- Entwicklung der europäischen Dimension des Sports durch Förderung der Fairness und der Offenheit von Sportwettkämpfen und der Zusammenarbeit zwischen den für den Sport verantwortlichen Organisationen sowie durch den Schutz der körperlichen und seelischen Unversehrtheit der Sportler, insbesondere der jüngeren Sportler.

(3) Die Union und die Mitgliedstaaten fördern die Zusammenarbeit mit dritten Ländern und den für den Bildungsbereich und den Sport zuständigen internationalen Organisationen, insbesondere dem Europarat.

(4) Als Beitrag zur Verwirklichung der Ziele dieses Artikels
- erlassen das Europäische Parlament und der Rat gemäß dem ordentlichen Gesetzgebungsverfahren und nach Anhörung des Wirtschafts- und Sozialausschusses und des Ausschusses der Regionen Fördermaßnahmen unter Ausschluss jeglicher Harmonisierung der Rechts- und Verwaltungsvorschriften der Mitgliedstaaten;
- erlässt der Rat auf Vorschlag der Kommission Empfehlungen.

Literaturübersicht

Becker/Primova, Die Europäische Union und die Bildungspolitik, SWP-Diskussionspapier, 2009/07, April 2009; *Blanke,* Europa auf dem Weg zu einer Bildungs- und Kulturgemeinschaft, 1994; *Cludius*, Die Kompetenzen der Europäischen Gemeinschaft für den Bereich der Bildungspolitik, 1995; *Frenz*, Europäische Bildungspolitik, DÖV 2011, 249; *Fürst*, Die bildungspolitischen Kompetenzen der Europäischen Gemeinschaft, 1999; *Hilpold*, Bildung in Europa – unter besonderer Berücksichtigung der EU-Bildungsprogramme, 1995; *Mächtle*, Bildungsspezifische Implikationen des allgemeinen Diskriminierungsverbots und der Freizügigkeit, 2010; *Nowoczyn*, Bildungspolitische Kompetenzen der

Europäischen Gemeinschaft nach Maastricht, 1996; *Odendahl* (Hrsg.), Europäische (Bildungs-) Union?, 2011; *Sander*, Sport im Spannungsfeld von Recht, Wirtschaft und europäischen Grundfreiheiten, 2009; *Thiele*, Die Bildungspolitik der Europäischen Gemeinschaft, 1999.

Leitentscheidungen

EuGH, Urt. v. 3.7.1974, Rs. 9/74 (Casagrande), Slg. 1974, 773
EuGH, Urt. v. 12.12.1974, Rs. 36/74 (Walrave und Koch), Slg. 1974, 1405
EuGH, Urt. v. 13.2.1985, Rs. 293/83 (Gravier), Slg. 1985, 593
EuGH, Urt. v. 3.7.1986, Rs. 66/85 (Lawrie-Blum), Slg. 1986, 2121
EuGH, Urt. v. 21.6.1988, Rs. 39/86 (Lair), Slg. 1988, 3161
EuGH, Urt. v. 21.6.1988, Rs. 197/86 (Brown), Slg. 1988, 3205
EuGH, Urt. v. 30.5.1989, Rs. 242/87 (Erasmus), Slg. 1989, 1425
EuGH, Urt. v. 30.5.1989, Rs. 33/88 (Allué/Coonan), Slg. 1989, 1591
EuGH, Urt. v. 26.2.1992, Rs. C–357/89 (Raulin), Slg. 1992, I–1027
EuGH, Urt. v. 15.12.1995, Rs. C–415/93 (Bosman), Slg. 1995, I–4921
EuGH, Urt. v. 20.9.2001, Rs. C–184/99 (Grzelczyk), Slg. 2001, I–6193
EuGH, Urt. v. 7.7.2005, Rs. C–147/03 (Kommission/Österreich), Slg. 2005, I–5969
EuGH, Urt. v. 15.3.2005, Rs. C–209/03 (Bidar), Slg. 2005, I–2119
EuGH, Urt. v. 7.5.2005, Rs. C–278/03 (Kommission/Italien), Slg. 2005, I–3747
EuGH, Urt. v. 18.6.2006, Rs. C–519/04 P (Meca-Medina/Majcen), Slg. 2006, I–6991
EuGH, Urt. v. 23.10.2007, verb. Rs. C–11/06 u. C–12/06 (Morgan), Slg. 2007, I–9161
EuGH, Urt. v. 18.11.2008, Rs. C–158/07 (Förster), Slg. 2008, I–8507
EuGH, Urt. v. 10.3.2009, Rs. C–169/07 (Hartlauer), Slg. 2009, I–1721
EuGH, Urt. v. 13.4.2010, Rs. C–73/08 (Bressol), Slg. 2010, I–2735
EuGH, Urt. v. 4.10.2012, Rs. C–75/11 (Kommission/Österreich), ECLI:EU:C:2012:605
EuGH, Urt. v. 18.7.2013, verb. Rs. C–523/11 u. C–585/11 (Prinz/Seeberger), ECLI:EU:C:2013:524

Wesentliche sekundärrechtliche Vorschriften

VO (EU) Nr. 1288/2013 vom 11.12.2013 zur Einrichtung von »Erasmus+«, dem Programm der Union für allgemeine und berufliche Bildung, Jugend und Sport, und zur Aufhebung der Beschlüsse Nr. 1719/2006/EG, Nr. 1720/2006/EG und Nr. 1298/2008/EG, ABl. 2013, L 347/50
Entschließung des Rates und der im Rat vereinigten Vertreter der Regierungen der Mitgliedstaaten vom 21.5.2014 zu dem Arbeitsplan der Europäischen Union für den Sport (2014–2017), ABl. 2011, C 183/12

Inhaltsübersicht

	Rn.
A. Einleitung	1
B. Historische Entwicklung	4
C. Inhalt und Systematik	8
I. Anwendungsbereich des Titels XII	8
II. Einzelfragen im Bildungsbereich	11
1. Abgrenzung von Art. 165 und 166 AEUV	11
2. Zuordnung von Einzelfällen	15
D. Aufgaben und Befugnisse (Abs. 1 und 3)	16
I. Aufgaben und Befugnisse der EU	17
1. Allgemeine Bildung	17
2. Sport	19
II. Aufgaben der EU und der Mitgliedstaaten	20
III. Grenzen	21
1. Allgemeine Bildung	22
2. Sport	23
E. Ziele (Abs. 2)	24
I. Allgemeine Bildung	25
II. Sport	26
F. Instrumente (Abs. 3 und 4)	27

I. Fördermaßnahmen		28
1. Primärrechtliche Ausgestaltung		28
2. Umsetzung		31
II. Empfehlungen		34
1. Primärrechtliche Ausgestaltung		34
2. Umsetzung		35
III. Internationale Zusammenarbeit		37
1. Primärrechtliche Ausgestaltung		37
2. Umsetzung		38
G. Allgemeine Bildung und Sport auf der Basis anderer primärrechtlicher Kompetenzen		40

A. Einleitung

Art. 165 AEUV umfasst die Politikfelder **Bildung** und **Sport**. Der Bereich der **Jugend** stellt kein eigenständiges Politikfeld dar, sondern ist in das Bildungswesen integriert (s. Rn. 10). **1**

Die Einfügung des Sports in den »Bildungsartikel« durch den Vertrag von Lissabon (s. Rn. 7) trägt Unterschieden zwischen den beiden Politikfeldern nicht gebührend Rechnung und ist daher als **missglückt** zu bezeichnen. Während die Mitgliedstaaten das Bildungswesen traditionell als **nationale Aufgabe** verstehen,[1] messen sie dem Sport eine solche für die nationale Identität wesentliche Bedeutung nicht bei. Die unterschiedliche Gewichtung der beiden Politikfelder hat sich im Wortlaut des Art. 165 AEUV niedergeschlagen (s. Rn. 22 f.). **2**

Hinzu kommt, dass das Bildungswesen – anders als der Sport – trotz der nur begrenzten EWG-/EG-/EU-Kompetenzen von Anbeginn an Gegenstand weit reichender europarechtlicher Maßnahmen war (s. Rn. 4, 27, 40 ff.). Die Bildungssysteme der Mitgliedstaaten haben durch die diversen Aktivitäten der EU so weitreichende Umwälzungen erfahren, dass es zu einer **Europäisierung des Bildungswesens**[2] gekommen ist. Sie erfolgt auf drei Wegen: auf rechtlichem Wege über die Wahrnehmung der EU-Kompetenzen, auf rechtlich-politischem Wege über die offene Methode der Koordinierung und auf politischem Wege über die Beteiligung der EU am Bologna-Prozess.[3] Eine **Europäisierung des Sports** hat hingegen nicht einem vergleichbaren Maße stattgefunden. **3**

---

[1] Vgl. exemplarisch das Lissabon-Urteil, BVerfGE 123, 267 (358) und die Besprechungen von *Gärditz*, Die Lissabon-Entscheidung des Bundesverfassungsgerichts und das Bildungsrecht – eine wegweisende Entscheidung mit offenen Folgen, in: Odendahl (Hrsg.), S. 15 ff. sowie *Goerlich/Zimermann*, Bildung als Reservat verfassungsstaatlicher Identität – eine verfassungsprozessuale aberratio ictus?, in: Odendahl (Hrsg.), S. 49 ff.

[2] Vgl. überblicksartig *Odendahl*, Forschung & Lehre 2012, 880 ff.

[3] An dieser Stelle wird nur auf die Europäisierung auf rechtlichem Wege, also auf der Basis der unmittelbar (Kapitel XII AEUV) oder mittelbar (andere primärrechtliche Normen) einschlägigen Kompetenzen eingegangen. Zum rechtlich-politischen und zum politischen Weg der Europäisierung des Bildungswesens vgl. ausf. *Odendahl*, in: Niedobitek, Europarecht – Politiken, § 9, Rn. 42 ff. bzw. 46 ff.

B. Historische Entwicklung

4 Die EWG verfügte **seit ihrer Gründung** über Kompetenzen im Bildungsbereich. Sie waren allerdings vom Inhalt her allein auf die Berufsausbildung ausgerichtet und von den Befugnissen her stark begrenzt. Art. 128 EWGV ermächtigte den Rat lediglich zur Aufstellung »allgemeiner Grundsätze« zur Durchführung einer gemeinsamen Politik »in Bezug auf die Berufsausbildung«. Der Rat wurde auf Vorschlag der Kommission und nach Anhörung des Wirtschafts- und Sozialausschusses tätig. Die nur geringfügigen Bildungskompetenzen der EWG waren auf das damalige Ziel einer reinen Wirtschaftsintegration zurückzuführen. Trotzdem kam es in der Folge zu zahlreichen bildungspolitischen Aktivitäten der EWG, die sich insbesondere in Form von Förderprorammen niederschlugen. Begleitet und unterstützt wurden sie von einer fortschrittlichen EuGH-Rechtsprechung.[4] Konsequenterweise wurde das Primärrecht im Zuge der späteren Vertragsänderungen kontinuierlich weiterentwickelt.[5]

5 Die maßgebliche Erweiterung der bildungsrechtlichen Kompetenzen der EG fand durch den **Vertrag von Maastricht von 1992** statt.[6] Er schuf ein eigenes Bildungskapitel (Titel VIII, drittes Kapitel EGV), das aus einer Norm zur allgemeinen Bildung (Art. 126 EGV) und einer Norm zur beruflichen Bildung (Art. 127 EGV) bestand. Der sich auf die Berufsausbildung beziehende Art. 128 EWGV wurde gestrichen. Die Bildung fand Aufnahme in die Liste der Tätigkeitsbereiche der Gemeinschaft (Art. 3 Buchst. p EGV). Die Verfahrensbestimmungen waren uneinheitlich. Bei der allgemeinen Bildung war das Verfahren der Mitentscheidung anzuwenden (Art. 126 Abs. 4 EGV); bei der beruflichen Bildung kam das Verfahren der Zusammenarbeit zum Tragen (Art. 127 Abs. 4 EGV). Eine Anhörung des Ausschusses der Regionen war nur im Rahmen des Art. 126 EGV erforderlich.

6 Der **Vertrag von Amsterdam von 1997** führte zu nur formellen, insbesondere verfahrenstechnischen Änderungen. Neben einer Neunummerierung (Titel VIII EGV wurde zu Titel XI EGV, Art. 126, 127 EGV wurden zu Art. 149, Art. 150 EGV, aus Art. 3 Buchst. p EGV wurde Art. 3 Buchst. q EGV) kam es zu einer Vereinheitlichung der Verfahrensbestimmungen: Beide Normen sahen fortan das Verfahren der Mitentscheidung sowie eine Anhörung des Ausschusses der Regionen vor. Die Bildung fand darüber hinaus Aufnahme in die Präambel des EGV. Die Mitgliedstaaten bekräftigten darin ihre Entschlossenheit, »durch umfassenden Zugang zur Bildung und durch ständige Weiterbildung auf einen möglichst hohen Wissensstand ihrer Völker hinzuwirken«.

7 Während der **Vertrag von Nizza von 2001** die bildungsrechtlichen Bestimmungen unangetastet ließ, kam es durch den **Vertrag von Lissabon von 2007** sowohl zu strukturellen als auch zu inhaltlichen Änderungen. Strukturell kam es zu einer Aufwertung:

---

[4] Vgl. ausf. *Blanke*, S. 19 ff.; *Fürst*, S. 9 ff.; *Thiele*, S. 126 ff.; *Beckedorf/Henze*, NVwZ 1993, 125 ff.; *Becker/Primova*, S. 5 ff.

[5] Die folgende historische Darstellung orientiert sich an *Odendahl*, in: Niedobitek, Europarecht – Politiken, § 9, Rn. 4 ff. Detaillierte Aufarbeitungen finden sich bei *Niedobitek*, in: Streinz, EUV/AEUV, Art. 165 AEUV, Rn. 1 ff.; *Cludius*, S. 27 ff.; *Fürst*, S. 3 ff. Kürzere Darstellungen bieten *Ruffert*, in: Calliess/Ruffert, EUV/AEUV, Art. 165 AEUV, Rn. 1 ff.; *Vedder*, in: Vedder/Heintschel v. Heinegg, Europäisches Unionsrecht, Art. 165 AEUV, Rn. 1 f.

[6] Näher dazu *Nowoczyn*, S. 101 ff.; *Blanke*, S. 65 ff.; *Thiele*, S. 152 ff.; *Konow*, RdJB 1992, 428 ff.; *Dohms*, RdJB 1992, 451 ff.; *Beckedorf/Henze*, NVwZ 1993, 125 (127 ff.); *Becker/Primova*, S. 8 ff. Zu den Auswirkungen auf den deutschen Bildungsföderalismus *Berggreen*, RdJB 1992, 436 ff.; *Wittkowski*, RdJB 1994, 317 ff.

Aus dem dritten Kapitel des Titels XI EGV wurde ein neuer selbständigen Titel XII AEUV. Er bestand weiterhin aus zwei Normen, nunmehr aus Art. 165 und Art. 166 AEUV. Inhaltlich fand durch die Aufnahme des Sports in Art. 165 AEUV eine Erweiterung statt. Die Bildung wurde in die Liste der Politikfelder aufgenommen, in denen die EU Unterstützungs-, Koordinierungs- und Ergänzungskompetenzen innehat (Art. 6 Buchst. e AEUV). Darüber hinaus wurden Bildungsbelange in die neue Querschnittsklausel des Art. 9 AEUV integriert. Die EU muss demnach bei Durchführung ihrer sonstigen Politiken den Erfordernissen für ein hohes Niveau der allgemeinen und beruflichen Bildung Rechnung tragen. Eine Stärkung erfuhr die Bildungspolitik schließlich durch die mit dem Vertrag von Lissabon einhergehende Verbindlichkeit der **Grundrechtecharta**. Diese enthält in ihrem Art. 14 ein Recht auf Bildung.[7] Obwohl sich die Grundrechte gemäß Art. 52 Abs. 2 GRC nicht kompetenzerweiternd auswirken, so üben sie doch eine integrationsfördernde Wirkung aus.

C. Inhalt und Systematik

I. Anwendungsbereich des Titels XII

Die in Art. 165 und 166 AEUV verwendeten Begriffe »Bildung« und »berufliche Bildung« sind weder primärrechtlich noch vom EuGH definiert worden.[8] Trotzdem besteht Einigkeit darin, dass der Titel XII AEUV das **gesamte Bildungswesen** erfasst.[9] Das Schulwesen im Vor-, Grund- und Sekundarschulbereich, das Hochschulwesen, die berufliche Erstausbildung, Fortbildung und Umschulung sowie die Erwachsenenbildung[10] aber auch alle staatlichen oder privaten, punktuellen oder auf Dauer angelegten Veranstaltungen zur Erziehung und Wissensvermittlung[11] fallen in seinen Anwendungsbereich.

Hinzu kommt der in Art. 165 AEUV genannte Bereich des **Sports**. Eine Definition des Begriffs enthält der AEUV nicht. Eine geeignete Definition[12] wurde 1992 vom Europarat in der Europäischen Sportcharta entwickelt. Demnach ist Sport »jede Form körperlicher Ertüchtigung, die innerhalb oder außerhalb von Vereinen betrieben wird, um die körperliche und seelische Verfassung zu verbessern, zwischenmenschliche Beziehungen zu entwickeln oder ergebnisorientierte Wettkämpfe auf allen Ebenen zu bestreiten.«[13] Wie auch die Formulierung des Art. 165 Abs. 1 UAbs. 1 AEUV (die EU hat die »auf freiwilligem Engagement basierenden Strukturen« zu berücksichtigen) verdeutlicht, um-

---

[7] Näher dazu Art. 14 GRC sowie *Towara*, Das Recht auf Bildung gemäß Art. 14 der Charta der Grundrechte der Europäischen Union, in: Odendahl (Hrsg.), S. 75 ff.; *Odendahl*, in: Heselhaus/Nowak, Handbuch der Europäischen Grundrechte, § 39; *Caspar*, RdJB 2001, 165 ff.

[8] Der EuGH hatte nur den Begriff der »Berufsausbildung« in Art. 128 EWGV definiert, vgl. EuGH, Urt. v. 13.2.1985, Rs. 293/83 (Gravier), Slg. 1985, 593, Rn. 30. Zur Frage der Übertragbarkeit dieser Definition auf die »berufliche Bildung« nach Art. 166 AEUV s. Art. 166 AEUV, Rn. 3 ff.

[9] Vgl. statt vieler *Simm*, in: Schwarze, EU-Kommentar, Art. 165, 166 AEUV, Rn. 1.

[10] Vgl. *Ruffert*, in: Calliess/Ruffert, EUV/AEUV, Art. 165 AEUV, Rn. 11; *Fischer*, in: Lenz/Borchardt, EU-Verträge, Art. 165 AEUV, Rn. 11; *Classen*, in: GSH, Europäisches Unionsrecht, Art. 165, 166, Rn. 6.

[11] Vgl. *Simm*, in: Schwarze, EU-Kommentar, Art. 165, 166 AEUV, Rn. 12; *Fischer*, in: Lenz/Borchardt, EU-Verträge, Art. 165 AEUV, Rn. 9.

[12] So *Blanke*, in: Grabitz/Hilf/Nettesheim, EU, Art. 165, 166 AEUV (Mai 2011), Rn. 138.

[13] European Sports Charter, Appendix to Recommendation No. R (92)13 rev, 24.9.1992, Art. 2 Abs. 1 Buchst. a. Übersetzung übernommen von *Blanke*, in: Grabitz/Hilf/Nettesheim, EU, Art. 165, 166 AEUV (Mai 2011), Rn. 138.

fasst Art. 165 AEUV demnach sowohl den Profi- als auch den Freizeitsport, und zwar unabhängig davon, ob dieser in Vereinen oder individuell ausgeübt wird.

10 Der Bereich der **Jugend** stellt sich – trotz Erwähnung des Begriffs in der Überschrift des Titels XII – nicht als eigenständiges Politikfeld dar. Einzelne Aspekte der Jugendpolitik sind vielmehr über die Aufnahme in die Zielkataloge des Art. 165 Abs. 2 und Art. 166 Abs. 2 AEUV in die Bildungsbestimmungen integriert.[14] Die Jugendpolitik ist demnach über die Bildungspolitik erfasst und Bestandteil derselben.

II. Einzelfragen im Bildungsbereich

1. Abgrenzung von Art. 165 und 166 AEUV

11 Das **Verhältnis zwischen Art. 165 und 166 AEUV** ist seit langem in der Literatur umstritten. Der Streit betrifft allein den Bildungsbereich und ist vor allem auf das Fehlen einer Definition der verwendeten Begriffe »Bildung« und »berufliche Bildung« (s. Rn. 8) zurückzuführen. Relevant ist die Abgrenzung zwischen Art. 165 und 166 AEUV allein für die Frage nach der heranzuziehenden Kompetenzgrundlage.[15]

12 Die wohl **herrschende Meinung**[16] zieht aus der historischen Entwicklung (s. Rn. 5) den Schluss, dass 1992 die berufliche um die allgemeine Bildung ergänzt werden sollte. Ein weiteres Argument ist die Überschrift des Titels XII (»Allgemeine und berufliche Bildung, Jugend und Sport«). Aus diesen Gründen vertritt die herrschende Meinung die Ansicht, dass die allgemeine Bildung unter Art. 165 AEUV und die berufliche Bildung unter Art. 166 AEUV fallen.

13 Die **Gegenmeinung**[17] orientiert sich in erster Linie am Wortlaut des Art. 165 AEUV, der nur den Begriff »Bildung«, nicht aber den Begriff »allgemeine Bildung« verwendet. Sie verweist darüber hinaus auf die anderen Sprachfassungen des AEUV.[18] Ein drittes Argument ist der Hinweis, dass die das deutsche Bildungssystem prägende Unterscheidung zwischen allgemeiner und beruflicher Bildung nicht auf die Unionsebene übertragbar sei. Die Gegenmeinung versteht daher Art. 166 AEUV als Spezialnorm zur beruflichen Bildung und Art. 165 AEUV als Grundlagennorm, die das gesamte Bildungswesen unter allgemein-kulturellen Aspekten erfasse.

14 Die **besseren Argumente** sprechen für die herrschende Meinung. Die historische Entwicklung ist ein deutlicher Hinweis darauf, dass die zunächst rein auf die Berufsausbildung bezogenen Kompetenzen um weitere Bildungsbereiche ergänzt werden sollten. Hinzu kommt, dass auch aus den anderen Sprachfassungen der Überschrift des Titels XII nicht zwingend folgt, dass mit der »beruflichen Bildung« eine Sondermaterie und mit

---

[14] Vgl. *Ruffert*, in: Calliess/Ruffert, EUV/AEUV, Art. 165 AEUV, Rn. 3; *Fischer*, in: Lenz/Borchardt, EU-Verträge, Art. 165 AEUV, Rn. 2.

[15] Vgl. *Ruffert*, in: Calliess/Ruffert, EUV/AEUV, Art. 165 AEUV, Rn. 12; *Fischer*, in: Lenz/Borchardt, EU-Verträge, Art. 165 AEUV, Rn. 11.

[16] Vgl. *Ruffert*, in: Calliess/Ruffert, EUV/AEUV, Art. 165 AEUV, Rn. 3, 11; *Vedder*, in: Vedder/Heintschel v. Heinegg, Europäisches Unionsrecht, Art. 165 AEUV, Rn. 5; *Fischer*, in: Lenz/Borchardt, EU-Verträge, Art. 165 AEUV, Rn. 11; *Konow*, RdJB 1992, 428 (430 f.); *Frenz*, DÖV 2011, 249 (250).

[17] Vgl. *Niedobitek*, in: Streinz, EUV/AEUV, Art. 165 AEUV, Rn. 37 ff.; *Simm*, in: Schwarze, EU-Kommentar, Art. 165, 166 AEUV, Rn. 13; *Kotzur*, Die Bildungskompetenzen der Europäischen Union nach Art. 165, 166 AEUV, in: Odendahl (Hrsg.), S. 107 (116); *ders.*, in: Schulze/Zuleeg/Kadelbach, Europarecht, § 38, Rn. 30; *Mächtle*, S. 70 ff.

[18] Im Englischen lautet die Überschrift des Titels XII AEUV »Education, Vocational Training, Youth and Sport«, im Französischen »Éducation, formation professionnelle, jeunesse et sports«, im Spanischen »Educación, formación profesional, juventud y deporte«.

der »Bildung« allgemeine Grundlagen gemeint sein sollen. Aus allen Sprachfassungen folgt lediglich, dass »Bildung« und »berufliche Bildung« offensichtlich etwas anderes darstellen. Insofern ist der herrschenden Ansicht zu folgen, dass Art. 165 AEUV die allgemeine Bildung und Art. 166 AEUV die berufliche Bildung umfasst.

2. Zuordnung von Einzelfällen

Mangels genauer Bestimmung, was auf Unionsebene unter der allgemeinen und unter der beruflichen Bildung zu verstehen ist (s. Rn. 8), ist bei der Entscheidung, ob in einem konkreten Fall Art. 165 oder Art. 166 AEUV die richtige Kompetenzgrundlage darstellt, **pragmatisch** vorzugehen. Es ist zu fragen, ob der jeweilige Sachverhalt einen stärkeren Bezug zur allgemeinen oder zur beruflichen Bildung aufweist.[19] Bei einer solchen Herangehensweise fällt das **Schulwesen** immer unter Art. 165 AEUV, während die **berufliche Erstausbildung, Fortbildung und Umschulung** grundsätzlich von Art. 166 AEUV erfasst werden. Alle anderen Sachverhalte sind im Wege einer **Einzelentscheidung** einer der beiden Bestimmungen zuzuordnen.[20] Da sich in der Praxis eine solche Zuordnung nicht immer präzise treffen lässt, greift die EU mittlerweile in der Regel kumulativ auf beide Artikel als Kompetenzgrundlage zurück.[21]

D. Aufgaben und Befugnisse (Abs. 1 und 3)

Gemäß Art. 2 Abs. 5 i. V. m. Art. 6 Buchst. e AEUV gehören Bildung, Jugend und Sport zu den Bereichen, in denen die EU eine **Unterstützungs-, Koordinierungs- und Ergänzungskompetenz** innehat. Die Zuständigkeiten verbleiben also gemäß Art. 2 Abs. 5 UAbs. 1 AEUV bei den Mitgliedstaaten. Eine EU-Zuständigkeit, die an die Stelle derjenigen der Mitgliedstaaten tritt, besteht explizit nicht. Zwar verfügt die EU gemäß Art. 2 Abs. 5 UAbs. 2 AEUV über die Befugnis, verbindliche Rechtsakte zu erlassen. Diese dürfen aber keine Harmonisierung des nationalen Rechts der Mitgliedstaaten beinhalten. Art. 165 AEUV spiegelt diese generellen Festlegungen in seinen Abs. 1 und 3 wieder. Er enthält dabei sowohl Aufgaben und Befugnisse, die der EU allein zugewiesen wurden, als auch Aufgaben, die von der EU und den Mitgliedstaaten gemeinsam auszuüben sind.

I. Aufgaben und Befugnisse der EU

1. Allgemeine Bildung

Die der EU in **Art. 165 Abs. 1 UAbs. 1 AEUV** übertragenen Aufgaben und Befugnisse im Bildungsbereich sind komplex. Sie hat die **Aufgabe**, zur Entwicklung einer »qualitativ hoch stehenden«[22] Bildung beizutragen. Ähnlich anspruchsvoll ist auch die Formulierung in der Querschnittsklausel des Art. 9 AEUV: Die EU hat bei der Durchführung ihrer Politik den Erfordernissen eines »hohen Niveaus« der allgemeinen und beruflichen Bildung Rechnung zu tragen.

---
[19] So auch *Ruffert*, in: Calliess/Ruffert, EUV/AEUV, Art. 165 AEUV, Rn. 11; *Kotzur*, in: Geiger/Khan/Kotzur, EUV/AEUV, Art. 166 AEUV, Rn. 4.
[20] Zur besonders umstrittenen Zuordnung des Hochschulwesens s. Art. 166 AEUV, Rn. 4 f.
[21] Vgl. *Fischer*, in: Lenz/Borchardt, EU-Verträge, Art. 165 AEUV, Rn. 11; *Kotzur*, in: Geiger/Khan/Kotzur, EUV/AEUV, Art. 166 AEUV, Rn. 3.
[22] Kritisch *Dohms*, RdJB 1992, 451 (460).

18 Um ihre Aufgaben wahrnehmen zu können, verfügt die EU über drei in Art. 165 Abs. 1 UAbs. 1 genannte **Befugnisse**: die Förderung der Zusammenarbeit zwischen den Mitgliedstaaten sowie die Unterstützung und die Ergänzung von deren Tätigkeit. Die drei Begriffe lassen sich theoretisch gut voneinander abgrenzen:[23] Die **Förderung** bezieht sich auf eine Zusammenarbeit zwischen zwei oder mehr Mitgliedstaaten. Die EU kann dabei sowohl bereits bestehende Kooperationen fördern als auch die Entstehung neuer Zusammenarbeitsformen anregen. Die **Unterstützung** und die **Ergänzung** beziehen sich hingegen auf bildungspolitische Aktivitäten der einzelnen Mitgliedstaaten. Eine Unterstützung stellt lediglich eine Hilfestellung dar. Eine Ergänzung hingegen geht weiter: Die EU kann die Bildungsmaßnahmen der Mitgliedstaaten durch eigene Schwerpunktsetzungen anreichern. Sowohl die Unterstützung als auch die Ergänzung finden gemäß Art. 165 Abs. 1 UAbs. 1 AEUV »**erforderlichenfalls**« statt. Dieser Formulierung kommt allerdings eine nur semantische bzw. symbolische Bedeutung zu.[24] Die EU darf nach den Grundsätzen der Subsidiarität und der Verhältnismäßigkeit ohnehin nur dann tätig werden, wenn dies erforderlich ist.

2. Sport

19 **Art. 165 Abs. 1 UAbs. 2 AEUV** ist dem Sport gewidmet. Die **Aufgabe** der EU besteht lediglich darin, zur »Förderung der europäischen Dimension des Sports« beizutragen. Die der EU zu diesem Zweck übertragenen **Befugnisse** sind in Art. 165 Abs. 1 UAbs. 2 AEUV nicht erwähnt. Es ist daher auf die allgemeine Regelung des Art. 2 Abs. 5 i. V. m. Art. 6 Buchst. e AEUV zurückzugreifen, wonach die EU im Bereich des Sports unterstützend, koordinierend und ergänzend tätig werden darf.

II. Aufgaben der EU und der Mitgliedstaaten

20 **Art. 165 Abs. 3 AEUV** überträgt eine Aufgabe sowohl der EU als auch den Mitgliedstaaten: die Förderung der Zusammenarbeit mit Drittstaaten und zuständigen internationalen Organisationen. Diese Aufgabe betrifft nicht nur die **allgemeine Bildung**, sondern auch den **Sport**. Die Kompetenzverteilung zwischen der EU und ihren Mitgliedstaaten (s. Rn. 16) bedingt, dass beide in der Praxis häufig gemeinsam nach außen auftreten.[25] Die EU darf allerdings auch neben den Mitgliedstaaten selbständig agieren,[26] solange sie sich im Rahmen ihrer Kompetenzen bewegt, also lediglich Förderung, Unterstützung oder Ergänzung anbietet. Zu den »internationalen Organisationen« gemäß Art. 165 Abs. 3 AEUV gehören sowohl zwischenstaatliche Organisationen als auch nicht-staatliche Organisationen, die sog. NGOs.[27]

---

[23] Vgl. *Fischer*, in: Lenz/Borchardt, EU-Verträge, Art. 165 AEUV, Rn. 10.
[24] Vgl. *Simm*, in: Schwarze, EU-Kommentar, Art. 165, 166 AEUV, Rn. 17; *Dohms*, RdJB 1992, 451 (459 f.); *Berggreen-Merkel*, RdJB 1998, 18 (19).
[25] Vgl. *Niedobitek*, in: Streinz, EUV/AEUV, Art. 165 AEUV, Rn. 48.
[26] Vgl. *Fischer*, in: Lenz/Borchardt, EU-Verträge, Art. 165 AEUV, Rn. 21; *Vedder*, in: Vedder/Heintschel v. Heinegg, Europäisches Unionsrecht, Art. 165 AEUV, Rn. 9.
[27] Dies ergibt sich aus dem weiten Wortlaut und der Praxis der EU. A. A. *Blanke*, in: Grabitz/Hilf/Nettesheim, EU, Art. 165, 166 AEUV (Mai 2011), Rn. 94; *Simm*, in: Schwarze, EU-Kommentar, Art. 165, 166 AEUV, Rn. 21.

III. Grenzen

Bei Ausübung **aller ihrer Befugnisse** nach Art. 165 Abs. 1 und 3 AEUV, und zwar sowohl bei den ihr allein übertragenen Aufgaben als auch bei denjenigen, die ihr und den Mitgliedstaaten übertragen wurden,[28] sind der EU Grenzen gesetzt. Je nachdem, ob es sich um den Bildungs- oder den Sportbereich handelt, sind diese Grenzen jedoch unterschiedlich streng ausgestaltet. — 21

1. Allgemeine Bildung

Wird die EU im Bildungsbereich tätig, so hat sie gemäß Art. 165 Abs. 1 UAbs. 1 AEUV zwei Grenzen in ihrem **Verhältnis zu den Mitgliedstaaten** »strikt« zu beachten: zum einen die Verantwortung der Mitgliedstaaten für den Lehrinhalte und die Gestaltung ihrer jeweiligen Bildungssysteme, zum anderen die Vielfalt der mitgliedstaatlichen Sprachen und Kulturen. Diese absolute, durch den Vertrag von Maastricht von Anbeginn an vorgesehene **Grenze** wird als sog. **Unberührtheitsklausel** bezeichnet.[29] Sie ist ein Spiegelbild der besonderen Bedeutung, welche die Mitgliedstaaten den Bildungssystemen als Bestandteil ihrer nationalen Identität zumessen.[30] Die Bildungsbefugnisse der EU sind dementsprechend lediglich akzessorischer Natur;[31] die Mitgliedstaaten bleiben Inhaber der primären Zuständigkeit. — 22

2. Sport

Für den Bereich des Sports findet sich eine **solch absolute Grenze nicht**. Gemäß Art. 165 Abs. 1 UAbs. 2 AEUV hat die EU lediglich die Charakteristika des Sports zu berücksichtigen, nämlich »dessen besondere Merkmale, dessen auf freiwilligem Engagement bestehende Strukturen sowie dessen soziale und pädagogische Funktion«. Die Unterschiede zum Bildungsbereich sind augenfällig. Statt einer Beachtung, bedarf es nur einer Berücksichtigung. Und statt einer Schonung der mitgliedstaatlichen Kompetenzen geht es um eine **Wahrung der Besonderheiten des Sports**. Das Fehlen einer Unberührtheitsklausel veranschaulicht die geringe Bedeutung, welche aus Sicht der Mitgliedstaaten dem Sport für die nationale Identität zukommt. — 23

E. Ziele (Abs. 2)

Art. 165 AEUV Abs. 2 AEUV enthält einen **abschließenden Zielkatalog**.[32] Er beginnt mit einem weit gefassten Ziel im **Bildungsbereich**, das seitens der Literatur häufig als Leitziel verstanden wird,[33] und nennt im Anschluss daran eine Reihe konkreter Ziele. — 24

---

[28] Vgl. *Ruffert*, in: Calliess/Ruffert, EUV/AEUV, Art. 165 AEUV, Rn. 30; *Niedobitek*, in: Streinz, EUV/AEUV, Art. 165 AEUV, Rn. 48.

[29] Vgl. *Vedder*, in: Vedder/Heintschel v. Heinegg, Europäisches Unionsrecht, Art. 165 AEUV, Rn. 4.

[30] Vgl. *Simm*, in: Schwarze, EU-Kommentar, Art. 165, 166 AEUV, Rn. 16.

[31] Vgl. *Fischer*, in: Lenz/Borchardt, EU-Verträge, Art. 165 AEUV, Rn. 10; *Niedobitek*, in: Streinz, EUV/AEUV, Art. 165 AEUV, Rn. 42; *Ruffert*, in: Calliess/Ruffert, EUV/AEUV, Art. 165 AEUV, Rn. 3.

[32] Vgl. *Simm*, in: Schwarze, EU-Kommentar, Art. 165, 166 AEUV, Rn. 19.

[33] Vgl. *Niedobitek*, in: Streinz, EUV/AEUV, Art. 165 AEUV, Rn. 52; *Simm*, in: Schwarze, EU-Kommentar, Art. 165, 166 AEUV, Rn. 19.

Der Zielkatalog wurde in seiner ursprünglichen Fassung durch den Vertrag von Maastricht in den damals neuen Art. 126 EGV eingefügt. Inhaltlich nahm er weitestgehend diejenigen Materien auf, die bis dahin mit Billigung des EuGH in den auf der Basis des Art. 128 EWGV geschaffenen Bildungsprogramme enthalten waren.[34] Spätere Vertragsänderungen fügten weitere Einzelziele im Bereich des **Sports** und der **Jugendpolitik** in den Katalog ein.

I. Allgemeine Bildung

25 Das **Leitziel** im Bereich der allgemeinen Bildung ist die Entwicklung einer »europäischen Dimension« im Bildungswesen (1. Gedstr.). Angesichts der Offenheit der EU für neue Mitgliedstaaten ist der Begriff »europäisch« dabei weit zu verstehen, d. h. nicht allein auf die jeweiligen Mitgliedstaaten beschränkt.[35] Drei der **vier weiteren Bildungsziele** sind Förderziele. Die EU fördert die Mobilität von Lehrenden und Lernenden (2. Gedstr.), die Zusammenarbeit zwischen den Bildungseinrichtungen (3. Gedstr.) und die Entwicklung der Fernlehre (6. Gedstr.). Hinzu kommt das Ziel, den Informations- und Erfahrungsaustauschs zwischen den Mitgliedstaaten auszubauen (4. Gedstr.). In der Praxis kommt dem Ziel der Förderung der Mobilität die größte Bedeutung zu. Eines der Ziele bezieht sich explizit auf die **Jugend**: Sowohl der Ausbau des Jugendaustauschs und des Austauschs sozialpädagogischer Betreuer als auch die »verstärkte Beteiligung der Jugendlichen am demokratischen Leben in Europa« sollen von der EU gefördert werden (5. Gedstr.).

II. Sport

26 Für den Sport **wiederholt und konkretisiert** Art. 165 Abs. 2 AEUV die in Art. 165 Abs. 1 UAbs. 1 AEUV genannte **Aufgabe der EU**: Ziel ist die Entwicklung der »europäischen Dimension des Sports«. Dies soll durch verschiedene Einzelmaßnahmen, wie etwa die Förderung der Offenheit von Sportwettkämpfen oder der Zusammenarbeit zwischen verantwortlichen Organisationen, erreicht werden. Wie im Bildungs- so ist auch im Sportbereich der Begriff »europäisch« in einem weiten Sinne zu verstehen (s. Rn. 25).

F. Instrumente (Abs. 3 und 4)

27 Zur Erreichung ihrer Ziele und Umsetzung ihrer Aufgaben stehen der EU gemäß Art. 165 Abs. 3 und 4 AEUV **drei Instrumente** zur Verfügung: Fördermaßnahmen, Empfehlungen und alle auswärtigen Handlungsformen im Rahmen der internationalen Zusammenarbeit. Von diesen Instrumenten hat die EU in mannigfaltiger Weise Gebrauch gemacht und eine bedeutsame **Bildungsaktivität** entfaltet.[36] Einige ihrer bildungsbezogenen Rechtsakte basieren allein auf Art. 165 oder Art. 166 AEUV; bei anderen zog sie Art. 165 und Art. 166 AEUV gemeinsam als Rechtsgrundlagen heran.[37] Im Bereich des **Sports** hat die EU erste Aktivitäten entwickelt.

---

[34] Vgl. *Dohms*, RdJB 1992, 451 (462).
[35] Vgl. *Niedobitek*, in: Streinz, EUV/AEUV, Art. 165 AEUV, Rn. 52.
[36] Vgl. ausf. *Fürst*, S. 9 ff., 103 ff.; *Thiele*, S. 280 ff.; *Hilpold*, S. 31 ff.; *Frenz* DÖV 2011, 249 (257 ff.); *Berggreen-Merkel*, RdJB 1998, 18 ff.; *Seidel/Beck*, Jura 1997, 393 (400); *Feuchthofen*, RdJB 1992, 181 ff.; *Oppermann/Classen/Nettesheim*, Europarecht, § 34, Rn. 23 ff.
[37] Vgl. ausf. *Niedobitek*, in: Streinz, EUV/AEUV, Art. 165 AEUV, Rn. 62 ff.

I. Fördermaßnahmen

1. Primärrechtliche Ausgestaltung

Die in Art. 165 Abs. 4, 1. Gedstr. 1 AEUV genannten Fördermaßnahmen besteht **inhaltlich** in erster Linie aus Anreizen, vor allem finanzieller Natur.[38] Die Mitgliedstaaten sollen zu bestimmten bildungspolitischen Aktivitäten ermuntert, nicht verpflichtet werden. Sie können die angebotenen Förderungen auch ausschlagen. Dementsprechend sind Fördermaßnahmen von ihrem Inhalt her für die Mitgliedstaaten unverbindlich. Beantragen sie allerdings eine Förderung oder erhalten sie diese sogar, so haben sie die von der EU vorgegebenen formellen Bestimmungen, insb. Verfahrensvorschriften oder Mitwirkungspflichten,[39] einzuhalten. Diese sind also für die Mitgliedstaaten verbindlich.[40]

28

Vom **Verfahren** her werden Fördermaßnahmen gemäß Art. 165 Abs. 4, 1. Gedstr. 1 AEUV im Wege des ordentlichen Gesetzgebungsverfahrens nach Art. 289 Abs. 2, Art. 294 AEUV vom Europäischen Parlament und dem Rat erlassen. Der Rat entscheidet dabei gemäß Art. 16 Abs. 3 EUV mit qualifizierter Mehrheit. Der Wirtschafts- und Sozialausschuss sowie der Ausschuss der Regionen sind anzuhören. Was die **Rechtsform** betrifft, so kann die Fördermaßnahme gemäß Art. 289 Abs. 1 AEUV als Verordnung, als Richtlinie oder als Beschluss, d. h. als verbindlicher Rechtsakt nach Art. 288 UAbs. 2–4 AEUV, ergehen. Bislang ergingen die Fördermaßnahmen in der Regel als Beschluss.[41] Die jüngsten Fördermaßnahmen wurden allerdings als Verordnung erlassen.[42]

29

Fördermaßnahmen unterliegen gemäß Art. 165 Abs. 4, 1. Gedstr. AEUV einer strikten Grenze, dem sog. **Harmonisierungsverbot**:[43] Sie müssen »unter Ausschluss jeglicher Harmonisierung der Rechts- und Verwaltungsvorschriften der Mitgliedstaaten« ergehen. Das Harmonisierungsverbot gilt bereits aufgrund Art. 2 Abs. 5 UAbs. 2 i. V. m. Art. 6 Buchst. e AEUV. Rechtstechnisch ist seine nochmalige Erwähnung in Titel XII AEUV unnötig. Die Wiederholung ist daher ein Beleg für die Entschlossenheit der Mitgliedstaaten, keine substantiellen Kompetenzen auf die EU zu übertragen. Das Harmonisierungsverbot gilt allerdings **nur für Fördermaßnahmen nach Titel XII AEUV**. Erlässt die EU bildungs- oder sportrelevantes Sekundärrecht auf der Basis anderer Kompetenzgrundlagen, so können diese durchaus eine Harmonisierung nationalen Rechts beinhalten.[44] Es gibt keine »Bereichsausnahme Bildung«, die es der EU untersagen wür-

30

---

[38] Vgl. *Kotzur* (Fn. 17), S. 118; *Dittmann/Fehrenbacher*, RdJB 1992, 478 (484); *Vedder*, in: Vedder/Heintschel v. Heinegg, Europäisches Unionsrecht, Art. 165 AEUV, Rn. 10; *Simm*, in: Schwarze, EU-Kommentar, Art. 165, 166 AEUV, Rn. 24.

[39] Vgl. EuGH, Urt. v. 30.5.1989, Rs. 242/87 (Erasmus), Slg. 1989, 1425, Rn. 11.

[40] Vgl. *Ruffert*, in: Calliess/Ruffert, EUV/AEUV, Art. 165 AEUV, Rn. 24; *Simm*, in: Schwarze, EU-Kommentar, Art. 165, 166 AEUV, Rn. 24.

[41] Vgl. *Dittmann/Fehrenbacher*, RdJB 1992, 478 (488 ff.); *Simm*, in: Schwarze, EU-Kommentar, Art. 165, 166 AEUV, Rn. 24.

[42] VO (EU) Nr. 1288/2013 vom 11.12.2013 zur Einrichtung von »Erasmus+«, dem Programm der Union für allgemeine und berufliche Bildung, Jugend und Sport, und zur Aufhebung der Beschlüsse Nr. 1719/2006/EG, Nr. 1720/2006/EG und Nr. 1298/2008/EG, ABl. 2013, L 347/50.

[43] Vgl. *Niedobitek*, in: Streinz, EUV/AEUV, Art. 165 AEUV, Rn. 60; *Fischer*, in: Lenz/Borchardt, EU-Verträge, Art. 165 AEUV, Rn. 18; *Simm*, in: Schwarze, EU-Kommentar, Art. 165, 166 AEUV, Rn. 26; *Dittmann/Fehrenbacher*, RdJB 1992, 478 (479).

[44] Vgl. *Simm*, in: Schwarze, EU-Kommentar, Art. 165, 166 AEUV, Rn. 27; *Fischer*, in: Lenz/Borchardt, EU-Verträge, Art. 165 AEUV, Rn. 18, 20; *Niedobitek*, in: Streinz, EUV/AEUV, Art. 165 AEUV, Rn. 60; *Blanke*, in: Grabitz/Hilf/Nettesheim, EU, Art. 165, 166 AEUV (Mai 2011), Rn. 110 f.; *Fürst*, S. 227 f.; *Dittmann/Fehrenbacher*, RdJB 1992, 478 (488 ff.); einschränkend *Ruffert*, in: Calliess/Ruffert, EUV/AEUV, Art. 165 AEUV, Rn. 22.

de, bei der Ausübung ihrer sonstigen Befugnisse bildungsrelevantes Sekundärrecht zu erlassen.[45] Dasselbe gilt für den Sport.

2. Umsetzung

31 Fördermaßnahmen werden regelmäßig als »Programme« oder als »Aktionsprogramme« erlassen. Im **Bildungsbereich** war das von 2007 bis 2013 laufende Aktionsprogramm »**Lebenslanges Lernen**«[46] das wichtigste. Mit einem Finanzvolumen von fast sieben Milliarden Euro umfasste es das Querschnittsprogramm Lingua (Förderung der Fremdsprachenkenntnisse), das Programm Jean-Monnet (Hochschullehre zur europäischen Integration) sowie vier sektorale Programme, Comenius (Schule), Erasmus (Hochschule), Leonardo (berufliche Bildung) und Grundtvig (Erwachsenenbildung). Daneben war das Aktionsprogramm »**Erasmus Mundus II**«[47], das von 2009 bis 2013 lief, von besonderer Bedeutung. Sein Ziel war Verbesserung der Qualität der Hochschulbildung durch Förderung der Zusammenarbeit mit Drittstaaten, insbesondere durch Errichtung gemeinsamer Master- und Promotionsprogramme. Dafür standen rund 500 Millionen Euro zur Verfügung. Hinzu kam das spezielle Programm »Jugend in Aktion«.[48]

32 Heute sind alle genannten Bildungs- und Jugendprogramme der EU zusammengefasst in einem neuen Programm namens »**Erasmus+**«.[49] Ursprünglich sollte das Programm den Namen »Erasmus für alle« tragen. Für die Laufzeit von 2014 bis 2020 wurde es mit Mitteln in Höhe von rund 14,7 Milliarden Euro ausgestattet. Die bekannten Programmnamen werden weiterhin verwendet. Sie sind allerdings neu strukturiert, indem sie sich nicht mehr an den Bildungssektoren, sondern an den drei Schlüsselaktionen des Programms, nämlich Mobilität für Einzelpersonen, Strategische Partnerschaften und Politikunterstützung, orientieren. Das Programm erfasst sowohl die **allgemeine** als auch die **berufliche Bildung**.[50] Darüber hinaus enthält es auch EU-Fördermaßnahmen für den Bereich der **Jugend**.[51]

33 Die inhaltliche Basis für EU-Maßnahmen im Bereich des **Sports** sind die Arbeitspläne der EU für den Sport. Der erste umfasste den Zeitraum 2011–2014,[52] der zweite den Zeitraum 2014–2017.[53] In Umsetzung der beiden Arbeitspläne hat die EU bislang keine spezifischen Sportfördermaßnahmen erlassen.[54] Sie hat den Sport allerdings in das neue

---

[45] Vgl. EuGH, Urt. v. 3.7.1974, Rs. 9/74 (Casagrande), Slg. 1974, 773, Rn. 6.
[46] Beschluss Nr. 1720/2006/EG vom 15.11.2006 über ein Aktionsprogramm im Bereich des lebenslangen Lernens, ABl. 2006, L 327/45.
[47] Beschluss Nr. 1298/2008/EG vom 16.12.2008 über das Aktionsprogramm Erasmus Mundus (2009–2013) zur Verbesserung der Qualität der Hochschulbildung und zur Förderung des interkulturellen Verständnisses durch die Zusammenarbeit mit Drittstaaten, ABl. 2008, L 340/83.
[48] Beschluss (EG) Nr. 1719/2006 vom 15.11.2006 über die Einführung des Programms Jugend in Aktion im Zeitraum 2007–2013, ABl. 2006, L 327/30.
[49] VO (EU) Nr. 1288/2013.
[50] Vgl. Kapitel II der VO (EU) Nr. 1288/2013.
[51] Vgl. Kapitel III der VO (EU) Nr. 1288/2013.
[52] Entschließung des Rates und der im Rat vereinigten Vertreter der Regierungen der Mitgliedstaaten zu einem Arbeitsplan der Europäischen Union für den Sport (2011–2014), ABl. 2011, C 162/1.
[53] Entschließung des Rates und der im Rat vereinigten Vertreter der Regierungen der Mitgliedstaaten vom 21. Mai 2014 zu dem Arbeitsplan der Europäischen Union für den Sport (2014–2017), ABl. 2011, C 183/12.
[54] Zur Umsetzung des ersten Arbeitsplanes vgl. Bericht der Kommission vom 24.1.2014 über die Durchführung des Arbeitsplans der Europäischen Union für den Sport 2011–2014, 5842/14,

Förderprogramm »**Erasmus+**« einbezogen.⁵⁵ Der Sport wird dort insbesondere in seiner Ausprägung als Breitensport erfasst. Zu diesem Zweck sollen etwa gemeinnützige europäische Sportveranstaltungen gefördert werden.

II. Empfehlungen

1. Primärrechtliche Ausgestaltung

Das zweite der EU zur Verfügung stehende Instrument stellen gemäß Art. 165 Abs. 4, 2. Gedstr. AEUV Empfehlungen dar. Diese sind gemäß Art. 288 UAbs. 5 AEUV **unverbindlich**. Erlassen werden sie vom Rat auf Vorschlag der Kommission. Gemäß Art. 16 Abs. 3 EUV genügt für den Beschluss im Rat eine qualifizierte Mehrheit.⁵⁶ In der Praxis spielen die Empfehlungen eine weitaus geringere Rolle als die finanzstarken Fördermaßnahmen.   34

2. Umsetzung

Für den **Bildungsbereich** hat die EU bislang zahlreiche Empfehlungen erlassen. Beispiele sind die Empfehlungen zur Schulbildung,⁵⁷ zur Mobilität,⁵⁸ zur Hochschulbildung,⁵⁹ zum Europäischen Qualifikationsrahmen für lebenslanges Lernen⁶⁰ oder zur Qualität der beruflichen Aus- und Weiterbildung.⁶¹   35

Für den Bereich des **Sports** gibt es hingegen bislang nur einzelne Empfehlungen. Zu nennen ist beispielsweise die Empfehlung zu gesundheitsfördernden körperlichen Aktivitäten.⁶²   36

III. Internationale Zusammenarbeit

1. Primärrechtliche Ausgestaltung

Das dritte Instrument, auf das die EU zurückgreifen kann, sind auswärtige Rechtsakte im Rahmen der internationalen Zusammenarbeit nach Art. 165 Abs. 3 AEUV. Zu diesen Rechtsakten gehören insbesondere **völkerrechtliche Verträge**, welche die EU gemäß   37

COM(2014) 22 final. Auch die Umsetzung des zweiten Arbeitsplanes hat bislang noch kein EU-Sportförderprogramm hervorgebracht.

⁵⁵ Vgl. Kapitel IV der VO (EU) Nr. 1288/2013.
⁵⁶ Zur Rechtslage vor Inkrafttreten des Vertrages von Lissabon vgl. *Niedobitek*, in: Streinz, EUV/AEUV, Art. 165 AEUV, Rn. 70 ff.
⁵⁷ Empfehlung vom 12. 2. 2001 zur europäischen Zusammenarbeit bei der Bewertung der Qualität der Schulbildung, ABl. 2001, L 60/51.
⁵⁸ Empfehlung vom 10. 7. 2001 über die Mobilität von Studierenden, in der Ausbildung stehenden Personen, Freiwilligen, Lehrkräften und Ausbildern in der Gemeinschaft, ABl. L 2001, 215/30; Empfehlung vom 18. 12. 2006 zur transnationalen Mobilität innerhalb der Gemeinschaft zu Zwecken der allgemeinen und beruflichen Bildung: Europäische Qualitätscharta für Mobilität, ABl. 2006, L 394/5.
⁵⁹ Empfehlung vom 15. 2. 2006 über die verstärkte europäische Zusammenarbeit zur Qualitätssicherung in der Hochschulbildung, ABl. 2006, L 64/60.
⁶⁰ Empfehlung vom 23. 4. 2008 zur Einrichtung des Europäischen Qualifikationsrahmens für lebenslanges Lernen, ABl. 2008, C 111/1.
⁶¹ Empfehlung vom 18. 6. 2009 zur Einrichtung eines europäischen Bezugsrahmens für die Qualitätssicherung in der beruflichen Aus- und Weiterbildung, ABl. 2009, C 155/1.
⁶² Empfehlung vom 26. 11. 2013 zur sektorübergreifenden Unterstützung gesundheitsfördernder körperlicher Aktivitäten, ABl. 2013, C 354/1.

Art. 216 AEUV abschließen kann und die in der Regel als gemischte Abkommen ausgestaltet sind.[63] **Weitere auswärtige Handlungsformen**[64] treten hinzu.

2. Umsetzung

38 Im **Bildungswesen** kommt insbesondere Verträgen mit Drittstaaten eine wesentliche Bedeutung zu.[65] So hat die EU beispielsweise Verträge mit den USA,[66] Kanada[67] und der Schweiz[68] geschlossen. Die Verträge beinhalten entweder eine Beteiligung der Drittstaaten an den Aktionsprogrammen der EU oder eigenständige Formen der Zusammenarbeit.

39 Im Bereich des **Sports** hat die EU bislang keine bilateralen Verträge mit Drittstaaten geschlossen. Sie beteiligt sich aber verstärkt an der Ausarbeitung multilateraler Übereinkommen. Erwähnenswert ist insbesondere die Beteiligung der Kommission an den Verhandlungen für ein Europarats-Übereinkommen zur Bekämpfung der Manipulation von Sportergebnissen.[69] Das Abkommen wurde am 18. September 2014 zur Unterzeichnung ausgelegt.[70] Die Europäische Union strebt die Unterzeichnung an.[71]

G. Allgemeine Bildung und Sport auf der Basis anderer primärrechtlicher Kompetenzen

40 Die EU ist nicht nur auf Basis des Titels XII AEUV in den Bereichen Allgemeine Bildung und Sport tätig geworden. Sie hat vielmehr kontinuierlich[72] unter Rückgriff auf andere Kompetenzgrundlagen zahlreiche **sekundärrechtliche Normen** verbindlichen Inhalts erlassen, die sich auf die allgemeine Bildung oder den Sport unmittelbar auswirkten.

---

[63] Vgl. *Niedobitek*, in: Streinz, EUV/AEUV, Art. 165 AEUV, Rn. 49.

[64] Vgl. *Kadelbach*, EnzEuR, Bd. 10, § 4, Rn. 15 ff.

[65] Vgl. *Gori*, Towards an EU Right to Education, 2001, S. 162 ff.

[66] Abkommen zwischen der Europäischen Gemeinschaft und den Vereinigten Staaten von Amerika zur Erneuerung des Kooperationsprogramms im Bereich der Hochschul- und Berufsbildung, vom 21.6.2006, ABl. 2006, L 346/34.

[67] Abkommen zwischen der Europäischen Gemeinschaft und der Regierung Kanadas zur Schaffung eines Kooperationsrahmens im Bereich von Hochschulbildung, Berufsbildung und Jugend, vom 5.12.2006, ABl. 2006, L 397/15.

[68] Abkommen zwischen der Europäischen Union und der Schweizerischen Eidgenossenschaft zur Festlegung der Voraussetzungen und Bedingungen für die Beteiligung der Schweizerischen Eidgenossenschaft am Programm Jugend in Aktion und am Aktionsprogramm im Bereich des lebenslangen Lernens (2007–2013), ABl. 2010, L 87/9.

[69] Beschluss des Rates vom 10. Juni 2013 zur Ermächtigung der Europäischen Kommission, im Namen der EU an den Verhandlungen über ein internationales Übereinkommen des Europarates zur Bekämpfung der Manipulation von Sportergebnissen mit Ausnahme der die Zusammenarbeit in Strafsachen und die polizeiliche Zusammenarbeit betreffenden Angelegenheiten teilzunehmen (2013/304/EU), ABl. 2013, L 170/62.

[70] Council of Europe Convention on the Manipulation of Sports Competitions, 19.9.2014, CETS No. 215.

[71] Vgl. Vorschlag für einen Beschluss des Rates über die Unterzeichnung – im Namen der Europäischen Union – des Übereinkommens des Europarats gegen die Manipulation von Sportwettbewerben in Bezug auf Aspekte, die materielles Strafrecht und die justizielle Zusammenarbeit in Strafsachen betreffen, KOM(2015) 86 endg.

[72] Vgl. *Ruffert*, in: Calliess/Ruffert, EUV/AEUV, Art. 165 AEUV, Rn. 1, 6 ff.; *Niedobitek*, in: Streinz, EUV/AEUV, Art. 165 AEUV, Rn. 1, 9 ff.

Ergänzend kamen zahlreiche **EuGH-Entscheidungen** hinzu, die das entsprechende Primärrecht oder aber die auf ihrer Basis erlassenen sekundärrechtlichen Normen weiterentwickelten. Auf diese Weise ist es trotz des für Art. 165 AEUV geltenden Harmonisierungsverbots (s. Rn. 30) auf rechtlichem Umweg zu einer Vielzahl verbindlicher, harmonisierender Normen gekommen. Sie betreffen **in erster Linie** das Bildungswesen. Die bedeutendsten Kompetenzgrundlagen außerhalb des Titels XII AEUV sind die Grundfreiheiten sowie das Diskriminierungsverbot und die Unionsbürgerschaft.[73]

Für das **Bildungswesen** spielen vor allem die **Arbeitnehmerfreizügigkeit** und die **Niederlassungsfreiheit** eine entscheidende Rolle. Auf Basis der Art. 46 und Art. 53 Abs. 1 AEUV ist es etwa zu sekundärrechtlichen Vorgaben für die Anerkennung beruflicher Befähigungsnachweise[74] und für die Bildungsrechte der Kinder von Wanderarbeitnehmern[75] gekommen. Der EuGH hat den Arbeitnehmerbegriff ausgeweitet und auf in Ausbildung befindliche Personen im Bildungswesen, wie etwa Studienreferendare,[76] erstreckt.

41

Der Gerichtshof hat darüber hinaus zahlreiche weitere bildungsrelevante Rechtspositionen unter Rückgriff auf das **Diskriminierungsverbot** bzw. die **Unionsbürgerschaft** entwickelt. Dazu gehören insbesondere Aufenthaltsrechte zu Bildungszwecken.[77] Sie wirken sich auf die Erhebung von Studiengebühren,[78] auf die Schaffung von Aufent-

42

---

[73] Vgl. ausf. *Odendahl*, Bildung, in: Niedobitek, Europarecht – Politiken, § 9, Rn. 31 ff., sowie die Zusammenstellungen von *Niedobitek*, in: Streinz, EUV/AEUV, Art. 165 AEUV, Rn. 9 ff.; *Fischer*, in: Lenz/Borchardt, EU-Verträge, Art. 165 AEUV, Rn. 3 ff.; *Ruffert*, in: Calliess/Ruffert, EUV/AEUV, Art. 165 AEUV, Rn. 6 ff.; *Grzeszick*, EnzEuR, Bd. 8, § 9, Rn. 101 ff.; *Simm*, in: Schwarze, EU-Kommentar, Art. 165, 166 AEUV, Rn. 5 ff.; *Berggreen-Merkel*, RdJB 1998, 18 (21 ff.); *Cludius*, S. 123 ff., 140 ff.; *Frenz*, DÖV 2011, 249 (254 ff.). Speziell zu den Grundfreiheiten *Thiele*, S. 237 ff. Speziell zum Diskriminierungsverbot und der Unionsbürgerschaft *Mächtle*, S. 98 ff.

[74] Vgl. RL 2005/36/EG vom 7.9.2005 über die Anerkennung von Berufsqualifikationen, ABl. 2005, L 255/22; RL 74/557/EWG vom 4.6.1974 über die Verwirklichung der Niederlassungsfreiheit und des freien Dienstleistungsverkehrs für die selbständigen Tätigkeiten und die Vermittlertätigkeiten des Handels mit und der Verteilung von Giftstoffen, ABl. 1974, L 307/5; RL 86/653/EWG vom 18.12.1986 zur Koordinierung der Rechtsvorschriften der Mitgliedstaaten betreffend die selbständigen Handelsvertreter, ABl. 1986, L 382/17; RL 98/5/EG vom 16.2.1998 zur Erleichterung der ständigen Ausübung des Rechtsanwaltsberufs in einem anderen Mitgliedstaat als dem, in dem die Qualifikation erworben wurde, ABl. 1998, L 77/36.

[75] Vgl. Art. 7 Abs. 2, Art. 10 VO (EU) Nr. 492/2011 vom 5.4.2011 über die Freizügigkeit der Arbeitnehmer innerhalb der Union, ABl. 2011, L 141/1, RL 77/486/EWG vom 25.7.1977 über die schulische Betreuung der Kinder von Wanderarbeitnehmern, ABl. 1977, L 199/32. Zahlreiche EuGH-Urteile haben das Sekundärrecht näher ausgeformt und präzisiert, vgl. *Cremer*, Die Auswirkungen der Grundfreiheiten auf den Bildungsbereich, in: Odendahl (Hrsg.), S. 131 (141 ff.); *Laubach*, Aufenthaltsrechte zu Studienzwecken in der Europäischen Union, in: Odendahl (Hrsg.), S. 255 (262 ff.); *Niedobitek*, in: Streinz, EUV/AEUV, Art. 165 AEUV, Rn. 14.

[76] Vgl. EuGH, Urt. v. 3.7.1986, Rs. 66/85 (Lawrie-Blum), Slg. 1986, 2121, Rn. 18 ff. Der EuGH hat darüber hinaus die Arbeitnehmerfreizügigkeit auf Lehrer und Fremdsprachenlektoren angewendet, vgl. EuGH, Urt. v. 12.5.2005, Rs. C–278/03 (Kommission/Italien), Slg. 2005, I–3747, Rn. 22; Urt. v. 30.5.1989, Rs. 33/88 (Allué/Coonan), Slg. 1989, 1591, Rn. 6 ff.

[77] Vgl. ausf. *Laubach* (Fn. 75), S. 272 ff. sowie *Simm*, in: Schwarze, EU-Kommentar, Art. 165, 166 AEUV, Rn. 7; *Seidel/Beck*, Jura 1997, 393 (395).

[78] Vgl. EuGH, Urt. v. 13.2.1985, Rs. 293/83 (Gravier), Slg. 1985, 593, Rn. 26.

haltsbeschränkungen[79] und Studienzulassungsbeschränkungen[80] sowie auf die Ansprüche auf Sozialleistungen[81] aus.

43 Daneben enthält der AEUV zahlreiche **weitere bildungsrelevante Bestimmungen**.[82] Die meisten von ihnen betreffen allein die berufliche Bildung (s. Art. 166 AEUV, Rn. 18). Einige von ihnen wirken sich jedoch auf beide Bereiche aus. Dazu gehört etwa das **Beihilfenrecht**, das gemäß Art. 107 Abs. 3 Buchst. e AEUV i. V. m. Art. 38 f. der allgemeinen Gruppenfreistellungsverordnung[83] die Gewährung von Ausbildungsbeihilfen erlaubt. Von Bedeutung ist auch die **Einwanderungspolitik**. Die Bildungszugangsrechte von Drittstaatsangehörigen sind sowohl auf sekundärrechtlichem Wege[84] als auch durch die EuGH-Rechtsprechung[85] fortentwickelt worden.

44 Im Bereich des **Sports** spielen ebenfalls die Grundfreiheiten, insbesondere die **Arbeitnehmerfreizügigkeit** und die **Niederlassungsfreiheit**, in Verbindung mit dem **Diskriminierungsverbot** eine wesentliche Rolle für einen Einfluss des Europarechts außerhalb des Titels XII.[86] Der Sport ist als wirtschaftliche Aktivität seit längerem Gegenstand sekundärrechtlicher Regelungen und von EuGH-Entscheidungen. So ist beispielsweise anerkannt, dass sich Sportler und Trainer auf die Personenfreiheiten berufen können.[87] Das Wettbewerbsrecht findet ebenfalls, wenn auch eingeschränkt, Anwendung.[88]

---

[79] Vgl. EuGH, Urt. v. 26.2.1992, Rs. C–357/89 (Raulin), Slg. 1992, I–1027, Rn. 40, 43.

[80] Vgl. EuGH, Urt. v. 7.7.2005, Rs. C–147/03 (Kommission/Österreich), Slg. 2005, I–5969, Rn. 44 ff.; Urt. v. 10.3.2009, Rs. C–169/07 (Hartlauer), Slg. 2009, I–1721, Rn. 47; Urt. v. 13.4.2010, Rs. C–73/08 (Bressol), Slg. 2010, I–2735, Rn. 62 ff.

[81] Vgl. EuGH, Urt. v. 20.9.2001, Rs. C–184/99 (Grzelczyk), Slg. 2001, I–6193, Rn. 29 ff.; Urt. v. 15.3.2005, Rs. C–209/03 (Bidar), Slg. 2005, I–2119, Rn. 28 ff.; Urt. v. 18.11.2008, Rs. C–158/07 (Förster), Slg. 2008, I–8507, Rn. 34 ff., 58; Urt. v. 4.10.2012, Rs. C–75/11 (Kommission/Österreich), ECLI:EU:C:2012:605, Rn. 59 ff.; Urt. v. 18.7.2013, verb. Rs. C–523/11 u. C–585/11 (Prinz/Seeberger), ECLI:EU:C:2013:524, Rn. 36 ff.; Urt. v. 23.10.2007, verb. Rs. C–11/06 u. C–12/06 (Morgan), Slg. 2007, I–9161, Rn. 22 ff. Ursprünglich hatte der EuGH Ansprüche auf Sozialleistungen abgelehnt, vgl. EuGH, Urt. v. 21.6.1988, Rs. 39/86 (Lair), Slg. 1988, 3161, Rn. 15; EuGH, Urt. v. 21.6.1988, Rs. 197/86 (Brown), Slg. 1988, 3205, Rn. 18.

[82] Vgl. *Fischer*, in: Lenz/Borchardt, EU-Verträge, Art. 165 AEUV, Rn. 4; *Ruffert*, in: Calliess/Ruffert, EUV/AEUV, Art. 165 AEUV, Rn. 8 ff.; *Simm*, in: Schwarze, EU-Kommentar, Art. 165, 166 AEUV, Rn. 5.

[83] VO (EG) Nr. 800/2008 vom 6.8.2008 zur Erklärung der Vereinbarkeit bestimmter Gruppen von Beihilfen mit dem Gemeinsamen Markt in Anwendung der Artikel 87 und 88 EG-Vertrag (allgemeine Gruppenfreistellungsverordnung), ABl. 2008, L 214/3.

[84] RL 2004/114/EG vom 13.12.2004 über die Bedingungen für die Zulassung von Drittstaatsangehörigen zur Absolvierung eines Studiums oder zur Teilnahme an einem Schüleraustausch, einer unbezahlten Ausbildungsmaßnahme oder einem Freiwilligendienst, ABl. 2004, L 375/12.

[85] Ausf. dazu *Odendahl*, SJER 2005/2006, 347 ff.

[86] Vgl. *Vedder*, in: Vedder/Heintschel v. Heinegg, Europäisches Unionsrecht, Art. 165 AEUV, Rn. 8; *Simm*, in: Schwarze, EU-Kommentar, Art. 165, 166 AEUV, Rn. 11; *Niedobitek*, in: Streinz, EUV/AEUV, Art. 165 AEUV, Rn. 30 ff.; *Blanke*, in: Grabitz/Hilf/Nettesheim, EU, Art. 165, 166 AEUV (Mai 2011), Rn. 139; *Classen*, in: GSH, Europäisches Unionsrecht, Art. 165, 166 AEUV, Rn. 51.

[87] Vgl. exemplarisch EuGH, Urt. v. 12.12.1974, Rs. 36/74 (Walrave und Koch), Slg. 1974, 1405, Rn. 4 f.; Urt. v. 15.12.1995, Rs. C–415/93 (Bosman), Slg. 1995, I–4921; Rn. 73 ff. Eine ausf. Analyse bietet *Sander*.

[88] Vgl. exemplarisch EuGH, Urt. v. 18.6.2006, Rs. C–519/04 P (Meca-Medina/Majcen), Slg. 2006, I–6991, Rn. 28, 30 ff. sowie *Schwarze/Hetzel*, EuR 2005, 581.

Artikel 166 AEUV [Berufliche Bildung]

(1) Die Union führt eine Politik der beruflichen Bildung, welche die Maßnahmen der Mitgliedstaaten unter strikter Beachtung der Verantwortung der Mitgliedstaaten für Inhalt und Gestaltung der beruflichen Bildung unterstützt und ergänzt.

(2) Die Tätigkeit der Union hat folgende Ziele:
– Erleichterung der Anpassung an die industriellen Wandlungsprozesse, insbesondere durch berufliche Bildung und Umschulung;
– Verbesserung der beruflichen Erstausbildung und Weiterbildung zur Erleichterung der beruflichen Eingliederung und Wiedereingliederung in den Arbeitsmarkt;
– Erleichterung der Aufnahme einer beruflichen Bildung sowie Förderung der Mobilität der Ausbilder und der in beruflicher Bildung befindlichen Personen, insbesondere der Jugendlichen;
– Förderung der Zusammenarbeit in Fragen der beruflichen Bildung zwischen Unterrichtsanstalten und Unternehmen;
– Ausbau des Informations- und Erfahrungsaustauschs über gemeinsame Probleme im Rahmen der Berufsbildungssysteme der Mitgliedstaaten.

(3) Die Union und die Mitgliedstaaten fördern die Zusammenarbeit mit dritten Ländern und den für die berufliche Bildung zuständigen internationalen Organisationen.

(4) Das Europäische Parlament und der Rat erlassen gemäß dem ordentlichen Gesetzgebungsverfahren und nach Anhörung des Wirtschafts- und Sozialausschusses sowie des Ausschusses der Regionen Maßnahmen, die zur Verwirklichung der Ziele dieses Artikels beitragen, unter Ausschluss jeglicher Harmonisierung der Rechts- und Verwaltungsvorschriften der Mitgliedstaaten, und der Rat erlässt auf Vorschlag der Kommission Empfehlungen.

Literaturübersicht

Busemeyer, Europäisierung der deutschen Berufsbildungspolitik, APuZ 45/2009, 25; *Feuchthofen/ Brackmann*, Berufliche Bildung im Maastrichter Unionsvertrag, RdJB 1992, 468; s. die Literaturangaben zu Art. 165 AEUV.

Leitentscheidungen

EuGH, Urt. v. 13.2.1985, Rs. 293/83 (Gravier), Slg. 1985, 593
EuGH, Urt. v. 7.7.2005, Rs. C–147/03 (Kommission/Österreich), Slg. 2005, I–5969
EuGH, Urt. v. 13.4.2010, Rs. C–73/08 (Bressol), Slg. 2010, I–2735
S. die Rechtsprechungsangaben zu Art. 165 AEUV

Wesentliche sekundärrechtliche Vorschriften

VO (EG) Nr. 1339/2008 vom 16.12.2008 zur Errichtung der Europäischen Stiftung für Berufsbildung, ABl. 2008, L 354/82
VO (EU) Nr. 1288/2013 vom 11.12.2013 zur Einrichtung von »Erasmus+«, dem Programm der Union für allgemeine und berufliche Bildung, Jugend und Sport, und zur Aufhebung der Beschlüsse Nr. 1719/2006/EG, Nr. 1720/2006/EG und Nr. 1298/2008/EG, ABl. 2013, L 347/50

Inhaltsübersicht

	Rn.
A. Einleitung	1
B. Historische Entwicklung	2
C. Begriff der »beruflichen Bildung«	3
D. Aufgaben und Befugnisse (Abs. 1 und 3)	6

    I. Aufgaben und Befugnisse der EU 7
    II. Aufgaben der EU und der Mitgliedstaaten 10
    III. Grenzen 11
E. Ziele (Abs. 2) 12
F. Instrumente (Abs. 3 und 4) 13
    I. Primärrechtliche Ausgestaltung 14
    II. Umsetzung 16
G. Berufliche Bildung auf der Basis anderer primärrechtlicher Kompetenzen 17

A. Einleitung

1   Die berufliche Bildung steht rechtlich wie tatsächlich in einem **engen Zusammenhang mit der allgemeinen Bildung**. Art. 165 und 166 AEUV sind daher nur schwer voneinander zu trennen. Zahlreiche der rechtlichen Entwicklungen und Streitfragen, die Art. 165 AEUV prägen, gelten für Art. 166 AEUV gleichermaßen. Das gilt auch für die **Europäisierung** der beruflichen Bildung, die genauso wie der entsprechende Prozess in der allgemeinen Bildung (s. Art. 165 AEUV, Rn. 3) auf rechtlichem, rechtlich-politischem und politischem Wege erfolgt.[1]

B. Historische Entwicklung

2   Zur historischen Entwicklung vgl. Art. 165 AEUV, Rn. 4 ff.

C. Begriff der »beruflichen Bildung«

3   Der EuGH hat bislang keine Gelegenheit gehabt, den in Art. 166 AEUV verwendeten Begriff der »beruflichen Bildung« näher zu erläutern. Den Terminus »Berufsausbildung« im 1992 gestrichenen **Art. 128 EWGV** (s. Art. 165 AEUV, Rn. 5) hat er hingegen definiert. Demnach ist »jede Form der Ausbildung, die auf eine Qualifikation für einen bestimmten Beruf oder eine bestimmte Beschäftigung vorbereitet oder die die besondere Befähigung zur Ausübung eines solchen Berufes oder einer solchen Beschäftigung verleiht[...], und zwar unabhängig vom Alter und vom Ausbildungsniveau der Schüler oder Studenten und selbst dann, wenn der Lehrplan auch allgemeinbildenden Unterricht enthält«,[2] eine Berufsausbildung. Es fragt sich, ob der vom EuGH für Art. 128 EWGV entwickelte Begriff auf Art. 166 AEUV zu übertragen ist, d. h. ob die **Begriffe** »Berufsausbildung« (Art. 128 EWGV) und »berufliche Bildung« (Art. 165 AEUV) **identisch** sind. Die Frage ist umstritten.

4   **Für** eine Identität der Definitionen spricht die Tatsache, dass andere Sprachfassungen der Verträge nicht zwei verschiedene Termini kennen, sondern in Art. 128 EWGV und

---

[1] Vgl. überblicksartig *Odendahl*, Forschung & Lehre 2012, 880 ff. Ausf. zur rechtlich-politischen und zur politischen Europäisierung des Bildungswesens *Odendahl*, in: Niedobitek, Europarecht – Politiken, § 9, Rn. 42 ff. bzw. 46 ff. Speziell zur Europäisierung durch den Kopenhagen-Prozess *Busemeyer*, APuZ 45/2009, 25 ff. sowie *Hanf*, Der Europäische Qualifikationsrahmen im Rahmen des Kopenhagen-Prozesses und seine Umsetzung in Deutschland, in: Odendahl (Hrsg.), S. 449 ff.
[2] Vgl. EuGH, Urt. v. 13.2.1985, Rs. 293/83 (Gravier), Slg. 1985, 593, Rn. 30.

Art. 166 AEUV dieselben Begriffe verwenden.[3] Zu berücksichtigen ist auch der Umstand, dass der EuGH bislang keine neue Begriffsdefinition vorgenommen, sondern seine bisherige Rechtsprechung bestätigt hat.[4] **Gegen** eine vollständige Übertragung der Definition spricht die Überlegung, dass der EuGH damals unter Heranziehung des effet-utile-Grundsatzes eine extensive Begriffsauslegung vorgenommen hat, da es an einer expliziten Kompetenzgrundlage zur allgemeinen Bildung mangelte.[5] Von Bedeutung ist auch der Wortlaut der heutigen Art. 165 und 166 AEUV.[6] Der EuGH hatte aufgrund seiner weiten Definition auch das Schul- und das Hochschulwesen unter Art. 128 EWGV subsumiert.[7] Die Hochschulbildung ist heute allerdings ausdrücklich in Art. 165 Abs. 2, 2. Gedstr. AEUV enthalten. Auch das gesamte Schulwesen fällt mittlerweile unter Art. 165 AEUV (s. Art. 165 AEUV, Rn. 15).

Aus diesen Gründen ist auf die damals extensive Auslegung des Art. 128 EWGV und auf den eindeutigen Wortlaut des heutigen Art. 165 AEUV abzustellen. Daraus ergibt sich, dass die vom EuGH entwickelte Definition des Begriffs »Berufsausbildung« in Art. 128 EWGV **nicht vollständig** auf den Begriff »berufliche Bildung« in Art. 166 AEUV übertragen werden kann. **Bestimmte Bildungsbereiche**, die damals unter Art. 128 EWGV gefasst wurden, unterfallen heute Art. 165 und nicht Art. 166 AEUV (s. Art. 165 AEUV, Rn. 15). Das gilt insbesondere für das **Schul- und das Hochschulwesen**. Diese Ansicht wird durch die Praxis der Unionsorgane bestätigt.[8] Die **berufliche Erstausbildung, Fortbildung und Umschulung** wird hingegen von Art. 166 AEUV erfasst (s. Art. 165 AEUV, Rn. 15).

5

D. Aufgaben und Befugnisse (Abs. 1 und 3)

Gemäß Art. 2 Abs. 5 i. V. m. Art. 6 Buchst. e AEUV hat die EU im Bereich der beruflichen Bildung eine **Unterstützungs-, Koordinierungs- und Ergänzungskompetenz** inne. Die Mitgliedstaaten bleiben gemäß Art. 2 Abs. 5 UAbs. 1 AEUV primär zuständig. Zwar kann die EU gemäß Art. 2 Abs. 5 UAbs. 2 AEUV verbindliche Rechtsakte erlassen. Diese dürfen aber nicht zu einer Harmonisierung des nationalen Rechts führen. Diese allgemeinen Festlegungen spiegeln sich auch im Wortlaut des Art. 166 Abs. 1 und 3 AEUV wieder. Er enthält – wie Art. 165 Abs. 1 und 3 (s. Art. 165 AEUV, Rn. 16 ff.) – sowohl Aufgaben und Befugnisse, die **allein** der EU zugewiesen sind, als auch solche, die von der EU und den Mitgliedstaaten **gemeinsam** wahrzunehmen sind. Neben zahlreichen Parallelen zu Art. 165 AEUV gibt es jedoch auch eine Reihe von Unterschieden.

6

---

[3] Im Englischen »vocational training«; im Französischen »formation professionelle«; im Spanischen »formación profesional«.
[4] Vgl. *Niedobitek*, in: Streinz, EUV/AEUV, Art. 165 AEUV, Rn. 39 und Art. 166 AEUV, Rn. 7 unter Hinweis auf EuGH, Urt. v. 7. 7. 2005, Rs. C–147/03 (Kommission/Österreich), Slg. 2005, I–5969, Rn. 32, 33; Urt. v. 13. 4. 2010, Rs. C–73/08 (Bressol), Slg. 2010, I–2735, Rn. 32; *Feuchthofen*, RdJB 1992, 468 (470).
[5] Vgl. *Ruffert*, in: Calliess/Ruffert, EUV/AEUV, Art. 165 AEUV, Rn. 12.
[6] Vgl. *Fischer*, in: Lenz/Borchardt, EU-Verträge, Art. 165 AEUV, Rn. 11.
[7] Er erwähnte in seiner Definition ausdrücklich Schüler und Studenten.
[8] So wurde etwa das Programm »Erasmus Mundus II« zur Zusammenarbeit der Hochschulen auf Art. 149 EGV und nicht auf Art. 150 EGV gestützt, vgl. Präambel des Beschlusses Nr. 1298/2008/EG vom 16. 12. 2008 über das Aktionsprogramm Erasmus Mundus (2009–2013) zur Verbesserung der Qualität der Hochschulbildung und zur Förderung des interkulturellen Verständnisses durch die Zusammenarbeit mit Drittstaaten, ABl. 2008, L 340/83.

I. Aufgaben und Befugnisse der EU

7 Die der EU gemäß Art. 166 Abs. 1 AEUV zugewiesenen **eigenen Aufgaben und Befugnisse** in der beruflichen Bildung sind weiter formuliert als im Bereich der allgemeinen Bildung nach Art. 165 Abs. 1 UAbs. 1 AEUV. Die EU hat die **Aufgabe**, eine »Politik der beruflichen Bildung« zu führen. Sie kann demnach eine **selbständige Politik mit eigenen Schwerpunkten** verfolgen,⁹ ohne darauf beschränkt zu sein, die Politiken der Mitgliedstaaten als alleinigen Maßstab zu nehmen. Hintergrund für die umfangreicheren Aufgaben der EU in der beruflichen Bildung ist die von Anfang an existierende Kompetenz der EWG zur Aufstellung »allgemeiner Grundsätze zur Durchführung einer gemeinsamen Politik« im Bereich der Berufsausbildung.¹⁰ Angesichts der Grenzen der EU-Kompetenz (s. Rn. 11) ist der Unterschied zu Art. 165 Abs. 1 UAbs. 1 AEUV allerdings geringfügiger als der Wortlaut vermuten lässt.¹¹

8 Zur Erfüllung ihrer Aufgabe verfügt die EU über zwei **Befugnisse**: Sie kann mit Ihrer eigenständigen Politik die Maßnahmen der Mitgliedstaaten entweder unterstützen oder ergänzen. Im Falle einer »**Unterstützung**« leistet die EU lediglich Hilfe bei der Verwirklichung nationaler Maßnahmen. Im Falle einer »**Ergänzung**« reichert die EU die Maßnahmen der Mitgliedstaaten durch eigene Initiativen an und schließt auf diese Weise ggf. Lücken.¹² Anders als in Art. 165 Abs. 1 UAbs. 1 AEUV sind die Unterstützungs- und Ergänzungsbefugnisse nicht mit dem Zusatz »erforderlichenfalls« versehen. Die fehlende ausdrückliche Erwähnung der **Erforderlichkeit** hat jedoch keine konkreten Folgen. Das Kriterium der Erforderlichkeit ergibt sich bereits aus den Prinzipien der Subsidiarität und der Verhältnismäßigkeit.¹³

9 Bedeutender ist der Unterschied, dass Art. 166 Abs. 1 AEUV, anders als Art. 165 Abs. 1 UAbs. 1 AEUV (s. Art. 165 AEUV, Rn. 18), nicht die Befugnis der EU erwähnt, die **Zusammenarbeit zwischen den Mitgliedstaaten zu fördern**. Grund ist der Umstand, dass die Förderung der Zusammenarbeit auf dem Gebiet der beruflichen Aus- und Fortbildung gemäß Art. 156 UAbs. 1, 2. Gedstr. AEUV unter die Sozialpolitik fällt.¹⁴

II. Aufgaben der EU und der Mitgliedstaaten

10 Zu den Aufgaben und Befugnissen der EU nach Art. 166 Abs. 1 AEUV tritt eine Aufgabe hinzu, die der **EU und den Mitgliedstaaten** gemäß Art. 166 Abs. 3 AEUV **gemeinsam** übertragen ist: die Förderung der Zusammenarbeit mit dritten Ländern und den zuständigen internationalen Organisationen. Diese Befugnis entspricht inhaltlich derjenigen im Bereich der allgemeinen Bildung (s. Art. 165 AEUV, Rn. 20). EU und Mitgliedstaaten treten wegen der vorgegebenen Kompetenzverteilung in der Regel gemeinsam nach außen auf. Solange sie nur unterstützend und ergänzend tätig wird, darf die EU

---

⁹ Vgl. *Konow*, RdJB 1992, 428 (431); *Classen*, in: GSH, Europäisches Unionsrecht, Art. 165, 166 AEUV, Rn. 16; *Blanke*, in: Grabitz/Hilf/Nettesheim, EU, Art. 165, 166 AEUV (Mai 2011), Rn. 73; *Simm*, in: Schwarze, EU-Kommentar, Art. 165, 166 AEUV, Rn. 15; *Niodobitek*, in: Streinz, EUV/AEUV, Art. 166 AEUV, Rn. 6.
¹⁰ Vgl. Art. 165 AEUV Rn. 4 sowie *Niedobitek*, in: Streinz, EUV/AEUV, Art. 166 AEUV, Rn. 6.
¹¹ Vgl. *Niedobitek*, in: Streinz, EUV/AEUV, Art. 166 AEUV, Rn. 6; *Simm*, in: Schwarze, EU-Kommentar, Art. 165, 166 AEUV, Rn. 15.
¹² Zur Abgrenzung der Begriffe vgl. *Fischer*, in: Lenz/Borchardt, EU-Verträge, Art. 165 AEUV, Rn. 10.
¹³ Vgl. *Berggreen-Merkel*, RdJB 1998, 18 (19).
¹⁴ Vgl. *Fischer*, in: Lenz/Borchardt, EU-Verträge, Art. 166 AEUV, Rn. 2.

allerdings auch selbständig neben den Mitgliedstaaten agieren. Zu den »internationalen Organisationen« gehören nicht nur zwischenstaatliche Organisationen, sondern auch nicht-staatliche Organisationen, die sog. NGOs.

III. Grenzen

Die EU unterliegt sowohl bei Ausübung der ihr allein übertragenen Aufgaben als auch bei Ausübung der Aufgaben, die ihr und den Mitgliedstaaten gemeinsam übertragen wurden, einer **absoluten Grenze**. Sie hat gemäß Art. 166 Abs. 1 AEUV die Verantwortung der Mitgliedstaaten für den Inhalt und die Gestaltung der beruflichen Bildung »strikt« zu beachten. Diese sog. **Unberührtheitsklausel** wurde durch den Vertrag von Maastricht von 1992 in den heutigen Art. 166 AEUV eingefügt. Die Befugnisse der EU im Bereich der beruflichen Bildung sind demnach – wie im Bereich der allgemeinen Bildung (s. Art. 165 AEUV, Rn. 22) – lediglich akzessorischer Natur.[15]

11

E. Ziele (Abs. 2)

Art. 166 Abs. 2 AEUV enthält einen **abschließenden Zielkatalog**.[16] Das an erster Stelle genannte **Leitziel** ist die Erleichterung der Anpassung an die industriellen Wandlungsprozesse (1. Gedstr.). Erreicht werden soll diese Anpassung insbesondere durch berufliche Bildung und Umschulung. Es folgen mehrere **konkrete Ziele**.[17] Drei von ihnen stimmen mit den Zielen für die allgemeine Bildung (s. Art. 165 AEUV, Rn. 25) überein, sind aber auf die berufliche Bildung zugeschnitten: die Förderung der Mobilität (3. Gedstr., 2. Teil), die Förderung der Zusammenarbeit zwischen den relevanten Einrichtungen (4. Gedstr.) sowie der Ausbau des Informations- und Erfahrungsaustauschs (5. Gedstr.). Hinzu kommen die Verbesserung der beruflichen Erstausbildung und Weiterbildung (2. Gedstr.) sowie die Erleichterung der Aufnahme einer beruflichen Bildung (3. Gedstr., 1. Teil). Die beiden zuletzt genannten Ziele verdeutlichen die stärkere Rolle, die der EU in der beruflichen Bildung zugewiesen wird und die bereits bei Formulierung ihrer Aufgaben deutlich wurde (s. Rn. 7). Die EU soll nicht nur »fördern«. Sie soll auch eigenständig durch »Verbesserungen« und »Erleichterungen« tätig werden.

12

F. Instrumente (Abs. 3 und 4)

Wie für die allgemeine Bildung (s. Art. 165 AEUV, Rn. 27) stehen der EU für die berufliche Bildung gemäß Art. 166 Abs. 3 und 4 AEUV **drei Instrumente** zur Verfügung: Maßnahmen, Empfehlungen und alle auswärtigen Handlungsformen im Rahmen der internationalen Zusammenarbeit.

13

---

[15] Vgl. *Niedobitek*, in: Streinz, EUV/AEUV, Art. 166 AEUV, Rn. 6; *Fischer*, in: Lenz/Borchardt, EU-Verträge, Art. 166 AEUV, Rn. 2.
[16] Vgl. *Simm*, in: Schwarze, EU-Kommentar, Art. 165, 166 AEUV, Rn. 19; *Classen*, in: GSH, Europäisches Unionsrecht, Art. 165, 166 AEUV, Rn. 20.
[17] Vgl. ausf. *Classen*, in: GSH, Europäisches Unionsrecht, Art. 165, 166 AEUV, Rn. 29 ff.

I. Primärrechtliche Ausgestaltung

14 Die primärrechtliche Ausgestaltung der Instrumente nach Art. 166 Abs. 3 und 4 AEUV **stimmt fast vollständig** mit derjenigen der Instrumente für die allgemeine Bildung **überein**. Insofern kann in Bezug auf Inhalt, Verfahren, Form und Grenzen der Instrumente auf die dortigen Ausführungen verwiesen werden (s. Art. 165 AEUV, Rn. 27 ff.). Das gilt auch und insbesondere für das in Art. 166 Abs. 3 Hs. 1 AEUV enthaltene **Harmonisierungsverbot** (s. Art. 165 AEUV, Rn. 30).

15 Der einzige Unterschied zur allgemeinen Bildung besteht darin, dass die EU für die berufliche Bildung »**Maßnahmen**« erlassen darf, während sie für die allgemeine Bildung zur Verabschiedung von »Fördermaßnahmen« ermächtigt wird. »Maßnahmen« können über die Schaffung von bloßen Anreizen hinausgehen; sie sind also weitergehend. Entsprechend der größeren Selbständigkeit der Aufgaben der EU im Bereich der beruflichen Bildung (s. Rn. 7) kann die EU also auch eigenständige Tätigkeiten entfalten.[18] Die Verwendung des weiteren Begriffes in Art. 166 Abs. 3 Hs. 1 AEUV ist insofern systematisch und inhaltlich kohärent.

II. Umsetzung

16 Von den drei Instrumenten hat die EU in mannigfaltiger Weise Gebrauch gemacht.[19] Bei den meisten ihrer bildungsbezogenen Rechtsakte zog sie dabei **Art. 165 und 166 AEUV gemeinsam** als Rechtsgrundlagen heran.[20] Das gilt insbesondere für das neue, umfassende Programm »Erasmus+«,[21] das ausdrücklich die allgemeine und die berufliche Bildung umfasst[22] und auch das ehemalige sektorale Programm »Leonardo« zur beruflichen Bildung inkorporiert (s. Art. 165 AEUV, Rn. 31 f.). Nur noch einzelne Rechtsakte basieren **allein auf Art. 166 AEUV**.[23] Eines der noch wenigen verbleibenden Beispiele[24] stellt die Errichtung der Europäischen Stiftung für Berufsausbildung mit Sitz in Turin[25] dar.

---

[18] Vgl. *Ruffert*, in: Calliess/Ruffert, EUV/AEUV, Art. 166 AEUV, Rn. 8; *Niedobitek*, in: Streinz, EUV/AEUV, Art. 166 AEUV, Rn. 12.

[19] Überblicke und Analysen aus der Vergangenheit bieten beispielsweise *Fürst*, S. 9 ff., 103 ff.; *Thiele*, S. 280 ff.; *Hilpold*, S. 31 ff.; *Frenz* DÖV 2011, 249 (257 ff.); *Berggreen-Merkel*, RdJB 1998, 18 ff.; *Seidel/Beck*, Jura 1997, 393, (400); *Feuchthofen*, RdJB 1992, 181 ff.; *Oppermann/Classen/Nettesheim*, Europarecht, § 34, Rn. 23 ff.

[20] Vgl. ausf. *Niedobitek*, in: Streinz, EUV/AEUV, Art. 165 AEUV, Rn. 62 ff.

[21] VO (EU) Nr. 1288/2013 vom 11.12.2013 zur Einrichtung von »Erasmus+«, dem Programm der Union für allgemeine und berufliche Bildung, Jugend und Sport, und zur Aufhebung der Beschlüsse Nr. 1719/2006/EG, Nr. 1720/2006/EG und Nr. 1298/2008/EG, ABl. 2013, L 347/50.

[22] Vgl. Kapitel II der VO (EU) Nr. 1288/2013.

[23] Vgl. die differenzierende Aufstellung bei *Niedobitek*, in: Streinz, EUV/AEUV, Art. 165 AEUV, Rn. 62 ff. sowie Art. 166 AEUV, Rn. 15 ff.

[24] Vgl. *Simm*, in: Schwarze, EU-Kommentar, Art. 165, 166 AEUV, Rn. 33; *Niedobitek*, in: Streinz, EUV/AEUV, Art. 166 AEUV, Rn. 19.

[25] VO (EG) Nr. 1339/2008 vom 16.12.2008 zur Errichtung der Europäischen Stiftung für Berufsbildung ABl. 2008, L 354/82.

G. Berufliche Bildung auf der Basis anderer primärrechtlicher Kompetenzen

Trotz der ausdrücklich nur begrenzten EU-Kompetenzen steht der gesamte Bildungsbereich unter **erheblichem europäischen Einfluss**. Zurückzuführen ist er in erster Linie auf Sekundärrechtsakte, die auf der Basis von Kompetenzgrundlagen außerhalb des Titels XII AEUV erlassen wurden, sowie auf dazu ergangene EuGH-Rechtsprechung. Da das Harmonisierungsverbot des Art. 166 Abs. 3 Hs. 1 AEUV für Maßnahmen auf der Basis anderer Kompetenzgrundlagen nicht gilt (s. Rn. 14 i.V.m. Art. 165 AEUV, Rn. 30) ist es daher auch in der beruflichen Bildung zu einer Harmonisierung des Rechts der Mitgliedstaaten gekommen. Die bedeutendsten Kompetenzgrundlagen sind – wie in der allgemeinen Bildung – die Grundfreiheiten, das Diskriminierungsverbot und die Unionsbürgerschaft (s. Art. 165 AEUV, Rn. 40 ff.). Zahlreiche dieser Sekundärrechtsakte und EuGH-Entscheidungen betreffen auch die berufliche Bildung. Zu nennen sind in diesem Zusammenhang etwa die Richtlinie über die Anerkennung von Berufsqualifikationen[26] oder die Freizügigkeitsrichtlinie.[27] Hinzu kommen die zahlreichen EuGH-Entscheidungen zur Ausweitung der Aufenthaltsrechte zu Bildungszwecken (s. Art. 165 AEUV, Rn. 42).

17

Daneben enthält der AEUV **weitere bildungsrelevante Bestimmungen**, die in erster Linie für die berufliche Bildung von Bedeutung sind.[28] Es handelt sich dabei um die **flankierenden bildungspolitischen Maßnahmen** im Agrar- (Art. 41 Buchst. a AEUV), Beschäftigungs- (Art. 145 AEUV) und Forschungswesen (Art. 180 Buchst. d AEUV) sowie in der Atompolitik (Art. 4 und 9 EAGV). In der **Sozialpolitik** hat die EU sowohl eine Kompetenz für flankierende Maßnahmen (Art. 156 UAbs. 1, 3. Gedstr. AEUV) als auch für die berufliche Eingliederung (Art. 153 Abs. 1 Buchst. h AEUV). Über den **Europäischen Sozialfonds** kann die EU Maßnahmen der beruflichen Bildung finanziell fördern (Art. 162 AEUV). Hinzu kommen das **Beihilfenrecht** und die **Einwanderungspolitik** (s. Art. 165 AEUV, Rn. 43).

18

---

[26] RL 2005/36/EG vom 7.9.2005 über die Anerkennung von Berufsqualifikationen, ABl. 2005, L 255/22.

[27] RL 2004/38/EG vom 29.4.2004 über das Recht der Unionsbürger und ihrer Familienangehörigen, sich im Hoheitsgebiet der Mitgliedstaaten frei zu bewegen und aufzuhalten, zur Änderung der Verordnung (EWG) Nr. 1612/68 und zur Aufhebung der Richtlinien 64/221/EWG, 68/360/EWG, 72/194/EWG, 73/148/EWG, 75/34/EWG, 75/35/EWG, 90/364/EWG, 90/365/EWG und 93/96/EWG, ABl. 2004, L 158/77.

[28] Vgl. *Fischer*, in: Lenz/Borchardt, EU-Verträge, Art. 165 AEUV, Rn. 4; *Ruffert*, in: Calliess/Ruffert, EUV/AEUV, Art. 165 AEUV, Rn. 8 ff.; *Classen*, in: GSH, Europäisches Unionsrecht, Art. 165, 166 AEUV, Rn. 57; *Simm*, in: Schwarze, EU-Kommentar, Art. 165, 166 AEUV, Rn. 5.

Titel XIII
Kultur

Artikel 167 AEUV [Beitrag der Union unter Wahrung der kulturellen Vielfalt]

(1) Die Union leistet einen Beitrag zur Entfaltung der Kulturen der Mitgliedstaaten unter Wahrung ihrer nationalen und regionalen Vielfalt sowie gleichzeitiger Hervorhebung des gemeinsamen kulturellen Erbes.

(2) Die Union fördert durch ihre Tätigkeit die Zusammenarbeit zwischen den Mitgliedstaaten und unterstützt und ergänzt erforderlichenfalls deren Tätigkeit in folgenden Bereichen:
- Verbesserung der Kenntnis und Verbreitung der Kultur und Geschichte der europäischen Völker,
- Erhaltung und Schutz des kulturellen Erbes von europäischer Bedeutung,
- nichtkommerzieller Kulturaustausch,
- künstlerisches und literarisches Schaffen, einschließlich im audiovisuellen Bereich.

(3) Die Union und die Mitgliedstaaten fördern die Zusammenarbeit mit dritten Ländern und den für den Kulturbereich zuständigen internationalen Organisationen, insbesondere mit dem Europarat.

(4) Die Union trägt bei ihrer Tätigkeit aufgrund anderer Bestimmungen der Verträge den kulturellen Aspekten Rechnung, insbesondere zur Wahrung und Förderung der Vielfalt ihrer Kulturen.

(5) Als Beitrag zur Verwirklichung der Ziele dieses Artikels
- erlassen das Europäische Parlament und der Rat gemäß dem ordentlichen Gesetzgebungsverfahren und nach Anhörung des Ausschusses der Regionen Fördermaßnahmen unter Ausschluss jeglicher Harmonisierung der Rechts- und Verwaltungsvorschriften der Mitgliedstaaten.
- erlässt der Rat auf Vorschlag der Kommission Empfehlungen.

Literaturübersicht

Behrens, Kultur in der Europäischen Union, 1999; *Blanke*, Europa auf dem Weg zu einer Bildungs- und Kulturgemeinschaft, 1994; *Holthoff*, Kulturraum Europa, 2008; *Lenski*, Öffentliches Kulturrecht, 2013; *Niedobitek*, Kultur und Europäisches Gemeinschaftsrecht, 1992; *Odendahl*, Kulturgüterschutz, 2005; *dies.*, National constitutional reservations with respect to cultural policy, in: Giegerich/Gstrein/Zeitzmann (Hrsg.), The EU between »an Ever Closer Union« and Inalienable Policy Domains of Member States, 2014, 351; *Romainville* (Hrsg.), European Law and Cultural Policies, 2015; *Schmahl*, Die Kulturkompetenz der Europäischen Gemeinschaft, 1996.

Leitentscheidungen

EuGH, Urt. v. 10.12.1968, Rs. 7/68 (Kommission/Italien), Slg. 1968, 634
EuGH, Urt. v. 30.4.1974, Rs. 155/73 (Sacchi), Slg. 1974, 409
EuGH, Urt. v. 18.3.1980, Rs. 52/79 (Debauve), Slg. 1980, 833
EuGH, Urt. v. 11.7.1985, verb. Rs. 60 u. 64/84 (Cinéthèque), Slg. 1985, 2605
EuGH, Urt. v. 26.4.1988, Rs. 352/85 (Bond van Adverteerders), Slg. 1988, 2085
EuGH, Urt. v. 23.11.1989, Rs. 145/88 (Torfaen Borough Council), Slg. 1989, 3851
EuGH, Urt. v. 26.2.1991, Rs. C–154/89 (Kommission/Frankreich), Slg. 1991, I–659
EuGH, Urt. v. 25.7.1991, Rs. C–288/89 (Mediawet), Slg. 1991, I–4007

EuGH, Urt. v. 15.3.1994, Rs. C–45/93 (Kommission/Spanien), Slg. 1994, I–911
EuGH, Urt. v. 12.10.1995, Rs. C–85/94 (Groupement des Producteurs), Slg. 1995, I–2955
EuGH, Urt. v. 10.9.1996, Rs. C–11/95 (Kommission/Belgien), Slg. 1996, I–4115
EuGH, Urt. v. 23.2.1999, Rs. C–42/97 (Parlament/Rat), Slg. 1999, I–869
EuGH, Urt. v. 16.1.2003, Rs. C–388/01 (Kommission/Italien), Slg. 2003, I–721
EuGH, Urt. v. 23.4.2009, Rs. C–531/07 (LIBRO), Slg. 2009, I–3717
EuGH, Urt. v. 18.12.2014, Rs. C–133/13 (The Bean House), ECLI: EU:C:2014:2460

Wesentliche sekundärrechtliche Vorschriften

VO (EU) Nr. 1295/2013 vom 11.12.2013 zur Einrichtung des Programms Kreatives Europa (2014–2020) und zur Aufhebung der Beschlüsse Nr. 1718/2006/EG, Nr. 1855/2006/EG und Nr. 1041/2009/EG, ABl. 2013, L 347/221

Beschluss Nr. 1194/2011/EU des Europäischen Parlaments und des Rates vom 16.11.2011 zur Schaffung einer Maßnahme der Europäischen Union für das Europäische Kulturerbe-Siegel, ABl. 2011, L 303/1

Beschluss Nr. 1622/2006/EG des Europäischen Parlaments und des Rates vom 24.10.2006 über die Einrichtung einer Gemeinschaftsaktion zur Förderung der Veranstaltung Kulturhauptstadt Europas für die Jahre 2007 bis 2019, ABl. 2006, L 304/1

Entschließung des Rates vom 16.11.2007 zu einer europäischen Kulturagenda, ABl. 2007, C 287/1

Schlussfolgerungen des Rates und der im Rat vereinigten Vertreter der Regierungen der Mitgliedstaaten zum Arbeitsplan für Kultur (2015–2018), ABl. 2014, C 463/4

Inhaltsübersicht

	Rn.
A. Einleitung	1
B. Historische Entwicklung	3
C. Begriff der »Kultur«	8
D. Aufgaben und Befugnisse	10
I. Aufgaben der EU (Abs. 1)	10
II. Befugnisse der EU (Abs. 2)	14
III. Aufgaben und Befugnisse der EU und der Mitgliedstaaten (Abs. 3)	17
IV. Grenzen	18
1. Wahrung der kulturellen Vielfalt (Abs. 1)	18
2. Kulturverträglichkeitsklausel (Abs. 4)	20
E. Ziele	22
F. Instrumente (Abs. 3 und 5)	24
I. Fördermaßnahmen	25
1. Primärrechtliche Ausgestaltung	25
2. Umsetzung	28
II. Empfehlungen	30
1. Primärrechtliche Ausgestaltung	30
2. Umsetzung	31
III. Internationale Zusammenarbeit	33
1. Primärrechtliche Ausgestaltung	33
2. Umsetzung	34
G. Kultur auf der Basis anderer primärrechtlicher Kompetenzen	36
I. Grundfreiheiten und Diskriminierungsverbot	37
1. Sekundärrecht	38
2. EuGH-Rechtsprechung	41
II. Sonstiges Unionsrecht	44
H. Europäische Kulturagenda	47

A. Einleitung

1 Als wesentlicher Bestandteil, wenn nicht sogar wichtigstes **Fundament nationaler Identität** stellt die Kultur für die Mitgliedstaaten ein höchst sensibles Politikfeld dar.[1] Kunst, Musik, Denkmäler, Feiertage, Verhaltensweisen, Gepflogenheiten oder Sprache sind die Versinnbildlichung einer gemeinsamen Geschichte und Tradition. Sie erweisen sich als verbindende Elemente, die ein nationales Zusammengehörigkeitsgefühl entstehen lassen. Genauso wie auf nationaler Ebene wirkt Kultur aber auch **auf europäischer Ebene identitätsstiftend**.[2] Die Mitgliedstaaten sind in mehrfacher Hinsicht durch eine gemeinsame Geschichte verbunden und durch dieselben geistigen Strömungen geprägt. Der bekannte, wenn auch nicht eindeutig belegbare Ausspruch Jean Monnets »Wenn ich noch einmal anfangen könnte, würde ich mit der Kultur beginnen« zeigt, welche Bedeutung gemeinsamen kulturellen Elementen für die Integration Europas zukommt.

2 Die **janusköpfige Integrationsfähigkeit**, welche die Kultur in Europa entfaltet, spiegelt sich auch im Unionsrecht wieder. Sowohl das Primär- und das Sekundärrecht als auch die EuGH-Rechtsprechung sehen sich mit der Herausforderung konfrontiert, der nationalen wie der europäischen Bedeutung von Kultur gleichzeitig Rechnung zu tragen. Bislang ist dieser »Spagat« gelungen. Zu einer »Europäisierung der Kultur« ist es – anders als etwa im mehrfach parallelen Fall der Bildung (s. Art. 165 AEUV, Rn. 3 m. w. N.) – nicht gekommen.

B. Historische Entwicklung

3 Das Primärrecht wies in seiner **ursprünglichen Fassung** der Gemeinschaft keine Kulturkompetenzen zu.[3] Die Zurückhaltung der Mitgliedstaaten, kulturelle Befugnisse auf die supranationale Ebene zu übertragen, entsprach dem damaligen Ziel einer rein wirtschaftlichen Integration Europas.[4] Allerdings enthielt der EWG-Vertrag sehr wohl vereinzelte Normen mit kulturellem Bezug. Dazu zählte vor allem Art. 36 EWGV, der das Verbot mengenmäßiger Ein- und Ausfuhrbeschränkungen zugunsten des Schutzes nationalen Kulturguts einschränkte. Darüber hinaus wirkte sich das Handeln der Gemein-

---

[1] Exemplarisch sei auf das Lissabon-Urteil des BVerfG hingewiesen. Das Gericht hob darin die Bedeutung der Kultur für die nationale Identität hervor und nannte beispielhaft mehrere Kulturbereiche, die nicht auf die EU übertragen werden können, weil sie einen integrationsfesten nationalen Regelungsgegenstand darstellen, vgl. BVerfGE 123, 267 (358). Näher zum Lissabon-Urteil und seinen Ausführungen zur Kultur *Britz*, EuR-Beiheft 2010, 151 ff.; *Odendahl*, National constitutional reservations, S. 353 ff.

[2] Näher dazu *Holthoff*, S. 55 ff.; *Häberle*, Europa in kulturverfassungsrechtlicher Perspektive, JöR 32 (1983), 9 ff.; *Nettesheim*, JZ 2002, 157 (158 f.); *Kotzur*, in: Schulze/Zuleeg/Kadelbach, Europarecht, § 38, Rn. 4 sowie ausf. *Craufurd Smith*, Article 167 and the European Union's Competence in the Cultural Field. At the Service of a European Cultural Identity or to Promote National Cultural Policies?, in: Romainville, 2015, S. 59 ff.

[3] Die folgende historische Darstellung orientiert sich an *Odendahl*, in: Niedobitek, Europarecht – Politiken, § 9, Rn. 54 ff. Ausführlichere historische Aufarbeitungen bei *Odendahl*, Kulturgüterschutz, S. 210 ff.; *Holthoff*, S. 71 ff.; *Behrens*, S. 13 ff.; *Schmahl*, S. 26 ff.; *Blanke*, S. 19 ff.; *Grzeszick*, EnzEuR, Bd. 8, § 9, Rn. 22 ff.; *Ress/Ukrow*, in: Grabitz/Hilf/Nettesheim, EU, Art. 167 AEUV (Januar 2015), Rn. 1 ff.; *Niedobitek*, in: Streinz, EUV/AEUV, Art. 167 AEUV, Rn. 20 ff.; *Fechner*, in: GSH, Europäisches Unionsrecht, Vor. Art. 167 AEUV, Rn. 2 ff.

[4] Vgl. *Sparr*, in: Schwarze, EU-Kommentar, Art. 167 AEUV, Rn. 1.

schaft in vielfacher Weise indirekt auf die Kultur aus. Unter Rückgriff auf andere Bestimmungen, insbesondere auf die Grundfreiheiten, erließ die EWG zahlreiche Richtlinien und Verordnungen, die – unterstützt von einer entsprechenden EuGH-Rechtsprechung – Kultur als Wirtschaftsgut erfassten.[5]

Der **Vertrag von Maastricht von 1992** führte einen Paradigmenwechsel herbei:[6] Ein neuer Titel IX »Kultur« wurde in den EGV eingefügt. Er bestand aus einer Norm, Art. 128 EGV, die bis heute von ihrem Wortlaut her im Wesentlichen unverändert geblieben ist. Es kam zu einer Erweiterung des Tätigkeitskataloges der EG. Art. 3 Buchst. p EGV nannte als neuen Tätigkeitsbereich der Gemeinschaft ihren Beitrag zur »Entfaltung des Kulturlebens in den Mitgliedstaaten«. Von vornherein war die Kulturkompetenz der EG allerdings erheblich eingeschränkt. Besonders relevant war die Einfügung der sog. Unberührtheitsklausel (s. Rn. 18) zur Wahrung der Kulturkompetenzen der Mitgliedstaaten. Deutlich wurde die souveränitäts- und kulturwahrende Haltung der Mitgliedstaaten aber auch in anderen Bereichen, wie etwa dem Beihilfenrecht. So wurde Art. 92 Abs. 3 EGV um einen neuen Buchst. d ergänzt, der nationale Beihilfen zur »Förderung der Kultur und der Erhaltung des kulturellen Erbes« zu fakultativen Ausnahme vom Beihilfenverbot deklarierte. Selbst in der Präambel schlug sich das Bedürfnis nach Wahrung der kulturellen Eigenständigkeit nieder. Sie wurde um den Wunsch der Mitgliedstaaten ergänzt, »die Solidarität zwischen ihren Völkern unter Achtung ihrer Geschichte, ihrer Kultur und ihrer Traditionen zu stärken.« 4

Lediglich formell waren hingegen die Änderungen, die mit dem **Vertrag von Amsterdam von 1997** einhergingen. Es erfolgte eine Neunummerierung (Titel IX EGV wurde zu Titel XII EGV; aus Art. 128 EGV wurde Art. 151 EGV; Art. 3 Buchst. p EGV war fortan Art. 3 Buchst. q EGV). Darüber hinaus wurde Art. 151 Abs. 4 EGV näher spezifiziert. Die in ihm enthaltene »Kulturverträglichkeitsklausel« wurde um die Formulierung »insbesondere zur Wahrung und Förderung der Vielfalt ihrer Kulturen« ergänzt. 5

Der **Vertrag von Nizza von 2001** wirkte sich nicht auf die primärrechtlichen Kulturbestimmungen aus. Das war beim **Vertrag von Lissabon von 2007** anders. Er stärkte die kulturpolitische Rolle der EU, nunmehr in Art. 167 AEUV im Titel XIII verankert, nachhaltig. Von formeller Bedeutung war die Streichung des Einstimmigkeitserfordernisses in Abs. 5. Materiell relevant war die Aufnahme der Kultur in den Zielkatalog des EUV: Gemäß Art. 3 Abs. 3 UAbs. 4 EUV wahrt die EU »den Reichtum ihrer kulturellen und sprachlichen Vielfalt und sorgt für den Schutz des kulturellen Erbes Europas«. Darüber hinaus wurde die Präambel des EUV erweitert: Das »kulturelle, religiöse und humanistische Erbe Europas« wird seitdem als Basis der gemeinsamen europäischen Werte verstanden. Gleichzeitig wurden aber auch die Grenzen der Kulturkompetenzen mit aller Deutlichkeit betont. Die Kultur fand Aufnahme in Art. 6 Buchst. c AEUV. Entsprechend hat die EU lediglich Unterstützungs-, Koordinierungs- und Ergänzungskompetenzen inne. Darüber hinaus wurden zahlreiche kulturrelevante Normen um die Formulierung ergänzt, dass die EU verpflichtet ist, auf die nationalen, religiösen und kulturellen Traditionen Rücksicht zu nehmen.[7] Es sind dies insbesondere die Normen zum Tierschutz (Art. 13 AEUV), zu den Diensten von allgemeinem wirtschaftlichem 6

---

[5] Vgl. ausf. *Niedobitek*, S. 25 ff.; *Blanke*, S. 89 ff.; *Niedobitek*, in: Streinz, EUV/AEUV, Art. 167 AEUV, Rn. 5 ff. Zu unverbindlichen kulturbezogenen EWG-Aktivitäten vgl. *Häberle*, Europa in kulturverfassungsrechtlicher Perspektive, FS von Simson, 1983, S. 41 ff.

[6] Vgl. *Ress/Ukrow*, in: Grabitz/Hilf/Nettesheim, EU, Art. 167 AEUV (Januar 2015), Rn. 85.

[7] Vgl. *Ress/Ukrow*, in: Grabitz/Hilf/Nettesheim, EU, Art. 167 AEUV (Januar 2015), Rn. 13.

Interesse (Art. 14 Satz 2 AEUV i. V. m. Art. 1, 2. Gedstr. des Protokolls Nr. 26[8]), zu den religiösen und weltanschaulichen Gemeinschaften (Art. 17 EUV) sowie zu Handelsabkommen über kulturelle und audiovisuelle Dienstleistungen (Art. 207 Abs. 4 UAbs. 3 AEUV).

7   Auch die **Grundrechtecharta** erweist sich als in mehrfacher Hinsicht kulturrelevant. Zwar fand das Recht auf Kultur keine Aufnahme in das Dokument. Zahlreiche der in ihr verankerten Rechte weisen allerdings kulturelle Bezüge auf: Kulturell geprägt sind insbesondere die Freiheit der Kunst und der Forschung (Art. 13 GRC), der Schutz des geistigen Eigentums (Art. 17 Abs. 2 GRC), die Gedanken-, Gewissens- und Religionsfreiheit (Art. 10 GRC), die Meinungs- und Medienfreiheit (Art. 11 GRC), einige Diskriminierungsverbote (Art. 21 GRC) und das Recht älterer Menschen auf Teilnahme am kulturellen Leben (Art. 25 GRC).[9] Aber auch in der Grundrechtecharta werden die Grenzen sichtbar, welche die Mitgliedstaaten der EU setzen, um ihre nationalen Kulturen vor einem zu starken europäischen Einfluss zu schützen. So verpflichtet Art. 22 GRC die EU zur Achtung der »Vielfalt der Kulturen, Religionen und Sprachen«. Und die Präambel der Grundrechtecharta betont zwar die Pflicht der EU, zur Erhaltung und zur Entwicklung der gemeinsamen europäischen Werte beizutragen. Diese Aufgabe wird aber mit der Pflicht gekoppelt, die »Vielfalt der Kulturen und Traditionen der Völker Europas« sowie die »Identität der Mitgliedstaaten« zu wahren.

C. Begriff der »Kultur«

8   Das Primärrecht enthält **keine Definition** des Begriffs »Kultur«.[10] Vielmehr setzt es den Begriff als gegeben voraus.[11] Die im AEUV enthaltenen eigenständigen Normen für Bildung (Art. 165, 166 AEUV) und Wissenschaft bzw. Forschung (Art. 179 ff. AEUV) verdeutlichen immerhin, dass der unionsrechtliche Kulturbegriff diese Bereiche nicht umfasst.[12] Die herrschende Meinung bestimmt den unionsrechtlichen Begriff der Kultur »pragmatisch«: Da das kulturelle Handeln der EU an die Kulturen der Mitgliedstaaten anknüpft, umfasst Kultur alle Bereiche, die üblicherweise den Gegenstand nationaler Kulturpolitik bilden.[13] Folge ist ein dynamisches Verständnis von Kultur in dem Sinne,

---

[8] Protokoll (Nr. 26) über Dienste von allgemeinem Interesse, ABl. 2012, C 326/308.
[9] Vgl. ausf. *Lenski*, S. 146 ff.
[10] Vgl. umfassend *Hochbaum*, BayVBl. 1997, 641 ff., 680 ff. Ebenso *Behrens*, S. 8; *Kotzur*, in: Geiger/Khan/Kotzur, EUV/AEUV, Art. 167 AEUV, Rn. 4; *Fischer*, in: Lenz/Borchardt, EU-Verträge, Art. 167 AEUV, Rn. 4; *Niedobitek*, in: Streinz, EUV/AEUV, Art. 167 AEUV, Rn. 25; *Fechner*, in: GSH, Europäisches Unionsrecht, Vor. Art. 167 AEUV, Rn. 15.
[11] Vgl. *Odendahl*, Kulturgüterschutz, S. 369; *Sparr*, in: Schwarze, EU-Kommentar, Art. 167 AEUV, Rn. 4; *Ress/Ukrow*, in: Grabitz/Hilf/Nettesheim, EU, Art. 167 AEUV (Januar 2015), Rn. 86.
[12] Vgl. *Oppermann/Classen/Nettesheim*, Europarecht, § 34, Rn. 40; *Odendahl*, Kulturgüterschutz, S. 369; *Ress/Ukrow*, in: Grabitz/Hilf/Nettesheim, EU, Art. 167 AEUV (Januar 2015), Rn. 88; *Fischer*, in: Lenz/Borchardt, EU-Verträge, Art. 167 AEUV, Rn. 4; *Sparr*, in: Schwarze, EU-Kommentar, Art. 167 AEUV, Rn. 5; *Niedobitek*, in: Streinz, EUV/AEUV, Art. 167 AEUV, Rn. 27; *Fechner*, in: GSH, Europäisches Unionsrecht, Vor. Art. 167 AEUV, Rn. 14.
[13] Vgl. *Fischer*, in: Lenz/Borchardt, EU-Verträge, Art. 167 AEUV, Rn. 4; *Sparr*, in: Schwarze, EU-Kommentar, Art. 167 AEUV, Rn. 5; *Niedobitek*, in: Streinz, EUV/AEUV, Art. 167 AEUV, Rn. 29; *Ress/Ukrow*, in: Grabitz/Hilf/Nettesheim, EU, Art. 167 AEUV (Januar 2015), Rn. 89; *Vedder*, in: Vedder/Heintschel v. Heinegg, Europäisches Unionsrecht, Art. 167 AEUV, Rn. 6; *Kotzur*, in: Geiger/Khan/Kotzur, EUV/AEUV, Art. 167 AEUV, Rn. 4; *Fechner*, in: GSH, Europäisches Unionsrecht, Vor. Art. 167 AEUV, Rn. 17; *Odendahl*, Kulturgüterschutz, S. 369 f.

dass sich Kultur stets den neuen Entwicklungen anpasst, die sich auch auf mitgliedstaatlicher Ebene feststellen lassen.[14] Im Ergebnis ist daher eine abschließende Aufzählung derjenigen Sachmaterien, die vom unionsrechtlichen Kulturbegriff und damit auch von der Kulturkompetenz der EU erfasst werden, nicht möglich.[15]

Fast durchgängig ist im Primärrecht von »Kulturen« und nicht von »Kultur« die Rede (vgl. insbesondere Art. 167 Abs. 1 und 4, Art. 165 Abs. 1 AEUV, Art. 22 GRC). Das Primärrecht geht demnach von einem **Kulturpluralismus** aus.[16] Gemeint ist damit sowohl die Vielfalt der Kulturen der Mitgliedstaaten als auch die Vielzahl von Kulturen innerhalb der einzelnen Mitgliedstaaten. Der Wortlaut der einschlägigen Normen (»nationale und regionale Vielfalt«) sowie wiederholte Bekundungen seitens der EU-Organe[17] belegen diesen weiten Ansatz. Selbst in Bezug auf das gemeinsame kulturelle Erbe (Art. 167 Abs. 1 AEUV) geht das Primärrecht **nicht von einer europäischen Einheitskultur** aus. Die Verwendung des Begriffs »gemeinsames kulturelles Erbe« anstelle von »europäischer Kultur« im neuen, durch den Vertrag von Maastricht eingefügten Art. 128 EGV geschah bewusst.[18]

9

D. Aufgaben und Befugnisse

I. Aufgaben der EU (Abs. 1)

Die EU hat gemäß Art. 2 Abs. 5 i. V. m. Art. 6 Buchst. c AEUV im Kulturbereich lediglich eine **Unterstützungs-, Koordinierungs- und Ergänzungskompetenz** inne. Gemäß Art. 2 Abs. 5 UAbs. 1 AEUV verbleibt die Kulturzuständigkeit also bei den Mitgliedstaaten; eine Zuständigkeit der EU für die Kulturpolitik tritt nicht an deren Stelle. Dementsprechend ist zwar gemäß Art. 2 Abs. 5 UAbs. 2 AEUV der Erlass verbindlicher Rechtsakte der EU möglich. Diese dürfen aber nicht das Kulturrecht der Mitgliedstaaten harmonisieren.

10

Die in Art. 167 Abs. 1 AEUV verankerten Aufgaben der EU im Kulturbereich sind durch **Ambivalenz bzw. Doppelspurigkeit** charakterisiert.[19] Sie sind einer Folge der janusköpfigen Integrationsfähigkeit, welche die Kultur in Europa entfaltet (s. Rn. 2). Zwei Aufgaben sind daher auch der EU übertragen, die auf den ersten Blick im Wider-

11

---

[14] Vgl. *Oppermann/Classen/Nettesheim*, Europarecht, § 34, Rn. 40; *Niedobitek*, in: Streinz, EUV/AEUV, Art. 167 AEUV, Rn. 29; *Sparr*, in: Schwarze, EU-Kommentar, Art. 167 AEUV, Rn. 5; *Ress/Ukrow*, in: Grabitz/Hilf/Nettesheim, EU, Art. 167 AEUV (Januar 2015), Rn. 89; *Fischer*, in: Lenz/Borchardt, EU-Verträge, Art. 167 AEUV, Rn. 4; *Kotzur*, in: Schulze/Zuleeg/Kadelbach, Europarecht, § 38, Rn. 5, 15.
[15] Vgl. *Fechner*, in: GSH, Europäisches Unionsrecht, Vor. Art. 167 AEUV, Rn. 15; *Grzeszick*, EnzEuR, Bd. 8, § 9, Rn. 21.
[16] Vgl. *Odendahl*, Kulturgüterschutz, S. 368; *Sparr*, in: Schwarze, EU-Kommentar, Art. 167 AEUV, Rn. 10.
[17] Vgl. exemplarisch Stellungnahme des Ausschusses der Regionen zu dem Vorschlag für eine Entscheidung des Europäischen Parlaments und des Rates für ein Programm zur Förderung künstlerischer und kultureller Aktivitäten mit europäischer Dimension – KALEIDOSKOP 2000 (ABl. 1996, C 100/30), in dem insbesondere auf die kulturelle Vielfalt in Großbritannien, Spanien, Deutschland und Belgien hingewiesen wird.
[18] Vgl. *Ress*, DÖV 1992, 944 (947).
[19] Vgl. ausf. *Odendahl*, National constitutional reservations, S. 365 ff. Ähnlich *Oppermann/Classen/Nettesheim*, Europarecht, § 34, Rn. 37; *Vedder*, in: Vedder/Heintschel v. Heinegg, Europäisches Unionsrecht, Art. 167 AEUV, Rn. 4, spricht von einem »Spannungsverhältnis«.

spruch zueinander stehen: Sie hat einerseits einen Beitrag zur Förderung der **Vielfalt der Kulturen** der Mitgliedstaaten zu leisten. Andererseits hat sie das **gemeinsame kulturelle Erbe** hervorzuheben. Deutlich wird, dass das Primärrecht von der Prämisse ausgeht, dass unterschiedliche nationalstaatliche Kulturen und ein gemeinsames europäisches kulturelles Erbe nebeneinander existieren. Die Doppelspurigkeit der Kultur und die daran anknüpfenden unterschiedlich gelagerten Aufgaben der EU spiegeln sich auch in der Zielbestimmung des Art. 3 Abs. 3 UAbs. 4 EUV und in der Präambel des EUV wider. Der Europa-Leitspruch »in Vielfalt geeint«[20] fasst dieses Charakteristikum der Kultur in Europa prägnant zusammen.

12 Mangels einer Definition des Begriffs »Kultur« (s. Rn. 8) ergibt sich aus dem Primärrecht auch nicht, was unter den **Kulturen der Mitgliedstaaten** zu verstehen ist, zu deren Entfaltung die EU einen Beitrag leisten soll. Aus dem Kulturpluralismus (s. Rn. 9) folgt jedoch, dass die Kulturen der Mitgliedstaaten untereinander verschieden sind; darüber hinaus geht der Kulturpluralismus von einer kulturellen Vielfalt innerhalb der einzelnen Mitgliedstaaten aus. Entsprechend der Anknüpfung an das Kulturverständnis der Mitgliedstaaten (s. Rn. 8) weichen auch die nationalen kulturellen Schwerpunkte voneinander ab. Kennzeichnend für die Kulturen der Mitgliedstaaten sind also demnach Pluralität und Heterogenität.[21] Von einer Parallelität nationaler Kulturen geht das Primärrecht gerade nicht aus.[22]

13 Anders ist es beim **gemeinsamen kulturellen Erbe**, das die EU hervorheben soll. Dieses ist durch Homogenität gekennzeichnet.[23] Das gemeinsame kulturelle Erbe besteht aus allen materiellen wie immateriellen Bestandteilen von Kultur,[24] die den Mitgliedstaaten gemeinsam sind. Sie sind ein maßgebliches Element der europäischen Identitätsfindung.[25] Wie sich aus dem Begriff »Erbe« schließen lässt, handelt es sich um Kulturelemente, die aus der Vergangenheit stammen und in die Gegenwart hinein wirken.[26] Beispiele sind als »europäisch« empfundene Werke aus der Musik, Literatur und Kunst sowie zeitgeschichtliche Epochen oder geistige und religiöse Strömungen, die den Mitgliedstaaten gemeinsam sind und sie geistig verbinden.[27]

II. Befugnisse der EU (Abs. 2)

14 Die kulturellen Befugnisse der EU sind in Art. 167 Abs. 2 AEUV verankert. Demnach fördert die EU die Zusammenarbeit der Mitgliedstaaten. Und sie ergänzt bzw. unterstützt deren Tätigkeit. Die Abgrenzung der drei Begriffe ist in der Theorie unproblematisch (s. Art. 165 AEUV, Rn. 18): Gegenstand der **Förderung** ist die internationale Zusammenarbeit zwischen Mitgliedstaaten, und zwar sowohl in Form bereits bestehen-

---

[20] Die Formulierung fand sich in der Präambel sowie in Art. I–8 Abs. 3 EVV (ABl. 2004, C 310/1) als eines der Symbole der Union. In den EUV oder den AEUV wurde der Leitspruch nicht übernommen.
[21] Vgl. *Ress/Ukrow*, in: Grabitz/Hilf/Nettesheim, EU, Art. 167 AEUV (Januar 2015), Rn. 92.
[22] Vgl. *Sparr*, in: Schwarze, EU-Kommentar, Art. 167 AEUV, Rn. 9.
[23] Vgl. *Ress/Ukrow*, in: Grabitz/Hilf/Nettesheim, EU, Art. 167 AEUV (Januar 2015), Rn. 92.
[24] Vgl. *Fischer*, in: Lenz/Borchardt, EU-Verträge, Art. 167 AEUV, Rn. 5; *Sparr*, in: Schwarze, EU-Kommentar, Art. 167 AEUV, Rn. 13.
[25] Vgl. *Odendahl*, Kulturgüterschutz, S. 369; *Sparr*, in: Schwarze, EU-Kommentar, Art. 167 AEUV, Rn. 13; *Fischer*, in: Lenz/Borchardt, EU-Verträge, Art. 167 AEUV, Rn. 5.
[26] Vgl. *Fechner*, in: GSH, Europäisches Unionsrecht, Art. 167 AEUV, Rn. 12.
[27] Ähnlich *Fischer*, in: Lenz/Borchardt, EU-Verträge, Art. 167 AEUV, Rn. 5; *Ress/Ukrow*, in: Grabitz/Hilf/Nettesheim, EU, Art. 167 AEUV (Januar 2015), Rn. 97.

der als auch künftiger Kooperationen. Gegenstand der Unterstützung bzw. Ergänzung sind hingegen innerstaatliche bildungspolitische Aktivitäten der Mitgliedstaaten. Im Falle einer **Unterstützung** leistet die EU lediglich Hilfe bei der Umsetzung einer innerstaatlichen Maßnahme. Im Falle einer **Ergänzung** kann die EU hingegen die Bildungsmaßnahmen der Mitgliedstaaten um eigene Schwerpunkte anreichern. Ergänzung und Unterstützung sollen nur »erforderlichenfalls« geschehen. Mit einer solchen Formulierung werden die ohnehin geltenden Subsidiaritäts- und Verhältnismäßigkeitsprinzipien noch einmal betont.[28]

Art. 167 Abs. 2 AEUV nennt in **vier Gedankenstrichen** die Bereiche, in denen die EU ihre Aufgaben und Befugnisse wahrnehmen soll.[29] Diese vier Gedankenstriche werden in der Literatur allerdings uneinheitlich interpretiert. Gelegentlich werden die ersten beiden Gedankenstriche als Ziele[30] bzw. Zielkonkretisierungen[31] verstanden. Andere Autoren wiederum sehen alle vier Gedankenstriche als Aufgabengebiete und damit als Ziele an.[32] Unterschiede gibt es auch bezüglich ihrer Zuordnung. Vereinzelte Autoren weisen die vier Gedankenstriche allein der ergänzenden bzw. unterstützenden Tätigkeit der EU zu, während die Förderung der Zusammenarbeit alle Bereiche umfassen soll.[33] Der Wortlaut (»in folgenden Bereichen«) und seine Platzierung (am Ende der Aufzählung der drei Befugnisse) sprechen jedoch dafür, dass es sich um eine **Auflistung von vier Bereichen** handelt, in denen die EU ihre Befugnisse ausüben darf und soll. 15

Der **erste Bereich** (»Kenntnis und Verbreitung der Kultur und der Geschichte der europäischen Völker«) umfasst inhaltlich sowohl die Kulturen der Mitgliedstaaten als auch das gemeinsame kulturelle Erbe.[34] Der **zweite Bereich** (»Erhaltung und Schutz des kulturellen Erbes von europäischer Bedeutung«) zielt schwerpunktmäßig auf die Hervorhebung des gemeinsamen kulturellen Erbes ab.[35] Der **dritte und der vierte Bereich** (»nichtkommerzieller Kulturaustausch« sowie »künstlerisches und literarisches Schaffen, einschließlich im audiovisuellen Bereich«) sind hingegen auf die Kulturen der Mitgliedstaaten gerichtet. Es ist umstritten, ob die Auflistung in Art. 167 Abs. 2 AEUV abschließend ist[36] oder nicht.[37] Der Wortlaut der Norm lässt jedoch allein den Schluss zu, dass es sich um eine abschließende Aufzählung handelt. Da die vier Bereiche allerdings ausgesprochen weit formuliert sind, werden im Prinzip alle kulturrelevanten Aktivitäten erfasst.[38] 16

---

[28] Vgl. *Sparr*, in: Schwarze, EU-Kommentar, Art. 167 AEUV, Rn. 16; *Fischer*, in: Lenz/Borchardt, EU-Verträge, Art. 167 AEUV, Rn. 8.
[29] Ausf. zu den einzelnen Bereichen *Fechner*, GSH, Europäisches Unionsrecht, Art. 167 AEUV, Rn. 18 ff.; *Grzeszick*, EnzEuR, Bd. 8, § 9, Rn. 47 ff.
[30] So *Niedobitek*, in: Streinz, EUV/AEUV, Art. 167 AEUV, Rn. 44.
[31] So *Sparr*, in: Schwarze, EU-Kommentar, Art. 167 AEUV, Rn. 22; ähnlich *Fechner*, in: GSH, Europäisches Unionsrecht, Art. 167 AEUV, Rn. 13, der den Abs. 2 als Zielkonkretisierung versteht.
[32] So *Ress/Ukrow*, in: Grabitz/Hilf/Nettesheim, EU, Art. 167 AEUV (Januar 2015), Rn. 103.
[33] So *Sparr*, in: Schwarze, EU-Kommentar, Art. 167 AEUV, Rn. 14 f.; a. A. *Ress/Ukrow*, in: Grabitz/Hilf/Nettesheim, EU, Art. 167 AEUV (Januar 2015), Rn. 104.
[34] Vgl. *Niedobitek*, in: Streinz, EUV/AEUV, Art. 167 AEUV, Rn. 45.
[35] Ähnlich *Niedobitek*, in: Streinz, EUV/AEUV, Art. 167 AEUV, Rn. 46.
[36] So die h. M., vgl. *Ress/Ukrow*, in: Grabitz/Hilf/Nettesheim, EU, Art. 167 AEUV (Januar 2015), Rn. 103; *Fischer*, in: Lenz/Borchardt, EU-Verträge, Art. 167 AEUV, Rn. 9; *Niedobitek*, in: Streinz, EUV/AEUV, Art. 167 AEUV, Rn. 44; *Kotzur*, in: Geiger/Khan/Kotzur, EUV/AEUV, Art. 167 AEUV, Rn. 4.
[37] So *Fechner*, in: GSH, Europäisches Unionsrecht, Art. 167 AEUV, Rn. 13 u. 17; *Blanke*, in: Calliess/Ruffert, EUV/AEUV, Art. 167 AEUV, Rn. 8.
[38] Vgl. *Sparr*, in: Schwarze, EU-Kommentar, Art. 167 AEUV, Rn. 22; *Blanke*, in: Calliess/Ruffert, EUV/AEUV, Art. 167 AEUV, Rn. 8.

III. Aufgaben und Befugnisse der EU und der Mitgliedstaaten (Abs. 3)

17 Wie in den Bereichen Bildung und Sport (s. Art. 165 AEUV, Rn. 20) sind auch in der Kultur einzelne Aufgaben und Befugnisse sowohl der EU als auch den Mitgliedstaaten zugewiesen. Gemeint ist die in Art. 167 Abs. 3 AEUV verankerte **Förderung der Zusammenarbeit mit Drittstaaten und mit den für den Kulturbereich zuständigen Organisationen**. Zu letzteren gehören nicht nur zwischenstaatliche Organisationen, sondern auch NGOs.[39] Die umfassenden kulturellen Außenkompetenzen der Mitgliedstaaten bleiben bestehen.[40] Zu ihnen treten aber Außenkompetenzen der EU hinzu. Die EU darf diesen nach außen gerichteten Aufgaben und Befugnissen solange nachkommen, wie sie sich innerhalb ihrer Förder-, Unterstützungs- und Ergänzungskompetenz bewegt.[41] Dabei kann sie eigenständig nach außen agieren.[42] In der Praxis treten EU und Mitgliedstaaten jedoch in der Regel gemeinsam auf.[43]

IV. Grenzen

1. Wahrung der kulturellen Vielfalt (Abs. 1)

18 Bei Ausübung ihrer kulturellen Aufgaben und Befugnisse sind der EU enge Grenzen gesetzt. Die **wichtigste Grenze** ist die Wahrung der kulturellen Vielfalt (sog. Unberührtheitsklausel). Sie findet sich in unterschiedlicher Ausprägung in mehreren Normen des AEUV verankert. Zu nennen ist an erster Stelle **Art. 167 Abs. 1 AEUV**, der die EU zur Wahrung der »nationalen und regionalen Vielfalt« der Mitgliedstaaten verpflichtet. **Art. 4 Abs. 2 Satz 1 EUV** verstärkt diese Pflicht mit seiner Aussage, dass die EU die nationale Identität der Mitgliedstaaten achtet[44] – selbst wenn er die nationale Identität mit dem Zusatz versieht »die in ihren grundlegenden politischen und verfassungsmäßigen Strukturen einschließlich der regionalen und lokalen Selbstverwaltung zum Ausdruck kommt«. Die politische und verfassungsmäßige Identität eines Staates ist nämlich in weiten Teilen durch die jeweilige nationale Kultur bedingt. Zu der nationalen Identität gehört demnach auch und insbesondere die kulturelle Identität.[45] Die Grundrechtecharta erwähnt die Grenze der kulturellen Vielfalt ebenfalls. Gemäß **Art. 22 GRC** ist die EU zur Achtung der »Vielfalt der Kulturen, Religionen und Sprachen« verpflichtet. Selbst die Zielbestimmung des **Art. 3 Abs. 3 UAbs. 4 EUV** benennt ausdrücklich die Wahrung des Reichtums der kulturellen und sprachlichen Vielfalt.

---

[39] Vgl. *Sparr*, in: Schwarze, EU-Kommentar, Art. 167 AEUV, Rn. 38; *Ress/Ukrow*, in: Grabitz/Hilf/Nettesheim, EU, Art. 167 AEUV (Januar 2015), Rn. 142.

[40] Vgl. *Ress/Ukrow*, in: Grabitz/Hilf/Nettesheim, EU, Art. 167 AEUV (Januar 2015), Rn. 136; *Blanke*, in: Calliess/Ruffert, EUV/AEUV, Art. 167 AEUV, Rn. 13; *Fischer*, in: Lenz/Borchardt, EU-Verträge, Art. 167 AEUV, Rn. 10; *Fechner*, in: GSH, Europäisches Unionsrecht, Art. 167, Rn. 29.

[41] Vgl. *Ress/Ukrow*, in: Grabitz/Hilf/Nettesheim, EU, Art. 167 AEUV (Januar 2015), Rn. 134; *Vedder*, in: Vedder/Heintschel v. Heinegg, Europäisches Unionsrecht, Art. 167 AEUV, Rn. 7; *Fischer*, in: Lenz/Borchardt, EU-Verträge, Art. 167 AEUV, Rn. 10; *Fechner*, in: GSH, Europäisches Unionsrecht, Art. 167 AEUV, Rn. 28.

[42] Vgl. *Fischer*, in: Lenz/Borchardt, EU-Verträge, Art. 167 AEUV, Rn. 10; *Blanke*, in: Calliess/Ruffert, EUV/AEUV, Art. 167 AEUV, Rn. 13; ausf. zu der Vertragsschlusskompetenz im Bereich der kulturellen Zusammenarbeit *Fechner*, in: GSH, Europäisches Unionsrecht, Art. 167 AEUV, Rn. 28.

[43] Vgl. *Fischer*, in: Lenz/Borchardt, EU-Verträge, Art. 167 AEUV, Rn. 10.

[44] Vgl. *Vedder*, in: Vedder/Heintschel v. Heinegg, Europäisches Unionsrecht, Art. 167 AEUV, Rn. 4.

[45] Vgl. *Kotzur*, in: Geiger/Khan/Kotzur, EUV/AEUV, Art. 167 AEUV, Rn. 3; *Oppermann/Classen/Nettesheim*, Europarecht, § 34, Rn. 37; zweifelnd *Puttler*, in: Calliess/Ruffert, EUV/AEUV, Art. 4 EUV, Rn. 14.

Den Begriffen »Wahrung« bzw. »Achtung« ist eine **statische, konservierende Haltung** inne: Die Vielfalt ist beizubehalten; eine »europäische Einheitskultur« ist nicht anzustreben.[46] Die **Existenz und Reichweite einer solchen Pflicht der EU** zur Wahrung der kulturellen Vielfalt zeigt aber noch viel mehr:[47] Sie verdeutlicht, dass die kulturelle Vielfalt ein Merkmal der EU ist. Sie berücksichtigt darüber hinaus den Umstand, dass Kultur wesentlich zur Identifikation beiträgt und daher für die Mitgliedstaaten zum essentiellen Bestandteil ihrer nationalen Identität gehört.[48] Schließlich führt die Inkorporierung auch der regionalen Vielfalt vor Augen, dass die EU nicht regionen- oder föderalismusblind ist.[49]

19

2. Kulturverträglichkeitsklausel (Abs. 4)

Hinzu kommt ein **kulturelles Rücksichtnahmegebot**, das sich auf die anderen Politikbereiche auswirkt, in denen die EU Kompetenzen innehat. Diese sog. »Kulturverträglichkeits-« oder »Querschnittsklausel«[50] ist in Art. 167 Abs. 4 AEUV verankert. Die EU ist verpflichtet, beim Erlass von **Rechtsakten aufgrund anderer Kompetenzgrundlagen**, kulturelle Aspekte in ihre Erwägungen mit einzubeziehen, um die »Vielfalt ihrer Kulturen« zu wahren und zu fördern. Die Kulturverträglichkeitsklausel dient also der Ausweitung des Anwendungsbereiches der soeben genannten Grenze, der Pflicht zur Wahrung der kulturellen Vielfalt.

20

Der EuGH hat bestätigt, dass die EU auf der Basis anderer primärrechtlicher Normen kulturrelevante Rechtsakte erlassen darf, solange die **nationalen Kulturpolitiken nur nachrangig oder in untergeordneter Weise betroffen** und die Rücksichtnahmeerwägungen ausdrücklich in die Begründung der jeweiligen Rechtsakte aufgenommen worden sind.[51] Allerdings räumt der Gerichtshof den Organen der EU einen weiten Beurteilungsspielraum bei der Abwägung gegenläufiger Interessen ein.[52] Das gilt auch für den Kulturbereich. Versuche der Mitgliedstaaten, die Kulturverträglichkeitsklausel als Rechtfertigung für Begrenzungen der Grundfreiheiten bzw. des entsprechenden Sekundärrechts einzusetzen, sind bislang vom EuGH immer abschlägig beschieden worden.[53]

21

---

[46] Vgl. *Sparr*, in: Schwarze, EU-Kommentar, Art. 167 AEUV, Rn. 11; *Ress/Ukrow*, in: Grabitz/Hilf/Nettesheim, EU, Art. 167 AEUV (Januar 2015), Rn. 93.

[47] Vgl. *Ress/Ukrow*, in: Grabitz/Hilf/Nettesheim, EU, Art. 167 AEUV (Januar 2015), Rn. 93.

[48] Vgl. dazu *Odendahl*, National constitutional reservations, S. 365 f.

[49] Vgl. *Ress/Ukrow*, in: Grabitz/Hilf/Nettesheim, EU, Art. 167 AEUV (Januar 2015), Rn. 94.

[50] Ausf. zur Kulturverträglichkeitsklausel *Schindler*, Kulturpolitik und Recht 3.0, 2011; *Psychogiopoulou*, »Taking Cultural Aspects into Account« in EU Law and Policies. An Appraisal of Article 167 (4) TFEU, in: Romainville, 2015, S. 99 ff. Vgl. auch *Lenski*, S. 142 ff.; *Ress/Ukrow*, in: Grabitz/Hilf/Nettesheim, EU, Art. 167 AEUV (Januar 2015), Rn. 148 ff.; *Niedobitek*, in: Streinz, EUV/AEUV, Art. 167 AEUV, Rn. 34 ff.; *Sparr*, in: Schwarze, EU-Kommentar, Art. 167 AEUV, Rn. 39 ff.; *Fechner*, in: GSH, Europäisches Unionsrecht, Art. 167 AEUV, Rn. 36 ff.; *Fischer*, in: Lenz/Borchardt, EU-Verträge, Art. 167 AEUV, Rn. 11.

[51] Vgl. EuGH, Urt. v. 23.2.1999, Rs. C–42/97 (Parlament/Rat), Slg. 1999, I–869, Rn. 40 ff., 62.

[52] St. Rspr., vgl. statt vieler EuGH, Urt. v. 13.5.1997, Rs. C–233/94 (Deutschland/Rat), Slg. 1997, I–2405, Rn. 56.

[53] Vgl. EuGH, Urt. v. 12.10.1995, Rs. C–85/94 (Groupement des Producteurs), Slg. 1995, I–2955, Rn. 19; Urt. v. 10.9.1996, Rs. C–11/95 (Kommission/Belgien), Slg. 1996, I–4115, Rn. 46–50; Urt. v. 23.4.2009, Rs. C–531/07 (LIBRO), Slg. 2009, I–3717, Rn. 33.

E. Ziele

22 Die von der EU im Bereich der Kultur zu verfolgenden Ziele sind nicht in Art. 167 AEUV, sondern in **Art. 3 Abs. 4 UAbs. 4 EUV** zu finden. Demnach wahrt die EU »den Reichtum ihrer kulturellen und sprachlichen Vielfalt und sorgt für den Schutz des kulturellen Erbes Europas«. In weiten Teilen entspricht die Formulierung dem Wortlaut des Art. 167 Abs. 1 AEUV, in dem die Aufgaben der EU verankert sind. Die Ambivalenz bzw. **Doppelspurigkeit der Kultur**, d. h. das gleichzeitige Vorliegen trennender und verbindender kultureller Elemente in Europa (s. Rn. 2 und 11), ist auch bei Ausgestaltung der Ziele der EU erkennbar: Die **trennenden Elemente**, also die kulturelle Vielfalt, sollen bewahrt werden. Die kulturelle Vielfalt wird als positives Charakteristikum Europas (»Reichtum«) verstanden. Die EU spielt in diesem Bereich eine eher passive Rolle, indem sie sich zurückhält und eine Entfaltung der Kulturen der Mitgliedstaaten erlaubt. Die **verbindenden Elemente**, also das gemeinsame kulturelle Erbe, sind hingegen von der EU zu schützen und hervorzuheben. In diesem Feld ist die Rolle der EU aktiver und eigenständiger. Ausdrücklich kein Ziel ist die Entstehung einer europäischen Einheitskultur.[54]

23 Der Umstand, dass die Wahrung der kulturellen Vielfalt sowie der Schutz und die Entwicklung des kulturellen Erbes Europas zu den in Art. 3 EUV verankerten Zielen der EU gehören, hat **zwei Konsequenzen**: Zum einen gelangt die **Flexibilitätsklausel des Art. 352 AEUV** zur Anwendung.[55] Die Kompetenzen der EU im kulturellen Bereich werden dadurch allerdings nicht erweitert. Art. 352 AEUV verlangt nämlich ein Tätigwerden der EU in einem vertraglichen Politikbereich; der Verwirklichung der Unionsziele allein dient er gerade nicht.[56] Zum anderen folgt aus der Inkorporierung kultureller Belange in den Zielkatalog des Art. 3 EUV, dass die Verfolgung kultureller Ziele in den »Anwendungsbereich der Verträge« fällt. Dementsprechend gilt das **allgemeine Diskriminierungsverbot des Art. 18 Abs. 1 AEUV** auch für das Handeln der EU im Bereich der Kultur.

F. Instrumente (Abs. 3 und 5)

24 Der EU stehen für die Umsetzung ihrer kulturellen Aufgaben und Befugnisse **drei Instrumente** zur Verfügung: der Erlass von Fördermaßnahmen und die Verabschiedung von Empfehlungen (Art. 167 Abs. 5 AEUV) sowie die Inanspruchnahme auswärtigen Handlungsformen im Rahmen der internationalen Zusammenarbeit (Art. 167 Abs. 3 AEUV). Von diesen Instrumenten hat die EU kontinuierlich **Gebrauch** gemacht. Sie stützt ihre Umsetzungsmaßnahmen dabei nicht ausschließlich auf Art. 167 AEUV, sondern zieht häufig gleichzeitig weitere Normen als Kompetenzgrundlage heran. Zu den in Art. 167 AEUV ausdrücklich vorgesehenen Instrumenten treten zahlreiche vorbereitende und ergänzende Instrumente, in Form von Entschließungen und Mitteilungen der EU-Organe, hinzu.

---

[54] Vgl. *Ress/Ukrow*, in: Grabitz/Hilf/Nettesheim, EU, Art. 167 AEUV (Januar 2015), Rn. 92; *Fischer*, in: Lenz/Borchardt, EU-Verträge, Art. 167 AEUV, Rn. 5.
[55] Vgl. *Ress/Ukrow*, in: Grabitz/Hilf/Nettesheim, EU, Art. 167 AEUV (Januar 2015), Rn. 204 ff.; *Ruffert*, in: Calliess/Ruffert, EUV/AEUV, Art. 3 EUV, Rn. 10.
[56] Vgl. *Ruffert*, in: Calliess/Ruffert, EUV/AEUV, Art. 3 EUV, Rn. 12.

I. Fördermaßnahmen

1. Primärrechtliche Ausgestaltung

Die Fördermaßnahmen sind in Art. 167 Abs. 5, 1. Gedstr. AEUV geregelt. Inhaltlich stellen Fördermaßnahmen in erster Linie **Anreizsysteme** dar, insbesondere aber nicht nur finanzieller Art, mit denen die Zusammenarbeit der Mitgliedstaaten gestärkt bzw. deren nationale Kulturpolitiken unterstützt oder ergänzt werden sollen.[57] Die Mitgliedstaaten werden mit diesem Instrument zu bestimmten kulturellen Maßnahmen ermuntert. Die von der EU angebotenen Förderungen können sie auch ausschlagen. Dementsprechend sind Fördermaßnahmen **inhaltlich für die Mitgliedstaaten unverbindlich**. Im Falle einer Beantragung oder Inanspruchnahme der Förderung müssen die Mitgliedstaaten allerdings die in der Fördermaßnahme verankerten formellen Bestimmungen, insbesondere Verfahrensvorschriften oder Mitwirkungspflichten,[58] einhalten. Diese **formellen Pflichten** sind also für die Mitgliedstaaten verbindlich.[59]

Was das **Verfahren** betrifft, so werden Fördermaßnahmen vom Europäischen Parlament und vom Rat nach Anhörung des Ausschusses der Regionen im ordentlichen Gesetzgebungsverfahren nach Art. 289 Abs. 2, Art. 294 AEUV erlassen. Gemäß Art. 16 Abs. 3 EUV entscheidet der Rat mit qualifizierter Mehrheit. Die Fördermaßnahme kann gemäß Art. 289 Abs. 1 Satz 1 AEUV von ihrer **Rechtsform** her eine Richtlinie, eine Verordnung oder ein Beschluss sein. In der Praxis ergingen die meisten Kulturfördermaßnahmen bislang als Beschluss.[60] In jüngster Zeit erfolgt ihre Verabschiedung allerdings auch in Form von Verordnungen.[61] Der Streit, ob Fördermaßnahmen in allen in Art. 288 AEUV genannten Rechtsformen erlassen werden dürfen,[62] hat sich mit dem eindeutigen Wortlaut der Art. 167 Abs. 5, 1. Gedstr. i. V. m. Art. 289 Abs. 1 Satz 1 AEUV erledigt.[63] Fördermaßnahmen ergehen demnach in Form eines verbindlichen Rechtsaktes.[64]

Gemäß Art. 167 Abs. 5, 1. Gedstr. AEUV unterliegen Fördermaßnahmen einem **Harmonisierungsverbot**: Sie dürfen nicht zu einer Vereinheitlichung der Rechts- und Ver-

---

[57] Vgl. *Oppermann/Classen/Nettesheim*, Europarecht, § 34, Rn. 42; *Fischer*, in: Lenz/Borchardt, EU-Verträge, Art. 167 AEUV, Rn. 12; *Ress/Ukrow*, in: Grabitz/Hilf/Nettesheim, EU, Art. 167 AEUV (Januar 2015), Rn. 176; *Fechner*, in: GSH, Europäisches Unionsrecht, Art. 16 AEUV, Rn. 45; *Blanke*, in: Calliess/Ruffert, EUV/AEUV, Art. 167 AEUV, Rn. 18; *Vedder*, in: Vedder/Heintschel v. Heinegg, Europäisches Unionsrecht, Art. 167 AEUV, Rn. 9; *Sparr*, in: Schwarze, EU-Kommentar, Art. 167 AEUV, Rn. 42; *Fechner*, in: GSH, Europäisches Unionsrecht, Art. 167, Rn. 45.
[58] So ausdr. die Rspr. EuGH zu den Fördermaßnahmen im Bildungsbereich, vgl. EuGH, Urt. v. 30. 5. 1989, Rs. 242/87 (Erasmus), Slg. 1989, 1425, Rn. 11.
[59] So ausdr. für die parallele Konstellation im Bildungsbereich *Ruffert*, in: Calliess/Ruffert, EUV/AEUV, Art. 165 AEUV, Rn. 24; *Simm*, in: Schwarze, EU-Kommentar, Art. 165, 166 AEUV, Rn. 24.
[60] Vgl. *Blanke*, in: Calliess/Ruffert, EUV/AEUV, Art. 167 AEUV, Rn. 18; *Oppermann/Classen/Nettesheim*, Europarecht, § 34, Rn. 42; *Lenski*, S. 146.
[61] Vgl. VO (EU) Nr. 1295/2013 vom 11. 12. 2013 zur Einrichtung des Programms Kreatives Europa (2014–2020) und zur Aufhebung der Beschlüsse Nr. 1718/2006/EG, Nr. 1855/2006/EG und Nr. 1041/2009/EG, ABl. 2013, L 347/221.
[62] Bejahend: *Fischer*, in: Lenz/Borchardt, EU-Verträge, Art. 167 AEUV, Rn. 12; *Niedobitek*, in: Streinz, EUV/AEUV, Art. 167 AEUV, Rn. 51; *Ress/Ukrow*, in: Grabitz/Hilf/Nettesheim, EU, Art. 167 AEUV (Januar 2015), Rn. 176; *Sparr*, in: Schwarze, EU-Kommentar, Art. 167 AEUV, Rn. 43. Verneinend: *Blanke*, in: Calliess/Ruffert, EUV/AEUV, Art. 167 AEUV, Rn. 18.
[63] So ausdr. *Niedobitek*, in: Streinz, EUV/AEUV, Art. 167 AEUV, Rn. 51.
[64] Vgl. *Niedobitek*, in: Streinz, EUV/AEUV, Art. 167 AEUV, Rn. 51.

waltungsvorschriften der Mitgliedstaaten führen.[65] Das Verbot ergibt sich bereits aus Art. 2 Abs. 5 UAbs. 2 i. V. m. Art. 6 Buchst. c AEUV. Seine Inkorporierung in Art. 167 Abs. 5 AEUV ist daher rechtstechnisch unnötig. Die Wiederholung spiegelt jedoch die Sorge der Mitgliedstaaten um Wahrung ihrer kulturellen Identität wieder. Das Harmonisierungsverbot gilt **nur für Rechtsakte, die auf der Basis von Art. 167 Abs. 5 UAbs. 1 AEUV erlassen** werden. Verordnungen, Richtlinien oder Beschlüsse, die unter Rückgriff auf andere Kompetenzgrundlagen verabschiedet werden (s. Rn. 36 ff.), können hingegen zu einer Harmonisierung des Kulturrechts der Mitgliedstaaten führen.[66]

2. Umsetzung

28 Bis 2013 gehörte das **Programm »Kultur« (2007–2013)**[67] mit einem Finanzvolumen von 400 Millionen Euro zu den wichtigsten Fördermaßnahmen der EU. Hauptziel des Programms war die Förderung des »europäischen Kulturraums«, gegründet auf dem gemeinsamen kulturellen Erbe. Das eingesetzte Instrument war die Förderung der kulturellen Zusammenarbeit zwischen Kulturschaffenden, Kulturakteuren und kulturellen Einrichtungen. Auf diese Weise wurden vor allem der interkulturelle Dialog sowie die grenzüberschreitende Mobilität von Kulturakteuren und die grenzüberschreitende Verbreitung von kulturellen und künstlerischen Werken und Erzeugnissen unterstützt. Neben diesem Kulturprogramm waren insbesondere die Programme **MEDIA 2007**[68] und **MEDIA Mundus** (2011–2013)[69] von Bedeutung.

29 Nachfolger aller drei Programme ist seit 2014 das **Programm Kreatives Europa (2014–2020)**, das Ende 2013 vom Europäischen Parlament und vom Rat in Form einer Verordnung verabschiedet wurde.[70] Das Gesamtbudget von rund 1,5 Milliarden Euro ist auf drei Aktionsbereiche (Kultur, MEDIA und einen branchenübergreifenden Aktionsbereich) aufgeteilt und erfasst die gesamte Kultur- wie Kreativbranche. Seine Hauptziele sind die Wahrung und Förderung der kulturellen und sprachlichen Vielfalt Europas sowie die Stärkung der Wettbewerbsfähigkeit der Kultur- und Kreativbranche. Hinzu kommen zwei weitere bedeutende Programme, die bereits 2006 bzw. 2011 verabschiedet wurden, die aber immer noch laufen. Es handelt sich um das Programm zur Förderung der **Kulturhauptstadt Europas**[71] und um das Programm zur Verleihung des **Europäischen Kulturerbe-Siegels**[72] an bedeutende europäische Kulturstätten.

---

[65] Vgl. statt vieler *Fechner*, in: GSH, Europäisches Unionsrecht, Art. 167 AEUV, Rn. 42 sowie *Lenski*, S. 144 f.

[66] Vgl. *Blanke*, in: Calliess/Ruffert, EUV/AEUV, Art. 167 AEUV, Rn. 19; *Fischer*, in: Lenz/Borchardt, EU-Verträge, Art. 167 AEUV, Rn. 13; *Fechner*, in: GSH, Europäisches Unionsrecht, Art. 167, Rn. 43; *Niedobitek*, in: Streinz, EUV/AEUV, Art. 167 AEUV, Rn. 53.

[67] Beschluss Nr. 1855/2006/EG vom 12. 12. 2006 über das Programm Kultur (2007–2013), ABl. 2006, L 372/1.

[68] Beschluss Nr. 1718/2006/EG vom 15. 11. 2006 zur Umsetzung eines Förderprogramms für den europäischen audiovisuellen Sektor (MEDIA 2007), ABl. 2006, L 327/12.

[69] Beschluss Nr. 1041/2009/EG vom 21. 10. 2009 über ein Programm für die Zusammenarbeit mit Fachkräften aus Drittländern im audiovisuellen Bereich (MEDIA Mundus), ABl. 2009, L 288/10.

[70] VO (EU) Nr. 1295/2013.

[71] Beschluss Nr. 1622/2006/EG vom 24. 10. 2006 über die Einrichtung einer Gemeinschaftsaktion zur Förderung der Veranstaltung Kulturhauptstadt Europas für die Jahre 2007 bis 2019, ABl. 2006, L 304/1.

[72] Beschluss Nr. 1194/2011/EG vom 16. 11. 2011 zur Schaffung einer Maßnahme der Europäischen Union für das Europäische Kulturerbe-Siegel, ABl. 2011, L 303/1.

II. Empfehlungen

1. Primärrechtliche Ausgestaltung

Das zweite der EU zur Verfügung stehende Instrument sind Empfehlungen nach Art. 167 Abs. 5, 2. Gedstr. AEUV. **Verfahrensmäßig** werden sie auf Vorschlag der Kommission vom Rat erlassen. Dieser beschließt dabei gemäß Art. 16 Abs. 3 EUV mit qualifizierter Mehrheit. Von der **Rechtsform** her handelt es sich um Empfehlungen nach Art. 288 UAbs. 5 AEUV.[73] Sie sind also materiell wie formell unverbindlich.[74] 30

2. Umsetzung

Der Rat erlässt **vergleichsweise wenig** Empfehlungen nach Art. 167 Abs. 5, 2. Gedstr. AEUV. Es ist ein selten genutztes Instrument. Als Beispiel kann die Empfehlung zur Zusammenarbeit im europäischen Archivwesen[75] genannt werden. 31

Wesentlich zahlreicher sind die **sonstigen vorbereitenden sowie ergänzenden Instrumente**, insbesondere Entschließungen und Mitteilungen der EU-Organe (s. Rn. 24). Beispielhaft sind die Entschließung über die Bedeutung der Kultur im europäischen Aufbauwerk,[76] die Entschließung zum europäischen Kino im digitalen Zeitalter,[77] die Entschließung zu Sarajevo als Kulturhauptstadt Europas 2014,[78] die Mitteilung über staatliche Beihilfen für Filme[79] oder die Mitteilung über Beihilfen für den öffentlichen Rundfunk[80] zu nennen. 32

III. Internationale Zusammenarbeit

1. Primärrechtliche Ausgestaltung

Als drittes Instrument stehen der EU im Rahmen der internationalen Zusammenarbeit nach Art. 167 Abs. 3 AEUV **alle Formen des auswärtigen Handelns** zur Verfügung. Dazu gehört auch und insbesondere der Abschluss völkerrechtlicher Verträge nach Art. 216 AEUV, solange sich die EU dabei im Rahmen ihrer Aufgaben und Befugnisse bewegt.[81] Da die Mitgliedstaaten weiterhin über umfassende kulturelle Kompetenzen verfügen und der EU lediglich Förderungs-, Unterstützungs- und Ergänzungskompe- 33

---

[73] Vgl. *Niedobitek*, in: Streinz, EUV/AEUV, Art. 167 AEUV, Rn. 54; *Vedder*, in: Vedder/Heintschel v. Heinegg, Europäisches Unionsrecht, Art. 167 AEUV, Rn. 9.
[74] Zur faktischen Wirkung *Fechner*, in: GSH, Europäisches Unionsrecht, Art. 167, Rn. 48.
[75] Empfehlung 2005/835/EG vom 14.11.2005 über vorrangige Aktionen zur Stärkung der Zusammenarbeit im europäischen Archivwesen, ABl. 2005, L 312/55.
[76] Entschließung 2002/C 32/02 des Rates vom 21.1.2002 über die Bedeutung der Kultur im europäischen Aufbauwerk, ABl. 2002, C 32/2.
[77] Entschließung 2013/C 153 E/12 des Europäischen Parlaments vom 16.11.2011 zu dem europäischen Kino im digitalen Zeitalter (2010/2307(INI)), ABl. 2013, C 153 E/102.
[78] Entschließung 2012/C 377 E/20 des Europäischen Parlaments vom 12.5.2011 zu Sarajevo als Kulturhauptstadt, ABl. 2012, C 377 E/155.
[79] Mitteilung 2013/C 322/01 der Kommission über staatliche Beihilfen für Filme und andere audiovisuelle Werke, ABl. 2013, C 332/1.
[80] Mitteilung 2009/C 257/01 der Kommission über die Anwendung der Vorschriften über staatliche Beihilfen auf den öffentlich-rechtlichen Rundfunk, ABl. 2009, C 257/1.
[81] Vgl. *Ress/Ukrow*, in: Grabitz/Hilf/Nettesheim, EU, Art. 167 AEUV (Januar 2015), Rn. 134; *Fischer*, in: Lenz/Borchardt, EU-Verträge, Art. 167 AEUV, Rn. 10; *Vedder*, in: Vedder/Heintschel v. Heinegg, Europäisches Unionsrecht, Art. 167 AEUV, Rn. 7. Differenzierend *Blanke*, in: Calliess/Ruffert, EUV/AEUV, Art. 167 AEUV, Rn. 14.

tenzen übertragen wurden, handelt es sich bei den völkerrechtlichen Verträge in der Regel um gemischte Abkommen.[82] Weitere auswärtige Handlungsformen treten hinzu.[83]

2. Umsetzung

34 Im Rahmen der internationalen Zusammenarbeit[84] spielen die **Beziehungen zu Drittstaaten** eine bedeutende Rolle. Häufig sind sie vertraglich ausgestaltet: So enthalten die meisten modernen Abkommen mit Drittstaaten Klauseln zur kulturellen Zusammenarbeit mit der EU.[85] Aber auch die EU-Förderprogramme sehen regelmäßig die Einbeziehung von Drittstaaten vor.[86]

35 Daneben praktiziert die EU eine intensive **Kooperation mit internationalen Organisationen**, und zwar vor allem mit dem Europarat und mit der UNESCO.[87] Die Beziehungen zwischen der EU und dem **Europarat** sind in einem Memorandum of Understanding aus dem Jahr 2007 geregelt, das insbesondere den kulturellen Austausch sowie die Zusammenarbeit bei der Wahrung der kulturellen Vielfalt umfasst.[88] Ein Beispiel dieser Kooperation ist die gemeinsame Verwaltung der Europäischen Kulturwege.[89] Im Jahr 2012 schloss die EU auch mit der **UNESCO** ein Memorandum of Understanding,[90] das u. a. zu einer Kooperation zum Schutz des Kulturerbes in Ägypten, Jordanien und dem Libanon führte.[91] Aus dieser Zusammenarbeit ergeben sich häufig weitere vertragliche Einbindungen der EU. Ein Beispiel ist der Beitritt der EU zur UNESCO-Konvention über den Schutz und die Förderung der Vielfalt kultureller Ausdrucksformen von 2005.[92] Schließlich haben sich im Laufe der Jahre zahlreiche Formen der **Zusammenarbeit mit NGOs** entwickelt.[93] Als Beispiele können die Förderprogramme »Kultur« (2007–2013) und Kreatives Europa (2014–2020) (s. Rn. 28 f.) angeführt werden, an denen sich auch NGOs beteiligen können.

---

[82] Näher zu den gemischten Abkommen *Cremer*, in: Niedobitek, Europarecht – Politiken, § 11.
[83] Vgl. *Kadelbach*, EnzEuR, Bd. 10, § 4.
[84] Vgl. die Zusammenstellung bei *Ress/Ukrow*, in: Grabitz/Hilf/Nettesheim, EU, Art. 167 AEUV (Januar 2015), Rn. 138 ff.
[85] Erstmals geschah dies im Titel VIII des sog. Lomé-Abkommens von 1984 (ABl. 1986, L 86/3).
[86] So auch das aktuelle Programm »Kreatives Europa« (VO (EU) Nr. 1295/2013) in seinem Art. 8 Abs. 3.
[87] Vgl. *Vedder*, in: Vedder/Heintschel v. Heinegg, Europäisches Unionsrecht, Art. 167 AEUV, Rn. 7.
[88] Memorandum of Understanding between the Council of Europe and the European Union, 11. 5. 2007, http://www.coe.int/t/der/docs/MoU_EN.pdf (23. 2. 2016).
[89] Presseerklärung IP/10/1177 der Kommission vom 27. 9. 2010, http://europa.eu/rapid/press-release_IP–10–1177_de.htm (23. 2. 2016).
[90] Memorandum of Understanding concerning the establishment of a partnership between the United Nations Educational, Scientific and Cultural Organisation Secretariat and its subsidiary bodies and the European Union, 8. 10. 2012, http://www.unesco.org/new/fileadmin/MULTIMEDIA/HQ/BSP/pdf/UNESCO-EU_MoU_8_October_2012.pdf (23. 2. 2016).
[91] Es handelt sich um das »Mediterranean Living Heritage Project« (MedLiHer), das von der UNESCO und der EU zusammen durchgeführt wird, um den genannten Staaten bei der Umsetzung der UNESCO-Konvention zur Erhaltung des immateriellen Kulturerbes unterstützend zur Seite zu stehen, http://www.unesco.org/culture/ich/en/projects/medliher-safeguarding-of-intangible-cultural-heritage-in-the-mediterranean-partner-countries–00155 (16. 4. 2016).
[92] Vgl. Beschluss Nr. 2006/515/EG vom 18. 5. 2006 über den Abschluss des Übereinkommens zum Schutz und zur Förderung der Vielfalt kultureller Ausdrucksformen, ABl. 2006, L 201/15.
[93] Vgl. *Ress/Ukrow*, in: Grabitz/Hilf/Nettesheim, EU, Art. 167 AEUV (Januar 2015), Rn. 142 ff.

G. Kultur auf der Basis anderer primärrechtlicher Kompetenzen

Bereits aus der bloßen **Existenz der Kulturverträglichkeitsklausel** des Art. 167 Abs. 4 AEUV (s. Rn. 20) folgt, dass die EU nicht nur auf der Basis des Art. 167 AEUV, sondern auch aufgrund anderer primärrechtlicher Kompetenzen kulturrelevante Tätigkeiten entfalten darf.[94] Diese kulturellen Maßnahmen außerhalb von Art. 167 AEUV sind vor allem deshalb von Bedeutung, weil für sie das **Harmonisierungsverbot des Art. 167 Abs. 5, 1. Gedstr. AEUV nicht gilt**.[95] Verbindliche Rechtsakte, deren Regelungsschwerpunkt außerhalb des Kulturbereiches liegt und die daher andere primärrechtliche Normen als Kompetenzgrundlage haben, können daher sehr wohl eine Vereinheitlichung des Kulturrechts der Mitgliedstaaten zur Folge haben. Von besonderer Relevanz sind in diesem Bereich die Grundfreiheiten und das Diskriminierungsverbot. Auf ihrer Basis hat die EU zahlreiche sekundärrechtliche Normen erlassen. Hinzu gekommen ist eine bedeutende EuGH-Rechtsprechung.[96]

36

I. Grundfreiheiten und Diskriminierungsverbot

Kulturelle Güter, Tätigkeiten und Dienstleistungen unterscheiden sich von anderen durch ihre **Doppelnatur**: Sie haben einen sowohl kulturellen als auch wirtschaftlichen Wert.[97] Aus diesem Grunde fallen sie – je nachdem, welcher Wert schwerpunktmäßig betroffen ist – entweder in den Anwendungsbereich von Art. 167 AEUV oder in denjenigen der Grundfreiheiten. Eine »**Bereichsausnahme Kultur**« in dem Sinne, dass eine Kulturrelevanz zur Nichtanwendung der vertraglichen wirtschaftsbezogenen Normen führt, kennt das Primärrecht nicht.[98] Aus diesem Grunde ist es auf der Basis der Grundfreiheiten sowohl seitens der EWG bzw. der EG und später auch seitens der EU zu einer intensiven kulturrelevanten rechtsetzenden Tätigkeit gekommen, die stets von einer fortschrittlichen EuGH-Rechtsprechung begleitet wurde.

37

1. Sekundärrecht

Besonders deutlich zeigt sich die Kulturrelevanz der Grundfreiheiten im Bereich der **Warenverkehrsfreiheit**.[99] Der EUGH stuft Kunstschätze und andere Kulturgüter als »Waren« ein, die grundsätzlich unter die Warenverkehrsfreiheit fallen.[100] Ein- und Ausfuhrverbote sowie Maßnahmen gleicher Wirkung sind allerdings für diese besonderen

38

---

[94] Vgl. *Fischer*, in: Lenz/Borchardt, EU-Verträge, Art. 167 AEUV, Rn. 13; *Blanke*, in: Calliess/Ruffert, EUV/AEUV, Art. 167 AEUV, Rn. 19 sowie ausf. *Dumont*, Les compétences culturelles de l'Union européenne et leurs interactions avec les politiques culturelles nationales, in: Romainville, 2015, S. 83 ff.

[95] Vgl. *Blanke*, in: Calliess/Ruffert, EUV/AEUV, Art. 167 AEUV, Rn. 19; *Niedobitek*, in: Streinz, EUV/AEUV, Art. 167 AEUV, Rn. 53; *Fischer*, in: Lenz/Borchardt, EU-Verträge, Art. 167 AEUV, Rn. 13.

[96] Gute Überblicke bieten *Behrens*, S. 123 ff.; *Oppermann/Classen/Nettesheim*, Europarecht, § 34, Rn. 43; *Niedobitek*, in: Streinz, EUV/AEUV, Art. 167 AEUV, Rn. 1 ff. sowie *Ress/Ukrow*, in: Grabitz/Hilf/Nettesheim, EU, Art. 167 AEUV (Januar 2015), Rn. 210 ff. (nicht nach Ermächtigungsgrundlagen, sondern nach betroffenen Kulturbereichen geordnet).

[97] Vgl. ausf. *Schmahl*, S. 40 ff. sowie *Niedobitek*, S. 207 und *Britz* EuR 2004, 1 (2).

[98] Vgl. *Niedobitek*, in: Streinz, EUV/AEUV, Art. 167 AEUV, Rn. 3; *Schmahl*, S. 29 ff.

[99] Vgl. *Schmahl*, S. 40 ff.; *Bailleux*, La culture à l'épreuve du marché intérieur, in: Romainville, 2015, S. 115 ff.

[100] Vgl. EuGH, Urt. v. 10.12.1968, Rs. 7/68 (Kommission/Italien), Slg. 1968, 634 (642).

Waren gemäß Art. 36 AEUV erlaubt: Der Schutz des nationalen Kulturguts von künstlerischem, geschichtlichem oder archäologischem Wert rechtfertigt Ausnahmen von der Warenverkehrsfreiheit. Auf der Basis dieses Ausnahmetatbestandes durften die Mitgliedstaaten ihre vorhandenen Normen zum **Schutz nationalen Kulturguts gegen Abwanderung ins Ausland** beibehalten.[101]

39 Die **Vollendung des Binnenmarktes** und der sich anschließende Wegfall der Grenzkontrollen durch das Schengener Abkommen führte jedoch zu zwei Schwierigkeiten: Zum einen hatten die Mitgliedstaaten mangels Grenzkontrollen keine tatsächliche Möglichkeit mehr, die Ausfuhr von Kulturgütern in einen anderen Mitgliedstaat zu verhindern. Zum anderen bestand nach der Ausfuhr in einen anderen Mitgliedstaat die erhebliche Gefahr seiner unkontrollierten Abwanderung in einen Drittstaat, weil jeder Mitgliedstaat an seine Außengrenzen nur die Ausfuhr der eigenen Kulturgüter überwachte. Dementsprechend musste die EG zur **Sicherung des nationalen Kulturguts eine europaeinheitliche Lösung** schaffen. Diese bestand in dem Erlass von zwei eng miteinander zusammenhängenden und sich ergänzenden Rechtsnormen in den Jahren 1992/1993:[102] der Richtlinie 93/7/EG[103] zur Rückgabe von Kulturgut zwischen Mitgliedstaaten (mittlerweile ersetzt durch die RL 2014/60/EU[104]) und der Verordnung (EG) Nr. 3911/92[105] (mittlerweile ersetzt durch die VO (EU) Nr. 116/2009[106]) zur Ausfuhr von Kulturgut in Drittstaaten.

40 Von Bedeutung sind darüber hinaus die **Niederlassungs- und die Dienstleistungsfreiheit**. Sie wirken sich stark auf einen anderen Kulturbereich, nämlich auf die grenzüberschreitenden Fernsehsendungen aus. 1989 wurde die sog. Fernsehrichtlinie[107] auf der Basis der heutigen Art. 53 Abs. 1 Alt. 2 AEUV und Art. 62 AEUV erlassen. 2010 ist an ihre Stelle die inhaltlich weiter gefasste »Richtlinie über audiovisuelle Mediendienste«[108] getreten. Sie gilt für Fernsehprogramme und für audiovisuelle Mediendienste auf Abruf. Ziel der Richtlinie ist der freie Empfang und die freie Weiterverbreitung beider Dienstleistungen in allen Mitgliedstaaten.

2. EuGH-Rechtsprechung

41 Der Gerichtshof hat sich in mehreren Urteilen mit den kulturrelevanten Aspekten der Grundfreiheiten i. V. m. dem Diskriminierungsverbot beschäftigt. Ein Beispiel sind seine zahlreichen Entscheidungen zu **Fernsehsendungen als Dienstleistung**.[109] Ein weiteres

---

[101] Vgl. *Odendahl*, Kulturgüterschutz, S. 211.
[102] Näher zu den beiden Sekundärrechtsakten *Odendahl*, Kulturgüterschutz, S. 212 ff.
[103] RL 93/7/EWG vom 15.3.1993 über die Rückgabe von unrechtmäßig aus dem Hoheitsgebiet eines Mitgliedstaats verbrachten Kulturgütern, ABl. 1993, L 74/74.
[104] Richtlinie 2014/60/EU des Europäischen Parlaments und des Rates vom 15. Mai 2014 über die Rückgabe von unrechtmäßig aus dem Hoheitsgebiet eines Mitgliedstaats verbrachten Kulturgütern und zur Änderung der Verordnung (EU) Nr. 1024/2012 (Neufassung), ABl. 2014, L 159/1.
[105] VO (EWG) Nr. 3911/92 vom 9.12.1992 über die Ausfuhr von Kulturgütern, ABl. 1992, L 395/1.
[106] VO (EG) Nr. 116/2009 vom 18.12.2008 über die Ausfuhr von Kulturgütern (kodifizierte Fassung), ABl. 2009, L 39/1.
[107] RL 89/552/EWG vom 3.10.1989 zur Koordinierung bestimmter Rechts- und Verwaltungsvorschriften der Mitgliedstaaten über die Ausübung der Fernsehtätigkeit, ABl. 1989, L 298/23.
[108] RL 2010/13/EU vom 10.3.2010 zur Koordinierung bestimmter Rechts- und Verwaltungsvorschriften der Mitgliedstaaten über die Bereitstellung audiovisueller Mediendienste (Richtlinie über audiovisuelle Mediendienste), ABl. 2010, L 95/1.
[109] Vgl. EuGH, Urt. v. 30.4.1974, Rs. 155/73 (Sacchi), Slg. 1974, 409, Rn. 6, 14 ff., 25 ff.; Urt. v.

sind seine Urteile zum **diskriminierungsfreien Zugang zu kulturellen Einrichtungen**.[110] Alle kulturellen Dienstleistungen müssen ohne Diskriminierung aus Gründen der Staatsangehörigkeit allen EU-Bürgern unter den gleichen Bedingungen offen stehen.

Erhebliche Bedeutung kommt der EuGH-Rechtsprechung darüber hinaus für die Konkretisierung der ungeschriebenen **zwingenden Gründe des Allgemeininteresses** zu, die von den Mitgliedstaaten als Rechtfertigung für Beschränkungen der Grundfreiheiten geltend gemacht werden können. Dieser im Cassis-de-Dijon-Urteil entwickelte Rechtfertigungsgrund[111] wurde vom EuGH mittlerweile auf **kulturpolitische Erwägungen der Mitgliedstaaten** ausgeweitet.[112] Als zulässige zwingende Gründe des Allgemeininteresses ordnete der EuGH zahlreiche Kulturanliegen ein, wie etwa die Beschränkung der Verbreitung von Filmen auf Videokassetten in den ersten Monaten nach der Vorführung in Filmtheatern,[113] das Sonntagsverkaufsverbot,[114] das Interesse an der bestmöglichen Verbreitung von Kenntnissen über das künstlerische und kulturelle Erbe eines Landes,[115] die nationale Kulturpolitik im Rundfunksektor,[116] den Schutz des Buches als Kulturgut[117] und den Schutz des kulturhistorischen nationalen Erbes.[118] Die Mitgliedstaaten haben also aufgrund dieser EUGH-Rechtsprechung das Recht, die Grundfreiheiten zum Schutz ihrer nationalen kulturellen Interessen zu beschränken. Voraussetzung ist allerdings, dass die Maßnahmen in- und ausländische Betroffene gleich behandeln, ein nichtwirtschaftliches Ziel verfolgen und verhältnismäßig sind.[119]

42

Deutlich wird, dass die EuGH-Rechtsprechung nicht ausschließlich zu einer **Ausweitung** kulturrelevanter Maßnahmen der EU geführt hat. Im Gegenteil: Der Gerichtshof hat, parallel dazu, die Wahrung der kulturellen Vielfalt und damit die **Grenzen** der EU-Aufgaben und -Befugnisse (s. Rn. 18 ff.) verstärkt.

43

II. Sonstiges Unionsrecht

Neben den Grundfreiheiten gibt es eine Reihe weiterer primärrechtlicher Bestimmungen, deren Anwendung Folgen für den Kulturbereich hat. Zu nennen sind zum einen Normen aus anderen Politikbereichen, die zu einer **Rechtsangleichung** ermächtigen, die inhaltlich auch kulturelle Belange tangieren kann.[120] Es handelt sich um die Harmoni-

44

18.3.1980, Rs. 52/79 (Debauve), Slg. 1980, 833, Rn. 8; Urt. v. 26.4.1988, Rs. 352/85 (Bond van Adverteerders), Slg. 1988, 2085, Rn. 17; Urt. v. 25.7.1991, Rs. C–288/89 (Mediawet), Slg. 1991, I–4007, Rn. 9 ff.

[110] Vgl. EuGH, Urt. v. 15.3.1994, Rs. 45/93 (Kommission/Spanien), Slg. 1994, I–911, Rn. 6 ff.; Urt. v. 16.1.2003, Rs. C–388/01 (Kommission/Italien), Slg. 2003, I–721, Rn. 18 ff.

[111] Vgl. EuGH, Urt. v. 20.2.1979, Rs. 120/78 (Cassis de Dijon), Slg. 1979, 649, Rn. 8.

[112] Vgl. *Niedobitek*, S. 250 ff.

[113] Vgl. EuGH, Urt. v. 11.7.1985, verb. Rs. 60 u. 64/84 (Cinéthèque), Slg. 1985, 2605, Rn. 22 ff.

[114] Vgl. EuGH, Urt. v. 23.11.1989, Rs. 145/88 (Torfaen Borough Council), Slg. 1989, 3851, Rn. 10 ff.

[115] Vgl. EuGH, Urt. v. 26.2.1991, Rs. C–154/89 (Kommission/Frankreich), Slg. 1991, I–659, Rn. 17.

[116] Vgl. EuGH, Urt. v. 25.7.1991, Rs. C–288/89 (Mediawet), Slg. 1991, I–4007, Rn. 23.

[117] Vgl. EuGH, Urt. v. 23.4.2009, Rs. C–531/07 (LIBRO), Slg. 2009, I–3717, Rn. 34.

[118] Vgl. EuGH, Urt. v. 18.12.2014, Rs. C–133/13 (The Bean House), ECLI: EU:C:2014:2460, Rn. 29.

[119] Abgelehnt wurde die Verhältnismäßigkeit etwa des deutschen Buchpreisbindungssystems, vgl. EuGH, Urt. v. 23.4.2009, Rs. C–531/07 (LIBRO), Slg. 2009, I–3717, Rn. 35.

[120] Vgl. die Zusammenstellung bei *Fischer*, in: Lenz/Borchardt, EU-Verträge, Art. 167 AEUV, Rn. 14.

45 sierung der indirekten Steuern (Art. 113 AEUV) sowie um die allgemeine Rechtsangleichung im Binnenmarkt (Art. 114 Abs. 1 Satz 2 AEUV).

45 Hinzu kommen zahlreiche primärrechtliche Normen, die zwar nicht zum Erlass von Harmonisierungs-, wohl aber von **Förder- und Anreizmaßnahmen** ermächtigen, die genauso indirekte Auswirkungen auf den Kulturbereich haben können. Zu erwähnen sind vor allem die Beschäftigungspolitik (Art. 149 AEUV), die Bildungs- und Sportpolitik (Art. 165 Abs. 4, Art. 166 Abs. 4 AEUV), die Industriepolitik (Art. 173 Abs. 3 AEUV), die Strukturfonds (Art. 175 AEUV) und die Forschungsprogramme (Art. 182 AEUV). Daneben ermächtigen die genannten Normen auch zum Erlass von Empfehlungen, Leitlinien usw. Die Fülle des auf der Basis des sonstigen Unionsrechts verabschiedeten indirekt kulturrelevanten Sekundärrechts ist kaum noch zu übersehen.[121]

46 Es gibt aber auch primärrechtliche Normen, die der **EU Grenzen setzen**, indem sie der **Wahrung der kulturellen Vielfalt** dienen. Von Bedeutung sind in dieser Hinsicht vor allem Art. 13 AEUV zum Tierschutz, Art. 14 Satz 2 AEUV i. V. m. Art. 1, 2. Gedstr. des Protokolls Nr. 26[122] zu den Diensten von allgemeinem wirtschaftlichen Interesse sowie Art. 17 AEUV zu den religiösen und weltanschaulichen Gemeinschaften. Alle genannten Bestimmungen verpflichten die EU zur Wahrung der kulturellen Traditionen und Identitäten. Auch formelle Grenzen existieren. So verlangt beispielsweise Art. 207 Abs. 4 UAbs. 3 AEUV eine einstimmige Entscheidung des Rates, wenn dieser Handelsabkommen über kulturelle und audiovisuelle Dienstleistungen abschließt.

H. Europäische Kulturagenda

47 Neben den ausdrücklich im Primärrecht vorgesehenen rechtlichen Instrumenten, die sich direkt oder indirekt auf die Kultur auswirken, stehen der EU noch weitere, **rechtlich-politische Instrumente** zur Verfügung. Das wohl bekannteste ist die sog. »Offene Methode der Koordinierung« (OMK). Ihre Anfänge liegen beim Europäischen Rat von Lissabon. Damals, im Jahr 2000, setzte sich die EU das Ziel, bis 2010 »zum wettbewerbsfähigsten und dynamischsten wissensbasierten Wirtschaftsraum der Welt« zu werden.[123] Der Europäische Rat entwarf die »Lissabon-Strategie«, zu deren Umsetzung er u. a. die OMK schuf.[124] Gleichzeitig zählte er mehrere Politikbereiche auf, in denen diese zur Anwendung gelangen sollte.[125] Die **Kultur gehörte nicht dazu**. Allerdings war der damalige Katalog nicht abschließend.

48 Bei der OMK handelt es sich um ein **Koordinierungsverfahren** unter Leitung der EU-Organe. Ziel ist die Herstellung einer unverbindlichen (»offenen«) intergouvernemen-

---

[121] Vgl. die Zusammenstellung bei *Ress/Ukrow*, in: Grabitz/Hilf/Nettesheim, EU, Art. 167 AEUV (Januar 2015), Rn. 210 ff. Fast alle der dort genannten Sekundärrechtsakte ergingen auf der Grundlage von Kompetenzgrundlagen außerhalb des heutigen Art. 167 AEUV.

[122] Protokoll (Nr. 26) über Dienste von allgemeinem Interesse, ABl. 2012, C 326/308. Weitere Details bei *Ress/Ukrow*, in: Grabitz/Hilf/Nettesheim, EU, Art. 167 AEUV (Januar 2015), Rn. 13.

[123] Vgl. Schlussfolgerungen des Vorsitzes, Europäischer Rat (Lissabon), 23. und 24.3.2000 (SN 100/00), Rn. 5.

[124] Vgl. Schlussfolgerungen des Vorsitzes, Europäischer Rat (Lissabon), 23. und 24.3.2000 (SN 100/00), Rn. 7. Ausf. zur OMK als Methode *Höchstetter*, Die offene Koordinierung in der EU, 2007; *Bodewig/Voß*, EuR 2003, 310 ff.; *Bernsdorff*, Die Methode der »offenen Koordinierung« – Politiksteuerung aus Sicht der Europäischen Verfassung, FS J. Meyer, 2006, S. 325 (329 ff.).

[125] Vgl. Schlussfolgerungen des Vorsitzes, Europäischer Rat (Lissabon), 23. und 24.3.2000 (SN 100/00), Rn. 8 ff.

talen Zusammenarbeit in denjenigen Politikbereichen, die zwar in die Zuständigkeit der Mitgliedstaaten fallen, für die jedoch ein »europäischer Handlungsbedarf« besteht.[126] Zu diesem Zweck sollen die Mitgliedstaaten Ziele und Maßnahmen untereinander abstimmen und freiwillig ihre nationalen Politiken koordinieren. Bewährte Praktiken sollen verbreitet und auf diese Weise eine größere Konvergenz zwischen den Mitgliedstaaten hergestellt werden.

Obwohl die Kultur nicht zu den Bereichen gehörte, die von Anfang an im Fokus der OMK standen (s. Rn. 47), weitete die EU die OMK nach einigen Jahren schließlich auch auf die Kultur aus – allerdings in etwas anderer Form als in den anderen, von vornherein erfassten Politikbereichen.[127] Der Rat verabschiedete 2007 auf der Basis des damaligen Art. 151 EGV eine Entschließung, die sog. **europäische Kulturagenda**.[128] In der Entschließung legte er **drei strategische Ziele** fest, die dem künftigen kulturrelevanten Handeln der Union zugrunde liegen sollten: die Förderung der kulturellen Vielfalt und des interkulturellen Dialogs, die Förderung der Kultur als Katalysator für Kreativität im Rahmen der Lissabon-Strategie und die Förderung der Kultur als wesentlicher Bestandteil der internationalen Beziehungen der EU. Jedes der drei strategischen Ziele wurde durch spezifische Ziele konkretisiert. Zur Zielerreichung legte der Rat **zwei Methoden** fest: zum einen die OMK für die Zusammenarbeit mit den Mitgliedstaaten, zum anderen den »strukturierten Dialog« mit der Zivilgesellschaft. Letzterer ist eine Besonderheit des Kulturbereiches. Er existiert in dieser Form in den anderen Politikfeldern, in denen die OMK zur Anwendung gelangt, nicht.

49

Umgesetzt wird die europäischen Kulturagenda durch **Arbeitspläne**. Sie legen jeweils thematische Schwerpunkte und Umsetzungsmodalitäten fest. Dementsprechend wurde zunächst der **Arbeitsplan 2008–2010**[129] verabschiedet, dessen Umsetzung 2010 von der Kommission bewertet wurde.[130] Der Kommissionsbericht analysierte die Fortschritte, die sowohl auf EU- als auch auf mitgliedstaatlicher Ebene bei Umsetzung der drei strategischen Ziele der europäischen Kulturagenda erzielt wurden. Darüber hinaus bewertete er die ersten Erfahrungen mit der OMK und dem strukturierten Dialog im Kulturbereich. Der Bericht fiel gemischt aus: Zwar konstatierte er zahlreiche positive Entwicklungen. In erster Linie legte die Kommission jedoch eine Reihe von Verbesserungsvorschlägen vor. Der nachfolgende **Arbeitsplan 2011–2014**[131] versuchte, diesen Hinweisen Rechnung zu tragen. Als neue Prioritäten des Zeitraums bis 2014 legte er kulturelle Vielfalt und interkulturellen Dialog, Kultur- und Kreativwirtschaft, Kompetenzen und Mobilität, kulturelles Erbe, Kultur und Außenbeziehungen sowie Kulturstatistiken fest. Der Kommissionsbericht von 2014, der den Arbeitsplan bewertete,[132]

50

---

[126] Vgl. *Oppermann/Classen/Nettesheim*, Europarecht, § 34, Rn. 134.
[127] Zur OMK im Bildungsbereich vgl. *Odendahl*, in: Niedobitek, Europarecht – Politiken, § 9, Rn. 42 ff.; zur OMK im Rentenbereich vgl. *Odendahl*, Die »offene Koordinierung« der Alterssicherungssysteme in der Europäischen Gemeinschaft, FS Krause, 2006, S. 61 ff.
[128] Entschließung des Rates vom 16.11.2007 zu einer europäischen Kulturagenda, ABl. 2007, C 287/1. Näher dazu *Grzeszick*, EnzEuR, Bd. 8, § 9, Rn. 84 ff.
[129] Schlussfolgerungen des Rates und der im Rat vereinigten Vertreter der Regierungen der Mitgliedstaaten zum Arbeitsplan im Kulturbereich 2008–2010, ABl. 2008, C 143/9.
[130] Bericht der Kommission an das Europäische Parlament, den Rat, den Europäischen Wirtschafts- und Sozialausschuss und den Ausschuss der Regionen über die Umsetzung der europäischen Kulturagenda, KOM (2010) 390 endgültig.
[131] Schlussfolgerungen des Rates und der im Rat vereinigten Vertreter der Regierungen der Mitgliedstaaten zum Arbeitsplan für Kultur 2011–2014, ABl. 2010, C 325/1.
[132] Bericht der Kommission an das Europäische Parlament, den Rat, den Europäischen Wirtschafts-

schlug eine Neustrukturierung der Arbeitspläne vor. Künftig sollen sie nicht mehr für drei, sondern für vier Jahre gelten. Nach zwei Jahren soll es zu einer Halbzeitbewertung kommen, um eine mögliche Anpassung des Arbeitsplans zu ermöglichen. Auch soll die Zahl der Prioritäten reduziert werden. Der derzeit laufende **Arbeitsplan 2015–2018**[133] setzt die Empfehlungen um und enthält dementsprechend nur noch vier Prioritäten: die allgemeine Zugänglichkeit der Kultur, das kulturelle Erbe, Kreativwirtschaft und Innovation sowie Förderung der kulturellen Vielfalt inkl. Außenbeziehungen.

und Sozialausschuss und den Ausschuss der Regionen. Bericht über die Umsetzung und die Bedeutung des Arbeitsplans für Kultur 2011–2014, KOM (2014)535 endg.
[133] Schlussfolgerungen des Rates und der im Rat vereinigten Vertreter der Regierungen der Mitgliedstaaten zum Arbeitsplan für Kultur (2015–2018), ABl. 2014, C 463/4.

Titel XIV
Gesundheitswesen

Artikel 168 AEUV [Beitrag der Union zur Sicherstellung eines hohen Gesundheitsschutzniveaus]

(1) Bei der Festlegung und Durchführung aller Unionspolitiken und -maßnahmen wird ein hohes Gesundheitsschutzniveau sichergestellt.
[1]Die Tätigkeit der Union ergänzt die Politik der Mitgliedstaaten und ist auf die Verbesserung der Gesundheit der Bevölkerung, die Verhütung von Humankrankheiten und die Beseitigung von Ursachen für die Gefährdung der körperlichen und geistigen Gesundheit gerichtet. [2]Sie umfasst die Bekämpfung der weit verbreiteten schweren Krankheiten, wobei die Erforschung der Ursachen, der Übertragung und der Verhütung dieser Krankheiten sowie Gesundheitsinformation und -erziehung gefördert werden; außerdem umfasst sie die Beobachtung, frühzeitige Meldung und Bekämpfung schwerwiegender grenzüberschreitender Gesundheitsgefahren.
Die Union ergänzt die Maßnahmen der Mitgliedstaaten zur Verringerung drogenkonsumbedingter Gesundheitsschäden einschließlich der Informations- und Vorbeugungsmaßnahmen.
(2) [1]Die Union fördert die Zusammenarbeit zwischen den Mitgliedstaaten in den in diesem Artikel genannten Bereichen und unterstützt erforderlichenfalls deren Tätigkeit. [2]Sie fördert insbesondere die Zusammenarbeit zwischen den Mitgliedstaaten, die darauf abzielt, die Komplementarität ihrer Gesundheitsdienste in den Grenzgebieten zu verbessern.
[1]Die Mitgliedstaaten koordinieren untereinander im Benehmen mit der Kommission ihre Politiken und Programme in den in Absatz 1 genannten Bereichen. [2]Die Kommission kann in enger Verbindung mit den Mitgliedstaaten alle Initiativen ergreifen, die dieser Koordinierung förderlich sind, insbesondere Initiativen, die darauf abzielen, Leitlinien und Indikatoren festzulegen, den Austausch bewährter Verfahren durchzuführen und die erforderlichen Elemente für eine regelmäßige Überwachung und Bewertung auszuarbeiten. [3]Das Europäische Parlament wird in vollem Umfang unterrichtet.
(3) Die Union und die Mitgliedstaaten fördern die Zusammenarbeit mit dritten Ländern und den für das Gesundheitswesen zuständigen internationalen Organisationen.
(4) Abweichend von Artikel 2 Absatz 5 und Artikel 6 Buchstabe a tragen das Europäische Parlament und der Rat nach Artikel 4 Absatz 2 Buchstabe k gemäß dem ordentlichen Gesetzgebungsverfahren und nach Anhörung des Wirtschafts- und Sozialausschusses sowie des Ausschusses der Regionen mit folgenden Maßnahmen zur Verwirklichung der Ziele dieses Artikels bei, um den gemeinsamen Sicherheitsanliegen Rechnung zu tragen:
a) Maßnahmen zur Festlegung hoher Qualitäts- und Sicherheitsstandards für Organe und Substanzen menschlichen Ursprungs sowie für Blut und Blutderivate; diese Maßnahmen hindern die Mitgliedstaaten nicht daran, strengere Schutzmaßnahmen beizubehalten oder einzuführen;
b) Maßnahmen in den Bereichen Veterinärwesen und Pflanzenschutz, die unmittelbar den Schutz der Gesundheit der Bevölkerung zum Ziel haben;

c) Maßnahmen zur Festlegung hoher Qualitäts- und Sicherheitsstandards für Arzneimittel und Medizinprodukte.

(5) Das Europäische Parlament und der Rat können unter Ausschluss jeglicher Harmonisierung der Rechtsvorschriften der Mitgliedstaaten gemäß dem ordentlichen Gesetzgebungsverfahren und nach Anhörung des Wirtschafts- und Sozialausschusses und des Ausschusses der Regionen auch Fördermaßnahmen zum Schutz und zur Verbesserung der menschlichen Gesundheit sowie insbesondere zur Bekämpfung der weit verbreiteten schweren grenzüberschreitenden Krankheiten, Maßnahmen zur Beobachtung, frühzeitigen Meldung und Bekämpfung schwerwiegender grenzüberschreitender Gesundheitsgefahren sowie Maßnahmen, die unmittelbar den Schutz der Gesundheit der Bevölkerung vor Tabakkonsum und Alkoholmissbrauch zum Ziel haben, erlassen.

(6) Der Rat kann ferner auf Vorschlag der Kommission für die in diesem Artikel genannten Zwecke Empfehlungen erlassen.

(7) [1]Bei der Tätigkeit der Union wird die Verantwortung der Mitgliedstaaten für die Festlegung ihrer Gesundheitspolitik sowie für die Organisation des Gesundheitswesens und die medizinische Versorgung gewahrt. [2]Die Verantwortung der Mitgliedstaaten umfasst die Verwaltung des Gesundheitswesens und der medizinischen Versorgung sowie die Zuweisung der dafür bereitgestellten Mittel. [3]Die Maßnahmen nach Absatz 4 Buchstabe a lassen die einzelstaatlichen Regelungen über die Spende oder die medizinische Verwendung von Organen und Blut unberührt.

Literaturübersicht

Berg, Gesundheitsschutz als Aufgabe der EU – Entwicklung, Kompetenzen, Perspektiven, 1997; *Dettling*, Zuständigkeiten und Verantwortlichkeiten für den Gesundheitsschutz in der Europäischen Union, A&R 2006, 99; *ders.*, Ethisches Leitbild und EuGH-Kompetenz für die Gesundheitssysteme?, EuZW 2006, 519; *Dünnes-Zimmermann*, Gesundheitspolitische Handlungsspielräume der Mitgliedstaaten im Europäischen Gemeinschaftsrecht, 2006; *Frenz/Götzkes*, Europäische Gesundheitspolitik nach Lissabon, MedR 2010, 613; *Kingreen*, Der Vorschlag der Europäischen Kommission für eine Patienten-Richtlinie, ZESAR 2009, 107; *Kment*, Die europäische Gesundheitspolitik und ihre Funktion als Querschnittsaufgabe – Eine Untersuchung des Art. 152 Abs. 1 UAbs. 1 EGV, EuR 2007, 275; *Krajewski*, Grenzüberschreitende Patientenmobilität in Europa zwischen negativer und positiver Integration der Gesundheitssysteme, EuR 2010, 165; *Natz*, Aktuelles aus Brüssel, PharmR 2010, 40; *ders.*, Aktuelles aus Brüssel, PharmR 2012, 280; *Pitschas*, Europäisches Sozial- und Gesundheitsrecht »nach Lissabon«, NZS 2010, 177; *Prunzel*, Grenzüberschreitende Gesundheitsdienstleistungen: Das neue Sozialpaket der Europäischen Kommission, RDG 2009, 160; *Sander*, Internationaler und europäischer Gesundheitsschutz, 2004; *ders.*, Europäischer Gesundheitsschutz als primärrechtliche Aufgabe und grundrechtliche Gewährleistung, ZEuS 2005, 253; *Schmidt am Busch*, Die Gesundheitssicherung im Mehrebenensystem, 2007; *Schmidt/Sule*, Von Patenten und Patienten – Die Entwicklung des EU-Gesundheitsrechts seit Lissabon, EuZW 2012, 369; *von Schwanenflügel*, Die Entwicklung der Kompetenzen der Europäischen Union im Gesundheitswesen, 1996; *Westenberg*, Gesundheitsdienstleistungen in der EU – die geplante »Patienten-Richtlinie«, NZS 2009, 135; *Wollenschläger*, Die Transplantation menschlicher Organe als neues Feld der EU-Gesundheitspolitik: Kompetentielle Möglichkeiten und Grenzen nach Lissabon und die neue EU-Richtlinie zur Organtransplantation, FS Scheuing, 2011, S. 447; *ders.*, Patientenmobilität in der Europäischen Union – von der Rechtsprechung des EuGH zur neuen Richtlinie 2011/24/EU über die Ausübung der Patientenrechte in der grenzüberschreitenden Gesundheitsversorgung, EuR 2012, 149; *Wunder*, Grenzüberschreitende Krankenbehandlung im Spannungsfeld von Grundfreiheiten und vertraglicher Kompetenzverteilung, 2008; *dies.*, Zum Vorschlag des Erlasses einer Richtlinie über die Ausübung der Patientenrechte in der grenzüberschreitenden Gesundheitsversorgung- Was ist neu?, MedR 2009, 324.

Leitentscheidungen

EuGH, Urt. v. 28.4.1998, Rs. C–120/95 (Decker), Slg. 1998, I–1831
EuGH, Urt. v. 12.7.2001, Rs. C–157/99 (Smits und Peerbooms), Slg. 2001, I–5473
EuGH, Urt. v. 13.5.2003, Rs. C–385/99 (Müller-Fauré und van Riet), Slg. 2003, I–4509
EuGH, Urt. v. 9.9.2003, Rs. C–151/02 (Landeshauptstadt Kiel/Jaeger), Slg. 2003, I–8389
EuGH, Urt. v. 11.12.2003, Rs. C–322/01 (Doc Morris), Slg. 2003, I–14887
EuGH, Urt. v. 16.5.2006, Rs. C–372/04 (Watts), Slg. 2006, I–4325
EuGH, Urt. v. 12.12.2006, Rs. C–380/03 (Deutschland/Parlament und Rat), Slg. 2006, I–11573
EuGH, Urt. v. 25.2.2010, Rs. C–562/08 (Müller Fleisch GmbH gegen Land Baden-Württemberg), Slg. 2010, I–1391
EuGH, Urt. v. 1.6.2010, verb. Rs. C–570/07–571/07 (Pérez u.a.), Slg. 2010, I–4629
EuGH, Urt. v. 5.10.2010, Rs. C–173/09 (Elchinov), EuZW 2010, 907
EuGH, Urt. v. 9.12.2010, Rs. C–421/09 (Humanplasma GmbH/Österreich), Slg. 2010, I–12869
EuGH, Urt. v. 16.12.2010, Rs. C–137/09 (Josemans), Slg. 2010, I–13019
EuGH, Urt. v. 29.3.2012, Rs. C–185/10 (Polnisches Arzneimittelgesetz), ECLI:EU:C:2012:181
EuGH, Urt. v. 21.6.2012, Rs. C–84/11 (Susisalo), ECLI:EU:C:2012:374
EuGH, Beschl. v. 19.12.2013, Rs. C–426/13 P (R) (Europäische Kommission/Deutschland), ECLI:EU:C:2013:848
Schlussanträge des Generalanwalts *Szpunar* v. 11.6.2015, Rs. C–552/13 (Grupo Hospitalario Quirón/Departamento de Sanidad del Gobierno Vasco, ECLI:EU:C:2015:394

Wesentliche sekundärrechtliche Vorschriften
Verordnungen

VO (EG) Nr. 178/2002 vom 28.1.2002 zur Festlegung der allgemeinen Grundsätze und Anforderungen des Lebensmittelrechts, zur Errichtung der Europäischen Behörde für Lebensmittelsicherheit und zur Festlegung von Verfahren für Lebensmittelsicherheit, ABl. 2002, L 31/1
VO (EG) Nr. 1829/2003 vom 22.9.2003 über genetisch veränderte Lebensmittel und Futtermittel, ABl. 2003, L 268/1
VO (EG) 726/2004 vom 31.3.2004 zur Festlegung von Gemeinschaftsverfahren für die Genehmigung und Überwachung von Human- und Tierarzneimitteln und zur Schaffung einer Europäischen Arzneimittel-Agentur, ABl. 2004, L 136/1, zuletzt geändert in ABl. 2009 L 152/11
VO (EG) Nr. 851/2004 vom 21.4.2004 zur Errichtung eines Zentrums über die Prävention und die Kontrolle von Krankheiten, ABl. 2004, L 142/1
VO (EG) Nr. 1920/2006 vom 12.12.2006 über die Europäische Beobachtungsstelle für Drogen und Drogensucht, ABl. 2006, L 376/1
VO (EG) Nr. 282/2014 vom 11.3.2014 über ein drittes Aktionsprogramm der Union im Bereich der Gesundheit (2014–2020), ABl. 2014, L 86/1

Richtlinien

RL 90/385/EWG vom 20.6.1990 zur Angleichung der Rechtsvorschriften der Mitgliedstaaten über aktive implantierbare medizinische Geräte, ABl. 1990, L 189/17, zuletzt geändert durch die RL 2007/47/EG, ABl. 2007, L 247/21
RL 93/42/EWG vom 14.6.1993 über Medizinprodukte, ABl. 1993, L 169/1, zuletzt geändert durch die RL 2007/47/EG, ABl. 2007, L 247/21
RL 2001/83/EG vom 6.11.2001 zur Schaffung eines Gemeinschaftskodexes für Humanarzneimittel, ABl. 2001, L 311/67, geändert durch die RL 2004/24/EG, ABl. 2004, C 136/85 und durch die RL 2004/27/EG, ABl. 2004, L 136/34, berichtigt in ABl. 2003, L 302/40 und zuletzt geändert in ABl. 2009, L 242/3
RL 2004/23/EG vom 31.3.2004 zur Festlegung von Qualitäts- und Sicherheitsstandards für die Spende, Beschaffung, Testung, Verarbeitung, Konservierung, Lagerung und Verteilung von menschlichen Geweben und Zellen, ABl. 2004, L 102/48, zuletzt geändert durch die VO (EG) 596/2009 vom 18.6.2009, ABl. 2009, L 188/14
RL 2011/62/EU vom 8.6.2011 zur Änderung der RL 2001/83/EG zur Schaffung eines Gemeinschaftskodexes für Humanarzneimittel hinsichtlich der Verhinderung des Eindringens von gefälschten Arzneimitteln in die legale Lieferkette, ABl. 2011, L 174/74

Beschlüsse

Beschluss des Rates vom 2.6.2004 über den Abschluss des WHO-Rahmenübereinkommens zur Eindämmung des Tabakkonsums, ABl. 2004, L 213/8
Beschluss des Europäischen Parlaments und des Rates vom 23.10.2007 über ein zweites Aktionsprogramm der Gemeinschaft im Bereich der Gesundheit (2008–2013) ABl. 2007, L 301/3
Beschluss des Rates vom 29.4.2008 über den Abschluss des Abkommens zwischen der Europäischen Gemeinschaft und der Republik Türkei über die Beteiligung der Republik Türkei an der Arbeit der Europäischen Beobachtungsstelle für Drogen und Drogensucht, ABl. 2008, L 129/48
Beschluss der Europäischen Kommission vom 23.2.2009 zur Annahme des Arbeitsplans 2009 zur Durchführung des zweiten Aktionsprogramms der Gemeinschaft im Bereich der Gesundheit (2008–2013), ABl. 2009, L 53/41

Empfehlungen

Empfehlung des Rates vom 2.12.2002 zur Prävention des Rauchens und für Maßnahmen zur gezielteren Eindämmung des Tabakkonsums, ABl. 2003, L 22/31
Empfehlung des Rates vom 9.6.2009 zur Sicherheit der Patienten unter Einschluss der Prävention und Eindämmung von therapieassoziierten Infektionen, ABl. 2009, C 151/1
Empfehlung des Rates vom 30.11.2009 über rauchfreie Umgebungen, ABl. 2009, C 296/4
Empfehlung des Rates vom 22.12.2009 zur Impfung gegen die saisonale Grippe, ABl. 2009, L 348/71

Inhaltsübersicht

	Rn.
A. Entwicklung der Vorschriften des Primärrechts über die europäische Gesundheitspolitik	1
B. Wesentliche Tätigkeiten der Union	4
C. Wesentliche Tatbestandsmerkmal	8
I. Gesundheit	8
II. Gesundheitsschutz	11
D. Querschnittsklausel nach Art. 168 Abs. 1 AEUV	13
I. Einführung	13
II. Gesundheitsverträglichkeitsprüfung (Impact Assessment)	15
III. Verhältnis zu Art. 114 Abs. 3 AEUV	17
IV. Verhältnis zu Art. 169 Abs. 1 und Art. 191 Abs. 1 AEUV	19
E. Zuständigkeitsverteilung zwischen Union und Mitgliedsstaaten	20
I. Unterstützung, Koordinierung und Ergänzung i. S. v. Art. 6 Satz 1 Buchst. a AEUV und Art. 2 Abs. 5 AEUV	20
II. Geteilte Zuständigkeit für die Materien des Art. 168 Abs. 4 i. V. m. Art. 4 Abs. 2 Buchst. k AEUV	23
F. Das Harmonisierungsverbot nach Art. 168 Abs. 5 AEUV	29
G. Empfehlungen nach Art. 168 Abs. 6 AEUV	31
H. Wahrung der Verantwortung der Mitgliedsstaaten	33
I. Außenbeziehungen	38

A. Entwicklung der Vorschriften des Primärrechts über die europäische Gesundheitspolitik

1 Der **ursprüngliche EWGV** kannte Vorschriften über die Gesundheitspolitik nur an zwei Stellen, nämlich zum einen in Art. 36 mit dem Vorbehalt, wonach die Regeln des Vertrages über den freien Warenverkehr u. a. »zum Schutze der Gesundheit und des Lebens von Menschen, Tieren oder Pflanzen« eingeschränkt werden können. Eine eigene kompetenzielle Vorschrift kannte der Vertrag damals nur in Art. 118, einer Vorschrift in dem damaligen Titel III (Die Sozialpolitik), wonach die Kommission die Aufgabe hatte »eine enge Zusammenarbeit zwischen den Mitgliedstaaten in sozialen Fragen zu fördern«.

Diese Zuständigkeit erstreckte sich ausweislich des 6. Gedankenstrichs der Vorschrift auch auf das Gebiet »des Gesundheitsschutzes bei der Arbeit«. Insofern war dem damaligen Vertrag eine gewisse gesundheitspolitische Kompetenzzuweisung nicht ganz fremd.[1] Der Vertrag über die **Einheitliche Europäische Akte** führte sodann zu einer Ausweitung der Vorschriften über die Gesetzgebungstätigkeit im Binnenmarkt mit dem damaligen Art. 100a Abs. 3, demzufolge die Kommission in ihren Vorschlägen zur Verwirklichung des Binnenmarktes »in den Bereichen Gesundheit, Sicherheit, Umweltschutz und Verbraucherschutz von einem hohen Schutzniveau« auszugehen habe. Die erste Vorgängerfassung zu dem heutigen Art. 168 AEUV brachte erst der **Maastrichter Vertrag** über die Europäische Union vom 7. 2. 1992.[2] Nach dem damaligen **Art. 129 EGV** gab es nunmehr einen eigenen gesundheitspolitischen Kompetenztitel, der die damalige Gemeinschaft allerdings auch nur zu Maßnahmen der »Förderung der Zusammenarbeit zwischen den Mitgliedsstaaten und zur Unterstützung« deren Tätigkeit im Bereich des Gesundheitsschutzes ermächtigte. Art. 129 Abs. 1 Satz 3 EGV enthielt bereits eine frühe Fassung einer Art Querschnittsklausel. Im Übrigen verpflichtete Art. 129 Abs. 2 EGV die Mitgliedsstaaten untereinander zur Koordination ihrer Gesundheitspolitiken »im Benehmen mit der Kommission«. Art. 129 Abs. 4, 1. Gedstr. EGV kannte schon damals das vollständige Verbot »jeglicher Harmonisierung der Rechts- und Verwaltungsvorschriften der Mitgliedsstaaten im Bereich der Gesundheitspolitik«.

Durch den **Amsterdamer Vertrag** vom 2. 10. 1997 wurde der Kompetenztitel der Gemeinschaft in dem damaligen **Art. 152 EGV** jedenfalls dem Umfang nach noch einmal aufgewertet. Die Kompetenzen der Gemeinschaft wurden allerdings nicht wesentlich erweitert.[3] Der Kompetenzkatalog in dem damaligen Art. 152 Abs. 4 EGV wurde um konkrete Gesetzgebungstatbestände wie z. B. in Buchst. a um die Thematik der Festlegung von hohen Qualitäts- und Sicherheitsstandards für Organe und Substanzen menschlichen Ursprungs sowie für Blut und Blutderivate ergänzt. Hinzu kam die heute in Art. 168 Abs. 7 AEUV befindliche sog. Sicherungsklausel (damals Art. 152 Abs. 5 EGV), die die Verantwortung der Mitgliedsstaaten für die Organisation des Gesundheitswesens und der medizinischen Versorgung als Reservat mitgliedsstaatlicher Souveränität noch einmal unterstrich und insoweit sogar einen gewissen Rückschritt gegenüber der Vorgängerfassung darstellte.

2

Durch den **Lissabonner Vertrag** wurde die Gesundheitspolitik jedenfalls insoweit aufgewertet, als der Gesundheitsschutz nunmehr ausdrücklich auch im Rahmen von Art. 9 AEUV zum Gegenstand einer Querschnittsklausel gemacht wurde.[4] Dies allerdings im Zusammenhang mit der Festlegung sozialer Politikzielbestimmungen, die den Gesundheitsschutz in diesem Zusammenhang wie eine Annexaufgabe der Arbeits- und Sozialpolitik erscheinen lassen, wie dies auch ursprünglich in dem oben zitierten Artikel 118 EWGV angelegt war. Art. 168 AEUV geht weiterhin von einer **primären Zuständigkeit der Mitgliedsstaaten** für die Ausgestaltung und Verfolgung der Gesundheitspolitik aus.[5] Insofern mag es den Leser des neuen Art. 35 GRC etwas irreführen, wenn dort in Satz 2 von der »Festlegung und Durchführung aller Politiken und Maßnahmen der Union« die Rede ist, im Rahmen derer ein »hohes Gesundheitsschutzniveau« sicherzustellen sei.

3

---

[1] *Schmidt am Busch*, in: Grabitz/Hilf/Nettesheim, EU, Art. 168 AEUV (Mai 2011), Rn. 1.
[2] Siehe auch den Überblick bei *Kment*, EuR 2007, 275 (276).
[3] *Schmidt am Busch*, in: Grabitz/Hilf/Nettesheim, EU, Art. 168 AEUV (Mai 2011), Rn. 4.
[4] *Schmidt am Busch*, in: Grabitz/Hilf/Nettesheim, EU, Art. 168 AEUV (Mai 2011), Rn. 6.
[5] *Berg*, in: Schwarze, EU-Kommentar, Art. 168 AEUV, Rn. 6; *Schmidt/Sule*, EuZW 2012, 369 (369).

Mit dieser Vorschrift greift Art. 35 Satz 2 GRC nämlich nur die Formulierung in Art. 168 Abs. 1 AEUV auf, gemeint sind somit nicht autonome Maßnahmen einer originären Gesundheitspolitik der Europäischen Union, sondern andere unionspolitische Maßnahmen, die den Gesundheitsschutz betreffen.

B. Wesentliche Tätigkeiten der Union

4 Bei der Beschreibung der Tätigkeiten der Union im Bereich des Gesundheitsschutzes sind zwei Tatbestände zu unterscheiden: Zum einen **Maßnahmen der Binnenmarktgesetzgebung nach Art. 114 AEUV**, die gemäß Abs. 3 auch gesundheitspolitische Zielrichtungen verfolgen sowie **umweltpolitische Rechtsakte**, die nach **Art. 191 Abs. 1, 2. Gedstr. AEUV** ebenfalls dem Schutz der menschlichen Gesundheit dienen, die aber jeweils keine originären – rein – gesundheitspolitischen Maßnahmen sind; und andererseits solche Maßnahmen, die die Union im Rahmen ihrer als Regelfall (s. Rn. 20) konzipierten **koordinierenden, unterstützenden und ergänzenden Tätigkeit** im Bereich des Gesundheitsschutzes nach **Art. 6 Satz 2 Buchst. a und Art. 168 AEUV** wahrnimmt.

5 Der begrenzten Kompetenzzuweisung in Art. 168 AEUV entsprechend konzentriert sich die Tätigkeit der Kommission und auch der anderen Unionsorgane auf die **Aufstellung von Programmen und Leitlinien** sowie die Entscheidungsfindung zur Finanzierung gesundheitspolitischer Aktionen, für die im Haushalt der Europäischen Union dreistellige Millionenbeträge bereitgehalten werden.

6 Ein Beispiel für ein programmatisches Papier der Europäischen Kommission bildet das am 23. 10. 2007 veröffentlichte **Weißbuch »Gemeinsam für die Gesundheit: Ein strategischer Ansatz der EU für 2008–2013«**.[6] Dieses ist auf die Entwicklung und Durchführung verschiedener politischen Programme und Programmerklärungen gerichtet, so wie etwa eine Erklärung zu den gemeinsamen Werten der Gesundheitspolitik der Mitgliedstaaten und der Europäischen Kommission, zur Entwicklung bestimmter Indikatoren zur Verbesserung des Informationsaustausches zwischen Mitgliedstaaten, ökonomische Studien zur Bewertung der Effizienz gesundheitspolitischer Maßnahmen, Aktivitäten zur Verbesserung der Vertretung der Europäischen Union in internationalen Organisation wie etwa der Weltgesundheitsorganisation oder der OECD, Maßnahmen zur Verbesserung der gesundheitlichen Versorgung älterer Menschen, aber auch konkretere Maßnahmen wie etwa die Ausarbeitung neuer Leitlinien zur Früherkennung von Krebserkrankungen. Parallel zu diesem Weißbuch haben Parlament und Rat für die Jahre 2008 bis 2013 das sog. »**Zweite Aktionsprogramm der Gemeinschaft im Bereich der Gesundheit**« beschlossen.[7] Die Finanzausstattung für die Durchführung des Programms beträgt für den Fünfjahreszeitraum (2008 bis 2013) 321.500.000,00 Euro (Art. 3 des Beschlusses). Der Annahme des Aktionsprogramms folgte ein weiterer Beschluss der Kommission, dem ein sehr ausführlicher Arbeitsplan zur Durchführung des Programms beigefügt war.[8]

---

[6] *Europäische Kommission*, Weißbuch vom 23. 10. 2007, Gemeinsam für die Gesundheit: Ein strategischer Ansatz der EU für 2008–2013, KOM (2007), 630.
[7] Beschluss des Europäischen Parlaments und des Rates vom 23. 10. 2007 über ein zweites Aktionsprogramm der Gemeinschaft im Bereich der Gesundheit (2008–2013) ABl. 2007, L 301/3.
[8] Beschluss des Europäischen Kommission vom 23. 2. 2009 zur Annahme des Arbeitsplans 2009 zur Durchführung des zweiten Aktionsprogramms der Gemeinschaft im Bereich der Gesundheit (2008–2013) und zu den Auswahl-, Vergabe- und sonstigen Kriterien für Finanzhilfen für die Aktionen dieses Programms, ABl. 2009, L 53/41.

Die Nachfolgeplanung zu diesen Unterlagen für die Jahre 2014 bis 2020 hat eine 7
ähnliche Zielrichtung, konzentriert sich allerdings stärker auf den Faktor der **Gesundheitspolitik als Maßnahme zur Steigerung wirtschaftlichen Wachstums**.[9] Für dieses Programm ist eine Finanzausstattung von 446 Millionen Euro vorgesehen. Im Jahre 2011 hatte die Kommission hierzu einen diesbezüglichen Verordnungsvorschlag in das Gesetzgebungsverfahren eingebracht, das 2014 abgeschlossen wurde.[10] Zusätzlich zu diesen Aktionsprogrammen, anderen politischen Erklärungen und Koordinationsmaßnahmen veröffentlicht der Rat auf Vorschlag der Kommission nach Art. 168 Abs. 6 AEUV gesundheitspolitische Empfehlungen, so z. B. betreffend die Schaffung rauchfreier Umgebungen[11] sowie für Maßnahmen im Bereich seltener Krankheiten[12] oder zur sektorübergreifenden Unterstützung gesundheitsfördernder körperlicher Aktivität.[13] Die Europäische Kommission dokumentiert ihr Vorgehen im Bereich des Gesundheitswesens ausführlich auf einer entsprechenden »**Public Health**«-Internetseite.[14]

C. Wesentliche Tatbestandsmerkmale

I. Gesundheit

Der Begriff der »Gesundheit« wird in Art. 168 AEUV vorausgesetzt, die Formulierung 8
in Art. 168 Abs. 1 Satz 2 und Satz 3 AEUV lässt allerdings eine Konzentration auf den **medizinischen Gesundheitsbegriff** erkennen. Hintergrund dieser Fragestellung ist die auch in der Kommentarliteratur vielfach diskutierte Gleichsetzung des Gesundheitsbegriffes des früheren EGV mit der Gesundheitsdefinition in der Präambel der Satzung der Weltgesundheitsorganisation.[15] In dieser Satzung wird der Begriff der Gesundheit definiert als ein »Zustand des vollständigen körperlichen, geistigen und sozialem Wohlbefindens und nicht nur das Freisein von Krankheit und Gebrechen«. Diese Definition hatte der Gerichtshof in einer Auseinandersetzung zwischen Großbritannien und dem Rat über die Kompetenzgrundlage für die Annahme der Arbeitszeitrichtlinie 93/104/EG herangezogen und die Auffassung vertreten, dass der Begriff der Gesundheit im Sinne des damaligen Art. 118a EGV nicht notwendig eng verstanden werden müsse.[16] Diese Definition wurde allerdings auch noch später in der Rechtspraxis aufge-

---

[9] Vgl. die auf der Internetseite der Generaldirektion für Gesundheit und Verbraucher veröffentlichten Programme mit den Namen Health Program 2014 bis 2020 (veröffentlicht im November 2013) sowie Investing in Help, Commission staff working document, social investment package February 2013.
[10] *Europäische Kommission*, Vorschlag vom 9.11.2011 für eine Verordnung des Europäischen Parlaments und des Rates über das Programm »Gesundheit für Wachstum«, das dritte mehrjährige EU Aktionsprogramm im Bereich der Gesundheit für den Zeitraum 2014 bis 2020, KOM (2011) 709; VO (EU) Nr. 282/2014 vom 11.3.2014, ABl. 2014, L 86/1.
[11] Zitiert bei *Kingreen*, in: Calliess/Ruffert, EUV/AEUV, Art. 168 AEUV, Rn. 16.
[12] Empfehlung des Rates vom 8.6.2009 für eine Maßnahme im Bereich seltener Krankheiten, ABl. 2009, C 151/7.
[13] Empfehlung des Rates vom 6.11.2013 zur sektorübergreifenden Unterstützung gesundheitsfördernder körperlicher Aktivität, ABl. 2013, C 351/1.
[14] Siehe http://ec.europa.eu/health/index_de.htm (2.2.2017)
[15] *Müller-Terpitz*, in: Spickhoff, Medizinrecht, 2011, Art. 35 GRC, Rn. 7; *Schmidt am Busch*, in: Grabitz/Hilf/Nettesheim, EU, Art. 168 AEUV (Mai 2011), Rn. 7; *Frenz/Götzkes*, MedR 2010, 613 (613).
[16] EuGH, Urt. v. 12.11.1996, Rs. C–84/94 (Vereinigtes Königreich/Rat), Slg. 1996, I–5793, Rn. 15.

griffen, nämlich im Zusammenhang mit der Definition des Begriffes Gesundheit im Recht der Lebensmittelbezeichnung, wonach jedenfalls nicht nur das physische Wohlbefinden erfasst sei, sondern auch das psychologische Funktionieren und die Verhaltensweisen einer Person.[17]

9   Die Aufzählung der **gesundheitspolitischen Schwerpunkte** der Union in Art. 168 Abs. 1 Sätze 2 und 3 AEUV bezieht die soziale Komponente des Gesundheitsschutzes und insbesondere den Arbeitsschutz nicht mit ein, sondern konzentriert sich auf die Verhütung von Humankrankheiten, die Beseitigung der Ursachen für die Gefährdung der körperlichen und geistigen Gesundheit sowie die »Bekämpfung besonders schwerer und verbreiteter Krankheiten«. Hierzu gehören weiter auch Maßnahmen etwa der Bevölkerungsinformation und Gesundheitserziehung sowie der Pharmakovigilanz. In Abgrenzung zu der Kompetenznorm des Art. 153 AEUV im Bereich der Sozialpolitik, der in Abs. 1 Buchst. a den Schutz der Gesundheit als Komponente der Verbesserung der Arbeitsumwelt und der Arbeitssicherheit ausdrücklich erwähnt, wird man den Schluss wagen können, dass die in der vom Gerichtshof früher aufgegriffenen Definition der Gesundheit nach Maßgabe der Satzungsbestimmungen der Weltgesundheitsorganisation enthaltene soziale Komponente nicht mehr Gegenstand des Gesundheitsbegriffes i. S. v. Art. 168 Abs. 1 AEUV ist. Gedacht ist an die **kollektive medizinische Gesundheit der Bevölkerung**, was sich bereits aus der Formulierung in Satz 2 (»Gesundheit der Bevölkerung«) ergibt.[18] Maßnahmen der Union, die sich auf diesen Kompetenztitel stützen, müssen somit nicht die individuelle Gesundheit des Einzelnen im Auge haben, sondern sich **abstrakt-generell auf die Sicherstellung eines hohen Gesundheitsschutzniveaus beziehen**.

10 Eindeutig ist, dass sich der Gesundheitsbegriff in Art. 168 AEUV nur auf die **Humangesundheit**, nicht auch auf die Tiergesundheit bezieht. Das kann man nicht nur aus den Begrifflichkeiten »Gesundheit der Bevölkerung« oder »Humankrankheiten« in Art. 168 Abs. 1 Satz 2 AEUV ableiten, sondern auch im Rückschluss aus Abs. 4 Buchst. b der Bestimmung, wonach Maßnahmen in den »Bereichen Veterinärwesen und Pflanzenschutz« ausdrücklich als solche bezeichnet werden, die den »Schutz der Gesundheit der Bevölkerung zum Ziel haben«. Derartige Maßnahmen müssen somit nicht speziell die Tiergesundheit im Auge haben, sondern vielmehr im Lichte der Humangesundheit bestimmte Regelungen des Veterinärwesens oder des Pflanzenschutzes treffen.

II. Gesundheitsschutz

11 Schutz der Gesundheit im Sinne von Art. 168 AEUV bedeutet sowohl Krankheitsprävention als auch Heilung. Während der frühere Art. 129 EGV einen »betont präventiven Ansatz« auswies,[19] lässt sich diese Unterscheidung in der Formulierung von Art. 168 AEUV nicht mehr in der gleichen Trennschärfe wiederfinden. Es überwiegen zwar weiterhin Begrifflichkeiten wie etwa »Verhütung« von Humankrankheiten oder der Begriff der »Beseitigung von Ursachen«, beschrieben wird aber auch die »Verbesserung der Gesundheit der Bevölkerung« ohne weitere Einschränkung. Auch die Wortwahl »Bekämpfung«, die sich auf die »weit verbreiteten schweren Krankheiten« be-

---

[17] GA *Mazák*, Schlussanträge zu Rs. C–544/10 (Deutsches Weintor/Land Rheinland-Pfalz), ECLI:EU:C:2012:189, Rn. 41.
[18] *Müller-Terpitz* (Fn. 15), Rn. 7.
[19] *Berg*, in: Schwarze, EU-Kommentar, Art. 168 AEUV, Rn. 9.

zieht, dürfte trotz des einschränkenden Nachsatzes (»wobei [...]«) nicht auf die bloße Krankheitsprävention begrenzt sein. Gleichwohl fällt auf, dass Art. 168 Abs. 1 AEUV den Begriff der den Mitgliedstaaten zugewiesenen »medizinischen Versorgung« i. S. v. Abs. 7 der Vorschrift nicht verwendet, ein **gewisser krankheitspräventiver Schwerpunkt** dürfte daher weiterhin dem Willen des Vertragsgebers am meisten entsprechen.[20] Angesichts des gleitenden Übergangs von Krankheitsprävention zu Krankheitsheilung und der ohnehin begrenzten Zuständigkeit der Union dürfte diese Unterscheidung keine große praktische Relevanz haben.

Einen besonderen Stellenwert genießt auch die **Verringerung drogenkonsumbedingter Gesundheitsschäden**, die in Art. 168 Abs. 1 Satz 4 AEUV ausdrücklich erwähnt sind und auch in der Rechtsprechung des Gerichtshofes als Maßnahmen zum Schutz der Gesundheit ausdrücklich anerkannt sind.[21]

D. Querschnittsklausel nach Art. 168 Abs. 1 AEUV

I. Einführung

Art. 168 Abs. 1 UAbs. 1 AEUV enthält eine spezielle gesundheitspolitische Querschnittsklausel, wonach bei der Festlegung und Durchführung »aller Unionspolitiken und -maßnahmen« ein hohes Gesundheitsschutzniveau sichergestellt wird. Diese Formulierung legt einen **höheren Grad an rechtlicher Bindung** nahe als etwa die allgemeine Querschnittsklausel zum Thema »Sozialer Schutz« in Art. 9 AEUV. Nach dieser Bestimmung muss die Union bei ihrer Politik und ihren Maßnahmen lediglich einem hohen Niveau des Gesundheitsschutzes »Rechnung tragen«, während Art. 168 Abs. 1 UAbs. 1 AEUV die Union auf den Erfolg der Festlegung eines hohen Gesundheitsschutzniveaus verpflichtet.[22] Die Formulierung der Vorschrift geht von »einem hohen Gesundheitsschutzniveau« aus, was nach der Literatur bedeutet, dass die Union unabhängig von der Art der von ihr jeweils verfolgten Unionspolitik, überall »dasselbe hohe Gesundheitsschutzniveau zu gewährleisten hat«.[23] Normadressaten der Querschnittsklausel sind auch die Mitgliedstaaten, die in der Anwendung von Unionsrecht auch diese Vorgabe zu beachten haben.[24]

Angesichts des stärkeren Bindungsgrades der Vorschrift stellt sich die Frage, in wie weit die Einhaltung der Querschnittsklausel tatsächlich **justiziabel** ist. Zu den Vorgängerbestimmungen der allgemeinen Querschnittsklauseln in den Art. 7 ff. AEUV war bisher die Auffassung, dass sich aus diesen Politikzielbestimmungen nicht immer ein Vorrang des jeweiligen Schutzbelanges ableiten lasse. Eine solche Auslegung »würde das Ermessen der Gemeinschaftsorgane und des Gemeinschaftsgesetzgebers unangemessen einschränken«. Deshalb seien diese Vorschriften (damals Art. 6 EGV) lediglich als zwingendes Abwägungskriterium zu verstehen, die Querschnittsklausel sei deshalb

---

[20] *Frenz/Götzkes*, MedR 2010, 613 (613).
[21] EuGH, Urt. v. 16.12.2010, Rs. C–137/09 (Josemans), Slg. 2010, I–13019, Rn. 65.
[22] *Schmidt am Busch*, in: Grabitz/Hilf/Nettesheim, EU, Art. 168 AEUV (Mai 2011), Rn. 92, der ebenfalls auf die eigenständige Bedeutung von Art. 168 Abs. 1 UAbs. 1 im Verhältnis zu Art. 8 AEUV hinweist.
[23] *Schmidt am Busch*, in: Grabitz/Hilf/Nettesheim, EU, Art. 168 AEUV (Mai 2011), Rn. 83.
[24] *Kingreen*, in: Calliess/Ruffert, EUV/AEUV, Art. 168 AEUV, Rn. 9; *Kment*, EuR 2007, 275 (279).

nur verletzt, wenn die entsprechenden Zielvorgaben »offensichtlich nicht berücksichtigt oder vollständig außer Acht gelassen wurden«.[25] Der Grad der Verpflichtung nach Art. 168 Abs. 1 UAbs. 1 AEUV dürfte **über ein solches bloßes Berücksichtigungsgebot hinausgehen**. Vielmehr hat der Gesetzgeber sicherzustellen, dass sich das einheitlich definierte hohe Gesundheitsschutzniveau zwar nicht notwendig gegen alle anderen Unionspolitiken und -belange durchsetzt, dass die Erreichung dieses Gesundheitsschutzniveaus jedoch durch die Verfolgung anderer Politiken nicht beeinträchtigt ist. Insofern definiert das hohe Gesundheitsschutzniveau einen gewissen **Sockel, den die Normadressaten von Art. 168 Abs. 1 UAbs. 1 AEUV nicht unterschreiten dürfen**.[26]

II. Gesundheitsverträglichkeitsprüfung (Impact Assessment)

15 In Anlehnung an die Terminologie des Umweltrechtes und zur Übersetzung der von der Kommission generell für ihre großen politischen Linien verwandte Begrifflichkeit des »Impact Assessment« wird Art. 168 Abs. 1 UAbs. 1 AEUV in dem Sinne verstanden, dass er den Unionsorganen und den Mitgliedstaaten bei der Umsetzung des Unionsrechts eine **Gesundheitsverträglichkeitsprüfung** auferlegt.[27] Dies ist so zu verstehen, dass die betroffenen Akteure die jeweilige politische Maßnahme im Rahmen einer **umfassenden Abwägung aller maßgeblichen Umstände**, also auch volkswirtschaftlicher oder soziologischer Folgen, in Ausgleich bringen müssen. Bei dieser Abwägung muss sich der Gesundheitsschutz nicht stets gegenüber allen anderen Politikzielen vollständig durchsetzen, zu gewährleisten ist lediglich der von der Union zu bestimmende »**Sockel**« **eines hohen Gesundheitsschutzniveaus**. Dies folgt zum einen aus dem Gesichtspunkt des politischen Realismus, zum anderen daraus, dass der AEUV nur die Verfolgung eines »hohen«, nicht aber des »höchsten« Gesundheitsschutzniveaus vorgibt.[28]

16 Die Gesundheitsverträglichkeitsprüfung ist als »Health Impact« oder als »Health Policy Impact Assessment« Teil eines allgemeinen kommissionsinternen **Systems der Folgeabschätzung** für alle maßgeblichen politischen und gesetzgeberischen Initiativen. Zentral zuständig für die Steuerung dieser Impact Assessments (also auch außerhalb des gesundheitspolitischen Bereichs) ist das im Jahre 2006 eingesetzte »Impact Assessment Board«, das über seine Tätigkeit jährliche Berichte als sog. »IAB Report« veröffentlicht. Hierfür ist auf der Internetseite der Europäischen Kommission eine eigene Unterabteilung eingerichtet, die den Titel »Impact Assessment« trägt.[29] Hieraus wird ersichtlich, dass ein Impact Assessment als Folgeabschätzung eine Vielzahl von internen Diskussionen voraussetzt, aber auch eine umfangreiche Konsultation der betroffenen Wirtschafts- und gesellschaftlichen Kreise und Gruppen. Für den Bereich des Health Impact Assessment (HIA) greift die Kommission auf ein gemeinsam mit der Weltgesundheitsorganisation, verschiedenen mitgliedstaatlichen Behörden, der University of Liverpool und NGOs im Jahre 2004 entwickeltes Dokument zurück, das unter dem Titel »European Policy Health Impact Assessment« als unverbindliche Leitlinie ebenfalls auf der Inter-

---

[25] GA *Geelhoed*, Schlussanträge zu Rs. C–161/04 (Österreich/Parlament und Rat), Slg. 2006, I–7184, Rn. 59.
[26] Ähnlich *Berg*, in: Schwarze, EU-Kommentar, Art. 168 AEUV, Rn. 13: Sogenanntes Optimierungsgebot; *Kment*, EuR 2007, 275 (278).
[27] *Kingreen*, in: Calliess/Ruffert, EUV/AEUV, Art. 168 AEUV, Rn. 10; *Schmidt am Busch*, in: Grabitz/Hilf/Nettesheim, EU, Art. 168 AEUV (Mai 2011), Rn. 89 ff.; *Kment*, EuR 2007, 275 (279 f.).
[28] *Schmidt am Busch*, in: Grabitz/Hilf/Nettesheim, EU, Art. 168 AEUV (Mai 2011), Rn. 91.
[29] Siehe: http://ec.europa.eu/smart-regulation/impact/key_docs/key_docs_en.htm (2.2.2017).

netseite der Kommission (Generaldirektion Gesundheitswesen) veröffentlicht ist.[30] Dort findet sich auch die Begrifflichkeit der »Gesundheitsverträglichkeitsprüfung« bzw. der »Folgenabschätzung« im Gesundheitswesen. Die Notwendigkeit dieser Art von Prüfung hat insoweit rechtliche Auswirkungen, als sich die Ergebnisse der Verträglichkeitsprüfung **in den Begründungserwägungen** des entsprechenden Rechts nach Art. 296 AEUV niederschlagen sollten.[31] Angesichts des doch recht knappen Wortlautes von Art. 168 Abs. 1 UAbs. 1 AEUV ist allerdings nicht davon auszugehen, dass die Leitfäden für die Folgenabschätzung im Sinne einer zusätzlichen verfahrensrechtlichen Verpflichtung zwingend einzuhalten wären. Verpflichtend ist das Resultat einer in der Gesamtabwägung hochwertigen Politik, die dem Erfordernis eines hohen Gesundheitsschutzniveaus gerecht wird.[32]

III. Verhältnis zu Art. 114 Abs. 3 AEUV

Unklar ist das Verhältnis von **Art. 114 Abs. 3 AEUV**, ebenso auch der Schutzbestimmungen in den Abs. 4 und 5 zur Querschnittsklausel nach Art. 168 Abs. 1 UAbs. 1 AEUV. Zwar ist der Wortlaut der beiden Vorschriften insoweit harmonisiert, als beide von demselben »hohen Schutzniveau« ausgehen, im Sinne der einheitlichen Interpretation des AEUV muss es sich hierbei um dasselbe hohe Schutzniveau handeln,[33] der übrige Wortlaut der Vorschriften weicht jedoch nicht nur in Nuancen voneinander ab. Nach Art. 114 Abs. 3 AEUV geht lediglich »die Kommission von einem hohen Schutzniveau in dem Bereich Gesundheit« aus, Rat und Parlament sind nach Art. 114 Abs. 3 Satz 2 AEUV lediglich gehalten, dasselbe Schutzniveau »anzustreben«. Dem Vertrag scheint also die **Vorstellung eines Tauziehens** vorzuschweben, bei dem nur die Kommission in ihren Vorschlägen zur Einhaltung des hohen Schutzniveaus verpflichtet ist. Rat und Parlament sind dagegen nur verpflichtet, ein solches Schutzniveau ebenfalls erreichen zu wollen, ohne dass diese darin gehindert wären, im Gesetzgebungsverfahren das von der Kommission vorgeschlagene Schutzniveau im Interesse anderer Binnenmarktziele zu senken. Selbst der Verpflichtungsgrad, der die Kommission nach Art. 114 Abs. 3 Satz 1 AEUV trifft, ist geringfügig schwächer als der gegenüber allen Unionsorganen nach Art. 168 Abs. 1 UAbs. 1 AEUV, denn im Bereich der Binnenmarktgesetzgebung muss die Kommission lediglich von einem hohen Schutzniveau »ausgehen«, bereits die Formulierung suggeriert somit einen antizipierten Prozess einer Kaskade, in der, ausgehend von dem hohen Schutzniveau des ersten Vorschlages, Rat und Parlament letztlich dazu beitragen, den ursprünglichen Kommissionsvorschlag in seinem gesundheitspolitischen Impetus abzuschwächen. Damit wäre etwa im ordentlichen Gesetzgebungsverfahren, soweit es Binnenmarktrechtsakte nach Art. 114 AEUV betrifft, die Kommission schon nach Abschluss der Ersten Lesung etwa im Rahmen ihrer Stellungnahmen nach Art. 294 Abs. 6 Satz 2 oder nach Art. 294 Abs. 7 Buchst. c bzw. Abs. 9 AEUV nicht mehr verpflichtet, das »volle« hohe Schutzniveau einzuhalten, weil sie nach Art. 114 Abs. 3 Satz 1 AEUV nur gehalten ist, von diesem Schutzniveau »auszugehen«.

---

[30] *Schmidt am Busch*, in: Grabitz/Hilf/Nettesheim, EU, Art. 168 AEUV (Mai 2011), Rn. 92.
[31] *Kingreen*, in: Calliess/Ruffert, EUV/AEUV, Art. 168 AEUV, Rn. 10.
[32] Vgl. hierzu auch *Schmidt am Busch*, in: Grabitz/Hilf/Nettesheim, EU, Art. 168 AEUV (Mai 2011), Rn. 92ff.
[33] *Schmidt am Busch*, in: Grabitz/Hilf/Nettesheim, EU, Art. 168 AEUV (Mai 2011), Rn. 83.

18 Ebenfalls ungeklärt ist das Verhältnis zu Schutzmaßnahmen der Mitgliedstaaten nach **Art. 114 Abs. 4 und Abs. 5 AEUV**, ein Mechanismus, der in Art. 168 ebenfalls nicht vorgesehen ist.[34] Zu lösen ist dieser Konflikt letztlich **auf der Grundlage des Harmonisierungsverbotes** nach Art. 168 Abs. 5 AEUV. Das heißt, dass im genuinen Anwendungsbereich von Art. 114 AEUV zwar grundsätzlich auch die Querschnittsklausel des Art. 168 Abs. 1 UAbs. 1 AEUV zu beachten ist, dies jedoch mit dem Vorbehalt, dass die Unionsorgane und auch die Mitgliedstaaten beim Erlass von Harmonisierungsmaßnahmen der Binnenmarktgesetzgebung nach Art. 114 AEUV weiterhin die dort vorgesehenen Freiheiten in der Abwägung gesundheits- und binnenmarktrechtlicher Belange genießen. Es ist somit trotz des einheitlich verwandten Begriffes des »hohen Gesundheitsschutzniveaus« denkbar, dass ein Akt der Binnenmarktgesetzgebung im Rahmen des Gesetzgebungsverfahrens aufgrund der geringeren Erfolgsverpflichtung von Parlament und Rat nach Art. 114 Abs. 3 Satz 2 AEUV ein geringeres Gesundheitsschutzniveau aufweist, als dies von Art. 168 Abs. 1 UAbs. 1 AEUV angenommen wird.

IV. Verhältnis zu Art. 169 Abs. 1 und Art. 191 Abs. 1 AEUV

19 Überschneidungen bestehen auch zwischen den Querschnittsklauseln in Art. 168 Abs. 1 UAbs. 1 AEUV und den Vorschriften des Vertrages über die **Verbraucherschutzpolitik** im Sinne von Art. 169 Abs. 1 AEUV und über die **Umweltpolitik** i. S. v. Art. 191 Abs. 1 AEUV. Beide Politikbereiche haben ebenso auch den Gesundheitsschutz im Blick. So leistet die Union im Rahmen der Verbraucherschutzpolitik »einen Beitrag zum Schutz der Gesundheit« (Art. 169 Abs. 1 AEUV). Die Umweltpolitik der Union trägt nach Art. 191 Abs. 1, 2. Gedstr. AEUV zur Verfolgung des »Schutzes der menschlichen Gesundheit bei«. Soweit die entsprechenden Vorschriften zu Gesetzgebungsmaßnahmen berechtigen, dürfte von folgendem Verhältnis auszugehen sein: Art. 168 Abs. 4 AEUV ist für den dort betroffenen Gesetzgebungsbereich, der in vielen Fällen auch Verbraucherschutzanliegen im Auge hat, lex specialis zu Art. 169 AEUV.[35] In allen anderen Bereichen dürften Gesetzgebungsmaßnahmen entweder nach Art. 169 AEUV oder im Bereich der Umweltpolitik nach Art. 191 f. AEUV wegen des Harmonisierungsverbotes in Art. 168 Abs. 5 AEUV vorrangig nach den eben zitierten Spezialbestimmungen auszurichten sein.[36]

E. Zuständigkeitsverteilung zwischen Union und Mitgliedsstaaten

I. Unterstützung, Koordinierung und Ergänzung i. S. v. Art. 6 Satz 1 Buchst. a AEUV und Art. 2 Abs. 5 AEUV

20 Wird nach Art. 2 AEUV zwischen ausschließlicher Zuständigkeit (Art. 3 AEUV), geteilter Zuständigkeit (Art. 4 AEUV) und der Zuständigkeit der Union für Maßnahmen zur Unterstützung, Koordinierung und Ergänzung (Art. 6 AEUV) unterschieden, ist ihr im Anwendungsbereich des Art. 168 AEUV gegenüber den Mitgliedstaaten zunächst nur die Letztgenannte eingeräumt. Denn gemäß **Art. 2 Abs. 5 AEUV** ist die Union in be-

---

[34] Vgl. *Schmidt am Busch*, in: Grabitz/Hilf/Nettesheim, EU, Art. 168 AEUV (Mai 2011), Rn. 52 f.
[35] *Schmidt am Busch*, in: Grabitz/Hilf/Nettesheim, EU, Art. 168 AEUV (Mai 2011), Rn. 108 f.
[36] *Schmidt am Busch*, in: Grabitz/Hilf/Nettesheim, EU, Art. 168 AEUV (Mai 2011), Rn. 108 ff. mit einer weiter differenzierenden Betrachtung.

stimmten Bereichen lediglich befugt, **Maßnahmen zur Unterstützung, Koordinierung oder Ergänzung** der Maßnahmen der Mitgliedsstaaten vorzunehmen, ohne dass dies die Zuständigkeit der Mitgliedstaaten berührt. Als einen solchen bestimmten Bereich benennt **Art. 6 Satz 1 Buchst. a AEUV** den Schutz und die Verbesserung der menschlichen Gesundheit.

Das führt aufgrund des Wortlauts des Art. 168 Abs. 1 UAbs. 2 Satz 1 AEUV (»Tätigkeit der Union ergänzt die Politik der Mitgliedsstaaten«) sowie im Vergleich zu Abs. 4 der Vorschrift (»Abweichend von Art. 2 Absatz 5 und Artikel 6 Buchstabe a«) zu der ergänzenden Zuständigkeit **als Regelfall**.[37]

Dabei verlangt die ergänzende Zuständigkeit vorausgehende Maßnahmen der Mitgliedstaaten, die durch jene der Union überhaupt ergänzt werden können. Um das in Art. 168 Abs. 5 AEUV enthaltene Harmonisierungsverbot (siehe Rn. 29) zu wahren, kann es sich bei diesen Maßnahmen zur Unterstützung, Koordinierung oder Ergänzung nur um solche **ohne Rechtsangleichungscharakter** handeln. Ob hierzu wegen der Vorgabe des ordentlichen Gesetzgebungsverfahrens und dessen Ausgestaltung gemäß Art. 289 Abs. 1 AEUV (»Annahme einer Verordnung, einer Richtlinie und eines Beschlusses«) auch eine Richtlinie i. S. v. Art. 288 AEUV zählt,[38] oder diese aber wegen ihres harmonisierenden Charakters als Handlungsform ausscheidet,[39] kann aufgrund des Wortlauts und des Zwecks der Vorschrift letztlich dahinstehen. Entscheidend ist nicht die Rechtsnatur des ergänzenden Vorgehens, sondern dass – in einem strengen Verständnis des Wortlauts – »jegliche« Harmonisierung der Rechtsvorschriften der Mitgliedstaaten ausgeschlossen ist. In diesem Spannungsfeld zwischen europapolitischer Einflussnahme und Harmonisierungsverbot gibt mit Blick auf die bisher ergänzenden Maßnahmen in Form von Verordnungen[40] und Empfehlungen[41] die sog. Tabakwerberechtlinie Anlass zur Kritik (siehe erneut Rn. 29).

II. Geteilte Zuständigkeit für die Materien des Art. 168 Abs. 4 i. V. m. Art. 4 Abs. 2 Buchst. k AEUV

Abweichend von der grundsätzlich bloß ergänzenden Zuständigkeit der Union in der Gesundheitspolitik geben Art. 2 Abs. 2 und Art. 4 Abs. 2 Buchst. k AEUV ihr die Möglichkeit zu **selbstständigem Handeln**. Hiernach können die Mitgliedstaaten bei gemeinsamen Sicherheitsanliegen im Bereich der öffentlichen Gesundheit nur tätig werden, solange und soweit die Union ihre Zuständigkeit mit Blick auf die in Art. 168 Abs. 4 AEUV geregelten Materien nicht ausgeübt hat. Hierfür schreibt Art. 289 AEUV das ordentliche Gesetzgebungsverfahren vor, auf dessen Grundlage Verordnungen, Richtlinien und Beschlüsse ergehen können. Gegenüber der Vorgängerregelung in Art. 152 EGV stellt die Vorschrift nach ihrem Wortlaut (»um den gemeinsamen Sicherheitsanliegen Rechnung zu tragen«) und der Formulierung der in Abs. 4 geregelten Materien

---

[37] *Kingreen*, in: Calliess/Ruffert, EUV/AEUV, Art. 168 AEUV, Rn. 14; *Schmidt am Busch*, in: Grabitz/Hilf/Nettesheim, EU, Art. 168 AEUV (Mai 2011), Rn. 64. Im Einzelnen zur Zuständigkeitsverteilung *Frenz/Götzkes*, MedR 2010, 613 (614 f.).
[38] *Berg*, in: Schwarze, EU-Kommentar, Art. 168 AEUV, Rn. 22 und 33; *Kingreen*, in: Calliess/Ruffert, EUV/AEUV, Art. 168 AEUV, Rn. 14 und 16.
[39] *Schmidt am Busch*, in: Grabitz/Hilf/Nettesheim, EU, Art. 168 AEUV (Mai 2011), Rn. 67.
[40] VO (EG) Nr. 851/2004 vom 21. 4. 2004 zur Errichtung eines Zentrums über die Prävention und die Kontrolle von Krankheiten, ABl. 2004, L 142/1; VO (EG) Nr. 1920/2006 vom 12. 12. 2006 über die Europäische Beobachtungsstelle für Drogen und Drogensucht, ABl. 2006, L 376/1.
[41] Empfehlung des Rates vom 30. 11. 2009 über rauchfreie Umgebungen, ABl. 2009, C 296/4.

(»Organe und Substanzen«, »Arzneimittel und Medizinprodukte«) klar, dass sie vor allem **produktbezogene Gesundheitsschutzmaßnahmen** erfasst.[42]

24　Gemäß Art. 168 Abs. 4 **Buchst. a** AEUV kann die Union Maßnahmen zur Festlegung hoher Qualitäts- und Sicherheitsstandards für Organe und Substanzen sowie für Blut und Blutderivate ergreifen. Weil aber nur einheitliche Mindestanforderungen hergestellt werden sollen, hindert dies – wie Halbsatz 2 zeigt – die Mitgliedstaaten nicht an strengeren Schutzmaßnahmen. Die durch den Amsterdamer Vertrag aufgrund des **Aidsskandals**[43] eingefügte Vorgängerregelung in Art. 152 Abs. 4 Buchst. a EGV wurde damit wortgleich übernommen. Das gilt – systematisch unglücklich – auch für die nunmehr in Abs. 7 Satz 3 enthaltene Regelung, wonach Maßnahmen nach Buchst. a einzelstaatliche Regelungen über die Spende oder die medizinische Verwendung von Organen und Blut unberührt lassen. Unter »Standards« ist nicht eine von Normungsorganisationen angenommene technische Spezifikation, sondern die **Beschaffenheit einer Substanz** zu verstehen.[44] Dabei bildet das Tatbestandsmerkmal »**Substanzen menschlichen Ursprungs**« **den Oberbegriff**, der die speziell aufgeführten Substanzen Organe, Blut und Blutderivate mit umfasst und nicht abschließend ist.[45] Die Union hat von der Ermächtigung insbesondere durch den Erlass von Richtlinien zum Umgang mit menschlichem Blut,[46] mit menschlichen Zellen[47] sowie zur Transplantation menschlicher Organe Gebrauch gemacht.[48]

25　Auch die geteilte Zuständigkeit gemäß **Buchst. b** wurde von der Vorgängerregelung bis auf redaktionelle Änderungen übernommen. Sie war als Reaktion auf die BSE-Krise aus der Landwirtschaftspolitik (Art. 43 AEUV) herausgelöst und in den damaligen Gesundheitsartikel Art. 152 Abs. 4 Buchst. b EGV verschoben worden, um im Bereich der Landwirtschaft Maßnahmen beschließen zu können, die in erster Linie dem Gesundheitsschutz dienen. Die Regelung des Art. 168 Abs. 4 Buchst. b AEUV ist somit als »verselbstständigter« landwirtschaftlicher Gesundheitsschutz **gegenüber Art. 43 AEUV** – der nicht auf den Schutz der Gesundheit, sondern auf die Errichtung eines gemeinsamen Agrarmarkts gerichtet ist – in ihrem Anwendungsbereich **spezieller**.[49] Anders als bei Buchst. a können die Mitgliedstaaten nicht strengere Schutzmaßnahmen ergreifen. Hierfür spricht der Wortlaut der Vorschrift. Ferner scheidet auch eine analoge Anwendung des Art. 114 Abs. 4 und 5 AEUV (der die Errichtung des Binnenmarkts

---

[42] *Kingreen*, in: Calliess/Ruffert, EUV/AEUV, Art. 168 AEUV, Rn. 19; *Schmidt am Busch*, in: Grabitz/Hilf/Nettesheim, EU, Art. 168 AEUV (Mai 2011), Rn. 42.

[43] Zu diesem Hintergrund näher *Schmidt am Busch*, in: Grabitz/Hilf/Nettesheim, EU, Art. 168 AEUV (Mai 2011), Rn. 43.

[44] *Berg*, in: Schwarze, EU-Kommentar, Art. 168 AEUV, Rn. 21.

[45] *Schmidt am Busch*, in: Grabitz/Hilf/Nettesheim, EU, Art. 168 AEUV (Mai 2011), Rn. 44.

[46] RL 2002/98/EG vom 27. 1. 2003 zur Festlegung von Qualitäts- und Sicherheitsstandards für die Gewinnung, Testung, Verarbeitung, Lagerung und Verteilung von menschlichem Blut und Blutbestandteilen und zur Änderung der Richtlinie 2001/83/EG, ABl. 2003, L 33/30, zuletzt geändert durch VO (EG) 596/2009 vom 18. 6. 2009, ABl. 2009, L 188/14.

[47] RL 2004/23/EG vom 31. 3. 2004 zur Festlegung von Qualitäts- und Sicherheitsstandards für die Spende, Beschaffung, Testung, Verarbeitung, Konservierung, Lagerung und Verteilung von menschlichen Geweben und Zellen, ABl. 2004, L 102/48, zuletzt geändert durch VO (EG) 596/2009 vom 18. 6. 2009, ABl. 2009, L 188/14.

[48] RL 2010/45/EU vom 7. 7. 2010 über Qualitäts- und Sicherheitsstandards für zur Transplantation bestimmte menschliche Organe, ABl. 2010, L 207/14, zuletzt geändert durch RL 2010/53/EU, ABl. 2010, L 243/68.

[49] *Berg*, in: Schwarze, EU-Kommentar, Art. 168 AEUV, Rn. 27; *Schmidt am Busch*, in: Grabitz/Hilf/Nettesheim, EU, Art. 168 AEUV (Mai 2011), Rn. 49 f.

bezweckt) wegen des im Vergleich zu Art. 168 AEUV (der dem Gesundheitsschutz dient) unterschiedlichen Regelungszwecks aus.[50] Auf Buchst. b bzw. dessen Vorgängerregelung wurden zahlreiche Sekundärrechtsakte gestützt,[51] insbesondere die sog. Basis-Verordnung mit allgemeinen Grundsätzen des Lebensmittelrechts und der Errichtung der Europäischen Behörde für Lebensmittelsicherheit,[52] eine Verordnung über genetisch veränderte Lebens- und Futtermittel,[53] eine Verordnung über die Durchführung amtlicher Kontrollen[54] sowie eine solche mit besonderen Verfahrensvorschriften für die amtliche Überwachung von zum menschlichen Verzehr bestimmten Erzeugnissen.[55]

Während Art. 168 Abs. 4 Buchst. a und b AEUV bereits in der Vorgängervorschrift angelegt waren, regelt **Buchst. c** erstmalig die (geteilte) Zuständigkeit von Union und Mitgliedstaaten für Arzneimittel- und Medizinproduktesicherheit. Mit dem Lissabonner Vertrag wird dieser Bereich aus dem Binnenmarktkontext des früheren Art. 95 EGV (nun Art. 114 AEUV) herausgelöst und geht Buchst. c – sofern es um gemeinsame Sicherheitsanliegen und nicht um den freien Warenverkehr geht – **als spezielle Regelung in seinem Anwendungsbereich Art. 114 AEUV vor**.[56] Die Termini »Arzneimittel« und »Medizinprodukte« sind in zwei Richtlinien aus den Jahren 2001 und 1998 legaldefiniert,[57] wobei im Schrifttum zu Recht auf Probleme bei der Abgrenzung zu Lebensmittel oder Kosmetika hingewiesen wird.[58] Auch im Rahmen von Buchst. c ist mit »Standard« nicht technische und durch Standardsetzungsorganisationen angenommene Normsetzung, sondern die Beschaffenheit von Arzneimitteln und Medizinprodukten gemeint.[59] Soweit sich im Schrifttum für eine **Abweichungskompetenz der Mitgliedstaaten** nach

26

---

[50] *Schmidt am Busch*, in: Grabitz/Hilf/Nettesheim, EU, Art. 168 AEUV (Mai 2011), Rn. 52.
[51] Eingehend *Berg*, in: Schwarze, EU-Kommentar, Art. 168 AEUV, Rn. 28.
[52] VO (EG) Nr. 178/2002 vom 28.1.2002 zur Festlegung der allgemeinen Grundsätze und Anforderungen des Lebensmittelrechts, zur Errichtung der Europäischen Behörde für Lebensmittelsicherheit und zur Festlegung von Verfahren für Lebensmittelsicherheit, ABl. 2002, L 31/1.
[53] VO (EG) Nr. 1829/2003 vom 22.9.2003 über genetisch veränderte Lebensmittel und Futtermittel, ABl. 2003, L 268/1.
[54] VO (EG) Nr. 882/2004 vom 29.4.2004 über amtliche Kontrollen zur Überprüfung der Einhaltung des Lebensmittel- und Futtermittelrechts sowie der Bestimmungen über Tiergesundheit und Tierschutz, ABl. 2004, L 165/1, gesamte Vorschrift berichtigt in ABl. 2004, L 191/1, zuletzt geändert in ABl. 2009, L 188/14.
[55] VO (EG) Nr. 854/2004 vom 29.4.2004 mit besonderen Verfahrensvorschriften für die amtliche Überwachung von zum menschlichen Verzehr bestimmten Erzeugnissen tierischen Ursprungs, ABl. 2004, L 226/83, zuletzt geändert in ABl. 2011, L 46/17.
[56] Eingehend zu der Abgrenzung gegenüber Art. 114 AEUV und zu der Frage, ob Buchst. c auch Maßnahmen administrativer Art umfasst *Schmidt am Busch*, in: Grabitz/Hilf/Nettesheim, EU, Art. 168 AEUV (Mai 2011), Rn. 57 f.
[57] Vgl. für **Arzneimittel** Art. 1 Nr. 2 der RL 2001/83/EG vom 6.11.2001 zur Schaffung eines Gemeinschaftskodexes für Humanarzneimittel, ABl. 2001, L 311/67: »Alle Stoffe oder Stoffzusammensetzungen, die als Mittel zur Heilung oder zur Verhütung menschlicher Krankheiten bezeichnet werden; Alle Stoffe oder Stoffzusammensetzungen, die dazu bestimmt sind, im oder am menschlichen Körper zur Erstellung einer ärztlichen Diagnose oder zur Wiederherstellung, Besserung oder Beeinflussung der menschlichen physiologischen Funktionen angewandt zu werden, gelten ebenfalls als Arzneimittel.« Siehe für **Medizinprodukt** Art. 1 Abs. 2 Buchst. a der RL 1998/79/EG: »[...] alle einzeln oder miteinander verbundenen verwendeten Instrumente, Apparate, Vorrichtungen, Stoffe oder andere Gegenstände, einschließlich der für ein einwandfreies Funktionieren des Medizinprodukts eingesetzten Software, die vom Hersteller zur Anwendung für Menschen für folgende Zwecke bestimmt sind:[...]«.
[58] *Schmidt am Busch*, in: Grabitz/Hilf/Nettesheim, EU, Art. 168 AEUV (Mai 2011), Rn. 55.
[59] *Berg*, in: Schwarze, EU-Kommentar, Art. 168 AEUV, Rn. 21 und 31.

oben auch im Rahmen des Buchst. c ausgesprochen wird,[60] überzeugt dies **nicht**. Denn zum einen enthält der AEUV nur in Art. 168 Abs. 4 Buchst. a und c AEUV die Befugnis zur »Festlegung hoher Qualitäts- und Sicherheitsstandards«. Wenn in Buchst. a die Abweichungskompetenz der Mitgliedstaaten ausdrücklich geregelt ist, sie aber in der gleichen Regelung in Buchst. c fehlt, spricht das gegen eine planwidrige Regelungslücke im Primärrecht und kann die Abweichungskompetenz nicht »hinzugedacht« werden. Selbst wenn aber Raum für eine analoge Anwendung des Art. 114 Abs. 4 und 5 AEUV bliebe, bestimmt sich die Festlegung von Sicherheitsstandards für Arzneimittel und Medizinprodukte nach der Herauslösung aus Art. 114 AEUV nunmehr allein nach Art. 168 Abs. 4 Buchst. c AEUV.[61]

27 Auf der Grundlage des früheren Art. 95 EGV sind drei wesentliche **arzneimittelrechtliche Regelungen** erlassen worden. Dies sind als Richtlinie der sog. Gemeinschaftskodex für Humanarzneimittel,[62] die Verordnung zur Festlegung von Gemeinschaftsverfahren für die Genehmigung und Überwachung von Human- und Tierarzneimitteln und zur Schaffung einer Europäischen Arzneimittel-Agentur[63] sowie die Richtlinie zur Durchführung von klinischen Prüfungen mit Humanarzneimitteln.[64] Seit dem Inkrafttreten des Vertrags von Lissabon erließ die Union gestützt auf Art. 114 AEUV (ex Art. 95 EGV) und Art. 168 Abs. 4 Buchst. c AEUV die Richtlinie gegen gefälschte Arzneimittel.[65]

28 Zur Sicherheit von **Medizinprodukten** ergingen – gleichfalls gestützt auf den damaligen Art. 95 EGV – drei grundlegende Richtlinien, nämlich die Medizinprodukterichtlinie,[66] die Richtlinie über aktiv implantierbare medizinische Geräte[67] und die Richtlinie über In-vitro-Diagnostika.[68] Im Herbst 2012 kündigte die Europäische Kommission an, diesen Rechtsrahmen für Medizinprodukte zu überarbeiten und unterbreitete dem

---

[60] *Kingreen*, in: Calliess/Ruffert, EUV/AEUV, Art. 168 AEUV, Rn. 22.
[61] *Schmidt am Busch*, in: Grabitz/Hilf/Nettesheim, EU, Art. 168 AEUV (Mai 2011), Rn. 61; *Schmidt/Sule*, EuZW 2012, 369 (369).
[62] RL 2001/83/EG, geändert durch die RL 2004/24/EG, ABl. 2004, C 136/85, und die RL 2004/27/EG, ABl. 2004, L 136/34, berichtigt in ABl. 2003, L 302/40 und zuletzt geändert in ABl. 2009, L 242/3.
[63] VO (EG) 726/2004 vom 31.3.2004 zur Festlegung von Gemeinschaftsverfahren für die Genehmigung und Überwachung von Human- und Tierarzneimitteln und zur Schaffung einer Europäischen Arzneimittel-Agentur, ABl. 2004, L 136/1, zuletzt geändert in ABl. 2009, L 152/11.
[64] RL 2001/20/EG vom 4.4.2001 zur Angleichung der Rechts- und Verwaltungsvorschriften der Mitgliedstaaten über die Anwendung der guten klinischen Praxis bei der Durchführung von klinischen Prüfungen mit Humanarzneimitteln, ABl. 2001, L 121/34, zuletzt geändert in ABl. 2009, L 188/14.
[65] RL 2011/62/EU vom 8.6.2011 zur Änderung der RL 2001/83/EG zur Schaffung eines Gemeinschaftskodexes für Humanarzneimittel hinsichtlich der Verhinderung des Eindringens von gefälschten Arzneimitteln in die legale Lieferkette, ABl. 2011, L 174/74.
[66] RL 93/42/EWG vom 14.6.1993 über Medizinprodukte, ABl. 1993, L 169/1, zuletzt geändert durch die RL 2007/47/EG, ABl. 2007, L 247/21. S. hierzu die Schlussanträge der Generalanwältin *Sharpston*, Rs. C-219/15 (Schmitt/TÜV Rheinland), ECLI:EU:C:2016:694, Rn. 24 ff.
[67] RL 90/385/EWG vom 20.6.1990 zur Angleichung der Rechtsvorschriften der Mitgliedstaaten über aktive implantierbare medizinische Geräte, ABl. 1990, L 189/17, zuletzt geändert durch die RL 2007/47/EG, ABl. 2007, L 247/21.
[68] RL 98/79/EG vom 27.10.1998 über In-vitro-Diagnostika, ABl. 1998, L 331/1, zuletzt geändert in ABl. 2009, L 188/14.

Europäischen Parlament und dem Rat entsprechende Vorschläge für Neuregelungen.[69] Das Rechtsetzungsverfahren ist noch nicht abgeschlossen.[70]

F. Das Harmonisierungsverbot nach Art. 168 Abs. 5 AEUV

Art. 168 Abs. 5 AEUV ermächtigt Parlament und Rat zum Erlass von Fördermaßnahmen sowie anderen Maßnahmen, die gesundheitspolitische Ziele verfolgen. Dies darf aber nur »unter Ausschluss jeglicher Harmonisierung der Rechtsvorschriften der Mitgliedstaaten« geschehen, womit ein sog. **Harmonisierungsverbot** gilt. Dabei ist ausgehend vom Wortlaut **unklar, wie die Begriffe »Fördermaßnahmen« und »Maßnahmen« auszulegen** sind; auch die Abgrenzung der beiden Begriffe zueinander ist schwierig und möglicherweise auf mangelnde redaktionelle Sorgfalt zurückzuführen.[71] Einerseits verweist Abs. 5 weder ausdrücklich auf den Kanon förmlicher Rechtsakte i. S. v. Art. 288 AEUV, noch auf die im ordentlichen Gesetzgebungsverfahren möglichen Maßnahmen gemäß Art. 289 AEUV. Auch fragt sich – sofern mit dem wohl überwiegenden Schrifttum verbindliche Rechtsetzungsmaßnahmen nach dieser Vorschrift in Betracht kommen[72] –, welche Maßnahmen schon allein aufgrund ihrer Rechtsnatur mit dem Harmonisierungsverbot noch vereinbar sind. Andererseits ist die Zuständigkeit der Union für Maßnahmen mit bloß koordinierender Funktion bereits in Abs. 2 UAbs. 1 angelegt und dürfte damit ein Verständnis mit dem Vertrag vereinbar sein, wonach der Union für Fördermaßnahmen und anderen Maßnahmen prinzipiell die **Handlungsformen** im Rahmen des ordentlichen Gesetzgebungsverfahrens **nach Art. 289 AEUV** offen stehen. 29

Allerdings ist dabei die Harmonisierung der Rechts- und Verwaltungsvorschriften der Mitgliedstaaten zum Schutz und zur Förderung der menschlichen Gesundheit nach Art. 168 Abs. 5 AEUV ausgeschlossen. Nach der Rechtsprechung des EuGH zur Vorgängerfassung in Art. 129 Abs. 4, 1. Gedstr. EGV ist diese Vorschrift justiziabel. Allerdings bedeutet sie auch nicht, dass nicht auf der Grundlage anderer Vertragsbestimmungen Harmonisierungsmaßnahmen als Rechtsakte erlassen werden können, die Auswirkungen auf den Schutz der menschlichen Gesundheit haben dürfen.[73] In **Abgrenzung zur Binnenmarktkompetenz nach Art. 114 AEUV**, die wie oben gezeigt ausdrücklich auch von einem hohen Gesundheitsschutzniveau ausgehen muss, gilt daher, dass das Harmonisierungsverbot nur solche Maßnahmen betrifft, die den Zielen des Binnenmarktes i. S. v. Art. 26 AEUV, insbesondere der Beseitigung von Unterschieden zwi- 30

---

[69] Siehe im Einzelnen Pressemitteilung der Kommission vom 26. 9. 2012, IP/12/1011; Mitteilung der Kommission vom 26. 9. 2012, COM (2012) 540; Vorschlag der Kommission vom 26. 9. 2012 für eine Verordnung über In-vitro-Diagnostika, COM (2012) 541; Vorschlag der Kommission vom 26. 9. 2012 für eine Verordnung über Medizinprodukte und zur Änderung der RL 2001/83/EG, der VO (EG) 178/2002 und der VO (EG) 1223/2009, COM (2012) 542.
[70] Zum Stand des Reformprozesses siehe auf der Homepage des Europäischen Gesundheitsportals http://ec.europa.eu/health/medical-devices/documents/revision/index_en.htm (2. 2. 2017).
[71] *Schmidt am Busch*, in: Grabitz/Hilf/Nettesheim, EU, Art. 168 AEUV (Mai 2011), Rn. 65.
[72] *Berg*, in: Schwarze, EU-Kommentar, Art. 168 AEUV, Rn. 12 und 32 f.; *Kingreen*, in: Calliess/Ruffert, EUV/AEUV, Art. 168 AEUV, Rn. 14 und 16; *Schmidt am Busch*, in: Grabitz/Hilf/Nettesheim, EU, Art. 168 AEUV (Mai 2011), Rn. 67 (Fördermaßnahmen können Beschlüsse oder Verordnungen, wegen des Harmonisierungsverbotes nicht aber Richtlinien sein).
[73] EuGH, Urt. v. 5. 10. 2000, Rs. C–376/98 (Deutschland/Parlament und Rat), Slg. 2000, I–8419, Rn. 77 ff.; Urt. v. 12. 12. 2006, Rs. C–380/03 (Deutschland/Parlament und Rat), Slg. 2006, I–11573, Rn. 93–95.

schen nationalen Rechtsvorschriften, der Beeinträchtigung der Grundfreiheiten und daraus möglicherweise entstehende Wettbewerbsverzerrungen, offenkundig nicht zu dienen geeignet sind.[74] Die in dem zitierten Urteil des **EuGH** aus dem Jahre 2000 zu beurteilende **Tabakwerberichtlinie** der Gemeinschaft war ein Paradebeispiel für die **Umgehung des Harmonisierungsverbotes**, weil sich aus den Begründungserwägungen der Richtlinie und auch aus den Begleitumständen des Gesetzgebungsverfahrens ergab, dass die Richtlinie keinen greifbaren Beitrag zur Beeinträchtigung von Binnenmarkthindernissen für Tabakwerbeprodukte, d. h. insbesondere Werbeträger (Zeitungen, Zeitschriften, Plakate etc.) beitragen konnte, sondern vielmehr den Binnenmarkt für diese Produkte (gemeint waren nicht Tabakprodukte, sondern Tabakwerbeprodukte), eher in seinen Voraussetzungen verschlechterte. Das Harmonisierungsverbot ist in der Rechtsprechung des Gerichtshofes zwar nicht häufig virulent geworden, ist jedoch kürzlich noch einmal in einem einstweiligen Rechtsschutzverfahren als wichtige Grundlage des Binnenmarktrechts in der Abgrenzung zwischen Harmonisierungsgesetzgebungskompetenzen und Fragen der Gesundheitspolitik bestätigt worden.[75]

G. Empfehlungen nach Art. 168 Abs. 6 AEUV

31 Gemäß Art. 168 Abs. 6 AEUV kann der Rat auf Vorschlag der Kommission für die in diesem Artikel genannten Zwecke Empfehlungen erlassen. Eine Empfehlung ist eine auf eigener Entschlusskraft des Unionsorgans beruhende und gemäß Art. 288 AEUV **unverbindliche Rechtshandlung**, mit welcher durch eine größere Sachkenntnis oder eine bessere Übersicht des Organs den Mitgliedstaaten Hilfestellung bei ihrer Entscheidungsfindung geleistet werden soll.[76] Indem der Rat auf Vorschlag der Kommission Empfehlungen im Gesundheitsbereich erlassen kann, wird zum einen deren Koordinierungsfunktion aus Abs. 2 UAbs. 2 flankiert und kann der Rat den **Gesundheitsbereich »weich« und »indirekt«**[77] **steuern**. Das Verfahren und das Verhältnis zum Vorschlagsrecht der Kommission regelt Art. 293 AEUV, der Rat beschließt nach allgemeinen Regeln mit qualifizierter Mehrheit (Art. 16 Abs. 3 EUV, Art. 238 AEUV).

32 Der Rat hat die Ermächtigung zu Empfehlungen gerade in jüngerer Zeit oft genutzt, etwa zur Grippeimpfung,[78] zur Bekämpfung des Tabakkonsums[79] oder aber zum Schutz von Patienten vor therapieassoziierten Infektionen, insbesondere bei Krankenhausaufenthalten.[80] Diese und andere Empfehlungen erzeugen trotz ihrer Unverbindlichkeit Rechtswirkungen insofern, als nach der Rechtsprechung des EuGH nationale Gerichte

---

[74] EuGH, Urt. v. 5.10.2000, Rs. C–376/98 (Deutschland/Parlament und Rat), Slg. 2000, I–8419, Rn. 84; Krajewski, EuR 2010, 165 (186 f.).
[75] EuGH, Beschl. v. 19.12.2013, Rs. C–426/13 P (R) (Europäische Kommission/Deutschland), ECLI:EU:C:2013:848, Rn. 75; ebenso GA *Bot*, Schlussanträge zu Rs. C–333/14 (The Scotch Whisky Association), ECLI:EU:C:2015:527, Rn. 43.
[76] *Nettesheim*, in: Grabitz/Hilf/Nettesheim, EU, Art. 288 AEUV (August 2012), Rn. 201.
[77] *Schmidt am Busch*, in: Grabitz/Hilf/Nettesheim, EU, Art. 168 AEUV (Mai 2011), Rn. 69.
[78] Empfehlung des Rates vom 22.12.2009 zur Impfung gegen die saisonale Grippe, ABl. 2009, L 348/71.
[79] Empfehlung des Rates vom 30.11.2009 über rauchfreie Umgebungen, ABl. 2009, L 296/4; Empfehlung des Rates vom 2.12.2002 zur Prävention des Rauchens und für Maßnahmen zur gezielteren Eindämmung des Tabakkonsums, ABl. 2003, L 22/31.
[80] Empfehlung des Rates vom 9.6.2009 zur Sicherheit der Patienten unter Einschluss der Prävention und Eindämmung von therapieassoziierten Infektionen, ABl. 2009, C 151/1.

Empfehlungen bei der **Auslegung nationalen Rechts** – sofern sie für diese ergiebig sind – **zu berücksichtigen** haben.[81]

H. Wahrung der Verantwortung der Mitgliedsstaaten

Art. 168 Abs. 7 AEUV bestimmt als **sog. Sicherungsklausel** in Satz 1, dass bei der Tätigkeit der Union die Verantwortung der Mitgliedstaaten für die Festlegung ihrer Gesundheitspolitik sowie für die Organisation des Gesundheitswesens und die medizinische Versorgung gewahrt wird. Durch den Lissabonner Vertrag wird mit dem gegenüber der Vorgängerregelung in Art. 152 Abs. 5 EGV eingefügten Satz 2 klargestellt, dass dazu – jedenfalls und nicht abschließend – die Verwaltung des Gesundheitswesens und der medizinischen Versorgung sowie die Zuweisung der dafür bereitgestellten Mittel zählen. Mit der gegenüber Satz 1 deutlich strengeren Formulierung (»[...] lassen [...] unberührt.«) benennt schließlich Satz 3 für mitgliedstaatliche Regelungen über die Spende und die medizinische Verwendung von Organen und Blut einen konkreten Bereich, der auch im Rahmen der (geteilten) Unionszuständigkeit gemäß Abs. 4 Buchst. a nicht angetastet werden darf.

33

Die **Auslegung der von der Sicherungsklausel erfassten Bereiche** bereitet im Gegensatz zu ihrer Wirkung weniger Schwierigkeiten. Mit »Gesundheitspolitik« ist in einem weiten Verständnis die politische Gestaltung der Rahmenbedingungen der Gesundheitsversorgung gemeint und umfasst dieser Oberbegriff sowohl die (vor allem finanzielle) »Organisation des Gesundheitswesens« als auch die (vom jeweiligen nationalen Standard abhängige) »medizinische Versorgung«. Davon ist jedenfalls das nationale System der Krankenversicherung abgedeckt.[82]

34

Im Übrigen herrscht zur **Wirkung der Sicherungsklausel** innerhalb des Art. 168 AEUV und ihrer Rolle im Übrigen – insbesondere ihr Verhältnis zu den Grundfreiheiten – Unsicherheit: Ein Teil des Schrifttums misst der Sicherungsklausel innerhalb von Art. 168 AEUV nur Bedeutung für die Festlegung der Standards nach Abs. 4 Buchst. a und Buchst. c bei. Es verweist darauf, dass nur hier im Rahmen der (geteilten) Zuständigkeit der Union den Verantwortungsbereich der Mitgliedstaaten tangierende Maßnahmen denkbar seien.[83] Demgegenüber begreifen andere die Vorschrift unabhängig von der kompetenzrechtlichen Grundlage als generellen Verbotstatbestand; alle Maßnahmen der Union, die die genannten Bereiche auf der Grundlage von Abs. 4, 5 und 6 betreffen, seien verboten.[84] Eine dritte Ansicht verweist auf den Wortlaut (»gewahrt«) sowie dessen Änderung gegenüber dem früheren Art. 152 Abs. 5 Satz 1 EGV (»in vollem Umfang gewahrt«) und sieht die Sicherungsklausel als »Kompetenzschranke«. Die Verantwortung wahren bedeute nicht, dass Maßnahmen mit Bezug zu den aufgeführten Bereichen unzulässig seien; dies sei am Maßstab der Rechtsprechung des EuGH erst bei einem **Eingriff in die nationale Souveränität**, etwa bei einer notwendigen Umgestaltung des Gesundheitssystems der Fall.[85] Wenngleich damit die Frage verbleibt,

35

---

[81] EuGH, Urt. v. 13. 12. 1989, Rs. C–322/88 (Grimaldi), Slg. 1989, 4407, Rn. 18 f.
[82] Eingehend zu den erfassten Bereichen m. w. N. *Schmidt am Busch*, in: Grabitz/Hilf/Nettesheim, EU, Art. 168 AEUV (Mai 2011), Rn. 74 ff.; *Frenz/Götzkes*, MedR 2010, 613 (615).
[83] *Berg*, in: Schwarze, EU-Kommentar, Art. 168 AEUV, Rn. 36 mit Verweis auf Rn. 21–23 und 31.
[84] *Fischer*, in: Lenz/Borchardt, EU-Verträge, Art. 168 AEUV, Rn. 8; *Frenz/Götzkes*, MedR 2010, 613 (615).
[85] *Schmidt am Busch*, in: Grabitz/Hilf/Nettesheim, EU, Art. 168 AEUV (Mai 2011), Rn. 78.

wann denn nun von einem »Eingriff« in die nationale Souveränität auszugehen ist, verdient die letztgenannte Herangehensweise Zustimmung. Gerade aus dem Vergleich mit der Vorgängerregelung (»in vollem Umfang gewahrt«) und insbesondere auch mit Blick auf die Formulierung in Abs. 7 Satz 3 (»unberührt«) ergibt sich, dass der in Abs. 7 Satz 1 genannte Bereich berührt, die Verantwortung der Mitgliedstaaten, aber trotzdem gewahrt sein kann. Aus den kürzlich veröffentlichten Schlussanträgen des *GA Szpunar* in der Rs. C–552/13 ergibt sich, dass aus Art. 168 Abs. 7 sehr wohl abzuleiten sei, dass die Mitgliedstaaten bei der Ausübung ihrer Befugnisse in der Organisation von Diensten des öffentlichen Gesundheitswesens »keine ungerechtfertigten Beschränkungen der Grundfreiheiten einführen oder beibehalten« [dürfen]. Wohl sei aber den Mitgliedstaaten ein erhebliches Ermessen in der Ausgestaltung des Gesundheitswesens eingeräumt, ebenso sei es Sache der Mitgliedstaaten, »zu bestimmen, auf welchen Niveau sie den Schutz der Gesundheit der Bevölkerung gewährleisten wollen und wie dieses Niveau erreicht werden soll«. Im Übrigen seien die »Systeme der Gesundheitsfürsorge in den einzelnen Mitgliedstaaten sehr unterschiedlich ausgestaltet und haben die Rahmen dieser Systeme erbrachten Dienstleistungen nur selten grenzüberschreitenden Charakter«.[86]

36 Kontrovers diskutiert wird auch das **Verhältnis** der Sicherungsklausel **zu den Grundfreiheiten** und anderen Ermächtigungen, etwa der aus Art. 114 AEUV (ex Art. 95 EGV). Auf den ersten Blick spricht der Wortlaut (»Tätigkeit der Union«) im Vergleich mit der Vorgängerregelung Art. 152 Abs. 5 Satz 1 (»Tätigkeit der Gemeinschaft im Bereich der Gesundheit der Bevölkerung«) für eine umfassende Geltung der Sicherungsklausel.[87] Zwingend ist dieser Umkehrschluss aber nicht. Denn mit »Tätigkeit der Union« könnte gerade ihr in Art. 168 AEUV erfasster Beitrag zur Sicherstellung eines hohen Gesundheitsschutzniveaus gemeint sein. Dafür spricht die Formulierung in Abs. 1 UAbs. 2, wonach »die Tätigkeit der Union die Politik der Mitgliedstaaten [ergänzt] und auf die Verbesserung der Gesundheit der Bevölkerung, die Verhütung von Humankrankheiten und die Beseitigung von Ursachen für die Gefährdung der körperlichen und geistigen Gesundheit gerichtet [ist].«. Auch die vom überwiegenden Schrifttum herausgestellte systematische Stellung der Sicherungsklausel[88] und der Vergleich zur Bedeutung anderer Sicherungsklauseln[89] sprechen für ihre **bloß auf den Art. 168 AEUV beschränkte Wirkung**.

37 Auch die Judikatur des **EuGH** bildet dieses Verständnis ab. So betont er in ständiger Rechtsprechung zu Sachverhalten mit gesundheitsrechtlichen Bezügen ausdrücklich die **Bedeutung der Grundfreiheiten** und setzt bei Rechtfertigung beschränkender Maßnahmen trotz des Vorbehalts in Art. 168 Abs. 7 AEUV und nationaler Zuständigkeit im Gesundheitsbereich einen eher **strengen Maßstab** an. Dabei vermögen rein wirtschaftliche Gründe die Beschränkung von Grundfreiheiten nicht zu legitimieren – diese seien vielmehr nur dann gerechtfertigt, wenn die Erhaltung eines bestimmten Umfangs der **medizinischen und pflegerischen Versorgung** für die Gesundheit der Bevölkerung **erforderlich** oder das **finanzielle Gleichgewicht** der Sozialsysteme **erheblich beeinträchtigt** ist.[90]

---

[86] *GA Szpunar* Schlussanträge zu Rs. C–552/13 (Grupo Hospitalario Quirón/Departamento de Sanidad del Gobierno Vasco, ECLI:EU:C:2015:394, Rn. 33–35.
[87] *Kingreen*, in: Calliess/Ruffert, EUV/AEUV, Art. 168 AEUV, Rn. 25.
[88] *Berg*, in: Schwarze, EU-Kommentar, Art. 168 AEUV, Rn. 36.
[89] *Schmidt am Busch*, in: Grabitz/Hilf/Nettesheim, EU, Art. 168 AEUV (Mai 2011), Rn. 79.
[90] Siehe im Einzelnen zur **Kostenerstattung für eine im Ausland erworbene Brille** EuGH, Urt. v.

I. Außenbeziehungen

Nach Art. 168 Abs. 3 AEUV fördern die Union und die Mitgliedstaaten die Zusammenarbeit mit dritten Ländern und den für das Gesundheitswesen zuständigen internationalen Organisationen. Hierzu zählen etwa die WHO und die OECD. Erfassen die Abs. 1 und 5 (Unterstützung, Koordinierung und Ergänzung i. S. v. Art. 6 Satz 1 Buchst. a AEUV und Art. 2 Abs. 5 AEUV) sowie Abs. 4 (geteilte Zuständigkeit) die Kompetenzverteilung zwischen der Union und den Mitgliedstaaten, regelt Abs. 3 die Außenkompetenzen. Anhand der Formulierung »und« wird erkennbar, dass die **Union** bei Außenbeziehungen **auf einer Stufe mit den Mitgliedstaaten** steht, sie selbst damit auch die Befugnis zum Abschluss völkerrechtlicher Verträge besitzt.[91] Fraglich ist, ob sich diese Zuständigkeit auf alle Sachbereiche des Art. 168 AEUV bezieht. Dafür spricht, dass Abs. 3 nicht explizit auf bestimmte Materien der ergänzenden oder geteilten Zuständigkeit Bezug nimmt und auch umgekehrt Abs. 4 und Abs. 5 Außenbeziehungen nicht in der Diktion des Abs. 3 regeln. Ob die Sachbereiche der geteilten Zuständigkeit nach Abs. 4 deshalb ausscheiden, weil sich die Befugnis zum Abschluss völkerrechtlicher Verträge bereits aus ihr ergeben,[92] erscheint problematisch. Denn die konkrete Handlungsbefugnis folgt ausweislich Art. 2 Abs. 6 AEUV nicht aus der Anordnung der geteilten Zuständigkeit als solcher, sondern »aus den Bestimmungen der Verträge zu den einzelnen Bereichen«. Die Union ist aber über die Normenkette Art. 2 Abs. 2, Art. 4 Abs. 2 Buchst. k, 168 Abs. 4 i. V. m. Art. 289 AEUV im Rahmen des ordentlichen Gesetzgebungsverfahrens nur zum Erlass von Verordnungen, Richtlinien und Beschlüssen – nicht aber zum Abschluss völkerrechtlicher Verträge – befugt. Allerdings erstreckt sich die unionale Sachkompetenz nach der Rechtsprechung des EuGH nicht nur auf die Befugnis zu Unionsmaßnahmen, sondern auch auf den Abschluss internationaler Verträge.[93] Hieraus folgt die Außenzuständigkeit der Union im Rahmen der geteilten Zu-

38

---

28. 4. 1998, Rs. C–120/95 (Decker), Slg. 1998, I–1831, Rn. 24, 31, 36 und 45 f.; zur Erstattung von **im Ausland entstandener Behandlungskosten** EuGH, Urt. v. 12. 7. 2001, Rs. C–157/99 (Smits und Peerbooms), Slg. 2001, I–5473, Rn. 54 f., 61 und 70 ff. sowie EuGH, Urt. v. 13. 5. 2003, Rs. C–385/99 (Müller-Fauré und van Riet), Slg. 2003, I–4509, Rn. 39, 67 ff., 72 f.; zur **Einordnung des Bereitschaftsdienstes in Krankenhäusern** EuGH, Urt. v. 9. 9. 2003, Rs. C–151/02 (Landeshauptstadt Kiel/Jaeger), Slg. 2003, I–8389, Rn. 70 f.; zum **grenzüberschreitenden Versandhandel von Arzneimitteln** EuGH, Urt. v. 11. 12. 2003, Rs. C–322/01 (Doc Morris), Slg. 2003, I–14887, Rn. 102 ff.; zur **grenzüberschreitenden Inanspruchnahme medizinischer Leistungen** EuGH, Urt. v. 16. 5. 2006, Rs. C–372/04 (Watts), Slg. 2006, I–4325, Rn. 123 ff., 129 f., 143, 146 ff., eingehend *Dettling*, EuZW 2006, 519 und *Krajewski*, EuR 2010, 165 (169 f.); zur **Überwachung von BSE** EuGH, Urt. v. 25. 2. 2010, Rs. C–562/08 (Müller Fleisch GmbH gegen Land Baden-Württemberg), Slg. 2010, I–1391, Rn. 32 und 45; zur **Erteilung von Niederlassungserlaubnissen für Apotheken** EuGH, Urt. v. 1. 6. 2010, verb. Rs. C–570/07–571/07 (Pérez u. a.), Slg. 2010, I–4629, Rn. 43 f., 53 f., 65 f.; zur Kostenübernahme für eine **Krankenhausbehandlung in einem anderen Mitgliedstaat** EuGH, Urt. v. 5. 10. 2010, Rs. C–173/09 (Elchinov), EuZW 2010, 907 m. Anm. *Frischhut*, Rn. 36 ff., 42; zur **Einfuhr von Blutprodukten** EuGH, Urt. v. 9. 12. 2010, Rs. C–421/09 (Humanplasma GmbH/Österreich), Slg. 2010, I–12869, Rn. 3, 25 ff., 32 ff.; zum **Inverkehrbringen von Arzneimitteln** EuGH, Urt. v. 29. 3. 2012, Rs. C–185/10 (Polnisches Arzneimittelgesetz), ECLI:EU:C:2012:181, Rn. 47, dazu *Natz*, PharmR 2012, 280 (281); zur **Verlegung des Sitzes einer Apotheke** EuGH, Urt. v. 21. 6. 2012, Rs. C–84/11 (Susisalo), ECLI:EU:C:2012: 374, Rn. 26 ff., 36 ff.

[91] *Berg*, in: Schwarze, EU-Kommentar, Art. 168 AEUV, Rn. 20; *Kingreen*, in: Calliess/Ruffert, EUV/AEUV, Art. 168 AEUV, Rn. 17; Hieran zweifelnd *Frenz/Götzkes*, MedR 2010, 613 (618).
[92] *Berg*, in: Schwarze, EU-Kommentar, Art. 168 AEUV, Rn. 20.
[93] EuGH, Urt. v. 31. 3. 1971, Rs. C–22/70 (AETR), Slg. 1971, 263, Rn. 20 ff.; EuGH, Gutachten 1/76 v. 26. 4. 1977 (Stillegungsfonds), Slg. 1977, 741 (755 f.); *Schmidt am Busch*, in: Grabitz/Hilf/Nettesheim, EU, Art. 168 AEUV (Mai 2011), Rn. 71.

ständigkeit nach Abs. 4. Im Umkehrschluss **bezieht sich** damit Abs. 3 **nur auf die Materien der ergänzenden Zuständigkeit nach Abs. 1 UAbs. 2 und Abs. 5** – wiederum begrenzt durch das Harmonisierungsverbot (s. Rn. 28) und die Sicherungsklausel (s. Rn. 33). Das Verfahren für den Abschluss völkerrechtlicher Beziehungen richtet sich nach Art. 218 AEUV.[94]

39 Neben einem Abkommen mit der Türkei über ihre Beteiligung an der Europäischen Beobachtungsstelle für Drogen und Drogensucht[95] und einem mit der WHO zur Eindämmung des Tabakkonsums[96] arbeitet die Union auch unterhalb der Schwelle völkerrechtlicher Verträge mit Drittstaaten zusammen. So existieren Absichtserklärungen für einen Dialog mit Russland und China über Gesundheit und Nahrungsmittel.[97]

---

[94] *Schmidt am Busch*, in: Grabitz/Hilf/Nettesheim, EU, Art. 168 AEUV (Mai 2011), Rn. 71.
[95] Beschluss des Rates vom 29.4.2008 über den Abschluss des Abkommens zwischen der Europäischen Gemeinschaft und der Republik Türkei über die Beteiligung der Republik Türkei an der Arbeit der Europäischen Beobachtungsstelle für Drogen und Drogensucht, ABl. 2008, L 129/48.
[96] Beschluss des Rates vom 2.6.2004 über den Abschluss des WHO-Rahmenübereinkommens zur Eindämmung des Tabakkonsums, ABl. 2004, L 213/8.
[97] Siehe dazu das Gesundheitsportal der EU und die Dokumentation der Zusammenarbeit mit Drittstaaten: http://ec.europa.eu/health/eu_world/policy/index_de.htm (2.2.2017).

Titel XV
Verbraucherschutz

Artikel 169 AEUV [Beitrag der Union; Mindeststandards]

(1) Zur Förderung der Interessen der Verbraucher und zur Gewährleistung eines hohen Verbraucherschutzniveaus leistet die Union einen Beitrag zum Schutz der Gesundheit, der Sicherheit und der wirtschaftlichen Interessen der Verbraucher sowie zur Förderung ihres Rechtes auf Information, Erziehung und Bildung von Vereinigungen zur Wahrung ihrer Interessen.

(2) Die Union leistet einen Beitrag zur Erreichung der in Absatz 1 genannten Ziele durch

a) Maßnahmen, die sie im Rahmen der Verwirklichung des Binnenmarkts nach Artikel 114 erlässt;

b) Maßnahmen zur Unterstützung, Ergänzung und Überwachung der Politik der Mitgliedstaaten.

(3) Das Europäische Parlament und der Rat beschließen gemäß dem ordentlichen Gesetzgebungsverfahren und nach Anhörung des Wirtschafts- und Sozialausschusses die Maßnahmen nach Absatz 2 Buchstabe b.

(4) ¹Die nach Absatz 3 beschlossenen Maßnahmen hindern die einzelnen Mitgliedstaaten nicht daran, strengere Schutzmaßnahmen beizubehalten oder zu ergreifen. ²Diese Maßnahmen müssen mit den Verträgen vereinbar sein. ³Sie werden der Kommission mitgeteilt.

Literaturübersicht

Mancaleoni, in: Cristofaro/Zaccaria (Hrsg.), Commentario breve al Diritto dei consumatori, 2. Aufl., 2013, Art. 1–12, 114, 169 TFUE; *Meller-Hannich*, Verbraucherschutz im Schuldvertragsrecht, 2005; *Reich*, Verbraucherpolitik und Verbraucherrecht im Vertrag von Amsterdam, VuR 1999, 3; *Reich/Micklitz*, Europäisches Verbraucherrecht, 2003; *Schmidt-Kessel*, Binnenmarkt im Gleichgewicht – Folgen der Akzentverschiebung für den Verbraucherschutz, in: Festschrift für Müller-Graff, 2015, 163; *Staudenmayer*, Europäisches Verbraucherrecht nach Amsterdam – Stand und Perspektiven, RIW 1999, 733; *Stuyck*, European Consumer Law after the Treaty of Amsterdam: Consumer Policy in or beyond the Internal Market?, CMLRev. 37 (2000), 367; siehe ferner Art. 38 GRC und Art. 12 AEUV.

Leitentscheidungen

EuGH, Urt. v. 17.3.1993, Rs. C–155/91 (Kommission/Rat), Slg. 1993, I–939
EuGH, Urt. v. 15.12.1995, Rs. C–415/93 (Bosman), Slg. 1995, I–4921
EuGH, Urt. v. 12.10.1995, Rs. C–85/94 (Piageme/Peeters), Slg. 1995, I–2955
EuGH, Urt. v. 7.3.1996, Rs. C–192/94 (El Corte Ingles/Blazquez Rivero), Slg. 1996, I–1281
EuGH, Urt. v. 9.10.2001, Rs. C–377/98 (Niederlande/Parlament und Rat), Slg. 2001, I–7079
EuGH, Urt. v. 2.5.2006, Rs. C–436/03 (Parlament/Rat), Slg. 2006, I–3733
EuGH, Urt. v. 18.11.2010, Rs. C–458/08 (Europäische Kommission/Portugiesische Republik), Slg. 2010, I–11599
EuGH, Rs. C–59/12 (BKK mobil Oil), ECLI:EU:C:2013:450

Inhaltsübersicht   Rn.

A. Einführung 1
B. Systematische Stellung der Norm 2
C. Regelungszwecke 3
D. Reichweite von Verbraucherpolitik unter Art. 169 AEUV 6
    I. Verbraucherschutzpolitik 8
    II. Förderung der Verbraucherinteressen 11
    III. Verhältnis zu den Politiken der Mitgliedstaaten 20
E. Die Kompetenzordnung nach Art. 169 Abs. 2 AEUV 22
    I. Grundstruktur 23
        1. Verhältnis zur Binnenmarktpolitik 24
        2. Maßnahmen außerhalb der Binnenmarktpolitik 28
    II. Maßnahmen nach Art. 114, 169 Abs. 2 Buchst. a AEUV ... 31
    III. Maßnahmen nach Art. 169 Abs. 2 Buchst. b AEUV 43

A. Einführung

1 Art. 169 AEUV enthält die **Zentralnorm, der** aus zwei Entwicklungslinien – Verbraucherschutz und Förderungen von Nachfragerinteressen – gebildeten **Verbraucherpolitik der Union**. Durch die Ausgliederung des früheren Art. 153 Abs. 2 EGV-Nizza hat sie für den Verbraucherschutz erheblich an systematischer Bedeutung verloren. Die **kompetenzbegründende Wirkung** ist durch den Verweis auf die Binnenmarktkompetenz des Art. 114 AEUV einerseits und die in ihrer Reichweite unbestimmte Kompetenzgrundlage des Art. 169 Abs. 2 Buchst. b AEUV weitgehend ungeklärt.

B. Systematische Stellung der Norm

2 Die Vorschrift baut einerseits auf den Generalnormen des Verbraucherschutzes in Art. 38 GRC und Art. 12 AEUV sowie der Nennung des Verbraucherschutzes in Art. 4 Abs. 2 Buchst. f AEUV auf und bestimmt andererseits **Reichweite und Umfang verbraucherpolitischen Tätigwerdens** der Union insgesamt.

C. Regelungszwecke

3 Wichtigster Regelungszweck der Vorschrift ist die **Benennung und** – rudimentäre – **Umschreibung der Gegenstände der Verbraucherpolitik** in Art. 169 Abs. 1 AEUV. Dabei wird zwischen der Förderung der Verbraucherinteressen und der Gewährleistung eines hohen Verbraucherschutzniveaus differenziert und damit an die **klassische Zweiteilung** verbraucherpolitischer Ansätze – **Schutz und Nachfragorientierung** – angeknüpft (s. Art. 12 AEUV, Rn. 18 ff.).

4 Zusätzlich schreibt die Vorschrift die besondere **doppelte Subsidiarität** der Verbraucherpolitik der Union fest: Einerseits ist Verbraucherschutzpolitik immer Teil der Binnenmarktpolitik der Union und dort das Komplement zu den Freiheitsgewährleistungen insbesondere der Grundfreiheiten – nicht etwa zum Binnenmarkt als solchem.[1] Ande-

---
[1] So aber *Martinek*, Unsystematische Überregulierung und kontraintentionale Effekte im euro-

rerseits ist die Förderung der Nachfragerinteressen weitgehend den Mitgliedstaaten vorbehalten und erlaubt nur ein nachgeordnetes und auffangendes Tätigwerden der Union.

Dritte Funktion von Art. 169 AEUV ist schließlich die **Ausgestaltung der Ermächtigungsgrundlagen** zur Verbraucherpolitik. Insoweit wird einerseits weitgehend auf die Binnenmarktkompetenz verwiesen (Art. 169 Abs. 2 Buchst. a AEUV). Andererseits begründet Art. 169 Abs. 2 Buchst. b AEUV eine in ihrem Umfang und ihrer Relevanz höchst unklare gesonderte Kompetenz der Union, die in Abs. 3 hinsichtlich des Verfahrens und durch Abs. 4 betreffend ihr Verhältnis zu den einschlägigen Politiken der Mitgliedstaaten näher konkretisiert wird.

5

D. Reichweite von Verbraucherpolitik unter Art. 169 AEUV

Art. 169 Abs. 1 AEUV benennt und umschreibt die **beiden wesentlichen Säulen europäischer Verbraucherpolitik** (dazu bereits Art. 12 AEUV, Rn. 18 ff.). Während die Überschrift des Titels XV – wie Art. 4 Abs. 2 Buchst. f AEUV – lediglich auf Verbraucherschutz Bezug nimmt, differenziert Art. 169 Abs. 1 AEUV ausdrücklich zwischen der »**Förderung der Interessen der Verbraucher**« und der »**Gewährleistung eines hohen Verbraucherschutzniveaus**«[2] und knüpft damit an die beiden klassischen Grundansätze der Verbraucherpolitik an, nämlich dem freiheitskomplementären Verbraucherschutz und der Förderung von Nachfragerinteressen (dazu ausführlich Art. 12 AEUV, Rn. 20 f.).

6

Spiegelbildlich hierzu streicht die Vorschrift bestimmte **Gruppen von Maßnahmen** heraus: Danach leistet die Union einerseits einen Beitrag »zum Schutz der Gesundheit, der Sicherheit und der wirtschaftlichen Interessen der Verbraucher« und andererseits »zur Förderung ihres Rechtes auf Information, Erziehung und Bildung von Vereinigungen zur Wahrung ihrer Interessen«. Beide Maßnahmenkurzkataloge sind nicht abschließend[3] und beruhen in ihren Formulierungen teilweise noch auf den vier fundamentalen Rechten der Verbraucher aus der berühmten *Kennedy*-Rede vom 15.3.1962[4] und deren weitgehender Rezeption durch das erste EWG-Programm zum Schutz und zur Unterrichtung der Verbraucher von 1975.[5]

7

I. Verbraucherschutzpolitik

Erste Säule der Verbraucherpolitik der Europäischen Union ist die Verbraucherschutzpolitik. Sie ist historisch wie **systematisch** als **Teil der Binnenmarktpolitik** angelegt und

8

---

päischen Verbraucherschutzrecht, oder: Weniger wäre mehr, in: Grundmann (Hrsg.), Systembildung und Systemlücken in Kerngebieten des Europäischen Privatrechts, 2000, S. 511 (515).
  [2] *Lurger*, in: Streinz, EUV/AEUV, Art. 169 AEUV, Rn. 16; s. auch den Hinweis von GA *Mengozzi*, Schlussanträge zu Rs. C–122/10 (Konsumentombudsmannen KO/Ving Sverige AB), Slg. 2011, I–3908, Rn. 1.
  [3] *Krebber*, in: Calliess/Ruffert, EUV/AEUV, Art. 169 AEUV, Rn. 9.
  [4] *J. F. Kennedy*, Special Message to the Congress on Protecting the Consumer Interest, 15.3.1962, abgedruckt etwa in: *von Hippel*, Verbraucherschutz, 3. Aufl., 1986, S. 281 ff.
  [5] Erstes Programm der Europäischen Wirtschaftsgemeinschaft für eine Politik zum Schutze und zur Unterrichtung der Verbraucher vom 14.4.1975, ABl. 1975, C 92/1. Zur Entwicklung siehe *Tonner*, in: Schmidt-Kessel/Kannowski (Hrsg.), Zur Geschichte des Verbraucherrechts, 2016, S. n ff. (im Erscheinen).

fungiert dort als ein **Komplement zu den Grundfreiheiten**: Da die Grundfreiheiten die Befugnisse der Mitgliedstaaten zu beschränkenden Verbraucherschutzmaßnahmen zurückdrängen, setzt die Europäische Union dem eine eigene Verbraucherschutzpolitik entgegen. Diese Verbraucherschutzpolitik ist normenhierarchisch durch Art. 38 GRC auf der Ebene der Grundrechte und Grundfreiheiten angesiedelt und wirkt durch die Querschnittsklausel des Art. 12 AEUV in alle Politikbereiche hinein. Für den Binnenmarkt ist die Komplementärfunktion des Verbraucherschutzes einerseits durch Art. 114 Abs. 3 AEUV abgesichert und andererseits durch den Verweis in Art. 169 Abs. 2 Buchst. a AEUV auch zum Teil der Verbraucherpolitik erhoben.

9 Verbraucherschutz im Sinne dieser ersten Säule der europäischen Verbraucherpolitik ist – wie im gesamten Primärrecht – der **Schutz des privaten Marktteilnehmers**[6] **vor Risiken**, die sich im Kontakt mit professionellen Marktteilnehmern ergeben. Art. 169 Abs. 1 AEUV nennt insoweit den »Schutz der Gesundheit, der Sicherheit und der wirtschaftlichen Interessen der Verbraucher«. Ergänzend und differenzierter geht es heute um die Gewährleistung der Versorgungssicherheit, fairer Preise, des Integritätsschutzes, des Präferenzenschutzes und des Persönlichkeitsrechtes.[7]

10 Hinsichtlich des Maßes des erforderlichen Schutzes folgt die Europäische Union dem **Standardleitbild eines informierten und verständigen Verbrauchers**.[8] Dabei setzt die Union regelmäßig mit ihrem Schutz an, wo dieser Standardverbraucher ohne Schutzinstrumente typischerweise den entstehenden Risiken nicht gewachsen ist. Dasselbe Kriterium bestimmt auch die Auswahl der Instrumente, wobei hier wie dort die Konkretisierung des Kriteriums rechtspolitisch erfolgt und nur unter den Bindungen der Art. 38 GRC und Art. 12, 114 Abs. 3 AEUV – etwa anhand neuerer verbraucherverhaltenswissenschaftlicher Erkenntnisse – auch rechtlicher Überprüfung zugänglich ist. Daneben weicht der Unionsgesetzgeber aber auch vom Standardverbraucher ab, wenn es um den Schutz von **Gruppen besonderer** – regelmäßig auch typisierbarer – **Schutzbedürftigkeit** geht.

II. Förderung der Verbraucherinteressen

11 Die zweite Säule europäischer Verbraucherpolitik besteht in der Förderung der Verbraucherinteressen. Sie ist **nicht auf den Binnenmarkt** bezogen, sondern besonderer Ausdruck der in Art. 3 Abs. 3 EUV angesprochenen Ziele der **sozialen Gerechtigkeit** und des **sozialen Zusammenhalts** in der Union, welche das Attribut »sozial« in der dort zu den Grundlagen der Union gerechneten »sozialen Marktwirtschaft«[9] konkretisieren helfen. Ausweislich des Textes von Art. 169 Abs. 1 AEUV geht es dabei um die »Förderung ihres Rechtes auf Information, Erziehung und Bildung von Vereinigungen zur Wahrung ihrer Interessen« durch die – im Kern private – Nachfrageseite.[10]

12 Unter dieser zweiten Säule geht es vor allem um die Förderung der Verbraucherinteressen durch die **partizipativen Instrumente** der Verbraucherinformation, der Verbraucherbildung und der Zusammenfassung von Verbraucherinteressen in Vereinigun-

---

[6] Zu den Einzelheiten des primärrechtlichen Verbraucherbegriffs beim Verbraucherschutz s. Art. 12 AEUV, Rn. 25–32.
[7] Dazu im Einzelnen Art. 12 AEUV, Rn. 37–50.
[8] Zu den Einzelheiten s. wiederum Art. 12 AEUV, Rn. 51–59.
[9] Seinerseits erläutert durch den Topos des »sozialen Fortschritts«.
[10] Für eine besondere Bedeutung dieses zweiten Halbsatzes auch *Micklitz/Rott*, in: Dauses, Handbuch des EU-Wirtschaftsrechts, Abschnitt H. V., Oktober 2013, Rn. 30.

gen. Darauf ist diese Seite der Verbraucherpolitik freilich nicht beschränkt. Es geht auch um die hinreichende **Berücksichtigung von überindividuellen Verbraucherinteressen** in den Organen der Europäischen Union oder beim Austarieren des Markt- und Machtgleichgewichts durch Verbote wettbewerbsbeschränkender Abreden und missbräuchlicher Verhaltensweisen unter Art. 101, 102 AEUV, die ebenfalls in die Definition der europäischen Verbraucherpolitik einzubeziehen sind. Solche überindividuellen Verbraucherinteressen sind weit im Sinne der sozialen Interessen der erfassten Gruppen zu verstehen.[11]

Teilweise wird aus der **Formulierung »Recht auf«** abgeleitet, das Primärrecht gewähre an dieser Stelle bestimmte subjektive und letztlich auch justitiable Rechte.[12] Angesichts der durch Art. 12 GRC auch für die Verbraucherverbände geschützten Vereinigungsfreiheit liegt diese Überlegung auch für die beiden anderen »Rechte« nicht völlig fern; es ließe sich argumentieren die betreffenden sozialen Grundrechte würden in Art. 169 Abs. 1 AEUV vorausgesetzt und bestünden daher im Primärrecht auch insoweit als sie ungeschrieben seien. Allerdings ist dieses systematische Argument bereits ambivalent, weil damit auch umgekehrt argumentiert werden kann, dass Art. 12 GRC gerade belege, dass es für ein subjektives Recht gerade der ausdrücklichen Verankerung eines solchen bedurft hätte, woran es sowohl bei der Verbraucherinformation – Art. 11 Abs. 1 GRC begründet nur ein Informationsempfangsrecht aber keinen Anspruch auf Informationserteilung – als auch bei der Verbraucherbildung – Art. 14 GRC differenziert zwischen dem nicht einklagbaren Bildungsanspruch in Abs. 1 und dem einklagbaren Zugangsrecht in Abs. 2 – gerade fehlt. Dass **Art. 169 Abs. 1 AEUV selbst nicht Grund entsprechender subjektiver Rechte** sein kann, zeigt aber vor allem der Wortlaut, welcher die Ermächtigung der Union auf die Förderung der Verwirklichung der drei als Rechte formulierten Positionen beschränkt.[13] Andernfalls entstünde zudem ein massiver Wertungswiderspruch zur Verbraucherschutzpolitik, für welche Art. 38 GRC – trotz viel konkreterer Situationen – ebenfalls keine eigenen subjektiven Rechte auf der Ebene des Primärrechts einräumt, sondern lediglich eine auf Optimierung gerichtete Gewährleistungsverantwortung der Union begründet (s. Art. 38 GRC, Rn. 5 ff.).

13

Zu fragen wäre dementsprechend, ob Art. 169 Abs. 1 AEUV für die zweite Säule der Verbraucherpolitik eine Art. 38 GRC vergleichbare Gewährleistungsverantwortung begründet. Dafür spräche immerhin, dass sich partizipative Elemente auch sonst im Primärrecht finden, insbesondere in den – die Verbraucherorganisationen allerdings nur unter anderen und nicht ausdrücklich ansprechenden – Verweisen auf die Zivilgesellschaft, Art. 11 Abs. 2 EUV, Art. 15 Abs. 1 AEUV, sowie in deren Repräsentanz über den Wirtschafts- und Sozialausschuss, Art. 300 Abs. 2, 302 Abs. 2 AEUV.[14] Allerdings passt eine Art. 38 GRC vergleichbare pauschale Gewährleistungsverantwortung weder zu den in den genannten Vorschriften sehr differenziert ausgestalteten Partizipationsregeln. Vor allem aber könnte die Union mit den ihr eingeräumten Kompetenzen eine solche Gewährleistungsverantwortung gar nicht tragen: Unabhängig von den Einzelheiten der Auslegung der Kompetenzregeln (dazu noch unten Rn. 22 ff.) passt eine sol-

14

---

[11] Zu eng daher *Lurger*, in: Streinz, EUV/AEUV, Art. 169 AEUV, Rn. 16.
[12] So insbesondere *Reich/Micklitz*, S. 24 ff. (für ein »Verbrauchergrundrecht auf Information«) und wohl auch *Micklitz/Rott*, in: Dauses, Handbuch des EU-Wirtschaftsrechts, Abschnitt H. V., Oktober 2013, Rn. 30 (»Verbrauchergrundrecht auf Information«), 59 (»Recht auf Bildung von Vereinigungen zur Wahrung der Verbraucherinteressen«).
[13] Wie hier auch *Krebber*, in: Calliess/Ruffert, EUV/AEUV, Art. 169 AEUV, Rn. 9.
[14] Vgl. Art. 12 AEUV, Rn. 20.

che nämlich nicht zum Binnenmarktansatz nach Art. 169 Abs. 2 Buchst. a, 114 AEUV und lässt sich unter Einsatz der »Maßnahmen zur Unterstützung, Ergänzung und Überwachung der Politik der Mitgliedstaaten« überhaupt nicht bewältigen. Eine **Gewährleistungsverantwortung** hinsichtlich der Förderung der Verbraucherinteressen **besteht nicht**.

15 Mit der Förderung von **Verbraucherinformation** – des Rechts auf Information – ist dementsprechend weder ein subjektives Recht auf Information noch eine allgemeine Gewährleistungsverantwortung der Union für eine Verbraucherinformation begründet.[15] **Adressaten** dieses daher rein politisch zu verstehenden Rechts sind dabei sowohl die staatlichen Aufsichtsbehörden als **auch die Unternehmen**; anders als im Rahmen des Schutzkonzeptes, unter dem Information der Beseitigung von Informationsasymmetrien dienen soll, geht es um die Beeinflussung unternehmerischen Handelns; insoweit sind die damit verbundenen Vorstellungen denjenigen einer wirtschaftlichen Mitbestimmung in Betrieben und Unternehmen eng verwandt. Dementsprechend geht es auch nicht um Rechtsfolgen zugunsten einzelner Verbraucher.[16] Einschlägig sind vielmehr staatliche und unternehmerische Informationen über Unternehmen und Märkte an die Öffentlichkeit.

16 **Gegenstand dieser Informationen** sind – bei fehlender kategorialer Abgrenzbarkeit – weniger dem Verbraucherschutz dienende Gefahrenmeldungen als vielmehr Unternehmensentscheidungen, andere relevante Vorgänge und Sachlagen im Unternehmen sowie deren Leistungen. Dabei geht es im Kern nicht um Rechtsverstöße, aber doch um Gegebenheiten, die Verbraucherinteressen betreffen (können). Ein Beispiel wäre etwa die Förderung oder Unterhaltung von Bewertungsportalen und anderen Bewertern wie der Stiftung Warentest, ein anderes könnte ein Monitoring hinsichtlich der Herkunft, Verarbeitungsweise, Handelsketten, Nachhaltigkeit, Arbeitsbedingungen etc. von Leistungen sein. Wie weit Fördermaßnahmen in diesem Bereich – auch angesichts gegenläufiger Grundrechtspositionen der betroffenen Unternehmen – gehen können, ist derzeit völlig offen. Zu beachten ist auch, dass sich Verbraucherinformation in diesem Sinne auch dazu nutzen lässt, die Präferenzen von Verbrauchern kurz-, mittel- und langfristig zu beeinflussen und damit (verdeckte) Steuerungseffekte zu erzielen.

17 Bei der Förderung des »Rechtes auf Erziehung« ist die deutsche Textfassung – wohl zur Vermeidung der Doppelung des Worts »Bildung« – irreführend und verweist richtigerweise auf **Verbraucherbildung** (education respective éducation). Auch hierin liegt kein subjektives Recht, sondern lediglich eine politische Position.[17] In der Sache geht es um Maßnahmen, welche die Verbraucher zu eigenverantwortlichen Konsumentscheidungen in die Lage versetzen sollen.[18] Ausgangspunkt sind dabei nicht Gegebenheiten bei einzelnen Unternehmen, sondern staatlicherseits(?) zu definierende Bildungsziele.

---

[15] So die wohl überwiegende Auffassung: *Pfeiffer*, in: Grabitz/Hilf/Nettesheim, EUV/AEUV, Art. 169 AEUV (Mai 2011), Rn. 15. Anders hingegen *Reich*, VuR 1999, 3, 6 f. (»grundrechtsähnliche Gewährleistung«; nebst weiteren Hinweisen zu Ausgestaltung und Schranken); *Reich/Micklitz*, S. 24 ff. Nicht wirklich festgelegt: *Stuyck*, CMLRev. 37 (2000), 367, 384.

[16] Deshalb kann aus der Vorschrift auch keine über das Primärrecht vermittelte horizontale Direktwirkung mangelhaft umgesetzter verbraucherschützender Informationspflichten abgeleitet werden, vgl. *Pfeiffer*, in: Grabitz/Hilf/Nettesheim, EUV/AEUV, Art. 169 AEUV (Mai 2011), Rn. 15, *Reich*, VuR 1999, 3 (7) sowie *Staudenmayer*, RIW 1999, 733 (734).

[17] *Pfeiffer*, in: Grabitz/Hilf/Nettesheim, EUV/AEUV, Art. 169 AEUV (Mai 2011), Rn. 16.

[18] *Pfeiffer*, in: Grabitz/Hilf/Nettesheim, EUV/AEUV, Art. 169 AEUV (Mai 2011), Rn. 16; *Stuyck*, CMLRev. 37 (2000), 367 (384) (Schutz vor *undue influence*).

Ziel sind auch hier über die Beeinflussung von Präferenzen erzielte Steuerungswirkungen, die politisch zu entscheiden sind. Auch für die Verbraucherbildung ist – angesichts der Eingriffsreichweite – gegenüber dem Einzelnen offen, wie weit solche Maßnahmen reichen können.

Das Recht zur Bildung von Vereinigungen ist heute durch Art. 12 GRC etabliert und für die Union schon zuvor anerkannt gewesen.[19] Insoweit stellt Art. 169 Abs. 1 AEUV zunächst klar, dass dieses subjektive Recht auch die **Bildung von Vereinigungen zur Verfolgung von Verbraucherinteressen** umfasst.[20] Diesen Vereinigungen stehen als Einrichtungen der Zivilgesellschaft auch die bereits angesprochenen Positionen nach Art. 11 Abs. 2 EUV und Art. 15 Abs. 1 AEUV zu und sie sind im Wirtschafts- und Sozialausschuss vertreten, Art. 300 Abs. 2, 302 Abs. 2 AEUV. Materielle Mindestanforderungen an die Verbände werden vom Unionsrecht nicht aufgestellt.[21]

18

Auch für diese Vereinigungen übernimmt die Union allerdings **keine Gewährleistungsverantwortung** etwa hinsichtlich einer hinreichenden finanziellen Ausstattung – Art. 169 Abs. 1 AEUV begründet in dieser Hinsicht lediglich die Basis dafür, dass die Union entsprechende Politiken der Mitgliedstaaten unterstützt und ergänzt. Dazu zählt insbesondere auch die Finanzierung europäischer Dachverbände – insbesondere des europäischen Dachverbands der Verbraucherverbände, BEUC[22] – einschließlich deren Infrastruktur und deren operatives Geschäft. Auch die Übertragung eigener rechtlicher Befugnisse – wie etwa durch die UnterlassungsklagenRL 2009/22/EG[23] und aufgrund der VerbraucherschutzdurchsetzungsVO 2006/2004[24] – ist neben dem weit überwiegenden Schutzaspekt zugleich Teil der Förderung der Verbraucherverbände. Jedoch besteht kein primärrechtlicher Rechtsanspruch auf Einräumung solcher Befugnisse.[25] Auch ein subjektives Recht des einzelnen Verbrauchers auf Vertretung durch einen Verband wird nicht begründet.[26]

19

III. Verhältnis zu den Politiken der Mitgliedstaaten

Das Verhältnis zu den eigenen Verbraucherpolitiken der Mitgliedstaaten ist ein gespaltenes: Soweit der **Binnenmarkt** und damit als Kehrseite der diesen – nicht mehr allein – konstituierenden Freiheiten die Verbraucherschutzpolitik betroffen ist, gelten in Anwendung von Art. 114 AEUV die allgemeinen Regeln des Tätigwerdens der Union. Maßgebend sind damit das **Subsidiaritäts- und das Verhältnismäßigkeitsprinzip**, wie sie in Art. 5 Abs. 3 und 4 EUV ihren Niederschlag gefunden haben. Insbesondere kommt

20

---

[19] Insbesondere EuGH, Urt. v. 15.12.1995, Rs. C–415/93 (*Bosman*), Slg. 1995, I–4921, Rn. 79.
[20] *Micklitz/Rott*, in: Dauses, Handbuch des EU-Wirtschaftsrechts, Abschnitt H.V., Oktober 2013 Rn. 59; *Pfeiffer*, in: Grabitz/Hilf/Nettesheim, EUV/AEUV, Art. 169 AEUV (Mai 2011), Rn. 17; *Reich*, VuR 1999, 3, (8); *Stuyck*, CMLRev. 37 (2000), 367 (385).
[21] Zur Diskussion um solche Anforderungen s. *Micklitz/Rott*, in: Dauses, Handbuch des EU-Wirtschaftsrechts, Abschnitt H.V., Oktober 2013, Rn. 61.
[22] *Micklitz/Rott*, in: Dauses, Handbuch des EU-Wirtschaftsrechts, Abschnitt H.V., Oktober 2013 Rn. 62.
[23] Richtlinie 2009/22/EG vom 23.4.2009 über Unterlassungsklagen zum Schutz der Verbraucherinteressen, ABl. 2009, L 110/30.
[24] Verordnung (EG) Nr. 2006/2004 vom 27.10.2004 über die Zusammenarbeit zwischen den für die Durchsetzung der Verbraucherschutzgesetze zuständigen nationalen Behörden, ABl. 2004, L 364/1.
[25] *Micklitz/Rott*, in: Dauses, Handbuch des EU-Wirtschaftsrechts, Abschnitt H.V., Oktober 2013 Rn. 60.
[26] *Reich*, VuR 1999, 3 (8).

die Entwicklung einer eigenen Verbraucherschutzpolitik für den Binnenmarkt nur in Betracht, »sofern und soweit die Ziele der in Betracht gezogenen Maßnahmen von den Mitgliedstaaten weder auf zentraler noch auf regionaler oder lokaler Ebene ausreichend verwirklicht werden können, sondern vielmehr wegen ihres Umfangs oder ihrer Wirkungen auf Unionsebene besser zu verwirklichen sind«.

21 Für die zweite Säule der europäischen Verbraucherpolitik, der **Förderung der Nachfrageinteressen**, ergibt sich hingegen ein über Art. 5 EUV deutlich hinausgehendes[27] besonderes Subsidiaritätsprinzip, welche diese Säule auf eine **reine Ergänzungsfunktion**[28] beschränkt: Die Entwicklung einer autonomen Politik ist nämlich den Mitgliedstaaten vorbehalten,[29] während die Union ausweislich von Art. 169 Abs. 2 Buchst. b AEUV auf die »Unterstützung, Ergänzung und Überwachung« dieser nationalen Politiken der Mitgliedstaaten beschränkt ist[30] und kompetenziell zudem dem Vorrang der Binnenmarktpolitik weichen muss (s. unten Rn. 27). Art. 169 Abs. 4 AEUV verdeutlicht zudem, dass Maßnahmen dieser Art allenfalls geeignet sind Mindeststandards einer auf Förderung der Nachfrageinteressen gerichteten Verbraucherpolitik vorzugeben. Eigene Handlungspflichten der Mitgliedstaaten allein aus Art. 169 AEUV ergeben sich hingegen nicht.[31]

E. Die Kompetenzordnung nach Art. 169 Abs. 2 AEUV

22 Die Kompetenzregeln in Art. 169 Abs. 2 AEUV werfen eine größere Zahl von Auslegungsschwierigkeiten auf, die bis heute nicht vollends geklärt sind. Kernfragen sind dabei das **Verhältnis der beiden** in Abs. 2 erfolgenden **Zuweisungen zueinander** sowie die **Abbildung der beiden Säulen der Verbraucherpolitik** durch die von Abs. 2 strukturierte Kompetenzordnung. Diese Fragen der Grundstruktur – die auch auf Grundfragen der Binnenmarktpolitik ausgreifen – stehen im Wechselspiel mit den einzelnen Auslegungsfragen der beiden Fälle des Abs. 2.

I. Grundstruktur

23 **Zweck** des Abs. 2 ist die Strukturierung der für die Verbraucherpolitik der Union zur Verfügung stehenden Kompetenzen. Dazu versucht die Vorschrift einerseits in Buchst. a das Verhältnis zur Binnenmarktkompetenz zu klären. Andererseits gestattet Buchst. b verbraucherpolitische Maßnahmen aller Art mit begrenzter Zwecksetzung (»zur Unterstützung, Ergänzung und Überwachung der Politik der Mitgliedstaaten«) auch deutlich über die Binnenmarktkompetenz des Art. 114 AEUV hinaus.

---

[27] Vgl. auch *Micklitz/Rott*, in: Dauses, Handbuch des EU-Wirtschaftsrechts, Abschnitt H. V., Oktober 2013, Rn. 33 (Art. 5 EUV begründe keine weitere Kompetenzeinschränkung).
[28] Insoweit zutreffend *Berg*, in: GSH, Europäisches Unionsrecht, Art. 169 AEUV, Rn. 12.
[29] *Berg*, in: GSH, Europäisches Unionsrecht, Art. 169 AEUV, Rn. 17 (»Primat der Mitgliedstaaten«); Art. 12 AEUV, *Lurger*, in: Streinz, EUV/AEUV, Art. 169 AEUV, Rn. 2 (»nachgeordnet«).
[30] Für die Zuordnung der Kompetenz des Art. 169 Abs. 2 Buchst. b AEUV zur zweiten Säule der Verbraucherpolitik s. unten Rn. 29.
[31] So aber unter fehlerhafter Berufung auf das Subsidiaritätsprinzip *Micklitz/Rott*, in: Dauses, Handbuch des EU-Wirtschaftsrechts, Abschnitt H. V., Oktober 2013, Rn. 35; ferner *Knops*, in: GSH, Europäisches Unionsrecht, Art. 38 GRC, Rn. 3.

1. Verhältnis zur Binnenmarktpolitik

Verbraucherpolitik ist **integraler Bestandteil der Binnenmarktpolitik** – soweit beide sich 24
überlappen. Art. 169 Abs. 2 Buchst. a AEUV verdeutlicht diesen Zusammenhang, indem der Union – über das Berücksichtigungserfordernis nach Art. 12 AEUV und die Anforderung an die Kommission nach Art. 114 Abs. 3 AEUV hinaus[32] – die Verfolgung verbraucherpolitischer Ziele auch »im Rahmen der Verwirklichung des Binnenmarktes« aufgegeben wird. Die bereits vor Schaffung des ursprünglichen Art. 129a EGV-Maastricht gängige Praxis war damit seinerzeit primärrechtlich ausdrücklich akzeptiert worden. Für den Bereich des von der Binnenmarktpolitik erfassten Verbraucherschutzes kann von einer reinen Ergänzungsfunktion des Unionsrechts[33] heute keine Rede mehr sein.

Art. 169 AEUV ist – verbunden mit weiteren Politiken und Gewährleistungen – dementsprechend nicht ohne Konsequenzen für das Binnenmarktkonzept: Lag der Schwerpunkt zunächst des Gemeinsamen Marktes und dann des Binnenmarktes zunächst auf der Freiheitsverwirklichung, sind die vor allem zugunsten der Umwelt, des Verbraucherschutzes und weiterer Ziele ebenfalls primärrechtlich etablierten Schutzkonzepte heute als Teil der Binnenmarktpolitik der Freiheitsverwirklichung komplementär.[34] Dieser **Binnenmarkt im Gleichgewicht** ist als Ziel heute bereits in Art. 3 Abs. 3 EUV verankert.[35] Die damit verbundene **Komplementarität von Freiheitsverwirklichung und Schutzkonzepten** hat für Art. 169 AEUV die Konsequenz, dass Binnenmarkt und Verbraucherschutz einander nicht Gegenüberstehen, sondern der Verbraucherschutz zu einem Kernbestandteil des Binnenmarktkonzeptes geworden ist.[36]

Für Art. 169 Abs. 2 Buchst. a AEUV hat dies die weitere Konsequenz, dass eine 26
Überschneidung von Binnenmarkt- und Verbraucherpolitik **nur insoweit** besteht, als es um Fragen des **Verbraucher*schutzes*** geht. Maßnahmen nach Art. 169 Abs. 2 Buchst. a i. V. m. Art. 114 AEUV können also nur im Rahmen der ersten Säule der europäischen Verbraucherpolitik zu Zwecken des Verbraucherschutzes erfolgen. Für die zweite Säule ist die Binnenmarktkompetenz daher nicht einschlägig, so dass Maßnahmen nur nach Art. 169 Abs. 2 Buchst. b AEUV in Betracht kommen: Die Förderung der Nachfragerinteressen ist von Art. 169 Abs. 2 Buchst. a i. V. m. 114 AEUV nicht erfasst.

Für die Binnenstruktur der Kompetenzen nach Art. 169 AEUV ist schließlich der 27
Vorrang der Zuordnung zur Binnenmarktpolitik von entscheidender Bedeutung: Anders als sonst für die Abgrenzung von Kompetenzen der Union untereinander ist nicht auf maßgeblichen Inhalt und das Hauptziel des Rechtsakts[37] zu schauen sondern darauf,

---

[32] Anders *Berg*, in: GSH, Europäisches Unionsrecht, Art. 169 AEUV, Rn. 14, der dies bereits der entsprechenden Ergänzung der Binnenmarktkompetenz entnehmen will.
[33] So nach wie vor *Berg*, in: GSH, Europäisches Unionsrecht, Art. 169 AEUV, Rn. 12.
[34] Ähnlich unlängst GA *Bot*, Schlussanträge zu Rs. C–59/12 (BKK Mobil Oil/Wettbewerbszentrale), ECLI:EU:C:2013:450, Rn. 32: das Wettbewerbsrecht und Verbraucherschutzrecht nähmen »dadurch, dass sie die Missbräuche, die dem freien Funktionieren des Marktes inhärent sind und deren Opfer die Verbraucher und die konkurrierenden Unternehmen sind, verhindern und bekämpfen, an der Regulierung des Marktes teil.«
[35] S. *Schmidt-Kessel*, FS Müller-Graff, S. 163 (164 f.).
[36] *Schmidt-Kessel*, FS Müller-Graff, S. 163 (166–168). In diese Richtung bereits *Meller-Hannich*, S. 59 ff.
[37] Für dieses allgemeine Kriterium für die Abgrenzung von Kompetenzen der Union gegen einander s. EuGH, Urt. v. 17.3.1993, Rs. C–155/91 (Kommission/Rat), Slg. 1993, I–939, Rn. 19, 21; Urt. v. 9.10.2001, Rs. C–377/98 (Niederlande/Parlament und Rat), Slg. 2001, I–7079, Rn. 27; Urt. v. 2.5.2006, Rs. C–436/03 (Parlament/Rat), Slg. 2006, I–3733, Rn. 35.

ob Inhalt und Regelungsziel die Kompetenz nach Art. 114 AEUV eröffnen. Ist dies der Fall kommt es auf die Voraussetzungen von Art. 169 Abs. 2 Buchst. b AEUV nicht an. Der zentrale Grund für diesen **Vorrang der Binnenmarktkompetenz** ergibt sich aus dem Umstand, dass Art. 169 AEUV die Binnenmarktkompetenz weder in ihrem sachlichen Umfang noch hinsichtlich der Art der zu ergreifenden Maßnahmen beschränken soll. Insbesondere soll die Mindestharmonisierungsklausel des Art. 169 Abs. 4 AEUV nicht zum rechtlichen Ausschluss einer Vollharmonisierung des Verbraucherschutzes im Binnenmarkt führen.[38] Eine andere Auslegung wäre angesichts der sehr begrenzten Kompetenz des Art. 169 Abs. 2 Buchst. b AEUV auch nicht mit der Gewährleistung eines hohen Verbraucherschutzniveaus vereinbar, auf welches Art. 38 AEUV die Union verpflichtet. Eine gleichzeitige Förderung der Verbraucherinteressen als nachgeordnetes Nebenziel ist unter Art. 169 Abs. 2 Buchst. a i. V. m. 114 AEUV freilich unschädlich. Hingegen verdrängt die Binnenmarktkompetenz in dieser Kombination die Kompetenzgrundlagen anderer Politiken allerdings nicht: Art. 169 AEUV begründet kein Monopol der Verbraucherschutzpolitik auf die Verbraucherschutzgesetzgebung.[39] Das zeigen bereits Art. 12, 114 Abs. 3 AEUV und Art. 38 GRC.

2. Maßnahmen außerhalb der Binnenmarktpolitik

28 Außerhalb der Binnenmarktpolitik erlaubt Art. 169 AEUV der Europäischen Union **keine Verfolgung einer eigenen verbraucherpolitischen Konzeption**. Das gilt sowohl für Fragen des Verbraucherschutzes als auch für die Förderung der Nachfrageinteressen. Die Definitionshoheit der Verbraucherpolitiken in diesem Bereich liegt allein bei den Mitgliedsstaaten. Die Union ist – außerhalb der Binnenmarktpolitik – nach Art. 169 Abs. 2 Buchst. b AEUV auf »Unterstützung, Ergänzung und Überwachung« dieser mitgliedstaatlichen Politiken beschränkt.

29 Die Kompetenzzuweisung in Art. 169 Abs. 2 Buchst. b AEUV dient primär der Umsetzung der zweiten Säule der europäischen Verbraucherpolitik in Maßnahmen. Da die Binnenmarktkompetenz für die **Förderung der Nachfrageinteressen** nicht zur Verfügung steht, verbleibt es insoweit bei Maßnahmen der Unterstützung, Ergänzung und Überwachung der Politiken der Mitgliedstaaten. Schon aufgrund dieses Zuschnitts ist selbstverständlich, dass Maßnahmen der Union in diesem Bereich solche der Mitgliedstaaten nicht zu präkludieren vermögen. Die – insoweit im Wortlaut zu eng gefasste – Mindeststandardklausel in Art. 169 Abs. 4 AEUV bestätigt dieses auch formal.

30 Art. 169 Abs. 2 Buchst. b AEUV erlaubt darüber hinaus die Festlegung von **Schutzmindeststandards**; das ergibt sich bereits aus der – jedenfalls insoweit einschlägigen – Mindeststandardklausel in Art. 169 Abs. 4 AEUV. Auch hier ist die Union freilich auf Maßnahmen der Unterstützung, Ergänzung und Überwachung der Politiken der Mitgliedstaaten beschränkt. Zudem kommt ein Tätigwerden der Union auf der Basis von Art. 169 Abs. 2 Buchst. b AEUV nur dann in Betracht, wenn nicht auch die (vorrangige, s. Rn. 27) Binnenmarktkompetenz nach Art. 114 AEUV eröffnet ist.

---

[38] Richtig VG Berlin BeckRS 2014, 12180; *Berg*, in: GSH, Europäisches Unionsrecht, Art. 169 AEUV, Rn. 18. Anders noch *Micklitz/Reich*, EuZW 1992, 593, 598 *et passim*; dagegen wiederum *Heiss*, ZEuP 1996, 625 (633 ff.). Unrichtig *Rudolf*, in: Mayer, Charta der Grundrechte, Art. 38 Rn. 1. Die Kompetenzstruktur der Union eklatant verkennend *Knops*, in: GSH, Europäisches Unionsrecht, Art. 38 GRC, Rn. 3: »normlogisch durch Art. 169 Abs. 4 AEUV kohärent verbunden«.

[39] In diesem Sinne auch EuG, Urt v. 13. 11. 2014, Rs. T–481/11 (Spanien/Kommission), ECLI:EU: T:2014:945, Rn. 100 für eine Vermarktungsnorm unter Art. 113 Verordnung (EG) Nr. 1234/2007 über die einheitliche GMO also letztlich unter Artt. 39, 40 AEUV (dazu die im Ergebnis bestätigende Rechtsmittelentscheidung EuGH, Urt. v. 3. 3. 2016, Rs. C–26/15 P, ECLI:EU:C:2016:132).

II. Maßnahmen nach Art. 114, 169 Abs. 2 Buchst. a AEUV

Verbraucherschutz ist integraler Bestandteil der Binnenmarktpolitik; mit dieser Aussage geht Art. 169 Abs. 2 Buchst. a AEUV erheblich über die in Art. 12, 114 Abs. 3 AEUV enthaltenen Bezugnahmen auf den Verbraucherschutz hinaus. Die Vorschrift hat insoweit **klarstellende Funktion** und ist nicht allein auf die Wiederholung von Selbstverständlichem beschränkt.[40] Deutlicher als in der Binnenmarktkompetenz des Art. 114 AEUV und in Umsetzung des durch Art. 3 Abs. 3 EUV etablierten Konzepts vom »Binnenmarkt im Gleichgewicht« leistet die Vorschrift ihren Beitrag zur **Verschiebung der Gewichte im Binnenmarktkonzept** von der Konzentration auf die Freiheitsermöglichung hin zur Komplementarität von Freiheit und Schutz unter dem Dach des Binnenmarktes: Der Binnenmarkt reißt nicht nur Hindernisse nieder, sondern gewährt auch Schutz.[41] Die Verantwortung für die Gewährleistung dieses Schutzes obliegt der Union nach Art. 38 GRC.

Kompetenziell wird dies freilich durch einen Verweis auf Art. 114 AEUV und dessen Voraussetzungen erreicht: Maßnahmen nach Art. 114, 169 Abs. 2 Buchst. a AEUV sind nur möglich, wenn sämtliche Voraussetzungen des Art. 114 AEUV vorliegen.[42] Es ist daher die – durch Art. 169 Abs. 2 Buchst. a AEUV mitverkörperte – Veränderung des Binnenmarktkonzepts, welche die Spielräume der Union im Verbraucherschutzbereich erweitert und nicht die Vorschrift des Art. 169 Abs. 2 Buchst. a AEUV selbst. Die Regelung von **Verbraucherschutz** im Binnenmarkt **kann alleiniger Regelungszweck** einer **Maßnahme nach Art. 114 AEUV sein**.[43] Möglich ist eine Vollharmonisierung; die Mindestklausel des Art. 169 Abs. 4 AEUV gilt nicht,[44] was dem Regelungszweck von Art. 169 AEUV entspricht (s. Rn. 27).

Auf den ersten Blick scheint diese Akzentverschiebung beim Binnenmarktkonzept nicht zu dessen auf die Freiheitsermöglichung konzentrierter klassischer Definition in Art. 26 Abs. 2 AEUV zu passen. Zu beachten ist freilich, dass Freiheitsbeschränkungen bereits in Art. 26 AEUV angelegt sind, nämlich in dem einschränkungslosen Verweis auf die »Bestimmungen der Verträge« in Abs. 1 und 2 – wozu auch Art. 169 AEUV zählt, sowie in der zusätzlich zur Aufgabe der Verwirklichung des Binnenmarktes begründeten Gewährleistungsverantwortung für dessen Funktionieren. Beides erlaubt gerade auch die **Beschränkung von Freiheiten durch die Binnenmarktpolitik**.

Zieht man die Konsequenz aus der Beschränkungsmöglichkeit der Freiheiten und der durch die beschriebene Akzentverschiebung eingetretenen Komplementarität von Freiheit und Schutz für die Verbraucherpolitik, ergibt sich daraus für den Verbraucherschutz, dass zur **Gewährleistung der Funktionsfähigkeit des Binnenmarktes** auch freiheitsbeschränkende Maßnahmen gehören, welche **Risiken begegnen** (sollen), die sich **aus dem freien Verkehr von Waren, Personen, Dienstleistungen und Kapital im Raum ohne Binnengrenzen ergeben**.[45] Die Verbraucherschutzkompetenz nach Art. 114, 169

---

[40] So aber *Krebber*, in: Calliess/Ruffert, EUV/AEUV, Art. 169 AEUV, Rn. 14.
[41] Ähnlich offenbar *Micklitz/Rott*, in: Dauses, Handbuch des EU-Wirtschaftsrechts, Abschnitt H. V., Oktober 2013, Rn. 26.
[42] *Mancaleoni*, Art. 1–12, 114, 169 TFUE.
[43] *Schmidt-Kessel*, FS Müller-Graff, S. 163 (168 f.) (dort auch zur damit verbundenen Erweiterung der Fallgruppen des Art. 114 AEUV um die hier vertretene dritte).
[44] EuGH, Urt. v. 12.10.1995, Rs. C–85/94 (Piageme/Peeters), Slg. 1995, I–2955, Rn. 19 und allgemeine Auffassung, zuletzt etwa BGH, NJW-RR 2014, 554, Rn. 15.
[45] Wie hier *Lurger*, in: Streinz, EUV/AEUV, Art. 169 AEUV, Rn. 1.

Abs. 2 Buchst. a AEUV ergibt sich also als Reaktion auf die Risiken der Freiheit, und zwar der Freiheit sowohl des Unternehmers als auch des Verbrauchers. Freiheit und Schutz sind mit dem Ziel einer praktischen Konkordanz zum Ausgleich zu bringen.[46] Der Verbraucherschutz wird nicht mediatisiert,[47] sondern ist eigenes Regelungsziel im Binnenmarkt. Auch insoweit geht es um eine Verwirklichung der Ziele des Art. 26 AEUV.

35 Neben dieser neuen Reaktion auf die Risiken der Freiheit als eigener Gruppe von Dysfunktionalitäten des Binnenmarktes verbleibt es bei den bisherigen Fallgruppen der EuGH-Rechtsprechung zu Art. 114 AEUV und seinen Vorgängerbestimmungen, wonach eine Maßnahme das Ziel verfolgen muss, die Voraussetzungen für die Errichtung und das Funktionieren des Binnenmarktes zu verbessern oder spürbare Wettbewerbsverzerrungen zu beseitigen. Auch bei hinreichendem gemeinschaftsweitem Verbraucherschutz kann sich die Unionskompetenz an dieser Stelle daher **zusätzlich** – und wie bisher schon – aus der Notwendigkeit ergeben, **Binnenmarkthindernisse aus verschiedenen Verbraucherschutzstandards** oder Durchsetzungsinstrumenten zu beseitigen.[48] Dann freilich geht es nicht in erster Linie um Verbraucherschutz, sondern um einen unternehmerzentrierten Ansatz und damit nicht um Art. 114, 169 Abs. 2 Buchst. a AEUV, sondern um eine klassische Anwendung von Art. 114 AEUV.

36 Im Übrigen gelten in beiden Fällen die allgemeinen Regeln zu Art. 114 AEUV: Die Verwirklichung der Ziele von Art. 26 AEUV muss **Hauptzweck und -gegenstand** und nicht lediglich ein beiläufiges oder ergänzendes Ziel der Rechtsangleichungsmaßnahme sein. Die Maßnahme muss den Anforderungen der Subsidiarität und der Verhältnismäßigkeit nach Art. 5 Abs. 2 und 3 AEUV genügen. Erforderlich ist zudem die Kohärenz des unionsrechtlichen Regelungsgefüges, auf die der Unionsgesetzgeber für den Verbraucherschutz durch Art. 12 AEUV besonders verpflichtet wird (s. Art. 12 AEUV, Rn. 67).

37 Zum Zwecke des Verbraucherschutzes ist die Union – unter den weiteren Voraussetzungen des Art. 114 AEUV – insbesondere berechtigt, **materielle Standards** zu setzen, wie dies durch einen Großteil der zahlreichen spezifischen Richtlinien zum Schutze des Verbrauchers erfolgt ist, zuletzt vor allem durch die VerbraucherrechteRL 2011/83/EU[49] (unter Aufhebung der HaustürgeschäfteRL 85/577/EWG[50] und der der FernabsRL 97/7/EG[51]) und ferner durch die – derzeit zur Novellierung anstehende – PauschalreiseRL 90/314/EWG,[52] die KlauselRL 93/13/EWG,[53] die Verbrauchsgüter-

---

[46] *Krebber*, in: Calliess/Ruffert, EUV/AEUV, Art. 169 AEUV, Rn. 15.
[47] So aber *Mancaleoni*, Art. 1–12, 114, 169 TFUE.
[48] Dazu *Micklitz/Rott*, in: Dauses, Handbuch des EU-Wirtschaftsrechts, Abschnitt H.V., Oktober 2013 Rn. 15–21.
[49] Richtlinie 2011/83/EU vom 25.10.2011 über die Rechte der Verbraucher, zur Abänderung der Richtlinie 93/13/EWG des Rates und der Richtlinie 1999/44/EG des Europäischen Parlaments und des Rates sowie zur Aufhebung der Richtlinie 85/577/EWG des Rates und der Richtlinie 97/7/EG des Europäischen Parlaments und des Rates, ABl. 2011, L 304/64.
[50] Richtlinie 85/577/EWG vom 20.12.1985 betreffend den Verbraucherschutz im Falle von außerhalb von Geschäftsräumen geschlossenen Verträgen, ABl. 1985, L 372/31.
[51] Richtlinie 97/7/EG vom 20.5.1997 über den Verbraucherschutz bei Vertragsabschlüssen im Fernabsatz, ABl. 1997, L 144/19.
[52] Richtlinie 90/314/EWG vom 13.6.1990 über Pauschalreisen, ABl. 1990, L 158/59.
[53] Richtlinie 93/13/EWG vom 5.4.1993 über mißbräuchliche Klauseln in Verbraucherverträgen, ABl. 1993, L 95/29.

kaufRL 1999/44/EG,⁵⁴ die FernabsFinDinRL 2002/65/EG,⁵⁵ die Richtlinie über unlautere Geschäftspraktiken 2005/29/EG,⁵⁶ die VerbraucherkreditRL 2008/48/EG,⁵⁷ die TimeshareingRL 2008/122/EG,⁵⁸ sowie zuletzt durch die WohnimmobilienkreditRL 2014/17/EU.⁵⁹ Dabei ist die Zuordnung zum Binnenmarktkonzept teilweise umstritten, insbesondere für die früheren Haustür- und heutigen Außergeschäftsraumverträge;⁶⁰ allerdings geht es auch hierbei um Vertriebsmethoden im Fernabsatz im weiteren Sinne, deren Binnenmarktbezug offensichtlich ist und auch von der Rechtsprechung des Gerichtshofs nie in Zweifel gezogen wurde.

Die Binnenmarktkompetenz erfasst **auch dispositives Vertragsrecht** für Verbraucherverträge. Ausgangspunkt auch für das Verbrauchervertragsrecht im Binnenmarkt ist jedoch ein Verbraucher, dem für gewöhnlich eine hinreichende Information über Vertragsgegenstand und Rahmenbedingungen ausreicht und der nur ausnahmsweise des Schutzes durch weitergehende Bestimmungen bedarf (Art. 12 AEUV, Rn. 55). Dieses **Verbraucherleitbild** lässt sich freilich mit einem caveat emptor-Ansatz, also ohne (dispositive) Standardsetzungen für typisierte Vertragsinhalte, kaum verwirklichen. Soweit solche Standards für einzelne Vertragstypen ganz fehlen – etwa beim Streaming – oder in den Mitgliedstaaten sehr unterschiedlich ausgeprägt sind – etwa beim App-Kauf oder hinsichtlich der Frage nach Daten als Gegenleistung – liegt die Frage nahe, ob und inwieweit sich aus diesen Regelungslücken oder -inkohärenzen Dysfunktionalitäten des Binnenmarktes ergeben, die dann die Voraussetzungen von Art. 114 AEUV erfüllen würden. Die Subsidiarität ist richtigerweise bei dispositivem Binnenmarktrecht schon deshalb kein Problem, weil es sich um die Delegation der Verantwortung auf die unterste Ebene des einzelnen Marktteilnehmers handelt. Deren Ausrüstung mit ortsunabhängigen dispositiven Standards kann von den Mitgliedstaaten weder auf zentraler noch auf regionaler oder lokaler Ebene ausreichend verwirklicht werden. 38

Zu der auf den Binnenmarkt bezogenen Verbraucherpolitik zählt auch die **Durchsetzung individueller Rechte**. Solche erfolgt einerseits durch die materiell-rechtlichen Rechtsfolgen der dem Unternehmer auferlegten Pflichten und insbesondere den Rechtsbehelfen des Verbrauchers und andererseits in Instrumenten der prozessualen Durchsetzung individueller Verbraucherrechte. In diesem Bereich ist der Unionsgesetzgeber freilich bislang noch recht zurückhaltend. **Materielle Rechtsbehelfe** werden nur verein- 39

---

⁵⁴ Richtlinie 1999/44/EG vom 25.4.1999 zu bestimmten Aspekten des Verbrauchsgüterkaufs und der Garantien für Verbrauchsgüter, ABl. 1999, L 171/12.
⁵⁵ Richtlinie 2002/65/EG vom 23.9.2002 über den Fernabsatz von Finanzdienstleistungen an Verbraucher und zur Änderung der Richtlinie 90/619/EWG des Rates und der Richtlinien 97/7/EG und 98/27/EG, ABl. 2002, L 271/16.
⁵⁶ R 2005/29/EG vom 11.5.2005 über unlautere Geschäftspraktiken im binnenmarktinternen Geschäftsverkehr zwischen Unternehmen und Verbrauchern und zur Änderung der Richtlinien 84/450/EWG, 97/7/EG, 98/27/EG und 2002/65/EG sowie der Verordnung (EG) Nr. 2006/2004 des Europäischen Parlaments und des Rates, ABl. 2005, L 149/22.
⁵⁷ Richtlinie 2008/48/EG vom 23.4.2008 über Verbraucherkreditverträge, ABl. 2008, L 133/66 (unter Aufhebung der früheren VerbraucherkreditRL 87/102/EWG).
⁵⁸ Richtlinie 2008/122/EG vom 14.1.2009 über den Schutz der Verbraucher im Hinblick auf bestimmte Aspekte von Teilzeitnutzungsverträgen, Verträgen über langfristige Urlaubsprodukte sowie Wiederverkaufs- und Tauschverträgen, ABl. 2009, L 33/10.
⁵⁹ Richtlinie 2014/17/EU vom 4.2.2014 über Wohnimmobilienkreditverträge für Verbraucher und zur Änderung der Richtlinien 2008/48/EG und 2013/36/EU und der Verordnung (EU) Nr. 1093/2010, ABl. 2014, L 60/34.
⁶⁰ Vgl. *Micklitz/Rott*, in: Dauses, Handbuch des EU-Wirtschaftsrechts, Abschnitt H. V., Oktober 2013, Rn. 19.

zelt und nicht abschließend geregelt, etwa in Art. 3 VerbrauchsgüterkaufRL 1999/44/EG. Für das Instrument der Informationspflichten finden sich allgemeine Rechtsfolgen zugunsten des einzelnen Verbrauchers nun erstmals in Art. 6 Abs. 5 VerbraucherrechteRL 2011/83/EU. Hingegen stellt Art. 11 Abs. 1 der Richtlinie über unlautere Geschäftspraktiken 2005/29/EG den Mitgliedstaaten die Einführung individueller Ansprüche des Verbrauchers sogar frei. Überwiegend werden lediglich »angemessene und wirksame Mittel« verlangt, »mit denen die Einhaltung dieser Richtlinie sichergestellt wird« – so zuletzt Art. 23 Abs. 1 VerbraucherrechteRL 2011/83/EU –, ergänzt um ein hinsichtlich seiner Bedeutung umstrittenes Sanktionserfordernis: »Die Mitgliedstaaten legen für Verstöße gegen die aufgrund dieser Richtlinie erlassenen innerstaatlichen Vorschriften Sanktionen fest und treffen die zu ihrer Anwendung erforderlichen Maßnahmen. Die Sanktionen müssen wirksam, angemessen und abschreckend sein« – so zuletzt Art. 24 Abs. 1 VerbraucherrechteRL 2011/83/EU.

40   Regeln über die **prozessuale Stellung des einzelnen Verbrauchers** finden sich im Binnenmarktbereich nicht. Verbraucherpolitische Maßnahmen mit dieser Zielrichtung sind vielmehr bislang auf die Kompetenz der Justiziellen Zusammenarbeit in Zivilsachen, heute Art. 81 AEUV, gestützt worden, für welche der verbraucherpolitische Einfluss über Art. 38 GRC und Art. 12 AEUV sicherzustellen ist. Hier finden sich denn auch zahlreiche Sonderbestimmungen insbesondere für die internationale Zuständigkeit in Art. 15–17 Brüssel I-VO. Auch für die durch Art. 47 Abs. 3 GRC inzwischen grundrechtlich verankerte Prozesskostenhilfe finden sich Regelungen lediglich für grenzüberschreitende Fälle in der ProzesskostenhilfeRL 2002/8/EG, die freilich nicht ausdrücklich auf Verbraucher Bezug nimmt.[61] Die Sonderfragen des Verbraucherschutzes im Passivprozess werden bislang kaum gesondert adressiert; auch insoweit finden sich vor allem Bestimmungen über die internationale Zuständigkeit.

41   Tauglicher Gegenstand der Kompetenz nach Art. 114, 169 Abs. 2 Buchst. a AEUV ist ferner die Bereitstellung von **Instrumenten einer überindividuellen Rechtsdurchsetzung** von Schutzstandards. Einschlägige allgemeine Regelungen enthalten die UnterlassungsklagenRL 2009/22/EG und – beschränkt auf die grenzüberschreitende administrative Rechtsdurchsetzung – die VerbraucherschutzdurchsetzungsVO 2006/2004. Auf den jeweiligen Regelungsgegenstand der Richtlinie zugeschnittene Sondertatbestände mit begrenzter Detailliertheit enthalten Art. 7 Abs. 2 und 3 KlauselRL 93/13/EWG sowie Art. 23 Abs. 2 VerbraucherrechteRL 2011/83/EU, ohne dass die allgemeinen Regeln dadurch verdrängt würden. Im Anwendungsbereich des Herkunftslandsprinzips treten die – nach Art. 38 GRC primärrechtlich unverzichtbaren (s. Art. 38 GRC, Rn. 37) – Bestimmungen der grenzüberschreitenden Verwaltungskooperation hinzu, insbesondere Art. 3, 19 E-commerce-Richtlinie 2000/31/EG[62] und Art. 28–35 der Dienstleistungsrichtlinie 2006/123/EG.[63]

42   Aus Gründen des Verbraucherschutzes kommen neben den Standards und ihrer Durchsetzung **auch präventive Maßnahmen** – etwa hinsichtlich der Eignung des Unter-

---

[61] Richtlinie 2002/8/EG vom 27. 1. 2003 zur Verbesserung des Zugangs zum Recht bei Streitsachen mit grenzüberschreitendem Bezug durch Festlegung gemeinsamer Mindestvorschriften für die Prozesskostenhilfe in derartigen Streitsachen, ABl. 2003, L 26/41.
[62] Richtlinie 2000/31/EG vom 8. 6. 2000 über bestimmte rechtliche Aspekte der Dienste der Informationsgesellschaft, insbesondere des elektronischen Geschäftsverkehrs, im Binnenmarkt, ABl. 2000, L 178/1.
[63] Richtlinie 2006/123/EG vom 12. 12. 2006 über Dienstleistungen im Binnenmarkt, ABl. 2006, L 376/36.

nehmers oder seiner Arbeitnehmer – in Betracht, die zur Voraussetzung für das Tätigwerden am Markt gemacht werden. Das gilt insbesondere für Bestimmungen der Berufszulassung etwa nach der BerufsqualifikationsRL 2005/36/EG[64] oder dem Banken-, Versicherungs- und Kapitalmarktaufsichtsrecht.

III. Maßnahmen nach Art. 169 Abs. 2 Buchst. b AEUV

Art. 169 Abs. 2 Buchst. b AEUV begründet eine **eigenständige Kompetenz** der Union zum Erlass verbraucherpolitischer Maßnahmen im Sinne beider Säulen der europäischen Verbraucherpolitik, also sowohl zum Zwecke des **Verbraucherschutz**es als auch zur **Förderung der Nachfragerinteressen**.[65] Die Vorschrift setzt nicht voraus, dass auch die Voraussetzungen der Binnenmarktkompetenz vorliegen; diese sind nicht in Art. 169 Abs. 2 Buchst. b AEUV »hineinzulesen«,[66] vielmehr ist die Binnenmarktkompetenz für den Verbraucherschutzpfeiler vorrangig (s. Rn. 44). Anders als Art. 169 Abs. 2 Buchst. a AEUV enthält Buchst. b auch keine Verweisung auf andere Kompetenzgrundlagen; vielmehr kommt es auf das Vorliegen anderer Grundlagen nicht an.[67] Das zeigen auch die gesonderten Beschränkungen der Kompetenz einerseits durch die einschränkende Formulierung in Abs. 2 Buchst. b und andererseits durch die Mindestharmonisierungsklausel in Abs. 4. Maßnahmen nach Art. 169 Abs. 2 Buchst. b AEUV beschließen das Europäische Parlament und der Rat im ordentlichen Gesetzgebungsverfahren nach Art. 294 AEUV und nach Anhörung des Wirtschafts- und Sozialausschusses, Art. 169 Abs. 3 AEUV.

43

Zu beachten ist freilich, dass Art. 169 Abs. 2 Buchst. b AEUV nicht dazu dient, die Binnenmarktkompetenz hinsichtlich des Anwendungsbereichs oder des Harmonisierungsgrades einzuschränken (s. oben Rn. 27). Soweit für einen Rechtsakt auch die Binnenmarktkompetenz eröffnet wäre, kommt der Binnenmarktkompetenz daher der Vorrang vor der Hilfskompetenz nach Art. 169 Abs. 2 Buchst. b AEUV zu.[68] Der Vorrang der **Binnenmarktkompetenz schränkt** damit die Rechtsetzungstätigkeit der Union unter dem Titel der gesonderten Verbraucherschutzkompetenz des **Art. 169 Abs. 2 Buchst. b AEUV** ganz **erheblich ein**.[69] Die PreisangabenRL 98/6/EG[70] ist dementsprechend der bislang einzige auf die Vorschrift (respektive ihre Vorgängerin) gestützte Akt der Rechtsetzung – und dies auch noch zu Unrecht (s. Rn. 45). Hingegen lassen sich die Entscheidung Nr. 3092/94/EG zur Errichtung eines gemeinschaftlichen Informationssystems über Haus- und Freizeitunfälle[71] sowie die Entscheidung Nr. 276/1999/EG über einen Aktionsplan zur Förderung der sicheren Nutzung des Internet[72] auch ohne einen klaren Binnenmarktbezug erklären, so dass zumindest die – zulässige – ergänzende Abstützung auf Art. 169 Abs. 2 Buchst. b AEUV als richtig erscheint.

44

---

[64] Richtlinie 2005/36/EG vom 7.9.2005 über die Anerkennung von Berufsqualifikationen, ABl. 2005, L 255/22. Zum Verbraucherschutzziel dieser Richtlinie siehe EuGH, Urt. v. 18.11.2010, Rs. C–458/08 (Europäische Kommission/Portugiesische Republik), Slg. 2010, I–11599, Rn. 89–94.
[65] Vgl. zu den beiden Säulen oben Rn. 6 ff. sowie Art. 12 AEUV, Rn. 18 ff.
[66] *Pfeiffer*, in: Grabitz/Hilf/Nettesheim, EUV/AEUV, Art. 169 AEUV (Mai 2011), Rn. 35.
[67] *Pfeiffer*, in: Grabitz/Hilf/Nettesheim, EUV/AEUV, Art. 169 AEUV (Mai 2011), Rn. 35.
[68] In der Sache ebenso *Lurger*, in: Streinz, EUV/AEUV, Art. 169 AEUV, Rn. 33.
[69] Hingegen deutet *Stuyck*, CMLRev. 37 (2000), 367, 387, das Verhältnis offenbar nicht normativ, sondern geht von einer geringen praktischen Bedeutung angesichts der Binnenmarktkompetenz aus.
[70] Richtlinie 98/6/EG vom 16.2.1998 über den Schutz der Verbraucher bei der Angabe der Preise der ihnen angebotenen Erzeugnisse, ABl. 1998, L 80/27.
[71] ABl. 1994, L 331/1.
[72] ABl. 1999, L 33/1.

45 Wegen des Vorrangs der Binnenmarktkompetenz ist die PreisangabenRL 98/6/EG zu Unrecht auf Art. 129a Abs. 2 EGV-Maastricht und damit auf die Kompetenz nach Art. 129a Abs. 1 Buchst. b EGV-Maastricht – also den heutigen Art. 169 Abs. 2 Buchst. b AEUV – gestützt worden: Sie dient der Information der Verbraucher im Rahmen des Binnenmarktes (Erwägungsgrund 12) und wäre damit auf die Binnenmarktkompetenz zu stützen gewesen. Dementsprechend enthält die Richtlinie auch eine eigene – nach Art. 129a Abs. 3 EGV-Maastricht (wie Art. 169 Abs. 4 AEUV) überflüssige – Mindestharmonisierungsklausel.

46 Die Kompetenz nach Art. 169 Abs. 2 Buchst. b AEUV gestattet der Union die **Nutzung sämtlicher Handlungsformen**.[73] Trotz des nur ergänzenden Charakters der Unionskompetenz für die außerhalb des Binnenmarktes zu verwirklichende Unionspolitik stehen den Organen auch rechtlich verbindliche Instrumente zur Verfügung.[74] Das schließt auch die Möglichkeit zum Erlass von Verordnungen ein, von denen die Mitgliedstaaten dann gem. Art. 169 Abs. 4 AEUV zugunsten des Verbrauchers abweichen dürfen.[75] Dasselbe gilt für Richtlinien, ohne dass sich aus Art. 169 AEUV ein Argument für eine horizontale Direktwirkung unzureichend umgesetzter Richtlinien ableiten ließe.[76] Während sich zur ursprünglichen Fassung von Art. 129a Abs. 1 Buchst. b EGV-Maastricht aufgrund des abweichenden Wortlauts (»spezifische Aktionen«) noch eine restriktivere Auslegung vertreten ließ,[77] ist seit der Fassung von Art. 153 Abs. 3 Buchst. b EGV-Nizza durch den Begriff der Maßnahme klargestellt, dass eine Beschränkung auf rechtlich unverbindliche Handlungsformen nicht gewollt ist und auch für Art. 169 Abs. 2 Buchst. b AEUV nicht vorgenommen wird.[78] Eine solche Auslegung entspräche hinsichtlich des Verbraucherschutzes auch nicht den Geboten von Art. 38 GRC und Art. 12 AEUV. Inwieweit die Kompetenz eine Steuerung mitgliedstaatlichen Handelns ermöglicht,[79] ergibt sich vielmehr aus den materiellen Schranken der Kompetenz selbst (»Unterstützung, Ergänzung und Überwachung der Politik der Mitgliedstaaten«; dazu sogleich Rn. 48–50)[80] sowie dem Vorrang der Binnenmarktkompetenz (s. oben Rn. 27).

47 Die binnenmarktunabhängige Verbraucherpolitik der Union ist **den Politiken der Mitgliedstaaten nachgeordnet** (s. oben Rn. 21). Das gilt sowohl für den binnenmarktunabhängigen Verbraucherschutz als auch für die zweite Säule der europäischen Verbraucherpolitik, die Förderung der Nachfrageinteressen. Diese Nachordnung schlägt sich in der zusätzlichen materiellen Beschränkung der Kompetenz auf die Unterstützung, Er-

---

[73] *Berg*, in: GSH, Europäisches Unionsrecht, Art. 169 AEUV, Rn. 16; *Krebber*, in: Calliess/Ruffert, EUV/AEUV, Art. 169 AEUV, Rn. 19; *Lurger*, in: Streinz, EUV/AEUV, Art. 169 AEUV, Rn. 32; *Pfeiffer*, in: Grabitz/Hilf/Nettesheim, EUV/AEUV, Art. 169 AEUV (Mai 2011), Rn. 36.

[74] *Berg*, in: GSH, Europäisches Unionsrecht, Art. 169 AEUV, Rn. 16; *Pfeiffer*, in: Grabitz/Hilf/Nettesheim Art. 169 AEUV, Rn. 36.

[75] *Micklitz/Rott*, in: Dauses, Handbuch des EU-Wirtschaftsrechts, Abschnitt H. V., Oktober 2013, Rn. 42.

[76] EuGH, Urt. v. 7.3.1996, Rs. C–192/94 (El Corte Ingles/Blazquez Rivero), Slg. 1996, I–1281, Rn. 18–23.

[77] Zutreffend schon zu dieser Fassung *Micklitz*, VuR 1991, 317, 319 f.; *Dahl*, JCP 1993, 345 (349 ff.); *Micklitz/Reich*, EuZW 1993, 593, 597; *Micklitz/Weatherill*, JCP 1993, 285, 298 f.; *Heiss*, ZEuP 1996, 625, 630.

[78] *Pfeiffer*, in: Grabitz/Hilf/Nettesheim, EUV/AEUV, Art. 169 AEUV (Mai 2011), Rn. 36; *Reich*, VuR 1999, 3 (9); *Staudenmayer*, RIW 1999, 733 (734); *Stuyck*, CMLRev. 37 (2000) 367 (387).

[79] Recht weitgehend die herrschende Auffassung: *Krebber*, in: Calliess/Ruffert, EUV/AEUV, Art. 169 AEUV, Rn. 21; *Pfeiffer*, in: Grabitz/Hilf/Nettesheim, EUV/AEUV, Art. 169 AEUV (Mai 2011), Rn. 36.

[80] Wie hier auch *Krebber*, in: Calliess/Ruffert, EUV/AEUV, Art. 169 AEUV, Rn. 20.

gänzung und Überwachung der Politik der Mitgliedstaaten nieder. Dabei kommt der Union zwar ein gewisser Beurteilungsspielraum zu;[81] jedoch entbehren die drei Kriterien nicht etwa jeder Justitiabilität. Der Ansatz ist damit insgesamt ein ganz anderer als unter der Binnenmarktkompetenz des Art. 114 AEUV: Nicht etwa reduziert sich die Nachrangigkeit der europäischen Verbraucherpolitik auf ein Verbot, die mitgliedstaatlichen Politiken völlig zu vereinheitlichen, und die Garantie eines – womöglich nur durch die Mindeststandardklausel des Abs. 4 geschützten Mindestspielraums.[82] Durch die drei Merkmale Unterstützung, Ergänzung und Überwachung erhält der Spielraum der Union vielmehr deutlich beschränkte Konturen.

Die **Unterstützung von Politiken der Mitgliedstaaten** setzt – wie Art. 169 Abs. 2 Buchst. b AEUV insgesamt – deren Existenz voraus.[83] Allerdings müssen – schon wegen der grundsätzlich bestehenden Autonomie der Mitgliedstaaten hinsichtlich der binnenmarktunabhängigen Verbraucherpolitik – nicht sämtliche Mitgliedstaaten über eine unterstützbare Politik im betreffenden Sinne verfügen.[84] Unschädlich ist es – schon im Blick auf Art. 38 GRC – freilich, wenn Maßnahmen der Union Anreize für autonome nationale Maßnahmen setzen. Umgekehrt darf die Union durch ein solches Vorgehen, die vorhandenen und unterstützten Politiken nicht in ihren Zielrichtungen verändern.[85] Unterstützende Maßnahmen dieser Art können vor allem in finanziellen Leistungen liegen, etwa in der Unterstützung der nationalen Verbraucherverbände über die von den Mitgliedstaaten gewährten Leistungen hinaus. Die finanzielle und organisatorische Unterstützung von Verbraucherbildung wie auch von Informations- und Bewertungsportalen gehört ebenfalls hierher.

Auch die **Ergänzung der nationalen Politiken** setzt voraus, dass es diese tatsächlich gibt.[86] Einer rechtlichen Regelung mit Außenwirkung bedarf es dafür aber nicht.[87] Auch hinsichtlich der Ergänzung ist nicht erforderlich, dass sämtliche Mitgliedstaaten bereits über zu ergänzende Ansätze verfügen. Eine Ergänzung vorhandener Politiken kann etwa in deren grenzüberschreitender Vernetzung liegen, etwa in der Verbindung und Vernetzung nationaler Bewerter und insbesondere in der finanziellen und ideellen Förderung von europäischen Dachorganisationen der Verbraucherverbände, insbesondere von BEUC.[88] Rechtliche Regelungen können hier etwa in der Regelung der Haftung von (privaten oder öffentlichen) Bewertern und **Bewertungsportalen** liegen. Allerdings ist gerade im Bereich der rechtlichen Ergänzung der nationalen Politiken besonders darauf zu achten, dass es nicht um Maßnahmen der Binnenmarktpolitik geht. Die Grenze zwi-

---

[81] *Pfeiffer*, in: Grabitz/Hilf/Nettesheim, EUV/AEUV, Art. 169 AEUV (Mai 2011), Rn. 37. Anders *Berg*, in: GSH, Europäisches Unionsrecht, Art. 169 AEUV, Rn. 17: weiter Beurteilungsspielraum.
[82] In diesem Sinne aber *Krebber*, in: Calliess/Ruffert, EUV/AEUV, Art. 169 AEUV, Rn. 21, der dementsprechend den Merkmalen des Art. 169 Abs. 2 Buchst. b AEUV keine besondere Aufmerksamkeit zuteilwerden lässt.
[83] In diesem Sinne auch GA *Colomer*, Schlussanträge zu Rs. C–374/05 (Gintec International/Verband Sozialer Wettbewerb e. V.), Slg. 2007, I–9517, Rn. 29; *Stuyck*, CMLRev. 37 (2000), 367 (387).
[84] *Pfeiffer*, in: Grabitz/Hilf/Nettesheim, EUV/AEUV, Art. 169 AEUV (Mai 2011), Rn. 37; *Stuyck*, CMLRev. 37 (2000), 367 (387).
[85] *Pfeiffer*, in: Grabitz/Hilf/Nettesheim, EUV/AEUV, Art. 169 AEUV (Mai 2011), Rn. 37.
[86] *Stuyck*, CMLRev. 37 (2000), 367 (387); insoweit zutreffend auch *Pfeiffer*, in: Grabitz/Hilf/Nettesheim, EUV/AEUV, Art. 169 AEUV (Mai 2011), Rn. 37.
[87] Zu strikt daher offenbar *Pfeiffer*, in: Grabitz/Hilf/Nettesheim, EUV/AEUV, Art. 169 AEUV (Mai 2011), Rn. 37 (»bereits im Recht der Mitgliedstaaten geregelt«).
[88] *Micklitz/Rott*, in: Dauses, Handbuch des EU-Wirtschaftsrechts, Abschnitt H. V., Oktober 2013, Rn. 62.

schen der Stärkung der Nachfrageseite durch Qualitätsinformationen und Herstellung von Vergleichbarkeit und dem Schutz insbesondere der Verbraucherpräferenzen (s. Art. 12 AEUV, Rn. 47–49) kann fließend sein. Kein geeignetes Beispiel ist allerdings die Förderung sicherer Produkte oder die Information von Verbrauchern über dieselbe im Rahmen der sogenannten integrierten Produktpolitik[89] – insoweit geht es nämlich um die Verwirklichung der Warenverkehrsfreiheit und den dazu komplementären Integritätsschutz für die Verbraucher (s. Art. 12 AEUV, Rn. 45 f.), also um eine Maßnahme nach Art. 114, 169 Abs. 2 Buchst. a AEUV. Umgekehrt könnten Maßnahmen, welche die Aktivitäten der Mitgliedstaaten zur Bekämpfung der Überschuldung von Verbrauchern ergänzen, wohl auf Art. 169 Abs. 2 Buchst. b AEUV gestützt werden.[90]

50   Seit dem Vertrag von Amsterdam ermöglicht die Kompetenz des Art. 169 Abs. 2 Buchst. b AEUV auch die **Überwachung der Politik der Mitgliedstaaten**. Dieses Merkmal gilt weitgehend als ungeklärt, weil es nicht um die nach Art. 17 Abs. 1 EUV der Kommission obliegenden Überwachung der Anwendung und Durchführung des Unionsrechts gehen kann;[91] deren Ausbau durch die Regelung zusätzlicher Überwachungskompetenzen und Sanktionen[92] erschiene primärrechtlich problematisch.[93] Richtigerweise geht es dabei vorwiegend ebenfalls um Maßnahmen unterhalb der Schwelle rechtlicher Verbindlichkeit, wie es die englische Fassung »monitor« besser ausdrückt.[94] Hier wäre etwa der Platz, das in Deutschland derzeit in Entstehung begriffene Konzept der **Marktwächter**, bei denen es weit weniger um Sanktionierung als um Aufdeckung von Ungleichgewichtslagen, Missständen und Schutzbedarfen geht, auf die europäische Ebene zu heben.[95]

---

[89] *Pfeiffer*, in: Grabitz/Hilf/Nettesheim, EUV/AEUV, Art. 169 AEUV (Mai 2011), Rn. 36 nennt dieses Beispiel unter Hinweis auf das Grünbuch zur Integrierten Produktpolitik v. 7.2.2001 KOM (2001) 68 endg.
[90] *Reich*, VuR 1999, 3, 9.
[91] Zutreffend *Pfeiffer*, in: Grabitz/Hilf/Nettesheim, EUV/AEUV, Art. 169 AEUV (Mai 2011), Rn. 37.
[92] So der Vorschlag von *Reich*, VuR 1999, 3, 10.
[93] Skeptisch auch *Stuyck*, CMLRev. 37 (2000), 367, 388.
[94] Auf die divergierenden Sprachfassungen hat *Stuyck*, CMLRev. 37 (2000), 367, (388), mit Recht hingewiesen.
[95] Ähnlich *Pfeiffer*, in: Grabitz/Hilf/Nettesheim, EUV/AEUV, Art. 169 AEUV (Mai 2011), Rn. 37 für die sog. »neue Strategie« im Sinne der Mitteilung der Kommission vom 7.5.2002 über die »Verbraucherpolitische Strategie 2002–2006«, ABl. 2002, C 137/2.

Titel XVI
Transeuropäische Netze

Artikel 170 AEUV [Beitrag der Union]

(1) Um einen Beitrag zur Verwirklichung der Ziele der Artikel 26 und 174 zu leisten und den Bürgern der Union, den Wirtschaftsbeteiligten sowie den regionalen und lokalen Gebietskörperschaften in vollem Umfang die Vorteile zugute kommen zu lassen, die sich aus der Schaffung eines Raumes ohne Binnengrenzen ergeben, trägt die Union zum Auf- und Ausbau transeuropäischer Netze in den Bereichen der Verkehrs-, Telekommunikations- und Energieinfrastruktur bei.

(2) Die Tätigkeit der Union zielt im Rahmen eines Systems offener und wettbewerbsorientierter Märkte auf die Förderung des Verbunds und der Interoperabilität der einzelstaatlichen Netze sowie des Zugangs zu diesen Netzen ab. Sie trägt insbesondere der Notwendigkeit Rechnung, insulare, eingeschlossene und am Rande gelegene Gebiete mit den zentralen Gebieten der Union zu verbinden.

Literaturübersicht

Bogs, Die Planung transeuropäischer Verkehrsnetze, 2002; *Ehricke/Hackländer*, Europäische Energiepolitik auf der Grundlage der neuen Bestimmungen des Vertrags von Lissabon, ZEuS 2008, 580; *Glombik*, Die Transeuropäischen Verkehrsnetze, Verwaltungsrundschau 2015, 179; *Gundel*, Die energiepolitischen Kompetenzen der EU nach dem Vertrag von Lissabon: Bedeutung und Reichweite des neuen Art. 194 AEUV, EWS 2011, 25; *Kahl*, Die Kompetenz der EU in der Energiepolitik nach Lissabon, EuR 2009, 601; *Koenig/Scholz*, Die Förderung transeuropäischer Netzinfrastrukturen, EWS 2003, 223.

Leitentscheidungen

EuGH, Urt. v. 26.3.1996, Rs. C–271/94 (Europäisches Parlament/Rat der Europäischen Union), Slg. 1996, I–1689

EuGH, Urt. v. 28.5.1998, Rs. C–22/96 (Europäisches Parlament/Rat der Europäischen Union), Slg. 1998, I–3231

Wesentliche sekundärrechtliche Vorschriften
zum Verkehrsnetz

Beschluss Nr. 661/2010/EU vom 7.7.2010 über Leitlinien der Union für den Aufbau eines transeuropäischen Verkehrsnetzes, ABl. 2010, L 204/1

RL 2008/57/EG vom 17.6.2008 über die Interoperabilität des Eisenbahnsystems in der Gemeinschaft, ABl. 2008, L 191/1

Entscheidung Nr. 884/2004/EG vom 29.4.2004 zur Änderung der Entscheidung Nr. 1692/96/EG über gemeinschaftliche Leitlinien für den Aufbau eines transeuropäischen Verkehrsnetzes, ABl. 2004, L 167/2

VO (EG) Nr. 881/2004 vom 29.4.2004 zur Errichtung einer Europäischen Eisenbahnagentur, ABl. 2004, L 164/1

VO (EG) Nr. 58/2003 vom 19.12.2002 zur Festlegung des Statuts der Exekutivagenturen, die mit bestimmten Aufgaben bei der Verwaltung von Gemeinschaftsprogrammen beauftragt werden, ABl. 2003, L 11/1

Entscheidung Nr. 1346/2001/EG vom 22.5.2001 zur Änderung der Entscheidung Nr. 1692/96/EG hinsichtlich Seehäfen, Binnenhäfen und intermodaler Terminals sowie des Vorhabens Nummer 8 in Anhang III, ABl. 2001, L 185/1

RL 2001/16/EG vom 19.3.2001 über die Interoperabilität des konventionellen transeuropäischen Eisenbahnsystems, ABl. 2001, L 110/1

Entschließung des Rates vom 19.7.1999 zur Beteiligung Europas an einer neuen Generation von Satellitennavigationsdiensten – Galileo-Definitionsphase, ABl. 1999, C 221/1

Entschließung des Rates vom 17.6.1997 zum Ausbau der Telematik im Straßenverkehr, insbesondere zur elektronischen Gebührenerfassung, ABl. 1997, C 194/5

Entscheidung Nr. 1692/96/EG vom 23.7.1996 über gemeinschaftliche Leitlinien für den Aufbau eines transeuropäischen Verkehrsnetzes, ABl. 1996, L 228/1

RL 96/48/EG vom 23.7.1996 über die Interoperabilität des transeuropäischen Hochgeschwindigkeitsbahnsystems, ABl. 1996, L 235/6

Entschließung des Rates vom 28.9.1995 zum Einsatz der Telematik im Straßenverkehr, ABl. 1994, C 264/1

Entschließung des Rates vom 19.12.1994 zum europäischen Beitrag zur Entwicklung eines globalen Navigationssatellitensystems (GNSS), ABl. 1994, C 379/2

VO (EWG) Nr. 3359/90 vom 20.11.1990 zur Durchführung eins Aktionsprogramms auf dem Gebiet der Verkehrsinfrastruktur im Hinblick auf die Vollendung des integrierten Verkehrsmarktes bis 1992, ABl. 1990, L 326/1

zum Telekommunikationsnetz

Entscheidung Nr. 1376/2002/EG vom 12.7.2002 zur Änderung der Entscheidung Nr. 1336/97/EG über Leitlinien für transeuropäische Telekommunikationsnetze, ABl. 2002, L 200/1

Entscheidung Nr. 1336/97/EG vom 17.6.1997 über Leitlinien für transeuropäische Telekommunikationsnetze, ABl. 1997, L 183/12

Entscheidung Nr. 2717/95/EG vom 9.11.1995 über Leitlinien für die Entwicklung des EURO-ISDN (diensteintegrierendes digitales Fernmeldenetz) zu einem transeuropäischen Netz, ABl. 1995, L 282/16

zum Energienetz

Entscheidung Nr. 1364/2006/EG vom 6.9.2006 zur Festlegung von Leitlinien für die transeuropäischen Energienetze und zur Aufhebung der Entscheidung 96/391/EG und der Entscheidung Nr. 1229/2003/EG, ABl. 2006, L 262/1

Entscheidung Nr. 1229/2003/EG vom 26.6.2003 über eine Reihe von Leitlinien betreffend die transeuropäischen Netze im Energiebereich und zur Aufhebung der Entscheidung Nr. 1254/96/EG, ABl. 2003, L 176/11

Entscheidung Nr. 1254/96/EG vom 5.6.1996 über eine Reihe von Leitlinien betreffend die transeuropäischen Netze im Energiebereich, ABl. 1996, L 161/147

Entscheidung Nr. 96/391/EG vom 28.3.1996 betreffend eine Reihe von Aktionen zur Schaffung günstigerer Rahmenbedingungen für den Ausbau der transeuropäischen Netze im Energiebereich, ABl. 1996, L 161/154

übergreifend

VO (EG) Nr. 67/2010 vom 30.11.2009 über die Grundregeln für die Gewährung von Gemeinschaftszuschüssen für transeuropäische Netze, ABl. 2010, L 27/20

VO (EG) Nr. 680/2007 vom 20.6.2007 über die Grundregeln für die Gewährung von Gemeinschaftszuschüssen für transeuropäische Verkehrs- und Energienetze, ABl. 2007, L 162/1

Verordnung (EG) Nr. 2236/95 des Rates vom 18.9.1995 über die Grundregeln für die Gewährung von Gemeinschaftszuschüssen für transeuropäische Netze, ABl. 1995, L 228/1

Inhaltsübersicht

	Rn.
A. Hintergrund der Regelung	1
B. Systematische Stellung und Abgrenzung zu anderen Vorschriften	3
C. Wesentliche Tatbestandsmerkmale	7
I. Art. 170 Abs. 1 AEUV	7
II. Art. 170 Abs. 2 AEUV	10

A. Hintergrund der Regelung

Die nennenswerten **Anfänge einer gemeinsamen Infrastrukturpolitik** gehen auf das 1
Ende der 1970er Jahre zurück.¹ Gestützt auf den früheren Art. 75 EWGV (jetzt Art. 91
AEUV) führte der Europäische Rat zunächst ein Beratungsverfahren und einen besonderen Ausschuss auf dem Gebiet der Verkehrsinfrastruktur ein.² Sodann maßen die
Kommission mit ihrem **Weißbuch zur Vollendung des Binnenmarktes** von 1985,³ der Rat
mit einer Entschließung⁴ und wiederum die Kommission durch eine diese konkretisierende Mitteilung⁵ im Jahr 1990 der Förderung der Infrastrukturen in den Bereichen
Energie, Verkehr und Telekommunikation Priorität bei. Diese – zunächst programmatisch gefassten – Vorsätze mündeten anschließend in die VO (EWG) Nr. 3359/90 über
ein mehrjähriges **Aktionsprogramm auf dem Gebiet der Infrastruktur**⁶ und wurden erstmals durch Art. 3 Buchst. n und Art. 129 Buchst. b-d des EG-Vertrags von Maastricht im
Jahr 1993 ausdrücklich primärrechtlich kodifiziert. Durch den Amsterdamer Vertrag
wurden diese Regelungen 1997 in Art. 3 Buchst. o und Art. 154–156 EGV umnummeriert und zur stärkeren Einbeziehung privater Investoren der Wortlaut des Art. 155
Abs. 1, 3. Gedstr. EGV a. F. (»von den Mitgliedstaaten ganz oder teilweise unterstützte
Vorhaben«) klargestellt.⁷ Das Vertragswerk von Nizza ließ die Regelungen unverändert.
Jenes von Lissabon ordnet diesen Tätigkeitsbereich der Union nunmehr in Art. 4 Abs. 2
Buchst. h AEUV der sog. geteilten Zuständigkeit zu und normiert transeuropäische
Netze jetzt in den Art. 170–172 AEUV, ergänzt um eine ausdrückliche Energiezuständigkeit in Art. 194 AEUV.

Die Bestimmungen zu transeuropäischen Netzen folgen der im Wortlaut der Vor- 2
schrift deutlich zu Tage tretenden Erkenntnis (»die Vorteile zugute kommen zu lassen,
die sich aus der Schaffung eines Raumes ohne Binnengrenzen ergeben«), dass die **Verwirklichung des Binnenmarktes** als Raum ohne Binnengrenzen die **Überwindung dieses
Raumes** durch Mobilität, Telekommunikation und Energieversorgung **voraussetzt**.⁸

---

¹ Siehe auch den Überblick bei *Calliess*, in: Calliess/Ruffert, EUV/AEUV, Art. 170 AEUV,
Rn. 1 ff.; *Lecheler*, in: Grabitz/Hilf/Nettesheim, EU, Art. 170 AEUV (Oktober 2011), Rn. 1 ff.
² *Europäischer Rat*, Entscheidung vom 20.2.1978 zur Einführung eines Beratungsverfahrens und
zur Schaffung eines Ausschusses auf dem Gebiet der Verkehrsinfrastruktur, ABl. 1978, L 54/16.
³ *Europäische Kommission*, Weißbuch der Kommission an den Europäischen Rat vom 14.6.1985,
Vollendung des Binnenmarktes, KOM (85) 310 endg.
⁴ *Europäischer Rat*, Entschließung vom 22.1.1990 zu einer europäischen Infrastruktur, ABl.
1990, C 27/8.
⁵ *Europäische Kommission*, Mitteilung an den Rat und an das Europäische Parlament vom 10.12.
1990, Auf dem Weg zu einer europäischen Infrastruktur: ein gemeinschaftliches Aktionsprogramm,
KOM (90) 585 endg.
⁶ VO (EWG) Nr. 3359/90 vom 20.11.1990 zur Durchführung eins Aktionsprogramms auf dem
Gebiet der Verkehrsinfrastruktur im Hinblick auf die Vollendung des integrierten Verkehrsmarktes bis
1992, ABl. 1990, L 326/1.
⁷ *Lecheler*, in: Grabitz/Hilf/Nettesheim, EU, Art. 170 AEUV (Oktober 2011), Rn. 6. Siehe dazu
Art. 171 AEUV, Rn. 6.
⁸ Siehe im Einzelnen die jeweils dokumentierten Erwägungsgründe bei *Europäischer Rat* (Fn. 2),
Entscheidung vom 20.2.1978; *Europäische Kommission* (Fn. 3), Weißbuch, Rn. 20; *Europäischer Rat*
(Fn. 4), Entschließung vom 22.1.1990; VO (EWG) Nr. 3359/90 vom 20.11.1990. Ferner *Voet van
Vormizeele*, in: Schwarze, EU-Kommentar, Art. 170 AEUV, Rn. 2.

B. Systematische Stellung und Abgrenzung zu anderen Vorschriften

3   Ausweislich des Wortlauts in Art. 170 Abs. 1 AEUV setzen die Vorschriften über transeuropäische Netze hinsichtlich ihrer **Stellung im Vertrag** zum einen an der Verwirklichung des Binnenmarktes (Art. 26 AEUV) sowie an der Stärkung des wirtschaftlichen und sozialen Zusammenhalts (Art. 174 AEUV) an.

4   Ferner sind sie anhand ihrer sachlichen Reichweite (»in den Bereichen der Verkehrs-, Telekommunikations- und Energieinfrastruktur«) und angesichts des zusätzlichen Billigungserfordernisses in Art. 172 Satz 2 AEUV von den Rechtsgrundlagen in Art. 90 ff. AEUV, Art. 114 AEUV und Art. 194 AEUV abzugrenzen. Während das Schrifttum Art. 170 ff. AEUV als **gegenüber Art. 90 AEUV spezieller** ansieht,[9] kommt es nach der Rechtsprechung des EuGH **im Verhältnis zu Art. 114 AEUV** auf Ziel und Inhalt des Handelns an. Sind es der Netzauf- und Netzausbau, die Herstellung der Interoperabilität der Netze oder die Harmonisierung technischer Normen, ist Art. 172 AEUV – trotz rechtsangleichender Elemente i. S. d. Art. 114 AEUV – die allein taugliche Rechtsgrundlage.[10] Auch für das Verhältnis zum neu geschaffenen **Art. 194 Abs. 1 Buchst. d AEUV**[11] kommt es dann auf die Stoßrichtung der Maßnahme an: Geht es schwerpunktmäßig um technische Aspekte der Verbindung und des Zugangs zu Energienetzen, decken dies die Art. 170 ff. AEUV ab; ist dagegen die ökonomische Seite des tatsächlichen Verbundenseins der Netze und ihre Nutzung betroffen, greift der speziell und weitergehend die »Förderung der Interkonnektion der Energienetze« regelnde Art. 194 Abs. 1 Buchst. d AEUV.[12]

5   Schließlich ist die Tätigkeit der Union gemäß Abs. 2 in ein System »offener und wettbewerbsorientierter Märkte« eingebettet, was über das System des unverfälschten Wettbewerbs zu den Wettbewerbsregeln in den Art. 101 ff. AEUV und den Beihilferegeln gemäß Art. 107 ff. AEUV führt.[13]

6   **Innerhalb des Titels XVI** erfasst Art. 170 AEUV Ziel, Gegenstand und Zuständigkeit der Union in der Infrastrukturpolitik, regelt Art. 171 AEUV die dafür zur Verfügung stehenden Maßnahmen und normiert Art. 172 AEUV das dafür geltende Verfahren.

C. Wesentliche Tatbestandsmerkmale

I. Art. 170 Abs. 1 AEUV

7   Indem die Regelung des Art. 170 Abs. 1 AEUV von einem »**Beitrag**« der Union spricht, ordnet sie eine **mit den Mitgliedstaaten geteilte Kompetenz** der Union an, vgl. Art. 2 Abs. 2 i. V. m. Art. 4 Abs. 2 Buchst. h AEUV. Danach können beide gesetzgeberisch

---

[9] *Calliess*, in: Calliess/Ruffert, EUV/AEUV, Art. 170 AEUV, Rn. 4; *Voet van Vormizeele*, in: Schwarze, EU-Kommentar, Art. 170 AEUV, Rn. 18 f.
[10] EuGH, Urt. v. 26.3.1996, Rs. C–271/94 (Europäisches Parlament/Rat der Europäischen Union), Slg. 1996, I–1689, Rn. 14.
[11] Eingehend zu Art. 194 AEUV siehe *Ehricke/Hackländer*, ZEuS 2008, 579; *Gundel*, EWS 2011, 25; *Kahl*, EuR 2009, 601.
[12] *Calliess*, in: Calliess/Ruffert, EUV/AEUV, Art. 194 AEUV, Rn. 16; *Lecheler*, in: Grabitz/Hilf/Nettesheim, EU, Art. 170 AEUV (Oktober 2011), Rn. 29; *Ehricke/Hackländer*, ZEuS 2008, 579 (591 f.); *Gundel*, EWS 2011, 25 (30); *Kahl*, EuR 2009, 601 (618).
[13] *Voet van Vormizeele*, in: Schwarze, EU-Kommentar, Art. 170 AEUV, Rn. 4.

tätig werden; die Mitgliedstaaten sind zuständig, sofern und soweit die Union ihre Zuständigkeit nicht ausgeübt hat. Bei der **Abgrenzung der Kompetenzbereiche** dürfte aufgrund des Begriffs der »transeuropäischen« Netze diese Faustformel gelten: Die Union wird tätig, soweit die unionsweite Bedeutung der in der Vorschrift erwähnten Infrastrukturbereiche für den Binnenmarkt allein auf nationaler Ebene nicht mehr ausreichend beachtet werden kann und Infrastrukturvorhaben spezifisch grenzüberschreitenden Charakter aufweisen; ist dagegen allein oder dem Schwerpunkt nach das Hoheitsgebiet eines Mitgliedstaates betroffen, bedarf es zum Vorgehen der Union dessen Billigung.[14]

Als **Begünstigte** der Vorschrift nennt Abs. 1 Unionsbürger, Wirtschaftsbeteiligte sowie regionale und lokale Gebietskörperschaften. Sie erfasst damit wirtschaftlich aktive natürliche und juristische Personen, schützt aber aufgrund dieser Unterscheidung auch die nicht-wirtschaftliche Bewegungsfreiheit.[15] Die Gebietskörperschaften wirken über den Ausschuss der Regionen mit, vgl. Art. 300 Abs. 3 AEUV. 8

Die Kompetenz der Union ist sachlich auf **transeuropäische Netze** – d. h. die für die Verwirklichung des Binnenmarktes bedeutsame körperliche oder virtuelle Verbindung zwischen verschiedenen Punkten – und auf die in Art. 170 AEUV genannten Infrastrukturbereiche beschränkt. Diese Bereiche werden umgekehrt in einem weiten Sinn verstanden: Mit **Verkehrsinfrastruktur** sind Straßen-, Bahn- und Binnenwasserstraßennetze sowie See-, Binnen- und Flughäfen gemeint. Hierunter fällt aber auch der aus ihnen kombinierte Verkehr sowie technische Einrichtungen zur Lenkung des Verkehrsflusses und zur Erhöhung der Verkehrssicherheit (sog. Telematiksysteme). Im Verkehrsbereich hat die Europäische Union zur Unterstützung ihrer Arbeit bereits im Jahr 2006 eine eigene Exekutivagentur eingerichtet.[16] Als **Telekommunikationsinfrastruktur** gelten sowohl leitungsgebundene als auch drahtlose Einrichtungen zur Übertragung von Informationen, Signalen und Daten. Über diese Ebene des physischen Zugangs hinaus, zählen die Unionsorgane hierzu auch die Bereitstellung von »Basisdiensten« und »Anwendungen« (sog. Dreischichtmodell).[17] Die **Energieinfrastruktur** im Sinne der Vorschrift umfasst Elektrizitäts- sowie Rohrleitungen, nicht aber hieran anknüpfende Verteilungsnetze zur Gas- und Stromversorgung von Kunden.[18] 9

---

[14] *Calliess*, in: Calliess/Ruffert, EUV/AEUV, Art. 170 AEUV, Rn. 6; *Lecheler*, in: Grabitz/Hilf/Nettesheim, EU, Art. 170 AEUV (Oktober 2011), Rn. 19; *Voet van Vormizeele*, in: Schwarze, EU-Kommentar, Art. 170 AEUV, Rn. 8.

[15] *Calliess*, in: Calliess/Ruffert, EUV/AEUV, Art. 170 AEUV, Rn. 16 und dort als Beispiel den privaten Ferienreiseverkehr.

[16] Trans-European Transport Networks Executive Agency (TEN-TEA), vgl. hierzu *Glombik*. Verwaltungsrundschau 2015, 197, 198 f.

[17] Entscheidung Nr. 1336/97/EG vom 17.6.1997 über Leitlinien für transeuropäische Telekommunikationsnetze, ABl. 1997, L 183/12, Anhang I; EuGH, Urt. v. 26.3.1996, Rs. C-271/94 (Europäisches Parlament/Rat der Europäischen Union), Slg. 1996, I-1689, Rn. 21 ff.; Urt. v. 28.5.1998, Rs. C-22/96 (Europäisches Parlament/Rat der Europäischen Union), Slg. 1998, I-3231, Rn. 24 ff. Kritisch zu diesem sehr weiten Verständnis *Voet van Vormizeele*, in: Schwarze, EU-Kommentar, Art. 170 AEUV, Rn. 10.

[18] Eingehend zu den genannten Infrastrukturbereichen *Calliess*, in: Calliess/Ruffert, EUV/AEUV, Art. 170 AEUV, Rn. 6 ff., 13; *Voet van Vormizeele*, in: Schwarze, EU-Kommentar, Art. 170 AEUV, Rn. 9 ff.

II. Art. 170 Abs. 2 AEUV

10 Die Regelung des Art. 170 Abs. 2 AEUV konkretisiert die abstrakte Anordnung des Abs. 1 und enthält genauere Zielvorgaben. Damit die Zuständigkeit zu hoheitlichen Maßnahmen in einzelnen Infrastrukturbereichen nicht zu Wettbewerbsbeschränkungen führt, unterwirft der Vertrag die Tätigkeit der Union **marktwirtschaftlichen Grundsätzen** und insbesondere dem System unverfälschten Wettbewerbs im Sinne des Protokolls Nr. 27 über den Binnenmarkt.[19]

11 Innerhalb dieses Rahmens benennt die Vorschrift dann konkrete Ansätze, um geografisch, ökonomisch oder verteidigungspolitisch begründete Unterschiede bisher national errichteter Infrastrukturen auszugleichen und anzupassen. So soll der **Verbund** einzelstaatlicher Netze gefördert, also verbleibende Lücken geschlossen oder vorhandene Verbindungen ausgebaut werden; mit der Förderung der **Interoperabilität** ist die technische Verbindung voneinander getrennter Netze zur Sicherung der Funktionsfähigkeit eines Gesamtsystems gemeint und bedeutet **Zugang zu Netzen** die Möglichkeit der Inanspruchnahme fremder Netze für eigene Zwecke.[20]

---

[19] *Voet van Vormizeele*, in: Schwarze, EU-Kommentar, Art. 170 AEUV, Rn. 14.
[20] *Calliess*, in: Calliess/Ruffert, EUV/AEUV, Art. 170 AEUV, Rn. 19 ff.

Artikel 171 AEUV [Handlungsinstrumente der Union]

(1) Zur Erreichung der Ziele des Artikels 170 geht die Union wie folgt vor:
- Sie stellt eine Reihe von Leitlinien auf, in denen die Ziele, die Prioritäten und die Grundzüge der im Bereich der transeuropäischen Netze in Betracht gezogenen Aktionen erfasst werden; in diesen Leitlinien werden Vorhaben von gemeinsamem Interesse ausgewiesen;
- sie führt jede Aktion durch, die sich gegebenenfalls als notwendig erweist, um die Interoperabilität der Netze zu gewährleisten, insbesondere im Bereich der Harmonisierung der technischen Normen;
- sie kann von den Mitgliedstaaten unterstützte Vorhaben von gemeinsamem Interesse, die im Rahmen der Leitlinien gemäß dem ersten Gedankenstrich ausgewiesen sind, insbesondere in Form von Durchführbarkeitsstudien, Anleihebürgschaften oder Zinszuschüssen unterstützen; die Union kann auch über den nach Artikel 177 errichteten Kohäsionsfonds zu spezifischen Verkehrsinfrastrukturvorhaben in den Mitgliedstaaten finanziell beitragen.

Die Union berücksichtigt bei ihren Maßnahmen die potenzielle wirtschaftliche Lebensfähigkeit der Vorhaben.

(2) ¹Die Mitgliedstaaten koordinieren untereinander in Verbindung mit der Kommission die einzelstaatlichen Politiken, die sich erheblich auf die Verwirklichung der Ziele des Artikels 170 auswirken können. ²Die Kommission kann in enger Zusammenarbeit mit den Mitgliedstaaten alle Initiativen ergreifen, die dieser Koordinierung förderlich sind.

(3) Die Union kann beschließen, mit dritten Ländern zur Förderung von Vorhaben von gemeinsamem Interesse sowie zur Sicherstellung der Interoperabilität der Netze zusammenzuarbeiten.

Literaturübersicht

Siehe Art. 170 AEUV und ergänzend *Frenz/Ehlenz,* Leitlinien für transeuropäische Netze, IR 2010, 173; *Lecheler,* Ungereimtheiten bei den Handlungsformen des Gemeinschaftsrechts – dargestellt anhand der Einordnung von »Leitlinien«, DVBl 2008, 873; *Leidinger,* Genehmigungsrechtliche Fragestellungen beim Netzausbau im Zusammenhang mit der TEN-E Verordnung und Anpassungsbedarf in Deutschland, DVBl 2015, 400; *Meier-Weigt,* Die Vorhaben von europäischem Interesse nach den Transeuropäischen Energienetze-TEN-E Leitlinien und ihre Umsetzung in den europäischen Mitgliedstaaten, IR 2007, 7.

Leitentscheidung

EuGH, Urt. v. 12.11.2015, Rs. C–121/14 (Vereinigtes Königreich/Parlament und Rat), ECLI:EU:C:2015, 749

Inhaltsübersicht

	Rn.
A. Vorgehen der Union (Abs. 1)	1
I. Leitlinien	1
II. Aktionen zur Gewährleistung der Interoperabilität der Netze	5
III. Finanzielle Unterstützung	6
B. Koordinierung zwischen den Mitgliedstaaten (Abs. 2) und Außenbeziehungen (Abs. 3)	7

A. Vorgehen der Union (Abs. 1)

I. Leitlinien

1 Die Vorschrift des Art. 171 Abs. 1 AEUV regelt abschließend und ohne ein bestimmtes Rangverhältnis die Maßnahmen, die der Union bei der Erreichung der Ziele des Art. 170 AEUV zur Verfügung stehen. Nach dem 1. Gedankenstrich kann sie etwa **Leitlinien** aufstellen, in denen die Ziele, Prioritäten und die Grundzüge der in Betracht gezogenen Aktionen erfasst werden. Indes definiert der Vertrag nicht, was unter Leitlinien in diesem Sinne zu verstehen ist. Aufgrund des Wortlauts der Vorschrift (»Zur Erreichung der Ziele«) und ihrem unmittelbaren Bezug zu Art. 170 AEUV als Kompetenztitel zur Förderung des Netzauf- und Netzausbaus werden Leitlinien im Schrifttum als **Orientierungen** umschrieben, die von den Mitgliedstaaten auszufüllende Eckpunkte der Infrastrukturpolitik festlegen.[1] Von dieser Möglichkeit hat die Union sektorspezifisch in großem Umfang Gebrauch gemacht.[2]

2 Ausgehend von dieser ersten Begriffsbestimmung, werden die genaue **Rechtsnatur** und die von diesen Leitlinien ausgehenden **Wirkungen** in der Literatur kontrovers diskutiert. Weil »Leitlinien« vom Katalog der Rechtsakte in Art. 288 AEUV bzw. dessen Vorgängerregelungen nicht erfasst sind und die Union auch durch unverbindliche Handlungsformen fördern könne, gehen Stimmen aus dem älteren Schrifttum von ihrer rechtlichen Unverbindlichkeit aus.[3] Dafür könnte auch sprechen, dass die Leitlinien keine konkreten Ge- oder Verbote enthalten, sondern ihrer Diktion nach bloß auf das Bemühen (»möglichst«, »soll«, »erforderlich«, »Rechnung tragen«, »gegebenenfalls«, »vorrangig«) zur Erreichung bestimmter Ziele oder bestimmter Vorhaben gerichtet sind.[4]

3 Jedoch wird einerseits darauf verwiesen, dass der Katalog in Art. 288 AEUV sowohl für verbindliche als auch unverbindliche Maßnahmen nicht abschließend konzipiert sei und der Grundsatz des effet utile ausgehend von der Kompetenzzuweisung in Art. 170 AEUV dessen wirksame – d. h. zu einem gewissen Grad verbindliche – Durchsetzung erfordere.[5] Gleichfalls wird zu Recht geltend gemacht, dass der Vertrag für den Erlass solcher Leitlinien gemäß Art. 172 Satz 1 AEUV i. V. m. Art. 294 AEUV das ordentliche Gesetzgebungsverfahren und nach dessen Satz 2 ein Vetorecht der Mitgliedstaaten vorsehe; diese Anforderungen verfehlten bei einer bloß unverbindlichen Wirkung von

---

[1] *Calliess*, in: Calliess/Ruffert, EUV/AEUV, Art. 171 AEUV, Rn. 2; *Voet van Vormizeele*, in: Schwarze, EU-Kommentar, Art. 171 AEUV, Rn. 2; Eingehend zu Leitlinien für transeuropäische Netze *Frenz*, IR 2010, 173 (173).
[2] Siehe die zu Art. 170 AEUV in der Liste der wesentlichen Sekundärrechtsakte aufgeführten Leitlinien sowie im Besonderen zuletzt zum **Verkehrsnetz**: Beschluss Nr. 661/2010/EU vom 7.7.2010 über Leitlinien der Union für den Aufbau eines transeuropäischen Verkehrsnetzes, ABl. 2010, L 204/1; zum **Telekommunikationsnetz**: Entscheidung Nr. 1376/2002/EG vom 12.7.2002 zur Änderung der Entscheidung Nr. 1336/97/EG über Leitlinien für transeuropäische Telekommunikationsnetze, ABl. 2002, L 200/1; zum **Energienetz**: Entscheidung Nr. 1364/2006/EG vom 6.9.2006 zur Festlegung von Leitlinien für die transeuropäischen Energienetze und zur Aufhebung der Entscheidung 96/391/EG und der Entscheidung Nr. 1229/2003/EG, ABl. 2006, L 262/1.
[3] *Rambow*, in: Lenz (Hrsg.), EG-Vertrag, 1994, Art. 129c EGV, Rn. 2.
[4] Siehe im Einzelnen die Formulierung in Beschluss Nr. 661/2010/EU, Art. 1 Abs. 1, Art. 2 Abs. 2 und Art. 8; in Entscheidung Nr. 1376/2002/EG, Anhang I; in Entscheidung Nr. 1364/2006/EG, Art. 1, 3, 8 und 9.
[5] *Calliess*, in: Calliess/Ruffert, EUV/AEUV, Art. 171 AEUV, Rn. 3; *Voet van Vormizeele*, in: Schwarze, EU-Kommentar, Art. 171 AEUV, Rn. 6.

Leitlinien ihren Zweck, nämlich Unionsorgane bzw. Mitgliedstaaten bei Ausübung hoheitlicher Gewalt zu beteiligen.[6] In dem **Spannungsfeld** zwischen Unionszuständigkeit und der Pflicht zur loyalen Zusammenarbeit gemäß Art. 4 Abs. 3 AEUV einerseits sowie der primär mitgliedstaatlichen Zuständigkeit im Infrastrukturbereich andererseits, sind Leitlinien daher **verbindliche, sachlich durch Art. 170 AEUV begrenzte**[7] **und durch die Mitgliedstaaten auszufüllende Rahmenvorgaben**.[8] In dem kürzlich entschiedenen Rechtsstreit zur Verordnung über Schienengüterverkehrskorridore geht der EuGH wie selbstverständlich davon aus, dass Leitlinien nach Art. 171 Abs. 1 und Art. 172 Satz 1 AEUV gegenüber den Mitgliedstaaten verbindlichen Charakter haben.[9] Aus diesem Urteil ergibt sich auch, dass der Begriff des »Vorhabens von gemeinsamem Interesse« i. S. v. Art. 171 Abs. 1 AEUV und Art. 172 Satz 2 AEUV justiziabel ist und sich nur auf Vorhaben bezieht, die »über das Stadium eines bloßen Verkehrskoordinierungsmechanismus hinausgehen«.[10]

In der Praxis wurden Leitlinien bisher in unterschiedlichen Handlungsformen des Art. 288 AEUV erlassen. In den meisten Fällen agierte die Union im Gewand einer Entscheidung gemäß Art. 249 Abs. 4 EGV a. F. (nun: Beschluss, Art. 288 Abs. 4 AEUV),[11] im Bereich der Herstellung von Interoperabilität aber auch durch eine Richtlinie,[12] zu Fragen der finanziellen Unterstützung von Vorhaben gar im Wege einer Verordnung.[13] Angesichts der Charakterisierung der »Leitlinien« als verbindliche und auszufüllende Rahmenvorgaben zum Zwecke der mit den Art. 170 ff. AEUV verfolgten Angleichung stellen hierfür **Beschlüsse die am besten geeignete Handlungsform** dar.[14]

4

---

[6] *Calliess*, in: Calliess/Ruffert, EUV/AEUV, Art. 171 AEUV, Rn. 3; *Lecheler*, in: Grabitz/Hilf/Nettesheim, EU, Art. 171 AEUV (Oktober 2011), Rn. 3; *Voet van Vormizeele*, in: Schwarze, EU-Kommentar, Art. 171 AEUV, Rn. 6.

[7] Zu der in der Praxis u. U. schwierigen Abgrenzung der Kompetenzbereiche zwischen Union und Mitgliedstaaten siehe Art. 170 AEUV, Rn. 7.

[8] *Calliess*, in: Calliess/Ruffert, EUV/AEUV, Art. 171 AEUV, Rn. 4 und Art. 172 AEUV, Rn. 6; *Lecheler*, in: Grabitz/Hilf/Nettesheim, EU, Art. 171 AEUV (Oktober 2011), Rn. 3; *ders.*, DVBl 2008, 873 (875); *Voet van Vormizeele*, in: Schwarze, EU-Kommentar, Art. 171 AEUV, Rn. 7; *Frenz*, IR 2010, 173 (173); s. a. *Leidinger*, DVBl, 2015, 400, 401, der auf das Zustimmungserfordernis seitens der Mitgliedstaaten hinweist.

[9] EuGH, Urt. v. 12.11.2015, Rs. C–121/14 (Vereinigtes Königreich/Parlament und Rat), ECLI:EU:C:2015, 749, Rn. 44–46.

[10] EuGH, a. a. O., Rn. 58.

[11] Siehe zum **Verkehrsnetz**: Beschluss Nr. 661/2010/EU; Entscheidung Nr. 1692/96/EG vom 23.7.1996 über gemeinschaftliche Leitlinien für den Aufbau eines transeuropäischen Verkehrsnetzes, ABl. 1996, L 228/1 und die Entscheidung Nr. 884/2004/EG vom 29.4.2004 zur Änderung der Entscheidung Nr. 1692/96/EG, ABl. 2004, L 167/2. Zum **Telekommunikationsnetz**: Entscheidung Nr. 1376/2002/EG; Entscheidung Nr. 1336/97/EG und die Entscheidung Nr. 2717/95/EG vom 9.11.1995 über Leitlinien für die Entwicklung des EURO-ISDN (diensteintegrierendes digitales Fernmeldenetz) zu einem transeuropäischen Netz, ABl. 1995, L 282/16. Zum **Energienetz**: Entscheidung Nr. 1364/2006/EG; Entscheidung Nr. 1229/2003/EG vom 26.6.2003 über eine Reihe von Leitlinien betreffend die transeuropäischen Netze im Energiebereich und zur Aufhebung der Entscheidung Nr. 1254/96/EG, ABl. 2003, L 176/11 und die Entscheidung Nr. 1254/96/EG vom 5.6.1996 über eine Reihe von Leitlinien betreffend die transeuropäischen Netze im Energiebereich, ABl. 1996, L 161/147.

[12] RL 2008/57/EG vom 17.6.2008 über die Interoperabilität des Eisenbahnsystems in der Gemeinschaft, ABl. 2008, L 191/1. Siehe dazu Rn. 5.

[13] VO (EG) Nr. 67/2010 vom 30.11.2009 über die Grundregeln für die Gewährung von Gemeinschaftszuschüssen für transeuropäische Netze, ABl. 2010, L 27/20. Siehe dazu Rn. 6.

[14] *Lecheler*, DVBl 2008, 873 (875).

II. Aktionen zur Gewährleistung der Interoperabilität der Netze

5 Ausweislich des 2. Gedankenstrichs kann die Union notwendige Aktionen zur Gewährleistung der Interoperabilität der Netze durchführen, nach Halbsatz 2 »insbesondere« für die Harmonisierung technischer Normen sorgen. Die Regelung ist gegenüber dem 1. Gedankenstrich vor allem deshalb von eigener Bedeutung, weil Interoperabilitätsmaßnahmen gemäß Art. 172 Satz 2 AEUV **nicht** der sonst notwendigen **Billigung** des von der Aktion betroffenen Mitgliedstaats bedürfen.[15] Dabei umfasst der Begriff »Aktion« praktisch jedes – unverbindliches sowie in den Grenzen des Art. 170 AEUV verbindliches – Vorgehen, bei dessen Ausgestaltung den Unionsorganen ein **weiter Ermessensspielraum** zukommt.[16] Mit »Interoperabilität« ist in erster Linie die technische Verbindung voneinander getrennter Netze zur Sicherung der Funktionsfähigkeit eines Gesamtsystems gemeint,[17] technische Vorgaben werden vor allem durch die Zusammenarbeit mit europäischen **Normungsorganisationen** wie z. B. CEN, CENELEC und ETSI harmonisiert. Die Union hat von ihrer Zuständigkeit für Interoperabilitätsaktionen mehrfach Gebrauch gemacht.[18]

III. Finanzielle Unterstützung

6 Weil Infrastrukturvorhaben in der Regel hoher Investitionen bedürfen, zählt der 3. Gedankenstrich nicht abschließend die Möglichkeiten der Union auf, Vorhaben von gemeinsamem Interesse zu finanzieren. Die Wandlung des Wortlauts von »finanziellen Anstrengungen der Mitgliedstaaten für von ihnen finanzierte Vorhaben von gemeinsamem Interesse« (Art. 129c EGV in der Fassung des Vertrags von Maastricht) über »von den Mitgliedstaaten ganz oder teilweise unterstützte Vorhaben von gemeinsamem Interesse« (Art. 155 EGV in der Fassung des Vertrags von Amsterdam) zum jetzigen Wortlaut »von den Mitgliedstaaten unterstützte Vorhaben« führt zu zweierlei. Zum einen genügt es, wenn der Mitgliedstaat das in Rede stehende Vorhaben seinerseits **nur teilweise** – und nicht etwa ganz – **unterstützt**. Damit berücksichtigt der Vertrag, dass in der Praxis zwar im Verkehrssektor die Finanzierung hoheitlich, in den Bereichen Telekommunikation und Energie aber vielfach durch privates Kapitel bewerkstelligt wird. Deshalb sind – zum zweiten – an den Grad mitgliedstaatlicher Unterstützung **geringe Anforderungen** zu stellen, es genügt etwa die Förderung im Rahmen einer öffentlich-privaten Partnerschaft.[19] Diese Erwägung findet sich in der Verordnung (EG) Nr. 67/2010 über die Grundregeln für die Gewährung von Gemeinschaftszuschüssen ebenso, wie Erläuterungen zu den beispielhaft aufgezählten Instrumenten in Form von Durchführbarkeitsstudien, Anleihebürgschaften und Zinszuschüssen.[20]

---

[15] Vgl. m. w. N. *Calliess*, in: Calliess/Ruffert, EUV/AEUV, Art. 171 AEUV, Rn. 13.
[16] *Calliess*, in: Calliess/Ruffert, EUV/AEUV, Art. 171 AEUV, Rn. 11.
[17] *Voet van Vormizeele*, in: Schwarze, EU-Kommentar, Art. 171 AEUV, Rn. 8.
[18] Für das **Verkehrsnetz** siehe RL 2008/57/EG; für das **Telekommunikationsnetz** siehe Entscheidung Nr. 1336/97/EG, Art. 3; für das **Energienetz** siehe Entscheidung Nr. 1364/2006/EG, Art. 11.
[19] *Voet van Vormizeele*, in: Schwarze, EU-Kommentar, Art. 171 AEUV, Rn. 9.
[20] Siehe Erwägungsgrund 4 und Art. 3 der VO (EG) Nr. 67/2010.

B. Koordinierung zwischen den Mitgliedstaaten (Abs. 2) und Außenbeziehungen (Abs. 3)

Die Regelungen in Art. 171 Abs. 2 und Abs. 3 AEUV verdeutlichen, dass die Mitgliedstaaten auf der Grundlage der geteilten Zuständigkeit gemäß Art. 4 Abs. 2 Buchst. h EUV zwar primär für Infrastrukturmaßnahmen zuständig sind, aber zur Verwirklichung des Binnenmarktziels ihre Politiken erstens untereinander **koordinieren** und zweitens ggf. auch Drittstaaten **einbeziehen** müssen. Mit der Kooperationspflicht der Mitgliedstaaten korrespondiert ein **Initiativrecht** der Kommission in Abs. 2 Satz 2. Dieses ermächtigt die Kommission zwar nicht zum Erlass verbindlicher Rechtsakte, wohl aber zu praktisch durchaus wirksamen, begleitenden Maßnahmen, etwa die Einsetzung von Ausschüssen oder Vorschlägen gegenüber dem Europäischen Rat.[21] Das von der Union im Verhältnis zu Drittstaaten geltende **Verfahren** bestimmt sich nach den Art. 216 ff. AEUV.

7

---

[21] *Lecheler*, in: Grabitz/Hilf/Nettesheim, EU, Art. 171 AEUV (Oktober 2011), Rn. 36 (»starker Integrationshebel«).

Artikel 172 AEUV [Beschlussfassung]

Die Leitlinien und die übrigen Maßnahmen nach Artikel 171 Absatz 1 werden vom Europäischen Parlament und vom Rat gemäß dem ordentlichen Gesetzgebungsverfahren und nach Anhörung des Wirtschafts- und Sozialausschusses und des Ausschusses der Regionen festgelegt.

Leitlinien und Vorhaben von gemeinsamem Interesse, die das Hoheitsgebiet eines Mitgliedstaats betreffen, bedürfen der Billigung des betroffenen Mitgliedstaats.

Literaturübersicht

Siehe Art. 170 und Art. 171 AEUV.

Inhaltsübersicht

	Rn.
A. Verfahren	1
B. Wesentliches Sekundärrecht	3
I. Sektorübergreifende Maßnahmen	3
II. Verkehrsnetz	4
III. Telekommunikationsnetz	9
IV. Energienetz	11

A. Verfahren

1 Die Vorschrift des Art. 172 AEUV regelt das Verfahren für Maßnahmen der Union im Bereich der transeuropäischen Netze. Nach Satz 1 werden die Leitlinien[1] und die übrigen Maßnahmen nach Art. 171 Abs. 1 AEUV vom Europäischen Parlament und vom Rat im **ordentlichen Gesetzgebungsverfahren (Art. 294 AEUV)** sowie – über die dort geregelten formellen Anforderungen hinaus – nach Anhörung des Wirtschafts- und Sozialausschusses (Art. 300 Abs. 2 AEUV) und des Ausschusses der Regionen (Art. 300 Abs. 5 AEUV) festgelegt. Mit dieser **umfassenden Beteiligung** der vom Netzauf- und Netzausbau Betroffenen flankiert die Regelung auf verfahrensrechtlicher Ebene die Zuständigkeit der Union gemäß Art. 2 Abs. 2 i. V. m. Art. 4 Abs. 2 Buchst. h AEUV und das Erfordernis der Koordinierung zwischen den Mitgliedstaaten gemäß Art. 171 Abs. 2 AEUV.[2]

2 In gleicher Weise über die Regeln des ordentlichen Gesetzgebungsverfahrens hinausgehend statuiert Satz 2 ein besonderes **Mitspracherecht der Mitgliedstaaten**, wonach das Hoheitsgebiet eines Mitgliedstaats betreffende Maßnahmen dessen Billigung bedürfen. Dieses echte Vetorecht[3] führte in der bisher auf alle Mitgliedstaaten bezogenen Leitlinienpolitik der Union faktisch zu einem Einstimmigkeitserfordernis.[4] Gerade im Vergleich zur Rechtsgrundlage des Art. 114 AEUV – die dieses Zustimmungserfordernis nicht enthält – ist für Union wie für Mitgliedstaaten die Wahl und Abgrenzung der

---

[1] Zu Begriff und Rechtsnatur der »Leitlinien« siehe Art. 171 AEUV, Rn. 1 ff.
[2] Eingehend zu den Mitwirkungsmöglichkeiten etwa *Calliess*, in: Calliess/Ruffert, EUV/AEUV, Art. 172 AEUV, Rn. 3 (»hohes Maß an demokratischer, regionaler und gesellschaftlicher Rückkopplung«).
[3] *Jürgensen*, UPR 1998, 12, 16.
[4] *Voet van Vormizeele*, in: Schwarze, EU-Kommentar, Art. 172 AEUV, Rn. 2.

Kompetenzvorschriften bei Infrastrukurmaßnahmen von großer Bedeutung.[5] Die nach Art. 172 zu erlassenden Leitlinien sollen die mitgliedstaatlichen Regelungen im Bereich der Infrastrukturpolitik ergänzen.[6]

B. Wesentliches Sekundärrecht

I. Sektorübergreifende Maßnahmen

Die Union hat in einem enormen Umfang zur Verwirklichung der in Art. 170 AEUV genannten Ziele Maßnahmen gemäß Art. 171 AEUV durch Beschlussfassung nach Art. 172 AEUV erlassen.[7] Dabei regeln sektorübergreifend die **Verordnung (EG) Nr. 2236/95** vom 18.9.1995 über die Grundregeln für die Gewährung von Gemeinschaftszuschüssen für transeuropäische Netze,[8] die **VO (EG) Nr. 680/2007** vom 20.6.2007 über die Grundregeln für die Gewährung von Gemeinschaftszuschüssen für transeuropäische Verkehrs- und Energienetze[9] und die in diesem Bereich zuletzt erlassene **VO (EG) Nr. 67/2010** vom 30.11.2009 über die Grundregeln für die Gewährung von Gemeinschaftszuschüssen für transeuropäische Netze[10] die Gewährung von Gemeinschaftszuschüssen.

II. Verkehrsnetz

Im Bereich des Verkehrsnetzes finden die Maßnahmen der Union unter anderem ihren Ausgangspunkt in der **VO (EWG) Nr. 3359/90** vom 20.11.1990 zur Durchführung eines Aktionsprogramms auf dem Gebiet der Verkehrsinfrastruktur im Hinblick auf die Vollendung des integrierten Verkehrsmarktes.[11] Ferner agierte sie vielfach durch die Annahme gemeinschaftlicher Leitlinien für den Ausbau eines transeuropäischen Verkehrsnetzes, nämlich bereits durch die **Entscheidung Nr. 1692/96/EG** vom 23.7.1996 über gemeinschaftliche Leitlinien für den Aufbau eines transeuropäischen Verkehrsnetzes,[12] durch **Entscheidung Nr. 1346/2001/EG** vom 22.5.2001,[13] durch **Entscheidung Nr. 884/2004/EG** vom 29.4.2004[14] sowie zuletzt durch **Beschluss Nr. 661/2010/EU** vom 7.7.2010.[15]

---

[5] Zur Abgrenzung zu Art. 114 AEUV und anderen Rechtsgrundlagen siehe Art. 170 AEUV, Rn. 3.
[6] *Leidinger*, DVBl 2015, 400, 401.
[7] Siehe ausführlich etwa die Darstellungen bei Calliess, in: Calliess/Ruffert, EUV/AEUV, Art. 171 AEUV, Rn. 22 ff. und Voet van Vormizeele, in: Schwarze, EU-Kommentar, Art. 171 AEUV, Rn. 3 ff.
[8] ABl. 1995, L 228/1.
[9] ABl. 2007, L 162/1.
[10] ABl. 2010, L 27/20.
[11] ABl. 1990, L 326/1.
[12] ABl. 1996, L 228/1.
[13] ABl. 2001, L 185/1.
[14] ABl. 2004, L 167/2.
[15] ABl. 2010, L 204/1.

5   Nennenswert sind darüber hinaus die in den 90er Jahren forcierte Beteiligung an einem **globalen Navigationssatellitensystem**[16] sowie der Verwendung von **Telematik im Straßenverkehr**.[17]

6   Durch die **VO (EG) Nr. 58/2003** vom 19.12.2002 zur Festlegung des Statuts der Exekutivagenturen, die mit bestimmten Aufgaben bei der Verwaltung von Gemeinschaftsprogrammen beauftragt werden,[18] wurde die Grundlage für eine **Exekutivagentur für das transeuropäische Verkehrsnetz** geschaffen.

7   Den Eisenbahnsektor betreffend wurde ein Jahr später mit der **VO (EG) Nr. 881/2004** vom 29.4.2004 zur Errichtung einer Europäischen Eisenbahnagentur[19] eine **Europäische Eisenbahnagentur** errichtet. Ferner erging die **RL 2008/57/EG** vom 17.6.2008 über die Interoperabilität des Eisenbahnsystems in der Gemeinschaft.[20]

8   Schließlich sind die letzten Jahre durch weitere Vorstöße der Kommission gekennzeichnet, nämlich durch das im Februar 2009 veröffentlichte **Grünbuch**,[21] eine im gleichen Jahr veröffentlichte **Mitteilung**[22] sowie zuletzt durch eine Einigung mit Rat und Parlament über ein **einheitliches europäisches Verkehrsnetz**.[23]

III. Telekommunikationsnetz

9   Im Telekommunikationsbereich agierte die Union erstmals durch die **Entscheidung Nr. 2717/95/EG** vom 9.11.1995 über Leitlinien für die Entwicklung des EURO-ISDN (diensteintegrierendes digitales Fernmeldenetz) zu einem transeuropäischen Netz.[24] Zwei Jahre später wurden durch die **Entscheidung Nr. 1336/97/EG** vom 17.6.1997 über Leitlinien für transeuropäische Telekommunikationsnetze[25] weitergehende Leitlinien erlassen. Sie wurden zwischenzeitlich durch die **Entscheidung Nr. 1376/2002/EG** vom 12.7.2002[26] fortentwickelt und der technischen Entwicklung angepasst.

---

[16] Siehe Entschließung des Rates vom 19.12.1994 zum europäischen Beitrag zur Entwicklung eines globalen Navigationssatellitensystems (GNSS), ABl. 1994, C 379/2 und Entschließung des Rates vom 19.7.1999 zur Beteiligung Europas an einer neuen Generation von Satellitennavigationsdiensten – Galileo-Definitionsphase, ABl. 1999, C 221/1.

[17] Siehe Entschließung des Rates vom 28.9.1995 zum Einsatz der Telematik im Straßenverkehr, ABl. 1994, C 264/1 und Entschließung des Rates vom 17.6.1997 zum Ausbau der Telematik im Straßenverkehr, insbesondere zur elektronischen Gebührenerfassung, ABl. 1997, C 194/5.

[18] ABl. 2003, L 11/1.

[19] ABl. 2004, L 164/1.

[20] ABl. 2008, L 191/1. Sie löste ab die RL 96/48/EG vom 23.7.1996 über die Interoperabilität des transeuropäischen Hochgeschwindigkeitsbahnsystems, ABl. 1996, L 235/6 und die RL 2001/16/EG vom 19.3.2001 über die Interoperabilität des konventionellen transeuropäischen Eisenbahnsystems, ABl. 2001, L 110/1.

[21] Europäische Kommission, Grünbuch vom 4.2.2009, Ein besser integriertes transeuropäisches Verkehrsnetz im Dienst der gemeinsamen Verkehrspolitik, KOM (2009) 44 endg.

[22] Europäische Kommission, Mitteilung, Eine nachhaltige Zukunft für den Verkehr, KOM (2009) 279 endg.

[23] Europäische Kommission, Pressemitteilung vom 30.5.2013, IP/13/478.

[24] ABl. 1995, L 282/16.

[25] ABl. 1997, L 183/12.

[26] ABl. 2002, L 200/1.

Zuletzt unterbreitete die Kommission im Jahr 2011 einen zwei Jahre später geän- **10**
derten Vorschlag für eine die Leitlinien ersetzende Verordnung.[27] Zu dieser bezog der
Wirtschafts- und Sozialausschuss im Oktober 2013 Stellung.[28]

IV. Energienetz

Zum Auf- und Ausbau eines transeuropäischen Energienetzes setzte die Union erstmals **11**
mit der **Entscheidung Nr. 96/391/EG** vom 28.3.1996 betreffend eine Reihe von Aktionen zur Schaffung günstigerer Rahmenbedingungen für den Ausbau der transeuropäischen Netze im Energiebereich an.[29] Ihr folgte die **Entscheidung Nr. 1254/96/EG** vom 5.6.1996 über eine Reihe von Leitlinien betreffend die transeuropäischen Netze im Energiebereich.[30] Diese wurde wiederum durch die **Entscheidung Nr. 1229/2003/EG** vom 26.6.2003[31] aufgehoben, ehe zuletzt mit der **Entscheidung Nr. 1364/2006/EG** vom 6.9.2006 zur Festlegung von Leitlinien für die transeuropäischen Energienetze und zur Aufhebung der Entscheidung 96/391/EG und der Entscheidung Nr. 1229/2003/EG[32] neue Leitlinien verabschiedet wurden.

---

[27] Europäische Kommission, Vorschlag vom 19.10.2011 für eine Verordnung des Europäischen Parlaments und des Rates über Leitlinien für transeuropäische Telekommunikationsnetze und zur Aufhebung der Entscheidung Nr. 1336/97/EG, KOM (2011) 657 endg. und geändert durch KOM (2013) 329 endg.
[28] Europäischer Wirtschafts- und Sozialausschuss, Stellungnahme vom 16.10.2013 zu dem Vorschlag für eine Verordnung des Europäischen Parlaments und des Rates über Leitlinien für transeuropäische Telekommunikationsnetze und zur Aufhebung der Entscheidung Nr. 1336/97/EG, Dokument Nr. CES5315–2013.
[29] ABl. 1996, L 161/154.
[30] ABl. 1996, L 161/147.
[31] ABl. 2003, L 176/11.
[32] ABl. 2006, L 262/1.

Titel XVII
Industrie

Artikel 173 AEUV [Förderung der Wettbewerbsfähigkeit]

(1) Die Union und die Mitgliedstaaten sorgen dafür, dass die notwendigen Voraussetzungen für die Wettbewerbsfähigkeit der Industrie der Union gewährleistet sind.
 Zu diesem Zweck zielt ihre Tätigkeit entsprechend einem System offener und wettbewerbsorientierter Märkte auf Folgendes ab:
– Erleichterung der Anpassung der Industrie an die strukturellen Veränderungen;
– Förderung eines für die Initiative und Weiterentwicklung der Unternehmen in der gesamten Union, insbesondere der kleinen und mittleren Unternehmen, günstigen Umfelds;
– Förderung eines für die Zusammenarbeit zwischen Unternehmen günstigen Umfelds;
– Förderung einer besseren Nutzung des industriellen Potenzials der Politik in den Bereichen Innovation, Forschung und technologische Entwicklung.

(2) ¹Die Mitgliedstaaten konsultieren einander in Verbindung mit der Kommission und koordinieren, soweit erforderlich, ihre Maßnahmen. ²Die Kommission kann alle Initiativen ergreifen, die dieser Koordinierung förderlich sind, insbesondere Initiativen, die darauf abzielen, Leitlinien und Indikatoren festzulegen, den Austausch bewährter Verfahren durchzuführen und die erforderlichen Elemente für eine regelmäßige Überwachung und Bewertung auszuarbeiten. ³Das Europäische Parlament wird in vollem Umfang unterrichtet.

(3) ¹Die Union trägt durch die Politik und die Maßnahmen, die sie aufgrund anderer Bestimmungen der Verträge durchführt, zur Erreichung der Ziele des Absatzes 1 bei. ²Das Europäische Parlament und der Rat können unter Ausschluss jeglicher Harmonisierung der Rechtsvorschriften der Mitgliedstaaten gemäß dem ordentlichen Gesetzgebungsverfahren und nach Anhörung des Wirtschafts- und Sozialausschusses spezifische Maßnahmen zur Unterstützung der in den Mitgliedstaaten durchgeführten Maßnahmen im Hinblick auf die Verwirklichung der Ziele des Absatzes 1 beschließen.
 Dieser Titel bietet keine Grundlage dafür, dass die Union irgendeine Maßnahme einführt, die zu Wettbewerbsverzerrungen führen könnte oder steuerliche Vorschriften oder Bestimmungen betreffend die Rechte und Interessen der Arbeitnehmer enthält.

Literaturübersicht

Brauneck, OMT: Dürfen Organe der EU keine eigene Wirtschaftspolitik betreiben?, EWS 2014, 258; *Brohm*, Die »Mitteilungen« der Kommission im europäischen Verwaltungs- und Wirtschaftsraum, 2012; *Frees*, Das neue industriepolitische Konzept der europäischen Gemeinschaft, EuR 1991, 281; *Frenz*, Abschied vom more economic approach, WRP 2013, 428; *ders.*, Anmerkung zum Urteil des EuGH vom 1.7.2014 (C–573/12) – Zur Frage der EU-Rechtskonformität der nationalen Ökostromförderung, DVBl 2014, 1125; *ders.*, TTIP, Klimaschutz und Beschäftigungsprogramm: Handels-, Industrie-, Arbeits- und Umweltpolitik in der Gemengelage, EWS 2015, 9; *ders.*, Klimaschutz auf Kosten anderer? Ausstieg Vattenfalls aus dem Braunkohlentagebau in Brandenburg, UPR 2015, 16; *Hellmann*, Europäische Industriepolitik, 1994; *Hodson/Maher*, The Open Method as a New Mode of Governance: The Case of Soft Economic Policy Co-ordination, JCMSt 2001, 719; *Pampel*, Rechtsnatur und Rechtswirkungen horizontaler und vertikaler Leitlinien im reformierten europäischen Wettbewerbsrecht, 2005; *Ruffert*, Industriepolitik: Staatsdirigismus in Wirtschaft und Gesellschaft, FS Kühne, 2009, S. 1021; *ders.*, Verfassungsrechtliche Überlegungen zur Finanzmarktkrise, NJW 2009,

2093; *Sauter*, Competition Law and Industrial Policy in the EU, 1997; *Terhechte*, Prinzipienordnung der Europäischen Union, in: Hatje/Müller-Graff, Europäisches Organisations- und Verfassungsrecht, 2014, S. 329.

Leitentscheidungen

EuGH, Urt. v. 30. 6. 1966, Rs. 56/65 (Société Technique Minière/Maschinenbau Ulm), Slg. 1966, 281
EuGH, Urt. v. 8. 6. 1982, Rs. 258/78 (Nungesser/Kommission), Slg. 1982, 2015
EuGH, Urt. v. 23. 2. 1999, Rs. C–42/97 (Parlament/Rat), Slg. 1999, I–869
EuGH, Urt. v. 10. 12. 2002, Rs. C–491/01 (Tobacco), Slg. 2002, I–11453
EuGH, Urt. v. 6. 10. 2009, Rs. C–501/06 P u. a. (GlaxoSmithKline Services), Slg. 2009, I–9291
EuGH, Urt. v. 10. 5. 2012, Rs. C–368/10 (Kommission/Niederlande), ECLI:EU:C:2012:284
EuGH, Urt. v. 13. 12. 2012, Rs. C–226/11 (Expedia), ECLI:EU:C:2012:795
EuGH, Urt. v. 30. 4. 2014, Rs. C–390/12 (Pfleger u. a.), ECLI:EU:C:2014:281
EuGH, Urt. v. 1. 7. 2014, Rs. C–573/12 (Ålands Vindkraft), ECLI:EU:C:2014:2037
EuGH, Urt. v. 17. 7. 2014, Rs. C–553/12 P (Kommission/DEI), ECLI:EU:C:2014:2083
EuGH, Urt. v. 16. 10. 2014, Rs. C–100/13 (Kommission/Deutschland), ECLI:EU:C:2014:2293

Inhaltsübersicht

	Rn.
A. Bedeutung der Industriepolitik	1
I. Latenter Konflikt mit der Wettbewerbspolitik und der Marktwirtschaft	1
II. Fernziele bei der Industriepolitik?	5
III. Bisherige Entwicklung	6
B. Grundkonzeption der Industriepolitik	8
I. Divergierende mitgliedstaatliche Philosophien	8
II. EU-Grundentscheidung für eine Wettbewerbswirtschaft	11
III. Nachhaltigkeitsgerechtigkeit	14
C. Reichweite der Förderung (Abs. 1)	22
I. Erfasste Industriezweige	22
II. Strukturanpassungen (1. Spiegelstrich)	25
1. Betroffene Bereiche	25
2. Aktiver Strukturwandel?	27
3. Reaktion auf Strukturwandel von außen und Beihilfefähigkeit	33
4. Abgrenzung zu anderen Politiken	34
III. Günstiges Umfeld für KMU (2. Spiegelstrich)	38
IV. Günstiges Umfeld für Unternehmenskooperationen (3. Spiegelstrich)	42
V. Bessere Nutzung des industriellen Potenzials (4. Spiegelstrich)	46
1. Unternehmensbezug	46
2. Abgrenzung zur Forschungspolitik	50
D. Fortbestehende Dominanz der Mitgliedstaaten	53
E. Möglichkeiten der Kommission (Abs. 2, 3)	59
I. Ermessen	59
II. Unverbindliche Maßnahmen (Abs. 2)	61
III. OMK	64
IV. Verpflichtende Verfahrensregelungen	66
V. Gesetzgebungskompetenzen und -verfahren (Abs. 3 S. 2)	67
VI. Grenzen (Abs. 3 UAbs. 2)	73
1. Reichweite	73
2. Keine spürbaren (potenziellen) Wettbewerbsverzerrungen	74
3. Keine steuer- oder arbeitsrechtlichen Vorschriften	77
F. Querschnittklausel (Abs. 3 S. 1) und Abgrenzung zu anderen Politiken	79
I. Wirkungsweise	79
II. Eingang ins Wettbewerbsrecht	82
III. Bezug zur Handelspolitik	84
IV. Verhältnis zur Umweltpolitik	86
V. Bezug zur Rechtsangleichung	90
VI. Weitere Politiken	92
VII. Einschränkbarkeit der Grundfreiheiten	93

A. Bedeutung der Industriepolitik

I. Latenter Konflikt mit der Wettbewerbspolitik und der Marktwirtschaft

1 Traditionell und zugleich aktuell ist der Konflikt der Industriepolitik mit den Wettbewerbsregeln. Die Industriepolitik will das freie Spiel der Kräfte beeinflussen und steuern, wenn auch durch Förderung der Industrie. Diese Problematik stellt sich gerade jetzt, wo immer mehr versucht wird, Arbeitsplätze durch die gezielte Anreizung von Investitionen zu schaffen. Kommissionspräsident Juncker hat ein Investitionsprogramm von über 300 Mrd. Euro mobilisiert, um in Europa vermehrt **Arbeitsplätze** zu sichern und zu kreieren. Die Grundlage dafür kann vor allem die Industriepolitik sein. Demgegenüber sind die Beschäftigungs- und Sozialpolitik nach Art. 145 ff. bzw. Art. 153 ff. AEUV unmittelbar arbeitnehmerbezogen; die Sozialfonds nach Art. 162 AEUV und die Kohäsionsfonds nach Art. 174 AEUV sollen vor allem Strukturveränderungen bewältigen.[1]

2 Angesichts leerer öffentlicher Haushalte bildet gerade die Industriepolitik die eigentliche Basis, um dauerhaft und umfassend die Schaffung von Arbeitsplätzen anzustoßen. Ihr Adressat sind zwar über Koordinierungen, Anreizungen und Ergänzungen die Mitgliedstaaten (Art. 173 Abs. 2 AEUV). Indes zielt sie auf die Unternehmen und deren Förderung, wozu die Mitgliedstaaten bewogen werden sollen. Durch eine solche **Arbeitsbeschaffung via Industriepolitik** greift die EU in das freie Spiel der Kräfte ein: Im Kern geht es um die Förderung der Industrie, die dieses Ziel realisieren soll. *Ruffert* fragte schon früher: »Industriepolitik: Staatsdirigismus in der Marktwirtschaft?«[2]

3 Zwar will die Industriepolitik nach Art. 173 AEUV ausdrücklich die Wettbewerbsfähigkeit fördern und die dafür notwendigen Voraussetzungen gewährleisten. Auch geht sie von einem System offener und wettbewerbsorientierter Märkte aus. Dieses System will sie also nicht derogieren, sondern höchstens positiv beeinflussen. Allerdings stellt sich damit die Grundfrage, inwieweit der Staat den **Wettbewerb prägen** muss und kann. Zudem ist näher zu klären, inwieweit die EU Vorgaben machen darf. Es sind weiterhin die Mitgliedstaaten zuständig; die Union darf nur unterstützen, koordinieren und ergänzen (Art. 2 Abs. 5 i. V. m. Art. 6 S. 2 Buchst. b AEUV).

4 Besondere Aktualität gewann diese Frage schon im Zuge der Finanzkrise, da damals eine **europäische Wirtschaftsregierung** gefordert wurde, auch jenseits der Vorgaben des Art. 121 AEUV und über die Konzeption des Art. 173 AEUV hinaus. Zwar war diese Konzeption schon damals nicht mit dem Primärrecht vereinbar.[3] Umso mehr fragt sich auch angesichts der wieder aufkeimenden Konjunktursorgen, inwieweit die EU Industriepolitik betreiben darf, um Investitionen anzureizen sowie industrielle Kerne zusammenzuschließen bzw. zu verstärken, die im internationalen Wettbewerb bestehen sollen.

II. Fernziele bei der Industriepolitik?

5 Tiefer gehend stellt sich die Frage, ob die Union nur von ihr als besonders zukunftsträchtig und hochwertig eingestufte Aktivitäten fördern kann und darf. Die Kehrseite davon ist, dass etwa ökologisch als unvorteilhaft angesehene Aktivitäten wie die Kohlever-

---

[1] *Lock*, EnzEuR, Bd. 8, § 6, Rn. 71; näher zur Abgrenzung u. Rn. 34 ff.
[2] *Ruffert*, S. 1021.
[3] *Ruffert*, NJW 2009, 1093 (1097); *Frenz*, Handbuch Europarecht, Band 6, Rn. 4369.

stromung im Rahmen der Industriepolitik eingeschränkt werden können. Insoweit wird allerdings jedenfalls die unmittelbar betroffene Industrie nicht gefördert, sondern limitiert. Die Gesamtindustrie oder auch parallele Branchen werden höchstens in einem weiteren Sinne etwa hin zu einem nachhaltigen Wirtschaften gefördert. Ein solches Wirtschaften wird freilich in Art. 3 Abs. 3 S. 2 EUV vorausgesetzt. Damit stellt sich etwa im Hinblick auf eine **ökologisierte Industriepolitik** die Frage von Fernzielen und Steuerungsmöglichkeiten durch die Union, aber auch ihrer Begrenzung, zumal wenn nationale Freiräume garantiert sind – so für energiepolitische Strukturentscheidungen (Art. 194 Abs. 2 UAbs. 2 AEUV).[4]

III. Bisherige Entwicklung

Damit würde die Industriepolitik allerdings erheblich über ihren bisherigen Rahmen hinausreichen. Ursprünglich war sie in den Verträgen gar nicht enthalten. Sie wurde mit dem Maastrichter Vertrag in Art. 130 EGV (im Amsterdamer Vertrag in Art. 157 EGV) aufgenommen.[5] In dessen Abs. 3 war eine einstimmige Beschlussfassung des Rates nach Anhörung von Europäischem Parlament sowie Wirtschafts- und Sozialausschuss vorgesehen. Im Vertrag von Nizza war dann i. V. m. Art. 251 EGV das **Mitentscheidungsverfahren** festgelegt, das seine Fortsetzung im ordentlichen Gesetzgebungsverfahren in Art. 294 AEUV fand (s. jetzt Art. 173 Abs. 3 AEUV). Allerdings fehlt der Union nunmehr die geteilte Kompetenz; sie hat nur noch eine unterstützende, koordinierende und ergänzende Zuständigkeit (s. Art. 6 S. 2 Buchst. b i. V. m. Art. 2 Abs. 5 AEUV).[6]

6

Schon vorher hat die Kommission Industriepolitik betrieben, nicht protektionistisch oder defensiv und auch nicht nur sektoral, sondern umfassend und allgemein im Sinne einer Schaffung erforderlicher Rahmenbedingungen und Infrastrukturen,[7] mithin im Wesentlichen im Sinne einer **allgemeinen und sektoralen Strukturpolitik**: Sie wollte gerade auf defensive, protektionistische und rein sektorale Ansätze verzichten.[8] Dies erfolgte auf der Basis der Rechtsangleichung und der Vertragsabrundung, der heutigen und deutlich enger gefassten Flexibilitätsklausel des Art. 352 AEUV mit Harmonisierungsverbot in Abs. 3 auch für die Industriepolitik.[9]

7

B. Grundkonzeption der Industriepolitik

I. Divergierende mitgliedstaatliche Philosophien

Die Industriepolitik wird in den Verträgen nicht definiert. Für das Englische wird der Begriff »**industrial policy**« mit »industrial relations« verglichen und daher mit einer

8

---

[4] Näher u. Rn. 27 ff.
[5] Näher zur Entstehungsgeschichte *Hellmann*, S. 183 ff.
[6] *Lecheler*, in: Grabitz/Hilf/Nettesheim, EU, Art. 173 AEUV (Oktober 2011), Rn. 8.
[7] Näher mit Nachw. *Lecheler*, in: Grabitz/Hilf/Nettesheim, EU, Art. 173 AEUV (Oktober 2011), Rn. 3 ff.
[8] *Mellein*, in: Schwarze, EU-Kommentar, Art. 173 AEUV, Rn. 3, 8 unter Verweis bereits auf ein Memorandum der Kommission von 1970 und deren Mitteilung »Industriepolitik in einem offenen und wettbewerbsorientierten Umfeld – Ansätze für ein Gemeinschaftskonzept«, KOM (90) 556 endg.; näher *Frees*, EuR 1991, 281 (282 ff.).
[9] *Lecheler*, in: Grabitz/Hilf/Nettesheim, EU, Art. 173 AEUV (Oktober 2011), Rn. 3.

arbeitsrechtlichen Konnotation verbunden, die gerade vermieden werden sollte.[10] Jedenfalls können ausweislich Art. 173 Abs. 3 UAbs. 2 AEUV auf die Industriepolitik gerade keine arbeitsrechtlichen Maßnahmen gestützt werden.

9 Eine nähere Definition ist schon deshalb nicht möglich, weil die Industriepolitik in den unterschiedlichen Mitgliedstaaten völlig divergierend erscheint: Klassisch ist die Industriepolitik in Frankreich und Italien, wo dem Staat von vornherein eine aktive Rolle eingeräumt wird, das Wohlergehen der Industrie zu fördern und dabei die volkswirtschaftlichen Parameter zu verbessern (**merkantilistisch-protektionistischer Ansatz**). Demgegenüber wollen die **wirtschaftsliberal** und marktwirtschaftlich ausgerichteten Mitgliedstaaten wie Deutschland, Niederlande und Großbritannien das freie Spiel der Marktkräfte von staatlichen Eingriffen eher fernhalten, da staatliche Förderung bestimmter Industriezweige den Wettbewerb leicht verfälscht.[11] Diesen zwei Grundkonzeptionen gilt es gleichermaßen Raum zu lassen, soweit die Mitgliedstaaten zuständig sind. Daher gilt es eine ideologische Aufladung zu vermeiden, die eher mit dem Begriff der Industriepolitik verbunden ist. Der Ausdruck »Industrie« ist nicht ideologisch aufgeladen.[12]

10 Daraus ergibt sich schon von vornherein, dass die Mitgliedstaaten in weitem Umfang industriepolitisch selbst zuständig bleiben müssen. Ihnen darf gerade keine bestimmte Philosophie vorgegeben werden. Damit darf die Union nicht eine der vorstehend beschriebenen Konzeptionen den anderen Mitgliedstaaten überstülpen. Diese können selbst eine **Grundentscheidung für ein industriepolitisches Modell** treffen, soweit sie sich im unionsrechtlichen Rahmen halten. Erst recht müssen die Mitgliedstaaten im Detail zuständig bleiben. Das gilt damit auch für inhaltliche Ausrichtungen wie einen verstärkten Klimaschutz. Danach bleibt es möglich, aus **übergeordneten Zielen** den Wirtschaftsprozess zu beeinflussen.

II. EU-Grundentscheidung für eine Wettbewerbswirtschaft

11 Die Grenze für mitgliedstaatlichen Wirtschaftsinterventionismus, den auch die Union zu respektieren hat, bilden aber die Zielsetzungen des Art. 173 Abs. 1 AEUV sowie die fundamentalen Grundsätze vor allem in Gestalt der Grundfreiheiten und **Wettbewerbsregeln**. Diese gelten auch für national dominierte Politikbereiche.[13] Die dortigen Spielräume wurden durch das Urteil Dimosia zulasten staatlicher Verschiebungen von Wettbewerbsbedingungen erheblich eingeschränkt.[14]

12 Tiefer gehend und grundsätzlich optiert der AEUV für eine wettbewerbsgeleitete Marktwirtschaft, zu der eine interventionistische Staatswirtschaft in diametralem Gegensatz steht. Art. 119, 120 AEUV enthalten eine übergreifend gültige Entscheidung für **eine offene Marktwirtschaft mit freiem Wettbewerb**. Das Protokoll Nr. 27 gewährleistet weiterhin ein System zum Schutz des Wettbewerbs vor Verfälschungen. Die Industriepolitik knüpft eigens daran an, indem nach Art. 173 Abs. 3 UAbs. 2 AEUV potenziell zu

---

[10] *Hellmann*, in: GS, EUV/EGV, Art. 157 EGV, Rn. 1; *Ruffert*, in: Calliess/Ruffert, EUV/AEUV, Art. 173 AEUV, Rn. 4; abl. *Lock*, EnzEuR, Bd. 8, § 6, Rn. 42 (»wenig überzeugend«).
[11] Etwa *Lurger*, in: Streinz, EUV/AEUV, Art. 173 AEUV, Rn. 2; *Hellmann*, in: GS, EUV/EGV, Art. 157 EGV, Rn. 3; explizit zu den Traditionen in Deutschland und Frankreich *Classen*, in: GSH, Europäisches Unionsrecht, Art. 173 AEUV, Rn. 7 ff.
[12] *Lock*, EnzEuR, Bd. 8, § 6, Rn. 42.
[13] Für das Glückspiel EuGH, Urt. v. 30. 4. 2014, Rs. C–390/12 (Pfleger u. a.), ECLI:EU:C:2014:281.
[14] EuGH, Urt. v. 17. 7. 2014, Rs. C–553/12 P (Kommission/DEI), ECLI:EU:C:2014:2083, Rn. 47.

Wettbewerbsverzerrungen führende Maßnahmen jedenfalls der Union ausgeschlossen sind. Bereits Art. 173 Abs. 1 AEUV will nur die notwendigen Voraussetzungen für die Wettbewerbsfähigkeit der Industrie der Union gewährleisten. Dieses Erfordernis der Notwendigkeit weist auf einen »**minimalistischen Ansatz**« mit Verhältnismäßigkeitskontrolle für Maßnahmen der Union.[15]

Indem Art. 173 Abs. 1 AEUV auch die Mitgliedstaaten benennt, können auch diese nicht mehr als die notwendigen Voraussetzungen der Industrie gewährleisten, ohne zumindest mit den Wettbewerbsregeln in Konflikt zu geraten, wenn man schon nicht eine Ausrichtung auch der Wirtschaftspolitik in Kohärenz mit dem Grundansatz der EU verlangt. Anders lassen sich schwerlich unionsweite Koordinierungen erreichen, die Art. 119 Abs. 1, Art. 121 Abs. 1 AEUV voraussetzen, geschweige denn weitergehende Maßnahmen sinnvoll realisieren, wie sie Art. 121 Abs. 2, Art. 122 AEUV vorsehen:[16] Bereits eine Abstimmung der Wirtschaftspolitik und vor allem die Verfolgung von Grundzügen setzt eine **Kompatibilität der Grundsysteme** voraus.

III. Nachhaltigkeitsgerechtigkeit

Eine allzu enge Fessel für das Handeln der Union und der Mitgliedstaaten lässt sich über eine weite Auslegung der Wettbewerbsfähigkeit und ihrer Voraussetzungen im Sinne einer **langfristigen Perspektive** vermeiden. Art. 173 Abs. 1 AEUV ist mit seinem Generalziel der Gewährleistung der notwendigen Voraussetzungen für die Wettbewerbsfähigkeit der Industrie a priori eher weit: Es geht nach der Kommission und der OECD darum, den Produktionsfaktoren dauerhaft ein relativ hohes Einkommens- und Beschäftigungsniveau unter den internationalen Wettbewerbsbedingungen zu sichern.[17]

Damit ist zwar die ökonomische Seite in Form des internationalen Wettbewerbs angesprochen. Indes bilden die dortigen Bedingungen nur den Bezugspunkt der **dauerhaften Sicherung** eines hohen Einkommens- und Beschäftigungsniveaus. Dies ist nur möglich, wenn die grundlegenden Wirtschaftsbedingungen erhalten bleiben, mithin **nachhaltig gewirtschaftet** wird. Darin kann eine Einbruchstelle auch für ökologische und damit für Klimaschutzbelange gesehen werden, wie dies im Rahmen der Wettbewerbspolitik der Binnenmarkt ist.[18]

Das Programm der Kommission »Europa 2020«[19] als Nachfolgepapier zur Lissabon-Strategie zielt auf eine neue Strategie, um die wirtschaftliche Lage und das **nachhaltige Wachstum** zu verbessern, und zwar durch drei Prioritäten: intelligentes, nachhaltiges und integratives Wachstum. Es geht auch um ressourcenschonendes Wirtschaften.[20] In ihrer Mitteilung zur integrierten Industriepolitik[21] legt die Kommission ihren Fokus auf

---

[15] *Lock*, EnzEuR, Bd. 8, § 6, Rn. 45.
[16] Unter Verweis darauf gegen ein Primat der Wirtschaftspolitik der Mitgliedstaaten *Brauneck*, EWS 2014, 258 (260) gegen BVerfGE 134, 366 (392, Rn. 39; 401, Rn. 63).
[17] *Ruffert*, in: Calliess/Ruffert, EUV/AEUV, Art. 173 AEUV, Rn. 15 unter Verweis auf KOM (94) 319 endg., S. 15
[18] Näher *Frenz*, Handbuch Europarecht, Band 2, 2. Aufl., 2015, Rn. 1ff.
[19] Mitteilung der Kommission v. 3.3.2010, Europa 2020, KOM (2010) 2020 endg.
[20] Mitteilung der Kommission v. 3.3.2010, Europa 2020, KOM (2010) 2020 endg., S. 20 für den Dienstleistungssektor.
[21] Mitteilung vom 28.10.2010 »Eine integrierte Industriepolitik für das Zeitalter der Globalisierung. Vorrang für Wettbewerbsfähigkeit und Nachhaltigkeit«, KOM (2010) 614, S. 4ff., 36ff.

Nachhaltigkeit in den Bereichen Wirtschaft, Soziales und Umwelt und verlangt im Hinblick darauf eine wirksamere Steuerung auf europäischer Ebene.[22]

17 Dieser nachhaltigkeitsbezogene Ansatz der Kommission ist primärrechtlich abgesichert und gefordert. Art. 3 Abs. 3 Satz 2 EUV stellt die Hinwirkung auf eine nachhaltige Entwicklung Europas an die Spitze der inhaltlichen Zielsetzung und verlangt insoweit eine umfassende Einbeziehung nicht nur **ökonomischer**, sondern auch **ökologischer** und **sozialer Bedingungen**. In diesem Lichte müssen daher auch die industriepolitischen Zielsetzungen gesehen werden. So kann schwerlich eine umweltverschmutzende Industrie noch unterstützt werden. Umgekehrt sind bei einer industriellen Krise in einer bestimmten Branche auch die sozialen Folgen eines Arbeitsplatzabbaus einzubeziehen.

18 Damit bestehen verschiedene Eckpunkte, die miteinander in Einklang gebracht werden müssen. Eine solche Abwägung ist im Ergebnis vielfach nicht eindeutig vorgezeichnet.

19 Entscheidend ist lediglich, dass sämtliche Ansatzpunkte einbezogen und sachgerecht gewichtet werden. Inhaltlich kann und muss die Union damit ökologische und soziale Elemente aufnehmen. Darin liegt der Nukleus für eine **nachhaltigkeitsgerechte Industriepolitik**.

20 Allerdings ist die Frage der sozialen Folgen und der Umweltverschmutzung oft auch eine **Bewertungsfrage**. Die Kernenergie etwa wird sehr unterschiedlich beurteilt und zudem auch innerhalb politischer Richtungen changierend: eine rot-grüne Regierung in Schweden setzt auf sie und will die Braunkohle meiden, um den CO_2-Ausstoß zu reduzieren, während Deutschland insoweit schon lange nur eine Übergangstechnologie sieht,[23] um den Kernkraftausstieg abzufedern.

21 Damit zeigt sich aber zugleich die Divergenz der nationalen Vorstellungen und Einschätzungen. Diese kann die Union allenfalls koordinieren, nicht aber ersetzen. Eine zusätzliche Grenze erwächst für die Energiepolitik aus Art. 194 Abs. 2 UAbs. 2 AEUV, wonach die Mitgliedstaaten ihren **Energiemix** eigenständig bestimmen. Und auch für ökologische Festlegungen in diese Richtung verlangt Art. 191 Abs. 2 Buchst. c AEUV Einstimmigkeit. Von daher hat die Kommission insoweit sehr zurückhaltend zu agieren und die **nationalen Zuständigkeiten** zu wahren. Sie muss auf den unterschiedlichen Bewertungen der Mitgliedstaaten aufbauen und hat diese zugrunde zu legen. Wenn sie divergieren, muss sie sie akzeptieren und kann nicht ihre Sicht an deren Stelle setzen. Eine Grenze besteht nur wiederum in der Grundentscheidung für eine offene Marktwirtschaft mit freiem Wettbewerb.

C. Reichweite der Förderung (Abs. 1)

I. Erfasste Industriezweige

22 Ausweislich von Art. 173 Abs. 1 UAbs. 2 AEUV zielt die Industriepolitik auf die Förderung der Industrie und dabei insbesondere der kleinen und mittleren Unternehmen. Letztere sind aber nur besonders ins Visier genommen. Es scheidet also nicht etwa eine Förderung größerer Unternehmen aus. Auch die dafür typische Montanindustrie ist einbezogen. Strittig ist nur, inwieweit auch Dienstleistungen erfasst sind.

---

[22] *Mellein*, in: Schwarze, EU-Kommentar, Art. 173 AEUV, Rn. 15.
[23] In Einklang mit dem GG, BVerfGE 134, 242 (Garzweiler II).

Aus Gründen konzeptioneller Klarheit wird der Begriff auf das **produzierende und** 23
verarbeitende Gewerbe begrenzt, soll doch dadurch der Ausnahmecharakter von
Art. 173 AEUV im Verhältnis zum Wettbewerbsprinzip gewahrt bleiben sowie den
Strukturproblemen von Industriepolitik entsprechend deutlich Rechnung getragen werden: »Art. 173 AEUV ist keine Generalklausel zur allgemeinen Wirtschaftsförderung«.[24]

Indes steht nur in Deutschland der Begriff der Industrie im Gegensatz zu Handwerk 24
und Handel. Die Kommission setzt die Einbeziehung der **Dienstleistungen** selbstverständlich voraus.[25] Das gilt gerade für die Förderung kleiner und mittlerer Unternehmen,[26] die in Art. 173 Abs. 1 Satz 2, 3. Spiegelstrich AEUV hervorgehoben sind. Sie
bedürfen besonders der Unterstützung, um im internationalen Wettbewerb bestehen zu
können. Überdies sind auch Dienstleistungen auf die internationale Wettbewerbsfähigkeit angewiesen.[27] Sie gehen oft mit der Lieferung von Produkten einher, so bei Wartungs- und Servicearbeiten. Eine saubere Abgrenzung ist damit schwerlich möglich. Aus
allen diesen Gründen sind die Dienstleistungen einzubeziehen.

II. Strukturanpassungen (1. Spiegelstrich)

1. Betroffene Bereiche

Strukturanpassungen sind vor allem außerhalb von Dienstleistungen notwendig und 25
betreffen eher das verarbeitende Gewerbe.[28] Sie werden durch Art. 173 Abs. 1 S. 2, 1.
Spiegelstrich AEUV benannt. Die dort aufgeführten strukturellen Veränderungen bestehen in **von außen kommenden Wandlungen** der Rahmenbedingungen industrieller
Tätigkeit. Ein klassisches Beispiel ist das Zechensterben im Ruhrgebiet. Da regelmäßig
bestimmte Branchen betroffen sind, geht es hier vor allem um sektorale Maßnahmen
namentlich in Form von Beihilfen für bestimmte Industriezweige[29] und finanziellen Förderungen – oft (auch) aus Unionsfonds.[30] Für diesen Ansatz sind also sektorale Maßnahmen typisch und unabdingbar.

Zumal wenn Fernziele in der Industriepolitik zugelassen werden, können auch **lang-** 26
fristige Strukturanpassungen einbezogen werden. Bergbau ist ein traditionelles Verarbeitungsgewerbe, wie sich schon bei der Aufbereitung geförderter Rohstoffe zeigt und
vor allem dann in der Stromproduktion deutlich wird, in welche die Kohleförderung
regelmäßig einmündet. Hier zeigt sich im Moment das Problem, dass die Kohleverstromung wegen des hohen CO_2-Ausstoßes immer mehr in die Kritik gerät und daher
nach Auffassung vieler auslaufen soll.

---

[24] So *Ruffert*, in: Calliess/Ruffert, EUV/AEUV, Art. 173 AEUV, Rn. 5.
[25] *Lecheler*, in: Grabitz/Hilf/Nettesheim, EU, Art. 173 AEUV (Oktober 2011), Rn. 12 a. E.
[26] *Lock*, EnzEuR, Bd. 8, § 6, Rn. 43.
[27] *Mellein*, in: Schwarze, EU-Kommentar, Art. 173 AEUV, Rn. 10 unter Verweis etwa auf die Mitteilung der Kommission vom 4.12.2003 »Die Wettbewerbsfähigkeit von unternehmensbezogenen Dienstleistungen und ihr Beitrag zur Leistungsfähigkeit europäischer Unternehmen«, KOM (2003) 747 endg.
[28] *Lock*, EnzEuR, Bd. 8, § 6, Rn. 43.
[29] *Mellein*, in: Schwarze, EU-Kommentar, Art. 173 AEUV, Rn. 16.
[30] *Ruffert*, in: Calliess/Ruffert, EUV/AEUV, Art. 173 AEUV, Rn. 17.

2. Aktiver Strukturwandel?

27 Damit stellt sich tiefer gehend die Frage, ob eine solche durch übergeordnete Ziele wie den Klima- und Umweltschutz motivierte Betrachtung in Art. 173 AEUV angelegt ist. Dann könnte möglicherweise auch die Union mit dieser Blickrichtung Umwelt- und Energiepolitik betreiben. Für eine Industriepolitik durch Förderung der Wettbewerbsfähigkeit nach Art. 173 Abs. 1 AEUV steht, die Industrie an die strukturellen Veränderungen heranzuführen und ihr so den Anpassungsprozess zu erleichtern.

28 Ziel ist dabei eine geförderte Selbstanpassung.[31] Diese soll nach dem deutschen Wortlaut erleichtert, nach dem englischen und französischen beschleunigt (speeding up und accélérer) werden. Ist auch die deutsche Fassung zurückhaltender, was sich in den anderen Sprachfassungen nicht niederschlug,[32] hat diese sprachliche Divergenz wegen des **Vorrangs der industriellen Selbstanpassung** keine praktische Bedeutung; infolge des Charakters als Zielbestimmung soll ohnehin eine steuernde Rolle der Kommission ausgeschlossen sein.[33]

29 Ein Ansatz für eine solche **steuernde Rolle** könnte allerdings z. B. sein, der Stromwirtschaft als Branche insgesamt die Transformation an die Notwendigkeit eines verminderten CO_2-Ausstoßes angedeihen zu lassen, und zwar indem von vornherein die verwendbaren **Energieträger** um diejenigen mit starkem **CO_2-Ausstoß** eingeschränkt werden. Insoweit würde eine Anpassung an die aus Klimaschutzgründen für notwendig gehaltenen strukturellen Veränderungen im Bereich der Energiepolitik erfolgen.

30 Auf diese Weise würde die Industriepolitik zum Einfallstor für **allgemeine politische Zielsetzungen**. Über sie würde aktiv die Struktur verändert. Es würde aktiver staatlicher Strukturwandel via Industriepolitik erlaubt. Diese Politik will indes die Anpassung der Industrie an die strukturellen Veränderungen erleichtern, die von außen an sie herangetragen werden. Damit wird lediglich anderweitig eingeleiteter und verursachter Strukturwandel abgefedert. Auf ihn wird reagiert, er wird nicht aktiv gestaltet. Die Industriepolitik hat insoweit nur eine **passive Rolle**. Durch sie können nicht allgemeine politische Zielsetzungen wie der **Klimaschutz** der Industrie einfach aufoktroyiert werden.

31 Vielmehr kann hier die Industriepolitik auf ohnehin eingeleitete und laufende Anpassungsprozesse reagieren und diese durch Unterstützung der betroffenen Industriezweige flankieren. Damit könnte etwa abgefedert werden, wenn beim **Kohlebergbau** die Vorräte zur Neige gehen oder aber auch, dass die Kohle nicht mehr in einem Maße wie früher benötigt wird, weil sie für eine Verstromung keinen Absatz mehr findet. Dies erfolgt aber dann durch Begünstigung des betroffenen Unternehmens und nicht durch ein Abschneiden und Beenden der Förderung gerade auf der Basis der Industriepolitik.

32 Damit kann nicht etwa durch Anpassungen im Bereich des **Energiemixes** und die damit verbundenen strukturellen **Umweltanpassungen** einem Unternehmen die Basis entzogen werden. Dadurch wird nämlich dessen Anpassung nicht erleichtert, sondern erschwert. Das gilt unabhängig davon, dass die Nutzung der Energieressourcen und der Energiemix nach Art. 194 Abs. 2 UAbs. 2 AEUV Sache jedes einzelnen Mitgliedstaates sind.

---

[31] *Lock*, EnzEuR, Bd. 8, § 6, Rn. 47.
[32] S. zur Entwicklung schon *Hellmann*, in: GS, EUV/EGV, Art. 157 EGV, Rn. 7.
[33] *Lock*, EnzEuR, Bd. 8, § 6, Rn. 47 a. E.

3. Reaktion auf Strukturwandel von außen und Beihilfefähigkeit

Hingegen können etwa in den Bergbau involvierte Unternehmen gefördert werden, damit sie sich auf das Auslaufen eines Kohleabbaus einstellen und daran anpassen können. Da die Mitgliedstaaten auf der Grundlage von Art. 173 AEUV solche Maßnahmen koordinieren können, ggf. im Gefolge einer Initiative der Union, müssen sie auch ihnen selbst und ihren nationalen Gliederungen erlaubt sein, ohne dass eine unzulässige Beihilfe vorliegt. **Art. 107 Abs. 3 Buchst. b und c AEUV erlauben Beihilfen** zur Behebung einer beträchtlichen Störung im Wirtschaftsleben eines Mitgliedstaats bzw. zur Förderung der Entwicklung gewisser Wirtschaftszweige.[34] Hier ist auf eine Kohärenz mit der Industriepolitik zu achten. Letztere prägt auch die Wettbewerbsregeln[35] und dabei hier besonders die Förderung der Entwicklung gewisser Wirtschaftszweige als zulässige Beihilfe.

33

4. Abgrenzung zu anderen Politiken

Reaktionen im Hinblick auf Strukturanpassungen sehen auch andere Politiken vor. Dazu zählen vor allem die vorhandenen Fonds, so der **Kohäsionsfonds** und der **Strukturfonds**. Auch daraus können Förderungen erfolgen.[36] Indes haben diese regelmäßig eine andere Zielrichtung. Der Struktur- und der Kohäsionsfonds soll wirtschaftlich schwache Regionen stärken (s. Art. 174 AEUV). Sind diese Fonds auch solchermaßen auf die Bewältigung von Strukturveränderungen ausgerichtet, erfolgt dies **regionenbezogen**. Demgegenüber hat die Industriepolitik jedenfalls ein anderes Globalziel in Gestalt der internationalen Wettbewerbsfähigkeit der europäischen Industrie.[37] Sie reicht damit gerade über den Regionalbezug hinaus.

34

Spezifisch die **Beschäftigungspolitik** nach Art. 145 ff. AEUV ist schon von ihrem Ansatz her nicht auf die Förderung der Industrie bezogen.[38] Vielmehr bilden die bisherigen Schwerpunkte die Förderung von Langzeitarbeitslosen und jungen Arbeitsuchenden sowie die günstige Beeinflussung der Rahmenbedingungen für Beschäftigung durch Förderung der Selbstständigkeit, eine Verbesserung der Bedingungen bei den Arbeitskosten sowie eine moderate Tarifpolitik.[39] Wird auch die Selbstständigkeit gefördert, gilt dies nicht spezifisch für die Industrie. Zudem ist Zielrichtung der Beschäftigungspolitik die Verbesserung der Beschäftigungschancen durch eine günstige Beeinflussung der Rahmenbedingungen, nicht aber der indirekte Weg der Anreizung industrieller Tätigkeiten.

35

In der **Sozialpolitik** nach Art. 153 ff. AEUV geht es um die Sicherung von Arbeitnehmerrechten bzw. um die Beziehungen von Arbeitgebern zu Arbeitnehmern. Ebenso wird die soziale Sicherheit einbezogen. Ausweislich Art. 162 AEUV wollen **Sozialfonds** insbesondere Menschen in Arbeit bringen bzw. halten, vor allem bei Strukturwandel, dem auch die Politik der **beruflichen Bildung** nach Art. 166 AEUV dient.

36

---

[34] Abgrenzend EuG, Urt. v. 17.7.2014, Rs. T–457/09 (Westfälisch-Lippischer Sparkassen- und Giroverband/Europäische Kommission), Rn. 187 ff.
[35] Näher u. Rn. 82 ff.
[36] S. *Mellein*, in: Schwarze, EU-Kommentar, Art. 173 AEUV, Rn. 16; Ruffert, in: Calliess/Ruffert, EUV/AEUV, Art. 173 AEUV, Rn. 18.
[37] *Lock*, EnzEuR, Bd. 8, § 6, Rn. 71.
[38] *Frenz*, EWS 2015, 9 auch zum Folgenden.
[39] *Kreßel*, in: Schwarze, EU-Kommentar, Art. 148 AEUV, Rn. 30.

37 Die **Industriepolitik** wirkt indirekt auf die Arbeitsmarktpolitik insofern, als über sie Arbeitsplätze kreiert bzw. gesichert werden können. Damit schafft sie die Grundlage etwa für eine Verbesserung der Löhne bzw. der sozialen Sicherungen. Abgrenzungsschwierigkeiten zur Beschäftigungs- und Sozialpolitik entstehen aber deshalb nicht, weil die Industriepolitik auf die Unternehmen und nicht auf die Arbeitnehmer bezogen ist und damit höchstens **Grundlagen für eine wirksame Arbeitspolitik** schafft, die sie selbst aber nicht steuert bzw. rechtlich beeinflusst. Jedenfalls können (unmittelbare) arbeitsrechtliche Maßnahmen nicht auf Art. 173 AEUV gestützt werden; Abs. 3 UAbs. 2 schließt dies aus und will dadurch gerade die Umgehung vermeiden.[40]

III. Günstiges Umfeld für KMU (2. Spiegelstrich)

38 Während Art. 173 Abs. 1 UAbs. 2, 1. Spiegelstrich AEUV tendenziell wohl eher Großunternehmen betrifft, die von strukturellen Veränderungen betroffen sind, hat Art. 173 Abs. 1 UAbs. 2, 2. Spiegelstrich AEUV **kleine und mittlere Unternehmen** (KMU) zum Schwerpunkt. Sie werden ausdrücklich benannt und sind dadurch gekennzeichnet, dass sie unabhängig sind, also nicht einem anderen Unternehmen gehören, unter 250 Personen beschäftigen sowie einen Jahresumsatz von bis zu 50 Millionen Euro erzielen oder mit ihrer Jahresbilanzsumme 43 Millionen Euro nicht übersteigen.[41] Gerade sie haben oft Schwierigkeiten in einem größeren Wettbewerbsumfeld und können daher eine staatliche Unterstützung besonders gut gebrauchen.

39 Indem das **Umfeld** gefördert werden soll, geht es vor allem um **allgemeine Rahmenbedingungen**, die für die Initiative und Weiterentwicklung der Unternehmen günstig sind. Damit wird auch insoweit die Eigenverantwortlichkeit der Unternehmen unterstrichen und der gesamte materielle und immaterielle Bereich erfasst.[42] Das betrifft rechtliche, wirtschaftliche und soziale Rahmenbedingungen und damit z. B. das Arbeits- und Steuerrecht, die Bildung und die Infrastruktur,[43] aber auch den Marktzugang sowie Produktspezifikationen etwa über eine anzuerkennende CE-Kennzeichnung,[44] Auftragsvergaben und Fusionen.[45] Gerade für das Wettbewerbs-, Steuer- und Arbeitsrecht ist Art. 173 Abs. 3 UAbs. 2 AEUV als Grenze zu beachten.

40 Zudem sind lediglich sektoral oder regional wirkende Maßnahmen ausgeschlossen, geht es doch um **Unternehmen in der gesamten Union**.[46] Zwar betrifft die Vorschrift nur deren Initiative und Weiterentwicklung. Daher ist es ebenfalls denkbar, dass bloß Unternehmen in einem bestimmten Sektor oder in einer Region gefördert werden, um deren Weiterentwicklung in der gesamten Union sicherzustellen. Indes spezifizieren nach Wortlaut und Systematik des Art. 173 AEUV die KMU die Adressaten in Form der Unternehmen in der gesamten Union, so dass dadurch die potenziell Begünstigten benannt werden. Jedenfalls können die KMU spezifisch gefördert werden.

---

[40] *Lock*, EnzEuR, Bd. 8, § 6, Rn. 66: »Umgehungsverbot«.
[41] *Lock*, EnzEuR, Bd. 8, § 6, Rn. 50 unter Verweis auf Art. 2 des Anhangs zur Empfehlung der Kommission betreffend die Definition der Kleinstunternehmer sowie der kleinen und mittleren Unternehmen, ABl. 2003, L 124/36.
[42] *Ruffert*, in: Calliess/Ruffert, EUV/AEUV, Art. 173 AEUV, Rn. 19.
[43] *Lock*, EnzEuR, Bd. 8, § 6, Rn. 49.
[44] Auf der Basis der Warenverkehrsfreiheit EuGH, Urt. v. 16.10.2014, Rs. C–100/13 (Kommission/Deutschland), ECLI:EU:C:2014:2293.
[45] *Mellein*, in: Schwarze, EU-Kommentar, Art. 173 AEUV, Rn. 17. Diese unterfallen nicht dem 3. Spiegelstrich.
[46] *Ruffert*, in: Calliess/Ruffert, EUV/AEUV, Art. 173 AEUV, Rn. 19.

Die in Art. 173 Abs. 1 UAbs. 2, 2. Spiegelstrich AEUV mit der Förderung verbundene **Weiterentwicklung** kann Ansatzpunkt für eine **ökologische Aufladung** sein. Der Begriff ist als solcher neutral und daher offen für zentrale Zielsetzungen wie namentlich eine nachhaltige Entwicklung nach Art. 3 Abs. 3 S. 2 EUV.[47] Ökologische Elemente können etwa in Auftragsvergaben aufgenommen werden; die Vergaberichtlinien erlauben dies in zunehmendem Umfang. Zudem ist eine spezifische Förderung von KMU denkbar, die Umweltschutzanliegen wie die Energiewende verfolgen und zu diesem Zweck regenerative Energien einsetzen. Sollen solche Entwicklungen angestoßen werden, kann die in Art. 173 Abs. 1 UAbs. 2, 2. Spiegelstrich AEUV an erster Stelle genannte **Initiative** gefördert werden.

IV. Günstiges Umfeld für Unternehmenskooperationen (3. Spiegelstrich)

Während es im vorstehenden Spiegelstrich um das günstige Umfeld der einzelnen Unternehmen ging, behandelt Art. 173 Abs. 1 UAbs. 1, 3. Spiegelstrich AEUV das günstige Umfeld für die Zusammenarbeit zwischen Unternehmen, mithin deren Kooperation. Diese muss sich allerdings im Rahmen des **Kartellverbots** halten. Dieses wird nicht derogiert, sondern Art. 173 Abs. 1 UAbs. 1 AEUV knüpft an das System offener und wettbewerbsorientierter Märkte an.[48] Umgekehrt wird allerdings die kartellrechtliche Zulässigkeit auch durch industriepolitische Aspekte geprägt, jedenfalls wenn sie sich in die Freistellungsgründe nach Art. 101 Abs. 3 AEUV integrieren lassen.[49]

Dabei handelt es sich hier um Förderungsmaßnahmen der öffentlichen Hand. Auch diese ist zumindest über Art. 4 Abs. 3 EUV an die Wettbewerbsregeln gebunden, wenngleich in spezifischer Weise.[50] Damit dürfen diese Maßnahmen nicht Art. 101 AEUV zuwider laufende Kartellabsprachen vorschreiben oder erleichtern oder deren Auswirkungen verstärken, indem sie sie etwa übernehmen und als staatliche Maßnahme verbindlich machen.[51]

Besondere Bedeutung hat die **Europäische Wirtschaftliche Interessenvereinigung (EWIV)**.[52] Ein weiterer Ansatz sind **Informationsdienste** wie das Enterprise Europe Network mit spezifischer **Datenbank** dazu[53] sowie **Kontaktbüros**.[54] Dadurch werden Wege geöffnet und keine wettbewerbswidrigen Kooperationen befördert, sondern lediglich allgemeine Informationen und Netzwerke zur Verfügung gestellt. Dann liegt es an den Unternehmen, was sie selbst daraus machen. **Sprachliche Belange** berührt ein Programm zur Förderung der sprachlichen Vielfalt der Gemeinschaft in der Informationsgesellschaft.[55]

---

[47] S. o. Rn. 5.
[48] *Lock*, EnzEuR, Bd. 8, § 6, Rn. 51; näher o. Rn. 11 ff.
[49] *Frenz*, Handbuch Europarecht, Band 2, Rn. 1366, 1369; s. KOME 86/405/EWG, ABl. 1986, L 236/30 (Rn. 59) – Lichtwellenleiter; KOME 93/49/EWG, ABl. 1993, L 20/14 (Rn. 25) – Ford/Volkswagen.
[50] Etwa EuGH, Urt. v. 18.6.1998, Rs. C–266/96 (Ferries France/Gruppo Antichi Ormeggiatori del porto di Genova u. a.), Slg. 1998, I–3949, Rn. 48 f.; Urt. v. 9.11.2003, Rs. C–198/01 (CIF), Slg. 2003, I–8055, Rn. 51; näher m. w. N. *Frenz*, Handbuch Europarecht, Band 2, Rn. 4152 ff.
[51] Bereits EuGH, Urt. v. 1.10.1987, Rs. 311/85 (Vlaamse Reisbureaus), Slg. 1987, 3801, Rn. 9 ff., 22 ff.
[52] VO (EWG) Nr. 2137/85.
[53] *Mellein*, in: Schwarze, EU-Kommentar, Art. 173 AEUV, Rn. 18.
[54] *Lurger*, in: Streinz, EUV/AEUV, Art. 173 AEUV, Rn. 19: Büro zur Förderung der zwischenbetrieblichen Zusammenarbeit.
[55] Entscheidung 96/664/EG des Rates vom 21.11.1996, ABl. 1996, L 306/40; dazu EuGH, Urt. v. 23.2.1999, Rs. C–42/97 (Parlament/Rat), Slg. 1999, I–869.

45 Schon begrifflich werden Fusionen von vornherein nicht erfasst.⁵⁶ Insoweit handelt es sich um Zusammenschlüsse, durch welche die Unternehmen ihre Selbstständigkeit verlieren, die Art. 173 Abs. 1 UAbs. 2, 3. Spiegelstrich AEUV weiter voraussetzt.

V. Bessere Nutzung des industriellen Potenzials (4. Spiegelstrich)

1. Unternehmensbezug

46 Spezifisch die Innovation wird zusammen mit der Forschung und technologischen Entwicklung in Art. 173 Abs. 1 UAbs. 2, 4. Spiegelstrich AEUV genannt. Nach dem Wortlaut geht es um die Förderung einer besseren Nutzung des industriellen Potenzials der Politik. Allerdings erfasst auch diese Vorschrift die Unternehmen. Damit sind die **Möglichkeiten der Politik** gemeint, die Nutzung der Potenziale durch die Unternehmen zu fördern.

47 So können unternehmerische Potenziale gehoben werden, um den Boden etwa für eine raschere Fortentwicklung politisch angestrebter Prozesse wie der **Energiewende** zu bereiten und dabei technische Weiterentwicklungen anzustoßen, die zu einer wirksameren Erzeugung von Energie z. B. durch Windkraft oder Fotovoltaik führen. Dadurch kann die Politik bestimmte **Innovationsprozesse** in Gang setzen, die bei den Unternehmen schlummern, aber noch nicht richtig zur Entfaltung kamen. Allerdings darf auch insoweit nur ein Anstoß gegeben, nicht ein politisches Ziel aufoktroyiert werden. Gleichwohl ergibt sich daraus eine Einbruchstelle für Elemente wie Nachhaltigkeit und Umweltschutz.⁵⁷

48 Dabei zielt dieser Spiegelstrich darauf, die industriell vorhandenen Möglichkeiten in den **Produktionsprozess** zu bringen und so das bestehende Potenzial zu realisieren, wie dies auch bei der Forschungspolitik nach Art. 179 ff. AEUV der Fall ist.⁵⁸ Damit sind zunächst die vorhanden industriellen Möglichkeiten zu erfassen. Darauf ist zu prüfen, inwieweit diese bereits genutzt werden. Diese schon vorhandenen Nutzungen gilt es dann im Hinblick auf Innovation, Forschung und technologische Entwicklung zu verbessern. Vor allem der Verbreitung von Innovationen und Entwicklungen dient eine darauf abgestimmte Normung auf EU-Ebene, die insbesondere durch die Europäischen Komitees für Normung (CEN) und für elektrotechnische Normung (Cenelec) sowie das Europäische Institut für Telekommunikationsnormen (ETSI) erfolgt und deren Finanzierung der Beschluss Nr. 1673/2006/EG gewährleistet.⁵⁹

49 Gefördert wird nach dem Wortlaut das **Potenzial der Politik**. Die vorherigen Spiegelstriche betrafen die Aktionen der Unternehmen. Diese sind in erster Linie Adressaten der Industriepolitik. Letztlich geht es auch darum, eine wirksame Innovation, Forschung und technologische Entwicklung durch die Unternehmen voranzubringen. Nur zielt dieser Spiegelstrich darauf, die Möglichkeiten der Politik auszuschöpfen, um diese Ansatzpunkte und schon vorhandenen Möglichkeiten auszunutzen, fortzuentwickeln und zu verbessern. Beispiel dafür ist die **Energiewende**, welche die Politik schon in vielfältiger Weise gefördert hat: Ohne den Anreiz durch die öffentliche Hand wären

---

⁵⁶ *Lock*, EnzEuR, Bd. 8, § 6, Rn. 51; *Lurger*, in: Streinz, EUV/AEUV, Art. 173 AEUV, Rn. 19.
⁵⁷ S. o. Rn. 5.
⁵⁸ *Lock*, EnzEuR, Bd. 8, § 6, Rn. 52.
⁵⁹ *Lurger*, in: Streinz, EUV/AEUV, Art. 173 AEUV, Rn. 20 a. E. unter Verweis auf Mitteilung der Kommission: Für einen stärkeren Beitrag der Normung zur Innovation in Europa, KOM (2008) 133 endg.

nicht die regenerativen Energiequellen derart schnell entwickelt worden, wie dies der Fall ist.

2. Abgrenzung zur Forschungspolitik

Schon vom Wortlaut her mit der Forschung und technologischen Entwicklung verbunden, bedarf es näherer Abgrenzung zu dieser. Die Industriepolitik zielt eher auf das Umfeld der Forschung, während die gleichfalls der Förderung der Industrie dienende Forschungspolitik (s. Art. 179 Abs. 1 AEUV) Forschungsvorhaben unmittelbar unterstützt. Jedenfalls steht sie in enger Verbindung zur Industriepolitik,[60] wird freilich über die **Konzentrationsklausel**[61] des Art. 179 Abs. 3 AEUV gebündelt und ist somit **speziell**.[62] 50

Von besonderer Bedeutung für die **Industrie** sind aber auch von der eigentlichen Forschung losgelöste **Rahmensetzungen** und die Überführung der Forschung in die Produktion – etwa durch die Förderung von **Pilotvorhaben**.[63] Art. 173 Abs. 1, 4. Spiegelstrich AEUV verweist auf die bessere Nutzung des industriellen Potenzials der Forschung. Insoweit kann dann die Union durch ihre Koordinierung und anreizende Tätigkeit langfristige Entwicklungen anstoßen sowie den Mitgliedstaaten auch unkonventionelle Wege vorschlagen. Darüber lassen sich dann insbesondere auch ökologische Produktentwicklungen und Herstellungsweisen implantieren. 51

Da sowohl die Forschungs- als auch die Industriepolitik die Zuständigkeiten der Mitgliedstaaten nicht ersetzen, sondern der Union nur eine koordinierende und ergänzende Tätigkeit erlauben (Art. 180 f., Art. 4 Abs. 3 AEUV[64] bzw. Art. 173 Abs. 2, 3 sowie Art. 6 S. 2 Buchst. b i. V. m. Art. 2 Abs. 5 AEUV), kann über beide den Mitgliedstaaten keine ökologische Fortentwicklung von Industrieproduktionen und Produkten verpflichtend vorgegeben werden. Es können höchstens Anregungen von der Union ausgehen. Diese müssen durch ihre Überzeugungskraft wirken bzw. durch ihre ökologische Innovation, welche dann auch bei den Mitgliedstaaten auf fruchtbaren Boden stößt. Insoweit kann aber die Union durchaus Orientierungsmarken geben, welche die Mitgliedstaaten im Rahmen ihrer Forschungs- und Industriepolitik aufgreifen und umsetzen.[65] 52

D. Fortbestehende Dominanz der Mitgliedstaaten

In der Industriepolitik dominieren weiterhin die Mitgliedstaaten. Die **Union** hat nur eine **unterstützende, koordinierende und ergänzende Funktion** nach Art. 2 Abs. 5 AEUV, ohne dass dadurch die Zuständigkeit der Union an die Stelle der Mitgliedstaaten tritt. Verbindliche Rechtsakte der Union dürfen dementsprechend die nationalen Rechtsvorschriften nicht harmonisieren (Art. 173 Abs. 3 Satz 2 sowie bereits Art. 2 Abs. 5 UAbs. 2 AEUV). Für eine solche eingeschränkte Unionszuständigkeit nennt Art. 6 Satz 2 Buchst. b AEUV den Bereich der Industrie ausdrücklich. 53

---

[60] *Ruffert*, in: Calliess/Ruffert, EUV/AEUV, Art. 179 AEUV, Rn. 11 a. E.
[61] *Bleckmann*, Europarecht, 6. Aufl., 1997, Rn. 2792.
[62] Im Ergebnis auch *Lock*, EnzEuR, Bd. 8, § 6, Rn. 52.
[63] *Mellein*, in: Schwarze, EU-Kommentar, Art. 17 AEUV, Rn. 19.
[64] Die geteilte Zuständigkeit nach Art. 4 AEUV läuft damit praktisch weitestgehend leer.
[65] *Frenz*, EWS 2015, 9 auch zum Vorhergehenden.

54 Art. 173 Abs. 2 AEUV sieht vor, dass die Mitgliedstaaten einander in Verbindung mit der Kommission konsultieren und koordinieren, soweit dies für ihre Maßnahmen erforderlich ist. Dieses Merkmal der Erforderlichkeit wird einhellig als Ausdruck des Subsidiaritätsprinzips nach Art. 5 Abs. 3 EUV aufgefasst.[66] Indes ist das **Subsidiaritätsprinzip** bisher von geringer Wirkung geblieben. So wird konzediert, dass immer noch ungewiss ist, ob und welche Rolle den öffentlichen Händen im Rahmen dieses Koordinationsverfahrens zukommt.[67]

55 Eine **Koordinierungspflicht** wird zumindest dann bejaht, wenn durch nationale Maßnahmen eine Gefährdung der Politik oder bestimmter Maßnahmen der Union droht; dabei geht es nicht nur um eine Koordination zwischen den Mitgliedstaaten, sondern auch um eine Koordination mit der Unionspolitik.[68] Danach ist die Notwendigkeit der Koordinierung für eine Politik bzw. Maßnahme der Union nach Art. 173 Abs. 1 AEUV und Art. 5 Abs. 3 EUV erforderlich.[69]

56 Besondere Relevanz erlangt eine solche **notwendige Abstimmung im Energiebereich** mit leicht möglichen Turbulenzen in anderen Mitgliedstaaten durch gezielte Förderungen oder auch Einstellungen von Aktivitäten (so des Braunkohlentagebaus in Brandenburg durch den schwedischen Staatskonzern Vattenfall). Indem Art. 194 Abs. 2 UAbs. 2 AEUV den Mitgliedstaaten die Nutzung ihrer Energieressourcen sowie deren prozentuale Verteilung selbst überlässt, erhebt er dies zum Grundpfeiler auch der EU-Energiepolitik. Diese ist insoweit nicht nur beschränkt, sondern muss sich auch darauf ausrichten, etwa was den Ausbau und die Interkonnektion der Energienetze anbetrifft (s. Art. 170 Abs. 1, 171 Abs. 1, 2. Spiegelstrich und Art. 194 Abs. 1 Buchst. d AEUV).[70] Diese müssen dann auf alle verwendeten Energieträger ausgerichtet sein. Damit bildet es eine Störung auch der EU-Infrastruktur- und Energiepolitik, wenn ein Mitgliedstaat in den Energiemix eines anderen Mitgliedstaates eingreift.

57 Zudem ist dann die allgemeine Loyalitätspflicht nach Art. 4 Abs. 3 EUV aufgerufen und begrenzt das Handeln der Mitgliedstaaten. Zwar besteht diese im Verhältnis von Mitgliedstaaten und Union sowie umgekehrt.[71] Indes geht es hier auch um die Wahrung der Grundsätze der EU-Energiepolitik, so dass die dazu gehörige Respektierung der mitgliedstaatlichen Autonomie bei der Festlegung des Energiemixes Teil der Loyalitätspflicht gegenüber der Union ist. Jedenfalls dann haben sich auch die Mitgliedstaaten im Rahmen der Industriepolitik zu koordinieren.[72]

58 Indes wird keine Verpflichtung gesehen, zukunftsträchtige Märkte zu unterstützen, könnte doch eine solche Hilfe auch Gefahr laufen, die Entwicklung der Märkte nicht zu fördern, sondern eher zu hemmen oder zu verfälschen.[73] Ohnehin haben die Mitgliedstaaten einen **weiten Ermessensspielraum**, der kaum überprüfbar ist.[74] Aufgrund der grundsätzlichen Kompetenz der Mitgliedstaaten wird generell deren Beurteilung maßgeblich sein.

---

[66] *Lecheler*, in: Grabitz/Hilf/Nettesheim, EU, Art. 173 AEUV (Oktober 2011), Rn. 19; *Lurger*, in: Streinz, EUV/AEUV, Art. 173 AEUV, Rn. 28; *Mellein*, in: Schwarze, EU-Kommentar, Art. 173 AEUV, Rn. 20.
[67] *Lecheler*, in: Grabitz/Hilf/Nettesheim, EU, Art. 173 AEUV (Oktober 2011), Rn. 19.
[68] *Lurger*, in: Streinz, EUV/AEUV, Art. 173 AEUV, Rn. 28 a. E.
[69] *Lurger*, in: Streinz, EUV/AEUV, Art. 173 AEUV, Rn. 28.
[70] Zum Verhältnis dieser Bestimmungen etwa *Frenz*, Handbuch Europarecht, Band 6, Rn. 4326 ff.
[71] *Vedder*, in: Vedder/Heintschel von Heinegg, Europäisches Unionsrecht, Art. 4 EUV, Rn. 22; *Terhechte*, S. 354.
[72] *Frenz*, UPR 2015, 16 auch zum Vorhergehenden.
[73] So *Lecheler*, in: Grabitz/Hilf/Nettesheim, EU, Art. 173 AEUV (Oktober 2011), Rn. 19.
[74] *Mellein*, in: Schwarze, EU-Kommentar, Art. 173 AEUV, Rn. 20.

E. Möglichkeiten der Kommission (Abs. 2, 3)

I. Ermessen

Allerdings kann auch die Union zukunftsträchtige Initiativen starten. Solche von ihr erkannten Chancen kann sie nur dann zu ergreifen suchen, wenn sie dabei einen **Einschätzungsspielraum** über ihre Erfolgsaussichten hat. Dies ist allerdings generell das Risiko staatlicher Eingriffe. Zudem wird sich dies oft schwerlich a priori abschätzen lassen. Ein solcher Einschätzungsspielraum ist ihr daher gleichfalls zuzubilligen. Sie fördert nach Art. 173 Abs. 2 S. 1 AEUV die Koordinierung der Mitgliedstaaten. Wann und Wie sie dies tut, obliegt ihrem Ermessen.

59

Besonders gefragt ist die Union, wenn nationale Maßnahmen in den Wirtschaftskreis anderer Mitgliedstaaten eingreifen, indem sie durch die Förderung der eigenen Industrien Absatzschwierigkeiten in anderen Ländern hervorrufen. Das gilt vor allem im **Energiebereich**, der nach Art. 194 AEUV zudem weitestgehend den nationalen Kompetenzen unterliegt. Daher wirkt indirekt diese Grenze des Art. 194 Abs. 2 UAbs. 2 AEUV auch insoweit, als die Union dafür Sorge tragen kann, dass Fragen der Nutzung der Energieressourcen und der Energiemix nationale Sache bleiben und nicht via Industriepolitik faktische Einflussnahmen in die Belange anderer Mitgliedstaaten erfolgen. Treten solche Konflikte auf, kann am ehesten eine vereinende Instanz ausgleichend wirken. Hier kann dann die Kommission die beiden divergierenden Mitgliedstaaten zusammenbringen und so ihre Industriepolitik koordinieren.[75]

60

II. Unverbindliche Maßnahmen (Abs. 2)

Die Kommission fördert die Koordinierung der Mitgliedstaaten und kann dazu nach Art. 173 Abs. 2 S. 2 AEUV alle **Initiativen** ergreifen. Dieser Wortlaut ist a priori offen, so dass auch rechtsverbindliche Handlungsformen darunter gefasst werden, welche die Kommission initiieren dürfe.[76] Gegen inhaltlich rechtsverbindliche Koordinierungsmaßnahmen spricht allerdings der Wortlaut »Initiativen« anstatt »Maßnahmen« sowie die Einordnung der Norm in die eher schwach ausgeprägte Koordinierung.[77] Ohnehin ist nach Art. 173 Abs. 3 Satz 2 AEUV explizit eine Harmonisierung ausgeschlossen. Über ihre Initiativen hat die Kommission gem. Art. 173 Abs. 2 Satz 3 AEUV das Europäische Parlament zu unterrichten, also zu informieren, und zwar in vollem Umfang, d. h. umfassend, so dass sich das Parlament ein vollständiges Bild machen kann, ohne dass es sich allerdings äußern muss.

61

Teilweise werden sogar lediglich unverbindliche Handlungsformen zugebilligt.[78] Indes bedarf die Koordinierung vielfach **Verfahrensregelungen**. Ohne sie kann z. B. schwerlich eine Konfliktlösung erarbeitet werden. Verfahrensregelungen können daher auch Gegenstand von Initiativen sein.[79] Inhaltlich dürfen aber keine Aufweichungen der Kompetenzschranken nach Art. 173 Abs. 1 sowie Art. 173 Abs. 3 UAbs. 1 Satz 2 AEUV erfolgen.[80]

62

---

[75] *Frenz*, UPR 2015, 16.
[76] *Sauter*, Competition Law and Industrial Policy in the EU, 1997, S. 95.
[77] *Mellein*, in: Schwarze, EU-Kommentar, Art. 173 AEUV, Rn. 21.
[78] *Ruffert*, in: Calliess/Ruffert, EUV/AEUV, Art. 173 AEUV, Rn. 25.
[79] *Mellein*, in: Schwarze, EU-Kommentar, Art. 173 AEUV, Rn. 21.
[80] *Lurger*, in: Streinz, EUV/AEUV, Art. 173 AEUV, Rn. 29.

63 Entsprechend unverbindliche Instrumente werden im Folgenden benannt, nämlich Initiativen, die darauf abzielen, Leitlinien und Indikatoren festzulegen, den Austausch bewährter Verfahren durchzuführen und die erforderlichen Elemente für eine regelmäßige Überwachung und Bewertung auszuarbeiten. Damit werden vor allem **Verfahrenselemente** aufgenommen. **Leitlinien** geben Orientierungshilfen, lassen aber im Einzelfall Durchbrechungen zu; selbst im Kartellrecht binden sie die Mitgliedstaaten nicht unmittelbar.[81] Auch dort bilden sie Rechtsakte sui generis außerhalb von Art. 288 AEUV und unterliegen daher nicht der allgemeinen Beachtungspflicht nach Art. 291 AEUV.[82] Dann gilt dies auch und erst recht (auch Art. 173 Abs. 3 Satz 2 AEUV e contrario) für Leitlinien nach Art. 173 Abs. 2 Satz 3 AEUV. **Indikatoren** markieren Eckpunkte, die im konkreten Fall ausgefüllt werden müssen und ebenfalls lediglich eine Orientierungshilfe geben.

III. OMK

64 Letztlich wird damit die **offene Methode der Koordinierung** gewählt, welche auch in anderen Politiken etabliert ist, so in der Gesundheitspolitik und der Forschungspolitik. Es geht um die freiwillige Kooperation der Mitgliedstaaten, um bewährte nationale Verfahren und Praktiken besser auszutauschen. Der Rat formuliert dabei Ziele, die Mitgliedstaaten wählen die Methoden, um diese Ziele zu erreichen, und zwar möglichst in Orientierung an den Handlungsweisen der Besten (**best practise**) und unter Überprüfung der Fortschritte in den einzelnen Ländern (**benchmarking**).[83]

65 Greifbares Resultat ist eine für jeden einsehbare **Datenbank** mit bewährten Verfahren, um die Ziele des Small Business Act 2008 zu erreichen.[84] Da unverbindlich, kann insbesondere **faktischer Druck** aufgebaut werden, so indem die Kommission die Unternehmen bei der Ausarbeitung ihrer Initiativen und Empfehlungen einbezieht sowie das Feedback auf die Berichte an Rat und Parlament aufnimmt[85] und so dann die Mitgliedstaaten zu einem entsprechenden Tätigwerden animiert.

IV. Verpflichtende Verfahrensregelungen

66 Soll allerdings im Einzelfall eine Koordinierung erforderlich sein, um die Ziele der Politik bzw. einer Maßnahme der Union gegebenermaßen flankierend zu erreichen, kann eine solche Koordinierung nur sicher zu Stande kommen, wenn wenigstens Verfahrensregelungen verpflichtend sind. Daher muss wenigstens das **Ob der Koordinierung verbindlich** festgelegt werden können, wenn dadurch auch keine Ergebnisse vorgezeichnet werden, mithin das Wie offenbleibt. Das gilt auch für die näheren Modalitäten, wäre doch ansonsten ein festes Verfahren auf Unionsebene etabliert, das die Mitgliedstaaten in ihrer grundsätzlichen Gestaltungsfreiheit außen vor lassen würde.

---

[81] EuGH, Urt. v. 13.12.2012, Rs. C–226/11 (Expedia), ECLI:EU:C:2012:795, Rn. 24 ff.; näher *Frenz*, Handbuch Europarecht, Band 2, 2. Aufl. 2015, Rn. 1188 ff.
[82] *Pampel*, Rechtsnatur und Rechtswirkungen horizontaler und vertikaler Leitlinien im reformierten europäischen Wettbewerbsrecht, 2005, S. 83 ff.; a. A. *Brohm*, Die »Mitteilungen« der Kommission im europäischen Verwaltungs- und Wirtschaftsraum, 2012, S. 181.
[83] *Lurger*, in: Streinz, EUV/AEUV, Art. 173 AEUV, Rn. 29 a. E.; *Lock*, EnzEuR, Bd. 8, § 6, Rn. 57 f. unter Verweis auf *Hodson/Maher*, JCMSt 2001, 719 (724).
[84] *Lock*, EnzEuR, Bd. 8, § 6, Rn. 59.
[85] *Lock*, EnzEuR, Bd. 8, § 6, Rn. 59.

V. Gesetzgebungskompetenzen und -verfahren (Abs. 3 Satz 2)

Trotz der lediglich unterstützenden Funktion der Industriepolitik der Union kann diese nach Art. 173 Abs. 3 Satz 2 AEUV verbindliche Maßnahmen treffen, wie sich aus einem Vergleich mit Art. 173 Abs. 2 AEUV ergibt.[86] Diese Maßnahmen dürfen nur **keine Harmonisierung** darstellen, wie schon aus Art. 2 Abs. 5 UAbs. 2 i. V. m. Art. 6 Satz 2 Buchst. b AEUV folgt. Diese Limitierung wird durch das Erfordernis spezifischer Maßnahmen unterstrichen. Danach ist die Union auf **punktuelle Maßnahmen** beschränkt, was eine Harmonisierung ausschließt.[87] Ein Beispiel – auch für die enge Verflechtung mit der Forschungspolitik ist die VO (EG) Nr. 294/2008[88] zur Errichtung des Europäischen Innovations- und Technologieinstituts mit Sitz in Budapest.[89]

67

Eine Unterstützung der in den Mitgliedstaaten durchgeführten Maßnahmen verlangt ein Aufsatteln auf diesen. Auch diese Verbindung soll durch den Zusatz »spezifische Maßnahmen« zum Ausdruck kommen.[90] Die Maßnahmen der Union dürfen also nicht für sich stehen, sondern setzen **Maßnahmen in den Mitgliedstaaten** voraus. Diese müssen zumindest angestoßen werden, wenn sie nicht schon existieren. Es muss sich aber nicht notwendig um Maßnahmen der Mitgliedstaaten handeln, so dass auch solche der innerstaatlichen Gliederungen wie der **Gebietskörperschaften**[91] und zudem der **Industrieverbände**[92] genügen, sofern sie nur, wie nach Art. 173 Abs. 3 Satz 2 AEUV erforderlich, in den Mitgliedstaaten durchgeführt werden. Dazu können etwa von den Industrieverbänden eingegangene Selbstverpflichtungen gehören, nicht allerdings Maßnahmen der Unternehmen selbst: Diese werden schon nicht im typischen Sinne durchgeführt; zudem sind Unternehmen in Art. 173 AEUV als Adressaten und nicht als Akteure benannt.[93]

68

In den Mitgliedstaaten durchgeführt werden auch **EU-Richtlinien**, sei es, dass diese unmittelbar wirken, sei es, dass diese in nationales Recht ordnungsgemäß umgesetzt sind und auf dieser Basis vollzogen werden, sowie **sonstige Maßnahmen der Union**, soweit diese keinen eigenen Verwaltungsunterbau hat. Damit kann die Union über Art. 173 Abs. 3 Satz 2 AEUV die Durchführung der durch sie selbst erlassenen Regelungen mit Industriebezug flankieren und unterstützen.[94]

69

Die Maßnahmen der Union werden im **ordentlichen Gesetzgebungsverfahren** nach Art. 294 AEUV und damit unter gleichberechtigter Mitentscheidung des Parlaments beschlossen. Dieses ist nicht, wie in Vorgängerbestimmungen vorgesehen,[95] lediglich

70

---

[86] *Ruffert*, in: Calliess/Ruffert, EUV/AEUV, Art. 173 AEUV, Rn. 29.
[87] *Lock*, EnzEuR, Bd. 8, § 6, Rn. 61.
[88] VO (EG) Nr. 294/2008 vom 11. 3. 2008 zur Errichtung des Europäischen Innovations- und Technologieinstituts, ABl. 2008, L 97/1.
[89] *Mellein*, in: Schwarze, EU-Kommentar, Art. 173 AEUV, Rn. 25 a. E.; krit. *Lock*, EnzEuR, Bd. 8, § 6, Rn. 64: Forschungs- und Entwicklungspolitik.
[90] *Lurger*, in: Streinz, EUV/AEUV, Art. 173 AEUV, Rn. 30 m. w. N.
[91] *Ruffert*, in: Calliess/Ruffert, EUV/AEUV, Art. 173 AEUV, Rn. 29 unter Verweis auf KOM (94) 319 endg. S. 11.
[92] *Lock*, EnzEuR, Bd. 8, § 6, Rn. 60.
[93] *Ruffert*, in: Calliess/Ruffert, EUV/AEUV, Art. 173 AEUV, Rn. 29.
[94] *Lurger*, in: Streinz, EUV/AEUV, Art. 173 AEUV, Rn. 30 a. E., *Lock*, EnzEuR, Bd. 8, § 6, Rn. 60 a. E.; *Mellein*, in: Schwarze, EU-Kommentar, Art. 173 AEUV, Rn. 25 unter Einschluss aller Maßnahmen der EU.
[95] S. o. Rn. 6.

anzuhören. Darauf ist der **Wirtschafts- und Sozialausschuss** beschränkt; dessen Anhörung ist obligatorisch.[96]

71 Bei Maßnahmen, die im Schwerpunkt andere Politiken betreffen, sind die dortigen Anforderungen zu wahren. Das gilt etwa für umweltpolitisch motivierte Maßnahmen, die den Energiemix tangieren, so wenn aus Klimaschutzgründen und zur Förderung der internationalen Wettbewerbsfähigkeit der Industrie die Verwendung lediglich regenerativer Energie nahegelegt wird: Entsprechend Art. 192 Abs. 2 Buchst. c AEUV bedarf es hierzu einer einstimmigen Beschlussfassung. Diese kann auch nicht über Koordinierungen im Rahmen der Industriepolitik ausgehebelt werden. Schließlich handelt es sich letztlich doch um umweltpolitisch motivierte Maßnahmen.

72 **Handlungsformen** sind vor allem **Verordnungen**, über die auch **Fonds** eingerichtet werden,[97] und **Beschlüsse**, auf die dann etwa ein **Programm** gestützt wird.[98] Hinzu kommen Empfehlungen, Entschließungen sowie einfache Bereitstellungen von Mitteln.[99] Diese fallen aber nur dann unter Art. 173 Abs. 3 Satz 2 AEUV, wenn es hierfür eines Beschlusses von Rat und Europäischem Parlament bedarf und damit keine bloße Initiative der Kommission nach Art. 173 Abs. 2 Satz 2 AEUV vorliegt, für welche das Europäische Parlament nach Art. 173 Abs. 2 Satz 3 AEUV nur anzuhören ist. Dies richtet sich danach, inwieweit bleibende bindende Festlegungen getroffen werden und nicht nur ein weiteres Tätigwerden der Mitgliedstaaten angestoßen wird, die dann die Union insoweit überspielen können.

VI. Grenzen (Abs. 3 UAbs. 2)

1. Reichweite

73 Jedenfalls bei den Gesetzgebungsmaßnahmen ist Art. 173 Abs. 3 UAbs. 2 AEUV als »**Kompetenzsperre**«[100] zu beachten. Allerdings bezieht sich diese Vorschrift auf den ganzen Titel »Industrie« und ist damit bei sämtlichen Maßnahmen der Union zu wahren, also auch bei den Initiativen der Kommission nach Art. 173 Abs. 2 Satz 2 AEUV, wie auch durch die Formulierung »irgendeine Maßnahme« deutlich wird: die Form ist mithin gleichgültig. Teilweise wird sogar die Querschnittklausel erfasst gesehen und darüber dann eine Begrenzung anderer Politiken angenommen; dadurch würde aber die Industriepolitik überbewertet.[101]

2. Keine spürbaren (potenziellen) Wettbewerbsverzerrungen

74 Eine Maßnahme der Union darf nicht zu Wettbewerbsverzerrungen führen können. Allerdings führen industriepolitische Maßnahmen regelmäßig zu Wettbewerbsverschiebungen und würden daher praktisch generell ausscheiden. Die Unionskompetenz würde insoweit leerlaufen. Eine gewichtige Kanalisierung liegt indes schon darin, dass Un-

---

[96] *Mellein*, in: Schwarze, EU-Kommentar, Art. 173 AEUV, Rn. 26.
[97] VO (EG) Nr. 1927/2006 vom 20.12.2006 zur Errichtung des Europäischen Fonds für die Anpassung an die Globalisierung, ABl. 2006, L 406/1.
[98] Etwa Beschluss 1639/2006/EG vom 24.10.2006 des Europäischen Parlamentes und Rates zur Errichtung eines Rahmenprogramms für Wettbewerbsfähigkeit und Innovation (2007–2013), ABl. 2006, L 310/15; *Lock*, EnzEuR, Bd. 8, § 6, Rn. 64 mit weiteren Bsp.
[99] *Lurger*, in: Streinz, EUV/AEUV, Art. 173 AEUV, Rn. 31.
[100] *Breier*, in: Lenz/Borchardt, EU-Verträge, Art. 173 AEUV, Rn. 17.
[101] S. sogleich Rn. 80 f.

ternehmen gefördert werden müssen. Dadurch wird oft Wettbewerb zusätzlich angereizt und nicht eingeschränkt. **Wettbewerbseröffnende Maßnahmen** fallen von vornherein nicht unter das Kartellverbot.[102]

Eine Förderung ist kartellrechtlich jedenfalls dann unproblematisch, wenn es wie nach Art. 173 Abs. 1 UAbs. 2, 2. Spiegelstrich AEUV um die Förderung der Unternehmen in der gesamten Union geht[103] und insbesondere die kleinen und mittleren Unternehmen avisiert sind. Bei einer Wirksamkeit in der gesamten Union werden einzelne Unternehmen gerade nicht herausgegriffen, sondern alle gefördert. KMU unterliegen vielfach von vornherein abgemilderten oder gar keinen Wettbewerbsregeln, da ihre Stellung im Markt schwach ist. Daher sind auch bei ihnen eher Förderungen zuzulassen.

75

Ohnehin können nur **spürbare Wettbewerbsverzerrungen** relevant sein, auch wenn diese lediglich potenziell im Raum stehen müssen. Ein taugliches Kriterium hierfür ist die auch im Wettbewerbsrecht relevante **De-minimis-Schwelle**.[104] Allerdings greift diese bei bezweckten Wettbewerbsbeeinträchtigungen mit Eignung zur grenzüberschreitenden Handelsbeeinträchtigung nicht ein.[105] Darauf sind jedoch die industriepolitischen Fördermaßnahmen wohl kaum gerichtet. Zielen sie auf Förderungen des technischen und wirtschaftlichen Fortschritts (s. Art. 173 Abs. 1 UAbs. 2, 4. Spiegelstrich AEUV), liegt ein Eingreifen der **Freistellung** nach Art. 101 Abs. 3 AEUV nahe. Dies muss dann auch für staatliche Maßnahmen gelten, bei denen im Übrigen auch ungeschriebene Rechtfertigungsgründe eingreifen.[106]

76

3. Keine steuer- oder arbeitsrechtlichen Vorschriften

Weiter dürfen die Maßnahmen der Union nicht steuerliche Vorschriften oder Bestimmungen betreffend die Rechte und Interessen der Arbeitnehmer enthalten. Insoweit besteht eine **Bereichsausnahme**, die aber nicht ausschließt, dass auf anderer Kompetenzgrundlage solche Regelungen getroffen werden können. Dies wurde bei der Entstehung sogar vorausgesetzt: Es sollten Umgehungen von Einstimmigkeitserfordernissen (Art. 113 AEUV) und Kompetenzbegrenzungen (Art. 153 ff. AEUV) vermieden werden.[107]

77

Allerdings müssen solche Regelungen in den Maßnahmen der Union tatsächlich enthalten sein, damit die Kompetenzsperre greift; bloße **mittelbare Auswirkungen** auf steuerliche Belange bzw. Interessen von Arbeitnehmern **genügen nicht**.[108]

78

---

[102] Bereits EuGH, Urt. v. 30.6.1966, Rs. 56/65 (Société Technique Minière/Maschinenbau Ulm), Slg. 1966, 281 (304); Urt. v. 8.6.1982, Rs. 258/78 (Nungesser/Kommission), Slg. 1982, 2015, Rn. 56 ff.; näher *Frenz*, Handbuch Europarecht, Band 2, Rn. 1145 ff.

[103] Darauf verweist auch *Lurger*, in: Streinz, EUV/AEUV, Art. 173 AEUV, Rn. 36.

[104] *Lock*, EnzEuR, Bd. 8, § 6, Rn. 65; *Ruffert*, in: Calliess/Ruffert, EUV/AEUV, Art. 173 AEUV, Rn. 32 unter Ausschluss einer Relativierung; bei einem auch von ihm bejahten Rückbezug auf die Wettbewerbsregeln ist eine solche aber auch gar nicht notwendig.

[105] EuGH, Urt. v. 13.12.2012, Rs. C–226/11 (Expedia), ECLI:EU:C:2012:795, Rn. 37; näher *Frenz*, Handbuch Europarecht, Band 2, Rn. 862 ff.

[106] Näher *Frenz*, Handbuch Europarecht, Band 2, Rn. 1369, 1407 ff., 4184 ff.

[107] *Breier*, in: Lenz/Borchardt, EU-Verträge, Art. 173 AEUV, Rn. 19.

[108] *Ruffert*, in: Calliess/Ruffert, EUV/AEUV, Art. 173 AEUV, Rn. 34.

F. Querschnittklausel (Abs. 3 S. 1) und Abgrenzung zu anderen Politiken

I. Wirkungsweise

79 Die Industriepolitik berührt in besonderer Weise die von anderen Politiken erfassten Bereiche und hat daher enge Bezüge namentlich zur Forschungs-, Agrar-, Verkehrs-, Kohäsions-, Umwelt-, Energie- und Tourismuspolitik, die teilweise ebenfalls als Kompetenzgrundlagen herangezogen werden.[109] Diese werden aber vielfach ausschließlich gewählt; der Industriepolitik wird nur eine geringe kompetenzielle Bedeutung zugemessen.[110] Dann wirkt bei industriepolitischem Bezug die Querschnittklausel des Art. 173 Abs. 3 Satz 1 AEUV **inhaltlich prägend**. Auch Maßnahmen auf anderen Kompetenzgrundlagen als der Industriepolitik müssen deren Zielsetzungen realisieren helfen. Damit sind die in Art. 173 Abs. 1 AEUV verfolgten Zwecke einzubeziehen. Treten dabei **Gegensätze mit anderen Politikzielen** auf, sind sie damit **abzuwägen**. Angesichts der Vielzahl der vorhandenen Querschnittklauseln sind alle **gleichgewichtig** auszugleichen.

80 Die industriepolitische Querschnittklausel **begrenzt nicht** etwa die **Zuständigkeit** im Rahmen anderer Politiken,[111] obwohl deren Einschlägigkeit eigens vorausgesetzt wird. Damit würde die Unionskompetenz über Gebühr eingeschränkt, so im Arbeits- und Steuerrecht,[112] und der Industriepolitik eine über die bloße Berücksichtigungspflicht hinausreichende vorrangige Bedeutung beigemessen, die sie nicht hat.[113]

81 Die Eingrenzung spezifisch wettbewerbsfeindlicher Potenziale[114] gelingt über die Einhaltung grundfreiheitlicher und wettbewerbsrechtlicher Verbote und Grenzen, die in vollem Umfang Anwendung finden, wenn auch in Abwägung mit industriepolitischen Belangen. Auf dieser Ebene ist dann ein Ausgleich zu finden.

II. Eingang ins Wettbewerbsrecht

82 In das Wettbewerbsrecht haben industriepolitische Belange schon in erheblichem Umfang Eingang gefunden. Die **Förderung des technischen und wirtschaftlichen Fortschritts** im Rahmen von Freistellungen nach Art. 101 Abs. 3 AEUV ist auch von industriepolitischen Aspekten geprägt. Ein weiteres Feld, über das die Kommission wesentlich stärker gestaltend eingreifen kann, eröffnet sich über **Gruppenfreistellungen**, so auf der Basis der Verordnungen zum Technologietransfer (VO (EU) Nr. 316/2014), zu Forschungs- und Entwicklungsvereinbarungen (VO (EU) Nr. 1217/2010).[115] In Art. 2

---

[109] *Lock*, EnzEuR, Bd. 8, § 6, Rn. 64.
[110] *Ruffert*, in: Calliess/Ruffert, EUV/AEUV, Art. 173 AEUV, Rn. 28
[111] A.A. *Lurger*, in: Streinz, EUV/AEUV, Art. 173 AEUV, Rn. 37; *Ruffert*, in: Calliess/Ruffert, EUV/AEUV, Art. 173 AEUV, Rn. 33.
[112] *Breier*, in: Lenz/Borchardt, EU-Verträge, Art. 173 AEUV, Rn. 19; *Mellein*, in: Schwarze, EU-Kommentar, Art. 173 AEUV, Rn. 29: keine Maßnahmen mehr mit steuerlichen oder arbeitsrechtlichen Vorschriften.
[113] *Lock*, EnzEuR, Bd. 8, § 6, Rn. 69; *Mellein*, in: Schwarze, EU-Kommentar, Art. 173 AEUV Rn. 29
[114] Daher eine kompetentielle Verengung verlangend *Ruffert*, in: Calliess/Ruffert, EUV/AEUV, Art. 173 AEUV, Rn. 33.
[115] *Lock*, EnzEuR, Bd. 8, § 6, Rn. 76; zum Ganzen näher *Frenz*, Handbuch Europarecht, Band 2, Rn. 1290 ff., 1321 ff.

Abs. 1 Buchst. b FKVO wird gleichfalls der technologische und wirtschaftliche Fortschritt zum Bezugspunkt für die Beurteilung von **Unternehmenszusammenschlüssen** genommen.[116] Soweit Ausdehnungen über den **more economic approach** befürchtet werden,[117] so wird dieser jedenfalls vom EuGH abgelehnt[118] und auch die Kommission behält ihn in immer geringerem Maße bei.[119]

Für das **Beihilfenverbot** besteht ein enger Bezug über Art. 107 Abs. 3 Buchst. c AEUV, wonach gewisse Wirtschaftszweige und -gebiete gefördert werden können. Dadurch wird eine **sektorale Subventionswirtschaft** ermöglicht.[120] Relevant ist aber auch eine beträchtliche Störung im Wirtschaftsleben eines Mitgliedstaates nach Art. 107 Abs. 3 Buchst. b AEUV, die auch durch eine bestimmte Branche wie den Finanzsektor ausgelöst werden kann.[121]

83

III. Bezug zur Handelspolitik

Die Handelspolitik fällt in die ausschließliche Zuständigkeit der Union, die auf dieser Basis vor allem auch der Industrie nützende **internationale Handelsabkommen** schließen kann. Wäre sie allerdings in solchen Abkommen zu Aussparungen industrieller Tätigkeiten gezwungen, würden damit leicht Lücken entstehen. Indes sind auch industrielle Tätigkeiten in das internationale Handelsgeschäft eingebunden. Damit handelt es sich von der Materie her um Handelspolitik und nicht um Industriepolitik, geht es doch darum, für industrielle Tätigkeit die Handelsbeziehungen zu verbessern und so die Chancen europäischer Firmen auf internationalen Märkten zu stärken. Soll dies schlagkräftig und materienübergreifend gelingen, bedarf es einer Zuständigkeit der Union in der Handelspolitik, die auch industrielle Tätigkeiten ergreift. Damit ist die Handelspolitik auch insoweit vorrangig. Also unterliegt auch **TTIP** sowie die Begründung internationaler **Schiedsgerichtsbarkeiten** einschließlich ihrer Zuständigkeit der ausschließlichen Zuständigkeit der Union.[122]

84

Etwas anderes gilt hingegen, wenn nicht die Handelsbeziehungen von Firmen im Vordergrund stehen, sondern die **Abstimmung industrieller Tätigkeiten** etwa zwischen einem Mitgliedstaat der EU und einem Drittstaat. Insoweit handelt es sich zwar dann auch um ein internationales Abkommen. Indes hat ein solcher Vertrag zum Schwerpunkt die **Industriepolitik**. Daher gilt die normale Kompetenz der Union bzw. der Mitgliedstaaten für die Außenbeziehungen je nach der Zuständigkeit in der zu Grunde liegenden Politik. Da insoweit die Union bei der Industriepolitik nur koordinierend und anreizend tätig werden kann, kann hier die Union lediglich ein solches Abkommen zwischen einem EU-Mitgliedstaat und einem Drittstaat anstoßen, indes nicht selbst schließen.

85

---

[116] Zur mit Art. 101 Abs. 3 AEUV parallelen Beurteilung EuG, Urt. v. 4.7.2006, Rs. T–177/04 (easyJet), Slg. 2006, II–1931, Rn. 72; näher zum Ganzen *Frenz*, Handbuch Europarecht, Band 2, Rn. 3652 ff.
[117] *Ruffert*, NJW 2009, 2093 (2097); *Lock*, EnzEuR, Bd. 8, § 6, Rn. 77.
[118] EuGH, Urt. v. 6.10.2009, Rs. C–501/06 P u. a. (GlaxoSmithKline Services), Slg. 2009, I–9291, Rn. 64 f.
[119] Im Einzelnen *Frenz*, WRP 2013, 428; *ders.*, Handbuch Europarecht, Band 2, Rn. 58 ff.
[120] *Lock*, EnzEuR, Bd. 8, § 6, Rn. 78.
[121] S. EuG, Urt. v. 17.7.2014, Rs. T–457/09 (Westfälisch-Lippischer Sparkassen- und Giroverband/Europäische Kommission), Rn. 187 ff.
[122] Darauf bezogen *Frenz*, EWS 2015, 9.

IV. Verhältnis zur Umweltpolitik

86 Wenn die Union industriepolitische Maßnahmen der Mitgliedstaaten anstößt, muss sie aufgrund der umweltrechtlichen Querschnittklausel nach Art. 11 AEUV darauf achten, dass diese ökologischen Gesichtspunkten gerecht werden. Dabei sind umgekehrt gleichgewichtig und **ohne Vorrang** des Umweltschutzes[123] industriepolitische Belange zu berücksichtigen: Sämtliche Querschnittklauseln, die einander teilweise sogar widersprechen, können nur dann als Optimierungsgebote zur Geltung kommen, wenn sie miteinander abgewogen und in Einklang gebracht werden.[124]

87 Daher wäre es von den Umweltgesichtspunkten her materiell abgesichert, wenn die Union auf der Basis ihrer koordinierenden Tätigkeit nach Art. 173 AEUV den Mitgliedstaaten eine Industriepolitik nahe legen würde, welche auf den Einsatz von Kohlestrom bei der Industrieproduktion möglichst verzichtet. Damit würde auch nicht direkt in den **Energiemix** der Mitgliedstaaten eingegriffen, sondern nur eine ökologisch vorteilhafte Produktionsmethode nahe gelegt und empfohlen. Diese hätte nur indirekt Auswirkungen auf den Energiebedarf in den Mitgliedstaaten und damit indirekt auch auf den Energiemix.

88 Allerdings darf ein solcher Eingriff nicht so stark sein, dass er letztlich faktisch den Energiemix der Mitgliedstaaten determiniert. Von daher können höchstens einzelne Branchen herausgegriffen werden, etwa die Stahlproduktion, nicht aber großflächig die gesamte Industrie erfasst werden, keinen Kohlestrom mehr einzusetzen. Ansonsten würde die **energiepolitische Grenze** des Art. 194 Abs. 2 UAbs. 2 AEUV überspielt; jedenfalls wäre das umweltrechtliche Einstimmigkeitserfordernis nach Art. 192 Abs. 2 AEUV zu wahren.[125]

89 Weitergehend könnte der Umweltschutz eine Rechtfertigung dafür bilden, dass ein Mitgliedstaat mit seinen Maßnahmen in die Industriepolitik eines anderen Mitgliedstaates eingreift und diese ökologisch vorteilhafter gestaltet. Auf dieser Basis hätte Schweden mit ökologischen Argumenten den Braunkohlentagebau in Brandenburg, der durch die schwedische Staatsfirma Vattenfall betrieben würde, auslaufen lassen und so den Energiemix in Deutschland aus seiner Sicht umweltmäßig vorteilhaft beeinflussen können, weil dadurch CO_2-Emissionen bei der Kohleverstromung vermieden werden. Damit würde man allerdings akzeptieren, dass auf umweltpolitischer Grundlage die Kompetenzgrenzen der Verträge überspielt werden. So stark ist indes die Umweltpolitik nicht. Sie kann unionsrechtlich in der Kompetenz abgesicherte Maßnahmen inhaltlich legitimieren, **nicht** aber die **Kompetenzen** der Union oder gar eines Mitgliedstaates im Verhältnis zu einem anderen **ausdehnen**.

V. Bezug zur Rechtsangleichung

90 Die Industriepolitik ist nur koordinierend und ergänzend und schließt Harmonisierungen gerade aus. Auf solche zielt hingegen die Rechtsangleichung nach Art. 114 AEUV. Damit schließen sich notwendigerweise beide Kompetenzgrundlagen aus. Gleichwohl kann die Rechtsangleichung eine wichtige Rolle für die Industrie spielen. Das betrifft insbesondere die Festlegung von EU-weit einheitlichen Standards und Qualitätsnor-

---

[123] So aber GA *Bot*, EuGH, Schlussanträge zu Rs. C–204–208/12 (Essent Belgium), ECLI:EU: C:2013:294, Rn. 96; nicht aufgegriffen vom EuGH.
[124] Näher *Frenz*, EWS 2015, 9, auch zum Folgenden.
[125] S. o. Rn. 71.

men. So entschied der EuGH, dass das **CE-Zeichen** unionsweit ohne weitere Anforderungen anerkannt werden muss.[126] Ansonsten liegt ein Verstoß gegen die Grundfreiheiten vor. Durch eine solche einheitliche Standardisierung und Normung werden die Unternehmen in die Lage versetzt, ihre Produkte unionsweit zu vertreiben, ohne noch Kontrollen in anderen EU-Staaten ausgesetzt zu sein. Dies erhöht **in erheblichem Umfang** die Verkehrsfähigkeit der Waren und steigert damit den Handel wie auch die Industrieproduktion, die diesem Handel zugrunde liegt. So wird auch ein Bezug zur Industriepolitik hergestellt.[127] Auf ihrer Basis scheidet freilich eine Harmonisierung aus.

Daher schafft gerade die Rechtsangleichung die Basis dafür, dass sich Industriebetriebe in anderen EU-Staaten entfalten können. Im Rahmen der Industriepolitik geht es eher um die Förderung bestimmter Branchen und Tätigkeiten, nicht um **einheitliche Standards und Normierungen**. Insoweit ist die Rechtsangleichung das richtige Instrument, das damit auch nicht in Konflikt mit der Industriepolitik kommen kann. Über eine solche Standardisierung und Normung können auch **Umweltanforderungen** einbezogen werden, die etwa erfüllt sein müssen, damit ein Produkt oder Erzeugnis europaweit zirkulieren kann. Hier können Umweltstandards verbindlich festgelegt werden. Umgekehrt ist aber dann darauf zu achten, dass die in einem Mitgliedstaat erfüllten Umweltstandards europaweit anerkannt werden. Dies hat der EuGH im Rahmen des Vergaberechts entschieden.[128]

91

VI. Weitere Politiken

Enge Verbindungen bestehen zudem vor allem zu den Politiken, die im Rahmen der in Art. 173 Abs. 1 Satz 2 AEUV aufgeführten Einzelziele eine erhebliche Rolle spielen, so die **Energie-**, die **Beschäftigungs-, Sozial- und die Forschungspolitik**.[129] Gerade bei der Industriepolitik mit ihrem potenziell sehr weiten Rahmen, zumal wenn Fernziele einbezogen werden,[130] ist die Abgrenzung immer wieder besonders schwierig.[131] Es zählt regelmäßig der **objektive inhaltliche Schwerpunkt**. Bei nach Ziel und Zweck des Rechtsaktes gleich bedeutsamen Zielen kommen zwei Rechtsgrundlagen in Frage.[132]

92

VII. Einschränkbarkeit der Grundfreiheiten

Die Förderung der Wirtschaft, wie sie die Industriepolitik in Art. 173 AEUV vorsieht, geht regelmäßig mit einer Förderung des Warenaustausches einher und steht daher einer Einschränkung der Grundfreiheiten von vorherein nicht entgegen. Etwas anderes kann höchstens dann gelten, wenn Mitgliedstaaten ihre eigene **Industrieproduktion protegieren** wollen. Eine solche Protektion zulasten der Unternehmen aus anderen Mitgliedstaaten wird allerdings regelmäßig dem Grundgedanken der Verträge zuwiderlaufen und daher jedenfalls von der Union nicht im Rahmen ihrer koordinierenden und ergän-

93

---

[126] EuGH, Urt. v. 16.10.2014, Rs. C–100/13 (Kommission/Deutschland), ECLI:EU:C:2014:2293.
[127] S. *Mellein*, in: Schwarze, EU-Kommentar, Art. 173 AEUV, Rn. 17: Produktspezifikationen und Marktzugang.
[128] EuGH, Urt. v. 10.5.2012, Rs. C–368/10 (Kommission/Niederlande), ECLI:EU:C:2012:284, Rn. 62 ff.
[129] S. o. Rn. 27 ff., 34 ff., 50 ff.
[130] S. o. Rn. 5.
[131] *Lurger*, in: Streinz, EUV/AEUV, Art. 173 AEUV, Rn. 23.
[132] EuGH, Urt. v. 10.12.2002, Rs. C–491/01 (Tobacco), Slg. 2002, I–11453, Rn. 94; näher *Frenz*, Handbuch Europarecht, Band 6, Rn. 2323 f.

94 Damit kann auch nicht eine nationale ökologisierte Industriepolitik als Vorwand benutzt werden, um die **einheimische Produktion** zu **schützen**. Dafür müssen tiefergehende Gründe bestehen, so dass andernfalls der Erfolg eines zusätzlichen Umweltschutzes etwa durch eine Förderung erneuerbarer Energieproduktion nicht erreicht werden kann.[133] Rein wirtschaftliche Motive reichen auch insoweit nicht aus. Die Industriepolitik kann daher eine Einschränkung der Grundfreiheiten für sich allein regelmäßig nicht legitimieren, sondern es bedarf des **Zusammenspiels mit anderen Politiken** und dabei namentlich mit dem Umweltschutz.

---

[133] Zur Funktionsfähigkeit rein nationaler Systeme s. EuGH, Urt. v. 1.7.2014, Rs. C–573/12 (Ålands Vindkraft), ECLI:EU:C:2014:2037, Rn. 99, 113; näher *Frenz*, DVBl 2014, 1125 (1126).

Titel XVIII
Wirtschaftlicher, sozialer und territorialer Zusammenhalt

Artikel 174 AEUV [Strukturpolitik]

Die Union entwickelt und verfolgt weiterhin ihre Politik zur Stärkung ihres wirtschaftlichen, sozialen und territorialen Zusammenhalts, um eine harmonische Entwicklung der Union als Ganzes zu fördern.

Die Union setzt sich insbesondere zum Ziel, die Unterschiede im Entwicklungsstand der verschiedenen Regionen und den Rückstand der am stärksten benachteiligten Gebiete zu verringern.

Unter den betreffenden Gebieten gilt besondere Aufmerksamkeit den ländlichen Gebieten, den vom industriellen Wandel betroffenen Gebieten und den Gebieten mit schweren und dauerhaften natürlichen oder demografischen Nachteilen, wie den nördlichsten Regionen mit sehr geringer Bevölkerungsdichte sowie den Insel-, Grenz- und Bergregionen.

Literaturübersicht

Anderson, Die »soziale Dimension« der Strukturfonds: Sprungbrett oder Stolperstein?, in: Leibfried/Pierson (Hrsg.), Standort Europa – Sozialpolitik zwischen Nationalstaat und Europäischer Integration, 1998, S. 155; *Axt*, EU-Strukturpolitik, 2000; *David*, Territorialer Zusammenhalt: Kompetenzzuwachs für die Raumordnung auf europäischer Ebene oder neues Kompetenzfeld?, DÖV 2004, 146; *Eckstein*, Regionale Strukturpolitik als europäischer Kooperations- und Entscheidungsprozeß, 2001; *Emmerling*, Von der Strukturpolitik zum europäischen Finanzausgleich?, CAP Working Paper 06/2000; *Evans*, Evolutionary Problems of EU-Law: The Case of the Union Funds, LIEI 30 (2003), 201; *Funkschmidt*, Die EU-Strukturpolitik: Zielorientierungen, Wirkungen, Effizienz, in: Caesar (Hrsg.), Zur Reform der Finanzverfassung und Strukturpolitik der EU, 1997, S. 209; *Glaesner*, Der Grundsatz des wirtschaftlichen und sozialen Zusammenhalts im Recht der Europäischen Wirtschaftsgemeinschaft, 1990; *Häde*, Finanzausgleich, 1996; *Halmes*, Strukturfonds, europäische Bürokratie und grenzübergreifende Projekte, Jahrbuch des Föderalismus 2008, 505; *Heinemann/Hagen/Mohl/Osterloh/Sellenthin*, Die Zukunft der EU-Strukturpolitik, 2010; *Holzwart*, Der rechtliche Rahmen für die Verwaltung und Finanzierung der gemeinschaftlichen Strukturfonds am Beispiel des EFRE, 2003; *Konow*, Europäische Strukturpolitik, ZG 2005, 328; *Petzold*, Die Reform der EU-Strukturpolitik 2007–2013 zwischen Verteilungslogik und Europäisierung, Jahrbuch des Föderalismus 2006, 552; *Priebe*, Zum Rechtsrahmen der gemeinschaftlichen Strukturfonds, GS Grabitz, 1995, S. 551; *Reding*, Zur Problematik eines Finanzausgleichs in der Europäischen Gemeinschaft, in: von der Groeben/Möller (Hrsg.), Möglichkeiten und Grenzen einer Europäischen Union, Bd. 2, 1976, S. 199; *Ridinger*, EG-Regionalpolitik, 1992; *Sitte/Ziegler*, Die EU-Strukturfonds nach der Reform, WSI Mitteilungen 1994, 214; *Waniek*, EG-Regionalpolitik für die Jahre 1994 bis 1999, Wirtschaftsdienst 1994, 43; *Wobben*, Die Reform der europäischen Strukturfonds – eine kritische Einschätzung aus der Sicht der neuen Bundesländer, LKV 2000, 520.

Inhaltsübersicht	Rn.
A. Entwicklung	1
B. Ziele der Strukturpolitik	4
C. Reformen	7

A. Entwicklung

1 Von Anfang an umfasste die EWG **Regionen**[1] **mit unterschiedlichem Entwicklungsstand**. Deshalb erwähnte schon die Präambel des EWG-Vertrags das Bestreben der Vertragsparteien, »ihre Volkswirtschaften zu einigen und deren harmonische Entwicklung zu fördern, indem sie den Abstand zwischen einzelnen Gebieten und den Rückstand weniger begünstigter Gebiete verringern«.[2] Mittlerweile bringt die Präambel des EUV den festen Willen der Vertragsparteien zum Ausdruck, »im Rahmen der Verwirklichung des Binnenmarkts sowie der Stärkung des Zusammenhalts und des Umweltschutzes den wirtschaftlichen und sozialen Fortschritt ihrer Völker unter Berücksichtigung des Grundsatzes der nachhaltigen Entwicklung zu fördern«. Art. 3 Abs. 3 UAbs. 3 EUV zählt es dann zu den Zielen der Union, »den wirtschaftlichen, sozialen und territorialen Zusammenhalt und die Solidarität zwischen den Mitgliedstaaten« zu fördern. Nach Art. 4 Abs. 2 Buchst. c AEUV gehört der **wirtschaftliche, soziale und territoriale Zusammenhalt** zu den Hauptbereichen, für die der Union eine geteilte Zuständigkeit zusteht. Die Art. 174–178 AEUV bestimmen den »Umfang der Zuständigkeiten der Union und die Einzelheiten ihrer Ausübung« im Sinne von Art. 2 Abs. 6 AEUV.

2 In seiner ursprünglichen Fassung enthielt der EWG-Vertrag[3] den Begriff des Zusammenhalts, heute vielfach auch als »**Kohäsion**« bezeichnet,[4] nicht. Eine auf dieses Ziel ausgerichtete Struktur- und Regionalpolitik gab es dennoch.[5] Einen wichtigen Meilenstein stellte 1975 die Errichtung des **Europäischen Fonds für regionale Entwicklung** dar, die damals noch auf die Flexibilitätsklausel des Art. 235 EWGV gestützt werden musste.[6] Dieser Schritt ist als Reaktion auf die vorhandenen und durch bevorstehende Erweiterungen vertieften Unterschiede zwischen den Regionen und den Mitgliedstaaten zu verstehen. Schon damals gab es zudem Pläne für eine gemeinsame Währung. Auch insoweit sah man Konvergenz als wichtige Voraussetzung an.[7] Nicht selten hatten die kohäsionspolitischen Instrumente auch die Funktion, tatsächliche oder vermeintliche Nachteile von integrationspolitischen Fortschritten für bestimmte Mitgliedstaaten auszugleichen.[8] Insoweit waren sie dann Gegenstand von politischen Paketlösungen.

3 Zur primärrechtlichen Verankerung der Kohäsionspolitik kam es erst, als Art. 23 der 1987 in Kraft getretenen **Einheitlichen Europäischen Akte**[9] dem Dritten Teil des EWG-Vertrags einen Titel V mit der Überschrift »Wirtschaftlicher und sozialer Zusammen-

---

[1] Zum Begriff der Region vgl. *Petzold*, in: GSH, Europäisches Unionsrecht, Art. 174 AEUV, Rn. 2, sowie die VO (EG) Nr. 1059/2003, ABl. 2003 L 154/1.
[2] Zur Entwicklung *Budischowsky*, in: Mayer/Stöger, EUV/AEUV, Vor Art. 174 bis 178 AEUV (2010), Rn. 1 ff.
[3] Zu den Zielbestimmungen des EWGV s. *Glaesner*, S. 20 ff.
[4] Vgl. etwa *Emmerling*, S. 3, wonach zur Kohäsionspolitik die Politik der Gemeinschaft zählt, die am Distributionsziel ausgerichtet ist. Zur Entwicklung der Kohäsionspolitik s. *Rossi*, in: Niedobitek, Europarecht – Politiken, § 5, Rn. 4 ff.
[5] Vgl. *Axt*, S. 51 ff.; *Borchardt*, in: Lenz/Borchardt, EU-Verträge, Art. 174 AEUV, Rn. 1; *Eckstein*, S. 135 ff.; *Heinemann/Hagen/Mohl/Osterloh/Sellenthin*, S. 47 ff.; *Ridinger*, S. 40 ff.
[6] Verordnung (EWG) Nr. 724/75 des Rates vom 18.3.1975 über die Errichtung eines Europäischen Fonds für regionale Entwicklung, ABl. 1975, L 73/1. Zur Entstehung vgl. *Evans*, LIEI 30 (2003), 201 (202 f.).
[7] Vgl. *Holzwart*, S. 30 ff. Zur Entwicklung s. außerdem *Magiera*, in: Streinz, EUV/AEUV, Art. 174 AEUV, Rn. 1 ff.
[8] Vgl. *Anderson*, S. 172 ff.; *Binder/Walthes*, RuR 1994, 261 (262 f.); *Emmerling*, S. 5 f.; *Reding*, S. 203.
[9] ABl. 1987, L 169/1 (9).

halt« hinzufügte. Die dort enthaltenen Art. 130a bis 130e EWGV zeichnen im Wesentlichen schon die Struktur der späteren Art. 158–162 EGV sowie der heutigen Art. 174–178 AEUV vor.

B. Ziele der Strukturpolitik

Abs. 1 weist allgemein auf die Struktur- oder Kohäsionspolitik hin und nennt als deren Ziel, die Förderung einer **harmonischen Entwicklung** der Union als Ganzes. War früher und zuletzt in dem ansonsten gleichlautenden Art. 158 Abs. 1 EGV nur vom wirtschaftlichen und sozialen Zusammenhang die Rede, hat der Vertrag von Lissabon dies noch durch den Hinweis auf den territorialen Zusammenhang ergänzt.[10] Die Formulierung, dass die Union (Gemeinschaft) diese Politik »weiterhin« entwickle und verfolge, fand sich bereits in Art. 130a EWGV. Damit gaben die Vertragsparteien zu erkennen, dass es sich schon 1987 nicht um eine völlig neue Politik handelte, sondern dass nur deren ausdrückliche primärrechtliche Verankerung neu sein sollte.

4

Nach Abs. 2 setzt sich die Union »insbesondere zum Ziel, die Unterschiede im Entwicklungsstand der verschiedenen Regionen und den Rückstand der am stärksten benachteiligten Gebiete zu verringern.«[11] Zusammen mit Abs. 3 beschreibt die Vorschrift damit das **Konvergenzziel**.[12] Diese Formulierungen sind etwas kürzer als die in Art. 158 Abs. 2 EGV, führen aber zu keinen inhaltlichen Änderungen. Auf die dort ausdrücklich erwähnten ländlichen Gebiete weist Abs. 2 zwar nicht mehr hin. Dafür nennt der neu angefügte Abs. 3 sie aber unter den Gebieten, denen besondere Aufmerksamkeit gelten soll. Neben den ländlichen Gebieten erwähnt er die vom industriellen Wandel betroffenen Gebiete und die Gebiete »mit schweren und dauerhaften natürlichen oder demografischen Nachteilen«, sowie als deren Hauptanwendungsfälle die nördlichsten Regionen mit sehr geringer Bevölkerungsdichte sowie die Insel-, Grenz- und Bergregionen. Die Aufzählungen in Abs. 3 sind jedoch nicht abschließend. Maßgeblich sind vielmehr die in Abs. 2 verwendeten Begriffe.

5

Die Struktur-, Regional- und Kohäsionspolitik ist auch Ausdruck und Instrument der **Solidarität** zwischen den Mitgliedstaaten.[13] Die mit Hilfe der Strukturfonds und der anderen Finanzierungsinstrumente bewirkte Umverteilung stellt den wesentlichen Teil des über die Ausgaben erfolgenden **Finanzausgleichs der Union** dar.[14] Daneben können

6

---

[10] Näher dazu *Battis/Kersten*, EuR 2009, 3 ff.; *David*, DÖV 2004, 146; *Halmes*, Jahrbuch des Föderalismus 2008, 505 (517 f.); *Rossi*, in: Niedobitek, Europarecht – Politiken, § 5, Rn. 159 ff.

[11] EuGH, Urt. v. 19.12.2012, Rs. C–579/11 (Grande Área Metropolitana do Porto), ECLI:EU:C:2012:833, Rn. 34, folgert aus Art. 174 und 175 AEUV sowie der VO 1083/2006, dass der Einsatz der Fondsmittel zwar den Regionen mit Entwicklungsrückstand zugute kommen muss, dass es aber nicht erforderlich sei, »dass der mit der Durchführung der Investition betraute Wirtschaftsteilnehmer zwangsläufig seinen Sitz in der Region haben muss, auf die diese Investition ausgerichtet ist.«

[12] Vgl. *Budischowsky*, in: Mayer/Stöger, EUV/AEUV, Art. 174 AEUV (2010), Rn. 1, *Frenz*, Handbuch Europarecht, Band 6, Rn. 4412.

[13] Vgl. *Hatje*, in: v. Bogdandy/Bast, Europäisches Verfassungsrecht, S. 829 f.; *Valdés Dal-Ré*, Economic and Social Cohesion and the European Social Fund, Liber Amicorum Lord Wedderburn of Charlton, 1996, S. 261 (262). Allgemein zur Solidarität im Unionsrecht *Calliess*, ZEuS 2011, 213; *Isak*, ZÖR 2015, 287; *Klamert*, ZÖR 2015, 265; *M. Schröder*, Solidarität zwischen den Mitgliedstaaten im Vertrag von Lissabon, FS Scheuing, 2011, S. 690; *Tomuschat*, Solidarität in Europa, FS Pescatore, 1987, S. 729; *Volkmann*, Staatswissenschaften und Staatspraxis 1998, 17.

[14] S. dazu *Häde*, S. 489 ff.; *Ohler*, Die fiskalische Integration in der Europäischen Gemeinschaft, 1997, S. 405.

auch bestimmte Elemente des Eigenmittelsystems distributive Wirkungen haben. Zumindest bereitet die Finanzierung der EU, zu der die Mitgliedstaaten im Wesentlichen im Verhältnis zu ihrer Wirtschaftskraft beitragen, die Umverteilung durch die Ausgaben vor (s. Art. 311 AEUV, Rn. 43). Einen unmittelbaren Finanzausgleich zwischen den Mitgliedstaaten kennt die EU demgegenüber nicht. Trotz aller Integrationsfortschritte dürfte dafür auch nach wie vor die Bereitschaft der finanzstärkeren Mitgliedstaaten und deren Bevölkerungen fehlen.[15]

C. Reformen

7 Die Strukturpolitik der Gemeinschaft war und ist immer wieder Gegenstand von **Kritik**. Die verschiedenen Fonds und Finanzinstrumente sind nicht stets miteinander und auch nicht mit den sonstigen Politiken der Gemeinschaft/Union kompatibel. Die Förderung ist zu breit angelegt und konzentriert sich daher nicht allein auf die strukturschwächsten Regionen.[16] Die Koordination zwischen den verschiedenen Ebenen (Union, Mitgliedstaaten, Regionen) erscheint verbesserungsbedürftig.[17] Die Vielzahl der Rechtsakte und Sonderregelungen, die zum Teil nicht ausreichend aufeinander abgestimmt sind, wird ebenfalls kritisiert.[18] Anscheinend gelingt es bisher auch nicht, die weitere Vertiefung der Unterschiede zwischen den Regionen und Mitgliedstaaten zu verhindern.[19] Diese und andere Probleme sowie das Entstehen neuer Herausforderungen, insbesondere durch Beitritte,[20] haben dazu geführt, dass es im Laufe der Entwicklung immer wieder **Reformen der Strukturpolitik der Gemeinschaft** gegeben hat, die eine zielgenauere und effektivere Förderung anstrebten.[21] In der Förderperiode 2014–2020 kommt es erneut zu erheblichen Änderungen (s. Art. 177 AEUV, Rn. 9 ff.).

---

[15] Vgl. schon *Häde*, S. 503, sowie *Thomas*, Die Weltwirtschaft 1994, 472 (486); *Waniek*, Wirtschaftsdienst 1994, 43 (49). S. demgegenüber *Heinemann*, Wirtschaftsdienst 1999, 293 (296 ff.), der für eine Rückverlagerung der Regionalpolitik auf die Mitgliedstaaten und die Einführung eines Finanzausgleichs in Form eines Kompensationsfonds eintritt. Ähnlich *Stehn*, Die Weltwirtschaft 2000, 300 (312).
[16] Vgl. nur *Funkschmidt*, S. 211 ff.; *Konow*, ZG 2005, 328 (332); *Puttler*, Konzentration der europäischen Regionalförderung auf Mittel- und Osteuropa nach der EU-Erweiterung: Auch eine Chance für die deutschen Länder?, GS U. Müller, 2002, S. 375 ff.
[17] Vgl. *Eckstein*, S. 183 ff.
[18] Vgl. *Heinemann/Hagen/Mohl/Osterloh/Sellenthin*, S. 133 ff.; *Priebe*, S. 558.
[19] S. dazu *Altenburg*, Kreditwesen 2012, 500; *Sitte/Ziegler*, WSI Mitteilungen 1994, 214 (220).
[20] Vgl. dazu u. a. *Wobben*, LKV 2000, 520 (521 f.).
[21] Vgl. dazu in chronologischer Reihenfolge u. a. *Biehl*, Europäische Regionalpolitik, in: Pohmer (Hrsg.), Probleme des Finanzausgleichs III, 1981, S. 125; *Lowe*, CMLRev. 25 (1988), 503; *Ginderachter*, RMC 1989, 271; *Sitte/Ziegler*, WSI Mitteilungen 1994, 214; *Waniek*, Wirtschaftsdienst 1994, 43; die Beiträge in: *Caesar* (Hrsg.), Zur Reform der Finanzverfassung und Strukturpolitik der EU, 1997, S. 193 ff.; *Anderson*, S. 171 ff.; *Lang/Reissert*, WSI Mitteilungen 1999, 380; *Wulf-Matthies*, WSI Mitteilungen 1999, 362; *Axt*, Solidarität und Wettbewerb – die Reform der EU-Strukturpolitik, 2000; *Eckstein*, S. 146 ff.; *Hartwig/Petzold* (Hrsg.), Solidarität und Beitragsgerechtigkeit – Die Reform der EU-Strukturfonds und die Finanzielle Vorausschau, 2005; *Petzold*, Jahrbuch des Föderalismus 2006, 552.

Artikel 175 AEUV [Durchführung der Strukturpolitik, Strukturfonds]

¹Die Mitgliedstaaten führen und koordinieren ihre Wirtschaftspolitik in der Weise, dass auch die in Artikel 174 genannten Ziele erreicht werden. ²Die Festlegung und Durchführung der Politiken und Aktionen der Union sowie die Errichtung des Binnenmarkts berücksichtigen die Ziele des Artikels 174 und tragen zu deren Verwirklichung bei. ³Die Union unterstützt auch diese Bemühungen durch die Politik, die sie mit Hilfe der Strukturfonds (Europäischer Ausrichtungs- und Garantiefonds für die Landwirtschaft – Abteilung Ausrichtung, Europäischer Sozialfonds, Europäischer Fonds für regionale Entwicklung), der Europäischen Investitionsbank und der sonstigen vorhandenen Finanzierungsinstrumente führt.

¹Die Kommission erstattet dem Europäischen Parlament, dem Rat, dem Wirtschafts- und Sozialausschuss und dem Ausschuss der Regionen alle drei Jahre Bericht über die Fortschritte bei der Verwirklichung des wirtschaftlichen, sozialen und territorialen Zusammenhalts und über die Art und Weise, in der die in diesem Artikel vorgesehenen Mittel hierzu beigetragen haben. ²Diesem Bericht werden erforderlichenfalls entsprechende Vorschläge beigefügt.

Falls sich spezifische Aktionen außerhalb der Fonds und unbeschadet der im Rahmen der anderen Politiken der Union beschlossenen Maßnahmen als erforderlich erweisen, so können sie vom Europäischen Parlament und vom Rat gemäß dem ordentlichen Gesetzgebungsverfahren nach Anhörung des Wirtschafts- und Sozialausschusses und des Ausschusses der Regionen beschlossen werden.

Literaturübersicht

Brückner, Finanzielle Instrumente der Europäischen Gemeinschaften (EG), AöR 107 (1982), 561; *von Drygalski*, Die Fonds der Europäischen Gemeinschaften, 1988; *Engl*, Ein Instrument zwischen Gemeinschaftspolitik und nationalem Recht: Die Durchführung der Verordnung über den Europäischen Verbund für Territoriale Zusammenarbeit in ausgewählten EU-Mitgliedstaaten, EuR 2013, 285; *Glaesner* , Der Grundsatz des wirtschaftlichen und sozialen Zusammenhalts im Recht der Europäischen Wirtschaftsgemeinschaft, 1990; *Petzold*, Die Reform der EU-Strukturpolitik 2007–2013 zwischen Verteilungslogik und Europäisierung, Jahrbuch des Föderalismus 2006, 552; s. auch die Literatur zu Art. 174 AEUV.

Leitentscheidung

EuGH, Urt. v. 3.9.2009, Rs. C–166/07 (Parlament/Rat), Slg. 2009, I–7135

Wesentliche sekundärrechtliche Vorschrift

Verordnung (EU) Nr. 1309/2013 des Europäischen Parlaments und des Rates vom 17.12.2013 über den Europäischen Fonds für die Anpassung an die Globalisierung (2014–2020) und zur Aufhebung der Verordnung (EG) Nr. 1927/2006, ABl. 2013, L 347/855

Inhaltsübersicht

	Rn.
A. Änderungen durch den Vertrag von Lissabon	1
B. Zielkonforme Tätigkeiten von Mitgliedstaaten und Union	2
C. Strukturfonds und sonstige Finanzierungsinstrumente	6
D. Bericht der Kommission	11
E. Spezifische Aktionen	12
F. Das Protokoll Nr. 28	17

A. Änderungen durch den Vertrag von Lissabon

1   Die Vorschrift entspricht – abgesehen von den üblichen Anpassungen durch den Vertrag von Lissabon – weitgehend Art. 130b EGV (Maastricht) und war zuletzt in Art. 159 EGV zu finden. Eine inhaltliche Änderung gab es in Abs. 2. Dort ist – wie in Art. 174 Abs. 1 AEUV – nicht mehr nur vom wirtschaftlichen und sozialen, sondern auch vom **territorialen Zusammenhalt** die Rede.[1] Darüber hinaus beschließen über **spezifische Aktionen** nach Abs. 3 nun Parlament und Rat gemeinsam. Art. 159 Abs. 3 EGV ermächtigte nur den Rat, sah allerdings eine erhebliche Mitwirkung des Parlaments im Verfahren der Mitentscheidung nach Art. 251 EGV vor.

B. Zielkonforme Tätigkeiten von Mitgliedstaaten und Union

2   Abs. 1 Satz 1 verpflichtet die Mitgliedstaaten, ihre Wirtschaftspolitik in einer Weise zu führen und zu koordinieren, »dass auch die in Artikel 174 genannten Ziele erreicht werden.« Das lässt sich so verstehen, dass schon die noch nicht koordinierte Wirtschaftspolitik der Mitgliedstaaten diesen Zielen entsprechen muss. Die Mitgliedstaaten haben demnach die **regionalpolitischen Vorstellungen**, die sich aus Art. 174 AEUV ergeben, in ihrer innerstaatlichen Wirtschaftspolitik zu berücksichtigen. Darüber hinaus müssen die Mitgliedstaaten ihre Wirtschaftspolitiken im Hinblick auf die erwähnten Ziele koordinieren, soweit das erforderlich ist, um die Ziele grenzüberschreitend zu erreichen. Eine Verpflichtung zu konkreten Maßnahmen ist damit nicht verbunden.[2] Das Wort »auch« macht zugleich deutlich, dass die Ziele des Art. 174 AEUV keinen absoluten Vorrang vor anderen wirtschaftspolitischen Zielen genießen, aber eben auch angestrebt und erreicht werden müssen.

3   Diese Vorgaben tragen der Tatsache Rechnung, dass die **Mitgliedstaaten für die Wirtschaftspolitik zuständig** sind, soweit sie der Union entsprechende Kompetenzen noch nicht übertragen haben. Insbesondere die allgemeine Wirtschaftspolitik fällt nach wie vor in die Zuständigkeit der Mitgliedstaaten. Schon Art. 2 Abs. 3 und Art. 5 Abs. 1 AEUV sehen aber vor, dass die Mitgliedstaaten ihre Wirtschaftspolitik innerhalb der Union nach Regelungen koordinieren, die die Union festlegt (s. Art. 2 AEUV, Rn. 46). Die Einzelheiten dieser Koordinierung regeln dann vor allem die Art. 119 ff. AEUV im Zusammenhang der Wirtschafts- und Währungspolitik, weil die **asymmetrische Konstruktion der Europäischen Wirtschafts- und Währungsunion** (vollständige Vergemeinschaftung der Währungspolitik, Zuständigkeit der Mitgliedstaaten für die allgemeine Wirtschaftspolitik) in besonderem Maße Koordinierungsbedarf hervorruft.[3] Daher schreibt Art. 121 Abs. 1 AEUV vor, dass die Mitgliedstaaten ihre Wirtschaftspolitik als eine Angelegenheit von gemeinsamem Interesse betrachten und sie im Rat nach Maßgabe des Art. 120 AEUV koordinieren.

4   **Koordinierungsbedarf** besteht aber ebenso in anderen Bereichen, in denen die mitgliedstaatlichen Wirtschaftspolitiken aufgrund ihrer grenzüberschreitenden Bezüge

---

[1] Vgl. dazu *David*, DÖV 2004, 146.
[2] Vgl. *Borchardt*, in: Lenz/Borchardt, EU-Verträge, Art. 175 AEUV, Rn. 5.
[3] S. dazu auch *Häde*, Die Europäische Währungsunion in schwerer See: Ist der Euro noch zu retten?, in: Giegerich (Hrsg.), Herausforderungen und Perspektiven der EU, 2012, S. 35 (37 ff.); *Herrmann*, Wirtschaftsverfassung und Wirtschaftsregierung in der Europäischen Union, ebd., S. 51.

aufeinander und auf die Situation in der Union einwirken. Das gilt z. B. für die Beschäftigungspolitik im Sinne von Art. 145 ff. AEUV und erst recht für die Kohäsionspolitik.

Kohäsionspolitische Implikationen hat nicht allein die Wirtschaftspolitik der Mitgliedstaaten, sondern auch das Tätigwerden der Union im Bereich ihrer Zuständigkeiten. Deshalb verpflichtet Abs. 1 Satz 2 die Union, bei der Festlegung und Durchführung ihrer Politiken und Aktionen sowie der Errichtung des Binnenmarkts ebenfalls die Ziele des Art. 174 AEUV zu berücksichtigen und zu deren Verwirklichung beizutragen. 5

C. Strukturfonds und sonstige Finanzierungsinstrumente

Wesentliche Instrumente der Politik zur Stärkung ihres wirtschaftlichen, sozialen und territorialen Zusammenhalts sind die Strukturfonds, bei denen es sich um spezielle **Finanzierungsinstrumente ohne eigene Rechtspersönlichkeit** handelt,[4] deren Einnahmen und Ausgaben im Gesamthaushaltsplan der Union eingesetzt sind. Abs. 1 Satz 3 enthält die Legaldefinition des Begriffs »Strukturfonds«, indem er in der Klammer den Europäischen Ausrichtungs- und Garantiefonds für die Landwirtschaft – Abteilung Ausrichtung (EAGFL), den Europäischen Sozialfonds (ESF) und den Europäischen Fonds für regionale Entwicklung (EFRE) nennt, jedoch keine Rechtsgrundlage.[5] Ermächtigungen zu auf die Strukturfonds bezogenen sekundärrechtlichen Regelungen finden sich in Art. 177 und 178 sowie Art. 43 AEUV für den EAGFL-AA und Art. 164 AEUV für den ESF.[6] 6

In der Praxis sind aus den drei Strukturfonds allerdings inzwischen nur noch zwei geworden.[7] Die Finanzierung über den EAGFL Abteilung Ausrichtung ist ausgelaufen. An seine Stelle ist mit Beginn der Förderperiode 2007–2013[8] der durch Art. 2 Abs. 1 Buchst. b der Verordnung (EG) Nr. 1290/2005 des Rates vom 21. 6. 2005 über die Finanzierung der Gemeinsamen Agrarpolitik[9] errichtete Europäische Landwirtschaftsfonds für die Entwicklung des ländlichen Raums (ELER) getreten. Für ihn gilt mittlerweile die am 17. 12. 2013 erlassene Verordnung Nr. 1305/2013.[10] Mangels Erwähnung in Abs. 1 Satz 3 gehört der ELER aber nicht zu den Strukturfonds, sondern stellt ein sonstiges Finanzierungsinstrument der Union dar. Art. 1 Abs. 2 der Verordnung (EU) Nr. 1303/2013[11] verwendet den Sammelbegriff »**die Strukturfonds**« daher ausdrücklich 7

---

[4] Vgl. schon *Glaesner*, S. 29.
[5] Vgl. *Budischowsky*, in: Mayer/Stöger, EUV/AEUV, Art. 175 AEUV (2010), Rn. 13.
[6] Zur Entwicklung der einzelnen Fonds vgl. *Brückner*, AöR 107 (1982), 561 (569 ff.); *v. Drygalski*, S. 30 ff.
[7] Vgl. *Petzold*, Jahrbuch des Föderalismus 2006, 552 (557).
[8] S. die auf diese Förderperiode bezogenen Beiträge in: *Hartwig/Petzold* (Hrsg.), Solidarität und Beitragsgerechtigkeit, 2005.
[9] ABl. 2005, L 209/1.
[10] Verordnung (EU) Nr. 1305/2013 des Europäischen Parlaments und des Rates vom 17. 12. 2013 über die Förderung der ländlichen Entwicklung durch den Europäischen Landwirtschaftsfonds für die Entwicklung des ländlichen Raums (ELER) und zur Aufhebung der Verordnung (EG) Nr. 1698/2005, ABl. 2013, L 347/487.
[11] Verordnung (EU) Nr. 1303/2013 des Europäischen Parlaments und des Rates vom 17. 12. 2013 mit gemeinsamen Bestimmungen über den Europäischen Fonds für regionale Entwicklung, den Europäischen Sozialfonds, den Kohäsionsfonds, den Europäischen Landwirtschaftsfonds für die Entwicklung des ländlichen Raums und den Europäischen Meeres- und Fischereifonds sowie mit allge-

nur noch für **EFRE und ESF**. Tritt der Kohäsionsfonds hinzu, gilt die Bezeichnung »die Fonds«. Diese drei Fonds, den ELER sowie den Europäischen Meeres- und Fischereifonds (EMFF) fasst Art. 1 Abs. 1 VO 1303/2013 unter dem Namen »europäische Struktur- und Investitionsfonds« (ESI-Fonds) zusammen.

8   Der **ESF** ist als ältester der Strukturfonds bereits seit 1960 tätig (s. Art. 162 AEUV, Rn. 2). Er wird von der Kommission verwaltet (Art. 163 Abs. 1 AEUV) und arbeitet auf der Grundlage der Verordnung (EU) Nr. 1304/2013.[12] Der **EFRE** wurde 1975 auf der Basis von Art. 235 EWGV geschaffen (s. Art. 176 AEUV, Rn. 1). Rechtsgrundlage ist inzwischen Art. 176 AEUV. Für ihn gilt die Verordnung (EU) Nr. 1301/2013 vom 17.12.2013.[13] Gemeinsame Bestimmungen zu den Strukturfonds und zu weiteren Finanzierungsinstrumenten enthält die Verordnung 1303/2013 (s. Rn. 7).

9   Neben den Strukturfonds erwähnt Abs. 1 Satz 3 die **Europäische Investitionsbank** (EIB) und die »sonstigen vorhandenen Finanzierungsinstrumente«. Auch ihre Tätigkeit unterstützt die auf die Ziele des Art. 174 AEUV ausgerichteten Bemühungen der Mitgliedstaaten und der Union. Eine Rechtsgrundlage zur Errichtung von Finanzierungsinstrumenten enthält die Vorschrift allerdings nicht.[14] Dafür ist auf das jeweils einschlägige Fachrecht oder die Flexibilitätsklausel des Art. 352 AEUV zurückzugreifen.

10 Nähere Regelungen zur EIB enthalten die Art. 308 und 309 AEUV. Der Begriff der **sonstigen vorhandenen Finanzierungsinstrumente** ist demgegenüber insoweit ein offener, als die Union Finanzierungsinstrumente errichten oder wieder abschaffen kann. Besondere Bedeutung haben insoweit der an die Stelle des EAGFL Abteilung Ausrichtung getretene ELER (s. Rn. 7) sowie der Kohäsionsfonds, für den die Verordnung (EU) Nr. 1300/2013[15] gilt. Seine primärrechtliche Verankerung erfolgte in Art. 177 Abs. 2 AEUV.

D. Bericht der Kommission

11 Über die Fortschritte bei der Verwirklichung des wirtschaftlichen, sozialen und territorialen Zusammenhalts erstattet die Kommission nach Abs. 2 alle drei Jahre Bericht.[16] Dieser **Kohäsionsbericht** gibt auch Auskunft darüber, wie die in Art. 175 vorgesehenen Mittel zu diesen Fortschritten beigetragen haben. Abs. 2 Satz 2 erwähnt zudem, dass diesem Bericht »erforderlichenfalls entsprechende Vorschläge beigefügt« werden.

---

meinen Bestimmungen über den Europäischen Fonds für regionale Entwicklung, den Europäischen Sozialfonds, den Kohäsionsfonds und den Europäischen Meeres- und Fischereifonds und zur Aufhebung der Verordnung (EG) Nr. 1083/2006 des Rates, ABl. 2013, L 347/320.

[12] Verordnung (EU) Nr. 1304/2013 des Europäischen Parlaments und des Rates vom 17.12.2013 über den Europäischen Sozialfonds und zur Aufhebung der Verordnung (EG) Nr. 1081/2006 des Rates, ABl. 2013, L 347/470.

[13] Verordnung (EU) Nr. 1301/2013 des Europäischen Parlaments und des Rates vom 17.12.2013 über den Europäischen Fonds für regionale Entwicklung und mit besonderen Bestimmungen hinsichtlich des Ziels »Investitionen in Wachstum und Beschäftigung« und zur Aufhebung der Verordnung (EG) Nr. 1080/2006, ABl. 2013, L 347/289.

[14] Vgl. *Puttler*, in: Calliess/Ruffert, EUV/AEUV, Art. 175 AEUV, Rn. 5.

[15] Verordnung (EU) Nr. 1300/2013 des Europäischen Parlaments und des Rates vom 17.12.2013 über den Kohäsionsfonds und zur Aufhebung der Verordnung (EG) Nr. 1084/2006, ABl. 2013, L 347/281.

[16] Zuletzt: *Europäische Kommission*, Investition in Beschäftigung und Wachstum, Sechster Bericht über den wirtschaftlichen, sozialen und territorialen Zusammenhalt, Juli 2014.

E. Spezifische Aktionen

Abs. 3 ermächtigt zu spezifischen Aktionen »außerhalb der Fonds und unbeschadet der im Rahmen der anderen Politiken der Union beschlossenen Maßnahmen«, wenn sie sich als erforderlich erweisen. Erforderlich sind sie dann, wenn sie dazu dienen, die Ziele des Art. 174 AEUV zu erreichen und die ansonsten vorgesehenen Instrumente dazu nicht ausreichen.[17]

Art. 130b Abs. 3 EGV (Maastricht) sah vor, dass der Rat auf Vorschlag der Kommission und nach Anhörung des Europäischen Parlaments, des Wirtschafts- und Sozialausschusses und des Ausschusses der Regionen einstimmig über die spezifischen Aktionen zu entscheiden hatte. Der Vertrag von Nizza änderte Art. 159 Abs. 3 EGV und sah seither das Verfahren der Mitentscheidung vor, in dem der Rat mit qualifizierter Mehrheit entschied. Seit dem **Vertrag von Lissabon** entscheiden Parlament und Rat im ordentlichen Gesetzgebungsverfahren des Art. 294 AEUV. Abs. 3 spricht davon, dass spezifische Aktionen »beschlossen werden.« Eine Festlegung auf die Handlungsform des Beschlusses (Art. 288 Abs. 4 AEUV) ist damit jedoch nicht verbunden. Vielmehr steht es im Ermessen von Parlament und Rat, welche Handlungsform sie wählen. Bisherige spezifische Aktionen erfolgten in **Form von Verordnungen**.[18] Auf der Grundlage von Abs. 3 erging am 17.12.2013 die Verordnung (EU) Nr. 1309/2013 über den Europäischen Fonds für die Anpassung an die Globalisierung (2014–2020).[19] Am 25.6.2015 erließen Parlament und Rat die auch auf Abs. 3 gestützte Verordnung (EU) 2015/1017 über den Europäischen Fonds für strategische Investitionen (s. Art. 309 AEUV, Rn. 35).[20]

Die Verordnung (EG) Nr. 1968/2006 des Rates vom 21.12.2006 über Finanzbeiträge der Gemeinschaft zum **Internationalen Fonds für Irland** (2007–2010)[21] wurde allein auf die damalige Vertragsabrundungskompetenz des Art. 308 EGV gestützt. In seinem Urteil vom 3.9.2009[22] erklärte der EuGH diese Verordnung für nichtig.

Der **EuGH** führte zu Art. 159 EGV aus, Abs. 3 bestimme zwar nicht, welche Formen die dort erwähnten spezifischen Aktionen annehmen könnten. Die Gemeinschaft ver-

---

[17] Vgl. *Puttler*, in: Calliess/Ruffert, EUV/AEUV, Art. 175 AEUV, Rn. 7.
[18] Vgl. die auf Art. 159 Abs. 3 und Art. 308 EGV gestützte Verordnung (EG) Nr. 2012/2002 des Rates vom 11.11.2002 zur Errichtung des Solidaritätsfonds der Europäischen Union, ABl. 2002, L 311/3, sowie die auf der Basis von Art. 159 Abs. 3 EGV erlassene Verordnung (EG) Nr. 1082/2006 des Europäischen Parlaments und des Rates vom 5.7.2006 über den Europäischen Verbund für territoriale Zusammenarbeit (EVTZ), ABl. 2006, L 210/19, geändert durch die Verordnung (EU) Nr. 1302/2013 vom 17.12.2013, ABl. 2013, L 347/303. Zu diesen Verordnungen vgl. *Borchardt*, in: Lenz/Borchardt, EU-Verträge, Art. 175 AEUV, Rn. 10f.; *Engl*, EuR 2013, 285; *Peine/Starke*, LKV 2008, 402; *Krzymuski/Kubicki*, NVwZ 2014, 1338. S. auch *Pechstein/Deja*, EuR 2011, 357.
[19] Verordnung (EU) Nr. 1309/2013 des Europäischen Parlaments und des Rates vom 17.12.2013 über den Europäischen Fonds für die Anpassung an die Globalisierung (2014–2020) und zur Aufhebung der Verordnung (EG) Nr. 1927/2006, ABl. 2013, L 347/855. S. dazu *Petzold*, in: GSH, Europäisches Unionsrecht, Art. 175 AEUV, Rn. 11.
[20] Verordnung (EU) 2015/1017 des Europäischen Parlaments und des Rates vom 25.6.2015 über den Europäischen Fonds für strategische Investitionen, die europäische Plattform für Investitionsberatung und das europäische Investitionsvorhabenportal sowie zur Änderung der Verordnungen (EU) Nr. 1291/2013 und (EU) Nr. 1316/2013 – der Europäische Fonds für strategische Investitionen, ABl. 2015, L 169/1.
[21] ABl. 2006, L 409/86.
[22] EuGH, Urt. v. 3.9.2009, Rs. C–166/07 (Parlament/Rat), Slg. 2009, I–7135. S. dazu *Epiney*, NVwZ 2010, 1000 (1001).

folge jedoch mit diesen Aktionen, »eine eigenständige Gemeinschaftspolitik, so dass Titel XVII des EG-Vertrags geeignete Rechtsgrundlagen für den Erlass von Maßnahmen der Gemeinschaft bereitstellt, die nach dem gemeinschaftsrechtlichen Rahmen verwaltet werden und inhaltlich nicht über die Gemeinschaftspolitik des wirtschaftlichen und sozialen Zusammenhalts hinausgehen.«[23] Bei der weiteren Prüfung stellte der Gerichtshof fest, »dass die Ziele der angefochtenen Verordnung den mit der Gemeinschaftspolitik des wirtschaftlichen und sozialen Zusammenhalts verfolgten Zielen entsprechen«.[24] Er kam zu dem Schluss, »dass der Finanzbeitrag der Gemeinschaft zum Fonds […] zu den spezifischen Aktionen gehört, die, wenn sie sich außerhalb der Strukturfonds als erforderlich erweisen, um die Ziele des Art. 158 EG zu erreichen, nach Art. 159 Abs. 3 EG erlassen werden können.«[25] Zugleich stellt der EuGH allerdings fest, es sei nicht ausgeschlossen, dass der Beitrag der Gemeinschaft »von dem Fonds für Aktionen verwendet wird, die […] über den Bereich der Gemeinschaftspolitik des wirtschaftlichen und sozialen Zusammenhalts hinausgehen oder zumindest nicht nach den von der Gemeinschaft im Rahmen dieser Politik angewandten Kriterien verwaltet werden.«[26] Dafür reiche Abs. 3 als Rechtsgrundlage nicht aus. Vielmehr sei zusätzlich auf Art. 308 EGV abzustellen.[27]

16 Nach Inkrafttreten des Vertrags von Lissabon erließen Parlament und Rat am 15.12.2010 die Verordnung (EU) Nr. 1232/2010,[28] die sie nun insbesondere auf Art. 175 und Art. 352 Abs. 1 AEUV stützten.

F. Das Protokoll Nr. 28

17 Die Mitgliedstaaten haben den Unionsverträgen das **Protokoll (Nr. 28) über den wirtschaftlichen, sozialen und territorialen Zusammenhalt**[29] beigefügt, das nach Art. 51 EUV Bestandteil der Verträge und daher dem Primärrecht zuzuordnen ist. In diesem Protokoll bekräftigen die Vertragsparteien u. a., »dass die Förderung des wirtschaftlichen, sozialen und territorialen Zusammenhalts für die umfassende Entwicklung und den dauerhaften Erfolg der Union wesentlich ist«. Sie bringen zudem in unterschiedlichen Formulierungen zum Ausdruck, dass die Finanzierungsinstrumente flexibler eingesetzt werden und insbesondere bei der erforderlichen Kofinanzierung stärker Rücksicht auf die Belange der weniger wohlhabenden Mitgliedstaaten nehmen sollen.

---

[23] EuGH, Urt. v. 3.9.2009, Rs. C–166/07 (Parlament/Rat), Slg. 2009, I–7135, Rn. 46.
[24] EuGH, Urt. v. 3.9.2009, Rs. C–166/07 (Parlament/Rat), Slg. 2009, I–7135, Rn. 54.
[25] EuGH, Urt. v. 3.9.2009, Rs. C–166/07 (Parlament/Rat), Slg. 2009, I–7135, Rn. 58.
[26] EuGH, Urt. v. 3.9.2009, Rs. C–166/07 (Parlament/Rat), Slg. 2009, I–7135, Rn. 59.
[27] EuGH, Urt. v. 3.9.2009, Rs. C–166/07 (Parlament/Rat), Slg. 2009, I–7135, Rn. 69.
[28] Verordnung (EU) Nr. 1232/2010 des Europäischen Parlaments und des Rates vom 15.12.2010 über Finanzbeiträge der Europäischen Union zum Internationalen Fonds für Irland (2007–2010), ABl. 2010, L 346/1.
[29] ABl. 2012, C 326/310.

Artikel 176 AEUV [Europäischer Fonds für regionale Entwicklung]

Aufgabe des Europäischen Fonds für regionale Entwicklung ist es, durch Beteiligung an der Entwicklung und an der strukturellen Anpassung der rückständigen Gebiete und an der Umstellung der Industriegebiete mit rückläufiger Entwicklung zum Ausgleich der wichtigsten regionalen Ungleichgewichte in der Union beizutragen.

Literaturübersicht

Mehde, Der Europäische Fonds für Regionale Entwicklung – Regionalförderung im europäischen Mehrebenensystem, NWVBl. 2002, 178; s. auch die Literatur zu Art. 174 AEUV.

Wesentliche sekundärrechtliche Vorschrift

Verordnung (EU) Nr. 1301/2013 des Europäischen Parlaments und des Rates vom 17.12.2013 über den Europäischen Fonds für regionale Entwicklung und mit besonderen Bestimmungen hinsichtlich des Ziels »Investitionen in Wachstum und Beschäftigung« und zur Aufhebung der Verordnung (EG) Nr. 1080/2006, ABl. 2013, L 347/289

Inhaltsübersicht

	Rn.
A. Entwicklung	1
B. Sekundärrecht	4

A. Entwicklung

Der Europäische Fonds für regionale Entwicklung (EFRE) wurde 1975 im Zusammenhang mit dem **Beitritt Großbritanniens** errichtet,[1] als das Gemeinschaftsrecht noch keine spezifische Ermächtigungsgrundlage enthielt. Als Basis diente daher die Vorgängerin der Flexibilitätsklausel (Art. 352 AEUV) in Art. 235 EWGV.[2] Damalige Aufgabe des EFRE war es nach Art. 1 der Errichtungsverordnung, »die wichtigsten regionalen Ungleichgewichte in der Gemeinschaft« zu korrigieren, »die insbesondere auf eine vorwiegend landwirtschaftliche Struktur, industrielle Wandlungen und strukturbedingte Unterbeschäftigung zurückzuführen sind.« Wie die anderen Fonds verfügt der EFRE nicht über eine eigene Rechtspersönlichkeit.[3]

Erst die **Einheitliche Europäische Akte** verankerte den EFRE 1987 im Primärrecht. Der damals eingefügte Art. 130c EWGV, der später zu Art. 160 EGV wurde, entspricht Art. 176 AEUV. Da die Vorschrift den EFRE bereits vorfand, regelt sie nicht seine Errichtung, sondern formuliert nur seine Aufgabe in der Weise, dass der Fonds »durch Beteiligung an der Entwicklung und an der strukturellen Anpassung der rückständigen Gebiete und an der Umstellung der Industriegebiete mit rückläufiger Entwicklung zum Ausgleich der wichtigsten regionalen Ungleichgewichte in der Union« beitragen soll.

---

[1] Vgl. *Mehde*, NWVBl. 2002, 178; *Petzold*, in: GSH, Europäisches Unionsrecht, Art. 175 AEUV, Rn. 1. Näher dazu *Binder/Walthes*, RuR 1994, 261 (262).
[2] Verordnung (EWG) Nr. 724/75 des Rates vom 18.3.1975 über die Errichtung eines Europäischen Fonds für regionale Entwicklung, ABl. 1975, L 73/1. S. dazu *Sattler*, JbÖR 36 (1987), 363, (424f.).
[3] Vgl. *Borchardt*, in: Lenz/Borchardt, EU-Verträge, Art. 176 AEUV, Rn. 2; *Budischowsky*, in: Mayer/Stöger, EUV/AEUV, Art. 176 AEUV (2010), Rn. 2.

Obwohl das im Wortlaut nicht zum Ausdruck kommt, soll die Vorschrift auch die primärrechtliche Grundlage für den EFRE bilden.[4]

3   Mit der Aufgabenstellung variiert die Vorschrift die in Art. 174 Abs. 2 AEUV festgelegte **Zielsetzung für die Strukturpolitik** der Union, »die Unterschiede im Entwicklungsstand der verschiedenen Regionen und den Rückstand der am stärksten benachteiligten Gebiete zu verringern« (s. Art. 174 AEUV, Rn. 1). Die Formulierung, der EFRE solle durch Beteiligung beitragen, verdeutlicht, dass es keine von den Prioritäten und den sonstigen Vorstellungen der Mitgliedstaaten unabhängige Tätigkeit sein soll.

B. Sekundärrecht

4   Die primärrechtlichen Bestimmungen zu den Strukturfonds sind recht abstrakt.[5] Die Einzelheiten zur Förderung auch durch den EFRE regelt daher das Sekundärrecht. Die auf der Basis des Art. 178 Abs. 1 AEUV erlassene **Verordnung (EU) Nr. 1301/2013**[6] enthält die erforderlichen sekundärrechtlichen Regelungen. Sie regelt nach ihrem Art. 1 die Aufgaben des EFRE und legt seinen Interventionsbereich hinsichtlich des Ziels »Investitionen in Wachstum und Beschäftigung« und des Ziels »Europäische territoriale Zusammenarbeit« sowie besondere Bestimmungen für die EFRE-Unterstützung für das Ziel »Investitionen in Wachstum und Beschäftigung« fest.

5   Art. 2 VO 1301/2013 formuliert als Aufgaben des EFRE, dass er zur Finanzierung der Unterstützung beiträgt, die den wirtschaftlichen, sozialen und territorialen Zusammenhalt stärken soll. Das tut der Fonds »mittels eines Ausgleichs der wichtigsten regionalen Ungleichgewichte in der Union durch die nachhaltige Entwicklung und Strukturanpassung der regionalen Wirtschaften, einschließlich der Umstellung der Industrieregionen mit rückläufiger Entwicklung und der Regionen mit Entwicklungsrückstand.«

6   Die **gemeinsamen Bestimmungen über die Fonds** finden sich in der Verordnung (EU) Nr. 1303/2013[7] (s. Art. 177 AEUV, Rn. 9). Die Art. 3 ff. der EFRE-Verordnung nehmen die Vorgaben jener Verordnung auf und bestimmen den Interventionsbereich des EFRE, die Konzentration auf bestimmte thematische Ziele sowie die Investitionsprioritäten.

---

[4] *Kotzur*, in: Geiger/Khan/Kotzur, EUV/AEUV, Art. 176 AEUV, Rn. 1; *Magiera*, in: Streinz, EUV/AEUV, Art. 176 AEUV, Rn. 1; *Priebe*, in: Schwarze, EU-Kommentar, Art. 176 AEUV, Rn. 1; *Puttler*, in: Calliess/Ruffert, EUV/AEUV, Art. 176 AEUV, Rn. 1.

[5] *Mehde*, NWVBl. 2002, 178 (179).

[6] Verordnung (EU) Nr. 1301/2013 des Europäischen Parlaments und des Rates vom 17.12.2013 über den Europäischen Fonds für regionale Entwicklung und mit besonderen Bestimmungen hinsichtlich des Ziels »Investitionen in Wachstum und Beschäftigung« und zur Aufhebung der Verordnung (EG) Nr. 1080/2006, ABl. 2013, L 347/289. Näher dazu *Rossi*, in: Niedobitek, Europarecht – Politiken, § 5, Rn. 112 ff.

[7] Verordnung (EU) Nr. 1303/2013 des Europäischen Parlaments und des Rates vom 17.12.2013 mit gemeinsamen Bestimmungen über den Europäischen Fonds für regionale Entwicklung, den Europäischen Sozialfonds, den Kohäsionsfonds, den Europäischen Landwirtschaftsfonds für die Entwicklung des ländlichen Raums und den Europäischen Meeres- und Fischereifonds sowie mit allgemeinen Bestimmungen über den Europäischen Fonds für regionale Entwicklung, den Europäischen Sozialfonds, den Kohäsionsfonds und den Europäischen Meeres- und Fischereifonds und zur Aufhebung der Verordnung (EG) Nr. 1083/2006 des Rates, ABl. 2013, L 347/320.

Die auf der Basis von Art. 178 AEUV erlassene Verordnung (EU) Nr. 1299/2013[8] enthält spezielle Bestimmungen zur Unterstützung des Ziels »Europäische territoriale Zusammenarbeit« aus dem EFRE.

---

[8] Verordnung (EU) Nr. 1299/2013 des Europäischen Parlaments und des Rates vom 17.12.2013 mit besonderen Bestimmungen zur Unterstützung des Ziels »Europäische territoriale Zusammenarbeit« aus dem Europäischen Fonds für regionale Entwicklung (EFRE), ABl. 2013, L 347/259.

Artikel 177 AEUV [Strukturfondsverordnungen, Kohäsionsfonds]

¹Unbeschadet des Artikels 178 legen das Europäische Parlament und der Rat durch Verordnungen gemäß dem ordentlichen Gesetzgebungsverfahren und nach Anhörung des Wirtschafts- und Sozialausschusses und des Ausschusses der Regionen die Aufgaben, die vorrangigen Ziele und die Organisation der Strukturfonds fest, was ihre Neuordnung einschließen kann. ²Nach demselben Verfahren werden ferner die für die Fonds geltenden allgemeinen Regeln sowie die Bestimmungen festgelegt, die zur Gewährleistung einer wirksamen Arbeitsweise und zur Koordinierung der Fonds sowohl untereinander als auch mit den anderen vorhandenen Finanzierungsinstrumenten erforderlich sind.

Ein nach demselben Verfahren errichteter Kohäsionsfonds trägt zu Vorhaben in den Bereichen Umwelt und transeuropäische Netze auf dem Gebiet der Verkehrsinfrastruktur finanziell bei.

Wesentliche sekundärrechtliche Vorschriften

Verordnung (EU) Nr. 1303/2013 des Europäischen Parlaments und des Rates vom 17.12.2013 mit gemeinsamen Bestimmungen über den Europäischen Fonds für regionale Entwicklung, den Europäischen Sozialfonds, den Kohäsionsfonds, den Europäischen Landwirtschaftsfonds für die Entwicklung des ländlichen Raums und den Europäischen Meeres- und Fischereifonds sowie mit allgemeinen Bestimmungen über den Europäischen Fonds für regionale Entwicklung, den Europäischen Sozialfonds, den Kohäsionsfonds und den Europäischen Meeres- und Fischereifonds und zur Aufhebung der Verordnung (EG) Nr. 1083/2006 des Rates, ABl. 2013, L 347/320

Verordnung (EU) Nr. 1300/2013 des Europäischen Parlaments und des Rates vom 17.12.2013 über den Kohäsionsfonds und zur Aufhebung der Verordnung (EG) Nr. 1084/2006, ABl. 2013, L 347/281

Verordnung (EU) Nr. 1297/2013 des Europäischen Parlaments und des Rates vom 11.12.2013 zur Änderung der Verordnung (EG) Nr. 1083/2006 des Rates in Bezug auf Vorkehrungen für die finanzielle Abwicklung bei bestimmten, hinsichtlich ihrer Finanzstabilität von Schwierigkeiten betroffenen bzw. von gravierenden Schwierigkeiten bedrohten Mitgliedstaaten, in Bezug auf Vorschriften für die Aufhebung der Mittelbindung bei bestimmten Mitgliedstaaten und auf die Bestimmungen über die Restzahlung, ABl. 2013, L 347/253

Verordnung (EU) Nr. 1298/2013 des Europäischen Parlaments und des Rates vom 11.12.2013 zur Änderung der Verordnung (EG) Nr. 1083/2006 in Bezug auf die Mittelzuweisungen aus dem Europäischen Sozialfonds für bestimmte Mitgliedstaaten, ABl. 2013, L 347/256

Verordnung (EG) Nr. 1059/2003 des Europäischen Parlaments und des Rates vom 26.5.2003 über die Schaffung einer gemeinsamen Klassifikation der Gebietseinheiten für die Statistik (NUTS), ABl. 2003, L 154/1

Literaturübersicht

Axt, EU-Strukturpolitik, 2000; *Bal*, Europäische Strukturfonds in behördlicher Praxis, KommJur 2011, 241; *Binder/Walthes*, Der Kohäsionsfonds: Ein strukturpolitisches Finanzinstrument der Europäischen Union, RuR 1994, 261; *Diekmann/Breier*, Der Kohäsionsfonds – ein notwendiges Gemeinschaftsinstrument?, Wirtschaftsdienst 1993, 258; *Franzmeyer*, Fonds und Fazilitäten, WSI Mitteilungen 1994, 222; *Heinemann/Hagen/Mohl/Osterloh/Sellenthin*, Die Zukunft der EU-Strukturpolitik, 2010; *Mehde*, Der Europäische Fonds für Regionale Entwicklung – Regionalförderung im europäischen Mehrebenensystem, NWVBl. 2002, 178; *Priebe*, Zum Rechtsrahmen der gemeinschaftlichen Strukturfonds, GS Grabitz, 1995, S. 551; *Puttler*, Die Verwaltung europäischer Strukturbeihilfen, in: Magiera/Sommermann (Hrsg.), Verwaltung in der Europäischen Union, 2001, S. 171; s. auch die Literatur zu Art. 174 AEUV.

Inhaltsübersicht

	Rn.
A. Entstehung der Vorschrift und Verfahren	1
B. Ermächtigungen im Hinblick auf die Strukturfonds	6
C. Sekundärrechtliche Festlegungen	9
I. Die Verordnung 1303/2013	9
II. Fondsspezifische Verordnungen	11
III. Ziele	12
IV. Grundsätze	15
V. Geteilte Mittelverwaltung	17
VI. Wirtschaftspolitische Steuerung	18
D. Der Kohäsionsfonds	22
I. Primärrechtliche Grundlagen	22
II. Sekundärrechtliche Ausgestaltung	24

A. Entstehung der Vorschrift und Verfahren

Der 1987 durch die **Einheitliche Europäische Akte** (EEA) eingefügte Titel V »Wirtschaftlicher und sozialer Zusammenhalt« sah in Art. 130d EWGV vor, dass der Rat unmittelbar nach Inkrafttreten der EEA über einen von der Kommission unterbreiteten Gesamtvorschlag beschließen sollte, »der darauf abzielt, an der Struktur und den Regeln für die Arbeitsweise der bestehenden Strukturfonds (Europäischer Ausrichtungs- und Garantiefonds für die Landwirtschaft – Abteilung Ausrichtung, Europäischer Sozialfonds, Europäischer Fonds für regionale Entwicklung) die zur Präzisierung und Rationalisierung der Aufgaben dieser Fonds gegebenenfalls erforderlichen Änderungen vorzunehmen, um zur Erreichung der Ziele der Artikel 130a und 130c beizutragen, die Effizienz der Fonds zu erhöhen und deren Tätigkeiten sowohl untereinander als auch im Verhältnis zu den Tätigkeiten der vorhandenen Finanzierungsinstrumente zu koordinieren.« 1

Art. 130e Abs. 1 EWGV schloss daran an und bestimmte, dass der Rat nach »Annahme des Beschlusses gemäß Artikel 130d« die den Europäischen Fonds für regionale Entwicklung (EFRE) betreffenden **Durchführungsbeschlüsse** erlassen sollte.[1] Für den Beschluss über die inhaltliche Ausrichtung und Koordinierung der Strukturfonds und der anderen Finanzierungsinstrumente forderte Art. 130d EWGV die Anhörung des Parlaments und Einstimmigkeit im Rat. Demgegenüber sah Art. 130e Abs. 1 EWGV für die Durchführungsbeschlüsse nur eine qualifizierte Mehrheit im Rat vor, dafür allerdings eine stärkere Beteiligung des Parlaments (Verfahren der Zusammenarbeit nach Art. 149 Abs. 2 EWGV). 2

Diese **unterschiedlichen Verfahren** machten deutlich, dass sich die im Rat vertretenen Regierungen der Mitgliedstaaten die Entscheidungen über die inhaltliche Ausgestaltung der strukturpolitischen Förderung vorbehalten wollten. Die weniger wichtigen, weil eher technischen Durchführungsbestimmungen überließ man den Unionsorganen. 3

Art. 130d und 130e EGV (Maastricht) und später Art. 161 Abs. 1 und 2 EGV (Amsterdam) formulierten die inhaltlichen Voraussetzungen neu und strichen insbesondere die vorher in Art. 130d EWGV enthaltene Bezugnahme auf das Inkrafttreten der EEA. Ansonsten übernahmen sie die bisherigen Mehrheitserfordernisse für den Rat. Art. 130d Abs. 1 EGV forderte nun aber auch die Zustimmung des Europäischen Par- 4

---

[1] S. dazu *Priebe*, S. 557.

laments für die inhaltlich ausgerichteten Rechtsakte. Der durch den **Vertrag von Nizza** angefügte Art. 161 Abs. 3 EGV regelte den Übergang zur Entscheidung des Rates mit qualifizierter Mehrheit.

5   Seit dem Inkrafttreten des **Vertrags von Lissabon** bestehen keinerlei Verfahrensunterschiede mehr. Sowohl Art. 177 als auch Art. 178 Abs. 1 AEUV sehen Verordnungen vor, die Parlament und Rat im ordentlichen Gesetzgebungsverfahren des Art. 294 AEUV und nach Anhörung des Wirtschafts- und Sozialausschusses und des Ausschusses der Regionen erlassen. Die früher wichtige Unterscheidung zwischen den inhaltlichen Regelungen und den Durchführungsbestimmungen hat damit ihre Bedeutung verloren. Das gilt auch, soweit der Europäische Sozialfonds betroffen ist; denn der nach Abs. 2 für den Europäischen Sozialfonds (ESF) anwendbare Art. 164 AEUV sieht dasselbe Verfahren vor. Dennoch wird man davon ausgehen können, dass Art. 177 AEUV vorrangig Regelungen zur Koordinierung der Finanzierungsinstrumente stützt, während Art. 178 Abs. 1 AEUV als Rechtsgrundlage für die EFRE-spezifischen Bestimmungen dient.[2]

B. Ermächtigungen im Hinblick auf die Strukturfonds

6   Die Vorschrift übernimmt weitgehend die Regelungen von Art. 161 Abs. 1 und 2 EGV. Abs. 1 Satz 1 ermächtigt dazu, »die Aufgaben, die vorrangigen Ziele und die Organisation der Strukturfonds« festzulegen und auch, diese Finanzierungsinstrumente neu zu ordnen. Der Wortlaut erweckt den Eindruck, dass Abs. 1 die Rechtsgrundlage für die Strukturfonds bildet. Die überwiegende Ansicht in der Literatur sieht in dieser Bestimmung allerdings nur die **Befugnis zur näheren Ausgestaltung der Strukturfonds**, nicht jedoch deren eigentliche Vertragsgrundlage.[3] Dafür spricht, dass die Vorgängervorschrift, Art. 130d EWGV, die Strukturfonds nicht errichtete, sondern nur zu Regelungen für die »bestehenden Strukturfonds« ermächtigte.

7   Allerdings eröffnet der ausdrückliche Hinweis auf eine **Neuordnung** erhebliche Möglichkeiten. Deshalb sollte Abs. 1 Satz 1 auch die Zusammenlegung bisheriger,[4] die Abschaffung bestehender und vielleicht sogar die Errichtung neuer Strukturfonds legitimieren können. Jedenfalls bildet Abs. 1 eine Basis auch für grundlegende Änderungen.[5]

8   Abs. 1 Satz 2 erweitert die Ermächtigung um die Festlegung der »für die Fonds geltenden allgemeinen Regeln« sowie der Bestimmungen, »die zur Gewährleistung einer wirksamen Arbeitsweise und zur Koordinierung der Fonds sowohl untereinander als auch mit den anderen vorhandenen Finanzierungsinstrumenten erforderlich sind.« Auf dieser Basis erging am 17.12.2013 die **Verordnung (EU) Nr. 1303/2013**.[6] Die Ausführ-

---

[2] Vgl. *Priebe*, in: Schwarze, EU-Kommentar, Art. 178 AEUV, Rn. 2.
[3] Vgl. *Magiera*, in: Streinz, EUV/AEUV, Art. 177 AEUV, Rn. 1f.; *Puttler*, in: Calliess/Ruffert, EUV/AEUV, Art. 177 AEUV, Rn. 1.
[4] Für die Zusammenfassung der Fonds auf dieser Basis *Kotzur*, in: Geiger/Khan/Kotzur, EUV/AEUV, Art. 177 AEUV, Rn. 1.
[5] *Priebe*, in: Schwarze, EU-Kommentar, Art. 177 AEUV, Rn. 2.
[6] Verordnung (EU) Nr. 1303/2013 des Europäischen Parlaments und des Rates vom 17.12.2013 mit gemeinsamen Bestimmungen über den Europäischen Fonds für regionale Entwicklung, den Europäischen Sozialfonds, den Kohäsionsfonds, den Europäischen Landwirtschaftsfonds für die Entwicklung des ländlichen Raums und den Europäischen Meeres- und Fischereifonds sowie mit allgemeinen Bestimmungen über den Europäischen Fonds für regionale Entwicklung, den Europäischen Sozialfonds, den Kohäsionsfonds und den Europäischen Meeres- und Fischereifonds und zur Aufhebung der Verordnung (EG) Nr. 1083/2006 des Rates, ABl. 2013, L 347/320.

lichkeit dieser und der anderen Rechtsakte sind Ausdruck der starken sekundärrechtlichen Prägung der Strukturpolitik. Die Inhalte dieser Vorschriften sollen im Folgenden nur skizziert werden.

C. Sekundärrechtliche Festlegungen

I. Die Verordnung 1303/2013

Die Verordnung 1303/2013 beinhaltet zunächst in den Art. 1–3 Regelungen zu ihren Gegenständen sowie Begriffsbestimmungen. Darüber hinaus enthält sie, wie ihr Art. 1 Abs. 1 formuliert, gemeinsame »Regelungen für den Europäischen Fonds für regionale Entwicklung (EFRE), den Europäischen Sozialfonds (ESF), den Kohäsionsfonds, den Europäischen Landwirtschaftsfonds für die Entwicklung des ländlichen Raumes (ELER) und den Europäischen Meeres- und Fischereifonds (EMFF)«. Sie bezeichnet diese Fonds mit dem Sammelbegriff »**europäische Struktur- und Investitionsfonds**« (ESI-Fonds). Für sie gilt der in Art. 10 VO 1303/2013 und im Anhang I zu dieser Verordnung näher beschriebene **Gemeinsame Strategische Rahmen (GSR)**. Außerdem enthält die Verordnung 1303/2013 Bestimmungen, »die notwendig sind, um die Effizienz der ESI-Fonds und die Koordinierung der ESI-Fonds untereinander und mit anderen Unionsinstrumenten zu gewährleisten« (Art. 1 Abs. 1 Satz 2). Alle diese gemeinsam für die ESI-Fonds geltenden Regelungen finden sich in Teil Zwei der Verordnung (Art. 4–88).

9

Teil Drei (Art. 89–121) der Verordnung 1303/2013 bezieht sich auf die Strukturfonds und den Kohäsionsfonds und sieht allgemeine Regelungen für diese als »**die Fonds**« bezeichneten Einrichtungen vor. »**Strukturfonds**« stellt insoweit einen Sammelbegriff nur für EFRE und ESF dar (Art. 1 Abs. 2 VO 1303/2013). Ebenfalls allgemeine Regelungen enthält Teil Vier (Art. 122–148). Sie beziehen sich auf die Fonds sowie den EMFF (Art. 1 Abs. 3 VO 1303/2013).

10

II. Fondsspezifische Verordnungen

Neben der Verordnung 1303/2013 mit ihren gemeinsamen Bestimmungen haben Parlament und Rat fondsspezifische Verordnungen erlassen, die nach Art. 1 Abs. 5 VO 1303/2013 grundsätzlich nur dann abweichende Regelungen treffen dürfen, wenn die Verordnung 1303/2013 dazu ermächtigt. Somit gehen die gemeinsamen Bestimmungen den fondsspezifischen Verordnungen grundsätzlich vor. Bei den spezifischen Regelungen handelt es sich um die Verordnung (EU) Nr. 1301/2013 (EFRE-Verordnung),[7] die Verordnung (EU) Nr. 1304/2013 (ESF-Verordnung),[8] die Verordnung (EU) Nr. 1300/

11

---

[7] Verordnung (EU) Nr. 1301/2013 des Europäischen Parlaments und des Rates vom 17.12.2013 über den Europäischen Fonds für regionale Entwicklung und mit besonderen Bestimmungen hinsichtlich des Ziels »Investitionen in Wachstum und Beschäftigung« und zur Aufhebung der Verordnung (EG) Nr. 1080/2006, ABl. 2013, L 347/289.

[8] Verordnung (EU) Nr. 1304/2013 des Europäischen Parlaments und des Rates vom 17.12.2013 über den Europäischen Sozialfonds und zur Aufhebung der Verordnung (EG) Nr. 1081/2006 des Rates, ABl. 2013, L 347/470.

2013 (KF-Verordnung),[9] die Verordnung (EU) Nr. 1299/2013 (ETZ-Verordnung)[10] sowie die Verordnung (EU) Nr. 1305/2013 (ELER-Verordnung).[11] Hinzukommen soll nach Art. 1 Abs. 4 UAbs. 6 VO 1303/2013 »ein zukünftiger Gesetzgebungsakt der Union zur Festlegung der Bedingungen für die finanzielle Unterstützung für die Meeres- und Fischereipolitik für den Programmplanungszeitraum 2014–2020 (im Folgenden »EMFF-Verordnung«).«[12]

III. Ziele

12 Bis zum Inkrafttreten der Verordnung 1303/2013 war die Verordnung (EG) Nr. 1083/2006 des Rates vom 11.7.2006 mit allgemeinen Bestimmungen über den Europäischen Fonds für regionale Entwicklung, den Europäischen Sozialfonds und den Kohäsionsfonds und zur Aufhebung der Verordnung (EG) Nr. 1260/1999[13] maßgeblich, die 2010 auf der Grundlage von Abs. 1 Satz 2 geändert wurde.[14] Sie legte drei Ziele fest, zu deren Verwirklichung der EFRE, der ESF, der Kohäsionsfonds, die Europäische Investitionsbank (EIB) und die sonstigen Finanzierungsinstrumente der Union beitragen sollten. Diese Ziele trugen die Kurzbezeichnungen »Konvergenz«, »Regionale Wettbewerbsfähigkeit und Beschäftigung« sowie »Europäische territoriale Zusammenarbeit«. Eine nähere Beschreibung dieser Ziele enthielt Art. 3 Abs. 2 VO 1083/2006.

13 Mittlerweile legt Art. 9 VO 1303/2013 die **thematischen Ziele der ESI-Fonds** fest. Dabei handelt es sich um die elf folgenden Ziele:
1. Stärkung von Forschung, technologischer Entwicklung und Innovation;
2. Verbesserung der Barrierefreiheit sowie der Nutzung und Qualität von IKT;
3. Stärkung der Wettbewerbsfähigkeit von KMU, des Agrarsektors (beim ELER) und des Fischerei- und Aquakultursektors (beim EMFF);
4. Förderung der Bestrebungen zur Verringerung der CO_2-Emissionen in allen Branchen der Wirtschaft;
5. Förderung der Anpassung an den Klimawandel sowie der Risikoprävention und des Risikomanagements;
6. Erhaltung und Schutz der Umwelt sowie Förderung der Ressourceneffizienz;
7. Förderung von Nachhaltigkeit im Verkehr und Beseitigung von Engpässen in wichtigen Netzinfrastrukturen;
8. Förderung nachhaltiger und hochwertiger Beschäftigung und Unterstützung der Mobilität der Arbeitskräfte;
9. Förderung der sozialen Inklusion und Bekämpfung von Armut und jeglicher Diskriminierung;

---

[9] Verordnung (EU) Nr. 1300/2013 des Europäischen Parlaments und des Rates vom 17.12.2013 über den Kohäsionsfonds und zur Aufhebung der Verordnung (EG) Nr. 1084/2006, ABl. 2013, L 347/281.
[10] Verordnung (EU) Nr. 1299/2013 des Europäischen Parlaments und des Rates vom 17.12.2013 mit besonderen Bestimmungen zur Unterstützung des Ziels »Europäische territoriale Zusammenarbeit« aus dem Europäischen Fonds für regionale Entwicklung (EFRE), ABl. 2013, L 347/259.
[11] Verordnung (EU) Nr. 1305/2013 des Europäischen Parlaments und des Rates vom 17.12.2013 über die Förderung der ländlichen Entwicklung durch den Europäischen Landwirtschaftsfonds für die Entwicklung des ländlichen Raums (ELER) und zur Aufhebung der Verordnung (EG) Nr. 1698/2005, ABl. 2013, L 347/487.
[12] VO 508/2014, ABl. 2014, L 149/1.
[13] ABl. 2006, L 210/25.
[14] Verordnung (EU) Nr. 539/2010 des Europäischen Parlaments und des Rates vom 16.6.2010, ABl. 2010, L 158/1.

10. Investitionen in Bildung, Ausbildung, und Berufsbildung für Kompetenzen und lebenslanges Lernen;
11. Verbesserung der institutionellen Kapazitäten von öffentlichen Behörden und Interessenträgern und der effizienten öffentlichen Verwaltung.

Den genauen **Interventionsbereich der einzelnen Fonds** regeln erst die fondsspezifischen Bestimmungen. Es ist zulässig, den Interventionsbereich eines Fonds auf nur einige dieser thematischen Ziele zu beschränken.[15] Die für die Förderfähigkeit wichtige Zuordnung der europäischen Regionen zu bestimmten Regionenkategorien erfolgt auf der Grundlage der Verordnung (EG) Nr. 1059/2003 des Europäischen Parlaments und des Rates vom 26.5.2003 über die Schaffung einer gemeinsamen Klassifikation der Gebietseinheiten für die Statistik (**NUTS**).[16]

IV. Grundsätze

Als wichtige, aber nicht immer unproblematische Grundsätze[17] für die Tätigkeit der Fonds nennt Art. 4 Abs. 2 VO 1303/2013 **Kohärenz und Komplementarität**. Die Interventionen der ESI-Fonds ergänzen die nationalen Aktionen und auch die Tätigkeit der anderen Finanzierungsinstrumente und sind insoweit komplementär angelegt (Art. 4 Abs. 1 und 2 VO 1303/2013). Ihre Förderung ist darüber hinaus im Zusammenhang mit den anderen Politiken der Union zu sehen und insoweit auf Kohärenz angelegt. Dazu ist die Koordinierung der Fördertätigkeit von Union und Mitgliedstaaten mit anderen Politiken unverzichtbar. Art. 6 VO 1303/2013 fordert zudem **Konformität** in dem Sinne, dass die aus den Fonds finanzierten Vorhaben »dem Unionsrecht und dem in Bezug auf dessen Umsetzung einschlägigen nationalen Recht« entsprechen müssen.

Neben weiteren Prinzipien gilt insbesondere auch der **Grundsatz der Zusätzlichkeit**, den man auch als Element der Komplementarität verstehen kann.[18] Nach Art. 95 Abs. 2 VO 1303/2013 darf die »Unterstützung aus den Fonds für das Ziel »Investitionen in Wachstum und Beschäftigung« [...] öffentliche oder gleichwertige Strukturausgaben des Mitgliedstaats nicht ersetzen.« Ebenfalls als wesentliches Prinzip der Strukturförderung gilt der **Grundsatz der Kofinanzierung**.[19] Erwägungsgrund 26 der Verordnung 1303/2013 erwähnt seine überragende Bedeutung. Art. 60 VO 1303/2013 regelt die Festlegung der Kofinanzierungssätze.

V. Geteilte Mittelverwaltung

Art. 4 Abs. 7 VO 1303/2013 bestimmt, dass die »den ESI-Fonds im Unionshaushalt zugewiesenen Mittel [...] im Rahmen der zwischen den Mitgliedstaaten und der Kommission geteilten Mittelverwaltung gemäß Artikel 59 der Haushaltsordnung eingesetzt« werden. Zwar trägt generell die Kommission die Verantwortung für die Ausführung des

---

[15] Vgl. Erwägungsgrund 15 der Verordnung 1303/2013.
[16] ABl. 2003, L 154/1. S. auch die Verordnung (EU) Nr. 1319/2013 der Kommission vom 9.12.2013 zur Änderung der Anhänge der Verordnung (EG) Nr. 1059/2003 des Europäischen Parlaments und des Rates über die Schaffung einer gemeinsamen Klassifikation der Gebietseinheiten für die Statistik (NUTS), ABl. 2013, L 342/1.
[17] Zu diesen und anderen Grundsätzen vgl. *Budischowsky*, in: Mayer/Stöger, EUV/AEUV, Art. 177 AEUV (2010), Rn. 1 ff.; *Rossi*, in: Niedobitek, Europarecht – Politiken, § 5, Rn. 74 ff.
[18] Vgl. *Mehde*, NWVBl. 2002, 178 (179). S. auch *Rossi*, in: Niedobitek, Europarecht – Politiken, § 5, Rn. 84.
[19] Zu Zusätzlichkeit und Kofinanzierung vgl. *Puttler*, S. 182 f.

EU-Haushalts; bei der geteilten Mittelverwaltung überträgt sie jedoch den **Mitgliedstaaten Haushaltsvollzugsaufgaben** (Art. 59 Abs. 1 Satz 1 HO). Da es meist die Mitgliedstaaten sind, die Unionsrecht exekutieren,[20] ist die geteilte Mittelverwaltung nicht nur im Zusammenhang der Strukturförderung der Regelfall. Dem trägt Art. 317 Abs. 1 AEUV Rechnung, der zwar die grundsätzliche Verantwortung der Kommission nicht in Frage stellt, dennoch aber formuliert, dass die Kommission den Haushaltsplan »zusammen mit den Mitgliedstaaten« ausführt (s. Art. 317 AEUV, Rn. 1 ff.).

VI. Wirtschaftspolitische Steuerung

18 Teil Zwei, Titel II, Kapitel IV der Verordnung 1303/2013 enthält Bestimmungen über Maßnahmen in Verbindung mit der ordnungsgemäßen wirtschaftspolitischen Steuerung. Interessant ist vor allem der lange Art. 23, der in 17 Absätzen »Maßnahmen zur Schaffung einer Verbindung zwischen der Wirksamkeit der ESI-Fonds und der ordnungsgemäßen wirtschaftspolitischen Steuerung« vorsieht. Letztlich geht es darum, das wirtschafts- und **haushaltspolitische Wohlverhalten** im Sinne von Art. 121 und 126 AEUV durch Sanktionen im Zusammenhang mit der Arbeit der ESI-Fonds sicherzustellen.

19 Art. 23 Abs. 9 VO 1303/2013 nennt eine ganze Reihe von Fällen, in denen die Kommission dem Rat vorschlägt, die Mittelbindungen oder Zahlungen für ein Programm eines Mitgliedstaats teilweise oder vollständig auszusetzen. Dazu gehört z. B. die Situation, dass »der Rat im Einklang mit Artikel 126 Absatz 8 oder Artikel 126 Absatz 11 AEUV zu dem Schluss kommt, dass der betroffene Mitgliedstaat keine wirksamen Maßnahmen zur Korrektur seines **übermäßigen Defizits** ergriffen hat« (Buchst. a).

20 Geht man davon aus, dass Art. 126 AEUV, der die Haushaltsdisziplin betrifft und die Vermeidung übermäßiger öffentlicher Defizite vorschreibt, in seinem Abs. 11 UAbs. 1 die zulässigen Sanktionen abschließend aufzählt, dann erscheinen die Regelungen des Art. 23 VO 1303/2013 als sehr **problematisch**. Ähnliches gilt im Hinblick auf Art. 121 AEUV, der überhaupt keine Sanktionen, sondern nur Empfehlungen vorsieht. Solchen spezifischen, auf die ESI-Fonds bezogenen zusätzlichen **Zwangsmitteln fehlt eine primärrechtliche Grundlage**.

21 Eine solche könnte möglicherweise in dem von den Mitgliedstaaten den Unionsverträgen beigefügten **Protokoll (Nr. 28) über den wirtschaftlichen, sozialen und territorialen Zusammenhalt**[21] zu finden sein. Insoweit ist allerdings zu berücksichtigen, dass sich dieses Protokoll nur auf den Kohäsionsfonds bezieht. Außerdem stellt das Protokoll seinem Wortlaut nach auf das bloße Vorhandensein eines Programms ab. Art. 23 Abs. 9 VO 1303/2013 knüpft demgegenüber u. a. am Fehlen wirksamer Maßnahmen an. Dass ein Mitgliedstaat ein Programm vorweisen kann, führt jedoch nicht zwingend dazu, dass die vorgesehenen Maßnahmen auch wirksam sind. Vor diesem Hintergrund erscheint es fraglich, ob die im Protokoll Nr. 28 beschriebene Bedingung tatsächlich eine ausreichende primärrechtliche Grundlage für Sanktionen bilden kann.[22] Daher ist nicht sicher, ob die Aussetzung der Förderung aus dem Kohäsionsfonds und die anderen in Art. 23 VO 1303/2013 vorgesehenen Maßnahmen (s. Rn. 18 ff.) im Streitfall vor dem EuGH Bestand haben könnten.

---

[20] Zur behördlichen Praxis *Bal*, KommJur 2011, 241.
[21] ABl. 2012, C 326/310.
[22] Vgl. *Häde*, in: Calliess/Ruffert, EUV/AEUV, Art. 126 AEUV, Rn. 58.

D. Der Kohäsionsfonds

I. Primärrechtliche Grundlagen

Abs. 2 bildet die Grundlage des Kohäsionsfonds. Seine Aufgabe ist es, »zu Vorhaben in den Bereichen **Umwelt und transeuropäische Netze** auf dem Gebiet der Verkehrsinfrastruktur finanziell« beizutragen.[23] Da vor dem Inkrafttreten des Vertrags von Maastricht noch eine ausdrückliche primärrechtliche Ermächtigung fehlte, schuf der Rat zunächst auf der Basis von Art. 235 EWGV ein Kohäsions-Finanzierungsinstrument.[24] 1994 wurde dann der Kohäsionsfonds auf der Rechtsgrundlage des neu eingefügten Art. 130d Abs. 2 EGV (Maastricht) errichtet.[25] Dies geschah zunächst, um den weniger wohlhabenden Mitgliedstaaten zu helfen, die Voraussetzungen für die **Einführung der gemeinsamen Währung** zu erfüllen.[26] Als er seinen Zweck erfüllt hatte, wurde der Fonds jedoch nicht abgeschafft,[27] sondern fortgeführt, um weiterhin Projekte in Mitgliedstaaten mit unterdurchschnittlicher Wirtschaftskraft zu fördern. 22

Für **Regelungen über den Kohäsionsfonds** gilt ebenfalls das in Abs. 1 festgelegte Verfahren. Danach ergehen im ordentlichen Gesetzgebungsverfahren des Art. 294 AEUV Verordnungen, die das Europäische Parlament und der Rat nach Anhörung des Wirtschafts- und Sozialausschusses und des Ausschusses der Regionen erlassen. 23

II. Sekundärrechtliche Ausgestaltung

Die knappen Vorgaben im Primärrecht bedürfen der sekundärrechtlichen Ausgestaltung.[28] Insoweit gelten auch für den Kohäsionsfonds die **allgemeinen Bestimmungen** der Verordnung 1303/2013 (s. Rn. 9 ff.). Hinzu kommt die auf der Grundlage von Abs. 2 EGV erlassene **Verordnung (EU) Nr. 1300/2013** des Europäischen Parlaments und des Rates vom 17.12.2013 über den Kohäsionsfonds und zur Aufhebung der Verordnung (EG) Nr. 1084/2006,[29] die die Errichtung und die Ausgestaltung des Kohäsionsfonds regelt. 24

Art. 2 VO 1300/2013 beschreibt den **Interventionsbereich** in der Weise, dass der Kohäsionsfonds »unter Gewährleistung eines angemessenen Gleichgewichts und entsprechend dem speziellen Investitions- und Infrastrukturbedarf der einzelnen Mitgliedstaaten« insbesondere »Investitionen in die Umwelt, auch im Bereich der nachhaltigen Entwicklung und der Energie, die einen Nutzen für die Umwelt haben«, unterstützt. Ebenso unterstützt werden »Verkehrsinfrastrukturprojekte mit europäischem Mehrwert« (Art. 3 VO 1300/2013). 25

---

[23] Kritisch zu diesem Fonds u.a. *Binder/Walthes*, RuR 1994, 261 ff.; *Diekmann/Breier*, Wirtschaftsdienst 1993, 258 ff.; *Franzmeyer*, WSI Mitteilungen 1994, 222 (227 ff.).
[24] Verordnung (EWG) Nr. 792/93 des Rates vom 30.3.1993 zur Errichtung eines Kohäsions-Finanzinstruments, ABl. 1993, L 79/74.
[25] Verordnung (EG) Nr. 1164/94 des Rates vom 16.5.1994 zur Errichtung des Kohäsionsfonds, ABl. 1994, L 130/1.
[26] Vgl. *Axt*, S. 68; *Häde*, Finanzausgleich, 1996, S. 497 ff.; *Sitte/Ziegler*, WSI Mitteilungen 1994, 214 (216). S. auch *Franzmeyer*, WSI Mitteilungen 1994, 222 (227): »politischer Kaufpreis für die Bereitschaft der Peripheriestaaten, das Maastrichtkonzept mit zu tragen«. Ähnlich und ausführlicher *Binder/Walthes*, RuR 1994, 261 (263), die den Kohäsionsfonds dann (266) als »eine Art ›Unionsrente‹ in Form eines institutionalisierten Transfers für ihre Zustimmung nicht nur zum Maastrichter, sondern auch zum EWR-Vertrag« verstehen.
[27] Vgl. *Heinemann/Hagen/Mohl/Osterloh/Sellenthin*, S. 52.
[28] In diesem Sinne *Mehde*, NWVBl. 2002, 178 (179).
[29] S.o. Fn. 9.

26 Art. 4 VO 1300/2013 bestimmt außerdem, welche **Investitionsprioritäten** der Kohäsionsfonds innerhalb der in Art. 9 Abs. 1 VO 1303/3013 für die ESI-Fonds festgelegten thematischen Ziele unterstützt. Erwähnung finden insoweit die »Förderung der Bestrebungen zur Verringerung der CO_2-Emissionen in allen Branchen der Wirtschaft« (Buchst. a), die »Förderung der Anpassung an den Klimawandel sowie der Risikoprävention und des Risikomanagements« (Buchst. b), »Erhaltung und Schutz der Umwelt sowie Förderung der Ressourceneffizienz« (Buchst. c), die »Förderung von Nachhaltigkeit im Verkehr und Beseitigung von Engpässen in wichtigen Netzinfrastrukturen« (Buchst. d), sowie die »Verbesserung der institutionellen Kapazitäten von öffentlichen Behörden und Interessenvertretern und der effizienten öffentlichen Verwaltung durch Maßnahmen zur Stärkung der institutionellen Kapazitäten und der Effizienz der öffentlichen Verwaltungen und Dienste, die mit der Umsetzung des Kohäsionsfonds zusammenhängen« (Buchst. e).

27 In dem **Protokoll über den wirtschaftlichen, sozialen und territorialen Zusammenhalt** (s. Rn. 21) heißt es, die Vertragsparteien vereinbaren, »dass der Kohäsionsfonds finanzielle Beiträge der Union für Vorhaben in den Bereichen Umwelt und transeuropäische Netze in Mitgliedstaaten mit einem Pro-Kopf-BSP von weniger als 90 v.H. des Unionsdurchschnitts bereitstellt, die ein Programm zur Erfüllung der in Artikel 126 des Vertrags über die Arbeitsweise der Europäischen Union genannten Bedingungen der wirtschaftlichen Konvergenz vorweisen«.

28 Daran knüpft zum einen Art. 90 Abs. 3 VO 1303/2013 an, indem er bestimmt, dass aus dem Kohäsionsfonds grundsätzlich nur diejenigen Mitgliedstaaten unterstützt werden, »deren BNE pro Kopf, gemessen in Kaufkraftparitäten und berechnet anhand der Unionsdaten für den Zeitraum 2008–2010, **weniger als 90% des durchschnittlichen BNE pro Kopf der EU–27 für denselben Bezugszeitraum entspricht.**« Mit diesem auf die Wirtschaftskraft der Mitgliedstaaten bezogenen Ansatz weicht der Kohäsionsfonds von der regionalen Ausrichtung der Strukturfonds ab.[30]

29 Zu den in Teil Zwei, Titel II, Kapitel IV dieser auf alle Fonds bezogenen Verordnung vorgesehenen »Maßnahmen in Verbindung mit der ordnungsgemäßen wirtschaftlichen Steuerung« s. Rn. 18 ff.

---

[30] Vgl. *Binder/Walthes*, RuR 1994, 261 (266); *Konow*, ZG 2005, 328 (329).

Artikel 178 AEUV [Durchführungsbestimmungen]

Die den Europäischen Fonds für regionale Entwicklung betreffenden Durchführungsverordnungen werden vom Europäischen Parlament und vom Rat gemäß dem ordentlichen Gesetzgebungsverfahren und nach Anhörung des Wirtschafts- und Sozialausschusses sowie des Ausschusses der Regionen gefasst.

Für den Europäischen Ausrichtungs- und Garantiefonds für die Landwirtschaft, Abteilung Ausrichtung, und den Europäischen Sozialfonds sind die Artikel 43 bzw. 164 weiterhin anwendbar.

Wesentliche sekundärrechtliche Vorschriften

Verordnung (EU) Nr. 1301/2013 des Europäischen Parlaments und des Rates vom 17.12.2013 über den Europäischen Fonds für regionale Entwicklung und mit besonderen Bestimmungen hinsichtlich des Ziels »Investitionen in Wachstum und Beschäftigung« und zur Aufhebung der Verordnung (EG) Nr. 1080/2006, ABl. 2013, L 347/289

Verordnung (EU) Nr. 1299/2013 des Europäischen Parlaments und des Rates vom 17.12.2013 mit besonderen Bestimmungen zur Unterstützung des Ziels »Europäische territoriale Zusammenarbeit« aus dem Europäischen Fonds für regionale Entwicklung (EFRE), ABl. 2013, L 347/259

Inhaltsübersicht

	Rn.
A. Entwicklung der Norm	1
B. EFRE-Durchführungsverordnungen	2
C. Durchführungsbestimmungen für andere Strukturfonds	4

A. Entwicklung der Norm

Die Vorschrift geht auf Art. 130e EWGV zurück, der mit den anderen Vorschriften über die Strukturpolitik (Art. 130a ff. EWGV) erst 1987 durch die **Einheitliche Europäische Akte** in den EWG-Vertrag eingefügt wurde (s. Art. 174 AEUV, Rn. 3). Von Anfang an entstanden die Durchführungsbeschlüsse im Verfahren der Zusammenarbeit (Art. 149 Abs. 2 EWGV). Art. 130e EGV (Maastricht) führte die Anhörung des Wirtschafts- und Sozialausschusses und des Ausschusses der Regionen ein. Zuletzt fand sich die Norm als Art. 162 im EG-Vertrag. Eine bestimmte Handlungsform sahen diese Vorschriften nicht vor; der Erlass von Verordnungen lag jedoch auch nach altem Recht schon nahe.[1]

1

B. EFRE-Durchführungsverordnungen

Abs. 1 ermächtigt Parlament und Rat im ordentlichen Gesetzgebungsverfahren und nach Anhörung des Wirtschafts- und Sozialausschusses sowie des Ausschusses der Regionen Durchführungsverordnungen zu erlassen, die den Europäischen Fonds für regionale Entwicklung (EFRE) betreffen. Damit gibt er die **Handlungsform** zwingend vor. Derzeit gilt Verordnung (EU) Nr. 1301/2013 des Europäischen Parlaments und des Rates vom 17.12.2013 über den Europäischen Fonds für regionale Entwicklung und mit

2

---

[1] In diesem Sinne *Rossi*, in: Vedder/Heintschel v. Heinegg, Europäisches Unionsrecht, Art. 178 AEUV, Rn. 3.

besonderen Bestimmungen hinsichtlich des Ziels »Investitionen in Wachstum und Beschäftigung« und zur Aufhebung der Verordnung (EG) Nr. 1080/2006.[2] Ebenfalls auf Abs. 1 gestützt, haben Parlament und Rat außerdem die Verordnung (EU) Nr. 1299/2013[3] erlassen, die besondere Bestimmungen zur Unterstützung des Ziels »Europäische territoriale Zusammenarbeit« aus dem Europäischen Fonds für regionale Entwicklung (EFRE) enthält.

3   Der **Begriff der Durchführungsverordnungen** ist an dieser Stelle nicht im Sinne von eher technischen, untergeordneten Regelungen zu verstehen.[4] Er grenzt vielmehr die in Art. 177 Abs. 1 AEUV vorgesehenen allgemeinen Regeln für die Strukturfonds von den speziellen, allein auf den EFRE bezogenen Bestimmungen ab. Insofern dient die Vorschrift auch als Grundlage für sekundärrechtliche Regelungen zur Umsetzung von Art. 176 AEUV.[5]

C. Durchführungsbestimmungen für andere Strukturfonds

4   Hinsichtlich der Durchführungsbestimmungen für die beiden anderen Strukturfonds verweist Abs. 2 auf die jeweils einschlägige Rechtsgrundlage. Für den inzwischen allerdings nicht mehr als Strukturfonds fungierenden und insbesondere vom Europäischen Landwirtschaftsfonds für die Entwicklung des ländlichen Raums (ELER) abgelösten **Europäischen Ausrichtungs- und Garantiefonds für die Landwirtschaft**, Abteilung Ausrichtung (s. Art. 175 AEUV, Rn. 7) war das Art. 43 AEUV. Art. 43 Abs. 2 AEUV sieht ebenfalls den Erlass von Bestimmungen durch Parlament und Rat im ordentlichen Gesetzgebungsverfahren und die Anhörung des Wirtschafts- und Sozialausschusses vor (s. Art. 43 AEUV, Rn. 12). Anders als bei den Strukturfonds ist eine **Mitwirkung des Ausschusses der Regionen** dort aber nicht festgeschrieben. Die Anwendbarkeit von Art. 164 AEUV auf den Europäischen Sozialfonds (ESF) bringt keine Abweichungen gegenüber Abs. 1, da beim Erlass der den ESF betreffenden Durchführungsverordnungen dasselbe Verfahren zu beachten ist.

---

[2] ABl. 2013, L 347/289.
[3] ABl. 2013, L 347/259.
[4] Vgl. *Priebe*, in: Schwarze, EU-Kommentar, Art. 178 AEUV, Rn. 2.
[5] Vgl. *Puttler*, in: Calliess/Ruffert, EUV/AEUV, Art. 178 AEUV, Rn. 1.

Titel XIX
Forschung, technologische Entwicklung und Raumfahrt

Artikel 179 AEUV [Europäischer Raum der Forschung]

(1) Die Union hat zum Ziel, ihre wissenschaftlichen und technologischen Grundlagen dadurch zu stärken, dass ein europäischer Raum der Forschung geschaffen wird, in dem Freizügigkeit für Forscher herrscht und wissenschaftliche Erkenntnisse und Technologien frei ausgetauscht werden, die Entwicklung ihrer Wettbewerbsfähigkeit einschließlich der ihrer Industrie zu fördern sowie alle Forschungsmaßnahmen zu unterstützen, die aufgrund anderer Kapitel der Verträge für erforderlich gehalten werden.

(2) In diesem Sinne unterstützt sie in der gesamten Union die Unternehmen – einschließlich der kleinen und mittleren Unternehmen –, die Forschungszentren und die Hochschulen bei ihren Bemühungen auf dem Gebiet der Forschung und technologischen Entwicklung von hoher Qualität; sie fördert ihre Zusammenarbeitsbestrebungen, damit vor allem die Forscher ungehindert über die Grenzen hinweg zusammenarbeiten und die Unternehmen die Möglichkeiten des Binnenmarkts in vollem Umfang nutzen können, und zwar insbesondere durch Öffnen des einzelstaatlichen öffentlichen Auftragswesens, Festlegung gemeinsamer Normen und Beseitigung der dieser Zusammenarbeit entgegenstehenden rechtlichen und steuerlichen Hindernisse.

(3) Alle Maßnahmen der Union aufgrund der Verträge auf dem Gebiet der Forschung und der technologischen Entwicklung einschließlich der Demonstrationsvorhaben werden nach Maßgabe dieses Titels beschlossen und durchgeführt.

Literaturübersicht

Eikenberg, Der Europäische Forschungsraum: Ein Kompetenzproblem?, EuR 2008, 125; *Ekardt/ Kornack*, »Europäische« und »deutsche« Menschenwürde und die europäische Grundrechtsinterpretation. Zugleich Gentechnik-Forschungsförderung und zum Verhältnis der verschiedenen EU-Grundrechtsquellen, ZEuS 2010, 111; *Grande*, Die Grenzen des Subsidiaritätsprinzips in der europäischen Forschungs- und Technologiepolitik, in: Sturm (Hrsg.), Europäische Forschungs- und Technologiepolitik und die Anforderungen des Subsidiaritätsprinzips, 1996, S. 131; *Groß*, Der Europäische Forschungsrat – ein neuer Akteur im europäischen Forschungsraum, EuR 2010, 299; *Kunz*, Hochtechnologieförderung als Kern Europäischer Industriepolitik, GS Grabitz, 1995, S. 349; *Pfeiffer*, Die Forschungs- und Technologiepolitik der Europäischen Gemeinschaft als Referenzgebiet für das europäische Verwaltungsrecht, 2003; *Ruffert*, Grund und Grenzen der Wissenschaftsfreiheit, VVDStRL 65 (2006), 146; *Starck*, Ist die finanzielle Förderung der Forschung an embryonalen Stammzellen durch die Europäische Gemeinschaft rechtlich zulässig?, EuR 2006, 1; Sturm (Hrsg.), Europäische Forschungs- und Technologiepolitik und die Anforderungen des Subsidiaritätsprinzips, 1996; *Trute*, Die Forschung zwischen grundrechtlicher Freiheit und staatlicher Institutionalisierung, 1994; *Trute/Groß*, Rechtsvergleichende Grundlagen der europäischen Forschungspolitik, WissR 1994, 203.

Leitentscheidungen

EuGH, Urt. v. 9.10.2001, Rs. C–377/98 (Niederlande/Parlament und Rat, »Biopatentrichtlinie«), Slg. 2001, I–7079
EuGH, Urt. v. 18.10.2011, Rs. C–34/10 (Brüstle/Greenpeace), Slg. 2011, I–9821
EuGH, Urt. v. 19.12.2012, Rs. C–159/11 (Lecce), ECLI:EU:C:2012:817

Inhaltsübersicht Rn.

A. Entwicklung und Bedeutung 1
   I. Vom Industrie- zum Unionsbezug 1
   II. Fortbestehende nationale Dominanz 3
   III. Grundrechtliche Einwirkungen 4
   IV. Freiheitliches Konzept? 9
B. Dreifache Zielsetzung 11
   I. Europäischer Raum der Forschung 11
   II. Wettbewerbsfähigkeit 17
   III. Verbindung mit anderen Unionspolitiken 24
C. Unterstützung und Förderung 27
   I. Unternehmen 27
   II. Forschungszentren 30
   III. Hochschulen 31
   IV. Hohe Qualität 32
   V. Beihilfenverbot 33
   VI. Industriepolitik 34
   VII. Kooperationen 35
   VIII. Binnenmarkt 36
D. Konzentration 41

A. Entwicklung und Bedeutung

I. Vom Industrie- zum Unionsbezug

1   Die Förderung der Forschung und der technologischen Entwicklung ist ein relativ junges Politikfeld auf europäischer Ebene. Es wurde erst mit der Einheitlichen Europäischen Akte von 1986 eigens in den damaligen EWGV aufgenommen. Vorher blieb nur der Rückgriff auf die Vertragsabrundungskompetenz nach Art. 235 EWGV,[1] der seine heutige Fortsetzung in der Vertragsergänzungskompetenz nach Art. 352 AEUV findet. Auf diese muss indes nicht mehr zurückgegriffen werden. Vielmehr ist nunmehr in Art. 179 AEUV **für sämtliche Maßnahmen der Union** auf dem Gebiet der Forschung und der technologischen Entwicklung eine abschließende Kompetenznorm geschaffen. Auf diese Weise erfolgt eine **Konzentration**, die das weitere Regelungsregime der Art. 180 ff. AEUV eingreifen lässt.

2   Inhaltlich vollzog sich ein Wandel vor allem **von der zunächst sehr starken Ausrichtung auf die Industrie hin zu** einer Ausrichtung auf die **Union**. Insbesondere soll ein europäischer Forschungsraum geschaffen werden. Dies erfordert ein vom Ansatz her einheitliches Konzept. Damit ist aber kein Bruch zur Industrie erfolgt. Diese ist vielmehr weiterhin eigens benannt. Allerdings ist die vielfach vorher zu beobachtende Technologie- und Anwendungslastigkeit in eine Erforschung auch der Grundlagen und in eine Einbeziehung der Geisteswissenschaften übergegangen.[2]

---

[1] Etwa *Mellein*, in: Schwarze, EU-Kommentar, Art. 179 AEUV, Rn. 4 f.
[2] Näher zur Entwicklung *Eikenberg*, in: Grabitz/Hilf/Nettesheim, EU, Art. 179 AEUV (Januar 2015), Rn. 32; *Trute/Pilniok*, in: Streinz, EUV/AEUV, Art. 179 AEUV, Rn. 2 ff., 11; zur früheren Ausrichtung *Pfeiffer*, S. 31 ff.; *Trute/Groß*, WissR 1994, 203.

II. Fortbestehende nationale Dominanz

Aus dieser stärkeren europäischen Ausrichtung folgt aber keine umfassende Kompetenz der Union. Diese bleibt auf eine Unterstützung und Förderung beschränkt, für die freilich konkrete Schritte vorgesehen sind und erfolgreich etabliert wurden. Der **europäische Forschungsraum** ist damit weiterhin **nur** ein **Rahmen**. Die eigentlich zuständigen Kompetenzträger im Bereich von Forschung und technologischer Entwicklung ebenso wie in der in Art. 190 AEUV hinzugenommenen Raumfahrt bleiben die Mitgliedstaaten. Es besteht gemäß Art. 4 Abs. 3 AEUV eine besondere geteilte Zuständigkeit dergestalt, dass die Union zwar vor allem Programme erstellen und durchführen kann, indes die Mitgliedstaaten ungehindert von ihrer eigenen Zuständigkeit Gebrauch machen können. In diesem Rahmen müssen sich auch die erweiterten Kompetenzen nach Art. 182 Abs. 5 AEUV bewegen.

3

III. Grundrechtliche Einwirkungen

Für den Forschungsbereich eine erhebliche praktische Bedeutung gewinnt die Etablierung der GRC, die nach Art. 6 Abs. 1 EUV den Verträgen gleichgestellt ist. Daraus ergibt sich nicht nur die Gewährleistung der Forschungsfreiheit, sondern insbesondere deren Begrenzung. Einschlägig dafür ist insbesondere **Art. 1 GRC**. Schon nach dem Urteil des EuGH zur Biopatentrichtlinie[3] dürfen Körperteile des **Menschen nicht als Objekt** behandelt werden und sind daher nicht patentierbar. Diese Linie hat der EuGH im Urteil Brüstle[4] bestätigt. Danach dürfen **embryonale Stammzellen nicht patentiert** werden. Das gilt **auch** im Hinblick auf die **Wissenschaft**, sofern nicht ausgeschlossen ist, dass sie in eine kommerzielle bzw. technische Nutzung übergeht.[5] Im industriellen Bereich wird dies allerdings regelmäßig der Fall sein. Selbst im Hochschulbereich sind solche Entwicklungen möglich, insbesondere wenn auf der Basis von Drittmitteln geforscht wird bzw. wenn von Hochschuleinrichtungen Patente beantragt werden. Es können Forschungen nicht unterstützt werden, die in ihrem Gehalt oder in ihrer Ausrichtung gegen die Menschenwürde verstoßen.[6]

4

Spezifische Grenzen ergeben sich weiter aus **Art. 3 Abs. 2 GRC** im Hinblick auf die Biomedizin. Buchst. c verbietet die Nutzung von menschlichen Körper(teile)n zur Erzielung von Gewinnen, Buchst. d erlaubt höchstens das therapeutische Klonen, nicht das reproduktive.[7]

5

Die vorgenannten Grenzen sind absolut. In den anderen Bereichen kann sich indes aus der **Berufsfreiheit** bzw. der **unternehmerischen Freiheit** gerade eine Absicherung der Forschungstätigkeit ergeben, bleibt doch auch die industrielle Forschung einbezogen. Sie bildet einen wesentlichen Teil der umfassend geschützten[8] unternehmerischen Tätigkeit, um Innovationen und Verbesserungen am Markt erzielen zu können. Diese

6

---

[3] EuGH, Urt. v. 9.10.2001, Rs. C–377/98 (Niederlande/Parlament und Rat, »Biopatentrichtlinie«), Slg. 2001, I–7079, Rn. 70 ff.
[4] EuGH, Urt. v. 18.10.2011, Rs. C–34/10 (Brüstle/Greenpeace), Slg. 2011, I–9821.
[5] EuGH, Urt. v. 18.10.2011, Rs. C–34/10 (Brüstle/Greenpeace), Slg. 2011, I–9821, Rn. 43 ff.; näher s. Art. 1 GRC, Rn. 68.
[6] S. zur Forschung an embryonalen Stammzellen *Starck*, EuR 2006, 1; zur Gentechnik-Forschung *Ekardt/Kornack*, ZEuS 2010, 111.
[7] Im Einzelnen *Frenz*, Handbuch Europarecht, Band 4, Rn. 967 ff.
[8] *Nowak*, in: Heselhaus/Nowak, Handbuch der Europäischen Grundrechte, § 31, Rn. 28; *Frenz*, Handbuch Europarecht, Band 4, Rn. 2691, 2697.

Ausrichtung kann auch die Ziele mit beeinflussen, insbesondere im Hinblick darauf, dass nunmehr die Forschungs- und Entwicklungspolitik auf die Union als Ganzes ausgerichtet ist: Dadurch dürfen nicht industrielle Forschungsansätze benachteiligt oder gar völlig ausgeschlossen werden.

7 In allen Bereichen der Forschung und nicht nur in denen der privaten kommt **Art. 13 GRC** zum Tragen. Berechtigt sind allerdings nicht staatliche Einheiten, wohl aber die in ihnen tätigen Forscher. In erster Linie hat dieses Grundrecht **Abwehrfunktion**, so dass auch Eingriffe durch die Forschungspolitik der Union etwa in Form organisatorischer Vorgaben in Förderprogrammen oder **Berichtspflichten** gerechtfertigt werden müssen, soweit sie nicht nur fördern, sondern zugleich in den grundrechtlichen Schutzbereich eingreifen.[9] Das gilt auch für die zahlreichen Anforderungen in den EU-Forschungsprogrammen, die namentlich der **Einhaltung ethischer Grundprinzipien** zum Schutz der Menschenwürde,[10] des menschlichen Lebens, personenbezogener Daten und der Privatsphäre sowie von Tier und Umwelt dienen und sich in konkreten Pflichten und Auflagen niederschlagen.[11] Diese Schutzgüter sind freilich ihrerseits im Unionsrecht verankert und legitimieren oder erfordern sogar etwaige **Einschränkungen der Forschungsfreiheit**. So dürfen sich aufgrund der Querschnittklausel des Art. 11 AEUV die Ergebnisse der Forschung möglichst nicht negativ auf die **Umwelt** auswirken.[12] Gleichgestellt nach Art. 13 AEUV, der sich auch auf die Forschung bezieht, ist nunmehr der **Tierschutz**. Wird auf der Basis dieser Schutzgüter eine Forschungsförderung ausgeschlossen oder gebunden, stellt sich freilich schon die Frage einer Grundrechtsbeeinträchtigung, bildet doch die **Forschungsfreiheit kein Leistungsrecht** mit Anspruch auf öffentliche Gelder. Insoweit kann höchstens eine sachgerechte Verteilung verlangt werden, die vorliegt, wenn sich die maßgeblichen Kriterien aus dem Unionsrecht ergeben.

8 Zugleich hat Art. 13 GRC eine **Schutzfunktion**. Art. 179 AEUV setzt explizit voraus, dass Europa auf wissenschaftlichen und technologischen Grundlagen beruht. Diese können praktisch nur durch Forschung weiterentwickelt werden, verstanden als methodengeleitetes Generieren neuen Wissens.[13] Auch anwendungsorientierte Forschung gehört dazu.[14] Damit ist auch die Industrieförderung einzubeziehen, die weiterhin ausdrücklich erwähnt bleibt. Wie die Förderung dieser Forschung auszusehen hat, wird allerdings nicht näher ausgestaltet.

IV. Freiheitliches Konzept?

9 Hieraus für den europäischen Raum der Forschung als Teil eines Raums ohne Binnengrenzen und kraft der grundrechtlichen Absicherung der Forschungsfreiheit nach Art. 13 GRC ein **freiheitliches Konzept** ableiten zu wollen, das zugleich die europäische Forschungspolitik inhaltlich prägt,[15] führt allerdings zu weit. Gerade die fortbestehende Verbindung mit der Industrie zeigt, dass wie in der Industriepolitik typisch auch interventionistische Maßnahmen möglich sind, die zwar ihre Grenze in der Forschungsfrei-

---

[9] *Ruffert*, in: Calliess/Ruffert, EUV/AEUV, Art. 179 AEUV, Rn. 7.
[10] S. bereits vorstehend Rn. 4.
[11] *Eikenberg*, in: Grabitz/Hilf/Nettesheim, EU, Art. 179 AEUV (Januar 2015), Rn. 58.
[12] *Hilf*, in: GSH, Europäisches Unionsrecht, Art. 179 AEUV, Rn. 59; *Eikenberg*, in: Grabitz/Hilf/Nettesheim, EU, Art. 179 AEUV (Januar 2015), Rn. 59.
[13] *Trute*, S. 82; *Ruffert*, VVDStRL 65 (2006), 146 (157).
[14] *Ruffert*, in: Calliess/Ruffert, EUV/AEUV, Art. 179 AEUV, Rn. 1 a. E.
[15] *Ruffert*, in: Calliess/Ruffert, EUV/AEUV, Art. 179 AEUV, Rn. 8 f.

heit finden, durch diese aber nicht a priori geprägt sein müssen. Die grundrechtliche Schutzpflicht aus Art. 13 GRC muss nicht notwendig freiheitlich orientiert sein, sondern kann etwa Forschung **auch** durch **dirigistische Maßnahmen** fördern wollen. Insoweit besteht ein erheblicher Gestaltungsspielraum.

Auch daher ergeben sich die Grenzen erst aus dem Abwehrrecht des Art. 13 GRC. Ansonsten hätte dieses Abwehrrecht insgesamt prägenden Charakter, was grundsätzlich seiner Natur widerspricht. Insgesamt wurden die Grundrechte »weniger als Garant der Wissenschaftsfreiheit sichtbar« denn »als markierende Grenze dieser Freiheit«.[16] Aus den **Grundfreiheiten** ergibt sich nichts Weitergehendes, gewährleisten diese doch nicht die Forschungsfreiheit als solche, sondern nur insbesondere den grenzüberschreitenden Arbeitswechsel und Dienstleistungsaustausch im Forschungsbereich.

B. Dreifache Zielsetzung

I. Europäischer Raum der Forschung

Nach der Formulierung des Art. 179 Abs. 1 AEUV ist das Ziel der Union, ihre **wissenschaftlichen und technologischen Grundlagen** zu stärken, **mit dem europäischen Raum der Forschung gekoppelt**, der mit dem Vertrag von Lissabon neu aufgenommen wurde,[17] aber schon Bestandteil der Lissabon-Strategie war.[18] Daher wird dieses Element mit dem Ziel der Stärkung der wissenschaftlichen und technologischen Grundlagen jedenfalls weitestgehend gleichgesetzt.[19] Es geht aber entsprechend der fortbestehenden industriebezogenen Komponente auch um fortgeschrittene Forschung, die allerdings im Hinblick auf die wettbewerbsrechtlichen Grenzen noch nicht in marktfähige Produkte eingemündet sein darf.[20]

Der europäische Raum der Forschung bedingt eine Ausrichtung auf die Union.[21] In ihm besteht eine Freizügigkeit für Forscher und können wissenschaftliche Erkenntnisse und Technologien frei ausgetauscht werden. Insoweit enthalten schon die Grundfreiheiten Gewährleistungen, die sogar subjektiv-rechtlich einforderbar sind: Die **Arbeitnehmerfreizügigkeit** ermöglicht es den Forschern, zwischen den Mitgliedstaaten hin und her zu wechseln. Den Austausch wissenschaftlicher Erkenntnisse und Technologien ermöglicht die **Dienstleistungsfreiheit**; wenn der Sitz eines Unternehmens im Forschungsbereich verlegt wird, kommt die **Niederlassungsfreiheit** zum Tragen.

Indes ist **Art. 179 Abs. 1 AEUV weiter** zu ziehen. Es handelt sich um eine forschungsspezifische Ausrichtung und damit um eine Verstärkung und Erweiterung. Der Austausch soll auch stattfinden, wenn etwa nicht der Arbeitsplatz oder die Niederlassung gewechselt wird. Vielmehr geht es hier um eine **umfassende Etablierung des Austausches** im Bereich der Forschung und der technologischen Entwicklung im europäischen

---

[16] *Eikenberg*, in: Grabitz/Hilf/Nettesheim, EU, Art. 179 AEUV (Januar 2015), Rn. 58.
[17] Näher *Groß*, EuR 2010, 299.
[18] S. Mitteilung der Kommission vom 18.1.2000. Hin zu einem europäischen Forschungsraum, KOM (2000) 6 endg.; *Eikenberg*, EuR 2008, 125 (132 ff.); *Mellein*, in: Schwarze, EU-Kommentar, Art. 179 AEUV, Rn. 8 ff. auch zur weiteren Entwicklung.
[19] S. *Trute/Pilniok*, in: Streinz, EUV/AEUV, Art. 179 AEUV, Rn. 11, 15.
[20] *Mellein*, in: Schwarze, EU-Kommentar, Art. 179 AEUV, Rn. 8; *Mönig*, in: Lenz/Borchardt, EU-Verträge, Art. 179 AEUV, Rn. 8.
[21] *Trute/Pilniok*, in: Streinz, EUV/AEUV, Art. 179 AEUV, Rn. 14.

Raum. Art. 179 Abs. 2 AEUV macht dies deutlich, indem die Forscher ungehindert über die Grenzen hinweg zusammenarbeiten und die Unternehmen die Möglichkeit des Binnenmarkts in vollem Umfang nutzen können, und zwar unter anderem durch Öffnen des einzelstaatlichen öffentlichen Auftragswesens. Damit ist dieses nicht nur anhand der primärrechtlichen Garantien[22] gemeint, sondern darüber hinaus.[23] Insbesondere ist dieser europäische Raum der Forschung erst näher zu etablieren, so dass der Einzelne **keine konkreten Rechte** einfordern kann. Dies kann er höchstens auf der Basis des konkretisierenden Sekundärrechts bzw. der Grundfreiheiten.

14 Diese **Notwendigkeit der Konkretisierung** zeigt zugleich, dass Art. 179 Abs. 1 AEUV mit der Freizügigkeit für Forscher und der freien Austauschbarkeit wissenschaftlicher Erkenntnisse und Technologien nur zwei wichtige Elemente nennt, ohne insoweit abschließend zu sein.[24] Vielmehr kann sich im Verlauf der Etablierung des europäischen Forschungsraums ergeben, dass weitere Elemente des Austauschs notwendig sind. Dann können diese nicht durch die Benennung zweier elementarer Komponenten ausgeschlossen sein.

15 Die Ausrichtung des europäischen Raums der Forschung wurde damit zwar auf die Union als solche und damit insgesamt bezogen, so dass eine weitere Vergemeinschaftung angelegt ist. Indes muss diese nicht unbedingt hin zu mehr Freiheit wirken, sondern kann wie auch in anderen Feldern der Union einen zusätzlichen Interventionismus mit sich bringen. Dieser findet zwar seine Grenzen an den Grundrechten und den Grundfreiheiten. Indes ist damit **nicht notwendig** eine **freiheitliche Ausrichtung** in Form eines entsprechenden Gesamtkonzepts, welches schon im Primärrecht angelegt ist, verbunden.[25] Gerade die EU-Forschungsprogramme bringen einen hohen bürokratischen Aufwand mit sich und haben damit nicht notwendig eine freiheitliche Ausrichtung. Gerade sie werden indes als zentraler Bestandteil des europäischen Forschungsraums gesehen, der auf **europäischen Forschungsinfrastrukturen** mit Anreizen zur Schwerpunktsetzung durch öffentliche Forschungseinrichtungen und auf der Etablierung von gemeinsamen Vergabeverfahren und Programmplanung der Forschungsförderung der Union sowie der Mitgliedstaaten liegen soll.[26] Im Übrigen würde sonst auch entgegen Art. 4 Abs. 3 AEUV auf die immer noch vorhandene Grundzuständigkeit der Mitgliedstaaten durchgegriffen. Diese können damit durchaus auch dirigistisch eingreifen. Von daher ist es auch **problematisch**, dass der europäische Raum der Forschung auf eine zunehmend **intensivierte Verflechtung** gerichtet sein soll.[27]

16 Damit kann durchaus ein dirigistischer Ansatz in der Forschungspolitik fortgeführt werden, wie es auch dem ursprünglichen industrieausgerichteten Ansatz entsprach. Die **Freiheitsrechte** wirken **begrenzend und** sind **nicht konstitutiv** für die Ausrichtung, wie dies auch bei den anderen Politiken nicht der Fall ist.

---

[22] Etwa EuGH, Urt. v. 13.10.2005, Rs. C–458/03 (Parking Brixen), Slg. 2005, I–8585, Rn. 48 ff.; Urt. v. 27.10.2005, Rs. C–234/03 (Contse), Slg. 2005, I–9315, Rn. 24 ff.; näher *Frenz*, Handbuch Europarecht, Band 3, Rn. 1721 ff.
[23] S. näher u. Rn. 37.
[24] Ebenso *Trute/Pilniok*, in: Streinz, EUV/AEUV, Art. 179 AEUV, Rn. 16.
[25] S. o. Rn. 9 f. gegen *Ruffert*, in: Calliess/Ruffert, EUV/AEUV, Art. 179 AEUV, Rn. 8 f.
[26] *Trute/Pilniok*, in: Streinz, EUV/AEUV, Art. 179 AEUV, Rn. 16.
[27] Dafür *Trute/Pilniok*, in: Streinz, EUV/AEUV, Art. 179 AEUV, Rn. 16 a. E.

II. Wettbewerbsfähigkeit

Als zweites Ziel benennt Art. 179 AEUV die Förderung der Entwicklung der Wettbewerbsfähigkeit der Union einschließlich der Industrie. Hier schimmert wieder der industriepolitische Hauptschwerpunkt der Forschungspolitik durch, aber nicht als Schwerpunkt, sondern unter Betonung, dass die industrielle Forschung weiterhin einbezogen ist, um ihre Wettbewerbsfähigkeit zu steigern. Die Verbesserung der Wettbewerbsfähigkeit der **Industrie** ist damit **nicht (mehr) Schwerpunkt**, sondern eher Nebenpunkt. Hauptbedeutung hat nunmehr die **Entwicklung der Wettbewerbsfähigkeit der Union** als solcher und damit der Union **insgesamt**.[28]

Zur Union insgesamt gehört damit zwar auch die Industrie, indes ebenso die Gesamtlage im **internationalen Wettbewerb** der Staaten und Wirtschaftsräume. Damit zählt also auch etwa die Platzierung der Union in den Patentierungen und sonstigen Widerspiegelungen des Fortschritts der Wissenschaft in der Welt.

Die Entwicklung der Wettbewerbsfähigkeit beruht ebenfalls auf den wissenschaftlichen und technologischen Grundlagen. Sie bilden die Basis für wettbewerbsfähige Produkte. Da die Wettbewerbsfähigkeit umgekehrt nicht eingegrenzt wird, soll auch die **Wettbewerbsfähigkeit der Grundlagenforschung** verstärkt werden.

Die **Industrie** ist zumal entsprechend dem erweiterten Ansatz der Wettbewerbsfähigkeit **umfassend** zu sehen und damit nicht nur auf das verarbeitende und produzierende Gewerbe beschränkt.[29] Vielmehr gehören auch die **Dienstleistungen** dazu.[30] Auch diese gehören zur Union, wie schon die Dienstleistungsfreiheit zeigt. Räumlich geht es um die gesamte Industrie in der Union und damit auch für Unternehmen aus Drittstaaten, die in der Union niedergelassen sind, gleichgültig wo die Anteilseigner niedergelassen sind.[31] Damit reicht ein einziger Forschungsstandort in der Union aus.[32]

Demgemäß geht es auch nicht lediglich darum, den Wettbewerb nicht zu verfälschen; dies sichern bereits die Wettbewerbsregeln sowie das Beihilfenverbot; Art. 179 Abs. 2 AEUV nennt ausdrücklich das **Öffnen** des einzelstaatlichen öffentlichen **Auftragswesens**, das gleichfalls einen wichtigen Bestandteil des freien Wettbewerbs bildet.[33] Weiter gehend zielt die Vorschrift auf die Stärkung der Wettbewerbsfähigkeit als solcher, und zwar durch Austarierung der Forschungspolitik und der Wettbewerbsaufsicht sowie der Ausrichtung von Fördermaßnahmen auf den vorwettbewerblichen Bereich.[34] Zugleich geht es um gezielte Förderung und eine **Verbesserung der Rahmenbedingungen**, dass sich sowohl staatliche Einrichtungen als auch Unternehmen im Forschungsbereich besser im internationalen Wettbewerb behaupten können.

Eine **Begrenzung** der Förderung der Wettbewerbsfähigkeit der EU gerade im Hinblick auf **interventionistische Maßnahmen** erfolgt eher aus dem **Subsidiaritätsprinzip**.[35] Das gilt zum einen gegenüber den Mitgliedstaaten, die nach Art. 4 Abs. 3 AEUV die Grundzuständigkeit behalten und damit in erster Linie selbst zusehen sollen, die Wett-

---

[28] *Trute/Pilniok*, in: Streinz, EUV/AEUV, Art. 179 AEUV, Rn. 17.
[29] Dafür *Ruffert*, in: Calliess/Ruffert, EUV/AEUV, Art. 179 AEUV, Rn. 12.
[30] Dies als selbstverständlich ansehend *Trute/Pilniok*, in: Streinz, EUV/AEUV, Art. 179 AEUV, Rn. 18 a. E.
[31] *Hilf*, in: GSH, Europäisches Unionsrecht, Art. 180 AEUV, Rn. 6.
[32] *Trute/Pilniok*, in: Streinz, EUV/AEUV, Art. 179 AEUV, Rn. 18.
[33] Näher s. u. Rn. 37.
[34] *Trute/Pilniok*, in: Streinz, EUV/AEUV, Art. 179 AEUV, Rn. 19.
[35] S. den Sammelband *Sturm* (Hrsg.), passim.

bewerbsfähigkeit in ihrem Land bzw. für ihre Industrie zu stärken. Daher geht es im Wesentlichen um Maßnahmen, die nur grenzüberschreitend verwirklicht werden können, so der Austausch von Forschern und Wissen sowie die Verbindung und übergreifende Nutzung von Infrastrukturen im Forschungsbereich. Allerdings liegen insoweit keine genauen und leicht praktikable Kriterien vor,[36] ist doch Art. 179 Abs. 1 AEUV wie Art. 5 Abs. 3 EUV selbst eher vage.[37]

23 Zum anderen lässt sich das Subsidiaritätsprinzip im Sinne der katholischen Soziallehre und unter Hinzunahme eines Prinzips der Bürgernähe als **Vorrang privater Anstrengungen** verstehen; dieser Gedanke wurde insbesondere im Hinblick auf den Emissionshandel praktisch relevant.[38] Damit geht es vor allem um Hilfe zur Selbsthilfe. Unternehmen sollen angeregt und gefördert werden, ihre Wettbewerbsfähigkeit zu entwickeln und zu entfalten. Insbesondere daraus mag sich erklären, dass kleine und mittlere Unternehmen in Art. 179 Abs. 2 AEUV ausdrücklich genannt sind. Diese Vorschrift sieht auch nur eine Unterstützung und Förderung vor, was sich allerdings schon aus Art. 4 Abs. 3 AEUV und den sich daraus ergebenden Grenzen der EU-Zuständigkeit folgern lässt.

III. Verbindung mit anderen Unionspolitiken

24 Die dritte Zielsetzung nach Art. 179 Abs. 1 AEUV schafft die Verbindung mit anderen Politiken der Union, allerdings im Sinne einer Unterstützung entsprechend der Gesamtausrichtung der Vorschrift und **nicht** etwa im Sinne einer verbindlichen Berücksichtigung wie nach der **Querschnittklausel** namentlich für den Umweltbereich. Gleichwohl wird damit eine gewisse **Konzentration** erreicht, die sich damit deckt, dass in Art. 179 Abs. 3 AEUV alle Maßnahmen der Union aufgrund der Verträge auf dem Gebiet der Forschung und der technologischen Entwicklung nach Maßgabe dieses Titels beschlossen und durchgeführt werden sollen. Das betrifft damit auch Unterstützungstätigkeiten im Hinblick auf andere Politikfelder.

25 Die **Erforderlichkeit der Unterstützungsmaßnahmen** ergibt sich dabei **aufgrund anderer** Kapitel der Verträge. Die dortigen **Vorschriften** bestimmen also darüber, ob Forschungsmaßnahmen für notwendig gehalten werden, die dann im Rahmen der Forschungspolitik unterstützt werden sollen. Insoweit besteht ein weiter Ermessensspielraum, handelt es sich doch um eine Förderung und Unterstützung, die nicht in Rechte Privater eingreift.

26 Insoweit wurden bereits im Sechsten Rahmenprogramm nahezu alle Politikbereiche der Union benannt.[39] Das gilt auch für das Siebte Rahmenprogramm, wo die Gemeinsame Agrar- und Fischereipolitik, die nachhaltige Entwicklung im Bereich der Umwelt, der Energie und des Verkehrs sowie die Gesundheitspolitik, die Regionalentwicklung, die Handelspolitik, die Entwicklungshilfe, der Binnenmarkt und die Wettbewerbsfähigkeit, die Sozialpolitik, die Beschäftigung, die allgemeine berufliche Bildung und Kultur,

---

[36] *Grande*, S. 141.
[37] *Eikenberg*, in: Grabitz/Hilf/Nettesheim, EU, Art. 179 AEUV (Januar 2015), Rn. 111.
[38] Näher *Frenz*, Emissionshandelsrecht, 3. Aufl., 2012, § 9 TEHG, Rn. 64 ff., 81 f. sowie bereits *ders.*, Nationalstaatlicher Umweltschutz und EG-Wettbewerbsfreiheit, 1997, S. 82 ff.
[39] *Ruffert*, in: Calliess/Ruffert, EUV/AEUV, Art. 179 AEUV, Rn. 13 unter Verweis auf Entscheidung des Rates 2002/834/EG vom 30.9.2002 über ein spezifisches Programm im Bereich der Forschung, technologischen Entwicklung und Demonstration: »Integration und Stärkung des Europäischen Forschungsraums« (2002–2006), ABl. 2002, L 294/1, Anhang I Ziff. 1.2.

die Gleichstellung, der Verbraucherschutz, die Schaffung eines Raums der Sicherheit und des Rechts sowie die Außenbeziehungen aufgeführt wurden.[40] Dabei spielt aber immer mehr eine Rolle, dass die forschungsbezogenen Maßnahmen kohärent sind.[41] Gerade die **Kohärenz** war in der jüngeren Rechtsprechung des EuGH bedeutsam.[42] In Bezug auf Art. 179 AEUV geht es aber eher um die politische Kohärenz als um die rechtliche, die sich vielmehr auf Beeinträchtigungen der Grundfreiheiten bezieht und dort einen besonderen Prüfungspunkt im Rahmen der Geeignetheit und damit der Verhältnismäßigkeit darstellt.[43]

C. Unterstützung und Förderung

I. Unternehmen

Um die vorgenannten Ziele zu erreichen, unterstützt die Union nach Art. 179 Abs. 2 AEUV in ihrem gesamten Geltungsbereich die Unternehmen, die Forschungszentren und die Hochschulen bei ihren Bemühungen auf dem Gebiet der Forschung und technologischen Entwicklung von hoher Qualität. Entscheidend ist, wer jeweils im Programm ausgewiesen ist; die Aufzählung ist nicht abschließend, so dass letztlich alle natürlichen und juristischen Personen erfasst werden können.[44] Die Union setzt sich damit weder an deren Stelle noch an die der Mitgliedstaaten, sondern wirkt **helfend**. Dafür dienen vor allem die Rahmenprogramme mit ihren Förderungen. 27

Diese Programme zielen **insbesondere** auf die **Förderung kleiner und mittlerer Unternehmen**, entsprechend ihrer expliziten Nennung in Art. 179 Abs. 2 AEUV. Damit soll überwunden werden, dass die kleinen und mittleren Unternehmen in Europa im Gegensatz zu anderen Regionen nur ungenügend forschen.[45] Nach der Empfehlung 2003/361/EG[46] gehören dazu lediglich Unternehmen, die nicht mehr als 250 Beschäftigte haben und höchstens 50 Mio. Euro pro Jahr umsetzen bzw. höchstens 43 Mio. Euro an Jahresbilanzsumme aufweisen; ihr Kapital darf sich zu höchstens 25 % im Besitz von Unternehmen befinden, die nicht klein oder mittel sind. Diese Kriterien erfüllen 99 % der Unternehmen.[47] 28

Der Begriff der Unternehmen ist nicht näher eingegrenzt und umfasst daher **sämtliche Unternehmen**, und zwar selbst dann, wenn sie nur eine **Niederlassung in der Union** haben.[48] Trotz eigener Regelungen im EAG (Art. 4 ff.) werden auch Nuklearunterneh- 29

---

[40] Beschluss Nr. 1982/2006/EG des Europäischen Parlaments und des Rates vom 18.12.2006 über das Siebte Rahmenprogramm der Europäischen Gemeinschaft für Forschung, technologische Entwicklung und Demonstration (2007 bis 2013), ABl. 2006, L 412/1.
[41] *Trute/Pilniok*, in: Streinz, EUV/AEUV, Art. 179 AEUV, Rn. 20 unter Verweis auf Mitteilung der Kommission, Mehr Forschung für Europa – hin zu 3 % BIP, KOM (2002) 499 endg.
[42] Nicht nur für das Glücksspiel, *Frenz*, EuR 2012, 344 ff.
[43] EuGH, Urt. v. 8.9.2010, Rs. C–46/08 (Carmen Media), Slg. 2010, I–8149, Rn. 68; Urt. v. 15.9.2011, Rs. C–347/09 (Jochen Dickinger u. a.), Slg. 2011, I–8185, Rn. 56.
[44] *Eikenberg*, in: Grabitz/Hilf/Nettesheim, EU, Art. 179 AEUV (Januar 2015), Rn. 115.
[45] *Trute/Pilniok*, in: Streinz, EUV/AEUV, Art. 179 AEUV, Rn. 23 unter Verweis auf Mitteilung der Kommission, KOM (2000) 6 endg. auch zum Folgenden.
[46] Empfehlung der Kommission vom 6.5.2003 betreffend die Definition der Kleinstunternehmen sowie der kleinen und mittleren Unternehmen, ABl. 2003, L 124/36.
[47] *Eikenberg*, in: Grabitz/Hilf/Nettesheim, EU, Art. 179 AEUV (Januar 2015), Rn. 118.
[48] S. o. Rn. 20 a. E.

men erfasst, ebenso solche aus dem Kohle- und Stahlbereich,[49] zumal der EGKS mittlerweile ausgelaufen ist.

II. Forschungszentren

30 Weiter genannt werden **Forschungszentren**. Das sind nationale Forschungseinrichtungen in privatrechtlicher oder öffentlich-rechtlicher Organisationsform bzw. Trägerschaft, allerdings ohne die Gemeinsame Forschungsstelle der Kommission (GFS):[50] Als Generaldirektion der EU kann sie schon aus dem allgemeinen Haushalt der EU finanziert werden.[51] Der Teilbegriff der Zentren hat dabei weniger Gewicht. Entscheidend ist, dass in den jeweiligen Einrichtungen Forschung durchgeführt wird. Dazu gehören auch **Forschungsstätten und Forschungseinrichtungen**.[52]

III. Hochschulen

31 Damit ist schon die Brücke zu den ausdrücklich erwähnten **Hochschulen** geschlagen. Die eigenständige Aufführung der Hochschulen belegt die Einbeziehung auch der Grundlagenforschung sowie der Geisteswissenschaften in die Unterstützungsmaßnahmen der Union.[53] Damit wird die geänderte Ausrichtung weg von der technologischen und ingenieurswissenschaftlichen Grundausrichtung bestätigt, die schon aus der erweiterten Zielsetzung nach Art. 179 Abs. 1 AEUV folgt.[54] Entsprechend der nicht näher differenzierten Bezeichnung fallen nicht nur Universitäten darunter, sondern auch **Fachhochschulen**. Auch an diesen wird geforscht; zudem besteht ein forschungsorientierter Auftrag,[55] wofür ein anwendungsorientierter genügt.[56] Daher ist unbeachtlich, dass nur Universitäten explizit der Gewinnung wissenschaftlicher Erkenntnisse dienen (§ 3 Abs. 1 HG NRW). Nach § 3 Abs. 2 HG NRW nehmen auch Fachhochschulen Forschungs- und Entwicklungsaufgaben wahr; § 35 Abs. 3 Satz 2 HG NRW berechtigt und verpflichtet FH-Professoren entsprechend.

IV. Hohe Qualität

32 Dass die Bemühungen von **hoher Qualität** unterstützt werden, soll Mitnahmeeffekte vermeiden sowie den Missbrauch der Vorschrift als allgemeine Fördermaßnahme ohne spezifischen Qualitätsanspruch ausschließen. Es muss sich tatsächlich um eine **anspruchsvolle Forschung** handeln. Das Vorhaben darf nicht lediglich unter der Flagge von Forschungssubventionen mit ganz anderer Zwecksetzung erfolgen.[57] Allerdings schließt eine **Anwendungsorientierung** eine hohe Qualität nicht aus, wie die Einbeziehung der Industrie belegt.

---

[49] *Hilf*, in: GS, EUV/EGV, Art. 163 EGV, Rn. 14.
[50] *Trute/Pilniok*, in: Streinz, EUV/AEUV, Art. 179 AEUV, Rn. 24; *Hilf*, in: GSH, Europäisches Unionsrecht, Art. 179 AEUV, Rn. 22.
[51] *Ruffert*, in: Calliess/Ruffert, EUV/AEUV, Art. 179 AEUV, Rn. 17 a. E.
[52] *Trute/Pilniok*, in: Streinz, EUV/AEUV, Art. 179 AEUV, Rn. 24.
[53] *Ruffert*, in: Calliess/Ruffert, EUV/AEUV, Art. 179 AEUV, Rn. 18.
[54] S. bereits o. Rn. 2 sowie etwa *Eikenberg*, EuR 2008, 125 (126).
[55] A.A. *Ruffert*, in: Calliess/Ruffert, EUV/AEUV, Art. 179 AEUV, Rn. 18.
[56] S. o. Rn. 8.
[57] *Trute/Pilniok*, in: Streinz, EUV/AEUV, Art. 179 AEUV, Rn. 25; *Kunz*, S. 350, 352.

V. Beihilfenverbot

Aber auch die Unterstützung qualitativ hochwertiger Forschung hat sich an die Grenzen des **Beihilfenverbotes** zu halten. Obwohl dieses wie die Grundfreiheiten vom Wortlaut her nur an die Mitgliedstaaten gerichtet ist, unterliegen ihm auch die Unionsorgane,[58] handelt es sich doch um elementare Grundsätze des Unionsrechts. Werden Projekte zusammen mit den Mitgliedstaaten finanziert, untersteht der sich daraus ergebende Teil unmittelbar Art. 107 AEUV.[59] Die **Allgemeine Gruppenfreistellungsverordnung** VO (EU) Nr. 651/2014[60] befreit bedingt Beihilfen für kleinere und mittlere Unternehmen sowie Forschungs- und Entwicklungsbeihilfen von der Anmeldepflicht nach Art. 108 Abs. 3 AEUV; zugunsten Letzterer ermöglicht der **Unionsrahmen** für Forschungsbeihilfen[61] die Förderung neuer Tätigkeiten, um wirtschaftliche Innovationen zu stärken.[62] Grundsätzlich kommt eine Förderung am ehesten dann in Frage, wenn es nur um Forschung und technologische Entwicklung geht und die Marktfähigkeit noch in weiter Ferne liegt. Insoweit befindet man sich im vorwettbewerblichen Bereich.[63] Umso eher ist dies nicht der Fall, je näher ein Erzeugnis an der Marktreife liegt, es sich also um ein so genanntes Pipeline-Produkt handelt.[64]

33

VI. Industriepolitik

Während es hier um die direkte finanzielle Unterstützung von Forschung geht, zielt die **Industriepolitik** auf die Förderung des Umfeldes sowie einer besseren Nutzung des industriellen Potenzials der Politik in den Bereichen Innovation, Forschung und technologische Entwicklung (Art. 173 Abs. 1 AEUV). Gleichwohl können **Überschneidungen** auftreten, so wenn ein Forschungsvorhaben unmittelbar nach forschungspolitischen Unterstützungen und zudem das Umfeld etwa in Form von Infrastruktur über die Industriepolitik gefördert wird. Auch Letztere darf nach Art. 173 Abs. 3 UAbs. 2 AEUV nicht zu Wettbewerbsverzerrungen führen.[65]

34

VII. Kooperationen

Weiter sieht Art. 179 Abs. 2 AEUV die Förderung von Zusammenarbeitsbestrebungen vor. Dabei geht es um grenzüberschreitende Kooperation der Forscher, die ungehindert über die Grenzen hinweg zusammenarbeiten können sollen. Das erfasst nicht nur einen Wechsel des Arbeitsplatzes im Rahmen der Arbeitnehmerfreizügigkeit, sondern eine

35

---

[58] Allgemein *Frenz*, Handbuch Europarecht, Band 3, Rn. 82 ff.; *Mellein*, in: Schwarze, EU-Kommentar, Art. 179 AEUV, Rn. 16 verweist auf den Grundsatz des freien Wettbewerbs in Art. 119 Abs. 1 und Art. 120 AEUV.

[59] *Ruffert*, in: Calliess/Ruffert, EUV/AEUV, Art. 179 AEUV, Rn. 19.

[60] Verordnung der Kommission vom 17.6.2014 zur Feststellung der Vereinbarkeit bestimmter Gruppen von Beihilfen mit dem Binnenmarkt in Anwendung der Art. 107 und 108 des Vertrages über die Arbeitsweise der Europäischen Union, ABl. 2014, L 187/1.

[61] Unionsrahmen für staatliche Beihilfen zur Förderung von Forschung, Entwicklung und Innovation, ABl. 2014, C 198/1.

[62] *Mellein*, in: Schwarze, EU-Kommentar, Art. 179 AEUV, Rn. 16.

[63] S. *Eikenberg*, in: Grabitz/Hilf/Nettesheim, EU, Art. 179 AEUV (Januar 2015), Rn. 103 a.E.

[64] EuG, Urt. vom 27.9.2000, Rs. T–184/97 (BP Chemicals), Slg. 2000, II–3145, Rn. 63; *Ruffert*, in: Calliess/Ruffert, EUV/AEUV, Art. 179 AEUV, Rn. 19.

[65] *Ruffert*, in: Calliess/Ruffert, EUV/AEUV, Art. 179 AEUV, Rn. 19 zu einer industriepolitisch motivierten Kofinanzierung unter Verweis auf *Ruffert*, in: Calliess/Ruffert, EUV/AEUV, Art. 173 AEUV, Rn. 33 auch zur Gegenansicht.

Kooperation auch bei Beibehaltung des Standortes.[66] Vielfach haben die Forschungsprojekte der EU zur Bedingung, dass **Forscher aus mehreren Staaten beteiligt** sind. So wird die Freizügigkeit für Forschung nach Art. 179 Abs. 1 AEUV verwirklicht, ebenso der freie Austausch wissenschaftlicher Erkenntnisse und Technologien. Dies erfolgt umso mehr, wie nicht nur schon eine vorhandene Zusammenarbeit gefördert, sondern eine neue erst etabliert wird.[67]

VIII. Binnenmarkt

36 Spezifisch auf die Unternehmen bezogen ist die Förderung der Nutzung der Möglichkeiten des Binnenmarktes durch sie in vollem Umfang. Damit sollen die Regeln des **Binnenmarktes zur vollen Wirksamkeit** gebracht werden. Das betrifft insbesondere auch die Grundfreiheiten, so wenn es um den Austausch wissenschaftlicher Erkenntnisse und Technologien geht, was etwa über die Dienstleistungsfreiheit erfolgen kann.

37 Art. 179 Abs. 2 AEUV nennt hierfür drei Felder. Das Öffnen des einzelstaatlichen öffentlichen Auftragswesens betrifft das **Vergaberecht**. Damit gelten hier auch die Regeln des Vergaberechts in ihrer Ausformung anhand des Vergabeprimärrechts und der einschlägigen Richtlinien. Daher greift auch die Rechtsprechung etwa durch das Urteil Lecce. Vergabefrei sind danach nur Verwaltungskooperationen im Rahmen der Wahrnehmung spezifischer öffentlicher Aufgaben, die nicht andere Unternehmen übernehmen können. Ausschreibungspflichtig sind hingegen bloße Routinearbeiten, auch wenn diese wie eine geologische Untersuchung wissenschaftsfundierte Arbeiten zum Gegenstand haben.[68] Damit **entbindet nicht** der **Forschungs- bzw. Technologiebezug eines Auftrags von** der Anwendung des **Vergaberechts**, sondern nur die spezifische Wahrnehmung einer öffentlichen Aufgabe. Das bestätigt Art. 179 Abs. 2 AEUV, indem das einzelstaatliche öffentliche Auftragswesen gerade geöffnet werden soll. Daher müssen Forschungsunternehmen, -zentren und Hochschulen aus anderen EU-Staaten sich gleichermaßen um Aufträge bewerben können. Die Ausschreibungen können auch dadurch forschungsfreundlich gestaltet werden, dass nicht fest erprobte und etablierte Technologien gefördert werden, so dass Raum für Innovationen bleibt.[69]

38 Die Festlegung gemeinsamer Normen nach Art. 179 Abs. 2 AEUV beinhaltet die **Harmonisierung** im Binnenmarkt auf der Grundlage von Art. 114 AEUV und der Harmonisierungsermächtigungen für die Grundfreiheiten.[70]

39 Schließlich sollen die **rechtlichen und steuerlichen Hindernisse beseitigt** werden, die den Zusammenarbeitsbestrebungen entgegenstehen. Das kann gleichfalls durch eine Harmonisierung erfolgen. Unter Umständen genügt aber eine solche Ausgestaltung, dass nicht die grenzüberschreitende Arbeit in der Forschung und technologischen Entwicklung gegenüber Inländern diskriminiert oder sonstwie benachteiligt wird. Freilich sind die Kompetenzen der Union begrenzt, vor allem im Hinblick auf die Regelung der Besteuerung.[71]

---

[66] S.o. Rn. 13.
[67] *Trute/Pilniok*, in: Streinz, EUV/AEUV, Art. 179 AEUV, Rn. 26.
[68] EuGH, Urt. vom 19.12.2012, Rs. C–159/11 (Lecce), ECLI:EU:C:2012:817.
[69] *Trute/Pilniok*, in: Streinz, EUV/AEUV, Art. 179 AEUV, Rn. 28.
[70] *Ruffert*, in: Calliess/Ruffert, EUV/AEUV, Art. 179 AEUV, Rn. 20.
[71] *Ruffert*, in: Calliess/Ruffert, EUV/AEUV, Art. 179 AEUV, Rn. 20; näher *Frenz/Distelrath*, DStZ 2010, 246.

Die Möglichkeiten des Binnenmarkts in vollem Umfang nutzen zu können, setzt **40** weiter voraus, dass das Wettbewerbsrecht gewahrt wird. Damit entbindet Art. 179 Abs. 2 AEUV nicht vom Wettbewerbsrecht, wie auch die Gruppenfreistellungsverordnungen VO (EU) Nr. 1217/2010[72] zu Vereinbarungen über Forschung und Entwicklung sowie die VO (EU) Nr. 316/2014 zu Technologielizenzen[73] zeigen,[74] sondern unterstreichen deren Geltung gerade. Damit müssen sich Unternehmenskooperationen an den allgemeinen **wettbewerbsrechtlichen Regeln** messen lassen. In Betracht kommen sie vor allem im Hinblick darauf, dass Produkte entwickelt werden, die auf dem Markt wettbewerbsfähig sind. Dadurch wird verstärkter Wettbewerb erst geschaffen und nicht etwa behindert,[75] so dass auch dann kein Verstoß gegen das Wettbewerbsrecht vorliegt, wenn durch Art. 101 Abs. 1 AEUV eigentlich ausgeschlossene Verhaltensweisen auftreten. Zudem kann durch die Forschungsförderung ein Freistellungsgrund auftreten, ebenso etwa auf der Basis einer Förderung des technischen oder wirtschaftlichen Fortschritts, der auch in einer Verbesserung namentlich des Umweltschutzes bestehen kann.[76]

D. Konzentration

Der vorstehend immer wieder deutlich werdende Bezug zu anderen Politikfeldern **41** macht es notwendig, eine Entscheidung zu treffen, welche Vorschriften vom Grund her maßgeblich sind. Art. 179 Abs. 3 AEUV weist alle Maßnahmen der Union aufgrund der Verträge auf dem Gebiet der Forschung und technologischen Entwicklung den Vorschriften der Art. 179 AEUV zu. Damit werden sie nach dem Verfahren nach Art. 180 ff. AEUV beschlossen und durchgeführt. Deshalb ist dieser Titel ausschließlich.[77] Es handelt sich dementsprechend um eine **Konzentrationsklausel**.[78] So wird gewährleistet, dass die Unionspolitik einheitlich und schlüssig ist.[79] Auf die Vertragsergänzungsklausel des Art. 352 AEUV können daher Maßnahmen nicht gestützt werden.[80] Die **Nuklearforschung** kann allerdings weiterhin entsprechend dem Protokoll Nr. 2 zum Vertrag von Lissabon zur Änderung des EAGV[81] auf den Euratom-Vertrag gestützt werden, ebenso bleibt die **Montanforschung** entsprechend dem Protokoll über die finanziellen Folgen

---

[72] Der Kommission vom 14.12.2010 über die Anwendung von Art. 101 Abs. 3 des Vertrags über die Arbeitsweise der Europäischen Union auf bestimmte Gruppen von Vereinbarungen über Forschung und Entwicklung, ABl. 2010, L 335/36.
[73] Der Kommission vom 21.3.2014 über die Anwendung von Art. 101 Abs. 3 AEUV auf Gruppen von Technologietransfer-Vereinbarungen, ABl. 2014, L 93/1.
[74] S. *Ruffert*, in: Calliess/Ruffert, EUV/AEUV, Art. 179 AEUV, Rn. 21.
[75] Grundlegend EuGH, Urt. v. 30.6.1966, Rs. 56/65 (Maschinenbau Ulm), Slg. 1966, 281, 304; auch Urt. v. 8.6.1982, Rs. 258/78 (Nungesser), Slg. 1982, 2015, Rn. 56 ff.; *Frenz*, Handbuch Europarecht, Band 2, Rn. 713 ff.
[76] Dazu *Frenz*, WRP 2013, 980 ff.
[77] *Hilf*, in: GSH, Europäisches Unionsrecht, Art. 179 AEUV, Rn. 45.
[78] *Bleckmann*, Europarecht, Rn. 2792.
[79] *Mellein*, in: Schwarze, EU-Kommentar, Art. 179 AEUV, Rn. 17; *Trute/Pilniok*, in: Streinz, EUV/AEUV, Art. 179 AEUV, Rn. 29.
[80] S. bereits o. Rn. 1 sowie etwa *Ruffert*, in: Calliess/Ruffert, EUV/AEUV, Art. 179 AEUV, Rn. 22.
[81] ABl. 2007, C 306/199.

des Ablaufs des EGKS-Vertrags und über den Forschungsfonds für Kohle und Stahl[82] ausgeklammert.[83]

42 Diese Konzentrationswirkung gilt auch im Hinblick auf die Landwirtschaft und die Industriepolitik; zur **Verteidigungstechnologie**, die in Art. 45 EUV angesprochen ist, ist die Frage noch nicht akut geworden.[84] Allerdings geht es dort um die Arbeit der Verteidigungsagentur, die ihrerseits die Forschung auf dem Gebiet der Verteidigungstechnologie unterstützt (Art. 45 Abs. 1 Buchst. d EUV). Vielfach werden aber schon enge Verbindungen zwischen der Grundlagenforschung und der spezifischen Verteidigungsforschung vorliegen. Zudem sind viele Güter sowohl im zivilen als auch im militärischen Bereich nutzbar (sogenannte Dual-use-Produkte).[85] Um hier keine Lücken entstehen zu lassen, ist schon deshalb Art. 179 Abs. 3 AEUV heranzuziehen. Für den reinen Verteidigungssektor zählt dann allerdings die Ausgestaltung der **Verteidigungsagentur** als spezifischer Organisation der Union.

43 Hingegen fehlt für die **Agrarpolitik** eine spezifische Organisation. Zudem sieht Art. 41 AEUV Maßnahmen der Forschung eigens vor, so dass sich schon vom Wortlaut eine Überschneidung mit Art. 179 f. AEUV ergibt.[86] Die Agrarpolitik bildet eine traditionelle Politik, so dass schon deshalb in Frage gestellt wird, dass ein Teilgebiet herausgelöst wurde.[87] Zudem bildet Art. 41 AEUV eine Grundlage für spezifische Forschungsprogramme.[88] Umgekehrt ist Art. 179 AEUV lex posterior. Das gilt aber umgekehrt für Art. 173 AEUV im Bereich der Industrieforschung, die gleichfalls nicht aus dem Spiel ist, sondern als Alternativmöglichkeit für auch der Industriepolitik zuzuordnende Maßnahmen im Forschungsbereich angesehen wird.[89] Beiden sektorenbezogenen Kompetenzen unterfällt, wenn es um Forschung für bereits auf dem Markt befindliche Produkte geht, für welche die Forschungspolitik nicht mehr eingreift.[90]

44 Ein Ansatz dafür, die vorgenannten Bestimmungen zu harmonisieren, könnte das **Abstellen auf den Schwerpunkt** sein: Liegt er im Forschungsbereich und dabei insbesondere in der Grundlagenforschung, ist Art. 179 AEUV heranzuziehen, andernfalls Art. 41, 43 AEUV bzw. Art. 173 AEUV. Gegen die Heranziehung der letzten Vorschrift spricht aber, dass Art. 179 AEUV spezifisch industriepolitisch ausgerichtet war und auch noch ist, da die Industrie eigens genannt wird. Jedenfalls insoweit ist daher Art. 179 Abs. 3 AEUV als umfassende Konzentrationsvorschrift anzusehen.

45 Auch dem Bereich der Agrarpolitik können nur solche Forschungsmaßnahmen zugeordnet werden, die spezifisch mit der gemeinsamen Agrarpolitik zusammenhängen und so etwa **Bestandteil einer gemeinsamen Marktorganisation** sind. Wenn es hingegen um **allgemeine Forschung** im Bereich der Landwirtschaft geht, etwa im Hinblick auf den Einsatz von Gentechnik, greift hingegen Art. 179 Abs. 3 AEUV ein. Das letzte Beispiel zeigt auch, wie weit Forschung im Bereich der Landwirtschaft mit ethischen und tiefer

---

[82] ABl. 2001, C 80/67. Näher *Eikenberg*, in: Grabitz/Hilf/Nettesheim, EU, Art. 179 AEUV (Januar 2015), Rn. 1 ff.
[83] *Ruffert*, in: Calliess/Ruffert, EUV/AEUV, Art. 179 AEUV, Rn. 22.
[84] *Eikenberg*, in: Grabitz/Hilf/Nettesheim, EU, Art. 179 AEUV (Januar 2015), Rn. 100.
[85] S. EuGH, Urt. v. 8. 4. 2008, Rs. C–337/05 (Kommission/Italien), Slg. 2008, I–2173, Rn. 46 ff.
[86] Zwar sieht auch Art. 45 EUV die Koordinierung von Aktivitäten der Mitgliedstaaten vor (s. insoweit auch Art. 181 AEUV), allerdings nicht bezogen auf die Kommission, sondern eine spezifische Agentur.
[87] *von Rintelen*, in: Grabitz/Hilf/Nettesheim, EU, Art. 43 AEUV (April 2015), Rn. 5.
[88] *Priebe*, in: Grabitz/Hilf/Nettesheim, EU, Art. 41 AEUV (April 2015), Rn. 3.
[89] *Lurger*, in: Streinz, EUV/AEUV, Art. 173 AEUV, Rn. 23 ff.
[90] S. o. Rn. 11.

gehend grundrechtlichen Fragen verknüpft ist,[91] so dass eine isolierte Betrachtung ohne direkte Einbeziehung der Grundsätze der Forschungspolitik nicht angemessen ist. Damit bleibt über den Kohle-, Stahl- und Nuklearsektor hinaus nur der Verteidigungsbereich ausgeklammert.

---

[91] S. aus Sicht der Menschenwürde *Ekardt/Kornack*, ZEuS 2010, 111.

Artikel 180 AEUV [Ergänzende Unionsmaßnahmen]

Zur Erreichung dieser Ziele trifft die Union folgende Maßnahmen, welche die in den Mitgliedstaaten durchgeführten Aktionen ergänzen:
a) Durchführung von Programmen für Forschung, technologische Entwicklung und Demonstration unter Förderung der Zusammenarbeit mit und zwischen Unternehmen, Forschungszentren und Hochschulen;
b) Förderung der Zusammenarbeit mit dritten Ländern und internationalen Organisationen auf dem Gebiet der Forschung der Union, technologischen Entwicklung und Demonstration;
c) Verbreitung und Auswertung der Ergebnisse der Tätigkeiten auf dem Gebiet der Forschung der Union, technologischen Entwicklung und Demonstration;
d) Förderung der Ausbildung und der Mobilität der Forscher aus der Union.

Literaturübersicht

S. Art. 179 AEUV

Leitentscheidungen

S. Art. 179 AEUV

Inhaltsübersicht Rn.

A. Einordnung und Bedeutung	1
B. Forschungsprogramme	7
C. Internationale Zusammenarbeit	9
D. Wirtschaftliche Verwertung	13
E. Ausbildungs- und Mobilitätsförderung	15

A. Einordnung und Bedeutung

1 Art. 180 AEUV bildet den ersten Schritt, um die in Art. 179 AEUV definierten Ziele umzusetzen. Allerdings enthält er noch **keine konkreten Handlungsermächtigungen**. Diese finden sich erst in Art. 182 ff. AEUV, wo auch die Verabschiedungsmodalitäten näher festgelegt sind. Erst dort wird also die Konzentrationsvorschrift des Art. 179 Abs. 3 AEUV verwirklicht.

2 In Art. 180 AEUV findet sich aber schon die Festlegung der Maßnahmenarten, und zwar in einer Formulierung, die zugleich einen **Handlungsauftrag** beinhaltet. Damit führt diese Vorschrift praktisch zur Nutzung der in Art. 182 ff. AEUV genannten Handlungsermächtigungen und bildet so die Verbindung zwischen Letzteren und den Zielen nach Art. 179 AEUV. Dementsprechend wird sie als »Zwischenstufe auf dem langen Weg zur Operationalisierung der EU-Forschungsförderung« angesehen.[1]

3 Zudem geht es nur um eine **Ergänzung der** in den **Mitgliedstaaten** durchgeführten Aktionen. Vom Ansatz her dürfen also die Maßnahmen der Union lediglich die Aktionen der Mitgliedstaaten komplettieren, nicht ersetzen. Es geht dabei nach Art. 4 Abs. 3 AEUV vor allem um die Erstellung und Durchführung von Programmen, die auch in

---

[1] *Eikenberg*, in: Grabitz/Hilf/Nettesheim, EU, Art. 180 AEUV (Januar 2015), Rn. 3.

Art. 180 AEUV an erster Stelle genannt sind. Daraus ergibt sich zwar mittlerweile ein europäisches Gesamtkonzept.[2] Anders lässt sich aber vor allem die in Art. 179 Abs. 1 AEUV angestrebte Schaffung eines europäischen Raums der Forschung[3] und auch die von Art. 181 AEUV gewollte Koordinierung nicht erreichen. Die Mitgliedstaaten bleiben aber in vollem Umfang zuständig und werden nicht durch Maßnahmen der Union in ihren Kompetenzen beschränkt bzw. zurückgedrängt, wie dies ansonsten nach Art. 2 Abs. 2 AEUV im Bereich der geteilten Zuständigkeit der Fall ist. Eine solche **Sperrwirkung** besteht also im Bereich der Forschung und technologischen Entwicklung gerade **nicht**.

Dies spiegelt sich insofern in der Praxis wider, als die Forschung in Europa in ihrer Gesamtheit immer noch ganz überwiegend national finanziert wird und der Anteil der EU-Mittel lediglich etwa 7 % beträgt, auch wenn die Bedeutung der Unionsmittel zugenommen hat.[4] Insbesondere entwickelt aber die Union immer mehr ein Gesamtkonzept, das eigenständig und in sich kohärent ist und nicht lediglich die nationalen Forschungspolitiken auffüllt.[5]   4

Gleichwohl ist die Union auch an das **Subsidiaritätsprinzip nach Art. 5 Abs. 3 EUV** gebunden. Daher muss ein europäischer Mehrwert für ein Unionshandeln vorliegen.[6] Daraus ergeben sich vor allem vier Ansatzpunkte für Maßnahmen der Union:[7]   5
– Die einzelnen Mitgliedstaaten haben nicht (sicher) die notwendigen Ressourcen für Großvorhaben.
– Es ergeben sich finanzielle Gewinne für eine Aktion der Union im Verhältnis zu den zusätzlichen Kosten internationaler Forschungstätigkeiten.
Insoweit muss es sich aber um höhere finanzielle Vorteile auf Unionsebene handeln, als sie auf der rein nationalen Ebene erzielbar wären. Ansonsten ist der europäische Mehrwert nicht zu sehen.[8]
– Aus Forschungstätigkeiten resultieren wichtige Ergebnisse für die gesamte Union, so namentlich aus Forschungen im großen Maßstab und dabei über große Räume hinweg.
– Die Forschungsvorhaben fördern den Zusammenhalt des Binnenmarktes bzw. den Zusammenschluss des europäischen Forschungsraumes bzw. führen zur Aufstellung einheitlicher Normen und Standards.[9] Die Integration der Union und die Unterstützung ihrer Aufgaben wird dabei immer wichtiger.[10]

Allerdings wird auch hier das Subsidiaritätsprinzip eher als **grobe Leitlinie** gesehen und nicht für eine strikte Begrenzung der EU-Forschungsförderung herangezogen; es wird weiterhin vor allem auf den europäischen Mehrwert einer transnationalen Zusammen-   6

---

[2] Darin einen Widerspruch zum »ergänzenden« Art. 180 AEUV sehend *Eikenberg*, in: Grabitz/Hilf/Nettesheim, EU, Art. 180 AEUV (Januar 2015), Rn. 14.
[3] Ebenso *Eikenberg*, in: Grabitz/Hilf/Nettesheim, EU, Art. 180 AEUV (Januar 2015), Rn. 8.
[4] Näher *Eikenberg*, in: Grabitz/Hilf/Nettesheim, EU, Art. 180 AEUV (Januar 2015), Rn. 7.
[5] *Hilf*, in: GSH, Europäisches Unionsrecht, Art. 180 AEUV, Rn. 3; *Mellein*, in: Schwarze, EU-Kommentar, Art. 180 AEUV, Rn. 2.
[6] *Mellein*, in: Schwarze, EU-Kommentar, Art. 180 AEUV, Rn. 2; *Trute/Pilniok*, in: Streinz, EUV/AEUV, Art. 180 AEUV, Rn. 3.
[7] Aufgeführt bei *Mönig*, in: Lenz/Borchardt, EU-Verträge, Art. 180 AEUV, Rn. 3.
[8] Dieser kritische Aspekt findet sich nicht bei *Mönig*, in: Lenz/Borchardt, EU-Verträge, Art. 180 AEUV, Rn. 3.
[9] *Mönig*, in: Lenz/Borchardt, EU-Verträge, Art. 180 AEUV, Rn. 3.
[10] *Trute/Pilniok*, in: Streinz, EUV/AEUV, Art. 180 AEUV, Rn. 3.

arbeit abgestellt.[11] Damit erfolgt aber sehr leicht eine sehr pauschale Beurteilung, die letztlich immer eine Maßnahme der Union trägt. Dies widerspricht der Wahrung der grundlegenden Kompetenzverteilung, die gerade auch das BVerfG in seiner Lissabon-Entscheidung anmahnte, und zwar auch bezogen auf das Subsidiaritätsprinzip.[12]

B. Forschungsprogramme

7   Entsprechend der Schwerpunktsetzung in Art. 4 Abs. 3 AEUV bilden **Forschungsprogramme** immer noch den **dominanten Aktionsbereich** in der Praxis.[13] Dabei fördert die Union nicht nur Unternehmen, Forschungszentren und Hochschulen als Adressaten, wie sie in Art. 179 AEUV genannt sind, sondern sie zielt nach Art. 180 Buchst. a AEUV auf eine **Kooperation** spezifisch **mit den Unternehmen**.[14] Damit geht es sowohl um eine vertikale Zusammenarbeit als auch um eine horizontale und damit zwischen den genannten Adressaten.[15] Faktisch werden regelmäßig zuvor in den Forschungsschwerpunkten definierte Projekte gefördert, die sich in einem Auswahlprozess als die erfolgversprechendsten erwiesen haben und dabei von der Kommission ausgewählt wurden, im Allgemeinen nach einer Beratung durch externe Gutachter.[16]

8   **Programme** werden in Art. 180 Buchst. a AEUV **allgemein** genannt und bilden damit die Rahmenprogramme nach Art. 182 Abs. 1 und 2 AEUV, aber auch die spezifischen Programme nach Art. 182 Abs. 3 und 4 AEUV sowie die Zusatzprogramme nach Art. 184 AEUV.[17] Auch die folgenden Handlungsfelder nach Art. 180 Buchst. b-d AEUV werden vor allem durch Programme realisiert, so dass Art. 180 Buchst. a AEUV keinen Ausschließlichkeitscharakter hat.[18]

C. Internationale Zusammenarbeit

9   Entsprechend der generellen Ausrichtung der Union auch auf die internationale Ebene sieht Art. 180 Buchst. b AEUV die Förderung der Zusammenarbeit mit dritten Ländern und internationalen Organisationen auf dem Gebiet der Forschung, technologischen Entwicklung und Demonstration vor. Daher bildet sie einen **Teil der Außenpolitik** der EU, die damit in die Bedingungen der Außenpolitik eingebettet ist und auch rein aus Gründen außenpolitischer Opportunität erfolgen kann, selbst wenn kein forschungspolitisches Interesse vorliegt.[19] Im Regelfall ist die Motivation gemischt, etwa auch im Hinblick auf die Entwicklungspolitik.[20]

---

[11] *Mönig*, in: Lenz/Borchardt, EU-Verträge, Art. 180 AEUV, Rn. 4.
[12] BVerfGE 89, 155 (211); 123, 267 (353) sowie dazu näher *Frenz*, Handbuch Europarecht, Band 5, Rn. 213f.
[13] *Mellein*, in: Schwarze, EU-Kommentar, Art. 180 AEUV, Rn. 3.
[14] *Mönig*, in: Lenz/Borchardt, EU-Verträge, Art. 180 AEUV, Rn. 5.
[15] *Mellein*, in: Schwarze, EU-Kommentar, Art. 180 AEUV, Rn. 3.
[16] *Mönig*, in: Lenz/Borchardt, EU-Verträge, Art. 180 AEUV, Rn. 5.
[17] *Ruffert*, in: Calliess/Ruffert, EUV/AEUV, Art. 180 AEUV, Rn. 4.
[18] *Eikenberg*, in: Grabitz/Hilf/Nettesheim, EU, Art. 180 AEUV (Januar 2015), Rn. 18: »kein Monopol auf das Rahmenprogramm«.
[19] *Mönig*, in: Lenz/Borchardt, EU-Verträge, Art. 180 AEUV, Rn. 7.
[20] *Eikenberg*, in: Grabitz/Hilf/Nettesheim, EU, Art. 180 AEUV (Januar 2015), Rn. 23.

Vielfach besteht aber ein Forschungsbezug. Der Austausch von Wissenschaftlern soll gefördert werden.[21] Beispiele sind die **Eureka**-Initiative, die 40 Staaten und die EU, vertreten durch die Kommission, vereint und die grenzüberschreitende Zusammenarbeit im Bereich der Forschung und Entwicklung fördern soll, wobei die Initiative von den Unternehmen und Forschungseinrichtungen ausgeht (buttom up approach).[22] Weiter ist die Initiative **COST** (Cooperation européenne dans le domaine de la recherche scientific et technique – Europäische Zusammenarbeit auf dem Gebiet der wissenschaftlichen und technischen Forschung) zu nennen, der mittlerweile 36 Mitglieder angehören und in die Israel als kooperierender Staat einbezogen ist; sie zielt auf koordinierte Netzwerke nationaler Forschungsprojekte.[23] 10

Die Union arbeitet mit folgenden **internationalen Organisationen** im Bereich der Forschung und Entwicklung zusammen: der Europäischen Weltraumagentur (ESA), der Europäischen Organisation für Kernforschung (CERN), dem Europäischen Laboratorium für Molekularbiologie (EMBL), der Europäischen Organisation für astronomische Forschung in der südlichen Hemisphäre (ESO), der Europäischen Wissenschaftsstiftung (ESF) sowie jenseits der Grenzen Europas insbesondere mit der OECD und den Vereinten Nationen und dabei etwa der UNIDO[24] und der Weltgesundheitsorganisation.[25] 11

Dabei können sich **internationale Organisationen** mit europäischem Interesse an den geförderten Maßnahmen genauso **beteiligen** wie in den Mitgliedstaaten ansässige Rechtspersonen; es muss nur ein Beitrag zu den Zielen des jeweiligen Rahmenprogramms geleistet werden.[26] 12

D. Wirtschaftliche Verwertung

Schließlich zielen die Maßnahmen der Union auf Verbreitung und Auswertung der Ergebnisse der Forschungstätigkeiten und damit auf eine kommerzielle Nutzung, Ausnutzung und Verwertung[27] von Forschungsergebnissen. Art. 180 Buchst. c AEUV schafft auch eine Verbindung zu **Art. 118 AEUV**,[28] der gleichsam die Fortsetzung in Form eines Schutzes des geistigen Eigentums erfasst. Diese Vorschrift beinhaltet allerdings eine konkrete Ermächtigungsgrundlage im Rahmen der **Rechtsangleichung**. Eine solche soll im Bereich der Forschungspolitik gerade nicht erfolgen. Zwar sehen auch Art. 183, 184 Abs. 2 AEUV die Festlegung bestimmter Regeln vor. Dabei muss allerdings darauf geachtet werden, dass gerade keine umfassende Harmonisierung erfolgt und nationale Regelungsdomänen nicht angetastet, sondern höchstens ergänzt und miteinander verbunden werden. 13

Indes besteht ein enger **Bezug zu** Art. 173 Abs. 4, 4. Gedstr. AEUV und damit zur **Industriepolitik**.[29] Insoweit gibt es sich überlappende bzw. komplementäre Maßnah- 14

---

[21] *Trute/Pilniok*, in: Streinz, EUV/AEUV, Art. 180 AEUV, Rn. 5.
[22] *Mönig*, in: Lenz/Borchardt, EU-Verträge, Art. 180 AEUV, Rn. 9.
[23] *Mönig*, in: Lenz/Borchardt, EU-Verträge, Art. 180 AEUV, Rn. 10.
[24] United Nations Industrial Development Organization.
[25] *Mönig*, in: Lenz/Borchardt, EU-Verträge, Art. 180 AEUV, Rn. 13.
[26] *Mönig*, in: Lenz/Borchardt, EU-Verträge, Art. 180 AEUV, Rn. 14.
[27] Entsprechend der englischen und französischen Fassung, *Eikenberg*, in: Grabitz/Hilf/Nettesheim, EU, Art. 180 AEUV (Januar 2015), Rn. 30.
[28] *Ruffert*, in: Calliess/Ruffert, EUV/AEUV, Art. 180 AEUV, Rn. 6.
[29] *Mellein*, in: Schwarze, EU-Kommentar, Art. 180 AEUV, Rn. 5.

men, so das 2008 errichtete Europäische Innovations- und Technologieinstitut (**EIT**).³⁰ Damit ist besonders bedeutsam die faktische Förderung und Schaffung der Voraussetzungen, damit öffentlich geförderte neue Technologien transferiert und in die Industrie und dabei insbesondere in die Aktivitäten von kleinen und mittleren Unternehmen eingehen.³¹ Die Weiterverbreitung und Ausnutzung von Resultaten ist ein besonderes Anliegen der aktuellen Forschungspolitik,³² um so die Innovationslücke gegenüber USA und Japan zu schließen und die Wettbewerbsfähigkeit der hiesigen Industrie zu stärken.

E. Ausbildungs- und Mobilitätsförderung

15 Über die schon durch die **Grundfreiheiten** garantierten grenzüberschreitenden Aktivitäten und damit über den Arbeitsplatzwechsel sowie die Errichtung von Niederlassungen und den Austausch von Dienstleistungen hinaus fördert die Union nach Art. 180 Buchst. d AEUV die Ausbildung und die Mobilität der Forscher aus der Union. Dabei geht es um die **finanzielle Unterstützung**, wenn Forscher über ihre nationalen Grenzen hinaus tätig sind und dadurch mehr Kosten haben.³³ Zudem sollen spezifisch die Projekte finanziell gefördert werden, die entsprechende Mobilitätsmaßnahmen einschließen.³⁴

16 Spezifisch die Ausbildungsförderung ist von Art. 165 f. AEUV abzugrenzen.³⁵ Entsprechend der Forschungsförderung geht es um eine Förderung auf hohem Niveau und damit **nicht** lediglich um eine **Grund-, sondern** um eine **Fort- und Weiterbildung**.³⁶ Insoweit verleiht freilich Art. 180 Buchst. d AEUV keine Unionskompetenz für allgemeine, gar harmonisierende Regelungen.³⁷

---

³⁰ VO (EG) Nr. 294/2008, ABl. 2008, L 97/1; näher *Eikenberg*, in: Grabitz/Hilf/Nettesheim, EU, Art. 180 AEUV (Januar 2015), Rn. 34 f.
³¹ *Mönig*, in: Lenz/Borchardt, EU-Verträge, Art. 180 AEUV, Rn. 15.
³² *Trute/Pilniok*, in: Streinz, EUV/AEUV, Art. 180 AEUV, Rn. 6.
³³ *Mönig*, in: Lenz/Borchardt, EU-Verträge, Art. 180 AEUV, Rn. 17.
³⁴ *Mönig*, in: Lenz/Borchardt, EU-Verträge, Art. 180 AEUV, Rn. 17.
³⁵ *Ruffert*, in: Calliess/Ruffert, EUV/AEUV, Art. 180 AEUV, Rn. 7.
³⁶ *Mellein*, in: Schwarze, EU-Kommentar, Art. 180 AEUV, Rn. 6; *Trute/Pilniok*, in: Streinz, EUV/AEUV, Art. 180 AEUV, Rn. 7.
³⁷ *Eikenberg*, in: Grabitz/Hilf/Nettesheim, EU, Art. 180 AEUV (Januar 2015), Rn. 39; *Hilf*, in: GSH, Europäisches Unionsrecht, Art. 180 AEUV, Rn. 14.

Artikel 181 AEUV [Koordinierung; Rolle der Kommission]

(1) Die Union und die Mitgliedstaaten koordinieren ihre Tätigkeiten auf dem Gebiet der Forschung und der technologischen Entwicklung, um die Kohärenz der einzelstaatlichen Politiken und der Politik der Union sicherzustellen.

(2) ¹Die Kommission kann in enger Zusammenarbeit mit den Mitgliedstaaten alle Initiativen ergreifen, die der Koordinierung nach Absatz 1 förderlich sind, insbesondere Initiativen, die darauf abzielen, Leitlinien und Indikatoren festzulegen, den Austausch bewährter Verfahren durchzuführen und die erforderlichen Elemente für eine regelmäßige Überwachung und Bewertung auszuarbeiten. ²Das Europäische Parlament wird in vollem Umfang unterrichtet.

Literaturübersicht

Pilniok, Governance im europäischen Forschungsförderverbund. Eine rechtswissenschaftliche Analyse der Forschungspolitik und Forschungsförderung im Mehrebenensystem, 2011; s. auch Literatur zu Art. 179 AEUV.

Inhaltsübersicht

	Rn.
A. Koordinierungspflicht	1
B. Grenzen	3
C. Initiativen der Kommission	5
D. Offene Methode der Koordinierung	7

A. Koordinierungspflicht

Indem nach Art. 179 AEUV insbesondere ein europäischer Raum der Forschung geschaffen werden soll, dabei Zusammenarbeitsbestrebungen gefördert werden und die Union die Aktionen der Mitgliedstaaten ergänzen soll, erfordert dies eine **Abstimmung** mit den Tätigkeiten der Mitgliedstaaten und damit eine Koordinierung.[1] Es muss daher eine bestimmte **Kohärenz** zwischen den mittlerweile 28 nationalen Forschungspolitiken untereinander und der Unionspolitik erreicht werden, um vorhandene Ressourcen optimal zu nutzen und Synergieeffekte zu erzielen.[2] Es bedarf daher sowohl einer **horizontalen** als auch einer **vertikalen Koordinierung**.[3] Diese Notwendigkeit ergibt sich zudem dadurch, dass viele Forschungsvorhaben sowohl aus EU- als auch aus öffentlichen Mitteln der Mitgliedstaaten finanziert werden.[4]

Daher ist es nur konsequent, dass sowohl die **Union** als auch die **Mitgliedstaaten** aus der **Koordinierungspflicht** nach Art. 181 AEUV verpflichtet sind. Sie müssen sich gegenseitig informieren und austauschen. Die näheren Instrumente sind im Gegensatz zu Art. 5 EAGV nicht näher festgelegt, so dass ein weiter Spielraum bleibt.[5] Es besteht aber eine umfassende Informations- und Kommunikationspflicht mit dem Ziel, die Aktivitäten in Einklang zu bringen, **ohne** dass daraus infolge der Kompetenzverteilung eine

1

2

---

[1] *Mönig*, in: Lenz/Borchardt, EU-Verträge, Art. 181 AEUV, Rn. 1.
[2] *Mellein*, in: Schwarze, EU-Kommentar, Art. 181 AEUV, Rn. 1.
[3] *Trute/Pilniok*, in: Streinz, EUV/AEUV, Art. 181 AEUV, Rn. 1.
[4] *Mönig*, in: Lenz/Borchardt, EU-Verträge, Art. 181 AEUV, Rn. 2.
[5] *Trute/Pilniok*, in: Streinz, EUV/AEUV, Art. 181 AEUV, Rn. 2 a. E.

verbindliche Ergebnispflicht erwächst.⁶ Hingegen bleiben Unternehmen, Forschungszentren und Hochschulen außen vor, da sie nicht erwähnt werden.⁷ Allerdings können namentlich Hochschulen mittelbar dadurch verpflichtet sein, dass sie die Mitgliedstaaten informieren müssen, damit diese die Grundlage für eine wirksame Koordinierung haben. Das ist aber eine Frage der innerstaatlichen Organisation und Ausgestaltung. Aus Art. 181 AEUV selbst verpflichtet, und zwar auch zur Koordinierung selbst, sind hingegen staatliche Untergliederungen, wie die **deutschen Bundesländer**, denen die Forschungsförderung obliegt.⁸

B. Grenzen

3   Die vorgenannte Verpflichtung von Trägern öffentlicher Gewalt könnte die Forschungsfreiheit nach Art. 13 GRC aktivieren. So soll übermäßige Planung die Ergebniserwartung freier Forschung reduzieren und daher eine **zu starke programmorientierte Koordinierung** mit der Forschungsfreiheit in Konflikt geraten können.⁹ Hier zeigt sich indes gerade das Problem, die auf Programme ausgerichtete Forschungspolitik der Union a priori freiheitlich geprägt zu sehen.¹⁰ Sie muss damit nicht notwendig an die Eigenrationalitäten der Forschung anknüpfen. Zudem ist es eher eine **Frage der politischen Beurteilung**, inwieweit eine Koordinierung erfolgen soll. Zwar mag Forschung nur begrenzt planbar sein. Die Entwicklung von Rahmenbedingungen für eine erfolgreiche Forschung kann indes gerade der aktiven Fortentwicklung bedürfen und damit auch der Planung.

4   Ohnehin ist die Koordinierung dadurch begrenzt, dass nach Art. 4 Abs. 3 AEUV die **Zuständigkeit der Mitgliedstaaten** auf jeden Fall **erhalten** bleibt. Darüber kann sich auch die Koordinierungspflicht nach Art. 181 AEUV nicht hinwegsetzen. Dass EU und Mitgliedstaaten ihre Aktivitäten als Folge der Koordinierung miteinander in Einklang bringen, bleibt daher notwendig ein freiwilliges Ziel.¹¹ Eine andere Frage ist die faktische Entwicklung, dass Mitgliedstaaten und Union Haushaltsmittel im Rahmen von gemeinsamen Programmen bündeln.¹²

C. Initiativen der Kommission

5   Nach Art. 181 Abs. 2 Satz 1 AEUV kann die Kommission alle Initiativen ergreifen, die der Koordinierung nach Art. 181 Abs. 1 AEUV förderlich sind. Damit wird die **Koordinierung operationalisiert**. Dies erfolgt in enger Zusammenarbeit mit den Mitgliedstaaten. Hier wird nochmals bestätigt, dass die Kommission nicht in die nationalen

---

⁶ *Eikenberg*, in: Grabitz/Hilf/Nettesheim, EU, Art. 181 AEUV (Januar 2015), Rn. 9.
⁷ *Mönig*, in: Lenz/Borchardt, EU-Verträge, Art. 181 AEUV, Rn. 3.
⁸ *Eikenberg*, in: Grabitz/Hilf/Nettesheim, EU, Art. 181 AEUV (Januar 2015), Rn. 8.
⁹ *Ruffert*, in: Calliess/Ruffert, EUV/AEUV, Art. 181 AEUV, Rn. 1.
¹⁰ S. o. Art. 179 AEUV, Rn. 9 f., gegen *Ruffert*, in: Calliess/Ruffert, EUV/AEUV, Art. 179 AEUV, Rn. 8 f.
¹¹ *Eikenberg*, in: Grabitz/Hilf/Nettesheim, EU, Art. 181 AEUV (Januar 2015), Rn. 9 a. E.
¹² *Mönig*, in: Lenz/Borchardt, EU-Verträge, Art. 181 AEUV, Rn. 2 a. E.

Politiken eingreifen kann, so dass **nur freiwillige Maßnahmen der Mitgliedstaaten** am Ende der Koordinierung stehen können.[13]

Dementsprechend verleiht Art. 181 AEUV keine Befugnis zu Eingriffen oder verbindlichen Rechtsakten.[14] Die Initiativen nach dieser Vorschrift bilden daher auch keine förmlichen Vorschläge,[15] die nach Art. 293 AEUV am Beginn eines Gesetzgebungsverfahrens stehen. Sie entfalten keine verbindliche Wirkung.[16] Solche nicht in die Politik der Mitgliedstaaten eingreifende Maßnahmen sind Empfehlungen, Stellungnahmen und die Einholung von Auskünften, wie sie Art. 337 AEUV vorsieht, der aber wegen der mit ihm verbundenen (eingreifenden) Nachprüfungsbefugnis und Ausgestaltungsermächtigung hier verdrängt wird.[17] Korrespondierend zu diesem Informationsrecht ist eine **Informationspflicht** der Mitgliedstaaten, die auch zwischen ihnen besteht[18] und sich ebenfalls aus Art. 181 Abs. 1 und 2 AEUV ergibt.[19]

6

D. Offene Methode der Koordinierung

Im Folgenden beschreibt Art. 181 Abs. 2 Satz 2 AEUV wortgleich mit Art. 168 Abs. 2 Satz 2 und Art. 173 Abs. 2 Satz 2 AEUV[20] die schon vorher praktizierte offene Methode der Koordinierung: es werden Leitlinien und Indikatoren festgelegt, bewährte Verfahren (**best practice**) ausgetauscht und die erforderlichen Elemente für eine regelmäßige Überwachung und Bewertung ausgearbeitet. Es handelt sich dabei ihrem Wesen nach um eine **freiwillige Koordinierungsmethode**,[21] so dass sich auch durch den Vertrag von Lissabon an der formellen Unverbindlichkeit nichts geändert hat, wenngleich politische Auswirkungen auftreten.[22]

7

In der schon vorher gängigen und darüber hinausreichenden[23] Praxis erfolgt zunächst eine Schwachstellenanalyse und eine **Bestandsaufnahme**, auf deren Basis dann Experten gute Praxisbeispiele ermitteln und **Verbesserungsvorschläge** machen.[24] Daran schließt sich eine Empfehlung der Kommission mit einem **Verhaltenskodex** an die Forscher bzw. die Forschung betreibenden Einrichtungen an, welche die Vorschriften dieses Verhaltenskodexes freilich anwenden sollen, was die Mitgliedstaaten unterstützen, überwachen und mit regelmäßigen Berichten an die Kommission flankieren sollen, die dann Grundlage für eine weitere Koordinierung sind.[25]

8

---

[13] *Mönig*, in: Lenz/Borchardt, EU-Verträge, Art. 181 AEUV, Rn. 6.
[14] Etwa *Hilf*, in: GSH, Europäisches Unionsrecht, Art. 181 AEUV, Rn. 12; *Khan*, in: Geiger/Khan/Kotzur, EUV/AEUV, Art. 181 AEUV, Rn. 2.
[15] *Eikenberg*, in: Grabitz/Hilf/Nettesheim, EU, Art. 181 AEUV (Januar 2015), Rn. 17.
[16] *Frenz*, Handbuch Europarecht, Band 6, Rn. 4480 a. E.
[17] S. bereits *Bleckmann*, Europarecht, Rn. 2796; *Frenz*, Handbuch Europarecht, Band 6, Rn. 1289.
[18] *Mönig*, in: Lenz/Borchardt, EU-Verträge, Art. 181 AEUV, Rn. 6 f.
[19] *Eikenberg*, in: Grabitz/Hilf/Nettesheim, EU, Art. 181 AEUV (Januar 2015), Rn. 14.
[20] S. *Frenz*, Handbuch Europarecht, Band 6, Rn. 2310 auch zu Art. 156 Abs. 2 AEUV.
[21] *Mellein*, in: Schwarze, EU-Kommentar, Art. 181 AEUV, Rn. 3.
[22] *Ruffert*, in: Calliess/Ruffert, EUV/AEUV, Art. 181 AEUV, Rn. 3, der eine kompetenzrechtliche Aufarbeitung noch nicht gegeben sieht.
[23] *Eikenberg*, in: Grabitz/Hilf/Nettesheim, EU, Art. 181 AEUV (Januar 2015), Rn. 15.
[24] *Mönig*, in: Lenz/Borchardt, EU-Verträge, Art. 181 AEUV, Rn. 9.
[25] *Mönig*, in: Lenz/Borchardt, EU-Verträge, Art. 181 AEUV, Rn. 9. Näher *Pilniok*, S. 200 ff.

9   Gemäß Art. 181 Abs. 2 Satz 3 AEUV wird das **Europäische Parlament** in vollem Umfang über die Initiativen der Kommission **unterrichtet**. Dies entspricht der verfolgten Praxis.[26]

---

[26] *Mellein*, in: Schwarze, EU-Kommentar, Art. 181 AEUV, Rn. 4 a.E.

Artikel 182 AEUV [Mehrjähriges Rahmenprogramm; spezifische Programme]

(1) Das Europäische Parlament und der Rat stellen gemäß dem ordentlichen Gesetzgebungsverfahren und nach Anhörung des Wirtschafts- und Sozialausschusses ein mehrjähriges Rahmenprogramm auf, in dem alle Aktionen der Union zusammengefasst werden.

In dem Rahmenprogramm werden
- die wissenschaftlichen und technologischen Ziele, die mit den Maßnahmen nach Artikel 180 erreicht werden sollen, sowie die jeweiligen Prioritäten festgelegt;f
- die Grundzüge dieser Maßnahmen angegeben;
- der Gesamthöchstbetrag und die Einzelheiten der finanziellen Beteiligung der Union am Rahmenprogramm sowie die jeweiligen Anteile der vorgesehenen Maßnahmen festgelegt.

(2) Das Rahmenprogramm wird je nach Entwicklung der Lage angepasst oder ergänzt.

(3) ¹Die Durchführung des Rahmenprogramms erfolgt durch spezifische Programme, die innerhalb einer jeden Aktion entwickelt werden. ²In jedem spezifischen Programm werden die Einzelheiten seiner Durchführung, seine Laufzeit und die für notwendig erachteten Mittel festgelegt. ³Die Summe der in den spezifischen Programmen für notwendig erachteten Beträge darf den für das Rahmenprogramm und für jede Aktion festgesetzten Gesamthöchstbetrag nicht überschreiten.

(4) Die spezifischen Programme werden vom Rat gemäß einem besonderen Gesetzgebungsverfahren nach Anhörung des Europäischen Parlaments und des Wirtschafts- und Sozialausschusses beschlossen.

(5) Ergänzend zu den in dem mehrjährigen Rahmenprogramm vorgesehenen Aktionen erlassen das Europäische Parlament und der Rat gemäß dem ordentlichen Gesetzgebungsverfahren und nach Anhörung des Wirtschafts- und Sozialausschusses die Maßnahmen, die für die Verwirklichung des Europäischen Raums der Forschung notwendig sind.

Literaturübersicht

Classen, Forschungsförderung durch die EG und Freiheit der Wissenschaft, WissR, 1995, 97; *Lindner*, Die Europäisierung des Wissenschaftsrechts, 2009; *Trute/Groß*, Rechtsvergleichende Grundlagen der europäischen Forschungspolitik, WissR 1994, 203; s. auch Literatur zu Art. 179 AEUV.

Leitentscheidungen

EuGH, Urt. v. 21.11.1991, Rs. C–269/90 (TU München/Hauptzollamt München-Mitte), Slg. 1991, I–5469
EuGH, Urt. v. 25.1.2007, Rs. C–407/04 (Dalmine), Slg. 2007, I–829
EuGH, Urt. v. 15.10.2009, Rs. C–425/08 (Enviro Tech), Slg. 2009, I–10035

Inhaltsübersicht

	Rn.
A. Bedeutung und Systematik	1
B. Aufstellung des Rahmenprogramms	7
C. Inhalt des Rahmenprogramms	12
I. Generell	12
II. Das 8. Rahmenprogramm »Horizont 2020«	17

D. Spezifische Programme 24
E. Ergänzende Maßnahmen 30

A. Bedeutung und Systematik

1 Mit Art. 182 AEUV beginnen die Ermächtigungsgrundlagen für das konkrete Handeln der Union, auf deren Basis sie die ergänzenden Maßnahmen nach Art. 180 AEUV und die Koordinierung nach Art. 181 AEUV durchführt, um die Ziele nach Art. 179 AEUV zu erreichen. Die dort festgelegten **allgemeinen Grundsätze und Grenzen** sind also auch hier **zu wahren**. Das gilt auch im Hinblick darauf, dass die Union nur ergänzend zu den Mitgliedstaaten tätig werden darf, Letztere also die Zuständigkeit behalten und damit nicht etwa über Harmonisierungsmaßnahmen in ihrer Rechtsetzung vereinheitlicht werden dürfen.

2 Zudem darf sich die Union nicht an die Stelle der Mitgliedstaaten setzen. Das gilt auch im Hinblick auf die Rahmenprogramme. Diese dürfen nicht etwa die nationale Forschungsförderung in ihrer Gesamtheit vorzeichnen, sondern diese Programme können lediglich einen **Rahmen für die Aktivitäten der Union** festlegen.

3 Diese Konzeption befolgt Art. 182 Abs. 1 AEUV dadurch, dass in dem mehrjährigen Rahmenprogramm alle Aktionen der Union zusammengefasst werden. Dadurch entfaltet es **Konzentrationswirkung**, zumal wenn zu sämtlichen folgenden Maßnahmen bis auf die nach Art. 187 AEUV in ihm ermächtigt worden sein muss.[1] Damit handelt es sich um einen Rahmen, der die Forschungspolitik der Union für mehrere Jahre festlegt und damit die Förderung nicht mehr vom jährlichen Haushaltsansatz abhängig macht; darin liegt die Hauptbedeutung.[2] Wie schon das 7. Rahmenprogramm von 2007–2013 läuft auch das nunmehrige 8. Rahmenprogramm sieben Jahre, nämlich von 2014–2020. Es enthält die Schwerpunkte und Prioritäten, die gesetzt werden, und gibt damit den Rahmen vor, in dem sich die weiteren Maßnahmen und Programme bewegen müssen. Auf diese Weise steht das Rahmenprogramm am Beginn der weiteren Schritte, die seiner Durchführung dienen, und damit am Anfang der »sekundärrechtlichen Hierarchie«.[3]

4 Diese Stufung entfaltet bereits Art. 182 Abs. 3 und 4 AEUV dadurch, dass zur Durchführung des Rahmenprogramms spezifische Programme innerhalb einer jeden Aktion entwickelt werden. Diese beinhalten die Einzelheiten der Durchführung, eine bestimmte Laufzeit und einen bestimmten Mittelansatz, der den Gesamtansatz des Rahmenprogramms nicht überschreiten darf (Art. 182 Abs. 3 Satz 2 und 3 AEUV). Hier zeigt sich sehr deutlich, dass das Rahmenprogramm sowohl einen **rechtlichen als auch** einen **finanziellen Rahmen** setzt, der zu wahren ist.

5 Die **spezifischen Programme** zur Durchführung sind damit **am Rahmenprogramm zu messen**. Dieses wiederum muss dann Art. 179 ff. AEUV sowie dem weiteren Primärrecht einschließlich Art. 13 GRC[4] entsprechen. Insoweit verhält es sich wie mit Einzel-

---

[1] So die h.M. auch für Art. 186 AEUV, etwa *Trute/Pilniok*, in: Streinz, EUV/AEUV, Art. 186 AEUV, Rn. 2; anders hier s. u. Art. 186 AEUV, Rn. 4: Ein inhaltlicher Zusammenhang genügt insoweit und damit eine inhaltliche Zusammenfassung im Rahmenprogramm.
[2] *Eikenberg*, in: Grabitz/Hilf/Nettesheim, EU, Art. 182 AEUV (Januar 2015), Rn. 16.
[3] *Eikenberg*, in: Grabitz/Hilf/Nettesheim, EU, Art. 182 AEUV (Januar 2015), Rn. 5.
[4] Darauf verweisend *Ruffert*, in: Calliess/Ruffert, EUV/AEUV, Art. 182 AEUV, Rn. 1, wobei er Art. 13 GRC noch weitere Bedeutung zumisst, die hier abgelehnt wird (s. o. Art. 179 AEUV, Rn. 9 f.).

maßnahmen auf der Basis von Sekundärrecht,⁵ wobei allerdings die Wertung des Primärrechts durchzuschlagen hat.⁶ Das sollte auch hier beachtet werden. Bei Auslegungszweifeln sind also auch die spezifischen Programme im Lichte des die Unionstätigkeit deutlich beschränkenden **Primärrechts auszulegen**.

Art. 183 AEUV öffnet in **Durchführungsprogrammen** weitere Festlegungen von Regeln in spezifischen Bereichen, die dann ebenfalls rückbezogen sind auf die generellen Ziele nach Art. 179 AEUV sowie den generellen Inhalt der Rahmenprogramme. Entsprechendes gilt für **Zusatzprogramme** nach Art. 184 AEUV. Art. 185 AEUV ermöglicht dann noch eine entsprechende Beteiligung der Mitgliedstaaten, Art. 186 AEUV eine Zusammenarbeit auf internationaler Ebene und schließlich Art. 187 AEUV im Hinblick auf alle Programme die Gründung gemeinsamer Unternehmen sowie die Schaffung sonstiger Strukturen, und zwar nach dem Verfahren des Art. 188 AEUV. Damit sind also alle Folgebestimmungen von Art. 182 AEUV letztlich **auf das Rahmenprogramm bezogen** und damit zugleich von ihm geprägt, wobei Art. 187 AEUV auch⁷ längerfristige organisatorische Maßnahmen ermöglicht.⁸ Auch sie können aber von dem jeweiligen Rahmenprogramm beeinflusst sein und werden es von den typischen Strukturen solcher Programme. 6

B. Aufstellung des Rahmenprogramms

Nach Art. 182 Abs. 1 AEUV stellen das Europäische Parlament und der Rat das mehrjährige Rahmenprogramm gemäß dem **ordentlichen Gesetzgebungsverfahren** auf. In diesem wirken beide gleichberechtigt zusammen, wie dies für die Mehrzahl der europäischen Rechtsakte mittlerweile zutrifft. Es ist näher in Art. 294 AEUV geregelt. 7

Vorauszugehen hat eine Anhörung des **Wirtschafts- und Sozialausschusses** (Art. 301 ff. AEUV). Er muss in den vertraglich vorgesehenen Fällen gehört werden (Art. 304 Abs. 1 Satz 1 AEUV). Der **Ausschuss der Regionen** ist zwar nicht ausdrücklich erwähnt, kann aber auch in den vertraglich nicht festgelegten Fälle gehört werden, in denen dies für zweckmäßig erachtet wird, und zwar insbesondere in den Fällen der grenzüberschreitenden Zusammenarbeit, wie es für die Forschungspolitik zutrifft. Es ist lediglich die Anhörung als solche notwendig, nicht hingegen ihre Befolgung. 8

Faktisch einbezogen wird auch der Ausschuss für den europäischen Forschungsraum (European Research Area Commitee, **ERAC**). Er ist ein gemeinsames Beratungsorgan von Rat und Kommission, und zwar vor allem im Hinblick auf die Realisierung des europäischen Forschungsraumes, ohne aber eine »Linienfunktion« und damit eine leitende Funktion zu haben.⁹ 9

Speziell ist die Beschlussfassung nach dem EAGV. Trotz Art. 106 EAGV sind weiterhin die in **Art. 4 ff. EAGV** geordneten Entscheidungsverfahren maßgeblich. 10

Schon lange vor dem Beginn des förmlichen Rechtsetzungsverfahrens beginnt die Entscheidungsfindung in Form eines **längeren Konsultationsprozesses**, in dem die Kom- 11

---

⁵ S. EuGH, Urt. v. 13.12.2001, Rs. C–324/99 (Daimler Crysler), Slg. 2011, I–9897.
⁶ Näher *Frenz*, Handbuch Europarecht, Band 1, Rn. 382 mit Fn. 16.
⁷ Ebenso aber auf ein Programm bezogene, *Trute/Pilniok*, in: Streinz, EUV/AEUV, Art. 187 AEUV, Rn. 4.
⁸ Etwa *Ruffert*, in: Calliess/Ruffert, EUV/AEUV, Art. 187 AEUV, Rn. 4.
⁹ *Eikenberg*, in: Grabitz/Hilf/Nettesheim, EU, Art. 182 AEUV (Januar 2015), Rn. 8.

mission den Austausch mit dem Europäischen Parlament und dem Rat als den beiden Entscheidungsträgern sucht, aber auch mit einzelnen Mitgliedstaaten kommuniziert.[10]

C. Inhalt des Rahmenprogramms

I. Generell

12 Art. 182 Abs. 1 Satz 2 AEUV nennt die Inhalte des Rahmenprogramms. Es werden die wissenschaftlichen und technologischen **Ziele** genannt, die mit Maßnahmen nach Art. 180 AEUV erreicht werden sollen, sowie die jeweiligen **Prioritäten** festgelegt. Damit erfolgt eine Auswahl unter den Zielen nach Art. 179 AEUV. Alle gleichermaßen können schwerlich erreicht werden. Daher ist eine Reihung notwendig, um klar zu machen, welche Ziele vorrangig erreicht werden sollen. Zudem bedarf es einer **Konkretisierung**, um darauf die Maßnahmen der Union gezielt abzustimmen.

13 Weiter werden die Grundzüge dieser Maßnahmen angegeben. Damit werden auch nicht die Details aufgezeigt. Die spätere Ausgestaltung der Maßnahmen im Einzelnen bleibt offen.[11] Es handelt sich um eine **bloße Beschreibung**.[12]

14 Schließlich wird der **Gesamthöchstbetrag** festgelegt, ebenso die Einzelheiten der **finanziellen Beteiligung** der Union sowie die jeweiligen Anteile der vorgesehenen Maßnahmen. Dadurch erfolgt eine Verzahnung der Forschungspolitik mit dem Unionsbudget.[13] Dabei ist der Gesamthöchstbetrag eher als absolute Grenze zu verstehen als die jeweiligen Anteile der vorgesehenen Maßnahmen, werden diese doch nur in ihren Grundzügen beschrieben und können sich daher noch verändern, was dann auch ihr Budget modifiziert sein lässt. Der Gesamthöchstbetrag hingegen kann nur dadurch erhöht werden, dass das Rahmenprogramm selbst angepasst wird.[14]

15 Die Anpassung oder auch Ergänzung eines Rahmenprogramms erfolgt gemäß Art. 182 Abs. 2 AEUV je nach Entwicklung der Lage. Damit müssen sich die **Umstände ändern**, die der Erstellung zugrunde gelegen haben, um das Rahmenprogramm zu modifizieren. Allerdings soll dies gerade für eine bestimmte Periode einen festen Rahmen festlegen. Zudem besteht ein aufwendiges Verfahren. Daher kann eine **Modifikation** lediglich **ausnahmsweise** erfolgen, wie auch die seltenen Beispiele zeigen.[15]

16 Da keine generelle Änderbarkeit vorliegt, sondern nur bei einer geänderten Sachlage, sind Rahmenprogramme regelmäßig von Bestand. Dass Art. 182 Abs. 2 AEUV allerdings dem **Vertrauensschutz** dient,[16] ist insofern **zweifelhaft**, als dieser bei einer Änderbarkeit von Maßnahmen grundsätzlich ausgeschlossen ist.[17] Die Regelung muss nach dem EuGH einen unveränderten Fortbestand versprechen[18] und darf nicht die Reaktion

---

[10] *Eikenberg*, in: Grabitz/Hilf/Nettesheim, EU, Art. 182 AEUV (Januar 2015), Rn. 11.
[11] *Ruffert*, in: Calliess/Ruffert, EUV/AEUV, Art. 182 AEUV, Rn. 4.
[12] *Trute/Pilniok*, in: Streinz, EUV/AEUV, Art. 182 AEUV, Rn. 6: deskriptiver Charakter.
[13] *Ruffert*, in: Calliess/Ruffert, EUV/AEUV, Art. 182 AEUV, Rn. 4.
[14] *Trute/Pilniok*, in: Streinz, EUV/AEUV, Art. 182 AEUV, Rn. 7.
[15] *Trute/Pilniok*, in: Streinz, EUV/AEUV, Art. 182 AEUV, Rn. 7.
[16] *Trute/Pilniok*, in: Streinz, EUV/AEUV, Art. 182 AEUV, Rn. 8; s. auch *Hilf*, in: GSH, Europäisches Unionsrecht, Art. 182 AEUV, Rn. 23.
[17] EuGH, Urt. v. 19.5.1982, Rs. 84/81 (Staple Dairy Products), Slg. 1982, 1763, Rn. 15; näher auch zum Folgenden m.w.N. *Frenz*, Handbuch Europarecht, Band 4, Rn. 3096ff., 3120f.
[18] EuGH, Urt. v. 18.3.1975, Rs. 78/74 (Deuka I), Slg. 1975, 421, Rn. 11ff.; *Schwarz*, Vertrauensschutz als Verfassungsprinzip, 2002, S. 494.

auf aktuelle Vorkommnisse in sich tragen, wie dies bei gemeinsamen Marktorganisationen im Agrarbereich der Fall ist[19], ja auch nicht auf systemimmanente Unsicherheiten reagieren.[20] Jedenfalls sind Rahmenprogramme näher ausgestaltbar. Sie richten sich ohnehin nicht so konkret an Adressaten, dass diese für einzelne Projekte Vertrauen entfalten könnten und etwa daraus eine finanzielle Förderung abzuleiten vermögen.

II. Das 8. Rahmenprogramm »Horizont 2020«

Für die Periode 2014–2020 gilt das 8. Rahmenprogramm »Horizont 2020«. Dabei geht es um die **Unterstützung der europäischen Wachstumsstrategie »Europa 2020«** und damit vor allem um den Anstoß von Innovationen sowie die Vollendung und die Funktionsfähigkeit des europäischen Forschungsraums; dementsprechend ist das Programm nicht nur auf Art. 182 AEUV gestützt, sondern auch auf den industriepolitisch ausgerichteten Art. 173 AEUV. Erfasst wird der gesamte **Prozess von der Idee bis zur Marktreife,** damit Innovationen besser in neue Produktionsverfahren einfließen, um sie **konkret anzuwenden**.[21] Durch Verringerung der Beteiligungsregelungen und eine damit verbundene Absenkung der Verwaltungskosten soll das Programm vor allem für kleine und mittlere Unternehmen attraktiver werden; zudem sollen Nachfrageaspekte ein starkes Element sein.[22] 17

Das Rahmenprogramm »Horizont 2020« enthält verschiedene Teile: die **Wissenschaftsexzellenz** mit Themen offener Förderung für die insoweit prägenden Wissenschaftler, die einzeln zur Gewinnung von Spitzenforschung oder themenbezogen zur Unterstützung potenziell bahnbrechender neuer Technologien im Grundlagenbereich oder in ihrer Mobilität oder zur Verbesserung der ihnen zur Verfügung stehenden Infrastrukturen gefördert werden.[23] 18

Industriebezogen ist, die **Entwicklung von Technologie- und Innovationsunternehmen** zu beschleunigen. Auch dort bestimmen die Unternehmen weitgehend die jeweiligen Themen, die drei Komplexen zuzuordnen sind: Die Förderung von Schlüsseltechnologien, u. a. die Informations- und Kommunikationstechnologien, die Nano- und die Biotechnologie, die Bereitstellung von Risiko- und Beteiligungsfinanzierung sowie die Förderung spezifisch der Innovationen von kleinen und mittleren Unternehmen mit europaweitem oder etwa internationalem Potenzial. 19

Einen besonderen Schwerpunkt bilden die von der Politik festgelegten **gesellschaftlichen Herausforderungen**, nämlich Gesundheit, demographischer Wandel und Wohlergehen, Ernährung und Lebensmittelsicherheit sowie nachhaltige Landwirtschaft, sichere und saubere Energie, intelligenter, umweltfreundlicher und integrierter Verkehr, Klimaschutz, Ressourceneffizienz und Rohstoffe sowie innovative und sichere Gesellschaft. Dieser Themenkomplex veranschaulicht deutlich, wie die Forschungspolitik in andere Politikbereiche, so namentlich die Agrar- und Energiepolitik sowie die Verkehrspolitik ausgreift und daher eine Konzentration erfordert, wie sie in Art. 179 Abs. 3 AEUV vorgesehen ist. 20

---

[19] EuGH, Urt. v. 15.6.1976, Rs. 74/74 (CNTA), Slg. 1975, 533, Rn. 38/40; Urt. v. 28.4.1988, Rs. 170/86 (von Deetzen), Slg. 1988, 2355, Rn. 12.
[20] S. EuGH, Urt. v. 14.10.1999, Rs. C–104/97 P (Atlanta), Slg. 1999, I–6983, Rn. 52 f.; Frenz, Handbuch Europarecht, Band 4, Rn. 3121; *Schwarz* (Fn. 18), S. 508 f.
[21] *Mönig*, in: Lenz/Borchardt, EU-Verträge, Art. 182 AEUV, Rn. 10.
[22] *Mönig*, in: Lenz/Borchardt, EU-Verträge, Art. 182 AEUV, Rn. 10 a. E.
[23] Näher auch zum Folgenden *Mönig*, in: Lenz/Borchardt, EU-Verträge, Art. 182 AEUV, Rn. 11.

21 Der nächste Teil des 8. Rahmenprogramms widmet sich der **Gemeinsamen Forschungsstelle** (GFS), welche die nicht-nuklearen Aktivitäten der Forschungseinrichtungen der EU auf die Zielsetzung der Europa 2020 Strategie ausrichtet. Durch diese werden Forschungsstellen in allen Politikbereichen der EU im Hinblick auf Forschung und Entwicklung unterstützt.

22 Für die **nuklearen Forschungs- und Entwicklungsarbeiten** greift ab 2014 ein neues 5-Jahres-Programm auf der Basis des EAGV.[24]

23 Schließlich besteht das **Europäische Institut für Innovation und Technologie** (EIT),[25] welches das Wissensdreieck von Forschung, Bildung und Innovation integrieren und im Bereich der sogenannten gesellschaftlichen Herausforderungen verankert sein soll. Über die vorhandenen **Wissens- und Innovationsgemeinschaften** hinaus sollen neue eingerichtet werden, und zwar nach einem unionsweiten transparenten Wettbewerb.[26] Dieses Institut kann bei einer entsprechenden Zwischenevaluation zusätzliche Mittel aus den Schwerpunkten »industrielle Führerschaften« und »gesellschaftliche Herausforderungen« von der Union zugewiesen bekommen.[27]

D. Spezifische Programme

24 Sämtliche Bereiche des **Rahmenprogramms** müssen gemäß Art. 182 Abs. 3 Satz 1 AEUV durch spezifische Programme **konkretisiert** werden; darüber hinaus ist eine Verwirklichung des Rahmenprogramms nicht möglich, so dass bei gleichwohl geplanten Weiterungen andere Titel herangezogen werden müssen, so für eine stärkere Förderung der Industrie auf der Grundlage von Art. 173 AEUV.[28] Damit entwickeln auch diese spezifischen Programme eine **Konzentrationswirkung** und bedingen einen ausschließlichen Charakter. Sie sind freilich dem Rahmenprogramm **nachgeordnet** und müssen sich daher an inhaltliche und zeitliche Vorgaben halten.[29] Die **finanzielle Grenze** zeigt Art. 182 Abs. 3 Satz 3 AEUV entsprechend: Sämtliche spezifische Programme müssen sich in ihrer Gesamtheit in dem für das Rahmenprogramm und zugleich in dem für jede Aktion festgesetzten Gesamthöchstbetrag bewegen.

25 Die in Art. 182 Abs. 3 Satz 2 AEUV vorgesehenen Einzelheiten der **Durchführung**, der Laufzeit und die für notwendig erachteten Mittel enthält vor allem der jeweilige Anhang eines spezifischen Programms. Die Durchführung kann als direkte Aktion erfolgen, bei der die Gemeinsame Forschungsstelle (GFS)[30] die Forschungsarbeiten übernimmt, oder aber wie **regelmäßig indirekt** und damit durch **Beauftragung Externer** nach Art. 183 AEUV.[31]

26 Die Regel ist damit die Auftrags- bzw. die Vertragsforschung, bei der zur Einreichung von Vorschlägen aufgefordert wird, die dann extern begutachtet werden, so dass die Kommission ihre abschließende Entscheidung nach dem Komiteebeschluss fassen

---

[24] *Mönig*, in: Lenz/Borchardt, EU-Verträge, Art. 182 AEUV, Rn. 11.
[25] Auf industriepolitischer Grundlage 2008 errichtet, s. o. Art. 180 AEUV, Rn. 14.
[26] *Mönig*, in: Lenz/Borchardt, EU-Verträge, Art. 182 AEUV, Rn. 11 a. E.
[27] *Mönig*, in: Lenz/Borchardt, EU-Verträge, Art. 182 AEUV, Rn. 13.
[28] *Mönig*, in: Lenz/Borchardt, EU-Verträge, Art. 182 AEUV, Rn. 16.
[29] *Trute/Pilniok*, in: Streinz, EUV/AEUV, Art. 182 AEUV, Rn. 9. S. o. Rn. 3 a. E.
[30] S. vorstehend Rn. 21.
[31] *Trute/Pilniok*, in: Streinz, EUV/AEUV, Art. 182 AEUV, Rn. 9 a. E.

kann.³² Zwar hat die Kommission dabei einen derart weiten **Beurteilungsspielraum**, dass sie die **externe Begutachtung nicht befolgen** muss.³³ Sie hat aber ihre Entscheidungen zur Ermöglichung effektiven gerichtlichen Rechtsschutzes ausführlich zu **begründen**.³⁴

An diesem differenzierten Verfahren wurde vielfach Kritik geübt, insbesondere weil der **Vorschlagende an seinen Entwurf gebunden** ist.³⁵ Indes ist eine solche Bindung an das abgegebene Angebot ein typisches Merkmal des Vergaberechts, welches die öffentliche Auftragsvergabe umfassend überzeugend regelt und Rechtssicherheit verleiht sowie eine Benachteiligung dadurch verhindert, dass genau feststehen muss, auf welcher Basis die Auswahl erfolgt.³⁶ 27

In Abweichung vom ordentlichen Gesetzgebungsverfahren, welches für das Rahmenprogramm in Art. 182 Abs. 1 AEUV vorgesehen ist, werden die spezifischen Programme gemäß Art. 182 Abs. 4 AEUV in einem **besonderen Gesetzgebungsverfahren** beschlossen. Dies erfolgt nicht durch das Europäische Parlament und den Rat zusammen, sondern durch den Rat alleine, der freilich das Europäische Parlament sowie den Wirtschafts- und Sozialausschuss anhören muss. Es bedarf nach Art. 16 Abs. 3 EUV einer qualifizierten Mehrheit im Rat. 28

Durchzuführen sind die spezifischen Programme gemäß Art. 17 EUV durch die Kommission, welche hierfür ein sogenanntes **Arbeitsprogramm** aufstellt und dabei den Anhang 1 zu spezifischen programmaufgeführten Zielen und wissenschaftlichen sowie technologischen Prioritäten aufgreift und näher darlegt, ebenso den Zeitplan.³⁷ So erhalten die potenziellen Antragsteller erst die wichtigsten Informationen wie Antragsfristen und -inhalt, Partnermindestzahl aus unterschiedlichen Staaten etc., um Projektvorschläge einzureichen.³⁸ Auf der Basis dieses Arbeitsprogramms erfolgen Einzelentscheidungen der Kommission, so dass sich letztlich ein vierstufiges Verfahren ergibt, wie die Forschungspolitik der Union konzipiert und umgesetzt wird.³⁹ 29

E. Ergänzende Maßnahmen

Schließlich sieht Art. 182 Abs. 5 AEUV ergänzende Maßnahmen vor, wurde aber praktisch noch nicht relevant.⁴⁰ Diese werden wie das Rahmenprogramm selbst nach dem **ordentlichen Gesetzgebungsverfahren** und nach Anhörung des Wirtschafts- und Sozialausschusses durch das Europäische Parlament und den Rat erlassen. Es handelt sich um die Maßnahmen, die für die Verwirklichung des Europäischen Raums der Forschung 30

---

³² *Ruffert*, in: Calliess/Ruffert, EUV/AEUV, Art. 182 AEUV, Rn. 8.
³³ EuGH, Urt. v. 25.1.2007, Rs. C–407/04 (Dalmine), Slg. 2007, I–829, Rn. 99.
³⁴ EuGH, Urt. v. 15.10.2009, Rs. C–425/08 (Enviro Tech), Slg. 2009, I–10035, Rn. 62; bereits Urt. v. 21.11.1991, Rs. C–269/90 (TU München/Hauptzollamt München-Mitte), Slg. 1991, I–5469, Rn. 14; offener bei besonderen Programmen EuG, Urt. v. 13.12.1995, Rs. T–109/94 (Windpark Groothusen), Slg. 1995, II–3007; Beschluss v. 26.9.1997, Rs. T–183/97 R (Micheli u.a.), Slg. 1997, II–1473 sowie Urt. v. 17.2.2000, Rs. T–183/97 (Micheli u.a.), Slg. 2000, II–287.
³⁵ *Ruffert*, in: Calliess/Ruffert, EUV/AEUV, Art. 182 AEUV, Rn. 9 sowie bereits *Classen*, WissR 1995, 97 (104 ff.); *Trute/Groß*, WissR 1994, 203 (206 f., 234 ff.).
³⁶ EuGH, Urt. v. 25.4.1996, Rs. C–87/94 (Wallonische Busse), Slg. 1996, I–2043, Rn. 56. Näher *Frenz*, Handbuch Europarecht, Band 3, Rn. 3228, 3268.
³⁷ *Trute/Pilniok*, in: Streinz, EUV/AEUV, Art. 182 AEUV, Rn. 11.
³⁸ *Eikenberg*, in: Grabitz/Hilf/Nettesheim, EU, Art. 182 AEUV (Januar 2015), Rn. 75 f.
³⁹ *Trute/Pilniok*, in: Streinz, EUV/AEUV, Art. 182 AEUV, Rn. 11 a.E. sowie Rn. 13.
⁴⁰ *Mönig*, in: Lenz/Borchardt, EU-Verträge, Art. 182 AEUV, Rn. 30.

notwendig sind. Insoweit besteht ein erheblicher **Ermessensspielraum**, um diese Notwendigkeit auszufüllen.

31 Dabei geht es **nicht** um **finanzrelevante Maßnahmen**,[41] sondern um sonstige ergänzende wie solche, um die Freizügigkeit der Forscher zu verbessern, einen institutionellen Rahmen zu schaffen oder um Forschungsprogramme außerhalb des Rahmenprogramms gemeinsam zu planen.[42] Ein mögliches Beispiel ist weiter eine Europäische Charta für Forscher, die auch Art. 13 GRC auszugestalten in der Lage ist.[43] Damit kann sie den sich daraus ergebenden Schutzauftrag[44] verwirklichen. Daran wird aber auch deutlich, dass die strikte Programmsteuerung teilweise überwunden wird.[45] Daher wird eine zurückhaltende Heranziehung gefordert.[46]

32 Allerdings brauchen vor allem inhaltliche Festlegungen, die nicht mit Finanzwirkungen verbunden sind, nicht in diesen Programmrahmen eingebunden zu sein, müssen doch dafür nicht bestimmte Ausgaben bereit gestellt werden.[47] Indes sind die grundsätzliche Kompetenzverteilung nach Art. 4 Abs. 3 EUV sowie das Subsidiaritätsprinzip gemäß Art. 5 Abs. 3 EUV zu wahren.[48] Daher darf keine umfassende Rechtsetzungskompetenz abgeleitet werden; in nationale Forschungsstrukturen und -fördermaßnahmen darf auf dieser Basis nicht eingegriffen werden, wobei allerdings die Grenzen wegen der bestehenden Verflechtung oft fließend sind.[49] So besteht schon durch die grenzüberschreitende Konzeption der Forschungspolitik die **Notwendigkeit, gemeinsame europäische Standards** etwa für Forscher zu setzen, um deren Tätigkeit koordinieren und ergänzen zu können. Allerdings sind dabei die Unterschiede in den Mitgliedstaaten soweit wie möglich zu wahren.

---

[41] *Eikenberg*, in: Grabitz/Hilf/Nettesheim, EU, Art. 182 AEUV (Januar 2015), Rn. 82.
[42] *Trute/Pilniok*, in: Streinz, EUV/AEUV, Art. 182 AEUV, Rn. 15.
[43] *Trute/Pilniok*, in: Streinz, EUV/AEUV, Art. 182 AEUV, Rn. 15.
[44] S.o. Art. 179 AEUV, Rn. 8.
[45] *Ruffert*, in: Calliess/Ruffert, EUV/AEUV, Art. 182 AEUV, Rn. 11.
[46] *Lindner*, S. 50.
[47] Darin liegt der hauptsächliche Sinn der Konzentrationswirkung nach Art. 182 Abs. 1 AEUV, s.o. Rn. 3.
[48] *Trute/Pilniok*, in: Streinz, EUV/AEUV, Art. 182 AEUV, Rn. 15.
[49] *Eikenberg*, in: Grabitz/Hilf/Nettesheim, EU, Art. 182 AEUV (Januar 2015), Rn. 85; *Lindner*, S. 47.

Artikel 183 AEUV [Durchführung des Rahmenprogramms]

Zur Durchführung des mehrjährigen Rahmenprogramms legt die Union Folgendes fest:
- die Regeln für die Beteiligung der Unternehmen, der Forschungszentren und der Hochschulen;
- die Regeln für die Verbreitung der Forschungsergebnisse.

Literaturübersicht

Pfeiffer, Die Forschungs- und Technologiepolitik der Europäischen Gemeinschaft als Referenzgebiet für das europäische Verwaltungsrecht, 2003; s. auch Literatur zu Art. 179 AEUV.

Inhaltsübersicht

		Rn.
A.	Einordnung	1
B.	Inhalt und Verabschiedung	4

A. Einordnung

Art. 183 AEUV sieht **weitere Regeln** vor, welche die Union zur Durchführung des mehrjährigen Rahmenprogramms festlegt. Damit handelt es sich um einen **Annex**.[1] Die Regeln beziehen sich zum einen auf die Beteiligung der Unternehmen, der Forschungszentren und der Hochschulen und zum anderen auf die Verbreitung der Forschungsergebnisse, welche im Hinblick auf die angestrebte industrielle Nutzung besondere Bedeutung hat.

Diese Regeln müssen sich **in** das mehrjährige **Rahmenprogramm einfügen**, dienen sie doch dessen Durchführung. Zugleich liegen sie neben ihm, geht es doch nicht um den Inhalt in Form von Schwerpunktsetzungen und finanziellen Förderungen, sondern um die organisatorische Frage der Beteiligung sowie die der Forschung selbst nachgelagerte Frage der Verbreitung. Durch Letztere wird aber die Lücke zwischen gewonnenen Ergebnissen und der Anwendung in der Industrie geschlossen. Genau darauf zielt auch das 8. Rahmenprogramm. Umso bedeutsamer sind für dieses dann Regeln, um die Forschungsergebnisse zu verbreiten.

Von der Zuordnung her **gehören** die Regeln nach Art. 183 AEUV **zu den Rahmenprogrammen** und damit nicht zu den spezifischen Programmen; diesen sind sie vielmehr vorgeordnet.[2]

B. Inhalt und Verabschiedung

Die **Verbreitungsregeln** beziehen sich darauf, wie Dritte zu den Forschungsergebnissen Zugang haben, und betreffen das geistige Eigentum.[3] Die **Beteiligungsregeln** demge-

---

[1] *Trute/Pilniok*, in: Streinz, EUV/AEUV, Art. 183 AEUV, Rn. 1; *Ruffert*, in: Calliess/Ruffert, EUV/AEUV, Art. 183 AEUV, Rn. 1.
[2] *Trute/Pilniok*, in: Streinz, EUV/AEUV, Art. 183 AEUV, Rn. 2.
[3] *Ruffert*, in: Calliess/Ruffert, EUV/AEUV, Art. 183 AEUV, Rn. 4.

genüber bestimmen die Ausschreibung, Auswahlkriterien und den Förderungsumfang für die genannten Einheiten,[4] die ebenso weit auszulegen sind wie im Rahmen von Art. 179 Abs. 2 AEUV, also unter Einschluss aller privaten unternehmerischen Einheiten auch aus Drittstaaten mit einer Niederlassung in der EU, sämtlicher Forschungseinrichtungen und der Fachhochschulen.[5] Erfolgt eine **vertragliche Beteiligung**, handelt es sich um einen **öffentlich-rechtlichen Vertrag**.[6] Dadurch wird eine Auftragsvergabe an Externe realisiert.[7] Erst mit der Unterzeichnung der Verträge wird die positive Auswahl- und Förderentscheidung der Kommission definitiv; hierfür genügt noch nicht die Mitteilung.[8] Hingegen ist die parallel zu dieser verschickte ablehnende Förderentscheidung als begründungspflichtiger Verwaltungsakt die Grundlage für eine Nichtigkeitsklage nach Art. 263 Abs. 4 AEUV, die allerdings wegen des bestehenden Beurteilungsspielraums kaum erfolgreich sein dürfte.[9]

5   Wie die Rahmenprogramme selbst werden die Regeln nach Art. 183 AEUV im **ordentlichen Gesetzgebungsverfahren** festgelegt und damit gleichberechtigt durch das Europäische Parlament und den Rat nach Anhörung des Wirtschafts- und Sozialausschusses, allerdings nicht auf der Grundlage von Art. 182 Abs. 1 AEUV, sondern gemäß Art. 188 Abs. 2 AEUV.

6   Wegen des engen Zusammenhangs mit dem Rahmenprogramm erfolgt eine gleichzeitige Beschlussfassung – für das auf dem EAGV basierende Rahmenprogramm auf der Grundlage vor allem von Art. 7 und 10 EAGV,[10] soweit nicht schon die Art. 12–29 EAGV mit Regelungen zur Verbreitung der Kenntnisse ausreichen.

---

[4] *Ruffert*, in: Calliess/Ruffert, EUV/AEUV, Art. 183 AEUV, Rn. 3.
[5] S. o. Art. 179 AEUV, Rn. 29 ff.
[6] *Pfeiffer*, S. 165 ff.; *Trute/Pilniok*, in: Streinz, EUV/AEUV, Art. 183 AEUV, Rn. 3 a. E.
[7] Dazu s. o. Art. 182 AEUV, Rn. 26.
[8] *Eikenberg*, in: Grabitz/Hilf/Nettesheim, EU, Art. 183 AEUV (Januar 2015), Rn. 28 ff.
[9] S. *Eikenberg*, in: Grabitz/Hilf/Nettesheim, EU, Art. 183 AEUV (Januar 2015), Rn. 29 sowie s. o. Art. 182 AEUV, Rn. 26.
[10] *Eikenberg*, in: Grabitz/Hilf/Nettesheim, EU, Art. 183 AEUV (Januar 2015), Rn. 8.

Artikel 184 AEUV [Zusatzprogramme]

Bei der Durchführung des mehrjährigen Rahmenprogramms können Zusatzprogramme beschlossen werden, an denen nur bestimmte Mitgliedstaaten teilnehmen, die sie vorbehaltlich einer etwaigen Beteiligung der Union auch finanzieren.

Die Union legt die Regeln für die Zusatzprogramme fest, insbesondere hinsichtlich der Verbreitung der Kenntnisse und des Zugangs anderer Mitgliedstaaten.

Literaturübersicht

S. Art. 179 AEUV.

Inhaltsübersicht

	Rn.
A. Einordnung	1
B. Anwendungsbereich	4

A. Einordnung

Auch Art. 184 AEUV bezieht sich auf die Durchführung des mehrjährigen Rahmenprogramms. Danach können Zusatzprogramme beschlossen werden, an denen **nur bestimmte Mitgliedstaaten** teilnehmen.[1] Diese müssen sie aber auch mit der **Union** zusammen finanzieren. Letztere legt die **Regeln** für diese Zusatzprogramme fest, und zwar auch im Hinblick auf die Verbreitung der Kenntnisse und den Zugang, aber nicht anderer Unternehmen, sondern anderer Mitgliedstaaten. 1

Damit handelt es sich um einen **Spezialfall der verstärkten Zusammenarbeit** nach Art. 20 EUV, welche die Finanzierung des Hochflussreaktors in Petten durch die Niederlande und Deutschland als Vorläufer hatte.[2] 2

Die Zusatzprogramme sind in Art. 184 AEUV eigens geregelt und bilden daher auch einen **eigenständigen Programmtyp**.[3] Auch wenn sie in ihrer Funktion den spezifischen Programmen ähneln,[4] bilden sie solche selbst nicht bzw. stellen keinen Spezialfall der spezifischen Programme dar.[5] Sie sind auch nur **fakultativ**.[6] 3

B. Anwendungsbereich

In Art. 184 AEUV eigens geregelt und erwähnt, **bedürfen** Zusatzprogramme **keiner Ermächtigung im Rahmenprogramm**,[7] sondern die primärrechtliche Festlegung genügt.[8] 4

---

[1] Allerdings werden sie durchaus als Unionsprogramme angesehen *Trute/Pilniok*, in: Streinz, EUV/AEUV, Art. 184 AEUV, Rn. 1.
[2] *Ruffert*, in: Calliess/Ruffert, EUV/AEUV, Art. 184 AEUV, Rn. 1.
[3] *Hilf*, in: GSH, Europäisches Unionsrecht, Art. 184 AEUV, Rn. 4; *Trute/Pilniok*, in: Streinz, EUV/AEUV, Art. 184 AEUV, Rn. 4.
[4] *Trute/Pilniok*, in: Streinz, EUV/AEUV, Art. 184 AEUV, Rn. 4.
[5] So aber *Ruffert*, in: Calliess/Ruffert, EUV/AEUV, Art. 184 AEUV, Rn. 2.
[6] *Eikenberg*, in: Grabitz/Hilf/Nettesheim, EU, Art. 184 AEUV (Januar 2015), Rn. 4.
[7] So *Trute/Pilniok*, in: Streinz, EUV/AEUV, Art. 184 AEUV, Rn. 3.
[8] *Eikenberg*, in: Grabitz/Hilf/Nettesheim, EU, Art. 184 AEUV (Januar 2015), Rn. 5 f.; *Ruffert*, in: Calliess/Ruffert, EUV/AEUV, Art. 184 AEUV, Rn. 3.

Dass das Rahmenprogramm nach Art. 182 Abs. 1 AEUV alle Aktionen der Union auf dem Gebiet von Forschung und technologischer Entwicklung umfassend regeln will, bezieht sich auf den Inhalt und die Finanzierung;[9] es geht um Aktionen der und damit durch die Union, während hier nur bestimmte Mitgliedstaaten teilnehmen. Von daher bildet Art. 184 AEUV ohnehin einen Sonderfall.

5 Verabschiedet werden die Zusatzprogramme gemäß Art. 188 Abs. 2 AEUV gleichfalls im **ordentlichen Gesetzgebungsverfahren** durch das Europäische Parlament und den Rat nach Anhörung des Wirtschafts- und Sozialausschusses. Allerdings müssen die beteiligten Mitgliedstaaten zustimmen (Art. 188 Abs. 2 Satz 2 AEUV).

6 Bislang gab es bis auf den anfangs genannten historischen Beispielsfall **keinen praktischen Anwendungsfall**, obwohl mit Zusatzprogrammen auf untypische Fallkonstellationen flexibel eingegangen und dem Interesse nur bestimmter Mitgliedstaaten Rechnung getragen werden kann.[10] Freilich müssen diese an den Unionshaushalt einen zweckgebundenen Finanzbeitrag leisten.[11]

---

[9] S.o. Art. 182 AEUV, Rn. 3.
[10] *Mellein*, in: Schwarze, EU-Kommentar, Art. 184 AEUV, Rn. 2.
[11] *Eikenberg*, in: Grabitz/Hilf/Nettesheim, EU, Art. 184 AEUV (Januar 2015), Rn. 7.

Artikel 185 AEUV [Beteiligung der Union]

Die Union kann im Einvernehmen mit den betreffenden Mitgliedstaaten bei der Durchführung des mehrjährigen Rahmenprogramms eine Beteiligung an Forschungs- und Entwicklungsprogrammen mehrerer Mitgliedstaaten, einschließlich der Beteiligung an den zu ihrer Durchführung geschaffenen Strukturen, vorsehen.

Literaturübersicht

S. Art. 179 AEUV.

Inhaltsübersicht Rn.

A. Einordnung	1
B. Anwendungsbereich	3
C. Verfahren	11

A. Einordnung

Wie schon Art. 184 AEUV beinhaltet Art. 185 AEUV den Rückgriff auf einen Teil der Mitgliedstaaten. Während Art. 184 AEUV auf bestimmte Mitgliedstaaten begrenzte Zusatzprogramme vorsieht, geht es hier um eine **Beteiligung der Union an Forschungs- und Entwicklungsprogrammen mehrerer Mitgliedstaaten**. Damit handelt es sich zunächst um nationale Programme. Diese bleiben in den zur ihrer Durchführung geschaffenen **Strukturen erhalten**. Auch an diesen ist nämlich eine Beteiligung der Union vorgesehen. 1

Allerdings dient diese Beteiligung der Union an Programmen mehrerer Mitgliedstaaten der Durchführung des mehrjährigen Rahmenprogramms. Von daher werden diese Programme zumindest partiell in den Dienst des Unionsrahmenprogramms gestellt. Zugleich werden damit die nationalen Forschungs- und Entwicklungsprogramme **vernetzt**, die in Betracht kommen.[1] 2

B. Anwendungsbereich

Art. 185 AEUV sieht nur eine Beteiligung an Forschungs- und Entwicklungsprogrammen mehrerer Mitgliedstaaten vor, **nicht** hingegen an solchen der **Privatwirtschaft**.[2] Schließlich geht es um die Integration mitgliedstaatlicher Programme.[3] Daher scheidet auch die Einbeziehung der Beteiligung der Union am Forschungs- und Entwicklungsprogramm **eines Mitgliedstaates** aus.[4] Ebenso muss es sich um Mitgliedstaaten handeln, so dass **Drittländer** eigentlich nicht in Betracht kommen. Allerdings enthalten die bis- 3

---

[1] *Mellein*, in: Schwarze, EU-Kommentar, Art. 185 AEUV, Rn. 1.
[2] *Trute/Pilniok*, in: Streinz, EUV/AEUV, Art. 185 AEUV, Rn. 3, gegen *Hilf*, in: GS, EUV/EGV, Art. 169 EGV, Rn. 5.
[3] *Ruffert*, in: Calliess/Ruffert, EUV/AEUV, Art. 185 AEUV, Rn. 3.
[4] *Eikenberg*, in: Grabitz/Hilf/Nettesheim, EU, Art. 185 AEUV (Januar 2015), Rn. 13; *Mönig*, in: Lenz/Borchardt, EU-Verträge, Art. 185 AEUV, Rn. 9; *Trute/Pilniok*, in: Streinz, EUV/AEUV, Art. 185 AEUV, Rn. 3; a. A. *Hilf*, in: GS, EUV/EGV, Art. 169 EGV, Rn. 6.

lang erlassenen Beteiligungsentscheidungen eine Öffnungsklausel für deren Beitritt;[5] dieser Zugang muss aber in einem **Abkommen nach Art. 186 Abs. 2 AEUV** vorgesehen sein.

4 Wie die Programme mehrerer Mitgliedstaaten ausgestaltet sind, ist nicht von Bedeutung. Es kommen also nicht nur gleichgerichtete nationale Programme in Betracht, sondern auch solche im **multilateralen Rahmen** wie z. B. Eureka.[6]

5 Soll sich die Union an den zur Durchführung der Forschungs- und Entwicklungsprogramme mehrerer Mitgliedstaaten geschaffenen Strukturen beteiligen, kann sie dies nur, wenn die **nationale Durchführungsstelle Rechtspersönlichkeit** besitzt, ohne dass allerdings diese auf eine solche des öffentlichen Rechts beschränkt wäre; auch ein eingetragener Verein oder eine europäische wirtschaftliche Interessenvereinigung (EWIV) kommen in Betracht.[7]

6 Obwohl die Rechtsform der Rechtspersönlichkeit offen ist und es sich damit auch um Rechtspersonen des Privatrechts handeln kann, bleiben diese doch an die Durchführung von Forschungs- und Entwicklungsprogrammen der **Mitgliedstaaten rückgebundene Rechtspersonen**. Vor diesem Hintergrund können nicht Initiativen der Privatwirtschaft einbezogen werden.[8]

7 Ohnehin ist es bislang soweit ersichtlich nicht dazu gekommen, dass die Union sich an den jeweiligen Durchführungsstrukturen der Mitgliedstaaten im Sinne einer Trägerschaft oder Mitgliedschaft beteiligt hat, würde doch eine solche Beteiligung der Kommission an einer von ihr finanziell unterstützten Durchführungsstruktur ihr schutzwürdiges Interesse an einer effizienten Durchführungsstelle konterkarieren.[9]

8 Daraus, dass die Beteiligung der Union an einem Forschungs- und Entwicklungsprogramm mehrerer Mitgliedstaaten im Hinblick auf die Durchführung des mehrjährigen Rahmenprogramms erfolgt, wird gefolgert, dass sie darin vorgesehen sein muss; zudem sind nach Art. 182 Abs. 1 AEUV alle Aktionen der Union durch das Rahmenprogramm umfassend geregelt.[10] Zwar sehen die Rahmenprogramme inzwischen eine solche Beteiligung vor.[11] Gleichwohl handelt es sich schon um eine **primärrechtlich eingeräumte Ermächtigung**. Diese genügt wie bei Art. 184 AEUV, wo keine Einräumung im Rahmenprogramm vorausgesetzt wird und ebenfalls die Mitgliedstaaten dominieren.[12] Wie dort handelt es sich um eine besondere Form der **verstärkten Zusammenarbeit** nach Art. 20 EUV.[13]

9 Inwieweit sich die Union an Forschungs- und Entwicklungsprogrammen mehrerer Mitgliedstaaten beteiligt, liegt in ihrem **Ermessen** (»kann«). Insoweit kann sie dann die Kriterien heranziehen, die im Rahmenprogramm bzw. in Entscheidungen zu Art. 185 AEUV entwickelt wurden.[14]

---

[5] *Eikenberg*, in: Grabitz/Hilf/Nettesheim, EU, Art. 185 AEUV (Januar 2015), Rn. 14 unter Verweis auf Art. 11 der Entscheidung von Europäischem Parlament und Rat zur Unionsbeteiligung am Programm mehrerer Mitgliedstaaten zugunsten von kleinen und mittleren Unternehmen (Eurostars), ABl. 2008, L 201/58.
[6] *Ruffert*, in: Calliess/Ruffert, EUV/AEUV, Art. 185 AEUV, Rn. 3.
[7] *Eikenberg*, in: Grabitz/Hilf/Nettesheim, EU, Art. 185 AEUV (Januar 2015), Rn. 18.
[8] S. bereits o. Rn. 3.
[9] *Eikenberg*, in: Grabitz/Hilf/Nettesheim, EU, Art. 185 AEUV (Januar 2015), Rn. 23.
[10] *Trute/Pilniok*, in: Streinz, EUV/AEUV, Art. 185 AEUV, Rn. 2.
[11] *Ruffert*, in: Calliess/Ruffert, EUV/AEUV, Art. 185 AEUV, Rn. 3.
[12] S. o. Art. 184 AEUV, Rn. 4.
[13] *Ruffert*, in: Calliess/Ruffert, EUV/AEUV, Art. 185 AEUV, Rn. 2.
[14] *Eikenberg*, in: Grabitz/Hilf/Nettesheim, EU, Art. 185 AEUV (Januar 2015), Rn. 24.

Wie die Beteiligung der Union erfolgt, liegt gleichfalls in ihrem Ermessen. Es liegen 10
insoweit keine Festlegungen vor. Daher sind **finanzielle Beteiligungen und Leistungen**
möglich, auch in Form von Sach- und Personalmitteln, aber auch ideelle Beiträge, die
regelmäßig nicht genügen werden.[15]

C. Verfahren

Die Union beschließt nach dem **ordentlichen Gesetzgebungsverfahren** und damit durch 11
das Europäische Parlament und den Rat; vorher ist der Wirtschafts- und Sozialausschuss
anzuhören (Art. 188 Abs. 2 Satz 1 AEUV). Nach Art. 185 AEUV haben die betreffenden Mitgliedstaaten ihr Einvernehmen zu erteilen, also zuzustimmen. Ohne ihr Einverständnis ist eine Beteiligung auch dann nicht möglich, wenn ein Interesse der Union
besteht.[16]

---

[15] *Trute/Pilniok*, in: Streinz, EUV/AEUV, Art. 185 AEUV, Rn. 4.
[16] *Hilf*, in: GS, EUV/EGV, Art. 169 EGV, Rn. 12 f.; *Kotzur*, in: Geiger/Khan/Kotzur, EUV/AEUV, Art. 185 AEUV, Rn. 1; *Trute/Pilniok*, in: Streinz, EUV/AEUV, Art. 185 AEUV, Rn. 5.

Artikel 186 AEUV [Zusammenarbeit mit Drittländern; Abkommen]

Die Union kann bei der Durchführung des mehrjährigen Rahmenprogramms eine Zusammenarbeit auf dem Gebiet der Forschung, technologischen Entwicklung und Demonstration der Union mit dritten Ländern oder internationalen Organisationen vorsehen.

Die Einzelheiten dieser Zusammenarbeit können Gegenstand von Abkommen zwischen der Union und den betreffenden dritten Parteien sein.

Literaturübersicht

S. Art. 179 AEUV.

Inhaltsübersicht

	Rn.
A. Bedeutung	1
B. Notwendiger Bezug zum Rahmenprogramm	4
C. Ausgestaltung	5

A. Bedeutung

1   Auch Art. 186 AEUV bezieht sich auf die Durchführung des mehrjährigen Rahmenprogramms und sieht hierfür eine Zusammenarbeit der Union auf dem Gebiet der Forschung, technologischen Entwicklung und Demonstration vor, allerdings nicht mit Mitgliedstaaten, sondern mit dritten Ländern oder internationalen Organisationen. Damit wird im Bereich der Forschung und Entwicklung eine **internationale Zusammenarbeit** ermöglicht, um die gesetzten Ziele, die durch das Rahmenprogramm der Union konkretisiert wurden, zu verwirklichen.

2   Bereits Art. 180 Buchst. b AEUV gibt eine Zusammenarbeit mit dritten Ländern und internationalen Organisationen vor; dieser Ansatz wird hier mit einem konkreten Instrument in Form der Abkommen verbunden, wodurch der Union insoweit eine ausdrückliche Zuständigkeit für die Außenbeziehungen zuerkannt wird.[1] Diese Zuständigkeit besteht aber **parallel zu** derjenigen der **Mitgliedstaaten**.[2]

3   Herausragende noch aktuelle Beispiele sind die **ESA**, die europäische Weltraumagentur, die inzwischen auf Art. 189 AEUV bezogen ist, die **COST**, Cooperation européenne dans la domaine de la recherche scientifique et technique sowie Eureka, ebenfalls ein zwischenstaatlicher Zusammenschluss ohne eigene Rechtspersönlichkeit und ohne thematische Vorgaben.[3]

---

[1] *Trute/Pilniok*, in: Streinz, EUV/AEUV, Art. 186 AEUV, Rn. 1.
[2] *Eikenberg*, in: Grabitz/Hilf/Nettesheim, EU, Art. 186 AEUV (Januar 2015), Rn. 3.
[3] Im Einzelnen *Eikenberg*, in: Grabitz/Hilf/Nettesheim, EU, Art. 186 AEUV (Januar 2015), Rn. 23 ff.

B. Notwendiger Bezug zum Rahmenprogramm

Diese Beispiele belegen die Breite der Einsatzfelder. Auch diese internationale Zusammenarbeit soll nur möglich sein, wenn das Rahmenprogramm dies ausdrücklich vorsieht, ist sie doch auf dessen Durchführung bezogen und sieht Art. 182 Abs. 1 AEUV eine umfassende Regelung dort vor.[4] Indes **genügt ein inhaltlicher bzw. finanzieller Bezug**,[5] so dass der durch das Rahmenprogramm gesetzte Rahmen nicht verlassen wird; damit werden auch weiterhin alle Aktionen der Union im Rahmenprogramm entsprechend der Konzentrationsmaxime des Art. 182 Abs. 1 AEUV jedenfalls vom Inhalt her zusammengefasst; auch folgt daraus keine zeitliche Begrenzung durch das Rahmenprogramm.[6] Allerdings verweisen die Rahmenprogramme mittlerweile ebenso wie spezifische Programme auf die internationale Zusammenarbeit und beinhalten insoweit auch Regelungen.[7]

C. Ausgestaltung

Die Zusammenarbeit mit Drittländern und internationalen Organisationen steht im **Ermessen** der Union entsprechend dem Wortlaut »kann«. Auch hier ist relevant, inwieweit eine solche Kooperation die Durchführung des jeweiligen Rahmenprogramms voranbringt. Es soll vor allem die internationale Dimension des europäischen Forschungsraums ausgebaut werden, indem die besten Wissenschaftler aus Drittländern gewonnen werden sollen.[8]

Hat sich die Union zur internationalen Kooperation entschlossen, können die Einzelheiten dieser Zusammenarbeit nach Art. 186 Abs. 2 AEUV Gegenstand von **Abkommen** zwischen der Union und den betreffenden dritten Parteien, also Drittstaaten bzw. internationale Organisationen sein. In Betracht kommen Assoziierungsabkommen mit Drittländern, Kooperationsabkommen mit Drittländern ohne Assoziierung am Rahmenprogramm, solche mit Drittländern im Nuklearbereich, Rahmenabkommen als allgemeine Kooperationsabkommen mit Drittländern sowie auch eine Zusammenarbeit ohne Vereinbarungen auf Regierungsebene.[9]

Die **Vertragsschlusskompetenz** ergibt sich aus Art. 186 Abs. 2 AEUV, die allgemeinen Regelungen sind in Art. 216 ff. AEUV enthalten, insbesondere das Vertragsschlussverfahren in Art. 218 AEUV.[10] Danach schlägt die Kommission vor und erhält daraufhin das Verhandlungsmandat durch den Rat, der auch über die Unterzeichnung und den Abschluss des Abkommens beschließt, im Hinblick auf den Abschluss aber erst nach Zustimmung des Europäischen Parlaments (s. Art. 218 Abs. 6 Buchst. a Ziff. v i. V. m.

---

[4] *Trute/Pilniok*, in: Streinz, EUV/AEUV, Art. 186 AEUV, Rn. 2; auch *Ruffert*, in: Calliess/Ruffert, EUV/AEUV, Art. 186 AEUV, Rn. 1 sowie bereits *Bleckmann*, Europarecht, Rn. 2798.
[5] S. o. Art. 182 AEUV, Rn. 3.
[6] *Eikenberg*, in: Grabitz/Hilf/Nettesheim, EU, Art. 186 AEUV (Januar 2015), Rn. 6, 8.
[7] *Trute/Pilniok*, in: Streinz, EUV/AEUV, Art. 186 AEUV, Rn. 2.
[8] *Trute/Pilniok*, in: Streinz, EUV/AEUV, Art. 186 AEUV, Rn. 3.
[9] Im Einzelnen *Eikenberg*, in: Grabitz/Hilf/Nettesheim, EU, Art. 186 AEUV (Januar 2015), Rn. 11 ff.
[10] S. näher dort sowie *Eikenberg*, in: Grabitz/Hilf/Nettesheim, EU, Art. 186 AEUV (Januar 2015), Rn. 10.

Art. 182 Abs. 1 bzw. Art. 188 Abs. 2 AEUV), außer es handelt sich um die Verwirklichung spezifischer Programme oder um die Gründung eines gemeinsamen Unternehmens (Art. 218 Abs. 6 Buchst. b i. V. m. Art. 182 Abs. 4 bzw. Art. 188 Abs. 1 AEUV).

Artikel 187 AEUV [Gründung gemeinsamer Unternehmen]

Die Union kann gemeinsame Unternehmen gründen oder andere Strukturen schaffen, die für die ordnungsgemäße Durchführung der Programme für Forschung, technologische Entwicklung und Demonstration der Union erforderlich sind.

Literaturübersicht

von Bogdandy/Westphal, Der rechtliche Rahmen eines autonomen Europäischen Wissenschaftsrates, WissR 2004, 224; *Lindner*, Die Europäisierung des Wissenschaftsrechts, 2009.

Inhaltsübersicht Rn.

A. Funktion und Bedeutung 1
B. Gemeinsame Unternehmen 8
C. Andere Strukturen 11

A. Funktion und Bedeutung

Art. 187 AEUV knüpft nicht an Programme und Strukturen der Mitgliedstaaten an bzw. 1
fasst diese organisatorisch zusammen, sondern ermöglicht der Union, gemeinsame Unternehmen zu gründen oder andere Strukturen zu schaffen. Zielsetzung ist dabei nicht wie bei den vorherigen Normen die Durchführung des mehrjährigen Rahmenprogramms, sondern insgesamt die ordnungsgemäße Durchführung der Programme für Forschung, technologische Entwicklung und Demonstration der Union. Damit erfolgt keine Ausrichtung spezifisch auf das jeweils laufende Rahmenprogramm, sondern es handelt sich um davon losgelöste und damit insgesamt für die Realisierung der Forschungspolitik im Rahmen von Programmen erforderliche, mithin programmübergreifende Organisationsbelange.[1] Dadurch kann die Union auch **dauerhafte Strukturen** schaffen; insbesondere können **neue juristische Personen** außerhalb der Kommission gegründet werden.[2]

Art. 187 AEUV knüpft zwar an Art. 45 ff. EAGV an, wo auch gemeinsame Unternehmen vorgesehen sind, hat aber eine viel schlankere Struktur.[3] Damit besteht eine **Generalklausel**, die sich für gemeinsame Unternehmen zwar an Art. 45 ff. EAGV ausrichten kann, aber weit darüber hinausgeht und einen erheblichen **Organisationsspielraum** eröffnet.[4] 2

Notwendig ist nur, dass das gemeinsame Unternehmen oder die geschaffene andere Struktur für die ordnungsgemäße Durchführung der Programme für Forschung, technologische Entwicklung und Demonstration der Union **erforderlich** ist. Insoweit dürften aber **gewichtige Anhaltspunkte** genügen. Die Ausgestaltung ihrer Organisation ist grundsätzlich Sache der Union selbst, solange keine expliziten unionsrechtlichen Grenzen bestehen. Daher wird diese Schranke keine hohe praktische Limitierung erzeugen.[5] 3

---

[1] *Trute/Pilniok*, in: Streinz, EUV/AEUV, Art. 187 AEUV, Rn. 2.
[2] *Ruffert*, in: Calliess/Ruffert, EUV/AEUV, Art. 187 AEUV, Rn. 4.
[3] *Mellein*, in: Schwarze, EU-Kommentar, Art. 187 AEUV, Rn. 1: »von lakonischer Kürze«.
[4] *Trute/Pilniok*, in: Streinz, EUV/AEUV, Art. 187 AEUV, Rn. 2.
[5] *Ruffert*, in: Calliess/Ruffert, EUV/AEUV, Art. 187 AEUV, Rn. 2 a. E.: »zu vernachlässigen«.

4   Vielmehr wird eine Begrenzung eher daraus gewonnen, dass die Konzentrationsklausel nach Art. 179 Abs. 3 AEUV zugleich Art. 187 AEUV umfasst und dadurch die Organisationsstrukturen auf die dort genannten Möglichkeiten limitiert sind, solange sich die Union im Rahmen von Forschungsmaßnahmen »aufgrund der Verträge« bewegt. Das schließt aus, andere Strukturen zu errichten, auch wenn eine andere Rechtsgrundlage als Art. 187 AEUV bestehen sollte.[6]

5   Früher hatte Art. 187 AEUV keine **Anwendungsfälle**; mittlerweile bestehen allerdings einige auf Art. 187 AEUV gestützte Rechtsakte.[7] Die erste Konstellation war das europäische Satellitennavigationsprogramm Galileo, ein gemeinsames Unternehmen.[8] Ein weiteres gemeinsames Unternehmen bildet SESAR, das der Entwicklung eines europäischen Flugverkehrsmanagementsystems der neuen Generation dient und zahlreiche andere Beteiligte integriert.[9] Dabei handelt es sich jeweils um vielschichtige Projekte mit hohem Forschungs- und Entwicklungsanteil, die ausgelagert wurden.[10]

6   Dass Art. 187 AEUV herausfällt, zeigt sich auch in der Vorschrift über die **Beschlussfassung** nach Art. 188 AEUV. Hier greift nicht wie in den vorherigen Fällen Abs. 2, sondern Abs. 1. Statt dem ordentlichen Gesetzgebungsverfahren, welches Europäisches Parlament und Rat gleichermaßen beteiligt, legt der **Rat allein** die in Art. 187 AEUV vorgesehenen Bestimmungen fest. Zwar schlägt die Kommission vor und das Europäische Parlament und der Wirtschafts- und Sozialausschuss sind anzuhören. Gleichwohl ergibt sich hier ein **Übergewicht des Rates**, welches aufgrund der Bedeutung von Art. 187 AEUV gerade für die Etablierung von der konkreten Durchführung eines bestimmten Programms losgelösten und damit dauerhaften Strukturen unangemessen erscheint. Gerade solche organisatorischen Strukturen bedürften eigentlich der Absicherung in Gesetzgebungsakten.[11]

7   Aber auch die Gründung gemeinsamer Unternehmen schafft **feste Strukturen**, etwa in Form einer Public-Private-Partnership wie das Gemeinschaftsunternehmen Galileo.[12] Eine solche Beteiligung Privater bzw. die Organisation in privatrechtlicher Form kann ebenfalls die Ausrichtung der Forschungspolitik tiefgreifend prägen und bedarf daher ebenso einer festen Grundlage unter gleichberechtigter Beteiligung des Europäischen Parlaments.

---

[6] *Ruffert*, in: Calliess/Ruffert, EUV/AEUV, Art. 187 AEUV, Rn. 3.
[7] *Trute/Pilniok*, in: Streinz, EUV/AEUV, Art. 187 AEUV, Rn. 1.
[8] VO (EG) Nr. 876/2002 des Rates vom 21.5.2002 zur Gründung des gemeinsamen Unternehmens Galileo, ABl. 2002, L 138/1, zuletzt geändert durch VO (EG) Nr. 683/2008 des Europäischen Parlaments und des Rates vom 9.7.2008 über die weitere Durchführung der europäischen Satellitenprogramme (EGNOS und Galileo), ABl. 2008, L 196/1.
[9] VO (EG) Nr. 219/2007 des Rates vom 27.2.2007 zur Gründung eines gemeinsamen Unternehmens zur Entwicklung des europäischen Flugverkehrsmanagementsystems der neuen Generation (SESAR), ABl. 2007, L 64/1, zuletzt geändert durch VO (EG) Nr. 1361/2008 des Rates vom 16.12.2008, ABl. 2008, L 352/12.
[10] *Trute/Pilniok*, in: Streinz, EUV/AEUV, Art. 187 AEUV, Rn. 7 a.E.
[11] *Ruffert*, in: Calliess/Ruffert, EUV/AEUV, Art. 187 AEUV, Rn. 1.
[12] S.o. Rn. 5. Insoweit qualifizierend *Ruffert*, in: Calliess/Ruffert, EUV/AEUV, Art. 187 AEUV, Rn. 7.

B. Gemeinsame Unternehmen

Als erste Alternative ermöglicht Art. 187 AEUV die Gründung gemeinsamer Unternehmen. Das sind selbst forschende und ihre Forschungsergebnisse selbst verwertende, mithin solchermaßen **verselbstständigte Einheiten**.[13] Der Begriff »gemeinsam« verlangt eine **Kooperation der Union mit anderen Trägern**. Das kann eine Vielzahl von Trägern sein, wie dies beim gemeinsamen Unternehmen Galileo der Fall ist. In diesem sind auch die Europäische Weltraumorganisation, die Europäische Investitionsbank und entsprechend beteiligungswillige Unternehmen Mitglieder; zudem sind die Mitgliedstaaten in die Entscheidungsstrukturen eingebunden.[14] Über Art. 186 AEUV können **auch Partner von außerhalb der Union** beteiligt werden.[15]

8

Sind solchermaßen sowohl öffentliche als auch private Träger beteiligt, wie dies im Rahmen der Unternehmen aus den sogenannten Gemeinsamen Technologieinitiativen (Joint Technology Initiatives, JTI)[16] und damit u. a. bei SESAR als Flugverkehrsmanagementsystem der Fall ist,[17] handelt es sich um eine **Public-Private-Partnership**. Daher scheint es nahe zu liegen, für solche gemeinsamen Unternehmen im Forschungsbereich eine spezifisch auf große Strukturen zugeschnittene **europäische Gesellschaftsrechtsform** zu schaffen, wie dies durch die VO (EG) Nr. 723/2009[18] erfolgt ist. Indes ist an einer solchen Gesellschaft die Union gerade nicht beteiligt, so dass es sich **nicht** um ein **gemeinsames Unternehmen** handelt; auch schafft die Union insoweit keine andere Struktur, sondern die Grundlage für ein von ihr gelöstes Gesellschaftsstatut. Daher liegt insoweit kein Anwendungsfall von Art. 187 AEUV vor, sondern höchstens von Art. 182 Abs. 5 AEUV.[19]

9

Inhaltlich geht es aber sehr wohl um gemeinsame Unternehmen für besonders **komplexe**, kostspielige und langfristig angelegte **Forschungsprojekte**, die **auch innerhalb eines Programms** liegen können und damit nicht notwendig auf die Durchführung eines Forschungsprogramms in seiner Gesamtheit gerichtet sein müssen.[20] Dass es sich um industriell ausgerichtete Forschungsprojekte handelt,[21] erklärt die Gründung gemeinsamer Unternehmen, wird doch dadurch zugleich privates Know-how integriert.

10

C. Andere Strukturen

Als zweite Alternative sieht Art. 187 AEUV die Schaffung anderer Strukturen vor. Es geht wiederum um **Ausgliederung**, aber **durch andere Verwaltungsstrukturen**.[22] Die Erforderlichkeit für die ordnungsgemäße Programmdurchführung lässt weite Spielräume;

11

---

[13] *Ruffert*, in: Calliess/Ruffert, EUV/AEUV, Art. 187 AEUV, Rn. 7.
[14] *Trute/Pilniok*, in: Streinz, EUV/AEUV, Art. 187 AEUV, Rn. 7.
[15] *Ruffert*, in: Calliess/Ruffert, EUV/AEUV, Art. 187 AEUV, Rn. 7.
[16] Näher *Eikenberg*, in: Grabitz/Hilf/Nettesheim, EU, Art. 187 AEUV (Januar 2015), Rn. 19 ff.
[17] S. o. Rn. 5.
[18] Verordnung (EG) Nr. 723/2009 des Rates vom 25. 6. 2009 über den gemeinschaftlichen Rechtsrahmen für ein Konsortium für eine europäische Forschungsinfrastruktur (ERIC), ABl. 2009, L 206/1.
[19] *Trute/Pilniok*, in: Streinz, EUV/AEUV, Art. 187 AEUV, Rn. 9.
[20] *Trute/Pilniok*, in: Streinz, EUV/AEUV, Art. 187 AEUV, Rn. 4.
[21] *Trute/Pilniok*, in: Streinz, EUV/AEUV, Art. 187 AEUV, Rn. 4.
[22] *Ruffert*, in: Calliess/Ruffert, EUV/AEUV, Art. 187 AEUV, Rn. 8; *Eikenberg*, in: Grabitz/Hilf/Nettesheim, EU, Art. 187 AEUV (Januar 2015), Rn. 27 ff.

der Zuschnitt im Einzelnen bleibt daher weitestgehend den Beschlüssen des Rates überlassen.²³ Dies erfolgt durch institutionelle Arrangements, um Forschungsprogramme oder Forschungsförderaufgaben langfristig und programmübergreifend durchzuführen.²⁴ Dieser Weg soll vor allem für weniger industriell orientierte, sondern eher der Grundlagenforschung und der öffentlichen Vorsorge gewidmete Forschungsprojekte passen.²⁵ Die inhaltliche Festlegung kann aber nicht delegiert werden, sondern nur die Umsetzung.²⁶

12 In der Praxis wurde Art. 187 AEUV bislang für **wichtige Vorhaben** gerade **nicht** herangezogen. Vielmehr wurde der **Europäische Forschungsrat** (European Research Council – ERC) auf das sich auf ihn beziehende 7. Rahmenprogramm gestützt.²⁷ Dabei wäre gerade er für Art. 187 AEUV ein Beispiel gewesen, wie dies auch etwa für die Gründung einer europäischen Forschungsagentur oder anderer Strukturen für die Grundlagenforschung zuträfe.²⁸

13 Indes wurde auch das **Europäische Technologieinstitut** (European Institute of Innovation and Technology – EIT) nicht auf Art. 187 AEUV gestützt, sondern auf den heutigen Art. 173 Abs. 3 AEUV, obwohl es Hochschulbildung, Forschung und Innovation auf höchstem Niveau integrieren sollte (Art. 3 Satz 2 VO [EG] Nr. 294/2008²⁹).³⁰ Auch das europäische **Hochschulinstitut in Florenz** ist nicht im Rahmen der Forschungspolitik entstanden, sondern auf der Basis eines völkerrechtlichen Vertrages und damit außerhalb des Vertragsrahmens, ebenso die **Europäische Wissenschaftsstiftung** (European Science Foundation – ESF) als Ausfluss der nationalen Wissenschafts(förder)organisationen.³¹

---

²³ *Eikenberg*, in: Grabitz/Hilf/Nettesheim, EU, Art. 187 AEUV (Januar 2015), Rn. 28; umso eher bedarf es einer gleichberechtigten parlamentarischen Mitwirkung, s. o. Rn. 7.
²⁴ *Lorenzmeier*, in: Vedder/Heintschel v. Heinegg, Europäisches Unionsrecht, Art. 187 AEUV, Rn. 3; *Trute/Pilniok*, in: Streinz, EUV/AEUV, Art. 187 AEUV, Rn. 5.
²⁵ *Trute/Pilniok*, in: Streinz, EUV/AEUV, Art. 187 AEUV, Rn. 5.
²⁶ *Mönig*, in: Lenz/Borchardt, EU-Verträge, Art. 187 AEUV, Rn. 9.
²⁷ *Ruffert*, in: Calliess/Ruffert, EUV/AEUV, Art. 187 AEUV, Rn. 8; krit. *von Bogdandy/Westphal*, WissR 2004, 224.
²⁸ *Trute/Pilniok*, in: Streinz, EUV/AEUV, Art. 187 AEUV, Rn. 5.
²⁹ VO (EG) Nr. 294/2008 des Europäischen Parlaments und des Rates vom 11.3.2008 zur Errichtung des Europäischen Innovations- und Technologieinstituts, ABl. 2008, L 97/1.
³⁰ Krit. *Lindner*, S. 65 ff.; *Ruffert*, in: Calliess/Ruffert, EUV/AEUV, Art. 187 AEUV, Rn. 9: »bemerkenswerte Zuordnung«.
³¹ *Ruffert*, in: Calliess/Ruffert, EUV/AEUV, Art. 187 AEUV, Rn. 10.

Artikel 188 AEUV [Beschlussfassung]

Der Rat legt auf Vorschlag der Kommission und nach Anhörung des Europäischen Parlaments und des Wirtschafts- und Sozialausschusses die in Artikel 187 vorgesehenen Bestimmungen fest.

¹Das Europäische Parlament und der Rat legen gemäß dem ordentlichen Gesetzgebungsverfahren und nach Anhörung des Wirtschafts- und Sozialausschusses die in den Artikeln 183, 184 und 185 vorgesehenen Bestimmungen fest. ²Für die Verabschiedung der Zusatzprogramme ist die Zustimmung der daran beteiligten Mitgliedstaaten erforderlich.

Literaturübersicht

S. Art. 179 AEUV.

Inhaltsübersicht

	Rn.
A. Ordentliches Gesetzgebungsverfahren als Regelverfahren	1
B. Partielle Akzessorietät der internationalen Zusammenarbeit	2
C. Besondere Gesetzgebungsverfahren	3
D. Gemeinsamkeiten	4

A. Ordentliches Gesetzgebungsverfahren als Regelverfahren

Art. 188 AEUV enthält die näheren Regeln, wie die in Art. 183 ff. AEUV vorgesehenen Maßnahmen beschlossen werden. Für das mehrjährige Rahmenprogramm und spezifische Programme enthält bereits Art. 182 AEUV selbst die Vorschriften über das ordentliche bzw. besondere Gesetzgebungsverfahren. Für die Maßnahmen nach Art. 183, 184 und 185 AEUV verweist Art. 188 Abs. 2 AEUV auf das **ordentliche Gesetzgebungsverfahren**. Damit ist die Verabschiedung des Rahmenprogramms wie der Regeln zur Durchführung des Rahmenprogramms wie auch der Zusatzprogramme und die Beteiligung der Union an mitgliedstaatlichen Programmen auf das ordentliche Gesetzgebungsverfahren als Regelverfahren nach Art. 294 AEUV festgelegt. Europäisches Parlament und Rat entscheiden gleichermaßen, müssen also beide letztlich einverstanden sein. Zudem ist der Wirtschafts- und Sozialausschuss anzuhören. Wegen ihrer Beteiligung müssen die Mitgliedstaaten zustimmen, wenn Zusatzprogramme nach Art. 184 AEUV verabschiedet werden.

1

B. Partielle Akzessorietät der internationalen Zusammenarbeit

Die internationale Zusammenarbeit nach Art. 186 AEUV unterliegt **spezifischen Regeln**. Der Abschluss internationaler Abkommen richtet sich nach Art. 216 ff. AEUV; das dafür notwendige Verfahren einschließlich der erforderlichen Beschlüsse für die Unterzeichnung und den Abschluss des Abkommens bestimmt Art. 218 AEUV; dem **Abschluss durch den Rat** muss das **Europäische Parlament zustimmen** (Art. 218 Abs. 6 Buchst. a i. V. m. Art. 182 Abs. 1, Art. 188 Abs. 2 AEUV), **außer** es handelt sich um spezifische Programme oder eine Einbeziehung in ein gemeinsames Unternehmen, wo-

2

für seine Anhörung genügt (Art. 218 Abs. 6 Buchst. b i. V. m. Art. 182 Abs. 4 bzw. Art. 188 Abs. 1 AEUV).

C. Besondere Gesetzgebungsverfahren

3 Für die Gründung gemeinsamer Unternehmen und die Schaffung anderer Strukturen nach Art. 187 AEUV legt Art. 188 Abs. 1 AEUV wie Art. 182 Abs. 4 AEUV für spezifische Programme das Ratsbeschlussverfahren fest. Den **Beschluss** trifft auf Vorschlag der Kommission und nach Anhörung des Europäischen Parlaments und des Wirtschafts- und Sozialausschusses der **Rat**. Das Europäische Parlament hat damit keine mitentscheidende Bedeutung. Seine Stellungnahme muss nur erfolgen und berücksichtigt werden. Auf diese Weise können allerdings leichter gemeinsame Unternehmen gegründet und andere Strukturen geschaffen werden, die nicht an ein konkretes Rahmenprogramm gebunden sind und damit gerade dauerhaft erfolgen können, anders als die der Durchführung eines Rahmenprogramms dienenden Maßnahmen nach Art. 188 Abs. 2 AEUV, die dem ordentlichen Gesetzgebungsverfahren unterliegen.[1] Nach Art. 16 Abs. 3 EUV bedarf es im Rat einer qualifizierten Mehrheit.

D. Gemeinsamkeiten

4 Durchgehend wird der **Wirtschafts- und Sozialausschuss** einbezogen. Schließlich weist er in seinen fachlichen Gruppierungen erhebliche Kenntnisse und Erfahrungen aus der Praxis auf, die hier genutzt werden sollen.[2]

5 Weiter hat die **Kommission** durchgehend gemäß Art. 17 Abs. 2 Satz 1 EUV das Initiativmonopol und kann, um ihre Vorschläge auszuarbeiten, auf **Beratungsgremien** zurückgreifen, nämlich aktuell den Ausschuss für den europäischen Forschungsraum (European Research Area Committee – ERAC) als Nachfolger des Ausschusses für wissenschaftliche und technische Forschung (CRST) sowie auf den Europäischen Forschungsbeirat (EURAB).[3] Erkenntnisse können sich auch aus öffentlichen Konsultationen ergeben, die häufig online erfolgen.[4]

---

[1] S. bereits o. Art. 187 AEUV, Rn. 6.
[2] *Mellein*, in: Schwarze, EU-Kommentar, Art. 188 AEUV, Rn. 2 sowie bereits *Hilf*, in: GS, EUV/EGV, Art. 166 EGV, Rn. 53.
[3] *Mellein*, in: Schwarze, EU-Kommentar, Art. 188 AEUV, Rn. 2.
[4] *Mönig*, in: Lenz/Borchardt, EU-Verträge, Art. 188 AEUV, Rn. 6.

Artikel 189 AEUV [Europäische Raumfahrtpolitik]

(1) ¹Zur Förderung des wissenschaftlichen und technischen Fortschritts, der Wettbewerbsfähigkeit der Industrie und der Durchführung ihrer Politik arbeitet die Union eine europäische Raumfahrtpolitik aus. ²Sie kann zu diesem Zweck gemeinsame Initiativen fördern, die Forschung und technologische Entwicklung unterstützen und die Anstrengungen zur Erforschung und Nutzung des Weltraums koordinieren.

(2) Als Beitrag zur Erreichung der Ziele des Absatzes 1 werden vom Europäischen Parlament und vom Rat unter Ausschluss jeglicher Harmonisierung der Rechtsvorschriften der Mitgliedstaaten gemäß dem ordentlichen Gesetzgebungsverfahren die notwendigen Maßnahmen erlassen, was in Form eines europäischen Raumfahrtprogramms geschehen kann.

(3) Die Union stellt die zweckdienlichen Verbindungen zur Europäischen Weltraumorganisation her.

(4) Dieser Artikel gilt unbeschadet der sonstigen Bestimmungen dieses Titels.

Literaturübersicht

Hobe/Heinrich/Kerner/Schmidt-Tedd, Ten Years of Cooperation between ESA and EU: Current Issues, ZLW 2009, 49; *Reuter*, Die ESA als Raumfahrtagentur der Europäischen Union, 2007.

Inhaltsübersicht

	Rn.
A. Funktion und Bedeutung	1
B. Ziele	4
C. Maßnahmen	10
D. Kooperation mit der ESA	14

A. Funktion und Bedeutung

Der Vertrag von Lissabon brachte eine eigene Vorschrift für die Raumfahrtpolitik mit sich. Die nunmehrige selbstständige Regelung zeigt den **eigenständigen Charakter** der Raumfahrtpolitik.[1] Soweit Regelungen vorhanden sind, greifen Art. 189 Abs. 1–3 AEUV, auch wenn gegenteilige oder anders ausgerichtete Bestimmungen in Art. 179 ff. AEUV bestehen (»unbeschadet«). Damit bildet Art. 189 AEUV für die europäische Raumfahrtpolitik eine **lex specialis**. 1

Diese Verselbstständigung ändert aber nichts an den zahlreichen Parallelen zur Forschungspolitik, insbesondere der **fortbestehenden Zuständigkeit der Mitgliedstaaten nach Art. 4 Abs. 3 AEUV**, welche die Union im Rahmen der geteilten Zuständigkeit auf eine unterstützende und ergänzende Rolle reduziert. 2

Die Raumfahrtpolitik war bislang in die Forschungspolitik einbezogen. Nicht umsonst enthält Art. 189 AEUV nur einige besondere Vorschriften, während im Übrigen nach Art. 189 Abs. 4 AEUV die sonstigen Bestimmungen über die Forschungs- und technische Entwicklungspolitik eingreifen können. So kann das »unbeschadet« auch gelesen werden. Dadurch können auch schon bisher auf forschungspolitischer Grundlage ergriffene Maßnahmen fortwirken. Zudem ist ein weiterer **Rückgriff auf die in** 3

---

[1] *Eikenberg*, in: Grabitz/Hilf/Nettesheim, EU, Art. 189 AEUV (Januar 2015), Rn. 6.

Art. 183 ff. AEUV vorgesehenen Instrumente und Organisationsformen möglich, die für eine effektive und vielfältige Operationalisierung stehen: Fördermodalitäten (Art. 183 AEUV), Zusatzprogramme nur mit bestimmten Mitgliedstaaten (Art. 184 AEUV), internationale Kooperationsabkommen (Art. 186 AEUV) sowie Public-Private-Partnerships (Art. 187 AEUV).[2] Auch Art. 190 AEUV kann übertragen werden, und zwar im Sinne eines eigenständigen **Forschungsberichts** zur Raumfahrt.[3]

B. Ziele

4 Bereits die Ziele der europäischen Raumfahrtpolitik nach Art. 189 Abs. 1 AEUV haben manche **Anklänge an die Ziele der Forschungspolitik** nach Art. 179 Abs. 1 AEUV. Als Erstes geht es um den wissenschaftlichen und technischen Fortschritt. Die europäische Raumfahrt soll also in den ihr zugrunde liegenden Erkenntnissen und in ihrer technischen Entwicklung vorangebracht werden. Dabei geht es sowohl um Grundlagenforschung wie auch um anwendungsorientierte Arbeiten sowie vor allem um die Umsetzung in die praktische Anwendung.[4]

5 Wie der wissenschaftliche und technische Fortschritt gefördert werden soll, wird in Art. 189 Abs. 1 AEUV nicht näher ausgeführt. Die Elemente zur Stärkung der wissenschaftlichen und technologischen Grundlagen, die auch für die sehr forschungsintensive Raumfahrt notwendig sind, werden in Art. 179 Abs. 1 AEUV näher aufgefächert. Dort soll ein europäischer Raum der Forschung geschaffen werden. Ein solcher ist für die europäische Raumfahrtpolitik nicht vorgesehen.[5] Immerhin arbeitet die Union eine europäische **Raumfahrtpolitik** aus. Auch in dieser erfolgen **europaweite Konzeptionen**.

6 Jedenfalls dient es auch der Förderung des wissenschaftlichen und technischen Fortschritts in dem Bereich der Raumfahrt, dass eine **Freizügigkeit der Forscher** herrscht sowie **wissenschaftliche Erkenntnisse und Technologien** frei **ausgetauscht** werden, wie dies Art. 179 Abs. 1 AEUV vorsieht. Damit ist im Bereich der europäischen Raumfahrtpolitik ebenfalls der Austausch über die reine grenzüberschreitende Tätigkeit im Rahmen der Grundfreiheiten hinaus[6] abgesichert. Sie soll spezifisch gefördert werden.

7 Ausdrücklich benannt wird in Art. 189 Abs. 1 AEUV wie in Art. 179 Abs. 1 AEUV die **Wettbewerbsfähigkeit der Industrie**. Der Begriff ist daher **weit** zu verstehen; die Industrie soll vor allem bezogen auf die Vereinigten Staaten im Wettbewerb bestehen können, aber auch die Dienstleistungen auf nachgelagerten Märkten gilt es zu erfassen.[7] Zudem geht es wie im Rahmen von Art. 179 Abs. 1 AEUV um die Wettbewerbsfähigkeit der Union als solcher in der Raumfahrt.[8] Erst sie sichert dann auch Aufträge für die Industrie. Nur so können das Wachstum gesichert und Arbeitsplätze geschaffen werden; eine entsprechende **Innovationsfunktion** soll die Weltraumpolitik haben.[9]

---

[2] Im Einzelnen *Eikenberg*, in: Grabitz/Hilf/Nettesheim, EU, Art. 189 AEUV (Januar 2015), Rn. 4, 22 ff. sowie insbesondere 41 ff.
[3] S. u. Art. 190 AEUV, Rn. 5.
[4] S. o. Art. 179 AEUV, Rn. 8, 19.
[5] *Eikenberg*, in: Grabitz/Hilf/Nettesheim, EU, Art. 189 AEUV (Januar 2015), Rn. 9.
[6] S. o. Art. 179 AEUV, Rn. 13.
[7] *Trute/Pilniok*, in: Streinz, EUV/AEUV, Art. 189 AEUV, Rn. 3.
[8] S. o. Art. 179 AEUV, Rn. 17 ff.
[9] *Mellein*, in: Schwarze, EU-Kommentar, Art. 189 AEUV, Rn. 2.

Schließlich dient die europäische Raumfahrtpolitik der **Förderung der Durchführung** **8**
der Politik der Union. Dabei geht es um die **Unterstützung** anderer Politiken,[10] so der
Gemeinsamen Außen- und Sicherheitspolitik, der Industriepolitik[11] sowie der Umwelt-,
Agrar-, Entwicklungshilfe- und (inneren) Sicherheitspolitik.[12] Vielfach müssen **Satelliten** verfügbar sein,[13] um etwa Klimaentwicklungen besser sichtbar zu machen.

Diese enge Verbindung zu anderen Politiken der EU zeigt sich auch in Art. 179 Abs. 1 **9**
a. E. AEUV, wo es darum geht, dass die Forschungspolitik alle Forschungsmaßnahmen
unterstützen soll, die aufgrund anderer Kapitel der Verträge für erforderlich gehalten
werden. Weiter steht Art. 189 Abs. 1 Satz 1 AEUV für die **Ausstrahlungswirkung** der
Raumfahrtpolitik auf andere Politiken. Diese Wirkung besteht auch im Hinblick auf die
Forschung und dabei vor allem auf die industrielle Entwicklung. Sie schlägt sich etwa in
gemeinsamen Raumfahrtprojekten nieder, um die außenpolitischen Beziehungen voranzubringen.

C. Maßnahmen

Art. 189 Abs. 1 Satz 2 AEUV führt **drei Instrumente** auf, um die vorgenannten Ziele zu **10**
erreichen. Entsprechend ihrem **Ermessen** (»kann«) fördert sie gemeinsame Initiativen,
unterstützt die Forschung und technologische Entwicklung sowie koordiniert die Anstrengungen zur Erforschung und Nutzung des Weltraums. Daraus ergibt sich wie für die
Forschungspolitik die bloße Koordinierungs- und Ergänzungsfunktion der Union.[14] Sie
kann damit bereits vorhandene gemeinsame Initiativen unterstützen. Das schließt aber
nicht aus, dass sie solche anstößt. Jedenfalls fördert sie auch dadurch die Anstrengungen
zur Erforschung und Nutzung des Weltraums und koordiniert diese insofern, als sie von
ihr angestoßen und begleitet werden. Da eine möglichst umfassende europäische Raumfahrtpolitik angestrebt wird, sind mit dem Wort »gemeinsam« nicht nur unionsinterne
Aktivitäten gemeint, sondern namentlich auch solche mit der ESA,[15] wie auch Art. 189
Abs. 3 AEUV belegt.

Generell unterstützt und stimmt die Union die Forschung und technologische Entwicklung im Hinblick auf die Raumfahrt in den Mitgliedstaaten ab, aber auch auf der
Basis der Forschungspolitik und der dabei geschaffenen Einrichtungen auf Unionsebene
bzw. im Zusammenwirken mit den Mitgliedstaaten (gemeinsame Unternehmen etc.).
Dabei kann sie an die in Art. 183 ff. AEUV vorgesehenen Möglichkeiten anknüpfen.[16]

Art. 189 Abs. 2 AEUV schafft dann die eigentliche Ermächtigungsgrundlage, auf de- **11**
ren Basis die Union konkrete Maßnahmen ergreifen kann. Da dort nur die **notwendigen**
Maßnahmen vorgesehen sind, können diese die vorgenannten Mittel umfassen. Das
Spektrum ist entsprechend **weit**. Auch diese Vorschrift sieht aber ein europäisches
Raumfahrtprogramm vor. Dieses ist nicht zwingend, jedoch möglich. Wenn es ergeht,

---

[10] *Mönig*, in: Lenz/Borchardt, EU-Verträge, Art. 189 AEUV, Rn. 8.
[11] *Mellein*, in: Schwarze, EU-Kommentar, Art. 189 AEUV, Rn. 2.
[12] *Trute/Pilniok*, in: Streinz, EUV/AEUV, Art. 189 AEUV, Rn. 3 a. E. unter Verweis auf Arbeitsdokument der Kommission. Europäische Raumfahrtpolitik. Fortschrittsbericht, KOM (2008) 561 endg., S. 7 f.
[13] *Eikenberg*, in: Grabitz/Hilf/Nettesheim, EU, Art. 189 AEUV (Januar 2015), Rn. 16.
[14] S. o. Rn. 2.
[15] *Eikenberg*, in: Grabitz/Hilf/Nettesheim, EU, Art. 189 AEUV (Januar 2015), Rn. 19.
[16] S. o. Rn. 3.

liegt es nahe, dass ihm die **Konzentrationswirkung** zukommt, welche das Forschungsrahmenprogramm jedenfalls für die Aktionen durch die Union hat. Damit entfaltet aber für die Raumfahrtpolitik nur das europäische Raumfahrtprogramm Konzentrationswirkung und nicht etwa das Forschungsrahmenprogramm; schließlich gilt Art. 189 Abs. 4 AEUV unbeschadet der sonstigen Bestimmungen dieses Titels und danach auch von Art. 182 Abs. 1 AEUV mit dem dort festgelegten Konzentrationsprinzip.[17] Indes macht dies Parallelen nicht unmöglich, war doch die Raumfahrt vor dem Vertrag von Lissabon Teil der Forschungspolitik. Vor allem aber deutet Art. 189 Abs. 2 a. E. AEUV selbst auf eine Konzentration, wenn ein – freilich fakultatives – europäisches Raumfahrtprogramm ergeht: Dann werden die notwendigen Maßnahmen in seiner Form erlassen und sind damit in ihm enthalten.

12 Für eine Konzentrationswahrung müssen daher spezifisch in dem europäischen Raumfahrtprogramm alle Maßnahmen bestimmt sein, welche im Rahmen der europäischen Raumfahrtpolitik ergehen sollen. Dort werden dann die Ziele, Prioritäten und Verantwortlichkeiten sowie der Finanzrahmen festgelegt und gebündelt.[18] Art. 189 Abs. 2 AEUV legt wie Art. 182 Abs. 1 AEUV ausdrücklich das **ordentliche Gesetzgebungsverfahren** zugrunde, so dass das Europäische Parlament und der Rat gleichermaßen beteiligt sind.

13 Entsprechend dem Charakter der Forschungspolitik als bloße Koordinierungs- und Ergänzungsaufgabe der Union, welche die Zuständigkeit der Mitgliedstaaten bestehen lässt (Art. 4 Abs. 3 AEUV), **schließt Art. 189 Abs. 2 AEUV** eine **Harmonisierung** der Vorschriften der Mitgliedstaaten **aus**. Es dürfen also keine unionsweiten gemeinsamen Bestimmungen festgelegt werden, welche an die Stelle der nationalen Regulierung treten.

D. Kooperation mit der ESA

14 Art. 189 Abs. 3 AEUV sieht vor, dass die Union die zweckdienlichen Verbindungen zur **europäischen Weltraumorganisation** (European Space Agency – ESA) herstellt. Letztere wurde schon 1975 mit Sitz in Paris gegründet und beschäftigt sich als internationale Organisation mit europäischen Projekten, um den Weltraum friedlich zu erforschen und zu nutzen.[19] Union und ESA kooperieren schon seit Ende der 1990er Jahre und hatten als gemeinsame Projekte die Programme **Galileo**[20] und **GMES**[21] sowie ein Rahmenabkommen zur Zusammenarbeit unterzeichnet, dem ein Weltraumrat entspringen soll.[22] Gleichwohl fehlen immer noch eine einheitliche und übergeordnete Entscheidungsinstanz sowie einheitliche Finanzierungsregelungen.[23]

---

[17] *Trute/Pilniok*, in: Streinz, EUV/AEUV, Art. 189 AEUV, Rn. 7.
[18] *Trute/Pilniok*, in: Streinz, EUV/AEUV, Art. 189 AEUV, Rn. 5 auch zum ersten Entwurf KOM (2007) 212 endg.
[19] *Oppermann/Classen/Nettesheim*, Europarecht, § 36, Rn. 22.
[20] S. o. Art. 186 AEUV, Rn. 5, 7; hier abl. *Eikenberg*, in: Grabitz/Hilf/Nettesheim, EU, Art. 189 AEUV (Januar 2015), Rn. 3, 21 ff.
[21] Global Monitoring for Environment and Security auf der Basis der VO (EU) Nr. 911/2010 des Europäischen Parlaments und des Rates vom 22. 9. 2010 über das Europäische Erdbeobachtungsprogramm (GMES) und seine ersten operativen Tätigkeiten (2011–2013), ABl. 2010, L 276/1; näher *Hobe/Heinrich/Kerner/Schmidt-Tedd*, ZLW 2009, 49 (53 ff.).
[22] *Mellein*, in: Schwarze, EU-Kommentar, Art. 189 AEUV, Rn. 6.
[23] Näher *Reuter*, S. 30.

15 Dementsprechend soll die bisherige **Kooperation fortentwickelt** werden, um parallele Programme durchzuführen sowie gegebenenfalls Sektoren zu integrieren.[24] Dafür schafft Art. 189 Abs. 3 AEUV die Grundlage. Er enthält praktisch eine Zielvorgabe hin zu einer engeren Kooperation und zur Schlagung intensiverer Verbindungen. Diese sollen bis dahin gehen können, dass die europäische Weltraumorganisation als **Raumfahrtagentur der EU** eingegliedert wird.[25] Allerdings dürfte es wegen der geplanten Herstellung der zweckdienlichen Verbindungen immer noch eher um eine Kooperation gehen.[26] Solcher bedarf es **nicht** mehr, wenn die europäische Weltraumorganisation in die EU eingegliedert ist. Zudem deutet die explizite Erwähnung der Europäischen Weltraumorganisation darauf, dass sie als selbstständige Organisation erhalten bleiben soll, genügt doch für die Unterhaltung von Beziehungen zu ihr schon Art. 220 Abs. 1 UAbs. 2 AEUV.[27]

---

[24] *Mellein*, in: Schwarze, EU-Kommentar, Art. 189 AEUV, Rn. 7 unter Verweis auf Mitteilung der Kommission. Auf dem Weg zu einer Weltraumstrategie der Europäischen Union im Dienst der Bürgerinnen und Bürger, KOM (2011) 152 endg., S. 13 f.
[25] Dazu näher *Reuter*, S. 179 ff.
[26] *Trute/Pilniok*, in: Streinz, EUV/AEUV, Art. 189 AEUV, Rn. 6.
[27] *Eikenberg*, in: Grabitz/Hilf/Nettesheim, EU, Art. 189 AEUV (Januar 2015), Rn. 32.

Artikel 190 AEUV [Jährlicher Forschungsbericht]

¹Zu Beginn jedes Jahres unterbreitet die Kommission dem Europäischen Parlament und dem Rat einen Bericht. ²Dieser Bericht erstreckt sich insbesondere auf die Tätigkeiten auf dem Gebiet der Forschung und technologischen Entwicklung und der Verbreitung der Ergebnisse dieser Tätigkeiten während des Vorjahres sowie auf das Arbeitsprogramm des laufenden Jahres.

Literaturübersicht

S. Art. 179 AEUV.

Inhaltsübersicht

	Rn.
A. Hintergrund und Einordnung	1
B. Verfügbarkeit	3
C. Inhalt	4

A. Hintergrund und Einordnung

1 Die Verpflichtung zur Erbringung eines Forschungsberichts hat einen gewissen **Vorläufer in Art. 11 EAGV**, bestand schon seit dem Vertrag von Maastricht (daraufhin in Art. 173 EGV) und reagierte darauf, dass die Zuständigkeit für die Verabschiedung spezifischer Forschungsprogramme nach Art. 182 Abs. 3 AEUV auf die Kommission übertragen werden sollte; als Pendant sollten die Informationsrechte von Rat und Parlament gestärkt werden.[1] Immerhin blieb dann der Forschungsbericht. Das Gesetzgebungsverfahren für spezifische Programme wurde lediglich vereinfacht.[2]

2 Art. 190 AEUV sieht einen jährlichen Forschungsbericht spezifisch für die Tätigkeiten der Union auf dem Gebiet der Forschung und technologischen Entwicklung vor. Es handelt sich damit um einen **speziellen Forschungsbericht**, der unabhängig von dem jährlichen Gesamtbericht über die Tätigkeit der Union nach Art. 249 AEUV erstattet wird[3] und auch neben sekundärrechtlich vorgegebenen Berichten steht.[4]

B. Verfügbarkeit

3 Berichterstatter ist die Kommission. Als **Adressaten** sieht Art. 190 AEUV das Europäische Parlament und den Rat vor. In deren Aufgabenbereiche fällt die Auswertung des Berichts, der aber auch dem Rechnungshof, dem Wirtschafts- und Sozialausschuss und den relevanten Forschungsgremien von Nutzen ist.[5] Darüber hinaus wird er, obwohl primärrechtlich nicht obligatorisch, publiziert und ist damit auch **für die Öffentlichkeit verfügbar**.[6] Vorgesehen ist er zu Beginn eines Jahres. Allerdings erscheint er regelmäßig

---

[1] *Eikenberg*, in: Grabitz/Hilf/Nettesheim, EU, Art. 190 AEUV (Januar 2015), Rn. 1.
[2] *Trute/Pilniok*, in: Streinz, EUV/AEUV, Art. 190 AEUV, Rn. 1.
[3] *Mellein*, in: Schwarze, EU-Kommentar, Art. 190 AEUV, Rn. 1.
[4] *Eikenberg*, in: Grabitz/Hilf/Nettesheim, EU, Art. 190 AEUV (Januar 2015), Rn. 2.
[5] *Hilf*, in: GS, EUV/EGV, Art. 173 EGV, Rn. 3.
[6] *Trute/Pilniok*, in: Streinz, EUV/AEUV, Art. 190 AEUV, Rn. 2.

erst im **zweiten Halbjahr** als Kommissionsmitteilung,[7] ist doch die Datenerhebung sehr aufwendig.[8]

C. Inhalt

Der Bericht bezieht sich auf die Tätigkeiten auf dem Gebiet der Forschung und technologischen Entwicklung, die Verbreitung der Ergebnisse dieser Tätigkeiten während des Vorjahres sowie das Arbeitsprogramm des laufenden Jahres. Damit hat er einen **retrospektiven sowie** einen **prospektiven Part**.[9] Damit stellt er zugleich die Programme und ihre Durchführung auf einen öffentlichen Prüfstand, so dass nicht nur eine Kontrolle durch Parlament und Rat erfolgt, sondern permanent durch alle.[10] 4

Da die **Raumfahrtpolitik** eigenständig ist und ihre Regelung unbeschadet der sonstigen Bestimmungen dieses Titels erfolgt (Art. 189 Abs. 4 AEUV), ist sie nicht Teil der Berichtspflicht der Kommission nach Art. 190 AEUV, trotz des offenen Wortlauts und der systematischen Stellung.[11] In Betracht kommt **höchstens** ein **eigenständiger Bericht** in entsprechender Anwendung von Art. 190 AEUV.[12] 5

---

[7] *Trute/Pilniok*, in: Streinz, EUV/AEUV, Art. 190 AEUV, Rn. 2.
[8] *Hilf*, in: GSH, Europäisches Unionsrecht, Art. 190 AEUV, Rn. 2.
[9] *Mellein*, in: Schwarze, EU-Kommentar, Art. 190 AEUV, Rn. 2; *Eikenberg*, in: Grabitz/Hilf/Nettesheim, EU, Art. 190 AEUV (Januar 2015), Rn. 3.
[10] *Mellein*, in: Schwarze, EU-Kommentar, Art. 190 AEUV, Rn. 2.
[11] *Trute/Pilniok*, in: Streinz, EUV/AEUV, Art. 190 AEUV, Rn. 3.
[12] *Eikenberg*, in: Grabitz/Hilf/Nettesheim, EU, Art. 189 AEUV (Januar 2015), Rn. 45; zur doppelten Bedeutung von »unbeschadet« s. o. Art. 189 AEUV, Rn. 3.

Titel XX
Umwelt

Artikel 191 AEUV [Umweltpolitische Ziele; Schutzmaßnahmen; Internationale Zusammenarbeit]

(1) Die Umweltpolitik der Union trägt zur Verfolgung der nachstehenden Ziele bei:
- Erhaltung und Schutz der Umwelt sowie Verbesserung ihrer Qualität;
- Schutz der menschlichen Gesundheit;
- umsichtige und rationelle Verwendung der natürlichen Ressourcen;
- Förderung von Maßnahmen auf internationaler Ebene zur Bewältigung regionaler oder globaler Umweltprobleme und insbesondere zur Bekämpfung des Klimawandels.

(2) ¹Die Umweltpolitik der Union zielt unter Berücksichtigung der unterschiedlichen Gegebenheiten in den einzelnen Regionen der Union auf ein hohes Schutzniveau ab. ²Sie beruht auf den Grundsätzen der Vorsorge und Vorbeugung, auf dem Grundsatz, Umweltbeeinträchtigungen mit Vorrang an ihrem Ursprung zu bekämpfen, sowie auf dem Verursacherprinzip.

Im Hinblick hierauf umfassen die den Erfordernissen des Umweltschutzes entsprechenden Harmonisierungsmaßnahmen gegebenenfalls eine Schutzklausel, mit der die Mitgliedstaaten ermächtigt werden, aus nicht wirtschaftlich bedingten umweltpolitischen Gründen vorläufige Maßnahmen zu treffen, die einem Kontrollverfahren der Union unterliegen.

(3) Bei der Erarbeitung ihrer Umweltpolitik berücksichtigt die Union
- die verfügbaren wissenschaftlichen und technischen Daten;
- die Umweltbedingungen in den einzelnen Regionen der Union;
- die Vorteile und die Belastung aufgrund des Tätigwerdens bzw. eines Nichttätigwerdens;
- die wirtschaftliche und soziale Entwicklung der Union insgesamt sowie die ausgewogene Entwicklung ihrer Regionen.

(4) ¹Die Union und die Mitgliedstaaten arbeiten im Rahmen ihrer jeweiligen Befugnisse mit dritten Ländern und den zuständigen internationalen Organisationen zusammen. ²Die Einzelheiten der Zusammenarbeit der Union können Gegenstand vom Abkommen zwischen dieser und den betreffenden dritten Parteien sein.

Unterabsatz 1 berührt nicht die Zuständigkeit der Mitgliedstaaten, in internationalen Gremien zu verhandeln und internationale Abkommen zu schließen.

Literaturübersicht

Benson/Jordan, A Grand Bargain or an »Incomplete Contract«? European Union Environmental Policy after the Lisbon Treaty, EELR 2008, 280; *Beyer*, Gemeinschaftsrecht und Umweltschutz nach Maastricht, JuS 1997, 294; *Bleeker*, Does the Polluter Pay? The Polluter-Pays Principle in the Case Law of the European Court of Justice, EELR 2009, 289; *Böhm*, Das europäische Umweltrecht – Motor oder Bremse für das deutsche Umweltrecht? in: Jahrbuch des Umwelt- und Technikrechts 2001, S. 177; *Breier*, Die völkerrechtlichen Vertragsschlusskompetenzen der Europäischen Gemeinschaft und ihrer Mitgliedstaaten im Bereich des Umweltschutzes, EuR 1993, 340; *Calliess*, Die Umweltkompetenzen der EG nach dem Vertrag von Nizza – Zum Handlungsrahmen der europäischen Umweltgesetzgebung, ZUR 2003, 129; *Caspar*, Europäisches und nationales Umweltverfassungsrecht, in:

Koch (Hrsg.), Umweltrecht, 4. Aufl., 2014, § 2; *Epiney*, Die Maßstabfunktion des Art. 30 EGV für nationale umweltpolitische Maßnahmen, Zeitschrift für Umweltrecht 1995, 24; *dies.*, Umweltrecht der Europäischen Union, 3. Aufl., 2013; *dies.*, Zur Bindungswirkung der gemeinschaftsrechtlichen »Umweltprinzipien« für die Mitgliedstaaten, FS Zuleeg, 2005, 633; *Epiney/Gross*, Zur Abgrenzung der Kompetenzen zwischen der Gemeinschaft und den Mitgliedstaaten bei der Durchführung völkerrechtlicher Verträge, EurUP 2005, 2; *dies.*, Zu den verfahrensrechtlichen Implikationen der Kompetenzverteilung zwischen der EG und den Mitgliedstaaten im Bereich der Außenbeziehungen – unter besonderer Berücksichtigung des Umweltrechts, NuR 2005, 353; *dies.*, Zur Abgrenzung der Außenkompetenzen von Gemeinschaft und Mitgliedstaaten im Umweltbereich – unter besonderer Berücksichtigung ausgewählter Aspekte des Gewässerschutzes –, UTR 2004, 27; *Frenz*, Europäisches Umweltrecht, 1997; *ders.*, Außenkompetenzen der Europäischen Gemeinschaften und der Mitgliedstaaten im Umweltbereich, 2001; *ders.*, EU-Umweltkompetenzen nach Lissabon – Reichweite und Ausübung, UPR 2010, 293; *ders./Unnerstall*, Nachhaltige Entwicklung im Europarecht, 1999; *ders.*, Umweltschutz und EG-Wettbewerbsfreiheit, NuR 2006, 138; *Heselhaus*, Gemeinschaftsrechtliche Vorgaben für Straßenbenutzungsgebühren für den Schwerverkehr, EuZW 1993, 311; *ders.*, Emanzipation der Umweltpolitik nach Art. 175 I EGV, NVwZ 1999, 1190; *ders.*, Rechtfertigung unmittelbar diskriminierender Eingriffe in die Warenverkehrsfreiheit, EuZW 2001, 645; *ders.*, Kompetenz des Rates zum Abschluss des Donauschutzabkommens, EuZW 2001, 213; *ders.*, Abgabenhoheit der Europäischen Gemeinschaft in der Umweltpolitik. Eine Untersuchung unter besonderer Berücksichtigung der Möglichkeiten und Grenzen einer Ertragshoheit der Europäischen Gemeinschaft, 2001; *ders.*, Emissionsrechtehandel als Instrument einer nachhaltigen Entwicklung, in: Lange (Hrsg.), Nachhaltigkeit im Recht, 2003, S. 173; *ders.*, Consumer Protection and Precautionery Principle in the EU; The Case of Nanomaterials, Journal for Consumer Policy, 2010, 91; *ders.*, Europäisches Energie- und Umweltrecht als Rahmen der Energiewende in Deutschland, EurUP 2013, 137; *ders./Marauhn*, Straßburger Springprozession zum Schutz der Umwelt. Ökologische Menschenrechte nach den Hatton-Entscheidungen des Europäischen Gerichtshofes für Menschenrechte, EuGRZ 2005, 549; *Jans/v.d. Heide*, Europäisches Umweltrecht, 2003; *Jans/Vedder*, European Environmental Law, 3. Aufl., 2008; *Kadelbach*, Allgemeines Verwaltungsrecht unter europäischem Einfluss, 1999; *Kahl*, Umweltprinzip und Gemeinschaftsrecht, 1993; *Klein/Kimms*, Die Kompetenz der EG zum Abschluss umweltrelevanter Verträge, UTR 1996, 53; *Kosiciarova*, EC Environmental Law, 2009; *Krämer*, EC Environmental Law, 6. Aufl., 2007; *ders.*, Grundrecht auf Umwelt und Gemeinschaftsrecht, EuGRZ 1988, 285; *ders.*, Das Verursacherprinzip im Gemeinschaftsrecht, EuGRZ 1989, 353; *ders.*, Droit de l'environnement de l'Union européenne, 2011; *Kühn*, Die Entwicklung des Vorsorgeprinzips im Europarecht, ZEuS 2006, 487; *Marr/Beyer/Rüsch/Epiney/Gross*, EG-Kompetenzen bei völkerrechtlichen Verträgen im Umweltbereich unter besonderer Berücksichtigung des OSPAR-Übereinkommens, 2004; *Meßerschmidt*, Europäisches Umweltrecht, 2011; *Orth*, Ein Grundrecht auf Umweltschutz in Europa?, 2007; *Purps*, Umweltpolitik und Verursacherprinzip im Europäischen Gemeinschaftsrecht, 1991; *Reiter*, Entschädigungslösungen für durch Luftverunreinigungen verursachte Distanz- und Summationsschäden, 1998; *Rengeling*, Europarechtliche Grundlagen des Kooperationsprinzips, in: Huber (Hrsg.), Das Kooperationsprinzip im Umweltrecht, 1999, 53; *ders.*, Bedeutung und Anwendbarkeit des Vorsorgeprinzips im europäischen Umweltrecht, DVBl 2000, 1473; *ders.* (Hrsg.), Handbuch zum europäischen und deutschen Umweltrecht (EUDUR), 3 Bde., 2. Aufl. 2003; *Rodenhoff*, Die EG und ihre Mitgliedstaaten als völkerrechtliche Einheit bei umweltvölkerrechtlichen Übereinkommen, 2008; *Ruffert*, Subjektive Rechte im Umweltrecht der EG, 1996; *de Sadeleer*, The Precautionary Principle in EC Health and Environmental Law, European Law Journal 2006, 139; *ders.*, The Precautionary Principle as a Device for Greater Environmental Protection: Lessons from EC Courts, RECIEL 2009, 3; *Salzborn*, Das umweltrechtliche Kooperationsprinzip auf unionaler Ebene, 2011; *Sand*, The Precautionary Principle: A European Perspective, Human and Ecological Risk Assessment 2000, 445; *Sanden*, Das Vorsorgeprinzip im europäischen und deutschen Umweltrecht. Weiterentwicklung und Impulse für das internationale Recht, Osake University Law Review 2006, 243; *Scheuing*, Umweltschutz auf der Grundlage der Einheitlichen Europäischen Akte, EuR 1989, 152; *ders.*, Das Europäische Umweltverfassungsrecht als Maßstab gerichtlicher Kontrolle, EuR 2002, 618; *Schmitz*, Die Europäische Union als Umweltunion, 1996; *Schroeder*, Die Sicherung eines hohen Schutzniveaus für Gesundheits-, Umwelt- und Verbraucherschutz im europäischen Binnenmarkt, DVBl 2002, 213; *Schröder*, § 9 Umweltschutz als Gemeinschaftsziel und Grundsätze des Umweltschutzes, in: Rengeling (Hrsg.), Handbuch zum europäischen und deutschen Umweltrecht, 2. Aufl., 2003; *Schröer*, Die Kompetenzverteilung zwischen der Europäischen Wirtschaftsgemeinschaft und ihren Mitgliedstaaten auf dem Gebiet des Umweltschutzes, 1992; *Shirvani*, Das Kooperationsprinzip im deutschen und europäischen Umweltrecht, 2005; *Stettner*, Maastricht, Amsterdam and Nice: The Environmental Lobby and

Greening the Treaties, EELR 2001, 150; *Steyrer*, Gemischte Verträge im Umweltrecht – die Folgen geteilter Kompetenz der Europäischen Gemeinschaft und ihrer Mitgliedstaaten, ZUR 2005, 343; *Strohmayr*, Kompetenzkollisionen zwischen europäischem und nationalem Recht, 2006; *Thieme*, Außenbeziehungen der Europäischen Gemeinschaft im Umweltbereich, 2006; *Vandermeersh*, The Single European Act and the environmental policy of the European Economic Community, European Law Review 1987, 407; *Verschuuren*, Principles of Environmental Law, 2003; *Vorwerk*, Die umweltpolitischen Kompetenzen der Europäischen Gemeinschaft und ihrer Mitgliedstaaten nach Inkrafttreten der EEA, 1990; *Wasmaier*, Umweltabgaben und Europarecht, 1995; Wegener, Zukunftsfähigkeit des europäischen Umweltrechts, ZUR 2009, 459; *Wennerås*, Towards an ever greener Union? Competence in the field of the environment and beyond, CMLRev. 45 (2008), 1645; *Wiegand*, Bestmöglicher Umweltschutz als Aufgabe der Europäischen Gemeinschaften, DVBl 1993, 533; *Winter*, Umweltrechtliche Prinzipien des Gemeinschaftsrechts, ZUR 2003, 137; *Zils*, Die Wertigkeit des Umweltschutzes in Beziehung zu anderen Aufgaben der Europäischen Gemeinschaft, 1994; *Zuleeg*, Vorbehaltene Kompetenzen der Mitgliedstaaten der Europäischen Gemeinschaft auf dem Gebiete des Umweltschutzes, NVwZ 1987, 280.

Leitentscheidungen

EuGH, Urt. v. 20.9.1988, Rs. C–302/86 (Dänische Pfandflaschen), Slg. 1988, 4607
EuGH, Urt. v. 9.7.1992, Rs. C–2/90 (Kommission/Belgien), Slg. 1992, I–4431
EuGH, Urt. v. 10.5.1995, Rs. C–422/92 (Kommission/Deutschland), Slg. 1995, I–1097, 1135 ff.
EuGH, Urt. v. 5.5.1998, Rs. C–180/96 (Vereinigtes Königreich/Kommission), Slg. 1998, I–2265
EuGH, Urt. v. 25.6.1998, Rs. C–203/96 (Dusseldorp), Slg. 1998, I–4075
EuGH, Urt. v. 14.7.1998, Rs. C–284/95 (Safety Hi-Tech), Slg. 1998, I–4301
EuGH, Urt. v. 14.7.1998, Rs. C–341/95 (Bettati), Slg. 1998, I–4355
EuGH, Urt. v. 5.10.1999, verb. Rs. C–175/98 u. C–177/98 (Lirussi), Slg. 1999, I–6881
EuGH, Urt. v. 21.3.2000, Rs. C–6/99 (Greenpeace France), Slg. 2000, I–1651
EuGH, Urt. v. 23.5.2000, Rs. C–209/98 (Sydhavnens Sten & Grus), Slg. 2000, I–3742
EuGH, Urt. v. 15.6.2000, verb. Rs. C–418/97 u. C–419/97 (ARCO), Slg. 2000, I–4475
EuGH, Urt. v. 13.3.2001, Rs. C–379/98 (PreussenElektra), Slg. 2001, I–2099
EuGH, Urt. v. 18.4.2002, Rs. C–9/00 (Palin Granit Oy), Slg. 2002, I–3533
EuGH, Urt. v. 12.6.2003, Rs. C–112/00 (Brenner Autobahn), Slg. 2003, I–5659
EuGH, Urt. v. 9.9.2003, Rs. C–236/01 (Monsanto Agricoltura Italia), Slg. 2003, I–8105
EuGH, Urt. v. 1.4.2008, verb. Rs. C–14/06 u. C–295/06 (Dänemark/Kommission), Slg. 2008, I–1649
EuGH, Urt. v. 14.10.2004, Rs. C–113/02 (Kommission/Niederlande), Slg. 2004, I–9707
EuGH, Urt. v. 19.6.2008, Rs. C–219/07 (Nationale Raad van Dierekwekers en Liefhebbers/Belgien), Slg. 2008, I–4475
EuGH, Urt. v. 25.7.2008, Rs. C–237/07 (Janecek/Bayern), Slg. 2008, I–6221
EuGH, Urt. v. 16.12.2008, Rs. C–127/07 (Emissionshandel), Slg. 2008, I–9895
EuGH, Urt. v. 17.10.2013, Rs. C–203/12 (Billerud), ECLI:EU:C:2013:664
EuG, Urt. v. 7.3.2013, Rs. T–370/11 (Polen/Kommission), ECLI:EU:T:2013:113
EuG, Urt. v. 30.4.2015, Rs. T–135/13 (Hitachi u. a./ECHA), ECLI:EU:T:2015:253

Wesentliche sekundärrechtliche Vorschriften

Richtlinie 92/43/EWG vom 21.5.1992 zur Erhaltung der natürlichen Lebensräume sowie der wildlebenden Tiere und Pflanzen, ABl. 1992, L 206/7
Richtlinie 2011/92/EU vom 13.12.2011 über die Umweltverträglichkeitsprüfung bei bestimmten öffentlichen und privaten Projekten, ABl. 2011, L 26/1
Verordnung (EG) Nr. 66/2010 vom 25.11.2009 über das EU-Umweltzeichen, ABl. 2010, L 27/1;
Verordnung (EG) Nr. 1221/2009 vom 25.11.2009 über die freiwillige Teilnahme von Organisationen an einem Gemeinschaftssystem für Umweltmanagement und Umweltbetriebsprüfung, ABl. 2009, L 342/1
Richtlinie 2004/35/EG vom 21.4.2004 über Umwelthaftung zur Vermeidung und Sanierung von Umweltschäden, ABl. 2004, L 143/56
Richtlinie 2003/4/EG vom 28.1.2003 über den Zugang der Öffentlichkeit zu Umweltinformationen, ABl. 2003, L 41/26
Richtlinie 2010/75/EU vom 24.11.2010 über Industrieemissionen (integrierte Vermeidung und Verminderung der Umweltverschmutzung), ABl. 2010, L 334/17

Richtlinie 2000/60/EG vom 23.10.2000 zur Schaffung eines Ordnungsrahmens für Maßnahmen der Gemeinschaft im Bereich der Wasserpolitik (Wasserrahmenrichtlinie), ABl. 2000, L 327/1
Richtlinie 2003/87/EG vom 13.10.2003 über ein System für den Handel mit Treibhausgasemissionszertifikaten, ABl. 2003, L 275/32

Inhaltsübersicht Rn.

A. Bedeutung und systematischer Überblick	1
B. Entwicklung des Primärrechts und der EU-Umweltpolitik	8
C. Norminhalt	17
I. Begriff der Umwelt	17
II. Ziele der Umweltpolitik (Abs. 1)	26
1. Rechtliche Grundlagen	26
2. Erhaltung, Schutz und Verbesserung der Umwelt	33
3. Schutz der menschlichen Gesundheit	36
4. Schutz der natürlichen Ressourcen	39
5. Schutz der regionalen und globalen Umwelt sowie Bekämpfung des Klimawandels	43
III. Hohes Schutzniveau als Zielvorgabe (Abs. 2 UAbs. 1 S. 1)	46
IV. Prinzipien der Umweltpolitik (Abs. 2 UAbs. 1)	55
1. Allgemeines	55
2. Vorsorge- und Vorbeugungsprinzip	62
3. Bekämpfung am Ursprung	69
4. Verursacherprinzip	75
V. Weitere relevante primärrechtliche Prinzipien	82
1. Nachhaltigkeitsprinzip	82
2. Integrationsprinzip	85
3. Prinzip gemeinsamer Verantwortung und Partnerschaft	86
4. Subsidiaritätsprinzip	88
5. Verhältnismäßigkeitsprinzip	88
VI. Schutzklausel (Abs. 2 UAbs. 2)	89
VII. Berücksichtigungsgebote (Abs. 3)	93
1. Allgemeines	93
2. Verfügbare wissenschaftliche und technische Daten	94
3. Umweltbedingungen in den einzelnen Regionen der EU	95
4. Vorteile und Belastungen aufgrund des Tätigwerdens bzw. Nichttätigwerdens	96
5. Wirtschaftliche und soziale Entwicklung der Union insgesamt sowie die ausgewogene Entwicklung ihrer Regionen	97
VIII. Internationale Zusammenarbeit (Abs. 4)	98

A. Bedeutung und systematischer Überblick

Die **Bedeutung** der Umweltpolitik für die Europäische Union ist **enorm** und kann nicht überschätzt werden. Auch wenn sie bereits seit den 1970er Jahren mitberücksichtigt wurde, ist die **Einführung einer ausdrücklichen Umweltkompetenz** in der **Einheitlichen Europäischen Akte 1987** ein Meilenstein gewesen,[1] der den Übergang von einer – in der heutigen Terminologie – Wirtschaftsunion zu einer **Umweltunion** kennzeichnet,[2] und belegt, dass die **europäische Integration** in den einzelnen Vertragswerken **nicht mono-** 1

---

[1] *Scherer/Heselhaus*, in: Dauses, Handbuch des EU-Wirtschaftsrechts, Abschnitt O, Juni 2010, Rn. 10 f.; vgl. auch *Meßerschmidt*, § 2 Rn. 5.
[2] *Scherer/Heselhaus*, in: Dauses, Handbuch des EU-Wirtschaftsrechts, Abschnitt O, Juni 2010, Rn. 1; *Schmitz*, passim.

funktional angelegt ist, sondern im Primärrecht einer **Verfassung ähnlich** den **Ausgleich konfligierender Wert- und Zielvorstellungen** anstrebt. Seit ihren Anfängen ist die Umsetzung der Unionsaufgabe Umweltschutz **kontinuierlich ausgebaut** worden.[3] Heute sind bis zu 70 Prozent der Umweltgesetzgebung in den Mitgliedstaaten unionsrechtlich determiniert.[4] Ob auch **qualitativ** eine ansprechende Umweltpolitik hat realisiert werden können, ist heftig umstritten.[5] Unbestritten ist hingegen, dass die EU-Umweltpolitik optimierungsbedürftig ist[6] und dass sie die Entwicklung des Umweltschutzes durch die **Etablierung regulatorischer Gravitationszentren**, wie die FFH-Richtlinie zum Naturschutz[7] oder die Umweltverträglichkeitsprüfung,[8] enorm vorangetrieben hat. So müsste eine nachhaltige Bewertung der EU-Umweltpolitik ein Referenzgebiet angeben, etwa das Beispiel eines Staates, der einen besseren Umweltschutz betreibt. Primärrechtliche Vorgaben stecken einen Rahmen für den Gestaltungsspielraum des EU-Gesetzgebers ab. Dass sie darüber hinaus auch das Ergebnis der täglichen politischen Kompromisssuche vorherbestimmen könnten, wäre eine Überschätzung der **Steuerungskraft des Rechts** und vielleicht auch eine Unterschätzung der Rolle des demokratischen Gesetzgebers, der den Konflikt zwischen Umwelt und Wirtschaft austarieren muss.[9]

2   Das **umweltpolitische Sekundärrecht** der Union **im weiten Sinn**, d. h. auch jenseits der genuinen[10] Umweltkompetenz nach Art. 192 AEUV inklusive von Rechtsakten aufgrund anderer Kompetenzvorschriften mit umweltpolitischen Zielsetzungen, hat das **regionale Umweltrecht in Europa** in vielen Bereichen beeindruckend weiterentwickelt. Im **allgemeinen Umweltrecht** ist vor allem die Vorgabe einer **Umweltverträglichkeitsprüfung** zu nennen, die sich zu einem Grundelement auch des Umweltvölkerrechts entwickelt.[11] Hinzu treten in der Wechselwirkung mit der **Aarhus Konvention** Rechte auf **Umweltinformation**, auf **Beteiligung der Öffentlichkeit** und auf **Zugang zu Gerichten in Umweltangelegenheiten**, die das tradierte Umweltverwaltungsrecht mancher Mitgliedstaaten vor große normative Herausforderungen stellen.[12] **Klimaschutz** ist im

---

[3] *Benson/Jordan*, EELR 2008, 280 ff.; *Stetter*, EELR 2001, 150 ff.; *Calliess*, KJ 1994, 284 ff.; *Kahl*, in: Streinz, EUV/AEUV, Art. 191 AEUV, Rn. 13 ff.

[4] *Kahl*, in: Streinz, EUV/AEUV, Art. 192 AEUV, Rn. 11; *Meßerschmidt*, § 2, Rn. 356.

[5] Vgl. *Calliess*, in: Calliess/Ruffert, EUV/AEUV, Art. 11 AEUV, Rn. 17; *Kahl*, in: Streinz, EUV/AEUV, Art. 11 AEUV, Rn. 50 ff. m. w. N.

[6] S. nur den Skandal um die Abgasmessung für Emissionen von Fahrzeugen, die Auseinandersetzung um die Biokraftstoffe, die Schwierigkeiten der anspruchsvollen Fassung der sog. NEC-Richtlinie (Immissionswerte für die Luft), die Überversorgung mit Emissionszertifikaten unter der Emissionshandelsrichtlinie sowie die Umsetzungsdefizite im Bereich des Gewässerschutzes.

[7] Richtlinie 92/43/EWG vom 21.5.1992, ABl. 1992, L 206/7, zuletzt geändert durch Richtlinie 2006/105/EG vom 20.12.2006, ABl. L 363/368.

[8] Richtlinie 2011/92/EU vom 13.12.2011, ABl. 2012, L 26/1.

[9] S. zu Defiziten der EU-Umweltschutzpolitik *Kahl*, in: Streinz, EUV/AEUV, Art. 11 AEUV Rn. 50 ff.

[10] Kritisch zum Begriff »genuin« die Kommentierung zu Art. 192 AEUV, Rn. 3. Genuin bezeichnet hier eine Umweltpolitik, die nicht nur anlässlich einer anderen Politik, etwa der Gemeinsamen Agrarpolitik, verfolgt wird.

[11] Richtlinie 2011/92/EU vom 13.12.2011, ABl. 2012 L 26/1; Übereinkommen vom 25.2.1991 über die Umweltverträglichkeitsprüfung im grenzüberschreitenden Rahmen (Espoo-Konvention), in Deutschland umgesetzt durch Gesetz vom 7.6.2002, BGBl. 2002 II S. 1406 und Gesetz vom 17.3.2006, BGBl. 2006 II S. 224; Protokoll über die strategische Umweltprüfung zum UN/ECE-Übereinkommen über die Umweltverträglichkeitsprüfung im grenzüberschreitenden Rahmen (Kiew, 2003), genehmigt mit Beschluss 2008/871/EG, ABl. 2008, L 308/33.

[12] Zu Deutschland *Schlacke*, ZUR 2011, 312, 315 f.; zu Österreich *Heselhaus*, Effektiver Rechtsschutz im Lichte des Unionsrechts und der Aarhus-Konvention, in: Kerschner (Hrsg.), Jahrbuch des österreichischen und europäischen Umweltrechts, 2015, S. 91 ff.

Zuge des Kyoto-Protokolls und damit des internationalen Engagements der Union als eigenständiger Teil des EU-Umweltrechts etabliert worden, der u. a. erst eine spezifische **Steuerung der Energiepolitik** seitens der Union ermöglicht hat, die sich mit dem Lissabonner Vertrag im Rahmen des Art. 194 AEUV weitgehend verselbständigt hat.[13] Die **Luftreinhaltepolitik** ist in der letzten Zeit in den Fokus der Nachrichten gerückt, insbesondere weil die Mängel bei der Begrenzung von **Emissionen von Fahrzeugen** sichtbar geworden sind. In diesem Teilbereich zeigt sich der Einfluss großer Mitgliedstaaten, die zum Schutz einheimischer Industriezweige auf die Bremse treten, wie Deutschland im Bereich der Fahrzeugemissionen oder das Vereinigte Königreich in Bezug auf die Richtlinie über die Begrenzung von Emissionen (NEC-Richtlinie[14]). Im Bereich des Gewässerschutzes sind in dem 1980er Jahren enorme Fortschritte im Bereich der **Abwasserbehandlung** in den Mitgliedstaaten erzielt worden. Maßgebend ist weniger der regulatorische Zugriff an sich gewesen, als die Abfederung über eine Teilfinanzierung durch die Union. Daneben bringt die umstrittene **Wasserrahmenrichtlinie** (WRRL[15]) ein komplexes grenzüberschreitendes Regime der sog. Einzugsgebiete und versucht mit einem innovativen Ansatz der notorisch defizitären Umsetzung abzuhelfen.[16] Im **Gefahrstoffrecht** ist ein weiterer Meilenstein die REACH-Verordnung, die den EU-Unternehmen große Lasten zum Wohl der Allgemeinheit (weltweit) aufbürdet.[17] Im **Abfallrecht** hat die Union über die Jahrzehnte auf die drängendsten Herausforderungen normative Antworten gefunden.[18] Nicht zuletzt markiert die **FFH-Richtlinie** mit ihrem rigiden Schutzsystem einen Eckpfeiler des unionalen Natur- und Artenschutzes.[19]

Auch in **institutioneller** Hinsicht ist der **Governance-Rahmen** im Umweltrecht ausgebaut worden, doch ist es gelungen diesen relativ schlank zu halten. So hat die **Kommission** neben ihren Rechtsetzungszuständigkeiten nur eine geringe Bedeutung für die administrative Umsetzung des Umweltrechts. Der Schwerpunkt der administrativen Umsetzung liegt getreu dem **Subsidiaritätsprinzip** nach wie vor bei den **Mitgliedstaaten**.[20] Punktuell ist auf Unionsebene die tertiäre Organisationsebene effektiv ausgebaut worden, insbesondere durch die **Europäische Umweltagentur**, die unionsweit Daten über die Umwelt sammelt,[21] sowie über die **Europäische Chemikalienagentur**, die im Rahmen

3

---

[13] *Heselhaus*, EurUP 2013, 137 ff.
[14] Richtlinie 2001/81/EU vom 23. 10. 2001 über nationale Emissionshöchstmengen für bestimmte Luftschadstoffe, ABl. 2001, L 309/22, zuletzt geändert durch Richtlinie 2013/17/EU, ABl. 2013, L 158/193.
[15] Richtlinie 2000/60/EG vom 23. 10. 2000, ABl. 2000, L 327/1.
[16] *Scherer/Heselhaus*, in: Dauses, Handbuch des EU-Wirtschaftsrechts, Abschnitt O, Juni 2010, Rn. 338 ff.
[17] Verordnung (EG) Nr. 1907/2006 vom 18. 12. 2006 zur Registrierung, Bewertung, Zulassung und Beschränkung chemischer Stoffe (REACH), zur Schaffung einer Europäischen Chemikalienagentur, zur Änderung der Richtlinie 1999/45/EG und zur Aufhebung der Verordnung (EWG) Nr. 793/93 des Rates, der Verordnung (EG) Nr. 1488/94 der Kommission, der Richtlinie 76/769/EWG des Rates sowie der Richtlinien 91/155/EWG, 93/67/EWG, 93/105/EG und 2000/21/EG der Kommission, ABl. 2007, L 136/3. Dazu *Fink/Hanschmidt/Lulei*, StoffR 2007, 192; *Ingerowski*, Die REACh-Verordnung, 2010; *Führ*, ZUR 2014, 270 ff.
[18] *Scherer/Heselhaus*, in: Dauses, Handbuch des EU-Wirtschaftsrechts, Abschnitt O, Juli 2010, Rn. 455 ff.
[19] Richtlinie 92/43/EWG vom 21. 5.1992, ABl. 1992, L 206/7; ausführlich dazu *Kerkmann*, Natura 2000: Verfahren und Rechtsschutz im Rahmen der FFH-Richtlinie, 2004.
[20] Zu den in der EU mit Umweltaufgaben befassten Stellen, wie dem Allgemeinen Beratenden Forum für Umweltfragen s. *Scherer/Heselhaus*, in: Dauses, Handbuch des EU-Wirtschaftsrechts, Abschnitt O, Juli 2010, Rn. 212 ff.
[21] Zunächst durch Verordnung (EWG) Nr. 1210/1990 zur Errichtung einer Europäischen Um-

der REACH-Verordnung die Kommission administrativ und mit Vorarbeiten im legislativen Bereich unterstützt.[22] Hinzu kommt das Konzept der **Ermächtigung des Einzelnen** im Umweltschutz,[23] wie es in der EU in der Umsetzung der Aarhus Konvention durch die erwähnten Rechte auf Information, Beteiligung und Zugang zu Gerichten (s. Rn. 2) umgesetzt worden ist.

4   Das ausdrückliche Bekenntnis zum Umweltschutz in Art. 191 AEUV hat aber auch die **Bedeutung** des Umweltschutzes **im nichtharmonisierten Bereich** gefördert. Insbesondere im Bereich der **Grundfreiheiten** müssen nationale Umweltschutzbestimmungen auf den Prüfstein des EU-Wirtschaftsrechts.[24] Eingedenk der dort regelmäßig vorgesehenen **strengen Verhältnismäßigkeitsprüfung**[25] ist festzustellen, dass der EuGH die jeweils in Rede stehenden **umweltpolitischen Anliegen** nie hinter den widerstreitenden Wirtschaftsinteressen zurückgestuft hat, jedoch lateral auftretenden protektionistischen Wirkungen einen Riegel vorgeschoben hat.[26]

5   **Umfang und Bedeutung** des unionalen Umweltschutzes ergeben sich nicht allein aus den spezifisch umweltpolitischen Vorschriften der Art. 191–193 AEUV, sondern auch aus **zahlreichen systematischen Bezügen**. Art. 191 AEUV enthält insbesondere die grundlegenden **Zielvorgaben** und die spezifischen **Umweltprinzipien**. Für die Umsetzung stellt Art. 192 AEUV eine **originäre**, d. h. spezifisch umweltpolitische **EU-Rechtsetzungskompetenz** zur Verfügung. Dabei hat sich in der Regel die Anwendung des **Mehrheitsprinzips** im Rat durchgesetzt, nur wenige aus Sicht mitgliedstaatlicher Souveränität neuralgische Bereiche sind dem Einstimmigkeitsprinzip vorbehalten geblieben. Die sog. **Alleingangsklausel** nach Art. 193 AEUV ordnet die auf jener Rechtsetzungsgrundlage ergangenen Sekundärrechtsakte als eine **Mindestharmonisierung** ein, die die Mitgliedstaaten um strengere nationale umweltrechtliche Vorschriften ergänzen können.[27] Aus der Rechtsetzungsperspektive besteht ein enger systematischer Zusammenhang mit der **Binnenmarktkompetenz** nach Art. 114 AEUV, die parallel mit der Umweltkompetenz eingeführt worden ist. Sie kennt zum einen ein zwingendes **Gebot der Berücksichtigung** umweltpolitischer Belange in Art. 114 Abs. 3 AEUV und zielt dabei auf ein **hohes Schutzniveau**. Zum anderen kennt sie spezielle Regelungen für **nationale Alleingänge** zu Gunsten des Umweltschutzes, die aber die Einheit des EU-Rechts im Binnenmarkt nicht über Gebühr gefährden dürfen und daher einem strengen

---

weltagentur und eines Europäischen Umweltinformations- und Umweltbeobachtungsnetzes, ABl. 1990, L 120/1; jetzt Verordnung (EG) Nr. 401/2009 über die Europäische Umweltagentur und das Europäische Umweltinformations- und Umweltbeobachtungsnetz, ABl. 2009, L 126/13. Dazu *Scherer/Heselhaus*, in: Dauses, Handbuch des EU-Wirtschaftsrechts, Abschnitt O, Juni 2010, Rn. 206 ff.

[22] Art. 20, 40 ff. Verordnung (EG) Nr. 1907/2006. Dazu *Stockhaus*, Regulierte Selbstregulierung im europäischen Chemikalienrecht, 2015, S. 273 ff.

[23] Näher dazu *Scherer/Heselhaus*, in: Dauses, Handbuch des EU-Wirtschaftsrechts, Abschnitt O, Juni 2010, Rn. 14 ff.

[24] EuGH, Urt. v. 20.9.1988, Rs. C–302/86 (Dänische Pfandflaschen), Slg. 1988 4607; Urt. v. 13.3.2001, Rs. C–379/98 (PreussenElektra), Slg. 2001, I–2099; Urt. v. 12.6.2003, Rs. C–112/00 (Brenner Autobahn), Slg. 2003, I–5659.

[25] EuGH, Urt. v. 12.6.2003, Rs. C–112/00 (Brenner Autobahn), Slg. 2003, I–5659, Rn. 79 ff.

[26] Deutlich in EuGH, Urt. v. 20.9.1988, Rs. C–302/86 (Dänische Pfandflaschen), Slg. 1988, 4607.

[27] EuGH, Urt. v. 226.2000, Rs. C–318/98 (Fornasar), Slg 2000, I–4785 Rn. 46; Urt. v. 14.4.2005, Rs. C–6/03 (Deponiezweckverband Eiterköpfe), Slg. 2005, I–2753 Rn. 27; Urt. v. 4.3.2015, Rs. C–534/123 (Fipa Group u. a.), ECLI:EU:C:2015:140.

Kontrollregime unterliegen.²⁸ Seit dem Lissabonner Vertrag besteht eine ausdrückliche, separate Kompetenz für eine **EU-Energiepolitik**, der ausdrücklich die »Berücksichtigung der Notwendigkeit der **Erhaltung und Verbesserung der Umwelt**« aufgegeben ist.²⁹ Die entsprechende Rechtsetzungskompetenz lässt die Rechtsetzungskompetenz für energierelevantes Umweltsekundärrecht nach Art. 192 Abs. 2 Buchst. c AEUV unberührt.³⁰ Rechtsetzungstechnisch wird das systematische Bild durch die sog. **Integrationsklausel** nach Art. 11 AEUV komplettiert, die ein hohes Schutzniveau zu einem Teilziel jedweder EU-Rechtsetzung erklärt. Die ausdrückliche Einbeziehung des **Tierschutzes** in das unionale Primärrecht gemäß Art. 13 AEUV in einer separaten Integrationsklausel ist zum Preis einer originären Tierschutzkompetenz, für die die Umweltnormen nach Art. 192 AEUV nun nicht mehr zur Verfügung stehen, geschehen.³¹ Die originäre Umweltkompetenz der Union wird in Art. 4 Abs. 2 Buchst. e AEUV den »geteilten«, d. h. **konkurrierenden Rechtsetzungszuständigkeiten** zugewiesen. Damit erlangen das **Subsidiaritäts- und Verhältnismäßigkeitsprinzip** Bedeutung für die EU-Umweltpolitik.³² Nicht zuletzt erklärt Art. 3 Abs. 3 EUV die Ziele eines **hohen Maßes an Umweltschutz** und die »**Verbesserung der Umwelt**« zu **allgemeinen Zielen** der gesamten Union.³³

Die Umweltschutznormen weisen in vielfältiger Art Bezüge zum **Nachhaltigkeitsprinzip** auf (s. Rn. 82). Solche sind zwar in Art. 191 AEUV nicht ausdrücklich enthalten, sie werden aber in der **Integrationsklausel** nach Art. 11 AEUV in einen funktionalen Zusammenhang mit dem Umweltschutz gestellt. Diese Verbindung wird auch bei den **allgemeinen Zielen** in Art. 3 Abs. 3 EUV aufgegriffen, dort ebenfalls im Zusammenhang mit der Errichtung des Binnenmarktes. Erwähnt wird die nachhaltige Entwicklung des Weiteren in Art. 3 Abs. 5 Satz 2 EUV im Rahmen der **internationalen Beziehungen** der Union. Das Verhältnis von nachhaltiger Entwicklung und Umweltschutz erscheint nicht immer ganz eindeutig, doch ist nach zutreffender Ansicht der Ansatz der Nachhaltigkeit auf einen **hohen Umweltschutz** ausgerichtet (s. Rn. 82).

6

Nicht zuletzt hat der Umweltschutz mit Art. 37 GRC Eingang in die **Grundrechtecharta** gefunden (s. Rn. 14). Die Bedeutung dieser Norm ist umstritten.³⁴ Nach zutreffender Ansicht kennzeichnet sie nicht nur den Umweltschutz als **Allgemeinwohlbelang**, der Eingriffe in Grundrechte zu rechtfertigen vermag, sondern unterfüttert primärrechtlich Konkretisierungen eines Ansatzes von Umweltschutz durch Grundrechte bzw. **subjektive Rechtspositionen** (s. Rn. 14). In der Gesamtsicht wird die besondere Bedeutung des Umweltschutzes unter den Vertragszielen unterstrichen. Doch ist ein übergreifendes **Umweltprinzip**, aus dem weitergehende Vorgaben deduziert werden könnten, bislang **nicht anerkannt**.³⁵

7

---

²⁸ Art. 114 Abs. 5–8 AEUV.
²⁹ Art. 194 Abs. 1 AEUV.
³⁰ *Heselhaus*, EurUP 2013, 137 ff.
³¹ Doch sind die Aspekte des Tierschutzes auch in der Umweltpolitik zu beachten, s. die Kommentierung zu Art. 13 AEUV, Rn. 25.
³² S. unten Rn. 85 f.; vgl. *Calliess*, in: Calliess/Ruffert, EUV/AEUV, Art. 192 AEUV, Rn. 16 ff.
³³ Vgl. *Ruffert*, in: Calliess/Ruffert, EUV/AEUV, Art. 3 EUV, Rn. 39; *Terhechte*, in: Grabitz/Hilf/Nettesheim, EU, Art. 3 EUV (Mai 2014), Rn. 55.
³⁴ S. die Kommentierung zu Art. 37 GRC, Rn. 9 ff.
³⁵ Ausführlich dazu *Kahl* und *ders.*, in: Streinz, EUV/AEUV, Art. 191 AEUV, Rn. 17 ff., der sich in den Ableitungen aber zurückhält, so dass nicht immer klar wird, ob der bei ihm geforderte Umweltschutzstandard überhaupt notwendiger Weise des Rückgriffs auf ein Umweltprinzip bedarf (s. unten Rn. 49 a. E.).

B. Entwicklung des Primärrechts und der EU-Umweltpolitik

8   Die Entwicklung der EU-Umweltpolitik kann in mehrere **Phasen** unterteilt werden, die jeweils von vorherrschenden **Regelungsansätzen** bzw. einem bestimmten **primärrechtlichen Rahmen** geprägt gewesen sind.[36] Dabei ist festzustellen, dass wichtige Phasen der Entwicklung des **Sekundärrechts** späteren Änderungen im Primärrecht vorangegangen sind. Die bis zum Lissabonner Vertrag zu verzeichnenden **kontinuierlichen Verstärkungen des Umweltschutzes** im Primärrecht sind somit weniger Voraussetzung für einen erfolgreicheren Umweltschutz als Ausdruck eines solchen, im Sekundärrecht bereits erreichten, hohen Niveaus.

9   Die jeweils im Zentrum stehenden **Ansätze** haben sich nicht gegenseitig abgelöst, sondern bestehen **nebeneinander** und tragen so zum **komplexen und ausdifferenzierten** Bild der heutigen Umweltpolitik in der Union bei.[37] Wichtige regulatorische Entwicklungen sind insbesondere der Wechsel vom Konzept der Gefahrenabwehr zu einer stärkeren Betonung des **Vorsorgeprinzips**, der **verfahrensrechtliche Schutz** der Umwelt durch die Umweltverträglichkeitsprüfung, die Einbeziehungen des **Einzelnen zum Schutz der Umwelt** sowie maßgebliche Mitgestaltung des Prinzips gemeinsamer, aber differenzierter Verantwortung im internationalen **Klimaschutzrecht**.[38]

10 Die Rechtsetzungskompetenzen der EU für die Umweltpolitik werden vom **Prinzip der begrenzten Einzelermächtigung** bestimmt.[39] Vor der Einheitlichen Europäischen Akte verfügte die damalige EWG über **keine ausdrückliche Umweltkompetenz**. Dessen ungeachtet forderte die Entwicklung des Gemeinsamen Marktes (als Vorläufer des Binnenmarktes) eine politische Antwort auf supranationaler Ebene auf die Herausforderungen des **ambivalenten Verhältnisses** von Gemeinsamem Markt und Umwelt. Denn einerseits ermöglichen die Wohlstandgewinne im Gemeinsamen Markt einen ausdifferenzierten Umweltschutz auf einem hohen Niveau, andererseits führt der mit dem Wachstum einhergehende höhere Konsum zwangsläufig zu mehr Umweltbelastungen. Bereits 1967 war das Schutzregime für Gefahrstoffe eingeführt worden.[40] Die umfassende politische Antwort wurde 1972 durch die **Schlusserklärung zur Pariser Gipfelkonferenz** vorgespurt, die eine stärkere Ausnutzung der existierenden Kompetenzgrundlagen forderte.[41] In diesem Sinne wurden die Harmonisierungsnorm für den Gemeinsamen Markt, Art. 100 EWGV, sowie die Vertragsabrundungsklausel nach Art. 235 EWGV verstärkt eingesetzt. Das dort vorgesehene Einstimmigkeitsprinzip konnte einerseits mitgliedstaatliche Sorgen politisch entkräften, andererseits aber kei-

---

[36] S. ausführlich *Scherer/Heselhaus*, in: Dauses, Handbuch des EU-Wirtschaftsrechts, Abschnitt O, Juni 2010, Rn. 7 ff.; zu anderen Unterteilungen *Kahl*, in: Streinz, EUV/AEUV, Art. 191 AEUV, Rn. 1 ff.

[37] *Scherer/Heselhaus*, in: Dauses, Handbuch des EU-Wirtschaftsrechts, Abschnitt O, Juni 2010, Rn. 7; vgl. *Epiney*, Umweltrecht der Europäischen Union, Kap. 2, Rn. 6.

[38] S. weitere Ansätze bei *Scherer/Heselhaus*, in: Dauses, Handbuch des EU-Wirtschaftsrechts, Abschnitt O, Juni 2010, Rn. 7.

[39] S. Art. 5 Abs. 2 EUV.

[40] Richtlinie 67/548/EWG vom 27.6.1967 zur Angleichung der Rechts- und Verwaltungsvorschriften für die Einstufung, Verpackung und Kennzeichnung gefährlicher Stoffe, ABl. 1967, 196/1. Aufgehoben durch Verordnung (EG) Nr. 1272/2008 vom 16.12.2008 über die Einstufung, Kennzeichnung und Verpackung von Stoffen und Gemischen, zur Änderung und Aufhebung der Richtlinien 67/548/EWG und 1999/45/EG und zur Änderung der Verordnung (EG) Nr. 1907/2006, ABl. 2008, L 353/1.

[41] Bull.EG 10/1972, S. 9.

nen zügigen Ausbau garantieren. Aufschluss über die Rechtsetzungsvorhaben gaben die Umweltaktionsprogramme.[42] In die Mitte der 1970er Jahre fällt der Beginn der Gewässerschutz-,[43] der Luftreinhaltungs-[44] sowie der Abfallpolitik[45] der Union. Es ist kennzeichnend für die Entwicklungsstränge der Umweltpolitik in der EU, dass mit der Richtlinie über die **Umweltverträglichkeitsprüfung 1985** im Bereich des genuinen Umweltschutzes ein Meilenstein noch unter der diffusen Lage im Primärrecht vor der Einheitlichen Europäischen Akte von 1987 erreicht werden konnte.[46] Kennzeichnend für die UVP-Richtlinie war zum einen der Übergang zu einem stärker verfahrensrechtlichen Ansatz sowie zum anderen die Hinwendung vom sektoralen zu einem querschnittsbezogenen Schutzansatz, der die Umweltauswirkungen auf alle Umweltmedien zu beachten hatte.

1987 wurde dann mit der **Einheitlichen Europäischen Akte** der Umweltschutz in mehrfacher Hinsicht im Primärrecht aufgewertet.[47] Zum einen erhielt die Union erstmals eine **originäre Umweltrechtsetzungskompetenz** in den Art. 130 r ff. EWGV. Damit konnte sie auch ohne unmittelbare Bezüge zu den Wirtschaftspolitiken zum Schutze der Umwelt tätig werden. Allerdings behielten sich die Mitgliedstaaten über das **Einstimmigkeitsprinzip** einen starken politischen Einfluss vor.[48] Zum anderen wurde mit Art. 100a EWGV im **Binnenmarktprogramm**, das später den Gemeinsamen Markt ablösen sollte, das **Mehrheitsprinzip** eingeführt. Zugleich sollte in diesem Bereich der Umweltschutz in die Rechtsetzung miteinbezogen werden. Zu diesem Zweck schreibt seitdem der 3. Absatz dieser Vorschrift vor, dass die Kommission bei ihren diesbezüglichen Rechtsetzungsvorschlägen von einem **hohen Schutzniveau** ausgeht.[49] Damit sollte der Sorge jener Mitgliedstaaten begegnet werden, die unter dem Mehrheitsprinzip eine Absenkung des Schutzniveaus befürchteten. Zeitgleich erhielten die Mitgliedstaaten in Art. 130t und Art. 100a Abs. 4 EGWV die Möglichkeit sog. **nationaler Alleingänge** zum Schutze der Umwelt. Für den Bereich der genuinen Umweltpolitik bedeutet dies, dass die EU-Rechtsetzung grundsätzlich eine **Mindestregelung** darstellt, von der die Mitgliedstaaten mit strengeren Umweltschutzvorschriften abweichen können.[50] Ferner wurde der Umweltschutz in der sog. **Integrationsklausel** nach Art. 130r Abs. 2 S. 2

---

[42] 1. Umweltaktionsprogramm von 1973, ABl. 1973, C 112, S. 1 mit einem Rahmen von 1973–1976; 2. Umweltaktionsprogramm von 1977 (Laufzeit 1977–1981), ABl. 1977, C 139, S. 1; 3. Umweltaktionsprogramm von 1982 (Laufzeit 1982–1986), ABl. 1983, C 46, S. 1.
[43] So z. B. mit der damaligen Gewässerschutzrichtlinie 76/464/EWG vom 4.5.1976 betreffend die Verschmutzung infolge der Ableitung bestimmter gefährlicher Stoffe in die Gewässer der Gemeinschaft, ABl. 1976 L 129/23. Weitere Sekundärrechtsakte aus den 1970er Jahren zum Gewässerschutz finden sich bei *Sparwasser/Engel/Voßkuhle*, Umweltrecht, 2003, § 8 Rn. 52.
[44] So z. B. mit der Entscheidung 75/441/EWG vom 24.6.1975 zur Einführung eines gemeinsamen Verfahrens für einen Informationsaustausch zwischen den Überwachungs- und Kontrollnetzen betreffend die Daten über die Luftverschmutzung durch bestimmte Schwefelverbindungen und durch Schwebstoffe, ABl. 1975, L 194/40.
[45] So z. B. mit der Abfallrahmenrichtlinie 75/442/EWG vom 15.7.1975, ABl. 1975, L 194/47, und der Richtlinie 75/439/EWG vom 16.6.1975 über die Altölbeseitigung, ABl. 1975, L 194/31.
[46] Richtlinie 85/337/EWG vom 27.6.1985, ABl. 1985, L 175/40, ersetzt durch Richtlinie 2011/92/EU vom 13.12.2011, ABl. 2012, L 26/1.
[47] Vgl. *Epiney*, Umweltrecht der Europäischen Union, Kap. 2, Rn. 5; *Kahl*, in: Streinz, EUV/AEUV, Art. 191 AEUV, Rn. 5.
[48] Art. 130s Abs. 1 EWGV i. d. F. der EEA.
[49] Art. 100a Abs. 3 EWGV, heute Art. 114 Abs. 3 AEUV.
[50] EuGH, Urt. v. 14.4.2005, Rs. C-6/03 (Deponiezweckverband Eiterköpfe), Slg. 2005, I–2753, Rn. 58; ausführlich dazu die Kommentierung zu Art. 193 AEUV, Rn. 8ff.

EWGV zum »Bestandteil der anderen Politiken« der Union erklärt. Derart kompetenziell ausgestattet, etablierte die Union eine zweite wichtige Entwicklungsphase im Umweltsekundärrecht, die ihren Höhepunkt **vor** dem Vertrag von Maastricht erreichte. In diese Phase fallen die Regelungen im allgemeinen Umweltrecht über den **Zugang** zu Umweltinformationen,[51] über das **Umweltzeichen** der EU[52] sowie über die sog. **EMAS-Verordnung** zur freiwilligen Kontrolle der Umweltperformance von Unternehmen.[53] Ferner sind die ersten Ansätze des Klimaschutzes, ausgerichtet auf den **Schutz der Ozonschicht**,[54] die Novellierungen im **Abfallrecht** von 1991[55] und die ersten Regelungen im Bereich der **Biotechnologie** zu nennen.[56] Besondere Beachtung verdient das Naturschutzrecht mit dem rigiden Schutzsystem der **FFH-Richtlinie**,[57] das noch unter den alten Kompetenznormen mit Einstimmigkeit verabschiedet worden war. Daneben wurde der Umweltschutz im Rahmen der **Warenverkehrsfreiheit** ausgebaut.[58] Die Einbeziehung des Umweltschutzes in die anderen Politikbereiche der Union wurde im **4. Umweltaktionsprogramm** von 1987–1992 besonders betont.[59]

12 Vor dem Hintergrund dieser eindrucksvollen Regulierungsphase wird deutlich, dass der **Ausbau** des Umweltschutzes **im Maastricht Vertrag**, insbesondere mit dem Übergang zum Mehrheitsprinzip in Art. 130 r Abs. 1 EGV nicht Ausdruck eines Reformstaus gewesen ist, sondern eines **breiten politischen Konsenses**. Der im Maastricht Vertrag erfolgte weitere Ausbau des Umweltschutzes im Primärrecht brachte in Art. 130s Abs. 2 EGV eine auf dem Einstimmigkeitsprinzip basierende Kompetenzgrundlage in **spezifischen Bereichen** des Umweltschutzes, deren Einbeziehung aus Sicht der nationalen Souveränität besonders neuralgisch ist, wie steuerliche Vorschriften, Regelungen der Raumordnung und Regelungen, die die Wahl zwischen den Energiequellen beeinflussen. Ferner wurde die **Integrationsklausel** in Art. 130r EGV **verschärft**, die nunmehr verlangte, dass die Erfordernisse des Umweltschutzes in die anderen Politiken einbezogen werden **müssen**. Schließlich wurden die **Umweltaktionsprogramme** durch Einführung einer ausdrücklichen Rechtsetzungskompetenz **verrechtlicht**. Letzteres führte allerdings zu einer Abnahme des Detaillierungsgrades in der Praxis.[60] In den EU-Vertrag wurde in Art. B 1. SpStr. EUV die **allgemeine Zielvorgabe** einer »ausgewogenen und

---

[51] Richtlinie 90/313/EWG vom 7.6.1990 über den freien Zugang zu Informationen über die Umwelt, ABl. 1990 L 158/56, ersetzt durch Richtlinie 2003/4/EG vom 28.1.2003, ABl. 2003, L 41/26.
[52] Verordnung (EWG) Nr. 880/92 vom 23.3.1992 betreffend ein gemeinschaftliches System zur Vergabe eines Umweltzeichens, ABl. 1992, L 99/1.
[53] Verordnung (EWG) Nr. 1836/93 vom 29.6.1993 über die freiwillige Beteiligung gewerblicher Unternehmen an einem Gemeinschaftssystem für das Umweltmanagement und die Umweltbetriebsprüfung, ABl. 1993, L 168/1.
[54] Verordnung (EWG) Nr. 594/91 vom 4.3.1991 über die Stoffe, die zum Abbau der Ozonschicht führen, ABl. 199,1 L 67/1.
[55] Richtlinie 91/156/EWG vom 18.3.1991 über Abfälle, ABl. 1991, L 78/32; Richtlinie 91/692/EWG 23.12.1991, ABl. 1991 L 377/48.
[56] Richtlinie 90/219/EWG vom 23.4.1990 über die Anwendung genetisch veränderter Mikroorganismen in geschlossenen Systemen, ABl. 1990 L 117/1.
[57] Richtlinie 92/43/EWG vom 21.5.1992, ABl. 1992 L 206/7.
[58] EuGH, Urt. v. 20.9.1988, Rs. C–302/86 (Dänische Pfandflaschen), Slg. 1988 4607; Urt. v. 13.3.2001, Rs. C–379/98 (PreussenElektra), Slg. 2001, I–2099; Urt. v. 12.6.2003, Rs. C–112/00 (Brenner Autobahn), Slg. 2003, I–5659.
[59] ABl. 1987, C 328/5 ff.; s. dazu *Scherer/Heselhaus*, in: Dauses, Handbuch des EU-Wirtschaftsrechts, Abschnitt O, Juni 2010, Rn. 12.
[60] Optimistisch *Scherer/Heselhaus*, in: Dauses, Handbuch des EU-Wirtschaftsrechts, Abschnitt O, Juni 2010, Rn. 176.

dauerhaften wirtschaftlichen Entwicklung« aufgenommen. Die internationale Entwicklung des **Nachhaltigkeitsprinzips** hatte noch keinen stärkeren Niederschlag im Maastricht Vertrag gefunden. Konkret wurde aber die Vorgabe eines **hohen Schutzniveaus** in Art. 130r EGV aufgenommen, die sich nunmehr an die Union insgesamt richtete und nicht mehr allein an die Kommission, wie in der Binnenmarktvorschrift des Art. 95 Abs. 3 EGV. Interessanter Weise führten die Änderungen nicht zu einem neuen Reformstoß, vielmehr sind in der **Post-Maastricht-Phase** im Schwerpunkt die Verstärkung des integrativen Ansatzes mit der sog. **IVU-Richtlinie** von 1996[61] und die Verabschiedung der **Luftreinhalte-Rahmenrichtlinie**[62] aus demselben Jahr hervorzuheben. Auch auf **internationaler Ebene** war die Union bereits vor dem Maastricht Vertrag im Umweltschutz aktiv gewesen. Diese Tätigkeit wurde durch die Aufnahme einer entsprechenden ausdrücklichen Zielbestimmung in Art. 130r Abs. 1 4. Spstr. EGV primärrechtlich unterfüttert.

Im **Amsterdamer Vertrag** von **1998** wurde das Rechtsetzungsverfahren in Art. 175 Abs. 1 EGV verändert, indem die Rolle des Europäischen Parlaments über das **Mitentscheidungsverfahren** aufgewertet wurde. Ferner ist der Bezug zum **Prinzip der Nachhaltigkeit** verstärkt worden, indem die nachhaltige Entwicklung nicht nur in die **allgemeinen Ziele** nach Art. 2 EUV, sondern auch in die Zielvorgaben des Art. 2 EGV aufgenommen wurde. Die deutlichste Veränderung ist die Verschiebung der **Integrationsklausel** in Art. 6 EGV gewesen. Nach allgemeiner Ansicht wird diese Zuordnung zu den allgemeinen Bestimmungen als eine weitere **Aufwertung des Umweltschutzes** gewertet.[63] Im Sekundärrecht beginnt eine wichtige Entwicklungsphase mit der Übergangszeit zum Nizza Vertrag von 2003, der selbst allerdings für den Umweltschutz keine wesentlichen Veränderungen brachte. In diese Phase fallen die umfassenden Entwicklungen des **allgemeinen Umweltrechts** in Wechselwirkung mit der **Aarhus Konvention**, die 2003 zur Einführung des Rechts auf Öffentlichkeitsbeteiligung und des Rechts auf Zugang zu Gerichten gegenüber den Mitgliedstaaten und 2006 gegenüber den EU-Organen brachte.[64] Hinzu trat 2004 die **Umwelthaftungs-Richtlinie**, deren Vorarbeiten weit in die Zeit des Amsterdamer Vertrages zurückreichten.[65] Ein Meilenstein im Rahmen der internationalen Anstrengungen im Kampf gegen den Klimawandel stellt die **EU-Emissionshandelsrichtlinie** dar, die ein umfassendes cap-and-trade-Instrument bereitstellt.[66] Das erste Mal hat damit ein **ökonomisches Instrument** eine zentrale Aufgabe

---

[61] Richtlinie 96/61/EG vom 24.9.1996 über die integrierte Vermeidung und Verminderung der Umweltverschmutzung, ABl. 1996 L 257/26; ersetzt durch Richtlinie 2008/1/EG vom 15.1.2008, ABl. 2008 L 24/8.

[62] Richtlinie 96/62/EG vom 27.9.1996 über die Beurteilung und die Kontrolle der Luftqualität, ABl. 1996, L 296/55.

[63] Vgl. *Calliess*, in: Calliess/Ruffert, EUV/AEUV, Art. 11 AEUV, Rn. 1, 3; *Nettesheim*, in: Grabitz/Hilf/Nettesheim, EU, Art. 11 AEUV (Januar 2014), Rn. 5.

[64] Richtlinie 2003/35/EG vom 26.5.2003 über die Beteiligung der Öffentlichkeit bei der Ausarbeitung bestimmter umweltbezogener Pläne und Programme und zur Änderung der Richtlinien 85/337/EWG und 96/61/EG des Rates in Bezug auf die Öffentlichkeitsbeteiligung und den Zugang zu Gerichten – Erklärung der Kommission, ABl. 2003, L 156/17; Verordnung (EG) Nr. 1367/2006 vom 6.9.2006 über die Anwendung der Bestimmungen des Übereinkommens von Århus über den Zugang zu Informationen, die Öffentlichkeitsbeteiligung an Entscheidungsverfahren und den Zugang zu Gerichten in Umweltangelegenheiten auf Organe und Einrichtungen der Gemeinschaft, ABl. 2006, L 264/13.

[65] Richtlinie 2004/35/EG vom 21.4.2004, ABl. 2004 L 143/56.

[66] Richtlinie 2003/87/EG vom 13.10.2003 über ein System für den Handel mit Treibhausgasemissionszertifikaten in der Gemeinschaft und zur Änderung der Richtlinie 96/61/EG des Rates, ABl. 2003, L 275/32; geändert durch Richtlinie 2009/29/EG vom 23.4.2009, ABl. 2009, L 140/63.

im EU-Umweltschutz übernommen. Nicht zufällig wurde darin die angemessene Umsetzung des auf internationaler Ebene im Rahmen des Kyoto-Protokolls entwickelten **Grundsatzes einer gemeinsamen, aber differenzierten Verantwortung** der Staaten gesehen.[67] Ein weiterer Höhepunkt dieser Phase ist der Erlass der **REACH-Verordnung 2006**, die auf die Defizite im Umgang mit Gefahrstoffen reagiert und mit der die EU und ihre Industrie eine Vorreiterrolle in der Welt übernommen haben.[68]

14 Im **Lissabonner Vertrag** von **2009** sind die primärrechtlichen Vorschriften **konsolidiert** worden. Art. 3 Abs. 3 EUV enthält jetzt allein die **allgemeinen Zielvorgaben** für den Umweltschutz und ergänzt die Ausrichtung auf eine **nachhaltige Entwicklung** um die Vorgaben eines **hohen Maßes an Umweltschutz** und der **Verbesserung der Umweltqualität**. In Art. 11 AEUV ist die **Integrationsklausel** in ihrer zentralen Stellung **bestätigt** worden. Ferner ist die anlässlich des Nizza Vertrages nur feierlich proklamierte **Grundrechtecharta** rechtsverbindlich geworden und damit Art. 37 GRC, der eine Integrationsklausel mit den Vorgaben eines hohen Schutzniveaus und der Verbesserung der Umweltqualität in den Grundrechtskatalog einführt. Auch wenn die Vorschrift **kein Grundrecht auf Umwelt** enthält, kann sie doch **subjektiv-rechtliche Ansätze** stärken.[69] Die jetzige Phase ist bis 2014 von einem kontinuierlichen Ausbau des bisher Erreichten gekennzeichnet gewesen, auch wenn keine grundlegend neuen Regelungsansätze hinzugetreten sind. So haben sich die Auswirkungen der Finanz- und Wirtschaftskrise Ende der ersten Dekade des 3. Jahrtausends lange Zeit nicht negativ im Umweltschutz niedergeschlagen. Allerdings sind zum einen **politische Blockaden** in der Rechtsetzung deutlich geworden, wenn Großbritannien eine strengere Fortentwicklung der **NEC-Richtlinie** über nationale Emissionsgrenzwerte[70] bekämpft und Deutschland wesentliche Fortschritte für strengere Werte für Emissionen von Kraftfahrzeugen in der EU verhindert. Zudem sind **Unterschiede in der Umsetzung** zwischen den Mitgliedstaaten deutlich geworden. Dies hatte bereits 2000 im Bereiche des Gewässerschutzes mit der Wasserrahmenrichtlinie (WRRL)[71] für einen neuen Ansatz in der Regulierung gesorgt.

15 Eine neue Entwicklungsphase ist **seit 2014** mit der **Juncker-Kommission** eröffnet worden. Sie will auf Umsetzungsdefizite reagieren und sog. **Fitness-Checks** für die Umweltrechtsetzung durchführen. In einem ersten Projekt sind die Vorgaben des sog. Abfallpakets, der umfassenden Novellierung des Abfallrechts im Verhältnis zum ursprünglichen Rechtsetzungsvorschlag etwas aufgeweicht worden.[72] Aktuell steht eine Novellierung der FFH-Richtlinie an, deren striktes Schutzregime die Kommission aufweichen möchte.[73] Damit sind **erstmals Rückschritte** in den Anstrengungen zum Schutze der Umwelt in der Union zu verzeichnen. Es wird in den revidierten Vorschlägen deutlich, dass die Kommission unter dem Etikette der Bekämpfung von Umsetzungsdefiziten sich keineswegs derselben mit neuen Ansätzen annehmen will, sondern das **Schutzniveau** weniger ambitioniert ausgestalten will. Der politische Erfolg dieses Ansatzes bleibt ab-

---

[67] S. Art. 14 Abs. 1 UNFCCC.
[68] Verordnung (EG) Nr. 1907/2006 vom 18.12.2006, ABl. 2007, L 136/3.
[69] S. unten Rn. 50.
[70] Richtlinie 2001/81/EU vom 23.10.2001, ABl. 2001 L 309/22, zuletzt geändert durch Richtlinie 2013/17/EU, ABl. 2013, L 158/193.
[71] Richtlinie 2000/60/EG vom 23.10.2000, ABl. 2000 L 327/1.
[72] Europäische Kommission, Mitteilung: Den Kreislauf schließen – Ein Aktionsplan der EU für die Kreislaufwirtschaft, KOM(2015) 614; näher dazu *Heselhaus*, URP 2015, S. 337 (356).
[73] Vgl. Mitteilung KOM(2015) 610 final, Anhang II Nr. 6, wonach die FFH-Richtlinie im Rahmen des REFIT-Programms evaluiert wird.

zuwarten. Immerhin ist Umweltschutz in der EU in der Vergangenheit von einem **großen Konsens** unter den Mitgliedstaaten getragen gewesen. Seit 2015 zeigt der Skandal um die Emissionsüberwachung in Kraftfahrzeugen, dass Kontrolldefizite nicht nur in einzelnen Mitgliedstaaten, sondern flächendeckend in der EU auftreten können.[74]

Ferner hat der Lissabonner Vertrag im Bereich der **Energiepolitik** eine neue **ausdrückliche EU-Kompetenz** in Art. 194 AEUV gebracht. Damit stellt sich die Frage der **Abgrenzung** zu der vormals unter den Umweltkompetenzen betriebenen Energiepolitik der Union.[75] Zunächst ist Art. 194 Abs. 1 AEUV ausdrücklich auch dem **Umweltschutz verpflichtet**. Insofern dürfte es aus umweltpolitischer Sicht kein Problem darstellen, dass nunmehr verstärkt die neue Kompetenznorm zum Einsatz kommen wird. Umstritten dürfte lediglich die **Zuordnung** der Kompetenz für **erneuerbare Energien** sein.[76] Auch in diesem Beispiel zeigt sich, dass die primärrechtliche Änderung auf einer wesentlich früher im Sekundärrecht einsetzenden Entwicklung aufbaut.

16

C. Norminhalt

I. Begriff der Umwelt

Der **Begriff der Umwelt** tritt an vielen Stellen in den Verträgen auf, so in Art. 191–193 AEUV, Art. 3 und 21 Abs. 2 Buchst. f EUV, Art. 4, 11, 114 Abs. 3, 177 und 194 AEUV. Doch wird er **nicht** in den Verträgen **definiert**. Da er in Art. 191 ff. AEUV über die Grenzen der umweltpolitischen Kompetenz der EU entscheidet, handelt es sich um einen **Rechtsbegriff**.[77] Als Rechtsbegriff des EU-Primärrechts ist er grundsätzlich unabhängig von Definitionen in den Mitgliedstaaten auszulegen und steht nicht zur Disposition des Sekundärrechtsetzers in der Union.[78] Allerdings deutet die **Entstehungsgeschichte** auf einen engen Zusammenhang mit dem bis dahin erlassenen Sekundärrecht hin.[79] Zu erwähnen sind insbesondere die Erklärung der Staats- und Regierungschefs zur Umwelt vor dem Maastricht Vertrag[80] sowie die Rechtsetzungsprogramme der ersten vier **Umweltaktionsprogramme**, deren Umsetzung die Umweltkompetenzen insbesondere dienen sollten.[81]

17

Der Begriff der Umwelt ist in den Verträgen **weit** und **entwicklungsoffen** angelegt.[82] Ansätze einer Beschränkung auf die natürliche Umwelt haben sich nicht durchsetzen

18

---

[74] *Heselhaus*, URP 2015, S. 546 (564).
[75] S. die Kommentierung zu Art. 192 AEUV, Rn. 82.
[76] *Heselhaus*, EurUP 2013, 137 ff.; s. die Kommentierung zu Art. 192 AEUV, Rn. 82.
[77] *Scherer/Heselhaus*, in: Dauses, Handbuch des EU-Wirtschaftsrechts, Abschnitt O, Juni 2010, Rn. 23; vgl. *Kahl*, in: Streinz, EUV/AEUV, Art. 191 AEUV, Rn. 47; *Meßerschmidt*, § 3 Rn. 3.
[78] *Nettesheim*, in: Grabitz/Hilf/Nettesheim, EU, Art. 191 AEUV (Mai 2011), Rn. 49.
[79] *Krämer*, in: GSH, Europäisches Unionsrecht, Art. 191 AEUV, Rn. 4; *ders.*, Umweltrecht und Umweltpolitik, S. 137 ff., 141 f. weist darauf hin, dass sich in den Beratungen zur EEA eine abschließende Aufzählung von Handlungsfeldern in der Umweltpolitik nicht hatte durchsetzen können.
[80] Bull. EG 1990, 6, Ziff. 1.36.
[81] 1. Umweltaktionsprogramm von 1973, ABl. 1973, C 112, S. 1 (1973–1976); 2. Umweltaktionsprogramm von 1977 (1977–1981), ABl. 1977, C 139, S. 1; 3. Umweltaktionsprogramm von 1982 (1982–1986), ABl. 1983, C 46, S. 1 4. Umweltaktionsprogramm, ABl. 1987, C 328, S. 5 ff. (1987–1992); *Krämer*, in: GSH, Europäisches Unionsrecht, Art. 191 AEUV, Rn. 4.
[82] Zum weiten Ansatz EuGH, Urt. v. 13.9.2005, Rs. C–176/03 (Kommission/Rat), Slg. 2005, I–7879, Rn. 47 ff. –; überwiegende Ansicht, s. *Kahl*, in: Streinz, EUV/AEUV, Art. 191 AEUV, Rn. 41 ff.; *Calliess*, in: Calliess/Ruffert, EUV/AEUV, Art. 191 AEUV, Rn. 9.

können.[83] Erfasst werden **alle Umweltmedien** und die **Wechselbeziehungen** zwischen ihnen sowie auch die vom Menschen **geschaffene Umwelt**. Das **sozio-ökonomische Umfeld** wird nur einbezogen, soweit es in unmittelbarer Beziehung zur natürlichen Umwelt steht.[84] Insbesondere umfasst der Umweltbegriff auch Fragen des Mobilitätsmanagements sowie die Umweltqualität **in städtischen Gebieten**.[85] Der weite Umweltbegriff ist in zahlreichen **Sekundärrechtsakten**, insbesondere in der UVP-Richtlinie bestätigt worden.[86] Einer umfassenden Einbeziehung sozialer und kultureller Belange steht in systematischer Hinsicht entgegen, dass die Verträge in dieser Hinsicht speziellere Rechtsetzungskompetenzen aufweisen.[87]

19 Der weite Umweltbegriff führt einerseits zu **Überschneidungen** mit anderen Kompetenzen, andererseits sind solche Überschneidungen auch durch die **Integrationsklausel** des Art. 11 AEUV vorprogrammiert. So weist auch der Begriff der »**Arbeitsumwelt**« in Art. 114 Abs. 4 AEUV einen engen Bezug zu dem dort ebenfalls genannten Umweltschutz auf, bspw. beim Umgang mit Gefahrstoffen im Betrieb, wie er auch in der REACH-Verordnung geregelt wird.

20 Teil des Umweltschutzes ist der **Klimaschutz**, welcher es der Union gestattete, die **Energiepolitik** aus dieser Perspektive zu gestalten. Mit der im Lissabonner Vertrag hinzugefügten separaten **Energiekompetenz** in **Art. 194 AEUV** stellen sich neue Abgrenzungsfragen.[88] Die umweltpolitischen Kompetenzen gestatten in der Form des Art. 192 Abs. 2 AEUV unter Beachtung des Einstimmigkeitsprinzips sogar Regelungen, die die **Wahl** der Mitgliedstaaten **zwischen Energiequellen** berühren. Gerade in diesem Bereich wird deutlich, dass die vom Menschen gestaltete Umwelt miteinbezogen wird. Fraglich ist die Abgrenzung zur **Kernenergie**, die separat im Euratom-Vertrag geregelt ist. Hier ist durch die **neuere Rechtsprechung** Bewegung in die frühere Ansicht einer völligen Exklusivität der Kernenergie unter dem Euratom-Vertrag gekommen. Danach sind Maßnahmen, die nicht nur speziell die Kernenergie betreffen, sondern dieselbe im Zuge einer Regelung für mehrere Energieträger miteinbeziehen, d. h. **mehrere Energieträger** betreffen, auf Art. 194 AEUV zu stützen.[89] Für den Euratom-Vertrag gilt die **Integrationsklausel** des Art. 11 AEUV **nicht ausdrücklich**, doch ist der Umweltschutz im Ziel einer **nachhaltigen Entwicklung** in Art. 3 Abs. 3 EUV enthalten, der im Sinne der Umweltunion auch den Euratom-Vertrag einbezieht, der mit dem EU-Vertrag insbesondere seine organisatorischen Vorschriften teilt.

21 Art. 191 AEUV legt sich im Streit zwischen einem **ökozentrischen** und einem **anthropozentrischen Umweltschutz** nicht ausdrücklich fest. In der Praxis hat sich der anthropozentrische Ansatz durchgesetzt, weil es gerade die menschlichen Interessen ermöglichen, ausreichend politischen Druck für den Umweltschutz zu mobilisieren und subjektive Rechtspositionen (zumindest) an Interessen Einzelner anknüpfen. Ein öko-

---

[83] S. zur Entstehungsgeschichte *Krämer*, Umweltrecht und Umweltpolitik, S. 137 ff., 141 f.; *Ruyt*, L'Acte Unique Européen, S. 214; vgl. auch *Vandermeersh*, E.L.Rev. 12 (1987), S. 407 (413).

[84] Vgl. *Kahl*, Umweltprinzip, S. 14 ff.

[85] *Scherer/Heselhaus*, in: Dauses, Handbuch des EU-Wirtschaftsrechts, Abschnitt O, Juni 2010, Rn. 19.

[86] Art. 3 UVP-Richtlinie 85/337/EWG, ABl. 1985, L 175, S. 40.

[87] *Scherer/Heselhaus*, in: Dauses, Handbuch des EU-Wirtschaftsrechts, Abschnitt O, Juni 2010, Rn. 19.

[88] S. die Kommentierung zu Art. 192 AEUV, Rn. 82.

[89] EuGH, Urt. 12.2.2015, Rs. C-48/14 (Parlament/Rat), ECLI:EU:C:2015:91; näher dazu *Heselhaus/Knaul*, Aktuelle Entwicklungen im Europäischen Energierecht, SJER 2014/2015, S. 253 (257 f.).

zentrischer Ansatz ist aber **nicht** denknotwendig **ausgeschlossen**.[90] Denn der Mensch kann sehr wohl Erkenntnisse über das Empfinden jedenfalls höher entwickelter Tierarten gewinnen. So erkennt das EU-Recht zur Zeit der Natur zwar keine Eigenrechte zu, insbesondere auch nicht Primaten. Es erscheint aber rechtlich nicht ausgeschlossen, dass entsprechende Rechte bei vorhandenem politischem Willen eingeführt werden könnten.[91] In Richtung eines **ökozentrischen Schutzes** weist die Verordnung über den Handel mit Robbenerzeugnissen, die den Verkauf von Seehundfellen erheblich begrenzt, um wirtschaftliche Anreize zu vermindern, die im Rahmen der Jagd zu **erheblichen Leiden** der Tiere bei der Tötung führen könnten.[92] Zwar sind die damit angesprochenen **ethischen Aspekte** auch auf den Menschen bezogen,[93] doch belegt dieser Umstand nur, dass ein ökozentrischer Ansatz nicht völlig losgelöst von menschlichen Interessen verfolgt werden würde.[94]

Mit dem **Prinzip der nachhaltigen Entwicklung** hat auch das Konzept des **Schutzes der Interessen zukünftiger Generationen** Eingang in den Umweltbegriff des EU-Rechts gefunden (s. Rn. 41). Dies wird insbesondere in der funktionalen Bezugnahme in Art. 11 AEUV auf eben jenes Prinzip belegt.[95] Im Ergebnis wirkt sich dieser Ansatz wie eine **Verschärfung des Vorsorgeprinzips** aus.[96] Denn da die heutigen Generationen nicht abschließend über die Bedürfnisse der zukünftigen Generationen entscheiden können, sind sie praktisch gehalten, möglichst viel Umwelt zu bewahren, um den nachfolgenden Menschen eine Entscheidungsmöglichkeit zu erhalten. Obwohl dieser Ansatz (altruistisch) anthropozentrisch ausgerichtet ist, wirkt er sich im Ergebnis ähnlich wie ein **ökozentrischer Ansatz** aus, da der intakten Umwelt ein Wert auch unabhängig von heutigen Bedürfnissen bzw. über heutige Erkenntnisse hinaus, beigemessen werden muss. Der Schutzansatz der Bedürfnisse zukünftiger Generationen weitet den Blickwinkel aus, doch ist festzuhalten, dass es auch ohne diesen dem legislativen Handeln eigen ist, dass **Prognosen** unter Einbeziehung zukünftiger Ereignisse angestellt werden.[97]

22

---

[90] So aber *Nettesheim*, in: Grabitz/Hilf/Nettesheim, EU, Art. 191 AEUV (Mai 2011), Rn. 59. Dem ist aber entgegenzuhalten, dass der Mensch in der Ethik befähigt ist, altruistische Standpunkte einzunehmen, die nicht notwendig auf das Wohlergehen anderer Menschen beschränkt sind.

[91] Grundlegend *Christopher D. Stone*, Should Trees Have Standing?—Toward Legal Rights for Natural Objects, 1974. Umfangreiche Nachweise zur rechtlichen Diskussion finden sich bei *Appel*, Staatliche Zukunfts- und Entwicklungsvorsorge, 2005, S. 66 Fn. 106.

[92] Verordnung (EG) Nr. 1007/2009 über den Handel mit Robbenerzeugnissen, ABl. 2009, L 286, S. 36.

[93] S. zu den ethischen Aspekten die Argumentation der EU in Verteidigung der Verordnung vor den WTO-Spruchkörpern, die auf Art. XX Abs. 2 lit. a GATT 1994 gestützt ist, Panel Reports, WT/DS 400/R und WT/DS 401/R, EC – Seal Products; Appellate Body Reports WT/DS400/AB/R und WT/DS401/AB/R.

[94] Vgl. zu den Zusammenhängen *Schmidt*, in: Schwarze (Hrsg.), EU-Kommentar, Art. 13 AEUV, Rn. 7.

[95] S. die Kommentierung zu Art. 11 AEUV, Rn. 24.

[96] *Epiney*, Umweltrecht der Europäischen Union, Kap. 5, Rn. 35; ausführlich *Meßerschmidt*, Europäisches Umweltrecht, § 3, Rn. 34 ff.; vgl. *Kahl*, in: Streinz, EUV/AEUV, Art. 191 AEUV, Rn. 104; *Calliess*, DVBl 1998, 559 (560 ff.); ausführlich dazu *Frenz/Unnerstall*, Nachhaltige Entwicklung im Europarecht, 1999.

[97] So bspw. bei den Impact Assessments der Kommission, die auch langfristige Auswirkungen berücksichtigen sollen, vgl. die Interinstitutionelle Vereinbarung über bessere Rechtsetzung vom 13.4.2016, ABl. 2016, L 123/1, Ziffer 12; unklar *Nettesheim*, in: Grabitz/Hilf/Nettesheim, EU, Art. 191 AEUV (Mai 2011), Rn. 57.

23 Umstritten ist, ob das Ziel des Umweltschutzes auch Belange des **Tierschutzes** umfasst.[98] Inhaltlich bestehen **zahlreiche Überschneidungen**. So entspricht eine **artgerechte Haltung** von Wildtieren einem hohen Niveau an Umweltschutz, auch wenn sie auf das Wohlbefinden der Tiere abstellt.[99] Die Gegenansicht, nach der Umweltschutz auf die Erhaltung von Tierarten, also lediglich den Schutz des Lebens und nicht angemessener Lebensbedingungen, begrenzt sein soll,[100] steht im Gegensatz zur einhellig anerkannten **Weite des Umweltbegriffs** in der EU (s. Rn. 18). Ungeachtet dieser Überschneidungen belegt die Existenz zweier unterschiedlicher Integrationsklauseln im Lissabonner Vertrag – hier der Umweltschutz in Art. 11 AEUV, dort der Tierschutz nach Art. 13 AEUV –, dass die Verträge grundsätzlich zwischen beiden Anliegen **differenzieren**. Die Rechtsprechung hat dem Tierschutz zwar keine eigene Kompetenzgrundlage zugeordnet, ihn aber als einen **allgemeinen Grundsatz des Unionsrechts** anerkannt[101] und als **zwingendes Erfordernis des Allgemeinwohls** im Rahmen der Rechtfertigung von Eingriffen in **Grundfreiheiten** anerkannt.[102] Bei einer unbefangenen Betrachtung des Art. 13 AEUV löst sich die Problematik auf: Belange des Tierschutzes weisen Überschneidungen mit dem genuinen **Umweltschutz** auf. Art. 13 AEUV schreibt darüber hinaus ihre Berücksichtigung **im Rahmen der Umweltpolitik nicht zwingend** vor, schließt aber die schon früher bestandene **Möglichkeit einer Berücksichtigung** nicht aus.[103] Dementsprechend konnte die Union die Verordnung über die Haltung von Wildtieren in Zoos auf die Umweltkompetenzen stützen[104] und hat der EuGH anerkannt, dass die Mitgliedstaaten sich auf die Klausel für nationale Alleingänge zum Schutz der Umwelt berufen können, wenn sie Belange des Tierschutzes verfolgen.[105]

24 Insgesamt ist festzustellen, dass es der weite Umweltbegriff ermöglicht, dass **jedes umweltpolitische Anliegen** auf Unionsebene aufgegriffen werden kann.[106] Allerdings kann dies nur unter Einhaltung der Kompetenzausübungsschranken des **Subsidiaritäts- und des Verhältnismäßigkeitsgrundsatzes** geschehen (s. Rn. 87 f.). Diese Vorgaben

---

[98] Bejahend *Scheuing*, EuR 1989, 152 (161); *Schmitz*, Die EU als Umweltunion, S. 146; gegen Tierschutz als eigenständiges Ziel der Umweltpolitik *Nettesheim*, in: Grabitz/Hilf/Nettesheim, EU Art. 191 AEUV (Mai 2011), Rn. 52; *Breier*, in: Lenz/Borchardt, EU-Verträge, Art. 191 AEUV, Rn. 4; *Käller*, in: Schwarze, EU-Kommentar, Art. 191 AEUV, Rn. 7; *Schröder*, NuR 1998, 1 (4).

[99] S. Richtlinie 1999/22/EG vom 29.3.1999 über die Haltung von wilden Tieren in Zoos, gestützt auf Art. 130s EGV (jetzt Art. 192 AEUV), ABl. 1999, L 94/24.

[100] Vgl. zur Abgrenzung vom Umweltschutz im Rahmen des Art. 13 AEUV *Schmidt*, in: Schwarze, EU-Kommentar, Art. 13 AEUV, Rn. 2; *Streinz*, in: *ders.*, EUV/AEUV, Art. 13 AEUV Rn. 4; *Breier*, in: Lenz/Borchardt, EU-Verträge, Art. 13 AEUV Rn. 6; a.A. *Kotzur*, in: Geiger/Khan/Kotzur, EUV/AEUV, Art. 13 AEUV, Rn. 2, der die Aufzählung in Art. 13 AEUV als nicht abschließend ansieht.

[101] EuGH, Urt. v. 23.4.2015, Rs. C–424/13 (Zuchtvieh-Export), ECLI:EU:C:2015:259, Rn. 35.

[102] EuGH, Urt. v. 11.5.1999, Rs. C–350/97 (Monsees), Slg. 1999, I–2921, Rn. 24 u. 30; Urt. v. 19.6.2008, Rs. C–219/07 (Nationale Raad van Dierekwekers en Liefhebbers/Belgien), Slg. 2008 I–4475, Rn. 27–29. In der Sache wohl wie hier trotz anderer Begrifflichkeit *Breier*, in: Lenz/Borchardt (Hrsg.), EU-Verträge, Art. 13, Rn. 16.

[103] Vgl. die Kommentierung zu Art. 13 AEUV, Rn. 25.

[104] S. Richtlinie 1999/22/EG über die Haltung von wilden Tieren in Zoos. Vgl. auch *Terhechte*, in: GSH, Europäisches Unionsrecht, Art. 13 AEUV, Rn. 2.

[105] EuGH, Urt. v. 19.6.2008, Rs. C–219/07 (Nationale Raad van Dierekwekers en Liefhebbers/Belgien), Slg. 2008, I–4475, Rn. 15, 20 f. zum gleichlautenden Art. 176 EGV.

[106] *Krämer*, in: GSH, Europäisches Unionsrecht, Art. 191 AEUV, Rn. 9; vgl. EuGH, Rs. C–176/03 (Kommission/Rat), Slg. 2005, I–7879, Rn. 48 ff. zur Kompetenz der Union für das Umweltstrafrecht.

stehen aber nicht per se unionsweiten Regelungen von örtlich begrenzten Umweltauswirkungen, wie etwa der Qualität von Badegewässern entgegen.¹⁰⁷

Geographisch ist der Umweltschutz der Union nicht auf grenzüberschreitende Umweltauswirkungen beschränkt, sondern kann auch regionale Probleme, wie etwa den Schutz der Küsten aufgreifen. Ferner ist der Schutzauftrag auch nicht auf das **Territorium der Mitgliedstaaten**, d. h. den Hoheitsbereich der EU beschränkt. Ausdrücklich gestattet Art. 191 Abs. 1 4. Spstr. AEUV ein Tätigwerden auf internationaler Ebene zur Bewältigung regionaler oder globaler Umweltprobleme. Viele regionale Umweltprobleme können sich auch in der Union auswirken, wie etwa der Erhalt der tropischen Regenwälder. Ein Beispiel nur geringer Auswirkungen auf die Union ist die Bekämpfung der Wüstenbildung oder der Schutz bedrohter Tier- und Pflanzenarten in Afrika oder Asien.¹⁰⁸ Von der Zielrichtung zu unterscheiden ist der **rechtliche Geltungsbereich** der Umweltrechtsetzung der EU. Dieser ist **territorial** an die Hoheitsgebiete der Mitgliedstaaten gebunden,¹⁰⁹ kann aber **personal** darüber hinausreichen, sofern es um Einwirkungen auf die Umwelt in der EU durch Personen mit Sitz bzw. Wohnsitz außerhalb der EU geht.¹¹⁰

25

II. Ziele der Umweltpolitik (Abs. 1)

1. Rechtliche Grundlagen

Umweltschutz ist in mehreren Normen des Primärrechts als **Ziel der Union** ausgewiesen. Art. 191 Abs. 1 AEUV differenziert diesen Ansatz in vierfacher Hinsicht aus (s. Rn. 33 ff.).¹¹¹ Zusätzlich wird in Art. 191 Abs. 2 AEUV ein **hohes Schutzniveau** des Umweltschutzes als separates Ziel vorgegeben. Das entspricht der **allgemeinen Zielvorgabe** in Art. 3 Abs. 3 EUV, der ein hohes Maß an Umweltschutz und eine **Verbesserung der Umweltqualität** verlangt. Letzteres Anliegen ist ebenfalls in Art. 191 Abs. 1 1. Spstr. AEUV niedergelegt. Festzuhalten ist zunächst, dass der Umweltschutz im Primärrecht, bspw. in Art. 3 Abs. 3 EUV und Art. 11 AEUV, **selbständig** und nicht nur als ein Bestandteil einer nachhaltigen Entwicklung als Zielvorgabe aufgeführt wird. Im Hinblick auf die einzelnen Ausdifferenzierungen ist in der Literatur umstritten, ob die Vorgabe eines hohen Maßes an Umweltschutz als Ziel oder als Prinzip aufzufassen ist.¹¹² Funktional unterscheidet sich diese Vorgabe aber von den Zielen des Art. 191 Abs. 1 AEUV (s. Rn. 27 ff.), so dass eingedenk der systematischen Nähe zu den Umweltprinzipien in Art. 191 Abs. 2 AEUV dieser Aspekt überzeugend als ein **besonderes Ziel** separat zu würdigen ist (s. Rn. 46).

26

---

¹⁰⁷ *Krämer*, in: GSH, Europäisches Unionsrecht, Art. 191 AEUV, Rn. 10.
¹⁰⁸ Vgl. *Krämer*, in: GSH, Europäisches Unionsrecht, Art. 191 AEUV, Rn. 10; enger *Nettesheim*, in: Grabitz/Hilf/Nettesheim, EU, Art. 191 AEUV (Mai 2011), Rn. 56, der im weiten Sinne »Auswirkungen auf die Union« verlangt.
¹⁰⁹ So für den Geltungsbereich der Verträge Art. 52 EUV, 355 AEUV. Vgl. auch BVerfGE 123, 267, Rn. 345 – Lissabon: »Dieser räumliche Geltungsbereich ist akzessorisch zum Staatsgebiet der Mitgliedstaaten, das in seiner Summe den Anwendungsbereich des Unionsrechts bestimmt«.
¹¹⁰ S. EuGH zur Ausdehnung des EU-Emissionshandelssystems auf Luftverkehrsunternehmen aus Drittstaaten bei Start und Landung in der EU, EuGH, Urt. v. 21.12.2011, Rs. C–366/10 (Air Transport Association of America u. a.), Slg. 2011, I–13755; näher dazu die Kommentierung zu Art. 192 AEUV, Rn. 4.
¹¹¹ Art. 191 Abs. 1 1.–4. SpStr. AEUV; vgl. *Krämer*, in: GSH, Europäisches Unionsrecht, Art. 191 AEUV, Rn. 11.
¹¹² *Kahl*, in: Streinz, EUV/AEUV, Art. 191 AEUV, Rn. 16, 17 ff.

27 Vereinzelt wird die Begrifflichkeit in Art. 191 Abs. 1 AEUV im Grundsatz kritisiert: Zwar sei der Umweltschutz als Ziel der Union in der Rechtsprechung anerkannt,[113] doch würden die konkreten »Ziele« nach Art. 191 Abs. 1 AEUV **Aufgabenbeschreibungen** darstellen.[114] Das ist in der Sache zutreffend, doch wird der vom EuGH ausdrücklich als **Ziel** der Union anerkannte »Schutz der Umwelt« gerade in Art. 191 Abs. 1 AEUV aufgeführt. Zudem verwenden die Verträge auch bei anderen Politiken den Begriff der »Ziele«.[115] Im Unterschied zu mitgliedstaatlichen Verfassungen ist das Primärrecht grundsätzlich auf Ziele ausgerichtet. Dies erscheint überzeugend, weil es so in Übereinstimmung mit dem Subsidiaritätsgedanken betont, dass die Union nicht per se Aufgaben zugewiesen erhält, sondern diese nur zu dem Zweck, die allgemeinen Ziele, insbesondere eine nachhaltige Entwicklung zu fördern.

28 Die Zielvorgaben in Art. 191 Abs. 1 AEUV sind **rechtsverbindlich**.[116] Sie können mit anderen Zielen der Union, insbesondere in anderen Politikbereichen in einem Spannungsverhältnis stehen. Solche Kollisionen von Zielvorgaben werden auch in der EU grundsätzlich auf dem Wege **praktischer Konkordanz** gelöst, d. h. einer **Abwägung** unter Beachtung des **Verhältnismäßigkeitsgrundsatzes**.[117] Für den Umweltschutz ergeben sich Besonderheiten durch die ausdrückliche Zielvorgabe eines Hohen Schutzniveaus in Abs. 2 der Vorschrift (s. näher dazu Rn. 46 ff.). Für die Zielvorgaben des 1. Absatzes ist zu **differenzieren**, weil sie nach ihrem Inhalt unterschiedlich anwendbar sind. Die **Zieltrias** des 1. SpStr., die Umwelt zu erhalten, zu schützen und ihre Qualität zu verbessern, ist grundsätzlich bei jeder umweltpolitischen Maßnahme anwendbar. Demgegenüber sind die Vorgaben des 2.–4. SpStr. nicht immer betroffen, weil sie sich eventuell nicht auf die natürlichen Ressourcen auswirken oder kein globales Problem darstellen.

29 Wenn Art. 191 Abs. 1 AEUV vorgibt, dass die Union zur Verwirklichung der umweltpolitischen Ziele »**beiträgt**«, liegt darin **keine Relativierung** der konkreten Zielvorgaben.[118] Die Formulierung ist vielmehr dem Umstand geschuldet, dass sich zum einen die Union im Umweltbereich die **Zuständigkeiten** mit den Mitgliedstaaten **teilt**, und dass sie ihre nur ausüben kann, wenn jede einzelne Maßnahme den **Subsidiaritätstest** erfüllt.[119] Darin unterscheidet sich die Umweltpolitik nicht von der Agrarpolitik oder der Verkehrspolitik, auch wenn sie nicht ausdrücklich als gemeinsame Politik bezeichnet wird.[120] Dementsprechend wird sie mit den genannten Politiken in Art. 4 Abs. 2 Buchst.

---

[113] EuGH, Urt. v. 7.2.1985, Rs. 240/83 (ADBHU), Slg. 1985, 531, Rn. 13.
[114] *Nettesheim*, in: Grabitz/Hilf/Nettesheim, EU, Art. 191 AEUV (Mai 2011), Rn. 61 ff.; vgl. *Kahl*, in: Streinz, EUV/AEUV, Art. 191 AEUV, Rn. 47; *Epiney*, NuR 1999, 181 ff.; *Meßerschmidt*, Europäisches Umweltrecht, § 3 Rn. 3; *Scherer/Heselhaus*, in: Dauses, Handbuch des EU-Wirtschaftsrechts, Abschnitt O, Juni 2010, Rn. 23.
[115] Vgl. Art. 90 AEUV zur Verkehrspolitik.
[116] *Kahl*, in: Streinz, EUV/AEUV, Art. 191 AEUV, Rn. 47; *Meßerschmidt*, § 3 Rn. 3; *Scherer/Heselhaus*, in: Dauses, Handbuch des EU-Wirtschaftsrechts Abschnitt O, Juni 2010, Rn. 23; vgl. *Nettesheim*, in: Grabitz/Hilf/Nettesheim, EU, Art. 191 AEUV (Mai 2011), Rn. 64, der die Zielvorgaben aber für nicht unmittelbar anwendbar hält.
[117] *Nettesheim*, in: Grabitz/Hilf/Nettesheim, EU, Art. 191 AEUV (Mai 2011), Rn. 63.
[118] *Scherer/Heselhaus*, in: Dauses, Handbuch des EU-Wirtschaftsrechts, Abschnitt O, Juni 2010, Rn. 23; *Nettesheim*, in: Grabitz/Hilf/Nettesheim, EU, Art. 191 AEUV (Mai 2011), Rn. 61.
[119] *Scherer/Heselhaus*, in: Dauses, Handbuch des EU-Wirtschaftsrechts, Abschnitt O, Juni 2010, Rn. 23.
[120] Abzulehnen daher die Annahme eines grundsätzlichen Unterschieds gegenüber den »gemeinsamen Politiken in den Bereichen Agrarpolitik und Fischereipolitik« nach *Krämer*, in: GSH, Europäisches Unionsrecht, Art. 191 AEUV, Rn. 13. Denn auch jene Politiken zählen zu den konkurrierenden Zuständigkeiten und gehen davon aus, dass die Mitgliedstaaten in den ihnen verbleibenden Bereichen legislativ tätig werden.

a-k AEUV aufgeführt. Zum anderen wird damit darauf hingewiesen, dass umweltpolitische Ziele nicht nur über Art. 191 ff. AEUV, sondern gemäß der Integrationsklausel nach Art. 11 AEUV und Art. 114 Abs. 3 AEUV auch auf der Basis **anderer Kompetenzgrundlagen** verfolgt werden können.[121]

Umstritten ist, ob die Zielvorgaben nur insgesamt eingehalten werden müssen, d. h. in einer umfassenden Betrachtung des unionalen Umweltrechts, die durchaus in einzelnen Bereichen auch Rückschritte zulassen würde,[122] oder ob sie für **jede Maßnahme** erfüllt sein müssen.[123] Letzterer Ansicht ist der Vorzug zu geben. Zum einen würde eine saldierende Gesamtbetrachtung die Schutzgewährleistung deutlich aufweichen und damit in einem Widerspruch zur grundsätzlichen Bedeutung des Umweltschutzes stehen. Zum anderen ist – parallel zu der gleichen Streitfrage bezüglich der Vorgabe eines hohen Schutzniveaus in Art. 191 Abs. 1 AEUV (s. Rn. 47) – auch die systematisch heranzuziehende Vorgabe in **Art. 114 Abs. 3 AEUV** ihrem Wortlaut nach auf die **konkreten Vorschläge** der Kommission für Rechtsetzungsvorhaben bezogen. Zum Vergleich hat die **Rechtsprechung** im Bereich des Verbraucherschutzes einen Rückgang des Schutzes einer bestimmten Norm akzeptiert, wenn die Maßnahme insgesamt noch die Zielvorgabe erfüllt.[124] 30

Die konkreten Zielvorgaben nach Art. 191 Abs. 1 AEUV sind dem Wortlaut nach nicht beispielhaft aufgeführt, weshalb sie nach einer Ansicht als abschließend angesehen werden.[125] Jedoch werden **weitere Zielvorgaben nicht** ausdrücklich **ausgeschlossen**. Insbesondere sind **funktionale Ergänzungen** durch andere Primärrechtsnormen nicht ausgeklammert. Dafür qualifiziert sich insbesondere das **Prinzip der Nachhaltigkeit**, das die Zielvorgaben um die Beachtung der **Bedürfnisse zukünftiger Generationen** ergänzt (s. Rn. 82).[126] Allerdings sind die ausdrücklichen Zielvorgaben so weit gefasst, dass das letztgenannte Anliegen von ihnen auch abgedeckt werden würde.[127] 31

Die **Abgrenzung zwischen** den einzelnen **Zielvorgaben** des Art. 191 Abs. 1 AEUV ist schwierig, weil die einzelnen Ziele relativ weit gefasst sind und so mehrfach Überlappungen auftreten.[128] Zudem können nicht immer alle Ziele gleichzeitig erfüllt werden, weil Maßnahmen sich etwa gar nicht mit den natürlichen Ressourcen befassen. Dies gilt offensichtlich für die inhaltlich begrenzten Spiegelstriche 2–4. Doch ist das Ziel nach dem 1. Spstr. umfassend formuliert, so dass es immer miteinschlägig ist. Trotz der Schwierigkeiten einer genauen Abgrenzung wird die Vorschrift nach überwiegender Auffassung für **justiziabel** gehalten.[129] Nach einhelliger Ansicht gibt sie aber dem Ein- 32

---

[121] *Scherer/Heselhaus*, in: Dauses, Handbuch des EU-Wirtschaftsrechts, Abschnitt O, Juni 2010, Rn. 23.
[122] So *Krämer*, in: GSH, Europäisches Unionsrecht, Art. 191 AEUV, Rn. 19, zum Ziel eines hohen Maßes an Umweltschutz.
[123] So wohl *Kahl*, in: Streinz, EUV/AEUV, Art. 191 AEUV, Rn. 51.
[124] Vgl. EuGH, Urt. v. 13. 5. 1997, Rs. C–233/94 (Deutschland/Europäisches Parlament), Slg. 1997, I–2405, Rn. 48 ff.
[125] *Nettesheim*, in: Grabitz/Hilf/Nettesheim, EU, Art. 191 AEUV (Mai 2011), Rn. 62.
[126] *Epiney*, Umweltrecht der Europäischen Union, Kap. 5, Rn. 32.
[127] Zutreffend weist *Nettesheim*, in: Grabitz/Hilf/Nettesheim, EU, Art. 191 AEUV (Mai 2011), Rn. 62, auf die Weite der Zielbestimmungen hin.
[128] *Scherer/Heselhaus*, in: Dauses, Handbuch des EU-Wirtschaftsrechts, Abschnitt O, Juni 2010, Rn. 24; *Krämer*, in: GSH, Europäisches Unionsrecht, Art. 191 AEUV, Rn. 12.
[129] *Scherer/Heselhaus*, in: Dauses, Handbuch des EU-Wirtschaftsrechts, Abschnitt O, Juni 2010, Rn. 24; *Epiney*, NuR 1999, 181 (182); *Kahl*, in: Streinz, EUV/AEUV, Art. 191 AEUV, Rn. 50, sieht keine Zweifel an der Justiziabilität; jetzt auch *Piska*, in: Mayer/Stöger, EUV/AEUV, Art. 191 AEUV, Rn. 7, 58 ff.; unklar *Nettesheim*, in: Grabitz/Hilf/Nettesheim, EU, Art. 191 AEUV (Mai 2011), der in

zelnen **keinen subjektiv-rechtlichen Anspruch** auf Umweltschutz (s. auch Rn. 51).[130] Den Rechtsetzungsorganen wird ein **Ermessensspielraum** zugestanden. Die Rechtsprechung kann nur die Einhaltung von dessen Grenzen kontrollieren. So ist eine **Pflicht zum Tätigwerden** der EU-Organe nur **in Extremfällen** anzunehmen, in denen die Abwägung zwingend zu Gunsten des Umweltschutzes ausgeht und die Mitgliedstaaten nicht für einen angemessenen Schutz sorgen können.[131] In engem Zusammenhang mit dieser Problematik steht die 2015 aktuell gewordene Strategie der Kommission eines Fitness-Checks für umweltpolitische Maßnahmen. Sie hat zum Rückzug von Rechtsetzungsvorschlägen geführt, die dann von der Kommission mit einem geringeren Umweltschutzstandard neu eingereicht wurden (näher dazu Rn. 53). Die Umsetzung der Vorgaben des Art. 191 Abs. 1 AEUV sollte nach einer **Begründung** der Rechtsetzungsorgane verlangen, inwieweit der konkrete Rechtsakt diesen Anforderungen gerecht wird.[132]

2. Erhaltung, Schutz und Verbesserung der Umwelt

33 Art. 191 Abs. 1 1. SpStr. AEUV erklärt die **Trias** von **Erhaltung** und **Schutz der Umwelt** sowie die **Verbesserung ihrer Qualität** zu Zielen der EU-Umweltpolitik. Der Sinn der Vorschrift erschließt sich umfassend nur bei einer **Gesamtbetrachtung** der drei Ziele, Erhaltung, Schutz und Verbesserung.[133] Im systematischen Vergleich ist festzustellen, dass Art. 11 AEUV und Art. 193 AEUV lediglich auf den Schutz der Umwelt rekurrieren,[134] ohne das damit ein geringerer Umfang gemeint wäre. Vielmehr wird der **Begriff des Umweltschutzes** in Art. 191 Abs. 1 AEUV aufgefächert und durch die verschiedenen Komponenten **konkretisiert**.[135] Nicht nur ihre Zusammenfassung in einem Spiegelstrich der Vorschrift spricht für eine Gesamtbetrachtung, sondern auch die gegenseitige Überlappung in der Bedeutung.[136] So ist jede Erhaltung und Verbesserung von Umweltqualität immer auch ein Schutz der Umwelt. Jede Verbesserung wird zu mehr Erhaltung führen. Die Gesamtbetrachtung zeigt, dass die Ausrichtung der Zieltrias grundsätzlich **dynamisch** angelegt ist, wie es im Element der Verbesserung zum Ausdruck kommt.[137] Die **umfassende Bedeutung** der Vorgabe der Verbesserung wird normativ in der aus-

---

Rn. 64 eine unmittelbare Anwendbarkeit verneint, hauptsächlich aber wohl aus Sicht des Einzelnen wegen fehlender individueller Betroffenheit, und dann in Rn. 65 eine Untätigkeitsklage für möglich hält.

[130] *Nettesheim*, in: Grabitz/Hilf/Nettesheim, EU, Art. 191 AEUV (Mai 2011), Rn. 64; *Krämer*, EuGRZ 1988, 285 (192 ff.).

[131] Vgl. *Scherer/Heselhaus*, in: Dauses, Handbuch des EU-Wirtschaftsrechts, Abschnitt O, Juni 2010, Rn. 23; näher dazu *Winter*, AnwBl 2002, 75 (78).

[132] Dies geschieht in der Praxis aber sehr zurückhaltend, s. 4. Begründungserwägung der UVP-Richtlinie 2011/92/EU, ABl. 2011, L 26/1. In den Begründungserwägungen spielen die Umweltprinzipien regelmäßig eine wichtigere Rolle, vgl. ebd. 2. Begründungserwägung.

[133] Vgl. aber die separaten Würdigungen bei *Kahl*, in: Streinz, EUV/AEUV, Art. 191 AEUV, Rn. 52 ff., deren Abgrenzung im Detail aber nicht immer klar wird.

[134] Vgl. *Krämer*, in: GSH, Europäisches Unionsrecht, Art. 191 AEUV, Rn. 22.

[135] Insofern bringt Art. 191 Abs. 1 AEUV mehr als eine bloße Wiederholung des Zieles des Umweltschutzes, a. A. *Krämer*, in: GSH, Europäisches Unionsrecht, Art. 191 AEUV, Rn. 22.

[136] Vgl. aber die Versuche sinnvoller separater Betrachtungen bei *Nettesheim*, in: Grabitz/Hilf/Nettesheim, EU, Art. 191 AEUV (Mai 2011), Rn. 67 ff.; *Kahl*, in: Streinz, EUV/AEUV, Art. 191 AEUV, Rn. 52 ff.

[137] *Kahl*, in: Streinz, EUV/AEUV, Art. 191 AEUV, Rn. 55; vgl. *Nettesheim*, in: Grabitz/Hilf/Nettesheim, EU, Art. 191 AEUV (Mai 2011), Rn. 71.

drücklichen Erwähnung in Art. 3 Abs. 3 EUV im Rahmen der **allgemeinen Unionsziele** unterstrichen.[138]

Die Umwelt zu »**erhalten**«, erfordert die **Zerstörung zu verhindern** – auch vorsorglich mit Blick in die Zukunft – und den **Verbrauch** auf ein vertretbares Maß zu **begrenzen**. Dieses Element der Schutztrias von Art. 191 Abs. 1 1. SpStr. AEUV enthält ein **Verschlechterungsverbot**.[139] Es umfasst insbesondere Maßnahmen zur Verringerung und Beseitigung von Umweltbeeinträchtigungen.[140] Im Vergleich dazu legt der **Schutz** der Umwelt als zweites Teilziel den Schwerpunkt auf eine Sicherung der Qualität der Umwelt,[141] schließt aber eine Verbesserung der Umweltqualität, deren Notwendigkeit wohl nicht ernsthaft in Frage gestellt wird, nicht aus. Das umfasst sowohl die Beibehaltung effektiver Schutzmaßnahmen als auch Maßnahmen der **Vermeidung** zukünftiger Beeinträchtigungen. »Verbesserung« zielt demgegenüber auf eine Anhebung des derzeitigen Standards. Eine Anhebung geschieht aber auch im Wege der Verhinderung bestehender Zerstörung. Nach überwiegender Auffassung ist dieses letzte Ziel dynamisch angelegt.[142] Das bedeutet, dass die Umweltrechtsetzung ständig unter einem **Optimierungsgebot** steht. In der Gesamtbetrachtung wird deutlich, dass bereits bestehende Umweltbelastungen reduziert werden müssen und jedwede Umweltbeeinträchtigung nach Möglichkeit verhindert werden soll.[143] Insgesamt wird ein hohes Schutzniveau angepeilt (s. Rn. 46 ff.). Diese Zielvorgaben erlauben die Anwendung der vollen **umfassenden** Palette **umweltpolitischer Instrumente**, von Verboten bis zu Anreizsystemen, von der Gefahrenabwehr bis zur weit vorausschauenden Vorsorge. 34

Umstritten ist der **Maßstab** für die **Prüfung**, ob die Zielvorgaben des Art. 191 Abs. 1 1. Spstr. AEUV eingehalten werden. Nach einer Auffassung ist auf eine die gesamte EU umfassende bilanzierende Betrachtung abzustellen. Danach sollen Fortschritte in einzelnen Regionen oder Gemeinden nicht entscheidend sein.[144] Dem ist aber entgegenzuhalten, dass bereits in der separaten Vorschrift des Art. 191 Abs. 2 AEUV eine differenzierte Betrachtung von Regionen thematisiert wird. Eine solche Vorgabe macht aber nur Sinn, wenn die Differenzierung nicht schon in Abs. 1 der Vorschrift angelegt ist. Zudem ist völlig ungeklärt, wie eine überzeugende **Bilanzierung** in verschiedenen Regionen aussehen könnte. Jedenfalls wird man kaum Verschlechterungen der Luftqualität in Städten akzeptieren können, solange auf dem Land eine bessere Luftqualität vorhanden ist. Nach überzeugender Ansicht verlangt daher Art. 191 Abs. 1 AEUV pri- 35

---

[138] Es handelt sich keineswegs um eine bloß deklaratorische Wiederholung von Art. 3 Abs. 3 EUV, so aber *Kahl*, in: Streinz, EUV/AEUV, Art. 191 AEUV, Rn. 55. Denn die Vorgabe des Art. 191 Abs. 1 AEUV war zuerst in den Verträgen eingeführt worden. Wenn diese in den allgemeinen Zielbestimmungen aufgegriffen wird, dann wird damit die Bedeutung dieses Aspekts unterstrichen. Insgesamt ist bei der Auslegung des EU-Rechts vor einer Qualifizierung als »lediglich deklaratorisch« Vorsicht geboten, denn dies widerspricht tendenziell der Auslegung nach dem effet utile.

[139] *Scherer/Heselhaus*, in: Dauses, Handbuch des EU-Wirtschaftsrechts, Abschnitt O, Juni 2010, Rn. 25; *Kahl*, Umweltprinzip, S. 19; *Schröder*, in: Rengeling, EUDUR I, § 9, Rn. 17; *Kahl*, in: Streinz, EUV/AEUV, Art. 191 AEUV, Rn. 52.

[140] Vgl. *Kahl*, in: Streinz, EUV/AEUV, Art. 191 AEUV, Rn. 53, der dies aber zum Schutz der Umwelt zählt.

[141] *Scherer/Heselhaus*, in: Dauses, Handbuch des EU-Wirtschaftsrechts, Abschnitt O, Juni 2010, Rn. 25; *Kahl*, in: Streinz, EUV/AEUV, Art. 191 AEUV, Rn. 53.

[142] *Kahl*, in: Streinz, EUV/AEUV, Art. 191 AEUV, Rn. 55; vgl. *Nettesheim*, in: Grabitz/Hilf/Nettesheim, EU, Art. 191 AEUV (Juni 2010), Rn. 71.

[143] *Scherer/Heselhaus*, in: Dauses, Handbuch des EU-Wirtschaftsrechts, Abschnitt O, Juni 2010, Rn. 26.

[144] *Kahl*, in: Streinz, EUV/AEUV, Art. 191 AEUV, Rn. 55.

mär eine umfassende Berücksichtigung der Ziele auf lokaler, regionaler und EU-Ebene. Die Gesamtbetrachtung tritt dann schutzverstärkend hinzu: **Verbesserungen** allein in einzelnen Mitgliedstaaten bzw. Regionen sind nicht ausreichend.[145] Das Gesamtziel kann auch durch unterschiedliche Regelungen in **verschiedenen Sektoren** erreicht werden.[146]

3. Schutz der menschlichen Gesundheit

36 Im Gegensatz zum 1. Spstr. ist das Ziel des **Schutzes der menschlichen Gesundheit** nach Art. 191 Abs. 1 2. Spstr AEUV keineswegs bei jeder umweltpolitischen Maßnahme berührt. Zwar kann sich der Zustand der Umwelt, insbesondere Umweltbelastungen, auch auf die menschliche Gesundheit auswirken. Schutzmaßnahmen erhalten dann, nicht zuletzt wegen **grundrechtlicher Schutzpflichten**, eine besondere Dringlichkeit. Es gibt aber auch Umweltmaßnahmen, wie den Artenschutz oder die Bewirtschaftung der natürlichen Ressourcen, die keinen unmittelbaren Bezug zur menschlichen Gesundheit aufweisen. Obgleich auch andere Vorschriften der Verträge den Schutz der menschlichen Gesundheit zum Ziel haben (s. Rn. 37), ist die Erwähnung unter den Zielen des Art. 191 Abs. 1 AEUV nicht nur von deklaratorischer Bedeutung. Vielmehr enthält sie eine zweifache **materielle** Aussage. Zum einen weist sie auf ein **besonderes Schutzbedürfnis** bei manchen Umweltproblemen hin, zum anderen stellt sie klar, dass in der Abgrenzung zu anderen Kompetenzvorschriften (s. Rn. 38) das entscheidende Kriterium nicht die Ausrichtung auf das Ziel der menschlichen Gesundheit ist. Insofern wird mit dieser Zielvorgabe der **weite Umweltbegriff** des Unionsrechts bestätigt. Eine zuweilen vorzufindende Begrenzung auf den Schutz der Gesundheit einzelner Personen[147] ist nicht überzeugend. Umweltrechtliche Vorgaben für die Luftqualität oder für Trinkwasser[148] bzw. Badegewässer[149] schützen **die Allgemeinheit** und nicht nur einzelne Personen, auch wenn der EuGH aus solchen Schutznormen subjektive Rechte im Einzelfall ableitet.[150] Geschützt wird sowohl die **individuelle Gesundheit** Einzelner als auch die **Gesundheit der Bevölkerung**.[151]

37 Die Verträge enthalten **keine Definition** des Begriffs der Gesundheit. Er ist eingedenk des weiten Umweltbegriffs ebenfalls **weit auszulegen**, so dass sich Parallelen zum Gesundheitsbegriff der **WHO** ergeben. Gemeint ist nicht nur die **körperliche Unversehrtheit**, sondern auch ein körperliches sowie geistig-seelisches **Wohlbefinden**.[152] Zwar sind sozial-adäquate, völlig geringfügige Beeinträchtigungen ausgeschlossen,[153] doch ist dabei zu beachten, dass diese Schwelle sehr tief liegt. Denn es geht hier nicht um die Frage,

---

[145] Vgl. *Nettesheim*, in: Grabitz/Hilf/Nettesheim, EU, Art. 191 AEUV (Mai 2011), Rn. 70.
[146] Vgl. EuGH, Urt. v. 14.7.1998, Rs. C–284/95 (Safety Hi-Tech), Slg. 1998, I–4301, Rn. 44f.; Urt. v. 14.7.1998, Rs. C–341/95 (Bettati), Slg. 1998, I–4355, Rn. 42f.
[147] *Krämer*, in: GSH, Europäisches Unionsrecht, Art. 191 AEUV, Rn. 25.
[148] Richtlinie 98/83/EG vom 3.11.1998 über die Qualität von Wasser für den menschlichen Gebrauch, ABl. 1998, L 330, S. 32.
[149] 3. Begründungserwägung Richtlinie 2006/7/EG vom 15.2.2006 über die Qualität der Badegewässer, ABl. 2006, L 64/37.
[150] *Kadelbach*, Allgemeines Verwaltungsrecht unter europäischem Einfluss, S. 169 m.w.N. zur Rspr.
[151] Zutreffend *Kahl*, in: Streinz, EUV/AEUV, Art. 191 AEUV, Rn. 56, a.A. *Krämer*, in: GSH, Europäisches Unionsrecht, Art. 191 AEUV, Rn. 25f.
[152] *Kahl*, in: Streinz, EUV/AEUV, Art. 191 AEUV, Rn. 56.
[153] So *Kahl*, in: Streinz, EUV/AEUV, Art. 191 AEUV, Rn. 56.

ob ein Handeln grundrechtlich geboten ist, wie bei der Bestimmung des Eingriffsbegriffs, sondern um die Ermöglichung auch vorausschauenden Tätigwerdens. Insbesondere sind Aspekte der **zeitlichen Kumulation** von Belastungen zu berücksichtigen. In der Rechtsprechung ist etwa die Abstützung von Maßnahmen zum Schutz vor BSE unter Rückgriff auf die Integrationsklausel i. V. mit Art. 191 Abs. 1 AEUV akzeptiert worden.[154] Es werden also nicht nur Maßnahmen erfasst, die lediglich beiläufig dem Gesundheitsschutz dienen.[155]

Mit der Einbeziehung des Schutzes der menschlichen Gesundheit in den Umweltschutz stellt sich die Frage nach der **Abgrenzung** der umweltrechtlichen Kompetenzen von anderen Kompetenznormen, die dem Schutz der Gesundheit verpflichtet sind. Der Schutz der **öffentlichen Gesundheit nach Art. 168 AEUV** bezieht sich vorrangig auf den Schutz vor Krankheiten, während im Umweltschutz die Frage der Exposition gegenüber Krankheitserregern virulent wird,[156] wie etwa bei Maßnahmen zum Schutz des Trinkwassers oder der Qualität von Badegewässern.[157] Der **Schutz der Arbeitsumwelt wird nach Art. 153 Abs. 1 Buchst. a AEUV** als Unterfall der Gesundheit der Arbeitnehmer geregelt. Dabei geht es vorrangig um den **technischen Arbeitsschutz**.[158] Schließlich ist auf den Schutz der Gesundheit im Rahmen des **Verbraucherschutzes nach Art. 169 AEUV** hinzuweisen.[159] Er ist rollenspezifisch auf die Nutzung von Waren oder Dienstleistungen bezogen, nicht aber auf die allgemeine Krankheitsprävention.[160] Sofern eine Maßnahme verschiedene Kompetenzen berührt, ist gemäß den allgemeinen in der Rechtsprechung entwickelten Grundsätzen auf den **Schwerpunkt der Maßnahme** abzustellen.[161]

38

4. Schutz der natürlichen Ressourcen

Art. 191 Abs. 1 2. Spstr. AEUV verlangt von der Union die »umsichtige und rationelle Verwendung der natürlichen Ressourcen«. Der **Begriff** der **natürlichen Ressourcen** ist im Primärrecht **nicht definiert**. In der genetischen Interpretation kann erkenntnisleitend auf den damaligen Gebrauch in den Umweltaktionsprogrammen zurückgegriffen werden, der den vertragschließenden Mitgliedstaaten ein Bild der anstehenden Rechtsetzungsagenda gab. Im **4. Umweltaktionsprogramm** von 1987 ist unter dem Ziel der »Besseren Bewirtschaftung der Ressourcen« ein **weites Verständnis** erkennbar geworden,

39

---

[154] EuGH, Urt. v. 5.5.1998, Rs. C–180/96 (Vereinigtes Königreich/Kommission), Slg. 1998, I–2265. Die Maßnahmen waren im Bereich der Gemeinsamen Agrarpolitik ergangen. Damals entsprach Art. 130 r Abs. 1 EGV dem heutigen Art. 191 Abs. 1 AEUV.

[155] So bei *Kahl*, in: Streinz, EUV/AEUV, Art. 191 AEUV, Rn. 57.

[156] So im BSE- Fall EuGH, Urt. v. 5.5.1998, Rs. C–180/96 (Vereinigtes Königreich/Kommission), Slg. 1998, I–2265, Rn. 100.

[157] Vgl. weitere Bsp. bei *Kahl*, in: Streinz, EUV/AEUV, Art. 191 AEUV, Rn. 57.

[158] *Krebber*, in: Calliess/Ruffert, EUV/AEUV, Art. 153 AEUV, Rn. 24.

[159] *Scherer/Heselhaus*, in: Dauses, Handbuch des EU-Wirtschaftsrechts, Abschnitt O, Juni 2010, Rn. 27.

[160] *Krebber*, in: Calliess/Ruffert, EUV/AEUV Art. 169 AEUV, Rn. 9. Im BSE-Fall, EuGH, Urt. v. 5.5.1998, Rs. C–180/96 (Vereinigtes Königreich/Kommission), Slg. 1998, I–2265, Rn. 100, hätte durchaus auch der Verbraucherschutz einschlägig sein können, weil es um den Verbrauch von Fleischwaren ging. Doch kannte der damalige Maastricht-Vertrag keine verbraucherpolitische Integrationsklausel. Zudem sind die Rechtsetzungskompetenzen der EU zum Schutz der Verbraucher deutlich begrenzter als die zum Schutz der Umwelt, da die Union hier auf einen Beitrag zu den mitgliedstaatlichen Regelungen beschränkt ist, Art. 169 Abs. 1 AEUV.

[161] S. näher dazu die Kommentierung zu Art. 192 AEUV, Rn. 73 ff.

das vom Artenschutz über den Katastrophenschutz bis zur Bewirtschaftung von Boden, Wasser und Abfall reichte.[162] Dementsprechend ist es überzeugend, wenn einhellig von einem weiten Begriffsverständnis ausgegangen wird, das **erneuerbare und nicht erneuerbare natürliche Ressourcen** umfasst, insbesondere die verschiedenen Umweltmedien, aber auch Bodenschätze, Wasser und insbesondere Abfall.[163] Zu den **Bodenschätzen** zählen auch die **Energieressourcen**, wie Kohle, Gas und Erdöl.[164] Mit der ausdrücklichen Begrenzung auf natürliche Ressourcen wird auch die **genetische Vielfalt** im Sinne des Artenschutzes erfasst, d. h. »genetisches Material von tatsächlichem oder potentiellem Wert«.[165] Nicht einbezogen wird hingegen **künstlich** vom Menschen **geschaffenes genetisches Material**, das ohne direkte Eingriffe in die Erbinformationen so in der Natur nicht vorkommt. Insofern ist die **Gentechnik** kein originärer Regelungsbereich der Umweltpolitik, sondern aufgrund ihrer Auswirkungen auf die Umwelt.[166] Dagegen ist bei der neueren Gentechnik aufgrund spezifischer Züchtungen fraglich, ob das neu geschaffene Genmaterial wie bei der klassischen Züchtung dem Artenschutz unterfallen soll.[167]

40 Grundsätzlich werden auch die **Bodenschätze** vom Begriff der natürlichen Ressourcen erfasst.[168] Das gilt auch für die **Energieressourcen**, wie es sich aus dem systematischen Vergleich mit Art. 192 Abs. 2 AEUV ergibt,[169] der selbst Maßnahmen nicht ausschließt, die Auswirkungen auf die Wahl der Energieressourcen in den Mitgliedstaaten haben können, für solche aber das **Einstimmigkeitserfordernis** im Rat vorschreibt.[170] Insofern hätte die EU-Umweltpolitik bereits unter dem Blickwinkel der Bewirtschaftung jener Ressourcen eine energiepolitische Stoßrichtung entfalten können. Doch erst unter dem internationalen Ziel der Bekämpfung des Klimawandels, d. h. unter dem Leitthema des Klimaschutzes, hat die Union über die Umweltkompetenzen in den letzten Jahren einen **eigenständigen Ansatz für die Energiepolitik** entwickelt. Dieser hat sich aber im **Lissabonner Vertrag** mit einer **separaten Rechtsetzungskompetenz** in Art. 194 AEUV von der Umwelt- bzw. Klimapolitik der Union emanzipiert.[171] Doch werden die energierelevanten Umweltkompetenzen dadurch nicht obsolet.[172]

---

[162] Lit. g, 4. Umweltaktionsprogramm, ABl. 1987, C 328, S. 1 ff.
[163] *Calliess*, in: Calliess/Ruffert, EUV/AEUV, Art. 191 AEUV, 12; *Kahl*, in: Streinz, EUV/AEUV, Art. 191 AEUV, Rn. 59; *Nettesheim*, in: Grabitz/Hilf/Nettesheim, EU, Art. 191 AEUV (Mai 2011), Rn. 74.
[164] Vgl. *Kahl*, in: Streinz, EUV/AEUV, Art. 191 AEUV, Rn. 59; *Nettesheim*, in: Grabitz/Hilf/Nettesheim, EU, Art. 191 AEUV (Mai 2011), Rn. 77.
[165] EuGH, Urt. v. 3.12.1998, Rs. C–67/97 (Bluhme), Slg. 1998, I–8033 Rn. 34; s. dazu *Scherer/Heselhaus*, in: Dauses, Handbuch des EU-Wirtschaftsrechts, Abschnitt O, Juni 2010, Rn. 28.
[166] So ist die Freisetzungsrichtlinie 2001/18/EG vom 12.3.2001, ABl. 2001, L 106/1, ebenso wie die Änderungsrichtlinie (EU) 2015/412 vom 11.3.2015 zur Änderung der Richtlinie 2001/18/EG zu der den Mitgliedstaaten eingeräumten Möglichkeit, den Anbau von gentechnisch veränderten Organismen (GVO) in ihrem Hoheitsgebiet zu beschränken oder zu untersagen ABl. 2015, L 68/1, auf Art. 114 AEUV gestützt.
[167] Vgl. *Winter/Fricker/Knoepfel*, ZUR 2015, 259, wonach mithilfe der neueren Gentechnik »Artengrenzen überwunden und immer artifiziellere Genome entworfen werden können«.
[168] *Kahl*, in: Streinz, EUV/AEUV, Art. 191 AEUV, Rn. 59; *Nettesheim*, in: Grabitz/Hilf/Nettesheim, EU, Art. 191 AEUV (Mai 2011), Rn. 77.
[169] *Scherer/Heselhaus*, in: Dauses, Handbuch des EU-Wirtschaftsrechts, Abschnitt O, Juni 2010, Rn. 28.
[170] Vgl. *Krämer*, in: GSH, Europäisches Unionsrecht, Art. 191 AEUV, Rn. 30.
[171] Ausführlich dazu *Heselhaus*, EurUP 2013, 137 (142 f.).
[172] Art. 194 Abs. 2 UAbs. 2 AEUV sieht eine Bereichsausnahme für Maßnahmen vor, die »unbeschadet« der Umweltkompetenzen für einen Mitgliedstaat »die Bedingungen für die Nutzung seiner Energieressourcen, seine Wahl zwischen verschiedenen Energiequellen und die allgemeine Struktur

Auch der Begriff der »**umsichtigen und rationellen**« Nutzung wird im Primärrecht **nicht definiert**. In der Literatur wird diese Vorgabe überzeugend mit einer **schonenden**, langfristig angelegten, d. h. die **langfristige Verfügbarkeit** achtenden Nutzung übersetzt.[173] Bereits der gewöhnliche Wortgebrauch legt nahe, dass »umsichtig« eine **vorsorgende** Politik meint[174] und »rationell« auf eine **Begrenzung** hindeutet. Beides erfordert einen schonenden Umgang mit den Ressourcen.[175] Allgemein wird unterschieden zwischen dem Umgang mit **erneuerbaren** und **nicht erneuerbaren Ressourcen**.[176] Für Erstere ist aus der Vorschrift das Gebot abzuleiten, die **Regenerationsfähigkeit** der Ressourcen nicht in Frage zu stellen.[177] Für Letztere wird man einen **schonenden, sparsamen Abbau** verlangen müssen.[178] Damit wird auch dem Aspekt der Sicherung der Bedürfnisse zukünftiger Generationen im Sinne des **Nachhaltigkeitsprinzips** Rechnung getragen. Doch ist der Begriff der »umsichtigen und rationellen« Nutzung im EU-Recht nicht vorschnell mit dem der nachhaltigen Nutzung gleichzusetzen.[179] Denn das Unionsrecht verwendet den Begriff der nachhaltigen Entwicklung in Art. 11 AEUV neben den umweltpolitischen Zielvorgaben, d. h. davon inhaltlich abgegrenzt. Beide Begriffe **ergänzen** sich aber. Insbesondere beeinflusst das Nachhaltigkeitsprinzip auch die ökonomischen Zielsetzungen und führt dort zu einer Mäßigung unter Berücksichtigung der Auswirkungen auf die Umwelt.

41

Die Ziele des 3. SpStr. des Art. 191 Abs. 1 AEUV stehen nicht im Widerspruch zu denen des 1. SpStr. Vielmehr stellen sie **Konkretisierungen** derselben dar. Insbesondere stellt die Vorgabe der rationellen Verwendung klar, dass die »Erhaltung der Umwelt« im 1. SpStr. einer **Ausbeutung der natürlichen Bodenschätze** nicht grundsätzlich entgegensteht. Konkret werden aus dem 3. SpStr. Vorgaben eines **Vorrangs der Wiederverwendung** und der **Wiederverwertung** vor der Entsorgung abgeleitet.[180] Diese Vorgaben werden etwa in der Hierarchie der Abfallprinzipien im EU-Abfallrecht beachtet.[181]

42

5. Schutz der regionalen und globalen Umwelt sowie Bekämpfung des Klimawandels

Im **Maastricht Vertrag** ist der ehemalige Art. 130r EWGV (Art. 191 AEUV) um eine vierte Zielbeschreibung ergänzt worden. Eingefügt wurde die **Förderung** von **Maßnahmen auf internationaler Ebene** zur Bewältigung regionaler oder globaler Umweltprobleme. Wie so häufig (s. Rn. 8 ff.) im EU-Umweltrecht folgte die primärrechtliche Änderung einer Praxis, die im Sekundärrecht bereits etabliert worden war. So hatte sich die

43

---

seiner Energieversorgung [...] bestimmen«. S. näher dazu die Kommentierung zu Art. 192 AEUV Rn. 82.
[173] *Davies*, European Union Environmental Law, 2004, S. 39; *Jans/v. d. Heide*, S. 30 f.; *Schmitz*, Umweltunion, S. 146; *Kahl*, in: Streinz, EUV/AEUV, Art. 191 AEUV, Rn. 58.
[174] *Kahl*, in: Streinz, EUV/AEUV, Art. 191 AEUV, Rn. 58; vgl. *Krämer*, in: GSH, Europäisches Unionsrecht, Art. 191 AEUV, Rn. 29, der ein »vorsichtiges Gebrauchmachen« verlangt.
[175] *Kahl*, in: Streinz, EUV/AEUV, Art. 191 AEUV, Rn. 58; *Calliess*, in: Calliess/Ruffert, EUV/AEUV, Art. 191 AEUV, Rn. 12.
[176] *Scherer/Heselhaus*, in: Dauses, Handbuch des EU-Wirtschaftsrechts, Abschnitt O, Juni 2010, Rn. 28.
[177] *Nettesheim*, in: Grabitz/Hilf/Nettesheim, EU, Art. 191 AEUV (Mai 2011), Rn. 76.
[178] Vgl. *Nettesheim*, in: Grabitz/Hilf/Nettesheim, EU, Art. 191 AEUV (Mai 2011), Rn. 76; *Kahl*, in: Streinz, EUV/AEUV, Art. 191 AEUV, Rn. 61.
[179] S. aber *Calliess*, in: Calliess/Ruffert, EUV/AEUV, Art. 191 AEUV, Rn. 12.
[180] Vgl. *Calliess*, in: Calliess/Ruffert, EUV/AEUV, Art. 191 AEUV, Rn. 12.
[181] *Scherer/Heselhaus*, in: Dauses, Handbuch des EU-Wirtschaftsrechts, Abschnitt O, Juni 2010, Rn. 466 ff.

Union schon zuvor international im Umweltschutz engagiert. Dafür stand grundsätzlich gemäß der **AETR-Rechtsprechung** eine **externe Kompetenz** zur Verfügung, jedoch nur **nach** erfolgter interner Rechtsetzung auf Unionsebene.[182] Die Zielbestimmung im 4. SpStr. bestätigt nicht nur eine **weite Auslegung** der **Außenkompetenzen im Umweltbereich**, sondern geht über die Grundsätze der AETR-Rechtsprechung hinaus, indem sie bereits vor der internen Ausübung der Rechtsetzungskompetenzen eine entsprechende Außenkompetenz bereitstellt. Insbesondere im **Klimaschutz** hat die EU unter UNFCCC und dem Kyoto-Protokoll Abkommen abgeschlossen,[183] die auch den Emissionshandel betreffen, **bevor** sie selbst dazu **intern rechtsetzend** tätig geworden ist. Damit ist die Zielbestimmung im 4. SpStr. Art. 191 Abs. 1 AEUV nicht nur eine primärrechtliche Unterfütterung bereits bestehender Praxis, sondern hat auch kompetenzerweiternde Wirkungen gehabt (vgl. auch Rn. 98).[184] Im Maastricht Vertrag war die Union mit einer solchen ausdrücklichen Zielbestimmung, die auf die Auslegung der Rechtsetzungskompetenz einwirkt, besser auf die 1992 anstehende UN-Umweltkonferenz von Rio de Janeiro vorbereitet gewesen. Ferner hat diese Zielbestimmung auch Auswirkungen auf die Anwendung des **Subsidiaritätsprinzips**, weil sie deren Anwendungsbereich auf die EU-Rechtsetzung in Bezug auf regionale oder globale Umweltprobleme in der Welt ausweitet.

44 Ausdrücklich gestattet die Vorschrift ein Engagement nicht nur für weltweite Probleme auf **globaler** Ebene, die die Union als Teil der Welt auch betreffen, sondern auch **regionale**, d. h. auf bestimmte Regionen der Erde begrenzte Umweltprobleme. So wird die EU in Europa im Rahmen der UNECE-Abkommen tätig.[185] Dieses **regionale Engagement** wird im Begriff eines »Globalisierungsprinzips« nicht ausreichend deutlich.[186] Zudem deutet die Verbindung von regionalem oder globalem Ansatz darauf hin, dass die EU sich auch für Umweltprobleme in anderen Staaten engagieren kann, **ohne** dass diese **direkte Umweltauswirkungen in der Union** haben müssen. Im Gegensatz zu einer anderen Ansicht in der Literatur[187] kann diese weite Interpretation erklären, warum die EU sich an Abkommen zur Bekämpfung der Wüstenbildung beteiligen kann und selbst

---

[182] *Scherer/Heselhaus*, in: Dauses, Handbuch des EU-Wirtschaftsrechts, Abschnitt O, Juni 2010, Rn. 29.
[183] Die UNFCCC sieht in Art. 4 Abs. 2 lit. e (i) die Entwicklung relevanter ökonomischer Instrumente vor und wurde von der EU am 13. 6.1992 unterzeichnet. Das Kyoto-Protokoll, das die Möglichkeit des Emissionshandels in Art. 17 vorsieht, wurde von der EU am 29. 4.1998 unterzeichnet. Unionsintern wurde der Emissionshandel erst mit der EC-ETS-Richtlinie 2003/87/EG, ABl. 2003 L 275/32, eingeführt.
[184] A.A. die wohl h. M., *Nettesheim*, in: Grabitz/Hilf/Nettesheim, EU, Art. 191 AEUV (Mai 2011), Rn. 78; ähnlich *Krämer*, in: GSH, Europäisches Unionsrecht, Art. 191 AEUV, Rn. 31; keine Erweiterung der Außenkompetenzen sehen *Kahl*, in: Streinz, EUV/AEUV, Art. 191 AEUV, Rn. 62, und *Calliess*, in: Calliess/Ruffert, EUV/AEUV, Art. 191 AEUV, Rn. 13, die aber wohl die AETR-Rechtsprechung extensiv interpretieren.
[185] Übereinkommen vom 25.2.1991 über die Umweltverträglichkeitsprüfung im grenzüberschreitenden Rahmen (Espoo-Konvention), ratifiziert durch den Beschluss des Rates über den Abschluss des Übereinkommens über die Umweltverträglichkeitsprüfung im grenzüberschreitenden Rahmen im Namen der Gemeinschaft (Espooer Übereinkommen) (nicht veröffentlicht, vgl. KOM/2007/0470 endg., dort Fn. 1, siehe aber den Vorschlag ABl. 1992 C 104/5); Protokoll über die strategische Umweltprüfung zum Espooer UN/ECE-Übereinkommen von 1991 über die Umweltverträglichkeitsprüfung im grenzüberschreitenden Rahmen (sog. SUP-Protokoll), Beschluss des Rates 2008/871/EG vom 20. 10. 2008, ABl. 2008 L 308/33.
[186] Zu diesem Ansatz s. aber *Kahl*, in: Streinz, EUV/AEUV, Art. 191 AEUV, Rn. 62; *Nettesheim*, in: Grabitz/Hilf/Nettesheim, EU, Art. 191 AEUV (Mai 2011), Rn. 78.
[187] *Nettesheim*, in: Grabitz/Hilf/Nettesheim, EU, Art. 191 AEUV (Mai 2011), Rn. 78 und 56.

Vorschriften für den Export von Abfällen und Gefahrstoffen treffen darf, die die Umwelt in Drittstaaten schützen. Gerade in den letztgenannten Fällen könnte ein geringerer Schutzstandard zum Ergebnis haben, dass die Umwelt in der EU weniger belastet würde, weil Risiken exportiert werden könnten. Insofern kommt der Zielbestimmung eine **klarstellende** Funktion bzw. angesichts der Gegenauffassung eine **kompetenzerweiternde Funktion** zu (vgl. auch Rn. 41).[188]

Im **Lissabonner Vertrag** ist in der Vorschrift zusätzlich eingefügt worden, dass die Union »insbesondere zur **Bekämpfung des Klimawandels**« tätig werden soll. Nach dem Wortlaut geht es um eine **Verdeutlichung** der Zielvorgabe der Bewältigung globaler Umweltprobleme. Wie bereits bei der Einführung des 4. Spiegelstrichs im Maastricht Vertrag unterfüttert damit das Primärrecht im Nachhinein die **bereits bestehende Praxis**, insbesondere unter UNFCCC und dem Kyoto-Protokoll und dessen Fortführung im Abkommen von Paris.[189] Da der Klimawandel als globales Umweltproblem auch **direkte Auswirkungen** in der EU hat, war diese Ergänzung des Wortlauts aus kompetenzieller Sicht nicht notwendig gewesen. Es liegt aber nahe, dass sie zur **primärrechtlichen Absicherung** eventuell weitreichender unionsinterner Maßnahmen in der Zukunft erfolgt ist. 45

III. Hohes Schutzniveau als Zielvorgabe (Abs. 2 UAbs. 1 S. 1)

Art. 191 Abs. 2 UAbs. 1 S. 1 AEUV verpflichtet die Union auf ein **hohes Schutzniveau im Umweltschutz**. Die Vorschrift steht in einem engen Zusammenhang mit der verbindlichen Festlegung eines entsprechenden hohen Schutzniveaus in der **Integrationsklausel** des Art. 11 AEUV sowie für den **Binnenmarkt** nach Art. 114 Abs. 3 AEUV und mit der **allgemeinen Zielvorgabe** eines hohen Maßes an Umweltschutz neben der Verbesserung der Umweltqualität in Art. 3 Abs. 3 EUV. Schließlich hat die letztgenannte doppelte Zielvorgabe auch Eingang in **Art. 37 GRC** gefunden. Mit der Aufnahme des Zieles eines hohen Schutzniveaus in Art. 3 Abs. 3 EUV kommt der gleichlautenden Vorgabe in Art. 191 Abs. 2 AEUV keineswegs nur eine deklaratorische Bedeutung zu. Vielmehr zeigt die historisch-genetische Entwicklung, dass sich aus Zielvorgaben für den Binnenmarkt und ihrer Ergänzung in der Umweltpolitik (Art. 130r Abs. 2 EWGV i. d. F. des Maastricht Vertrages) **inhaltliche Konkretisierungen** ableiten lassen (s. Rn. 47). Ihre Bedeutung ist durch die Aufnahme in die anderen Vorschriften, Art. 3 Abs. 3 EUV, Art. 11 AEUV und Art. 37 GRC, nach allgemeiner Ansicht **verstärkt** worden. 46

Die Verträge enthalten **keine autoritative Bestimmung** des hohen Schutzniveaus für die Umweltpolitik. Hinweise für die inhaltliche Bestimmung gibt neben der Auslegung nach dem effet utile die historisch-genetische Interpretation. Der Ursprung der Vorschrift liegt in der Einführung des **Binnenmarktprogramms** mit der Einheitlichen Europäischen Akte 1987. Um den Sorgen der Mitgliedstaaten mit einem hohen Umweltschutzstandard vor einer Absenkung dieses Standards bei Rechtsharmonisierung im Binnenmarkt unter dem Mehrheitsprinzip nach Art. 100a EWGV (heute Art. 114 AEUV) Rechnung zu tragen, wurden zwei Mechanismen eingeführt: die **Alleingangsklausel** und die Verpflichtung der Kommission auf ein **hohes Schutzniveau** im Umwelt- 47

---

[188] Sofern man den geographischen Anwendungsbereich der EU-Umweltpolitik enger zieht, d. h. jeweils einen direkten Bezug zur Umwelt in der Union verlangt, so *Nettesheim*, in: Grabitz/Hilf/Nettesheim, EU, Art. 191 AEUV (Mai 2011), Rn. 56.
[189] Beschluss (EU) 2016/590 des Rates zur Genehmigung der Unterzeichnung des Übereinkommens von Paris, ABl. 2016, L 103/1.

schutz bei ihren Rechtsetzungsvorschlägen im Binnenmarktprogramm. Sowohl der Wortlaut als auch der Zusammenhang zeigen, dass diese Vorgabe für jeden **einzelnen Rechtsetzungsakt** gilt.[190] Erst im Maastricht Vertrag ist auch die Umweltpolitik in Art. 130r Abs. 2 EGV um die Vorgabe des hohen Schutzniveaus ergänzt worden. Sie ist **schutzverstärkend**, weil sie erstens **alle EU-Organe** erfasst, nicht mehr allein die Kommission, und zweitens nicht nur die Vorschlagsphase, sondern auch das **Ergebnis der Rechtsetzung** betrifft. Dabei hat sie sich nicht vom Bezug auf jeden einzelnen Rechtsetzungsakt gelöst, denn sie stand damals im selben Absatz wie die Integrationsklausel, die sich ebenfalls auf jeden Rechtsetzungsakt bezieht. Die spätere zusätzliche Aufnahme in die allgemeinen Vorschriften hat diesen Schutz verstärkt, nicht aber den Bezug zu den einzelnen Rechtsakten gelöst. Zwar wird in den Verträgen nicht genau das Maß eines hohen Schutzniveaus definiert, doch ist ausgehend von den Sorgen mancher Mitgliedstaaten 1987 klar zu erkennen, dass ein durchschnittliches Schutzniveau nicht als ausreichend angesehen werden kann.[191] Noch weniger ist ein Niveau unterhalb des unionsweiten Durchschnitts in den Mitgliedstaaten akzeptabel.[192] In der Rechtsprechung ist anerkannt, dass das Schutzniveau **nicht unterhalb** des **internationalen Standards** liegen darf.[193] Daraus folgt aber nicht, dass der internationale Standard in jedem Fall ausreichend wäre, denn er liegt häufig unter dem in den Mitgliedstaaten erkennbaren durchschnittlichen Schutzstandard, der seit 1987 nicht als ausreichend angesehen worden ist. Zugleich zeigt aber die Möglichkeit nationaler Alleingänge zu Gunsten strengerer Umweltschutzvorschriften, dass **nicht** zwingend das **höchste Schutzniveau** verfolgt werden muss.[194] Allerdings wird dies auch nicht ausgeschlossen, wies es u. a. aus der Vorgabe der Verbesserung der Umweltqualität in Art. 3 Abs. 3 EUV folgt. So ist die Zielvorgabe eines hohen Schutzniveaus als eine **Mindestvorgabe** zu verstehen. Sie ist allerdings nur in der **Abwägung** mit anderen Allgemeininteressen, insbesondere den ökonomischen Zielsetzungen der Verträge verfolgbar (s. Rn. 48).

48 Das Ziel eines hohen Umweltschutzniveaus ist nicht isoliert im Vertrag vorgegeben, sondern muss mit den **anderen Vertragszielen** in jedem Einzelfall **abgewogen** werden. Die Rechtsprechung hat zu dieser Frage insbesondere im Rahmen der **Grundfreiheiten** Stellung genommen. Schon früh hat der EuGH anerkannt, dass Umweltschutz – und damit implizit die konkreten Ziele in Art. 191 Abs. 1 AEUV – einen **Allgemeinwohlbelang** des Unionsrechts darstellt, der Eingriffe in die Grundfreiheiten zu rechtfertigen vermag.[195] Wie diese Abwägung primärrechtlich vorkonturiert ist, ist umstritten. Jedenfalls besteht kein **absoluter Vorrang** des Umweltschutzes, da dies angesichts des Fehlens einer Hierarchie von Unionszielen einer deutlicheren Erklärung im Vertragstext bedurft hätte. Eine Ansicht geht von einer grundsätzlichen **Gleichrangigkeit** mit anderen Vertragszielen aus, so dass im Einzelfall auch die Belange des Umweltschutzes zurücktreten

---

[190] A.A. *Krämer*, in: GSH, Europäisches Unionsrecht, Art. 191 AEUV, Rn. 18.
[191] GA *Fenelly*, Schlussanträge zu verb. Rs. C–376/98 u. C–74/99 (Deutschland/Parlament und Rat), Slg. 2000, I–8419 Ziff. 85; *Schroeder*, DVBl 2002, 213 (216); *Kahl*, in: Streinz, EUV/AEUV, Art. 191 AEUV, Rn. 67.
[192] Vgl. *Krämer*, in: GSH, Europäisches Unionsrecht, Art. 191 AEUV, Rn. 17, der kritisiert, dass Rat und Europäisches Parlament die Mitgliedstaaten häufig auf nationale Alleingänge verwiesen, um ein tieferes Niveau zu rechtfertigen.
[193] EuGH, Urt. v. 14.7.1998, Rs. C–284/95 (Safety Hi-Tech), Slg. 1998, I–4301, Rn. 48; Urt. v. 14.7.1998, Rs. C–341/95 (Bettati), Slg. 1998, I–4355, Rn. 46.
[194] EuGH, Urt. v. 14.7.1998, Rs. C–284/95 (Safety Hi-Tech), Slg. 1998, I–4301, Rn. 49; Urt. v. 14.7.1998, Rs. C–341/95 (Bettati), Slg. 1998, I–4355, Rn. 46.
[195] EuGH, Urt. v. 20.9.1988, Rs. C–302/86 (Dänische Pfandflaschen), Slg. 1988, 4607.

können.¹⁹⁶ Eine Analyse der Rechtsprechung zu den Grundfreiheiten zeigt, dass der EuGH bisher noch kein umweltpolitisches Anliegen als zu gering gegenüber anderen Allgemeinwohlinteressen erachtet hat, vielmehr ihnen im Einzelfall besondere Bedeutung beigemessen hat.¹⁹⁷ Wenn mitgliedstaatliche Maßnahmen zurückgewiesen wurden, ist es immer um die Ausscheidung **protektionistischer Wirkungen** einer Maßnahme gegangen.¹⁹⁸ Allerdings wird die Erforderlichkeit der mitgliedstaatlichen Maßnahme streng kontrolliert.¹⁹⁹ Darüber hinaus ist ein **besonderer Schutz** der Umweltbelange zu erkennen, wenn der EuGH die Heranziehung des ungeschriebenen Rechtfertigungsgrundes »Umweltschutz« vereinzelt auch bei **direkten Diskriminierungen** nach der Herkunft zugelassen hat.²⁰⁰ Daher ist mit der Gegenauffassung von einem **relativen Vorrang** des Umweltschutzes auszugehen, der diesem in der Abwägung ein besonderes Gewicht zuweist und dessen Berücksichtigung über verfahrensrechtliche Vorkehrungen verstärkt.²⁰¹ Ein Zurücktreten in der Abwägung gegenüber anderen Zielbestimmungen ist damit aber nicht in jedem Fall ausgeschlossen. Die frühere Ansicht eines grundsätzlichen Nachrangs des Umweltschutzes²⁰² dürfte angesichts der neuerlichen Aufwertung Art. 3 Abs. 3 EUV im Lissabonner Vertrag nicht mehr zu halten sein.

Überwiegend wird die Zielvorgabe eines hohen Umweltschutzniveaus überzeugend als **rechtsverbindlich** erachtet.²⁰³ Dies folgt bereits aus der Entstehungsgeschichte (s. Rn. 47). Allerdings besteht Streit darüber, ob die Vorgabe bei jeder **einzelnen Rechtsetzungsmaßnahme** zu beachten ist oder ob eine saldierende Gesamtbetrachtung für die unionale Umweltpolitik insgesamt ausreichend wäre.²⁰⁴ Letztere Auffassung kann nicht überzeugen. Zum einen fehlt es an Maßstäben für eine **saldierende Gesamtbetrachtung**, bei der bspw. niedrige Luftreinhaltestandards in den Städten den hohen Vorgaben auf dem Land verrechnet werden könnten. Dieser Ansatz würde die praktische Wirksam-

49

---

¹⁹⁶ *Nettesheim*, in: Grabitz/Hilf/Nettesheim, EU, Art. 191 AEUV (Mai 2011), Rn. 122; *Frenz*, NuR 2006, 138 (140); *Schröder*, NuR 1998, 1 (2 f.); vgl. *Krämer*, in: GSH, Europäisches Unionsrecht, Art. 191 AEUV, Rn. 16 ff., der die Zielvorgabe des hohen Schutzniveaus im Einzelfall für nicht durchsetzbar hält, weil er sie – entgegen der Rechtsprechung – nicht auf konkrete Rechtsakte, sondern auf das EU-Umweltrecht allgemein beziehen will.

¹⁹⁷ EuGH, Urt. v. 9.7.1992, Rs. C–2/90 (Kommission/Belgien), Slg. 1992, I–4431, gestattet eine Ausnahme von der Warenverkehrsfreiheit unter Berufung auf das Prinzip der Bekämpfung der Umweltbeeinträchtigung am Ursprung und gestattet damit für das Binnenmarktprogramm völlig atypisch regionale Sonderregelungen.

¹⁹⁸ Instruktiv ist EuGH, Urt. v. 20.9.1988, Rs. C–302/86 (Dänische Pfandflaschen), Slg. 1988 4607, der die Privilegierung dänischer Flaschentypen monierte.

¹⁹⁹ EuGH, Urt. v. 21.12.2011, Rs. C–28/09 (Tirol Autobahn), Slg. 2011, I–13525, Rn. 139 ff.

²⁰⁰ EuGH, Slg. 2001, I–2099, – PreussenElektra; kritisch dazu *Heselhaus*, EuZW 2001, 645 ff.

²⁰¹ *Kahl*, in: Streinz, EUV/AEUV, Art. 191 AEUV, Rn. 35 ff., *Scherer/Heselhaus*, in: Dauses, Handbuch des EU-Wirtschaftsrechts, Abschnitt O, Juni 2010, Rn. 32; *Epiney*, NuR 1995, 497 (500); *Hailbronner*, EuGRZ 1989, 101 (104 f.); *Vorwerk*, Kompetenzen, S. 64, 134; *Zuleeg*, NVwZ 1987, 280 (283 ff.); vgl. *Calliess*, in: Calliess/Ruffert, EUV/AEUV, Art. 191 AEUV, Rn. 21, der den relativen Vorrang aus den Umweltprinzipien, insbesondere dem Vorsorgeprinzip ableiten will.

²⁰² S. *Basedow*, Zielkonflikte und Zielhierarchien im Vertrag über die Europäische Gemeinschaft, in: FS Everling, Bd. I, 1995, S. 49 (67 f.); *Dauses*, RIW 1984, 197 (205); *Sedemund/Montag*, NJW 1989, 1409 (1411).

²⁰³ *Scherer/Heselhaus*, in: Dauses, Handbuch des EU-Wirtschaftsrechts, Kap. O, Rn. 30; *Kahl*, in: Streinz, EUV/AEUV, Art. 191 AEUV, Rn. 47; wohl auch *Calliess*, in: Calliess/Ruffert, EUV/AEUV, Art. 191 AEUV, Rn. 16 ff.; a. A. wohl *Krämer*, in: GSH, Europäisches Unionsrecht, Art. 191 AEUV, Rn. 16 ff.

²⁰⁴ Für Letzteres *Krämer*, ZUR 1997, 303 f.; *Jans/v.d. Heide*, S. 34 ff.; dagegen *Calliess*, in: Calliess/Ruffert, EUV/AEUV, Art. 191 AEUV, Rn. 15.

keit der Norm völlig beseitigen.²⁰⁵ Ihm steht auch die **Entstehungsgeschichte** der Norm entgegen, die eindeutig auf einzelne Rechtsetzungsvorhaben abstellt (s. Rn. 47). Hinzutritt die Aufnahme der Zielvorgabe in die Grundrechtecharta, deren Verbürgungen auf jede Maßnahme als Eingriff anwendbar sind.²⁰⁶ Der systematische Vergleich zeigt, dass der **EuGH** auch unter dem Verbraucherschutz mit einer entsprechenden Zielvorgabe jede einzelne Maßnahme überprüft.²⁰⁷ Aufgrund der Pflicht zur Abwägung mit anderen Allgemeininteressen kommt den Rechtsetzungsorganen aber ein **Gestaltungsspielraum** zu.²⁰⁸ Die Einhaltung von dessen Grenzen unterliegt der **richterlichen Überprüfung**.²⁰⁹ In diesen Grenzen ist die Vorschrift justiziabel. Eine Klage wird aber nur in den besonderen Fällen Erfolg haben, in denen der Gestaltungsspielraum überschritten worden ist. Klageberechtigt sind insbesondere Unionsorgane oder Mitgliedstaaten als privilegierte Kläger nach Art. 263 AEUV. Die Zielvorgabe des Art. 191 Abs. 2 AEUV selbst gewährt unmittelbar **keine subjektiven Rechtspositionen**, weil sie primär den Schutz der Allgemeinheit bezweckt. Doch kann sie im Rahmen von Sekundärrecht für die Anerkennung von (auch) den Einzelnen schützenden Rechtspositionen sprechen, wie das in der Rechtsprechung etwa beim **Recht auf saubere Luft** anerkannt worden ist.²¹⁰

50 In der Literatur ist *Zuleeg*²¹¹ folgend ein **Grundsatz des bestmöglichen Umweltschutzes** entwickelt worden. Ursprünglich stützte sich dieser auf die Regelungen in der Einheitlichen Europäischen Akte und entnahm ihnen in einer Gesamtschau mit anderen Vorschriften der Verträge einen solchen Grundsatz, der in der Abwägung dem Umweltschutz einen **relativen Vorrang** einräumen sollte und so den Gestaltungsspielraum des Gesetzgebers zu Gunsten des Umweltschutzes begrenzte. Diesem Ansatz ist vorgehalten worden, dass er nur das Ergebnis paraphrasiere, welches die konsequente Anwendung der heutigen auf den Umweltschutz ausgerichteten Normen bringe.²¹² Das ist aus heutiger Sicht durchaus überzeugend, doch hat die Ansicht von *Zuleeg* seinerzeit Weitsicht bewiesen und die seitdem erfolgte ständige Verstärkung des Umweltschutzes, insbesondere durch die Absicherung des hohen Schutzniveaus als ein allgemeines Ziel nach Art. 3 Abs. 3 EUV und für alle Rechtsetzungskompetenzen nach Art. 11 AEUV, in ihren **Wirkungen** vorweggenommen.²¹³ Der Grundsatz bestmöglichen Umweltschutzes ist von *Kahl* fortentwickelt und als **Umweltprinzip** ausgestaltet worden.²¹⁴ Danach soll es sich um ein Verfassungsprinzip handeln, aus dem sich verschiedene Handlungsverpflichtungen ableiten lassen, insbesondere eine Auslegungs-, Präferenz-, Abwägungs-,

---

²⁰⁵ *Kahl*, in: Streinz, EUV/AEUV, Art. 191 AEUV, Rn. 69.
²⁰⁶ Vgl. *Rest*, in: Tettinger/Stern, EuGRCh, Art. 37 GRC, Rn. 19.
²⁰⁷ EuGH, Urt. v. 13.5.1997, Rs. C–233/94 (Deutschland/Europäisches Parlament und Rat), Slg. 1997, I–2405 Rn. 48.
²⁰⁸ EuGH, Urt. v. 14.7.1998, Rs. C–284/95 (Safety Hi-Tech), Slg. 1998, I–4301, Rn. 38 ff.; *Pernice*, Die Verwaltung 1989, 1 (9).
²⁰⁹ *Scherer/Heselhaus*, in: Dauses, Handbuch des EU-Wirtschaftsrechts, Abschnitt O, Juni 2010, Rn. 33; vgl. EuGH, Urt. v. 13.5.1997, Rs. C–233/94 (Deutschland/Parlament), Slg. 1997, I–2405, Rn. 48 zur Parallelvorschrift in Art. 114 Abs. 3 AEUV.
²¹⁰ EuGH, Urt. v. 25.7.2008, Rs. C–237/07 (Janecek/Bayern), Slg. 2008, I–6221, Rn. 35 ff., zur Luftqualitätsrahmenrichtlinie 96/62/EG.
²¹¹ *Zuleeg*, NVwZ 1987, 280 ff.
²¹² *Nettesheim*, in: Grabitz/Hilf/Nettesheim, EU, Art. 191 AEUV (Mai 2011), Rn. 122.
²¹³ A.A. *Nettesheim*, in: Grabitz/Hilf/Nettesheim, EU, Art. 191 AEUV (Mai 2011), Rn. 122, der aus der Auslegung der einzelnen Normen gerade einen geringeren Schutz folgert als die Vertreter des Grundsatzes eines bestmöglichen Umweltschutzes.
²¹⁴ *Kahl*, Umweltprinzip und Gemeinschaftsrecht, S. 92 ff.

Kooperationsregel und eine Regel der subjektiven Rechtstellung.[215] Auch diese Ansicht war weitsichtig, da das hohe Umweltschutzniveau in Art. 3 Abs. 3 AEUV zu einem allgemeinen Verfassungsziel erhoben worden ist. Allerdings sind aus heutiger Sicht die einzelnen Elemente klarer aus den einzelnen primärrechtlichen Bestimmungen abzuleiten, etwa eher aus Art. 37 GRC eine Regel für subjektive Rechtsstellungen als aus einem begrifflich wenig strukturierten Umweltprinzip.

Die Verträge kennen **kein** (allgemeines) **subjektives Recht auf Umweltschutz**.[216] Zwar thematisiert **Art. 37 GRC** den Umweltschutz, enthält dem Wortlaut nach aber eine Betonung und Verstärkung der **Integrationsklausel**.[217] In der **Rechtsprechung** sind aber großzügig Vorschriften, die auch dem Schutz der Gesundheit dienen, als im Interesse des Einzelnen stehend qualifiziert worden und darauf gestützte Individualklagen akzeptiert worden.[218] Nach überzeugender Ansicht plädiert die Aufnahme des Umweltschutzes in die Grundrechtecharta für eine weite Zuerkennung subjektiver Rechte im Sekundärrecht.[219] In entsprechenden Situationen kann der Einzelne auch einen zu geringen Schutzstandard monieren. Auch unter der **EMRK** ist **kein Recht auf Umwelt** anerkannt. Doch können einzelne Freiheitsrechte in Einzelfällen einen **Mindestschutz** gewährleisten.[220]

51

Die Vorgabe des hohen Schutzniveaus gilt nur für die **Unionsorgane**, für die **Mitgliedstaaten** nach Maßgabe von Art. 4 Abs. 3 EUV nur bei der **Durchführung** des Unionsrechts.[221] Letztere bleiben dagegen im **nichtharmonisierten Bereich** frei, welchen Schutzstandard sie für sich festlegen wollen.

52

Fraglich ist, ob die Zielbestimmung eines hohen Schutzniveaus auch **Rückschritte** im Umweltschutzniveau zulässt. Diese Frage hat 2015 praktische Relevanz erhalten, als die Juncker-Kommission sog. **Fitness-Checks** für die Umweltrechtsetzung ankündigte, insbesondere im Abfallrecht und für 2016 auch im Naturschutzrecht.[222] 2015 hat der EuGH jedenfalls die Kompetenz der Kommission, Vorschläge noch im Rechtsetzungsverfahren zurückziehen zu können, gestärkt.[223] Sofern es aber um eine Aufweichung der bisherigen Vorgaben geht, steht dem tendenziell das Ziel eines hohen Schutzniveaus entgegen. Eine mögliche Rechtfertigung könnte an das Umsetzungsdefizit in den Mitgliedstaaten anknüpfen.

53

Art. 191 Abs. 2 UAbs. 1 Satz 1 AEUV verlangt ausdrücklich bei der Zielverfolgung die »**Berücksichtigung der unterschiedlichen Gegebenheiten** in den einzelnen Regionen der Union«. Nach allgemeiner Ansicht fallen darunter die **ökologischen** Gegebenheiten, d. h. Umweltbedingungen in den einzelnen Regionen der Union. Umstritten ist, ob damit auch die **wirtschaftliche, kulturelle und soziale** Situation zu berücksichtigen ist.[224] Ausgehend vom Wortlaut ist die weite Auslegung abzulehnen, denn die wirtschaftliche und soziale Situation wird in der Umgangssprache nicht als »Gegebenheit« bezeichnet.

54

---

[215] *Kahl*, Umweltprinzip und Gemeinschaftsrecht, S. 92 ff.
[216] *Nowak*, Grundrechtsdimensionen, Rn. 9, 28 ff.; *Frenz*, HEU 4, Rn. 4310 f.; *Kahl*, in: Streinz, EUV/AEUV, Art. 191 AEUV, Rn. 27.
[217] In Ergänzung zu Art. 11 AEUV enthält Art. 37 GRC die Vorgabe der Verbesserung der Umweltqualität.
[218] *Schroeder*, DVBl 2002, 213 (216 f.).
[219] S. die Kommentierung zu Art. 37 GRC, Rn. 1.
[220] *Heselhaus/Marauhn*, EuGRZ 2005, 549 ff. mit ausführlicher Aufarbeitung der Rspr.
[221] Vgl. *Kahl*, in: Streinz, EUV/AEUV, Art. 191 AEUV, Rn. 47.
[222] Näher dazu Heselhaus, URP 2015, S. 753 (769).
[223] EuGH, Urt. v. 14. 4. 2015, Rs. C–409/13 (Rat/Kommission), ECLI:EU:C:2015:217.
[224] Bejahend *Krämer*, in: GSH, Europäisches Unionsrecht, Art. 191 AEUV, Rn. 20.

Der Vertrag verwendet in dieser Hinsicht in anderen Vorschriften die Bezeichnung »wirtschaftliche und soziale **Entwicklung**«, wie in dem nachfolgenden Art. 191 Abs. 3 AEUV. Beispiele für ökologische Gegebenheiten sind insbesondere **geographische Besonderheiten**, etwa von Inseln oder der alpinen Regionen. In solch ökologisch sensiblen Regionen kann die Klausel zu einer Verschärfung des Schutzniveaus führen, während in anderen Regionen eine Absenkung nicht ausgeschlossen erscheint.[225] Eine Kompensation von Nachteilen zwischen verschiedenen Regionen wird in der Literatur abgelehnt.[226]

IV. Prinzipien der Umweltpolitik (Abs. 2 UAbs. 1)

1. Allgemeines

55 Art. 191 Abs. 2 UAbs. 1 Satz 2 AEUV benennt drei **Grundsätze** des EU-Umweltrechts: das **Vorbeuge- und Vorsorgeprinzip**, das **Prinzip der Bekämpfung am Ursprung** und das **Verursacherprinzip**.[227] Über die Erwähnung des Umweltschutzes in den Vorschriften über die allgemeinen Grundsätze der Union, Art. 3 Abs. 3 EUV sowie Art. 11 AEUV und Art. 37 GRC, finden diese Prinzipien Eingang in die allgemeinen Grundsätze und sind für das **ganze Handeln der Union** relevant. Ferner entfalten sie eine **Ausstrahlungswirkung** auch über das **Prinzip der nachhaltigen Entwicklung** (s. Rn. 82).[228]

56 Die umweltpolitischen Grundsätze wurden mit Ausnahme des Vorsorgeprinzips über die **Einheitliche Europäische Akte** in die Verträge eingeführt. Im Maastricht Vertrag wurde das Vorbeugeprinzip um das **Vorsorgeprinzip** ergänzt und den Prinzipien die **Zielbestimmung eines hohen Schutzniveaus** vorangestellt (s. Rn. 46 ff.).[229] Sie stehen in einem **funktionalen Zusammenhang** mit dem im Amsterdamer Vertrag erfolgten Bekenntnis zu einem **dynamischen Umweltschutz** in Art. 2 EGV (heute Art. 3 Abs. 3 EUV) mit der Vorgabe eines hohen Schutzniveaus und der stetigen Verbesserung der Umweltqualität.

57 Nach überwiegender Ansicht handelt es sich um **Rechtsprinzipien**, die grundsätzlich **justiziabel** sind.[230] Ihre Verbindlichkeit für die EU-Organe ist in der Rechtsprechung anerkannt worden.[231] Ebenso hat die Rechtsprechung die Auffassung bestätigt, dass die Prinzipien in Bezug auf **jede einzelne Maßnahme** der Union eingehalten werden müssen.[232] Die Gegenauffassung, die in den Grundsätzen lediglich einen »rechtlichen Orientierungsrahmen« für die Unionsorgane erblickt, der zudem nur in Bezug auf das gesamte Handeln der Union eingehalten werden müssten,[233] hat sich zu Recht nicht

---

[225] *Epiney*, in: Landmann/Rohmer, Umweltrecht, Art. 191 AEUV, 2016, Rn. 21; *Scherer/Heselhaus*, in: Dauses, Handbuch des EU-Wirtschaftsrechts, Abschnitt O, Juni 2010, Rn. 34.
[226] *Epiney* (Fn. 225), Art. 191 AEUV, Rn. 21.
[227] *Scherer/Heselhaus*, in: Dauses, Handbuch des EU-Wirtschaftsrechts, Abschnitt O, Juni 2010, Rn. 30; *Winter*, ZUR-Sonderheft 2003 S. 137 ff.; s. zu den Prinzipien im Umweltvölkerrecht *de Sadeleer*, Environmental Principles, passim.
[228] S. Art. 11 AEUV, Art. 3 Abs. 3 EUV.
[229] *Krämer*, in: GSH, Europäisches Unionsrecht, Art. 191 AEUV, Rn. 34.
[230] *Scherer/Heselhaus*, in: Dauses, Handbuch des EU-Wirtschaftsrechts, Abschnitt O, Juni 2010, Rn. 30; *Kahl*, in: Streinz, EUV/AEUV, Art. 191 AEUV, Rn. 72; *Calliess*, in: Calliess/Ruffert, EUV/AEUV, Art. 191 AEUV, Rn. 51; *Meßerschmidt*, Europäisches Umweltrecht, § 3 Rn. 72, *Epiney*, Umweltrecht der Europäischen Union, Kap. 5, Rn. 4.
[231] EuGH, Urt. v. 14. 7. 1998, Rs. C–284/95 (Safety Hi-Tech), Slg. 1998, I–4301, Rn. 36.
[232] EuGH, Urt. v. 14. 7. 1998, Rs. C–284/95 (Safety Hi-Tech), Slg. 1998, I–4301, Rn. 37.
[233] *Krämer*, in: GSH, Europäisches Unionsrecht, Art. 191 AEUV, Rn. 35, 37; *Breier*, in: Lenz/Borchardt, EU-Verträge, Art. 191 AEUV, Rn. 12.

durchsetzen können. Ihr steht zum einen die Auslegung nach dem **effet utile** entgegen: Die Prinzipien verlören so ihre effektive Wirkung, weil keine Maßstäbe für eine wertende Gesamtbetrachtung ersichtlich sind. Zum anderen kann nicht überzeugend der Wortlaut (»beruht auf«) gegen die rechtsverbindlichen Wirkungen ins Spiel gebracht werden, da die Verträge auch an anderer Stelle rechtliche Aussagen in eher deskriptiver Weise niederlegen.[234]

Die **Bindungswirkung** der Prinzipien ist je **nach Inhalt unterschiedlich** ausgeprägt und ist im konkreten Einzelfall zu beurteilen. Grundsätzlich sind sie auf **Konkretisierung im Sekundärrecht** angelegt und räumen den Unionsorganen einen **Gestaltungsspielraum** ein.[235] Doch ist nicht ausgeschlossen, dass sich ihre Vorgaben im Einzelfall verdichten, so dass sie **unmittelbare Wirkung** entfalten können. Dann käme eine **Nichtigkeitsklage** (Art. 263 AEUV)[236] oder eine **Untätigkeitsklage** nach Art. 265 AEUV in Betracht. So kann das Vorsorgeprinzip gegen einen zu geringen Schutzstandard in Stellung gebracht werden oder das Verursacherprinzip gegen eine abgabenrechtliche Heranziehung von Nichtverursachern. 58

Die Prinzipien entfalten vielfältige **Funktionen**. Sie steuern die **Rechtsfolgenabschätzung** und erweitern dort den **Handlungsspielraum** der Rechtsetzungsorgane zu Gunsten des Umweltschutzes. Ihnen kommen ferner **Maßstabs- und Abwägungsfunktionen** zu.[237] Sie vermögen einerseits weitreichende Schutzmaßnahmen zu begründen, sind andererseits auch bei der **Begründung** des hohen Schutzniveaus von Rechtsakten zu beachten. Daraus folgt, dass ein **Abweichen** von ihnen seinerseits der **Begründung** bedarf.[238] Des Weiteren zieht die Rechtsprechung die Prinzipien zur **Auslegung** des Sekundärrechts heran.[239] Ferner finden sie Beachtung bei der Überprüfung mitgliedstaatlicher Maßnahmen anhand der Grundfreiheiten (s. Rn. 61).[240] 59

Die Prinzipien stehen in **keinem normativen Rangverhältnis** zueinander.[241] Doch ist allgemein anerkannt, dass dem **Vorsorgeprinzip** eine **zentrale Bedeutung** zukommt, da 60

---

[234] S. die Kommentierung zu Art. 10 EUV, Rn. 2.
[235] GA *Cosmas*, Schlussanträge zu Rs. C–318/98 (Fornasar), Slg. 2000, I–4485, Nr. 32, der die »konstituierenden Merkmale des unantastbaren Kernbereichs« des Art. 191 AEUV für hinreichend bestimmt und unbedingt hält.
[236] Zur Nichtigkeitsklage s. EuGH, Urt. v. 14.7.1998, Rs. C–284/95 (Safety Hi-Tech), Slg. 1998, I–4301; vgl. *Kahl*, in: Streinz, EUV/AEUV, Art. 191 AEUV, Rn. 72 unter zutreffendem Hinweis auf GA *Cosmas*, Schlussanträge zu Rs. C–318/98 (Fornasar), Slg. 2000, I–4485, Nr. 32 zur Schutzniveauklausel.
[237] *Kahl*, in: Streinz, EUV/AEUV, Art. 191 AEUV, Rn. 74.
[238] *Calliess*, in: Calliess/Ruffert, EUV/AEUV, Art. 191 AEUV, Rn. 51 f.; *Frenz*, Umweltrecht, S. 46; *Schröder*, in: Rengeling, EUDUR I, § 9, Rn. 43 ff.
[239] EuGH, Urt. v. 15.10.1999, verb. Rs. C–175/98 u. C–177/98 (Lirussi), Slg. 1999, I–6881 Rn. 50 ff.; Urt. v. 15.6.2000, verb. Rs. C–418/97 u. C–419/97 (ARCO), Slg. 2000, I–4475 Rn. 39 f.; Urt. v. 21.3.2000, Rs. C–6/99 (Greenpeace France), Slg. 2000, I–1651, Rn. 40 ff.; Urt. v. 18.4.2002, Rs. C–9/00 (Palin Granit Oy), Slg. 2002, I–3533, Rn. 23; Urt. v. 9.9.2003, Rs. C–236/01 (Monsanto Agricoltura Italia), Slg. 2003, I–8105, Rn. 110. Weitere Nachweise bei *Wenneras*, CMLRev. 2008, 1645 (1671 ff.).
[240] EuGH, Urt. v. 9.7.1992, Rs. C–2/90 (Kommission/Belgien), Slg. 1992, I–4431,; Urt. v. 1.4.2008, verb. Rs. C–14/06 u. C–295/06 (Dänemark/Kommission), Slg. 2008, I–1649; Urt. v. 19.6.2008, Rs. C–219/07 (Nationale Raad van Dierekwekers en Liefhebbers/Belgien), Slg. 2008 I–4475, Rn. 38.
[241] So die überwiegende Ansicht, *Kahl*, Umweltprinzip, S. 21; *Scherer/Heselhaus*, in: Dauses, Handbuch des EU-Wirtschaftsrechts, Abschnitt O, Juni 2010, Rn. 30; *Schweitzer/Hummer/Obwexer*, Europarecht, Rn. 2249; wohl auch *Breier*, in: Lenz/Borchardt, EU-Verträge, Art. 191 AEUV, Rn. 15, der dem Vorsorgeprinzip eine herausragende Stellung zuerkennt. A. A. *Epiney/Furrer*, EuR 1992, 369 (384 f.).

es Schutzaufgaben konkretisiert und bei nahezu jedem Rechtsetzungsvorhaben relevant wird, während die beiden anderen Prinzipien eher in spezifischen Bereichen wirken.[242]

61   Die drei Umweltprinzipien **verpflichten** primär die **Unionsorgane**, die **Mitgliedstaaten** sind nur an sie bei der **Durchführung** des unionalen Umweltrechts gebunden, insbesondere im Wege der Beachtung bei der Auslegung des Sekundärrechts (s. Rn. 59).[243] Der EuGH hat zu den Prinzipien im Rahmen der **Grundfreiheiten** eine die Handlungsspielräume der Mitgliedstaaten **erweiternde Wirkung** zuerkannt. In der Rs. »wallonische Abfälle« ging es um die Rechtfertigung einer Beschränkung der Entsorgung auf im Inland gelegene Deponien. Dies hat der EuGH unter Rückgriff auf das Prinzip der Bekämpfung am Ursprung akzeptiert.[244] Die Entscheidung verpflichtet aber nicht die Mitgliedstaaten zu einem entsprechenden Handeln, sondern rechtfertigt deren spezifischen Ansatz. Dem liegt die Überlegung zugrunde, dass ein solches Vorgehen auch im Umweltrecht der EU anerkannt wäre.

2. Vorsorge- und Vorbeugungsprinzip

62   Das **Vorbeugungs- und Vorsorgeprinzip** zielt auf die Vermeidung von Umweltbeeinträchtigungen und betont den **Präventionsgedanken**.[245] Umweltschutz soll danach nicht nur reparierend in einer ex-post-Sicht betrieben werden, sondern präventiv antezipierend aus der **ex-ante-Perspektive**.[246] Jenseits dieser allgemeinen Umschreibung ist die genaue Auslegung des Prinzips jedoch umstritten. Hintergrund ist die Entwicklungsgeschichte der Vorschrift. In der Einheitlichen Europäischen Akte war zunächst nur das Vorbeugungsprinzip enthalten gewesen. Über dessen Auslegung entspann sich in der Literatur ein Streit, der – vereinfacht – darum ging, ob das Prinzip in Anlehnung an den englischen und französischen Wortlaut (»that preventive action should be taken«; »les principes de l'action préventive«) auf die **Gefahrenabwehr** beschränkt sei, also einen gewissen Gefährdungsgrad voraussetze, oder ob es in Übereinstimmung mit dem Vorsorgegedanken des deutschen Umweltrechts stärker präventiv auf die **Vermeidung eines Risiko**, d. h. mit einer deutlich geringeren Auslöseschwelle, ausgerichtet sei.[247] Mit der Einführung des Vorsorgeprinzips im Maastricht-Vertrag ist dieser Streit pragmatisch durch die ausdrückliche Anerkennung der Dimension der Risikovermeidung gelöst worden. Je nach früherer Ansicht wird dies als Klarstellung oder als Ausweitung des früheren Ansatzes aufgefasst. Die **Rechtsprechung** verwendet beide Begriffe zusammen und differenziert nicht nach unterschiedlichen Bedeutungen.[248] Nach dem Maastricht Vertrag ist davon auszugehen, dass sich beide Prinzipien ergänzen: Im Vorsorgeprinzip

---

[242] Insbesondere bei Haftungs- und Finanzierungspflichten sowie im Abfallrecht.
[243] S. Art. 4 Abs. 3 EUV.
[244] EuGH, Urt. v. 9.7.1992, Rs. C-2/90 (Kommission/Belgien), Slg. 1992, I-4431.
[245] Vgl. *Calliess*, in: Calliess/Ruffert, EUV/AEUV, Art. 191 AEUV, Rn. 32 ff.; *Nettesheim*, in: Grabitz/Hilf/Nettesheim, EU, Art. 191 AEUV (Mai 2011), Rn. 87 ff.
[246] Vgl. *Kahl*, in: Streinz, EUV/AEUV, Art. 191 AEUV, Rn. 77.
[247] Zum Streit *Scherer/Heselhaus*, in: Dauses, Handbuch des EU-Wirtschaftsrechts, Abschnitt O, Juni 2010, Rn. 36 vgl. *Calliess*, in: Calliess/Ruffert, EUV/AEUV, Art. 191 AEUV, Rn. 32.
[248] EuG, Urt. v. 11.9.2002, Rs. T-13/99 (Pfize), Slg. 2002, II-3305, Rn. 147; EuGH, Urt. v. 9.9.2003, Rs. C-236/01 (Monsanto Agricultura Italia), Slg. 2003, I-8105, Rn. 78 ff.; Urt. v. 5.10. 1999, verb. Rs. C-175/98 u. C-177/98 (Lirussi), Slg. 1999, I-6881, Rn. 51 ff.; Urt. v. 15.6.2000, verb. Rs. C-418/97 u. C-419/97 (ARCO), Slg. 2000, I-4475, Rn. 39; Urt. v. 22.6.2000, Rs. C-318/98 (Fornasar), Slg. 2000, I-4485 Rn. 37.

kommt die Erweiterung des Anwendungsbereichs und im Vorbeugeprinzip die besondere Bedeutung der Gefahrenabwehr zum Ausdruck. Dogmatisch ist eine strikte Trennung der beiden Aspekte nicht sinnvoll,[249] weil die Aspekte der Gefahrenabwehr im Rahmen des gleichzeitig zu beachtenden **Verhältnismäßigkeitsprinzips** in jedem Fall umfassend zum Tragen kommen (s. Rn. 88). Die Gegenauffassung vermag nicht zu überzeugen. Sofern deren Vertreter im Vorsorgeprinzip den weiten Grundsatz erblicken und das Vorbeugeprinzip zu einem »Sockel« des ersteren erklären,[250] wird in der Sache das Vorbeugeprinzip – inkonsequent – als Teil des Vorsorgeprinzips ausgewiesen. Sofern andere Vertreter zwischen dem Bezug auf Gefahren und dem auf Risiken differenzieren wollen,[251] kommen sie nicht umhin zuzugestehen, dass das Vorsorgeprinzip den Schutz vorverlagert, d. h. zeitlich bereits früher zum Einsatz kommt. Das bedeutet aber für die Praxis, dass die verpflichteten Organe es nie bei einer Bewertung nach dem Vorbeugeprinzip belassen können, sondern immer noch zusätzlich das Vorsorgeprinzip beachten müssen. Allen Stellungnahmen ist gemeinsam, dass sie nach Erörterung der Unterschiede zwischen Vorbeuge- und Vorsorgeprinzip dann nur noch – wie hier im Folgenden – den Begriff des Vorsorgeprinzips in einem **einheitlichen Verständnis** verwenden.[252]

Der **Inhalt** des Vorsorgeprinzips ist im **Kern** weitgehend **anerkannt**, in seiner Weite aber **umstritten**. Er führt zu einer **präventiven Vorverlagerung** des Umweltschutzes. Damit sind Umweltbeeinträchtigungen zu vermeiden, auch wenn sie noch nicht die Schwelle der Gefahr überschreiten. Aufgegeben ist eine vorausschauende Fürsorge.[253] Zum anderen fordert und rechtfertigt das Prinzip ein hoheitliches Handeln bereits zu einem **Zeitpunkt**, in dem noch **Unsicherheit** über das Ob und das genaue Ausmaß möglicher Gefahren besteht.[254] In dieser Ausprägung ist das Vorsorgeprinzip ein **allgemeines Prinzip der Risikogesellschaft**. Es verlangt von den rechtsetzenden und rechtsanwendenden Behörden eine Risikobewertung im Rahmen des Risikomanagements (s. Rn. 64). Aus dieser Perspektive erscheint es nur konsequent, dass der EuGH das Vorsorgeprinzip – allerdings in Bezug auf den Schutz der menschlichen Gesundheit – auch in anderen Politikbereichen der EU, wie der Gemeinsamen Agrarpolitik, anwendet.[255]

63

Entscheidend für die Anwendung des Vorsorgeprinzips wird damit der **Begriff des Risikos**. Dieser wird in Literatur und Rechtsprechung **weit ausgelegt**.[256] Das EuG definiert als Risiko jede »**nachteilige Wirkung**« für ein Rechtsgut und bestimmt dessen Ausrichtung als eine »**Funktion der Wahrscheinlichkeit**«.[257] Danach reicht die Möglichkeit, dass es zu einer Beeinträchtigung kommt, aus. Vergleichbar setzt der EuGH beim »Ri-

64

---

[249] So die überwiegende Ansicht, *Breier*, in: Lenz/Borchardt, EU-Verträge, Art. 191 AEUV, Rn. 15; *Caspar*, Rn. 42; *Schmitz*, S. 156f.; *Scherer/Heselhaus*, in: Dauses, Handbuch des EU-Wirtschaftsrechts, Abschnitt O, Juni 2010, Rn. 36.
[250] *Kahl*, in: Streinz, EUV/AEUV, Art. 191 AEUV, Rn. 82.
[251] *Calliess*, in: Calliess/Ruffert, EUV/AEUV, Art. 191 AEUV, Rn. 32.
[252] *Calliess*, in: Calliess/Ruffert, EUV/AEUV, Art. 191 AEUV, Rn. 33; *Kahl*, in: Streinz, EUV/AEUV, Art. 191 AEUV, Rn. 83; *Epiney*, Umweltrecht der Europäischen Union, Kap. 5, Rn. 22.
[253] *Epiney*, Umweltrecht der Europäischen Union, Kap. 21; vgl. *Kahl*, in: Streinz, EUV/AEUV, Art. 191 AEUV, Rn. 77; *Calliess*, in: Calliess/Ruffert, EUV/AEUV, Art. 191 AEUV, Rn. 32.
[254] Vgl. EuGH, Urt. v. 7. 9. 2004, Rs. C–127/02 (Waddenvereniging und Vogelbeschermingsvereniging), Slg. 2004, I–7405, Rn. 57.
[255] EuGH, Urt. v. 5. 5. 1998, Rs. C–180/96 (Vereinigtes Königreich/Kommission), Slg. 1998, I–2265, Rn. 98ff. zur BSE-Problematik.
[256] Zustimmend *Scherer/Heselhaus*, in: Dauses, Handbuch des EU-Wirtschaftsrechts, Abschnitt O, Juni 2010, Rn. 38.
[257] EuG, Urt. v. 11. 9. 2002, Rs. T–13/99 (Pfizer), Slg. 2002, II–3305, Rn. 147.

siko potenziell gefährlicher Auswirkungen« an.[258] In dieser Formulierung werden die **Wahrscheinlichkeit** und die mögliche Gefährlichkeit einer Beeinträchtigung funktional in Beziehung zueinander gesetzt. In dieser Konstellation bleibt der konkrete mögliche Schaden relevant.[259] Allerdings wird die Wahrscheinlichkeitsprognose nicht ohne Rückgriff auf **abstrakte Kausalitätsketten** auskommen, worin die Abkehr von der klassischen Gefahrenabwehr hin zur Risikovorsorge liegt. Grundsätzlich ist die Einsatzschwelle für das Vorsorgeprinzip relativ niedrig. Nach der Rechtsprechung wird allerdings das von jedermann als sozial-adäquat hinzunehmende **Restrisiko** ausgeschlossen.[260]

65 Vor allem im deutschen Schrifttum wird teilweise befürwortet, dass dem Vorsorgeprinzip auch eine **ressourcenökonomische Perspektive** eigen sei, die darauf ausgerichtet sei, den Abbau von Ressourcen schon zu begrenzen, wenn kritische Belastungsgrenzen noch nicht erreicht sind.[261] Grundsätzlich ist eine ressourcenökonomische Perspektive des Vorsorgeprinzips **nicht ausgeschlossen**, sie würde ein entsprechendes Handeln des Gesetzgebers unterstützen, angesichts seines Gestaltungsspielraums aber nicht zwingend einfordern. Sie entspricht der Zielvorgabe in Art. 191 Abs. 1 AEUV. In der Literatur wird aber von anderer Seite befürchtet, dass eine solche Interpretation zur Aushöhlung der Bedeutung des gleichfalls einschlägigen **Nachhaltigkeitsprinzips** führen könnte.[262] Diese Gefahr ist aber gering, da das Nachhaltigkeitsprinzip einerseits in der Ausrichtung auf die Bedürfnisse zukünftiger Generationen eine deutliche **Verstärkung** bringt und anderseits mit dem Austarieren mit wirtschaftlichen und sozialen Anliegen nicht eine Stoßrichtung verfolgt, die mit derjenigen des rein umweltrechtlichen Vorsorgeprinzips identisch ist.

66 Indem das Vorsorgeprinzip die Wahrscheinlichkeit in Bezug zum Umfang des potenziellen Schadens stellt, wird die funktionale Verbindung mit dem **Verhältnismäßigkeitsprinzip** deutlich, das ebenfalls bei der **Abwägung** zwischen Umweltschutz und gegenläufigen Interessen an den Umfang eines möglichen Schadens anknüpft.[263] Aus dieser funktionalen Verbindung folgt zugleich, dass der weite Begriff des Risikos mit seiner relativ niedrigen Schwelle für ein Eingreifen noch nicht abschließend über das Ergebnis der Rechtsetzung entscheidet. Vielmehr müssen die gegenläufigen Interessen nach dem Verhältnismäßigkeitsprinzip abgewogen werden. Danach kann sich der Schutz von nur geringen Umweltbeeinträchtigungen jedenfalls nicht durchsetzen, wenn eine entsprechende Regelung weitgehende negative Wirkungen für andere schützenswerte Interessen hätte.

67 Das Vorsorgeprinzip erfordert eine **Risikoanalyse ex ante**, die in zwei Schritten erfolgt.[264] In einem ersten Schritt muss das mögliche **Risiko ermittelt** und in Bezug auf die Umweltbeeinträchtigung **bewertet** werden. In den Worten des EuGH ist ein wissenschaftliches Verfahren erforderlich, um die »Gefahr zu ermitteln und zu beschreiben,

---

[258] EuGH, Urt. v. 9.9.2003, Rs. C–236/01 (Monsanto Agricoltura Italia), Slg. 2003, I–8105, Rn. 93.
[259] *Scherer/Heselhaus*, in: Dauses, Handbuch des EU-Wirtschaftsrechts, Abschnitt O, Juni 2010, Rn. 38; dagegen für ein Abstellen auf den abstrakten Schaden *Calliess*, in: Calliess/Ruffert, EUV/AEUV, Art. 191 AEUV, Rn. 33.
[260] *Kahl*, in: Streinz, EUV/AEUV, Art. 191 AEUV, Rn. 82, unter Hinweis auf GA Mischo, Schlussanträge zu Rs. C–6/99 (Greenpeace France), Slg. 2000, I–1651 Ziff. 72.
[261] *Appel*, NVwZ 2001, 395 (397); vgl. *Lübbe-Wolff*, NVwZ 1998, 777 (779f.).
[262] *Kahl*, in: Streinz, EUV/AEUV, Art. 191 AEUV, Rn. 83.
[263] *Heselhaus*, Journal for Consumer Policy 2010, 91ff.
[264] *Scherer/Heselhaus*, in: Dauses, Handbuch des EU-Wirtschaftsrechts, Abschnitt O, Juni 2010, Rn. 40; *Heselhaus*, Journal for Consumer Policy, 2010, 91ff.

die Exposition zu bewerten und das Risiko zu bezeichnen«.[265] In einem zweiten Schritt geht es um die **politische »Bestimmung** des für nicht mehr hinnehmbar gehaltenen Risikogrades«.[266] Die Grenzen des Spielraums der Unionsorgane sind dadurch bestimmt, dass sie einerseits nicht abwarten müssen, bis »nachteilige Wirkungen« eintreten.[267] Andererseits dürfen sie aber nicht aufgrund einer »rein hypothetischen Betrachtung« tätig werden.[268] Die **Kommission** stellt in ihrer Mitteilung zum Vorsorgeprinzip darauf ab, ob ein »berechtigter Grund für die Besorgnis besteht, dass die (nur) möglichen Gefahren für Umwelt und Gesundheit von Menschen, Tieren oder Pflanzen nicht hinnehmbar oder mit dem hohen Schutzniveau der [Union] unvereinbar sein können«.[269] Bei Prüfungen von Rechtfertigungen umweltrechtlicher **Eingriffe in Grundfreiheiten** prüft der EuGH relativ **streng**, ob eine »möglichst umfassende Risikobewertung unter besonderer Berücksichtigung der Umstände des konkreten Falles« erfolgt ist.[270] Es ist aber ausreichend, wenn ein Mitgliedstaat »sich auf Indizien stützt, die das Vorhandensein eines spezifischen Risikos [...] erkennen lassen«.[271] Damit reicht es aus, wenn im Ergebnis in einer konkreten Situation bei einem entsprechenden Gefährdungspotenzial die Eignung einer gewählten Maßnahme zur Verminderung der Gefährdung möglich ist.[272] Allerdings prüft der EuGH besonders streng, ob alle anderen möglichen **milderen Mittel** geprüft und vernünftiger Weise als nicht ausreichend angesehen werden durften.[273] Grundsätzlich gelangt dieses Konzept des Risikomanagements bei der Rechtsetzung nach den von der Kommission aufgestellten **Grundsätzen eines guten Regierens** zur Anwendung.[274] Seine strikte Einhaltung des Risikomanagements wird insbesondere im Zusammenhang mit der REACH-Verordnung und der Einstufung von Gefahrstoffen von der Rechtsprechung streng nachgeprüft.[275] Das schließt nicht aus, das bei bekannten Gefahren, wie im Fall von Asbest und Quecksilber, keine aufwändige Risikoanalyse vorgenommen werden muss.[276] Zu beachten ist, dass im Einzelfall auch eine **Umkehr der Beweislast** durch den Gesetzgeber eingeführt werden kann.[277]

---

[265] EuG, Urt. v. 11.9.2002, Rs. T–13/99 (Pfizer), Slg. 2002, II–3305, Rn. 156; ihm folgend EuGH, Urt. v. 23.9.2003, Rs. C–192/01 (Kommission/Dänemark), Slg. 2003, I–9693, Rn. 51.
[266] EuG, Urt. v. 11.9.2002, Rs. T–13/99 (Pfizer), Slg. 2002, II–3305, Rn. 149.
[267] EuG, Urt. v. 11.9.2002, Rs. T–13/99 (Pfizer), Slg. 2002, II–3305, Rn. 141.
[268] EuGH, Urt. v. 9.9.2003, Rs. C–236/01 (Monsanto Agricoltura Italia), Slg. 2003, I–8105, Rn. 106.
[269] KOM(2000) 1, S. 3.
[270] EuGH, Urt. v. 9.9.2003, Rs. C–236/01 (Monsanto Agricoltura Italia), Slg. 2003, I–8105, Rn. 107.
[271] EuGH, Urt. v. 9.9.2003, Rs. C–236/01 (Monsanto Agricoltura Italia), Slg. 2003, I–8105, Rn. 109.
[272] *Scherer/Heselhaus*, in: Dauses, Handbuch des EU-Wirtschaftsrechts, Abschnitt O, Juni 2010 Rn. 41.
[273] EuGH, Urt. v. 21.12.2011, Rs. C–28/09 (Tiroler Autobahn), Slg. 2011, I–13525.
[274] Mitteilung der Kommission vom 25. Juli 2001, »Europäisches Regieren – Ein Weißbuch«, KOM(2001) 428 endg., ABl. 2001 C 287.
[275] EuG, Urt. v. 30.4.2015, Rs. T–135/13 (Hitachi u.a./ECHA) ECLI:EU:T:2015:253.
[276] Vgl. *Krämer*, in: GSH, Europäisches Unionsrecht, Art. 191 AEUV, Rn. 44, mit Hinweisen auf Rechtsetzung, der aber grundsätzlich die Vorgabe einer systematischen Risikoanalyse ablehnt.
[277] *Kahl*, in: Streinz, EUV/AEUV, Art. 191 AEUV, Rn. 84. Zu entsprechenden Bestrebungen im Gefahrstoff- und Gentechnikrecht s. *Calliess*, UTR 90 (2006), 89 (128 ff.); kritisch *Rengeling*, DVBl 2000, 1473 (1479); *Holleben/Schmidt*, NVwZ 2002, 532 ff.

68 Im **Sekundärrecht** der EU ist das Vorsorgeprinzip in vielfältiger Weise umgesetzt worden.[278] Seine präventive Wirkung entfaltet sich nicht nur über **Verbots- und Gebotsvorschriften**, sondern auch durch Instrumente der **Maßnahmenplanung** und der **Umweltverträglichkeitsprüfung**. In einem weiten Sinne sind auch die **Kontrollrechte der Öffentlichkeit**, wie sie insbesondere in der Aarhus Konvention enthalten sind, dem Vorsorgeaspekt verpflichtet. Das gilt für die Öffentlichkeitsbeteiligung in der ex-ante-Perspektive, während Informations- und Klagerechte zwar in konkreten Fällen unmittelbar ex post wirken, aber für andere Fälle eine präventive Wirkung entfalten können.

3. Bekämpfung am Ursprung

69 Das **Prinzip der Bekämpfung von Umweltbeeinträchtigungen am Ursprung** nach Art. 191 Abs. 2 UAbs. 1 S. 2 AEUV ist mit der Einheitlichen Europäischen Akte eingeführt und im Maastricht Vertrag dahingehend präzisiert worden, dass der frühere vage Zusatz »nach Möglichkeit« durch die deutlichere Vorgabe »**vorrangig**« ersetzt worden ist.[279] Damit wird aber **kein Rangverhältnis** zwischen den Umweltprinzipien geschaffen, wie sich schon systematisch daraus ergibt, dass das Vorsorgeprinzip als erstes Umweltprinzip genannt wird und jenes auch Teile des Ursprungsprinzips abdeckt (s. Rn. 63). Das Ursprungsprinzip lässt sich nicht mit der banalen Erkenntnis entkräften, dass letztlich der Mensch Ursprung aller Umweltbeeinträchtigungen sei.[280] Es erfordert, dass Umweltschutzmaßnahmen in der Kausalkette an einer möglichst **weit vorverlagerten Stelle** ansetzen, d. h. **örtlich** so nah wie möglich und **zeitlich** so früh wie möglich.[281] Nach anderer Auffassung soll das Prinzip auf den lokalen Aspekt beschränkt sein und für einen Vorrang von Emissionsnormen vor Immissionsnormen streiten.[282] Einer solch engen Auslegung steht aber der insofern offene Wortlaut entgegen. Zudem fordert das Ursprungsprinzip weiter gehend nicht nur bei den Emissionsnormen vor Ort stehen zu bleiben, sondern über Produkt- oder Produktionsvorschriften bereits die Entstehung von Emissionen (durchaus am selben Ort, aber zeitlich früher) zu verhindern.

70 Grundsätzlich verlangt das Ursprungsprinzip nicht nur, den letzten Verursacher in einer Kausalkette zu verpflichten, sondern **alle** in Frage kommenden **Verursacher** in den Blick zu nehmen und möglichst frühzeitig anzusetzen. Damit ist auch die Frage der **Verursacherauswahl** tangiert. Diese berührt zugleich das **Verhältnismäßigkeitsprinzip**. Nach der Rechtsprechung muss die Belastung der Betroffenen verhältnismäßig sein.[283] Dieser Zusammenhang zeigt, dass auf Basis des Ursprungsprinzips noch keine Vorentscheidung über die endgültige Ausgestaltung einer Rechtsetzungsmaßnahme gefallen

---

[278] S. die Überblicke bei *Scherer/Heselhaus*, in: Dauses, Handbuch des EU-Wirtschaftsrechts, Abschnitt O, Juni 2010, Rn. 41 und *Kahl*, in: Streinz, EUV/AEUV, Art. 191 AEUV, Rn. 46.
[279] *Scherer/Heselhaus*, in: Dauses, Handbuch des EU-Wirtschaftsrechts, Abschnitt O, Juni 2010, Rn. 42.
[280] In diese Richtung aber *Krämer*, in: GSH, Europäisches Unionsrecht, Art. 191 AEUV, Rn. 49.
[281] Zu diesen beiden Aspekten *Scherer/Heselhaus*, in: Dauses, Handbuch des EU-Wirtschaftsrechts, Abschnitt O, Juni 2010, Rn. 42; *Schmitz*, Umweltunion, S. 160; *Schröer*, in: Rengeling, EUDUR, § 9, Rn. 36 f.; *Epiney*, Umweltrecht der Europäischen Union, Kap. 5, Rn. 24, für eine möglichst »rasche« Bekämpfung; *Molkenbur*, DVBl 1990, 677 (679).
[282] *Kahl*, in: Streinz, EUV/AEUV, Art. 191 AEUV, Rn. 87; *Frenz*, Umweltrecht, S. 51.
[283] EuGH, Urt. v. 29.4.1999, Rs. C–293/97 (Standley), Slg. 1999, I–2603, Rn. 44 ff., 53. In diesem Fall rügten Landwirte, dass sie die Lasten der Bekämpfung von Nitratverunreinigungen von Binnengewässern tragen müssten, ohne dass die Ablagerungen aus Industrie und Verkehr angemessen berücksichtigt würden.

ist. Allerdings stellt die Limitierung der Auswahl zwischen Verursachern, die sich aus dem Verhältnismäßigkeitsprinzips ergibt, nicht die rechtliche Verbindlichkeit des Ursprungsprinzips in Frage.[284]

Eine ähnliche Problematik besteht bezüglich des Streits, ob das Ursprungsprinzip vorrangig für eine Regelung von **Emissionsnormen statt** von **Immissionsnormen** plädiert.[285] Diese Fragestellung erscheint grundsätzlich **zu eng** zu sein, denn es sind Emissionen denkbar, die in der Natur abgebaut werden und bei denen daher Immissionsvorschriften sinnvoller erscheinen.[286] Auch sind Immissionsvorschriften neben Emissionsnormen unverzichtbar, weil sie für einen **zusätzlichen Schutz** der Umwelt im Immissionsbereich sorgen können. Letztlich verlangt aber das Ursprungsprinzip den Blick noch weiter nach vorne zu richten, nämlich auf die Produktion, die zu den Emissionen führt. Schließlich wird aber die Auswahl zwischen dem Emissions- und dem Immissionsansatz auch durch das Verhältnismäßigkeitsprinzip bestimmt (s. Rn. 70). 71

Ferner muss auch der **Gleichheitssatz** beachtet werden. Zwar gesteht die Rechtsprechung dem EU-Gesetzgeber die Möglichkeit eines **schrittweisen Vorgehens** zu, das zunächst auf bestimmte Sektoren begrenzt ist, doch ist eine **Rechtspflicht** zur späteren Einbeziehung anderer Verursacherquellen nicht ausgeschlossen.[287] 72

In der **Praxis** ist das Ursprungsprinzip insbesondere im **Abfallrecht** zur Anwendung gekommen. In der oben erwähnten Rs. Wallonische Abfälle hat der EuGH ein nationales Verbot der Ablagerung von ausländischen Abfällen auf inländischen Deponien unter Hinweis auf das Ursprungsprinzip gestützt. Die Entscheidung steht in einem gewissen **Spannungsverhältnis zum Diskriminierungsverbot** in der EU nach der Herkunft, insbesondere weil sie auch als Rechtfertigung eines **Grundsatzes der Inlandsentsorgung** herangezogen wird.[288] Es ist aber zu beachten, dass in diesem Zusammenhang »Nähe« für eine **Verantwortung** für eine nicht übermäßige Belastung der (eigenen) Deponien steht. Daraus folgt aber, dass der Grundsatz der Inlandsentsorgung nicht dort greifen kann, wo aus ökologischer Sicht eine bessere Abfallentsorgung im Ausland geboten ist. Für die **Ausfuhr von Abfällen zur Verwertung** hat der EuGH es überzeugend abgelehnt, eine Beschränkung über Rückgriff auf das Ursprungsprinzip zu rechtfertigen.[289] Bei der Verwertung ist die örtliche Belastung ungleich geringer als bei der Ablagerung auf einer Deponie. 73

Das Ursprungsprinzip kann auch im **Naturschutzrecht** zum Einsatz kommen. So weist das **UN-Übereinkommen über die biologische Vielfalt** von 1992 auf die Bedeutung hin, Ursachen der Verringerung von Biodiversität an ihrem Ursprung zu erkennen und zu bekämpfen.[290] 74

---

[284] So aber *Krämer*, in: GSH, Europäisches Unionsrecht, Art. 191 AEUV, Rn. 48.
[285] Bejahend *Kahl*, in: Streinz, EUV/AEUV, Art. 191 AEUV, Rn. 89, für einen »relativen Vorrang«; ablehnend *Krämer*, in: GSH, Europäisches Unionsrecht, Art. 191 AEUV, Rn. 49.
[286] *Krämer*, in: GSH, Europäisches Unionsrecht, Art. 191 AEUV, Rn. 49.
[287] EuGH, Urt. v. 16.12.2008, Rs. C–127/07 (Emissionshandel), Slg. 2008, I–9895, Rn. 57 und 62.
[288] EuGH, Urt. v. 10.5.1995, Rs. C–422/92 (Kommission/Deutschland), Slg. 1995, I–1097, 1135 ff.
[289] EuGH, Urt. v. 25.6.1998, Rs. C–203/96 (Dusseldorp), Slg. 1998, I–4075, Rn. 25 ff., 33 ff.; Urt. v. 21.3.2000, Rs. C–6/99 (Greenpeace France), Slg. 2000, I–1651, Rn. 48 ff.; Urt. v. 14.10.2004, Rs. C–113/02 (Kommission/Niederlande), Slg. 2004, I–9707, Rn. 21.
[290] 8. Erwägungsgrund Präambel. Vgl. *Kahl*, in: Streinz, EUV/AEUV, Art. 191 AEUV, Rn. 94, der auf die Berücksichtigung des Ursprungsprinzips in der Rs. Bluhme durch GA *Cosmas* verweist. Diese Argumentation hat der EuGH in seiner Entscheidung allerdings nicht aufgegriffen.

4. Verursacherprinzip

75 Art. 191 Abs. 2 UAbs. 2 Satz 1 AEUV enthält das **Verursacherprinzip**. Aufgrund der engeren Umschreibung in der englischen und französischen Fassung (»the polluter should pay« bzw. principe du pollueur-payeur«) wird das Prinzip primär als **Kostenzurechnungsprinzip** verstanden.[291] Danach hat derjenige für die **Beseitigung von Umweltbeeinträchtigungen** aufzukommen, der die Umweltbeeinträchtigung herbeigeführt hat.[292] Zunehmend setzt sich jedoch die Ansicht durch, dass das Verursacherprinzip gleichzeitig eine **materielle Zurechnungsregel** enthält und insofern alle Umweltschutzmaßnahmen, inklusive **ordnungsrechtlicher Vorgaben**, umfasst, sofern diese zur **Finanzierung jener Maßnahmen** durch die Verantwortlichen oder zu Kosten für die angestrebte Verhaltensänderung, etwa im Fall indirekter Verhaltenssteuerung, führen.[293] Nach der **Empfehlung des Rates von 1975** zählen dazu »alle zur Erreichung des festgesetzten Umweltqualitätszieles erforderlichen Aufwendungen sowie die unmittelbar mit der Durchführung von Umweltschutzmaßnahmen verbundenen Verwaltungskosten.«[294] Auch die **Rechtsprechung** geht in Richtung einer Interpretation als materielle Zurechnungsregel, denn sie gestattet eine Kostentragung abstrakt und nicht anhand des realen Beitrags zu berechnen.[295]

76 Der **Verursacherbegriff** wird im Primärrecht **nicht definiert**. Nach Ansicht der Kommission und weiter Teile der Literatur ist er relativ **weit** gefasst: Als Verursacher qualifiziert sich, »wer die Umwelt **direkt oder indirekt belastet** oder eine Bedingung für die Umweltbelastung setzt«.[296] Für die Zurechnung ist die **Kausalität** des Beitrags im Sinne einer conditio sine qua non unter Beachtung des **Äquivalenzprinzips** erforderlich.[297] Erfasst werden sowohl **illegale** als **auch legale Beiträge** der Umweltbelastung.[298] Dieser Verursacherbegriff ist aber **nicht** deckungsgleich mit dem **Begriff des polizeilichen Störers** im deutschen Verwaltungsrecht. Denn der **Zustandsstörer** ist dann nicht erfasst, wenn sein Beitrag bspw. allein darin besteht, dass er Eigentümer eines vom Verhaltensstörer kontaminierten Grundstücks ist. Diese Ansicht liegt auch der Rechtsprechung zugrunde, wenn sie nationale Regelungen der Zustandsstörerhaftung außerhalb des

---

[291] *Scherer/Heselhaus*, in: Dauses, Handbuch des EU-Wirtschaftsrechts, Abschnitt O, Juni 2010, Rn. 45.
[292] EuGH, Urt. v. 29.4.1999, Rs. C–293/97 (Standley), Slg. 1999, I–2603, Rn. 51; vgl. *Kahl*, in: Streinz, EUV/AEUV, Art. 191 AEUV, Rn. 96; *Calliess*, in: Calliess/Ruffert, EUV/AEUV, Art. 191 AEUV, Rn. 38; *Nettesheim*, in: Grabitz/Hilf/Nettesheim, EU, Art. 191 AEUV (Mai 2011), Rn. 107.
[293] Grundsätzlich *Scherer/Heselhaus*, in: Dauses, Handbuch des EU-Wirtschaftsrechts, Abschnitt O, Juni 2010, Rn. 45, *Nettesheim*, in: Grabitz/Hilf/Nettesheim, EU, Art. 191 AEUV (Mai 2011), Rn. 110 f., der insbesondere auf die Einbeziehung von Maßnahmen der indirekten Steuerung hinweist. Nunmehr auch *Calliess*, in: Calliess/Ruffert, EUV/AEUV, Art. 191 AEUV, 39, der unter das Kostentragungsprinzip auch Kosten für Verhaltensänderungen subsumiert; jetzt auch *Kahl*, in: Streinz, EUV/AEUV, Art. 191 AEUV, Rn. 98, unter Aufgabe seiner früheren gegenteiligen Auffassung.
[294] Empfehlung 75/436/Euratom/EAGV/EWGV, ABl. 1975, L 194/1 ff.: »Die Kosten für den Bau, die Beschaffung und den Betrieb der Anlagen zur Überwachung und Kontrolle der Umweltverschmutzung, die von der öffentlichen Hand errichtet werden, können dagegen zu Lasten letzterer gehen.«
[295] EuGH, Urt. v. 16.7.2009, Rs. 254/08 (Futura), Slg. 2009, I–6995, Rn. 50.
[296] Kommission, 1. Umweltaktionsprogramm ABl. 1973, C 112/1 (6). Siehe auch oben Fn. 294.
[297] So *Kahl*, in: Streinz, EUV/AEUV, Art. 191 AEUV, Rn. 96; grundsätzlich bestätigend zur Kausalität EuGH, Urt. v. 4.3.2015, Rs. C–534/13 (Fipa Group), ECLI:EU:C:2015:140, Rn. 57.
[298] *Kahl*, in: Streinz, EUV/AEUV, Art. 191 AEUV, Rn. 96; a.A: *Krämer*, EuGRZ 1989, 353 (357 ff.).

mit der Umwelthaftungsrichtlinie harmonisierten Bereichs des Verursacherprinzips verortet.[299]

Zwar wird auch das Verursacherprinzip gemeinhin als **Rechtsprinzip** qualifiziert, doch ist umstritten, ob es aus sich heraus **anwendbar** ist oder umfassend auf eine Konkretisierung im Sekundärrecht angelegt ist.[300] Hintergrund ist, wie im deutschen Umweltrecht, dass Umweltbeeinträchtigungen **vor** dem regulativen Zugriff durch den Gesetzgeber weitgehend nach dem **Gemeinlastprinzip** der Allgemeinheit zur Last fallen. Es ist dann eine Frage der Politik, inwieweit das Verursacherprinzip zur Anwendung kommt, d. h. wem genau und in welchem Maß ihm die Kosten von Umweltbeeinträchtigung (Verteilung und Berechnung der Kosten) auferlegt werden.[301] Der EuGH hat eine **unmittelbare Anwendbarkeit** des Verursacherprinzips lediglich **gegenüber den Mitgliedstaaten** im nicht-regulierten Bereich ausgeschlossen.[302] Demgegenüber ist aber die **abwehrrechtliche Komponente** des Verursacherprinzips, des grundsätzlichen Verbots, den Nichtverursacher zur Finanzierung jenseits des Gemeinlastprinzips heranzuziehen, **unmittelbar anwendbar**. Dies ist in der Rechtsprechung ausdrücklich bestätigt worden, wenn der EuGH ausführt: »Zum Verursacherprinzip genügt die Feststellung, dass die Inhaber landwirtschaftlicher Betriebe nach der Richtlinie nicht verpflichtet sind, Belastungen zu tragen, die mit der Beseitigung einer Verunreinigung verbunden sind, zu der sie nicht beigetragen haben.«[303] Doch lässt die Rechtsprechung eine **abstrakte Berechnung** der Kostentragung, d. h. unabhängig vom Umfang des spezifischen Beitrags zu.[304] Bei einer besonderen Verantwortungsnähe kommt auch eine Gruppenverantwortlichkeit, etwa in Form von Fondslösungen, in Frage.[305] Eine Querfinanzierung des »Ökostroms« nach dem damaligen deutschen Stromeinspeisungsgesetz hat der EuGH aus dem Blickwinkel des Umweltschutzes bejaht, ohne dabei einen Verstoß gegen das Verursacherprinzip zu problematisieren.[306]

Das Verursacherprinzip hat einen **weiten Anwendungsbereich**. Nach allgemeiner Ansicht bezieht es sich auf die Tragung der **Kosten für die Beseitigung** von Umweltbeeinträchtigungen, d. h. auf die ex-post-Perspektive.[307] Aber auch die Lasten der Vermeidung von möglichen Umweltbeeinträchtigungen werden nach überzeugender Ansicht erfasst.[308] Die rechtsetzenden Organe beziehen die **Vermeidung von Umwelt-**

---

[299] EuGH, Urt. v. 4.3.2015, Rs. C–534/13 (Fipa Group), ECLI:EU:C:2015:140, Rn. 57 ff.
[300] Für die Notwendigkeit einer Konkretisierung *Nettesheim*, in: Grabitz/Hilf/Nettesheim, EU, Art. 191 AEUV (Mai 2011), Rn. 107; *Kahl*, in: Streinz, EUV/AEUV, Art. 191 AEUV, Rn. 101, verneint die »defensive Komponente«, ein Betroffener müsse sich auf das Verhältnismäßigkeitsprinzip berufen. Für die Möglichkeit, dass unter bestimmten Umständen eine Gruppenverantwortlichkeit zwingend festzulegen ist, *Epiney* (Fn. 225), Art. 191 AEUV, Rn. 39.
[301] *Scherer/Heselhaus*, in: Dauses, Handbuch des EU-Wirtschaftsrechts, Abschnitt O, Juni 2010, Rn. 46.
[302] EuGH, Urt. v. 4.3.2015, Rs. C–534/13 (Fipa Group), ECLI:EU:C:2015:140, Rn. 40 f.
[303] EuGH, Urt. v. 29.4.1999, Rs. 293/97 (Standley), Slg. 1999, I–2603 Rn. 51. A.A: *Kahl*, in: Streinz, EUV/AEUV, Art. 191 AEUV, Rn. 101.
[304] EuGH, Urt. v. 16.7.2009, Rs. 254/08 (Futura), Slg. 2009, I–6995, Rn. 50.
[305] *Scherer/Heselhaus*, in: Dauses, Handbuch des EU-Wirtschaftsrechts, Abschnitt O, Juni 2010, Rn. 48; *Reiter*, Entschädigungslösungen für durch Luftverunreinigungen verursachte Distanz- und Summationsschäden, 1998, S. 189 ff.
[306] EuGH, Urt. v. 13.3.2001, Rs. C–379/98 (PreussenElektra), Slg. 2001, I–2099, Rn. 76; dazu *Scherer/Heselhaus*, in: Dauses, Handbuch des EU-Wirtschaftsrechts, Abschnitt O, Juni 2010, Rn. 48.
[307] Vgl. *Kahl*, in: Streinz, EUV/AEUV, Art. 191 AEUV, Rn. 99, der von der »repressiven« Dimension spricht.
[308] *Scherer/Heselhaus*, in: Dauses, Handbuch des EU-Wirtschaftsrechts, Abschnitt O, Juni 2010,

schäden ausdrücklich mit ein.³⁰⁹ Der EuGH zieht in solchen Fällen – wohl sicherheitshalber – das **Vorsorgeprinzip** mit heran.³¹⁰ In der Praxis hat das Verursacherprinzip vor allem im **Abfallrecht** Anwendung gefunden, etwa bei den Regeln über die Kostentragung für die Beseitigung bzw. Entsorgung von Altautos³¹¹ und Elektroschrott.³¹² Zentral ist das Verursacherprinzip für die Richtlinie über die **Umwelthaftung**.³¹³ Ferner wird auch die Kostenanlastung für den **Verbrauch von Wasser** gemäß der WRRL³¹⁴ erfasst. Ausdrücklich bezieht der EuGH in diesem Zusammenhang das Verursacherprinzip sowohl auf die umwelt- als auch auf die **ressourcenbezogenen Kosten**.³¹⁵

79 Zwischen **Beihilfen** und dem Verursacherprinzip kann es zu Spannungen kommen, wenn über sie Kosten für eine mangelhafte **Internalisierung von Umweltkosten** ausgeglichen werden sollen oder die Kosten für die Vermeidung von Umweltbelastungen ersetzt werden sollen.³¹⁶ In den Leitlinien der Kommission zu Umweltbeihilfen ist die Grenzziehung dergestalt erfolgt, dass die betreffenden Beihilfen einen **spezifischen Vorteil** für den Umweltschutz bieten müssen. Sie dürfen nicht lediglich dazu bestimmt sein, einem Unternehmen Investitionskosten zu ersetzen, die allein der Einhaltung gesetzlicher Vorschriften dienen oder der Anpassung an den technischen Fortschritt im Rahmen der üblichen unternehmerischen Investitionen.³¹⁷

80 Das Verursacherprinzip weist zahlreiche Verbindungen zu **anderen Rechtsprinzipien** des Unionsrechts auf. So kann das **Ursprungsprinzip** insbesondere im Rahmen der Auswahl der zur Kostentragung heranzuziehenden Verursacher Einfluss nehmen. Die Kostentragung der Vermeidung zukünftiger Umweltbeeinträchtigung erfolgt nach der Rechtsprechung in Verbindung mit dem **Vorsorgeprinzip**.³¹⁸ Ferner findet das Verursacherprinzip nach der Rechtsprechung im Rahmen des **Verhältnismäßigkeitsprinzips** Anwendung.³¹⁹

81 Das Verursacherprinzip nach Art. 191 AEUV **verpflichtet primär die EU** und ihre Organe. Die **Mitgliedstaaten** werden nur bei der **Durchführung** der EU-Umweltpolitik oder anderer Politiken im Rahmen der Integrationsklausel nach Art. 11 AEUV ver-

---

Rn. 47, zu zukünftigen Umweltbelastungen; *Kahl*, in: Streinz, EUV/AEUV, Art. 191 AEUV, Rn. 99 zur »präventiven Dimension«.

³⁰⁹ S. den Titel der Richtlinie 2004/35/EG über Umwelthaftung zur Vermeidung und Sanierung von Umweltschäden, ABl. 2004, L 143/56.

³¹⁰ EuGH, Urt. v. 9.3.2010, verb. Rs. C–379/08 u. C–380/08 (ERG u. a.), Slg. 2010, I–2007, Rn. 75 und 92 –, differenziert zwischen der Verschlimmerung einer Umweltsituation und –»in Anwendung des Vorsorgegrundsatzes« – dem Auftreten oder Wiederauftreten anderer Umweltschäden.

³¹¹ Richtlinie 2000/53/EG vom 18.9.2000 über Altfahrzeuge, ABl. 2000, L 269/34, zuletzt geändert durch Richtlinie 2008/112/EG, ABl. 2008, L 345/68.

³¹² Richtlinie 2002/96/EG vom 27.1.2003 über Elektro- und Elektronik-Altgeräte, ABl. 2003, L 37/24, zuletzt geändert durch Richtlinie 2008/112/EG, ABl. 2008 L 345/68.

³¹³ Richtlinie 2004/35/EG vom 21.4.2003 über Umwelthaftung zur Vermeidung und Sanierung von Umweltschäden, ABl. 2004, L 143/56.

³¹⁴ Richtlinie 2000/60/EG, ABl. 2000 L 327/1.

³¹⁵ EuGH, Urt. v. 11.9.2014, Rs. C–525/12 (Kommission/Deutschland), ECLI:EU:C:2014:2202, Rn. 44.

³¹⁶ *Scherer/Heselhaus*, in: Dauses, Handbuch des EU-Wirtschaftsrechts, Abschnitt O, Juni 2010, Rn. 50.

³¹⁷ Kommission, Leitlinien für staatliche Umweltschutz- und Energiebeihilfen 2014–2020, ABl. 2014 C 200/1.

³¹⁸ EuGH, Urt. v. 9.3.2010, verb. Rs. C–379/08 u. C–380/08 (ERG u. a.), Slg. 2010, I–2007, Rn. 75 und 92.

³¹⁹ EuGH, Urt. v. 9.3.2010, verb. Rs. C–379/08 u. C–380/08 (ERG u. a.), Slg. 2010, I–2007, Rn. 86.

pflichtet.³²⁰ Dagegen entfaltet das Prinzip gegenüber den Mitgliedstaaten im nicht regulierten Bereich **keine unmittelbaren Wirkungen**.³²¹ Insbesondere können sie in den ihnen verbliebenen Regelungsbereichen sektorielle Umweltabgaben einführen.³²²

V. Weitere relevante primärrechtliche Prinzipien

1. Nachhaltigkeitsprinzip

Das **Prinzip der Nachhaltigkeit** ist nicht in den Art. 191ff. AEUV ausdrücklich verankert. Es ist im **Maastricht Vertrag** zunächst zögerlich in der Ausrichtung auf eine »harmonische und ausgewogene Entwicklung der Wirtschaft«³²³ rezipiert worden. Erst im **Amsterdamer Vertrag** ist das Ziel einer »**nachhaltigen** Entwicklung« in Art. 2 EUV und Art. 2 EGV vorgegeben worden. Zugleich ist es in die Integrationsklausel aufgenommen worden, wonach die Einbeziehung der Erfordernisse des Umweltschutzes insbesondere zur **Förderung einer nachhaltigen Entwicklung** erfolgen muss.³²⁴ Damit erwähnen diese Vorschriften zwar die nachhaltige Entwicklung **separat** vom Ziel des Umweltschutzes, zugleich werden aber auch **Verbindungslinien** deutlich. 82

Im Wesentlichen weist das Prinzip der Nachhaltigkeit **zwei Komponenten** auf. Zum einen verlangt es, dass die Umwelt **auf Dauer**, d.h. insbesondere **generationsübergreifend** geschützt wird.³²⁵ In dieser Ausrichtung ergänzt das Nachhaltigkeitsprinzip das **Vorsorgeprinzip** um eine weite Ausrichtung in die Zukunft.³²⁶ Eine konsequente Umsetzung dieses Aspekts ist geeignet, die Unterschiede zwischen einem ökozentrischen und einem anthropozentrischen Umweltschutz einzuebnen (s. Rn. 21ff.). Nachhaltigkeit bedeutet für **nicht erneuerbare Ressourcen**, dass sie möglichst **sparsam** verbraucht werden. Die Nutzung **erneuerbarer Ressourcen** begrenzt das Prinzip auf ein Maß, das die **Regenerationsfähigkeit** sichert.³²⁷ 83

Zum anderen gebietet das Nachhaltigkeitsprinzip, dass ein **Ausgleich** zwischen der **Trias wirtschaftlicher, sozialer und umweltpolitischer Interessen** gesucht wird.³²⁸ In dieser Funktion streitet es für einen Ausgleich, der auf die Wahrung der **Interessen der Umwelt** ausgerichtet ist.³²⁹ Dies verträgt sich mit dem Ansatz eines **relativen Vorrangs** 84

---

³²⁰ So wohl auch *Kahl*, in: Streinz, EUV/AEUV, Art. 191 AEUV, Rn. 98; a. A. offenbar *Nettesheim*, in: Grabitz/Hilf/Nettesheim, EU, Art. 191 AEUV (Mai 2011), Rn. 116.
³²¹ EuGH, Urt. v. 4.3.2015, Rs. C–534/13 (Fipa Group), ECLI:EU:C:2015:140, Rn. 40f.
³²² EuGH, Urt. v. 13.9.2006, Rs. T–210/02 (British Aggregates/Kommission), Slg. 2006, II–2789, Rn. 115, vgl. *Kahl*, in: Streinz, EUV/AEUV, Art. 191 AEUV, Rn. 98.
³²³ Art. 2 EGV i. F. d. Maastricht Vertrages.
³²⁴ Art. 6 EGV i. F. d. Amsterdamer Vertrages, vgl. Art. 11 AEUV.
³²⁵ *Epiney* (Fn. 225), Art. 191 AEUV, Rn. 48; *Kahl*, in: Streinz, EUV/AEUV, Art. 191 AEUV, Rn. 104; *Frenz*, Umweltrecht, S. 2, 13.
³²⁶ Zum eigenständigen Vorsorgegedanken *Scherer/Heselhaus*, in: Dauses, Handbuch des EU-Wirtschaftsrechts, Abschnitt O, Juni 2010, Rn. 51; enger hingegen *Nettesheim*, in: Grabitz/Hilf/Nettesheim, EU, Art. 191 AEUV (Mai 2011), Rn. 123 (Verschlechterungsverbot bzw. Bestandsschutzprinzip).
³²⁷ *Winter*, ZUR 2003, 137 (144); *Meßerschmidt*, Europäisches Umweltrecht, § 3 Rn. 42; *Epiney* (Fn. 225), Art. 191 AEUV, Rn. 48.
³²⁸ *Scherer/Heselhaus*, in: Dauses, Handbuch des EU-Wirtschaftsrechts, Abschnitt O, Juni 2010, Rn. 51; *Nettesheim*, in: Grabitz/Hilf/Nettesheim, EU, Art. 191 AEUV (Mai 2011), Rn. 123; *Kahl*, in: Streinz, EUV/AEUV, Art. 191 AEUV, Rn. 104; vgl. GA Léger, Schlussanträge zu Rs. C–371/98 (First Corporate Shipping), Slg. 2000, I–9235 Ziff. 54.
³²⁹ Das wird deutlich, wenn die Kommission in der »Strategie der Europäischen Union für die nachhaltige Entwicklung« von 2001, KOM(2001) 264, sowie in der »Neuen Strategie für Nachhaltige

des Umweltschutzes, wie er aus dem Grundsatz eines hohen Umweltschutzniveaus gefolgert wird (s. Rn. 46 ff.). Nicht zufällig sind beide Aspekte, das hohe Schutzniveau und die Nachhaltigkeit in Art. 11 AEUV nicht nur systematisch, sondern auch **funktional verbunden** worden. Das Anliegen der nachhaltigen Entwicklung kann vor allem über **prozedurale Vorschriften** umgesetzt werden, wie das Recht auf Zugang zu Umweltinformationen, das Recht auf Öffentlichkeitsbeteiligung und das Recht auf Zugang zu Gerichten in Umweltangelegenheiten. Aber auch **organisatorische Absicherungen** sind hier zu nennen, wie die Errichtung der Europäischen Umweltagentur und des Beratenden Forums für Umweltfragen.[330] Letztlich entscheidend über den Grad der Verwirklichung ist aber die materielle Abwägung.

2. Integrationsprinzip

85 Das **Integrationsprinzip** war ursprünglich mit der **Einheitlichen Europäischen Akte** in Art. 130r Abs. 2 EWGV nach der Auflistung der Prinzipien des Umweltschutzes eingeführt worden. Es ist seit dem Amsterdamer Vertrag unter den **allgemeinen Bestimmungen** des EG-Vertrages, heute des AEU-Vertrages aufgenommen worden. Damit ist der Umweltschutzgedanke in den Verträgen nach einhelliger Ansicht weiter aufgewertet worden.[331] Im Lissabonner Vertrag konkretisiert die Integrationsklausel in Art. 11 AEUV die Ausrichtung auf den Umweltschutz auf ein hohes Schutzniveau und verbindet dieses **funktional** mit dem **Prinzip der Nachhaltigkeit**. Die Integrationsklausel bezieht sich auf die Einbeziehung des Umweltschutzes in die **anderen Politikbereiche** der Union. Davon zu unterscheiden ist der **integrative Ansatz** innerhalb der Umweltpolitik, der im Sekundärrecht entwickelt worden ist, und der dafür Sorge trägt, dass Erfolge im Hinblick auf den Schutz eines Umweltmediums nicht zu Lasten eines anderen gehen.[332] Zu beachten ist, dass über das Integrationsprinzip die **Ziele und Prinzipien** der Umweltpolitik gemäß Art. 191 Abs. 1 AEUV Eingang in die anderen Unionspolitiken finden.

3. Prinzip gemeinsamer Verantwortung und Partnerschaft

86 Im deutschen Umweltrecht ist in den 1990er Jahren verstärkt das **Kooperationsprinzip** im Umweltrecht thematisiert worden.[333] Dieser ist nicht nur als Ausdruck eines Umweltschutzes als gemeinsame Aufgabe von Staat und Einzelnem (Gesellschaft) aufgefasst worden, sondern teilweise auch als Ausdruck eines Vorrangs einer Eigenverantwortung der Industrie im Sinne eines Vorrangs privater Tätigkeit zum Schutz der Umwelt.[334]

Entwicklung«, KOM(2009) 400, von 2009 als Ziel eine langfristige Perspektive einer wohlhabenderen und gerechteren Gesellschaft insbesondere in einer sauberen, sichereren und gesünderen Umwelt vorgibt; vgl. dazu *Nettesheim*, in: Grabitz/Hilf/Nettesheim, EU, Art. 191 AEUV (Mai 2011), Rn. 123; vgl. auch Schlussfolgerungen des Rates von Göteborg vom 15./16. 6. 2001, SN 200/1/01 REV 1. Für die besondere Beachtung der Umwelt im Rahmen der Nachhaltigkeit *Epiney* (Fn. 225), Art. 191 AEUV, Rn. 46.

[330] Näher dazu *Scherer/Heselhaus*, in: Dauses, Handbuch des EU-Wirtschaftsrechts, Abschnitt O, Juni 2010, Rn. 206 ff. und 212 ff.

[331] *Scherer/Heselhaus*, in: Dauses, Handbuch des EU-Wirtschaftsrechts, Abschnitt O, Juni 2010, Rn. 53; *Calliess*, in: Calliess/Ruffert, EUV/AEUV, Art. 11 AEUV, Rn. 3; *Breier*, in: Lenz/Borchardt, EU-Verträge, Art. 11 AEUV, Rn. 11.

[332] *Kahl*, in: Streinz, EUV/AEUV, Art. 191 AEUV, Rn. 103, spricht vom internen Integrationsprinzip. Allerdings wird hier nicht ein Aspekt bei der Beachtung eines anderen einbezogen, sondern alle Umweltaspekte müssen immer gleichzeitig im Auge behalten werden.

[333] Vgl. dazu *Kahl*, in: Streinz, EUV/AEUV, Art. 191 AEUV, Rn. 112.

[334] Ausführlich zum Kooperationsprinzip im Sinne eines Zusammenwirkens von Staat und Ge-

Dieser Ansatz hat sich im EU-Umweltrecht nicht durchsetzen können. Es gibt keine primärrechtliche Verbürgung eines Kooperationsprinzips jenseits der **Pflicht zur loyalen Zusammenarbeit** nach Art. 4 Abs. 3 EUV, der die Kooperation zwischen Union und den Mitgliedstaaten betrifft. Stattdessen lässt sich **im Sekundärrecht** die Entwicklung einer EU-spezifischen Variante, des **Prinzips gemeinsamer Verantwortung und Partnerschaft** nachweisen.[335] Dieses nimmt den Einzelnen mit in die Verantwortung, weist ihm aber **keine vorrangige Funktion** zu. Dieses Prinzip ist spätestens mit der Rechtsverbindlichkeit von Art. 37 GRC im Lissabonner Vertrag auch **primärrechtlich** unterfüttert. Denn diese Vorschrift weist darauf hin, dass der Einzelne nicht nur Eingriffe in seine Freiheitsrechte zum Schutz der Umwelt dulden muss, sondern zugleich wertet sie die Ausübung von **subjektiven Rechten zum Schutz der Umwelt** auf, wie sie insbesondere in Umsetzung der Aarhus Konvention in das Unionsrecht aufgenommen worden sind.[336]

4. Subsidiaritätsprinzip

Das **Subsidiaritätsprinzip** in Art. 5 EUV gestattet ein Tätigwerden der Union nur, wenn die Ziele des Umweltschutzes nach Art. 191 AEUV auf der Ebene der Mitgliedstaaten **nicht ausreichend** erreicht und auf der Unionsebene wegen ihres Umfangs oder ihrer Wirkungen **besser erreicht** werden können. Das Prinzip erfasst den Umweltschutz, weil dieser zu den konkurrierenden, d. h. **nicht-ausschließlichen Zuständigkeiten** der Union zählt. Das Subsidiaritätsprinzip hat über den Umweltschutz Eingang in die Verträge gefunden. Denn **ursprünglich** war es in einer kürzeren Form (sog. »Besser-Klausel«[337]) nach der **Einheitlichen Europäischen Akte** in Art. 130r Abs. 4 EWGV (Art. 191 AEUV) enthalten gewesen. Seit dem Maastricht Vertrag entfaltet das Prinzip seine Wirkung aus seiner Stellung unter den **allgemeinen Vorschriften** der Verträge. Als **Kompetenzausübungsregel** hat das Subsidiaritätsprinzip für die Umweltpolitik der EU nach Art. 191 AEUV keine besondere Bedeutung entfaltet.[338] Denn die Auswirkungen der meisten Umweltprobleme sind grenzüberschreitend, wie die Verunreinigung der Luft und der Gewässer. Dort, wo solche grenzüberschreitenden Auswirkungen fraglich sind, etwa beim Bodenschutz, der kommunalen Abwasserbeseitigung oder beim Umweltschutz in der Raumplanung zeigt der **systematische Vergleich** mit Art. 192 Abs. 2 AEUV, der entsprechende Rechtsetzungskompetenzen ausdrücklich bereithält, dass auch diese Aspekte vom **weiten Umweltbegriff** des Unionsrechts erfasst werden. Darin wird deutlich, dass der Umweltschutz nicht ein bloßes Anhängsel des Zieles der Schaffung gleicher wirtschaftlicher Wettbewerbsverhältnisse ist, sondern eigenständig eine Angleichung des Umweltschutzes auf einem hohen Niveau in der Union zum Ziel hat. Das Subsidiaritätsprinzip ist seinerzeit nicht eingeführt worden, um möglichst viele Handlungsspielräume der Mitgliedstaaten in der Umweltpolitik zu eröffnen,[339] sondern als Korrektiv des sehr umfassenden Zugriffs der Union in diesem Politikbereich.

87

---

sellschaft, *Rehbinder*, Ziele, Grundsätze, Strategien, Instrumente, in: Hansmann/Sellner, Grundzüge des Umweltrechts, 2012, Kap. 3, Rn. 173 ff.
[335] *Heselhaus*, Emissionsrechtehandel als Instrument einer nachhaltigen Entwicklung, S. 93; ablehnend *Kahl*, in: Streinz, EUV/AEUV, Art. 191 AEUV, Rn. 112.
[336] S. ausführlich dazu die Kommentierung zu Art. 37 GRC, Rn. 5.
[337] *Scherer/Heselhaus*, in: Dauses, Handbuch des EU-Wirtschaftsrechts, Abschnitt O, Juni 2010, Rn. 62.
[338] S. zu Problembereichen *Kahl*, in: Streinz, EUV/AEUV, Art. 191 AEUV, Rn. 104.
[339] So aber in der Tendenz *Calliess*, in: Calliess/Ruffert, EUV/AEUV, Art. 192 AEUV, Rn. 16 ff.

5. Verhältnismäßigkeitsprinzip

88 Art. 5 Abs. 4 EUV enthält den allgemeinen **Verhältnismäßigkeitsgrundsatz**, der verlangt, dass Maßnahmen der Union zur Erreichung ihrer Ziele **geeignet, erforderlich** und **angemessen** sein müssen.³⁴⁰ Diese Vorschrift stellt für den Umweltschutz keine besonderen Vorgaben auf, weil Maßnahmen zum Schutz der Umwelt regelmäßig in Freiheitsrechte Privater eingreifen und daher den gleichlautenden Anforderungen des **grundrechtlichen Verhältnismäßigkeitsprinzips** genügen müssen.³⁴¹ Bei der Anwendung des Grundsatzes im Rahmen von Eingriffen in die **Grundfreiheiten** seitens der Mitgliedstaaten zum Zwecke des Umweltschutzes führt der EuGH eine **strenge Prüfung** durch, die insbesondere die Prognose milderer Mittel im Detail überprüft und die **Kohärenz** der Maßnahmen verlangt.³⁴² Demgegenüber ist die Kontrolldichte bei der Überprüfung von Unionsmaßnahmen i.d.R. reduziert, weil es sich nach Ansicht der EuGH um **komplexe Sachverhalte** handelt, bei deren Bewertung den rechtsetzenden Organen ein weiter Beurteilungs- und Prognosespielraum zuzuerkennen sei.³⁴³ Der Gerichtshof prüft im Ansatz insbesondere lediglich, ob die Maßnahme **offensichtlich ungeeignet** ist.³⁴⁴ Allerdings verwertet er bei der Prüfung alle ihm vorliegenden Informationen.³⁴⁵ Grundsätzlich ist der Gerichtshof der Auffassung, dass das Ziel des Umweltschutzes »sogar beträchtliche negative Folgen wirtschaftlicher Art zum Nachteil bestimmter Wirtschaftsteilnehmer rechtfertigen kann«.³⁴⁶ Dieser **reduzierte Kontrollmaßstab** ist bedenklich. Er mag daraus resultieren, dass die Wahrscheinlichkeit protektionistischer Maßnahmen auf der Ebene der Mitgliedstaaten grösser ist als auf der Unionsebene. Er verschließt sich aber der Erkenntnis, dass auch EU-Maßnahmen Eingriffe in die Grundrechte der Betroffenen darstellen und die Grundrechtecharta insofern keinen verringerten Schutzumfang gewähren will, sondern vielmehr eine (mindestens) Gleichrangigkeit mit dem Schutz unter der EMRK verbindlich vorschreibt.³⁴⁷

VI. Schutzklausel (Abs. 2 UAbs. 2)

89 Art. 191 Abs. 2 UAbs. 2 AEUV enthält eine **spezifische Schutzklausel**, die es den Mitgliedstaaten gestattet, »**vorläufige Maßnahmen**« aus Gründen des Umweltschutzes zu treffen. Die Vorschrift ist erst mit dem **Maastricht Vertrag** in das Umweltkapitel eingefügt worden.³⁴⁸ Sie ähnelt den Schutzverstärkungsklauseln in Art. 114 Abs. IV-IX AEUV und Art. 193 AEUV, indem sie ein Abweichen vom sekundärrechtlichen Harmonisie-

---

³⁴⁰ Aus der Rechtsprechung s. EuGH, Urt. v. 13.11.1990, Rs. C–331/88 (Fedesa), Slg. 1990, I–4023 Rn. 13; Urt. v. 13.5.1997, Rs. C–233/94 (Deutschland/Parlament und Rat), Slg. 1997, I–2405 Rn. 54; Urt. v. 16.2.2006, Rs. C–215/04 (Pedersen), Slg. 2006, I–1465 Rn. 31; *Jans*, Minimum Harmonisation and the Role of the Principle of Proportionality, FS Rehbinder, 2007, S. 705 (709 ff.); *Kahl*, in: Streinz, EUV/AEUV, Art. 191 AEUV, Rn. 106 ff.
³⁴¹ S. Art. 52 Abs. 1 GRCh.
³⁴² EuGH, Urt. v. 21.12.2011, Rs. C–28/09 (Tiroler Autobahn (sektorales Fahrverbot)), 2011, Rn. 118 ff.
³⁴³ EuGH, Urt. v. 13.11.1990, Rs. C–331/88 (Fedesa), Slg. 1990, I–4023 Rn. 14.
³⁴⁴ EuGH, Urt. v. 13.11.1990, Rs. C–331/88 (Fedesa), Slg. 1990, I–4023, Rn. 16.
³⁴⁵ EuGH, Urt. v. 13.11.1990, Rs. C–331/88 (Fedesa), Slg. 1990, I–4023, Rn. 16 f.
³⁴⁶ EuGH, Urt. v. 13.11.1990, Rs. C–331/88 (Fedesa), Slg. 1990, I–4023, Rn. 17; vgl. EuG, Urt. v. 7.3.2013, Rs. T–370/11 (Polen/Kommission), ECLI:EU:T:2013:113, Rn. 42; Urt. v. 17.10.2013, Rs. C–203/12 (Billerud), ECLI:EU:C:2013:664, Rn. 36, 38 f.
³⁴⁷ Art. 53 GRC.
³⁴⁸ S. Art. 130r Abs. 2 UAbs. 2 EGV i.F.d. Maastricht Vertrages.

rungsstand erlaubt. Sie unterscheidet sich aber von jenen, weil sie auf **vorläufige** Maßnahmen beschränkt ist. Sie zielt nicht auf einen dauerhaften Unterschied im Schutzniveau, sondern lässt – in Übereinstimmung mit dem Subsidiaritätsgedanken[349] – ein Handeln der Mitgliedstaaten dort zu, wo die EU **nicht ausreichend schnell** tätig werden kann. In diesem Sinn kann sie zur vorübergehenden Behebung **regionaler Umweltprobleme** in den Mitgliedstaaten zur Anwendung kommen,[350] aber auch bei **unionsweit auftretenden Gefahren** für die Gesundheit, die ein sofortiges Reagieren verlangen, wenn dieses durch die Mitgliedstaaten schneller gewährleistet werden kann.

Die Schutzverstärkungsklausel bezieht sich auf die **Ziele und Grundsätze** des Art. 191 Abs. 1 und 2 AEUV, weil sie diesen nachfolgt und ausdrücklich »im Hinblick hierauf« gewährleistet wird. In der Literatur wird aus diesem Hinweis teilweise ein auf Abs. 2 UAbs. 1 des Art. 191 AEUV beschränkter Bezug gefolgert.[351] Da ein Abweichen nur aus umweltpolitischen Gründen gestattet wird, muss es konsequenter Weise immer um eine **Verstärkung des Schutzniveaus** gehen.[352]

90

Entsprechende **Schutzklauseln im Sekundärrecht** gestatten jeweils das Abweichen von bestimmten Vorgaben einer Richtlinie oder Verordnung. Sie lassen, anders als Art. 193 AEUV, keine alternativen Lösungsansätze zu.[353] Im **Gentechnikrecht** ist es zu einer gewissen »Entfremdung« entsprechender Schutzklauseln gekommen, wenn einzelne Mitgliedstaaten unter Berufung auf diese unbefristete verstärkte Schutzmaßnahmen ergriffen haben. Dort hat der von der Kommission angerufene Rat jeweils mit Mehrheit das sekundärrechtswidrige Vorgehen gebilligt. Die Kommission hat nunmehr reagiert und eine Novellierung vorgeschlagen, die den Bedürfnissen jener Mitgliedstaaten stärker entgegenkommt.[354]

91

Ausdrücklich verlangt die Vorschrift ein **unionsrechtliches Kontrollverfahren**. Damit ist nicht die in jedem Fall einschlägige Rechtskontrolle über den EuGH gemeint, sondern vergleichbar mit Art. 114 Abs. 4-IX AEUV ein **spezifisches Kontrollverfahren** durch die Kommission, die dann gegebenenfalls den EuGH anrufen kann. Die Frage, ob die allgemeine Kontrollbefugnis durch die Kommission, die beim Vertragsverletzungsverfahren ein aufwändiges Vorverfahren voraussetzt, ausreichend ist und daher kein spezielles Kontrollverfahren festgelegt werden müsse, dürfte im Ergebnis zu verneinen sein.[355]

92

---

[349] Vgl. *Calliess*, in: Calliess/Ruffert, EUV/AEUV, Art. 191 AEUV, Rn. 41.

[350] *Calliess*, in: Calliess/Ruffert, EUV/AEUV, Art. 191 AEUV, Rn. 41.

[351] *Calliess*, in: Calliess/Ruffert, EUV/AEUV, Art. 191 AEUV, Rn. 41; *Kahl*, in: Streinz, EUV/AEUV, Art. 191 AEUV, Rn. 114.

[352] *Käller*, in: Schwarze, EU-Kommentar, Art. 191 AEUV, Rn. 40 m. w. N.

[353] So aber *Kahl*, in: Streinz, EUV/AEUV, Art. 191 AEUV, Rn. 115, der sich zu Unrecht auf EuGH, Urt. v. 29.9.1999, Rs. C–232/97 (Nederhoff), Slg. 1999, I–6385 Rn. 51 ff. beruft. Denn im dortigen Fall ging es um Richtlinien, die vor der Einführung des Art. 130t EWGV (Art. 193 AEUV) ergangen waren und Schutzklauseln ohne zeitliche Begrenzung, sozusagen »echte« Vorläufer der Alleingangsklauseln in Art. 193 und Art. 114 AEUV enthielten.

[354] Richtlinie (EU) 2015/412, ABl. 2015, L 68/1.

[355] A.A. wohl *Kahl*, in: Streinz, EUV/AEUV, Art. 191 AEUV, Rn. 116.

VII. Berücksichtigungsgebote (Abs. 3)

1. Allgemeines

93 Gemäß Art. 191 Abs. 3 AEUV muss die Union bei der Erarbeitung ihrer Umweltpolitik **vier Faktoren berücksichtigen**. Diese Vorgaben sind heute Teil des **Regulierungsansatzes** der Kommission »Bessere Rechtsetzung« und insofern in allen Politikbereichen anwendbar.[356] Ihre Einführung in der Umweltpolitik in der Einheitlichen Europäischen Akte reflektiert Befürchtungen der Mitgliedstaaten, dass eine ausreichende Berücksichtigung nicht immer gewährleistet sein könnte.[357] Die Bedeutung der **Berücksichtigungsgebote** ist umstritten. Ein Teil der Literatur misst ihnen nur die Bedeutung technischer Arbeitsleitlinien zu,[358] der EuGH hingegen in Übereinstimmung mit der Gegenauffassung sieht darin **rechtlich verbindliche Vorgaben**, die **gerichtlich nachprüfbar** sind.[359] Dort, wo die Berücksichtigungsgebote komplexe Abwägungen erfordern, zieht sich der EuGH auf die Überprüfung nach **offensichtlichen Beurteilungsfehlern** zurück.[360] Auch wenn sich die Vorschrift auf »die Umweltpolitik« bezieht, müssen die Berücksichtigungsgebote in Bezug auf jede **einzelne Maßnahme** erfüllt sein.[361] Sie müssen nicht ausdrücklich in den Begründungserwägungen erwähnt werden, da sie das Rechtsetzungsverfahren betreffen, nicht aber bestimmte Ergebnisse der Rechtsetzung verbindlich einfordern. Ihre Erwähnung in den Begründungserwägungen empfiehlt sich aber.[362]

2. Verfügbare wissenschaftliche und technische Daten

94 Entscheidungen auf der Grundlage der **verfügbaren wissenschaftlichen und technischen Daten** zu treffen, verlangt bereits das **Verhältnismäßigkeitsprinzip** nach Art. 5 Abs. 4 EUV. Die besondere Erwähnung in Art. 191 AEUV geht auf das Betreiben des Vereinigten Königreichs zurück, das eine entsprechende Absicherung des Handelns der EU im Umweltbereich bis dahin nicht immer für gewährleistet gehalten hatte.[363] Allerdings ist zu beachten, dass das **Vorsorgeprinzip** im Einzelfall auch ein Vorgehen auf **unsicherer Erkenntnislage** gestattet (s. Rn. 63).[364] Im Übrigen ist es grundsätzlich erforderlich auch **internationale Erkenntnisse** zu berücksichtigen. Dabei können sich die EU-Organe auf Daten anderer Institutionen stützen, insbesondere der Europäischen Umweltagentur oder der WHO. Allerdings verfügen sie über einen Beurteilungsspielraum darüber, auf welche Daten sie ihre Entscheidungen letztlich stützen.[365] Der EuGH hat es bei seiner

---

[356] Europäische Kommission, Better Regulation Guidelines, COM(2015) 111, S. 18 ff.
[357] Vgl. *Kahl*, in: Streinz, EUV/AEUV, Art. 191 AEUV, Rn. 117.
[358] Das steht in Parallele zur »Selbstverpflichtung« der Kommission auf die Grundsätze »Besserer Regulierung« (Fn. 356).
[359] EuGH, Urt. v. 14.7.1998, Rs. C–284/95 (Safety Hi-Tech), Slg. 1998, I–4301, Rn. 51 ff.
[360] EuGH, Urt. v. 14.7.1998, Rs. C–284/95 (Safety Hi-Tech), Slg. 1998, I–4301, Rn. 55.
[361] *Scherer/Heselhaus*, in: Dauses, Handbuch des EU-Wirtschaftsrechts, Abschnitt O, Juni 2010, Rn. 73.
[362] *Scherer/Heselhaus*, in: Dauses, Handbuch des EU-Wirtschaftsrechts, Abschnitt O, Juni 2010, Rn. 73; Vgl. EuGH, Urt. v. 14.7.1998, Rs. C–284/95 (Safety Hi-Tech), Slg. 1998, I–4301, Rn. 52.
[363] *Scherer/Heselhaus*, in: Dauses, Handbuch des EU-Wirtschaftsrechts, Abschnitt O, Juni 2010, Rn. 69; *Frenz*, Umweltrecht, Rn. 173; *Kahl*, in: Streinz, EUV/AEUV, Art. 191 AEUV, Rn. 69.
[364] *Scherer/Heselhaus*, in: Dauses, Handbuch des EU-Wirtschaftsrechts, Abschnitt O, Juni 2010, Rn. 69.
[365] GA *Gulmann*, Schlussanträge zu Rs. C–405/92 (Mondiet), Slg. 1993, I–6133, Nr. 25 f.

Bewertung für relevant gehalten, dass eine **fortlaufende Überprüfung** von Regelungen durch die Kommission vorgesehen war.[366]

3. Umweltbedingungen in den einzelnen Regionen der EU

Nach Art. 191 Abs. 3, 2. Spstr. AEUV sind die **Umweltbedingungen in den einzelnen Regionen** der Union zu berücksichtigen. In der Sache geht es um einen interessanten Aspekt der EU-Umweltpolitik, die diese von der Binnenmarktpolitik deutlich unterscheidet: um eine **Differenzierung** in der Rechtsetzung. Doch ist zu beachten, dass der Begriff der Regionen nicht die einzelnen Mitgliedstaaten meint, sondern **geographische Räume**, die durchaus in mehreren Mitgliedstaaten vorkommen können. Ein Anwendungsbeispiel wären die besonderen Regelungen für **städtische Gebiete** in der Richtlinie über saubere Luft.[367] Die Vorschrift steht im systematischen Zusammenhang mit der Vorgabe der Berücksichtigung der unterschiedlichen Gegebenheiten in den einzelnen Regionen der Union nach Art. 191 Abs. 2 UAbs. 1 AEUV. Sie kann im Ergebnis Abweichungen sowohl nach oben als auch nach unten zulassen. Insofern wird sie auch als Ausprägung des Verhältnismäßigkeitsprinzips in Bezug auf die Erforderlichkeit angesehen.[368]

95

4. Vorteile und Belastung aufgrund des Tätigwerdens bzw. Nichttätigwerdens

Die Beachtung der **Vorteile und Belastungen eines Tätigwerdens** der Union nach Art. 191 Abs. 3, 3. Spstr. AEUV ist bereits durch das Prinzip der **Verhältnismäßigkeit** (auf den Stufen der Erforderlichkeit und der Angemessenheit, s. Rn. 88) sowie des **Subsidiaritätsprinzips** (Rn. 87) den Unionsorganen aufgetragen.[369] Nur auf einer solchen Basis kann beurteilt werden, ob die Union Ziele besser als die Mitgliedstaaten im Sinne des Art. 5 Abs. 3 EUV verwirklichen kann. Erforderlich ist eine **Gesamtfolgenabschätzung**, wie sie in der Praxis regelmäßig von der Kommission durchgeführt und kommuniziert wird, nicht nur eine ökonomische Kosten-Nutzen-Analyse.[370] Zu beachten sind nicht nur die **ökologischen, wirtschaftlichen** sowie **sozialen** Auswirkungen, wie von Nachhaltigkeitsprinzip (Rn. 82) gefordert, sondern auch **finanzielle, kulturelle** und **sonstige Aspekte**.[371] Überzeugend wird in der Literatur darauf hingewiesen, dass Zweifel bei der Abwägung der Vorteile und Belastungen nicht zu Lasten des Umweltschutzes gehen dürfen.[372]

96

---

[366] EuGH, Urt. v. 14.7.1998, Rs. C–284/95 (Safety Hi-Tech), Slg. 1998, I–4301, Rn. 51 ff.
[367] Art. 4 Richtlinie 2008/50/EG über Luftqualität und saubere Luft, ABl. 2008, L 152/1.
[368] *Kahl*, in: Streinz, EUV/AEUV, Art. 191 AEUV, Rn. 122.
[369] *Scherer/Heselhaus*, in: Dauses, Handbuch des EU-Wirtschaftsrechts, Abschnitt O, Juni 2010, Rn. 71; enger *Kahl*, in: Streinz, EUV/AEUV, Art. 191 AEUV, Rn. 124, auf die Angemessenheitsprüfung hinweisend.
[370] Vgl. *Kahl*, in: Streinz, EUV/AEUV, Art. 191 AEUV, Rn. 124.
[371] *Schröder*, in: Rengeling, EUDUR I, § 9 Rn. 53; *Calliess*, in: Calliess/Ruffert, EUV/AEUV, Art. 191 AEUV, Rn. 45.
[372] *Scherer/Heselhaus*, in: Dauses, Handbuch des EU-Wirtschaftsrechts, Abschnitt O, Juni 2010, Rn. 71; a. A. *Frenz*, Umweltrecht, Rn. 177.

5. Wirtschaftliche und soziale Entwicklung der Union insgesamt sowie die ausgewogene Entwicklung ihrer Regionen

97 Das Gebot der Berücksichtigung der **wirtschaftlichen und sozialen Entwicklung in den Regionen** der EU geht auf Bedenken einzelner Mitgliedstaaten zurück, eine Umweltpolitik auf einem hohen Schutzniveau könnte ihre wirtschaftliche Entwicklung hemmen. Interessanterweise hat die Vorschrift aber nicht eine Differenzierung zwischen den Mitgliedstaaten zum Ziel, sondern zwischen Regionen.[373] Es handelt sich um die beiden anderen Komponenten der Trias an Gemeinwohlbelangen im **Prinzip der Nachhaltigkeit** (Rn. 82). Die Berücksichtigungspflicht stellt insofern eine frühe Vorwegnahme des Nachhaltigkeitsprinzips dar. Sie sollte daher in diesem Sinne gedeutet werden, d. h. mit einer besonderen Berücksichtigung der Belange des Umweltschutzes in der Abwägung, nicht als eine bloße Wiederholung von Zielen der wirtschaftlichen und sozialen Entwicklung nach Art. 2 EUV. Die Vorschrift enthält **kein Prinzip der regionalen Differenzierung**. Eine solch weite Abweichung vom Grundsatz der Rechtseinheit in der EU hätte einer deutlicheren Kenntlichmachung bedurft.[374] Aus dem grundsätzlichen **Bestreben nach Rechtseinheit** folgt, dass vorrangig Maßnahmen der **finanziellen und sonstigen Förderung** in Frage kommen, und eine inhaltliche Differenzierung lediglich als zweite Option genutzt werden sollte.[375]

VIII. Internationale Zusammenarbeit (Abs. 4)

98 Art. 191 Abs. 4 AEUV bestimmt, dass die **Union und die Mitgliedstaaten** im Rahmen ihrer **jeweiligen Befugnisse** mit dritten Ländern und den zuständigen internationalen Organisationen **zusammenarbeiten**. Diese Vorgabe soll nicht die Zuständigkeit der Mitgliedstaaten berühren, in internationalen Gremien zu verhandeln und internationale Abkommen zu schließen. Im Lissabonner Vertrag ist der frühere Hinweis auf die allgemeine Außenkompetenznorm nach Art. 300 EGV (jetzt Art. 218 AEUV) entfallen. Inhaltlich hat dies keine Folgen,[376] da die Vorschrift des Art. 218 AEUV weiterhin grundsätzlich anwendbar bleibt. Systematisch steht die Vorschrift im Zusammenhang mit dem **Ziel** nach Art. 191 Abs. 1 AEUV Maßnahmen auf internationaler Ebene zur **Bewältigung regionaler oder globaler Umweltprobleme** zu fördern.

99 Die Vorschrift wird in der Literatur als unklar gerügt.[377] Die Rüge bezieht sich zum einen auf die Aussagen zur internationalen Tätigkeit, die zuweilen als überflüssig kritisiert wird, da sich die Außenkompetenz der Union aus der AETR-Rechtsprechung in Verbindung mit der internen Rechtsetzungskompetenz nach Art. 192 AEUV ergebe.[378] Allerdings setzt die AETR-Rechtsprechung – wie der EuGH ausdrücklich mit Bezug auf die Umweltkompetenzen festgestellt hat –, voraus, dass die Union von ihren internen Zuständigkeiten bereits Gebrauch gemacht hat.[379] Die Bedeutung von Art. 191 Abs. 4 AEUV liegt in Übereinstimmung mit Art. 191 Abs. 1 AEUV darin, dass die Union im

---

[373] Diese müssen nicht notwendig grenzüberschreitend sein.
[374] *Scherer/Heselhaus*, in: Dauses, Handbuch des EU-Wirtschaftsrechts, Abschnitt O, Juni 2010, Rn. 72.
[375] Ohne eine solche Rangfolge hingegen *Kahl*, in: Streinz, EUV/AEUV, Art. 191 AEUV, Rn. 125.
[376] *Calliess*, in: Calliess/Ruffert, EUV/AEUV, Art. 191 AEUV, Rn. 53.
[377] *Calliess*, in: Calliess/Ruffert, EUV/AEUV, Art. 191 AEUV, Rn. 54, bezeichnet sie als sprachlich und inhaltlich unklar sowie als überflüssig.
[378] *Epiney* (Fn. 225), Art. 191 AEUV, Rn. 72.
[379] EuGH, Urt. v. 30.5.2006, Rs. C–459/03 (Kommission/Irland), Slg. 2006, I–4635, Rn. 94.

Umweltbereich bereits international tätig werden kann, auch wenn sie noch nicht ihre internen Rechtsetzungskompetenzen ausgenutzt hat.[380] Damit geht die Vorschrift **über die AETR-Rechtsprechung hinaus.**

Ausgehend von der über die AETR-Rechtsprechung hinausgehenden Außenzuständigkeit der Union im Umweltbereich erschließt sich auch der Sinn der Vorgabe in Art. 191 Abs. 4 UAbs. 2 AEUV, dass UAbs. 1 die **Zuständigkeiten der Mitgliedstaaten** nicht berührt. Diese sind grundsätzlich originär aus ihrer **Souveränität** befugt, international im Umweltbereich zu handeln.[381] Da aber UAbs. 1 über die AETR-Rechtsprechung hinausgeht, erschien eine Klarstellung angebracht, dass diese weite Außenkompetenz **nicht** zu einer **ausschließlichen Kompetenz der Union** führt. **100**

Die Kritik der Unklarheit der Regelung in Art. 191 Abs. 4 UAbs. 1 AEUV bezieht sich zum anderen auf die **Abgrenzung der möglichen Außenkompetenzen** der Union im Umweltbereich voneinander. Nach allgemeiner Ansicht ist die Union extern für Umweltregelungen zuständig, die in den Bereich der **Handelspolitik** fallen. Diese entsprechen intern im Wesentlichen den Zuständigkeiten für den Umweltschutz im Rahmen des Binnenmarktes nach Art. 114 AEUV. Internationale Abkommen auf dieser Grundlage werden nach Art. 207 AEUV in Abweichung vom allgemeinen Verfahren nach Art. 218 AEUV geschlossen. Jenseits dieser Zuständigkeit ist in der Literatur umstritten, ob lediglich Art. 192 AEUV (nach zutreffender Ansicht in Verbindung mit Art. 191 Abs. 4 AEUV anstatt der AETR-Rechtsprechung, s. Rn. 100) die alleinige externe Kompetenzgrundlage darstellt oder ob auch Art. 191 Abs. 4 AEUV als Kompetenzgrundlage dienen kann. In beiden Fällen würde das Verfahren nach Art. 218 AEUV einschlägig sein. Nach der überwiegenden Auffassung in der Literatur beschreibt Art. 191 Abs. 4 AEUV eine Aufgabe der Union, ist aber selbst **keine Rechtsetzungskompetenz.**[382] Dafür spricht der ausdrückliche Hinweis in Art. 191 Abs. 4 UAbs. 1 darauf, dass die Vorschrift für die Union und ihre Mitgliedstaaten nur »im Rahmen ihrer jeweiligen Befugnisse« greift.[383] Spezifisch zur Umweltpolitik hat der **EuGH** vor dem Lissabonner Vertrag zu dieser Frage Stellung genommen, als ex-Art. 174 EGV (heute Art. 191 AEUV) noch ausdrücklich auf das Verfahren nach ex-Art. 300 EGV (heute Art. 218 AEUV) verwiesen hatte. Der Gerichtshof hatte grundsätzlich Art. 174 EGV i. V. mit Art. 300 EGV einen eigenen Anwendungsbereich zuerkannt und damit die Vorschrift grundsätzlich als eine externe **Rechtsetzungskompetenz** anerkannt.[384] Er hat aber ihren **Anwendungsbereich** denkbar **eng** konstruiert. Sobald sich ein Abkommen nicht auf die **Einzelheiten der Zusammenarbeit** zwischen der Union und Drittstaaten bzw. internationalen Organisationen beschränkt, sei die Umweltkompetenz nach ex-Art. 175 EGV (heute Art. 192 AEUV) anzuwenden. Da aber in der Regel internationale Abkommen auch Sachfragen regeln, **101**

---

[380] EuGH, Urt. v. 30.5.2006, Rs. C–459/03 (Kommission/Irland), Slg. 2006, I–4635, Rn. 94f.
[381] *Kahl*, in: Streinz, EUV/AEUV, Art. 191 AEUV, Rn. 130, der aus diesem Grund aber die Vorschrift für überflüssig hält.
[382] *Scherer/Heselhaus*, in: Dauses, Handbuch des EU-Wirtschaftsrechts, Abschnitt O, Juni 2010, Rn. 123; vgl. *Horstig*, Die Europäische Gemeinschaft als Partei internationaler Umweltabkommen, 1997, S. 31 ff.; EuGH, C–459/03 (Kommission/Irland), ECLI:EU:C:2006:345, Rn. 90; Gutachten 2/00 (Avis rendu en vertu de l'article 300 CE), Slg. 2001, I–9713, Rn. 44 anerkennt Art. 192 AEUV als Rechtsgrundlage im Außenverhältnis; a. A. *Krämer*, in: GSH, Europäisches Unionsrecht, Art. 191 AEUV, Rn. 78.
[383] *Kahl*, in: Streinz, EUV/AEUV, Art. 191 AEUV, Rn. 128.
[384] EuGH, Gutachten 2/00 (Avis rendu en vertu de l'article 300 CE), Slg. 2001, I–9713, Rn. 43; bestätigt in EuGH, Urt. v. 30.5.2006, Rs. C–459/03 (Kommission/Irland), Slg. 2006, I–4635, Rn. 81, 90f.

war damit die Anwendung des Art. 174 i. V. mit Art. 300 EGV auf **seltene Ausnahmefälle beschränkt**.[385] Im Lissabonner Vertrag ist der Verweis auf Art. 300 EGV (heute Art. 218 AEUV) in der Vorschrift entfallen. Somit haben die Vertragsparteien die Konsequenz aus der Rechtsprechung gezogen und in der Umweltpolitik **nur** noch **Art. 192 AEUV** als relevante externe Rechtsetzungskompetenz erachtet. Die Änderung lässt sich dahin interpretieren, dass nach dem Lissabonner Vertrag die externe Zuständigkeit der Union im Umweltbereich allein aus Art. 192 AEUV folgt.[386]

102 Das **Verfahren** des Abschlusses der internationalen Abkommen im Umweltbereich bestimmt sich nach **Art. 218 AEUV**. Gemäß dessen Abs. 6 gilt im Falle, dass für die interne Zuständigkeit das **ordentliche Gesetzgebungsverfahren** greift, wie in Art. 192 Abs. 1 AEUV ein **Zustimmungserfordernis** seitens des Europäischen Parlaments.

103 Trotz der Ausweitung der Außenkompetenz nach Art. 192 AEUV i. V. mit Art. 191 AEUV über die AETR-Rechtsprechung erwächst der Union **keine** entsprechende **ausschließliche Außenzuständigkeit**. Die Erwähnung der Zuständigkeiten der Mitgliedstaaten in Art. 191 Abs. 4 UAbs. 2 AEUV stellt klar, dass die Außenkompetenz der Union im Umweltbereich die Zuständigkeiten der Mitgliedstaaten unangetastet lässt. Darüber hinaus ist in Übereinstimmung mit der Rechtsprechung davon auszugehen, dass aufgrund der Alleingangsklausel in Art. 193 AEUV für die interne Zuständigkeit in der Umweltpolitik **nie eine abschließende Regelung** vorliegen kann.[387] Die Rechtsetzung auf Unionsebene stellt immer nur eine Mindestharmonisierung dar.[388]

104 Nur in **Ausnahmefällen** hat die Rechtsprechung eine **Kompetenz der Mitgliedstaaten** im Außenverhältnis in der Umweltpolitik **verneint**. Die Rechtsprechung bezieht sich auf Fälle, in denen ein Mitgliedstaat einen Antrag auf Änderung eines internationalen Abkommens gestellt hat, dem auch die Union beigetreten war. Der Fall des Abkommens über Abfallexporte in Drittstaaten, in dem die Kommission die Auffassung ihrer ausschließlichen Zuständigkeit vertrat, war es noch nicht zu einer Befassung des EuGH mit der Angelegenheit gekommen.[389] Doch 2010 entschied der EuGH im Fall eines schwedischen Antrags auf Aufnahme eines Gefahrstoffes in ein internationales Übereinkommen, dass die Mitgliedstaaten zwar ihre Kompetenz zur Antragstellung grundsätzlich behalten hätten, jedoch nach dem **Grundsatz der loyalen Zusammenarbeit** nach Art. 4 Abs. 3 EUV verpflichtet seien, selbständige Anträge zu **unterlassen**, sofern die Kommission dem Rat bereits einen Vorschlag vorgelegt hat oder wenn im Rat eine abgestimmte gemeinsame Strategie für das Vorgehen der EU im Hinblick auf entsprechende Antragstellungen festgelegt worden ist.[390]

---

[385] So die Interpretation und Schlussfolgerung von *Krämer*, in: GSH, Europäisches Unionsrecht, Art. 191 AEUV, Rn. 78.
[386] Vgl. aber *Calliess*, in: Calliess/Ruffert, EUV/AEUV, Art. 191 AEUV, Rn. 53, der der Änderungen keine Auswirkungen auf den Inhalt der Norm beimisst, diese aber gerade nicht als Kompetenznorm qualifiziert.
[387] EuGH, Urt. v. 14. 4. 2005, Rs. C–6/03 (Deponiezweckverband Eiterköpfe), Slg. 2005, I–2753, Rn. 27–32.
[388] Ausführlich dazu die Kommentierung zu Art. 193 AEUV, Rn. 8.
[389] Einzelheiten bei *Krämer*, in: GSH, Europäisches Unionsrecht, Art. 191 AEUV, Rn. 82.
[390] EuGH, Rs. C–246/07 (Kommission/Schweden), Slg. 2010, I–3317; näher dazu *de Baere*, EuR 2011, 405 ff.

Artikel 192 AEUV [Beschlussfassung; Finanzierung; Verursacherprinzip]

(1) Das Europäische Parlament und der Rat beschließen gemäß dem ordentlichen Gesetzgebungsverfahren und nach Anhörung des Wirtschafts- und Sozialausschusses sowie des Ausschusses der Regionen über das Tätigwerden der Union zur Erreichung der in Artikel 191 genannten Ziele.

(2) Abweichend von dem Beschlussverfahren des Absatzes 1 und unbeschadet des Artikels 114 erlässt der Rat gemäß einem besonderen Gesetzgebungsverfahren nach Anhörung des Europäischen Parlaments, des Wirtschafts- und Sozialausschusses sowie des Ausschusses der Regionen einstimmig
a) Vorschriften überwiegend steuerlicher Art;
b) Maßnahmen, die
– die Raumordnung berühren,
– die mengenmäßige Bewirtschaftung der Wasserressourcen berühren oder die Verfügbarkeit dieser Ressourcen mittelbar oder unmittelbar betreffen,
– die Bodennutzung mit Ausnahme der Abfallbewirtschaftung berühren;
c) Maßnahmen, welche die Wahl eines Mitgliedstaats zwischen verschiedenen Energiequellen und die allgemeine Struktur seiner Energieversorgung erheblich berühren.

Der Rat kann auf Vorschlag der Kommission und nach Anhörung des Europäischen Parlaments, des Wirtschafts- und Sozialausschusses und des Ausschusses der Regionen einstimmig festlegen, dass für die in Unterabsatz 1 genannten Bereiche das ordentliche Gesetzgebungsverfahren gilt.

(3) Das Europäische Parlament und der Rat beschließen gemäß dem ordentlichen Gesetzgebungsverfahren und nach Anhörung des Wirtschafts- und Sozialausschusses sowie des Ausschusses der Regionen allgemeine Aktionsprogramme, in denen die vorrangigen Ziele festgelegt werden.

Die zur Durchführung dieser Programme erforderlichen Maßnahmen werden, je nach Fall, nach dem in Absatz 1 beziehungsweise Absatz 2 vorgesehenen Verfahren erlassen.

(4) Unbeschadet bestimmter Maßnahmen der Union tragen die Mitgliedstaaten für die Finanzierung und Durchführung der Umweltpolitik Sorge.

(5) Sofern eine Maßnahme nach Absatz 1 mit unverhältnismäßig hohen Kosten für die Behörden eines Mitgliedstaats verbunden ist, werden darin unbeschadet des Verursacherprinzips geeignete Bestimmungen in folgender Form vorgesehen:
– vorübergehende Ausnahmeregelungen und/oder
– eine finanzielle Unterstützung aus dem nach Artikel 177 errichteten Kohäsionsfonds.

Literaturübersicht

Albin, Zwangsgelder, Mittelkürzung und Umweltinspektionen – Neueste Entwicklungen bei der Vollzugskontrolle von EG-Umweltrecht, DVBl 2000, 1483; *Albrecht*, Umweltqualitätsziele im Gewässerschutzrecht, 2007; *Almeling*, Die Aarhus-Konvention – Auswirkungen auf das deutsche Recht, 2008; *Bäcker*, Die europäische Perspektive im Recht der Finanzierungsabgaben, EuR 2007, 509; *Backes*, Umsetzung, Anwendung und Vollzug europäischer Umweltqualitätsnormen, in: FS Rehbinder, 2007, S. 669; *Ballesteros*, EU Enforcement Policy of Community Environmental law as presented in the Commission Communication on implementing European Community Environmental Law, elni 2009/2, 54; *Bauer*, Die Durchsetzung des europäischen Umweltrechts in Deutschland, 2011; *Becker*, Einführung in die Richtlinie über Umwelthaftung zur Vermeidung und Sanierung von Umweltschäden, NVwZ 2005, 371; *Berner*, Der Habitatschutz im europäischen und deutschen Recht, 2000; *Bick*, Europäische Umweltvereinbarungen im Lichte des Gemeinschaftsrechts, 2003; *Brattig*, Handel mit Treibhausgas-Emissionszertifikaten in der EG, 2004; *Breier*, Art. 130 s Abs. 3 EGV als Rechtsgrundlage für die Verabschiedung von Umweltaktionsprogrammen, ZUR 1995, 302; *Breuer*, Umsetzung von EG-Richtlinien im neuen Energiewirtschaftsrecht, NVwZ 2004, 520; *Burchardi*, Die Novellierung des Gentechnikrechts, ZUR 2009, 9; *Calliess*, Verwaltungsorganisationsrechtliche Konsequenzen des integrierten Umweltschutzes, in: Ruffert (Hrsg.), Recht und Organisation, 2003, S. 73; *ders.*, Die Umweltkompetenz der EG nach dem Vertrag von Nizza – Zum Handlungsrahmen der europäischen Umweltgesetzgebung, ZUR 2003, 129; *Charalampidou*, Der Bodenschutz in der Europäischen Union – der Kampf um eine einheitliche Regelung, EuR 2011, 593; *Duikers*, Die Umwelthaftungsrichtlinie der EG, 2006; *Durner/Ludwig*, Paradigmenwechsel in der europäischen Umweltrechtsetzung?, NuR 2008, 457; *Durner/Walter* (Hrsg.), Rechtspolitische Spielräume bei der Umsetzung der Aarhus-Konvention, 2005; *Epiney*, Regulation and Strategies in European Environmental Law – Some Remarks concerning the »Integrated Approach«, in: Müller-Graff/Selvig (Hrsg.), Regulation Strategies in the European Economic Area, 2008, S. 59; *dies.*, Dezentrale Durchsetzungsmechanismen im gemeinschaftlichen Umweltrecht, ZUR 1996, 229; *dies.*, Umweltrecht in der Europäischen Union, 2013; *Faßbender*, Neues zum Anspruch des Bürgers auf Einhaltung des europäischen Umweltrechts, EuR 2009, 400; *Fischer/Fetzer*, Zulässigkeit einer europäischen Chemikalienagentur mit Entscheidungsbefugnissen, EurUP 2003, 50; *Fleurke/Somsen*, Precautionary regulation of chemical risk: How REACH confronts the regulatory challenges of scale, uncertainty, complexity and innovation, CMLRev. 48 (2011), 357; *Fonk*, Das subjektiv-öffentliche Recht auf ordnungsgemäße Luftreinhalteplanung, NVwZ 2009, 69; *Franzius*, Objektive Rechtskontrolle statt subjektiver Rechtsschutz?, NuR 2009, 384; *Frenz*, EU-Umweltkompetenzen nach Lissabon-Reichweite und Ausübung, UPR 2010, 293; *Führ* (Hrsg.), Praxishandbuch REACH, 2011; *Gellermann*, Europäisierter Rechtsschutz im Umweltrecht, FS Rengeling, 2008, S. 233; *Glaser*, Kompetenzverteilung und Subsidiarität in der Europäischen Gemeinschaft am Beispiel der Bodenschutzrahmenrichtlinie, ZG 2007, 366; *Gundel*, Die energiepolitischen Kompetenzen der EU nach dem Vertrag von Lissabon: Bedeutung und Reichweite des neuen Art. 194 AEUV, EWS 2011, 25; *Haratsch*, Kompetenz und Kompetenzausübung der EU auf dem Gebiet von Energiepolitik und Klimaschutz, Bitburger Gespräche, Jahrbuch 2008/II, S. 79; *Heselhaus*, Gemeinschaftsrechtliche Vorgaben für Straßenbenutzungsgebühren für den Schwerverkehr, EuZW 1993, 311; *ders.*, Emanzipation der Umweltpolitik nach Art. 175 I EGV, NVwZ 1999, 1190; *ders.*, Abgabenhoheit der Europäischen Gemeinschaft in der Umweltpolitik, Berlin, 2001; *ders.*, Emissionsrechtehandel als Instrument einer nachhaltigen Entwicklung, in: Lange (Hrsg.), Nachhaltigkeit im Recht, 2003, S. 173; *ders.*, Der Luftverkehr im Netz des EU-Emissionshandels, SJER 2006/2007, S. 305; *ders.*, Biokraftstoffe und das Recht auf Nahrung, AVR 2009, 93; *Heuser*, Europäisches Bodenschutzrecht, Berlin, 2005; *Hinteregger* (Hrsg.), Environmental Liability and Ecological Damage in European Law, Cambridge, 2008; *Kahl*, Umweltprinzip und Gemeinschaftsrecht: eine Untersuchung zur Rechtsidee des »bestmöglichen Umweltschutzes« im EWG-Vertrag, 1993; *Klinger*, Die neue Luftqualitätsrichtlinie der EU und ihre Umsetzung in deutsches Recht, ZUR 2009, 16; *Klöver*, Klagefähige Individualrechtspositionen im deutschen Umweltverwaltungsrecht und nach Maßgabe von Umweltrichtlinien der Europäischen Gemeinschaft, Münster 2005; *Krämer*, Gedanken zur unmittelbaren Wirkung von Umwelt-Richtlinien der EG, in: FS Rehbinder, 2007, S. 705; *ders.*, The environmental complaint in EU law, JEEPL 2009, 13; *Jack*, Enforcing Member State Compliance with EU Environmental Law: A Critical Evaluation of the Use of Financial Penalties, JEL 2011, 73; *Jarass*, Die Zulässigkeit von Projekten nach FFH-Recht, NuR 2007, 371; *Jarass/Beljin*, Die Bedeutung von Vorrang und Durchführung des EG-Rechts für die nationale Rechtsetzung und Rechtsanwendung, NVwZ 2004, 1; *Jordan*, The Implementation of EU Environmental Policy, in: *ders.*, Environmental Policy in the EU, 2002, S. 301; *Kahl*, Alte und neue Kompetenzprobleme im EG-Umweltrecht – Die geplante Richtlinie zur Förderung erneuerbarer Energien, NVwZ 2009, 265; *Knopp/Scheil*, Aktuelle Entwicklung des europäischen Bodenschutzrechts, EurUP 2005, 106; *Köck*, Rechtsgrundlagen für die Errichtung des kohärenten europäischen Netzes Natura 2000, EurUP 2008, 154; *Köck/Faßbender* (Hrsg.), Klimaschutz durch erneuerbare Energien, 2010; *Mitschang*, Anforderungen der Seveso-II-RL an die örtliche Raumplanung – Teil I und II, UPR 2011, 281, 342; *Müller*, Die Umsetzung der europäischen Nachhaltigkeitsstandards für die Nutzung von Bioenergie in Deutschland, ZUR 2011, 405; *Müller/Bitsch*, Die Umweltkompetenz nach Art. 175 Abs. 2 EG, EurUP 2008, 220; *Rengeling*, Europarechtliche Grundlagen des Kooperationsprinzips, in: Huber (Hrsg.), Das Kooperationsprinzip im Umweltrecht, 1999, S. 53; *Ruffert*, Subjektive Rechte im Umweltrecht der Europäischen Gemeinschaft, 1996; *de Sadeleer/Roller/Dross*, Access to Justice in Environmental Matters and the Role of NGOs. Empirical Findings and Legal Appraisal, 2005; *Sattler*, Der Handel mit Treibhausgaszertifikaten in der Europäischen Union, 2004; *Scheuing*, Umweltschutz auf der Grundlage der EEA, EuR 1989, 152; *Shirvani*, Öffentlichkeitsbeteiligung bei integrierten Vorhabengenehmigungen nach der IVU-RL, NuR 2010, 383; *Schmidt-Kötters/Held*, Die Kompetenzen der EG zur Erhebung von Umweltabgaben und die »Emissionsüberschreitungsabgaben« für Pkw-Hersteller, NVwZ 2009, 1390; *Schmitz*, Die EU als

Umweltunion, 1996; *Schröer*, Die Kompetenzverteilung zwischen der Europäischen Wirtschaftsgemeinschaft und ihren Mitgliedstaaten auf dem Gebiet des Umweltschutzes, 1992; *Schwarz*, Die Außenkompetenz der Gemeinschaft im Spannungsfeld von internationaler Umwelt- und Handelspolitik, ZEuS 2003, 51; *Seiler*, Kompetenz- und verfahrensrechtliche Maßstäbe europäischer Umweltabgaben, EuR 2010, 67; *Somsen*, The Private Enforcement of Member State Compliance with EC Environmental Law: an Unfulfilled Promise?, YEEL 2000, 311; *Stark*, Der Abfallbegriff im europäischen und deutschen Umweltrecht, 2009; *Stoll*, Die Umwelthaftungsrichtlinie – Ordnungsrecht unter der Flagge der Haftung, FS Götz, 2005, S. 485; *Strohmayr*, Kompetenzkollisionen zwischen europäischem und nationalem Recht, 2006; *Stüer/Spreen*, Defizite in der Umsetzung des Europarechts, VerwArch 2005, 174; *Thomsen*, Verwaltungszusammenarbeit bei der Abfallverbringung in der EU, 2010; *Ullrich*, Die Wahl der Rechtsgrundlage als Rechtsproblem des Gemeinschaftsrechts, ZEuS 2000, 243; *Vetter*, Die Kompetenzen der Gemeinschaft zur Gründung von unabhängigen europäischen Agenturen, DÖV 2005, 721; *Wasmeier*, Umweltabgaben und Europarecht, München, 1995; *Wegener*, Rechte des Einzelnen, 1998; *ders.*, Rechtsschutz im europäischen (Umwelt-) Recht, UTR 2008, 319; *Wenneras*, The Enforcement of EC Environmental Law, 2007; *Westbomke*, Die Umsetzung von EU-Richtlinien in nationales Recht, EurUP 2004, 122; *Winter*, Das Klima ist keine Ware, ZUR 2009, 289.

Leitentscheidungen

EuGH, Urt. v. 11. 6.1991, Rs. C–300/89 (Kommission/Rat (Titandioxid)), Slg. 1991, I–2867
EuGH, Urt. v. 14. 7.1994, Rs. C–379/92 (Peralta), Slg. 1994, I–3453
EuGH, Urt. v. 13. 3. 2001, Rs. C–379/98 (PreussenElektra), Slg. 2001, I–2099
EuGH, Gutachten 2/00 vom 6. 12. 2001 (Cartagena Protokoll), Slg. 2001, I–9713
EuGH, Urt. v. 12. 12. 2002, Rs. C–281/01 (Energy Star), Slg. 2002, I–12049
EuGH, Urt. v. 14. 4. 2005, Rs. C–6/03 (Deponiezweckverband Eiterköpfe), Slg. 2005, I–2753
EuGH, Urt. v. 10. 1. 2006, Rs. C–178/03 (Kommission/Parlament und Rat), Slg. 2006, I–107
EuGH, Urt. v. 10. 1. 2006, Rs. C–94/03 (Kommission/Rat), Slg. 2006, I–1
EuGH, Urt. v. 10. 1. 2006, Rs. C–178/03 (Rotterdamer Übereinkommen), Slg. 2006, I–107
EuGH, Urt. v. 21. 12. 2011, Rs. C–366/10 (Air Transport Association of America u. a.), Slg. 2011, I–13755
EuGH, Urt. v. 21. 12. 2011, Rs. C–28/09 (Kommission/Österreich), Slg. 2011, I–13525

Wesentliche sekundärrechtliche Vorschriften

Verordnung (EG) Nr. 761/2001 vom 19. 3. 2001 über die freiwillige Beteiligung von Organisationen an einem Gemeinschaftssystem für das Umweltmanagement und die Umweltbetriebsprüfung (EMAS), ABl. 2001, L 114/1
Richtlinie 2001/42/EG vom 27. 6. 2001 über die Prüfung der Umweltauswirkungen bestimmter Pläne und Programme, ABl. 2001, L 197/30
Richtlinie 2004/35/EG vom 21. 4. 2004 über Umwelthaftung zur Vermeidung und Sanierung von Umweltschäden, ABl. 2004, L 143/56
Richtlinie 2008/99/EG vom 19. 11. 2008 über den strafrechtlichen Schutz der Umwelt, ABl. 2008, L 328/28
Richtlinie 2010/75/EU vom 24. 11. 2010 über Industrieemissionen (integrierte Vermeidung und Verminderung von Umweltverschmutzung), ABl. 2010, L 334/17
Richtlinie 2011/92/EU vom 13. 12. 2011 über die Umweltverträglichkeitsprüfung bei bestimmten öffentlichen und privaten Projekten, ABl. 2012, L 26/1

Inhaltsübersicht

	Rn.
A. Bedeutung und systematischer Überblick	1
B. Entwicklung	11
C. Die allgemeine umweltrechtliche Kompetenznorm (Abs. 1)	15
I. Grundlagen und Umfang	15
II. Überblick über die Regelungsansätze im Sekundärrecht	18
1. Allgemeines Umweltrecht	19
2. Mediales Umweltrecht	24
3. Gefahrstoffrecht, industrielle Risiken und Abfallrecht	28
4. Naturschutzrecht	29

D. Die besondere umweltrechtliche Kompetenznorm (Abs. 2) 30
   I. Grundlagen 30
   II. Die Bereiche des besonderen Gesetzgebungsverfahrens 35
       1. Vorschriften überwiegend steuerlicher Art 35
       2. Maßnahmen der Raumordnung und Bodennutzung 40
       3. Bewirtschaftung der Wasserressourcen 44
       4. Energiepolitische Maßnahmen 46
E. Die spezielle Kompetenznorm für Umweltaktionsprogramme (Abs. 3) 49
F. Die Durchführung und Finanzierung des Umweltrechts (Abs. 4) 55
   I. Grundlagen 55
   II. Finanzierung 57
   III. Durchführung 58
       1. Allgemeines 58
       2. Umsetzung 61
       3. Vollzug 63
       4. Rechtskontrolle 67
G. Zeitliche und finanzielle Übergangsregelungen (Abs. 5) 69
H. Abgrenzung zu anderen Rechtsetzungskompetenzen 73
   I. Grundlagen der Kompetenzabgrenzung 73
   II. Binnenmarktkompetenz, Art. 114 Abs. 1 AEUV 78
   III. Steuerrechtliche Vorschriften, Art. 113 AEUV 79
   IV. Rechtsharmonisierung im Binnenmarkt nach Art. 115 AEUV 80
   V. Die gemeinsamen Sachpolitiken, insbesondere die Gemeinsame Agrarpolitik . 81
   VI. Energiepolitik nach Art. 194 AEUV 82
   VII. Schutz der Arbeitswelt nach Art. 153 AEUV 83
   VIII. Schutz der Gesundheit, Art. 168 AEUV 84
   IX. Bedeutung der Vertragsabrundungsklausel, Art. 352 AEUV 85
X. Außenkompetenzen im Umweltbereich 86

A. Bedeutung und systematischer Überblick

1 Art. 192 AEUV stellt in seiner Hauptfunktion vor allem **Rechtsetzungskompetenzen** der Union für den **Schutz der Umwelt** zur Verfügung.[1] Nach dem Wortlaut wird auf die »Erreichung der in Artikel 191 genannten Ziele« verwiesen. Über diesen Verweis gelangt der **weite Umweltbegriff** des Art. 191 AEUV zur Anwendung,[2] der für einen entsprechend **weiten Anwendungsbereich** dieser Rechtsetzungskompetenz sorgt. Der Vorschrift kommt eine immense Bedeutung für die Errichtung der sog. **Umweltunion**[3] zu, denn sie eröffnet der Umweltpolitik der EU einen Anwendungsbereich jenseits der Rechtsangleichung im Binnenmarkt oder dem Tätigwerden im Rahmen der Gemeinsamen Sachpolitiken. Zugleich **emanzipierte** sie bei ihrer Einführung den Umweltschutz von der Vormundschaft des Binnenmarkts bzw. des früheren Gemeinsamen Marktes, die zuvor Pate für den Umweltschutz gestanden haben.[4] Das ist in diesem Maße nur möglich gewesen, weil der Umweltschutz als ein **eigenständiges Vertragsziel** begriffen –

---

[1] *Epiney*, in: Landmann/Rohmer, Umweltrecht, Art. 192 AEUV (Februar 2012), Rn. 1.
[2] *Käller*, in: Schwarze, EU-Kommentar, Art. 192 AEUV, Rn. 1.
[3] *Scherer/Heselhaus*, in: Dauses, Handbuch des EU-Wirtschaftsrechts, Abschnitt O, Juni 2010, Rn. 1; *Schröder*, in: Rengeling, EUDUR I, § 9, Rn. 12; *Calliess*, EU-Umweltrecht, in: Hansmann/Sellner, Grundzüge des Umweltrechts, 2012, Rn. 141.
[4] S. die umweltpolitischen Maßnahmen, die auf Art. 114 AEUV und seine Vorgänger bzw. auch Art. 115 AEUV und dessen Vorgängervorschriften gestützt wurden, Nachweise bei *Scherer/Heselhaus*, in: Dauses, Handbuch des EU-Wirtschaftsrechts, Abschnitt O, Juni 2010, Rn. 268 ff.

und alsbald auch so im Primärrecht verankert – worden ist.⁵ Damit ist das zusätzlich vorgegebene Ziel eines **hohen Schutzniveaus** zu einem Leitfaden der EU-Umweltpolitik geworden, der einen weit größeren Handlungsspielraum eröffnen konnte als der Bezug der unterschiedlichen umweltpolitischen Vorgaben in den Mitgliedstaaten zum Wettbewerbsrecht im Sinne der Angleichung der Wettbewerbsbedingungen, etwa bei den Emissionsnormen für industrielle Anlagen. Zwar ist eingedenk der Anwendung des **Subsidiaritätsprinzips** ein gewisser grenzüberschreitender Bezug für die unionale Normierung im Umweltrecht zu fordern,⁶ doch sind die Anforderungen daran nicht zu hoch zu setzen, wie z. B. die ausdrückliche Erwähnung des Bodenschutzes in Art. 192 Abs. 2 AEUV i. V. mit der Vorgabe eines hohen Schutzniveaus zeigt. Aufgrund jener Zielvorgabe erscheint die Umweltpolitik **nicht** als ein Anwendungsbereich für ein zerklüftetes Umweltrecht, das **Abweichungen** in den Mitgliedstaaten auch nach unten in weitem Masse zuließe.⁷ Vielmehr ist in Rechtsprechung und Lehre anerkannt, dass über die Alleingangsklausel des Art. 193 AEUV die Rechtsetzungstätigkeit der Union im Bereich der Umweltpolitik grundsätzlich nur Mindestvorgaben aufstellt und einen Spielraum der Mitgliedstaaten für Abweichungen nach oben, d. h. für einen strengeren Umweltschutz gewährleistet.⁸

Umweltschutz ist eine **Querschnittsaufgabe** in der Union: Ausweislich der **allgemeinen Zielvorgabe** und der **Integrationsklausel** in Art. 11 AEUV ist die EU verpflichtet auch in allen anderen Politikbereichen die Ziele des Umweltschutzes einzubeziehen.⁹ Deshalb kommt den Rechtsetzungskompetenzen nach Art. 192 AEUV zum einen eine **ergänzende Funktion** zur Erreichung des Gesamtzieles eines hohen Umweltschutzniveaus zu. Zum anderen wird dadurch eine **Abgrenzung** der verschiedenen Kompetenzen **erforderlich** (s. Rn. 73 ff.). Dabei ist hervorzuheben, dass über Art. 11 AEUV in allen Kompetenzbereichen die materielle Vorgabe eines hohen Schutzniveaus greift, so dass das Schutzniveau keine Relevanz für die Abgrenzungsfrage hat. Ferner sind die Unterschiede zwischen den jeweils einschlägigen **Rechtsetzungsverfahren** heute weitgehend angeglichen, so dass die Abgrenzungsfrage auch aus dieser Perspektive an Brisanz verloren hat. Es bleibt die – oft unterschätzte – Möglichkeit des **Alleingangs** nach Art. 193 AEUV, so dass die Frage der Abgrenzung jedenfalls für die Wahrung der Einheit des Unionsrechts bedeutsam bleibt.¹⁰

2

Für die **Abgrenzungsfrage** wird häufig auf eine Dichotomie von **genuinem** und sonstigem **Umweltrecht** bzw. von direktem und indirektem Umweltschutz zurückgegriffen.¹¹ Beide Begriffspaarbildungen sind nicht wirklich zufriedenstellend. Denn die Unterscheidung von direktem und indirektem Umweltschutz wird ebenso in Bezug auf die Wirkung umweltpolitischer Steuerung verwendet. Beide Steuerungsarten können aber unter Art. 192 AEUV wie auch unter anderen Kompetenznormen zur Anwendung

3

---

⁵ S. heute Art. 3 EUV, Art. 11 AEUV.
⁶ Zur Bedeutung des Subsidiaritätsprinzips in der Umweltpolitik *Epiney* (Fn. 1), Art. 192 AEUV, Rn. 40 ff.
⁷ So auch *Calliess*, in: Calliess/Ruffert, EUV/AEUV, Art. 193 AEUV, Rn. 1; vgl. *Calliess*, EuRUP 2007, 54; *Epiney*, Primärrechtliche Grundlagen, S. 39 ff.; *Kahl*, in: Streinz, EUV/AEUV, Art. 193 AEUV, Rn. 7.
⁸ S. nur EuGH, Rs. C–6/03 (Deponiezweckverband Eiterköpfe), Slg. 2005, I–2753, Rn. 61.
⁹ S. dazu ausführlich die Kommentierung zu Art. 11 AEUV, Rn. 20.
¹⁰ Dies betonen *Scherer/Heselhaus*, in: Dauses, Handbuch des EU-Wirtschaftsrechts, Abschnitt O, Juni 2010, Rn. 108.
¹¹ S. zu beiden Aspekten *Kahl*, in: Streinz, EUV/AEUV, Art. 192 AEUV, Rn. 10.

kommen. Den Begriff »genuin« könnte man zwar in Bezug auf den Naturschutz verwenden, doch ist **historisch** der genuine Umweltschutz ein Schutz der **menschlichen Gesundheit**. Auch erscheinen Emissionsnormen für Anlagen nach Art. 192 AEUV im Vergleich mit Umweltschutzvorgaben für Produkte unter Art. 114 AEUV nicht als genuiner. Allerdings stellt der Begriff »genuin« heraus, dass der Umweltschutz in Art. 192 AEUV als selbsttragendes Ziel und nicht wie in Art. 114 AEUV über die (spezifische) Integrationsklausel auf andere Ziel- und Kompetenzbestimmung »aufgesattelt« verfolgt wird. Eingedenk dieser Klarstellung wird im Folgenden der Begriff des genuinen Umweltschutzes Art. 192 AEUV zugeordnet.

4 Der **Anwendungsbereich** des Umweltschutzes nach Art. 192 AEUV, wie auch über Art. 11 AEUV, ist denkbar **weit**. Dies folgt zum einen aus dem weiten Umweltbegriff. Ferner kennen weder Art. 192 Abs. 1 und 2 AEUV eine Einschränkung auf bestimmte Handlungsinstrumente, so dass grundsätzlich **alle Handlungsinstrumente**, rechtlich verbindliche wie auch unverbindliche, **nach Art. 288 AEUV** grundsätzlich zum Einsatz kommen können.[12] Art. 192 **Abs. 3** AEUV stellt demgegenüber mit den **Umweltaktionsprogrammen** ein besonderes Handlungsinstrument heraus, das aber ansonsten in den Rahmen der ersten beiden Absätze fallen würde.[13] Ferner ist die umweltpolitische Zielvorgabe der Union offen für **unterschiedliche Regulierungsansätze**, von Verboten und Genehmigungsvorbehalten über ökonomische Instrumente, wie den Emissionshandel, bis zur weichen Steuerung über die Information der Verbraucher.[14] Der **Anwendungsbereich** gründet auf der territorialen Anwendung des Unionsrechts, greift aber darüber hinaus. Zum einen erlaubt die Zielausrichtung in Art. 191 Abs. 1 AEUV auch den Erlass von Rechtsakten, die regionale bzw. **globale Umweltprobleme** aufgreifen, auch wenn diese keine unmittelbare Auswirkung in der Union haben, wie etwa die Bekämpfung der Wüstenbildung.[15] Zum anderen hat der EuGH in Bezug auf den Emissionshandel entschieden, dass die Union rechtlich auch an Handlungsweisen von Personen anknüpfen kann, die nicht in der Union ansässig sind, sofern sich die Folgen ihres Handelns (auch) in der EU auswirken. Nach diesem sog. **Auswirkungsprinzip**[16] durfte die EU die Flüge von Luftfahrtunternehmen, die in Drittstaaten ansässig sind, in die und aus der EU dem Emissionshandel unterwerfen, weil nach Ansicht des Gerichtshofes eine ausreichende Verbindung zum Territorium der EU bzw. Mitgliedstaaten dadurch bestehe, dass die Starts und Landungen im Gebiet der Mitgliedstaaten erfolgten.[17] In der Literatur werden für solche Auswirkungen zum Teil hohe Anforderungen an den Kausalitätsnachweis gestellt.[18]

---

[12] Allg. Ansicht, s. nur *Krämer*, in: GSH, Europäisches Unionsrecht, Art. 192 AEUV, Rn. 6.
[13] Die Umweltaktionsprogramme ergehen in der Form eines Beschlusses, s. Beschluss Nr. 1386/2013 vom 20.11.2013 über ein allgemeines Umweltaktionsprogramm der Union für die Zeit bis 2020 »Gut leben innerhalb der Belastbarkeitsgrenzen unseres Planeten«, ABl. 2013, L 354/171.
[14] S. den Überblick unter Rn. 18 ff.
[15] S. die Kommentierung zu Art. 191 AEUV, Rn. 24.
[16] S. dazu EuGH Urt. v. 14.7.1994, Rs. C–379/92 (Peralta), Slg. 1994, I–3453, Rn. 57; Urt. v. 14.7.1998, Rs. C–284/95 (Safety Hi-Tech), Slg. 1998, I–4301, Rn. 43; Gutachten 2/00 (Cartagena Protokoll), Slg. 2001, I–9713, Rn. 44; *Nettesheim*, in: Grabitz/Hilf/Nettesheim, EU, Art. 192 AEUV (Mai 2011), Rn. 6.
[17] S. ausführlich EuGH, Urt. v. 21.12.2011, Rs. C–366/10 (Air Transport Association of America u.a.), Slg. 2011, I–13755.
[18] *Nettesheim*, in: Grabitz/Hilf/Nettesheim, EU, Art. 192 AEUV (Mai 2011), Rn. 6.

Die Vorgaben eines **hohen Umweltschutzniveaus** bindet grundsätzlich **alle EU-Organe**, neben der Kommission für ihre Rechtsetzungsvorschläge, insbesondere Rat und das Europäische Parlament in ihren legislativen Funktionen. Aufgrund des großen Beurteilungsspielraums wird sich aber nur in gravierenden Einzelfällen eine Pflicht zum Tätigwerden ergeben.[19] **Aufforderungsrechte** gegenüber der Kommission haben sowohl Rat als auch das Europäische Parlament sowie – limitiert – eine Europäische Bürgerinitiative. Die Kommission kann nach Ansicht des EuGH bis weit in das Rechtsetzungsverfahren hinein, ihre Vorschläge **zurückziehen**.[20] Macht sie das nicht, sind der Rat und das Parlament, außer in den erwähnten Sonderfällen, nicht zur Annahme der Vorschläge der Kommission verpflichtet. In der Praxis gibt es eine Reihe von Rechtsetzungsvorschlägen, die durch **Nichterörterung** im Rat obsolet geworden sind.[21] Sofern der Rat aber tätig werden möchte, kommt den **Vorschlägen** der Kommission großes Gewicht zu, weil der Rat von ihnen nur **einstimmig abweichen** kann.[22]

Im Wesentlichen befasst sich Art. 192 AEUV mit den **Rechtsetzungskompetenzen** der EU im Umweltschutz. **Abs. 1** stellt die **allgemeine Rechtsetzungskompetenz** zur Verfügung, die auf das ordentliche Gesetzgebungsverfahren verweist und damit Mehrheitsentscheidungen im Rat ermöglicht. **Abs. 2** stellt nach überzeugender Ansicht (Rn. 30 ff.) eine **besondere Rechtsetzungskompetenz** für einzeln aufgezählte Bereiche dar, die im Rat Einstimmigkeit verlangt. Zusätzlich bringt **Abs. 3** eine **spezielle Rechtsetzungskompetenz** für Umweltaktionsprogramme. Der Sinn der Vorschrift liegt nicht in der Bereitstellung der Kompetenz, die schon zuvor über Abs. 1 vorhanden gewesen wäre, sondern in der Vorgabe, dass die Umweltaktionsprogramm als **Rechtsakte** und nicht mehr als politische Mitteilungen zu verabschieden sind. In **Abs. 4** wird die **Finanzierung und Durchführung** der EU-Umweltpolitik thematisiert, die maßgeblich in den Händen der Mitgliedstaaten liegt. Kompetenzrechtlich gibt die Vorschrift ein **Regel-Ausnahme-Verhältnis** vor und wirkt so wie eine **Kompetenzausübungsschranke** (s. Rn. 55 f.). Der **Abs. 5** gewährt einen **Anspruch auf Übergangsmaßnahmen**, der sich an die rechtsetzenden Organe richtet. Die zur Verfügung gestellten Optionen – temporäre Ausnahme bzw. solidarische Finanzierung – wirken sich bereits auf die Meinungsbildung in Rat, Europäischem Parlament und Kommission bei Konzeption und Erörterung konkreter Rechtsakte aus.

Die Umweltpolitik in der Union ist in (mindestens) **zwei Ebenen** angelegt. Neben dem **zentralen** Umweltschutz **unmittelbar** durch EU-Institutionen in der Rechtsetzung oder im Vollzug, werden **dezentral** die Mitgliedstaaten in der Umsetzung des Unionsrechts einbezogen. Normativ legt Art. 192 Abs. 4 AEUV die Finanzierung und Durchführung der Umweltpolitik **im Regelfall in die Zuständigkeit der Mitgliedstaaten** (s. Rn. 55 ff.). Nach Schätzungen werden bis zu **70 %** des nationalen Umweltrechts durch die Legislativakte der Union geprägt.[23] Zählt damit die Umweltpolitik zu den **geteilten Zuständigkeiten** nach Art. 4 Abs. 2 Buchst. e AEUV, sind gemäß Art. 5 Abs. 3 und 4 EUV das **Subsidiaritäts-** und das **Verhältnismäßigkeitsprinzip** anwendbar.[24] Die Umweltpolitik nach Art. 192 AEUV stellt insofern eine **besondere Ausprägung** des Subsidiaritätsprin-

---

[19] S. Art. 191 AEUV, Rn. 31.
[20] EuGH, Urt. v. 14. 4. 2015, Rs. C–409/13 (Rat/Kommission), ECLI:EU:C:2015:217, Rn. 67 ff.
[21] S. dazu *Krämer*, in: GSH, Europäisches Unionsrecht, Art. 192 AEUV, Rn. 2.
[22] Art. 293 Abs. 1 AEUV.
[23] Vgl. zur Europäisierung des nationalen Umweltrechts *Meßerschmidt*, Europäisches Umweltrecht, 2011, § 1 Rn. 2 ff.
[24] Vgl. *Calliess*, in: Calliess/Ruffert, EUV/AEUV, Art. 192 AEUV, Rn. 16 ff.

zips dar, als sie ausweislich der **Alleingangsklausel** nach Art. 193 AEUV nur auf **Mindestvorgaben** ausgelegt ist, ein höherer Umweltschutz in den Mitgliedstaaten also grundsätzlich immer verfolgt werden kann.[25] Nicht überzeugend ist die Literaturansicht, dass das Subsidiaritätsprinzip im Bereich der Umweltpolitik einen größeren Spielraum der Mitgliedstaaten insgesamt vorsehe, gerade weil sie keine Abweichungen nach unten zulässt.[26] Die Bezugnahme auf die Vorgabe der **Berücksichtigung regionaler Gegebenheiten** nach Art. 191 Abs. 2 AEUV greift hier nicht, denn jene setzt gerade die Ausübung der EU-Rechtsetzungskompetenz voraus. Darüber hinaus stellt das allgemeine Ziel eines hohen Schutzniveaus keine allzu großen Anforderungen an die grenzüberschreitenden Auswirkungen von Umweltproblemen.[27]

8 Wo den Mitgliedstaaten Raum zur **nationalen Rechtsetzung** in der Umweltpolitik verblieben ist, d. h. bei Fehlen einer unionalen Regelung oder bei einem Alleingang nach Art. 193 AEUV, unterliegen sie den **allgemeinen Regeln der Verträge**, insbesondere den **Grundfreiheiten**. Einerseits werden damit die nationalen Regelungen am strengen Maßstab der Grundfreiheiten, vor allem des Verhältnismäßigkeitsgrundsatzes in einer strikten Anwendung gemessen.[28] Andererseits ist der EuGH aber bereit, dem Umweltschutz als Allgemeinwohlbelang einen **besonderen Stellenwert** einzuräumen.[29] Das geschieht in Übereinstimmung mit der Vorgabe eines hohen Umweltschutzniveaus. Auch wenn die Rechtsprechung nicht ausdrücklich davon spricht, kann dies im Sinne eines **relativen Vorrangs des Umweltschutzes** gedeutet werden.[30]

9 Fraglich ist, ob die Rechtsetzung auch unter der Vorgabe eines **Kooperationsprinzips** steht, das – so wird es in Literatur weitgehend in Anlehnung an die deutsche Variante des Kooperationsprinzips diskutiert – für einen Vorrang bzw. eine besondere Berücksichtigung **freiwilliger Vereinbarungen** zwischen Privaten streiten soll. Dieses Prinzip hat in der deutschen Diskussion politische Bedeutung erlangt, weil es in dieser Interpretation für eine **Deregulierung** bzw. eine Begrenzung von Regulierung angeführt werden könnte. Nahezu einhellig wird davon ausgegangen, dass ein solches Prinzip im EU-Primärrecht **nicht nachweisbar** sei.[31] Jedoch kann nach einer Ansicht im Sekundärrecht der EU zur Umweltpolitik ein **Prinzip gemeinsamer Verantwortung und Partnerschaft** nachgewiesen werden.[32] Es anerkennt die Tatsache, dass in der EU-Umweltpolitik der Einzelne als Akteur eine besondere Position erhält. Diese ist durch die Umsetzung der Aarhus Konvention gefestigt worden, jedoch unabhängig davon schon lange Bestandteil der **Compliance-Strategie** des EuGH, der großzügig **subjektive Rechte** zur Durchsetzung des Umweltrechts zuerkennt.[33] Das Prinzip ist eng mit dem **Subsidiaritätsprinzip** verknüpft, enthält aber keinen Vorrang privaten Handelns. Getreu der Zielvorgabe in

---

[25] Vgl. EuGH, Urt. v. 14.4.2005, Rs. C–6/03 (Deponiezweckverband Eiterköpfe), Slg. 2005, I–2753, Rn. 61.
[26] Vgl. *Calliess*, in: Calliess/Ruffert, EUV/AEUV, Art. 192 AEUV, Rn. 16 ff.
[27] S. die Kommentierung zu Art. 191 AEUV, Rn. 85.
[28] EuGH, Urt. v. 21.12.2011, Rs. C–28/09 (Kommission/Österreich (sektorales Fahrverbot)), Slg. 2011, I–13525, Rn. 108 ff.; s. die Kommentierung zu Art. 191 AEUV, Rn. 65.
[29] EuGH, Urt. v. 13.3.2001, Rs. C–379/98 (PreussenElektra), Slg. 2001, I–2099, Rn. 73 ff.; s. dazu auch die Kommentierung zu Art. 191 AEUV, Rn. 4.
[30] Näher dazu Kommentierung zu Art. 191 AEUV, Rn. 47.
[31] Vgl. *Scherer/Heselhaus*, in: Dauses, Handbuch des EU-Wirtschaftsrechts, Abschnitt O, Juni 2010, Rn. 61.
[32] *Heselhaus*, Emissionsrechtehandel als Instrument, S. 93 ff.; ebenso *Scherer/Heselhaus*, in: Dauses, Handbuch des EU-Wirtschaftsrechts, Abschnitt O, Juni 2010, Rn. 61.
[33] Zuletzt EuGH, Urt. v. 25.7.2008, Rs. C–237/07 (Janecek), Slg. 2008, I–6221.

Art. 3 Abs. 3 EUV wird die hoheitliche Verantwortung für ein hohes Schutzniveau aufrechterhalten. Ihm kommt weniger Bedeutung für die Rechtsetzung, als für die Durchführung der Umweltpolitik zu (s. Rn. 58 ff.).

Schließlich stellt sich die Frage nach den **Außenkompetenzen** der Union im Umweltbereich. Aus der Zusammenschau mit Art. 191 AEUV und dessen Entwicklung folgt, dass die Außenkompetenz der Union in der Umweltpolitik **weiter** geht als nach der AETR-Rechtsprechung. Insbesondere besteht nicht die Voraussetzung, dass vor dem Erlass einer rechtlichen Maßnahme im Außenverhältnis von den Rechtsetzungskompetenzen im Innenverhältnis hätte Gebrauch gemacht worden sein müssen.[34] Im Lissabonner Vertrag ist die **Außenkompetenz** – nach überzeugender, aber umstrittener Ansicht – allein auf **Art. 192 AEUV** zu stützen. Denn der frühere Hinweis in Art. 191 AEUV auf das Rechtsetzungsverfahren in Außenangelegenheiten ist entfallen.[35]

10

B. Entwicklung

Art. 103s EWGV (heute Art. 192 AEUV) ist **1987** mit der **Einheitlichen Europäischen Akte** in die Verträge aufgenommen worden. Schon **zuvor** ist ein erheblicher Teil des Umweltrechts über **andere Kompetenzgrundlagen** der EU, namentlich die Kompetenzen für den Gemeinsamen Markt bzw. die Kompetenzabrundungsvorschrift nach Art. 235 EWGV (heute Art. 352 AEUV) eingeführt worden.[36] Für die Beschlussfassung galt damals im Rat das **Einstimmigkeitsprinzip**, das Europäische Parlament wurde lediglich **angehört**. Es war die Möglichkeit vorgesehen, einstimmig in bestimmten Bereichen zum Mehrheitsprinzip überzugehen, doch ist davon nicht Gebrauch gemacht worden. Zugleich war für die Rechtsangleichung im **Binnenmarkt** Art. 100a EWGV (heute Art. 114 AEUV) eingeführt worden, der das **Mehrheitsprinzip** im Rat vorsah und ausdrücklich die Berücksichtigung umweltpolitischer Ziel miteinschloss.

11

Der nächste Entwicklungsschritt wurde mit dem **Maastricht Vertrag** vollzogen. Nunmehr galt in dem einschlägigen Art. 130s Abs. 1 EGV als Regelverfahren eine **Beschlussfassung im Rat mit Mehrheit** und eine Beteiligung des Europäischen Parlaments im sog. **Verfahren der Zusammenarbeit**.[37] Dagegen war für ausgewählte Bereiche in **Abs. 2 das Einstimmigkeitsprinzip** mit bloßer Anhörung des Europäischen Parlaments beibehalten worden. In diesen Bereichen konnte der Rat mit einstimmigem Beschluss zum Mehrheitsprinzip übergehen. Die Absätze 3–5 wurden hinzugefügt, die bis heute im Wesentlichen kaum verändert sind.

12

Der **Amsterdamer Vertrag** brachte mit der Einführung des **Mitentscheidungsverfahrens** in Art. 130s Abs. 1 EGV eine Angleichung an das Rechtsetzungsverfahren im Binnenmarktprogramm (Art. 100a EGV). Zusätzlich wurde vorgesehen, auch den **Ausschuss der Regionen** anzuhören. Im dritten Absatz wurde der Beschluss über die **Umweltaktionsprogramme** verrechtlicht. Die weiteren Absätze blieben unverändert.

13

Der Vertrag von Nizza fügte in Art. 175 Abs. 2 UAbs. 2 EGV formal eine neue Gliederung ein. Materiell wurde die Kompetenz der EU für **Raumordnung und Bodennutzung** enger gefasst (s. Rn. 40).[38] Im Bereich der **Wassernutzung** wurde klargestellt, dass

14

---

[34] S. die Kommentierung zu Art. 191 AEUV, Rn. 97.
[35] S. die Kommentierung zu Art. 191 AEUV, Rn. 99.
[36] S. die Nachweise unter Art. 191 AEUV, Rn. 10.
[37] Art. 189 c EGV i. F. v. Maastricht.
[38] *Kahl*, in: Streinz, EUV/AEUV, Art. 192 AEUV, Rn. 4, 24 ff.

sich das Einstimmigkeitserfordernis lediglich auf Maßnahmen der **quantitativen Wassernutzung** bezieht. Ferner wurde in der Erklärung **Nr. 9 zu Art. 175 EGV** der Entschluss bekanntgegeben, insbesondere auch marktorientierte Instrumente zur Förderung einer nachhaltigen Entwicklung einzusetzen. Dies soll politisch im Hinblick auf die Absicherung der späteren Einführung des Emissionshandelssystems zum Ziele des **Klimaschutzes** erfolgt sein.[39] Im **Lissabonner Vertrag** sind Anpassungen an die Vorschriften über das **ordentliche Rechtsetzungsverfahren**, insbesondere auch in Abs. 5 der Vorschrift, sowie redaktionelle Anpassungen und Klarstellungen, nämlich für die einschlägigen Rechtsetzungsverfahren nach Abs. 3 UAbs. 2, erfolgt.

C. Die allgemeine umweltrechtliche Kompetenznorm (Abs. 1)

I. Grundlagen und Umfang

15 Art. 192 **Abs. 1** AEUV ist die **allgemeine Rechtsgrundlage** für die eigenständige, **genuine Umweltpolitik** in der EU.[40] Zur Anwendung kommt das **ordentliche Gesetzgebungsverfahren** mit dem **Mehrheitsprinzip** für die Beschlussfassung im Rat und der **Mitentscheidung** durch das Europäische Parlament auf Vorschlag der Kommission gemäß Art. 294 Abs. 2 AEUV. Ergänzt wird dieses um die **obligatorische Anhörung** sowohl des **Wirtschafts- und Sozialausschusses** als auch des **Ausschusses der Regionen**. Damit kommen seit dem Amsterdamer Vertrag in Parallele zur Binnenmarktkompetenz die weitreichendsten Mitwirkungsbefugnisse des Parlaments zur Anwendung.

16 Die Rechtsetzung nach Art. 192 AEUV ist ausweislich der ausdrücklichen Bezugnahme in dessen Abs. 1 auf die **Ziele des Art. 191 AEUV** ausgerichtet. Damit kommt das **weite** Begriffsverständnis für das Ziel des **Schutzes der Umwelt** zur Anwendung, der **alle Umweltmedien**, die menschliche Gesundheit sowie die natürliche als auch die vom Menschen geschaffene Umwelt und deren Wechselwirkungen untereinander umfasst.[41] Abs. 1 spricht von **Tätigwerden** ohne jede Eingrenzung, so dass **alle Handlungsformen** der Union nach **Art. 288 AEUV** eingesetzt werden können. In der Praxis haben sich zahlreiche unterschiedliche **Regulierungsansätze** in den einzelnen Bereichen der Umweltpolitik entwickelt (s. Rn. 18 ff.).

17 **Inhaltlich** ist die Umweltpolitik damit (Rn. 16) denkbar **weit** gefasst. Noch unter der Geltung des Nizza-Vertrages war umstritten, ob damit auch eine Kompetenz für Vorschriften des **Umweltstrafrechts** bereitsteht.[42] Das hat der EuGH entgegen einer weit verbreiteten Auffassung im deutschen Schrifttum anerkannt und damit die alternative Option einer Abstützung auf die damaligen Vorschriften der PJZS (Einstimmigkeit im Rat) abgelehnt. Ausschlaggebend war die Auslegung nach dem **effet utile**: die umweltstrafrechtlichen Normen müssen erforderlich sein, »um die volle Wirksamkeit der (…) zum Schutz der Umwelt erlassenen Rechtsnormen zu gewährleisten«. Dann kann den nationalen Behörden aufgegeben werden, wirksame, verhältnismäßige und abschreckende Sanktionen vorzusehen.[43] Dementsprechend wurde

---

[39] *Kahl*, in: Streinz, EUV/AEUV, Art. 192 AEUV, Rn. 5.
[40] *Calliess*, in: Calliess/Ruffert, EUV/AEUV, Art. 192 AEUV, Rn. 2.
[41] Allgemeine Ansicht, s. *Scherer/Heselhaus*, in: Dauses, Handbuch des EU-Wirtschaftsrechts, Abschnitt O, Juni 2010, Rn. 19 ff.
[42] Zum Streit *Kahl*, in: Streinz, EUV/AEUV, Art. 192 AEUV, Rn. 16.
[43] EuGH, Urt. v. 13. 9. 2005, Rs. C–176/03 (Kommission/Rat), Slg. 2005, I–7879, Rn. 40 ff., 51 ff.;

dann die **Richtlinie 2008/99/EG** über den strafrechtlichen Schutz der Umwelt beschlossen.[44]

II. Überblick über die Regelungsansätze im Sekundärrecht

Bereits seit den 1970er Jahren hat sich ein umfangreiches und **ausdifferenziertes Sekundärrecht** im Bereich der Umweltpolitik entwickelt. Nachfolgend wird als Beleg der weiten Auslegung der Kompetenznorm auf die besonderen **Regulierungsansätze** in den verschiedenen Bereichen der Umweltpolitik hingewiesen. Anstelle einer vertieften Darstellung sei für detaillierte Angaben auf die Monografie ähnlichen Aufbereitungen in der Literatur verwiesen.[45]

1. Allgemeines Umweltrecht

Im **allgemeinen Umweltrecht** der Union sind zahlreiche bedeutende Rechtsakte erlassen worden, die sich in ihrem Ansatz an die Verwaltung, Unternehmen, Verbraucher oder aber auch an alle Personen richten. Nach zutreffender Ansicht wird dabei die Begrenzung der Rechtsetzung, die sich aus Art. 192 Abs. 4 AEUV mit der **primären Zuständigkeit der Mitgliedstaaten** für die Finanzierung und Durchführung der Umweltpolitik ergibt, nicht überschritten (Rn. 58 ff.).[46]

Organisationsrechtlich ist in der Union primär die **Kommission** für Aufgaben der Exekutive in der Umweltpolitik und zur Vorbereitung der Rechtsetzung zuständig. Dabei wird sie von einer Reihe von **Agenturen** unterstützt, insbesondere im Gefahrstoffrecht von der **Europäischen Chemikalienagentur** (ECHA).[47] Auf dieser tertiären Ebene besteht ferner als allgemeine Verwaltungsbehörde seit 1990 die **Europäische Umweltagentur**, die insbesondere Informationen über die Umwelt in der Union sammelt und aufbereitet.[48] Sie steht auch Drittstaaten zum Beitritt offen.[49] Ebenfalls übergreifend angelegt ist die **Umwelthaftungsrichtlinie** von 2004,[50] die ergänzend zum Individualrechtsschutz für Schäden an bestimmten Naturgütern, insbesondere von geschützten Arten und natürlichen Lebensräumen, die keinen Individualschaden begründen, Scha-

---

bestätigt in EuGH, Urt. v. 23. 10. 2007, Rs. C–440/05 (Kommission/Rat), Slg. 2007, I–9097, Rn. 66 ff. Der dortige Vorbehalt, dass das Strafrecht grundsätzlich jedoch nicht in die Kompetenz der Union falle, kann unter dem Lissaboner Vertrag nicht mehr aufrechterhalten werden.

[44] ABl. 2008, L 328/28.

[45] *Scherer/Heselhaus*, in: Dauses, Handbuch des Europäischen Wirtschaftsrechts, Abschnitt O, Juni 2010, *Epiney*, Umweltrecht in der EU; *Messerschmidt* (Fn. 23).

[46] *Kahl*, in: Streinz, EUV/AEUV, Art. 192 AEUV, Rn. 50 ff.

[47] Art. 75 ff. Verordnung (EG) Nr. 1907/2006 vom 18. 12. 2006 zur Registrierung, Bewertung, Zulassung und Beschränkung chemischer Stoffe (REACH), zur Schaffung einer Europäischen Chemikalienagentur, zur Änderung der Richtlinie 1999/45/EG und zur Aufhebung der Verordnung (EWG) Nr. 793/93 des Rates, der Verordnung (EG) Nr. 1488/94 der Kommission, der Richtlinie 76/769/EWG des Rates sowie der Richtlinien 91/155/EWG, 93/67/EWG, 93/105/EG und 2000/21/EG der Kommission (REACH-Verordnung), ABL. 2007, L 136/3.

[48] Verordnung (EG) Nr. 401/2009 vom 23. 4. 2009 über die Europäische Umweltagentur und das Europäische Umweltinformations- und Umweltbeobachtungsnetz, ABl. 2009, L 126/13; näher dazu *Scherer/Heselhaus*, in: Dauses, Handbuch des EU-Wirtschaftsrechts, Abschnitt O, Juni 2010, Rn. 206 ff.

[49] So auch der Schweiz, siehe Bundesbeschluss über die Genehmigung des bilateralen Abkommens zwischen der Schweiz und der EG über die Beteiligung der Schweiz an der Europäischen Umweltagentur und am Netzwerk EIONET vom 17. 12. 2004, SR 814.031.

[50] Richtlinie 2004/35/EG, ABl. 2004, L 143/56.

densersatz vorsieht.[51] Sie führt für gefährliche Tätigkeiten eine **Gefährdungshaftung** ein, für Schäden aufgrund anderer Tätigkeiten wird **Verschulden** gefordert.[52]

21 Primär **anlagenbezogen** sind allgemeine Rechtsvorschriften über die **Umweltverträglichkeitsprüfung** und die **integrierte Vermeidung und Verminderung** der Umweltverschmutzung (IVU-Richtlinie, 2010 ersetzt durch die IE-Richtlinie[53]), die jeweils **medienübergreifend** die Auswirkungen von Anlagen auf die Umwelt in den Blick nehmen. Die UVP-Richtlinie verlangt seit 1985 bei größeren Anlagen eine Prüfung der **Umweltverträglichkeit** (UVP). Diese ist bei manchen Anlagen zwingend vorgeschrieben, bei anderen besteht ein Ermessensspielraum.[54] Dieser Schutzgedanke ist später durch die sog. **SUP-Richtlinie** auf die Erstellung von Plänen und Programmen vorverlagert worden.[55] Auch die **IE-Richtlinie** ist anlagenbezogen.[56] Sie etabliert einen **integrativen Ansatz** für die Genehmigungen, die insbesondere die Emissionen in den Blick nehmen muss.

22 Der Anlagenbezug stellt die Verbindung zu dem freiwilligen Instrument des **Umwelt-Audit** her. In der sog. **EMAS-Verordnung**[57] von 1993 wird ein Konzept zur **Selbstkontrolle** (durch entsprechende externe Auditoren) der Umweltperformance eines Unternehmens bereitgestellt. Es steht auch für Unternehmen aus Drittstaaten offen. Die Unternehmen erhalten die Erlaubnis, das EMAS-Zeichen für die Image-Werbung zu verwenden.[58] Ein weiteres **freiwilliges**, aber **produktbezogenes** Instrument ist das **Umweltzeichen der EU**.[59] Es informiert seit 1992 Verbraucher über umweltrelevante Auswirkungen von Produkten, insbesondere auch den Energieverbrauch.[60]

23 Schließlich hat die EU auch die **Trias der Umweltrechte** nach der **Aarhus-Konvention** umgesetzt: die Rechte auf **Zugang zu Umweltinformationen**, auf **Beteiligung der Öffentlichkeit** und auf **Zugang zu Gerichten**. Allerdings ist die EU in diesem Prozess zu einem größten Teil die Triebfeder gewesen. So ist das Umweltinformationsrecht in der EU bereits zuvor 1990 mit der Umweltinformations-Richtlinie[61] eingeführt worden, die jedem ein voraussetzungsloses Recht auf Informationen über die Umwelt einräumt, die bei Behörden der Mitgliedstaaten vorhanden sind. Dieses weitreichende Recht gilt ge-

---

[51] *Duikers*, NuR 2006, 623.

[52] Art. 3 und 5 UmwHaftRL (Fn. 50); näher dazu *Scherer/Heselhaus*, in: Dauses, Handbuch des EU-Wirtschaftsrechts, Abschnitt O, Juni 2010, Rn. 129 ff.

[53] Industrieemissions-Richtlinie 2010/75/EU, ABl. 2010, L 334/17.

[54] S. Art. 4 i. V. mit Anhang I bzw. II UVP-Richtlinie 2011/92/EU, ABl. 2012, L 26/1; näher dazu *Scherer/Heselhaus*, in: Dauses, Handbuch des EU-Wirtschaftsrechts, Abschnitt O, Juni 2010, Rn. 272 ff.

[55] RL 2001/42/EG, ABl. 2001 L 197/30; näher dazu *Hendler*, DVBl 2003, 227 ff.; *Groß*, NuR 1998, 123 (128).

[56] IVU-Richtlinie 96/61/EG vom 24.9.1996 über die integrierte Vermeidung und Verminderung von Umweltverschmutzung, ABl. 1996, L 257/26, ersetzt durch IE-Richtlinie 2010/75/EG, ABl. 2010, L 334/17.

[57] VO (EG) Nr. 761/2001, ABl. 2001 L 114/1 ersetzt VO (EG) Nr. 1836/93, ABl. 1993, L 168/1. Das Akronym steht für Eco-Management and Audit-Scheme.

[58] Art. 10 und Anhang V EMAS-Verordnung (Fn. 57).

[59] Zunächst Verordnung (EWG) Nr. 880/92 vom 23.3.1992 betreffend ein gemeinschaftliches System zur Vergabe eines Umweltzeichens, ABl. 1992, L 99/1; ersetzt durch Verordnung (EG) Nr. 66/2010, ABl. 2010, L 27/1.

[60] Siehe z. B. für Lampen Anhang I der delegierten Verordnung (EU) Nr. 874/2012 vom 12.7.2012 zur Ergänzung der Richtlinie 2010/30/EU des Europäischen Parlaments und des Rates im Hinblick auf die Energieverbrauchskennzeichnung von elektrischen Lampen und Leuchten, ABl. 2012, L 258/1.

[61] Richtlinie 90/313/EWG vom 7.6.1990 über den freien Zugang zu Informationen über die Umwelt, ABl. 1990, L 158/56; ersetzt durch Richtlinie 2003/4/EG, ABl. 2003, L 41/26.

genüber den Mitgliedstaaten. Hingegen gibt es gegenüber den EU-Organen und -einrichtungen kein spezifisches Umweltinformationszugangsrecht. Hier kommt das allgemeine Recht auf Zugang zu Informationen zur Anwendung.[62] Der EuGH hat insofern eine **unmittelbare Wirkung** der Aarhus-Konvention gegenüber den EU-Einrichtungen abgelehnt.[63] Auch die Beteiligung der Öffentlichkeit in Genehmigungsverfahren sowie bei Plänen und Programmen hatte die EU in Bezug auf die Mitgliedstaaten schon lange vor der Aarhus-Konvention insbesondere über die UVP- und die SUP-Richtlinie eingeführt (s. Rn. 21). Einzig das Recht auf **Zugang zu Gerichten in Umweltangelegenheiten** ist für die Union eine Neuerung gewesen. Es ist 2003 für die Mitgliedstaaten[64] und 2006 für die Unionsebene[65] eingeführt worden.

2. Mediales Umweltrecht

a) Gewässerschutz

Bereits in den 1970er Jahren hat die EU Vorgaben für den **Gewässerschutz** aufgestellt. 24
Zum einen verwendet sie dabei **Immissionsvorschriften** für besondere Gewässer und zum anderen **Emissionsnormen**. Zwar hatte die Gewässerschutzpolitik insbesondere im Bereich der Abwasserreinigung Erfolge vorzuweisen, doch bestand im Übrigen ein **Umsetzungsdefizit** in vielen Mitgliedstaaten. In dieser Situation entschied sich die EU 2000 mit der **Wasserrahmenrichtlinie** (WRRL) in mehrfacher Hinsicht für einen neuen Ansatz.[66] Zum einen wurde das Konzept der Flussgebiete und deren **Einzugsgebiete** eingeführt.[67] Zum anderen wurden den Mitgliedstaaten **Zielvorgaben** für die Qualität der Oberflächengewässer gesetzt. Sie müssen zunächst eine Bestandsaufnahme vornehmen, die noch keine Verstöße kennt. Dann müssen sie **Programme** aufstellen, wie sie die Ziele in der vorgesehenen Zeit erreichen wollen. Die Programme erlauben zwar eine gewisse Flexibilität, doch sind die Vorgaben der WRRL in Bezug auf die Zielerreichung **verbindlich**. Dies haben verschiedene Mitgliedstaaten erst nach Verfahren vor dem EuGH zur Kenntnis genommen.[68] Die Ambitionen der Kommission, in der Wasserwirtschaft zunehmend auf Privatisierung zu setzen, werden nach der – insoweit erfolgreichen – Europäischen Bürgerinitiative Right2Water nicht mehr weiter verfolgt.[69]

---

[62] Verordnung (EG) Nr. 1049/2001 vom 30.5.2001 über den Zugang der Öffentlichkeit zu Dokumenten des Europäischen Parlaments, des Rates und der Kommission, ABl. 2001, L 145/43.
[63] EuGH, Urt. v. 16.7.2015, Rs. C–612/13 P (ClientEarth/Kommission), Rn. 42.
[64] Richtlinie 2003/35/EG vom 26.5.2003 über die Beteiligung der Öffentlichkeit bei der Ausarbeitung bestimmter umweltbezogener Pläne und Programme und zur Änderung der Richtlinien 85/337/EWG und 96/61/EG des Rates in Bezug auf die Öffentlichkeitsbeteiligung und den Zugang zu Gerichten – Erklärung der Kommission, ABl. 2003 L 156/17.
[65] Verordnung (EG) Nr. 1367/2006 vom 6.9.2006 über die Anwendung der Bestimmungen des Übereinkommens von Århus über den Zugang zu Informationen, die Öffentlichkeitsbeteiligung an Entscheidungsverfahren und den Zugang zu Gerichten in Umweltangelegenheiten auf Organe und Einrichtungen der Gemeinschaft, ABl. 2006, L 264/13.
[66] Richtlinie 2000/60/EG vom 23.10.2000 zur Schaffung eines Ordnungsrahmens für Maßnahmen der Gemeinschaft im Bereich der Wasserpolitik, ABl. 2000, L 327/1.
[67] Art. 2 Richtlinie 2000/60/EG (Fn. 66).
[68] EuGH, Urt. v. 1.7.2015, Rs. C–461/13 (Bund für Umwelt und Naturschutz Deutschland), ECLI:EU:C:2015:433.
[69] Bericht der Kommission über die Anwendung der Verordnung (EU) Nr. 211/2011 über die Bürgerinitiative, KOM(2015) 145 endg.

b) Luftreinhaltung

25 In der **Luftreinhaltung** setzt die EU auf verschiedene Regelungsansätze. Seit Anfang der 1980er Jahre wird die Luftqualität über **Immissionsvorschriften** geregelt. Eine signifikante Verschärfung der einschlägigen **NEC-Richtlinie** (national emissions ceilings) lässt allerdings auf sich warten.[70] **Emissionsvorschriften** sind zunächst nur im produktbezogenen Ansatz bei den Vorgaben für Motoren und für die Zulassung von Fahrzeugen eingeführt worden. Mit der IVU- bzw. ihrer Nachfolgerin der IE-Richtlinie sind dann auch für Anlagen **Emissionsvorgaben** hinzugetreten.[71]

c) Klimaschutz

26 Erste Maßnahmen zum **Klimaschutz** fallen in die 1980er Jahre: Zum Schutz der **Ozonschicht** sind stoffbezogene Maßnahmen erlassen worden,[72] die insbesondere die Verwendung von **FCKW** drastisch reduziert haben und im Zusammenspiel mit dem weltweiten Vorgehen[73] zu einem Erfolg geführt haben. Des Weiteren hat die EU zur Umsetzung des **Kyoto-Protokolls** mit dem **Emissionshandelssystem** erstmals in großem Maßstab ein **marktwirtschaftliches Instrument** eingeführt.[74] Trotz grundlegender Schwächen, vor allem bei der zunächst von den Mitgliedstaaten durchgeführten Zuteilung der Emissionszertifikate, ist das System im Ganzen durchaus erfolgreich gewesen und ist auf weitere Industriebranchen ausgedehnt worden. Zudem sind die Anfangsprobleme erkannt worden und die EU hat mit einer stärker zentralisierten Verwaltung, in der die Kommission die Gesamtobergrenze an Zertifikaten für die EU festlegt, reagiert.[75]

d) Schutz des Bodens

27 Der **Schutz des Bodens** wird in den **medienübergreifenden** Rechtsakten, wie der UVP-Richtlinie adressiert, oder in den **anlagenbezogenen** Rechtsakten, insbesondere der Deponierichtlinie.[76] Eine **spezifische Strategie** zum Bodenschutz ist zwar von der Kommission 2006 vorgeschlagen worden,[77] doch hat sie noch keinen Eingang in das Unionsrecht gefunden. Hier bestehen kompetenzielle Vorbehalte der Mitgliedstaaten vor einem Tätigwerden der EU.[78]

---

[70] Eine Annahme des Vorschlags ist für den Herbst 2016 angekündigt.

[71] Art. 14 Abs. 1 lit. a Richtlinie 2010/75/EU.

[72] S. vor allem die FCKW-Halon-Verbots-Verordnung (EWG) Nr. 3322/88 vom 14.10.1988 über bestimmte Fluorchlorkohlenwasserstoffe und Halone, die zu einem Abbau der Ozonschicht führen, ABl. 1988, L 297/1.

[73] Wiener Übereinkommen zum Schutz der Ozonschicht 1985, ABL. 1988, L 297/10, und das Montrealer Protokoll über Stoffe, die zum Abbau der Ozonschicht führen von 1987, ABl. 1988, L 291/21.

[74] Richtlinie 2003/87/EG vom 13.10.2003 über ein System für den Handel mit Treibhausgasemissionszertifikaten in der Gemeinschaft und zur Änderung der Richtlinie 96/61/EG des Rates, ABl. 2003, L 275/32. Zuletzt geändert durch Beschluss (EU) 2015/1814, ABl. 2015, L 264/1.

[75] Zur zentralen Festlegung der Gesamtobergrenze durch die Kommission in der 3. Phase s. Art. 9 Richtlinie 2003/87/EG.

[76] Richtlinie 1999/31/EG vom 26.4.1999 über Abfalldeponien, ABl. 1999, L 182/1.

[77] KOM(2006) 231.

[78] Näher dazu *Scherer/Heselhaus*, in: Dauses, Handbuch des EU-Wirtschaftsrechts, Abschnitt O, Juni 2010, Rn. 447 ff.

3. Gefahrstoffrecht, industrielle Risiken und Abfallrecht

Im **Gefahrstoffrecht** verfolgt die Union primär einen **stoffbezogenen** Ansatz. Nachdem dieser aber lange nur auf neue Stoffe ausgerichtet gewesen ist, hat die EU 2006 mit der **REACH-Verordnung** eine bahnbrechende Änderung vorgenommen: seitdem müssen auch **alte**, d. h. bereits auf dem Markt befindliche, **Stoffe** registriert, eingestuft und bewertet werden.[79] Je nach Bewertung sind die Stoffe zu kennzeichnen und unterliegen gegebenenfalls Einschränkungen bei der Verwendung. Die REACH-Verordnung hat ein umfassendes Regime etabliert, dass in der Welt einzigartig ist. Die EU wird damit auch in globaler Perspektive als Vorreiter tätig. Die Industrie leistet mit der Compliance einen erheblichen Beitrag, der bisher keine wesentlichen Nachteile im Wettbewerb gebracht hat. Die REACH-Verordnung erfasst die Gefahrstoffe im **Lebenszyklus**. Sie wird laufend durch **delegierte Rechtsetzungstätigkeit** der Kommission aktualisiert, die dabei ihrerseits von der Europäischen Chemikalienagentur (ECHA) unterstützt wird. Daneben ist die EU in der Bio- und Gentechnologie seit den 1990er Jahren regulierend tätig. Die (heutige) Richtlinie 2009/41/EG über die Verwendung von **genetisch veränderten Mikroorganismen** (GVM) in geschlossenen Systemen folgt einem **anlagen- und produktbezogenen** Ansatz,[80] während die **GVO-Richtlinie** 2001/18/EG über die absichtliche Freisetzung von genetisch veränderten Organismen (GVO) in die Umwelt stärker **produktbezogene** Regelungen enthält.[81] Da die Freisetzung von GVO unter den Mitgliedstaaten politisch umstritten ist, sieht die GVO-Richtlinie in ihrer Fassung von 2016 größere Spielräume für die Mitgliedstaaten vor, die eine Freisetzung auch ablehnen können.[82] Schließlich ist die EU im **Abfallrecht** in Reaktion auf die Entsorgungsengpässe in den 1980er Jahren erfolgreich regulierend tätig geworden. Naturgemäß steht dabei der **stoffbezogene Ansatz** im Zentrum, insbesondere im Hinblick auf die Abfallverbringung in der Union und in oder aus Drittstaaten.[83] **Anlagenbezogene** Regelungen betreffen zum einen die Abfallverbrennungsanlagen,[84] welche sich insofern mit dem Aufgabenbereich der Luftreinhaltung überschneiden (s. Rn. 25). Zum anderen enthalten die Vorgaben über Deponien **anlagenbezogene** Regelungen.[85] Den Bereich übergreifend regelt die **Abfallrahmenrichtlinie**,[86] die insbesondere eine ausdifferenzierte Rangfolge von Zielen enthält: Vermeidung, Vorbereitung zur Wiederverwertung, Recycling, sonstige Verwertung, inklusive energetische Verwertung und Beseitigung.[87]

---

[79] Verordnung (EG) Nr. 1907/2006, ABl. 2006 L 396/1.
[80] RL 2009/41/EG vom 6. Mai 2009 über die Anwendung genetisch veränderter Mikroorganismen in geschlossenen Systemen, ABl. 2009, L 125/75; die Richtlinie ersetzt die frühere GVM-RL 90/219/EWG, ABl. 1990 L 117/1.
[81] RL 2001/18/EG vom 12.3.2001 über die absichtliche Freisetzung genetisch veränderter Organismen in die Umwelt und zur Aufhebung der Richtlinie 90/220/EWG des Rates, ABl. 2008, L 106/1. Zuletzt geändert durch Richtlinie (EU) 2015/412, ABl. 2015, L 68/1.
[82] Art. 23 Richtlinie 2001/18/EG.
[83] Abfallverbringungsverordnung (EG) Nr. 1013/2006 vom 14.6.2006 über die Verbringung von Abfällen, ABl. 2006, L 190/1, zuletzt geändert durch Verordnung (EU) 2015/2002, ABl. 2015, L 294/1.
[84] Art. 4ff. Richtlinie 2010/75/EU, ABl. 2010, L 334/17.
[85] Art. 8ff. Richtlinie 1999/31/EG, ABl. 1999, L 182/1.
[86] Richtlinie 2008/98/EG vom 19.11.2008 über Abfälle und zur Aufhebung bestimmter Richtlinien, ABl. 2008, L 312/3.
[87] Art. 4 Richtlinie 2008/98/EG, (Fn. 86).

4. Naturschutzrecht

29 Die Regelungen zum **Naturschutz** verfolgen im Wesentlichen zwei Ansätze. Zum einen geht es beim Artenschutz um einen **artenbezogenen** Ansatz. Dieser wird vor allem durch den Erlass von Regelungen über den **Handel** mit bestimmten Arten[88] und die **umweltgerechte Nutzung** der lebenden Ressourcen umgesetzt. Letzteres wird primär im Bereich der Gemeinsamen Agrarpolitik i. V. mit Art. 11 AEUV geregelt. Zum anderen hat die Union vor allem mit der sog. **FFH-Richtlinie** (Fauna – Flora – Habitat) einen **raumbezogenen** Ansatz eingeführt, nach dem Schutzflächen (Habitate) für besonders gefährdete Arten ausgewiesen werden. Auf diese Weise soll eine Stabilisierung des ökologischen Gleichgewichts erreicht und einer Verringerung der Artenvielfalt vorgebeugt werden.[89] Zum Schutz gelten vor allem ein Verschlechterungs- und ein Störungsverbot.[90]

D. Die besondere umweltrechtliche Kompetenznorm (Abs. 2)

I. Grundlagen

30 Im **Maastricht Vertrag** wurde der **Abs. 2** in die Umweltkompetenznorm eingefügt,[91] wonach in Abweichung vom Verfahren nach Abs. 1 ein **besonderes Verfahren** zur Anwendung kommt, dessen Kern die **einstimmige Beschlussfassung** im Rat ist: unter dem Lissabonner Vertrag ein »**besonderes Gesetzgebungsverfahren**« mit **dreifacher Anhörung**, nämlich des Europäischen Parlaments, des Wirtschafts- und Sozialausschusses sowie des Ausschusses der Regionen. Das **Anhörungsrecht des Parlaments** ist eine wesentliche Verfahrensvorschrift, deren Verletzung das Parlament selbst über Art. 263 Abs. 2 AEUV einklagen kann. Eine Verletzung führt zur Nichtigkeit des betreffenden Rechtsaktes.[92] Die Regelung in Abs. 2 betrifft die **politisch sensiblen Bereiche** der Abgaben, der Raumordnung, der mengenmäßigen Bewirtschaftung der Wasserressourcen, der Bodennutzung sowie der Bereiche der Energieversorgung, in denen zuvor die Rechtsetzungskompetenzen der EU umstritten gewesen sind.[93] Die im Maastricht Vertrag gefundene Lösung stellt einen Kompromiss dar, der die genannten Bereiche grundsätzlich für die Rechtsetzung der EU (Verbandskompetenz) öffnet, zugleich aber jedem Mitgliedstaat über das Erfordernis der Einstimmigkeit im Rat eine **Veto-Position** zuerkennt.[94] Die Reduktion der Mitwirkung des Parlaments auf die bloße Anhörung entspricht dem früheren Art. 130s EWGV i. d. F. der Einheitlichen Europäischen Akte und folgt dem Modell in anderen Bereichen mit Souveränitätsbedenken der Mitgliedstaaten,

---

[88] Verordnung (EG) Nr. 338/97, ABl. 1997 L 61/1.
[89] Näher dazu *Scherer/Heselhaus*, in: Dauses, Handbuch des EU-Wirtschaftsrechts, Abschnitt O, Juni 2010, Rn. 555 ff.
[90] Art. 6 ff. H-Richtlinie 92/43/EWG vom 21.5.1992 zur Erhaltung der natürlichen Lebensräume sowie der wildlebenden Tiere und Pflanzen, ABl. 1992, L 206/7.
[91] *Kahl*, in: Streinz, EUV/AEUV, Art. 192 AEUV, Rn. 17.
[92] EuGH, Urt. v. 29.10.1980, Rs. 138/79 (Roquette), Slg. 1980, 3333 (3360); Urt. v. 29.10.1980, Rs. 139/79 (Maizena), Slg. 1980, 3393 (3424 f.).
[93] *Scherer/Heselhaus*, in: Dauses, Handbuch des EU-Wirtschaftsrechts, Abschnitt O, Juni 2010, Rn. 85.
[94] Insofern wird die frühere Einstimmigkeitsregel im Umweltbereich teilweise konserviert, vgl. *Jacqué*, RTDE 1986, 575.

wie etwa in Art. 113 AEUV über Steuern. Im **Nizza Vertrag** ist der Anwendungsbereich der Vorschrift leicht erweitert worden, indem die Rückausnahme im Bereich der **Bodennutzung** für »allgemeine Maßnahmen« gestrichen worden ist.

In der Literatur ist umstritten, ob die Vorschrift eine **eigenständige**, spezielle **Kompetenzgrundlage**[95] darstellt oder ob sie lediglich eine Ausnahme von dem anzuwendenden Verfahren[96] darstellt. Der Streit könnte Bedeutung für die Bestimmung des Umfangs der Norm haben, doch hat der EuGH diesbezüglich eine Lösung unabhängig von dem Streit präsentiert, die die praktische Relevanz dieser Auseinandersetzung reduziert: in der Abgrenzung nach dem **Schwerpunkt der Maßnahme** wird der Anwendungsbereich der Vorschrift in der Praxis erheblich reduziert (näher s. Rn. 32).[97] In einer jüngeren Entscheidung spricht das EuG allerdings von der »verfahrensrechtlichen Natur« der Vorschrift,[98] wohl um im konkreten Fall deutlich zu machen, dass trotz Art. 194 AEUV umweltpolitische Maßnahmen im Energiebereich auch auf Art. 192 Abs. 1 AEUV und nicht nur auf dessen Abs. 2 gestützt werden können. Abgesehen von diesen Konsequenzen ist die Interpretation als eigenständige Rechtsgrundlage überzeugender, weil sie nicht versucht, im Nachhinein den früheren Kompetenzstreit zu Gunsten von Abs. 1 aufzulösen. Ferner beginnt die Vorschrift zwar mit einem Hinweis auf die Abweichung im Verfahren, doch spricht der **Wortlaut** des Lissabonner Vertrages für eine eigenständige Kompetenz. Denn der Rat kann mit einstimmigem Ratsbeschluss nach Abs. 2 UAbs. 2 festlegen, dass das besondere Gesetzgebungsverfahren nicht mehr angewendet wird. Das führt dann aber nicht zur Anwendung des Abs. 1, sondern es bleibt bei der **Rechtsgrundlage des Abs. 2**.[99] Überzeugend spricht denn auch der EuGH davon, dass eine Maßnahme »auf der Grundlage von« Abs. 2 erlassen worden ist.[100]

Zwar weicht Art. 192 Abs. 2 AEUV von dem Verfahren des Abs. 1 ab, doch ist die Vorschrift nach überzeugender Auffassung **keine Ausnahme** von jenem, sondern eine **Spezialvorschrift**.[101] Dies folgt aus ihrer Stellung als eigenständige Rechtsgrundlage (s. Rn. 31). Doch selbst wenn man mit der – abzulehnenden – Auffassung in der Literatur von einer Ausnahme ausgehen würde, würde daraus **keine enge Auslegung** folgen. Die Gegenansicht[102] beruft sich zu Unrecht auf die Rechtsprechung. Denn der EuGH hat den Grundsatz einer engen Auslegung nur im Falle von Ausnahmen von »grundlegenden Vertragsvorschriften«, etwa den Grundfreiheiten, aufgestellt.[103] Eine solche stellt Abs. 1 aber nicht dar, weil es bei der Abgrenzung nicht um die Anwendbarkeit des EU-Rechts

---

[95] So *Kahl*, in: Streinz, EUV/AEUV, Art. 192 AEUV, Rn. 18; wohl auch *Krämer*, in: GSH, Europäisches Unionsrecht, Art. 192 AEUV, Rn. 26; vgl. *Scherer/Heselhaus*, in: Dauses, Handbuch des EU-Wirtschaftsrechts, Abschnitt O, Juni 2010, Rn. 83 ff. zu »Kompetenzbereichen nach Art. 192 II AEUV«, s. aber noch *Heselhaus*, EuZW 2001, 213 (214).

[96] So die überwiegende Auffassung: *Frenz*, URP 2010, 293 (294); *Gärditz*, Planungsrecht, S. 50; *Matuschak*, DVBl 1995, 81 (87 f.); *Durner*, Konflikte räumlicher Planungen, 2005, S. 512; *Calliess*, in: Calliess/Ruffert, EUV/AEUV, Art. 192 AEUV, Rn. 28; *Käller*, in: Schwarze, EU-Kommentar, Art. 192 AEUV, Rn. 17.

[97] EuGH, Urt. v. 30. 1. 2001, Rs. C–36/98 (Spanien/Rat), Slg. 2001, I–779, Rn. 59 ff., kritisch dazu *Heselhaus*, EuZW 2001, 293.

[98] EuG, Urt. v. 7. 3. 2013, Rs. T–370/11 (Polen/Kommission), ECLI:EU:T:2013:113, Rn. 17.

[99] S. zu anderen Argumenten *Kahl*, in: Streinz, EUV/AEUV, Art. 192 AEUV, Rn. 18.

[100] EuGH, Urt. v. 30. 1. 2001, Rs. C–36/98 (Spanien/Rat), Slg. 2001, I–779, Rn. 43.

[101] *Heselhaus*, EuZW 2001, 213 (214); *Kahl*, in: Streinz, EUV/AEUV, Art. 192 AEUV, Rn. 18.

[102] *Käller*, in: Schwarze, EU-Kommentar, Art. 192 AEUV, Rn. 18; *Calliess*, in: Calliess/Ruffert, EUV/AEUV, Art. 192 AEUV, Rn. 28.

[103] EuGH, Urt. v. 27. 3. 1974, Rs. C–127/73 (Belgische Radio en Televisie), Slg. 1974, 313 (318); Urt. v. 17. 6. 1981, Rs. C–113/80 (Kommission/Irland), Slg. 1981, 1625 (1638).

überhaupt geht, sondern um die Berücksichtigung nationaler Souveränitätsvorbehalte. Zutreffend hat daher der EuGH bei der Abgrenzung nicht auf einen solchen Grundsatz abgestellt.[104] Dieser Ansatz wird indirekt dadurch bestätigt, dass im Nizza Vertrag der Anwendungsbereich des Abs. 2 leicht ausgedehnt worden ist (s. Rn. 30). Allerdings ist darauf hinzuweisen, dass der EuGH über die Anwendung der allgemeinen Kompetenzabgrenzungsregel nach dem **Schwerpunkt einer Maßnahme**, den Anwendungsbereich der Norm gegenüber Abs. 1 im Ergebnis ebenfalls zurückdrängt.[105] Eine überzeugendere Lösung bietet die teleologische Auslegung (s. Rn. 35).

33 Die Rechtsgrundlage nach Abs. 2 besteht ausdrücklich »unbeschadet des Artikels 114«. Dies ist keineswegs ein überflüssiger Hinweis,[106] sondern eine wichtige **Klarstellung**, dass die Auflistung der Bereiche in Abs. 2, etwa der Wasserbewirtschaftung, keine Zurückdrängung der **Binnenmarktkompetenz** nach Art. 114 AEUV bedeutet, wenn der Schwerpunkt einer Maßnahme auf dem Binnenmarktziel liegt.[107]

34 Abs. 2 UAbs. 2 enthält eine Passarelle, eine **Klausel für den Übergang** zum ordentlichen Gesetzgebungsverfahren. Nachdem vor dem Lissaboner Vertrag nur vom Übergang zum Mehrheitsprinzip im Rat die Rede gewesen war und sich daraufhin ein Streit darüber entsponnen hatte, ob dies auch Konsequenzen für die nicht ausdrücklich erwähnte Beteiligungsform des Europäischen Parlaments haben müsse, ist diese Frage nunmehr ausdrücklich im Sinne einer **Einbeziehung des Europäischen Parlaments** entschieden worden. Während beim Maastricht Vertrag das Vereinigte Königreich und Spanien vehement am Einstimmigkeitsprinzip festhalten wollten, waren es beim Amsterdamer Vertrag Deutschland und Spanien.[108] Die Wahrscheinlichkeit einer Inanspruchnahme dieser Klausel wird in der Literatur als sehr gering eingestuft.[109] Die Klausel kann auch lediglich auf **Teilbereiche** des Abs. 2 angewendet werden.[110] In Deutschland wäre dazu nach § 6 Abs. 1 IntVG in Übereinstimmung mit den vom Bundesverfassungsgericht im Lissabon-Urteil aufgestellten Voraussetzungen die **Zustimmung des Bundestags** erforderlich.[111]

35 Materiell bereitet die **Auslegung** des Abs. 2 einige Schwierigkeiten. Obgleich die Mitgliedstaaten ein offensichtliches Interesse an der Beibehaltung des Einstimmigkeitsprinzips in Abs. 2 haben und den Anwendungsbereich der Vorschrift sogar leicht ausgedehnt haben, neigen Literatur und Praxis zu einer **engen Auslegung**.[112] Dabei erscheinen alle angebotenen Ansätze nicht völlig überzeugend. Die Auffassung, das Ausnahmen immer eng auszulegen seien, kann sich, wie gezeigt (s. Rn. 32), weder auf die Rechtsprechung noch einen entsprechenden allgemeinen Rechtssatz stützen. Der Ansatz des

---

[104] EuGH, Urt. v. 30. 1. 2001, Rs. C–36/98 (Spanien/Rat), Slg. 2001, I–779, s. dazu Anmerkung von *Heselhaus*, EuZW 2001, 213 ff.

[105] EuGH, Urt. v. 30. 1. 2001, Rs. C–36/98 (Spanien/Rat), Slg. 2001, I–779.

[106] So aber *Kahl*, in: Streinz, EUV/AEUV, Art. 192 AEUV, Rn. 19; *Käller*, in: Schwarze, EU-Kommentar, Art. 192 AEUV, Rn. 18.

[107] EuGH, Urt. v. 30. 1. 2001, Rs. C–36/98 (Spanien/Rat), Slg. 2001, I–779, Rn. 56 f.; ebenso *Kahl*, in: Streinz, EUV/AEUV, Art. 192 AEUV, Rn. 18; für Spezialität hingegen *Heselhaus*, EuZW 2001, 213 ff.

[108] *Kahl*, in: Streinz, EUV/AEUV, Art. 192 AEUV, Rn. 17.

[109] *Scherer/Heselhaus*, in: Dauses, Handbuch des EU-Wirtschaftsrechts, Abschnitt O, Juni 2010, Rn. 83; *Krämer*, in: GSH, Europäisches Unionsrecht, Art. 192 AEUV, Rn. 27.

[110] *Kahl*, in: Streinz, EUV/AEUV, Art. 192 AEUV, Rn. 20.

[111] E 123, 267 (391); *Frenz*, UPR 2010, 293 (296).

[112] Vgl. EuGH, Urt. v. 30. 1. 2001, Rs. C–36/98 (Spanien/Rat), Slg. 2001, I–779, s. zur Literatur die Nachweise unter Rn. 32.

EuGH, in der praktisch relevanten Abgrenzung zu Abs. 1 auf den **Schwerpunkt einer Maßnahme** abzustellen, schränkt den Anwendungsbereich von Abs. 2 im Ergebnis erheblich ein und ist insbesondere für UAbs. 2 Buchst. b nicht überzeugend. Denn dort soll ein »Berühren« der genannten Bereiche ausreichend sein, doch wäre ein solches »Berühren« regelmäßig gerade nicht der Schwerpunkt einer Maßnahme. In der Literatur wird bei Buchst. b teilweise einschränkend darauf abgestellt, dass nur final und direkt ausgerichtete Maßnahmen erfasst würden.[113] Das widerspräche aber dem **Wortlaut**, denn dann ließe man nur Maßnahmen zu, die die Bereiche »betreffen«, anstatt sie lediglich zu »berühren«. Die Lösung liegt in einer Besinnung auf **Sinn und Zweck** der Vorschrift. Alle Bereiche des Abs. 2 beziehen sich auf **Ressourcen und deren Verwendung**: auf die **fiskalischen Ressourcen**, d. h. die nicht unendliche Leistungsfähigkeit der Steuerpflichtigen, auf die **Nutzung des Bodens** und den **Verbrauch des Wassers** (»mengenmäßige Bewirtschaftung«) sowie auf die Energiequellen, d. h. die **Energieressourcen**, seien es eigene oder im Ausland zugängliche. Nur wenn es um die **Nutzung** dieser Ressourcen geht, ist der Abs. 2 einschlägig. Der EuGH hat herausgestellt, dass es für Bereiche des Abs. 2 um die Nutzung von »**begrenzten** Ressourcen« geht.[114] Die Details der Bestimmung des Umfangs der einzelnen Kompetenzbereiche werden im Folgenden ausgeführt (II.).

II. Die Bereiche des besonderen Gesetzgebungsverfahrens

1. Vorschriften überwiegend steuerlicher Art

Abs. 2 UAbs. 1 Buchst. a sieht das **Einstimmigkeitsprinzip** im Rat für »Vorschriften **überwiegend steuerlicher Art**« vor. Es ist einhellige Ansicht, dass diese Vorschrift die Steuern i. e. Sinn erfasst, Uneinigkeit besteht hingegen im Hinblick auf die Erfassung anderer Abgaben und die Bedeutung des Wortes »überwiegend«. Nach einer Auffassung sollen darunter alle fiskalischen Maßnahmen, Steuern und Abgaben, zu verstehen sein.[115] Dem steht aber das Beispiel der Binnenmarktnormen entgegen, die mit Art. 113 und 115 AEUV Einstimmigkeit bei Steuern in Abgrenzung vom Mehrheitsprinzip nach Art. 114 AEUV vorsehen. Letztere Kompetenzgrundlage wird aber für Gebührenregelungen durchaus herangezogen, so dass der in Art. 114 Abs. 2 enthaltene Vorbehalt für »Bestimmungen über die Steuern« folglich nicht auf alle Abgabenformen bezogen wird. Die wohl h. M. (in der deutschen Literatur) geht vom deutschen Steuerbegriff aus und bezieht nur die **Steuern i. e. Sinn** ein, während alle anderen (Umwelt-) Abgaben Art. 192 Abs. 1 AEUV zugewiesen werden.[116] Diese Auffassung beachtet nicht ausreichend, dass der **Steuerbegriff des Unionsrechts** weiter der des deutschen Rechts ist.[117]

36

---

[113] *Kahl*, in: Streinz, EUV/AEUV, Art. 192 AEUV, Rn. 26 und 27; die Literaturstellen beziehen sich letztlich auf *Käller*, in: Schwarze, EU-Kommentar, Art. 192 AEUV, Rn. 23, die zur Begründung lediglich auf den »Ausnahmecharakter« der Vorschrift hinweist.
[114] EuGH, Urt. v. 30. 1. 2001, Rs. C–36/98 (Spanien/Rat), Slg. 2001, I–779, Rn. 52.
[115] *Thiel*, Umweltrechtliche Kompetenzen in der Europäischen Union, 1995, S. 77 ff.; für Erfassung aller fiskalischer Maßnahmen *Piska*, in Mayer/Stöger, EUV/AEUV, Art. 192 AEUV (Dezember 2012), Rn. 12; *Jans/Vedder*, European Environmental Law, 2008, S. 54; *Seiler*, EuR 2010, 67 (84), *Wasmeier*, Umweltabgaben und Europarecht, S. 225.
[116] S. nur *Käller*, in: Schwarze, EU-Kommentar, Art. 192 AEUV, Rn. 19; *Calliess*, in: Calliess/Ruffert, EUV/AEUV, Art. 192 AEUV, Rn. 29, *Kahl*, in: Streinz, EUV/AEUV, Art. 192 AEUV, Rn. 21; *Breier*, in: Lenz/Borchardt, EU-Verträge, Art. 192 AEUV, Rn. 192; ähnlich *Epiney*, Grundlagen, S. 21, für gegenleistungsunabhängige Abgaben.
[117] *Scherer/Heselhaus*, in: Dauses, Handbuch des EU-Wirtschaftsrechts, Abschnitt O, Juni 2010 Rn. 87; *Heselhaus*, Abgabenhoheit, S. 74 ff.

Zudem bezieht sie den Begriff »überwiegend« auf den betroffenen Rechtsakt und eröffnet so die Möglichkeit, selbst Vorschriften über Steuern i. e. Sinn dem Abs. 1 zuzuordnen, sofern diese nur in dem betroffenen Rechtsakt nicht den Schwerpunkt bilden.[118]

37 Ausgangspunkt der Auslegung ist der **Wortlaut** der Norm, der sich in der deutschen Fassung von demjenigen in Art. 113–115 AEUV unterscheidet. Hätte man eine Begrenzung auf Steuern i. e. Sinn gewollt, hätte es nahe gelegen, dieselbe Begrifflichkeit zu verwenden.[119] Insbesondere die französische und englische Fassung verwenden nicht den engen Begriff der »taxes«, sondern die weite Beschreibung als »**fiskalisch**« (»fiscal« bzw. »fiscale«). Der zusätzlich verwendete Begriff »überwiegend« kann unterschiedlich verstanden werden: als Beschreibung der konkreten Abgabe, die dann überwiegend steuerlich sein muss, oder aber des in Rede stehenden Rechtsaktes, der dann im Schwerpunkt steuerliche Vorschriften enthalten muss. Letzteres wird von der h. M. vertreten, obwohl dem die **Systematik** entgegensteht. Denn die Rechtsprechung stellt bereits bei der Abgrenzung von Rechtsetzungskompetenzen auf den Schwerpunkt ab, d. h. welchem Bereich ein Rechtsakt »überwiegend« zuzuordnen ist.[120] Deshalb wäre es überflüssig, dieses Abgrenzungskriterium in Abs. 2 UAbs. 1 Buchst. a noch einmal zu wiederholen. Ferner wäre es systematisch widersprüchlich, dass dieses Merkmal nicht auch bei den nachfolgenden Buchst. b-c verwendet würde, die gemäß der Rechtsprechung von anderen Rechtsgrundlagen ebenfalls nach dem Schwerpunkt der Maßnahme abgegrenzt werden. Überzeugend ist damit allein die Beziehung von »überwiegend« auf die in Rede stehende **Abgabe**, nicht auf den gesamten Rechtsakt. Das wird dadurch unterstrichen, dass in Buchst. a von »Vorschriften« und nicht wie in Buchst. b-c von Maßnahmen die Rede ist. Unter letzterem Begriff wird regelmäßig ein Rechtsakt verstanden.

38 Die hier vertretene Auslegung des Begriffs »überwiegend« (Rn. 36) wird durch die Auslegung nach dem **Sinn und Zweck** bestätigt. Bei den Verhandlungen zum Verfassungsvertrag bzw. Lissabonner Vertrag widersetzten sich das Vereinigte Königreich und Spanien einem Übergang zum Mehrheitsprinzip im Bereich der steuerlichen Vorschriften. Sinn der Vorschrift ist es, den **Kern der nationalen Haushalts- und Wirtschaftspolitik** zu schützen und den Zugriff auf die **fiskalischen Ressourcen**, die Abgabenpflichtigen dem Einstimmigkeitserfordernis zu unterstellen (s. Rn. 35). Dieser Bereich wird durch solche Abgabenregelungen berührt, die einen den Steuern i. e. Sinn **vergleichbaren fiskalischen Spielraum** eröffnen. Gerade die **Konzeption von Umweltabgaben** bietet erheblichen Raum zur Berücksichtigung umweltpolitischer, aber auch anderer politischer Aspekte,[121] und kann daher auch relativ hohe Abgaben rechtfertigen. Daher fällt es mitunter schwer, sie den herkömmlichen Abgabetypen zuzuordnen.[122] Deshalb erscheint es überzeugender, eine Begriffsbestimmung nach der materiellen Bedeutung vorzunehmen, d. h. vor allem, ob die fragliche Abgabe einer Steuer i. e. Sinn **vergleichbare fiskalische Spielräume** eröffnet (s. Rn. 38). Dies deckt sich mit dem englischen und französischen Wortlaut, der jeweils auf die fiskalische Natur der Vorschrift abstellen.

---

[118] S. *Kahl*, in: Streinz, EUV/AEUV, Art. 192 AEUV, Rn. 21.
[119] Im Englischen »fiscal provisions« in Art. 114 AEUV und »provisions primarily of a fiscal nature« in Art. 192 AEUV.
[120] So die h. M. selbst, vgl. *Kahl*, in: Streinz, EUV/AEUV, Art. 192 AEUV, Rn. 21.
[121] Näher dazu *Kirchhof*, Umweltabgaben – Die Regelungen in der Europäischen Gemeinschaft und ihren Mitgliedstaaten, in: Rengeling, Handbuch zum europäischen und deutschen Umweltrecht, 1998, § 38, Rn. 24.
[122] S. etwa »Gebühren« als Entgelt für die Nutzung von Ressourcen.

Danach gilt im Einzelnen: die Vorschrift nach Buchst. a bezieht sich nur auf **Ab-** **39** **gabentatbestände**, nicht auf Berichtspflichten über Steuern oder die Möglichkeit steuerliche Vergünstigungen vorzusehen. Daher ist die Richtlinie über den Emissionshandel zu Recht nicht auf Abs. 2 gestützt worden, weil sie gerade keine derartigen Abgabentatbestände enthält.[123] Gemäß der Systematik der Abgaben in der EU[124] werden eindeutig die **Steuern i. e. Sinn** erfasst, weil sie aufgrund ihrer Unabhängigkeit von einer Gegenleistung oder einer bestimmten Zweckbindung fiskalische Spielräume eröffnen. Demgegenüber eröffnen **Gebühren und Beiträge** solche Spielräume grundsätzlich nicht. Doch ist der Begriff »überwiegend steuerlicher Art« offen für solche Abgaben, wenn ihre Ausgestaltung, etwa als **Gebühren für die Nutzung der Umwelt**, vergleichbare Spielräume eröffnet. Unter den gleichen Vorgaben sind auch **besondere Steuerabgaben**, die in die allgemeinen Haushalte eingehen, aber bestimmten Zwecksetzungen dienen, erfasst. **Parafiskalische Abgaben** sind im Grundsatz nicht erfasst, weil die Einnahmen nicht in die öffentlichen Haushalte eingestellt werden. Erfolgt ihre Ausgestaltung aber unter Nutzung von erheblichen Spielräumen oder kommt es zu einem derart hohen Aufkommen, dass die öffentlichen Haushalte durch das Fehlen dieser Einnahmen berührt werden, liegen Abgaben überwiegend steuerlicher Art vor. Ein Beispiel wären klimabezogene Maßnahmen zur Finanzierung von Fonds, die ein hohes Aufkommen erwarten lassen.[125]

Der Vorschlag einer **CO_2- und Energiesteuer** von 2001, der 2009 erneut diskutiert **40** worden ist, sollte auf die ex-Art. 99 und 130r EGV (Art. 115 und 192 AEUV) gestützt werden, so dass im Rat mit Einstimmigkeit hätte beschlossen werden müssen.[126] Dem entspräche heute eine Abstützung auf Art. 192 Abs. 2 AEUV. Im Vergleich ist damit die Abstützung der **steuerlichen Förderung abgasarmer PKW** auf Art. 114 AEUV (ex-Art. 95 I EGV) anstelle von Art. 113 AEUV (ex-Art. 93 EGV) vertretbar, weil solche Optionen zur Förderung nicht den Kern der öffentlichen Haushalte berühren (s. Rn. 37). Die Richtlinie 2003/96/EG über die **Besteuerung von Energieerzeugnissen und elektrischem Strom**[127] ist zutreffend auf Art. 93 EGV (jetzt Art. 113 AEUV) gestützt worden, weil sie Mindeststeuerbeträge verbindlich vorsieht.[128] Unter dem Lissabonner Vertrag stellt sich neu die Abgrenzung zur energiepolitischen Kompetenzvorschrift Art. 194 AEUV, die in Abs. 3 ebenfalls Einstimmigkeit im Rat für Maßnahmen »überwiegend steuerlicher Art« vorsieht (S. Rn. 47 ff.).

2. Maßnahmen der Raumordnung und Bodennutzung

Einstimmig sind nach Abs. 2 UAbs. 1 Buchst. b 1. und 3. Spstr. AEUV Maßnahmen zu **41** beschließen, die die **Raumordnung bzw. die Bodennutzung** – mit Ausnahme der Abfallbewirtschaftung – berühren. Beide Varianten stehen in Bezug zueinander, insbesondere

---

[123] In der Neufassung wird die Versteigerung der Emissionszertifikate vorgesehen, Art. 10 Richtlinie 2003/87/EG in der Fassung vom 9. 10. 2015.
[124] S. *Heselhaus*, Abgabenhoheit, S. 74 ff.
[125] S. zu Ansätzen zu solchen Finanzierungsinstrumenten Art. 11 Kyoto-Protokoll und Richtlinie 2009/29/EG vom 23. 4. 2009 zur Änderung der Richtlinie 2003/87/EG zwecks Verbesserung und Ausweitung des Gemeinschaftssystems für den Handel mit Treibhausgasemissionszertifikaten, ABl. 2009, L 140/63, zum EU-Emissionshandelssystem.
[126] ABl. 1992, C 196/1.
[127] RL 2003/96/EG vom 27. 10. 2003 zur Restrukturierung der gemeinschaftlichen Rahmenvorschriften zur Besteuerung von Energieerzeugnissen und elektrischem Strom, ABl. 2003, L 283/51.
[128] Wie hier *Käller*, in: Schwarze, EU-Kommentar, Art. 192 AEUV, Rn. 20.

kann die Raumplanung bereits Vorentscheidungen für eine spätere Bodennutzung herbeiführen. Aus der systematischen Gesamtschau folgt (s. Rn. 35 ff.), dass der Zweck der Vorschrift darin besteht, den Mitgliedstaaten eine Veto-Position in Bezug auf **Regelungen über die Nutzung der Ressource Boden** in ihrem Territorium einzuräumen.

42 In der Neufassung seit dem Nizza Vertrag wird nicht mehr verlangt, dass es sich um Maßnahmen »in« den genannten Bereichen handelt, sondern sie müssen diese Bereiche lediglich »**berühren**«. Zudem ist für den Bereich der Bodennutzung die frühere Rückausnahme für »Maßnahmen allgemeiner Art« entfallen. Daraus wird in der Literatur geschlossen, dass nunmehr auch die UVP-, SUP- und die FFH-Richtlinie nach Abs. 2 einstimmig zu beschließen wären.[129] Die Praxis folgt dem zumindest für die UVP-Richtlinie nicht.[130] Das ist im Ergebnis überzeugend und muss auch für die SUP-Richtlinie gelten, wie es sich aus der Auslegung nach Sinn und Zweck der Vorschriften ergibt (Rn. 43 f.).

43 Bei der Bodennutzung nach dem 3. Spstr. geht es um den Zugriff auf die Ressource »Boden«, d. h. inhaltlich um **Art und Ausmaß einer konkreten Inanspruchnahme** des Bodens.[131] Folglich spricht viel dafür, dass die **FFH-Richtlinie** von der Vorschrift erfasst wird, da sie Vorgaben für die Ausweisung von Schutzgebieten enthält, die nicht nur allgemeiner Art sind, sondern über die faktisch determinierten Lebensgebiete der geschützten Arten konkrete Bodenflächen unter Schutz stellen.[132] Dagegen umfasst die **UVP-Richtlinie** zwar Vorgaben für die Prüfung der Umweltverträglichkeit bestimmter Projekte, enthält aber keine Vorgaben für konkrete Standorte, d. h. die Ressource Boden und deren Nutzung, sondern stellt primär **verfahrensrechtliche Regelungen** für die **Bewertung möglicher Nutzungen** des Bodens allgemein im gesamten Territorium auf. Ferner ist festzuhalten, dass die in Buchst. b enthaltene Rückausnahme für die Abfallbewirtschaftung notwendig gewesen ist, um die Vorschriften über **Deponien** auszunehmen. Denn auf Deponien wird der Boden unmittelbar als Ressource genutzt und die Vorschriften haben Auswirkungen auf die konkrete Nutzung der bereits vorhandenen Standorte. Es geht um die Bewirtschaftung dieser Standorte.[133] Die Rückausnahme führt aber nicht dazu, dass nunmehr alle abfallrechtlichen Vorschriften auf Abs. 1 zu stützen wären, vielmehr bleibt daneben ausdrücklich Art. 114 AEUV einschlägig.[134]

44 Der Begriff der **Raumordnung** erfasst alle **raumplanerischen Maßnahmen**. In den Worten des EuGH sind dies »Maßnahmen im Zusammenhang mit regionalen, städtischen oder gemeindlichen Raumordnungsplänen oder mit der Planung verschiedener Infrastrukturvorhaben eines Mitgliedstaates«.[135] Die Einbeziehung der **Stadtplanung** entspricht dem englischen Wortlaut (»town and country planning«). Zugleich wird da-

---

[129] Vgl. *Calliess*, in: Calliess/Ruffert, EUV/AEUV, Art. 192 AEUV, Rn. 30; *Kahl*, in: Streinz, EUV/AEUV, Art. 192 AEUV, Rn. 26.

[130] So ist die Novellierung der UVP-Richtlinie 2014/52/EU vom 16.4.2014 zur Änderung der Richtlinie 2011/92/EU über die Umweltverträglichkeitsprüfung bei bestimmten öffentlichen und privaten Projekten, ABl. 2014, L 124/1 auf Art. 192 Abs. 1 AEUV gestützt worden.

[131] *Scherer/Heselhaus*, in: Dauses, Handbuch des EU-Wirtschaftsrechts, Abschnitt O, Juni 2010, Rn. 93; *Calliess*, in: Calliess/Ruffert, EUV/AEUV, Art. 192 AEUV, Rn. 30.

[132] S. nur die Möglichkeit faktischer Schutzgebiete nach der Rspr, EuGH, Urt. v. 2.8.1993, Rs. C–355/90 (Kommission/Spanien), Slg. 1993, I–4221.

[133] Vgl. EuGH, Urt. v. 30.1.2001, Rs. C–36/98 (Spanien/Rat), Slg. 2001, I–779, Rn. 52.

[134] *Scherer/Heselhaus*, in: Dauses, Handbuch des EU-Wirtschaftsrechts, Abschnitt O, Juni 2010, Rn. 94. S. unten Rn. 79.

[135] EuGH, Urt. v. 30.1.2001, Rs. C–36/98 (Spanien/Rat), Slg. 2001, I–779, Rn. 51.

mit der **weite Umweltbegriff** des Art. 191 AEUV bestätigt.[136] Aus der systematischen Interpretation folgt, dass entsprechende Vorschriften nur erfasst werden, wenn sie Folgen für die **Nutzung konkreter Flächen** haben, nicht aber, wenn sie allgemeine Vorgaben für die Raumordnung aufstellen. Konkrete Flächen sind z.B. unter der **FFH-Richtlinie** betroffen, weil diese der Entwicklung eines europaweiten Netzes von Schutzgebieten (Natura 2000) dient und Vorgaben für die Ausweisung konkreter Schutzgebiete enthält.[137] Das gilt hingegen **nicht** für die **SUP-Richtlinie**, die abstrakt-generell Vorgaben für die umweltverträgliche Raumplanung aufstellt, aber **nicht die Nutzung konkreter Flächen** berührt, d.h. nicht in die konkrete Verteilung der begrenzten Ressource »Boden« eingreift.

3. Bewirtschaftung der Wasserressourcen

Nach Buchst. b 2. kommt die **Einstimmigkeitsregel** im Bereich des **Gewässerschutzes** nur zur Anwendung, sofern es um »die **mengenmäßige Bewirtschaftung** der Wasserressourcen« oder um die »Verfügbarkeit dieser Ressourcen« geht. Da der Zusatz »mengenmäßig« bis zum Nizza Vertrag gefehlt hatte, war die Auslegung der Vorschrift umstritten gewesen. Doch hatte der EuGH bereits damals unter Berufung auf den **niederländischen Wortlaut** und auf den Zweck, die Nutzung begrenzter Ressourcen zu regeln, eine Begrenzung auf Maßnahmen der **quantitativen Wassernutzung** erkannt.[138] Dies ist, soweit ersichtlich, allgemeine Auffassung.[139] Demgegenüber sind Vorschriften über die **Qualität von Gewässern**, wie etwa die Wasserrahmenrichtlinie auf Abs. 1 zu stützen.[140] Das gilt auch, wenn diese Qualitätsregelungen nach der Gewässernutzung differenzieren.[141] Nach dem Wortlaut ist es ausreichend, wenn die mengenmäßige Bewirtschaftung »**berührt**« wird. Das umfasst auch **nicht zielgerichtete**, mittelbar wirkende Maßnahmen. Die Gegenauffassung[142] widerspricht dem Wortlaut des Buchst. b, der **ausdrücklich** bereits für den engeren Begriff »betreffen« sowohl **mittelbare als auch unmittelbare Wirkungen** einbezieht.

Die »**Verfügbarkeit**« der Wasserressourcen umfasst alle Maßnahmen über den Wasserverbrauch, etwa eine Begrenzung der Wassermengen für die landwirtschaftliche Bewässerung.[143] Dabei geht es nicht um die Bewirtschaftung eines konkreten Wasservorkommens (wie örtliche Wassergebühren), sondern um die **allgemeine Bewirtschaftung des Verbrauchs** der Ressource. Bei dieser Tatbestandsalternative reicht ein »Berühren« nicht aus, die Verfügbarkeit muss »**betroffen**« sein. Dies kann ausdrücklich mittelbar

45

46

---

[136] S. die Kommentierung zu Art. 191 AEUV, Rn. 17 ff.

[137] Art. 3 ff. Richtlinie 92/43/EWG, ABl. 1992 L 206/7, zuletzt geändert durch Richtlinie 2013/17/EU, ABl. 2013, L 158/193.

[138] EuGH, Urt. v. 30.1.2001, Rs. C–36/98 (Spanien/Rat), Slg. 2001, I–779, Rn. 51 ff.

[139] S. nur *Calliess*, in: Calliess/Ruffert, EUV/AEUV, Art. 192 AEUV, Rn. 31, *Kahl*, in: Streinz, EUV/AEUV, Art. 192 AEUV, Rn. 27; *Krämer*, in: GSH, Europäisches Unionsrecht, Art. 192 AEUV, Rn. 33 f.

[140] S. WRRL 2000/60/EG vom 23.10.2000 zur Schaffung eines Ordnungsrahmens für Maßnahmen der Gemeinschaft im Bereich der Wasserpolitik, ABl. 2000, L 327/1; *Calliess*, in: Calliess/Ruffert, EUV/AEUV, Art. 192 AEUV, Rn. 31.

[141] *Scherer/Heselhaus*, in: Dauses, Handbuch des EU-Wirtschaftsrechts, Abschnitt O, Juni 2010, Rn. 95.

[142] *Kahl*, in: Streinz, EUV/AEUV, Art. 192 AEUV, Rn. 27; *Käller*, in: Schwarze, EU-Kommentar, Art. 192 AEUV, Rn. 23.

[143] Vgl. zu diesem Bsp. *Krämer*, in: GSH, Europäisches Unionsrecht, Art. 192 AEUV, Rn. 34, der dieses aber auf die quantitative Bewirtschaftung bezieht.

oder unmittelbar geschehen. Damit verträgt sich eine einschränkende Interpretation auf Maßnahmen unmittelbarer Natur nicht.[144]

4. Energiepolitische Maßnahmen

47 Erst seit dem **Lissabonner Vertrag** existiert eine ausdrückliche, **eigenständige Kompetenz** der EU für die **Energiepolitik** in Art. 194 AEUV.[145] Bis dahin konnten aber bereits energierelevante Maßnahmen auf Grundlage anderer Kompetenzvorschriften erlassen werden. Insbesondere stellt seit dem **Maastricht Vertrag** Art. 192 Abs. 2 UAbs. 1 Buchst. c AEUV klar, dass die Union aus **Gründen des Umweltschutzes** auch energiepolitische Maßnahmen ergreifen kann. Zudem ist der Anwendungsbereich des Art. 194 AEUV **begrenzt**, denn nach Art. 194 Abs. 2 UAbs. 2 AEUV dürfen auf Art. 194 AEUV gestützte Maßnahmen nicht das Recht der Mitgliedstaaten berühren, »die Bedingungen für die Nutzung seiner Energieressourcen, seine Wahl zwischen verschiedenen Energiequellen und die allgemeine Struktur seiner Energieversorgung zu bestimmen«. Doch gilt dies ausdrücklich unbeschadet des Art. 192 Abs. 2 Buchst. c AEUV. Folglich kann eine Energiepolitik der EU, die sich auf diese Bereiche auswirkt, weiterhin nur mit dem Ziel des Umweltschutzes, insbesondere des **Klimaschutzes**, nach **Art. 192 AEUV** betrieben werden. Das EuG hat klargestellt, dass Art. 194 Abs. 2 UAbs. 2 AEUV insoweit ein Verbot unionaler Rechtsetzung enthält, das aber nicht auf Art. 192 AEUV anwendbar ist.[146] Damit wird bestätigt, dass energiebezogene Umweltmaßnahmen, die nicht die Schwelle des Art. 192 Abs. 2 UAbs. 1 Buchst. c AEUV überschreiten, auf Art. 192 Abs. 1 AEUV gestützt werden können. In solchen Fällen wird die Abgrenzung zu Art. 194 AEUV relevant (s. Rn. 83).

48 Art. 192 Abs. 2 UAbs. 1 Buchst. c AEUV sieht **einstimmige Beschlussfassung** im Rat für Maßnahmen vor, die »die Wahl eines Mitgliedstaates zwischen verschiedenen Energiequellen und die allgemeine Struktur seiner Energieversorgung erheblich berühren«. Nach einer Ansicht müssen beide Elemente **kumulativ** gegeben sein.[147] Dies folgt zum einen aus dem Wortlaut (»und«), zum anderen aber aus dem Sinn und Zweck. Denn wie insgesamt in Abs. 2 (s. Rn. 35) geht es um die Nutzung und den **Zugriff auf begrenzte Ressourcen**. Auch entspricht diese Auslegung der systematischen Interpretation unter Einbeziehung der Einschränkung »erheblich«. Das geben im Ergebnis auch Teile der Gegenauffassung zu.[148] Es geht mithin um den **Ausschluss einzelner Energieressourcen** oder um die **spürbare Begrenzung der Nutzung** solcher.[149]

49 Als Beispiele für den Anwendungsbereich der Vorschrift werden in der Literatur ein **Ausstieg aus der Kernenergie** oder ein **Verzicht auf Braun- oder Steinkohle** als Energieträger genannt.[150] Die Richtlinie über das **Emissionshandelssystem** betrifft zwar auch die

---

[144] So aber *Kahl*, in: Streinz, EUV/AEUV, Art. 192 AEUV, Rn. 27, *Käller*, in: Schwarze, EU-Kommentar, Art. 192 AEUV, Rn. 23.
[145] Näher dazu *Heselhaus*, EuRUP 2013, S. 137 ff.
[146] EuG, Urt. v. 7. 3. 2013, Rs. T–370/11 (Polen/Kommission), ECLI:EU:T:2013:113, Rn. 17.
[147] *Nettesheim*, in: Grabitz/Hilf/Nettesheim, EU, Art. 192 AEUV (Mai 2011), Rn. 81, offen gelassen bei *Käller*, in: Schwarze, EU-Kommentar, Art. 192 AEUV, Rn. 25.
[148] *Kahl*, in: Streinz, EUV/AEUV, Art. 192 AEUV, Rn. 35 bezieht darüber die Auswirkungen auf die Grundstruktur der Energieversorgung ein, die er unter Rn. 34 grundsätzlich separat behandelt. S. auch *Calliess*, in: Calliess/Ruffert, EUV/AEUV, Art. 192 AEUV, Rn. 32.
[149] Vgl. *Scherer/Heselhaus*, in: Dauses, Handbuch des EU-Wirtschaftsrechts, Abschnitt O, Juni 2010, Rn. 96.
[150] *Krämer*, in: GSH, Europäisches Unionsrecht, Art. 192 AEUV, Rn. 48.

Wahl der Energieträger, indem sie solche mit hohen CO_2-Emissionen belastet. Doch sind diese Belastungen zum einen (noch) nicht erheblich und zum anderen stellen sie nicht den Schwerpunkt der Maßnahme dar, die viele Industriebereiche erfasst. Sofern die EU die Verwendung der **CCS-Technik** (carbon capture and storage) für Kohlekraftwerke vorschreiben sollte, könnte dies als eine »Bedingung der Nutzung« von Energieressourcen angesehen werden. Solche Regelungen sind unter Art. 194 AEUV den Mitgliedstaaten vorbehalten, doch unter Art. 192 AEUV wären sie zum Schutz des Klimas zulässig und auf den 1. Absatz zu stützen, da sie nicht die Wahl der Energieträger betreffen, sondern gerade Bedingungen für eine weitere Nutzung der Kohle schaffen würden.

E. Die spezielle Kompetenznorm für Umweltaktionsprogramme (Abs. 3)

Nach Abs. 3 UAbs. 1 beschließen das **Europäische Parlament und der Rat** im ordentlichen Gesetzgebungsverfahren und nach Anhörung sowohl des Wirtschafts- und Sozialausschusses und des Ausschusses der Regionen **allgemeine Aktionsprogramme** im Bereich des Umweltschutzes. Ausweislich der Struktur der Norm handelt es sich um eine **Kompetenzgrundlage**.[151] Da die Vorschrift dasselbe Rechtsetzungsverfahren wie Abs. 1 enthält, ist der Unterschied zwischen den beiden Absätzen **nicht verfahrensrechtlicher Natur**. Der frühere Zusatz »in anderen Bereichen« ist im Lissabonner Vertrag entfallen. Es handelte sich um ein redaktionelles Missverständnis, dem keine rechtliche Bedeutung zugekommen war.[152] Die Norm ist erst mit Verspätung im Maastricht Vertrag eingeführt worden. Sie ist erstmals auf das **5. Umweltaktionsprogramm** von 1993–2000 angewandt worden. Die Vorschrift enthält keine ausdrückliche Bestimmung über das einschlägige Rechtsetzungsinstrument, denn das Verb »beschließen« wird auch in Abs. 1 ohne jede Eingrenzung auf bestimmte Instrumente verwendet. In Frage kommt nach dem Inhalt, der ausweislich des UAbs. 2 weiterer Umsetzung in Rechtsakten bedarf, sinnvoller Weise nur das Instrument des **Beschlusses** nach Art. 288 AEUV.[153]

50

Der **Begriff** des allgemeinen Aktionsprogramms wird in den Verträgen nicht definiert. Programme finden sich im **Umwelt-Sekundärrecht** der EU als besondere Instrumente für die Umsetzung seitens der Mitgliedstaaten. In diesem Zusammenhang hat sie der EuGH als ein **geordnetes System von Zielen** beschrieben, das zum Erreichen bestimmter Ziele aufgestellt wird und einen **Zeitplan** enthält.[154] Diese drei Elemente, der systematische Ansatz von Zielen, die Vorgabe bestimmter Ziele und das zeitliche Element, sind auf die Aktionsprogramme nach Abs. 3 übertragbar.[155] Das wird durch einen Vergleich mit den damaligen Umweltaktionsprogrammen im Rahmen der historischen Interpretation deutlich. Als Aktionsprogramm ist dieses Instrument auf die **systematische Bündelung nachfolgender Maßnahmen** ausgerichtet.[156] Ferner müssen die Aktionsprogramme allgemein ausgerichtet sein (s. Rn. 52).

51

---

[151] *Scherer/Heselhaus*, in: Dauses, Handbuch des EU-Wirtschaftsrechts, Abschnitt O, Juni 2010, Rn. 97.
[152] *Scherer/Heselhaus*, in: Dauses, Handbuch des EU-Wirtschaftsrechts, Abschnitt O, Juni 2010, Rn. 97, näher dazu *Kahl*, in: Streinz, EUV/AEUV, Art. 192 AEUV, Rn. 42.
[153] S. zum 7. Umweltaktionsprogramm Beschluss Nr. 1386/2013, ABl. 2013, L 354/171.
[154] EuGH, Urt. v. 21.1.1999, Rs. C–347/97 (Kommission/Belgien), Slg. 1999, I–309, Rn. 14 ff.
[155] Ausführlich *Krämer*, in: GSH, Europäisches Unionsrecht, Art. 192 AEUV, Rn. 44.
[156] *Krämer*, in: GSH, Europäisches Unionsrecht, Art. 192 AEUV, Rn. 49.

52 Die Umweltaktionsprogramme nach Abs. 3 sind nach nahezu einhelliger Ansicht **rechtsverbindlich**.[157] Sie sind inhaltlich auf die Umsetzung im Sekundärrecht ausgerichtet und binden daher nur die **EU-Organe**.[158] Da sie nur hinsichtlich des Zieles verbindlich sind, verbleibt den Rechtsetzungsorganen ein **weiter Spielraum**. Ansonsten würde die Vorschrift in ein Spannungsverhältnis zu den Abs. 1 und 2 geraten. Die Kommission hat kritisiert, dass sich die von ihr erwünschte Bindungswirkung gegenüber den Mitgliedstaaten im Rat in der Praxis kaum bewährt hat.[159] Auch schränken die Aktionsprogramme das **Initiativrecht der Kommission** nicht so stark ein, dass der Erlass konkreter Maßnahmen gefordert werden könnte. Doch wäre eine **Untätigkeitsklage** bei weitgehender Passivität möglich.[160] Die Umweltaktionsprogramme treffen keine verbindliche Vorentscheidung im Hinblick auf das **Subsidiaritätsprinzip**.[161] Denn dessen Einhaltung muss konkret für jede einzelne Maßnahme überprüft werden. Die Umweltaktionsprogramme enthalten heute jedoch lediglich relativ abstrakt gehaltene Zielvorgaben (s. Rn. 55).[162]

53 Im Hinblick auf den **Umfang** der Umweltaktionsprogramme wird in der Literatur zunehmend vorgeschlagen, dass diese auch für bestimmte Sektoren des medialen Umweltschutzes, etwa im Gewässerschutzrecht, in Frage kommen könnten.[163] Diese Auffassung vermag nicht zu überzeugen. Zunächst spricht dagegen schon der klare Wortlaut, der »**allgemeine**« **Programme** verlangt und systematisch auf die Umweltpolitik insgesamt bezogen ist, nicht auf Unterbereiche derselben. Ferner ist Abs. 3 keine Politikoption für die EU-Organe, sondern eine **Zuständigkeitsregelung**. Sollten Umweltaktionsprogramme in den Sektoren erfasst sein, dürfte die Kommission für diese Sektoren keine anderen Rechtsetzungsprogramme mehr selbständig aufstellen, ohne die Kompetenzen der anderen beteiligten Organe und Einrichtungen zu umgehen. Folglich liegt die Zuständigkeit für Aktionsprogramme in spezifischen Bereichen allein bei der Kommission, wie das für das Erstellen von **Weißbüchern** oder **Grünbüchern** auch allgemein anerkannt ist.[164]

54 Bis zur Einführung der Vorschrift, d. h. bis zum 5. Umweltaktionsprogramm, ist diesen Programmen lediglich eine **politische Wirkung** zugekommen, die aber im Rahmen der Auslegung von Sekundärrechtsakten Beachtung finden konnte.[165] Damals nahm der Rat die Aktionsprogramme mit **unverbindlichen Entschließungen** zur Kenntnis.[166] Doch bereits die Überprüfung des 5. Umweltaktionsprogramms von 1998 ist dann mittels eines **verbindlichen Beschlusses** erfolgt.[167]

55 Abs. 3 UAbs. 2 verweist für die **Durchführung** der Umweltaktionsprogramme auf die **Rechtsetzungskompetenzen** nach Art. 192 Abs. 1 und 2 AEUV. Damit wird zum einen

---

[157] Zweifelnd wohl *Krämer*, in: GSH, Europäisches Unionsrecht, Art. 192 AEUV, Rn. 48.
[158] *Nettesheim*, in: Grabitz/Hilf/Nettesheim, EU, Art. 192 AEUV (Mai 2011), Rn. 85.
[159] Zitiert nach *Käller*, in: Schwarze, EU-Kommentar, Art. 192 AEUV, Rn. 30.
[160] *Scherer/Heselhaus*, in: Dauses, Handbuch des EU-Wirtschaftsrechts, Abschnitt O, Juni 2010, Rn. 98.
[161] A.A wohl *Krämer*, in: GSH, Europäisches Unionsrecht, Art. 192 AEUV, Rn. 46.
[162] S. Art. 2 7. Umweltaktionsprogramm, Beschluss Nr. 1386/2013, ABl. 2013, L 354/171.
[163] *Krämer*, in: GSH, Europäisches Unionsrecht, Art. 192 AEUV, Rn. 47; *Kahl*, in: Streinz, EUV/AEUV, Art. 192 AEUV, Rn. 43.
[164] Zu Letzteren s. *Scherer/Heselhaus*, in: Dauses, Handbuch des EU-Wirtschaftsrechts, Abschnitt O, Juni 2010, Rn. 99.
[165] *Langerfeldt*, NuR 2003, 339 (340); *Kahl*, S. 61; *Scherer/Heselhaus*, in: Dauses, Handbuch des EU-Wirtschaftsrechts, Abschnitt O, Juni 2010, Rn. 98.
[166] So zum 5 Umweltaktionsprogramm ABl. 1993, C 138/1.
[167] Beschluss Nr. 2179/98, ABl. 1998, L 275/1.

klargestellt, dass diese Programme auch Maßnahmen nach Abs. 2 enthalten können. Zum anderen wird bestätigt, dass die Aufnahme einer Maßnahme in ein Umweltaktionsproramm keine präjudizielle Wirkung für die Wahl der Rechtsgrundlage hat.[168] Befürchtungen in der Literatur, dass sich der Charakter der Umweltaktionsprogramme mit der Rechtsverbindlichkeit ändern werde,[169] haben sich bestätigt. Sowohl das 6. Umweltaktionsprogramm von 2002[170] als auch das 7. Umweltaktionsprogramm »Gut leben innerhalb der Belastbarkeitsgrenzen unseres Planeten« mit einer Laufzeit bis 2020, das erst 2013 auf Drängen einer Mehrheit von Mitgliedstaaten von der Kommission aufgestellt worden war,[171] sind eher **kurz und allgemein** gehalten. Im 7. Umweltaktionsprogramm mit lediglich 5 Artikeln werden neun relativ allgemein formulierte prioritäre Ziele der Umweltpolitik aufgestellt. Konkrete Anhaltspunkte für betroffene Unternehmen lassen sich daraus nicht (mehr) entnehmen.

F. Die Durchführung und Finanzierung des Umweltrechts (Abs. 4)

I. Grundlagen

Abs. 4 stellt fest, dass die **Mitgliedstaaten** für die **Finanzierung und Durchführung** der Umweltpolitik Sorge tragen und nimmt davon nur »bestimmte Maßnahmen« aus. Die Vorschrift enthält **keine** eigenständige **Kompetenzgrundlage**, vielmehr ist sie ausweislich ihrer Entstehungsgeschichte eine **Kompetenzausübungsregel**.[172] Damit setzt sie das Bestehen entsprechender Kompetenzen der Union in Art. 192 Abs. 1 und 2 AEUV für den Erlass der genannten »bestimmten Maßnahmen« voraus.[173] Zugleich legt sie aber auch fest, dass die Mitgliedstaaten grundsätzlich die **Pflicht** zur Umsetzung und Finanzierung der Umweltpolitik haben. 56

Als Kompetenzausübungsregel steht Abs. 3 in systematischer Nähe zum **Subsidiaritätsprinzip** nach Art. 5 Abs. 3 EUV. Die Vorschrift bringt eine **Verschärfung**, als sie selbst im Falle eines besseren Tätigwerdens auf der Unionsebene, dieses auf den Erlass »bestimmte Maßnahmen« beschränkt.[174] Damit wird die Union auf den Erlass einzelner Maßnahmen begrenzt, die zwar nicht punktueller Natur sein müssen, aber auch **nicht umfassender Natur** sein dürfen.[175] 57

---

[168] Allgemeine Ansicht, s. nur *Krämer*, in: GSH, Europäisches Unionsrecht, Art. 192 AEUV, Rn. 49.
[169] Vgl. *Scherer/Heselhaus*, in: Dauses, Handbuch des EU-Wirtschaftsrechts, Abschnitt O, Juni 2010, Rn. 99; vgl. die Bewertung des 6. Umweltaktionsprogramms bei *Epiney*, Umweltrecht in der EU, 3. Kap., Rn. 9.
[170] Beschluss Nr. 1600/2002/EG, ABl. 2002, L 242/1.
[171] Beschluss Nr. 1386/2013, ABl. 2013, L 354/171.
[172] *Scherer/Heselhaus*, in: Dauses, Handbuch des EU-Wirtschaftsrechts, Abschnitt O, Juni 2010, Rn. 101.
[173] Zur Herleitung von Finanzierungskompetenzen ausführlich *Heselhaus*, Abgabenhoheit der EU, S. 328.
[174] *Scherer/Heselhaus*, in: Dauses, Handbuch des EU-Wirtschaftsrechts, Abschnitt O, Juni 2010, Rn. 101.
[175] *Scherer/Heselhaus*, in: Dauses, Handbuch des EU-Wirtschaftsrechts, Abschnitt O, Juni 2010, Rn. 101.

II. Finanzierung

58 In Anwendung der allgemeinen Grundlagen der Vorschrift ergibt sich für die **Finanzierung der Umweltpolitik** folgendes Bild. Die Einrichtung eines **allgemeinen Umweltfinanzierungsfonds** wäre unzulässig. Im Primärrecht sind derzeit Finanzierungen auch von Umweltprojekten über den Kohäsions- und den Strukturfonds möglich. Hinzu kommt in der Umweltpolitik das Finanzierungsinstrument LIFE. Nach den Programmen LIFE und LIFE+ ist die Union 2013 wieder zur Bezeichnung LIFE für ein Programm für die Umwelt- und Klimapolitik zurückgekehrt.[176] Dieses Programm greift für den Zeitraum von 2014 bis 2018 und stellt insgesamt 3,5 Mrd. EUR zur Verfügung.[177] Es enthält zwei Teilprogramme, »Umwelt« und Klimapolitik«. Ferner wird es in zwei Phasen umgesetzt. Für die erste Phase 2014–2017 liegt ein **Durchführungsbeschluss** vor.[178] Aus Sicht einer effektiven Umweltpolitik ist dieses Finanzierungsinstrument zu begrüßen, sein Umfang wirft aber Fragen der Vereinbarkeit mit Art. 192 Abs. 4 AEUV auf. Denn in Art. 18 der zugrundeliegenden Verordnung (EU) Nr. 1293/2013 werden 9 Projektarten aufgelistet, die dort in Buchst. i auch »**sonstige** Projekte« zur Zielerreichung umfassen. Sofern die letztgenannte Gruppe aber parallel zu den voranstehenden Projektarten ausgelegt wird (u. a. Pilot-, Demonstrations- und vorbereitende Projekte) sind die primärrechtlichen Grenzen noch nicht überschritten. Die Verordnung erlaubt auch eine **Mischfinanzierung**, mit der nationale Umweltmaßnahmen bezuschusst werden. Das ist im Rahmen der »bestimmten Maßnahmen« nach Art. 192 Abs. 4 AEUV aber nicht grundsätzlich unzulässig.[179]

III. Durchführung

1. Allgemeines

59 Der **Begriff der Durchführung** ist nach seiner Funktion, die **effektive Wirksamkeit** des EU-Umweltrechts in den Mitgliedstaaten zu sichern, **weit** zu verstehen. Er umfasst einerseits den **Verwaltungsvollzug**, andererseits aber auch die **rechtsetzende Tätigkeit** der Mitgliedstaaten bei der **Umsetzung** des Sekundärrechts, insbesondere von Richtlinien.[180] Nicht erfasst wird die rechtsetzende Tätigkeit der EU, die den Erlass der Maßnahmen betrifft, welche die Grundlage für die spätere Durchführung bilden. Fraglich ist, ob die Vorschrift auch die **Durchführungsbefugnisse der Kommission nach Art. 291** Abs. 2 AEUV erfasst.[181] Diese Rechtsetzungsbefugnisse entlassen die Mitgliedstaaten nicht aus ihrer Umsetzungspflicht (»ob«), harmonisieren aber die Art und Weise der Durchführung (»wie«). Daher erscheint eine Einbeziehung dieser Tätigkeit geboten, doch würde es sich regelmäßig um zulässige »bestimmte Maßnahmen« handeln.

---

[176] Verordnung (EU) Nr. 1293/2013 vom 11.12.2013 zur Aufstellung des Programms für die Umwelt und Klimapolitik (LIFE) und zur Aufhebung der Verordnung (EG) Nr. 614/2007, ABl. 2013, L 347/185.
[177] Art. 4 der Verordnung.
[178] Durchführungsbeschluss der Kommission, 2014/203/EU vom 19.3.2014 über die Annahme des mehrjährigen Arbeitsprogramms von LIFE für den Zeitraum 2014–2017, ABl. 2014, L 116/1.
[179] *Scherer/Heselhaus*, in: Dauses, Handbuch des EU-Wirtschaftsrechts, Abschnitt O, Juni 2010, Rn. 101.
[180] Allgemeine Ansicht, s. nur *Käller*, in: Schwarze, EU-Kommentar, Art. 192 AEUV, Rn. 34 ff.
[181] Dazu liegen nur wenige Stellungnahmen vor. *Nettesheim*, in: Grabitz/Hilf/Nettesheim, EU, Art. 192 AEUV (Mai 2011), Rn. 91, bejaht die Einbeziehung, erläutert sie dann aber anhand von Beispielen, die allesamt den Vollzug und gerade nicht die rechtsetzende Tätigkeit betreffen.

Fraglich ist, ob die Vorschrift auch im Übrigen den Erlass **umweltverfahrensrechtlicher Maßnahmen** begrenzt. Immerhin ist die Union in diesem Bereich u. a. mit der UVP-, der SUP-Richtlinie sowie der Umweltinformationsrichtlinie tätig geworden. Jedenfalls würden diese Vorschriften unter den Vorbehalt »bestimmter Maßnahmen« fallen.[182]   60

Nicht erfasst werden hingegen Rechtsakte über die Errichtung von **Agenturen** und ähnlichen Einrichtungen auf Unionsebene, die der Kommission bei der **Rechtsetzung** zuarbeiten. Denn die Rechtsetzung jenseits des Art. 291 AEUV fällt nicht unter die Vorschrift. In diesem Sinne wird die Kommission von der **Europäischen Chemikalienagentur** (ECHA) im Rahmen der delegierten Rechtsetzung unterstützt.[183] Auch die **Europäische Umweltagentur** ist hierzu zu rechnen, da sie Daten über die Umwelt zusammenführt, die für die Vorbereitung der Rechtsetzung wichtig sein können.[184]   61

2. Umsetzung

Für die **Umsetzung** ist grundsätzlich auf die **allgemeinen Vorgaben** für die Umsetzung von Verordnungen – soweit diese entsprechende Spielräume enthalten – sowie von Richtlinien zu verweisen.[185] Hervorzuheben ist aus der Rechtsprechung, dass die Umsetzung umfassend und **immer rechtlich verbindlich** erfolgen muss. Daher hat die Rechtsprechung eine Umsetzung durch Verwaltungsrichtlinien als nicht ausreichend erachtet.[186] Ferner können **Umweltvereinbarungen** nur ausreichend sein, wenn sie einen der rechtlich verbindlichen Umsetzung durch Normen gleichstehenden Verbindlichkeitsgrad erzeugen, d.h. in jedem Fall zwingend anwendbar sind.[187] In der Praxis wird das selten der Fall sein. Im Fall einer unzureichenden oder unterbliebenen Umsetzung kommt auch im Umweltrecht eine (vertikale) unmittelbare Anwendbarkeit von Richtlinien nach Ablauf der Umsetzungsfrist in Betracht. Der Fall der UVP-Richtlinie zeigt die Weite dieses Ansatzes auf. Der EuGH akzeptiert die unmittelbare Wirkung, weil die UVP-Bestimmungen formal die Verwaltung binden. Der Antragsteller, der die UVP durchführen muss, wird davon nur indirekt betroffen. Dies qualifiziert der EuGH noch nicht als eine unzulässige horizontale unmittelbare Wirkung zwischen Privaten.[188]   62

In der Praxis wird häufig ein **Umsetzungsdefizit** beklagt, welches in gravierenden und anhaltenden Fällen die Kommission als Hüter des Unionsrechts im Rahmen der Rechtskontrolle auf den Plan rufen kann und nicht selten zu einem Bündel von Klagen in Vertragsverletzungsverfahren führt. Grundsätzlich besorgt um ein Umsetzungsdefizit zeigt sich die Juncker-Kommission seit 2014. In ihrem REFIT-Programm wird das Umweltsekundärrecht unter diesem Aspekt überprüft.[189] Im Bereich der **Abfallpolitik** ist mit dem Rückzug des ursprünglichen Vorschlags über ein Rechtsetzungspaket und dessen Ersetzung 2015 klar geworden, dass die notwendigen Veränderungen im Grunde auf eine gewisse Aufweichung der Anforderungen abzielen.[190] Dieser Ansatz steht tenden-   63

---

[182] Gegen eine Einbeziehung *Scherer/Heselhaus*, in: Dauses, Handbuch des EU-Wirtschaftsrechts, Abschnitt O, Juni 2010, Rn. 102.
[183] Die einschlägige REACH-Verordnung, (EG) Nr.1907/2006, ist auf Art. 114 AEUV gestützt.
[184] Art. 77 Abs. 2 lit. e) Verordnung (EG) Nr. 1907/2006.
[185] S. die Kommentierung zu Art. 288, Rn. 1ff.
[186] EuGH, Urt. v. 30.5.1991, Rs. C–361/88 (TA Luft), Slg. 1991, I–2567.
[187] S. die Mitteilung der Kommission, KOM(1996) 561 endg.
[188] Vgl. EuGH, Urt. v. 7.1.2004, Rs. C–201/02 (Wells), Slg. 2004, I–723, Rn. 55ff.
[189] Vgl. zur Umwelthaftungsrichtlinie KOM(2016) 204 endg., dort Fn. 12.
[190] KOM(2015) 593, KOM(2015) 594, KOM(2015) 595, KOM(2015) 596. Dazu Heselhaus, URP 2015, 753 (769f.).

ziell im Konflikt mit der primärrechtlichen Vorgabe eines hohen umweltrechtlichen Schutzniveaus.[191]

3. Vollzug

64 Der **Vollzug**, die auf den **Einzelfall bezogene Aktualisierung** des Willens des Gesetzgebers, ist ein **Element der Durchführung** des Umweltrechts nach Abs. 4. Er wird ergänzt durch das **Element der Regulierung**, der rechtlichen Bestimmung über Details jener Aktualisierung, wie die Festlegung von **Zuständigkeiten oder Verfahren**. Dies entspricht der überwiegenden Ansicht zur allgemeinen Vorschrift des **Art. 291 AEUV** zu den **Durchführungsbefugnissen**.[192] Anders als Art. 291 AEUV ist der Begriff der Durchführung in Art. 192 Abs. 4 AEUV aber nicht auf rechtliche Maßnahmen begrenzt, sondern umfasst **auch rein tatsächliche Handlungen**, wie die Entgegennahme und Verarbeitung von Berichten der Mitgliedstaaten.[193] Dies folgt aus dem Sinn und Zweck der Vorschrift, der auch die Tragung der **finanziellen Kosten** eines solchen rein tatsächlichen Verwaltungshandelns regelt und hier primär die Mitgliedstaaten in die Pflicht nimmt. Der Union, namentlich der **Kommission**, dürfen nach Art. 192 Abs. 4 AEUV entsprechende Vollzugsbefugnisse nur »in bestimmten Maßnahmen« übertragen werden. Für die Übertragung von Rechtsetzungsbefugnissen zur Durchführung des Unionsrechts gelten grundsätzlich die Vorgaben des Art. 291 AEUV. Art. 192 Abs. 4 AEUV bewirkt hier aber einen **Ausschluss einer allgemeinen Übertragung** entsprechender Durchführungsrechtsetzungskompetenzen in der gesamten Umweltpolitik oder in Teilbereichen derselben. Die Vorschrift ergänzt das **Subsidiaritätsprinzip**, indem sie selbst bei Erfüllung des zweistufigen Subsidiaritätstestes die Ermächtigung der Union begrenzt. Erfasst werden z. B. die Berichterstattungs- und Mitteilungspflichten gegenüber der Kommission nach Art. 35 Abs. 3 Richtlinie 2010/75/EU.[194] Diese Richtlinie kennt auch eine **Delegation für den Erlass** von Durchführungsbefugnissen.[195] Ferner wird der **zentrale** Vollzug durch die Kommission erfasst, wie bei der **Erteilung von Lizenzen** für die Produktion oder die Einfuhr bestimmter FCKW nach Verordnung (EG) Nr. 1005/2009.[196] Ein weiteres Beispiel ist die mittlerweile zentral der Kommission übertragene Aufgabe der **Zuteilung von Emissionszertifikaten** unter der EHS-Richtlinie.[197]

65 Die Regelung in Art. 192 Abs. 4 AEUV setzt voraus, dass die **Union** – wenn auch begrenzt auf bestimmte Maßnahmen – grundsätzlich in den Vollzug durch die Mitgliedstaaten **eingreifen** kann. Die Vorschrift bestätigt damit, dass der sog. **Grundsatz der Verwaltungsautonomie** der Mitgliedstaaten einen solchen Eingriff nicht grundsätzlich ausschließt, sondern ihn unter einen **Rechtfertigungsvorbehalt** stellt.[198] Argumente für unionale Vorgaben können die **Effektivität des Umweltrechts** sein, etwa gleiche Messmethoden, aber auch die **Gewährleistung gleicher Wettbewerbsbedingungen**. Im Emissionshandelssystem ist die EU erst zur Zentralisierung der Vergabe der Emissionszerti-

---

[191] S. Art. 191 AEUV, Rn. 46 ff.
[192] *Nettesheim*, in: Grabitz/Hilf/Nettesheim, EU, Art. 291 AEUV (Mai 2011), Rn. 12 f.; *Gellermann*, in: Streinz, EUV/AEUV, Art. 291 AEUV, Rn. 8.
[193] Vgl. *Käller*, in: Schwarze, EU-Kommentar, Art. 192 AEUV, Rn. 36.
[194] ABl. 2010, L 334/17.
[195] Art. 41 Richtlinie 2010/75/EU.
[196] Art. 10 Abs. 6 Verordnung (EG) Nr. 1005/2009 vom 16. 9. 2009 über Stoffe, die zum Abbau der Ozonschicht führen, ABl. 2009, L 286/1.
[197] Art. 9 Richtlinie 2003/87/EG (Fn. 74).
[198] Vgl. *Kahl*, in: Streinz, EUV/AEUV, Art. 192 AEUV, Rn. 66.

fikate übergegangen, nachdem sich die Vergabe durch die Mitgliedstaaten als ineffektiv erwiesen hat, weil sie zu einem Überangebot an Zertifikaten geführt hat.

Zur Sicherung eines effektiven Vollzugs kann die EU im Umweltrecht den Mitgliedstaaten auch die **Verhängung von Sanktionen** vorschreiben. Dies geschieht unter Beachtung des **Subsidiaritäts**- und Verhältnismäßigkeitsprinzips i. d. R. durch die Vorgabe eines Rahmens und der Pflicht, »**wirksame**« Sanktionen vorzusehen.[199] Die Kompetenz der Union umfasst sogar die **Einführung von Straftatbeständen**.[200] Eine umstrittene Sanktion ist in der EHS-Richtlinie das Bußgeld im Fall einer verspäteten Abgabe der Zertifikate.[201] Die Vorschrift kennt keine Abstufungen, ist aber vom EuGH dennoch in zwei Entscheidungen gehalten worden.[202] Aus grundrechtlicher Sicht sind die Mitgliedstaaten im europäischen Verfassungs- und Grundrechtsverbund im Rahmen der Schutzpflicht aufgefordert, die betreffenden Unternehmen auf dieses Risiko hinzuweisen und sie daran zu erinnern.[203]

66

Die Vollzugskontrolle obliegt grundsätzlich ebenfalls den Mitgliedstaaten. Doch kennt das EU Umweltrecht zahlreiche Fälle einer ergänzenden Vollzugskontrolle durch die Kommission. Da die Kommission rechtlich und faktisch nur in seltenen Fällen vor Ort Kontrollen durchführen kann, geschieht dies insbesondere durch Berichts- und Mitteilungspflichten.[204] Ergänzend verfolgt die Union den Ansatz, den Einzelnen in die Vollzugskontrolle einzubinden. Dies geschieht bspw. über das Recht auf Zugang zu Umweltinformationen, über das der Einzelne Hinweise auf Missstände erhalten kann, sowie über die Beteiligung der Öffentlichkeit nach der Aarhus Konvention, die insbesondere die effektive Beachtung des Umweltrechts sichern soll. Nicht zuletzt ist das Verbandsbeschwerderecht nach der Aarhus Konvention zu erwähnen,[205] das die Verbindung zur Rechtskontrolle durch die Gerichte (s. Rn. 68) herstellt.

67

4. Rechtskontrolle

Die Durchführung in den Mitgliedstaaten unterliegt der **Rechtskontrolle**. Auf unionaler Ebene stehen **zentrale Kontrollmechanismen** bereit, die die **dezentrale Kontrolle** in den Mitgliedstaaten (s. Rn. 69) ergänzen. Die zentrale Kontrolle läuft primär über die **Kommission**, die häufig aufgrund von Informationen aus der Vollzugskontrolle der Mitgliedstaaten, aber auch von Seiten Einzelner oder Presse tätig wird. Insbesondere kann die Kommission gegen Mitgliedstaaten **Vertragsverletzungsverfahren** vor dem EuGH einleiten.[206] Im Umweltrecht hat der EuGH in vielen Entscheidungen **subjektive Rechte des Einzelnen** anerkannt, die diesen zur Erhebung einer Klage wegen mangelnder Umsetzung insbesondere von Richtlinien befähigen.[207] Die allgemeine Regelung der **Sanktion**

68

---

[199] Art. 16 Richtlinie 2003/87/EG (Fn. 74).
[200] EuGH, Urt. v. 13. 9. 2005, Rs. C–176/03 (Kommission/Rat), Slg. 2005, I–7879, Rn. 40 ff., 51 ff.; bestätigt in EuGH, Urt. v. 23. 10. 2007, Rs. C–440/05 (Kommission/Rat), Slg. 2007, I–9097, Rn. 66 ff.
[201] Art. 16 Abs. 3 Richtlinie 2003/87/EG (Fn. 125).
[202] EuGH, Urt. v. 17. 10. 2013, Rs. C–203/12 (Billerud Karlsborg und Billerud skärblacka), ECLI:EU:C:2013:664; Beschluss vom 17. 12. 2015, Rs. C–580/14 (Bitter), ECLI:EU:2015: 835, Rn. 24 ff.
[203] Das klingt beim EuGH nur als eine Option an, EuGH, Urt. v. 17. 10. 2013, Rs. C–203/12 (Billerud Karlsborg und Billerud skärblacka), ECLI:EU:C:2013:664, Rn. 41.
[204] S. oben die Richtlinie 2010/75/EU.
[205] Art. 9 Abs. 2, Abs. 3 Aarhus-Konvention.
[206] Art. 258 ff. AEUV.
[207] S. nur EuGH, Urt. v. 25. 7. 2008, Rs. C–237/07 (Janecek), Slg. 2008, I–6221.

für einen Mitgliedstaat, der zum zweiten Mal wegen eines Umsetzungsmangels verurteilt wird, ist häufiger im Umweltrecht zum Einsatz gekommen.[208]

69 Die zentrale Rechtskontrolle knüpft an die dezentrale Rechtskontrolle in den Mitgliedstaaten an. Im Umweltrecht ist hervorzuheben, dass die vom EuGH weitgehend akzeptierten subjektiven Rechte Einzelner dem deutschen System des Verwaltungsschutzes einen Entwicklungsschub beschert haben. Ergänzt wird dieser Ansatz über die Umsetzung des **Rechts auf Zugang zu Gerichten in Umweltangelegenheiten**. Dem in Art. 9 Abs. 2 AK enthaltenen Verbandsklagerecht wird unmittelbare Wirkung zuerkannt, während dies bei der weit gehenden Regelung des Art. 9 Abs. 3 AK vom EuGH mit überzeugenden Gründen verneint wird.[209]

G. Zeitliche und finanzielle Übergangsregelungen (Abs. 5)

70 Art. 192 Abs. 5 AEUV gibt Mitgliedstaaten im Fall, dass eine Maßnahme zu **unverhältnismäßigen Kosten für ihre Behörden** führen würde, einen **Anspruch** auf mildernde Regelungen in jenem Rechtsakt: zur **Auswahl** stehen **temporäre Ausnahmen** oder eine **finanzielle Unterstützung** aus dem Kohäsionsfonds nach Art. 177 AEUV. Die Vorschrift ist im **Maastricht Vertrag** eingeführt worden und diente der Besänftigung von Sorgen einiger Mitgliedstaaten, dass ihnen beim Übergang zum Mehrheitsprinzip in Abs. 1 der Vorschrift, Regelungen vorgegeben werden könnten, die sie finanziell unverhältnismäßig hoch belasten könnten.[210] Vorbild dürfte die **frühere Praxis** gewesen sein, Mitgliedstaaten im Rahmen der Regulierung der Abwasserbehandlung in der EU finanzielle Unterstützungen zu gewähren.[211] Später ist die Vorschrift nicht ausdrücklich zur Anwendung gekommen, doch sind vergleichbare Regelungen in manchen Rechtsakten vorgesehen worden.[212] Konsequenter Weise greift Abs. 5 nicht für Rechtsakte nach Abs. 2 ein, bei denen die betroffenen Mitgliedstaaten zu hohe Kosten aufgrund des Einstimmigkeitsprinzips verhindern könnten. Es entspricht aber dem Ziel eines hohen Schutzstandards, dass ihnen auch bei Zustimmung zu Rechtsakten nach Abs. 2 eine finanzielle Unterstützung in geeigneter Form gewährt werden kann. Im **Lissabonner Vertrag** ist die **Entscheidungskompetenz** über die unterstützenden Maßnahmen vom Rat auf die **Rechtsetzungsorgane** nach Abs. 1 in ihrer Gesamtheit übergegangen.

71 Die Vorschrift erlaubt **keine Derogation** des Unionsrechts,[213] denn sie gestattet lediglich eine **zeitliche Verzögerung** bei der Umsetzung. Die finanzielle Unterstützung tangiert weder die Einheit des Unionsrechts noch die Geltung des Verursacherprinzips, das ausdrücklich vorbehalten (»unbeschadet«) wird. Schließlich erfolgt die alternativ vorgesehene Finanzierung in Übereinstimmung mit Abs. 4 der Vorschrift, weil sie die grundsätzliche Finanzierungspflicht der Mitgliedstaaten unangetastet lässt.

---

[208] Nachweise bei Epiney (Fn. 1), Art. 192 AEUV, Rn. 79.
[209] EuGH, Urt. v. 8.3.2011, Rs. C-240/09 (Braunbär), Slg. 2011, I-1255.
[210] *Scherer/Heselhaus*, in: Dauses, Handbuch des EU-Wirtschaftsrechts, Abschnitt O, Juni 2010, Rn. 103; *Brinkhorst*, ELQ 20, 1993, S. 7 (18f.).
[211] Richtlinie 91/157/EWG, ABl. 1993, L 135/40; s. dazu *Scherer/Heselhaus*, in: Dauses, Handbuch des EU-Wirtschaftsrechts, Abschnitt O, Juni 2010, Rn. 103.
[212] S, die Nachweise bei *Scherer/Heselhaus*, in: Dauses, Handbuch des EU-Wirtschaftsrechts, Abschnitt O, Juni 2010, Fn. 384.
[213] So aber *Klein*, in HK-EUV, Art. 130s EGV, Rn. 27, ihm folgend *Kahl*, in: Streinz, EUV/AEUV, Art. 192 AEUV, Rn. 80.

Die Vorschrift gewährt ausweislich ihres Wortlauts den betroffenen Mitgliedstaaten 72
einen **Anspruch** (»werden ... vorgesehen«).²¹⁴ Die Vorschrift ist **eng auszulegen**, weil sie
eine ungleiche Behandlung von Mitgliedstaaten vorsieht und daher der **Rechtfertigung**
bedarf, bei welcher zu beachten ist, dass die Mitgliedstaaten nach Art. 192 Abs. 4 AEUV
regelmäßig die Kosten der Umweltpolitik tragen sollen. Der Begriff der Kosten ist ausdrücklich auf die **Behörden der Mitgliedstaaten** bezogen. Der Zusatz »unbeschadet des
Verursacherprinzips« zeigt, dass es **nicht** um eine **Entlastung** von Kosten gehen darf, die
nach dem Verursacherprinzip **von** Privaten letztlich zu tragen wären.²¹⁵ Die Kosten
müssen **unverhältnismäßig hoch** sein. Der **Begriff der Behörde** ist nach den allgemeinen
Grundsätzen des Unionsrechts **autonom** auszulegen. Dabei kann sich die Rechtsprechung an einem mitgliedstaatlichen Konsens orientieren.²¹⁶

Die optional vorgesehenen **Übergangsfristen** sind ausdrücklich **nur befristet** erlaubt. 73
Die Rechtsetzungsorgane haben ein **Auswahlermessen**. Die Verlängerung von Umsetzungsfristen²¹⁷ dürfte regelmäßig ausscheiden, da nach dem **Verhältnismäßigkeitsprinzip** und der Vorgabe einer engen Auslegung die temporären Übergangsregelungen inhaltlich auf genau die Aspekte zu begrenzen sind, die die hohen Kosten verursachen.
Die finanzielle Unterstützung ist nach dem Sinn und Zweck der Vorschrift ebenfalls
regelmäßig zeitlich begrenzt zu gewähren.²¹⁸ Das folgt bereits aus der engen Auslegung
und dem Rechtfertigungserfordernis angesichts der Ungleichbehandlung der Mitgliedstaaten. Die Unterstützung aus dem **Kohäsionsfonds** kann allen Mitgliedstaaten gewährt
werden, unabhängig davon ob sie nach Protokoll Nr. 28 über den wirtschaftlichen,
sozialen und territorialen Zusammenhalt einen Anspruch auf Unterstützung aus dem
Kohäsionsfonds haben. Ansonsten wäre die Vorschrift zwar nicht überflüssig gewesen,
gewährt sie doch einen zwingenden Anspruch, doch wird die Prüfung der Unverhältnismäßigkeit der Kosten in der Regel zu einem Gleichklang mit den allgemein Berechtigten nach dem Kohäsionsfonds führen.

H. Abgrenzung zu anderen Rechtsetzungskompetenzen

I. Grundlagen der Kompetenzabgrenzung

Aufgrund der **Integrationsklausel** nach Art. 11 AEUV können umweltpolitische Ziel- 74
setzungen auf der Grundlage aller Kompetenzgrundlagen der Verträge verfolgt werden.
Somit kommt es im Umweltrecht der EU häufig zur Problematik der **Abgrenzung** dieser
Normen von der Kompetenzvorschrift für **genuine Umweltschutzmaßnahmen** nach
Art. 192 AEUV. Die Frage hat praktische Bedeutung: Zwar geht es anders als in der Zeit
vor der EEA nicht mehr darum, ob die EU gemäß dem Prinzip der begrenzten Einzelermächtigung nach Art. 5 Abs. 2 EUV überhaupt zuständig ist (**Verbandskompetenz**),
doch ist nach wie vor die **Organkompetenz** virulent, die sich aus den anzuwendenden
Rechtsetzungsverfahren ergibt. Allerdings hat die kontinuierliche Fortentwicklung der

---

²¹⁴ *Scherer/Heselhaus*, in: Dauses, Handbuch des EU-Wirtschaftsrechts, Abschnitt O, Juni 2010, Rn. 104.
²¹⁵ Vgl. ausführlich dazu *Kahl*, in: Streinz, EUV/AEUV, Art. 192 AEUV, Rn. 81.
²¹⁶ A.A. *Kahl*, in: Streinz, EUV/AEUV, Art. 192 AEUV, Rn. 81, der an die nationalen Behördenbegriffe zwingend anknüpfen möchte.
²¹⁷ Bejahend aber *Kahl*, in: Streinz, EUV/AEUV, Art. 192 AEUV, Rn. 82.
²¹⁸ A.A. *Kahl*, in: Streinz, EUV/AEUV, Art. 192 AEUV, Rn. 83.

Rechtsetzungsverfahren unter Art. 192 Abs. 1 AEUV dazu geführt, dass diese Frage weitgehend entschärft worden ist, da in den meisten Kompetenzvorschriften nunmehr auf das ordentliche Gesetzgebungsverfahren verwiesen wird. Schließlich hängt damit auch die Anwendung von Art. 193 AEUV zusammen, die Möglichkeit sog. **nationaler Alleingänge**.[219] Dieser Aspekt wird in der Rechtsprechung grundsätzlich nicht erwähnt.[220] Und doch dürfte er neben dem umweltpolitischen Schwerpunkt ein entscheidendes Kriterium sein. Eine genaue Betrachtung der Rechtsprechung zeigt, dass sich die einzelnen Entscheidungen letztlich weniger nach dem Kriterium, ob der Umweltschutz der Schwerpunkt der Maßnahme ist, erklären lassen, sondern nach dem Kriterium, ob lediglich eine **Mindestregelung** angestrebt worden ist, wie dies für Art. 192 AEUV aufgrund des Art. 193 AEUV grundsätzlich gilt. Entscheidend ist jeweils, ob die **Rechtseinheitlichkeit im Binnenmarkt** oder den gemeinsamen Politiken als gewichtiger anzusehen ist. Ein deutliches Beispiel ist die Zuordnung des Rotterdamer Abkommens, das nach seiner Ausrichtung und seinem Wortlaut klar dem Umweltschutz diente. Dennoch sah der EuGH den Schwerpunkt auch in der Handelspolitik (Außenkompetenz für den Binnenmarkt) und verlangte die Abstützung auf doppelter Kompetenzgrundlage.[221] Die Erklärung ist, dass es um einheitliche Regeln für den Umgang mit gefährlichen Waren ging und nicht darum, den Mitgliedstaaten strengere Regelungen zu erlauben.

75 Für die Kompetenzabgrenzung sind **zwei Konstellationen** zu unterscheiden. Zum einen kann eine Maßnahme im **Überlappungsbereich** von zwei oder mehreren Kompetenzvorschriften liegen. Der EuGH hat in solchen Fällen eine Abgrenzung für erforderlich gehalten, damit bei unterschiedlichen Rechtsetzungsverfahren nicht Kompetenzen von Organen ausgehöhlt werden.[222] Doch auch wenn heute die meisten Rechtsetzungsverfahren angeglichen sind, ist eine saubere Abgrenzung mindestens im Hinblick auf die Möglichkeit **nationaler Alleingänge** nach Art. 193 AEUV erforderlich.[223] Zum anderen kann eine Maßnahme sogar eine Abstützung auf mehrere Kompetenzvorschriften verlangen, wenn eine **alleine nicht ausreichend** wäre. Dies ist häufig bei internationalen Abkommen der Fall. Dann stellt sich die Frage, welches Rechtsetzungsverfahren anzuwenden ist. Solche **Doppelabstützungen** sind in der Vergangenheit aber auch in Fällen zweifelhafter Kompetenzen vorgenommen worden.[224] Dann besteht die Gefahr, durch Verzicht der genauen Abklärung die Vorgaben des Prinzips begrenzter Einzelermächtigung auszuhebeln. Denn die Union kann sich nicht neue Kompetenzen durch die Berufung auf kumulative Ermächtigungsgrundlagen verschaffen.

76 Für die Abgrenzung kommen die von der Rechtsprechung entwickelten **allgemeinen Grundsätze** zur Anwendung. Voraussetzung ist, dass die Maßnahme auf jeweils beide Kompetenznormen allein gestützt werden könnte. Dann fragt die Rechtsprechung nach

---

[219] *Scherer/Heselhaus*, in: Dauses, Handbuch des EU-Wirtschaftsrechts, Abschnitt O, Juni 2010, Rn. 108; *Kahl*, in: Streinz, EUV/AEUV, Art. 192 AEUV, Rn. 90; *Käller*, in: Schwarze, EU-Kommentar, Art. 192 AEUV, Rn. 1.
[220] S. die Nachweise unter II.-VIII.
[221] EuGH, Urt. v. 10.1.2006, Rs. C–178/03 (Kommission/Parlament und Rat (Rotterdam Übereinkommen)), Slg. 2006, I–107, Rn. 47 ff. S. unten II. und IX.
[222] EuGH, Urt. v. 11.6.1991, Rs. C–300/89 (Kommission/Rat (Titandioxid)), Slg. 1991, I–2867, Rn. 17 ff.; *Käller*, in: Schwarze, EU-Kommentar, Art. 192 AEUV, Rn. 12.
[223] Die Vorgaben für nationale Alleingänge nach Art. 114 AEUV sind strenger, s. *Wenneras*, CMLRev. 45 (2008), 1645 (1664).
[224] S. *Scherer/Heselhaus*, in: Dauses, Handbuch des EU-Wirtschaftsrechts, Abschnitt O, Juni 2010, Rn. 106 ff.

dem **Schwerpunkt der Maßnahme**.[225] Danach muss es für die Wahl einer Kompetenzgrundlage **objektive, gerichtlich nachprüfbare Gründe** geben.[226] Dabei sind insbesondere das **Ziel und der Inhalt der Maßnahme** zu beachten.[227] Besondere Bedeutung kommt dabei dem Ziel zu, wobei es unausgesprochen um die Frage der Bedeutung einer rechtseinheitlichen Regelung geht, die durch die Alleingangsklausel des Art. 193 AEUV in Frage gestellt werden könnte.[228] So einfach diese Abgrenzungsformel lautet, so schwierig ist die Nachvollziehung der Rechtsprechung im Einzelfall.[229]

Spezifische Abgrenzungsregelungen für Art. 192 AEUV, wie sie in der Literatur und vereinzelt in der Rechtsprechung vorgeschlagen worden sind, sind **nicht** überzeugend. So ist ein **Vorrang** von Art. 192 AEUV **abzulehnen**, weil alle Kompetenznormen über Art. 11 AEUV dem gleich hohen Umweltschutzniveau verpflichtet sind.[230] Vereinzelt im Primärrecht zu findende besondere Vorrangregelungen beziehen sich nicht auf die Umweltpolitik.[231] Das gilt auch für die Energiepolitik nach Art. 194 AEUV.[232] Schließlich ist die Abgrenzung auch nicht in jedem Fall danach vorzunehmen, dass das Europäische Parlament möglichst viel Einfluss im Rechtsetzungsverfahren erhält. Das hat der EuGH zwar in der Titandioxid-Entscheidung wenig überzeugend unter Bezugnahme auf das **Demokratieprinzip** behauptet.[233] Damals ging es um die Alternative zwischen Einstimmigkeit im Rat und Mitentscheidung des Parlaments. Beide Optionen stehen aber für spezifische demokratische Legitimationsketten, die beide in Art. 10 EUV anerkannt werden: über das Europäische Parlament oder über die nationalen Regierungen und die Parlamente der Mitgliedstaaten. Zutreffend hat der EuGH diese Ansicht später korrigiert, wenn er ausgeführt hat, dass das Demokratieprinzip nur den Ausschlag für das Europäische Parlament geben könne, wenn die zur Auswahl stehenden Verfahren im Rat gleich seien.[234]

77

---

[225] S. EuGH, Urt. v. 10.1.2006, Rs. C–178/03 (Kommission/Parlament und Rat (Rotterdam Übereinkommen), Slg. 2006, I–107, Rn. 47 ff.; *Scherer/Heselhaus*, in: Dauses, Handbuch des EU-Wirtschaftsrechts, Abschnitt O, Juni 2010, Rn. 107.

[226] EuGH, Urt. v. 26.3.1987, Rs. 45/86 (Kommission/Rat), Slg. 1987, 1493, Rn. 11; Urt. v. 6.11.2008, Rs. C–155/07 (Kommission/Parlament und Rat), Slg. 2008, I–8103, Rn. 34; vgl. *Scherer/Heselhaus*, in: Dauses, Handbuch des EU-Wirtschaftsrechts, Abschnitt O, Juni 2010, Rn. 110, *Kahl*, in: Streinz, EUV/AEUV, Art. 192 AEUV, Rn. 92.

[227] EuGH, Gutachten 2/00 vom 6.12.2001 (Cartagena Protokolle), Slg. 2001, I–9713, Rn. 22 ff.; Urt. v. 19.9.2002, Rs. C–336/00 (Huber), Slg. 2002, I–7699, Rn. 30; *Kahl*, in: Streinz, EUV/AEUV, Art. 192 AEUV, Rn. 92.

[228] EuGH, Urt. v. 25.2.1999, verb. Rs. C–164/97 u. C–165/97 (Parlament/Rat), Slg. 1999, I–1139, Rn. 13, 16; Urt. v. 9.10.2001, Rs. C–377/98 (Niederlande/Parlament und Rat), Slg. 2001, I–7079, Rn. 27.

[229] S. den instruktiven Überblick bei *Käller*, in: Schwarze, EU-Kommentar, Art. 192 AEUV, Rn. 5 ff.

[230] *Scherer/Heselhaus*, in: Dauses, Handbuch des EU-Wirtschaftsrechts, Abschnitt O, Juni 2010, Rn. 109, a. A. *Schröer*, Kompetenzverteilung, S. 113 ff.

[231] *Scherer/Heselhaus*, in: Dauses, Handbuch des EU-Wirtschaftsrechts, Abschnitt O, Juni 2010, Rn. 107; Art. 114 Abs. 1 AEUV (»soweit in diesem Vertrag nichts anderes bestimmt ist«) bezieht sich auf das Verhältnis zu Art. 113 und 115 AEUV; Art. 38 Abs. 2 AEUV auf das Verhältnis zu Art. 113 ff. AEUV, vgl. EuGH, Urt. v. 25.2.1999, verb. Rs. C–164/97 u. C–165/97 (Parlament/Rat), Slg. 1999, I–1139, Rn. 13, 16.

[232] A.A. zu Art. 194 Abs. 2 i. V. mit Abs. 1 Buchst. c AEUV *Kahl*, in: Streinz, EUV/AEUV, Art. 192 AEUV, Rn. 91.

[233] EuGH, Urt. v. 11.6.1991, Rs. C–300/89 (Kommission/Rat), Slg. 1991, I–2867, Rn. 20.

[234] EuGH, Urt. v. 25.2.1999, Rs. C–164/97 (Parlament/Rat), Slg. 1999, I–1139.

78 Doppelabstützungen sind hingegen **notwendig**, wenn jede einzelne Kompetenznorm die Maßnahme nicht alleine tragen kann. Das will der EuGH nur zulassen, wenn die einschlägigen Rechtsetzungsverfahren **nicht unvereinbar** sind.[235] Überzeugend ist die **neue Praxis**, bei Doppelabstützungen die betreffenden Teile der Maßnahme anzugeben. Dabei wird bestätigt, dass Art. 114 AEUV dort zur Anwendung kommt, wo der betreffende Markt eine einheitliche Regelung ohne nationale Alleingänge verlangt, also gerade **keine Mindestregulierung** angestrebt werden soll.[236] Jedoch hat der EuGH doppelte Kompetenzgrundlagen **akzeptiert**, wenn eine Maßnahme Vorschriften enthält, die auf verschiedenen Kompetenzvorschriften gründen und **untrennbar miteinander verbunden** sind.[237] Das ist nur möglich, wenn sich die Rechtsetzungsverfahren nicht widersprechen. Der EuGH verneint das, wenn das Abstimmungsquorum im Rat gleich ist und wendet im Hinblick auf das Parlament das Verfahren mit dem größeren Einfluss an.[238]

II. Binnenmarktkompetenz, Art. 114 Abs. 1 AEUV

79 Art. 114 AEUV über die **Rechtsangleichung im Binnenmarkt** wendet das gleiche Rechtsetzungsverfahren wie Art. 192 AEUV an. Das gilt aber erst seit dem Maastricht Vertrag. Auf die Vorschrift können auch **innovative Maßnahmen** gestützt werden, die so noch in keinem Mitgliedstaat gelten.[239] Doch bleibt wegen der verschiedenen Voraussetzungen für nationale Alleingänge die Abgrenzung bedeutsam.[240] Ausgehend von der Bedeutung einer Regelung für den Binnenmarkt spricht eine Vermutung dafür, dass **anlagenbezogene** Regelungen auf Art. 192 AEUV gestützt werden.[241] Einzig die sog. Titandioxid-Entscheidung des EuGH steht dem entgegen, die sich damals aber wenig überzeugend auf Aspekte des Demokratieprinzips berufen hatte (s. Rn. 77). Demgegenüber spricht bei **produktbezogenen** Regelungen eine **Vermutung** für die Anwendbarkeit von Art. 114 AEUV, wie etwa bei der REACH-Verordnung, die einen einheitlichen Markt für Chemikalien regelt.[242] Das gilt auch für Maßnahmen, die wie die Ökodesign-Richtlinie dem bereichsübergreifenden Umweltrecht zugeordnet werden.[243] Die Vermutung wird allerdings widerlegt, wenn das Ziel der Maßnahme sich mit einem **strengeren Vorgehen** in den Mitgliedstaaten (nach Art. 193 AEUV) verträgt. So zielte die PCB/PCT-Verordnung[244] auf die möglichst schnelle Beseitigung von PCB und PCT ab. Bei der Verordnung über die CO_2-Emissionsnormen für neue Personenkraftwagen

---

[235] EuGH, verb. Rs. C–164/97 u. C–165/97 (Parlament/Rat), Slg. 1999, I–1139, Rn. 15.
[236] Vgl. Richtlinie 2006/66/EG vom 6.9.2006 über Batterien und Akkumulatoren, ABl. 2006, L 266/1; Richtlinie 2009/28/EG vom 23.4.2009 zur Förderung der Nutzung von Energie aus erneuerbaren Quellen, ABl. 2009, L 140/16.
[237] EuGH, Urt. v. 10.1.2006, Rs. C.–178/03 (Kommission/Rat und Parlament), Slg. 2006, I–107, Rn. 43 ff.; weitere Hinweise bei *Käller*, in: Schwarze, EU-Kommentar, Art. 192 AEUV, Rn. 13.
[238] EuGH, Urt. v. 10.1.2006, Rs. C.–178/03 (Kommission/Rat und Parlament), Slg. 2006, I–107, Rn. 59.
[239] EuGH, Urt. v. 9.8.1994, Rs. C–359/92 (Deutschland/Rat), Slg. 1994, I–3681, Rn. 21 ff., 36 f.; *Scherer/Heselhaus*, in: Dauses, Handbuch des EU-Wirtschaftsrechts, Abschnitt O, Juni 2010, Rn. 112.
[240] *Käller*, in: Schwarze, EU-Kommentar, Art. 192 AEUV, Rn. 10.
[241] *Kahl*, in: Streinz, EUV/AEUV, Art. 192 AEUV, Rn. 96 mit Bsp. aus der Rechtsetzung.
[242] Verordnung (EG) Nr. 1907/2006, ABl. 2006 L 396/1.
[243] Richtlinie 2009/125/EG vom 21.10.2009 zur Schaffung eines Rahmens für die Festlegung von Anforderungen an die umweltgerechte Gestaltung energieverbrauchsrelevanter Produkte, ABl. 2009, L 285/10.
[244] RL 96/59/EG vom 16.9.1996 über die Beseitigung polychlorierter Biphenyle und polychlorierter Terphenyle, ABl. 1996, L 243/31. PCB musste fristgemäss beseitigt werden.

lag der Grund in der Bedeutung des Klimaschutzes, mit dem strengere nationale Maßnahmen vereinbar gewesen wären.[245] **Abfall** wird von der Rechtsprechung grundsätzlich als Ware angesehen, so dass vergleichbar den **produktbezogenen** Regelungen regelmäßig Art. 114 AEUV zum Einsatz kommt.[246] Dass der EuGH aber die Abfallrichtlinie[247] und die Abfallverbringungsverordnung[248] auf Art. 192 AEUV gestützt hat, hat seinen Grund darin, dass beide Rechtsakte die **Entsorgungsautarkie** der einzelnen Mitgliedstaaten anstrebten. Damit wird das umweltpolitische **Prinzip der Bekämpfung am Ursprung** umgesetzt, das tendenziell einem völlig offenen Binnenmarkt in diesem Sektor entgegensteht.[249]

III. Steuerrechtliche Vorschriften, Art. 113 AEUV

Art. 113 AEUV betrifft die Angleichung der **indirekten Steuern** im Binnenmarkt. Nach überzeugender Auffassung ist der Steuerbegriff in dieser Vorschrift parallel zum Begriff der steuerlichen Vorschriften in Art. 192 Abs. 2 AEUV auszulegen.[250] Auch die Rechtsetzungsverfahren entsprechen sich in beiden Kompetenzvorschriften. Damit stellt sich für Art. 113 und 192 Abs. 2 AEUV ein ähnliches Abgrenzungsproblem wie für Art. 114 und Art. 192 Abs. 1 AEUV. Zwar haben die Vorschriften über die indirekten Steuern keine unmittelbaren Auswirkungen auf den Warenverkehr,[251] doch zielen diese in der Regel auf eine Begrenzung der Unterschiede in der Besteuerung etwa des Mehrwerts in den Mitgliedstaaten. Daher sind indirekte Steuern mit umweltrechtlicher Zielsetzung nur dann auf Art. 192 Abs. 2 AEUV zu stützen, wenn **erkennbar auch höhere (Umwelt-) Steuern** im Sinne des Art. 193 AEUV ermöglicht werden sollen.

80

IV. Rechtsharmonisierung im Binnenmarkt nach Art. 115 AEUV

Der Anwendungsbereich von **Art. 115 AEUV** ist durch Art. 114 AEUV stark geschmälert worden. Bedeutung hat die Vorschrift wegen der Ausnahme in Art. 114 Abs. 2 AEUV nach wie vor für die **direkten Steuern**.[252] Hier wird – vergleichbar mit Art. 113 AEUV – die Abgrenzung zu Art. 192 Abs. 2 AEUV relevant. Auch in diesem Fall setzt eine Abstützung auf letztere Vorschrift voraus, dass erkennbar von dem bisherigen Ziel der Steuerharmonisierung, deren Unterschiede auf eine gewisse Bandbreite zu nivellieren, abgewichen werden soll, indem den Mitgliedstaaten die

81

---

[245] Verordnung (EG) Nr. 443/2009 vom 23. 4. 2009 zur Festsetzung von Emissionsnormen für neue Personenkraftwagen im Rahmen des Gesamtkonzepts der Gemeinschaft zur Verringerung der CO2-Emissionen von Personenkraftwagen und leichten Nutzfahrzeugen, ABl. 2009, L 140/1. Wieder ging es um eine Fristvorgabe, hier für die Reduktion der CO_2-Emissionen, vgl. 2. Begründungserwägung ebd.
[246] S. die Nachweise bei *Scherer/Heselhaus*, in: Dauses, Handbuch des EU-Wirtschaftsrechts, Abschnitt O, Juni 2010, Rn. 114.
[247] EuGH, Urt. v. 17. 3. 1993, Rs. C–155/91 (Kommission/Rat), Slg. 1993, I–939.
[248] EuGH, Urt. v. 28. 6. 1994, Rs. C–187/93 (Kommission/Rat), Slg. 1994, I–2857.
[249] *Scherer/Heselhaus*, in: Dauses, Handbuch des EU-Wirtschaftsrechts, Abschnitt O, Juni 2010, Rn. 114.
[250] *Heselhaus*, Abgabenhoheit, S. 258 ff.; *Scherer/Heselhaus*, in: Dauses, Handbuch des EU-Wirtschaftsrechts, Abschnitt O, Juni 2010, Rn. 117.
[251] *Scherer/Heselhaus*, in: Dauses, Handbuch des EU-Wirtschaftsrechts, Abschnitt O, Juni 2010, Rn. 118.
[252] Bejahend *Krebs*, BB 1990, 1945, zweifelnd *Hilf*, NVwZ 1992, 105. Vgl. *Nettesheim*, in: Grabitz/Hilf/Nettesheim, EU, Art. 192 AEUV (Mai 2011), Rn. 56.

Möglichkeit zu Alleingängen nach Art. 193 AEUV eröffnet werden soll. Zu beachten ist, dass im Rahmen von Art. 115 EUV **nur Richtlinien** zur Anwendung kommen können.[253]

V. Die gemeinsamen Sachpolitiken, insbesondere die Gemeinsame Agrarpolitik

82 Zu den **gemeinsamen** Politiken zählen insbesondere die Kompetenzgrundlagen nach Art. 43 AEUV (**Agrarpolitik**), Art. 91 AEUV (**Verkehrspolitik**) sowie Art. 103 (**Wettbewerbspolitik**). Schon vor Inkrafttreten der EEA wurden auf diese auch Maßnahmen gestützt, die Anliegen des Umweltschutzes verfolgten.[254] Diese Praxis ist durch die **Integrationsklausel** nach Art. 11 AEUV verpflichtend geworden. Während Art. 43 AEUV im Verhältnis zur Binnenmarktnorm Art. 114 AEUV die speziellere Vorschrift ist,[255] hat der EuGH zwischen Art. 43 AEUV und Art. 192 AEUV eine **Spezialität verneint**.[256] Die Abgrenzung erfolgt nach den allgemeinen Regeln nach dem **Schwerpunkt der Maßnahmen**. Diesen hat der EuGH bei Rechtsakten zum Schutz des Waldes ohne konkreten Bezug zur Landwirtschaft in Art. 192 AEUV verortet.[257]

VI. Energiepolitik nach Art. 194 AEUV

83 Die Abgrenzung von **Energiekompetenz nach Art. 194 AEUV** und Umweltkompetenz ist insbesondere im Hinblick auf Maßnahmen, die die Wahl der Energieträger berühren, und solchen über erneuerbare Energien sowie die Energieeffizienz problematisch.[258] Grundsätzlich **überlappen** sich beide Kompetenzbereiche, denn unter Art. 194 Abs. 1 AEUV ist der Umweltschutz ausdrücklich zu beachten. Ausweislich der Klausel in Art. 194 Abs. 2 AEUV, wonach die neue Kompetenz »unbeschadet der Anwendung anderer Bestimmungen der Verträge« zur Anwendung kommt, wird die Umweltkompetenz im Energiebereich nicht völlig verdrängt. Insbesondere greift **Art. 192 Abs. 2 AEUV** bezüglich der Wahl eines Mitgliedstaates zwischen verschiedenen Energiequellen und der Bestimmung seiner allgemeinen Struktur der Energieversorgung, während dort eine Berufung auf Art. 194 AEUV ausscheidet. **Maßnahmen zur Förderung der Energieeffizienz** nach Richtlinie 2006/32/EG, die nicht produktorientiert sind, sind früher auf die Umweltkompetenzen gestützt worden. Heute wird dagegen für die Richtlinie 2012/27/EU zur Energieeffizienz die Energiekompetenz nach Art. 194 Abs. 2 AEUV als Kompetenzgrundlage herangezogen.[259] Ausweislich der Begründungserwägungen geht es insbesondere um den weltweit zunehmenden Wettbewerb um Energie-

---

[253] *Scherer/Heselhaus*, in: Dauses, Handbuch des EU-Wirtschaftsrechts, Abschnitt O, Juni 2010, Rn. 119.
[254] EuGH, Urt. v. 23.2.1988, Rs. 68/86 (Hormone), Slg. 1988, 855 (892); Urt. v. 23.2.1988, Rs. 131/86 (Käfigbatteriehaltung), Slg. 1988, 905 (925).
[255] EuGH, Urt. v. 23.2.1988, Rs. 68/86(Hormone), Slg. 1988, 855 (892).
[256] EuGH, Urt. v. 25.2.1999, verb. Rs. C–164/97 u. C–165/97 (Parlament/Rat), Slg. 1999, I–1139, Rn. 15.
[257] EuGH, Urt. v. 25.2.1999, verb. Rs. C–164/97 u. C–165/97 (Parlament/Rat), Slg. 1999, I–1139, Rn. 16.
[258] Ausführlich dazu *Heselhaus*, EurUP 2013, S. 137 ff.
[259] Richtlinie 2012/27/EU vom 25.10.2012 zur Energieeffizienz zur Änderung der Richtlinien 2009/125/EG und 2010/30/EU und zur Aufhebung der Richtlinien 2004/8/EG und 2006/32/EG, ABl. 2012, L 315/2. Vgl. bereits die Auf Art. 194 AEUV abgestützte Richtlinie 2010/30/EU (Fn. 133).

rohstoffe.²⁶⁰ Insofern liegt der Schwerpunkt der Maßnahme im Bereich der Energiepolitik. Zutreffend ist auch die Richtlinie 2010/31/EU über die Gesamtenergieeffizienz von Gebäuden auf Art. 194 AEUV gestützt worden.²⁶¹ **Maßnahmen über erneuerbare Energien** sind vor dem Lissabonner Vertrag der Umweltkompetenz nach Art. 192 Abs. 1 AEUV zugewiesen worden.²⁶² Zwar ist die Erneuerbare-Energien-Richtlinie 2009/28/EG sowohl auf die Umweltkompetenz als auch auf die Binnenmarktkompetenz abgestützt worden. Letzteres ist aber nur im Hinblick auf die Regelungen über die sog. Biokraftstoffe geschehen (Art. 17–19), d.h. im Hinblick auf produktbezogene Vorschriften. Fraglich ist, ob Maßnahmen über erneuerbare Energien ausschließlich auf Art. 194 AEUV gestützt werden müssen, der diese ausdrücklich erwähnt.²⁶³ Da diese aber auch die Wahl der Energieträger betreffen können, ist es überzeugender auf den **Schwerpunkt der Maßnahme** abzustellen.

VII. Schutz der Arbeitsumwelt nach Art. 153 AEUV

Aufgrund des weiten Umweltbegriffs, der auch den Schutz der Gesundheit umfasst, stellt sich die Frage der Abgrenzung zwischen Art. 192 AEUV und Art. 153 AEUV über die **Arbeitsumwelt und den Schutz der Gesundheit der Arbeitnehmer**. Auch hier erfolgt die Abgrenzung nach dem **Schwerpunkt der Maßnahme**.²⁶⁴ Insbesondere ist Art. 153 AEUV **keine speziellere Vorschrift**, weil sein Anwendungsbereich als eine ergänzende Kompetenz nach Art. 6 AEUV deutlich begrenzter ist.²⁶⁵ Bedeutsam ist für die Abgrenzung, ob sich die Gesundheitsgefahren aus der Arbeitsumwelt oder aus der (übrigen) Umwelt ergeben.²⁶⁶

84

VIII. Schutz der Gesundheit, Art. 168 AEUV

Für den Bereich des **Gesundheitsschutzes** gemäß Art. 168 AEUV stellt sich wie für Art. 152 AEUV die Frage der Abgrenzung zum Umweltschutz inklusive Gesundheitsschutz nach Art. 192 AEUV. Da es sich lediglich um eine ergänzende Kompetenz nach Art. 6 AEUV handelt, liegt **kein Spezialitätsverhältnis** vor. Die Abgrenzung erfolgt daher nach dem Schwerpunkt der Maßnahme.²⁶⁷ Zu beachten ist, dass Art. 168 AEUV die Bekämpfung von Gesundheitsgefahren in engem Bezug zum menschlichen Körper betrifft, Art. 192 AEUV hingegen die Ursachen von Gesundheitsgefahren in der Umwelt.

85

---

²⁶⁰ 1. Begründungserwägung Richtlinie 2012/27/EU (Fn. 139).
²⁶¹ ABl. 2010, L 153/13.
²⁶² Richtlinie 2009/28/EG vom 23. 4. 2009 zur Förderung der Nutzung von Energie aus erneuerbaren Quellen und zur Änderung und anschließenden Aufhebung der Richtlinien 2001/77/EG und 2003/30/EG, ABl. 2009, L 140/16.
²⁶³ So *Rodi*, in: *Vedder/Heintschel v. Heinegg*,, EVV, Art. III–256, Rn. 3, zum Verfassungsvertrag; vgl. aber nunmehr *ders.*, in: Vedder/Heintschel v. Heinegg, Europäisches Unionsrecht, Art. 194 AEUV, Rn. 11, für Abgrenzung nach dem Schwerpunkt.
²⁶⁴ *Scherer/Heselhaus*, in: Dauses, Handbuch des EU-Wirtschaftsrechts, Abschnitt O, Juni 2010, Rn. 122.
²⁶⁵ *Heselhaus*, Abgabenhoheit, S. 279 f.
²⁶⁶ Vgl. *Nettesheim*, in: Grabitz/Hilf/Nettesheim, EU, Art. 192 AEUV (Mai 2011), Rn. 59.
²⁶⁷ *Scherer/Heselhaus*, in: Dauses, Handbuch des EU-Wirtschaftsrechts, Abschnitt O, Juni 2010, Rn. 122.

IX. Bedeutung der Vertragsabrundungsklausel, Art. 352 AEUV

86 Angesichts des weiten Umfangs von Art. 192 AEUV erscheint ein **Rückgriff** auf die Vertragsabrundungsklausel nach Art. 352 AEUV **praktisch von geringer Bedeutung** zu sein.[268] Jedenfalls kommt letztere Norm nur zu Anwendung, wenn ansonsten keine Kompetenzen zur Verfügung stehen, also Art. 192 AEUV gerade nicht einschlägig ist.

X. Außenkompetenzen im Umweltbereich

87 **Extern** ist die Union einerseits für Umweltregelungen zuständig, die in den Bereich der **Handelspolitik** nach Art. 207 AEUV (ex-Art. 133 EGV) fallen. Diese entsprechen intern im Wesentlichen den Zuständigkeiten für den Umweltschutz im Rahmen des Binnenmarktes nach Art. 114 AEUV. Andererseits ist die EU gemäß dem **allgemeinen Vertragsabschlussverfahren nach Art. 218 AEUV** i. V. mit Art. 192 AEUV zuständig. Letzteres gilt nach überzeugender Ansicht in Verbindung mit Art. 191 Abs. 4 AEUV anstatt eines Rückgriffs auf die AETR-Rechtsprechung, weil die EU dieser Vorschrift zufolge nach außen bereits tätig werden kann, auch wenn sie intern noch keinen Gebrauch von ihren Rechtsetzungskompetenzen gemacht hat.[269] Die damit erforderliche **Abgrenzung** zwischen Art. 207 AEUV und Art. 192 AEUV erfolgt nach den **Schwerpunkt der Maßnahme**.[270] Die Rechtsprechung hat das Abkommen über ein Kennzeichnungsprogramm für Strom sparende Geräte (**Energy Star**) Art. 207 AEUV zugeordnet. Das überzeugt, weil es um produktbezogene Regelungen geht und die Kennzeichnung gerade einheitlich erfolgen muss, also keine Verschärfungen im Sinne des Art. 193 AEUV sinnvoll sind. Der EuGH stellte darauf ab, dass sich das Abkommen auf die Vereinbarung handelsfördernder Spezifikationen beschränkt.[271] Beim **Abkommen von Cartagena** über den Handel mit gentechnisch veränderten Organismen überwog hingegen für den EuGH der Aspekt des Umweltschutzes, weil es im Wesentlichen um Kontrollverfahren und die Risikobeurteilung ging.[272] In zwei Entscheidungen zum **Rotterdamer Übereinkommen** hat der EuGH eine Doppelabstützung auf Art. 207 und Art. 192 AEUV bejaht, weil handelsrechtliche und umweltrechtliche Bestimmungen untrennbar miteinander verbunden seien.[273]

---

[268] Vgl. *Nettesheim*, in: Grabitz/Hilf/Nettesheim, EU, Art. 192 AEUV (Mai 2011), Rn. 60.
[269] S. ausführlicher die Kommentierung zu Art. 191 AEUV, Rn. 98.
[270] EuGH, Urt. v. 12.12.2002, Rs. C–281/01 (Energy Star), Slg. 2002, I–12049, Rn. 39.
[271] EuGH, Urt. v. 12.12.2002, Rs. C–281/01 (Energy Star), Slg. 2002, I–12049, Rn. 42.
[272] EuGH, Gutachten 2/00 vom 6.12.2001 (Cartagena Protokoll), Slg. 2001, I–9713, kritisch dazu *Herrmann*, NVwZ 2002, 1168 ff.; *Schwarz*, ZEuS 2003, 51 ff.
[273] EuGH, Urt. v. 10.1.2006, Rs. C–94/03 (Kommission/Rat), Slg. 2006, I–1 und Urt. v. 10.1.2006, Rs. C–178/03 (Kommission/Parlament und Rat), Slg. 2006, I–107.

Artikel 193 AEUV [Schutzmaßnahmen der Mitgliedstaaten]

¹Die Schutzmaßnahmen, die aufgrund des Artikels 192 getroffen werden, hindern die einzelnen Mitgliedstaaten nicht daran, verstärkte Schutzmaßnahmen beizubehalten oder zu ergreifen. ²Die betreffenden Maßnahmen müssen mit den Verträgen vereinbar sein. ³Sie werden der Kommission notifiziert.

Literaturübersicht

Albin/Bär, Nationale Alleingänge nach dem Vertrag von Amsterdam, NuR 1999, 185; *Bücker/Schlacke*, Rechtsangleichung im Binnenmarkt – Zur Konkretisierung verfahrens- und materiell-rechtlicher Anforderungen an nationale Alleingänge durch den EuGH, NVwZ 2004, 62; *Calliess*, Das EU-Umweltrecht im politischen Dilemma zwischen Einheit und Vielfalt, EurUP 2007, 54; *Epiney*, Umweltrecht der EU, 3. Aufl. 2013; *dies.*, Die Rechtsprechung des EuGH zur Zulässigkeit »nationaler Alleingänge« (Art. 95 Abs. 4–6 und Art. 176 EGV). Versuch einer Standortbestimmung, FS Rengeling, 2008, 215; *dies.*, Zur Auslegung des Art. 95 Abs. 5 EGV – Anmerkung zu verb. Rs. T–366/03 und T–235/04 –, NuR 2007, 111; *Epiney/Möllers*, Freier Warenverkehr und nationaler Umweltschutz, 1992; *Everling*, Zur föderalen Struktur in der Europäischen Gemeinschaft, FS Doehring, 1989, 190 ff.; *Falke/Joerges*, Folgeprobleme der Europäisierung technischer Vorschriften und Normen für die Länder der Bundesrepublik Deutschland, DVBl 1987, 1056; *Frenz*, Europäisches Umweltrecht, München 1997; *Furrer*, Die Sperrwirkung des sekundären Gemeinschaftsrechts auf die nationalen Rechtsordnungen, 1994; *Giesberts*, »Konkurrenz um Abfall«: Rechtsfragen der Abfallverbringung in der EU, NVwZ 1996, 949; *Grabitz*, Stillhalteverpflichtungen, 1988; *ders.*, Handlungsspielräume der EG-Mitgliedstaaten zur Verbesserung des Umweltschutzes. Das Beispiel der Umweltabgaben und -subventionen, RIW 1989, 623 ff.; *ders.*, Wirtschaftslenkung durch die Europäischen Gemeinschaften, WiVerw 1990, 50; *C. Gulmann*, The Single European Act – some remarks from a Danish perspective, CMLRev. 24 (1987), 31 ff.; *Gundel*, Die Neuordnung der Rechtsangleichung durch den Vertrag von Amsterdam – Neue Voraussetzungen für den »nationalen Alleingang«, JuS 1999, 1171; *Hailbronner*, Der »nationale Alleingang« im Gemeinschaftsrecht am Beispiel der Abgasstandards für Pkw, EuGRZ 1989, 101; *ders.*, Stand und Perspektiven der EG-Umweltgesetzgebung, in: Calliess/Wegener (Hrsg.), Europäisches Umweltrecht als Chance, 1992, S. 15; *Jarass*, Verstärkter Umweltschutz der Mitgliedstaaten nach Art. 176 EGV, NVwZ 2000, 529; *Jans/von der Heide*, Europäisches Umweltrecht, 2003; *Kahl*, Umweltprinzip und Gemeinschaftsrecht, 1993; *ders.*, Anmerkung zu EuG, Rs. T–366/03, T–235/04 (Verbot des Einsatzes gentechnisch veränderter Organismen in Oberösterreich), ZUR 2006, 86 ff.; *Kloepfer*, Umweltrecht, 3. Aufl., 2004; *Middeke*, Nationaler Umweltschutz im Binnenmarkt, 1994; *ders.*, Nationale Alleingänge (§ 32), in: Rengeling (Hrsg.), Handbuch zum Europäischen und Deutschen Umweltrecht, Band I, 2. Aufl., 2003; *Palme*, Nationaler Naturschutz und Europäisches Gentechnikrecht, NuR 2006, 76; *ders.*, Nationale Umweltpolitik in der EG, Zur Rolle des Art. 100 a IV im Rahmen einer Europäischen Umweltgemeinschaft, 1992; *ders.*, Bans on the Use of Genetically Modified Organisms (GMOs) – the Case of Upper Austria, JEEPL 2006, 22 ff.; *Richter*, »Nationale Alleingänge« – Förderung hoher Regelungsstandards oder Behinderung eines einheitlichen Binnenmarktes?, 2007; *Scheuing*, Regulierung und Marktfreiheit im europäischen Umweltrecht, EuR 2001, 1; *ders.*, Umweltschutz auf der Grundlage der EEA, EuR 1989, 152 ff.; *Schmitz*, Die EU als Umweltunion, 1996; *Schröer*, Die Kompetenzverteilung zwischen der Europäischen Wirtschaftsgemeinschaft und ihren Mitgliedstaaten auf dem Gebiet des Umweltschutzes, 1992; *Vandermeersh*, The Single European Act and the environmental policy of the European Economic Community, E.L.Rev. 12 (1987), 407; *Vorwerk*, Die umweltpolitischen Kompetenzen der EG und ihrer Mitgliedstaaten nach Inkrafttreten der EEA, 1989; *Winter*, Die Sperrwirkung von Gemeinschaftssekundärrecht für einzelstaatliche Regelungen des Binnenmarktes mit besonderer Berücksichtigung von Art. 130t EGV, DÖV 1998, 377.

Leitentscheidungen

EuGH, Urt. v. 25.6.1998, Rs. C–203/96 (Chemische Afvalstoffen Dusseldorp u.a. / Minister van Volkshuisvesting, Ruimtelijke Ordening en Milieubeheer), Slg. 1998, I–4075
EuGH, Urt. v. 23.5.2000, Rs- C–209/98 (Sydhavnens Sten & Grus), Slg. 2000, I–3743
EuGH, Urt. v. 22.6.2000, Rs. C–318/98 (Fornasar u.a.), Slg. 2000, I–4785

EuGH, Urt. v. 14.4.2005, Rs. C–6/03 (Deponiezweckverband Eiterköpfe), Slg. 2005, I–2753
EuGH, Urt. v. 19.6.2008, Rs. C–219/07 (Nationale Raad van Dierenkwekers en Liefhebbers und Andibel), Slg. 2008, I–4475
EuGH, Urt. v. 20.4.2010, Rs. C–246/07 (Kommission/Schweden), Slg. 2010, I–3317
EuGH, Urt. v. 21.7.2011, Rs. C–2/10 (Azienda Agro-Zootecnica Franchini und Eolica di Altamura), Slg. 2011, I–6561
EuGH, Urt. v. 19.12.2013, Rs. C–281/11 (Kommission/Polen), ECLI:EU:C:2013:855
EuGH, Urt. v. 26.2.2015, Rs. C–43/14 (ŠKO-ENERGO), ECLI:EU:C:2015:120
EuGH, Urt. v. 4.3.2015, Rs. C–534/13 (Fipa Group u. a.), ECLI:EU:C:2015:140

Inhaltsübersicht

	Rn.
A. Bedeutung und systematischer Überblick	1
B. Entwicklung	13
C. Inhalt	16
I. Normcharakter	16
II. Anwendungsbereich	17
1. Massnahme aufgrund des Art. 192 AEUV	17
2. Handeln der Mitgliedstaaten	26
III. Voraussetzungen	27
1. Verstärkte Schutzmassnahme	27
2. Vereinbarkeit mit dem Vertrag	34
IV. Formelle Vorgaben	38

A. Bedeutung und systematischer Überblick

1 Art. 193 AEUV gestattet den Mitgliedstaaten, im Bereich der **Umweltpolitik nach Art. 192 AEUV** trotz erfolgter Rechtsetzung auf Unionsebene **strengere Maßnahmen** zum **Schutz der Umwelt** beizubehalten oder zu ergreifen. Bei ihrer Einführung in der Einheitlichen Europäischen Akte 1987 stellte die Vorschrift zusammen mit (dem heutigen) Art. 114 AEUV eine Besonderheit dar.[1] Sie eröffnet bzw. bewahrt **dauerhaft mitgliedstaatliche Handlungsspielräume**, obwohl einschlägiges Sekundärrecht erlassen wurde. Damit tangiert sie die sog. **Sperrwirkung des Sekundärrechts**, einen Grundpfeiler der rechtlichen Integration.[2] Zugleich ist die Vorschrift damit Ausdruck der großen **Bedeutung**, die die Verträge dem **Umweltschutz** beimessen.[3]

2 Die **Bezeichnung** der Norm divergiert. Häufig wird von der Möglichkeit eines **nationalen Alleingangs** gesprochen.[4] Das ist nicht unzutreffend, da es einem Mitgliedstaat gestattet wird, vom ansonsten für alle Mitgliedstaaten geltenden Sekundärrecht abzuweichen. Doch enthält diese Kurzformel keinen Hinweis darauf, dass die Abweichung nur zugunsten strengerer Umweltschutzvorgaben zulässig ist. Daher ist die Bezeichnung als **verstärkte Schutzmaßnahme**, wie sie in der Norm selbst verwendet wird, vor-

---

[1] *Epiney*, Umweltrecht, Kap. 5, Rn. 118 f.; *Kahl*, in: Streinz, EUV/AEUV, Art. 193 AEUV, Rn. 1.
[2] Vgl. EuGH, Urt. v. 14.4.2005, Rs. C–6/03 (Deponiezweckverband Eiterköpfe), Slg. 2005, I–2753, Rn. 31, wonach die Vorschrift die Sperrwirkung des EU-Umweltrechts im Sinne einer »Mindestregelung« einschränkt.
[3] Das wird in der Literatur übereinstimmend anerkannt, wenn auch nicht immer explizit betont, *Albin/Bär*, NuR 1999, 185; *Gundel*, JuS 1999, 1171; vgl. *Calliess*, in: Calliess/Ruffert, EUV/AEUV, Art. 193 AEUV, Rn. 1; *Kahl*, in: Streinz, EUV/AEUV, Art. 193 AEUV, Rn. 9.
[4] Zur Möglichkeit des »nationalen Alleingangs« *Albin/Bär*, NuR 1999, 185 ff.; *Gundel*, JuS 1999, 1171 ff.; *Kahl*, in: Streinz, EUV/AEUV, Art. 193 AEUV, Rn. 2; vgl. zur Bezeichnung *Scherer/Heselhaus*, in: Dauses, Handbuch des EU-Wirtschaftsrechts, Abschnitt O, Juni 2010, Rn. 164.

zugswürdiger.⁵ Obwohl die Vorschrift in ihren materiellen und verfahrensrechtlichen Vorgaben deutlich einfacher gefasst ist als ihre Schwestervorschrift in Art. 114 Abs. 4–9 AEUV,⁶ ist ihre **Auslegung** im Detail **umstritten** (s. Rn. 16f.). Während die Norm teilweise mit einer starken Betonung der funktionalen Ausrichtung auf den Umweltschutz sehr weit ausgelegt wird (Rn. 7), verfolgt der EuGH in Übereinstimmung mit der überwiegenden Ansicht eine deutlich engere Interpretation (s. Rn. 8).

Umwelt- und integrationspolitisch kommt der Schutzverstärkungsklausel große **Bedeutung** zu.⁷ Ihr Hauptanliegen ist, dass der **Umweltschutzstandard** in vorangeschrittenen Mitgliedstaaten nicht wegen eines unionalen Vorgehens in Frage gestellt wird. Ursprünglich ging es angesichts des – heute nur noch in Art. 192 Abs. 2 AEUV – damaligen Einstimmigkeitsprinzips darum zu vermeiden, dass jene Mitgliedstaaten im Rat aus strategischen Gründen gegen eine vorgeschlagene Umweltmaßnahme stimmen müssten, um eine Beschlussfassung über einen Standard, der unter ihrem nationalen Standard liegt, zu verhindern. Mit dem Übergang zum Mehrheitsprinzip in Art. 192 Abs. 1 AEUV (ex-Art. 130s Abs. 2 EGV) im Maastricht Vertrag trat der für die Schutzverstärkungsklausel im Binnenmarkt (Art. 114 Abs. 4–9 AEUV) maßgebliche Gedanke hinzu, dass jene Mitgliedstaaten überstimmt werden könnten und dann ihr Schutzniveau reduzieren müssten. Die Vorschrift folgt insofern dem »Umweltprinzip«,⁸ der Vorgabe eines **hohen Schutzniveaus** im AEU-Vertrag.⁹ Zugleich wird damit verdeutlicht, dass sich die **europäische Integration** nicht allein auf die wirtschaftlichen Aspekte beschränkt, sondern anderen Anliegen des Allgemeinwohls, insbesondere dem Umweltschutzgedanken, Rechnung trägt. 3

Ferner **entwickelt** die Schutzverstärkungsklausel das **Subsidiaritätsprinzip** nach Art. 5 Abs. 3 EUV **punktuell** fort.¹⁰ Grundsätzlich besagt dieses auch im Umweltbereich, dass die Union nur tätig werden kann, wenn ein Tätigwerden der Mitgliedstaaten nicht ausreichend und ein Handeln auf Unionsebene besser zur Zielerreichung ist.¹¹ Insofern **unterscheidet** es sich deutlich von Art. 193 AEUV, der zum einen **höheren** Schutz auf **mitgliedstaatlicher** Ebene und zum anderen eine Regulierung der Union (d.h. bereits unter Beachtung des Subsidiaritätsprinzips) voraussetzt. Doch entspricht es dem politischen Subsidiaritätsgedanken, wenn sich die Union im Bereich des Umweltschutzes nach Art. 192 AEUV auf die Regelung von Mindestvorschriften beschränkt und die Mitgliedstaaten weiterhin einen höheren Standard des Umweltschutzes in ihrem Territorium anstreben können. Die Schutzverstärkungsklausel vermittelt so dem Subsidiaritätsprinzip in der Umweltpolitik eine **zusätzliche** Stoßrichtung. 4

---

⁵ *Calliess*, in: Calliess/Ruffert, EUV/AEUV, Art. 193 AEUV, Rn. 1, *Kahl*, in: Streinz, EUV/AEUV, Art. 193 AEUV, Rn. 2; *Scherer/Heselhaus*, in: Dauses, Handbuch des EU-Wirtschaftsrechts, Abschnitt O, Juli 2010, Rn. 164; vgl. auch *Nettesheim*, in: Grabitz/Hilf/Nettesheim, EU, Art. 193 AEUV (Mai 2011), Rn. 1.
⁶ *Bücker/Schlacke*, NVwZ 2004, 62ff.; *Epiney*, Umweltrecht, Kap. 5 Rn. 108.
⁷ Die integrationspolitischen Aspekte betonen *Calliess*, in: Calliess/Ruffert, EUV/AEUV, Art. 193 AEUV, Rn. 3; *Kahl*, in: Streinz, EUV/AEUV, Art. 193 AEUV, Rn. 7ff.; differenzierend *Nettesheim*, in: Grabitz/Hilf/Nettesheim, EU, Art. 193 AEUV (Mai 2011), Rn. 4.
⁸ Vgl. dazu *Kahl*, Umweltprinzip und Gemeinschaftsrecht, S. 81 und passim.
⁹ Vgl. Art. 191 AEUV und Art. 114 Abs. 3 AEUV.
¹⁰ Vgl. *Kahl*, in: Streinz, EUV/AEUV, Art. 193 AEUV, Rn. 6, allerdings mit weitergehenden Folgerungen unter Rn. 19.
¹¹ Die Umweltpolitik nach Art. 192 AEUV fällt unter die nichtausschließlichen Kompetenzen nach Art. 4 Abs. 2 Buchst. e AEUV.

5   **Abzulehnen** sind hingegen die Ansätze, Art. 193 AEUV im Sinne eines **Differenzierungsprinzips**[12] oder als Ausdruck einer Integration mit **verschiedenen Geschwindigkeiten** zu interpretieren.[13] Denn zum einen ist festzuhalten, dass eine »Differenzierung« nur in Bezug auf eine Stärkung des Umweltschutzes gestattet wird und **nicht als Selbstzweck**. Zum anderen könnte zwar der abweichende Mitgliedstaat mit seinen strengeren Vorgaben als ein **Vorbild** dienen und damit darauf hinwirken, dass die »langsameren« Mitgliedstaaten aufholen. Doch beziehen sich die **Theorien** einer Integration mit unterschiedlichen Geschwindigkeiten[14] darauf, dass nicht einzelne Mitgliedstaaten, sondern die Unionsrechtsetzung voranschreitet, wenn auch nicht alle Mitgliedstaaten umfassend.

6   In der **Praxis** kommt der Schutzverstärkungsklausel durchaus **Bedeutung** zu.[15] Mehrfach hatte die **Rechtsprechung** Gelegenheit, zur Auslegung Stellung zu nehmen.[16] Wichtige Entscheidungen sind im Bereich des **Abfallrechts** ergangen.[17] Dies liegt zum einen daran, dass die Regulierung von Abfall durch den EuGH den Umwelt- und nicht den Binnenmarktkompetenzen zugewiesen worden ist, obgleich Abfall vielfach wie eine **Ware** zu behandeln ist. Zum anderen hängt es damit zusammen, dass das EU-Abfallrecht eine Berufung auf das **Näheprinzip**, d. h. Entsorgung in der Nähe des Ortes der Entstehung des Abfalls zulässt und damit faktisch zugleich eine protektionistische Wirkung, nämlich die Bevorzugung ortsnaher Unternehmen, einhergehen kann.[18]

7   In der **Literatur** wird eine Vielzahl **verschiedener Ansätze** vertreten, die sich insbesondere im Hinblick auf die Behandlung von Maßnahmen, die auf mehrere Kompetenznormen gestützt sind (zu den **Doppelabstützungen** s. Rn. 25), auf die Grenzen durch das **Umweltsekundärrecht** (s. Rn. 28) sowie auf Grenzen durch **sonstiges Sekundärrecht** (s. Rn. 35) beziehen. Im Überblick lassen sich zwei Tendenzen erkennen. Die erste Auffassung kommt zu einer weiten Auslegung, indem sie den Gedanken der **Förderung des**

---

[12] *Calliess*, in: Calliess/Ruffert, EUV/AEUV, Art. 193 AEUV, Rn. 1.
[13] *Calliess*, EuRUP 2007, 54; *Calliess*, in: Calliess/Ruffert, EUV/AEUV, Art. 193 AEUV., Rn. 3; *Epiney*, Primärrechtliche Grundlagen, S. 39 ff.; *Kahl*, in: Streinz, EUV/AEUV, Art. 193 AEUV, Rn. 7.
[14] *Nettesheim*, EuR 2013, Beiheft 2, 13 ff., 61 ff.; *Emmanoulidis*, in: Decker/Hörath, Grundlagen der Union, S. 344 ff.; *Thym*, EuR – Beiheft 2/2013, 23 ff.; *Müller-Graff*, Integration 2007, 129 ff.
[15] Positiv bewerten die Vorschrift *Calliess*, in: Calliess/Ruffert, EUV/AEUV, Art. 193 AEUV, Rn. 3, *Kahl*, in: Streinz, EUV/AEUV, Art. 193 AEUV, Rn. 8 f., und *Nettesheim*, in: Grabitz/Hilf/Nettesheim, EU, Art. 193 AEUV (Mai 2011), Rn. 4). Grundsätzlich positiv auch *Epiney*, in: Landmann/Rohmer, Umweltrecht, Art. 193 AEUV, Rn. 49, die jedoch auf eine geringe praktische Bedeutung der Vorschrift hinweist; s. dazu aber auch Rn. 6; zu einer geringen praktischen Bedeutung auch *Krämer*, in: GSH, Europäisches Unionsrecht, Art. 193 AEUV, Rn. 14 f. Jedenfalls haben sich die Befürchtungen einer Rechtszersplitterung nicht bestätigt, *Kahl*, in: Streinz, EUV/AEUV, Art. 193 AEUV, Rn. 8.
[16] EuGH, Urt. v. 23.5.2000, Rs- C–209/98 (Sydhavnens Sten & Grus), Slg. 2000, I–3743, Rn. 30 ff.; EuGH, Urt. v. 22.6.2000, Rs. C–318/98 (Fornasar u. a.), Slg. 2000, I–4785, Rn. 34 ff.; EuGH, Urt. v. 14.4.2005, Rs. C–6/03 (Deponiezweckverband Eiterköpfe), Slg. 2005, I–2753, Rn. 26 ff.; EuGH, Urt. v. 21.7.2011, Rs. C–2/10 (Azienda Agro-Zootecnica Franchini und Eolica di Altamura), Slg. 2011, I–6561, Rn. 35 ff.; EuGH, Urt. v. 19.6.2008, Rs. C–219/07 (Nationale Raad van Dierenkwekers en Liefhebbers und Andibel), Slg. 2008, I–4475, Rn. 13 f.; EuGH, Urt. v. 26.2.2015, Rs. C–43/14 (ŠKO-ENERGO), ECLI:EU:C:2015:120, Rn. 17 ff.; EuGH, Urt. v. 4.3.2015, Rs. C-534/13 (Fipa Group u. a.), ECLI:EU:C:2015:140, Rn. 38 ff.; EuGH, Urt. v. 19.12.2013, Rs. C–281/11 (Kommission/Polen), ECLI:EU:C:2013:855, Rn. 71 ff. Weitere Übersichten über die Rspr. bei *Epiney*, in: Landmann/Rohmer, Umweltrecht, 2016, Art. 193 AEUV, Rn. 7; *Krämer*, in: GSH, Europäisches Unionsrecht, Art. 193 AEUV, Rn. 15 ff.
[17] EuGH, Urt. v. 14.4.2005, Rs. C–6/03 (Deponiezweckverband Eiterköpfe), Slg. 2005, I–2753.
[18] EuGH, Urt. v. 25.6.1998, Rs- C–203/96 (Chemische Afvalstoffen Dusseldorp u. a./Minister van Volkshuisvesting, Ruimtelijke Ordening en Milieubeheer), Slg. 1998, I–4075, Rn. 24 ff.

Umweltschutzes betont.[19] Ihre Vertreter sehen Art. 193 AEUV als eine Ausnahme von der **Sperrwirkung des Unionsrechts** und erhoffen sich von den den Mitgliedstaaten eröffneten Spielräumen **Anreize**, um letztlich in der Union insgesamt strengere Umweltvorschriften einzuführen.[20] Ergänzt wird dies um Aspekte einer differenzierenden Integration (Rn. 4). Insgesamt eröffnet diese Sicht den Mitgliedstaaten einen größeren Bereich für strengere Umweltvorschriften, unterwirft sie aber einer strikteren Kontrolle, insbesondere durch den Verhältnismäßigkeitsgrundsatz. Die Gegenansicht stellt maßgeblich darauf ab, dass es sich um eine Ausnahme von der **Einheit des Unionsrechts** bzw. eine Beschränkung der **Sperrwirkung** handle, die daher eng auszulegen sei.[21]

Die **Rechtsprechung** hat sich fallweise entwickelt und lässt einen relativ **engen Anwendungsbereich** erkennen, innerhalb dessen den Mitgliedstaaten aber **größerer Freiraum** gewährt wird. Grundlegend ist die Feststellung des EuGH, dass die Schutzverstärkungsklausel dazu führt, dass alle Umweltmaßnahmen auf Grundlage von Art. 192 AEUV nur als **Mindestregelungen** anzusehen sind.[22] Damit kommt der Norm **nicht bloß deklaratorische Bedeutung** zu.[23] Es ist festzuhalten, dass in dieser Konzeption der nationale Alleingang eines Mitgliedstaates dogmatisch **keine Durchbrechung** der Sperrwirkung des Sekundärrechts darstellt, sondern ein Tätigwerden im **nicht regulierten Bereich**.[24] Integrationspolitisch wird die Sperrwirkung damit bereichsspezifisch zurückgenommen. Von dieser Grundkonzeption ausgehend entwickelte der EuGH seine **enge Auslegung**, die u. a. eine Übereinstimmung mit dem fraglichen Umweltsekundärrecht bezüglich des **Zieles** verlangt[25] und **die Beachtung des übrigen Sekundärrechts**. Ist der

8

---

[19] *Kahl*, in: Streinz, EUV/AEUV, Art. 193 AEUV, Rn. 6.; *Calliess*, in: Calliess/Ruffert, EUV/AEUV, Art. 193 AEUV, Rn. 1.

[20] Ausführlich *Kahl*, Umweltprinzip, 263 ff.; *Kahl*, in: Streinz, EUV/AEUV, Art. 193 AEUV, Rn. 7 ff.; *Calliess*, in: Calliess/Ruffert, EUV/AEUV, Art. 193 AEUV, Rn. 3.

[21] Ausführlich *Scherer/Heselhaus*, in: Dauses, Handbuch des EU-Wirtschaftsrechts, Abschnitt O, Juli 2010, Rn. 169; *Krämer*, in: GSH, Europäisches Unionsrecht, Art. 193 AEUV, Rn. 11 ff.; *Nettesheim*, in: Grabitz/Hilf/Nettesheim, EU, Art. 193 AEUV (Mai 2011), Rn. 13; *Käller*, in: Schwarze, EU-Kommentar, Art. 193 AEUV, Rn. 7; in der Sache ebenso *Epiney*, Umweltrecht, Kap. 5, Rn. 118.

[22] EuGH, Urt. v. 22.6.2000, Rs. C–318/98 (Fornasar), Slg. 2000, I–4785, Rn. 46; EuGH, Urt. v. 14.4.2005, Rs. C–6/03 (Deponiezweckverband Eiterköpfe), Slg. 2005, I–2753, Rn. 27; dem folgend *Nettesheim*, in: Grabitz/Hilf/Nettesheim, EU, Art. 193 AEUV (Mai 2011), Rn. 2; *Epiney*, Umweltrecht, Kap. 5 Rn. 119; *Epiney* (Fn. 16), Art. 193 AEUV, Rn. 2; vgl. *Breier*, in: Lenz/Borchardt, EU-Verträge, Art. 193 AEUV, Rn. 1, der darauf hinweist, dass die Unionsrechtsakte nach Art. 192 AEUV dennoch auf ein hohes Schutzniveau abzielen.

[23] *Calliess*, in: Calliess/Ruffert, EUV/AEUV, Art. 193 AEUV, Rn. 5.

[24] Das wird in der Literatur nicht immer deutlich, vgl. *Krämer*, in: GSH, Europäisches Unionsrecht, Art. 193 AEUV, Rn. 3, wonach hier die »Regeln der Union die Mitgliedstaaten nicht hindern«; *Nettesheim*, in: Grabitz/Hilf/Nettesheim, EU, Art. 193 AEUV (Mai 2011), Rn. 2, spricht von »Handlungsbefugnissen trotz entgegenstehenden Unionsrechts«; s. auch *Calliess*, in: Calliess/Ruffert, EUV/AEUV, Art. 193 AEUV, Rn. 5, der einen Konflikt mit der Sperrwirkung voraussetzt. Die von ihm zitierte Rechtsprechung, EuGH, Urt. v. 25.6.1998, Rs. C–203/96 (Chemische Afvalstoffen Dusseldorp u.a./Minister van Volkshuisvesting, Ruimtelijke Ordening en Milieubeheer), Slg. 1998, I–4075, Rn. 35 u. 37, trägt eine solche Einschätzung jedoch nicht. Vgl. zum »opting up«, indem die Sperrwirkung von Maßnahmen nach Art. 192 AEUV beschränkt werden soll, *Calliess*, in: Calliess/Ruffert, EUV/AEUV, Art. 193 AEUV, Rn. 1; vgl. auch *Epiney*, in: Landmann/Rohmer, Umweltrecht, Art. 193 AEUV, Rn. 1; *Kahl*, in: Streinz, EUV/AEUV, Art. 193 AEUV, Rn. 2; s. aber *Nettesheim*, in: Grabitz/Hilf/Nettesheim, EU, Art. 193 AEUV (Mai 2011), Rn. 2 zum Verständnis als Interpretationsvorgabe; zur Sperrwirkung allgemein *Scherer/Heselhaus*, in: Dauses, Handbuch des EU-Wirtschaftsrechts, Abschnitt O, Juli 2010, Rn. 129. Im Übrigen räumt die Vorschrift den Mitgliedstaaten jedoch keine zusätzlichen Kompetenzen ein, *Nettesheim*, in: Grabitz/Hilf/Nettesheim, EU, Art. 193 AEUV (Mai 2011), Rn. 2.

[25] EuGH, Urt. v. 14.4.2005, Rs. C–6/03 (Deponiezweckverband Eiterköpfe), Slg. 2005, I–2753, Rn. 49.

Spielraum eröffnet, sind weitere **primärrechtliche Vorgaben**, wie die **Grundfreiheiten**, zu beachten,[26] nicht aber der **allgemeine Verhältnismäßigkeitsgrundsatz**.[27] Ausdrücklich überlässt es der EuGH den Mitgliedstaaten, welchen **Grad an** (höherem) **Umweltschutz** sie verfolgen wollen.[28] Nach der Konzeption von Art. 193 AEUV in der Rechtsprechung liegt ein Vergleich mit dem Handeln der Mitgliedstaaten im ungeregelten Bereich nahe, in dem zwar konkrete Vorgaben des Unionsrechts zu beachten sind, nicht aber der allgemeine Verhältnismäßigkeitsgrundsatz. Daraus folgt zugleich, dass die Mitgliedstaaten jedenfalls an die Mindestregelung des Umweltsekundärrechtsakts gebunden sind. Das hat gravierende Bedeutungen für die Option des »Beibehalten« in Art. 193 AEUV, die weitgehend leerlaufen dürfte (s. Rn. 9).

9 Im Grundsatz vermag der Ansatz der Rechtsprechung zu überzeugen, doch birgt sie **Gefahren** einer zu starken Begrenzung des Anwendungsbereichs. Art. 193 AEUV dient dem **Ausgleich** zwischen den Zielen des **Umweltschutzes** und dem Interesse an der **Einheit des Unionsrechts**. Ausgangspunkt ist der Sinn der Vorschrift zu verhindern, dass strengere Umweltvorschriften in Mitgliedstaaten durch unionsweite Regulierung unter Art. 192 AEUV auf ein niedrigeres – wenn auch unionsweites – Niveau herabgezogen werden. In Parallele zur Rechtsprechung zur Umsetzung von Richtlinien ist zu fordern, dass der höhere nationale Schutzstandard in jedem Fall effektiv erreicht wird. Eine **Saldierung** von teilweise schärferen und teilweise schwächeren Auswirkungen einer Maßnahme ist damit **nicht vereinbar**. Erst auf diesem Niveau eröffnet sich ein Spielraum für die Mitgliedstaaten, der dann vergleichbar dem Handeln im nicht harmonisierten Bereich nur durch konkrete Vorgaben des Unionsrechts eingegrenzt wird.[29] Daher folgt aus Art. 193 AEUV, dass das »Ziel« des Sekundärrechtsakts gewahrt werden muss[30] und der Umweltschutzstandard nachweislich höher sein muss.[31] Fraglich ist aber, in wie weit die nationale Schutzverstärkungsmaßnahme **im Übrigen im Einklang mit dem Sekundärrechtsakt** stehen muss. Der EuGH scheint hier einer sehr weiten Auffassung zuzuneigen.[32] Dadurch würde aber die in Art. 193 AEUV ausdrücklich vorgesehene Option, bereits bestehende strengere nationale Regelungen beizubehalten, zu stark eingeschränkt. Vielmehr ist zu fordern, dass Schutzverstärkungsmaßnahmen **nicht die Ziele** des betreffenden Sekundärrechtsakts **gefährden** dürfen.

---

[26] Zur Warenverkehrsfreiheit EuGH, Urt. v. 25.6.1998, Rs- C–203/96 (Chemische Afvalstoffen Dusseldorp u.a./Minister van Volkshuisvesting, Ruimtelijke Ordening en Milieubeheer), Slg. 1998, I–4075, Rn. 44.

[27] EuGH, Urt. v. 14.4.2005, Rs. C–6/03 (Deponiezweckverband Eiterköpfe), Slg. 2005, I–2753, Rn. 64 sofern nicht andere Normen des Unionsrechts betroffen sind: vgl. EuGH, Urt. v. 21.7.2011, Rs. C–2/10 (Azienda Agro-Zootecnica Franchini und Eolica di Altamura), Slg. 2011, I–6561, Rn. 73, zur Aufnahme des Verhältnismäßigkeitsgrundsatzes in den betreffenden Sekundärrechtsakt.

[28] EuGH, Urt. v. 14.4.2005, Rs. C–6/03 (Deponiezweckverband Eiterköpfe), Slg. 2005, I–2753, Rn. 61.

[29] In Bezug auf die Gegenauffassung (s. Rn. 7) ist zu bemerken, dass diese Vorgabe auch von ihr beachtet werden müsste. Das dürfte in der Praxis einen Spielraum für die Verfolgung anderer Regelungsansätze merklich einengen, *Scherer/Heselhaus*, in: Dauses, Handbuch des EU-Wirtschaftsrechts, Abschnitt O, Juli 2010, Rn. 166.

[30] EuGH, Urt. v. 14.4.2005, Rs. C–6/03 (Deponiezweckverband Eiterköpfe), Slg. 2005, I–2753, Rn. 49 u. 58.

[31] Vgl. EuGH, Urt. v. 14.4.2005, Rs. C–6/03 (Deponiezweckverband Eiterköpfe), Slg. 2005, I–2753, Rn. 52, der das Vorliegen einer »verstärkten Schutzmaßnahme« verlangt.

[32] EuGH, Urt. v. 14.4.2005, Rs. C–6/03 (Deponiezweckverband Eiterköpfe), Slg. 2005, I–2753, Rn. 52.

Systematisch steht die Schutzverstärkungsklausel des Art. 193 AEUV in engem Zu- **10**
sammenhang mit **Art. 114 Abs. 4–9 AEUV**, welcher im **Binnenmarkt** eine Öffnung für
stärkere Schutzmaßnahmen der Mitgliedstaaten vorsieht.[33] Allerdings ist Art. 193
AEUV **weniger streng** gefasst.[34] Der Grund dafür liegt darin, dass nach der Abgrenzung
der einschlägigen Kompetenzgrundlagen – hier Art. 192 AEUV, dort Art. 114 Abs. 1
AEUV – der grenzüberschreitende Verkehr mit Waren und Dienstleistungen im Fall des
Art. 193 AEUV **tendenziell weniger betroffen** ist und deshalb nicht gleich streng geschützt werden muss.[35] Ferner liegt bei Art. 114 AEUV dogmatisch eine **Ausnahme von
der Sperrwirkung** des Sekundärrechts vor.

Abzugrenzen ist die Vorschrift ferner von Art. 347 AEUV, der einen Alleingang der **11**
Mitgliedstaaten im Fall einer »schwerwiegenden innerstaatlichen Störung der öffentlichen Ordnung« erlaubt. Im Umweltbereich wäre etwa an eine Umweltkatastrophe zu
denken.[36] Dabei handelt es sich aber um eine **temporäre Ausnahme** in einen konkreten
Einzelfall. Ferner ist die Vorschrift **Schutzverstärkungsklauseln im Sekundärrecht** gegenüber zu stellen. Letztere umfassen regelmäßig **temporäre Ausnahmen** in **konkreten
Gefahrsituationen**.[37] Die Grundlage dafür bildet bei der Rechtsetzung aufgrund von
Art. 192 AEUV die **spezielle Schutzklausel** nach Art. 191 Abs. 2 UAbs. 2 AEUV, die auf
»vorläufige« Maßnahmen zur Erreichung der Umweltschutzziele der Union ausgerichtet ist.[38] Die Mitgliedstaaten haben bei Vorliegen der entsprechenden Voraussetzungen
ein **Wahlrecht**, welche Schutzverstärkungsklausel sie anwenden wollen (s. Rn. 13, 21).[39]

Eine vergleichbare Regelung[40] aus der Perspektive des **Verbraucherschutzes** findet **12**
sich in Art. 169 Abs. 4 AEUV[41] und aus Sicht der **Sozialpolitik** in Art. 153 Abs. 4, 2.
Spiegelstrich AEUV.[42] In diesem Zusammenhang ist auch auf die Möglichkeit nach
Art. 157 Abs. 4 AEUV hinzuweisen, die gestattet spezifische nationale **Regelungen zur
Gleichstellung von Mann und Frau im Arbeitsleben** vorzusehen.[43] All diesen Schutzverstärkungsklauseln ist gemeinsam, dass sie auf Rechtsakte bezogen sind, die aufgrund

---

[33] Ausführlich dazu *Epiney* (Fn. 16), Art. 193 AEUV, Rn. 24 ff.; *Scherer/Heselhaus*, in: Dauses, Handbuch des EU-Wirtschaftsrechts, Abschnitt O, Juli 2010, Rn. 145 ff.; vgl. auch *Nettesheim*, in: Grabitz/Hilf/Nettesheim, EU, Art. 193 AEUV (Mai 2011), Rn. 1; *Krämer*, in: GSH, Europäisches Unionsrecht, Art. 193 AEUV, Rn. 3.
[34] *Epiney*, Umweltrecht, Kap. 5, Rn. 118.
[35] Vgl. aber *Krämer*, in: GSH, Europäisches Unionsrecht, Art. 193 AEUV, Rn. 3, der in den »opt-out«-Klauseln nach Art. 114 Abs. 4–9 AEUV »andere Grundgedanken« verwirklicht sieht.
[36] S. *Nettesheim*, in: Grabitz/Hilf/Nettesheim, EU, Art. 193 AEUV (Mai 2011), Rn. 21.
[37] S. dazu *Kahl*, in: Streinz, EUV/AEUV, Art. 193 AEUV, Rn. 5; *Nettesheim*, in: Grabitz/Hilf/Nettesheim, EU, Art. 193 AEUV (Mai 2011), Rn. 3; *Krämer*, in: GSH, Europäisches Unionsrecht, Art. 193 AEUV, Rn. 1 a. E.; *Scherer/Heselhaus*, in: Dauses, Handbuch des EU-Wirtschaftsrechts, Abschnitt O, Juli 2010, Rn. 130, 171 f.
[38] S. dazu *Kahl*, in: Streinz, EUV/AEUV, Art. 193 AEUV, Rn. 4.
[39] *Nettesheim*, in: Grabitz/Hilf/Nettesheim, EU, Art. 193 AEUV (Mai 2011), Rn. 3 a. E.; *Kahl*, in: Streinz, EUV/AEUV, Art. 193 AEUV, Rn. 5; a. A. jedenfalls zu auf Vorgängerregelungen gestützten Unionsrechtsakten offenbar *Breier*, in: Lenz/Borchardt, EU-Verträge, Art. 193 AEUV, Rn. 2.
[40] S. *Calliess*, in: Calliess/Ruffert, EUV/AEUV, Art. 193 AEUV, Rn. 1; *Krämer*, in: GSH, Europäisches Unionsrecht, Art. 193 AEUV, Rn. 3.
[41] S. *Krebber*, in: Calliess/Ruffert, EUV/AEUV, Art. 169 AEUV, Rn. 22, der dort aber zu weitgehend eine »Nachrangigkeit« der unionalen gegenüber der mitgliedstaatlichen Verbraucherpolitik erkennen will.
[42] Auch hier kann die Union nur Mindestvorschriften erlassen und die Mitgliedstaaten können strengere Vorschriften treffen, sofern diese mit dem Unionsrecht vereinbar sind, EuGH, Urt. v. 12. 11. 1996, Rs. C–84/94 (Vereinigtes Königreich/Rat), Slg. 1996, I–5755, Rn. 17, 56.
[43] Ausführlich dazu *Krebber*, in: Calliess/Ruffert, EUV/AEUV, Art. 157 AEUV, Rn. 73 ff.

der in ihnen jeweils ausdrücklich aufgeführten Kompetenzvorschriften erlassen worden sind.[44]

B. Entwicklung

13 Vor Einführung der Schutzverstärkungsklausel in Art. 193 AEUV ist in der **Sekundärrechtsetzung** bereits dem Bedürfnis nach einer Schutzverstärkung in **temporären Gefahrsituationen** Rechnung getragen worden.[45] Dabei wird der gemeinsame Schutzstandard nicht grundsätzlich in Zweifel gezogen, sondern dieser wird nach Erledigung der Gefahrensituation wieder hergestellt.

14 Erst mit der **Einheitlichen Europäischen Akte** von **1987** trat das Bedürfnis für Schutzverstärkungsklauseln auf, die nicht temporär und auf konkrete Situationen begrenzt sind. Die Klausel in der Umweltpolitik gemäß Art. 130t EWGV[46] wurde gleichzeitig mit der Schutzverstärkungsklausel in der **Binnenmarktpolitik** eingeführt. Bei Letzterer ging es insbesondere darum, den Mitgliedstaaten mit einem sehr hohen Standard an Umweltschutz, insbesondere Dänemark und Deutschland, die Sorge zu nehmen, dass dieser Standard aufgrund des **Übergangs zum Mehrheitsprinzip** im Rat bei einer unionsweiten Regelung mit Wirkung auch für diese Mitgliedstaaten abgeschwächt werden könnte.[47] In der Umweltpolitik galt damals zwar das **Einstimmigkeitsprinzip** im Rat,[48] doch war die Schutzverstärkungsklausel erforderlich, um den Mitgliedstaaten mit höherem Schutzniveau als in einer vorgeschlagenen EU-Maßnahme die Zustimmung zu derselben zu ermöglichen, ohne gleichzeitig den eigenen höheren Standard aufgeben zu müssen. Damals bestand im Gegensatz zu den differenzierten formellen Vorgaben in Art. 114 AEUV (Art. 130t EWGV) noch **nicht** einmal eine **Notifizierungspflicht**.

15 Der **Maastricht Vertrag** brachte auch in der Umweltpolitik nach Art. 192 AEUV (Art. 130s EGV) den **Übergang zum Mehrheitsprinzip**. Gleichzeitig wurde für die Schutzverstärkungsklausel in Art. 130t EGV die **Notifizierungspflicht** eingeführt.[49] Bestimmte **andere Politikfelder** erhielten ebenfalls Schutzverstärkungsklauseln (Rn. 11 f.).[50] Dieser Stand wurde auch im **Lissabonner Vertrag** nicht mehr geändert.[51] In den Vertragsänderungen seit Maastricht ist lediglich redaktionell der Verweis auf die Kompetenzgrundlage in der Umweltpolitik, Art. 192 AEUV, an die jeweils geltende Zählweise angepasst worden.

---

[44] Vgl. zum Verhältnis des Art. 193 AEUV zu diesen Schutzklauseln *Nettesheim*, in: Grabitz/Hilf/Nettesheim, EU, Art. 193 AEUV (Mai 2011), Rn. 3; *Krämer*, in: GSH, Europäisches Unionsrecht, Art. 193 AEUV, Rn. 21.
[45] *Krämer*, in: GSH, Europäisches Unionsrecht, Art. 193 AEUV, Rn. 1.
[46] *Kahl*, in: Streinz, EUV/AEUV, Art. 193 AEUV, Rn. 1; *Krämer*, in: GSH, Europäisches Unionsrecht, Art. 193 AEUV, Rn. 1; vgl. auch *Epiney* (Fn. 16), Art. 193 AEUV, Rn. 1.
[47] Zu den Interessen umweltrechtlich progressiver Mitgliedstaaten *Kahl*, in: Streinz, EUV/AEUV, Art. 193 AEUV, Rn. 7; vgl. auch *Scherer/Heselhaus*, in: Dauses, Handbuch des EU-Wirtschaftsrechts, Abschnitt O, Juli 2010, Rn. 164.
[48] S. Art. 130s Abs. 1 EWGV.
[49] Zur Einführung der Notifizierungspflicht *Epiney* (Fn. 16), Art. 193 AEUV, Rn. 1; *Kahl*, in: Streinz, EUV/AEUV, Art. 193 AEUV, Rn. 1; *Krämer*, in: GSH, Europäisches Unionsrecht, Art. 193 AEUV, Rn. 1.
[50] S. nur Art. 129a Abs. 3 EGV zur Verbraucherpolitik; Art. 118a Abs. 3 EGV zum Schutz der Arbeitsbedingungen.
[51] Zum Vertrag von Lissabon diesbezüglich *Calliess*, in: Calliess/Ruffert, EUV/AEUV, Art. 193 AEUV, Rn. 4; *Kahl*, in: Streinz, EUV/AEUV, Art. 193 AEUV, Rn. 1; *Krämer*, in: GSH, Europäisches Unionsrecht, Art. 193 AEUV, Rn. 1.

C. Inhalt

I. Normcharakter

Art. 193 AEUV ist **nicht deklaratorischer** Art, sondern bestimmt **konstitutiv**, dass die Rechtsetzung im Bereich des Umweltrechts nach Art. 192 AEUV lediglich eine **Mindestregulierung** darstellt.[52] Die Mitgliedstaaten verfügen grundsätzlich weiterhin über ihre originäre Rechtsetzungskompetenz. Dieser gegenüber wird durch Art. 193 AEUV die **Sperrwirkung** der betreffenden umweltrechtlichen Massnahme des Sekundärrechts **begrenzt**. Die Vorschrift ist **unmittelbar** vor Gericht **anwendbar**.[53]

II. Anwendungsbereich

1. Massnahme aufgrund des Art. 192 AEUV

Der **Anwendungsbereich** nach Art. 193 AEUV ist eröffnet, wenn Schutzmaßnahmen vorliegen, die **aufgrund von Art. 192 AEUV** getroffen worden sind.[54] Aus dem Verweis auf die Rechtsetzungskompetenz folgt zum einen, dass es sich um **Maßnahmen der Union** handeln muss.[55] Zweitens ist damit vorgegeben, dass es sich um **rechtsverbindliche** Maßnahmen handeln muss.[56] Rein tatsächliches Handeln würde gegenüber mitgliedstaatlichen Maßnahmen keine Sperrwirkung entfalten können. In Betracht kommen **alle** rechtsverbindlichen Handlungsinstrumente nach Art. 288 AEUV, insbesondere auch Verordnungen und Beschlüsse.[57] Drittens ist der Verweis **umfassend** zu verstehen. Es werden alle Rechtsakte nach Art. 192 Abs. 1, 2 oder 3 EUV erfasst.[58]

Nach dem Wortlaut wird der Anwendungsbereich auf Schutzmaßnahmen der EU begrenzt. Dass die fraglichen Maßnahmen **umweltpolitischen Zielen** dienen müssen, folgt aus dem ausdrücklichen Verweis auf Art. 192 AEUV. Fraglich ist, ob der Begriff der Schutzmaßnahme noch enger im Sinne **materiell- oder formell-rechtlicher Vorgaben** zu verstehen ist. Das ist im Ergebnis zu bejahen, da nur in dieser Hinsicht ein höheres

---

[52] EuGH, Urt. v. 22.6.2000, Rs. C–318/98 (Fornasar), Slg. 2000, I–4785, Rn. 46; Urt. v. 14.4.2005, Rs. C–6/03 (Deponiezweckverband Eiterköpfe), Slg. 2005, I–2753, Rn. 27; dem folgend *Nettesheim*, in: Grabitz/Hilf/Nettesheim, EU, Art. 193 AEUV (Mai 2011), Rn. 2; *Epiney*, Umweltrecht, Kap. 5 Rn. 119; dies. (Fn. 16), Art. 193 AEUV, Rn. 2.

[53] S. die Hinweise zur Rspr. in Fn. 16.

[54] In der Literatur teilweise verlangt, dass die beabsichtigte nationale Maßnahme mit der Sperrwirkung eines unionalen Rechtsakts kollidiert, *Calliess*, in: Calliess/Ruffert, EUV/AEUV, Art. 193 AEUV, Rn. 5; *Epiney*, in: Landmann/Rohmer, Umweltrecht, Art. 193 AEUV, Rn. 7 f., fordert einen »abschließenden« Sekundärrechtsakt. Die Forderung nach einer abschließenden Unionsregelung findet sich auch bei *Kahl*, in: Streinz, EUV/AEUV, Art. 193 AEUV, Rn. 2. Der EuGH geht aber davon aus, dass wegen Art. 193 AEUV die fragliche EU-Umweltmaßnahme als Mindestvorschrift gerade nicht entgegensteht, EuGH, Urt. v. 22.6.2000, Rs. C–318/98 (Fornasar), Slg. 2000, I–4785, Rn. 46.

[55] *Käller*, in: Schwarze, EU-Kommentar, Art. 193 AEUV, Rn. 2.

[56] *Käller*, in: Schwarze, EU-Kommentar, Art. 193 AEUV, Rn. 3; *Nettesheim*, in: Grabitz/Hilf/Nettesheim, EU, Art. 193 AEUV (Mai 2011), Rn. 10; *Kahl*, in: Streinz, EUV/AEUV, Art. 193 AEUV, Rn. 11; *Krämer*, in: GSH, Europäisches Unionsrecht, Art. 193 AEUV, Rn. 4 f.; *Scherer/Heselhaus*, in: Dauses, Handbuch des EU-Wirtschaftsrechts, O, Rn. 165. Weiter wohl *Kahl*, in: Streinz, EUV/AEUV, Rn. 11, der alle möglichen Handlungsformen des Art. 288 AEUV einbeziehen möchte.

[57] *Kahl*, in: Streinz, EUV/AEUV, Art. 193 AEUV, Rn. 11; *Käller*, in: Schwarze, EU-Kommentar, Art. 193 AEUV, Rn. 4; *Breier*, in: Lenz/Borchardt, EU-Verträge, Art. 193 AEUV, Rn. 2. A. A. zur Verordnung *Piska*, in: Meyer, Art. 176 EGV, Rn. 3 ff.

[58] *Scherer/Heselhaus*, in: Dauses, Handbuch des EU-Wirtschaftsrechts, Abschnitt O, Juli 2010, Rn. 164; *Kahl*, in: Streinz, EUV/AEUV, Rn. 10.

Schutzniveau durch die mitgliedstaatlichen Schutzmaßnahmen angestrebt werden kann. Erfasst werden auch **delegierte Rechtsetzungsakte** und **Durchführungsrechtsakte** gemäß Art. 290 bzw. 291 AEUV,[59] weil auch diese inhaltlich auf Art. 192 AEUV abgestützt werden.

19 Art. 193 AEUV kann erst zur Anwendung kommen, wenn entsprechende sekundärrechtliche Umweltschutzmaßnahmen erlassen worden sind.[60] Vorher fehlt es mangels Sekundärrecht an einer möglichen Sperrwirkung derselben, die mit der nationalen Rechtsetzungskompetenz kollidieren könnte.[61] Teilweise wird in der Literatur eine **Stillhalteverpflichtung** erwogen, wenn ein Rechtsetzungsvorschlag vorliegt und das Rechtsetzungsverfahren eine hinreichend konkrete Gestalt desselben erkennen lässt.[62] Diese Auffassung vermag **nicht** zu überzeugen. Denn erfasst werden sowohl bereits **bestehende** als auch **neue** nationale Schutzmaßnahmen (»beizubehalten oder zu ergreifen«). Für beide Alternativen greifen **dieselben** materiellen und formellen **Vorgaben**. Zudem hat die **Notifizierungspflicht** lediglich **deklaratorische Wirkung**. Daher macht es keinen Unterschied, ob die Maßnahme vor oder erst nach dem Erlass des Sekundärrechtsakts verabschiedet wird. Es ist vielmehr so, dass gerade ein frühzeitiges mitgliedstaatliches Tätigwerden im Rechtsetzungsverfahren im Sinne eines hohen Schutzniveaus nach Art. 191 Abs. AEUV einen **Anreiz** für eine besonders niveauvolle unionsweite Regelung setzen könnte.[63]

20 In der Literatur wird teilweise die Anwendung des Art. 193 AEUV verneint, wenn die EU-Maßnahmen nur **Mindeststandards** setzen bzw. selbst »**Optionen** oder Alternativen« gewähren.[64] Das erste Beispiel ist rein theoretischer Natur, denn nach der Rechtsprechung hat Art. 193 AEUV die Wirkung, dass alle EU-Umweltmaßnahmen aufgrund von Art. 192 AEUV nur Mindestregelungen darstellen.[65] Bei einer ausdrücklichen Beschränkung eines Sekundärrechtsakts auf Mindeststandards besteht kein Grund zum Rückgriff auf Art. 193 AEUV, sofern der Mitgliedstaat die Regelung der EU verschärft. Der zweite Fall betrifft **spezifische sekundärrechtliche Schutzverstärkungsklauseln**. Hier kann sich der Mitgliedstaat auf Art. 193 AEUV berufen. Ihm kommt ein **Wahlrecht** zu, weil jene Klauseln regelmäßig einen beschränkteren Anwendungsbereich aufweisen, indem sie etwa nur zu temporären Abweichungen ermächtigen (Rn. 11).[66]

21 Art. 193 AEUV ist **nicht** auf **alle** Maßnahmen mit **umweltpolitischer Zielsetzung** anwendbar, sondern ausweislich seines Wortlauts nur auf solche, die auf der **Rechtsgrund-**

---

[59] Explizit zu im Komitologieverfahren erlassene bzw. abgeleitete Rechtsakte *Breier*, in: Lenz/Borchardt, EU-Verträge, Art. 193 AEUV, Rn. 2; vgl. auch *Scherer/Heselhaus*, in: Dauses, Handbuch des EU-Wirtschaftsrechts, Abschnitt O, Juli 2010, Rn. 165.
[60] Ist die Union noch nicht tätig geworden, so können die Mitgliedstaaten nationale Regelungen erlassen, die jedoch das Primärrecht zu achten haben *Nettesheim*, in: Grabitz/Hilf/Nettesheim, EU, Art. 193 AEUV (Mai 2011), Rn. 22; *Epiney* (Fn. 16), Art. 193 AEUV, Rn. 4; *Breier*, in: Lenz/Borchardt, EU-Verträge, Art. 193 AEUV, Rn. 2; *Scherer/Heselhaus*, in: Dauses, Handbuch des EU-Wirtschaftsrechts, Abschnitt O, Juli 2010, Rn. 131; vgl. auch Kahl, in: Streinz, EUV/AEUV, Art. 193 AEUV, Rn. 2 a. E.; *Krämer*, in: GSH, Europäisches Unionsrecht, Art. 193 AEUV, Rn. 2 a. E.
[61] *Nettesheim*, in: Grabitz/Hilf/Nettesheim, EU, Art. 193 AEUV (Mai 2011), Rn. 6.
[62] *Klein*, in: HK-EU, Art. 130t EGV Rn. 6; *Kahl*, in: Streinz, EUV/AEUV, Art. 193 AEUV, Rn. 27; vgl. *Nettesheim*, in: Grabitz/Hilf/Nettesheim, EU, Art. 193 AEUV (Mai 2011), Rn. 19 unter Verweis auf *Grabitz*, Stillhalteverpflichtungen, passim.
[63] Grundsätzlich zur Impulsfunktion *Kahl*, in: Streinz, EUV/AEUV, Art. 193 AEUV, Rn. 9.
[64] *Nettesheim*, in: Grabitz/Hilf/Nettesheim, EU, Art. 193 AEUV (Mai 2011), Rn. 6.
[65] S. oben Rn. 8.
[66] *Nettesheim*, in: Grabitz/Hilf/Nettesheim, EU, Art. 193 AEUV (Mai 2011), Rn. 3 a. E.; *Kahl*, in: Streinz, EUV/AEUV, Art. 193 AEUV, Rn. 5.

lage von Art. 192 AEUV erlassen worden sind.⁶⁷ Diese Vorgabe ist im Zusammenhang mit der Schutzverstärkungsklausel nach Art. 114 AEUV zu sehen, die wesentlich strenger, materiell und formell, ausgestaltet ist. Der Grund für die relativ großzügige Öffnung in Art. 193 AEUV liegt darin, dass sie sich auf einen Politikbereich bezieht, der **weniger binnenmarktrelevant** ist.⁶⁸ Denn nach der Rechtsprechung zur Abgrenzung der Kompetenzgrundlagen im Umweltschutz⁶⁹ kommt Art. 114 AEUV insbesondere regelmäßig dann zur Anwendung, wenn es um Regelungen mit Produktbezug geht.

Umstritten ist, ob Art. 193 AEUV auch auf die **Umweltaußenkompetenzen** anzuwenden ist, d. h. auf Umweltabkommen der Union mit Drittstaaten auf der Basis des Art. 192 AEUV i. V. mit der AETR-Rechtsprechung.⁷⁰ Der **EuGH** hat sich mit dieser Frage bislang nur in einem **Spezialfall** befasst.⁷¹ Dort ging es im Rahmen eines internationalen Umweltabkommens darum, ob ein Mitgliedstaat unter Berufung auf die Schutzverstärkungsklausel des Art. 193 AEUV einen Antrag auf Aufnahme weiterer, von der EU nicht vorgeschlagener Gefahrstoffe stellen könne. Der EuGH wies darauf hin, dass dieser Vorschlag nach den Regeln des Abkommens dazu führen könnte, dass die Anhänge zum Abkommen entsprechend geändert würden und die **Union** dann ebenfalls an diese Änderung **gebunden** sei. Insofern liege eine andere Situation als im Falle unionsinterner nationaler Schutzverstärkungsmaßnahmen vor, deren Wirkungen sich nur in dem betreffenden Mitgliedstaat einstellen.⁷² Aus der Entscheidung lässt sich folgern, dass die Anwendung von Art. 193 AEUV auf die Umweltaußenkompetenz **nicht grundsätzlich ausgeschlossen** ist. Dafür spricht, dass Art. 193 AEUV **keine Begrenzung** auf bestimmte Maßnahmen enthält und somit offen für **Beschlüsse** über die Anwendung von internationalen Umweltabkommen ist.⁷³ Ferner bezieht sich Art. 193 über Art. 192 AEUV auch auf Art. 191 Abs. 4 AEUV und die dort vorausgesetzte Befugnis, internationale Umweltabkommen abzuschließen.⁷⁴ Zudem ist eine Ausklammerung internationaler Abkommen in der Entstehungsgeschichte der Norm zurückgewiesen worden.⁷⁵

Eine **analoge Anwendung** von Art. 193 AEUV auf **andere Kompetenzgrundlagen**, wie sie vereinzelt vorgeschlagen wird, ist **abzulehnen**.⁷⁶ In der Diskussion steht eine

---

⁶⁷ *Calliess*, in: Calliess/Ruffert, EUV/AEUV, Art. 193 AEUV, Rn. 6; *Nettesheim*, in: Grabitz/Hilf/Nettesheim, EU, Art. 193 AEUV (Mai 2011), Rn. 7; *Kahl*, in: Streinz, EUV/AEUV, Art. 193 AEUV, Rn. 10; *Krämer*, in: GSH, Europäisches Unionsrecht, Art. 193 AEUV, Rn. 2, 4; *Breier*, in: Lenz/Borchardt, EU-Verträge, Art. 193 AEUV, Rn. 2.

⁶⁸ *Scherer/Heselhaus*, in: Dauses, Handbuch des EU-Wirtschaftsrechts, Abschnitt O, Juli 2010, Rn. 166.

⁶⁹ S. die Kommentierung zu Art. 192 AEUV, Rn. 78.

⁷⁰ *Krämer*, in: GSH, Europäisches Unionsrecht, Art. 193 AEUV, Rn. 5; ausführlich *Kahl*, in: Streinz, EUV/AEUV, Art. 193 AEUV, Rn. 14; a.A. wohl *Nettesheim*, in: Grabitz/Hilf/Nettesheim, EU, Art. 193 AEUV (Mai 2011), Rn. 2 unter Hinweis auf EuGH, Urt. v. 20.4.2010, Rs. C–246/07 (Kommission/Schweden), Slg. 2010, I–3317.

⁷¹ EuGH, Urt. v. 20.4.2010, Rs. C–246/07 (Kommission/Schweden), Slg. 2010, I–3317.

⁷² EuGH, Urt. v. 20.4.2010, Rs. C–246/07 (Kommission/Schweden), Slg. 2010, I–3317, Rn. 102 ff.

⁷³ *Krämer*, in: GSH, Europäisches Unionsrecht, Art. 193 AEUV, Rn. 5. Vgl. *Epiney*, Umweltrecht, Kap. 5, Rn. 120.

⁷⁴ *Kahl*, in: Streinz, EUV/AEUV, Art. 193 AEUV, Rn. 14.

⁷⁵ Nach *Kahl*, in: Streinz, EUV/AEUV, Art. 193 AEUV, Rn. 14, ist der Vorschlag der damaligen Präsidentschaft, den externen Umweltschutzbereich auszuklammern (»external Community competences apart«) gerade nicht aufgegriffen worden.

⁷⁶ *Epiney*, in: Landmann/Rohmer, Umweltrecht, Art. 193 AEUV, Rn. 5; *Scherer/Heselhaus*, in: Dauses, Handbuch des EU-Wirtschaftsrechts, Abschnitt O, Juli 2010, Rn. 164 ff.

Einzelanalogie[77] oder eine Gesamtanalogie[78] unter Rückgriff auf Art. 36, 114 Abs. 4 und 5, Art. 169 Abs. 4 sowie Art. 193 AEUV. Art. 193 AEUV ist jedoch Ausdruck einer **spezifischen Abwägung** zwischen dem Schutz der Umwelt und dem Interesse an einer einheitlichen Geltung und Beachtung des EU-Rechts in den Mitgliedstaaten.[79] Die spezifische Regelung in Art. 114 Abs. 4–9 AEUV belegt, dass diese Abwägung je nach betroffener Kompetenzgrundlage unterschiedlich ausfallen kann. Darüber hinaus **fehlt** es für eine Analogie an der Voraussetzung einer **planwidrigen Lücke**.[80] Denn die Mitgliedstaaten hatten die Situation deutlich vor Augen und haben bei den Vertragsänderungen nur die umweltpolitischen Schutzverstärkungsklauseln in Art. 114 und Art. 193 AEUV akzeptiert. Das schließt aber nicht aus, dass in **anderen Kompetenzbereichen** umweltpolitische **Schutzverstärkungsklauseln im Sekundärrecht** eingeführt werden. Dazu könnten sich die Rechtsetzungsorgane auf die **Integrationsklausel nach Art. 11 AEUV** stützen, die ein hohes Schutzniveau verlangt.[81] Allerdings können solche Klauseln **nicht** Art. 193 AEUV nachgebildet werden und **permanente Abweichungen** gestatten, da ansonsten eine Umgehung der Vertragsänderungsvorschriften vorliegen würde.[82]

24 Der Verweis auf Maßnahmen nach Art. 192 AEUV ist **funktional** zu verstehen. Erfasst werden auch alle Rechtsakte, die auf die **Vorgängervorschriften** gestützt worden sind.[83] Das ist für Art. **130s EGV** eindeutig, weil seinerzeit die Schutzverstärkungsklausel in Art. 130t EGV auf eben jene Vorschrift verwies. Das gilt aber nach überzeugender Auffassung auch für Umweltmaßnahmen der EU, die **vor dem Maastricht Vertrag** auf Art. 100 bzw. Art. 235 EWGV gestützt worden waren und die heute auf Art. 192 AEUV zu stützen wären.[84] Denn wenn solche Rechtsakte später unter Rückgriff auf Art. 130t EGV bzw. Art. 192 EWGV novelliert worden sind, wäre es ein Wertungswiderspruch, Art. 193 AEUV lediglich auf die novellierten neuen Vorschriften in dem Rechtsakt anzuwenden.[85] Dem steht auch nicht entgegen, dass unter Art. 100 bzw. Art. 235 EWGV

---

[77] *Gilsdorf*, Die Grenzen der gemeinsamen Handelspolitik, 1988, S. 11, 24 ff.; *Pernice*, Die Verwaltung 1989, 1 (15); *Britz*, Klimaschutz der EU und der Mitgliedstaaten im Spannungsfeld von Klimaschutz und Binnenmarkt, in: Schulze-Fielitz (Hrsg.), Europäisches Klimaschutzrecht, 2009, S. 71 (86).
[78] *Kahl*, Umweltprinzip, S. 259 ff.; *ders.*, in: Streinz, EUV/AEUV, Art. 193 AEUV, Rn. 12.
[79] Näher zu Auswirkungen auf den Wettbewerb im Binnenmarkt *Scherer/Heselhaus*, in: Dauses, Handbuch EU-Wirtschaftsrechts, Abschnitt O, Juli 2010, Rn. 166.
[80] So *Nettesheim*, in: Grabitz/Hilf/Nettesheim, EU, Art. 193 AEUV (Mai 2011), Rn. 7.
[81] Vgl. *GA Ruiz-Jarrabo*, Schlussanträge zu Rs. C–292/97 (Karlsson u.a.), Slg. 2000, I–2737 (Rn. 51–53; Im Ergebnis akzeptiert von EuGH, Urt. v. 13. 4. 2000, Rs. C–292/97 (Karlsson u.a.), Slg. 2000, I–2737 (Rn. 51); näher dazu *Kahl*, in: Streinz, EUV/AEUV, Rn. 12.
[82] Daher ist der Rückgriff auf Art. 11 AEUV kein Argument für eine analoge Anwendung von Art. 193 AEUV, so aber wohl *Kahl*, in: Streinz, EUV/AEUV, Rn. 12.
[83] EuGH, Urt. v. 25.6.1998, Rs- C–203/96 (Chemische Afvalstoffen Dusseldorp u. a./Minister van Volkshuisvesting, Ruimtelijke Ordening en Milieubeheer), Slg. 1998, I–4075, Rn. 35 ff., für die Anwendung von Art. 130t EGV auf die auf Art. 100 und 235 EWGV gestützte Richtlinie 75/442/EWG; s. dazu *Kahl*, in: Streinz, EUV/AEUV, Art. 193 AEUV, Rn. 10; ebenso *Breier*, in: Lenz/Borchardt, EU-Verträge, Art. 193 AEUV, Rn. 2; *Calliess*, in: Calliess/Ruffert, EUV/AEUV, Art. 193 AEUV, Rn. 6, *Frenz*, Umweltrecht, 1997, S. 207; *Krämer*, in: GSH, Europäisches Unionsrecht, Rn. 4; *Winter*, DÖV 1998, 377 (380).
[84] EuGH, Urt. v. 25.6.1998, Rs- C–203/96 (Chemische Afvalstoffen Dusseldorp u. a./Minister van Volkshuisvesting, Ruimtelijke Ordening en Milieubeheer), Slg. 1998, I–4075, Rn. 35 u. 37, für die Anwendung von Art. 130t EGV auf die auf Art. 100 und 235 EWGV gestützte Richtlinie 75/442/EWG; *Nettesheim*, in: Grabitz/Hilf/Nettesheim, EU, Art. 193 AEUV (Mai 2011), Rn. 8.
[85] *Nettesheim*, in: Grabitz/Hilf/Nettesheim, EU, Art. 193 AEUV (Mai 2011), Rn. 8.

Einstimmigkeit im Rat vorgesehen war, denn Art. 193 AEUV ist auch bei Maßnahmen nach Art. 192 Abs. 2 AEUV anwendbar, der ebenfalls eine einstimmige Beschlussfassung vorsieht.

Umstritten ist, ob Art. 193 AEUV auch im Falle sog. **Doppelabstützungen**, d. h. einer Abstützung auf Art. 192 AEUV und eine weitere Kompetenzgrundlage, Anwendung findet. Nach einer Ansicht soll Art. 193 AEUV grundsätzlich auf den gesamten Rechtsakt Anwendung finden.[86] Sie beruft sich auf ein »Umweltprinzip« bzw. das Prinzip des bestmöglichen Umweltschutzes sowie auf die Auslegung nach dem *effet utile*.[87] Nach anderer Ansicht hängt die Rechtsfolge von der Möglichkeit der **Zuordnung** der Rechtsetzungskompetenzen zu verschiedenen **Teilen des Rechtsaktes** ab. Lässt sich nur ein Teil konkret Art. 192 AEUV zuordnen, könne sich der Mitgliedstaat auch nur insofern auf Art. 193 AEUV stützen. Anderenfalls könne sich der Mitgliedstaat hinsichtlich des gesamten Rechtsaktes auf Art. 193 AEUV berufen.[88] Für diese Ansicht spricht, dass ansonsten Art. 193 AEUV entgegen seinem Wortlaut auf andere Kompetenzgrundlagen übertragen würde (s. Rn. 23). Sind die Regelungsgehalte der betreffenden Maßnahmen eindeutig den verschiedenen Kompetenzgrundlagen zuzuordnen, so findet Art. 193 AEUV nur auf den Teil Anwendung, der auf Art. 192 AEUV basiert. Ist eine solche Trennung nicht möglich, kann Art. 193 AEUV auf den gesamten Rechtsakt angewendet werden.[89] Auch wenn Art. 193 AEUV nicht allein Ausdruck eines bestmöglichen Umweltschutzes, sondern einer **spezifischen Abwägung** mit der Gewichtigkeit der **Einheit des Unionsrechts** (s. Rn. 4) ist, die so nicht auf andere Kompetenzgrundlagen übertragbar ist, würde dem Anliegen eines **hohen Umweltschutzes** allein über **Art. 11 AEUV** nicht ausreichend Rechnung getragen werden, weil eine entsprechende Ausgestaltung des Rechtsakts dem einfachen Gesetzgeber überlassen wäre.

2. Handeln der Mitgliedstaaten

Subjektiv berechtigt werden durch Art. 193 AEUV die **Mitgliedstaaten**. Dabei ist es **unerheblich**, wie sie im Rat beim Beschluss über die fragliche EU-Maßnahme entschieden haben. Auch wenn sie der Maßnahme **zugestimmt** haben, können sie sich auf die Schutzverstärkungsklausel berufen.[90] Das folgt bereits aus dem Umstand, dass Art. 193 AEUV voll umfänglich auf Art. 192 AEUV verweist und damit auch diejenigen Rechtsakte der Union erfasst, über die nach Art. 192 Abs. 2 AEUV **einstimmig** im Rat Be-

---

[86] Für die Anwendbarkeit von Art. 193 AEUV ohne Rücksicht auf die Teilbarkeit des Rechtsakts *Kahl*, in: Streinz, EUV/AEUV, Art. 193 AEUV, Rn. 13; so offenbar auch *Breier*, in: Lenz/Borchardt, EU-Verträge, Art. 193 AEUV, Rn. 2; *Käller*, in: Schwarze, EU-Kommentar, Art. 193 AEUV, Rn. 3.
[87] *Kahl*, in: Streinz, EUV/AEUV, Art. 193 AEUV, Rn. 13.
[88] *Nettesheim*, in: Grabitz/Hilf/Nettesheim, EU, Art. 193 AEUV (Mai 2011), Rn. 9; *Scherer/Heselhaus*, in: Dauses, Handbuch EU-Wirtschaftsrechts, O, Rn. 164; *Ehlermann*, CMLRev. 1987, 361 (390); *Müller-Graff*, EuR 1989, 107 (144); *Oppermann/Classen/Nettesheim*, Europarecht, § 35 Rn. 19. Ähnlich *Epiney*, (Fn. 16), Art. 193 AEUV, Rn. 6, die eine Teilbarkeit des Rechtsakts jedoch nur ausnahmsweise annimmt. Vgl. auch *Krämer*, in: GSH, Europäisches Unionsrecht, Art. 193 AEUV, Rn. 2.
[89] S. *Scherer/Heselhaus*, in: Dauses, Handbuch des EU-Wirtschaftsrechts, Abschnitt O, Juli 2010, Rn. 164.
[90] Allgemeine Ansicht, vgl. *Calliess*, in: Calliess/Ruffert, EUV/AEUV, Art. 193 AEUV, Rn. 6; *Nettesheim*, in: Grabitz/Hilf/Nettesheim, EU, Art. 193 AEUV (Mai 2011), Rn. 12; *Kahl*, in: Streinz, EUV/AEUV, Art. 193 AEUV, Rn. 15; vgl. auch *Epiney* (Fn. 16), Art. 193 AEUV, Rn. 5; *Krämer*, in: GSH, Europäisches Unionsrecht, Art. 193 AEUV, Rn. 2; *Breier*, in: Lenz/Borchardt, EU-Verträge, Art. 193 AEUV, Rn. 1.

schluss gefasst wird.⁹¹ Ferner entspricht diese Auslegung dem **Grundsatz eines hohen Umweltschutzniveaus**, denn ansonsten müssten die Mitgliedstaaten mit höherem Schutzstandard gegen eine EU-Regulierung stimmen und damit eventuell die Einführung eines Standards verhindern, der auf EU-Ebene insgesamt ein Fortschritt gewesen wäre. Dementsprechend könnten sich auch mehrere Mitgliedstaaten auf Art. 193 AEUV berufen.⁹²

III. Voraussetzungen

1. Verstärkte Schutzmassnahme

27 Die Rechtfertigung für die Eröffnung mitgliedstaatlicher Handlungsspielräume nach Art. 193 AEUV liegt im **Ziel**, einen **hohen Umweltschutzstandard** in der EU zu erreichen und bei der Rechtsetzung den Standard nicht auf einem suboptimalen Niveau zu nivellieren. Der Begriff Schutzmaßnahme bezieht sich daher nur auf den **Umweltschutz**. Das folgt systematisch auch aus dem Vergleich mit den in der Vorschrift ebenfalls genannten »Schutzmaßnahmen« der EU nach Art. 192 AEUV, die auf die Verwirklichung der Umweltschutzziele nach Art. 191 AEUV ausgerichtet sind. Dementsprechend ist es überzeugend, dass eine Berufung auf die Vorschrift nur aus Gründen des Umweltschutzes, nicht aber unter Rückgriff auf andere Ziele, wie etwa den Verbraucher- oder den Gesundheitsschutz,⁹³ erfolgen kann.⁹⁴

28 Die nationalen Umweltschutzmaßnahmen müssen auf einen **höheren** Schutzstandard abzielen. Da die Einhaltung des im EU-Umweltsekundärrecht – nach Art. 193 AEUV – enthaltenen Mindeststandards (s. Rn. 8) rechtsverbindlich ist, muss der höhere Schutz **immer** gewährleistet sein.⁹⁵ Dies folgt aus einer Parallele zur Rechtsprechung zur Umsetzung des EU-Umweltrechts in den Mitgliedstaaten.⁹⁶ Daher reicht es nicht aus, wenn ein nationaler Rechtsakt teilweise hinter dem unionsweiten Niveau zurückbleibt, es aber in bestimmten Bereichen deutlich übertrifft. Eine **saldierende Betrachtung** ist **nicht zulässig**.⁹⁷ Eine höherer Schutzstandard kann grundsätzlich auf verschiedene Weise erreicht werden:⁹⁸ So können bspw. materiell **strengere Grenzwerte** für Emissionen oder

---

⁹¹ Im Ergebnis auch *Calliess*, in: Calliess/Ruffert, EUV/AEUV, Rn. 6; *Nettesheim*, in: Grabitz/Hilf/Nettesheim, EU, Art. 193 AEUV (Mai 2011), Rn. 12; *Pechstein*, Jura 1996, 176 (180); *Messerschmidt*, Europäisches Umweltrecht, § 2 Rn. 303 f.; *Kahl*, in: Streinz, EUV/AEUV, Art. 193 AEUV, Rn. 15. Zudem hat historisch Art. 130t EWGV auf Art. 130s EWGV verwiesen, der ausschließlich eine Beschlussfassung im Rat mit Einstimmigkeit vorgesehen hatte.

⁹² *Kahl*, in: Streinz, EUV/AEUV, Art. 193 AEUV, Rn. 15.

⁹³ Sofern dieser nicht von Art. 191 Abs. 1 2. Spiegelstrich AEUV (»menschliche Gesundheit«) erfasst wird.

⁹⁴ EuGH, Urt. v. 26.2.2015, Rs. C–43/14 (ŠKO-ENERGO), ECLI:EU:C:2015:120, Rn. 25, erlaubt nicht die Verfolgung anderer, zusätzlicher Ziele zu denen in der fraglichen Richtlinie, hier Richtlinie 2003/87/EG; *Calliess*, in: Calliess/Ruffert, EUV/AEUV, Art. 193 AEUV, Rn. 7; *Kahl*, in: Streinz, EUV/AEUV, Art. 193 AEUV, Rn. 16 f.; so im Ergebnis auch *Breier*, in: Lenz/Borchardt, EU-Verträge, Art. 193 AEUV, Rn. 3; *Scherer/Heselhaus*, in: Dauses, Handbuch des EU-Wirtschaftsrechts, Abschnitt O, Juli 2010, Rn. 166.

⁹⁵ Vgl. EuGH, Urt. v. 4.3.2015, Rs. C–534/13 (Fipa Group u. a.), ECLI:EU:C:2015:140.

⁹⁶ Vgl. EuGH, Urt. v. 30.5.1991, Rs. C–361/88 (Kommission/Deutschland), Slg. 1991, S. I–2567, zur mangelhaften Umsetzung einer Richtlinie durch die deutsche Technisch Anleitung Luft, weil diese nicht in jedem Fall die Einhaltung der Richtlinienvorgaben garantieren konnte.

⁹⁷ Vgl. EuGH, Urt. v. 19.12.2013, Rs. C–281/11 (Kommission/Polen), ECLI:EU:C:2013:855, Rn. 115, lässt Raum für einen Vergleich, setzt aber zumindest eine teilweise Umsetzung des betreffenden EU-Sekundärrechts voraus.

⁹⁸ Vgl. zum Folgenden *Kahl*, in: Streinz, EUV/AEUV, Art. 193 AEUV, Rn. 17.

strengere **Messkriterien**[99] vorgegeben werden. Auch **verfahrensrechtliche** Änderungen sind erfasst, wenn diese im Ergebnis zu einem höheren Schutzniveau beitragen, z. B. wenn **Fristen** für die Einführung strengerer Umweltstandards verkürzt[100] werden.

Die Mitgliedstaaten trifft die **Darlegungs- und die Beweislast** dafür, dass die von ihnen ergriffenen oder beibehaltenen Schutzmaßnahmen effektiv einem höheren Schutzstandard dienen.[101] Zur Begründung kann auf den Grundsatz der engen Auslegung von Ausnahmen im Unionsrecht verwiesen werden.[102] Denn die Begrenzung der EU-Rechtsetzungstätigkeit nach Art. 193 AEUV auf einen Mindeststandard stellt im Ergebnis zum einen eine **Ausnahme von der** im Übrigen in den Verträgen **einheitlichen Geltung des EU-Rechts** dar. Zum anderen birgt diese Öffnung grundsätzlich eine Herausforderung im Hinblick auf das in der Union anzustrebende **hohe Schutzniveau im Umweltrecht** nach Art. 191 Abs. 2 UAbs. 1 Satz 1 AEUV. 29

Heftig **umstritten** ist in Literatur und Rechtsprechung, ob eine Verstärkung des Umweltschutzes nur vorliegt, wenn die sekundärrechtlichen Vorgaben **quantitativ** übertroffen werden **oder** auch bei einem **qualitativem Schutzzuwachs** durch alternative Maßnahmen.[103] Damit unmittelbar verbunden ist die Frage, ob das erlassene Umweltsekundärrecht die Mitgliedstaaten hinsichtlich des gewählten Schutzansatzes bindet oder ob Art. 193 AEUV auch alternative Schutzkonzeptionen zulässt. Die Befürworter berufen sich auf den insofern offenen Begriff der »Schutzmaßnahme« sowie auf das Subsidiaritätsprinzip, das Alternativmaßnahmen zulasse. Zudem werde von Art. 192 AEUV im Gegensatz zu Art. 114 AEUV keine Harmonisierung im Interesse des freien Warenverkehrs und eines unverfälschten Wettbewerbs verfolgt.[104] Als Begrenzung wird vorgeschlagen, dass der Sekundärrechtsakt nicht ein bestimmtes Mittel exklusiv vorsehen dürfe und dass die nationale Schutzmaßnahme »mindestens gleich geeignet (effektiv) ist (Äquivalenzprinzip)«.[105] Diese Auffassung ist mit der wohl **überwiegenden Ansicht** im Grundsatz **abzulehnen**,[106] wenn auch mit Einschränkungen (s. Rn. 31). Letz- 30

---

[99] EuGH, Urt. v. 14.4.2005, Rs. C–6/03 (Deponiezweckverband Eiterköpfe), Slg. 2005, I–2753, Rn. 41.
[100] EuGH, Urt. v. 14.4.2005, Rs. C–6/03 (Deponiezweckverband Eiterköpfe), Slg. 2005, I–2753, Rn. 44.
[101] Wohl einhellige Auffassung, *Middeke*, Nationaler Umweltschutz, S. 356; *Pernice*, NVwZ 19990, 201 (208); *Schröer*, Kompetenzverteilung, S. 223 f.; *Kahl*, in: Streinz, EUV/AEUV, Rn. 29; *Calliess*, in: Calliess/Ruffert, EUV/AEUV, Art. 193 AEUV, Rn. 14 unter Verweis auf die Rspr. zur Warenverkehrsfreiheit; *Epiney* (Fn. 16), Art. 193 AEUV, Rn. 23.
[102] Ständige Rspr., s. nur EuGH, Urt. v. 9.9.2003, Rs. C–151/02 (Jaeger), Slg. 2003, I–8389, Rn. 89.
[103] Ablehnend *Breier*, in: Lenz/Borchardt, EU-Verträge, Art. 193 AEUV, Rn. 3 f.; *Giesberts*, NVwZ 1996, 949 (950 f.); *Jarass*, NuR 1998, 397 (398); *ders.*, NVwZ 2000, 529 (530); *Käller*, in: Schwarze, EU-Kommentar, Art. 193 AEUV, Rn. 6; *Krämer*, EC-Environmental Law, 2012, Rn. 3–43 ff.; *Nettesheim*, in: Grabitz/Hilf/Nettesheim, EU, Art. 193 AEUV (Mai 2011), Rn. 13; *Pechstein*, Jura 1996, 176 (179); *Scherer/Heselhaus*, in: Dauses, Handbuch des EU-Wirtschaftsrechts, Abschnitt O, Juli 2010, Rn. 166; *Winter*, DÖV 1998, 377 (381); bejahend *Kahl*, in: Streinz, EUV/AEUV, Art. 193 AEUV, Rn. 19; *Calliess*, in: Calliess/Ruffert, EUV/AEUV, Art. 193 AEUV, Rn. 9.
[104] *Kahl*, in: Streinz, EUV/AEUV, Art. 193 AEUV, Rn. 19; vgl. *Fischer*, Experimentierrecht, S. 17 ff.
[105] *Kahl*, in: Streinz, EUV/AEUV, Art. 193 AEUV, Rn. 19; vgl. *Calliess*, in: Calliess/Ruffert, EUV/AEUV, Rn. 9; *Fischer*, Experimentierrecht, S. 23; *Frenz*, Umweltrecht, S. 208; *Kotzur*, in: Geiger/Khan/Kotzur, Art. 193 AEUV Rn. 3; *Vorwerk*, Die umweltpolitischen Kompetenzen der EG und ihrer Mitgliedstaaten nach Inkrafttreten der EEA, 1990, S. 101 f.
[106] *Breier*, in: Lenz/Borchardt, EU-Verträge, Art. 193 AEUV, Rn. 3 f.; *Giesberts*, NVwZ 1996, 949 (950 f.); *Jarass*, NuR 1998, 397 (398); *ders.*, NVwZ 2000, 529 (530); *Käller*, in: Schwarze, EU-Kom-

tere Auffassung verneint die Anwendung von Art. 193 AEUV auf nationale Maßnahmen, die **qualitativ** andere Konzeptionen verfolgen als das erlassene Sekundärrecht. Das Schutzziel von Art. 193 AEUV ist ein **höherer Schutzstandard**, nicht aber eine Öffnung für ein angebliches »Experimentierrecht« der Mitgliedstaaten.[107] Ferner sind Regelungen unter Art. 192 AEUV, von denen abgewichen werden soll, durchaus **binnenmarktrelevant**. So fällt der Verkehr mit Abfällen unter die Warenverkehrsfreiheit[108] und Regelungen für ortsfeste Anlagen betreffen den Wettbewerb im Binnenmarkt. Deshalb darf auch Art. 193 AEUV die **Einheit des EU-Rechts** nicht zu stark in Frage stellen. Auch sind die von der Gegenansicht vorgeschlagenen Begrenzungen nicht überzeugend. Die vorgeschlagene Ausnahme für Instrumente, die im Sekundärrechtsakt als exklusiv qualifiziert werden, würde gegen den **Vorrang des Primärrechts** verstoßen. Art. 193 AEUV kann nicht im Sekundärrecht abbedungen bzw. begrenzt werden. Die vorgeschlagene Vorgabe »mindestens gleicher Eignung« entspricht zwar dem Subsidiaritätsprinzip, nicht aber Art. 193 AEUV, der ausdrücklich eine Verstärkung des Schutzes, also eine **bessere Eignung** fordert. Schließlich ist darauf hinzuweisen, dass der **Nachweis** für eine in allen Fällen stärkere Schutzmaßnahme in der Regel bei divergierenden Regelungsansätzen **in der Praxis** nur sehr schwer zu führen sein wird.[109] Die **Rechtsprechung** scheint der überwiegenden Ansicht zu folgen, ist im Einzelfall aber inkonsistent (Rn. 31).

31 Dieser Ansicht folgt offenbar auch der **EuGH**, wenn er positiv feststellt, dass die in Rede stehende nationale Maßnahme »derselben Ausrichtung« wie die einschlägige EU-Richtlinie folgt,[110] »dieselben Ziele […] verfolgt«[111] und »im Einklang mit der Richtlinie« steht.[112] In ständiger Rechtsprechung stellt der EuGH fest, dass Art. 193 AEUV dazu führe, dass die Rechtsetzung aufgrund von Art. 192 AEUV immer nur **Mindestregelungen** enthalte.[113] In dieser Sicht schafft Art. 193 AEUV keine Ausnahme von der Sperrwirkung des Sekundärrechts, sondern **reduziert die Sperrwirkung** auf die Mindestregelung. In Bereich der Schutzverstärkung agieren die Mitgliedstaaten folglich wie im nicht harmonisierten Bereich, so dass sie nur den Beschränkungen des Primärrechts und

---

mentar, Art. 193 AEUV, Rn. 6; *Krämer*, EC-Environmental Law, Rn. 3–43 ff.; *Nettesheim*, in: Grabitz/Hilf/Nettesheim, EU, Art. 193 AEUV (Mai 2011), Rn. 13; *Pechstein*, Jura 1996, 176 (179); *Scherer/Heselhaus*, in: Dauses, Handbuch des EU-Wirtschaftsrechts, Abschnitt O, Juli 2010, Rn. 166; *Winter*, DÖV 1998, 377 (381).

[107] *Breier*, in: Lenz/Borchardt, EU-Verträge, Art. 193 AEUV, Rn. 3 f.; *Giesberts*, NVwZ 1996, 949 (950 f.); *Käller*, in: Schwarze, EU-Kommentar, Art. 193 AEUV, Rn. 6; *Krämer* (Fn. 103), Rn. 43 ff.; *Winter*, DÖV 1998, 377 (381); *Nettesheim*, in: Grabitz/Hilf/Nettesheim, EU, Art. 193 AEUV (Mai 2011), Rn. 13; *Middeke*, Nationaler Umweltschutz, S. 344 f.

[108] EuGH, Urt. v. 25.6.1998, Rs- C–203/96 (Chemische Afvalstoffen Dusseldorp u. a./Minister van Volkshuisvesting, Ruimtelijke Ordening en Milieubeheer), Slg. 1998, I–4075.

[109] *Scherer/Heselhaus*, in: Dauses, Handbuch des EU-Wirtschaftsrechts, Abschnitt O, Juli 2010, Rn. 166; EuGH, Urt. v. 19.12.2013, Rs. C–281/11 (Kommission/Polen), ECLI:EU:C:2013:855, Rn. 115, hält einen Vergleich nur für möglich, wenn die einschlägige Richtlinie zumindest teilweise umgesetzt worden ist.

[110] EuGH, Urt. v. 14.4.2005, Rs. C–6/03 (Deponiezweckverband Eiterköpfe), Slg. 2005, I–2753, Rn. 41.

[111] EuGH, Urt. v. 14.4.2005, Rs. C–6/03 (Deponiezweckverband Eiterköpfe), Slg. 2005, I–2753, Rn. 49; EuGH, Urt. v. 21.7.2011, Rs. C–2/10 (Azienda Agro-Zootecnica Franchini und Eolica di Altamura), Slg. 2011, I–6561, Rn. 50.

[112] EuGH, Urt. v. 14.4.2005, Rs. C–6/03 (Deponiezweckverband Eiterköpfe), Slg. 2005, I–2753, Rn. 52.

[113] EuGH, Urt. v. 14.4.2005, Rs. C–6/03 (Deponiezweckverband Eiterköpfe), Slg. 2005, I–2753, Rn. 27.

anderen Sekundärrechts unterliegen (s. Rn. 35 f.). Allerdings ist die **Rechtsprechung uneinheitlich**. So hat der EuGH akzeptiert, dass bezüglich der Haftung für Umweltschäden auch andere Verantwortliche als in der Richtlinie vorgesehen werden können.[114] In derselben Entscheidung führt der Gerichtshof dann aber aus, dass die Grundstückseigentümer als Zustandsstörer nicht stärker haftbar gemacht werden können als in der Richtlinie vorgesehen.[115] Demgegenüber ist festzuhalten, dass das Sekundärrecht nicht die Anwendung des Primärrechts, also von Art. 193 AEUV, einschränken kann. Dogmatisch überzeugend wird der Ansatz nur, wenn man **grundsätzlich** von der **Bindung** an die Mindestregelung auch im Hinblick auf den **gewählten Ansatz** ausgeht und dann in Anwendung von Art. 193 AEUV fragt, ob die fragliche Richtlinie selbst den gewählten Ansatz **nicht für ausschließlich** ansieht. Im Einzelfall ist zu prüfen, ob die nationale Schutzmaßnahme dem **umweltpolitischen Ziel** des Sekundärrechtsakts zuwiderläuft.

Schwierigkeiten kann die Abgrenzung von nationalen Schutzverstärkungsmaßnahmen von **zusätzlichem** nationalen Umweltrecht bereiten. Es geht um Fälle, in denen die fragliche sekundärrechtliche Vorgabe umgesetzt wird, aber weitere nationale Schutzmaßnahmen ergriffen werden. In der Rs. C–64/09 ging es um ein in Frankreich eingeführtes Nachweisdokument, das nicht demjenigen nach der einschlägigen Richtlinie entsprach. Insofern ging es um eine **Ergänzung** der Richtlinie. Ein solches Vorgehen schloss der EuGH nicht völlig aus, sondern untersuchte, ob die nationale Maßnahme **mit den Zielen der Richtlinie vereinbar** sei. Das verneinte er im Ergebnis, weil die nationale Maßnahme nicht dem (weiteren) Ziel der Richtlinie entsprach, das reibungslose Funktionieren des Binnenmarktes zu gewährleisten.[116]

32

Die Mitgliedstaaten können sich auf Art. 193 AEUV nur im Hinblick auf **rechtsverbindliches Handeln** berufen. Denn nur auf diesem Weg kann ein Vorgehen mit dem Ziel eines höheren Umweltschutzstandards ausreichend sichergestellt werden. Ausdrücklich können die Mitgliedstaaten entsprechende verstärkte Schutzmaßnahmen **beibehalten oder ergreifen**. Da im Unterschied zu dem zweigeteilten Ansatz unter Art. 114 Abs. 4 und 5 AEUV beide Varianten von Art. 193 AEUV gleich behandelt werden,[117] besteht **kein Bedürfnis für eine Stillhaltevorgabe** während des laufenden Rechtsetzungsverfahrens in der EU.[118] Aus dem gleichen Grunde ist die Frage nach dem maßgeblichen Zeitpunkt für die Unterscheidung zwischen bereits geltenden und neu ergriffenen Maßnahmen ohne praktische Relevanz.[119]

33

---

[114] EuGH, Urt. v. 4.3.2015, Rs. C–534/13 (Fipa Group u.a.), ECLI:EU:C:2015:140, Rn. 61.
[115] EuGH, Urt. v. 4.3.2015, Rs. C–534/13 (Fipa Group u.a.), ECLI:EU:C:2015:140, Rn. 62.
[116] EuGH, Urt. v. 15.4.2010, Rs. C–64/09 (Kommission/Frankreich), Slg. 2010, I–3285; vgl. dazu *Krämer*, in: GSH, Europäisches Unionsrecht, Art. 193 AEUV, Rn. 9.
[117] Vgl. *Kahl*, in: Streinz, EUV/AEUV, Art. 193 AEUV, Rn. 20.
[118] S. oben Rn. 19; a.A. *Klein*, in: HK-EU, Art. 130t EGV Rn. 6; *Kahl*, in: Streinz, EUV/AEUV, Art. 193 AEUV, Rn. 27; vgl. *Nettesheim*, in: Grabitz/Hilf/Nettesheim, EU, Art. 193 AEUV (Mai 2011), Rn. 19 unter Verweis auf *Grabitz*, Stillhalteverpflichtungen, passim.
[119] Die Tatbestandsvarianten des Beibehaltens bzw. des Ergreifens differenzieren ohne unterschiedliche Rechtsfolgen danach, ob zum Zeitpunkt der unionalen Maßnahme der nationale Rechtsakt bereits bestand. Die Gegenansicht streitet darum, ob es hierfür auf das Inkrafttreten des unionalen Rechtsakts, so *Calliess*, in: Calliess/Ruffert, EUV/AEUV, Art. 193 AEUV, Rn. 7, oder auf den Zeitpunkt des Erlasses des unionalen Rechtsakts, so *Kahl*, in: Streinz, EUV/AEUV, Art. 193 AEUV, Rn. 20, ankommt.

2. Vereinbarkeit mit dem Vertrag

34 Art. 193 AEUV verlangt, dass die verstärkten Schutzmaßnahmen der Mitgliedstaaten »mit den Verträgen vereinbar sein müssen«. Nach einhelliger Ansicht müssen sie demnach die **primärrechtlichen Vorgaben** achten.[120] Dazu zählen insbesondere die **Grundfreiheiten** und die Vorschriften über den Wettbewerb. In der Rechtsprechung ist vor allem die **Warenverkehrsfreiheit** in Bezug auf Abfälle relevant geworden.[121] Die Prüfung gleicht jener bei einem Handeln der Mitgliedstaaten im ungeregelten Bereich. Sofern die Warenverkehrsfreiheit betroffen ist, wird eine **strenge Verhältnismäßigkeitsprüfung** vorgenommen.[122] Demgegenüber kommen der **allgemeine Verhältnismäßigkeitsgrundsatz** und die **allgemeinen Diskriminierungsverbote** nur zur Anwendung, sofern die Mitgliedstaaten **im Anwendungsbereich der Verträge** agieren, d. h. soweit andere primärrechtliche Vorgaben einschlägig sind.[123] Außerhalb dieses Bereichs erfolgt **keine** Kontrolle der Verhältnismäßigkeit durch den EuGH. Folglich wird in einem solchen Fall der Grad des verstärkten Schutzes durch die fragliche nationale Maßnahme nicht von den europäischen Gerichten überprüft.[124]

35 Teilweise wird in der Literatur vertreten, dass die nationalen Schutzverstärkungsmaßnahmen nicht mit dem übrigen **Sekundärrecht** übereinstimmen müssten.[125] Denn eine Bindung bestehe nur an die Verträge, also an das Primärrecht. Diese Auffassung wird zu Recht weitgehend abgelehnt.[126] Auch die **Rechtsprechung** folgt dem nicht, denn sonst könnte sie keine Bindung an die Ziele der betreffenden sekundärrechtlichen Maßnahme verlangen.[127] Hier kann zum einen auf die Argumente zur Frage der **Bindung an das Umweltsekundärrecht** nach Art. 192 AEUV verwiesen werden (Rn. 28 ff.). Zum anderen ist festzustellen, dass der **Begriff** »der Verträge« auch in anderen Primärrechtsnormen in einem **weiten**, auch das Sekundärrecht umfassenden **Sinn** verwendet wird.[128] So betrifft die Auslegung »der Verträge« in Art. 19 EUV nach einhelliger Ansicht auch

---

[120] Statt aller: *Käller*, in: Schwarze, EU-Kommentar, Art. 193 AEUV, Rn. 7; *Calliess*, in: Calliess/Ruffert, EUV/AEUV, Art. 193 AEUV, Rn. 10; *Nettesheim*, in: Grabitz/Hilf/Nettesheim, EU, Art. 193 AEUV (Mai 2011), Rn. 15.

[121] EuGH, Urt. v. 25.6.1998, Rs- C–203/96 (Chemische Afvalstoffen Dusseldorp u. a./Minister van Volkshuisvesting, Ruimtelijke Ordening en Milieubeheer), Slg. 1998, I–4075.

[122] Zur Erforderlichkeit der Maßnahme *Kahl*, in: Streinz, EUV/AEUV, Art. 193 AEUV, Rn. 29; *Calliess*, in: Calliess/Ruffert, EUV/AEUV, Art. 193 AEUV, Rn. 14 unter Verweis auf die Rspr. zur Warenverkehrsfreiheit; *Epiney* (Fn. 16), Art. 193 AEUV, Rn. 23. Für einen Beurteilungsspielraum der Mitgliedstaaten hinsichtlich der Gefährdungslage und des Schutzniveaus *Calliess*, in: Calliess/Ruffert, EUV/AEUV, Art. 193 AEUV, Rn. 14 unter Verweis auf die Rspr. zur Warenverkehrsfreiheit; *Epiney* (Fn. 16), Art. 193 AEUV, Rn. 23.

[123] EuGH, Urt. v. 14.4.2005, Rs. C–6/03 (Deponiezweckverband Eiterköpfe), Slg. 2005, I–2753, Rn. 64.

[124] EuGH, Urt. v. 14.4.2005, Rs. C–6/03 (Deponiezweckverband Eiterköpfe), Slg. 2005, I–2753, Rn. 61, überlässt den Umfang der Schutzverstärkung den Mitgliedstaaten.

[125] *Calliess*, in: Calliess/Ruffert, EUV/AEUV, Art. 193 AEUV, Rn. 10; *Kahl*, in: Streinz, EUV/AEUV, Art. 193 AEUV, Rn. 21; *Breier*, in: Lenz/Borchardt, EU-Verträge, Art. 193 AEUV, Rn. 4.

[126] *Nettesheim*, in: Grabitz/Hilf/Nettesheim, EU, Art. 193 AEUV (Mai 2011), Rn. 15; *Scherer/Heselhaus*, in: Dauses, Handbuch des EU-Wirtschaftsrechts, Abschnitt O, Juli 2010, Rn. 169; *Epiney* (Fn. 16), Art. 193 AEUV, Rn. 15; *Krämer*, in: GSH, Europäisches Unionsrecht, Art. 193 AEUV, Rn. 13 f.

[127] EuGH, Urt. v. 26.2.2015, Rs. C–43/14 (ŠKO-ENERGO), ECLI:EU:C:2015:120, Rn. 25; EuGH, Urt. v. 21.7.2011, Rs. C–2/10 (Azienda Agro-Zootecnica Franchini und Eolica di Altamura), Slg. 2011, I–6561, Rn. 59 ff.

[128] S. dazu *Krämer*, in: GSH, Europäisches Unionsrecht, Art. 193 AEUV, Rn. 13.

das Sekundärrecht. Ferner beziehen sich die Verpflichtungen der Mitgliedstaaten »aus den Verträgen« in Art. 258 und Art. 259 AEUV über die Vertragsverletzungsverfahren nach einhelliger Auffassung auch auf das Sekundärrecht.[129] Schließlich ist zu ergänzen, dass die Einhaltung des Sekundärrechts primärrechtlich über den **Grundsatz der loyalen Zusammenarbeit** nach Art. 4 Abs. 3 EUV abgesichert ist und damit ein Verstoß gegen die Sperrwirkung zugleich einen Verstoß dieses primärrechtlichen Grundsatzes darstellen würde. Im Hinblick auf die Bindung an das **Sekundärrecht**, das **aufgrund anderer Kompetenzgrundlagen** als Art. 192 AEUV erlassen worden ist, würde ansonsten durch Art. 193 AEUV für die Mitgliedstaaten die Sperrwirkung des Sekundärrechts insgesamt aufgehoben. Eine solch weitgehende Privilegierung ist aber aus der Norm nicht ersichtlich.[130]

Ein **Sonderproblem** stellt die Frage der **Bindung an die Richtlinie 98/34/EG**[131] dar. Sie ist aufgrund der **Binnenmarktkompetenz** nach Art. 114 AEUV erlassen worden und verlangt eine **vorhergehende Notifizierung** der Kommission im Fall der **Änderung technischer Vorschriften**. Wenn in einer nationalen Schutzverstärkungsmaßnahme strengere technische Vorgaben aufgeführt werden, stellt sich die Frage, ob die Mitgliedstaaten daran gebunden sein sollen. Diese Frage ist zu **verneinen**. Zwar entbindet Art. 193 AEUV grundsätzlich nicht von der Beachtung des übrigen Sekundärrechts (s. Rn. 35), doch würde die Anwendung jener Richtlinie dazu führen, dass eine Abweichung von der schwächer ausgeprägten Notifizierungspflicht nach Art. 193 AEUV erfolgen würde. Das widerspräche aber dem Vorrang des Primärrechts. Im Übrigen dürfte die Richtlinie in der Regel nicht einschlägig sein, da sie auf Basis von Art. 114 AEUV erging und somit nur Regelungen mit Schwerpunkt im Binnenmarkt betrifft, was für die umweltpolitischen Vorschriften nach Art. 192 EUV gerade nicht zutrifft. 36

IV. Formelle Vorgaben

Eine **Notifizierungspflicht** wurde im **Maastricht Vertrag** in Art. 193 Satz 3 AEUV eingefügt. Diese steht in ihrer Schlichtheit in deutlichem Kontrast zur vergleichbaren ausdifferenzierten Regelung in Art. 114 Abs. 4–9 AEUV. Es ist danach ausreichend, dass der Mitgliedstaat seine nationalen Schutzverstärkungsmaßnahmen der Kommission **mitteilt** (notifiziert).[132] Die Notifizierungspflicht gilt sowohl für bereits **bestehendes Recht** bei Erlass des EU-Sekundärrechts wie auch bei der **Einführung neuer Vorschriften** nach Erlass des Sekundärrechts.[133] 37

In der Sache handelt es sich bei der Pflicht zur Notifizierung um eine bloße **Meldepflicht** mit **deklaratorischer Bedeutung**.[134] Ihr **Zweck** besteht darin, der Kommission die 38

---

[129] Vgl. EuGH, Urt. v. 14.4.2005, Rs. C–6/03 (Deponiezweckverband Eiterköpfe), Slg. 2005, I–2753; EuGH, Urt. v. 29.9.1999, Rs. C–232/97 (Nederhoff), Slg. 1999, I–6385; s. dazu *Krämer*, in: GSH, Europäisches Unionsrecht, Rn. 13.
[130] Vgl. *Käller*, in: Schwarze, EU-Kommentar, Art. 193 AEUV, Rn. 7.
[131] Richtlinie 98/34/EG vom 20.7.1988 über ein Informationsverfahren auf dem Gebiet der Normen und technischen Vorschriften, ABl. 1998, L 217/18, zuletzt geändert durch Richtlinie ABl. 2006, L 363/81.
[132] *Calliess*, in: Calliess/Ruffert, EUV/AEUV, Art. 193 AEUV, Rn. 15, spricht von einer bloßen Meldepflicht.
[133] *Krämer*, in: GSH, Europäisches Unionsrecht, Art. 193 AEUV, Rn. 19.
[134] *Calliess*, in: Calliess/Ruffert, EUV/AEUV, Art. 193 AEUV, Rn. 15; *Jarass*, NVwZ 2000, 529 (531); *Piska*, in: Mayer, Art. 176 EGV Rn. 16; *Kahl*, in: Streinz, EUV/AEUV, Art. 193 AEUV, Rn. 26; *Scherer/Heselhaus*, in: Dauses, Handbuch des EU-Wirtschaftsrechts, Abschnitt O, Juli 2010, Rn. 169; vgl. auch *Breier*, in: Lenz/Borchardt, EU-Verträge, Art. 193 AEUV, Rn. 5.

Erfüllung ihrer Aufgabe als Hüterin der Verträge zu erleichtern, indem ihr die zu kontrollierenden Vorschriften mitgeteilt werden.[135] Es besteht auch **keine Begründungspflicht** des Mitgliedstaats.[136] Allerdings muss der Mitgliedstaat seiner Meldepflicht nachkommen. Verstöße können zu einem Vertragsverletzungsverfahren führen.[137]

39 Anders als in Art. 114 Abs. 6 AEUV muss die Kommission die Maßnahme **nicht vorab bestätigen**, um sie wirksam werden zu lassen. Spiegelbildlich ist der Mitgliedstaat beim Erlass neuer Maßnahmen **nicht** verpflichtet, eine Bestätigung durch die Kommission **abzuwarten**. Es bestehen **keine Stillhalteverpflichtungen** für den Mitgliedstaat nach Art. 4 Abs. 3 EUV, wenn das EU-Rechtsetzungsverfahren in Gang gesetzt worden ist (Rn. 33).[138] Denn ein Erlass vor Abschluss des Rechtsetzungsverfahrens verändert weder die Rechtslage noch den Prüfungsmaßstab. Auch aus **Richtlinie 98/34/EG** folgt **keine Stillhalteverpflichtung**, weil diese auf die Rechtsetzung im Anwendungsbereich von Art. 114 AEUV begrenzt ist und die weniger strenge primärrechtliche Vorgabe des Art. 193 AEUV nicht abändern kann (s. Rn. 36).

---

[135] Art. 17 Abs. 1 EUV, Art. 258 AEUV, s. dazu *Kahl*, in: Streinz, EUV/AEUV, Art. 193 AEUV, Rn. 26.

[136] *Nettesheim*, in: Grabitz/Hilf/Nettesheim, EU, Art. 193 AEUV (Mai 2011), Rn. 18; *Kahl*, in: Streinz, EUV/AEUV, Art. 193 AEUV, Rn. 26; *Krämer*, in: GSH, Europäisches Unionsrecht, Art. 193 AEUV, Rn. 19.

[137] Ein Verstoß gegen die Notifizierungspflicht kann jedoch ein Vertragsverletzungsverfahren auslösen, *Calliess*, in: Calliess/Ruffert, EUV/AEUV, Art. 193 AEUV, Rn. 15; vgl. auch *Epiney* (Fn. 16), Art. 193 AEUV, Rn. 13. Zur Notifizierungspflicht bei der Abweichung von einem Unionsrechtsakt, der nach alter Rechtslage vor Art. 192 AEUV erging, *Breier*, in: Lenz/Borchardt, EU-Verträge, Art. 193 AEUV, Rn. 5. Im Vertragsverletzungsverfahren kann auch geprüft werden, ob sich der Mitgliedstaat zu Recht auf Art. 193 AEUV stützt, *Nettesheim*, in: Grabitz/Hilf/Nettesheim, EU, Art. 193 AEUV (Mai 2011), Rn. 20; *Kahl*, in: Streinz, EUV/AEUV, Art. 193 AEUV, Rn. 28; vgl. auch *Krämer*, in: GSH, Europäisches Unionsrecht, Art. 193 AEUV, Rn. 20.

[138] A.A. *Kahl*, in: Streinz, EUV/AEUV, Art. 193 AEUV, Rn. 27 m. w. N.

Titel XXI
Energie

Artikel 194 AEUV [Ziele und Maßnahmen]

(1) Die Energiepolitik der Union verfolgt im Geiste der Solidarität zwischen den Mitgliedstaaten im Rahmen der Verwirklichung oder des Funktionierens des Binnenmarkts und unter Berücksichtigung der Notwendigkeit der Erhaltung und Verbesserung der Umwelt folgende Ziele:
a) Sicherstellung des Funktionierens des Energiemarkts;
b) Gewährleistung der Energieversorgungssicherheit in der Union;
c) Förderung der Energieeffizienz und von Energieeinsparungen sowie Entwicklung neuer und erneuerbarer Energiequellen und
d) Förderung der Interkonnektion der Energienetze.

(2) ¹Unbeschadet der Anwendung anderer Bestimmungen der Verträge erlassen das Europäische Parlament und der Rat gemäß dem ordentlichen Gesetzgebungsverfahren die Maßnahmen, die erforderlich sind, um die Ziele nach Absatz 1 zu verwirklichen. ²Der Erlass dieser Maßnahmen erfolgt nach Anhörung des Wirtschafts- und Sozialausschusses und des Ausschusses der Regionen.

Diese Maßnahmen berühren unbeschadet des Artikels 192 Absatz 2 Buchstabe c nicht das Recht eines Mitgliedstaats, die Bedingungen für die Nutzung seiner Energieressourcen, seine Wahl zwischen verschiedenen Energiequellen und die allgemeine Struktur seiner Energieversorgung zu bestimmen.

(3) Abweichend von Absatz 2 erlässt der Rat die darin genannten Maßnahmen gemäß einem besonderen Gesetzgebungsverfahren einstimmig nach Anhörung des Europäischen Parlaments, wenn sie überwiegend steuerlicher Art sind.

Literaturübersicht

Ahner/de Hauteclocque/Glachant, Differentiated Integration Revisited: EU Energy Policy as Experimental Ground for a Schengen Successor?, LIEI 39 (2012), 249; *Blumann* (Hrsg.), Vers une politique européenne de l'énergie, 2012; *ders.*, Les compétences de l'Union européenne dans le domaine de l'énergie, RAE 2009/2010, 737; *Buschle/Hirsbrunner/Kaddous* (Hrsg.), European Energy Law, 2011; *Calliess*, Sinn, Inhalt und Reichweite einer europäischen Kompetenz zur Energieumweltpolitik, in: Cremer/Pielow (Hrsg.), Probleme und Perspektiven im Energieumweltrecht, 2009, S. 20; *Ehricke/Hackländer*, Europäische Energiepolitik auf der Grundlage der neuen Bestimmungen des Vertrags von Lissabon, ZEuS 2008, 579; *Frenz/Kane*, Die neue europäische Energiepolitik, NuR 2010, 464; *Germelmann*, Die Energieunion – Eine neue Perspektive für die europäische Energiepolitik?, EuR 2016, 3; *Guckelberger*, Energieaußenpolitik der Union, Liber Amicorum Torsten Stein, 2015, S. 573; *Gundel*, Die energiepolitischen Kompetenzen der EU nach dem Vertrag von Lissabon: Bedeutung und Reichweite des neuen Art. 194 AEUV, EWS 2011, 25; *ders.*, Die Energieaußenpolitik der EU: (Zwischen-)bilanz und Perspektiven nach dem Vertrag von Lissabon, FS Säcker, 2011, S. 697; *Hackländer*, Die allgemeine Energiekompetenz im Primärrecht der Europäischen Union, 2010; *Haghighi*, Energy Security – The External Legal Relations of the European Union with Major Oil- and Gas-Supplying Countries, 2007; *Hancher/Salerno*, Energy Policy after Lisbon, in: Biondi/Eeckhout/Ripley (Hrsg.), EU Law after Lisbon, 2012, S. 367; *Heselhaus*, Europäisches Energie- und Umweltrecht als Rahmen der Energiewende in Deutschland, EurUP 2013, 137; *Kahl*, Die Kompetenzen der EU in der Klimapolitik nach Lissabon, EuR 2009, 601; *Knauff*, Europäische Energiepolitik auf der Grundlage des Vertrags von Lissabon, ThürVBl. 2010, 217; *Ludwigs*, Die Energierechtsgesetzgebung der EU zwischen Binnenmarkt und Klimaschutz, ZG 2010, 222; *Marletta*, Energia – Integrazione europea e cooperazione internazionale, 2011; *Nettesheim*, Das Energiekapitel im Vertrag von Lissabon, JZ

2010, 19; *Petit*, Sécurité d'approvisionnement énergétique et relations extérieures de l'Union européenne, in: Flaesch-Mougin (Hrsg.), Union européenne et sécurité : aspects internes et externes, 2009, S. 363; *Pradel*, La politique juridique extérieure de l'Union européenne dans le domaine de l'énergie, in: Bugada (Hrsg.), Energies, environnement et développement durable, 2013, S. 263; *Roggenkamp/ Rønne/Redgwell/Del Guayo* (Hrsg.), Energy Law in Europe, 2. Aufl., 2007; *Säcker* (Hrsg.), Berliner Kommentar zum Energierecht, Bd. 1/1, 3. Aufl., 2013; *A. Schneider*, EU-Kompetenzen einer Europäischen Energiepolitik, 2010; *Schulenberg*, Die Energiepolitik der Europäischen Union, 2009; *Schulze-Fielitz/Müller* (Hrsg.), Europäisches Klimaschutzrecht, 2009; *Thieffry*, Les politiques européennes de l'énergie et de l'environnement: rivales ou alliées?, RAE 2009/2010, 783; *Vial*, La politique de l'énergie après le Traité de Lisbonne, Annuaire de droit européen VI, 2008, S. 215; *van Vooren*, EU external energy policy: the legal and political impact of the new competence, in: Trybus/Rubini (Hrsg.), The Treaty of Lisbon and the Future of European Law and Policy, 2012, S. 285; *Woltering*, Die europäische Energieaußenpolitik und ihre Rechtsgrundlagen, 2010.

Leitentscheidungen

EuGH, Urt. v. 23.10.1997, Rs. C–159/94 (Kommission/Frankreich), Slg. 1997, I–5815
EuGH, Urt. v. 27.7.2011, Rs. C–2/10 (Azienda zootechnica Franchini Sarl, Eolica di Altamura), Slg. 2011, I–6561
EuGH, Urt. v. 6.9.2012, Rs. C–490/10 (Europäisches Parlament/Rat), ECLI:EU:C:2012:525
EuGH, Urt. v. 26.11.2014, Rs. C–66/13 (Green Network), ECLI:EU:C:2014:2399
EuG, Urt. v. 7.3.2013, Rs. T–370/11 (Polen/Kommission), ECLI:EU:T:2013:113

Wesentliche sekundärrechtliche Vorschriften
Binnenmarkt

RL 2009/72/EG des Europäischen Parlaments und des Rates vom 13.7.2009 über gemeinsame Vorschriften für den Elektrizitätsbinnenmarkt und zur Aufhebung der RL 2003/54/EG, ABl. 2009, L 211/55
RL 2009/73/EG des Europäischen Parlaments und des Rates vom 13.7.2009 über gemeinsame Vorschriften für den Gasbinnenmarkt und zur Aufhebung der RL 2003/55/EG, ABl. 2009, L 211/94
VO (EG) Nr. 714/2009 des Europäischen Parlaments und des Rates vom 13.7.2009 über die Netzzugangsbedingungen für den grenzüberschreitenden Stromhandel und zur Aufhebung der VO (EG) Nr. 1228/2003, ABl. 2009, L 211/15
VO (EG) Nr. 715/2009 des Europäischen Parlaments und des Rates vom 13.7.2009 über die Bedingungen für den Zugang zu den Erdgasfernleitungsnetzen und zur Aufhebung der VO (EG) Nr. 1775/2005, ABl. 2009, L 211/36
VO Nr. 713/2009 des Europäischen Parlaments und des Rates vom 13.7.2009 zur Gründung einer Agentur für die Zusammenarbeit der Energieregulierungsbehörden, ABl. 2009, L 211/1
VO (EU) Nr. 1227/2011 des Europäischen Parlaments und des Rates vom 25.10.2011 über die Integrität und Transparenz des Energiemarktes (»REMIT-VO«), ABl. 2011, L 326/1

Versorgungssicherheit

RL 2006/67/EG des Rates vom 24.6.2006 zur Verpflichtung der Mitgliedstaaten, Mindestvorräte an Erdöl und/oder Erdölerzeugnissen zu halten, ABl. 2006, L 217/8
VO (EU) Nr. 994/2010 des Europäischen Parlaments und des Rates vom 20.10.2010 über Maßnahmen zur Gewährleistung der sicheren Erdgasversorgung und zur Aufhebung der RL 2004/67/EG, ABl. 2010, L 295/1

Energieeffizienz und erneuerbare Energien

RL 2003/87/EG des Europäischen Parlaments und des Rates vom 13.10.2003 über ein System für den Handel mit Treibhausgasemissionszertifikaten in der Gemeinschaft […], ABl. 2003, L 275/32; geändert durch die RL 2009/29/EG des Europäischen Parlaments und des Rates vom 23.4.2009 zwecks Verbesserung und Ausweitung des Gemeinschaftssystems für den Handel mit Treibhausgasemissionszertifikaten, ABl. 2009, L 140/63
RL 2009/28/EG des Europäischen Parlaments und des Rates vom 23.4.2009 zur Förderung der Nutzung von Energie aus erneuerbaren Quellen und zur Änderung und anschließenden Aufhebung der Richtlinien 2001/77/EG und 2003/30/EG, ABl. 2009, L 140/16

RL 2010/31/EU des Europäischen Parlaments und des Rates vom 19.5.2010 über die Gesamtenergieeffizienz von Gebäuden, ABl. 2010, L 153/13
RL 2012/27/EU des Europäischen Parlaments und des Rates vom 25.10.2012 zur Energieeffizienz, zur Änderung der Richtlinien 2009/125/EG und 2010/30/EU und zur Aufhebung der Richtlinien 2004/8/EG und 2006/32/EG, ABl. 2012, L 315/1

Interkonnektion

VO (EU) Nr. 347/2013 des Europäischen Parlaments und des Rates vom 17.4.2013 zu Leitlinien für die transeuropäische Energieinfrastruktur […], ABl. 2013, L 115/39
VO (EU) Nr. 1316/2013 des Europäischen Parlaments und des Rates zur Schaffung der Fazilität »Connecting Europe« […], ABl. 2013, L 348/129

Inhaltsübersicht

	Rn.
A. Überblick: Die Bedeutung des neuen Energiekapitels	1
B. Ziele und Gegenstände der Energiepolitik: Art. 194 Abs. 1 AEUV	4
I. Leitprinzipien und Ziele	4
II. Die einzelnen Ziele und Felder	7
1. Funktionieren des Energiemarkts	7
2. Versorgungssicherheit	10
3. Energieeffizienz und neue/erneuerbare Energien	14
a) Energieeffizienz und Energieeinsparungen	14
b) Neue und erneuerbare Energien	15
4. Interkonnektion	19
C. Rechtsetzungsverfahren und -vorbehalte: Art. 194 Abs. 2 AEUV	21
I. Rechtsetzung nach Art. 194 Abs. 2 AEUV	21
II. Möglichkeit eines Opting out?	25
III. Der »Souveränitätsvorbehalt« des Art. 194 Abs. 2 Hs. 2 AEUV	27
1. Die Problematik des 2. Halbsatzes von Art. 194 Abs. 2 AEUV	27
2. Das vorherrschende Verständnis als breit wirkender Souveränitätsvorbehalt	28
3. Abweichende Konzeptionen	29
4. Das Verständnis als Verweis auf die Voraussetzungen des Art. 192 Abs. 2 AEUV	31
5. Grenzen des Anwendungsbereichs	33
IV. Art. 194 AEUV als Grundlage der europäischen Energie-Außenpolitik	34
1. Die Bedeutung der EU-Energieaußenpolitik	34
2. Die bisherigen Grundlagen der EU-Energieaußenbeziehungen	35
a) Die bisherige Vertragspraxis	35
b) Insbesondere: Anwendbarkeit der GASP?	37
3. Die Nutzung der neuen Kompetenz im Bereich der Energie-Außenbeziehungen	38
D. Steuerliche Bestimmungen: Art. 194 Abs. 3 AEUV	43
E. Ausblick	47

A. Überblick: Die Bedeutung des neuen Energiekapitels

Der neue Titel XXI »Energie« des AEUV mit seinem einzigen Art. 194 ist eine Neuerung des **Vertrags von Lissabon**; mit ihm wurde die im Verfassungsvertrag enthaltene, mit dem aktuellen Text weitgehend übereinstimmende Regelung des Art. III–256 EVV[1] in geltendes Recht überführt. Die Bestimmung hat damit im volkswirtschaftlich wichtigen

1

---

[1] Zur Entstehungsgeschichte und den im Konvent diskutierten Versionen s.z.B. *Hackländer*, S. 43 ff., 62 ff.

Sektor der Energieversorgung, der im Primärrecht des EWGV/EGV lange wenig sichtbar gewesen war, sondern explizit nur im EGKS-Vertrag[2] und im EAGV[3] für die dort erfassten Bereiche geregelt wurde,[4] eine **eigene Rechtsgrundlage** und einen **eigenen Zielekanon** geschaffen, auf den die schon zuvor intensiv entwickelte europäische Energiepolitik verpflichtet wird. Tatsächlich eröffnet die Bestimmung der EU-Rechtsetzung **kein neues Tätigkeitsfeld**, sondern regelt nun nur explizit einen Bereich, der bereits auf der Grundlage der allgemeinen Binnenmarkt-Kompetenzen, insbesondere des heutigen Art. 114 AEUV, durch die EU-Gesetzgebung seit den 1990er Jahren intensiv erfasst worden war;[5] parallel dazu hatte der Vertrag von Maastricht Energiefragen erstmals – in bescheidenem Umfang – auch ausdrücklich in den damaligen EGV eingeführt.[6]

2 Das Fehlen einer eigenständigen Rechtsgrundlage – ein entsprechender Versuch war bei den Verhandlungen über den Vertrag von Maastricht gescheitert[7] – hatte dabei vor allem in der deutschen Literatur zwar immer wieder zu **kompetenzrechtlichen Einwänden** gegen den Erlass von EU-Rechtsakten geführt;[8] die schrittweise Überformung des nationalen Energiewirtschaftsrechts durch die Binnenmarkt-Gesetzgebung konnten diese Bedenken aber nicht aufhalten. Hinzu kommt die umfangreiche Gesetzgebungstätigkeit auf dem Sektor des Energieumweltrechts,[9] die bisher auf die Umweltkompetenz (Art. 175 EGV, nun Art. 192 AEUV) gestützt worden war.[10] Eines der **zentralen Probleme** der neuen Kompetenznorm ist damit die Klärung ihres **Verhältnisses** zu den zuvor genutzten Rechtsgrundlagen, die in Voraussetzungen und Rechtsfolgen zwar ganz überwiegend übereinstimmende,[11] im Detail aber auch abweichende Verfahrens-

---

[2] Zum planmäßigen Außerkrafttreten des EGKSV, der bei seiner Schaffung auf eine Geltung von 50 Jahren befristet worden war, im Jahr 2002 s. *Obwexer*, EuZW 2002, 517; *Hummer*, Untergang, »Entkernung« und Funktionsnachfolge Internationaler Organisationen – dargestellt am Beispiel der EGKS und der WEU, FS Folz, 2003, S. 117; die dort zuvor besonders geregelten Materien unterfallen nun dem allgemeinen Regeln des AEUV.

[3] S. zur Fortgeltung des EAGV das Protokoll Nr. 2 zum Vertrag von Lissabon zur Änderung des EAGV, ABl. 2007, C 306/199; für eine konsolidierte Fassung s. ABl. 2012, C 327/1. Zum Verhältnis zu Art. 194 AEUV s. u. Rn. 23 u. 41.

[4] Die Existenz dieser Verträge relativiert den Eindruck einer anfänglichen »Energie-Blindheit« des EU-Rechts, weil damit zwei aus der Perspektive der Gründungszeit zentrale Felder des Energiesektors erfasst wurden; s. dazu *Lemaire*, Energie et services d'intérêt économique général, in: Louis/Rodrigues (Hrsg.), Les services d'intérêt économique général et l'Union européenne, 2007, S. 215 (216) mit der Erwägung, dass bei Schaffung des EWGV die wichtigste traditionelle und die für die Zukunft hoffnungsvollste Quelle der Energieversorgung bereits abgedeckt erschienen.

[5] Zu den einzelnen Etappen der Energiebinnenmarkt-Gesetzgebung s. z. B. *Ludwigs*, EnzEuR, Bd. 5, § 5, Rn. 4 ff.; *Gundel*, in: Terhechte, Verwaltungsrecht der EU, § 23, Rn. 33 ff.

[6] So die Aufgabennorm Art. 3 Abs. 1 Buchst. u EGV (nun in Art. 4 Abs. 2 Buchst. i AEUV), Art. 156 EGV (Art. 170 AEUV) zu den transeuropäischen Netzen, Art. 130 Abs. 2 EGV (später Art. 175 EGV, nun Art. 192 AEUV) mit spezifischen Mehrheitsanforderungen im Rahmen der Umweltpolitik.

[7] S. zur gescheiterten Initiative der Kommission im Vorfeld des Vertrags von Maastricht *Grunwald*, Das Energierecht der Europäischen Gemeinschaften, 2003, S. 54 f. mit Abdruck des vorgeschlagenen Textes; abgedruckt auch in *Hackländer*, S. 237, sowie erstmals in Bull. EG, Beilage 2/91, S. 151 f.

[8] S. die Nachw. bei *Lecheler/Gundel*, EuZW 2003, 621 (622 f.).

[9] Zur Entwicklung des EU-Energieumweltrechts s. die Beiträge in: Schulze-Fielitz/Müller (Hrsg.), Europäisches Klimaschutzrecht, 2009, und in: Cremer/Pielow (Hrsg.), Probleme und Perspektiven im Energieumweltrecht, 2009.

[10] Zur Frage der Zuordnung zu Art. 192 oder 194 AEUV s. u. Rn. 14 ff.

[11] Nach der Neuordnung durch den Vertrag von Lissabon gilt für die in Betracht kommenden Rechtsgrundlagen ganz überwiegend übereinstimmend das ordentliche Gesetzgebungsverfahren (Art. 289 AEUV).

voraussetzungen und Gestaltungsmöglichkeiten vorsehen.¹² Außerhalb des AEUV ist zudem vor allem der fortgeltende Euratom-Vertrag zu berücksichtigen;¹³ das Verhältnis zu seinen Rechtsgrundlagen gewinnt auch dadurch an Bedeutung, dass im Rahmen des EAGV der im EU-Recht erfolgte Aufstieg des Europäischen Parlaments zum Mitgesetzgeber nie nachvollzogen wurde.¹⁴

Die Einordnung der neuen Energiekompetenz in den allgemeinen Rahmen der EU-Gesetzgebung nimmt vor allem Art. 4 Abs. 2 Buchst. i AEUV vor, nach dem die Energiepolitik zu den **geteilten Zuständigkeiten** gehört; daraus ergibt sich u. a. die Anwendbarkeit der Regelungen zur **verstärkten Zusammenarbeit** (Art. 20 EUV, 326 ff. AEUV)¹⁵ und des **Subsidiaritätsprinzips** (Art. 5 Abs. 3 EUV); letzteres wird durch die Solidaritätsklausel in Art. 194 Abs. 1 AEUV allerdings nicht in dem Sinne modifiziert, dass in Fragen der Versorgungssicherheit eine Vermutung zugunsten der Notwendigkeit von Maßnahmen auf EU-Ebene bestünde.¹⁶ Auch die Überlegung, Art. 194 AEUV in Anknüpfung an Formulierungen in der Bestimmung in Teilbereichen der schwächeren Kategorie der unterstützenden Zuständigkeiten nach Art. 6 AEUV zuzuordnen,¹⁷ wird durch den Wortlaut von Art. 4 AEUV und die Zielbeschreibung des Art. 194 AEUV nicht gestützt.

3

B. Ziele und Gegenstände der Energiepolitik: Art. 194 Abs. 1 AEUV

I. Leitprinzipien und Ziele

Unter Voranstellung von drei Leitprinzipien¹⁸ der EU-Energiepolitik – Solidarität zwischen den Mitgliedstaaten, Verwirklichung des Binnenmarktes und Wahrung des Umweltschutzes werden in Art. 194 Abs. 1 AEUV ihre konkreten Ziele in vier Komponenten definiert: Funktionieren des **Energie(Binnen)marktes** (Buchst. a), Gewährleistung der **Versorgungssicherheit** (Buchst. b), **Umweltschutz** mit den Stichworten Energieeffizienz und Erneuerbare Energien (Buchst. c) sowie Förderung der **Interkonnektion** der Energienetze (Buchst. d). Gegenüber der Fassung des Verfassungsvertrags finden sich dabei zwei Ergänzungen, die auf aktuelle Herausforderungen reagieren, aber keine grundsätzliche Neuorientierung bewirken: Dabei handelt es sich zum einen um die Einfügung des **Solidaritätsziels**,¹⁹ das allerdings durch die Betonung der Verfügung der

4

---

¹² Zu den unterschiedlichen Möglichkeiten eines »Opting out« s. u. Rn. 25 f., zur Frage des Souveränitätsvorbehalts in Art. 194 Abs. 2 UAbs. 2 AEUV s. Rn. 27 ff.
¹³ S. o. Fn. 3; zum Verhältnis zum Vertrag von Lissabon s. *Hackländer*, S. 92 ff.; zuvor zum Verfassungsvertrag *Papenkort*, Der EURATOM-Vertrag im Lichte des Vertrages über eine Verfassung für Europa, 2008, S. 51; s. auch noch Rn. 23 und 41.
¹⁴ S. dazu z. B. *Cenevska*, E.L.Rev. 35 (2010), 415.
¹⁵ Zu entsprechenden Überlegungen s. *Ahner/de Hautecloque/Glachant*, LIEI 39 (2012), 249.
¹⁶ So aber *Calliess*, in: Calliess/Ruffert, EUV/AEUV, Art. 194 AEUV, Rn. 27 (»Korrektiv des Subsidiaritätsprinzips«); eine derartige Modifikation wird nicht nur durch den Wortlaut nicht nahegelegt, sie erscheint auch unnötig, weil EU-Maßnahmen zur Sicherung der Versorgungssicherheit auch den »regulären« Subsidiaritätstest bestehen werden, dazu z. B. *Petit*, S. 373; zum Aspekt der Versorgungssicherheit s. noch u. Rn. 10 ff.
¹⁷ In diese Richtung *Calliess*, in: Calliess/Ruffert, EUV/AEUV, Art. 194 AEUV, Rn. 24 in Bezug auf Art. 194 Abs. 1 Buchst. c und d AEUV.
¹⁸ So die Begriffswahl für die vorangezogenen Aspekte bei *Ehricke/Hackländer*, ZEuS 2008, 579 (585); *Hackländer*, S. 108.
¹⁹ Damit wurde vor allem einem Anliegen der durch die wiederholten Lieferunterbrechungen aus

Jörg Gundel

Mitgliedstaaten über ihre eigenen Energieressourcen[20] konterkariert wird, zum anderen um die Aufnahme der Interkonnektion der Netze.[21]

5 Die Aufzählung der Leitprinzipien und Ziele[22] ist damit der aus dem **deutschen Energierecht** vertrauten **Zieltrias** aus Preisgünstigkeit, Sicherheit und Umweltverträglichkeit der Energieversorgung (§ 1 EnWG 1998[23]) vergleichbar. Dabei entspricht das Binnenmarktziel gemäß Buchst. a durch den mit ihm verbundenen Wettbewerbsbezug der Preisgünstigkeit; die Versorgungssicherheit wird deckungsgleich in Buchst. b benannt; Buchst. c deckt zumindest Teilbereiche des Umweltbezugs ab, während der erste Halbsatz von Abs. 1 breiter die »Berücksichtigung der Notwendigkeit der Erhaltung und Verbesserung der Umwelt« anspricht. Allein der erst durch den Vertrag von Lissabon angefügte Buchst. d bildet kein eigenständiges Ziel, sondern erfüllt eine eher **instrumentale Hilfsfunktion** für die Erreichung der anderen Zielsetzungen.[24]

6 Im Fall von **Zielkonflikten** weist der Text des Art. 194 AEUV keinem der Ziele Vorrang zu;[25] eine Rangfolge ergibt sich auch nicht aus anderen Bestimmungen des Vertrages wie etwa der Umwelt-Querschnittsklausel des Art. 11 AEUV.[26] Ihre Gewichtung und der zu treffende Ausgleich liegen in der Verantwortung des europäischen Gesetzgebers bzw. – soweit auf dieser Ebene noch keine Weichenstellungen getroffen wurden – der Mitgliedstaaten.[27] Insoweit ist Art. 194 AEUV tatsächlich vorrangig eine **Kompetenznorm**, während die Gewichtung der materiellen Entscheidungsmaßstäbe nicht vorgezeichnet wird; dementsprechend liegt ein wesentlicher Teil der durch die Regelung aufgeworfenen Auslegungsprobleme in der Abgrenzung zu anderen Kompetenznormen. Wesentliche Elemente hierfür liefert wiederum der Zielkanon in Art. 194 Abs. 1 AEUV, auch wenn Abs. 2 festhält, dass die Kompetenz »unbeschadet der Anwendung anderer Bestimmungen der Verträge« besteht, so dass andere Kompetenznormen doch weiter maßgeblich sein können.[28]

Russland besonders betroffenen osteuropäischen Mitgliedstaaten Rechnung getragen; dazu *Gundel*, FS Säcker, S. 698 f.; s. auch noch u. Rn. 19 u. 37.

[20] S. dazu u. Rn. 27 ff.

[21] Dazu u. Rn. 19 f.

[22] Zwischen beiden Gruppen bestehen deutliche inhaltliche Überschneidungen, s. auch *Hackländer*, S. 108; ausführlicher zu den Leitprinzipien ebd., S. 125 ff.

[23] Dort: »eine möglichst sichere, preisgünstige und umweltverträgliche [...] Versorgung«, zur Parallele auch *Maichel*, Das Energiekapitel in der Europäischen Verfassung – mehr Integration oder mehr Zentralismus für die leitungsgebundene Energiewirtschaft Europas, FS Götz, 2005, S. 55 (65); anders allerdings *Hackländer*, S. 111; Der aktuell geltende § 1 Abs. 1 EnWG 2005 fächert die Ziele weiter auf, ohne dass damit allerdings ein Erkenntnisgewinn verbunden wäre; kritisch dazu *Gundel*, Nachhaltigkeit und Energieversorgung, in: Kahl (Hrsg.), Nachhaltigkeit als Verbundbegriff, 2008, S. 443 (444).

[24] Dazu u. Rn. 19 f.

[25] S. *Nettesheim*, JZ 2010, 19 (22); ebenso *Calliess*, in: Calliess/Ruffert, EUV/AEUV, Art. 194 AEUV, Rn. 4, der allerdings schon die Existenz solcher Konflikte bezweifelt; s. dazu aber u. Rn. 11.

[26] So zu Recht *Ludwigs*, EnzEuR, Bd. 5, § 5, Rn. 49 f., 57; s. auch *Hirsbrunner*, in: Schwarze, EUV/AEUV, Art. 194 AEUV, Rn. 7.

[27] S. EuGH, Urt. v. 27.7.2011, Rs. C-2/10 (Azienda zootechnica Franchini Sarl, Eolica di Altamura), Slg. 2011, I-6561, Rn. 55 ff.: Auch bei der in Art. 194 Abs. 1 Buchst. c AEUV vorgegebenen Entwicklung neuer und erneuerbarer Energien sind entgegenstehende Umweltbelange zu berücksichtigen, so dass ein nationales Verbot der Errichtung von Windkraftanlagen in Naturschutzgebieten gerechtfertigt werden kann.

[28] S. aber die Bedeutung dieses Verweises relativierend EuGH, Urt. v. 6.9.2012, Rs. C-490/10 (Parlament/Rat), ECLI:EU:C:2012:525, EnWZ 2012, 29 m. Anm. *Gundel*, Rn. 67: Er greife (nur), sofern »speziellere Bestimmungen *über Energie* im AEU-Vertrag bestehen.« (Hervorhebung durch Verf.); dazu noch u. Rn. 22.

II. Die einzelnen Ziele und Felder

1. Funktionieren des Energiemarkts

Wohl am einfachsten fällt die Zuordnung bei Maßnahmen, die der »Sicherstellung des Funktionierens des Energiemarkts« (Art. 194 Abs. 1 Buchst. a AEUV) dienen: Hiervon werden unproblematisch Regelungen erfasst, die bisher unter dem Gesichtspunkt der Herstellung des Energie-Binnenmarktes auf der Grundlage der **Binnenmarkt-Rechtsangleichungskompetenz** erlassen wurden; der heutige Art. 114 AEUV wird insofern als Rechtsgrundlage verdrängt.[29] Künftige Änderungen des aktuell geltenden dritten Energiebinnenmarktpakets,[30] das bei seinem Erlass im Sommer 2009 kurz vor Inkrafttreten des Vertrags von Lissabon noch auf die Binnenmarktkompetenz gestützt worden war, wären nun also auf diese **speziellere Rechtsgrundlage** zu stützen. Ein Beispiel bietet die im Jahr 2011 beschlossene Verordnung über die Integrität und Transparenz des Energiemarktes (sog. REMIT-VO),[31] die auf der Grundlage der neuen Kompetenznorm ergangen ist, die nach ihrem Inhalt zuvor aber auch auf der Grundlage der Binnenmarktkompetenz hätte erlassen werden können.[32]

Durch diese Ersetzung der Binnenmarktkompetenz entfallen einige – allerdings nicht sehr schwerwiegende – Unsicherheiten, die mit dieser Rechtsgrundlage verbunden waren: So war in der Vergangenheit **umstritten**, ob die dort ermöglichte »Angleichung der Rechtsvorschriften der Mitgliedstaaten« auch die Schaffung von **institutionellen Strukturen** auf EU-Ebene erlaubt – also z. B. Genehmigungsvorbehalte für die Kommission oder die Gründung von EU-Agenturen; diesen Bedenken liegt die Prämisse zugrunde, dass unter »Angleichung« nur eine inhaltliche Harmonisierung des Rechts der Mitgliedstaaten, nicht aber die Schaffung von Verwaltungsstrukturen auf EU-Ebene zu verstehen wäre. Diese Zweifel würden durchaus Instrumente des geltenden europäischen Energierechts wie die Prüfungsvorbehalte der Kommission in Bezug auf die Regulierungsfreistellung von neuen Energie-Infrastrukturen durch die Behörden der Mitgliedstaaten[33] oder die mit dem Dritten Energie-Binnenmarktpaket 2009 erfolgte Gründung

---

[29] So die fast einhellige Ansicht, s. z. B. *Kahl*, Energie und Klimaschutz – Kompetenzen und Handlungsfelder der EU, in: Schulze-Fielitz/Müller (Hrsg.), S. 21 (46); *Calliess*, S. 39; *Ludwigs*, ZG 2010, 222 (228); *Gundel*, EWS 2011, 25 (29 f.); *Schmidt-Preuß*, in: Säcker (Hrsg.), Einl. B, Rn. 118; anders nur *Knauff*, ThürVBl. 2010, 217 (223); im Ausgangspunkt auch *Heselhaus*, EurUP 2013, 137 (146 f.), der im Ergebnis den Schwerpunkt aber ebenfalls bei Art. 194 AEUV ansiedelt.

[30] RL 2009/72/EG des EP und des Rates v. 13.7.2009 über gemeinsame Vorschriften für den Elektrizitätsbinnenmarkt und zur Aufhebung der RL 2003/54/EG, ABl. 2009, L 211/55; RL 2009/73/EG des EP und des Rates v. 13.7.2009 über gemeinsame Vorschriften für den Gasbinnenmarkt und zur Aufhebung der RL 2003/55/EG, ABl. 2009, L 211/94; VO (EG) Nr. 714/2009 des EP und des Rates über die Netzzugangsbedingungen für den grenzüberschreitenden Stromhandel und zur Aufhebung der VO (EG) Nr. 1228/2003, ABl. 2009, L 211/15; VO (EG) Nr. 715/2009 des EP und des Rates über die Bedingungen für den Zugang zu den Erdgasfernleitungsnetzen und zur Aufhebung der VO (EG) Nr. 1775/2005, ABl. 2009, L 211/36; dazu im Überblick *Gundel/Germelmann*, EuZW 2009, 763 ff.; für die ebenfalls zum Paket gehörende VO (EG) Nr. 713/2009 (ACER-VO) s. u. Fn. 34.

[31] VO (EU) Nr. 1227/2011 des EP und des Rates v. 25.10.2011 über die Integrität und Transparenz des Energiemarktes, ABl. 2011, L 326/1; dazu z. B. *Wasenden/Aurmo*, Regulation on Wholesale Energy Market Integrity and Transparency, in: Roggenkamp/Woolley (Hrsg.), European Energy Law Report IX, 2012, S. 67 ff.; *Höpping/Stuhlmacher*, RdE 2012, 416; *Zenke/Fischer*, EnWZ 2013, 211.

[32] So zu Recht *Hancher/Salerno*, S. 383.

[33] Art. 17 VO (EG) Nr. 714/2009 (StromVO); Art. 36 RL 2009/73/EG (GasVO); dazu *Gundel*, in: Terhechte, Verwaltungsrecht der EU, § 23, Rn. 37; umfassend *Wegner*, Regulierungsfreistellungen für neue Elektrizitäts- und Erdgasinfrastrukturen, 2011.

der EU-Agentur für die Zusammenarbeit der Energieregulierungsbehörden (Agency for the Cooperation of Energy Regulators – ACER)[34] in Frage stellen.[35] Der EuGH hatte diese Bedenken allerdings nicht geteilt und den Einsatz beider Instrumente bereits auf der Grundlage der bisher einschlägigen Binnenmarkt-Kompetenz grundsätzlich zugelassen,[36] so dass sich – bei Zugrundelegung dieser Rechtsprechung keine Veränderung ergibt.

9   In manchen Punkten fällt die **Formulierung** des Buchst. a allerdings weiter aus als der insoweit bisher einschlägige heutige Art. 114 AEUV; so ist in der Literatur problematisiert worden, ob der in Buchst. a angesprochene Energiemarkt trotz der fehlenden Erwähnung des Binnenmarktes als auf diesen beschränkt zu verstehen ist.[37] Den Befürwortern der **restriktiven Interpretation** ist dabei zuzustimmen, dass hier trotz der fehlenden Einschränkung an den Rahmen des Binnenmarktes anzuknüpfen ist – was auch der Bezug in den Leitprinzipien zeigt – und nicht etwa an eine Ordnung der internationalen Energiemärkte zu denken wäre. Zu einer Beschränkung der Energiepolitik auf EU-interne Sachverhalte führt dies aber nicht, weil zum einen schon die bisherige Binnenmarktkompetenz als Annex auch Maßnahmen mit Bezug zu Drittstaaten ermöglichte,[38] zum anderen und vor allem die Regelung der über den Binnenmarkt hinausweisenden Beziehungen zu Drittstaaten nun ohne weiteres dem Gesichtspunkt der Versorgungssicherheit (Buchst. b) der Energiekompetenz unterfällt.[39] Weiter entfällt im Vergleich zu Art. 114 AEUV der Bezug auf die Angleichung der Rechtsvorschriften der Mitgliedstaaten, so dass gegen Störungen durch private Marktteilnehmer nun nicht mehr nur auf dem Umweg über die Rechtsfigur der »**präventiven Rechtsangleichung**« zur Vorwegnahme von Maßnahmen der Mitgliedstaaten gegen solche Handlungen[40] vorgegangen werden kann;[41] auch dies bewirkt allerdings **keine Erweiterung der EU-Kompetenzen**, sondern nur eine Abkürzung der Argumentation.

---

[34] S. die VO (EG) Nr. 713/2009 des EP und des Rates v. 13. 7. 2009 zur Gründung einer Agentur für die Zusammenarbeit der Energieregulierungsbehörden, ABl. 2009, L 211/1; dazu z. B. *Haverbeke/Naesens/Vandorpe*, JENRL 28 (2010), 403; *Hofer*, The Future Role of Regulation – More Europe, in: Buschle/Hirsbrunner/Kaddous (Hrsg.), S. 131; *Horstmann*, Agency for the Cooperation of Energy Regulators. Its Particularities and Its Role in Enhancing the Cooperation of National Energy Regulators, in: Roggenkamp/Hammer (Hrsg.), European Energy Law Report VIII, 2011, S. 43; *Ammannati*, Il ruolo delle Agenzie nella regolazione del settore energetico, in: Salvatore (Hrsg.), Le Agenzie dell'Unione Europea, 2011, S. 99; *dies.*, RIDPC 2011, 675; *Haller*, Der Verwaltungsverbund in der Energieregulierung, 2013, S. 95 ff.
[35] So in Bezug auf ACER *Gärditz*, AöR 135 (2010), 251 (272 ff.).
[36] Zur Gründung von EU-Agenturen EuGH, Urt. v. 2.5.2006, Rs. C–217/04 (Großbritannien/Parlament und Rat), Slg. 2006, I–3771, m. krit. Anm. *Ohler*, EuZW 2006, 369, sowie Anm. *Hansmann*, DVBl 2006, 835; dazu auch *Randazzo*, CMLRev. 44 (2007), 155; zur Begründung von Einzelfall-Entscheidungszuständigkeiten der Kommission EuGH, Urt. v. 9.8.1994, Rs. C–359/92 (Deutschland/Rat), Slg. 1994, I–3681, m. Anm. *Micklitz*, EuZW 1994, 627; nochmals EuGH, Urt. v. 22.1.2014, Rs. C–270/12 (Großbritannien/Rat und Parlament), ECLI:EU:C:2014:18, Rn. 106 ff.
[37] *Papenkort/Wellershoff*, RdE 2010, 77 (79); zuvor zum Entwurf des Verfassungsvertrags *Schmidt-Preuß*, et 2003, 776; s. auch *Ludwigs*, EnzEuR, Bd. 5, § 5, Rn. 58.
[38] S. dazu und zu den Grenzen dieses Ansatzes Rn. 36.
[39] S. z. B. zum Vertrag über die Energiegemeinschaft Rn. 35.
[40] S. stellvertretend EuGH, Urt. v. 8.6.2010, Rs. C–58/08 (Vodafone u. a.), Slg. 2010, I–4999, Rn. 44 ff., m. Anm. *Schohe*, EuZW 2010, 539; m. Anm. *Gundel*, EWS 2010, 380.
[41] Zur Einbeziehung wettbewerbsbezogener Regelungen zutreffend *Calliess*, in: Calliess/Ruffert, EUV/AEUV, Art. 194 AEUV, Rn. 11; *Nettesheim*, in: Grabitz/Hilf/Nettesheim, EU, Art. 194 AEUV (Mai 2011), Rn. 15; anders wohl *Papenkort/Wellershoff*, RdE 2010, 77; *Ludwigs*, EnzEuR, Bd. 5, § 5, Rn. 58.

2. Versorgungssicherheit

Den Kontrapunkt zum Wettbewerbsziel setzt der in Abs. 1 Buchst. b zum Ziel erklärte Gesichtspunkt der Versorgungssicherheit, der auch bisher schon in den Binnenmarkt-Rechtsakten stets mitberücksichtigt worden war, nun aber anders als bei Art. 114 AEUV **ausdrücklich normiert** ist. Thematisch lässt sich dieser Bereich in zwei Unteraspekte aufteilen: Zum einen geht es um die **Sicherheit der Transportinfrastruktur** (Elektrizitäts- und Gasnetze), deren Funktionsfähigkeit und gegebenenfalls Ausbau gewährleistet werden muss. Die zwischenzeitlich den Mitgliedstaaten durch die Binnenmarktgesetzgebung weithin vorgegebene Regulierung der Netze muss hier eine Gratwanderung unternehmen: Der Netzbetreiber als Inhaber eines natürlichen Monopols muss einerseits am Missbrauch dieser Stellung gehindert werden, andererseits müssen ihm die zu Erhalt und Pflege des Netzes notwendigen Mittel – einschließlich eines angemessenen Gewinns – zufließen.[42] Darüber hinaus müssen zur Realisierung des Energiebinnenmarkts sogar Anreize zum Netzausbau gesetzt werden, weil (1) die bestehenden Netze die bisherigen nationalen Marktstrukturen abbilden[43] und (2) bei vorhandenen Netzengpässen für den Betreiber kein natürlicher Anreiz zur Beseitigung dieser Engstellen besteht; diesem Aspekt trägt Art. 194 Abs. 1 AEUV durch die besondere Erwähnung der Interkonnektion Rechnung.

10

Der zweite Aspekt der Versorgungssicherheit betrifft die **Versorgung mit Primärenergieträgern**. Da die EU in Bezug auf fossile Energieträger weitgehend von Importen aus Drittstaaten abhängig ist, muss diese Herausforderung durch die Gestaltung der Außenbeziehungen bewältigt werden;[44] innerhalb des Binnenmarktes kann dagegen die Absicherung gegen Versorgungsengpässe u. a. durch Statuierung von Vorratspflichten betrieben und die Solidarität unter den Mitgliedstaaten im Fall von Versorgungsstörungen organisiert werden.[45] Überschneidungen bestehen zur Energieeffizienz, weil die damit verbundene (relative) Senkung des Energiebedarfs zur Verbesserung der Versorgungssicherheit beiträgt. Ambivalent ist das Verhältnis zur **Förderung der erneuerbaren Energien**: Ihr Ausbau kann die Importabhängigkeit der EU lockern und damit einen Beitrag zur Versorgungssicherheit leisten, soweit hier gesicherte Kapazitäten etwa aus Wasserkraft oder Biomasse zur Verfügung gestellt werden; die volatil anfallende Sonnen- oder Windenergie steht dagegen eher in Konflikt mit dem Ziel der Versorgungssicherheit, weil sie die Stabilität der Versorgungsnetze gefährdet.

11

---

[42] S. Art. 37 Abs. 6 Buchst. a Satz 2 StromRL (RL 2009/72/EG, Fn. 30; zuvor Art. 23 Abs. 2 RL 2003/54/EG): Tarife sind »so zu gestalten, dass die notwendigen Investitionen in die Netze so vorgenommen werden können, dass die Lebensfähigkeit der Netze gewährleistet ist.« Weitgehend gleichlautend Art. 41 Abs. 6 Buchst. a Satz 2 GasRL (RL 2009/73/EG, Fn. 30; zuvor Art. 25 Abs. 2 RL 2003/55/EG). Weiter EuGH, Urt. v. 29.10.2009, Rs. C-274/08 (Kommission/Schweden), Slg. 2009, I-10647, Rn. 29 ff., 41: Die Bestimmungen zur Netzentgeltgenehmigung sollen auch Rechts- und Investitionssicherheit für den Netzbetreiber schaffen, weshalb eine nur nachträgliche Kontrolle der Entgelte durch die Regulierungsbehörde den Vorgaben nicht genügt.

[43] Dieser Befund erklärt die besondere Hervorhebung der Interkonnektion der Netze in Buchst. d (s. u. Rn. 19). So ist der BGH angesichts der Engpässe an den Grenzkuppelstellen bei der wettbewerbsrechtlichen Beurteilung auch in jüngerer Zeit von der Existenz eines nur nationalen Marktes ausgegangen, s. BGH, JZ 2009, 575, m. Anm. *Ehricke* – Stadtwerke Eschwege; zur weiteren Entwicklung s. *Godde*, Marktabgrenzung im Stromsektor, 2013.

[44] S. u. Rn. 34 ff.

[45] Das Solidaritätsversprechen wird aber sogleich durch Art. 194 Abs. 2 Hs. 2 AEUV wieder eingeschränkt, s. u. Rn. 27 ff.

12 Auch die ausdrückliche Verankerung der Versorgungssicherheit als Ziel der EU-Energiepolitik beseitigt Unsicherheiten, weil bei der bisherigen Nutzung der Binnenmarktkompetenz zwar eine Mitberücksichtigung der Versorgungssicherheit nicht beanstandet, für allein auf die Versorgungssicherheit ausgerichtete Rechtsakte in der Literatur allerdings teils keine Grundlage im heutigen Art. 114 AEUV gesehen worden war.[46] Eine weitere, mit der neuen Kompetenz konkurrierende Rechtsgrundlage findet sich allerdings im heutigen **Art. 122 Abs. 1 AEUV**, der Maßnahmen des Rates insbesondere für den Fall ermöglicht, dass »gravierende Schwierigkeiten in der Versorgung mit bestimmten Waren, vor allem im Energiebereich, auftreten«; diese **Notfallkompetenz** ist durch den Vertrag von Lissabon durch den Einschub »im Geist der Solidarität« und den ausdrücklichen Verweis auf den Energiesektor ergänzt worden.[47] Auch hier hat die Abgrenzung praktische Konsequenzen, weil in dieser Bestimmung abweichend von dem für Art. 194 AEUV geltenden ordentlichen Gesetzgebungsverfahren geringere Verfahrensanforderungen gelten: Der Rat entscheidet mit qualifizierter Mehrheit (so Art. 16 Abs. 3 EUV) ohne Beteiligung des Europäischen Parlaments. Auf die Vorgängerbestimmung des Art. 100 EGV wurden bisher Maßnahmen wie die Richtlinie zur Gewährleistung der sicheren Erdgasversorgung[48] und die Mineralöl-Bevorratungsrichtlinie[49] gestützt. Der Erlass von Vorsorgeregelungen auf dieser Grundlage ist freilich zweifelhaft, weil der Text der Bestimmung sich erkennbar auf **ad-hoc-Maßnahmen in akuten Notlagen** bezieht; auch die geringen Verfahrensanforderungen deuten auf einen solchen Notfallbezug hin.[50]

13 Konsequent hatte die Kommission ihren im Sommer 2009 vorgelegten Vorschlag für eine neue Gassicherungs-Verordnung, die die bisherige Richtlinie ablösen sollte,[51] nicht auf diese Grundlage, sondern auf die Binnenmarktkompetenz gestützt, weil der Vorschlag auch starke Vorsorgekomponenten enthalte; diese Abstützung war aber wiederum nicht unproblematisch, weil die Zulässigkeit von Versorgungssicherheits-orientierten Rechtsakte auf dieser Grundlage teils wegen fehlenden Binnenmarkt-Bezugs bestritten wurde. Mit der Umstellung des Vorschlags auf den neuen Art. 194 AEUV, den die Kommission nach dem Inkrafttreten des Vertrags von Lissabon vorgenommen hatte,[52] war dieser Einwand freilich gegenstandslos geworden; entsprechende Regelungen werden durch die neue Kompetenznorm unproblematisch abgedeckt, auf deren Grund-

---

[46] S. z.B. *Hackländer*, S. 174 f.; *A. Schneider*, S. 131, 179 ff.; noch weitergehend die vereinzelt gebliebene Auffassung von *Storr*, DÖV 2002, 357 (365); *ders.*, Der Staat als Unternehmer, 2001, S. 339 f., der die Normierung von Versorgungsstandards auch in Binnenmarkt-Rechtsakten als unzulässig ansieht; dagegen m.w.N. *Gundel*, in: Hirsch/Montag/Säcker (Hrsg.), Münchener Kommentar zum Europäischen und Deutschen Wettbewerbsrecht, Bd. 1, 2015, Art. 106 AEUV, Rn. 128.
[47] Dazu Art. 122 AEUV, Rn. 2.
[48] RL 2004/67/EG des Rates v. 26.4.2004 über Maßnahmen zur Gewährleistung der sicheren Erdgasversorgung, ABl. 2005, L 67/92.
[49] RL 2006/67/EG des Rates v. 24.6.2006 zur Verpflichtung der Mitgliedstaaten, Mindestvorräte an Erdöl und/oder Erdölerzeugnissen zu halten, ABl. 2006, L 217/8.
[50] Im Ergebnis ebenso *Calliess*, S. 41; s. auch *Hackländer*, S. 167 ff.; *Schulenberg*, S. 182 ff.; *Thimig*, Die rechtlichen Möglichkeiten zur Errichtung eines europäischen Erdgasnotstandprogramms, 2008, S. 99 f.
[51] Vorschlag für eine VO über Maßnahmen zur Gewährleistung der sicheren Erdgasversorgung, KOM (2009) 363 endg. v. 16.7.2009 (zur Vorgängerregelung s.o. Fn. 48); zu diesem Fall s. auch *Hancher/Salerno*, S. 384 ff.
[52] Mitteilung der Kommission zu »Auswirkungen des Inkrafttretens des Vertrags von Lissabon auf die laufenden interinstitutionellen Beschlussfassungsverfahren«, KOM (2009) 665 endg. v. 2.12.2009, Anh. 1, Nr. 14.

lage die Verordnung dann auch erlassen wurde.⁵³ Art. 122 AEUV wird aber nicht vollständig verdrängt, sondern ist – als insoweit **speziellere Regelung** – auf kurzfristige Notfallmaßnahmen anzuwenden.⁵⁴ Damit bestätigt sich, dass Art. 194 AEUV – auch wenn er die Energiekompetenzen der EU im Ergebnis kaum erweitert – doch einige Streitpunkte aus dem Weg räumt.

3. Energieeffizienz und neue/erneuerbare Energien

a) Energieeffizienz und Energieeinsparungen

Die Verbesserung der Energieeffizienz war bereits seit den 1990er Jahren Gegenstand von Sekundärrechtsakten, die teils auf die Binnenmarkt-Kompetenz (nun Art. 114 AEUV), teils auf die Umweltkompetenz gestützt worden waren.⁵⁵ Nach dem Inkrafttreten des Vertrags von Lissabon fallen solche Rechtsakte nach dem insoweit recht **eindeutigen Wortlaut** des Art. 194 AEUV in den Anwendungsbereich dieser Bestimmung; einzelne Stimmen in der deutschen Literatur verorten die Energieeffizienz allerdings dennoch weiter bei der Umweltkompetenz.⁵⁶ Auch die **Praxis der EU-Organe** hat diese Linie zugunsten der neuen Kompetenznorm einzuschlagen: So wurde die im Jahr 2010 erlassene neue Richtlinie zur Gesamtenergieeffizienz von Gebäuden⁵⁷ auf Art. 194 AEUV gestützt, während die Vorgänger-Richtlinie⁵⁸ noch auf der Grundlage der Umweltkompetenz erlassen worden war; dasselbe gilt für den Neuerlass der allgemeinen Energieeffizienz-Richtlinie⁵⁹ und die Umsetzung der Neufassung des Energy-Star-Abkommens⁶⁰ mit den USA zur Kennzeichnung energiesparender Bürogeräte.⁶¹ Dieselbe Rechtsgrundlage wurde auch für die Neufassung der Richtlinie zur Angabe des Energieverbrauchs von Geräten genutzt;⁶² hier war die Vorgängerfassung⁶³ – wohl auf-

14

---

⁵³ VO (EU) Nr. 994/2010 des EP und des Rates v. 20.10.2010 über Maßnahmen zur Gewährleistung der sicheren Erdgasversorgung und zur Aufhebung der RL 2004/67/EG, ABl. 2010, L 295/1.
⁵⁴ Ebenso *Schulenberg*, S. 415 f.
⁵⁵ Dazu *Gundel*, in: Terhechte, Verwaltungsrecht der EU, § 23, Rn. 59 f.; für einen Überblick über die Entwicklung s. die Beiträge in: Britz/Eifert/Reimer (Hrsg.), Energieeffizienzrecht, 2010; *Reimer*, Ansätze zu Erhöhung der Energieeffizienz im Europarecht – Eine kritische Bestandsaufnahme, in: Schulze-Fielitz/Müller (Hrsg.), S. 147 ff.
⁵⁶ So insbes. *Frenz*, Handbuch Europarecht, Band 6, Rn. 4694, mit dem Argument, dass Art. 194 AEUV nur von »Förderung« der Energieeffizienz spreche, weshalb verbindliche Maßnahmen zu ihrer »Durchsetzung« weiter auf die Umweltkompetenz zu stützen seien; *Frenz/Kane*, NuR 2010, 464 (470); gegen diese einschränkende Interpretation zu Recht *Ludwigs*, EnzEuR, Bd. 5, § 5, Rn. 61.
⁵⁷ RL 2010/31/EU des EP und des Rates v. 19.5.2010 über die Gesamtenergieeffizienz von Gebäuden, ABl. 2010, L 153/13.
⁵⁸ RL 2002/91/EG des EP und des Rates v. 16.12.2002 über die Gesamtenergieeffizienz von Gebäuden, ABl. 2003, L 1/65.
⁵⁹ RL 2012/27/EU des EP und des Rates v. 25.10.2012 zur Energieeffizienz, zur Änderung der Richtlinien 2009/125/EG und 2010/30/EU und zur Aufhebung der Richtlinien 2004/8/EG und 2006/32/EG, ABl. 2012, L 315/1; zustimmend in beiden Fällen *Heselhaus*, EurUP 2013, 137 (147 f.).
⁶⁰ Dazu u. Rn. 38.
⁶¹ Die vor Inkrafttreten des Vertrags von Lissabon erlassene innergemeinschaftliche Umsetzungsverordnung VO (EG) Nr. 106/2008 v. 15.1.2008, ABl. 2008, L 39/1, stützt sich noch auf die Umweltkompetenz; die Änderungsverordnung VO (EU) Nr. 174/2013 des EP und des Rates v. 5.2.2013 zur Änderung der VO (EG) Nr. 106/2008, ABl. 2013, L 63/1, ist nun konsequent auf der Grundlage von Art. 194 AEUV ergangen.
⁶² RL 2010/30/EU des EP und des Rates v. 19.5.2010 über die Angabe des Verbrauchs an Energie und anderen Ressourcen durch energieverbrauchsrelevante Produkte mittels einheitlicher Etiketten und Produktinformationen, ABl. 2010, L 153/1.
⁶³ RL 92/75/EWG des Rates v. 22.9.1992 über die Angabe des Verbrauchs an Energie und anderen

b) Neue und erneuerbare Energien

15 Ernsthafter umstritten ist – trotz der ausdrücklichen Nennung des Feldes in Art. 194 AEUV – die Zuordnung der Förderung der erneuerbaren Energien, die bis zum Inkrafttreten des Vertrags von Lissabon auf die Umweltkompetenz gestützt worden war:[64] Aus der Formulierung »Entwicklung neuer und erneuerbarer Energiequellen« in Art. 194 Abs. 1 AEUV wird zum Teil hergeleitet, dass hier nur die **technologische Entwicklung** gemeint sei, während die wirtschaftliche Förderung von bereits technisch entwickelten erneuerbaren Energieformen weiter auf die Umweltkompetenz zu stützen wäre.[65] Dieses enge Verständnis ist bereits nach dem Wortlaut **nicht überzeugend**, weil der Begriff »Entwicklung« sich nicht notwendig auf die technologische Entwicklung beziehen muss,[66] sondern auch die **flächendeckende Einführung** umfassen kann. Zudem würde die Auffassung dazu führen, dass nicht »neue und erneuerbare«, sondern nur »neue erneuerbare« Energien der Bestimmung unterfallen könnten, weil bereits technisch ausgereifte Formen dieser engeren Form der Förderung von vornherein nicht bedürften; im Text der Norm findet eine solche Verengung des Anwendungsbereichs damit letztlich keine Grundlage.[67] Auch erscheint es kaum nachvollziehbar, dass die Vertragsschöpfer eine eigene Energiekompetenz geschaffen, dabei aber einen auch aus der Sicht der EU-Energiepolitik wesentlichen – und in Art. 194 AEUV sogar ausdrücklich erwähnten – Bestandteil der Energieversorgung in zentralen Aspekten ausgeblendet haben sollten.[68] Auch in der Praxis des EU-Gesetzgebers wird daher zu Recht Art. 194 AEUV als Rechtsgrundlage auch für den Bereich der erneuerbaren Energien herangezogen.[69]

Ressourcen durch Haushaltsgeräte mittels einheitlicher Etiketten und Produktinformationen, ABl. 1992, L 297/16.

[64] S. v. a. die RL 2001/77/EG zur Förderung der Stromerzeugung aus erneuerbaren Energien, ABl. 2001, L 283/33; zur Frage der Rechtsgrundlage s. auch *Oschmann*, Strom aus erneuerbaren Energien im Europarecht, 2002, S. 117 ff., 155; *ders.*, ZNER 2001, 84; zur Nachfolge-Richtlinie RL 2009/28/EG s. u. Fn. 73 f.

[65] So v. a. *Kahl* (Fn. 29), S. 60; *ders.*, EuR 2009, 601 (618); dem folgend *Calliess*, 36 f.; *Frenz/Kane*, NuR 2010, 464 (470); *Granas*, EuR 2013, 619 (626 ff.).

[66] Dieses der EU-Forschungspolitik entlehnte Begriffsverständnis ist auf andere Zusammenhänge nicht übertragbar, s. dazu mit weiteren Verwendungsbeispielen im Primärrecht *Heselhaus*, EurUP 2013, 137 (148).

[67] So zutreffend *Nettesheim*, JZ 2010, 19 (20); gegen das enge Verständnis auch *Ehricke*, Europäisches Recht der erneuerbaren Energien, in: Frenz/Müggenborg (Hrsg.), EEG, 3. Aufl., 2013, S. 151 (157, Rn. 10 f.) mit dem Hinweis, dass die Fassung der Bestimmung in den anderen Vertragssprachen diese Deutung nicht trägt; ebenso *Ludwigs*, EnzEuR, Bd. 5, § 5, Rn. 63; *Schneider*, Vorgaben des europäischen Energierechts, in: Schneider/Theobald (Hrsg.), Recht der Energiewirtschaft, 4. Aufl., 2013, § 2, Rn. 10; *Heselhaus*, EurUP 2013, 137 (148).

[68] So auch entschieden *Heselhaus*, EurUP 2013, 137 (148: »widersinnig«).

[69] So ist z. B. die VO (EU) Nr. 1233/2010 des EP und des Rates v. 15. 12. 2010 zur Änderung der VO (EG) Nr. 663/2009 über ein Programm zur Konjunkturbelebung durch die finanzielle Unterstützung der Gemeinschaft zugunsten von Vorhaben im Energiebereich, ABl. 2010, L 446/5, mit der die Umwidmung von nicht für Infrastrukturvorhaben verwendeten Mitteln für die Bereiche Energieeffizienz und erneuerbare Energien ermöglicht wurde, konsequent auf Art. 194 AEUV gestützt worden (die damit geänderte Verordnung war noch auf der Grundlage von Art. 156 und 175 EGV erlassen worden). S. auch für den Beitritt zur Internationalen Organisation für erneuerbare Energien (IRENA) auf der Grundlage von Art. 194 AEUV u. Rn. 38.

Sofern man nicht mit der zuvor skizzierten Auffassung Art. 194 AEUV als von vornherein weitgehend unanwendbar ansieht, stellt sich das Problem der Zuordnung von Maßnahmen des **Energieumweltrechts** zur Umwelt- oder zur Energiekompetenz in voller Schärfe. In der Literatur wird teils versucht, diese Abgrenzung zwischen Art. 191 und 194 AEUV nach dem **Schwerpunkt-Willen** des Gesetzgebers vorzunehmen; überzeugende Trennlinien lassen sich so aber nicht ziehen,[70] weil Art. 194 AEUV eben auch den energiespezifischen Umweltschutz einbezieht. Insoweit erscheint es fast konsequent, wenn dem EU-Gesetzgeber in der Literatur teils sogar ein **Wahlrecht** zwischen Art. 191 und 194 AEUV zugesprochen wird;[71] der EuGH-Rechtsprechung zu den Kriterien für die Wahl der Rechtsgrundlage, die zu Recht objektive und nachprüfbare Maßstäbe der Zuordnung verlangt,[72] entspricht das freilich nicht. Auch bei Anwendung der Schwerpunkt-Betrachtung wird man dazu kommen müssen, dass spezifisch energieumweltrechtliche Maßnahmen ihren Schwerpunkt bei der Rechtsgrundlage finden, die den Schnittpunkt beider Bereiche abbildet; Rechtsakte wie die Erneuerbare-Energien-Richtlinie,[73] die in ihrer geltenden Fassung überwiegend auf die Umweltkompetenz, in Teilen aber auch auf die Binnenmarktkompetenz gestützt worden war,[74] wären daher künftig bei Art. 194 AEUV zu verorten.[75]

16

Auch bei der hier vertretenen weiteren Fassung des Anwendungsbereichs von Art. 194 AEUV, nach der spezifisch energie-umweltrechtliche Rechtsakte vorrangig dieser Kompetenznorm zuzuordnen sind, bleibt allerdings Raum für die Anwendung von **Art. 192 AEUV**: Das gilt z. B. für die weiter auf die Umweltkompetenz zu stützenden Rechtsakte im Bereich des Klimaschutzes, z. B. zum **Emissionsrechtehandel**. Für ihn bildet der Energiesektor zwar ein wichtiges, aber eben nicht das einzige Anwendungsfeld, so dass der Schwerpunkt hier tatsächlich bei der Umweltkompetenz liegt; entsprechende Rechtsakte werden auch nach dem Inkrafttreten des Vertrags von Lissabon konsequent auf der Grundlage von Art. 192 AEUV erlassen.[76]

17

---

[70] Das zeigt etwa (allerdings unfreiwillig) das von *Schulenberg*, S. 418, gebildete Abgrenzungsbeispiel zwischen Energieeffizienz- und Energiesparmaßnahmen als »Selbstzweck«, die auf Art. 194 AEUV zu stützen seien, und entsprechenden Maßnahmen aus Umweltschutzgründen, die Art. 191 AEUV zugehören sollen.
[71] Dafür im Ergebnis *Ludwigs*, EnzEuR, Bd. 5, § 5, Rn. 81; *ders.*, ZG 2010, 222 (229), der die Entscheidung des Gesetzgebers für eine der Rechtsgrundlagen als maßgebliches Kriterium für die Schwerpunktzuordnung ansieht.
[72] St. Rspr., s. in jüngerer Zeit z. B. EuGH, Urt. v. 22.10.2013, Rs. C–137/12 (Kommission/Rat), ECLI:EU:C:2013:675, Rn. 52.
[73] RL 2009/28/EG des EP und des Rates v. 23.4.2009 zur Förderung der Nutzung von Energie aus erneuerbaren Quellen und zur Änderung und anschließenden Aufhebung der Richtlinien 2001/77/EG und 2003/30/EG, ABl. 2009, L 140/16.
[74] Zu den Kontroversen um die zutreffende Rechtsgrundlage in diesem Fall s. *Kahl*, NVwZ 2009, 265; *Müller/Bitsch*, EurUP 2008, 220 (222 ff.).
[75] Zur Problematik des Energiemix-Vorbehalts in Art. 194 Abs. 2 UAbs. 2 AEUV s. u. Rn. 27 ff.; im Fall der erstmals verbindlich vorgegebenen Anteile erneuerbarer Energien am Energieverbrauch der Mitgliedstaaten durch die RL 2009/28/EG war das – an sich naheliegende – Eingreifen des Einstimmigkeitsvorbehalts des heutigen Art. 192 Abs. 2 AEUV mit dem Argument verneint worden, dass angesichts der konkreten Vorgaben keine »erhebliche« Berührung vorliege, so z. B. *Kahl*, NVwZ 2009, 265 (268); anders aber mit durchaus überzeugenden Argumenten *Müller/Bitsch*, EurUP 2008, 220 (225 f.); ebenso *Ludwigs*, EnzEuR, Bd. 5, § 5, Rn. 230.
[76] S. z. B. die VO (EU) Nr. 525/2013 des EP und des Rates v. 21.5.2013 über ein System für die Überwachung von Treibhausgasemissionen […], ABl. 2013, L 165/13, oder den Beschluss Nr. 1359/2013/EU des EP und des Rates v. 17.12.2013 zur Änderung der RL 2003/87/EG zur Klarstellung der Bestimmungen über den zeitlichen Ablauf von Versteigerungen von Treibhausgasemis-

18 Auch im **Überschneidungsfeld** von Umwelt- und Energiepolitik sind aber Rechtsakte möglich, die ihren Schwerpunkt im Umweltsektor haben und damit auf Art. 192 AEUV zu stützen sind: Das gilt z. B. für Maßnahmen zur Sicherstellung des Umweltschutzes bei der Förderung von Öl- und Gasvorkommen auf See.[77] Bei Rechtsakten, die mehrere Zielsetzungen gleichzeitig und gleichgewichtig verfolgen (in der Terminologie des EuGH: »untrennbar miteinander verbunden sind«),[78] so dass kein Schwerpunkt feststellbar ist, kann Art. 194 AEUV nach der etablierten **Praxis der mehrfachen Rechtsgrundlagen** auch neben anderen Kompetenznormen zur Anwendung kommen.[79]

4. Interkonnektion

19 Die in Art. 194 Abs. 1 Buchst. d AEUV aufgeführte Interkonnektion der Energienetze, die in Art. III–256 EVV noch nicht eigenständig genannt war, hat gegenüber den zuvor aufgeführten Zielen der EU-Energiepolitik gewissermaßen **dienende Funktion** und kann ihnen jeweils zugeordnet werden: Sie ist entscheidende Voraussetzung eines funktionierenden Energie-Binnenmarktes, dient zugleich der Versorgungssicherheit[80] und erleichtert zudem die Aufnahme der unstetig anfallenden erneuerbaren Energien in die Netze. Zugleich weist die gesonderte Erwähnung auf ein spezifisches Problem des Energiebinnenmarktes hin, dessen Verwirklichung nicht nur die bereits erfolgte Aufhebung der nationalen Versorgungsmonopole, sondern auch eine Verknüpfung der zuvor national ausgerichteten Netze erfordert: Das – noch auf der Grundlage der Binnenmarktkompetenz ergangene – **dritte Binnenmarktpaket**[81] sieht hierfür eine **intensive Koordination** der Planungen der Netzbetreiber vor, die durch das Sekundärrecht in ungewöhnlicher Weise zur Schaffung gemeinsamer Planungsstrukturen verpflichtet werden;[82]

---

sionszertifikaten, ABl. 2013, L 343/1; auch die vorgelegten Vorschläge zur Fortführung des Kyoto-Regimes werden auf Art. 192 AEUV gestützt, s. den Vorschlag für einen Beschluss des Rates über den Abschluss der Doha-Änderung des Protokolls von Kyoto [...], KOM (2013) 768 endg. v. 6.11.2013 und den Vorschlag für eine VO des EP und des Rates zur Änderung der VO (EU) Nr. 525/2013 in Bezug auf die technische Umsetzung des Kyoto-Protokolls [...], KOM (2013) 769 endg. v. 6.11.2013.

[77] Konsequent werden entsprechende Rechtsakte auf Art. 192 AEUV gestützt, s. z. B. den Beschluss des Rates v. 17.12.2012 über den Beitritt der EU zum Protokoll zum Schutz des Mittelmeers vor Verschmutzung durch die Erforschung und Nutzung des Festlandsockels, des Meeresbodens und des Meeresuntergrunds, ABl. 2013, L 4/13 (Art. 192 i. V. m. Art. 218 AEUV), sowie die RL 2013/30/EU des EP und des Rates v. 12.6.2013 über die Sicherheit von Offshore-Erdöl- und -Erdgasaktivitäten [...], ABl. 2013, L 178/66.

[78] St. Rspr., s. z. B. EuGH, Urt. v. 6.9.2012, Rs. C–490/10 (Parlament/Rat), ECLI:EU:C:2012:525, Rn. 46.

[79] S. z. B. die VO (EU) Nr. 1255/2011 des EP und des Rates v. 30.11.2011 zur Schaffung eines Programms zur Unterstützung der Weiterentwicklung der integrierten Meerespolitik, ABl. 2011, L 321/1, die neben Art. 194 Abs. 2 auch auf Art. 43 Abs. 2, 91 Abs. 1, 100 Abs. 2, 173 Abs. 3, 175 und 188, 192 Abs. 1 und 195 Abs. 2 AEUV gestützt wurde.

[80] Das gilt auch in Konstellationen, in denen die Versorgung von Mitgliedstaaten durch die Entwicklung in Drittstaaten gefährdet wird: So war in der durch den Stopp der Gaslieferungen Russlands an die Ukraine ausgelösten Gas-Versorgungskrise des Winters 2009, der die osteuropäischen Mitgliedstaaten hart getroffen hat, eine Ersatzversorgung aus vorhandenen westeuropäischen Gasreserven nicht möglich, weil die Pipelines für eine Nutzung in Gegenrichtung (»reverse flow«) nicht ausgelegt waren; zu diesem Fall z. B. *de Jong/Wouters/Sterkx*, EFAR 15 (2010), 511 (insbes. 527 ff.). Diese Umrüstung ist in der Folge mit EU-Mitteln in Angriff genommen worden, s. dazu m. w. N. *Gundel*, Europäisches Energierecht, in: Danner/Theobald (Hrsg.), Energierecht, Dezember 2013, Rn. 63.

[81] S. o. Rn. 7 mit Fn. 30 u. 34.

[82] Art. 4–5 der VO (EG) Nr. 714/2009 (StromVO, Fn. 30) und der VO (EG) Nr. 715/2009 (GasVO, Fn. 30) verpflichten die Übertragungsnetz- und Fernleitungsbetreiber zur Gründung je eines rechts-

auch diese noch auf der Grundlage von Art. 114 AEUV ergangenen Bestimmungen wären heute auf die neue Kompetenznorm zu stützen. Generell gilt, dass die Energiekompetenz (wie zuvor schon die Binnenmarkt- und die Umweltkompetenz) auch **Verfahrens- und Organisationsvorgaben** an die Mitgliedstaaten trägt, soweit diese zur Zielerreichung notwendig sind;[83] der Grundsatz der Verfahrensautonomie der Mitgliedstaaten steht dem nicht entgegen.[84]

Problematisch ist insoweit aber die Abgrenzung zu Kompetenz für die **transeuropäischen Netze** gemäß Art. 172 AEUV; dort ist zwar ebenfalls das ordentliche Gesetzgebungsverfahren vorgesehen, als Besonderheit ist aber zu berücksichtigen, dass bei konkreten räumlichen Planungen gemäß Art. 172 Abs. 2 AEUV auch die Zustimmung des jeweils betroffenen Mitgliedstaats erforderlich ist. Diese als durchaus legitim erscheinende Absicherung der Mitgliedstaaten gegen eine mehrheitlich entschiedene Überplanung des eigenen Staatsgebiets kann nicht dadurch überspielt werden, dass ein Rechtsakt auf Art. 194 AEUV gestützt wird;[85] entsprechende Regelungen müssen also weiter ihre Grundlage in **Art. 172 AEUV** als der insoweit **sachnäheren Kompetenznorm** finden.[86] Dementsprechend wurde die im Jahr 2013 als Verordnung erlassene Neufassung der TEN-E-Leitlinien[87] zutreffend weiter auf Art. 172 AEUV gestützt;[88] auch die Ausgestaltung der Regelung trägt dem Zustimmungsvorbehalt der betroffenen Mitgliedstaaten Rechnung.[89] Dieselbe Rechtsgrundlage ist für Regelungen einschlägig, die

20

---

fähigen Zusammenschlusses, der nicht nur Planungsaufgaben erfüllen, sondern nach den Vorgaben der Kommission auch Normierungsarbeiten leisten soll, dazu *Gundel/Germelmann*, EuZW 2009, 763 (767); zur Arbeit der so entstandenen Einheiten ENTSO-E (Strom) und ENTSO-G (Gas; ENTSO = European Network of Transmission System Operators) s. *Schneller*, Aufgaben und Funktionen des ENTSO-E aus der Sicht der Übertragungsnetzbetreiber, in: Gundel/Lange (Hrsg.), Die Umsetzung des 3. Energiebinnenmarktpakets, 2011, S. 25 ff.; *Ludwigs*, EnzEuR, Bd. 5, § 5, Rn. 143 ff.; *Gundel* (Fn. 80), Rn. 59 ff.

[83] Zutreffend *Heselhaus*, EurUP 2013, 137 (145), dort in Bezug auf Art. 172 AEUV; für Art. 194 AEUV gilt nichts anderes; s. auch schon o. Rn. 8.

[84] *Heselhaus*, EurUP 2013, 137 (145); zum fraglichen normativen Gehalt dieses Grundsatzes s. *Gundel*, in: Schulze/Zuleeg/Kadelbach, Europarecht, § 3, Rn. 109 ff.; zuletzt monographisch *Krönke*, Die Verfahrensautonomie der Mitgliedstaaten der Europäischen Union, 2013.

[85] Dazu *Gundel*, EWS 2011, 25 (30); zustimmend *Lecheler/Recknagel*, in: Dauses, Handbuch des EU-Wirtschaftsrechts, Abschn. M, Februar 2012, Rn. 292; ähnlich *Schulenberg*, S. 391 f.

[86] Anders *Calliess*, S. 40, der für den Vorrang des Art. 194 AEUV plädiert und auf dieser Grundlage auch konkrete Projekte als zulässig ansieht, die die Interessen einzelner Mitgliedstaaten berühren, dabei den Widerspruch zur Wertung des Art. 172 Abs. 2 AEUV aber nicht problematisiert; ihm folgend *Ludwigs*, ZG 2010, 222 (229); *ders.*, EnzEuR, Bd. 5, § 5, Rn. 74, 79; ähnlich *Hackländer*, S. 195; konsequent bleibt nach dieser Ansicht für Art. 170 ff. AEUV im Energiesektor kaum noch ein Anwendungsbereich.

[87] VO (EU) Nr. 347/2013 des EP und des Rates v. 17. 4. 2013 zu Leitlinien für die transeuropäische Energieinfrastruktur und zur Aufhebung der Entscheidung Nr. 1364/2006/EG und zur Änderung der Verordnungen (EG) Nr. 713/2009, (EG) Nr. 714/2009 und (EG) Nr. 715/2009, ABl. 2013, L 115/39; zu dieser Regelung, die erstmals konkrete Verfahrensvorgaben für die Umsetzung vorrangiger Projekte vorsieht, s. *Armbrecht*, DVBl 2013, 479; *Fischerauer*, EnWZ 2013, 56; *Schadtle*, ZNER 2013, 126; *Nettesheim*, Transeuropäische Energieinfrastruktur und EU-Binnenmarkt. Die Neuregelung der TEN-E, in: Giegerich (Hrsg.), Herausforderungen und Perspektiven der EU, 2012, S. 77 ff.; *Frey*, ZEuS 2013, 19.

[88] Zustimmend *Heselhaus*, EurUP 2013, 137 (144 ff.); nach den in Fn. 86 nachgewiesenen Stimmen wäre dagegen Art. 194 AEUV die zutreffende Rechtsgrundlage.

[89] Anders als die Vorgängerregelung benennt die TEN-E-Verordnung die vorrangigen Vorhaben nicht selbst, sondern überträgt diese Aufgabe der Kommission im Wege eines delegierten Rechtsakts gemäß Art. 290 AEUV; der Vorgabe des Art. 172 Abs. 2 AEUV wird dadurch Rechnung getragen, dass gemäß Art. 3 Abs. 4 der VO (EU) Nr. 347/2013 die jeweils konkret betroffenen Mitgliedstaaten der Aufnahme zustimmen müssen.

die **Finanzierung** der betreffenden Vorhaben fördern.[90] Allgemeine Regelungen zur Verbesserung der »Planungsbedingungen« – also z.B. die bereits erwähnten, im dritten Binnenmarktpaket normierten Planungspflichten der europäischen Netzbetreiber[91] – oder zur Erleichterung der Finanzierung von Vorhaben wären dagegen auf Art. 194 AEUV zu stützen.[92]

C. Rechtsetzungsverfahren und -vorbehalte: Art. 194 Abs. 2 AEUV

I. Rechtsetzung nach Art. 194 Abs. 2 AEUV

21 Art. 194 Abs. 2 AEUV enthält in seinem Satz 1 die eigentliche Rechtsgrundlage für Sekundärrechtsakte; hier wird das **ordentliche Gesetzgebungsverfahren** für anwendbar erklärt. In formaler Hinsicht eröffnet Art. 194 Abs. 2 AEUV dem EU-Gesetzgeber mit dem neutralen Begriff der Maßnahmen die Wahl zwischen den verschiedenen Rechtsakt-Kategorien des Art. 288 AEUV.[93] In der Rechtsetzungspraxis hatte sich hier schon vor dem Inkrafttreten des Vertrags von Lissabon neben der noch in den 1990er Jahren vor allem genutzten **Richtlinie** auch die **Verordnung** etabliert;[94] die Tendenz zum verstärkten Einsatz dieses Instruments hat sich auf der Basis der neuen Rechtsgrundlage fortgesetzt.[95]

22 Für das Verhältnis zu anderen Rechtsgrundlagen ist in Bezug auf die wichtigsten **konkurrierenden Kompetenznormen** auf die Ausführungen zu den Zielen der EU-Energiepolitik zu verweisen: Art. 194 AEUV verdrängt danach unter dem Gesichtspunkt des Energiemarktes die allgemeine Binnenmarktkompetenz;[96] dasselbe gilt unter dem Aspekt der Versorgungssicherheit für Vorsorgemaßnahmen gegen Versorgungskrisen im Verhältnis zu Art. 122 AEUV,[97] und im Hinblick auf Energieeffizienz und erneuerbare Energien im Verhältnis zur Umweltkompetenz;[98] allein im Bereich der Interkonnektion der Netze ist aufgrund der spezifischen Ausgestaltung ein Vorrang der Rechtsgrundlage für die transeuropäischen Netze gegeben.[99] Die »unbeschadet«-Formulierung, mit der Art. 194 Abs. 2 AEUV eingeleitet wird, darf daher nicht als Anordnung eines Nachrangs gegenüber anderen Befugnisnormen missverstanden werden; dies hat der EuGH in seiner ersten Leitentscheidung zu Art. 194 AEUV[100] festgehalten.

---

[90] S. die auf Art. 172 AEUV gestützte VO (EU) Nr. 1316/2013 des EP und des Rates v. 13.12.2013 zur Schaffung der Fazilität »Connecting Europe« […], ABl. 2013, L 348/129.

[91] S.o. Rn. 19.

[92] Wie hier *Schulenberg*, S. 391 f.; insoweit wohl auch *Ludwigs*, EnzEuR, Bd. 5, § 5, Rn. 79.

[93] Anders noch die Vorgängerbestimmung des Verfassungsvertrags, die in Art. III–256 Abs. 2 EVV nur Europäische Gesetze oder Rahmengesetze vorgesehen hatte.

[94] Ein Rückgriff auf dieses Instrument erfolgte erstmals im Rahmen des zweiten Binnenmarktpakets mit dem Erlass der VO (EG) Nr. 1228/2003 des EP und des Rates v. 26.6.2003 über die Netzzugangsbedingungen für den grenzüberschreitenden Stromhandel, ABl. 2003, L 176/1; dazu *Lecheler/Gundel*, EuZW 2003, 621 (627 f.).

[95] S. etwa den Erlass der REMIT-VO (Fn. 31), oder die Ersetzung der Gassicherheits-RL durch die VO (EU) Nr. 994/2010 (Fn. 53); zur gleichzeitigen Tendenz zum Erlass richtlinienähnlicher, in Teilen »umsetzungsbedürftiger« Verordnungen s. Art. 288 AEUV, Rn. 15 ff.

[96] S.o. Rn. 7 f.

[97] S.o. Rn. 12 f.

[98] S.o. Rn. 14 ff.

[99] S.o. Rn. 20.

[100] S. EuGH, Urt. v. 6.9.2012, Rs. C–490/10 (Parlament/Rat), ECLI:EU:C:2012:525, insbes. Rn. 67; zu dieser Entscheidung auch *Michel*, Europe 12/2012, 46 f.; *Battista*, ENLR 2013, 89.

In dieser Entscheidung, die die Neufassung einer zuvor auf die allgemeine Informationskompetenz des heutigen Art. 337 AEUV gestützten Verordnung zur Mitteilung von Energie-Investitionen durch die Mitgliedstaaten an die Kommission betraf,[101] hat der Gerichtshof deutlich gemacht, dass Art. 194 AEUV im Verhältnis zu solchen allgemeinen Kompetenznormen als spezielle und damit vorrangige Rechtsgrundlage anzusehen ist, soweit energiespezifische Rechtsakte erlassen werden;[102] konsequent wurde die auf Art. 337 AEUV gestützte Verordnung für nichtig erklärt.[103] Man wird insoweit resümieren können, dass »ein **prinzipieller Vorrang des Art. 194 AEUV** bei Regelungsgegenständen **auf dem Energiesektor**« gilt.[104]

Umgekehrt ist das Spezialitätsverhältnis dagegen in Bezug auf den durch den Vertrag von Lissabon fortgeführten **Euratom-Vertrag** zu sehen: So sind Art. 31 und 32 EAGV vorrangig in Bezug auf den Gesundheitsschutz gegenüber den Gefahren radioaktiver Strahlung;[105] die EuGH-Rechtsprechung hat geklärt, dass diese Rechtsgrundlagen weit auszulegen sind und die umfassende Regelung der Sicherheit kerntechnischer Anlagen umfasst.[106] Generell gilt, dass die Rechtsgrundlagen des EAGV für **spezifisch kernenergiebezogene Regelungen** als **spezieller** vorgehen, während allgemein-vertikal geltende Regelungen für den Energiesektor auf der Grundlage des Art. 194 AEUV auch die Kernenergie mit einschließen können.[107]

In manchen Zusammenhängen der europäischen Energiepolitik besteht allerdings auch kein Bedarf für die nun geschaffene Rechtsgrundlage: Das gilt z. B. für die zahlreichen **Kommissionsmitteilungen** in diesem Sektor, die teils nur künftige Ziele und Strategien beschreiben, teils aber auch die Auslegung des geltenden Rechts zum

---

[101] VO (EU, Euratom) Nr. 617/2010 des Rates v. 24. 6. 2010 über die Mitteilung von Investitionsvorhaben für Energieinfrastruktur in der Europäischen Union an die Kommission und zur Aufhebung der VO (EG) Nr. 736/96, ABl. 2010, L 180/7.

[102] Die Wahl der Rechtsgrundlage hatte hier erhebliche Auswirkungen auf das Rechtsetzungsverfahren, nachdem der Rat im Rahmen des Art. 337 AEUV mit einfacher Mehrheit und ohne Beteiligung des Parlaments entscheidet.

[103] Die Wirkungen der Verordnung wurden allerdings gemäß Art. 264 Abs. 2 AEUV bis zum Erlass einer Neufassung aufrechterhalten; für den entsprechenden, nun auf Art. 194 AEUV gestützten Vorschlag s. KOM (2013) 153 endg. v. 20. 3. 2013.

[104] So prägnant *Schmidt-Preuß* (Fn. 29), Einl. B, Rn. 113.

[105] S. zuletzt die RL 2013/59/Euratom des Rates v. 5. 12. 2013 zur Festlegung grundlegender Sicherheitsanforderungen für den Schutz vor den Gefahren einer Exposition gegenüber ionisierender Strahlung [...], ABl. 2014, L 13/1; zuvor z. B. die RL 2011/70/Euratom des Rates v. 19. 7. 2011 über einen Gemeinschaftsrahmen für die verantwortungsvolle und sichere Entsorgung abgebrannter Brennelemente und radioaktiver Abfälle, ABl. 2011, L 199/48; dazu *Stanič*, JENRL 29 (2011), 117; RL 2009/71/Euratom des Rates v. 25. 6. 2009 über einen Gemeinschaftsrahmen für die nukleare Sicherheit kerntechnischer Anlagen, ABl. 2009, L 172/18; dazu *Karpenstein*, RdE 2010, 170 ff.; *Montjoie*, RGDIP 2011, 718; die Reichweite der EAG-Kompetenzen war zuvor in der deutschen Literatur kontrovers diskutiert worden, s. *v. Danwitz*, Fragen vertikaler Kompetenzabgrenzung nach dem EURATOM-Vertrag, 2003; *Trüe*, E. L.Rev. 28 (2003), 664; *Hermes*, ZUR 2004, 12.

[106] Grundlegend EuGH, Urt. v. 10. 12. 2002, Rs. C–29/99 (Kommission/Rat), Slg. 2002, I–11221, Tz. 72 ff.; im Anschluss daran Urt. v. 27. 10. 2009, Rs. C–115/08 (Land Oberösterreich/ČEZ as), Slg. 2009, I–10265, Rn. 99 ff.; m. Anm. *Schärf*, EuZW 2010, 26; Urt. v. 12. 2. 2015, Rs. C–48/14 (Parlament/Rat), ECLI:EU:C:2015:91 m. Anm. *Gundel*, EuZW 2015, 233, Rn. 31 ff.; anders zuvor Teile der Literatur, die zwischen Gesundheitsschutz und Sicherheitsanforderungen unterscheiden wollten, s. für Nachw. o. Fn. 105.

[107] So für die Regelung zur Meldung von Energie-Investitionen EuGH, Urt. v. 6. 9. 2012, Rs. C–490/10 (Europäisches Parlament/Rat), ECLI:EU:C:2012:525, Rn. 80 ff.; dazu auch *Heselhaus*, EurUP 2013, 137 (144); zur Bedeutung der Abgrenzung für das Rechtsetzungsverfahren s. o. Rn. 2.

Gegenstand haben.[108] Soweit solche Mitteilungen einen bestimmten Inhalt des geltenden EU-Rechts behaupten, können sie nach der EuGH-Rechtsprechung nicht erfolgreich mit der **Nichtigkeitsklage** angegriffen werden, wenn sie den Rechtsstand tatsächlich zutreffend wiedergeben;[109] soweit das nicht der Fall ist, werden sie allerdings als Versuch einer **faktischen Rechtsänderung** eingestuft, der auf Nichtigkeitsklage wegen fehlender Rechtsgrundlage aufzuheben ist.[110] Auch **Organisationsakte der Kommission**, mit denen diese unterstützende Strukturen gründet,[111] werden ohne Heranziehung einer besonderen Rechtsgrundlage erlassen.

II. Möglichkeit eines Opting out?

25 Eine nicht unwesentliche Veränderung gegenüber der Anwendung der bisher genutzten Rechtsgrundlagen betrifft allerdings die Zulassung weitergehender Maßnahmen der Mitgliedstaaten: In Art. 194 AEUV ist **kein »Opting out«** für einzelne Mitgliedstaaten aus Umweltschutzgründen vorgesehen, wie es sich bei der Binnenmarktkompetenz – nun Art. 114 Abs. 4–9 AEUV – findet; auch die entsprechende **Schutzverstärkungsklausel** der Umweltkompetenz – heute Art. 193 AEUV – findet **kein Gegenstück**. Diese Bestimmungen, die im Jahr 1987 im Rahmen der Einheitlichen Europäischen Akte als Korrektiv für die Aufgabe der Einstimmigkeitsregel bzw. für die erstmalige Normierung der Umweltkompetenz geschaffen worden waren, sind weder in Art. 194 AEUV übernommen noch in der Vergangenheit auf andere Kompetenzfelder übertragen worden; ihr damit **singulär gebliebener Charakter** schließt auch die in der Literatur teils vorgeschlagene Übertragung auf Art. 194 AEUV im Wege der Gesamtanalogie aus.[112]

26 Abweichungen der Mitgliedstaaten von auf Art. 194 AEUV gestützten Sekundärrechtsakten sind danach nicht schon durch den Vertrag zugelassen; die mit dem Wegfall der primärrechtlichen Opt-out-Option verbundene Einschränkung der nationalen Handlungsspielräume mag die Vorbehalte der umweltrechtlich orientierten Literatur gegenüber der neuen Kompetenzbestimmung erklären[113]. Allerdings können derartige Abweichungen auch ohne primärrechtliche Verankerung durch den betreffenden

---

[108] S. dazu m. w. N. *Gundel* (Fn. 80), Rn. 31.

[109] S. zuletzt EuG, Urt. v. 20.5.2010, Rs. T–258/06 (Deutschland/Kommission), Slg. 2010, II–2027, m. Anm. *Braun*, VergabeR 2010, 593; zum prozessualen Status der Kommissionsmitteilungen s. m. w. N. *Gundel*, in: Schulze/Zuleeg/Kadelbach, Europarecht, § 3, Rn. 86 ff.

[110] Eine gegen die Kommissionsmitteilung »Erneuerbare Energien – ein wichtiger Faktor auf dem europäischen Energiemarkt«, KOM (2012) 271 endg. v. 6.6.2012, erhobene Nichtigkeitsklage hat das EuG allerdings wegen nicht nachgewiesener Rechtsfähigkeit des Klägers als unzulässig abgewiesen, s. EuG, Beschl. v. 21.1.2014, Rs. T–168/13 (European Platform Against Windfarms/Kommission), ECLI:EU:T:2014:47.

[111] S. z. B. den Beschluss der Kommission v. 15.11.2012 zur Einsetzung der Koordinierungsgruppe »Strom«, ABl. 2012, C 353/2; s. auch den Beschluss 2003/796/EG der Kommission v. 11.11.2002 zur Einsetzung der Gruppe der europäischen Regulierungsbehörden für Elektrizität und Erdgas, ABl. 2003, L 294/34 (dieses Gremium wurde nach der Gründung von ACER [Fn. 34] mit Wirkung zum 1.7.2011 aufgelöst, s. den Beschluss 2011/280/EU der Kommission v. 16.5.2011 zur Aufhebung des Beschlusses 2003/796/EG, ABl. 2011, L 129/14).

[112] In diese Richtung aber *Britz*, Klimaschutzmaßnahmen der EU und der Mitgliedstaaten im Spannungsfeld von Klimaschutz und Binnenmarkt, in: Schulze-Fielitz/Müller (Hrsg.), S. 71 (86); zustimmend *Schneider* (Fn. 67), § 2, Rn. 10; für eine Übertragung des Regimes aus Art. 114 AEUV *Papenkort/Wellershoff*, RdE 2010, 77 (79).

[113] Erkennbar ist der Zusammenhang z. B. bei *Kahl* (Fn. 29), S. 61; ähnlich *Heselhaus*, EurUP 2013, 137 (149), der die Zulässigkeit von Abweichungen als relevantes Kriterium für die vorzugsweise Zuordnung zu einer Rechtsgrundlage erwägt.

Rechtsakt selbst zugelassen werden.[114] Tatsächlich hat der EU-Gesetzgeber bei der Umstellung auf die neue Rechtsgrundlage diesen Weg der **sekundärrechtlichen Abbildung** des bisher anwendbaren Regimes bereits gewählt: So formt z. B. die auf Art. 194 AEUV gestützte RL 2010/31/EU zur Energieeffizienz von Gebäuden[115] in ihrem Art. 1 Abs. 3 die Regelung des Art. 193 AEUV einschließlich der Notifikationspflicht nach, während die auf die Umweltkompetenz gestützte Vorgänger-Richtlinie[116] noch keine entsprechende Regelung enthalten hatte – was damals auch nicht notwendig war, weil der heutige Art. 193 AEUV dort unmittelbar galt. Derselbe Mechanismus findet sich in Art. 1 Abs. 2 der 2012 neu erlassenen allgemeinen Energieeffizienz-Richtlinie.[117] Ein Opting out ist damit auch im Rahmen des Art. 194 AEUV möglich, allerdings von einer entsprechenden Ausgestaltung durch den EU-Gesetzgeber abhängig.

III. Der »Souveränitätsvorbehalt« des Art. 194 Abs. 2 Hs. 2 AEUV

1. Die Problematik des 2. Halbsatzes von Art. 194 Abs. 2 AEUV

Die problematischste und unklarste Regelung des Art. 194 AEUV folgt dann in Abs. 2 Hs. 2; danach berühren die auf die Bestimmung gestützten Maßnahmen »unbeschadet des Art. 192 Abs. 2 Buchstabe c« nicht das Recht jedes Mitgliedstaats, über die Verwendung der eigenen Energieressourcen, den eigenen Energiemix und die allgemeine Struktur der eigenen Energieversorgung zu entscheiden. Die Einschränkung wird ergänzt durch eine **Erklärung der Regierungskonferenz**,[118] nach der Art. 194 AEUV das Recht der Mitgliedstaaten zu Maßnahmen zur Sicherung der Energieversorgung im Rahmen der Notstandsklausel des Art. 347 AEUV nicht in Frage stellt. Die Bestimmung bildet in Bezug auf den Energiemix und der Struktur der Energieversorgung zunächst das Vorbild des heutigen Art. 192 Abs. 2 Buchst. c AEUV ab; hinsichtlich der dort nicht genannten Verfügung über die mitgliedstaatlichen Energieressourcen scheint sie durch die **Sorge mancher Mitgliedstaaten** motiviert zu sein, dass ihre Energieressourcen zugunsten anderer, weniger begünstigter Mitgliedstaaten »vergemeinschaftet« werden könnten.[119] Sie könnte bei entsprechender Auslegung aber auch weit über diese Punkte hinausreichen und die neu geschaffene Kompetenz zum Teil entwerten.[120] Teils wird zwar auch angenommen, dass der Vorbehalt nur selten und bei »tiefgreifenden Regulierungen« eingreifen werde;[121] das hängt nun zunächst von der Auslegung der Reichweite

27

---

[114] So zu Recht *Heselhaus*, EurUP 2013, 137 (149) mit der Schlussfolgerung, dass das Fehlen einer primärrechtlichen Regelung verschmerzbar sei.
[115] RL 2010/31/EU (Fn. 57).
[116] RL 2002/91/EG (Fn. 58).
[117] RL 2012/27/EU (Fn. 59).
[118] Erklärung Nr. 35: »Die Konferenz ist der Auffassung, dass Art. 194 AEUV das Recht der Mitgliedstaaten unberührt lässt, Bestimmungen zu erlassen, die für die Gewährleistung ihrer Energieversorgung unter den Bedingungen des Artikels 347 erforderlich sind.«
[119] S. *Haghighi*, ELJ 14 (2008), 461 (470); *Maichel* (Fn. 23), S. 63; *Hackländer*, S. 223 f.; die Einschränkung bildet zugleich einen Gegenpol zur Betonung der Solidarität innerhalb der EU (s. o. Rn. 4), die eine Teilhabe anderer Mitgliedstaaten nahelegen würde.
[120] S. z. B. *Hermes*, in: Schulze/Zuleeg/Kadelbach, Europarecht, § 35, Rn. 6 (»Erhebliches Konfliktpotential«); *Calliess*, S. 38: »große Angriffsfläche für mitgliedstaatliche Souveränitätsvorbehalte.«
[121] So z. B. *Rodi*, in: Vedder/Heintschel v. Heinegg, EUV/AEUV, Art. 194 AEUV, Rn. 13.

des Vorbehalts ab,¹²² in der vorherrschenden Interpretation wären aber z. B. Maßnahmen zur Steuerung des Energiemixes durchaus erfasst.¹²³

2. Das vorherrschende Verständnis als breit wirkender Souveränitätsvorbehalt

28 Die Bestimmung wird in großen Teilen der Literatur als »**Souveränitätsvorbehalt**« zugunsten der Mitgliedstaaten in dem Sinne verstanden, dass der EU Maßnahmen, die die aufgeführten Materien berühren, vollständig verwehrt wären.¹²⁴ Diese Bezeichnung erscheint aber schon deshalb **nicht zutreffend**, weil der Vorbehalt nur im Rahmen des Art. 194 AEUV gilt, Maßnahmen auf der Grundlage anderer einschlägiger Kompetenzen aber nicht entgegensteht¹²⁵ – während man bei einem »echten« Souveränitätsvorbehalt eine **umfassende Ausschlusswirkung** erwarten würde. Nach diesem – sei es auch auf Art. 194 AEUV beschränkten – Verständnis wäre die neue Rechtsgrundlage tatsächlich **weitgehend entwertet**; bisher auf der Grundlage der Umweltkompetenz erlassene Rechtsakte wie etwa die Erneuerbare-Energien-Richtlinie¹²⁶ mit ihrer Vorgabe verbindlicher Anteile erneuerbarer Energien in den Mitgliedstaaten könnten danach auf der Basis des Art. 194 AEUV nicht fortgeschrieben werden.¹²⁷ Das hat zugleich **Rückwirkungen** auf die Diskussion zum Verhältnis zwischen **Art. 192 und Art. 194 AEUV**: Denn angesichts der angenommenen Sperre für Maßnahmen auf der Grundlage von Art. 194 AEUV wird dann auf den Ausweg einer Abstützung auf die Umweltkompetenz verwiesen,¹²⁸ teils wird der »unbeschadet«-Verweis auf Art. 192 Abs. 2 Buchst. c AEUV zu Beginn des Art. 194 Abs. 2 Hs. 2 AEUV sogar als Hinweis auf diesen Ausweg¹²⁹ oder als Anordnung eines umgekehrten Spezialitätsverhältnisses zugunsten des Art. 192 Abs. 2 AEUV¹³⁰ verstanden. Tatsächlich dürfte das Verständnis dieses zunächst kryptischen Bezugs auf die in den Rechtsfolgen weniger weitgehende

---

¹²² Zu einschränkenden Ansätzen, die den Anwendungsbereich des Vorbehalts tatsächlich deutlich reduzieren würden, s. u. Rn. 29.

¹²³ S. sogleich u. Rn. 28.

¹²⁴ So das Verständnis von *Ehricke/Hackländer*, ZEuS 2008, 578 (599): »striktes Eingriffsverbot«; *Papenkort* (Fn. 13), S. 129; wohl auch *Hobe*, EuR-Beiheft 1/2009, 219 (229 f.): »nationale Regelungsvorbehalte«; *Nettesheim*, JZ 2010, 19 (23 f.): »Vorbehalt zugunsten mitgliedstaatlichen Handelns«. Ebenso *Blumann*, Rapport introductif général, in: Blumann, S. 1 (14), der aber zugleich auf die Widersprüchlichkeit eines solchen Kompetenzvorbehalts hinweist.

¹²⁵ So nachdrücklich EuG, Urt. v. 7. 3. 2013, Rs. T–370/11 (Polen/Kommission), ECLI:EU:T:2013: 113, Rn. 11 ff.; s. auch noch u. Rn. 33.

¹²⁶ RL 2009/28/EG (Fn. 73).

¹²⁷ So konsequent für die Festsetzung verbindlicher Vorgaben für den Anteil erneuerbarer Energien, die zuletzt vor Inkrafttreten des Vertrags von Lissabon durch die überwiegend auf die Umweltkompetenz gestützte Erneuerbare-Energien-RL (RL 2009/28/EG, Fn. 73) erfolgt war: *Ludwigs*, EnzEuR, Bd. 5, § 5, Rn. 230; weniger prononciert *Nettesheim*, JZ 2010, 19 (23).

¹²⁸ S. z. B. *Kaddous/Bitar*, Les compétences de l'Union européenne en matière d'énergie après Lisbonne, in: Buschle/Hirsbrunner/Kaddous (Hrsg.), S. 3 (21); auch *Nettesheim*, JZ 2010, 19 (24) prognostiziert ein Ausweichen auf die Umweltkompetenz.

¹²⁹ So *Calliess*, S. 37; nicht ganz eindeutig *Heselhaus*, EurUP 2013, 137 (147).

¹³⁰ So wohl *Ehricke* (Fn. 67), S. 158, Rn. 12: Art. 194 AEUV sei als Rechtsgrundlage lex specialis nur gegenüber Art. 192 Abs. 1 AEUV, Art. 192 Abs. 2 AEUV ginge dagegen wiederum Art. 194 AEUV vor. Diese Auffassung führt zwar zu handhabbaren Ergebnissen (sie entspricht in ihren Konsequenzen der ebenfalls vertretenen Annahme eines Rechtsgrundverweises von Art. 194 Abs. 2 auf Art. 192 Abs. 2 AEUV, dazu u. Rn. 32); sie reduziert Art. 194 AEUV aber zu einer »Schönwetter-Rechtsgrundlage«, die das Feld immer dann zugunsten der Umweltkompetenz räumt, wenn gravierende Fragen der Energiepolitik (!) im Raum stehen.

Parallelvorschrift des Art. 192 Abs. 2 Buchst. c AEUV entscheidend für die Reichweite des Vorbehalts sein.[131]

3. Abweichende Konzeptionen

Neben der in der deutschen Literatur vorherrschenden Wahrnehmung eines Souveränitätsvorbehalts haben sich verschiedene Ansichten etabliert, die auf unterschiedlichen Wegen die mit dieser Annahme verbundene Schwächung der Rechtsgrundlage vermeiden oder abmildern wollen: So wird etwa angenommen, dass die Bestimmung nur eingreife, wenn **alle drei Aspekte kumulativ** berührt seien.[132] Dieser Ansatz erscheint allerdings kaum überzeugend, weil er schon durch den Wortlaut nicht nahegelegt wird[133] und die Regelung dadurch zudem praktisch ohne Anwendungsbereich bliebe. Andere Stimmen verlangen zumindest ein kumulatives Vorliegen der **zweiten und dritten Voraussetzung**;[134] diese Kombination erscheint eher erfüllbar und damit unter diesem Aspekt weniger fernliegend, sie wird durch Wortlaut und Systematik[135] der Bestimmung aber auch nicht nahegelegt und erscheint vor allem durch die Diskussion zu Art. 192 AEUV[136] inspiriert,[137] wo der leicht abweichende Wortlaut ein kumulatives Verständnis eher ermöglicht.[138]

29

Der Vorbehalt wird teils auch dahin verstanden, dass EU-Rechtsakte in den betroffenen Bereichen zwar in Anwendung des ordentlichen Gesetzgebungsverfahrens erlassen werden können, die **Mitgliedstaaten** sich aber auf ihre **abweichende Weichenstellung** berufen und sich damit durchsetzen können;[139] die Funktionsweise der Bestimmung wäre nach diesem Verständnis derjenigen des Art. 106 Abs. 2 AEUV[140] oder der Art. 351[141] und Art. 347 AEUV[142] vergleichbar. Gegen diese Interpretation spricht al-

30

---

[131] Dazu noch Rn. 31 f.
[132] Dafür *Gross*, Die Energiepolitik der EU – Herausforderungen und Chancen, in: Ehricke (Hrsg.), Hürden und Grenzen der Liberalisierung im Energiesektor, 2013, S. 33 (35): Der Vorbehalt gelte nur, »wenn alle drei […] Bedingungen kumulativ vorliegen.«
[133] So aber *Gross* (Fn. 132), S. 35 mit einem – allerdings nicht weiter ausgeführten – Verweis auf den Wortlaut von Art. 192 AEUV; wie hier dagegen *Calliess*, in: Calliess/Ruffert, EUV/AEUV, Art. 194 AEUV, Rn. 29.
[134] Dafür *Nettesheim*, in: Grabitz/Hilf/Nettesheim, EU, Art. 194 AEUV (Mai 2011), Rn. 9.
[135] Hier leuchtet bei drei nebeneinander aufgeführten Aspekten nicht ein, weshalb der zweite und dritte Gesichtspunkt nur kumulativ zur Anwendung kommen sollen, während der erste Punkt eigenständig gelten soll.
[136] S. Art. 192 AEUV, Rn. 48.
[137] S. etwa die Nachw. bei *Nettesheim*, in: Grabitz/Hilf/Nettesheim, EU, Art. 194 AEUV (Mai 2011), Rn. 9.
[138] Inhaltlich erscheint allerdings auch dort ein kumulatives Verständnis wenig naheliegend, s. *Kahl*, NVwZ 2009, 265 (268); *Lecheler*, RdE 2008, 167 (168).
[139] Dafür *Proelß*, Die Kompetenzen der Europäischen Union für die Rohstoffversorgung, in: Ehlers/Herrmann/Wolffgang/Schröder (Hrsg.), Rechtsfragen des internationalen Rohstoffhandels, 2012, S. 161 (178), nach dem »die von der Union erlassenen Maßnahmen, soweit sie die genannten Bereiche betreffen, keine Sperrwirkung und auch keinen Anwendungsvorrang gegenüber einschlägigen energiepolitischen Maßnahmen der Mitgliedstaaten entfalten.« Die Annahme einer Kompetenzgrenze sei dagegen schwerlich mit dem Wortlaut der Norm vereinbar. Für ein Verständnis als bloße Opt-out-Befugnis auch *Pielow*, Energierecht, in: Ehlers/Fehling/Pünder (Hrsg.), Besonderes Verwaltungsrecht, Bd. 1, 2012, § 22, Rn. 20.
[140] Art. 106 AEUV, Rn. 39 ff.; speziell zur Anwendbarkeit auf Sekundärrechtsakte auch *Gundel* (Fn. 46), Art. 106 AEUV, Rn. 118 ff.; *Lecheler/Gundel*, RdE 1998, 92 (96 f.).
[141] Art. 351 AEUV, Rn. 41 f.; dazu auch mit einem Beispiel aus dem Energiesektor Fn. 188.
[142] S. insoweit auch den Verweis auf diese Bestimmung in der Erklärung Nr. 35 der Regierungskonferenz, o. Rn. 27.

lerdings, dass solche Opt-out-Möglichkeiten ansonsten nur in begrenzten, spezifischen Situationen (so bei Art. 351 und 347 AEUV) oder unter näher bestimmten Voraussetzungen (so im Fall des Art. 106 AEUV) normiert sind; zudem würde eine starke Diskrepanz zur Regelung des Art. 192 Abs. 2 AEUV entstehen, nach dem eine einstimmige Beschlussfassung notwendig ist, die so erzielte Regelung aber auch Verbindlichkeit besitzt. Auch das Ergebnis wäre wenig handhabbar: Eine im ordentlichen Gesetzgebungsverfahren getroffene Regelung, von der sich jeder Mitgliedstaat ohne weitere Voraussetzungen allein unter Berufung auf die Berührung des jeweiligen Vorbehaltsbereichs lösen könnte, hätte nur eine sehr begrenzte Steuerungswirkung.

4. Das Verständnis als Verweis auf die Voraussetzungen des Art. 192 Abs. 2 AEUV

31 Ein weiterer Ansatzpunkt ist die Erwähnung von Art. 192 Abs. 2 Buchst. c AEUV zu Beginn des zweiten Halbsatzes; dieser Verweis hat danach nicht nur deklaratorische Bedeutung – in dieser Funktion wäre er neben dem allgemeinen »unbeschadet«-Verweis auf andere Rechtsgrundlagen zu Beginn des Art. 194 Abs. 2 AEUV doppelt überflüssig –, sondern stellt danach einen **konstitutiven Verweis** auf das besondere Gesetzgebungsverfahren des Art. 192 Abs. 2 AEUV dar.[143] Diesem Verständnis wird zwar entgegengehalten, dass dann eine dem Art. 194 Abs. 3 AEUV entsprechende direkte Nennung der Einstimmigkeit zu erwarten wäre.[144] Diese Erwartung erscheint aber nicht zwingend: So wie sich der Einstimmigkeitsvorbehalt des Art. 194 Abs. 3 AEUV erkennbar an die knappe Formulierung der Art. 113, 192 Abs. 2 Buchst. a anlehnt, kann Art. 194 Abs. 2 AEUV als **wiederholungsvermeidender Verweis** auf Art. 192 Abs. 2 Buchst. c AEUV verstanden werden; eine vollständige Aufnahme des Wortlauts dieser Bestimmung (gegebenenfalls einschließlich der Passerelle-Klausel[145]) wäre jedenfalls wesentlich umfangreicher ausgefallen als im Fall von Abs. 3.

32 Auch dieser Ansatz wird in mehreren Varianten vertreten: So wird etwa ein Verständnis als **Rechtsgrundverweisung** in dem Sinn angenommen, dass eine einstimmige Beschlussfassung auf der Grundlage des Art. 194 Abs. 2 i.V.m. Art. 192 Abs. 2 AEUV dann möglich ist, wenn der Rechtsakt auf energieumweltrechtlichen Motiven beruht;[146] für Regelungen ohne Umweltbezug bestünde danach aber tatsächlich ein Reservat der Mitgliedstaaten. Diese Interpretation hat den Vorteil, den schwer erklärlichen Kompe-

---

[143] Dass dieses Verständnis möglich ist, zeigt die Formulierung im Vorentwurf des Konvents (CONV 725/03, S. 91 – Art. III–152), der statt der Unbeschadets-Klausel formulierte: »Derartige Maßnahmen werden gemäß Art. [ex 175 Abs. 2 Buchst. c] erlassen.« Historisch zwingend ist der Verweis auf diese Formulierung freilich nicht, weil diese Fassung von der Regierungskonferenz zum Verfassungsvertrag durch den nun geltenden Text ersetzt wurde; sie zeigt aber – deutlicher als der geltende Text –, dass an einen solchen Verweis gedacht war; in Gegenrichtung *Calliess*, S. 38, der die Änderung der Formulierung (allerdings ohne weitere Nachweise) als gezielte Maßnahme zum Ausschluss eines Verständnisses als Verweis deutet.

[144] So z. B. *Ludwigs*, EnzEuR, Bd. 5, § 5, Rn. 71; in diese Richtung auch *Ehricke/Hackländer*, ZEuS 2008, 579 (599); *Hackländer*, S. 216.

[145] Zu ihr Art. 192 AEUV, Rn. 34.

[146] Für ein solches Verständnis der Bestimmung als Quasi-Rechtsgrundverweisung auf Art. 192 AEUV *Schmidt-Preuß*, Energierecht – Eine innovative wissenschaftliche Disziplin, in: Storr (Hrsg.), Neue Impulse für die Energiewirtschaft, 2012, S. 1 (14 f.); *ders.* (Fn. 29), Einl. B, Rn. 114 f.: Art. 194 Abs. 2 i.V.m. 192 AEUV könne zur Anwendung kommen und ermögliche die einstimmige Entscheidung im Rahmen des Art. 194 AEUV, wenn die energierechtliche Regelung »umweltnahe Segmente« betreffe; ebenso wohl *Leneuf*, La politique européenne sur les ENR et l'efficacité énergétique: éclatement des responsabilités ou politique intelligente?, in: Blumann (Hrsg.), S. 81 (89 f.).

tenzverlust der EU zu vermeiden, der durch die Verlagerung des Energieumweltrechts von der Umweltkompetenz zur Energiekompetenz drohen würde.[147] Weitergehend kann der Verweis auch als **Rechtsfolgenverweis** in dem Sinn verstanden werden, dass wie im Fall des Art. 192 Abs. 2 AEUV eine einstimmige Beschlussfassung nötig wird, wenn die dort genannten Voraussetzungen vorliegen;[148] diese Auffassung knüpft zwar an die Voraussetzungen des Art. 192 Abs. 2 AEUV an, löst aber den Zusammenhang mit den – im Rahmen des Art. 194 AEUV nicht notwendig gegebenen – umweltpolitischen Motiven.[149] Insgesamt erscheint danach ein **Verständnis als Einstimmigkeitsvorbehalt** unter systematischen und funktionalen Gesichtspunkten vorzugswürdig. Gelöst ist der Knoten der europäischen Energiepolitik damit freilich nicht, weil Einstimmigkeit unter den Mitgliedstaaten in zentralen Fragen derzeit nicht herzustellen ist;[150] zumindest wird damit aber die Option europäischer Maßnahmen offengehalten.

5. Grenzen des Anwendungsbereichs

Unabhängig von den Kontroversen um das Verständnis der Bestimmung ist hervorzuheben, dass Art. 194 Abs. 2 AEUV sich von vornherein **ausschließlich auf das Gesetzgebungsverfahren nach diesem Artikel** bezieht: Der einschränkende zweite Unterabsatz von Art. 194 Abs. 2 AEUV kann daher nicht gegen Rechtsakte angeführt werden, die auf anderer Rechtsgrundlage ergangen sind.[151] Auch kann aus ihm **keine Legitimation** für Einschränkungen der Grundfreiheiten – etwa für Einfuhrverbote für Strom unerwünschter Herkunft – hergeleitet werden;[152] die nationale Bestimmung über den eigenen Energiemix kann nicht so weit gehen, dass in anderen Mitgliedstaaten produzierte Energie aufgrund ihrer Produktionsweise ausgeschlossen werden könnte.

33

IV. Art. 194 AEUV als Grundlage der europäischen Energie-Außenpolitik

1. Die Bedeutung der EU-Energieaußenpolitik

Erhebliche Bedeutung hat die Schaffung der neuen Rechtsgrundlage auch für die Energie-Außenpolitik der EU,[153] die angesichts der **Abhängigkeit des EU-Raums** von Ener-

34

---

[147] S. auch *Hackländer*, S. 219; die Gegenauffassung vermeidet diese Konsequenz durch die Annahme eines Verbleibens der Materie bei Art. 192 AEUV, s. o. Rn. 15 ff.
[148] Dafür *Gundel*, EWS 2011, 25 (28); *Hancher/Salerno*, S. 392; *Vial*, S. 215 ff.; zur Vorgängerbestimmung im Verfassungsvertrag *Maichel* (Fn. 23), S. 67.
[149] Nachdem Art. 192 Abs. 2 AEUV zwei der drei in Art. 194 Abs. 2 AEUV genannten Vorbehaltsbereiche abbildet und hier einstimmige Beschlussfassung ermöglicht, bliebe als »Souveränitätsreservat« in Art. 194 AEUV allein die Verfügung über die eigenen Energieressourcen; dieser Verlust an EU-Kompetenzen wäre aber auch am ehesten zu verschmerzen, zumal dieser Bereich auch vor dem Inkrafttreten des Vertrags von Lissabon durch die EU-Kompetenzen nicht abgedeckt war.
[150] Zu (bisher folgenlosen) rechtspolitischen Überlegungen im Anschluss an diesen Befund s. u. Rn. 48.
[151] So zu Recht EuG, Urt. v. 7. 3. 2013, Rs. T–370/11 (Polen/Kommission), ECLI:EU:T:2013:113, Rn. 11 ff.; s. auch schon o. Rn. 28.
[152] So aber – zu weitgehend – *Schroeder/Müller*, Importverbote und Kennzeichnungsgebote für Atomstrom und EU-Recht, FS Berka, 2013, S. 591 (599 ff.); dagegen zutreffend unter Verweis auf den Charakter der Regelung als reine Gesetzgebungskompetenz, die zur Einschränkung von Grundfreiheiten nicht geeignet ist, *Gross* (Fn. 132), S. 36.
[153] Zu diesem Feld s. z. B. *Haghighi*, S. 187 ff.; *Woltering*, S. 17 ff.; *Gundel*, FS Säcker, S. 697 ff.; *Neframi*, Panorama des relations extérieures de l'Union européenne en matière énergétique, in: Blumann (Hrsg.), S. 155 ff.; *Hahn/Dudenhöfer*, EnzEuR, Bd. 10, § 15, Rn. 182 ff.

gieimporten[154] ihrerseits ein wichtiges Feld der europäischen Energiepolitik ist und von der EU in jüngerer Zeit intensiv vorangetrieben wird:[155] Art. 194 AEUV enthält zwar keine ausdrückliche Rechtsgrundlage für den Abschluss völkerrechtlicher Verträge,[156] er ist aber **in Verbindung mit** der – in Art. 216 Abs. 1 AEUV kodifizierten – **AETR-Doktrin**[157] auch als Grundlage der europäischen Energie-Außenpolitik nutzbar,[158] soweit der Abschluss von Abkommen erforderlich ist, um die in Art. 194 AEUV festgehaltenen Ziele der europäischen Energiepolitik zu erreichen. Diese Notwendigkeit lässt sich in Bezug auf die Energiepolitik unter den Gesichtspunkten der Versorgungssicherheit oder des Klimaschutzes regelmäßig leicht begründen – anders als im Fall der Binnenmarkt-Ziele, für die dieses Erfordernis nur ausnahmsweise erfüllt sein wird.

2. Die bisherigen Grundlagen der EU-Energieaußenbeziehungen

a) Die bisherige Vertragspraxis

35 Die Europäische Gemeinschaft hat zwar auch vor dem Vertrag von Lissabon eine beachtliche Zahl von völkerrechtlichen Verträgen im Energiesektor geschlossen;[159] diese mussten aber bisher auf eine **Vielzahl von unterschiedlichen Rechtsgrundlagen** gestützt werden. So wurde der Abschluss des Energiechartavertrages,[160] zu dessen Ausarbeitung die Europäische Gemeinschaft im Jahr 1991 den Anstoß gegeben hatte, auf insgesamt 10 Rechtsgrundlagen gestützt.[161] Ein ähnliches Bild bietet sich bei dem im Jahr 2005 unterzeichneten Abkommen über die »Energiegemeinschaft« zwischen der EU und den Nachfolgestaaten Jugoslawiens,[162] der die Regeln des Energie-Binnenmarktes auf dieses

---

[154] S. die Kommissionsmitteilung »Eine Energiepolitik für Europa«, KOM (2007) 1 endg. v. 10.1.2007, S. 4, die einen Anstieg von 50% (2007) auf 65% (2030) annimmt; s. auch noch die Kommissionsmitteilung »zur Energieversorgungssicherheit und internationalen Zusammenarbeit – Die EU-Energiepolitik: Entwicklung der Beziehungen zu Partnern außerhalb der EU«, KOM (2011) 539 endg. v. 7.9.2011, S. 2 (60% Importquote für Erdgas, 80% für Erdöl).

[155] S. dazu zuletzt die Kommissionsmitteilung »Umsetzung der Mitteilung zur Energieversorgungssicherheit und internationalen Zusammenarbeit sowie der Schlussfolgerungen des Rates ›Energie‹ vom November 2011«, KOM (2013) 638 endg. v. 13.9.2013.

[156] Dazu z.B. *Kaddous/Bitar* (Fn. 128), S. 16, die das Fehlen eines – der Erwähnung in Art. 192 AEUV vergleichbaren – ausdrücklichen Hinweises auf den Abschluss völkerrechtlicher Verträge bedauern; ebenso *Vial*, S. 219f.

[157] Zur ihr s. Art. 216 AEUV, Rn. 25ff.

[158] Dazu z.B. *Gundel*, EWS 2011, 25 (31); *Woltering*, S. 243ff.; *Neframi* (Fn. 153), S. 156; *Hahn/Dudenhöfer*, EnzEuR, Bd. 10, § 15, Rn. 189. Die EU ist in diesem Bereich auch nicht auf die z.B. im Bereich der Binnenmarktkompetenz geltende schwache Ausformung der AETR-Doktrin beschränkt, nach der zunächst ein interner Rechtsakt erlassen werden muss (dazu Art. 216 AEUV, Rn. 29), so aber wohl *Blumann*, RAE 2009/10, 737 (747).

[159] S. *Haghighi*, S. 9ff.; *Woltering*, S. 79ff.; *Belyi*, EU External Energy Relations, in: Roggenkamp/Rønne/Redgwell/Del Guayo (Hrsg.), Energy Law in Europe, 2007, S. 195ff.

[160] ABl. 1998, L 69/1; BGBl. II 1997, S. 5; zu diesem Abkommen s. *Gundel*, in: Säcker (Hrsg.), Berliner Kommentar zum Energierecht, Einl. D, Rn. 303ff.

[161] Der Beschluss zum Abschluss des Vertrages (Fn. 160) führt Art. 54 Abs. 2, 57 Abs. 2, 66, 73c Abs. 2, 87, 99, 100a, 113, 130 Abs. 1, 235 EGV (a.F. – Maastricht-Fassung) an; ebenso schon der Beschluss zur vorläufigen Anwendung, ABl. 1994, L 380/1.

[162] Beschluss des Rates v. 29.5.2006 über den Abschluss des Vertrags zur Gründung der Energiegemeinschaft durch die Europäische Gemeinschaft, ABl. 2006, L 198/15; s. auch www.energy-community.org. Dazu *Hoffmeister*, Die Beziehungen der Europäischen Union zu den Staaten des Westbalkans, in: Kadelbach (Hrsg.), Die Außenbeziehungen der Europäischen Union, 2006, S. 125 (132ff.); *Schmitt von Sydow*, Die paneuropäische Energiegemeinschaft mit Südosteuropa, FS Bieber, 2007, S. 559; zur weiteren Entwicklung s. *Hunt/Karova*, The Energy Acquis Under the Energy Community Treaty and the Integration of South East European Electricity Markets: An Uneasy Relati-

Territorium erstreckt und hierfür 7 Rechtsgrundlagen herangezogen hat;[163] dieses Abkommen zeigt zugleich, wie weit die EU-Energiebinnenmarktgesetzgebung zu diesem Zeitpunkt schon gediehen war, denn dieses Abkommen wurde anders als der Energiecharta-Vertrag, der noch als gemischtes Abkommen der EU und ihrer Mitgliedstaaten konzipiert worden war, allein durch die EU abgeschlossen, weil die flächendeckende Ausübung der Kompetenz im Binnenraum nach den Grundsätzen der **AETR-Doktrin** zur **Ausschließlichkeit der Außenkompetenz** führte.[164] Auch zahlreiche bilaterale Partnerschaftsabkommen mit Drittstaaten, die vor dem Inkrafttreten des Vertrags von Lissabon geschlossen wurden, enthalten Bestimmungen zum Energiesektor, die allerdings zumeist recht allgemein gehalten sind.[165]

Insbesondere die Nutzung der **Binnenmarktkompetenz** des heutigen Art. 114 AEUV, die vor allem für die Errichtung des Energiebinnenmarktes herangezogen wurde, war dabei aber **nicht unproblematisch**, soweit nicht bereits entsprechende Binnenmarkt-Rechtsakte erlassen – und damit notwendig die ausschließliche Kompetenz der EU auch für entsprechende Abkommen begründet – worden war:[166] Denn dass der Abschluss von Abkommen mit Drittstaaten zur Herstellung des Binnenmarktes unter den Mitgliedstaaten notwendig wäre, leuchtet nicht von vornherein ein. Die Bestimmung konnte damit originäre Außen-Aktivitäten im Energiesektor nicht tragen, sondern nur **Binnenmarkt-Annexregelungen** im Außenverhältnis abstützen.[167]

36

b) Insbesondere: Anwendbarkeit der GASP?

Daneben wird in Bezug auf die Versorgungssicherheit in der Literatur zum Teil die Bedeutung der Kompetenz für außenpolitische Sicherheitsfragen (nun Art. 24 EUV)

37

---

onship?, in: Delvaux/Hunt/Talus (Hrsg.), EU Energy Law and Policy Issues, 2010, S. 51; *Buschle*, EnzEuR, Bd. 1, § 32; *Gundel* (Fn. 80), Rn. 93 ff.

[163] Art. 47 Abs. 2, 55, 83, 89, 95, 133 und 175 EGV i. V. m. Art. 300 EGV. Das Abkommen wurde ursprünglich für einen Zeitraum von 10 Jahren abgeschlossen, die Verlängerung war aber gemäß Art. 97 des Abkommens durch Beschluss des Energiegemeinschafts-Ministerrats möglich (und ist zwischenzeitlich erfolgt, s. ABl. 2013, L 320/81), so dass ein erneuter Abschluss durch die EU – der nun auf Art. 194 AEUV zu stützen wäre – nicht nötig wurde; auch die Aufnahme neuer Mitgliedstaaten erfolgt gemäß Art. 100 des Abkommens durch einstimmigen Beschluss des Energiegemeinschafts-Ministerrats.

[164] Dazu *Gundel* (Fn. 80), Rn. 93; die Mitgliedstaaten können auf Antrag dennoch als »Mitglieder« an den Gremien teilnehmen, s. Art. 95 des Vertrages, s. auch *Hoffmeister* (Fn. 162), S. 136; *Schmitt von Sydow* (Fn. 162), S. 562.

[165] S. *Woltering*, S. 17 ff., 79 ff.; *Neframi* (Fn. 153), S. 159 ff.

[166] Dazu auch *Woltering*, S. 244 mit dem berechtigten Hinweis, dass sich dieser Bereich der ausschließlichen EU-Außenkompetenz im Energiesektor mit der Vervollständigung des Energiebinnenmarktes weiter ausdehnt; zu diesem Effekt s. auch EuGH, Urt. v. 26.11.2014, Rs. C–66/13 (Green Energy Network), ECLI:EU:C:2014:2399 m. Anm. *Gundel*, EnWZ 2015, 83: Infolge der Binnenmarktgesetzgebung zur Förderung erneuerbarer Energien fallen auch entsprechende Abkommen mit Drittstaaten in die EU-Kompetenz.

[167] Als Annex zu Binnenmarkt-Regelungen waren außenbezogene Bestimmungen freilich schon zuvor möglich, s. z. B. die Regelungen zu Investitionen aus Drittstaaten im dritten Binnenmarktpaket; hierzu *Gundel/Germelmann*, EuZW 2009, 763 (769 f.); s. auch *Lecheler/Germelmann*, Zugangsbeschränkungen für Investitionen aus Drittstaaten im deutschen und europäischen Energierecht, 2010, S. 71 ff.; *Schmidt-Preuß*, Die Zukunft der Netze – Szenarien, Modell, rechtliche Implikationen, in: Ehricke (Hrsg.), Die neuen Herausforderungen im Lichte des Energierechts, 2009, S. 91 (105 ff.); künftig ist hier allerdings die durch den Vertrag von Lissabon in die Handelspolitik gem. Art. 207 AEUV (ex-Art. 133 EGV) aufgenommene EU-Zuständigkeit für ausländische Direktinvestitionen einschlägig, s. *Lecheler/Germelmann*, S. 137 ff., 147 ff.

hervorgehoben.[168] Auch der Europäische Rat hat mehrfach festgehalten, dass die **Energieversorgungssicherheit** ein im Rahmen der GASP zu berücksichtigender Gesichtspunkt ist,[169] der Einfluss auf die Wahl außenpolitischer Partner und auf die Ausgestaltung der Beziehungen zu ihnen nehmen kann. Allerdings erscheint es zu weitgehend, konkret der Energieversorgungssicherheit dienende Rechtsakte unmittelbar der EU-Außenpolitik zuzuordnen.[170] Auch die **Praxis** hat diesen Weg soweit erkennbar nicht beschritten, auch wenn die im politischen Raum verwendete Terminologie teils – etwa mit dem seit 2006 periodisch diskutierten Stichwort einer »Energie-NATO«[171] zum Schutz vor Versorgungskrisen – entsprechende Assoziationen weckt: Es ist nicht ersichtlich, dass auf der Grundlage der GASP-Kompetenzen schon spezifisch energiebezogene Abkommen abgeschlossen worden wären. Die Ausnahme der tatsächlich auf die GASP gestützten Beteiligung an der Organisation für die Entwicklung der Energiewirtschaft auf der koreanischen Halbinsel (**KEDO**)[172] bestätigt diesen Eindruck, weil dort tatsächlich das sicherheitspolitische Motiv der **Verhinderung der nuklearen Proliferation** im Vordergrund stand; die Förderung der Energieversorgung aus konventionellen Quellen war hier tatsächlich nur Mittel zum (im engeren Sinne) sicherheitspolitischen Zweck.

3. Die Nutzung der neuen Kompetenz im Bereich der Energie-Außenbeziehungen

38 Seit dem Inkrafttreten des Vertrags von Lissabon werden die bisher genutzten Rechtsgrundlagen in der Vertragspraxis zu Recht durch Art. 194 AEUV verdrängt:[173] Auf sei-

---

[168] S. z. B. *Schmidt-Preuß*, Europäische Energiepolitik. Aktuelle Entwicklungen und rechtliche Aspekte, FS Scholz, 2007, S. 903 (905 ff.); zu den Mechanismen der GASP auch *Schulenberg*, S. 217 ff.; *Woltering*, S. 233 ff.

[169] S. m. w. N. *Schulenberg*, S. 219 f.

[170] Für die Zeit vor Inkrafttreten des Vertrags von Lissabon folgte die Spezialität der gemeinschaftsrechtlichen Rechtsgrundlagen gegenüber der GASP aus der Rechtsprechung des EuGH zum damaligen Art. 47 EUV, insbes. EuGH, Urt. v. 20. 5. 2008, Rs. C–91/05 (Kommission/Rat), Slg. 2008, I–3651 (Kleinwaffen); dazu *Heliskoski*, E. L. Rev. 33 (2008), 898; zur heutigen Rechtslage s. sogleich Fn. 173.

[171] Geprägt wurde der Begriff im Jahr 2006 durch die polnische Regierung unter dem Eindruck der politisch motivierten Unterbrechungen der Versorgung mit Erdgas aus Russland; zur Diskussion s. z. B. *Geden/Goldthau/Noetzel*, »Energie-NATO« und »Energie-KSZE« – Instrumente der Versorgungssicherheit?, SWP-Diskussionspapiere (FG 1) Nr. 4/2007.

[172] Die KEDO war 1995 von den USA, Japan und Südkorea als internationale Organisation gegründet worden, um Nordkorea durch die Schaffung von Energieversorgungs-Alternativen den Ausstieg aus seinem Atomprogramm zu erleichtern. Zu diesem Zweck sollten vor allem zwei Leichtwasserreaktoren bereitgestellt werden; dieser Teil des Programms unterfiel der Kompetenz der EAG, die der KEDO beigetreten ist (Abkommen über die Bedingungen für den Beitritt der EAG zur KEDO, ABl. 1998, L 70/10, zuletzt verlängert durch Beschluss 2013/363/Euratom der Kommission v. 17. 5. 2013, ABl. 2013, L 188/1). An Vorhaben zur Entwicklung nicht-nuklearer Versorgungsalternativen hat sich die EU dagegen mit den hier relevanten GASP-Maßnahmen beteiligt, s. erstmals die Gemeinsame Aktion 96/195/GASP v. 5. 3. 1996, ABl. 1996, L 63/1, weiter den Gemeinsamen Standpunkt 2001/869/GASP des Rates v. 6. 12. 2001, ABl. 2001, L 325/1. Nachdem Nordkorea seinen Verpflichtungen nicht nachgekommen war, hat KEDO im Jahr 2007 den operativen Betrieb eingestellt und besteht nur noch als »leere Hülle«, so die Beschreibung in der Kommissionsempfehlung v. 17. 12. 2012, KOM (2012) 760 endg.

[173] Anders für das Verhältnis zur GASP *van Vooren*, S. 298 ff., der auf den Wegfall des Art. 47 EUV a. F. (s. o. Fn. 170) verweist und für eine Doppelabstützung energieversorgungsrelevanter Abkommen auf Art. 24 EUV und Art. 194 AEUV plädiert; dagegen aber *Schulenberg*, S. 420, der auf Art. 40 EUV als Nachfolgebestimmung hinweist und insoweit von einer unveränderten Rechtslage ausgeht. Tatsächlich dürfte sich die Spezialität nun jedenfalls direkt aus Art. 194 AEUV ergeben, so wohl auch *Woltering*, S. 249.

ner Basis ist z. B. der Beitritt zur neu gegründeten Internationalen Organisation für erneuerbare Energien (**IRENA**) erfolgt,[174] während der vor dem Inkrafttreten des Vertrags gefasste Ratsbeschluss zur Unterzeichnung der Satzung der Organisation noch auf die Umweltkompetenz gestützt worden war.[175] Auch die Neufassung des sog. **Energy-Star-Abkommens**, das die Kennzeichnung energiesparender Bürogeräte zwischen den USA und der EU koordiniert, wurde neben Art. 207 AEUV auf Art. 194 AEUV gestützt,[176] während die Vorgängerfassung noch allein auf der Grundlage der Außenhandelskompetenz beschlossen worden war.[177]

Dagegen wird Art. 194 AEUV voraussichtlich keine Bedeutung für die Abstützung von **nicht-verbindlichen Memoranden** (Memorandum of Understanding – MoU) über die Zusammenarbeit in Energiefragen gewinnen, die die EU-Kommission unterhalb der Schwelle verbindlicher völkerrechtlicher Verträge mit zahlreichen Drittstaaten vereinbart hat;[178] auch das im November 2009 von der EU und Russland unterzeichnete Memorandum über einen Frühwarnmechanismus für Versorgungskrisen gehört dieser Kategorie rechtlich unverbindlicher Abreden an.[179] Nach der allerdings noch nicht gefestigt erscheinenden Rechtsprechung des EuGH wird für diese Form der internationalen Kooperation keine Befugnisnorm benötigt,[180] so dass die Kommission solche Dokumente in eigener Verantwortung unterzeichnen kann.[181] Inzwischen bezieht die EU-Kommission in manchen Fällen auch betroffene Mitgliedstaaten in entsprechende Abreden ein.[182]   39

Auch **autonom-einseitige Maßnahmen** der EU, die das Verhältnis zu Drittstaaten betreffen, können auf der Grundlage der neuen Kompetenznorm ergehen; ein Beispiel bildet der auf dieser Grundlage erlassene Beschluss zur Meldepflicht der Mitgliedstaaten   40

---

[174] Beschluss des Rates v. 24.6.2010, ABl. 2010, L 178/17, gestützt auf Art. 194 Abs. 2 i. V. m. 218 AEUV; für eine Doppelabstützung von Abkommen zur Energieumweltpolitik zugleich auch auf die Umweltkompetenz dagegen *Calliess*, S. 42.

[175] ABl. 2009, L 288/23.

[176] Beschluss des Rates v. 13.11.2012 über die Unterzeichnung und den Abschluss des Abkommens zwischen der Regierung der Vereinigten Staaten von Amerika und der Europäischen Union über die Koordinierung von Kennzeichnungsprogrammen für Strom sparende Bürogeräte, ABl. 2013, L 63/5.

[177] Beschluss 2003/269/EG des Rates v. 8.4.2003, ABl. 2003, L 99/47, im Anschluss an EuGH, Urt. v. 12.12.2002, Rs. C–281/01 (Kommission/Rat), Slg. 2002, I–12049, der die ursprüngliche Abstützung auf die Umweltkompetenz beanstandet hatte.

[178] Dazu m. w. N. *van Vooren*, E. L. Rev. 34 (2009), 697 (715 f.); *Pradel*, S. 272 ff.

[179] Memorandum on an Early Warning Mechanism in the Energy Sector within the Framework of the EU-Russia Energy Dialogue v. 16.11.2009, s. dazu *Heinickel*, N&R 2010, 36 f.; die erste Fassung wurde zwischenzeitlich durch die Folgefassung v. 24.2.2011 ersetzt, abrufbar unter http://ec.europa.eu/energy/international/russia/doc/20110224_memorandum.pdf.

[180] So zumindest im Ergebnis EuGH, Urt. v. 23.3.2004, Rs. C–233/02 (Frankreich/Kommission), Slg. 2004, I–2759, m. Anm. *C. Pitschas*, EuZW 2004, 433; dazu auch *Baroncini*, RDUE 2006, 369 ff.

[181] Eine eigene Kategorie von (verbindlichen) EU-Verwaltungsabkommen mit Drittstaaten, für die die Kommission zunächst eine eigene Abschlusskompetenz beansprucht hatte, hat der EuGH dagegen nicht anerkannt, s. GA *Alber*, Schlussanträge zu Rs. C–233/02 (Frankreich/Kommission), Slg. 2004, I–2759, Tz. 70 ff.

[182] S. das Memorandum of Understanding on North-South Interconnections in Central-Eastern Europe v. 23.11.2011, abrufbar unter http://ec.europa.eu/energy/infrastructure/doc/2011_north_south_east_mou.pdf; einziger beteiligter (damaliger) Nicht-Mitgliedstaat war in diesem Fall Kroatien. Pkt. 7 des MoU behandelt die Rechtsform: »This Memorandum of Understanding does not constitute an agreement that is binding under international law, but reflects political intent only and should apply without prejudice to international and EU legislation […]. The Sides do not intend it to create legal commitments.«

über Abkommen, die sie mit Drittstaaten im Energiesektor abschließen.[183] Auch hier konnte die Binnenmarktkompetenz des heutigen Art. 114 AEUV, die bisher als Grundlage für energiewirtschaftsrechtliche Regelungen herangezogen worden war, außenwirtschaftliche Maßnahmen wie z.B. die im dritten Binnenmarktpaket vorgesehene Zertifizierung von Netzbetreibern aus Drittstaaten[184] nur als Annex tragen.

41 Für die internationale Kooperation im Bereich der Kernenergie besteht im Rahmen des EAGV eine speziellere Rechtsgrundlage in **Art. 101 EAGV**; der EAG ist hier eine **explizite Außenkompetenz** zuerkannt worden,[185] die vor allem für den Abschluss von Abkommen zur nuklearen Sicherheit,[186] in neuerer Zeit aber auch in der Energieforschung genutzt wird.[187]

42 Den Mitgliedstaaten verbleiben im Bereich der Energie-Außenpolitik dennoch weiterhin **erhebliche Spielräume**, was schon durch die erwähnte sekundärrechtliche Meldepflicht für völkerrechtliche Verträge mit Drittstaaten dokumentiert wird, die der EU-Kommission zumindest einen Überblick über die von den Mitgliedstaaten eingegangenen Verpflichtungen ermöglichen soll.[188] Vor allem bei der Realisierung neuer **grenzüberschreitender Versorgungsverbindungen**, die häufig durch den Abschluss völkerrechtlicher Verträge abgesichert wird, liegen Initiative und Durchführung weiterhin in der Hand der beteiligten Unternehmen und Mitgliedstaaten. Die EU beteiligt sich insoweit nur durch **fördernde Begleitung**, nicht aber durch völkervertragliche Abre-

---

[183] Beschluss Nr. 994/2012/EU des EP und des Rates v. 25.10.2012 zur Einrichtung eines Mechanismus für den Informationsaustausch über zwischenstaatliche Energieabkommen zwischen Mitgliedstaaten und Drittländern, ABl. 2012, L 299/13; der Beschluss begründet hier eine Verpflichtung, die im Bereich der Kernenergie gemäß Art. 103 EAGV schon kraft Primärrechts besteht.

[184] Art. 11 StromVO/GasVO (Fn. 30); zu dieser als »Gasprom-Klausel« bekannt gewordenen Regelung s. z.B. *Lecheler/Germelmann* (Fn. 167), S. 71ff.

[185] Grundlegend zur Reichweite der Außenkompetenzen in diesem Bereich EuGH, Urt. v. 10.12.2002, Rs. C–29/99 (Kommission/Rat), Slg. 2002, I–11221; dazu *Koutrakos*, CMLRev. 41 (2004), 191. Bei der Internationalen Atomenergie-Organisation (IAEA) hat die EAG bisher nur Beobachterstatus auf der Grundlage des Abkommens über die Zusammenarbeit zwischen der Europäischen Atomgemeinschaft und der Internationalen Atomenergieorganisation v. 1.12.1975, ABl. 1975, L 329/28; die angesichts der EU-rechtlichen Kompetenzlage angemessene Mitgliedschaft scheitert schon daran, dass hier bisher nur Staaten als Vertragsparteien vorgesehen sind; die in der Mitteilung KOM (2006) 121 endg. v. 16.3.2006 geäußerte Anregung von Verhandlungen mit dem Ziel einer Vollmitgliedschaft hat der Rat nicht aufgenommen, s. die Mitteilung KOM (2007) 646 endg. v. 29.10.2007, S. 15.

[186] S. insbes. den Beschluss 1999/819/Euratom der Kommission v. 16.11.1999 über den Beitritt der EAG zum Übereinkommen über nukleare Sicherheit von 1994, ABl. 1999, L 318/20; für weitere Abkommen s. den Überblick bei *Grunwald*, ZEuS 2010, 407 (441ff.).

[187] So beteiligt sich die EU an der Erprobung der Kernfusionstechnik im Rahmen des ITER-Pilotprojekts (International Thermonuclear Experimental Reactor) auf der Grundlage des EAGV, s. das Übereinkommen über die Gründung der Internationalen ITER-Fusionsenergieorganisation für die gemeinsame Durchführung des ITER-Projekts, ABl. 2006, L 358/62; Vertragsparteien sind neben der EAG China, Indien, Japan, Südkorea, Russland und die USA, Standort des Reaktors ist Cadarache/Frankreich; aus der Literatur s. dazu *Gambier*, RDUE 2010, 729ff.; s. auch www.iter.org.

[188] Die Verträge der Mitgliedstaaten mit Drittstaaten unterliegen dabei grundsätzlich dem Vorrang des EU-Rechts. Anderes gilt gemäß Art. 351 AEUV bei Altverträgen; so kann die gegenüber Drittstaaten bestehende ältere Investitionsschutz-Verpflichtung eines neu beigetretenen EU-Mitgliedstaates sich über Art. 351 AEUV selbst gegenüber den Liberalisierungsvorgaben des Binnenmarkt-Sekundärrechts durchsetzen, s. dazu EuGH, Urt. v. 15.9.2011, Rs. C–264/09 (Kommission/Slowakei), Slg. 2011, I–8065, m. Anm. *B. Thiele*, EuZW 2011, 793.

den;¹⁸⁹ der Abschluss der maßgeblichen Abkommen verbleibt bei den beteiligten Mitgliedstaaten und Drittstaaten.¹⁹⁰

D. Steuerliche Bestimmungen: Art. 194 Abs. 3 AEUV

Art. 194 Abs. 3 AEUV formuliert wenig überraschend einen **Einstimmigkeitsvorbehalt** für Regelungen »überwiegend steuerlicher Art«: Die Bestimmung ist erkennbar der entsprechenden umweltrechtlichen Regelung nachempfunden, die in Art. 192 Abs. 2 Buchst. a AEUV erhalten geblieben ist. Sie spiegelt im Übrigen die Tatsache wider, dass für steuerliche Regelungen im Vertrag von Lissabon durchgehend die Einstimmigkeitsregel erhalten geblieben ist; dem entspricht eine ebenfalls gleichförmig normierte schwächere Beteiligung des Europäischen Parlaments, die nur in Form der **Anhörung** vorgesehen ist (s. parallel dazu Art. 113, 115 AEUV). Insoweit bedeutet diese Einschränkung keine Änderung des Status Quo.¹⁹¹

43

Nach **vorherrschender Auffassung** betrifft die Regelung ausschließlich steuerliche Regelungen **im engeren Sinn**; Abgaben, die anders als Steuern nicht primär der Finanzierung der nationalen Staatshaushalte dienen, sollen damit nicht Abs. 3, sondern der Mehrheitsbeschlussfassung nach Abs. 2 unterfallen.¹⁹² Bei der gleichlautenden Formulierung in Art. 192 AEUV wird in der überwiegenden Literatur und auch der Rechtssetzungspraxis eine sehr enge Auslegung zugrunde gelegt, nach der selbst die in den EU-Haushalt fließende Strafabgabe der Automobilhersteller bei Überschreitung der CO_2-Ziele nicht als überwiegend steuerliche Regelung eingeordnet wurde.¹⁹³ Zweifelsfrei erscheint diese zum EU-Umweltrecht entwickelte, vom Gerichtshof bisher allerdings nicht bestätigte enge Auffassung aber nicht, weil der EuGH für die parallele Bestimmung des Art. 114 Abs. 2 AEUV in deutlichem Kontrast dazu eine weiten, funktionalen Steuerbegriff zugrunde legt;¹⁹⁴ auch scheint die im Umweltrecht verbreitete

44

---

¹⁸⁹ Das Maximum bildet die von EU-Kommission und Aserbaidschan am 13.1.2011 unterzeichnete »Joint Declaration on the Southern Gas Corridor«, die entgegen der Pressemitteilung IP/11/30 vom gleichen Tag keine Verpflichtung Aserbaidschans »zu beträchtlichen langfristigen Gaslieferungen an die Europäische Union« enthält, sondern sich auf bloße Absichtserklärungen beschränkt (s. den Text der gemeinsamen Erklärung im Anhang der Pressemitteilung).

¹⁹⁰ S. dazu das über lange Zeit von der EU geförderte »Nabucco«-Gaspipelineprojekt zur Schaffung eines »südlichen Korridors« zur Ermöglichung von Gasimporten aus dem kaspischen Raum ohne den bisher nötigen Umweg über russisches Territorium; zu diesem inzwischen gescheiterten Projekt und den zu seiner Realisierung zwischen den berührten Staaten (ohne Beteiligung der EU) geschlossenen Abkommen s. *Fuchs*, ZaöRV 71 (2011), 103 ff.

¹⁹¹ Auch der zuvor für den Energiebinnenmarkt einschlägige Art. 95 EGV – nun Art. 114 AEUV – hätte steuerliche Maßnahmen nach seinem Abs. 2 nicht getragen; kritisch aber *Calliess*, S. 56 f., der den Einstimmigkeitsvorbehalt als das »größte Manko der neuen Kompetenz« ansieht.

¹⁹² So *Breier*, in: Lenz/Borchardt, EU-Verträge, Art. 194 AEUV, Rn. 18, im Anschluss an die Diskussion zur gleichlautenden Regelung im heutigen Art. 192 Abs. 2 AEUV; ebenso *Ludwigs*, EnzEuR, Bd. 5, § 5, Rn. 72.

¹⁹³ Art. 9 der VO (EU) Nr. 510/2011 des EP und des Rates v. 11.5.2011 zur Festsetzung von Emissionsnormen für neue leichte Nutzfahrzeuge im Rahmen des Gesamtkonzepts der Union zur Verringerung der CO_2-Emissionen von Personenkraftwagen und leichten Nutzfahrzeugen, ABl. 2011, L 145/1; zustimmend *Shirvani*, UPR 2013, 17 (20); Schmidt-Kötters/Held, NVwZ 2009, 1390 (1392); dagegen *Seiler*, EuR 2010, 67 (79 ff., 85).

¹⁹⁴ S. EuGH, Urt. v. 29.4.2004, Rs. C–338/01 (Kommission/Rat), Slg. 2004, I–4829, Rn. 63 zum Begriff »Bestimmungen über die Steuern«: »Wegen seines allgemeinen Charakters deckt dieser Ausdruck nicht nur alle Gebiete des Steuerrechts ohne Unterscheidung der Art der betroffenen Steuern

Auffassung recht deutlich durch die Zielsetzung motiviert, den Einsatz des Instruments der Lenkungsabgaben nicht dem Einstimmigkeitsvorbehalt zu unterwerfen. Auch in der Sache dürften die besseren Argumente für ein Verständnis sprechen, das einen **Gleichklang mit Art. 113 und Art. 114 Abs. 2 AEUV** herstellt.

45   Angesichts der neuen speziellen Kompetenz liegt der Gedanke nahe, dass neue Rechtsakte wie z. B. Änderungen der noch auf die Vorgängerbestimmung des heutigen Art. 113 AEUV gestützten Energiesteuer-Richtlinie[195] auf der Grundlage von Art. 194 Abs. 3 AEUV erfolgen;[196] die Kommission hat ihren im Jahr 2011 vorgelegten Vorschlag für eine Neufassung allerdings weiter auf Art. 113 AEUV gestützt.[197] Praktische Folgen sind mit der Wahl zwischen Art. 113 und 194 AEUV freilich nicht verbunden, da die Verfahrensvoraussetzungen übereinstimmen.

46   Aus der Tatsache, dass der Einsatz steuerlicher Regelungen als **energiepolitische Lenkungsinstrumente** auf europäischer Ebene der Einstimmigkeit unterliegt und einer Einigung damit hohe Hürden gesetzt sind, ergibt sich für die Mitgliedstaaten allerdings nur geringer zusätzlicher Freiraum: Die Verwendung dieser Steuerungsinstrumente auf nationaler Ebene – etwa durch die steuerliche Privilegierung energieintensiver Industrien – wird regelmäßig durch das EU-Beihilfenrecht erfasst werden und untersteht damit der Kontrolle der EU-Kommission.[198]

E. Ausblick

47   Die Schaffung der Energiekompetenz durch den Vertrag von Lissabon bedeutet einen erheblichen Fortschritt für das europäische Energierecht; es hat auf diese Weise einen **kohärenten primärrechtlichen Orientierungsrahmen** erhalten, auch wenn die Kompe-

---

oder Abgaben ab, sondern auch alle Aspekte dieses Rechtsgebiets, ob materielle Regelungen oder Verfahrensregelungen.« Bestätigt durch EuGH, Urt. v. 26.1.2006, Rs. C–533/03 (Kommission/Rat), Slg. 2006, I–1025, Rn. 47; s. auch *Kreibohm*, Der Begriff der Steuer im Gemeinschaftsrecht, 2004.

[195] RL 2003/96/EG des Rates v. 27.10.2003 zur Restrukturierung der gemeinschaftlichen Rahmenvorschriften zur Besteuerung von Energieerzeugnissen und elektrischem Strom, ABl. 2003, L 283/51; zu ihr z. B. *Jatzke*, BB 2004, 21 ff.; *Renner-Loquenz/Boeshertz*, Competition Policy Newsletter 3/2003, 14 ff.

[196] So auch *Hackländer*, S. 157.

[197] Vorschlag für eine Richtlinie des Rates zur Änderung der RL 2003/96/EG [...], KOM (2011) 169 endg. v. 13.4.2011 (im März 2015 zurückgezogen); dazu *Moritz*, et 11/2011, 80 ff.; wie die Kommission allerdings *Breier*, in: Lenz/Borchardt, EU-Verträge, Art. 194 AEUV, Rn. 19, der produktbezogene Energiesteuern wie bisher Art. 113 AEUV zuordnet, daraus dann aber konsequent auch ableitet, dass Art. 194 Abs. 3 AEUV praktisch keinen Anwendungsbereich habe.

[198] S. z. B. den Kommissionsbeschluss v. 18.12.2013 – Staatliche Beihilfe SA.33995 (2013/C) (ex 2013/NN) – Deutschland, Förderung der Stromerzeugung aus erneuerbaren Energien und Begrenzung der EEG-Umlage für energieintensive Unternehmen, C (2013) 4424 final (Einleitung des Hauptprüfungsverfahrens); dazu auch *Germelmann*, EWS 2013, 161 ff.; *Ismer/Karch*, ZUR 2013, 526 ff.; *Ekardt*, EurUP 2013, 197 ff. Weiter z. B. für die Befreiung des produzierenden Gewerbes von Energieabgaben EuGH, Urt. v. 8.11.2001, Rs. C–143/99 (Adria-Wien Pipeline), Slg. 2001, I–8365, Rn. 38 ff.; zum Streit um die beihilfenrechtliche Bewertung der deutschen Kernbrennstoffsteuer z. B. *Kühling*, EWS 2013, 113 ff. Das Sekundärrecht kann gegenüber der beihilfenrechtlichen Kontrolle jedoch abschirmen, weil vom EU-Recht vorgegebene Regelungen dem Staat beihilfenrechtlich nicht zurechenbar sind; so ist die Einräumung von Steuererleichterungen, die durch die EnergiesteuerRL (Fn. 195) vorgegeben ist, nicht am Beihilfenrecht zu messen, s. EuG, Urt. v. 5.4.2006, Rs. T–351/02 (Deutsche Bahn/Kommission), Slg. 2006, II–1047, Rn. 99 ff. (Mineralölsteuerbefreiung für Flugbenzin).

tenzen gegenüber dem Vorzustand inhaltlich kaum erweitert wurden. Es ist auch die deutliche Tendenz des EU-Gesetzgebers erkennbar, die neue Rechtsgrundlage auch breit zu nutzen;[199] der EuGH hat diesen Ansatz, der einen Ausgleich der für die Energiepolitik kennzeichnenden Zielkonflikte[200] auf der Grundlage einer einheitlichen Kompetenznorm ermöglicht, bisher auch bestätigt.

Nicht aufgelöst wird durch die Bestimmung allerdings das **Spannungsverhältnis** zwischen der Zielsetzung eines **europäischen Energie-Binnenmarktes** und dem Vorbehalt einer **nationalen Bestimmung des Energiemixes**, der sich in Art. 194 AEUV parallel zu Art. 192 AEUV findet;[201] die divergierenden Weichenstellungen der Mitgliedstaaten in der Frage der Wahl der Energiequellen machen deutlich, dass es sich hier auch nicht um ein nur theoretisches Problem handelt. Abhilfe ist insoweit nicht in Sicht; auch Überlegungen zu einer Fortentwicklung der EU-Energiepolitik in einem engeren Kreis von beteiligten Staaten, die dieses Dilemma möglicherweise z. B. durch Nutzung der Instrumente der verstärkten Zusammenarbeit (Art. 20 EUV, 326 ff. AEUV) oder durch Schaffung eines eigenen völkervertraglichen Rahmens unter den mitwirkungswilligen Mitgliedstaaten auflösen könnten, sind zwar propagiert worden;[202] sie haben aber bisher soweit ersichtlich nicht zu konkreten Konsequenzen geführt.

48

---

[199] So auch *Battista*, ENLR 2013, 89 (94); zu den abweichenden Stimmen in der deutschen Literatur, die für ein stärkeres Gewicht der Umweltkompetenz plädieren, s. o. Rn. 15 ff.

[200] S. o. Rn. 6.

[201] Dieser Befund gilt unabhängig davon, ob man Art. 194 Abs. 2 UAbs. 2 AEUV als Regelungssperre oder als Einstimmigkeitsvorbehalt deutet (zu dieser Diskussion s. o. Rn. 27 ff.): Auch das Verständnis als Einstimmigkeitsvorbehalt führt angesichts der unterschiedlichen Grundausrichtungen in den Mitgliedstaaten zu einer Blockadesituation, s. o. Rn. 32.

[202] *Ahner/de Hauteclocque/Glachant*, LIEI 39 (2012), 249; s. auch die von *Jacques Delors* initiierte, bisher aber ohne konkrete Folgen gebliebene Initiative zur Schaffung eines eigenen Energiegemeinschafts-Vertrags zwischen mitwirkungswilligen EU-Mitgliedstaaten, ausgeführt bei *Andoura/Hancher/van der Woude*, Towards a european Energy Community: A Policy Proposal, 2010.

Titel XXII
Tourismus

Artikel 195 AEUV [Maßnahmen im Tourismussektor]

(1) Die Union ergänzt die Maßnahmen der Mitgliedstaaten im Tourismussektor, insbesondere durch die Förderung der Wettbewerbsfähigkeit der Unternehmen der Union in diesem Sektor.
Die Union verfolgt zu diesem Zweck mit ihrer Tätigkeit das Ziel,
a) die Schaffung eines günstigen Umfelds für die Entwicklung der Unternehmen in diesem Sektor anzuregen;
b) die Zusammenarbeit zwischen den Mitgliedstaaten insbesondere durch den Austausch bewährter Praktiken zu unterstützen.
(2) Das Europäische Parlament und der Rat erlassen unter Ausschluss jeglicher Harmonisierung der Rechtsvorschriften der Mitgliedstaaten gemäß dem ordentlichen Gesetzgebungsverfahren die spezifischen Maßnahmen zur Ergänzung der Maßnahmen, die die Mitgliedstaaten zur Verwirklichung der in diesem Artikel genannten Ziele durchführen.

Literaturübersicht

Kempter, Tourismus in der EU, 2003; *Knigge*, Maßnahmen der EG auf dem Gebiet des Fremdenverkehrs, 2001; *Thomas*, Europäische Tourismuspolitik, 1998; *Tichadou*, Der Schutz des Touristen in der Rechtsprechung des Europäischen Gerichtshofs, ZEuS 2002, 299.

Inhaltsübersicht

	Rn.
A. Zuständigkeit der Union für Maßnahmen im Tourismussektor	1
B. Begriffsbestimmung und systematischer Zusammenhang	6
C. Entwicklung der Tourismusförderung auf europäischer Ebene	
I. Wirtschaftliche Bedeutung des Tourismussektors	9
II. Politische Fördermaßnahmen der EG und EU	11
D. Inhalt der Regelung	
I. Zweck und Ziel von Maßnahmen gem. Art. 195 Abs. 1 AEUV	15
II. Inhalt und Grenzen der Rechtsetzung gem. Art. 195 Abs. 2 AEUV	18
E. Maßnahmen der Mitgliedstaaten	20
F. Weitere Entwicklung und Kritik	22

A. Zuständigkeit der Union für Maßnahmen im Tourismussektor

1 Die EU ist in insgesamt sieben Bereichen zuständig, neben den Mitgliedstaaten durch eigene **Maßnahmen zur Unterstützung, Koordinierung oder Ergänzung** tätig zu werden. Gemäß Art. 6 Buchst. d AEUV gehört dazu auch der Tourismus. Während Art. 6 AEUV nur die thematischen Zuständigkeiten der Union benennt, verweist Art. 195 AEUV auf den konkreten Zweck entsprechender ergänzender Maßnahmen auf dem Gebiet des Tourismus. Danach bezwecken Maßnahmen der Union insbesondere die Förderung der Wettbewerbsfähigkeit der Unternehmen der Union im Tourismussektor. Darüber hinaus formuliert die Vorschrift weitere Ziele des Handelns auf Unionsebene, die in der

Schaffung eines günstigen Umfelds für die Unternehmensentwicklung und der Unterstützung der Zusammenarbeit und des Austausches der Mitgliedstaaten bestehen.

Seit dem Vertrag von Maastricht wurden Maßnahmen im **Tourismussektor** – dort noch als **Fremdenverkehr** bezeichnet – in Art. 3 Abs. 1 Buchst. u EGV[1] als Tätigkeitsfeld der EG beschrieben. Für alle drei in Art. 3 Abs. 1 Buchst. u EGV ohne unmittelbaren inhaltlichen Zusammenhang zusammengefassten Themenbereiche – Energie, Tourismus und Katastrophenschutz – wurden mit den Art. 194 (Energiepolitik), Art. 195 (Maßnahmen im Tourismussektor) und Art. 196 AEUV (Zusammenarbeit beim Katastrophenschutz) eigenständige Regelungen getroffen, die Zielsetzungen und Fördermaßnahmen der Unionsorgane näher bestimmen. 2

Die Beschreibung des Fremdenverkehrs als Tätigkeitsfeld der Gemeinschaft in Art. 3 Abs. 1 Buchst. u EGV war aber nicht mit einer spezifischen Kompetenz der Union verbunden. Entsprechende Maßnahmen der Tourismusförderung mussten daher auf einschlägige andere Zuständigkeiten – z.B. für den Binnenmarkt oder den Verbraucherschutz oder auf Art. 308 EGV (jetzt Art. 352 AEUV) – gestützt werden. Eine ausdrückliche primärrechtliche Kompetenzgrundlage für das Tätigwerden der EU zur ergänzenden Förderung des Tourismus besteht erst seit dem **Vertrag von Lissabon** in Gestalt des Art. 195 AEUV. Dieser geht zurück auf Art. III–281 EVV. 3

In den **Vertrag über eine Verfassung für Europa** war nach langen und teilweise kontrovers geführten Debatten im Vorfeld durch die Regierungskonferenz in Abweichung zur Auffassung des Konvents eine **ausdrückliche Zuständigkeit** der Union für den Bereich des Tourismus in Art. III–281 EVV aufgenommen worden.[2] Art. 195 AEUV entspricht Art. III–281 EVV insoweit, als dessen Absatz 1 unverändert als Art. 195 Abs. 1 AEUV übernommen worden ist und Art. 195 Abs. 2 AEUV lediglich im Hinblick darauf redaktionell angepasst wurde, dass die staatsanaloge Terminologie des Verfassungsvertrags mit dem Vertrag von Lissabon wieder aufgegeben wurde. 4

Die Begründung einer Unionskompetenz verleiht zwar Rechtsetzungs- und Handlungsmacht, geht aber durch inhärente Beschränkungen des Art. 195 AEUV nicht wesentlich über das hinaus, was auch bisher auf Grundlage des EGV möglich war.[3] Die Einführung des eigenen und neuen Kompetenztitels geht insbesondere nicht mit einer **Übertragung von Hoheitsrechten** auf die Unionsorgane einher. Aus Art. 2 Abs. 5 AEUV ergibt sich, dass in den Bereichen, in denen die Union nach Maßgabe der Verträge für **Maßnahmen zur Unterstützung, Koordinierung oder Ergänzung** zuständig ist, diese Zuständigkeit nicht an die Stelle der mitgliedstaatlichen Kompetenz tritt. Vielmehr handelt es sich bei der Zuständigkeit der Union lediglich um eine akzessorische, begleitende, die zunächst das Tätigwerden der Mitgliedstaaten erfordert. Mitgliedstaatliche Hoheitskompetenzen werden daher im Bereich der Tourismusförderung nicht auf die Union übertragen.[4] Diese Schlussfolgerung wird durch Art. 195 Abs. 2 AEUV unterstützt. Dieser Absatz stellt klar, dass spezifische sekundärrechtliche Maßnahmen zur Ergänzung mitgliedstaatlicher Maßnahmen unter Ausschluss jeglicher **Harmonisierung** 5

---

[1] Zunächst Art. 3 Abs. 1 Buchst. t EGV, mit dem Vertrag von Amsterdam bis zu den Änderungen durch den Vertrag von Lissabon Art. 3 Abs. 1 Buchst. u EGV.
[2] *Fischer*, Der Europäische Verfassungsvertrag, 2005, S. 145.
[3] *Nettesheim*, in: Grabitz/Hilf/Nettesheim, EU, Art. 195 AEUV (Mai 2011), Rn. 7.
[4] A.A. (bezogen auf die Vorgängervorschrift im Vertrag über eine Verfassung für Europa) *Hellmann*, Der Vertrag über eine Verfassung für Europa – Einführung und Übersichten, 2006, S. 36.

der Rechtsvorschriften der Mitgliedstaaten zu erfolgen haben und ist Ausdruck der nicht bestehenden Rechtsetzungskompetenz der Union.[5]

B. Begriffsbestimmung und systematischer Zusammenhang

6   Eine Definition dessen, was unter Tourismus oder dem synonym verwendeten Begriff des Fremdenverkehrs zu verstehen ist, ist dem europäischen Primärrecht nicht zu entnehmen. Jüngere Dokumente der Kommission verwenden ebenfalls keine präzise Begriffsbestimmung, aus ihrem Inhalt ergibt sich aber, dass als Bestandteile der europäischen Tourismusindustrie traditionelle Reisedienstleister wie Hotels, Restaurants und Reisebüros, Autovermietungen, Flug-, Reisebus- und Kreuzfahrtgesellschaften gelten.[6] Außerdem wird nicht differenziert, ob eine Reise aus geschäftlichen oder privaten Gründen erfolgt, so dass beide Erscheinungsformen als touristische Aktivitäten zu behandeln sind.[7] Die Definition der **Welttourismusorganisation der Vereinten Nationen** (UN World Tourism Organization – UNWTO) greift im Vergleich zu den Ansätzen der Union demgegenüber zu kurz, weil sie Geschäftsreisen nicht erfasst, indem sie auf den Aufenthalt, der nicht mit der Ausübung einer bezahlten Tätigkeit verbunden ist, Bezug nimmt.[8] Zusammenfassend lässt sich Tourismus im Sinne der europäischen Bestimmungen definieren als die Bewegung von Personen, die ihren Wohnsitz vorübergehend aus beruflichen, gesundheitlichen, sportlichen oder kulturellen Gründen oder zum Zweck einer Vergnügungsreise verlassen, ohne die mit dem gewöhnlichen Aufenthaltsort verbundenen rechtlichen und wirtschaftlichen Beziehungen aufzugeben.[9]

7   Dem Inhalt nach sind Maßnahmen im Tourismussektor verbunden mit Fragen des Transports und den Regelungen der **Dienstleistungsfreiheit**. Die Aktivitäten der Union, die eine europäische **Transportpolitik** betreffen, erfassen auch den für den Fremdenverkehr maßgeblichen Bereich des Personentransports. Die im Tourismussektor erbrachten Leistungen, z. B. Bewirtung, Hotelübernachtungen, Transport etc., sind ganz überwiegend als Dienstleistungen zu qualifizieren, die naturgemäß von der europäischen Dienstleistungsfreiheit erfasst werden. Als Ausdruck aktiver und passiver Dienstleistungsfreiheit in der Union gemäß Art. 56 AEUV lässt sich daher eine **Tourismusfreiheit** begründen.[10] Auch mittels der EU-Politik zum **Verbraucherschutz** werden auf europäischer Ebene rechtliche Regelungen eingeführt, die auf der Nachfrageseite den Tourismussektor betreffen und die Rechte von Touristen stärken. Entsprechende Maßnahmen sind jedoch nicht auf den europäischen Tourismussektor als Reiseziel beschränkt, sondern betreffen z. B. auch Rechte europäischer Verbraucher gegenüber Reiseanbietern, die Fernreisen zu außereuropäischen Zielen vermitteln oder durchführen.

---

[5] *Weerth*, in: Lenz/Borchardt, EU-Verträge, Art. 195 AEUV, Rn. 2; *Bings*, in: Streinz, EUV/AEUV, Art. 195 AEUV, Rn. 8.
[6] *Europäische Kommission*, Europa – wichtigstes Reiseziel der Welt: ein neuer politischer Rahmen für den europäischen Tourismus vom 30. 6. 2010, KOM (2010) 352 endgültig, S. 3, Fn. 1.
[7] *Europäische Kommission*, KOM (2010) 352 endgültig, S. 2.
[8] United Nations Department for Economic and Social Information and Policy Analysis Statistical Division and World Tourism Organization, Recommendation on Tourism Statistics, 1994, ST/ESA/STAT/SER.M/83.
[9] Vgl. auch *Calliess*, in: Calliess/Ruffert, EUV/AEUV, Art. 195 AEUV, Rn. 3.
[10] *Vedder*, in: Vedder/Heintschel v. Heinegg, Europäisches Unionsrecht, Art. 195 AEUV, Rn. 2.

Die Zuständigkeit der Union für Fördermaßnahmen im Tourismussektor gemäß 8
Art. 195 AEUV hat eine von den Fragen der Regelung von Dienstleistungen zu unterscheidende Zielsetzung. Mögliche Maßnahmen haben nicht den Einzelnen zum Gegenstand, der als Tourist oder als Anbieter Dienstleistungen im Fremdenverkehr erhält oder erbringt, sondern beziehen sich auf strukturelle **Förderprogramme** und Hilfeleistungen für solche Mitgliedstaaten, die den eigenen Tourismussektor stärken wollen, um auf diesem Wege den Wirtschaftszweig in der EU insgesamt zu unterstützen. Insoweit besteht eine Parallele zur Industriepolitik, die sich gemäß Art. 173 AEUV ebenfalls auf die strukturellen Voraussetzungen der Wettbewerbsfähigkeit europäischer Industrieunternehmen bezieht. Wollte man den Tourismussektor, der weniger produzierender als vielmehr dienstleistender Natur ist, dennoch zur »Industrie« im Sinne des Art. 173 AEUV zählen, so wäre Art. 195 AEUV als **lex specialis** anzusehen.[11]

C. Entwicklung der Tourismusförderung auf europäischer Ebene

I. Wirtschaftliche Bedeutung des Tourismussektors

Als Begründung für die Einführung eines eigenen Titels zur Tourismuspolitik wird regelmäßig die **wirtschaftliche Bedeutung** der Tourismuspolitik angeführt.[12] In wirtschaftlicher Hinsicht war seit den 1960er und 1970er Jahren ein Bedeutungsgewinn des Tourismus zunächst innerhalb der Union zu verzeichnen, weil mit steigendem Wohlstand auch die Zahl der Urlaubsreisen zunahm. Heute ist der Tourismus die drittgrößte sozioökonomische Aktivität in der EU und wird nur von den Bereichen Handel und Vertrieb sowie dem Baugewerbe übertroffen.[13] 9

Der Tourismus gilt danach als ein **Schlüsselsektor** der europäischen Wirtschaft, der großes Potential für Wachstum und Beschäftigung birgt.[14] Auch in ansonsten wirtschaftlich unterentwickelten Regionen kann der Tourismus einen signifikanten – teilweise sogar den einzigen – Wirtschaftsfaktor darstellen. Im besten Fall kann die Abgelegenheit bestimmter Regionen, die sie für z. B. das produzierende Gewerbe unattraktiv macht, korrespondieren mit einem Markt für Erholungsreisen oder so genannten »Ökotourismus«, den es zu erschließen und strategisch zu unterstützen gilt. Dafür kommen innerstaatliche Maßnahmen und der Austausch zwischen Mitgliedstaaten ebenso in Betracht, wie Fördermaßnahmen der Union. 10

II. Politische Fördermaßnahmen der EG und EU

Neben seiner Bedeutung als Wirtschaftsfaktor trägt der Tourismussektor, soweit er den innereuropäischen Tourismus zum Gegenstand hat, zum gegenseitigen Kennen- und Verstehenlernen der in der Union verbundenen Nachbarstaaten bei und fördert so die von den Verträgen angestrebte **Integration** auf der Ebene der Bevölkerung.[15] Die Befassung der Union mit den Ansätzen einer europäischen Tourismuspolitik geht zurück 11

---

[11] *Vedder*, in: Vedder/Heintschel v. Heinegg, Europäisches Unionsrecht, Art. 195 AEUV, Rn. 1.
[12] *Bings*, in: Streinz, EUV/AEUV, Art. 195 AEUV, Rn. 2.
[13] *Europäische Kommission* (Fn. 6), S. 3.
[14] *Europäische Kommission*, Agenda für einen nachhaltigen und wettbewerbsfähigen europäischen Tourismus vom 19.10.2007, KOM (2007) 621 endgültig, S. 2.
[15] *Tichadou*, ZEuS 2002, 299 (299).

auf eine Entschließung des Rates zu einer Fremdenverkehrspolitik der Gemeinschaft aus dem Jahre 1984.[16] Zwei Jahre später wurde per Beschluss des Rats ein Beratender Ausschuss für den Fremdenverkehr eingesetzt, der primär Informationen über den Tourismussektor sammeln und vermitteln sollte.[17] 1992 folgte ein »Aktionsplan zur Unterstützung des Tourismus«, in dessen Folge der Tourismus auf der Ebene der EU institutionalisiert wurde. In der Kommission ist der Bereich des Tourismus als Unterabteilung in der **Generaldirektion »Unternehmen und Industrie«** verortet.

12 Aus dem Jahr 2010 stammt die sogenannte »**Erklärung von Madrid**«. Diese wurde von einer informellen Konferenz ausgearbeitet, im Anschluss daran aber von den EU-Ministern unterstützt, die im April 2010 unter dem spanischen Ratsvorsitz in Madrid zusammenkamen, um über die Ausrichtung der künftigen Tourismusstrategie der Union zu beraten. Die aus dem gleichen Jahr stammende Mitteilung der Kommission nimmt die Ziele und Überlegungen der Erklärung zu einer wettbewerbsfähigen, nachhaltigen, modernen und sozialverträglichen Tourismusindustrie auf und setzt die Schwerpunkte der Tourismusförderung wie folgt: eine Steigerung der Wettbewerbsfähigkeit des Tourismus in Europa, die Förderung eines nachhaltigen und verantwortungsvollen Qualitätstourismus, Stärkung der Außenwirkung Europas als eine aus Qualitätsreisezielen bestehende Einheit sowie die bestmögliche Nutzung nicht nur politischer Maßnahmen sondern auch der europäischen Finanzierungsinstrumente zur Entwicklung des Tourismus.[18]

13 Die »hinkenden Zuständigkeiten«[19] der EU im Bereich der Tourismusförderung waren ein Faktor, der die Realisierung einer einheitlichen und in sich stimmigen Politik erschwert hat. Wenngleich die Einrichtung eines EU-Tourismusförderprogramms ein Ziel ist, dem Art. 195 AEUV nunmehr Vorschub leisten soll, ist die Etablierung eines solchen in der Vergangenheit nicht nur an den unterschiedlichen rechtlichen Anknüpfungspunkten für das EU-Handeln gescheitert, sondern auch an der Konkurrenz unter den europäischen Tourismuszielen.[20] An diesem Umstand vermag auch Art. 195 AEUV nichts zu ändern.

14 Touristische Fördermittel der Union stammen derzeit aus verschiedenen Töpfen und fließen in unterschiedliche Programme, z.B. in die Förderung von Angeboten in ländlichen Gebieten über Mittel des **Agrarfonds** für die ländliche Entwicklung, in Austauschprogramme zu Ausbildungszwecken wie **Leonardo** oder **Erasmus** oder in die Förderung eines »sozialen Tourismus« mittels des **Calypso-Programms**. Auch bei dem **EDEN-Programm** handelt es sich nicht um ein umfassendes Tourismusförderprogramm, sondern um ein spezifisch zugeschnittenes Projekt zur Förderung nachhaltiger Tourismusmodelle auf Basis eines Wettbewerbs in den Mitgliedstaaten.

---

[16] Entschließung des Rates vom 10.4.1984 zu einer Fremdenverkehrspolitik der Gemeinschaft, ABl. 1984, C 115/1.
[17] Beschluss des Rats 86/664/EWG vom 22.12.1986 zur Einführung eines Verfahrens zur Konsultation und Zusammenarbeit im Bereich des Fremdenverkehrs, ABl. 1986, L 384/52.
[18] *Europäische Kommission* (Fn. 6), S. 8.
[19] *Nettesheim*, in: Grabitz/Hilf/Nettesheim, EU, Art. 195 AEUV (Mai 2011), Rn. 6.
[20] *Weerth*, in: Lenz/Borchardt, EU-Verträge, Art. 195 AEUV, Rn. 7.

D. Inhalt der Regelung

I. Zweck und Ziel ergänzender Maßnahmen gem. Art. 195 Abs. 1 AEUV

Das ausdrückliche Ziel der ergänzenden Maßnahmen der Union besteht in der Förderung der **Wettbewerbsfähigkeit** der europäischen Unternehmen, die im Tourismussektor tätig sind. Die Nennung der Förderung der Wettbewerbsfähigkeit ist dem Wortlaut nach –»insbesondere« – aber nur eine Möglichkeit des Unionshandelns und nicht ausschließlich zu verstehen. Der Wortlaut des Abs. 1 stellt zunächst klar, dass die Zuständigkeit der Union auf ergänzende Maßnahmen beschränkt ist. Art. 195 Abs. 1 UAbs. 2 Buchst. a AEUV konkretisiert die Ermächtigung zum ergänzenden Tätigwerden durch den Hinweis, dass die Union Anreize für die Schaffung eines günstigen Umfelds für die Entwicklung der Unternehmen im Tourismussektor setzt. 15

Demgegenüber soll die Union gemäß Art. 195 Abs. 1 UAbs. 2 Buchst. b AEUV die **Kooperation der Mitgliedstaaten** unterstützen, damit diese in einen Austausch über Wissen und Erfahrungen eintreten können. Hinsichtlich dieser Unterstützung durch die Union kommen im Hinblick auf die zulässigen Maßnahmenkategorien angesichts des Wortlauts des Art. 195 Abs. 1 AEUV, der sich ausschließlich auf ergänzende Maßnahmen bezieht, zwei Auslegungsmöglichkeiten in Betracht. Eine Möglichkeit besteht darin, aus diesem Unterabsatz eine **Unterstützungskompetenz** der Union zu folgern, die zu der Ergänzungskompetenz hinzutritt.[21] Alternativ bleibt es bei der ausschließlichen Kompetenz zur Ergänzung des Art. 195 Abs. 1 AEUV, weil die Maßnahmen zur Unterstützung in Art. 195 Abs. 1 UAbs. 2 Buchst. b AEUV nicht auf originäre Maßnahmen der EU zur Tourismusförderung bezogen sind, sondern diese nur in Ergänzung zu den Mitgliedstaaten deren Austausch unterstützen darf. 16

Damit bliebe es bei der ausschließlichen Kompetenz zu ergänzenden Maßnahmen, die aber bezogen auf den Austausch zwischen den Mitgliedstaaten die Gestalt einer Unterstützung derselben annehmen. Dafür spricht, dass die Mitgliedstaaten, sofern die Union in deren Zusammenarbeit unterstützend tätig wird, die Hoheit nicht nur über die Inhalte, sondern auch über die Aufnahme und den Grad der Zusammenarbeit behalten. Die Union erhebt weder selbst Daten z. B. über bewährte Praktiken noch initiiert oder koordiniert sie die Zusammenarbeit, sondern ist auf unterstützende Aktivitäten beschränkt, wenn und soweit die Mitgliedstaaten aus eigener Initiative nach Austausch und Kooperation streben. Eine **Koordinierungsfunktion** im Sinne einer Kompetenz zu koordinierenden Maßnahmen übernimmt die Union damit aus den genannten Gründen ebenfalls nicht.[22] Ob Staaten in der Praxis ein Interesse daran haben, sich mit potentiellen Konkurrenten über bewährte Praktiken zur Tourismusförderung auszutauschen, sei dahingestellt. 17

II. Inhalt und Grenzen der Rechtsetzung gem. Art. 195 Abs. 2 AEUV

Spezifische Maßnahmen des Europäischen Parlaments und des Rates im **ordentlichen Gesetzgebungsverfahren** gemäß Art. 289 Abs. 1, 294 AEUV dürfen nur zur Ergänzung mitgliedstaatlichen Handelns getroffen werden, nicht aber zur Unterstützung und Koordinierung. Des Weiteren ist jede Harmonisierung ausdrücklich verboten, so dass 18

---

[21] So *Calliess*, in: Calliess/Ruffert, EUV/AEUV, Art. 195AEUV, Rn. 5.
[22] A.A. *Wöhler*, Tourismuspolitik, in: Bergmann (Hrsg.), Handlexikon der Europäischen Union, 4. Aufl., 2012, S. 885.

rechtlich verbindliche Maßnahmen im Sinne des Art. 288 AEUV zwar möglich, diese inhaltlich in Intensität und Regelungstiefe aber notwendig beschränkt sind, weil sie nicht auf die Vereinheitlichung der mitgliedstaatlichen Rechtsordnungen abzielen dürfen. Bislang gibt es keine auf das ordentliche Gesetzgebungsverfahren gestützte Verordnungen, Richtlinien oder Beschlüsse zur Förderung der Ziele des Art. 195 AEUV. Denkbar sind gesetzgeberische Maßnahmen zur finanziellen Förderung insbesondere kleiner und mittelständischer Unternehmen.[23]

19 Aus dem Charakter des Art. 195 AEUV als Vorschrift für einen speziellen wirtschaftlichen Bereich folgt, dass der Ausschluss der Harmonisierung für den Tourismussektor in Art. 195 Abs. 2 AEUV nicht durch Rückgriff auf die **Binnenmarktkompetenz** des Art. 114 AEUV umgangen werden kann. Jedenfalls insoweit, wie Maßnahmen spezifisch auf die Schaffung eines günstigen Umfelds für die Förderung von Unternehmen und die Kooperation zwischen den Mitgliedstaaten bezogen sind, ist Art. 195 AEUV lex specialis gegenüber der Rechtsangleichungskompetenz für den Binnenmarkt.[24]

E. Maßnahmen der Mitgliedstaaten

20 Die Bezugnahme auf die Maßnahmen, die die Mitgliedstaaten zur Verwirklichung der in Art. 195 AEUV genannten Ziele durchführen, wird vereinzelt so ausgelegt, dass den Mitgliedstaaten eine Verpflichtung obliegt, den Tourismussektor zu fördern.[25] Regelmäßig wird eine Förderung der eigenen Tourismusindustrie im Interesse der Mitgliedstaaten liegen. Zwingend ist die Lesart einer Verpflichtung zur Förderung nach dem Wortlaut des Art. 195 Abs. 2 AEUV allerdings nicht, da Pflichten oder ein »Sollen« oder »Müssen« der Mitgliedstaaten gerade nicht Bestandteil des Absatzes sind. Vielmehr lässt sich der entsprechende Halbsatz nach dem Sinn und Zweck der Vorschrift auch so auslegen, dass lediglich die **Akzessorietät des Unionshandelns** noch einmal hervorgehoben wird. Eine Pflicht entsprechende nationale Maßnahmen zu treffen, die dann wiederum die Zuständigkeit der Union zu Ergänzungsmaßnahmen auslösen würden, würde die Freiheit der Mitgliedstaaten selbst über Prioritäten bei der Förderung innerstaatlicher Wirtschaftszweige zu entscheiden ohne sachlichen Grund beschränken. Daran vermag auch die wirtschaftliche Bedeutung des Tourismus als Wirtschaftszweig in der EU insgesamt nichts zu ändern.

21 Entsprechende mitgliedstaatliche Maßnahmen, an die die akzessorische Förderung durch die Union anschließen könnte, könnten in der finanziellen Förderung von Tourismusunternehmen bestehen, für die dann gegebenenfalls wiederum Ausnahmen vom unionsrechtlichen **Beihilfeverbot** gemäß Art. 107 Abs. 3 Buchst. a oder c AEUV eingreifen könnten.[26]

---

[23] *Calliess*, in: Calliess/Ruffert, EUV/AEUV, Art. 195 AEUV, Rn. 10.
[24] *Calliess*, in: Calliess/Ruffert, EUV/AEUV, Art. 195 AEUV, Rn. 12.
[25] So *Vedder*, in: Vedder/Heintschel v. Heinegg, Europäisches Unionsrecht, Art. 195 AEUV, Rn. 4.
[26] *Vedder*, in: Vedder/Heintschel v. Heinegg, Europäisches Unionsrecht, Art. 195 AEUV, Rn. 3.

F. Weitere Entwicklung und Kritik

Über die politischen Konzepte und Absichtserklärungen hinaus ist die EU bisher nicht spezifisch zur Tourismusförderung ergänzend gesetzgeberisch tätig geworden. Ob trotz der Konkurrenzsituation zwischen den Mitgliedstaaten, die bisher konzertierte Förderprogramme verhindert hat, auf Grundlage des Art. 195 AEUV eine einheitliche umfassende Tourismuspolitik etabliert wird, zu deren Förderung die Mitgliedstaaten mitwirken und die ergänzend durch gesetzgeberische Maßnahmen der EU flankiert wird, bleibt abzuwarten.

Unbestritten ist der Tourismus ein wichtiger Wirtschaftszweig in Europa, dessen Förderung einen wesentlichen Beitrag dazu leisten kann, das Ziel des **dauerhaften Wirtschaftswachstums** in der Union unter Einschluss zahlreicher, neuer und qualitativ hochwertiger Arbeitsplätze zu erreichen. Dennoch bleibt fraglich, ob allein die potentielle Wirtschaftskraft eines Sektors ausschlaggebend sein soll, eine neue Kompetenz der Union – auch wenn es sich nur um akzessorische Maßnahmen handelt – zu begründen. Eine sachliche Rechtfertigung für eine Differenzierung im Vergleich zu anderen wirtschaftlich bedeutenden Branchen ist jedenfalls nicht erkennbar.[27]

---

[27] So insgesamt kritisch gegenüber Art. 195 AEUV *Nettesheim*, in: Grabitz/Hilf/Nettesheim, EU, Art. 195 AEUV (Mai 2011), Rn. 8.

Titel XXIII
Katastrophenschutz

Artikel 196 AEUV [Förderung des Katastrophenschutzes]

(1) Die Union fördert die Zusammenarbeit zwischen den Mitgliedstaaten, um die Systeme zur Verhütung von Naturkatastrophen oder von vom Menschen verursachten Katastrophen und zum Schutz vor solchen Katastrophen wirksamer zu gestalten.
Die Tätigkeit der Union hat folgende Ziele:
a) Unterstützung und Ergänzung der Tätigkeit der Mitgliedstaaten auf nationaler, regionaler und kommunaler Ebene im Hinblick auf die Risikoprävention, auf die Ausbildung der in den Mitgliedstaaten am Katastrophenschutz Beteiligten und auf Einsätze im Falle von Naturkatastrophen oder von vom Menschen verursachten Katastrophen in der Union;
b) Förderung einer schnellen und effizienten Zusammenarbeit in der Union zwischen den einzelstaatlichen Katastrophenschutzstellen;
c) Verbesserung der Kohärenz der Katastrophenschutzmaßnahmen auf internationaler Ebene.
(2) Das Europäische Parlament und der Rat erlassen unter Ausschluss jeglicher Harmonisierung der Rechtsvorschriften der Mitgliedstaaten gemäß dem ordentlichen Gesetzgebungsverfahren die erforderlichen Maßnahmen zur Verfolgung der Ziele des Absatzes 1.

Literaturübersicht

Kloepfer, Rechtliche Grundprobleme des Katastrophenschutzes, FS Sellner, 2010, S. 391; *Kotzur*, European Union Law on Disaster Preparedness and Response, GYIL 55 (2012), 253; *Walus*, Europäischer Katastrophenschutz – Möglichkeiten und Grenzen im Lichte des Vertrages von Lissabon, EuR 2010, 564.

Inhaltsübersicht

	Rn.
A. Zuständigkeit der Union für Maßnahmen im Katastrophenschutz	1
B. Begriffsbestimmung und systematischer Zusammenhang	3
C. Entwicklung des Katastrophenschutzes auf europäischer Ebene	8
D. Inhalt der Regelung	
I. Zweck und Ziele von Maßnahmen gem. Art. 196 Abs. 1 AEUV	12
II. Form und Grenzen von Unionsmaßnahmen	14

A. Zuständigkeit der Union für Maßnahmen im Katastrophenschutz

1 Der Katastrophenschutz gehört gemäß Art. 6 Buchst. f AEUV zu den insgesamt sieben Bereichen, in denen die EU im Sinne des Art. 2 Abs. 5 AEUV zuständig ist, neben den Mitgliedstaaten durch eigene **Maßnahmen zur Unterstützung, Koordinierung oder Ergänzung** tätig zu werden. Art. 6 AEUV erschöpft sich in der Auflistung der thematischen Zuständigkeiten der Union. Die einzelnen Tätigkeitsfelder werden hinsichtlich des Zwecks entsprechender Unterstützungs-, Koordinierungs- und Ergänzungsmaßnahmen in gesonderten Vorschriften näher bestimmt. Für den Katastrophenschutz übernimmt

Art. 196 AEUV die entsprechende Ausformulierung. Danach bezwecken Maßnahmen der Union die Förderung der Zusammenarbeit unter den Mitgliedstaaten vor allem im Bereich der **Präventivmaßnahmen**.¹ Eine Übertragung mitgliedstaatlicher **Hoheitskompetenzen** an die EU ist nicht Gegenstand und Inhalt des Art. 196 AEUV.²

Ursprünglich formulierte Art. 3 Abs. 1 Buchst. u EGV den Katastrophenschutz lediglich als ein Ziel der Europäischen Gemeinschaft, ohne dass damit eine Kompetenzzuweisung verbunden gewesen wäre. Entsprechende Maßnahmen mussten auf die **Flexibilitätsklausel** des Art. 308 EGV (jetzt Art. 352 AEUV) gestützt werden.³ Die aus dem Jahr 2007 stammende Entscheidung des Rates über die **Neufassung des Gemeinschaftsverfahrens für den Katastrophenschutz**,⁴ wurde auf dieser Grundlage erlassen. Der **Vertrag über eine Verfassung für Europa** sah erstmals eine Zuständigkeit der Union für den Katastrophenschutz und weitere in Art. 6 AEUV genannte Politikziele vor. Art. 196 AEUV geht auf Art. III–284 EVV zurück, dessen Abs. 1 wortgleich übernommen wurde. Art. III–284 EVV wurde als Versuch begriffen, eine primärrechtliche Lücke zu schließen und durch die Zuständigkeit der Union für die Förderung der Kooperation einzelstaatlicher Stellen effizienten und effektiven Katastrophenschutz erst zu ermöglichen.⁵ In der Zeit zwischen dem Entwurf des Verfassungsvertrages und dem Inkrafttreten des **Vertrages von Lissabon** schuf der Rat durch die oben genannte Entscheidung zur Neufassung eines Gemeinschaftsverfahrens zum Katastrophenschutz basierend auf **Art. 308 EGV** bereits Strukturen, auf die auf der Grundlage von Art. 196 AEUV nunmehr weiter aufgebaut werden kann. Das mit Beschluss des Rates und des Parlaments eingerichtete Katastrophenschutzverfahren aus 2013 ist heute das Kernstück des europäischen Katastrophenschutzes.⁶

B. Begriffsbestimmung und systematischer Zusammenhang

Üblicherweise bezeichnet der Begriff der Katastrophe im rechtlichen Sinne das Eintreten oder Drohen eines **Großschadensfalls**.⁷ Der Ansatz des europäischen Katastrophenschutzes ist umfassend zu verstehen. Neben **Naturkatastrophen** und von Menschen verursachten Katastrophen, die als Kategorien in Art. 196 wie auch in Art. 222 AEUV ausdrücklich genannt werden, schließt der Begriff alle schweren Notfälle ein, die sich inner- oder außerhalb der Union ereignen, einschließlich **Terroranschlägen, Technologiekatastrophen, Strahlen- und Umweltunfällen** und unfallbedingter **Meeresverschmutzung**.⁸ Ein grenzüberschreitender Bezug einer Katastrophe ist nicht notwendig. Auch auf rein innerstaatliche Unglücksfälle, sofern diese die quantitativen und qualitativen Voraussetzungen einer Katastrophe erfüllen, ist Art. 196 AEUV grundsätzlich anwendbar.⁹

---

¹ *Calliess*, in: Calliess/Ruffert, EUV/AEUV, Art. 196 AEUV, Rn. 5, betont hingegen Vorsorge und Schutz.
² *Weerth*, in: Lenz/Borchardt, EU-Verträge, Art. 196 AEUV, Rn. 2.
³ *Vedder*, in: Vedder/Heintschel v. Heinegg, EVV, Art. III–284, Rn. 2.
⁴ Entscheidung 2007/779/EG, Euratom vom 8.11.2007 über ein Gemeinschaftsverfahren für den Katastrophenschutz, ABl. 2007, L 314/9.
⁵ *Fischer*, Europäischer Verfassungsvertrag, 2005, Art. III–284, Rn. 5.
⁶ Beschluss des Parlaments und des Rates 1313/2013/EU vom 17.12.2013 über ein Katastrophenschutzverfahren der Union, ABl. L 347/924.
⁷ *Kloepfer*, S. 391.
⁸ Entscheidung 2007/779/EG, Euratom, Erwägungsgrund 6.

4 Die im deutschen Recht getroffene Differenzierung zwischen **Zivilschutz** einerseits und Katastrophenschutz andererseits kennt das Unionsrecht nicht. Mit dem Begriff des Katastrophenschutzes ist vielmehr eine bewusste Entscheidung für den im Vergleich zum Zivilschutz als weiter begriffenen Terminus getroffen worden.[10]

5 Der Verzicht auf eine Begrenzung auf Ereignisse innerhalb der Union ist folgerichtig. Zum einen können die Auswirkungen auf das Gebiet einzelner oder mehrerer Mitgliedstaaten von außerhalb des Unionsgebiets stattfindenden Katastrophen von vergleichbarem Ausmaß wie innereuropäische sein. Zum anderen ist die Zusammenarbeit von Staaten im Katastrophenfall Ausdruck internationaler **Solidarität** und damit auch ein völkerrechtliches Anliegen.[11] Ein allgemeines völkerrechtliches Solidaritätsprinzip hat sich bislang zwar nicht in einer verbindlichen Rechtspflicht zum zwischenstaatlichen Beistand niedergeschlagen, Solidarität gilt aber als **allgemeiner Rechtsgrundsatz** der Union, der sich unter anderem in Art. 196 AEUV widerspiegelt.[12] Daher kann die Union auf Grundlage von Art. 196 AEUV auch die effektive Zusammenarbeit von Staaten zur Bewältigung von Katastrophen ohne Bezug zum Territorium eines Mitgliedstaates fördern.

6 Ausgehend von dem Grundsatz der Solidarität besteht systematisch eine enge Verbindung nicht nur zu der allgemeinen **Solidaritätsverpflichtung** gemäß Art. 3 Abs. 3 UAbs. 3 EUV sondern auch zu Art. 122 und Art. 222 AEUV sowie zu Art. 21 Abs. 2 Buchst. g EUV. Diese Bestimmungen regeln weitere und teilweise ergänzende Solidaritätspflichten im Katastrophenfall, z. B. durch die Möglichkeit des **finanziellen Beistands** (Art. 122 AEUV). Art. 196 AEUV wird mitunter als speziellere Ausprägung der **Solidaritätsklausel** des Art. 222 AEUV verstanden, woraus die Schlussfolgerung gezogen wird, dass Art. 196 AEUV als Rechtsgrundlage für Maßnahmen der EU zur Förderung der Zusammenarbeit lex specialis und somit vorrangig sei.[13] Das ist insoweit überzeugend, als nur Art. 196 Abs. 2 AEUV eine näher bestimmte Rechtsetzungskompetenz für den europäischen Katastrophenschutz enthält, während Art. 222 Abs. 3 AEUV lediglich auf die Beschlussfassung zu Einzelheiten der Anwendung der Solidaritätsklausel verweist. Die Auffassung hingegen, dass jedenfalls für Terroranschläge Art. 222 AEUV die speziellere Norm sein solle,[14] weil entsprechende Anschläge nur dort ausdrücklich genannt werden, ist nicht zwingend. **Terroranschläge** lassen sich bei entsprechenden Auswirkungen unter den Begriff der von Menschen verursachten Katastrophen fassen, wie er im **Unionsverfahren** – unter ausdrücklicher Hervorhebung des Einschlusses terroristischer Anschläge – und in Art. 196 AEUV verwendet wird. Es ist wenig plausibel, dass die Union die Zusammenarbeit der Mitgliedstaaten im Hinblick auf jegliche Form von Großschadensereignissen fördern darf, eine entsprechende Kompetenz für die Prävention von und den Schutz bei Terroranschlägen trotz der Hervorhebung des Solidaritätsgebots für solche Ereignisse in Art. 222 AEUV aber gerade fehlen soll. Schwierigkeiten bei der Bestimmung des Verhältnisses beider Artikel zueinander sprechen für eine Konsolidierung und Zusammenfassung derselben.[15]

---

[9] *Hatje*, in: Schwarze, EU-Kommentar, Art. 196 AEUV, Rn. 3; a. A. *Calliess*, in: Calliess/Ruffert, EUV/AEUV, Art. 196 AEUV, Rn. 12, der jedenfalls für Maßnahmen nach Art. 196 Abs. 1 Buchst. b AEUV allein eine Bezugnahme auf grenzüberschreitende Katastrophenschutzeinsätze annimmt.
[10] So das Ergebnis des Verfassungskonvents und der Regierungskonferenz, siehe *Fischer* (Fn. 5), Art. III–284, Rn. 3.
[11] *Kotzur*, in: Geiger/Khan/Kotzur, EUV/AEUV, Art. 196 AEUV, Rn. 1.
[12] *Hatje*, in: Schwarze, EU-Kommentar, Art. 196 AEUV, Rn. 2.
[13] *Calliess*, in: Calliess/Ruffert, EUV/AEUV, Art. 196 AEUV, Rn. 1.
[14] *Kotzur*, in: Geiger/Khan/Kotzur, EUV/AEUV, Art. 196 AEUV, Rn. 4.

In der Literatur wird die Zuständigkeit der EU für Maßnahmen zur Förderung der 7
mitgliedsstaatlichen Zusammenarbeit im Bereich des Katastrophenschutzes auch als
Beitrag zum **Raum der Freiheit, der Sicherheit und des Rechts** gesehen.[16] Insoweit besteht ein Bezug zu dem in Art. 6 GRC formulierten Recht auf Freiheit und Sicherheit.[17]

C. Entwicklung des Katastrophenschutzes auf europäischer Ebene

Die Auswirkungen vieler Naturkatastrophen ebenso wie die durch Menschen verur- 8
sachter Großschadensfälle betreffen mehrere Staaten in einer Region. Die Prävention
von Katastrophen und der Schutz von Mensch und Umwelt im Katastrophenfall ist
daher bereits der Sache nach international und erfordert entsprechende Strukturen der
Zusammenarbeit in der EU und über die Grenzen der Union hinaus.

Die Entwicklung des Katastrophenschutzrechts geschieht zumeist in der Folge eines 9
schweren Unfalls oder einer Naturkatastrophe, weil darin regelungsbedürftige Mängel
bei der Bewältigung oder Gründe für bestimmte schwere Auswirkungen ersichtlich
werden. Nachfolgende neue rechtliche Regelungen verfolgen, soweit einschlägig, präventive Ziele, sollen jedenfalls aber den Schutz der Bevölkerung und der Umwelt gewährleisten und erfordern regelmäßig Kompetenzzuweisungen an bestimmte Einrichtungen und die Kooperation der beteiligten Stellen. Dieser im Ausgangspunkt reaktive
Ansatz gilt auch für den Rechtsraum der EU. Die so genannte »Seveso-Richtlinie«,[18] die
als Reaktion auf den Unfall in einer italienischen Chemiefabrik mit schwersten Folgen
für Bevölkerung und Umwelt erlassen wurde, wird üblicherweise als der Beginn eines
spezifischen europäischen Katastrophenschutzrechtes angesehen.[19] Mangels entsprechender Kompetenzzuweisungen an die damalige EG für den Katastrophenschutz oder
die Umwelt war die rechtliche Grundlage der Richtlinie allerdings problematisch.[20]
Nach der Einführung eines entsprechenden Kompetenztitels für den **Umweltschutz**, der
den Schutz menschlicher Gesundheit ausdrücklich mit einschließt, konnten nach 1986
jedenfalls die Prävention und Folgenbeseitigung so genannter »Umweltkatastrophen«,
d. h. menschlich verursachter Unfälle, auf eine Zuständigkeit der damaligen Gemeinschaft gestützt werden (heute: Art. 191 ff. AEUV). Die Zuweisung einer entsprechenden Kompetenz für den Umweltschutz lag beispielsweise bereits der so genannten »**Seveso-II-Richtlinie**«[21] aus dem Jahr 1996 zu Grunde. Auch die EU-Rechtsetzung zur
künftigen Vermeidung unfallbedingter Meeresverschmutzung, z. B. in Gestalt des aus
mehreren Verordnungen und Richtlinien bestehenden »**Erika-III-Pakets**«, fällt in die
Kategorie reaktiver Rechtsetzung mit dem Ziel der Vermeidung vergleichbarer Ereignisse.

---

[15] So der Vorschlag von *Bings*, in: Streinz, EUV/AEUV, Art. 196 AEUV, Rn. 6.
[16] *Kloepfer*, S. 400.
[17] *Calliess*, in: Calliess/Ruffert, EUV/AEUV, Art. 196 AEUV, Rn. 1.
[18] RL 82/501/EWG vom 24.6.1982 über die Gefahren schwerer Unfälle bei bestimmten Industrietätigkeiten, ABl. 1982, L 230/1.
[19] *Bings*, in: Streinz, EUV/AEUV, Art. 196 AEUV, Rn. 8; *Walus*, EuR 2010, 564.
[20] *Walus*, EuR 2010, 564 (565).
[21] RL 96/82/EG vom 9.12.1996 zur Beherrschung der Gefahren bei schweren Unfällen mit gefährlichen Stoffen, ABl. 1997, L 10/13.

10 2007 wurde durch Ratsentscheidung das Gemeinschaftsverfahren[22] neu gefasst, das zusammen mit dem **Instrument zur Finanzierung**[23] als wichtigste Institution für den Katastrophenschutz im inner- und außereuropäischen Kontext galt. Gestützt waren die Entscheidungen auf Art. 308EGV (jetzt Art. 352 AEUV) und Art. 203 Euratom-Vertrag. Das neue Verfahren, das 2014 in Kraft trat, ersetzt die vorherigen Instrumente und bildet das rechtliche Kernstück des europäischen Katastrophenschutzrechts. Es stützt sich ausdrücklich auf Art. 196 AEUV. Nach den Vorstellungen, die die Kommission bereits 2008 in ersten Schritten erarbeitete,[24] sollten Synergien zwischen den vorhandenen Instrumenten geschaffen werden, die im Ergebnis zu einem umfassenden und integrierten Gesamtkonzept eines europäischen Katastrophenschutzes führen sollten.[25] Das ist mit dem Katastrophenschutzverfahren der Union erfolgt.

11 Nach der in Art. 4 Nr. 1 des EU-Katastrophenschutzverfahrens niederlegten weiten Begriffsbestimmung der Katastrophe beziehen sich die Unterstützung seitens der Union und die Verbesserung der **Koordinierung von Hilfseinsätzen** durch die Mitgliedstaaten auf alle Situationen, die ernsthafte Auswirkungen auf Menschen, Umwelt oder Eigentum haben können. Dazu legt das Verfahren die Verpflichtungen der Mitgliedstaaten und der Kommission im Katastrophenfall fest und begründete bestimmte Verfahren und Institutionen wie das **Zentrum für die Koordination von Notfallmaßnahmen** (Emergency Response Coordination Centre, ERCC), das eine Schlüsselrolle bei der Koordinierung der Hilfeleistung im Katastrophenfall spielt. Das frühere Gemeinschaftsverfahren kam u. a. bei Waldbränden in Mitgliedstaaten zum Tragen (z. B. im Falle der Aktivierung im Jahre 2012 durch Griechenland und Portugal), aber auch bei Erdbeben wie z. B. in Italien 2012. Die überwiegende Anzahl von **Aktivierungen** stammt allerdings aus dem außereuropäischen Ausland. Die Aktivierungen der Unionsmechanismen durch Haiti und die USA im Falle des Tropensturms »Sandy« im Jahre 2012 sind ebenso Beispiele wie die durch Nigeria und Tschad wegen schwerer Überflutungen aus dem selben Jahr. Auch Jordanien aktivierte das Gemeinschaftsverfahren im September 2012 und bat um Unterstützung wegen der Einreisewelle syrischer Flüchtlinge. Griechenland aktivierte das Katastrophenschutzverfahren im Zusammenhang mit dem Zustrom an Flüchtlingen 2015. Der Inhalt der Aktivierung reicht von einer **Frühwarnung** an die entsprechenden europäischen Stellen, über die Bitte um **Überwachung der Situation** bis hin zur **Bitte um Unterstützung**.

D. Inhalt der Regelung

I. Zweck und Ziele von Maßnahmen gem. Art. 196 Abs. 1 AEUV

12 Den Zweck des Tätigwerdens der Union im Bereich des Katastrophenschutzes beschreibt Art. 196 Abs. 1 AEUV mit der **Förderung der Zusammenarbeit** zwischen den Mitgliedstaaten zur Verhütung von und Schutz vor Natur- und menschlich verursachten Katastrophen durch **Maßnahmen der Union**. In den folgenden Unterabschnitten werden drei Ziele entsprechender Förderung weiter ausdifferenziert: die Unterstützung und

---

[22] Fn. 4.
[23] Entscheidung 2007/162/EG, Euratom vom 5. 3. 2007 zur Schaffung eines Finanzierungsinstruments für den Katastrophenschutz, ABl. 2007, L 71/9.
[24] KOM (2008) 13 endg.
[25] *Weerth*, in: Lenz/Borchardt, EU-Verträge, Art. 196 AEUV, Rn. 12.

Ergänzung mitgliedstaatlicher Tätigkeiten bei Prävention und Einsatz auf allen Ebenen, die Förderung der grenzüberschreitenden Kooperation nationaler Katastrophenschutzstellen und die Verbesserung der Kohärenz eines internationalen Katastrophenschutzes.

Art. 196 Abs. 1 AEUV folgt der grundsätzlichen Zweiteilung des Katastrophenschutzrechts in Prävention einerseits und Reaktionen zur Schadensverringerung andererseits, indem die Vorschrift sowohl auf die Verhütung von Katastrophen als auch auf den Schutz im Katastrophenfall eingeht. Beide Kategorien erfordern effektive zwischenstaatliche Kooperation,[26] deren Förderung das primäre Anliegen der Unionskompetenz ist. Eine entsprechende Doppelfunktion liegt auch dem Unionsverfahren zu Grunde. In der Literatur wird teilweise eine stärker differenzierte Einteilung vorgenommen in **Katastrophenverhütung** (als Maßnahmen zur Vermeidung), **Katastrophenvorsorge** (als Vorbereitung der Bekämpfung), **Katastrophenbekämpfung** und **Katastrophennachsorge**,[27] die von Art. 196 AEUV nicht aufgenommen wird. Dabei wird insbesondere die von Art. 196 Abs. 1 Buchst. a AEUV ausdrücklich genannte Ausbildung der Einsatzkräfte der Vorsorge zugerechnet.[28]

II. Form und Grenzen von Unionsmaßnahmen

Aus den Bestimmungen des Art. 196 Abs. 1 AEUV ergibt sich für die Union insgesamt eine koordinierende Rolle, die dem **Grundsatz des Subsidiaritätsprinzips** des Art. 5 EUV folgt. Daraus ist zu schließen, dass primär die Mitgliedstaaten für die Prävention und den Schutz im Katastrophenfall zuständig bleiben. Der Fokus auf die Koordinierung durch die Union, der implizit durch Art. 196 Abs. 1 Satz 1 AEUV bestätigt wird, bedeutet allerdings nicht, dass Unterstützungs- und Ergänzungsmaßnahmen ausgeschlossen wären, solange sich die Union im Rahmen der **beschränkten Mitzuständigkeit** hält. Wie sich z. B. aus Art. 196 Abs. 1 Buchst. a AEUV ergibt, kann die Union die Tätigkeit der Mitgliedstaaten auch durch eigene Maßnahmen unterstützen und ergänzen, so dass keine unionsrechtliche Beschränkung auf eine bloße Koordinierungsfunktion besteht.[29] Gleichwohl ist die EU nicht zu einer eigenen Katastrophenschutzpolitik berechtigt, sondern muss sich an der vorrangigen Zuständigkeit der Mitgliedstaaten orientieren.[30]

Art. 196 Abs. 2 AEUV erlaubt die Rechtsetzung durch das Europäische Parlament und den Rat im **ordentlichen Gesetzgebungsverfahren** gemäß Art. 289 Abs. 1, Art. 294 AEUV, schließt gleichzeitig aber jegliche Harmonisierung der Rechtsvorschriften der Mitgliedstaaten aus. Damit verdeutlicht die Vorschrift, dass mit der Einführung einer Rechtsgrundlage für Maßnahmen zur Förderung des Katastrophenschutzes keine mitgliedstaatlichen Hoheitsrechte an die Union abgegeben worden sind. Der Union sollte keine Angleichung der Rechtsordnungen nach Maßgabe eines einheitlichen europäischen Katastrophenschutzrechtes ermöglicht werden. Ein Hinwirken auf gemeinsame Standards, z. B. durch Institutionen für die erleichterte Kooperation, wird davon nicht berührt.[31]

Mit dem Beschluss über das Unionsverfahren gibt es nunmehr ein auf das ordentliche Gesetzgebungsverfahren gestütztes Instrument zur Verfolgung der Ziele des Art. 196

---

[26] *Kotzur*, GYIL 55 (2012), 253 (255).
[27] *Kloepfer*, S. 396.
[28] *Bings*, in: Streinz, EUV/AEUV, Art. 196 AEUV, Rn. 3.
[29] *Hatje*, in: Schwarze, EU-Kommentar, Art. 196 AEUV, Rn. 4.
[30] *Walus*, EuR 2010, 564 (572).
[31] *Hatje*, in: Schwarze, EU-Kommentar, Art. 196 AEUV, Rn. 5.

Abs. 1 AEUV. Für eine Fortentwicklung des europäischen Katastrophenschutzes hin zu **EU-eigenen Katastrophenschutzeinheiten** bietet Art. 196 AEUV auf Grund der nur begrenzten, akzessorischen Zuständigkeit der EU keine Grundlage,[32] so dass voraussichtlich auch künftige Maßnahmen der Union solche der Verbesserung der Kooperation und damit im Ergebnis vermittelnder und fördernder Natur sein werden.

---

[32] *Kloepfer*, S. 400.

Titel XXIV
Verwaltungszusammenarbeit

Artikel 197 AEUV [Effektive Durchführung des Unionsrechts]

(1) Die für das ordnungsgemäße Funktionieren der Union entscheidende effektive Durchführung des Unionsrechts durch die Mitgliedstaaten ist als Frage von gemeinsamem Interesse anzusehen.

(2) ¹Die Union kann die Mitgliedstaaten in ihren Bemühungen um eine Verbesserung der Fähigkeit ihrer Verwaltung zur Durchführung des Unionsrechts unterstützen. ²Dies kann insbesondere die Erleichterung des Austauschs von Informationen und von Beamten sowie die Unterstützung von Aus- und Weiterbildungsprogrammen beinhalten. ³Die Mitgliedstaaten müssen diese Unterstützung nicht in Anspruch nehmen. ⁴Das Europäische Parlament und der Rat erlassen die erforderlichen Maßnahmen unter Ausschluss jeglicher Harmonisierung der Rechtsvorschriften der Mitgliedstaaten durch Verordnungen gemäß dem ordentlichen Gesetzgebungsverfahren.

(3) ¹Dieser Artikel berührt weder die Verpflichtung der Mitgliedstaaten, das Unionsrecht durchzuführen, noch die Befugnisse und Pflichten der Kommission. ²Er berührt auch nicht die übrigen Bestimmungen der Verträge, in denen eine Verwaltungszusammenarbeit unter den Mitgliedstaaten sowie zwischen diesen und der Union vorgesehen ist.

Literaturübersicht

Britz, Vom Europäischen Verwaltungsverbund zum Regulierungsverbund?, EuR 2006, 46; *von Danwitz*, Europäisches Verwaltungsrecht, 2008; *Frenz*, Verwaltungskooperation mit der Union im Lichte von Art. 197 AEUV und des Lissabon-Urteils, DÖV 2010, 66; *Groß*, Verantwortung und Effizienz in der Mehrebenenverwaltung, VVDStRL 66 (2007), 152; *Hölscheidt*, Probleme bei der Durchsetzung des Unionsrechts in den Mitgliedstaaten, DÖV 2009, 341; *Pache*, Verantwortung und Effizienz in der Mehrebenenverwaltung, VVDStRL 66 (2007), 106; *Rengeling*, Deutsches und europäisches Verwaltungsrecht – wechselseitige Einwirkungen, VVDStRL 53 (1994), 202; *Röhl*, Verantwortung und Effizienz in der Mehrebenenverwaltung, DVBl 2006, 1070; *Schmidt-Aßmann*, Verwaltungskooperation und Verwaltungskooperationsrecht in der Europäischen Gemeinschaft, EuR 1996, 270; *ders.*, Strukturen des Europäischen Verwaltungsrechts, in: Schmidt-Aßmann/Hoffmann-Riem (Hrsg.), Strukturen des Europäischen Verwaltungsrechts, Schriften zur Reform des Verwaltungsrechts, Bd. 6, 1999, S. 9; *ders.*, Der Europäische Verwaltungsverbund und die Rolle des Europäischen Verwaltungsrechts, in: Schmidt-Aßmann/Schöndorf-Haubold (Hrsg.), Der Europäische Verwaltungsverbund, 2005, S. 1; *Schneider*, Vollzug des Europäischen Wirtschaftsrechts zwischen Zentralisierung und Dezentralisierung – Bilanz und Ausblick, EuR-Beiheft 2/2005, 141; *Suerbaum*, Die Kompetenzverteilung beim Verwaltungsvollzug des Europäischen Gemeinschaftsrechts in Deutschland, 1998; *Sydow*, Verwaltungskooperation in der Europäischen Union, 2004; *ders.*, Europäisierte Verwaltungsverfahren I, JuS 2005, 97; *Wettner*, Das allgemeine Verfahrensrecht der gemeinschaftsrechtlichen Amtshilfe, in: Schmidt-Aßmann/Schöndorf-Haubold (Hrsg.), Der Europäische Verwaltungsverbund, 2005, S. 181; *Zuleeg*, Deutsches und europäisches Verwaltungsrecht – wechselseitige Einwirkungen, VVDStRL 53 (1994), 154.

Leitentscheidungen

EuGH, Urt. v. 21.9.1983, Rs. 205–215/82 (Deutsche Milchkontor), Slg. 1983, 2633
EuGH, Urt. v. 13.1.2004, Rs. C–453/00 (Kühne & Heitz), Slg. 2004, I–837
EuGH, Urt. v. 19.9.2006, verb. Rs. C–392 u. C–422/04 (i–21 Germany und Arcor), Slg. 2006, I–8559
EuGH, Urt. v. 12.2.2008, Rs. C–2/06 (Kempter), Slg. 2008, I–411

Inhaltsübersicht   Rn.

A. Nationaler Verwaltungsvollzug als Gegenstand 1
B. Effektiver nationaler Vollzug (Abs. 1) 4
C. Frage von gemeinsamem Interesse 13
D. Unterstützung der Mitgliedstaaten (Abs. 2) 15
    I. Helfender Ansatz 15
    II. Ermessen 18
    III. Relevante Bereiche 20
    IV. Verfahren 24
E. Unberührtheitsklausel 25

A. Nationaler Verwaltungsvollzug als Gegenstand

1 Art. 197 Abs. 1 AEUV knüpft an die **Durchführung des Unionsrechts durch die Mitgliedstaaten** an und setzt diese als selbstverständlich voraus. In Art. 197 AEUV geht es entsprechend der Überschrift von Titel XXIV um die Verwaltungszusammenarbeit und damit nicht um die normative Umsetzung, die auch zur Durchführung von Unionsrecht gehört,[1] sondern den **Vollzug durch die nationalen Verwaltungen**.

2 Dieser nationale Vollzug ist zwar in die Unionsrechtsordnung eingebettet und wird durch die Union ausweislich Art. 197 Abs. 2 AEUV unterstützt, erfolgt aber immer noch mitgliedstaatlich **kraft originärer Verwaltungshoheit**.[2] Diese wird durch das bestehende gemeinsame Interesse in den Dienst des Unionsrechts gestellt, ohne dass dadurch aber eine rechtliche Kooperation von nationaler und Unionsverwaltung oder zwischen den mitgliedstaatlichen Verwaltungen begründet würde: Eine **Verwaltungskooperation** bleibt nach Art. 197 Abs. 3 Satz 2 AEUV unberührt, beruht also auf anderen **Vorschriften** und wird nicht durch Art. 197 AEUV konstituiert oder geregelt. Das gilt erst recht für die europäische Eigenverwaltung.[3]

3 Es wird aber die faktische Verwaltungszusammenarbeit erfasst, die sich im Bereich des Informalen bewegt und sich auf eine bloße Unterstützung beschränkt, wie sie Art. 197 Abs. 2 AEUV vorsieht und begünstigt. Eine darüber hinausgehende prozedurale oder institutionelle Zusammenarbeit muss hingegen weiterhin an anderer Stelle eigens angeordnet werden. Dies ist auch vielfach geschehen.[4] Infolge der vielfältigen Verflechtungen besteht ein sich gegenseitig unterrichtender, abstimmender und kooperierender Informations-, Handlungs- und Kontrollverbund, mithin ein **Verwaltungsverbund**.[5] Aus dieser begrifflichen Festlegung ergibt sich aber **keine Lösung konkreter Rechtsfragen**.[6] Immerhin verwirklicht der Verwaltungsverbund das europarechtliche

---

[1] So die Richtlinienumsetzung, etwa auch BGH, Urt. v. 14.10.2010, NJW 2011, 2436 (2438). Die Durchführung bildet den Oberbegriff von Umsetzung und Vollzug, *Kingreen*, in: Calliess/Ruffert, EUV/AEUV, Art. 51 GRC, Rn. 8.

[2] *Frenz*, Handbuch Europarecht, Band 5, Rn. 1758 m.w.N.; vgl. bereits BVerfGE 37, 271 (283); *Everling*, DVBl 1983, 649 (651); *Rengeling*, VVDStRL 53 (1994), 202 (211).

[3] Zu ihr näher etwa *Frenz*, Handbuch Europarecht, Band 5, Rn. 1940 ff.

[4] S. nur *Groß*, VVDStRL 66 (2007), 152 (166 ff.); *Pache*, VVDStRL 66 (2007), 106 (133 ff.); *Röhl*, DVBl 2006, 1070 (1074 ff.); *Schneider*, EuR 2005, Beiheft 2, 141 ff.

[5] Grundlegend *Schmidt-Aßmann*, Der Europäische Verwaltungsverbund, S. 7; *Groß*, VVDStRL 66 (2007), 152 (155.).

[6] *Groß*, VVDStRL 66 (2007), 152 (155).

Kooperationsprinzip als allgemeine Leitidee.⁷ Dieses folgt aber aus Art. 4 Abs. 3 EUV.⁸

B. Effektiver nationaler Vollzug (Abs. 1)

Immer noch ist der Vollzug allein durch die Mitgliedstaaten die Regel, fehlt doch der Union der eigene Verwaltungsunterbau und besteht entsprechend dem Subsidiaritätsprinzip immer noch ein **Vorrang mitgliedstaatlichen Vollzugs**. Der Vollzug durch europäische Stellen bleibt damit die Ausnahme, die einer Rechtsgrundlage bedarf⁹ und zudem strukturell rechtfertigungsbedürftig ist.¹⁰ Vorrangig ist an eine **vertikale oder horizontale Verwaltungskooperation** zu denken, ohne dass diese allerdings rechtlich verpflichtend¹¹ bzw. gar durch Art. 197 AEUV vorgegeben ist; es handelt sich eher um eine politische Frage.¹²

Art. 197 Abs. 2 AEUV sieht nur Unterstützungsmaßnahmen der Union vor, die auch nicht verpflichtend sind und welche die Verpflichtung der Mitgliedstaaten zur Durchführung des Unionsrechts nicht antasten. Damit geht auch diese Bestimmung davon aus, dass die Mitgliedstaaten Unionsrecht durchführen. Art. 197 Abs. 1 AEUV betont nur die **besondere Bedeutung** dieser Durchführung **für das ordnungsgemäße Funktionieren der Union**.¹³

Im Zuge dieses »Vollzugsföderalismus«¹⁴ »ist es Aufgabe aller Stellen der Mitgliedstaaten, im Rahmen ihrer jeweiligen Zuständigkeiten die Einhaltung des Gemeinschaftsrechts zu gewährleisten«.¹⁵ Korrespondierend dazu ergreifen die nationalen Verwaltungen nach Art. 291 Abs. 1 AEUV alle zur Durchführung der verbindlichen Rechtsakte der Union erforderlichen Maßnahmen nach innerstaatlichem Recht. Auch diese Vorschrift setzt die grundsätzliche Verwaltungskompetenz der Mitgliedstaaten voraus.¹⁶

Der nationale Vollzug des Unionsrechts erfolgt nach dem Verfahrensrecht eines Mitgliedstaates, und zwar nach dem **Grundsatz der Verfahrensautonomie**: Danach richten sich die Verfahrensmodalitäten nach innerstaatlichem Recht, soweit keine einschlägige Gemeinschaftsregelung existiert.¹⁷ Von der Reichweite wird allerdings sämtliches Unionsrecht erfasst, soweit es rechtlich vollkommen und damit vollzugsfähig ist.¹⁸ Es muss damit grundsätzlich unmittelbar wirksam sein, allerdings nicht notwendig individuelle Rechte verleihen.¹⁹ Es besteht eine **Erfolgsverantwortlichkeit** der Mitgliedstaaten. Jede

---

[7] *Pache*, VVDStRL 66 (2007), 106 (112).
[8] *Frenz*, Handbuch Europarecht, Band 5, Rn. 1899.
[9] *von Danwitz*, S. 316.
[10] Schon *Schmidt-Aßmann*, EuR 1996, 270 (270); *Sydow*, Verwaltungskooperation in der Europäischen Union, S. 1 ff. mit umfassendem Bild.
[11] Bereits *Schmidt-Aßmann*, Strukturen des Europäischen Verwaltungsrechts, S. 29.
[12] *Britz*, EuR 2006, 46 (50).
[13] *Frenz*, Handbuch Europarecht, Band 5, Rn. 1745.
[14] *Hölscheidt*, DÖV 2009, 341 (346); *Sydow*, JuS 2005, 97 (97).
[15] EuGH, Urt. v. 13. 1. 2004, Rs. C–453/00 (Kühne & Heitz), Slg. 2004, I–837, Rn. 20; Urt. v. 12. 2. 2008, Rs. C–2/06 (Kempter), Slg. 2008, I–411, Rn. 34.
[16] Vgl. *Ladenburger*, Evolution oder Kodifikation eines allgemeinen Verwaltungsrechts in der EU, in: Trute/Groß/Röhl/Möllers (Hrsg.), Allgemeines Verwaltungsrecht, 2008, S. 107 (121).
[17] Z. B. EuGH, Urt. v. 19. 9. 2006, verb. Rs. C–392 u. 422/04 (i–21 Germany und Arcor), Slg. 2006, I–8559, Rn. 57.
[18] S. etwa *Zuleeg*, VVDStRL 53 (1994), 154 (167 f.).
[19] S. EuGH, Urt. v. 11. 8. 1995, Rs. C–431/92 (Großkrotzenburg), Slg. 1995, I–2189, Rn. 24 ff.

unzureichende oder fehlerhafte Ausführung des Unionsrechts bildet eine Vertragsverletzung und kann eine Staatshaftung auslösen, jedenfalls wenn die Rechtslage eindeutig sowie klar ist und daher ein hinreichend qualifizierter Rechtsverstoß vorliegt.[20]

8   Um die in Art. 197 AEUV ausdrücklich benannte effektive Durchführung des Unionsrechts zu sichern, bildet das notwendige Gegenteil zum nationalen Vollzug und zur mitgliedstaatlichen Verfahrensautonomie, dass dabei weder das **Gebot der Effektivität** noch das Verbot der Diskriminierung verletzt wird.[21] Damit darf die **Verwirklichung einer Regelung der Union weder erschwert noch praktisch unmöglich** werden. Das nationale Recht ist, verglichen mit Verfahren zu gleichartigen, rein nationalen Streitigkeiten, ohne Diskriminierung anzuwenden.[22]

9   Spezifisch das Effektivitätsgebot verlangt, dass der Vollzug nach dem nationalen Verfahrensrecht die **Wirksamkeit des materiellen Unionsrechts nicht beeinträchtigt**.[23] Dabei ist nicht nur eine völlige Nicht-Anwendung relevant, sondern auch eine tatsächliche defizitäre Wirkung. Gegebenenfalls ist das nationale Verfahrensrecht an materiellrechtliche Vorgaben des Unionsrechts anzupassen.[24]

10 Insbesondere bedarf es daher einer **unionsrechtskonformen Auslegung**, welche nationale Abweichungen überspielt. Damit ist auch die **richtlinienkonforme Interpretation** ein **Ausdruck des Effektivitätsgebotes**. Von daher erklärt sich auch, dass der BGH die richtlinienkonforme Auslegung praktisch so weit führt, dass der Wortlaut des nationalen Rechts verlassen wird, auch wenn er formal ausdrücklich eine Auslegung contra legem ablehnt.[25] Indes darf die Einfügung in das nationale Recht nicht dazu führen, dass eine systemwidrige Verortung erfolgt. Vielmehr können nur nationale Vorschriften herangezogen werden, die dem Anliegen der zu verwirklichenden Norm entsprechen. So will die Umweltverbandsklage nicht subjektive Klagerechte erweitern, sondern die Verbände gerade unabhängig von diesen Rechten als Anwälte der Natur Recht durchsetzen lassen.[26] Entsprechend sind sie durch die Verwaltung an Genehmigungsverfahren und an der Aufstellung von Plänen zu beteiligen.

11 Insbesondere muss das **Unionsrecht zur Geltung** kommen können, und zwar rechtzeitig. Besteht eine unmittelbare Wirkung, darf diese nicht unter Verweis auf nationale Besonderheiten umgangen werden. Wenn das Unionsrecht eine unmittelbare Wirkung erzeugt, kann auch nicht auf eine fehlende Ausfüllungsfähigkeit verwiesen werden, etwa aufgrund unbekannter Gefahrenlagen, wenn diese in der Unionsregelung gerade vorausgesetzt werden. So geht die UVP-Richtlinie von unbekannten Risiken aus, wenn sie eine Prüfung der Verträglichkeit eines Vorhabens mit den möglichen erheblichen Umweltauswirkungen verlangt. Daher kann nicht ein Antrag auf Zulassung von Fracking nur deshalb nicht verbeschieden werden, weil die daraus erwachsenden Risiken

---

[20] S. jüngst zum größten Staatshaftungsanspruch in Deutschland aus der Verletzung von Unionsrecht BGH, Urt. v. 22.1.2009, NVwZ 2009, 795; *Frenz*, DStZ 2013, 582.
[21] Grundlegend EuGH, Urt. v. 21.9.1983, Rs. 205–215/82 (Deutsche Milchkontor), Slg. 1983, 2633, Rn. 19.
[22] S. bereits EuGH, Urt. v. 16.12.1976, Rs. 33/76 (Rewe I), Slg. 1976, 1989, Rn. 5.
[23] EuGH, Urt. v. 21.9.1983, Rs. 205–215/82 (Deutsche Milchkontor), Slg. 1983, 2633, Rn. 19.
[24] *Frenz*, Handbuch Europarecht, Band 5, Rn. 1808.
[25] BGH, Urt. v. 26.11.2008, NJW 2009, 427, Rn. 21 unter Bezug auf EuGH, Urt. v. 4.7.2006, Rs. C-212/04 (Adeneler), Slg. 2006, I-6057, Rn. 110; bekräftigt durch BVerwG, Urt. v. 5.9.2013, Rn. 36; krit. *Frenz*, Handbuch Europarecht, Band 5, Rn. 1036 ff., der wegen des tatsächlichen Verlassens des Wortlauts der nationalen Norm eine unmittelbare Wirkung annimmt.
[26] Näher *Frenz*, UPR 2014, 1 in Kritik an BVerwG, Urt. v. 5.9.2013, 7 C 21.12, Rn. 38 ff.

noch nicht näher erforscht sind und damit nicht rechtssicher beurteilt werden können.[27] Das entsprechende Moratorium in Nordrhein-Westfalen verstößt daher gegen Unionsrecht und löst damit unter Umständen sogar eine europäische Staatshaftung aus.

Die vorgenannten Grundsätze gelten unabhängig davon, ob Unionsrecht wegen seiner unmittelbaren Geltung **direkt vollzogen** wird **oder** aber **indirekt**, weil es Eingang in nationales Umsetzungsrecht gefunden hat:[28] In beiden Fällen liegt eine Durchführung von Unionsrecht vor, das auch beim indirekten Vollzug den maßgeblichen Rechtshintergrund bildet, außer es belässt nationale Gestaltungsspielräume.[29] 12

C. Frage von gemeinsamem Interesse

Dass das ordnungsgemäße Funktionieren der Union und die dafür entscheidende effektive Durchführung des Unionsrechts durch die Mitgliedstaaten in Art. 197 Abs. 1 AEUV als Frage von gemeinsamem Interesse bezeichnet werden, stellt die Bedeutung des vorstehend aufgezeigten effektiven nationalen Vollzugs nochmals besonders heraus. Damit wird zugleich der grundrechtliche Auftrag nach Art. 41 GRC erfüllt, wonach jede Person einen Anspruch auf eine ordnungsgemäße Verwaltung hat.[30] Diesen haben gemäß Art. 51 GRC gerade auch die Mitgliedstaaten bei der Durchführung des Unionsrechts zu erfüllen; Art. 197 Abs. 1 AEUV verbindet diese Verpflichtung mit der Unionsebene und legt eine kooperative Effektuierung nahe.[31] Daraus resultiert aber **keine Verpflichtung zur Verwaltungskooperation**, die lediglich indirekt angesprochen ist und in Art. 197 Abs. 3 Satz 2 AEUV unter Verweis auf eine spezielle Festlegung wieder aufgegriffen wird. Aus Art. 197 AEUV selbst ergeben sich damit schwerlich konkrete Rechtsfolgen für eine Verwaltungskooperation; diese kann höchstens aus dieser Norm verdichtet werden, wenn sie, wie weiterhin notwendig, an anderer Stelle primärrechtlich[32] oder aber sekundärrechtlich[33] festgelegt wurde.[34] 13

Vielmehr wirkt sich Art. 197 Abs. 1 AEUV eher auf die mitgliedstaatliche Ebene selbst aus. Das **europäische öffentliche Interesse** an einem einheitlichen Vollzug muss daher auch die **nationale Rechtsgestaltung und -anwendung prägen**, und zwar vor allem bei der Interpretation unbestimmter Rechtsbegriffe und bei Abwägungen[35] sowie bei der Ermessensausübung. Dabei werden unter Umständen nationale Vorschriften über- 14

---

[27] Anders *Eftekharzadeh*, NuR 2013, 704 ff.; s. aber *Frenz*, UPR 2012, 125 (126); *Gaßner/Buchholz*, ZUR 2013, 143 (147 f.).
[28] S. *von Danwitz*, S. 314. Näher *Suerbaum*, S. 116 ff.
[29] Etwa BVerwGE 124, 47 (62 f.) zum Emissionshandel; dann für eine Anwendbarkeit sowohl nationaler als auch der Unionsgrundrechte aber der mittlerweile wohl h. M., s. etwa *Nowak*, in: Heselhaus/Nowak, Handbuch der Europäischen Grundrechte, § 6, Rn. 35, 38; enger *Frenz*, Handbuch Europarecht, Band 4, Rn. 250; m. w. N. *Kingreen*, in: Calliess/Ruffert, EUV/AEUV, Art. 51 GRC, Rn. 12.
[30] *Kotzur*, in: Geiger/Khan/Kotzur, EUV/AEUV, Art. 197 AEUV, Rn. 1; *Hatje*, in: Schwarze, EU-Kommentar, Art. 197 AEUV, Rn. 1 a. E.
[31] *Kotzur*, in: Geiger/Khan/Kotzur, EUV/AEUV, Art. 197 AEUV, Rn. 1 a. E.
[32] In Art. 33 und 50 Abs. 2 Buchst. b) AEUV wird sie immerhin vorausgesetzt, auch wenn sie erst noch sekundärrechtlich näher ausgestaltet werden soll; s. im Übrigen *Ruffert*, in: Calliess/Ruffert, EUV/AEUV, Art. 197 AEUV, Rn. 21.
[33] *Ohler*, in: Streinz, EUV/AEUV, Art. 197 AEUV, Rn. 11 f. mit Beispielen.
[34] *Classen*, in: Grabitz/Hilf/Nettesheim, EU, Art. 197 AEUV (Januar 2015), Rn. 53: Interpretationsgrundsatz; s. bereits *Wettner*, S. 197.
[35] *Hatje*, in: Schwarze, EU-Kommentar, Art. 197 AEUV, Rn. 3.

lagert und nationale Interessen in den Hintergrund gedrängt, wie sich in der Rechtsprechung des EuGH zum (fehlenden) Vertrauensschutz bei der Rückforderung von Beihilfen zeigte.[36]

D. Unterstützung der Mitgliedstaaten (Abs. 2)

I. Helfender Ansatz

15 Art. 197 Abs. 2 AEUV betrifft nicht die Durchführung des Unionsrechts selbst, sondern die **Fähigkeit der Mitgliedstaaten** dazu. Dabei wird nur die Verwaltung erfasst und nicht die Gesetzgebung, welche gleichfalls jedenfalls nach Art. 51 GRC eine Durchführung des Unionsrechts bildet.[37]

16 Für diesen Bereich konkretisiert Art. 197 Abs. 2 AEUV die schon in Art. 2 Abs. 5 i. V. m. Art. 6 Buchst. g AEUV vorgesehene Unterstützungszuständigkeit der Union für die Verwaltungszusammenarbeit. Aus dieser Zuordnung ergibt sich zugleich, dass die Union nicht an die Stelle der Mitgliedstaaten tritt. Sie kann lediglich helfend eingreifen. Dabei kann sie auch **keine Harmonisierung** der nationalen Rechtsvorschriften vorgeben (Art. 2 Abs. 5 UAbs. 2 sowie Art. 197 Abs. 2 Satz 4 AEUV). Dieses Harmonisierungsverbot bezieht sich aber nur auf verbindliche Rechtsakte und damit nicht auf nach außen unverbindliche Verwaltungsvorschriften, die daher weiterhin möglich sein sollen.[38] Da allerdings die Mitgliedstaaten die Unterstützung durch die Union nach Art. 197 Abs. 2 Satz 3 AEUV nicht in Anspruch nehmen müssen, bilden solche Verwaltungsvorschriften höchstens eine Hilfestellung. Dadurch kann keine Harmonisierung erreicht werden, da es in der Entscheidungsgewalt jedes Mitgliedstaates steht, ob er solche Verwaltungsvorschriften befolgt. Damit handelt es sich letztlich um Empfehlungen nach Art. 288 Abs. 5 AEUV.

17 Auch wenn Art. 197 Abs. 2 AEUV nur eine **Unterstützung** vorsieht, fallen entsprechend der Hintergrundvorschrift in Art. 6 Buchst. g AEUV auch Maßnahmen zur **Koordinierung** oder **Ergänzung** der Maßnahmen der Mitgliedstaaten darunter, zumal die Abgrenzung schwerfällt.[39] Alle drei Formen sind dadurch gekennzeichnet, dass sie nur zu den Maßnahmen der Mitgliedstaaten hinzutreten und von daher die Tätigkeit der Mitgliedstaaten unterstützen; im weiteren Sinne trifft dies damit auch für die Koordinierung und Ergänzung zu.

II. Ermessen

18 Die Union muss Unterstützungsmaßnahmen nicht ergreifen, sondern besitzt entsprechend der Formulierung »kann« ein Ermessen. Dieses ist vor allem danach auszurichten, ob die Mitgliedstaaten einer **Verbesserung der Fähigkeit** ihrer Verwaltung zur Durchführung des Unionsrechts bedürfen. Das ist insbesondere dann der Fall, wenn in bestimmten Bereichen **Defizite** aufgetreten sind.

---

[36] S. etwa EuGH, Urt. v. 20.3.1997, Rs. C–24/95 (Alcan), Slg. 1997, I–1591, Rn. 42; Urt. v. 19.9.2006, verb. Rs. C–392 u. 422/04 (i–21 Germany und Arcor), Slg. 2006, I–8559, Rn. 61 ff. im Hinblick auf § 48 VwVfG; s. auch etwa EuGH, Urt. v. 13.1.2004, Rs. C–453/00 (Kühne & Heitz), Slg. 2004, I–837, Rn. 26 f. Im Einzelnen m. w. N. *Frenz*, Handbuch Europarecht, Band. 5, Rn. 1882 ff.
[37] S. o. Rn. 1.
[38] *Fischer*, Der Europäische Verfassungsvertrag, 2005, S. 400; *Ruffert*, in: Calliess/Ruffert, EUV/AEUV, Art. 197 AEUV, Rn. 25.
[39] *Hatje*, in: Schwarze, EU-Kommentar, Art. 197 AEUV, Rn. 4.

Solche Defizite werden sich oft nur bei einigen Mitgliedstaaten zeigen. Art. 197 Abs. 2 Satz 1 AEUV sieht allerdings eine Unterstützung der Mitgliedstaaten und damit im Regelfall aller vor. Zwar ist die Formulierung im Plural auch dann noch passend, wenn **einige Mitgliedstaaten** unterstützt werden. Diese Konstellationen hebt indes der AEUV regelmäßig besonders heraus, so etwa in Art. 184 und 185 AEUV, wonach nur bestimmte Mitgliedstaaten teilnehmen. Gleichwohl erfordert der Zweck, die effektive Durchführung des Unionsrechts durch alle Mitgliedstaaten sicherzustellen, gerade die Unterstützung mancher. Zudem kann die Vorschrift dann so gedeutet werden, dass die Union zwar für alle Mitgliedstaaten Hilfe anbietet, indes nur die Staaten mit entsprechenden Defiziten die Hilfe in Anspruch nehmen sollten. Dazu verpflichten kann die Union ohnehin nicht (Art. 197 Abs. 2 Satz 3 AEUV). 19

III. Relevante Bereiche

Art. 197 Abs. 2 Satz 2 AEUV nennt besonders naheliegende Bereiche als **Regelbeispiele** (»insbesondere«), in denen Unterstützungsmaßnahmen greifen, ohne aber abschließend zu sein oder eine inhaltliche Beschränkung auf bestimmte Maßnahmen zu enthalten.[40] 20

Zunächst führt Art. 197 Abs. 2 Satz 2 AEUV die Erleichterung des **Austauschs von Informationen** auf. Gerade dieser Austausch ist für eine Koordinierung oder auch nur einen Erfahrungsaustausch der Verwaltungen der Mitgliedstaaten unabdingbar.[41] Zudem brauchen nationale Verwaltungen oft Informationen von anderen Stellen aus anderen EU-Staaten, um bestimmte Entscheidungen treffen zu können, so etwa im Hinblick auf die Besteuerung von EU-Ausländern. Dabei kann der Informationsaustausch in Form einer **Berichtspflicht** und damit aktiv erfolgen oder als **Auskunftspflicht**, d.h. nur reaktiv auf Anforderung.[42] 21

Zudem können **Beamte ausgetauscht** werden. Auch hierzu bedarf es flankierender Maßnahmen, so die Klärung, welchem Dienstherrn sie zugeordnet sind oder wer inwieweit weisungsbefugt ist. Allerdings handelt es sich dabei um verbindliche Regulierungen, die daher nicht harmonisierend auf das Recht der Mitgliedstaaten einwirken, sondern nur die Austauschfälle erfassen dürfen. Unproblematisch ist hingegen die Festlegung einer finanziellen Förderung. In Betracht kommen auch nähere Bekanntgaben, inwieweit Austauschprogramme bestehen sowie finanzielle Anreize, gehen doch Auslandseinsätze oft mit Einbußen an Karrierechancen einher, weil die enge Verbindung zum eigenen Land verloren geht. 22

Die Fähigkeit einer Verwaltung zur Durchführung des Unionsrechts wird insbesondere durch Aus- und Weiterbildungsprogramme gefördert. Diese Maßnahmen soll die Union unterstützen. Damit handelt es sich um **Hilfen für Aus- und Weiterbildungsprogramme der Mitgliedstaaten**. Auch insoweit kommen finanzielle Förderungen in Betracht, aber auch unionsweite Bekanntgaben, damit sie wahrgenommen werden. Zudem kann die Union einen Austausch von Dozenten vorsehen, damit die Aus- und Weiterbildungsprogramme der Mitgliedstaaten etwa im Hinblick auf das Unionsrecht 23

---

[40] *Hatje*, in: Schwarze, EU-Kommentar, Art. 197 AEUV, Rn. 5.
[41] Näher *Heußner*, Informationssysteme im Europäischen Verwaltungsverbund, 2007, S. 6 ff., 143 ff.; *Schmidt-Aßmann*, Strukturen Europäischer Verwaltung und die Rolle des Europäischen Verwaltungsrechts, FS, 2004, S. 395 (412 f.).
[42] *Classen*, in: Grabitz/Hilf/Nettesheim, EU, Art. 197 AEUV (Januar 2015), Rn. 56 mit zahlreichen Beispielen und einem Problemüberblick, Rn. 58.

durch geeignete und fachkundige Ausbildungspersonen bestückt werden. In erster Linie kommt eine solche Unterstützung für neue EU-Mitglieder in Betracht, um die Verwaltungen auf das Unionsrecht vorzubereiten.

IV. Verfahren

24 Werden für die Unterstützung durch die Union Rechtsakte erlassen, erfolgt dies durch **Verordnungen** gemäß dem **ordentlichen Gesetzgebungsverfahren** und damit im Wege der Mitentscheidung nach Art. 294 AEUV durch das Europäische Parlament und den Rat. Ob die Maßnahmen erforderlich sind, obliegt ihrem **Einschätzungsspielraum**. Dieser ist für den Erlass von Rechtsmaßnahmen generell weit, zumal diese auch nur die Union verpflichten können. Darin wird dann etwa festgelegt, welche Unterstützungen die Union generell anbieten muss. Insoweit wird dann das in Art. 197 Abs. 2 Satz 1 AEUV eingeräumte **Ermessen sekundärrechtlich konkretisiert**. Zudem können dadurch bestimmte **Unterstützungsmaßnahmen längerfristig** etabliert werden. So hilft es den Mitgliedstaaten, Aus- und Weiterbildungsprogramme aufzustellen, wenn bestimmte finanzielle oder personelle Hilfen durch die Union vorgesehen sind.

E. Unberührtheitsklausel

25 Art. 197 Abs. 3 AEUV enthält eine umfassende Unberührtheitsklausel. **Ungeachtet von Unterstützungen** der Union bleiben die Mitgliedstaaten nach Art. 197 Abs. 3 Satz 1 AEUV verpflichtet, **Unionsrecht durchzuführen**. Sie können also nicht darauf verweisen, sie seien von der Union unzulänglich unterstützt worden.

26 Die Mitgliedstaaten dürfen mithin nicht einfach warten, bis sie durch die Union in der Durchführung des Unionsrechts unterstützt werden. Nach dem Grundsatz der loyalen Zusammenarbeit nach Art. 4 Abs. 3 EUV und Art. 291 AEUV sind sie generell verpflichtet, alle geeigneten Maßnahmen für die Durchführung des Unionsrechts zu ergreifen. Umgekehrt sind aber auch die Unionsorgane generell gehalten, die Mitgliedstaaten zu unterstützen. **Art. 197 AEUV gestaltet** damit nur dieses **wechselseitige Treueverhältnis näher aus** und legt die Freiwilligkeit des Angebots von Unterstützung wie auch ihrer Annahme fest. Die Verantwortung der Mitgliedstaaten bleibt indes unberührt.

27 Umgekehrt bleiben die **Befugnisse und Pflichten der Kommission voll intakt**, so insbesondere, die ordnungsgemäße Durchführung des Unionsrechts durch die Mitgliedstaaten sicherzustellen und zur Not durch ein Vertragsverletzungsverfahren zu erzwingen. Auch insoweit kann die Kommission nicht darauf verweisen, ein Mitgliedstaat sei nicht hinreichend unterstützt worden.

28 Weiter bleiben die Vorschriften der Verträge voll wirksam, welche eine Verwaltungszusammenarbeit unter den Mitgliedstaaten sowie zwischen ihnen und der Union vorsehen. Solche Vorschriften sind aber auch weiterhin erforderlich; Art. 197 AEUV ordnet keine rechtliche Verwaltungszusammenarbeit an, sondern verbessert nur eine informale Kooperation und ermöglicht auf diese bezogen den Erlass von Verordnungen.[43]

---

[43] Näher s. o. Rn. 2 f., 12, 23.

Vielmehr gibt es zahlreiche primärrechtliche Ermächtigungen, die regelmäßig eine 29
nähere Ausgestaltung vorsehen.[44] Verschiedene Vorschriften setzen aber eine **Verwaltungszusammenarbeit** bereits voraus, so Art. 50 Abs. 2 Buchst. b AEUV für die Niederlassungsfreiheit und Art. 33 AEUV für das Zollwesen. Insoweit kann dann sekundärrechtlich festgelegt werden, wie die Zusammenarbeit verbessert werden kann. Auch diese Vorschriften bleiben unberührt,[45] zumal wenn sie primärrechtlich vorgezeichnet sind. Soweit bei dieser Verwaltungszusammenarbeit die Mitgliedstaaten Unionsrecht durchführen, können sich aber auch allgemeine Maßnahmen nach Art. 197 Abs. 2 AEUV darauf erstrecken, gegebenenfalls nach näherer, darauf gestützter sekundärrechtlicher Ausgestaltung.

---

[44] Näher aufgeführt bei *Ruffert*, in: Calliess/Ruffert, EUV/AEUV, Art. 197 AEUV, Rn. 21.
[45] *Ohler*, in: Streinz, EUV/AEUV, Art. 197 AEUV, Rn. 13.

Vierter Teil

Die Assoziierung der überseeischen Länder und Hoheitsgebiete

Artikel 198 AEUV [Ziele der Assoziierung]

¹Die Mitgliedstaaten kommen überein, die außereuropäischen Länder und Hoheitsgebiete, die mit Dänemark, Frankreich, den Niederlanden und dem Vereinigten Königreich besondere Beziehungen unterhalten, der Union zu assoziieren. ²Diese Länder und Hoheitsgebiete, im Folgenden als »Länder und Hoheitsgebiete« bezeichnet, sind in Anhang II aufgeführt.

Ziel der Assoziierung ist die Förderung der wirtschaftlichen und sozialen Entwicklung der Länder und Hoheitsgebiete und die Herstellung enger Wirtschaftsbeziehungen zwischen ihnen und der gesamten Union.

Entsprechend den in der Präambel dieses Vertrags aufgestellten Grundsätzen soll die Assoziierung in erster Linie den Interessen der Einwohner dieser Länder und Hoheitsgebiete dienen und ihren Wohlstand fördern, um sie der von ihnen erstrebten wirtschaftlichen, sozialen und kulturellen Entwicklung entgegenzuführen.

Literaturübersicht

Baetens, European Community and Union, Association of Overseas Countries and Territories, MPEPIL, March 2011; *Kochenov*, Substantive and Procedural Issues of Application of International Law in the Overseas Possessions of Member States of the European Union, MSU JIL 17 (2008), 195; *Pancham/Fibbe*, The meaning of the association of the overseas countries and territories with the European Community for the fiscal relations between the Netherlands and Aruba, EC Tax Review 16 (2007), 164; *Pongérard-Payet*, Quelle action communautaire à l'égard des régions ultrapériphériques et des pays et territoires d'outre-mer?, RMC 534 (2010), 37; *Wagner*, Regionale wirtschaftliche Integration und die EU, 2013; *Ziller*, L'association des pays et territoires d'outre-mer à la Communauté européenne, RFAP 101 (2002), 127.

Leitentscheidungen

EuGH, Urt. v. 12.12.1990, verb. Rs. C–100/89 und C–101/89 (Kaefer und Procacci), Slg. 1990, I–4647
EuGH, Urt. v. 12.12.1990, Rs. C–263/88 (Kommission/Frankreich), Slg. 1990, I–4611
EuGH, Urt. v. 12.2.1992, Rs. C–260/90 (Leplat), Slg. 1992, I–643
EuGH, Urt. v. 26.10.1994, Rs. C–430/92 (Niederlande/Kommission), Slg. 1994, I–5197
EuGH, Urt. v. 22.4.1997, Rs. C–310/95 (Road Air), Slg. 1997, I–2229
EuGH, Urt. v. 28.1.1999, Rs. C–181/97 (van der Kooy), Slg. 1999, I–483
EuGH, Urt. v. 11.2.1999, Rs. C–390/95 P (Antillean Rice Mills), Slg. 1999, I–769
EuGH, Urt. v. 8.2.2000, Rs. C–17/98 (Emesa Sugar), Slg. 2000, I–675
EuGH, Urt. v. 22.11.2001, Rs. C–110/97 (Niederlande/Rat), Slg. 2001, I–8763
EuGH, Urt. v. 10.4.2003, Rs. C–142/00 (Kommission/Niederl. Antillen), Slg. 2003, I–3483
EuGH, Urt. v. 12.9.2006, Rs. C–300/04 (Eman und Sevinger), Slg. 2006, I–8055
EuGH, Urt. v. 5.5.2011, Rs. C–384/09 (Prunus und Polonium), Slg. 2011, I–3319
EuGH, Urt. v. 5.6.2014, verb. Rs. C–24/12 u. C–27/12 (X BV und TBG Limited), ECLI:EU:C:2014:1385
EuG, Urt. v. 14.9.1995, verb. Rs. T–480/93 u. T–483/93 (Antillean Rice Mills), Slg. 1995, II–2305
EuG, Urt. v. 10.2.2000, Rs. T–32/98 (Niederlandse Antillen/Kommission), Slg. 2000, II–201

Inhaltsübersicht

	Rn.
A. Historischer Hintergrund und vertragsrechtliche Entwicklung	1
I. Historischer Hintergrund und erfasste Länder und Hoheitsgebiete	1
II. Entwicklung der vertraglichen Grundlagen	4
B. Begriff, Ziel und rechtliche Gestaltung der Assoziierung	7
I. Begriff und Ausgestaltung der Assoziierung	8
II. Ziele der Assoziierung	12

C. Rechtsstatus der ÜLG und ihrer Bewohner	14
I. Assoziations-Mitglieder	14
II. Völker- und europarechtliche Stellung	17
III. Liste der ÜLG (Anhang II des AEUV)	24
D. Abgrenzung zur EU-Entwicklungspolitik	25
E. Vereinbarkeit mit dem WTO-Recht	27

A. Historischer Hintergrund und vertragsrechtliche Entwicklung

I. Historischer Hintergrund und erfasste Länder und Hoheitsgebiete

1   Aufgrund ihrer Vergangenheit als **Kolonialstaaten** bestehen zwischen einzelnen Mitgliedstaaten der EU und – trotz der mittlerweile abgeschlossenen Dekolonisierung – einigen **außereuropäische Gebieten** teilweise noch **besondere staats- oder völkerrechtliche Beziehungen.** Der Status dieser Gebiete ist unterschiedlich: Zum Teil gehören sie zum Staatsgebiet des jeweiligen Mitgliedstaates; zum Teil sind sie staats- und völkerrechtlich eigenständig, aber über rechtliche Sonderbeziehungen mit dem früheren Kolonialstaat verbunden. Nur ein Teil dieser außereuropäischen Gebiete wird von den Regelungen des Vierten Teils erfasst, während die Verträge im Übrigen grundsätzlich keine Anwendung finden (s. dazu noch Rn. 14 ff., 17 ff.). Entsprechende Vorschriften enthielt bereits die ursprüngliche Fassung des EWG-Vertrages.[1]

2   Für die »überseeischen Länder und Hoheitsgebiete«, d.h. die außereuropäischen Länder und Hoheitsgebiete, die mit Dänemark, Frankreich, den Niederlanden und dem Vereinigten Königreich besondere Beziehungen unterhalten (Art. 198 UAbs. 1 AEUV) – kurz: ÜLG (Überseeische Länder und Gebiete) –, normiert der **Vierte Teil des AEUV** eine spezifische Regelung, die den **Besonderheiten dieser Hoheitsgebiete** Rechnung tragen soll. Obwohl die ÜLG zum Staatsgebiet des jeweiligen EU-Mitgliedstaats gehören, werden sie durch Art. 355 Abs. 2 UAbs. 1 i.V.m. der enumerativen Aufzählung in Anhang II zum Lissabon-Vertrag (s. Rn. 19, 24) explizit aus dem räumlichen (territorialen) Anwendungsbereich des AEUV ausgeschlossen. Statusrechtlich sind die ÜLG somit zwar weiterhin Teil des EU-Mitgliedstaates; faktisch hingegen haben sie in der EU eine Rechtsstellung, die – jedenfalls grundsätzlich[2] – der eines Drittstaates entspricht.[3]

3   Der AEU-Vertrag ist bei der abstrakten Umschreibung der von den Assoziierungsregeln erfassten Territorien äußerst vage (»außereuropäische Länder und Hoheitsge-

---

[1] Zu den Gründen für die Aufnahme einer Assoziationspolitik in die Gründungsverträge vgl. *Zimmermann*, in: GSH, Europäisches Unionsrecht, Vor Art. 198–204 AEUV, Rn. 6; *Bartelt*, in: Schwarze, EU-Kommentar, Art. 198 AEUV, Rn. 2. Zu den damaligen Regelungen und der damit verbundenen Intention vgl. *Fischer-Menshausen*, in: von der Groeben/von Boeckh, Kommentar zum EWG-Vertrag, Bd. 1, 1958, Art. 131 ff. EWG.

[2] Ähnlich der Beschluss 2013/755/EU des Rates vom 25.11.2013 über die Assoziierung der überseeischen Länder und Gebiete mit der Europäischen Union (Übersee-AB 2013, s. Art. 203 AEUV, Rn. 2): »Die ÜLG sind zwar keine Drittländer, aber auch nicht Teil des Binnenmarktes und müssen auf der Ebene des Handels den für die Drittländer festgelegten Verpflichtungen nachkommen [...]« (4. Erwägungsgrund), ABl. 2013, L 344/1; vgl. auch EuGH, Gutachten 1/94 v. 15.11.1994 (WTO), Slg. 1994, I–5267, Rn. 17; Urt. v. 5.5.2011, Rs. C-384/09 (Prunus und Polonium), Slg. 2011, I–3319, Rn. 30 f.; Urt. v. 5.6.2014, verb. Rs. C-24/12 und C-27/12 (X BV und TBG Limited), ECLI:EU:C:2014:1385, Rn. 45 ff. (zum freien Kapitalverkehr).

[3] *Schmalenbach*, in: Calliess/Ruffert, EUV/AEUV, Art. 198 AEUV, Rn. 3; *Pancham/Fibbe*, EC Tax Review 2007, 164 (167).

biete«), und auch der Beziehungsstatus zum Mutterland wird nicht näher bestimmt, wenn es heißt, es müssten »besondere Beziehungen unterhalten« werden (Art. 198 UAbs. 1 AEUV). Diese wenig konkreten Formulierungen sind allerdings unschädlich, weil durch Anhang II (s. Rn. 24) die betroffenen Länder und Gebiete **abschließend benannt** werden.

Sobald die ÜLG vollständig ihre staatliche Unabhängigkeit erreicht haben, wird der Vierte Teil des AEU-Vertrages zwar obsolet[4]; damit ist jedoch in absehbarer Zeit nicht zu rechnen, weil der ganz überwiegende Teil dieser Gebiete wirtschaftlich allein nicht überlebensfähig ist.

II. Entwicklung der vertraglichen Grundlagen

Die einschlägigen Vorschriften (ursprünglich Art. 131 ff. EWGV) haben seit dem In- 4
krafttreten der Römischen Verträge **nur geringfügige inhaltliche Änderungen und Ergänzungen** erfahren. Anlässlich des Beitritts des Vereinigten Königreichs durch Beitrittsvertrag vom 22. 1. 1972 kam es zu einer Änderung des Art. 131 EWGV. Infolge des »Austritts« Grönlands mit Wirkung vom 1. 2. 1985 ist Art. 136a EWGV (heute: Art. 204 AEUV) eingefügt worden. Die Regelung des Art. 133 EWGV (heute: Art. 200 AEUV) hatte bis zum Amsterdam-Vertrag einen schrittweisen Abbau von Zöllen vorgesehen; dann kam es zur Einführung eines Zollverbots.[5] Im Zuge des Lissabon-Vertrags erfolgte eine Änderung des Art. 202 AEUV insofern, dass das bis dahin vorgesehene Abkommen zur Gewährleistung der Arbeitnehmerfreizügigkeit durch Verweis auf Art. 203 AEUV ersetzt wurde.[6] Im Übrigen wurde der bisherige Normtext in den Art. 198–204 AEUV durch den Lissabon-Vertrag im Wesentlichen beibehalten; lediglich in Art. 203 AEUV hat der Vertrag von Lissabon kleinere Änderungen vorgenommen.

Zu den vertraglichen Regelungen treten noch zwei Protokolle hinzu, nämlich das 5
Protokoll über die Einfuhr in den Niederländischen Antillen raffinierter Erdölerzeugnisse in die Europäische Union (Nr. 31) und das Protokoll über die Sonderregelung für Grönland (Nr. 34) (s. Art. 204 AEUV, Rn. 4).

Im Unterschied zu den Art. 198 ff. i. V. m. Art. 355 Abs. 2 AEUV normiert Art. 198 6
Abs. 1 EAGV[7] ausdrücklich, dass die Vorschriften des EAGV auch auf die den Mitgliedstaaten »unterstehenden außereuropäischen Hoheitsgebiete Anwendung« finden; dies gilt allerdings ausdrücklich nicht für Grönland.

B. Begriff, Ziel und rechtliche Gestaltung der Assoziierung

Die in Art. 198 ff. AEUV geregelte Assoziierung wird in der Regel als konstitutionelle 7
bzw. **verfassungsrechtliche Assoziierung**[8] bezeichnet, um zu verdeutlichen, dass sie auf einer anderen rechtlichen Grundlage beruht als die in Art. 217 AEUV normierte vertragliche Assoziation (s. Rn. 9).

---
[4] *Zimmermann*, in: GSH, Europäisches Unionsrecht, Vor Art. 198–204 AEUV, Rn. 1.
[5] *Zimmermann*, in: GSH, Europäisches Unionsrecht, Art. 200 AEUV, Rn. 1.
[6] *Streinz/Kruis*, in: Streinz, EUV/AEUV, Art. 198 AEUV, Rn. 2.
[7] Konsolidierte Fassung des Vertrags zur Gründung der Europäischen Atomgemeinschaft (EAGV), ABl. 2010, C 84/1.
[8] *Tietje*, in: Grabitz/Hilf/Nettesheim, EU, Art. 198 AEUV (Oktober 2011), Rn. 6.; *Zimmermann*, in: GSH, Europäisches Unionsrecht, Vor Art. 198–204 AEUV, Rn. 13 f.; *Bartelt*, in: Schwarze, EU-Kommentar, Art. 198 AEUV, Rn. 8.

I. Begriff und Ausgestaltung der Assoziierung

8   Das EU-Recht enthält oder ermöglicht eine Mehrzahl von Sonderstatusverhältnissen, die darauf angelegt sind, bestimmte, außerhalb der Union gelegene Gebiete insbesondere **wirtschaftlich enger** an die Europäische Union zu binden. Der in diesem Kontext verwendete Begriff der »Assoziierung« bzw. der »Assoziation« ist zwar auch aus dem Völkerrecht bekannt, hat dort aber keine spezifische inhaltliche Prägung erfahren, weshalb seiner Heranziehung zur schlagwortartigen Verdichtung eines »Rechtsverhältnisses sui generis« (s. Rn. 10, 17, 28) im EU-Außenrecht keine grundsätzlichen Hindernisse entgegenstehen.

9   Die **vertragliche Assoziation** (Art. 217 AEUV) mit Drittstaaten wird durch den Abschluss eines völkerrechtlichen Vertrages begründet, der bei der konstitutionellen Assoziation nicht erforderlich ist.[9] Im Unterschied zur Assoziierung der ÜLG ist die vertragliche Assoziation dem Titel über »Internationale Übereinkünfte« zugeordnet, der wiederum im Vertragsteil über »Das auswärtige Handeln der Union« (Art. 205 ff. AEUV) zu finden ist. Gleichwohl steht auch der EU und ihren Mitgliedstaaten das Regelungsinstrument des völkerrechtlichen Vertrages (ergänzend) zur Verfügung, um die Rechtsverhältnisse der ÜLG spezifisch auszugestalten.[10]

10   Ein maßgebliches Charakteristikum der konstitutionellen Assoziierung bildet das **Prinzip der Dynamik und stufenweisen Entwicklung,** das der EuGH[11] dahin versteht, »daß die Assoziierung der ÜLG in einem dynamischen und allmählichen Prozess erfolgen soll«. Außerdem ist die konstitutionelle Assoziierung durch ihren unilateralen bzw. oktroyierten Charakter gekennzeichnet, weswegen sie auch als Assoziierung sui generis bezeichnet wird.[12]

11   In einem engen Zusammenhang zur konstitutionellen Assoziierung steht die Assoziierung der **AKP-Staaten** durch die **Lomé-Abkommen** und das (Nachfolge-) **Abkommen von Cotonou.**[13] Daraus erklärt sich auch die Bevorzugung, die ehemalige ÜLG beim Beitritt zum Cotonou-Abkommen genießen, z. B. in Form der antizipierten Einverständniserklärung der EU, ihrer Mitgliedstaaten und der AKP-Staaten (Erklärung Nr. XVI zum Cotonou-Abkommen).[14] Die Assoziierung der AKP-Staaten weist jedoch auch deutliche Unterschiede im Vergleich zur konstitutionellen Assoziierung insbesondere im Hinblick auf die Institutionalisierung (Ministerrat, Botschafterausschuss und Paritätische Parlamentarische Versammlung) der Partnerschaft und Kooperation auf. Einen wesentlichen Bestandteil des Cotonou-Abkommens stellt die Schaffung eines neuen Rahmens der wirtschaftlichen und politischen Zusammenarbeit dar, dessen Ziel die Liberalisierung des Handels durch neue Wirtschaftspartner-

---

[9] *Streinz/Kruis,* in: Streinz, EUV/AEUV, Art. 198 AEUV, Rn. 3; *Zimmermann,* in: GSH, Europäisches Unionsrecht, Vor Art. 198–204 AEUV, Rn. 13.

[10] Vgl. dazu (mit Nachweisen) *Zimmermann,* in: GSH, Europäisches Unionsrecht, Vor Art. 198–204 AEUV, Rn. 14; *Wagner,* S. 93.

[11] EuGH, Urt. v. 22. 4.1997, Rs. C–310/95 (Road Air), Slg. 1997, I–2229, Rn. 40; Urt. v. 8. 2. 2000, Rs. C–17/98 (Emesa Sugar), Slg. 2000, I–675, Rn. 28; EuG, Urt. v. 14. 9.1995, verb. Rs. T–480/93 u. T–483/93 (Antillean Rice Mills), Slg. 1995, II–2305, Rn. 92.

[12] *Pongérard-Payet,* RMC 534 (2010), 37 (43).

[13] Zu diesem engen Zusammenhang siehe *Tietje,* in: Grabitz/Hilf/Nettesheim, EU, Art. 198 AEUV (Oktober 2011), Rn. 9; *Zimmermann,* in: GSH, Europäisches Unionsrecht, Vor Art. 198–204 AEUV, Rn. 2 f., und nuancierend *Ziller,* RFAP 101 (2002), 127 (132–133, 135).

[14] *Bartelt,* in: Schwarze, EU-Kommentar, Art. 198 AEUV, Rn. 3; *Zimmermann,* in: GSH, Europäisches Unionsrecht, Vor Art. 198–204 AEUV, Rn. 3.

schaftsabkommen, die auf einem nicht präferentiellen und damit WTO-konformen System[15] basieren, ist.[16]

II. Ziele der Assoziierung

Bereits in der Präambel des AEU-Vertrages bekundet die EU ihre »Absicht, die Verbundenheit Europas mit den überseeischen Ländern zu bekräftigen«, und den »Wunsch, entsprechend den Grundsätzen der Satzung der Vereinten Nationen den Wohlstand der überseeischen Länder zu fördern«. Präzisiert werden diese Aussagen durch **Art. 198 UAbs. 2 und 3 AEUV**, wobei letzterer explizit auf die Präambelformulierung Bezug nimmt und dieser damit auch im operativen Teil des Vertrages unmittelbare rechtliche Verbindlichkeit vermittelt. Das gilt auch für den Verweis auf die UN-Charta, wodurch konkret die Vorschriften über die Hoheitsgebiete ohne Selbstregierung (Kapitel XI: Art. 73 f.) in Bezug genommen werden.[17] Allerdings ist die EU daraus nicht verpflichtet, auf die Unabhängigkeit dieser Gebiete aktiv hinzuwirken; ihre Vorbereitung auf die Unabhängigkeit ist jedoch mit dem Verweis auf Art. 73 Buchst. b UN-Charta durchaus intendiert.[18]

12

In den Zielbeschreibungen der Präambel und des Art. 198 UAbs. 2 und 3 AEUV wird noch deutlicher der Gedanke der **wirtschaftspolitischen Kooperation und Integration** betont (»historische Idee der Integration durch Assoziierung«[19]). Trotz der Bezugnahmen auf die Förderung der **wirtschaftlichen und sozialen Entwicklung** (UAbs. 2 und 3) sowie auf die **kulturelle Entwicklung** der ÜLG (UAbs. 3)[20] stand doch von Beginn an – rechtlich gleichrangig[21] – auch die »**Herstellung enger Wirtschaftsbeziehungen**« zwischen den ÜLG und der Union (bzw. früher: Gemeinschaft) im Fokus, die besonders auf dem Gedanken der Reziprozität[22] beruht. Gerade in den Zielen der Assoziierung zeigt sich aber auch die enge Verbindung zu den Zielen der Entwicklungszusammenarbeit[23], die in den letzten Jahrzehnten zu einer deutlichen Verschiebung der Gewichte in der Anwendungspraxis geführt hat, nämlich hin zu einer absoluten Dominanz der entwicklungs-

13

---

[15] Zur Unvereinbarkeit des früheren präferentiellen Systems mit dem WTO-Recht siehe *Weiß*, in: Grabitz/Hilf/Nettesheim, EU, Art. 207 AEUV (August 2015), Rn. 249, und *Zimmermann*, EuZW 2009, 1.
[16] *Vöneky/Beylage-Haarmann*, in: Grabitz/Hilf/Nettesheim, EU, Art. 217 AEUV (April 2015), Rn. 119.
[17] Zu den daraus resultierenden Konsequenzen insbesondere für die Bereiche Menschrechtsschutz, Demokratisierung und Rechtsstaatlichkeit s. *Tietje*, in: Grabitz/Hilf/Nettesheim, EU, Art. 198 AEUV (Oktober 2011), Rn. 24 f.; *Streinz/Kruis*, in: Streinz, EUV/AEUV, Art. 198 AEUV, Rn. 16, sowie den Übersee-Assoziationsbeschluss (Art. 2 Abs. 1), ABl. 2001, L 314/1.
[18] Zutreffend *Streinz/Kruis*, in: Streinz, EUV/AEUV, Art. 198 AEUV, Rn. 16; *Bartelt*, in: Schwarze, EU-Kommentar, Art. 198 AEUV, Rn. 12.
[19] *Tietje*, in: Grabitz/Hilf/Nettesheim, EU, Art. 198 AEUV (Oktober 2011), Rn. 4.
[20] *Frenz*, Handbuch Europarecht, Bd. 6, Rn. 4945, sieht in der wirtschaftlichen, sozialen und kulturellen Entwicklung ein »Fernziel«, wodurch ein Entwicklungsprozess gefördert werden solle, der von den betroffenen Ländern und Hoheitsgebieten gewünscht werde, aber nicht notwendig mit den Vorstellungen der EU-Staaten übereinstimmen müsse.
[21] A.A. wohl *Tietje*, in: Grabitz/Hilf/Nettesheim, EU, Art. 198 AEUV (Oktober 2011), Rn. 4, der den Zweck der Assoziierung vor allem in der Steigerung des Handelsverkehrs und der Herstellung enger Wirtschaftsbeziehungen sieht.
[22] *Bartelt*, in: Schwarze, EU-Kommentar, Art. 198 AEUV, Rn. 13.
[23] *Streinz/Kruis*, in: Streinz, EUV/AEUV, Art. 198 AEUV, Rn. 15; *Schmalenbach*, in: Calliess/Ruffert, EUV/AEUV, Art. 198 AEUV, Rn. 9; *Martenczuk*, in: Schwarze, EU-Kommentar, Art. 198 AEUV, Rn. 13.

politischen Zielsetzungen. Nicht zuletzt die früheren Durchführungsbeschlüsse auf der Grundlage des Art. 203 AEUV bzw. dessen Vorgängerregelung (s. dazu Art. 203 AEUV, Rn. 1) haben die **entwicklungspolitische Ausrichtung** noch klar erkennen lassen. Nach einer entsprechenden programmatischen Vorbereitung[24] sind die Organe der Europäischen Union mittlerweile im Rahmen des Übersee-AB 2013 auf eine tendenziell wirtschaftspartnerschaftliche Entwicklung eingeschwenkt (s. Rn. 25). Der Durchführungsbeschluss regelt zudem das Nähere zu den (Unter-)Zielen der Assoziierung (s. dazu Art. 203 AEUV, Rn. 12 ff.)

C. Rechtsstatus der ÜLG und ihrer Bewohner

I. Assoziations-Mitglieder

14 Die Mitglieder des Assoziationsverhältnisses mit der EU sind in **Anhang II** abschließend aufgeführt (s. Rn. 24). Ihre Gemeinsamkeit besteht nach dem Wortlaut der Erklärung Nr. 36 zum Vertrag von Amsterdam[25] darin, dass es sich »um weit verstreute Inseln mit insgesamt rund 900.000 Einwohnern handelt«, von denen »die meisten ÜLG strukturell gesehen weit im Rückstand [sind], was auf die besonders ungünstigen geographischen und wirtschaftlichen Bedingungen zurückzuführen ist.« Nicht dazu gehören gem. Art. 355 Abs. 1 i. V. m. Art. 349 AEUV bestimmte außereuropäische »Gebiete in äußerster Randlage« (u. a. Französisch-Guayana, Reunion, Azoren, Kanarische Inseln), die in vollem Umfang den Regelungen des EU-Rechts unterliegen.[26]

15 Änderungen in der Assoziations-Mitgliedschaft werden vom Europäischen Rat nach Maßgabe des **Art. 355 Abs. 6 AEUV** durch Beschluss getroffen; der Beschluss bedarf der Einstimmigkeit. Vorausgehen muss dem Beschluss eine entsprechende **Initiative des betroffenen Mitgliedstaats** sowie eine **Anhörung der Kommission**. In Anwendung des Art. 355 Abs. 6 AEUV bestehen grundsätzlich drei Möglichkeiten der Statusänderung eines Gebietes: ersatzlose Streichung und dadurch vollständiger Verlust der privilegierten Stellung (z. B. im Falle der Erlangung staatlicher Unabhängigkeit), Übernahme aus Art. 355 Abs. 2 AEUV i. V. m. Anhang II in den Anwendungsbereich von Absatz 1 (außereuropäische Gebiete in äußerster Randlage) oder aus Art. 355 Abs. 1 i. V. m. Art. 349 AEUV in den Anwendungsbereich des Abs. 2 (ÜLG).[27]

Die Möglichkeit der Statusänderung wird durch Art. 355 Abs. 6 aber nur für die ÜLG Dänemarks, Frankreichs und der Niederlande eröffnet. Nicht erfasst sind die ÜLG des Vereinigten Königreichs.[28]

16 Betroffen von einer Statusänderung war zuletzt die Inselgruppe **Mayotte** im Indischen Ozean, die seit dem 1. 1. 2014 – nachdem sie bereits 2011 zum 101. Département Frankreichs erklärt worden war – von einem ÜLG zu einem Gebiet in äußerster Rand-

---

[24] Grünbuch der Kommission, Zukunft der Beziehungen zwischen der EU und den überseeischen Ländern und Gebieten KOM (2008), 383 endg., S. 2 ff.; Mitteilung der Kommission, Elemente für eine neue Partnerschaft zwischen der EU und den ÜLG, KOM (2009), 623 endg., S. 4 ff. Überblick bei *Baetens*, European Community and Union, Association of Overseas Countries and Territories, MPEPIL, Rn. 10 f.
[25] ABl. 1997, C 340/1.
[26] *Bartelt*, in: Schwarze, EU-Kommentar, Art. 198 AEUV, Rn. 5.
[27] *Schmalenbach*, in: Calliess/Ruffert, EUV/AEUV, Art. 355 AEUV, Rn. 3, 8.
[28] Zum rechtspolitischen Hintergrund siehe *Kochenov*, MSU JIL 17 (2008), 195 (266).

lage mutierte. Den umgekehrten Weg ging zwei Jahre zuvor die zu den Kleinen Antillen gehörende französische Insel **Saint Barthélemy,** die aufgrund eines Beschlusses des Europäischen Rates[29] seit dem 1.1.2012 nicht mehr als Gebiet in äußerster Randlage, sondern als ÜLG geführt wird.

II. Völker- und europarechtliche Stellung

Völkerrechtlich sind die ÜLG ein Teil des jeweiligen europäischen Staates (Dänemark, Frankreich, Niederlande, Vereinigtes Königreich), der sie – angesichts ihrer fehlenden völkerrechtlichen Handlungsfähigkeit – im internationalen Verkehr vertritt.[30] Diese Vertretung umfasst auch das Verhältnis zur EU, ihren Mitgliedstaaten und Organen.[31] So gesehen besitzen die ÜLG weder eine eigene Stellung völkerrechtlicher Art im Verhältnis zur EU und deren Mitgliedstaaten[32] noch sind sie mit einer den Mitgliedstaaten vergleichbaren europarechtlichen Rechtsstellung versehen.[33] Ihre Beziehung zur EU wird deshalb regelmäßig als ein »**Rechtsverhältnis sui generis**« bezeichnet.[34] 17

Im Unterschied zu den in Art. 355 Abs. 1 AEUV genannten Gebieten, die ausdrücklich in den räumlichen Geltungsbereich der EU-Verträge einbezogen sind, sind die ÜLG mit der EU lediglich über die Sonderregelungen des Vierten Teils des AEU-Vertrages verbunden (s. Art. 355 Abs. 2 UAbs. 1 AEUV).[35] Daneben findet das EU-Recht nur dann Anwendung, wenn die jeweiligen Vorschriften für anwendbar erklärt werden, z. B. durch den **Assoziationsbeschluss,** durch einen entsprechenden Hinweis in einem **völkerrechtlichen Abkommen der EU** (»**Geltungsbereichsklausel**«)[36] oder durch eine **Regelung in den Art. 198 ff. AEUV.**[37] Art. 202 AEUV enthält keine solche Regelung, da die Vorschrift ausdrücklich (nur) zum Erlass eines entsprechenden (Sekundär-) Rechtsaktes ermächtigt (s. Art. 202 AEUV, Rn. 1). Umstritten ist, inwieweit darüber hinaus auch die »Grundsätze der Verträge« des Unionsrechts als solche für die ÜLG aufgrund ihrer 18

---

[29] Beschluss des Europäischen Rates Nr. 2010/718/EU vom 29.10.2010 zur Änderung des Status der Insel Saint-Barthélemy gegenüber der Europäischen Union, ABl. 2010, L 325/4.

[30] *Schmalenbach*, in: Calliess/Ruffert, EUV/AEUV, Art. 198 AEUV, Rn. 3; *Tietje*, in: Grabitz/Hilf/Nettesheim, EU, Art. 198 AEUV (Oktober 2011), Rn. 6, 19.

[31] S. dazu *Schmalenbach*, in: Calliess/Ruffert, EUV/AEUV, Art. 198 AEUV, Rn. 3; zu den daraus ggf. entstehenden rechtlichen Konfliktsituationen in der EU und anderen Internationalen Organisationen s. *Tietje*, in: Grabitz/Hilf/Nettesheim, EU, Art. 198 AEUV (Oktober 2011), Rn. 19.

[32] Im Verhältnis zu dem (Mitglied-) Staat, dem sie angehören, gilt zudem nur das nationale Staatsrecht. Zur Nicht-Anwendbarkeit der Regeln über den freien Kapitalverkehr in diesem Verhältnis vgl. EuGH, Urt. v. 5.6.2014, verb. Rs. C–24/12 u. C–27/12 (X BV und TBG Limited), ECLI:EU:C:2014:1385, Rn. 45 ff.

[33] *Tietje*, in: Grabitz/Hilf/Nettesheim, EU, Art. 198 AEUV (Oktober 2011), Rn. 21.

[34] EuGH, Urt. v. 8.2.2000, Rs. C–17/98 (Emesa Sugar), Slg. 2000, I–675, Rn. 29; *Zimmermann*, in: GSH, Europäisches Unionsrecht, Vor Art. 198–204 AEUV, Rn. 11.

[35] EuGH, Urt. v. 12.12.1992, Rs. C–260/90 (Leplat), Slg. 1992, I–643, Rn. 10; Urt. v. 12.9.2006, Rs. C–300/04 (Eman und Sevinger), Slg. 2006, I–8055, Rn. 46; Urt. v. 5.5.2011, Rs. C–384/09 (Prunus und Polonium), Slg. 2011, I–3319, Rn. 29; Urt. v. 5.6.2014, verb. Rs. C–24/12 u. C–27/12 (X BV und TBG Limited), ECLI:EU:C:2014:1385, Rn. 45; *Tietje*, in: Grabitz/Hilf/Nettesheim, EU, Art. 198 AEUV (Oktober 2011), Rn. 6; *Zimmermann*, in: GSH, Europäisches Unionsrecht, Vor Art. 198–204 AEUV, Rn. 11.

[36] *Bartelt*, in: Schwarze, EU-Kommentar, Art. 198 AEUV, Rn. 7.

[37] Vgl. EuGH, Urt. v. 12.12.1992, Rs. C–260/90 (Leplat), Slg. 1992, I–643, Rn. 10; Urt. v. 22.11.2001, Rs. C–110/97 (Niederlande/Rat), Slg. 2001, I–8763, Rn. 49; Urt. v. 12.9.2006, Rs. C–300/04 (Eman und Sevinger), Slg. 2006, I–8055, Rn. 46; *Schmalenbach*, in: Calliess/Ruffert, EUV/AEUV, Art. 355 AEUV, Rn. 6.

Inbezugnahme in Art. 203 AEUV rechtliche Verbindlichkeit beanspruchen (s. dazu Art. 203 AEUV, Rn. 13).[38]

19 Soweit es das Vereinigte Königreich betrifft, differenziert Art. 355 Abs. 2 AEUV in seinen beiden Unterabsätzen ausdrücklich zwischen den ÜLG, die in Anhang II aufgeführt sind, und denjenigen ÜLG, die nicht genannt sind. Auf letztere findet das EU-Recht keine Anwendung (UAbs. 2). Aktuell gibt es für diese Regelung keinen Anwendungsfall, seit das Vereinigte Königreich keine Gebietshoheit über Hongkong mehr ausübt (1.7.1997).[39]

20 Die ÜLG gelten im Verhältnis zur EU weiterhin als »Drittstaaten« bzw. – in Ermangelung eigener Staatlichkeit – als »Drittländer«[40]; bei der Wahrnehmung ihrer Interessen durch den Mutterstaat im Rahmen des Vierten Teils (ÜLG) hat jener nicht die Rechtsstellung eines Mitgliedstaates inne.[41]

21 Da die EU immer stärker **innerstaatliche Gemeinschaften** mit Rechten sowohl verfahrensrechtlicher als auch materieller Art ausstattet, können auch die ÜLG in ihren Genuss kommen, soweit das nationale Recht ihnen einen entsprechenden Status (z.B. als Gebietskörperschaft oder als eine andere juristische Person des öffentlichen Rechts) zuweist. Dadurch wird ihnen insbesondere die **unmittelbare Klageberechtigung** im Rahmen einer Nichtigkeitsklage (Art. 263 UAbs. 4 AEUV) eingeräumt.[42] Da es sich um eine nicht-privilegierte Klageberechtigung handelt (s. dazu Art. 263 AEUV, Rn. 28), muss die innerstaatliche Rechtsgemeinschaft geltend machen können, durch den angegriffenen EU-Rechtsakt **in eigenen Rechten verletzt** zu werden. Dabei kann es sich nur um Rechte handeln, die ihr durch den Vierten Teil des AEUV oder darauf beruhendem Sekundärrecht, insbesondere den Assoziationsbeschluss, eingeräumt werden. In diesem unionsrechtlichen Rahmen sind zudem die in den ÜLG ansässigen staatlichen Gerichte befugt, ein Vorabentscheidungsverfahren (Art. 267 AEUV) einzuleiten.[43] Umgekehrt kann die Kommission gegen einen Mitgliedstaat, der möglicherweise seine ÜLG-bezogenen Verpflichtungen aus dem (primären oder sekundären) Unionsrecht verletzt hat, ein Vertragsverletzungsverfahren gem. Art. 258 AEUV einleiten.[44]

22 Zudem hat die EU die **Währungsunion** auf einzelne französische ÜLG erstreckt (u.a. Saint Pierre et Miquelon)[45]; die französischen ÜLG im pazifischen Raum haben die Einführung des Euro zumindest in Erwägung gezogen[46].

---

[38] Für einen Überblick vgl. *Tietje*, in: Grabitz/Hilf/Nettesheim, EU, Art. 198 AEUV (Oktober 2011), Rn. 7; *Kochenov*, MSU JIL 17 (2008), 195 (210f. und 248).

[39] *Schmalenbach*, in: Calliess/Ruffert, EUV/AEUV, Art. 355 AEUV, Rn. 7.

[40] EuGH, Urt. v. 5.5.2011, Rs. C–384/09 (Prunus und Polonium), Slg. 2011, I–3319, Rn. 30f.; vgl. auch EuGH, Gutachten 1/94 v. 15.11.1994 (WTO), Slg. 1994, I–5267, Rn. 17; *Bartelt*, in: Schwarze, EU-Kommentar, Art. 198 AEUV, Rn. 8.

[41] *Streinz/Kruis*, in: Streinz, EUV/AEUV, Art. 198 AEUV, Rn. 3, unter Hinweis auf EuGH, Urt. v. 8.2.2000, Rs. C–17/98 (Emesa Sugar), Slg. 2000, I–675, Rn. 29.

[42] EuGH, Urt. v. 10.4.2003, Rs. C–142/00 (Kommission/Niederländ. Antillen), Slg. 2003, I–3483, Rn. 60f.

[43] EuGH, Urt. v. 12.12.1990, verb. Rs. C–100/89 u. C–101/89 (Kaefer und Procacci), Slg. 1990, I–4647, Rn. 6ff.; Urt. v. 12.2.1992, Rs. C–260/90 (Leplat), Slg. 1992, I–643, Rn. 7ff. Vgl. zum Vorstehenden auch *Bartelt*, in: Schwarze, EU-Kommentar, Art. 198 AEUV, Rn. 14; *Schmalenbach*, in: Calliess/Ruffert, EUV/AEUV, Art. 198 AEUV, Rn. 3.

[44] S. dazu EuGH, Urt. v. 12.12.1990, Rs. C–263/88 (Kommission/Frankreich), Slg. 1990, I–4611, Rn. 1.

[45] *Bartelt*, in: Schwarze, EU-Kommentar, Art. 198 AEUV, Rn. 10 m.w.N.

[46] S. dazu Grünbuch der Kommission, KOM (2008), 383 endg., S. 7.

Nicht ausgeschlossen wird durch den Vierten Teil des AEUV, dass die **Bewohner der** 23
ÜLG, sofern sie die Unionsbürgerschaft besitzen – was regelmäßig der Fall ist, weil diese
an die Staatsangehörigkeit eines EU-Mitgliedstaates anknüpft (vgl. Art. 20 Abs. 1
AEUV)⁴⁷ –, die ihnen zustehenden **personenbezogenen Rechte des EU-Rechts** für sich
reklamieren.⁴⁸ Das gilt etwa für das Wahlrecht zum Europäischen Parlament⁴⁹ oder für
das mit dem Recht auf Freizügigkeit verbundene Einreiserecht in den europäischen
Binnenmarkt nach Maßgabe der EU-Freizügigkeits-Richtlinie (2004/38/EG)⁵⁰. Nicht
unmittelbar damit verbunden ist aber etwa das Recht der Arbeitnehmerfreizügigkeit
(vgl. dazu Art. 202 AEUV, Rn. 1 f.).⁵¹

III. Liste der ÜLG (Anhang II des AEUV)

Überseeische Länder und Hoheitsgebiete, auf welche der Vierte Teil des Vertrags über 24
die Arbeitsweise der Europäischen Union Anwendung findet (bereinigte Fassung 2016):

Grönland (DK)	Anguilla (UK)
Neukaledonien und Nebengebiete (F)	Kaimaninseln (UK)
Französisch-Polynesien (F)	Falklandinseln (UK)
Französische Süd- und Antarktisgebiete (F)	Südgeorgien und südliche Sandwichinseln (UK)
Wallis und Futuna (F)	Montserrat (UK)
St. Pierre und Miquelon (F)	Pitcairninseln (UK)
St. Barthélemy (F)	St. Helena und Nebengebiete (UK)
Aruba (NL)	Britisches Antarktis-Territorium (UK)
Bonaire (NL)	Britisches Territorium im Indischen Ozean (UK)
Curaçao (NL)	Turks- und Caicosinseln (UK)
Saba (NL)	Britische Jungferninseln (UK)
Sint Eustatius (NL)	Bermuda (UK)
Sint Maarten (NL)	

D. Abgrenzung zur EU-Entwicklungspolitik

Dass die Assoziierung der ÜLG über die Jahrzehnte hinweg eine sehr starke entwick- 25
lungspolitische Prägung aufwies, war und ist den besonderen Bedürfnissen der davon
betroffenen Gebiete geschuldet. Mittlerweile haben sich die meisten dieser Gebiete aber
deutlich **weiterentwickelt,** so dass der entwicklungspolitische Grundansatz – der vor
allem in den maßgeblichen Zielen der Assoziationspolitik (s. Rn. 13) seinen Ausdruck
gefunden hat – heute nur noch bedingt geeignet ist, den Sonderstatus dieser Gebiete im
Verhältnis zur EU zu legitimieren. Vor allem die Kommission hat sich zwischenzeitlich
strikt gegen eine Fortsetzung des bisherigen Ansatzes ausgesprochen und eine **neue**

---

⁴⁷ Vgl. zu den Einzelheiten: Grünbuch der Kommission, KOM (2008), 383 endg., S. 7; EuGH, Urt.
v. 12. 9. 2006 Rs. C–300/04 (Eman und Sevinger), Slg. 2006, I–8055, Rn. 53; *Schmalenbach*, in: Cal-
liess/Ruffert, EUV/AEUV, Art. 198 AEUV, Rn. 5; *Streinz/Kruis*, in: Streinz, EUV/AEUV, Art. 198
AEUV, Rn. 4.
⁴⁸ Zu den Ausnahmekonstellationen (Ausschluss der Rechte im Beitrittsprotokoll oder durch eine
Staatsangehörigkeitserklärung) s. *Schmalenbach*, in: Calliess/Ruffert, EUV/AEUV, Art. 198 AEUV,
Rn. 5.
⁴⁹ EuGH, Urt. v. 12. 9. 2006, Rs. C–300/04 (Eman und Sevinger), Slg. 2006, I–8055, Rn. 46, 52 ff.;
dort auch zum Erfordernis eines Wohnsitzes in einem Mitgliedstaat.
⁵⁰ *Schmalenbach*, in: Calliess/Ruffert, EUV/AEUV, Art. 198 AEUV, Rn. 5.
⁵¹ Grünbuch der Kommission, KOM (2008), 383 endg., S. 7.

Schwerpunktbildung angemahnt[52], die in Erwägungsgrund 5 Übersee-AB 2013 ihren Niederschlag gefunden hat.

26 Vor dem Hintergrund der grundsätzlichen Unterscheidung zwischen »Entwicklungspolitik« und »Entwicklungskooperation« gehört der AEUV-Teil über die konstitutionelle Assoziierung zum Bereich der **Entwicklungspolitik.** Genau genommen hat die EU-Entwicklungspolitik hier sogar ihren Ursprung. Entwicklungskooperationen auf der Grundlage völkerrechtlicher Verträge[53], insbesondere von Assoziierungsabkommen mit unabhängigen Staaten (s. Rn. 9), traten jedoch schon frühzeitig hinzu, da die meisten der als ÜLG vorgesehenen Territorien bereits unmittelbar nach Gründung der EWG ihre Unabhängigkeit erlangten, aber dennoch an einer Sonderbeziehung weiterhin interessiert waren.[54] Bereits in den Gründungsverträgen war eine eigene Zuständigkeit für den Abschluss von Assoziationsabkommen angelegt, die dann mit den **Abkommen von Yaoundé, von Lomé und dem Cotonou-Abkommen** genutzt wurde. Trotz der unübersehbaren inhaltlichen und zeitlichen Parallelen zwischen den beiden Ansätzen[55] hat man es in der Folgezeit allerdings vermieden, diese beiden Ausprägungen mit der 1993 in den EG-Vertrag aufgenommenen »gemeinschaftlichen Entwicklungspolitik« und heutigen »Entwicklungszusammenarbeit« (Art. 208 – Art. 211 AEUV) in den Normen des Primärrechts inhaltlich abzustimmen.[56]

E. Vereinbarkeit mit dem WTO-Recht

27 Neben dem allgemeinen Völkerrecht[57], das allerdings keine strikten Vorgaben enthält, ist es vor allem das **WTO-Recht,** das der Ausgestaltung der konstitutionellen Assoziierung **gewisse Grenzen setzt.** Probleme der Vereinbarkeit mit dem WTO-Recht ergeben sich vor allem aus dem mit der Assoziierung der ÜLG verbundenen Sonderstatus dieser Gebiete im Verhältnis zur EU, der seinen Ausdruck insbesondere im **Präferenzsystem** der Art. 198 ff. AEUV findet. Betroffen davon ist angesichts der Privilegien, welche die ÜLG in der EU genießen, insbesondere das **Meistbegünstigungsgebot** (Art. I:1 GATT, Art. II GATS). Dieses gilt jedoch allein im Verhältnis von Staaten untereinander, während die nach Maßgabe der Art. 198 ff. AEUV den ÜLG gewährten Handelsvorteile nur »Entitäten ohne Staatsqualität« zugutekommen.[58] Dass die Verantwortlichkeit für etwaige Rechtsverstöße die jeweiligen Mutterstaaten als WTO-Mitglie-

---

[52] *Streinz/Kruis*, in: Streinz, EUV/AEUV, Art. 198 AEUV, Rn. 18; *Bartelt*, in: Schwarze, EU-Kommentar, Art. 198 AEUV, Rn. 13; zu den Einzelheiten s. Grünbuch der Kommission, KOM (2008), 383 endg., S. 2 ff.; Mitteilung der Kommission (Fn. 24), KOM (2009), 623 endg., S. 4 ff.

[53] *Zimmermann*, in: GSH, Europäisches Unionsrecht, Vor Art. 198–204 AEUV, Rn. 1.

[54] Zu den damaligen Schwierigkeiten, die »richtige« Rechtsgrundlage für solche völkerrechtlichen Vereinbarungen zu finden, vgl. *Becker*, in: GBTE, EWGV, Vorb. zu Art. 131 – Art. 136 EWGV, Rn. 8–10.

[55] Vgl. *Zimmermann*, in: GSH, Europäisches Unionsrecht, Vor Art. 198–204 AEUV, Rn. 2. Zu den Privilegien der ÜLG gehört auch ihre (erleichterte) Beitrittsmöglichkeit zum Cotonou-Abkommen; ebd. Rn. 3.

[56] Kritisch auch *Zimmermann*, in: GSH, Europäisches Unionsrecht, Vor Art. 198–204 AEUV, Rn. 2.

[57] Zu den Rahmenbedingungen des allgemeinen Völkerrechts (u. a. unter Zugrundelegung eines global geltenden Solidaritätsgedankens ähnlich Art. 21 Abs. 2 Buchst. d EUV) s. *Tietje*, in: Grabitz/Hilf/Nettesheim, EU, Art. 198 AEUV (Oktober 2011), Rn. 12.

[58] So *Tietje*, in: Grabitz/Hilf/Nettesheim, EU, Art. 198 AEUV (Oktober 2011), Rn. 13.

der treffen kann, lässt sich im Übrigen nicht mit Verweis auf die Rechtsprechung der EU-Gerichte negieren[59], solange das WTO-Streitbeilegungssystem eine Rechtsverletzung durch die Europäische Union und/oder den betroffenen Mitgliedstaat feststellen und entsprechende Sanktionen verhängen bzw. legitimieren kann.

Das WTO-Recht kennt zwar durchaus Ausnahmetatbestände, doch lässt sich die konstitutionelle Assoziierung (als »Assoziierung sui generis«) weder als Freihandelszone (Art. XXIV Abs. 8 Buchst. b GATT) noch als Zollunion (Art. XXIV Abs. 8 Buchst. a GATT) begreifen.[60] Diskutiert wird aktuell eine Einordnung der ÜLG als »Entwicklungsterritorien«[61]. Durch ihre Abkehr von der entwicklungspolitischen Perspektive der Assoziierung, die in Erwägungsgrund 5 Übersee-AB 2013 zum Ausdruck kommt (s. Rn. 13, 25), entzieht die Kommission dieser Argumentationslinie jedoch zunehmend die Grundlage. 28

Die ÜLG werden in der WTO weiterhin von ihren Mutterstaaten vertreten, die insoweit **völlig unabhängig** von der EU agieren können.[62] In der Konsequenz dieser Konstruktion liegt neben der Erforderlichkeit sog. gemischter Abkommen[63] auch, dass gegen eines der ÜLG gerichtete Maßnahmen der Europäischen Union den betreffenden EU-Mitgliedstaat in seiner Rechtsstellung als WTO-Mitglied betreffen, was eine **strikte Unterscheidung der verschiedenen Rechtsverhältnisse** notwendig macht.[64] Zumal in der WTO kann es aufgrund der »formalen Doppelmitgliedschaft« von EU und (allen) ihren Mitgliedstaaten zur Notwendigkeit der Koordination des Abstimmungsverhaltens kommen. Insoweit enthält der Grundsatz der Unionstreue (Art. 4 Abs. 3 EUV) zwar eine grundsätzliche Verpflichtung zur einheitlichen Abgabe der Stimmen in den WTO-Foren[65]; soweit es allerdings den beim Mitgliedstaat verbliebenen Kompetenzbereich und dessen Wahrnehmung im Zusammenhang mit einem ÜLG betrifft, ist die mitgliedstaatliche Autonomie innerhalb der WTO nicht europarechtlich reglementiert. 29

---

[59] So aber wohl *Tietje*, in: Grabitz/Hilf/Nettesheim, EU, Art. 198 AEUV (Oktober 2011), Rn. 14; zur Rechtsprechungsentwicklung mit entsprechenden Nachweisen: *Schöbener/Herbst/Perkams*, Internationales Wirtschaftsrecht, 2010, Rn. 3/65 ff.

[60] Vgl. referierend GA *Colomer*, Schlussanträge zu Rs. C–310/95 (Road Air), Slg. 1997, I–2229 (Rn. 50); *Tietje*, in: Grabitz/Hilf/Nettesheim, EU, Art. 198 AEUV (Oktober 2011), Rn. 8. Zur Typologie dieser wirtschaftlichen Integrationsverbände vgl. *Schöbener/Herbst/Perkams* (Fn. 59), Rn. 1/112 ff.

[61] *Streinz/Kruis*, in: Streinz, EUV/AEUV, Art. 198 AEUV, Rn. 19.

[62] *Streinz/Kruis*, in: Streinz, EUV/AEUV, Art. 198 AEUV, Rn. 3.

[63] S. dazu insb. im Hinblick auf das WTO-Recht: EuGH, Gutachten 1/94 v. 15.11.1994 (WTO), Slg. 1994, I–5267, Rn. 17; *Zimmermann*, in: GSH, Europäisches Unionsrecht, Vor Art. 198–204 AEUV, Rn. 15.

[64] *Tietje*, in: Grabitz/Hilf/Nettesheim, EU, Art. 198 AEUV (Oktober 2011), Rn. 19.

[65] Vgl. dazu *Schöbener/Herbst/Perkams* (Fn. 59), Rn. 3/32 ff.

Artikel 199 AEUV [Zwecke der Assoziierung]

Mit der Assoziierung werden folgende Zwecke verfolgt:
1. Die Mitgliedstaaten wenden auf ihren Handelsverkehr mit den Ländern und Hoheitsgebieten das System an, das sie aufgrund der Verträge untereinander anwenden.
2. Jedes Land oder Hoheitsgebiet wendet auf seinen Handelsverkehr mit den Mitgliedstaaten und den anderen Ländern und Hoheitsgebieten das System an, das es auf den europäischen Staat anwendet, mit dem es besondere Beziehungen unterhält.
3. Die Mitgliedstaaten beteiligen sich an den Investitionen, welche die fortschreitende Entwicklung dieser Länder und Hoheitsgebiete erfordert.
4. Bei Ausschreibungen und Lieferungen für Investitionen, die von der Union finanziert werden, steht die Beteiligung zu gleichen Bedingungen allen natürlichen und juristischen Personen offen, welche die Staatsangehörigkeit der Mitgliedstaaten oder der Länder oder Hoheitsgebiete besitzen.
5. Soweit aufgrund des Artikels 203 nicht Sonderregelungen getroffen werden, gelten zwischen den Mitgliedstaaten und den Ländern und Hoheitsgebieten für das Niederlassungsrecht ihrer Staatsangehörigen und Gesellschaften die Bestimmungen und Verfahrensregeln des Kapitels Niederlassungsfreiheit, und zwar unter Ausschluss jeder Diskriminierung.

Literaturübersicht

S. Art. 198 AEUV.

Inhaltsübersicht

	Rn.
A. Rechtlich verbindliche Zielvorgaben	1
B. Zwecke der Assoziierung im Einzelnen	2

A. Rechtlich verbindliche Zielvorgaben

1 Art. 199 AEUV ist insoweit missverständlich formuliert, als dort von »Zwecke[n]« der Assoziierung die Rede ist; diese Zwecke (objectives) sind aber an sich schon in Art. 198 AEUV normiert.[1] Bei näherer Betrachtung handelt es sich um die **Setzung von rechtlich verbindlichen Zielvorgaben**[2] – teilweise wird auch von einer Rahmenvorschrift[3] oder Grundsätzen[4] gesprochen –, in denen generell die Bereiche bezeichnet werden, die durch den Durchführungsbeschluss gemäß Art. 203 AEUV – kurz: Übersee-Assoziationsbeschluss (Übersee-AB), aktuell aus dem Jahr 2013 (s. Art. 203 AEUV, Rn. 2) – näher auszugestalten sind (obligatorischer Übersee-AB-Inhalt). Da die Rahmenvorga-

---

[1] *Zimmermann*, in: GSH, Europäisches Unionsrecht, Art. 199 AEUV, Rn. 1; *Tietje*, in: Grabitz/Hilf/Nettesheim, EU, Art. 199 AEUV (Oktober 2011), Rn. 2.
[2] Explizit von »Zielen« spricht EuGH, Urt. v. 22.4.1997, Rs. C–310/95 (Road Air), Slg. 1997, I–2229, Rn. 40; EuG, Urt. v. 14.9.1995, Rs. T–480/93 u. T–483/93 (Antillean Rice Mills u. a./Kommission), Slg. 1995, II–2305, Rn. 162.
[3] *Zimmermann*, in: GSH, Europäisches Unionsrecht, Art. 199 AEUV, Rn. 1; *Tietje*, in: Grabitz/Hilf/Nettesheim, EU, Art. 199 AEUV (Oktober 2011), Rn. 2; *Booß*, in: Lenz/Borchardt, EU-Verträge, Art. 199 AEUV, Rn. 1.
[4] *Hilpold*, in: Mayer/Stöger, EUV/AEUV, Art. 199 AEUV (Dezember 2010), Rn. 1.

ben nicht abschließend aufgeführt sind, ist die Regelung weiterer Bereiche durch den Übersee-AB nicht ausgeschlossen (fakultativer AB-Inhalt). Im Folgenden werden nur die obligatorischen Übersee-AB-Inhalte näher dargestellt.

B. Zwecke der Assoziierung im Einzelnen

Nr. 1: Im Handelsverkehr zwischen den Mitgliedstaaten der EU und den ÜLG sollen erstere »das System« anwenden, »das sie aufgrund der Verträge untereinander anwenden«. Geprägt wird dieses System vom **Grundsatz der Nichtdiskriminierung** (Art. 18 AEUV), der – wendet man ihn auf die Drittstaaten gleichen ÜLG (s. Art. 198 AEUV, Rn. 20) an – hier als **Meistbegünstigungsgrundsatz**[5] reüssiert. Gleichzeitig verfolgen die die ÜLG betreffenden Regelungen aber »nicht das Ziel der Errichtung eines Binnenmarktes, der demjenigen zwischen den Mitgliedstaaten ähnlich wäre«.[6] So ist die EU u. a. berechtigt, im Falle des Vorliegens besonderer Umstände jeweils Schutzklauseln (s. Art. 201 AEUV, Rn. 2f.) zu erlassen; allerdings unterliegt sie insoweit auch weiterhin den Grundsätzen des Unionsrechts.[7]

Nr. 2: Umgekehrt soll jedes ÜLG dadurch **zur Handelsliberalisierung beitragen**, dass es »das System« anwendet, »das es auf den europäischen Staat anwendet, mit dem es besondere Beziehungen unterhält«. Geregelt ist damit der Grundsatz der Meistbegünstigung[8] als spezifische Ausprägung des **Gleichbehandlungsgrundsatzes.** In der Übersee-AB-Praxis ist es jedoch weithin üblich (s. Art. 203 AEUV, Rn. 14 und Art. 51 Übersee-AB 2013), diese Vorgabe – in zulässiger Weise – mit erheblichen Einschränkungen zu versehen, wodurch die Handelsliberalisierung nicht reziprok gewährt wird,[9] was insoweit einer Freihandelszone entspräche, sondern aufgrund ihrer (weithin) Einseitigkeit eine Assoziierung eigener Art begründet.[10] Überhaupt wird das gesamte ÜLG-System vom Grundsatz der »**asymmetrischen Reziprozität**«[11] beherrscht.

Nr. 3: Der besonderen entwicklungspolitischen Verantwortung der EU-Mitgliedstaaten für die ÜLG (s. Art. 198 AEUV, Rn. 13, 25 ff.) trägt bereits nach dem Normtext vor allem ihre grundsätzliche Verpflichtung zur **Aufbringung von Investitionen** für die ÜLG Rechnung.[12] Allerdings lassen sich aus der Vorschrift keine Anhaltspunkte gewinnen für

---

[5] *Tietje*, in: Grabitz/Hilf/Nettesheim, EU, Art. 199 AEUV (Oktober 2011), Rn. 3; *Streinz/Kruis*, in: Streinz, EUV/AEUV, Art. 199 AEUV, Rn. 2; *Hilpold*, in: Mayer/Stöger, EUV/AEUV, Art. 199 AEUV (Dezember 2010), Rn. 2.
[6] So EuG, Urt. v. 14.9.1995, Rs. T–480/93 u. T–483/93 (Antillean Rice Mills u.a./Kommission), Slg. 1995, II–2305, Rn. 91; vgl. auch EuGH, Urt. v. 11.2.1999, Rs. C–390/95 P (Antillean Rice Mills u.a./Kommission), Slg. 1999, I–769, Rn. 36; Urt. v. 8.2.2000, Rs. C–17/98 (Emesa Sugar), Slg. 2000, I–675, Rn. 29.
[7] EuG, Urt. v. 14.9.1995, Rs. T–480/93 u. T–483/93 (Antillean Rice Mills u.a./Kommission), Slg. 1995, II–2305, Rn. 90ff.; *Frenz*, Handbuch Europarecht, Bd. 6, Rn. 4948.
[8] *Frenz*, Handbuch Europarecht, Bd. 6, Rn. 4949; generell zum Gebot der Gleichbehandlung im Rahmen der Meistbegünstigung: *Schöbener/Herbst/Perkams*, Internationales Wirtschaftsrecht, 2010, Rn. 1/19, 1/125, 1/176.
[9] *Hilpold*, in: Mayer/Stöger, EUV/AEUV, Art. 199 AEUV (Dezember 2010), Rn. 2.
[10] *Tietje*, in: Grabitz/Hilf/Nettesheim, EU, Art. 199 AEUV (Oktober 2011), Rn. 3; *Streinz/Kruis*, in: Streinz, EUV/AEUV, Art. 199 AEUV, Rn. 4.
[11] *Booß*, in: Lenz/Borchardt, EU-Verträge, Art. 199 AEUV, Rn. 2; *Frenz*, Handbuch Europarecht, Bd. 6, Rn. 4948.
[12] Zur Bedeutung der »kolonialen Erbengemeinschaft«, die auch die Nicht-Kolonialstaaten innerhalb der EU in die Pflicht nimmt, s. *Zimmermann*, in: GSH, Europäisches Unionsrecht, Art. 199 AEUV, Rn. 3.

eine – über die Grundsatzpflicht des »Ob« hinausgehende – Bestimmung zur Höhe der finanziellen Zuwendungen insgesamt sowie zum Anteil der einzelnen Mitgliedstaaten.[13] Als Finanzierungsinstrument dient insbesondere der **Europäische Entwicklungsfonds (EEF)**, aus dem neben den ÜLG auch die AKP-Staaten finanzielle Zuwendungen erhalten.[14] Aktuell aufgelegt ist der 11. EEF,[15] dessen Geltungsdauer auf sechs Jahre angelegt ist (2014–2020).

5 Nr. 4: Gewährleistet wird durch diese Regelung, dass immer dann, wenn **Investitionen** in den ÜLG durch die EU finanziert werden, bei darauf bezogenen Ausschreibungen und Lieferungen natürliche und juristische Personen mit der Staatsangehörigkeit der Mitgliedstaaten und den ÜLG nicht diskriminiert werden, um ihnen auf diese Weise den jeweiligen Marktzugang zu verschaffen.[16] Auch diese Regelung ist mithin Ausdruck des Grundsatzes der Gleichbehandlung.[17]

6 Nr. 5: Von den **Grundfreiheiten** ist allein das **Niederlassungsrecht** (»die Bestimmungen und Verfahrensregeln des Kapitels Niederlassungsfreiheit«; Art. 49 ff. AEUV) als der Normenbestand in Art. 199 AEUV eingeflossen, der zwischen den Mitgliedstaaten und den ÜLG grundsätzlich gelten soll (zur Arbeitnehmerfreizügigkeit s. noch Art. 202 AEUV). Die anderen Grundfreiheiten werden im Primärrecht nicht berücksichtigt. Die Bezugnahme auf die Niederlassungsfreiheit ist allerdings unter den ausdrücklichen Vorbehalt gestellt, »[s]oweit aufgrund des Art. 203 nicht Sonderregelungen getroffen werden«, d. h., der Übersee-AB keine anderweitigen Regelungen trifft.

7 Geregelt ist in Art. 51 und 59 Übersee-AB 2013 (wie schon in der Vorgängervorschrift) jedoch nicht nur (einschränkend) die **Niederlassungsfreiheit,** sondern – rechtsbegründend (fakultativer AB-Inhalt) – auch die **Dienstleistungsfreiheit** (bisher: Art. 44 ff. Übersee-AB 2001, jetzt Art. 50 ff. Übersee-AB 2013) und die **Zahlungsverkehrsfreiheit**[18] (bisher: Art. 47 Übersee-AB 2001, jetzt Art. 59 Übersee-AB 2013). Überdies sind die Niederlassungs- und Dienstleistungsfreiheit – entgegen ihrem Verständnis im AEU-Vertrag (Art. 49 ff., Art. 56 ff. AEUV), aber deutlich angesichts des klaren Wortlauts von Art. 199 Nr. 5 AEUV (»unter Ausschluss jeder Diskriminierung«) – auf die Gewährleistungsdimension des Diskriminierungsverbots beschränkt.[19] Dies gilt im Hinblick auf den Wortlaut des Art. 59 Übersee-AB 2013 (»beschränkt«) nicht für die Zahlungsverkehrsfreiheit, welche demnach ein Beschränkungsverbot beinhaltet. Ausgestaltet wird dieses Rechtsregime durch die Anwendung der für die EU und ihre Mitgliedstaaten verbindlichen Regelungen des GATS[20] (vgl. Art. 45 Abs. 2 Buchst. a

---

[13] *Zimmermann*, in: GSH, Europäisches Unionsrecht, Art. 199 AEUV, Rn. 3, mit Hinweis auf die zu diesem Zweck abgeschlossenen »Internen Finanzabkommen«.

[14] Zu weiteren EU-Finanzinstrumenten vgl. den Überblick bei *Schmalenbach*, in: Calliess/Ruffert, EUV/AEUV, Art. 199 AEUV, Rn. 4.

[15] Rechtsgrundlage ist das Interne Abkommen zwischen den im Rat vereinigten Vertretern der Regierungen der Mitgliedstaaten der Europäischen Union über die Finanzierung der im mehrjährigen Finanzrahmen für den Zeitraum 2014 bis 2020 vorgesehenen Hilfe der Europäischen Union im Rahmen des AKP-EU-Partnerschaftsabkommens und über die Bereitstellung von finanzieller Hilfe für die überseeischen Länder und Gebiete, auf die der Vierte Teil des Vertrags über die Arbeitsweise der Europäischen Union Anwendung findet; ABl. 2013, L 210/1.

[16] *Schmalenbach*, in: Calliess/Ruffert, EUV/AEUV, Art. 199 AEUV, Rn. 5.

[17] *Frenz*, Handbuch Europarecht, Bd. 6, Rn. 4951.

[18] *Booß*, in: Lenz/Borchardt, EU-Verträge, Art. 199 AEUV, Rn. 10.

[19] *Hilpold*, in: Mayer/Stöger, EUV/AEUV, Art. 199 AEUV (Dezember 2010), Rn. 8.

[20] *Zimmermann*, in: GSH, Europäisches Unionsrecht, Art. 200 AEUV Rn. 5; *Streinz/Kruis*, in: Streinz, EUV/AEUV, Art. 199 AEUV, Rn. 8; *Hilpold*, in: Mayer/Stöger, EUV/AEUV, Art. 199 AEUV (Dezember 2010), Rn. 8.

Übersee-AB 2001; Art. 51 Abs. 2 Buchst. b und d Übersee-AB 2013). Abhängig ist das Recht auf Marktzugang und Inländergleichbehandlung deshalb von der Übernahme spezifischer Verpflichtungen durch die EU und ihre Mitgliedstaaten.[21]

---

[21] Dazu näher *Tietje*, in: Grabitz/Hilf/Nettesheim, EU, Art. 199 AEUV (Oktober 2011), Rn. 6.

Artikel 200 AEUV [Verbot von Zöllen]

(1) Zölle bei der Einfuhr von Waren aus den Ländern und Hoheitsgebieten in die Mitgliedstaaten sind verboten; dies geschieht nach Maßgabe des in den Verträgen vorgesehenen Verbots von Zöllen zwischen den Mitgliedstaaten.

(2) In jedem Land und Hoheitsgebiet sind Zölle bei der Einfuhr von Waren aus den Mitgliedstaaten und den anderen Ländern und Hoheitsgebieten nach Maßgabe des Artikels 30 verboten.

(3) Die Länder und Hoheitsgebiete können jedoch Zölle erheben, die den Erfordernissen ihrer Entwicklung und Industrialisierung entsprechen oder als Finanzzölle der Finanzierung ihres Haushalts dienen.

Die in Unterabsatz 1 genannten Zölle dürfen nicht höher sein als diejenigen, die für die Einfuhr von Waren aus dem Mitgliedstaat gelten, mit dem das entsprechende Land oder Hoheitsgebiet besondere Beziehungen unterhält.

(4) Absatz 2 gilt nicht für die Länder und Hoheitsgebiete, die aufgrund besonderer internationaler Verpflichtungen bereits einen nichtdiskriminierenden Zolltarif anwenden.

(5) Die Festlegung oder Änderung der Zollsätze für Waren, die in die Länder und Hoheitsgebiete eingeführt werden, darf weder rechtlich noch tatsächlich zu einer mittelbaren oder unmittelbaren Diskriminierung zwischen den Einfuhren aus den einzelnen Mitgliedstaaten führen.

Literaturübersicht

Dekker, The Ambit of the Free Movement of Goods under the Association of Overseas Countries and Territories, E. L.Rev. 23 (1998), 272; s. auch Art. 198 AEUV.

Inhaltsübersicht

	Rn.
A. Normzweck	1
B. Zölle und sonstige Abgaben gleicher Wirkung	2
C. Grundsätzliches Zollverbot und Ausnahmen	5
D. (Besonderes) Diskriminierungsverbot	8

A. Normzweck

1 Art. 200 AEUV bezweckt durch das **gegenseitige Zollverbot** einen grundsätzlich **ungehinderten Warenverkehr** zwischen den Mitgliedstaaten der Europäischen Union und den ÜLG.[1] Geregelt wird allerdings nur ein Zollverbot für den Handel zwischen einem EU-Mitgliedstaat und einem ÜLG (in den Absätzen 1 und 2); keine Regelung trifft Art. 200 AEUV hingegen zum Handel mit Drittstaaten; einschlägig sind insoweit die WTO-Bestimmungen und der Zollkodex.[2] In Ermangelung eines einheitlichen Zolltarifs gegenüber Drittstaaten bilden die EU und die ÜLG **keine Zollunion**.[3] Will man sie in die

---

[1] *Streinz/Kruis*, in: Streinz, EUV/AEUV, Art. 200 AEUV, Rn. 1.
[2] *Tietje*, in: Grabitz/Hilf/Nettesheim, EU, Art. 200 AEUV (Oktober 2011), Rn. 3; zum Zollkodex siehe *Kamann*, in: Streinz, EUV/AEUV, Art. 28 AEUV, Rn. 10.
[3] *Streinz/Kruis*, in: Streinz, EUV/AEUV, Art. 200 AEUV, Rn. 1.

Kategorien der ökonomischen Integrationsformen[4] einordnen, dann handelt es sich um »**eine spezielle Art von Freihandelszone**«.[5] Überdies konkretisiert Art. 200 AEUV die Zielvorgaben aus Art. 199 Nr. 1 und 2 AEUV.[6]

B. Zölle und sonstige Abgaben gleicher Wirkung

Entgegen ihrem ausdrücklichen Wortlaut erfasst die Vorschrift nicht nur »**Zölle**«, sondern auch alle **sonstigen Abgaben gleicher Wirkung.** Der Begriff des Zolls ist somit unspezifisch, d. h. in einem **weiten Sinn** zu verstehen. Dies ergibt sich aus einer systematisch-teleologischen Auslegung zur Sicherstellung der praktischen Wirksamkeit des Art. 200 AEUV: Denn eine enge Auslegung des Zoll-Begriffs, so der EuGH,[7] »würde die in diesem Artikel enthaltene Regelung ihres Sinns berauben, da es dann möglich wäre, seine Anwendung durch die Einführung von Abgaben zu umgehen, die zwar keine Zölle im engen Sinne sind, die aber auf die Handelsbeziehungen zwischen den Mitgliedstaaten und den ÜLG die gleichen Auswirkungen hätten. Außerdem stünde eine solche Auslegung nicht in Einklang mit den Zielen, die in dem Teil des Vertrages umschrieben sind, der sich auf die Assoziierung der ÜLG bezieht.« Keine Maßnahme gleicher Wirkung stellt allerdings die **Erhebung der Mehrwertsteuer** dar.[8]

Das Verbot der Zölle und Abgaben gleicher Wirkung bezieht sich auf die »Einfuhr von Waren«. Der **Begriff der Ware** ist – wie bei Art. 28 Abs. 2 AEUV – weit auszulegen und erfasst Erzeugnisse, die einen Geldwert haben und daher **Gegenstand von Handelsgeschäften** sein können.[9] Die deutsche Sprachfassung ist allerdings unpräzise, soweit dort nur von »Waren« die Rede ist. In anderen – gleichermaßen authentischen – Sprachfassungen werden die Waren konkreter erfasst durch den Zusatz, dass es sich um Waren bzw. Erzeugnisse handeln müsse, die ihren »Ursprung« in den ÜLG haben. Daraus hat der EuGH[10] gefolgert, dass sich der Begriff »nicht auf Einfuhren von Waren bezieht, die ihren Ursprung nicht in dem ÜLG haben, sondern sich dort im zollrechtlich freien Verkehr befinden, und dass der Vierte Teil des Vertrages außerdem für solche Waren keine Sonderregelung vorsieht.« Konsequent wird Art. 200 Abs. 1 AEUV deshalb nur auf »Ursprungswaren« angewendet; Art. 43 Übersee-AB 2013 i. V. m. Anhang VI enthält

---

[4] Zur (Ideal-) Typologie von Freihandelszone und Zollunion als ökonomische Integrationsformen vgl. *Schöbener/Herbst/Perkams*, Internationales Wirtschaftsrecht, 2010, Rn. 1/112 ff.

[5] *Streinz/Kruis*, in: Streinz, EUV/AEUV, Art. 200 AEUV, Rn. 1; Charakterisierung als Freihandelszone bei *Zimmermann*, in: GSH, Europäisches Unionsrecht, Art. 200 EGV, Rn. 2; a. A. *Hummer*, in: Vedder/Heintschel v. Heinegg, EUV/AEUV, Art. 200 AEUV, Rn. 2. Eine idealtypische Freihandelszone (Art. XXIV Abs. 8 Buchst. b GATT) besteht schon allein deshalb nicht, weil die ÜLG unter den Voraussetzungen der Absätze 3 und 5 berechtigt sind, Einfuhrzölle zu erheben; vgl. *Booß*, in: Lenz/Borchardt, EU-Verträge, Art. 200 AEUV, Rn. 1, der von einer »asymmetrischen« Freihandelszone spricht. Vgl. auch *Zimmermann*, in: GSH, Europäisches Unionsrecht, Art. 200 AEUV, Rn. 5: »›hinkende‹ Freihandelszone«; *Khan*, in: Geiger/Khan/Kotzur, EUV/AEUV, Art. 200 AEUV, Rn. 1: »unvollkommene Freihandelszone«.

[6] *Tietje*, in: Grabitz/Hilf/Nettesheim, EU, Art. 200 AEUV (Oktober 2011), Rn. 2; *Khan*, in: Geiger/Khan/Kotzur, EUV/AEUV, Art. 200 AEUV, Rn. 2.

[7] EuGH, Urt. v. 12. 2.1992, Rs. C–260/90 (Leplat), Slg. 1992, I–643, Rn. 18.

[8] EuGH, Urt. v. 28. 1.1999, Rs. C–181/97 (van der Kooy), Slg. 1999, I–483, Rn. 40.

[9] *Kingreen*, in: Calliess/Ruffert, EUV/AEUV, Art. 34–36 AEUV, Rn. 120.

[10] EuGH, Urt. v. 22. 4.1997, Rs. C–310/95 (Road Air), Slg. 1997, I–2229, Rn. 35; zu den verschiedenen Sprachfassungen vgl. Rn. 30 ff.; s. zu diesem Urteil auch *Dekker*, E.L.Rev. 23 (1998), 272 ff.

insoweit nähere Maßgaben zur Bestimmung des Begriffs »Erzeugnisse mit Ursprung in« oder »Ursprungserzeugnisse« und die Methoden der Verwaltungszusammenarbeit. »Bei der Auslegung der Vorschriften über die Bestimmung des Begriffs der Ursprungswaren«, so der EuGH[11] in einer auch für die heutige Rechtslage noch relevanten Entscheidung, ist »zu berücksichtigen, dass die Gemeinschaft den ÜLG und den Anträgen, die nicht zu schweren Schäden für einen Industriezweig der Gemeinschaft führen können, grundsätzlich wohlwollend gegenübersteht.«

4   Darüber hinaus enthält Art. 44 Abs. 1 Übersee-AB 2013 auch ein grundsätzliches Verbot mengenmäßiger Beschränkungen und Maßnahmen gleicher Wirkung bei der Einfuhr von Ursprungserzeugnissen der ÜLG in die Union.

C. Grundsätzliches Zollverbot und Ausnahmen

5   Ihrem Normzweck entsprechend öffnen die Absätze 1 (Handel aus den ÜLG in die EU) und 2 (Handel aus der EU in die ÜLG und zwischen den ÜLG) die jeweiligen Zielmärkte, indem sie die Belegung der Wareneinfuhr mit Zöllen verbieten. Diese Verbote sind jedoch unterschiedlich strukturiert: Das an die EU und ihre Mitgliedstaaten gerichtete Verbot (Abs. 1) gilt **absolut,** lässt mithin Ausnahmen in keinem Fall zu. Das wird auch deutlich durch den Verweis auf das in den Verträgen vorgesehene Verbot von Zöllen zwischen den Mitgliedstaaten, der die Art. 28 ff. AEUV in das ÜLG-Regime konstitutiv einbezieht. Rechtstheoretisch gesprochen handelt es sich um eine zwingende Regel.

6   Anders das an die ÜLG gerichtete Verbot (Abs. 2): Dieses ist lediglich als Grundsatz (Prinzip) normiert, von dem jedes ÜLG nach Maßgabe der Absätze 3 und 4 **abweichen darf.** Abs. 4 sieht eine generelle Ausnahme für die ÜLG vor, »die aufgrund besonderer internationaler Verpflichtungen bereits einen nichtdiskriminierenden Zolltarif anwenden«. Mittlerweile ist die Regelung insoweit obsolet, als die davon erfassten Länder und Gebiete in Afrika heute zu den AKP-Staaten und nicht mehr zu den ÜLG gehören.[12]

7   Hingegen erlaubt Abs. 3 den ÜLG eine Zollerhebung unter der Voraussetzung, dass diese Zölle »den Erfordernissen ihrer Entwicklung und Industrialisierung entsprechen oder als Finanzzölle der Finanzierung ihres Haushalts dienen«. Zugleich dürfen diese Zölle aber »nicht höher sein als diejenigen, die für die Einfuhr von Waren aus dem Mitgliedstaat gelten, mit dem das entsprechende Land oder Hoheitsgebiet besondere Beziehungen unterhält«. Erfasst wird von dieser Vorschrift sowohl die Aufrechterhaltung der zum Zeitpunkt des Inkrafttretens der Vorschrift bereits bestehenden als auch die Einführung neuer Zölle und Abgaben gleicher Wirkung[13] (s. auch Abs. 5: »Festlegung oder Änderung der Zollsätze«). Mit dieser Abweichungserlaubnis ist eine gravierende Einschränkung des Prinzips der Reziprozität[14] verbunden, die die Frage provo-

---

[11] EuGH, Urt. v. 26.10.1994, Rs. C–430/92 (Niederlande/Kommission), Slg. 1994, I–5197, Rn. 22. Die dort u.a. in Bezug genommene Vorschrift des damaligen Übersee-AB findet sich heute in Art. 16 Abs. 4 von Anhang VI des Übersee-AB 2013.

[12] *Streinz/Kruis,* in: Streinz, EUV/AEUV, Art. 200 AEUV, Rn. 9; *Tietje,* in: Grabitz/Hilf/Nettesheim, EU, Art. 200 AEUV (Oktober 2011), Rn. 7.

[13] *Tietje,* in: Grabitz/Hilf/Nettesheim, EU, Art. 200 AEUV (Oktober 2011), Rn. 5; *Streinz/Kruis,* in: Streinz, EUV/AEUV, Art. 200 AEUV, Rn. 6. Art. 45 Abs. 1 Übersee-AB 2013 hat, soweit es Zölle betrifft, nur klarstellende Bedeutung.

[14] *Hilpold,* in: Mayer/Stöger, EUV/AEUV, Art. 200 AEUV (Dezember 2010), Rn. 2, spricht vom »Prinzip der beschränkten Reziprozität«. Grundsätzlich zur Bedeutung dieses Prinzips im Völkerrecht: *Knauff,* Reziprozität, in: Schöbener (Hrsg.), Völkerrecht, 2014, S. 350 ff.

ziert, ob dies mit dem Regel-Ausnahme-Verhältnis der Absätze 2 und 3 noch vereinbar ist, da Abs. 3 den ÜLG angesichts der inhaltlich kaum zu konkretisierenden Tatbestandsmerkmale[15] die Möglichkeit eröffnet, sich von jeglicher Reziprozitätsverpflichtung zu lösen.[16] Bedenken bestehen zudem an der Vereinbarkeit dieser Regelung mit dem WTO-Recht.[17]

D. (Besonderes) Diskriminierungsverbot

Abs. 5 normiert ein **Diskriminierungsverbot** für den Fall, dass ein ÜLG im Rahmen des Abs. 3 von seiner Befugnis Gebrauch macht, einen Zoll für die aus der EU eingeführten Waren zu erheben. Bei der Festlegung und Änderung der Zollsätze darf es nach dem expliziten Wortlaut weder zu einer unmittelbaren noch zu einer mittelbaren Diskriminierung kommen. Mit anderen Worten: Ein ÜLG darf bei der Festlegung oder Änderung der Zollsätze weder rechtlich noch tatsächlich zwischen den Mitgliedstaaten der EU differenzieren.[18] Maßgeblich sind insoweit die Diskriminierungsmerkmale, wie sie zu Art. 18 AEUV entwickelt worden sind.[19] Da dieses (besondere) Diskriminierungsverbot ausdrücklich auf eine Gleichbehandlung der EU-Mitgliedstaaten beschränkt ist, steht es jedem ÜLG hingegen frei, andere ÜLG oder andere Entwicklungsländer besser zu behandeln. Dies wird durch Art. 45 Abs. 3 Übersee-AB 2013 noch einmal klargestellt.[20]

8

---

[15] *Khan*, in: Geiger/Khan/Kotzur, EUV/AEUV, Art. 200 AEUV, Rn. 2, spricht von »tatbestandlich konturenlosem und damit praktisch freien Ermessen« der ÜLG.
[16] *Hilpold*, in: Mayer/Stöger, EUV/AEUV, Art. 199 AEUV (Dezember 2010), Rn. 2; *Streinz/Kruis*, in: Streinz, EUV/AEUV, Art. 200 AEUV, Rn. 7.
[17] *Tietje*, in: Grabitz/Hilf/Nettesheim, EU, Art. 200 AEUV (Oktober 2011), Rn. 6; *Streinz/Kruis*, in: Streinz, EUV/AEUV, Art. 200 AEUV, Rn. 8.
[18] Einen allgemeinen, nicht auf Zölle und Abgaben gleicher Wirkung beschränkten Grundsatz der Nichtdiskriminierung enthält Art. 45 Abs. 1 Übersee-AB 2013. Es muss allerdings der Handel mit (Ursprungs-) Waren betroffen sein; vgl. Art. 43 Übersee-AB 2013.
[19] Siehe dazu *Streinz*, in: Streinz, EUV/AEUV, Art. 18 AEUV, Rn. 44 ff.; *Khan*, in: Geiger/Khan/Kotzur, EUV/AEUV, Art. 18 AEUV, Rn. 8 ff.
[20] *Streinz/Kruis*, in: Streinz, EUV/AEUV, Art. 200 AEUV, Rn. 10, dort noch zum Übersee-AB 2001.

Artikel 201 AEUV [Schutzklausel]

Ist die Höhe der Zollsätze, die bei der Einfuhr in ein Land oder Hoheitsgebiet für Waren aus einem dritten Land gelten, bei Anwendung des Artikels 200 Absatz 1 geeignet, Verkehrsverlagerungen zum Nachteil eines Mitgliedstaats hervorzurufen, so kann dieser die Kommission ersuchen, den anderen Mitgliedstaaten die erforderlichen Abhilfemaßnahmen vorzuschlagen.

Literaturübersicht

S. Art. 198 AEUV.

1 Art. 201 AEUV bezweckt den Schutz vor »Verkehrsverlagerungen zum Nachteil eines Mitgliedstaates« in dem Fall, dass ein ÜLG bei der Gestaltung der Höhe seiner Einfuhrzölle bei Waren aus Drittstaaten den Zollsatz so niedrig ansetzt, dass Einfuhren über den »Umweg« dieses ÜLG unter Ausnutzung der zwischen den ÜLG und der EU bestehenden Zollfreiheit so gut wie ungehindert in den Binnenmarkt gelangen.[1]

2 Die Vorschrift ist heute **praktisch obsolet.** Zum ersten war sie auf eine besondere Situation zwischen Inkrafttreten des (EWG-) Vertrages und der Herstellung des gemeinsamen Zollgebiets (1.7.1968) zugeschnitten, in der »auf bestimmte Waren mit Ursprung in Drittländern in einem ÜLG und später in dem Mitgliedstaat, mit dem dieses besondere Beziehungen unterhielt, ermäßigte Zölle erhoben werden [konnten], oder sie konnten vom Zoll befreit werden. Dies konnte Verkehrsverlagerungen zum Nachteil eines Mitgliedstaates hervorrufen, der dann gem. [Art. 201 AEUV] die Kommission hätte anrufen können.«[2] Zum zweiten erfasst Art. 200 Abs. 1 AEUV ohnehin nur Ursprungserzeugnisse, so dass Waren aus Drittländern grundsätzlich nicht in den Genuss der Zollfreiheit zwischen ÜLG und EU kommen[3] (s. Art. 200 AEUV, Rn. 3). Und zum dritten sieht auch der Übersee-AB 2013 – wie schon seine Vorgänger – unabhängig von Art. 201 AEUV vor, dass die EU unter bestimmten Voraussetzungen Schutzmaßnahmen erlassen darf; das Nähere regelt Art. 49 Übersee-AB 2013 i.V.m. Anhang VIII (Schutz- und Überwachungsmaßnahmen).

3 Zulässig ist die Regelung von Schutzmaßnahmen im Übersee-AB, weil das Assoziierungsregime nicht das Ziel verfolgt, einen Binnenmarkt zwischen den ÜLG und der Union zu errichten; außerdem hat der Rat beim Erlass des Übersee-AB u.a. die Grundsätze des EU-Rechts, einschließlich derjenigen, die sich auf die gemeinsame Agrarpolitik beziehen, und die bisher »erzielten Ergebnisse« zu berücksichtigen (s. dazu Art. 203 AEUV, Rn. 14). Es liegt in der Konsequenz dieser Vorschriften, dass der Rat auch berechtigt ist, insbesondere zur Gewährleistung einer gemeinsamen Agrarpolitik, Schutzklauseln zu beschließen.[4] Beim Erlass steht der Kommission ein **weites Ermessen** bei der

---

[1] *Streinz/Kruis*, in: Streinz, EUV/AEUV, Art. 201 AEUV, Rn. 1; *Bartelt*, in: Schwarze, EU-Kommentar, Art. 201 AEUV, Rn. 1.
[2] EuGH, Urt. v. 22.4.1997, Rs. C–310/95 (Road Air BV), Slg. 1997, I–2229, Rn. 36.
[3] *Zimmermann*, in: GSH, Europäisches Unionsrecht, Art. 201 AEUV, Rn. 1.
[4] EuGH, Urt. v. 22.11.2001, Rs. C–110/97 (Niederlande/Rat), Slg. 2001, I–8763, Rn. 53; Urt. v. 11.2.1999, Rs. C–390/95 P (Antillean Rice Mills), Slg. 1999, I–769, Rn. 36 ff., der zudem darauf hinweist, dass die Assoziierung »in einem dynamischen und allmählichen Prozess erfolgen soll«, was den Erlass mehrerer Vorschriften erforderlich machen kann, um alle in Art. 199 AEUV genannte Ziele zu erreichen (Rn. 36); EuG, Urt. v. 14.9.1995, verb. Rs. T–480/93 u. T–483/93 (Antillean Rice Mills), Slg. 1995, II–2305, Rn. 90 ff. Bedenken zur Zulässigkeit von Schutzklauseln bei *Khan*, in: Geiger/Khan/Kotzur, EUV/AEUV, Art. 200 AEUV, Rn. 2.

Frage zu, ob derartige Maßnahmen grundsätzlich zu erlassen sind, und sie besitzt einen entsprechenden Beurteilungsspielraum, wenn es darum geht, ob die Voraussetzungen für den Erlass von Schutzmaßnahmen vorliegen. Das Gericht ist im Hinblick auf die ordnungsgemäße Ermessensausübung auf die Prüfung beschränkt, ob der Kommission bei der Ausübung ihrer Befugnis ein **offenkundiger Irrtum** oder ein **Ermessensmissbrauch** unterlaufen ist oder ob die Kommission die Grenzen ihrer Befugnisse **offenkundig überschritten** hat.[5]

---

[5] EuGH, Urt. v. 11.2.1999, Rs. C–390/95 P (Antillean Rice Mills), Slg. 1999, I–769, Rn. 48; EuG, Urt. v. 14.9.1995, verb. Rs. T–480/93 u. T–483/93 (Antillean Rice Mills), Slg. 1995, II–2305, Rn. 122. Anders ist dies für den Nachweis des Kausalzusammenhangs zwischen der Anwendung des ÜLG-Beschlusses und den Störungen des Gemeinschaftsmarktes; EuG, Urt. v. 10.2.2000, Rs. T–32/98 (Nederlandse Antillen/Kommission), Slg. 2000, II–201, Rn. 78.

Artikel 202 AEUV [Freizügigkeit der Arbeitskräfte]

Vorbehaltlich der Bestimmungen über die Volksgesundheit und die öffentliche Sicherheit und Ordnung werden für die Freizügigkeit der Arbeitskräfte aus den Ländern und Hoheitsgebieten in den Mitgliedstaaten und der Arbeitskräfte aus den Mitgliedstaaten in den Ländern und Hoheitsgebieten Rechtsakte nach Artikel 203 erlassen.

Literaturübersicht

Kavelaars, The foreign countries of the European Union, EC Tax Review 16 (2007), 268; *Kochenov*, The Impact of European Citizenship on the Association of the Overseas Countries and Territories with the European Community, LIEI 36 (2009), 239; s. auch Art. 198 AEUV.

Inhaltsübersicht

	Rn.
A. Regelungsinhalt	1
B. Erweiterung durch das allgemeine Freizügigkeitsrecht	2

A. Regelungsinhalt

1 Bereits vor Inkrafttreten des Vertrages von Lissabon (1.12.2009) hatte die Vorschrift in Ermangelung der bis dahin zur Verwirklichung der Freizügigkeit erforderlichen völkerrechtlichen Abkommen **keinen unmittelbar verbindlichen, ein subjektives Recht verleihenden Gehalt**[1] (zur Vorgängerregelung s. Art. 198 AEUV, Rn. 4). Auch Art. 202 AEUV öffnet nicht selbst den Arbeitsmarkt der ÜLG und der EU für die Arbeitskräfte, sondern macht diese Öffnung abhängig von einem **Rechtsakt auf der Grundlage des Art. 203** (s. Art. 203 AEUV, Rn. 2). Im Übersee-AB 2013 hat der Rat allerdings von seiner Befugnis zum einseitigen Erlass dieses verbindlichen Rechtsaktes noch keinen Gebrauch gemacht. Anders ist dies bei der Niederlassungs- und der Dienstleistungsfreiheit (s. Art. 199 AEUV, Rn. 6 f.), die allerdings sekundärrechtlich grundsätzlich nur im Rahmen der Meistbegünstigung gewährleistet sind (Art. 51 Übersee-AB 2013). Irrelevant ist insoweit die primärrechtlich garantierte Arbeitnehmerfreizügigkeit in Art. 45 ff. AEUV; zwar handelt es sich bei den Bewohnern der ÜLG regelmäßig – vermittelt durch die Staatsangehörigkeit ihres Mutterlandes – um Unionsbürger (Art. 20 Abs. 1 AEUV)[2], doch gehören die ÜLG nicht zum räumlichen Geltungsbereich der Verträge, wie sich aus Art. 355 Abs. 2 AEUV ergibt[3] (zur Arbeitnehmerfreizügigkeit s. aber noch Rn. 2). Dennoch können sich die in den ÜLG ansässigen Unionsbürger in der Regel auf Art. 18–25 AEUV berufen;[4] allerdings haben die Mutterländer durchaus – unter

---

[1] Vgl. EuGH, Urt. v. 12.12.1990, verb. Rs. C–100/89 u. C–101/89 (Kaefer und Procacci), Slg. 1990, I–4667, Rn. 13.
[2] S. dazu den Überblick von *Booß*, in: Lenz/Borchardt, EU-Verträge, Art. 202 AEUV, Rn. 2.
[3] *Streinz/Kruis*, in: Streinz, EUV/AEUV, Art. 202 AEUV, Rn. 2.
[4] So bereits EuGH, Urt. v. 12.9.2006, Rs. C–300/04 (Eman und Sevinger), Slg. 2006, I–8055, Rn. 29; ebenso Grünbuch der Kommission, Zukunft der Beziehungen zwischen der EU und den überseeischen Ländern und Gebieten, KOM (2008), 383 endg., S. 7, unter ausdrücklichem Hinweis auf das Freizügigkeitsrecht.

Beachtung des Gleichheitsgrundsatzes[5] – die Möglichkeit zu einer differenzierenden Regelung.[6]

B. Erweiterung durch das allgemeine Freizügigkeitsrecht

Im Übrigen steht die allgemeine Freizügigkeit (Art. 21 AEUV, Art. 45 GRC) im Mittelpunkt der Rechte der ÜLG-Bewohner (soweit sie die Staatsangehörigkeit des Mutterlandes besitzen). Das gibt ihnen insbesondere ein **Recht auf Einreise** in jeden Mitgliedstaat der Europäischen Union; befinden sie sich dort, dann können sie – wie jeder andere Unionsbürger – auch das Recht der **Arbeitnehmerfreizügigkeit** wahrnehmen.[7] Der in Art. 202 AEUV vorgesehene Rechtsakt hätte deshalb nur noch für solche ÜLG-Bewohner konstitutiven Charakter, die keine Unionsbürger sind.[8] Umgekehrt haben die Unionsbürger aus anderen Mitgliedstaaten kein Recht auf Einreise in die ÜLG und Aufenthalt dort, da die Territorien der ÜLG aus dem Vertragsregime (mit Ausnahme des Vierten Teils des AEUV) herausfallen (vgl. Art. 355 Abs. 2 AEUV).[9] Auch insoweit bedarf es des einschlägigen Rechtsaktes (s. Art. 203 AEUV, Rn. 2). Keine Anwendung finden die Unionsbürgerrechte grundsätzlich im Verhältnis der ÜLG-Bewohner zu ihren Mutterländern, deren Staatsangehörigkeit sie besitzen; betroffen ist insoweit allein das Binnenverhältnis innerhalb des jeweiligen Mitgliedstaates.[10]

2

---

[5] *Streinz/Kruis*, in: Streinz, EUV/AEUV, Art. 202 AEUV, Rn. 3, mit weiteren Differenzierungen.
[6] Das gilt insbesondere für die Wahlen zum Europäischen Parlament, vgl. EuGH, Urt. v. 12.9.2006, Rs. C–300/04 (Eman und Sevinger), Slg. 2006, I–8060, Rn. 58 ff.
[7] *Tietje*, in: Grabitz/Hilf/Nettesheim, EU, Art. 202 AEUV (Oktober 2011), Rn. 3; *Streinz/Kruis*, in: Streinz, EUV/AEUV, Art. 202 AEUV, Rn. 3; *Bartelt*, in: Schwarze, EU-Kommentar, Art. 202 AEUV, Rn. 2. Die näheren Maßgaben ergeben sich aus Art. 5 der sog. Freizügigkeitsrichtlinie (2004/38/EG); vgl. *Schmalenbach*, in: Calliess/Ruffert, EUV/AEUV, Art. 202 AEUV, Rn. 3.
[8] *Khan*, in: Geiger/Khan/Kotzur, EUV/AEUV, Art. 202 AEUV, Rn. 1.
[9] So auch *Kochenov*, LIEI 36 (2009) 239 (250), der von einer »one-way freedom of movement« spricht; *Streinz/Kruis*, in: Streinz, EUV/AEUV, Art. 202 AEUV, Rn. 3; a. A. wohl *Tietje*, in: Grabitz/Hilf/Nettesheim, EU, Art. 202 AEUV (Oktober 2011), Rn. 3; *Kavelaars*, EC Tax Review 16 (2007), 268 (271).
[10] Vgl. *Tietje*, in: Grabitz/Hilf/Nettesheim, EU, Art. 202 AEUV (Oktober 2011), Rn. 3; *Streinz/Kruis*, in: Streinz, EUV/AEUV, Art. 202 AEUV, Rn. 3; *Kavelaars*, EC Tax Review 16 (2007), 268 (270).

Artikel 203 AEUV [Durchführungsbestimmungen]

¹Der Rat erlässt einstimmig auf Vorschlag der Kommission und aufgrund der im Rahmen der Assoziierung der Länder und Hoheitsgebiete an die Union erzielten Ergebnisse und der Grundsätze der Verträge die Bestimmungen über die Einzelheiten und das Verfahren für die Assoziierung der Länder und Hoheitsgebiete an die Union. ²Werden diese Bestimmungen vom Rat gemäß einem besonderen Gesetzgebungsverfahren angenommen, so beschließt er einstimmig auf Vorschlag der Kommission nach Anhörung des Europäischen Parlaments.

Literaturübersicht

S. Art. 198 AEUV.

Inhaltsübersicht

	Rn.
A. Vorbemerkung	1
B. Rechtsakte zur Regelung des Verhältnisses von EU und ÜLG	2
C. Verfahren	3
D. Rechtscharakter der Durchführungsbeschlüsse	7
I. Einordnung in Handlungsformentypen	7
II. Unmittelbare Anwendbarkeit und Wirkung	10
E. Inhaltliche Vorgaben des EU-Rechts	12

A. Vorbemerkung

1 Da die Art. 198 ff. AEUV das ÜLG-Regime weithin nur durch Ziel- und Grundsatzregelungen umreißen, bedarf es zur Ausfüllung und Konkretisierung dieser Maßgaben noch der **sekundärrechtlichen Ausgestaltung**.[1] Diese Aufgabe kommt den **Durchführungsbeschlüssen** zu, die auf der Grundlage des Art. 203 AEUV erlassen werden. Von besonderer Bedeutung sind die Übersee-Assoziationsbeschlüsse (Übersee-AB), wie sie seit 1964 mit jeweils befristeter Dauer erlassen wurden.[2] Durch die Möglichkeit, die Inhalte der Assoziation einseitig durch Beschluss zu regeln, unterscheidet sich die konstitutionelle Assoziation nicht unerheblich von der vertraglichen Assoziierung (Art. 217 AEUV; s. dazu bereits Art. 198 AEUV, Rn. 9), die nur auf der Grundlage eines völkerrechtlichen Abkommens weiterentwickelt werden kann.

---

[1] Näher *Mehling*, in: Hailbronner/Wilms, Recht der EU, Art. 187 EGV (August 2007), Rn. 3.
[2] Vorausgegangen war ein Durchführungsabkommen, das als Teil der Römischen Verträge mit diesen am 1.1.1958 in Kraft getreten war; vgl. *Tietje*, in: Grabitz/Hilf/Nettesheim, EU, Art. 203 AEUV (Oktober 2011), Rn. 2. Ob und in welchem Zeitfenster der Rechtsakt, insbesondere der Übersee-AB, befristet wird, obliegt der Ermessensentscheidung des Rates; vgl. EuGH, Urt. v. 22.4.1997, Rs. C–310/95 (Road Air), Slg. 1997, I–2229, Rn. 39. Zulässig ist es auch, den jeweiligen Rechtsakt während seiner Laufzeit zu ändern; dem steht der Vertrauensgrundsatz in der Regel nicht entgegen; vgl. EuGH, Urt. v. 8.2.2000, Rs. C–17/98 (Emesa Sugar), Slg. 2000, I–675, Rn. 34.

B. Rechtsakte zur Regelung des Verhältnisses von EU und ÜLG

Aktuell wird das Verhältnis zwischen der EU und den ÜLG auf der sekundärrechtlichen Ebene geregelt durch den **Beschluss 2013/755/EU des Rates** vom 25. 11. 2013 über die Assoziierung der überseeischen Länder und Gebiete mit der Europäischen Union (»Übersee-Assoziationsbeschluss«),[3] der am 1. 1. 2014 in Kraft getreten ist. Außerdem basiert der Beschluss Nr. 2006/526/EG des Rates vom 17. 7. 2006 über die Beziehungen zwischen der Europäischen Gemeinschaft einerseits und Grönland und dem Königreich Dänemark andererseits[4] auf Art. 203 AEUV. Der Beschluss war befristet bis zum 31. 12. 2013. Für den Zeitraum vom 1. 1. 2014 bis zum 31. 12. 2020 gilt der Beschluss des Rates vom 14. 3. 2014 über die Beziehungen zwischen der Europäischen Union einerseits und Grönland und dem Königreich Dänemark andererseits (2014/137/EU).[5]

C. Verfahren

Art. 203 Satz 1 AEUV sieht für den Erlass des einschlägigen Rechtsaktes ein besonderes Verfahren vor, das durch einen Vorschlag der Kommission eingeleitet wird und bei dem der Rat – ohne insoweit auf die Mitentscheidung des Europäischen Parlaments angewiesen zu sein – als **alleiniger Rechtsetzer** auftritt; es handelt sich insoweit um eine **reine Exekutivmaßnahme**.[6] Kompensiert wird die fehlende Parlamentsbeteiligung in gewisser Weise durch das Erfordernis der Einstimmigkeit[7] der Ratsentscheidung.

Daneben ermöglicht Art. 203 Satz 2 AEUV einen Ratsbeschluss in einem besonderen Gesetzgebungsverfahren (Art. 289 Abs. 2 Alt. 2 AEUV), also einen Gesetzgebungsakt, zu dessen Erlass es neben dem Vorschlag der Kommission noch der obligatorischen Anhörung des Europäischen Parlaments bedarf.

Nach dem Wortlaut der Norm stehen sich beide Kompetenznormen **gleichberechtigt** gegenüber, so dass dem Rat **grundsätzlich ein Wahlrecht** zukommen dürfte, welche Vorschrift er heranziehen möchte. Bei der Ausübung dieses Wahlrechts unterliegt er jedoch den Prinzipien des EU-Rechts in seiner Gesamtheit, wodurch insbesondere das Demokratie- sowie das Transparenzprinzip[8] in den Vordergrund rücken.

In Art. 95 Übersee-AB 2013 findet sich zudem eine Ermächtigung der Kommission, nach Maßgabe des in Art. 96 des Beschlusses geregelten Verfahrens delegierte Rechtsakte zur Änderung der Anlagen zu Anhang VI (Bestimmung des Begriffs »Erzeugnisse mit Ursprung in« oder »Ursprungserzeugnisse« und die Methoden der Verwaltungszusammenarbeit) zu erlassen. Weitere primärrechtliche Maßgaben zum Erlass solcher »Rechtsakte ohne Gesetzescharakter« ergeben sich aus Art. 290 AEUV.

---

[3] ABl. 2013, L 344/1. Vorausgegangen ist der Übersee-AB 2001/822/EG (ABl. 2001, L 314/1) nebst Änderungsbeschluss 2007/49/EG des Rates (ABl. 2007, L 109/33).
[4] ABl. 2006, L 208/78.
[5] ABl. 2014, L 76/1.
[6] *Hummer*, in: Vedder/Heintschel v. Heinegg, Europäisches Unionsrecht, Art. 203 AEUV, Rn. 4; *Booß*, in: Lenz/Borchardt, EU-Verträge, Art. 203 AEUV, Rn. 3. *Schmalenbach*, in: Calliess/Ruffert, EUV/AEUV, Art. 203 AEUV, Rn. 1, spricht von einem »nicht-legislativen aber gleichwohl rechtsverbindlichen Akt«; *Streinz/Kruis*, in: Streinz, EUV/AEUV, Art. 203 AEUV, Rn. 6: »Rechtsakte ohne Gesetzgebungscharakter«.
[7] Die Notwendigkeit der Einstimmigkeit bezeichnet *Tietje*, in: Grabitz/Hilf/Nettesheim, EU, Art. 203 AEUV (Oktober 2011), Rn. 1, nicht ganz zu Unrecht als »Anachronismus«.
[8] *Streinz/Kruis*, in: Streinz, EUV/AEUV, Art. 203 AEUV, Rn. 6.

D. Rechtscharakter der Durchführungsbeschlüsse

I. Einordnung in Handlungsformentypen

7 Die Durchführungsbeschlüsse können unterschiedlichen Handlungsformentypen (vgl. Art. 288 AEUV) zugeordnet werden. In der EU-Rechtspraxis ist es üblich, von einem »**Beschluss**« zu sprechen; und das schon zu Zeiten, als Art. 288 UAbs. 4 AEUV den Begriff noch gar nicht kannte, sondern den Begriff der Entscheidung verwendete. Art. 203 AEUV enthält keine Festlegung auf eine bestimmte Handlungsform. Von den im AEUV geregelten Handlungstypen scheidet jedoch die Richtlinie von vornherein aus, da nach der Gesamtintention des Art. 203 AEUV die jeweilige Regelung unmittelbare rechtliche Verbindlichkeit beanspruchen soll (s. dazu näher Rn. 10).

8 Verbreitet ist zur Kennzeichnung des Rechtscharakters der Übersee-AB von einer »**autonomen Vertragsergänzung durch Beschlüsse sui generis**«[9] die Rede. Diese Beschlüsse, die normenhierarchisch dem **Sekundärrecht**[10] angehören, sind durch den EuGH auf ihre Vereinbarkeit mit höherrangigem Recht überprüfbar.[11] Sie können insoweit auch Gegenstand eines Vorabentscheidungsverfahrens (Art. 267 AEUV) sein, zu dessen Einleitung auch ein Gericht aus einem ÜLG berechtigt ist.[12]

9 Mit dem Inkrafttreten des Vertrages von Lissabon (1. 12. 2009) ist die Handlungsform der Entscheidung erstmals durch die des »Beschlusses« ersetzt worden (Art. 288 UAbs. 4 AEUV). Beschlüsse müssen auch keineswegs adressatenbezogen sein; gerade der **adressatenlose Beschluss** (vgl. Art. 288 UAbs. 4 Satz 2 AEUV) erfasst erstmals die Rechtsakte, die bereits vorher als Beschlüsse bezeichnet wurden, ohne dass dies in den Gründungsverträgen einen normativen Anhaltspunkt hatte. Das wirft allerdings nicht einfach zu beantwortende Abgrenzungsfragen zur Verordnung auf.[13]

II. Unmittelbare Anwendbarkeit und Wirkung

10 Aus den einzelnen Sekundärrechtsakten können sich rechtliche Konsequenzen in zweifacher Weise ergeben: Zum einen können sie (rein objektiv) unmittelbar geltendes und anwendbares Recht normieren (**unmittelbare Anwendbarkeit**).[14] Zum anderen können sie (subjektiv) einem hinreichend bestimmbaren Personenkreis auch eigene Rechte vermitteln (**unmittelbare Wirkung**). Die unmittelbare Wirkung setzt die unmittelbare Anwendbarkeit voraus.[15] Nach der Rechtsprechung des EuGH[16] entfalten die Bestimmun-

---

[9] *Streinz/Kruis*, in: Streinz, EUV/AEUV, Art. 203 AEUV, Rn. 4; ebenso *Zimmermann*, in: GSH, Europäisches Unionsrecht, Art. 203 AEUV, Rn. 8; *Bartelt*, in: Schwarze, EU-Kommentar, Art. 203 AEUV, Rn. 1; *Tietje*, in: Grabitz/Hilf/Nettesheim, EU, Art. 203 AEUV (Oktober 2011), Rn. 10. Diese Einordnung geht zurück auf *Everling*, ZaöRV 24 (1964), 472 (565), der die Frage, ob insoweit die Handlungsform der Verordnung hätte gewählt werden müssen, offen lässt. Für eine Qualifizierung des Ratsbeschlusses als Verordnung: *Khan*, in: Geiger/Khan/Kotzur, EUV/AEUV, Art. 203 AEUV, Rn. 2.

[10] S. dazu *Mehling*, in: Hailbronner/Wilms, Recht der EU, Art. 187 EGV (August 2007), Rn. 6.

[11] *Zimmermann*, in: GSH, Europäisches Unionsrecht, Art. 203 AEUV, Rn. 8.

[12] EuGH, Urt. v. 12.12.1990, verb. Rs. C–100/89 u. C–101/89 (Kaefer und Procacci), Slg. 1990, I–4667, Rn. 6 ff.

[13] S. dazu im Einzelnen: *Schroeder*, in: Streinz, EUV/AEUV, Art. 288 AEUV, Rn. 133 ff.

[14] Die jeweilige Norm ist dann self executing; s. *Hummer*, in: Vedder/Heintschel v. Heinegg, Europäisches Unionsrecht, Art. 203 AEUV, Rn. 6.

[15] Missverständlich *Streinz/Kruis*, in: Streinz, EUV/AEUV, Art. 203 AEUV, Rn. 5, die darauf abstellen, welche Bestimmungen des Durchführungsbeschlusses »unmittelbare Wirkung entfalten und *daher* unmittelbar anzuwenden sind« (Hervorhebung durch den Verfasser).

[16] EuGH, Urt. v. 12.12.1990, verb. Rs. C–100/89 u. C–101/89 (Kaefer und Procacci), Slg. 1990, I–4667, Rn. 24.

gen eines Ratsbeschlusses dann unmittelbare Wirkung zwischen den Mitgliedstaaten und ihren Bürgern, wenn »sie einzelne Rechte verleihen, die die nationalen Gerichte wahren müssen, sobald diese Bestimmungen den Mitgliedstaaten eine unbedingte und hinreichend klare und genaue Verpflichtung auferlegen.« Diese Voraussetzungen sind nach dem EuGH regelmäßig erfüllt bei Vorschriften über das Diskriminierungsverbot hinsichtlich des Niederlassungs- und Dienstleistungsrechts.[17]

Vor dem Hintergrund dieser Rechtsprechung ist davon auszugehen, dass auch die Vorschriften zum freien Zugang für Ursprungserzeugnisse (Art. 35 Übersee-AB 2001/Art. 43 Übersee-AB 2013), das Verbot mengenmäßiger Beschränkungen oder Maßnahmen gleicher Wirkung (Art. 38 Übersee-AB 2001/Art. 44 Übersee-AB 2013), das allgemeine Diskriminierungsverbot (Art. 46 Übersee-AB 2013), der Meistbegünstigungsgrundsatz (Art. 51 Übersee-AB 2013), die Vorschriften zur Zahlungsverkehrsfreiheit (Art. 47 Übersee-AB 2001/Art. 59 Übersee-AB 2013) sowie zum Zugang zur beruflichen Bildung (Art. 57 Übersee-AB 2001/Art. 33 Übersee-AB 2013) unmittelbar anwendbar sind.[18] Selbst der Erlass einer Bestimmung mit rückwirkenden Rechtsfolgen ist zulässig, »sofern sie die Rechtsstellung des Betroffenen verbessern kann und sofern sein berechtigtes Vertrauen gebührend beachtet ist.«[19]

E. Inhaltliche Vorgaben des EU-Rechts

Art. 203 Satz 1 AEUV sieht ausdrücklich vor, dass beim Erlass der einschlägigen Bestimmungen die aufgrund der früheren Beschlüsse **»erzielten Ergebnisse«** und **»die Grundsätze der Verträge« zu berücksichtigen** sind. Der EuGH[20] hat wiederholt darauf hingewiesen, »dass die Assoziierung der ÜLG in einem dynamischen und allmählichen Prozess erfolgen soll, so dass der Erlass mehrerer Vorschriften erforderlich werden kann, um unter Berücksichtigung der aufgrund der früheren Beschlüsse des Rates erzielten Ergebnisse alle in Artikel 132 EG-Vertrag [heute: Art. 199 AEUV] genannten Ziele zu erreichen.« Ein derartiger, dynamisch und allmählich verlaufender Prozess birgt jedoch keinen Automatismus bei der Angleichung der geltenden Regeln. Er bedeutet vielmehr, »dass zwischen der Regelung, die für den Handelsverkehr zwischen den ÜLG und der Gemeinschaft gilt, und der durch den Vertrag geschaffenen Regelung für den Handelsverkehr zwischen den Mitgliedstaaten ein grundlegender Unterschied besteht. Beim Handel zwischen den Mitgliedstaaten handelt es sich nämlich anders als beim Handelsverkehr zwischen den ÜLG und der Gemeinschaft […] um eine Geschäftstätigkeit im Rahmen des Binnenmarktes.«[21]

---

[17] EuGH, Urt. v. 12.12.1990, verb. Rs. C–100/89 u. C–101/89 (Kaefer und Procacci), Slg. 1990, I–4667, Rn. 24.
[18] Siehe zum Übersee-AB 2001 *Streinz/Kruis*, in: Streinz, EUV/AEUV, Art. 203 AEUV, Rn. 5; differenzierend zur Zahlungsverkehrsfreiheit *Pancham/Fibbe*, EC Tax Review 16 (2007), 164 (169).
[19] EuGH, Urt. v. 22.4.1997, Rs. C–310/95 (Road Air), Slg. 1997, I–2253, Rn. 47 unter Hinweis auf GA *Colomer*, Schlussanträge zu Rs. C–310/95 (Road Air), Slg. 1997, I–2232, Rn. 24–43.
[20] EuGH, Urt. v. 22.4.1997, Rs. C–310/95 (Road Air), Slg. 1997, I–2229, Rn. 40; vgl. auch EuGH, Urt. v. 11.2.1999, Rs. C–390/95 P (Antillean Rice Mills), Slg. 1999, I–769, Rn. 36; Urt. v. 8.2.2000, Rs. C–17/98 (Emesa Sugar), Slg. 2000, I–675, Rn. 28.
[21] EuGH, Urt. v. 21.9.1999, Rs. C–106/97 (Dutch Antillian Dairy Industry), Slg. 1999, I–5983, Rn. 38, 45.

13 Mit den »Grundsätzen der Verträge« sind in einem rein formal-systematischen Verständnis zunächst die **Rechtsnormen** gemeint, die in den mit »Gemeinsame Bestimmungen« (Art. 1–8 EUV) und »Grundsätze« (Art. 1–17 AEUV) überschriebenen Vertragsteilen normiert sind.[22] Hinzu kommen aber auch die in den **Vorschriften zu den ÜLG** selbst normierten Grundsätze.[23] In einem umfassenden Verständnis hat der Rat »beim Erlass von ÜLG-Beschlüssen nicht nur die im Vierten Teil des Vertrages genannten Grundsätze, sondern auch die anderen Grundsätze des Gemeinschaftsrechts einschließlich derjenigen zu berücksichtigen, die sich auf die gemeinsame Agrarpolitik beziehen.«[24]

14 Bei der Anwendung und gegebenenfalls dem Ausgleich dieser Grundsätze wird dem Rat ein **weites Ermessen** eingeräumt,[25] in dessen Rahmen auch die Verabschiedung von Schutzklauseln zulässig sein kann[26] (s. Art. 201 AEUV, Rn. 3). Letztlich ist es angesichts der vielfältigen Ermessensermächtigungen des Rates bei der inhaltlichen Gestaltung der auf Art. 203 beruhenden Rechtsakte zwar grundsätzlich zutreffend, dass es keinen absoluten, sondern allenfalls einen **relativen Bestandsschutz** für den einmal erreichten Assoziationsstand gibt.[27] So hat der EuGH etwa darauf hingewiesen, »dass die Anwendung der Regel der Ursprungskumulierung im Zuckersektor geeignet war, das Funktionieren einer gemeinsamen Marktorganisation erheblich zu stören«, weshalb »der Rat nach Abwägung der Ziele der ÜLG-Assoziierung mit denen der gemeinsamen Agrarpolitik befugt [war], unter Beachtung der für seine Ermessensausübung geltenden gemeinschaftsrechtlichen Grundsätze alle zweckdienlichen Maßnahmen zu treffen, um solche Störungen zu beseitigen oder zu mildern, und dabei auch den ÜLG zuvor gewährte Vorteile abzuschaffen oder einzuschränken.«[28] Dabei darf aber nicht außer Acht gelassen werden, dass die verbindlichen Zielvorgaben des Art. 198 und Grundsätze des Art. 199 AEUV der Ermessensausübung die erforderliche Grundorientierung vermitteln, deren Beachtung sich der Gesamtentscheidung des Rates entnehmen lassen muss. Auch muss der Rat die bislang »erzielten Ergebnisse« berücksichtigen, »um die Assoziierungsregelung immer näher an die Ziele des Vierten Teils des EWG-Vertrages [jetzt: Art. 198 ff. AEUV] heranzuführen.«[29]

---

[22] *Streinz/Kruis*, in: Streinz, EUV/AEUV, Art. 203 AEUV, Rn. 3.
[23] *Zimmermann*, in: GSH, Europäisches Unionsrecht, Art. 203 AEUV, Rn. 4.
[24] EuGH, Urt. v. 11.2.1999, Rs. C–390/95 P (Antillean Rice Mills), Slg. 1999, I–769, Rn. 37; Urt. v. 8.2.2000, Rs. C–17/98 (Emesa Sugar), Slg. 2000, I–675, Rn. 30, 38; vgl. auch EuG, Urt. v. 14.9.1995, verb. Rs. T–480/93 u. T483/93 (Antillean Rice Mills), Slg. 1995, II–2310, Rn. 93; *Schmalenbach*, in: Calliess/Ruffert, EUV/AEUV, Art. 203 AEUV, Rn. 3; *Bartelt*, in: Schwarze, EU-Kommentar, Art. 203 AEUV, Rn. 2; *Kochenov*, MSU JIL 17 (2008), 195 (248).
[25] *Tietje*, in: Grabitz/Hilf/Nettesheim, EU, Art. 203 AEUV (Oktober 2011), Rn. 7; *Streinz/Kruis*, in: Streinz, EUV/AEUV, Art. 203 AEUV, Rn. 3.
[26] *Schmalenbach*, in: Calliess/Ruffert, EUV/AEUV, Art. 203 AEUV, Rn. 3, m.w.N.
[27] *Tietje*, in: Grabitz/Hilf/Nettesheim, EU, Art. 203 AEUV (Oktober 2011), Rn. 8.
[28] EuGH, Urt. v. 8.2.2000, Rs. C–17/98 (Emesa Sugar), Slg. 2000, I–675, Rn. 40.
[29] EuG, Urt. v. 14.9.1995, verb. Rs. T–480/93 u. T483/93 (Antillean Rice Mills), Slg. 1995, II–2310, Rn. 94, unter Hinweis auf EuGH, Urt. v. 26.10.1994, Rs. C–430/92 (Niederlande/Kommission), Slg. 1994, I–5197, Rn. 22.

Artikel 204   AEUV [Anwendung auf Grönland]

Die Artikel 198 bis 203 sind auf Grönland anwendbar, vorbehaltlich der spezifischen Bestimmungen für Grönland in dem Protokoll über die Sonderregelung für Grönland im Anhang zu den Verträgen.

Literaturübersicht

Harhoff, Greenland´s Withdrawal from the European Communities, CMLRev. 20 (1983), 13; *Johansen/Sørensen*, Grönlands Austritt aus der Europäischen Gemeinschaft, Europa-Archiv 1983, 399; *Ungerer*, Der Austritt Grönlands aus der EG, Europa-Archiv 1984, 345.

Inhaltsübersicht

		Rn.
A.	Vorbemerkung	1
B.	Grönlands »Austritt« aus der EWG (EU)	2
C.	Rechtsrahmen des Verhältnisses zwischen der EU und Grönland	3
D.	Abweichungen vom grundsätzlichen Assoziierungssystem	6

A. Vorbemerkung

Die Vorschrift enthält eine Sonderregelung[1] für Grönland. Diese Sonderregelung war erforderlich, um die mit dem »Austritt« Grönlands aus der EWG (heute: EU) verbundenen Rechtsfragen einer einvernehmlichen rechtlichen Lösung zuführen zu können.   1

B. Grönlands »Austritt« aus der EWG (EU)

Seit dem **Beitritt Dänemarks** zur EWG (1973) gehörte auch die Insel Grönland als integraler Bestandteil des dänischen Staates zum europäischen Staatenverbund; allerdings hatte bei der Volksabstimmung die Mehrheit der Einwohner Grönlands **gegen den Beitritt votiert,** die dänischen Bürger in ihrer Gesamtheit hatten diese aber **überstimmt.** Grönland war bereits seit dem 18. Jahrhundert von Dänemark kolonisiert und später in den dänischen Staat integriert worden.[2] Nach dem Beitritt zur EWG kam es jedoch vermehrt zu Dissonanzen zwischen Grönland und Dänemark wie auch zwischen Grönland und der EG. Daraufhin gewährte Dänemark 1979 der Insel einen autonomen Status innerhalb des dänischen Staates mit dem **Recht der Selbstverwaltung** (innere Autonomie). Unverändert konfrontativ verlief allerdings der politische Disput mit der Gemeinschaft, da aufgrund der Zugehörigkeit Grönlands zur EG auch die grönländischen Hoheitsgewässer sowie die Ausschließliche Wirtschaftszone (200-Seemeilen-Zone) den Hochseefischern aus anderen EG-Ländern offenstanden.[3] Auch die in Grönland lagernden Bodenschätze hatten das Interesse anderer EG-Staaten geweckt.[4] Durch Volksab-   2

---

[1] *Streinz/Kruis*, in: Streinz, EUV/AEUV, Art. 204 AEUV, Rn. 4.
[2] Der Kolonialstatus erlosch mit dem Inkrafttreten der Verfassung des Königreichs Dänemark am 5.6.1953; vgl. *Johansen/Sørensen*, Europa-Archiv 1983, 399. Zur historischen Entwicklung s. den Überblick von *Harhoff*, CMLRev. 20 (1983), 13 (14 ff.).
[3] Zu den damaligen Fischereiinteressen der europäischen Staaten, zumal Deutschlands, s. *Ungerer*, Europa-Archiv 1984, 345 (346, 349).
[4] Die Zusammenarbeit der EU und Grönlands bei der Exploration der Bodenschätze im Gesamt-

stimmung bekundeten die Grönländer 1982 ihr klares politisches Ziel, die Gemeinschaft zu verlassen.

Der »Austritt« eines Gebietes eines Mitgliedstaates aus der EG/EU war jedoch weder damals noch ist er heute vorgesehen. Deshalb bedurfte es einer **spezifischen normativen Regelung** zur Anwendung der ÜLG-Bestimmungen, die man durch den damaligen Art. 136a EWGV[5] (später: Art. 188 EGV) schuf. Um den Besonderheiten Grönlands hinreichend und flexibel Rechnung tragen zu können, enthält die Vorschrift aber auch eine **Spezifizierungsmaßgabe** (»vorbehaltlich der spezifischen Bestimmungen für Grönland in dem Protokoll über die Sonderregelung für Grönland im Anhang zu den Verträgen«). Zu diesen Besonderheiten gehört insbesondere, dass Grönland in seiner wirtschaftlichen und sozialen Entwicklung mit den anderen ÜLG nicht zu vergleichen ist, da es über einen deutlich höheren Lebensstandard verfügt.[6] Außerdem hat sich die alteingesessene Bevölkerung Grönlands, die Inuit, aufgrund ihrer kulturellen, gesellschaftlichen und ethnischen Eigenheiten niemals mit dem europäischen Integrationsverband identifizieren können.[7]

C. Rechtsrahmen des Verhältnisses zwischen der EU und Grönland

3   Die Entlassung Grönlands aus dem EG-Rechtsregime erfolgte im Rahmen einer Änderung des Primärrechts (Änderungsvertrag vom 13.3.1984; **Grönland-Vertrag**[8]) mit Wirkung zum 1.2.1985. Neben der Ergänzung des Vertrages um Art. 136a EWGV (s. Rn. 2) wurde Art. 131 EWGV (der heutige Art. 198 AEUV) dadurch in seinem Anwendungsbereich erweitert, dass auch Dänemark nunmehr als mögliches Mutterland von ÜLG benannt wurde. Außerdem wurde Grönland explizit in den Anhang zum EWGV **als ÜLG aufgenommen.**[9] Mit dem Ausscheiden Grönlands aus der EG verlor das primäre und sekundäre europäische Recht auf grönländischem Gebiet seinen Geltungsanspruch.[10] Da die Grönländer die dänische Staatsangehörigkeit besitzen, können sie sich allerdings auf die mit der **Unionsbürgerschaft** (Art. 20 Abs. 1 AEUV) verbundenen Rechte berufen (Art. 20 Abs. 2, Art. 21 ff. AEUV).[11]

---

kontext einer nachhaltigen Entwicklung Grönlands ist Gegenstand einer (rechtlich unverbindlichen) Absichtserklärung durch die Europäische Union und Grönland über eine Zusammenarbeit im Bereich Bodenschätze; s. dazu den Beschluss 2014/137/EU des Rates vom 14.3.2014 über die Beziehungen zwischen der Europäischen Union einerseits und Grönland und dem Königreich Dänemark andererseits, ABl. 2014, L 76/1. Im Oktober 2013 hat das grönländische Parlament ein Verbot der Ausbeutung radioaktiver Bodenschätze aufgehoben. Politisch ist dies aufgrund etwaiger Gefahren für das Ökosystem nach wie vor umstritten.

[5] In Kraft getreten mit dem Vertrag zur Änderung der Verträge zur Gründung der Europäischen Gemeinschaften bezüglich Grönlands vom 13.3.1984 am 1.2.1985.

[6] Vgl. *Zimmermann*, in: GSH, Europäisches Unionsrecht, Art. 204 AEUV, Rn. 3; *Streinz/Kruis*, in: Streinz, EUV/AEUV, Art. 204 AEUV, Rn. 6; a. A. *Tietje*, in: Grabitz/Hilf/Nettesheim, EU, Art. 204 AEUV (Oktober 2011), Rn. 3. Ausführlich zur (Nicht-) Vergleichbarkeit: *Hilpold*, in: Mayer/Stöger, EUV/AEUV, Art. 204 AEUV (Dezember 2010), Rn. 3.

[7] Vgl. *Harhoff*, CMLRev. 20 (1983), 13 (21 f.).

[8] Vertrag zur Änderung der Verträge zur Gründung der Europäischen Gemeinschaften bezüglich Grönlands; ABL. 1985; L 29/1 = BGBl. II 1985 S. 74.

[9] Art. 3 des Protokolls über die Sonderregelung für Grönland; ABl. 1985, L 29/7 = BGBl. II 1985 S. 75.

[10] *Zimmermann*, in: GSH, Europäisches Unionsrecht, Art. 204 AEUV, Rn. 2.

[11] *Schmalenbach*, in: Calliess/Ruffert, EUV/AEUV, Art. 204 AEUV, Rn. 2.

Flankiert wurden die primärrechtlichen Änderungen und die Erweiterung des Anhangs II durch weitere Rechtsakte, die der besonderen Lage Grönlands die erforderlichen rechtlichen Grundlagen vermitteln. Im Mittelpunkt steht das Protokoll (Nr. 34) über die Sonderregelung für Grönland[12] **(sog. Grönland-Protokoll),** dessen aktuelle Fassung[13] in seinem einzigen Artikel lautet:

»(1) Die Behandlung von der gemeinsamen Fischereimarktorganisation unterliegenden Erzeugnissen mit Ursprung in Grönland bei der Einfuhr in die Union erfolgt unter Beachtung der Mechanismen der gemeinsamen Marktorganisation frei von Zöllen und Abgaben gleicher Wirkung sowie ohne mengenmäßige Beschränkungen und Maßnahmen gleicher Wirkung, sofern die aufgrund eines Abkommens zwischen der Union und der für Grönland zuständigen Behörde eingeräumten Möglichkeiten des Zugangs der Union zu den grönländischen Fischereizonen für die Union zufriedenstellend sind.

(2) Alle die Einfuhrregelung für die genannten Erzeugnisse betreffenden Maßnahmen einschließlich derjenigen zur Einführung dieser Maßnahmen werden nach dem Verfahren des Artikels 43 des Vertrages über die Arbeitsweise der Europäischen Union beschlossen.«

Gemäß Art. 51 AEUV ist das Protokoll – wie die Anhänge – ein (integraler) Bestandteil der Verträge und damit dem Primärrecht zugehörig.[14] Im Verhältnis zum Übersee-AB, der auch auf Grönland anwendbar ist,[15] genießen die Regelungen des Protokolls als höherrangiges Recht und leges speciales grundsätzlich Vorrang.[16] Ergänzende Regeln enthalten der Beschluss des Rates vom 17.7.2006 über die Beziehungen zwischen der Europäischen Gemeinschaft einerseits und Grönland und dem Königreich Dänemark andererseits (2006/526/EG),[17] abgelöst durch den Beschluss des Rates vom 14.3.2014 über die Beziehungen zwischen der Europäischen Union einerseits und Grönland und dem Königreich Dänemark andererseits (2014/137/EU)[18] (Rechtsgrundlage: Art. 203 AEUV; vgl. dort Rn. 2) Rechtlich unverbindlich ist die Gemeinsame Erklärung[19] von Europäischer Union, Dänemark und Grönland über eine Partnerschaft zwischen der EU und Grönland. Überhaupt ist die Schaffung und Weiterentwicklung partnerschaftlicher Strukturen zwischen der EU und Grönland seit etwa 2006 ein zentrales Anliegen der Europäischen Union.[20]

Der politisch und wirtschaftlich brisante Bereich der **Fischerei** hat im Laufe der vergangenen Jahrzehnte verschiedene Einzelregelungen erfahren. Grundlegend ist immer noch der durch das **Grönland-Protokoll** (s. Rn. 4) bewirkte grundsätzliche Zugang der grönländischen Fischereiprodukte zum europäischen Binnenmarkt. Die konditionale Verknüpfung[21] dieses generellen Zugangsrechts damit, dass umgekehrt der Zugang der

---

[12] ABl. 1985, L 29/7 = BGBl. II 1985 S. 75.
[13] ABl. 2008, C 115/320.
[14] *Tietje*, in: Grabitz/Hilf/Nettesheim, EU, Art. 204 AEUV (Oktober 2011), Rn. 5; *Streinz/Kruis*, in: Streinz, EUV/AEUV, Art. 204 AEUV, Rn. 4 m.w.N.
[15] *Streinz/Kruis*, in: Streinz, EUV/AEUV, Art. 204 AEUV, Rn. 7.
[16] Art. 1 Abs. 3 Übersee-AB 2001 sah dies noch ausdrücklich vor, für den Übersee-AB 2013 dürfte insoweit allerdings nichts anderes gelten.
[17] ABl. 2006, L 208/28.
[18] ABl. 2014, L 76/1.
[19] ABl. 2006, L 208/32.
[20] S. die Mitteilung der Kommission: Eine neue, umfassende Partnerschaft mit Grönland in Form einer gemeinsamen Erklärung und eines Beschlusses des Rates auf der Grundlage von Artikel 187 EG-Vertrag, KOM (2006) 142 endg.; dazu auch *Tietje*, in: Grabitz/Hilf/Nettesheim, EU, Art. 204 AEUV (Oktober 2011), Rn. 3.
[21] Der mit »sofern« eingeleitete Halbsatz stellt eine Bedingung dar; so auch *Schmalenbach*, in:

EU-Fischerei zu grönländischen Fischereizonen »zufriedenstellend« geregelt sei, wurde durch den Abschluss eines Fischereiabkommens[22] bereits 1984 erfüllt; seit dem 1.1.2007 besteht ein neues Abkommen,[23] das insbesondere die Fangquoten und die finanziellen Gegenleistungen der EU regelt.[24] Ergänzt wird das Abkommen durch ein Protokoll zur Festsetzung der Fangmöglichkeiten und der finanziellen Gegenleistung,[25] das – nach dem Auslaufen des vorangegangenen Protokolls von 2007[26] – mit Wirkung zum 1.1.2013 in Kraft getreten ist.[27] Insgesamt ist das rechtliche Verhältnis zwischen Grönland und der EU sehr viel stärker vom **Grundsatz der Reziprozität** geprägt als dies bei anderen ÜLG der Fall ist;[28] dies ist den Besonderheiten dieses Verhältnisses geschuldet.

D. Abweichungen vom grundsätzlichen Assoziierungssystem

6 Grönland genießt in mehrfacher Hinsicht im Kreis der ÜLG eine Sonderstellung. So hat es durch die Regelung des **(bedingten) Binnenmarktzugangs** im Protokoll (Art. 51 EUV) eine Normierung erfahren (Primärrecht, s. Rn. 4), die – im Unterschied zum sekundärrechtlichen Beschluss gem. Art. 203 AEUV – nur im Rahmen der vertraglich vorgesehenen Änderungsverfahren (Art. 48 EUV) modifiziert oder aufgehoben werden kann.[29] Die Konditionalisierung des Binnenmarktzugangs ist ihrerseits aber ein Rückschritt im Vergleich zum Grundsatz des weitgehend freien Marktzugangs,[30] wie ihn der Übersee-AB gewährleistet (Art. 35 des Übersee-AB 2001; Art. 43 des Übersee-AB 2013).

Zudem erhält Grönland – im Unterschied zu allen anderen ÜLG (s. Art. 199 AEUV, Rn. 4) – **keine finanziellen Zuwendungen** aus dem Europäischen Entwicklungsfonds (EEF),[31] da es zum einen über eine bessere wirtschaftliche Stellung verfügt und zum anderen durch die finanzielle Gegenleistung für die EU-Fischereirechte in grönländischen Gewässern (s. Rn. 5) Einnahmen aus dem EU-Haushalt erhält.[32]

Calliess/Ruffert, EUV/AEUV, Art. 204 AEUV, Rn. 3; *Booß*, in: Lenz/Borchardt, EU-Verträge, Art. 204 AEUV, Rn. 1.
[22] ABl. 1985, L 29/9.
[23] Partnerschaftliches Fischereiabkommen zwischen der Europäischen Gemeinschaft einerseits und der Regierung Dänemarks und der Autonomen Regierung Grönlands andererseits, ABl. 2007, L 172/4; s. dazu auch die Verordnung (EG) Nr. 753/2007 des Rates vom 28.6.2007 über den Abschluss des partnerschaftlichen Fischereiabkommens, ABl. 2007, L 172/1.
[24] Vgl. dazu m.w.N.: *Streinz/Kruis*, in: Streinz, EUV/AEUV, Art. 204 AEUV, Rn. 10.
[25] Die finanzielle Gegenleistung umfasst sowohl Ausgleichszahlungen von Gemeinschaftsschiffen zu den grönländischen Fischereien als auch Fördermittel der Gemeinschaft (bzw. Union) zur Unterstützung einer anhaltenden verantwortungsvollen Fischerei sowie einer nachhaltigen Bewirtschaftung der Fischereiressourcen in der grönländischen Außenwirtschaftszone; vgl. Art. 7 Abs. 1 des Abkommens.
[26] ABl. 2007, L 172/9.
[27] Protokoll zur Festlegung der Fangmöglichkeiten und der finanziellen Gegenleistung nach dem partnerschaftlichen Fischereiabkommen zwischen der Europäischen Gemeinschaft einerseits und der Regierung Dänemarks sowie der Autonomen Regierung Grönlands andererseits, ABl. 2012, L 293/5; s. dazu den Beschluss des Rates vom 28.1.2014 (2014/48/EU), ABl. 2014, L 28/1.
[28] *Hilpold*, in: Mayer/Stöger, EUV/AEUV, Art. 204 AEUV (Dezember 2010), Rn. 4.
[29] *Tietje*, in: Grabitz/Hilf/Nettesheim, EU, Art. 204 AEUV (Oktober 2011), Rn. 5: »permanente Regelung«.
[30] *Tietje*, in: Grabitz/Hilf/Nettesheim, EU, Art. 204 AEUV (Oktober 2011), Rn. 6.
[31] *Schmalenbach*, in: Calliess/Ruffert, EUV/AEUV, Art. 204 AEUV, Rn. 4.
[32] *Zimmermann*, in: GSH, Europäisches Unionsrecht, Art. 204 AEUV, Rn. 7; *Tietje*, in: Grabitz/Hilf/Nettesheim, EU, Art. 204 AEUV (Oktober 2011), Rn. 7.

Fünfter Teil

Das auswärtige Handeln der Union

Titel I
Allgemeine Bestimmungen über das auswärtige Handeln der Union

Artikel 205 AEUV [Handlungsgrundsätze auf internationaler Ebene]

Das Handeln der Union auf internationaler Ebene im Rahmen dieses Teils wird von den Grundsätzen bestimmt, von den Zielen geleitet und an den allgemeinen Bestimmungen ausgerichtet, die in Titel V Kapitel 1 des Vertrags über die Europäische Union niedergelegt sind.

Literaturübersicht

Bungenberg, Außenbeziehungen und Außenhandelspolitik, EuR-Beiheft 1/2009, 195; *Thym*, Außenverfassungsrecht nach dem Lissabonner Vertrag, in: Pernice (Hrsg.), Vertrag von Lissabon: Reform der EU ohne Verfassung?, 2008, S. 173; *Vedder*, Ziele der gemeinsamen Handelspolitik und Ziele des auswärtigen Handelns der Europäischen Union, in: Herrmann/Krenzler/Streinz (Hrsg.), Die Außenwirtschaftspolitik der Europäischen Union nach dem Verfassungsvertrag, 2005, S. 43; *ders.*, Die außenpolitische Zielbindung der gemeinsamen Handelspolitik, in: Bungenberg/Herrmann (Hrsg.), Die gemeinsame Handelspolitik der Europäischen Union nach Lissabon, 2011, S. 121.

Inhaltsübersicht

	Rn.
A. Allgemeines	1
B. Die einzelnen auswärtigen Politiken	4
C. Zielfestlegung	6
D. Verbindlichkeit dieser Zielfestlegung	10
E. Kohärenzgebot	11

A. Allgemeines

Mit dem Lissabonner Vertrag ist es zu einer Neustrukturierung des gesamten auswärtigen Handelns der Europäischen Union gekommen. Diese war auch bereits im gescheiterten Verfassungsvertrag vorgesehen gewesen. Der Fünfte Teil des AEUV fasst die verschiedenen Außenkompetenzen der Europäischen Union zusammen. Eine Ausnahme bildet hier weiterhin die gemeinsame Außen-, Sicherheits- und Verteidigungspolitik (GASP, die GSVP), die in Titel V EUV angeordnet ist.

Art. 205 AEUV verbindet die Vorschriften über das auswärtige Handeln der EU mit den Normen von Titel V Kapitel 1 EUV, das heißt Art. 21 und 22 EUV. Durch die Verknüpfung der beiden Verträge durch Art. 205 AEUV werden dem auswärtigen Handeln daher nach Art. 206 ff. AEUV allgemeine Bestimmungen vorangestellt und eine stärkere Kohärenz des auswärtigen Handelns der Union sichergestellt. Durch diese Zielbindung jeden außenpolitischen Handelns der Union ist ein **klarer Auftrag zu einer bi- und multilateralen werteorientierten Weltordnungspolitik** der EU begründet.[1] Es kommt insoweit zu einer stärkeren Politisierung des auswärtigen Handelns der Union.[2]

---

[1] Hierzu ausf. unter anderem *Vedder*, Ziele der gemeinsamen Handelspolitik, S. 43 ff.
[2] Hierzu auch *Bungenberg*, EuR-Beiheft 1/2009, 195 (212 ff.); vgl. insoweit die Schwerpunktset-

Gleichwohl ist aber festzuhalten, dass zwischen AEUV und EUV kein Über-/Unterordnungsverhältnis besteht; vielmehr sind beide Verträge gleichrangig (Art. 1 Abs. 3 Satz 2 EUV).[3] Die GASP selbst ist gem. Art. 23 EUV an die Ziele und Grundsätze der Art. 21 f. EUV gebunden.

3 Die Einbeziehung nichtökonomischer Gesichtspunkte bzw. allgemeinpolitischer Zielsetzungen des Art. 21 EUV kommt zuletzt sehr stark in der »Handel für Alle – Hin zu einer verantwortungsbewusster Handels- und Investitionspolitik« – Mitteilung der Kommission zum Ausdruck. Besondere Betonung findet die Verfolgung einer wertorientierten Handels- und Investitionspolitik.[4]

B. Die einzelnen auswärtigen Politiken

4 Der Fünfte Teil des AEUV enthält die auswärtigen Politikbereiche der
– Handelspolitik (Art. 206 f. AEUV),
– Entwicklungspolitik (Art. 208 ff. AEUV),
– wirtschaftliche, finanzielle und technische Zusammenarbeit mit Drittländern (Art. 212, 213 AEUV),
– humanitäre Hilfe (Art. 214 AEUV),
– Wirtschaftssanktionen (Art. 215 AEUV),
– Assoziierungspolitik (Art. 217 AEUV),
– Abschluss internationaler Übereinkünfte (Art. 216, 218 AEUV),
– Beziehungen der Union zu internationalen Organisationen und Drittländern (Art. 220, 221 AEUV) sowie
– Delegationen der EU (Art. 221 AEUV).

Es handelt sich hierbei um die Politikbereiche, die weder unter die gemeinsame Außen- und Sicherheitspolitik noch unter die gemeinsame Sicherheits- und Verteidigungspolitik zu fassen sind. Die Vorschriften über die gemeinsame Außen- und Sicherheitspolitik (Art. 23–Art. 46 EUV) verbleiben im EUV. Allerdings bestehen Querverbindungen zur GASP insoweit, dass Wirtschaftssanktionen nach Art. 215 AEUV einen vorherigen »GASP-Beschluss« voraussetzen.

5 Eine Ausnahme von der generellen Zielbindung des Fünften Teils des AEUV besteht für die in Art. 222 AEUV niedergelegte Solidaritätsklausel. Hierbei handelt es sich um eine Solidarität zwischen den Mitgliedstaaten; es geht insoweit gerade nicht um das Verhältnis der Union zu Drittstaaten. Damit erscheint die Festschreibung der Solidaritätsklausel im Fünften Teil des AEUV auch als systematisch nicht nachvollziehbar.[5]

---

zungen der Kommission für die Ausgestaltung der zukünftigen Handelspolitik in der »Handel für Alle – Hin zu einer verantwortungsbewussteren Handels- und Investitionspolitik« – Mitteilung v. Oktober 2015, abrufbar unter: http://trade.ec.europa.eu/doclib/docs/2015/october/tradoc_153880.PDF (7.10.2016).

[3] Hierauf hinweisend u. a. *Müller-Ibold*, in: Lenz/Borchardt, EU-Verträge, Art. 205 AEUV, Rn. 2.

[4] S. die Mitteilung der Kommission »Handel für Alle – Hin zu einer verantwortungsbewussteren Handels- und Investitionspolitik«, abrufbar unter: http://trade.ec.europa.eu/doclib/docs/2015/october/tradoc_153880.PDF (18.3.2016).

[5] So auch *Khan*, in: Geiger/Khan/Kotzur, EUV/AEUV, Art. 205 AEUV, Rn. 2.

C. Zielfestlegung

Art. 205 AEUV verweist auf Art. 21 und 22 EUV als die allgemeinen Bestimmungen über das auswärtige Handeln der Union. Die hier festgelegten Grundsätze beinhalten den unionalen **einheitlichen Wertekanon** im gesamten Bereich der Außenbeziehungen der EU. Dabei sind die Ziele und Grundsätze vornehmlich in Art. 21 EUV gelistet; die allgemeinen Bestimmungen werden zudem vom Europäischen Rat im Sinne des Art. 22 Abs. 1 EUV festgelegt.

Art. 21 EUV gibt in Abs. 1 die Grundsätze und in Abs. 2 die Ziele des auswärtigen Handelns der EU vor. Zu den Grundsätzen zählen Demokratie, Rechtsstaatlichkeit, Menschenrechte, Gleichheit und Solidarität, die Achtung der Grundsätze der Charta der Vereinten Nationen und des Völkerrechts.[6] Die in Art. 21 Abs. 2 EUV niedergelegten Ziele gehen über die Grundsätze des auswärtigen Handelns hinaus und greifen die in Art. 3 Abs. 5 EUV statuierten **Ziele der Europäischen Union** wieder auf. Zu den Zielen gehören die Wahrung der Werte und grundlegenden Interessen, der Sicherheit und der Unversehrtheit der Union (Art. 21 Abs. 2 Buchst. a EUV), die Förderung und Festigung der Demokratie, Rechtsstaatlichkeit, Menschenrechte und der völkerrechtlichen Grundsätze (Art. 21 Abs. 2 Buchst. b EUV), die internationale Sicherheit (Art. 21 Abs. 2 Buchst. c EUV), die Nachhaltigkeit in Bezug auf Wirtschaft, Gesellschaft und Umwelt und die Bekämpfung der Armut in der Welt (Art. 21 Abs. 2 Buchst. d, f EUV), die Integration aller Länder in die Weltwirtschaft und der Abbau von Handelsbeschränkungen (Art. 21 Abs. 2 Buchst. e EUV), die Förderung multilateraler Zusammenarbeit (Art. 21 Abs. 2 Buchst. h EUV sowie die Hilfe bei Naturkatastrophen (Art. 21 Abs. 2 Buchst. g EUV). Letztlich gilt es, humanitäre, kulturelle, ökologische und sicherheitspolitische Erwägungen auch in die Ausgestaltung des Außen(wirtschafts)rechts einfließen zu lassen.

Diese Grundsätze und Ziele bedürfen aufgrund ihrer Allgemeinheit der **Konkretisierung**. Daher sieht Art. 22 EUV vor, dass der **Europäische Rat** auf ihrer Grundlage die strategischen Interessen und Ziele der Union festlegt.[7] Hier kommt eine kaskadenartig gestufte Willensbildung der Union zum Ausdruck,[8] an deren Spitze der Europäische Rat steht.

Gemäß Abs. 3 UAbs. 1 sind diese Grundsätze und Ziele von der Union bei der Ausarbeitung und Umsetzung ihres auswärtigen Handelns zu bewahren. **Adressat dieser Verpflichtung** sind daher zunächst alle **Organe**, die in auswärtige Aktivitäten und damit in die im Fünften Teil des AEUV angeführten Politiken eingebunden sind. Sodann erstreckt sich diese Bindung auch auf die **Mitgliedstaaten**, wenn diese für die Union in deren Kompetenzbereich tätig werden.

D. Verbindlichkeit dieser Zielfestlegung

Zwar erscheint der Verweis des Art. 205 AEUV auf Art. 21 und 22 EUV zunächst als überflüssig, da letztere Vorschriften bereits ausweislich ihres Wortlauts Anwendung auf alles auswärtige Handeln der Europäischen Union findet, allerdings macht der Wortlaut

---

[6] Ausführlich hierzu *Vedder*, Die außenpolitische Zielbindung, S. 121 ff.
[7] *Schmalenbach*, in: Calliess/Ruffert, EUV/AEUV, Art. 205 AEUV, Rn. 4.
[8] *Schmalenbach*, in: Calliess/Ruffert, EUV/AEUV, Art. 205 AEUV, Rn. 5.

des Art. 205 AEUV deutlich, dass Art. 21 und 22 EUV für das Handeln der EU auf internationaler Ebene im Rahmen der Art. 206 bis 222 AEUV verbindlich sind.[9] Die Verfolgung dieser Ziele steht also nicht zur Disposition der handelnden Organe. Insoweit muss auch von einer **Justiziabilität der Zielverpflichtung** ausgegangen werden. Ein Jurisdiktionsausschluss des EuGH ist allerdings insoweit gegeben, wie es um Fragen der Rechtmäßigkeit von Maßnahmen im Bereich der GASP oder GSVP geht.[10]

E. Kohärenzgebot

11 Durch die Festlegung auf die Ziele und Grundsätze des Art. 21 EUV kommt es zur Festschreibung eines Kohärenzgebotes für den **Gesamtbereich der unionalen Außenbeziehungen**. Das Kohärenzgebot wird auch in Art. 21 Abs. 3 UAbs. 2 EUV nochmals ausdrücklich festgeschrieben: »Die Union achtet auf die Kohärenz zwischen den einzelnen Bereichen ihres auswärtigen Handelns sowie zwischen diesen und ihren übrigen Politikbereichen.« (sog. **horizontale Kohärenz**). Das allgemeine Kohärenzgebot des Art. 7 AEUV wird hier für das auswärtige Handeln der Union konkretisiert. Verschiedene Aktivitäten und Politiken haben sich insoweit an denselben Zielen und Grundsätzen auszurichten. Neben den in Art. 206–220 AEUV angeführten Politikbereichen trifft dies auch auf die gemeinsame Außen- und Sicherheitspolitik zu. Die auf Unionsseite handelnden Akteure – insbesondere Rat, Kommission und hoher Vertreter, aber im Rahmen des Vertragsabschlussverfahrens auch das Europäische Parlament – werden insoweit zur internen Abstimmung aufgefordert. Gemeint ist hiermit in erster Linie eine **inhaltliche Kohärenz** des politischen Handelns.

12 Instrumente sind zudem mit der Binnenpolitik abzustimmen, was besondere Bedeutung insbesondere im Hinblick auf die Akteursvielfalt sowie das Nebeneinander der intergouvernementalen Außenpolitik und unmittelbar unional verantworteten Außenbeziehungen erlangt.[11] Bezüglich der Abstimmung des auswärtigen Handelns mit der **Binnenpolitik** ist zu beachten, dass wichtige Bereiche der supranationalen auswärtigen Politik nicht nur in den Art. 206–222 AEUV festgelegt sind, sondern vielfach auch Teil der Regelungen über die sektoriellen Politiken sind.[12] Hier hat zudem eine Abstimmung der binnengerichteten Politik mit den die auswärtigen Beziehungen leitenden Zielvorgaben des Art. 21 EUV zu erfolgen. Verantwortlich für die Herstellung von Kohärenz ist letztendlich der Vertreter für Außen- und Sicherheitspolitik.

13 Neben der zuvor angesprochenen horizontalen Dimension des Kohärenzgebotes ist auch dessen vertikale Komponente (**vertikales Kohärenzgebot**) zu beachten. Das vertikale Kohärenzgebot gilt insoweit auch zwischen Union und Mitgliedstaaten; aus dem Grundsatz der Unionstreue sowie dem Grundsatz der loyalen Zusammenarbeit (Art. 4 Abs. 3 EUV) ergeben sich für die Unionsorgane und für die Mitgliedstaaten im Einzelfall konkrete Abstimmungspflichten.[13]

---

[9] *Schmalenbach*, in: Calliess/Ruffert, EUV/AEUV, Art. 205 AEUV, Rn. 2.
[10] *Terhechte*, in: Schwarze, EU-Kommentar, Art. 205 AEUV, Rn. 8.
[11] *Müller-Ibold*, in: Lenz/Borchardt, EU-Verträge, Art. 205 AEUV, Rn. 4; *Thym*, S. 179.
[12] *Terhechte*, in: Schwarze, EU-Kommentar, Art. 205 AEUV, Rn. 6.
[13] Auswärtiges Amt, Denkschrift zum Vertrag von Lissabon, 2007, S. 56; *Müller-Ibold*, in: Lenz/Borchardt, EU-Verträge, Art. 205 AEUV, Rn. 4.

Titel II
Gemeinsame Handelspolitik

Artikel 206 AEUV [Ziele der Gemeinsamen Handelspolitik]

Durch die Schaffung einer Zollunion nach den Artikeln 28 bis 32 trägt die Union im gemeinsamen Interesse zur harmonischen Entwicklung des Welthandels, zur schrittweisen Beseitigung der Beschränkungen im internationalen Handelsverkehr und bei den ausländischen Direktinvestitionen sowie zum Abbau der Zollschranken und anderer Schranken bei.

Literaturübersicht

Bungenberg, Außenbeziehungen und Außenhandelspolitik, EuR-Beiheft 1/2009, 195; *Hummer/Weiß*, Vom GATT '47 zur WTO '94, 1997; *Irwin*, From Smoot-Hawley to Reciprocal Trade Agreements: Changing the Course of U.S. Trade Policy in the 1930s, in: Bordo/Goldin/White (Hrsg.), The Defining Moment: The Great Depression and the American Economy in the Twentieth Century, S. 325; *Krenzler/Pitschas*, Die Gemeinsame Handelspolitik im Verfassungsvertrag – ein Schritt in die richtige Richtung, in: Herrmann/Krenzler/Streinz (Hrsg.), Die Außenwirtschaftspolitik der Europäischen Union nach dem Verfassungsvertrag, 2006, S. 11; *Weck-Hannemann*, Politische Ökonomie des Protektionismus, 1992.

Inhaltsübersicht

	Rn.
A. Allgemeines	1
B. Art. 206 und die primären Ziele der Gemeinsamen Handelspolitik	12
I. Zollunion als Mittel	14
II. Die Primärziele der Gemeinsamen Handelspolitik	16
1. Harmonische Entwicklung des Welthandels	16
2. Schrittweise Beseitigung von Beschränkungen im internationalen Handelsverkehr	17
3. Schrittweise Beseitigung bei den ausländischen Direktinvestitionen	19
4. Abbau der Zollschranken	21
5. Abbau anderer Schranken des internationalen Wirtschaftsverkehrs/des internationalen Handels	23
C. Verbindlichkeit und Justiziabilität	24

A. Allgemeines

Art. 206 AEUV enthält eine generelle Zielbestimmung zur Gemeinsamen Handelspolitik der Europäischen Union. Sie leitet insoweit das Kapitel über die Gemeinsame Handelspolitik ein. Zu diesem Politikbereich gehört auch Art. 207 AEUV, der die eigentliche Ermächtigungsgrundlage für unionales Handeln in diesem Bereich enthält. Ein einheitliches Auftreten der Mitgliedstaaten der EU in Fragen des internationalen Handels ist bereits seit Gründung der Europäischen Union 1957 angestrebt worden. Daher wurde auch früh von ausschließlichen Gemeinschaftskompetenzen für den Bereich der Gemeinsamen Handelspolitik gesprochen. Die primärrechtliche Vorschrift des Art. 207 AEUV über die Gemeinsame Handelspolitik enthält eine Kompetenz zur autonomen wie auch vertraglichen Regelung einer Vielzahl von Einzelbereichen, in denen die EU-Organe bereits in der Vergangenheit tätig gewesen sind.

2   Die Gemeinsame Handelspolitik als ein Kernelement des europäischen Wirtschaftsrechts ist im **Schnittfeld widerstreitender Interessen** angesiedelt. Einerseits sind gerade exportorientierte Staaten wie die Bundesrepublik Deutschland auf ein liberales Klima in der Weltwirtschaftspolitik angewiesen, welches auch in ökonomischen Krisenzeiten gilt. Andererseits versuchen auch exportorientierte Wirtschaftsräume insbesondere in Wirtschaftskrisen[1] neue protektionistische Handelsbarrieren einzuführen, dies vielfach aus politökonomischen Gründen.[2] Vor dem Hintergrund des Bekenntnisses zu einer liberalen, »weltoffenen« Handelspolitik ist praktisch zwingend, dass das autonome Außenwirtschaftsrecht durch ein **Regel-Ausnahme-Verhältnis** gekennzeichnet ist. Auf der einen Seite stehen zunächst als Regel **die Freiheitsgewährleistungen** im Außenwirtschaftsbereich als Ausfluss einer **allgemeinen Außenwirtschaftsfreiheit**, auf der anderen Seite werden die zuvor genannten Belange durch **Ausnahme- und Beschränkungsmöglichkeiten** in diesem Rechtsverhältnis berücksichtigt. Es ist allerdings deutlich die Tendenz zu erkennen, dass Fragen wie **Nachhaltigkeit** und **Umweltschutz, soziale Gerechtigkeit, Transparenz, Verbraucher- und Gesundheitsschutz** auch in den Bereich der autonomen Außenwirtschaftspolitik umfassend einzubeziehen sind, und es hierdurch vielfach zu Verkürzungen der grundsätzlichen Freiheitsgewährleistungen von Im- und Exporteuren kommen kann. Insoweit werden das Bekenntnis zu einer liberalen Außenwirtschaftspolitik in Art. 206 f. AEUV und die grundrechtliche Garantie der Außenwirtschaftsfreiheit relativiert. Der Gerichtshof führte aus, dass Art. 113 EWGV, Vorläufer des heutigen Art. 206 AEUV, »nicht dahin zu verstehen [sei], daß er der Gemeinschaft vertraglich jegliche Maßnahme verbietet, die den Handel mit Drittländern beeinträchtigen könnte, selbst wenn eine solche Maßnahme, ... erforderlich ist und sie ihre Rechtfertigung in Vorschriften des Gemeinschaftsrechts findet«.[3]

3   Die Gemeinsame Handelspolitik ist mit dem Vertrag von Lissabon in den Fünften Teil des AEUV über das auswärtige Handeln der Union (Art. 205–222 AEUV) eingegliedert worden. Allerdings muss der Gemeinsamen Handelspolitik innerhalb der auswärtigen Politik eine **hervorgehobene Stellung** attestiert werden, handelt es sich doch um den ältesten Bereich gemeinschaftlichen/unionalen auswärtigen Handelns. Zudem wird der Gemeinsamen Handelspolitik ausdrücklich eine besondere Bedeutung durch die Benennung als **ausschließliche unionale Kompetenz** in Art. 3 Abs. 1 AEUV beigemessen. Allerdings ist bei allem auswärtigen Handeln nach Art. 206, 207 AEUV zu beachten, dass alle Maßnahmen im Rahmen bzw. unter Berücksichtigung der allgemeinen Ziele des Art. 21 EUV durchzuführen sind (vgl. Art. 205 AEUV).

4   Wie vielfach festgestellt, ist die Gemeinsame Handelspolitik der Art. 206 und 207 AEUV die Außendimension des Binnenmarktes, d. h. das außenhandelspolitische Pendant der unionalen Verwirklichung einer Zollunion. Damit will die EU den Anforderungen des Art. XXIV:5 (a) GATT i. V. m. Ziff. 2 der Vereinbarung über die Auslegung des Art. XXIV GATT 1994[4] jedenfalls im Bereich des Warenhandels gerecht werden. Ein entsprechendes Bekenntnis für den Bereich des Dienstleistungshandels fehlt

---

[1] Ausf. hierzu *Irwin*, S. 325. Vgl. zu protektionistischem Verhalten in der Wirtschaftskrise der Jahre 2008 bis 2012 die gemeinsamen Berichte von WTO, OECD und UNCTAD über G20 Handels- und Investitionspolitiken, http://www.oecd.org/daf/inv/investment-policy/g20.htm (7.10.2016).
[2] Hierzu allg. z. B. *Weck-Hannemann*.
[3] EuGH, Urt. v. 24.10.1973, Rs. 9/73 (Schlüter/HZA Lörrach), Slg. 1973, 1135; Urt. v. 15.1.1974, Rs. 154/73 (Becher/HZA Emden), Slg. 1974, 19; Urt. v. 5.5.1981, Rs. 112/80 (Dürbeck/HZA Frankfurt-Flughafen), Slg. 1981, 1095, Rn. 44.
[4] Abgedruckt in *Hummer/Weiß*, S. 793 f.

allerdings in den Vorschriften über die Gemeinsame Handelspolitik der Europäischen Union.

Die EU hat, wie schon angeführt, gem. Art. 3 Abs. 1 Buchst. e AEUV die ausschließliche Zuständigkeit für die Gemeinsame Handelspolitik inklusive deren autonomer unionaler Ausgestaltung,[5] d. h. die **Mitgliedstaaten** verfügen im Bereich der Gemeinsamen Handelspolitik seit dem Inkrafttreten des Lissabonner Vertrages über **keine eigenständigen Zuständigkeiten mehr**.[6] Gleiches gilt gem. Art. 3 Abs. 1 Buchst. a AEUV auch für die Schaffung einer Zollunion mitsamt der Festlegung bzw. völkervertraglichen Verhandlung von Außenzöllen. Der Umfang der spezifischen Außenkompetenzen lässt sich hieraus allerdings noch nicht ableiten. Hierfür bedarf es vielmehr des Rückgriffs auf die Art. 3 AEUV konkretisierenden Einzelvorschriften des Vertrages, und insoweit insbesondere einer Analyse der Art. 206 ff. AEUV, aber auch weiterer Spezialkompetenzen[7] des AEUV, ebenso wie der allgemeinen Vertragsabrundungskompetenz des Art. 352 AEUV.

Die Gemeinsame Handelspolitik ist bereits seit Gründung der EWG 1957/58 **elementarer Bestandteil der europäischen Integration**. Dieser Politikbereich war zunächst in Art. 110 ff. EWGV und sodann in Art. 131 ff. EGV-Nizza geregelt. Der Wortlaut wurde erstmals mit dem Lissabonner Vertrag umfassend verändert. Art. 206 AEUV entspricht weitestgehend Art. 131 Abs. 1 EGV. Mit Art. III–314 Abs. 1 EVV liegt gar eine Wortlautidentität vor. Der Umfang der in Art. 206 AEUV festgelegten Ziele hat sich gegenüber Art. 131 EGV ausdrücklich durch die Zielerweiterung hinsichtlich der schrittweisen Beseitigung der Beschränkungen ausländischer Direktinvestitionen erweitert. Hierdurch soll der Tatsache Rechnung getragen werden, dass die Finanzströme den realen Güteraustausch ergänzen.[8] Auch sind die Ziele des Art. 206 AEUV nicht als abschließend anzusehen, da von »anderer Schranken« gesprochen wird. Hiervon erfasst ist der Abbau nicht-tarifärer Handelshemmnisse. Nicht übernommen wurde mit dem Vertrag von Lissabon gegenüber der Vorgängerfassung des Art. 131 EGV die dort verankerte Berücksichtigungspflicht der günstigen Auswirkungen, die die Abschaffung der Zölle zwischen den Mitgliedstaaten auf die Steigerung der Wettbewerbsfähigkeit der Unternehmen dieser Staaten haben kann.

Art. 132 EGV, der die Vereinheitlichung der Ausfuhrbeihilfen regelte, und Art. 134 EGV, der der Lösung von Konflikten der Zuständigkeit von Gemeinschaft und Mitgliedstaaten dienen sollte, wurden nicht mehr in den Lissabonner Vertrag aufgenommen.

Auch wurde der **Adressatenkreis der Vorschrift** mit dem Lissabonner Vertrag geändert. Es werden als Adressaten nicht mehr die Mitgliedstaaten genannt, sondern ausdrücklich nur die Europäische Union. Dies ist insbesondere durch die umfassende Kompetenzübertragung von den Mitgliedstaaten auf die Europäische Union mit dem Vertrag von Lissabon sowie der ausdrücklichen Festschreibung, dass es sich bei allen in Art. 206, 207 AEUV genannten Bereichen um ausschließliche Zuständigkeiten der Europäischen Union handelt, zu erklären. Eine weitergehende eigenständige Zuständigkeit und damit die Möglichkeit zu verbindlichem Handeln besteht auf Ebene der Mit-

---

[5] Zur Gemeinsamen Handelspolitik unter Bezugnahme auf das Lissabon-Urteil des BVerfG s. *Herrmann*, EuR-Beiheft 1/2010, 193.
[6] Hierzu u. a. *Bungenberg*, EuR-Beiheft 1/2009, 195 (204); *Streinz/Ohler/Herrmann*, Vertrag von Lissabon, S. 132.
[7] Hierzu insbesondere *Hahn/Dudenhöfer*, EnzEuR, Bd. 10, § 15.
[8] CONV 685/03 vom 23. 4. 2003, S. 52; *Krenzler/Pitschas*, S. 18.

gliedstaaten nun nicht mehr. Schließlich beabsichtigt die EU nicht nur – so die Vorgängerformulierung – einen Beitrag zu leisten, sondern vielmehr hat sie zu den angeführten Zielen beizutragen.

9 Verschiedene Vertragsänderungen, auch die Verträge von Amsterdam und Nizza, haben an dem **Bekenntnis zu einer liberalen Außenhandelspolitik** nichts geändert.[9] Auch nach der Präambel des AEUV soll die Gemeinsame Handelspolitik »zur fortschreitenden Beseitigung der Beschränkungen im zwischenstaatlichem Wirtschaftsverkehr« beitragen. Mit diesen Festlegungen stellt das Unionsrecht den Bezug zum globalen Welthandelsrecht her.[10]

10 Die Europäische Kommission verfolgt zuletzt verstärkt eine Ausgestaltung dieses Politikbereichs nach dem **Prinzip der Gegenseitigkeit**. Dies ist in der Vergangenheit bereits in der Ausgestaltung der Handelshemmnisverordnung zum Ausdruck gekommen. Die Kommission hat in ihrer Handelsstrategie diesen Ansatz betont;[11] zuletzt kommt der **Reziprozitätsansatz** in den Vorschlägen zu einer Reform des Marktzugangs für Drittstaatsunternehmen im Bereich der öffentlichen Auftragsvergabe zum Ausdruck, ebenso wie in ihrem Ansatz für bilaterale und regionale Übereinkünfte.

11 In Bezug auf die **autonome Außenhandelspolitik** wird in Art. 207 Abs. 1 AEUV die Vereinheitlichung der Liberalisierungsmaßnahmen, die Ausfuhrpolitik sowie die handelspolitischen Schutzmaßnahmen, z. B. im Fall von Dumping[12] und Subventionen,[13] angeführt. Bereiche, die zunächst der vertraglichen Handelspolitik zuzuordnen sind, erfordern oftmals einer weiteren autonomen/sekundärrechtlichen Ausgestaltung. Dies gilt beispielsweise für das sich neu entwickelnde europäische Investitionsschutzrecht.[14] Hier ist es zu der Verabschiedung einer Verordnung mit Übergangsbestimmungen gekommen,[15] wie auch einer Verordnung zur Ausgestaltung der finanziellen Verantwortlichkeitsverteilung zwischen Union und Mitgliedstaaten im Bereich der Investitionsschutzpolitik.[16] Im Bereich des öffentlichen Beschaffungswesens werden nicht nur zu-

---

[9] *Hahn*, in: Calliess/Ruffert, EUV/AEUV, Art. 206 AEUV, Rn. 5; *Bierwagen*, in: Smit/Herzog, on the Law of the European Union, 2008, § 216.03; *Constinesco/Jacqué/Kovar/Simon*, TCE, Art. 110, Anm. 1; *Weiß*, in: Grabitz/Hilf/Nettesheim, EU, Art. 206 AEUV (August 2015), Rn. 2 ff.

[10] Vgl. *Cottier/Trinberg*, in: GSH, Europäisches Unionsrecht, Art. 206 AEUV, Rn. 10; *Hahn*, in: Calliess/Ruffert, EUV/AEUV, Art. 206 AEUV, Rn. 5; *Bierwagen* (Fn. 9), § 216.05; vgl. bspw. EuGH, Urt. v. 26.3.1987, Rs. 45/86 (APS I), Slg. 1987, 1493.

[11] Vgl. bereits Mitteilung der Kommission an den Rat, das Europäische Parlament, den Europäischen Wirtschafts- und Sozialausschuss und den Ausschuss der Regionen, Ein wettbewerbsfähiges Europa in einer globalen Welt, Ein Beitrag zur EU-Strategie für Wachstum und Beschäftigung, KOM(2006) 567 endg.; Kommission, Handel für Alle – Hin zu einer verantwortungsbewussteren Handels- und Investitionspolitik, Mitteilung v. Oktober 2015, u. a. 5.2., S. 33 ff., abrufbar unter: http://trade.ec.europa.eu/doclib/docs/2015/october/tradoc_153880.PDF (7.10.2016).

[12] Vgl. VO (EU) 2016/1036 vom 8.6.2016 über den Schutz gegen gedumpte Einfuhren aus nicht zur Europäischen Union gehörenden Ländern, ABl. 2016, L 176/21.

[13] Vgl. VO (EU) 2016/1037 vom 8.6.2016 über den Schutz gegen subventionierte Einfuhren aus nicht zur Europäischen Union gehörenden Ländern, ABl. 2016, L 176/55.

[14] Hierzu u. a. *Calamita*, LIEI 2012, 301; *Dimopoulos*, LIEI 2012, 447; *ders.*, CMLRev. 2011, 63; *Kuijper*, LIEI 2010, 261.

[15] VO (EU) Nr. 1219/2012 vom 12.12.2012 zur Einführung einer Übergangsregelung für bilaterale Investitionsschutzabkommen zwischen den Mitgliedstaaten und Drittländern, ABl. 2012, L 351/40.

[16] VO (EU) Nr. 912/2014 vom 23.7.2014 zur Schaffung der Rahmenbedingungen für die Regelung der finanziellen Verantwortung bei Investor-Staat-Streitigkeiten vor Schiedsgerichten, welche durch völkerrechtliche Übereinkünfte eingesetzt wurden, bei denen die Europäische Union Vertragspartei ist, ABl. 2014, L 257/121.

nehmend Kapitel über die öffentliche Auftragsvergabe in Freihandelsabkommen der Europäischen Union mit Drittstaaten verhandelt,[17] sondern darüber hinaus werden derzeit autonome Marktzugangsregelungen diskutiert.[18] Autonome und vertragliche Außenhandelspolitik ergänzen sich insoweit vielfach.

B. Art. 206 und die primären Ziele der Gemeinsamen Handelspolitik

Der Begriff der Handelspolitik wird im AEUV nicht legal definiert. Es findet sich lediglich eine beispielhafte Aufzählung von möglichen handelspolitischen Maßnahmen, Regelungsbereichen und Zielen.

Das primäre Ziel der Schaffung einer Zollunion ist es, zur **harmonischen Entwicklung des Welthandels**, zur **schrittweisen Beseitigung der Beschränkungen** im internationalen Handelsverkehr und bei den **ausländischen Direktinvestitionen** sowie zum **Abbau der Zollschranken** und **anderer Schranken** beizutragen. Die Zollunion bzw. deren Schaffung muss insoweit als Mittel bzw. **Instrument** angesehen werden. Die weiteren Listungen in Art. 206 AEUV sind als **primäre Ziele der Handelspolitik** zu verstehen, etwaige weitere in Art. 21 EUV gelistete Ziele als **Sekundärziele**. Im Rahmen der GHP handelt es sich dennoch heute um eine Zielsetzung auf eine ausgeglichene internationale Handelsliberalisierung mit Augenmaß, unter gleichwertiger Beachtung von Gerechtigkeit in den Handelsbeziehungen, Nachhaltigkeit, Entwicklungszielen und Umweltschutz.[19] Die Verfolgung der handelspolitischen Zielsetzungen nach Art. 206, 207 AEUV findet ihre Grenze in den allgemeinen Interessen der EU.[20]

I. Zollunion als Mittel

Das unionale Verständnis einer Zollunion ist in Art. 28 AEUV festgeschrieben. Hiernach umfasst eine Zollunion zunächst den gesamten Warenaustausch, und diesbezüglich das Verbot, zwischen Mitgliedstaaten der Union Ein- und Ausfuhrzölle und Abgaben gleicher Wirkung zu erheben, sowie die Einführung eines gemeinsamen Zolltarifs gegenüber dritten Ländern. Das **interne Element** des Verbots von Ein- und Ausfuhrzöllen oder Abgaben gleicher Wirkung zwischen den Mitgliedstaaten ist auch nochmals in Art. 30 AEUV festgeschrieben. Ein gemeinsamer Zolltarif (nach Art. 31 AEUV) gegenüber Drittstaaten besteht seit dem 1.7.1968. Damit liegen internes und **externes Element** einer Zollunion im Falle der Union vor.[21]

Die Schaffung einer Zollunion liegt im **gemeinsamen Interesse**. Hiermit sind die gemeinsamen Interessen der Vertragspartner, nicht die der Weltgemeinschaft generell,

---

[17] Hierzu *Bungenberg*, EnzEuR, Bd. 4, § 16, Rn. 105, 114 ff.
[18] Geänderter Vorschlag für eine Verordnung des Europäischen Parlaments und des Rates über den Zugang von Waren und Dienstleistungen aus Drittländern zum EU-Binnenmarkt für öffentliche Aufträge und über die Verfahren zur Unterstützung von Verhandlungen über den Zugang von Waren und Dienstleistungen aus der Union zu den Märkten für öffentliche Aufträge von Drittländern, KOM(2016) 34 endg.
[19] *Weiß*, in: Grabitz/Hilf/Nettesheim, EU, Art. 206 AEUV (August 2015), Rn. 12.
[20] EuGH, Urt. v. 19.11.1998, Rs. C–150/94 (Vereinigtes Königreich/Rat), Slg. 1998, I–7235, Rn. 67.
[21] *Khan/Eisenhut*, in: Vedder/Heintschel v. Heinegg, Europäisches Unionsrecht, Art. 29 AEUV, Rn. 2.

gemeint.[22] Insoweit muss die Handelspolitik der EU auf die Interessen aller Mitgliedstaaten Rücksicht nehmen. Ein abgestimmtes Vorgehen in der gesamten gemeinsamen Außenwirtschaftspolitik ist als gemeinsames Interesse der Mitgliedstaaten anzusehen.

II. Die Primärziele der Gemeinsamen Handelspolitik

1. Harmonische Entwicklung des Welthandels

16 Die Zielsetzung einer harmonischen Entwicklung des Welthandels ist als Bekenntnis zu einer liberalen Handelspolitik zu werten; die EU ist inhaltlich insoweit auf eine »**weltoffene Handelspolitik**« verpflichtet.[23] Eine protektionistische »**Festung Europa**«, wie insbesondere in Zusammenhang mit der Umsetzung des Binnenmarktprogramms in den achtziger Jahren von Drittstaaten befürchtet, wird durch diese Verpflichtung eine eindeutige Absage erteilt.[24] Dieses Bekenntnis zu einer liberalen Außenhandelspolitik leitet den Abschnitt über die unionale Außenhandelspolitik ein[25] und ist richtungsweisend für die Ausgestaltung der gesamten vertraglichen wie autonomen Handelspolitik der EU, soweit dieses auf Art. 207 AEUV als Rechtsgrundlage gestützt ist. Erfasst wird neben Unionshandeln auch solches der Mitgliedstaaten, soweit dieses im Kompetenzbereich der Union liegt, d. h. die Mitgliedstaaten von der Union durch diese zu einem Handeln ermächtigt werden (vgl. Art. 2 AEUV). Ziel dieser Politik ist insbesondere die Schaffung und Sicherung von für die Union günstigen äußeren Rahmenbedingungen für die Exportwirtschaft der Union sowie der auf Einfuhren angewiesenen Unionsunternehmen und -verbraucher.[26] Bestandteil dieses Zieles ist auch eine Orientierung an Nachhaltigkeit, Entwicklungszielen und Umweltschutz. Diesem Ziel ist schon auf Grund seiner Weite eine große Unbestimmtheit zu attestieren.

2. Schrittweise Beseitigung von Beschränkungen im internationalen Handelsverkehr

17 Die schrittweise Beseitigung von Beschränkungen im internationalen Handelsverkehr schließt jede Art von Beschränkungen, diskriminierende sowie nicht-diskriminierende, mit ein. Erfasst werden **tarifäre wie nicht-tarifäre Handelsbeschränkungen**, die möglichst weitgehend zu beseitigen sind. Angesichts des heute erreichten hohen Grades an Zollsenkungen treten die nicht-tarifären Handelsschranken in den Vordergrund.

18 Da die Beseitigung der Handelsschranken nicht unmittelbar, sondern schrittweise erfolgen soll, werden konkrete Maßnahmen vom jeweiligen **politischen Umfeld** und **gesamtwirtschaftlichen Rahmenbedingungen** abhängig gemacht. Nicht verlangt wird hiernach irgendeine Form der Gegenseitigkeit. Der Abbau von Handelshemmnissen kann daher sowohl einseitig erfolgen wie auch auf Gegenseitigkeit beruhen.

---

[22] *Cottier/Trinberg*, in: GSH, Europäisches Unionsrecht, Art. 206 AEUV, Rn. 15.
[23] *Oppermann/Classen/Nettesheim*, Europarecht, § 40, Rn. 12.
[24] Vgl. *Oppermann/Classen/Nettesheim*, Europarecht, § 40, Rn. 12; *Müller-Ibold*, in: Lenz/Borchardt, EU-Verträge, Art. 206 AEUV, Rn. 1; *Weiß*, in: Grabitz/Hilf/Nettesheim, EU, Art. 206 AEUV (August 2015), Rn. 4.
[25] So *Müller-Ibold*, in: Lenz/Borchardt, EU-Verträge, Art. 206 AEUV, Rn. 1.
[26] *Hahn*, in Calliess/Ruffert, EUV/AEUV, Art. 206 AEUV, Rn. 3.

3. Schrittweise Beseitigung bei den ausländischen Direktinvestitionen

Der Themenbereich der ausländischen Direktinvestitionen wurde, wie oben ausgeführt, mit dem Lissabonner Vertrag zu einem **Gegenstand der unionalen Gemeinsamen Handelspolitik** gemacht.[27] Hierbei handelt es sich um die **umfassendste Modifikation** dieses Politikbereichs in den letzten Jahrzehnten.

Die Europäische Kommission versucht in den Verhandlungen mit dritten Staaten den Marktzugang wie auch den Schutz von ausländischen Direktinvestitionen zu thematisieren und entsprechende Kapitel in eine neue Generation von Freihandelsverträgen aufzunehmen. Das zwischen der EU und Korea abgeschlossene Freihandelsabkommen spiegelt als erstes Abkommen die Investitionsstrategie der Union wider.[28] Als erstes Abkommen mit einem eigenständigen Investitionsschutzkapitel wurde ein Freihandelsabkommen mit Singapur abgeschlossen. Anschließend wurden auch Verhandlungen mit Vietnam und Kanada über Freihandelsabkommen mit Investitionsschutzkapiteln beendet. Wie die Kommissionsmitteilung »Handel für Alle« zum Ausdruck bringt, will sich die Kommission langfristig um eine Einbeziehung von Investitionsregeln in die WTO bemühen,[29] und in allen Verhandlungen von Freihandelsabkommen auch Investitionsschutzkapitel einbeziehen.

4. Abbau der Zollschranken

Der Abbau der Zollschranken ist, wie ausgeführt, bereits in den Vorgängerfassungen dieser Vorschrift enthalten gewesen. Dieses Ziel begründet sich aus dem hohen Zollschutzniveau zum Zeitpunkt der Gründung der EWG 1957. So war auch im Rahmen des GATT der Abbau von Zöllen Hauptgegenstand aller Verhandlungsrunden – zumindest bis zur Tokio-Runde in den 1970er Jahren. Industriegüterzölle wurden im Zeitraum von 1947–1995 (Abschluss der Uruguay-Runde zur Gründung der WTO) im Durchschnitt von 40% auf 4% gesenkt.[30] Die Verwirklichung dieses Ziels ist rechtlich an die Vorgaben des GATT zum Zollabbau gebunden (vergleiche Art. XXVIII GATT sowie die Vereinbarung zur Auslegung des Art. XXVIII des Allgemeinen Zoll- und Handelsabkommens 1994).[31]

Dieses Ziel erfasst nicht nur die Absenkung der Zollsätze selbst, sondern auch Schranken etwa in Form von Zollformalitäten, Zollklassifizierungen und Zollbewertungen, die ebenfalls schrittweise zu reduzieren sind.[32] Zölle werden freilich nicht nur multilateral

---

[27] S. hierzu u. a. *Bungenberg*, EuR-Beiheft 1/2009, 195; *ders.*, Going Global? The EU Common Commercial Policy After Lisbon, in: Herrmann/Terhechte (Hrsg.), European Yearbook auf International Economic Law 2013, S. 123; *ders.*, Wirtschaftsdienst 94 (2014), 467.

[28] *Cottier/Trinberg*, in: GSH, Europäisches Unionsrecht, Art. 206 AEUV, Rn. 23.

[29] Kommission, Handel für Alle – Hin zu einer verantwortungsbewussteren Handels- und Investitionspolitik, Mitteilung v. Oktober 2015, Punkt 4.1., abrufbar unter: http://trade.ec.europa.eu/doclib/docs/2015/october/tradoc_153880.PDF (7. 10. 2016).

[30] *Cottier/Trinberg*, in: GSH, Europäisches Unionsrecht, Art. 206 AEUV, Rn. 24.

[31] *Cottier/Trinberg*, in: GSH, Europäisches Unionsrecht, Art. 206 AEUV, Rn. 25; s. hierzu eingehend *Arpagaus*, Zollrecht unter Einschluss der völkerrechtlichen Grundlagen im Rahmen der WTO, der WCO, der UNECE, der EFTA und der Abkommen mit der EU, 2007; *Cottier/Oesch*, International Trade Regulation: Law and Policy in the WTO, the European Union and Switzerland, 2005, S. 577 ff.

[32] *Weiß*, in: Grabitz/Hilf/Nettesheim, EU, Art. 206 AEUV (August 2015), Rn. 22.

im Rahmen der WTO verhandelt, sondern ihre fast komplette Abschaffung stellt die Grundlage von allen Freihandelsabkommen und Zollunionen dar. So beinhaltete das EU-Korea-Abkommen[33] die beiderseitige Abschaffung von fast 99% der Zölle binnen fünf Jahren. Im weiteren Zusammenhang hiermit steht auch die Gewährleistung einer effizienten Zollverwaltung und vereinfachten Zollverfahren.

5. Abbau anderer Schranken des internationalen Wirtschaftsverkehrs/ des internationalen Handels

23 Dieses »Auffangziel« bringt die nicht-abschließende Aufzählung der Liberalisierungsschritte zum Ausdruck.[34] Mit dem durchgehend erfolgreichen Abbau von Zollschranken nahm die Bedeutung sogenannter nicht-tarifärer Handelshemmnisse zu, da die Staaten Ersatz für die beseitigten Zölle suchten, um gegebenenfalls die eigene Wirtschaft zu schützen. Hierin ist auch eine für die Zukunft offene und dynamische Zuständigkeit der Union, neuartige Handelshemmnisse wie z. B. Wechselkurspolitiken, autonom oder vertraglich zu bekämpfen, enthalten.[35] Diese Ergänzung der Ziele der GHP ist mit dem Anwachsen nicht-tarifärer Hemmnisse ein Gegensignal zu setzen, begründet. Die sonstigen Schranken sind nach dem weitgehenden Zollabbau in den Vordergrund des Interesses der Staaten an einem ungehinderten internationalen Handel gerückt. Die Novellierung der Vorschrift durch den Lissabonner Vertrag trägt auch hier den mittlerweile eingetretenen internationalen Veränderungen Rechnung.[36]

C. Verbindlichkeit und Justiziabilität

24 Bei Art. 206 AEUV handelt es sich nicht nur um politische Programmsätze, vielmehr ist dieser Norm eine rechtliche Verpflichtung zu entnehmen, und zwar insbesondere für die Unionsorgane wie auch für die EU Mitgliedstaaten. Der Gerichtshof geht in Bezug auf Art. 206 AEUV in ständiger Rechtsprechung davon aus, dass Art. 206 AEUV eine für die Unionsorgane **rechtlich verbindliche Vorgabe enthält**, von der nur dann abgewichen werden darf, wenn hierfür rechtfertigende Gründe vorliegen.[37] So führte der EuGH z. B. aus, dass Art. 206 AEUV »nicht dahin zu verstehen [sei], daß er der Gemeinschaft vertraglich jegliche Maßnahme verbietet, die den Handel mit Drittländern beeinträchtigen könnte, wenn eine solche Maßnahme … erforderlich ist und sie ihre Rechtfertigung in Vorschriften des Gemeinschaftsrechts findet.«[38] Die Politik der Organe in diesem Bereich ist entsprechend auszurichten.[39] Allerdings können sie auf Grund der Weite der

---

[33] Freihandelsabkommen zwischen der Europäischen Union und ihren Mitgliedstaaten einerseits und der Republik Korea andererseits, ABl. 2011, L 127/6.
[34] *Müller-Ibold*, in: Lenz/Borchardt, EU-Verträge, Art. 206 AEUV, Rn. 2.
[35] *Cottier/Trinberg*, in: GSH, Europäisches Unionsrecht, Art. 206 AEUV, Rn. 26.
[36] *Weiß*, in: Grabitz/Hilf/Nettesheim, EU, Art. 206 AEUV (August 2015), Rn. 23.
[37] Insoweit in *Hahn*, in: Calliess/Ruffert, EUV/AEUV, Art. 206 AEUV, Rn. 6.
[38] EuGH, Urt. v. 24.10.1973, Rs. 9/73 (Schlüter/HZA Lörrach), Slg. 1973, 1135; Urt. v. 15.1.1974, Rs. 154/73 (Becher/HZA Emden), Slg. 1974, 19; Urt. v. 5.5.1981, Rs. 112/80 (Dürbeck/HZA Frankfurt-Flughafen), Slg. 1981, 1095, Rn. 44.
[39] Vgl. *Müller-Ibold*, in: Lenz/Borchardt, EU-Verträge, Art. 131 EGV Rn. 2 f.; *Bieber/Epiney/Haag*, Die EU, § 34, Rn. 5 ff.; *v. Bogdandy*, Völker- und Primärrecht, in: Grabitz/v. Bogdandy/Net-

Begrifflichkeiten kaum als effektiver Rechtmäßigkeitsmaßstab für die Normenkontrolle taugen.[40] Auf Grund der zahlreichen Primär- und Sekundärziele der GHP, die teilweise in einem Spannungsverhältnis zueinander stehen, muss es im Einzelfall zu Abwägungsentscheidungen bei der jeweiligen Zielverwirklichung kommen. Der EuGH entnimmt der Norm zwar den grundsätzlichen Willen der Mitgliedstaaten, wie auch nunmehr der EU, zur Beachtung des GATT,[41] allerdings besteht wegen der Verweisung auf die gemeinsamen Interessen ein weiter Beurteilungs- und Entscheidungsspielraum der handelnden Akteure.[42]

---

tesheim, Europäisches Außenwirtschaftsrecht – Der Zugang zum Binnenmarkt, 1997, S. 73; *Streinz*, Europarecht, Rn. 1215: »deutliche Zielrichtung«.

[40] Vgl. *Cottier/Trinberg*, in: GSH, Europäisches Unionsrecht, Art. 206 AEUV, Rn. 30.

[41] *Weiß*, in: Grabitz/Hilf/Nettesheim, EU, Art. 206 AEUV (August 2015), Rn. 14; EuGH, Urt. v. 12.12.1972, verb. Rs. 21/72–24/72 (International Fruit), Slg. 1972, 1219, Rn. 10/13.

[42] EuGH, Urt. v. 24.10.1973, Rs. 5/73 (Balkan Import-Export), Slg. 1973, 1091; Urt. v. 19.11.1998, Rs. C–150/94 (Vereinigtes Königreich/Rat), Slg. 1998, I–7235, Rn. 67; *Hahn*, in: Calliess/Ruffert, EUV/AEUV, Art. 206 AEUV, Rn. 7; *Weiß*, in: Grabitz/Hilf/Nettesheim, EU, Art. 206 AEUV (August 2015), Rn. 15; *Bieber/Epiney/Haag*, Die EU, § 34, Rn. 5.

Artikel 207 AEUV [Grundsätze der gemeinsamen Handelspolitik]

(1) Die gemeinsame Handelspolitik wird nach einheitlichen Grundsätzen gestaltet; dies gilt insbesondere für die Änderung von Zollsätzen, für den Abschluss von Zoll- und Handelsabkommen, die den Handel mit Waren und Dienstleistungen betreffen, und für die Handelsaspekte des geistigen Eigentums, die ausländischen Direktinvestitionen, die Vereinheitlichung der Liberalisierungsmaßnahmen, die Ausfuhrpolitik sowie die handelspolitischen Schutzmaßnahmen, zum Beispiel im Fall von Dumping und Subventionen. Die gemeinsame Handelspolitik wird im Rahmen der Grundsätze und Ziele des auswärtigen Handelns der Union gestaltet.

(2) Das Europäische Parlament und der Rat erlassen durch Verordnungen gemäß dem ordentlichen Gesetzgebungsverfahren die Maßnahmen, mit denen der Rahmen für die Umsetzung der gemeinsamen Handelspolitik bestimmt wird.

(3) Sind mit einem oder mehreren Drittländern oder internationalen Organisationen Abkommen auszuhandeln und zu schließen, so findet Artikel 218 vorbehaltlich der besonderen Bestimmungen dieses Artikels Anwendung.

Die Kommission legt dem Rat Empfehlungen vor; dieser ermächtigt die Kommission zur Aufnahme der erforderlichen Verhandlungen. Der Rat und die Kommission haben dafür Sorge zu tragen, dass die ausgehandelten Abkommen mit der internen Politik und den internen Vorschriften der Union vereinbar sind.

Die Kommission führt diese Verhandlungen im Benehmen mit einem zu ihrer Unterstützung vom Rat bestellten Sonderausschuss und nach Maßgabe der Richtlinien, die ihr der Rat erteilen kann. Die Kommission erstattet dem Sonderausschuss sowie dem Europäischen Parlament regelmäßig Bericht über den Stand der Verhandlungen.

(4) Über die Aushandlung und den Abschluss der in Absatz 3 genannten Abkommen beschließt der Rat mit qualifizierter Mehrheit.

Über die Aushandlung und den Abschluss eines Abkommens über den Dienstleistungsverkehr, über Handelsaspekte des geistigen Eigentums oder über ausländische Direktinvestitionen beschließt der Rat einstimmig, wenn das betreffende Abkommen Bestimmungen enthält, bei denen für die Annahme interner Vorschriften Einstimmigkeit erforderlich ist.

Der Rat beschließt ebenfalls einstimmig über die Aushandlung und den Abschluss von Abkommen in den folgenden Bereichen:
a) Handel mit kulturellen und audiovisuellen Dienstleistungen, wenn diese Abkommen die kulturelle und sprachliche Vielfalt in der Union beeinträchtigen könnten;
b) Handel mit Dienstleistungen des Sozial-, des Bildungs- und des Gesundheitssektors, wenn diese Abkommen die einzelstaatliche Organisation dieser Dienstleistungen ernsthaft stören und die Verantwortlichkeit der Mitgliedstaaten für ihre Erbringung beinträchtigen könnten.

(5) Für die Aushandlung und den Abschluss von internationalen Abkommen im Bereich des Verkehrs gelten der Dritte Teil Titel VI sowie Artikel 218.

(6) Die Ausübung der durch diesen Artikel übertragenen Zuständigkeiten im Bereich der gemeinsamen Handelspolitik hat keine Auswirkungen auf die Abgrenzung der Zuständigkeiten zwischen der Union und den Mitgliedstaaten und führt nicht zu einer Harmonisierung der Rechtsvorschriften der Mitgliedstaaten, soweit eine solche Harmonisierung in den Verträgen ausgeschlossen wird.

Literaturübersicht

Abass, The Cotonou Trade Regime and WTO Law, ELJ 2004, 439; *Behrens,* Die private Durchsetzung von WTO-Recht, in: Nowak/Cremer (Hrsg.), Individualrechtsschutz in der EG und der WTO, 2002, S. 201; *Bender,* § 10 GATT 1994, in: Hilf/Oeter, WTO-Recht, 2. Aufl., 2010, S. 229; *Benedek,* Die Rechtsordnung des GATT aus völkerrechtlicher Sicht, 1990; *Berrisch,* Der völkerrechtliche Status der Europäischen Wirtschaftsgemeinschaft im GATT, 1992; *ders.,* Das Allgemeine Zoll- und Handelsabkommen (GATT 1994), in: Prieß/Berrisch (Hrsg.), WTO-Handbuch, 2003, S. 71; *ders.,* Das Übereinkommen über Schutzmaßnahmen, in: Prieß/Berrisch (Hrsg.), WTO-Handbuch, 2003, S. 479; *ders./Kamann,* Die Handelshemmnis-Verordnung – Ein neues Mittel zur Öffnung von Exportmärkten, EuZW 1999, 101; *v. Bogdandy,* Die Überlagerung der ZPO durch das WTO-Recht – Zum Schutz des Geistigen Eigentums nach dem Hermés-Urteil des EuGH, NJW 1999, 2088; *Bungenberg,* Mixed Agreements im Gemeinschaftsrecht und nationalen Recht, FS Folz, 2003, S. 13; *ders.,* Vergaberecht im Wettbewerb der Systeme, 2007; *ders.,* Außenbeziehungen und Außenhandelspolitik, EuR-Beiheft 1/2009, 195; *ders.,* Europäische Wirtschaftsverfassung zwischen Freiheit und Regulierung am Beispiel des Umweltschutzes, in: Fastenrath/Nowak (Hrsg.), Der Lissabonner Reformvertrag. Änderungsimpulse in einzelnen Rechts- und Politikbereichen, 2009, S. 205; *ders.,* Going Global? The EU Common Commercial Policy After Lisbon, in: Herrmann/Terhechte (Hrsg.), European Yearbook of International Economic Law 2010, S. 123; *ders.,* Auf dem Weg zu einem Internationalen Investitionsschutz 2.0?, Wirtschaftsdienst 94 (2014), 467; *ders.,* The Scope of Application of EU (Model) Investment Agreements, JWIT 2014, 402; *ders.,* Towards a More Balanced International Investment Law 2.0?, GS Krenzler, 2014, S. 15; *ders.,* Umweltschutz als Thema der unionalen Gemeinsamen Handelspolitik, in: Nowak (Hrsg.), Konsolidierung und Entwicklungsperspektiven des Europäischen Umweltrechts, 2015, S. 221; *ders.,* Investitionsschiedsgerichtsbarkeit und/oder Investitionsgerichtshof, KSZW 2016, 122; *ders./Griebel/Hindelang (Hrsg.),* European Yearbook of International Economic Law, Special Issue: International Investment Law and EU Law, 2011; *ders./Herrmann (Hrsg.),* Die gemeinsame Handelspolitik der Europäischen Union nach Lissabon, 2011; *ders./Reinisch (Hrsg.),* The Journal of World Investment & Trade, Special Issue: The Anatomy of the (Invisible) EU Model BIT, 2014; *ders./Reinisch/Tietje (Hrsg.),* EU and Investment Agreements, Open Questions and Remaining Challenges, 2013; *ders./Titi,* The Evolution of EU Investment Law and the Future of EU-China Investment Relations, in: Shan (Hrsg.), China and International Investment Law, Twenty Years of ICSID Membership, 2015, S. 297; *Cremona,* The Draft Constitutional Treaty: External Relations and External Action, CMLRev. 40 (2003), 1347; *ders.,* The European Union and Regional Trade Agreements, in: Herrmann/Terhechte (Hrsg.), European Yearbook of International Economic Law, 2010, S. 243; *Dimopoulos,* Foreign Investment Insurance and EU Law, in: Bungenberg/Reinisch/Tietje (Hrsg.), EU and Investment Agreements, Open Questions and Remaining Challenges, 2013, S. 171; *Dolzer/Schreuer,* Principles of International Investment Law, 2. Aufl., 2012; *Griebel,* Internationales Investitionsrecht, 2008; *Hahn,* Die einseitige Aussetzung von GATT-Verpflichtungen als Repressalie, 1996; *ders.,* Die zukünftige Rolle der Mitgliedstaaten in der WTO, in: Bungenberg/Herrmann (Hrsg.), Die gemeinsame Handelspolitik der Europäischen Union nach Lissabon, 2011, S. 13; *ders.,* Internationales Subventionsrecht, in: Birnstiel/Bungenberg/Heinrich (Hrsg.), Europäisches Beihilfenrecht, Kommentar, 2013, S. 1401; *Herrmann,* Vom misslungenen Versuch der Neufassung der gemeinsamen Handelspolitik durch den Vertrag von Nizza, EuZW 2001, 269; *ders.,* Common Commercial Policy After Nice: Sisyphus Would Have Done a Better Job, CMLRev. 39 (2002), 7; *ders.,* Rechtsprobleme der parallelen Mitgliedschaft von Völkerrechtssubjekten in Internationalen Organisationen: Eine Untersuchung am Beispiel der Mitgliedschaft der EG in der WTO, in: Bauschke u. a. (Hrsg.), Pluralität des Rechts – Regulierung im Spannungsfeld der Rechtsebenen, 2003, S. 139; *ders.,* Die Außenhandelsdimensionen des Binnenmarktes im Verfassungsentwurf – von der Zoll- und Weltordnungspolitik, EuR-Beiheft 3/2004, 175; *ders.,* § 13 Regionale Integration, in: Herrmann/Weiß/Ohler, Welthandelsrecht, 2. Aufl., 2007, S. 264; *ders.,* Die Zukunft der mitgliedstaatlichen Investitionspolitik nach dem Vertrag von Lissabon, EuZW 2010, 207; *ders./Michl,* Grundzüge des europäischen Außenwirtschaftsrechts, ZEuS 2008, 81; *Hilf,* The ECJ's Opinion 1/94 on the WTO – No Suprise, but Wise?, EJIL 6 (1995) 245; *Hoffmeister,* Wider die German Angst – Ein Plädoyer für die transatlantische Handels- und Investitionspartnerschaft (TTIP), AVR 53 (2015), 35; *ders./Ünüvar,* From BITS and Pieces towards European Investment Agreements, in: Bungenberg/Reinisch/Tietje (Hrsg.), EU and Investment Agreements, Open Questions and Remaining Challenges, 2013, S. 57; *Hölscher,* Die Neufassung der Dual-Use-Verordnung, RIW 2009, 524; *Hörmann,* § 8 Rechtsschutz Privater, in: Hilf/Oeter (Hrsg.), WTO-Recht – Recht des Warenhandels, 2: Aufl., 2010, S. 203; *Kaiser,* Gemischte Abkommen im Lichte bundesstaatlicher Erfahrungen, 2009; *Karl,* The Competence for Foreign Direct Investment – New Powers for the European Union?, JWIT 5 (2004), 413; *Karpenstein,* Die neue Dual-use-Verordnung, EuZW 2000, 677; *Krajewski,* Wirtschaftsvölkerrecht, 3. Aufl., 2012; *ders.,* Die neue handelspolitische Bedeutung des Europäischen Parlaments, in: Bungenberg/Herrmann (Hrsg.), Die gemeinsame Handelspolitik der Europäischen Union nach Lissabon, 2011, S. 55; *Krenzler,* Die Nachkriegsentwicklungen des Welthandelssystems. Von der Havanna-Charta zur WTO, in: Prieß/Berrisch (Hrsg.), WTO-Handbuch, 2003, S. 1; *ders./Pitschas,* Die Gemeinsame Handelspolitik im Verfassungsvertrag – ein Schritt in die richtige Richtung, in: Herrmann/Krenzler/Streinz (Hrsg.), Die Außenwirtschaftspolitik der Europäischen Union nach dem Verfassungsvertrag, 2006, S. 11; *Lavranos,* Designing an International Investor-to-State Arbitration System After Opinion 1/09, in: Bungenberg/Herrmann (Hrsg.), Common Commercial Policy after Lisbon, 2013, S. 199; *Lévesque,* The Challenges of Marrying Investment Liberalisation and Protection in the Canada-EU CETA, in: Bungenberg/Reinisch/Tietje (Hrsg.), EU and Investment Agreements, Open Questions and Remaining Challenges, 2013, S. 121; *List,* Technologietransfer. Neue Rechtslage nach der Verordnung (EG) Nr. 428/2009, AW-Prax 2009, 291; *MacLeod/Hendry/Hyett,* The External Relations of the European Communities: A Manual of Law and Practice, 1996; *Müller-Ibold,* Die gemeinsame Handelspolitik nach Lissabon. Sekundärrechtsabhängigkeit der gemeinsamen Handelspolitik, in: Bungenberg/Herrmann (Hrsg.), Die gemeinsame Handelspolitik der Europäischen Union nach Lissabon, 2011, S. 75; *Mußgnug,* Die deutsche Renitenz gegen das Kulturrecht der EG, EuR 2000, 564; *Nowak,* Multilaterale und bilaterale Elemente der EU-Assoziations-, Partnerschafts- und Nachbarschaftspolitik, EuR 2010, 746; *Ochieng,* The EU – ACP Economic Partnership Agreements and the ›Development Question‹: Constraints and Opportunities Posed by Article XXIV and Special and Differential Treatment Provisions of the WTO, JIEL 2007, 363; *Petrov,* Exporting the Acquis Communautaire through European Union External Agreements, 2011; *Pitschas,* Regionale Freihandelsabkommen: Stärkung und Schwächung des multilateralen Handelssystems?, in: R. Pitschas (Hrsg.), Handel und Entwicklung im Zeichen der WTO, 2007, S. 101; *Prieß,* Das Übereinkommen über Ursprungsregeln, in: Prieß/Berrisch (Hrsg.), WTO-Handbuch, 2003, S. 407; *Puth,* WTO und Umwelt – Die Produkt-Prozess-Doktrin, 2003; *Richter,* Die Assoziierung osteuropäischer Staaten durch die Europäischen Gemeinschaften, 2011; *Schaefer,* Die nationale Kompetenz zur Ausfuhrkontrolle nach Art. 133 EG, 2008; *Schefer,* Stopping Trade in Conflict Diamonds: Exploring the Trade and Human Rights Interface with the WTO Waiver for the Kimberley Process, in: Cottier/Pauwelyn/Bürgi (Hrsg.), Human Rights and International Trade, 2005, S. 391; *Schwichtenberg,* Die Kooperationsverpflichtung der Mitgliedstaaten der Europäischen Union bei Abschluss und Anwendung gemischter Verträge, 2014; *Senti,* WTO – Die heute geltende Welthandelsordnung, 2007; *Siebold,* Die Welthandelsorganisation und die Europäische Gemeinschaft, 2003; *Steffens,* Investment Insurance Systems – Still a Member State Business: Current Developments with regard to Investment Insurance Systems, in: Bungenberg/Reinisch/Tietje (Hrsg.), EU and Investment Agreements, Open Questions and Remaining Challenges, 2013, S. 193; *Thym,* Außenverfassungsrecht nach dem Lissabonner Vertrag, in: Pernice (Hrsg.), Vertrag von Lissabon: Reform der EU ohne Verfassung?, 2008, S. 173; *Tietje,* Internationalisiertes Verwaltungshandeln, 2001; *ders.,* Grundlagen und Perspektiven der WTO-Rechtsordnung, in: Prieß/Berrisch (Hrsg.), WTO-Handbuch, 2003, S. 17; *ders.,* § 3 WTO und Recht des Warenhandels, in: Tietje (Hrsg.), Internationales Wirtschaftsrecht, 2. Aufl., 2015, S. 158; *ders.,* § 15 Außenwirtschaftsrecht, in: Tietje (Hrsg.), Internationales Wirtschaftsrecht, 2. Aufl., 2015, S. 792; *Vedder,* Ziele der gemeinsamen Handelspolitik und Ziele des auswärtigen Handelns, in: Herrmann/Krenzler/Streinz (Hrsg.), Die Außenwirtschaftspolitik der Europäischen Union nach dem Verfassungsvertrag, 2006, S. 43; *ders.,* Die außenpolitische Zielbindung der gemeinsamen Handelspolitik, in: Bungenberg/Herrmann (Hrsg.), Die gemeinsame Handelspolitik der Europäischen Union nach Lissabon, 2011, S. 121; *Vollmöller,* Die Globalisierung des öffentlichen Wirtschaftsrechts, 2001; *Weiss,* § 17 WTO-Streitbeilegung, in: Tietje (Hrsg.), Internationales Wirtschaftsrecht, 2. Aufl., 2015, S. 764; *Weiß,* Die Personenverkehrsfreiheiten von Staatsangehörigen assoziierter Staaten in der EU. Eine vergleichende Analyse der Assoziationsabkommen, 1998; *ders.,* § 8 Bezüge zum Recht der Europäischen Gemeinschaft, in: Herrmann/Weiß/Ohler, Welthandelsrecht, 2007, S. 63; *ders.,* § 10 Das Streitbeilegungsverfahren, in: Herrmann/Weiß/Ohler, Welthandelsrecht, 2007, S. 122; *ders.,* Welthandelsrechtliche Herausforderungen für die Europäische Zollunion, ZfZ 2009, 150; *ders.,* Wirtschaftsräume: Freihandelszonen, Zollunionen und Gemeinsame Märkte, in: Odendahl/Giegerich (Hrsg.), Räume im Völker- und Europarecht, 2014, S. 145; *ders.,* Außenwirtschaftsbeziehungen, in: Weidenfels/Wessels (Hrsg.), Jahrbuch der Europäischen Integration, 2014, 275; *Weusmann,* Die Europäische Union und Südafrika: Bilaterale Handelsbeziehungen im Lichte des GATT und der WTO, 2005; *Wölker,* Die Stellung der Europäischen Union in den Organen der Welthandelsorganisation, EuR-Beiheft 2/2012, 125; *Zimmer,* Soziale Mindeststandards und ihre Durchsetzungsmechanismen, 2008; *ders.,* Sozialklauseln im Nachhaltigkeitsgipfel des Freihandelsabkommens der Europäischen

Union mit Kolumbien und Peru, in: Scherrer/Hähnlein (Hrsg.), Sozialkapitel in Handelsabkommen, 2012, S. 141; *Zimmermann*, Die neuen Wirtschaftspartnerschaftabkommen der EU: WTO-Konformität versus Entwicklungsorientierung?, EuZW 2009, 1.

Leitentscheidungen

EuGH, Urt. v. 12.12.1972, verb. Rs. 21/72–24/72 (International Fruit), Slg. 1972, 1219
EuGH, Urt. v. 30.4.1974, Rs. 181/73 (Haegemann), Slg. 1974, 449
EuGH, Gutachten 1/75 v. 11.11.1975 (Lokale Kosten (OECD Gutachten)), Slg. 1975, 1355
EuGH, Urt. v. 19.11.1975, Rs. 38/75 (Nederlendse Spoorwegen), Slg. 1975, 1439
EuGH, Gutachten 1/78 v. 4.10.1979 (Internationales Naturkautschukübereinkommen), Slg. 1979, 2871
EuGH, Urt. v. 26.10.1982, Rs. 104/81 (Kupferberg), Slg. 1982, 3641
EuGH, Urt. v. 18.2.1986, Rs. 174/84 (Bulk Oil/Sun International), Slg. 1986, 559
EuGH, Urt. v. 26.3.1987, Rs. 45/86 (APS I), Slg. 1987, 1493
EuGH, Urt. v. 30.9.1987, Rs. 12/86, (Demirel), Slg. 1987, 3719
EuGH, Urt. v. 14.11.1989, Rs. 30/88 (Griechenland/Kommission), Slg. 1989, 3711
EuGH, Urt. v. 20.9.1990, Rs. C–192/89 (Sevince), Slg. 1990, I–3461
EuGH, Gutachten 1/91 v. 14.12.1991 (EWR), Slg. 1991, I–6079
EuGH, Urt. v. 24.11.1992, Rs. C–286/90 (Poulsen u. Diva Navigation), Slg. 1992, I–6019
EuGH, Gutachten 1/94 v. 15.11.1994 (WTO-Übereinkommen), Slg. 1994, I–5267
EuGH, Urt. v. 17.10.1995, Rs. C–70/94, (Werner), Slg. 1995, I–3189
EuGH, Urt. v. 17.10.1995, Rs. C–83/94 (Leifer), Slg 1995, I–3231
EuGH, Urt. v. 10.9.1996, Rs. C–61/94, (Kommission/Deutschland), Slg. 1996, I–3989
EuGH, Urt. v. 14.1.1997, Rs. C–124/95 (Centro-Com), Slg. 1997, I–81
EuGH, Urt. v. 14.7.1998, Rs. C–341/95 (Bettati/Safety Hi-Tech), Slg. 1998, I–4355
EuGH, Urt. v. 16.6.1998, Rs. C–53/96, (Hermès), Slg. 1998, I–3603
EuGH, Urt. v. 23.11.1999, Rs. C–149/96 (Portugal/Rat), Slg. 1999, I–8395
EuGH, Urt. v. 14.12.2000, Rs. C–300/98 (Dior u. a.) und C–392/98 (Assco), Slg. 2000, I–11307
EuGH, Urt. v. 9.9.2008, Rs. C–120/06 P u. C–121/06 P (FIAMM u. a./Rat u. Kommission), Slg. 2008, I–6513
EuGH, Urt. v. 18.7.2013, Rs. C–414/11 (Daiichi Sankyo u. Sanofi-Aventis), ECLI:EU:C:2013:520
EuGH, Urt. v. 13.1.2015, Rs. C–401/12 P – C–403/12 P (Rat u.a./Vereniging Milieudefensie und Stichting Stop; Parlament/Vereniging Milieudefensie und Stichting Stop; Kommission/Vereniging Milieudefensie und Stichting Stop), ECLI:EU:C:2015:4
EuG, Urt. v. 14.12.2004, Rs. T–317/02 (FICF/Kommission), Slg. 2004, II–4325

Wesentliche sekundärrechtliche Vorschriften

Verordnung (EWG) Nr. 348/81 des Rates vom 20.1.1981 über eine gemeinsame Regelung für die Einfuhr von Walerzeugnissen, ABl. 1981, L 39/1
Verordnung (EWG) Nr. 2658/1987 des Rates vom 23.7.1987 über die zolltarifliche und statistische Nomenklatur sowie den Gemeinsamen Zolltarif, ABl. 1987, L 256/1, zuletzt geändert durch Durchführungsverordnung (EU) 2016/1638, ABl. 2016, L 244/1
Verordnung (EWG) Nr. 3254/91 des Rates vom 4.11.1991 zum Verbot von Tellereisen in der Gemeinschaft und der Einfuhr von Pelzen und Waren von bestimmten Wildtierarten aus Ländern, die Tellereisen oder den internationalen humanen Fangnormen nicht entsprechende Fangmethoden anwenden, ABl. 1991, L 308/1
Verordnung (EWG) Nr. 2913/92 des Rates vom 12.10.1992 zur Festlegung des Zollkodex der Gemeinschaften, ABl. 1992, L 302/1, zuletzt geändert durch VO (EU) Nr. 952/2013, ABl. 2013, L 269/1
Verordnung (EG) Nr. 338/97 des Rats vom 9.12.1996 über den Schutz von Exemplaren wildlebender Tier- und Pflanzenarten durch Überwachung des Handels, ABl. 1997, L 61/1, zuletzt geändert durch VO (EU) Nr. 1320/2014, ABl. 2014, L 361/1
Verordnung (EG) Nr. 2368/2002 des Rates vom 20.12.2002 zur Umsetzung des Zertifikationssystems des Kimberley-Prozesses für den internationalen Handel mit Rohdiamanten, ABl. 2002, L 358/28, zuletzt geändert durch Durchführungsverordnung (EU) 2016/667, ABl. 2016, L 115/28
Verordnung (EG) Nr. 427/2003 des Rates vom 3.3.2003 über einen befristeten warenspezifischen Schutzmechanismus für die Einfuhren mit Ursprung in der Volksrepublik China und zur Änderung

der Verordnung (EG) Nr. 519/94 des Rates über die gemeinsame Regelung der Einfuhren aus bestimmten Drittländern, ABl. 2003, L 65/1

Verordnung (EG) Nr. 1236/2005 des Rates vom 27.6.2005 betreffend den Handel mit bestimmten Gütern, die zur Vollstreckung der Todesstrafe, zu Folter oder zu anderer grausamer, unmenschlicher oder erniedrigender Behandlung oder Strafe verwendet werden könnten, ABl. 2005, L 200/1, zuletzt geändert durch Delegierte VO (EU) 2015/1113, ABl. 2015, L 182/10

Verordnung (EG) Nr. 116/2009 des Rates vom 18.12.2008 über die Ausfuhr von Kulturgütern, ABl. 2009, L 39/1

Verordnung (EG) Nr. 428/2009 des Rates vom 5.5.2009 über eine Gemeinschaftsregelung für die Kontrolle der Ausfuhr, der Verbringung, der Vermittlung und der Durchfuhr von Gütern mit doppeltem Verwendungszweck, ABl. 2009, L 134/1, zuletzt geändert durch Delegierte VO (EU) 2015/2420, ABl. 2015, L 340/1

Verordnung (EG) Nr. 1007/2009 des Europäischen Parlaments und des Rates vom 16.9.2009 über den Handel mit Robbenerzeugnissen, ABl. 2009, L 286/36, zuletzt geändert durch VO (EU) 2015/1775, ABl. 2015, L 262/1

Verordnung (EU) Nr. 182/2011 des Europäischen Parlaments und des Rates vom 16.2.2011 zur Festlegung der allgemeinen Regeln und Grundsätze, nach denen die Mitgliedstaaten die Wahrnehmung der Durchführungsbefugnisse durch die Kommission kontrollieren, ABl. 2011, L 55/13

Verordnung (EU) Nr. 258/2012 des Europäischen Parlaments und des Rates vom 14.3.2012 zur Umsetzung des Artikels 10 des Protokolls der Vereinten Nationen gegen die unerlaubte Herstellung von Schusswaffen, dazugehörigen Teilen und Komponenten und Munition und gegen den unerlaubten Handel damit, in Ergänzung des Übereinkommens der Vereinten Nationen gegen die grenzüberschreitende organisierte Kriminalität (VN-Feuerwaffenprotokoll) und zur Einführung von Ausfuhrgenehmigungen für Feuerwaffen, deren Teile, Komponenten und Munition sowie von Maßnahmen betreffend deren Einfuhr und Durchfuhr, ABl. 2012, L 94/1

Verordnung (EU) Nr. 608/2013 des Europäischen Parlaments und des Rates vom 12.6.2013 zur Durchsetzung der Rechte geistigen Eigentums durch die Zollbehörden und zur Aufhebung der Verordnung (EG) Nr. 1383/2003 des Rates, ABl. 2013, L 181/15

Verordnung (EU) Nr. 952/2013 des Europäischen Parlaments und des Rates vom 9.10.2013 zur Festlegung des Zollkodex der Union, ABl. 2013, L 269/1, zuletzt geändert durch Delegierte VO (EU) 2016/341, ABl. 2016, L 69/1

Verordnung (EU) Nr. 1308/2013 des Europäischen Parlaments und des Rates vom 17.12.2013 über eine gemeinsame Marktorganisation für landwirtschaftliche Erzeugnisse und zur Aufhebung der Verordnungen (EWG) Nr. 922/72, (EWG) Nr. 234/79, (EG) Nr. 1037/2001 und (EG) Nr. 1234/2007, ABl. 2013, L 347/671, zuletzt geändert durch Delegierte VO (EU) 2016/1614, ABl. 2016, L 242/15

Verordnung (EU) 2015/478 des Europäischen Parlaments und des Rates vom 11.3.2015 über eine gemeinsame Einfuhrregelung, ABl. 2015, L 83/16

Verordnung (EU) 2015/479 des Europäischen Parlaments und des Rates vom 11.3.2015 über eine gemeinsame Ausfuhrregelung, ABl. 2015, L 83/83

Verordnung (EU) 2015/755 des Europäischen Parlaments und des Rates vom 29.4.2015 über eine gemeinsame Regelung der Einfuhren aus bestimmten Drittländern, ABl. 2015, L 123/33

Verordnung (EU) 2015/936 des Europäischen Parlaments und des Rates vom 9.6.2015 über die gemeinsame Regelung der Einfuhren von Textilien aus bestimmten Drittländern, die nicht unter bilaterale Abkommen, Protokolle, andere Vereinbarungen oder eine spezifische Einfuhrregelung der Union fallen, ABl. 2015, L 160/1

Verordnung (EU) 2015/1843 des Europäischen Parlaments und des Rates vom 6.10.2015 zur Festlegung der Verfahren der Union im Bereich der gemeinsamen Handelspolitik zur Ausübung der Rechte der Union nach internationalen Handelsregeln, insbesondere den im Rahmen der Welthandelsorganisation vereinbarten Regeln, ABl. 2015, L 272/1

Verordnung (EU) Nr. 2016/1036 des Europäischen Parlaments und des Rates vom 8.6.2016 über den Schutz gegen gedumpte Einfuhren aus nicht zur Europäischen Union gehörenden Ländern, ABl. 2016, L 176/21

Verordnung (EU) Nr. 2016/1037 des Europäischen Parlaments und des Rates vom 8.6.2016 über den Schutz gegen subventionierte Einfuhren aus nicht zur Europäischen Union gehörenden Ländern, ABl. 2016, L 176/55

Inhaltsübersicht

	Rn.
A. Allgemeines	1
B. Gemeinsame Handelspolitik als ausschließliche Unionskompetenz	4
C. Ausgestaltung nach einheitlichen Grundsätzen, Zielbindung und erfasste Sachmaterien (Absatz 1)	7
I. Einheitliche Grundsätze und Verweis auf die allgemeinen Grundsätze und Ziele	8
II. Von der GHP erfasste Sachbereiche	12
1. Allgemeines	12
2. Explizit aufgeführte, von Art. 207 erfasste Sachbereiche	16
a) Änderung von Zollsätzen	16
b) Abschluss von Zoll- und Handelsabkommen, die den Warenhandel betreffen	18
c) Abschluss von Abkommen, die den Handel mit Dienstleistungen betreffen	19
d) Handelsaspekte des geistigen Eigentums	20
e) Ausländische Direktinvestitionen	22
f) Ausfuhrpolitik	32
g) Handelspolitischen Schutzmaßnahmen,	33
D. Autonome GHP (Abs. 2) – Allgemeines	34
I. Handlungsformen und Rechtsetzungsverfahren	43
II. Autonomes unionales Ausfuhrregime, Ausfuhrfreiheit und Beschränkungsmöglichkeiten, insbesondere durch Sonderregime	50
1. Grundsatz der Ausfuhrfreiheit und Anwendungsbereich der AusfuhrVO	50
2. Beschränkungsmöglichkeiten und Sonderregime	53
a) Schutz- und Überwachungsmaßnahmen nach der allgemeinen AusfuhrVO	54
b) Spezielle Ausfuhrregime	58
aa) Dual-Use-Verordnung	58
bb) Folterinstrumente-Ausfuhr-VO	69
cc) Kulturgüter-Ausfuhrverordnung	73
dd) Feuerwaffenausfuhr	77
III. Autonomes unionales Einfuhrregime, Einfuhrfreiheit und Schutzmaßnahmen	78
1. Grundsatz der Einfuhrfreiheit und Anwendungsbereich der EinfuhrVO	78
2. Allgemeine Beschränkungsmöglichkeiten der Einfuhrfreiheit und Sonderregime	81
a) Schutz- und Überwachungsmaßnahmen nach der allgemeinen EinfuhrVO	82
b) Spezielle Einfuhrregime	89
aa) Agrarerzeugnisse	89
bb) Textilwaren	91
cc) Gemeinsame Einfuhrregelung für bestimmte Drittländer	92
dd) Waren aus China	93
ee) Einfuhrbeschränkungen zum Schutz geistiger Eigentumsrechte	94
ff) Einfuhrregime im Bereich von Menschenrechts- und Umweltschutz	96
3. Besondere (bereichsunabhängige) Handelsschutzinstrumente	105
a) Allgemeines	105
b) Antidumpingrecht	108
c) Antisubventionsrecht	122
d) Trade Barrier Regulation	131
4. Sanktionsmaßnahmen gegen Drittstaaten	141
5. Internationale öffentliche Auftragsvergabe	143
6. Autonomes Zollrecht	145
E. Die vertragliche Gemeinsame Handelspolitik (Abs. 3–5)	160
I. Allgemeines	160
1. Abkommenspartner: Internationale Organisationen oder Staaten	163
2. Abkommenstyp	164
3. Unionsabkommen oder Gemischte Abkommen?	167

	4. Grundsätzliche Anwendung des 218-Verfahrens	170
	5. (Abschluss-)Verfahrensbesonderheiten bei auf Art. 207 gestützten Handelsabkommen	180
	a) Verhandlungsführung ausschließlich durch die Kommission	180
	b) Benehmen mit Sonderausschuss des Rates	182
	c) Mehrheitserfordernisse (und Einstimmigkeit) bei Ratsbeschluss	183
	6. Geltung und unmittelbare Anwendbarkeit	184
	7. Abstimmung von Abkommen mit den internen Politiken, Art. 207 Abs. 2 UAbs. 2 S. 2	186
	8. Sonderfall Gemischte Abkommen	187
II.	Multilaterale Abkommen	190
	1. Multilaterales Welthandelsrecht	191
	a) Vom GATT 1947 zur WTO 1994	191
	b) Bindung der E(W)G an das GATT 1947 und das WTO-Übereinkommen	199
	c) Frage der unmittelbaren Anwendbarkeit des Welthandelsrechts	205
	d) Frage der WTO-rechtskonforme Auslegung des Unionsrechts	211
	e) Das WTO-Übereinkommen und die Zielsetzungen der WTO-Rechtsordnung	212
	f) Materiell-rechtliche Verpflichtungen der Welthandelsordnung, Ausnahmebereiche und Rechtfertigungsmöglichkeiten	220
	g) Streitschlichtung im WTO-Recht	236
	2. EU-AKP-Staaten	239
	3. Energiechartavertrag	246
	4. Multilaterale Rohstoffabkommen	247
	5. Internationales Zollrecht	250
	6. Übereinkommen zur Bekämpfung des Drogenhandels	251
	7. Washingtoner Artenschutzabkommen	252
	8. Waffenhandel	253
	9. Plurilaterales Dienstleistungsabkommen (TiSA)	254
	10. Abkommen über den Handel mit umweltfreundlichen Produkten	255
	11. Information Technology Agreement (ITA)	256
III.	Bilaterale Abkommen	257
	1. Entwicklung der bilateralen gemeinsamen Handelspolitik	258
	2. Abgeschlossene bilaterale Abkommen	270
	a) EFTA und EWR	270
	b) EU-ASEAN und Südkorea	272
	c) EU-Kanada (CETA)	275
	d) EU-Andorra/San Marino/Monaco/Vatikanstaat	277
	e) EU-Südamerika-Handelsabkommen	281
	f) EU-Südafrika	288
	g) EU-Kaukasus-Abkommen	289
	h) EU-Golf-Kooperationsrat und Jemen	291
	i) EU-Pakistan, Sri Lanka, Bangladesh, Nepal	293
	j) Mittelmeerregion	297
	k) Zentralasien	298
	l) Russland	299
	m) Mongolei	300
	n) Balkanstaaten	301
	3. In Verhandlung befindliche bilaterale Abkommen	302
	a) EU-Japan	302
	b) EU-USA-Verhandlungen (TTIP)	303
	c) EU-Indien	304
	d) EU-Malaysia, Thailand, Vietnam	305
	e) EU-China (Investitionsschutz)	306
	f) EU-Myanmar	307
	g) Australien und Neuseeland	308
	h) Hongkong und Taiwan	309
F.	Ausschluss des Verkehrsbereichs aus der vertraglichen GHP, Abs. 5	310
G.	Prinzip der begrenzten Ermächtigung im GHP-Bereich, Abs. 6	312

A. Allgemeines

Die Ziele der Gemeinsamen Handelspolitik (GHP), wie sie insbesondere in Art. 206 AEUV genannt sind, können durch unterschiedliche Instrumente verwirklicht werden; die Handelspolitik der EU lässt sich unterteilen in die **autonome GHP** sowie die **vertragliche GHP**; ersterer Bereich ist angesprochen in Abs. 2, letzterer in den Abs. 3–5, bevor schließlich eine Begrenzung der Regelungskompetenzen des Art. 207 AEUV erfolgt und damit nochmals das **Prinzip der begrenzten Ermächtigung** auch für die GHP betont wird (Abs. 6).

Bei der **vertraglichen Handelspolitik** schließt die Union mit einem oder mehreren Staaten oder internationalen Organisationen Abkommen – d. h. grds. **völkerrechtliche Verträge** – ab. Im Rahmen der **autonomen GHP** hat die Union die Möglichkeit, ihre **eigene Gesetzgebung** einzusetzen, um u. a. Ein- und Ausfuhrmöglichkeiten zu regeln; dies allerdings nur im Einklang mit den seitens der EU eingegangenen völkerrechtlichen Verpflichtungen, denn letztere sind als integraler Bestandteil des Unionsrechts anzusehen und »für die Organe der Union und die Mitgliedstaaten verbindlich« (vgl. Art. 216 Abs. 2 AEUV).

Die GHP ist durch eine **hohe Dynamik** gekennzeichnet. Der EuGH hat ausgeführt, dass der GHP kein unabänderlicher Inhalt zukommt. Dieser Sachbereich ist für Anpassungen an die Veränderungen des internationalen Wirtschaftslebens offen. So können die derzeit laufenden Verhandlungen im Bereich der vertraglichen Handelspolitik wie auch im Rahmen der Ausgestaltung der autonomen Handelspolitik dazu genutzt werden, Fehlentwicklungen oder Defizite des bestehenden unionalen Handels- und Investitionsschutzregimes zu beheben. Ein anschauliches Beispiel liefert hier der Bereich des Investitionsschutzes. War dieser Bereich zunächst nur als logisch notwendige Ergänzung des Handelsbereichs gedacht, entzündet sich hier heute Fundamentalkritik,[1] auf die reagiert werden muss, um nicht die vertragliche Gemeinsame Handelspolitik insgesamt zu gefährden.[2]

B. Gemeinsame Handelspolitik als ausschließliche Unionskompetenz

Spätestens mit dem Lissabonner Vertrag ist die gesamte Gemeinsame Handelspolitik der **ausschließlichen Kompetenz** der EU zuzuordnen. Dies wird in Art. 3 Abs. 1 Buchst. e AEUV ausdrücklich festgeschrieben. Allerdings wurde zuvor schon überwiegend davon ausgegangen, dass auch die Vorgängernormen in Art. 133 EGV und Art. 113 EWGV bereits eine ausschließliche Gemeinschaftskompetenz vorgesehen hatten, da der Wortlaut des Art. 133 EGV/113 EWGV von der Gestaltung der Gemeinsamen Handelspolitik »**nach einheitlichen Grundsätzen**« gesprochen hatte.[3]

Diese Festschreibung einer ausschließlichen Unionszuständigkeit für die gesamte Gemeinsame Handelspolitik erfährt dann eine besondere Relevanz, wenn man die Neufestlegung des Umfangs der unionalen Gemeinsamen Handelspolitik in Art. 207 AEUV

---

[1] Vgl. hierzu u. a. *Bungenberg*, GS Krenzler, S. 15, m. w. N.
[2] Hierzu zuletzt *Kommission*, Handel für Alle – Hin zu einer verantwortungsbewussteren Handels- und Investitionspolitik, Mitteilung v. Oktober 2015, Punkt 4, abrufbar unter: http://trade.ec.europa.eu/doclib/docs/2015/october/tradoc_153880.PDF (10.10.2016).
[3] Vgl. *Reinisch*, in: Mayer/Stöger, EUV/AEUV, Art. 207 AEUV (März 2011), Rn. 7.

mit dem bisherigen Art. 133 EGV vergleicht. Ob im Bereich der vertraglichen GHP ein Abkommen als umfassend in den GHP-Bereich fallend anzusehen ist, ist anhand einer detaillierten Vertragsanalyse zu entscheiden. Der EuGH führt aus, dass sofern ein völkerrechtliches Abkommen unterschiedliche Bestimmungen enthält, von denen einzelne für sich genommen nicht handelspolitischer Natur sind, die rechtliche Einordnung »in Ansehung seines **wesentlichen Gegenstandes** [vorzunehmen ist], und nicht anhand einzelner Bestimmungen, die alles in allem den Charakter von Neben- und Hilfsbestimmungen haben«.[4] Hiervon ist sodann abhängig, ob das jeweilige Abkommen als alleiniges Unionsabkommen oder als »**gemischtes Abkommen**« – zusammen mit den Mitgliedstaaten – abzuschließen ist.[5] Letztere Abkommen, die auch Materien betreffen, die nicht vom Anwendungsbereich der Gemeinsamen Handelspolitik erfasst sind, machen vielfach auch weiterhin eine Zuständigkeitsteilung zwischen der EU und ihren Mitgliedstaaten erforderlich.[6] In diesem Zusammenhang wird zuletzt allerdings immer wieder auf das sog. **Pastis-Prinzip** verwiesen.[7] Insoweit führt GA *Kokott* aus: »Schon einzelne Teilaspekte eines Abkommens, für die der Gemeinschaft intern die Zuständigkeit fehlt, ›infizieren‹ das Abkommen als Ganzes und machen es insgesamt von der einvernehmlichen Zustimmung der Mitgliedstaaten abhängig. [...] So wie ein kleiner Tropfen Pastis ein Glas Wasser trüben kann, können auch einzelne, noch so untergeordnete Bestimmungen in einem auf Art. 133 Abs. 5 UAbs. 1 EGV [jetzt Art. 207 AEUV] gestützten internationalen Vertragswerk den Zwang zum Abschluss eines gemischten Abkommens auslösen.«[8]

6 Die ausschließliche Natur der GHP schließt jedenfalls mitgliedstaatliche Maßnahmen im Bereich der GHP grundsätzlich aus.[9] Eine Ausnahme besteht freilich, wenn einzelne oder alle Mitgliedstaaten gemäß Art. 2 Abs. 1 AEUV explizit von der EU zu einem Tätigwerden ermächtigt werden.

C. Ausgestaltung nach einheitlichen Grundsätzen, Zielbindung und erfasste Sachmaterien (Abs. 1)

7 Absatz 1 bringt zunächst zum Ausdruck, dass die GHP nach einheitlichen Grundsätzen und im Einklang mit den Grundsätzen und Zielen für das auswärtige Handeln auszugestalten ist, und führt sodann – nicht abschließend – sachliche Teilbereiche der GHP an.

---

[4] EuGH, Gutachten 1/78 v. 4.10.1979 (Internationales Naturkautschukübereinkommen), Slg. 1979, 2871, Rn. 56.
[5] Hierzu ausführlich *Weiß*, in: Grabitz/Hilf/Nettesheim, EU, Art. 207 AEUV (August 2015), Rn. 91 ff.
[6] *Krenzler/Pitschas*, S. 22.
[7] Vgl. *Mayer*, Rechtsgutachten für das BMWi, Stellt das geplante Freihandelsabkommen der EU mit Kanada (Comprehensive Economic Trade Agreement, CETA) ein gemischtes Abkommen dar?, S. 8.
[8] GA *Kokott*, Schlussanträge zur Rs. C–13/07 (Kommission/Rat), ECLI:EU:C:2009:190, Rn. 121.
[9] *Reinisch*, in: Mayer/Stöger, EUV/AEUV, Art. 207 AEUV (März 2011), Rn. 9; vgl. auch EuGH, Urt. v. 15.12.1976, Rs. 41/76 (Donkerwolke u. a.), Slg. 1976, 1921, Rn. 31/37; Urt. v. 18.2.1986, Rs. 174/84 (Bulk Oil), Slg. 1986, 559, Rn. 31; vgl. nunmehr auch Art. 2 Abs. 2 EUV, wo eine Ermächtigungsmöglichkeit der Mitgliedstaaten explizit angeführt wird.

I. Einheitliche Grundsätze und Verweis auf die allgemeinen Grundsätze und Ziele

Insbesondere die Festlegung auf eine **einheitliche Außenhandelspolitik** wird dahingehend verstanden, dass damit offenbar unvereinbar ist, wenn sich die Mitgliedstaaten »unter Berufung auf eine parallele Zuständigkeit einen Freiraum vorbehalten könnten, um in den Außenbeziehungen die gesonderte Befriedigung ihrer Eigeninteressen zu suchen, auf die Gefahr hin, die Gesamtinteressen der Gemeinschaft zu hintertreiben.«[10] Hieraus – der Festlegung auf einheitliche Grundsätze – wurde somit auch in der Vergangenheit auf eine grundsätzliche, ausschließliche Kompetenz der EG/EU in der GHP geschlossen.

Die Gemeinsame Handelspolitik wird gem. Abs. 1 Satz 2 im Rahmen der Grundsätze und Ziele des auswärtigen Handelns der Union gestaltet. Die Vorschriften über die Gemeinsame Handelspolitik wurden mit dem Vertrag von Lissabon in den Fünften Teil des AEUV über das auswärtige Handeln eingegliedert. Durch den Verweis auf die Grundsätze und Ziele für das auswärtige Handeln erfolgt ein **verbindlicher Verweis über Art. 205 AEUV auf Art. 21 EUV**.

Die gesamten Außenbeziehungen haben mit dem Verweis auf Art. 21 EUV **eine einheitliche und weitreichende Zielsetzung** erhalten, die sich auch bereits im gescheiterten Verfassungsvertrag in Art. III–292 VVE gefunden hat.[11] Besonders betont wird die **Werteorientierung** der gesamten EU-Außenpolitik. Diese Grundsätze sind identisch mit denen, die auch Grundlage der Gründung und Entwicklung der EU waren und sind:[12] **Demokratie, Rechtsstaatlichkeit, die universelle Gültigkeit der Menschenrechte, die Achtung der Menschenwürde, die Grundsätze der Gleichheit und der Solidarität, Nachhaltigkeit sowie die Achtung der Grundsätze der Charta der Vereinten Nationen und des Völkerrechts**. Alle Bereiche des nach außen gerichteten Handelns werden auf diese weitgehenden Zielsetzungen verpflichtet.

Dieses **Kohärenzgebot** gilt sowohl horizontal zwischen den verschiedenen Politikbereichen der Union als auch vertikal zwischen Union und Mitgliedstaaten.[13] Die außenpolitischen Handlungsinstrumente sind damit aufeinander und mit der Binnenpolitik abzustimmen, was insbesondere im Hinblick auf das Nebeneinander intergouvernementaler Außenpolitik und supranationaler Außenbeziehungen von Relevanz ist.[14]

II. Von der GHP erfasste Sachbereiche

1. Allgemeines

Wie schon der Wortlaut des Art. 207 Abs. 1 AEUV deutlich macht (»insbesondere«), sind die angeführten Sachbereiche nicht abschließend.[15] Im Sinne einer teleologisch-

---

[10] EuGH, Gutachten 1/75 v. 11.11.1975 (Lokale Kosten (OECD Gutachten)), Slg. 1975, 1355 (1363f.).
[11] Hierzu ausf. u.a. *Vedder*, Ziele der gemeinsamen Handelspolitik, S. 43 ff.
[12] Vgl. Denkschrift des Auswärtigen Amtes, Dezember 2007, S. 55.
[13] Ebd., S. 56.
[14] *Thym*, S. 179.
[15] Vgl. auch u.a. *Hahn*, in: Calliess/Ruffert, EUV/AEUV, Art. 207 AEUV, Rn. 7, Fn. 17; *Weiß*, in: Grabitz/Hilf/Nettesheim, EU, Art. 207 AEUV (August 2015), Rn. 25; EuGH, Gutachten 1/75 v. 11.11.1975 (Lokale Kosten (OECD-Gutachten)), Slg. 1975, 1355 (1362); Gutachten 1/78 v. 4.10.1979 (Internationales Naturkautschukübereinkommen), Slg. 1979, 2871, Rn. 45.

dynamischen Interpretation hatte der EuGH den Begriff der Handelspolitik lange Zeit weit gefasst. Dies wurde mit der Zielsetzung, zur **harmonischen Entwicklung des Welthandels** beizutragen (Art. 206 AEUV), wie auch **effet utile-Grundsätze** bei der Auslegung der Normen zur vollen Wirkung gelangen zu lassen, begründet. Die handelspolitische Begrifflichkeit müsse sich an die Veränderungen des internationalen Wirtschaftslebens anpassen und könne nicht auf traditionelle Außenhandelsinstrumente begrenzt sein.[16] Wie *Hahn* ausführt, war eine solch dynamische Sicht des Art. 113 EWGV darin begründet, dass die benannten Maßnahmen die wesentlichen Gegenstände des handelsbezogenen Wirtschaftsvölkerrechts erfasst hatten, die 1957 im Rahmen von GATT und OECD geregelt worden waren.[17] Insoweit waren neben den klassischen Themen der Warenhandelspolitik – Zollabbau, Marktöffnung – auch neuere, beispielsweise die Regulierung technischer Anforderungen, von der GHP abgedeckt.[18] Mittels einer so begründeten weiten Auslegung konnte im Rahmen der Handelspolitik auch beispielsweise die Handelsregulierung durch Rohstoffabkommen und nicht nur die Handelsliberalisierung verfolgt werden.[19] Der EuGH stellt daher klar, dass der Begriff **Handelspolitik** »nicht in einer Weise ausgelegt werden (dürfe), die dazu führen würde, die gemeinsame Handelspolitik auf den Gebrauch der Instrumente zu beschränken, deren Wirkung ausschließlich auf die herkömmlichen Aspekte des Außenhandels gerichtet ist, und weiterentwickelte Mechanismen, […], auszuschließen. Eine so verstandene ›Handelspolitik‹ wäre dazu verurteilt, allmählich bedeutungslos zu werden«.[20] Der »Vertrag (trage) den möglichen Fortentwicklungen [der internationalen Handelsbeziehungen] Rechnung«,[21] es sei »eines der Ziele der gemeinsamen Handelspolitik, ›zur harmonischen Entwicklung des Welthandels … beizutragen‹, was voraussetzt, daß sich diese Politik einem möglichen **Auffassungswandel in der Völkergemeinschaft** anpaßt«.[22] Von dieser Sichtweise verabschiedete sich der EuGH allerdings spätestens mit dem **(WTO)-Gutachten 1/94**,[23] wo er feststellte, dass die EG nach der damaligen Rechtslage jedenfalls für den Abschluss des GATS wie auch des TRIPS keine ausschließliche Kompetenz (gehabt) hat. Als Gründe für diese neue Auslegung der GHP-Kompetenzen wurde u.a. eine neue Europa-Skepsis vieler Mitgliedstaaten angeführt.[24] Folge dieser Entwicklung war, dass der EG für Teile der neueren Regelungsgegenstände des Wirtschaftsvölkerrechts keine Außen-

---

[16] EuGH, Gutachten 1/78 v. 4.10.1979 (Internationales Naturkautschukübereinkommen), Slg. 1979, 2871, Rn. 44; Urt. v. 26.3.1987, Rs. 45/86 (APS I), Slg. 1987, 1493, Rn. 19.
[17] *Hahn*, in: Calliess/Ruffert, EUV/AEUV, Art. 207 AEUV, Rn. 34, Fn. 94.
[18] *Weiß*, in: Grabitz/Hilf/Nettesheim, EU, Art. 207 AEUV (August 2015), Rn. 25; EuGH, Gutachten 1/94 v. 15.11.1994 (WTO-Übereinkommen), Slg. 1994, I–5267, Rn. 33.
[19] EuGH, Gutachten 1/78 v. 4.10.1979 (Internationales Naturkautschukübereinkommen), Slg. 1979, 2871, Rn. 44. Hierauf hinweisend *Weiß*, in: Grabitz/Hilf/Nettesheim, EU, Art. 207 AEUV (August 2015), Rn. 25.
[20] EuGH, Gutachten 1/78 v. 4.10.1979 (Internationales Naturkautschukübereinkommen), Slg. 1979, 2871, Rn. 44; vgl. auch EuGH, Urt. v. 12.7.1973, Rs. 8/73 (HZA Bremerhaven/Massey Ferguson), Slg. 1973, 897, Rn. 3f.; Urt. v. 26.3.1987, Rs. 45/86 (APS I), Slg. 1987, 1493, Rn. 20.
[21] EuGH, Urt. v. 26.3.1987, Rs. 45/86 (APS I), Slg. 1987, 1493, Rn. 19.
[22] EuGH, Urt. v. 26.3.1987, Rs. 45/86 (APS I), Slg. 1987, 1493, Rn. 19.
[23] Vgl. den Sachbericht in EuGH, Gutachten 1/94 v. 15.11.1994 (WTO-Übereinkommen), Slg. 1994, I–5267; vgl. *Bail*, EuZW 1990, 465 (470f.); *v. Bogdandy*, Der rechtliche Rahmen der Zugangsregeln, in: Grabitz/v. Bogdandy/Nettesheim (Hrsg.), Europäisches Außenwirtschaftsrecht, Der Zugang zum Binnenmarkt: Primärrecht, Handelsschutzrecht und Außenaspekte der Binnenmarktharmonisierung, 1994, S. 9 (29f.).
[24] *Hilf*, EJIL 6 (1995), 245 ff.; *Kuijper*, EJIL 6 (1995), 222 (222–224).

kompetenz mehr zukam,²⁵ d. h. die Mitgliedstaaten neben der EG am Abschluss verschiedener Handelsabkommen zu beteiligen waren, so u. a. am Abschluss des WTO-Abkommens.

Die Mitgliedstaaten statteten daraufhin die EG/EU mit zusätzlichen Kompetenzen in der GHP aus. Der **Vertrag von Amsterdam** fügte den ersten vier Absätzen einen Abs. 5 an, der folgenden Wortlaut hatte: »Der Rat kann auf Vorschlag der Kommission und nach Anhörung des Europäischen Parlaments durch einstimmigen Beschluss die Anwendung der Absätze 1 bis 4 auf internationale Verhandlungen und Übereinkünfte über Dienstleistungen und Rechte des geistigen Eigentums ausdehnen, soweit sie durch diese Absätze nicht erfasst sind.« Mit dem Vertrag von Amsterdam wurde zudem in Art. 133 Abs. 6 UAbs. 2 EGV eine ausdrückliche gemischte Zuständigkeit der Gemeinschaft und ihrer Mitgliedstaaten geschaffen.

13

Der **Vertrag von Nizza** legte in einem neuen Absatz 5 fest, dass die Regeln der Abs. 1 bis 4 dem Grunde nach auf die Aushandlung und den Abschluss von Abkommen betreffend den Handel mit Dienstleistungen und Handelsaspekte des geistigen Eigentums Anwendung finden. Allerdings wurde mit den Reformen dieses Politikbereichs durch die Verträge von Nizza und Amsterdam²⁶ insgesamt nur ungenügend auf identifizierte Defizite reagiert.²⁷

14

Der **Vertrag von Lissabon** hat zuletzt nochmals die Regelungsbereiche der GHP erheblich ausgedehnt. Erstmals finden sich der **Dienstleistungshandel**, die **handelsbezogenen Aspekte des geistigen Eigentums** sowie die **ausländischen Direktinvestitionen** im ersten Absatz der Vorschrift über die Gemeinsame Handelspolitik mit der Aufzählung der einzelnen Sachmaterien wieder (vgl. Art. 207 Abs. 1 AEUV). Internationale Vereinbarungen über Dienstleistungen und den Schutz geistigen Eigentums sind damit zukünftig nicht mehr – wie seit dem WTO-Gutachten – Sonderfälle, die die gewohnte Kompetenzverteilung durchbrechen, sondern werden wieder in die frühere Dogmatik – vor Gutachten 1/94 – eingestellt.²⁸

15

2. Explizit aufgeführte, von Art. 207 erfasste Sachbereiche

a) Änderung von Zollsätzen

Als Sachbereich der GHP führt der Vertragstext in seiner nicht-abschließenden Aufzählung zunächst die »Änderung von Zollsätzen« an. Hiervon ist zunächst selbstredend auch die Festlegung von Zollsätzen erfasst. Die Festlegung und Änderung von Zollsätzen kann über völkerrechtliche Abkommen wie auch über den **Gemeinsamen Zolltarif** als einer Verordnung der EU erfolgen.²⁹ Zölle gehören zu den ältesten, staatlich erhobenen Abgaben; eine rechtlich verbindliche, allgemein gültige Begriffsbestimmung gibt es trotz einer langen Entwicklungsgeschichte des Zollrechts bis heute nicht.³⁰ Im Allgemeinen wird der Begriff »Zoll« für alle Abgaben verwendet, die bei bestimmten Warenbewegungen über die Staatsgrenze, d. h. bei Einfuhr, Ausfuhr oder Durchfuhr, erhoben werden.³¹ Ein Zoll liegt nach der Rechtsprechung des EuGH immer dann vor,

16

---

25 Vgl. *Hahn*, in: Calliess/Ruffert, EUV/AEUV, Art. 207 AEUV, Rn. 40a.
26 Hierzu im Überblick *Krenzler/Pitschas*, S. 15 m. w. N.
27 *Herrmann*, CMLRev. 39 (2002), 7 (26).
28 *Cremona*, CMLRev. 40 (2003), 1347 (1363); *Krenzler/Pitschas*, S. 21.
29 Ausf. zum Zollrecht s. *Cottier/Trinberg*, in: GSH, Europäisches Unionsrecht, Art. 207 AEUV, Rn. 15 ff.
30 *Wolffgang*, in: Schulze/Zuleeg/Kadelbach, Europarecht, § 33, Rn. 3.
31 *Jochum*, in: Terhechte, Verwaltungsrecht der EU, § 29, Rn. 1; *Wolfgang*, in: Schulze/Zuleeg/Kadelbach, Europarecht, § 33, Rn. 3.

wenn eine Abgabe ausdrücklich als »Zoll« bezeichnet wird.[32] In allen anderen Fällen handelt es sich um eine **zollgleiche Abgabe**. Die Abgabe mit zollgleicher Wirkung kann »unabhängig von ihrer Bezeichnung und von der Art ihrer Erhebung als eine bei der Einfuhr oder später erhobene, einseitig auferlegte Belastung angesehen werden, die dadurch, daß sie speziell die aus einem Mitgliedstaat eingeführten Waren, nicht aber gleichartige einheimische Waren, trifft, jene Waren verteuert und damit die gleiche Auswirkung auf den freien Warenverkehr hat wie ein Zoll.«[33] Wegen der Identität der Rechtsfolgen der grundsätzlichen Gleichbehandlung von Zöllen und zollgleichen Abgaben kommt es auf eine genaue Trennung zwischen diesen Tatbestandsalternativen nicht an und wird auch vom EuGH regelmäßig nicht vorgenommen.

17 Das **Zollverfahren**, das durchlaufen werden muss, damit Drittlandswaren in der Europäischen Union vom Binnenmarktrecht, insbesondere der Warenverkehrsfreiheit, profitieren können, fällt unter den Bereich der Überführung in den zollrechtlich freien Verkehr. Nicht-Unionswaren werden zu Unionswaren. Bei dieser **Überführung in den zollrechtlich freien Verkehr** im Sinne von Art. 29 AEUV sind alle Einfuhrförmlichkeiten zu erledigen; ist dies der Fall, so können diese Waren auf dem Unionsmarkt frei verkauft werden bzw. profitieren von den Garantien, insbesondere der Warenverkehrsfreiheit gem. Art. 34, 35 AEUV.

b) Abschluss von Zoll- und Handelsabkommen, die den Warenhandel betreffen

18 Ausdrücklich benannt ist der Abschluss von »**Zoll- und Warenhandelsabkommen**«. Hierbei handelt es sich seit jeher um den Kernbereich der vertraglichen GHP, dies insbesondere vor dem Hintergrund, dass bereits seit 1948, also vor Gründung der EWG 1957/58, das sog. GATT – das Allgemeine Zoll- und Handelsabkommen – in Kraft ist, und sich insoweit die Gründungsstaaten der EWG bei Abfassung der Gründungsverträge der EWG auch an die Vorgaben des GATT für regionale Integration zu halten hatten (vgl. insoweit Art. XXIV GATT). Neben dem Abschluss von völkerrechtlichen Verträgen mit Drittstatten ist die EU bei diesem Sachbereich nach allg. Auffassung und Rspr. des EuGH auch im Binnenbereich für den Erlass der entsprechenden Unionsgesetzgebung zur Umsetzung eingegangener völkerrechtlicher Verpflichtungen zuständig.[34] Von dieser Unionskompetenz ist beispielsweise der Abschluss des Übereinkommens über technische Handelshemmnisse wie auch für Agrarprodukte oder ggf. auch zukünftig der Abschluss von Rohstoffabkommen oder solchen über den Waffenhandel, soweit nicht Art. 346 Abs. 1 AEUV hier die unionalen Kompetenzen aus nationalen Sicherheitsinteressen begrenzt, erfasst. Ebenfalls bereits erfasst sind Waren mit doppeltem Verwendungszweck. Auch Gegenstände, die unter den EURATOM-Vertrag fallen, sind, »da der Euratom-Vertrag keine Bestimmungen über den Außenhandel enthält«, unter diesen Aspekt des sachlichen Anwendungsbereichs der GHP zu fassen.[35]

c) Abschluss von Abkommen, die den Handel mit Dienstleistungen betreffen

19 Dienstleistungen sind erst spät zum Gegenstand völkerrechtlicher Verträge geworden, sieht man von dem Vertrag zur Gründung der Europäischen Wirtschaftsgemeinschaft

---

[32] EuGH, Urt. v. 1.7.1969, Rs. 2/69 u. 3/69 (Diamantarbeiders), Slg. 1969, 211.
[33] EuGH, Urt. v. 14.12.1962, Rs. 2/62 u. 3/62 (Lebkuchenabgabe), Slg. 1962, 869 (882) (Besprechung bei *Ehle*, DB 1963, 1383).
[34] EuGH, Gutachten 1/94 v. 15.11.1994 (WTO-Übereinkommen), Slg. 1994, I–5267, Rn. 22 ff.
[35] Vgl. EuGH, Gutachten 1/94 v. 15.11.1994 (WTO-Übereinkommen), Slg. 1994, I–5267, Rn. 24.

und einigen wenigen Freihandelsverträgen ab. Erst mit dem **GATS** – dem General Agreement on Trade in Services – im Rahmen der WTO ist erstmals ein sogar multilateraler Handelsvertrag über Dienstleistungen abgeschlossen worden.[36] Da das WTO-Gutachten des EuGH den Dienstleistungshandel nur partiell vom Art. 207 AEUV-Vorvorgänger Art. 113 EWGV erfasst angesehen hatte,[37] wurde die unionale Handlungskompetenz in diesem Bereich mit den nachfolgenden Primärrechtsänderungen mehrfach erweitert (hierzu bereits oben C.II.1.), weshalb nunmehr der Gesamtbereich des Dienstleistungshandels als von Art. 207 AEUV erfasst angesehen werden muss. Zu beachten ist hierbei, dass Dienstleistungen im Sinne des GATS und der jüngeren Handelsabkommen regelmäßig auch solche Formen des Dienstleistungshandels sind, die innerhalb der Union im Rahmen der Niederlassungsfreiheit angesprochen würden (vgl. z. B. Art. I:2 GATS, »mode 4«).[38]

d) Handelsaspekte des geistigen Eigentums

Ausdrücklich und umfassend von der GHP erfasst sind auch die »Handelsaspekte des geistigen Eigentums«. Allerdings erfolgt eine Begrenzung insoweit, als lediglich die Handelsaspekte angeführt sind, und damit offensichtlich nur eine Teilmenge der möglichen Regelungen über geistiges Eigentum.[39] Erfasst sein soll damit jedenfalls der Regelungsbereich des **TRIPS–Abkommens** (Abkommen über die handelsbezogenen geistigen Eigentumsrechte – Trade Related Intellectual Property Rights), ebenso wohl entsprechende Kapitel in den derzeit verhandelten oder bereits ausgehandelten Freihandelsabkommen.

20

Von den geistigen Eigentumsrechten erfasst werden u. a. – im Unionsrecht wie im WTO-Recht – **Urheberrechte und verwandte Schutzrechte, Marken, geographische Angaben, gewerbliche Muster und Modelle, Patente und die Architektur von integrierten Schaltkreisen.**

21

e) Ausländische Direktinvestitionen

Der Sach- und Kompetenzbereich der ausländischen Direktinvestitionen ist erst mit dem Vertrag von Lissabon von den Mitgliedstaaten auf die EU übergegangen. Beim Schutz von Auslandsinvestitionen handelt es sich um einen bereits seit 1959 in der Entwicklung befindlichen Bereich des internationalen Wirtschaftsrechts.[40] Deutschland hat weltweit die meisten sog. **Bilateralen Investitionsschutzverträge** (Bilateral Investment Treaties – BITs) abgeschlossen; ca. 130 BITs Deutschlands sind heute in Kraft.[41] Die

22

---

[36] Vgl. *Sacerdoti*, The International Regulation of Services: Basic Concepts and Standards of Treatment, in: *ders.* (Hrsg.), Liberalization of Services and Intellectual Property in the Uruguay Round of GATT, 1990, S. 26 (28 f.); *Smeets/Hofner/Knorr*, A Multilateral Framework of Principles and Rules for Trade in Services, in: Oppermann/Molsberger (Hrsg.), A New GATT for the Nineties and Europe '92, 1991, S. 191 f. Das GATS ist u. a. veröffentlicht in *World Trade Organization* (Hrsg.), The Results of the Uruguay Round of Multilateral Trade Negotiations – The Legal Text, Geneva 2002; siehe auch ABl. 1994, L 336/1.

[37] EuGH, Gutachten 1/94 v. 15.11.1994 (WTO-Übereinkommen), Slg. 1994, I–5267, Rn. 44 ff.

[38] Vgl. hierauf hinweisend *Hahn*, in: Calliess/Ruffert, EUV/AEUV, Art. 207 AEUV, Rn. 15.

[39] *Hahn*, in: Calliess/Ruffert, EUV/AEUV, Art. 207 AEUV, Rn. 15; vgl. zur Weite der Unionskompetenzen der handelsbezogenen geistigen Eigentumsrechte EuGH, Urt. v. 18.7.2013, Rs. C–414/11 (Daiichi Sankyo u. Sanofi-Aventis), ECLI:EU:C:2013:520, Rn. 49 ff.

[40] Hierzu zusammenfassend *Griebel*, S. 5, 40, 42.

[41] Übersicht abrufbar unter http://www.bmwi.de/DE/Themen/Aussenwirtschaft/Investitionsschutz/investitionsschutzvertraege.html (10.10.2016).

EU-Mitgliedstaaten haben bislang ca. 1.500 BITs abgeschlossen, davon ca. 190 sog. »**Intra-EU-BITs**« – also zwischen zwei EU-Mitgliedstaaten; die anderen ca. 1.300 haben EU-Mitgliedstaaten mit Drittstaaten abgeschlossen.[42] Vor dem Inkrafttreten des Vertrags von Lissabon waren in der EU-Rechtsordnung die Kompetenzen für den Investitionsschutz und die mit ihm zusammenhängenden Fragen auf mehrere Regulierungsebenen verteilt; Binnenmarkt-Zugangskompetenzen im Politikbereich Kapitaltransfer lagen bereits vor dem Inkrafttreten des Lissabonner Vertrags überwiegend bei der EU, materiell-rechtliche Schutzstandards für Auslandsinvestitionen und Streitschlichtungsregelungen wurden hingegen als in der Regelungskompetenz der Mitgliedstaaten liegend angesehen. Bereits vor dem Inkrafttreten des Lissabonner Vertrags hatten daher die Mitgliedstaaten keine Kompetenz mehr, Investitionsabkommen über die Frage der Niederlassung von Unternehmen und den Zugang ausländischen Kapitals zum Binnenmarkt zu schließen.[43] Hingegen wurde die Kompetenz der Mitgliedstaaten für Fragen von **post-establishment treatment** eingeschlossen des Abschlusses von völkerrechtlichen Verträgen diesbezüglich bis zum 1.12.2009 als gegeben angesehen. Auch wurde davon ausgegangen, dass **Präferenzabkommen** der EU keinesfalls mitgliedstaatliche BITs ersetzen sollten.[44]

23 Die mit dem Lissabonner Vertrag übertragene ausschließliche Kompetenz für Direktinvestitionen wird durch das EU-Primärrecht nicht konkretisiert. Der Umfang der Handlungskompetenz ist daher umstritten, da auch diesbezügliche Judikatur bislang nicht existiert. Die meisten internationalen Investitionsschutzabkommen greifen auf den weiteren Begriff der »**Investition**« bzw. »**Kapitalanlage**« oder den engeren Begriff der »**Niederlassung**« oder des »**Unternehmens**« zurück.[45] Art. 207 AEUV scheint hingegen auf die, insbesondere in der Literatur, nicht aber in völkerrechtlichen Abkommen, vielfach verwendete[46] und gemeinhin anerkannte Unterscheidung zwischen sog. »**Portfolioinvestitionen**« und eben »**ausländischen Direktinvestitionen**« zurückzugreifen. Weder die Auslegung des Begriffes »ausländische Direktinvestition« durch den IWF (Internationaler Währungsfonds) – die ein langfristiges wirtschaftliches Interesse des Investors im Gaststaat zum Ausdruck bringt[47] – noch das EU-Sekundärrecht mit der Kapitalverkehrsrichtlinie[48] geben einen eindeutigen Anhaltspunkt bzw. eine abschlie-

---

[42] Alle derzeit in Kraft befindlichen Investitionsschutzabkommen der Mitgliedstaaten der EU waren der EU-Kommission zu melden; diese hat eine Auflistung aller ihr gemeldeten Abkommen im Amtsblatt vorgenommen, vgl. Aufstellung der bilateralen Investitionsschutzabkommen nach Artikel 4 Absatz 1 der Verordnung (EU) Nr. 1219/2012 des Europäischen Parlaments und des Rates zur Einführung einer Übergangsregelung für bilaterale Investitionsschutzabkommen zwischen den Mitgliedstaaten und Drittländern, ABl. 2016, C 149/1.
[43] S. hierzu *Gugler/Tomsik*, A Comparison of the Provisions Affecting Investment in the Existing WTO Obligations, NCRR Working Paper No. 2006/15, Punkt 4; *Maydell*, The European Community's Minimum Platform on Investment or the Trojan Horse of Investment Competence, in: Reinisch/Knahr (Hrsg.), International Law in Context, 2007, S. 73 (81 ff.).
[44] S. z.B. Art. 21 Abs. 2 des EU-Chile Freihandelsabkommens, Abkommen zur Gründung einer Assoziation zwischen der Europäischen Gemeinschaft und ihren Mitgliedstaaten einerseits und der Republik Chile andererseits, ABl. 2002, L 352/3.
[45] *Karl*, JWIT 5 (2004), 413 (420).
[46] S. *Dolzer/Schreuer*, S. 60.
[47] IMF Balance of Payments Manual (1993), abrufbar unter http://www.imf.org/external/pubs/ft/bopman/bopman.pdf (10.10.2016).
[48] RL 88/361/EWG vom 24.6.1988 zur Durchführung von Artikel 67 des Vertrages, ABl. 1988, L 178/5: »Direktinvestitionen: Investitionen jeder Art durch natürliche Personen, Handels-, Industrie- oder Finanzunternehmen zur Schaffung oder Aufrechterhaltung dauerhafter und direkter Beziehun-

ßende Definition vor, welchen genauen Inhalt »FDI« **(foreign direct investments)** haben sollen bzw. damit verbunden, welche Instrumente die EU in diesem für sie neuen Politikbereich zu ihrer Verfügung hat und in welchem Umfang sie »nach innen« autonom regelnd tätig werden und »nach außen« mit Drittstaaten und internationalen Organisationen Verträge abschließen kann.[49] Es besteht allerdings die allgemeine Auffassung, dass die Direktinvestition eine Längerfristigkeit der Kapitalanlage voraussetzt; sie hat das Ziel, dauerhafte und direkte Beziehungen zwischen dem Investor und dem Unternehmen im Gaststaat, in welches investiert wird, zu schaffen oder zu erhalten,[50] um eine wirtschaftliche Aktivität zu ermöglichen und sie auch (mit) zu steuern. Die jeweilige Zuordnung einer Investition bzw. eine diese betreffende Maßnahme zu Portfolio- oder Direktinvestitionen kann daher nur auf einer Einzelfallentscheidung beruhen. Allerdings hat der EuGH eine »ausländische Direktinvestition« im Zusammenhang mit der Kapitalverkehrsfreiheit ebenfalls dahingehend verstanden, dass die Investition langfristig sei und dem Investor eine effektive Teilnahme im Management des Unternehmens oder dessen Kontrolle ermöglichen sollte.[51]

Der Wortlaut des Art. 207 AEUV enthält bzgl. des sachlichen Anwendungsbereichs der ausländischen Direktinvestition keinerlei Begrenzungen und auch keine Ausnahmebereiche. Den Mitgliedstaaten werden also keinerlei Regelungsmaterien vorbehalten wenn es um die Sachfrage **Schutz ausländischer Direktinvestitionen** geht. Unter Rückgriff auf den Auslegungsgrundsatz des effet utile kann begründet werden, dass die Lissabonner Kompetenzübertragung neben Marktzugangsfragen auch die Fragen materieller Schutzstandards und der Streitschlichtung erfasst.[52] Zwar wird teilweise[53] vertreten, dass der EU aufgrund von Art. 345 AEUV (ex-Art. 295 EGV) keine Kompetenz in Bezug auf die **Festlegung von Enteignungsstandards** zusteht, da der Vertrag »die Eigentumsordnung in den verschiedenen Mitgliedstaaten unberührt« lässt. Die Festlegung des investitionsrechtlichen Enteignungsstandards würde allerdings lediglich die Frage betreffen, unter welchen Voraussetzungen eine Enteignung möglich ist – parallel zu der (europarechtlichen) Regelungsmaterie des Eigentumsschutzes über die Grundrechtcharta – und nicht etwa, ob eine direkte oder indirekte Enteignung in einem konkreten Fall erfolgen soll.[54] Damit hat die EU die Vertragsabschluss- und (autonomen) 24

---

gen zwischen denjenigen, die die Mittel bereitstellen, und den Unternehmern oder Unternehmen, für die die Mittel zum Zwecke einer wirtschaftlichen Tätigkeit bestimmt sind. Der Begriff der Direktinvestitionen ist also im weitesten Sinne gemeint. ...«.

[49] *Karl*, JWIT 5 (2004), 413 (421).
[50] RL 88/361/EWG, ABl. 1988, L 178/5.
[51] EuGH, Urt. v. 4.6.2002, Rs. C-367/98 (Kommission/Portugal), Slg. 2002, I-4731, Rn. 38; Urt. v. 4.6.2002, Rs. C-483/99 (Kommission/Frankreich), Slg. 2002, I-4781, Rn. 37; Urt. v. 4.6.2002, Rs. C-503/99 (Kommission/Belgien), Slg. 2002, I-4809, Rn. 38; Urt. v. 13.5.2003, Rs. C-463/00 (Kommission/Spanien), Slg. 2003, I-4581, Rn. 53; Urt. v. 13.5.2003, Rs. C-98/01 (Kommission/Vereinigtes Königreich), Slg. 2003, I-4641, Rn. 40; Urt. v. 2.6.2005, Rs. C-174/04 (Kommission/Italien), Slg. 2005, I-4933, Rn. 28; Urt. v. 12.12.2006, Rs. C-446/04 (Test Claimants in the FII Group Litigation), Slg. 2006, I-11753, Rn. 177 ff., 181–182; Urt. v. 24.5.2007, Rs. C-157/05 (Holböck), Slg. 2007, I-4051, Rn. 34 f.; Urt. v. 23.10.2007, Rs. C-112/05 (Kommission/Deutschland), Slg. 2007, I-8995, Rn. 18; Urt. v. 18.12.2007, Rs. C-101/05 (Skatteverket/A), Slg. 2007, I-11531, Rn. 46. Für weitere Rspr. s. Mitteilung der Kommission, Auf dem Weg zu einer umfassenden europäischen Auslandsinvestitionspolitik, KOM(2010) 343 endg., abrufbar unter http://eur-lex.europa.eu/LexUriServ/LexUriServ.do?uri=COM:2010:0343:FIN:DE:PDF (10.10.2016), Fn. 4.
[52] *Karl*, JWIT 5 (2004), 413 (422).
[53] Vgl. *Mayer*, (Fn. 7), S. 15; hierzu kritisch *Hoffmeister*, AVR 53 (2015), 35 (55 ff.).
[54] EuGH, Urt. v. 6.11.1984, Rs. 182/83 (Fearon), Slg. 1984, 3677; im Ergebnis ebenso z.B. *Herrmann*, EuZW 2010, 207 (211).

Regelungskompetenzen für die Bereiche **Marktzugang, personeller und sachlicher Schutzumfang** und **materiell-rechtliche Behandlungsstandards** einschließlich der Festlegung der sog. Enteignungsstandards, wobei allerdings diese Weite sich – wie dargelegt – nur auf den Bereich der Direktinvestitionen, nicht hingegen auf Portfolioinvestitionen oder andere Investitionsformen, bezieht.[55]

25 Umstritten ist die Kompetenzverteilung zwischen den Mitgliedstaaten und der Union im Bereich der Portfolioinvestitionen. Teile der Literatur argumentieren mit einer **a maiore ad minus** Interpretation des Begriffs der ausländischen Direktinvestition, so dass letzterer auch Portfolioinvestitionen erfasst.[56]

26 Noch nicht entschieden ist zudem die Frage, ob eine Begrenzung der Zulässigkeit der Aufnahme eines **Streitbeilegungsverfahrens** in zukünftige EU-Abkommen wegen des Entscheidungsmonopols des EuGH für alle Auslegungsfragen des Europarechts gegeben sein kann.[57] Die Kommission will hier die Einführung eines Permanent Investment Court System[58] in die neuen Freihandelsabkommen der EU durchsetzen,[59] nachdem mehrere Mitgliedstaaten sowie das Europäische Parlament angekündigt hatten, Abkommen nur unter der Bedingung der Aufnahme dieses Systems zuzustimmen.

27 Die EU-Organe haben ebenfalls noch nicht entschieden, ob sie ein eigenständiges System von **EU-Investitionsschutzversicherungen** oder **-garantiesystemen** einführen werden. Ebenso wenig haben sie geäußert, wie sie mit diesbezüglich existierenden Systemen der Mitgliedstaaten, in Deutschland etwa den Investitionsgarantien, die durch Euler Hermes und PwC gegeben werden,[60] umgehen wollen. Die Kompetenz über den Bereich der Auslandsinvestitionen aus Art. 207 AEUV sowie die zu den Binnenkompetenzen parallelen Außenkompetenzen umfassen jedenfalls auch Investitionsgarantiesysteme. Dies hat der EuGH bereits 1975 in seinem Gutachten 1/75 (Internationales Naturkautschukübereinkommen)[61] festgehalten.[62] Weiter ist zu klären, ob nationale Schutzsysteme parallel zu einem europäischen, neu zu errichtenden Garantiesystem in Kraft bleiben sollen oder ob das zu schaffende unionale Schutzsystem alle bisher bestehenden ersetzen soll. Ein auch zu klärender Punkt ist die zukünftige Vertretung der EU in der **MIGA (Multilateral Investment Guarantee Agency)**.

---

[55] Siehe z. B. *Krenzler/Pitschas*, S. 27.
[56] S. *Hoffmeister/Ünüvar*, S. 57, Abschnitt »Portfolio investment«; ebenso *Hoffmeister*, AVR 53 (2015), 35 (56).
[57] S. hierzu *Lavranos*, S. 199; *Hindelang*, Der primärrechtliche Rahmen einer EU-Investitionsschutzpolitik: Zulässigkeit und Grenzen von Investor-Staat-Schiedsverfahren aufgrund künftiger EU-Abkommen, WHI-Paper 1/11, abrufbar unter http://www.whi-berlin.eu/tl_files/documents/whi-paper0111.pdf (10.10.2016).
[58] Vgl. Art. 8.27 ff. CETA, abrufbar unter http://trade.ec.europa.eu/doclib/docs/2016/february/tradoc_154329.pdf (10.10.2016); Chapter 8, Chapter II, Section 3, Art. 12 ff. EU-Vietnam Free Trade Agreement, abrufbar unter http://trade.ec.europa.eu/doclib/docs/2016/february/tradoc_154210.pdf (10.10.2016); hierzu u. a. *Bungenberg*, KSZW 2016, 122 ff.; *Wuschka*, ZEuS 2016, 153 ff.
[59] Vgl. *Kommission*, Handel für Alle – Hin zu einer verantwortungsbewussteren Handels- und Investitionspolitik, Mitteilung v. Oktober 2015, Punkt 4.1.2., abrufbar unter http://trade.ec.europa.eu/doclib/docs/2015/october/tradoc_153880.PDF (10.10.2016).
[60] Zum derzeitigen System s. u. a. *Dimopoulos*, S. 171 ff.; *Dolzer/Schreuer*, S. 228 ff.; *Griebel*, S. 112 f.; *Steffens*, S. 193 ff.
[61] EuGH, Gutachten 1/75 v. 11.11.1975 (Lokale Kosten (OECD Gutachten)), Slg. 1975, 1355.
[62] S. hierzu *Dimopoulos*, S. 178.

Auch die Marktzugangsregelung von Investitionen in die EU, die von **ausländischen** 28
Staatsfonds getätigt werden, dürften der ausschließlichen Kompetenz der EU unterfallen, soweit sie als ausländische Direktinvestitionen eingestuft werden.[63]

Da das Primärrecht keine ausdrücklichen Übergangsbestimmungen für mitgliedstaat- 29
liche Abkommen, die nunmehr der ausschließlichen Zuständigkeit der Union unterliegen, vorsieht, ist zur Regelung dieser Frage mittlerweile die sog. »**Transition Regulation**«,[64] die am 9. 1. 2013 in Kraft getreten ist, erlassen worden. Mitgliedstaatliche BITs, die im Einklang mit den europarechtlichen Vorgaben stehen, bleiben trotz des Kompetenztransfers auf die europäische Ebene solange in Kraft, bis sie von einem europäischen Abkommen abgelöst werden.[65] Gem. Art. 1 regelt die Transition Regulation »den Status bilateraler Investitionsschutzabkommen der Mitgliedstaaten nach Maßgabe des Unionsrechts und legt fest, nach welchen Modalitäten, unter welchen Bedingungen und nach welchen Verfahren die Mitgliedstaaten ermächtigt werden können, bilaterale Investitionsschutzabkommen zu ändern oder abzuschließen«, wobei aber von der Verordnung nur Abkommen der EU-Mitgliedstaaten mit einem Drittland i. S. e. Nicht-EU-Staates, nicht hingegen die sog. Intra-EU-BITs, umfasst sind.

Aufgrund der ausschließlichen Kompetenz der EU für den Bereich der Direktinves- 30
titionen ist es den **EU-Mitgliedstaaten** nicht mehr möglich, eigenständig und unabhängig von der EU BITs abzuschließen.[66] Reine Investitionsschutzabkommen über Direktinvestitionen können zukünftig allein von der EU abgeschlossen werden. Aus europarechtlicher Sicht haben die Mitgliedstaaten mit dem 1. 12. 2009 ihre Kompetenz über die zur Herstellung der Europarechtskonformität notwendigen Vertragsmodifikationen eigenständig zu verhandeln, verloren, soweit es nicht um die bloße Kündigung einzelner europarechtswidriger Abkommensteile, sondern um die Einführung neuer materiellrechtlicher Standards geht.

Sollte die Union keinen Abschluss von Abkommen mit einzelnen Drittstaaten avi- 31
sieren, so können **Mitgliedstaaten** gem. Art. 2 Abs. 1 AEUV **ermächtigt** werden, »Verhandlungen mit einem Drittland aufzunehmen, um ein bestehendes bilaterales Investitionsschutzabkommen zu ändern oder ein neues bilaterales Investitionsschutzabkommen abzuschließen« (vgl. hierzu Art. 7–11 der VO (EU) Nr. 1219/2012). In diesem Falle ist die Kommission fortwährend vor entsprechenden Verhandlungen zu informieren. Ein Inkrafttreten mitgliedstaatlicher neu abgeschlossener BITs ohne europäische Erlaubnis verletzt unionales Sekundär- wie Primärrecht.

---

[63] Ebenso *Herrmann*, EuZW 2010, 207 (209).
[64] VO (EU) Nr. 1219/2012 vom 12. 12. 2012 zur Einführung einer Übergangsregelung für bilaterale Investitionsschutzabkommen zwischen den Mitgliedstaaten und Drittländern, ABl. 2012, L 351/40.
[65] Vgl. auch Erwägungsgrund 6 der Transition Regulation; hierauf hat auch der ehemalige Außenhandelskommissar *Karel de Gucht* während seiner parlamentarischen Anhörung, bevor die Kommissionsmitglieder durch das Parlament bestätigt worden sind, hingewiesen: »There are existing investment agreements, by which I mean agreements for protecting investments. There are about a thousand of them. … First of all we will preserve legal certainty, then we will look closely at what initiatives we should take, and towards which countries. Within our prerogatives with respect to investment, legal certainty for investments in third countries is a main topic that we should certainly address very soon because, for example, it has a lot to do also with energy security.«
[66] Hierzu z. B. *Bungenberg*, Going Global, S. 147; *Karl*, JWIT 5 (2004), 413; *de Mestral*, The Lisbon Treaty and the Expansion of EU Competence Over Foreign Direct Investment and the Implications for Investor-State-Arbitration, in: Dauvant (Hrsg.), Yearbook on International Investment Law & Policy 2009–2010, S. 365.

f) Ausfuhrpolitik

32 Die GHP umfasst auch die Ausfuhrpolitik und damit den Bereich der Exportkontrolle. Dieser Bereich ist insbesondere sekundärrechtlich umfassend ausgestaltet und wird daher ausführlich im Bereich der autonomen GHP behandelt werden. Kernbereich der Exportkontrolle ist in der Praxis sicherlich die Aufsicht über den Export von Gütern mit doppeltem Verwendungszweck durch den Erlass der Dual-Use-VO (EG) Nr. 428/2009[67] sowie die allgemeine Ausfuhrverordnung mit der Festschreibung des allgemeinen Grundsatzes der Ausfuhrfreiheit. Allerdings können die Mitgliedstaaten Exportkontrollen unmittelbar auf der Grundlage von Art. 346 Abs. 1 Buchst. b AEUV vornehmen.[68]

g) Handelspolitischen Schutzmaßnahmen

33 Die EU kann auch sog. handelspolitische Schutzmaßnahmen erlassen. Handelspolitische Schutzmaßnahmen wie **Antidumping-** und **Antisubventionsverfahren** erfolgen über die Annahme von EU-Rahmenverordnungen sowie auf diese gestützte einzelne Durchführungsakte. Das System der unionalen handelspolitischen Schutzmaßnahmen wird unten (D.III.3.) umfassend dargestellt.

D. Autonome GHP (Abs. 2) – Allgemeines

34 Das **autonome Außenwirtschaftsrechtsrecht** überführt die außenhandelsbezogenen Vorgaben des europäischen Primärrechts sowie die wirtschaftsvölkerrechtlichen Verpflichtungen der EU und ihrer Mitgliedstaaten zumindest teilweise in ein eigenständiges, durch Grundverordnungen ausgestaltetes Regime in den unionalen Binnenbereich. Hinsichtlich seiner Inhalte ist das autonome Außenwirtschaftsrecht permanent »in Bewegung« und insoweit durch eine hohe Dynamik gekennzeichnet.

Insbesondere durch Veränderungen des Primärrechts muss es zu Überarbeitungen und Erweiterungen des sekundären autonomen Außenwirtschaftsrechts kommen, wenn beispielsweise mit dem Lissabonner Vertrag zuletzt der EU umfassend neue Kompetenzbereiche, wie das Investitionsschutzrecht, zugeschrieben wurden[69] oder eine umfassendere Zielbindung durch die ausdrückliche Verpflichtung auf die Ziele des Art. 21 EUV erfolgt. Es zeichnet sich insoweit eine **verstärkte Berücksichtigung allgemein-politischer Zielsetzungen** auch im Rahmen der autonomen Gemeinsamen Handelspolitik ab, was zu einem Paradigmenwechsel in diesem Politikbereich und zur **Einführung nicht-ökonomisch begründeter Schutzmaßnahmen** führen kann.[70] Hiervon sind aber bislang zumindest die Handelsschutzinstrumente in ihrer Ausgestaltung unberührt geblieben; es bleibt abzuwarten, wie sich hier die Praxis bei weiteren Reformen der die Einfuhr von Waren betreffenden sonstigen Regelungen entwickelt.

---

[67] VO (EG) Nr. 428/2009 vom 5.5.2009 über eine Gemeinschaftsregelung für die Kontrolle der Ausfuhr, der Verbringung, der Vermittlung und der Durchfuhr von Gütern mit doppeltem Verwendungszweck, ABl. 2009, L 134/1, mit nachfolgenden Änderungen.
[68] *Weiß*, in: Grabitz/Hilf/Nettesheim, EU, Art. 207 AEUV (August 2015), Rn. 90.
[69] S. hierzu die Beiträge u. a. in: *Bungenberg/Griebel/Hindelang (Hrsg.); Bungenberg/Reinisch (Hrsg.); Bungenberg/Reinisch/Tietje (Hrsg.)*.
[70] Hierzu auch *Vedder*, Die außenpolitische Zielbindung, S. 136; vgl. auch *Bungenberg*, Umweltschutz, S. 221 ff.

Auf Art. 207 Abs. 2 AEUV gestützte Europäische Sekundär- und Tertiärrechtsakte 35
erlauben es, **freiheitliche Leitideen des Wirtschaftsverfassungsrechts** wie auch des Wirtschaftsvölkerrechts mit primär **gesellschaftspolitischen Regulierungsanliegen in Ausgleich** zu bringen. In den letzten Jahren fordert das Europäische Parlament verstärkt, im Rahmen der Gemeinsamen Handelspolitik auch auf den **Schutz der Menschenrechte** hinzuwirken.[71] Menschenrechtsklauseln finden daher verstärkt Berücksichtigung in der Gemeinsamen Handelspolitik der Europäischen Union. Neuerdings behält sich die EU in den von ihr geschlossenen völkerrechtlichen Verträgen zunehmend die Möglichkeit vor, aus Gründen des Menschenrechtsschutzes handelspolitische Begünstigungen zurückzunehmen oder auch Begünstigungen zu gewähren.[72] Im Bereich der **öffentlichen Auftragsvergabe** kann beispielsweise im unionalen (autonomen) Binnenmarktrecht die Toleranz von Kinder- oder Zwangsarbeit, die nicht im Einklang mit dem ILO-Übereinkommen Nr. 182 v. 17.6.1999 über das Verbot und unverzügliche Maßnahmen zur Beseitigung der schlimmsten Formen der Kinderarbeit steht, zum Ausschluss des Unternehmens von Vergabeverfahren führen.[73]

Das autonome Außenwirtschaftsrecht kann insoweit als ein **Kernelement des euro-** 36
päischen Wirtschaftsrechts im Schnittfeld widerstreitender Interessen angesiedelt werden. Einerseits sind gerade exportorientierte und gleichzeitig rohstoffarme Staaten wie die Bundesrepublik Deutschland auf ein **liberales Klima in der Weltwirtschaftspolitik** angewiesen, welches auch in ökonomischen Krisenzeiten gilt. Andererseits versuchen allerdings auch im- und exportorientierte Wirtschaftsräume, insbesondere in Wirtschaftskrisen, neue protektionistische Handelsbarrieren, vielfach aus politökonomischen Gründen, einzuführen.[74] Diese ökonomischen protektionistischen Interessen sind

---

[71] Entschließung des EU-Parlaments zu der Menschenrechts- und Demokratieklausel in Abkommen der Europäischen Union vom 14.2.2006, PA_TA(2006)0056; Entschließungen vom 25.11.2010 zur sozialen Verantwortung von Unternehmen in internationalen Handelsabkommen, ABl. 2012, C 99E/101; zu Menschenrechten, Sozial- und Umweltnormen in internationalen Handelsabkommen, ABl. 2012, C 99E/31 und zur internationalen Handelspolitik im Zuge der Herausforderungen des Klimawandels, ABl. 2012, C 99E/94; Beschluss, Veröffentlichungsanforderungen für die mineralgewinnende Industrie und die Industrie des Holzeinschlags in Bezug auf deren Zahlungen an Regierungen einzuführen, angenommener Text vom 12.6.2013, P7_TA(2013)0261 (Legislative Entscheidung des Europäischen Parlaments vom 12.6.2013 zu dem Vorschlag für eine Richtlinie des Europäischen Parlaments und des Rates über den Jahresabschluss, den konsolidierten Abschluss und damit verbundene Berichte von Unternehmen bestimmter Rechtsformen, COM (2011)0684 – C7–0393/2011–2011/0308(COD)) und P7_TA(2013)0262 (Legislative Entschließung des Europäischen Parlaments vom 12.6.2013 zu dem Vorschlag für eine Richtlinie des Europäischen Parlaments und des Rates zur Änderung der Richtlinie 2004/109/EG zur Harmonisierung der Transparenzanforderungen in Bezug auf Informationen über Emittenten, deren Wertpapiere zum Handel auf einem geregelten Markt zugelassen sind, sowie der Richtlinie 2007/14/EG der Kommission, COM(2011)0683 – C7–0380/2011–2011/0307(COD)).

[72] Hierzu umfassend *Bartels*, Human Rights Conditionality in the EU's International Agreements, 2005, S. 1 ff.; *Hoffmeister*, Menschenrechts- und Demokratieklauseln in den vertraglichen Außenbeziehungen der EG, 1998, S. 7 ff.; *Rovetta*, GTCJ 2 (2007), 365; *Weiß*, EnzEuR, Bd. 10, § 10, Rn. 37, 53.

[73] Vgl. Art. 26 sowie Erwägungsgrund 33 der RL 2004/18/EG vom 31.3.2004 über die Koordinierung der Verfahren zur Vergabe öffentlicher Bauaufträge, Lieferaufträge und Dienstleistungsaufträge, ABl. 2004, L 134/114: »Bedingungen für die Ausführung eines Auftrags … können insbesondere dem Ziel dienen, die Arbeitslosigkeit zu bekämpfen oder die Umwelt zu schützen. In diesem Zusammenhang sind z.B. … die Bestimmungen der grundlegenden Übereinkommen der Internationalen Arbeitsorganisation (IAO), für den Fall, dass diese nicht in innerstaatliches Recht umgesetzt worden sind, im Wesentlichen einzuhalten, …«.

[74] Hierzu allg. z.B. *Weck-Hanemann*, Politische Ökonomie des Protektionismus, 1992; ausf. hier-

dann mit liberalen Grundvorstellungen ebenso wie mit humanitären, kulturellen, ökologischen und sicherheitspolitischen Erwägungen bei der Ausgestaltung des Außenwirtschaftsrechts zur Geltung zu bringen.

37 Das autonome Außenwirtschaftsrecht ist durch ein **Regel-Ausnahme-Verhältnis** gekennzeichnet. **Freiheitsgewährleistungen** als Ausfluss einer allgemeinen **Außenwirtschaftsfreiheit** werden durch die zuvor genannten Belange durch Ausnahme- und Beschränkungsmöglichkeiten relativiert. Außenwirtschaftsrelevante Freiheitsgewährleistungen entspringen grundrechtlichen Garantien, um mit Drittstaaten und in diesen niedergelassenen Unternehmen Handel treiben zu können. Diese finden sich sowohl in den **nationalen Grundrechten**[75] als auch als Teil der **Unionsgrundrechte**, wie sie der Grundrechtecharta und den allgemeinen Rechtsgrundsätzen zu entnehmen sind. Die Charta der Grundrechte der Europäischen Union hat in den Art. 15–17 eine Reihe von wirtschaftsrelevanten Rechten kodifiziert, die zuvor in der Rechtsprechung des EuGH als ungeschriebene allgemeine Rechtsgrundsätze entwickelt worden sind. Diese Gewährleistungen besitzen **subjektivrechtlichen Charakter** und sichern auch die Außenwirtschaftsfreiheit auf primärrechtlicher Ebene ab. Im Unionsrecht ist der Grundsatz einer allgemeinen Außenhandelsfreiheit insoweit einer Zusammenschau primärrechtlicher Verbürgungen zu entnehmen und im Sekundärrecht für wesentliche Bereiche des europäischen Außenwirtschaftsrechts – insbesondere in der Ausfuhr- und Einfuhrverordnung – ausdrücklich festgeschrieben. Diese unionsrechtlich verankerten Freiheitsgarantien verbieten aber nicht jede Beschränkung des internationalen Handels. **Schutzmaßnahmen** und **Beschränkungen** können im Gegenteil geradezu geboten und notwendig sein, wenn sie der Verwirklichung anderer Unionsziele dienen. Wie bereits angeführt, sind Beschränkungsmöglichkeiten durch die Verfolgung von Fragen wie Nachhaltigkeit, Umweltschutz, soziale Gerechtigkeit, Transparenz, Verbraucher- und Gesundheitsschutz einzubeziehen. Hierdurch kommt es oftmals zu Verkürzungen der grundsätzlichen Freiheitsgewährleistungen von Im- und Exporteuren.

38 Allgemeinere Rechtsgrundsätze, die sich insbesondere auch aus dem Rechtsstaatsprinzip ableiten lassen, vom EuGH aber im Wege »wertender Rechtsvergleichung« ermittelt werden, und die Union wie auch die Mitgliedstaaten in ihrem Handeln beschränken können, sind im Außenwirtschaftsrecht der **Verhältnismäßigkeits-** sowie der **Vertrauensschutzgrundsatz**.[76] Handelsbeschränkende Maßnahmen der EU dürfen daher grds. nicht über das Erforderliche hinausgehen.[77]

39 Die bei Verfolgung von allgemeinpolitischen Zielen einzuhaltenden Grenzen sind insbesondere durch das **Recht der WTO** wirtschaftsvölkerrechtlich determiniert. Art. 216 Abs. 2 AEUV legt fest, dass »die von der Union geschlossenen Übereinkünfte

---

zu *Irwin*, From Smoot-Hawley to Reciprocal Trade Agreements: Changing the Course of U.S. Trade Policy in the 1930s, in: Bordo/Goldin/White (Hrsg.), The Defining Moment: The Great Depression and the American Economy in the Twentieth Century, S. 325. Vgl. zu protektionistischem Verhalten in der Wirtschaftskrise der Jahre 2008 bis 2012 die gemeinsamen Berichte von WTO, OECD und UNCTAD über G20 Handels- und Investitionspolitiken, http://www.oecd.org/daf/inv/investmentpolicy/g20.htm (10.10.2016).

[75] Hierzu *Ehlers/Pünder*, in: Herrmann/Krenzler/Niestedt, EU-Außenwirtschafts- und Zollrecht, Art. 1 Ausfuhr-VO (Oktober 2013), Rn. 7; *Epping*, Die Außenwirtschaftsfreiheit, 1998, S. 10 ff. m.w.N.

[76] Allgemein zum Grundsatz des Vertrauensschutzes *Bungenberg*, in: Heselhaus/Nowak, Handbuch der Europäischen Grundrechte, § 33; *Düsing*, Vertrauensschutz im Marktordnungsrecht, in: Europäisches Forum für Außenwirtschaft, Verbrauchsteuern und Zoll, S. 85 ff.

[77] Vgl. *Tietje*, § 15 Außenwirtschaftsrecht, Rn. 47 ff.

[...] die Organe der Union und die Mitgliedstaaten« binden. Hiermit wird die **inner-unionale Befolgung** der für die Union kraft Völkerrechts verbindlichen Abkommen angeordnet.[78] Das WTO-Recht, wie auch andere durch die EU abgeschlossene völkerrechtliche Verträge, wird damit integrierender Bestandteil der EU-Rechtsordnung.[79] Dem WTO-Recht ist zwar die unmittelbare Anwendbarkeit zu versagen (hierzu unten E.II.c)),[80] eine Missachtung des WTO-Rechts würde allerdings einen Völkerrechtsverstoß darstellen, der im Rahmen des WTO-Streitbeilegungsverfahrens durch Drittstaaten, die WTO-Mitglieder sind, angreifbar ist. WTO-Recht im Besonderen und Wirtschaftsvölkerrecht im Allgemeinen verlangen damit im Unions- und mitgliedstaatlichen Recht grundsätzliche Beachtung. Insbesondere die Anhänge zum WTO-Übereinkommen haben weitreichenden Einfluss auch auf die internen Rechtssysteme der WTO-Mitglieder und damit ebenfalls auf das europäische sekundäre Unionsrecht.[81] Weiter ergibt sich aus Art. 218 Abs. 11 AEUV, dass das WTO-Recht, wie auch andere wirtschaftsvölkerrechtliche Verträge der Europäischen Union, als **integrierender Bestandteil des Unionsrechts normhierarchisch dem unionalen Sekundärrecht vorgeht.**

Die rechtliche Ausgestaltung des unionalen Außenwirtschaftsrechts hat insoweit neben den Vorgaben des unionalen Primärrechts auch die Vorgaben des Wirtschaftsvölkerrechts, insbesondere des WTO-Rechts, zu beachten; die internationale Wirtschaftsordnung gibt der Politik den **äußeren Handlungsrahmen** vor.[82] In jedem regulativen Einzelfall ist es notwendig, sich der zur Anwendung gelangenden Verfassungsnormen wie auch der ordnungspolitischen Vorgaben bewusst zu sein und diese auch in Verbindung mit dem einfachen Ausführungs-, Umsetzungs- oder Durchführungsrecht im richtigen Verhältnis zur Anwendung gelangen zu lassen. Die verpflichtenden Einzelnormen des unionalen Primärrechts und des die Union verpflichtenden Wirtschaftsvölkerrechts bilden die **Grenzen des unionalen sekundärrechtlichen wie auch des staatlichen Handlungsspielraumes.** 40

Trotz einer abzulehnenden »**unmittelbaren Anwendbarkeit des WTO-Rechts**« besteht eine Verpflichtung zur **WTO-konformen Auslegung** des unionalen wie auch des mitgliedstaatlichen Rechts. Das Institut der völkerrechtskonformen Auslegung des Unionsrechts verlangt, dass unionales Sekundärrecht, wegen des normenhierarchischen Vorrangs der von der Europäischen Union bzw. Europäischen Gemeinschaft abgeschlossenen Übereinkünfte vor den Bestimmungen des abgeleiteten Unionsrechts, grundsätzlich im Einklang bzw. im Lichte von bereichsspezifischen völkerrechtlichen Abkommen auszulegen ist,[83] um so möglichst einen Gleichlauf zwischen Wirtschafts- 41

---

[78] Hierzu ausführlich *Boysen*, EnzEuR, Bd. 10, § 9, Rn. 41; *Herrmann/Streinz*, EnzEuR, Bd. 10, § 11, Rn. 112 ff.

[79] St. Rspr. seit EuGH, Urt. v. 12.12.1972, verb. Rs. 21/72–24/72 (International Fruit), Slg. 1972, 1219 (dazu *Meier*, RiW 1973, 376); Urt. v. 30.4.1974, Rs. 181/73 (Haegemann), Slg. 1974, 449, Rn. 2/6 (s. a. *Iliopoulos*, Revue hellénique de droit international 1976, 193); Urt. v. 30.9.1987, Rs. 12/86 (Demirel), Slg. 1987, 3719, Rn. 7 (Anmerkung bei *Hailbronner*, NVwZ 1988, 220); ausführlich hierzu *Uerpmann-Wittzack*, in: v. Bogdandy/Bast, Europäisches Verfassungsrecht, S. 186 ff.

[80] St. Rspr., vgl. EuGH, Urt. v. 23.11.1999, Rs. C-149/96 (Portugal/Rat), Slg. 1999, I-8395, Rn. 46 ff. (zu diesem Urteil s. *Toggenburg*, ELR 2000, 48). Siehe auch *Boysen*, EnzEuR, Bd. 10, § 9, Rn. 42 und *Herrmann/Streinz*, EnzEuR, Bd. 10, § 11, Rn. 116 ff.

[81] *Vollmöller*, S. 122 ff.

[82] Vgl. insoweit auch *Cottier*, ZBJV 1997, 217 (220 u. 228); *Ziekow*, Wirtschaft und Verwaltung vor den Herausforderungen der Zukunft – Auswirkungen von Europäisierung und Globalisierung für die Wirtschaftsverwaltung, in: Ziekow (Hrsg.), Wirtschaft und Verwaltung vor den Herausforderungen der Zukunft, 2000, S. 9 (31).

[83] EuGH, Urt. v. 19.11.1975, Rs. 38/75 (Nederlandse Spoorwegen), Slg. 1975, 1439 (1450 f.),

völkerrecht und Binnenmarktrecht zu bewirken.[84] Das Institut der **völkerrechtskonformen Auslegung** des Unionsrechts ist schon in der Vergangenheit Bestandteil der EuGH-Rechtsprechung gewesen.[85] Sekundäres Unionsrecht wird seitens des EuGH insoweit WTO-konform ausgelegt. Bereits in den Entscheidungen *Werner/Deutschland*[86] sowie *Leifer*[87] hat der EuGH sich in seiner Auslegung vom damaligen Gemeinschaftsrecht auf Art. XI GATT bezogen und führte in seiner Entscheidung *Deutschland/Kommission*[88] konkret aus, dass der Vorrang der von der Gemeinschaft geschlossenen internationalen Übereinkünfte vor den Bestimmungen des abgeleiteten Gemeinschaftsrechts es gebiete, diese nach Möglichkeit in Übereinstimmung mit den völkervertraglichen Vorgaben auszulegen. Bei mehreren Möglichkeiten der Auslegung einer Rechtsnorm ist also – wie auch sonst – diejenige zu wählen, die einen Widerspruch zwischen den Rechtsquellen bzw. mit einer in der Normenhierarchie höher stehenden Rechtsquelle vermeidet. In der Rechtssache *Hermès* hat der EuGH den Grundsatz der völkerrechtskonformen Auslegung ausdrücklich auf das WTO-Recht übertragen.[89] Sämtliches Sekundärrecht ist damit im Lichte des Völkerrechts,[90] hier des WTO-Rechts, auszulegen[91] und kann dann eine unmittelbare Wirkung im nationalen Recht der EU-Mitgliedstaaten entfalten und **Anwendungsvorrang** vor entgegenstehendem mitgliedstaatlichem Recht beanspruchen. Folglich sind beispielsweise die diversen unionalen Vergaberichtlinien im Einklang mit dem WTO-Agreement on Government Procurement (GPA)[92] auszulegen,[93] aber auch im Einklang u. a. mit bilateralen Beschaffungsabkommen,[94] soweit diese im konkreten Fall einschlägig sind. Bei der Beschränkung der allgemeinen Einfuhrfreiheit nach der EinfuhrVO unter Rückgriff auf die Möglichkeit unionaler Schutzmaßnahmen hat bei der Prüfung von Voraussetzungen von Schutzmaßnahmen eine WTO-rechtskonforme Auslegung der sekundärrechtlich festgeschriebenen Tatbestandsmerkmale

---

(hierzu *White*, E.L.Rev. 1976, 402); Urt. v. 24.11.1992, Rs. C–286/90 (Poulsen und Diva), Slg. 1992, I–6019, Rn. 10; Urt. v. 17.10.1995, Rs. C–70/94 (Werner), Slg. 1995, I–3189, Rn. 23 (s. *Reuter, Al.*, RIW 1996, 719); Urt. v. 10.9.1996, Rs. C–61/94 (Kommission/Deutschland), Slg. 1996, I–3989, Rn. 52 (Urteilsbesprechung bei *Eeckhout*, CMLRev. 1998, 557); Urt. v. 16.6.1998, Rs. C–53/96 (Hermès), Slg. 1998, I–3603, Rn. 24–33 (Anmerkung bei *Aschenbrenner*, E.L.Rev. 13 (1998), 346); Urt. v. 14.7.1998, Rs. C–341/95 (Bettati/Safety Hi-Tech), Slg. 1998, I–4355, Rn. 20 (dazu *Doherty*, JEnvL 1999, 378); instruktiv *Heukels*, ZEuS 1999, 313.

[84] Zur WTO-konformen Auslegung von Sekundärrecht s. *Herrmann/Streinz*, EnzEuR, Bd. 10, § 11, Rn. 137 ff.

[85] EuGH, Urt. v. 10.9.1996, Rs. C–61/94 (Kommission/Deutschland), Slg. 1996, I–3989, Rn. 52.

[86] EuGH, Urt. v. 17.10.1995, Rs. C–70/94 (Werner), Slg. 1995, I–3189, Rn. 23.

[87] EuGH, Urt. v. 17.10.1995, Rs. C–83/94 (Leifer), Slg. 1995, I–3231, Rn. 24.

[88] EuGH, Urt. v. 10.9.1996, Rs. C–61/94 (Kommission/Deutschland), Slg. 1996, I–3989, Rn. 52.

[89] EuGH, Urt. v. 16.6.1998, Rs. C–53/96 (Hermès), Slg. 1998, I–3603.

[90] EuGH, Urt. v. 16.6.1998, Rs. C–53/96 (Hermès), Slg. 1998, I–3603 (insbes. Rn. 28); unter Bezugnahme auf EuGH, Urt. v. 24.11.1992, Rs. C–286/90 (Poulsen u. Diva Navigation), Slg. 1992, I–6019, Rn. 9; Urt. v. 10.9.1996, Rs. C–61/94 (Kommission/Deutschland), Slg. 1996, I–3989, Rn. 52.

[91] Vgl. *v. Bogdandy*, NJW 1999, 2088 (2089).

[92] ABl. 1994, L 336/273 ff.; hierzu ausf. *Griller*, Das Government Procurement Agreement als Bestandteil des Europarechts und des nationalen Rechts, in: Rill/Griller (Hrsg.), Grundfragen der öffentlichen Auftragsvergabe, 2000, S. 79 ff.

[93] Vgl. hierzu u. a. *Bungenberg*, Vergaberecht im Wettbewerb der Systeme, S. 108 ff.; *Pünder*, Völkerrechtliche Vorgaben, in: Müller-Wrede (Hrsg.), Kompendium des Vergaberechts – Systematische Darstellung unter Berücksichtigung des EU-Vergaberechts, 2007, S. 57, Rn. 25.

[94] Z.B. das bilaterale Abkommen über das öffentliche Beschaffungswesen mit der Schweiz, ABl. 2002, L 114/430 ff. Hierzu umfassend u. a. *Biaggini*, Abkommen über bestimmte Aspekte des öffentlichen Beschaffungswesens, in: Thürer/Weber/Zäch (Hrsg.), Bilaterale Verträge der Schweiz-EG, 2002, S. 307 ff.

zu erfolgen, die sich insbesondere an der Entscheidungspraxis zu Art. XIX GATT zu orientieren hat.

Auch aus Perspektive des Wirtschaftsvölkerrechts sind die Europäische Union wie auch ihre Mitgliedstaaten zu WTO-rechtskonformem Verhalten gem. Art. XVI WTO-Übereinkommen (WTO-Ü) verpflichtet: Jedes WTO-Mitglied hat gem. Art. XVI:4 WTO-Ü dafür Sorge zu tragen, »dass seine Gesetze, sonstigen Vorschriften und Verwaltungsverfahren mit seinen Verpflichtungen aufgrund der als Anlage beigefügten Übereinkommen im Einklang stehen«. Mit dieser Verpflichtung soll die Wirksamkeit des WTO-Übereinkommens gesteigert und durchgesetzt werden.[95]

42

I. Handlungsformen und Rechtsetzungsverfahren

Die EU-Organe Kommission, Rat und Parlament gestalten weitgehend gemeinsam die Außenhandelspolitik der Europäischen Union.[96] Art. 207 Abs. 2 AEUV ermächtigt – wie in der Vergangenheit Art. 133 Abs. 2 EGV – zum **Erlass von Sekundärrecht**: »Das Europäische Parlament und der Rat erlassen durch Verordnungen gemäß dem ordentlichen Gesetzgebungsverfahren die Maßnahmen, mit denen der Rahmen für die Umsetzung der Gemeinsamen Handelspolitik bestimmt wird.« **Grundverordnungen** werden damit im in Art. 294 AEUV vorgesehenen Verfahren erlassen. Das Europäische Parlament ist, anders als noch unter dem Vertrag von Nizza (Art. 133 Abs. 2 EGV), wonach die alleinige Zuständigkeit für die Annahme autonomer Rechtsakte auf Vorschlag der Kommission beim Rat lag, heute im Bereich der Gemeinsamen Handelspolitik ein gleichberechtigtes Gesetzgebungsorgan neben dem Rat.[97]

43

Art. 207 Abs. 2 AEUV schränkt für den Bereich der autonomen Gemeinsamen Handelspolitik das in diesem Bereich zur Verfügung stehende Handlungsinstrumentarium im Vergleich zur früheren Regelung in Art. 133 EGV ein, wenn lediglich »der Rahmen« der Gemeinsamen Handelspolitik festgelegt wird. Dies kann nur durch die Verabschiedung von **(Grund-)Verordnungen** geschehen,[98] d. h. nur durch solche Verordnungen, die die **generell-abstrakten Voraussetzungen** für die nachfolgend zu treffenden handelspolitischen Einzelfallmaßnahmen niederlegen.[99] Zwar war hier »früher« – d.h. bis zum Inkrafttreten des Lissabonner Vertragswerks – der Erlass von Richtlinien möglich,[100] allerdings hat die EG zur Ein- und Ausfuhrregulierung und zur Implementierung völkerrechtlicher Verpflichtungen in das Unionsrecht überwiegend in der Gestalt von Verordnungen gehandelt.[101] Die mit Art. 207 Abs. 2 AEUV erfolgte Einschränkung der zulässigen Rechtsaktform erscheint, insbesondere mit Blick auf den Wortlaut des Art. 207 Abs. 1 AEUV, wonach die **Festlegung der Gemeinsamen Handelspolitik nach »einheitlichen Grundsätzen«** erfolgen soll, konsequent und logisch, da die geforderte Einheitlichkeit durch die Wahl einer anderen in Art. 288 AEUV verankerten Rechtsaktform nicht erzielt würde. Denn während die Verordnung insgesamt verbindlich ist und

44

---

[95] *Siebold*, S. 21.
[96] Ausf. zu den einzelnen Handlungsformen *Kadelbach*, EnzEuR, Bd. 10, § 4, Rn. 89 ff.
[97] Hierzu auch *Herrmann/Streinz*, EnzEuR, Bd. 10, § 11, Rn. 168 ff.
[98] Hierzu *Herrmann*, EuR-Beiheft 3/2004, 175 (198 ff.).
[99] *Cottier/Trinberg*, in: GSH, Europäisches Unionsrecht, Art. 207 AEUV, Rn. 104; *Hahn*, in: Calliess/Ruffert, EUV/AEUV, Art. 207 AEUV, Rn. 90 f.; *Hummer*, in: Vedder/Heintschel v. Heinegg, Europäisches Unionsrecht, Art. 207 AEUV, Rn. 22; *Weiß*, in: Grabitz/Hilf/Nettesheim, EU, Art. 207 AEUV (August 2015), Rn. 112.
[100] Hierzu *Müller-Ibold*, S. 75.
[101] So *Oppermann/Classen/Nettesheim*, Europarecht, § 40, Rn. 19.

in den Mitgliedstaaten unmittelbare Geltung entfaltet, bietet die Richtlinie als umsetzungs- und konkretisierungsbedürftiger Rechtsakt den Mitgliedstaaten einen Spielraum, der die gewünschte Einheitlichkeit gefährden würde.[102]

45 Mit den »Grundverordnungen« werden der Kommission Kompetenzen für den Erlass sog. **Tertiärrechtes zur Durchführungsverwaltung** (vgl. Art. 291 Abs. 2 AEUV) und zum Erlass delegierter Rechtsakte (vgl. Art. 290 AEUV) übertragen. Letztere sind gem. Art. 290 Abs. 1 AEUV auf die Änderung oder Ergänzung »… bestimmter nicht wesentlicher Vorschriften des betreffenden Gesetzgebungsaktes…« beschränkt. Mit solchen Rahmenregelungen im Sinne des Art. 207 Abs. 2 AEUV sind insbesondere die Grundverordnungen über die Abwehr von Dumping[103] und Subventionen,[104] Einfuhr und Ausfuhr (gemeinsamer Zolltarif,[105] Ursprungsregeln,[106] Zollpräferenzen, gemeinsame Einfuhr-[107] und Ausfuhrregelungen,[108] Handelssanktionen gegenüber Drittstaaten, sofern nicht Art. 215 einschlägig ist, sowie Ausfuhrbeihilfen gemeint.[109] Der Kommission ist es damit möglich, kurzfristig und autonom – d. h. ohne Mitwirkung weiterer Unionsorgane – auf Entwicklungen der internationalen Wirtschaft mit **konkreten Einzelfallmaßnahmen** auf der Tertiärrechtsebene zu reagieren. Einzelfallmaßnahmen können nur nach den Regeln der Grundverordnung unter Beachtung der Vorgaben des Art. 291 Abs. 2 AEUV[110] ergriffen werden; ein unmittelbarer Rückgriff auf die im AEUV vorgesehenen Rechtsgrundlagen scheidet aus.[111]

46 Beim Erlass von Durchführungsakten ist der Rat nur im Ausnahmefall zu beteiligen. Die **Regeln für den Erlass von Durchführungsakten** nach Art. 291 Abs. 2 AEUV sind, anders als bei delegierten Rechtsakten nach Art. 290 AEUV, nicht in der Vorschrift selbst verankert, sondern auf Grundlage von Art. 291 Abs. 3 AEUV durch den Rat und das Europäische Parlament mit VO (EU) Nr. 182/2011[112] festgelegt worden. Mit dieser Verordnung werden die alten **Komitologieverfahren** gemäß des Ratsbeschlusses 1999/468/EG[113], mit Ausnahme des Art. 5a, vollständig abgelöst, d. h. auf jeden Basisrechtsakt, der eine Bezugnahme auf den Ratsbeschluss enthält, finden die neuen Regeln

---

[102] *Cottier/Trinberg*, in: GSH, Europäisches Unionsrecht, Art. 207 AEUV, Rn. 103; *Weiß*, in: Grabitz/Hilf/Nettesheim, EU, Art. 207 AEUV (August 2015), Rn. 110.
[103] VO (EU) 2016/1036 vom 8. 6. 2016 über den Schutz gegen gedumpte Einfuhren aus nicht zur Europäischen Union gehörenden Ländern, ABl. 2016, L 176/21.
[104] VO (EU) 2016/1037 vom 8. 6. 2016 über den Schutz gegen subventionierte Einfuhren aus nicht zur Europäischen Union gehörenden Ländern, ABl. 2016, L 176/55.
[105] VO (EWG) Nr. 2658/1987 vom 23. 7.1987 über die zolltarifliche und statistische Nomenklatur sowie den Gemeinsamen Zolltarif, ABl. 1987, L 256/1, zuletzt geändert durch Durchführungs-VO (EU) 2016/1638, ABl. 2016, L 244/1.
[106] Art. 56, 59–61 VO (EU) Nr. 952/2013 vom 9. 10. 2013 zur Festlegung des Zollkodex der Union, ABl. 2013, L 269/1.
[107] VO (EU) 2015/478 vom 11. 3. 2015 über eine gemeinsame Einfuhrregelung, ABl. 2015, L 83/16 (kodifizierte Fassung der VO (EG) Nr. 260/2009, ABl. 2009, L 84/1).
[108] VO (EU) 2015/479 vom 11. 3. 2015 über eine gemeinsame Ausfuhrregelung, ABl. 2015, L 83/34 (kodifizierte Fassung der VO (EG) Nr. 1061/2009, ABl. 2009, L 291/1).
[109] *Müller-Ibold*, in: Lenz/Borchardt, EU-Verträge, Art. 207 AEUV, Rn. 10.
[110] Hierzu *Möllers/von Achenbach*, EuR 2011, 39.
[111] Vgl. EuGH, Urt. v. 7. 5.1987, Rs. 240/84 (NTN Toyo Bearing/Rat), Slg. 1987, 1809, Rn. 21 ff. (hierzu *Friel*, Irish Law Times and Solicitors' Journal 1990, 96).
[112] VO (EU) Nr. 182/2011 vom 16. 2. 2011 zur Festlegung der allgemeinen Regeln und Grundsätze, nach denen die Mitgliedstaaten die Wahrnehmung der Durchführungsbefugnisse durch die Kommission kontrollieren, ABl. 2011, L 55/13.
[113] Beschluß vom 28. 6.1999 zur Festlegung der Modalitäten für die Ausübung der der Kommission übertragenen Durchführungsbefugnisse (1999/468/EG), ABl. 1999, L 184/23.

nach der VO (EU) Nr. 182/2011 automatisch Anwendung. Eine Anpassung bestimmter Basisrechtsakte an den Vertrag von Lissabon durch ein Omnibus-Verfahren ist daher grundsätzlich nicht notwendig. Für die GHP galt der Ratsbeschluss 1999/468/EG jedoch nicht, weshalb die bestehenden Grundverordnungen an das veränderte Verfahren nach dem Vertrag von Lissabon unter VO (EU) Nr. 182/2011 anzupassen waren.[114]

Die **Mitgliedstaaten** wirken über **Kontrollausschüsse** an der Verabschiedung des Ter- 47 tiärrechts mit, Art. 291 Abs. 3 AEUV und VO (EU) Nr. 182/2011. Für die GHP findet grundsätzlich das Prüfverfahren gemäß Art. 2 Abs. 2 Buchst. b Nr. iv VO (EU) Nr. 182/2011 Anwendung, wonach die Kommission einen Durchführungsrechtsakt dann nicht erlässt, wenn der Kontrollausschuss ein ablehnendes Votum mit qualifizierter Mehrheit abgibt (Art. 5 Abs. 3 VO (EU) Nr. 182/2011). Für multilaterale Schutzmaßnahmen, Antidumping- und Ausgleichsmaßnahmen bestehen hingegen Sonderregeln. Gemäß Art. 5 Abs. 4 UAbs. 2 Buchst. a VO (EU) Nr. 182/2011 kann die Kommission selbst dann keine endgültigen multilateralen Schutzmaßnahmen erlassen, wenn sich keine ablehnende qualifizierte Mehrheit findet, vielmehr bedarf es hierzu einer befürwortenden Stellungnahme.[115]

Für **endgültige Antidumping- und Ausgleichsmaßnahmen** sieht Art. 5 Abs. 5 VO 48 (EU) Nr. 182/2011 ein besonderes Verfahren im Berufungsausschuss vor, wonach die Kommission Konsultationen mit den Mitgliedstaaten durchführt, wenn keine Stellungnahme des Ausschusses abgegeben wird aber eine einfache Mehrheit den Durchführungsakt der Kommission ablehnt, und legt sodann den Durchführungsakt dem Berufungsausschuss vor, der nach Art. 6 VO (EU) 182/2011 den Erlass der Maßnahme nur durch eine ablehnende Stellungnahme mit qualifizierter Mehrheit verhindern kann. Vorläufige Antidumpingmaßnahmen kann die Kommission gemäß Art. 8 Abs. 5 VO (EU) Nr. 182/2011 im Dringlichkeitsverfahren erlassen, im Rahmen dessen die Kommission die Mitgliedstaaten nur konsultieren oder unterrichten muss. Die Mitgliedstaaten können erst nach dem Erlass der Maßnahme eine Stellungnahme abgeben.

Für die Durchsetzung des unionalen autonomen Rechts ist die EU auf die Behörden 49 der Mitgliedstaaten (z. B. in Deutschland das Bundesamt für Ein- und Ausfuhrkontrolle) angewiesen (sog. »**mittelbarer Unionsrechtsvollzug**«).[116] Die nationalen Behörden können für den Verwaltungsvollzug auf die im jeweiligen nationalen Recht vorgegebenen Handlungsinstrumente zurückgreifen.

---

[114] Für einige Grundverordnungen erfolgte eine Anpassung durch VO (EU) Nr. 37/2014 vom 15.1.2014 zur Änderung bestimmter Verordnungen zur gemeinsamen Handelspolitik hinsichtlich der Verfahren für die Annahme bestimmter Maßnahmen, ABl. 2014, L 18/1, zuletzt geändert durch VO (EU) 2016/1076, ABl. 2016, L 185/1, und VO (EU) Nr. 38/2014 vom 15.1.2014 zur Änderung bestimmter Verordnungen zur gemeinsamen Handelspolitik hinsichtlich der Übertragung der Befugnis zum Erlass von delegierten Rechtsakten und Durchführungsrechtsakten über bestimmte Maßnahmen, ABl. 2014, L 18/52, zuletzt geändert durch VO (EU) 2016/1076, ABl. 2016, L 185/1. Eine Anpassung für die gemeinsame Ausfuhr- und Einfuhrregelung erfolgte mit Erlass der VO (EU) 2015/479 und VO (EU) 2015/478 am 11.3.2015.
[115] *Scharf*, Das Komitologieverfahren nach dem Vertrag von Lissabon, 2010, S. 36.
[116] *Tietje*, § 15 Außenwirtschaftsrecht, Rn. 12, 101 ff.

II. Autonomes unionales Ausfuhrregime, Ausfuhrfreiheit und Beschränkungsmöglichkeiten, insbesondere durch Sonderregime

1. Grundsatz der Ausfuhrfreiheit und Anwendungsbereich der AusfuhrVO

51 Der Ausfuhrbereich wird zunächst durch eine allgemeine Grundverordnung[117] geregelt, in der eine **allgemeine Ausfuhrfreiheit** festgeschrieben ist (Art. 1): »Die Ausfuhren der Union nach dritten Ländern sind frei, d. h. keinen mengenmäßigen Beschränkungen unterworfen, mit Ausnahme derjenigen, die in Übereinstimmung mit den Vorschriften dieser Verordnung Anwendung finden.« Die Vorschrift ist damit vergleichbar mit der Statuierung der allgemeinen Einfuhrfreiheit, und bildet zusammen mit dieser den Kernbestandteil eines allgemeinen Außenwirtschafts(grund)-rechts.

51 Die **Ausfuhrfreiheit** erstreckt sich grundsätzlich auf **Exporte in alle Drittländer**. Im Gegensatz zur Einfuhrregulierung wird für die Ausfuhrfreiheit nicht zwischen dem Export in WTO-Mitgliedstaaten bzw. Staaten mit und solchen ohne marktwirtschaftlichem Wirtschaftssystem differenziert. Die **Ausfuhrverordnung** gilt für die **unionalen Exportwaren**, d. h. solche Waren, die ihren Ursprung in einem EU-Mitgliedstaat haben oder – im Falle von Drittlandswaren – sich gem. Art. 29 AEUV in der EU im freien Verkehr befinden. Die Ausfuhrverordnung (AusfuhrVO) gilt praktisch für alle gewerblichen und landwirtschaftlichen Erzeugnisse und findet seit dem Auslaufen des EGKS-Vertrags auch Anwendung auf Kohle- und Stahlprodukte.[118] Gemäß Art. 11 Abs. 1 VO (EU) 2015/479 ist die AusfuhrVO auf landwirtschaftliche Erzeugnisse nur ergänzend zu den Regelungen über die gemeinsame Agrarmarktorganisation (Art. 38 ff. AEUV) sowie zu den besonderen Regelungen für landwirtschaftliche Verarbeitungserzeugnisse nach Art. 352 AEUV anwendbar. Auf Waren, die dem Anwendungsbereich des EAGV unterliegen, findet die AusfuhrVO keine Anwendung.[119] Ferner existieren einige, der AusfuhrVO vorgehende, Spezialregelungen für bestimmte Waren, die die grundsätzliche Ausfuhrfreiheit einschränken (hierzu Näheres unter D.II.2.).

52 Verboten ist **jede Beschränkung von Ausfuhren**, d. h. jedes Verbringen von Waren aus der EU.[120] Neben den in Art. 1 AusfuhrVO ausdrücklich angeführten »mengenmäßigen Beschränkungen« sind im Einklang mit Art. XI:1 GATT auch solche Maßnahmen verboten, die sich wie mengenmäßige Beschränkungen der Ausfuhr auswirken.[121] Der EuGH führte hierzu aus, dass die AusfuhrVO, mit dem Ziel der Verwirklichung des Grundsatzes der Ausfuhrfreiheit, die Maßnahmen der Mitgliedstaaten, deren Wirkung einer mengenmäßigen Beschränkung gleichkommt, nicht von ihrem Geltungsbereich ausnehmen könne, weil ihre Anwendung wie im vorliegenden Fall zu einem Ausfuhr-

---

[117] VO (EU) 2015/479.
[118] *Tietje*, § 15 Außenwirtschaftsrecht, Rn. 83; *Obwexer*, EuZW 2002, 517 (523).
[119] *Tietje*, § 15 Außenwirtschaftsrecht, Rn. 83; *Osteneck*, in: Schwarze, EU-Kommentar, Art. 207 AEUV, Rn. 112; zur alten Rechtslage s. *Ehlers/Pünder*, in: Grabitz/Hilf, EU, Bd. V, E 15 (Mai 1999), Rn. 7.
[120] Vgl. insoweit auch die Ausfuhrdefinition in Art. 2 b) Dual-Use-VO (VO (EG) Nr. 428/2009 vom 5. 5. 2009 über eine Gemeinschaftsregelung für die Kontrolle der Ausfuhr, der Verbringung, der Vermittlung und der Durchfuhr von Gütern mit doppeltem Verwendungszweck, ABl. 2009, L 134/1, zuletzt geändert durch Delegierte VO (EU) Nr. 2015/2420, ABl. 2015, L 340/1; s. zum Ausfuhrbegriff auch *Ehrlich*, § 8 Ausfuhr und Verbringung, in: Bieneck (Hrsg.), Handbuch des Außenwirtschaftsrechts mit Kriegswaffenkontrollrecht, 2. Aufl., 2005, S. 190, Rn. 2.
[121] EuGH, Urt. v. 17. 10. 1995, Rs. C–70/94 (Werner), Slg. 1995, I–3189, Rn. 21 f. (s. *Reuter*, RIW 1996, 719); vgl. auch EuGH, Urt. v. 14. 1. 1997, Rs. C–124/95 (Centro-Com), Slg. 1997, I–81, Rn. 60 f. (Besprechung bei *Vedder/Folz*, CMLRev. 25 (1998), 209).

verbot führen kann.[122] Hinsichtlich der Qualität der staatlichen Maßnahme ist allein entscheidend, ob diese »das Verhalten von Unternehmen […] beeinfluss(t) und damit die Ziele der Gemeinschaft vereitel(t)«.[123]

2. Beschränkungsmöglichkeiten und Sonderregime

Für Einzelbereiche wurden spezifische Sonderregime festgeschrieben. Besondere Relevanz im Bereich des Warenexports haben die 53
- Verordnung über die Ausfuhr von Dual-Use-Gütern,[124]
- Verordnung über das Ausfuhrverbot für Folterinstrumente und Hinrichtungsstätten,[125]
- Verordnung zur Kulturgüterausfuhr,[126]
- Verordnung über die Aus- und Einfuhr gefährlicher Chemikalien,[127]
- Feuerwaffenverordnung[128].

Neben diesen warenbezogenen Sonderregimen existieren verschiedene, überwiegend regional begrenzte Beschlüsse der EU über Embargomaßnahmen in Krisensituationen.[129]

a) Schutz- und Überwachungsmaßnahmen nach der allgemeinen AusfuhrVO

Der Grundsatz der Ausfuhrfreiheit kann durch **spezifische Überwachungs- und Schutzmaßnahmen** eingeschränkt werden, wenn eine außergewöhnliche Entwicklung des Marktes dies erfordert. Gemäß Art. 5 und 6 AusfuhrVO kann die Kommission, auf Antrag eines Mitgliedstaates oder von sich aus, Schutzmaßnahmen treffen, um in Krisenzeiten einem Mangel an lebenswichtigen Gütern vorzubeugen oder entgegenzuwirken (Art. 5 Abs. 1, Art. 6 Abs. 1 Buchst. a AusfuhrVO)[130] oder um die von der Union oder den Mitgliedstaaten eingegangenen internationalen Verpflichtungen zu erfüllen (Art. 6 54

---

[122] EuGH, Urt. v. 17.10.1995, Rs. C–70/94 (Werner), Slg. 1995, I–3189, Rn. 21 f., unter Verweis auf die Urteile EuGH, Urt. v. 17.11.1983, Rs. 292/82 (Merck), Slg. 1983, 3781, Rn. 12 und Urt. v. 21.2.1984, Rs. 337/82 (St. Nikolaus Brennerei), Slg. 1984, 1051, Rn. 10 (hierzu *Shaw*, E.L.Rev. 9 (1984), 284).

[123] EuGH, Urt. v. 18.2.1986, Rs. 174/84 (Bulk Oil), Slg. 1986, 559, Rn. 9 (dazu *Dominick*, E.L.Rev. 11 (1986), 466).

[124] VO (EG) Nr. 428/2009.

[125] VO (EG) Nr. 1236/2005 vom 27.6.2005 betreffend den Handel mit bestimmten Gütern, die zur Vollstreckung der Todesstrafe, zu Folter oder zu anderer grausamer, unmenschlicher oder erniedrigender Behandlung oder Strafe verwendet werden können, ABl. 2005, L 200/1, zuletzt geändert durch Delegierte VO (EU) 2015/1113, ABl. 2015, L 182/10.

[126] VO (EG) Nr. 116/2009 vom 18.12.2008 über die Ausfuhr von Kulturgütern, ABl. 2009, L 39/1.

[127] VO (EU) Nr. 649/2012 vom 4.7.2012 über die Aus- und Einfuhr gefährlicher Chemikalien, ABl. 2012, L 201/60, zuletzt geändert durch die Delegierte VO (EU) 2015/2229, ABl. 2015, L 317/13.

[128] VO (EU) Nr. 258/2012 vom 14.3.2012 zur Umsetzung des Artikels 10 des Protokolls der Vereinten Nationen gegen die unerlaubte Herstellung von Schusswaffen, dazugehörigen Teilen und Komponenten und Munition und gegen den unerlaubten Handel damit, in Ergänzung des Übereinkommens der Vereinten Nationen gegen die grenzüberschreitende organisierte Kriminalität (VN-Feuerwaffenprotokoll) und zur Einführung von Ausfuhrgenehmigungen für Feuerwaffen, deren Teile, Komponenten und Munition sowie von Maßnahmen betreffend deren Einfuhr und Durchfuhr, ABl. 2012, L 94/1.

[129] Z. B. VO (EU) Nr. 36/2012 vom 18.1.2012 über restriktive Maßnahmen angesichts der Lage in Syrien und zur Aufhebung der Verordnung (EU) Nr. 442/2011, ABl. 2012, L 16/1, zuletzt geändert durch Durchführungs-VO (EU) 2016/1735, ABl. 2016, L 264/1.

[130] Hierzu auch *Boysen*, EnzEuR, Bd. 10, § 9, Rn. 78 f.

Abs. 1 Buchst. b AusfuhrVO). Die zu treffenden Schutzmaßnahmen können die Ausfuhr von der Vorlage einer **Ausfuhrgenehmigung** abhängig machen (Art. 5 Abs. 1 AusfuhrVO) sowie mengenmäßige Beschränkungen in Form von Ausfuhrkontingenten (Art. 5 Abs. 1 i. V. m. Art. 6 Abs. 3 AusfuhrVO) vorsehen. Die Voraussetzungen der Verordnung,
– ein Mangel an einem lebenswichtigen Gut und
– eine hieraus kausal verursachte Krisenlage, sowie zusätzlich
– eine Bejahung des Unionsinteresses an einer Schutzmaßnahme,
sind nur ganz ausnahmsweise erfüllt. Ein Beispiel im Bereich fossiler Energieträger – Öl und Gas – hatte sich während der ersten Energiekrise 1974 eingestellt.[131] Art. XI:2 (a) und Art. XX GATT sehen entsprechende Regelungen auf der völkerrechtlichen Ebene vor.[132] Weiter kann die Ausfuhrfreiheit durch primärrechtliche Ausnahme- und Sonderregeln sowie durch die EU-Befugnis zum Erlass von Wirtschaftssanktionen (Art. 11 AusfuhrVO) beschränkt werden.

55 Die **Mitgliedstaaten** sind gem. Art. 10 AusfuhrVO ferner dazu berechtigt, mengenmäßige Ausfuhrbeschränkungen zu erlassen, die »aus Gründen der öffentlichen Sittlichkeit, Ordnung und Sicherheit oder zum Schutz der Gesundheit und des Lebens von Menschen, Tieren oder Pflanzen, des nationalen Kulturgutes von künstlerischem, geschichtlichem oder archäologischem Wert oder des gewerblichen oder kommerziellen Eigentums gerechtfertigt sind.« Dies ist aber nur solange möglich, wie die genannten Schutzgüter nicht eine unionsrechtliche Regelung erfahren haben. Diese Vorschrift entspricht Art. 36 AEUV im Binnenmarktbereich. **Ausfuhrbeschränkungen zwischen den Mitgliedstaaten** können im EU-Binnenmarkt bekanntlich durch Art. 36 AEUV gerechtfertigt sein.[133] Art. 36 AEUV selbst kann im Handel mit Drittstaaten aber auf Grund des diesbezüglich eindeutig entgegenstehenden Wortlauts keine Anwendung finden.[134] Der Regelungsvorbehalt des Art. 10 AusfuhrVO ist restriktiv auszulegen, um zu verhindern, dass die Mitgliedstaaten durch Verweis auf diese Norm den Grundsatz der »offenen« Marktwirtschaft mit einzelstaatlichen und protektionistisch wirkenden Maßnahmen unterlaufen.[135] Eine entsprechende nationale Maßnahme darf, angesichts der grundsätzlich garantierten Ausfuhrfreiheit, in ihren »Wirkungen nicht über das hinausgeh(en), was zum Schutz der Interessen, die sie gewährleisten soll, erforderlich ist«.[136]

56 Die AusfuhrVO sieht in den Art. 2–4 ein **Informations- und Konsultationsverfahren** vor, das vor dem Erlass etwaiger Schutzmaßnahmen durchlaufen werden muss. Ist ein Mitgliedstaat infolge einer außergewöhnlichen Entwicklung des Marktes der Auffassung, dass Schutzmaßnahmen erforderlich sein könnten, so muss er die Kommission hierüber informieren (Art. 2 AusfuhrVO). Die Kommission unterrichtet dann die anderen Mitgliedstaaten, womit eine frühzeitige Kenntnisnahme aller Akteure gewähr-

---

[131] *Weiß*, in: Grabitz/Hilf/Nettesheim, EU, Art. 207 AEUV (August 2015), Rn. 156; zu diesem Anwendungsfall von Schutzmaßnahmen vgl. EuGH, Urt. v. 18.2.1986, Rs. 174/84 (Bulk Oil), Slg. 1986, 559, Rn. 21 ff. (dazu *Dominick*, E.L.Rev. 1986, 466).

[132] *Weiß*, in: Grabitz/Hilf/Nettesheim, EU, Art. 207 AEUV (August 2015), Rn. 122.

[133] S. hierzu *Szydlo*, CMLRev. 47 (2010), 753.

[134] *Ehlers/Pünder*, in: Herrmann/Krenzler/Niestedt, EU-Außenwirtschafts- und Zollrecht, Art. 10 Ausfuhr-VO (Oktober 2013), Rn. 11; *Tietje*, § 15 Außenwirtschaftsrecht, Rn. 84.

[135] Vgl. *Tietje*, § 15 Außenwirtschaftsrecht, Rn. 94; insoweit auch *Ehlers/Pünder*, in: Herrmann/Krenzler/Niestedt, EU-Außenwirtschafts- und Zollrecht, Art. 1 Ausfuhr-VO (Oktober 2013), Rn. 4.

[136] EuGH, Urt. v. 17.10.1995, Rs. C–83/94 (Leifer), Slg. 1995, I–3231, Rn. 33 (s. dazu *Reuter, Al.*, RIW 1996, 719); EuGH, Urt. v. 14.1.1997, Rs. C–124/95 (Centro-Com), Slg. 1997, I–81, Rn. 51 (Besprechung bei *Vedder/Folz*, CMLRev. 35 (1998), 209).

leistet ist. Gemäß Art. 3 Abs. 1 AusfuhrVO wird die Kommission bei der Entscheidung über den Erlass einer Maßnahme durch den **Schutzmaßnahmenausschuss**, welcher durch die VO (EU) 2015/478 eingesetzt wurde, unterstützt. Der Schutzmaßnahmenausschuss ist ein Ausschuss i.S.d. VO (EU) Nr. 182/2011. Dieser setzt sich nach Art. 3 Abs. 2 VO (EU) Nr. 182/2011 aus Vertretern der Mitgliedstaaten zusammen. Den Vorsitz führt ein Vertreter der Kommission. An den Abstimmungen im Ausschuss nimmt der Vorsitzende nicht teil. Um die Wirtschafts- und Handelslage einer Ware zu bestimmen, können die Mitgliedstaaten um statistische Angaben über deren Marktlage ersucht werden. Ferner kann die Kommission die Mitgliedstaaten ersuchen, die Ausfuhren dieser Ware gemäß den einzelstaatlichen Rechtsvorschriften und nach von ihr angegebenen Modalitäten zu **überwachen** (Art. 4 AusfuhrVO). Die von der Kommission ergriffenen Maßnahmen können gemäß Art. 5 Abs. 3 und Art. 6 Abs. 2 AusfuhrVO auf gewisse Bestimmungsländer oder Ausfuhrgebiete der Union beschränkt werden. Für den Erlass der Schutzmaßnahmen gilt gemäß Art. 5 Abs. 1 und Art. 6 Abs. 1 i.V.m. Art. 3 Abs. 2 AusfuhrVO das in Art. 5 VO (EU) Nr. 182/2011 niedergelegte Prüfverfahren.[137]

In **besonders dringlichen Fällen** kann die Kommission eine Maßnahme erlassen, ohne dass diese vorher dem Ausschuss unterbreitet wurde (Art. 5 Abs. 1, Art. 3 Abs. 3 AusfuhrVO i.V.m. Art. 8 Abs. 2 VO (EU) Nr. 182/2011. Die Maßnahmen bleiben höchstens für sechs Monate in Kraft (Art. 8 Abs. 2 VO (EU) Nr. 182/2011) und werden dem Ausschuss spätestens 14 Tage nach ihrem Erlass zur Stellungnahme (Art. 8 Abs. 3 VO (EU) Nr. 182/2011) vorgelegt. Bei einer ablehnenden Stellungnahme hebt die Kommission die Maßnahmen unverzüglich auf (Art. 8 Abs. 4 VO (EU) Nr. 182/2011). Das Ergreifen solcher **Eilmaßnahmen** ist der Kommission aber nur im Falle einer durch einen Mangel an lebenswichtigen Gütern bedingten Krisenlage gestattet. Von der Kommission ergriffene Maßnahmen werden dann dem Europäischen Parlament, dem Rat und den Mitgliedstaaten mitgeteilt und sind sofort wirksam (Art. 5 Abs. 2 AusfuhrVO). Gleichzeitig muss die Kommission innerhalb von zwölf Arbeitstagen beschließen, ob sie **endgültige Schutzmaßnahmen** gemäß Art. 6 AusfuhrVO ergreift. Wurden innerhalb von sechs Wochen nach Erlass der vorläufigen Schutzmaßnahmen keine endgültigen Maßnahmen getroffen, so gilt die vorläufige Schutzmaßnahme gemäß Art. 5 Abs. 5 AusfuhrVO als aufgehoben. Im Gegensatz zur Kommission können die Mitgliedstaaten keine solchen wirtschaftspolitisch motivierten vorläufigen Schutzmaßnahmen erlassen. Ursprünglich konnten sie, wie die Kommission, vorläufige Schutzmaßnahmen zur Bewältigung einer Krisensituation treffen.[138] Alle Einschränkungen der Ausfuhrfreiheit müssen aber dem Ziel dienen, drohende Gefahren oder bereits eingetretene und fortwirkende Störungen unter Berücksichtigung des Verhältnismäßigkeitsprinzips abzuwehren. Die Schutzmaßnahmen selbst müssen daher zur Krisenbekämpfung »geeignet« sein, d.h. sie müssen es ermöglichen, entweder einer durch einen Mangel an lebenswichtigen Gütern bedingten Krisenlage vorzubeugen bzw. entgegenzuwirken oder die von der Union oder allen Mitgliedstaaten eingegangenen internationalen Verpflichtungen, insbesondere auf dem Gebiet des Handels mit Grundstoffen, zu erfüllen (vgl. Art. 6 Abs. 1 AusfuhrVO).

57

---

[137] Vgl. zum Ablauf des Prüfverfahrens die Ausführungen unter D.I.
[138] Vgl. Art. 8 VO (EWG) Nr. 2603/69 vom 20.12.1969 zur Festlegung einer gemeinsamen Ausfuhrregelung, ABl. 1969, L 324/25.

b) **Spezielle Ausfuhrregime**
aa) **Dual-Use-Verordnung**

58 Die Ausfuhr von Gütern mit einem zivilen als auch militärischen Verwendungszweck – d. h. »**Güter mit doppeltem Verwendungszweck**« (nachfolgend Dual-Use-Güter) ist in der sog. Dual-Use-Verordnung geregelt.[139] Im Gegensatz zur allgemeinen Ausfuhrverordnung handelt es sich im Dual-Use-Bereich nicht um eine generelle Erlaubnis mit Verbotsvorbehalt, sondern vielmehr um ein generelles **Verbot mit Erlaubnisvorbehalt**.[140] Aus wirtschaftsvölkerrechtlicher Perspektive ist zu beachten, dass Exportbeschränkungen zu begründen sind und verhältnismäßig sein müssen.

59 Als Dual-Use-Güter gelten gem. der **Definition in Art. 2 Nr. 1 Dual-Use-VO** solche Produkte, die sowohl für zivile als auch für militärische Zwecke verwendet werden können. Zu ihnen zählen auch Software und Technologien. Die 2009er Neufassung aktualisiert das Ausfuhrkontrollsystem im Hinblick auf die Pflichten der EU-Mitgliedstaaten aus internationalen Nichtverbreitungsregimen.[141] Die Vorgängerverordnung (EG) Nr. 1334/2000[142] der heutigen VO (EG) Nr. 428/2009 wurde nach zwei Entscheidungen des EuGH aus dem Jahr 1995 erlassen, in denen der EuGH die ausschließliche Zuständigkeit der EG für den Außenhandel mit Dual-Use-Gütern bestätigt hatte.[143] Die Verordnung hilft den Mitgliedstaaten, den Verpflichtungen nachzukommen, die sie in internationalen Ausfuhrkontrollregimen oder als Vertragsstaaten der Nichtverbreitungsverträge und -abkommen, eingegangen sind.[144] Den internationalen Rahmen der Dual-Use-Verordnung bildet das **Wassenaar-Arrangement**,[145] das allerdings keine völkerrechtliche Rechtsverbindlichkeit hat.[146] Auch die Standards der UN-Sicherheitsratsresolution 1540 vom 28. 4. 2004 werden eingehalten. Insbesondere nach den Anschlägen vom 11. 9. 2001 hat sich die Kontrolle der Dual-Use-Güter bei der Bekämpfung der Verbreitung von Massenvernichtungswaffen als einer der wichtigsten Bereiche erwiesen. Die Dual-Use-VO will eine Verbindung der internationalen Sicherheitsbedürfnisse mit den Interessen der auf diesem Gebiet führenden europäischen Industrie erreichen, ohne deren Wettbewerbsfähigkeit zu beeinträchtigen.

60 Die Verordnung legt für alle Mitgliedstaaten der EU eine **einheitliche Güterliste** (Anhang I[147] zur Dual-Use-VO), Genehmigungspflichten und -verfahren für die Ausfuhr und

---

[139] VO (EG) Nr. 428/2009 vom 5. 5. 2009 über eine Gemeinschaftsregelung für die Kontrolle der Ausfuhr, der Verbringung, der Vermittlung und der Durchfuhr von Gütern mit doppeltem Verwendungszweck, ABl. 2009, L 134/1, zuletzt geändert durch Delegierte VO (EU) 2015/2420, ABl. 2015, L 340/1; hierzu z. B. *Hölscher*, RIW 2009, 524; zur Gesamtentwicklung dieses Bereichs vgl. insbes. *Karpenstein*, Europäisches Exportkontrollrecht für Dual-Use-Güter, 1998, S. 289 ff.; zur Neufassung der Dual-Use-Verordnung s. a. *von Portatius*, AW-Prax 2009, 283.

[140] Hierauf hinweisend *Herrmann/Michl*, ZEuS 2008, 81 (124).

[141] *Weiß*, in: Grabitz/Hilf/Nettesheim, EU, Art. 207 AEUV (August 2015), Rn. 147.

[142] VO (EG) Nr. 1334/2000 vom 22. 6. 2000 über eine Gemeinschaftsregelung für die Kontrolle der Ausfuhr von Gütern und Technologien mit doppeltem Verwendungszweck, ABl. 2000, L 159/1, zuletzt geändert durch VO (EG) Nr. 1167/2008, ABl. 2008, L 325/1; zu dieser VO z. B. *Karpenstein*, EuZW 2000, 677.

[143] EuGH, Urt. v. 17. 10. 1995, Rs. C–70/94 (Werner), Slg. 1995, I–3189, Rn. 11; Urt. v. 17. 10. 1995, Rs. C–83/94 (Leifer), Slg. 1995, I–3231, Rn. 10 f.

[144] Insbesondere hat der UN-Sicherheitsrat alle Staaten zur Ergreifung und Durchsetzung von Maßnahmen zur Bekämpfung der Verbreitung von Massenvernichtungswaffen aufgerufen. Vgl. Resolution 1540 v. 28. 4. 2004, abrufbar unter http://www.un.org/Depts/german/sr/sr_03–04/sr1540.pdf (10. 10. 2016); *Hölscher*, RIW 2009, 524 (528 f.).

[145] S. hierzu www.wassenaar.org; hierzu *Hoelscher/Wolffgang*, JWT 32(1) (1998), 45.

[146] Hierzu *Werner*, AW-Prax 1996, 49.

[147] Zuletzt geändert durch Delegierte VO (EU) 2015/2420, ABl. 2015, L 340/1.

die Verbringung von Dual-Use-Gütern sowie für die Vermittlungstätigkeiten in Bezug auf solche Dual-Use-Güter und **Untersagungstatbestände** für ihre Durchfuhr verbindlich fest. Mit der Verordnung wird ein allgemeines »Unionssystem« für die wirksame Kontrolle der Ausfuhr in Drittstaaten sowie für die Kontrollen der Durchfuhr und der Vermittlungstätigkeiten errichtet (Art. 1 Dual-Use-VO).[148] Der Begriff der Ausfuhr wird in Art. 2 Nr. 2 Dual-Use-VO für von Anhang I Dual-Use-VO erfasste Dual-Use-Güter (sowie in § 4 Abs. 2 Nr. 4 AWG für die nationalen Exportkontrollregelungen) definiert. Es handelt sich bei der Ausfuhr um die Lieferung von Gütern aus der EU in ein Drittland, d. h. in ein Gebiet, das außerhalb des europäischen Unionsgebiets liegt. Dabei ist unerheblich, ob das Gut auf gegenständliche Weise geliefert oder, im Fall von Technologie oder Software, in nichtgegenständlicher Form (z. B. elektronisch) übermittelt bzw. zum Zugriff bereitgestellt wird.[149] Daher unterfällt der Ausfuhr auch das Einstellen von Technologie oder Software in das Internet. Der Ausfuhrtatbestand kann gem. Art. 2 Nr. 2 iii) Dual-Use-VO auch bei nicht gegenständlicher Übertragung mittels elektronischer Medien, Fax oder Telefon erfüllt werden.[150] Die Verordnung gilt gem. Art. 7 Dual-Use-VO aber nicht für die **Erbringung von Dienstleistungen** oder die Weitergabe von Technologien, wenn diese mit einem **Grenzübertritt natürlicher Personen** verbunden sind.

Für die in Anhang I der Dual-Use-Verordnung aufgelisteten Güter, ist eine gültige **Ausfuhrgenehmigung** notwendig, die dann in der gesamten EU im Sinne eines **transnationalen Verwaltungsaktes**[151] gültig ist, vgl. Art. 3 Abs. 1 Dual-Use-VO. Exportgenehmigungen im Dual-Use-Bereich werden grundsätzlich, mit Ausnahme der in Anhang II gelisteten Güter (Art. 9 Abs. 1 Dual-Use-VO), von den mitgliedstaatlichen Behörden erteilt. Zuständig für die **Genehmigungserteilung** ist der Mitgliedstaat, in dem der Exporteur niedergelassen ist. Die Mitgliedstaaten können die Genehmigungen allgemein und länderbezogen, aber auch global und unternehmensbezogen ausstellen (Art. 9 Abs. 2 Dual-Use-VO). Für die Genehmigungserteilung ist in der Bundesrepublik Deutschland das **Bundesamt für Wirtschaft und Ausfuhrkontrolle (BAFA)** zuständig.[152] Befinden sich auszuführende Güter allerdings auf dem Territorium anderer Mitgliedstaaten, sind diese zu konsultieren und ihre Einwände für die Behörden des Genehmigungsstaates bindend, Art. 11 Abs. 1 Dual-Use-VO. Wenn eine Ausfuhr den **wesentlichen Sicherheitsinteressen eines Mitgliedstaats** schaden könnte, kann dieser einen anderen – für die Erteilung der Ausfuhrgenehmigung zuständigen – Mitgliedstaat bitten, die Ausfuhrgenehmigung zu verweigern. Für den Fall, dass die Ausfuhrgenehmigung bereits erteilt wurde, kann er den Mitgliedstaat um deren Ungültigkeitserklärung, Aussetzung, Abänderung, Rücknahme oder Widerruf ersuchen (Art. 11 Abs. 2 Dual-Use-VO). In diesem Falle beraten sich beide Mitgliedstaaten umgehend.

Bei der Entscheidung über die Erteilung einer Genehmigung für die Güter des Anhangs I der Dual-Use-VO haben die Mitgliedstaaten ihre Verpflichtungen im Rahmen

---

[148] Zur Durchfuhrkontrolle s. *Angersbach*, AW-Prax 2009, 289; zur Kontrolle von Vermittlungstätigkeiten s. *Werder/Kießler*, AW-Prax 2009, 285.
[149] Hierzu *List*, AW-Prax 2009, 291.
[150] S. ebenfalls *List*, AW-Prax 2009, 291 (292).
[151] *Tietje*, § 15 Außenwirtschaftsrecht, Rn. 104; zum Begriff des transnationalen Verwaltungsaktes s. allg. *Schmidt-Aßmann*, DVBl 1993, 924 (935); *Nessler*, NVwZ 1995, 863 ff.; *Ruffert*, Die Verwaltung 36 (2003), 293.
[152] Verordnung zur Regelung von Zuständigkeiten im Außenwirtschaftsverkehr vom 18. 7. 1977, BGBl. 1977 I, S. 1308; abgedruckt – mit zwischenzeitlich erfolgten Änderungen – bei *Hohmann/John*, Ausfuhrrecht, Kommentar, 2002, Teil 3, Anhang 2 zu § 28 AWG; vgl. auch www.bafa.de.

internationaler Vereinbarungen über die Nichtverbreitung und die Kontrolle sicherheitsempfindlicher Güter,[153] ihre Verpflichtungen im Rahmen von Sanktionen, die der Sicherheitsrat der Vereinten Nationen verhängt hat oder die in anderen internationalen Gremien vereinbart wurden, Überlegungen der nationalen Außen- und Sicherheitspolitik sowie den beabsichtigten Endverbleib und die Gefahr einer Umgehung zu berücksichtigen (vgl. Art. 12 Abs. 1 Dual-Use-VO). Im WTO-Recht besteht eine Rechtfertigungs- bzw. Ausnahmemöglichkeit für entsprechende Exportbeschränkungen in Art. XXI GATT.[154]

63 Für bestimmte Produktgruppen, die im Anhang I der Verordnung aufgeführt sind, wird eine **allgemeine unionsweite Ausfuhrgenehmigung** für privilegierte Länder erteilt (vgl. Anhang IIa: Australien, Japan, Kanada, Neuseeland, Norwegen, Schweiz, einschließlich Liechtenstein, und die USA).[155] Zudem hat die Union mit der Änderungs-VO (EG) Nr. 1232/2011 auf Grundlage des Art. 9 Abs. 1 Dual-Use-VO weitere allgemeine Ausfuhrgenehmigungen erlassen, die in den Anhängen IIb-IIf zu finden sind.[156]

64 Unabhängig von den in Anhang I aufgelisteten Gütern können weitere Waren der Mitgliedstaaten unter ein Genehmigungserfordernis gem. Art. 3 Abs. 2, Art. 4 u. Art. 8 Dual-Use-VO gestellt werden, wenn sie für die Herstellung von ABC-Waffen und Trägersystemen geeignet sind (vgl. Art. 4 Abs. 1 Dual-Use-VO), ihre Ausfuhr einem Embargo unterliegt (Art. 4 Abs. 2 Dual-Use-VO), illegal ist (Art. 4 Abs. 3 Dual-Use-VO) oder aus Gründen der öffentlichen Sicherheit und Ordnung oder des Menschenrechtsschutzes untersagt werden kann (Art. 8 Dual-Use-VO). Diese Erfassung nichtgelisteter Güter durch Genehmigungspflichten für nichtgelistete Güter über sog. »**Catch-All-Clauses**« in Art. 4 Dual-Use-VO unterscheidet in den verschiedenen Tatbeständen nach der missbilligten Endverwendung.[157] Die Genehmigungspflicht für nichtgelistete Güter besteht damit in solchen Fällen, in denen die Güter für bestimmte, sensitive Zwecke verwendet werden oder an bestimmte Empfängerkreise gelangen sollen. Die Catch-All-Klauseln gelten nur unter der Voraussetzung, dass der **Exporteur Kenntnis** von der beabsichtigten Verwendung hat.[158] Hat der Exporteur einen Verdacht dahingehend, dass die Güter für eine Verwendung im Sinne des Art. 4 Abs. 1–3 Dual-Use-VO bestimmt sind, hat er die zuständigen Behörden hierüber zu informieren, die dann über die Genehmigungspflicht entscheiden (Art. 4 Abs. 4 Dual-Use-VO).

65 Über die Vorschriften der Dual-Use-VO hinausgehende **mitgliedstaatliche Regelungen** sind gem. Art. 4 Abs. 5 und Art. 8 Dual-Use-VO zulässig, müssen aber den anderen Mitgliedstaaten sowie der **Kommission notifiziert** werden (Art. 4 Abs. 6, Art. 8 Abs. 2 Dual-Use-VO). Für die von der allgemeinen EU-Ausfuhrgenehmigung ausgenommenen Güter des Anhangs IIg[159] dürfen gemäß Art. 9 Abs. 4 Buchst. a Dual-Use-VO keine nationalen Ausfuhrgenehmigungen erlassen werden.

---

[153] Vgl. die internationalen Nichtverbreitungsvereinbarungen, die Standpunkte der Europäischen Union, der OSZE oder der Vereinten Nationen sowie aus dem Verhaltenskodex der Europäischen Union für Waffenausfuhren.
[154] *Hahn*, Die einseitige Aussetzung von GATT-Verpflichtungen, S. 304 ff.; *Tietje*, § 15 Außenwirtschaftsrecht, Rn. 103.
[155] S. Anhang IIa der VO (EG) Nr. 428/2009, ABl. 2009, L 134/1, zuletzt geändert durch Delegierte VO (EU) 2015/2420, ABl. 2015, L 340/1.
[156] S. dazu *Barowski*, AW-Prax 2009, 292; *Haellmigk*, AW-Prax 2012, 44; *Hohmann*, AW-Prax 2009, 322; Anhang IIb-IIf der VO (EG) Nr. 428/2009.
[157] *Schaefer*, S. 64.
[158] S. *Monreal/Runte*, GewArch 2004, 142 (145).
[159] Vgl. Anhang IIg der VO (EG) Nr. 428/2009. Mit VO (EU) Nr. 1232/2011 vom 16.11.2011 zur Änderung der Verordnung (EG) Nr. 428/2009 des Rates über eine Gemeinschaftsregelung für die

Neben dem grundsätzlichen Genehmigungserfordernis sind die Exporteure gemäß 66
den einzelstaatlichen Rechtsvorschriften des jeweiligen Mitgliedstaates verpflichtet,
Register über ihre Ausfuhren (Registerpflicht) zu führen. Diese Register müssen die
Bezeichnung und Menge, den Namen und die Anschrift des Exporteurs und des Empfängers sowie – sofern bekannt – die Endverwendung und den Endverwender der Güter
enthalten (Art. 20 Abs. 1 Dual-Use-VO). Alle Ausfuhren, die auf der Grundlage allgemeiner Genehmigungen getätigt werden, sind in Deutschland dem BAFA zu melden.
Bei der Meldung sind alle Dual-Use-Güter des Anhangs I mitzuteilen, die unter Verweis
auf die Nutzung der allgemeinen Genehmigungen ausgeführt wurden. Der **Meldezeitraum** besteht aus einem halben Jahr. Die Meldungen sind jeweils für das vorangegangene Halbjahr vollständig einzureichen.

Vermittlungstätigkeiten in Bezug auf die in Anhang I Dual-Use-VO aufgeführten 67
Güter sind grundsätzlich nicht genehmigungspflichtig, es sei denn der Vermittler wird
von der zuständigen Behörde darüber informiert, dass die betreffenden Güter für die in
Art. 4 Abs. 1 Dual-Use-VO erwähnten Verwendungszwecke bestimmt sind. Ebenso hat
der Vermittler, wenn er den Verdacht hat, dass die Güter für einen in Art. 4 Abs. 1
Dual-Use-VO genannten Zweck gedacht sind, die zuständigen Behörden hierüber zu
informieren. Die Behörden entscheiden dann über die Genehmigungspflicht (Art. 5
Abs. 1 Dual-Use-VO). Auch hinsichtlich der Durchfuhr nicht-unionaler Güter besteht
keine Genehmigungspflicht. Vielmehr können die Mitgliedstaaten die Durchfuhr von
Gütern, die für einen der in Art. 4 Abs. 1 Dual-Use-VO genannten Verwendungszwecke
bestimmt sind, untersagen (Art. 6 Abs. 1 Dual-Use-VO).

Der **innerunionale Verkehr von Dual-Use-Gütern** ist ebenfalls grundsätzlich genehmigungsfrei. Eine Ausnahme von der Genehmigungsfreiheit besteht jedoch für die in 68
Anhang IV der Verordnung genannten Güter (Art. 22 Abs. 1 Dual-Use-VO). Für die
innerunionale Verbringung kann zudem eine Genehmigungspflicht seitens der Mitgliedstaaten angeordnet werden, wenn der Exporteur Kenntnis von einer späteren Ausfuhr
des jeweiligen Gutes in ein Drittland erlangt (vgl. Art. 22 Abs. 2 Dual-Use-VO).

bb) Folterinstrumente-Ausfuhr-VO

Zu den Grundsätzen der EU gehört die Wahrung und Achtung der Menschenrechte.[160] 69
Die Verordnung über das **Verbot des Handels mit Folterausrüstung**[161] soll dazu beitragen, Folter wie auch die Anwendung der Todesstrafe oder anderer grausamer, unmenschlicher oder erniedrigender Behandlung oder Strafe in Drittstaaten zu verhindern. Zunächst legt die Anti-Folter-VO Begriffsdefinitionen fest (Art. 2 Anti-Folter-VO)
und stellt sodann ein **grundsätzliches Ein- und Ausfuhrverbot** für bestimmte Gegenstände sowie ein **präventives Ein- und Ausfuhrverbot** mit Genehmigungsvorbehalt bezüglich weiterer Gegenstände fest (Art. 3 und 4 Anti-Folter-VO). Eine Liste der Güter,
die Gegenstand der Verordnung sind, findet sich in den **Anhängen II und III**.[162] Sie kann

---

Kontrolle der Ausfuhr, der Verbringung, der Vermittlung und der Durchfuhr von Gütern mit doppeltem Verwendungszweck, ABl. 2011, L 326/26 wurden neue allgemeine Genehmigungen eingeführt; hierdurch wurde der bisherige Anhang II Teil 2 in Anhang IIg übernommen.

[160] Zur Bedeutung der allgemeinen Unionsziele für den Bereich der GHP s. die Kommentierung *Terhechte*, in: Grabitz/Hilf/Nettesheim, EU, Art. 3 EUV (Mai 2014).

[161] VO (EG) Nr. 1236/2005, zuletzt geändert durch Delegierte VO (EU) 2015/1113, ABl. 2015, L 182/10; hierzu *Bungenberg*, in: Krenzler/Herrmann/Niestedt, EU-Außenwirtschafts- und Zollrecht, Nr. 33. VO (EG) Nr. 1236/2005 (Oktober 2013).

[162] Anhang II und III wurden zuletzt mit der DurchführungsVO (EU) Nr. 775/2014, ABl. 2014, L 210/1 geändert.

von der Kommission gemäß Art. 12 Anti-Folter-VO durch Erlass delegierter Rechtsakte nach Art. 15a Anti-Folter-VO geändert werden, wenn neue Ausrüstungsgegenstände auf den Markt gelangen. Es besteht keine Überschneidung der Anhänge II und III der Anti-Folter-VO mit Anhang I der Dual Use-VO, ebenso wenig mit den Genehmigungspflichten nach der Außenwirtschaftsverordnung. Soweit allerdings Embargomaßnahmen einschlägig sind, sind diese vorrangig zu beachten.[163]

70 Unabhängig von der Herkunft der Güter, verbietet die Verordnung jegliche Ein- oder Ausfuhr von Ausrüstungsgegenständen, die außer zur Vollstreckung der Todesstrafe oder zum Zwecke der Folter und anderer grausamer, unmenschlicher oder erniedrigender Behandlung oder Strafe praktisch nicht zu verwenden sind (vgl. Art. 3 Abs. 1 Anti-Folter-VO und Anhang II). Es können hiervon keine **Ausnahmegenehmigungen** erteilt werden. Gegenstände, die ausschließlich zur öffentlichen Ausstellung im Museum verwendet werden, fallen nicht unter das Ausfuhrverbot (Art. 3 Abs. 2 Anti-Folter-VO).

71 Für bestimmte, in Anhang III gelistete Güter,[164] können Ausfuhrgenehmigungen erteilt werden. Die Ausfuhr dieser Güter wird damit unter eine Genehmigungspflicht gestellt. Eine **Genehmigung durch mitgliedstaatliche Behörden** kann erteilt werden, wenn nachgewiesen wird, dass neben den zuvor angeführten Verwendungsmöglichkeiten auch legitime Verwendungszwecke bestehen. Die mitgliedstaatlichen Behörden sollen Bedingungen festlegen, die sie für notwendig erachten, um zu verhindern, dass solche Ausrüstungen zur Vollstreckung der Todesstrafe, zu Folter oder zu anderer grausamer, unmenschlicher oder erniedrigender Behandlung verwendet werden. Bei den in **Anhang III** gelisteten Gütern bedarf es keiner Genehmigung, wenn sie durch das Zollgebiet der Union lediglich durchgeführt werden (Art. 5 Abs. 1 Satz 2 Anti-Folter-VO). Die in Anhang III aufgeführten Güter unterliegen nicht der Genehmigungspflicht, sofern sie von militärischem oder zivilem Personal eines EU-Mitgliedstaats verwendet werden und dieses Personal an einer Friedenssicherungsmaßnahme oder Krisenmanagementoperation der EU oder der Vereinten Nationen in dem betreffenden Drittland oder an einer Operation teilnimmt, die auf der Grundlage eines Abkommens zwischen Mitgliedstaaten und Drittländern im Bereich der Verteidigung durchgeführt wird (Art. 5 Abs. 3 Anti-Folter-VO). Den **Mitgliedstaaten** ist es gemäß Art. 7 Anti-Folter-VO gestattet, einzelstaatliche Maßnahmen zu beschließen oder aufrechtzuerhalten und damit über das Schutzniveau der Anti-Folter-VO hinauszugehen. So ist es ihnen z. B. erlaubt, ein Verbot für die Aus- und Einfuhr von Fußeisen, Mehr-Personen-Fesseln und tragbaren Elektroschock-Geräten zu beschließen oder aufrechtzuerhalten (Art. 7 Abs. 1 Anti-Folter-VO). Gehen die Mitgliedstaaten über das Schutzniveau der Verordnung hinaus, müssen sie der Kommission alle getroffenen Maßnahmen mitteilen (Art. 7 Abs. 3 Anti-Folter-VO).

72 Für die **Erteilung einer Ausfuhrgenehmigung** sind die **Behörden des Mitgliedstaats** zuständig, in dem der Antragsteller seinen Sitz hat (s. Art. 8 Abs. 1 Anti-Folter-VO,

---

[163] Bundesamt für Wirtschaft und Ausfuhrkontrolle, Stand: Januar 2012, abrufbar unter: http://www.ausfuhrkontrolle.info/ausfuhrkontrolle/de/arbeitshilfen/merkblaetter/merkblatt_vo2005_1236.pdf (10.10.2016).

[164] »1. Güter, konstruiert zur Fesselung von Menschen, wie folgt: […] 2. Waffen und Geräte, konstruiert zur Bekämpfung von Ausschreitungen und Unruhen oder zum Selbstschutz, wie folgt, […] 3. Waffen und Ausrüstungen zur Ausbringung handlungsunfähig machender oder reizender chemischer Substanzen zur Bekämpfung von Ausschreitungen und Unruhen oder zum Selbstschutz sowie bestimmte zugehörende Substanzen, wie folgt: […] 4. Erzeugnisse, die zur Hinrichtung von Menschen durch tödliche Injektion eingesetzt werden können, wie folgt: […] 5. Bestandteile, konstruiert für Güter, die zur Hinrichtung von Menschen konstruiert wurden, wie folgt:«.

Anhang I). Der Antragsteller muss der zuständigen Behörde alle für die Erteilung der Genehmigung notwendigen Informationen vorlegen (Art. 8 Abs. 2 Anti-Folter-VO). In der Bundesrepublik Deutschland ist das **Bundesamt für Wirtschaft und Ausfuhrkontrolle (BAFA)** zuständig.[165] In welchem EU-Staat sich das auszuführende Gut befindet oder in welchen EU-Staat das Gut eingeführt werden soll, ist dagegen für die Zuständigkeit unerheblich. Die zuständigen Behörden treffen Einzelfallentscheidungen und haben die Verpflichtung, »alle relevanten Aspekte« zu beachten. Insbesondere haben die Behörden die Entscheidungspraxis der anderen mitgliedstaatlichen Behörden zu berücksichtigen (Art. 6 Abs. 1 Anti-Folter-VO). Gemäß Art. 9 Abs. 1 Anti-Folter-VO gelten die erteilten Genehmigungen in der gesamten EU, d. h. im Sinne eines transnationalen Verwaltungsaktes.

cc) Kulturgüter-Ausfuhrverordnung

Nach der sog. Kulturgüterausfuhrverordnung[166] dürfen Kulturgüter nur mit Genehmigung des jeweiligen Mitgliedstaats ausgeführt werden. Zweck der Verordnung ist die einheitliche Kontrolle der Ausfuhr von Kulturgütern an den Außengrenzen der Europäischen Union mittels einer Ausfuhrgenehmigung, vgl. Art. 1, Art. 2 u. Art. 4.[167] Diese Rahmenverordnung belässt den Mitgliedstaaten weitreichende Befugnisse bei der konkreten Anwendung.[168] Die Durchführungs-VO (EU) Nr. 1081/2012[169] konkretisiert die Genehmigungserteilung. **73**

Solche Kulturgüter, die in Anhang I der Verordnung mit der Festlegung bestimmter Kategorien von Kulturgütern gelistet sind, unterfallen grundsätzlich einem mitgliedstaatlichen Genehmigungserfordernis, unabhängig davon, ob die Sache als **nationales Kulturgut** eingestuft worden ist. Eine solche Genehmigung entfaltet als transnationaler Verwaltungsakt Wirkung in allen Mitgliedstaaten der Europäischen Union (Art. 2 Abs. 3 KulturgüterausfuhrVO). Die Ausfuhrgenehmigung kann auf Antrag des Exporteurs erteilt werden (Art. 2 Abs. 2 KulturgüterausfuhrVO). Diese kann von den mitgliedstaatlichen Behörden verweigert werden, wenn das betreffende Kulturgut unter eine mitgliedstaatliche »Rechtsvorschrift zum Schutz nationalen Kulturguts von künstlerischem, geschichtlichem oder archäologischem Wert« fällt (Art. 2 Abs. 2 UAbs. 3 KulturgüterausfuhrVO). Somit besteht auch hier ein grundsätzliches Ausfuhrverbot mit Erlaubnisvorbehalt. Die Genehmigung wird daher normalerweise nicht von den Zollbehörden erteilt, vielmehr sind die Kulturgutschutzbehörden der Länder oder von ihnen beauftragte Einrichtungen für die Erteilung der Ausfuhrgenehmigungen zuständig.[170] Liegt die Genehmigung vor, so darf das bezeichnete Kulturgut das Gebiet der EU verlassen. Fehlt die Genehmigung, dann ist die Ausfuhr auch dann zu unterbinden, **74**

---

[165] www.bafa.de.
[166] VO (EG) Nr. 116/2009 vom 18.12.2008 über die Ausfuhr von Kulturgütern, ABl. 2009, L 39/1, die die VO (EWG) Nr. 3911/92, ABl. 1992, L 395/1 ersetzt hat; s. zu dieser VO *Martiny*, IPRax 2012, 559.
[167] *Weiß*, in: Grabitz/Hilf/Nettesheim, EU, Art. 207 AEUV (August 2015), Rn. 150.
[168] *Tietje*, § 15 Außenwirtschaftsrecht, Rn. 115.
[169] DurchführungsVO (EU) Nr. 1081/2012 vom 9.11.2012 zu der VO (EU) Nr. 116/2009 des Rates über die Ausfuhr von Kulturgütern, ABl. 2012, L 324/1.
[170] Vgl. hierzu die Datenbank unter http://www.kulturgutschutz-deutschland.de/cln_103/sid_99FABBC02FEF6B7DDE133C784A86CC09/DE/4_Ansprechpartner/4_ansprechpartner_node.html (10.10.2016).

wenn es sich um Kulturgut aus einem anderen Mitgliedstaat handelt.[171] Jeder Mitgliedstaat wird damit auch zum **Hüter des Kulturguts** aus anderen Mitgliedstaaten.[172] Kulturgüter können an allen Zollstellen abgefertigt werden. Bei Ausfuhren in Drittländer kann jede an der Ausfuhr beteiligte Zollstelle eine kulturgutrechtliche Kontrolle durchführen.

75 Was der Anhang nicht nennt, bleibt aus dem europarechtlichen Genehmigungsvorbehalt ausgeklammert und darf (aus europarechtlicher Perspektive) genehmigungsfrei aus der EU ausgeführt werden.[173] Die Ausfuhr darf dann aber unter einen autonom nationalen Genehmigungsvorbehalt gestellt werden.[174] Die von Anhang I der Verordnung nicht erfassten Gegenstände können daher auch unter mitgliedstaatliche Exportverbote gestellt werden (vgl. auch Art. 2 Abs. 4 KulturgüterausfuhrVO).[175]

76 Für die **innerunionale Verbringung von Kulturgütern** findet die Warenverkehrsfreiheit mit dem Regelungsregime der Art. 34 und 36 AEUV Anwendung, dies wird mit Art. 1 der KulturgüterausfuhrVO bestätigt.

dd) Feuerwaffenausfuhr

77 Am 30. 9. 2013 trat die Feuerwaffenverordnung (Verordnung (EU) Nr. 258/2012[176]) in Kraft. Diese enthält einheitliche Regelungen zur Erteilung von Ausfuhrgenehmigungen sowie für Maßnahmen hinsichtlich der Einfuhr und Durchfuhr bestimmter Schusswaffen, deren Teilen und wesentlichen Komponenten und Munition (Art. 1 FeuerwaffenVO). Ab diesem Zeitpunkt bedürfen Ausfuhren der in Anhang I dieser Verordnung genannten **Schusswaffen** nach Art. 4 Abs. 1 der FeuerwaffenVO einer Genehmigung. Bereits vorher hat Genehmigungspflicht nach § 8 Abs. 1 der Außenwirtschaftsverordnung (AWV) für bestimmte Waffen in Deutschland bestanden. Vom Anwendungsbereich der FeuerwaffenVO ausgenommen sind gemäß Art. 3 Abs. 1 zwischenstaatliche Transaktionen oder staatliche Transfers, Feuerwaffen, die für militärische Zwecke konstruiert oder für bewaffnete Streitkräfte, die Polizei oder mitgliedstaatliche Behörden bestimmt sind, deaktivierte Feuerwaffen sowie antike Feuerwaffen. Darüber hinaus gilt die **FeuerwaffenVO** auch nicht für »Sammler und Einrichtungen mit einem kulturellen und historischen Interesse an Feuerwaffen…« (Art. 3 Abs. 1 Buchst. d). Vor Erteilung einer Ausfuhrgenehmigung muss der betreffende Mitgliedstaat überprüfen, dass die Einfuhr der Feuerwaffen durch das Einfuhrdrittland genehmigt wurde bzw. etwaige Durchfuhrdrittländer keine Einwände gegen die Durchfuhr der Feuerwaffen haben (Art. 7 Abs. 1 FeuerwaffenVO). Dem Exporteur obliegt die Pflicht, den zuständigen Behörden die erforderlichen Nachweise hierüber vorzulegen (Art. 7 Abs. 3 FeuerwaffenVO). Bei der Entscheidung über die Erteilung einer Ausfuhrgenehmigung haben die Mitgliedstaaten alle sachdienlichen Erwägungen zu beachten, insbesondere ihre Ver-

---

[171] *Mußgnug*, EuR 2000, 564 (566 f.).
[172] *Mußgnug*, EuR 2000, 564 (567).
[173] *Mußgnug*, EuR 2000, 564 (566).
[174] Vgl. *Tietje*, § 15 Außenwirtschaftsrecht, Rn. 116.
[175] Hierzu ausf. *Schaefer*, S. 235 ff.
[176] VO (EU) Nr. 258/2012 vom 14. 3. 2012 zur Umsetzung des Artikels 10 des Protokolls der Vereinten Nationen gegen die unerlaubte Herstellung von Schusswaffen, dazugehörigen Teilen und Komponenten und Munition und gegen den unerlaubten Handel damit, in Ergänzung des Übereinkommens der Vereinten Nationen gegen die grenzüberschreitende organisierte Kriminalität (VN-Feuerwaffenprotokoll) und zur Einführung von Ausfuhrgenehmigungen für Feuerwaffen, deren Teile, Komponenten und Munition sowie von Maßnahmen betreffend deren Einfuhr und Durchfuhr, ABl. 2012, L 94/1.

pflichtungen aus internationalen Ausfuhrkontrollvereinbarungen oder internationalen Verträgen, Überlegungen der nationalen Außen- und Sicherheitspolitik sowie Überlegungen über die beabsichtigte Endverwendung der Feuerwaffen, den Empfänger und die Gefahr einer Umlenkung (Art. 10 Abs. 1 FeuerwaffenVO). Eine Ausfuhrgenehmigung ist gemäß Art. 9 Abs. 1 FeuerwaffenVO nicht erforderlich für die vorübergehende Ausfuhr oder die Wiederausfuhr von Feuerwaffen durch Jäger- oder Sportschützen zur Teilnahme an einer Jagd- oder Schießsportveranstaltung. Darüber hinaus ist es den Mitgliedstaaten gemäß Art. 9 Abs. 2 FeuerwaffenVO gestattet, vereinfachte Verfahren für die Wiederausfuhr oder vorübergehende Ausfuhr von Feuerwaffen, beispielsweise zur Reparatur, festzulegen.

III. Autonomes unionales Einfuhrregime, Einfuhrfreiheit und Schutzmaßnahmen

1. Grundsatz der Einfuhrfreiheit und Anwendungsbereich der EinfuhrVO

Das Einfuhrregime setzt sich mit der Verbringung von vornehmlich Waren mit Ursprung in Drittstaaten in das Zollgebiet der Europäischen Union auseinander. Art. 1 Abs. 2 VO (EU) 2015/478[177] legt für die Einfuhr von Waren aus Ländern mit Marktwirtschaft im Bereich der nicht-tarifären Maßnahmen ausdrücklich den **Grundsatz der Einfuhrfreiheit** fest: »Die Einfuhr der in Abs. 1 genannten Waren in die Union ist frei und unterliegt mithin […] keinen mengenmäßigen Beschränkungen.« Die allgemeine Einfuhrfreiheit gilt für alle Einfuhren, für die keine Sonderregelungen bestehen. Ausgenommen sind Waren aus bestimmten Drittländern, auf die eine spezielle gemeinsame Einfuhrregelung Anwendung findet. Eine grundsätzliche Einfuhrfreiheit in den Rechtsordnungen der WTO-Mitglieder ist bereits mit dem **»tariffs only«-Ansatz**[178] der WTO angelegt, der insbesondere in Art. XI:1 GATT zum Ausdruck kommt.[179] 78

Unter **Einfuhr** versteht man die Verbringung von Waren in das Gebiet der EU mit Überführung in den zollrechtlich freien innerunionalen Verkehr. Es handelt sich mithin um die grundsätzliche Befreiung bzw. den Schutz vor nicht-tarifären Maßnahmen. Tarifäre Maßnahmen können aber trotz des Grundsatzes der allgemeinen Einfuhrfreiheit festgelegt werden, soweit sie im Einklang mit den völkerrechtlichen Verpflichtungen der Europäischen Union stehen.[180] Die Einfuhrverordnung liberalisiert damit grundsätzlich sämtliche Einfuhren aus Drittstaaten mit Marktwirtschaft bezüglich mengenmäßiger Beschränkungen. 79

Die Einfuhren aus Nicht-WTO-Mitgliedsländern werden allerdings weiterhin nach der VO (EU) 2015/755[181] behandelt. **Weitere Ausnahmen** gelten für Textilwaren und Agrarprodukte (vgl. Art. 25 Abs. 1 VO (EU) 2015/478), ebenso wie für u.a. Chemika- 80

---

[177] VO (EU) 2015/478 vom 11.3.2015 über eine gemeinsame Einfuhrregelung, ABl. 2015, L 83/16, ersetzt VO (EG) Nr. 260/2009 des Rates vom 26.2.2009 über die gemeinsame Einfuhrregelung, ABl. 2009, L 84/1.

[178] Vgl. hierzu *Berrisch*, Das Allgemeine Zoll- und Handelsabkommen (GATT 1994), Rn. 143 ff.

[179] Art. XI:1 GATT verpflichtet alle WTO-Mitglieder, dass »außer Zöllen, Abgaben und sonstigen Belastungen […] eine Vertragspartei bei der Einfuhr einer Ware aus dem Gebiet der anderen Vertragspartei […] Verbote oder Beschränkungen, sei es in Form von Kontingenten, Einfuhr- und Ausfuhrbewilligungen oder in Form von anderen Maßnahmen, weder erlassen noch beibehalten« darf.

[180] Ausf. zur allgemeinen Einfuhrfreiheit: *Boysen*, EnzEuR, Bd. 10, § 9, Rn. 82 f.

[181] VO (EU) 2015/755 vom 29.4.2015 über eine gemeinsame Regelung der Einfuhren aus bestimmten Drittländern, ABl. 2015, L 123/33.

lien, bestimmte Rohstoffe wie Holz und Diamanten, Tiere und Tierprodukte, auf Grund der zunehmenden Berücksichtigung von ökologischen und sozialen Kriterien im gesamten unionalen Außenwirtschaftsrecht.

2. Allgemeine Beschränkungsmöglichkeiten der Einfuhrfreiheit und Sonderregime

81 Der Grundsatz der allgemeinen Einfuhrfreiheit ist zwar in der gemeinsamen Einfuhrverordnung explizit zum Ausdruck gebracht, wird aber durch eine Mehrzahl von Ausnahmeregelungen und Sonderregime durchbrochen. Maßgebliche Rechtsakte im Bereich der Importverwaltung neben der gemeinsamen allgemeinen Einfuhrverordnung[182] sind die
– Verordnung über die Einfuhr aus bestimmten Drittstaaten,[183]
– Verordnung über die Einfuhr von Textilwaren,[184]
– Regelungen über Handelsbeschränkungen aus Gründen des Tier- und Umweltschutzes,[185]
– Regelungen über Handelsmaßnahmen aus Gründen des Menschenrechtsschutzes,[186]
– Verordnung zur Durchsetzung der Rechte geistigen Eigentums,[187]
– Verordnung über die Einfuhr von Chemikalien.[188]

a) Schutz- und Überwachungsmaßnahmen nach der allgemeinen EinfuhrVO

82 Eine **Einschränkung der allgemeinen Einfuhrfreiheit** ist aus **ökonomischen Erwägungen** möglich.[189] Es können **Überwachungsmaßnahmen** wie auch **Schutzmaßnahmen** vorgesehen werden.[190] Hierfür ist allerdings ein vorheriges Untersuchungsverfahren erfor-

---

[182] VO (EU) 2015/478.
[183] VO (EU) 2015/755.
[184] VO (EU) 2015/936 vom 9.6.2015 über die gemeinsame Regelung der Einfuhren von Textilwaren aus bestimmten Drittländern, die nicht unter bilaterale Abkommen, Protokolle, andere Vereinbarungen oder eine spezifische Einfuhrregelung der Union fallen, ABl. 2015, L 160/1.
[185] Vgl. z.B. VO (EG) Nr. 1007/2009 vom 16.9.2009 über den Handel mit Robbenerzeugnissen, ABl. 2009, L 286/36, zuletzt geändert durch VO (EU) 2015/1775, ABl. 2015, L 262/1.
[186] Vgl. z.B. Art. 9 Abs. 1 Buchst. d VO (EG) Nr. 980/2005 vom 27.6.2005 über ein Schema allgemeiner Zollpräferenzen, ABl. 2005, L 169/1, zuletzt geändert durch VO (EG) Nr. 55/2008, ABl. 2008, L 20/1; VO (EG) Nr. 1889/2006 vom 20.12.2006 zur Einführung eines Finanzierungsinstruments für die weltweite Förderung der Demokratie und der Menschenrechte – (Europäisches Instrument für Demokratie und Menschenrechte), ABl. 2006, L 386/1, zuletzt geändert durch VO (EU) Nr. 1340/2011, ABl. 2011, L 347/32.
[187] VO (EU) Nr. 608/2013 vom 12.6.2013 zur Durchsetzung der Rechte geistigen Eigentums durch die Zollbehörden und zur Aufhebung der Verordnung (EG) Nr. 1383/2003 des Rates, ABl. 2013, L 181/15, zuletzt geändert mit DurchführungsVO (EU) Nr. 1352/2013, ABl. 2013, L 341/10.
[188] VO (EG) Nr. 1907/2006 vom 18.12.2006 zur Registrierung, Bewertung, Zulassung und Beschränkung chemischer Stoffe (REACH), zur Schaffung einer Europäischen Agentur für chemische Stoffe, zur Änderung der Richtlinie 1999/45/EG und zur Aufhebung der Verordnung (EWG) Nr. 793/93 des Rates, der Verordnung (EG) Nr. 1488/94 der Kommission, der Richtlinie 76/769/EWG des Rates sowie der Richtlinien 91/155/EWG, 93/67/EWG, 93/105/EWG und 2000/21/EG der Kommission, ABl. 2006, L 396/1, zuletzt geändert durch VO (EU) 2016/1688, ABl. 2016, L 255/14; siehe zur REACH-Verordnung *Ingerowski*, Die REACH-Verordnung, 2010, S. 1 ff.; *Kleineweischede*, BPUVZ 2012, 474; *ders.*, BPUVZ 2012, 526; *Poppe*, Grenzen regulativer Eingriffe der Europäischen Union in die Marktfreiheit des Unionsrechts, 2011, S. 1 ff.; *Raupach*, Der sachliche Anwendungsbereich der REACH-Verordnung, 2011, S. 1 ff.; *Steinbach*, StoffR 2012, 153; s.a. EuGH, Urt. v. 7.7.2009, Rs. C–558/07 (SPCM u.a.), Slg. 2009, I–5783; *Bronckers/Van Gerven*, CMLRev. 46 (2009), 1823.
[189] Generell zu Beschränkungen von Einfuhren *Vignarajah*, JWT 43(4) (2009), 771.
[190] Siehe hierzu auch *Boysen*, EnzEuR, Bd. 10, § 9, Rn. 84 ff.

derlich, welches im Einklang mit den wirtschaftsvölkerrechtlichen Vorgaben des Art. XIX GATT 1947 und dem Übereinkommen über Schutzmaßnahmen[191] auszugestalten ist. Hiernach sind Ausnahmemöglichkeiten für politische Schutzmaßnahmen im Fall von Marktstörungen möglich, wenn die in der WTO eingegangenen Verpflichtungen und Konzessionen im Gebiet einer Vertragspartei zu einem derart starken Ansteigen der Importmengen geführt haben, »dass dadurch den inländischen Produzenten gleichartiger oder unmittelbar konkurrierender Waren […] ein ernsthafter Schaden zugeführt wird oder zugefügt zu werden droht, […]«. In diesem Fall steht der geschädigten Vertragspartei das Recht zu, eingegangene Zugeständnisse ganz oder teilweise zurückzunehmen oder zu ändern. Diese Vorschrift ist vielfach Gegenstand von Handelsstreitigkeiten gewesen.[192]

Die EinfuhrVO sieht in Art. 2 und 3 ein **Informations- und Konsultationsverfahren** vor, das vor dem Erlass etwaiger Überwachungs- und Schutzmaßnahmen durchlaufen werden muss. Erfordert die Entwicklung der Einfuhren den Erlass von Überwachungs- und Schutzmaßnahmen, so teilen die Mitgliedstaaten dies der Kommission mit. Die mitgliedstaatliche Mitteilung, welche durch die Kommission unverzüglich an alle Mitgliedstaaten weitergeleitet wird, muss die notwendigen Nachweise gemäß den in Art. 9 EinfuhrVO festgelegten Kriterien enthalten (Art. 2 EinfuhrVO). Bei allen zu treffenden Entscheidungen bezüglich dem Erlass von Überwachungs– und Schutzmaßnahmen wird die Kommission gemäß Art. 3 Abs. 1 EinfuhrVO von einem Schutzmaßnahmenausschuss unterstützt, welcher einen Ausschuss im Sinne der VO (EU) Nr. 182/2011 darstellt.[193] Ferner ist gemäß Art. 4 Abs. 1 EinfuhrVO vor Anwendung einer Schutzmaßnahme ein Untersuchungsverfahren durchzuführen. Dieses ist innerhalb eines Monats nach Mitteilung des jeweiligen Mitgliedstaates einzuleiten, wenn es im Rahmen des Konsultationsverfahrens für die Kommission ersichtlich ist, dass ausreichende Nachweise für eine Einleitung gegeben sind (Art. 5 Abs. 1 EinfuhrVO). **Ziel**

83

---

[191] Agreement on Safeguards, (WTO-GATT 1994), ABl. 1994, L 336/184. S. hierzu ausf. *Berrisch*, Das Übereinkommen über Schutzmaßnahmen.

[192] Vgl. z.B. WTO Appellate Body Report, 14.12.1999, WT/DS98/AB/R – Korea – Definitive Safeguard Measures on Imports of Certain Dairy Products (Korea Dairy Products); WTO Appellate Body Report, 14.12.1999, WT/DS121/AB/R – Argentina – Safeguard Measures on Imports of Footwear (Argentina Footwear); WTO Appellate Body Report, 22.12.2000, WT/DS166/AB/R – United States – Definitive Safeguard Measures on Imports of Wheat Gluten from the European Communities (US – Wheat Gluten); WTO Appellate Body Report, 1.5.2001, WT/DS177/AB/R, WT/DS178/AB/R – United States – Safeguard Measures on Imports of Fresh, Chilled or Frozen Lamb Meat from New Zealand and Australia (US – Lamb); WTO Appellate Body Report, 8.10.2001, WT/DS192/AB/R – United States – Transitional Safeguard Measure on Combed Cotton Yarn from Pakistan (US – Cotton Yarn); WTO Appellate Body Report, 15.2.2002, WT/DS202/AB/R – United States – Definitive Safeguard Measures on Imports of Circular Welded Carbon Quality Line Pipe from Korea (US – Line Pipe); WTO Appellate Body Report, 10.11.2003, WT/DS248/AB/R, WT/DS249/AB/R, WT/DS251/AB/R, WT/DS252/AB/R, WT/DS253/AB/R, WT/DS254/AB/R, WT/DS258/AB/R, WT/DS259/AB/R – United States – Definitive Safeguard Measures on Imports of Certain Steel Products (US – Steel Safeguards); WTO Appellate Body Report, 5.9.2011, WT/DS399/AB/R – United States – Measures affecting Imports of Certain Passenger Vehicle and Light Truck Tyres from China (US – Tyres (China)); WTO Panel Report, 31.1.2012, WT/DS415/R, WT/DS416/R, WT/DS417/R, WT/DS418/R – Dominican Republic – Safeguard Measures on Imports on Polypropylene Bags and Tubular Fabric (Dominican Republic – Safeguard Measures); WTO Panel Report, 14.2.2003, WT/DS238/R – Argentina – Definitive Safeguard Measure on Imports of Reserved Peaches (Argentina – Preserved Peaches); WTO Panel Report, 26.6.2015, WT/DS468/R – Ukraine – Definitive Safeguard Measures on Certain Passenger Cars (Ukraine – Passenger Cars).

[193] Vgl. hierzu die Ausführungen unter D.II.2.a).

des Untersuchungsverfahrens ist es, festzustellen, ob den betreffenden EU-Herstellern durch die Einfuhr der betreffenden Waren eine bedeutende Schädigung entsteht oder zu entstehen droht (Art. 4 Abs. 2 EinfuhrVO). Im Rahmen des Untersuchungsverfahrens überprüft die Kommission unter anderem den Umfang der Einfuhren, die Preisentwicklung und die Auswirkungen auf die Hersteller in der Europäischen Union (vgl. Art. 9 EinfuhrVO). Diese Untersuchung darf höchstens neun Monate dauern. Ist die Kommission der Auffassung, dass Überwachungs- und Schutzmaßnahmen nicht notwendig sind, so wird die Untersuchung gemäß Art. 3 Abs. 2 EinfuhrVO i. V. m. Art. 4 VO (EU) Nr. 182/2011[194] durch die Kommission beendet. Hält die Kommission hingegen Überwachungs- und Schutzmaßnahmen für erforderlich, so fasst sie die gemäß Kapitel IV und V der EinfuhrVO notwendigen Beschlüsse (Art. 6 EinfuhrVO). Ein förmliches Antragsrecht wird den betroffenen Unternehmen/Wirtschaftszweigen mit der EinfuhrVO ebenso wenig wie der Anspruch auf die Durchführung eines Untersuchungsverfahrens eingeräumt.[195]

84 Gemäß Art. 10 Abs. 1 EinfuhrVO ist es möglich, die Einfuhr einer Ware gem. Kapitel IV unter eine **EU-Überwachung** zu stellen, wenn die Entwicklung des Marktes für diese Ware die EU-Hersteller gleichartiger oder konkurrierende Erzeugnisse zu schädigen droht und das Unionsinteresse dies erfordert. Eine Überwachung kann nachträglich durch eine »statistische Überwachung« (Art. 10 Abs. 1 Buchst. a EinfuhrVO) oder vorher durch das Erfordernis der Vorlage eines durch eine zuständige mitgliedstaatliche Behörde ausgestellten Überwachungsdokument als Voraussetzung für die Abfertigung zum zollrechtlich freien Verkehr erfolgen (Art. 10 Abs. 1 Buchst. b i. V. m. Art. 11 EinfuhrVO). Das Einfuhrdokument ist in der ganzen Union gültig (Art. 11 Abs. 3 EinfuhrVO). Die Mitgliedstaaten teilen der Kommission jeden Monat Angaben zu den Einfuhrdokumenten mit (Art. 14 Abs. 1 EinfuhrVO).

85 Stellt sich bei der Datenauswertung heraus, dass die betreffenden Waren in derart erhöhten Mengen oder unter derartigen Bedingungen in die EU eingeführt werden, dass den Unionsherstellern tatsächlich ein ernsthafter Schaden entsteht oder zu entstehen droht, so kann die Kommission von sich aus oder auf Antrag eines Mitgliedstaates zur **Wahrung des Unionsinteresses** Schutzmaßnahmen erlassen (Art. 15 Abs. 1 EinfuhrVO). Diese werden in der Regel in Form von Kontingenten erlassen. Schutzmaßnahmen sollen der einheimischen Industrie die Möglichkeit bieten, einen zeitlich begrenzten Restrukturierungsprozess zu durchlaufen[196] oder die einheimische Industrie für die Dauer einer Handelsumleitung zu schützen.[197] Für Maßnahmen gegen WTO-Mitglieder ist zu

---

[194] »(1) Findet das Beratungsverfahren Anwendung, so gibt der Ausschuss – erforderlichenfalls auf der Grundlage einer Abstimmung – seine Stellungnahme ab. Im Falle einer Abstimmung gibt der Ausschuss eine Stellungnahme mit der einfachen Mehrheit seiner Mitglieder ab.; (2) Die Kommission beschließt über den zu erlassenden Entwurf des Durchführungsrechtsaktes; wobei sie soweit wie möglich das Ergebnis der Beratungen im Ausschuss und die abgegebene Stellungnahme berücksichtigt.«

[195] *Müller-Ibold*, in: Lenz/Borchardt, EU-Verträge, Art. 207 AEUV, Rn. 61.

[196] *Jakob/Mueller/Schultheiß*, in: Grabitz/Hilf, EU, Bd. V, E 5 Allgemeine Einfuhrregelungen (VO (EG) Nr. 260/2009) und Schutzmaßnahmen (Juli 2009), Rn. 8, unter Verweis auf den Harnstoff-Fall, VO (EWG) Nr. 3983/86 vom 22.12.1986 zur Einführung von Schutzmaßnahmen betreffend die Einfuhren von Harnstoff mit Ursprung in bestimmten Drittländern nach Spanien, ABl. 1986, L 370/30.

[197] Vgl. z. B. VO (EG) Nr. 560/2002 vom 27.3.2002 über die Einführung vorläufiger Schutzmaßnahmen gegen Einfuhren bestimmter Stahlwaren, ABl. 2002, L 85/1, zuletzt geändert durch VO (EG) Nr. 1287/2002, ABl. 2002, L 187/25; VO (EG) Nr. 1694/2002 vom 27.9.2002 zur Einführung endgültiger Schutzmaßnahmen gegenüber den Einfuhren bestimmter Stahlerzeugnisse, ABl. 2002, L

beachten, dass gemäß Art. 15 Abs. 2 EinfuhrVO beide Voraussetzungen des Art. 15 Abs. 1 EinfuhrVO erfüllt sein müssen. Die Schutzmaßnahmen sollen **Schutz vor schädigenden Auswirkungen der legitimen Wareneinfuhr** bieten, weshalb sowohl Art. XIX GATT als auch die EinfuhrVO die Voraussetzungen zur Anwendung von Schutzmaßnahmen höher ansetzen als bei solchen Maßnahmen, die sich gegen unfaire Handelspraktiken richten. In der Zeit von 1992 bis zum Stahlfall im Jahr 2002[198] hat es in der EG keinen einzigen Anwendungsfall gegeben. In der Zeit nach 2002 wurden allerdings Schutzmaßnahmen u. a. bei der Einfuhr von Zuchtlachs[199] ergriffen.

Schutzmaßnahmen müssen grundsätzlich **auf vier Jahre befristet** werden, wobei eine Verlängerung im Ausnahmefall möglich ist (Art. 19 EinfuhrVO). Bei der Festlegung der Schutzmaßnahmen ist grundsätzlich der **Verhältnismäßigkeitsgrundsatz** zu beachten. Handelt es sich um ein Entwicklungsland, so können Schutzmaßnahmen nicht angewandt werden, solange der Anteil des Landes an den Unionseinfuhren der betreffenden Ware 3% nicht übersteigt (Art. 18 EinfuhrVO). Schutzmaßnahmen wirken grundsätzlich – im Gegensatz zu anderen handelspolitischen Schutzinstrumenten – *erga omnes*, also gegen alle eingeführten Waren. Dies entspricht der traditionellen Auslegung von Art. XIX GATT. Die Entscheidungen über Schutzmaßnahmen werden gem. Art. 15 Abs. 6 i. V. m. Art. 3 Abs. 3 EinfuhrVO von der Kommission durch Beschluss gemäß dem in Art. 5 VO (EU) Nr. 182/2011 vorgesehenen Prüfverfahren getroffen.

In **Dringlichkeitsfällen** – bei Bestehen einer kritischen Lage, die zu einer schwerwiegenden Schädigung führen würde – kann die Kommission Überwachungs- oder vorläufige Schutzmaßnahmen einführen, die aber einen Geltungszeitraum von max. 200 Tagen nicht überschreiten dürfen. Die Kommission nimmt sodann umgehend die noch notwendigen Untersuchungen vor. Vorläufige Schutzmaßnahmen sollen in der Form von Zöllen eingeführt werden (vgl. Art. 7 EinfuhrVO).

Außer den angeführten Schutzmaßnahmen sieht Art. 22 EinfuhrVO vor, dass die Kommission nach Art. 3 Abs. 3 EinfuhrVO i. V. m. VO (EU) Nr. 182/2011 geeignete Maßnahmen erlassen kann, um auf internationaler Ebene die Rechte der Union oder aller Mitgliedstaaten wahrzunehmen oder die Verpflichtungen der Union oder aller Mitgliedstaaten zu erfüllen, insbesondere hinsichtlich des Handels mit Grundstoffen. Weiter steht die Einfuhrverordnung gem. Art. 24 Abs. 2 solchen Maßnahmen nicht entgegen, die die Mitgliedstaaten im Handelsverkehr mit Drittstaaten einsetzen und die im Wesentlichen innerunional den Rechtfertigungsgründen des Art. 36 AEUV im Bereich des freien Warenverkehrs entsprechen[200] sowie auf WTO-Ebene mit Art. XX GATT vereinbar sind.[201]

261/1, aufgehoben durch VO (EG) Nr. 2142/2003, ABl. 2003, L 321/11; VO (EG) Nr. 142/2003 vom 27. 1. 2003 zur Einstellung der Verfahren betreffend Schutzmaßnahmen gegenüber bestimmten Stahlerzeugnissen und zur Erstattung bereits entrichteter Zölle, ABl. 2003, L 23/9 (vorläufige Schutzmaßnahmen im Stahlfall); s. dazu auch *Hölscher*, ZfZ 2002, 261.

[198] Vgl. VO (EG) Nr. 560/2002; VO (EG) Nr. 1694/2002; VO (EG) Nr. 142/2003; auf der WTO-Ebene vgl. WTO Appellate Body Report, 10.11.2003, WT/DS248/AB/R, WT/DS249/AB/R, WT/DS251/AB/R, WT/DS252/AB/R, WT/DS253/AB/R, WT/DS254/AB/R, WT/DS258/AB/R, WT/DS259/AB/R – United States – Definitive Safeguard Measures on Imports of Certain Steel Products (US – Steel Safeguards).

[199] VO (EG) Nr. 1447/2004 vom 13.8.2004 zur Einführung vorläufiger Schutzmaßnahmen gegenüber den Einfuhren von Zuchtlachs, ABl. 2004, L 267/3; VO (EG) Nr. 206/2005 vom 4. 2. 2005 zur Einführung endgültiger Schutzmaßnahmen gegenüber den Einfuhren von Zuchtlachs, ABl. 2005, L 33/8, aufgehoben durch VO (EG) Nr. 627/2005, ABl. 2005, L 104/4.

[200] EuGH, Urt. v. 30.5.2002, Rs. C–296/00 (Carbone), Slg. 2002, I–4657, Rn. 34.

[201] *Herrmann/Michl*, ZEuS 2008, 81 (118).

b) Spezielle Einfuhrregime
aa) Agrarerzeugnisse

89 Spezielle Regelungen bestehen bei der Einfuhr von Agrarwaren in den Binnenmarkt.[202] Grundgedanke des Außenregimes der Agrarmarktordnungen ist ein wirksamer Schutz der europäischen Landwirtschaft vor billigeren Drittlanderzeugnissen sowie auch die Förderung des Exportes von EU-Agrarüberschüssen in Drittländer. Die Marktordnungen enthalten beispielsweise Schutzklauseln, die das Verhängen einer »geeigneten« Maßnahme ermöglichen, wenn »der Markt in der Gemeinschaft […] aufgrund von Einfuhren oder Ausfuhren ernstlichen Störungen ausgesetzt oder von ernstlichen Störungen bedroht [wird]«.[203] Die einheitliche GMO hat die verschiedenen außenhandelsrechtlichen Sonderregelungen in den bisher geltenden Marktorganisationen durch eine einheitliche Regelung ersetzt, die sich in Teil III VO (EU) Nr. 1308/2013[204] findet. Dieser Teil der Verordnung gliedert sich in Kapitel mit allgemeinen Bestimmungen, zur Einfuhr sowie zur Ausfuhr. Diese wurden teilweise aus früheren Marktorganisationen und damit aus früheren Verordnungen übernommen; sie betreffen die Ein- und Ausfuhr von Getreide, Reis, Zucker, Rindfleisch, Hopfen und Bananen sowie die Ausfuhr von lebenden Rindern, Milcherzeugnissen und lebenden Pflanzen. Schutzklauseln im Falle von Marktstörungen finden sich in Teil V der Verordnung.

90 Der Agrarmarktaußenschutz ist aus Perspektive vieler Drittstaaten stark protektionistisch ausgestaltet.[205] Das Allgemeine Präferenzsystem (APS) beinhaltet dabei eine zollrechtliche Einfuhrerleichterung gegenüber Entwicklungsländern.[206]

bb) Textilwaren

91 Für Textilwaren, die aus anderen WTO-Mitgliedstaaten stammen, besteht ebenfalls eine grundsätzliche Einfuhrfreiheit. In diesem Fall unterfallen die Textilwaren aufgrund der Integration des Textil-Bekleidungswesens in das GATT den allgemeinen Importregeln der Einfuhrverordnung.[207] Darüber hinaus existiert mit VO (EU) 2015/936[208] eine **Auffangregelung** für die Einfuhr von Textilwaren aus bestimmten Drittländern, die weder unter die allgemeine Ausfuhrregelung noch unter bilaterale Abkommen, andere Vereinbarungen oder eine spezifische Einfuhrregelung der Union fallen. Hier bestehen **mengenmäßige Einfuhrbeschränkungen** für die in Anhang III und Anhang IV der VO (EU) 2015/936 aufgeführten Textilwaren. Die Einfuhr von Textilwaren, die in Anhang I und II gelistet sind, ist grundsätzlich frei (Art. 2 und 3 VO (EU) 2015/936). Gemäß Kapitel III der Verordnung kann die Kommission darüber hinaus, ebenso wie in der gemeinsamen

---

[202] Hierzu ausführlich *Möhler*, Der Außenhandel mit landwirtschaftlichen Erzeugnissen und seine Einbindung in die Welthandelsordnung der WTO (Oktober 2015), in: Krenzler/Herrmann/Niestedt, EU-Außenwirtschafts- und Zollrecht.

[203] Vgl. z. B. Art. 22 VO (EG) Nr. 1784/2003 des Rates vom 29. 9. 2003 über die gemeinsame Marktorganisation für Getreide, ABl. 2003, L 270/78.

[204] VO (EU) Nr. 1308/2013 vom 17. 12. 2013 über eine gemeinsame Organisation für landwirtschaftliche Erzeugnisse und zur Aufhebung der Verordnungen (EWG) Nr. 922/72, (EWG) Nr. 234/79, (EG) Nr. 1037/2001 und (EG) Nr. 1234/2007, ABl. 2013, L 347/671, zuletzt geändert durch Delegierte VO (EU) 2016/1614, ABl. 2016, L 242/15.

[205] Vgl. *Oppermann/Classen/Nettesheim*, Europarecht, § 24, Rn. 11.

[206] Hierzu *Bartels*, EJIL 18 (2007), 715 (739 ff.).

[207] *Herrmann/Michel*, ZEuS 2008, 81 (120).

[208] VO (EU) 2015/936 vom 9. 6. 2015 über die gemeinsame Regelung der Einfuhren von Textilwaren aus bestimmten Drittländern, die nicht unter bilaterale Abkommen, Protokolle, andere Vereinbarungen oder eine spezifische Einfuhrregelung der Union fallen, ABl. 2015, L 160/1.

Einfuhrregelung auch, **Überwachungs- und Schutzmaßnahmen** erlassen, wenn den EU-Herstellern gleichartiger oder konkurrierender Waren durch die Einfuhr von Textilwaren aus Drittländern ein ernsthafter Schaden entsteht oder zu entstehen droht (vgl. Art. 11 und Art. 12 VO (EU) 2015/936).

cc) Gemeinsame Einfuhrregelung für bestimmte Drittländer

Überwachungs- und Schutzmaßnahmen gegenüber Nicht-WTO-Mitgliedern sind unter vereinfachteren Bedingungen möglich.[209] Die Regelungen für die Einfuhr von Waren aus den sog. Staatshandelsländern sind in der VO (EU) 2015/755[210] festgesetzt. Diese findet Anwendung auf die Wareneinfuhren aus Aserbaidschan, Belarus, Kasachstan, Nordkorea, Turkmenistan und Usbeskistan (Anhang I VO (EU) 2015/755). Vom Anwendungsbereich ausgenommen sind jedoch die unter die VO (EG) Nr. 517/94 (bzw. nunmehr VO (EU) 2015/936) fallenden Textilwaren (Art. 1 Abs. 1 VO (EU) 2015/755). Gemäß Art. 1 Abs. 2 VO (EU) 2015/755 ist die Einfuhr der Waren aus den in Anhang I gelisteten Ländern grundsätzlich frei und unterliegt keinen mengenmäßigen Beschränkungen. Die Kommission kann, wenn die Interessen der Union es erfordern, von sich aus oder auf Antrag eines Mitgliedstaates entweder eine nachträgliche Überwachung nach von ihr festgelegten Modalitäten beschließen oder bestimmte Einfuhren zur Kontrolle der Entwicklungen einer vorherigen **Überwachung** unterstellen (Art. 7 VO (EU) 2015/755). Gemäß Art. 8 Abs. 1 VO (EU) 2015/755 erfordert die vorherige Überwachung die Vorlage eines durch eine zuständige mitgliedstaatliche Behörde ausgestelltes Überwachungsdokument als Voraussetzung für die Abfertigung zum zollrechtlich freien Verkehr. Ferner kann die Kommission, wenn eine Ware in derart erhöhten Mengen oder unter derartigen Bedingungen in die Union eingeführt wird, dass dadurch den Unionsherstellern gleichartiger oder unmittelbar konkurrierender Waren ein ernsthafter Schaden entsteht oder droht zu entstehen, zur Wahrung des Unionsinteresses von sich aus oder auf Antrag eines Mitgliedstaates die Regelungen über die Einfuhr dieser Ware so abändern, dass diese nur gegen **Vorlage einer Einfuhrgenehmigung** zum freien Verkehr abgefertigt werden darf (Art. 13 Abs. 1 VO (EU) 2015/755). Darüber hinaus steht die Verordnung gemäß Art. 17 Abs. 2 solchen Maßnahmen nicht entgegen, die die Mitgliedstaaten im Handelsverkehr mit Drittstaaten einsetzen und die im Wesentlichen innerunional den Rechtfertigungsgründen des Art. 36 AEUV im Bereich des freien Warenverkehrs entsprechen.

dd) Waren aus China

Bis zum Jahr 2013 gab es Sonderregeln für die Wareneinfuhr aus der Volksrepublik China.[211] Das Beitrittsprotokoll Chinas zur WTO sah bis zum Jahr 2013 befristete warenspezifische Schutzmaßnahmen und warenspezifische Maßnahmen bei Handelsumlenkungen vor.[212] Aufgrund vielfältigster Spezial- und Ausnahmeregelungen für die Volksrepublik China wurde von Seiten der Europäischen Union eine gesonderte Ver-

---

[209] *Müller-Ibold*, in: Lenz/Borchardt, EU-Verträge, Art. 207 AEUV, Rn. 65.
[210] VO (EU) 2015/755 vom 29.4.2015 über eine gemeinsame Regelung der Einfuhren aus bestimmten Drittländern, ABl. 2015, L 123/33.
[211] Generell zur Handelsbeziehung EU-China s. *Hoogmarten*, EC Trade Law following China's Accession to the WTO, 2004, passim; *Kong*, GTCJ 5 (2010), 47.
[212] WTO, Protocol on the Accession of the People's Republic of China vom 23.11.2001, WT/L/432, abrufbar unter http://docsonline.wto.org/imrd/directdoc.asp?DDFDocuments/t/WT/L/432.doc (10.10.2016); s. hierzu auch *Lee*, JWT 46(4) (2012), 913.

ordnung für Wareneinfuhren aus China für notwendig erachtet.[213] Diese Verordnung fand bis zum 11.12.2013 Anwendung und wurde mit VO (EU) 2015/755 aufgehoben. Nunmehr findet auch auf die **Einfuhr chinesischer Waren die allgemeine EinfuhrVO** Anwendung. In Abweichung zur allgemeinen Einfuhrverordnung wurde in der VO (EG) Nr. 427/2003 eine »**Marktstörung**« anstelle eines – wie in der Einfuhrverordnung verwendet – »**ernsthaften Schadens**« verlangt. Des Weiteren wurden spezifische Verfahrensfragen festgelegt. Zudem bestand die Möglichkeit – abweichend von der grundsätzlichen erga omnes Wirkung von Schutzmaßnahmen – Schutzmaßnahmen allein auf China anzuwenden. Die Verordnung konnte darüber hinaus parallel zur allgemeinen Einfuhrverordnung als Grundlage für Schutz- und Überwachungsmaßnahmen herangezogen werden.[214]

ee) Einfuhrbeschränkungen zum Schutz geistiger Eigentumsrechte

94 In Umsetzung des WTO-TRIPs-Abkommens[215] (Übereinkommen über die handelsrelevanten Aspekte des geistigen Eigentums) hat die EU mit der VO (EG) Nr. 1383/2003 die Einfuhr nachgeahmter Waren in den Binnenmarkt verboten und zugleich das **Vorgehen der Zollbehörden** bei Verletzung von geistigen Eigentumsrechten geregelt.[216] Die VO (EG) Nr. 1383/2003 wurde mit VO (EU) Nr. 608/2013,[217] die den Anwendungsbereich auf bisher noch nicht erfasste geistige Eigentumsrechte und Arten von Rechtsverletzungen ausweitet,[218] aufgehoben. Durch das Inverkehrbringen von Waren, die ein Recht geistigen Eigentums verletzen, wird den Rechtsinhabern, -nutzern oder Gruppen von Erzeugern, gesetzestreuen Herstellern und Händlern ein erheblicher Schaden zugefügt.[219] Es soll grundsätzlich verhindert werden, dass Waren, die ein Recht geistigen Eigentums verletzen, auf den europäischen Markt gelangen. Waren, die geistige Eigentumsrechte verletzen und daher gemäß Art. 25 und 26 VO (EU) Nr. 608/2013 zur Vernichtung bestimmt sind, dürfen nach Art. 25 der Verordnung weder in den zollrechtlich freien Verkehr überführt werden, das Zollgebiet der EU verlassen, ausgeführt oder wiederausgeführt werden, noch in ein Nichterhebungsverfahren überführt oder in eine Freizone oder in ein Freilager verbracht werden.

---

[213] VO (EG) Nr. 427/2003 vom 3.3.2003 über einen befristeten warenspezifischen Schutzmechanismus für die Einfuhren mit Ursprung in der Volksrepublik China und zur Änderung der Verordnung (EG) Nr. 519/94 des Rates über die gemeinsame Regelung der Einfuhren aus bestimmten Drittländern, ABl. 2003, L 65/1; zur Problematik des Einsatzes von Schutzmaßnahmen gegen China vgl. z.B. *Curran*, JWT 43(6) (2009), 1281; s.a. *Falke*, AW-Prax 2005, 149.
[214] *Tietje*, § 15 Außenwirtschaftsrecht, in: Tietje (Hrsg.), Internationales Wirtschaftsrecht, 1. Aufl., 2009, Rn. 124 f.
[215] Zum TRIPS-Abkommen s. *Herrmann/Streinz*, EnzEuR, Bd. 10, § 11, Rn. 22.
[216] VO (EG) Nr. 1383/2003 vom 22.7.2003 über das Vorgehen der Zollbehörden gegen Waren, die im Verdacht stehen, bestimmte Rechte geistigen Eigentums zu verletzen, und die Maßnahmen gegenüber Waren, die erkanntermaßen derartige Rechte verletzen, ABl. 2003, L 196/7; s. zu dieser VO *Hermsen*, MittdtschPatAnw 2006, 261; *Kraus*, ZfZ 2009, 85; *McGuire*, MarkenR 2011, 438; zur Problematik der Nichterhebung bei Versand- oder Lagerverfahren s. EuGH, Urt. v. 1.12.2011, Rs. C–446/09 u. C–495/09 (Philips), Slg. 2011, I–12435; hierzu *Rinnert*, AW-Prax 2012, 23; *Ruessmann/Condello*, GTCJ 7 (2012), 183; *Sujecki*, NJW 2012, 1497; *Wagner*, E.L.Rev. 37 (2012), 174; vgl. auch auf WTO-Ebene die vor dem Dispute Settlement Body anhängigen Panelverfahren WT/DS408 – Generic Medicines in Transit (India) u. WT/DS409 – Generic Medicines in Transit (Brazil).
[217] VO (EU) Nr. 608/2013 vom 12.6.2013 zur Durchsetzung der Rechte geistigen Eigentums durch die Zollbehörden und zur Aufhebung der Verordnung (EG) Nr. 1383/2003 des Rates, ABl. 2013, L 181/15.
[218] Vgl. Erwägungsgrund 5 der VO (EU) Nr. 608/2013.
[219] Vgl. Erwägungsgrund 2 der VO (EU) Nr. 608/2013.

Auf Ebene des WTO-Rechts ist dies in den Artikeln 51–60 des TRIPS-Übereinkommens geregelt. Ein diskutiertes neues plurilaterales Abkommen gegen Produktpiraterie ist zwischenzeitlich gescheitert.[220]   95

ff) Einfuhrregime im Bereich von Menschenrechts- und Umweltschutz

Verstärkt diskutiert wird die Frage, in welchem Umfang ökologische, humanitäre und soziale Gesichtspunkte den internationalen Handel beschränken können.[221] In der EU bestehen aus Gründen des Umwelt- und Menschenrechtsschutzes besondere Einfuhrregime. In spezifischen sektoriellen Einfuhrregimen werden die Verpflichtungen aus Art. 21 EUV teilweise konkretisiert.   96

Auf internationaler Ebene ist für den **Tierschutz** das **Washingtoner Artenschutzabkommen**[222] das grundlegende Regelwerk für den internationalen Handel mit geschützten Arten. Die Europäische Union ist nicht Vertragspartei dieses Abkommens. Auf Grund der innerunionalen Kompetenzverteilung ist sie aber aus europarechtlicher Sicht für dessen Umsetzung verantwortlich. Diese erfolgt auf der Grundlage der Artenschutzverordnung[223] sowie der Durchführungsverordnungen der Kommission.[224] Die hier erfassten Exemplare sind nach dem Grad ihrer Schutzbedürftigkeit in vier Anhängen (A bis D) aufgeführt. Die Anhänge der Artenschutz-VO enthalten noch Verschärfungen bzw. Ergänzungen gegenüber dem Washingtoner Artenschutzabkommen. Anhang A enthält die meisten des in Anhang I des Washingtoner Artenschutzabkommens aufgeführten Arten sowie diejenigen Arten, die nach Auffassung der EU im internationalen Handel so gefragt sind, dass jeglicher Handel das Überleben der Art gefährden würde (vgl. Art. 3 Abs. 1 Artenschutz-VO). Erfasst sind z. B. alle Wale, bestimmte Papageienvögel, Greifvögel, alle Meeresschildkröten, einige Riesenschlangenarten sowie verschiedene Kakteen-, Orchideen- und Aloearten. So ist für Arten des Anhangs A der Handel zu kommerziellen Zwecken aus der EU, in die EU und innerhalb der EU generell untersagt (Art. 8 Abs. 1 Artenschutz-VO). Die Vermarktung dieser Arten innerhalb der EU bedarf einer Genehmigung der zuständigen Behörden. Anhang B listet die in Anhang II des Washingtoner Artenschutzabkommens enthaltenen Arten sowie solche Arten (z. B. alle Affen, Bären und Katzen, alle Landschildkröten, Krokodile, Warane, Steinkorallen sowie alle Kakteen-, Orchideen- und Aloearten), die im internationalen Handel derart gefragt sind, dass ihr Überleben in bestimmten Ländern gefährdet ist oder   97

---

[220] *Hoeren*, MMR 2012, 137; s. zum Scheitern des ACTA-Übereinkommens auch Europäisches Parlament, ACTA-Dossier, S. 10, abrufbar unter http://www.europarl.europa.eu/sides/getDoc.do?pubRef=-//EP//NONSGML+IM-PRESS+20120220FCS38611+0+DOC+PDF+V0//DE&language=DE (10.10.2016).

[221] Hierzu aus WTO-Perspektive u. a. *Senti*, Die WTO im Spannungsfeld zwischen Handel, Gesundheit, Arbeit und Umwelt, 2006, S. 1 ff.; aus EU-Perspektive allg. z. B. *Bungenberg*, Europäische Wirtschaftsverfassung, S. 205 ff.

[222] Convention on International Trade in Endangered Species of Wild Fauna and Flora, abrufbar unter http://www.cites.org/eng/disc/E-Text.pdf (10.10.2016); hierzu *Weiß*, EnzEuR, Bd. 10, § 10, Rn. 107.

[223] Vgl. VO (EG) Nr. 338/97 vom 9.12.1996 über den Schutz von Exemplaren wildlebender Tier- und Pflanzenarten durch Überwachung des Handels, ABl. 1997, L 61/1, zuletzt geändert durch VO (EU) Nr. 1320/2014, ABl. 2014, L 361/1.

[224] Vgl. VO (EG) Nr. 865/2006 vom 4.5.2006 mit Durchführungsbestimmungen zur Verordnung (EG) Nr. 338/97 des Rates vom 9.12.1996 über den Schutz von Exemplaren wildlebender Tier- und Pflanzenarten durch Überwachung des Handels, ABl. 2006, L 166/1, zuletzt geändert durch VO (EU) 2015/870, ABl. 2015, L 142/3.

deren Einbringen in die EU eine Gefahr für einheimische Tier- und Pflanzenarten darstellt (Art. 3 Abs. 2 Artenschutz-VO). Der Import und Export dieser Arten ist nur nach vorheriger Erteilung einer Einfuhr- bzw. Ausfuhrgenehmigung gestattet (Art. 4 Abs. 2, Art. 5 Abs. 4 Artenschutz-VO). Da bestimmte Tiere oder Pflanzen sowohl zum Anhang A als auch zum Anhang B gehören, ist es für die endgültige Anhangszugehörigkeit letztlich von Bedeutung, um welche Art, Unterart oder Population es sich handelt. Daher ist es bei einer (Zoll-)Anmeldung u. a. auch erforderlich, dass auch der wissenschaftliche Name einer Art angegeben wird. Anhang C enthält die Arten (z.B. verschiedene Kleinbären, Hirscharten und Prachtfinken) des Anhangs III des Washingtoner Artenschutzabkommens, die nicht bereits in den Anhängen A und B aufgeführt sind (Art. 3 Abs. 3 Artenschutz-VO). Der **Besitz dieser Arten** muss weder gemeldet noch genehmigt werden. Eine Einfuhrgenehmigung ist nicht erforderlich, jedoch muss das Ausfuhrdokument des Herkunftslandes vorgelegt werden (Art. 5 Abs. 3 Artenschutz-VO). Anhang D enthält schließlich solche Tier- und Pflanzenarten, aus deren Marktbeobachtung Folgerungen für die künftige Artenschutzpolitik der EU gezogen werden sollen (sog. Monitoring-Anhang, Art. 3 Abs. 4 Artenschutz-VO). Diese Arten unterliegen keiner Melde- oder Genehmigungspflicht. Beim Import ist lediglich eine Einfuhrmeldung nötig.

98   Die **Einfuhr von Walerzeugnissen** für kommerzielle Zwecke ist grundsätzlich verboten.[225] Diese »Gemeinsame Regelung« der VO (EWG) Nr. 348/81 untersagt die gewerbliche Einfuhr von Walerzeugnissen in die Union. Zu den Walerzeugnissen gehören z.B. auch Fleisch und Schlachtabfälle, ob genießbar oder ungenießbar, Fleischextrakte, Fischbein von Walen oder Fette und Öle. Diese Erzeugnisse werden auch über den Begriff »Exemplar« von der Artenschutz-VO erfasst, in die die Regelungen dieser Verordnung eingefügt sind.

99   Auch die **Einfuhr von Jungrobbenfellen**[226] wie auch die bestimmter anderer Pelzsorten[227] ist untersagt. Im Bereich der Robbenfelleinfuhr wird mit der angeführten Verordnung das Inverkehrbringen von Robbenerzeugnissen und die Einfuhr dieser Erzeugnisse in die EU sowie ihre Durchfuhr durch und Ausfuhr aus der EU grundsätzlich verboten. Eine Ausnahme vom Einfuhrverbot besteht jedoch dann, wenn es sich um Robbenerzeugnisse aus der **traditionellen Robbenjagd von Inuit-Gemeinschaften** handelt oder um Erzeugnisse, die von Robben gewonnen wurden, die unter Vermeidung unnötiger Schmerzen, Qualen und anderer Formen des Leidens getötet und gehäutet wurden. Die Erfüllung dieser Bedingungen wird mit einer Bescheinigung, einem Etikett oder einer Kennzeichnung nachgewiesen. Die Verordnung (EG) Nr. 1007/2009[228] ergänzt die geltenden Gemeinschaftsvorschriften im Bereich Robbenschutz, insbesondere die RL 83/129/EWG.

---

[225] VO (EWG) Nr. 348/81 vom 20.1.1981 über eine gemeinsame Regelung für die Einfuhr von Walerzeugnissen, ABl. 1981, L 39/1.
[226] RL 83/129/EWG vom 28.3.1983 betreffend die Einfuhr in die Mitgliedstaaten von Fellen bestimmter Jungrobben und Waren daraus, ABl. 1983, L 91/30, zuletzt geändert durch RL 89/370/EWG, ABl. 1989, L 163/37.
[227] VO (EG) Nr. 1771/94 vom 19.7.1994 über die Einfuhr von Pelzen und Fertigartikeln aus Exemplaren bestimmter wildlebender Tiere, ABl. 1994, L 184/3 gestützt auf VO (EWG) Nr. 3254/91, ABl. 1991, L 308/1.
[228] VO (EG) Nr. 1007/2009 vom 16.9.2009 über den Handel mit Robbenerzeugnissen, ABl. 2009, L 286/36, zuletzt geändert durch VO (EU) 2015/1775, ABl. 2015, L 262/1.

Die »**Tellereisenverordnung**«[229] beinhaltet ganz allgemein das Verbot von Tellereisen **100** in der EU sowie das Verbot der Einfuhr von Pelzen und Waren von bestimmten Wildtierarten aus Ländern, die Tellereisen oder den internationalen humanen Fangnormen nicht entsprechende Fangmethoden anwenden. Damit stellt sie keine reine artenschutzrechtliche Maßnahme dar, wird aber immer wieder im Zusammenhang mit dem Artenschutz erwähnt, da vielfach pelztragende Säugetiere betroffen sind. Von der Tellereisen-VO erfasst werden beispielsweise der kanadische Biber, Otter und Luchs, Waschbär, Bisamratte und Hermelin sowie wildlebende Arten, die keinen sonstigen internationalen oder nationalen Schutzmaßnahmen unterliegen. Bei der Einfuhr von Pelzen und Fertigartikeln von diesen Tieren sind die VO (EWG) Nr. 1771/94 sowie die VO (EWG) Nr. 35/97[230] zu beachten.

Die **EU-Holzhandelsverordnung** (EUTR – Verordnung (EU) Nr. 995/2010[231]) soll den **101** Handel mit Holz und Holzerzeugnissen aus illegalem Einschlag in der EU unterbinden. Demgemäß ist es verboten, Holz und Holzerzeugnisse aus illegalem Einschlag auf dem Binnenmarkt in Verkehr zu bringen. Eine umfassende Auflistung der von der Rechtsvorschrift betroffenen Produkte enthält der Anhang der EUTR. Personen, die Holz bzw. Holzerzeugnisse für ihre eigene persönliche Verwendung kaufen oder verkaufen, sind von der EUTR nicht betroffen.[232]

Mit der Verordnung (EG) Nr. 2368/2002 (KP-VO)[233] wurde das Zertifikationssystem **102** des **Kimberley-Prozesses** für den internationalen **Handel mit Rohdiamanten** umgesetzt. Der Kimberley-Prozess ist eine Multistakeholder-Initiative, bestehend aus Regierungen, Nichtregierungsorganisationen und der Diamantenindustrie, mit der das Ziel verfolgt wird, den Handel mit Blut- bzw. Konfliktdiamanten durch den Ausschluss vom legalen Rohdiamantenhandel zu unterbinden, um Rebellengruppen die Möglichkeit zu nehmen, sich und ihre gewaltsamen Konflikte durch den illegalen Diamantenhandel zu finanzieren.[234] Aufgrund der in der KP-VO genannten Beschränkungen ist die Einfuhr

---

[229] VO (EWG) Nr. 3254/91 vom 4.11.1991 zum Verbot von Tellereisen in der Gemeinschaft und der Einfuhr von Pelzen und Waren von bestimmten Wildtierarten aus Ländern, die Tellereisen oder den internationalen humanen Fangnormen nicht entsprechende Fangmethoden anwenden, ABl. 1991, L 308/1.

[230] VO (EG) Nr. 35/97 vom 10.1.1997 über die Ausstellung von Bescheinigungen für Pelze und Waren, die unter die Verordnung (EWG) Nr. 3254/91 des Rates fallen, ABl. 1997, L 8/2.

[231] VO (EU) Nr. 995/2010 vom 20.10.2010 über die Verpflichtungen von Marktteilnehmern, die Holz und Holzerzeugnisse in Verkehr bringen, ABl. 2010, L 295/23; vgl. auch die Delegierte VO (EU) Nr. 363/2012 vom 23.2.2012 zu den Verfahrensvorschriften für die Anerkennung und den Entzug der Anerkennung von Überwachungsorganisationen gemäß der Verordnung (EU) Nr. 995/2010 des Europäischen Parlaments und des Rates über die Verpflichtungen von Marktteilnehmern, die Holz und Holzerzeugnisse in Verkehr bringen, ABl. 2012, L 115/12 sowie die Durchführungsverordnung (EU) Nr. 607/2012 vom 6.7.2012 über die detaillierten Bestimmungen für die Sorgfaltspflichtregelung und die Häufigkeit und Art der Kontrollen der Überwachungsorganisationen gemäß der Verordnung (EU) Nr. 995/2010 des Europäischen Parlaments und des Rates über die Verpflichtungen von Marktteilnehmern, die Holz und Holzerzeugnisse in Verkehr bringen, ABl. 2012, L 177/16.

[232] Vgl. hierzu in der Literatur *Sieveking*, NuR 2014, 542.

[233] VO (EG) Nr. 2368/2002 vom 20.12.2002 zur Umsetzung des Zertifikationssystems des Kimberley-Prozesses für den internationalen Handel mit Rohdiamanten, ABl. 2002, L 358/28, zuletzt geändert durch Durchführungs-VO (EU) 2016/667, ABl. 2016, L 115/28; s. allgemein zum Kimberley-Prozess *Haufler*, JBE 2010, 403; *Paes*, »Conflict Diamonds« to »Clean Diamonds«: The Development of the Kimberley Process Certification Scheme, in: Basedau/Mehler (Hrsg.), Resource Politics in Sub-Saharan Africa, S. 305; *Schefer*, S. 391; *Schorkopf*, BRJ 2008, 1.

[234] *Feichtner*, The Waiver Power of the WTO: Opening the WTO for Political Deliberation on the Reconsilation of Public Interests, Jean Monnet Working Paper 11/2008, S. 13; *Schefer*, S. 412.

von Rohdiamanten in die EU seit der Einführung des Zertifikationssystems nur noch mit gültigem staatlichen (Kimberley-)Zertifikat möglich und Rohdiamanten dürfen nur noch zwischen den am Kimberley-Prozess beteiligten Staaten gehandelt werden. Art. 1 KP-VO sieht die Errichtung eines **unionalen Zertifikations- und Kontrollsystems** für die Ein- und Ausfuhr von Rohdiamanten in das und aus dem Gebiet der EU vor. Im Rahmen dessen sollen jegliche Rohdiamantenimporte und -exporte durch eine Unionsbehörde überprüft werden (d. h. Überwachung und Kontrolle der Sendungen und des Zertifikats sowie Ausstellung von Unionszertifikaten, vgl. Art. 3, 4, 11 und 12 KP-VO). Liegen die Voraussetzungen gemäß Art. 3 KP-VO für die Einfuhr bzw. Art. 11 KP-VO für die Ausfuhr nicht vor, so ist der Im-/Export der Rohdiamanten durch die zuständige Unionsbehörde zu untersagen. Darüber hinaus sieht Art. 17 KP-VO für die in Anhang V der VO aufgelisteten Organisationen ein beschleunigtes Exportverfahren vor. Die dort aufgeführten Organisationen haben in einem »Bewerbungsverfahren« bei der Kommission nachgewiesen, dass sie die in Art. 17 KP-VO geforderten Voraussetzungen zur Zulassung des beschleunigten Exportverfahrens erfüllen. Diese Voraussetzungen umfassen insbesondere die Verpflichtungen, nur Diamanten zu verkaufen, die aus legalen Quellen stammen und mit dem Zertifikationssystem in Einklang stehen, eine Garantie dafür zu geben, dass es sich nach ihrem Wissen oder aber nach einer schriftlichen Erklärung des Verkäufers nicht um Konfliktdiamanten handelt, dass sie keine Diamanten ungewissen Ursprungs oder aber von einem Nichtteilnehmer des Kimberley-Prozesses kauft sowie dass eine Unterstützung anderer beim Handel mit Konfliktdiamanten unterbleibt.[235]

103 Die **WTO** hat für den Kimberley-Prozess am 15.5.2003[236] erstmals einen **Waiver** gem. Art. IX:3 WTO-Ü verabschiedet. Dieser suspendiert für die am Kimberley-Prozess teilnehmenden WTO-Mitglieder die Anwendung der Art. I:1, XI:1 und XIII GATT, gegen welche die Regelungen des Zertifikationssystems potentiell verstoßen. Gemäß Nr. 1 und 2 des Waivers umfasst dieser nur solche Maßnahmen, die zur Verwirklichung der Vorstellungen des Kimberley-Prozesses zwingend notwendig sind und mit diesem im Einklang stehen. Maßnahmen, die den Rohdiamantenhandel unter den Teilnehmern des Kimberley-Prozesses selbst beschränken, sind dagegen nicht erfasst, da diese als WTO-konform angesehen werden. Am 15.12.2006[237] sowie am 11.12.2012[238] wurde der Waiver verlängert. Letzterer gilt bis zum 31.12.2018.

104 Die EU-Kommission hat am 5.3.2014 einen Verordnungsentwurf, der, ähnlich der Section 1502 des **Dodd-Frank Act**, dazu beitragen soll, die Finanzierung bewaffneter Gruppen und Konflikte in instabilen rohstoffreichen Entwicklungsländern einzudämmen, veröffentlicht.[239] Das Ziel des Verordnungsentwurfs ist es, die **Finanzierung bewaffneter Gruppen und Sicherheitskräfte durch Erlöse aus dem Handel mit Mineralien**

---

[235] S. EU, Guidelines on Trading with the European Community (EC) – A practical guide for Kimberley Participants and companies involved in trade in rough diamonds with Europe, S. 10 f.
[236] WTO, Waiver Concerning Kimberley Process Certification Scheme for Rough Diamonds, Decision of 15 May 2003, WT/L/518.
[237] WTO, Kimberley Process Certification Scheme for Rough Diamonds, Decision of 15 December 2006, WT/L/676.
[238] WTO, Extension of Waiver Concerning Kimberley Process Certification Scheme for Rough Diamonds, Decision of 11 December 2012, WT/L/876.
[239] Vorschlag für eine Verordnung des Europäischen Parlaments und des Rates zur Schaffung eines Unionssystems zur Selbstzertifizierung der Erfüllung der Sorgfaltspflicht in der Lieferkette durch verantwortungsvolle Einführer von Zinn, Tantal, Wolfram, deren Erzen und Gold aus Konflikt- und Hochrisikogebieten, COM(2014) 111 final.

und Metallen in Konflikt- und Hochrisikogebieten einzudämmen.[240] Verwirklicht werden soll dies durch Schaffung eines **Selbstzertifizierungssystems** für EU-Unternehmen, die Mineralien und Metalle, welche Zinn, Tantal, Wolfram und Gold enthalten oder daraus bestehen, in die EU einführen und die dabei verantwortungsvoll vorgehen wollen. Im Rahmen der Selbstzertifizierung müssen die EU-Importeure bestimmten Sorgfaltspflichten nachkommen, bei deren Festlegungen sich die EU auf die OECD-Guidance stützt. Das EU-Parlament hat am 20.5.2015 den Kommissionvorschlag abgeändert und fordert nunmehr eine verbindliche Einhaltung der Sorgfaltspflichten der Lieferkette für alle Importeure, die Mineralien und Metalle aus Konfliktgebieten beziehen.

3. Besondere (bereichsunabhängige) Handelsschutzinstrumente

a) Allgemeines

Im Einklang mit dem WTO-Recht können internationale Handelsströme, insbesondere in Zusammenhang mit dem Import von Waren in die EU, beschränkt werden, um unfaire Handelspraktiken in oder ausgehend von Drittstaaten zu »bekämpfen«.[241] Es ist zu unterscheiden zwischen Beschränkungsmöglichkeiten der unvorhergesehenen schädigenden Marktstörungen, die aus freien und lauteren und insoweit WTO-rechtskonformen Handel entstehen können und solchen, die der **Abwehr unlauterer Handelspraktiken** dienen.[242] Erstere sind die oben behandelten Schutzmaßnahmen im Sinne der Einfuhr- und Ausfuhrverordnung. Der EU ist es darüber hinaus möglich, gegen **Dumping** und **unfaire Subventionierungen** vorzugehen. Die im Welthandelsrecht festgelegten Standards legen dabei bestimmte **Mindestanforderungen** für die Zulässigkeit von nationalen bzw. unionalen Schutzmaßnahmen fest.[243] Das WTO-Recht ist durch Grundverordnungen in innerunionales Recht transferiert worden.

105

In der Praxis werden häufiger Antidumping- als Antisubventionsmaßnahmen erlassen. Die verschiedenen Schutzregime sind aber ähnlich strukturiert. Zum 12.9.2016 waren in der Europäischen Union 93 Antidumpingmaßnahmen, welche in 34 Fällen ausgeweitet wurden, und 12 Antisubventionsmaßnahmen, von denen drei erweitert wurden, in Kraft.[244] Ende 2011 waren es zum Vergleich 110 Antidumping- und 10 Antisubventionsmaßnahmen.[245] Dabei waren im Jahr 2011 lediglich 0,25% aller Einfuhren in die EU von Antidumpingzöllen oder Antisubventionsmaßnahmen betroffen.[246]

106

Einfuhren können **gleichzeitig Gegenstand von Antisubventions- und Antidumpingzollverfahren** sein,[247] wobei die Erhebung von Antidumping- und Ausgleichszöllen nach

107

---

[240] COM(2014) 111 final, S. 2.
[241] S. a. *Boysen*, EnzEuR, Bd. 10, § 9, Rn. 89.
[242] *Weiß*, in: Grabitz/Hilf/Nettesheim, EU, Art. 207 AEUV (August 2015), Rn. 152.
[243] *Weiß*, in: Grabitz/Hilf/Nettesheim, Art. 207 AEUV (August 2015), Rn. 152.
[244] *Europäische Kommission*, Trade Defence Statistics covering the first six months of 2016, S. 2, abrufbar unter http://trade.ec.europa.eu/doclib/docs/2016/september/tradoc_154943.pdf (10.10. 2016).
[245] Vgl. Bericht der Kommission an das Europäische Parlament, 30. Jahresbericht der Kommission an das Europäische Parlament über die Antidumping-, Antisubventions- und Schutzmaßnahmen der Europäischen Union (2011), KOM(2012) 599 endg., v. 19.10.2012.
[246] Ebd., Punkt 7.1.
[247] Vgl. z.B. VO (EU) Nr. 182/2013 vom 1.3.2013 zur zollamtlichen Erfassung der Einfuhren von Fotovoltaikmodulen aus kristallinem Silicium und von Schlüsselkomponenten davon (Zellen und Wafer) mit Ursprung in oder versandt aus der Volksrepublik China, ABl. 2013, L 61/2, zuletzt geändert mit VO (EU) Nr. 513/2013 vom 4.6.2013 zur Einführung eines vorläufigen Antidumpingzolls

der Antisubventions-Grundverordnung (AS-GVO)[248] aufeinander abgestimmt sein muss; eine gleichzeitige Erhebung beider Schutzinstrumente ohne gegenseitige Anrechnung ist nicht zulässig, vgl. Art. 24 Abs. 1 UAbs. 2 AS-GVO. Es gilt der Grundsatz, dass handelspolitische Schutzmaßnahmen kombiniert nie über die Schadenbeseitigungsschwelle hinaus gesetzt werden können.[249]

b) Antidumpingrecht

108 Die unionale Antidumping-Grundverordnung (VO (EU) Nr. 2016/1036 (AD-GVO))[250] setzt Verpflichtungen der EU aus dem WTO-Übereinkommen zur Durchführung des Artikels VI GATT 1994 um.[251] Die AD-GVO legt ein detailliertes, rechtsstaatlich ausgestaltetes Verfahren fest, das zum einen die Effektivität des Schutzes der Unionsindustrien sichern und andererseits die unfaire Behinderung der in die Union exportierenden ausländischen Wirtschaftssubjekte verhindern soll.[252] Antidumpingmaßnahmen richten sich grundsätzlich gegen »**unfaires**« **Marktverhalten** von Unternehmen aus Drittstaaten. Dabei ist es für die Anwendung des spezifischen autonomen Unionsrechts unerheblich, ob die Drittstaaten WTO-Mitglieder sind.

109 Die Ergreifung von Antidumpingmaßnahmen ist möglich, wenn die Voraussetzungen gemäß Art. 1 und 9 AD-GVO erfüllt sind. Danach muss der Import einer gedumpten Ware vorliegen, welche als kausal für die Schädigung eines Wirtschaftszweiges anzusehen ist und es muss ein Unionsinteresse zum unionsrechtlichen Eingreifen gegeben sein. Dumping liegt nach Art. 1 Abs. 2 der Verordnung vor, »wenn ihr Preis bei der Ausfuhr in die Gemeinschaft niedriger ist als der vergleichbare Preis der zum Verbrauch im Ausfuhrland bestimmten gleichartigen Waren im normalen Handelsverkehr«.

---

auf die Einfuhren von Fotovoltaik-Modulen aus kristallinem Silicium und Schlüsselkomponenten davon (Zellen und Wafer) mit Ursprung in oder versandt aus der Volksrepublik China und zur Änderung der Verordnung (EU) Nr. 182/2013 zur zollamtlichen Erfassung dieser Einfuhren mit Ursprung in oder versandt aus der Volksrepublik China, ABl. 2013, L 152/5, selbst zuletzt geändert durch VO (EU) Nr. 748/2013 vom 2.8.2013 zur Änderung der VO (EU) Nr. 513/2013 zur Einführung eines vorläufigen Antidumpingzolls auf die Einfuhren von Fotovoltaik-Modulen aus kristallinem Silicium und Schlüsselkomponenten davon (Zellen und Wafer) mit Ursprung in oder versandt aus der Volksrepublik China, ABl. 2013, L 209/1. Die gegen die VO (EU) Nr. 513/2013 am 13.6.2013 eingeleitete Nichtigkeitsklage (EuG, Rs. T–320/13, ABl. 2013 C 215/19) wurde mit Beschluss vom 10.11.2014 (EuGH, Beschl. v. 10.11.2014, Rs. T–320/13, ECLI:EU:T:2014:969) für erledigt erklärt. S. hierzu auch das Memo der Kommission vom 27.7.2013, abrufbar unter http://europa.eu/rapid/press-release_MEMO–13–729_de.pdf (10.10.2016); vgl. zudem noch die »Einigung« zwischen der EU und der Volksrepublik China, Beschluss vom 2.8.2013 zur Annahme eines Verpflichtungsangebots im Zusammenhang mit dem Antidumpingverfahren betreffend die Einfuhren von Fotovoltaik-Modulen aus kristallinem Silicium und Schlüsselkomponenten davon (Zellen und Wafer) mit Ursprung in oder versandt aus der Volksrepublik China (2013/423/EU), ABl. 2013, L 209/26; hierzu u. a. *Felderhoff*, AW-Prax Newsticker 2013, 84; s. aber DurchführungsVO (EU) Nr. 1238/2013 vom 2.12.2013 zur Einführung eines endgültigen Antidumpingzolls und zur endgültigen Vereinnahmung des vorläufigen Zolls auf die Einfuhren von Fotovoltaik-Modulen aus kristallinem Silicium und Schlüsselkomponenten davon (Zellen) mit Ursprung in oder versandt aus der Volksrepublik China, ABl. 2013, L 325/1, zuletzt geändert durch DurchführungsVO (EU) 2016/1054, ABl. 2016, L 173/44.

[248] VO (EU) 2016/1037 vom 8.6.2016 über den Schutz gegen subventionierte Einfuhren aus nicht zur Europäischen Union gehörenden Ländern, ABl. 2016, L 176/55.

[249] *Lukas*, in: Krenzler/Herrmann/Niestedt, EU-Außenwirtschafts- und Zollrecht, Art. 1 ASubvGVO (April 2013), Rn. 21.

[250] VO (EU) Nr. 2016/1036 vom 8.6.2016 über den Schutz gegen gedumpte Einfuhren aus nicht zur Europäischen Union gehörenden Ländern, ABl. 2016, L 176/21; zur Vorgängerverordnung VO (EG) Nr. 1225/2009 s. *Falke*, AW-Prax 2009, 227; s. a. *Boysen*, EnzEuR, Bd. 10, § 9, Rn. 91 ff.

[251] Antidumping-Übereinkommen, ABl. 1994, L 336/103.

[252] *Hahn*, in: Calliess/Ruffert, EUV/AEUV, Art. 207 AEUV, Rn. 130.

Die Feststellung von Dumping regelt Art. 2 AD-GVO. Diese erfolgt durch Vergleich 110 des **Normalwerts** einer Ware mit dem **Ausfuhrpreis**. Im Normalfall entspricht der Normalwert dem Inlandspreis des Ausfuhrlandes (Art. 2 Abs. 1 AD-GVO). Ist dies nicht der Fall, so wird der Normalwert anhand der Inlandspreise anderer Verkäufer oder Hersteller (Art. 2 Abs. 1 UAbs. 2 AD-GVO) oder rechnerisch anhand der Herstellungskosten im Ursprungsland zuzüglich eines angemessenen Betrags für Vertriebs-, Verwaltungs-, Gemeinkosten und Gewinne oder anhand des Ausfuhrpreises des Exporteurs in ein geeignetes Drittland ermittelt (Art. 2 Abs. 3, 7 AD-GVO). Für Einfuhren aus Staatshandelsländern bestehen Sonderregeln.

Gemäß Art. 2 Abs. 7 Buchst. a AD-GVO erfolgt die Ermittlung des **Normalwerts** für 111 Einfuhren aus Ländern ohne Marktwirtschaft (Albanien, Armenien, Aserbaidschan, Belarus, derzeit China, Nordkorea, Kirgisistan, Moldawien, die Mongolei, Tadschikistan, Turkmenistan und Usbekistan) auf der Grundlage des Normalwertes eines Drittlandes mit Marktwirtschaft. Für Einfuhren aus China, Vietnam und Kasachstan und aus Ländern ohne Marktwirtschaft, die WTO-Mitglieder sind, erfolgt die Ermittlung des Normalwertes grundsätzlich auf Basis der in Art. 2 Abs. 1–6 niedergelegten Berechnungsmöglichkeiten (Art. 2 Abs. 7 Buchst. b AD-GVO). Der **Ausfuhrpreis** im Sinne von Art. 2 Abs. 8 AD-GVO ist der tatsächlich gezahlte oder zu zahlende Preis der zur Ausfuhr aus dem Ausfuhrland in die EU verkauften Ware. Existiert ein solcher Ausfuhrpreis nicht, so kann der Ausfuhrpreis gemäß Art. 2 Abs. 9 AD-GVO ausnahmsweise auf der Grundlage des Preises ermittelt werden, zu dem die eingeführte Ware erstmals an einen unabhängigen Käufer weiterverkauft wird oder auf jeder anderen angemessenen Grundlage. Zwischen dem Normalwert und dem Ausfuhrpreis soll ein gerechter Vergleich auf derselben Handelsstufe und auf Grundlage von Verkäufen, die möglichst im gleichen Zeitraum getätigt wurden, durchgeführt werden. Zudem müssen hierbei verschiedene wirtschaftliche Faktoren berücksichtigt werden (Art. 2 Abs. 10 AD-GVO). Die durch diesen Vergleich ermittelte Differenz zwischen Normalwert und dem Ausfuhrpreis wird als **Dumpingspanne** bezeichnet.

Sodann muss eine bedeutende **Schädigung eines Wirtschaftszweigs** in der EU oder die 112 Drohung einer bedeutenden Schädigung oder die erhebliche Verzögerung der Errichtung eines Wirtschaftszweigs der EU im Sinne von Art. 3 Abs. 1 AD-GVO festgestellt werden. Diese Schädigung muss sich aus einer objektiven Prüfung gestützt auf eindeutige Beweise und anhand eines in Art. 3 Abs. 2–5 und Abs. 9 aufgeführten Katalogs von Indikatoren ergeben.[253] Die bedeutende Schädigung muss in einem Wirtschaftszweig der Union eintreten. Als Wirtschaftszweig der Union gilt gemäß Art. 4 Abs. 1 AD-GVO die Gesamtheit der Unionshersteller der gleichartigen Waren oder derjenigen unter ihnen, deren Produktion insgesamt einen erheblichen Teil der gesamten Produktion der EU dieser Waren ausmacht. Der Kommission kommt hier ein nur eingeschränkt überprüfbarer Beurteilungsspielraum zu.

Hinsichtlich des **Kausalitätserfordernisses** gilt gemäß Art. 3 Abs. 6–8 AD-GVO, dass 113 eine Schädigung kausal durch die Einfuhr gedumpter Waren verursacht wurde, wenn sie sich auf die gestiegene Einfuhr oder auf den Preisrückgang zurückführen lässt. Andere Faktoren, die den Wirtschaftszweig zeitgleich schädigen, wie etwa ein Nachfragerückgang oder die Veränderung von Verbrauchsgewohnheiten, werden ebenfalls geprüft, um sicherzustellen, dass diese den gedumpten Einfuhren nicht zugerechnet werden (vgl. Art. 3 Abs. 7 AD-GVO).

---

[253] *Weiß*, in: Grabitz/Hilf/Nettesheim, EU, Art. 207 AEUV (August 2015), Rn. 162.

114 Zusätzlich zu den im WTO-Recht vorgesehenen Voraussetzungen muss die Kommission bei unionalen Antidumpingmaßnahmen ein Eingreifen der EU für erforderlich erachten (vgl. Art. 9 Abs. 4, Art. 21 AD-GVO). Neben den Interessen des betroffenen Wirtschaftszweigs sind die Interessen der Verbraucher und Verwender zu berücksichtigen.[254] Die Einbeziehung allgemeinpolitischer Ziele durch die Berücksichtigung ökologischer, humanitärer, entwicklungspolitischer, industriepolitischer oder sozialer Erwägungen bei der Feststellung eines etwaigen **Unionsinteresses** wurde in der Vergangenheit als nicht statthaft angesehen.[255] Hier dürfte für die Zukunft eine Neuinterpretation erforderlich sein, denn die Vorgaben des Art. 21 EUV finden auch auf alle Bereiche der autonomen Gemeinsamen Handelspolitik Anwendung.[256] Der EuGH erkennt der Kommission insoweit auch ein weites Ermessen bei der Beurteilung des Unionsinteresses zu.[257]

115 Ein **Antidumping-Verfahren** wird im Regelfall auf **Antrag** im Namen eines betroffenen Wirtschaftszweiges eingeleitet (Art. 5 Abs. 1 AD-GVO). Die Kommission leitet jedoch eine Untersuchung nur dann ein, wenn der Antrag von einer hinreichenden Zahl von Unionsherstellern unterstützt wird. Dies wird vermutet, wenn der Antrag von Unionsherstellern unterstützt wird, deren Produktion mehr als 50% der Gesamtproduktion der gleichartigen Ware ausmacht. Hingegen wird eine Untersuchung nicht eingeleitet, wenn auf die Unionshersteller, die den Antrag unterstützen, weniger als 25% der Gesamtproduktion der gleichartigen Ware entfallen (Art. 5 Abs. 4 AD-GVO). Neben den betroffenen Unionsherstellern kann ein Mitgliedstaat die Kommission zum Tätigwerden auffordern (Art. 5 Abs. 1 UAbs. 3 AD-GVO). Die Kommission kann auch von Amts wegen tätig werden (Art. 5 Abs. 6 AD-GVO). Nach einer Vorprüfung der vom Antragsteller vorgelegten Beweise eröffnet die Kommission entweder das Verfahren und teilt ihre Entscheidung im Amtsblatt mit (Art. 5 Abs. 9 AD-GVO) oder aber sie weist den Antrag zurück (Art. 5 Abs. 7 AD-GVO).

116 Die sich an die Verfahrenseröffnung anschließende Untersuchung zielt darauf ab, festzustellen, ob die Voraussetzungen für Dumping und Schädigung vorliegen. Hierfür werden der Kommission umfangreiche **Auskunfts- und Nachprüfungsbefugnisse** einge-

---

[254] S. hierzu den neuen ENTWURF FÜR LEITLINIEN ZUM UNIONSINTERESSE der Kommission vom Frühjahr 2013, Arbeitsdokument der GD HANDEL, abrufbar unter: http://trade.ec.europa.eu/doclib/docs/2013/april/tradoc_150878.pdf (10.10.2016).

[255] *Weiß*, in: Grabitz/Hilf/Nettesheim, EU, Art. 207 AEUV (August 2015), Rn. 164; *Hartmann*, in: Krenzler/Herrmann/Niestedt, EU-Außenwirtschafts- und Zollrecht, Art. 21 AD-GVO (August 2012), Rn. 33; *Tietje*, § 15 Außenwirtschaftsrecht, Rn. 129.

[256] So auch *Weiß*, in: Grabitz/Hilf/Nettesheim, EU, Art. 207 AEUV (August 2015), Rn. 164.

[257] Aktuelle und umfangreiche Darstellungen bei *Berrisch/Kamann*, in: Grabitz/Hilf, EU, Bd. 5, E.10, Rechtsschutz gegen handelspolitische Schutzmaßnahmen (Januar 2000), Rn. 12 ff.; *Hartmann*, in: Krenzler/Herrmann/Niestedt, EU-Außenwirtschafts- und Zollrecht, Art. 21 AD-GVO (August 2012), Rn. 77; *Müller-Ibold*, in: Lenz/Borchardt, EU-Verträge, Art. 207 AEUV, Rn. 26 ff. m.w.N.; grundlegend neuerdings *Eeckhout*, External Relations of the European Union, 2004, S. 367 ff. Aus der Rspr. vgl. EuGH, Urt. v. 7.5.1987, Rs. 255/84 (Nachi Fujikoshi/Rat), Slg. 1987, 1861, Rn. 21; Urt. v. 14.3.1990, Rs. C–156/87 (Gestetner Holdings/Rat u. Kommission), Slg. 1990, I–781, Rn. 63; Urt. v. 10.3.1992, Rs. C–179/87 (Sharp Corporation/Rat), Slg. 1992, I–1635, Rn. 58; Urt. v. 10.3.1992, Rs. C–175/87 (Matsushita/Rat), Slg. 1992, I–1409, Rn. 62; Urt. v. 10.3.1992, Rs. C–174/87 (Ricoh/Rat), Slg. 1992, I–1335, Rn. 68 (Urteilsbesprechung bei *Vermulst/Hooijer*, CMLRev. 30 (1993), 155 (173ff.)); EuG, Urt. v. 17.7.1998, Rs. T–118/96 (Thai Bicycle/Rat), Slg. 1998, II–2991, Rn. 32; Urt. v. 15.10.1998, Rs. T–2/95 (Industrie des poudres sphériques), Slg. 1998, II–3939, Rn. 292; Urt. v. 8.7.2003, Rs. T–132/01 (Euroalliages u.a./Kommission), Slg. 2003, II–2359, Rn. 49; Urt. v. 28.10.2004, Rs. T–35/01 (Shanghai Teraoka Electronic/Rat), Slg. 2004, II–3663, Rn. 46.

räumt (vgl. Art. 6 AD-GVO). Sofern nach dem Stand der Sachaufklärung bestimmte Einfuhren gedumpt sind, kann der Schutz der Unionsindustrien dadurch gesichert werden, dass ein **vorläufiger Ausgleichszoll** verhängt wird. Die Gültigkeitsdauer der vorläufigen Zölle kann auf sechs Monate beschränkt und um weitere drei Monate verlängert werden oder aber von Anfang an auf neun Monate festgesetzt werden (Art. 7 Abs. 6 AD-GVO).[258]

Das Verfahren wird gemäß Art. 9 Abs. 2 AD-GVO eingestellt, wenn die Kommission keine Notwendigkeit für Schutzmaßnahmen sieht. Auch können Exporteure anbieten, ihre Preisstruktur zu ändern oder die Ausfuhr zu Dumpingpreisen zu unterlassen, um so eine Einstellung der Untersuchung zu bewirken (Art. 8 Abs. 1, Abs. 5 ff. AD-GVO). Andernfalls setzt die Kommission den **endgültigen Antidumpingzoll** mittels einer Durchführungsverordnung fest (Art. 9 Abs. 4, Abs. 5 AD-GVO).[259] Dies erfolgt gemäß dem in Art. 5 VO 182/2011 niedergelegten Prüfverfahren. Die Höhe des vorläufigen und endgültigen Antidumpingzolls wird durch die **Dumpingmarge** begrenzt; es ist nur der Ausgleichszoll zulässig, der zur Verwirklichung des Schutzzwecks notwendig ist, vgl. Art. 7 Abs. 2 und Art. 9 Abs. 4 AD-GVO. Der festgesetzte Antidumpingzoll bleibt nur so lange in Kraft, wie dieser als notwendig erachtet wird; höchstens jedoch für fünf Jahre nach Einführung der Maßnahme oder nach Abschluss der letzten Untersuchung (Art. 11 Abs. 1, Abs. 2 AD-GVO). Die Wiederaufnahme der Untersuchung ist gemäß Art. 11 Abs. 2 ff., Art. 12 AD-GVO möglich. Ferner sind die *de minimis*-Regeln der Art. 5 Abs. 7 und Art. 9 Abs. 3 AD-GVO zu berücksichtigen. Danach darf ein Antidumpingzoll nicht verhängt werden, wenn der Marktanteil der betroffenen Waren weniger als 1% oder die Dumpingspanne weniger als 2% beträgt.

117

Die Grundverordnung regelt auch die Möglichkeit der **Umgehung von Ausgleichszollmaßnahmen** (Art. 13 AD-GVO). Dieser kann auf Umgehungsmaßnahmen ausgeweitet werden, wenn insbesondere eine Änderung des Fertigungsprozesses erfolgt, für die es außer der Einführung eines Zolls keine hinreichende Rechtfertigung gibt.[260] Häufigste Umgehungsformen sind die Errichtung von »Schraubenzieherfabriken«, Veränderung der Waren, damit sie einem anderen KN-Code unterfallen, für den kein Antidumpingzoll gilt, sowie Umverpackung und Umladung, so dass die Ware die EU mit einem anderen Warenursprung erreicht.[261]

118

---

[258] Vgl. auch die Antidumpingverfahren gg. China, Bekanntmachung der Einleitung eines Antidumpingverfahrens betreffend die Einfuhren von Fotovoltaikmodulen aus kristallinem Silicium und Schlüsselkomponenten davon (Zellen und Wafer) mit Ursprung in oder Versand aus der Volksrepublik China, ABl. 2012, C 269/5; VO (EU) Nr. 182/2013; VO (EU) Nr. 513/2013. Die gegen die VO (EU) Nr. 513/2013 am 13.6.2013 eingelegte Nichtigkeitsklage (EuG, Rs. T–320/13, ABl. 2013, C 215/19) wurde mit Beschluss vom 10.11.2014 (EuGH, Beschl. v. 10.11.2014, Rs. T–320/13, ECLI:EU:T:2014:969) für erledigt erklärt. S. hierzu auch das Memo der Europäischen Kommission vom 27.7.2013, abrufbar unter http://europa.eu/rapid/press-release_MEMO–13–729_de.pdf (10.10.2016) sowie vom 28.2.2013, abrufbar unter http://trade.ec.europa.eu/doclib/docs/2013/february/tradoc_150644.pdf (10.10.2016).

[259] Eine von der Kommission bereitgestellte Liste über aktuelle Antidumpingmaßnahmen (Stand: 12.9.2016) kann heruntergeladen werden unter http://trade.ec.europa.eu/doclib/docs/2016/september/tradoc_154943.pdf, S. 24 ff., 81 ff. (10.10.2016).

[260] *Hahn*, in: Calliess/Ruffert, EUV/AEUV, Art. 207 AEUV, Rn. 131, mit anschaulichen Beispielen.

[261] So *Schmid*, in: Krenzler/Herrmann/Niestedt, EU-Außenwirtschafts- und Zollrecht, Art. 13 AD-GVO (August 2012), Rn. 2 mit Beispielen aus der Praxis.

119 Hinsichtlich der zentralen **Rechtsschutzmöglichkeiten** ist auf die allgemeinen Grundsätze und Vorschriften zurückzugreifen.[262] Für **Nichtigkeitsklagen**[263] (Art. 263 Abs. 4 AEUV), Untätigkeitsklagen (Art. 265 Abs. 3 AEUV) und Schadensersatzklagen (Art. 268 und Art. 340 AEUV), die von natürlichen oder juristischen Personen erhoben werden, ist das EuG zuständig. Bei Nichtigkeitsklagen gegen Antidumping-Durchführungsverordnungen ist eine unmittelbare Betroffenheit im Sinne von Art. 263 Abs. 4 AEUV nur dann gegeben, soweit die Kläger namentlich genannt sind. Art. 263 Abs. 4 AEUV sieht vor, dass Klagen gegen Rechtsakte, die keine Durchführungsmaßnahmen nach sich ziehen, zulässig sind, wenn der Kläger unmittelbar betroffen ist, ohne dass eine individuelle Betroffenheit dargelegt werden muss.

120 Im Antidumpingzollrecht sind die **nationalen Zollverwaltungsakte**, mit denen die Zölle erhoben werden, als Durchführungsmaßnahmen anzusehen, die insoweit einen erweiterten Rechtsschutz vor den EU-Gerichten ausschließen.[264] Die durch den Zollverwaltungsakt Belasteten können Rechtsschutz nach nationalem Recht, ggf. mit Vorlage an den EuGH, in Anspruch nehmen.[265] Wird vor nationalen Gerichten die Ungültigkeit der Antidumpingzoll-Durchführungsverordnung geltend gemacht, ist das nationale Gericht zur Vorlage an den EuGH berechtigt bzw. verpflichtet. Nationale Gerichte sind auch für Klagen auf Erstattung von rechtsgrundlos gezahlten Antidumpingzöllen zuständig.[266]

121 Auf **völkerrechtlicher Ebene** kann gegen Antidumpingmaßnahmen ein **WTO-Streitbeilegungsverfahren** eingeleitet werden. China ist in der jüngeren Vergangenheit mehrfach gegen Antidumpingmaßnahmen der Europäischen Union vorgegangen.[267] Um ihren WTO-Verpflichtungen gerecht zu werden, hatte die EU Art. 9 Abs. 5 der AD-GVO bereits in der Vorgängerverordnung VO (EG) Nr. 125/2009 abgeändert.[268]

c) Antisubventionsrecht

122 Wie im Bereich des Dumping finden sich auch für **Subventionen** die WTO-Mitglieder – und somit auch die EU – disziplinierende und in ihren Handlungen beschränkende

---

[262] Für einen Überblick über die Rechtsprechung im Bereich des Antidumpings s. *Vermulst/Rovetta*, GTCJ 7 (2012), 240.

[263] Vgl. bspw. EuG, Urt. v. 10.10.2012, Rs. T–172/09 (Zheijang/Rat), ECLI:EU:T:2012:532; Urt. v. 10.10.2012, Rs. T–170/09 (Shanghai Biaowu High-Tensile Fasteners und Shanghai Prime Machinery/Rat), ECLI:EU:T:2012:531; Urt. v. 10.10.2012, Rs. T–150/09 (Ningbo Yonghong Fasteners/Rat), ECLI:EU:T:2012:529; s. a. Urt. v. 17.6.2009, Rs. T–498/04 (Zhejiang Xinan Chemical Industrial Group/Rat), Slg. 2009, II–1969, bestätigt in EuGH, Urt. v. 19.7.2012, Rs. C–337/09 P (Rat/Zhejiang Xinan Chemical Industrial Group), EuZW 2012, 901 (Anmerkung bei *Rusche*, EuZW 2012, 905); s. ebenfalls *Nastoll*, CMLRev. 50 (2013), 265.

[264] *Müller-Ibold*, in: Lenz/Borchardt, EU-Verträge, Art. 207 AEUV, Rn. 46 unter Verweis auf EuG, Urt. v. 6.9.2011, Rs. T–18/10 (Inuit u. a./EP), EuZW 2012, 395, Rn. 38 ff. (Besprechung bei *Petzold*, EuR 2012, 443); s. a. *Everling*, EuZW 2012, 376.

[265] *Müller-Ibold*, in: Lenz/Borchardt, EU-Verträge, Art. 207 AEUV, Rn. 43.

[266] *Müller-Ibold*, in: Lenz/Borchardt, Art. 207 AEUV, Rn. 49; unter Verweis auf EuGH, Urt. v. 18.3.2010, Rs. C–419/08 P (Trubowest u. a./Rat u. a.), Slg. 2010, I–2259, Rn. 23 ff. (hierzu *Bouveresse*, Europe 2010 Mai Comm. n° 155, 19).

[267] WTO Appellate Body Report, 15.7.2011, WT/DS/397/AB/R – European Communities – Definitive Anti-Dumping Measures on Certain Iron or Steel Fasteners from China (EC – Fasteners); WTO Panel Report, 3.12.2010, WT/DS397/R – European Communities – Definitive Anti-Dumping Measures on Certain Iron or Steel Fasteners from China (EC – Fasteners).

[268] VO (EU) Nr. 765/2012 vom 13.6.2012 zur Änderung der Verordnung (EG) Nr. 1225/2009 des Rates über den Schutz gegen gedumpte Einfuhren aus nicht zur Europäischen Gemeinschaft gehörenden Ländern, ABl. 2012, L 237/1.

Vorgaben im WTO-Recht, die mit der Antisubventions-Grundverordnung (EU) Nr. 2016/1037 ins Unionsrecht transferiert worden sind. Über diese Grundverordnung kann gegen sich in der Europäischen Union auswirkende Subventionen durch Drittstaaten vorgegangen werden.[269] Das WTO-Übereinkommen über Subventionen und Ausgleichsmaßnahmen[270] verbietet insbesondere **Exportsubventionen**. Gleichzeitig erlaubt dieses Abkommen den WTO-Mitgliedern unter gewissen Bedingungen **Ausgleichsmaßnahmen bzw. -zahlungen (countervailing duties)** auf subventionierte Produkte zu erheben.[271] Eben diese letztere Kategorie wird mit der EU-Antisubventions-Grundverordnung erfasst.

Das Ergreifen von Antisubventionsmaßnahmen setzt voraus, dass eine Subvention vorliegen muss, die als **kausal** für die **Schädigung eines Wirtschaftszweiges** anzusehen ist und es muss ein **Unionsinteresse** zum unionsrechtlichen Eingreifen gegeben sein (Art. 1 Abs. 1, Art. 15 AS-GVO). Subventionen sind solche finanziellen Begünstigungen durch die Wirtschaftssubjekten ein spezifischer finanzieller Vorteil gewährt wird.[272] Hiervon umfasst sind, im Sinne einer Art Auffangklausel, jede Form der Einkommens- und Preisstützung im Sinne des Art. XVI GATT 1994.[273]

123

Der **Subventionsbegriff** und die Unterteilung der Subventionen in verbotene und anfechtbare Subventionen wurden nahezu unverändert in das sekundäre Unionsrecht übernommen.[274] Eine Subvention im Sinne der Verordnung liegt dann vor, wenn die Subvention »mittelbar oder unmittelbar für die Herstellung, die Produktion, die Ausfuhr oder die Beförderung einer Ware gewährt wird«, die in der EU eine Schädigung bewirkt, Art. 1 Abs. 1 AS-GVO. Subventionen müssen – wie im EU-Beihilfenrecht die Art. 107 ff. AEUV – staatliche Träger direkt oder indirekt belasten und dem Begünstigten einen wirtschaftlichen Vorteil zukommen lassen.[275] Die Subvention muss spezifisch sein, so dass sie insoweit nur einzelnen Unternehmen oder Gruppen von Unternehmen zugute kommt, Art. 4 AS-GVO.[276] Die **Subventionsspanne** ist die je Einheit der importierten Waren gezahlte Subvention.[277]

124

Die Anforderungen, die unter das Tatbestandsmerkmal der **Schädigung** gestellt werden, ähneln denen des Antidumpingrechts. Eine ernsthafte Schädigung nach dem WTO-Anti-Subventionsübereinkommen liegt jedenfalls dann vor, wenn die wertmäßige Subventionierung einer Ware 5 % überschreitet. Dies ist im Rahmen einer WTO-rechtskonformen Auslegung auch bei dem Tatbestandsmerkmal der Schädigung nach der Antisubventionsverordnung zu berücksichtigen.

125

---

[269] VO (EU) Nr. 2016/1037. Zur Vorgängerversion VO (EG) Nr. 597/2009 siehe auch *Boysen*, EnzEuR, Bd. 10, § 9, Rn. 97.
[270] Übereinkommen über Subventionen und Ausgleichsmaßnahmen, ABl. 1994, L 336/156.
[271] *Ziegler*, Wirtschaftsvölkerrecht: Eine Einführung unter Einschluss des Außenwirtschaftsrechts, 2010, S. 145 f.
[272] *Hahn*, in: Calliess/Ruffert, EUV/AEUV, Art. 207 AEUV, Rn. 132.
[273] *Weiß*, in: Grabitz/Hilf/Nettesheim, EU, Art. 207 AEUV (August 2015), Rn. 181.
[274] Vgl. *Lukas*, in: Krenzler/Herrmann/Niestedt, EU-Außenwirtschafts- und Zollrecht, Art. 1 ASubv-GVO (April 2013), Rn. 12.
[275] EuGH, Urt. v. 14.7.1988, Rs. 187/85 (Fediol/Kommission), Slg. 1988, 4155, Rn. 11–14.
[276] Zum Subventionsbegriff im WTO-Recht vgl. *Ohlhoff*, EuZW 2000, 645; zum Vergleich der Begrifflichkeit im WTO- und EU-Beihilfe- bzw. Subventionsrecht vgl. *Weiß*, Der Subventionsbegriff, S. 21 ff.; vgl. ebenfalls umfassend die Werke von *Rubini*, The Definition of Subsidy and State Aid, 2009, S. 2 ff. sowie *Sánchez Rydelski*, EG und WTO Antisubventionsrecht, 2001, S. 21 ff.
[277] *Müller-Ibold*, in: Lenz/Borchardt, EU-Verträge, Art. 207 AEUV, Rn. 54.

126 Als Voraussetzung für den Erlass von Antisubventionsmaßnahmen muss zudem eine **Kausalität** zwischen der Subvention und der Schädigung bzw. der drohenden Schädigung eines Wirtschaftszweigs in der EU gegeben sein, Art. 1 i.V.m. Art. 8 und Art. 9 AS-GVO.

127 Ein **Unionsinteresse** im Sinne von Art. 15 i.V.m. Art. 31 AS-GVO ist gegeben, wenn ein Eingreifen der Union erforderlich ist und alle Interessen, einschließlich die der Verbraucher, berücksichtigt werden.

128 Das **Verfahren über den Erlass von Antisubventionsmaßnahmen** entspricht weitestgehend dem des Antidumpingrechts. Ein Antragsrecht besteht im Namen eines Wirtschaftszweiges der Union, Art. 10 Abs. 1 AS-GVO. Als Wirtschaftszweig gilt die Gesamtheit der Unionshersteller von gleichartigen Waren oder derjenigen unter ihnen, deren Produktion insgesamt einen erheblichen Anteil der gesamten Gemeinschaftsproduktion dieser Waren ausmacht (Art. 9 Abs. 1 AS-GVO). Auch im Antisubventionsrecht besteht die Möglichkeit, **vorläufige Ausgleichszölle** festzusetzen (Art. 12 AS-GVO). Gemäß Art. 13 Abs. 1 AS-GVO können sowohl vorläufige als auch endgültige Zölle bei Vorliegen von Verpflichtungserklärungen der Ausfuhrländer, die Subventionen zu begrenzen, zu beseitigen, die Preise abzuändern oder den Export in die EU gänzlich zu unterlassen, für die Dauer der Verpflichtung ausgesetzt werden.

129 Zum Verfahrensabschluss können **endgültige Schutzmaßnahmen** erlassen werden, die den Subventionsvorteil ausgleichen, wobei aber die ermittelte Gesamthöhe der anfechtbaren Subvention nicht überschritten werden darf, Art. 15 Abs. 1 UAbs. 3 AS-GVO.[278]

130 Es bestehen Möglichkeiten des **zentralen** wie auch **dezentralen Rechtsschutzes**, jeweils abhängig von der letztendlich belastenden Durchführungsmaßnahme.[279] Am Verfahren bei der Kommission nach der Antisubventions-Grundverordnung unbeteiligte Ursprungs- oder Ausfuhrländer können den EuGH nicht befassen; sie sind auf den WTO-Streitbeilegungsmechanismus nach dem Dispute Settlement Understanding angewiesen.[280] Verbotene Subventionen – Ausfuhrsubventionen und Einfuhrsubstitutions-

---

[278] Mit Stand v. 12.9.2016 waren 11 Antisubventionsmaßnahmen gegen Drittstaaten in Kraft, s. Anhang P der Auswertung »Trade Defence Statistics covering the first six months of 2016« der Kommission, abrufbar unter http://trade.ec.europa.eu/doclib/docs/2016/september/tradoc_154943.pdf (10.10.2016); s.a. das laufende Antisubventionsverfahren gegen China, Bekanntmachung der Einleitung eines Antisubventionsverfahrens betreffend die Einfuhren von Fotovoltaikmodulen aus kristallinem Silicium und Schlüsselkomponenten davon (Zellen und Wafer) mit Ursprung in der Volksrepublik China, ABl. 2012, C 340/13; VO (EU) Nr. 182/2013; s.a. die Pressemitteilung der Europäischen Kommission vom 7.8.2013, abrufbar unter http://europa.eu/rapid/press-release_IP-13-769_de.pdf (11.10.2016) sowie DurchführungsVO (EU) Nr. 1239/2013 vom 2.12.2013 zur Einführung eines endgültigen Ausgleichszolls auf die Einfuhren von Fotovoltaikmodulen aus kristallinem Silicium und Schlüsselkomponenten davon (Zellen und Wafer) mit Ursprung oder versandt aus der Volksrepublik China, ABl. 2013, L 325/66; zu bisherigen Anti-Subventionsverfahren gegen China s. *Qian*, JWT 46(4) (2012), 961.
[279] S. die Nichtigkeitsklagen EuG, Urt. v. 24.5.2012, Rs. T–555/10 (JBF RAK/Rat), ECLI:EU:T:2012:262; Urt. v. 11.10.2012, Rs. T–556/10 (Novatex/Rat), ECLI:EU:T:2012:537.
[280] *Weiß*, in: Grabitz/Hilf/Nettesheim, EU, Art. 207 AEUV (August 2015), Rn. 185; vgl. aus der Vergangenheit insoweit z.B. WTO Appellate Body Report, 2.8.1999, WT/DS46/AB/R – Brazil – Export Financing Programme for Aircraft (Brazil – Aircraft); WTO Appellate Body Report, 2.8.1999, WT/DS70/AB/R – Canada – Measures Affecting the Export of Civilian Aircraft (Canada – Aircraft); WTO Panel Report, 2.7.1998, WT/DS54/R, WT/DS55/R, WT/DS59/R, WT/DS64/R – Indonesia – Certain Measures Affecting the Automobile Industry (Indonesia – Autos); WTO Panel Report, 8.10.1999, WT/DS108/R – United States – Tax Treatment For »Foreign Sales Corporations« (US – FSC); s.a. WTO Appellate Body Report, 18.5.2011, WT/DS316/AB/R – European Communities – Measures

subventionen – können im Rahmen des beschleunigten Streitbeilegungsverfahrens angefochten werden.[281]

d) Trade Barrier-Regulation

Ein handelspolitisches Schutzinstrument eigener Art stellt die sog. **Handelshemmnis-Verordnung** (Trade Barrier Regulation – TBR) dar.[282] Die TBR ist ein verfahrensrechtlich ausgestalteter sekundärrechtlicher Anspruch (des Unionsrechts) auf diplomatischen Schutz. Diese Verordnung soll sicherstellen, dass die Unionsorgane insbesondere WTO-rechtswidrige Handelspraktiken anderer Staaten ermitteln und gegen diese vorgehen.[283] Die **praktische Relevanz** der Handelshemmnis-Verordnung ist weit hinter den ursprünglichen Erwartungen zurückgeblieben. Bis Anfang 2013 sind lediglich in 24 Fällen auf Antrag der Privatwirtschaft Untersuchungen nach der Handelshemmnis-Verordnung eingeleitet worden.[284]

131

Die Verordnung führt ein Verfahren ein, dessen Einleitung im Namen eines Wirtschaftszweiges, durch ein Unternehmen oder einen einzelnen Mitgliedstaat beantragt werden kann, vgl. Art. 3 Handelshemmnis-VO. Zulässigkeitsvoraussetzung eines Antrags im Rahmen der Handelshemmnis-VO ist, dass für die Unionsorgane eine Möglichkeit besteht, gegen die **in einem Drittland bestehenden Handelshemmnisse** vor allem nach den Bestimmungen des WTO-DSU vorzugehen.[285] Die Handelshemmnis-VO gleicht die vom EuGH abgelehnte unmittelbare Anwendbarkeit des WTO-Rechts im unionalen Rechtsraum wie auch die fehlenden Zugangsmöglichkeiten natürlicher und juristischer Personen zum WTO-Streitbeilegungsmechanismus teilweise aus: sie dient als »Brücke zwischen privaten Handelsinteressen und dem zwischenstaatlich ausgestalteten Streitbeilegungsverfahren der WTO«.[286]

132

Die Verordnung hat die Beseitigung von durch Drittstaaten hervorgerufenen Handelshemmnissen, die handelsschädigende Auswirkungen haben, zum Ziel. Zwar gilt sie nur subsidiär gegenüber den oben dargestellten sachspezifischen Handelsschutzregelungen, Art. 16 Handelshemmnis-VO, in sachlicher Hinsicht ist sie allerdings weitergehend, da sie nicht nur auf Waren, sondern beispielsweise auch auf Dienstleistungen (vgl. Art. 2 Handelshemmnis-VO) wie auch Drittstaatsregelungen bezüglich Urheberrechten, wenn sie den Waren- oder Dienstleistungsanbieter hemmen, Anwendung fin-

133

Affecting Trade in Large Civil Aircraft (EC and Certain Member States – Large Civil Aircraft); hierzu *Flett*, GTCJ 2012, 50; *Hahn/Mehta*, WTR 12 (2013), 139; zum WTO-Streitbeilegungsverfahren bei Subventionsstreitigkeiten *Hahn*, Internationales Subventionsrecht, Rn. 66 ff.; *Tietje*, § 3 WTO, Rn. 175 ff.; allg. zur WTO-Streitbeilegung *Weiss*, § 17 WTO-Streitbeilegung.

[281] *Lukas*, in: Krenzler/Herrmann/Niestedt, EU-Außenwirtschafts- und Zollrecht, Art. 1 ASubv-GVO (April 2013), Rn. 10.

[282] VO (EU) 2015/1843 vom 6.10.2015 zur Festlegung der Verfahren der Union im Bereich der gemeinsamen Handelspolitik zur Ausübung der Rechte der Union nach internationalen Handelsregeln, insbesondere den im Rahmen der Welthandelsorganisation vereinbarten Regeln, ABl. 2015, L 272/1; zu dieser VO bzw. zur Vorgängerverordnung VO (EG) Nr. 3286/94 s. *Berrisch/Kamann*, EuZW 1999, 101; *Bierwagen*, ZIP 1996, 201; *Boysen*, EnzEuR, Bd. 10, § 9, Rn. 98 ff.; *Herrmann/Streinz*, EnzEuR, Bd. 10, § 11, Rn. 133 f.; ausführlich die Kommentierung von *Berrisch/Kamann*, in: Krenzler/Herrmann/Niestedt, EU-Außenwirtschafts- und Zollrecht, VO (EG) Nr. 3286/94 (April 2013).

[283] *Hörmann*, § 8 Rechtsschutz Privater, Rn. 14.

[284] Vgl. Trade Barriers Regulation, Current Trade Barriers Regulation Investigations, http://ec.europa.eu/trade/tackling-unfair-trade/trade-barriers/investigations/ (10.10.2016).

[285] *Hörmann*, § 8 Rechtsschutz Privater, Rn. 14.

[286] So *Boysen/Oeter*, in: Schulze/Zuleeg/Kadelbach, Europarecht, § 32, Rn. 88; s. a. *Herrmann/Streinz*, EnzEuR, Bd. 10, § 11, Rn. 118 ff.

den kann.²⁸⁷ Keine Anwendung findet die Handelshemmnis-VO hingegen, wenn die EU bereits von sich aus gegen ein Handelshemmnis vorgeht.²⁸⁸

134 Für den Erlass geeigneter Maßnahmen setzt die Handelshemmnis-VO voraus, dass ein Handelshemmnis vorliegt, das kausal für die Schädigung eines Wirtschaftszweigs der Union ist und das ein Unionsinteresse am Eingreifen gegeben ist (Art. 13 Abs. 1 i. V. m. Art. 2 Handelshemmnis-VO). Gem. Art. 2 Abs. 1 Buchst. a gelten als **Handelshemmnis** im Sinne der Verordnung alle von einem Drittland eingeführten oder beibehaltenen Handelspraktiken, gegen die die internationalen Handelsregeln das Recht zu einem Vorgehen einräumen; Kernbestandteil der internationalen Handelsregeln, die bestimmte Handelspraktiken verbieten, sind die WTO-Übereinkommen (Art. 2 Abs. 1 Buchst. b Handelshemmnis-VO). Eine Anwendung der Handelshemmnis-VO auf Verletzungen von Regeln des Völkergewohnheitsrechts scheidet damit aus.²⁸⁹ Art. 1 Abs. 1 Handelshemmnis-VO unterscheidet zwischen solchen Handelshemmnissen, die sich unmittelbar auf dem Binnenmarkt auswirken und dort Schädigungen verursachen (Art. 1 Abs. 1 Buchst. a), und solchen, die sich primär auf den Markt eines Drittlandes auswirken und dadurch handelsschädigende Auswirkungen haben (Art. 1 Abs. 1 Buchst. b). Die TBR ist damit auch als **Instrument zur Durchsetzung internationaler Handelsregeln** zugunsten der EU-Wirtschaft auf Drittlandsmärkten konzipiert. Aus der Bezugnahme auf »Drittländer« ergibt sich, dass die TBR ausschließlich Praktiken von staatlichen Stellen, nicht aber von privaten Unternehmen, betrifft.²⁹⁰ Handelspraktiken eines Unternehmens sind allerdings dann einem Drittland zuzurechnen, wenn sie von diesem aktiv gefördert oder geduldet werden und sich im Falle der Duldung für den Drittstaat eine Pflicht zum Einschreiten ergibt.²⁹¹

135 In Bezug auf das Tatbestandsmerkmal der **Schädigung** ist mit Blick auf die in Art. 1 Handelshemmnis-VO unterschiedenen Handelshemmnisse zu differenzieren. Geht es um ein Handelshemmnis, das sich unmittelbar auf den Binnenmarkt auswirkt, muss eine bedeutende Schädigung eines Wirtschaftszweigs verursacht worden sein oder verursacht zu werden drohen (Art. 1 Abs. 1 Buchst. a, Art. 2 Abs. 3 Handelshemmnis-VO). Wenn es hingegen um Handelshemmnisse geht, die sich primär auf einen Drittlandsmarkt auswirken, müssen handelsschädigende Auswirkungen verursacht worden sein oder verursacht zu werden drohen, »die erhebliche Folgen für die Wirtschaft der Union oder einer Region der Union oder für einen Sektor ihrer Wirtschaftstätigkeit haben« (Art. 1 Abs. 1 Buchst. b, Art. 2 Abs. 1 Buchst. d Handelshemmnis-VO). Die Kriterien für die Prüfung des Vorliegens einer Schädigung oder von handelsschädigenden Auswirkungen sind in Art. 11 Handelshemmnis-VO niedergelegt. Bei der Feststellung der handelsschädigenden Auswirkungen kommt den Unionsorganen ein weiter

---

²⁸⁷ So *Osteneck*, in: Schwarze, EU-Kommentar, Art. 207 AEUV, Rn. 123; *Berrisch/Kamann*, EuZW 1999, 101 (102).
²⁸⁸ *Weiß*, in: Grabitz/Hilf/Nettesheim, EU, Art. 207 AEUV (August 2015), Rn. 187.
²⁸⁹ S. *Weiß*, in: Grabitz/Hilf/Nettesheim, EU, Art. 207 AEUV (August 2015), Rn. 189; *Tietje*, § 15 Außenwirtschaftsrecht, Rn. 163; *Berrisch/Kamann* (Fn. 282), Art. 2 VO (EG) Nr. 3286/94 (April 2013), Rn. 15.
²⁹⁰ *Osteneck*, in: Schwarze, EU-Kommentar, Art. 207 AEUV, Rn. 128.
²⁹¹ *Berrisch/Kamann*, EuZW 1999, 101 (103); *Osteneck*, in: Schwarze, EU-Kommentar, Art. 207 AEUV, Rn. 128.

Beurteilungsspielraum zu.²⁹² Zwischen Handelshemmnis und Schädigung bzw. handelsschädigenden Auswirkungen muss ein **Kausalzusammenhang** bestehen.²⁹³

Weiter muss ein Eingreifen der EU, normalerweise durch die Kommission, im »Unionsinteresse« liegen, vgl. Art. 13 Abs. 1 Handelshemmnis-VO. Da allerdings ausdrückliches Ziel der Verordnung ist, die effektive »Ausübung der Rechte der Union nach internationalen Handelsregeln zu gewährleisten«²⁹⁴, sollte ein Vorgehen gegen WTO-widrige Handelspraktiken anderer Staaten in der Regel im Unionsinteresse liegen.²⁹⁵ In die **Prüfung des Unionsinteresses** einzubeziehen sind auch die Schwere der Handelsverzerrung, eine gegebenenfalls bestehende protektionistische Zielsetzung der Drittstaatsmaßnahme sowie weitere wirtschaftliche Faktoren.²⁹⁶ Bei der Feststellung des Unionsinteresses kommt den Unionsorganen ein nur eingeschränkt überprüfbarer **Beurteilungsspielraum** zu. Bislang wurde ein Verfahren wegen fehlendem Unionsinteresse eingestellt.²⁹⁷ Die Kommission hat im Frühjahr 2013 einen Entwurf für neue Leitlinien zum Unionsinteresse vorgelegt.²⁹⁸

136

Hinsichtlich der **Antragsberechtigten** ist – wie bei der Feststellung einer Schädigung auch – zwischen den in Art. 1 Abs. 1 Handelshemmnis-VO unterschiedenen Handelshemmnissen zu differenzieren. Gemäß Art. 3 Abs. 1 Handelshemmnis-VO kann im Falle von Schädigungen im Binnenmarkt im Namen eines Wirtschaftszweigs der Union ein Antrag auf Einleitung eines Verfahrens gestellt werden. Als »Wirtschaftszweig der Union« gelten gemäß Art. 2 Abs. 1 Handelshemmnis-VO die Hersteller oder Dienstleistungserbringer, die mindestens 50 % der gesamten Unionsproduktion der entsprechenden Ware oder Dienstleistungen erbringen. **Einzelne Unternehmen** sind demnach im Falle von Schädigungen im Binnenmarkt nicht antragsberechtigt; geht es jedoch um handelsschädigende Auswirkungen auf einem Drittlandsmarkt, so können auch einzel-

137

---

²⁹² Vgl. hierzu auch *Ohlhoff/Schloemann*, RIW 1999, 649 (656); *Prieß/Pitschas*, EWS 2000, 185 (192).
²⁹³ EuG, Urt. v. 14.12.2004, Rs. T–317/02 (FICF u.a./Kommission), Slg. 2004, II–4325, Rn. 66 (Anmerkung bei *Broberg*, CMLRev. 43 (2006), 1169).
²⁹⁴ Art. 1 Abs. 1 VO (EU) 2015/1843.
²⁹⁵ So *Hörmann*, § 8 Rechtsschutz Privater, Rn. 15; ähnlich auch *Tietje*, § 15 Außenwirtschaftsrecht, Rn. 164; vgl. insoweit bezüglich der Bejahung des Unionsinteresse die Nachweise bei *Heidfeld*, Die dezentrale Durchsetzung des WTO-Rechts in der Europäischen Union, 2012, S. 261: Beschluss vom 11.12.1998 gemäß der Verordnung (EG) Nr. 3286/94 des Rates vom 22.12.1994 über Paragraph 110 Absatz 5 des Urheberrechtsgesetzes der Vereinigten Staaten von Amerika, 98/731/EG, ABl. 1998, L 346/60, Rn. 23 (Vorliegen eines Handelshemmnisse im Verfahren gegen die USA in Handelspraktiken betreffend die grenzüberschreitende Vergabe von Nutzungsrechten für Musikwerke); Bekanntmachung über die Einleitung eines Untersuchungsverfahrens betreffend die Beibehaltung eines Handelshemmnisses im Sinne der Verordnung (EG) Nr. 3286/94 des Rates – Handelspraktiken Brasiliens in bezug auf die Einfuhr von Sorbitol, ABl. 1998, C 361/13; Beschluss der Kommission vom 16.4.1998 gemäß der Verordnung (EG) Nr. 3286/94 des Rates vom 22.12.1994 über die Nichtaufhebung des Antidumping Act der Vereinigten Staaten von Amerika aus dem Jahr 1916, 98/277/EG, ABl. 1998, L 126/36, Rn. 22.
²⁹⁶ *Tietje*, § 15 Außenwirtschaftsrecht, Rn. 164.
²⁹⁷ Beschluss vom 9.7.2002 zur Einstellung der Untersuchungsverfahren betreffend Handelshemmnisse im Sinne der Verordnung (EG) Nr. 3286/94 des Rates in Form von den Vereinigten Staaten von Amerika (USA) aufrechterhaltenen Handelspraktiken in Bezug auf die Einfuhren von Senf (einschließlich zubereitetem Senfmehl), 2002/604/EG, ABl. 2002, L 195/72.
²⁹⁸ Der Entwurf ist abrufbar unter http://trade.ec.europa.eu/doclib/docs/2013/april/tradoc_150878.pdf (10.10.2016); zum Unionsinteresse bzw. zuvor zum Gemeinschaftsinteresse ausführlich *Wenig*, in: Dauses, Handbuch des EU-Wirtschaftsrechts, K. II., November 2006, Rn. 234 ff.; vgl. auch *Wenig*, in: Krenzler/Herrmann/Niestedt, EU-Außenwirtschafts- und Zollrecht, Art. 21 AD-GVO (August 2012), Rn. 1 ff.

ne Unternehmen einen Antrag auf Verfahrenseinleitung stellen (Art. 4 Handelshemmnis-VO). Die **Mitgliedstaaten** sind demgegenüber immer antragsberechtigt (Art. 6 Handelshemmnis-VO). Den Antragsteller trifft die Pflicht, **hinreichende Beweise** für das Vorliegen eines Handelshemmnisses sowie für das Vorliegen einer Schädigung vorzulegen.

138 Die Kommission entscheidet darüber, ob der Antrag ausreichende Beweise enthält, Art. 5 Abs. 3, Art. 6 Abs. 4 i. V. m. Art. 7 Handelshemmnis-VO. Dabei wird sie vom »Ausschuss Handelshemmnisse«, welcher einen Ausschuss im Sinne der VO (EU) Nr. 182/2011 darstellt, unterstützt. Die Kommission hat nach Antragstellung binnen 45 Tagen über die **Einleitung eines unionalen Untersuchungsverfahrens**, Art. 5 Abs. 4, Art. 6 Abs. 5 Handelshemmnis-VO, zu befinden. Ist die Kommission der Auffassung, dass ausreichende Beweise vorliegen, so leitet sie ein Untersuchungsverfahren ein (vgl. Art. 9 Handelshemmnis-VO). Stellt sich im Untersuchungsverfahren heraus, dass keine Maßnahmen erforderlich sind, wird das Verfahren eingestellt (Art. 12 Abs. 1 Handelshemmnis-VO). Gemäß Art. 12 Abs. 2 Handelshemmnis-VO ist es – ähnlich wie im Antidumpingrecht – möglich, dass das betroffene Drittland zufriedenstellende Maßnahmen trifft, die ein Tätigwerden der Union überflüssig machen und das Verfahren sodann ausgesetzt wird.

139 Bei Vorliegen der Tatbestandsvoraussetzungen können **geeignete Maßnahmen** verhängt oder ergriffen werden, um die Schädigung oder die handelsschädigenden Auswirkungen zu beseitigen, Art. 13 Abs. 1 Handelshemmnis-VO. Solche Maßnahmen können z. B. in
– der Aussetzung oder Rücknahme von vereinbarten Zugeständnissen,
– der Anhebung bestehender Zollsätze oder
– der Einführung mengenmäßiger Beschränkungen bestehen, vgl. Art. 13 Abs. 3 Handelshemmnis-VO.

Die EU kann alle Maßnahmen ergreifen, die mit den bestehenden internationalen Verpflichtungen und Verfahren vereinbar sind. Ist allerdings die EU aufgrund ihrer völkerrechtlichen Verpflichtungen zur Durchführung eines vorherigen Konsultations- oder Streitbeilegungsverfahren verpflichtet, können Maßnahmen erst nach Abschluss eines solchen Verfahrens und unter Berücksichtigung der Ergebnisse eben dieses Verfahrens beschlossen werden, vgl. Art. 13 Abs. 2 Handelshemmnis-VO. Im Falle des **Durchlaufens eines WTO-Streitbeilegungsverfahrens** stehen der obsiegenden Partei die Durchsetzungsmittel des Art. 22 DSU in Form der Aussetzung von Zollzugeständnissen zur Verfügung. Ergänzend gilt hier die sog. Handelsvergeltungsverordnung VO (EU) Nr. 654/2014[299].[300]

140 Entscheidungen/Beschlüsse über die Einleitung/Nichteinleitung sind vor der europäischen Gerichtsbarkeit anfechtbar. Die Ablehnung einer Verfahrenseinleitung stellt eine Entscheidung bzw. einen Beschluss im Sinne von Art. 263 Abs. 4 AEUV dar und ist im Wege der **Nichtigkeitsklage** vor dem Europäischen Gericht angreifbar.[301]

---

[299] VO (EU) Nr. 654/2014 vom 15. 5. 2014 über die Ausübung der Rechte der Union in Bezug auf die Anwendung und die Durchsetzung internationaler Handelsregeln und zur Änderung der Verordnung (EG) Nr. 3286/94 des Rates zur Festlegung der Verfahren der Gemeinschaft im Bereich der gemeinsamen Handelspolitik zur Ausübung der Rechte der Gemeinschaft nach internationalen Handelsregeln, insbesondere den im Rahmen der Welthandelsorganisation vereinbarten Regeln, ABl. 2014, L 189/50, zuletzt geändert durch VO (EU) 2015/1843, ABl. 2015, L 272/1.

[300] *Weiß*, in: Grabitz/Hilf/Nettesheim, EU, Art. 207 AEUV (August 2015), Rn. 193.

[301] Vgl. insoweit auch EuG, Urt. v. 14. 12. 2004, Rs. T–317/02 (FICF u. a./Kommission), Slg. 2004, II–4325, Rn. 41 (Anmerkung bei *Broberg*, CMLR 2006, 1169).

4. Sanktionsmaßnahmen gegen Drittstaaten

Sanktionsmaßnahmen der EU sind dem autonomen europäischen Außenwirtschaftsrecht zuzurechnen.[302] Sie sind primärrechtlich auf Art. 215 AEUV zu stützen, soweit sie eine Verbindung zur GASP aufweisen.[303] Nach Art. 215 AEUV erlässt der Rat die erforderlichen Maßnahmen zur Umsetzung von Beschlüssen im Rahmen der Gemeinsamen Außen- und Sicherheitspolitik (GASP).[304] Bei einem Rückgriff auf Art. 215 AEUV handelt es sich um politische und nicht rein handelspolitische Maßnahmen ohne **außenpolitische Zielsetzungen**. Letztere sind wiederum auf Art. 207 AEUV zu stützen. Entscheidend ist somit die politische bzw. wirtschaftspolitische Motivation der Maßnahme für die Wahl der richtigen Rechtsgrundlage. Die diesbezügliche Abgrenzung zwischen Art. 207 und Art. 215 AEUV ist zunehmend schwierig, da auf Art. 207 AEUV gestützte Handelsmaßnahmen auch die Ziele des Art. 21 EUV verfolgen sollen.

141

Die umzusetzenden Beschlüsse sehen die Aussetzung, Einschränkung oder vollständige Einstellung der Wirtschafts- und Finanzbeziehungen zu einem oder mehreren Drittländern vor. Bei den zu erlassenden erforderlichen Maßnahmen ist, je nach Umfang der Beschränkung, zwischen **Total-**[305], **Teil-**[306] und **Waffenembargos**[307] zu differenzieren. Durch die Maßnahmen sollen die betroffenen Staaten zu einem bestimmten politischen Verhalten bewegt werden.[308] Neben den länderbezogenen Embargomaßnahmen sieht Art. 215 Abs. 2 AEUV auch die Möglichkeit vor, **personenbezogene Embargos**[309] zu erlassen (vgl. z. B. Taliban VO (EG) Nr. 881/2002[310]). Mit der UN-Sicher-

142

---

[302] *Bungenberg*, in: GSH, Europäisches Unionsrecht, Art. 215 AEUV; s.a. *Weiß*, EnzEuR, Bd. 10, § 10, Rn. 156 ff.

[303] *Frenz*, Handbuch Europarecht, Bd. 6, § 5, Rn. 5137; *Hahn*, in: Calliess/Ruffert, EUV/AEUV, Art. 207 AEUV, Rn. 56; zu Wirtschaftssanktionen allg. vgl. die Veröffentlichung von *Schneider*, Wirtschaftssanktionen, 1997, S. 1 ff.; s.a. *Cremer*, in: Calliess/Ruffert, EUV/AEUV, Art. 215 AEUV, Rn. 1 ff.; *Gilsdorf/Brandtner*, in: GS, EUV/EGV, Art. 301 EG, Rn. 1 ff.; *Schneider/Terhechte*, in: Grabitz/Hilf/Nettesheim, EU, Art. 215 AEUV (Mai 2014), Rn. 1 ff.; zum Handelsembargo vgl. *Ress*, Das Handelsembargo, 2000, S. 1 ff.

[304] Zur GASP s. *Thym*, ZaöRV 66 (2006), 863.

[305] Ein Totalembargo besteht für den Iran (Stand: 1.8.2016), s. Übersicht über die länderbezogenen Embargos, abrufbar unter: http://www.ausfuhrkontrolle.info/ausfuhrkontrolle/de/embargos/uebersicht/uebersicht_laender_bezogene_embargos.pdf (10.10.2016).

[306] Teilembargos bestehen für (Stand: 1.8.2016): Ägypten, Burundi, Eritrea, Guinea, Guinea-Bissau, Irak, Jemen, Kongo (DR), Korea (DVR), Libanon, Libyen, Myanmar, Russland, Simbabwe, Somalia, Sudan, Südsudan, Syrien, Tunesien, Ukraine, Weißrussland, Zentralafrikanische Republik; s. Übersicht über die länderbezogenen Embargos, abrufbar unter http://www.ausfuhrkontrolle.info/ausfuhrkontrolle/deembargos/uebersicht/uebersicht_laender_bezogene_embargos.pdf (10.10.2016).

[307] Waffenembargos bestehen gegen (Stand: 1.8.2016): Armenien, Aserbaidschan, China (VR), Elfenbeinküste, Eritrea, Irak, Iran, Jemen, Kongo (DR), Korea (DVR), Libanon, Liberia, Libyen, Myanmar, Russland, Simbabwe, Somalia, Sudan, Südsudan, Syrien, Weißrussland, Zentralafrikanische Republik; s. Übersicht über die länderbezogenen Embargos, abrufbar unter: http://www.ausfuhrkontrolle.info/ausfuhrkontrolle/de/embargos/uebersicht/uebersicht_laender_bezogene_embargos.pdf (10.10.2016).

[308] *Tietje*, § 15 Außenwirtschaftsrecht, Rn. 145; *Hohmann*, in: Hohmann/John, Ausfuhrrecht, § 5 AWG, Rn. 3.

[309] Hierzu u.a. *Birkhäuser*, Sanktionen des Sicherheitsrates der Vereinten Nationen gegen Individuen, 2007; *Matiss*, Terrorismusbekämpfung und menschenrechtlicher Eigentumsschutz, 2009; *Ohler*, EuR 2006, 848.

[310] VO (EG) Nr. 881/2002 vom 27.5.2002 über die Anwendung bestimmter spezifischer restriktiver Maßnahmen gegen bestimmte Personen und Organisationen, die mit Osama bin Laden, dem Al-Qaida-Netzwerk und den Taliban in Verbindung stehen, und zur Aufhebung der Verordnung (EG)

heitsratsresolution 1390 (2002)[311] wurde die Möglichkeit des expliziten Zugriffs auf Rechtspositionen von natürlichen und juristischen Personen, die auf einer »Schwarzen Liste« geführt sind, vorgesehen. Die Maßnahmen umfassen u. a. das Einfrieren von Geldern und wirtschaftlichen Ressourcen von den auf der »Schwarzen Liste« aufgeführten Personen sowie die Beschränkung ihrer Bewegungsmöglichkeiten. Resolutionen des UN-Sicherheitsrates sind gem. Art. 25 UN-Charta für UN-Mitglieder verbindlich und verpflichten diese zur Umsetzung. Die EU ist für die Umsetzungsmaßnahmen betreffend der in ihren Kompetenzbereich fallenden Maßnahmen zuständig.[312] Die Resolution 1390 (2002) wurde mit VO (EG) Nr. 881/2002 umgesetzt.

5. Internationale öffentliche Auftragsvergabe

143 Der Zugang von Drittstaatsunternehmen zu öffentlichen Ausschreibungen im europäischen Binnenmarkt wird vom europäischen Vergabesekundärrecht derzeit, mit Ausnahme der **Sektorenrichtlinie**,[313] nicht diskutiert und als grundsätzlich gegeben angesehen. Nach den Richtlinienbestimmungen der **Vergabekoordinierungsrichtlinie 2014/24/EG**[314] darf nicht danach unterschieden werden, ob mit dem Heimatstaat eines an einem Auftrag interessierten Unternehmens ein bilaterales Abkommen abgeschlossen worden ist oder ob dieser Staat dem WTO-Beschaffungsabkommen beigetreten ist. Waren und Unternehmen auch aus Drittländern, mit denen keine völkerrechtlichen Vereinbarungen über eine gegenseitige Marktöffnung abgeschlossen worden sind, wird hiernach ein einseitiger Marktzutritt gewährt.[315] Deutschland hatte bereits 1960 die Vergabe seiner öffentlichen Aufträge durch den sog. »3-Minister-Erlass«[316] einseitig weltweit liberalisiert. Daher hatten die verschiedenen Liberalisierungsrichtlinien der Europäischen Wirtschaftsgemeinschaft von 1969 im Lieferbereich[317] und 1971 im Baubereich[318] in Deutschland nur deklaratorische Bedeutung.[319]

Nr. 467/2001 des Rates über das Verbot der Ausfuhr bestimmter Waren und Dienstleistungen nach Afghanistan, über die Ausweitung des Flugverbots und des Einfrierens von Geldern und anderen Finanzmitteln betreffend die Taliban von Afghanistan, ABl. 2002, L 139/9, zuletzt geändert durch Durchführungs-VO (EU) 2016/1739, ABl. 2016, L 264/17.

[311] UNSC Res. 1390 (2002) vom 16.1.2002, abrufbar unter: www.un.org/depts/german/sr/sr_01–02/sr1390.pdf (10.10.2016).

[312] Hierzu u.a. *Ohler*, EuZW 2008, 630.

[313] RL 2014/25/EU vom 26.2.2014 über die Vergabe von Aufträgen durch Auftraggeber im Bereich der Wasser-, Energie- und Verkehrsversorgung sowie der Postdienste und zur Aufhebung der Richtlinie 2004/17/EG, ABl. 2014, L 94/243, zuletzt geändert durch VO (EU) 2015/2171, ABl. 2015, L 307/7.

[314] RL 2014/24/EU vom 26.2.2014 über die öffentliche Auftragsvergabe und zur Aufhebung der Richtlinie 2004/18/EG, ABl. 2014, L 94/65, zuletzt geändert durch VO (EU) 2015/2170, ABl. 2015, L 307/5.

[315] *Zillmann*, NZBau 2003, 480 (482).

[316] Gemeinsames Rundschreiben des Bundesministers für wirtschaftlichen Besitz des Bundes, des Bundesministers für Wirtschaft und des Auswärtigen Amtes vom 29.4.1960, BWBl. 1960, 269.

[317] RL 71/304/EWG vom 26.7.1971 zur Aufhebung der Beschränkungen des freien Dienstleistungsverkehrs auf dem Gebiet der öffentlichen Bauaufträge und bei öffentlichen Bauaufträgen, die an die Auftragnehmer über ihre Agenturen oder Zweigniederlassungen vergeben werden, ABl. 1971, L 185/1, aufgehoben mit RL 2007/24/EG vom 23.5.2007 zur Aufhebung der Richtlinie 71/304/EWG des Rates zur Aufhebung der Beschränkungen des freien Dienstleistungsverkehrs auf dem Gebiet der öffentlichen Bauaufträge und bei öffentlichen Bauaufträgen, die an die Auftragnehmer über ihre Agenturen oder Zweigniederlassungen vergeben werden, ABl. 2007, L 154/22.

[318] RL 71/305/EWG vom 26.7.1971 über die Koordinierung der Verfahren zur Vergabe öffentlicher Bauaufträge, ABl. 1971, L 185/5, aufgehoben durch RL 93/37/EWG, ABl. 1993, L 199/54,

Eine ausdrückliche Begrenzung des Zugangs von Drittlandunternehmen zum Binnenmarkt findet sich bislang nur in Art. 85 f. der Sektorenkoordinierungsrichtlinie 2014/25/EU. Produkte aus Drittstaaten müssen nur dann im Anwendungsbereich dieser Richtlinie gleichberechtigt behandelt werden, wenn europäischen Unternehmen und Produkten in diesen Drittländern ein gleichwertiger Marktzugang ermöglicht wird (**Grundsatz der Reziprozität**). Dieser Ansatz soll nunmehr ausgeweitet werden. Im März 2012[320] hat die Kommission einen Verordnungsvorschlag zum **Zugang von Drittstaatsunternehmen** zu den **EU-Beschaffungsmärkten** verabschiedet. Hiermit soll auf Marktabschottungen solcher Drittstaaten reagiert werden können, die keine völkerrechtlichen Marktzugangsverpflichtungen mit der EU abgeschlossen haben; Gegenmaßnahmen sollen auf der Basis des Reziprozitätsprinzips vorgenommen werden können, um so der EU eine bessere Verhandlungsposition in Marktöffnungsverhandlungen mit Drittstaaten zu geben.[321]

144

6. Autonomes Zollrecht

Zum Regelungsbereich der autonomen Gemeinsamen Handelspolitik ist auch das Zollrecht zu zählen. Zolltarifliche Maßnahmen jeglicher Art fallen demnach in die ausschließliche Kompetenz der EU;[322] der Umfang der diesbezüglichen Handlungsermächtigung ist extensiv zu verstehen. Er geht über die bloße Festsetzung des gemeinsamen Zolltarifs hinaus und umfasst auch die Zollaussetzung bzw. Zollbefreiung, wie auch alle anderen Zolltarifmaßnahmen wie die Festlegung der Zolltarifnomenklatur.[323]

145

Die europäische Wirtschaftsintegration beruht auf einer Zollunion im Sinne von Art. XXIV:8 GATT.[324] Der frühere Art. 110 EGV (später Art. 131 EGV, nunmehr Art. 206 AEUV) hat ausdrücklich betont, dass die Mitgliedstaaten mit dem EG-Vertrag eine Zollunion schaffen. Hiermit sollte 1957 wohl auch gegenüber den GATT-Vertragsparteien dokumentiert werden, dass die Voraussetzungen des GATT erfüllt seien, denn Art. XXIV GATT gestattet Abweichungen von der Verpflichtung, sämtlichen Vertragsparteien die jeweils beste Behandlung einzuräumen (**Meistbegünstigungsgrundsatz**, Art. I GATT) nur dann, wenn die Vorzugsbehandlung im Rahmen besonders enger wirtschaftlicher Kooperationsformen erfolgt.[325] Die Herstellung der Zollunion nach innen

146

---

aufgehoben durch RL 2004/18/EG, ABl. 2004, L 134/114, aufgehoben durch RL 2014/24/EU, ABl. 2014, L 94/65, zuletzt geändert durch Delegierte VO (EU) 2015/2170, ABl. 2015, L 307/5.

[319] So *Seidel/Mertens*, in: Dauses, Handbuch des EU-Wirtschaftsrechts, Abschnitt H., IV., Januar 2010, Rn. 28.

[320] Kommissionsvorschlag vom 21. 3. 2012, Vorschlag für eine Verordnung zum Zugang von Waren und Dienstleistungen aus Drittstaaten zum EU-Binnenmarkt für öffentliche Aufträge und zu Verfahren zur Unterstützung der Verhandlungen über den Zugang von Waren und Dienstleistungen aus der EU zu öffentlichen Beschaffungsmärkten in Drittstaaten, KOM(2012) 124 endg.; geänderter Vorschlag vom 29. 1. 2016 für eine Verordnung zum Zugang von Waren und Dienstleistungen aus Drittstaaten zum EU-Binnenmarkt für öffentliche Aufträge und zu Verfahren zur Unterstützung der Verhandlungen über den Zugang von Waren und Dienstleistungen aus der EU zu öffentlichen Beschaffungsmärkten in Drittstaaten, COM(2016) 34 final.

[321] Vgl. hierzu u. a. *Messerlin*, Openness in public procurement markets: Time for a reality check, ECIPE Policy Paper 3/2013.

[322] Grundsätzlich zum Zollsystem der EU s. *Nilsson*, JWT 45(4) (2011), 821.

[323] Vgl. EuGH, Urt. v. 27. 9. 1988, Rs. 165/87 (Kommission/Rat), Slg. 1988, 5545.

[324] S. a. *Herrmann/Streinz*, EnzEuR, Bd. 10, § 11, Rn. 79 ff.

[325] Vgl. zu Art. XXIV GATT grundlegend *Herrmann*, § 13 Regionale Integration, S. 264 ff. m. w. N.; *Steinberger*, GATT und regionale Wirtschaftszusammenschlüsse, 1963.

wurde zum 1.1.1968 verwirklicht. Sie beinhaltet die vollständige Beseitigung aller Zölle zwischen den EU-Mitgliedstaaten sowie der Abgaben gleicher Wirkung wie Zölle. In ihrer Außendimension ist die Zollunion durch einen gemeinsamen Außenzoll gekennzeichnet; im Bereich des Europarechts wird hier von einem »**gemeinsamen Zolltarif**« gesprochen (vergleiche Art. 28 Abs. 1, Art. 31 AEUV).[326] Diese Vorschriften sind auch Grundlage des autonomen Zollrechts der Europäischen Union, eingeschlossen dem Gemeinsamen Zolltarif (GZT).[327]

147 **Einfuhrwaren** werden grundsätzlich durch **Zollanmeldung** in den unionalen Verkehr überführt. Unionswaren können ihren entsprechenden Status verlieren, sobald Sie das Zollgebiet der EU verlassen. Gem. Art. 153 Abs. 1 des Zollkodex der Union[328] besteht bei der Verbringung innerhalb der Union grundsätzlich eine widerlegliche Vermutung für den Unionscharakter einer Ware.

148 Der seit 1968 gegenüber Drittländern geltende Gemeinsame Zolltarif enthält für bestimmte Warengruppen und Herkunftsländer den jeweiligen Zollsatz und regelt damit das Zolltarifrecht. Der **Gemeinsame Zolltarif** wird in Art. 4 Abs. 1 VO (EWG) Nr. 2658/87 legal definiert: »Die Kombinierte Nomenklatur zusammen mit den Zollsätzen, den anderen Abgaben und den im TARIC oder anderen Gemeinschaftsregelungen enthaltenen zolltariflichen Maßnahmen bilden den in Art. 9 des EWG-Vertrags genannten Gemeinsamen Zolltarif, der bei der Einfuhr von Waren in die Gemeinschaft anzuwenden ist.«

149 Der GZT enthält eine **Warenklassifikation** und Zollsätze, die je nach der jeweiligen Warenart zur Anwendung gebracht werden. Auch enthält der GZT Rechtsvorschriften unter anderem im Hinblick auf das Ursprungsland, das sich sodann auf die Höhe des zu zahlenden Zolls für die jeweilige Ware auswirkt. Der GZT wird fortlaufend aktualisiert. Gem. Art. 12 VO (EG) Nr. 2658/87 veröffentlicht die Kommission jedes Jahr die vollständige Erfassung des aktuellen Zolltarifs. Bei diesen Aktualisierungen werden alle Änderungen berücksichtigt, die sich aus den autonomen und vertragsmäßigen Zollsätzen ergeben. Die Zollsätze richten sich nach der jeweiligen Ware wie auch deren Herkunft. Grundsätzlich hängen die Zollsätze von der wirtschaftlichen Sensibilität der Waren ab.

150 Für die Warenklassifikation bzw. Nomenklatur wurde das **Übereinkommen über das harmonisierte System zur Bezeichnung und Kodierung der Waren**[329] geschaffen (**HS Nomenklatur**), das im Rahmen der Weltzollorganisation erarbeitet worden ist.[330] Die HS-Nomenklatur wurde von der EU ratifiziert und zeitgleich für die Belange des GZT durch die Kombinierte Nomenklatur (VO (EWG) Nr. 2658/87) weiter verfeinert.[331] Die

---

[326] Vgl. VO (EWG) Nr. 2658/87 vom 23.7.1987 über die zolltarifliche und statistische Nomenklatur sowie den Gemeinsamen Zolltarif, ABl. 1987, L 256/1, zuletzt geändert durch die Durchführungs-VO (EU) 2016/1638, ABl. 2016, L 244/1.
[327] VO (EWG) Nr. 2658/87; zum GZT s. a. *Boysen*, EnzEuR, Bd. 10, § 9, Rn. 75.
[328] VO (EU) Nr. 952/2013 vom 9.10.2013 zur Festlegung des Zollkodex der Union, ABl. 2013, L 269/1.
[329] Internationales Übereinkommen über das Harmonisierte System zur Bezeichnung und Codierung der Waren, ABl. 1987, L 198/3.
[330] Im Rahmen der Weltzollorganisation werden durch den Ausschuss für das harmonisierte System zweimal jährlich Entscheidungen über die Aufnahme bestimmter Waren getroffen, um somit die einheitliche Anwendung der HS-Nomenklatur zu gewährleisten. Die Entscheidungen werden auf der Homepage der Weltzollorganisation veröffentlicht, http://www.wcoomd.org/en/topics/nomenclature/instrument-and-tools/hs_classification-decisions.aspx (11.2.2016); zu den Aufnahmeentscheidungen für die Jahre 2006–2009 s. *Weerth*, AW-Prax 2011, 272.
[331] *Weiß*, in: Grabitz/Hilf/Nettesheim, EU, Art. 207 AEUV (August 2015), Rn. 130.

HS-Nomenklatur umfasst mehr als 5.000 Warengruppen, die durch einen sechsstelligen Code bezeichnet und nach festen Regeln angeordnet sind. Die Kombinierte Nomenklatur der EU[332] mit mehr als 9.000 Positionen integriert die HS-Nomenklatur und umfasst zusätzliche achtstellige Unterteilungen und Anmerkungen. Die ersten sechs Stellen sind die Code-Nummern der Positionen und Unterpositionen der Nomenklatur des harmonisierten Systems, die siebte und die achte Stelle kennzeichnen die Unterpositionen der Kombinierten Nomenklatur, vgl. Art. 3 VO (EWG) Nr. 2658/87. Bei der Verzollung, d. h. der Anmeldung von Einfuhr- und Ausfuhrwaren, muss eine Einreihung der Waren in die Kombinierte Nomenklatur erfolgen und es muss angegeben werden, unter welche Position der Nomenklatur die Waren fallen. Hieraus wiederum ergibt sich der anzuwendende Zollsatz. Parallel zur Kombinierten Nomenklatur wurde mit dem **TARIC** [333] – dem integrierten unionsrechtlichen Tarif – eine elektronische Datenbank eingerichtet, in der die Vorschriften für die einzelnen Waren aufgeführt werden.[334] Durch den integrierten Zolltarif der Europäischen Union, also dem TARIC, werden auch unionsrechtliche Maßnahmen wie Zollaussetzungen und Zollkontingente erfasst. Der TARIC ergänzt die Kombinierte Nomenklatur um zwei weitere Unterpositionen. Die EU-Mitgliedstaaten können nach Art. 5 Abs. 3 VO (EWG) Nr. 2658/87 (VO-KN) den zehnstelligen Warencode um eine elfte Stelle erweitern, um durch weitere Fein-Differenzierung nationalen Bedürfnissen gerecht werden zu können.[335]

Dem Gemeinsamen Zolltarif zuzuordnen sind auch Zollbefreiungen nach VO (EG) Nr. 1186/2009,[336] Zoll-Präferenzmaßnahmen,[337] Zoll-Aussetzungsverfahren sowie nach dem GATT zulässige Antidumping-, Antisubventions- und Retorsionszölle für bestimmte Waren.[338]

151

Der **Zollkodex**[339] hat seit dem 1.1.1994 das zuvor außerordentlich zersplitterte Zollverfahrensrecht konsolidiert. Der Zollkodex (ZK) enthält das materielle Zollrecht und das Zollverfahrensrecht und regelt die Erhebung der Ein- und Ausfuhrabgaben, die beim Warenverkehr zwischen den EU-Mitgliedstaaten und Drittländern anfallen. Unter Rückgriff auf die Bemessungsgrundlagen der Klassifizierung von Waren nach dem GZT, dem jeweiligen Zolltarif, dem Warenursprung sowie dem Zollwert kann die Höhe der bei der Einfuhr einer bestimmten Ware zu zahlenden Zollschuld exakt festgestellt werden.[340]

152

---

[332] Anhang zur VO (EWG) Nr. 2658/87, vgl. die Fassung ab dem 1.1.2016 gem. DurchführungsVO (EU) 2015/1754 vom 6.10.2015 zur Änderung des Anhangs I der Verordnung (EWG) Nr. 2658/97 des Rates über die zolltarifliche und statistische Nomenklatur sowie den Gemeinsamen Zolltarif, ABl. 2015, L 285/1.
[333] http://ec.europa.eu/taxation_customs/dds2/taric/taric_consultation.jsp?Lang=de (10.10.2016).
[334] So *Khan/Eisenhut*, in Vedder/Heintschel v. Heinegg, Europäisches Unionsrecht, Art. 31 AEUV, Rn. 5.
[335] So *Weiß*, in: Grabitz/Hilf/Nettesheim, EU, Art. 207 AEUV (August 2015), Rn. 134.
[336] VO (EG) Nr. 1186/2009 vom 16.11.2009 über das gemeinschaftliche System der Zollbefreiungen, ABl. 2009, L 324/23.
[337] Zu Zollpräferenzen s. *Rogmann/Stadtler*, AW-Prax 2012, 221; vgl. auch den World Trade Report 2011 der WTO, S. 40ff.
[338] So *Khan/Eisenhut*, in: Vedder/Heintschel v. Heinegg, Europäisches Unionsrecht, Art. 31 AEUV, Rn. 6.
[339] VO (EWG) Nr. 2913/92 des Rates vom 12.10.1992 zur Festlegung des Zollkodex der Gemeinschaften, ABl. 1992, L 302/1, zuletzt geändert durch VO (EU) Nr. 952/2013, ABl. 2013, L 269/1.
[340] *Weiß*, in: Grabitz/Hilf/Nettesheim, EU, Art. 207 AEUV (August 2015), Rn. 137.

153 Einzelheiten zum Zollkodex der EU sind in einer **Durchführungsverordnung** niedergelegt.[341] Zunächst wurde eine Angleichung des nationalen Zollrechts der Mitgliedstaaten auf der Grundlage von Empfehlungen der Kommission und sodann mithilfe von Richtlinien des Rates bzw. der Kommission angestrebt.[342]

154 Um den wirtschaftlichen Veränderungen (Globalisierung, Erweiterung der EU und des elektronischen Arbeitsumfelds, Terrorgefahr) gerecht zu werden, wurde 2008 der sog. **modernisierte Zollkodex** VO (EG) Nr. 450/2008[343] veröffentlicht, der jedoch nie zur Anwendung kam, da er von dem parallel ausgearbeiteten **Unionszollkodex** (UZK)[344] aufgehoben wurde (Art. 286 Abs. 1 UZK).[345] Der Modernisierte Zollkodex sah die Anpassung der Zollgesetzgebung an das elektronische Arbeitsumfeld für Zoll und Handel vor.[346] Mit dieser Reform einhergehend sollten Zollvorschriften vereinfacht und in ihrer Struktur verbessert werden.

155 Der UZK ist seit dem 1.6.2016 vollständig anwendbar. Bis zu diesem Zeitpunkt galten der ZK und dessen Durchführungsverordnungen fort (Art. 286 Abs. 2, Art. 288 UZK). Es ist nunmehr vom **Zollkodex der Europäischen Union** zu sprechen.[347] Der UZK ersetzt somit die Vorgängervorschriften der Verordnung (EWG) Nr. 2913/92, die immer wieder erheblich geändert worden ist. Der UZK enthält allgemeine Bestimmungen, Verfahrensvorschriften und andere Regelungen, welche die Anwendung der zollrechtlichen, zolltariflichen und weiteren diesbezüglichen Maßnahmen sicherstellen. Er umfasst 288 Artikel, die die Grundlagen des europäischen Zollrechts niederlegen und folgt dem natürlichen Ablauf der Vorgänge bei der Wareneinfuhr; Konkretisierungen hierzu finden sich in den 350 Artikeln und Anhängen der Durchführungsverordnung zum UZK.

156 Das **mitgliedstaatliche Recht** kann eine **ergänzende oder lückenfüllende Funktion** haben; so überließ der Zollkodex die Regelung von Einzelheiten ausdrücklich den EU-Mitgliedstaaten, vgl. Art. 10 ZK. Dem UZK wird eine ähnliche Wirkung zukommen.[348] In Deutschland finden sich Vorschriften über die Zollerhebung unter anderem in der **Abgabenordnung**, in der **Zollverordnung** sowie auch im **Zollfahndungsdienstgesetz**. Das Zollrecht der Europäischen Union wird, wie auch sonstiges Außenhandelsrecht, von den Verwaltungen der EU-Mitgliedstaaten vollzogen.

157 Zölle jeder Art knüpfen regelmäßig an das **Herkunftsland der Ware** an. Besondere Bedeutung für das Zollrecht und damit für die anzuwendenden Zölle haben die zollrechtlichen Ursprungsregelungen (sog. **rules of origin**). Sie finden sich in Art. 59–61

---

[341] Delegierte VO (EU) 2015/2446 vom 28.7.2015 zur Ergänzung der Verordnung (EU) Nr. 952/2013 mit Einzelheiten zur Präzisierung von Bestimmungen des Zollkodex der Union, ABl. 2015, L 343/1.

[342] *Jochum*, in: Terhechte, Verwaltungsrecht der EU, § 29, Rn. 5.

[343] VO (EG) Nr. 450/2008 vom 23.4.2008 zur Festlegung des Zollkodex der Gemeinschaft (Modernisierter Zollkodex), ABl. 2008, L 145/1.

[344] VO (EU) Nr. 952/2013 vom 9.10.2013 zur Festlegung des Zollkodex der Union, ABl. 2013, L 269/1.

[345] S. *Wolffgang*, in: Schulze/Zuleeg/Kadelbach, Europarecht, § 33, Rn. 18; s. hierzu auch *Witte*, AW-Prax 2012, 125; *ders.*, AW-Prax – Sonderausgabe 2013, 34; *Reuter, An.*, ZfZ 2012, 147.

[346] S. zu den Anpassungen des Modernisierten Zollkodex *Witte/Henke/Kammerzell*, Der Modernisierte Zollkodex, 2009; zu den im Zollschuldrecht erfolgenden Änderungen s. *Sicken*, AW-Prax 2011, 331.

[347] Einen Ausblick auf das Zollsystem der EU im Jahr 2020 gibt *Lux*, AW-Prax 2012, 257.

[348] *Weiß*, in: Grabitz/Hilf/Nettesheim, EU, Art. 207 AEUV (August 2015), Rn. 125; *Wolffgang*, in: Witte/*ders.*, Lehrbuch des Europäischen Zollrechts, 2012, S. 14, Rn. 18.

UZK (vorher Art. 22–26 ZK). Hierbei handelt es sich um die sog. autonomen Regeln zum Warenursprung, die von den präferenziellen Ursprungsregeln im Rahmen des Allgemeinen Präferenzsystems »APS« abzugrenzen sind, ebenso wie von spezifischen Festlegungen in Abkommen mit Drittstaaten. Dies gilt auch für Schutz- oder Ausgleichszölle. Besteht ein Endprodukt aus in verschiedenen Staaten gefertigten Teilen oder hat in verschiedenen Herstellungsphasen bereits während des Herstellungsprozesses Staatsgrenzen überschritten, ist die Bestimmung des Herkunftslandes im zollrechtlichen Sinne erst aufgrund der **Anwendung der Ursprungsregeln** möglich.[349] Die Mitgliedstaaten der WTO haben sich zur Beachtung bestimmter Grundregeln für die Bestimmung des Warenursprungs verpflichtet,[350] da Ursprungsregeln vielfach als verdeckte Handelshemmnisse eingesetzt worden sind.[351] Nach Art. 60 Abs. 2 UZK ist eine Ware, an deren Herstellung zwei oder mehrere Länder beteiligt waren, Ursprungsware des Landes, in dem sie der **letzten wesentlichen und wirtschaftlich gerechtfertigten Be- oder Verarbeitung** unterzogen worden ist, die in einem dazu eingerichteten Unternehmen vorgenommen worden ist und zur Herstellung eines neuen Erzeugnisses geführt hat oder eine bedeutende Herstellungsstufe darstellt.

Die europäischen Vorschriften über die Bestimmung des Zollwerts gehen auf das **158** »**Übereinkommen zur Durchführung des Art. VII GATT**«[352] zurück.[353] Die Bestimmungen über den Zollwert wurden in den Zollkodex der EU und die Zollkodex-Durchführungsvorschriften integriert. Zölle werden vornehmlich als Prozentsatz des Wertes der zur Einfuhr angemeldeten Waren ausgedrückt.

Gem. Art. 44 UZK ist es jeder Person zu ermöglichen, einen **Rechtsbehelf** gegen eine **159** von den Zollbehörden im Zusammenhang mit der Anwendung der zollrechtlichen Vorschriften erlassene Entscheidung einzulegen, die sie unmittelbar und persönlich betrifft. Für dieses Recht ist zumindest ein **zweistufiges Rechtsschutzverfahren** einzurichten, welches auf der ersten Stufe einen behördlichen Rechtsschutz vorsehen kann, auf der zweiten Stufe allerdings gerichtlichen Rechtsschutz vorsehen muss. Hauptanwendungsfall ist das **Vorgehen gegen Abgabenbescheide**. Die Einlegung eines Rechtsbehelfs gegen eine Entscheidung hat gem. Art. 45 UZK grundsätzlich **keine aufschiebende Wirkung**, außer wenn die Zollbehörden begründete Zweifel an der Rechtmäßigkeit der angefochtenen Entscheidung haben oder wenn dem Beteiligten ein unersetzbarer Schaden entstehen könnte. Der Rechtsbehelf kann grundsätzlich von dem Mitgliedstaat eingelegt werden, in dem die Entscheidung erlassen oder beantragt worden ist. Weitere Verfahrenseinzelheiten richten sich nach den Regelungen des nationalen Rechts unter Berücksichtigung der verwaltungsgerichtlichen Grundsätze des Unionsrechts.

---

[349] *Hahn*, in: Calliess/Ruffert, EUV/AEUV, Art. 207 AEUV, Rn. 127.
[350] Vgl. das Übereinkommen über Ursprungsregeln, ABl. 1994, L 336/144; hierzu aus der Lit. *Prieß*, Das Übereinkommen über Ursprungsregeln, Rn. 6 ff.
[351] *Hahn*, in: Calliess/Ruffert, EUV/AEUV, Art. 207 AEUV, Rn. 127.
[352] Übereinkommen zur Durchführung des Artikels VII des Allgemeinen Zoll- und Handelsabkommens, ABl. 1980, L 71/107.
[353] *Wolffgang*, in: Schulze/Zuleeg/Kadelbach, Europarecht, § 33, Rn. 125.

E. Die vertragliche Gemeinsame Handelspolitik (Abs. 3–5)

I. Allgemeines

160 Die unionale Gemeinsame Handelspolitik wird im Außenverhältnis durch den Abschluss völkerrechtlicher Verträge mit Drittstaaten, internationalen Organisationen und Staatengruppen umgesetzt. Hierbei ist zwischen **multilateralen und bilateralen Abkommen** zu differenzieren. Die EU – bzw. zuvor die EG – hat eine Vielzahl sowohl bilateraler als auch multilateraler Abkommen abgeschlossen und dadurch ein weltweites Netz von vertraglichen Handelsbeziehungen »gewoben«. Durch den Abschluss multilateraler Handelsabkommen legen die Staaten überwiegend die rechtlichen Rahmenbedingungen für den internationalen Handel fest. Demgegenüber dienen die bilateralen Handelsabkommen weitestgehend der Konkretisierung und Weiterentwicklung multilateraler Handelsabkommen; oftmals gehen diese über die bereits bestehenden multilateralen Verpflichtungen hinaus.[354] Das **Abschlussverfahren** und hierbei zu beachtende Gesichtspunkte sind in den Absätzen 3 bis 5 des Art. 207 AEUV festgeschrieben.

161 Wie aufzuzeigen sein wird, kommt es zuletzt verstärkt zu einem Abschluss von **bilateralen Abkommen** in diesem Rechtsbereich. Der EU bietet sich derzeit die Möglichkeit, sich im globalen Wettbewerb der Wirtschaftssysteme durch den Abschluss umfassender bilateraler Handels- und Investitionsschutzabkommen zu positionieren und zugleich die zukünftige Ausgestaltung des internationalen Wirtschaftsrechts entscheidend zu beeinflussen. Hierbei geht es um die Einbeziehung neuer Themenfelder in die Verhandlungen von Freihandelsabkommen ebenso wie um die Korrektur von Fehlentwicklungen von Teilbereichen des internationalen Wirtschaftsrechts in der Vergangenheit.

162 »Freihandelsabkommen« können auf der Rechtsgrundlage des Art. 207 AEUV oder als »Freihandelsassoziierungen« auf der Grundlage des Art. 217 AEUV abgeschlossen werden. Ziel ist in beiden Fällen die Schaffung enger wirtschaftlicher Beziehungen durch die Errichtung von Zollunionen und Freihandelszonen gem. Art. XXIV:8 GATT. Mindestvorgabe ist die annähernd den gesamten Handel erfassende **Abschaffung von Zöllen und Abgaben gleicher Wirkung**. Die Abgrenzung zwischen Freihandelsabkommen nach Art. 207 AEUV und Freihandelsassoziierungen nach Art. 217 AEUV bestimmt sich nach dem Inhalt, der Intensität und den Zielen der geplanten Zusammenarbeit; bei einer institutionalisierten und politisch breiten Zusammenarbeit mit z.B. gemeinsamer Durchführungsgesetzgebung handelt es sich um ein Assoziierungsabkommen, welches die erhöhten Anforderungen zu erfüllen hat.

1. Abkommenspartner: Internationale Organisationen oder Staaten

163 Art. 207 AEUV setzt voraus, dass auf der einen Seite des Abkommens die EU beteiligt ist. Als Partner der EU nennt der Text der Vorschrift **Staaten** (»Drittländer«) und **Internationale Organisationen**. Wie in Art. 32 Abs. 1 GG wird man dieser Hervorhebung aber nur beispielhaften Charakter zuerkennen können. Die EU ist nicht gehindert, sich an einem Vertragswerk zu beteiligen, zu dessen Parteien ein **atypisches Völkerrechtssubjekt** gehört (so Art. 305 Abs. 1 Buchst. b des Seerechtsübereinkommens der Vereinten Nationen: Namibia vor der Erlangung der Unabhängigkeit). In diesem Zusammen-

---

[354] *Weiß*, in: Grabitz/Hilf/Nettesheim, EU, Art. 207 AEUV (August 2015), Rn. 214.

hang ist heute in erster Linie an Palästina[355] zu denken. Auch Verträge mit dem **Heiligen Stuhl** und dem **Internationalen Komitee vom Roten Kreuz** wären zulässig, soweit ihr Gegenstand in die über Art. 207 AEUV begründete Unionszuständigkeit fällt. Der Abschluss von Verträgen mit den Mitgliedstaaten ist in den Unionsverträgen nicht vorgesehen.

2. Abkommenstyp

Art. 207 AEUV bezieht sich auf **alle Arten völkerrechtlicher Abkommen**, unabhängig davon, ob diese bilateraler oder multilateraler Art sind, und ohne dass es auf die amtliche Bezeichnung ankommt[356] (Abkommen, Vertrag, Protokoll, Briefwechsel)[357], auch wenn sich Art. 207 AEUV dem Wortlaut nach auf »Abkommen« bezieht. Die englische Sprachfassung spricht hier von »agreements«, die französische von »accords«. Auch der Abschluss völkerrechtlicher Verträge über die Gründung einer Internationalen Organisation im Bereich der Gemeinsamen Handelspolitik ist nach dieser Vorschrift zu behandeln.[358] Es ist aber nicht »jede von Völkerrechtssubjekten eingegangene bindende Verpflichtung ungeachtet ihrer Form« erfasst,[359] denn völkerrechtliche Verpflichtungen können auch durch einen einseitigen Akt begründet werden;[360] solche **einseitigen Bindungserklärungen** fallen wegen ihrer Vielgestaltigkeit und schwer definierbaren Eigenarten nicht in den Anwendungsbereich von Art. 207 Abs. 3 u. 4 AEUV.

164

Die seitens der EU auf Grundlage von Art. 207 AEUV mit Drittländern geschlossenen völkerrechtlichen Abkommen dienen, je nach Abkommenstyp, unterschiedlichen Zwecken. So schließt die EU zum einen reine **Zoll- und (Frei-)Handelsabkommen** ab, die Regelungen über den Marktzugang und Handelsbeschränkungen für Waren und Dienstleistungen, über Kontingente und Zölle beinhalten. Zudem können sich diese Abkommen auch auf Regelungen über Handelsaspekte geistigen Eigentums, handelspolitische Schutzmaßnahmen sowie Direktinvestitionen erstrecken.[361]

165

Die bisher von der EU geschlossenen Handelsabkommen lassen sich vier verschiedenen »**Abkommensgenerationen**« zuordnen. Abkommen der ersten Generation, welche bis ca. 1970 geschlossen wurden, waren inhaltlich auf nur wenige Themen begrenzt und enthielten darüber hinaus auch keine Präferenzregelungen. Erste Handelspräferen-

166

---

[355] Vgl. Europa-Mittelmeer-Interimsassoziationsabkommen über Handel und Zusammenarbeit zwischen der Europäischen Gemeinschaft einerseits und der Palästinensischen Befreiungsorganisation (PLO) zugunsten der Palästinensischen Behörde für das Westjordanland und den Gaza-Streifen andererseits, ABl. 1997, L 187/3.

[356] Vgl. auch EuGH, Gutachten 1/75 v. 11.11.1975 (Lokale Kosten (OECD Gutachten)), Slg. 1975, 1355 (1360).

[357] Art. 2 Abs. 1 Buchst. a Wiener Übereinkommen über das Recht der Verträge zwischen Staaten und internationalen Organisationen oder zwischen internationalen Organisationen (WÜRV II) vom 21.3.1986, BGBl. 1990 II, S. 1415.

[358] EuGH, Gutachten 1/76 v. 26.4.1977 (Stilllegungsfonds für die Binnenwirtschaft), Slg. 1977, 741, Rn. 5; Gutachten 1/78 v. 4.10.1979 (Internationales Naturkautschukübereinkommen), Slg. 1979, 2871, Rn. 23–26; Gutachten 1/94 v. 15.11.1994 (WTO-Übereinkommen), Slg. 1994, I–5267, Rn. 2; vgl. auch *Sack*, Die Europäische Gemeinschaft als Mitglied internationaler Organisationen, GS Grabitz, 1995, S. 631 ff.; *Vedder*, Die Integrationskompetenz der EG in der Rechtsprechung des EuGH, GS Grabitz, 1995, S. 795 ff.

[359] EuGH, Gutachten 1/75 v. 11.11.1975 (Lokale Kosten (OECD Gutachten)), Slg. 1975, 1355 (1360); so auch in EuGH, Urt. v. 9.8.1994, Rs. C–327/91 (Frankreich/Kommission), Slg. 1994, I–3641, Rn. 27.

[360] IGH, Urt. v. 20.12.1974, Nuclear Tests Case, ICJ Reports 1974, 253 (267 f.).

[361] *Weiß*, EnzEuR, Bd. 10, § 10, Rn. 56.

zen wurden in der zweiten Akommensgeneration gewährt. Ab den 1990er Jahren wurden durch die EU Handelsabkommen geschlossen, die neben den allgemeinen handelsrelevanten Regelungen auch Regelungen über die Einhaltung demokratischer Grundsätze und der Menschenrechte beinhalteten (dritte Generation). Mit den »neuen« Freihandelsabkommen der vierten Generation strebt die EU eine umfassende Liberalisierung im Bereich Dienstleistungen und öffentliches Beschaffungswesen an. Neue Bereiche wie der Schutz geistiger Eigentumsrechte, Investitionsschutz, Arbeits- und Umweltschutz und fairer Wettbewerb werden mitgeregelt.[362] Darüber hinaus schließt die EU zur Regelung ihrer handelspolitisch relevanten Belange, neben den soeben skizzierten Handelsabkommen, auch **allgemeine Partnerschafts- und Kooperationsabkommen** mit Drittländern ab. Diese beinhalten insbesondere politische, wirtschaftspolitische und entwicklungspolitische Ziele.[363]

3. Unionsabkommen oder Gemischte Abkommen?

167 Der Gegenstand eines Vertragswerkes deckt sich nicht immer mit den von Art. 207 AEUV erfassten und damit unionalen Sachmaterien. Wenn demgemäß der Kompetenzkreis der Union durch die Eingehung einer vertraglichen Bindung überschritten würde und es sich auch nicht bei dem »überschießenden Regelungsbereich« um durch Annexkompetenzen abgedeckte Bereiche handelt, bleibt nichts anderes übrig, als eine gemeinsame Mitgliedschaft der Union und ihrer Mitgliedstaaten anzustreben (»**Gemischtes Abkommen**«).[364] Die **Zuständigkeit für den Abkommensabschluss** wird deswegen als »geteilt« bezeichnet. Die EU und ihre Mitgliedstaaten sind Vertragsparteien des mit einem Drittstaat und/oder einer internationalen Organisation geschlossenen Abkommens. Der AEUV hat für diese komplexe Situation keine Regeln vorgesehen. Hingegen hatte der EAG-Vertrag in Art. 102 die Eventualität gemischter Verträge sogleich in seiner ursprünglichen Fassung berücksichtigt.

168 Das Phänomen gemischter Verträge ist weiter verbreitet, als es eigentlich bei strikter Beachtung der Rechtslage der Fall sein dürfte. Die **Mitgliedstaaten** haben ein **offensichtliches Interesse** daran, auch im handelspolitischen Bereich nicht völlig als eigenständige Rechtssubjekte von der völkerrechtlichen Bühne abzutreten und sind deshalb bemüht, als Vertragspartner am Vertragsschluss beteiligt zu werden. Nach der Rechtsprechung des EuGH aber ist insbesondere der Begriff der Gemeinsamen Handelspolitik in Art. 207 AEUV weit auszulegen.[365] So hat der EuGH folgerichtig auch den Dienstleistungsverkehr in den Anwendungsbereich der Vorschrift miteinbezogen, soweit dieser nicht mit einem Personenverkehr über die Grenzen hinweg verbunden ist.[366] Auch dem Sachinhalt eines Assoziationsabkommens nach Art. 217 AEUV hat der EuGH eine extensive Bedeutung gegeben.[367]

---

[362] *Weiß*, EnzEuR, Bd. 10, § 10, Rn. 2.
[363] *Weiß*, EnzEuR, Bd. 10, § 10, Rn. 59.
[364] Vgl. hierzu insbesondere *Hillion/Koutrakos*, Mixed Agreements Revisited, The EU and Its Member States in the World, 2010; *Kaiser; Kumin/Bittner*, EuR-Beiheft 2/2012, 75 ff.; *Schwichtenberg*.
[365] EuGH, Gutachten 1/78 v. 4.10.1979 (Internationales Naturkautschukübereinkommen), Slg. 1979, 2871, Rn. 43–45, 56; Urt. v. 26.3.1987, Rs. 45/86 (APS I), Slg. 1987, 1493, Rn. 20; Urt. v. 14.1.1997, Rs. C–124/95 (Centro-Com), Slg. 1997, I–81, Rn. 26 ff.
[366] EuGH, Gutachten 1/94 v. 15.11.1994 (WTO-Übereinkommen), Slg. 1994, I–5267, Rn. 44; Urt. v. 7.3.1996, Rs. C–360/93 (EP/Rat), Slg. 1996, I–1195, Rn. 29.
[367] EuGH, Urt. v. 30.9.1987, Rs. 12/86 (Demirel), Slg. 1987, 3719, Rn. 9; zweifelnd insoweit *Richter*, S. 108 f.

Insgesamt ist allerdings nicht zu erwarten, dass sich die Anzahl der Gemischten Abkommen langfristig vermindern wird, da die völkerrechtlichen Abkommen der EU in ihrem materiellen Regelungsbereich ausgedehnt werden und verstärkt auch Bereiche betreffen, die nicht in der Zuständigkeit der EU liegen. Als problematisch und hinsichtlich ihrer Abschlusskompetenz im Rahmen eines Gutachtenverfahrens vor dem EuGH klärungsbedürftig erscheinen die sog. **WTO-Plus-Abkommen**, d. h. solche Abkommen, die inhaltlich über die WTO-Agenda hinausgehen, da sie neben tarifären Fragen auch Regelungen zu Dienstleistungen, zum Abbau nicht-tarifärer Handelsbarrieren und anderen handelsrelevanten Aspekten wie Investitionen oder Wettbewerbsfragen umfassen. Ebenso problematisch und klärungsbedürftig sind die, teilweise noch in Verhandlung begriffene, »neue Generation von Freihandelsabkommen« der EU u. a. mit Kanada, Japan, Indien, Singapur und den USA wie auch die derzeit verhandelten Investitionsschutzabkommen u. a. mit China.

169

4. Grundsätzliche Anwendung des 218-Verfahrens

Bei dem Abschluss völkerrechtlicher Verträge im Bereich der Gemeinsamen Handelspolitik findet innerunional Art. 218 AEUV vorbehaltlich der besonderen Bestimmungen der Absätze 3 und 4 des Art. 207 AEUV Anwendung. Art. 218 AEUV beinhaltet das **institutionelle Binnenrecht der EU** beim Vertragsabschlussverfahren und damit nur eine Teilregelung der im Zusammenhang mit dem Abschluss völkerrechtlicher Verträge auftretenden Rechtsfragen. Art. 218 Abs. 1 bis 10 AEUV treffen Bestimmungen über die unionale interne horizontale Kompetenzverteilung zwischen Europäischem Parlament, Rat und Kommission **(Organkompetenz)** mit Festlegung der jeweiligen Beteiligungsrechte der verschiedenen Organe bei Aushandlung und Abschluss völkerrechtlicher Verträge.

170

Mit der Abschaffung der Säulenstruktur werden nunmehr völkerrechtliche Abkommen der EU in sämtlichen Politikbereichen und damit auch im Bereich der GASP und des Raumes der Freiheit, der Sicherheit und des Rechts grundsätzlich nach einem einheitlichen Verfahren nach Art. 218 AEUV durch die EU, die gem. Art. 47 EUV über eine **eigene Rechtspersönlichkeit** verfügt,[368] ausgehandelt und abgeschlossen. Durch ein einheitliches Verfahren von allgemeiner Geltung für die Aushandlung und den Abschluss aller internationaler Übereinkünfte, für deren Abschluss die Union in ihren Tätigkeitsbereichen, einschließlich der GASP, zuständig ist, soll Erfordernissen der Klarheit, der Kohärenz und der Rationalisierung genügt werden.[369]

171

Die Kommission bzw. der Hohe Vertreter für Außen- und Sicherheitspolitik verfügen über das **generelle Vorschlagsrecht** über die Aufnahme von Verhandlungen. Weiter wurde mit den letzteren Vertragsänderungen vorgesehen, dass der Rat den Verhandlungsführer oder den Leiter des Verhandlungsteams bestimmen kann. Dem Rat kommt die Kompetenz zum Abschluss völkerrechtlicher Übereinkommen zu, nachdem das Europäische Parlament im »Normalfall« dem Vertragsabschluss zugestimmt hat.

172

Mit den Vertragsänderungen wurde kontinuierlich die **Rolle des Europäischen Parlaments** bei der Aushandlung und dem Abschluss völkerrechtlicher Verträge **ausgewei-**

173

---

[368] Hierzu *Dörr*, in: Grabitz/Hilf/Nettesheim, EU, Art. 47 EUV (Mai 2011); *Ruffert*, in: Calliess/Ruffert, EUV/AEUV, Art. 47 EUV.
[369] Vgl. EuGH, Urt. v. 24. 6. 2014, Rs. C–658/11 (EP/Rat), ECLI:EU:C:2014:2025, Rn. 52.

tet. Die grundlegendsten Änderungen des Vertragsabschlussverfahrens sind mit dem Vertrag von Lissabon erfolgt.[370]

174 Nach dem ursprünglichen Rechtszustand vor dem Inkrafttreten des Maastrichter Vertrags stand dem EP allenfalls ein **Anhörungsrecht** zu. Im Hinblick auf unter anderem die im Anwendungsbereich des Art. 218 AEUV liegenden Assoziierungsverträge hatte der Maastrichter Vertrag dem EP ein **Zustimmungsrecht** verliehen (Art. 228 Abs. 3 UAbs. 2 a.F.). Durch das Vertragswerk von Amsterdam ist die Vorschrift durch Stärkung der Mitwirkungsrechte des EP im Einklang mit dessen allgemeiner Aufwertung nochmals grundlegend umgestaltet worden. Der Lissabonner Vertrag sieht nunmehr eine ganz **umfassende Parlamentsbeteiligung in allen Phasen des Vertragsabschlussverfahrens** vor; es ist zu einer Parlamentarisierung des auswärtigen Handelns der EU gekommen.[371] Neben einer allgemeinen Unterrichtungspflicht ist das EP mit Ausnahme von Abkommen im Bereich der GASP auch beim Vertragsabschluss zu beteiligen. In der Neufassung des Art. 218 AEUV ist nunmehr die Beteiligung des EP in den Vorphasen des Entstehungsprozesses eines völkerrechtlichen Übereinkommens geregelt worden. Das EP hatte sich in der Praxis zunächst Mitwirkungsbefugnisse erstritten (*Luns-Verfahren* und *Luns-Westerterp-Verfahren*).[372] Entsprechend der Logik der gestärkten Rolle des EP hatte sich die Kommission darin verpflichtet, das EP schon frühzeitig in der Phase der Vorbereitung angestrebter Abkommen »eindeutig« zu informieren.[373] Mit dem Vertrag von Lissabon wird das Europäische Parlament »in allen Phasen des Verfahrens unverzüglich und umfassend unterrichtet« (Art. 218 Abs. 10 AEUV). Hier dürfte das allgemeine Verhandlungsverfahren angesprochen sein. Bei der Unterzeichnung des Abkommens, nicht dessen Ratifizierung, sind die Befugnisse des Parlaments im Vergleich zum Abschluss einer Übereinkunft weiterhin vergleichsweise begrenzt.[374] Obwohl Art. 218 AEUV in der heutigen Fassung dem EP unterschiedliche Rollen zuweist, will Art. 90 der Geschäftsordnung des EP (Fassung 2014)[375] die Kategorien der Anhörung und der Zustimmung jedenfalls während der laufenden Vertragsverhandlungen gleich behandeln, was den Verhandlungsprozess angeht. Das Zusammenwirken von Kommission und Parlament beim Abschluss internationaler Übereinkünfte wurde in einer **Rahmenvereinbarung** fixiert.[376]

175 Mit den durch den Vertrag von Lissabon bewirkten primärrechtlichen Änderungen wird das **Europäische Parlament** damit auch im Bereich der vertraglichen Gemeinsamen Handelspolitik neben dem Rat zum nahezu **gleichberechtigten Akteur**. Das unionale Abschlussverfahren völkerrechtlicher Verträge erfordert in nahezu allen Fällen eine Zustimmung des Europäischen Parlaments (vgl. Art. 218 Abs. 6 Buchst. a AEUV).

---

[370] Ausführlich zu den Änderungen u.a. *Craig*, S. 400 ff.; *Krajewski*, Die neue handelspolitische Bedeutung des Europäischen Parlaments, S. 60 ff.; *Wedekind*, Die Mitbestimmungsbefugnisse des Europäischen Parlaments im Bereich der Gemeinsamen Handelspolitik, 2012, S. 135 ff., 191 ff.

[371] Vgl. ausführlich hierzu u.a. *Krajewski*, Die neue handelspolitische Bedeutung des Europäischen Parlaments, S. 60 ff.

[372] Zu den früheren Verfahren siehe *MacLeod/Hendry/Hyett*, S. 98 ff.

[373] Rahmenvereinbarung über die Beziehungen zwischen dem Europäischen Parlament und der Kommission, Anhang 2 Nr. 2, ABl. 2001, C 121/122, 128.

[374] *Lorenzmeier*, in: Grabitz/Hilf/Nettesheim, EU, Art. 218 AEUV (März 2011), Rn. 42.

[375] Geschäftsordnung des Europäischen Parlaments (Juli 2014), abrufbar unter http://www.europarl.europa.eu/sipade/rulesleg8/Rulesleg8.DE.pdf (11.10.2016).

[376] Rahmenvereinbarung über die Beziehungen zwischen dem Europäischen Parlament und der Kommission, ABl. 2010, L 304/47, Rn. 23 ff.

Die im Verhältnis zum Verhandlungs- und späteren Vertragspartner während des **176** Vertragsabschlussverfahrens zu beachtenden Regeln sind solche des Völkerrechts. Sie ergeben sich vornehmlich aus dem Völkergewohnheitsrecht und sind in wesentlichen Teilen in der Wiener Konvention über das Recht der Verträge zwischen Staaten und Internationalen Organisationen von 1986 (WÜRV II)[377] »reflektiert«.[378]

Nach der üblichen Unionspraxis werden ausgehandelte Abkommenstexte nach dem **177** Abschluss der Verhandlungen durch die Verhandlungsführung oder Delegationsleiter paraphiert.[379] Die **Paraphierung** fällt in die Zuständigkeit des Verhandlungsführers.[380] Mit der **Unterzeichnung** wird der Text sodann endgültig fixiert und damit die Vertragsfassung festgelegt, für die das Ratifizierungsverfahren eröffnet werden soll.[381] Bei allen Vertragswerken unter Beteiligung der EU, die eine Beteiligung des Europäischen Parlaments am Vertragsabschluss vorsehen, muss das mehrphasige oder zusammengesetzte Verfahren angewandt werden, bei dem die endgültige völkerrechtliche Bindung erst durch einen der **Unterzeichnung** nachfolgenden Willensakt entsteht.

Die **Unterzeichnung** der Übereinkunft wird vom Rat auf Vorschlag des Verhandlungs- **178** führers durch einen Beschluss genehmigt, so Art. 218 Abs. 2 und Abs. 5 AEUV. Das Initiativrecht für diesen Beschluss liegt somit ausdrücklich beim Verhandlungsführer. Durch wen die Unterzeichnung dann aber letztlich erfolgt, lässt die Vorschrift offen.

Art. 218 Abs. 11 AEUV behandelt die **Rolle des EuGH** in diesem Bereich. Ein prä- **179** ventives Kontrollverfahren durch den Gerichtshof in Form eines **Gutachtenverfahrens** soll verhindern, dass dem europäischen Primärrecht entgegenstehende völkerrechtliche Verpflichtungen eingegangen werden, die dann wegen der völkerrechtlichen Bindungswirkung (**pacta sunt servanda**) trotz ihrer Unvereinbarkeit mit »den Verträgen« nicht mehr rückgängig gemacht werden können. So wurde u. a. das auf Art. 207 AEUV (bzw. dessen Vorgängernorm Art. 113 EGV) gestützte WTO-Vertragswerk hinsichtlich der Verteilung der Abschlusskompetenzen zwischen EG/EU und ihren Mitgliedstaaten durch den EuGH begutachtet;[382] gleiches erfolgt derzeit hinsichtlich des Freihandelsabkommens mit Singapur.[383] Insbesondere seit dem Vertrag von Nizza hat auch das Europäische Parlament die Möglichkeit, beim EuGH ein Gutachten über die Vereinbarkeit eines geplanten Drittlandabkommens mit dem Unionsrecht zu erbitten.

5. (Abschluss-)Verfahrensbesonderheiten bei auf Art. 207 gestützten Handelsabkommen

a) Verhandlungsführung ausschließlich durch die Kommission

Abweichend von Art. 218 AEUV, wonach es im Ermessen des Rates liegt, wer als Ver- **180** handlungsführer ernannt wird, wird nach Art. 207 Abs. 3 AEUV ausschließlich die Kommission zur Aufnahme der erforderlichen Verhandlungen ermächtigt. Bislang ist es

---

[377] Wiener Konvention über das Recht der Verträge zwischen Staaten und Internationalen Organisationen von 1986, BGBl. 1990 II, S. 1414, ILM 25/1986, 543 ff., bisher noch nicht in Kraft getreten.
[378] So *Schmalenbach*, in: Calliess/Ruffert, EUV/AEUV, Art. 218 AEUV, Rn. 3; vgl. insoweit den Hinweis in EuGH, Urt. v. 3.12.1996, Rs. C–268/94 (Portugal/Rat), Slg. 1996, I–6177, Rn. 19.
[379] Vgl. *Doehring*, Völkerrecht, 2004, S. 149; *MacLeod/Hendry/Hyett*, S. 153; *Mögele*, in: Streinz, EUV/AEUV, Art. 218 AEUV, Rn. 9.
[380] So auch *MacLeod/Hendry/Hyett*, S. 91, 153.
[381] *Kadelbach*, EnzEuR, Bd. 10, § 4, Rn. 52.
[382] EuGH, Gutachten 1/94 v. 15.11.1994 (WTO-Übereinkommen), Slg. 1994, I–5267.
[383] S. Antrag der Europäischen Kommission auf ein Gutachten nach Art. 218 Abs. 11 AEUV, EuGH, Gutachten 2/15, ABl. 2015, C 363/18.

in der Praxis aber auch im Anwendungsbereich des Art. 218 AEUV grds. die Kommission, die völkerrechtliche Verträge der EU bzw. zuvor der EG ausgehandelt hat.

181 Dass die Verhandlungsführung nach Maßgabe der durch den Rat erteilten Richtlinien zu erfolgen hat, stellt hingegen keine Abweichung von Art. 218 AEUV dar. Der Rat besitzt damit **umfassende Einflussnahmemöglichkeiten** auf die Verhandlungen und die Gestaltung des Vertragswerkes. Hiermit wird dem Rat folgerichtig die Möglichkeit gegeben, die Verhandlungsführung von Beginn an inhaltlich in ihren Verhandlungen zu lenken und auch zu begrenzen bzw. auf bestimmte Sachmaterien festzulegen. Die Kommission ist an die durch den Rat festgelegten Verhandlungsrichtlinien gebunden. Grundsätzlich müssen sich die **Verhandlungsrichtlinien** auf Festlegungen allgemeiner Art beschränken. Insbesondere bei der Mandatserteilung zur Aushandlung gemischter Übereinkommen können dem Verhandlungsmandat zudem ausformulierte Verhaltensregeln angehängt werden. So kann beispielsweise die vorrangige Wortergreifung in den Verhandlungen durch die Kommission und ein Zurücktreten der Mitgliedstaaten geregelt werden.[384] Diese Möglichkeit der Erteilung von Verhandlungsrichtlinien ist zeitlich nicht auf den Verhandlungsbeginn begrenzt, sondern kann auch nach Verhandlungsbeginn zu jedem dem Rat geeignet erscheinenden Zeitpunkt erfolgen. Im Normalfall dürfte aber bereits die Ermächtigung zur Aufnahme von Verhandlungen (Mandatserteilung) mit Richtlinien über die Verhandlungsinhalte verbunden werden.[385]

b) Benehmen mit Sonderausschuss des Rates

182 Neben der Festlegung der Verhandlungsrichtlinien hat der Rat gemäß Art. 207 Abs. 3 AEUV einen **besonderen Ausschuss** zu bestellen. Die Kommission hat sich während der Verhandlungen mit diesem Ausschuss abzustimmen. »Im Benehmen« mit dem Ausschuss bedeutet, dass seitens der Kommission Rücksprache mit dem Ausschuss gehalten werden muss. Der Rat behält durch die Einsetzung des Ausschusses eine unmittelbare Einflussnahmemöglichkeit auf die Aushandlung der Sachmaterien des anvisierten Abkommens.[386]

c) Mehrheitserfordernisse (und Einstimmigkeit) bei Ratsbeschluss

183 Bei den erforderlichen Mehrheitserfordernissen bei Ratsbeschlüssen hinsichtlich der Aushandlung – d. h. der Aufnahme von Verhandlungen – und des Abschlusses gilt, ebenso wie gemäß der allgemeinen Regelung des Art. 218 Abs. 8 AEUV, der Grundsatz der qualifizierten Mehrheit. Einstimmigkeit ist allerdings erforderlich, soweit das Abkommen
 – den Dienstleistungsverkehr,
 – Handelsaspekte des geistigen Eigentums oder
 – ausländische Direktinvestitionen zum Inhalt hat;
 – Bestimmungen enthält, bei denen für die Annahme interner Vorschriften Einstimmigkeit erforderlich ist;
 – den Handel mit kulturellen und audiovisuellen Dienstleistungen betrifft, wenn diese Abkommen die kulturelle und sprachliche Vielfalt in der Union beeinträchtigen könnten;

---

[384] *Lorenzmeier*, in: Grabitz/Hilf/Nettesheim, EU, Art. 218 AEUV (März 2011), Rn. 30; *Schmalenbach*, in: Calliess/Ruffert, EUV/AEUV, Art. 218 AEUV, Rn. 33; vgl. EuGH, Urt. v. 14.7.2005, Rs. C–433/03 (Kommission/Deutschland), Slg. 2005, I–6985, Rn. 70.
[385] Vgl. auch *Mögele*, in: Streinz, EUV/AEUV, Art. 218 AEUV, Rn. 8.
[386] *Lorenzmeier*, in: Grabitz/Hilf/Nettesheim, EU, Art. 218 AEUV (März 2011), Rn. 29.

– den Handel mit Dienstleistungen des Sozial-, des Bildungs- und des Gesundheitssektors betrifft, wenn diese Abkommen die einzelstaatliche Organisation dieser Dienstleistungen ernsthaft stören und die Verantwortlichkeit der Mitgliedstaaten für ihre Erbringung beinträchtigen könnten.

Zur Konkretisierung der angeführten Bereiche wird man auf die Politiken des Vertrages zurückgreifen können.[387] Damit dürfte heute in nahezu allen Fällen auf Grund der Weite der Handelsabkommensinhalte ein **Einstimmigkeitserfordernis** bestehen.

6. Geltung und unmittelbare Anwendbarkeit

Mit dem Abschluss eines Handelsabkommens wird für die EU eine **völkerrechtliche Verbindlichkeit** erzeugt, vgl. Art. 216 Abs. 2 AEUV: »Die von der Union geschlossenen Übereinkünfte binden die Organe der Union und die Mitgliedstaaten.« Durch die EU abgeschlossene völkerrechtliche Verträge werden ohne einen weiteren Transformationsakt zu »integrierenden Bestandteilen des Gemeinschaftsrechts« bzw. heute Unionsrechts.[388]   184

Die **unmittelbare Anwendbarkeit** völkerrechtlicher Unionsabkommen richtet sich gemäß den Grundsätzen des Völkervertragsrechtes zunächst danach, ob die Vertragsparteien in dem jeweiligen Abkommen eine entsprechende unmittelbare Wirkung einzelner Bestimmungen vereinbart haben.[389] Zuletzt wurde im EU-Singapur-Abkommen (Art. 17.15)[390] wie auch im CETA-Abkommen (Art. 30.6)[391] die unmittelbare Anwendbarkeit explizit ausgeschlossen.[392] Ist eine diesbezügliche Festlegung nicht getroffen worden, ist diese Frage durch Auslegung – in der EU durch den EuGH – zu beantworten.[393] Unmittelbar anwendbar sind einzelne Bestandteile völkerrechtlicher durch die EU abgeschlossener Verträge dann, wenn erstens diese Verträge als Ganzes ihrer **Natur und Struktur** nach grundsätzlich dazu geeignet sind, und zweitens wenn die konkrete Norm des Abkommens als solche **inhaltlich unbedingt und hinreichend** konkret gefasst ist.[394]   185

---

[387] *Hahn* in: Calliess/Ruffert, EUV/AEUV, Art. 207 AEUV, Rn. 107.

[388] EuGH, Urt. v. 30.4.1974, Rs. 181/73 (Haegeman), Slg. 1974, 449, Rn. 2/6; Urt. v. 26.10.1982, Rs. 104/81 (Kupferberg), Slg. 1982, 3641, Rn. 13; Urt. v. 30.9.1987, Rs. 12/86 (Demirel), Slg. 1987, 3719, Rn. 7; Urt. v. 14.11.1989, Rs. 30/88 (Griechenland/Kommission), Slg. 1989, 3711, Rn. 12; Urt. v. 20.9.1990, Rs. C–192/89 (Sevince), Slg. 1990, I–3461, Rn. 8; Gutachten 1/91 v. 14.12.1991 (EWR), Slg. 1991, I–6079, Rn. 37.

[389] *Weiß*, in: Grabitz/Hilf/Nettesheim, EU, Art. 207 AEUV (August 2015), Rn. 199.

[390] Der ausgehandelte Text des EU-Singapore Free Trade Agreement ist abrufbar unter: http://trade.ec.europa.eu/doclib/press/index.cfm?id=961 (11.10.2016).

[391] Der konsolidierte Text des CETA-Abkommens ist abrufbar unter: http://trade.ec.europa.eu/doclib/docs/2014/september/tradoc_152806.pdf (11.10.2016).

[392] Hierzu *Müller-Ibold*, Recht ohne Rechtsschutz? Die (ausgeschlossene) unmittelbare Wirkung jüngerer Freihandelsabkommen der EU und Rechtsschutz durch Investor-State-Dispute-Settlement Verfahren, in: Bungenberg/Herrmann (Hrsg.), Die Gemeinsame Handelspolitik der Europäischen Union fünf Jahre nach Lissabon – Quo Vadis?, 2016.

[393] EuGH, Urt. v. 13.1.2015, Rs. C–401/12 P bis 403/12 P (Rat u. a./Vereniging Milieudefensie und Stichting Stop), ECLI:EU:C:2015:4, Rn. 53; vgl. auch EuGH, Urt. v. 26.10.1982, Rs. 104/81 (Kupferberg), Slg. 1982, 3641, Rn. 17; Urt. v. 23.11.1999, Rs. C–149/96 (Portugal/Rat), Slg. 1999, I–8395, Rn. 34; Urt. v. 9.9.2008, Rs. C–120/06 P u. C–121/06 P (FIAMM u. a./Rat u. Kommission), Slg. 2008, I–6513, Rn. 108.

[394] EuGH, Urt. v. 26.10.1982, Rs. 104/81 (Kupferberg), Slg. 1982, 3641, Rn. 22 f.; Urt. v. 10.1.2006, Rs. C–344/04 (IATA u. ELFAA), Slg. 2006, I–403, Rn. 39; Urt. v. 3.6.2008, Rs. C–308/06 (Intertanko u. a.), Slg. 2008, I–4057, Rn. 42 ff.; Urt. v. 9.9.2008, Rs. C–120/06 P u. C–121/06 P (FIAMM u. a./Rat u. Kommission), Slg. 2008, I–6513, Rn. 110; Urt. v. 21.12.2011, Rs. C–366/10 (Air Transport Association of America u. a.), Slg. 2011, I–13755, Rn. 53 f.; zuletzt EuGH, Urt. v.

Unbedingtheit ist gemeinhin abzulehnen, wenn bei der Durchführung ein Ermessensspielraum gegeben ist.[395]

7. Abstimmung von Abkommen mit den internen Politiken, Art. 207 Abs. 2 UAbs. 2 Satz 2

186 Rat und Kommission haben sicherzustellen, dass das Ergebnis der Vertragsverhandlungen mit dem jeweiligen Status der Unionsgesetzgebung übereinstimmen[396] und dafür Sorge zu tragen, dass die ausgehandelten Abkommen mit der internen Politik und den internen Vorschriften der Union vereinbar sind. Soweit erkennbar ist, dass interne Anpassungen an zukünftige völkerrechtliche Verpflichtungen nicht zu erreichen sind, hätte, nach einer engen Lesart, ein Abkommensabschluss zu unterbleiben. Allerdings könnte man auch von einer bloßen Verpflichtung zur Beachtung der Vereinbarkeit der Verhandlungsergebnisse mit den internen Politiken und Vorschriften im Sinne einer »Appellfunktion« sprechen.[397] Letztere Auffassung scheint vorzugswürdig, da die Verpflichtung zu kohärentem Handeln ganz allgemein im Unionsrecht besteht. Zu beachten ist auch, dass Art. 218 AEUV ein **Abkommensabschlussverbot** lediglich bei Verstoß gegen Primärrecht vorsieht, und ganz allgemein ein Vorrang von völkerrechtlichen Verträgen gem. Art. 216 AEUV vor unionalem Sekundärrecht vorgesehen ist. Die Annahme einer absoluten Abschlusssperre wegen entgegenstehendem älteren Sekundärrecht ist mit diesen Grundannahmen nicht vereinbar.

8. Sonderfall Gemischte Abkommen

187 Bei Gemischten Abkommen findet auf Seiten der Union für den Vertragsschluss das vorstehend geschilderte »**218er-Verfahren**« unter Berücksichtigung der Sonderregeln des Art. 207 AEUV Anwendung; für die Mitgliedstaaten gelten ihre verfassungsrechtlichen Vorschriften. In der **Bundesrepublik Deutschland** sind hier grundsätzlich die **Vorgaben von Art. 59 Abs. 2 GG** einzuhalten. Ein gestaffeltes d. h. zwischen Union und einzelnen Mitgliedstaaten unterschiedliches zeitliches Inkrafttreten kann zu Rechtsunsicherheiten führen.

188 Der EuGH hat mehrfach betont, dass für die Mitgliedstaaten und die Unionsorgane sowohl bei der Aushandlung wie auch bei dem Abschluss und der Durchführung eines Gemischten Abkommens eine **Verpflichtung zur engen Zusammenarbeit** besteht.[398] Die Richtlinien über die Behandlung völkerrechtlicher Verträge des deutschen Auswärtigen

---

13.1.2015, Rs. C–401/12 P – 403/12 P (Rat u. a./Vereniging Milieudefensie und Stichting Stop), ECLI:EU:C:2015:4, Rn. 54.
[395] S. dazu etwa EuGH, Urt. v. 5.2.1976, Rs. 87/75 (Bresciani), Slg. 1976, 129, Rn. 25; Urt. v. 30.9.1987, Rs. 12/86 (Demirel), Slg. 1987, 3719, Rn. 14; Urt. v. 31.1.1991, Rs. C–18/90 (Kziber), Slg. 1991, I–199, Rn. 15, 19; Urt. v. 20.4.1994, Rs. C–58/93 (Yousfi/Belgischer Staat), Slg. 1994, I–1353, Rn. 16 f.; Urt. v. 5.7.1994, Rs. C–432/92 (Anastasiou), Slg. 1994, I–3087, Rn. 23; Urt. v. 5.4.1995, Rs. C–103/94 (Krid), Slg. 1995, I–719, Rn. 21 ff. zu den Assoziationsabkommen. Dazu auch *Weiß*, Die Personenverkehrsfreiheiten, S. 70 ff.
[396] *Hahn*, in: Calliess/Ruffert, EUV/AEUV, Art. 207 AEUV, Rn. 101.
[397] *Cottier/Trinberg*, in: GSH, Europäisches Unionsrecht, Art. 207 AEUV, Rn. 125.
[398] EuGH, Beschluss 1/78 (Objektschutz) v. 14.11.1978, Slg. 1978, 2151, Rn. 34–36; Gutachten 2/91 v. 19.3.1993 (ILO-Übereinkommen Nr. 170), Slg. 1993, I–1061, Rn. 36; Gutachten 1/94 v. 15.11.1994 (WTO-Übereinkommen), Slg. 1994, I–5267, Rn. 108; Urt. v. 14.12.2000, verb. Rs. C–300/98 (Dior u. a.) u. C–392/98 (Assco u. van Dijk), Slg. 2000, I–11307, Rn. 36; Urt. v. 30.5.2006, Rs. C–459/03 (Kommission/Irland), Slg. 2006, I–4635, Rn. 175 f.

Amtes weisen darauf hin,[399] dass sich in der vielfältigen Vertragspraxis unterschiedliche Formen der Koordinierung bei der völkerrechtlichen Bindung an einen gemischten Vertrag entwickelt haben:
- »Gleichzeitige Hinterlegung von Ratifikations-/Beitrittsurkunden aller MS und der EU mit der Folge, dass die vertraglichen Verpflichtungen gleichzeitig für EU und MS in Kraft treten.
- Hinterlegung von Ratifikations-/Beitrittsurkunden durch MS erst, nachdem EU ratifiziert hat. Dieses Vorgehen wurde bisweilen gewählt, wenn absehbar war, dass nur ein Teil der MS beabsichtigt, Vertragspartei zu werden.
- Umgekehrt: Ratifikation-/Beitritt durch die EU erst, nachdem die MS Vertragspartei geworden sind.
- Ratifikation seitens der MS unter Angabe eines Vorbehalts des Europarechts, also einer Erklärung, mit der das Eingehen der Verpflichtungen aus dem Vertrag unter Vorbehalt der europarechtlichen Kompetenzverteilung gestellt wird.
- Soweit ein Vertrag es ausdrücklich zulässt, kann die Gesamtverantwortung für die Vertragserfüllung durch sog. Kompetenzerklärungen, insbesondere seitens der EU, eingeschränkt werden (Beispiel WIPO).
- Drittstaatenabkommen sehen alle vor, dass das Abkommen erst dann, aber dann gleichzeitig für alle Vertragsparteien (EU, MS und Drittstaat) in Kraft tritt, wenn alle Vertragsparteien ihre Ratifikationsurkunde bzw. Ratifikationsersatzmitteilung hinterlegt haben.«[400]

In jedem Fall aber kann aus dem **Grundsatz der Unionstreue** und der Pflicht zur loyalen Zusammenarbeit eine Pflicht zur »raschen« Einleitung des mitgliedstaatlichen Ratifizierungsverfahrens abgeleitet werden.[401] Hingegen kann eine Pflicht zur Ratifizierung nicht begründet werden, da es sich hierbei um einen souveränen Akt der Mitgliedstaaten handelt.[402]

189

II. Multilaterale Abkommen

Aus der **Abkommenspraxis der EG/EU** lässt sich für eine lange Zeit eine deutliche **Präferenz für multilaterale Lösungen** im Bereich des Handelsverkehrs belegen, wenn auch Art. XXIV GATT seit jeher die Möglichkeit von bilateralen Freihandelsabkommen vorgesehen hat. Neben dem WTO-Abkommen ist die EU an einer Reihe weiterer multilateraler Abkommen beteiligt, so insbesondere im Zoll-, Rohstoff- und Energiebereich sowie am UN-Übereinkommen zur Bekämpfung des Drogenhandels. Ein Grenzbereich zur Assoziierungspolitik stellt die handelsorientierte Entwicklungshilfe (Abkommen von Cotonou und die neuen Wirtschaftspartnerschaftsabkommen) dar.

190

1. Multilaterales Welthandelsrecht

a) Vom GATT 1947 zur WTO 1994

Nach dem II. Weltkrieg haben u. a. die Vereinigten Staaten auf einer ersten Vorbereitungskonferenz in London im Oktober 1946 eine »**Suggested Charter for an Internatio-**

191

---

[399] Vgl. die vom Auswärtigen Amt herausgegebenen Richtlinien für die Behandlung völkerrechtlicher Verträge (RvV), 2014, S. 70.
[400] Richtlinien für die Behandlung völkerrechtlicher Verträge (RvV), 2014, S. 71.
[401] Hierzu auch *Schwichtenberg*, S. 152 ff.
[402] *Kaiser*, S. 81 f.

nal Trade Organization« (ITO)[403] vorgelegt,[404] die die Grundlage für weitere Verhandlungen bildete und aus der letztendlich auch das GATT 1947 hervorging. Das GATT 1947 wurde am 31.10.1947 von 23 Staaten in Genf unterzeichnet und trat gemäß einem Regierungsabkommen am 1.1.1948 vorläufig in Kraft.[405] Diese provisorischen Regelungen des GATT 1947 sollten in die **Havanna Charta** zur Gründung der **International Trade Organization**, die parallel ausgearbeitet wurde,[406] aufgenommen werden. Die Havanna Charta wurde am 24.3.1948 auf der Konferenz der Vereinten Nationen für Handel und Beschäftigung von 54 der 63 Teilnehmerstaaten beschlossen. Jedoch trat die Havanna Charta nie in Kraft. Bekanntlich wurde aus der Welthandelsordnung der ITO nur das GATT verwirklicht, dessen vorläufige Anwendung fast 50 Jahre dauerte.[407]

192 Die GATT-Grundordnung wurde in bis heute acht Verhandlungsrunden multilateral weiterentwickelt, von denen die umfassendste sicherlich die 1994 abgeschlossene **Uruguay-Runde** war, die zur Gründung der WTO 1995 geführt hat. In den ersten fünf Handelsrunden (Genf, 1947; Annecy, 1949; Torquay, 1950/51; Dillon-Runde, 1955/56, 1961/62) befasste man sich ausschließlich mit Zollsenkungen für gewerbliche Waren. Diskussionen über **nicht-tarifäre Handelshemmnisse** wurden erstmals in der »Kennedy-Runde« (1964–67) aufgegriffen; jedoch, bis auf den Abschluss des Antidumping-Kodexes,[408] ohne Erfolg. In den Jahren 1973–79 (sog. Tokio-Runde) wurde, da die protektionistischen Wirkungen nicht-tarifärer Handelshemmnisse zunahmen, intensiv versucht, sowohl die Zollsenkungen als auch den Abbau nicht-tarifärer Handelshemmnisse voranzutreiben.

193 Neben Gründung der WTO am 15.4.1994 (in Kraft seit 1.1.1995) als institutioneller Rahmen durch die Uruguay-Runde (1986–1994) war diese vor allem durch die zentralen Verhandlungsgegenstände des **internationalen Dienstleistungshandels** und der **handelsbezogenen Aspekte des Schutzes geistigen Eigentums** geprägt.[409] In Bezug auf den Abschluss von multi- wie bilateralen Zoll- und Handelsabkommen wurde davon ausgegangen, dass die EWG ausdrücklich die ausschließliche Zuständigkeit ab dem Ende der Übergangszeit inne gehabt hat, die Mitgliedstaaten somit ab dem 1.7.1968 keine solche Abkommen mehr abschließen konnten.[410] Hinsichtlich weiterer Bereiche – Dienstleistungshandel und handelsrelevante geistige Eigentumsrechte – ist die Zuständigkeit zu deren völkervertraglicher Regelung zwischen Kommission und Mitgliedstaaten bekanntlich umstritten gewesen, bis der EuGH im WTO-Gutachten[411] entschieden hatte, dass beide Bereiche jedenfalls nicht in der ausdrücklichen Gemeinschaftszuständigkeit

---

[403] US Department of State (1946), Suggested Charter for an International Trade Organization of the United States, Publication 2598, September 1946, Washington D.C.
[404] Vgl. hierzu *Jackson*, GATT Law, 1969.
[405] Das »Protocol of Provisional Application of the General Agreement on Tariffs and Trade« ist abgedruckt in BISD IV (169), S. 77f.; vgl. hierzu u.a. *Benedek*, S. 27ff.; *Beise*, Die Welthandelsorganisation, 2001, S. 34ff.; *Beise/Oppermann/Sander*, Grauzonen im Welthandel, 1998, S. 26f.; jeweils m.w.N.; *Krenzler*, Rn. 9.
[406] Und zwar in Art. 16 über die Meistbegünstigung, Art. 18 über die Inländerbehandlung sowie in Art. 29 über den Staatshandel.
[407] *Krenzler*, Rn. 9ff.
[408] Agreement on Implementation of Article VI of the General Agreement on Tariffs and Trade, Anti-Dumping Code 1967, abrufbar unter: https://www.wto.org/english/docs_e/legal_e/kennedy_e.pdf (11.10.2016).
[409] *Krenzler*, Rn. 24.
[410] *Ernst/Beseler*, in: GBT, 2. Aufl., EWGV, Art. 113 EWGV, S. 1445.
[411] EuGH, Gutachten 1/94 v. 15.11.1994 (WTO-Übereinkommen), Slg. 1994, I–5267.

anzusiedeln sind. Daher ist die EG 1995 der WTO im Wege eines »**Mixed Agreements**« – die EG-Mitgliedstaaten sowie die EG selbst wurden Gründungsmitglieder der WTO und Vertragspartner aller anderen WTO-Vertragsparteien – beigetreten. Als Reaktion insbesondere auf das WTO-Gutachten erweiterte der Vertrag von Nizza 2001 die EG-Zuständigkeiten in der Gemeinsamen Handelspolitik ausdrücklich um Dienstleistungen und geistiges Eigentum.[412]

Im Rahmen der WTO läuft seit Herbst 2001 die **Doha-Entwicklungsrunde** mit einer angestrebten umfassenden Reform des WTO-Rechts.[413] Im Mittelpunkt der Doha-Runde stehen auch Themenbereiche, die die Interessen der Entwicklungsländer stärker berücksichtigen sollen.[414] Nachdem man mit großen Ambitionen gestartet war[415] und man auch weitere Themenkomplexe wie Investitionsschutz, ein multilaterales Vergaberecht wie auch Wettbewerbsrecht in den WTO-Bereich einbeziehen wollte, hat keine der Ministerkonferenzen seitdem einen wirklichen Verhandlungserfolg mit sich gebracht. Während der Verhandlungen über das WTO-Abkommen zwischen 1987 und 1992 waren die einflussreichen »Spieler« die USA, die EWG/EG sowie Japan. Dies wurde widergespiegelt in den Anteilen dieser Akteure am internationalen Handel; weder China noch Russland waren zudem Gründungsmitglieder der WTO. Heute ist China neben den USA und der EU die einflussreichste globale Wirtschaftsmacht; zudem ist insgesamt der Einfluss der sogenannten BRIC-Staaten in der internationalen Wirtschaftspolitik kontinuierlich gestiegen. Auch hierdurch kommt es zu erschwerten Abstimmungsprozessen im Rahmen der Doha-Runde. **194**

Bis zum 1.1.2005 sollten die Verhandlungen ursprünglich abgeschlossen sein, jedoch hinderten die **Vielzahl an Verhandlungsgegenständen** sowie die gegensätzlichen Meinungen der Verhandlungspartner einen fristgerechten Abschluss. Auf der 9. Ministerkonferenz auf Bali im Dezember 2013 konnten sich die WTO-Mitglieder letztendlich auf einen Maßnahmenkatalog (sog. »**Bali package**«[416]) einigen, der insgesamt zehn Einzelvereinbarungen umfasst. Zentraler Bestandteil dieses »Bali packages« bildet das Trade Facilitation Agreement. Darüber hinaus enthält das »Paket« u.a. zumeist unverbindliche Beschlüsse zur öffentlichen Lagerhaltung und Nahrungsmittelsicherheit, Regeln für den zoll- und quotenfreien Marktzugang zugunsten der least developed countries, zur Vereinfachung von Ursprungsregeln, zum Abbau von Agrarsubventionen sowie zur Sonder- und Vorzugsbehandlung von Entwicklungsländern.[417] **195**

Vom 15. bis 19. Dezember 2015 fand in **Nairobi** die 10. Ministerkonferenz statt. Auf dieser erzielten die WTO-Mitglieder Vereinbarungen zum Abbau von Exportsubventionen im Agrarbereich sowie striktere Disziplinen für Exportkredite, Staatshandelsunternehmen und die Nahrungsmittelhilfe. Darüber hinaus wurde ein weiteres »Entwicklungspaket« mit Fokus auf die **least developed countries** beschlossen. Es beinhaltet Verständigungen zu präferenziellen Ursprungsregeln und Präferenzen im Dienstleistungsbereich und zielt auf eine bessere und vereinfachte Integration der least developed countries in das mulitlaterale Handelssystem ab.[418] **196**

---

[412] Hierzu ausführlich *Herrmann*, EuZW 2001, 269 (271).
[413] Weitere Informationen unter http://www.wto.org/english/tratop_e/dda_e/dda_e.htm (11.10.2016).
[414] *Krajewski*, Wirtschaftsvölkerrecht, Rn. 201.
[415] Vgl. die Doha Ministerial Declaration, adopted on 14 November 2001, WT/MIN(01)/DEC/1.
[416] Bali Ministerial Declaration v. 11.12.2013, WT/MIN(13)/DEC.
[417] *Tietje*, § 3 WTO, Rn. 9.
[418] S. die Ausführungen des BMWi zur WTO-Welthandelsrunde »Doha Development Agenda«,

197 Das »Scheitern« oder zumindest **Stagnieren der Doha-Runde** hat letztlich zu einem **Wettlauf zwischen den Staaten** bzw. der EU um den Abschluss von für ihre eigenen Unternehmen möglichst vorteilhaften Abkommen mit Drittstaaten geführt. Solche Handelsabkommen sollen es den unternehmerisch tätigen Akteuren ermöglichen, sich mit möglichst geringen Transaktionskosten global zu betätigen, günstige Produktionsbedingungen in Drittstaaten ebenso auszunutzen wie sich neue Absatzgebiete für Waren und Dienstleistungen zu erschließen und sich auch mit für die Produktion notwendigen Rohstoffen einzudecken.

198 Eine **Wettbewerbsgarantie** ist in der Welthandelsordnung primär negativ formuliert und hindert die Mitgliedstaaten unter anderem daran, mittels mengenmäßiger **Beschränkungen oder interner Regelungen** die Wettbewerbsbedingungen einseitig zu Gunsten inländischer Anbieter zu verfälschen.[419] Eine wesentliche Funktion der WTO-Rechtsordnung besteht damit gerade darin, bestreitbare Märkte zu gewährleisten,[420] d. h. einen **Ordnungsrahmen für den Markt** zur Verfügung zu stellen. Einschränkend ist allerdings hinzuzufügen, dass dies nur für einen Marktzutritt aus dem Ausland gilt. Es lässt sich aus dem Gesamtzusammenhang der positivrechtlichen Regelungen ein normativer Grundkonsens dahingehend ableiten, dass die weltwirtschaftliche Allokationsordnung für private Güter im Ansatz und in der Tendenz marktwirtschaftlich organisiert sein soll.[421]

b) Bindung der E(W)G an das GATT 1947 und das WTO-Übereinkommen

199 Die E(W)G war bereits vor der Gründung der WTO de facto Mitglied des GATT 1947.[422] Sie hat sich seit den 1960er Jahren im Rahmen ihrer Kompetenzen an den Verhandlungsrunden und den Streitbeilegungsverfahren des GATT 1947 im eigenen Namen beteiligt.[423] Diesbezüglich hatte der EuGH festgestellt, dass die E(W)G kraft Funktionsnachfolge in die Position ihrer Mitgliedstaaten beim GATT 1947 eingetreten und das Abkommen für sie verbindlich ist.[424] Die EG ist der WTO und damit auch dem GATT 1994 als **Gründungsmitglied** beigetreten (vgl. Art. XI WTO-Ü). Mit dem Vertrag von Lissabon ist die EU gem. Art. 1 Abs. 3 Satz 3 EUV Rechtsnachfolgerin der EG in allen ihren internationalen Beziehungen geworden. Die Rechtsnachfolge ist jedoch nur innerunional bindend, so dass Drittstaaten grundsätzlich die Völkerrechtsfähigkeit und die Weitergeltung der bereits vorher bestandenen Abkommen anerkennen müssen. Bisher ist die Rechtsnachfolge der EU von den jeweiligen Vertragspartnern akzeptiert worden.[425] Die Tatsache, dass die Mitgliedschaft in der WTO gem. Art. XI:1 WTO-Ü ausdrücklich nur den »Europäischen Gemeinschaften« zukommt, ist daher unerheblich.

---

abrufbar unter: http://www.bmwi.de/DE/Themen/Aussenwirtschaft/Handelspolitik/wto,did=6155 30.html (11.10.2016); s. für weitere Informationen auch die WTO News zur Ministerkonferenz in Nairobi unter: https://www.wto.org/english/news_e/news15_e/mc10_19dec15_e.htm (11.10.2016).

[419] *Trüeb*, Umweltrecht in der WTO, 2001, S. 317.
[420] *Tietje*, Grundlagen und Perspektiven, Rn. 22.
[421] So *Behrens*, Rechtliche Strukturen der Weltwirtschaft aus konstitutionenökonomischer Perspektive, in: Schenk/Schmidtchen/Streit/Vanberg (Hrsg.), Jahrbuch für Neue Politische Ökonomie, Globalisierung und Rechtsordnung, Bd. 18, 1999, S. 36.
[422] Vgl. hierzu insbes. *Berrisch*, Der völkerrechtliche Status.
[423] Hierzu u. a. *Berrisch*, Der völkerrechtliche Status, S. 157 ff.; *Petersmann*, ZaöRV 35 (1975), 213 (235); *Vedder*, Die auswärtige Gewalt des Europa der Neun, 1980, S. 172 ff.
[424] EuGH, Urt. v. 12.12.1972, Rs. 21/72–24/72 (International Fruit), Slg. 1972, 1219.
[425] *Müller-Ibold*, S. 84; *Weiß*, in: Grabitz/Hilf/Nettesheim, EU, Art. 207 AEUV (August 2015), Rn. 215.

Grundlage für den damaligen Beitritt der EG ist ein sog. »**Gemischtes Abkommen**« 200
zwischen der EG und allen ihren Mitgliedstaaten auf der einen und den restlichen WTO-
Mitgliedstaaten auf der anderen Seite.[426] Die Notwendigkeit eines Gemischten Abkommens hat der EuGH in seinem **WTO-Gutachten** festgestellt.[427] Daher traten sowohl die
Europäische Gemeinschaft, als eigenständiges Völkerrechtssubjekt, als auch ihre Mit-
gliedstaaten der WTO bei. Die Vertretung und Verhandlungsführung im Rahmen der
WTO wird, sowohl für die EU als auch für ihre Mitgliedstaaten, ausschließlich von
der Kommission wahrgenommen.[428] Bei Abstimmungen übt lediglich der Kommission-
vertreter sein Stimmrecht aus. Die **Anzahl der Stimmen** der EU entspricht dabei der
Anzahl ihrer Mitgliedstaaten, die der WTO selbst beigetreten sind (vgl. Art. IX:1 Satz 4
WTO-Ü). Eine Ausnahme hiervon stellen die Ministerkonferenzen dar. Obwohl den
EU-Mitgliedstaaten unionsrechtlich keine Kompetenzen verblieben sind, geben sie auf
den Ministerkonferenzen ihre **eigenen Stellungnahmen** ab. Sollten die **Mitgliedstaaten**
jedoch dadurch die Position der Union untergraben, so stellt dies eine Verletzung der
Pflicht zur loyalen Zusammenarbeit (Art. 4 Abs. 3 EUV) dar.[429] Auch im WTO-Haus-
haltsausschuss vertreten die Mitgliedstaaten der EU ihre **eigenen Positionen**, was letztendlich darauf zurückzuführen sein dürfte, dass die Mitgliedstaaten selbst, und eben
nicht die EU, die Beiträge zum WTO-Haushalt leisten.[430] Diese Ausnahme ist kompetenzrechtlich nicht gedeckt. Die EU verfügt hier über eine Annexkompetenz, die
unter Berücksichtigung der Interessen ihrer Mitgliedstaaten wahrzunehmen wäre.[431]

Mit der **Ausweitung der EU-Kompetenzen** in der Gemeinsamen Handelspolitik mit 201
dem Vertrag von Lissabon[432] **entfällt die Notwendigkeit** eines Gemischten Abkommens
jedenfalls in den Bereichen Dienstleistungen und Schutz der Geistigen Eigentumsrechte,
womit die Frage aufgeworfen wird, ob die Mitgliedstaaten an dem Ratifizierungsprozess
eines (unwahrscheinlichen aber immer noch) möglichen Abschlussvertrages der Doha-
Runde zur Reform des Welthandelsrechts zu beteiligen sind.[433]

---

[426] Zu den besonderen Problemen der Gemischten Abkommen der EG/EU s. z. B. *Bungenberg*, FS Folz, S. 13 ff.; *Leal-Arcas*, EFAR 6 (2001), 483 ff.; *Rosas*, The European Union and Mixed Agreements, in: Dashwood/Hillion (Hrsg.), The General Law of the E. C. External Relations, 2000, S. 200 ff.
[427] EuGH, Gutachten 1/94 v. 15.11.1994 (WTO-Übereinkommen), Slg. 1994, I–5267. Hierzu u. a.: *Bourgeois*, CMLRev. 32 (1995), 763; *Hilf*, EJIL 6 (1995), 245; *Pescatore*, CMLRev. 36 (1999), 401 ff. Zu den Amsterdamer Veränderungen der Kompetenzgrundlagen in der Gemeinsamen Handelspolitik und Art. 133 EGV z. B. *Cremona*, External Economic Relations and the Amsterdam Treaty, in: O'Keefe/Twomey (Hrsg.), Legal Issues of the Amsterdam Treaty, 1999, S. 225–247; *Krenzler/de Fonseca-Wollheim*, EuR 1998, 226 ff.; zu den Änderungen durch den Vertrag von Nizza z. B. *Herrmann*, EuZW 2001, 269; zu den hieraus entstandenen Schwierigkeiten vgl. zuletzt insbesondere GA *Kokott*, Schlussanträge zur Rs. C–13/07 (Kommission/Rat), ECLI:EU:C:2009:190.
[428] *Weiß*, in: Grabitz/Hilf/Nettesheim, EU, Art. 207 AEUV (August 2015), Rn. 210; *Wölker*, EuR-Beiheft 2/2012, 125 (129 ff.).
[429] *Herrmann/Streinz*, EnzEuR, Bd. 10, § 11, Rn. 152.
[430] *Wölker*, EuR-Beiheft 2/2012, 125 (129).
[431] *Herrmann/Streinz*, EnzEuR, Bd. 10, § 11, Rn. 152.
[432] Zu den Änderungen der Gemeinsamen Handelspolitik durch den Vertrag von Lissabon vgl. z. B. Bungenberg/Herrmann (Hrsg.); Streinz/Herrmann/Ohler, Vertrag von Lissabon, S. 129; *Herrmann*, EuR Beiheft 3/2004, 175 ff.; *Leal-Arcas*, ICL Journal 1(2) (2007), 75 ff.; *Woolcock*, The Potential Impact of the Lisbon Treaty on EU External Trade Policy, SIEPS-European Policy Analysis 8/2008, S. 3 ff.; zur besonderen Problemlage der parallelen Mitgliedschaft s. ausf. Herrmann, Rechtsprobleme der parallelen Mitgliedschaft, S. 139 ff.; vgl. zu einer nunmehr wieder dynamischeren Interpretation der erweiterten Kompetenzen in der GHP, EuGH, Urt. v. 18.7.2013, Rs. C–414/11 (Daiichi Sankyo u. Sanofi-Aventis), ECLI:EU:C:2013:520, Rn. 49 ff.
[433] Hierzu *Bungenberg*, EuR-Beiheft 1/2009, 195 ff.; *ders.*, Going Global?, S. 123 ff.; *Streinz/Herr-*

202 Mit dem WTO-Recht als ein auf Grund des multilateralen Charakters nur sehr schwer abänderbares Abkommen werden den WTO-Mitgliedern Grenzen für die Ausgestaltung nationaler und europäischer Wirtschaftspolitik gezogen, deren Missachtung einen Völkerrechtsverstoß darstellt, der im Rahmen des WTO-Streitbeilegungsverfahrens angreifbar ist. Die EU, ihre Organe wie auch die EU-Mitgliedstaaten müssen »akzeptieren«, dass nicht nur das Europarecht Anwendungsvorrang gegenüber jeglichem nationalen Recht genießt, sondern das **Wirtschaftsvölkerrecht** im Unions- und mitgliedstaatlichem Recht grundsätzlich **Beachtung verlangt**. Insbesondere die Anhänge zum WTO-Übereinkommen haben weitreichenden Einfluss auch auf die internen Rechtssysteme der WTO-Mitglieder.[434] Auf der internationalen Ebene versucht die EU daher, den internationalen Rechtsrahmen zu beeinflussen,[435] gleichzeitig muss sie ihr Binnenrecht auf Grund der WTO-Mitgliedschaft den veränderten Bedingungen anpassen.

203 Die EU wie auch ihre Mitgliedstaaten sind zu **vertragskonformem Verhalten** gemäß Art. XVI WTO-Ü verpflichtet: Jedes WTO-Mitglied hat gemäß Art. XVI:4 WTO-Ü dafür Sorge zu tragen, »dass seine Gesetze, sonstigen Vorschriften und Verwaltungsverfahren mit seinen Verpflichtungen auf Grund der als Anlage beigefügten Übereinkommen im Einklang stehen«. Hierdurch soll die Wirksamkeit des WTO-Übereinkommens gesteigert und durchgesetzt werden.[436] Jedes WTO-Mitglied wird verpflichtet, in seiner Rechtsordnung entsprechende Rechtsänderungen vorzunehmen.[437] Zudem muss die EU für von ihren Mitgliedstaaten übernommene völkerrechtliche WTO-Verpflichtungen einstehen.

204 Damit EU- und nationale Organe an die Vorgaben der WTO-Rechtsordnung gebunden sind, muss das WTO-Übereinkommen **innerstaatliche Geltung** haben. Art. 216 Abs. 2 AEUV legt fest, dass »Die von der Union geschlossenen Übereinkünfte … die Organe der Union und die Mitgliedstaaten« binden. Hiermit wird die innerunionale Befolgung des für die Union kraft Völkerrecht verbindlichen Abkommens angeordnet.[438] Das WTO-Recht wird damit **integrierender Bestandteil der EU-Rechtsordnung**.[439] Für die EU verbindliche Normen werden in der Union in das Gefüge der Rechtswirkungen des Unionsrechts gegenüber den mitgliedstaatlichen Rechtsordnungen integriert.[440] Das WTO-Recht nimmt Teil am Vorrang des Unionsrechts gegenüber dem nationalen Recht.[441] Zudem ergibt sich aus Art. 218 Abs. 11 AEUV, dass das WTO-Recht als integrierender Bestandteil des Unionsrechts normhierarchisch dem unionalen

---

mann/Ohler, Vertrag von Lissabon, S. 129; vgl. aber auch das BVerfG in seiner Lissabon-Entscheidung v. 30.6.2009, BVerfGE 123 (267).

[434] Hierzu u.a. *Vollmöller*, S. 122 ff.

[435] *Hatje*, Die EG und ihr Recht im Zeitalter der Globalisierung, in: Schwarze (Hrsg.), Globalisierung und Entstaatlichung des Rechts, 2008, S. 105 (117).

[436] *Siebold*, S. 217.

[437] *Hörmann*, § 3 Verfassungsrechtliche Grundlagen des internationalen Handelsrechts, in: Hilf/Oeter (Hrsg.), WTO-Recht, 2005, S. 37, Rn. 48.

[438] *Prieß*, Handbuch des europäischen Vergaberechts, 2001, S. 19.

[439] St. Rspr. seit EuGH, Urt. v. 12.12.1972, verb. Rs. 21–24/72 (International Fruit), Slg. 1972, 1219; Urt. v. 30.4.1974, Rs. 181/73 (Haegemann), Slg. 1974, 449, Rn. 2 ff.; Urt. v. 26.10.1982, Rs. 104/81 (Kupferberg), Slg. 1982, 3641, Rn. 13; Urt. v. 30.9.1987, Rs. 12/86 (Demirel), Slg. 1987, 3719, Rn. 7; Urt. v. 14.11.1989, Rs. 30/88 (Griechenland/Kommission), Slg. 1989, 3711, Rn. 12; Urt. v. 20.9.1990, Rs. C–192/89 (Sevince), Slg. 1990, I–3461, Rn. 8; Gutachten 1/91 v. 14.12.1991 (EWR), Slg. 1991, I–6079, Rn. 37. Ausf. hierzu *Uerpmann*, in: v. Bogdandy/Bast, Europäisches Verfassungsrecht, S. 186 ff.

[440] *Tietje*, § 15 Außenwirtschaftsrecht, Rn. 36.

[441] EuGH, Urt. v. 10.9.1996, Rs. C–61/94 (Kommission/Deutschland), Slg. 1996, I–3989, Rn. 52.

Sekundärrecht vorgeht. Grundsätzlich kommt völkerrechtlichen Abkommen der Union daher auch **Anwendungsvorrang** vor entgegenstehendem nationalem deutschen Recht zu. Die Verpflichtungen einerseits zur **Gewährleistung von Freihandelsgrundsätzen (Meistbegünstigung und Inländerbehandlung)** wie aber andererseits auch der **Berücksichtigung ökologischer und sozialer Komponenten**, festgeschrieben in der Präambel des WTO-Übereinkommens, wirken somit auf Bereiche wirtschaftlich wie auch nichtwirtschaftlich motivierter staatlicher Regulierung ein. Den WTO-Übereinkommen kommt folglich erhebliche ordnungspolitische Bedeutung zu; ein einseitiges Abweichen der Vertragsparteien ist nur unter hohen ökonomischen Kosten möglich.

c) Frage der unmittelbaren Anwendbarkeit des Welthandelsrechts

Der WTO-Rechtsordnung werden vielfach individualschützende Intentionen zugeschrieben. Eine unmittelbare Anwendbarkeit des WTO-Rechts durch Individuen wie auch durch die EU-Mitgliedstaaten vor nationalen und europäischen Gerichten und Behörden wird aber grundsätzlich verneint. 205

Individualschützende Ansätze wurden durch eine Panelentscheidung in der Sache United States – Sections 301–310 of the Trade Act of 1974[442] zwar bestätigt, als das Panel eine Antwort auf die Frage gegeben hat, was Ziele und Zwecke des WTO-Rechts seien.[443] Das WTO-Recht dient insoweit, unabhängig von einer unmittelbaren Anwendbarkeit, dem Schutz der individuellen Interessen der »Weltmarktteilnehmer« gegen staatliche Beschränkungen und Wettbewerbsverzerrungen.[444] 206

Getrennt hiervon ist die Frage der unmittelbaren Anwendbarkeit des WTO-Rechts im Unionsrecht zu beantworten. Die Frage, ob WTO-Recht unmittelbar anwendbar sein kann oder soll, ist durch die völkerrechtlichen WTO-Vertragswerke mit der vorherigen Aussage nicht beantwortet worden. Ebenso beantwortet das geschriebene Unionsrecht die Frage nach der unmittelbaren Anwendbarkeit des WTO-Rechts nicht. Der EuGH hat zu dieser Frage mehrfach Stellung genommen. In seiner **Kupferberg-Entscheidung**[445] hatte der EuGH seine grundsätzlich positive Haltung zur unmittelbaren Wirkung des Völkerrechts zum Ausdruck gebracht und diese auch in späteren Entscheidungen[446] weiter ausgebaut. Dem WTO-Recht jedoch versagt der EuGH seit jeher die unmittelbare Anwendbarkeit und macht hierbei auch keinen Unterschied, ob sich natürliche oder juristische Personen etwa in einem Vorabentscheidungsverfahren gem. Art. 267 AEUV oder im Rahmen einer Nichtigkeitsklage nach Art. 263 AEUV oder ob sich die Mitgliedstaaten der Union auf die WTO-Rechtswidrigkeit von unionalem Sekundärrecht berufen.[447] 207

---

[442] WTO Panel Report, 22.12.1999, WT/DS152/R, United States – Sections 301–310 of the Trade Act of 1974; hierzu *Behrens*, Die private Durchsetzung von WTO-Recht, S. 202.

[443] WTO Panel Report, 22.12.1999, WT/DS152/R, United States – Sections 301–310 of the Trade Act of 1974, para. 7.74.: »The most relevant (objects and purposes) in our view are those which relate to the creation of market conditions conducive to individual economic activity in national and global markets and to the provision of a secure and predictable multilateral trading system«. Und weiter heißt es: »Many of the benefits to Members of the (WTO) which are meant to flow as a result of the acceptance of various disciplines and the GATT/WTO depends on the activity of individual economic operators in the national and global market places. The purpose of many of these disciplines, indeed one of the primary objects of the GATT/WTO as a whole, is to produce certain market conditions which would allow the individual activity to flourish.«.

[444] *Behrens*, Die private Durchsetzung von WTO-Recht, S. 202.

[445] EuGH, Urt. v. 26.10.1982, Rs. 104/81 (Kupferberg), Slg. 1982, 3641.

[446] Vgl. insbesondere EuGH, Urt. v. 30.9.1987, Rs. 12/86 (Demirel), Slg. 1987, 3719.

[447] *Herrmann/Streinz*, EnzEuR, Bd. 10, § 11, Rn. 120.

208 Der EuGH hatte schon früh dem damaligen GATT 1947 die unmittelbare Anwendbarkeit versagt[448] und übertrug diese Sichtweise in seiner Leitentscheidung *Portugal/ Rat*[449] auch auf das nunmehr geltende WTO-Recht. Seit der Entscheidung Portugal/Rat ist es ständige Rechtsprechung des EuGH, dass die Rechtmäßigkeit einer Handlung der Gemeinschaft nicht anhand völkerrechtlicher Abkommen beurteilt werden kann, die, wie das WTO-Übereinkommen »wegen ihrer Natur und ihrer Struktur nicht zu den Vorschriften gehören, an denen der Gerichtshof die Rechtmäßigkeit von Handlungen der Gemeinschaftsorgane misst«.[450] Auch bei **Entscheidungen des WTO-Streitbeilegungsmechanismus**, in denen festgestellt wird, dass sekundäres Gemeinschaftsrecht nicht mit der WTO-Rechtsordnung vereinbar ist, verneint der EuGH konsequent unmittelbare Wirkungen im Unions-/Gemeinschaftsrecht.[451] Wenn auch dieser Rechtsprechung zur unmittelbaren Anwendbarkeit bzgl. Individuen zuzustimmen ist,[452] ist das Ergebnis hinsichtlich der EU-Mitgliedstaaten hingegen abzulehnen, handelt es sich bei diesen doch um völkerrechtlich eigenständig verantwortliche Völkerrechtssubjekte und WTO-Vertragsparteien.

209 In zwei »**Ausnahmesituationen**« kann allerdings die Vereinbarkeit von sekundärem Unionsrecht mit den GATT-Vorschriften durch **Individualklagen** oder in Vorabentscheidungsersuchen zu prüfen sein. In der *Nakajima*-**Entscheidung**[453] hat der EuGH festgestellt, dass, wenn eine EG-Verordnung »zur Erfüllung der internationalen Verpflichtungen der Gemeinschaft erlassen wurde (und) daher [...] zu gewährleisten hat, dass die Bestimmungen des GATT und der dazu erlassenen Durchführungsvorschriften eingehalten werden«, der EuGH seiner Entscheidungsfindung GATT-Recht unmittelbar zu Grunde legt. Gleiches soll nach der *Fediol*-**Rechtsprechung**[454] gelten, wenn sekundäres Gemeinschaftsrecht auf GATT-Recht verweist. In seiner Folgerechtsprechung[455] präzisiert der EuGH die *Fediol*-Rechtsprechung allerdings verengend dahin, dass sekundäres Gemeinschaftsrecht »**ausdrücklich**« auf spezielle Bestimmungen des GATT verweisen muss. Zugleich führt er hinsichtlich der *Nakajima*-Formel aus, dass es sich um die Erfüllung einer **bestimmten** »im Rahmen des GATT übernommenen Verpflichtung« handeln muss.[456] Während der *Fediol*-Rechtsprechung insbesondere im Rahmen der Anwendung der Handelshemmnis-VO große Bedeutung zukommt, spielt die *Nakajima*-

---

[448] Vgl. hierzu grundlegend: EuGH, Urt. v. 12.12.1972, Rs. 21/72–24/72 (International Fruit), Slg. 1972, 1219, Rn. 19/20.

[449] EuGH, Urt. v. 23.11.1999, Rs. C–149/96 (Portugal/Rat), Slg. 1999, I–8395; zuletzt bestätigt durch EuGH, Urt. v. 16.7.2015, Rs. C–21/14 P (Kommission/Rusal Armenal), ECLI:EU:C:2015:494, Rn. 38.

[450] Vgl. hierzu *Behrens*, Die private Durchsetzung von WTO-Recht, S. 201 ff.

[451] EuGH, Urt. v. 1.3.2005, Rs. C–377/02 (Van Parys), Slg. 2005, I–1465, Rn. 41 ff.; Urt. v. 9.9.2008, verb. Rs. C–120/06 P u. C–121/06 P (FIAMM u. a./Rat u. Kommission), Slg. 2008, I–6513, Rn. 128 ff.; EuG, Urt. v. 14.12.2005, Rs. T–320/00 (CD Cartondruck), Slg. 2005, II–27, Rn. 105 ff.; Urt. v. 14.12.2005, Rs. T–383/00 (Beamglow), Slg. 2005, II–5459, Rn. 125 ff.; Urt. v. 14.12.2005, Rs. T–69/00 (FIAMM), Slg. 2005, II–5393, Rn. 108 ff.; vgl. hierzu u. a. *Hilpold*, RIW 2008, 817 ff.

[452] Hierzu ausf. *Bungenberg*, FS Folz, S. 13 ff.

[453] EuGH, Urt. v. 7.5.1991, Rs. C–69/89 (Nakajima), Slg. 1991, I–2069, Rn. 31, unter Verweis auf EuGH, Urt. v. 26.10.1982, Rs. 104/81 (Kupferberg), Slg. 1982, 3641, Rn. 11 u. Urt. v. 16.3.1983, Rs. 266/81 (SIOT), Slg. 1983, 731, Rn. 28.

[454] EuGH, Urt. v. 22.6.1989, Rs. 70/87 (Fediol), Slg. 1989, 1781, Rn. 19 ff.

[455] EuGH, Urt. v. 5.10.1994, Rs. C–280/93 (Deutschland/Rat), Slg. 1994, I–4973, Rn. 111.

[456] Hierauf hinweisend *Weiß*, in: Grabitz/Hilf/Nettesheim, EU, Art. 207 AEUV (August 2015), Rn. 202.

Rechtsprechung im Antidumping- und Antisubventionsrecht eine große Rolle.[457] Der EuGH verweist auf diese grundsätzlichen Ausnahmemöglichkeiten regelmäßig, wenn er sich zur unionsinternen Wirkung des WTO-Rechts äußert.

Die Rechtsprechung des EuGH zur Ablehnung der unmittelbaren Anwendbarkeit des Welthandelsrechts ist nicht relevant für solche Normen des Welthandelsrechts, die unter die Kompetenz der Mitgliedstaaten fallen.[458] Insoweit unterliegt die Frage der unmittelbaren Anwendbarkeit der nationalen Rechtsordnung.[459] Allerdings stehen der EU nunmehr mit dem Inkrafttreten des Lissabonner Vertrags in nahezu allen Bereichen des Welthandelsrechts ausschließliche Kompetenzen zu. Mitgliedstaatliche Restkompetenzen werden diskutiert in den in Art. 6 AEUV gelisteten Kompetenzbereichen, in denen die Europäische Union lediglich »für die Durchführung von Maßnahmen zur Unterstützung, Koordinierung oder Ergänzung der Maßnahmen der Mitgliedstaaten zuständig« ist. Für den Dienstleistungshandel könnte dies in den Bereichen Gesundheit, Kultur, Tourismus sowie Bildung Relevanz haben.[460]

210

d) Frage der WTO-rechtskonformen Auslegung des Unionsrechts

Von Bedeutung ist, auch auf Grund der abgelehnten unmittelbaren Anwendbarkeit, die Frage der WTO-rechtskonformen Auslegung von Unionsrecht, insbesondere unionalem Außenwirtschaftsrecht. Wie oben ausgeführt ist das Institut der völkerrechtskonformen Auslegung des Unionsrechts schon in der Vergangenheit Bestandteil der EuGH-Rechtsprechung gewesen.[461] Sämtliches Sekundärrecht ist im Lichte des Völkerrechts,[462] insbesondere des WTO-Rechts, aber auch sonstiger völkerrechtlicher Verpflichtungen, auszulegen.[463] Es kann eine unmittelbare Wirkung im nationalen Recht der EU-Mitgliedstaaten entfalten und Anwendungsvorrang vor entgegenstehendem mitgliedstaatlichem Recht beanspruchen. Spätestens mit den Urteilen *Dior*[464] und *Groeneveld*[465] wurde deutlich, dass über die Verpflichtung zur **WTO-konformen Auslegung** auch die Folgen der Ablehnung unmittelbarer Anwendbarkeit abgemildert werden sollen.[466]

211

e) Das WTO-Übereinkommen und die Zielsetzungen der WTO-Rechtsordnung

Gemäß Art. II:2 bildet das WTO-Übereinkommen den institutionellen und organisatorischen Rahmen der in den Anhängen zum WTO-Ü enthaltenen Abkommen und den dazugehörigen Rechtsinstrumenten. In den Anhängen 1–3 zum WTO-Ü sind die für alle

212

---

[457] *Tietje*, § 15 Außenwirtschaftsrecht, Rn. 44.
[458] *Weiß*, § 8 Bezüge zum Recht der Europäischen Gemeinschaft, Rn. 141.
[459] S. hier z. B. die Rspr. des BGH zur unmittelbaren Anwendbarkeit bestimmter Normen des TRIPS in NJW, 1953 ff. (1958); s. hier auch die Rspr. des EuGH, Urt. v. 11. 9. 2007, Rs. C–431/05 (Merck Genéricos), Slg. 2007, I–7001, Rn. 47 f.
[460] Hierzu u. a. *Hahn*, Die zukünftige Rolle der Mitgliedstaaten, S. 17, Fn. 15.
[461] EuGH, Urt. v. 10. 9. 1996, Rs. C–61/94 (Kommission/Deutschland), Slg. 1996, I–3989.
[462] EuGH, Urt. v. 19. 11. 1975, Rs. 38/75 (Nederlendse Spoorwegen), Slg. 1975, 1439, Rn. 14; Urt. v. 17. 10. 1995, Rs. C–70/94 (Werner), Slg. 1995, I–3189, Rn. 23; Urt. v. 10. 9. 1996, Rs. C–61/94 (Kommission/Deutschland), Slg. 1996, I–3989, Rn. 52; Urt. v. 14. 7. 1998, Rs. C–341/95 (Bettati/Safety Hi-Tech), Slg. 1998, I–4355, Rn. 20; Urt. v. 16. 6. 1998, Rs. C–53/96 (Hermès), Slg. 1998, I–3603, Rn. 24–33 (insbes. Rn. 28); unter Bezugnahme auf EuGH, Urt. v. 24. 11. 1992, Rs. C–286/90 (Poulsen u. Diva Navigation), Slg. 1992, I–6019, Rn. 9.
[463] Vgl. *v. Bogdandy*, NJW 1999, 2088 (2089).
[464] EuGH, Urt. v. 14. 12. 2000, Rs. C–300/98 u. C–392/98 (Dior u. a.), Slg. 2000, I–11307.
[465] EuGH, Urt. v. 13. 9. 2001, Rs. C–89/99 (Groeneveld), Slg. 2001, I–5851.
[466] So bereits zum *Hermès*-Urteil *Gagliardi*, E.L.Rev. 24 (1999), 276 (289 f.).

WTO-Mitglieder verbindlichen **multilateralen Handelsabkommen** enthalten. Von zentraler Bedeutung sind insbesondere das Allgemeine Zoll- und Handelsabkommen[467] (GATT 1994; Anhang 1A)[468], das Allgemeine Übereinkommen über den Handel mit Dienstleistungen[469] (GATS; Anhang 1B) sowie das Übereinkommen über Handelsbezogene Aspekte des Geistigen Eigentums[470] (TRIPS; Anhang 1C), welche die drei Säulen der WTO-Rechtsordnung (Warenhandel, Dienstleistungshandel und geistige Eigentumsrechte) bilden. Ergänzt werden diese durch die Vereinbarung über Regeln und Verfahren zur Beilegung von Streitigkeiten[471] (DSU; Anhang 2) und den Mechanismus zur Überprüfung der Handelspolitik (TPRM)[472]. Darüber hinaus enthält Anhang 4 zum WTO-Ü u. a. das Übereinkommen über das öffentliche Beschaffungswesen.[473] **Plurilaterale Übereinkommen** wie das über das Beschaffungswesen sind nur für diejenigen WTO-Mitgliedstaaten verbindlich, die diese gesondert ratifiziert haben.

213 Ferner enthält das **WTO-Ü** Regelungen über die Durchführung, Verwaltung und Weiterentwicklung des Vertragswerkes, die Forumfunktion für zukünftige Verhandlungen sowie die Zusammenarbeit mit anderen internationalen Organisationen (vgl. Art. III, V WTO-Ü), zum Aufbau der WTO sowie zum Aufbau des Sekretariats und dessen Aufgaben (vgl. Art. IV, VI WTO-Ü), zur Rechtspersönlichkeit (Art. VIII WTO-Ü), zur Beschlussfassung (Art. IV WTO-Ü), zur Vertragsänderung (Art. X WTO-Ü), zur Mitgliedschaft (Art. XI WTO-Ü), zur Aufnahme neuer Mitglieder, (Art. XII WTO-Ü), zur Nichtanwendung von Verträgen zwischen Mitgliedern (Art. XIII WTO-Ü), Austritt aus der WTO (Art. XV WTO-Ü) sowie Vorschriften bezüglich Annahme, Inkrafttreten und Hinterlegung des Übereinkommens (Art. XIV WTO-Ü).

214 Die WTO-Abkommen führen zu offeneren Märkten mit mehr Wettbewerb. Ziel ist die **Liberalisierung des Welthandels** auf Grund von Marktöffnung und Inländergleichbehandlung. Einen ausdrücklich niedergelegten Effizienz- oder Wirtschaftlichkeitsgrundsatz findet man in den umfangreichen WTO-Rechtstexten allerdings nicht. Bei den WTO-Übereinkommen handelt es sich primär um Marktöffnungsabkommen, nicht hingegen, wie etwa die EU-Wirtschaftsverfassung, um einen die Wirtschaftspolitik der WTO-Mitgliedstaaten unmittelbar verpflichtenden Text. Dennoch wird von einem »**Effizienzargument für Freihandel**« gesprochen.[474]

---

[467] Allgemeines Zoll- und Handelsabkommen, ABl. 1994, L 336/11.
[468] Weitere in Anhang 1A enthaltene und das GATT ergänzende, interpretierende oder modifizierende spezielle Abkommen: Übereinkommen über die Landwirtschaft, Übereinkommen über die Anwendung gesundheitspolizeilicher und pflanzenschutzrechtlicher Maßnahmen (SPS), Übereinkommen über Technische Handelshemmnisse (TBT), Übereinkommen über Handelsbezogene Investitionsmaßnahmen, Übereinkommen zur Durchführung des Artikels VI des Allgemeinen Zoll- und Handelsabkommens 1994, Übereinkommen zur Durchführung des Artikels VII des Allgemeinen Zoll- und Handelsabkommens 1994, Übereinkommen über Kontrollen vor dem Versand, Übereinkommen über Ursprungsregeln, Übereinkommen über Einfuhrlizenzen, Übereinkommen über Subventionen und Ausgleichsmaßnahmen, Übereinkommen über Schutzmaßnahmen.
[469] Allgemeines Übereinkommen über den Handel mit Dienstleistungen, ABl. 1994, L 336/191.
[470] Übereinkommen über Handelsbezogene Aspekte des Geistigen Eigentums, ABl. 1994, L 336/213.
[471] Vereinbarung über Regeln und Verfahren zur Beilegung von Streitigkeiten, ABl. 1994, L 336/234.
[472] Mechanismus zur Überprüfung der Handelspolitik, ABl. 1994, L 336/251.
[473] Übereinkommen über das öffentliche Beschaffungswesen, ABl. 1994, L 336/273.
[474] *Krugman/Obstfeld*, Internationale Wirtschaft – Theorie und Politik der Außenwirtschaft, 6. Aufl., 2004, S. 291.

Die Präambel des WTO-Übereinkommens führt als **Ziele** der WTO-Rechtsordnung auf: **die Erhöhung des Lebensstandards, die Verwirklichung der Vollbeschäftigung, ein hohes und ständig steigendes Niveau des Realeinkommens, eine besondere Berücksichtigung der Bedürfnisse der Entwicklungsländer, eine optimale Nutzung der Weltressourcen abgestimmt auf eine nachhaltige Entwicklung**, welche die Umwelt sowohl schützt und erhält, als auch die dazu notwendigen Mittel mehrt. Mit dieser Präambelformulierung hat die Welthandelsordnung in ihrer Zielsetzung eine auf die Umwelt abgestimmte Neuausrichtung erfahren.[475]

215

Ökologische wie auch soziale Grundsätze und Gesichtspunkte haben somit Eingang in den für die Auslegung der weiteren Abkommen relevanten Text der Präambel gefunden. Präambeln völkerrechtlicher Verträge haben als solche zwar keinen eigenständigen normativen Gehalt und auch keine unmittelbare rechtsverbindliche Wirkung,[476] dennoch sind sie grundsätzlich bei der Auslegung völkerrechtlicher Verträge zu berücksichtigen und besitzen insoweit rechtliche Relevanz.[477] Sie gehören, wie Art. 32 Abs. 2 WVRK[478] bestätigt, zum systematischen Umfeld der vertraglichen Bestimmungen; auch geben sie Auskunft über die Grundwerte, Ziele und Zwecke eines Vertragswerks und sind daher im Rahmen der teleologischen Auslegung von Bedeutung.[479]

216

In dem Streitbeilegungsverfahren *US – Shrimp Turtle* hat der Appellate Body die Bedeutung der Präambel des WTO-Übereinkommens diskutiert:

217

»The words of Article XX(g), ›exhaustible natural resources‹, were actually drafted more than 50 years ago. They must be read by a treaty interpreter in the light of contemporary concerns of the community of nations about the protection and conservation of the environment. While Article XX was not modified in the Uruguay Round, the preamble attached to the WTO Agreement shows that the signatories to that Agreement were, in 1994, fully aware of the importance and legitimacy of environmental protection as a goal of national and international policy. The preamble of the WTO Agreement – which informs not only the GATT 1994, but also the other covered agreements – explicitly acknowledges ›the objective of sustainable development‹.«[480]

Der Appellate Body hat sich damit in der *Shrimp-Turtle*-Entscheidung[481] auf der Grundlage der Präambel zu einem »**evolutorischen**« **Vertragsverständnis** und Fortentwicklung des WTO-Rechts bekannt. Die Präambelaussagen des WTO-Übereinkommens bilden für alle spezifischen im Anhang gelisteten Handelsabkommen den Auslegungsmaßstab. Zudem hat der Appellate Body in dem Bericht *US Standards for Gasoline*[482] festgestellt, dass das Allgemeine Übereinkommen nicht in klinischer Isolation vom internationalen Recht zu lesen sei.

218

Der Appellate Body scheut sich nicht, auch **soft law** für die Interpretation und Konkretisierung unbestimmter Rechtsbegriffe des Welthandelsrechts heranzuziehen. Auch

219

---

[475] *Senti*, S. 35.
[476] *Benedek*, S. 98.
[477] So u. a. *Lang*, GIELR 7 (1995), 470 f.; *Puth*, S. 88.
[478] Vgl. Wiener Übereinkommen über das Recht der Verträge v. 23. 5.1969, BGBl. 1985 II, S. 297.
[479] Vgl. *Puth*, S. 88; *Seidl-Hohenveldern/Loibl*, Das Recht der Internationalen Organisationen, 7. Aufl., 2000, Rn. 1601b.
[480] WTO Appellate Body Report, 12. 10.1998, WT/DS58/AB/R, United States – Import Prohibition of Certain Shrimp and Shrimp Products, para. 129.
[481] WTO Appellate Body Report, 12. 10.1998, WT/DS58/AB/R, United States – Import Prohibition of Certain Shrimp and Shrimp Products, para. 130.
[482] WTO Appellate Body Report, 29. 4.1996, WT/DS2/AB/R, United States – Standards for Reformulated and Conventional Gasoline, Part III.B. para. 17.

die **Agenda 21** hat so eine verstärkte Bedeutung in der Entscheidungspraxis des Appellate Body gefunden.[483] Umweltschutz spielt somit eine verstärkte Rolle in der Diskussion um eine »gerechte Welthandelsordnung«. Gleiches gilt für **soziale Standards**. Zu den sozialen Standards auf der internationalen Ebene zählen u. a. – je nach institutionellem Zusammenhang und daher mit weiten Überschneidungsbereichen – internationale soziale und arbeitsrechtliche Mindeststandards, grundlegende Menschenrechte im Bereich der Arbeit, wirtschaftliche und soziale Menschenrechte etc.[484] Insoweit besteht in der **Globalisierungsdiskussion** die Frage, wie die wirtschaftliche Globalisierung sozial verträglich ausgestaltet werden kann. Die **Singapore Ministerial Declaration** hat 1996 insoweit zu den Kernarbeitsstandards festgehalten:[485]

»We renew our commitment to the observance of internationally recognised core labour standards. The International Labour Organisation (ILO) is the competent body to set and deal with these standards, and we affirm our support for its work in promoting them. We believe that economic growth and development fostered by increased trade and further trade liberalisation contribute to the promotion of these standards. We reject the use of labour standards for protectionist purposes, and aggress that the comparative advantage of countries, particularly low-wage developing countries, must in no way be put into question. In this regard, we note that the WTO and ILO Secretariats will continue their existing cooperation.«

f) Materiell-rechtliche Verpflichtungen der Welthandelsordnung, Ausnahmebereiche und Rechtfertigungsmöglichkeiten

220 GATT 1994, GATS und TRIPS bilden die materiell-rechtlichen multilateralen Hauptsäulen der Welthandelsordnung. Diesen drei Hauptabkommen lassen sich neben einer gemeinsamen Zielsetzung eine Reihe von **Prinzipien und Hauptverpflichtungen** entnehmen, die sich vielfach konkretisiert in Spezialabkommen, die ebenfalls einen Bestandteil der WTO-Rechtsordnung bilden, wiederfinden.

221 Das **Ziel des GATT** ist es, den allgemeinen und wirtschaftlichen Wohlstand zu fördern, indem Zölle abgebaut, andere Handelsschranken sowie Diskriminierungen im internationalen Warenhandel beseitigt werden und zwar auf »**Grundlage der Gegenseitigkeit und zum gemeinsamen Nutzen**«.[486] Parallel zum Warenhandel verfolgt das **GATS das Ziel**, den Handel mit Dienstleistungen zu liberalisieren. Anders als GATT und GATS ist das TRIPS nicht auf die Liberalisierung des internationalen Handels gerichtet,[487] sondern dient dazu, eine Verletzung geistigen Eigentums durch den Handel mit nachgeahmten Waren zu verhindern, ohne dabei unnötige Handelshemmnisse zu schaffen, die den rechtmäßigen Handel beschränken könnten.[488]

222 Zu den materiellen Hauptpflichten der drei Hauptsäulen des WTO-Rechts gehören die **Meistbegünstigung** (Art. I GATT, Art. II GATS, Art. 4 TRIPS), die **Inländerbehandlung** (Art. III GATT, Art. XVII GATS, Art. 3 TRIPS), die **Reziprozität**, der **Abbau von tarifären Handelshemmnissen**, der **Transparenzgrundsatz** sowie die **Begünstigung der**

---

[483] Vgl. WTO Appellate Body Report, 12.10.1998, WT/DS58/AB/R, United States – Import Prohibition of Certain Shrimp and Shrimp Products, para. 130 ff.; hierzu *Tietje*, Internationalisiertes Verwaltungshandeln, S. 259 ff.
[484] Vgl. insoweit die Auflistung von *Reuß*, Menschenrechte durch Handelssanktionen, 1999, S. 3.
[485] Singapore Ministerial Declaration of 13.12.1996, Rn. 4, abgedr. in: WTO Focus 15/1997, S. 7.
[486] Vgl. Präambel GATT 1947, BGBl. 1951 II, S. 173.
[487] S. *Krajewski*, Wirtschaftsvölkerrecht, Rn. 498.
[488] Vgl. *Krajewski*, Wirtschaftsvölkerrecht, Rn. 496 f.

Entwicklungsländer. Neben diesen Hauptpflichten regelt das WTO-Recht zudem die **Abwehr unfairer Handelspraktiken** (Dumping, Subventionen).

Zur **Reduzierung von Handelsschranken** zwischen WTO-Mitgliedern ist diesen eine Diskriminierung ausländischer Unternehmen, Personen und Waren ebenso verboten wie nicht-tarifäre Beschränkungen. Die Nichtdiskriminierungsverpflichtung der WTO-Mitglieder unterteilt sich in das Prinzip der Meistbegünstigung sowie das Inländerprinzip. 223

Der **Grundsatz der Meistbegünstigung** (vgl. Art. I GATT, Art. II GATS, Art. 4 TRIPS) verpflichtet die EU, alle Vorteile, Begünstigungen, Befreiungen und Rechte, die sie im Handel mit Gütern und Dienstleistungen oder im Zusammenhang mit handelsrelevanten Aspekten der geistigen Eigentumsrechte einem anderen Land, einem anderen autonomen Zollgebiet oder einem Staatsangehörigen eines anderen Landes oder eines autonomen Zollgebietes – gleichgültig, ob dieses WTO-Mitglied ist oder nicht – zugesteht, allen anderen WTO-Mitgliedern und ihren Staatsangehörigen in vergleichbaren Konstellationen unverzüglich und bedingungslos auch zu gewähren.[489] 224

Das **Inländerprinzip** (vgl. Art. III GATT, Art. XVII GATS, Art. 3 TRIPS)[490] verbietet im Unterschied zum Meistbegünstigungsgrundsatz die Ungleichbehandlung und Benachteiligung von ausländischen Dienstleistungen und Waren gegenüber vergleichbaren inländischen (EU-)Dienstleistungen und Waren, soweit die EU für die jeweiligen Leistungen ihren Markt geöffnet hat. Aus dem Grundsatz der Inländerbehandlung lässt sich das Prinzip der Schaffung gleicher Wettbewerbsbedingungen ableiten.[491] 225

Insbesondere Art. XI GATT verlangt die Beseitigung **nicht-tarifärer Handelshemmnisse** (z. B. Kontingente, Ausfuhr- und Einfuhrbewilligungen). Von Art. XI GATT sind nicht nur quantitative Beschränkungen des grenzüberschreitenden Warenverkehrs erfasst, sondern es wird ein umfassendes Verbot aller Beschränkungen des Grenzübertritts von Waren außerhalb der Zollerhebung festgeschrieben.[492] Von der Grundidee ist Art. XI GATT insoweit mit Art. 34 AEUV vergleichbar. 226

Tarifäre Beschränkungen hingegen sind zwar gestattet, sollten jedoch unter Berücksichtigung des Meistbegünstigungsgrundsatzes gesenkt werden. Die erhobenen Zollsätze sind in Listen festgelegt und verbindlich (vgl. Art. II, Art. XXIII GATT). Eine einseitige Erhöhung von Zollsätzen muss insbesondere durch Art. VI und Art. XIX GATT gerechtfertigt sein. Die Staaten sind aber nicht verpflichtet, jeden Wettbewerbsvorteil ausländischer Waren zu dulden. Nach Art. VI und Art. XVI GATT trifft sie lediglich die Pflicht »fairen« Handel zu dulden. Als »**unfair« gilt der Handel mit gedumpten und/oder subventionierten Waren**. Diesem Wettbewerbsvorteil kann durch die Erhebung von Antidumping- oder Antisubventionszöllen begegnet werden. Art. X GATT beinhaltet zudem verschiedene an die WTO-Mitglieder gerichtete **Transparenzverpflichtungen**, insbesondere die Verpflichtung der Mitglieder, alle staatlichen handelsrelevanten Maßnahmen unverzüglich so zu veröffentlichen, dass anderen Mitgliedsstaaten und den am Handel Beteiligten eine effektive Kenntnisnahme möglich ist. 227

Die vom **GATS** erfassten Dienstleistungsarten werden in dessen Art. I definiert. Bedeutend für das GATS ist die Unterscheidung zwischen den »**allgemeinen Pflichten**« im 228

---

[489] *Senti*, S. 36.
[490] Vgl. auch in Art. 2 TRIMS, Art. 3.2 SPS, Art. 2.1 TBT, Art. 2 PSI.
[491] WTO Appellate Body Report, 18.1.1999, WT/DS75/AB/R, WT/DS84/AB/R, Korea – Alcoholic Beverages, paras. 93–97; *Bender*, § 10, Rn. 53.
[492] *Tietje*, § 3 WTO, Rn. 57; s. WTO Panel Report, 21.12.2001, WT/DS146/R, WT/DS175/R, India – Automotive Sector, para. 7.264 f.

Teil II des GATS, die generell gelten, und den »**spezifischen Verpflichtungen**« des Teil III, welche nur dann gelten, wenn sich die WTO-Mitglieder ausdrücklich hierzu verpflichtet haben.[493] Zu den allgemeinen Pflichten gehören insbesondere das **Meistbegünstigungsprinzip** (Art. II GATS), das **Transparenzgebot** (Art. III GATS) sowie die in Art. XVI GATS normierten Ausnahmen. Im Unterschied zum GATT sieht das in Art. II GATS verankerte Meistbegünstigungsgebot die Möglichkeit von **Negativlisten** vor, in denen die Ausnahmen von der allgemeinen Pflicht niedergelegt sind. Das Inländerprinzip (Art. XVII GATS) sowie die Marktzugangspflichten (Art. XVI GATS), letztere sind vergleichbar mit dem Verbot mengenmäßiger Beschränkungen gemäß Art. XI GATT, gelten nicht für alle Dienstleistungen, sondern nur kraft des **Positiv-Listen-Ansatzes**, d. h. nur kraft ausdrücklicher spezifischer Verpflichtung.

229 Gemäß Art. 1.2, Teil II und Art. 9–39 TRIPS sind vom **Schutz geistigen Eigentums** umfasst: Urheberrechte, Marken, geographische Angaben, gewerbliche Muster, Patente, Halbleiter Topographien sowie der Schutz vertraulicher Informationen. Die Mitglieder sind nach Art. 1 TRIPS dazu verpflichtet, die Regelungen des TRIPS in ihren nationalen Rechtsordnungen als Mindeststandards festzulegen, insbesondere für die **Meistbegünstigung** (Art. 4 TRIPS) und die **Inländerbehandlung** (Art. 3 TRIPS).

230 Für eine Abweichung von den materiell-rechtlichen Verpflichtungen lassen sich diesen Übereinkommen **Ausnahmebereiche und Rechtfertigungsmöglichkeiten** entnehmen. Wie bereits die Präambel des WTO-Übereinkommens deutlich macht, ist die Welthandelsordnung der WTO keinesfalls ökologisch »blind«. Auch ist offensichtlich, dass die Nationalstaaten trotz eingegangenen welthandelsrechtlichen Verpflichtungen in Fragen sicherheitspolitischer Entscheidungen oder in ökonomischen Krisensituationen weiterhin souveräne Entscheidungen treffen wollen.

231 Art. XIX GATT erlaubt der EU die **zeitlich befristete Aussetzung** einzelner vertraglicher Verpflichtungen, wenn es in Folge von unvorhergesehenen Entwicklungen und der Auswirkungen der seitens der EU auf Grund des GATT eingegangenen Verpflichtungen zu einer gravierenden Zunahme des Imports einer Ware kommt und der europäischen Wirtschaft ein ernster Schaden droht. In diesem Fall darf die EU »**Schutzmaßnahmen**« ergreifen.[494]

232 Eine jeweils **allgemeine Ausnahmeklausel** in GATT und GATS ermöglicht den Schutz nichtökonomischer Güter und die Verfolgung allgemeinpolitischer Ziele – z. B. Maßnahmen zum Schutz der öffentlichen Sicherheit, zum Schutze des Lebens und der Gesundheit von Menschen und Pflanzen und des nationalen Kulturguts etc.[495] Die Vorschriften enthalten damit Kataloge von Gütern, zu deren Schutz auch seitens der EU handelsbeschränkende Maßnahmen ergriffen werden können. Die jüngere Entscheidungspraxis belegt eine Tendenz zu einer stärkeren Öffnung des Handelsrechts für Umweltschutzbelange.[496] **Art. XX GATT** erlaubt auch auf den Umweltschutz gerichtete staatliche Maßnahmen. Das Prinzip der Nachhaltigkeit ist von dem Streitbeilegungsorgan insoweit z. B. bei der Auslegung von Art. XX (g) GATT herangezogen worden.[497]

---

[493] *Krajewski*, Wirtschaftsvölkerrecht, Rn. 443.
[494] Hierzu auch das WTO-Übereinkommen über Schutzmaßnahmen (Agreement on Safeguards, ABl. 1994, L 336/184 ff.); ausführlich zu möglichen EU-Schutzmaßnahmen s. *Bungenberg*, in: Terhechte, Verwaltungsrecht der EU, § 31, Rn. 31.
[495] Vgl. Art. XX GATT, Art. XIV GATS.
[496] Vgl. hierzu *Beyerlin*, Umweltvölkerrecht, 2000, S. 330.
[497] Vgl. WTO Appellate Body Report, 12.10.1998, WT/DS58/AB/R, United States – Import Prohibition of Certain Shrimp and Shrimp Products, para. 129.

Art. XXI GATT und Art. XIVbis GATS berücksichtigen **wesentliche Sicherheitsinteressen der Vertragsparteien** und ermöglichen u.a. die Durchführung auch handelsbeschränkender UN-Sanktionsmaßnahmen. 233

Das **TRIPS** beinhaltet, neben der Ausnahme von der Meistbegünstigung gem. Art. 5, ebenfalls eine in Art. 8 Abs. 1 verankerte **allgemeine Ausnahmeklausel**, wonach die Mitgliedstaaten Maßnahmen »zum Schutz der öffentlichen Gesundheit und Ernährung sowie zur Förderung des öffentlichen Interesses in den für ihre sozio-ökonomische und technische Entwicklung lebenswichtigen Sektoren« ergreifen können. 234

Eine grundsätzliche Ausnahme von dem Grundsatz der Meistbegünstigung findet sich in Art. XXIV GATT für **Zollunionen**, wie die EU, sowie Freihandelszonen.[498] Diese müssen allerdings bestimmte Voraussetzungen erfüllen. Die Zollunion ist durch einen einheitlichen Außenzoll – in der EU der Gemeinsame Zolltarif (GZT) – sowie die Abschaffung aller Binnenzölle gekennzeichnet. Bei der **Freihandelszone** bestimmen dagegen die Mitglieder der Freihandelszone ihre Außenzölle weiterhin autonom (die Binnenzölle innerhalb der Freihandelszone sind abgeschafft). Art. XXIV GATT setzt voraus, dass annähernd der ganze Handel erfasst wird und Drittpartner in ihrem Handel nicht zusätzlich belastet beziehungsweise behindert werden.[499] **Ziel der regionalen Integration** und damit ratio der Ausnahme des Art. XXIV GATT ist es, die wirtschaftliche Integration der teilnehmenden Länder zu fördern und größere Freiheit des Handels herbeizuführen (vgl. Art. XXIV:4 GATT). Die mittlerweile weltweit hohe Anzahl an Freihandelszonen und Zollunionen wird jedoch zunehmend als Gefahr für das Welthandelssystem angesehen.[500] Auch das GATS sieht, ähnlich wie Art. XXIV GATT, in seinem Art. V und V^bis GATS Ausnahmen für wirtschaftliche Integrationsräume sowie für integrierte Arbeitsmärkte vor. Darüber hinaus besteht nach Art. IX:3 WTO-Ü die Möglichkeit einer, durch die Ministerkonferenz erteilten, Ausnahmegenehmigung (sog. **waiver**), die die Mitgliedstaaten für eine begrenzte Zeit dazu ermächtigt, von ihren WTO-rechtlichen Verpflichtungen abzuweichen. 235

g) Streitschlichtung im WTO-Recht

Nach der Vereinbarung über Regeln und Verfahren zur Beilegung von Streitigkeiten (Dispute Settlement Understanding – DSU) stellt dieses für Streitigkeiten bzgl. der Anwendung der WTO-Rechtsordnung einen **obligatorischen Streitschlichtungsmechanismus** bereit (vgl. Art. 1 Abs. 1 DSU).[501] Das vorgesehene schiedsgerichtliche Verfahren kennt zwei Instanzen: die erstinstanzlichen **Panel** sowie den zweitinstanzlichen, auf reine Rechtsfragen beschränkten **Appellate Body (AB)**. Entscheidungen von Panel oder Appellate Body werden vom sog. **Dispute Settlement Body (DSB)** angenommen. **Aktiv Beteiligte** am WTO-Streitbeilegungsverfahren können nur die WTO-Mitglieder sein. Individuen und juristische Personen können sich nur über ihr Heimatland, sofern dieses WTO-Mitglied ist, an der WTO-Streitschlichtung beteiligen. In der EU ist die **Kommission** für die Wahrnehmung der Interessen von Unionsbürgern und in der EU niedergelassenen Unternehmen zuständig. Mit der **Handelshemmnisverordnung** (oben D.III.3.d) 236

---

[498] Ausf. hierzu *Pitschas*, S. 101 ff.
[499] S. zu den Voraussetzungen des Art. XXIV GATT *Berrisch*, Allgemeines Zoll- und Handelsabkommen (GATT 1994), Rn. 208 ff.
[500] Hierzu ausf. z.B. *Bhagwati*, Termites in the Trading System, 2008; *Pitschas*, S. 101 ff.
[501] Für Einzelheiten s. etwa *Weiß*, § 10 Das Streitbeilegungsverfahren, Rn. 250 ff.; *Hilf/Salomon*, § 7 Das Streitbeilegungssystem der WTO, in: *Hilf/Oeter*, WTO-Recht, 2. Aufl., 2010, S. 165 ff.

wurden in der EU ausdrücklich Verfahren geschaffen, durch die natürliche oder juristische Personen die EU dazu bewegen können, ein WTO-Verfahren einzuleiten.

237   Gemäß Art. 4 Abs. 3 DSU beginnt die Streitbeilegung mit einem Antrag auf **Konsultationen**. Kann der Streit nicht im Rahmen der Konsultationen beigelegt werden, so folgt ein **Antrag auf Einsetzung eines Panels** nach Art. 4 Abs. 7 DSU, welches durch den DSB gem. Art. 6 und 8 DSU eingesetzt wird. Nach Art. 11–15 DSU untersucht ein Panel den vorliegenden Sachverhalt hinsichtlich der Vereinbarkeit mit dem jeweiligen in Frage stehenden WTO-Übereinkommen. Die von dem Panel getroffene Entscheidung wird vom AB überprüft und sodann entweder bestätigt oder geändert oder gar aufgehoben (vgl. Art. 17 Abs. 13 DSU). Ein Zurückverweisungsrecht (**remand authority**) des AB besteht nicht. Dies hat zur Folge, dass das Streitbeilegungsverfahren ggf. nicht abgeschlossen werden kann, wenn das Panel bestimmte, nach Ansicht des AB aber für die Entscheidungsfindung relevante, Tatsachenfragen nicht geklärt hat.[502]

238   Die Entscheidung des DSB ist, soweit sie eine WTO-Verletzung, die Schmälerung oder die Zunichtemachung eines Vorteils aus dem WTO-Recht feststellt, grds. innerhalb von 15 Monaten in mitgliedstaatliches Recht umzusetzen; erfolgt dies nicht, können nach Fristablauf **Zwangsmittel** verhängt werden (Kompensationszahlungen oder Aussetzung von Zugeständnissen (Strafzölle)). Die WTO-Streitbeilegung hat sich bislang (Oktober 2016) mit 512 Fällen zu befassen gehabt.[503] An 338 Fällen ist die EU beteiligt gewesen (97 Mal als Klägerin, 82 Mal als Beklagte und 159 Mal als dritte Partei).

2. EU-AKP-Staaten

239   Resultat multilateraler Annäherungen zwischen der **EU und ehemaligen Kolonien** ihrer Mitgliedstaaten mit einem immer größeren Teilnehmerkreis waren die Abkommen **Yaoundé I**,[504] **Yaoundé II**[505] und die Abkommen von **Lomé I – IV**[506]. Das Lomé I-Abkommen führte im Jahr 1975 ein nicht-reziprokes Handelsregime ein, welches seitens der EU den einseitigen Verzicht auf Zölle für die aus den AKP-Staaten stammenden Waren vorsah. Unter den beiden Vorgängerabkommen von Yaoundé hatte noch Reziprozität gegolten. Das **nicht-reziproke Handelsregime** bevorzugte die AKP-Staaten und führte insbesondere zu einer Benachteiligung anderer Entwicklungsländer und verstieß daher gegen das Meistbegünstigungsprinzip des Art. I:1 GATT.[507]

---

[502] *Weiß*, in: Grabitz/Hilf/Nettesheim, EU, Art. 207 AEUV (August 2015), Rn. 226.
[503] Dazu im Internet http://www.wto.org/english/tratop_e/dispu_e/dispu_current_status_e.htm (11.10.2016).
[504] Abkommen über die Assoziation zwischen der Europäischen Wirtschaftsgemeinschaft und den mit dieser Gemeinschaft assoziierten afrikanischen Staaten und Madagaskar (Abkommen von Yaoundé I), ABl. 1964, P 93/1431 ff.; hierzu *Dodoo/Kuster*, The Road to Lomé, in: v. Geusau (Hrsg.), The Lomé Convention and a New International Economic Order, 1977, S. 20; *Feld*, IO 1965, 223 (234 ff., 241 ff.); gelegentlich auch als Abkommen mit den »AASM« (assoziierte afrikanische Staaten und Madagaskar) bezeichnet, vgl. *v. Arnim*, ZaöRV 1970, 482 (482 ff.).
[505] Abkommen über die Assoziation zwischen der Europäischen Wirtschaftsgemeinschaft und den mit dieser Gemeinschaft assoziierten afrikanischen Staaten und Madagaskar (Abkommen von Yaoundé II), ABl. 1970, L 282/2.
[506] AKP-EWG-Abkommen von Lomé (Lomé I), ABl. 1976, L 25/2; Zweites AKP-EWG-Abkommen unterzeichnet am 31.10.1979 in Lomé (Lomé II), ABl. 1980, L 347/2; Drittes AKP-EWG-Abkommen unterzeichnet am 8.12.1984 in Lomé (Lomé III), ABl. 1986, L 86/3; Viertes AKP-EWG-Abkommen unterzeichnet am 15.12.1989 in Lomé (Lomé IV), ABl. 1991, L 229/3.
[507] *Weiß*, in: Grabitz/Hilf/Nettesheim, EU, Art. 207 AEUV (August 2015), Rn. 248; *Zimmermann*, EuZW 2009, 1 (2); skeptisch *Richter*, S. 251 für den Fall der drei 1993 geschlossenen Assoziationsabkommen.

Eine **Rechtfertigung** über die im GATT festgeschriebenen Sonderregelungen für den Handel mit Entwicklungsländern war nicht möglich. Zum einen, da der Verzicht auf die Reziprozität der Handelsvorteile nicht als durch die Ausnahmeregelung des Art. XXIV:8 GATT gedeckt angesehen wird, da bei einseitigem Zollabbau nicht der erforderliche »gesamte Handel« vom Freihandel erfasst ist,[508] und zum anderen, da es nicht mit dem **Allgemeinen Präferenzsystem** (GSP), welches die Gewährung allgemeiner Präferenzen gegenüber Entwicklungsländern zulässt, vereinbar ist, dass die gewährten Vorteile nur bestimmten Entwicklungsländern zugute kommen. Die Präferenzen sind allgemein und nicht-diskriminierend auf alle Entwicklungsländer gleichermaßen anzuwenden. Der Verstoß gegen das Meistbegünstigungsprinzip konnte zudem auch nicht durch die Annahme gerechtfertigt werden, dass es sich hierbei um eine regionale Präferenzzone i. S. einer Freihandelszone nach Art. XXIV GATT handelt, da es auch hierfür an der Reziprozität mangelte. **240**

Um die WTO-Konformität herzustellen, hatte die E(W)G für die Lomé-Abkommen zunächst »Freistellungen« von den WTO-Verpflichtungen, d. h. einen waiver i. S. der Art. XXV:5 GATT, Art. IX:3 WTO-Ü, erhalten.[509] Das allgemeine Präferenzschema der EG musste aber langfristig in einer Art und Weise umgestaltet werden, die die WTO-widrigen und insbesondere diskriminierenden Aspekte beseitigt.[510] Das **Cotonou-Abkommen**[511] ist nunmehr der bestehende Rahmen für das mit den AKP-Staaten bestehende Handelsregime und sieht die Aushandlung der neu abzuschließenden **Wirtschaftspartnerschaftsabkommen** (WPAs) der EU mit den Partnerstaaten vor. Neben der Aushandlung der WPAs beinhaltet das Cotonou-Abkommen unter anderem Regelungen zur nachhaltigen Entwicklung sowie zu Good Governance, Friedensbildung und Klimaschutz.[512] Mit den WPAs sollen reziproke und damit WTO-konforme Handelsregime mit den jeweiligen AKP-Staaten errichtet werden. Hauptbestandteil der WPAs ist der gegenseitige Wegfall von Zollschranken und damit die Errichtung einer nach Art. XXIV GATT gerechtfertigten Freihandelszone. Ferner enthalten die WPAs Vorschriften über den Dienstleistungshandel, weshalb auch Art. V GATS zur wirtschaftlichen Integration greift.[513] **241**

Um die **unterschiedlichen Gegebenheiten** in den AKP-Staaten im Rahmen der WPAs angemessen zu berücksichtigen, sind die AKP-Staaten in **sieben Regionen**[514] aufgeteilt **242**

---

[508] Vgl. hierzu ausführlicher *Vöneky/Beylage-Haarmann*, in: Grabitz/Hilf/Nettesheim, EU, Art. 217 AEUV (April 2015), Rn. 59 ff., 113 ff.; *ders.*, Überleben durch Wandel, Das GATT und eine »Neue Weltwirtschaftsordnung«, in: Wirtschaft und Technik im Völkerrecht, 1982, S. 183.

[509] Beschluss des WTO-General Council v. 14. 11. 2001, WTO Dok. WT/MIN (01)/15; vgl. hierzu *Abass*, ELJ 2004, 439 ff.; *Cremona*, S. 243 (261); *Matambalya/Wolf*, JWT 2001, 123 ff.; *Zimmermann*, EuZW 2009, 1 (5 f.).

[510] WTO Appellate Body Report, 22. 10. 1999, WT/DS34/AB/R, Turkey – Restrictions on Imports of Textile and Clothing Products, para. 48. Zu den Vorgaben des Art. XXIV GATT s. *Abass*, ELJ 2004, 439 ff.; *Herrmann*, § 13 Regionale Integration, Rn. 611 ff.; *Hilpold*, Die EU im GATT/WTO-System, 2009, S. 114; *Nowrot*, § 2 Steuerungssubjekte und -mechanismen im Internationalen Wirtschaftsrecht (einschließlich regionale Wirtschaftsintegration), in: Tietje (Hrsg.), Internationales Wirtschaftsrecht 2015, S. 67, Rn. 133 ff.; *Weiß*, ZfZ 2009, 150 (151 f.).

[511] Partnerschaftsabkommen zwischen den Mitgliedern der Gruppe der Staaten in Afrika, im Karibischen Raum und im Pazifischen Ozean einerseits und der Europäischen Gemeinschaft und ihren Mitgliedstaaten andererseits, unterzeichnet in Cotonou am 23. 6. 2000, ABl. 2000, L 317/3.

[512] Art. 9, 11, 20, 32a Cotonou-Abkommen, ABl. 2000, L 317/3; *Petrov*, S. 162 ff.

[513] Vgl. *Ochieng*, JIEL 2007, 363 (367).

[514] Vgl. Website der Kommission unter http://ec.europa.eu/trade/policy/countries-and-regions/regions/africa-caribbean-pacific/ (11. 10. 2016).

[**Southern African Development Communitiy** (SADC); **Eastern and Southern Africa** (ESA); **East African Community** (EAC); **West Africa**; **Central Africa**; **Pacific Islands Forum** (PIF); **Carribean Forum of Carribean States** (CARIFORUM)], mit denen Einzelabkommen geschlossen werden. Das erste WPA wurde mit den karibischen Staaten (CARIFORUM)[515] geschlossen. Seit 30.10.2008 sind alle CARIFORUM-Staaten dem Abkommen beigetreten und es findet seit dem 29.12.2008 vorläufig Anwendung. Ferner wurden im Sommer 2014 das WPA mit den westafrikanischen Staaten paraphiert sowie die Verhandlungen über das WPA mit der SADC und im Oktober desselben Jahres mit der EAC abgeschlossen. Die Verhandlungen mit den PIF-, ESA- und den zentralafrikanischen Staaten dauern noch an.[516]

243 Neben dem mit den CARIFORUM-Staaten bereits vorläufig anwendbaren und dem am 10.6.2016 unterzeichneten WPA zwischen der EU und der SADC bestehen mit den anderen sechs Regionen lediglich **Interim-WPAs**, die auf den **Warenverkehr** beschränkt sind. Diesen Interim-WPAs sind auch noch nicht alle AKP-Staaten beigetreten. Derzeit finden diese nur Anwendung zwischen der EU einerseits und Mauritius, den Seychellen, Madagaskar, Simbabwe, Papua-Neuguinea, Fidschi, Kamerun und der Elfenbeinküste andererseits. Darüber hinaus wurden am 1.9.2016 das Interim-UPA zwischen der EU und Ruanda und Kenia sowie am 28.7.2016 das Interim-UPA zwischen der EU und Ghana unterzeichnet.

244 Grundsätzlich sind die WPAs mit den Regelungen des GATT vereinbar, soweit die Voraussetzungen einer Freihandelszone gem. Art. XXIV GATT erfüllt sind. Unklar ist, inwiefern die Voraussetzung der Beseitigung der Zölle und beschränkender Handelsvorschriften »für annähernd den gesamten Handel« erfüllt ist. Den WTO-Mitgliedern kommt bei der Ausgestaltung einer Freihandelszone ein großer Spielraum hinsichtlich der Liberalisierung des Handels zu.[517] Nach der WTO-Rechtsprechung muss aus quantitativer Sicht ein **Handelsvolumen von ca. 86–90%** umfasst sein.[518] Ob aus qualitativer Sicht auch alle wesentlichen Wirtschaftsbereiche von der Liberalisierung erfasst sein müssen, ist fraglich. In den Verhandlungen zu den WPAs versuchten die AKP-Staaten ganze Industriezweige von der Handelsliberalisierung auszunehmen. Die EU hingegen beschränkte in dieser Hinsicht ihre Ambitionen auf einen Teil der landwirtschaftlichen Produktion bzw. die gesamte Landwirtschaft.[519] Umfassende **Ausnahmen für ganze Produktionszweige** sind mit dem Ziel des Art. XXIV GATT indes nicht vereinbar.[520]

245 Die im Rahmen des Art. V:3 GATS bestehende Flexibilität für regionale Präferenzen zugunsten von Entwicklungsländern lässt das GATT nicht zu.[521] Auch im Rahmen der grds. WTO-konformen WPAs muss aufgrund der Tatsache, dass nicht alle AKP-Staaten zugleich auch WTO-Mitglieder sind, ein Waiver gem. Art. IX:3 WTO-Ü eingeholt werden.[522]

---

[515] Wirtschaftspartnerschaftsabkommen zwischen den CARIFORUM-Staaten einerseits und der Europäischen Gemeinschaft und ihren Mitgliedstaaten andererseits, ABl. 2008, L 289/3.
[516] Zum Stand der EPA-Verhandlungen siehe http://trade.ec.europa.eu/doclib/docs/2009/september/tradoc_144912.pdf (11.10.2016).
[517] WTO Appellate Body Report, 22.10.1999, WT/DS34/AB/R, Turkey – Restrictions on Imports of Textile and Clothing Products, paras. 48, 62.
[518] *Ochieng*, JIEL 2007, 363 (368).
[519] *Zimmermann*, EuZW 2009, 1 (4).
[520] *Weiß*, in: Grabitz/Hilf/Nettesheim, EU, Art. 207 AEUV (August 2015), Rn. 254.
[521] *Weiß*, in: Grabitz/Hilf/Nettesheim, EU, Art. 207 AEUV (August 2015), Rn. 254.
[522] *Weiß*, in: Grabitz/Hilf/Nettesheim, EU, Art. 207 AEUV (August 2015), Rn. 255.

3. Energiechartavertrag

Die EU ist Vertragspartei des Energiechartavertrags von 1994[523], der seit dem 16. 4.1998 in Kraft ist und derzeit 52 Mitglieder hat. Der Vertrag über die Energiecharta wurde als gemischtes Abkommen abgeschlossen.[524] Neben **Investitionsschutz und -förderung** sieht der Energiechartavertrag vor, dass die Vertragsparteien den **Zugang zu internationalen Energiemärkten** unter marktüblichen sowie diskriminierungsfreien Bedingungen erleichtern und allgemein einen offenen und wettbewerblichen Markt entwickeln, insbesondere im Interesse einer langfristigen Kooperation im Energiebereich. Eine Beeinträchtigung der einschlägigen GATT-Vorschriften durch die Energiecharta liegt gem. Art. 4 des Energiecharta-Vertrages nicht vor. Bislang wurde die Energiecharta von Australien, Island, Norwegen, Russland und Weißrussland nicht ratifiziert. Die Energiecharta dient auch der Multilateralisierung der EU-Beziehungen zu Kasachstan, Kirgisien, Tadschikistan und Usbekistan.[525]

246

4. Multilaterale Rohstoffabkommen

Die EU ist an einer größeren Anzahl multilateraler **spezieller Rohstoffabkommen** beteiligt, die insbesondere der **Marktstabilisierung**[526] und zuletzt auch der **nachhaltigen Ressourcenbewirtschaftung** in den Bereichen Kakao,[527] Zucker,[528] Jute,[529] Bananen,[530] Naturkautschuk,[531] Olivenöl und Tafeloliven,[532] Kaffee,[533] Kupfer,[534] Nickel,[535] Blei und

247

---

[523] Vertrag über die Energiecharta vom 17. 12.1994, ABl. 1994, L 380/24; Beschluss 2001/596/EC vom 13. 7. 2001 über die Genehmigung – durch die Europäische Gemeinschaft – der Änderung der Handelsbestimmungen des Vertrags über die Energiecharta, ABl. 2001, L 209/32; siehe auch die Website der Energiecharta im Internet http://www.encharter.org/. Vgl. auch Beschluss 98/181/EG, EGKS, Euratom des Rates und der Kommission vom 23. 9.1997 über den Abschluss des Vertrags über die Energiecharta und des Energiechartaprotokolls über Energieeffizienz und damit verbundene Umweltaspekte durch die Europäischen Gemeinschaften, ABl. 1998, L 69/1.
[524] BGBl. 1997 II, S. 5.
[525] *Nowak*, EuR 2010, 746 (771 f.).
[526] Dazu *Schorkopf*, AVR 2008, 233.
[527] Beschluss 2002/970/EG vom 18. 11. 2002 über den Abschluss des Internationalen Kakao-Übereinkommens von 2001 im Namen der Gemeinschaft, ABl. 2002, L 342/1; bereits 1973 war die EG Vertragspartner des internationalen Kakao-Übereinkommens (s. VO (EWG) Nr. 3135/73, ABl. 1973, L 324/20; Beschluss 76/870/EWG, ABl. 1976, L 321/29; Beschluss 81/850/EWG, ABl. 1981, L 313/1). Am 25. 6. 2010 wurde das neue Internationale Kakao-Übereinkommen unterzeichnet, das die EU seit dem 1. 10. 2012 vorläufig anwendet, vgl. den Beschluss 2011/634/EU, ABl. 2011, L 259/7. Das EP hat dem Inkrafttreten zugestimmt, ABl. 2013, CE 251/212.
[528] Beschluss 92/580/EWG vom 13. 11.1992 über die Unterzeichnung und den Abschluss des Internationalen Zucker-Übereinkommens von 1992, ABl. 1992, L 379/15; vgl. auch das Gutachten vom 24. 5.1968, UN Juridicial Yearbook 1968, 201, über die EG-Zuständigkeit zum Abschluss dieses Abkommens.
[529] Das Jute- und Juteerzeugnisse-Übereinkommen, das die EG seit 1983 anwendete, trat am 11. 10. 2001 außer Kraft. Es wurde ersetzt durch die Internationale Jute-Studiengruppe. Beschluss 2002/312/EG vom 15. 4. 2002 über die Annahme des Übereinkommens über die Satzung der Internationalen Jute-Studiengruppe im Namen der Europäischen Gemeinschaften, ABl. 2002, L 112/34.
[530] Genfer Übereinkommen über den Bananenhandel, ABl. 2010, L 141/3.
[531] Vgl. den Beitrittsbeschluss 82/253/EWG vom 8. 4.1982 zur Genehmigung des Internationalen Naturkautschuk-Übereinkommens 1979, ABl. 1982, L 111/22. Die EG hatte dieses erste Naturkautschuk-Abkommen erst nach dem Gutachten des EuGH abgeschlossen, in dem er den Abschluss eines Rohstoffabkommens trotz Berührung auch anderer als reiner Handelsaspekte von der ausschließlichen GHP-Zuständigkeit der EG als erfasst angesehen hatte. EuGH, Gutachten 1/78 v. 4.10.1979 (Internationales Naturkautschukübereinkommen), Slg. 1979, 2871.
[532] Beschluss 2005/800/EG vom 14. 11. 2005 betreffend den Abschluss des Internationalen Über-

Zink,[536] Tropenholz[537] etc. dienen. Zwar enthielt bereits das GATT 1947 Möglichkeiten zum Abschluss von Rohstoffabkommen,[538] jedoch nahm sich insbesondere die 1964 gegründete **UNCTAD** der Rohstoffproblematik an. Gem. Art. XXXVI:4 und Art. XXXVIII:2 GATT sind Rohstoffabkommen als **sektorale Sonderregime** des internationalen Handelsrechts anerkannt.

248 Rohstoffabkommen können **handelspolitische Instrumente** nach Art. 207 AEUV darstellen. Hinsichtlich des Abschlusses von Rohstoffabkommen wird über die »richtige« unionale Rechtsgrundlage diskutiert und auch ob ggf. die Mitgliedstaaten neben der EU an den Abkommen zu beteiligen sind, d. h. ob diese Abkommen als gemischte Abkommen abgeschlossen werden müssen.[539] Jedenfalls ist ein Abkommen als gemischtes Abkommen abzuschließen, soweit die Mitgliedstaaten die finanzielle Last zur Sicherung der in den Rohstoffabkommen vorgesehenen Mechanismen tragen.[540]

249 Mit dem Übereinkommen vom 27.6.1980[541] wurde der **Gemeinsame Fonds für Rohstoffe**, als Dach für das von der UNCTAD geschaffene Integrierte Rohstoffprogramm, gegründet. Der gemeinsame Fonds für Rohstoffe beruht auf zwei Säulen. Die erste Säule dient der **Finanzierung der Ausgleichslager** mit denen die Rohstoffpreise stabilisiert werden. Zur Finanzierung der **Maßnahmen zur Produktionsverbesserung und -ausweitung** dient die zweite Säule.

5. Internationales Zollrecht

250 Die EU wurde 2007 Interims-Mitglied der **Weltzollorganisation** (World Customs Organization – WCO).[542] Aufgabe der WCO ist die internationale Harmonisierung und Vereinfachung des Zollrechts und der Zollformalitäten. Sie widmet sich auch der Erleichterung des internationalen Güterverkehrs und der Bekämpfung des Schmuggels.[543] Im Rahmen der WCO sowie ihres Vorläufer – der »Rat für die Zusammenarbeit auf dem

---

einkommens von 2005 über Olivenöl und Tafeloliven, ABl. 2005, L 302/46. Die EU ist seit 1978 Vertragspartner des Internationalen Olivenöl-Übereinkommens, ABl. 1978, L 306/30.

[533] Internationales Kaffee-Übereinkommen, ABl. 2008, L 186/13. Die EG war dem Internationalen Kaffee-Übereinkommen bereits 1976 beigetreten, ABl. 1976, L 309/30.

[534] Beschluss 91/179/EWG vom 25.3.1991 über die Annahme der Satzung der Internationalen Studiengruppe für Kupfer, ABl. 1991, L 89/39.

[535] Beschluss 91/537/EWG vom 14.10.1991 über die Annahme der Regelung über das Mandat der Internationalen Studiengruppe für Nickel, ABl. 1991, L 293/23.

[536] Beschluss 2001/221/EG vom 13.3.2001 über die Beteiligung der Europäischen Gemeinschaft an der Internationalen Studiengruppe für Blei und Zink, ABl. 2001, L 82/21.

[537] Beschluss 2007/648/EG vom 26.9.2007 zur Unterzeichnung im Namen der Europäischen Gemeinschaften und vorläufigen Anwendung des Internationalen Tropenholz-Übereinkommens von 2006, ABl. 2007, L 262/6.

[538] Näher dazu *Weiss*, § 6 Internationale Rohstoffmärkte, in: Tietje (Hrsg.), Internationales Wirtschaftsrecht, 2. Aufl., 2015, S. 296, Rn. 11 ff.

[539] S. EuGH, Gutachten 1/78 v. 4.10.1979 (Internationales Naturkautschukübereinkommen), Slg. 1979, 2871, Rn. 60; vgl. aus der aktuellen Diskussion *Nowrot*, Bilaterale Rohstoffpartnerschaften: Betrachtungen zu einem neuen Steuerungsinstrument aus der Perspektive des Europa- und Völkerrechts, 2013.

[540] Vgl. EuGH, Gutachten 1/78 v. 4.10.1979 (Internationales Naturkautschukübereinkommen), Slg. 1979, 2871, Rn. 60.

[541] BGBl. 1985 II, S. 714, 715.

[542] Beschluss 2007/668/EG vom 25.6.2007 über den Beitritt der Europäischen Gemeinschaften zur Weltzollorganisation und die Ausübung der Rechte und Pflichten eines Mitglieds ad interim, ABl. 2007, L 274/11.

[543] *Weiß*, in: Grabitz/Hilf/Nettesheim, EU, Art. 207 AEUV (August 2015), Rn. 243.

Gebiet des Zollwesens« (Brüsseler Zollrat) – wurden unterschiedliche Abkommen abgeschlossen, unter anderem das Internationale Übereinkommen zur Vereinfachung und Harmonisierung des Zollverfahrens v. 18.5.1973[544] und das Übereinkommen über das Harmonisierte System zur Bezeichnung und Kodierung der Waren,[545] die die EU ebenfalls unterzeichnet hat. Darüber hinaus sind neben den Abkommen im Rahmen der Weltzollorganisation im Bereich des internationalen Zollrechts das Zollübereinkommen über den internationalen Warentransport mit Carnets TIR[546] sowie das Internationale Übereinkommen zur Harmonisierung der Warenkontrollen an den Grenzen[547] (beide innerhalb der Economic Commission for Europe der UN ausgehandelt), das Zollabkommen über die vorübergehende Einfuhr privater Straßenfahrzeuge,[548] das Zollabkommen über die vorübergehende Einfuhr gewerblicher Straßenfahrzeuge[549] sowie das Übereinkommen über ein gemeinsames Versandverfahren[550] von Relevanz. Letzteres basiert auf einem seitens der EWG mit den Ländern der EWR/EFTA abgeschlossenen Übereinkommens und besteht derzeit noch mit Norwegen, Liechtenstein, der Schweiz und Island fort.

6. Übereinkommen zur Bekämpfung des Drogenhandels

Die EU ist Vertragspartei des **UN-Übereinkommens zur Bekämpfung des Drogenhandels.**[551]   251

7. Washingtoner Artenschutzabkommen

Das Washingtoner Artenschutzabkommen regelt den Handel mit lebenden Arten und   252
Produkten. Die EU ist hier aber nicht Mitglied geworden – der Beitritt steht nur Staaten

---

[544] ABl. 1975, L 100/1.
[545] Beschluss 87/369/EWG vom 7.4.1987 über den Abschluss des Internationalen Übereinkommens über das Harmonisierte System zur Bezeichnung und Codierung der Waren sowie des dazugehörigen Änderungsprotokolls, ABl. 1987, L 198/1.
[546] VO (EWG) Nr. 2112/78 vom 25.7.1978 über den Abschluß des Zollübereinkommes über den internationalen Warentransport mit Carnets TIR (TIR-Übereinkommen) vom 14.11.1975, Genf, ABl. 1978, L 252/1.
[547] VO (EWG) Nr. 1262/84 vom 10.4.1984 betreffend den Abschluß des Internationalen Übereinkommens zur Harmonisierung der Warenkontrollen an den Grenzen, ABl. 1984, L 126/1.
[548] Beschluss 94/110/EG vom 16.12.1993 über den Abschluß des Zollabkommens über die vorübergehende Einfuhr privater Straßenfahrzeuge (1954) und die Annahme der Entschließung der Vereinten Nationen vom 2.7.1993 über die Anwendbarkeit der Zollpassierscheinhefte auf private Straßenfahrzeuge, ABl. 1994, L 56/1.
[549] Beschluss 94/111/EG vom 16.12.1993 über den Abschluß des Zollabkommens über die vorübergehende Einfuhr gewerblicher Straßenfahrzeuge (1956) und die Annahme der Entschließung der Vereinten Nationen vom 2.6.1993 über die Anwendbarkeit der Zollpassierscheinhefte auf gewerbliche Straßenfahrzeuge, ABl. 1994, L 56/27.
[550] Beschluss 87/415/EWG vom 15.6.1987 über den Abschluß des Übereinkommens zwischen der EWG, Österreich, Finnland, Island, Norwegen, Schweden und der Schweiz über ein gemeinsames Versandverfahren, ABl. 1987, L 226/1; Änderung des Übereinkommens durch Beschluss 1/2007 des Gemischten Ausschusses EG-EFTA Gemeinsames Versandverfahren, ABl. 2007, L 145/18.
[551] Beschluss 90/611/EWG vom 22.10.1990 über den Abschluß des Übereinkommens der Vereinten Nationen zur Bekämpfung des Handels mit illegalen Suchtstoffen und psychotropen Substanzen im Namen der EWG, ABl. 1990, L 326/56; dazu EuGH, Urt. v. 28.3.1995, Rs. C-324/93 (Evans), Slg. 1995, I-563; vgl. u.a. auch die Entschließung des Rates vom 20.12.1996 über die Ahndung von schweren Straftaten im Bereich des unerlaubten Drogenhandels, ABl. 1997, C-10/3.

offen – wohl aber alle EU-Mitgliedstaaten. Die EU setzt die aus dem Abkommen resultierenden Verpflichtungen in einer Verordnung[552] um.

8. Waffenhandel

253 Auch im Bereich des Waffenhandels, setzt die EU ihre aus dem Protokoll der Vereinten Nationen gegen die unerlaubte Herstellung von Schusswaffen, dazugehörigen Teilen und Komponenten und Munition und gegen den unerlaubten Handel damit resultierenden Verpflichtungen in einer Verordnung um (s. hierzu oben unter D.II.2.b)dd)).[553] Die EU selbst ist nicht Vertragspartei dieses Übereinkommens.

9. Plurilaterales Dienstleistungsabkommen (TiSA)

254 Die EU ist seit 2013 an Verhandlungen eines umfassenden (zunächst) **plurilateralen Dienstleistungsabkommens** (Trade in Service Agreement – TiSA) beteiligt. Dieses zwischen 23 WTO-Mitgliedern geplante Abkommen würde ca. 70% des heutigen weltweiten Dienstleistungshandels abdecken.[554] Basierend auf dem GATS, beinhaltet das TiSA dessen Kernvorschriften, insbesondere hinsichtlich des Anwendungsbereichs, der Definition, des Marktzugangs, der Inländerbehandlung sowie der Ausnahmeregelungen. Mit dem TiSA wird das Ziel der Liberalisierung der Dienstleistungsmärkte verfolgt sowie die Verbesserung der Regelungen in den Bereichen Lizenzvergabe, Finanzdienstleistungen, Telekommunikation, E-Commerce, Seetransport und im Ausland tätige Dienstleister. Die an den Abkommensverhandlungen teilnehmenden Staaten hoffen, dass weitere WTO-Mitglieder dem Abkommen beitreten würden, damit dieses letztendlich in den WTO-Rahmen integriert und multilateralisiert werden kann.[555] Eine **Multilateralisierung der TiSA-Vereinbarungen** soll über Art. XVIII GATS erfolgen.[556]

10. Abkommen über den Handel mit umweltfreundlichen Produkten

255 Seit Juli 2014 verhandelt die EU zusammen mit 13 anderen WTO-Mitgliedern über ein Abkommen über die Liberalisierung des Handels mit umweltfreundlichen Produkten. Die an den Verhandlungen derzeit beteiligten Staaten decken knapp 90% des globalen Handels mit umweltfreundlichen Produkten ab. Zunächst steht der **Abbau tarifärer Handelshemmnisse** für eine umfassende Liste von umweltfreundlichen Produkten, die insbesondere zur Verbesserung der Luft- und Wasserqualität sowie zur Erleichterung der Abfallbewirtschaftung beitragen und die Luftverschmutzung eindämmen sowie einen Beitrag zur Erzeugung erneuerbarer Energien leisten, im Mittelpunkt der Verhandlungen. Später sollen die Verhandlungen aber auch auf nicht-tarifäre Handelshemmnis-

---

[552] VO (EG) Nr. 338/97 vom 9.12.1996 über den Schutz von Exemplaren wildlebender Tier- und Pflanzenarten durch Überwachung des Handels, ABl. 1997, L 61/1, zuletzt geändert durch VO (EU) Nr. 1320/2014, ABl. 2014, L 361/1; Näheres hierzu s. bereits oben unter D.III.2.b).ff).
[553] VO (EU) Nr. 258/2012 vom 14.3.2012 zur Umsetzung des Artikels 10 des, in Ergänzung des Übereinkommens der Vereinten Nationen gegen die grenzüberschreitende organisierte Kriminalität (VN-Feuerwaffenprotokoll) und zur Einführung von Ausfuhrgenehmigungen für Feuerwaffen, deren Teile, Komponenten und Munition sowie von Maßnahmen betreffend deren Einfuhr und Durchfuhr, ABl. 2012, L 94/1.
[554] Dazu *Weiß*, Außenwirtschaftsbeziehungen, S. 287.
[555] S. http://ec.europa.eu/trade/policy/in-focus/tisa/ (11.10.2016).
[556] Hierzu: A modular approach to the architecture of a plurilateral agreement on services, http://trade.ec.europa.eu/doclib/docs/2014/july/tradoc_152686.pdf (11.10.2016).

se sowie Dienstleistungen im Zusammenhang mit exportierten, umweltfreundlichen Produkten ausgeweitet werden.[557]

11. Information Technology Agreement (ITA)

Bei dem ITA handelt es sich um ein »inoffizielles« plurilaterales Abkommen im Rahmen der WTO, das im Dezember 1996 abgeschlossen und mittlerweile von 81 WTO-Mitgliedern unterzeichnet wurde. Die Vertragsstaaten decken ca. 97 % des Welthandels mit **Informationstechnologien** ab. Sie verpflichten sich zur Abschaffung der Zölle auf alle vom ITA umfassten IT-Produkte. Im Juni 2012 starteten Verhandlungen über die Ausweitung des ITA auf neue IT-Geräte. Die Verhandlungen wurden am 24.7.2015 erfolgreich abgeschlossen.[558]

256

III. Bilaterale Abkommen

Neben den multilateralen Abkommen schließt die EU, zur Vertiefung ihrer wirtschaftlichen Beziehungen, bilaterale Abkommen mit Drittländern und Internationalen Organisationen. Dadurch versucht die EU insbesondere **regionale Präferenzzonen** aufzubauen sowie Sachmaterien, die über die in den multilateralen Abkommen niedergelegten Bereichen hinausgehen, zu regeln. Die Rechtsgrundlage für den Abschluss bilateraler Abkommen ist neben Art. 207 AEUV der Art. 217 AEUV für den Abschluss von **Assoziierungsabkommen**. Bilaterale Abkommen können **horizontale Handelserleichterungen**, die für alle Warengruppen für einen langen Zeitraum gelten, oder auch sektorale Handelserleichterungen, die nur für bestimmte Waren für einen befristeten Zeitraum gelten, beinhalten. Ferner können bilaterale Abkommen präferenzieller oder nicht-präferenzieller Art sein. Präferenzielle Abkommen müssen als Freihandelsabkommen die Vorgaben von Art. XXIV GATT, Art. V GATS erfüllen.[559]

257

1. Entwicklung der bilateralen Gemeinsamen Handelspolitik

Bereits in der unmittelbaren Nachgründungsphase der Europäischen Wirtschaftsgemeinschaft hat diese erste bilaterale Freihandelsabkommen und Zollunionen mit Drittstaaten abgeschlossen, so u. a. mit Island,[560] der Schweiz[561] und Liechtenstein.[562] Als Rechtsgrundlage hierfür wurden Art. 113 und Art. 238 EWGV gemeinsam herangezogen, da die handelspolitische Präferenzregel als Bestandteil eines **umfassenderen Assoziierungsverhältnisses** angesehen wurde.[563] Art. 113 EWGV als ausschließliche Rechtsgrundlage wurde gewählt, wenn keine über die Handelsregelung hinausgehenden Ziele verfolgt wurden. Dies war etwa bei den Freihandelsabkommen mit den EFTA-Staaten der Fall.

258

---

[557] S. Pressemitteilung der Europäischen Kommission vom 9.7.2014, IP/14/820.
[558] S. https://www.wto.org/english/tratop_e/inftec_e/inftec_e.htm (11.10.2016).
[559] *Weiß*, in: Grabitz/Hilf/Nettesheim, EU, Art. 207 AEUV (August 2015), Rn. 258 f.
[560] Abkommen zwischen der Europäischen Wirtschaftsgemeinschaft und der Republik Island, ABl. 1972, L 301/2.
[561] Abkommen zwischen der Europäischen Wirtschaftsgemeinschaft und der Schweizerischen Eidgenossenschaft, ABl. 1972, L 300/189.
[562] Zusatzabkommen über die Geltung des Abkommens zwischen der Europäischen Wirtschaftsgemeinschaft und der Schweizerischen Eidgenossenschaft vom 22.7.1972 für das Fürstentum Liechtenstein, ABl. 1972, L 300/281.
[563] BBPS, 3. Aufl., S. 556.

259　Die aus Anlass der ersten Erweiterungsrunde der EWG 1972/73 mit den damaligen »Rest-EFTA-Staaten« abgeschlossenen Freihandelsabkommen hatten schrittweise bis zum 1.7.1977 die Zölle für gewerbliche Erzeugnisse mit Ursprung in der EWG oder dem jeweiligen EFTA-Land abgebaut und steuerliche Diskriminierungen sowie mengenmäßige Beschränkungen und Maßnahmen gleicher Wirkung verboten. Der hier intendierte umfassende Freihandel auf bilateraler Basis wurde bereits durch eine Reihe von Begleitmaßnahmen gesichert, so z. B. die Bekämpfung wettbewerbsbeschränkender Praktiken der Unternehmen und die Anwendung von Schutzklauseln.[564] Die materiell-rechtliche Regelungsdichte war allerdings im Vergleich zu heutigen Abkommen begrenzt.

260　Der Abschluss von bilateralen Freihandelsabkommen ist lange auf den regionalen **europäischen Integrationsraum** begrenzt geblieben, wobei diese Feststellung nicht für entwicklungspolitische Abkommen gilt. Dies hat sich mittlerweile geändert. Die Kommission hat zwar in ihrer **»Going global«-Mitteilung** aus dem Jahre 2006[565] festgestellt: »Die Welt braucht ein starkes multilaterales Handelssystem. Es ist das wirksamste Mittel zur Ausdehnung und Steuerung der Handelsströme im Interesse aller und die beste Plattform für die Regelung von Streitigkeiten. Europa wird sich nicht vom Multilateralismus verabschieden. Wir bleiben dem Multilateralismus verpflichtet […]«, gleichzeitig aber schon angedeutet, was kommen wird: »Freihandelsabkommen können, sofern umsichtig davon Gebrauch gemacht wird, ausgehend von den WTO-Bestimmungen und anderen internationalen Regeln eine schnellere und weitergehende Marktöffnung und Integration fördern, wenn sie auf Fragen abstellen, die noch nicht reif sind für multilaterale Gespräche; sie können also den Weg für die nächste Stufe der multilateralen Liberalisierung ebnen. Viele Kernfragen wie Investitionen, öffentliche Aufträge, Wettbewerbsregelung, Schutz geistigen Eigentums und andere Regelungsfragen, die gegenwärtig nicht innerhalb der WTO behandelt werden, lassen sich in Freihandelsabkommen klären.« Die Notwendigkeit des Abschlusses von bilateralen Verträgen wurde auch in der **»Handel für Alle«-Mitteilung** der Kommission von Oktober 2015 im Rahmen eines offenen Ansatzes für bilaterale und regionale Übereinkünfte betont.[566]

261　Das erste abgeschlossene bilaterale Abkommen mit einem stark ausgedehnten Regelungsumfang ist das Abkommen mit **Südkorea**[567] aus dem Jahr 2011. Zwar hatten zuvor schon Abkommen mit Mexiko[568] und Chile[569] ebenfalls bilaterale Wirtschaftsbeziehungen zu vertiefen versucht, allerdings sind diese Abkommen primär auf den Güterhandel und damit zusammenhängende Fragen fokussiert geblieben.

---

[564] BBPS, 3. Aufl., S. 556 f.

[565] Mitteilung der Kommission an den Rat, das Europäische Parlament, den Europäischen Wirtschafts- und Sozialausschuss und den Ausschuss der Regionen – Ein wettbewerbsfähiges Europa in einer globalen Welt, Ein Beitrag zur EU-Strategie für Wachstum und Beschäftigung, KOM(2006), S. 9 f.

[566] *Kommission*, Handel für Alle – Hin zu einer verantwortungsbewussteren Handels- und Investitionspolitik, Mitteilung von Oktober 2015, Punkte 5.1.2., 5.2., abrufbar unter http://trade.ec.europa.eu/doclib/docs/2015/october/tradoc_153880.PDF (11.10.2016).

[567] Freihandelsabkommen zwischen der Europäischen Union und ihren Mitgliedstaaten einerseits und der Republik Korea andererseits, ABl. 2011, L 127/6.

[568] Abkommen über wirtschaftliche Partnerschaft, politische Koordinierung und Zusammenarbeit zwischen der Europäischen Gemeinschaft und ihren Mitgliedstaaten einerseits und den Vereinigten mexikanischen Staaten andererseits, ABl. 2000, L 276/45.

[569] Abkommen zur Gründung einer Assoziation zwischen der Europäischen Gemeinschaft und ihren Mitgliedstaaten einerseits und der Republik Chile andererseits, ABl. 2002, L 352/3.

Derzeit verhandelt die EU ein eigenständiges **Investitionsschutzabkommen** mit China[570] wie auch mit Myanmar[571] und weiterreichende Freihandelsabkommen[572] u. a. mit den USA,[573] Japan,[574] Indien,[575] und Libyen.[576] Verhandlungen mit Vietnam[577], Kanada[578] und Singapur[579] wurden bereits erfolgreich beendet.

262

Es kommt damit seit spätestens 2006 in der Gemeinsamen Handelspolitik zu einem »Umdenken« mit einer **Abkehr vom multilateralen** hin zu einem verstärkt bilateralen Ansatz sowie einer **thematischen Aufladung** der von der EG bzw. sodann EU geschlossenen Abkommen. Hierfür sind interne wie externe Faktoren verantwortlich. Die für ein Umdenken in der vertraglichen Gemeinsamen Handelspolitik verantwortlichen externen Faktoren greifen unmittelbar ineinander. So führt das Scheitern der Doha-WTO-

263

---

[570] Pressemitteilung der Kommission vom 18. 10. 2013, EU investment negotiations with China and ASEAN, MEMO/13/913, abrufbar unter http://europa.eu/rapid/press-release_MEMO–13–913_en.htm (11.10.2016); Pressemitteilung der Kommission vom 20.1.2014, EU und China nehmen Investitionsverhandlungen auf, IP/14/33, abrufbar unter http://europa.eu/rapid/press-release_IP–14–33_de.htm (11.10.2016).

[571] Pressemitteilung der Kommission vom 20.3.2014, Aushandlung eines Investitionsschutzabkommens zwischen der EU und Birma/Myanmar, IP/14/285, abrufbar unter http://europa.eu/rapid/press-release_IP–14–285_de.htm (11.10.2016).

[572] Der aktuelle Stand ist jeweils abrufbar unter http://trade.ec.europa.eu/doclib/docs/2006/december/tradoc_118238.pdf (11.10.2016).

[573] Pressemitteilung der Kommission vom 12.3.2013, Die Europäische Kommission gibt den Startschuss für Handelsgespräche zwischen der EU und den USA, IP/13/224, abrufbar unter http://europa.eu/rapid/press-release_IP–13–224_de.htm (11.10.2016); Pressemitteilung der Kommission vom 13.2.2013, Die Europäische Union und die Vereinigten Staaten wollen Verhandlungen über eine transatlantische Handels- und Investitionspartnerschaft aufnehmen, MEMO/13/95, abrufbar unter http://europa.eu/rapid/press-release_MEMO–13–95_de.htm (11.10.2016); Pressemitteilung der Kommission vom 18.7.2014, EU-US trade – latest round of talks on transatlantic trade pact ends in Brussels, abrufbar unter http://trade.ec.europa.eu/doclib/press/index.cfm?id=1132 (11.10.2016); Kommission, The Transatlantic Trade and Investment Partnership (TTIP) – State of Play, 27.4.2016, abrufbar unter http://trade.ec.europa.eu/doclib/docs/2016/april/tradoc_154477.pdf; die vom Rat gegebenen Verhandlungsrichtlinien für die Kommission sind abrufbar unter http://data.consilium.europa.eu/doc/documents/ST-11103–2013–DCL-1/en/pdf (11.10.2016); s. a. die von der Kommission eingerichtete Website zum TTIP http://ec.europa.eu/trade/policy/in-focus/ttip/ (11.10.2016).

[574] Pressemitteilung der Kommission vom 25.3.2013, A Free Trade Agreement between the EU and Japan, MEMO/13/283, abrufbar unter http://europa.eu/rapid/press-release_MEMO–13–283_en.htm (11.10.2016); Pressemitteilung der Kommission vom 19.4.2013, First Round of EU-Japan Trade Talks A Success, MEMO/13/348, abrufbar unter http://europa.eu/rapid/press-release_MEMO-13–348_en.htm (11.10.2016); Pressemitteilung der Kommission vom 11.7.2014, EU-Japan talks on track after the one-year-on review, abrufbar unter http://trade.ec.europa.eu/doclib/press/index.cfm?id=1124&title=EU-Japan-talks-on-track-after-the-one-year-on-review (11.10.2016).

[575] Memo der Kommission vom 18.10.2013, The EU's bilateral trade and investment agreements – where are we?, MEMO/13/915, S. 3, abrufbar unter http://europa.eu/rapid/press-release_MEMO–13–915_en.pdf (11.10.2016).

[576] S. http://ec.europa.eu/trade/policy/countries-and-regions/countries/libya/ (11.10.2016). Die Verhandlungen sind bereits seit Februar 2011 ausgesetzt.

[577] Vgl. zuletzt den am 1.2.2016 veröffentlichten Abkommentext des EU-Vietnam Free Trade Agreements, abrufbar unter http://trade.ec.europa.eu/doclib/press/index.cfm?id=1437 (11.10.2016).

[578] Vgl. zuletzt den veröffentlichten Abkommenstext vom 29.2.2016 über den Abschluss eines Comprehensive and Economic Trade Agreement (CETA), abrufbar unter http://trade.ec.europa.eu/doclib/docs/2016/february/tradoc_154329.pdf (11.10.2016).

[579] Pressemitteilung der Kommission vom 16.12.2012, EU und Singapur einigen sich über richtungsweisendes Handelsabkommen, IP/12/1380, abrufbar unter http://europa.eu/rapid/press-release_IP–12–1380_de.htm (11.10.2016); Pressemitteilung der Kommission vom 20.9.2013, EU and Singapore present text of comprehensive free trade agreement, IP/13/849, abrufbar unter http://trade.ec.europa.eu/doclib/press/index.cfm?id=962 (11.10.2016).

Reformrunde[580] zu einem **verstärkten Systemwettbewerb** zwischen den Wirtschaftsmächten,[581] in dem Staaten wie insbesondere China, Indien und Brasilien – aber auf Grund der Vorkommen an energetischen Rohstoffen auch Russland – eine große Einflussnahmemöglichkeit gewonnen haben. Den nachfolgend dargestellten Aktivitäten der EU ist ein deutliches strategisches Engagement im asiatischen und pazifischen Raum zu entnehmen.[582] Dies kann sich als Reaktion auf die erfolgreichen Verhandlungen über eine **Trans Pacific Partnership** erklären, ebenso als neuer verstärkter handelsrechtlicher Aktionsbereich, sollten die Verhandlungen der EU mit den USA über eine **Trans Atlantic Trade and Investment Partnership** scheitern.

264 Bei den »internen« Faktoren sind vorrangig die **verfassungsrechtlichen Vorgaben des Unionsrechts** beachtlich. Mit dem Vertrag von Lissabon ist es zu umfassenden vertikalen Kompetenzverschiebungen zwischen der EU und ihren Mitgliedstaaten gekommen, ebenso wie zu neuen Einflussnahmemöglichkeiten der unionalen Organe wie auch anderen materiell-rechtlichen Verpflichtungen bei der Ausgestaltung der vertraglichen Gemeinsamen Handelspolitik auf Grund des Verweises auf die Ziele des Art. 21 EUV.[583]

265 So wurde der **Gesamtbereich des Handels mit Dienstleistungen** wie auch der der **handelsrelevanten geistigen Eigentumsrechte** zur **ausschließlichen Unionskompetenz**,[584] nachdem zuvor jedenfalls noch die Mitgliedstaaten Restkompetenzen in diesen Bereichen hatten.[585] Zudem wurde der EU der Gesamtbereich der »**Ausländischen Direktinvestitionen**« übertragen – der Bereich, der, nicht nur im Rahmen der Verhandlungen mit den USA, für die wohl größte Aufmerksamkeit in der unionalen Außenwirtschaftspolitik sorgt.[586]

266 Die bemerkenswerteste Veränderung hinsichtlich der Mitwirkungsbefugnisse der einzelnen Organe im Bereich der internationalen Beziehungen der EU stellt das nunmehr nahezu **umfassende Zustimmungserfordernis des Europäischen Parlaments** dar.[587] Zudem ist das Europäische Parlament bei allen Verhandlungen frühzeitig zu informieren.[588] Auf Grund der Erweiterung dieser parlamentarischen Mitwirkungsbefugnisse ist es auch zu umfassenden **horizontalen Gewichtsverschiebungen** gekommen.

267 Ein weiterer Baustein in der Neuausrichtung der Gemeinsamen Handelspolitik stellt die **ausdrückliche Verweisung in Art. 205 AEUV auf Art. 21 EUV** dar.[589] Art. 21 EUV macht die internen Werte und Verfassungsprinzipien der Union zum Modell ihrer internationalen Beziehungen; dem Vertrag ist damit ein Auftrag zu einer bi- wie multilateralen, **werteorientierten Weltordnungspolitik** zu entnehmen, der aber derzeit vorrangig

---

[580] Hierzu oben E.II.1.a).
[581] Hierzu insbesondere *Meessen*, Economic Law in Globalizing Markets, 2004.
[582] So auch *Kommission*, Handel für Alle – Hin zu einer verwantwortungsbewussteren Handels- und Investitionspolitik, Mitteilung von Oktober 2015, Punkt 5.2.2., abrufbar unter http://trade.ec.europa.eu/doclib/docs/2015/october/tradoc_153880.PDF (11.10.2016).
[583] S. die Ausführungen bereits unter C.I., C.II.1. u. 2. sowie unter D.I.
[584] Hierzu ausführlich *Herrmann*, EuZW 2001, 269 (271). Hierzu bereits oben unter C.II.1. u. C.II.2.
[585] *Bungenberg*, EuR-Beiheft 1/2009, 195 (203f.).
[586] *Bungenberg*, Wirtschaftsdienst 94 (2014), 467; *Krajewski*, ZUR 2014, 396 (401); auf die Kritik eingehend: *Europäische Kommission*, Public consultation on modalities for investment protection and ISDS in TTIP, http://trade.ec.europa.eu/doclib/docs/2014/march/tradoc_152280.pdf (11.10.2016).
[587] Art. 218 Abs. 6 UAbs. 2 Buchst. a AEUV; dazu *Krajewski*, Die neue handelspolitische Bedeutung des Europäischen Parlaments, S. 62ff.
[588] Art. 207 Abs. 3 UAbs. 3 AEUV; dazu *Krajewski*, Die neue handelspolitische Bedeutung des Europäischen Parlaments, S. 60f.
[589] Hierzu *Vedder*, Die außenpolitische Zielbindung, S. 124.

in der bilateralen vertraglichen Gemeinsamen Handelspolitik zum Ausdruck kommt.[590] Diese Verpflichtung zusammen mit der zuvor angesprochenen Modifikation der Beteiligung des Parlaments in der Außenwirtschaftspolitik und damit der Ausgestaltung des unionalen Außenwirtschaftsrechts führt derzeit zu einer werteorientierten Aufladung der Gemeinsamen Handelspolitik. Es ist davon auszugehen, dass es zu einer Einbeziehung hoher ökologischer und menschenrechtlicher Standards bzw. der **Implementierung von Nachhaltigkeitsgesichtspunkten in die Handelspolitik** kommen wird. Hierbei handelt es sich allerdings um keine vollständigen Neuansätze; vielmehr wird bereits bestehende Einzelpraxis primärrechtlich fixiert. Vergleichbare Ansätze enthalten bereits die moderneren Freihandelsabkommen mit Chile[591] und Mexiko[592] wie auch das Cotonou Abkommen.[593] In diesem Sinne hat *Karel de Gucht* im Januar 2010 in seiner Anhörung als zukünftiger EU-Handelskommissar vor dem Europäischen Parlament geäußert: »Free trade must be a tool to generate prosperity, stability and development. […] When part of a wider set of measures, it is a potent lever promoting European values abroad, like sustainable development and human rights. […] The EU must lead by example.«[594] Es ist berechtigt, auf Grund der Kombination von Verweisen, Verpflichtungen und parlamentarischen Durchsetzungsmöglichkeiten von einem Paradigmenwechsel zu sprechen. Die »Handel für Alle«-Mitteilung[595] der Kommission hebt diese Neuausrichtung der Gemeinsamen Handelspolitik mit u. a. einer Betonung einer wertebasierten Handels- und Investitionspolitik hervor. So soll integratives Wachstum in den Entwicklungsländern gefördert, eine nachhaltige Entwicklung unterstützt, verantwortungsvolles Lieferkettenmanagement gewährleistet, faire und ethische Handelssysteme sowie Schutz der Menschenrechte und verantwortungsvolle Staatsführung gefördert und Korruption bekämpft werden.

Jüngere EU-Freihandelsabkommen weisen insbesondere eine verstärkte Berücksichtigung von Umweltschutz und allgemeineren Nachhaltigkeitsverpflichtungen auf. Dies lässt sich mit den seitens der Abkommen mit Kolumbien und Peru[596] (hierzu auch unten E.III.2.e)) sowie dem derzeit kurz vor der Ratifizierung stehenden **CETA-Abkommen** der EU mit Kanada (Comprehensive Economic and Trade Agreement) belegen. Das Handelsübereinkommen mit Kolumbien und Peru setzt sich auseinander mit biologischer Vielfalt (Art. 272), dem Handel mit forstwirtschaftlichen Erzeugnissen (Art. 273) sowie mit Fischereierzeugnissen (Art. 274) und dem Klimawandel (Art. 275). Die Absätze 1 und 2 des Art. 277 dieses Übereinkommens schreiben fest, dass bestehende

268

---

[590] Dazu *Vedder*, Die außenpolitische Zielbindung, S. 134.
[591] Abkommen zur Gründung einer Assoziation zwischen der Europäischen Gemeinschaft und ihren Mitgliedstaaten einerseits und der Republik Chile andererseits, ABl. 2002, L 352/3.
[592] Abkommen über wirtschaftliche Partnerschaft, politische Koordinierung und Zusammenarbeit zwischen der Europäischen Gemeinschaft und ihren Mitgliedstaaten einerseits und den Vereinigten mexikanischen Staaten andererseits, ABl. 2000, L 276/45.
[593] Partnerschaftsabkommen zwischen den Mitgliedern der Gruppe der Staaten in Afrika, im Karibischen Raum und im Pazifischen Ozean einerseits und der Europäischen Gemeinschaft und ihren Mitgliedstaaten andererseits, unterzeichnet in Cotonou am 23. 6. 2000, ABl. 2000, L 317/3.
[594] Speech for Commissioner's Hearing, S. 2, abrufbar unter: http://www.event.europarl.europa.eu/hearings/static/commissioners/speeches/degucht_speeches_en.pdf (11.10.2016).
[595] *Kommission*, Handel für Alle – Hin zu einer verantwortungsbewussteren Handels- und Investitionspolitik, Mitteilung von Oktober 2015, insbesondere Punkt 4, abrufbar unter http://trade.ec.europa.eu/doclib/docs/2015/october/tradoc_153880.PDF (11.10.2016).
[596] Handelsübereinkommen zwischen der Europäischen Union und ihren Mitgliedstaaten einerseits sowie Kolumbien und Peru andererseits, ABl. 2012, L 354/3.

Umweltstandards nicht gesenkt werden sollen, um ausländische Investitionen zu erleichtern, allerdings wird die Umsetzung der Standards in das Ermessen der jeweiligen Staaten gestellt. In Art. 278 dieses Handelsübereinkommens vereinbaren die Vertragsparteien des Weiteren, dass Maßnahmen des Umwelt-, Arbeits- oder Gesundheitsschutzes, die Auswirkungen auf die Wirtschaft bzw. den Handel haben können, nach Maßgabe wissenschaftlicher und technischer Informationen sowie der einschlägigen internationalen Standards, Richtlinien und Empfehlungen durchzuführen sind. Gemäß Art. 279 dieses Handelsübereinkommens verpflichten sich die Vertragsparteien, die Auswirkungen der Umsetzung des Freihandelsabkommens auf Arbeits- und Umweltstandards, soweit dies angemessen ist, zu überprüfen. Zudem verabreden die Parteien innerhalb ihrer jeweiligen Verwaltung **staatliche Kontaktstellen für die Umsetzung der Nachhaltigkeitsaspekte** (Art. 280 Abs. 1) und es wird ein »Subcommittee on Trade and Sustainable Development« eingerichtet (Art. 280 Abs. 2). Dies setzt sich aus höheren Repräsentanten des Verwaltungsapparates der beteiligten Länder zusammen und ist mit der Umsetzung des Nachhaltigkeitskapitels und den Follow Up's befasst und soll in und mit seiner Arbeit, Transparenz und Bürgerbeteiligung sicherstellen, indem z. B. einheimische Umweltgruppen konsultiert werden.[597] Weiter kann jede Abkommenspartei durch Anfragen an die staatlichen Kontaktstellen Konsultationen zu Themen des Nachhaltigkeitskapitels verlangen und hat Anspruch auf Antwort; ein direkter Anspruch auf Konsultationen besteht, anders als im EU-Südkorea-Abkommen, nicht.[598] Die Anwendung des für andere Bereiche im Abkommen vorgesehenen Streitbeilegungsmechanismus (Titel XII) wird allerdings auf das Nachhaltigkeitskapitel explizit ausgeschlossen (Art. 285 Abs. 5 dieses Handelsübereinkommens).

269 Es zeichnet sich in der vertraglichen Handelspolitik eine **verstärkte administrative Kooperation** ab, um für eine tatsächliche Durchsetzung der eingegangenen Verpflichtungen Sorge zu tragen und die **Zivilgesellschaft verstärkt einzubinden**. Ein qualitativer Fortschritt wäre die konsequente Anwendung des Streitbeilegungsmechanismus auch auf den Umweltbereich, gegebenenfalls erweitert um Individualklagemöglichkeiten. Unverbindliche Verfahren lassen gerade die Individualinteressen beispielsweise im Rohstoffsektor unberücksichtigt und zeigen häufig eine nur eingeschränkte Wirkung.[599] Zudem sind weitergehende Mechanismen bereits in einigen EU-Abkommen vorgesehen (vgl. das EU-CARIFORUM-Abkommen, hier Art. 7, 127[600]).

2. Abgeschlossene bilaterale Abkommen

a) EFTA und EWR

270 Seit dem 1.1.1994 bildet die EU zusammen mit Norwegen, Liechtenstein und Island den EWR, der auf dem am 2.5.1992 zwischen der EG und ihren Mitgliedstaaten einerseits und den damaligen EFTA-Staaten andererseits geschlossenen Abkommens[601] basiert. Zölle und zollgleiche Abgaben sowie mengenmäßige Beschränkungen und Maßnahmen gleicher Wirkung für gewerbliche Waren sind zwischen den Vertragsstaaten gem. Art. 10–12 des Abkommens abgeschafft worden.

---

[597] *Zimmer*, Sozialklauseln, S. 148.
[598] *Zimmer*, Sozialklauseln, S. 148.
[599] *Zimmer*, Sozialklauseln, S. 151; *Zimmer*, Soziale Mindeststandards, S. 236, 312 und 323.
[600] Wirtschaftspartnerschaftsabkommen zwischen den CARIFORUM-Staaten einerseits und der Europäischen Gemeinschaft und ihren Mitgliedstaaten andererseits, ABl. 2008, L 289/3.
[601] ABl. 1994, L 1/3.

Für die **Schweiz** gilt das bilaterale EG-EFTA-Freihandelsabkommen vom 22.7. 271
1972[602] fort. Darüber hinaus hat die EG weitere Abkommen mit der Schweiz geschlossen: Abkommen über die gegenseitige Anerkennung von Konformitätsbewegungen,[603] Abkommen über bestimmte Aspekte des öffentlichen Beschaffungswesens,[604] Abkommen über den Landverkehr,[605] Abkommen über den Luftverkehr,[606] Abkommen über den Handel mit landwirtschaftlichen Erzeugnissen,[607] Rahmenabkommen über wissenschaftlich-technische Zusammenarbeit[608] und das Abkommen über die Freizügigkeit[609].

b) EU-ASEAN und Südkorea

Mit der ASEAN-Gruppe, damals bestehend aus **Indonesien, Malaysia, den Philippinen,** 272
Singapur und Thailand, hat die EWG am 7.3.1980 ein Kooperationsabkommen abgeschlossen.[610] Heute gehören auch **Brunei-Darussalem, Vietnam, Myanmar, Kambodscha und die Demokratische Volksrepublik Laos** der ASEAN-Gruppe an.

Mit **Singapur** hat die EU bilaterale Verhandlungen über ein umfassendes **Freihandels-** 273
und Investitionsschutzabkommen abgeschlossen.[611] Es handelt sich um das erste solche EU-Abkommen mit einer südostasiatischen Volkswirtschaft.[612] Ein weiteres EU-Freihandelsabkommen wurde im Spätherbst 2015 mit **Vietnam** abgeschlossen.[613] Dieses ist das erste EU-Abkommen, welches im Investitionsschutzbereich ein **permanentes Gerichtshofsystem** vorsieht.

Das 2013/14 abgeschlossene **EU-Südkorea-Freihandelsabkommen**[614] ist das erste 274
umfassende Freihandelsabkommen mit einem asiatischen Staat gewesen. Das Abkom-

---

[602] Abkommen zwischen der Europäischen Wirtschaftsgemeinschaft und der Schweizerischen Eidgenossenschaft, ABl. 1972, L 300/189.

[603] Abkommen zwischen der Europäischen Gemeinschaft und der Schweizerischen Eidgenossenschaft über die gegenseitige Anerkennung von Konformitätsbewertungen, ABl. 2002, L 114/369.

[604] Abkommen zwischen der Europäischen Gemeinschaft und der Schweizerischen Eidgenossenschaft über bestimmte Aspekte des öffentlichen Beschaffungswesens, ABl. 2002, L 114/430.

[605] Abkommen zwischen der Europäischen Gemeinschaft und der Schweizerischen Eidgenossenschaft über den Güter- und Personenverkehr auf Schiene und Strasse, ABl. 2002, L 114/91.

[606] Abkommen zwischen der Europäischen Gemeinschaft und der Schweizerischen Eidgenossenschaft über den Luftverkehr, ABl. 2002, L 114/73.

[607] Abkommen zwischen der Europäischen Gemeinschaft und der Schweizerischen Eidgenossenschaft über den Handel mit landwirtschaftlichen Erzeugnissen, ABl. 2002, L 114/132.

[608] Abkommen zwischen der Europäischen Gemeinschaft und der Schweizerischen Eidgenossenschaft über die wissenschaftliche und technologische Zusammenarbeit, ABl. 2002, L 114/468.

[609] Abkommen zwischen der Europäischen Gemeinschaft und ihren Mitgliedstaaten einerseits und der Schweizerischen Eidgenossenschaft andererseits über die Freizügigkeit, ABl. 2002, L 114/6.

[610] Kooperationsabkommen zwischen der Europäischen Wirtschaftsgemeinschaft und den Mitgliedsländern des Verbandes Südostasiatischer Nationen – Indonesien, Malaysia, Philippinen, Singapur und Thailand, ABl. 1980, L 144/2.

[611] S. den am 29.6.2015 veröffentlichten Abkommentext des EU-Singapor Free Trade Agreements, abrufbar unter http://trade.ec.europa.eu/doclib/press/index.cfm?id=961 (12.10.2016); vgl. auch die Studie über die erwarteten ökonomischen Vorteile, Kommission, The economic impact of the EU – Singapore Free Trade Agreement, September 2013, http://trade.ec.europa.eu/doclib/docs/2013/september/tradoc_151724.pdf (12.10.2016).

[612] Zum Stand der Verhandlungen mit Malaysia, Vietnam, Thailand und Myanmar s. unten E.III.3.d).

[613] Der Abkommenstext mit Stand Januar 2016 ist abrufbar unter http://trade.ec.europa.eu/doclib/press/index.cfm?id=1437 (12.10.2016).

[614] Freihandelsabkommen zwischen der Europäischen Union und ihren Mitgliedstaaten einerseits und der Republik Korea andererseits, ABl. 2011, L 127/6; zum Abkommen vgl. *Daiber*, EuR 2015, 543 ff.

men der EU mit Südkorea beinhaltet eine starke thematische Ausweitung.[615] Es wurde bereits vor dem Inkrafttreten des Lissabonner Vertrags ausgehandelt, gilt als Handelsabkommen »der neuen vierten Generation« und ist am 1.7.2011 in Kraft getreten. Neben dem Zollabbau bei gewerblichen Waren und landwirtschaftlichen Erzeugnissen – im Juli 2031 sollen 99,9% des bilateralen Handels zwischen der EU und Südkorea zollfrei abgewickelt werden[616] – zielt das Abkommen auch auf die Beseitigung nichttarifärer Handelshemmnisse ab. Es enthält unter anderem Kapitel zu Dienstleistungen und Investitionen, Vergaberecht, Rechte des geistigen Eigentums, Transparenz sowie nachhaltiger Entwicklung. Es wurden verstärkt ökologische Aspekte in das internationale Handelsrecht einbezogen.[617] Ergänzt wird es um Schlichtungs- und Streitbeilegungsmechanismen. Bei einer Überarbeitung des Abkommens sollen Fragen des Investitionsschutzes in das Abkommen einbezogen werden.[618]

c) EU-Kanada (CETA)

275 Die bilateralen Beziehungen der EU zu **Kanada** beruhen derzeit auf einem **Rahmenabkommen aus dem Jahre 1976** »über die handelspolitische und wirtschaftliche Zusammenarbeit«.[619] Die Verhandlungen über ein Comprehensive Economic and Trade Agreement (CETA) sind mittlerweile abgeschlossen.[620] Dieses »**WTO-Plus-Abkommen**« behandelt neben dem Warenhandel auch die Bereiche Regulierungszusammenarbeit,[621] technische Handelshemmnisse, Ursprungsregeln, Dienstleistungsverkehr, Schutz des geistigen Eigentums, Beschaffungswesen, Umweltschutz und Nachhaltigkeit, Arbeitnehmerrechte, Corporate Social Responsibility etc. Besondere Aufmerksamkeit hat hier zuletzt das Kapitel über den Investitionsschutz erfahren.[622] Insgesamt wird das Abkommen als »Blaupause« für die USA-Verhandlungen über eine »Transatlantische Freihandels- und Investitionspartnerschaft angesehen. In das Investitionsschutzkapitel wurde, nachdem bereits der Abschluss der Verhandlungen berichtet wurde, im Februar 2016 noch das Modell eines permanenten Investitionsschutzgerichtshofssystems aufgenommen.[623]

---

[615] Vgl. *Weiß*, Wirtschaftsräume, S. 157ff.; http://ec.europa.eu/trade/policy/countries-and-regions/countries/south-korea/ (12.10.2016).
[616] Pressemitteilung der Kommission vom 27.6.2012, Handelsabkommen EU-Korea: Ein Jahr danach, abrufbar unter http://europa.eu/rapid/press-release_IP-12-708_de.htm (12.10.2016).
[617] Hierzu unter III.2.
[618] *Kommission*, Handel für Alle – Hin zu einer verantwortungsbewussteren Handels- und Investitionspolitik, Mitteilung von Oktober 2015, Punkt 5.2.2., abrufbar unter http://trade.ec.europa.eu/doclib/docs/2015/october/tradoc_153880.PDF (12.10.2016).
[619] Rahmenabkommen über handelspolitische und wirtschaftliche Zusammenarbeit zwischen den Europäischen Gemeinschaften und Kanada, ABl. 1976, L 260/2.
[620] Konsolidierte Version aller Kapitel, Anhänge und Erklärungen: http://trade.ec.europa.eu/doclib/docs/2014/september/tradoc_152806.pdf (12.10.2016).
[621] Dazu *Krstic*, LIEI 2012, 3; *Steger*, LIEI 2012, 109 (122–124).
[622] Zu spezifischen Fragen des Investitionsschutzes in CETA vgl. *Bungenberg*, JWIT 2014, 402ff.; *Kriebaum*, JWIT 2014, 454 (472ff.); *Lévesque*, S. 121ff.; *Shan/Zhang*, JWIT 2014, 422 (437ff.); *Tzanakopoulos*, JWIT 2014, 484ff. Zum Vergleich von nationalen und CETA-Investitionsschutzstandards vgl. http://www.bmwi.de/BMWi/Redaktion/PDF//C-D/ceta-gutachten-investitionsschutz,property=pdf,bereich=bmwi2012,sprache=de,rwb=true.pdf (12.10.2016).
[623] Vgl. hierzu die Pressemitteilung v. 12.10.2016, CETA: EU und Kanada verständigen sich auf neuen Ansatz bei Investitionen, abrufbar unter http://trade.ec.europa.eu/doclib/press/index.cfm?id=1470 (12.10.2016); hierzu u.a. *Bungenberg*, KSZW 2016, 122ff.

Das CETA-Abkommen beinhaltet neben Verweisen auf Umweltschutz und Nachhaltigkeit bereits in der **Präambel ein umfassendes Kapitel zu Sustainable Development**, welches in die Teile Arbeit, Umwelt und Nachhaltigkeit untergliedert ist. Kanada hat erstmals in einem Freihandelsabkommen ein Nachhaltigkeitskapitel akzeptiert, welches substantielle Regelungen zum Umweltschutz beinhaltet. Die Vorschriften sollen verhindern, dass auf Grund des Abkommens zunehmende ökonomische Aktivitäten zu Lasten der Umwelt gehen. Die umfassende Definition von Umweltschutz im Abkommenstext erstreckt sich auf alles Recht, welches den Sinn und Zweck hat, die Umwelt zu schützen, eingeschlossen das Umweltrecht bezogen auf die Ausbeutung natürlicher Ressourcen, nachhaltige Waldbewirtschaftung und Fischerei. Die beiderseitigen Verpflichtungen beziehen sich unter anderem darauf, dass hohe **Umweltschutzstandards** aufrecht erhalten werden sollen, dass die Möglichkeit besteht, die nationale Umweltschutzgesetzgebung auch effektiv durchsetzen zu können, dass nicht von Umweltschutzverpflichtungen abgewichen werden soll, um Handel oder Investitionen anzuziehen oder zu fördern, dass auf nationaler Ebene im Falle von Verstößen gegen Umweltrecht Sanktionen und Schadensersatzansprüche vorgesehen und dass Zurechenbarkeit und Verantwortlichkeit gefördert werden sollen. Die Streitschlichtungsklauseln des Abkommens beziehen sich auch auf das Umweltkapitel. Zudem sehen allgemeine Ausnahmeklauseln auch den Umweltschutz als Rechtfertigungsgrund für Abweichungen von den Verpflichtungen vor; zudem wird das **right to regulate** der Vertragsparteien, weiterhin jeweils eigenständig das Recht zur u. a. Umweltschutzregulierung zu haben, ausdrücklich anerkannt. Ein Inkrafttreten ist derzeit noch nicht abzusehen. 276

d) EU-Andorra/San Marino/Monaco/Vatikanstaat

Zwischen der EU und dem Fürstentum **Andorra** besteht seit dem 1. 7. 2005 ein Kooperationsabkommen,[624] das das Abkommen vom 28. 6. 1990[625] zur **Zollunion** mit der EU für gewerbliche Waren um einige Sachgebiete ergänzt. 277

Mit **Monaco** hat die EU ein Abkommen über die Anwendung von Unionsrecht auf Pharmazeutika, kosmetische Produkte und medizinische Geräte abgeschlossen.[626] Gem. Art. 4 Abs. 2 Buchst. a UZK nimmt Monaco zudem an der EU-Zollunion teil. 278

Zwischen **San Marino** und der EU besteht seit dem 1. 4. 2002 ein Abkommen über eine Zusammenarbeit und eine **Zollunion**.[627] 279

Zwischen Italien und dem **Vatikanstaat** besteht seit 1930 ein Präferenzabkommen, nach dem Waren, die ihren Ursprung im Vatikan haben, zollfrei nach Italien exportiert werden und gemäß Art. 28 Abs. 2 AEUV zu Waren der Union werden.[628] 280

---

[624] Kooperationsabkommen zwischen der Europäischen Gemeinschaft und dem Fürstentum Andorra vom 15. 11. 2004, ABl. 2005, L 135/14.

[625] Abkommen zwischen der Europäischen Wirtschaftsgemeinschaft und dem Fürstentum Andorra, ABl. 1990, L 374/16. Siehe auch die Website http://www.eeas.europa.eu/andorra/index_en.htm (12. 10. 2016).

[626] Abkommen zwischen der Europäischen Gemeinschaft und dem Fürstentum Monaco über die Anwendung bestimmter Rechtsakte der Gemeinschaft auf dem Gebiet des Fürstentums Monaco, ABl. 2003, L 332/42. Siehe auch die Website http://www.eeas.europa.eu/monaco/index_en.htm (12. 10. 2016).

[627] Abkommen über eine Zusammenarbeit und eine Zollunion zwischen der Europäischen Wirtschaftsgemeinschaft und der Republik San Marino, ABl. 2002, L 84/43. Siehe auch die Website http://eeas.europa.eu/sanmarino/index_en.htm (12. 10. 2016).

[628] Siehe dazu die Website http://www.eeas.europa.eu/vatican/index_en.htm (12. 10. 2016).

e) EU-Südamerika-Handelsabkommen

281 Am 23.4.1993 hat die EG ein **Rahmenabkommen über die Zusammenarbeit zwischen der EU und dem Abkommen von Cartagena**, sog. Andenpakt (Mitglieder des Andenpaktes sind heute Bolivien, Kolumbien, Ecuador und Peru) abgeschlossen.[629] Im Rahmen des Andenpaktes gewährt die EU Präferenzen beim Marktzugang. Ferner wurde mit den Mitgliedern des Andenpaktes am 15.12.2003 ein Abkommen für den politischen Dialog und die Zusammenarbeit unterzeichnet. Mit **Peru** und **Kolumbien** wurde am 18.5.2010 ein multilaterales Handelsabkommen paraphiert. Dieses bildete den Rahmen des am 1.3.2013 in Kraft getretenen Handelsabkommens.[630] Es enthält in Titel IX in 20 Artikeln Sozial- und Umweltstandards. Der Genehmigungsbeschluss ist neben Art. 207 Abs. 4 und 218 Abs. 5 AEUV auf Art. 91, 100 Abs. 2 gestützt. Die Aufnahme von **Ecuador** in das bestehende Freihandelsabkommen mit Peru und Kolumbien wurde am 12.12.2014 in einem Protokoll paraphiert.[631] Zudem sieht das Freihandelsabkommen in Art. 329 auch eine zukünftige Mitgliedschaft Boliviens vor.

282 Mit den Staaten Zentralamerikas – **Panama, Guatemala, Costa Rica, El Salvador, Honduras, Nicaragua** – hat die EG am 12.11.1985 ein nicht-präferenzielles Kooperationsabkommen abgeschlossen.[632] Dieses wurde bereits mit dem Rahmenabkommen vom 22.2.1993 über die Zusammenarbeit zwischen der EG und den Staaten Costa Rica, El Salvador, Guatemala, Honduras, Nicaragua und Panama[633] ersetzt. Ferner wurde am 29.6.2012 das **EU-Zentralamerika-Assoziierungsabkommen** unterzeichnet,[634] dessen Handelsteile seit 2013 sukzessive mit allen zentralamerikanischen Staaten vorläufig angewendet werden.

283 Mit dem **Mercosur (Argentinien, Brasilien, Paraguay, Uruguay** und **Venezuela)** verhandelt die EU seit 2010 ein Freihandelsabkommen.[635] Die bisherigen Beziehungen zwischen der EU und Mercosur basieren auf dem Rahmenkooperationsabkommen vom 15.12.1995.[636]

---

[629] Rahmenabkommen über die Zusammenarbeit zwischen der Europäischen Wirtschaftsgemeinschaft und dem Abkommen von Cartagena und seinen Mitgliedstaaten, der Republik Bolivien, der Republik Ecuador, der Republik Kolumbien, der Republik Peru und der Republik Venezuela, ABl. 1998, L 127/11. Venezuela ist seit 2006 nicht mehr Mitglied des Andenpaktes, da das Land sich dazu entschieden hat dem MERCOSUR beizutreten.

[630] Handelsübereinkommen zwischen der Europäischen Union und ihren Mitgliedstaaten einerseits sowie Kolumbien und Peru andererseits, ABl. 2012, L 354/3.

[631] http://trade.ec.europa.eu/doclib/docs/2015/february/tradoc_153147.%20Textual%20Amendments.pdf (12.10.2016).

[632] Kooperationsabkommen zwischen der Europäischen Wirtschaftsgemeinschaft einerseits und den Partnerländern des Generalvertrags über die zentralamerikanische Wirtschaftsintegration (Costa Rica, El Salvador, Guatemala, Honduras und Nicaragua), ABl. 1986, L 172/2.

[633] Rahmenabkommen über die Zusammenarbeit zwischen der Europäischen Wirtschaftsgemeinschaft und den Republiken Costa Rica, El Salvador, Guatemala, Honduras, Nicaragua und Panama, ABl. 1999, L 63/39.

[634] Text unter http://trade.ec.europa.eu/doclib/press/index.cfm?id=689 (12.10.2016).

[635] Siehe dazu auch die Website der Kommission http://ec.europa.eu/trade/policy/countries-and-regions/regions/mercosur/ (12.10.2016).

[636] Interregionales Rahmenabkommen über die Zusammenarbeit zwischen der Europäischen Gemeinschaft und ihren Mitgliedstaaten einerseits und dem Mercado Común del Sur und seinen Teilnehmerstaaten andererseits, ABl. 1996, L 69/4.

Mit **Paraguay** wurde ein nicht-präferenzielles Rahmenabkommen abgeschlossen.[637] **284**
Auch mit **Uruguay** wurde ein Rahmenabkommen abgeschlossen.[638]

Mit **Brasilien** besteht ein Kooperationsabkommen, das das vorherige Handelsabkommen vom 19.12.1973 ersetzt. Zudem wurde am 29.6.1992 ein Rahmenabkommen über die Zusammenarbeit geschlossen.[639] **285**

Mit **Chile** wurde ein am 1.2.2003 in Kraft getretenes **Assoziierungsabkommen**,[640] das auch ein umfangreiches Freihandelsabkommen enthält, abgeschlossen. Hier beabsichtigt die Kommission über eine Modernisierung des Abkommens zu verhandeln.[641] **286**

Mit **Mexiko** besteht seit dem 1.10.2000 das Abkommen über wirtschaftliche Partnerschaft, politische Koordinierung und Zusammenarbeit,[642] auf Grund dessen eine **Freihandelszone** zwischen Mexiko und der EU errichtet wurde.[643] Die Kommission beabsichtigt über eine Modernisierung des Abkommens mit Mexiko zu verhandeln.[644] Bereits seit 1975 besteht ferner das Abkommen über handelspolitische Zusammenarbeit.[645] **287**

f) EU-Südafrika

Mit **Südafrika** besteht seit Überwindung der Apartheid ein Kooperationsabkommen.[646] Die Handelsbeziehungen zwischen der EU und Südafrika basieren auf dem Abkommen vom 11.10.1999, das neben dem Handel die Bereiche Entwicklung und Zusammenarbeit als Grundlage hat.[647] Besonderer Wert wird u.a. auch auf Menschenrechte und Umweltschutz gelegt. Südafrika erfährt aufgrund seiner wirtschaftlichen Entwicklung und seiner wirtschaftlichen Stärke auf diese Weise eine andere Behandlung als die anderen afrikanischen Staaten.[648] Ziel des Abkommens ist die Errichtung einer Freihandelszone mit einer Übergangszeit von 12 Jahren. **288**

---

[637] Rahmenabkommen über die Zusammenarbeit zwischen der Europäischen Wirtschaftsgemeinschaft und der Republik Paraguay, ABl. 1992, L 313/72.
[638] Rahmenabkommen über die Zusammenarbeit zwischen der Europäischen Wirtschaftsgemeinschaft und der Republik Östlich des Uruguay, ABl. 1992, L 94/2.
[639] Rahmenabkommen über die Zusammenarbeit zwischen der Europäischen Wirtschaftsgemeinschaft und der Föderativen Republik Brasilien, ABl. 1995, L 262/54.
[640] Abkommen zur Gründung einer Assoziation zwischen der Europäischen Gemeinschaft und ihren Mitgliedstaaten einerseits und der Republik Chile andererseits, ABl. 2002, L 352/3.
[641] *Kommission*, Handel für Alle – Hin zu einer verantwortungsbewussteren Handels- und Investitionspolitik, Mitteilung von Oktober 2015, Punkt 5.2.4., abrufbar unter http://trade.ec.europa.eu/doclib/docs/2015/october/tradoc_153880.PDF (12.10.2016).
[642] Abkommen über wirtschaftliche Partnerschaft, politische Koordinierung und Zusammenarbeit zwischen der Europäischen Gemeinschaft und ihren Mitgliedstaaten einerseits und den Vereinigten mexikanischen Staaten andererseits, ABl. 2000, L 276/45.
[643] Dazu *Niedrist*, Commercial Integration between the EU and Mexico, 2013.
[644] *Kommission*, Handel für Alle – Hin zu einer verantwortungsbewussteren Handels- und Investitionspolitik, Mitteilung von Oktober 2015, Punkt 5.2.4., abrufbar unter http://trade.ec.europa.eu/doclib/docs/2015/october/tradoc_153880.PDF (12.10.2016).
[645] Abkommen zwischen der Europäischen Wirtschaftsgemeinschaft und den Vereinigten Mexikanischen Staaten, ABl. 1975, L 247/11.
[646] Abkommen über Handel, Entwicklung und Zusammenarbeit zwischen der Europäischen Gemeinschaft und ihren Mitgliedstaaten einerseits und der Republik Südafrika andererseits, ABl. 1999, L 311/3; *Petrov*, S. 168 ff.; *Volz*, Das Freihandelsabkommen zwischen der Europäischen Union und der Republik Südafrika, 2008; *Weusmann*.
[647] ABl. 1999 L 311/3. Dazu *Frennhoff Larsén*, JCMSt 2007, 857; *Weusmann*.
[648] *Vöneky/Beylage-Haarmann*, in: Grabitz/Hilf/Nettesheim, EU, Art. 217 AEUV (April 2015), Rn. 124 ff.; dennoch wird das Abkommen teilweise auch der Entwicklungsassoziierung zugeschlagen, vgl. *Vöneky/Beylage-Haarmann*, in: Grabitz/Hilf/Nettesheim, EU, Art. 217 AEUV (April 2015), Rn. 70, 98, 124 ff.

g) EU-Kaukasus-Abkommen

289 Mit den Staaten des **Kaukasus** – **Armenien**,[649] **Georgien**[650] und **Aserbaidschan**[651] – bestehen jeweils bilaterale nicht-präferenzielle Partnerschafts- und Kooperationsabkommen.[652] Zudem werden/wurden mit allen Staaten Verhandlungen über ein Assoziierungsabkommen zur Einrichtung von Freihandelszonen geführt.[653] Mit **Georgien** wurden diese Verhandlungen bereits erfolgreich abgeschlossen[654] und das Abkommen im Juni 2014 unterzeichnet. Es wird seit dem 1. 9. 2014 vorläufig angewendet.

290 Seit Mai 2009 besteht, auf der Grundlage der Europäischen Nachbarschaftspolitik, die **Östliche Partnerschaft** der EU (Mitglieder: **Armenien, Aserbaidschan, Georgien, Weißrussland, Moldawien, Ukraine**). Im Rahmen dieser Partnerschaft sollen Freihandelsabkommen auf der Grundlage von zuvor geschlossenen Assoziierungsabkommen vorbereitet werden. Sowohl mit der Ukraine als auch mit Moldawien sind bereits Assoziierungsabkommen, die ein umfassendes Freihandelsabkommen enthalten, unterzeichnet worden und werden bereits vorläufig angewendet.[655] Bis zum vollständigen Inkrafttreten der Assoziierungsabkommen bilden die jeweiligen Kooperationsabkommen[656] die Grundlage für die Handelsbeziehungen zwischen der EU und der Ukraine sowie Moldawien.

h) EU-Golf-Kooperationsrat und Jemen

291 Die EWG hat ein Kooperationsabkommen mit den Vertragsparteien der Charta des **Kooperationsrates der Arabischen Golfstaaten** (»Golf-Kooperationsrat«, **Kuwait, Saudi-Arabien, Katar, Bahrain, den Vereinigten Emiraten und Oman**) abgeschlossen,[657] welches die Vorbereitung von Freihandelsabkommen vorsieht. Freihandelsabkommensverhandlungen wurden zunächst aufgenommen, 2008 aber wieder ausgesetzt.

---

[649] Abkommen über Partnerschaft und Zusammenarbeit zwischen den Europäischen Gemeinschaften und ihren Mitgliedstaaten einerseits und der Republik Armenien andererseits, ABl. 1999, L 239/3. In Kraft seit 1.7.1999. Verhandlungen über ein Assoziierungsabkommen wurden im Juli 2013 abgeschlossen. Die Implementierung ruht jedoch seit September 2013, s. http://ec.europa.eu/trade/policy/countries-and-regions/countries/armenia/ (12. 10. 2016).

[650] Abkommen über Partnerschaft und Zusammenarbeit zwischen den Europäischen Gemeinschaften und ihren Mitgliedstaaten einerseits und Georgien andererseits, ABl. 1999, L 205/3. In Kraft seit 1.7.1999.

[651] Abkommen über Partnerschaft und Zusammenarbeit zwischen den Europäischen Gemeinschaften und ihren Mitgliedstaaten einerseits und der Republik Aserbaidschan andererseits, ABl. 1999, L 246/3. In Kraft seit 1.7.1999.

[652] Zu ihnen näher http://europa.eu/legislation_summaries/external_relations/relations_with_third_countries/eastern_europe_and_central_asia/r17002_de.htm (12. 10. 2016).

[653] S. Pressemitteilung der Europäischen Kommission vom 15.7.2010, EU nimmt Verhandlungen mit Armenien, Aserbaidschan und Georgien über Assoziierungsabkommen auf, IP/10/955.

[654] Assoziierungsabkommen zwischen der Europäischen Union und der Europäischen Atomgemeinschaft und ihren Mitgliedstaaten einerseits und Georgien andererseits, ABl. 2014, L 261/4.

[655] S. die Pressererklärung der Europäischen Kommission, MEMO/14/430. Das Assoziierungsabkommen mit Moldawien wird seit Juli 2016 vollständig angewendet.

[656] Abkommen über Partnerschaft und Zusammenarbeit zwischen den Europäischen Gemeinschaften und ihren Mitgliedstaaten einerseits und der Republik Moldau andererseits, ABl. 1998, L 181/3; Abkommen über Partnerschaft und Zusammenarbeit zwischen den Europäischen Gemeinschaften und ihren Mitgliedstaaten und der Ukraine, ABl. 1998, L 49/3.

[657] Kooperationsabkommen zwischen der Europäischen Wirtschaftsgemeinschaft einerseits und den Vertragsparteien der Charta des Kooperationsrates der Arabischen Golfstaaten (Vereinigte Arabische Emirate, Staat Bahrein, Königreich Saudi-Arabien, Sultanat Oman, Staat Katar und Staat Kuwait) andererseits, ABl. 1989, L 54/3.

Mit der **Arabischen Republik Jemen** hat die EWG ein Kooperationsabkommen im Jahr 1984 abgeschlossen.[658]

292

i) EU-Pakistan, Sri Lanka, Bangladesh, Nepal

Mit den Staaten der **Südasiatischen Vereinigung für regionale Zusammenarbeit** (Indien, Pakistan, Bangladesch, Sri Lanka, Nepal, Bhutan, Malediven, Afghanistan) bestehen nur Kooperationsabkommen über Partnerschaft und Entwicklung, die Menschenrechts- und Demokratieklauseln enthalten und Regelungen über Handel und die handelspolitische Zusammenarbeit treffen, um Handelshemmnisse, im Einklang mit dem WTO-Recht, abzubauen. Handelsrelevante Abkommen bestehen jedoch nicht mit Bhutan, den Malediven und Afghanistan.

293

Mit **Pakistan** wurde 1976 ein Abkommen über die handelspolitische Zusammenarbeit[659] geschlossen. 1985 wurde es mit dem Abkommen über handelspolitische, wirtschaftliche und entwicklungspolitische Zusammenarbeit[660] um andere Gebiete erweitert. Die heutigen handelspolitischen Beziehungen beruhen auf dem Kooperationsabkommen vom 24.11.2001 über Partnerschaft und Entwicklung.[661]

294

Die Beziehungen der EU zu **Sri Lanka** basieren auf einem Abkommen über die handelspolitische Zusammenarbeit[662] sowie einem Kooperationsabkommen über Partnerschaft und Entwicklung.[663]

Mit **Bangladesch** besteht ebenfalls ein Abkommen über die handelspolitische Zusammenarbeit[664] sowie ein Kooperationsabkommen über Partnerschaft und Entwicklung.[665]

295

Zwischen **Nepal** und der EU wurde ein Kooperationsabkommen über Partnerschaft und Entwicklung[666] abgeschlossen; es existieren weitere spezielle Abkommen.[667] Auch mit **Macau** besteht ein Abkommen über Handel und Zusammenarbeit.[668]

296

j) Mittelmeerregion

Im Jahr 2008 wurde die »**Mittelmeerunion**« im Rahmen der seit 1995 bestehenden Europa-Mittelmeer-Partnerschaft (Mitglieder sind: **Algerien, Ägypten, Israel, Jordanien, Libanon, Libyen, Marokko, Palästinensische Gebiete, Syrien, Tunesien, Türkei**)

297

---

[658] Kooperationsabkommen zwischen der Europäischen Wirtschaftsgemeinschaft und der Arabischen Republik Jemen, ABl. 1985, L 26/2.
[659] Abkommen über handelspolitische Zusammenarbeit zwischen der Europäischen Wirtschaftsgemeinschaft und der Islamischen Republik Pakistan, ABl. 1976, L 168/2.
[660] Abkommen über handelspolitische und entwicklungspolitische Zusammenarbeit zwischen der Europäischen Wirtschaftsgemeinschaft und der Islamischen Republik Pakistan, ABl. 1986, L 108/2.
[661] Kooperationsabkommen zwischen der Europäischen Gemeinschaft und der Islamischen Republik Pakistan über Partnerschaft und Entwicklung, ABl. 2004, L 378/23.
[662] Abkommen über handelspolitische Zusammenarbeit zwischen der Europäischen Wirtschaftsgemeinschaft und der Republik Sri Lanka, ABl. 1975, L 247/2.
[663] Kooperationsabkommen zwischen der Europäischen Gemeinschaft und der Demokratischen Sozialistischen Republik Sri Lanka über Partnerschaft und Entwicklung, ABl. 1995, L 85/33.
[664] Abkommen über handelspolitische Zusammenarbeit zwischen der Europäischen Wirtschaftsgemeinschaft und der Volksrepublik Bangladesch, ABl. 1976, L 319/2.
[665] Kooperationsabkommen zwischen der Europäischen Gemeinschaft und der Volksrepublik Bangladesch über Partnerschaft und Entwicklung, ABl. 2001, L 118/48.
[666] Kooperationsabkommen zwischen der Europäischen Gemeinschaft und dem Königreich Nepal, ABl. 1996, L 137/15.
[667] *Weiß*, in: Grabitz/Hilf/Nettesheim, EU, Art. 207 AEUV (August 2015), Rn. 284.
[668] Abkommen über Handel und Zusammenarbeit zwischen der Europäischen Wirtschaftsgemeinschaft und Macau, ABl. 1992, L 404/27.

gebildet. Ziel der Mittelmeerunion ist es, eine präferenzielle Freihandelszone zwischen der EU und den südlichen Mittelmeerstaaten sowie unter den südlichen Mittelmeerstaaten selbst zu errichten. Zur Realisierung des Vorhabens dient zunächst der Abschluss von Europa-Mittelmeer-Assoziierungsabkommen. Alle Staaten, außer Syrien und Libyen, haben bereits ein Assoziierungsabkommen mit der EU geschlossen.[669] Mit Ägypten, Jordanien, Marokko und Tunesien laufen zudem Verhandlungen über den Abschluss umfassender Freihandelszonen.

k) Zentralasien

298 Die Beziehungen der EU zu den zentralasiatischen Staaten basieren auf nicht-präferenziellen Partnerschafts- und Kooperationsabkommen mit den jeweiligen Ländern – **Kasachstan**,[670] **Kirgisistan**,[671] **Tadschikistan**,[672] **Usbekistan**[673]. Alle Partnerschafts- und Kooperationsabkommen zielen auch hier auf die Errichtung einer Freihandelszone ab. Einen deutlichen Fortschritt stellt hierbei der Abschluss des **Erweiterten Partnerschafts- und Kooperationsabkommens mit Kasachstan** am Anfang des Jahres 2015 dar.

l) Russland

299 Im Jahr 1989 wurde ein Abkommen über den Handel und die handelspolitische und wirtschaftliche Zusammenarbeit[674] abgeschlossen. Zudem existiert ein nicht-präferenzielles Partnerschafts- und Kooperationsabkommen.[675]

m) Mongolei

300 Auch mit der Mongolei besteht seit 1992 ein Abkommen über die handelspolitische und wirtschaftliche Zusammenarbeit,[676] das durch das 2013 unterzeichnete Partnerschafts- und Kooperationsabkommen[677] ersetzt werden wird.

---

[669] Algerien, ABl. 2005, L 265/2; Ägypten, ABl. 2004, L 304/39; Israel, ABl. 2000, L 147/3; Jordanien, ABl. 2002, L 129/3; Libanon, ABl. 2006, L 143/2; Marokko, ABl. 2000, L 70/2; Palästinensische Behörde für das Westjordanland und den Gaza-Streifen, Abkommen v. 24.3.1997 und Interimsabkommen seit Juli 1997, ABl. 1997, L 187/3; Tunesien, ABl. 1998, L 97/2; Türkei, Beitrittsassoziierung, ABl. 1964, P 217/3687.

[670] Abkommen über Partnerschaft und Zusammenarbeit zwischen den Europäischen Gemeinschaften und ihren Mitgliedstaaten und der Republik Kasachstan, ABl. 1999, L 196/3.

[671] Abkommen über Partnerschaft und Zusammenarbeit zur Gründung einer Partnerschaft zwischen den Europäischen Gemeinschaften und ihren Mitgliedstaaten einerseits und der Kirgisischen Republik andererseits, ABl. 1999, L 196/48.

[672] Interimsabkommen über Handel und Handelsfragen zwischen der Europäischen Gemeinschaft und der Europäischen Atomgemeinschaft einerseits und der Republik Tadschikistan andererseits, ABl. 2004, L 340/2.

[673] Abkommen über Partnerschaft und Zusammenarbeit zur Gründung einer Partnerschaft zwischen den Europäischen Gemeinschaften und ihren Mitgliedstaaten einerseits und der Republik Usbekistan andererseits, ABl. 1999, L 229/3.

[674] Abkommen zwischen der Europäischen Wirtschaftsgemeinschaft und der Europäischen Atomgemeinschaft und der Union der Sozialistischen Sowjetrepubliken über den Handel und die handelspolitische und wirtschaftliche Zusammenarbeit, ABl. 1990, L 68/3.

[675] Abkommen über Partnerschaft und Zusammenarbeit zur Gründungen einer Partnerschaft zwischen den Europäischen Gemeinschaften und ihren Mitgliedstaaten einerseits und der Russischen Föderation andererseits, ABl. 1997, L 327/3.

[676] Abkommen über die handelspolitische und wirtschaftliche Zusammenarbeit zwischen der Europäischen Wirtschaftsgemeinschaft und der Mongolei, ABl. 1993, L 41/46.

[677] Beschluss 2012/273/EU vom 14.5.2012 über die Unterzeichnung im Namen der Union des Rahmenabkommens über Partnerschaft und Zusammenarbeit zwischen der Europäischen Union und ihren Mitgliedstaaten einerseits und der Mongolei andererseits, ABl. 2012, L 134/4.

n) Balkanstaaten

Die EU-Beziehungen zu den westlichen Balkanstaaten werden durch **Stabilisierungs- und Assoziierungsabkommen** geregelt, die die Errichtung einer Freihandelszone vorsehen sowie eine EU-Beitrittsperspektive enthalten. Folgende Abkommen sind bereits in Kraft: **Mazedonien,**[678] **Albanien,**[679] **Montenegro** und **Serbien.**[680] Mit **Bosnien-Herzegowina** besteht ein Interims-Abkommen in Bezug auf die in den Stabilisierungs- und Assoziierungsabkommen enthaltenen Handelsregelungen.

301

3. In Verhandlung befindliche bilaterale Abkommen

a) EU-Japan

Der **japanische Markt** ist durch eine oft protektionistische Abschottung mittels Zölle und nicht-tarifären Beschränkungen gekennzeichnet.[681] Zum Abbau von Handelsschranken wurde der »**Regulatory Reform Dialogue**« und der »**Business Dialogue**« eingerichtet. Verhandlungen über ein **Freihandelsabkommen,** mit einem mit CETA und TTIP vergleichbaren Inhalt, wurden 2013 aufgenommen.[682]

302

b) EU-USA-Verhandlungen (TTIP)

Die Verhandlungen über ein umfassendes Handels- und Investitionsschutzabkommen **(Transatlantic Trade and Investment Partnership)** laufen seit dem Jahr 2013. Das TTIP verfolgt ähnliche Themenkomplexe wie das CETA, wie in den laufenden Verhandlungen mit Japan oder wie in den bereits abgeschlossenen Verhandlungen mit Singapur. Dennoch sehen sich fast ausschließlich die Verhandlungen mit den USA enormer Kritik, insbesondere der Zivilgesellschaft, ausgesetzt. Die Kommission versucht durch eine erhöhte Transparenz (Veröffentlichung des Verhandlungsmandats[683] wie auch von Textentwürfen[684] und öffentlicher Konsultationen) der Kritik der Geheimverhandlungen entgegen zu treten. Auch das der Kommission übertragene Mandat für die TTIP-Verhandlungen[685] sieht Verpflichtungen zu umfassender Einbeziehung von Umwelt-, Sozial- und Nachhaltigkeitsaspekten in das Abkommen vor.[686]

303

---

[678] Stabilisierungs- und Assoziierungsabkommen zwischen den Europäischen Gemeinschaften und ihren Mitgliedstaaten einerseits und der ehemaligen jugoslawischen Republik Mazedonien andererseits, ABl. 2004, L 84/13.

[679] Stabilisierungs- und Assoziierungsabkommen zwischen den Europäischen Gemeinschaften und ihren Mitgliedstaaten einerseits und der Republik Albanien andererseits, ABl. 2009, L 107/166.

[680] Stabilisierungs- und Assoziierungsabkommen zwischen den Europäischen Gemeinschaften und ihren Mitgliedstaaten einerseits und der Republik Montenegro andererseits, ABl. 2010, L 108/3; Stabilisierungs- und Assoziierungsabkommen zwischen den Europäischen Gemeinschaften und ihren Mitgliedstaaten einerseits und der ehemaligen jugoslawischen Republik Serbien andererseits, ABl. 2013, L 278/16.

[681] *Weiß*, in: Grabitz/Hilf/Nettesheim, EU, Art. 207 AEUV (August 2015), Rn. 287.

[682] S. zum Stand der Verhandlungen http://ec.europa.eu/trade/policy/countries-and-regions/countries/japan/ (12.10.2016); *Weiß*, in: Grabitz/Hilf/Nettesheim, EU, Art. 207 AEUV (August 2015), Rn. 287.

[683] http://data.consilium.europa.eu/doc/document/ST–11103–2013–DCL–1/en/pdf(12.10.2016).

[684] Vgl. zuletzt http://trade.ec.europa.eu/doclib/docs/2015/march/tradoc_153263.pdf (12.10.2016).

[685] Generalsekretariat des Rates der Europäischen Union, Directives for the negotiation on the Transatlantic Trade and Investment Partnership between the European Union and the United States of America, Brüssel, 17. Juni 2013, abrufbar unter: http://data.consilium.europa.eu/doc/document/ST–11103–2013–DCL–1/en/pdf (12.10.2016).

[686] Ebd., Nr. 6, 8, 31.

c) EU-Indien

304 Seit 2007 verhandeln die EU und Indien über ein umfassendes **Freihandelsabkommen** für den Handel mit Waren und Dienstleistungen sowie den Investitionsschutz. Die Verhandlungen werden als gescheitert angesehen. Allerdings bestehen Abkommen über die handelspolitische Zusammenarbeit,[687] über die handelspolitische und wirtschaftliche Zusammenarbeit[688] sowie ein Kooperationsabkommen über Partnerschaft und Entwicklung.[689]

d) EU-Malaysia, Thailand, Vietnam

305 Die EU führt derzeit Verhandlungen über Freihandelsabkommen mit den ASEAN-Mitgliedern Malaysia, Indonesien, den Philippinen und Thailand, die als zentrale Märkte für Europas Exporteure angesehen werden. Mit **Malaysia** haben Freihandelsabkommensverhandlungen 2010 begonnen,[690] derzeit ruhen allerdings die Verhandlungen. Mit **Thailand** laufen seit 2013 Freihandelsabkommensverhandlungen;[691] auch hier ruhen, aufgrund der Machtübernahme durch das Militär seit der vierten Verhandlungsrunde im April 2014, die Verhandlungen. Freihandelsabkommensverhandlungen mit **Vietnam** sind 2015 abgeschlossen worden;[692] es besteht aber bereits ein Kooperationsabkommen.[693] Die Verhandlungen konzentrieren sich u.a. auf Zollsenkungen, Ursprungsregeln, Dienstleistungen, öffentliche Aufträge sowie Investitionsschutz.

e) EU-China (Investitionsschutz)

306 Mit der Volksrepublik China wurde bereits im Zuge der chinesischen Öffnungsstrategie 1978 ein Handelsabkommen[694] abgeschlossen, welches 1985 durch das Abkommen über handelspolitische und wirtschaftliche Zusammenarbeit[695] ersetzt worden ist. Schwerpunkt dieses Abkommens war die Förderung der Entwicklung Chinas auf allen Gebieten. Ein **Partnerschafts- und Kooperationsabkommen**, das seit nunmehr 2007 verhandelt wird, soll auf verstärkten bilateralen und vor allem fairen Handel vorbereiten und das Abkommen von 1985 erweitern. Gleichzeitig werden auch immer mehr Forderungen bekannt, wonach auf ein umfassenderes Freihandels- und Investitionsschutzabkommen gedrängt wird. Derzeit verhandelt die EU zudem ein eigenständiges Investitionsschutzabkommen mit China, welches auch Marktzugangsfragen behandeln soll.[696]

---

[687] Abkommen über handelspolitische Zusammenarbeit zwischen der Europäischen Wirtschaftsgemeinschaft und der Republik Indien, ABl. 1974, L 82/2.
[688] Abkommen über handelspolitische und wirtschaftliche Zusammenarbeit zwischen der Europäischen Wirtschaftsgemeinschaft und Indien, ABl. 1981, L 328/6.
[689] Kooperationsabkommen zwischen der Europäischen Gemeinschaft und der Republik Indien über Partnerschaft und Entwicklung, ABl. 1994, L 223/24.
[690] http://ec.europa.eu/trade/policy/countries-and-regions/countries/malaysia/ (12.10.2016).
[691] http://trade.ec.europa.eu/doclib/docs/2013/september/tradoc_151780.pdf (12.10.2016).
[692] S. hierzu die Pressemitteilung »The EU and Vietnam finalise landmark trade deal« vom 2.12.2015, abrufbar unter http://trade.ec.europa.eu/doclib/press/index.cfm?id=1409&title=The-EU-and-Vietnam-finalise-landmark-trade-deal (12.10.2016); der Abkommenstext mit Stand Januar 2016 ist abrufbar unter http://trade.ec.europa.eu/doclib/press/index.cfm?id=1437 (12.10.2016).
[693] Kooperationsabkommen zwischen der Europäischen Gemeinschaft und der Sozialistischen Republik Vietnam, ABl. 1996, L 136/29.
[694] Handelsabkommen zwischen der Europäischen Wirtschaftsgemeinschaft und der Volksrepublik China, ABl. 1978, L 123/2.
[695] Abkommen über die handelspolitische und wirtschaftliche Zusammenarbeit zwischen der Europäischen Wirtschaftsgemeinschaft und der Volksrepublik China, ABl. 1985, L 250/2.
[696] Pressemitteilung der Kommission vom 18.10.2013, MEMO/13/913, abrufbar unter http://

f) EU-Myanmar

Auch mit Myanmar wird derzeit lediglich im Bereich des Investitionsschutzes ein Abkommen verhandelt.[697]

307

g) Australien und Neuseeland

Mit Australien und Neuseeland sollen zukünftig ebenfalls Handels- und Investitionsschutzabkommen abgeschlossen werden.[698]

308

h) Hongkong und Taiwan

In der »Handel für Alle«-Mitteilung kündigt die Kommission an prüfen zu wollen, ob mit Hongkong und Taiwan über Investitionen verhandelt werden könnte.[699] Letzteres würde das erste bilaterale Abkommen der EU mit Taiwan darstellen.

309

F. Ausschluss des Verkehrsbereichs aus der vertraglichen GHP, Abs. 5

Für die Aushandlung und den Abschluss von völkerrechtlichen Abkommen im Bereich des Verkehrs gelten die **Bestimmungen der Art. 90 bis 100 AEUV** in Verbindung mit den allgemeinen unionalen Verfahrensvorgaben für den Abschluss völkerrechtlicher Verträge gem. Art. 218 AEUV. Abkommen im Bereich des Verkehrs unterfallen somit nicht der speziellen handelsrechtlichen Kompetenz in Art. 207 AEUV.[700] Dies wurde in der Vergangenheit bereits durch den EuGH in Gutachten 1/94 unter Hinweis auf das **AETR-Urteil** herausgearbeitet.[701] Verkehrsabkommen sind insoweit auf eine implizite, aus dem Verkehrskapitel ableitbare, Außenkompetenz abzuschließen.[702] Unbeantwortet ist damit aber die Frage, ob es sich dann bei dem jeweiligen Verkehrsabkommen um ein gemischtes Abkommen oder ein Unionsabkommen handelt; dies ist abhängig von den jeweiligen konkreten Abkommensinhalten.

310

Zu beachten ist allerdings, dass der Ausschluss der Verkehrspolitik aus der GHP lediglich deren vertragliche Komponente betrifft. Daher dürfte eine autonome Regelung des Marktzugangs weiterhin in der insoweit ausschließlichen, durch Art. 207 AEUV begründeten Unionskompetenz angesiedelt sein.

311

---

europa.eu/rapid/press-release_MEMO–13–913_en.htm (12.10.2016); ausführlich zu einem EU-China Investitionsschutzabkommen u. a. *Bungenberg/Titi*.
[697] S. hierzu http://trade.ec.europa.eu/doclib/docs/2014/march/tradoc_152269.pdf (12.10.2016).
[698] *Kommission*, Handel für Alle – Hin zu einer verantwortungsbewussteren Handels- und Investitionspolitik, Mitteilung von Oktober 2015, Punkt 5.2.2., abrufbar unter http://trade.ec.europa.eu/doclib/docs/2015/october/tradoc_153880.PDF (12.10.2016); vgl. hierzu auch Europäisches Parlament, Entschließung v. 25.2.2016 zur Eröffnung der Verhandlungen über ein Freihandelsabkommen mit Australien und Neuseeland (T8–0064/2016), abrufbar unter http://www.europarl.europa.eu/sides/getDoc.do?pubRef=-//EP//TEXT+TA+P8-TA-2016-0064+0+DOC+XML+V0//DE (12.10.2016).
[699] *Kommission*, Handel für Alle – Hin zu einer verantwortungsbewussteren Handels- und Investitionspolitik, Mitteilung von Oktober 2015, Punkt 5.2.2., abrufbar unter http://trade.ec.europa.eu/doclib/docs/2015/october/tradoc_153880.PDF (12.10.2016).
[700] *Hummer*, in Vedder/Heintschel v. Heinegg, Europäisches Unionsrecht, Art. 207 AEUV, Rn. 34.
[701] EuGH, Gutachten 1/94 v. 15.11.1994 (WTO-Übereinkommen), Slg. 1994, I–5267, Rn. 53.
[702] *Cottier/Trinberg*, in GSH, EUV/AEUV, Art. 207 AEUV, Rn. 146.

G. Prinzip der begrenzten Ermächtigung im GHP-Bereich, Abs. 6

312 Absatz 6 betont die Intention der »**Herren der Verträge**«, auch den Bereich der GHP den grundsätzlichen **Prinzipien der vertikalen Kompetenzverteilung** zwischen EU und ihren Mitgliedstaaten zu unterwerfen. Inhaltlich handelt es sich hierbei um eine Wiederholung des Prinzips der begrenzten Ermächtigung. Die nochmalige Betonung des Prinzips in diesem Politikfeld erklärt sich dadurch, dass der EU in der GHP umfassende Außenkompetenzen selbst in den Bereichen übertragen sind, in denen im Binnenbereich Begrenzungen bestehen.[703] Bei der Eruierung der unionalen Außenkompetenzen sind allerdings die impliziten (auch ausschließlichen) Unionskompetenzen zu berücksichtigen. Diese können sich, wie in Art. 3 Abs. 2 AEUV in Anlehnung an die **AETR-**[704] und **Open-Skies-Rechtsprechung**[705] zum Ausdruck gebracht wird,[706] ergeben aus
– einer Ermächtigung in einem Sekundärrechtsakt,
– einer abschließenden sekundärrechtlichen Harmonisierung eines Rechtsbereichs,
– der Notwendigkeit, eine der Union intern verliehenen Zuständigkeit auszuüben.

Insbesondere können mittels des Abschlusses völkerrechtlicher Verträge **keine mitgliedstaatlichen Politikfelder harmonisiert** werden, soweit eine Harmonisierung mittels unionalem Sekundärrecht primärrechtlich an anderer Stelle als Art. 207 AEUV ausgeschlossen ist. Hierbei handelt es sich um solche Bereiche, in denen der EU lediglich eine Koordinierungs-, Unterstützungs- oder Ergänzungsfunktion mitgliedstaatlicher Maßnahmen i. S. v. Art. 2 Abs. 5 AEUV zukommt, etwa im Bereich der Bildungs-, Gesundheits- oder Kulturpolitik.

---

[703] *Hummer*, in Vedder/Heintschel v. Heinegg, Europäisches Unionsrecht, Art. 207 AEUV, Rn. 36.
[704] EuGH, Urt. v. 31.3.1971, Rs. 22/70 (Kommission/Rat), Slg. 1971, 263.
[705] EuGH, Urt. v. 5.11.2002, Rs. C–476/98 (Open Skies), Slg. 2002, I–9855 Rn. 82 ff., 103 ff., 107 ff.
[706] *Cremona*, CMLRev. 40 (2003), 1351 f. und 1362; *Nettesheim*, EuR 2004, 511 (532).

Titel III
Zusammenarbeit mit Drittländern und humanitäre Hilfe

Kapitel 1
Entwicklungszusammenarbeit

Artikel 208 AEUV [Entwicklungszusammenarbeit der Union, Ziele und Grundsätze]

(1) ¹Die Politik der Union auf dem Gebiet der Entwicklungszusammenarbeit wird im Rahmen der Grundsätze und Ziele des auswärtigen Handelns der Union durchgeführt. ²Die Politik der Union und die Politik der Mitgliedstaaten auf dem Gebiet der Entwicklungszusammenarbeit ergänzen und verstärken sich gegenseitig.
¹Hauptziel der Unionspolitik in diesem Bereich ist die Bekämpfung und auf längere Sicht die Beseitigung der Armut. ²Bei der Durchführung politischer Maßnahmen, die sich auf die Entwicklungsländer auswirken können, trägt die Union den Zielen der Entwicklungszusammenarbeit Rechnung.
(2) Die Union und die Mitgliedstaaten kommen den im Rahmen der Vereinten Nationen und anderer zuständiger internationaler Organisationen gegebenen Zusagen nach und berücksichtigen die in diesem Rahmen gebilligten Zielsetzungen.

Literaturübersicht

Dann, Entwicklungsverwaltungsrecht, 2012; *Hoebink* (Hrsg.), The Treaty of Maastricht and Europe's Development Co-operation, 2005; *Kaltenborn*, The Legal Significance of Global Development Partnerships: European Development Cooperation and its Contribution to the International Law of Development, GoJIL 2 (2010), 843; *Loquai*, The Europeanisation of Development Cooperation: Coordination, Complementarity, Coherence, 1996; *Martenczuk*, Die Kooperation der Europäischen Union mit Entwicklungsländern und Drittstaaten und der Vertrag von Lissabon, EuR-Beiheft 2/2008, 36; *Müller*, Das Kohärenzgebot im Entwicklungsrecht der Europäischen Union, 2014; *Müller*, Europäisches Entwicklungsrecht, in: Dann/Kadelbach/Kaltenborn (Hrsg.), Entwicklung und Recht, 2014, S. 677; *Schwimmbeck*, Rechtliche Analyse der gegenwärtigen Struktur der regionalen Entwicklungszusammenarbeit der Europäischen Gemeinschaft, 2007.

Leitentscheidungen

EuGH, Urt. v. 2.3.1994, Rs. C–316/91 (Parlament/Rat), Slg. 1994, I–625
EuGH, Urt. v. 3.12.1996, Rs. C–268/94 (Portugal/Rat), Slg. 1996, I–6177
EuGH, Urt. v. 23.10.2007, Rs. C–403/05 (Europäisches Parlament/Kommission), Slg. 2007, I–9045
EuGH, Urt. v. 20.5.2008, Rs. C–91/05 (ECOWAS), Slg. 2008, I–3651
EuGH, Urt. v. 6.11.2008, Rs. C–155/07 (Europäisches Parlament/Rat), Slg. 2008, I–8103

Wesentliche sekundärrechtliche Vorschriften

Gemeinsame Erklärung des Rates und der im Rat vereinigten Vertreter der Regierungen der Mitgliedstaaten, des Europäischen Parlaments und der Kommission zur Entwicklungspolitik der Europäischen Union: »Der Europäische Konsens«, ABl. 2006, C 46/1
Mitteilung der Kommission an den Rat und das Europäische Parlament: EU-Verhaltenskodex im Hinblick auf die Arbeitsteilung im Bereich der Entwicklungspolitik, KOM(2007) 72 endg.
Mitteilung der Kommission an das Europäische Parlament, den Rat, den Europäischen Wirtschafts- und Sozialausschuss und den Ausschuss der Regionen: Für eine EU-Entwicklungspolitik mit größerer Wirkung: Agenda für den Wandel vom 13.10.2011, KOM(2011) 637 endg.

Verordnung (EU) 2015/322 des Rates vom 2.3.2015 über die Durchführung des 11. Europäischen Entwicklungsfonds, ABl. 2015, L 58/1
Policy Coherence for Development. 2015 EU Report, 3.8.2015, SWD(2015) 159 final

Inhaltsübersicht Rn.

A. Grundlagen	1
B. Historische Entwicklung der Art. 208–211 AEUV	3
C. Systematik der Art. 208–211 AEUV	14
I. Regelungsinhalte	14
II. Die Grundsätze der »drei K«	15
D. Inhalt des Art. 208 AEUV	17
I. Begriffsklärungen	18
1. Entwicklungsländer	19
2. Entwicklungszusammenarbeit	21
II. Einbettung in das auswärtige Handeln der EU (Abs. 1 UAbs. 1 Satz 1)	23
III. Grundsatz der Komplementarität (Abs. 1 UAbs. 1 Satz 2)	26
IV. Beseitigung der Armut als Hauptziel (Abs. 1 UAbs. 2 Satz 1)	28
V. Grundsatz der Kohärenz (Abs. 1 UAbs. 2 Satz 2)	31
VI. Internationale Zusagen und Zielsetzungen (Abs. 2)	35

A. Grundlagen

1 Titel III des Fünften Teils des AEUV zur »Zusammenarbeit mit Drittländern und Humanitäre Hilfe« besteht aus drei Kapiteln: Kapitel 1 (Art. 208–211 AEUV) beinhaltet die **Entwicklungszusammenarbeit**, Kapitel 2 (Art. 212–213 AEUV) die wirtschaftliche, technische und finanzielle Zusammenarbeit mit Drittstaaten, die keine Entwicklungsländer sind (sog. **Kooperationspolitik**), und Kapitel 3 (Art. 214 AEUV) die **Humanitäre Hilfe**. Der gesamte Teil III wird häufig zusammenfassend als »**Außenhilfe**«[1] bezeichnet. Seine drei Kapitel sind in vielfacher Hinsicht miteinander verbunden: In allen drei Bereichen geht es um die Vergabe von Leistungen, insbesondere finanzieller Art, an Drittstaaten. Die Hauptrolle bei allen Vergabearten spielt die Kommission. Historisch und inhaltlich unterscheiden sich die drei Kapitel jedoch zum Teil erheblich voneinander.

2 Im **Mittelpunkt der Entwicklungszusammenarbeit** nach Kapitel 1 (Art. 208–211 AEUV) stehen aus historischen Gründen die Entwicklungsländer aus dem afrikanischen, karibischen und pazifischen Raum, die sog. **AKP-Staaten** (s. Rn. 4 ff.). Es handelt sich bei ihnen um die ehemaligen Kolonien zahlreicher heutiger EU-Mitgliedstaaten. Im Laufe der Jahre hat die EU ihre Entwicklungszusammenarbeit jedoch auch auf weitere Entwicklungsländer ausgeweitet.

B. Historische Entwicklung der Art. 208–211 AEUV

3 Die **Gründungsverträge** enthielten keine genuin entwicklungspolitischen Kompetenzen der Gemeinschaft.[2] Wohl aber sahen Art. 3 Buchst. k EWGV sowie Art. 131–136 EWGV

---

[1] Vgl. *Dann/Wortmann*, EnzEuR, Bd. 10, § 8, Rn. 2, mit Verweis darauf, dass dieser Terminus vor allem in EU-Rechtsakten verwendet wird, vgl. exemplarisch VO (EG) Nr. 2112/2005 vom 21.11.2005 über den Zugang zur Außenhilfe der Gemeinschaft, ABl. 2005, L 344/23.
[2] Gute historische Überblicke bieten *Bartelt*, in: Schwarze, EU-Kommentar, Art. 208 AEUV, Rn. 1 ff.; *Ollmann*, in: Lenz/Borchardt, EU-Verträge, Vorb. Art. 208 AEUV, Rn. 1 ff.; *Streinz/Kruis*,

eine Assoziierung der abhängigen überseeischen Länder und Hoheitsgebiete der Mitgliedstaaten vor. Diese heute immer noch bestehende sog. »konstitutionelle« Assoziierung (s. Art. 198 AEUV) bildete die Grundlage für die ersten entwicklungspolitischen Maßnahmen der EWG. Von Bedeutung war insbesondere die Schaffung des ersten Europäischen Entwicklungsfonds (EEF) im Jahr 1957. Auf der Basis des Art. 136 EWGV, der ein Durchführungsabkommen vorsah, wurde er unter dem Namen »Entwicklungsfonds für die überseeischen Länder und Gebiete« für die Dauer von fünf Jahren geschaffen.[3]

Als der Prozess der **Dekolonisierung** in den 1960er Jahren einsetzte, wurden aus den meisten der ehemaligen abhängigen überseeischen Länder und Hoheitsgebiete neue, souveräne Staaten. Ihre einseitige (konstitutionelle) Assoziierung musste daher durch eine **zweiseitige (vertragliche) Assoziierung** ersetzt werden. Dies geschah durch den Abschluss von Assoziierungsabkommen auf der Basis des Art. 310 EWGV (heute Art. 217 AEUV).[4] Das erste Abkommen dieser Art war das **Yaoundé-Abkommen I** von 1963,[5] das fünf Jahre später durch das **Yaoundé-Abkommen II** von 1969[6] verlängert wurde. Beide wurden zwischen der EWG und insgesamt 18 afrikanischen Staaten, mehrheitlich ehemaligen französischen Kolonien,[7] abgeschlossen. Nach dem Beitritt Großbritanniens im Jahr 1973 wurde der Kreis der einbezogenen Staaten um die ehemaligen britischen Kolonien erweitert. Das 1975 unterzeichnete **Lomé-Abkommen I**[8] wurde als gemischtes Abkommen zwischen der EWG, ihren Mitgliedstaaten und insgesamt 46 Staaten aus dem afrikanischen, karibischen und pazifischen Raum geschlossen. Letztere schlossen sich im selben Jahr im sog. Georgetown-Abkommen[9] zur Gruppe der **AKP-Staaten** zusammen.[10] Das Lomé-Abkommen wurde in regelmäßigen Abständen neu verhandelt und insgesamt drei Mal verlängert (**Lomé-Abkommen II – IV**, von 1979,[11] 1984[12] und 1989[13]). An seine Stelle trat im Jahr 2000 das **Cotonou-Abkom-**

4

---

in: Streinz, EUV/AEUV, Art. 208 AEUV, Rn. 1 ff.; *Benedek*, in: Grabitz/Hilf/Nettesheim, EU, Art. 208 AEUV (April 2012), Rn. 10 ff.; *Zimmermann*, in: GSH, Europäisches Unionsrecht, Art. 208 AEUV, Rn. 1 ff.; *Dann*, in: Terhechte, Verwaltungsrecht der EU, § 34, Rn. 8 ff. (fast wortgleich auch bei *Dann/Wortmann*, EnzEuR, Bd. 10, § 8, Rn. 8 ff. zu finden); *Bartels*, EJIL 18 (2007), 715 ff.; *Arts*, GYIL 51 (2008), 217 ff.; *Schwimmbeck*, S. 17 ff.

[3] Durchführungsabkommen über die Assoziierung der überseeischen Länder und Hoheitsgebiete mit der Gemeinschaft vom 25.3.1957, BGBl. II 1957, S. 998.

[4] Ausf. zu den einzelnen Abkommen *Bartels*, EJIL 18 (2007), 715 (722 ff.).

[5] Abkommen über die Assoziation zwischen der Europäischen Wirtschaftsgemeinschaft und den mit dieser Gemeinschaft assoziierten afrikanischen Staaten und Madagaskar, 20.7.1963, ABl. 1964, Nr. 93/1431.

[6] Abkommen über die Assoziation zwischen der Europäischen Wirtschaftsgemeinschaft und den mit dieser Gemeinschaft assoziierten afrikanischen Staaten und Madagaskar, 29.6.1969, ABl. 1970, L 282/2.

[7] Zur Rolle Frankreichs in der europäischen Entwicklungspolitik vgl. *Bartels*, EJIL 18 (2007), 715 (717 ff.).

[8] AKP-EWG-Abkommen von Lomé, ABl. 1976, L 25/2.

[9] Das Abkommen findet sich auf der Internetseite der Karibischen Gemeinschaft (CARICOM), siehe http://www.caricom.org/jsp/secretariat/legal_instruments/georgetownagreementonacp.jsp?menu=secretariat (22.2.2016).

[10] Die Gruppe der 79 AKP-Staaten setzt sich mittlerweile aus 48 afrikanischen, 16 karibischen und 15 pazifischen Staaten zusammen. Der neue Staat Süd-Sudan hat seinen Beitritt zu den AKP-Staaten angekündigt, vgl. *Nickel*, Was kommt nach Cotonou?, SWP-Studie S 13, Juni 2012, Fn. 2.

[11] Zweites AKP-EWG-Abkommen, 31.10.1979, ABl. 1980, L 347/2.

[12] Drittes AKP-EWG-Abkommen, 8.12.1984, ABl. 1986, L 86/3.

[13] Viertes AKP-EWG-Abkommen, 15.12.1989, ABl. 1991, L 229/3.

men,[14] das für eine Laufzeit von 20 Jahren mit der Möglichkeit einer Revision alle fünf Jahre geschlossen wurde. Diese Revisionen erfolgten 2005[15] und 2010.[16] Die für 2015 vorgesehene dritte Revision wurde zugunsten der Reflexion über ein Nachfolgeabkommen aufgegeben.[17] Mittlerweile sind 78 der 79 AKP-Staaten Vertragsparteien.[18]

5 Vertragsgegenstand aller Abkommen mit den AKP-Staaten waren und sind nicht nur präferentielle Handelsbeziehungen, sondern vor allem der **Zugang zu den Mitteln des EEF**, der für jedes Abkommen neu aufgelegt wurde und seit seiner zweiten Auflage den Namen »Europäischer Entwicklungsfonds« trägt.[19] Der EEF speist sich aus Beiträgen der Mitgliedstaaten, die ihn auch überwachen. Verwaltet wird er von der Kommission. Seine

---

[14] Partnerschaftsabkommen zwischen den Mitgliedern der Gruppe der Staaten in Afrika, im Karibischen Raum und im Pazifischen Ozean einerseits und der Europäischen Gemeinschaft und ihren Mitgliedstaaten andererseits, unterzeichnet in Cotonou am 23.6.2000, ABl. 2000, L 317/3. Näher dazu *Friesen*, ZEuS 2009, 419. Ein detaillierter Überblick über das Abkommen von Cotonou findet sich bei *Zimmermann*, in: GSH, Europäisches Unionsrecht, Art. 209, Rn. 35 ff.

[15] Abkommen zur Änderung des Partnerschaftsabkommens zwischen den Mitgliedern der Gruppe der Staaten in Afrika, im Karibischen Raum und im Pazifischen Ozean einerseits und der Europäischen Gemeinschaft und ihren Mitgliedstaaten andererseits, unterzeichnet in Cotonou am 23.6.2000, ABl. 2005, L 209/33.

[16] Abkommen zur zweiten Änderung des Partnerschaftsabkommens zwischen den Mitgliedern der Gruppe der Staaten in Afrika, im Karibischen Raum und im Pazifischen Ozean einerseits und der Europäischen Gemeinschaft und ihren Mitgliedstaaten andererseits, unterzeichnet in Cotonou am 23.6.2000 und erstmals geändert in Luxemburg am 25.6.2005, ABl. 2010, L 287/1. Näher dazu *Bartelt*, EFAR 17 (2012), 1.

[17] Vgl. www.bmz.de/de/ministerium/wege/ez_eu/eu-wege/akpstaaten/ (17.4.2016). Zu möglichen Alternativen nach Cotonou vgl. *Nickel*, SWP Research Paper, RP 9, July 2012.

[18] Kuba ist zwar ein AKP-Staat, aber nicht Vertragspartei des Cotonou-Abkommens.

[19] Seit seiner zweiten Auflegung heißt der Fonds »Europäischer Entwicklungsfonds«. Vgl. im Einzelnen: 2. EEF (1964–1970, zu Jaunde I): Internes Abkommen über die Finanzierung und Verwaltung der Hilfe der Gemeinschaft vom 1.6.1964, ABl. 1964, Nr. 93/1493; 3. EEF (1970–1975, zu Jaunde II): Internes Abkommen über die Finanzierung und Verwaltung der Hilfe der Gemeinschaft vom 29.7.1969, ABl. 1970, L 282/47; 4. EEF (1975–1980, zu Lomé I): Internes Abkommen über die Finanzierung und Verwaltung der Hilfe der Gemeinschaft vom 11.7.1975, ABl. 1976, L 25/168; 5. EEF (1980–1985, zu Lomé II): Internes Abkommen von 1979 über die Finanzierung und Verwaltung der Hilfe der Gemeinschaft vom 20.11.1979, ABl. 1979, L 347/210; geändert durch Internes Abkommen zur Änderung des Internen Abkommens über die Finanzierung und Verwaltung der Hilfe der Gemeinschaft vom 20.11.1979 vom 16.12.1980, ABl. 1982, L 247/26; 6. EEF (1985–1990, zu Lomé III): Internes Abkommen über die Finanzierung und Verwaltung der Hilfe der Gemeinschaft 19.2.1985, ABl. 1986, L 86/210; 7. EEF (1990–1995, zu Lomé IV): Internes Abkommen über die Finanzierung und Verwaltung der Hilfen der Gemeinschaft im Rahmen des vierten AKP-EWG Abkommens vom 16.7.1990, ABl. 1991, L 229/288; 8. EEF (1995–2000, zu Lomé IV): Internes Abkommen zwischen den im Rat vereinigten Vertretern der Mitgliedstaaten über die Finanzierung und Verwaltung der Hilfen der Gemeinschaft im Rahmen des zweiten Finanzprotokolls des Vierten AKP-EG-Abkommens vom 20.12.1995, ABl. 1998, L 156/108; 9. EEF (2000–2007, zu Cotonou): Internes Abkommen zwischen den im Rat vereinigten Vertretern der Regierungen der Mitgliedstaaten über die Finanzierung und Verwaltung der Hilfe der Gemeinschaft im Rahmen des Finanzprotokolls zu dem am 23.6.2000 in Cotonou, Benin, unterzeichneten Partnerschaftsabkommen zwischen den Mitgliedern der Gruppe der Staaten in Afrika, im Karibischen Raum und im Pazifischen Ozean einerseits und der Europäischen Gemeinschaft und ihren Mitgliedstaaten andererseits und über die Bereitstellung von Finanzhilfe für die überseeischen Länder und Gebiete, auf die der vierte Teil des EG-Vertrags Anwendung findet vom 18.9.2000, ABl. 2000, L 317/355; 10. EEF (2008–2013): Internes Abkommen zwischen den im Rat vereinigten Vertretern der Regierungen der Mitgliedstaaten über die Finanzierung der im mehrjährigen Finanzrahmen für den Zeitraum 2008–2013 bereitgestellten Gemeinschaftshilfe im Rahmen des AKP-EG-Partnerschaftsabkommens und über die Bereitstellung von Finanzhilfe für die überseeischen Länder und Gebiete, auf die der vierte Teil des EG-Vertrags Anwendung findet, vom 17.7.2006, ABl. 2006, L 247/32.

Mittel werden sowohl für die noch verbliebenen überseeischen Länder und Gebiete nach Art. 198 AEUV als auch für die AKP-Staaten eingesetzt. Der von 2008 bis 2013 laufende 10. EEF umfasste über 22 Milliarden Euro. Davon standen 286 Millionen für die überseeischen Länder und Gebiete zur Verfügung. Der für den Zeitraum 2014 bis 2020 geltende 11. EEF hat ein Volumen von 30,5 Milliarden Euro, von denen rd. 365 Millionen Euro für die überseeischen Ländern und Gebiete vorgesehen sind.[20] Da er nicht sofort in Kraft trat, wurde eine entsprechende Überbrückungsfazilität geschaffen.[21] Seit seinem Inkrafttreten im Jahr 2015 werden die Mittel des 11. EEF unmittelbar vergeben.[22]

Anfang der 1970er Jahre setzte ein zweiter Strang der Entwicklungszusammenarbeit der Gemeinschaft ein: diejenige mit Staaten, die **keine Kolonien der Mitgliedstaaten** gewesen waren.[23] Die Gemeinschaft schloss mit den Anrainerstaaten des Mittelmeeres (Maghreb und Maschrek) ebenfalls Assoziierungsabkommen nach Art. 310 EWGV (heute Art. 217 AEUV) ab.[24] Hinzu traten ab 1980 Kooperationsabkommen mit zahlreichen asiatischen und lateinamerikanischen Staaten, die nicht nur handelsrechtliche Regelungen sondern auch solche zur Entwicklungszusammenarbeit enthielten.[25] Als Rechtsgrundlage für den Abschluss der Kooperationsabkommen wurden die Gemeinsame Handelspolitik nach Art. 113 EWGV (heute Art. 207 AEUV) bzw. die Kompetenzergänzungsklausel des Art. 235 EWGV (heute Art. 352 AEUV) herangezogen. Auch diese Assoziierungs- bzw. Kooperationsabkommen waren mit **finanziellen Zuwendungen** gekoppelt. Sie stammten und stammen allerdings nicht, wie beim EEF, aus Beiträgen der Mitgliedstaaten, sondern aus dem Gemeinschaftshaushalt.[26] Die Entwicklungszusammenarbeit der EWG/EG/EU ist demnach von Anbeginn an sowohl rechtlich als auch finanziell durch eine Zweiteilung gekennzeichnet. Es existieren bis heute zwei Regime nebeneinander: ein **AKP-bezogenes** (s. Rn. 4 f.) **und ein Nicht-AKP-bezogenes** (s. Art. 209 AEUV Rn. 2 ff.).[27]

6

---

[20] Internes Abkommen zwischen den im Rat vereinigten Vertretern der Regierungen der Mitgliedstaaten der Europäischen Union über die Finanzierung der im mehrjährigen Finanzrahmen für den Zeitraum 2014 bis 2020 vorgesehenen Hilfen der Europäischen Union im Rahmen des AKP-EU-Partnerschaftsabkommens und über die Bereitstellung von finanzieller Hilfe für die überseeischen Länder und Gebiete, auf die der vierte Teil des Vertrags über die Arbeitsweise der Europäischen Union Anwendung findet, vom 24./26. 6. 2013, ABl. 2013, L 210/1.

[21] Beschluss (EU) Nr. 2013/759 vom 12. 12. 2013 über Übergangsmaßnahmen für die Verwaltung des EEF vom 1. 1. 2014 bis zum Inkrafttreten des 11. Europäischen Entwicklungsfonds, ABl. 2013, L 335/48.

[22] Verordnung (EU) 2015/322 des Rates vom 2. März 2015 über die Durchführung des 11. Europäischen Entwicklungsfonds, ABl. 2015, L 58/1.

[23] Näher dazu *Zimmermann*, in: GSH, Europäisches Unionsrecht, Art. 208 AEUV, Rn. 29 ff., 50 ff.; *Kaltenborn*, GoJIL 2 (2010), 843 (849 ff.).

[24] Vgl. bspw. Kooperationsabkommen zwischen der Europäischen Wirtschaftsgemeinschaft und der tunesischen Republik vom 25. 4. 1976, ABl. 1978, L 265/2.

[25] Vgl. bspw. Kooperationsabkommen zwischen der Europäischen Gemeinschaft und der Republik Indien über Partnerschaft und Entwicklung vom 20. 12. 1993, ABl. 1994, L 223/24. Eine detaillierte Darstellung des Abkommens bietet *Zimmermann*, in: GSH, Europäisches Unionsrecht, Art. 208, Rn. 35 ff. Ab Rn. 30 ff. findet sich eine Liste weiterer Abkommen.

[26] Vgl. *Bartelt*, in: Schwarze, EU-Kommentar, Art. 208 AEUV, Rn. 4, sowie beispielhaft Art. 16 Abs. 1 des Kooperationsabkommens mit Indien (Fn. 25). Zu den Finanzierungsinstrumenten s. Art. 209 Rn. 11.

[27] Vgl. *Dann*, in: Terhechte, Verwaltungsrecht der EU, § 34, Rn. 12; *Dann/Wortmann*, EnzEuR, Bd. 10, § 8, Rn. 12; *Bartelt*, in: Schwarze, EU-Kommentar, Art. 208 AEUV, Rn. 4, 18 ff.; *Ollmann*, in: Lenz/Borchardt, EU-Verträge, Anhang zu Art. 209 AEUV, Rn. 1 ff.; *Streinz/Kruis*, in: Streinz, EUV/AEUV, Art. 209 AEUV, Rn. 35 ff.; *Schwimmbeck*, S. 247 ff.

7 Zu der bilateralen Entwicklungszusammenarbeit traten sukzessive Formen einer **autonomen Entwicklungszusammenarbeit der Gemeinschaft** hinzu.[28] Sie umfassten beispielsweise finanzielle und technische Hilfen für nicht-assoziierte Staaten[29] sowie Nahrungsmittelhilfen.[30] Mangels Vorliegen einer expliziten Ermächtigungsgrundlage wurden die meisten dieser eigenständigen Maßnahmen der Gemeinschaft auf Art. 235 EWGV (heute Art. 352 AEUV) gestützt.[31]

8 Der Bedarf für eigenständige, ausdrückliche Kompetenzen der Gemeinschaft und an einer damit einhergehenden kohärenten Entwicklungszusammenarbeit war im Laufe der Jahre evident geworden. Diesem Bedarf wurde mit dem **Vertrag von Maastricht von 1992** Rechnung getragen: Die Entwicklungszusammenarbeit wurde zu einem der Tätigkeitsbereiche der EG (Art. 3 Buchst. r EGV), der mit einer entsprechenden primärrechtlichen Grundlage (Titel XVII bestehend aus Art. 130u – 130y EGV) versehen war.

9 Der **Vertrag von Amsterdam von 1997** führte zu nur wenigen Änderungen. Neben einer Neunummerierung (Titel XVII EGV wurde zu Titel XX EGV, Art. 130u – 130y EGV wurden zu Art. 177–181 EGV, Art. 3 Buchst. r EGV blieb unverändert) wurden die Bestimmungen lediglich redaktionell leicht überarbeitet. Hinzu kam eine verfahrenstechnische Neuerung: Das bisher anzuwendende Zustimmungsverfahren wurde in Art. 179 Abs. 1 EGV durch das Verfahren der Mitentscheidung ersetzt.

10 Eine entscheidende Erweiterung der Tätigkeit der EG, die sich allerdings nicht auf die Entwicklungszusammenarbeit auswirkte, brachte der **Vertrag von Nizza von 2001** mit sich. Er schuf mit einem neuen Titel XXI, bestehend aus Art. 181a EGV, erstmalig eine ausdrückliche Kompetenz der Gemeinschaft für die wirtschaftliche, finanzielle und technische Zusammenarbeit mit Drittstaaten. Die Norm bildet den Anfang für die nunmehr im 2. Kapitel (Art. 212–213 AEUV) geregelten sog. Kooperationspolitik.

11 Zu den weitreichendsten Änderungen und Erweiterungen führte der **Vertrag von Lissabon von 2007**.[32] Er setzte im Wesentlichen vier Vorschläge um, die vom Verfassungskonvent für den Bereich der Entwicklungszusammenarbeit unterbreitet worden waren:[33] die Entwicklungszusammenarbeit sollte als integraler Bestandteil des außenpolitischen Handelns der EU verstanden werden, ihr Hauptziel sollte die Bekämpfung der Armut sein, der EEF sollte in den Gesamthaushalt der Union integriert werden, und die humanitäre Hilfe, bislang auf die Kompetenzen für die Entwicklungszusammenarbeit gestützt, sollte eine eigenständige primärrechtliche Grundlage erhalten.

12 Seit Inkrafttreten des Vertrags von Lissabon im Jahr 2009 ist die Entwicklungszusammenarbeit dementsprechend in **mehreren Bestimmungen des EUV und des AEUV** geregelt (zu den Auswirkungen des Vertrages von Lissabon auf die Kooperationspolitik s. Art. 212 AEUV, Rn. 4 f. sowie Art. 213 AEUV, Rn. 2 f.; zu seinen Auswirkungen auf die humanitäre Hilfe s. Art. 214 AEUV, Rn. 3). Zu den Zielen der Union zählt gemäß **Art. 3**

---

[28] Vgl. *Ollmann*, in: Lenz/Borchardt, EU-Verträge, Art. 208 AEUV, Rn. 4; *Zimmermann*, in: GSH, Europäisches Unionsrecht, Art. 208, Rn. 12.

[29] Vgl. bspw. Abkommen über handelspolitische, wirtschaftliche und entwicklungspolitische Zusammenarbeit zwischen der Europäischen Wirtschaftsgemeinschaft und der Islamischen Republik Pakistan vom 23. 6.1985, ABl. 1986, L 108/2.

[30] Vgl. bspw. Abkommen zwischen der Europäischen Wirtschaftsgemeinschaft und dem Haschemitischen Königreich Jordanien über die Lieferung von Butteroil im Rahmen der Nahrungsmittelhilfe vom 28. 6.1974, ABl. 1974, L 243/2.

[31] Nähere Details bei *Vedder/Lorenzmeier*, in: Grabitz/Hilf, EU, Art. 133 EGV (Mai 2008), Rn. 35.

[32] Näher dazu *Martenczuk*, EuR-Beiheft 2/2008, 36.

[33] Vgl. Schlussbericht der Arbeitsgruppe VII »Außenpolitisches Handeln«, 16.12.2002, CONV 459/02 sowie *Streinz/Kruis*, in: Streinz, EUV/AEUV, Art. 208 AEUV, Rn. 1.

Abs. 5 Satz 2 EUV die Leistung eines Beitrages zur globalen nachhaltigen Entwicklung und zur Beseitigung der Armut. Gemäß **Art. 21 Abs. 2 Buchst. d EUV** gehört die Förderung der nachhaltigen Entwicklung in den Entwicklungsländern mit dem vorrangigen Ziel, dort die Armut zu bekämpfen, zu den Grundsätzen und Zielen der europäischen Außenpolitik. Folgerichtig ist die Entwicklungszusammenarbeit in den Fünften Teil des AEUV zum auswärtigen Handeln der Union integriert worden, und zwar in das Kapitel 1 seines Titels III (zu den anderen Kapiteln s. Rn. 1). Es besteht aus **Art. 208–211 AEUV**. Art. 208 AEUV fasst die Art. 177 und 178 EGV zusammen. Art. 209 AEUV basiert in weiten Teilen auf Art. 179 und 181 EGV. Durch die Nichtübernahme der Regelung des Art. 179 Abs. 3 EGV in Art. 209 AEUV wurde die künftige Einbeziehung des EEF in den Gesamthaushalt der Union theoretisch möglich[34] (s. Art. 209 AEUV, Rn. 2, 18). Art. 210 EUV übernimmt die Regelung des Art. 180 EGV, während Art. 211 AEUV Art. 181 Satz 1 EGV entspricht.

Eine Besonderheit stellt die Kompetenzverteilung zwischen der Union und den Mitgliedstaaten dar. Gemäß **Art. 4 Abs. 4 AEUV** erstreckt sich die Zuständigkeit der Union im Bereich der Entwicklungszusammenarbeit darauf, »Maßnahmen zu treffen und eine gemeinsame Politik zu verfolgen, ohne dass die Ausübung dieser Zuständigkeit die Mitgliedstaaten hindert, ihre Zuständigkeit auszuüben«. In der Entwicklungszusammenarbeit verfügen die Union und die Mitgliedstaaten also über **parallele Kompetenzen**.[35]

13

C. Systematik der Art. 208–211 AEUV

I. Regelungsinhalte

Art. 208 AEUV stellt die zentrale Grundlagennorm für die Entwicklungszusammenarbeit dar. Er enthält die Grundsätze und Ziele dieses Politikbereiches. Die der Union für die Durchführung ihrer Entwicklungszusammenarbeit zur Verfügung stehenden Kompetenzen finden sich in **Art. 209 AEUV**, der sowohl die Innen- als auch die Außenkompetenzen beinhaltet. **Art. 210 AEUV** ist hingegen eine direkte Folge der parallelen Kompetenzen von Union und Mitgliedstaaten im Bereich der Entwicklungszusammenarbeit. Er verpflichtet beide Seiten zur Koordinierung ihrer jeweiligen entwicklungspolitischen Maßnahmen. **Art. 211 AEUV** stellt eine Spezialnorm zur internationalen Zusammenarbeit der Union und der Mitgliedstaaten dar.

14

II. Die Grundsätze der »drei K«

Für die Bestimmung des Inhalts der Art. 208–211 AEUV ist der im Jahr 2005 verabschiedete sog. **Europäische Konsens zur Entwicklungspolitik**[36] von besonderer Bedeutung. In dieser Gemeinsamen Erklärung einigten sich die Mitgliedstaaten, das Europäi-

15

---

[34] Vgl. *Martenczuk*, EuR-Beiheft 2/2008, 36 (47).
[35] Vgl. statt vieler *Khan*, in: Geiger/Khan/Kotzur, EUV/AEUV, Art. 208, Rn. 2. Die Parallelität der Kompetenzen wurde bereits vorher mehrfach vom EuGH festgestellt, vgl. EuGH, Urt. v. 2.3.1994, Rs. C–316/91 (Parlament/Rat), Slg. 1994, I–625, Rn. 26; Urt. v. 3.12.1996, Rs. C–268/94 (Portugal/Rat), Slg. 1996, I–6177, Rn. 36.
[36] Gemeinsame Erklärung des Rates und der im Rat vereinigten Vertreter der Regierungen der Mitgliedstaaten, des Europäischen Parlaments und der Kommission zur Entwicklungspolitik der Europäischen Union: »Der Europäische Konsens«, ABl. 2006, C 46/1.

sche Parlament, der Rat und die Kommission[37] erstmals auf allgemeine Ziele und Grundsätze sowie auf Leitlinien zur Durchführung der Entwicklungspolitik der Union. Der Konsens ist trotz seiner Unverbindlichkeit schon mehrfach vom EuGH als Referenzrahmen herangezogen worden.[38]

16 Der Europäische Konsens legt der Entwicklungspolitik der EU die »drei K« zugrunde.[39] Diese umfassen den Grundsatz der **Komplementarität** (geregelt in Art. 208 Abs. 1 UAbs. 1 Satz 2 AEUV, s. Rn. 26 ff.), den Grundsatz der **Kohärenz** (geregelt in Art. 208 Abs. 1 UAbs. 2 Satz 2 AEUV, s. Rn. 31 ff.) und das Gebot der **Koordinierung** (geregelt in Art. 210 AEUV, s. Art. 210).[40] Die »drei K« wurden durch den Vertrag von Maastricht erstmals primärrechtlich verankert[41] und werden seitdem als die wesentlichen Eckpfeiler der Entwicklungszusammenarbeit der EU verstanden.

D. Inhalt des Art. 208 AEUV

17 Art. 208 AEUV erweist sich als »Potpourri« mehrerer Grundsätze und Ziele, dessen Struktur noch erhebliches Verbesserungspotential aufweist.

I. Begriffsklärungen

18 Im Zentrum des Art. 208 AEUV stehen zwei Begriffe, die auch die folgenden Bestimmungen prägen. Der erste ist derjenige der Entwicklungsländer, der zweite derjenige der Entwicklungszusammenarbeit.

1. Entwicklungsländer

19 Die Heterogenität und der ständige Wandel dieser Staatengruppe[42] bedingen, dass der Begriff der Entwicklungsländer **weder völker- noch primärrechtlich definiert** ist.[43] Laut Europäischem Konsens sind unter »Entwicklungsländern« jene Länder zu verstehen, die in der vom OECD-Ausschuss für Entwicklungshilfe (Development Assistance Committee – DAC) beschlossenen Liste der Empfänger öffentlicher Entwicklungshilfe (**Official Development Assistance – ODA**) aufgeführt sind.[44] Die Liste orientiert sich am

---

[37] Im April 2014 wurde der Europäische Konsens darüber hinaus von der Hohen Vertreterin für die Außen- und Sicherheitspolitik unterzeichnet, vgl. http://www.europarl.europa.eu/the-president/en/press/press_release_speeches/press_release/2014/2014-april/html/ashton-and-schulz-joint-statement-on-the-european-consensus-on-development (22.2.2016).
[38] Vgl. EuGH, Urt. v. 20.5.2008, Rs. C–91/05 (ECOWAS), Slg. 2008, I–3651, Rn. 66.
[39] Vgl. Europäischer Konsens (Fn. 36), Rn. 51.
[40] Näher zu den »drei K« *Schwimmbeck*, S. 159 ff.; *Kaltenborn*, GoJIL 2 (2010), 843 (859 ff.); *Hoebink*, Evaluating Maastricht's Triple C, in: Hoebink (Hrsg.), S. 1; *Loquai*, The Europeanisation of Development Cooperation: Coordination, Complementarity, Coherence, 1996.
[41] Vgl. *Schwimmbeck*, S. 159.
[42] Näher dazu *Kaltenborn*, AVR 46 (2008), 205 (210 ff.); *Dann*, Entwicklungsverwaltungsrecht, S. 72 f.
[43] Vgl. *Bartelt*, in: Schwarze, EU-Kommentar, Art. 208 AEUV, Rn. 17.
[44] Vgl. Europäischer Konsens (Fn. 36), Rn. 1, Fn. 2.

Bruttoinlandsprodukt pro Einwohner und wird regelmäßig überarbeitet.[45] Die seit dem 1. Januar 2015 gültige Liste besteht aus fast 150 Staaten.[46]

Der EuGH erkennt die Bedeutung der Liste an; er besteht jedoch darauf, dass der primärrechtliche Begriff der Entwicklungsländer **unionsautonom auszulegen und anzuwenden** sei.[47] Als Begründung führt er an, dass die Gruppe der Entwicklungsländer insofern dynamisch sei, als sie kaum vorhersehbaren Änderungen unterliegen könne. Dem Postulat des EuGH und der damit einhergehenden Auffassung, dass die Einordnung als Entwicklungsland nicht allein vom Bruttoinlandsprodukt, sondern auch von anderen ökonomischen sowie politischen Faktoren abhängt,[48] wird die Union auch gerecht. Zwar verweisen zahlreiche Sekundärrechtsakte auf die OECD-Liste.[49] Gelegentlich werden Staaten auf der Liste aber auch anderen Kategorien als den Entwicklungsländern zugeordnet.[50]

20

2. Entwicklungszusammenarbeit

Der Begriff der »Entwicklungszusammenarbeit« ist ebenfalls nicht primärrechtlich definiert. Im Europäischen Konsens von 2005 wird lediglich die **Entwicklungszusammenarbeit der Mitgliedstaaten** mit der öffentlichen Entwicklungshilfe (ODA) gemäß dem OECD-Ausschuss für Entwicklungshilfe (DAC) gleichgesetzt.[51] Diese erfasst Zahlungen öffentlicher Stellen an Entwicklungsländer oder Entwicklungsorganisationen, deren Hauptziele die wirtschaftliche Entwicklung und die Verbesserung der Lebensbedingungen in einem Entwicklungsland sind, die vergünstigte Konditionen bieten sind und die ein Zuschusselement von mindestens 25 % beinhalten.[52]

21

Sowohl der EuGH[53] als auch die Mehrheit der Literatur[54] stimmen darin überein, dass

22

---

[45] Die nächste Überarbeitung soll im Jahr 2017 erfolgen, vgl. http://www.oecd.org/dac/stats/daclist.htm (17.4.2016).

[46] Die Liste ist abrufbar unter http://www.oecd.org/dac/stats/documentupload/DAC%20List%20of%20ODA%20Recipients%202014%20final.pdf (17.4.2016).

[47] Vgl. EuGH, Urt. v. 23.10.2007, Rs. C–403/05 (Europäisches Parlament/Kommission), Slg. 2007, I–9045, Rn. 57; Urt. v. 6.11.2008, Rs. C–155/07 (Europäisches Parlament/Rat), Slg. 2008, I–8103, Rn. 52.

[48] Vgl. *Randazzo*, CMLRev. 46 (2009), 1277 (1287); *Streinz/Kruis*, in: Streinz, EUV/AEUV, Art. 208 AEUV, Rn. 7.

[49] So etwa Art. 1 Abs. 1 UAbs. 1 VO (EG) Nr. 1337/2008 vom 16.12.2008 über eine Krisenreaktionsfazilität zur Bewältigung des drastischen Anstiegs der Nahrungsmittelpreise in Entwicklungsländern, ABl. 2008, L 354/62 (seit 31.12.2010 außer Kraft); Art. 31 Abs. 1 UAbs. 3 Satz 1 i.V.m. Anhang II VO (EG) Nr. 1905/2006 vom 18.12.2006 zur Schaffung eines Finanzierungsinstruments für die Entwicklungszusammenarbeit, ABl. 2006, L 378/41.

[50] Vgl. etwa VO (EG) Nr. 1085/2006 vom 17.7.2006 zur Schaffung eines Instruments für Heranführungshilfe (IPA), ABl. 2006, L 210/82. Die in den Anhängen I und II aufgeführten Länder werden zwar finanziell unterstützt; sie werden dabei aber nicht als Entwicklungsländer, sondern als Beitrittskandidaten behandelt. Dementsprechend stützte sich die VO auf Art. 181 a EGV (dem heutigen Art. 212 AEUV, also auf die Kooperationspolitik) und nicht auf Art. 179 EGV (dem heutigen Art. 209 AEUV, also auf die Entwicklungszusammenarbeit).

[51] Vgl. Europäischer Konsens (Fn. 36), Rn. 4 Fn. 1.

[52] Die Definition wurde 1972 vom OECD-Ausschuss für Entwicklungshilfe (DAC) entwickelt. Sie ist in Richtlinien festgehalten und wird regelmäßig aktualisiert, vgl. *Dann*, Entwicklungsverwaltungsrecht, S. 5. Die derzeit gültige Definition ist abgedruckt in OECD-DAC Statistical Reporting Directives, DCD/DAC(2010)40/REV1, 12.11.2011, Rn. 37.

[53] So EuGH, Urt. v. 23.10.2007, Rs. C–403/05 (Europäisches Parlament/Kommission), Slg. 2007, I–9045, Rn. 55 ff.; Urt. v. 20.5.2008, Rs. C–91/05 (ECOWAS), Slg. 2008, I–3651, Rn. 67.

[54] So *Streinz/Kruis*, in: Streinz, EUV/AEUV, Art. 208 AEUV, Rn. 5; *Streinz/Kruis*, in: Streinz,

der im AEUV verwendete Begriff der **Entwicklungszusammenarbeit der Union** weiter ist als derjenige der öffentlichen Entwicklungshilfe (ODA) der Mitgliedstaaten. Er umfasst nicht nur Zahlungen, erst recht nicht nur solche, die ein Zuschusselement von mindestens 25 % beinhalten, sondern alle Maßnahmen, deren Ziel nicht nur die nachhaltige wirtschaftliche, soziale und ökologische Entwicklung, sondern auch die Förderung der Demokratie und des Rechtsstaats, die Wahrung der Menschenrechte, des Friedens und der Sicherheit ist.

II. Einbettung in das auswärtige Handeln der EU (Abs. 1 UAbs. 1 Satz 1)

23 Gemäß Art. 208 Abs. 1 UAbs. 1 Satz 1 AEUV wird die Entwicklungspolitik der EU »im Rahmen der Grundsätze und Ziele des auswärtigen Handelns der Union durchgeführt«. Die Entwicklungspolitik ist demnach ausdrücklich **kein eigenständiges Politikfeld** mehr, sondern eines von mehreren »Instrumenten« des auswärtigen Handelns der EU.[55] Dessen Grundsätze und Ziele ergeben sich zum einen aus den in Art. 21 EUV verankerten Grundsätzen und Zielen, zum anderen aus den vom Europäischen Rat gemäß Art. 22 EUV festzulegenden strategischen Zielen und Interessen.[56]

24 Der Verweis auf Art. 21 EUV bestätigt die **bisher in Art. 177 EGV verankerten Ziele der EU-Entwicklungspolitik**, die mit dem Vertrag von Lissabon zu Zielen des gesamten auswärtigen Handelns der EU gemacht wurden.[57] Es handelt sich dabei um die nachhaltige Entwicklung mit dem Hauptziel der Armutsbekämpfung in Art. 21 Abs. 2 Buchst. d EUV (dieses Ziel wird in Art. 208 Abs. 1 UAbs. 2 Satz 1 AEUV wieder aufgegriffen, s. Rn. 28 ff.),[58] um die Förderung von Demokratie, Rechtsstaatlichkeit und Menschenrechten nach Art. 21 Abs. 2 Buchst. b EUV sowie um die Integration in die Weltwirtschaft nach Art. 21 Abs. 2 Buchst. e EUV. Darüber hinaus führt der Verweis auf Art. 21 EUV jedoch auch zu einer ausdrücklichen **Erweiterung der mit der Entwicklungspolitik zu verfolgenden Ziele**.[59] Besonders erwähnenswert ist in diesem Zusammenhang die Förderung von Frieden, Konfliktverhütung und internationaler Sicherheit nach Art. 21 Abs. 2 Buchst. c EUV.[60] Der Zusammenhang zwischen Sicherheit und Entwicklung war zuvor bereits im Europäischen Konsens[61] und seitens des EuGH[62] anerkannt worden. Die nunmehr explizite Formulierung als Ziel auch der Entwicklungspolitik macht allerdings deutlich, dass die EU von einem holistischen Entwicklungsbegriff

---

EUV/AEUV, Art. 208 AEUV, Rn. 16; *Ollmann*, in: Lenz/Borchardt, EU-Verträge, Art. 208 AEUV, Rn. 6; *Zimmermann*, in: GSH, Europäisches Unionsrecht, Art. 208 AEUV, Rn. 22. A. A. offenbar *Dann*, in: Terhechte, Verwaltungsrecht der EU, § 34, Rn. 5.

[55] So *Streinz/Kruis*, in: Streinz, EUV/AEUV, Art. 208 AEUV, Rn. 17; *Zimmermann*, in: GSH, Europäisches Unionsrecht, Art. 208 AEUV, Rn. 20.

[56] Vgl. *Ollmann*, in: Lenz/Borchardt, EU-Verträge, Art. 208 AEUV, Rn. 2.

[57] Vgl. *Bartelt*, in: Schwarze, EU-Kommentar, Art. 208 AEUV, Rn. 6.

[58] Näher dazu *Zimmermann*, in: GSH, Europäisches Unionsrecht, Art. 208 AEUV, Rn. 59 ff.

[59] Vgl. *Ollmann*, in: Lenz/Borchardt, EU-Verträge, Art. 208 AEUV, Rn. 4; *Zimmermann*, in: GSH, Europäisches Unionsrecht, Art. 208 AEUV, Rn. 56; *Müller*, Europäisches Entwicklungsrecht, S. 680.

[60] So auch *Bartelt*, in: Schwarze, EU-Kommentar, Art. 208 AEUV, Rn. 7; *Streinz/Kruis*, in: Streinz, EUV/AEUV, Art. 208 AEUV, Rn. 19.

[61] Vgl. Europäischer Konsens (Fn. 36), Rn. 37. Kritisch zur tatsächlichen Berücksichtigung der Zusammenhänge zwischen Sicherheit und Entwicklung *Youngs*, European Integration 30 (1998), 419 ff.

[62] Vgl. EuGH, Urt. v. 3.12.1996, Rs. C–268/94 (Portugal/Rat), Slg. 1996, I–6177, Rn. 44, 60, 63, 73; Urt. v. 20.5.2008, Rs. C–91/05 (ECOWAS), Slg. 2008, I–3651, Rn. 64 ff.

ausgeht, der neben wirtschaftlichen Faktoren auch Frieden, Sicherheit, Rechtsstaatlichkeit und Menschenrechte berücksichtigt.[63]

Die Einbettung der Entwicklungspolitik in das auswärtige Handeln der EU führt aber auch zu **Abgrenzungsproblemen**.[64] Diese betreffen insbesondere das Verhältnis zur GASP (näher dazu Art. 209 AEUV, Rn. 5). 25

III. Grundsatz der Komplementarität (Abs. 1 UAbs. 1 Satz 2)

Gemäß Art. 208 Abs. 1 UAbs. 1 Satz 2 AEUV »ergänzen und verstärken« sich die Entwicklungspolitiken der EU und der Mitgliedstaaten gegenseitig. Der in dieser Formulierung zum Ausdruck kommende **Grundsatz der Komplementarität**[65] ist eine Folge der parallelen Kompetenzen von EU und Mitgliedstaaten auf dem Gebiet der Entwicklungszusammenarbeit (s. Rn. 13)[66] sowie eine Präzisierung für seine Umsetzung. Die EU und die Mitgliedstaaten sollen arbeitsteilig tätig werden (»ergänzen«) und eine gegenseitige Optimierung anstreben (»verstärken«). 26

Der Grundsatz der Komplementarität gehörte schon vor seiner heutigen, eindeutigen Formulierung durch den Vertrag von Lissabon zur **entwicklungspolitischen Praxis**.[67] Besonders deutlich zeigte sich dies in einer entsprechenden Mitteilung der Kommission aus dem Jahr 2007.[68] Die Kommission schlug darin einen freiwilligen »Verhaltenskodex« für eine bessere Komplementarität und Arbeitsteilung zwischen der EU und den Mitgliedstaaten vor. Der Kodex beinhaltet elf Grundsätze, mit denen sowohl eine landesinterne Komplementarität (ausgewogene Finanzierung aller Sektoren), eine Komplementarität auf internationaler Ebene (gleichmäßige Präsenz in allen Entwicklungsländern) als auch eine vertikale Komplementarität (Synergien zwischen ähnlichen Maßnahmen auf regionaler, nationaler und internationaler Ebene) erreicht werden sollen. 27

IV. Beseitigung der Armut als Hauptziel (Abs. 1 UAbs. 2 Satz 1)

Die Armutsbeseitigung als Hauptziel der EU-Entwicklungspolitik findet sich an mehreren Stellen im Primärrecht verankert. Die **Systematik dieser Verankerung** zeigt eine graduelle Steigerung: Gemäß dem Zielkatalog des Art. 3 Abs. 5 Satz 2 EUV leistet die EU in ihrem Verhältnis zu Drittstaaten einen Beitrag zur Beseitigung der Armut. Dieses Ziel wird in Art. 21 EUV, der die Grundsätze und Ziele des auswärtigen Handelns der EU beinhaltet, in Abs. 2 Buchst. d wieder aufgegriffen. Demnach fördert die EU eine nachhaltige Entwicklung mit dem vorrangigen Ziel, die Armut zu beseitigen. Diese Vorgabe wird dann in Art. 208 Abs. 1 UAbs. 2 Satz 1 AEUV konkretisiert und verstärkt, indem »die Bekämpfung und auf längere Sicht die Beseitigung der Armut« zum Haupt- 28

---

[63] Vgl. *Bartelt*, in: Schwarze, EU-Kommentar, Art. 208 AEUV, Rn. 8; *Dann*, in: Terhechte, Verwaltungsrecht der EU, § 34, Rn. 24 f.; *Dann/Wortmann*, EnzEuR, Bd. 10, § 8, Rn. 34.
[64] So auch *Streinz/Kruis*, in: Streinz, EUV/AEUV, Art. 208 AEUV, Rn. 17; *Bartelt*, in: Schwarze, EU-Kommentar, Art. 208 AEUV, Rn. 9.
[65] Vgl. ausf. *Schwimmbeck*, S. 177 ff.
[66] Vgl. *Benedek*, in: Grabitz/Hilf/Nettesheim, EU, Art. 208 AEUV (April 2012), Rn. 55; *Ollmann*, in: Lenz/Borchardt, EU-Verträge, Art. 208 AEUV, Rn. 5.
[67] Vgl. *Ollmann*, in: Lenz/Borchardt, EU-Verträge, Art. 208 AEUV, Rn. 5.
[68] Mitteilung der Kommission an den Rat und das Europäische Parlament, EU-Verhaltenskodex im Hinblick auf die Arbeitsteilung im Bereich der Entwicklungspolitik, KOM(2007) 72 endg. Zu den Vorläuferdokumenten vgl. ausf. *Benedek*, in: Grabitz/Hilf/Nettesheim, EU, Art. 208 AEUV (April 2012), Rn. 58 ff.

ziel der EU-Entwicklungspolitik erklärt werden. Die in der Vorgängervorschrift des Art. 177 Abs. 1 EGV – ohne Rangordnung – genannten weiteren Ziele finden sich nun in Art. 21 Abs. 2 EUV (s. Rn. 24).

29 Einer der **Hintergründe** für die Festlegung der Armutsbekämpfung als Hauptziel ist die in Art. 208 Abs. 2 AEUV verankerte Berücksichtigung internationaler Zusagen und Zielsetzungen (s. Rn. 35 ff.).[69] Nachdem die UN im Jahr 2000 im Rahmen der sog. **entwicklungspolitischen Millenniumsziele** die Beseitigung der Armut zum primären Ziel der Entwicklungspolitik erklärt hatten,[70] wurde diese Vorgabe in das Unionsrecht übernommen. Es findet sich im Abkommen von Cotonou von 2000,[71] im Europäischen Konsens von 2005,[72] in zahlreichen danach erlassenen Sekundärrechtsakten[73] sowie nunmehr ausdrücklich im Primärrecht. Allerdings hat die **Gemeinschaft bereits in den 1990er Jahren** die Armutsbekämpfung in den Vordergrund ihrer Entwicklungszusammenarbeit gestellt: Besondere Erwähnung verdient in diesem Zusammenhang die **Ratsentschließung über den Kampf gegen die Armut** aus dem Jahre 1993.[74]

30 Der **Begriff der »Armut«** kennt keine allgemein anerkannte völkerrechtliche Definition und wird auch im Primärrecht nicht näher erläutert. Allerdings zeigt die Erläuterung des »Phänomens Armut« im Europäischen Konsens,[75] dass die EU von einem **weiten Armutsbegriff** ausgeht, der mehr umfasst als einen Mangel an finanziellen Ressourcen.[76] »Die wichtigsten Dimensionen der Armut betreffen wirtschaftliche, menschliche, politische und sozio-kulturelle Fähigkeiten sowie Selbstschutzfähigkeiten. Armut steht in Bezug zu menschlichen Fähigkeiten und wirkt sich somit auf Bereiche aus wie Konsum und Ernährungssicherheit, Gesundheit, Bildung, Rechte, die Fähigkeit, Gehör zu finden, menschliche Sicherheit insbesondere für die Armen, Würde und menschenwürdige Arbeit.« Demensprechend könne **Armut nur erfolgreich bekämpft werden**, wenn sowohl in Menschen (Gesundheit, Bildung, Kultur,[77] Geschlechtergleichstellung), in den Schutz natürlicher Ressourcen (Wälder, Wasser, Meeresressourcen, Boden)[78] und in wirtschaftliche Rahmenbedingungen (Infrastruktur, Unternehmertum, Schaffung von Arbeitsplätzen, Zugang zu Krediten, Eigentumsrechte) investiert werde.[79]

---

[69] Vgl. *Dann*, in: Terhechte, Verwaltungsrecht der EU, § 34, Rn. 24 sowie *Dann/Wortmann*, EnzEuR, Bd. 10, § 8, Rn. 34; *Bartelt*, in: Schwarze, EU-Kommentar, Art. 208 AEUV, Rn. 11.

[70] Millenniums-Erklärung der Vereinten Nationen, GV Res. A/RES/55/2 vom 13.9.2000, Rn. 11 ff.

[71] Abkommen von Cotonou (Fn. 14), Art. 1 Abs. 2.

[72] Europäischer Konsens (Fn. 36), Rn. 5.

[73] Art. 2 Abs. 1 VO (EG) Nr. 1905/2006 vom 18.12.2006 zur Schaffung eines Finanzierungsinstruments für die Entwicklungszusammenarbeit, ABl. 2006, L 378/41.

[74] Entschließung des Rates über den Kampf gegen die Armut vom 2.12.1993 auf Grundlage der Mitteilung der Kommission über die Kampagne gegen die Armut in den Entwicklungsländern vom 16.11.1993, KOM(1993) 518 endg.

[75] Europäischer Konsens (Fn. 36), Rn. 11.

[76] Zustimmend zu einem weiten Armutsbegriff *Streinz/Kruis*, in: Streinz, EUV/AEUV, Art. 208 AEUV, Rn. 15; *Bartelt*, in: Schwarze, EU-Kommentar, Art. 208 AEUV, Rn. 12; *Schmalenbach*, in: Calliess/Ruffert, EUV/AEUV, Art. 208 AEUV, Rn. 8.

[77] Näher dazu Schlussfolgerungen des Rates zur Rolle der Kultur in den Außenbeziehungen der EU und insbesondere in der Entwicklungszusammenarbeit, ABl. 2015, C 417/41.

[78] Näher zu Umweltschutzaspekten im Rahmen der EU-Entwicklungszusammenarbeit *Schmalenbach*, in: Nowak, Konsolidierung und Entwicklungsperspektiven des Europäischen Umweltrechts, 2015, S. 251 ff.

[79] Eine Analyse, inwieweit die EU-Maßnahmen im Bereich der Entwicklungszusammenarbeit tatsächlich zur Beseitigung der Armut beitragen, bietet *Arts*, GYIL 51 (2008), 217.

V. Grundsatz der Kohärenz (Abs. 1 UAbs. 2 Satz 2)

Gemäß Art. 208 Abs. 1 UAbs. 2 Satz 2 AEUV trägt die EU bei der Durchführung von Maßnahmen, die sich auf die Entwicklungsländer auswirken können, den Zielen der Entwicklungszusammenarbeit Rechnung. Diese entwicklungspolitische Querschnittsklausel,[80] in der Regel als »**Grundsatz der Kohärenz**«[81] bezeichnet, entspricht dem bisherigen Art. 178 EGV. Sein Ziel ist eine kohärente, d. h. aufeinander abgestimmte Ausgestaltung der einzelnen Politikbereiche. Das Kohärenzgebot gilt allein für die **Maßnahmen der EU**, nicht für diejenigen der Mitgliedstaaten.[82] Das schließt allerdings nicht aus, dass die Mitgliedstaaten zumindest politisch sowie aufgrund des in Art. 210 AEUV verankerten Koordinierungsgebotes (s. Art. 210 AEUV) dazu angehalten sind, ihre nationalen Politiken entsprechend auszugestalten.[83]

31

Das Kohärenzgebot kommt nach dem Wortlaut der Norm (»die Entwicklungsländer«) zum Tragen, wenn sich eine EU-Maßnahme aus einem anderen Politikbereich auf die **Gesamtheit der Entwicklungsländer** auswirkt.[84] Nicht erforderlich dürfte es sein, dass tatsächlich alle Entwicklungsländer tangiert sind; die Betroffenheit einer Mehrheit von ihnen muss genügen, um das Kohärenzgebot zur Anwendung kommen zu lassen.[85] Ausreichend ist dabei allerdings eine lediglich **potentielle Auswirkung** auf die Entwicklungsländer.

32

Das Kohärenzgebot gilt bei der »Durchführung politischer Maßnahmen«. Der weite Wortlaut verdeutlicht, dass damit das **gesamte Handeln der EU**,[86] inkl. der Maßnahmen im Bereich der GASP,[87] erfasst ist. Das ergibt sich bereits aus dem allgemeinen Kohärenzgebot des Art. 21 Abs. 3 EUV. Ergänzt wird das Kohärenzgebot des Art. 208 Abs. 2 AEUV durch das spezielle Kohärenzgebot im Bereich der Kooperationspolitik, das in Art. 212 Abs. 1 UAbs. 1 Satz 2 AEUV (s. Art. 212 AEUV, Rn. 9) verankert ist. Die EU muss bei allen ihren Maßnahmen den **Zielen der Entwicklungszusammenarbeit** Rechnung tragen. Damit umfasst sind sowohl das Hauptziel der Armutsbekämpfung gemäß Art. 208 Abs. 1 UAbs. 2 Satz 1 AEUV (s. Rn. 28 ff.) als auch die übrigen Ziele gemäß Art. 208 Abs. 1 UAbs. 1 Satz 1 AEUV (s. Rn. 24). Anders als beispielsweise die umweltpolitische Querschnittsklausel des Art. 11 AEUV (»müssen […] einbezogen werden«), verlangt das Kohärenzgebot **keine zwingende Einbeziehung** der Ziele der Entwicklungszusammenarbeit.[88] Ihnen ist lediglich Rechnung zu tragen, d. h. dass den EU-

33

---

[80] So auch *Bartelt*, in: Schwarze, EU-Kommentar, Art. 208 AEUV, Rn. 21.
[81] Vgl. ausf. *Müller*, Das Kohärenzgebot; *Schwimmbeck*, S. 185 ff.; *Zimmermann*, in: GSH, Europäisches Unionsrecht, Art. 208, Rn. 83.
[82] Vgl. *Streinz/Kruis*, in: Streinz, EUV/AEUV, Art. 208 AEUV, Rn. 33; *Ollmann*, in: Lenz/Borchardt, EU-Verträge, Art. 208 AEUV, Rn. 15.
[83] Vgl. Schlussfolgerungen des Rates der Europäischen Union zur Politikkohärenz im Interesse der Entwicklung vom 18. 12. 2009, 16079/09, Rn. 3, 5, 10, 11 ff. Zustimmend *Schmalenbach*, in: Calliess/Ruffert, EUV/AEUV, Art. 208 AEUV, Rn. 17; *Benedek*, in: Grabitz/Hilf/Nettesheim, EU, Art. 208 AEUV (April 2012), Rn. 66.
[84] So auch *Ollmann*, in: Lenz/Borchardt, EU-Verträge, Art. 208 AEUV, Rn. 12.
[85] So ausdr. *Ollmann*, in: Lenz/Borchardt, EU-Verträge, Art. 208 AEUV, Rn. 12. Zustimmend *Streinz/Kruis*, in: Streinz, EUV/AEUV, Art. 208 AEUV, Rn. 34.
[86] Zu den besonders relevanten Bereichen, wie dem Assoziierungsrecht, dem Landwirtschaftsrecht etc. vgl. *Müller*, Das Kohärenzgebot, S. 189 ff.
[87] Vgl. *Bartelt*, in: Schwarze, EU-Kommentar, Art. 208 AEUV, Rn. 21; *Streinz/Kruis*, in: Streinz, EUV/AEUV, Art. 208 AEUV, Rn. 32 (mit anderer Begründung). Eine ausf. Analyse findet sich bei *Müller*, Das Kohärenzgebot, S. 292 ff.
[88] Vgl. *Kaltenborn*, GoJIL 2 (2010), 843 (861); *Bartelt*, in: Schwarze, EU-Kommentar, Art. 208 AEUV, Rn. 22; *Ollmann*, in: Lenz/Borchardt, EU-Verträge, Art. 208 AEUV, Rn. 14.

34 Zur **Umsetzung des Kohärenzgebots**[91] hat die Gemeinschaft auf der Grundlage der Vorgängernorm Art. 178 EGV Sekundärrechtsakte erlassen.[92] Angesichts der seit dem Vertrag von Lissabon vorgegebenen Zielrangfolge stellen neuere Sekundärrechtsakte, die sich (auch) dem Kohärenzgebot widmen, die Armutsbekämpfung in den Vordergrund. Beispielhaft sei die vom Rat im Mai 2012 beschlossene »Agenda für den Wandel«[93] genannt. Sie räumt dem Zusammenhang zwischen Sicherheit und Armut einen besonderen Stellenwert im Rahmen der Kohärenzüberlegungen ein.[94] Seit 2007 veröffentlicht die EU **alle zwei Jahre Berichte** über die Fortschritte bei Umsetzung des Kohärenzgebots und legt dabei auch die Themenschwerpunkte fest, in denen das Kohärenzgebot von besonderer Relevanz ist. Der jüngste Bericht wurde 2015 vorgelegt.[95] Als Themenschwerpunkte nennt er die Bereiche Handel und Finanzen, Ernährungssicherheit, Klimawandel, Migration und Sicherheit.

VI. Internationale Zusagen und Zielsetzungen (Abs. 2)

35 Art. 208 Abs. 2 AEUV entspricht der Vorgängernorm des Art. 177 Abs. 3 EGV. Er ist ausdrücklich an **die EU und die Mitgliedstaaten** gerichtet. Er verpflichtet beide dazu, den Zusagen nachzukommen, die sie im Rahmen internationaler Organisationen gegeben haben, und die in diesem Rahmen von ihnen gebilligten Zielsetzungen zu berücksichtigen. Allerdings bedeutet die gemeinsame Nennung von EU und Mitgliedstaaten nicht, dass die Zusagen/Zielsetzungen, welche für die EU gelten, automatisch auf die Mitgliedstaaten anwendbar sind, und umgekehrt. Die von der EU und den Mitgliedstaaten jeweils gemachten Zusagen/gebilligten Zielsetzungen bleiben **voneinander unabhängig**.[96]

36 Die zwei Mal verwendete Formulierung »**im Rahmen**« verdeutlicht, dass nicht nur Zusagen/Zielsetzungen gemeint sind, welche die EU/die Mitgliedstaaten als Mitglieder einer internationalen Organisation gemacht haben. Erfasst sind auch solche Zusagen/

---

[89] Vgl. *Schmalenbach*, in: Calliess/Ruffert, EUV/AEUV, Art. 208 AEUV, Rn. 17; *Bartelt*, in: Schwarze, EU-Kommentar, Art. 208 AEUV, Rn. 22; *Streinz/Kruis*, in: Streinz, EUV/AEUV, Art. 208 AEUV, Rn. 35; *Zimmermann*, in: GSH, Europäisches Unionsrecht, Art. 208 AEUV, Rn. 83.

[90] Vgl. *Ollmann*, in: Lenz/Borchardt, EU-Verträge, Art. 208 AEUV, Rn. 14, *Bartelt*, in: Schwarze, EU-Kommentar, Art. 208 AEUV, Rn. 22.

[91] Zur tatsächlichen Umsetzung der Kohärenzgebotes vgl. *Kaltenborn*, GoJIL 2 (2010), 843 (863 ff.); *Carbone*, European Integration 30 (2008), 323.

[92] Vgl. bspw. Bericht der EU über die Politikkohärenz im Interesse der Entwicklung vom 20.9.2007, KOM(2007) 545 endg.; Schlussfolgerungen des Europäischen Rates vom 18.12.2009 (Fn. 78). Nähere Erläuterungen bei *Streinz/Kruis*, in: Streinz, EUV/AEUV, Art. 208 AEUV, Rn. 36; *Bartelt*, in: Schwarze, EU-Kommentar, Art. 208 AEUV, Rn. 23.

[93] Mitteilung der Kommission an das Europäische Parlament, den Rat, den Europäischen Wirtschafts- und Sozialausschuss und den Ausschuss der Regionen: Für eine EU-Entwicklungspolitik mit größerer Wirkung: Agenda für den Wandel vom 13.10.2011, KOM(2011) 637 endg. Die Agenda wurde auf einem Treffen des Rates für Auswärtige Angelegenheiten vom 14.5.2012 angenommen, vgl. *Müller*, Europäisches Entwicklungsrecht, S. 717.

[94] Vgl. Agenda für den Wandel (Fn. 93), Pkt. 6.

[95] Policy Coherence for Development. 2015 EU Report, 3.8.2015, SWD(2015) 159 final. Alle Berichte sind abrufbar unter https://ec.europa.eu/europeaid/policies/policy-coherence-development_en (17.4.2016).

[96] Vgl. *Zimmermann*, in: GSH, Europäisches Unionsrecht, Art. 208 AEUV, Rn. 88; *Bartelt*, in: Schwarze, EU-Kommentar, Art. 208 AEUV, Rn. 24; *Streinz/Kruis*, in: Streinz, EUV/AEUV, Art. 208 AEUV, Rn. 37.

Zielsetzungen, die beide Akteure beispielsweise als Beobachter oder als Teilnehmer einer von einer internationalen Organisation veranstalteten Konferenz gemacht haben.[97] **Zeitlich betrachtet**, erfasst Art. 208 Abs. 2 AEUV sowohl Zusagen/Zielsetzungen, die vor als auch nach Inkrafttreten des Vertrages von Lissabon gemacht wurden.[98]

Unter **Zusagen** sind aufgrund des weiten Wortlauts sowohl diejenigen zu verstehen, die in völkerrechtlich verbindlicher Weise gemacht wurden (Verträge, einseitige Erklärungen etc.), als auch solche, die lediglich als politische Zusagen (Deklarationen, Bemühungsbekundungen etc.) gemeint waren.[99] Art. 208 Abs. 2 AEUV führt dazu, dass beide Arten von Zusagen sowohl für die EU als auch für die Mitgliedstaaten zu **unionsrechtlichen Verpflichtungen** werden.[100] Eine Begründung von Rechten Dritter erfolgt damit allerdings nicht.[101] Das wohl bekannteste **Beispiel**[102] für ursprünglich politische internationale Zusagen, die über Art. 208 Abs. 2 AEUV unionsrechtlich verbindlich wurden, waren die acht von den Vereinten Nationen verabschiedeten entwicklungspolitischen Millenniumsziele aus dem Jahr 2000.[103] Die EU hatte, insbesondere im Wege entsprechender Kommissionsmitteilungen, Vorgaben entwickelt, damit diese Zusagen sowohl von der EU als auch von den Mitgliedstaaten bis 2015 umgesetzt wurden.[104] Die entwicklungspolitischen Millenniumsziele (»Millenium Development Goals«) wurden 2015 durch die Ziele für nachhaltige Entwicklung (»Sustainable Development Goals«) ersetzt.[105] Diese bestehen aus insgesamt 17 Zielen, die bis 2030 erreicht werden sollen. Kommissionsmitteilungen zur Umsetzung der Vorgaben durch die EU und die Mitgliedstaaten dürften im Laufe des Jahres 2016 zu erwarten sein.

37

Die von der EU und den Mitgliedstaaten jeweils gebilligten **Zielsetzungen** sind gemäß Art. 208 Abs. 2 AEUV hingegen lediglich zu »berücksichtigen«; sie werden also nicht verbindlich. Zu den bekanntesten Zielsetzungen gehört **als Beispiel** die Erhöhung der Ausgaben für die Entwicklungszusammenarbeit auf 0,7% des Bruttosozialprodukts.[106]

38

---

[97] Vgl. *Zimmermann*, in: GSH, Europäisches Unionsrecht, Art. 208 AEUV, Rn. 89.

[98] Vgl. *Ollmann*, in: Lenz/Borchardt, EU-Verträge, Art. 208 AEUV, Rn. 32.

[99] Vgl. *Zimmermann*, in: GSH, Europäisches Unionsrecht, Art. 208 AEUV, Rn. 87. A. A. *Benedek*, in: Grabitz/Hilf/Nettesheim, EU, Art. 208 AEUV (April 2012), Rn. 74.

[100] Vgl. *Streinz/Kruis*, in: Streinz, EUV/AEUV, Art. 208 AEUV, Rn. 37; *Ollmann*, in: Lenz/Borchardt, EU-Verträge, Art. 208 AEUV, Rn. 30; *Bartelt*, in: Schwarze, EU-Kommentar, Art. 208 AEUV, Rn. 24; *Khan*, in: Geiger/Khan/Kotzur, EUV/AEUV, Art. 208 AEUV, Rn. 10; *Schmalenbach*, in: Calliess/Ruffert, EUV/AEUV, Art. 208 AEUV, Rn. 41; *Zimmermann*, in: GSH, Europäisches Unionsrecht, Art. 208, Rn. 87.

[101] Vgl. *Zimmermann*, in: GSH, Europäisches Unionsrecht, Art. 208, Rn. 87; *Khan*, in: Geiger/Khan/Kotzur, EUV/AEUV, Art. 208 AEUV, Rn. 10; *Streinz/Kruis*, in: Streinz, EUV/AEUV, Art. 208 AEUV, Rn. 37.

[102] Weitere Beispiele finden sich bei *Streinz/Kruis*, in: Streinz, EUV/AEUV, Art. 208 AEUV, Rn. 38; *Schmalenbach*, in: Calliess/Ruffert, EUV/AEUV, Art. 208 AEUV, Rn. 41; *Bartelt*, in: Schwarze, EU-Kommentar, Art. 208 AEUV, Rn. 26f.

[103] Vgl. Millenniums-Erklärung (Fn. 70), Rn. 11 ff.

[104] Mitteilung der Kommission an den Rat und das Europäische Parlament: Aufbau einer effizienten Partnerschaft mit den Vereinten Nationen in den Bereichen Entwicklung und humanitäre Hilfe vom 2.5.2001, KOM(2001) 231 endg.; Mitteilung der Kommission an den Rat, das Europäische Parlament und den Wirtschafts- und Sozialausschuss vom 12.4.2005: Beschleunigte Verwirklichung der entwicklungspolitischen Millenniumsziele. Der Beitrag der Europäischen Union, KOM(2005) 132 endg.; Mitteilung der Kommission an das Europäische Parlament, den Rat, den Europäischen Wirtschafts- und Sozialausschuss und den Ausschuss der Regionen vom 21.4.2010: Zwölfpunkte-Aktionsplan der EU zur Verwirklichung der Millenniumsentwicklungsziele, KOM(2010)159 endg.

[105] Transforming our world: the 2030 Agenda for Sustainable Development, GA Res. A/RES/70/1 vom 21.10.2015.

[106] International Development Strategy for the Second United Nations Development Decade, GA Res. A/RES/25/2626 vom 24.10.1970.

Artikel 209 AEUV [Kompetenzen, Rolle der EIB]

(1) Das Europäische Parlament und der Rat erlassen gemäß dem ordentlichen Gesetzgebungsverfahren die zur Durchführung der Politik im Bereich der Entwicklungszusammenarbeit erforderlichen Maßnahmen; diese Maßnahmen können Mehrjahresprogramme für die Zusammenarbeit mit Entwicklungsländern oder thematische Programme betreffen.

(2) Die Union kann mit Drittländern und den zuständigen internationalen Organisationen alle Übereinkünfte schließen, die zur Verwirklichung der Ziele des Artikels 21 des Vertrags über die Europäische Union und des Artikels 208 dieses Vertrags beitragen.

Unterabsatz 1 berührt nicht die Zuständigkeit der Mitgliedstaaten, in internationalen Gremien zu verhandeln und Übereinkünfte zu schließen.

(3) Die Europäische Investitionsbank trägt nach Maßgabe ihrer Satzung zur Durchführung der Maßnahmen im Sinne des Absatzes 1 bei.

Literaturübersicht

Bartelt, The legislative architecture of EU external assistance and development cooperation, EuR-Beiheft 2/2008, 9; *Beylage-Haarmann*, Die Vorschläge der Kommission zur Neuausrichtung der Entwicklungszusammenarbeit, ZEuS 2012, 89 sowie die Literaturangaben zu Art. 208 AEUV.

Leitentscheidungen

EuGH, Urt. v. 11.6.2014, Rs. C–377/12 (Kommission/Rat), ECLI:EU:C:2014:1903
vgl. außerdem die Rechtsprechungsangaben zu Art. 208 AEUV

Wesentliche sekundärrechtliche Vorschriften

VO (EU) Nr. 230/2014 vom 11.3.2014 zur Schaffung eines Instruments, das zu Stabilität und Frieden beiträgt, ABl. 2014, L 77/1
VO (EU) Nr. 232/2014 vom 11.3.2014 zur Schaffung eines Europäischen Nachbarschaftsinstruments, ABl. 2014, L 77/27
VO (EU) Nr. 233/2014 vom 11.3.2014 zur Schaffung eines Finanzierungsinstruments für die Entwicklungszusammenarbeit für den Zeitraum 2014–2020, ABl. 2014, L 77/44
VO (EU) Nr. 234/2014 vom 11.3.2014 zur Schaffung eines Partnerschaftsinstruments für die Zusammenarbeit mit Drittstaaten, ABl. 2014, L 77/77
VO (EU) Nr. 235/2014 vom 11.3.2014 zur Schaffung eines Finanzierungsinstruments für weltweite Demokratie und Menschenrechte, ABl. 2014, L 77/85
VO (EU) Nr. 236/2014 vom 11.3.2014 zur Festlegung gemeinsamer Vorschriften und Verfahren für die Anwendung der Instrumente der Union für die Finanzierung des auswärtigen Handelns, ABl. 2014, L 77/95
Beschluss Nr. 466/2014/EU des Europäischen Parlaments und des Rates vom 16.4.2014 über eine Garantieleistung der Europäischen Union für etwaige Verluste der Europäischen Investitionsbank aus Finanzierungen zur Unterstützung von Investitionsvorhaben außerhalb der Union, ABl. 2014, L 135/10

Inhaltsübersicht

	Rn.
A. Grundlagen	1
B. Kompetenznorm	3
I. Allgemeines	3
II. Abgrenzung zu anderen Politikbereichen	4
C. Innenkompetenz (Abs. 1)	6
I. Verfahren	7
II. Arten von Maßnahmen	8

III. Erlassene Maßnahmen	10
D. Außenkompetenz (Abs. 2)	12
E. Rolle der Europäischen Investitionsbank (Abs. 3)	15
F. Zur Zukunft des AKP-Sonderregimes	18

A. Grundlagen

Art. 209 AEUV enthält die **Kompetenzen**, die der EU für die Durchführung ihrer Entwicklungszusammenarbeit übertragen worden sind. Bei den Kompetenzen handelt es sich sowohl um Innenkompetenzen (Abs. 1) als auch um Außenkompetenzen (Abs. 2). Geregelt ist des Weiteren die Rolle der Europäischen Investitionsbank (Abs. 3). Die Norm entspricht in weiten Teilen dem Inhalt der ehemaligen Art. 179 und 181 EGV (zur historischen Entwicklung s. Art. 208 AEUV, Rn. 3 ff.). 1

Art. 209 AEUV gilt derzeit nur für die **Entwicklungszusammenarbeit mit den Nicht-AKP-Staaten**.[1] Für die AKP-Staaten hat sich aus historischen Gründen ein Sonderregime entwickelt, das derzeit im Abkommen von Cotonou[2] geregelt ist (s. Art. 208 AEUV, Rn. 4 ff.). Ob sich dieses Sonderregime in Zukunft aufrechterhalten lässt, ist angesichts der Nichtübernahme der Regelung des Art. 179 Abs. 3 EGV (»Dieser Artikel berührt nicht die Zusammenarbeit mit den Ländern Afrikas, des Karibischen Raums und des Pazifischen Ozeans im Rahmen des AKP-EG-Abkommens«) durch den Vertrag von Lissabon offen (s. Rn. 18). 2

B. Kompetenznorm

I. Allgemeines

Art. 209 AEUV stellt, wie seine Vorgängernormen (Art. 179 Abs. 1, 2 und Art. 181 Abs. 1 Satz 2 und Abs. 2 EGV), die **grundlegende Kompetenznorm** für EU-Maßnahmen im Bereich der Entwicklungszusammenarbeit dar.[3] Ob eine interne bzw. externe Maßnahme der EU auf Art. 209 AEUV oder eine andere Kompetenzgrundlage zu stützen ist, hängt vom Schwerpunkt des Ziels und des Inhalts der Maßnahme ab.[4] Angesichts des breiten Zielkatalogs der EU-Entwicklungszusammenarbeit fallen nicht nur solche Maßnahmen unter Art. 209 AEUV, die dem Hauptziel der Armutsbekämpfung nach Art. 208 Abs. 1 UAbs. 2 Satz 1 AEUV dienen. Auch Maßnahmen, die gemäß Art. 208 3

---

[1] Vgl. *Dann*, in: Terhechte, Verwaltungsrecht der EU, § 34, Rn. 33 ff.; *Dann/Wortmann*, EnzEuR, Bd. 10, § 8, Rn. 50 ff.

[2] Partnerschaftsabkommen zwischen den Mitgliedern der Gruppe der Staaten in Afrika, im Karibischen Raum und im Pazifischen Ozean einerseits und der Europäischen Gemeinschaft und ihren Mitgliedstaaten andererseits, unterzeichnet in Cotonou am 23.6.2000, ABl. 2000, L 317/3. Ein detaillierter Überblick über das Abkommen findet sich bei *Zimmermann*, in: GSH, Europäisches Unionsrecht, Art. 209 AEUV, Rn. 35 ff.

[3] Vgl. *Streinz/Kruis*, in: Streinz, EUV/AEUV, Art. 209 AEUV, Rn. 1; *Bartelt*, in: Schwarze, EU-Kommentar, Art. 209 AEUV, Rn. 2; *Zimmermann*, in: GSH, Europäisches Unionsrecht, Art. 209 AEUV, Rn. 1.

[4] Vgl. EuGH, Urt. v. 3.12.1996, Rs. C-268/94 (Portugal/Rat), Slg. 1996, I-6177, Rn. 39; Urt. v. 6.11.2008, Rs. C-155/07 (Europäisches Parlament/Rat), Slg. 2008, I-8103, Rn. 34 ff.; Urt. v. 20.5.2008, Rs. C-91/05 (ECOWAS), Slg. 2008, I-3651, Rn. 73 ff.

Abs. 1 UAbs. 1 Satz 1 AEUV den Grundsätzen und Zielen des auswärtigen Handelns der EU (s. Art. 208 AEUV, Rn. 24) Rechnung tragen und die Ursachen von Armut und Unterentwicklung bekämpfen, werden von Art. 209 AEUV erfasst.[5] Der EuGH hatte bereits vor Inkrafttreten des Vertrags von Lissabon festgestellt, dass eine Maßnahme dann unter die Entwicklungszusammenarbeit fällt, wenn sie zur wirtschaftlichen und sozialen Entwicklung zumindest beiträgt.[6] Diese Rechtsprechung hat der EuGH fortgesetzt. Solange das Hauptziel eines Vertrages in der Entwicklungszusammenarbeit liege, sei allein Art. 209 AEUV die richtige Kompetenzgrundlage.[7]

II. Abgrenzung zu anderen Politikbereichen

4 Aus der seit dem Vertrag von Lissabon geltenden Einbettung der Entwicklungszusammenarbeit in das auswärtige Handeln der EU (s. Art. 208 AEUV, Rn. 23 ff.) ergeben sich allerdings verstärkt Abgrenzungsprobleme zu anderen Politikbereichen.[8] Zwar lassen sich Maßnahmen der EU grundsätzlich auch auf **mehrere Kompetenzgrundlagen** stützen. Wenn sich jedoch die jeweils anzuwendenden Verfahrensvorschriften widersprechen, so kann nur eine Kompetenzgrundlage herangezogen werden.[9]

5 Als besonders problematisch dürfte sich die **Abgrenzung zur GASP** erweisen. Die Abgrenzungsschwierigkeiten resultieren nicht nur aus der oben genannten Einbettung der Entwicklungszusammenarbeit in das auswärtige Handeln der EU. Sie werden noch dadurch verstärkt, dass der Vertrag von Lissabon den ex-Art. 47 EUV,[10] der eine einseitige Unberührtheitsklausel zugunsten des EGV enthielt, durch den heutigen Art. 40 EUV, der eine zweiseitige Unberührtheitsklausel enthält, ersetzt hat. Der EuGH hat zur Abgrenzung nach der neuen Rechtslage[11] noch nicht Stellung beziehen können. In der Literatur gehen daher die **Ansichten weit auseinander**. Sie reichen von einem zulässigen Rückgriff auf die GASP, solange es zu keinem Widerspruch zu vorherigen entwicklungspolitischen Maßnahmen nach dem AEUV kommt,[12] über einen grundsätzlichen Vorrang des Art. 209 AEUV[13] bzw. eine Anwendung der lex-specialis-Regel,[14] eine Auf-

---

[5] Vgl. *Martenczuk*, EuR-Beiheft 2/2008, 36 (40); *Bartelt*, in: Schwarze, EU-Kommentar, Art. 209 AEUV, Rn. 3.

[6] Vgl. EuGH, Urt. v. 20.5.2008, Rs. C–91/05 (ECOWAS), Slg. 2008, I–3651, Rn. 67, unter Verweis auf Urt. v. 3.12.1996, Rs. C–268/94 (Portugal/Rat), Slg. 1996, I–6177, Rn. 44, 60, 63 und 73.

[7] Vgl. EuGH, Urt. v. 11.6.2014, Rs. C–377/12 (Kommission/Rat), ECLI:EU:C:2014:1903; Rn. 57–61. In einem Rahmenabkommen über Partnerschaft und Zusammenarbeit zwischen der EU und den Philippinen waren die Entwicklungszusammenarbeit, Fragen der Rückübernahme von Drittstaatsangehörigen, des Verkehrs und der Umwelt geregelt. Da jedoch die Entwicklungszusammenarbeit im Fokus stand und die anderen Ziele lediglich komplementär hinzu traten, entschied der EuGH, dass Art. 209 AEUV als alleinige Kompetenzgrundlage heranzuziehen sei.

[8] Siehe dazu ausf. *Streinz/Kruis*, in: Streinz, EUV/AEUV, Art. 209 AEUV, Rn. 2 ff.

[9] Vgl. EuGH, Urt. v. 6.11.2008, Rs. C–155/07 (Europäisches Parlament/Rat), Slg. 2008, I–8103, Rn. 37 unter Verweis auf seine vorherige Rechtsprechung.

[10] Zur Abgrenzung zwischen Entwicklungszusammenarbeit und GASP unter der alten Rechtslage vgl. *Hoffmeister*, EuR-Beiheft 2/2008, 55 ff.

[11] EuGH, Urt. v. 20.5.2008, Rs. C–91/05 (ECOWAS), Slg. 2008, I–3651, Rn. 75 ff. bezieht sich auf die Rechtslage unter dem Vertrag von Amsterdam.

[12] So *Ollmann*, in: Lenz/Borchardt, EU-Verträge, Vorb. Art. 208 AEUV, Rn. 8.

[13] So *Bartelt*, in: Schwarze, EU-Kommentar, Art. 209 AEUV, Rn. 4 unter Abstellung auf den materiellen Schwerpunkt der Maßnahme. Ähnlich *Schmalenbach*, in: Calliess/Ruffert, EUV/AEUV, Art. 209 AEUV, Rn. 2.

[14] So *Cremona*, Defining Competences in EU External Relations: Lessons from the treaty Reform Process, in: Dashwood/Maresceau (Hrsg.), Law and Practice of EU External Relations, 2008, S. 34 (46).

teilung der Zielbestimmungen des Art. 21 Abs. 2 EUV zwischen der GASP und Art. 209 AEUV[15] bis hin zu einer differenzierten Sichtweise, die von einer grundsätzlichen Parallelität von GASP und Entwicklungszusammenarbeit ausgeht und die notwendige Abgrenzung dann anhand des Inhalts der Maßnahme und den benötigten Handlungsformen vornimmt.[16] Angesichts des Wortlauts des Art. 40 EUV ist dieser letzten Ansicht zuzustimmen.

C. Innenkompetenz (Abs. 1)

Art. 209 Abs. 1 AEUV ist die Nachfolgenorm des Art. 179 Abs. 1 EGV. Er ermächtigt die EU zum Erlass von internen Maßnahmen zur Umsetzung der Entwicklungszusammenarbeit. 6

I. Verfahren

Die Maßnahmen der EU werden im **ordentlichen Gesetzgebungsverfahren** nach Art. 289 Abs. 1, Art. 294 AEUV erlassen. Der Vertrag von Maastricht hatte für die Entwicklungszusammenarbeit noch das Zustimmungsverfahren vorgesehen. Bereits der Vertrag von Amsterdam hatte dieses dann aber durch das Verfahren der Mitentscheidung ersetzt (s. Art. 208 AEUV, Rn. 9). 7

II. Arten von Maßnahmen

Der **Begriff der »Maßnahme«** in Art. 209 Abs. 1 AEUV ist weit zu verstehen.[17] Er umfasst grundsätzlich alle Typen von Maßnahmen. Dazu gehören insbesondere die Rechtsakte nach Art. 288 AEUV.[18] Hinzu kommen unverbindliche Maßnahmen, wie etwa Entschließungen oder Schlussfolgerungen.[19] Auch Maßnahmen zur internen Umsetzung völkerrechtlicher Abkommen, die nach Art. 209 Abs. 2 AEUV geschlossen wurden, fallen unter Art. 209 Abs. 1 AEUV.[20] Allerdings müssen alle Maßnahmen für die Durchführung der Entwicklungszusammenarbeit »**erforderlich**« sein. Das sind sie dann, wenn sie zur Erreichung der Ziele der Entwicklungszusammenarbeit nach Art. 208 AEUV beitragen, weil sie zur Zielerreichung geeignet sind.[21] Eine solche Geeignetheit dürfte insbesondere bei wirtschaftlichen, finanziellen und technischen Förderungsmaß- 8

---

[15] So *Dashwood*, Article 47 TEU and the Relationship between First and Second Pillar Competences, in: Dashwood/Maresceau (Hrsg.), Law and Practice of EU External Relations, 2008, S. 70 (103).
[16] So *Streinz/Kruis*, in: Streinz, EUV/AEUV, Art. 209 AEUV, Rn. 4; *Zimmermann*, in: GSH, Europäisches Unionsrecht, Art. 209 AEUV, Rn. 5.
[17] Vgl. *Streinz/Kruis*, in: Streinz, EUV/AEUV, Art. 209 AEUV, Rn. 12; *Bartelt*, in: Schwarze, EU-Kommentar, Art. 209 AEUV, Rn. 5; *Schmalenbach*, in: Calliess/Ruffert, EUV/AEUV, Art. 209 AEUV, Rn. 4; *Khan*, in: Geiger/Khan/Kotzur, EUV/AEUV, Art. 209 AEUV, Rn. 3; *Zimmermann*, in: GSH, Europäisches Unionsrecht, Art. 209 AEUV, Rn. 11.
[18] Vgl. *Bartelt*, in: Schwarze, EU-Kommentar, Art. 209 AEUV, Rn. 5; *Zimmermann*, in: GSH, Europäisches Unionsrecht, Art. 209 AEUV, Rn. 11.
[19] Vgl. *Schmalenbach*, in: Calliess/Ruffert, EUV/AEUV, Art. 209 AEUV, Rn. 4.
[20] Vgl. *Streinz/Kruis*, in: Streinz, EUV/AEUV, Art. 209 AEUV, Rn. 12.
[21] Vgl. EuGH, Urt. v. 3.12.1996, Rs. C–268/94 (Portugal/Rat), Slg. 1996, I–6177, Rn. 37; *Schmalenbach*, in: Calliess/Ruffert, EUV/AEUV, Art. 209 AEUV, Rn. 5.

nahmen grundsätzlich zu bejahen sein.²² Die auf der Grundlage des Art. 209 Abs. 1 AEUV erlassenen Gesetzgebungsakte können der **Kommission** die Befugnis zur Änderung nicht wesentlicher Vorschriften durch delegierte Rechtsetzungsakte nach Art. 290 Abs. 1 AEUV sowie die Befugnis zum Erlass von Durchführungsrechtsakten nach Art. 291 Abs. 2 AEUV übertragen.²³

9 Explizit erwähnt sind in Art. 209 Abs. 1 AEUV zum einen **Mehrjahresprogramme**. Ihre Hervorhebung verdeutlicht, dass die EU sich auch langfristig binden kann. Darüber hinaus werden **thematische Programme** in Art. 209 Abs. 1 AEUV genannt. Aus ihrer ausdrücklichen Benennung folgt, dass sich die Entwicklungszusammenarbeit nicht nur an geographischen Kriterien zu orientieren hat, sondern auch politisch-programmatisch ausgestaltet sein kann und soll.²⁴

III. Erlassene Maßnahmen

10 Im Jahr 2006 wurden die Finanzierungsinstrumente der internationalen Zusammenarbeit der EU einer grundlegenden Reform unterworfen.²⁵ Bis dahin existierten über 30 Sekundärrechtsakte, die zu einem großen Teil auch der Entwicklungszusammenarbeit dienten. Sie wurden 2006 zusammengefasst und zu insgesamt acht Instrumenten gebündelt. Vier von ihnen wurden (auch) auf der Grundlage des Art. 179 Abs. 1 EGV erlassen; sie sind damit als **Maßnahmen der Entwicklungszusammenarbeit** nach dem heutigen Art. 209 Abs. 1 AEUV einzustufen.²⁶ Es handelte sich um zwei geographische und zwei thematische Instrumente, die für den **Zeitraum 2007 bis 2013** galten.²⁷ Die beiden **geographischen Instrumente** waren das Finanzierungsinstrument für die Entwicklungszusammenarbeit²⁸ sowie das Europäische Nachbarschafts- und Partnerschaftsinstrument.²⁹ Die beiden **thematischen Instrumente** bestanden aus dem Stabilitätsinstrument³⁰ und dem Instrument für Demokratie und Menschenrechte.³¹ Im Jahr

---

²² Vgl. GA *Kokott*, Schlussanträge zu Rs. C–155/07 (Parlament/Rat), Slg. 2008, I–8103, Rn. 28.
²³ Vgl. *Streinz/Kruis*, in: Streinz, EUV/AEUV, Art. 209 AEUV, Rn. 12.
²⁴ Vgl. *Schmalenbach*, in: Calliess/Ruffert, EUV/AEUV, Art. 209 AEUV, Rn. 6.
²⁵ Näher dazu *Bartelt*, EuR-Beiheft 2/2008, 9 sowie *dies.* ELJ 14 (2008), 655; *Ollmann*, in: Lenz/Borchardt, EU-Verträge, Art. 209 AEUV, Rn. 3ff.
²⁶ In der Literatur finden sich z.T. abweichende Angaben zur Zahl der geographischen und thematischen Instrumente. So wird teilweise das Instrument für Heranführungshilfe (VO (EG) Nr. 1085/2006 vom 17.7.2006 zur Schaffung eines Instruments für Heranführungshilfe (IPA), ABl. 2006, L 210/82, als geographisches Instrument der Entwicklungszusammenarbeit bezeichnet. Dieses wurde jedoch auf der Grundlage des Art. 181a EGV erlassen und ist daher dem heutigen Art. 212 AEUV zuzuordnen (s. Art. 212 AEUV Rn. 11). Die häufig als thematisches Instrument der Entwicklungszusammenarbeit genannte VO (EURATOM) Nr. 300/2007 vom 19.2.2007 zur Schaffung eines Instruments für Zusammenarbeit im Bereich der nuklearen Sicherheit, ABl. 2007, L 81/1, wurde auf den EAGV gestützt.
²⁷ Nähere Details zu den fünf Instrumenten bei *Streinz/Kruis*, in: Streinz, EUV/AEUV, Art. 209 AEUV, Rn. 13ff.; *Bartelt*, in: Schwarze, EU-Kommentar, Art. 209 AEUV, Rn. 6ff.; *Ollmann*, in: Lenz/Borchardt, EU-Verträge, Art. 209 AEUV, Rn. 9ff.
²⁸ VO (EG) Nr. 1905/2006 vom 18.12.2006 zur Schaffung eines Finanzierungsinstruments für die Entwicklungszusammenarbeit, ABl. 2006, L 378/41. Die VO wurde auf Art. 179 Abs. 1 EGV gestützt.
²⁹ VO (EG) Nr. 1638/2006 vom 24.10.2006 zur Festlegung allgemeiner Bestimmungen zur Schaffung eines Europäischen Nachbarschafts- und Partnerschaftsinstruments, ABl. 2006, L 310/1. Die VO wurde auf Art. 179 Abs. 1 und Art. 181a EGV gestützt.
³⁰ VO (EG) Nr. 1717/2006 vom 15.11.2006 zur Schaffung eines Instruments für Stabilität, ABl. 2006, L 327/1. Die VO wurde auf Art. 179 Abs. 1 und Art. 181a EGV gestützt.
³¹ VO (EG) Nr. 1889/2006 vom 20.12.2006 zur Einführung eines Finanzierungsinstruments für die weltweite Förderung der Demokratie und der Menschenrechte (Europäisches Instrument für De-

2011 kam ein drittes thematisches Instrument in Form des Zusammenarbeitsinstruments[32] hinzu, das ebenfalls bis 2013 zur Anwendung kam. Von 2008 bis 2010 galt schließlich ein viertes thematisches Instrument, nämlich das Instrument zur Bewältigung des Anstiegs der Lebensmittelpreise.[33] Während sich die geographischen Instrumente grundsätzlich[34] nur auf Nicht-AKP-Staaten bezogen, waren die thematischen Instrumente auch auf die AKP-Staaten anwendbar.[35]

Die meisten der genannten Instrumente wurden für den **Zeitraum 2014 bis 2020** 11 fortgeführt und leicht reformiert.[36] Aus den bisher zwei **geographischen Instrumenten** wurden drei: Hauptinstrument ist weiterhin das Finanzierungsinstrument für die Entwicklungszusammenarbeit.[37] Das bisherige Europäische Nachbarschafts- und Partnerschaftsinstrument wurde durch das Europäische Nachbarschaftsinstrument[38] ersetzt, das gleichzeitig eine bedeutende Rolle in der Europäischen Nachbarschaftspolitik nach Art. 8 EUV spielt. Neu hinzugekommen ist das Partnerschaftsinstrument.[39] Es dient der Förderung der Zusammenarbeit mit Industrie-, Schwellen- und Entwicklungsländern, an denen die EU ein besonderes strategisches Interesse hat. Die **thematischen Instrumente** wurden auf zwei reduziert. Fortgeführt werden nur das Stabilitäts- und Friedensinstrument[40] sowie das Instrument für Demokratie und Menschenrechte.[41] Neu ist die Schaffung eines **einheitlichen Verfahrensinstruments**, mit dem die Verfahrensaspekte für alle Instrumente weitgehend vereinheitlicht werden.[42] Sämtliche Instrumente wurden sowohl auf Art. 209 Abs. 1 als auch auf Art. 212 Abs. 2 AEUV gestützt. Sie sind also nicht ausschließlich auf Entwicklungsländer, sondern auch auf andere Drittstaaten an-

---

mokratie und Menschenrechte), ABl. 2006, L 386/1. Die VO wurde auf Art. 179 Abs. 1 und Art. 181a EGV gestützt.

[32] VO (EG) Nr. 1934/2006 vom 21.12.2006 zur Schaffung eines Finanzierungsinstruments für die Zusammenarbeit mit industrialisierten Ländern und Gebieten sowie mit anderen Ländern und Gebieten mit hohem Einkommen und – bei Aktivitäten außerhalb der öffentlichen Entwicklungshilfe – mit unter die Verordnung (EG) Nr. 1905/2006 fallenden Entwicklungsländern, ABl. 2006, L 405/41. Die Erweiterung des Instruments auf Entwicklungsländer erfolgte durch die VO (EU) Nr. 1338/2011 zur Änderung der Verordnung (EG) Nr. 1934/2006 zur Schaffung eines Finanzierungsinstruments für die Zusammenarbeit mit industrialisierten Ländern und Gebieten sowie mit anderen Ländern und Gebieten mit hohem Einkommen vom 13.12.2011, ABl. 2011, L 347/21.

[33] VO (EG) Nr. 1337/2008 vom 16.12.2008 über eine Krisenreaktionsfazilität zur Bewältigung des drastischen Anstiegs der Nahrungsmittelpreise in Entwicklungsländern, ABl. 2008, L 354/62.

[34] Das Finanzierungsinstrument für die Entwicklungszusammenarbeit enthielt noch ein spezielles Programm für AKP-Staaten, die von der Zuckerreform betroffen waren, vgl. Art. 17 VO (EG) Nr. 1905/2006.

[35] Vgl. *Ollmann*, in: Lenz/Borchardt, EU-Verträge, Art. 209 AEUV, Rn. 12; *Bartelt*, in: Schwarze, EU-Kommentar, Art. 209 AEUV, Rn. 6.

[36] Zur Reform vgl. *Beylage-Haarmann*, ZEuS 2012, 89.

[37] VO (EU) Nr. 233/2014 vom 11.3.2014 zur Schaffung eines Finanzierungsinstruments für die Entwicklungszusammenarbeit für den Zeitraum 2014–2020, ABl. 2014, L 77/44.

[38] VO (EU) Nr. 232/2014 vom 11.3.2014 zur Schaffung eines Europäischen Nachbarschaftsinstruments, ABl. 2014, L 77/27.

[39] VO (EU) Nr. 234/2014 vom 11.3.2014 zur Schaffung eines Partnerschaftsinstruments für die Zusammenarbeit mit Drittstaaten, ABl. 2014, L 77/77.

[40] VO (EU) Nr. 230/2014 vom 11.3.2014 zur Schaffung eines Instruments, das zu Stabilität und Frieden beiträgt, ABl. 2014, L 77/1.

[41] VO (EU) Nr. 235/2014 vom 11.3.2014 zur Schaffung eines Finanzierungsinstruments für weltweite Demokratie und Menschenrechte, ABl. 2014, L 77/85.

[42] VO (EU) Nr. 236/2014 vom 11.3.2014 zur Festlegung gemeinsamer Vorschriften und Verfahren für die Anwendung der Instrumente der Union für die Finanzierung des auswärtigen Handelns, ABl. 2014, L 77/95.

wendbar. Weiterhin unter einem separaten Regime laufen allerdings die AKP-Staaten. Zwar bleiben die thematischen Instrumente auf sie anwendbar. Die geographischen Instrumente, insbesondere das neue Finanzierungsinstrument für die Entwicklungszusammenarbeit,[43] finden jedoch nicht auf diese Staatengruppe Anwendung.

D. Außenkompetenz (Abs. 2)

12 Art. 179 Abs. 2 AEUV ist die Nachfolgenorm des Art. 181 Abs. 1 Satz 2 und Abs. 2 EGV. Er ermächtigt in seinem UAbs. 1 die EU zum Abschluss von Übereinkünften zur Verwirklichung außen- und entwicklungspolitischer Ziele. Der nur in der deutschen Sprachfassung verwendete Begriff der »**Übereinkunft**« ist mit dem in allen anderen Artikeln verwendeten Begriff des »Abkommens« identisch.[44] Umfasst sind damit sowohl völkerrechtliche Verträge als auch andere die EU bindenden völkerrechtliche Instrumente.[45] Das **Vertragsabschlussverfahren** richtet sich nach Art. 218 AEUV.[46] **Vertragsparteien** sind die EU bzw. die EU und die Mitgliedstaaten[47] auf der einen Seite und Drittländer bzw. internationale Organisationen auf der anderen Seite. Anders als Art. 181 Abs. 1 Satz 2 EGV, der den weiten Begriff der »dritten Parteien« verwendete, nimmt Art. 209 Abs. 1 UAbs. 1 AEUV ausdrücklich eine Eingrenzung auf »Staaten« und »internationale Organisationen« vor. Nicht von der Außenkompetenz erfasst sind demnach Abkommen mit NGOs.[48] Die Zusammenarbeit mit NGOs erfolgt über den Haushalt der EU.[49] Ob auch Einheiten wie die PLO, die weder Staaten noch internationale Organisationen sind, von Art. 209 Abs. 2 UAbs. 1 AEUV erfasst werden, ist angesichts des neuen Wortlauts abzulehnen.[50] Korrekterweise sind Abkommen mit diesen Einheiten seit Inkrafttreten des Vertrages von Lissabon nicht auf Art. 209 Abs. 2 UAbs. 1 AEUV, sondern auf Art. 212 Abs. 3 UAbs. 1 Satz 2 AEUV zu stützen (s. Art. 212 AEUV, Rn. 14). Der weite Begriff der »Drittländer« verdeutlicht, dass unter Art. 209 Abs. 2 UAbs. 1 AEUV nicht nur Verträge mit Entwicklungs-, sondern auch mit Geberländern erfasst sind.[51]

13 Gemäß UAbs. 2 bleibt die Zuständigkeit der Mitgliedstaaten, in internationalen Gremien zu verhandeln und Übereinkünfte zu schließen, von der entsprechenden Außenkompetenz der EU unberührt. Beide dürfen also nebeneinander Entwicklungsabkommen abschließen. Es handelt sich um **parallele Zuständigkeiten** von EU und Mitgliedstaaten,[52] so dass die in Art. 3 Abs. 2 AEUV kodifizierte AETR-Rechtsprechung, die der

---

[43] Vgl. Art. 1 Buchst a Ziff. i) VO (EU) 233/2014.
[44] Vgl. *Streinz/Kruis*, in: Streinz, EUV/AEUV, Art. 209 AEUV, Rn. 21.
[45] EuGH, Gutachten 1/75 v. 11.11.1975 (Lokale Kosten), Leitsatz 1; Gutachten 2/92 v. 24.3.1995 (OECD), Leitsatz 1; *Benedek*, in: Grabitz/Hilf/Nettesheim, EU, Art. 209 AEUV (April 2012), Rn. 17.
[46] Vgl. statt vieler *Ollmann*, in: Lenz/Borchardt, EU-Verträge, Art. 209 AEUV, Rn. 34; *Zimmermann*, in: GSH, Europäisches Unionsrecht, Art. 209 AEUV, Rn. 13.
[47] Bei den sog. gemischten Abkommen.
[48] Vgl. *Streinz/Kruis*, in: Streinz, EUV/AEUV, Art. 209 AEUV, Rn. 21.
[49] Vgl. *Schmalenbach*, in: Calliess/Ruffert, EUV/AEUV, Art. 209 AEUV, Rn. 8; *Streinz/Kruis*, in: Streinz, EUV/AEUV, Art. 209 AEUV, Rn. 21.
[50] Unproblematisch bejaht wird dies aber von *Bartelt*, in: Schwarze, EU-Kommentar, Art. 209 AEUV, Rn. 13; *Streinz/Kruis*, in: Streinz, EUV/AEUV, Art. 209 AEUV, Rn. 21; *Schmalenbach*, in: Calliess/Ruffert, EUV/AEUV, Art. 209 AEUV, Rn. 7.
[51] Vgl. *Schmalenbach*, in: Calliess/Ruffert, EUV/AEUV, Art. 209 AEUV, Rn. 7; *Bartelt*, in: Schwarze, EU-Kommentar, Art. 209 AEUV, Rn. 13.
[52] Vgl. *Streinz/Kruis*, in: Streinz, EUV/AEUV, Art. 209 AEUV, Rn. 22; *Bartelt*, in: Schwarze, EU-

EU-Kompetenz den Vorrang einräumt, nicht zur Anwendung gelangt.[53] Art. 209 Abs. 2 UAbs. 2 AEUV entspricht den Vorgaben des Art. 4 Abs. 4 AEUV (s. Art. 208 AEUV, Rn. 13). Die EU und die Mitgliedstaaten müssen sich dabei jedoch gemäß Art. 210 AEUV koordinieren.

Die EG bzw. EU hat auf der Grundlage des Art. 181 Abs. 1 Satz 2 EGV bzw. Art. 209 UAbs. 2 AEUV **zahlreiche bi- und multilaterale Abkommen** geschlossen.[54] Die meisten der Abkommen wurden dabei nicht ausschließlich auf die Kompetenzen zur Entwicklungszusammenarbeit, sondern häufig auch auf Außenhandelskompetenzen oder andere Kompetenzgrundlagen gestützt. Das **Abkommen von Cotonou** mit den AKP-Staaten (s. Rn. 2) basiert allerdings nicht auf Art. 181 Abs. 1 Satz 2 EGV. Es wurde als Assoziierungsabkommen auf der Grundlage des Art. 310 EGV (des heutigen Art. 217 AEUV) geschlossen.[55] **14**

E. Rolle der Europäischen Investitionsbank (Abs. 3)

Art. 209 Abs. 3 AEUV entspricht Art. 179 Abs. 2 EGV. Demnach trägt die Europäische Investitionsbank (EIB) nach Maßgabe ihrer Satzung zur Durchführung der Maßnahmen nach Abs. 1 bei. Gemeint ist damit eine **Unterstützung der mehrjährigen geographischen und thematischen Instrumente** (s. Rn. 10 ff.) durch die EIB. Grundsätzlich hat die EIB gemäß Art. 309 AEUV die Aufgabe, zu einer ausgewogenen und reibungslosen Entwicklung des Binnenmarktes beizutragen. Gemäß Art. 16 Abs. 1 UAbs. 2 ihrer Satzung, die als Protokoll Nr. 5 Bestandteil der Verträge ist, kann die EIB aber auch Finanzierungen für Investitionen außerhalb der Hoheitsgebiete der Mitgliedstaaten gewähren. **15**

Die Finanzierung der EIB erfolgt gemäß Art. 309 AEUV i. V. m. Art. 19 ihrer Satzung über die **Vergabe von Darlehen und Bürgschaften** an Unternehmen sowie an öffentlich- oder privatrechtliche Körperschaften in den betreffenden Staaten. Grundsätzlich setzt die EIB dafür Eigenmittel ein.[56] Allerdings gewährt die EU der EIB eine **Haushaltsgarantie** für ihre Finanzierungen außerhalb der EU. Sie wird als Pauschalgarantie für Zahlungsausfälle gewährt und ist auf 65 % des Gesamtbetrags der im Rahmen der EIB-Finanzierungen ausgezahlten Darlehen und Bürgschaften begrenzt. Die derzeit geltende Haushaltsgarantie deckt EIB-Finanzierungen ab, die zwischen dem 1. 1. 2014 und dem 31. 12. 2020 unterzeichnet werden.[57] Alle entsprechenden Haushaltsgarantien waren und sind sowohl auf Art. 209 als auch auf 212 AEUV gestützt. **16**

Kommentar, Art. 209 AEUV, Rn. 15; *Schmalenbach*, in: Calliess/Ruffert, EUV/AEUV, Art. 209 AEUV, Rn. 11; *Khan*, in: Geiger/Khan/Kotzur, EUV/AEUV, Art. 209 AEUV, Rn. 9.

[53] Vgl. *Schmalenbach*, in: Calliess/Ruffert, EUV/AEUV, Art. 209 AEUV, Rn. 12; *Streinz/Kruis*, in: Streinz, EUV/AEUV, Art. 209 AEUV, Rn. 22. A. A. *Bartelt*, in: Schwarze, EU-Kommentar, Art. 209 AEUV, Rn. 15.

[54] Vgl. die Zusammenstellungen bei *Streinz/Kruis*, in: Streinz, EUV/AEUV, Art. 209 AEUV, Rn. 24 ff.; *Zimmermann*, in: GSH, Europäisches Unionsrecht, Art. 209 AEUV, Rn. 29 ff. sowie überblicksartig *Benedek*, in: Grabitz/Hilf/Nettesheim, EU, Art. 209 AEUV (April 2012), Rn. 19 ff.

[55] Vgl. *Bartelt*, in: Schwarze, EU-Kommentar, Art. 209 AEUV, Rn. 14.

[56] Vgl. *Bartelt*, in: Schwarze, EU-Kommentar, Art. 209 AEUV, Rn. 16.

[57] Beschluss Nr. 466/2014/EU des Europäischen Parlaments und des Rates vom 16. 4. 2014 über eine Garantieleistung der Europäischen Union für etwaige Verluste der Europäischen Investitionsbank aus Finanzierungen zur Unterstützung von Investitionsvorhaben außerhalb der Union, ABl. 2014, L 135/10.

17 Die EIB ist allerdings nicht nur im Rahmen der vertraglichen Entwicklungszusammenarbeit nach Art. 209 AEUV tätig. Sie unterstützt auch die **Entwicklungszusammenarbeit mit den AKP-Staaten**.[58] So verwaltet sie die Investitionsfazilität,[59] einen aus EEF-Mitteln finanzierten Fonds, mit dem der Unternehmenssektor in den AKP-Staaten unterstützt wird. Darüber hinaus gewährt sie aus Eigenmitteln den AKP-Staaten Darlehen, die durch Bürgschaften der Mitgliedschaften finanziell gesichert sind.[60]

F. Zur Zukunft des AKP-Sonderregimes

18 Die Regelung des Art. 179 Abs. 3 EGV, die der Aufrechterhaltung des Sonderregimes für die AKP-Staaten diente, wurde nicht in Art. 209 AEUV übernommen. Auf diese Weise wurde die **Möglichkeit, nicht aber die Pflicht geschaffen, das AKP-Sonderregime aufzuheben** und die AKP-Staaten in die vertraglich vorgesehene Entwicklungszusammenarbeit einzubeziehen.[61] Von dieser Möglichkeit ist allerdings bislang nicht Gebrauch gemacht worden. Im Gegenteil: Die neuen Finanzierungsinstrumente für den Zeitraum 2014 bis 2020 behalten die traditionelle Trennung zwischen dem AKP- und den nicht AKP-Staaten bei (s. Rn. 11); auch der EEF wird in Form des 11. EEF bis 2020 weitergeführt (s. Art. 208 AEUV, Rn. 5). Der Kommissionsvorschlag für den Beschluss zur Schaffung des 11. EEF sieht allerdings vor, dass der EEF lediglich bis zum Auslaufen des Cotonou-Abkommens beibehalten werden soll.[62] Insofern ist es nicht unwahrscheinlich, dass das AKP-Sonderregime Ende 2020 aufgehoben wird.

---

[58] Näher dazu *Zimmermann*, in: GSH, Europäisches Unionsrecht, Art. 209 AEUV, Rn. 25 ff.; *Schmalenbach*, in: Calliess/Ruffert, EUV/AEUV, Art. 209 AEUV, Rn. 13; *Bartelt*, in: Schwarze, EU-Kommentar, Art. 209 AEUV, Rn. 17.
[59] Vgl. Art. 5 Abs. 4 des 11. EEF (ABl. 2013, L 210/1). Die Investitionsfazilität ist geregelt im Anhang II zum Cotonou-Abkommen (ABl. 2000, L 317/3).
[60] Vgl. Art. 4 des Anhangs II zum Cotonou-Abkommens; Art. 4 und 5 des 11. EEF.
[61] Vgl. *Martenczuk*, EuR-Beiheft 2/2008, 36 (47); *Bartelt*, EFAR 2012, 1 (21 f.); *Ollmann*, in: Lenz/Borchardt, EU-Verträge, Anhang zu Art. 209 AEUV, Rn. 2; *Streinz/Kruis*, in: Streinz, EUV/AEUV, Art. 209 AEUV, Rn. 43; *Zimmermann*, in: GSH, Europäisches Unionsrecht, Art. 209, Rn. 25. Zu berücksichtigen ist auch, dass der EuGH keine Bedenken gegen das AKP-Sonderregime und gegen die Einrichtung eines EEF außerhalb des EU-Haushaltes geltend gemacht hatte, vgl. EuGH, Urt. v. 2.3.1994, Rs. C–316/91 (Parlament/Rat), Slg. 1994, I–625, Rn. 24 ff.
[62] Vorschlag für einen Beschluss des Rates über den Standpunkt der Europäischen Union im AKP-EU-Ministerrat zu dem mehrjährigen Finanzrahmen für den Zeitraum 2014–2020 im Rahmen des AKP-EU-Partnerschaftsabkommens, vom 7.12.2001, KOM (2011) 836 endg.

Artikel 210 AEUV [Koordinierung]

(1) ¹Die Union und die Mitgliedstaaten koordinieren ihre Politik auf dem Gebiet der Entwicklungszusammenarbeit und stimmen ihre Hilfsprogramme aufeinander ab, auch in internationalen Organisationen und auf internationalen Konferenzen, damit ihre Maßnahmen einander besser ergänzen und wirksamer sind. ²Sie können gemeinsame Maßnahmen ergreifen. Die Mitgliedstaaten tragen erforderlichenfalls zur Durchführung der Hilfsprogramme der Union bei.

(2) Die Kommission kann alle Initiativen ergreifen, die der in Absatz 1 genannten Koordinierung förderlich sind.

Literaturübersicht

Urban, Die Koordinierung der Entwicklungszusammenarbeit unter EU-Gebern, 1997 sowie die Literaturangaben zu Art. 208 AEUV.

Wesentliche sekundärrechtliche Vorschriften

Mitteilung des Rates, Leitlinien für die Verstärkung der operativen Koordinierung zwischen der Gemeinschaft und den Mitgliedstaaten im Bereich der Entwicklungszusammenarbeit, vom 9.3.1998, ABl. 1998, C 97/1

Gemeinsame Erklärung des Rates und der im Rat vereinigten Vertreter der Regierungen der Mitgliedstaaten, des Europäischen Parlaments und der Kommission zur Entwicklungspolitik der Europäischen Union: »Der Europäische Konsens«, ABl. 2006, C 46/1

Mitteilung der Kommission an den Rat und das Europäische Parlament, Stärkung der europäischen Dimension: ein gemeinsamer Rahmen für die Ausarbeitung der Länderstrategiepapiere und die gemeinsame Mehrjahresprogrammierung vom 2.3.2006, KOM (2006) 88 endg.

Inhaltsübersicht

	Rn.
A. Grundlagen	1
B. Koordinierung von EU- und mitgliedstaatlichen Maßnahmen (Abs. 1 Satz 1)	2
C. Gemeinsame Maßnahmen (Abs. 1 Satz 2)	4
D. Beitrag zur Durchführung von EU-Maßnahmen (Abs. 1 Satz 3)	5
E. Initiativen der Kommission (Abs. 2)	6

A. Grundlagen

Art. 210 AEUV enthält das Gebot der Koordinierung. Er entspricht, bis auf den durch den Vertrag von Lissabon eingefügten Zusatz in Abs. 1 Satz 1 »damit ihre Maßnahmen einander besser ergänzen und wirksamer sind«, seiner Vorgängernorm, Art. 180 EGV. Das Koordinierungsgebot ist eine **unmittelbare Folge der parallelen Kompetenzen** von Union und Mitgliedstaaten im Bereich der Entwicklungszusammenarbeit (s. Art. 208 AEUV, Rn. 13) und **Ausfluss der Unionstreue** nach Art. 4 Abs. 3 EUV.[1] Union und Mitgliedstaaten haben voneinander unabhängige Kompetenzen zur Durchführung von Entwicklungsprogrammen. Ihre jeweiligen Maßnahmen sind aber untereinander zu koordinieren, um Überschneidungen und Widersprüche zu vermeiden (»ergänzen«) und

---

[1] Vgl. *Bartelt*, in: Schwarze, EU-Kommentar, Art. 210 AEUV, Rn. 2 f.; *Streinz/Kruis*, in: Streinz, EUV/AEUV, Art. 210 AEUV, Rn. 1; *Zimmermann*, in: GSH, Europäisches Unionsrecht, Art. 210 AEUV, Rn. 2.

um eine möglichst große Effizienz zu erreichen (»wirksamer«). **Adressaten** des Koordinierungsgebotes sind sowohl die Mitgliedstaaten als auch die EU.[2] Das Koordinierungsgebot gehört zu den »drei K«, welche die Basis der EU-Entwicklungszusammenarbeit bilden (s. Art. 208 AEUV, Rn. 15 f.).

B. Koordinierung von EU- und mitgliedstaatlichen Maßnahmen (Abs. 1 Satz 1)

2 Das Koordinierungsgebot erstreckt sich gemäß Abs. 1 Satz 1 sowohl auf die Entwicklungspolitik im Allgemeinen als auch auf die konkreten, einzelnen Entwicklungsprogramme.[3] Die **Koordinierung der Entwicklungspolitik** als solcher ist durch den sog. Europäischen Konsens zur Entwicklungspolitik aus dem Jahr 2005[4] erfolgt. In dem Dokument einigten sich die Mitgliedstaaten, das Europäische Parlament, der Rat und die Kommission[5] erstmals auf allgemeine Ziele, Grundsätze und Leitlinien. Die **Koordinierung der einzelnen Hilfsprogramme** erfolgt in der Regel im Rat und seinen Ausschüssen oder aber vor Ort in den Delegationen bzw. sonstigen Vertretungen der EU.[6] Um die Koordinierung auf der operativen Ebene zu verwirklichen, hat die EU Leitlinien[7] veröffentlicht und einen gemeinsamen Rahmen für Länderstrategiepapiere und Mehrjahresprogrammierung[8] erlassen. Trotzdem erweist sich die Koordinierung in der Praxis immer noch häufig als defizitär.[9] Die Koordinierung kann – je nach Fallkonstellation – durch ein **Tun** (gegenseitige Information, Absprachen, Anpassungen der Programme u. ä.) oder durch ein **Unterlassen** (keine Maßnahmen in einem bestimmten Gebiet oder Themenfeld, das schon von der anderen Seite bearbeitet wird) erfolgen.[10]

---

[2] Vgl. *Streinz/Kruis*, in: Streinz, EUV/AEUV, Art. 210 AEUV, Rn. 1; *Benedek*, in: Grabitz/Hilf/Nettesheim, EU, Art. 210 AEUV (April 2012), Rn. 3; *Zimmermann*, in: GSH, Europäisches Unionsrecht, Art. 208 AEUV, Rn. 1 ff.

[3] Vgl. *Schwimmbeck*, S. 164 ff. bzw. 166 ff.

[4] Gemeinsame Erklärung des Rates und der im Rat vereinigten Vertreter der Regierungen der Mitgliedstaaten, des Europäischen Parlaments und der Kommission zur Entwicklungspolitik der Europäischen Union: »Der Europäische Konsens«, ABl. 2006, C 46/1. Für nähere Details s. Art. 208 AEUV, Rn. 15.

[5] Im April 2014 wurde der Europäische Konsens darüber hinaus von der Hohen Vertreterin für die Außen- und Sicherheitspolitik unterzeichnet, vgl. http://www.europarl.europa.eu/the-president/en/press/press_release_speeches/press_release/2014/2014-april/html/ashton-and-schulz-joint-statement-on–the-europeanconsensus-on-development (23.2.2016).

[6] Vgl. *Ollmann*, in: Lenz/Borchardt, EU-Verträge, Art. 210 AEUV, Rn. 3; *Schmalenbach*, in: Calliess/Ruffert, EUV/AEUV, Art. 210 AEUV, Rn. 3.

[7] Vgl. insbesondere Mitteilung des Rates, Leitlinien für die Verstärkung der operativen Koordinierung zwischen der Gemeinschaft und den Mitgliedstaaten im Bereich der Entwicklungszusammenarbeit vom 9.3.1998, ABl. 1998, C 97/1.

[8] Mitteilung der Kommission an den Rat und das Europäische Parlament, Stärkung der europäischen Dimension: ein gemeinsamer Rahmen für die Ausarbeitung der Länderstrategiepapiere und die gemeinsame Mehrjahresprogrammierung vom 2.3.2006, KOM (2006) 88 endg. Das Dokument stellt eine Präzisierung und einen Ausbau des 2000 erstmals geschaffenen Rahmens dar (vgl. Schlussfolgerungen des Rates vom 10.11.2000 über den Standardrahmen für Länderstrategiepapiere, Punkt III, SEK(2000)1049 vom 15.6.2000).

[9] Vgl. Entschließung zur Mitteilung der Kommission an den Rat und das Europäische Parlament über die gegenseitige Ergänzung der Politik der Gemeinschaft auf dem Gebiet der Entwicklungszusammenarbeit und der entsprechenden Politik der Mitgliedstaaten (KOM(95)0160 C4–0178/95), ABl. 1997, C 85/178, sowie die Kritik von *Urban*, S. 97 f.

[10] Vgl. *Schmalenbach*, in: Calliess/Ruffert, EUV/AEUV, Art. 210 AEUV, Rn. 4.

Die Koordinierung zwischen der EU und den Mitgliedstaaten hat **sowohl unionsintern als auch auf der internationalen Ebene** stattzufinden.[11] Die parallele Kompetenz im Bereich der Entwicklungszusammenarbeit führt dazu, dass die EU und die Mitgliedstaaten in internationalen Organisationen und auf internationalen Konferenzen nebeneinander auftreten.[12] Durch eine Koordinierung kann ein abgestimmtes Verhalten gegenüber Dritten (Nehmer- und Geberländern sowie internationalen Organisationen) erreicht werden. Die in Art. 210 Abs. 1 Satz 1 AEUV enthaltene Koordinierungspflicht auf internationaler Ebene entspricht der Koordinierungspflicht im Bereich der GASP nach Art. 34 Abs. 1 UAbs. 1 Satz 1 EUV. Die Hauptrolle seitens der EU fällt gemäß Art. 17 Abs. 1 Satz 6 EUV der Kommission zu.

3

C. Gemeinsame Maßnahmen (Abs. 1 Satz 2)

Gemäß Art. 210 Abs. 1 Satz 1 AEUV können die EU und die Mitgliedstaaten gemeinsame Maßnahmen ergreifen. Diese sind in **verschiedenen Formen** denkbar.[13] Möglich ist beispielsweise der Abschluss gemischter Abkommen mit Drittstaaten oder internationalen Organisationen. Eine weitere Option sind gemeinsame Entwicklungsprogramme, bei denen es sich in der Regel allerdings um Programme der Mitgliedstaaten handelt, die von der EU kofinanziert werden. Dabei kann es sich entweder um staatliche Programme oder um solche von Einrichtungen handeln, die von der Kommission zertifiziert sind.[14] Möglich ist schließlich auch eine gemeinsame Beteiligung an der Finanzierung von Fonds, die von internationalen Organisationen aufgelegt und verwaltet werden.

4

D. Beitrag zur Durchführung von EU-Maßnahmen (Abs. 1 Satz 3)

Die Mitgliedstaaten tragen »erforderlichenfalls« zur Durchführung von Hilfsprogrammen der EU bei. Die Erforderlichkeit ist dann zu bejahen, wenn die EU zur Durchführung ihrer Hilfsprogramme entweder finanziell oder tatsächlich nicht in der Lage ist.[15] Allerdings ist in einem solchen Fall nicht von einer unbedingten Pflicht, sondern von einem immer noch vorhandenen **Entscheidungsspielraum der Mitgliedstaaten** in Bezug auf den Umfang des zu leistenden Beitrags auszugehen.[16] In der Praxis finden sich sowohl in den neuen, auf der Grundlage von Art. 209 Abs. 1 AEUV erlassenen Finanzierungsinstrumenten für den Zeitraum 2014 bis 2020 (s. Art. 209 AEUV, Rn. 11) als auch

5

---

[11] Vgl. *Schwimmbeck*, S. 173 ff.
[12] Zum Auftreten der EU innerhalb der sog. UN-Familie vgl. ausführlich *Scheffler*, Die Europäische Union als rechtlich-institutioneller Akteur im System der Vereinten Nationen, 2011.
[13] Vgl. *Benedek*, in: Grabitz/Hilf/Nettesheim, EU, Art. 210 AEUV (April 2012), Rn. 13; *Streinz/Kruis*, in: Streinz, EUV/AEUV, Art. 210 AEUV, Rn. 5; *Bartelt*, in: Schwarze, EU-Kommentar, Art. 210 AEUV, Rn. 8.
[14] Eine solche Einrichtung ist etwa die Deutsche Gesellschaft für Internationale Zusammenarbeit (GIZ) GmbH.
[15] Vgl. *Bartelt*, in: Schwarze, EU-Kommentar, Art. 210 AEUV, Rn. 9; *Benedek*, in: Grabitz/Hilf/Nettesheim, EU, Art. 210 AEUV (April 2012), Rn. 14; *Zimmermann*, in: GSH, Europäisches Unionsrecht, Art. 208, Rn. 7.
[16] Vgl. *Schmalenbach*, in: Calliess/Ruffert, EUV/AEUV, Art. 210 AEUV, Rn. 6; *Bartelt*, in: Schwarze, EU-Kommentar, Art. 210 AEUV, Rn. 9; *Streinz/Kruis*, in: Streinz, EUV/AEUV, Art. 210 AEUV, Rn. 6; *Zimmermann*, in: GSH, Europäisches Unionsrecht, Art. 208, Rn. 8.

im 11. EEF (s. Art. 208 AEUV Rn. 5) Klauseln, die einen finanziellen[17] oder einen tatsächlichen[18] Beitrag der Mitgliedstaaten ermöglichen.

E. Initiativen der Kommission (Abs. 2)

6 Die Kommission hat die Möglichkeit, Initiativen zu ergreifen, die der Koordinierung zwischen der EU und den Mitgliedstaaten förderlich sind. In der Regel erfolgen die Initiativen in Form von Mitteilungen; möglich sind aber auch Vorschläge, Evaluierungen oder Ausführungshilfen.[19] Das Initiativrecht der Kommission ist **weder verbindlich noch ausschließlicher Natur**. Die EU und die Mitgliedstaaten sind also nicht verpflichtet, die Initiative aufzugreifen.[20] Darüber hinaus kann die Initiative zur Koordinierung oder zur Verbesserung derselben auch von einem anderen Organ oder von den Mitgliedstaaten ausgehen.

---

[17] Vgl. Art. 10 Verordnung (EU) 2015/322 des Rates vom 2.3.2015 über die Durchführung des 11. Europäischen Entwicklungsfonds, ABl. 2015, L 58/1.
[18] Vgl. Art. 4 Abs. 2, 5, 7, 10, 12 VO (EU) Nr. 236/2014 vom 11.3.2014 zur Festlegung gemeinsamer Vorschriften und Verfahren für die Anwendung der Instrumente der Union für die Finanzierung des auswärtigen Handelns, ABl. 2014, L 77/95 (dezentrale oder geteilte Durchführung von EU-Programmen).
[19] Vgl. *Schwimmbeck*, S. 163; *Streinz/Kruis*, in: Streinz, EUV/AEUV, Art. 210 AEUV, Rn. 7; *Bartelt*, in: Schwarze, EU-Kommentar, Art. 210 AEUV, Rn. 10; *Zimmermann*, in: GSH, Europäisches Unionsrecht, Art. 208 AEUV, Rn. 9.
[20] Vgl. *Benedek*, in: Grabitz/Hilf/Nettesheim, EU, Art. 210 AEUV (April 2012), Rn. 14.

Artikel 211 AEUV [Internationale Zusammenarbeit]

Die Union und die Mitgliedstaaten arbeiten im Rahmen ihrer jeweiligen Befugnisse mit dritten Ländern und den zuständigen internationalen Organisationen zusammen.

Literaturübersicht

Vgl. die Literaturangaben zu Art. 208 AEUV

Wesentliche sekundärrechtliche Vorschriften

Mitteilung der Kommission an den Rat und das Europäische Parlament, Aufbau einer effizienten Partnerschaft mit den Vereinten Nationen in den Bereichen Entwicklung und humanitäre Hilfe, KOM (2001) 231 endg.

Inhaltsübersicht

	Rn.
A. Grundlagen	1
B. Zusammenarbeit	2
C. Dritte Länder und zuständige internationale Organisationen	4

A. Grundlagen

Art. 211 AEUV entspricht ihrer Vorgängernorm, dem Art. 181 Abs. 1 Satz 1 EGV.[1] Sie berechtigt und verpflichtet sowohl die EU als auch die Mitgliedstaaten, im Rahmen ihrer jeweiligen Befugnisse mit den anderen Akteuren auf der internationalen Ebene zusammenzuarbeiten.[2] Der Hinweis auf die jeweiligen Befugnisse ist einer von vielen Verweisen auf die parallele Kompetenz von EU und Mitgliedstaaten im Bereich der Entwicklungszusammenarbeit (s. Art. 208 AEUV, Rn. 13).

1

B. Zusammenarbeit

Unter den **Begriff der »Zusammenarbeit«** fallen alle Formen der Pflege internationaler Beziehungen. Die Zusammenarbeit kann also sowohl rechtsverbindlicher als auch unverbindlicher Natur sein.[3] Entscheidet sich die EU für eine rechtsverbindliche Form der Zusammenarbeit, sei es ein völkerrechtlicher Vertrag oder ein anderes die EU bindendes völkerrechtliches Instrument, so muss sie auf die Außenkompetenznorm des Art. 209 Abs. 2 AEUV (s. Art. 209 AEUV, Rn. 12 ff.) zurückgreifen. Seitens der EU liegt die Wahrnehmung der internationalen Zusammenarbeit gemäß Art. 17 Abs. 1 Satz 6 EUV in erster Linie in den Händen der Kommission.

2

---

[1] Art. 211 AEUV ist allerdings wesentlich kürzer als seine Vorgängernorm. Nähere Details bei *Zimmermann*, in: GSH, Europäisches Unionsrecht, Art. 211 AEUV, Rn. 1.
[2] Vgl. *Streinz/Kruis*, in: Streinz, EUV/AEUV, Art. 211 AEUV, Rn. 1; *Bartelt*, in: Schwarze, EU-Kommentar, Art. 211 AEUV, Rn. 2; *Zimmermann*, in: GSH, Europäisches Unionsrecht, Art. 211 AEUV, Rn. 3; *Schmalenbach*, in: Calliess/Ruffert, EUV/AEUV, Art. 211 AEUV, Rn. 1.
[3] A.A. *Schmalenbach*, in: Calliess/Ruffert, EUV/AEUV, Art. 211 AEUV, Rn. 3; *Streinz/Kruis*, in: Streinz, EUV/AEUV, Art. 211 AEUV, Rn. 3, wonach nur die Zusammenarbeit unterhalb des Vertragsschlusses oder Beitritts von Art. 211 AEUV erfasst wird.

3   **Vorgaben zur Ausgestaltung** der internationalen Zusammenarbeit enthält Art. 211 AEUV **nicht**. Für die EU ist allein maßgeblich, dass sie sich auch auf internationaler Ebene im Rahmen der in Art. 208 AEUV definierten Ziele, Grundsätze und Pflichten bewegt. Die von den Mitgliedstaaten einzuhaltenden Vorgaben ergeben sich aus ihrem nationalen Recht sowie aus den von ihnen jeweils eingegangenen völkerrechtlichen Verpflichtungen. Hinzu kommt sowohl für die EU als auch für die Mitgliedstaaten die in Art. 210 AEUV verankerte Pflicht, ihre internationale Zusammenarbeit zu koordinieren.[4]

C. Dritte Länder und zuständige internationale Organisationen

4   Unter »**dritten Ländern**« sind – genauso wie in Art. 209 Abs. 2 UAbs. 1 AEUV – sowohl Entwicklungs- als auch Geberländer erfasst.[5] Häufig erweist sich eine Zusammenarbeit unter den Geberländern als notwendig bzw. sinnvoll, um Synergieeffekte zu nutzen bzw. Verdopplungen oder gegenseitige Behinderungen zu vermeiden.

5   Zu den für die Entwicklungszusammenarbeit zuständigen internationalen Organisationen **gehören** weltweite Organisationen, insbesondere die UNO inkl. ihrer zahlreichen Programme (wie die UNEP) und Sonderorganisationen (wie die UNIDO),[6] sowie regionale Organisationen. Unter letzteren lassen sich »Geberorganisationen«, wie etwa der Europarat und die OECD, und »Nehmerorganisationen«, wie etwa die AU, die OAS und andere Organisationen in Afrika, Asien und Lateinamerika, ausmachen. Zu den internationalen Organisationen nach Art. 211 AEUV gehören nur zwischenstaatliche Organisationen, nicht jedoch NGOs. Die Zusammenarbeit mit NGOs ist nicht verpflichtend, sondern freiwillig[7] und erfolgt über den Haushalt der EU (s. Art. 209 AEUV, Rn. 12).

6   Die EU wird auch in Art. 220 Abs. 1 UAbs. 1 AEUV zu einer internationalen Zusammenarbeit mit der UNO, ihren Organen und Sonderorganisationen, dem Europarat, der OSZE und der OECD verpflichtet. Insofern stellt sich die Frage nach dem **Verhältnis zwischen Art. 211 und Art. 220 Abs. 1 UAbs. 1 AEUV**. Die Frage stellt sich allerdings nur für die EU, da Art. 220 Abs. 1 UAbs. 1 AEUV nicht an die Mitgliedstaaten adressiert ist. Die in Art. 220 Abs. 1 UAbs. 1 AEUV enthaltene Zusammenarbeitspflicht der EU ist allgemeiner Natur,[8] während die entsprechende Pflicht der EU in Art. 211 AEUV speziell auf die Entwicklungszusammenarbeit bezogen ist. Insofern ist Art. 211 AEUV lex specialis zu Art. 220 Abs. 1 UAbs. 1 AEUV.[9]

---

[4] Vgl. *Bartelt*, in: Schwarze, EU-Kommentar, Art. 211 AEUV, Rn. 3; *Streinz/Kruis*, in: Streinz, EUV/AEUV, Art. 211 AEUV, Rn. 1; *Schmalenbach*, in: Calliess/Ruffert, EUV/AEUV, Art. 211 AEUV, Rn. 1.

[5] Vgl. *Ollmann*, in: Lenz/Borchardt, EU-Verträge, Art. 211 AEUV, Rn. 2; *Benedek*, in: Grabitz/Hilf/Nettesheim, EU, Art. 211 AEUV (April 2012), Rn. 3. *Zimmermann*, in: GSH, Europäisches Unionsrecht, Art. 211 AEUV, Rn. 5, bezieht über den Wortlaut hinaus auch Völkerrechtssubjekte ein, die (noch) keine Staatsqualität besitzen.

[6] Vgl. die Liste im Anhang zur Mitteilung der Kommission an den Rat und das Europäische Parlament, Aufbau einer effizienten Partnerschaft mit den Vereinten Nationen in den Bereichen Entwicklung und humanitäre Hilfe, KOM (2001) 231 endg.

[7] Vgl. *Odendahl*, EnzEuR, Bd. 10, § 5, Rn. 114, 120.

[8] Vgl. ausf. *Odendahl*, EnzEuR, Bd. 10, § 5, Rn. 94 ff.

[9] So auch *Bartelt*, in: Schwarze, EU-Kommentar, Art. 211 AEUV, Rn. 4; *Khan*, in: Geiger/Khan/Kotzur, EUV/AEUV, Art. 208 AEUV, Rn. 2. A. A. *Streinz/Kruis*, in: Streinz, EUV/AEUV, Art. 211 AEUV, Rn. 2; *Schmalenbach*, in: Calliess/Ruffert, EUV/AEUV, Art. 211 AEUV, Rn. 3; *Zimmermann*, in: GSH, Europäisches Unionsrecht, Art. 211 AEUV, Rn. 8.

Kapitel 2
Wirtschaftliche, finanzielle und technische Zusammenarbeit mit Drittländern

Artikel 212 AEUV [Grundsätze der Zusammenarbeit mit Nicht-Entwicklungsländern]

(1) ¹Unbeschadet der übrigen Bestimmungen der Verträge, insbesondere der Artikel 208 bis 211, führt die Union mit Drittländern, die keine Entwicklungsländer sind, Maßnahmen der wirtschaftlichen, finanziellen und technischen Zusammenarbeit durch, die auch Unterstützung, insbesondere im finanziellen Bereich, einschließen. ²Diese Maßnahmen stehen mit der Entwicklungspolitik der Union im Einklang und werden im Rahmen der Grundsätze und Ziele ihres auswärtigen Handelns durchgeführt. ³Die Maßnahmen der Union und die Maßnahmen der Mitgliedstaaten ergänzen und verstärken sich gegenseitig.

(2) Das Europäische Parlament und der Rat erlassen gemäß dem ordentlichen Gesetzgebungsverfahren die zur Durchführung des Absatzes 1 erforderlichen Maßnahmen.

(3) ¹Die Union und die Mitgliedstaaten arbeiten im Rahmen ihrer jeweiligen Zuständigkeiten mit Drittländern und den zuständigen internationalen Organisationen zusammen. ²Die Einzelheiten der Zusammenarbeit der Union können in Abkommen zwischen dieser und den betreffenden dritten Parteien geregelt werden.

Unterabsatz 1 berührt nicht die Zuständigkeit der Mitgliedstaaten, in internationalen Gremien zu verhandeln und internationale Abkommen zu schließen.

Literaturübersicht

Martenczuk, Cooperation with Developing and Other Third Countries: Elements of a Community Foreign Policy, in: Griller/Weidel (Hrsg.), External Economic Relations and Foreign Policy in the European Union, 2002, S. 385; *ders.*, Die Kooperation der Europäischen Union mit Entwicklungsländern und Drittstaaten und der Vertrag von Lissabon, EuR-Beiheft 2/2008, 36; *Vedder*, Die Wirtschaftskooperation der Gemeinschaft mit Drittländern – neue Möglichkeiten?, in: Griller/Hummer (Hrsg.), Die EU nach Nizza – Ergebnisse und Perspektiven, 2002, S. 197 sowie die Literaturangaben zu Art. 208 AEUV.

Leitentscheidungen des EuGH

EuGH, Urt. v. 6.11.2008, Rs. C–155/07 (Europäisches Parlament/Rat), Slg. 2008, I–8103

Wesentliche sekundärrechtliche Vorschriften

VO (EU) Nr. 231/2014 vom 11.3.2014 zur Schaffung eines Instruments für Heranführungshilfe (IPA II), ABl. 2014, L 77/11 sowie die sekundärrechtlichen Angaben zu Art. 209 AEUV

Inhaltsübersicht

	Rn.
A. Grundlagen	1
B. Historische Entwicklung des Art. 212 AEUV	2
C. Inhalt des Art. 212 AEUV	6
I. Anwendungsbereich	6
II. Ziele und Grundsätze (Abs. 1)	8
III. Innenkompetenzen (Abs. 2)	10
IV. Außenkompetenzen (Abs. 3)	13

A. Grundlagen

1 Kapitel 2 (Art. 212–213 AEUV) des Titels III des Fünften Teils des AEUV ist eine logische und inhaltliche Ergänzung zu Kapitel 1 (Art. 208–211 AEUV). Während sich Kapitel 1 speziell auf die (langfristig angelegte) Entwicklungszusammenarbeit mit Entwicklungsländern bezieht, bildet Kapitel 2 die Grundlage zum einen für die Zusammenarbeit mit den übrigen Staaten, also den Nicht-Entwicklungsländern (Art. 212 AEUV), zum anderen für (kurzfristig zu vergebende) finanzielle Soforthilfen an alle Drittländer (Art. 213 AEUV). Kapitel 2 und die in ihm enthaltenen Formen der Zusammenarbeit auf wirtschaftlichem, finanziellem und technischem Gebiet werden als »**Kooperationspolitik**« bezeichnet.

B. Historische Entwicklung des Art. 212 AEUV

2 Die Zusammenarbeit mit Nicht-Entwicklungsländern war in den Gründungsverträgen nicht vorgesehen.[1] Auch der Vertrag von Maastricht von 1992, der die primärrechtlichen Grundlagen für die Entwicklungszusammenarbeit schuf, enthielt zu diesem Bereich keine Normen – obwohl es **nach dem Ende des Kalten Krieges** verstärkt zu wirtschaftlichen, finanziellen und technischen Kooperationen mit Nicht-Entwicklungsländern, insbesondere im Osten Europas,[2] kam. Mangels einer expliziten Ermächtigungsgrundlage wurden die entsprechenden Maßnahmen in der Regel auf Art. 235 EWGV bzw. später Art. 308 EGV (heute Art. 352 AEUV) gestützt.[3]

3 Erst der **Vertrag von Nizza von 2001** führte mit dem neuen Titel XXI, bestehend aus Art. 181a EGV, eine ausdrückliche Kompetenz der Gemeinschaft für die wirtschaftliche, finanzielle und technische Zusammenarbeit mit Drittstaaten in das Primärrecht ein.[4] Ziel war allerdings nicht die Begründung neuer Kompetenzen der Gemeinschaft.[5] Vielmehr sollten die sich aus der bisherigen Rechtslage ergebenden Schwierigkeiten,[6] insbesondere die Unmöglichkeit, einen sowohl für Entwicklungs- als auch für Nicht-Entwicklungsländer geltenden Sekundärrechtsakt zu erlassen,[7] behoben werden. Dies war nach Inkrafttreten des Vertrages von Nizza möglich. Für Maßnahmen im Rahmen der neu geschaffenen Zusammenarbeit mit Drittstaaten war gemäß Art. 181a Abs. 2 Satz 1 EGV das Verfahren der Anhörung anzuwenden. Wurde das für die Entwicklungs-

---

[1] Zur historischen Entwicklung des Titels II insgesamt s. Art. 208 AEUV, Rn. 3 ff. Speziell zur historischen Entwicklung des Art. 212 AEUV vgl. *Dann/Wortmann*, EnzEuR, Bd. 10, § 8, Rn. 14 f., 24 ff.; *Hoffmeister*, in: Grabitz/Hilf/Nettesheim, EU, Art. 212 AEUV (Januar 2015), Rn. 1 ff.; *Bartelt*, in: Schwarze, EU-Kommentar, Art. 212 AEUV, Rn. 1 ff., *Zimmermann*, in: GSH, Europäisches Unionsrecht, Art. 212, Rn. 1 ff.

[2] Vgl. *Hoffmeister*, in: Grabitz/Hilf/Nettesheim, EU, Art. 212 AEUV (Januar 2015), Rn. 1; ein Beispiel ist die VO (EWG) Nr. 3906/89 vom 18.12.1989 über Wirtschaftshilfe für bestimmte Länder in Mittel- und Osteuropa, ABl. 1989, L 375/11.

[3] Vgl. *Martenczuk*, EuR-Beiheft 2/2008, 36 (43); *Dann/Wortmann*, EnzEuR, Bd. 10, § 8, Rn. 14.

[4] Vgl. *Zimmermann*, in: GSH, Europäisches Unionsrecht, Art. 208, Rn. 16.

[5] Vgl. *Martenczuk*, S. 406.

[6] Vgl. *Dann/Wortmann*, EnzEuR, Bd. 10, § 8, Rn. 14.

[7] Sekundärrechtsakte lassen sich grundsätzlich auch auf mehrere Kompetenzgrundlagen stützen. Wenn sich jedoch die jeweils anzuwendenden Verfahrensvorschriften widersprechen, so kann nur eine Kompetenzgrundlage herangezogen werden, vgl. EuGH, Urt. v. 6.11.2008, Rs. C-155/07 (Europäisches Parlament/Rat), Slg. 2008, I-8103, Rn. 37 unter Verweis auf seine vorherige Rechtsprechung.

zusammenarbeit erforderliche strengere Mitentscheidungsverfahren (s. Art. 208 AEUV, Rn. 9) durchgeführt, so konnte ein Sekundärrechtsakt sowohl auf Art. 179 EGV (für Entwicklungsländer) als auch auf Art. 181a EGV (für Nicht-Entwicklungsländer) gestützt werden.[8] Der Anwendungsbereich des Art. 181a EGV war allerdings insofern beschränkt, als er nicht die Gewährung von Zahlungsbilanzhilfen einschloss.[9] Diese konnten daher entweder nur unter Rückgriff auf Art. 209 Abs. 1 AEUV (für Entwicklungsländer) oder auf Art. 308 EGV (für Nicht-Entwicklungsländer) gestützt werden.

Der **Vertrag von Lissabon von 2007** brachte einige wichtige Änderungen und Klarstellungen im heutigen Art. 212 AEUV mit sich:[10] Der Begriff der Drittländer wurde ergänzt um den Nebensatz »die keine Entwicklungsländer sind«. Eine weitere Ergänzung erfolgte durch den Zusatz »Unterstützung insbesondere im finanziellen Bereich«, womit der Anwendungsbereich der Norm erweitert wurde. Geändert wurden schließlich die Verfahrensbestimmungen. Fortan ist für Maßnahmen sowohl im Rahmen der Entwicklungszusammenarbeit (Art. 209 Abs. 1 AEUV) als auch im Rahmen der wirtschaftlichen, finanziellen und technischen Zusammenarbeit mit anderen Drittstaaten (Art. 212 Abs. 1 AEUV) das ordentliche Gesetzgebungsverfahren anzuwenden.

4

Unklar ist, ob die gemäß Art. 4 Abs. 4 AEUV für die Entwicklungszusammenarbeit geltende **parallele Kompetenz** von EU und Mitgliedstaaten (s. Art. 208 AEUV, Rn. 13) auch für die Kooperationspolitik gilt. Gemäß seines Wortlauts bezieht sich Art. 4 Abs. 4 AEUV auf die »Entwicklungszusammenarbeit und humanitäre Hilfe«. Damit wären – nach strenger, vom Wortlaut ausgehender Interpretation – nur Kapitel 1 (Entwicklungszusammenarbeit) und Kapitel 3 (Humanitäre Hilfe), nicht aber Kapitel 2 (Wirtschaftliche, finanzielle und technische Zusammenarbeit mit Drittländern) des Teils III umfasst. Bei der Formulierung kann es sich aber nur um ein redaktionelles Versehen handeln.[11] Dafür spricht zum einen, dass die wirtschaftliche, finanzielle und technische Zusammenarbeit mit Drittländern nicht im Katalog der geteilten Kompetenzen erwähnt wird. Zum anderen ist zu berücksichtigen, dass der Vertrag von Nizza mit der Schaffung des Art. 181a EGV keine neuen, andersartigen Kompetenzen schaffen wollte (s. Rn. 3). Aus diesem Grunde übernimmt Art. 212 AEUV auch in weiten Teilen die Regelungen der Art. 208–211 AEUV.[12] Schließlich gilt für die Zusammenarbeit mit Nicht-Entwicklungsländern gemäß Art. 212 Abs. 1 Satz 3 AEUV auch der Komplementaritätsgrundsatz. Dieser wird im Rahmen der Entwicklungszusammenarbeit als Folge der parallelen Kompetenz verstanden (s. Art. 208 AEUV, Rn. 26). **Art. 4 Abs. 4 AEUV ist daher auf Kapitel 2 analog anzuwenden**, so dass für Art. 212 und 213 AEUV von einer parallelen Kompetenz zwischen EU und Mitgliedstaaten auszugehen ist.[13]

5

---

[8] So ausdr. EuGH, Urt. v. 6.11.2008, Rs. C–155/07 (Europäisches Parlament/Rat), Slg. 2008, I–8103, Rn. 73 ff. Zur entsprechenden Praxis vgl. *Martenczuk*, EuR-Beiheft 2/2008, 36 (43).
[9] Vgl. Erklärung Nr. 10 zum Vertrag von Nizza: »Die Konferenz bekräftigt, dass unbeschadet der anderen Bestimmungen des Vertrags zur Gründung der Europäischen Gemeinschaft Zahlungsbilanzhilfen für Drittländer nicht unter Artikel 181a fallen.«
[10] Vgl. *Bartelt*, in: Schwarze, EU-Kommentar, Art. 212 AEUV, Rn. 1.
[11] So *Martenczuk*, EuR-Beiheft 2/2008, 36 (42).
[12] Vgl. *Ollmann*, in: Lenz/Borchardt, EU-Verträge, Art. 212 AEUV, Rn. 2.
[13] Vgl. *Martenczuk*, EuR-Beiheft 2/2008, 36 (42); *Khan*, in: Geiger/Khan/Kotzur, EUV/AEUV, Art. 212 AEUV, Rn. 3. Mit anderer Begründung aber demselben Ergebnis *Bartelt*, in: Schwarze, EU-Kommentar, Art. 212 AEUV, Rn. 9; *Schmalenbach*, in: Calliess/Ruffert, EUV/AEUV, Art. 212 AEUV, Rn. 5; *Streinz/Kruis*, in: Streinz, EUV/AEUV, Art. 212 AEUV, Rn. 21; *Hoffmeister*, in: Grabitz/Hilf/Nettesheim, EU, Art. 212 AEUV (Januar 2015), Rn. 12; *Ollmann*, in: Lenz/Borchardt, EU-Verträge, Art. 212 AEUV, Rn. 7.

C. Inhalt des Art. 212 AEUV

I. Anwendungsbereich

6 Art. 212 AEUV bezieht sich auf die »**wirtschaftliche, finanzielle und technische Zusammenarbeit**«. Erfasst ist damit jede Form der Zusammenarbeit, die sich einer der drei Kategorien zuordnen lässt und die nicht von einer anderen Kompetenzgrundlage erfasst wird (»Unbeschadet […]«).[14] Sehr häufig handelt es sich dabei um projektbezogene Finanzhilfen.[15] Ermöglicht wird darüber hinaus, anders als vor Inkrafttreten des Vertrages von Lissabon (s. Rn. 3), auch die Gewährung von Zahlungsbilanz- bzw. Makrofinanzhilfen.[16] Sind diese allerdings dringend, so ist nicht auf Art. 212 AEUV, sondern auf Art. 213 AEUV zurückzugreifen[17] (s. Art. 213 AEUV, Rn. 5).

7 Die Zusammenarbeit kann mit allen Drittländern erfolgen, die »**keine Entwicklungsländer sind**«. Die negative Eingrenzung führt zu einem ausgesprochen heterogenen Anwendungsbereich der Norm. Derzeit fallen etwa 150 Staaten unter den von der EU verwendeten Begriff der Entwicklungsländer (s. Art. 208 AEUV, Rn. 19 f.). Zu den verbleibenden rund 50 Staaten zählen sowohl hoch entwickelte Staaten, wie diejenigen Nordamerikas oder die EFTA-Mitgliedstaaten, als auch Beitrittskandidaten sowie Staaten, die unter das Instrument der Nachbarschaftspolitik nach Art. 8 EUV fallen.[18] Unter den Begriff der »Drittländer« subsumiert die EU auch staatsähnliche bzw. nicht allgemein anerkannte Staatsgebilde, wie Taiwan oder Macau.[19] Eindeutig nicht von Art. 212 AEUV erfasst sind EU-Mitgliedstaaten.

II. Ziele und Grundsätze (Abs. 1)

8 Art. 212 Abs. 1 AEUV enthält **keinen eigenen Zielkatalog**. Vielmehr verweist Art. 212 Abs. 1 Satz 1 AEUV auf die Ziele des auswärtigen Handelns der Union. Diese ergeben sich zum einen aus den in Art. 21 EUV verankerten Zielen, zum anderen aus den vom Europäischen Rat gemäß Art. 22 EUV festzulegenden strategischen Zielen (s. Art. 208 AEUV, Rn. 23 f.). Anders als im Bereich der Entwicklungszusammenarbeit gibt es **kein prioritäres Ziel**.[20] Insbesondere die Beseitigung der Armut (s. Art. 208 AEUV, Rn. 28 ff.) steht nicht im Vordergrund der Zusammenarbeit nach Art. 212 AEUV. Die Einbettung in das auswärtige Handeln der Union führt allerdings, genauso wie bei der Entwick-

---

[14] Vgl. *Streinz/Kruis*, in: Streinz, EUV/AEUV, Art. 212 AEUV, Rn. 3, 5; *Bartelt*, in: Schwarze, EU-Kommentar, Art. 212 AEUV, Rn. 8; *Zimmermann*, in: GSH, Europäisches Unionsrecht, Art. 212, Rn. 13.
[15] Vgl. *Hoffmeister*, in: Grabitz/Hilf/Nettesheim, EU, Art. 212 AEUV (Januar 2015), Rn. 16.
[16] Vgl. *Zimmermann*, in: GSH, Europäisches Unionsrecht, Art. 212 AEUV, Rn. 15 f.; *Bartelt*, in: Schwarze, EU-Kommentar, Art. 212 AEUV, Rn. 7 m. w. N. Auf Art. 212 AEUV wurde etwa der Beschluss Nr. 388/2010/EU vom 7.7.2010 über eine Makrofinanzhilfe für die Ukraine, ABl. 2010, L 179/1, gestützt.
[17] Vgl. *Martenczuk*, EuR-Beiheft 2/2008, 36 (45); *Schmalenbach*, in: Calliess/Ruffert, EUV/AEUV, Art. 213 AEUV, Rn. 6.
[18] Vgl. *Bartelt*, in: Schwarze, EU-Kommentar, Art. 212 AEUV, Rn. 4.
[19] Vgl. *Streinz/Kruis*, in: Streinz, EUV/AEUV, Art. 212 AEUV, Rn. 4; *Schmalenbach*, in: Calliess/Ruffert, EUV/AEUV, Art. 212 AEUV, Rn. 3. Vgl. als Beispiel den Anhang der VO (EG) Nr. 1934/2006 vom 21.12.2006 zur Schaffung eines Finanzierungsinstruments für die Zusammenarbeit mit industrialisierten Ländern und Gebieten sowie mit anderen Ländern und Gebieten mit hohem Einkommen, ABl. 2006, L 405/41.
[20] Vgl. *Streinz/Kruis*, in: Streinz, EUV/AEUV, Art. 212 AEUV, Rn. 6.

lungszusammenarbeit, zu **Abgrenzungsschwierigkeiten, insbesondere im Verhältnis zur GASP**.[21] Der für die Entwicklungszusammenarbeit geltende Grundsatz, dass beide Kompetenzen parallel nebeneinander bestehen und die notwendige Abgrenzung anhand des Inhalts der Maßnahme und den benötigten Handlungsformen vorzunehmen ist (s. Art. 209 AEUV, Rn. 5), gilt auch hier.

Für die Zusammenarbeit mit Nicht-Entwicklungsländern gelten ebenfalls die »**drei K**«, welche die Entwicklungszusammenarbeit prägen (s. Art. 208 AEUV, Rn. 15 f.) – wenn auch zum Teil in etwas anderer Form. Der Grundsatz der **Komplementarität** ist in Art. 212 Abs. 1 Satz 3 AEUV verankert und entspricht sowohl vom Wortlaut (»ergänzen und verstärken«) als auch vom Inhalt dem entsprechenden Grundsatz für den Bereich der Entwicklungszusammenarbeit (s. Art. 208 AEUV, Rn. 26 f.). Der Grundsatz der **Kohärenz** ist im Vergleich zu demjenigen für die Entwicklungszusammenarbeit (s. Art. 208 AEUV, Rn. 31 ff.) spezieller ausgestaltet.[22] Die Zusammenarbeit mit Nicht-Entwicklungsländern muss gemäß Art. 212 Abs. 1 Satz 2 AEUV im Einklang mit der Entwicklungspolitik der EU stehen.[23] Ein allgemeines Kohärenzgebot, das sich auf alle anderen Politikbereiche der Union bezieht, ergibt sich aus Art. 7 EUV. Ein **Koordinierungsgebot**, wie in Art. 210 AEUV für die Entwicklungszusammenarbeit verankert (s. Art. 210 AEUV, Rn. 2 ff.), findet sich in Art. 212 AEUV nicht. Allerdings ergibt sich aus der parallelen Kompetenz (s. Rn. 5) und aus der Unionstreue nach Art. 4 Abs. 3 EUV eine Pflicht der EU und der Mitgliedstaaten, ihre jeweiligen Maßnahmen untereinander zu koordinieren.[24]

9

III. Innenkompetenzen (Abs. 2)

Gemäß Art. 212 Abs. 2 AEUV erlassen das Europäische Parlament und der Rat im ordentlichen Gesetzgebungsverfahren die zur Durchführung des Absatzes 1 erforderlichen Maßnahmen. Verankert ist demnach eine Kompetenz der EU zum Erlass interner Maßnahmen, die von ihrer **Bedeutung und Reichweite her der in Art. 209 Abs. 1 AEUV enthaltenen Innenkompetenz für die Entwicklungszusammenarbeit entspricht**[25] (s. daher für weitere Details Art. 209 AEUV, Rn. 8 ff.). Da seit dem Vertrag von Lissabon für die Zusammenarbeit mit Entwicklungs- und mit Nicht-Entwicklungsländern dasselbe Gesetzgebungsverfahren gilt (s. Rn. 4), kommt es immer häufiger zum Erlass von Sekundärrechtsakten, die gleichzeitig auf Art. 209 und 212 AEUV gestützt sind.

10

Nach der Reform der Finanzierungsinstrumente der EU im Jahr 2006 und dem darauf folgenden Erlass von Maßnahmen, die für den Zeitraum 2007 bis 2013 galten (s. Art. 209 AEUV, Rn. 10), kommen für den **Zeitraum 2014 bis 2020** insgesamt drei geographische und zwei thematische Instrumente für die Zusammenarbeit mit Nicht-Entwicklungsländern zur Anwendung. Ausschließlich auf Art. 212 Abs. 2 AEUV gestützt[26]

11

---

[21] Vgl. *Bartelt*, in: Schwarze, EU-Kommentar, Art. 212 AEUV, Rn. 6.
[22] Vgl. *Streinz/Kruis*, in: Streinz, EUV/AEUV, Art. 212 AEUV, Rn. 23; *Ollmann*, in: Lenz/Borchardt, EU-Verträge, Art. 212 AEUV, Rn. 6; *Bartelt*, in: Schwarze, EU-Kommentar, Art. 212 AEUV, Rn. 6.
[23] Der EuGH verwendet für diese Bestimmung ausdrücklich den Begriff der »Kohärenz« vgl. EuGH, Urt. v. 6.11.2008, Rs. C–155/07 (Europäisches Parlament/Rat), Slg. 2008, I–8103, Rn. 46.
[24] Vgl. *Bartelt*, in: Schwarze, EU-Kommentar, Art. 212 AEUV, Rn. 9; *Hoffmeister*, in: Grabitz/Hilf/Nettesheim, EU, Art. 212 AEUV (Januar 2015), Rn. 12; *Streinz/Kruis*, in: Streinz, EUV/AEUV, Art. 212 AEUV, Rn. 21; *Ollmann*, in: Lenz/Borchardt, EU-Verträge, Art. 212 AEUV, Rn. 8.
[25] Vgl. *Streinz/Kruis*, in: Streinz, EUV/AEUV, Art. 212 AEUV, Rn. 11.
[26] Im Zeitraum 2007–2013 gab es ein weiteres, ausschließlich auf Art. 181a EGV gestütztes In-

ist das **geographische Instrument** der Heranführungshilfe,[27] das Beitrittsländern und -kandidaten bei ihren Vorbereitungen auf eine EU-Mitgliedschaft unterstützt. Die beiden weiteren geographischen Instrumente sind sowohl auf Art. 209 Abs. 1 als auch auf Art. 212 Abs. 2 AEUV gestützt. Es handelt sich um das Europäisches Nachbarschaftsinstrument,[28] das auch in der Europäischen Nachbarschaftspolitik nach Art. 8 EUV eine bedeutende Rolle spielt, und um das neu hinzu gekomme Partnerschaftsinstrument,[29] das der Zusammenarbeit mit Industrie-, Schwellen- und Entwicklungsländern dient, an denen die EU ein besonderes strategisches Interesse hat. Hinzu kommen zwei **thematische Instrumente**, die ebenfalls auf der Grundlage der Art. 209 Abs. 1 und 212 Abs. 2 AEUV erlassen wurden: das Stabilitäts- und Friedensinstrument[30] sowie das Instrument für Demokratie und Menschenrechte.[31] Neu ist ein **einheitliches Verfahrensinstrument**,[32] mit dem die Verfahrensaspekte für alle Instrumente, inkl. dem allein auf Art. 212 Abs. 2 AEUV gestützten Instrument der Heranführungshilfe, weitgehend vereinheitlicht werden. Bemerkenswert ist, dass das Finanzierungsinstrument für die Entwicklungszusammenarbeit[33] (s. Art. 209 AEUV, Rn. 11) nicht allein auf der Rechtsgrundlage des Art. 209 Abs. 1 AEUV, sondern auch auf der Rechtsgrundlage des Art. 212 Abs. 2 AEUV erlassen wurde und sich somit ebenfalls auf Nicht-Entwicklungsländer erstreckt.

12 Obwohl Art. 212 AEUV, anders als Art. 209 Abs. 3 AEUV für die Entwicklungszusammenarbeit (s. Art. 209 AEUV, Rn. 15 ff.), keinen Verweis auf die **Rolle der Europäischen Investitionsbank (EIB)** enthält, finanziert die EIB auch Projekte in Nicht-Entwicklungsländern.[34] Das ist insofern schlüssig, als die EIB gemäß Art. 16 Abs. 1 UAbs. 2 ihrer Satzung Finanzierungen für Investitionen außerhalb der Hoheitsgebiete der Mitgliedstaaten gewähren kann. Eine Beschränkung auf Entwicklungsländer enthält die Satzung also nicht. Hinzu kommt, dass die von der EU gewährte Haushaltsgarantie für EIB-Finanzierungen außerhalb der EU sowohl auf Art. 209 als auch auf Art. 212 AEUV gestützt ist (s. Art. 209 AEUV, Rn. 16). Auch Finanzierungen in Nicht-Entwicklungsländern sind demnach von der Garantie abgedeckt.

---

strument, nämlich die VO (EG) Nr. 1934/2006 vom 21.12.2006 zur Schaffung eines Finanzierungsinstruments für die Zusammenarbeit mit industrialisierten Ländern und Gebieten sowie mit anderen Ländern und Gebieten mit hohem Einkommen, ABl. 2006, L 405/41. Im Jahr 2011 wurde das Instrument auf Entwicklungsländer ausgeweitet. Dies erfolgte durch die VO (EU) Nr. 1338/2011 zur Änderung der Verordnung (EG) Nr. 1934/2006 zur Schaffung eines Finanzierungsinstruments für die Zusammenarbeit mit industrialisierten Ländern und Gebieten sowie mit anderen Ländern und Gebieten mit hohem Einkommen vom 13.12.2011, ABl. 2011, L 347/21. Das Instrument wurde für den Zeitraum 2014–2020 nicht fortgesetzt.

[27] VO (EU) Nr. 231/2014 vom 11.3.2014 zur Schaffung eines Instruments für Heranführungshilfe (IPA II), ABl. 2014, L 77/11.
[28] VO (EU) Nr. 232/2014 vom 11.3.2014 zur Schaffung eines Europäischen Nachbarschaftsinstruments, ABl. 2014, L 77/27.
[29] VO (EU) Nr. 234/2014 vom 11.3.2014 zur Schaffung eines Partnerschaftsinstruments für die Zusammenarbeit mit Drittstaaten, ABl. 2014, L 77/77.
[30] VO (EU) Nr. 230/2014 vom 11.3.2014 zur Schaffung eines Instruments, das zu Stabilität und Frieden beiträgt, ABl. 2014, L 77/1.
[31] VO (EU) Nr. 235/2014 vom 11.3.2014 zur Schaffung eines Finanzierungsinstruments für weltweite Demokratie und Menschenrechte, ABl. 2014, L 77/85.
[32] VO (EU) Nr. 236/2014 vom 11.3.2014 zur Festlegung gemeinsamer Vorschriften und Verfahren für die Anwendung der Instrumente der Union für die Finanzierung des auswärtigen Handelns, ABl. 2014, L 77/95.
[33] VO (EU) Nr. 233/2014 vom 11.3.2014 zur Schaffung eines Finanzierungsinstruments für die Entwicklungszusammenarbeit für den Zeitraum 2014–2020, ABl. 2014, L 77/44.
[34] Vgl. *Streinz/Kruis*, in: Streinz, EUV/AEUV, Art. 209 AEUV, Rn. 32; *Zimmermann*, in: GSH, Europäisches Unionsrecht, Art. 209 AEUV, Rn. 22.

IV. Außenkompetenzen (Abs. 3)

Art. 212 Abs. 3 AEUV enthält die Außenkompetenzen der EU für die Zusammenarbeit mit Nicht-Entwicklungsländern. Die Formulierung **entspricht im Wesentlichen denjenigen im Bereich der Entwicklungszusammenarbeit**. Insofern kann zur Erläuterung des Abs. 3 UAbs. 1 Satz 1 AEUV auf Art. 211 AEUV (s. Art. 211 AEUV, Rn. 1 ff.) und zur Erläuterung des Abs. 3 UAbs. 2 AEUV auf Art. 209 Abs. 2 UAbs. 2 AEUV (s. Art. 209 AEUV, Rn. 13) verwiesen werden.

13

Die einzige Abweichung findet sich in der Formulierung des Abs. 3 UAbs. 1 Satz 2. Statt von »Drittländern und den zuständigen internationalen Organisationen«, wie in Art. 209 Abs. 2 UAbs. 1 AEUV, ist lediglich pauschal von »**dritten Parteien**« die Rede, mit denen die EU Abkommen schließen kann. Die Formulierung »dritte Parteien« ist weiter und entspricht der Formulierung, die vor Inkrafttreten des Vertrages von Lissabon auch für den Bereich der Entwicklungszusammenarbeit im damaligen Art. 181 Abs. 1 Satz 2 EGV zu finden war (s. Art. 209 AEUV, Rn. 12). Wörtlich genommen, folgt aus der weiten Formulierung, dass die EU unter Art. 212 AEUV nicht nur mit Staaten und internationalen Organisationen, sondern auch mit Einheiten wie der PLO, die weder Staaten noch internationale Organisationen sind, Abkommen schließen darf.

14

Artikel 213 AEUV [Finanzielle Hilfe für Drittländer]

Ist es aufgrund der Lage in einem Drittland notwendig, dass die Union umgehend finanzielle Hilfe leistet, so erlässt der Rat auf Vorschlag der Kommission die erforderlichen Beschlüsse.

Literaturübersicht

vgl. die Literaturangaben zu Art. 212 AEUV.

Inhaltsübersicht   Rn.

A. Grundlagen 1
B. Historischer Hintergrund des Art. 213 AEUV 2
C. Anwendungsbereich 4
D. Verfahren 7

A. Grundlagen

1   Kapitel 2 des Titels III umfasst die sog »Kooperationspolitik (s. Art. 212 AEUV, Rn. 1). Die beiden darin enthaltenen Normen, Art. 212 und 213 AEUV, ergänzen sich. Art. 212 AEUV bildet die Rechtsgrundlage für die (reguläre) wirtschaftliche, finanzielle und technische Zusammenarbeit mit Nicht-Entwicklungsländern. Art. 213 AEUV zielt hingegen allein auf **dringende finanzielle Hilfen** ab. Da diese sowohl Nicht-Entwicklungs- als auch Entwicklungsländern gewährt werden können (s. Rn. 6), **ergänzt Art. 213 nicht nur Art. 212** AEUV (für Nicht-Entwicklungsländer), **sondern auch Art. 209 AEUV** (für Entwicklungsländer).[1]

B. Historischer Hintergrund des Art. 213 AEUV

2   Art. 213 AEUV wurde erst durch den **Vertrag von Lissabon von 2007** in das Primärrecht eingeführt. Vor Schaffung einer solchen ausdrücklichen Ermächtigungsgrundlage für finanzielle Soforthilfen wurden diese auf anderen Wegen gewährt: Für Entwicklungsländer stellte die Kommission im Rahmen bestehender Finanzierungsinstrumente beschleunigt Mittel bereit, indem sie beispielsweise Budgethilfen vorzog.[2] Für Nicht-Entwicklungsländer erfolgte ein Rückgriff auf Art. 308 EGV (heute Art. 352 AEUV).[3] Diese unbefriedigende und wenig transparente Rechtslage wurde durch die Schaffung des Art. 213 AEUV geändert.

3   Wie bei Art. 212 AEUV stellt sich bei Art. 213 AEUV die Frage nach der Kompetenzverteilung. Da beide Normen unter Kapitel 2 fallen, gelten die zu Art. 212 AEUV gefundenen Ergebnisse (s. Art. 212 AEUV, Rn. 5) auch für Art. 213 AEUV: Es liegt eine

---

[1] Vgl. *Martenczuk*, EuR-Beiheft 2/2008, 36 (45).
[2] Vgl. *Dann/Wortmann*, EnzEuR, Bd. 10, § 8, Rn. 15.
[3] Vgl. ausf. *Hoffmeister*, in: Grabitz/Hilf/Nettesheim, EU, Art. 213 AEUV (Januar 2015), Rn. 1 ff.; sowie *Bartelt*, in: Schwarze, EU-Kommentar, Art. 213 AEUV, Rn. 2; *Khan*, in: Geiger/Khan/Kotzur, EUV/AEUV, Art. 213 AEUV, Rn. 1. Auf Art. 308 EGV wurde etwa der Beschluss vom 24.1.2006 über eine Finanzhilfe für Georgien (2006/41/EG), ABl. 2006, L 25/28, gestützt.

parallele Kompetenz zwischen EU und Mitgliedstaaten vor.[4] Beide können also nebeneinander finanzielle Soforthilfen an Drittländer leisten. Aus der Parallelität der Kompetenzen folgt allerdings, wie bei Art. 212 AEUV, eine Pflicht zur **Koordinierung** sowie die Geltung der Grundsätze der **Komplementarität** und der **Kohärenz** (s. Art. 212 AEUV, Rn. 9).

C. Anwendungsbereich

Art. 213 AEUV ermöglicht die Gewährung von »**finanzieller Hilfe**«, wenn es die »Lage in einem Drittland« erfordert. Umfasst ist damit jede Art von finanziellem Beistand (Kredite, Bürgschaften etc.), insbesondere aber die Gewährung von **Makrofinanzhilfen**, d. h. von finanziellen Hilfen zur Reduzierung der Auslandsschulden oder zur Abhilfe bei Zahlungsbilanzschwierigkeiten.[5] Ziel ist nicht eine Finanzierung von Projekten o. Ä., sondern die Leistung eines Beitrages zur Stabilisierung der volkswirtschaftlichen Lage eines Staates. Der Grund für die Lage in dem betreffenden Drittland sowie die Frage, ob dieses die Lage selbst verschuldet hat, sind irrelevant.[6]   4

Auf der Basis von Art. 213 AEUV können allerdings nur **dringende** finanzielle Hilfen gewährt werden (»notwendig, dass die Union umgehend finanzielle Hilfe leistet«). Erfasst sind demnach allein außergewöhnliche Situationen, in denen unverzüglich gehandelt werden muss.[7] Für die Beurteilung, ob eine solche Situation vorliegt, kommt dem allein entscheidungsberechtigten Rat (s. Rn. 7) eine Einschätzungsprärogative zu.[8] Allerdings ist der Begriff »umgehend« eng auszulegen.[9] Das entspricht auch der bisherigen Praxis.[10] Die seit Inkrafttreten des Vertrages von Lissabon beschlossenen Makrofinanzhilfen,[11] etwa für die Ukraine[12] und Tunesien,[13] wurden nicht als dringlich eingestuft und daher unter Rückgriff auf Art. 212 AEUV gewährt. Soweit ersichtlich wurde bislang von Art. 213 AEUV noch kein Gebrauch gemacht.   5

Umstritten ist, ob Art. 213 AEUV, wie Art. 212 AEUV, ausschließlich auf Nicht-Entwicklungsländer oder auch auf Entwicklungsländer anwendbar ist. Die herrschende Meinung geht davon aus, dass Art. 213 AEUV **sowohl auf Nicht-Entwicklungs- als auch**   6

---

[4] Vgl. *Streinz/Kruis*, in: Streinz, EUV/AEUV, Art. 213 AEUV, Rn. 2.
[5] Vgl. *Martenczuk*, EuR-Beiheft 2/2008, 36 (44); *Streinz/Kruis*, in: Streinz, EUV/AEUV, Art. 213 AEUV, Rn. 3, 5; *Bartelt*, in: Schwarze, EU-Kommentar, Art. 213 AEUV, Rn. 2; *Schmalenbach*, in: Calliess/Ruffert, EUV/AEUV, Art. 213 AEUV, Rn. 4.
[6] Vgl. *Streinz/Kruis*, in: Streinz, EUV/AEUV, Art. 213 AEUV, Rn. 5.
[7] Vgl. *Bartelt*, in: Schwarze, EU-Kommentar, Art. 213 AEUV, Rn. 2; *Schmalenbach*, in: Calliess/Ruffert, EUV/AEUV, Art. 213 AEUV, Rn. 6; *Teichmann*, in: GSH, Europäisches Unionsrecht, Art. 213 AEUV, Rn. 10.
[8] Vgl. *Streinz/Kruis*, in: Streinz, EUV/AEUV, Art. 213 AEUV, Rn. 5; *Hoffmeister*, in: Grabitz/Hilf/Nettesheim, EU, Art. 213 AEUV (Januar 2015), Rn. 6.
[9] Vgl. *Martenczuk*, EuR-Beiheft 2/2008, 36 (45); *Hoffmeister*, in: Grabitz/Hilf/Nettesheim, EU, Art. 213 AEUV (Januar 2015), Rn. 6.
[10] Vgl. *Hoffmeister*, in: Grabitz/Hilf/Nettesheim, EU, Art. 213 AEUV (Januar 2015), Rn. 7 f.
[11] Diese sind zu finden unter http://ec.europa.eu/economy_finance/eu-borrower/macro-financial_assistance/index_en.htm (17.4.2016).
[12] Beschluss Nr. 388/2010/EU vom 7.7.2010 über eine Makrofinanzhilfe für die Ukraine, ABl. 2010, L 179/1.
[13] Beschluss Nr. 534/2014/EU des Europäischen Parlaments und des Rates vom 15.4.2014 über eine Makrofinanzhilfe für die Tunesische Republik, ABl. 2014, L 151/9.

auf Entwicklungsländer Anwendung findet.¹⁴ Dieser Ansicht ist zuzustimmen. Hauptargument ist der Umstand, dass – anders als in Art. 212 AEUV – der Begriff der Drittländer, nicht durch den ausdrücklichen Zusatz »die keine Entwicklungsländer sind« eingeschränkt wird. Finanzielle Soforthilfen an **EU-Mitgliedstaaten** sind auch möglich. Sie erfolgen allerdings nicht über Art. 213 AEUV, sondern über Art. 122 Abs. 2 AEUV.¹⁵

D. Verfahren

7   Gemäß Art. 213 AEUV wird die finanzielle Soforthilfe vom Rat auf Vorschlag der Kommission in Form eines Beschlusses gewährt. Der Rat entscheidet dabei gemäß Art. 16 Abs. 3 EUV mit qualifizierter Mehrheit. Das Europäische Parlament ist ausdrücklich nicht beteiligt. Damit liegt ein Fall **der Rechtsetzung ohne Gesetzescharakter** nach Art. 297 Abs. 2 AEUV vor. Der Grund für die Nichteinbindung des Europäischen Parlaments ist allein in der Eilbedürftigkeit der Entscheidung zu suchen. Die Besonderheiten des Verfahrens sind ein weiteres Argument¹⁶ für eine restriktive Auslegung des Anwendungsbereiches der Norm (s. Rn. 5).

---

[14] So *Dann/Wortmann*, EnzEuR, Bd. 10, § 8, Rn. 15; *Martenczuk*, EuR Beiheft 2, 2008, 36 (45); *Teichmann*, in: GSH, Europäisches Unionsrecht, Art. 213 AEUV, Rn. 9; *Streinz/Kruis*, in: Streinz, EUV/AEUV, Art. 213 AEUV, Rn. 4; *Bartelt*, in: Schwarze, EU-Kommentar, Art. 213 AEUV, Rn. 1; *Schmalenbach*, in: Calliess/Ruffert, EUV/AEUV, Art. 213 AEUV, Rn. 3; *Ollmann*, in: Lenz/Borchardt, EU-Verträge, Art. 213 AEUV, Rn. 4. A.A. *Hoffmeister*, in: Grabitz/Hilf/Nettesheim, EU, Art. 213 AEUV (Januar 2015), Rn. 9.
[15] Vgl. *Streinz/Kruis*, in: Streinz, EUV/AEUV, Art. 213 AEUV, Rn. 4; *Teichmann*, in: GSH, Europäisches Unionsrecht, Art. 213 AEUV, Rn. 9.
[16] So auch *Dann/Wortmann*, EnzEuR, Bd. 10, § 8, Rn. 65.

Kapitel 3
Humanitäre Hilfe

Artikel 214 AEUV [Grundsätze, Maßnahmen, Europäisches Freiwilligenkorps]

(1) ¹Den Rahmen für die Maßnahmen der Union im Bereich der humanitären Hilfe bilden die Grundsätze und Ziele des auswärtigen Handelns der Union. ²Die Maßnahmen dienen dazu, Einwohnern von Drittländern, die von Naturkatastrophen oder von vom Menschen verursachten Katastrophen betroffen sind, gezielt Hilfe, Rettung und Schutz zu bringen, damit die aus diesen Notständen resultierenden humanitären Bedürfnisse gedeckt werden können. ³Die Maßnahmen der Union und die Maßnahmen der Mitgliedstaaten ergänzen und verstärken sich gegenseitig.

(2) Die Maßnahmen der humanitären Hilfe werden im Einklang mit den Grundsätzen des Völkerrechts sowie den Grundsätzen der Unparteilichkeit, der Neutralität und der Nichtdiskriminierung durchgeführt.

(3) Das Europäische Parlament und der Rat legen gemäß dem ordentlichen Gesetzgebungsverfahren die Maßnahmen zur Festlegung des Rahmens fest, innerhalb dessen die Maßnahmen der humanitären Hilfe der Union durchgeführt werden.

(4) Die Union kann mit Drittländern und den zuständigen internationalen Organisationen alle Übereinkünfte schließen, die zur Verwirklichung der Ziele des Absatzes 1 und des Artikels 21 des Vertrags über die Europäische Union beitragen.

Unterabsatz 1 berührt nicht die Zuständigkeit der Mitgliedstaaten, in internationalen Gremien zu verhandeln und Übereinkünfte zu schließen.

(5) ¹Als Rahmen für gemeinsame Beiträge der jungen Europäer zu den Maßnahmen der humanitären Hilfe der Union wird ein Europäisches Freiwilligenkorps für humanitäre Hilfe geschaffen. ²Das Europäische Parlament und der Rat legen gemäß dem ordentlichen Gesetzgebungsverfahren durch Verordnungen die Rechtsstellung und die Einzelheiten der Arbeitsweise des Korps fest.

(6) Die Kommission kann alle Initiativen ergreifen, die der Koordinierung zwischen den Maßnahmen der Union und denen der Mitgliedstaaten förderlich sind, damit die Programme der Union und der Mitgliedstaaten im Bereich der humanitären Hilfe wirksamer sind und einander besser ergänzen.

(7) Die Union trägt dafür Sorge, dass ihre Maßnahmen der humanitären Hilfe mit den Maßnahmen der internationalen Organisationen und Einrichtungen, insbesondere derer, die zum System der Vereinten Nationen gehören, abgestimmt werden und im Einklang mit ihnen stehen.

Literaturübersicht

Broberg, Undue assistance? An analysis of the legal basis of Regulation 1257/96 concerning humanitarian aid, E.L.Rev. 34 (2009), 769; *Khaliq*, Ethical Dimensions of the Foreign Policy of the European Union, 2008; *Kuhn*, Humanitäre Hilfe der Europäischen Gemeinschaft. Entwicklung, System und primärrechtlicher Rahmen, 2000; *Kussbach*, Der Beitrag der Europäischen Union zur internationalen Katastrophenhilfe, FS P. Fischer, 2004, S. 249; *Martenczuk*, Die Kooperation der Europäischen Union mit Entwicklungsländern und Drittstaaten und der Vertrag von Lissabon, EuR-Beiheft 2/2008, 36; *Van Elsuwege/Orbie*, The EU's Humanitarian Aid Policy after Lisbon: Implications of a New Treaty Basis, in: Govaere/Poli, EU Management of Global Emergencies. Legal Framework for Combating Threats and Crises, 2014, S. 21.

Wesentliche sekundärrechtliche Vorschriften

VO (EG) Nr. 1257/96 vom 20. 6.1996 über die humanitäre Hilfe, ABl. 1996, L 163/1, zuletzt geändert durch VO (EG) Nr. 219/2009 vom 11. 3. 2009, ABl. 2009, L 87/109

Gemeinsame Erklärung des Rates und der im Rat vereinigten Vertreter der Regierungen der Mitgliedstaaten, des Europäischen Parlaments und der Europäischen Kommission: »Europäischer Konsens über die humanitäre Hilfe«, ABl. 2008, C 25/1

Verordnung (EU) Nr. 375/2014 des Europäischen Parlaments und des Rates vom 3. 4. 2014 zur Einrichtung des Europäischen Freiwilligenkorps für humanitäre Hilfe (»EU-Freiwilligeninitiative für humanitäre Hilfe«), ABl. 2014, L 122/1

Durchführungsverordnung (EU) Nr. 1244/2014 der Kommission vom 20. 11. 2014 mit Durchführungsbestimmungen zur Verordnung (EU) Nr. 375/2014 des Europäischen Parlaments und des Rates zur Einrichtung des Europäischen Freiwilligenkorps für humanitäre Hilfe, ABl. 2014, L 334/52

Commission Staff Working Paper, Implementation Plan of the European Consensus on Humanitarian Aid, 27. 11. 2015, SWD(2015) 269 final

Inhaltsübersicht

	Rn.
A. Grundlagen	1
B. Historischer Hintergrund des Art. 214 AEUV	2
C. Anwendungsbereich	4
D. Grundsätze und Ziele (Abs. 1, 2, 6, 7)	6
E. Innenkompetenzen (Abs. 3)	9
F. Außenkompetenzen (Abs. 4)	12
G. Europäisches Freiwilligenkorps für humanitäre Hilfe (Abs. 5)	13

A. Grundlagen

1 Art. 214 AEUV stellt gleichzeitig Kapitel 3 des Titels III dar. Er ermöglicht zeitlich begrenzte Beziehungen zu Drittstaaten in Form von **humanitärer Hilfe bei Katastrophenfällen**. Die Norm lehnt sich in mehrfacher Hinsicht an die Formulierungen und den Inhalt der Art. 208–211 AEUV zur Entwicklungszusammenarbeit sowie an Art. 212 AEUV zur Kooperationspolitik mit Nicht-Entwicklungsländern an. Sie enthält aber auch Neuerungen, insbesondere die Schaffung eines Europäischen Freiwilligenkorps für humanitäre Hilfe.

B. Historischer Hintergrund des Art. 214 AEUV

2 Seit den 1970er Jahren leistete die Gemeinschaft regelmäßig humanitäre Hilfe bei Katastrophenfällen – auch **ohne Existenz einer entsprechenden expliziten primärrechtlichen Grundlage**.[1] Gestützt wurde die humanitäre Hilfe in erster Linie auf die Kompetenzen im Bereich der **Entwicklungszusammenarbeit** (heute Art. 209 AEUV).[2] So erging

---

[1] Zur humanitären Hilfe der EU vor Lissabon vgl. ausf. *Kuhn*; *Kussbach*, S. 249 ff.; *Khaliq*, S. 404 ff.; *Versluys*, European Union Humanitarian Aid: Lifesaver or Political Tool?, in: Orbie (Hrsg.), Europe's global role: external policies of the European Union, 2008, S. 91 ff.; *Van Elsuwege/Orbie*, S. 21 ff. Für einen historischen Überblick über den gesamten Titel III s. Art. 208 AEUV, Rn. 3 ff. Speziell zur historischen Genese des Art. 214 AEUV vgl. *Hoffmeister*, in: Grabitz/Hilf/Nettesheim, EU, Art. 214 AEUV (August 2011), Rn. 1 ff.; *Dann/Wortmann*, EnzEuR, Bd. 10, § 8, Rn. 16.

[2] Vgl. Rn. 4 der Gemeinsamen Erklärung des Rates und der im Rat vereinigten Vertreter der Re-

beispielsweise auf Basis des Art. 130w EGV die heute immer noch geltende (s. Rn. 9) Grundverordnung über die humanitäre Hilfe.³ Für die **AKP-Staaten** (s. Art. 208 AEUV, Rn. 4) wurde auf die Kompetenz zum Abschluss von Assoziierungsabkommen (heute Art. 217 AEUV) zurückgegriffen. Die Abkommen mit den AKP-Staaten enthielten und enthalten Normen, die zu Hilfeleistungen bei Katastrophenfällen, sei es in Form von finanzieller Unterstützung, sei es in Form anderer Maßnahmen, ermächtigen.⁴ **Nicht-Entwicklungsländern** kam auf der Basis der Grundverordnung auch humanitäre Hilfe zuteil.⁵ Ob diese Praxis, die auf einer Verordnung basiert, welche aufgrund der Kompetenzen für die Entwicklungszusammenarbeit erlassen wurde, rechtmäßig war und ist, wird häufig bezweifelt.⁶

Der **Vertrag von Lissabon von 2007** beseitigte die rechtlichen Unsicherheiten im Bereich des Primärrechts durch Schaffung des Art. 214 AEUV, der zur humanitären Hilfe in Drittländern ermächtigt. Damit ist klargestellt, dass sowohl Entwicklungs- als auch Nicht-Entwicklungsländer Adressaten von humanitärer Hilfe sein können. Die humanitäre Hilfe fand jedoch nicht nur Aufnahme in den neuen Art. 214 AEUV. Gemäß **Art. 21 Abs. 2 Buchst. g EUV** gehört sie zu den Zielen des auswärtigen Handelns der EU. Die Kompetenzverteilung richtet sich nach **Art. 4 Abs. 4 AEUV**: Die EU und die Mitgliedstaaten verfügen demnach über parallele Kompetenzen und können nebeneinander sowie gleichzeitig humanitäre Hilfe bei Katastrophenfällen leisten.⁷ 3

C. Anwendungsbereich

Gemäß Art. 214 Abs. 1 Satz 2 AEUV ist die humanitäre Hilfe auf die Einwohner von **Drittländern** ausgerichtet. Mit »Drittländern« sind sowohl Entwicklungs- als auch Nicht-Entwicklungsländer gemeint.⁸ Unter den Begriff fallen darüber hinaus, genauso wie im Rahmen der Kooperationspolitik, auch staatsähnliche bzw. nicht allgemein anerkannte Staaten⁹ (s. Art. 212 AEUV, Rn. 7). Humanitäre Hilfe für EU-Mitgliedstaaten kann die EU ebenfalls leisten. Sie erfolgt jedoch auf der Grundlage des Art. 222 AEUV. 4

Die **humanitäre Hilfe** ist gemäß Art. 214 Abs. 1 Satz 2 AEUV im Falle von Naturkatastrophen (Erdbeben, Überschwemmungen, Feuersbrünste etc.) und von Menschen verursachten Katastrophen (Atomreaktorkatastrophen, Terrorakten, bewaffneten 5

---

gierungen der Mitgliedstaaten, des Europäischen Parlaments und der Europäischen Kommission: »Europäischer Konsens über die humanitäre Hilfe«, ABl. 2008, C 25/1.

³ VO (EG) Nr. 1257/96 vom 20.6.1996 über die humanitäre Hilfe, ABl. 1996, L 163/1, zuletzt geändert durch VO (EG) Nr. 219/2009 vom 11.3.2009, ABl. 2009, L 87/109.

⁴ Vgl. etwa Art. 20 des Abkommens über die Assoziation zwischen der Europäischen Wirtschaftsgemeinschaft und den mit dieser Gemeinschaft assoziierten afrikanischen Staaten und Madagaskar, ABl. 1970 L, 282/2 sowie Art. 72 des heute geltenden Partnerschaftsabkommens zwischen den Mitgliedern der Gruppe der Staaten in Afrika, im Karibischen Raum und im Pazifischen Ozean einerseits und der Europäischen Gemeinschaft und ihren Mitgliedstaaten andererseits, unterzeichnet in Cotonou am 23.6.2000, ABl. 2000, L 317/3.

⁵ So ausdrücklich Art. 1 VO (EG) Nr. 1257/96. Priorität kam allerdings den Entwicklungsländern zu.

⁶ Vgl. exemplarisch *Broberg*, E.L.Rev. 34 (2009), 769.

⁷ Vgl. *Van Elsuwege/Orbie*, S. 29.

⁸ Vgl. statt vieler *Hoffmeister*, in: Grabitz/Hilf/Nettesheim, EU, Art. 214 AEUV, (August 2011), Rn. 23.

⁹ Vgl. *Streinz/Kruis*, in: Streinz, EUV/AEUV, Art. 214 AEUV, Rn. 10.

Konflikten u. Ä.) zu leisten.¹⁰ Sie umfasst »Hilfe, Rettung und Schutz«. Die Trias zeigt, dass es zwar um kurzfristige Maßnahmen zur Überwindung von Notsituationen geht.¹¹ Allerdings soll mit der humanitären Hilfe nicht nur das bloße Überleben gesichert, sondern ein weitergehender Schutz, inklusive einem unmittelbaren Wiederaufbau sowie Maßnahmen zur Krisenprävention, geboten werden.¹²

D. Grundsätze und Ziele (Abs. 1, 2, 6, 7)

6 Bereits vor Schaffung des Art. 214 AEUV durch den Vertrag von Lissabon einigten sich im Dezember 2007 die Mitgliedstaaten, das Europäische Parlament, der Rat und die Kommission auf den **»Europäischen Konsens über die humanitäre Hilfe«**.¹³ In dieser unverbindlichen Erklärung fand erstmalig eine Einigung auf die Grundsätze, Ziele und Leitlinien der humanitären Hilfe statt, die auch heute noch von Bedeutung ist. Sie orientieren sich inhaltlich an zahlreichen, seit 1991 verabschiedeten UN-Resolutionen.¹⁴ Ergänzt und präzisiert wird der Europäische Konsens durch Aktionspläne, die von der Kommission erarbeitet werden. Der erste galt für den Zeitraum 2008 bis 2013.¹⁵ Nach einer Evaluierung im Jahr 2014 wurde 2015 ein neuer Aktionsplan veröffentlicht.¹⁶ Er nennt drei Prioritäten: die Aufrechterhaltung humanitärer Prinzipien und des humanitären Völkerrechts, ein strengerer bedürfnisorientierter Ansatz sowie verstärkte Koordination und Kohärenz.

7 Im Bereich der humanitären Hilfe gelten – genauso wie für Kapitel 1 (s. Art. 208 AEUV, Rn. 15 f.) und Kapitel 2 (s. Art. 212 AEUV, Rn. 9, Art. 213 AEUV, Rn. 3) des Titels III – die »drei K«.¹⁷ Diese bereits im Europäischen Konsens gemachte Feststellung¹⁸ ist seit dem Vertrag von Lissabon auch weitestgehend primärrechtlich verankert. Der Grundsatz der **Komplementarität** findet sich in Art. 214 Abs. 1 Satz 3 AEUV. Er entspricht vom Wortlaut her Art. 208 Abs. 1 UAbs. 1 Satz 2 AEUV für die Entwicklungszusammenarbeit (s. daher für weitere Details Art. 208 AEUV, Rn. 26 ff.). Der Grundsatz der **Kohärenz** ist hingegen anders ausgestaltet als in den Bereichen der Entwicklungszusammenarbeit (s. Art. 208 AEUV, Rn. 31 ff.) und der Kooperationspolitik (s. Art. 212 AEUV, Rn. 9).¹⁹ Das allgemeine Kohärenzprinzip aus Art. 7 AEUV gilt selbstverständlich auch für die humanitäre Hilfe. Insgesamt ist die humanitäre Hilfe aber

---

¹⁰ Vgl. *Bungenberg*, in: GSH, Europäisches Unionsrecht, Art. 214 AEUV, Rn. 21.
¹¹ Vgl. *Ollmann*, in: Lenz/Borchardt, EU-Verträge, Art. 214 AEUV, Rn. 5; *Bungenberg*, in: GSH, Europäisches Unionsrecht, Art. 214 AEUV, Rn. 20; *Streinz/Kruis*, in: Streinz, EUV/AEUV, Art. 214 AEUV, Rn. 9.
¹² Vgl. Rn. 8 f. des Europäischen Konsenses über die humanitäre Hilfe (Fn. 2); *Hoffmeister*, in: Grabitz/Hilf/Nettesheim, EU, Art. 214 AEUV (August 2011), Rn. 12; *Schmalenbach*, in: Calliess/Ruffert, EUV/AEUV, Art. 214 AEUV, Rn. 3; *Streinz/Kruis*, in: Streinz, EUV/AEUV, Art. 214 AEUV, Rn. 9; *Bartelt*, in: Schwarze, EU-Kommentar, Art. 208 AEUV, Rn. 6 f.; *Bungenberg*, in: GSH, Europäisches Unionsrecht, Art. 214 AEUV, Rn. 21.
¹³ Europäischer Konsens über die humanitäre Hilfe (Fn. 2).
¹⁴ Vgl. *Van Elsuwege/Orbie*, S. 32 m. w. N.
¹⁵ Commission Staff Working Paper, European Consensus on Humanitarian Aid – Action Plan, 29. 5. 2008, SEC(2008)1991.
¹⁶ Commission Staff Working Paper, Implementation Plan of the European Consensus on Humanitarian Aid, 27. 11. 2015, SWD(2015) 269 final.
¹⁷ Vgl. *Schmalenbach*, in: Calliess/Ruffert, EUV/AEUV, Art. 214 AEUV, Rn. 8.
¹⁸ Vgl. Rn. 25 ff. des Europäischen Konsenses über die humanitäre Hilfe (Fn. 2).
¹⁹ Vgl. ausf. *Van Elsuwege/Orbie*, S. 36 ff.

stärker auf eine Kohärenz mit völkerrechtlichen Vorgaben ausgerichtet. Gemäß Abs. 2 wird sie im Einklang mit völkerrechtlichen Prinzipien sowie den Grundsätzen der Unparteilichkeit, der Neutralität und der Nichtdiskriminierung[20] durchgeführt. Gemäß Abs. 7 müssen die Maßnahmen mit denjenigen internationaler Organisationen, insbesondere der Organisationen, die zum System der UNO gehören, im Einklang stehen. Auch das Gebot der **Koordinierung** ist internationaler ausgerichtet. Zwar hat auch im Bereich der humanitären Hilfe gemäß Abs. 6 eine Art. 210 AEUV entsprechende Koordinierung zwischen der EU und ihren Mitgliedstaaten stattzufinden, für welche der Kommission ein Initiativrecht zusteht (s. für diesbezügliche weitere Details Art. 210 AEUV, Rn. 2 ff, 6). Hinzu kommt aber gemäß Abs. 7 eine »Abstimmung« mit den zuständigen internationalen Organisationen.

Die **spezifischen Ziele**[21] der humanitären Hilfe sind in Art. 21 Abs. 2 Buchst. g EUV und Art. 214 Abs. 1 Satz 2 AEUV verankert: Die aus den Notständen resultierenden humanitären Bedürfnisse sollen gedeckt werden. Es geht also um den unmittelbaren Bedarf von Krisenopfern,[22] etwa um die Versorgung mit Nahrungsmitteln, Medikamenten, Bekleidung, sanitären Einrichtungen und Unterkunft. Die **allgemeinen Ziele**[23] der humanitären Hilfe ergeben sich gemäß Art. 214 Abs. 1 Satz 1 AEUV aus den Zielen des auswärtigen Handelns der Union, d. h. aus Art. 21 EUV und aus den vom Europäischen Rat gemäß Art. 22 EUV festzulegenden strategischen Zielen (s. Art. 208 AEUV, Rn. 23). Allerdings können im Rahmen der humanitären Hilfe nicht alle Unionsziele gleichermaßen verfolgt werden. Die Grundsätze der Unparteilichkeit, der Neutralität und der Nichtdiskriminierung (s. Rn. 7) sowie die spezifischen Ziele der humanitären Hilfe führen dazu, dass die anderen in Art. 21 Abs. 2 EUV genannten Ziele, wie etwa die Wahrung der Werte der EU (Buchst. a) oder die Festigung der Demokratie und der Rechtsstaatlichkeit (Buchst. b), für die Leistung von humanitärer Hilfe keine Rolle spielen dürfen.[24] 8

E. Innenkompetenzen (Abs. 3)

Gemäß Art. 214 Abs. 3 AEUV legen das Europäische Parlament und der Rat gemäß dem ordentlichen Gesetzgebungsverfahren den **rechtlichen Rahmen** fest, innerhalb dessen die Maßnahmen der humanitären Hilfe der Union durchgeführt werden. Dieser Rahmen ist jedoch bislang noch nicht erlassen worden. Stattdessen gilt die Grundverordnung 9

---

[20] Die Grundsätze sind (bis auf den der Nichtdiskriminierung) näher in Rn. 10 ff. des Europäischen Konsenses über die humanitäre Hilfe (Fn. 2) erläutert. Sie haben ihre Grundlage in den 1991 von der UN-Generalversammlung verabschiedeten Richtlinien für die Leistung humanitärer Hilfe, vgl. UN-GV Res. A/RES/46/182 vom 19.12.1991, Ziffer 2. Vgl. auch die Erläuterungen von *Hoffmeister*, in: Grabitz/Hilf/Nettesheim, EU, Art. 214 AEUV (August 2011), Rn. 16 ff.; *Streinz/Kruis*, in: Streinz, EUV/AEUV, Art. 214 AEUV, Rn. 15 f.; *Bungenberg*, in: GSH, Europäisches Unionsrecht, Art. 214 AEUV, Rn. 30.
[21] *Schmalenbach*, in: Calliess/Ruffert, EUV/AEUV, Art. 214 AEUV, Rn. 4 verwendet den Begriff des »Hauptziels«.
[22] Vgl. *Streinz/Kruis*, in: Streinz, EUV/AEUV, Art. 214 AEUV, Rn. 12.
[23] Laut *Schmalenbach*, in: Calliess/Ruffert, EUV/AEUV, Art. 214 AEUV, Rn. 4, »umrahmen« diese Vorgaben das Hauptziel.
[24] Vgl. *Streinz/Kruis*, in: Streinz, EUV/AEUV, Art. 214 AEUV, Rn. 7. A. A. *Hoffmeister*, in: Grabitz/Hilf/Nettesheim, EU, Art. 214 AEUV (August 2011), Rn. 9. Ausf. zu dieser Problematik *Khaliq*, S. 406 ff.

über die humanitäre Hilfe von 1996[25] bis auf weiteres fort. Der im Jahr 2013 erlassene Beschluss über ein Katastrophenverfahren der Union basiert nicht auf Art. 214 AEUV, sondern auf Art. 196 AEUV. Er gilt ausdrücklich nicht für Maßnahmen, die unter die Grundverordnung über die humanitäre Hilfe fallen.[26]

10 Die Durchführung der humanitären Hilfe liegt in den Händen der Generaldirektion für Humanitäre Hilfe und Katastrophenschutz. Sie wurde 1991 von der Kommission als Amt für Humanitäre Hilfe (**European Community Humanitarian Office (ECHO)**) gegründet.[27] 2004 wurde das Amt in eine Generaldirektion der Kommission umgewandelt, der 2010 zusätzlich der Katastrophenschutz übertragen wurde. Die Generaldirektion ist demnach sowohl für die humanitäre Hilfe nach Art. 214 AEUV als auch für den Katastrophenschutz nach Art. 196 AEUV zuständig. Sie tritt allerdings immer noch unter dem bekannten Namen »ECHO« auf.

11 Auf der Basis der Grundverordnung über die humanitäre Hilfe **führt die EU die humanitäre Hilfe nicht selbst durch**, sondern finanziert lediglich Maßnahmen, die von anderen internationalen Organisationen, NGOs oder dem IKRK durchgeführt werden.[28] Die Kooperation erfolgt auf der Basis von Partnerschaftsabkommen (s. Rn. 12). Wegen der parallelen Kompetenz nach Art. 4 Abs. 4 AEUV tritt in der Regel ergänzend eine humanitäre Hilfe der EU-Mitgliedstaaten hinzu.[29]

F. Außenkompetenzen (Abs. 4)

12 Art. 214 Abs. 4 AEUV enthält die Kompetenz der EU, mit Staaten und internationalen Organisationen **völkerrechtliche Verträge** zu schließen.[30] Die Norm entspricht Art. 209 Abs. 2 AEUV und ermöglicht den Abschluss von Abkommen mit Staaten, internationalen Organisationen sowie staatsähnlichen Gebilden oder nicht allgemein anerkannten Staaten; Abkommen mit NGOs sind über die Haushaltsvorschriften möglich (s. Art. 209 AEUV, Rn. 12 ff.). Von der Außenkompetenz nach Art. 214 Abs. 4 AEUV zu trennen[31] sind die von der Kommission zur Durchführung der humanitären Hilfe geschlossenen **Partnerschaftsabkommen mit über 200 internationalen Organisationen und NGOs**.[32] Diese wurden auf der Basis der Grundverordnung über die humanitäre Hilfe[33] geschlossen.

---

[25] VO (EG) Nr. 1257/96.
[26] Vgl. Ziffer 27 der Präambel sowie Art. 1 Abs. 6 des Beschlusses Nr. 1313/2013/EU vom 17.12.2013 über ein Katastrophenschutzverfahren der Union, ABl. 2013, L 347/924.
[27] Näher zu ECHO *Kowertz*, Humanitäres Völkerrecht – Informationsschriften 2006, 112 (113 ff.).
[28] Vgl. *Bungenberg*, in: GSH, Europäisches Unionsrecht, Art. 214 AEUV, Rn. 2.
[29] Vgl. als ein Beispiel die humanitäre Hilfe nach den schweren Überschwemmungen in Serbien sowie Bosnien und Herzegowina im Mai 2014, Pressemitteilung der Kommission vom 27.5.2014, IP/14/61, http://europa.eu/rapid/press-release_IP–14–611_de.htm?locale=FR (23.2.2016).
[30] Ausf. hierzu *Streinz/Kruis*, in: Streinz, EUV/AEUV, Art. 214 AEUV, Rn. 24 ff.; *Bungenberg*, in: GSH, Europäisches Unionsrecht, Art. 214 AEUV, Rn. 43 ff.
[31] So *Hoffmeister*, in: Grabitz/Hilf/Nettesheim, EU, Art. 214 AEUV (August 2011), Rn. 28; *Bungenberg*, in: GSH, Europäisches Unionsrecht, Art. 214 AEUV, Rn. 46.
[32] Dazu gehören rd. 190 NGOs, zahlreiche UN-Einrichtungen, das IKRK und andere internationale Organisationen, vgl. die Liste der Partner (Stand: Februar 2016) unter http://ec.europa.eu/echo/files/partners/humanitarian_aid/fpa_partners.pdf (23.2.2016). Die Partnerschaftsabkommen werden in der Regel als »Framework Partnership Agreements« nach einheitlichem Muster abgeschlossen. Näher zu den Abkommen *Kussbach*, S. 265 ff.
[33] Vgl. Art. 12 VO (EG) Nr. 1257/96.

G. Europäisches Freiwilligenkorps für humanitäre Hilfe (Abs. 5)

Ein mit dem Vertrag von Lissabon eingefügtes Novum ist die Schaffung eines »Europäischen Freiwilligenkorps für humanitäre Hilfe«. Zu diesem Zweck werden das Europäische Parlament und der Rat beauftragt, gemäß dem ordentlichen Gesetzgebungsverfahren durch Verordnungen die Rechtsstellung und die Einzelheiten der Arbeitsweise des Korps festzulegen. Das US-amerikanische »Peace Corps« wird vielfach als Modell für den Europäischen Freiwilligenkorps verstanden.[34] 2014 erließen Rat und Parlament die **Verordnung zur Einrichtung des Europäischen Freiwilligenkorps**.[35] Konkretisiert wird sie durch eine entsprechende Durchführungsverordnung der Kommission, ebenfalls aus dem Jahr 2014.[36] Für den Zeitraum 2015–2020 werden fast 150 Millionen Euro zur Verfügung gestellt, um insgesamt rund 4.000 junge Europäer und rund 4.400 junge Nicht-Europäer in Krisengebiete zu senden. Unterstützt werden sollen sie von rund 10.000 »Online-Freiwilligen«, die von Europa aus im Wege von Übersetzungshilfen etc. per Computer zur Krisenbewältigung beitragen. Durchgeführt werden die Einsätze nicht unmittelbar von der EU, sondern von Hilfsorganisationen (s. Rn. 12).[37]

---

[34] Vgl. *Bendiek/Schmidt*, SWP-Aktuell 44, Mai 2010, 1 (4).
[35] Verordnung (EU) Nr. 375/2014 des Europäischen Parlaments und des Rates vom 3. 4. 2014 zur Einrichtung des Europäischen Freiwilligenkorps für humanitäre Hilfe (»EU-Freiwilligeninitiative für humanitäre Hilfe«), ABl. 2014, L 122/1. Eine ausführliche Beschreibung ihres Inhalts findet sich bei *Bungenberg*, in: GSH, Europäisches Unionsrecht, Art. 214 AEUV, Rn. 52 ff.
[36] Durchführungsverordnung (EU) Nr. 1244/2014 der Kommission vom 20. 11. 2014 mit Durchführungsbestimmungen zur Verordnung (EU) Nr. 375/2014 des Europäischen Parlaments und des Rates zur Einrichtung des Europäischen Freiwilligenkorps für humanitäre Hilfe, ABl. 2014, L 334/52.
[37] Nähere Informationen unter http://ec.europa.eu/echo/what/humanitarian-aid/eu-aid-volunteers_en (17. 4. 2016).

Titel IV
Restriktive Maßnahmen

Artikel 215 AEUV [Wirtschaftssanktionen]

(1) ¹Sieht ein nach Titel V Kapitel 2 des Vertrags über die Europäische Union erlassener Beschluss die Aussetzung, Einschränkung oder vollständige Einstellung der Wirtschafts- und Finanzbeziehungen zu einem oder mehreren Drittländern vor, so erlässt der Rat die erforderlichen Maßnahmen mit qualifizierter Mehrheit auf gemeinsamen Vorschlag des Hohen Vertreters der Union für Außen- und Sicherheitspolitik und der Kommission. ²Er unterrichtet hierüber das Europäische Parlament.

(2) Sieht ein nach Titel V Kapitel 2 des Vertrags über die Europäische Union erlassener Beschluss dies vor, so kann der Rat nach dem Verfahren des Absatzes 1 restriktive Maßnahmen gegen natürliche oder juristische Personen sowie Gruppierungen oder nichtstaatliche Einheiten erlassen.

(3) In den Rechtsakten nach diesem Artikel müssen die erforderlichen Bestimmungen über den Rechtsschutz vorgesehen sein.

Literaturübersicht

Bartelt/Zeitler, »Intelligente Sanktionen« zur Terrorismusbekämpfung in der EU, EuZW 2003, 712; *Birkhäuser*, Sanktionen des Sicherheitsrates der Vereinten Nationen gegen Individuen, 2007; *Brandl*, Die Umsetzung der Sanktionsresolutionen des Sicherheitsrates in der EU, AVR 38 (2000), 376; *Brauneck*, Ukraine-Krise: Zu viel und zu wenig Rechtsschutz gegen EU-Wirtschaftssanktionen?, EuR 2015, 498; *Bülow*, Haftung der Europäischen Union nach Art. 340 Abs. 2 AEUV am Beispiel der rechtswidrigen Listung eines Terrorverdächtigen, EuR 2013, 609; *Garçon*, Handelsembargen der Europäischen Union auf dem Gebiet des Warenverkehrs gegenüber Drittstaaten, 1997; *Herrnfeld*, Rechtsgrundlage für »smart sanctions« zur Bekämpfung des Terrorismus – Anmerkungen zum Urteil des Gerichtshofs in der Rs. C–130/10, Europäisches Parlament/Rat, v. 19.7.2012, EuR 2013, 87; *Hörmann*, Völkerrecht bricht Rechtsgemeinschaft?, AVR 44 (2006), 267; *Kämmerer*, Das Urteil des EuGH im Fall »Kadi«, EuR 2009, 114; *Mir Djawadi*, Individualsanktionen des UN-Sicherheitsrates gegen Al Qaida und die Taliban, 2016; *Oette*, Die Vereinbarkeit der vom Sicherheitsrat nach Kapitel VII der UN-Charta verhängten Wirtschaftssanktionen mit den Menschenrechten und dem humanitären Völkerrecht, 2003; *Ohler*, Gemeinschaftsrechtlicher Rechtsschutz gegen personengerichtete Sanktionen des UN-Sicherheitsrates, EuZW 2008, 630; *Osteneck*, Die Umsetzung von UN-Wirtschaftssanktionen durch die Europäische Gemeinschaft, 2004; *Ress*, Das Handelsembargo – Völker-, europa- und außenwirtschaftsrechtliche Rahmenbedingungen, Praxis und Entschädigung, 2000; *Schmalenbach*, Bedingt kooperationsbereit: Der Kontrollanspruch des EuGH bei gezielten Sanktionen der Vereinten Nationen, JZ 2009, 35; *Schneider*, Wirtschaftssanktionen – Die VN, EG und Bundesrepublik als konkurrierende Normgeber beim Erlass paralleler Wirtschaftssanktionen, 1999; *Schöbener/Herbst/Perkams*, Internationales Wirtschaftsrecht, 2010; *Schulte*, Der Schutz individueller Rechte gegen Terrorlisten – internationale, europäische und nationale Menschenrechtsstandards im Spannungsverhältnis zwischen effektiver Terrorismusbekämpfung und notwendigem Individualrechtsschutz, 2010; *Tomuschat*, Die Europäische Union und ihre völkerrechtliche Bindung, EuGRZ 2007, 1; *Wagner*, Die wirtschaftlichen Maßnahmen des Sicherheitsrates nach dem 11.9.2001 im völkerrechtlichen Kontext – Von Wirtschaftssanktionen zur Wirtschaftsgesetzgebung?, ZaöRV 63 (2003), 879; *Zeleny*, Zur Verhängung von Wirtschaftssanktionen durch die EU, ZÖR 52 (1997), 197.

Wirtschaftssanktionen | Art. 215 AEUV

Leitentscheidungen

EuGH, Urt. v. 3.9.2008, verb. Rs. C–402/05 P u. C–415/05 P (Kadi/Rat und Kommission), Slg. 2008, I–6351
EuGH, Urt. v. 29.6.2010, Rs. C–550/09 (E und F), Slg. 2010, I–6213
EuGH, Urt. v. 21.12.2011, Rs. C–366/10 (Air Transport Association of America u.a.), Slg. 2011, I–13755
EuGH, Urt. v. 16.11.2011, Rs. C–548/09 P (Bank Melli Iran/Rat), Slg. 2011, I–11381
EuGH, Urt. v. 19.7.2012, Rs. C–130/10 (Parlament/Rat), ECLI:EU:C:2012:472
EuGH, Urt. v. 4.6.2013, Rs. C–300/11 (ZZ), ECLI:EU:C:2013:363
EuGH, Urt. v. 18.7.2013, verb. Rs. C–584/10 P, C–593/10 P u. C–595/10 P (Kommission/Kadi), ECLI:EU:C:2013:518
EuGH, Urt. v. 28.11.2013, Rs. C–280/12 P (Rat/Fulmen und Mahmoudian), ECLI:EU:C:2013:775
EuG, Urt. v. 21.9.2005, Rs. T–306/01 (Yusuf und Barakaat International Foundation/Rat und Kommission), Slg. 2005, II–3533
EuG, Urt. v. 21.9.2005, Rs. T–315/01 (Kadi/Rat und Kommission), Slg. 2005, II–3649
EuG, Urt. v. 29.4.2015, Rs. T–10/13 (Bank of Industry and Mine/Rat), ECLI:EU:T:2015:235

Inhaltsübersicht

	Rn.
A. Einleitung	1
B. Normgenese	3
C. Verfahrensrechtliche Maßgaben	7
I. Zweistufiges Sanktionsverfahren	7
II. Vorschlags- und Beschlusspflicht	9
D. Normtatbestand und Rechtsfolge	11
I. Länderbezogene Wirtschaftssanktionen (Abs. 1)	12
II. Individualsanktionen (Abs. 2)	13
III. Bereichsspezifische Sonderregelungen	17
IV. Maßnahmeninhalt	18
V. Rechtsschutzklausel im Sanktionsbeschluss (Abs. 3)	21
E. Handlungsformen	23
F. Rechtsschutz gegen die Verordnung	24
I. Prozessrechtliche Konstellationen	24
II. Unionsrechtliche Maßgaben	28
III. Völkerrechtliche Maßgaben	33
1. Rechtsbindung an das UN-Recht	34
2. Rechtsbindung an das sonstige Völkerrecht	39
G. Haftung für Schäden	42
H. Verhältnis zu anderen Vorschriften	43
I. Gemeinsame Handelspolitik, Art. 207 AEUV	44
II. Art. 75 AEUV	46
III. Art. 346f. AEUV	48

A. Einleitung

Gegenstand des Art. 215 AEUV ist »die Aussetzung, Einschränkung oder vollständige Einstellung der Wirtschafts- und Finanzbeziehungen zu einem oder mehreren Drittländern« (Abs. 1) und die Verhängung »restriktive[r] Maßnahmen gegen natürliche oder juristische Personen sowie Gruppierungen oder nichtstaatliche Einheiten«. Definieren lassen sich die Wirtschafts- und Finanzsanktionen[1] »als durch hoheitliche Maßnahmen im Bereich der Außenwirtschaft bewirkte Ungleichbehandlung, die als außenpolitisch

1

---

[1] Zum Begriff der »(Wirtschafts-) Sanktion« vgl. *Oette*, S. 9ff.

motivierte Reaktion auf ein nachteiliges Verhalten eines anderen Völkerrechtssubjekts erfolgt, um dieses durch Zufügen eines Nachteils zu einer Verhaltensänderung zu bewegen«.[2] Derartige Sanktionen weisen die Besonderheit auf, dass im Rahmen einer Zweck-Mittel-Relation **außenpolitische Zielsetzungen mit wirtschaftspolitischen Maßnahmen verfolgt** werden.[3] Art. 215 AEUV bildet somit eine »zentrale Schnittstelle zwischen der GASP[4] und sonstigen Unionspolitiken, insbesondere der Handelspolitik«.[5] Erweitert wird diese primär staatenbezogene Begriffsdefinition durch Abs. 2, der seit dem Vertrag von Lissabon auch restriktive Maßnahmen gegen Individuen und Gruppen von Personen (smart/targeted sanctions) einbezieht.[6]

2 In der Überschrift des nur aus diesem einen Artikel bestehenden Titels IV des 5. Teils des AEUV (Art. 205 ff. AEUV) ist zwar ganz allgemein von »Restriktive[n] Maßnahmen« die Rede. Aus dem Gesamtkontext ist jedoch ersichtlich, dass damit der inhaltlich identische Begriff der »Wirtschaftssanktion« (einschließlich Finanzsanktionen) gemeint ist[7] (dazu Rn. 4). Bei einem bedeutenden Teil dieser Wirtschaftssanktionen[8] handelt es sich um solche, die ihren Ursprung in **rechtlich verbindlichen Resolutionen des UN-Sicherheitsrates** (sog. kollektive Wirtschaftssanktionen) finden und dann der Umsetzung in das EU-Recht bedürfen; eine automatische Transformation in EU-Recht – z. B. über Art. 3 Abs. 5 Satz 2 EUV oder über eine unmittelbare Rezeptionsklausel – findet nicht statt.[9] Hinzu kommen die autonomen Sanktionen der EU (sog. **gemeinschaftliche Wirtschaftssanktionen**),[10] die sich dadurch auszeichnen, dass sie unabhängig von Zwangsmaßnahmen des Sicherheitsrates ergehen. Sowohl für solche Umsetzungsakte als auch für autonome Sanktionen der EU ist Art. 215 AEUV einschlägig.[11]

B. Normgenese

3 Die erste Vorläufernorm des Art. 215 AEUV wurde 1993 mit dem Inkrafttreten des Vertrages von Maastricht in das europäische Recht aufgenommen (Art. 228a EGV). Bis dato hatte die EWG ihre Befugnis zur Verhängung von Wirtschaftssanktionen auf die Regelung zur Gemeinsamen Handelspolitik (damals: Art. 113 EGV) gestützt, allerdings

---

[2] *Kokott*, in: Streinz, EUV/AEUV, Art. 215 AEUV, Rn. 1; ebenso bereits *Schneider*, S. 27 ff., insb. S. 34; ihm folgend *Huber-Kowald*, in: Mayer/Stöger, EUV/AEUV, Art. 215 AEUV (April 2012), Rn. 20; *Bungenberg*, in: GSH, Europäisches Unionsrecht, Art. 215 AEUV, Rn. 15; *Schöbener/Herbst/Perkams*, Rn. 2/85.
[3] *Schöbener/Herbst/Perkams*, Rn. 2/85; *Khan*, in: Geiger/Khan/Kotzur, EUV/AEUV, Art. 215 AEUV, Rn. 1.
[4] Zur Funktion der GASP bei der Verhängung von Wirtschaftssanktionen: *Cremer*, in: Calliess/Ruffert, EUV/AEUV, Art. 215 AEUV, Rn. 2 f.
[5] *Cremer*, in: Calliess/Ruffert, EUV/AEUV, Art. 215 AEUV, Rn. 3.
[6] *Bungenberg*, in: GSH, Europäisches Unionsrecht, Art. 215 AEUV, Rn. 1.
[7] So auch *Huber-Kowald*, in: Mayer/Stöger, EUV/AEUV, Art. 215 AEUV (April 2012), Rn. 20.
[8] Typisierung der möglichen Sanktionsarten im Überblick bei *Cremer*, in: Calliess/Ruffert, EUV/AEUV, Art. 215 AEUV, Rn. 4 f.
[9] *Cremer*, in: Calliess/Ruffert, EUV/AEUV, Art. 215 AEUV, Rn. 9.
[10] Zur Unterscheidung verschiedener Kategorien von Wirtschaftssanktionen nach deren Urheber (kollektive, unilaterale und gemeinschaftliche Wirtschaftssanktionen) vgl. *Schöbener/Herbst/Perkams*, Rn. 2/90 ff.; *Schöbener*, Wirtschaftssanktionen, in: Schöbener (Hrsg.), Völkerrecht, 2014, S. 582 (583 f.).
[11] *Kokott*, in: Streinz, EUV/AEUV, Art. 215 AEUV, Rn. 48; *Bungenberg*, in: GSH, Europäisches Unionsrecht, Art. 215 AEUV, Rn. 12.

nach näherer Maßgabe eines zuvor im Kontext der Europäischen Politischen Zusammenarbeit (EPZ, Art. 30 EEA) getroffenen Beschlusses.[12]

Mit dem Vertrag von Lissabon (in Kraft getreten: 1.12.2009) ist Absatz 1 des bisherigen Art. 301 EGV in Details verändert worden: Während die bisherige Fassung nur Reglementierungen der »Wirtschaftsbeziehungen« erfasste, ist der sachliche Anwendungsbereich nun **auf »Wirtschafts- und Finanzbeziehungen«** erweitert worden.[13] Der bisherige Begriff der »Sofortmaßnahmen« wurde im Hinblick auf generelle Wirtschaftssanktionen ersetzt durch die **»erforderlichen Maßnahmen«** (Abs. 1),[14] während in Abs. 2 der Terminus »restriktive Maßnahmen« verwendet wird. Mit diesem durch den Lissabonner Vertrag hinzugekommenen neuen Absatz, der nunmehr explizit eine Zuständigkeit für **Individualsanktionen (smart/targeted sanctions)** vorsieht, sind die bis dahin vorhandenen Unsicherheiten bei der Einordnung dieser besonderen Maßnahmenkategorie in das vertragliche Sanktionsregime nunmehr beendet.[15]

Entfallen ist mit dem Vertrag von Lissabon der bisherige Art. 60 Abs. 2 EGV (jetzt Art. 75 AEUV). Die früher dort geregelten Sanktionen im Bereich der Finanzbeziehungen sind mit dem Lissabon-Vertrag in Art. 215 AEUV inkorporiert worden. Verblieben ist in Art. 75 AEUV aber noch die Verhängung von Sanktionen im Kapitalbereich (s. dazu Rn. 46).[16]

Geändert wurde Art. 215 AEUV auch im Verfahrensrecht. Die Vorschrift sieht nunmehr ein besonderes Gesetzgebungsverfahren zugunsten des Rates vor, der mit qualifizierter Mehrheit beschließt, und bei dem das Europäische Parlament lediglich zu unterrichten ist. Dem neu geschaffenen **Hohen Vertreter der EU** kommt – gemeinsam mit der Kommission – das **Vorschlagsrecht** für die erforderlichen Maßnahmen zu. Auch die Rechtsschutzklausel in Abs. 3 ist mit dem Lissabonner Vertrag in das europäische Vertragswerk aufgenommen worden.

C. Verfahrensrechtliche Maßgaben

I. Zweistufiges Sanktionsverfahren

Ausgestaltet ist das Sanktionsverfahren im Anwendungsbereich des Art. 215 AEUV zweistufig: Auf der ersten Stufe erfolgt ein **Beschluss des Rates im Rahmen der GASP** (Art. 28 oder Art. 29 EUV),[17] für den grundsätzlich Einstimmigkeit erforderlich ist

---

[12] Zum damaligen Verfahren und den weiteren, im Einzelnen umstrittenen rechtlichen Maßgaben vgl. *Osteneck*, S. 137 ff., 180 ff.; *Gilsdorf/Brandtner*, in: GS, EUV/EGV, Art. 301 EGV, Rn. 1 f.; *Jochum*, in: Hailbronner/Wilms, Recht der EU, Art. 301 EGV (Februar 2006), Rn. 2.

[13] Allerdings erlaubt der Begriff »Wirtschaftsbeziehungen« durchaus auch ein umfassenderes, den Kapital- und Zahlungsverkehr einschließendes Verständnis; vgl. nur *Bungenberg*, in: GSH, Europäisches Unionsrecht, Art. 215 AEUV Rn. 16; ausführlich *Huber-Kowald*, in: Mayer/Stöger, EUV/AEUV, Art. 215 AEUV (April 2012), Rn. 26 ff., 29 ff.

[14] Eine inhaltliche Änderung ist damit nicht verbunden; vgl. *Osteneck*, in: Schwarze, EU-Kommentar, Art. 215 AEUV, Rn. 2.

[15] Zur Diskussion und den einschlägigen EuG- und EuGH-Urteilen vgl. resümierend *Kokott*, in: Streinz, EUV/AEUV, Art. 215 AEUV, Rn. 3. Zu den Anfängen der Individualsanktionen vgl. *Bartelt/Zeitler*, EuZW 2003, 712 ff.

[16] *Osteneck*, in: Schwarze, EU-Kommentar, Art. 215 AEUV, Rn. 2.

[17] In der Anwendungspraxis ergeht der Beschluss gem. Art. 29 EUV als »Standpunkt« der Union; vgl. *Huber-Kowald*, in: Mayer/Stöger, EUV/AEUV, Art. 215 AEUV (April 2012), Rn. 7; *Cremer*, in: Calliess/Ruffert, EUV/AEUV, Art. 215 AEUV, Rn. 4, 10; *Kokott*, in: Streinz, EUV/AEUV, Art. 215

(Art. 31 UAbs. 1 Satz 1 EUV; vgl. auch Art. 24 Abs. 1 UAbs. 2 Satz 2 EUV). Dann erst kommt es – auf der zweiten Stufe – zu einem **Tätigwerden des Rates auf Grundlage des Art. 215 AEUV;** für die Rechtmäßigkeit dieser im Rahmen der supranationalen Union erlassenen Maßnahme ist der GASP-Beschluss eine zwingende Tatbestandsvoraussetzung.[18] Mit anderen Worten: Restriktive Maßnahmen »stehen im Dienste der GASP«.[19] In dieser Zweistufigkeit findet die Tatsache ihren Ausdruck, dass die Verhängung von Wirtschaftssanktionen sich im Schnittbereich der Verfolgung außen- und sicherheitspolitischer Interessen mit wirtschafts-, insbesondere handelspolitischen Maßnahmen bewegt (s. bereits Rn. 1), so dass auf diese Weise auch dem Kohärenzgebot (Art. 21 Abs. 3 UAbs. 2 EUV, Art. 7 AEUV) hinreichend Rechnung getragen wird.[20]

8 Auf beiden Stufen ist das beschließende Organ der **(Minister-)Rat**. Die Kommission wird nach Maßgabe des Art. 215 AEUV auf der zweiten Stufe tätig, wo sie zusammen mit dem Hohen Vertreter der Union für Außen- und Sicherheitspolitik einen gemeinsamen Beschlussvorschlag einzubringen berechtigt ist.[21] Der Hohe Vertreter ist selbst Mitglied (und Vizepräsident kraft Amtes) der Kommission (Art. 18 Abs. 4 Satz 1 EUV); zugleich hat er aber auch von Amts wegen den Vorsitz im Rat »Auswärtige Angelegenheiten« inne (Art. 18 Abs. 3 EUV). Dieser »Doppelhut« des Hohen Vertreters, verbunden mit seinem Initiativrecht auf der ersten Stufe (Art. 30 Abs. 1 EUV), eröffnet der Kommission die Möglichkeit, obwohl sie als Organ auf der ersten Stufe nicht zwingend involviert ist, dennoch auf die dort zu treffende Entscheidung maßgeblichen Einfluss zu nehmen. Das gilt zumal dann, wenn beide auf der ersten Stufe von der Möglichkeit Gebrauch machen, dass »der Hohe Vertreter mit Unterstützung der Kommission« einen entsprechenden Vorschlag unterbreitet (Art. 30 Abs. 1 EUV).[22] Auf diese Weise können Hoher Vertreter und Kommission sich abstimmen, **identische Vorschläge** einbringen und das Verfahren damit erheblich beschleunigen.[23]

II. Vorschlags- und Beschlusspflicht

9 Offen ist bislang, ob Kommission und Hoher Vertreter für den Fall eines vorherigen GASP-Beschlusses im Rahmen des Art. 215 Abs. 1 Satz 1 AEUV zu einer Sanktionsinitiative verpflichtet sind. Die h. M.[24] nimmt eine **Pflicht zur Unterbreitung** eines Vor-

---

AEUV, Rn. 16. Der Rat ist im Rahmen der Art. 28 f. EUV grundsätzlich nicht zu einem entsprechenden Beschluss verpflichtet; anders ist dies allerdings bei der Umsetzung von Resolutionen des UN-Sicherheitsrates; vgl. dazu *Schöbener/Herbst/Perkams*, Rn. 2/138 f.

[18] Vgl. *Huber-Kowald*, in: Mayer/Stöger, EUV/AEUV, Art. 215 AEUV (April 2012), Rn. 3, 5.
[19] *Cremer*, in: Calliess/Ruffert, EUV/AEUV, Art. 215 AEUV, Rn. 2, auch Rn. 11.
[20] *Kokott*, in: Streinz, EUV/AEUV, Art. 215 AEUV, Rn. 5.
[21] Das hindert die Kommission aber nicht, bereits vor dem GASP-Beschluss zum Zweck der Verfahrensbeschleunigung dem Rat einen Vorschlag zu unterbreiten; vgl. *Schneider/Terhechte*, in: Grabitz/Hilf/Nettesheim, EU, Art. 215 AEUV (August 2015), Rn. 18.
[22] Zu den Einzelheiten: *Osteneck*, in: Schwarze, EU-Kommentar, Art. 215 AEUV, Rn. 15, 21, m. w. N.
[23] *Kokott*, in: Streinz, EUV/AEUV, Art. 215 AEUV, Rn. 17; *Jochum*, in: Hailbronner/Wilms, Recht der EU, Art. 301 EGV (Februar 2006), Rn. 8, der die doppelte Befassung des Rates, regelmäßig sogar in derselben Sitzung, als »eine fast schizophrene Stellung« auffasst.
[24] *Kokott*, in: Streinz, EUV/AEUV, Art. 215 AEUV, Rn. 18, 33; *Cremer*, in: Calliess/Ruffert, EUV/AEUV, Art. 215 AEUV, Rn. 16; *Osteneck*, in: Schwarze, EU-Kommentar, Art. 215 AEUV, Rn. 18; *Garçon*, S. 121 f.; *Schöbener/Herbst/Perkams*, Rn. 2/138; a. A. *Schneider*, S. 143 f.; differenzierend *Huber-Kowald*, in: Mayer/Stöger, EUV/AEUV, Art. 215 AEUV (April 2012), Rn. 9: keine Vorschlagspflicht bei einer »allfälligen Rechtswidrigkeit eines GASP-Beschlusses«.

schlags an²⁵ und verweist zur Begründung neben dem Wortlaut zutreffend auf das Gebot der Kohärenz (Art. 7 AEUV), das in Art. 21 Abs. 3 UAbs. 2 EUV für den Bereich des auswärtigen Handelns seinen besonderen Ausdruck findet. Außerdem besteht – jedenfalls im Grundsatz – eine **Pflicht des Rates zur Umsetzung** des GASP-Beschlusses;²⁶ dieser Umsetzungspflicht kann der Rat nur dann Folge leisten, wenn Kommission und Hoher Vertreter einen entsprechenden Vorschlag unterbreitet haben. Gewisse Konkretisierungen und eigene Gestaltungsmöglichkeiten, insbesondere über Art und Intensität der Maßnahme, verbleiben allerdings im Hinblick auf die Erforderlichkeit der Durchführungsmaßnahmen und deren Detailregelungen beim Rat. Seine Entscheidung wird durch den GASP-Beschluss jedoch in gewisser Weise »vorprogrammiert«.²⁷ Kommen Kommission und Hoher Vertreter ihrer Initiativpflicht nicht oder lediglich inhaltlich unzureichend nach, dann kann der Rat den nötigen Rechtsgehorsam im Wege einer Untätigkeitsklage (Art. 265 AEUV) erzwingen.²⁸

In Abweichung von dem sonst üblichen ordentlichen Gesetzgebungsverfahren (Art. 289 Abs. 1 AEUV) sehen die ersten beiden Absätze des Art. 215 AEUV einheitlich vor, dass die Verhängung von Sanktionen nach einem besonderen Gesetzgebungsverfahren (Art. 289 Abs. 2 AEUV) erfolgt. In diesem Gesetzgebungsverfahren wird **ausschließlich der Rat** als Gesetzgebungsorgan tätig, während das Europäische Parlament lediglich zu unterrichten ist (Konsultationspflicht; Art. 215 Abs. 1 Satz 2 AEUV). Insoweit trägt Art. 215 AEUV den strukturellen Beschränkungen der Kompetenzen des Parlaments im Rahmen der GASP Rechnung.²⁹ In dem Gesetzgebungsakt kann der Rat zudem die Kommission ermächtigen, ggf. erforderliche delegierte Rechtsakte zu erlassen (Art. 290 AEUV).³⁰ 10

D. Normtatbestand und Rechtsfolge

Seit dem Inkrafttreten des Lissabonner Vertrages hat der jetzige Art. 215 AEUV ein Doppelantlitz, das der bereits zuvor praktisch und rechtlich relevanten Unterscheidung einerseits **staatenbezogener Sanktionen** (Abs. 1) und andererseits **individual- bzw. gruppenbezogener Sanktionen** (Abs. 2) nun auch im Normtatbestand hinreichend Rechnung trägt. In der Rechtspraxis verwischen die Anwendungsbereiche beider Regelungen jedoch immer dann, wenn ein Rechtsakt (GASP-Beschluss und/oder Verordnung) beide Fallgruppen in einem einheitlichen Dokument erfasst.³¹ 11

---

²⁵ Diese Pflicht bedarf keiner Aktualisierung durch eine Aufforderung gem. Art. 241 AEUV, sondern besteht bereits *ipso iure*. Einer dennoch vorgenommenen Aufforderung kann deshalb allenfalls noch eine klarstellende Funktion zukommen; so wohl auch *Cremer*, in: Calliess/Ruffert, EUV/AEUV, Art. 215 AEUV, Rn. 16: Art. 241 S. 1 AEUV analog.
²⁶ *Schöbener/Herbst/Perkams*, Rn. 2/138; *Zeleny*, ZÖR 52 (1997), 197 (219 ff.); *Brandl*, AVR 38 (2000), 376 (390); *Kokott*, in: Streinz, EUV/AEUV, Art. 215 AEUV, Rn. 29; *Osteneck*, in: Schwarze, EU-Kommentar, Art. 215 AEUV, Rn. 19; a. A. *Ress*, S. 172 ff.
²⁷ *Bungenberg*, in: GSH, Europäisches Unionsrecht, Art. 215 AEUV, Rn. 21.
²⁸ *Kokott*, in: Streinz, EUV/AEUV, Art. 215 AEUV, Rn. 18, m. w. N.
²⁹ *Cremer*, in: Calliess/Ruffert, EUV/AEUV, Art. 215 AEUV, Rn. 17. Zu diesen Kompetenzen s. Art. 36 EUV. Rechtspolitische Kritik an der schwachen Ausgestaltung der Beteiligungsrechte des Parlaments bei *Schneider/Terhechte*, in: Grabitz/Hilf/Nettesheim, EU, Art. 215 AEUV (August 2015), Rn. 22.
³⁰ *Cremer*, in: Calliess/Ruffert, EUV/AEUV, Art. 215 AEUV, Rn. 25.
³¹ *Huber-Kowald*, in: Mayer/Stöger, EUV/AEUV, Art. 215 AEUV (April 2012), Rn. 23.

I. Länderbezogene Wirtschaftssanktionen (Abs. 1)

12 Gemäß Art. 215 Abs. 1 AEUV muss die ergriffene Maßnahme die Wirtschafts- und Finanzbeziehungen »zu einem oder mehreren Drittländern« betreffen. Ob über das insoweit einheitliche Verständnis, dass damit »Drittstaaten« gemeint sind,[32] hinaus auch **andere, nicht-staatliche Entitäten** erfasst werden, ist umstritten. Die bewusste Verwendung des Begriffs »Drittländer« (»third countries«, »pays tiers«) anstatt »Drittstaaten« spricht für ein **weites Verständnis,** das stabilisierte De facto-Regime[33] (z. B. Taiwan) einschließt.[34] Ausgegrenzt wird eindeutig (»Drittländer«) die Verhängung von Wirtschaftssanktionen gegen EU-Mitgliedstaaten,[35] was aber z. B. Einordnungsschwierigkeiten aufwirft bei Überseeischen Ländern und Gebieten (ÜLG[36]), die zwar zum Staatsgebiet eines EU-Mitgliedstaates gehören, nicht aber zur Europäischen Union. Nicht minder problematisch ist die Rechtslage im Hinblick auf **Internationale Organisationen,** da diese über eine eigenständige (wenngleich funktional beschränkte) Völkerrechtssubjektivität verfügen, die von der Völkerrechtssubjektivität der Staaten streng zu trennen ist.[37] Deutlich wird an der Terminologie von Abs. 1 aber, dass Sanktionen gegen Einzelpersonen und eine organisatorische Einheit bildende Personenmehrheiten nicht darunter fallen,[38] was bis zum Inkrafttreten des Vertrages von Lissabon für eine gewisse Rechtsunsicherheit bei der Verhängung von Individualsanktionen führte (s. Rn. 13). Für Maßnahmen gegen derartige »nichtstaatliche Akteure im weitesten Sinn« steht heute Abs. 2 zur Verfügung.[39]

II. Individualsanktionen (Abs. 2)

13 Da sie von dem allgemeinen Begriff der Wirtschaftssanktion gegen »Drittländer« (Abs. 1) nur teilweise erfasst werden, bestand bis zum Inkrafttreten des Vertrages von Lissabon eine Regelungslücke für die Verhängung von Sanktionen gegen Einzelpersonen und Personengruppen. Besonders misslich war dies, da der Sicherheitsrat der Vereinten Nationen mit Beginn des 21. Jahrhunderts immer mehr dazu überging, zur Terrorismusbekämpfung gezieltere Sanktionen einzusetzen, deren Umsetzung in EU-Recht damit aber vor **besondere rechtliche Schwierigkeiten** gestellt war. Geschlossen hat der Gerichtshof[40] diese Lücke zunächst durch die integrierende Anwendung der

---

[32] *Kokott*, in: Streinz, EUV/AEUV, Art. 215 AEUV, Rn. 3.
[33] Zur deren völkerrechtlicher Stellung vgl. *Raap*, De facto-Regime, stabilisiertes, in: Schöbener (Hrsg.), Völkerrecht, 2014, S. 50 ff.
[34] *Huber-Kowald*, in: Mayer/Stöger, EUV/AEUV, Art. 215 AEUV (April 2012), Rn. 21, m. w. N.; i. E. auch *Kokott*, in: Streinz, EUV/AEUV, Art. 215 AEUV, Rn. 3.
[35] *Osteneck*, in: Schwarze, EU-Kommentar, Art. 215 AEUV, Rn. 9.
[36] Zur Rechtsstellung der ÜLG vgl. Art. 198 AEUV, Rn. 17 f.
[37] Für eine Einbeziehung in Art. 215 AEUV: *Schneider*, S. 134; *Gilsdorf/Brandtner*, in: GS, EUV/EGV Art. 301 EGV, Rn. 4; *Kokott*, in: Streinz, EUV/AEUV, Art. 215 AEUV, Rn. 3; *Schneider/Terhechte*, in: Grabitz/Hilf/Nettesheim, EU, Art. 215 AEUV (August 2015), Rn. 12; dagegen: *Zeleny*, ZÖR 52 (1997), 197 (211 f.); *Huber-Kowald*, in: Mayer/Stöger, EUV/AEUV, Art. 215 AEUV (April 2012), Rn. 21; *Jochum*, in: Hailbronner/Wilms, Recht der EU, Art. 301 EGV (Februar 2006), Rn. 4.
[38] *Gilsdorf/Brandtner*, in: GS, EUV/EGV, Art. 301 EGV, Rn. 4. Das ist nur dann anders, wenn die sanktionierten Privatpersonen und Gruppierungen »mit einem Drittland eng verbunden sind, sodass sie gleichsam das Land repräsentieren«, wie *Schneider/Terhechte*, in: Grabitz/Hilf/Nettesheim, EU, Art. 215 AEUV (August 2015), Rn. 11, zutreffend feststellen.
[39] Nach Ansicht von *Cremer*, in: Calliess/Ruffert, EUV/AEUV, Art. 215 AEUV, Rn. 12, ist ein Rückgriff auf Abs. 1 aber keineswegs von vornherein ausgeschlossen.
[40] EuGH, Urt. v. 3. 9. 2008, verb. Rs. C–402/05 P u. C–415/05 P (Kadi/Rat und Kommission), Slg. 2008, I–6351 Rn. 211 ff., 226 f.

Art. 301 (bzw. Art. 60) und Art. 308 EGV.[41] Durch die Schaffung des Art. 215 Abs. 2 AEUV besteht nun auch in dieser Hinsicht eine **umfassende Rechtssicherheit.** Die Vorschrift ist aber keineswegs beschränkt auf die Umsetzung von UN-Resolutionen; vielmehr kann die EU auch völlig unabhängig von den Vereinten Nationen (autonome, gemeinschaftliche) smart sanctions verhängen oder über den vom Sicherheitsrat verpflichtend vorgegebenen Umsetzungsinhalt hinaus weitere Regelungen treffen.[42]

Bei den von Art. 215 Abs. 2 AEUV erfassten **smart/targeted sanctions** handelt es sich um individual- oder gruppenbezogene selektive Maßnahmen, deren Adressaten in der Regel in einer Liste **namentlich bezeichnet** oder über die Zugehörigkeit zu näher bestimmten Organisationen und Gruppen von Personen **individualisiert** werden. Sie werden seit Ende der 1990er Jahre verstärkt eingesetzt,[43] weil man sich von ihnen eine größere Wirksamkeit (Effektivität) verspricht aufgrund ihrer höheren Selektivität bzw. Zielgenauigkeit. Zugleich sollen dadurch die mit staatenbezogenen, generell wirkenden Wirtschaftssanktionen häufig verbundenen massiven Nebenfolgen (z. B. bei der Versorgung der Bevölkerung) vermieden und die politischen, wirtschaftlichen und militärischen Eliten eines Landes massiv unter Druck gesetzt werden. 14

In der Regel handelt es sich bei den smart sanctions um **Finanzsanktionen**[44] in Form einer Beschränkung des Kapital- und Zahlungsverkehrs, insbesondere durch das Einfrieren von Geldern, anderen Vermögenswerten oder von wirtschaftlichen Erträgen[45] (vgl. auch Art. 75 UAbs. 1 AEUV) oder das Verbot des Zugangs zu ausländischen Finanzmärkten für bestimmte Personen, Gruppen oder Organisationen bzw. Unternehmen.[46] Ihre Verhängung ist unabhängig davon zulässig, ob zugleich Wirtschaftssanktionen gegen einen Staat ergriffen werden. Selektive Wirtschaftssanktionen können aber auch den **Im- und Export** bestimmter Handelsgüter betreffen, insbesondere von Luxusgütern, oder den Export von Waffen an bestimmte »Kunden«. Hinzu kommen ggf. **Einreiseverbote** für bestimmte Personen oder selektive **Transport- und Beförderungsverbote** (z. B. im Flugverkehr). 15

III. Bereichsspezifische Sonderregelungen

Aus dem Anwendungsbereich von Art. 215 Abs. 1 und 2 AEUV von vornherein ausgeschlossen sind allerdings solche Maßnahmeninhalte, die in anderen Kompetenznormen des EU-Rechts eine speziellere Ausformung erfahren haben. In der Sanktionspraxis haben sich insoweit vor allem zwei Bereiche herausgebildet, deren lex specialis-Charakter in der Literatur aber kritisch gesehen wird. 16

Eine Sonderregelung soll zum einen für **Visabeschränkungen**[47] gelten. In der Tat enthält Art. 77 Abs. 2 AEUV insoweit eine spezielle Vorschrift u. a. für die Erteilung von 17

---

[41] Überblick über die Rechtslage vor Inkrafttreten des Lissabonner Vertrages: *Osteneck*, in: Schwarze, EU-Kommentar, Art. 215 AEUV, Rn. 10 ff.
[42] *Osteneck*, in: Schwarze, EU-Kommentar, Art. 215 AEUV, Rn. 12, 16, m. w. N.
[43] Vgl. *Wagner*, ZaöRV 63 (2003), 879 (897 ff.); *Bartelt/Zeitler*, EuZW 2003, 712 ff. Zur Entwicklung von Individualsanktionen auf der UN-Ebene vgl. *Mir Djawadi*, Individualsanktionen des UN-Sicherheitsrates gegen Al Qaida und die Taliban, S. 61 ff.
[44] Vgl. *Osteneck*, in: Schwarze, EU-Kommentar, Art. 215 AEUV, Rn. 10.
[45] *Huber-Kowald*, in: Mayer/Stöger, EUV/AEUV, Art. 215 AEUV (April 2012), Rn. 30.
[46] Übersicht bei *Birkhäuser*, S. 37.
[47] S. dazu *Gilsdorf/Brandtner*, in: GS, EUV/EGV, Art. 301 EGV, Rn. 3, 20; *Cremer*, in: Calliess/Ruffert, EUV/AEUV, Art. 215 AEUV, Rn. 19.

Visa und andere kurzfristige Aufenthaltstitel sowie für Grenzkontrollen.[48] Doch macht die EU von dieser Kompetenz bislang im Zusammenhang mit Wirtschaftssanktionen gar keinen Gebrauch; vielmehr werden die einschlägigen GASP-Beschlüsse unmittelbar von den Mitgliedstaaten umgesetzt.[49] Ähnlich gehen die Mitgliedstaaten bei der Verhängung von **Waffenembargos** vor. In der Rechtspraxis werden Waffenembargos – obwohl sie zweifellos in den sachlichen Anwendungsbereich des Art. 215 AEUV fallen[50] – nicht im Verfahren des Art. 215 AEUV (und früher des Art. 301 EGV) verhängt. Man begnügt sich bislang mit einem GASP-Beschluss, der dann aber nicht im Rahmen der EU vollzogen, sondern unmittelbar von den Mitgliedstaaten umgesetzt wird (s. dazu noch Rn. 49).[51]

IV. Maßnahmeninhalt

18 Art. 215 AEUV sieht in der Rechtsfolge bloß vor, dass der Rat die »erforderlichen Maßnahmen« (Abs. 1) bzw. »restriktive Maßnahmen« (Abs. 2) erlässt. Diesen Regelungen liegt ein **umfassender Begriff der »erforderlichen/restriktiven Maßnahme«** zugrunde,[52] sofern diese nur einen Bezug zu den »Wirtschafts- und Finanzbeziehungen« aufweisen. Welchen Inhalt diese Maßnahmen konkret haben können, ist daraus aber nur zum Teil ersichtlich. Bei generellen Wirtschaftssanktionen (Abs. 1) muss es sich um »die Aussetzung, Einschränkung oder vollständige Einstellung der Wirtschafts- und Finanzbeziehungen« handeln; Abs. 2 sieht für Individualsanktionen hingegen keine Spezifikationen vor. Solche ergeben sich jedoch aus der Gesamtsystematik der Unionspolitiken in der Weise, dass es auch hier um Maßnahmen wirtschaftlicher Natur gehen muss.[53] Obwohl die aktuelle Fassung des Art. 215 AEUV nicht mehr den missverständlichen Begriff der »Sofortmaßnahme« enthält[54], so verdeutlicht die gesamte Konzeption der Vorschrift doch, dass sie auf die **kurzfristige Verhängung von Wirtschafts- und Finanzsanktionen** ausgerichtet ist (insb. zur Umsetzung von UN-Resolutionen),[55] deren Wirksamkeit nicht zuletzt davon abhängt, dass sie schnellstmöglich den erhofften wirtschaftlichen und politischen Druck hervorrufen.

---

[48] A.A. *Gilsdorf/Brandtner*, in: GS, EUV/EGV, Art. 301 EGV, Rn. 20, die Art. 215 AEUV als die speziellere Vorschrift ansehen wollen.

[49] *Jochum*, in: Hailbronner/Wilms, Recht der EU, Art. 301 EGV (Februar 2006), Rn. 14; *Gilsdorf/Brandtner*, in: GS, EUV/EGV, Art. 301 EGV, Rn. 3 (s. dort Fn. 10); *Brandl*, AVR 38 (2000), 376 (378, s. dort Fn. 12). Insoweit nicht ganz deutlich, auf welche Rechtsgrundlage die Ein- und Durchreiseverweigerungen gestützt werden: Art. 1 Abs. 1 Beschluss 2014/145/GASP des Rates vom 17.3.2014 über restriktive Maßnahmen angesichts von Handlungen, die die territoriale Unversehrtheit, Souveränität und Unabhängigkeit der Ukraine untergraben oder bedrohen, ABl. 2014, L 78/16: Danach haben die Mitgliedstaaten »die erforderlichen Maßnahmen [zu ergreifen], um folgenden Personen die Einreise in oder die Durchreise durch ihr Hoheitsgebiet zu verweigern: […].«

[50] *Cremer*, in: Calliess/Ruffert, EUV/AEUV, Art. 215 AEUV, Rn. 19; *Bungenberg*, in: GSH, Europäisches Unionsrecht, Art. 215 AEUV, Rn. 17, 33.

[51] Zu Einzelheiten vgl. *Pech*, Außenpolitisch motivierte Sanktionen der EU, 2013, S. 84.

[52] *Cremer*, in: Calliess/Ruffert, EUV/AEUV, Art. 215 AEUV, Rn. 19: Wirtschaftssanktionen aller Art.

[53] *Cremer*, in: Calliess/Ruffert, EUV/AEUV, Art. 215 AEUV, Rn. 21, in Abgrenzung insb. zu den Mitgliedstaaten weiterhin vorbehaltenen Maßnahmen zur Aufrechterhaltung der öffentlichen Ordnung (Art. 4 Abs. 2 Satz 2 EUV). Das betrifft vor allem aufenthaltsrechtliche Maßnahmen.

[54] Die Änderung erfolgte durch den Vertrag von Lissabon; vgl. Rn. 4. Zu früher mit dem Begriff der Sofortmaßnahme verbundenen Verständnisvarianten vgl. *Garçon*, S. 122; *Schneider*, S. 135 f.; *Marauhn*, ZaöRV 54 (1994), 779 (791); *Zeleny*, ZÖR 52 (1997), 197 (219).

[55] *Kokott*, in: Streinz, EUV/AEUV, Art. 215 AEUV, Rn. 15.

In der Rechtsfolge sieht Art. 215 Abs. 1 Satz 1 AEUV »die Aussetzung, Einschrän- 19
kung oder vollständige Einstellung« der Wirtschafts- und Finanzbeziehungen vor. Diese
Aufzählung ist allerdings nicht abschließend, da sie allein die Beschränkungsmaßnah-
men erfasst, nicht aber deren teilweise oder vollständige Aufhebung bzw. Modifikation.
Deshalb bedarf es der notwendigen Ergänzung um die **Aufhebung** (Beendigung) ebenso
wie um die **Abmilderung** und **Suspendierung** einzelner oder aller Regelungen des einschlägigen Beschlusses, von denen jeder für sich als **actus contrarius** denselben verfahrensrechtlichen Maßgaben unterliegt;[56] auch insoweit ist deshalb ein zweistufiges Verfahren[57] erforderlich.

Die Sanktionsmaßnahme muss zudem »erforderlich« sein, wodurch der Grundsatz 20
der **Verhältnismäßigkeit** in Bezug genommen wird.[58] Auszurichten ist die Maßnahme
der zweiten Stufe insoweit an den auf der ersten Stufe durch den GASP-Beschluss (s.
Rn. 7) aufgestellten Anforderungen,[59] um aber zugleich auch die Schwere und Intensität
des voraus liegenden Völkerrechtsverstoßes ebenso zu berücksichtigen[60] wie das objektive Interesse und die rechtsstaatlichen und grundrechtlichen Bindungen der EU.[61]

V. Rechtsschutzklausel im Sanktionsbeschluss (Abs. 3)

Art. 215 Abs. 3 AEUV verlangt ausdrücklich, dass in dem einschlägigen Sanktionsbe- 21
schluss »die erforderlichen Bestimmungen über den Rechtsschutz vorgesehen sein
[müssen]«. In ihrer Erklärung (Nr. 25) anlässlich der Unterzeichnung des Vertrages von
Lissabon[62] haben die Staats- und Regierungschefs zu dieser **Rechtsschutzklausel** ausgeführt: »Die Konferenz weist darauf hin, dass die Achtung der Grundrechte und -frei-
heiten es insbesondere erforderlich macht, dass der Rechtsschutz der betreffenden Einzelpersonen oder Einheiten **gebührend berücksichtigt** wird. Zu diesem Zweck und zur
Gewährleistung einer gründlichen gerichtlichen Prüfung von Beschlüssen, durch die
Einzelpersonen oder Einheiten restriktiven Maßnahmen unterworfen werden, müssen
diese Beschlüsse auf klaren und eindeutigen Kriterien beruhen. Diese Kriterien müssen
auf die **Besonderheiten der jeweiligen restriktiven Maßnahme** zugeschnitten sein.« Welche verfahrens- und materiell-rechtlichen Anforderungen Art. 215 Abs. 3 AEUV damit
verpflichtend vorgibt, lässt sich aber – trotz der hehren Formulierungen in der Erklärung
– **kaum mit der erforderlichen Rechtssicherheit** bestimmen.[63]

---

[56] *Cremer*, in: Calliess/Ruffert, EUV/AEUV, Art. 215 AEUV, Rn. 4, 26; *Garçon*, S. 107f.; *Bun-
genberg*, in: GSH, Europäisches Unionsrecht, Art. 215 AEUV, Rn. 19; *Kokott*, in: Streinz,
EUV/AEUV, Art. 215 AEUV, Rn. 20, 37; *Osteneck*, in: Schwarze, EU-Kommentar, Art. 215 AEUV,
Rn. 8.
[57] *Huber-Kowald*, in: Mayer/Stöger, EUV/AEUV, Art. 215 AEUV (April 2012), Rn. 11.
[58] *Schneider*, S. 136f.; *Bungenberg*, in: GSH, Europäisches Unionsrecht, Art. 215 AEUV, Rn. 36;
Jochum, in: Hailbronner/Wilms, Recht der EU, Art. 301 EGV (Februar 2006), Rn. 6; zu einzelnen
Kriterien vgl. den Überblick von *Cremer*, in: Calliess/Ruffert, EUV/AEUV, Art. 215 AEUV, Rn. 27.
[59] *Zeleny*, ZÖR 52 (1997), 197 (219ff.); *Kokott*, in: Streinz, EUV/AEUV, Art. 215 AEUV, Rn. 39;
zu den Inhalten des GASP-Beschlusses vgl. *Jochum*, in: Hailbronner/Wilms, Recht der EU, Art. 301
EGV (Februar 2006), Rn. 7.
[60] So zutreffend *Osteneck*, S. 183.
[61] *Schöbener/Herbst/Perkams*, Rn. 2/137; dort auch zu den besonderen Schwierigkeiten bei der
Anwendung des Verhältnismäßigkeitsgrundsatzes im Rahmen der potentiellen Zielkonflikte.
[62] ABl. 2008, C 115/346.
[63] *Hummer*, in: Vedder/Heintschel v. Heinegg, Europäisches Unionsrecht, Art. 215 AEUV, Rn. 18,
meint zutreffend, die Erklärung sei »mehr oder weniger interpretationsoffen«; vgl. aber auch *Müller-
Ibold*, in: Lenz/Borchardt, EU-Verträge, Art. 215 AEUV, Rn. 10 (»Anspruch auf Rechtsschutz und
detaillierte Begründung gestärkt«).

22 Wenn die Rechtsschutzklausel auch vorrangig dazu dient, den von Individualsanktionen (Abs. 2) betroffenen Personen und Gruppierungen in ihrer prekären Situation mehr rechtsstaatlichen Schutz zu vermitteln,[64] so gilt die Vorschrift nach ihrem eindeutigen Wortlaut und ihrer systematischen Stellung doch zweifellos **auch für staatenbezogene, generelle Sanktionen** (Abs. 1).[65] Beide Fallgruppen unterliegen jedoch aufgrund ihrer unterschiedlichen Inanspruchnahme des Einzelnen einem differenzierten Legitimationssystem,[66] das seinen Ausdruck auch darin findet, dass **umso höhere Anforderungen** an den Inhalt der Rechtsschutzklausel zu stellen sind, **je individueller** die Sanktion den Einzelnen identifiziert und belastet. Ungeklärt ist bislang allerdings, ob Art. 215 Abs. 3 AEUV daneben auch eine explizite Rechtsmittelbelehrung erfordert.[67]

E. Handlungsformen

23 Sowohl Abs. 1 als auch Abs. 2 spricht im Hinblick auf die für die Sanktion zu wählende Handlungsform von »Maßnahmen«. Damit steht theoretisch das **gesamte Handlungsformenarsenal** zur Verfügung[68] (Art. 288 UAbs. 2–4 AEUV). In der Anwendungspraxis des Rates wird ausschließlich die Verordnung (UAbs. 2) herangezogen,[69] zumal diese – im Unterschied zur Richtlinie (UAbs. 3) – keiner Umsetzung ins nationale Recht der Mitgliedstaaten bedarf. Der Rat begründet dies in seinen Leitlinien[70] vor allem mit der damit einhergehenden Rechtssicherheit und Transparenz. Zumal bei Individualsanktionen dürfte aber auch der Beschluss (UAbs. 4) eine sachangemessene Handlungsalternative darstellen.

F. Rechtsschutz gegen die Verordnung

I. Prozessrechtliche Konstellationen

24 Gerichtlicher Rechtsschutz gegen Maßnahmen, die auf der Grundlage von Art. 215 AEUV ergriffen werden, wird vorrangig durch den Gerichtshof der Europäischen Union (Art. 19 UAbs. 1 EUV) gewährt,[71] konkret durch den **Gerichtshof (EuGH)** und das **Gericht (EuG)**. Daneben sind aber auch die mitgliedstaatlichen Gerichte im Rahmen ihrer

---

[64] Allgemein zum gemeinschaftsrechtlichen Rechtsschutz gegen personenbezogene Sanktionen s. *Ohler*, EuZW 2008, 630 ff.

[65] *Cremer*, in: Calliess/Ruffert, EUV/AEUV, Art. 215 AEUV, Rn. 24.

[66] Vgl. *Schneider/Terhechte*, in: Grabitz/Hilf/Nettesheim, EU, Art. 215 AEUV (August 2015), Rn. 14; *Tomuschat*, EuGRZ 2007, 1 (7).

[67] Dafür: *Müller-Ibold*, in: Lenz/Borchardt, EU-Verträge, Art. 215 AEUV, Rn. 10; offen gelassen von *Hummer*, in: Vedder/Heintschel v. Heinegg, Europäisches Unionsrecht, Art. 215 AEUV, Rn. 18.

[68] *Cremer*, in: Calliess/Ruffert, EUV/AEUV, Art. 215 AEUV, Rn. 22.

[69] *Kokott*, in: Streinz, EUV/AEUV, Art. 215 AEUV, Rn. 40; *Cremer*, in: Calliess/Ruffert, EUV/AEUV, Art. 215 AEUV, Rn. 4, 21. Zur europarechtlichen Zulässigkeit der Verordnung bei Individuen und Gruppen betreffende Maßnahmen s. EuGH, Urt. v. 3.9.2008, verb. Rs. C–402/05 P u. C–415/05 P (Kadi/Rat und Kommission), Slg. 2008, I–6351, Rn. 241 ff.

[70] Leitlinien zur Umsetzung und Evaluierung restriktiver Maßnahmen (Sanktionen) im Rahmen der GASP der EU (11205/12) v. 15.6.2012.

[71] Zur Kontrolldichte der EU-Gerichte s. *Osteneck*, in: Schwarze, EU-Kommentar, Art. 215 AEUV, Rn. 27 f.

Zuständigkeit befugt, derartige europäische Rechtsakte zu prüfen, um sie ggf. dem EuGH zum Zweck der Gültigkeitskontrolle oder ihrer Auslegung vorzulegen.

Der gerichtliche Rechtsschutz richtet sich vor allem gegen die gem. Art. 215 Abs. 1 und 2 AEUV erlassene Verordnung. In Betracht kommt in erster Linie eine **Nichtigkeitsklage**,[72] zumal diese auch von Privaten angestrengt werden kann (vgl. Art. 263 UAbs. 4 AEUV); zuständig ist dafür das EuG. Im Rahmen der Zulässigkeitsvoraussetzungen ist allerdings zwischen generellen Wirtschaftssanktionen (Art. 215 Abs. 1 AEUV) und Individualsanktionen (Art. 215 Abs. 2 AEUV) zu unterscheiden, da bei den erstgenannten Maßnahmen der **Nachweis einer Klagebefugnis** bzw. individueller Betroffenheit sehr viel schwieriger zu führen ist. Daneben sind aber auch die Mitgliedstaaten sowie das Europäische Parlament, der Rat und die Kommission privilegiert klagebefugt (Art. 263 UAbs. 2 AEUV); insoweit ist der EuGH zuständig. Fraglich ist allerdings, inwieweit im Rahmen der gegen den Ratsbeschluss auf der zweiten Stufe gerichteten Nichtigkeitsklage auch eine gerichtliche Überprüfung der Rechtmäßigkeit des GASP-Beschlusses zulässig ist.

Der GASP-Beschluss selbst, konkret: der (Gemeinsame) Standpunkt gem. Art. 29 EUV, kann nicht unmittelbar Gegenstand einer Nichtigkeitsklage sein (Art. 24 Abs. 1 UAbs. 2 Satz 6 EUV, Art. 275 UAbs. 1 AEUV), da den EU-Gerichten die dafür erforderliche Zuständigkeit fehlt.[73] Ausdrücklich normiert ist allerdings, dass bei **smart sanctions** (Art. 215 Abs. 2 AEUV) im Rahmen einer **Individualnichtigkeitsklage** (Art. 263 UAbs. 4 AEUV) eine inzidente Kontrolle auch des GASP-Beschlusses durch die EU-Gerichte erlaubt ist (Art. 24 Abs. 1 UAbs. 2 Satz 6 EUV, Art. 275 UAbs. 2 AEUV).[74] Bei einer auf der Grundlage des Art. 215 Abs. 1 AEUV erlassenen Maßnahme ist deshalb auch der **GASP-Beschluss** faktisch (mittelbar, inzident) ein Gegenstand der gerichtlichen Prüfung,[75] da die letztlich erlassene Sanktionsmaßnahme durch den GASP-Beschluss in gewisser Weise »vorprogrammiert« ist. Angesichts der nahezu »völligen Prädetermination«[76] der Sanktionsentscheidung durch den Standpunkt (Art. 29 EUV) wäre das Sanktionsregime andernfalls weithin sakrosankt. In diesem Zusammenhang ist insbesondere zu prüfen, ob der GASP-Beschluss mit den »Grundsätzen der Charta der Vereinten Nationen« (Art. 3 Abs. 5 S. 2 EUV) vereinbar ist.[77]

Außerdem haben die nationalen Gerichte der EU-Mitgliedstaaten gem. Art. 267 Abs. 1 AEUV die Möglichkeit, dem EuGH eine Sanktionsmaßnahme vorzulegen, um deren Auslegung oder Vereinbarkeit mit höherrangigem EU-Recht verbindlich klären zu lassen (Vorabentscheidungsverfahren).[78] Im Rahmen dieser Verfahren kann dann aber – inzident – auch der GASP-Beschluss einer eingeschränkten gerichtlichen Kontrolle zugänglich sein.[79] Kommen Kommission und Hoher Vertreter ihrer Vorschlags-

---

[72] Ausführlich *Müller-Ibold*, in: Lenz/Borchardt, EU-Verträge, Art. 215 AEUV, Rn. 11 ff.

[73] Vgl. EuG, Urt. v. 12.12.2006, Rs. T–228/02 (Organisation des Modjahedines du peuple d'Iran/Rat), Slg. 2006, II–4665, Rn. 45 ff., m.w.N.

[74] Vgl. *Osteneck*, in: Schwarze, EU-Kommentar, Art. 215 AEUV, Rn. 34.

[75] *Garçon*, S. 126; *Hummer*, in: Vedder/Heintschel v. Heinegg, Europäisches Unionsrecht, Art. 215 AEUV, Rn. 19; *Bungenberg*, in: GSH, Europäisches Unionsrecht, Art. 215 AEUV, Rn. 55; a.A. *Jochum*, in: Hailbronner/Wilms, Recht der EU, Art. 301 EGV (Februar 2006), Rn. 11; tendenziell auch *Müller-Ibold*, in: Lenz/Borchardt, EU-Verträge, Art. 215 AEUV, Rn. 11.

[76] *Bungenberg*, in: GSH, Europäisches Unionsrecht, Art. 215 AEUV Rn. 55; *Müller-Ibold*, in: Lenz/Borchardt, EU-Verträge, Art. 215 AEUV, Rn. 8.

[77] *Huber-Kowald*, in: Mayer/Stöger, EUV/AEUV, Art. 215 AEUV (April 2012), Rn. 44.

[78] S. dazu *Müller-Ibold*, in: Lenz/Borchardt, EU-Verträge, Art. 215 AEUV, Rn. 14.

[79] Zu den näheren Maßgaben vgl. *Kokott*, in: Streinz, EUV/AEUV, Art. 215 AEUV, Rn. 31, m.w.N.

pflicht (s. Rn. 9) nicht nach, dann kann der Rat dagegen mit einer **Untätigkeitsklage** (Art. 265 AEUV) vorgehen.[80] Für die von einer Wirtschaftssanktion betroffenen Unternehmen aus EU-Mitgliedstaaten kommt zudem ein – allerdings angesichts der aktuellen EuGH-Rechtsprechung wenig aussichtsreicher (s. Rn. 42) – Schadensersatzanspruch aus Art. 340 UAbs. 2 AEUV in Betracht. Zulässig, aber ebenfalls wenig erfolgversprechend, ist ein Antrag auf Gewährung einstweiligen Rechtsschutzes.[81]

II. Unionsrechtliche Maßgaben

28 Unionsrechtliche Wirtschaftssanktionen, die nicht auf einer UN-Resolution beruhen (sog. autonome Sanktionen), unterliegen grundsätzlich wie jeder andere Rechtsakt der Europäischen Union einer umfassenden Prüfung am Maßstab der **Unionsgrundrechte** sowie der **rechtsstaatlichen Prinzipien.** Grundsätzlich geklärt ist seit dem EuGH-Urteil[82] in der Rechtssache Kadi – und der damit verbundenen klaren Abkehr von der vorherigen Rechtsprechung des EuG[83] – zudem die Frage nach dem Kontrollmaßstab der EU-Gerichte bei solchen Sanktionsmaßnahmen, die der Umsetzung von Resolutionen des UN-Sicherheitsrates dienen (sog. UN-Sanktionen).[84] Insoweit betont der Gerichtshof[85] vor allem die »Autonomie des Rechtssystems der Gemeinschaft«, und »dass die Verpflichtungen aufgrund einer internationalen Übereinkunft nicht die Verfassungsgrundsätze des EG-Vertrags beeinträchtigen können, zu denen auch der Grundsatz zählt, dass alle Handlungen der Gemeinschaft die Menschenrechte achten müssen, da die Achtung dieser Rechte eine Voraussetzung für ihre Rechtmäßigkeit ist, die der Gerichtshof im Rahmen des umfassenden Systems von Rechtsbehelfen, das dieser Vertrag schafft, überprüfen muss«. Autonome EU-Sanktionen sowie die Umsetzung von UN-Sanktionen unterliegen deshalb denselben Kontrollmaßstäben; der Gerichtshof gewährleistet insoweit »eine grundsätzlich umfassende Kontrolle der Rechtmäßigkeit sämtlicher Handlungen der Union im Hinblick auf die Grundrechte als Bestandteil der Unionsrechtsordnung«.[86]

29 Allerdings unterliegt der gerichtliche Rechtsschutz insoweit gewissen Einschränkungen, als dem Rat eine **Einschätzungsprärogative** (»weites Ermessen«) eingeräumt wird

---

[80] *Kokott*, in: Streinz, EUV/AEUV, Art. 215 AEUV, Rn. 18; *Osteneck*, in: Schwarze, EU-Kommentar, Art. 215 AEUV, Rn. 25; *Garçon*, S. 126 f.

[81] *Müller-Ibold*, in: Lenz/Borchardt, EU-Verträge, Art. 215 AEUV, Rn. 15; *Bungenberg*, in: GSH, Europäisches Unionsrecht, Art. 215 AEUV, Rn. 52.

[82] EuGH, Urt. v. 3.9.2008, verb. Rs. C–402/05 P u. C–415/05 P (Kadi/Rat und Kommission), Slg. 2008, I–6351, Rn. 299. Zur Entwicklung der Rechtsprechung: *Schulte*, S. 139 ff.; *Osteneck*, in: Schwarze, EU-Kommentar, Art. 215 AEUV, Rn. 29 ff.

[83] EuG, Urt. v. 21.9.2005, Rs. T–306/01 (Yusuf und Barakaat International Foundation/Rat und Kommission), Slg. 2005, II–3533, Rn. 260 ff.; Urt. v. 21.9.2005, Rs. T–315/01 (Kadi/Rat und Kommission), Slg. 2005, II–3649, Rn. 209 ff.; Urt. 31.1.2007, Rs. T–362/04 (Minin/Kommission), Slg. 2007, II–2003, Rn. 72.

[84] Zur Entwicklung der Rechtsprechung: *Schulte*, S. 139 ff.; *Osteneck*, in: Schwarze, EU-Kommentar, Art. 215 AEUV, Rn. 29 ff.

[85] EuGH, Urt. v. 3.9.2008, verb. Rs. C–402/05 P u. C–415/05 P (Kadi/Rat und Kommission), Slg. 2008, I–6351, Rn. 282, 285; vgl. auch Urt. v. 16.11.2011, Rs. C–548/09 P (Bank Melli Iran/Rat), Slg. 2011, I–11381, Rn. 102 ff.

[86] EuGH, Urt. v. 18.7.2013, verb. Rs. C–584/10 P, C–593/10 P u. C–595/10 P (Kommission/Kadi), ECLI:EU:C:2013:518, Rn. 97, unter Hinweis auf Art. 275 UAbs. 2 AEUV. Überblick zur EuGH-Rspr. bei *Müller-Ibold*, in: Lenz/Borchardt, EU-Verträge, Art. 215 AEUV, Rn. 9; *Huber-Kowald*, in: Mayer/Stöger, EUV/AEUV, Art. 215 AEUV (April 2012), Rn. 33 ff.

bei der Beurteilung der Umstände, die zur Verhängung restriktiver Maßnahmen geführt haben. Die gerichtliche Kontrolle ist regelmäßig darauf beschränkt, »ob die Verfahrensvorschriften und die Begründungspflicht beachtet worden sind, der Sachverhalt richtig ermittelt wurde und weder ein offensichtlicher Fehler in der Beurteilung der Tatsachen noch Ermessensmissbrauch vorliegt. Die eingeschränkte Kontrolle gilt insbesondere für die Beurteilung von Zweckmäßigkeitserwägungen, auf denen solche Maßnahmen beruhen.«[87] Gleichzeitig verfügt der Rat aber über »keinerlei Wertungsspielraum […], wenn er prüft, ob im Einzelfall die tatsächlichen und rechtlichen Umstände vorliegen, die die Anwendung einer Maßnahme des Einfrierens von Geldern auf eine Person, Vereinigung oder Körperschaft […] bedingen können«.[88]

Zu den zwingend zu beachtenden grundrechtlichen Gewährleistungen gehören vor allem bei der Verhängung von Individualsanktionen neben der **Eigentumsgarantie** (Art. 17 GRC) die Verteidigungsrechte in Form insbesondere des Anspruchs auf **Gewährung rechtlichen Gehörs** und des **Akteneinsichtsrechts** (Art. 41 Abs. 2 GRC) und das Recht auf einen **effektiven gerichtlichen Rechtsschutz** (Art. 47 GRC).[89] Bei den Verteidigungsrechten und dem Recht auf wirksamen Rechtsschutz stehen die besonderen Umstände des Einzelfalles im Mittelpunkt; das betrifft vornehmlich den konkreten Inhalt des betreffenden Rechtsaktes, den Kontext seines Erlasses sowie die Rechtsvorschriften auf dem betreffenden Gebiet.[90]

30

Zumal bei Individualsanktionen, etwa in Form des Einfrierens von Bankguthaben, steht der unionsrechtliche Eigentumsschutz (Art. 17 GRC) im Vordergrund des Interesses. Erfasst werden von diesem Schutz auch **präventive Maßnahmen,** obwohl es bei diesen nicht zu einer klassischen Enteignung kommt. Ausreichend ist insoweit die für den Betroffenen herbeigeführte Beschränkung im Gebrauch seines Eigentumsrechts.[91] Die näheren Rechtfertigungsmaßgaben ergeben sich aus Art. 52 GRC.[92] Außerdem müssen die Verfahren dem Betroffenen »eine angemessene Gelegenheit bieten […], sein Anliegen den zuständigen Stellen vorzutragen«; das gilt jedenfalls in einer solchen »Situation, in der die Beschränkung seiner Eigentumsrechte im Hinblick auf die umfassende Geltung und effektive Dauer der gegen ihn verhängten Restriktionen als erheblich betrachtet werden muss«.[93]

31

Überdies sind Sanktionsbeschlüsse gem. Art. 296 UAbs. 2 AEUV zu begründen, um »es den Betroffenen [zu] ermöglichen, die Gründe für die ergangene Bestimmung zu erfahren, damit sie deren Begründetheit beurteilen können, und dem zuständigen Gericht die Wahrnehmung seiner Kontrollaufgabe [zu] gestatten«.[94] Allerdings hat es der

32

---

[87] EuG, Urt. v. 19.10.2008, Rs. T-390/08 (Bank Melli Iran/Rat), Slg. 2009, II-3967, Rn. 36.
[88] EuG, Urt. v. 23.11.2011, Rs. T-341/07 (Sison/Rat), Slg. 2011, II-7915, Rn. 57.
[89] EuGH, Urt. v. 18.7.2013, verb. Rs. C-584/10 P, C-593/10 P u. C-595/10 P (Kommission/Kadi), ECLI:EU:C:2013:518, Rn. 98ff.; Urt. v. 3.9.2008, verb. Rs. C-402/05 P u. C-415/05 P (Kadi/Rat und Kommission), Slg. 2008, I-6351, Rn. 333ff., 354ff.; s. auch *Kokott*, in: Streinz, EUV/AEUV, Art. 215 AEUV, Rn. 32.
[90] EuGH, Urt. v. 18.7.2013, verb. Rs. C-584/10 P, C-593/10 P u. C-595/10 P (Kommission/Kadi), ECLI:EU:C:2013:518, Rn. 102.
[91] EuGH, Urt. v. 3.9.2008, verb. Rs. C-402/05 P u. C-415/05 P (Kadi/Rat und Kommission), Slg. 2008, I-6351, Rn. 358.
[92] Zu den Einzelheiten vgl. EuG, Urt. 23.5.2013, Rs. T-187/11 (Trabelsi u.a./Rat), ECLI:EU:T:2013:273, Rn. 77ff.
[93] EuGH, Urt. v. 3.9.2008, verb. Rs. C-402/05 P u. C-415/05 P (Kadi/Rat und Kommission), Slg. 2008, I-6351, Rn. 368f.; EuG, Urt. v. 11.6.2009, T-318/01 (Othman/Rat und Kommission), Slg. 2009, II-1627, Rn. 91.
[94] EuGH, Urt. v. 29.6.2010, Rs. C-550/09 (E und F), Slg. 2010, I-6213, Rn. 54; *Cremer*, in: Calliess/Ruffert, EUV/AEUV, Art. 215 AEUV, Rn. 18.

EuGH[95] zur **Sicherstellung der Wirksamkeit** der Sanktionsmaßnahme (Überraschungseffekt) ausreichen lassen, wenn die erforderliche Begründung erst **nach der erstmaligen Listung** des Sanktionsadressaten erfolgt. Da der Betroffene, um seine Rechte erfolgreich wahrnehmen zu können, einer hinreichenden Kenntnis der Sanktionsgründe bedarf, darf ihm diese Kenntnis nur ausnahmsweise mit Rücksicht auf Geheimhaltungsinteressen verweigert werden.[96] Verfahrensrechtlich kommt zudem die Einführung eines nichtgerichtlichen Rechtsschutzverfahrens in Betracht.[97]

III. Völkerrechtliche Maßgaben

33 Wie ihre Mitgliedstaaten so ist auch die Europäische Union selbst an das Völkerrecht gebunden.[98] Das gilt jedenfalls für die von ihr eingegangenen völkervertragsrechtlichen Verpflichtungen (vgl. Art. 216 ff. AEUV), daneben aber auch für das universelle Völkergewohnheitsrecht. Bestätigt wird diese **Bindung an das Völkerrecht** durch Art. 3 Abs. 5 Satz 2 EUV[99] und Art. 21 Abs. 1 UAbs. 1 EUV. Im Übrigen sind Rechtsstellung und Funktion der EU weltweit so umfassend anerkannt, dass man ihr – wie den Vereinten Nationen – mit guten Gründen eine objektive Völkerrechtssubjektivität zuerkennen kann.[100] Aufgrund ihrer Bindung an das Völkerrecht ist auch die von der EU erlassene Sanktionsmaßnahme – in der Regel eine Verordnung (s. Rn. 23) – am Maßstab des Völkerrechts zu messen,[101] und zwar vorrangig an den verbindlichen Vorgaben der UN-Charta.

---

[95] EuGH, Urt. v. 3.9.2008, verb. Rs. C–402/05 P u. C–415/05 P (Kadi/Rat und Kommission), Slg. 2008, I–6351, Rn. 338 ff.

[96] EuGH, Urt. v. 4.6.2013, Rs. C–300/11 (ZZ), ECLI:EU:C:2013:363, Rn. 53 ff.; Urt. v. 28.11.2013, Rs. C–280/12 P (Rat/Fulmen und Mahmoudian), Rn. 70 ff., mit einem differenzierten System von Beweisregeln, durch die ein vernünftiger Ausgleich zwischen dem Recht auf effektiven gerichtlichen Rechtsschutz einerseits und der Notwendigkeit der Sicherheit der Union und ihrer Mitgliedstaaten andererseits gewährleistet werden soll. Vgl. dazu auch: EuGH, Urt. v. 18.7.2013, verb. Rs. C–584/10 P, C–593/10 P u. C–595/10 P (Kommission u. a./Kadi), ECLI:EU:C:2013:518, Rn. 137.

[97] *Cremer*, in: Calliess/Ruffert, EUV/AEUV, Art. 215 AEUV, Rn. 24, der zutreffend ergänzt, dass dadurch der gerichtliche Rechtsschutz allerdings im Hinblick auf die Notwendigkeit effektiven Rechtsschutzes nicht ausgeschlossen werden darf. Ein derartiges Verfahren kann aber möglicherweise einem gerichtlichen Verfahren – z. B. einer Nichtigkeitsklage – zwingend vorgeschaltet sein (spezifische Zulässigkeitsvoraussetzung); vgl. *Müller-Ibold*, in: Lenz/Borchardt, EU-Verträge, Art. 215 AEUV, Rn. 10; *Hummer*, in: Vedder/Heintschel v. Heinegg, Europäisches Unionsrecht, Art. 215 AEUV, Rn. 18.

[98] *Bungenberg*, in: GSH, Europäisches Unionsrecht, Art. 215 AEUV, Rn. 13. Die Völkerrechtskonformität der EU-Sanktion unterliegt als »immanente Tatbestandsvoraussetzung« des Art. 215 AEUV der Rechtmäßigkeitskontrolle durch den EuGH; vgl. *Cremer*, in: Calliess/Ruffert, EUV/AEUV, Art. 215 AEUV, Rn. 19.

[99] Eindeutig zur Bindungswirkung EuGH, Urt. v. 21.12.2011, Rs. C–366/10 (Air Transport Association of America u. a.), Slg. 2011, I–13755, Rn. 101: »Beim Erlass eines Rechtsakts ist [die Union] also verpflichtet, das gesamte Völkerrecht zu beachten, auch das die Organe der Union bindende Völkergewohnheitsrecht.«

[100] So wohl auch *Kokott*, in: Streinz, EUV/AEUV, Art. 215 AEUV, Rn. 4, wonach die EU »heute faktisch eine quasi universelle Völkerrechtspersönlichkeit« besitzt. Zur objektiven Völkerrechtssubjektivität Internationaler Organisationen vgl. *Epping*, in: Ipsen, Völkerrecht, 6. Aufl., 2014, § 6, Rn. 77, m. w. N.

[101] *Jochum*, in: Hailbronner/Wilms, Recht der EU, Art. 301 EGV (Februar 2006), Rn. 11.

1. Rechtsbindung an das UN-Recht

Das UN-Recht ist für die Europäische Union in mehrfacher Hinsicht von zentraler Bedeutung. Zum einen sind die **Resolutionen des UN-Sicherheitsrates**[102] für die EU-Mitgliedstaaten, die allesamt auch Mitgliedstaaten der Vereinten Nationen sind, völkerrechtlich unmittelbar verpflichtend (Art. 25, Art. 48 UNC). Gemäß Art. 48 Abs. 2 UNC sind die UN-Mitgliedstaaten aber auch gehalten, »durch Maßnahmen in den geeigneten internationalen Einrichtungen […], deren Mitglieder sie sind«, den Resolutionen die erforderliche Wirksamkeit zu verleihen. Während der Wortlaut noch deutlich unterscheidet zwischen der Umsetzungs-Verpflichtung der Mitgliedstaaten und der dort nicht geregelten unmittelbaren Bindung der EU (und ihrer Organe), tritt immer stärker die Ansicht in den Vordergrund, dass die **Europäische Union selbst und unmittelbar kraft Völkerrechts an die UN-Resolutionen gebunden** sei.[103] Ganz in diesem Sinne ist wohl auch die von den Vertretern der Mitgliedstaaten auf der Regierungskonferenz zum Vertrag von Lissabon verabschiedete gemeinsame Erklärung (Nr. 13)[104] zu verstehen, in der diese – rechtlich allerdings unverbindlich – hervorheben, »dass die Europäische Union und ihre Mitgliedstaaten nach wie vor durch die Bestimmungen der Charta der Vereinten Nationen und insbesondere durch die Hauptverantwortung des Sicherheitsrates und seiner Mitglieder für die Wahrung des Weltfriedens und der internationalen Sicherheit gebunden sind«. 34

Der EuGH[105] hat sich dieser Auffassung allerdings bislang nicht angeschlossen. Er betont vielmehr die **Bindungswirkung des GASP-Beschlusses:** »Ist die Gemeinschaft aufgrund einer solchen Handlung [GASP-Beschluss] verpflichtet, im Rahmen des EG-Vertrags die danach gebotenen Maßnahmen zu ergreifen, impliziert diese Verpflichtung, wenn es um die Umsetzung einer Resolution des Sicherheitsrats nach Kapitel VII der UN-Charta geht, dass die Gemeinschaft bei der Ausarbeitung der fraglichen Maßnahmen den Wortlaut und die Ziele der betreffenden Resolution sowie die maßgeblichen Verpflichtungen, die sich aus der UN-Charta in Bezug auf eine solche Umsetzung ergeben, gebührend berücksichtigt.« Außerdem betont der Gerichtshof, »dass bei der Auslegung der streitigen Verordnung auch der Wortlaut und das Ziel der Resolution […] des Sicherheitsrats zu berücksichtigen sind, die mit dieser Verordnung […] umgesetzt werden soll«. 35

Kommt die EU ihrer Umsetzungspflicht nicht nach, dann sind die EU-Mitgliedstaaten gehalten, ihrer originären völkerrechtlichen Verpflichtung im Rahmen des Art. 347 AEUV zu entsprechen (s. Rn. 48 ff.). 36

Weithin anerkannt ist mittlerweile, dass die EU eine **Regionalorganisation** i. S. d. VIII. Kapitels der UN-Charta (Art. 52–54) bildet.[106] Die Verhängung von Wirtschaftssanktio- 37

---

[102] Die konkrete Umsetzung im Rahmen der Vereinten Nationen (z. B. durch Erstellung der Listen individueller Sanktionsadressaten) obliegt regelmäßig sog. Sanktionskomitees; zu deren Rechtsstellung als Nebenorgane des Sicherheitsrates vgl. *Birkhäuser*, S. 198 ff.
[103] *Osteneck*, S. 307 ff.; *Schneider*, S. 228 ff.; *Kokott*, in: Streinz, EUV/AEUV, Art. 215 AEUV, Rn. 10; a. A. *Hörmann*, AVR 44 (2006), 267 (271 ff.); *Schmalenbach*, JZ 2006, 349 (351).
[104] Erklärungen vom 9. 5. 2008 zur Schlussakte der Regierungskonferenz, die den am 13. 12. 2007 unterzeichneten Vertrag von Lissabon angenommen haben, ABl. 2008, C 115/343.
[105] EuGH, Urt. v. 3. 9. 2008, verb. Rs. C–402/05 P u. C–415/05 P (Kadi/Rat und Kommission), Slg. 2008, I–6351, Rn. 296 f.
[106] *Walter*, Vereinte Nationen und Regionalorganisationen, 1996, S. 92 ff.; *Ruffert/Walter*, Institutionalisiertes Völkerrecht, 2. Aufl., 2015, Rn. 453 ff.; *Frowein*, Die Europäische Union mit WEU als Sicherheitssystem, FS Everling, Bd. 1, 1995, S. 315 (319 f.); *Garçon*, S. 212 ff.; *Schöbener/Herbst/*

nen unterfällt allerdings nicht dem Begriff der »Zwangsmaßnahme« (Art. 53 Abs. 1 Satz 1 und 2 UNC),[107] so dass die EU auch weiterhin **ohne Ermächtigung durch den Sicherheitsrat** befugt ist, **Wirtschaftssanktionen gegen einen Drittstaat** zu ergreifen.[108] Zwangsmaßnahmen i. S. d. VIII. Kapitels sind nämlich allein militärische Maßnahmen, deren Androhung und Anwendung den völkerrechtlichen Maßgaben des universellen Gewaltverbotes (Art. 2 Nr. 4 UNC) unterliegt; Wirtschaftssanktionen werden davon nicht erfasst,[109] sofern sie – wie im Normalfall – nicht mit der Androhung oder Anwendung militärischer Gewalt einhergehen.[110]

38 Bei den völkerrechtlichen Maßgaben für die Verhängung gemeinschaftlicher und unilateraler Wirtschaftssanktionen steht das Interventionsverbot im Vordergrund, das sich im Verhältnis der Staaten zueinander aus dem Grundsatz der souveränen Gleichheit der Staaten (Art. 2 Nr. 1 UNC) bzw. einem inhaltsgleichen Satz des universellen Völkergewohnheitsrechts ergibt.[111] Schwierig zu bestimmen ist die für das zwischenstaatliche Interventionsverbot zentrale Abgrenzung von (erlaubtem) **wirtschaftlichem Druck** und (nicht mehr erlaubtem) **wirtschaftlichem Zwang**. Dabei kommt es im Rahmen der Mittel-Zweck-Relation insbesondere auf die Kriterien der Intensität und Schwere der Maßnahme sowie ihre Auswirkungen an.[112] Beruht die Wirtschaftssanktion allerdings auf einer Resolution des UN-Sicherheitsrates (kollektive Wirtschaftssanktion), dann ist das an die Vereinten Nationen gerichtete Interventionsverbot des Art. 2 Nr. 7 UNC einschlägig, das in seinem 2. Hs. ausdrücklich vorsieht, dass in diesem Fall der mögliche Einwand der Staaten, eine Sanktion betreffe sie in ihren »inneren Angelegenheiten«, unbeachtlich ist.

2. Rechtsbindung an das sonstige Völkerrecht

39 Die Europäische Union ist grundsätzlich – neben den von ihr abgeschlossenen völkerrechtlichen Verträgen – an das **universelle Völkergewohnheitsrecht** gebunden.[113] Allerdings hat der Gerichtshof[114] den Schwierigkeiten bei der inhaltlichen Bestimmung einer gewohnheitsrechtlichen Norm angesichts ihrer fehlenden schriftlichen Fixierung dadurch Rechnung getragen, dass er die gerichtliche Kontrolle »zwangsläufig auf die Frage beschränken« will, »ob den Organen der Union beim Erlass des betreffenden Rechtsak-

---

Perkams, Rn. 2/97; a. A. noch *Stein*, Außenpolitisch motivierte (Wirtschafts-) Sanktionen der Europäischen Union – nach wie vor eine rechtliche Grauzone, FS Bernhardt, 1995, S. 1129 (1139 f.).

[107] *Schöbener/Herbst/Perkams*, Rn. 2/97; *Osteneck*, S. 72 ff. Zur im Übrigen weithin synonymen Verwendung von »Wirtschaftssanktion« und »wirtschaftliche Zwangsmaßnahme« vgl. *Osteneck*, in: Schwarze, EU-Kommentar, Art. 215 AEUV, Rn. 7; *dies.*, S. 14 ff.

[108] *Schöbener/Herbst/Perkams*, Rn. 2/97; *Garçon*, S. 214 f.

[109] *Schöbener/Herbst/Perkams*, Rn. 2/97, 2/107 f. Ausführlich dazu *Garçon*, S. 154 ff.

[110] *Osteneck*, S. 75 ff., m. w. N.

[111] Vgl. *Schöbener*, Interventionsverbot, in: Schöbener, Völkerrecht, 2014, S. 236 (239).

[112] Zu den Einzelheiten vgl. *Garçon*, S. 165 ff., insb. S. 175 ff.; *Osteneck*, S. 78 f.; *Schöbener/Herbst/Perkams*, Rn. 2/109 ff., insb. Rn. 2/111 ff.

[113] EuGH, Urt. v. 21.12.2011, Rs. C–366/10 (Air Transport Association of America), Slg. 2011, I–13755, Rn. 101; *Jochum*, in: Hailbronner/Wilms, Recht der EU, Art. 301 EGV (Februar 2006), Rn. 11, 16. Aus der Bindung ergibt sich u. a. das Gebot der völkerrechtskonformen Auslegung der Sanktionsverordnung, was eine resolutionskonforme Interpretation einschließt. Zu den völkerrechtlichen Grenzen von Wirtschaftssanktionen s. *Schöbener*, Wirtschaftssanktionen, in: Schöbener (Hrsg.), Völkerrecht, 2014, S. 582 (584 f.).

[114] EuGH, Urt. v. 21.12.2011, Rs. C–366/10 (Air Transport Association of America u. a.), Slg. 2011, I–13755, Rn. 110 (Hervorhebung von Verf.).

tes **offensichtliche Fehler** bei der Beurteilung der Voraussetzungen für die Anwendung dieser Grundsätze unterlaufen sind«.

Im Übrigen sind die Rechtsvorschriften der EU **völkerrechtskonform** so auszulegen, dass – soweit dies noch im Wege der Norminterpretation möglich und zulässig ist – ein Völkerrechtsverstoß ausgeschlossen wird. Dazu hat sich in der EuGH-Rechtsprechung[115] die Formel entwickelt, »dass die Befugnisse der Gemeinschaft unter Beachtung des Völkerrechts auszuüben sind«, […] und »dass die Auslegung eines aufgrund dieser Befugnisse erlassenen Rechtsakts und die Festlegung seines Anwendungsbereichs im Licht des einschlägigen Völkerrechts zu erfolgen haben«. Zu diesem »einschlägigen Völkerrecht« gehören vor allem die Resolutionen des UN-Sicherheitsrates,[116] zu deren Umsetzung Art. 215 AEUV u. a. dient. **40**

Die **Qualifizierung des Verhaltens des Sanktionsadressaten** als völkerrechtsgemäß oder völkerrechtswidrig ist schon allein deshalb bedeutsam, weil die EU auf ein völkerrechtmäßiges, gleichwohl aber politisch unerwünschtes Handeln des Adressaten auch ihrerseits nur mit völkerrechtsgemäßen Sanktionen reagieren darf (**Retorsion**),[117] während sie bei einem völkerrechtswidrigen Handeln des Adressaten neben (ohnehin zulässigen) völkerrechtsgemäßen Maßnahmen auch völkerrechtswidrige Sanktionen zu ergreifen befugt ist, da diese dann – bei Einhaltung des Grundsatzes der Verhältnismäßigkeit – als zulässige Gegenmaßnahme (**counter measure, Repressalie**)[118] gerechtfertigt sind.[119] Als völkerrechtlicher Prüfungsmaßstab für die Rechtmäßigkeit einer Gegenmaßnahme sind insbesondere die **Art. 49 ff. des ILC-Entwurfs zur Staatenverantwortlichkeit** (Draft Articles on the Responsibility of States for Internationally Wrongful Acts, 2001) heranzuziehen,[120] die für sich genommen zwar völkerrechtlich unverbindlich sind, den Inhalt des geltenden Völkergewohnheitsrechts aber im Wesentlichen zutreffend wiedergeben.[121] Weithin irrelevant ist die Unterscheidung von Retorsion und Repressalie allerdings bei der Umsetzung von Resolutionen des UN-Sicherheitsrates (VII. Kapitel der UNC), da diese »Legalisierungswirkung«[122] entfalten. **41**

---

[115] EuGH, Urt. v. 3.9.2008, verb. Rs. C–402/05 P u. C–415/05 P (Kadi/Rat und Kommission), Slg. 2008, I–6351 Rn. 291, m.w.N.
[116] *Huber-Kowald*, in: Mayer/Stöger, EUV/AEUV, Art. 215 AEUV (April 2012), Rn. 38, m.N. zur EuGH-Rspr.
[117] Vgl. *Osteneck*, S. 100 f.
[118] Zu den Voraussetzungen einer Repressalie s. *Osteneck*, S. 100 ff. Allgemein: *Huber-Kowald*, in: Mayer/Stöger, EUV/AEUV, Art. 215 AEUV (April 2012), Rn. 39.
[119] S. dazu *Osteneck*, in: Schwarze, EU-Kommentar, Art. 215 AEUV, Rn. 7; außerdem *Kokott*, in: Streinz, EUV/AEUV, Art. 215 AEUV, Rn. 34; *Cremer*, in: Calliess/Ruffert, EUV/AEUV, Art. 215 AEUV, Rn. 8; beide auch zur Repressalienbefugnis der EU bei der Verletzung von erga omnes wirkenden Normen durch einen Drittstaat. Zu diesem Problemkreis vgl. zudem *Garçon*, S. 217 ff.; *Khan*, in: Geiger/Khan/Kotzur, EUV/AEUV, Art. 215 AEUV, Rn. 6. Allgemein zu den völkerrechtlichen Maßgaben von Wirtschaftssanktionen (u. a. Interventionsverbot und Schutz wohlerworbener Rechte) s. *Schöbener/Herbst/Perkams*, Rn. 2/105 ff.
[120] *Huber-Kowald*, in: Mayer/Stöger, EUV/AEUV, Art. 215 AEUV (April 2012), Rn. 39; *Khan*, in: Geiger/Khan/Kotzur, EUV/AEUV, Art. 215 AEUV, Rn. 6.
[121] *Schöbener*, Verantwortlichkeit, völkerrechtliche, in: Schöbener (Hrsg.), Völkerrecht, 2014, S. 483 (485); *ders.*, Gegenmaßnahmen (Repressalien), in: Schöbener (Hrsg.), Völkerrecht, 2014, S. 120 (121).
[122] *Osteneck*, in: Schwarze, EU-Kommentar, Art. 215 AEUV, Rn. 7.

G. Haftung für Schäden

42 Im Binnenmarkt ansässige Unternehmen haben ebenso wie Unternehmen aus Drittstaaten aufgrund der EU-Wirtschaftssanktionen häufig deutliche Vermögenseinbußen zu verzeichnen, da sie z. B. im Falle eines Embargos mit den wirtschaftlichen Einheiten in dem sanktionierten Drittstaat generell oder im Hinblick auf bestimmte Güter und Dienstleistungen keinen Handel mehr betreiben dürfen. Einschlägige Anspruchsgrundlage für einen **Entschädigungsanspruch** gegen die EU ist grundsätzlich Art. 268 i. V. m. Art. 340 UAbs. 2 AEUV, der aber den Haftungstatbestand nur unvollständig abbildet und im Übrigen auf die »allgemeinen Rechtsgrundsätze« verweist, »die den Rechtsordnungen der Mitgliedstaaten gemeinsam sind«. Umstritten ist – besonders bedeutsam im vorliegenden Kontext – vor allem, ob die Vorschrift neben einer **Rechtswidrigkeitshaftung** der EU[123] auch eine **Rechtmäßigkeitshaftung** vorsieht.[124] Während das EuG[125] eine Haftung für rechtmäßiges Handeln dann anerkennen wollte, wenn der entstandene Schaden im Hinblick auf seine Außergewöhnlichkeit und Besonderheit einen Ausgleich erfordert, hat der EuGH[126] sich »beim derzeitigen Stand des Gemeinschaftsrechts« gegen einen solchen Haftungstatbestand ausgesprochen. Angesichts der dem EU-Recht eigenen inhaltlichen Dynamik und der in dem Verweis auf die »allgemeinen Rechtsgrundsätze« liegenden Entwicklungsoffenheit des Haftungstatbestandes dürfte zumal für den Bereich der Wirtschaftssanktionen aufgrund ihrer massiven Auswirkungen auf den Binnenmarkt das letzte Wort noch nicht gesprochen sein.

H. Verhältnis zu anderen Vorschriften

43 Die Aufnahme der Vorgängernorm des Art. 215 AEUV in das seinerzeitige Gemeinschaftsrecht (s. Rn. 3) hatte vor allem klarstellende Funktion im Hinblick auf die Schaffung einer spezifischen Kompetenzgrundlage für klassische Wirtschaftssanktionen (und später auch für smart sanctions). Eine inhaltliche Beschränkung bereits bestehender Kompetenzen war damit zu keinem Zeitpunkt beabsichtigt.[127] Die Abgrenzung zu anderen Kompetenzregelungen ist deshalb vor allem eine Frage der inhaltlichen Ausrichtung.[128]

---

[123] Bei (reinen) Verfahrensfehlern kann es jedoch am Kriterium der Verletzung einer Schutznorm fehlen; vgl. *Bungenberg*, in: GSH, Europäisches Unionsrecht, Art. 215 AEUV, Rn. 60.
[124] Überblick über die Rechtsprechungsentwicklung bei *Ossenbühl/Cornils*, Staatshaftungsrecht, 6. Aufl., 2013, S. 694 ff. Zu den Voraussetzungen einer EU-Haftung für rechtswidrige und rechtmäßige Wirtschaftssanktionen vgl. zudem *Schneider/Terhechte*, in: Grabitz/Hilf/Nettesheim, EU, Art. 215 AEUV (August 2015), Rn. 31 f.
[125] EuG, Urt. v. 14. 12. 2005, Rs. T–69/00 (FIAMM und FIAMM Technologies), Slg. 2005, II–5393, Rn. 159 f.
[126] EuGH, Urt. v. 9. 9. 2008, verb. Rs. C–120/06 P u. C–121/06 P (FIAMM und FIAMM Technologies/Rat und Kommission), Slg. 2008, I–6513, Rn. 168 ff., Zitat Rn. 176; ebenso EuGH, Urt. v. 14. 10. 2014, verb. Rs. C–12/13 P u. C–13/13 P, Rn. 43. Zur Diskussion vgl. *Bungenberg*, in: GSH, Europäisches Unionsrecht, Art. 215 AEUV, Rn. 61 ff.; *Hilpold*, RIW 2008, 817 ff.; *Frenz/Götzkes*, DVBl 2009, 1052 ff.; *Haack*, EuR 2009, 667 ff.; *Verlage*, EuZW 2009, 9 ff. Auch GA *Maduro* hatte sich – unter Anknüpfung an die deutsche »Sonderopfertheorie« – für die Anerkennung einer Rechtmäßigkeitshaftung ausgesprochen; vgl. GA *Maduro*, Schlußanträge zu verb. Rs. C–120/06 P u. C–121/06 P, Slg. 2008, I–6513 Rn. 54 ff., Rn. 63.
[127] *Müller-Ibold*, in: Lenz/Borchardt, EU-Verträge, Art. 215 AEUV, Rn. 16.
[128] Deutlich EuGH, Urt. v. 3. 9. 2008, Rs. C–402/05 P (Kadi/Rat und Kommission), Slg. 2008,

I. Gemeinsame Handelspolitik, Art. 207 AEUV

Bevor 1993 die Vorgängernorm des Art. 215 AEUV in das europäische Gemeinschaftsrecht implementiert wurde (s. Rn. 3), griff die EWG auf die Regelungen zur **Gemeinsamen Handelspolitik** zurück, um auf dieser Grundlage gemeinschaftliche Wirtschaftssanktionen zu verhängen. Seit der Einfügung des Artikels über Wirtschaftssanktionen steht eine spezifische Vorschrift zur Verfügung, die nun als lex specialis zur Anwendung kommt, ohne die Gemeinsame Handelspolitik (heute Art. 207 AEUV) allerdings vollständig zu verdrängen.[129] Ganz in diesem Sinne hat auch der EuGH darauf hingewiesen, dass »eine Maßnahme, die die Verhinderung oder Beschränkung der Ausfuhr bestimmter Güter [...] bewirkt, dem Bereich der Gemeinsamen Handelspolitik nicht mit der Begründung entzogen werden [kann], dass mit ihr außen- und sicherheitspolitische Zwecke verfolgt würden«.[130] Art. 207 AEUV **erweitert den Sanktionsspielraum** der EU, da es keiner vorherigen (einstimmigen) Beschlussfassung im Rahmen der GASP bedarf; zugleich ist er im Hinblick auf die zu verhängenden Maßnahmen aber enger, weil der Begriff der »Handelspolitik« jedenfalls nicht die Finanzbeziehungen erfasst.

44

Im Einzelfall bereitet die Abgrenzung der »erforderlichen Maßnahmen« (Art. 215 Abs. 1 AEUV) von den »Maßnahmen, mit denen der Rahmen für die Umsetzung der gemeinsamen Handelspolitik bestimmt wird« (Art. 207 Abs. 2 AEUV), allerdings erhebliche rechtliche Schwierigkeiten.[131] Unter Art. 207 AEUV fallen jedenfalls **Exportbeschränkungen** für sog. **dual use-Güter** und die entsprechend, d. h. sowohl zivil als auch militärisch, verwendbare Technologie.[132] Außerdem wird Art. 207 AEUV (zusammen mit Art. 218 Abs. 9 AEUV) herangezogen, um **völkerrechtliche Verträge mit handelsbezogenem Inhalt** (zeitweise) auszusetzen.[133]

45

II. Art. 75 AEUV

Nach den Änderungen durch den Vertrag von Lissabon (s. Rn. 3 ff.) mit der Übernahme der Sanktionskompetenz für den Finanzbereich aus (dem früheren) Art. 60 EGV in (den heutigen) Art. 215 Abs. 2 AEUV bedarf das **Verhältnis des (heutigen) Art. 75 AEUV zu Art. 215 Abs. 2 AEUV einer gänzlich neuen Justierung**. Dabei ist vor allem zu berücksichtigen, dass Art. 75 AEUV über die inhaltliche Änderung hinaus auch in der Vertragssystematik eine neue Zuordnung erfahren hat. Während Art. 60 EGV noch zu den Vorschriften über die Kapital- und Zahlungsverkehrsfreiheit gehörte, findet sich Art. 75 AEUV im Titel über den »Raum der Freiheit, der Sicherheit und des Rechts« (Art. 67 ff. AEUV), zu dessen Zielverwirklichung er maßgeblich beitragen soll. Dabei geht es im Rahmen dieser Zielvorgabe konkret um »die **Verhütung** und **Bekämpfung** von **Terro-**

46

I–6351, Rn. 178, wonach der damalige Art. 301 EGV (jetzt Art. 215 AEUV) »der Gemeinschaft eine sachliche Zuständigkeit überträgt, deren Umfang grundsätzlich autonom gegenüber demjenigen anderer Gemeinschaftszuständigkeiten ist.«

[129] *Kokott*, in: Streinz, EUV/AEUV, Art. 215 AEUV, Rn. 30.
[130] EuGH, Urt. v. 17.10.1995, Rs. C–70/94 (Werner), Slg. 1995, I–3189, Rn. 10; vgl. auch Urt. v. 17.10.1995, Rs. C–83/94 (Leifer u. a.), Slg. 1995, I–3231, Rn. 10.
[131] Zu einzelnen Differenzierungsansätzen vgl. *Cremer*, in: Calliess/Ruffert, EUV/AEUV, Art. 215 AEUV, Rn. 20, 31.
[132] *Müller-Ibold*, in: Lenz/Borchardt, EUV/EGV, Art. 215 AEUV, Rn. 4, 16; *Huber-Kowald*, in: Mayer/Stöger, EUV/AEUV, Art. 215 AEUV (April 2012), Rn. 18.
[133] *Huber-Kowald*, in: Mayer/Stöger, EUV/AEUV, Art. 215 AEUV (April 2012), Rn. 16, 26, m. N. aus der Sanktionspraxis.

rismus und damit verbundener Aktivitäten«. Die bisherige Zweistufigkeit des Rechtsetzungsverfahrens, bestehend aus einem intergouvernementalen GASP-Beschluss und einer daran anknüpfenden supranationalen Maßnahme, ist zugunsten eines einstufigen Verfahrens (wenngleich aufgeteilt in Rahmenverordnung und Maßnahmenbeschluss) beseitigt worden. Damit fehlt auch jeglicher Bezug zur GASP.[134] Verblieben ist als einziger inhaltlicher Zusammenhang mit der Vorgängernorm lediglich der Sanktionscharakter der Regelung, indem auf dieser Grundlage ein rechtlicher Rahmen geschaffen werden kann »für Verwaltungsmaßnahmen in Bezug auf Kapitalbewegungen und Zahlungen, wozu das Einfrieren von Geldern, finanziellen Vermögenswerten oder wirtschaftlichen Erträgen gehören kann, deren Eigentümer oder Besitzer natürliche oder juristische Personen, Gruppierungen oder nichtstaatliche Einheiten sind«.

47 Trotz der erheblichen inhaltlichen und systematischen Unterschiede zur Vorgängernorm (Art. 60 EGV) wird Art. 75 AEUV von einzelnen Stimmen in der Literatur[135] nach wie vor als lex specialis gegenüber Art. 215 AEUV angesehen. Diesem Verständnis ist der EuGH[136] entgegengetreten, indem er deutlich gemacht hat, dass die neue Konzeption des Art. 75 AEUV **keinesfalls eine Sperrwirkung** (lex specialis) entfaltet; vielmehr können entsprechende Maßnahmen durchaus auf Art. 215 Abs. 2 AEUV gestützt werden. Mit anderen Worten: Beide Vorschriften stehen gleichberechtigt nebeneinander und weisen einen jeweils **eigenständigen Anwendungsbereich** auf.[137] Dass dies in der Konsequenz zu einer sehr viel schwächeren Beteiligung des Parlaments führt (bloße Unterrichtung statt Mitentscheidung), steht dem nicht entgegen, weil »nicht die Verfahren für die Wahl der Rechtsgrundlage eines Rechtsaktes maßgebend [sind], sondern die Rechtsgrundlage ist maßgebend für die beim Erlass des Rechtsaktes anzuwendenden Verfahren«.[138]

III. Art. 346 f. AEUV

48 Nach h. M.[139] begründet Art. 215 AEUV für den Bereich der Wirtschaftssanktionen eine ausschließliche Kompetenz der EU i. S. v. Art. 3 AEUV, die allerdings die Besonderheit aufweist, dass die mit der Ausschließlichkeit verbundene Sperrwirkung für nationale Regelungen (Art. 2 Abs. 1 AEUV) erst mit dem Erlass des GASP-Beschlusses eintritt.[140]

---

[134] *Cremer*, in: Calliess/Ruffert, EUV/AEUV, Art. 75 AEUV, Rn. 1; *Geiger*, in: Geiger/Khan/Kotzur, EUV/AEUV, Art. 75 AEUV, Rn. 4. Zu Art. 40 EUV vgl. in diesem Zusammenhang *Kokott*, in: Streinz, EUV/AEUV, Art. 215 AEUV, Rn. 50.

[135] So *Osteneck*, in: Schwarze, EU-Kommentar, Art. 215 AEUV, Rn. 35; *Kotzur*, in: Geiger/Khan/Kotzur, EUV/AEUV, Art. 75 AEUV, Rn. 2.

[136] EuGH, Urt. v. 19. 7. 2012, Rs. C–130/10 (Parlament/Rat), ECLI:EU:C:2012:472, Rn. 50 ff., insb. 65 f.

[137] *Schulte*, S. 448 f.; *Pech*, (Fn. 49), S. 87 f. Zu den Abgrenzungskriterien im Einzelnen: *Schneider/Terhechte*, in: Grabitz/Hilf/Nettesheim, EU, Art. 215 AEUV (August 2015), Rn. 35.

[138] EuGH, Urt. v. 19. 7. 2012, Rs. C–130/10 (Parlament/Rat), ECLI:EU:C:2012:472, Rn. 80.

[139] *Kokott*, in: Streinz, EUV/AEUV, Art. 215 AEUV, Rn. 7; *Jochum*, in: Hailbronner/Wilms, Recht der EU, Art. 301 EGV (Februar 2006), Rn. 17; *Cremer*, in: Calliess/Ruffert, EUV/AEUV, Art. 215 AEUV, Rn. 29 (m.w.N. zu abweichenden Ansichten); a. A. *Müller-Ibold*, in: Lenz/Borchardt, EU-Verträge, Art. 215 AEUV, Rn. 3.

[140] *Schneider/Terhechte*, in: Grabitz/Hilf/Nettesheim, EU, Art. 215 AEUV (August 2015), Rn. 3; *Osteneck*, in: Schwarze, EU-Kommentar, Art. 215 AEUV, Rn. 6: ausschließliche Unionskompetenz sei insoweit »aufschiebend bedingt«. Selbst für den Fall, dass Art. 215 AEUV keine ausschließliche Zuständigkeit der EU begründet, ist der Grundsatz der Subsidiarität (Art. 5 Abs. 3 AEUV) im Kontext des Art. 215 AEUV nicht anwendbar; vgl. dazu EuG, Urt. v. 12. 7. 2006, Rs. T–253/02 (Ayadi/Rat), Slg. 2006, II–2139, Rn. 105 ff.; Urt. 31. 1. 2007, Rs. T–362/04 (Minin/Kommission), Slg. 2007, II–2003, Rn. 89.

Unilateral dürfen die Mitgliedstaaten deshalb nur dann tätig werden, wenn die Ausnahmevorschriften über wesentliche Sicherheitsinteressen der Mitgliedstaaten (Art. 346 AEUV) oder einer der Eingriffstatbestände des Art. 347 AEUV erfüllt ist. Einzelne Sanktionsverordnungen sehen zudem ausdrücklich vor, dass die Mitgliedstaaten restriktivere Maßnahmen als die EU ergreifen dürfen, z. B. aus Gründen der öffentlichen Sicherheit oder zum Schutz der Menschenrechte.[141]

Relevant wird die Ausnahmevorschrift des Art. 346 Abs. 1 Buchst. b AEUV – ein restriktiv auszulegender Rechtfertigungsgrund[142] – vor allem bei **Waffenembargos** (»Erzeugung von Waffen, Munition und Kriegsmaterial oder den Handel damit«), da Art. 215 AEUV durchaus auch zu deren Verhängung ermächtigt (s. Rn. 15, 17). Die Ausnahmevorschrift findet aber regelmäßig schon dann mangels Erforderlichkeit mitgliedstaatlicher Maßnahmen keine Anwendung, wenn die Union bereits ein Waffenembargo gegen einen Drittstaat verhängt hat.[143] In der politischen Praxis bleibt es jedoch regelmäßig bei einem GASP-Beschluss, dem dann von den EU-Mitgliedstaaten selbst – ohne Umsetzung gem. Art. 215 AEUV – die innerstaatliche rechtliche Verbindlichkeit verschafft wird (s. Rn. 17). Eine Berufung auf Art. 346 Abs. 1 Buchst. b AEUV findet – obwohl dies rechtlich geboten wäre – in der Regel nicht statt.[144] 49

Art. 347 AEUV ist insoweit missverständlich formuliert, als er nicht nur – wie der Wortlaut suggeriert – den EU-Mitgliedstaaten eine Konsultationspflicht auferlegt, sondern eine – Art. 346 AEUV ähnliche – Abweichungsbefugnis einräumt.[145] Die Vorschrift gibt den Mitgliedstaaten eine »Eilkompetenz« für unilaterale Maßnahmen.[146] Sie soll nur dann eingreifen, wenn die Unionsmaßnahme die Mitgliedstaaten entsprechend ermächtigt oder »ersichtlich« Raum für ergänzende einzelstaatliche Maßnahmen lässt.[147] 50

Besondere Relevanz besitzt Art. 347 AEUV dann, wenn die EU eine **verpflichtende Sicherheitsrats-Resolution nicht in EU-Recht umsetzt,** weil z. B. die erforderliche Einstimmigkeit für einen GASP-Beschluss nicht zustande kommt.[148] In diesem Fall erlaubt Art. 347, 4. Var. AEUV jedem EU-Mitgliedstaat »in Erfüllung der Verpflichtungen [...], die er im Hinblick auf die Aufrechterhaltung des Friedens und der internationalen Sicherheit übernommen hat«, selbst die entsprechenden innerstaatlichen Maßnahmen zu ergreifen.[149] 51

---

[141] Vgl. *Huber-Kowald*, in: Mayer/Stöger, EUV/AEUV, Art. 215 AEUV (April 2012), Rn. 47.
[142] EuGH, Urt. v. 16.9.1999, Rs. C–414/97 (Kommission/Spanien), Slg. 1999, I–5585, Rn. 21; *Bungenberg*, in: GSH, Europäisches Unionsrecht, Art. 215 AEUV, Rn. 69; *Müller-Ibold*, in: Lenz/Borchardt, EU-Verträge, Art. 215 AEUV, Rn. 19.
[143] *Kokott*, in: Streinz, EUV/AEUV, Art. 215 AEUV, Rn. 13, 37, 53; *Cremer*, in: Calliess/Ruffert, EUV/AEUV, Art. 215 AEUV, Rn. 19. Vgl. auch *Osteneck*, in: Schwarze, EU-Kommentar, Art. 215 AEUV, Rn. 36.
[144] *Bungenberg*, in: GSH, Europäisches Unionsrecht, Art. 215 AEUV Rn. 70; *Pech*, (Fn. 49), S. 84, 103 ff. Beide auch zu einer Einschränkung dieser Praxis in den letzten Jahren.
[145] *Kokott*, in: Streinz, EUV/AEUV, Art. 347 AEUV, Rn. 3.
[146] *Kokott*, in: Streinz, EUV/AEUV, Art. 215 AEUV, Rn. 16, unter Hinweis auf die Fälle des Einfrierens von Auslandskonten; *Osteneck*, in: Schwarze, EU-Kommentar, Art. 215 AEUV, Rn. 37.
[147] *Kokott*, in: Streinz, EUV/AEUV, Art. 215 AEUV, Rn. 53; abweichende Kriterien bei *Cremer*, in: Calliess/Ruffert, EUV/AEUV, Art. 215 AEUV, Rn. 29.
[148] *Müller-Ibold*, in: Lenz/Borchardt, EU-Verträge, Art. 215 AEUV, Rn. 120.
[149] Vgl. *Schöbener/Herbst/Perkams*, Rn. 2/143; *Huber-Kowald*, in: Mayer/Stöger, EUV/AEUV, Art. 215 AEUV (April 2012), Rn. 52; *Osteneck*, in: Schwarze, EU-Kommentar, Art. 215 AEUV Rn. 37.

Stichwortverzeichnis

Das Stichwortverzeichnis umfasst alle vier Bände des Kommentars (Band 1: EUV, GRC, Band 2: AEUV Art. 1–100, Band 3: AEUV Art. 101–215, Band 4: AEUV Art. 216–358). Die Verweise beziehen sich auf die kommentierten Artikel (Fettdruck) und die dazugehörigen Randnummern (Normaldruck).

Århus-Konvention GRC 37 5 f. 9, 11, 20; AEUV 192 23; 216 179, 231
– Integrationsklausel AEUV 11 15
– Nachhaltigkeitsprinzip AEUV 11 31
Abfallentsorgung AEUV 106 55
Abfindung
– s. a. Entlassung
– Entgelt, Entgeltdiskriminierung AEUV 157 45, 90
Abfrage von Daten GRC 8 19
Abgaben AEUV 110 82 ff.; 111 1
– s. a. Steuern
– Beiträge AEUV 113 12
– Gebühren AEUV 113 12
– mit Warenbezug AEUV 110 85, 148
– mittelbare ~ AEUV 111 13
– unmittelbare ~ AEUV 111 13
– warenbezogene ~ AEUV 111 1, 4
– Vorschriften AEUV 56 65
– ~ zollgleicher Wirkung AEUV 110 70
– zusätzliche ~ AEUV 56 78
Abgabenbelastung AEUV 63 28; 113 12
Abgabenerhebung AEUV 30 15 ff.; 56 82
Abgabenhoheit AEUV 311 56
Abgabenvergünstigung AEUV 63 28; 64 17
abgeleitete Rechtsakte s. delegierte Rechtsakte
Abgeltungsbeihilfen (Verkehr) AEUV 93 5, 21 f.
Abgeordnete des Europäischen Parlaments
– als Beobachter in EU-Delegationen und multilateralen Vertragsgremien AEUV 218 205 f.
– Aufträge AEUV 223 9
– Beihilfe AEUV 223 21
– Bezüge AEUV 223 21
– Büro AEUV 223 22
– Dienstfahrzeug AEUV 223 22
– Dienstreisen AEUV 223 21
– fraktionslose EUV 14 59, 63
– Freiheit AEUV 223 19
– Immunität AEUV 223 9; 230 10
– Kommunikation AEUV 223 22
– Mandatsausübungskosten AEUV 223 21
– Mandatsniederlegung AEUV 223 19
– Mitarbeiter AEUV 223 22
– Rechtsstellung AEUV 223 5, 9
– Reisefreiheit AEUV 223 9
– Rotation AEUV 223 19
– Status AEUV 223 18
– Statut AEUV 223 5, 18; 224 1 f.
– Unabhängigkeit AEUV 223 19
– Unvereinbarkeitsregelungen AEUV 223 10
– Unverletzlichkeit AEUV 223 9
– Versicherung AEUV 223 21
– Weisungen AEUV 223 9
– Zivilrecht AEUV 223 19
abgestufte Integration EUV 20 2
Abhängigkeit (Arbeitnehmer) s. Arbeitnehmer, Weisungsgebundenheit
Abhängigkeitsverhältnis GRC 5 22
ACER s. EU-Agenturen
Abkommen
– Austritt EUV 50 6, 8, 9
– bilaterales ~ EUV 50 7
– Forschung AEUV 186 1 ff.
– Konsultationen EUV 50 9
– völkerrechtliches ~ EUV 19 37 ff.
Abkommen zur Bekämpfung von Produkt- und Markenpiraterie (ACTA) AEUV 218 108
Abkommen zwischen der EG und dem Europarat über die Zusammenarbeit zwischen der Agentur der EU für Grundrechte und dem Europarat AEUV 220 67
Abrüstung EUV 28 22; 42 16; 43 7
Abschiebungsverbot GRC 19 10 f., 18
Abschluss und Aushandlung von Abkommen der EU
– Abschlusskompetenz AEUV 216 1 ff.; 218 4, 86 ff., 229
– Abschlussverfahren AEUV 216 48, 157; 218 60 ff., 93, 125, 208; 220 23; 221 32
– Beteiligung/Zustimmung des Europäischen Parlaments AEUV 218 193 ff., 197 ff.
– Beteiligung der EZB AEUV 218 115
– Beteiligung sonstiger Organe oder Einrichtungen AEUV 218 114 ff.
– Bindungswirkung AEUV 218 122 f., 145
– bzgl. GASP AEUV 216 78 ff., 205, 212 f., 222; 218 82, 96 ff., 111, 118, 145, 178
– Einfluss des Europäischen Parlaments auf den Vertragstext AEUV 218 198 f.
– Einstimmigkeitserfordernis im Rat AEUV 218 143 ff.
– gerichtliche Kontrolle von Ratsbeschlüsse AEUV 218 117 ff.
– hybrider Beschluss AEUV 218 64, 75, 142
– Hoher Vertreter der Union für Außen- und Sicherheitspolitik AEUV 218 142
– Inhalt von Ratsbeschlüssen AEUV 218 174 ff., 188

- Nichtigkeitsklage AEUV 218 53, 117, 119 f., 235 f.
- qualifizierte Mehrheit im Rat AEUV 218 139 ff., 181
- vereinfachtes Änderungsverfahren AEUV 218 133 ff.
- Vorabentscheidungsverfahren bei Abschlussbeschlüssen AEUV 216 250; 218 117, 235 f.

Abschlussverfahren Handelsabkommen
- Einstimmigkeitserfordernis AEUV 207 183
- Mehrheitserfordernis AEUV 207 183
- Sonderausschuss AEUV 207 182
- Verhandlungsführung AEUV 207 180 f.

Absenkungsschranke, Schutzniveau GRC 38 15
absolute Nichtigkeit AEUV 288 8
absolute Theorie GRC 52 31
Abstammung GRC 9 27
Abstammungskenntnis GRC 7 19
Abtreibung GRC 7 19
Abwägungskontrolle GRC 47 44
Abwehrrecht GRC 15 5; 16 4, 11; 17 5
Abwesenheitsurteil AEUV 82 9
Achtungsanspruch GRC 7 13
Achtungsgebot, religionsverfassungsrechtliches AEUV 17 12, 19 ff.
acquis communautaire EUV 20 23; AEUV 216 157 f.; 218 127; 326 2
ACTA (Anti-Counterfeiting Trade Agreement) s. Abkommen zur Bekämpfung von Produkt- und Markenpiraterie
acte claire AEUV 267 64 ff.
- Offenkundigkeit AEUV 267 65 f.

actus-contrarius-Grundsatz AEUV 216 121; 218 130 f.
ad-hoc-Lösungen AEUV 218 43
Adipositas AEUV 19 27
administratives Unrecht AEUV 340 32
Adoption GRC 9 28
Adoptionsrecht GRC 7 32
Adoptivkinder GRC 7 21
AdR s. Ausschuss der Regionen
Adressat des Schutzinstruments AEUV 12 31
Adressaten GRC 23 25 f.; 38 21; AEUV 205 9
- Institutionen der EU AEUV 12 63
- Mitgliedstaaten GRC 23 25
- mittelbare ~ GRC 23 26
- Organe der EU AEUV 12 63
- Private GRC 23 26
- Unionsorgane GRC 23 25
- unmittelbare ~ GRC 23 25

AENEAS AEUV 78 43
AETR AEUV 3 14; 191 43, 99 ff.; 193 22
- ~-Doktrin AEUV 194 34 f.
- ~-Entscheidung AEUV 216 26 f., 32, 102 f., 155

AFET-Ausschuss AEUV 221 30
Affirmative action GRC 23
- s. a. Vergünstigungen

Afghanistan AEUV 220 34
Afrika AEUV 220 34, 84
agency-Situation AEUV 263 49, 102
Agenturen der Union GRC 51 12; AEUV 49 27, 33; 50 12; 54 25 f.; 64 9; 85 9; 88 9; 216 46 f., 205; 310 24
- s. EU-Agenturen
- s. Organstruktur der EU

AGIS AEUV 74 7
Agrarabgaben AEUV 311 27 ff., 85, 138
Agrarbeihilfen AEUV 40 15 ff.
- de minimis AEUV 42 12
- Freistellungen AEUV 42 12
- Rahmenregelung AEUV 42 16
- staatliche ~ AEUV 40 39; 42 10
- unionale ~ AEUV 40 16 ff.; 42 9

Agrarerzeugnisse AEUV 207 89 f.
Agrarforschung AEUV 41 3
Agrarische Direktzahlungen AEUV 40 17 ff.
- Basisprämienregelung AEUV 40 23 ff.
- Cross Compliance AEUV 40 32 f.
- InVeKoS AEUV 40 33 ff.
- Ökologisierungsprämie AEUV 40 28

Agrarpolitik s. Gemeinsame Agrarpolitik
Agrarstrukturpolitik AEUV 39 23 ff.
Ägypten AEUV 217 10, 38
- Investitionsschutzabkommen AEUV 63 40

Akademische Freiheit GRC 13 13
- Hochschule GRC 13 8, 13

Åkerberg Fransson-Urteil GRC Präambel 23
akkreditierte parlamentarische Assistenten AEUV 336 59 f.
AKP-EG-Partnerschaftsabkommen AEUV 216 194; 218 147, 183, 185 f., 191
AKP-Staaten AEUV 198 11; 207 239 ff.; 217 7 f., 13, 15, 21, 25, 35 ff.
Akrotiri AEUV 355 12
Akteneinsicht GRC 7 34; AEUV 296 11; 298 12, 22
Aktien als Wertpapiere AEUV 64 9
Aktiengesellschaft (AG) AEUV 64 6
- Minderheitsaktionär AEUV 63 32

Al-Qaida AEUV 220 41
Ålandinseln AEUV 355 9
- s. a. Finnland

Albanien AEUV 217 9, 28
Algerien AEUV 217 38
- Investitionsschutzabkommen AEUV 63 40

Alkohol AEUV 56 106
allgemeine Handlungsfreiheit GRC 6 16
allgemeine Orientierungen AEUV 219 8, 12, 13
allgemeine Rechtsangleichungskompetenz AEUV 113 5
- Art. 115 AEUV AEUV 113 5
- Art. 116 AEUV AEUV 113 5

allgemeine Rechtsgrundsätze EUV 50 11, 30 f.; AEUV 216 48 ff., 202, 251 ff.; 220 61; 232 6; 351 27, 117

- s. a. Rechtsgrundsätze, allgemeine
- EP **AEUV 223** 5
- Normenpyramide **AEUV 223** 5
- Primärrecht **AEUV 232** 6

Allgemeines Zoll- und Handelsabkommen (GATT) **AEUV 38** 40; **56** 87; **216** 114, 236; **218** 4; **220** 2, 3; 16; **351** 28, 90 f.
- GATT 1947 **AEUV 207** 191 ff.

allgemeiner Gleichheitssatz **EUV 9** 25; **GRC 20** 1 ff.
- Angstklausel **GRC 20** 2
- Darlegungslast **GRC 20** 40
- EMRK **GRC 20** 5
- Gleichbehandlungsgebot **GRC 20** 24 ff.; **46** 1
- Inländerdiskriminierung **GRC 20** 1, 14, 21
- Querschnittscharakter **GRC 20** 17
- Rechtsträger **GRC 20** 30 ff.
- Schadensersatz **GRC 20** 45

Allgemeines Gleichbehandlungsgesetz (AGG) **AEUV 19** 36

Allgemeines Präferenzsystem (APS) **AEUV 217** 36

Allgemeines Übereinkommen über den Handel mit Dienstleistungen (GATS) **AEUV 56** 87; **63** 23, 39; **64** 25; **65** 25; **66** 16; **207** 19, 228

Allgemeinheit der Wahl **EUV 14** 47, 49; **AEUV 223** 15, 37, 45

Allgemeininteresse **AEUV 56** 107, 111

Alliierte Streitkräfte-Kommandos **EUV 42** 2

Allphasen-Brutto-Umsatzsteuer **AEUV 113** 9, 26

Allphasen-Netto-Umsatzsteuer **AEUV 113** 9, 22, 26

Almunia-Paket **AEUV 106** 95

ältere Menschen s. Rechte älterer Menschen

Altersdiskriminierung **AEUV 288** 74

Alterssicherung s. soziale Sicherheit

Altmark Trans-Urteil **AEUV 106** 94

Altvertrag/Altverträge **AEUV 351** 1 ff.
- Auslegung **AEUV 351** 37, 115
- Beweislast für das Vorliegen **AEUV 351** 37
- Bindung an den **AEUV 351** 35, 43 ff.
- Durchsetzungshindernis für das Unionsrecht **AEUV 351** 18, 42, 92
- Einordnung als **AEUV 351** 34
- Einrede der Unberührtheit **AEUV 351** 2, 19 ff., 83
- Genehmigung der Aufrechterhaltung **AEUV 351** 58
- Konkludenter Verzicht auf Rechte durch E(W)G/EU-Beitritt **AEUV 351** 30
- Kündigung(-pflicht) **AEUV 351** 57, 72 f., 87, 109 ff.
- menschenrechtliche **AEUV 351** 19, 116 f.
- Neuaushandlung **AEUV 351** 29
- Pflicht zur Behebung von Unvereinbarkeiten mit Unionsrecht **AEUV 351** 54, 57 f., 62, 64, 69 ff., 81 ff., 92,
- Pflicht zur Einbeziehung der EU **AEUV 351** 79 ff.
- Rechtsnachfolge in **AEUV 351** 32
- UN-Charta **AEUV 351** 22, 24, 48 ff.
- Unvereinbarkeit mit Unionsverträgen/Unionsrecht **AEUV 351** 41 ff., 58 ff., 93 ff., 100 ff.
- Verdrängung von Unionsrecht/Grenzen der Verdrängung **AEUV 351** 2, 4, 41 ff., 92, 112
- Vertragsübernahme/Vertragseintritt der Union **AEUV 351** 8, 16, 54, 79 ff.
- Vorrang vor dem Unionsrecht **AEUV 351** 2, 9, 41, 83, 123

AMIF **AEUV 79** 37, 45; **80** 5

Amsterdamer Kirchenerklärung **AEUV 17** 1 ff., 17

Amsterdamer Vertrag s. Vertrag von Amsterdam

Amtsblatt der EU **AEUV 216** 207; **218** 68, 81 f., 176; **220** 23; **289** 41; **292** 5; **294** 9; **295** 12; **296** 26; **297** 2, 6, 9, 12, 14 f.
- Anfragen **AEUV 230** 10
- Antworten **AEUV 230** 10
- EP-Sitzungsberichte **AEUV 232** 14
- EP-Sitzungsprotokoll **AEUV 232** 14
- EP-Texte **AEUV 232** 14
- Veröffentlichung **AEUV 230** 2, 12, 14

Amtsenthebung
- Direktoriumsmitglieder der EZB **AEUV 130** 21
- Kommissionsmitglied **AEUV 234** 2
- Präsident der nationalen Zentralbank **AEUV 130** 23

Amtsgeheimnis **AEUV 339** 1 ff.

Amtshaftungsanspruch **AEUV 268** 3

Amtshaftungsklage
- aus abgetretenem Recht **AEUV 268** 16
- Bürgerbeauftragter **AEUV 228** 23
- eigenständiges Charakter **AEUV 268** 28
- Form **AEUV 268** 21 ff.
- gewillkürte Prozessstandschaft **AEUV 268** 16
- Parteifähigkeit, aktive **AEUV 268** 16 ff.
- Parteifähigkeit, passive **AEUV 268** 20 ff.
- Rechtsschutzbedürfnis **AEUV 268** 25
- unbezifferte Klageanträge **AEUV 268** 22
- Verjährungsfrist **AEUV 268** 24
- Zwischenurteil **AEUV 268** 23

Amtshilferichtlinie **AEUV 110** 54

Amtsmissbrauch **AEUV 325** 17

Amtssprachen **AEUV 342** 2, 16
- EP **AEUV 223** 53
- Petitionsrecht **AEUV 227** 14
- Untersuchungsausschuss **AEUV 226** 11

analoge Anwendung/Analogie **AEUV 216** 13; **218** 10, 19, 77, 131; **220** 18; **351** 93 ff.

Anciennität s. Betriebszugehörigkeit

Andersbehandlungen **AEUV 49** 49

Änderungsabkommen/-verträge **AEUV 216** 69, 196 ff.; **218** 186

änderungsfester Kern des Unionsrechts **EUV 48** 70 ff.

Andorra s. Kleinstaaten
Anerkennung, gegenseitige AEUV 82 5 ff.
– Europäischer Rat von Tampere AEUV 82 6
– und Grundrechte AEUV 82 13, 22
– Grundsatz AEUV 82 5 ff.
– Kritik AEUV 82 11 ff.
– Maßnahmen zur gegenseitigen Anerkennung in Strafsachen AEUV 82 15 ff.
– und Harmonisierung des Strafrechts AEUV 83 2
– von Gerichtsentscheidungen in Strafsachen AEUV 82 14
Angelegenheit von gemeinsamem Interesse AEUV 142 12 f., 15, 18; **146** 8
Angemessenheit AEUV 261 8
– s. a. Verhältnismäßigkeit
– ~skontrolle/-prüfung (Sanktionen) GRC 47 46, 50, 51, 74
Angewiesensein, EP/Kommission AEUV 234 20
Angleichung s. Harmonisierung
Angstklausel AEUV 353 3
Anhänge der Verträge EUV 51 1 ff.
Anhörung
– s. a. Sozialpartner
– s. a. Unterrichtung und Anhörung (der Arbeitnehmer)
– als individuelles Verfahrensrecht AEUV 296 10 f., 20; **298** 20, 22
– Anhörungspflicht AEUV 218 111 ff.
– der EZB AEUV 218 115
– des Ausschusses der Regionen AEUV 148 8; **149** 4
– des Beschäftigungsausschusses AEUV 148 8
– des Europäischen Parlaments EUV 14 33; AEUV 148 8; **149** 4; **218** 61, 95, 107, 184, 196
– des Wirtschafts- und Sozialausschusses AEUV 148 8; **149** 4
– Europäischer Rat durch EP AEUV 230 7
– Kommission durch EP AEUV 230 4 f.
– Rat durch EP AEUV 230 7
– Untersuchungsausschuss AEUV 226 11
– von institutionellen Beteiligten AEUV 289 4, 29, 33, 36, 42; **294** 15 f.
Anhörung Betroffener AEUV 11 42 ff.
– Anhörungspflicht AEUV 11 48
– Begünstigte AEUV 11 50 ff.
– Handeln der Union AEUV 11 43
– Offenheit und Kohärenz AEUV 11 45
Anhörungsrecht GRC 41 17
Anklage, strafrechtliche GRC 47 11, 13, 46, 47
Anlageberatung AEUV 57 15
Anleihe- und Darlehenstransaktionen AEUV 310 19, 48
Anleihen AEUV 63 5; **325** 9
Annahmeverbot bei vertraglich nicht vorgesehenen Rechtsakten AEUV 296 27 f.
Annex, Forschungspolitik AEUV 183 1
Anpassung, Industrie AEUV 173 26, 28, 32

Anpassungen AEUV 311 89
Anpassungskosten AEUV 49 63
Ansässigkeit AEUV 56 117; **57** 25
Ansässigkeitserfordernis AEUV 49 33, 55 f.
Ansiedelung AEUV 49 12
Anteilsscheine AEUV 63 19
Anti-Counterfeiting Trade Agreement (ACTA) s. Abkommen zur Bekämpfung von Produkt- und Markenpiraterie
Antidiskriminierung s. unmittelbare Diskriminierung, mittelbare Diskriminierung
Antidiskriminierungsrichtlinie GRC 26 15
Antidumpingrecht AEUV 207 108 ff.; **263** 140
– Ausfuhrpreis AEUV 207 110 f.
– Dumpingspanne AEUV 207 111
– Kausalitätserfordernis AEUV 207 113
– Normalwert AEUV 207 110 f.
– Rechtsschutzmöglichkeiten AEUV 207 119 ff.
– Schädigung Wirtschaftszweig AEUV 207 112
– Umgehung Ausgleichszollmaßnahmen AEUV 207 118
– Unionsinteresse AEUV 207 114
Antirassismusrichtlinie AEUV 19 36
Antisubventionsrecht AEUV 207 122 ff.
– Ausgleichsmaßnahmen AEUV 207 122
– countervailing duties AEUV 207 122
– Exportsubventionen AEUV 207 122
– Kausalitätserfordernis AEUV 207 126
– Schädigung AEUV 207 125
– Subventionsspanne AEUV 207 124
– Unionsinteresse AEUV 207 127
Antwortpflicht der Kommission EUV 14 21
Antwortrecht
– Bürgerbeauftragter AEUV 228 2
– Petitionsrecht AEUV 227 2
Anweisungskompetenz AEUV 85 32
Anwendbarkeit der Charta GRC 51 4 ff., 10 ff.; **53** 1
Anwendung
– Gesetzgebung AEUV 12 64
– Rechtsanwendung AEUV 12 64
Anwendungskonflikt AEUV 216 142
Anwendungssperre AEUV 58 5
Anwendungsvorrang EUV 1 45; **216** 143; **351** 2, 13, 38, 47, 93, 100, 124
– Ausnahme vom ~ AEUV 351 2, 41, 112
– von EU-Übereinkünften AEUV 216 211 f., 245
Anwesenheitspflichten AEUV 56 66
aquis communautaire EUV 1 65
Äquivalenzgrundsatz EUV 4 122 ff.; **19** 58; GRC 39 23; **47** 4, 7, 72; AEUV 49 92, 95; **110** 143
Arbeitgeber
– Begriff AEUV 157 14
– Berechtigung i.R.v. Art. 45 AEUV AEUV 45 56 f.

Stichwortverzeichnis

Arbeitgeberverband GRC 28 14
Arbeitnehmer AEUV 63 37
– s. a. religiöse Gemeinschaft
– s. a. Sport
– Abrufarbeit **AEUV 45** 45
– Arbeitsbeschaffungsmaßnahme **AEUV 45** 33
– arbeitnehmerähnliche Personen GRC 28 14; AEUV 45 43; 151 37; 153 62
– Arbeitnehmerschutz **AEUV 63** 32
– Ausbildung **AEUV 45** 39
– Begriff **AEUV 45** 19 ff.; 151 7; **157** 21 ff.
– erwerbswirtschaftlicher Wert (einer Tätigkeit) **AEUV 45** 29 ff.
– Existenzminimum **AEUV 45** 38
– Geschäftsführer GRC 28 14; AEUV 45 48
– leitende Angestellte **AEUV 45** 48; **153** 63
– Praktikum **AEUV 45** 40
– Rehabilitationsmaßnahme **AEUV 45** 33
– Referendariat **AEUV 45** 42
– Scheinselbstständige **AEUV 45** 22 f.
– Sekundärrecht **AEUV 45** 48 ff.; **153** 60 ff.
– sozialversicherungsrechtlich **AEUV 48** 15
– Stipendium **AEUV 45** 41, 45; **46** 29, 33
– Studium **AEUV 45** 27
– Weisungsgebundenheit **AEUV 45** 43 ff.
– wirtschaftliche Abhängigkeit **AEUV 45** 43
arbeitnehmerähnliche Person s. Arbeitnehmer
Arbeitnehmerfreizügigkeit AEUV 26 4; 45
– s. a. mittelbare Diskriminierung
– s. a. unmittelbare Diskriminierung
– s. a. zwingender Grund des Allgemeininteresses
– Abgrenzung zur Dienstleistungsfreiheit **AEUV 45** 59 ff.
– Arbeitgeber als Berechtigte **AEUV 45** 56 f.
– Arbeitnehmerbegriff **AEUV 45** 19 ff.
– Arbeitnehmerüberlassung **AEUV 45** 62
– Art. 45 Abs. 3 AEUV **AEUV 45** 79 ff.
– Beschränkungsverbot **AEUV 45** 123 ff., 78, 129
– Diskriminierungsverbot **AEUV 45** 91 ff., 75 ff.; **46** 12 ff.
– Drittstaatsangehörige **AEUV 45** 14 ff.; **46** 49
– Horizontalwirkung **AEUV 45** 75 ff., 89 f., 129; **46** 13
– Übergangsfristen **AEUV 45** 3
Arbeitnehmerschutz AEUV 12 18, 27; 56 122
– s. a. sozialer Schutz
Arbeitnehmerüberlassung **AEUV 45** 62
Arbeitsbedingungen AEUV 151 13; 153 21 ff.
– s. a. Kinderarbeit
– Begriff **GRC 31** 16 ff.
Arbeitsentgelt
– s. a. Entgelt
– Transfer von ~ **AEUV 63** 4
Arbeitsfrieden **AEUV 56** 113
Arbeitsgruppe „Euro-Gruppe" AEUV 137 7; 138 32

Arbeitskampf GRC 28; AEUV 153 130 ff.; 155 3
– s. a. Bereichsausnahme, Sozialpolitik
– s. a. kollektive Maßnahmen
Arbeitslosigkeit
– s. a. Arbeitsvermittlung
– s. a. soziale Sicherheit
– Arbeitnehmerfreizügigkeit **AEUV 45** 26 f., 57
Arbeitsmärkte **AEUV 79** 46
Arbeitsmarktpolitik AEUV 19 28; 150 5; 162 1
Arbeitspapiere der Kommissionsdienststellen **AEUV 288** 115, 117
Arbeitsparlament **EUV 14** 3
Arbeitspolitik, Industriepolitik **AEUV 173** 37
Arbeitsprogramm der Kommission **AEUV 233** 11 ff.
Arbeitsrecht, kirchliches **AEUV 17** 21
Arbeitsschutz AEUV 191 38; 192 84
– s. a. Kinderarbeit
– Grundrecht GRC 31 16 ff.; AEUV 153 26
– Kompetenz der EU **AEUV 153** 13 ff.
Arbeitssicherheit AEUV 56 117; 59 23
Arbeitssprache AEUV 24 18; 342 2, 16
Arbeitsumwelt **AEUV 153** 83, 111
– s. a. Arbeitsschutz
Arbeitsunfähigkeit
– s. Gesundheitsschutz
– s. soziale Sicherheit
Arbeitsverhältnis (Begriff) s. Arbeitnehmer
– Beendigung s. Entlassung
– Befristung GRC 30 15, 19; AEUV 153 46
Arbeitsvermittlung GRC 29; AEUV 48 14
– Arbeitnehmerfreizügigkeit **AEUV 45** 56, 58, 132
– Dienstleistung **GRC 29** 2
– EURES GRC 29 2; AEUV 46 47 f.
Arbeitswelt, Menschenwürde **GRC 1** 43
Arbeitszeit
– Entgelt **AEUV 153** 124 f.
– Grundrecht GRC 31 23; AEUV 158
ARGO **AEUV 74** 7
Armutseinwanderung, Menschenwürde **GRC 1** 43
Art. 169 AEUV, Kompetenzgrundlage **AEUV 12** 9
Art. 38 GRC
– Beschränkungsgrund **AEUV 12** 6
– Gewährleistungsverantwortung **AEUV 12** 6
Arzneimitteleinfuhr **GRC 7** 44
Arztverhältnis **GRC 7** 31
Assises **EUV 14** 35
Assoziierung/Assoziation AEUV 216 45; 218 89, 146 f., 184
– Abkommen AEUV 216 68, 70; 218 102, 146 ff., 183 ff., 193 ff.
– Beschluss **AEUV 198** 18
– mit der Türkei **AEUV 216** 231
– Politik **AEUV 198** 1, 25

- Prinzip der Dynamik und stufenweisen Entwicklung   AEUV 198 10
- ~räte   AEUV 216 68, 211, 242
- verfassungsrechtliche (konstitutionelle)   AEUV 198 7 ff., 28; 203 1; 355 5
- vertragliche   AEUV 198 9; 203 1; 217 1 ff.
- Zweck   AEUV 199 1 ff.

Assoziierungsabkommen   AEUV 63 22; 217 1 ff., 16 ff., 40 ff.
- Abschlussverfahren   AEUV 217 41 f.
- Anwendungsbereich   AEUV 217 16 ff.
- Assoziationsausschuss   AEUV 217 46
- Assoziationsrat   AEUV 217 44 f., 48
- Beitrittsassoziierung   AEUV 217 1, 4, 26 ff.
- Bezeichnung   AEUV 217 17
- Cotonou-Abkommen   AEUV 217 7, 35
- Einstimmigkeitserfordernis   AEUV 217 45
- Entwicklungsassoziierung   AEUV 217 1, 6, 18, 35 ff.
- EuGH   AEUV 217 5, 48
- Europa-Abkommen   AEUV 217 26
- Europa-Mittelmeer-Abkommen   AEUV 217 10, 38
- Europäisches Parlament   AEUV 217 3, 23, 34, 42 f., 45, 47
- EWR-Abkommen   AEUV 217 8, 25, 27, 30 ff., 44, 46, 49, 52
- Freihandelsassoziierung   AEUV 217 1, 4, 8, 24, 27, 30 ff.
- Gegenstand   AEUV 217 16 ff.
- Geltungsbereich   AEUV 217 7
- Gemischte Abkommen   AEUV 217 40, 50
- Inkrafttreten   AEUV 217 42
- Institutioneller Rahmen   AEUV 217 43 ff.
- Kompetenz   AEUV 217 5, 50
- Kooperationsabkommen   AEUV 217 19
- Lomé-Abkommen   AEUV 217 7, 35
- Menschenrechte   AEUV 217 9, 13 ff., 22
- Normenhierarchie   AEUV 217 50 f.
- Organe   AEUV 217 44 ff.
- Parlamentarische Versammlung   AEUV 217 47
- Partnerschaftsabkommen   AEUV 217 7, 35 ff.
- Rahmenabkommen   AEUV 217 1, 11, 16, 40
- Stabilisierungs- und Assoziierungsabkommen   AEUV 217 9 f., 26, 44
- Streitbeilegung   AEUV 217 48
- Typologie   AEUV 217 25 ff.
- unmittelbare Anwendbarkeit   AEUV 217 50 f.
- Vertragsänderungen   AEUV 217 20
- Völkerrechtssubjektivität   AEUV 217 49
- WTO-Recht   AEUV 217 7, 21, 35, 52
- Yaoundé-Abkommen   AEUV 217 7, 35

Assoziierungspolitik der EU   AEUV 217 1 ff.
- auswärtiges Handeln   AEUV 217 22 f.
- Beitrittsassoziierung   AEUV 217 1, 4, 26 ff.
- Dekolonisation   AEUV 217 6 f.
- Entwicklungsassoziierung   AEUV 217 1, 6, 18, 35 ff.
- Europäische Nachbarschaftspolitik   AEUV 217 1, 10 18, 38
- Freihandelsassoziierung   AEUV 217 1, 4, 8, 24, 27, 30 ff.
- historischer Kontext   AEUV 217 2 ff.
- Integration ohne Mitgliedschaft   AEUV 217 30, 52
- konstitutionelle Assoziierung   AEUV 217 1, 6, 16, 35
- Menschenrechte   AEUV 217 9, 13 ff., 22
- Multilateralisierung   AEUV 217 10, 39, 52
- Nachbarschaftsassoziierung   AEUV 217 1, 10 18, 38
- Schengen-Assoziierung   AEUV 217 32 f.
- Strategische Partnerschaft   AEUV 217 12
- Typologie   AEUV 217 25 ff.
- Ziele   AEUV 217 13 ff.

Assoziierungsverträge   EUV 1 66; AEUV 217 1 ff.

Ästhetik   AEUV 56 125

AStV s. Ausschuss der Ständigen Vertreter der Regierungen der Mitgliedstaaten

Asylpolitik   AEUV 78 1 ff.

Asylrecht   GRC 7 19; 18 8 ff., 15; AEUV 78 12 ff.
- Aufnahmebedingungen   AEUV 78 39
- Asylstatus   AEUV 78 15
- Asylverfahrensrichtlinie   AEUV 78 23 ff.
- Drittländer-Kooperation   AEUV 78 43
- Dublin-III-Verordnung   AEUV 78 29 ff.
- Eurodac   AEUV 78 36
- Prüfungszuständigkeit   AEUV 78 28 ff.
- Solidaritätsgebot   AEUV 78 33

Asymmetrie, kompetenzielle   AEUV 119 10, 42

Athena Mechanismus   EUV 41 12 ff.

atypische Rechtsakte s. unverbindliche Rechtsakte

Aufenthalt
- rechtmäßiger   AEUV 18 42
- illegaler   AEUV 79 31 ff.

Aufenthalts-/Wohnort   AEUV 63 4, 6, 21, 24; 65 17 f.

Auffangzuständigkeit   GRC 38 37

Auflösung
- EU   EUV 50 4, 12; 53 12 f.
- Völkerrecht   EUV 50 13

Aufnahmestaat   AEUV 221 10 ff., 32

Aufruhr   GRC 2 49 ff.

Aufsicht
- Finanzinstitute   AEUV 65 6
- steuerliche ~   AEUV 65 21
- Zahlungsdienste   AEUV 65 6

Aufsichtsbehörden, Unabhängigkeit   AEUV 16 23

Aufsichtsklage   AEUV 258 1 ff.; 260 4
- Bedeutung   AEUV 258 3 f.
- Begründetheit   AEUV 258 40 ff.

- einstweilige Feststellungsanordnung **AEUV 258** 55 ff.
- Form und Frist **AEUV 258** 36 f.
- Funktion **AEUV 258** 5 ff.
- Individualbeschwerde **AEUV 258** 8 ff.
- Klagebefugnis **AEUV 258** 35
- Klagegegenstand **AEUV 258** 32 ff.
- Mahnschreiben der Kommission **AEUV 258** 19 ff.
- mitgliedstaatliche Gerichte **AEUV 258** 44 ff.
- Parteifähigkeit **AEUV 258** 30 f.
- Rechtfertigung **AEUV 258** 49 f.
- Rechtsschutzbedürfnis **AEUV 258** 38 f.
- Stellungnahme der Kommission **AEUV 258** 25 ff.
- Streitgegenstand **AEUV 258** 13
- Urteil **AEUV 258** 52 ff.
- Versäumnisurteil **AEUV 258** 51
- Vorverfahren **AEUV 258** 12 ff.
- Zulässigkeit **AEUV 258** 17, 29 ff.
- zurechenbares Verhalten **AEUV 258** 43 ff.
- Zuständigkeit **AEUV 258** 29

Aufstand **GRC 2** 49 ff.
Aufsuchungsrecht **GRC 6** 17
Auftragsvergabe, internationale öffentliche **AEUV 207** 143 f.
- EU-Beschaffungsmärkte **AEUV 207** 144
- Zugang Drittstaatsunternehmen **AEUV 207** 144

Auftragsvergabe, öffentliche **GRC 47** 5, 37, 38, 76
Auftragswesen-Forschung **AEUV 179** 13, 21, 37
Ausbildung, Studium
- s. a. Arbeitnehmer
- Ausbildungsförderung **AEUV 46** 23
- Entgeltgleichheit **AEUV 157** 97, 134
- Gleichbehandlung bei Berufsbildung **AEUV 46** 36 ff.
- Kompetenz der EU **AEUV 153** 33
- Rückzahlung von Kosten **AEUV 45** 139
- Studienbeihilfen **AEUV 46** 29, 33

Ausbildungsprogramme **AEUV 197**, 23
Ausdehnung der Grundrechtskontrolle **AEUV 34** 77
Ausdehnung von Unionskompetenzen **AEUV 34** 78
Ausfuhrbeschränkungen
- s. a. Warenverkehrsfreiheit
- Beispiele für mengenmäßige ~ **AEUV 35** 26
- Beispiele für Maßnahmen gleicher Wirkung **AEUV 35** 27
- Beschränkungsverbot **AEUV 35** 10 ff.
- Diskriminierungsverbot **AEUV 35** 11 ff.
- dual-use-Güter **AEUV 35** 5
- Kriegswaffen **AEUV 35** 5
- Maßnahmen mit gleicher Wirkung **AEUV 35** 9 ff.
- unmittelbare Anwendbarkeit **AEUV 35** 3
- unterschiedslos anwendbare Maßnahmen **AEUV 35** 11 ff., 28
- Verbot mengenmäßiger ~ **AEUV 35** 7 f.

Ausfuhrfreiheit **AEUV 207** 50 ff.
Ausfuhrpolitik **AEUV 207** 32
Ausführungsermessen **GRC 51** 23
Ausfuhrverordnung **AEUV 207** 50 ff.
- Anwendungsbereich **AEUV 207** 50 ff.
- Ausfuhrgenehmigung **AEUV 207** 54
- Ausfuhrkontingente **AEUV 207** 54
- Eilmaßnahmen **AEUV 207** 57
- Informations- und Konsultationsverfahren **AEUV 207** 56 f.
- Schutzmaßnahmenausschuss **AEUV 207** 56
- Überwachungs- und Schutzmaßnahmen **AEUV 207** 54 ff.

Ausgaben
- nicht obligatorische **AEUV 314** 5; **324** 10
- obligatorische **AEUV 314** 5; **324** 10

Ausgabenkategorien **AEUV 312** 2
Ausgrenzung
- Arbeitsmarkt **AEUV 153** 32 ff., 92
- soziale **AEUV 9** 4, 6; **151** 16

Auskunftsanspruch **GRC 8** 49
Auskunftspflicht
- Sicherheitsinteressen **AEUV 348** 21
- Verwaltung **AEUV 197** 21

Auskunftsrechte **AEUV 337** 1 ff.
Auskunftsverweigerungsrechte **AEUV 337** 35 f.
Ausländer s. Gebietsfremder
Ausländerpolizeirecht **AEUV 52** 3 f.
Ausländische Direktinvestitionen **AEUV 207** 22 ff.
- post-establishment treatment **AEUV 207** 22

Auslegung **EUV 19** 25 ff., 32 f.; **GRC 38** 3, 5, 19 f., 27; **AEUV 288** 8, 25, 62 ff.
- contra legem **AEUV 197** 10
- primärrechtskonforme ~ **AEUV 288** 8
- Rechtsgrundsätze, allgemeine **EUV 14** 48
- richtlinienkonforme ~ s. richtlinienkonforme Interpretation
- und europarechtliche Grundrechtskontrolle **AEUV 288** 73
- unionsrechtskonforme ~ **GRC 47** 4, 5; **AEUV 197** 10
- verfassungs-/grundrechtskonforme ~ **GRC 47** 4, 6, 7, 11, 18, 36, 38, 72

Auslegungsbestimmungen in der EP-Geschäftsordnung **AEUV 231** 10; **232** 5
Auslieferungsverbot **GRC 19** 10 ff., 18
Ausnahme- und Beschränkungsmöglichkeiten **AEUV 206** 2
Ausnahmebewilligung **AEUV 112** 1, 3, 9
Ausnahmen vom Einfuhr- und Ausfuhrbeschränkungsverbot **AEUV 36** 1 ff.
- Anwendungsbereich **AEUV 36** 19 ff.
- Auslegungsgrundsätze **AEUV 36** 9 ff.
- bereichsspezifische Kontrolle **AEUV 36** 8

- Beschränkung der Rechtfertigungsmöglichkeit   AEUV 36 69 ff.
- Bewertung   AEUV 36 101
- dogmatisches Dilemma   AEUV 36 13
- Erforderlichkeit der Maßnahmen   AEUV 36 83 ff.
- Geeignetheit der Maßnahmen   AEUV 36 77 ff.
- gegenseitige Anerkennung   AEUV 36 81
- Geschmacksmusterrecht   AEUV 36 52
- gesellschaftliche Werte   AEUV 36 75
- Gesundheitsschutz   AEUV 36 34, 55, 41 ff.
- Grundrechte   AEUV 36 97 ff.
- illegitime Ziele   AEUV 36 61 ff.
- Importverbote   AEUV 36 46
- Kohärenzprüfung   AEUV 36 76
- Kontrollmaßnahmen   AEUV 36 45
- Lebensmittelsicherheit   AEUV 36 73
- legitime Ziele   AEUV 36 37 ff.
- Markenrecht   AEUV 36 52
- milderes Mittel   AEUV 36 84
- Nichtdiskriminierung   AEUV 36 81
- nationale Ernährungsbesonderheiten   AEUV 36 44
- Notwendigkeit der Maßnahmen   AEUV 36 72 ff.
- öffentliche Ordnung   AEUV 36 39
- öffentliche Sicherheit   AEUV 36 38
- öffentliche Sittlichkeit   AEUV 36 38
- Patentrecht   AEUV 36 52
- Prozeduralisierungskontrolle   AEUV 36 7
- Rechtfertigungsnotwendigkeit   AEUV 36 2
- rein wirtschaftliche Ziele   AEUV 36 62
- Schutz der Gesundheit und des Lebens von Tieren und Pflanzen   AEUV 36 49 ff.
- Schutz des gewerblichen und kommerziellen Eigentums   AEUV 36 47
- Schutz des nationalen Kulturguts   AEUV 36 48
- Schutzgüter-Dynamisierung   AEUV 36 11 ff.
- soziokulturelle Präferenzen   AEUV 36 59, 91
- Spannungsverhältnis   AEUV 36 4 ff.
- Umweltschutz   AEUV 36 34, 55
- Urheberrecht   AEUV 36 52
- Verhältnismäßigkeitsprüfung   AEUV 36 69 ff.

Ausnahmen vom Verbot von Zöllen oder Abgaben gleicher Wirkung   AEUV 30 35 ff.
- Abgaben, die für unionsrechtlich vorgesehene Maßnahmen entstehen   AEUV 30 46 ff.
- Ausgleichsabgabe für interne Steuer   AEUV 30 68 ff.
- diskriminierende Steuerertragsausschüttung   AEUV 30 80 ff.
- Entgelt für Dienst   AEUV 30 39 ff.
- internationalrechtlich angeordnete Maßnahmen   AEUV 30 56
- Kosten für unionsrechtlich erlaubte Maßnahmen   AEUV 30 57 f.
- Steuer   AEUV 30 63 ff.
- Teil einer allgemeinen inländischen Gebührenregelung   AEUV 30 63 ff.
- Überblick   AEUV 30 37 f.
- Untersuchungen   AEUV 30 46 ff.

Ausnahmeregelung   AEUV 139 1 ff.
- Aufhebung   AEUV 140 52 ff.
- als Legalausnahme   AEUV 139 6; 140 1
- Reichweite   AEUV 139 8 ff.
- Sonderstatus, Abgrenzung zu   AEUV 139 40 ff.
- Stimmrecht im Rat   AEUV 139 32 ff.
- und Einheitlicher Aufsichtsmechanismus (SSM)   AEUV 139 17
- Vorschriften, erfasste   AEUV 139 14 ff.

ausschließliche Zuständigkeit
- Beweislast   AEUV 216 146
- der EU   AEUV 63 24; 64 24; 143 11; 219 22
- der Unionsgerichte   AEUV 274 4

Ausschließlichkeit der Bestimmungen über Regelung von Streitigkeiten   AEUV 344 1

Ausschließlichkeitsrechte   AEUV 106 99; 118 18

Ausschluss
- Mitgliedstaat aus EU   EUV 50 4
- Union   EUV 50 11
- Völkerrecht   EUV 50 13

Ausschüsse   AEUV 242 1 ff.
- Anhörung der Kommission   AEUV 242 7
- Anwendungsbereich   AEUV 242 3 ff.
- Auffangtatbestand   AEUV 242 2
- Ausschuss der Regionen   AEUV 242 2
- Eignungsbeurteilungsausschuss   AEUV 242 2
- Einsetzung   AEUV 242 6
- EP   EUV 14 31, 65; AEUV 232 3, 13
- Geschäftsordnungsautonomie   AEUV 242 6
- nicht vertraglich vorgesehene Ausschüsse   AEUV 242 5
- Organisation   AEUV 242 6
- politisches Komitee   AEUV 242 2
- Rechtsstellung   AEUV 242 6
- sicherheitspolitisches Komitee   AEUV 242 2 f.
- Untersuchungsausschuss   AEUV 226
- Verfahren   AEUV 242 7
- vertraglich vorgesehene Ausschüsse   AEUV 242 3 f.
- Wirtschafts- und Sozialausschuss   AEUV 242 2

Ausschuss der Regionen   EUV 13 19 f.; AEUV 178 4; 242 2; 263 23, 94
- akzessorische Anhörung   AEUV 307 14 ff.
- Amtszeit   AEUV 305 10
- Anhörung   AEUV 289 29, 33; 294 14 f.
- Anhörung zu beschäftigungspolitischen Leitlinien   AEUV 148 8
- Anhörung zu beschäftigungspolitischen Anreizmaßnahmen   AEUV 149 4

Stichwortverzeichnis

- Art der Zusammensetzung **AEUV 300** 47 ff.
- Beendigung des Mandats **AEUV 305** 15 f.
- Begriff „Region" **AEUV 300** 37
- demokratietheoretische Verortung **AEUV 300** 27 ff.
- Einfluss auf Rechtsetzung **AEUV 300** 20
- Entschließungen **AEUV 307** 19 f.
- EP **EUV 14** 26
- Ernennungsverfahren **AEUV 305** 11 ff.
- Fachkommissionen **AEUV 306** 10 ff.
- fakultative Anhörung **AEUV 307** 10 f.
- Fraktionen **AEUV 306** 7
- Geschäftsordnung **AEUV 306** 4 ff.
- Inkompatibilität **AEUV 305** 17 ff.
- interregionale Gruppen **AEUV 306** 8
- Klagerecht **AEUV 300** 8 f.
- Mitgliederzahl **AEUV 305** 2
- Netzwerke **AEUV 306** 9
- obligatorische Anhörung **AEUV 307** 3 ff.
- Organstatus **AEUV 300** 7 f.
- politisches Mandat **AEUV 300** 39 ff.
- Präsident **AEUV 306** 1 ff.
- Selbstbefassung **AEUV 307** 17 f.
- Stellvertreter **AEUV 305** 6 ff.
- Verhältnis zum EP **AEUV 300** 14
- Verhältnis zum Rat **AEUV 300** 13
- Verhältnis zum WSA **AEUV 300** 15
- Verhältnis zur Kommission **AEUV 300** 12
- Weisungsfreiheit der Mitglieder **AEUV 300** 42 ff.
- Zusammensetzung **AEUV 300** 36 ff.; **305** 3 ff.

Ausschuss der Ständigen Vertreter der Regierungen der Mitgliedstaaten (AStV) **EUV 16** 29 f.; **AEUV 43** 19; **220** 11; **221** 14; **240** 1 ff.; **242** 2
- A-Punkte **AEUV 240** 5
- Aufgaben **AEUV 240** 3 ff.
- B-Punkte **AEUV 240** 5
- Generalsekretariat **AEUV 240** 6
- Herstellung von Einigkeit zwischen den Mitgliedstaaten **AEUV 240** 5
- Hilfsorgan des Rates **AEUV 240** 3
- Sonderausschuss Landwirtschaft **AEUV 240** 4
- Verfahrensbeschlüsse **AEUV 240** 8
- Vorsitz **AEUV 240** 2
- Zusammensetzung **AEUV 240** 2

Ausschuss der Zentralbankpräsidenten **AEUV 66** 1; **142** 2 f.

Ausschuss für Chancengleichheit **AEUV 8** 16

Ausschuss für sozialen Schutz **AEUV 153** 89; **156** 9; **160**

Ausschüsse des Europäischen Parlaments s. Europäisches Parlament

Außen- und Sicherheitspolitik s. Gemeinsame Außen- und Sicherheitspolitik

Außenbeauftragter s. Hoher Vertreter der Union für Außen- und Sicherheitspolitik

Außengrenzen **AEUV 67** 4; **77** 22

Außengrenzkontrolle **AEUV 77** 1, 20 ff., 26

Außenhandel **EUV 3** 37; **AEUV 40** 42 ff.

Außenkompetenz der EU **AEUV 216** 1 ff., 32 ff., 41 ff., 63, 68, 74, 84 f., 94 ff., 122 ff., 129, 131 ff., 144 ff., 147 ff., 151 f., 156 ff., 192 ff., 250; **218** 84, 169 ff., 217 ff.; **351** 9, 78, 93, 98, 108
- ausschließliche **AEUV 138** 42; **219** 22
- Parallelität von Außen- und Binnenkompetenzen **AEUV 138** 1

Außenpolitik
- Forschungspolitik **AEUV 180** 9; **189** 8
- intergouvernementale **AEUV 138** 26
- Leitlinien **EUV 50** 7

Außenverfassungsrecht der EU **AEUV 216** 8

Außenvertretung **EUV 15** 32; **17** 10; **AEUV 216** 188 ff.; **218** 38 ff., 88, 188 ff.; **220** 6 ff., 86 ff.; **221** 1 ff.; **351** 79

Außenvertretungskompetenz, Eurozone **AEUV 138** 1, 8
- s. a. Euro-Gruppe

Außenwirtschaftsfreiheit **AEUV 207** 37
- allgemeine **AEUV 206** 2

Außenwirtschaftsgesetz (AWG) **AEUV 65** 6, 12
- Unbedenklichkeitsbescheinigung **AEUV 65** 12
- Untersagungsanordnung **AEUV 65** 12

Außenwirtschaftsverordnung (AWV) **AEUV 65** 6, 10, 12

außergewöhnliches Ereignis **AEUV 122** 17

außervertragliche Haftung der Union
- Bedienstete **AEUV 340** 19
- Organ **AEUV 340** 19
- Voraussetzungen **AEUV 340** 18 ff.
- Zurechnung **AEUV 340** 23

Aussetzung
- Stimmrecht **AEUV 231** 7
- Union **EUV 50** 12

Aussetzung bestimmter Rechte **EUV 7** 19; **AEUV 354** 1 ff.

Aussetzung der Anwendung völkerrechtlicher Verträge s. völkerrechtliche Verträge

Aussperrung **GRC 28** 26; **AEUV 153** 130 ff.
- s. a. kollektive Maßnahmen
- s. a. Bereichsausnahme, Sozialpolitik

Ausstrahlungswirkung
- Forschungspolitik **AEUV 179** 7, 24
- Industriepolitik **AEUV 173** 79 ff.
- Raumfahrtpolitik **AEUV 189** 9

Austausch junger Arbeitskräfte **AEUV 47**

Austauschbarkeit der Rechtsformen **AEUV 288** 5

Austritt **EUV 50** 1 ff.; **AEUV 356** 5 f.
- Abhalterecht, kein **EUV 50** 8
- Abkommen **EUV 50** 6, 7, 9
- Begründung **EUV 50** 5
- Beziehungen zwischen Ex-Mitgliedstaat und Rest Union **EUV 50** 9
- Endgültigkeit **EUV 50** 10

Stichwortverzeichnis

- EU EUV 50 3
- EuGH EUV 50 4
- Europaklauseln EUV 50 5
- Finanzkrise EUV 50 5
- Folgen EUV 50 8
- Konsultationen EUV 50 9
- Loyalitätsgebot EUV 50 5
- Mitteilung EUV 50 6, 8
- Neubeitritt EUV 50 10
- partieller EUV 53 11
- Rechtsfolgenverweisung EUV 50 4
- Rechtspflicht zum Abschluss eines Austrittsvertrages EUV 50 8
- Rechtspflicht zur Verhandlung EUV 50 8
- Referendum EUV 50 6
- Sonderklausel in Austrittsabkommen EUV 50 10
- Teilaustritt EUV 50 9
- ultima ratio EUV 50 4
- unionsrechtswidrig EUV 50 13
- Verfahren EUV 50 5, 14
- Verfahrensrecht EUV 50 6
- Verfassungsgericht, nationales EUV 50 4
- Verhandlungspartner EUV 50 14
- Vertragsgrundlagenanpassung als Minus EUV 50 14
- Völkerrecht EUV 50 10, 13
- Vorlageentscheidung EUV 50 4
- Wartefrist EUV 50 11

Austrittsabkommen
- Fehlen EUV 50 8
- Inkrafttreten EUV 50 8
- Vertragsänderung EUV 50 10
- Vertragsänderung als Folge EUV 50 7

Austrittsabsicht, Mitteilung der EUV 50 5, 6
Austrittskompetenz (-recht) EUV 50 10, 14
Ausübungsbehinderungen AEUV 49 66
Ausübungsdiskriminierung AEUV 49 54
auswärtige Gewalt AEUV 216 2 f., 18, 31, 45 ff.
auswärtiges Handeln EUV 3 43 f.; 21; 23; AEUV 219 5
- Grundsätze EUV 21

Ausweisung GRC 7 43
Ausweisungsverbot GRC 19 10 ff., 18
- aufenthaltsbeendende Maßnahmen GRC 19 13

Autobahnnutzungsgebühr AEUV 18 22, 24
autonome Fortentwicklung des Sekundärrechts AEUV 216 143
autonome Vertragsänderungen EUV 48 81 ff.
autonomes Außenwirtschaftsrecht AEUV 207 34 ff.
- Einführung nicht-ökonomisch begründeter Schutzmaßnahmen AEUV 207 34

Autonomie EUV 4 26, 155; 14 8; 48 43, 87
- s. a. Unabhängigkeit
- Autonomieansprüche der Mitgliedstaaten EUV 4 98, 121, 137
- EP AEUV 232 2, 1

- Organe AEUV 232 6
- Unterorgane AEUV 232 6
- wirtschaftspolitische AEUV 121 13

Autonomie der Unionsrechtsordnung EUV 19 39, 42, 54
Autonomie des Menschen GRC 1 36 ff.
Azoren AEUV 349 7; 355 3

Bagatellvorbehalt AEUV 110 111
Bailout s. Haftungsausschluss
Bailout-Verbot als Konvergenzmaßstab AEUV 140 10
Bank AEUV 64 7
Bankakzept AEUV 63 19
Bank for International Settlements (BIS) s. Bank für Internationalen Zahlungsausgleich
Bank für Internationalen Zahlungsausgleich (BIZ) AEUV 138 15, 33; 143 21; 219 22, 23
Bankdienstleistungen AEUV 64 3 f.
Bankenaufsicht AEUV 65 6 f.; 284 21
- einheitlicher Aufsichtsmechanismus AEUV 130 11
- prudential supervision AEUV 65 6

Bankenliquidität AEUV 65 5
Bankensystem, Stabilität AEUV 65 13
Bankenunion AEUV 26 4; 119 13, 30, 27 ff.
- einheitlicher Abwicklungsmechanismus AEUV 127 57
- einheitlicher Aufsichtsmechanismus AEUV 127 54
- ESZB AEUV 127 50 ff.
- Finanzaufsicht AEUV 127 49 ff.
- single resolution mechanism AEUV 127 57
- single supervisory mechanism AEUV 127 54
- und Ausnahmeregelung AEUV 139 7

Banknoten AEUV 63 20; 128 7 ff.
Barcelona-Prozess AEUV 217, 28
Bargeld AEUV 57 15; 63 16, 21, 37; 65 4; 128
- Ein-/Ausfuhr von ~ AEUV 63 16

Barroso (-Kommission) AEUV 216 172; 218 45
Barroso-Ashton Strategie AEUV 220 12
Basisrechtsakt AEUV 310 16, 49 ff.; 317 9
Basisübereinkunft AEUV 216 134
Bausparkasse AEUV 64 6; 65 7
Baustahlgewebe-Urteil GRC 47 68
Beamte AEUV 336 3 ff.
- Arbeitnehmerfreizügigkeit AEUV 45 30, 71 ff.
- Disziplinarrecht AEUV 228 17
- Entgeltgleichheit AEUV 157 22, 43, 48
- Kodex AEUV 228 5
- Kollektivverhandlungsfreiheit GRC 28 15
- Sozialversicherung AEUV 48 22
- Untersuchungsausschuss AEUV 226 6

Beamtenaustausch AEUV 197 22
Beamtenstatut AEUV 336 1, 11 ff., 20 ff.
Bedarfsvorbehalte AEUV 49 63
Bedienstete
- staatliche GRC 12 33 f.

- Untersuchungsausschuss **AEUV 226** 17 f., 11
Bedingungen und Grenzen **GRC 52** 43
Bedrohungseinschätzung, Terrorabwehr **AEUV 222** 40 ff.
Beeinträchtigungsverbot, religionsverfassungsrechtliches **AEUV 17** 12 ff.
Befähigungsnachweise **AEUV 49** 89; **53** 10, 12
Befreiungen **EUV 47** 20 f.
begrenzte Einzelermächtigung s. Einzelermächtigung, Grundsatz der begrenzten
Begriffskern **AEUV 12** 24
Begründetheit
– Abänderungs- und Aufhebungsantrag **AEUV 278–279** 27
– Akzessorietät **AEUV 278–279** 6, 7
– Antragsform **AEUV 278–279** 13
– Antragsfrist **AEUV 278–279** 14
– Antragsgegenstand **AEUV 278–279** 10
– Antragshäufung **AEUV 278–279** 9
– Antragsrecht natürlicher und juristischer Personen **AEUV 278–279** 12
– Aussetzung der Durchführung angefochtener Handlungen Art. 278 S. 2 AEUV **AEUV 278–279** 2
– Begründetheit **AEUV 278–279** 17
– Beschluss **AEUV 278–279** 25
– direkter Vollzug **AEUV 278–279** 5
– Dringlichkeit **AEUV 278–279** 18
– Dritte Säule der Union **AEUV 276** 1
– einer Klage beruhend auf einer Schiedsklausel **AEUV 272** 12
– einstweiliger Rechtsschutz **AEUV 278–279** 1 ff.
– Erforderlichkeit **AEUV 278–279** 16
– Erlass einstweiliger Anordnungen **AEUV 278–279** 3
– Form der Entscheidung **AEUV 278–279** 25
– Formen des einstweiligen Rechtsschutzes **AEUV 278–279** 2
– Funktion **AEUV 278–279** 1
– hinreichende Aussicht auf Erfolge **AEUV 278–279** 24
– im einstweiligen Rechtsschutz **AEUV 278–279** 17
– im Rahmen der Inzidentrüge **AEUV 277** 37
– indirekter Vollzug **AEUV 278–279** 5
– Inhalt **AEUV 278–279** 26
– Interessenabwägung **AEUV 278–279** 23
– irreparabler Schaden **AEUV 278–279** 21, 22
– kein Vorgreifen der Hauptsache **AEUV 278–279** 8
– Klagebefugnis im Hauptverfahren **AEUV 278–279** 11
– Konnexität **AEUV 278–279** 9
– Notwendigkeit **AEUV 278–279** 24
– Rechtsschutzbedürfnis **AEUV 278–279** 15
– Schadensbegriff **AEUV 278–279** 19, 20
– summarische Prüfung **AEUV 278–279** 8

Begründung
– Austritt **EUV 50** 5
– Untersuchungsausschuss **AEUV 226** 9
Begründungserwägungen eines Ratsbeschlusses **AEUV 216** 81; **218** 16, 65, 81
Begründungspflicht/-mangel **GRC 41** 19; **47** 40, 42, 43, 44, 52, 62; **AEUV 296** 1 ff.
– Anforderungen **AEUV 296** 16 ff.
– Anwendungsbereich **AEUV 296** 14 f.
– Bezugnahmegebot **AEUV 296** 26
– Fehlerfolgen/Begründungsmängel **AEUV 296** 22 ff.
– Funktionen **AEUV 296** 12 f.
– Gesetzgebungsverfahren **AEUV 296** 19
Behandlung **GRC 4** 2 ff., 10, 17 ff.; **19** 10, 12, 15
– erniedrigende **GRC 4** 1 ff., 10, 19, 28 f.; **19** 10, 12, 15
– unmenschliche **GRC 4** 2 ff., 10, 17 ff., 28 f.; **19** 10, 12, 15
Behindertenrechtskonvention, Wahlrecht **EUV 14** 50
Behinderung **GRC 26** 9; **AEUV 19** 27
– s. a. Arbeitnehmer, Rehabilitationsmaßnahme
Behinderungsverbot **AEUV 49** 59 ff.; **351** 18
behördliche Erlaubnis **AEUV 56** 103
Beihilfen **AEUV 50** 24; **59** 11; **351** 39
– Abgeordneter **AEUV 223** 57
– Forschung **AEUV 179** 33
– Industrie **AEUV 173** 33
– Rüstung **AEUV 348** 8
– Überseegebiete **AEUV 349** 5, 8
– unzulässige **AEUV 351** 39
Beihilfenrecht der EU **AEUV 107** 1 ff.; **108** 1 ff.; **109** 1 ff.
– Anmeldepflicht **AEUV 108** 48
– Anwendungsbereich **AEUV 107** 9 ff.
– Begünstigungskriterium **AEUV 107** 34 ff.
– Beihilfearten **AEUV 107** 20 ff., 47 ff., 59 ff.
– Beihilfebegriff **AEUV 107** 20 ff.
– Beihilfenempfänger **AEUV 263** 127
– Beihilfenkontrollverfahren **AEUV 108** 1 ff.
– Beihilfenregelungen **AEUV 263** 129
– Beihilfenverfahrensverordnung **AEUV 107** 14; **109** 24 ff.
– de-minimis-Verordnungen **AEUV 107** 4; **108** 54; **109** 12 ff.
– Durchführungsverbot **AEUV 107** 15; **108** 48 ff.
– Durchführungsverordnungen **AEUV 109** 1 ff.
– Ermächtigungsverordnung **AEUV 109** 13 f., 18 f., 21 f.
– Ermessens- bzw. Fakultativausnahmen **AEUV 107** 55 ff.
– Gruppenfreistellungsverordnungen **AEUV 107** 4; **108** 54; **109** 12 ff.
– Handelsbeeinträchtigung **AEUV 107** 43
– Legalausnahmen **AEUV 107** 47 ff.
– materielles ~ **AEUV 107** 1 ff.

- Modernisierung AEUV 107 8
- more refined economic approach AEUV 107 8
- Prüfungsmonopol der Kommission AEUV 107 14; 108 1 ff.
- Rolle des Rates AEUV 107 68 f.; 108 44 ff.; 109 1 ff.
- Rolle mitgliedstaatlicher Gerichte u. Behörden AEUV 107 15 f.
- Rückforderung rechtswidriger Beihilfen AEUV 107 16
- Selektivitätskriterium AEUV 107 38 ff.
- Staatlichkeit der gewährten Beihilfen AEUV 107 19 ff.
- State Aid Action Plan AEUV 107 8
- unmittelbare Anrufung des Gerichtshofs AEUV 108 40 ff.
- Unternehmensbegriff AEUV 107 35 f.
- Verbotstatbestand AEUV 107 18 ff.
- vertragliche Sonderbestimmungen AEUV 107 45 f.
- Wettbewerbsverfälschung AEUV 107 42

Beihilfenverfahrensverordnung AEUV 298 19
Beihilferegelungen AEUV 34 23
Beihilfeverbot AEUV 110 74; 111 5, 9
Beilegung von Kompetenzkonflikten AEUV 85 35 f.
Beistand, finanzieller AEUV 122 15 ff.; 311 110
- Bedingungen AEUV 122 24
- Ermessen AEUV 122 20
- Formen AEUV 122 21
- Kausalität AEUV 122 19
- mittelfristiger AEUV 143 24, 27
- Refinanzierung AEUV 122 22
- Verfahren AEUV 122 25
- Voraussetzungen AEUV 122 15 ff.

Beistand, gegenseitiger AEUV 143 4, 16, 18, 27; 144 3, 10, 14 ff.
- Befristung AEUV 143 26
- Formen AEUV 143 19, 20 ff.
- Ratsbeschluss AEUV 143; 144 3, 8 f., 17

Beistandspflicht AEUV 336 30
Beiträge AEUV 311 91
Beitragsfinanzierung, faktische AEUV 311 42
Beitragsgerechtigkeit AEUV 311 33
beitragsunabhängige Sonderleistungen s. soziale Sicherheit
Beitreibungsrichtlinie AEUV 110 55
Beitritt und Austritt EUV 49 37
Beitritt zur EMRK EUV 6 65 ff.
- Beitrittsverpflichtung EUV 6 70 ff.
- Entwurf Beitrittsabkommen EUV 6 81 ff.
- Folgen EUV 6 96 ff.
- Gang der Verhandlungen EUV 6 79
- Rechtserkenntnisquelle EUV 6 45 f., 66
- Umfang EUV 6 80
- Verfahren EUV 6 91 ff.
- Voraussetzungen EMRK EUV 6 77 f.
- Voraussetzungen Unionsrecht EUV 6 74 ff.

Beitritt zur EU AEUV 217 1, 4, 26 ff.
- Antragsrecht EUV 49 4
- Assoziierung EUV 49 38
- kein Recht EUV 49 4
- Union AEUV 231 6

Beitrittsabkommen (-übereinkunft/-akt) EUV 49 30; 49 28; AEUV 1 12; 216 203, 218 f.; 218 103, 127 f., 149 f., 232; 351 33, 67
- Akte über die Bedingungen des Beitritts des Königreichs Spanien vom 12.06.1985 AEUV 351 33
- Akte über die Bedingungen des Beitritts der Republik Kroatien usw. vom 9.12.2011 AEUV 351 55, 57
- Ratifikation EUV 49 30

Beitrittsakte EUV 49 28
Beitrittsassoziierung EUV 49 38; AEUV 217 1, 4, 26 ff.
Beitrittsschock EUV 49 32
Beitrittsverhandlungen EUV 17 10
Bekanntgabe von Rechtsakten AEUV 297 16 f.
Bekanntmachungen AEUV 288 98
Belästigungen AEUV 19 20
Belastungsgerechtigkeit AEUV 49 109, 113
Belastungszeuge GRC 47 65
Belgien AEUV 217 6
Benchmarking AEUV 148 11, 15
Benelux AEUV 216 127; 350 1 ff.
- Gerichtshof AEUV 350 4

Beobachter (-status) der EU AEUV 216 67; 220 26 f., 30, 42 f., 51 ff., 65, 70, 81, 84; 351 80, 118
- bei Verfahren vor dem EGMR AEUV 220 63

Beobachterstatus der EZB AEUV 138 35
Beobachtung, staatliche GRC 7 30
BEPA s. Bureau of European Policy Advisors
BEPS AEUV 110 3, 29, 33
Beratender Ausschuss in Verkehrsfragen AEUV 99 1 f.
Beratender Währungsausschuss AEUV 219 1
Beratungsverfahren AEUV 291 17
Berechtigungsanspruch GRC 8 53
Bereichsausnahme
- s. a. Sozialpolitik, Kompetenzverteilung
- Sozialpolitik (Art. 153 Abs. 5 AEUV) AEUV 153 49 ff., 107 ff.

Bericht
- Bürgerbeauftragter AEUV 228 10 f., 19
- soziale und demographische Lage AEUV 233 8
- Untersuchungsausschuss AEUV 226 3, 4, 5
- wirtschaftlicher, sozialer und territorialer Zusammenhalt AEUV 233 8

Berichterstattung
- Sozialpolitik AEUV 159
- soziale Lage AEUV 159 4; 161

Berichtigungshaushaltsplan AEUV 314 44
Berichtspflicht

- Außen- und Sicherheitspolitik **AEUV 233** 9
- EP **EUV 14** 20; **AEUV 226** 1
- Fortentwicklung der Unionsbürgerschaft **AEUV 25** 11
- Freiheit, Sicherheit, Recht **AEUV 233** 10
- Hoher Vertreter **AEUV 233** 9
- Kommission **EUV 14** 22; **AEUV 233** 8 f.
- Mitgliedstaaten **EUV 14** 22; **AEUV 233** 10
- Präsident des Europäischen Rates **AEUV 233** 9
- Sicherheits- und Verteidigungspolitik **AEUV 233** 9
- Unionsbürgerschaft **AEUV 233** 9
- Verwaltung **AEUV 197** 21
- WWU **AEUV 233** 10

Berlin-Plus-Vereinbarung **EUV 42** 27 f.
Berliner Erklärung **EUV 1** 34 f.
Berufsanerkennungsrichtlinie **AEUV 56** 120; **59** 12, 17, 27 ff.; **62** 15
Berufsbildung **AEUV 41** 2
Berufsfreiheit **GRC 15** 1 f., 4 f., 8 f., 15, 19 ff.; **AEUV 45** 7, 126
Berufsgeheimnis **GRC 47** 75, 79; **AEUV 339** 1 ff.
Berufsqualifikationen, Richtlinie über **AEUV 26** 27
Berufszugangsregelungen **AEUV 53** 2
Berufungsausschuss **AEUV 291** 19 ff.
- Besetzung **AEUV 291** 19

Beschäftigungsausschuss **AEUV 148** 18; **149** 4; **150** 1 ff.
- Anhörung der Sozialpartner **AEUV 150** 9
- Anhörung des Parlamentes vor Einsetzung **AEUV 150** 3
- Anhörung zu beschäftigungspolitischen Leitlinien **AEUV 148** 8
- Arbeitsgruppen **AEUV 150** 8
- Arbeitsweise **AEUV 150** 8
- Aufgaben **AEUV 150** 7
- Einsetzung **AEUV 150** 3
- Funktion **AEUV 150** 4
- Stellungnahme zu beschäftigungspolitischen Anreizmaßnahmen **AEUV 149** 4
- Zusammenarbeit mit wirtschaftspolitisch relevanten Organisationen **AEUV 150** 10
- Zusammensetzung **AEUV 150** 11

Beschäftigungsbedingungen **AEUV 153** 21 ff., 24
- s. a. Entgelt, Kompetenz der EU
- s. a. Arbeitsbedingungen
- Drittstaatsangehörige **AEUV 153** 57 ff.
- sonstige ~ **AEUV 336** 1, 11 ff., 44 ff.

Beschäftigungsbericht **AEUV 148** 4, 20
Beschäftigungsförderung **AEUV 146** 8; **149** 3
- Anhörung des Ausschusses der Regionen **AEUV 149** 4
- Anhörung des Wirtschafts- und Sozialausschusses **AEUV 149** 4
- Befugnisse der Union **AEUV 149** 3

- Beschäftigungsausschuss **AEUV 149** 4
- Gesetzgebungsverfahren **AEUV 149** 3

Beschäftigungsniveau, hohes
- Bedeutung **AEUV 147** 3, 9
- Justiziabilität **AEUV 147** 11
- Maßnahmen der Union **AEUV 147** 5 ff.
- Querschnittsziel **AEUV 147** 9
- Zuständigkeit der Mitgliedstaaten **AEUV 147** 8

Beschäftigungspolitik **AEUV 5** 1; **146** 4; **150** 5; **162** 1
- Bildung **AEUV 9** 7; **151** 12
- hohes Beschäftigungsniveau **AEUV 9** 2; **151** 11
- Industriepolitik **AEUV 173** 35
- Koordinierung **AEUV 2** 46 f.; **5** 8 f.
- Leitlinien **AEUV 5** 9
- Verhältnis zur Wirtschaftspolitik **AEUV 145** 25; **146** 4

beschäftigungspolitische Leitlinien s. Leitlinien, beschäftigungspolitische

Beschäftigungsstrategie, koordinierte **AEUV 145** 1, 10 ff.
- Abstimmung von Maßnahmen **AEUV 146** 10 ff.
- Angelegenheit von gemeinsamem Interesse **AEUV 146** 8
- Arbeitsmarktpolitik, aktive **AEUV 145** 21
- Ausbildung von Arbeitnehmern **AEUV 145** 19
- Begriff **AEUV 145** 14
- Beitrag der Mitgliedstaaten **AEUV 146** 6
- Beschäftigungsausschuss **AEUV 148** 18
- Beschäftigungsbericht **AEUV 148** 4, 20
- Beschränkung von Grundfreiheiten **AEUV 145** 26
- Bericht der Mitgliedstaaten zur Beschäftigungspolitik **AEUV 148** 16
- Berücksichtigung einzelstaatlicher Gepflogenheiten **AEUV 146** 12
- Einbindung in Unionsziele **AEUV 145** 23 ff.
- Empfehlung der Kommission für Empfehlungen an Mitgliedstaaten **AEUV 148** 19
- Empfehlungen des Rates an Mitgliedstaaten **AEUV 148** 19
- Förderung der Anpassungsfähigkeit von Arbeitnehmern **AEUV 145** 20
- Förderung der Zusammenarbeit von Mitgliedstaaten **AEUV 147** 4
- Harmonisierung **AEUV 149** 11
- Inhalte **AEUV 145** 18 ff.
- Koordinierungskompetenz der Union **AEUV 145** 12
- Laisser-Faire-Politik **AEUV 145** 15
- Prüfung der mitgliedstaatlichen Beschäftigungspolitik durch den Rat **AEUV 148** 17
- Qualifizierung von Arbeitnehmern **AEUV 145** 19
- Schlussfolgerungen zur Beschäftigungslage **AEUV 148** 6

- Semester, Europäisches   AEUV 148 4
- Sozialpartner   AEUV 146 13; **150** 9
- subjektiv-öffentliches Recht   AEUV 146 6
- Tragweite   AEUV 145 16
- Unionstreue   AEUV 146 12
- Wandlungsfähigkeit der Arbeitsmärkte   AEUV 145 22
- Zuständigkeit der Mitgliedstaaten   AEUV 145 12; **146**

Beschäftigungsverhältnis (Begriff) s. Arbeitnehmer

beschleunigtes Verfahren/Vorabentscheidungsverfahren   GRC 47 37

Beschluss von Helsinki   EUV 42 5

Beschlüsse   AEUV 288 1, 82 ff.
- Abgrenzung von reinen Realakten   AEUV 288 85 f.
- Abgrenzung von vertraglichen Handlungen   AEUV 288 87 f.
- adressatenbezogene   AEUV 288 84 ff.
- adressatenlose   AEUV 288 1, 94 ff.
- EZB   AEUV 132 8
- individualgerichtete   AEUV 288 84 ff.
- Mehrheit   AEUV 231
- Rechtsschutz   AEUV 288 92, 97
- staatengerichtete   AEUV 288 89
- Wirkungen   AEUV 288 90 f., 95 f.

Beschlüsse von vertraglich eingesetzten Organen/Ausschüssen   AEUV 216 241 ff.

Beschränkung, verschleierte   AEUV 63 34; **65** 19

Beschränkung absoluter Rechte   AEUV 12 40

Beschränkung des Verbraucherschutzes
- Privatheit   AEUV 12 32
- Professionalität   AEUV 12 32
- Organisationsgrad   AEUV 12 32

Beschränkungsgrund   GRC 38 18, 34 f.

Beschränkungsverbot   AEUV 26 10; **34** 43, 68; **35** 10, 17 f.; **49** 33 f.; **54** 26; **110** 108
- s. a. Arbeitnehmerfreizügigkeit
- Art. 18 AEUV   AEUV 18 26

Beschuldigtenrechte   AEUV 82 27

Beschwerde   AEUV 270 24
- Datenschutz   AEUV 228 5
- Kodex   AEUV 228 5
- SOLVIT   AEUV 228 5

beschwerende Maßnahme   AEUV 270 4, 24 ff.

Beseitigung der Wettbewerbsverzerrungen   AEUV 116 1

Besitzstand, unionaler   EUV 49 20

Besitzstandswahrung
- s. a. Übergangsregelung
- Entgeltgleichheit   AEUV 157 99

Besoldung (EU-Beamte)   AEUV 336 38 ff.

besondere Umstände   AEUV 263 112
- Individualisierung   AEUV 263 118

besonderes Gesetzgebungsverfahren   AEUV 64 20; **65** 14; **115** 15; **223** 9, 44, 48; **289** 26 ff.
- Anwendungsbereich   AEUV 289 27 ff.

- Überleitung zum ordentlichen Gesetzgebungsverfahren   AEUV 289 35 ff.
- Varianten   AEUV 289 27 ff.

besonderes Kohärenzerfordernis   AEUV 12 67

best practice,
- Forschungspolitik   AEUV 181 7
- Industriepolitik   AEUV 173 64

Bestandskraft   EUV 4 128 ff.; GRC 47 70; AEUV 288 8

Bestandsschutz, relativer   AEUV 203 14

Besteuerung, nachträgliche   AEUV 54 13

Besteuerungsbefugnis   AEUV 49 116, 121 f., 130

bestimmte Verkaufsmodalitäten   AEUV 34 121, 143 ff.
- Diskriminierungskontrolle   AEUV 34 125

Bestimmtheit des Übertragungsakts   AEUV 290 1, 10
- Handlungsspielräume   AEUV 290 10
- Rechtsfolge bei Verstoß   AEUV 290 10 f.

Bestimmtheitsgebot   GRC 52 23
- Straftaten   AEUV 325 25

Bestimmtheitsgrundsatz   AEUV 337 28

Bestimmungslandprinzip   AEUV 110 20 f.; **111** 2; **113** 23 f., 28, 34

Beteiligungen   AEUV 63 15; **64** 6
- Beteiligungspapiere   AEUV 63 19
- Erwerb   AEUV 63 36; **64** 9; **65** 12

Beteiligungsrechte der Verbraucherverbände   GRC 38 33

Betrauung   AEUV 106 76 ff.

betriebliche Arbeitnehmervertretungen   GRC 27 23; **28** 14, 16
- Europäischer Betriebsrat   AEUV 153 30; **155** 9
- Entgeltgleichheit   AEUV 157 54, 124
- Kompetenz der EU   AEUV 153 27 ff., 49 ff.

betriebliche Systeme der sozialen Sicherheit s. soziale Sicherheit, betriebliche Systeme

Betriebs- und Geschäftsgeheimnisse   GRC 16 9

Betriebsrente
- s. a. soziale Sicherheit, betriebliche Systeme
- Geschlechtergleichbehandlung   AEUV 157 25, 46 ff., 86

Betriebstätte   AEUV 49 113, 130, 134; **54** 13

Betriebszugehörigkeit   AEUV 45 114 ff.; **157** 42, 59, 130, 132, 135

Betroffenheit
- individuelle   GRC 47 28, 33, 34, 36
- unmittelbare   GRC 47 28, 36

Betrug   AEUV 56 104; **325** 1, 6, 9, 15 f., 18, 25, 27, 29, 32, 35, 37 f., 40 f.

Betrügerei   AEUV 325 2 ff., 11 ff., 15, 17, 24, 30 f., 35 f., 42

Betrugsbekämpfung   AEUV 310 58

Betrugstatbestand   AEUV 325 40

Betrugsverhinderung   AEUV 110 134

Beurteilungs-/Ermessensspielraum   GRC 47 41, 42, 43, 52; **AEUV 138** 19

Beurteilungsfehler, offensichtlicher GRC 47 40, 41, 53
Bewegungsfreiheit, Recht auf
– Berechtigte GRC 6 7
– Eingriff GRC 6 23
– Eingriffsrechtfertigung GRC 6 27
– EMRK GRC 6 2
– Entstehungsgeschichte GRC 6 5
– EU-Haftbefehl GRC 6 9
– Rechtsprechungsentwicklung GRC 6 6
– Schutzbereich, persönlich GRC 6 12
– Schutzbereich, sachlich GRC 6 13
– und Asylrecht GRC 6 9
– und Einwilligung GRC 6 26
– und Freiheitsentziehung GRC 6 24
– und Recht auf Sicherheit GRC 6 10
– und Strafrecht GRC 6 8
– und Terrorismus GRC 6 11
– Verhaftung GRC 6 8
– Verpflichtete GRC 6 5
Beweisrecht AEUV 82 25 f.
Beweisverwertungsverbot GRC 47 66, 77
Bewertungsverfahren AEUV 70 1 ff.
Bewirtung AEUV 57 9
Bewirtungstätigkeiten AEUV 34 11
Bezugsperson GRC 7 17
bicephale Vertretung der EU AEUV 220 86
bilaterale Abkommen AEUV 207 161 ff., 257 ff.
– ASEAN AEUV 207 272
– Entwicklung AEUV 207 258 ff.
– Kanada AEUV 207 275 f.
– Singapur AEUV 207 273
– Südamerika AEUV 207 281
– Südkorea AEUV 207 274
– Vietnam AEUV 273
bilaterale Investitionsschutzabkommen s. Investitionsschutzabkommen
bilaterale Kredite AEUV 125 1, 4
bilaterales Abkommen, Austritt EUV 50 7
Bildung GRC 14 10 ff.; AEUV 165
– Abgrenzung Bildung – berufliche Bildung AEUV 165 11 ff.; **166**
– allgemeine/schulische GRC 14 10
– Ausbildung AEUV 165 15; **166** 5
– Begriff AEUV 165 8; **166** 3 ff.
– berufliche Ausbildung und Weiterbildung GRC 14 10, 12
– berufliche Bildung AEUV 166
– Erasmus AEUV 165 31; **166** 16
– Fortbildung AEUV 165 15; **166** 5
– historische Entwicklung AEUV 165 4 ff.
– Instrumente AEUV 165 27 ff.; **166** 13 ff.
– internationale Zusammenarbeit AEUV 165 37 f.
– Kompetenz der EU AEUV 165 16 ff., 20 ff.
– Programme AEUV 165 31 ff.; **166** 16
– Schulwesen AEUV 165 15
– Umschulung AEUV 165 15; **166** 5
– Verhältnis zu anderen primärrechtlichen Normen AEUV 165 40 ff.
– Ziele der Bildungspolitik AEUV 165 24 ff.; **166** 12
Bildungseinrichtungen AEUV 18 47, 50
Bildungspolitik AEUV 145 5
– EaSI AEUV 149 6
– EURES AEUV 149 6
– Europäisches Parlament, Anhörung zu beschäftigungspolitischen Leitlinien AEUV 148 8
– Grundfreiheiten, Beschränkung durch beschäftigungspolitische Maßnahmen AEUV 145 26
– Harmonisierung AEUV 149 11
– Jahreswachstumsbericht AEUV 145 19; **148** 4
– Koordinierung mitgliedstaatlicher Beschäftigungspolitik s. Beschäftigungsstrategie, koordinierte
– Koordinierungsmethode, offene AEUV 146 10
– Langzeitarbeitslosigkeit AEUV 149 6
Binnen-/Innenkompetenz (der Europäischen Union) AEUV 216 3, 32 ff., 41, 63, 84, 93 ff., 96 ff., 129, 136 ff., 138, 144, 147 ff., 192; **351** 108
Binnengrenzen AEUV 67 4
Binnenmarkt EUV 3 30, 31 ff.; AEUV 26 1, 6; **28** 6, 17, 19 ff.; **63** 10 ff., 24, 35, 37; **65** 27; **67** 3, 12 ff., 19; **77** 2; **78** 3; **79** 6; **113** 1; **142** 16; **216** 220; **326** 3; **351** 25, 85
– Beeinträchtigung des ~ AEUV 216 259; **351** 25, 115
– Begriff AEUV 114 55, 56
– Binnenmarktkompetenz AEUV 192 33, 79, **193** 36
– digitaler AEUV 26 4
– Forschung AEUV 179 13, 36, 38, 40; **180** 5
– Funktionieren AEUV 63 11; **65** 30; **143** 11; **144** 12
– geteilte Zuständigkeit AEUV 3 5, 4 4
– Prävention von Gefahren AEUV 117 2
– Rechtsangleichung im ~ AEUV 63 10
– Rechtsangleichungskompetenz AEUV 194 7, 10, 13, 16, 19, 22, 25, 36, 40
– Rechtsharmonisierung AEUV 192 81
– Rüstung AEUV 347 2, 9, 26, 33 f., 43, 45 f.; **348** 2 f., 6 f., 11, 19
– soziale Dimensionen AEUV 26 17
– Überseegebiete AEUV 349 8 ff.
– Verwirklichung AEUV 113 1, 16
– Vollendung AEUV 65 20; **142** 3
– Weitergabe von Vorteilen aus dem ~ AEUV 351 85 ff.
Binnenmarkt und Datenschutz GRC 8 17; AEUV 16 22
Binnenmarktbezug AEUV 115 12
Binnenmarktfinalität AEUV 113 7

Binnenmarktförderung AEUV 67 19
Binnenmarkthindernisse AEUV 169 35
Binnenmarktkompetenz GRC 38 14; AEUV 12 15 f.; 113 5
– Art. 114 AEUV AEUV 113 5
– Recht zur Errichtung von Institutionen AEUV 2 16
Binnenmarktkonzept
– Freiheitsverwirklichung AEUV 169 25, 31 ff., 37
– Schutzkonzept AEUV 169 25
Binnenmarktpolitik AEUV 169 4, 8, 21 f., 24, 27 f., 31, 33, 49
Binnenmarktstrategie AEUV 26 21
Binnenmarktstrategie 2015 AEUV 26 5
Binnenmarktziel AEUV 26 3; 114 1, 6
Binnenmarktzugang, bedingter AEUV 204 6
Binnenpolitik AEUV 205 12
Binnenraum EUV 3 26; AEUV 67 10, 12, 34; 78 3; 79 6
Binnenschifffahrt AEUV 90 23 ff.
Biotechnologien, Menschenwürde GRC 1 8 ff.
BITs s. Investitionsschutzabkommen
BIZ s. Bank für Internationalen Zahlungsausgleich
Bootsliegeplätze AEUV 56 66
Bosnien-Herzegowina AEUV 217 9, 28
Brasilien AEUV 217, 12
Brexit EUV 50 4
Briefgeheimnis GRC 7 27
Brückenfunktion der Delegationen der EU AEUV 221 22
Brückenklausel EUV 48 5, 59, 66, 78 ff.; AEUV 312 10; 329 7; 333 1 ff.; 353 2, 7
– Verstärkte Zusammenarbeit AEUV 333 3
– Zustimmung des Bundestages und Bundesrates AEUV 333 9
Brüssel I-Verordnung s. EuGVVO
Brüsseler Gerichtsstands- und Vollstreckungsübereinkommen s. EuGVÜ
Bruttoinlandsprodukt AEUV 59 14
Bruttonationaleinkommen-Eigenmittel AEUV 311 38 ff.
Bruttoprinzip AEUV 310 45
Bücher als Kulturgut AEUV 36 55
Budgethoheit der Mitgliedstaaten AEUV 311 123
Budgethoheit/-verantwortung AEUV 218 105 f.
Bulgarien AEUV 77 3; 217 9
– Pre-in AEUV 142 10
– Sonderregelungen Kapitalverkehr AEUV 64 13
Bundesamt für Wirtschaft und Ausfuhrkontrolle AEUV 207 61, 72
Bundesbank s. Deutsche Bundesbank
Bundesrat EUV 31 32
Bundestag s. Deutscher Bundestag
Bundesverfassungsgericht EUV 19 28, 31; AEUV 1 6, 16; 216 170; 218; 311 4 ff., 64, 74, 122
– als de facto Opposition EUV 48 85; AEUV 353 4
– Europarechtsfreundlichkeit AEUV 2 2
– Identitätskontrolle AEUV 2 26
– Klausel-Rechtsprechung AEUV 223 35, 62
– Lissabon-Urteil AEUV 289 21 f.; 294 4
– Maastricht-Urteil AEUV 289 21 f.
– Ultra-vires-Kontrolle AEUV 2 23 ff.
– Urteil zur 5 %-Sperrklausel AEUV 294 40 ff.
– Verfassungsbeschwerde AEUV 267 70 ff.
Bureau auf European Policy Advisors (BEPA) AEUV 17 25
Bürgerausschuss EUV 11 86 f.
Bürgerbeauftragter, Europäischer EUV 10 31; 14 32; GRC 43 1 ff.; AEUV 228; 289 30, 33, 44; 298 20, 22
– Alternativen AEUV 228 4, 22
– Amtsenthebung GRC 43 10, 22; AEUV 228 7; 251 15
– Amtshaftungsklage, Alternative AEUV 228 23
– Antwortrecht AEUV 228 2
– Bericht AEUV 228 10 f., 19
– Berufsverbot AEUV 228 8
– Beschwerdeadressat AEUV 228 18
– Beschwerdebefugnis, keine AEUV 228 15
– Beschwerdeführer AEUV 228 11
– Beschwerdeverfahren AEUV 228 19
– Bürgerinitiative AEUV 228 2
– Eingabe zum ~ AEUV 24 15 ff.
– Einrichtungen AEUV 228 11
– E-Mail AEUV 227 14; 228 20
– Enthebungsverfahren AEUV 228 7
– EuGH AEUV 228 7
– Formzwang, kein AEUV 228 20
– Frist AEUV 228 21
– Gemeinde AEUV 228 13
– Gerichtsverfahren AEUV 228 22
– Gerichtsverfahren, Alternative AEUV 228 22
– Gesetzgebungsbefugnis des EP AEUV 228 9
– Grundrecht AEUV 228 1 ff., 12
– Grundrechte AEUV 228 16
– Grundsätze einer guten Verwaltungspraxis AEUV 228 16
– Hauptaufgabe AEUV 228 10
– Jahresbericht AEUV 228 10
– Kommission, Beschwerde AEUV 228 5
– Kommune AEUV 228 13
– Kontrolle AEUV 228 1
– Massen-Beschwerde AEUV 228 14
– Missstand AEUV 228 11, 16
– Organe AEUV 228 11
– Petitionsrecht GRC 44 5; AEUV 227 2, 12 f.; 228 2, 4, 13
– Popularbeschwerde GRC 43 11
– Recht auf Beschwerde GRC 43 15

- Rechtsgrundsätze **AEUV 228** 16
- Rechtsschutz **AEUV 228** 22
- Rechtsvorschriften **AEUV 228** 16
- Sammel-Beschwerde **AEUV 228** 14
- Statut **AEUV 228** 9, 21
- Stellen, sonstige **AEUV 228** 11
- Stellungnahme **AEUV 228** 11
- Subsidiarität **AEUV 228** 21
- Unabhängigkeit **AEUV 228** 8
- Unionsbürger **AEUV 228** 13
- Untersuchung **AEUV 228** 10, 19
- Verordnung des EP **AEUV 228** 9
- Vertragsverletzungsverfahren **AEUV 228** 5, 22
- Verwaltung, Vorbefassung **AEUV 228** 21
- Wahl **EUV 14** 32; **AEUV 228** 6
- Zuständigkeit **AEUV 228** 4, 24

Bürgerbefragung AEUV 232 8
Bürgerbeteiligung EUV 11 1 ff.; **AEUV 218** 12, 44 ff., 54
- Ansprüche **EUV 11** 21
- Berechtigte **EUV 11** 23 ff.
- Handlungsverpflichtung **EUV 11** 16 ff.

Bürgerinitiative EUV 10 30; **11** 5, 7, 54 ff.; **AEUV 25** 32; **218** 48
- Aufforderungsrecht **EUV 11** 54
- Bürgerbeauftragter **AEUV 228** 2
- Bürgerbefragung **AEUV 232** 8
- Inhalt **EUV 11** 69 ff.
- Petitionsrecht **AEUV 227** 2, 15
- politische Wirkungskraft **EUV 11** 59
- Rechtsschutz **EUV 11** 84 ff.
- Verfahren und Bedingungen **EUV 11** 60 ff., 76 ff.
- Wirkung **EUV 11** 81 f.

bürgerliche Freiheiten AEUV 36 58
Bürgernähe s. Grundsatz der Bürgernähe
Bürgerpflicht GRC 5 19
Bürgschaft AEUV 63 19
BVerfG s. Bundesverfassungsgericht

Cannabis AEUV 57 47 f.
CARIFORUM AEUV 217 35
Cassis de Dijon-Urteil AEUV 34 165 ff., 168; **35** 18 ff.; **36** 6
- Integrationskontext **AEUV 34** 201 ff.

CATS AEUV 72 1 f.
CEMAC AEUV 219 17
CETA AEUV 216 172, 183; **218** 12, 48
Ceuta AEUV 349 7; **355** 16
Chalkor-Urteil GRC 47 49, 52, 74
Chancengleichheit EUV 14 38; **AEUV 223** 1
- s. a. Gender Mainstreaming
- Begriff **AEUV 8** 4 ff.
- Kompetenz der EU **AEUV 153** 35 ff.; **157** 144

Charta der Grundrechte (GRC) EUV 1 26, 46, 62, 64; **6** 19 ff.; **GRC Präambel** 1 ff.; **AEUV 1** 12; **25** 32; **288** 75 f.

- Abwehrrechte **GRC 43** 3, 15, 17
- Änderungen **EUV 6** 30
- Anerkennung **EUV 6** 19 f.
- Anwendungsbereich **EUV 6** 31 ff.
- Auslegung **EUV 6** 38 ff.
- Entstehungsgeschichte **EUV 6** 21 ff.
- Grundsatzbestimmungen **AEUV 288** 75 f.
- Kompetenzschutzklausel **EUV 6** 36 f.
- Primärrecht **EUV 6** 27
- Rang **EUV 6** 26 ff.
- Recht auf eine gute Verwaltung **AEUV 298** 3, 11
- Rechtserkenntnisquelle **EUV 6** 45 ff.
- Rechtsquelle **EUV 6** 26
- Rechtsverbindlichkeit **EUV 6** 7, 19, 26 ff.
- Sekundärrecht **EUV 6** 29
- Tertiärrecht **EUV 6** 29
- Verhältnis zu allgemeinen Grundsätze **EUV 6** 59 ff.
- Wahlrechtsgleichheit **EUV 14** 44

Charta der Vereinten Nationen, Grundsätze EUV 21 17
Charta von Paris für ein neues Europa AEUV 220 72
Chicagoer Abkommen über die Internationale Zivilluftfahrt AEUV 216 115
Chile AEUV 217 11, 37
- Investitionsschutzabkommen **AEUV 63** 40

China AEUV 217, 12
CILFIT-Rechtsprechung AEUV 267 63 ff.
CIREA AEUV 74 7
CIREFI AEUV 74 6
civis europaeus sum AEUV 18 43
clausula rebus sic stantibus EUV 28 21
clearing-System AEUV 113 8
clearing-Verfahren AEUV 113 3
Codex-Alimentarius-Kommission AEUV 220 50
Codorniu AEUV 263 115
Coffeeshops AEUV 56 66, 122; **57** 9
cold calling AEUV 56 72; **57** 37
Comité Securité Interieur (COSI) AEUV 72 1 f.; **222** 39
Community Plant Variety Office s. Gemeinschaftliches Sortenamt
Computerkriminalität AEUV 83 26
constituency im IWF AEUV 138 31, 45
COREPER s. Ausschuss der Ständigen Vertreter (AStV)
Corporate Governance AEUV 50 22
Corpus Juris AEUV 88 4
COSAC EUV 14 35
COSI s. Comité Securité Interieur
COST AEUV 186 3
Cotonou-Abkommen AEUV 198 11, 26; **207** 241; **217** 15, 17, 21, 35 ff.
- s. a. AKP-EG-Partnerschaftsabkommen

counter-majoritarian difficulty AEUV 34 77
cross-treaty-mixity AEUV 216 78

culpa in contrahendo AEUV 268 5

Dänemark AEUV 67 27 f., 31; 77 3; 78 4; 79 5; 198 2 ff.; 216 62 f., 90; 217 4, 6, 27; 218 127; 219 17
- Euro-Einführung AEUV 139 43 ff.; 140 37
- Grönland AEUV 64 11
- Nationalbank AEUV 219 17
- Protokoll AEUV 142 9 f.
- Sonderregelungen Kapitalverkehr AEUV 64 13
- Verhältnis zu Grönland AEUV 204 2
- Verhältnis zur EG/EU AEUV 203 2
- WKM II AEUV 142 5

Darlehen AEUV 63 19; 143 27
- Hypothekardarlehen AEUV 63 19
- kommerzielle AEUV 63 19
- langfristige AEUV 64 6
- private AEUV 63 19
- Rückzahlung/Tilgung AEUV 64 6

Dassonville-Urteil AEUV 34 66, 152; 35 10, 18

Daten GRC 8 14

Datenaustausch AEUV 82 21

Datenschutz GRC 1 9 ff., 60; 47 75, 79; AEUV 12 50; 87 17; 88 38 ff.
- Arbeitnehmerdatenschutz, Kompetenz AEUV 153 10
- Beschwerde AEUV 228 5
- Datenschutzniveau, hohes AEUV 16 3
- Datenschutzrichtlinie AEUV 16 3
- Datenverkehr im Rahmen der GASP EUV 39
- Dokumente AEUV 232 16
- Entstehungsgeschichte AEUV 16 2
- kirchliche Belange AEUV 17 16
- Kompetenz AEUV 16 14
- Transparenz GRC 8 24
- Rechtssprechungsentwicklung AEUV 16 10
- und Binnenmarktkompetenz AEUV 16 1, 14
- und Eigenverwaltung AEUV 16 4
- und GASP AEUV 16 24
- und Grundrechtecharta AEUV 16 11
- und Mitgliedsstaaten AEUV 16 19
- und Vorhersehbarkeit GRC 8 24

Datenschutzbeauftragter GRC 8 55
- Unabhängigkeit GRC 8 59
- Untersuchungsbefugnis GRC 8 60

Datenschutzrichtlinie s. Recht auf informationelle Selbstbestimmung

Datenschutzverordnung AEUV 298 19

Datensparsamkeit GRC 8 46

Datenträger AEUV 34 12

Datenvermeidung GRC 8 46

DDR AEUV 351 32

de Larosière-Bericht AEUV 141 25

de minimis-Test AEUV 56 95, 100

Definitionsfunktion AEUV 288 4

Definitionshoheit der Verbraucherpolitiken AEUV 169 28

Defizit, öffentliches AEUV 177 19

- Haushaltsdefizit AEUV 121 52, 68
- Stimmrecht, Ruhen AEUV 139 36
- übermäßiges öffentliches; Defizitverfahren; Verfahren bei einem übermäßigen Defizit AEUV 126 1 ff.
- und Ausnahmeregelung AEUV 139 15

Defizitverfahren
- Ablauf AEUV 126 36 ff.
- Ausgestaltung AEUV 126 15 ff.
- Beschlussfassung im Rat AEUV 126 62 ff.
- Genese AEUV 126 5 ff.
- rechtliche Grundlagen AEUV 126 11 ff.
- Rechtsschutz AEUV 126 57 ff.
- Rolle der Kommission AEUV 126 28 f., 36 ff.
- Sanktionen/Konsequenzen AEUV 126 43 ff.

Deflation und Konvergenz AEUV 140 25

Deggendorf-Rechtsprechung AEUV 267 27

Deichhilfe GRC 5 19

Dekarbonisierung, Flexibilisierungsklausel AEUV 352 4

deklaratorische Wirkung AEUV 216 73 ff.; 218 59, 87, 144; 220

Delegation AEUV 218 30, 205 f.; 220 73; 221 2 ff.; 290 1 ff.
- Abgrenzungsfragen und -kriterien AEUV 290 14 ff.
- Befristung AEUV 290 31
- Befugnis s. Delegationsbefugnis
- Bestimmtheit s. Bestimmtheit des Übertragungsakts
- Delegationsleiter AEUV 221 25 ff.
- des Europäischen Auswärtigen Dienstes (EAD) AEUV 218 30
- Doppelstruktur AEUV 290 1
- Fehlgebrauch der übertragenen Befugnisse AEUV 290 25
- Grenzen der Übertragung AEUV 290 8 ff.
- hoher Kommissionsbeamter AEUV 218 30
- Kontrollrechte AEUV 290 27 ff.
- Lenkungsausschuss für die Delegationen (EU-DEL) AEUV 221 27
- Rang AEUV 290 12 f.
- Rechtsfolgen fehlerhafter Zuordnung AEUV 290 22
- Rechtsschutz AEUV 290 11, 13, 25 f.
- Umstellung bestehender Ermächtigungen AEUV 290 23 f.
- Vorgeschichte AEUV 290 1 ff.
- Widerruf s. Widerrufsvorbehalt
- Widerspruch s. dort

Delegation von Vertragsschließungsbefugnissen AEUV 218 89

Delegationsbefugnis AEUV 290 6 ff.
- Anwendungsbereich AEUV 290 6 f.
- Bestimmtheit s. Bestimmtheit des Übertragungsakts
- Grenzen der Übertragung AEUV 290 8 ff.
- (nicht-)wesentliche Regelungen s. wesentliche Regelungen

delegierte Rechtsakte AEUV 216 135 ff.
- s. a. Delegation

Delikte AEUV 325 13 ff.

Deliktsfähigkeit EUV 47 15 ff.
- aktive ~ EUV 47 16
- passive ~ EUV 47 17

Demokratie AEUV 218 157; 220 59; 351 47
- Defizit AEUV 230 6
- Demokratieprinzip AEUV 218 97 ff., 112 f., 184, 202
- demokratische Legitimität AEUV 216 165, 251; 218 3, 44
- demokratisches Defizit AEUV 82 4
- Menschenwürde GRC 1 63
- Publizität AEUV 230 10, 12; 232 2
- repräsentative EUV 14 1; AEUV 223 6

Demokratiedefizit AEUV 82 4
- Anfragen AEUV 230 6
- EP EUV 14 35

Demokratieförderung EUV 3 12 f.

Demokratieprinzip EUV 10, 15; GRC 40 14; AEUV 137 15
- s. a. sozialer Dialog
- Demokratiedefizit EUV 10, 22, 27 f.
- demokratische Legitimation EUV 10 21 ff.; **12** 3; AEUV 15 1; **20** 3, 48 f.; **22** 1, 3
- Europäische Bürgerinitiative EUV 11 7; AEUV 24 8 ff.
- Grundsatz demokratischer Gleichheit EUV 9 1, 2 ff., 8 f., 13 ff.; **11** 3 f., 29, 33 f., 67
- indirekte demokratische Legitimation AEUV 25 23
- nationale Parlamente EUV 12 1 ff.
- partizipative Demokratie EUV 10 29, 41; 11 1, 6 ff., 57
- politische Parteien EUV 10 43 ff.
- repräsentative Demokratie EUV 10 1 ff., 13 ff.
- Transparenzgebot EUV 10 35 ff.; 11 34 f.; GRC 42 1; AEUV 15 1 ff., 12 ff.; 24 24
- Vielfalt der verbindlichen Sprachfassungen EUV 55 15

demokratische Legitimation AEUV 289 22 f.

Demokratisierung der EU AEUV 289 22 f.

Den Haag-Programm AEUV 68 2; 78 5

Depositar AEUV 216 178; 218 60

Detektei AEUV 56 103; 57 50

détournement de pouvoir AEUV 263 191

Deutsche Bundesbank AEUV 131 6
- Präsident AEUV 130 22 ff.

Deutsche Demokratische Republik AEUV 351 32

Deutscher Bundestag EUV 31 32
- Flexibilitätsklausel AEUV 352 6, 39
- Leistungen AEUV 223 47
- Wissenschaftlicher Dienst AEUV 223 47
- Verstärkte Zusammenarbeit AEUV 333 9
- Zustimmung zu Brückenklauseln AEUV 333 9

Deutschland AEUV 216 259; 218 91, 126; **351** 22, 32

Deutz/Geldermann AEUV 263 115

Development Committee des IWF AEUV 138 31

Devisen AEUV 143 10, 19
- Devisengenehmigungen AEUV 63 7
- Devisengeschäfte AEUV 127 25 ff.; **142** 7; **219** 5
- Devisenmarkt AEUV 63 2, 28; 66 17; **142** 4
- Devisenpolitik AEUV 63 3; 66 17
- Devisenrecht AEUV 63 2, 28; **64** 7
- Devisenverkehr AEUV 63 38

Devisenmärkte, Interventionen an AEUV 219 11

Devisenregelungen AEUV 219 16

Devolutiveffekt AEUV 256 28

DG Ecfin s. Generaldirektion Wirtschaft und Finanzen

Dhekelia AEUV 355 12

Dialog
- mit Kirchen, Religions- und Weltanschauungsgemeinschaften AEUV 17 24 ff.
- wirtschaftlicher AEUV 121 64
- Zivilgesellschaft AEUV 224 4, 9

Diäten, EP AEUV 223 54

Dienstalter s. Betriebszugehörigkeit

Dienste von allgemeinem wirtschaftlichem Interesse AEUV 14 8; 106 47

Dienstfahrzeug für Abgeordneter AEUV 223 61

Dienstleistungen AEUV 63 23, 37; **64** 4; **65** 25
- Empfänger AEUV 63 4
- Erbringer AEUV 63 4, 37
- von allgemeinem wirtschaftlichem Interesse GRC 36 1, 12; AEUV 63 32; **106** 39, 46 ff., 71 ff.

Dienstleistungsabkommen, plurilateral AEUV 207 254

Dienstleistungsfreiheit AEUV 26 4
- s. a. zwingender Grund des Allgemeininteresses
- aktive Dienstleistungsfreiheit AEUV 57 27, 35
- allgemeines Programm AEUV 59 1, 10
- Anerkennungsprinzip AEUV 56 121
- Aufnahme der Dienstleistung AEUV 56 119
- Auslandsdienstleistungen AEUV 57 31
- Ausnahmeregelung AEUV 56 120
- Begünstigte AEUV 56 17 ff.; **62** 16
- Bereichsausnahme AEUV 56 64; **62** 2
- Beschränkung AEUV 56 1, 9, 57 ff., 69 ff.; **59** 1, 21; **61** 2 f.
- Beschränkung durch Sozialpolitik AEUV 151
- Bestimmungslandprinzip AEUV 59 31, 33
- Dienstleistungsbegriff AEUV 57 3
- Dienstleistungsempfänger AEUV 56 19; **59** 20

- Dienstleistungserbringer **AEUV 56** 17, 124; **59** 20
- Diskriminierung **AEUV 56** 59, 87; **58** 5; **59** 11
- Drittstaatsangehörige **AEUV 61** 2
- Drittwirkung **AEUV 56** 32 ff.
- Entgelt **AEUV 57** 20
- Ermessen **AEUV 56** 130
- Erwerbszweck **AEUV 56** 28
- Exportstaat **AEUV 56** 121
- Freiheit **AEUV 56** 2
- Gesundheitsschutz **AEUV 56** 63, 112; **59** 12; **62** 3, 10
- Gewinnerzielungsabsicht **AEUV 57** 21
- Gleichbehandlung **AEUV 61** 1 f.
- grenzüberschreitendes Element **AEUV 57** 25 ff.
- Grundrechte **AEUV 56** 107, 115
- Importstaat **AEUV 56** 121
- Inhaltsbestimmungen **AEUV 56** 123
- Inländergleichbehandlung **AEUV 56** 59; **57** 39; **59** 11
- innerstaatlicher Sachverhalt **AEUV 57** 39 f.
- interne Marktregulierung **AEUV 56** 79, 81
- juristische Personen **AEUV 62** 16
- Kohärenzkontrolle **AEUV 56** 14
- Kompetenzgrundlage **AEUV 59** 7
- Komplementärfreiheit **AEUV 56** 7
- Konkurrenzen **AEUV 57** 3
- körperliche Gegenstände **AEUV 57** 7
- Korrespondenzdienstleistungen **AEUV 57** 37 f.
- Liberalisierung **AEUV 56** 68; **58** 6; **60** 1 f.
- Marktzugang **AEUV 56** 60, 79, 104, 130; **62** 9
- Meistbegünstigungsprinzip **AEUV 61** 2
- mittelbare Diskriminierungen **AEUV 56** 65
- nichtdiskriminierende Maßnahmen **AEUV 56** 69; **59** 22
- Niederlassung **AEUV 56** 122; **59** 16, 27
- offene Diskriminierung **AEUV 56** 6
- öffentliche Ordnung **AEUV 56** 63, 112; **59** 12; **62** 3, 6
- öffentliche Sicherheit **AEUV 56** 63, 112; **59** 12; **62** 3, 6
- passive Dienstleistungsfreiheit **AEUV 57** 29, 35 s. a. Dienstleistungsempfänger
- personenbezogene Diskriminierung **AEUV 56** 60, 65; **62** 7
- produktbezogene Diskriminierung **AEUV 56** 62, 65
- Prioritätsvorgabe **AEUV 59** 8
- Proportionalität **AEUV 56** 114
- räumlicher Anwendungsbereich **AEUV 56** 13 ff.
- Rechtfertigung **AEUV 56** 107, 113, 153 ff.; **59** 2
- Regelungstrias **AEUV 56** 6
- sachlicher Anwendungsbereich **AEUV 57** 3
- Schutzlücken **AEUV 56** 121
- Selbstständigkeit der Leistungserbringung **AEUV 56** 7; **57** 17; **57** 19; **59** 16
- sensible Dienstleistungen **AEUV 56** 90
- Sonderbetroffenheit des Dienstleistungserbringers **AEUV 59** 21
- soziale Dienstleistungen **AEUV 59** 17
- Sperrwirkung **AEUV 56** 109
- Strafrecht **AEUV 56** 108
- ÜLG **AEUV 199** 7
- unmittelbare Anwendbarkeit **AEUV 56** 12, 30; **59** 11
- verbotene Tätigkeiten **AEUV 57** 41 ff.
- Verhältnismäßigkeit **AEUV 56** 107, 114; **59** 22; **62** 5
- Verkaufsmodalitäten **AEUV 56** 94
- vermischte Leistungen **AEUV 57** 8
- Verpflichtete **AEUV 56** 29 ff.
- versteckte Diskriminierung **AEUV 56** 63; **59** 11
- Verzögerung **AEUV 56** 119
- wirtschaftliche Gründe **AEUV 56** 113; **57** 20; **59** 17
- Ziele der Union **AEUV 56** 112
- zwingende Erfordernisse **AEUV 56** 63, 67
- zwingende Gründe des Allgemeininteresses **AEUV 56** 112, 123; **62** 4

Dienstleistungsrichtlinie **AEUV 56** 88; **59** 14; **62** 15; **106** 74; **298** 19
- Adressaten **AEUV 59** 26
- Beeinträchtigung **AEUV 59** 21
- Begünstigte **AEUV 59** 20
- Dienstleistungsempfänger **AEUV 59** 20, 25
- Dienstleistungserbringer **AEUV 59** 20
- Rechtfertigung **AEUV 59** 24
- schwarze Liste **AEUV 59** 23
- Verbraucherschutz **AEUV 59** 24
- Verhältnismäßigkeit **AEUV 59** 22

Dienstleistungsverkehr **AEUV 56** 1; **63** 37; **66** 16
- Freiheit des ~ **AEUV 64** 4; **66** 11
- Liberalisierung des ~ **AEUV 63** 4, 37

Dienstreisen Abgeordneter **AEUV 223** 59

differenzierte Integration **EUV 20** 2; **AEUV 67** 22; **81** 5 ff.
- s. a. abgestufte Integration

Differenzierung, rückschreitende **EUV 50** 9

Diplom **AEUV 56** 120; **57** 32; **59** 7, 12; **62** 11

diplomatische Vertretung **AEUV 221** 3, 7; **216** 45
- Abstimmung der Mitgliedstaaten **EUV 35**

diplomatischer Schutz **EUV 35** 7; **47** 19; **GRC 46** 1 ff.; **AEUV 23** 1 ff.
- Grundrechtsqualität **GRC 46** 8
- Individualansprüche **AEUV 23** 26 ff.
- juristische Personen **AEUV 23** 38
- Rechtsschutz **GRC 46** 18 ff.; **AEUV 23** 54 f.
- Völkerrecht **AEUV 23** 16, 24, 37

diplomatischer und konsularischer Schutz **AEUV 221** 19

diplomatisches Asyl AEUV 221 12
Directorate General for Economic and Financial Affairs (DG Ecfin) s. Generaldirektion Wirtschaft und Finanzen
direkte Steuern AEUV 110 10, 22 f.; 112 1, 6
Direktinvestitionen AEUV 63 19, 40; 64 3, 6 f., 16; 143 6; 216 117 f.; 351 108
– ausländische ~ AEUV 63 24; 64 3, 7, 24; 65 18
– internationale AEUV 3 13
Direktklagen GRC 47 14, 18, 21, 22, 34, 40, 70; AEUV 254 3; 256 5 ff.
Direktorium der Europäischen Zentralbank
– Amtsenthebung AEUV 130 21
– Amtszeit AEUV 130 20
– Unabhängigkeit AEUV 130 20
Direktwahlakt
– EP EUV 14 39, 46, 49; AEUV 223 2, 4, 10 ff.; 224 12 f.; 232 6
– Unterlassen einer Unionsregelung AEUV 223 12
Direktwirkung von Richtlinien AEUV 288 22, 38 ff., 65 ff.
– Abgrenzung der Drittwirkungsarten AEUV 288 55
– Ablauf der Umsetzungsfrist AEUV 288 43
– Agenten-Konstellationen AEUV 288 57 f.
– Ausschlusswirkung AEUV 288 60 f.
– Begründung AEUV 288 39
– Begünstigung des Einzelnen AEUV 288 49 f.
– Berufungsberechtigter AEUV 288 50
– Bestimmtheit AEUV 288 41
– Dreiecks-Konstellationen AEUV 288 56
– Ersetzungswirkung AEUV 288 60 f.
– Geltung AEUV 288 55
– horizontale ~ AEUV 288 51 ff., 60 f.
– Klagebefugnis AEUV 288 49
– laufende Verwaltungsverfahren AEUV 288 43
– nationale Verfahrensregeln AEUV 288 45 f.
– negative unmittelbare Wirkung AEUV 288 60 f.
– reflexhaft Betroffene AEUV 288 50
– rein objektive unmittelbare Richtlinienwirkung AEUV 288 59
– umgekehrt vertikale ~ AEUV 288 48
– Unbedingtheit AEUV 288 41
– und Grundsatzbestimmungen der GRC AEUV 288 75 f.
– Unterschiede zur richtlinienkonformen Interpretation AEUV 288 65 ff.
– vertikale ~ AEUV 288 48
– Voraussetzungen AEUV 288 41 ff.
Diskontinuität
– EP EUV 14 46
– Petition AEUV 227 20
Diskriminierung GRC 23 1 f., 4, 13, 19, 25, 37 f., 40 ff.; AEUV 49; 63 2, 23, 27, 34, 41; 64 2, 4, 6, 10, 19; 65 2, 17 f.; 110 41, 94
– Begriff GRC 21 2; AEUV 18 5 f.; 19 17 ff.; 49 48
– Belästigungen AEUV 19 20
– Beweislastumkehr GRC 23 40
– direkte ~ AEUV 18 10 ff.; 19 17 f.
– durch Regelungskombinationen AEUV 18 21 f.
– durch Unterlassung GRC 23 38
– Formen AEUV 49 50
– gemeinsame Verantwortung der Union und der Mitgliedstaaten GRC 23 25
– geregelte Kontexte GRC 23 13 21
– grundsätzliche Vorgehensweise von Antidiskriminierungsregeln GRC 23 13, 14
– indirekte ~ AEUV 18 15 ff.; 19 17 f.
– Maßstab der Feststellung GRC 23 37
– Menschenwürde GRC 1 33, 47, 51
– Merkmale mittelbarer Diskriminierung GRC 23 40
– mitgliedstaatliche Verantwortung GRC 23 25
– mittelbare ~ GRC 23 39 f.; AEUV 18 15 ff.; 19 17 f.; 49 55, 63, 76; 52 5; 110 42, 124 ff.
– mögliche Rechtfertigung mittelbarer Diskriminierung inhärenter Bestandteil des Konzepts GRC 23 42
– offene ~ AEUV 49 51; 54 26; 63 28
– positive ~ GRC 23 22, 43
– Rechtfertigung GRC 21 10; 23 42; AEUV 18 27 ff.; 19 19
– Rechtfertigung mittelbarer Diskriminierung GRC 23 40
– Rechtfertigungsgründe AEUV 52 7
– statistischer Beweis GRC 23 39
– umfassende Regelung unmöglich GRC 23 19
– umfeldbezogene ~ AEUV 49 58
– umgekehrte ~ AEUV 49 11
– und Gleichheit GRC 23 24
– unmittelbare ~ GRC 23 40; AEUV 18 10 ff.; 19 17 f.; 45 96 ff.; 49 52; 110 42, 124; 157 87 ff.;
– Verantwortung der Union GRC 23 25
– Verbot GRC 23 4, 24; AEUV 63 2, 29, 33; 65 15
– Verbot bzgl. der Rechte der EMRK GRC 23 13
– Verbot in den USA GRC 23 2
– Vergleichbarkeit AEUV 49 48
– ~ verhindern GRC 23 1
– verschleierte ~ AEUV 63 28; 65 26
– versteckte ~ GRC 23 40; AEUV 49 51; 54 26
– willkürliche ~ AEUV 63 27, 34; 65 18 f., 26
– Zusammenspiel von Diskriminierungsgründen und geregelten Kontexten GRC 23 14
Diskriminierungsverbot EUV 9 25; GRC 45 14, 18; AEUV 21 24 ff.; 22 8, 12, 16 f., 20, 32, 39 f., 42; 30 24; 34 19, 125 ff.; 145; 35 11 ff.; 40 59 ff.; 49 47 ff.; 55 1; 110 64, 108 ff., 138; 113 1 f.

- s. a. Arbeitnehmerfreizügigkeit
- allgemeines ~ **AEUV 203** 11
- Angleichung nach oben **AEUV 157** 17 ff.
- aus Gründen der ethnischen Herkunft **GRC 21** 4, 6; **AEUV 19** 25
- aus Gründen der Rasse **GRC 21** 4; **AEUV 19** 24
- aus Gründen der Religion oder Weltanschauung **GRC 21** 4; **AEUV 19** 26
- aus Gründen der Staatsangehörigkeit **GRC 21** 15; **AEUV 18**
- aus Gründen des Alters **GRC 21** 4; **AEUV 19** 28
- aus Gründen des Geschlechts **GRC 21** 4; **AEUV 19** 23
- aus Gründen einer Behinderung **GRC 21** 4; **AEUV 19** 27
- Berechnung des Arbeitsentgelts **AEUV 19** 12
- besonderes ~ **AEUV 200** 8
- Diskriminierungskontrolle **AEUV 34** 125 ff.
- Entgeltgleichheit **AEUV 157** 80 ff.
- kirchliche Belange **AEUV 17** 22
- Kompetenzgrundlage **AEUV 18** 91 ff.; **19** 1 ff.
- steuerliches ~ **AEUV 113** 1
- Strafrecht **AEUV 325** 8
- wegen der Geburt **GRC 21** 7
- wegen der genetischen Merkmale **GRC 21** 9
- wegen der Hautfarbe **GRC 21** 6
- wegen der politischen oder sonstigen Anschauung **GRC 21** 7
- wegen der sozialen Herkunft **GRC 21** 7
- wegen der Sprache **GRC 21** 6
- wegen der Zugehörigkeit zu einer nationalen Minderheit **GRC 21** 6
- wegen des Vermögens **GRC 21** 7

Diskriminierungsverbot aus Gründen der Staatsangehörigkeit **GRC 21** 15; **AEUV 18**
- Auslegungsmaxime **AEUV 18** 73
- Berechtigte **AEUV 18** 53 ff.
- Bindung Privater **AEUV 18** 63 ff.
- Inländerdiskriminierung **AEUV 18** 68 f.
- Leitmotiv **AEUV 18** 3
- Nachrangigkeit **AEUV 18** 73 ff.
- persönlicher Anwendungsbereich **AEUV 18** 52 ff.
- räumlicher Anwendungsbereich **AEUV 18** 71
- Rechtsetzungskompetenz **AEUV 18** 91 ff.
- sachlicher Anwendungsbereich **AEUV 18** 36 ff.
- umgekehrte Diskriminierung **AEUV 18** 68 f.
- und Grundfreiheiten **AEUV 18** 37 ff., 79 ff.
- und Freizügigkeitsrecht **AEUV 18** 41 ff.
- und nationaler Grundrechtsschutz **AEUV 18** 44
- und prozessrechtliche Regeln **AEUV 18** 45
- und Sekundärrecht **AEUV 18** 90

- und Sozialleistungen **AEUV 18** 46
- Verpflichtete **AEUV 18** 60 ff.
- Vorrangigkeit **AEUV 18** 88 f.
- zeitlicher Anwendungsbereich **AEUV 18** 70

Diskriminierungsverbot aus Gründen des Geschlechts **GRC 21** 4; **AEUV 19** 23
- Frauenquoten **AEUV 19** 34
- Gender-Richtlinie **AEUV 19** 36
- Unisextarifrichtlinie **AEUV 19** 36

Diskriminierungsverbot, Kompetenzgrundlage **AEUV 18** 91 ff.; **19** 1 ff.
- Anwendungsvoraussetzungen **AEUV 19** 3 ff.
- Fördermaßnahmen der Union **AEUV 19** 35
- Gesetzgebungsverfahren **AEUV 18** 95 ff.; **19** 31 ff.
- Konkurrenzverhältnis **AEUV 19** 4 ff.
- Sachregelungskompetenz **AEUV 19** 10

Dispute Settlement Body (der WTO) **AEUV 216** 238, 243

Disziplinarrecht für Beamte **AEUV 228** 17

disziplinierte Haushaltsführung **AEUV 125** 1, 4

Dividenden **AEUV 65** 18, 36

Dividendenbesteuerung **AEUV 49** 138 ff.

Dodd-Frank Act **AEUV 207** 104

Doha-Entwicklungsrunde **AEUV 207** 194 ff.

Dokumente
- Datenschutz **AEUV 232** 16
- geheim **AEUV 232** 16
- Interesse, öffentliches **AEUV 232** 16
- Privatsphäre **AEUV 232** 16
- Untersuchungsausschuss **AEUV 226** 11
- Zugang **GRC 41** 18; **AEUV 232** 16

Doppelbelastungen **AEUV 56** 117

Doppelbesteuerung **AEUV 49** 99, 112, 128, 140; **63** 41; **110** 2, 45
- Abkommen (DBA) **AEUV 63** 41; **64** 16
- Verbot **AEUV 110** 45, 129 f., 132
- wirtschaftliche ~ **AEUV 65** 18

Doppelbesteuerungsabkommen **AEUV 49** 105, 114, 130, 135, 143; **110** 2

Doppelbestrafungsverbot s. ne bis in idem

Doppelgrundlage **AEUV 113** 7

Doppelhaushalt **AEUV 310** 32

Doppelhut **AEUV 221** 4

Doppelmandatierung **AEUV 218** 35

Doppelschranke **GRC 47** 4, 72

doppelte Schrankenregelung **GRC 52** 2, 56

doppelte Staatsangehörigkeit s. Staatsangehörigkeit

doppelte Subsidiarität **AEUV 169** 4

doppelte Verlustberücksichtigung **AEUV 49** 124

Drei-Prozent-Klausel, EP **EUV 14** 37, 38; **AEUV 223** 1, 17, 35; **225** 6

Dreiseitendialog **AEUV 324** 7

Dringlichkeitsmaßnahmen **AEUV 63** 5; **144** 4, 12

dritte Säule der Union **AEUV 276** 1

Drittstaaten AEUV 198 20; **219** 3, 8, 17, 22, 23
- Forschungskooperation AEUV 186 1 ff.

Drittstaatsangehörige GRC **1** 19; **2** 9; **5** 7; AEUV 49 31 f.; **52** 17; **77** 21 ff., 24; **78** 1 ff.; 79, 1 ff., 21, 23, 25 ff., 43
- s. a. Arbeitnehmerfreizügigkeit
- s. a. Beschäftigungsbedingungen
- s. a. Staatsangehörigkeit

Drittwirkung GRC 23; AEUV **56** 32 ff.
- Beschränkungsverbot AEUV **56** 40
- der Grundrechtecharta GRC **51** 38
- Diskriminierungsverbot AEUV **56** 39, 59
- Diskriminierungsverbot nach Art. 18 AEUV **18 AEUV** 63 ff.
- Diskriminierungsverbot nach Art. 21 GRC GRC **21** 13; AEUV **19** 12 f.
- funktionale Äquivalenz AEUV **56** 50
- kollektive Regelungen AEUV **56** 34; **59** 26
- Lebensschutz GRC **2** 8
- Machtgefälle AEUV **56** 52
- Menschenwürde GRC **1** 14
- mittelbare GRC **3** 20
- private Wirtschaftsteilnehmer AEUV **56** 50 ff.
- Regelungscharakter AEUV **56** 34, 44
- Schutzpflichten AEUV **56** 53; **59** 16
- unmittelbare GRC **20** 33; **23** 30
- Verbände mit Rechtsetzungsautonomie AEUV **56** 34

Drogen
- Bekämpfung AEUV **56** 122
- Handel AEUV **57** 41, 48; **83** 21
- Übereinkommen zur Bekämpfung AEUV **207** 251

dual use-Güter AEUV **215** 45; **346** 28, 34 f.; **348** 19

dual-use-Verordnung AEUV **207** 58 ff.
- Genehmigungserteilung AEUV **207** 61
- Registerpflicht AEUV **207** 66
- Vermittlungstätigkeiten AEUV **207** 67

Dualismus AEUV **216** 209

Dubliner Übereinkommen AEUV **217** 32 f.

Durchführung
- Begriff AEUV **2** 14
- Berücksichtigung des Tierschutzes AEUV **13** 13 f.
- im Umweltschutz GRC **37** 16; AEUV **11** 10, 23 ff.; **192** 59 ff., 64 ff.
- Untersuchungsausschuss AEUV **226** 17

Durchführung des Unionsrechts, effektive AEUV **187** 4 ff.

Durchführungsbeschlüsse AEUV **203** 1
- Anwendbarkeit, unmittelbare AEUV **203** 10
- Handlungsformentypen AEUV **203** 7 ff.
- Verfahren AEUV **203** 3 ff.
- Wirkung, unmittelbare AEUV **203** 10

Durchführungsbestimmungen
- s. a. Durchführungsbeschlüsse
- zu internationalen Übereinkünften AEUV **218** 80
- zum Beamtenstatut und den BSB AEUV **336** 14 ff.

Durchführungsprogramme, Forschung AEUV **182** 6

Durchführungsrechtsetzung AEUV **291** 1 ff.
- abschließende Wirkung AEUV **291** 11 ff.
- Anwendungsbereich AEUV **291** 6 ff.
- Begriff AEUV **291** 4 f.
- Einzelfallentscheidungen AEUV **291** 10
- Kennzeichnungspflicht AEUV **291** 7
- Kontrolle AEUV **291** 2
- (nicht-)wesentliche Regelungen AEUV **291** 7
- Rechtsschutz AEUV **291** 7, 13, 24
- Sonderfälle AEUV **291** 3, 6
- Verhältnis zu Art. 290 AEUV **291** 1, 7, 9

Durchsetzungshindernis für das Unionsrecht AEUV **351** 18, 42

Dynamik der Gesellschaft AEUV **36** 12

EWG s. Europäische Wirtschaftsgemeinschaft

EAD (Europäischer Auswärtiger Dienst) AEUV **221** 2 ff., 26 f.

EAG s. Europäische Atomgemeinschaft

EAGFL s. Europäischer Ausrichtungs- und Garantiefonds für die Landwirtschaft – Abteilung Ausrichtung

EASO AEUV **74** 6; **78** 6, 11

Echelon-Sonderausschuss AEUV **226** 24

echte unterschiedslos anwendbare Maßnahmen AEUV **34** 83

ECOFIN-Rat AEUV **137** 11; **138** 32
- Geldpolitik AEUV **127** 15

Economic and Financial Committee s. Wirtschafts- und Finanzausschuss

economic governance AEUV **121** 1

ECU s. European Currency Unit

Edinburgher Beschluss AEUV **341** 8

EEA s. Einheitliche Europäische Akte

EEF s. Europäischer Entwicklungsfonds

Effektivitätsgebot
- Durchführung Unionsrecht AEUV **197** 8 ff.
- Strafrecht AEUV **325** 6

Effektivitätsgrundsatz EUV **4** 111, 122 ff.; **19** 58; GRC **47** 4, 7, 39, 42, 72; AEUV **49** 92, 95; **110** 144

effet utile EUV **10** 41; **11** 32; AEUV **216** 101, 106; **263** 72; **351** 109
- Freizügigkeit GRC **45** 15
- Umweltschutz GRC **37** 1

EFRE s. Europäischer Fonds für regionale Entwicklung

EFSF s. Europäische Finanzstabilisierungsfazilität

EFSM s. Europäischer Finanzstabilisierungsmechanismus

EFTA-Gerichtshof AEUV **217**, 31, 52

EFWZ s. Europäischer Fonds für währungspolitische Zusammenarbeit

EG s. Europäische Gemeinschaft
EGFL AEUV 40 66
EGKS s. Europäische Gemeinschaft für Kohle und Stahl
Ehe AEUV 157 86, 132, 138
- Begriff GRC 9 14
- Definitionsgewalt GRC 9 15
- Eheschluss GRC 9 17
- Eingehung GRC 9 17
- Hochzeit GRC 9 17
- Lebensgemeinschaft, eingetragene GRC 9 16
- Mehreheverbot GRC 9 22

Eheeingehungsrecht
- Abwehrrecht GRC 9 23 ff.
- Bedeutung GRC 9 11
- Besonderheiten GRC 9 2
- Eingriff GRC 9 36
- Eingriffsrechtfertigung GRC 9 37
- Entstehungsgeschichte GRC 9 8
- Gemeinschaftsgrundrecht GRC 9 6
- Institutsgarantie GRC 9 24
- Mehrehe GRC 9 22
- Rechtsprechungsentwicklung GRC 9 9
- Schutzbereich, persönlich GRC 9 13
- Schutzbereich, sachlich GRC 9 14 ff.
- und EMRK GRC 9 12
- und Mitgliedstaaten GRC 9 5
- Verletzungshandlung GRC 9 38
- Verpflichteter GRC 9 10

EIB s. Europäische Investitionsbank
EIGE s. Europäisches Institut für Gleichstellungsfragen
Eigenmittel AEUV 311 11 ff.
- Begriff AEUV 311 14 ff., 48
- Durchführungsbestimmungen AEUV 311 135
- Durchführungsmaßnahmen AEUV 311 147 ff.
- Erhebungskosten AEUV 311 31
- jährliche Obergrenzen AEUV 312 3
- Korrekturmechanismen AEUV 311 76 ff.
- Krediteinnahmen AEUV 311 69
- Präferenz für die Finanzierung AEUV 311 8
- System der AEUV 311 59
- traditionelle AEUV 311 30
- und Finanzausgleich AEUV 311 43 ff.
- Verfahrensvorschriften AEUV 322 10 ff.

Eigenmittelarten AEUV 311 26
- kein »Numerus clausus« AEUV 311 47
- neue AEUV 311 36, 45

Eigenmittelbegriff
- formeller AEUV 311 25, 81
- materieller AEUV 311 25

Eigenmittelbeschlüsse AEUV 311 117 ff.
- 1970 AEUV 311 13, 24, 126, 138 ff.
- 1985 AEUV 311 140 f.
- 1988 AEUV 311 142
- 1994 AEUV 311 142

- 2000 AEUV 311 144
- 2007 AEUV 310 44, 311 26, 145 312 3
- 2014 AEUV 311 146
- Inhalte AEUV 311 131 ff.
- Initiativrecht AEUV 311 118
- Normenkategorie eigener Art AEUV 1 13
- Rechtsnatur AEUV 311 124 ff.

Eigenmittelfinanzierung, Vorrang der AEUV 311 81
Eigenmittelobergrenze AEUV 310 57; 311 133 ff.
Eigenmittelsystem, Intransparenz AEUV 311 35
eigenständige Kompetenz für verbraucherpolitische Maßnahmen AEUV 169 43
Eigentum AEUV 63 32; 345 1, 7 ff.
- geistiges AEUV 1 22
- Grundrecht AEUV 64 18

Eigentumsentzug GRC 17 2, 5, 7, 21 ff., 28 ff., 42
Eigentumsordnung AEUV 65 14
Eigentumsrecht GRC 17 1, 11, 16 f., 19 f., 33, 35 f., 38, 40, 42 f.
- Kontrolldichte GRC 17 32
- Nutzungsregelung GRC 17 21, 24 ff., 30, 33, 40

Eigenverantwortung/Autonomie, haushaltspolitische AEUV 119 15
Eignungsausschuss AEUV 255 1 ff.
- Arbeitsweise AEUV 255 8
- Aufgabe AEUV 255 3 ff.
- Zusammensetzung AEUV 255 6 ff.

Eilvorabentscheidungsverfahren GRC 47 22, 37
Eindringen in Wohnung GRC 7 34
Einfluss privater wirtschaftlicher Entscheidungsträger AEUV 34 36 ff.
Einfrieren von Geldern AEUV 220 39
Einfrieren von Vermögenswerten AEUV 75 3, 16; 347 38

Einfuhr
- Begriff AEUV 207 79
- Jungrobbenfelle AEUV 207 99
- Regelung für bestimmte Drittländer AEUV 207 92
- Walerzeugnisse AEUV 207 98
- Waren aus China AEUV 207 93

Einfuhrbeschränkungen AEUV 34 2
- Ausnahmen AEUV 36 1
- Rechtfertigung AEUV 34 219 ff.
- subjektives Recht AEUV 34 2
- unmittelbare Anwendbarkeit AEUV 34 2

Einfuhrbeschränkungsverbot AEUV 34 2 ff., 28 ff.
- Adressaten AEUV 34 29
- Berechtigte AEUV 34 28
- Private AEUV 34 30
- Schutzpflicht AEUV 34 29
- Unionsorgane AEUV 34 39

Einfuhrfreiheit AEUV 207 78 ff.
– Grundsatz AEUV 207 78
Einfuhrumsatzsteuer AEUV 110 68
Einfuhrverordnung
– Anwendungsbereich AEUV 207 78 ff.
– Erlass Schutzmaßnahmen AEUV 207 83 ff.
– Erlass Überwachungsmaßnahmen AEUV 207 83 ff.
– EU-Überwachung AEUV 207 84
– Informations- und Konsultationsverfahren AEUV 207 83
– Schutz- und Überwachungsmaßnahmen AEUV 207 82 ff.
Eingehungs- und Erfüllungsbetrug AEUV 325 16
eingetragene Lebenspartnerschaft AEUV 19 30
Eingriffsrechtfertigung GRC 1 58 ff.; 2 64
einheitliche Bankenaufsicht AEUV 284 21
Einheitliche Europäische Akte (EEA) EUV 1 21; AEUV 66 1; 67 12; 142 1 f.; 174 3; 176 2; 177 1; 289 7 f., 12; 293 6 319 2
einheitlicher Abwicklungsmechanismus AEUV 127 57
einheitlicher Asylstatus AEUV 78 12, 15
einheitlicher Aufsichtsmechanismus AEUV 127 54; 130 11
einheitlicher Patentschutz EUV 20 5
einheitlicher Wertekanon AEUV 205 6
einheitliches/kohärentes Auftreten (nach außen) s. Grundsatz der geschlossenen völkerrechtlichen Vertretung
Einheitspatent AEUV 118 22
einklagbare Rechte (aus EU-Übereinkünften) AEUV 216 227 ff., 242; 351 15
Einkommensteuer AEUV 311 87
Einlagenzertifikat AEUV 63 19
Einnahmen, sonstige AEUV 311 81, 99
– Arten AEUV 311 87
– aus Kreditaufnahme AEUV 311 101
Einrede AEUV 351 2, 83
Einreise GRC 9 38
Einreiserecht GRC 7 32, 36
Einreiseverweigerung GRC 7 32
Einrichtungen und Konferenzen im Finanzbereich, internationale AEUV 138 12 ff., 25
Einrichtungen und sonstige Stellen der EU GRC 51 12
– s. a. Organstruktur der EU
Einrichtungsabkommen AEUV 221 10 f.
Einsatzfelder AEUV 12 52
Einschätzungsprärogative GRC 38 14
Einschätzungsspielraum des Gesetzgeber EUV 14 50, 74; AEUV 223 17, 35
Einschränkung von Grundfreiheiten GRC 51 24
einseitige Erklärungen der EU AEUV 216 199 ff.; 218 10
Einstimmigkeit AEUV 86 6, 11 f., 42; 87 2, 6, 22 ff., 29; 88 1 f.; 89 1, 14 f.

– in der GASP EUV 31 5 ff.
– in der GSVP EUV 42 38 ff.
Einstimmigkeitserfordernis im Rat s. Rat
Einstimmigkeitsvorbehalt EUV 48 2
einstweiliger Rechtsschutz s. Rechtsschutz, einstweiliger
Eintritt (in mitgliedstaatliche Verträge durch die Europäische Union) AEUV 216 113 f.; 351 17
Eintrittsgelder AEUV 56 61
Einwanderung, illegale AEUV 79 31
– präventive Maßnahmen AEUV 79 32 ff.
– Rückführung AEUV 79 36 ff.
– Rückübernahmeabkommen AEUV 79 39 f.
Einwanderungspolitik AEUV 79 1 ff., 8, 16 ff.
– Einreise- und Aufenthaltstitel AEUV 79 17 ff.
– Familienzusammenführung AEUV 79 22
– horizontale Regelungen AEUV 79 21 ff.
– illegale Einwanderung AEUV 79 31
– Integrationsmaßnahmen AEUV 79 43 ff.
– kombinierte Erlaubnis AEUV 79 29
– Rechtsstellung AEUV 79 25 ff.
– sektorale Regelungen AEUV 79 24, 30
Einwilligung GRC 6 26
Einwilligung, datenschutzrechtliche
– Begriff GRC 8 23
– Einwilligungserklärung GRC 8 27
– Einwilligungsfähigkeit GRC 8 26
– Freiwilligkeit GRC 8 30
– Informiertheit GRC 8 31
– konkludente GRC 8 27
– mutmaßliche GRC 8 29
– stillschweigende GRC 8 29
– und Zweckbindung GRC 8 28
Einzelermächtigung, Grundsatz der begrenzten EUV 5 17 ff.; AEUV 2 8, 13, 20; 3 14; 63 12; 85 12, 30; 132 2; 138 12; 207 312; 216 1, 56, 95 ff., 168; 220 22; 218 144; 232 4; 260 4, 263 34; 310 12, 31; 311 4, 54, 69; 232 6
– ausdrückliche Kompetenzzuweisung EUV 5 43
– ausschließliche Zuständigkeit EUV 5 34, 56, 63 ff., 71
– beschränkte Hoheitsübertragung EUV 5 22
– Bestimmung Kompetenzgrundlage EUV 5 46 ff.
– Binnenmarktharmonisierungskompetenz EUV 5 24 ff.
– Europäische Bürgerinitiative EUV 11 69
– Flexibilitätsklausel EUV 5 24 ff.
– generalklauselartige Kompetenzzuweisung EUV 5 24 ff.
– geteilte Zuständigkeit EUV 5 35
– horizontale Kompetenzverteilung EUV 5 17, 46
– implied powers EUV 5 44 ff.
– Kompetenzabgrenzung objektiver Ansatz EUV 5 50

- Kompetenzabgrenzung Schwerpunktmethode   EUV 5 47 ff.
- Kompetenzabgrenzung subjektiver Ansatz   EUV 5 50
- Kompetenzausübung   EUV 5 14
- Kompetenzgrundlage   EUV 5 13, 16 f., 24, 46 ff., 122 ff.
- Kompetenzkategorien   EUV 5 31 ff.
- Kompetenz-Kompetenz   EUV 5 18 ff., 29
- Kompetenzverteilung   EUV 5 1, 5, 13 f. 46, 55, 82, 134
- Querschnittskompetenz   EUV 5 26, 38 ff.
- sachgebietsbezogene Kompetenzen   EUV 5 38 ff.
- übertragene Zuständigkeit   EUV 5 16 ff., 44
- Umweltschutz   AEUV 11 2
- Untersuchungsausschuss   AEUV 226 4
- Unterstützungs-, Koordinierungs- und Ergänzungszuständigkeit   EUV 5 36
- vertikale Kompetenzverteilung   EUV 5 2, 17, 46, 49

Einzelfallentscheidungen   AEUV 290 15
Eisenbahnpakete   AEUV 90 13 ff.
Eisenbahnverkehr   AEUV 58 7
EJN   AEUV 74 5
Elektrizität   AEUV 106 53
ELER s. Europäischer Landwirtschaftsfonds für die Entwicklung des ländlichen Raums
Eltern-Kind-Beziehung   GRC 7 21, 32
Elterngeld
- s. Familie, Familienleistungen
- s. Familie, Elternurlaub
- soziale Vergünstigungen   AEUV 46 21

Elternrecht, schulbezogenes   GRC 14 17 f., 23
Elternurlaub s. Familie
Embargo   AEUV 207 142; 347 38 f., 47
Embryo   GRC 1 22 ff.; 2 10 ff.
embryonale Stammzellen   GRC 1 24 ff.; 2 10 ff.; AEUV 179 4
Emissionen   GRC 7 34
Emissionsüberschreitungsabgabe   AEUV 311 94
Emmotsche Fristenhemmung   AEUV 288 46
EMN   AEUV 74 4
Empfehlung VO 1176/2011   GRC 28 11; AEUV 153 135
Empfehlungen   AEUV 121 28; 216 105; 218 166 f.; 288 99 ff., 107; 292 1 ff.
- Abgrenzung zur Stellungnahme   AEUV 288 107
- Abgrenzung zur Mitteilung   AEUV 288 102 ff.
- Beachtlichkeit für nationale Stellen   AEUV 288 102
- der Kommission   AEUV 216 191; 218 17 ff., 51, 172, 197; 220 23
- des Parlaments   EUV 14 29; AEUV 218 78, 154, 198; 220 32
- der EZB   AEUV 218 115
- des Hohen Vertreters   AEUV 218 197; 220 23
- der Hohen Behörde   AEUV 351 10 f.
- des Rates   AEUV 121 43 f.; 292 7 ff.
- Empfehlungen der Kommission   AEUV 292 10 f.
- Empfehlungen der Europäischen Zentralbank   AEUV 292 12
- Funktion   AEUV 288 102
- GASP   AEUV 230 2
- Gemeinsamkeit mit Stellungnahmen   AEUV 288 99
- Rechtsschutz   AEUV 288 106
- Untersuchungsausschuss   AEUV 226 12
- Zuständigkeiten   AEUV 288 100 f.

Empfehlungszuständigkeit   AEUV 218 21 ff.
EMRK s. Europäische Menschenrechtskonvention)
EMRK-Beitritt   AEUV 216 217 ff.; 218 103, 149 ff., 232
Energie
- Energieversorgung   AEUV 63 32; 64 16; 65 11
- geteilte Zuständigkeit   AEUV 4 9

Energie-Außenpolitik   AEUV 194 34 ff.
- Bedeutung   AEUV 194 34
- Rechtsgrundlagen   AEUV 194 35 ff.

Energiebinnenmarkt Art. 194   AEUV 4, 7 ff., 19, 35 f.; **114** 43
- Energiebinnenmarktpaket   AEUV 194 7 f., 19
- Formulierung   AEUV 194 9

Energiecharta   AEUV 217 39
Energiechartavertrag   AEUV 207 246
Energieeffizienz   AEUV 194 14
Energiekapitel   AEUV 194 1 ff.
- Außenbeziehungen s. a. Energie-Außenpolitik
- Bedeutung   AEUV 194 1
- Energiepolitik s. dort
- Leitprinzipien   AEUV 194 4 ff.
- Rechtsschutz   AEUV 194 24
- Rechtsetzungsverfahren   AEUV 194 21 ff.
- Souveränitätsvorbehalt s. dort
- steuerliche Bestimmungen   AEUV 194 43 ff.
- Verhältnis zu anderen Rechtsgrundlagen AEUV 194 2, 7 f., 12 f., 15 ff., 20, 22 ff., 28, 38, 40 f.
- Ziele   AEUV 194 4 ff.

Energiekompetenz s. Energiekapitel
Energiemix   AEUV 173 21, 32, 87
Energiepolitik   AEUV 192 1, 3 ff., 47 ff., 83
- Außenpolitik s. a. Energie-Außenpolitik
- Leitprinzipien   AEUV 194 4 ff.
- Rechtsschutz   AEUV 194 24
- Ziele   AEUV 194 4 ff.
- Zielkonflikte   AEUV 194 6
- Zuständigkeitsverteilung   AEUV 194 3

Energieträger   AEUV 173 29

Energieversorgung AEUV 345 19
Energiewende AEUV 173 47, 49
– Flexibilisierungsklausel AEUV 352 4
Engel-Kriterien GRC 47 47
Enquete-Kommission
– Sonderausschuss AEUV 226 23
– Untersuchungsausschuss AEUV 226 23
Enteignungsstandards AEUV 207 24
Entgelt (Arbeitsentgelt) GRC 31 19 f.
– Arbeitnehmereigenschaft AEUV 45 36 ff.
– Abgrenzung zu Arbeitsbedingungen AEUV 157 8, 55 ff.
– Begriff AEUV 153 126; 157 7, 10, 30 ff., 46 ff.
– Bereichsausnahme AEUV 153 18, 21, 116 ff.
– Entgeltersatzleistung AEUV 157 53 f.
– s. a. Bereichsausnahme, Sozialpolitik
Entgeltdifferenzierung, Beweislast AEUV 157 92 ff.
Entgeltgleichheit für Männer und Frauen EUV 2 30
Entgeltgleichheit GRC 31 19 f.
– Diskriminierungsverbot AEUV 157 80 ff.
– körperlich schwere Arbeit AEUV 157 136
Entgeltvereinbarungen
– Fairness AEUV 12 44
– Transparenz AEUV 12 44
Entlassung (Arbeitsverhältnis) GRC 30; 33 19
– Abfindung AEUV 45 138, 142; 48 50
– Beendigung AEUV 153 44 ff.
– Begriff GRC 30 15
Entlastung AEUV 319
– Haushaltsverfahren AEUV 234 6
– Kommission AEUV 234 6
Entschädigungsanspruch gegen die EU AEUV 215, 42
Entscheidungsgewalt der Mitgliedstaaten, Katastrophenschutz und Terrorabwehr AEUV 222 31
Entschließungen AEUV 288 98, 101
Entsenderichtlinie AEUV 59 33; 62 15
Entsendestaat AEUV 221 11
Entsendung AEUV 153; 45 16, 60 f.; 48 61
– Entsenderichtlinie AEUV 153 123, 134
Entwicklung der EU
– Albanien EUV 49 11
– Bosnien EUV 49 13
– Grönland EUV 49 10
– Kosovo EUV 49 13
– Marokko EUV 49 10
– Mazedonien EUV 49 11
– Montenegro EUV 49 11
– Norwegen EUV 49 10
– Schweiz EUV 49 10
– Serbien EUV 49 11
– Türkei EUV 49 12
Entwicklungsassoziierung EUV 49 38
Entwicklungsausschuss des IWF AEUV 138 31
Entwicklungsfonds AEUV 199 4; 204 6

Entwicklungskooperation s. Entwicklungszusammenarbeit
Entwicklungsländer EUV 21 29
Entwicklungspolitik AEUV 198 13, 25 f.
– technische Forschung AEUV 189 3
Entwicklungszusammenarbeit AEUV 198 13; 208; 209; 210; 211; 217 1, 35 ff.
– Abgrenzung zu anderen Politikbereichen AEUV 209 4 f.
– AKP-Staaten AEUV 208 4 ff.
– Armut, Begriff der AEUV 208 30
– Begriff AEUV 208 21 f.
– Cotonou-Abkommen AEUV 208 4
– „Drei K" AEUV 208 15 f.
– Entwicklungsländer, Begriff der AEUV 208 19 f.
– Europäischer Entwicklungsfonds AEUV 208 5
– Europäischer Konsens zur Entwicklungspolitik AEUV 210 2
– Europäisches Nachbarschafts- und Partnerschaftsinstrument AEUV 209 10 f.
– historische Entwicklung AEUV 208 3 ff.
– internationale Zusammenarbeit AEUV 211
– Kohärenz, Grundsatz der AEUV 208 31 ff.
– Kompetenz der EU AEUV 209 6, 12 f.
– Komplementarität, Grundsatz der AEUV 208 26 f.
– Koordinierung, Gebot der AEUV 210
– Lomé-Abkommen AEUV 208 4
– Maßnahmen AEUV 209 8, 10 ff., 210 4 ff.
– Programme AEUV 209 9
– Rolle der EIB AEUV 209 15 ff.
– Stabilitätsinstrument AEUV 209 10
– Verhältnis von Art. 211 zu Art. 220 AEUV AEUV 211 6
– Yaoundé-Abkommen AEUV 208 4
– Ziele der Entwicklungspolitik AEUV 208 24 f., 28 ff., 33
– Zielsetzungen, Begriff der AEUV 208 38
– Zusagen, Begriff der AEUV 208 37
– Zusammenarbeit, Begriff der AEUV 211 2
Entwicklungszusammenarbeit und humanitäre Hilfe, geteilte Zuständigkeit AEUV 4 15
Entzug des Mandats AEUV 223 25
EP s. Europäisches Parlament
EPSC s. European Political Strategy Centre
Erbschaft/en AEUV 63 21; 64 4
– Erbschaftsteuer AEUV 63 19
Erforderlichkeit einer Maßnahme AEUV 36 83 ff.
Erforderlichkeitskriterium AEUV 216 100
Erfüllungsort AEUV 63 21
erga-omnes-Wirkung AEUV 268 3
Ergänzung nationaler Politiken
– grenzüberschreitende Vernetzung AEUV 169 49
– rechtliche Ergänzung AEUV 169 49
Erhaltung der biologischen Meeresschätze AEUV 3 12

– ausschließliche Zuständigkeit AEUV 4 7
Erhaltung der Funktionsbedingungen des Staates AEUV 36 94
Erhebung GRC 8 19
Erklärung (Nr. 36) der Regierungskonferenz von Lissabon zu Art. 218 AEUV über die Aushandlung und den Abschluss internationaler Übereinkünfte betreffend den Raum der Freiheit, der Sicherheit und des Rechts durch die Mitgliedstaaten AEUV 216 126, 132; 218 7
Erklärung von Laeken zur Zukunft der Europäischen Union EUV 1 29
Erklärung zur Abgrenzung der Zuständigkeiten AEUV 2 8, 42
Erklärungen zur Gemeinsamen Außen- und Sicherheitspolitik AEUV 2 48
Erlaubnisvorbehalte AEUV 49 63
Ermächtigungsbeschluss AEUV 218 28, 50
Ermächtigungsgrundlagen AEUV 216 74, 80, 87 ff., 130, 137, 159; 218 16; 220 26 ff.; 221 2
– Binnenmarktkompetenz AEUV 169 5
– implizite AEUV 216 28 ff., 63, 73 f., 86, 92 ff., 102 ff., 148 ff.; 218 171; 221 6, 8
Ermächtigungsverfahren (Verstärkte Zusammenarbeit) AEUV 329 1 ff.
– Antrag AEUV 329 2
– Ermächtigungsfiktion AEUV 329 9 f.
– Ermächtigungsverfahren im Bereich der GASP AEUV 329 11 ff.
– Regelermächtigungsverfahren AEUV 329 2 ff.
Ermessen AEUV 138 39
– beim Erlass von Schutzmaßnahmen gem. Art. 201 AEUV AEUV 201 3
– beim Erlass von Durchführungsbeschlüssen gem. Art. 203 AEUV AEUV 203 14
– der EU AEUV 216 36
– der Kommission AEUV 265 52
– des EuGH AEUV 218 211
– des Rates AEUV 216 100; 218 17, 31 f., 113
– Ermessensfehler AEUV 265 55
– Ermessensmissbrauch AEUV 265 54 f., 71
– Ermessensspielraum AEUV 265 66
– Forschungspolitik AEUV 182 30
– Petition AEUV 227 8, 19
Ermessensmissbrauch GRC 47 40
Ermessensnachprüfung s. Nachprüfungsbefugnis
Ermittlungsmaßnahmen AEUV 85 31, 42; 86 22, 32 ff.; 87 7; 88 32 ff.; 89 10
Ernährungssouveränität AEUV 39 8
erneuerbare Energien AEUV 194 15 ff.
Erpressungspotential EUV 48 11, 46
Ersatzteile AEUV 34 15
Erschöpfungsgrundsatz AEUV 36 53
Erstarkung des Wertedenkens EUV 2 4
Erstattungen AEUV 311 91
Erstellung von Unionsstatistiken AEUV 338 1 ff.
– Grundsatz der Kostenwirksamkeit AEUV 338 24

– Grundsatz der Objektivität AEUV 338 22
– Grundsatz der statistischen Geheimhaltung AEUV 338 25
– Grundsatz der Unparteilichkeit AEUV 338 20
– Grundsatz der wissenschaftlichen Unabhängigkeit AEUV 338 23
– Grundsatz der Zuverlässigkeit AEUV 338 21
– Kompetenzgrundlage AEUV 338 4 ff.
– Maßnahmen AEUV 338 7 ff.
– verfahrensrechtliche Anforderungen AEUV 338 12 ff.
– Verhaltenskodex AEUV 338 2
ERT-Situation AEUV 56 92
Ertragshoheit AEUV 311 52
Ertragskompetenz AEUV 113 17
Erweiterter Rat der EZB s. EZB
Erweiterung AEUV 217 1, 4, 26 ff.
Erweiterungsrunde EUV 49 5
Erwerbstätigkeit (selbständig) AEUV 49 15 f., 19
Erwerbszweck AEUV 54 2, 4
ESA AEUV 186 3; 189 14
ESC s. Europäische Sozialcharta
ESF s. Europäischer Sozialfonds
ESM s. Europäischer Stabilitätsmechanismus
establishment agreement AEUV 221 10
Estland AEUV 217 9
– Sonderregelungen Kapitalverkehr AEUV 64 13
ESVP s. Europäische Sicherheits- und Verteidigungspolitik
ESZB s. Europäisches System der Zentralbanken
ESZB-Satzung AEUV 311 102
– und Ausnahmeregelung AEUV 139 26 ff.
Etikettierungsrecht, Durchschnittsverbraucher AEUV 12 54
Etikettierungsvorschriften AEUV 34 111
EU s. Europäische Union
EU-Agenturen AEUV 194 8; 291 13 f.; 295 8; 298 2, 5 ff., 20
– ACER AEUV 194 8
– Flexibilisierungsklausel AEUV 352 2
– Kompetenz zur Gründung von EU-Agenturen AEUV 298 10
EU-Antidumpingrecht GRC 47 33
EU-Außenpolitik, Terrorprävention AEUV 222 6 ff.
EU-Außenwährungsverfassung AEUV 119 6
EU-Beihilferecht GRC 47 27, 28, 29, 33, 75
EU-Dienstrecht GRC 47 67, 71, 73
EU-Fusionskontrollrecht GRC 47 52, 75
EU-Gipfel AEUV 137 13
EU-Haushalt, Strafrecht AEUV 325 1
EU-Kartellrecht GRC 47 5, 9, 11, 37, 46, 47, 48, 53, 58, 66, 68, 74,
EU-Kommission AEUV 290 29
– Selbstverpflichtung zu Konsultationen AEUV 290 29

EU-Organe AEUV 288 19 f., 21, 95; **290** 2, 4, 25
- Bindung AEUV 288 19 f., 95
- institutionelles Gleichgewicht AEUV **290** 4
- Rechtsschutz AEUV **290** 25

EU-Patentgerichtsbarkeit AEUV 262 5
- Gemeinschaftspatentgericht AEUV 262 3
- Übereinkommen über ein einheitliches Patentgericht AEUV 262 5

EU-Rahmen AEUV 288 98, 122
EU-Staatshaftung s. Haftung der Union
EuGH s. Gerichtshof der Europäischen Union
EuGöD s. Gericht für den öffentlichen Dienst
EuGVÜ AEUV 81 2 ff.
EuGVVO AEUV 81 3, 6, 8, 10, 14, 30 f., 41 ff., 44
EURASIL AEUV 74 7
Euratom s. Europäische Atomgemeinschaft
EURES s. Arbeitsvermittlung
EURIMF s. Vertreter der Mitgliedstaaten beim IWF
Euratom-Vertrag s. Europäische Atomgemeinschaft
Euro
- Ausscheiden eines Mitgliedstaats AEUV **139** 1; **140** 69 ff.
- Einführung in einem Mitgliedstaat AEUV **140** 1 ff.
- Einführung in einem Mitgliedstaat als Rechtspflicht AEUV **139** 2, 7; **140** 7
- Staaten mit Sonderstatus AEUV **139** 40 ff.
- Staaten mit Sonderstatus: Dänemark AEUV **139** 43 ff.; **140** 37
- Staaten mit Sonderstatus: Vereinigtes Königreich AEUV **139** 47 ff.; **140** 13

Euro 11-Gruppe AEUV 137 4, 5; **138** 31
Euro-ECOFIN-Rat AEUV 137 5
Euro-Gipfel AEUV 119 40; **121** 68
Euro-Konvergenzkriterien s. Konvergenzkriterien
Euro-Krise AEUV 138 4
Euro-Münzen AEUV 2 9, 30
Euro-Plus-Pakt AEUV 120 6; **121** 4, 50, 66 f.; **137** 13
Euro-Sitz im IWF AEUV 138 45
Euro-Staaten, Sonderregelungen AEUV 5 5
Euro-Staatsschuldenkrise AEUV 119 3, 11 f., 49; **121** 3, 50; **126** 69; **138** 4
Euro-Troika AEUV 137 10
Euro-Währung AEUV 64 11; **142** 5 f.; **128** 1 ff.
- Banknotenemission AEUV **128** 7 ff.
- Bargeldeinführung AEUV **128** 6
- Einführung AEUV **142** 5, 9
- gesetzliches Zahlungsmittel AEUV **128** 1 f.; **133** 1 f.
- Kompetenzverteilung AEUV **128** 3 f.
- Mitgliedstaaten AEUV **66** 10; **142** 4, 9; **143** 2, 4, 7, 9
- Mitgliedstaaten mit Ausnahmeregelung (pre-ins) AEUV **63** 11, 14; **66** 6 f., 10, 13; **142** 1, 5 f., 9, 11, 14 ff., 19, 21; **143** 1 f., 5 f., 8, 13, 21, 31; **144** 1, 14
- Münzausgabe AEUV **128** 12 ff.
- strafrechtlicher Schutz AEUV **128** 15 f.; **133** 5
- Währungsgebiet AEUV **142** 24; **144** 18

Euro-Währungsgebiet AEUV 119 1, 22 ff., 51; **121** 10; **126** 25 f.; **137** 3, 10; **138**
- s. a. Eurozone

Eurobonds AEUV 125 11; **311** 116
Eurocontrol (Europäische Organisation zur Sicherung der Luftfahrt) AEUV 220 84
Eurodac AEUV 78 36
Eurogroup Working Group im SCIMF s. Arbeitsgruppe "Euro-Gruppe"
Eurogruppe
- Außenvertretungsanspruch AEUV **138** 39
- Economic forum AEUV **137** 4
- Präsident der ~ AEUV **137** 10, 8; **138** 32, 36, 45
- Rechtspersönlichkeit der ~ AEUV **138** 27
- Wirtschafts- und Finanzausschuss AEUV **134** 3, 7

Eurojust AEUV 71 3
- Auftrag AEUV **85** 1
- Beschluss AEUV **85** 2 f.; **86** 19 f.
- Clearingstelle AEUV **85** 17
- doppelte demokratische Rückbindung AEUV **85** 39
- elektronisches Fallbearbeitungssystem AEUV **85** 7
- Kontrolle durch nationale Parlamente EUV **12** 36
- Koordinierungssystem AEUV **85** 5
- Koordinierungstätigkeit AEUV **85** 6, 11 ff., 34
- Verhältnis zur Europäischen Staatsanwaltschaft AEUV **85** 9; **86** 17 ff.
- Verhältnis zu Europol AEUV **85** 1, 20 f.

Europa 2020 AEUV 8 18
Europa der zwei Geschwindigkeiten EUV 46 2
  s. auch abgestufte, differenzierte Integration
Europa-Abkommen AEUV 217, 26
Europa-Mittelmeer-Abkommen AEUV 217, 10, 38; **218** 89, 147
Europaabgeordnete s. Abgeordnete
Europaabgeordnetengesetz AEUV 223 4, 46 ff.
Europaidee EUV 1 13 ff.
Europäische Agentur für das Betriebsmanagement von IT-Großsystemen im Raum der Freiheit, der Sicherheit und des Rechts EUV 13 4
Europäische Agentur für die operative Zusammenarbeit an den Außengrenzen der Mitgliedstaaten der Europäischen Union EUV 13 4; AEUV 71 3; **74** 6; **77** 27
Europäische Agentur für die Sicherheit des Seeverkehrs EUV 13 4
Europäische Agentur für Flugsicherheit (EASA) EUV 13 4; AEUV 298 9

Europäische Agentur für Medizinprodukte (EMA) AEUV 298 6
Europäische Agentur für Netz- und Informationssicherheit EUV 13 4
Europäische Agentur für Sicherheit und Gesundheitsschutz am Arbeitsplatz EUV 13 4; AEUV 156 10
Europäische Arzneimittel-Agentur EUV 13 4
Europäische Atomgemeinschaft (EAG) EUV 1 16, 62; AEUV 216 19, 21 ff., 76, 124, 157; 218 79, 86 f., 124 f., 212; 220 54, 69, 80; 221 5; 340 2; 351 8, 54
– besondere Finanzvorschriften AEUV 310 6
– Integrationsklausel AEUV 11 21
– Kreditaufnahme AEUV 311 102
– Verwaltungshaushaltsplan AEUV 310 3
– Vertrag AEUV 1 12
Europäische Aufsichtsbehörde für das Versicherungswesen und die betriebliche Altersversorgung EUV 13 4
Europäische Bankenaufsichtsbehörde EUV 13 4
Europäische Behörde für Lebensmittelsicherheit EUV 13 4
Europäische Beobachtungsstelle für Drogen und Drogensucht EUV 13 4
Europäische Bürgerinitiative AEUV 224 4
– s. a. Bürgerinitiative
Europäische Chemikalienagentur AEUV 192 20
Europäische Eisenbahnagentur EUV 13 4
Europäische Ermittlungsanordnung AEUV 82 9, 13 f., 17
Europäische Finanzstabilisierungsfazilität (EFSF) AEUV 122 26 f.; 143 24
Europäische Fischereiaufsichtsagentur EUV 13 4
Europäische Fonds für währungspolitische Zusammenarbeit (EFWZ) AEUV 141 3
Europäische Freihandelsassoziation (EFTA) AEUV 217, 4
Europäische Gemeinschaft (EG) AEUV 216 17 ff., 23 ff., 73, 92, 259; 218 4, 87, 92, 159, 161, 190, 193; 220 1 ff., 16, 30, 45, 69; 351 1, 5 ff., 13, 30, 33, 40, 47, 106
– Austritt AEUV 204 2
Europäische Gemeinschaft für Kohle und Stahl (EGKS) AEUV 351 7
– Ende EUV 50 13
– Haftung AEUV 340 8
– Kreditaufnahme AEUV 311 102
– Übergangsabkommen zum EGKS-Vertrag AEUV 351 10
– Verwaltungshaushaltsplan AEUV 310 3
– Vertrag AEUV 216 15 f.; 221 6; 310 3; 351 7 ff.;
Europäische Grundrechtcharta s. Charta der Grundrechte der EU
Europäische Integration AEUV 351 85, 92

– Regelung der Sprachenfrage AEUV 342 1
Europäische Investitionsbank (EIB) AEUV 63 5; 143 21; 175 9; 271 1 ff.; 341 10
– als Bank AEUV 308 5 ff.
– Aufgaben AEUV 309 3 ff.
– Autonomie AEUV 271 2, 308 10 ff.
– Befugnis zur Kreditaufnahme AEUV 309 23
– Beschaffung der Finanzmittel AEUV 309 19 ff.
– Direktorium AEUV 308 29 f.
– Einfluss der Mitgliedstaaten AEUV 308 11
– Errichtung AEUV 308 2
– Forschung AEUV 187 8
– Haftung der Mitgliedstaaten AEUV 308 22
– Haushalt AEUV 310 23
– institutionelle Grundlagen AEUV 308 1
– Kontrolle durch die europäische Gerichtsbarkeit AEUV 308 13
– Kreditaufnahme AEUV 311 101
– Mitglieder AEUV 308 17 ff.
– partielle Völkerrechtsfähigkeit AEUV 308 9
– Personal AEUV 308 32
– Prüfungsausschuss AEUV 308 31
– Rat der Gouverneure AEUV 271 12 ff., 308 21, 24 f.
– Rechnungsprüfung AEUV 287 5
– Rechtspersönlichkeit AEUV 308 9
– Satzung AEUV 1 24, 308 33 ff., 309 2
– Stellung AEUV 308 16
– Strukturfonds AEUV 177 12
– Verwaltungsrat AEUV 271 17, 308 26 ff.
– Zusammenarbeit mit anderen Finanzierungsinstrumenten AEUV 309 18
– Zuständigkeit des Gerichtshofs für Streitigkeiten AEUV 271 7 ff.
Europäische Kommission s. Kommission
Europäische Menschenrechtskonvention (EMRK) EUV 6 65 ff.; 19 15, 37, 38, 44 ff.; GRC Präambel 2, 20; 23 3, 13, 44; AEUV 151 18; 220 61 ff.; 351 116 f.
– 12. Protokoll GRC 23 13
– akzessorische Funktion von Art. 14 GRC 23 13
– Art. 8 GRC 30 4; 33 1
– Art. 11 GRC 28 2, 5, 25, 29, 36
– Art. 14 GRC 23 8, 13, 41
– Beitritt der Union AEUV 1 22
– Beitrittsübereinkommen EUV 19 37, 44 ff.
– Gleichheitssatz GRC 20 5
– Grundsatz der Gleichheit GRC 23 3
– Konvergenz mit GRC GRC 23 13
– Rechtserkenntnisquelle EUV 6 51 f., 66 ff.
– Rechtsgrundsätze, allgemeine EUV 14 48
Europäische Nachbarschafts- und Partnerschaftsinstrument AEUV 217 18
Europäische Nachbarschaftspolitik AEUV 217 1, 10 18, 38
– AA/DCFTA EUV 8 30 ff.
– Aktionspläne EUV 8 33

- ENI **EUV 8** 34
- ENPI **EUV 8** 34
- Instrumente **EUV 8** 18 ff.
- Länder der ENP **EUV 8** 4 ff.
- Mittelmeerunion **EUV 8** 26
- Nachbarschaftsabkommen **EUV 8** 18 ff.
- östliche Dimension **EUV 8** 28 ff.
- östliche Partnerschaft **EUV 8** 29
- südliche Dimension **EUV 8** 24 ff.
- Surrogat für Vollmitgliedschaft **EUV 8** 9
- Verhältnis zur Europäischen Sicherheitsstrategie **EUV 8** 14
- Wertekonditionalität **EUV 8** 16 f.

Europäische Organisation für Wirtschaftliche Zusammenarbeit s. Organisation für wirtschaftliche Zusammenarbeit und Entwicklung

Europäische Polizeiakademie EUV 13 4; **AEUV 87** 18

Europäische Rechnungseinheit (ERE) AEUV 320 3

Europäische Sicherheits- und Verteidigungspolitik (ESVP) AEUV 217 12

Europäische Sicherheitsstrategie EUV 42 9

Europäische Sozialcharta EUV Präambel 15, 21; **GRC 25** 2; **26** 2; **35** 2; **AEUV 151** 19
- Art. 2 **GRC 31** 22
- Art. 3 **GRC 31** 1, 17, 19, 22 f.
- Art. 4 **GRC 31** 19
- Art. 5 **GRC 28** 15
- Art. 7 **GRC 32** 7, 12, 14
- Art. 12 **GRC 34** 12
- Art. 16 **GRC 33** 8, 19
- Art. 21 **GRC 27** 5
- Art. 24 **GRC 30** 2

Europäische Staatsanwaltschaft
- Anklageerhebung **AEUV 86** 22 f.
- Aufgaben **AEUV 86** 5, 30 f.
- erweiterte Befugnisse ~ s. Kompetenzerweiterungsklausel
- Kompetenzerweiterungsklausel („Brückenklausel") **AEUV 86** 3, 39 ff.
- prozessuale Zuständigkeit **AEUV 86** 10, 22 ff.
- Satzung **AEUV 86** 28 f.
- Verhältnis zu Eurojust ~ s. Eurojust
- Verhältnis zu Europol **AEUV 86** 26 f.

Europäische Stelle zur Beobachtung von Rassismus und Fremdenfeindlichkeit EUV 13 4

Europäische Stiftung für Berufsbildung EUV 13 4

Europäische Stiftung zur Verbesserung der Lebens- und Arbeitsbedingungen EUV 13 4; **AEUV 156** 10

Europäische Struktur- und Investitionsfonds (ESI-Fonds) AEUV 175 7; **177** 9

Europäische Umweltagentur EUV 13 4

Europäische Union (EU) EUV Präambel 1 ff.; **1** 1 ff.
- allgemeine Koordinierungskompetenz **AEUV 2** 57
- als juristische Person **AEUV 287** 2; **310** 18
- Auflösung der ~ **EUV 7** 25; **50** 4; **AEUV 356** 7
- Ausgaben **AEUV 310** 14
- Außenkompetenzen **AEUV 2** 13
- ausschließliche Zuständigkeiten **AEUV 2** 28 ff., **3** 1 ff.
- Ausschluss aus der ~ **EUV 7** 25; **50** 4; **AEUV 356** 8
- Austritt aus der ~ **EUV 49** 1; **50** 1 ff.; **AEUV 204** 2; **356** 5 f.
- Begriff **EUV 1** 9 f.
- Befugnisse zur Kreditaufnahme **AEUV 311** 103
- Beitritt **EUV 1** 18 ff.; **49** 1 ff.; **AEUV 231** 3
- Beitrittsrunden **EUV 49** 5
- Besteuerungsrechte **AEUV 311** 50
- Brexit **EUV 50** 4
- Deliktsfähigkeit **EUV 47** 15 ff.
- Entwicklungsoffenheit **EUV Präambel** 7 ff.; **1** 9, 51
- Einnahmen **AEUV 310** 13; **311** 1, 10 ff.
- Einrichtungen und sonstige Stellen **AEUV 287** 3
- Entschädigungsanspruch gegen **AEUV 215** 42
- Ertragshoheit **AEUV 311** 84
- Finanzierungsbefugnisse **AEUV 310** 14
- Finanzvorschriften **AEUV 310** 6
- Finalität **EUV Präambel** 8; **1** 51
- Geltungsbereich der Verträge **EUV 52** 1 ff.; **AEUV 355** 1 ff.
- Geltungsdauer der Verträge **EUV 53** 1 ff.; **AEUV 356** 1 ff.
- Geschäftsfähigkeit **AEUV 335** 1 ff.
- Gründung **EUV Präambel** 5; **1** 22 f.
- geteilte Zuständigkeiten **AEUV 2** 29, 37 ff., **4** 1 ff.
- internationale Organisation **AEUV 1** 6
- keine Staatsqualität **AEUV 1** 5
- Kompetenzen zur Unterstützung, Koordinierung oder Ergänzung **AEUV 2** 49 ff.
- Kompetenzordnung **AEUV 2** 9
- koordinierende Zuständigkeit **AEUV 5** 1 ff.
- Mitgliedschaftsverfassung **EUV 49** 1
- Mittelausstattung **AEUV 311** 2
- Nord-, Ost- u. Süderweiterungen **EUV 1** 18 f., 24, 27
- Organisationsstruktur **EUV 13** 1 ff.
- parallele Zuständigkeiten **AEUV 4** 13 ff.
- rechtliche Einordnung **EUV 1** 9 f.
- rechtliche Grundlagen **EUV 1** 60 ff.
- Rechtsfähigkeit **AEUV 335** 1 ff.
- Rechtsnachfolgerin der EG **EUV 1** 65 f.
- Rechtsnatur **EUV 1** 9 f.
- Rechtspersönlichkeit **EUV 1** 46; **47** 1 ff.; **AEUV 1** 1
- Staatenverbundcharakter **EUV 1** 10
- Staatlichkeit **AEUV 2** 12

- Vertragsänderung **AEUV 231** 6
- Vertragsschlusskompetenzen **AEUV 3** 17
- Verwaltungskompetenz **AEUV 2** 15
- Verfassungscharakter **EUV 1** 47 ff., 52 ff.
- Verfassungsprinzipien und -grundsätze **EUV 1** 52 ff.; **GRC Präambel** 10 ff.
- Verfassungsziele **EUV Präambel** 17 ff.; **GRC Präambel** 8
- Vertragsabschlusskompetenz **EUV 47** 12 ff.
- Vertragsparteien **EUV 1** 7 f.; **52** 2
- völkerrechtliche Vertretung **EUV 47** 9 ff.
- völkerrechtliche Wurzeln **AEUV 1** 6
- Völkerrechtspersönlichkeit **EUV 47** 1 ff.
- Völkerrechtssubjektivität **EUV 47** 1 ff.; **AEUV 28** 49
- Werte **EUV Präambel** 12 ff.; **7** 1 ff.; **GRC Präambel** 10 ff., 14 ff.
- WTO-Mitglied **AEUV 28** 46 ff.
- Ziele **AEUV 65** 30
- Zuständigkeit aus der Natur der Sache **AEUV 3** 2
- Zuständigkeit zur Unterstützung, Koordinierung, Ergänzung **AEUV 6** 1 ff.
- Zuständigkeiten **AEUV 2** 8

Europäische Verteidigungsagentur EUV 45
- Aufgaben **EUV 45** 3 ff.
- Rolle des Hohen Vertreters **EUV 45** 10
- Struktur **EUV 45** 9 ff.

Europäische Verteidigungsgemeinschaft (EVG) AEUV 217 3

Europäische Verwaltung AEUV 298 1 ff.
- Begründungspflicht **AEUV 296** 20 f.
- Effizienz **AEUV 298** 13
- Kompetenz für EU-Verwaltungsverfahrens-Verordnung **AEUV 298** 15 ff.
- Offenheit **AEUV 298** 12
- Organisation **AEUV 298** 5 ff.
- Unabhängigkeit **AEUV 298** 14

Europäische Weltraumorganisation (ESA) AEUV 187 8; **189** 14 f.

Europäische Werte EUV 49 18

Europäische Wirtschafts- und Währungsunion s. Wirtschafts- und Währungsunion

Europäische Wirtschaftsgemeinschaft (EWG) EUV 1 18; **AEUV 216** 17 ff., 23 ff., 73, 92, 259; **218** 4, 87, 92, 159, 161, 190, 193; **220** 1 ff., 16, 30, 45, 69; **351** 1, 5 ff., 13, 30, 33, 40, 47, 106
- Haushaltsplan **AEUV 310** 3
- Vertrag als Verfassungsurkunde **AEUV 1** 4
- Vertragsschließungs- (Außen) Kompetenzen der ~ **AEUV 216** 25 ff., 92 f., 109, 145

Europäische Zentralbank EUV 13 13; **AEUV 66** 13, 15; **119** 36 f.; **129** 6 ff.; **142** 5, 7 f.; **143** 27; **218** 91, 115; **219** 5, 14, 21, 22; **220** 52, 79, 90; **263** 23, 94; **271** 1 ff.; **282** 5, 8 f.; **289** 29
- Amtsenthebung **AEUV 130** 21
- Anfragen des EP **AEUV 230** 10
- Anhörung **AEUV 127** 43 ff.; **138** 19, 46; **219** 21
- Außenvertretungskompetenz **AEUV 138** 8, 26
- Bankenaufsicht **AEUV 284** 21
- Berichte **AEUV 284** 13
- Beschlüsse **AEUV 132** 8
- Beteiligung **AEUV 218** 115
- Devisengeschäfte **AEUV 127** 25 ff.
- Direktorium **AEUV 66** 13; **141** 4; **142** 21; **219** 13; **283** 33
- einheitliche Bankenaufsicht **AEUV 284** 21
- einheitlicher Aufsichtsmechanismus **AEUV 127** 54
- Empfehlungen **AEUV 132** 9; **219** 19, 21
- Erweiterter Rat **AEUV 66** 13; **142** 21
- Europäisches System der Zentralbanken **AEUV 129** 6 ff.; **282** 5, 8 f., s. auch dort
- Finanzautonomie **AEUV 127** 49 ff.
- Geschäftsfähigkeit **AEUV 282** 7
- gesonderter Haushalt **AEUV 310** 23
- Haushalt **AEUV 314** 13
- IRC **AEUV 219** 21
- Jahresbericht **AEUV 284** 13
- Kompetenz **AEUV 142** 21
- Kreditaufnahme **AEUV 311** 101
- Leitlinien **AEUV 132** 11 ff.; **143** 7; **219** 13
- Leitzins **AEUV 127** 22
- Mindestreserven **AEUV 127** 23
- nationale Zentralbanken **AEUV 129** 9 ff.
- Offenmarktpolitik **AEUV 127** 20 f.
- OMT **AEUV 127** 37; **130** 26
- Organisationsautonomie **AEUV 141** 25
- partielle Völkerrechtsfähigkeit **AEUV 282** 7
- Präsident **AEUV 142** 21; **283** 34
- Preisstabilität **AEUV 127** 3 ff.
- Pressekonferenzen **AEUV 284** 15
- Rat **AEUV 66** 13; **141** 5; **142** 7, 21; **219** 7, 13, 19, 22; s. a. EZB-Rat
- Rechnungsprüfung **AEUV 287** 4
- Rechtsakte **AEUV 282** 11 f.
- Rechtsakte und Ausnahmeregelung **AEUV 139** 19
- Rechtsetzung **AEUV 132** 1 ff.
- Rechtsfähigkeit **AEUV 282** 7
- Rechtspersönlichkeit **AEUV 129** 3; **271** 2; **282** 7 ff.
- Rechtsschutz **AEUV 127** 9; **130** 29 f.; **132** 15 f.
- Sanktionen **AEUV 132** 15, 17
- Satzung **AEUV 129** 13 ff.; **141** 15 ff.
- Selbständigkeitsthese **AEUV 340** 8
- single supervisory mechanism (SSM) **AEUV 127** 54; **284** 21
- Sitzungen **AEUV 284** 18, 15
- ständige Fazilitäten **AEUV 127** 22
- Stellungnahmen **AEUV 132** 9
- Stellungnahmerecht **AEUV 282** 13 f.
- Struktur **AEUV 129** 3 ff.

- TARGET **AEUV 127** 34 f.
- Teilnahme an Sitzungen **AEUV 284** 5
- Teilnahme an Sitzungen des Rates **AEUV 284** 7
- Unabhängigkeit **AEUV 130** 1 ff.; **271** 2; **282** 9, 10; **284** 19
- Unabhängigkeit und Konvergenz **AEUV 140** 11 f.
- und Euro-Gruppe **AEUV 137** 12
- Verhältnis zum Europäischen Parlament **AEUV 284** 10 f.
- Verordnungen **AEUV 132** 5 ff.
- Vertraulichkeit der Sitzungen **AEUV 284** 15, 18
- Vizepräsident **AEUV 142** 21
- Währungsreserven **AEUV 127** 28 ff.
- Weisungen **AEUV 132** 14 f.
- Zahlungsverkehr **AEUV 127** 32 ff.
- Zugang zu Dokumenten **AEUV 284** 20

Europäischer Ausrichtungs- und Garantiefonds für die Landwirtschaft – Abteilung Ausrichtung (EAGFL) **AEUV 175** 6; **178** 4

Europäischer Ausschuss für Systemrisiken **AEUV 127** 58; **141** 25;
- Wirtschafts- und Finanzausschuss **AEUV 134** 3

Europäischer Auswärtiger Dienst **EUV 27**
- Aufgaben **EUV 27** 22 ff.
- Beschluss über die Organisation und Arbeitsweise **EUV 27** 12
- Delegationen der Union **EUV 27** 16 f.
- Geschäftsfähigkeit **EUV 27** 14
- Haushaltsautonomie **EUV 27** 14
- Personal **EUV 27** 19 ff.
- Rechtsfähigkeit **EUV 27** 14
- Struktur **EUV 27** 16 ff.

Europäischer Bürgerbeauftragter s. Bürgerbeauftragter, Europäischer

Europäischer Datenschutzbeauftragter **AEUV 85** 9, 28, 36; **88** 41

Europäischer Entwicklungsfonds (EEF) **AEUV 287** 6; **310** 20

Europäischer Finanzstabilisierungsmechanismus (EFSM) **AEUV 122** 26 ff.; **143** 24; **311** 110

Europäischer Fonds für die Anpassung an die Globalisierung **AEUV 175** 13

Europäischer Fonds für regionale Entwicklung (EFRE) **AEUV 174** 2; **175** 6; **176** 1 ff.; **309** 18
- Durchführungsverordnungen **AEUV 178** 2

Europäischer Fonds für währungspolitische Zusammenarbeit (EFWZ) **AEUV 142** 21; **219** 3

Europäischer Forschungsbeirat (EURAB) **AEUV 188** 5

Europäischer Gerichtshof s. Gerichtshof der Europäischen Union

Europäischer Haftbefehl **EUV 4** 89; **GRC 19** 13; **AEUV 82** 11, 16, 27

Europäischer Integrationsprozess **EUV 1** 12 ff.

- Entwicklungsstufen **EUV 1** 17 ff.
- Finalität **EUV Präambel** 8; **1** 51
- Förderung- u. Intensivierung **EUV 1** 12
- Grundmotive **EUV Präambel** 10 f.; **1** 13 ff.; **GRC Präambel** 8

Europäischer Investitionsfonds (EIF) **AEUV 308** 8; **309** 18, 33 f.

Europäischer Kollektivvertrag
- s. Kollektivvereinbarung, Europäische
- s. Kollektivverhandlung, transnational

Europäischer Landwirtschaftsfonds für die Entwicklung des ländlichen Raums (ELER) **AEUV 40** 66; **175** 7; **178** 4; **309** 18

Europäischer Meeres- und Fischereifonds (EMFF) **AEUV 175** 7

Europäischer Rat **EUV 13** 9; **15** 1 ff.; **AEUV 219** 3; **235** 1 ff.; **236** 2 f., 8; **244** 8 f.
- Abstimmungsmodalitäten **AEUV 235** 1 ff.
- Amtsenthebung des Präsidenten **EUV 15** 29
- Anhörung des Präsidenten des EP **AEUV 235** 12
- Anhörung durch EP **AEUV 230** 7
- Aufgaben **EUV 15** 33 ff.; **AEUV 244** 9
- Aufgaben des Präsidenten **EUV 15** 30 f.
- Außenvertretung **EUV 15** 32
- außerordentliche Sitzung **EUV 26** 10 ff.
- außerordentliche Tagungen **EUV 15** 16
- Austrittsmitteilung **EUV 50** 6
- begleitende Delegationen **EUV 15** 14
- Beschluss über Ratsformationen **AEUV 236** 2 f., 8
- Beschlussfassung **EUV 15** 25; **AEUV 235** 6 ff., 14; **236** 8
- Beschlussfähigkeit **EUV 15** 25
- Beschlussfassung im Rahmen der GASP **EUV 26** 7 ff.; 31;
- Beurteilungsspielraum **AEUV 244** 8
- Brückenklausel **EUV 31** 30 ff.
- Einberufung **EUV 15** 21
- einfache Mehrheit s. Beschlussfassung
- Einstimmigkeit **EUV 31** 5 ff.; **AEUV 235** 9
- Entstehung, Entwicklung **EUV 15** 1 ff.
- Enthaltung **EUV 31** 9 ff.
- EP **AEUV 230** 7
- Erklärung von Laeken zur Zukunft der EU **AEUV 1** 20; **2** 6
- Erlass von Gesetzgebungsakten **EUV 15** 34
- Ernennungsbefugnisse **EUV 15** 36
- Festlegung des Vorsitzes **AEUV 236** 4
- Funktionsweise **EUV 15** 15 ff.
- Generalsekretariat **AEUV 235** 17; **240** 9 ff.
- Generalsekretär **AEUV 240** 12
- Geschäftsordnung **AEUV 230** 7; **235** 13 ff.
- informelle Treffen **EUV 15** 17
- Kompetenzen **EUV 15** 33 ff.
- Kompetenzen des Präsidenten **EUV 15** 30 f.
- Konsensverfahren s. Beschlussfassung
- Konsultationspflicht der Mitgliedstaaten **EUV 32**

- Leitlinien **EUV 50** 6
- Mehrheitserfordernisse **EUV 15** 25
- Mitglieder **EUV 15** 2 ff.
- ordentliche Tagungen **EUV 15** 15
- Organisationsaufgaben **EUV 15** 35
- politische Leitentscheidungen **EUV 15** 33
- politische Revisionsinstanz **EUV 15** 38
- Präsident **EUV 15** 26 ff.; **27** 7; **AEUV 230** 7
- qualifizierte Mehrheit **EUV 31** 15 ff.
- Schlussfolgerungen **EUV 15** 24
- Stimmrechtsübertragung **AEUV 235** 2 ff.
- Stimmrechtsausschluss **AEUV 235** 10 f.
- strategische Interessen und Ziele **EUV 22** 16; **26** 5 f.
- System der gleichberechtigten Rotation **AEUV 244** 9
- Tagesordnung **EUV 15** 22
- Tagungen **EUV 15** 15 ff.
- Tagungsdauer **EUV 15** 23
- Tagungsergebnisse s. Schlussfolgerungen
- Tagungsrhythmus **EUV 15** 15
- Tagungsort **EUV 15** 18 f.
- Tagungsvorbereitung **EUV 15** 20 f.
- Vertragsänderungsbefugnisse **EUV 15** 37
- Wahl des Präsidenten **EUV 15** 27 f.
- Zusammenarbeit **AEUV 230** 11
- Zusammensetzung **EUV 15** 2 ff.
- Zuständigkeit im Rahmen der GASP **EUV 24** 11 f.; **26** 5 ff.

Europäischer Rechnungshof s. Rechnungshof
Europäischer Sozialfonds (ESF) **AEUV 145** 6; **162** 1 ff.; **175** 6; **178** 4; **309** 18
- Ausschuss **AEUV 163** 3 ff.
- als Strukturfonds **AEUV 162** 3
- Durchführungsverordnung **AEUV 164** 1 ff.
- Errichtung **AEUV 162** 2
- Rechtsschutz **AEUV 163** 2
- Rechtsstellung **AEUV 163** 1
- Sekundärrecht **AEUV 162** 7 ff.; **164** 1 ff.
- Verwaltung **AEUV 163** 1
- Ziele **AEUV 162** 4 ff.

europäischer Staat **EUV 49** 17
Europäischer Stabilitätsmechanismus (ESM) **AEUV 3** 11; **AEUV 119** 12, 33, 42; **122** 30; **136** 1, 11 ff.; **143** 24
- Ermächtigungsgrundlage **AEUV 136** 14
- Instrumente **AEUV 136** 15
- Reservefonds **AEUV 311** 99
- Stammkapital **AEUV 136** 15
- Vertragsgrundlage **AEUV 136** 11 ff.

Europäischer Verwaltungsverbund **AEUV 33** 6 f.; **298** 6, 16
Europäischer Wirtschaftsraum (EWR) **AEUV 49** 14; **63** 2, 5, 22; **64** 10, 13; **66** 17; **217** 8, 25, 27, 30 ff., 44, 46, 49, 52
- Abkommen **EUV 19** 37, 38; **AEUV 218** 147
- Gemeinsamer EWR-Ausschuss **AEUV 64** 10
- Island **EUV 49** 14
- Russland **EUV 49** 15
- Staaten **EUV 49** 14
- Ukraine **EUV 49** 15

Europäisches Agrarmodell **AEUV 38** 24; **39** 13
Europäisches Amt für Betrugsbekämpfung (OLAF) **AEUV 308** 12; **325** 41 ff.
Europäisches Amt für geistiges Eigentum **AEUV 118** 25
europäisches Hoheitsgebiet **AEUV 355** 7 f.
Europäisches Institut für Gleichstellungsfragen (EIGE) **EUV 13** 4; **AEUV 8** 17; **19** 38
Europäisches Institut für Innovation und Technologie (EIT) **EUV 13** 4; **AEUV 182** 23
Europäisches Justizielles Netz **AEUV 82** 20; **85** 8, 35, 37
Europäisches Justizielles Netz in Zivil- und Handelssachen **AEUV 81** 49, 54
Europäisches Landwirtschaftsmodell s. Europäisches Agrarmodell
Europäisches Netz der Wettbewerbsbehörden s. Kartellverfahrensrecht
Europäisches Netz für Kriminalprävention **AEUV 84** 9
Europäisches Parlament **EUV 13** 8; **AEUV 85** 39 f.; **88** 36 f.; **217** 3, 23, 34, 42 f., 45, 47; **219** 19
- s. a. Abgeordnete des Europäischen Parlaments
- Abgeordnete, fraktionslose **EUV 14** 59, 63
- Abgeordneten-Status **AEUV 223** 46
- Abgeordneten-Statut **AEUV 223** 46; **224** 1 f.
- absolute Mehrheit **AEUV 231** 3, 8
- Abstimmung **AEUV 231** 3 f.
- AdR **EUV 14** 26
- Agenturen **EUV 14** 26
- Akteneinsicht **AEUV 223** 52
- Allgemeinheit der Wahl **EUV 14** 47, 49; **AEUV 223** 15, 37, 45
- als Ko-Gesetzgeber **AEUV 289** 9 ff.; **293** 8
- Amtsblatt **AEUV 232** 14 f.
- Amtssprachen **AEUV 223** 53
- Anfragen im Rahmen der GASP **AEUV 230** 2
- Anhörung **EUV 36** 8 f.
- Anhörungsrecht **AEUV 113** 20; **219** 15
- Arbeitsfähigkeit **EUV 14** 40
- Arbeitsgruppe, interfraktionelle **EUV 14** 63
- Arbeitsorganisaton **EUV 14** 59
- Arbeitsorte **EUV 14** 69; **AEUV 229** 6 f.
- Assises **EUV 14** 35
- Aufzeichnung **AEUV 232** 15
- Ausschüsse **EUV 14** 31, 65; **AEUV 232** 3, 13; **294** 18 f.
- Ausschusssitzung **AEUV 230** 13
- Außenbefugnis **EUV 14** 34
- Außenrecht **EUV 14** 13
- Aussprachen **AEUV 232** 13
- Autonomie **AEUV 232** 1, 6
- Beihilfe **AEUV 223** 57
- Befugnistypen **EUV 14** 8, 11

- Beratungsbefugnisse **EUV 14** 25
- Beschluss **AEUV 231** 1
- Beschlussfähigkeit **AEUV 231** 9 ff.
- Beschwerdeverfahren, internes **AEUV 232** 10
- Beteiligung an der GASP **EUV 36**
- Bürgerbeauftragter **AEUV 228** 1
- Bürgerbefragung **AEUV 232** 8
- COSAC **EUV 14** 35
- Degressivität **EUV 14** 43; **AEUV 223** 6
- Diäten **AEUV 223** 54
- Delegation **EUV 14** 57
- Demokratie **AEUV 230** 10, **232** 2
- Demokratiedefizit **EUV 14** 35
- Direktwahlakt **EUV 14** 39, 46, 49; **AEUV 223** 2, 4, 10 ff.; **224** 12 f.; **232** 6
- Diskontinuität **EUV 14** 46; **AEUV 227** 20
- Diskussionsrunden im TV **AEUV 224** 17
- Dokumenten-Zugang **AEUV 232** 16
- Dolmetschung **AEUV 223** 53
- Drei-Prozent-Klausel **EUV 14** 37, 38, 74
- Einheitsdiäten **AEUV 223** 64
- Empfehlung **EUV 14** 29; **36** 14
- Empfehlungen im Rahmen der GASP **AEUV 230** 2
- Entlastungsverweigerung **EUV 14** 23
- Entschädigung **AEUV 223** 55 f.
- Entschließung **AEUV 225** 5
- Entschließungsantrag **EUV 14** 29
- Entstehungsgeschichte **EUV 14** 4
- Ersuchen **EUV 14** 26
- Europaabgeordnetengesetz, deutsches **AEUV 223** 4, 32
- Europäischer Rat **AEUV 230** 7
- EZB **AEUV 230** 10
- Finanzrahmen, mehrjähriger **AEUV 231** 6
- Fragen **AEUV 230** 4, 6
- Fragerecht **EUV 36** 12 f.
- Fragestunde **AEUV 230** 9
- Fraktionen **EUV 14** 59, 61; **AEUV 223** 62; **232** 3
- fraktionslose Abgeordnete **EUV 14** 59, 63
- Freiheit der Wahl **EUV 14** 47, 53; **AEUV 223** 15, 29, 37
- Fünf-Prozent-Klausel **EUV 14** 74
- Funktionalität **EUV 14** 37; **AEUV 223** 2
- Funktionsschwäche **EUV 14** 69
- GASP **AEUV 230** 2
- Geheimheit der Wahl **EUV 14** 47, 55; **AEUV 223** 15, 37, 45
- Generalsekretariat **EUV 14** 68; **AEUV 232** 3
- Gesamtbericht der Kommission **AEUV 233** 1 ff.
- Geschäftsordnung **EUV 14** 6, 12, 56; **AEUV 223** 51 f., 62; **227** 1, 18 f.; **230** 7, 9, 11; **231** 2, 6, 8 ff.; **232** 1 ff.
- Gleichbehandlungsgebot beim Wahlrecht **AEUV 223** 8
- Grundrechte **AEUV 223** 5
- Haushalt **EUV 14** 70; **24** 17
- Haushaltsplan **AEUV 231** 6
- Haushaltsverfahren **AEUV 230** 5
- Hinterbliebenenversorgung **AEUV 223** 55
- Höchstzahlen **EUV 14** 40, 41
- Hoher Vertreter **AEUV 230** 2
- Initiativbericht **EUV 14** 30; **AEUV 225** 5; **227** 15
- Initiativrecht **EUV 14** 13; **AEUV 223** 51; **225**; **231** 6
- Internet **AEUV 232** 15 f.
- interparlamentarische Vereinbarungen **AEUV 226** 22
- Interpellationsrecht **AEUV 230** 5
- Jahres-Gesetzgebungsprogramm **AEUV 233** 11
- Leitlinien der GO EP **AEUV 230** 7
- Listenwahlen **EUV 14** 52
- Listenwahlvorschläge **AEUV 223** 37
- Kommission **EUV 14** 71; **AEUV 230** 1; **231** 6
- Konferenz der Ausschussvorsitze **EUV 14** 60
- Konferenz der Präsidenten **EUV 14** 59
- Konsultation **EUV 14** 26
- Kontrolle **AEUV 233** 2
- Mandatsverlust **AEUV 231** 5
- MdEP **AEUV 223** 3
- Mehrheit **AEUV 231** 3 ff.; **234** 14
- Mindestschwelle **EUV 14** 37; **AEUV 223** 17
- Misstrauensantrag **EUV 14** 23
- Misstrauensvotum **AEUV 231** 7
- mittelbares Initiativrecht s. Initiativrecht
- Mitwirkung an der Gesetzgebung s. besonderes Gesetzgesetzgebungsverfahren, ordentliches Gesetzgebungsverfahren
- Namensnennung des MdEP beim Initiativbericht **AEUV 225** 6
- Netzwerk **EUV 14** 34
- Nothaushalt **AEUV 231** 6
- Öffentlichkeitsgrundsatz **EUV 14** 18, 28; **AEUV 226** 8
- Organbildungsbefugnis **EUV 14** 31
- Organisation **EUV 14** 56
- Organteile **EUV 14** 62
- Parlamentarisierung s. dort
- Parlamente, mitgliedstaatliche **EUV 14** 35, 36; **AEUV 226** 22; **233** 12
- Parteien **AEUV 223** 18; **224**
- Parteistiftungen **AEUV 224** 9
- Pensionsfonds **AEUV 223** 63
- Petitionsadressat **AEUV 227** 13
- Petitonsrecht **AEUV 227**
- Plenarsitzung **AEUV 230** 1
- Plenum **EUV 14** 57
- Präsident **EUV 14** 31, 56, 58, 71; **AEUV 230** 7, 9; **231** 5
- Präsidium **EUV 14** 31, 56, 58
- Proportionalität **EUV 14** 43; **AEUV 223** 6
- Publizität **AEUV 230** 10

- Qualifying Commonwealth Citizen **EUV 14** 51
- Quästoren **EUV 14** 31, 58
- Rat **AEUV 230** 7
- Rat (GASP) **AEUV 230** 2
- Rechtsgrundsätze, allgemeine **AEUV 223** 5
- Rechtsstellung **AEUV 223** 19 ff.
- Repräsentation **EUV 11** 26
- Richtlinie zur Wahl **AEUV 223** 4
- Ruhegehalt **AEUV 223** 55
- Schlichtung **EUV 14** 72
- Sekretariat **EUV 14** 63
- Selbstorganisationsrecht **EUV 14** 6, 12, 31, 34, 56; **AEUV 231** 2, 4
- Sitzbeschwerden **AEUV 229** 6, 8
- Sitzungen **AEUV 229** 2
- Sitzungsperiode **AEUV 229** 2; **231** 3
- Sitzungstage **AEUV 229** 3
- Sonderausschüsse **EUV 14** 66
- Sperrklausel **EUV 14** 39, 74; **AEUV 223** 2, 33, 62
- Sprachendienst **EUV 14** 68
- Sprachenvielfalt **EUV 14** 69; **AEUV 223** 53
- Stellungnahme **EUV 14** 30
- Steuer **AEUV 223** 56
- Tagungen **AEUV 229** 2
- Transparenz **EUV 14** 67; **AEUV 233** 2, 13
- Triloge s. dort
- TV-Diskussionsrunden **AEUV 224** 17
- Übergangsgeld **AEUV 223** 63
- Übergangsregelung **AEUV 223** 63
- Unionsbürger **EUV 14** 49
- Unmittelbarkeit der Wahl **EUV 14** 47, 52; **AEUV 223** 15, 37, 45
- Unterrichtung **AEUV 219** 20
- Unterrichtung durch den Hohen Vertreter **EUV 36** 5 ff.
- Untersuchungsausschüsse **EUV 14** 66
- Verhältnis zur Europäischen Zentralbank **AEUV 284** 10 f.
- Verhältniswahl **AEUV 223** 14, 16, 37
- Verhandlungsniederschriften, Veröffentlichung **AEUV 232** 2, 12 ff.
- Vermittlungsausschuss s. Vermittlungsverfahren
- Vertragsänderung **AEUV 231** 3
- Vizepräsidenten **EUV 14** 31, 58
- Wahl **EUV 14** 73
- Wahlanfechtung **AEUV 223** 36
- Wahlergebnisse **AEUV 223** 39
- Wahlverfahren **AEUV 1** 15; **224** 18; **231** 3
- Wählerverzeichnis **AEUV 223** 30
- Wahlkampfkosten **AEUV 223** 18
- Wahlkosten **AEUV 223** 36
- Wahlkreise **AEUV 223** 16
- Wahlordnung **AEUV 223** 36
- Wahlperiode **EUV 14** 45
- Wahlpflicht **EUV 14** 54; **AEUV 223** 29, 42
- Wahlprüfung **AEUV 223** 24
- Wahlrecht **EUV 14** 37, 74; **AEUV 223** 8, 27 f., 37 f.
- Wahlrecht, aktives **AEUV 223** 31, 37, 42
- Wahlrecht, passives **AEUV 223** 31, 37, 42
- Wahlrechtsgleichheit **EUV 14** 42, 44; **AEUV 223** 7, 15, 37
- Wahlrechtsgrundsätze **EUV 14** 47; **AEUV 223** 1, 5, 15, 37, 45
- Wahltermin **AEUV 223** 22
- Wahlverfahren **AEUV 223** 4, 36, 44
- Wirksamkeit **AEUV 231** 5
- Wohnsitz **EUV 14** 51
- Wohnsitz-Mitgliedstaat **AEUV 223** 8
- WSA **EUV 14** 26
- Zitierrecht **AEUV 230** 5
- Zurechnung **EUV 14** 64
- Zusammenarbeit **AEUV 230** 11
- Zuständigkeit **EUV 24** 15
- Zustimmung **EUV 50** 7

Europäisches Polizeiamt **AEUV 341** 10
Europäisches Semester **AEUV 121** 3, 19; **138** 47; **148** 4
Europäisches Sozialmodell **AEUV 151** 4, 27 f.
Europäisches Statistisches System **AEUV 338** 2
Europäisches Strafregisterinformationssystem **AEUV 82** 21
Europäisches System der Finanzaufsicht **AEUV 127** 49
Europäisches System der Zentralbanken (ESZB) **AEUV 63** 10, 12, 14; **66** 6; **141** 1, 2; **142** 7, 14; **219** 5, 7, 12, 23; **282**
- Aufbau **AEUV 282** 3
- Ausscheiden **AEUV 144** 18
- Aufgaben **AEUV 127** 10 ff.
- Devisengeschäfte **AEUV 127** 25 ff.
- EZB **AEUV 129** 6 ff.; **282** 5, 8 f.
- Finanzaufsicht **AEUV 127** 49 ff.
- Geldpolitik **AEUV 127** 12 ff.
- Leitzins **AEUV 127** 22
- Mindestreserven **AEUV 127** 23
- nationale Zentralbanken **AEUV 129** 9 ff.; **282** 3
- Offenmarktpolitik **AEUV 127** 20 f.
- Preisstabilität **AEUV 127** 3 ff.; **282** 6
- Rechtspersönlichkeit **AEUV 282** 5
- Satzung **AEUV 129** 13 ff.; **139** 26 ff.; **311** 102
- ständige Fazilitäten **AEUV 127** 22
- Struktur **AEUV 129** 3 ff.; **282** 3 ff.
- TARGET **AEUV 127** 34 f.
- Verhältnis zu den Mitgliedstaaten **AEUV 284** 12
- Währungsreserven **AEUV 127** 28 ff.
- Wirtschaftspolitik **AEUV 127** 7
- Zahlungsverkehr **AEUV 127** 32 ff.
- Ziele, Aufgaben und Ausnahmeregelung **AEUV 139** 16 f.
- Zuständigkeit des Gerichtshofs für Streitigkeiten **AEUV 271** 21 ff.

Europäisches Transparenzregister **AEUV 294** 8; **295** 6

Europäisches Unterstützungsbüro für Asylfragten EUV 13 4
Europäisches Verteidigungsbündnis EUV 24 8
Europäisches Währungsinstitut (EWI) AEUV 141 3, 9, 10; 142 2, 14, 21
Europäisches Währungssystem (EWS) AEUV 119 8, 22 ff., 51; 140 36 ff.; 142 1, 4, 14; 219 3, 4, 9, 10; 320 3
Europäisches Zentrum für die Förderung der Berufsbildung (Cedefop) EUV 13 4; AEUV 298 20
Europäisches Zentrum für die Prävention und die Kontrolle von Krankheiten EUV 13 4
Europarat AEUV 216 185 f.; 220 55 ff.
Europawahlgesetz
– deutsches EUV 14 38, 50; AEUV 223 4, 32, 36
– Sitzzuteilung AEUV 223 37
European Bank for Reconstruction and Development (EBRD) AEUV 143 21
European Chemicals Agency EUV 13 4
European Currency Unit (ECU) AEUV 142 1, 4; 219 4; 320 3
European Free Trade Association (EFTA) AEUV 63 22; 64 10; 66 17
European GNSS Supervisory Authority EUV 13 4
European Institute of Innovation and Technology – EIT AEUV 187 13
European IT Agency EUV 13 4
European Police College s. Europäische Polizeiakademie
European Political Strategy Centre (EPSC) AEUV 17 25
European Representatives to the IMF (EURIMF) AEUV 138 32
European Research Area Committee (ERAC) AEUV 182 9; 188 5
European Research Council (ERC) AEUV 187 13
European Securities and Markets Authority EUV 13 4
European Space Agency (ESA) AEUV 187 8; 189 14 f.
European Systemic Board s. Europäischer Ausschuss für Systemrisiken
Europol AEUV 71 3
– Aufbau und Tätigkeitsbereich AEUV 88 2, 9 ff., 23 ff.
– Auftrag AEUV 88 1, 16
– Beschluss AEUV 88 7
– Informationssystem AEUV 88 10, 28 f., 31
– Kontrolle durch nationale Parlamente EUV 12 35
– Terrorabwehr AEUV 222 23
– Übereinkommen AEUV 88 4
Euroraum AEUV 63 12; 137 3
euroskeptische Parteien AEUV 223 40, 47; 224 10

Eurostat AEUV 338 2
EUROSUR AEUV 77 28
Eurosystem AEUV 141 1; 282 3
– s. Europäisches System der Zentralbanken (ESZB)
Eurozone AEUV 137 4; 138 1, 4; 141 25; 219 4, 7, 21, 23, 24
– Vertretung der AEUV 138 1 ff., 23, 27; 219 22
EUV s. Vertrag über die Europäische Union
Evaluierungsbericht AEUV 318 4
Évasion fiscale AEUV 49 116
Evolutivklausel AEUV 262 2
– Unionsbürgerschaft AEUV 25 1 ff.
EWG s. Europäische Wirtschaftsgemeinschaft
EWI s. Europäisches Währungsinstitut
Ewigkeitsgarantie EUV 53 5
EWR s. Europäischer Wirtschaftsraum
EWR-Abkommen EUV 19 37, 38; AEUV 218 147
EWS s. Europäisches Währungssystem
ex-officio-Prüfung AEUV 263 11
Exekutivagenturen s. Organstruktur der EU
Exekutivdirektorium des IWF AEUV 138 31, 45
Exekutivmaßnahme, reine AEUV 203 3
Exequaturverfahren AEUV 81 8, 14, 30
Existenz des Staates AEUV 347 2, 11 f., 15 f.
Existenzminimum GRC 1 40 ff., 49, 54 ff.; 2 26 ff., 56, 71
Existenzvernichtungshaftung AEUV 54 11
Exklusivität der Außenkompetenz AEUV 216 122 ff.; 218 84, 172, 222; 351 108
Exportförderung AEUV 110 2, 10, 16; 111 1
extraterritoriale Wirkungen AEUV 18 71
EZB s. Europäische Zentralbank
EZB-Präsident, Teilnahme an Sitzungen des Rates AEUV 284 7
EZB-Rat
– Abstimmungsregelungen AEUV 1 22
– Aufgaben AEUV 283 23 ff.
– Beschlussfassung AEUV 283 21 ff.
– Geldpolitik AEUV 127 15
– Rotation des ~s AEUV 283 8 ff.
– Sitzungen AEUV 284 15, 18
– Teilnahme an Sitzungen AEUV 284 5 f.
– Unabhängigkeit AEUV 283 5; 284 19
– Verhältnis zum Direktorium AEUV 283 22
– Vertraulichkeit der Sitzungen AEUV 284 15, 18
– Zusammensetzung AEUV 283 3

Fachagenturen s. Organstruktur der EU
Fachgerichte AEUV 257 1 ff.
– Errichtung AEUV 257 6 f.
– Rechtsmittel AEUV 257 7 f.
– Richter AEUV 257 9 ff.
– Verfahrensordnung AEUV 257 13 f.
FADO AEUV 74 4

Fahrgastrechte AEUV 90 6
faires Verfahren (Anspruch/Recht auf ein) GRC 47 11, 12, 57, 60, 61, 64, 65, 76, 79
Faktorfreiheit AEUV 49 8
Fälschung von Zahlungsmitteln AEUV 83 25
Familie GRC 33
– s. a. Ehe
– s. a. Mutterschutz
– Arbeitnehmerfreizügigkeit AEUV 45 52 ff.
– Arbeitsverhältnis AEUV 45 46
– Begriff GRC 33 10
– Diskriminierungsschutz AEUV 157 86, 132, 138, 178 f.
– Elternurlaub GRC 33 17 f.; AEUV 153 35
– Familienangehörige AEUV 48 19 ff.
– Familienleistungen AEUV 48 54 ff., 71, 73; 157 44
– Vereinbarkeit mit Erwerbsarbeit AEUV 153 35; 157 138, 150, 176
Familienbegriff GRC 9 26
Familiengründungsrecht
– s. a. Eheeingehungsrecht
– Abwehrrecht GRC 9 34
– Eingriff GRC 9 36
– Eingriffsrechtfertigung GRC 9 37
– Familiengründung GRC 9 29
– Institutsgarantie GRC 9 35
– Schutzbereich, sachlich GRC 9 25 ff.
– Verhältnis zum Eheeingehungsrecht GRC 9 25
– Verletzungshandlung GRC 9 38
Familienleben, Recht auf
– Beeinträchtigung GRC 7 32
– Begriff GRC 7 21, 32
– Eingriffsrechtfertigung GRC 7 38
– Schutzbereich GRC 7 20
Familienleistungen s. Familie
Familiennachzug GRC 9 38; AEUV 49 34
Familienzusammenführung AEUV 79 22
FAO (Food and Agriculture Organization of the United Nations) s. Welternährungsorganisation
Färöer-Inseln AEUV 219 17; 355 11
Feinsteuerungsoperationen AEUV 127 20
Fernmeldegeheimnis GRC 7 27
Fernsehen AEUV 56 125
– Ausstrahlung AEUV 57 8
– Beiträge AEUV 57 38
– Beteiligung AEUV 57 50
– Decodiergeräte AEUV 57 9
– Fernsehmonopole AEUV 56 130
– kostenpflichtige Rundfunksendungen AEUV 57 9
– Verbreitung AEUV 57 50
– werbefinanziertes Fernsehen AEUV 56 130
Fernsprechnetze AEUV 36 55
Festnahme/Fluchtvereitelung GRC 2 48
Feststellungsurteil AEUV 260
Feuerwaffenausfuhr AEUV 207 77

Feuerwehrdienst GRC 5 19
Film AEUV 56 127; 57 10, 50; 59 17
Financial Stability Board (FSB) s. Rat für Finanzstabilität
Finanzaufsicht AEUV 127 49 ff.
Finanzausgleich AEUV 174 6
Finanzautonomie AEUV 311 18, 53
Finanzbeiträge AEUV 310 2, 311 11 ff., 17
Finanzbereich AEUV 138 12 ff., 25
Finanzdienstleistungen AEUV 59 17; 63 16; 64 3
Finanzhilfen für Drittstaaten AEUV 311 109
finanzielle Handelshemmnisse AEUV 34 20; 56 80
finanzielle Interessen der Union, Strafrecht AEUV 325 13 ff.
finanzielle und nicht-finanzielle Beschränkungen AEUV 34 41 ff.
– Deutung als Beschränkungsverbot AEUV 34 43
– organische Ergänzung AEUV 34 41
– Unterschiede AEUV 34 42
finanzieller Beistand s. Beistand, finanzieller
finanzielles Gleichgewicht (Systeme der sozialen Sicherheit) AEUV 45 112, 126; 151 49; 153 77 ff., 105
Finanzierung AEUV 63 19
Finanzinstitut/e AEUV 64 4; 65 6 f.
– Stabilität der AEUV 141 15, 17
Finanzinstitutionen AEUV 63 19; 64 6
– internationale AEUV 63 7
Finanzmarkt AEUV 56 72
Finanzmärkte, Stabilität AEUV 65 13; 142 21
Finanzmechanismus AEUV 216 159
Finanzmonopol AEUV 106 82
Finanzplanung AEUV 312 1
– längerfristige AEUV 310 33
– mittelfristige AEUV 312 1
Finanzpolitik AEUV 3 10
Finanzrahmen, mehrjähriger AEUV 231 6; 310 33, 54, 57; 312 1 ff.
– EP AEUV 231 6
– Festlegung AEUV 312 8
– Fortschreibung AEUV 312 11
– Funktion und Inhalt AEUV 312 3 ff.
Finanzstabilitätsmechanismus s. Europäischer Stabilitätsmechanismus
Finanztransaktionssteuer EUV 20 5; AEUV 113 14, 38; 311 51, 146
Finnland AEUV 217 27
– Sonderregelungen Kapitalverkehr AEUV 64 13
Fischerei AEUV 38 8; 204 5
Fischereiabkommen AEUV 216 182; 351 119
Fischereierlaubnis AEUV 57 15
Fischereischutzorganisationen AEUV 220 82
Fiskalpakt (-vertrag) s. Vertrag über Stabilität, Koordinierung und Steuerung in der Wirtschafts- und Währungsunion

Stichwortverzeichnis

Fiskalpolitik, Koordinierung   AEUV 66 7
Flaggenprinzip   AEUV 18 58
Flexibilitäts-/Flexibilisierungsklausel (Art. 352 AEUV)   EUV 48 85; AEUV 2 4; 176 1; 216 85, 91, 94 ff.; 311 73, 106, 112; 352; 353 8 f.
– Beurteilungsspielraum   AEUV 352 24
– Dekarbonisierung   AEUV 352 4
– doppelte demokratische Legitimation AEUV 352 6
– Einstimmigkeitserfordernis   AEUV 352 5
– Energiewende   AEUV 352 4
– EU-Agenturen   AEUV 352 2
– Finanzvorschriften   AEUV 352 33
– Gemeinsame Außen- und Sicherheitspolitik AEUV 352 10, 16, 32
– Gestaltungsermessen   AEUV 352 32
– Grundsatz der begrenzten Einzelermächtigung   EUV 5 24 ff.
– Harmonisierungsverbot   AEUV 352 41
– Interpretationshintergrund   AEUV 352 20
– Katastrophenschutz   AEUV 196 2
– Klimaschutz, internationaler   AEUV 352 22
– Kompetenz-Kompetenz   AEUV 352 7
– Kompetenzausübungsschranken   AEUV 352 9, 27
– Ratifikation durch Bundestag und Bundesrat AEUV 352 6, 39
– Raum der Freiheit, der Sicherheit und des Rechts   AEUV 352 21
– Subsidiaritätsprinzip   AEUV 352 9, 27, 38
– supranationale Rechtformen im Gesellschaftsrecht   AEUV 352 2
– Tätigwerden der Union   AEUV 352 25
– Tauglichkeit in der konkreten Situation AEUV 352 33
– Unionstreue   AEUV 352 40
– Vertragsabrundungskompetenz   AEUV 13 16, 20; 20 19; 192 86; 352 1
– Vertragsänderung/-erweiterung   AEUV 352 31
– Wirtschafts- und Währungsunion   AEUV 352 18
– Zielverwirklichung   AEUV 352 11 ff.
– Zustimmung des Europäischen Parlaments AEUV 352 5
Flexibilitätsklausel im EGV   AEUV 118 12
Flucht ins Privatrecht   AEUV 18 61
Flüchtlinge   GRC 1 65; 18 9 f.; AEUV 78 13 f.
– Katastrophenschutzzuständigkeit   GRC 1 65
– Lebensschutz   GRC 2 27, 68 ff.; 5 21 f., 31 ff.
– Menschenhandel   GRC 5 21 f., 31 ff.
– Menschenwürde   GRC 1 30, 50, 64 ff.
– Solidaritätsklausel   GRC 1 65
– Verteilungsschlüssel   GRC 1 50
Flüchtlingskrise   EUV 4 111; 48 91
Flüchtlingspolitik   AEUV 78 1 ff.
Flugverkehrsmanagementsystem   AEUV 187 5
Flugzeugabschuss   GRC 1 29
Föderalisierung (des EU-Rechtsschutzsystems) GRC 47 6, 42

Föderalismus   AEUV 2 2
Folgenbeseitigung   AEUV 265 2
Folgenbeseitigungsanspruch   AEUV 260 8; 266 14
Folter   GRC 4 1 ff., 11 ff.; 19 10, 12, 15
– Androhung   GRC 4 1 ff., 10 ff.
– Verbot   GRC 3 5; 4 1 ff., 10 ff.
Folterinstrumente, Ausfuhrverordnung AEUV 207 69 ff.
Fonds
– s. a. Strukturfonds
– Forschung   AEUV 173 34 ff., 72
– Industriepolitik   AEUV 179 41
Förderpflicht   AEUV 220 55
Förderung der Nachfragerinteressen
– Ergänzungsfunktion   AEUV 169 21
– Mindeststandards   AEUV 169 21
Förderung der Verbraucherverbände
– Rechtsanspruch   AEUV 169 19
Formalitäten bei der Einfuhr   AEUV 34 110
Formenwahlfreiheit   AEUV 296 2 ff.
Formerfordernis (wesentliches)   AEUV 218 112
förmliche (völkerrechtliche) Vereinbarungen AEUV 219 8, 16
Formvorschriften, wesentliche   AEUV 230 3
Formwechsel   AEUV 54 17, 21 f., 29
Forschung   GRC 13 12
Forschung und Entwicklung (F&E), Förderung AEUV 63 32
Forschung, technologische Entwicklung und Raumfahrt, geteilte Zuständigkeit   AEUV 4 14
Forschungsbericht   AEUV 179 35; 190 1 f.
Forschungskooperationen   AEUV 179 35
Forschungspolitik
– Abkommen   AEUV 186 1
– Beteiligung, Union   AEUV 185 1 ff., 5 f., 8 f.
– ergänzende Maßnahmen   AEUV 180 1 ff.
– Industrie   AEUV 173 50 ff.
– Inhalt   AEUV 179 1 ff.
– Koordinierung   AEUV 181 1 ff.
– Menschenwürde   GRC 1 68
– Rahmenprogramme   AEUV 182 1 ff.; 183 1 ff.
– Raumfahrt   AEUV 189 4, 9 ff., 14 f. 1 ff.
– Zusatzprogramme   AEUV 184
Forschungsstätten und Forschungseinrichtungen AEUV 179 30
Forschungszentren   AEUV 179 27, 30
Fraktionen
– Bildung   EUV 14 64
– EP   EUV 14 59, 61; AEUV 223 67; 232 3
– fraktionslose Abgeordnete   EUV 14 59, 63
– interfraktionelle Arbeitsgruppen   EUV 14 63
– Organteil des EP   EUV 14 62
– Teilrechtsfähigkeit   EUV 14 64
– Vorfilterung   EUV 14 62
Franchise   AEUV 57 9, 50
Frankreich   AEUV 198 2 ff.; 217, 6; 219 17

- Mayotte **AEUV 219** 17
- Sainte-Barthélemy **AEUV 219** 17
- Saint-Pierre-et-Miquelon **AEUV 219** 17

Französisch-Guyana AEUV 355 3
Frauenförderung
- s. a. positive Maßnahmen
- Begriff **AEUV 8** 14

Frauenquoten AEUV 19 34
freie Berufe AEUV 59 13, 15
freie Wahl des Standorts AEUV 49 8
freier Datenverkehr AEUV 16 22
freier Warenverkehr AEUV 28 19 ff.; **35** 1
Freihandel AEUV 216 172; **218** 209; **351** 56, 88
Freihandels- und Investitionsschutzabkommen AEUV 216 172; **218** 12
Freihandelsabkommen AEUV 207 162
- Austritt **EUV 50** 23

Freihandelszone, spezielle AEUV 200 1
Freiheit GRC 9 30
- Abgeordnete **AEUV 223** 49; **224** 1
- Recht auf **GRC 6** 19
- Wahlen **EUV 14** 47, 53; **AEUV 223** 22 f.

Freiheit, Sicherheit, Recht, Berichtspflicht AEUV 233 10
Freiheiten GRC 52 4
Freiheitsbeschränkungen AEUV 169 33
Freiheitsentziehung GRC 6 24
Freiheitsförderung EUV 3 10 f.
Freiheitsrechte, Forschung AEUV 179 16
Freiverkehrsklauseln AEUV 114 21; **288** 31
Freizügigkeit AEUV 114 30
- allgemeine **AEUV 201** 2
- Beschränkungen **AEUV 21** 30 ff.
- der Arbeitskräfte **AEUV 202** 1 ff.
- Diskriminierungsverbot **GRC 45** 14, 18
- für Familienangehörige **AEUV 21** 7, 28
- für Studenten **AEUV 21** 8, 35
- Grenzkontrollen **GRC 45** 21
- Grundfreiheit **GRC 45** 12
- Grundrecht **GRC 45** 1 ff.
- Sozialhilfebedürftigkeit **AEUV 21** 8, 11, 36
- Umfang **AEUV 21** 16 ff.
- Umsetzung in Deutschland **AEUV 21** 38
- Unionsbürgerrecht **AEUV 21** 1 ff., 12 ff.; **22** 4

Freizügigkeitsraum AEUV 67 2
Fremdenführer AEUV 56 61, 120; **57** 32, 50
Fremdenverkehr, Tourismus **AEUV 195**
Fremdsprachenlektoren AEUV 45 121
Friedensförderung EUV 3 5 f.; **AEUV 67** 16
Friedenssicherung EUV 42 16 f., 18; **AEUV 216** 259; **220** 34 ff.; **351** 49 f., 53
Frist AEUV 216 82
- s. a. Präklusion
- s. a. Verfahrensdauer
- angemessene **GRC 47** 12, 57, 67, 68, 71
- Bürgerbeauftragter **AEUV 228** 19 ff.
- Kommission, Neuernennung **AEUV 234** 18
- Regeln **GRC 47** 4, 72, 78

- ~vereinbarung (in dringenden Fällen) **AEUV 218** 109 f.
- ~versäumung **AEUV 218** 8

FRONTEX s. Europäische Agentur für die operative Zusammenarbeit an den Außengrenzen der Mitgliedstaaten der Europäischen Union
Frühwarnmechanismus zum Schutz der Rechtsstaatlichkeit EUV 7 4
Frühwarnverfahren EUV 7 1, 6 ff.
Frustrationsverbot AEUV 138 22; **218** 123
FSB s. Rat für Finanzstabilität
fundamentale Grundsätze AEUV 231 3
funktional-äquivalent GRC 52 38
Funktionäre (der Mitgliedstaaten) AEUV 218 55
funktionelle Parallelität AEUV 34 192
Funktionsbedingungen des Staates AEUV 36 60
Funktionsgruppen AEUV 336 21 f.
Funktionsnachfolge AEUV 216 111 ff.; **220** 3, 70; **351** 16 f.
- die EU als Funktionsnachfolgerin in völkerrechtlichen Verträgen **AEUV 351** 16 f.,
- die EU als Funktionsnachfolgerin ihrer Mitgliedstaaten **AEUV 216** 111 ff., 200 f., 224, 255; **220** 3, 70

Fürsorgegemeinschaft GRC 7 21
Fusionskontrolle AEUV 101 2 f., 182; **102** 1, 62, 138
Fusionskontrollrecht AEUV 263 136
Fusionskontrollverordnung AEUV 298 19
- s. a. Kartellrecht der EU

Fusionsvertrag EUV 1 20; **AEUV 233** 4; **310** 3

G 10 AEUV 219 9, 23
G 20 AEUV 219 23
G 24 AEUV 219 23
G 7/8 AEUV 219 23
G7/G8/G10/G20 AEUV 138 15, 17, 35; **137** 10
Galileo AEUV 187 7 f.; **189** 14
Galp Energía España-Urteil GRC 47 51, 52, 74
Garantie
- auf Rechtssicherheit **GRC 6** 19
- Kapitalverkehr **EUV 63** 19

Gascogne-Urteil GRC 47 68
GASP – Übereinkünfte
- Gutachtenkompetenz des EuGH **AEUV 218** 224 ff.
- Pflicht zur Unterrichtung des Europäischen Parlaments bei Aushandlung **AEUV 218** 198
- Standpunkte **AEUV 218** 162
- Vorschlagszuständigkeit **AEUV 218** 178

GASP s. Gemeinsame Außen- und Sicherheitspolitik
GATS (General Agreement on Trade in Services) s. Allgemeines Übereinkommen über den Handel mit Dienstleistungen
GATT (General Agreement on Tariffs and Trade) s. Allgemeine Zoll- und Handelsabkommen

Stichwortverzeichnis

Gebiete in äußerster Randlage AEUV 355 3
Gebiete, außereuropäische AEUV 198 1
Gebietsansässiger AEUV 56 66, 122; 57 29; 63 19, 26 ff.; 64 3, 7; 65 10, 18; 143 6
Gebietsfremder AEUV 64 3, 7; 65 10, 18; 143 6
Gebot gegenseitiger Loyalität s. Loyalität
Gebot wechselseitiger kompetenzieller Rücksichtnahme s. Rücksichtnahme, Gebot wechselseitiger kompetenzieller
Gebot der loyalen Zusammenarbeit s. Grundsatz der loyalen Zusammenarbeit
Gebot/Handlungspflicht AEUV 63 29; 65 12
Gebühren AEUV 56 119
Gedankenfreiheit GRC 10 11
Gefahrenabwehr AEUV 65 6
Gefahrguttransport AEUV 90 5
Gefahrstoffrecht AEUV 192 28
Gefängnisarbeit GRC 5 16
gegenseitige Anerkennung AEUV 29 2; 34 165 ff., 169 ff.; 36 83 ff.; 67 37; 68 4
– Expertenentscheidungen AEUV 34 195 ff.
– funktionelle Parallelität AEUV 34 192
– Herkunftslandprinzip AEUV 34 170
– legislative Reaktion AEUV 34 200
– race to the bottom AEUV 34 185
– Ratio AEUV 34 174
– Reaktion der Kommission AEUV 34 188
– Reaktion der Mitgliedstaaten AEUV 34 184
– Risikoentscheidungen AEUV 34 197 ff.
– Verhältnismäßigkeitstest AEUV 34 171
gegenseitige Notifizierung AEUV 34 201 ff.
gegenseitiger Beistand s. Beistand, gegenseitiger
Gegenseitigkeit/Reziprozität AEUV 64 14 ff.
Gegenseitigkeitsprinzip AEUV 351 85
Gegenseitigkeitsproblem AEUV 216 236
Geheimhaltung
– Petitionsrecht AEUV 227 14
– Untersuchungsausschuss AEUV 226 11
Geheimhaltungspflichten AEUV 339 1 ff.
Geheimheit
– Abstimmung AEUV 231 3
– Dokumente AEUV 232 16
– Wahlen EUV 14 47, 55; AEUV 223 15, 37, 45
Geheimjustiz GRC 47 60
Geheimnisschutz GRC 47 44, 63, 75, 78
Geheimverträge AEUV 218 82
geistig-religiöses und sittliches Erbe der EU GRC Präambel 11
geistiges Eigentum GRC 17 2, 5, 9, 15 ff., 33, 35, 37, 41; AEUV 118 4
– Erschöpfungsgrundsatz GRC 17 35
– Europäisierung der Rechte AEUV 118 1
– Schutz der Rechte AEUV 118 1
Geld
– s. a. Bargeld
– Geldmarkt AEUV 63 19
– Geldmarktpapiere AEUV 63 19
– Geldumlauf AEUV 63 20

Geldbußen AEUV 311 92
– ~-Leitlinien GRC 47 46, 52
Geldfälschung AEUV 128 15 f.
Geldpolitik AEUV 3 8; 127 12 ff.; 219 5, 8, 21
– s. a. Währungspolitik
– ECOFIN-Rat AEUV 127 15
– Mindestreserven AEUV 127 23
– nationale Zentralbanken AEUV 127 16
– Offenmarktpolitik AEUV 127 20 f.
– Rat der Europäischen Union AEUV 127 15
– Rat der Europäischen Zentralbank AEUV 127 15
– ständige Fazilitäten AEUV 127 22
Geldspielautomaten AEUV 34 17
Geldwäsche AEUV 56 104; 83 23
Geltungsbereich der Verträge EUV 52 1 ff.
– persönlicher ~ EUV 52 3
– räumlicher EUV 52 4 ff.; AEUV 355 1 ff.
Geltungsbereichsklausel AEUV 198 18
Geltungsdauer der Verträge EUV 53 1 ff.; AEUV 356 1 ff.
Gemeinde
– Bürgerbeauftragter AEUV 228 13
– Petitionsrecht AEUV 227 6
gemeinsame Agrarpolitik AEUV 38 2, 4, 20 ff.; 114 35
– Agrarbeihilfen AEUV 40 15 ff.
– Anwendungsbereich AEUV 38 9 ff., 16
– Entwicklung AEUV 38 21 ff.
– erste Säule AEUV 38 34 f.
– Forschungspolitik AEUV 179 26, 43, 45
– Kompetenzverteilung AEUV 43 2 ff.
– Normenhierarchie AEUV 43 29 f.
– Rechtsetzung AEUV 43 12 ff.
– Reform 2013 AEUV 38 28 ff.; 42 16
– Übersseegebiete AEUV 349 8 ff.
– Ziele AEUV 39 2 ff.
– zweite Säule AEUV 36 f.
Gemeinsame Außen- und Sicherheitspolitik (GASP) EUV 3 44; 19 13; GRC 47 22; AEUV 1, 3; 2 48; 75 2; 194 37; 215 1, 7 ff.; 217 23; 263 15; 275 1 ff.; 329 11 ff.
– s. a. Hoher Vertreter der Union für Außen- und Sicherheitspolitik
– Abgrenzung gegenüber anderer Unionspolitik EUV 40
– allgemeine Leitlinien EUV 25 9 ff.; 26 5 ff., 14 ff.
– Amtshaftungsklage AEUV 275 13
– Anfragen des EP AEUV 230 10
– Anwendungsvorrang EUV 25 8
– Athena Mechanismus EUV 41 12 ff.
– Ausgaben AEUV 310 21
– Ausnahmen vom Ausschluss der Überprüfung AEUV 275 3
– Ausrichtung und Inhalt EUV 24 21 f.
– Ausschluss der Unionsgerichtsbarkeit AEUV 275 1, 5
– Begriff EUV 24 5 ff.

41*

- Berichtspflicht **AEUV 233** 9
- Beschluss **AEUV 215** 7 ff., 26 f., 35
- Beschlussfassung **EUV 31**
- Bindungswirkung an den Beschluss **AEUV 215** 35
- Datenschutz **EUV 39**
- Durchführung **EUV 26**
- Durchführungsbeschluss **EUV 25** 15
- Empfehlungen des EP **AEUV 230** 2
- EP **AEUV 230** 2
- Finanzierung **EUV 41**
- Finanzierung aus dem Unionshaushalt **EUV 41** 5 ff.
- Flexibilisierungsklausel **AEUV 352** 32
- Gutachtenverfahren **AEUV 275** 14
- Haftung für Maßnahmen **AEUV 268** 7
- Individualschutz im Rahmen der GASP **AEUV 275** 8
- Instrumente **EUV 25**
- Katastrophenschutz und Terrorabwehr **AEUV 222** 9, 38
- Kontrolle der Kompetenzabgrenzung **AEUV 275** 4
- Kontrolle durch den Gerichtshof **EUV 24** 20; **40** 10 f.
- Konzertierungsverfahren **EUV 41** 7
- Loyalität **EUV 24** 23 ff.
- Mittel/Sachmittel/Personal **EUV 26** 22
- Nichtigkeitsklage **AEUV 275** 6, 11
- Pflicht zur Unterbreitung des Beschlusses **AEUV 215** 9
- Prüfungsumfang des Art. 275 Abs. 2 AEUV **AEUV 275** 15
- Rechtswirkung Beschluss **EUV 25** 4
- Rüstung **AEUV 346** 2, 4; **347** 8, 31, 37, 45 f.; **348** 5
- Sanktionen wirtschaftlicher und nicht-wirtschaftlicher Art **AEUV 275** 9
- smart sanctions **AEUV 275** 8
- Solidarität **EUV 24** 23 ff.
- Sonderrolle der GASP **AEUV 275** 2
- Standpunkte **EUV 29**
- strategische Interessen und Ziele **EUV 22**; **26** 5 ff.
- systematische Zusammenarbeit **EUV 25** 16 ff.
- und Datenschutz **AEUV 16** 24
- Verfahren **EUV 24** 11 ff.; **AEUV 275** 10
- Vertragsschlusskompetenz **EUV 37** 3 ff.
- Vertragsverletzungsverfahren **AEUV 275** 7
- Vorabentscheidungsverfahren **AEUV 275** 6, 12
- Zuständigkeit der Kommission **EUV 24** 18 f.
- Zuständigkeit der Mitgliedstaaten **EUV 24** 13 f.
- Zuständigkeit des Europäischen Parlaments **EUV 24** 15 ff.
- Zuständigkeit des Europäischen Rates **EUV 24** 11 f.
- Zuständigkeit des Hohen Vertreters **EUV 24** 13 f.
- Zuständigkeit des Rates **EUV 24** 11 f.

gemeinsame Ermittlungsgruppen **AEUV 85** 42; **87** 24; **88** 32 ff., 42

gemeinsame Ermittlungstechniken **AEUV 87** 19

gemeinsame Fischereipolitik **AEUV 38** 4, 45 f.

gemeinsame Forschungsstelle **AEUV 182** 21

gemeinsame Haftung von Union und Mitgliedstaaten **AEUV 340** 24

gemeinsame Handelspolitik **AEUV 3** 13; **26** 13; **63** 1, 24; **64** 3, 24; **114** 37; **138** 16; **143** 22; **144** 12; **207**; **215** 44; **217** 1, 25, 37, 40; **219** 14
- Abkommenstyp **AEUV 207** 164 ff.
- Abschlussverfahren **AEUV 207** 160 ff.
- Anwendung 218-Verfahren **AEUV 207** 91
- ausschließliche Kompetenz der EU **AEUV 216** 117, 130
- Ausschluss Verkehrsbereich **AEUV 207** 310 f.
- Befugnisse der EG **AEUV 351** 9
- autonome **AEUV 207** 43 ff.
- Dynamik **AEUV 207** 3
- einheitliche Grundsätze **AEUV 207** 8 ff.
- Handel mit Dienstleistungen des Sozial-, Bildungs- oder Gesundheitssektors **AEUV 9** 9
- Handlungsformen **AEUV 207** 43 ff.
- Industriepolitik **AEUV 173** 84 ff.
- Lebensschutz **GRC 2** 59 f.
- Primärziele **AEUV 206** 16 ff.
- Rechtsetzungsverfahren **AEUV 207** 43 ff.
- Rüstungsgüter **AEUV 346** 3, 5, 7, 33, 36; **347** 25
- Überseegebiete **AEUV 349** 8
- unmittelbare Anwendbarkeit **AEUV 207** 184 f.
- Verwirklichung **AEUV 143** 11
- vertragliche **AEUV 207** 160 ff.
- Werteorientierung **AEUV 207** 10

Gemeinsame Konsularische Instruktion **AEUV 77** 13

gemeinsame Kontrollinstanz **AEUV 88** 39

gemeinsame Marktorganisation **AEUV 38** 21; **40** 4 ff.
- Ausgleichsabgaben **AEUV 44** 1 ff.
- Direktzahlungen **AEUV 40** 17 ff.
- einheitliche GMO **AEUV 40** 5
- Finanzierung **AEUV 40** 65 ff.
- Preisregelungen **AEUV 40** 13 ff.
- Produktionsbeschränkungen **AEUV 40** 47 ff.
- Quotierung **AEUV 40** 48 ff.
- Regelungsinstrumente **AEUV 40** 8 ff.

gemeinsame Politiken **AEUV 192** 82

Gemeinsame Sicherheits- und Verteidigungspolitik (GSVP) **AEUV 220** 88
- Anschubfonds **EUV 41** 24 ff.
- Beistandspflicht **EUV 42** 10, 23, 44

- Beschlussverfahren **EUV 42** 38 ff.
- Einbindung von Drittstaaten **EUV 43** 29
- Europäische Verteidigungsagentur **EUV 45**
- Finanzierung durch die Mitgliedstaaten **EUV 41** 10 ff.
- gemeinsame Verteidigung **EUV 42** 23 ff.
- Gemeinsame Verteidigungspolitik **EUV 42** 21 ff.
- humanitäre Aufgaben **EUV 43** 7
- Koordinierung durch den Hohen Vertreter **EUV 43** 30
- Kräftegenerierung **EUV 43** 18
- Krisenreaktionsplanung **EUV 43** 15
- Mission **EUV 42** 16 f., 42 ff.; **43**; **44**
- Mission, grundlegende Änderung der Umstände **EUV 44** 14
- NATO **EUV 42** 26 ff.
- neutrale Staaten **EUV 42** 24
- Operation **EUV 43** 9
- Pflichten der Gruppe der Mitgliedstaaten **EUV 44** 12
- Pflichten der Mitgliedstaaten **EUV 42** 32 ff.
- Sofortfinanzierung **EUV 41** 22 f.
- Zurechenbarkeit des Handelns von Personen **EUV 42** 35 ff.

gemeinsame Unternehmen, Forschung **AEUV 187** 8 ff.
gemeinsame Verkehrspolitik **AEUV 90** 52 ff.
Gemeinsame Verteidigungs- und Sicherheitspolitik (GVSP)
- Flexibilisierungsklausel **AEUV 352** 10, 16
- Terrorabwehr **AEUV 222** 29, 39

gemeinsamer Besitzstand s. acquis communautaire
gemeinsamer EWR-Ausschuss **AEUV 217** 31, 46, 52
Gemeinsamer Markt **AEUV 26** 6; **63** 2, 4
Gemeinsamer Strategischer Rahmen (GSR) **AEUV 162** 10, **177** 9
gemeinsamer Zolltarif **AEUV 207** 16, 148 ff.
- Warenklassifikation **AEUV 207** 149 f.

gemeinsames (europäisches) Interesse **AEUV 197** 13 ff.
Gemeinschaften, innerstaatliche **AEUV 198** 21
Gemeinschaftliches Sortenamt **EUV 13** 4; **AEUV 298** 20
Gemeinschaftsagenturen **AEUV 114** 68
Gemeinschaftsanleihen **AEUV 143** 24 f.; **311** 105
Gemeinschaftscharta der sozialen Grundrechte der Arbeitnehmer **EUV Präambel** 15, 21; **GRC 25** 2
Gemeinschaftsfazilität **AEUV 143** 27
Gemeinschaftsmethode **AEUV 289** 5; **293** 1
Gemeinschaftsrahmen **AEUV 288** 98, 122
Gemeinschaftsrechtsordnung, Eigenständigkeit **AEUV 1** 7
gemeinwirtschaftliche Verpflichtungen, Ausgleichszahlungen für **AEUV 106** 93, 118

gemischte Abkommen/Verträge **AEUV 207** 167 ff., 193, 200 f.; **216** 31, 44, 80, 117, 157, 164 ff., 222 ff., 245 ff.; **218** 16, 24, 35 ff., 64, 69 ff., 72 ff., 108, 124 ff., 132 f., 141 f., 147, 160, 179, 185 ff., 209, 221, 233
- Abschluss **AEUV 218** 125 f.
- Aussetzung der Anwendung **AEUV 218** 160, 185 ff.
- Beitritt der EU zu gemischten Abkommen **AEUV 216** 203
- Beitritt neuer MS zu gemischten Abkommen **AEUV 218** 127
- codes of conduct/Verhaltenskodizes **AEUV 218** 191
- Durchführung **AEUV 216** 165 188 ff., 208, 222; **218** 191 ff.
- Gutachtenverfahren **AEUV 218** 221
- interne Abkommen **AEUV 218** 191
- keine Koordinierungskompetenz der EU in internationalen Organisationen/Vertragsgremien **AEUV 218** 190
- Kündigung **AEUV 218** 132
- mit beschränkter Teilnehmerzahl **AEUV 216** 158
- Pflicht zu gemeinsamen Vorgehen von EU und MS **AEUV 218** 125

Gender Mainstreaming **AEUV 8** 10 ff.
Genehmigung **AEUV 56** 118; **59** 23
General Agreement on Tariffs and Trade (GATT) s. Allgemeines Zoll- und Handelsabkommen
General Council of the ECB s. Erweiterter Rat
Generalanwalt
- Auswahl **EUV 19** 62; **AEUV 252** 1 ff.; **253** 2 ff.
- Ernennung **AEUV 253** 6 ff.
- Funktion **AEUV 252** 3 ff.
- Gericht **AEUV 252** 1; **254** 11
- Gerichtshof **AEUV 252** 6
- Schlussanträge **AEUV 252** 7 ff.
- Zahl **AEUV 252** 1

Generaldirektion (Kommission) **AEUV 249** 6
Generaldirektor Wirtschaft und Finanzen **AEUV 138** 32
Generalklausel **AEUV 216** 18 f., 40; **220** 18
Generalsekretär **AEUV 240** 12 ff.
- Aufgaben **AEUV 240** 13 f.
- Ernennung **AEUV 240** 12
- qualifizierte Mehrheit **AEUV 240** 12

Generalsekretariat der Kommission **AEUV 249** 7
Generalsekretariat des EP **EUV 14** 68; **AEUV 232** 3
Generalsekretariat des Rates **AEUV 240** 9 ff.
- Aufgaben **AEUV 240** 11
- Errichtung **AEUV 240** 9
- Generalsekretär **AEUV 240** 12 ff.
- Juristischer Dienst **AEUV 240** 11
- Organisation **AEUV 240** 10

Generaltelos **GRC 38** 20

generelle Zielbestimmung AEUV 206 1
Genfer Flüchtlingskonvention AEUV 78 2, 5; 216 201
Gentests GRC 21 9
geographische Grenzfestlegung AEUV 77 9
Georgien AEUV 217 10
gerechte Behandlung GRC 41 14
Gericht
- Begriff GRC 47 54, 56, 57, 58
- Petiton AEUV 227 16
- Untersuchungsausschuss AEUV 226 4, 15

Gericht [erster Instanz] AEUV 254 1 ff.; 256 1 ff.
- Begründetheit eines Rechtsmittels AEUV 256 31 ff.
- Berichterstatter AEUV 254 8
- Kammern AEUV 251 5 ff.; 254 7
- Kanzler AEUV 254 13
- Plenum AEUV 254 8
- Präsident AEUV 254 10 f.
- Rechtsmittel AEUV 256 9 ff.
- Rechtsmittelinstanz AEUV 254 4; 256 34 ff.; 257 8
- Verfahrensordnung AEUV 251 4; 254 14 f.
- Zulässigkeit des Rechtsmittels AEUV 256 11 ff.
- Zuständigkeit AEUV 254 3 f., 18; 256 1 ff., 34 ff., 38 ff.

Gericht für den öffentlichen Dienst (EuGÖD) AEUV 254 2; 257 4
- Kammern AEUV 251 5 ff.
- Kanzler AEUV 257 4
- Richter AEUV 255 2; 257 4
- Verfahrensordnung AEUV 257 13 f.
- Zuständigkeit AEUV 256 1 ff.

Gerichtshof der Europäischen Union (EuGH) EUV 13 12; 19 4, 5, 6; 20 11 f., 16; AEUV 243 2; 247 8 ff.
- AETR-Rechtsprechung EUV 20 25
- Amtsenthebung des Bürgerbeauftragten AEUV 228 7
- Amtsenthebungsverfahren der Kommission AEUV 247 8 ff.
- Aufgaben AEUV 65 20
- Austritt EUV 50 4
- Berichterstatter AEUV 251 13
- Bürgerbeauftragter AEUV 228 7
- EIB AEUV 271 1 ff., 7 ff.
- EP EUV 14 24
- Erledigungserklärung AEUV 265 61
- ESZB AEUV 271 1 ff., 21 ff.
- Gehälter AEUV 243 2
- Gericht EUV 19 4, 7, 8
- Gericht für den öffentlichen Dienst der Europäischen Union EUV 19 7
- Gerichtsbarkeit AEUV 216 210, 229, 245 ff.; 218 118, 224 ff.
- Gerichtshof EUV 19 4, 8, 10
- Grundbezüge eines Richters AEUV 223 56
- Kammern AEUV 251 2, 5 ff.
- Kanzler AEUV 253 13
- Kassationsbefugnis AEUV 263 48
- Klage gegen Ermächtigungsbeschlüsse des Rates EUV 20 16
- Kollegialprinzip AEUV 251 3
- Kontrolle der Einhaltung der Kompetenzordnung AEUV 2 22
- Näherungs-Rechtsprechung AEUV 223 12
- Nichtigkeitserklärung AEUV 264 1 ff.
- Nichtigkeitsklage s. dort
- Plenum AEUV 251 15 f.
- Präsident AEUV 251 10; 253 11 ff.
- Rechnungshof AEUV 285 12 f., 286 2, 16
- Satzung AEUV 1 24; 251 4
- Stufen-Rechtsprechung AEUV 223 12
- Teilorgane AEUV 254 16 f.
- Überprüfungsverfahren AEUV 256 35 ff.; 257 8
- und Bundesverfassungsgericht AEUV 1 8
- Untätigkeitsklage s. dort.
- Verfahrensbestimmungen im Sanktionsverfahren AEUV 269 1 ff.
- Verfahrensordnung AEUV 251 4; 253 14 ff.
- Vertragsverletzungsverfahren s. dort
- Vorabentscheidungsverfahren s. dort
- Vorlageentscheidung EUV 50 4
- Zuständigkeit AEUV 252 12; 254 18; 256 1 ff.; 258 29
- Zuständigkeit im Rahmen der GASP EUV 24 20; 40 10 f.

Gerichtsreform AEUV 254 2
Gerichtsverfahren
- Alternative AEUV 228 22
- Bürgerbeauftragter AEUV 228 10
- Untersuchungsausschuss AEUV 226 15

Gesamtbericht der Kommission
- EP-Erörterung AEUV 233 7
- Inhalt AEUV 233 4
- Internet AEUV 233 6
- jährlich AEUV 233 1
- soziale Lage AEUV 233 5

Gesamtbericht über die Tätigkeit der Union AEUV 249 8 f.

Gesamthaushaltsplan EUV 14 8; AEUV 310 3, 311 41, 314 1 ff.
- Ausführung AEUV 317 1 ff.
- einheitlicher AEUV 310 3
- endgültiger Erlass AEUV 314 29
- Entwicklung der Parlamentsbeteiligung AEUV 314 3 ff.
- Entwurf AEUV 231 3
- EP EUV 14 70
- Festlegung AEUV 314 9 ff.
- Feststellung AEUV 314 34
- Gliederung AEUV 316 7
- Kommission AEUV 234 18
- Nothaushalt AEUV 231 6
- Rechtsschutz AEUV 314 37

gesamtschuldnerische Verpflichtung (nach außen) AEUV 216 174, 196
Gesamtverantwortung, haushaltspolitische AEUV 311 129
Gesandtschaftsrecht EUV 47 18f.; AEUV 221 6ff.
Geschäftsfähigkeit AEUV 335 1ff.
Geschäftsführer s. Arbeitnehmer
Geschäftsführung ohne Auftrag AEUV 268 5
Geschäftsgeheimnisse GRC 47 75, 76; AEUV 339 1ff., 8ff.
Geschäftsordnung
– Bürgerbefragung AEUV 232 8
– der EZB AEUV 141 2; 14
– des Erweiterten Rates der EZB AEUV 141 2; 14
– des Rates AEUV 297 6
– Europäischer Rat AEUV 230 7
– Rat AEUV 230 7
Geschäftsordnungsautonomie AEUV 232 1, 6
Geschäftsordnung des Europäischen Parlaments EUV 14 6, 12, 56, 69; AEUV 223 51; 225 3, 5, 9; 227 18; 230 9f.; 231 2, 6, 8ff.; 232; 294 17ff., 48; 297 6
– Änderungen AEUV 232 5
– Aufbau AEUV 232 9
– Auslegungsbestimmungen AEUV 231 10; 232 5
– Beschwerdeverfahren, internes AEUV 232 10
– Grenzen AEUV 232 1, 6, 8
– Klage AEUV 232 11
– Leitlinien AEUV 232 9
– Mandatsverlust AEUV 232 4
– Mehrheit AEUV 232 4
– Nichtigkeitsklage AEUV 232 11
– Organisationsgewalt AEUV 232 3
– Präsident AEUV 232 3
– Präsidium AEUV 232 3
– Primärrecht AEUV 232 6
– Publizität AEUV 232 2, 12
– Rechtsbehelfe AEUV 232 10
– Sanktionen AEUV 232 10
– Selbstorganisationsrecht AEUV 232 1
– Sofortmaßnahmen AEUV 232 10
– Transparenz AEUV 232 13
– Tribünen AEUV 232 13
– Verhaltensregeln AEUV 232 10
– Verhandlungsniederschriften, Veröffentlichung AEUV 232 12, 16
– Zutritt AEUV 232 13
Geschlecht, Begriff AEUV 157 82ff.
Geschlechtsumwandlung AEUV 19 23
Geschmacksmusterrecht AEUV 36 52; 118 24
Geschöpftheorie AEUV 54 7f., 14, 16, 20
geschützter Freiheitsraum AEUV 67 5
Geschwindigkeiten, unterschiedliche EUV 50 38
Geschwister GRC 7 22

Gesellschaft EUV 3 21; AEUV 54 2ff.; 63 14, 16, 24, 31; 65 14
– Muttergesellschaft/-unternehmen AEUV 64 6
– Tochtergesellschaft/-unternehmen AEUV 64 6, 9
Gesellschaftsrecht AEUV 63 30
Gesetzesvorbehalt, Primärrecht AEUV 232 6
Gesetzgeber
– Einschätzungsspielraum EUV 14 50, 74; AEUV 223 17, 35
– EP gemeinsam mit Rat EUV 14 2
– Spielraum AEUV 224 8
Gesetzgebung EUV 14 8, 74; AEUV 223 17
– Initiativbericht des EP AEUV 225 5ff.
Gesetzgebungsakt GRC 47 7, 8, 24, 35, 36; 263 91
Gesetzgebungsakte AEUV 289 1, 39ff.; 294 6ff.
– Annahmeverbot s. dort
– Begründungspflicht AEUV 296 5
– Unterzeichnung AEUV 297 7f.
– Veröffentlichung AEUV 297 9
Gesetzgebungskompetenz, steuerliche AEUV 110 6
Gesetzgebungskompetenzen AEUV 216 7
Gesetzgebungsnotstand AEUV 2 29
Gesetzgebungsprogramm, EP und Kommission AEUV 233 11
Gesetzgebungsverfahren AEUV 333 7
– ordentliches Gesetzgebungsverfahren AEUV 64 23; 114 71; 116 4; 118 30; 333 7. s. a. dort
– Abänderungsrecht der Kommission AEUV 293 13ff.
– Änderung von Kommissionsvorschlägen AEUV 293 9ff.
– Begründungspflicht s. dort
– besonderes Gesetzgebungsverfahren s. dort
– Rücknahme von Kommissionsvorschlägen AEUV 293 13f.
– spezielle Gesetzgebungsinitiativen s. dort
gesetzlicher Richter GRC 47 57, 59
Gesetzmäßigkeit, Grundsatz der GRC 47 79
Gesetzmäßigkeit und Verhältnismäßigkeit im Zusammenhang mit Straftaten und Strafen GRC 49 1ff.
– Adressaten GRC 49 15
– Analogieverbot GRC 49 12ff.
– Bestimmtheitsgebot GRC 49 10ff.
– Einzelprinzipien des Gesetzmäßigkeitsgrundsatzes GRC 49 5
– gewohnheitsrechtliche Strafbegründung GRC 49 6, 11
– Gesetzmäßigkeit im engeren Sinne GRC 49 6ff.
– gleiche Rechtsanwendung GRC 49 10
– Grundsatz des milderen Gesetzes GRC 49 19

- internationales Recht GRC **49** 7 ff.
- kontinuierlich-konsistente Rechtsprechung GRC **49** 11
- nulla poena-Grundsätze GRC **49** 2
- Rückwirkungsverbot GRC **49** 14 ff.
- stare decisis GRC **49** 6, 11
- Verhältnis zum Rechtsstaatsprinzip GRC **49** 5
- Verbrechen gegen die Menschlichkeit GRC **49** 3
- Verhältnismäßigkeitsgrundsatz GRC **49** 20
- Voraussehbarkeit der Strafbegründung GRC **49** 6

Gestaltungsurteil AEUV **264** 3
Gesundheit GRC **35** 12; AEUV **56** 132; **57** 24; **59** 17; **62** 6; **114** 79;
Gesundheit, öffentliche
- gemeinsame Sicherheitsanliegen AEUV **4** 11

Gesundheitspolitik, Grundrechte GRC **2** 72 ff.
Gesundheitsschutz AEUV **9** 12; **36** 34, 41 ff., 55; **191** 36 ff.; **192** 85
- s. a. öffentliche Gesundheit

Gesundheitsschutz, Art. 168 Abs. 5 AEUV AEUV **114** 38
Gesundheitsschutzniveau GRC **25** 17
Gesundheitsuntersuchung GRC **7** 34
Gesundheitsvorsorge GRC **35** 11
Gesundheitswesen AEUV **168** 1 ff.
Gesundheitszustand GRC **7** 19
geteilte Kompetenz s. Zuständigkeit, geteilte
Gewährleistungsverantwortung AEUV **14** 9
- Binnenmarktansatz AEUV **169** 14
- Partizipationsregeln AEUV **169** 13, 14 f., 19, 33
- Schutzstandards GRC **38** 1, 6 ff., 9 15, 34 f.

Gewaltenteilung AEUV **216**, 2; **218** 1 f., 15
- s. a. horizontale Gewaltenteilung

Gewaltmonopol AEUV **72** 3
Gewerkschaft GRC **12** 10, 17 f., 31; **27** 23; **28** 14, 16; AEUV **49** 39
- Zwangsmitgliedschaft GRC **12** 31

Gewinn
- Ausschüttung AEUV **65** 18
- Besteuerung AEUV **63** 32

Gewinnerzielungsabsicht AEUV **49** 16
Gewissensfreiheit GRC **10** 12 f.
- forum internum GRC **10** 12
- forum externum GRC **10** 12

GG s. Grundgesetz
Gibraltar AEUV **355** 8
- s. a. Unionsgebiet

Gipfel von Kopenhagen EUV **49** 20
Gleichbehandlung von Frauen und Männern s. Gleichheit von Männern und Frauen
Gleichbehandlungsgebot, Strafrecht AEUV **325** 24 ff.
Gleichbehandlungsgrundsatz AEUV **199** 3
Gleichbehandlungsrahmenrichtlinie AEUV **19** 36

Gleichberechtigung s. Gender Mainstreaming
gleiche Arbeit AEUV **157** 60 ff., 94
- s. a. gleichwertige Arbeit

Gleichgewicht, institutionelles AEUV **2** 22; **311** 55; **230** 3; **232** 6; **234** 1; **292** 9 f.; **293** 14, 16; **294** 25, 34; **295** 3, 10; **296** 26; **298** 14
- Grundsatz des EUV **13** 17
- Haushaltsrecht AEUV **230** 3
- Misstrauensantrag AEUV **230** 5
- Untersuchungsausschuss AEUV **226** 4

Gleichheit der Mitgliedstaaten EUV **4** 20 ff.
Gleichheit von Männern und Frauen GRC **23** 5, 23 ff.
- allgemeiner Grundsatz GRC **23** 4, 10, 37
- Begriff GRC **23** 5, 24
- Chancengleichheit GRC **23** 24
- faktische GRC **23** 23
- gesellschaftliche GRC **23** 23
- Gleichbehandlung GRC **23** 5, 12, 37
- Nichtdiskriminierung GRC **23** 5, 7, 13, 24
- nicht gerechtfertigten Gleichbehandlung GRC **23** 4
- situationsbedingte Auslegung GRC **23** 23 f.
- Sicherstellung GRC **23** 8, 14, 18, 20, 23, 24, 33 ff., 38, 44
- über Diskriminierungsverbot hinausgehend GRC **23** 24
- und Adressatenkreis GRC **23** 24
- und Anwendungsbereich GRC **23** 24
- und Ausgangssituation GRC **23** 24
- und EMRK GRC **23** 13
- und Vergünstigungen GRC **23** 22
- Ungleichbehandlung GRC **23** 37, 43
- vergleichbare Begriffe GRC **23** 24

Gleichheitsförderung EUV **3** 14 f.
Gleichheitsgebot, Strafrecht AEUV **325** 5, 11
Gleichheitssatz
- mitgliedstaatlicher AEUV **18** 69
- unionsrechtlicher AEUV **18** 6, 88

Gleichstellung GRC **23** 3
- s. a. Gender Mainstreaming
- Begriff AEUV **8** 4 ff.; **153** 35 ff.; **157** 144
- Beseitigung von Ungleichheiten AEUV **8** 4 ff.
- Grundrecht AEUV **157** 1 ff.
- inhärent zwingend für Menschenrechte GRC **23** 3
- Verhältnis zu Grundfreiheiten AEUV **8** 22

gleichwertige Arbeit AEUV **157** 63 ff., 95
- s. a. gleiche Arbeit
- gleiche Situation AEUV **157** 69 f.

Gleichwertigkeitsgrundsatz AEUV **288** 72
Glücksspiel AEUV **56** 104, 124; **57** 42; **59** 17
- Automatenspiel AEUV **57** 43
- Lotterielose AEUV **57** 9, 43
- Spielautomaten AEUV **57** 8
- Spielschulden AEUV **57** 42
- Sportwetten AEUV **57** 43
- Teilnahme AEUV **57** 50

Stichwortverzeichnis

Glücksspielrecht   AEUV 36 80, 93
GMES   AEUV 189 14
golden Shares   AEUV 49 66; 63 29
goldene Aktien   AEUV 345 17
Good Governance   AEUV 217 15
Google   GRC 1 9 ff.
gouvernement économique (pour la zone euro) s. Wirtschaftsregierung
Gouverneursrat des IWF   AEUV 137 8; 138 32, 46
Governance   AEUV 15 19
Grauzone   AEUV 216 47, 157
GRC s. Charta der Grundrechte
Gremium Europäischer Regulierungsstellen für elektronische Kommunikation   EUV 13 4
Grenzkontrollen, Abschaffung   AEUV 26 17
grenzkontrollfreier Binnenraum   EUV 3 26 ff.; AEUV 67 2, 10, 12, 34; 77 1 ff., 5, 29; 78 3
grenzüberschreitende Beteiligung   AEUV 49 13, 150
grenzüberschreitende Kriminalität   AEUV 67 35 f.
grenzüberschreitende Rechtsanwendung   GRC 38 36
grenzüberschreitender Bezug   AEUV 18 67; 19 14; 110 149
Gretchenfrage   AEUV 56 68
Griechenland   AEUV 217, 4, 9, 26
– Investitionsschutzabkommen   AEUV 63 40
Grönland   AEUV 198 4 ff.; 219 17
– s. a. Dänemark
– Austritt aus EWG (EU)   AEUV 204 1 ff.
– bedingter Binnenmarktzugang   AEUV 204 6
– ~Protokoll   AEUV 204 4 f.
– Selbstverwaltung   AEUV 204 2 ff.
– Sonderregelung   AEUV 204 1 ff.
– ~Vertrag   AEUV 204 3
Großbritannien s. Vereinigtes Königreich
Großeltern   GRC 7 22
Grünbücher   AEUV 288 98
Grundansätze der Verbraucherpolitik   AEUV 169 6
Grundbesitz/-eigentum   AEUV 64 3, 7
– s. a. Immobilien
Grundfreiheiten   EUV 3 32; GRC Präambel 17; AEUV 12 6, 7, 10 ff., 14, 21, 28, 38, 43, 45, 47, 53 ff.; 26 10, 15; 63 1, 6, 9, 13, 20 f., 24 f., 28 f., 31, 36; 65 11, 20; 66 11; 143 13, 29; 144 12; 351 47, 85
– Abrundung   AEUV 18 37 ff.
– als Beschränkungsverbote   AEUV 110 36
– als mittelbare Diskriminierungsverbote   AEUV 110 37
– Forschung   AEUV 179 10, 12 ff., 26, 33, 36, 38; 180 15
– Grundrechte   GRC 1 24, 29
– Kapitalverkehr   AEUV 64 14, 22; 66 2, 9
– Rüstung   AEUV 180 8, 18; 347; 348
– Schranken-Schranke   AEUV 65 14, 24

– Souveränitätsvorbehalt   AEUV 143 16
– ÜLG   AEUV 199 6
– Verhältnis zur EG/EU   AEUV 203 2
Grundfreiheitenschranken   AEUV 12 11
Grundgesetz   AEUV 216 70; 218 129
– Grundrechte   AEUV 216 217; 220 36 ff.; 351 47, 50
– Menschenwürde   GRC 1 5 ff.
Grundrechte   GRC 1 1 ff. AEUV 36 97 ff.; 56 107; 62 5; 63 31; 67 40; 75 13, 18; 144 11
– allgemeine Grundsätze   EUV 6 11, 16, 42 ff.
– auf wirksamen Rechtsbehelf   AEUV 86 37
– aus allgemeinen Rechtsgrundsätzen   GRC 23 12
– aus Art. 23 Abs. 1   GRC 23 29, 39
– Ausstrahlung Menschenwürde   GRC 1 59 f.
– Beratung   EUV 14 27
– Bürgerbeauftragter   AEUV 228 1 ff., 12, 16
– Begriff   EUV 6 11 f.
– Bindung der Mitgliedstaaten   EUV 6 33 ff.
– Bindung der Union   EUV 6 32
– EMRK   EUV 6 42, 46 f., 65 ff.
– Entwicklung   EUV 6 2 ff., 21 ff.
– europäischer Grundrechtsraum   EUV 6 10
– Geltungsgrund   EUV 6 16 ff.
– gemeinsame Verfassungsüberlieferungen   EUV 6 42, 45
– Gleichbehandlung von Frauen und Männern   GRC 23 12
– Grundfreiheiten   EUV 6 13 ff.
– Grundrechtecharta   EUV 6 19 ff.
– Grundrechtsgemeinschaft   EUV 6 9
– Grundsätze   EUV 6 11, 42 ff.
– Kollision   EUV 6 59 ff.
– Konkurrenz   EUV 6 59 ff.
– Kontrolle   EUV 14 17
– Konvent   EUV 6 4, 21
– Normenpyramide   AEUV 223 5
– objektive Werteordnung   EUV 6 15
– Petitonsrecht   AEUV 227 1
– Prüfung, dreistufige   AEUV 227 4; 228 12
– Rechtserkenntnisquelle   EUV 6 45 ff., 49 ff.
– Rechtsgemeinschaft   EUV 6 9, 18
– Rechtsquelle   EUV 6 25, 47
– Repräsentation   AEUV 227 3
– soziale   GRC 2 67; 17 42, 61
– unternehmerische Freiheit   AEUV 64 18
Grundrechteagentur   EUV 13 4
Grundrechtecharta s. Charta der Grundrechte
Grundrechtekonvent s. Verfassungskonvent
Grundrechteverbund   GRC Präambel 22
grundrechtlich geschützter Lebensbereich   GRC 52 10
grundrechtsähnliche Verbürgungen   EUV 6 13 ff.
Grundrechtskonflikt   GRC 17 3 f.
– bipolar   GRC 17 3
– multipolar   GRC 17 3 f.
Grundrechtskonkurrenz   GRC 53 4

Grundrechtspositionen GRC 38 17, 29
Grundrechtsschutz
– nationaler AEUV 18 44
– Strafrecht AEUV 325 10
Grundrechtsträger
– Lebensschutz GRC 2 9 ff.
– Menschenwürde GRC 1 28
Grundrechtsunion GRC Präambel 1
Grundsatz demokratischer Gleichheit EUV 9 1, 2 ff., 8 f., 13 ff.; **11** 16
– abgestufte Rechtfertigung EUV 9 20
– allgemeiner Gleichheitssatz EUV 9 25
– allgemeines Diskriminierungsverbot EUV 9 25
– Begünstigte EUV 9 22
– Justiziabilität EUV 9 24
– Legitimationsniveau EUV 9 3
– Umfang EUV 9, 13 ff.
– Verpflichtete EUV 9 23
Grundsatz der Aktenöffentlichkeit AEUV 339 1
Grundsatz der Amtsverschwiegenheit AEUV 339 3
Grundsatz der begrenzten Einzelermächtigung s. Einzelermächtigung, Grundsatz der begrenzten
Grundsatz der begrenzten Organkompetenz EUV 13 16
Grundsatz der beweglichen Vertragsgrenzen AEUV 216 203
Grundsatz der Bürgernähe EUV Präambel 16; 1 58 f.; **10** 39 ff.; **11** 9; GRC 42 2, 46; **43** 4, 11; **44** 6; AEUV 24 18; **224** 4; **342** 15
Grundsatz der geschlossenen völkerrechtlichen Vertretung AEUV 216 2 f.; 218 43; 220 7, 10, 85, 94; 221 4 f., 33
Grundsatz der Gleichbehandlung von Frauen und Männern GRC 23
– s. a. Gleichheit von Frauen und Männern
– Eingriff GRC 23 37
Grundsatz der Gleichberechtigung der Vertragssprachen EUV 55 32
Grundsatz der Gleichwertigkeit s. Gleichwertigkeitsgrundsatz
Grundsatz der Kostenwirksamkeit AEUV 338 24
Grundsatz der loyalen Zusammenarbeit EUV 4 89 ff.; GRC 47 2, 6; AEUV 2 33, 44, **311** 7, **312** 12
– allgemein AEUV 216 41 ff., 72, 112, 190 f., 201, 222; **218** 214; **220** 94; **221** 33
– als Quelle neuer primärrechtlicher Pflichten EUV 4 94
– als Verbundprinzip EUV 4 90
– Ausprägungen EUV 4 104 ff.
– bei ausschließlicher Außenkompetenz der EU AEUV 218 173, 192
– Defragmentierung EUV 4 172
– der Mitgliedstaaten als Mitglieder internationaler Organisationen AEUV 218 173, 176

– ESM- und Fiskalvertrag EUV 4 161
– Grundsatz der Vertragsakzessorietät EUV 4 92
– Haushaltsrecht AEUV 230 3
– in gemischten Abkommen AEUV 218 125, 132, 160, 191 f.
– in völkerrechtlichen Übereinkünften der Mitgliedstaaten AEUV 216 44, 112, 190 f.; **351** 2, 38, 54, 71, 79, 96, 97, 100, 106, 111
– Konkurrenzen EUV 4 100 ff.
– Loyalitätspflicht der Mitgliedstaaten AEUV 216 148 f., 191; **218** 109; **351** 2, 38
– Sachwalter im Unionsinteresse EUV 4 151
– Standpunkte der EU in Vertragsgremien AEUV 218 171 f.
– Teilnahme der EU an völkerrechtlichen Verträgen AEUV 218 172, 176
– Untersuchungsausschuss AEUV 226 7
– zwischen den europäischen Organen s. Organloyalität
Grundsatz der Mindesteffektivität s. Mindesteffektivitätsgrundsatz
Grundsatz der nachhaltigen Entwicklung GRC Präambel 16
Grundsatz der Objektivität AEUV 338 22
Grundsatz der Offenheit EUV 1 56 f.
Grundsatz der statistischen Geheimhaltung AEUV 338 25
Grundsatz der Transparenz AEUV 339 1
Grundsatz der Unparteilichkeit AEUV 338 20
Grundsatz der völkerrechtskonformen Integration AEUV 216 49, 216; **218** 121; **351** 3, 123 ff.
Grundsatz der wissenschaftlichen Unabhängigkeit AEUV 338 23
Grundsatz der Zuverlässigkeit AEUV 338 21
Grundsatz von Treu und Glauben AEUV 216 12, 51, 175, 201; **218** 123
Grundsätze, fundamentale AEUV 231 7
Grundsätze der Charta der Vereinten Nationen EUV 21 13, 25
Grundsätze des auswärtigen Handelns EUV 21; 23
Grundstückserwerb AEUV 56 62
Gründungsstatut AEUV 54 10
Gründungstheorie AEUV 54 10, 30
Gründungsvertrag einer internationalen Organisation AEUV 216 59, 67; **220** 8, 15, 21; **351** 23
Grundzüge der Wirtschaftspolitik, gemeinsame AEUV 121 16 ff., 30
Gruppe der Sieben (G7 – Weltwirtschaftsgipfel) AEUV 220 79, 89
Gruppe der Zwanzig (G20 – Weltfinanzgipfel) AEUV 220 79, 89
GSVP s. Gemeinsame Sicherheits- und Verteidigungspolitik
Guadeloupe AEUV 349 6; **355** 3
Gültigkeitskontrolle durch den EuGH AEUV 216 213, 252; **218** 117

Günstigkeitsprinzip s. Mindestschutz
Günstigkeitsvergleich GRC 38 11
Gutachten 2/13 AEUV 216 72; 218 209, 232; 220 62
Gutachtenverfahren durch den EuGH
– Antragsberechtigung AEUV 218 207
– Antragspflicht der Kommission AEUV 218 208
– aufschiebende Wirkung AEUV 218 214
– bei GASP-Übereinkünften AEUV 218 118, 224 ff.
– bei Kompetenzzweifeln vor Abschluss einer Übereinkunft AEUV 216 15; 218 73, 221 ff.
– Bindung des EuGH an Gutachtenfrage AEUV 218 224
– EAGV: kein Gutachtenverfahren AEUV 218 212
– Erledigung des Antrags AEUV 218 214 f., 228
– objektive Klärungsbedürftigkeit AEUV 218 208
– Pflicht des EuGH zur Gutachtenerstattung AEUV 218 212
– rechtliche Verbindlichkeit des Gutachtens AEUV 218 230 f.
– Rechtsfolgen AEUV 218 232 ff.
– statthafte Gutachtenfragen AEUV 218 217 ff.
– Verfahrensgegenstand AEUV 218 215, 221
– Verhältnis zu anderen Verfahren AEUV 218 117 ff., 214, 235 f.
– Zulässigkeit des Antrags AEUV 218 228 f.
– Zweck AEUV 218 213, 219, 222 f., 225

habeas-corpus-Gewährleistung GRC 6 1
Haftbedingungen GRC 4 21 ff.
Haftung
– außervertragliche GRC 47 5, 23, 68, 79
– unionsrechtliche GRC 47 5
Haftung der Bediensteten der EU AEUV 340 41
Haftung der Mitgliedstaaten AEUV 340 3, 42 ff.
– administratives Unrecht AEUV 340 50
– Äquivalenz- und Effektivitätsgrundsatz AEUV 340 52
– Durchsetzung AEUV 340 52
– fehlerhafte Umsetzung von Richtlinien AEUV 340 49
– hinreichend qualifizierter Verstoß AEUV 340 47
– judikatives Unrecht AEUV 340 51
– Rechtsfolgen AEUV 340 52
– Verjährung AEUV 340 53
– Voraussetzungen AEUV 340 45 ff.
Haftung der EU AEUV 268 4; 288 66, 71, 77 ff.
– s. a. Amtshaftungsklage
– s. a. Staatshaftungsanspruch
– anwendbares Recht AEUV 340 15
– außervertraglich AEUV 340 16 ff.
– für mitgliedstaatliches Handeln AEUV 340 24
– für rechtmäßiges Handeln AEUV 340 39 f.
– Grundlage AEUV 288 77 f., 81
– Kompensation der Nichtumsetzung AEUV 288 77
– Kompensation der richtlinienkonformen Interpretation AEUV 288 79 ff.
– prozessuale Fragen AEUV 340 55 ff.
– Rom II-Verordnung AEUV 340 14
– Rom I-Verordnung AEUV 340 14 f.
– Sanktionsmaßnahmen AEUV 340 40
– Schaden AEUV 340 34 ff.
– vertraglich AEUV 340 12 ff.
– vertragsähnliche Rechtsverhältnisse AEUV 340 14
– Wahrung der Funktionsfähigkeit AEUV 340 10
Haftungsausschluss AEUV 125 2, 4 ff.
– Adressaten AEUV 125 6 f.
– Ausnahmen AEUV 125 15 ff.
– Ratio AEUV 125 4 f.
– Rechtsfolgen AEUV 125 18
– Rechtsschutz AEUV 125 19
– verbotene Haftungs- und Eintrittstatbestände AEUV 125 8 ff.
Handel AEUV 59 15
Handel umweltfreundliche Produkte, Abkommen AEUV 207 255
Handelsabkommen AEUV 216 16, 88, 160, 172; 218 4, 8, 11, 107, 148, 197, 209; 220 2; 351 10 f., 104
handelsbezogene Investitionsmaßnahmen
– s. a. WTO/TRIMs
– wirtschaftliche AEUV 64 18; 66 11
Handelshemmnisse AEUV 30 24; 114 57
Handelsmonopol AEUV 110 73
Handelsnamen AEUV 118 18
Handelspolitik s. gemeinsame Handelspolitik
handelspolitische Schutzmaßnahmen AEUV 207 33
Handelsströme, Verlagerung AEUV 143 22
Handelsverkehr, internationaler AEUV 3 13
Handlungen von Unionsorganen
– Außenwirkung AEUV 340 22
– GASP AEUV 340 21
Handlungsbegriff AEUV 263 40, 62
– Handlungen außerhalb des EU-Vertragsrahmens AEUV 263 47
– Rechtsverbindlichkeit AEUV 263 51 ff.
– Zurechenbarkeit AEUV 263 46
Handlungspflicht, Katastrophenschutz und Terrorabwehr AEUV 222 3
– Mobilisierung AEUV 222 22
Handlungsverbund AEUV 197 3
Handwerk
– Handwerksdienstleistungen AEUV 59 15
– Handwerksrolle AEUV 56 119
harmonische Entwicklung des Welthandels AEUV 206 16

Harmonisierung AEUV 34 47, 80; **64** 12; **110** 5 ff.; **113** 1, 4 f., 13 f., 23; **288** 29 f.
- alternative Harmonisierung AEUV **288** 30
- besonderes Gesetzgebungsverfahren AEUV **113** 19
- direkter Steuern AEUV **110** 11; **113** 5
- durch Sekundärrecht AEUV **351** 115
- durch Anpassung des Sekundärrechts AEUV **220** 118; **216** 34
- fakultative AEUV **114** 19
- Forschung AEUV **179** 38 f.; **180** 13, 16
- Gegenstände AEUV **113** 6 ff.
- Harmonisierungsauftrag AEUV **113** 2, 4
- Harmonisierungsgebot AEUV **110** 14, 16
- indirekter Steuern AEUV **110** 10, 75 ff.; **113** 2, 7, 21
- Maßnahmen AEUV **63** 41; **65** 17
- materiellrechtliche Anforderungen AEUV **113** 6
- Mindestharmonisierung AEUV **288** 29
- „Ob" AEUV **113** 17
- optionale AEUV **114** 18; **288** 30
- Regelungsdichte AEUV **113** 17
- Schranke AEUV **113** 6
- sekundärrechtliche AEUV **110** 26 ff.; **113** 1
- stille AEUV **110** 17
- sonstige indirekte Steuern AEUV **113** 15, 37 f.
- Teilharmonisierung AEUV **288** 30
- teilweise AEUV **114** 17
- Umsatzsteuer AEUV **113** 3, 7, 9, 26
- Verbrauchsabgaben AEUV **113** 7, 33 ff.
- Vollharmonisierung AEUV **288** 29
- vollständige AEUV **114** 16
- „Wie" AEUV **113** 17

Harmonisierung, Strafrecht AEUV **82** 2; **83** 9 ff.
- Angleichung in harmonisierten Bereichen AEUV **83** 30 ff.
- besonders schwere Kriminalität AEUV **83** 10 ff.
- Einzelermächtigungen für bestimmte Kriminalitätsbereiche AEUV **83** 15 ff.
- Erforderlichkeit AEUV **83** 14
- Erweiterung auf andere Kriminalitätsbereiche AEUV **83** 28 f.
- Festlegung von Mindestvorschriften AEUV **83** 7 f., 38 ff.
- grenzüberschreitende Kriminalität AEUV **83** 13
- Kritik AEUV **83** 5 ff.
- Notbremseverfahren AEUV **83** 50 f.
- Unerlässlichkeit AEUV **83** 34 f.

Harmonisierung, Strafverfahrensrecht AEUV **82** 24 ff.
- Erforderlichkeit AEUV **82** 31
- Festlegung von Mindestvorschriften AEUV **82** 32 f.
- Gegenstand AEUV **82** 25 ff.
- Notbremseverfahren AEUV **82** 36 f.

Harmonisierungsamt für den Binnenmarkt (HABM) AEUV **118** 24
Harmonisierungsverbot AEUV **2** 53; **165** 30; **166** 14; **167** 27, 36
- s. a. Religionsverfassungsrecht
- Flexibilisierungsklausel AEUV **352** 41
- Gesundheitswesen AEUV **168** 18, 29 f.

Hauptniederlassung AEUV **50** 12; **54** 6, 9; **57** 18
Hauptrefinanzierungsgeschäfte AEUV **127** 20
Hauptverwaltung AEUV **54** 6, 9
Hausangestellte GRC **31** 15
Haushalt der EU s. Gesamthaushaltsplan
haushälterische Eigenverantwortung AEUV **125** 1, 4
Haushaltsaufsicht, präventive AEUV **121** 51 ff.
Haushaltsausgleich AEUV **310** 28 ff., **311** 71
Haushaltsbefugnisse
- EP gemeinsam mit Rat EUV **14** 2, 15

Haushaltsbehörde AEUV **314** 9
Haushaltsdisziplin AEUV **310** 54 ff.
- Einnahmen aus Sanktionen AEUV **311** 97
- Koordinierung und Überwachung AEUV **136** 7
- mitgliedstaatliche AEUV **126** 22 ff., 43 ff.

Haushaltsfinanzierung, allgemeine AEUV **311** 62
Haushaltsgrundsätze AEUV **310** 11
- Einheit AEUV **310** 17, 22
- Gesamtdeckung AEUV **310** 44
- Haushaltswahrheit AEUV **310** 25 ff.
- Jährlichkeit AEUV **310** 32 ff., **313** 1, **316** 1
- Rechnungseinheit AEUV **310** 43, **320** 1 ff.
- Spezialität AEUV **310** 46, **316** 7, 10, **317** 13
- Transparenz AEUV **310** 47
- Vorherigkeit AEUV **310** 37
- Vollständigkeit AEUV **310** 18 ff., **311** 98
- Wirtschaftlichkeit AEUV **310** 38 ff., **317** 10

Haushaltskontrolle AEUV **126** 1 ff.
Haushaltsordnung AEUV **310** 11, **314** 2, **316** 2, **317** 4, **322** 5
- 2012 AEUV **322** 7
- als spezielle Handlungsform AEUV **322** 3
- Parteien AEUV **224** 11, 15

Haushaltsplan der EU s. Gesamthaushaltsplan
Haushaltspolitik, mitgliedstaatliche AEUV **126** 1 ff.
Haushaltsrecht AEUV **310** ff.
- Befugnisse AEUV **230** 3
- Formvorschriften, wesentliche AEUV **230** 3
- Gleichgewicht, institutionelles AEUV **230** 3
- Zusammenarbeit, loyale AEUV **230** 3

Haushaltsverfahren AEUV **314** 9 ff.
- EP AEUV **230** 3

Haushaltsvollzug, Arten AEUV **317** 5
Haushaltsvorschriften AEUV **322** 1 ff.
Haushaltszeitplan, gemeinsamer AEUV **121** 56
Heranführungs- und Unterstützungsstrategien EUV **49** 32

Herkunftslandprinzip AEUV 34 170; **49** 60; **56** 116; **59** 14; **81** 13, 40, 48
Herren der Verträge EUV 48 16, 66, 87 ff.
Hinzurechnungsbesteuerung AEUV 49 115
Hochschulen AEUV 179 31, 37
Hochschulinstitut Florenz AEUV 187 13
Hochschulzugang AEUV 18 47, 50
hohe See AEUV 216 51
hoheitliches Tätigwerden AEUV 89 10; **106** 20
Hoheitsbefugnisse, Übertragung AEUV 263 90
Hoheitsgebiet EUV 52 5; AEUV 355 7 f.
Hoheitsgewalt, staatliche – Menschenwürde GRC 1 47 ff.
Hoheitsprivilegien AEUV 51 8
Hoher Vertreter der Union für Außen- und Sicherheitspolitik EUV 15 10, 12, 28, 32, 36; **17** 37, 40, 43, 46, 49; **18**; AEUV 217 23; **218** 21 ff., 41, 203; **220** 34, 85, 88; **221** 2, 22 ff.; **235** 7; **236** 4; **237** 8 f.; **238** 5; **243** 2 ff.; **244** 1; **246** 13 ff.; **328** 7
– Abstimmungsmodalitäten im Rat AEUV 238 5
– Amtszeit EUV 18 4 ff.
– Anhörung Europäisches Parlament EUV 36 8 f.
– Anhörung im Rahmen der Verstärkten Zusammenarbeit AEUV 331 9
– Aufgaben EUV 27 2 ff.
– Außenvertretung der Union EUV 27 7 ff.
– Berichtspflicht AEUV 233 9; **328** 78
– Dauer der Amtszeit EUV 18 9 ff.
– Durchführung der GASP EUV 18 16 f.; **27** 6
– Durchführung der GSVP EUV 18 16 f.
– Einberufung des Rates AEUV 237 8 f.
– EP AEUV 230 2
– Ernennung EUV 18 4 ff.
– Europäische Verteidigungsagentur EUV 45 10
– Europäischer Auswärtiger Dienst EUV 27 11 ff.
– Gehalt AEUV 243 4 f.
– Initiativrecht EUV 30 4 ff.
– Katastrophenschutz und Terrorabwehr AEUV 222 9, 38
– Koordinierung der GSVP EUV 43 30
– Leitung der GASP EUV 18 12 ff.
– Nachbesetzung AEUV 246 13 ff.
– Rat Auswärtige Angelegenheiten EUV 18 18 f.
– Rotationsprinzip AEUV 244 1
– Stellung und Aufgaben in der Kommission EUV 18 20 ff.
– Unterrichtung Europäisches Parlament EUV 36 5 ff.
– Vizepräsident der Kommission AEUV 218 21; **220** 85; **221** 4
– Vorschlagsrecht EUV 22 15; **42** 40 f.
– Vorschlagszuständigkeit bei Aussetzung von EU-Abkommen und bei Festlegung von Standpunkten in Vertragsgremien AEUV 218 178 ff.
– Vorsitz im Rat „Auswärtige Angelegenheiten" AEUV 236 4
– vorzeitige Beendigung EUV 18 10
– Zuständigkeit EUV 24 13 f.
– Zustimmung des EP EUV 14 33
hohes Schutzniveau, Begriff AEUV 114 76
Holzhandelsverordnung AEUV 207 101
Homogenitätsgebot EUV 2 3
Homosexualität GRC 7 19; AEUV 19 23, 29 f.; **157** 83 f.
Honeywell-Entscheidung AEUV 288 54, 79
Horizont 2020 (Rahmenprogramm) AEUV 182 17; **218** 89
horizontale Einschränkungsregel GRC 52 1
horizontale Gewaltenteilung AEUV 218 1 ff.
Horizontalwirkung GRC 27 19; **28** 12, 40; **29** 7 f.; **30** 11; **31** 11; **32** 7; **33** 8, 14; **34** 12; AEUV 157 13 f.
– s. a. Arbeitnehmerfreizügigkeit
– s. a. Drittwirkung
humanitäre Hilfe AEUV 214; **217** 35 ff.
– Amt für Humanitäre Hilfe AEUV 214 10
– „Drei K" AEUV 214 7
– Drittländer, Begriff der AEUV 214 4
– European Community Humanitarian Office (ECHO) s. Amt für Humanitäre Hilfe
– Europäischer Konsens über die humanitäre Hilfe AEUV 214 6
– Europäisches Freiwilligenkorps AEUV 214 13
– historische Entwicklung AEUV 214 2 ff.
– Kompetenz der EU AEUV 214 9 ff.
– Ziele der humanitären Hilfe AEUV 214 8
humanitäre Intervention EUV 21 17
Hüterin der Verträge EUV 17 5 ff.
Hüterin des Unionsrechts (Kommission) AEUV 218 208
hypothetische Beeinflussung der Handelsströme AEUV 34 67

IAEA (Internationale Atomenergie-Organisation) AEUV 220 54
ICAO (Internationalen Zivilluftfahrtorganisation) AEUV 220 52
ICONET AEUV 74 4
IDA AEUV 74 4
Identität, nationale AEUV 56 127
Identitätskontrolle EUV 4 35 ff., 75 ff., 87
IGH s. Internationaler Gerichtshof
ILC (International Law Commission) AEUV 216 223
– Entwurf von Artikeln über das Recht der Verträge zwischen Staaten und internationalen Organisationen oder zwischen internationalen Organisationen von 1982 (Art. 36bis) AEUV 216 223
ILO (Internationale Arbeitsorganisation)

AEUV 216 42; **218** 83; **220** 52; **351** 43f., 80, 119, 121,
IMF s. Internationaler Währungsfonds
Immaterialgüterrechte AEUV **118** 15; **345** 16
- Eintragungsfähigkeit AEUV **118** 17
Immigranten AEUV **56** 125
Immobilien AEUV **63** 19
- Anlage/Investition in ~ AEUV **63** 16, 19; **64** 3, 7
Immunität
- Abgeordnete AEUV **221** 9; **223** 19f.; **230** 10
- Sitzungsperiode AEUV **229** 2
Immunität der EU
- Erkenntnisverfahren AEUV **343** 4f.
- Vollstreckungsverfahren AEUV **343** 6f.
Immunität internationaler Organisationen AEUV **343** 1ff.
Immunität von EP-Abgeordneten AEUV **343** 11ff.
Immunität von EU-Beamten AEUV **343** 15
IMO (Internationale Seeschifffahrtsorganisation) AEUV **216** 43; **220** 52
implied powers EUV **47** 6; AEUV **2** 13; **217** 5
Importabhängigkeit AEUV **194** 11
Importverbote AEUV **36** 46
Importvorschriften AEUV **34** 110
Indemnität von EP-Abgeordneten AEUV **343** 9f.
Indien AEUV **217** 12
indirekte Steuern s. Steuern indirekte
Individualansprüche AEUV **351** 82
Individualisierung des Schutzes AEUV **12** 29
Individualrechte AEUV **220** 19; **351** 15
Individualrechtsschutz AEUV **267** 6f.; **340** 5
Individualsanktionen AEUV **215** 4, 13ff., 28, 30ff.
- Finanzsanktionen AEUV **215** 15
- Visabeschränkungen AEUV **215** 17
- präventive Maßnahmen AEUV **215** 31
industrial policy AEUV **173** 8
Industriepolitik
- Bedeutung AEUV **173** 1ff.
- Fernziele AEUV **173** 5ff.
- Förderungsreichweite AEUV **173** 22ff.
- Grundkonzeption AEUV **173** 8ff.
- Nachhaltigkeitsgerechtigkeit AEUV **173** 14ff.
- übergeordnete Ziele AEUV **173** 10
Industrieverbände AEUV **173** 68
Inexistenz AEUV **288** 8
Information Technology Agreement AEUV **207** 256
Informationsaustausch AEUV **86** 27; **87** 10ff.; **88** 15
- Verwaltung AEUV **197** 21
Informationserhebung, geheime GRC **8** 47
Informationsfreiheit GRC **11** 13f., 19
- aktive GRC **11** 13
- passive GRC **11** 13

- Sammlung und Speicherung von Informationen GRC **11** 13
Informationspflicht
- s. a. Berichtspflicht
- Forschung AEUV **181** 6
- Informationsparadigma AEUV **12** 48
- vorvertragliche Informationspflichten AEUV **12** 48
- Verwaltung AEUV **197** 21
- Werberegelungen AEUV **12** 48
Informationstechnologien, Menschenwürde GRC **1** 9ff.
Informationsverbund AEUV **197** 3
Infrastruktur AEUV **63** 32
Infrastrukturabgabe s. Autobahnnutzungsgebühr
Infrastrukturfinanzierung AEUV **93** 27f.
Initiativbericht
- Berichtspflicht AEUV **225** 8
- EP EUV **14** 30; AEUV 225
- legislativer AEUV **225** 8
- Petition AEUV **227** 15
Initiative AEUV **218** 17ff., 63
Initiativentscheidung EUV **3** 31
Initiativrecht EUV **17** 12ff.; AEUV **76** 1ff.; **86** 11, 42; **240** 1
- Entschließung des EP AEUV **225** 5
- EP EUV **14** 13; AEUV **223** 51; **225** 1; **231** 6
- indirektes EUV **14** 13; AEUV **223** 51; **225** 1; **231** 6
- Kommission EUV **14** 13; AEUV **225** 1; **289** 32; **292** 10; **294** 6ff.
- mittelbares Initiativrecht des Europäischen Parlaments und des Rates AEUV **294** 6
- spezielle Gesetzgebungsinitiativen s. dort
- Untätigkeitsklage AEUV **225** 4, 8
Inkassounternehmen AEUV **57** 23
Inkorporation von Übereinkünften in EU-Recht AEUV **216** 204ff., 235
Inländer s. Gebietsansässiger
Inländerbehandlung AEUV **18** 2, 11
Inländerdiskriminierung AEUV **18** 68f.; **49** 11, 49; 110; **114** 18, 21
- Verbot AEUV **110** 128
Inländergleichbehandlung(-sklausel) AEUV **351** 83f., 88ff.
Inländervorbehalte AEUV **49** 52, 54
Innenkompetenz s. Binnenkompetenz
innere Sicherheit AEUV **67** 35; **72**, 1, 6
Insel Man AEUV **355** 13
Insolvenz AEUV **56** 124
Insolvenzverschleppungshaftung AEUV **54** 11
Institut der Europäischen Union für Sicherheitsstudien EUV **13** 4
institutionelle Rolle des EuGH AEUV **34** 46
institutionelle Verwerfungen AEUV **34** 77
institutioneller Rahmen der EU EUV **13** 1ff.
institutionelles Gleichgewicht s. Gleichgewicht, institutionelles

institutionelles Gleichgewicht zwischen den Organen der EU   AEUV 216 56, 234; 218 14 ff., 112, 202
Institutsgarantie   GRC 38 9
Integration   AEUV 79 43 ff.
– s. a. europäische Integration
– abgestufte   AEUV 27 3
– differenzierte   AEUV 27 1; 27 3; 137 5; 138 1; 141 2
– negative   AEUV 114 9
– positive   AEUV 114 6, 9
Integrationsbereich   AEUV 216 79 f.; 218 162 f.
Integrationsklausel   AEUV 11 1 ff., 10 ff.
– Abwägungsprozess   AEUV 11 14
– erfasste Bereiche   AEUV 11 21 ff.
– Erfordernisse des Umweltschutzes   AEUV 11 19 f.
– gerichtliche Überprüfung   AEUV 11 16 ff.
– kompetenzerweiternde Wirkung   AEUV 11 12
– Rechtsverbindlichkeit   AEUV 11 13
Integrationsprinzip   AEUV 191 85
Integrationsprogramm   AEUV 311 126
Integrationsverantwortung   EUV 48 55 ff., 67, 69, 90; AEUV 353 9
integriertes Grenzschutzsystem   AEUV 77 26
Inter-se-Abkommen/-Vereinbarungen/-Verträge   AEUV 216 127, 250; 351 13, 31 f.
Interessenabwägung   GRC 47 75, 76, 77, 78
Interessensträger   AEUV 12 35 f.
Interinstitutionelle Vereinbarungen   EUV 14 6, 14; AEUV 218 106, 201; 220 49; 225 3; 226 6 f., 13, 5; 293 16; 294 25, 32; 295, 2 ff., 10 ff.
– EP   EUV 14 6, 14; AEUV 225 3; 230 1; 232 6, 9
– über die Haushaltsdisziplin   AEUV 310 57; 312 1; 314 11; 324 11
Interlaken Declaration   AEUV 218 11
Interkonnektion   AEUV 194 4 f., 19 f.
– Funktion   AEUV 194 5, 19
intermediäre Gewalten   AEUV 18 63
Internal Market Scoreboard   AEUV 26 22
International Bank for Reconstruction and Development – IBRD s. Internationale Bank für Wiederaufbau und Entwicklung
International Centre for the Settlement of Investment Disputes – ICSID s. Internationale Zentrum zur Beilegung von Investitionsstreitigkeiten
International Development Association (IDA) s. Internationale Entwicklungsorganisation
International Finance Corporation (IFC) s. Internationale Finanz-Corporation
International Monetary and Financial Committee (IMFC) s. Internationaler Währungs- und Finanzausschuss
International Monetary Fund s. Internationaler Währungsfonds
Internationale Arbeitsorganisation s. ILO

Internationale Atomenergie Organisation (IAEA)   AEUV 220 54
Internationale Bank für Wiederaufbau und Entwicklung   AEUV 138 15
Internationale Entwicklungsorganisation   AEUV 138 15
Internationale Finanz-Corporation   AEUV 138 15
Internationale Konferenz   EUV 34
internationale Konferenzen   AEUV 218 190, 205; 220 18, 30, 88; 221 1
Internationale Organisation für Rebe und Wein s. OIV
internationale Organisationen   EUV 34; AEUV 143 21; 219 3, 16, 22, 23
– Bestimmung der Vertretungsverhältnisse der EU   AEUV 218 174 ff., 188
– Hauptorgan   AEUV 143 21
– intergouvernementale   AEUV 220 15
– Mitgliedschaft der EU s. Mitgliedschaft in internationalen Organisationen
– privilegierte/nicht-privilegierte   AEUV 220 13
internationale Partnerschaft   EUV 21 18
Internationale Seeschifffahrtsorganisation s. IMO
internationale Sicherheit   AEUV 216 259; 220 34; 351 25, 49 ff.
internationale Übereinkünfte   AEUV 216 1 ff.; 218 13, 78, 169; 351 19, 23
– Abschluss   AEUV 3 14 ff.
internationale Vermittlungen   AEUV 220 34
Internationale Zentrum zur Beilegung von Investitionsstreitigkeiten   AEUV 138 15
Internationale Zivilluftfahrtorganisation s. ICAO
internationale Zusammenarbeit, Forschung   AEUV 188 2
Internationaler Fonds für Irland   AEUV 175 14
Internationaler Gerichtshof (IGH)   AEUV 218 230
– Statut   AEUV 216 48, 211
– Rechtsprechung   AEUV 216 51
internationaler Schutz   AEUV 78 1 ff.
Internationaler Strafgerichtshof für das ehemalige Jugoslawien (ICTY)   AEUV 217 9
Internationaler Währungsfonds (IWF, IMF)   AEUV 63 23; 138 15, 29 ff.; 137, 8; 143 7, 21; 216 42; 218 83; 219 16, 18, 23; 220 25, 52; 351 80, 91
– „altes" System   AEUV 219 1
– Entwicklungsausschuss (Development Committee)   AEUV 138 31
– Euro-Sitz   AEUV 138 45
– Exekutivdirektorium   AEUV 138 31, 45
– Gouverneursrat   AEUV 137 8; 138 32, 46
– Internationaler Währungs- und Finanzausschuss   AEUV 137 8; 138 31, 45
– Mitgliedstaaten   AEUV 219 7

- Organe   **AEUV 66** 16; **142** 8, 16
- Recht   **AEUV 142** 16 f.; **219** 18
- Satzungsreform, zweite   **AEUV 219** 9
- Stimmrechtsgruppe (constituency)   **AEUV 138** 31, 45
- Surveillance   **AEUV 219** 7
- System   **AEUV 119** 8
- Übereinkommen   **AEUV 63** 38; **64** 25; **65** 25; **66** 16; **142** 8; **143** 8, 21; **219** 3, 7, 23
- Vertreter der Mitgliedstaaten   **AEUV 138** 32
- Zahlungsbilanzhandbuch   **AEUV 143** 7

Internationales Privatrecht (IPR)   **AEUV 18** 11, 13; **57** 42; **59** 17

internationales Zollrecht   **AEUV 207** 250
- Weltzollorganisation   **AEUV 207** 250

interne Abkommen   **AEUV 216** 194; **218** 191, 194

interne Marktregulierung   **AEUV 34** 40 ff., 43

Internet   **AEUV 56** 104
- EP-Sitzungen   **AEUV 232** 15 f.
- Gesamtbericht   **AEUV 233** 6
- Siegeszug   **AEUV 232** 16

Interoperabilität   **AEUV 171** 5

Intertemporäres Recht   **AEUV 218** 16

Intervention   **AEUV 40** 40 f.
- humanitäre   **AEUV 347** 20 f.

Interventions- und Finanzierungsmechanismus   **AEUV 141** 15

Intimbereich   **GRC 8** 47

Intra-EU-BITs   **AEUV 207** 22

Inuit-Urteil   **GRC 47** 7, 20, 32, 35; **AEUV 263** 73

Investitionen   **AEUV 63** 18 f.; **64** 6; **65** 17 f.
- Begriff   **AEUV 207** 23
- in den ÜLG   **AEUV 199** 5
- Portfolio-~   **AEUV 63** 19

Investitionsschutz
- Garantiesysteme   **AEUV 207** 27
- Multilateral Investment Guarantee Agency (MIGA)   **AEUV 207** 27
- Streitbeilegung   **AEUV 207** 26
- Versicherungen   **AEUV 207** 27

Investitionsschutzabkommen   **EUV 19** 52 ff.; **AEUV 66** 8; **216** 172; **218** 12; **351** 39, 77
- bilaterale (BITs)   **AEUV 207** 22; **216** 117 ff.; **351** 39, 58, 64, 98, 108 ff., 119
- EU   **AEUV 63** 40; **64** 24
- Mitgliedstaaten   **AEUV 63** 40; **64** 24

Investitionsstreitigkeiten   **AEUV 216** 183

Inzidentrüge   **GRC 47** 20, 23; **AEUV 277** 1 ff.
- s. a. Rechtswidrigkeitseinrede
- Anwendbarkeit der TWD-Rechtsprechung   **AEUV 277** 17
- Anwendung im Rahmen der Amtshaftungsklagen   **AEUV 277** 9
- Anwendung im Rahmen der Nichtigkeitsklage   **AEUV 277** 6
- Anwendung im Rahmen der Untätigkeitsklage   **AEUV 277** 8

- Anwendung im Rahmen des Vertragsverletzungsverfahrens   **AEUV 277** 7
- Anwendung im Rahmen des Vorabentscheidungsverfahrens   **AEUV 277** 10
- Ausnahmen des Anwendungsbereichs   **AEUV 277** 4
- Begründetheit   **AEUV 277** 32
- Einrede   **AEUV 277** 30
- Entscheidungserheblichkeit   **AEUV 277** 28, 29
- Ex-officio-Prüfung   **AEUV 277** 31
- Funktion   **AEUV 277** 2
- Geltendmachung der Inzidentrüge   **AEUV 277** 3
- Inter-partes Wirkung   **AEUV 277** 33
- Klagebegründung   **AEUV 277** 3
- objektive Rechtmäßigkeitskontrolle normativer Unionsrechtsakte   **AEUV 277** 2
- Prozessantrag   **AEUV 277** 30
- rechtliche Verpflichtung zur Aufhebung des Rechtsakts   **AEUV 277** 34
- Rügeberechtigung   **AEUV 277** 12 ff.
- Rügeberechtigung nicht-privilegierter Kläger   **AEUV 277** 14
- Rügeberechtigung privilegierter Kläger   **AEUV 277** 15, 16
- Rügegenstand   **AEUV 277** 19 ff.
- Unanwendbarkeit der rechtswidrigen Verordnung   **AEUV 277** 34
- unionsrechtliches Stufenverhältnis   **AEUV 277** 28
- Unzulässigkeit   **AEUV 277** 5
- Wirkung   **AEUV 277** 11
- Wirkungen   **AEUV 277** 33

Ioannina-Mechanismus   **EUV 16** 38 ff.; **AEUV 238** 12 f., 24

irische Klausel   **EUV 42** 24 f.

Irland   **AEUV 67** 25 f., 31; **75** 5; **77** 3; **78** 4; **79** 5; **217** 2, 4, 27

Island   **AEUV 67** 30; **217** 8
- EFTA-Mitglied   **AEUV 66** 17
- Sonderregelungen Kapitalverkehr   **AEUV 63** 22; **64** 13

Isle of Man s. Unionsgebiet

Israel   **AEUV 217** 10, 38; **218** 89

IWF s. Internationaler Währungsfonds

Jahresbericht
- Betrugsbekämpfung   **AEUV 325** 48
- Bürgerbeauftragter   **AEUV 228** 10
- Forschung   **AEUV 190** 1 ff.

Jahreshaushaltsplan der Union s. Gesamthaushaltsplan

Japan   **AEUV 217** 12

Jordanien   **AEUV 217** 10, 38

judikatives Unrecht   **AEUV 340** 33

Jugendpolitik   **AEUV 165** 10, 16 ff., 24 f., 32

Juncker, Jean-Claude   **EUV 14** 71; **AEUV 216** 72; **218** 45; **220** 58

juristische Person s. Person, juristische
jus cogens AEUV 216 254
juste retour AEUV 311 78
Justiziabilität AEUV 12 69; **205** 10; **206** 24
Justizielle Zusammenarbeit in Strafsachen
– Anerkennung, gegenseitige s. dort
– Begriff AEUV 82 2
– Beschuldigtenrechte AEUV 82 27
– Beweisrecht AEUV 82 25 f.
– Effektivierung der Rechtshilfe AEUV 82 5 f.
– Harmonisierung s. dort
– Kompetenzkonflikte AEUV 82 18
– Kriminalprävention AEUV 84 1 ff.
– Notbremseverfahren AEUV 82 36 f.; 83 50 f.
– Opferrechte AEUV 82 29
– Verstärkte Zusammenarbeit AEUV 82 37; 83 50
Justizielle Zusammenarbeit in Zivilsachen AEUV 81 1 ff., 9 ff., 26 ff.; **114** 36: AEUV 216 22, 63, 132; **351** 105
– Außenkompetenz AEUV 81 25
– Drittstaatensachverhalte AEUV 81 19
– Entwicklung AEUV 81 2 ff.
– Familienrecht AEUV 81 55
– gegenseitige Anerkennung AEUV 81 12 ff., 28 ff.
– Kompetenz s. dort
– Konkurrenzen AEUV 81 21 ff.

Kabotage AEUV 91 16 ff.
Kadi-Rechtsprechung AEUV 216 209, 257; **220** 36 f., 41; **351** 47 ff., 12
Kadi-Urteil (zweites) GRC 47 24, 30, 44, 75, 77
Kanada AEUV 217 12
Kanalinseln AEUV 355 13 s. Unionsgebiet
Kanarische Inseln AEUV 217 6; **349** 7; **355** 3
Kap Verde AEUV 219 17
Kapital AEUV 63 10, 16, 30
– Bewegungen/Flüsse AEUV 63 2 f., 11, 16 f., 25, 30, 38; **64** 3, 5, 9; **65** 28; **66** 1, 4, 7, 9, 14, 17
– Geld-~ AEUV 63 16
– Import/Export AEUV 63 20; **64** 9; **66** 3, 11
Kapital- und Zahlungsverkehr AEUV 58 1 ff., 8 ff.
Kapitalanforderungen AEUV 64 9
Kapitalanlage s. Investition
Kapitalanlagegesellschaft AEUV 64 6; **65** 7
Kapitalbeteiligung AEUV 55 4
Kapitalmarkt AEUV 63 5; **64** 3, 8; **143** 24
– Funktionieren des ~ AEUV 66 1
– Kapitalmarktpapier AEUV 63 19
– Kapitalmarktrecht AEUV 63 30
Kapitalschutzvertrag (KSV) s. Investitionsschutzabkommen
Kapitalverkehr AEUV 63 1, 10, 1 4 ff., 21, 23 f., 28 f., 32, 35 f.; **64** 2 ff.; **65** 4, 6, 16, 28; **66** 2; **144** 10
– „Alt"-Regelungen AEUV 64 12 ff.
– (andere) Maßnahmen AEUV 63 19, 22; **64** 2, 10, 19, 21 ff.; **65** 8, 23 f.; **66** 10

– Anzeigepflicht AEUV 63 29; **65** 9, 26
– Bereichsausnahmen AEUV 64 2, 15
– Beschränkungen AEUV 63 2, 4, 9, 11, 13, 22, 26 f., 29, 31, 34 f., 39; **64** 2, 10, 12, 19, 22, 25; **65** 9, 11, 15, 20, 23, 26; **66** 9
– De-Liberalisierung AEUV 64 21 f., 25
– Direktwirkung AEUV 63 24
– Freiheit des ~ AEUV 65 14, 18, 23; **64** 18, 22; **66** 1 f.
– Genehmigungspflicht AEUV 63 29, 33; **65** 8
– Kontrollen AEUV 63 38 f.; **65** 13
– Liberalisierung AEUV 63 1, 3, 22; **64** 14 ff.
– Liberalisierungsrichtlinien AEUV 63 2 ff., 7, 16, 22; **64** 3, 5, 10; **64** 3, 5, 10; **65** 5, 15; **66** 1, 3, 17
– Meldepflicht AEUV 63 29, 33; **65** 9 f., 26
– Nomenklatur/Liste AEUV 64 3, 5 ff.; **65** 7
– Regelungen AEUV 63 6, 40
– Schutzklauseln/-maßnahmen AEUV 63 5, 11; **66** 2 f., 9 ff., 14 ff.
– Übergangszeit AEUV 64 13
– übriger ~ AEUV 143 6
– Verschlechterungsverbot/stand still-Klausel AEUV 64 12, 17
Kapitalverkehrsfreiheit; Zahlungsverkehrsfreiheit AEUV 119 21
Kartellrecht AEUV 263 132
Kartellrecht der EU
– Durchführungsvorschriften ~ AEUV 103 1 ff.
– Freistellungen AEUV 103 28 f., 41; **105** 12 f.
– Fusionskontrollverordnung AEUV 103 44
– Kartellschadensersatz-Richtlinie AEUV 103 11
– Rechtsetzungsbefugnisse AEUV 103 4 ff., 40 ff.
– Sammelklagen AEUV 103 38
– Übergangsbestimmungen AEUV 104 1 ff.; **105** 1 ff.
– Verbotstatbestände AEUV 101 1 ff.; **102** 1 ff.
– Verhältnis zwischen europäischem und nationalem Kartellrecht AEUV 103 35
Kartellverbot AEUV 101
– abgestimmtes Verhalten AEUV 101 63 ff.
– Alleinbelieferung und Alleinbezug AEUV 101 179
– Alleinvertrieb AEUV 101 162 f., 165
– ancillary restraints AEUV 101 6, 72 ff.
– Aufteilung der Märkte AEUV 101 98, 188
– Auswirkungsprinzip AEUV 101 21 f.
– Beeinflussung des Handels zwischen den Mitgliedstaaten AEUV 101 26 ff.
– Beeinträchtigung des Handels zwischen den Mitgliedstaaten AEUV 101 24
– Beschlüsse von Unternehmensvereinigungen AEUV 101 52, 59, 67 f.
– Beseitigungs- und Unterlassungsanspruch AEUV 101 207
– Beweislastverteilung AEUV 101 8, 54, 57 f., 64, 106, 132, 198

- bewirkte Wettbewerbsbeschränkung AEUV 101 75, 82 ff.
- bezweckte Wettbewerbsbeschränkung AEUV 101 75, 76 ff., 85, 88
- Bündeltheorie AEUV 101 29, 34, 211
- Diskriminierung AEUV 101 99
- Durchsetzung AEUV 101 14 ff., 197, 199
- Exportkartell AEUV 101 22
- Forschung und Entwicklung AEUV 101 39, 112, 114 f., 122, 127, 140 f., 152 f.
- Franchising AEUV 101 6, 74, 162, 175 ff.
- Freistellung (Art. 101 Abs. 3) AEUV 101 102 ff.
- Freistellungsvoraussetzungen AEUV 101 111 ff.
- Funktion AEUV 101 7
- Geldbuße AEUV 101 47, 78, 109, 184 ff.
- Gemeinschaftsunternehmen AEUV 101 3, 127, 182 f.
- Gruppenfreistellungsverordnungen AEUV 101 10, 105, 107, 109, 130 ff.
- Haftung auf Schadensersatz AEUV 101 16, 37, 78, 109, 197 ff.
- Hard-core-Kartell AEUV 101 6, 13, 154
- horizontale Wettbewerbsbeschränkung AEUV 101 6, 78, 90 ff.
- Informationsaustausch AEUV 101 63 f., 81, 146 ff.
- Industriepolitik AEUV 173 42
- Kartell (Begriff) AEUV 101 6
- Kernbeschränkung AEUV 101 6, 79 f., 85 f., 89 f., 92, 95, 98, 110, 120, 134 f., 138 ff., 155, 166, 171, 177 f.
- kollektiver Rechtsschutz AEUV 101 206
- Konkurrenzen AEUV 101 212 f.
- Konzerne AEUV 101 38, 47, 192 ff.
- Konzernprivileg AEUV 101 48
- Koordinierungsmaßnahmen AEUV 101 51 ff.
- Kopplung AEUV 101 100 f.
- Kronzeugenregelung AEUV 101 15, 65, 191, 199
- Kundenaufteilungen AEUV 101 80
- Landwirtschaftspolitik AEUV 101 19
- Legalausnahme AEUV 101 8, 102 f., 105, **108 ff.**
- Markenzwang AEUV 101 164
- more economic approach AEUV 101 11 ff.
- NAAT-Regel AEUV 101 33
- Nebenabreden AEUV 101 6, 72 ff.
- Nichtigkeit AEUV 101 208 ff.
- passing on AEUV 101 200
- Preisabsprachen AEUV 101 35, 76, 79, **90 ff.**
- Preisbindung der zweiten Hand AEUV 101 80, 92, 120, 163
- Preisschirm-Effekt AEUV 101 200
- räumlicher Anwendungsbereich AEUV 101 20 ff.
- Rechtfertigung AEUV 101 8 f.
- Rechtsfolgen eines Kartellverstoßes AEUV 101 184 ff.
- Regelbeispiele AEUV 101 89 ff.
- Regelungsadressaten AEUV 101 10, 35 ff.
- rule of reason AEUV 101 8, 72, 83
- sachlicher Anwendungsbereich AEUV 101 18 f.
- Schadensabwälzung AEUV 101 200
- Schadensersatz AEUV 101 16, 37, 78, 109, **197 ff.**
- Schadensersatzrichtlinie 2014/104/EU AEUV 101 6, 12, 16, **198 ff.**
- selektiver Vertrieb AEUV 101 103, **167 ff.**
- Spezialisierungsvereinbarungen AEUV 101 142, 154
- Spürbarkeit (Beeinflussung des Handels zwischen den Mitgliedstaaten) AEUV 101 31 ff.
- Spürbarkeit (Wettbewerbsbeschränkung) AEUV 101 86 ff.
- Tarifverträge AEUV 101 18, 43
- Technologietransfer-Vereinbarungen AEUV 101 122, 143 f.
- Territorialitätsprinzip AEUV 101 21
- umbrella pricing AEUV 101 200
- Unternehmen AEUV 101 37 ff.
- Unternehmensvereinbarungen AEUV 101 60 ff., 67
- Unternehmensvereinigungen AEUV 101 9, 35, 50
- van Eycke-Formel AEUV 101 35 f.
- Vereinbarungen im Kraftfahrzeugsektor AEUV 101 139, 173
- Vereinbarungen im Versicherungssektor AEUV 101 18, 145
- Vereinbarungen über Normen und Standardbedingungen AEUV 101 157 ff.
- vertikale Wettbewerbsbeschränkung AEUV 101 2, 6, 163
- Vertikalvereinbarungen AEUV 101 33, 98, 119 f., 133, 136 ff.
- Vorteilsabschöpfung AEUV 101 207
- Wettbewerbsbeschränkung AEUV 101 69 ff.
- wirtschaftliche Tätigkeit AEUV 101 37 ff.

Kartellverfahrensrecht der EU
- Aufgabenverteilung zwischen Kommission und Gerichtshof AEUV 103 31 ff.
- Durchführungsvorschriften AEUV 103 1 ff.
- Ermittlungsbefugnisse der Kommission AEUV 103 36; **105** 6 f.; **337** 1 ff.
- European Competition Network AEUV 103 39
- Geldbußen AEUV 103 25 ff.
- Kronzeugenmitteilung AEUV 103 27
- Rechtsetzungsbefugnis des Rates AEUV 103 4 ff.
- Rolle der Kommission AEUV 105 1 ff.
- Rolle mitgliedstaatlicher Behörden AEUV 104 1 ff.

- Rolle mitgliedstaatlicher Gerichte **AEUV 103** 38
- Vergleichsverfahren **AEUV 103** 27
- Verteidigungsrecht der Unternehmen **AEUV 103** 37
- Zwangsgelder **AEUV 103** 25 ff.

Kartellverfahrensverordnung **AEUV 101** 102, 213; **102** 18, 138
Kasachstan **AEUV 218** 40 ff.
Kassationsbefugnis **GRC 47** 40, 46, 74
Katastrophenschutz **AEUV 196** 1 ff.; **222** 12 ff., 21 ff., 26, 36, 40, 42
- Beobachtungs- und Informationszentrum **AEUV 196** 11
- Gemeinschaftsverfahren **AEUV 196** 2, 6, 10 f., 13
- Gesetzgebungsverfahren **AEUV 196** 15
- Instrument zur Finanzierung **AEUV 196** 10
- Koordinierung **AEUV 196** 14
- Prävention **AEUV 196** 1, 6, 8 f., 12 ff.
- Subsidiarität **AEUV 196** 14
- Unterstützung **AEUV 196** 11

Katastrophenschutz, Lebensschutz **GRC 2** 21 ff.
- Terrorabwehr **AEUV 222** 12 ff., 21 ff., 26, 36, 40, 42

Kausalität **AEUV 340** 37
- Beweislast **AEUV 340** 37

Keck-Formel **AEUV 34** 96 ff., 152
Keck-Urteil **AEUV 34** 94 ff.; **35** 18 ff.
- Bewertung **AEUV 34** 101
- Formalisierung **AEUV 34** 105
- institutionelle Balance **AEUV 34** 105
- Kulturelle, politische und soziale Fragen **AEUV 34** 104
- Post-Keck-Phase **AEUV 34** 109 ff.
- Ratio **AEUV 34** 105
- Unterscheidung zwischen Produkt- und Vertriebsbezug **AEUV 34** 106, 121 f.
- Vertriebstechniken **AEUV 34** 107

Kernbestimmungen **AEUV 290** 12
Kernbrennstoffsteuer **AEUV 113** 34, 35
Kfz-Steuer **AEUV 18** 22
KFZ-Zulassungssteuer **AEUV 110** 67, 78, 127
Kimberley-Prozess **AEUV 207** 102 f.; **218** 11
- Waiver **AEUV 207** 103
- Zertifikations- und Kontrollsystem **AEUV 207** 102

Kind **GRC 24** 9
Kinder s. Familiengründung
Kinderarbeit
- Grundrecht **GRC 32**
- Kompetenz der EU **AEUV 153** 14

Kindergeld s. Familie, Familienleistungen
Kindertagesstättenplätze **AEUV 157** 33, 176
Kindesentführung **GRC 7** 36
Kindeswohl **GRC 24** 15 f., 19
- Förderung **GRC 2** 29

Kirchen **AEUV 17** 1 ff.; **19** 26
Kirchensteuer **AEUV 17** 16, 18
kirchliches Arbeitsrecht s. Arbeitsrecht, kirchliches
Klagearten **GRC 47** 23
Klagebefugnis **GRC 47** 25, 29, 32, 36, 70
- teilprivilegierte **AEUV 138** 21

Klagefrist **GRC 47** 25, 67, 70, 71, 72; **AEUV 270** 33 ff.
Klagegründe, Bindung an die **GRC 47** 40, 50, 51, 72, 74
kleine und mittlere Unternehmen **AEUV 153** 67, 72 ff.; **157** 139
Kleinstaaten **AEUV 64** 11; **65** 27; **219** 16
- Andorra **AEUV 219** 17
- Monaco **AEUV 219** 176
- San Marino **AEUV 219** 17
- Vatikanstadt **AEUV 219** 17

Klimaschutz **AEUV 191** 20, 43 ff.; **192** 26
- Flexibilisierungsklausel **AEUV 352** 22
- Industriepolitik **AEUV 173** 15 ff., 27 ff.

Klimawandel **GRC 2** 24 f.
- Lebensschutz **GRC 1** 55 f.
- Menschenwürde **AEUV 349** 12

Klonen **GRC 1** 27
KME-Urteil **GRC 47** 49, 52, 74
Koalitionsfreiheit **GRC 12** 17 f., 23, 31
- individuelle **GRC 12** 18
- kollektive **GRC 12** 18
- negative **GRC 12** 18

Koalitionsrecht **GRC 28** 16; **AEUV 153** 50; 128 f.; **156** 8
- s. a. Bereichsausnahme, Sozialpolitik

Kodex
- Beamte **AEUV 228** 5
- Beschwerde **AEUV 228** 5

Kodizes für gute Verwaltungspraxis **AEUV 298**, 14, 20
Kodifikation **AEUV 216** 50, 73 f., 92, 201 f.; **218** 8 ff.
Kohärenz **EUV 3** 3
- der Grundfreiheiten **AEUV 34** 35
- des Steuersystems **AEUV 49** 109 f.
- im Rahmen der GASP **EUV 18** 21 f.; **21** 31 ff.; **26** 18 f.
- Steuerregelung **AEUV 65** 18, 21

Kohärenzgebot **AEUV 12** 7 f., 67; **205** 11; **207** 11; **217** 24, 30; **329** 12 f.; **334** 1 ff.; **340** 6
- Adressaten **AEUV 334** 4 f.
- Begriff **AEUV 334** 2 f.
- Hoher Vertreter für Außen- und Sicherheitspolitik **AEUV 329** 12 f.
- horizontale ~ **AEUV 205** 11
- inhaltliche ~ **AEUV 205** 11
- vertikales Kohärenzgebot **AEUV 205** 13
- Verstärkte Zusammenarbeit **AEUV 329** 12 f.; **334** 1 ff.

Kohärenzgebot, allgemeines **AEUV 7** 1 ff.
- Adressatin **AEUV 7** 5
- Inhalt **AEUV 7** 4 ff.

- Justiziabilität **AEUV 7** 7 ff.
- Kohärenzbegriff **AEUV 7** 4
- Regelungsgehalte **AEUV 7** 4 ff.
- Verhältnis zu speziellen Kohärenzgeboten **AEUV 7** 4
- Verhältnis zum Prinzip der begrenzten Teilermächtigung **AEUV 7** 6

Kohärenzprinzip EUV 4 139
Kohäsion der Steuersysteme AEUV 36 94
Kohäsionsbericht AEUV 175 11
Kohäsionsfonds AEUV 4 6; **175** 7; **177** 22 ff.; **309** 18; **311** 43
Kohäsionspolitik EUV 3 36, 40
- Strafrecht **AEUV 325** 2

Kohlebergbau, Industriepolitik AEUV 173 31
Kollegialitätsprinzip EUV 17 34, 36; **AEUV 248** 9
Kollektivausweisungen GRC 19 10 ff., 18 f.
kollektive Maßnahmen
- s. a. Arbeitskampf
- s. a. Streik
- s. a. Aussperrung
- Einschätzungsprärogative der Sozialpartner **GRC 28** 20 ff.

kollektive Rechte GRC 27; 28
kollektive Verbraucherinteressen GRC 38 32
Kollektivvereinbarung GRC 28 17 ff.
- s. a. Sozialpartner, Sozialpartnervereinbarung
- Bereichsausnahme der Wettbewerbsfreiheit **GRC 28** 38; **AEUV 151** 35 ff.
- Beschränkung von Grundfreiheiten **GRC 28** 39 ff.; **AEUV 151** 38 ff.; **153** 132
- Einschätzungsprärogative **GRC 28** 20 ff.; **AEUV 151** 41 ff.; **153** 113, 132
- Europäische Kollektivvereinbarung **GRC 28** 28; **AEUV 155** 1, 7 ff., 24 ff.
- Inhaltskontrolle **GRC 28** 20 ff.; **31** 17
- Repräsentativität **AEUV 153** 52, 133

Kollektivverhandlung GRC 28; AEUV 152 11; **155** 14 ff.
- s. a. Bereichsausnahme, Sozialpolitik
- Entgeltgleichheit **AEUV 157** 74, 91, 110, 117, 137
- Kollektivverhandlungsfreiheit **GRC 28**; **AEUV 153** 108; **155** 4
- Kompetenz der EU **AEUV 153** 49 ff., 51, 115, 133 ff.
- optionales Instrument **AEUV 155** 10 ff.; **153** 54
- transnational **AEUV 155** 7 ff.; **153** 54

Kollision
- von Unions- und Völkervertragsrecht **AEUV 351** 1, 9 ff., 23, 58, 60, 68, 77, 100 ff.
- ~snorm **AEUV 351** 1, 124
- ~sbehebungspflicht s. Unvereinbarkeit mitgliedstaatlicher Übereinkünfte mit Unionsrecht

kollisionsrechtlicher Grundansatz GRC 38 36

Kolonialstaaten AEUV 198 1
Kolumbien AEUV 217 11, 37
kombinierte Erlaubnis AEUV 79 23, 29
kombinierter Verkehr AEUV 90 28
Komité AEUV 290 2, 28
Komitologie AEUV 43 22; **291** 3 f.
Komitologie-Verordnung AEUV 290 23 f.; **291** 2, 15 ff.
- Abstimmungsmodus **AEUV 291** 22
- Ausschüsse **AEUV 291** 22 f.
- Rang **AEUV 291** 15
- Rechte von Rat und Parlament **AEUV 291** 24
- Überleitung bestehenden Sekundärrechts **AEUV 291** 25 ff.
- Verfahren **AEUV 291** 17 ff.

Komitologiebeschluss AEUV 290 4, 14, 24; **291** 3, 15 ff.
Komitologiereform AEUV 290 3
kommerzielle Präsenz AEUV 63 23
Kommissar
- Amtsenthebung **AEUV 251** 15

Kommission EUV 13 11; **17** 1 ff.; **AEUV 219** 1, 4, 5, 6, 14, 21; **240** 1 ff.; **241** 1 ff.; **242** 7; **243** 4 f.; **244** 3 ff.; **245** 1 ff.; **246** 1 ff.; **247** 1 ff.; **248** 1 ff.; **249** 1 ff.; **250** 1 ff.; **289** 9, 32 f.; **292** 10 f.; **293** 1 ff.; **294** 6 ff., 24 f., 32 ff.; **295** 10 ff.; **298** 6 ff.; **328** 7; **334** 4
- Abweichungsmöglichkeit durch den Europäischen Rat **EUV 17** 33
- Amtsenthebung **AEUV 245** 8 ff., 15; **246** 2; **247** 1 ff.
- Amtsenthebungsgründe **AEUV 247** 2 ff.
- Amtsniederlegung **AEUV 234** 5, 15
- Amtszeit **EUV 17** 16 ff.; **41** 6 ff.; **AEUV 234** 15; **246** 1 ff., 19
- Amtspflichten **AEUV 234** 4; **245** 1 ff.
- Amtspflichtverletzungsverfahren **AEUV 245** 10 ff.
- Anhörungsrecht **AEUV 242** 7
- Antworten **AEUV 230** 6
- Arbeitsprogramm **EUV 17** 11; **AEUV 233** 11
- Aufforderung durch den Rat **AEUV 135** 2; **241** 1 ff.
- Aufforderungsgegenstand **AEUV 241** 4 f.
- Aufforderungsverweigerung **AEUV 135** 9; **241** 10
- Aufforderungswirkungen **AEUV 135** 8; **241** 8
- Aufgaben **EUV 17** 2 ff.
- Aufsichtspflichten **AEUV 340** 27
- Ausführung des Haushaltsplans **EUV 17** 8
- Außenvertretung **EUV 17** 10
- Beendigungsgründe **AEUV 246** 2 ff.
- Beitrittsverhandlungen **EUV 17** 10
- Berichtspflicht **AEUV 328** 7
- Beschlussfähigkeit **AEUV 250** 9
- Beschlussfassung **AEUV 250** 1 ff.
- Beschlussverfahren **AEUV 250** 4 ff.

Stichwortverzeichnis

- Beschwerde **AEUV 228** 5
- Beschwerdeverfahren **EUV 17** 7
- Dienststellen **AEUV 249** 5, 7
- einfache Mehrheit **AEUV 64** 22; **250** 2
- Einsetzung **EUV 17** 41 ff.
- Empfehlung **AEUV 63** 2; **143** 14, 16, 28, 30; **144** 1, 14, 16; **219** 6, 14, 19, 21
- Entlassung **EUV 17** 38
- Entlastung **AEUV 285** 4; **318** 2; **319** 3 ff.
- Ermächtigungsverfahren **AEUV 250** 6 f.
- Ermessen **AEUV 241** 8 f.
- Ernennung **EUV 17** 47 ff.
- Ernennungsvoraussetzungen **EUV 17** 20 ff.
- Ersetzung ausgeschiedener ~smitglieder **AEUV 246** 5 ff.
- EP **AEUV 230** 4 f.; **231** 6
- EP, Anhörung durch die ~ **AEUV 230** 4 f.
- EP-Fragen, Beantwortung **AEUV 230** 4, 6
- EP-Sitzungen, Teilnahme **AEUV 230** 4 f.
- Exekutivaufgaben **EUV 17** 9
- Förderung der allgemeinen Unionsinteressen **EUV 17** 3 f.
- Gehalt **AEUV 243** 4 f.
- Generaldirektion **AEUV 249** 6
- Generalsekretariat **AEUV 249** 7
- Gesamtbericht **AEUV 233** 1 ff.
- Gesamtbericht über die Tätigkeit der Union **AEUV 249** 8 f.
- geschäftsführende Weiterführung **AEUV 246** 4, 17 f.
- Geschäftsordnung **AEUV 249** 1 ff.
- Hoher Vertreter als Vizepräsident **AEUV 218** 21; **220** 85; **221** 4
- Hüterin der Verträge **EUV 17** 5 ff.; **AEUV 258** 1
- Initiativmonopol **EUV 17** 12; **AEUV 135** 1
- Initiativrecht **EUV 14** 13; **17** 12 ff.; **AEUV 225** 1; **241** 1; **289** 40; **292** 10; **294** 6 ff.; **296** 20 f.; **297** 6, 13, 16; **298** 6
- Individualbeschwerde **AEUV 258** 8
- Jahres-Gesetzgebungsprogramm **AEUV 233** 11
- Kabinett **AEUV 249** 4
- Kohärenzgebot **AEUV 334** 4
- Kollegialitätsprinzip **EUV 17** 34; **AEUV 248** 9
- Kollegium **EUV 17** 16; **AEUV 250** 2
- Koordinierungsaufgaben **EUV 17** 9
- Legislaturperiode des EP **EUV 17** 17
- Mehrheitsprinzip **AEUV 250** 2 f.
- Misstrauensantrag **AEUV 230** 5; **231** 7
- Mißtrauensvotum **EUV 14** 10; **17** 18, 49
- mündliches Beschlussverfahren **AEUV 250** 4
- Nachbesetzung **AEUV 246** 5 ff., 17
- Nichtersetzung **AEUV 246** 8
- Öffentlichkeit des Gesamtberichts **AEUV 249** 9
- Organisationsstruktur **AEUV 249** 4
- Pflege der Beziehungen zu internationalen Organisationen **EUV 17** 10
- Pflichten der ~smitglieder **EUV 17** 27
- Präsident **EUV 14** 71; **17** 34 ff.; **AEUV 231** 6; s. a. Präsident der Europäischen Kommission
- Präsidentenwahl **EUV 14** 3, 10
- Programmsetzungsplanung **EUV 17** 11
- Rechtsetzungsbefugnisse, Delegation **AEUV 231** 6
- Regierungs- und Exekutivorgan **EUV 17** 1
- Ressortprinzip **AEUV 248** 6 f.
- Rücknahme eines Vorschlags **EUV 17** 13
- Rücknahmerecht **AEUV 293** 13 f.; **294** 6
- Rücktritt eines ~smitgliedes **AEUV 246** 3
- Rücktritt der ~ **AEUV 246** 16 f.
- Sanktionsbefugnisse **EUV 17** 5
- Sanktionsverfahren gegen Mitglieder der ~ **AEUV 245** 10 ff.
- Stellungnahme **AEUV 63** 3; **144** 1
- Strategieplanung **EUV 17** 11
- Subdelegation **AEUV 250** 6
- System der gleichberechtigten Rotation **EUV 17** 32; **AEUV 244** 3 ff.
- Teilnahme an Sitzungen des EZB-Rats **AEUV 284** 6
- Transparenz **EUV 17** 32
- Tod eines ~smitgliedes **AEUV 246** 3
- Unabhängigkeit **EUV 17** 23, 25 ff.; **AEUV 245** 2; **298** 14
- vereinfachtes Beschlussverfahren **AEUV 250** 5 ff.
- Verfahren der Befugnisübertragung **AEUV 250** 8
- Verhaltenskodex **EUV 17** 29; **AEUV 245** 6
- Vertragsverhandlungen **EUV 17** 6, 10
- Vertragsverletzungsverfahren **AEUV 228** 5
- Vertreterin der allgemeinen Interessen **EUV 17** 1
- Verwaltungsaufgaben **EUV 17** 9
- Verwaltungsfunktionen **AEUV 2** 16
- Vizepräsident **EUV 18** 20
- Vorschlag **AEUV 219** 6, 21
- Zusammenarbeit **AEUV 230** 11
- Zusammensetzung **EUV 17** 30 ff.
- Zuständigkeit im Rahmen der GASP **AEUV 254** 18 f.
- Zuständigkeitsverteilung innerhalb der ~ **AEUV 248** 2 ff.
- Zustimmung des EP **EUV 14** 33; **17** 46; **AEUV 234** 1

kommunale Daseinsvorsorge **EUV 4** 40 f.
Kommune
- Bürgerbeauftragter **AEUV 228** 13
- Petitionsrecht **AEUV 227** 6

Kommunikation
- Abgeordneter **AEUV 223** 61
- Beeinträchtigung **GRC 7** 33
- Eingriffsrechtfertigung **GRC 7** 38
- Schutzbereich **GRC 7** 27

Kommunikationspartner GRC 7 33
Komoren AEUV 219 17
Kompensationsthese EUV 48 17
Kompensationsverbot AEUV 112 1 f., 9
– absolutes AEUV 112 1, 8
Kompetenz
– ausschließliche Unions- AEUV 138 42
– in auswärtigen Angelegenheiten s. Außenkompetenz
– in inneren Angelegenheiten s. Innenkompetenz
Kompetenz (Justizielle Zusammenarbeit in Zivilsachen) AEUV 81 26 ff.
– allgemeine Harmonisierungskompetenz AEUV 81 50
– alternative Streitschlichtung AEUV 81 51 f.
– Anerkennung und Vollstreckung von Entscheidungen AEUV 81 10, 28 ff.
– effektiver Rechtsschutz AEUV 81 47 ff.
– Erhebung von Beweismitteln AEUV 81 45 f.
– Familiensachen AEUV 81 55
– Internationales Privatrecht AEUV 81 11, 36 ff.
– Justizielle Zusammenarbeit in Zivilsachen s. dort
– Konkurrenzen AEUV 81 21 ff.
– Vermeidung von Kompetenzkonflikten AEUV 81 41 ff.
– Weiterbildung von Richtern und Justizpersonal AEUV 81 53 f.
– Zustellung AEUV 81 33 ff.
Kompetenz-Kompetenz EUV 4 14, 36; AEUV 1 5; 311 3; 216 103
– Flexibilisierungsklausel AEUV 352 7
– des Rates AEUV 138 7
Kompetenzanmaßung AEUV 34 52
Kompetenzausübung AEUV 2 20
Kompetenzausübungsschranken, Flexibilisierungsklausel AEUV 352 9, 27
Kompetenzdrift AEUV 34 48
Kompetenzen
– Rückführung AEUV 2 12
– ungeschriebene AEUV 2 13
– wirtschaftspolitische AEUV 121 17 f.
Kompetenzergänzungsklausel AEUV 351 97
s. a. Flexibilitätsklausel
Kompetenzerweiterung, Dynamik AEUV 2 4
Kompetenzfrage AEUV 34 44
Kompetenzgericht AEUV 2 22
Kompetenzgrundlagen, binnenmarktbezogene AEUV 114 25
kompetenzielle Zurückhaltung AEUV 216 166
Kompetenzkatalog AEUV 2 11
Kompetenzkategorien AEUV 2 17 ff.
Kompetenzkonflikte
– negativer Kompetenzkonflikt AEUV 274 7
– positiver Kompetenzkonflikt AEUV 274 6
– Strafverfahren AEUV 82 18
Kompetenzkontrolle AEUV 2 20

Kompetenzlücke AEUV 216 85
Kompetenzordnung EUV 48 28 f.
– Subsidiaritätsprinzip GRC 38 22
Kompetenzübertragung AEUV 262 2
Kompetenzverlagerung AEUV 351 93
Kompetenzzuwächse AEUV 216 111, 198; 351 96; 108
Komplementärfunktion des Verbraucherschutzes AEUV 169 8
Komplementarität von Freiheit und Schutz AEUV 169 31
Konditionalität, wirtschaftspolitische AEUV 121 57
Konferenz für Sicherheit und Zusammenarbeit in Europa (KSZE) AEUV 220 71 f.
Konfliktfall AEUV 347 23
Konfliktverhütung EUV 42 16; 43 2 f., 7
Konfliktvermeidung EUV 4 72, 144, 150
Konformauslegung EUV 4 143 ff., 170
– nationalverfassungskonforme Auslegung EUV 4 171
Konkordanz AEUV 270 31 ff.
Konnexitätsprinzip AEUV 310 15
Konsens AEUV 216 112, 114, 156, 187; 218 140, 232; 220 8, 41, 47, 71; 351 102
Konstitutionalisierung AEUV 289 18 f.
konstitutionelle Assoziierung AEUV 355 5
konstruktive Enthaltung AEUV 218 145
konsularische Vertretung EUV 35
konsularischer Schutz EUV 35 7; 47 19; GRC 46 1 ff.; AEUV 23 1 ff.
– Grundrechtsqualität GRC 46 8
– Individualansprüche AEUV 23 26 ff.
– juristische Personen AEUV 23 38
– Rechtsschutz GRC 46 18 ff.; AEUV 23 54 f.
– Völkerrecht AEUV 23 16, 24, 37
Konsultationen
– Austrittsakommen EUV 50 25
– EP EUV 14 26
Konsultationsprozess, Rahmenprogramm, Forschung AEUV 182 11
Kontaktlinsen AEUV 57 10
Kontokorrentgeschäft AEUV 63 19
kontradiktorisches Verfahren (Grundsatz) GRC 47 61, 62, 63, 64, 75, 76, 77, 78, 79
– s. a. rechtliches Gehör
Kontrahierungszwang (für Mitgliedstaaten) AEUV 216 173
Kontrollausschuss AEUV 285 5, 310 5
Kontrollbeteiligung AEUV 49 23
Kontrolldichte, gerichtliche GRC 47 39, 41, 52, 73
Kontrolle
– Anfragen AEUV 230 6, 8
– Antwortpflicht EUV 14 21
– Außen- und Sicherheitspolitik AEUV 233 9
– Berichtspflicht EUV 14 20, 22; AEUV 226 1; 233 2, 9
– Bürgerbeauftragter AEUV 228 1

- EP EUV 14 16; AEUV 228 1; 233 2
- Fragen AEUV 230 6, 8
- Fragerecht EUV 14 20, 21; AEUV 226 1
- Gegenstand EUV 14 18
- Grundrechte EUV 14 17
- Informationsrecht EUV 14 20; AEUV 226 1
- Maßnahmen EUV 14 19; AEUV 226 1
- Maßstab EUV 14 17
- nachträgliche Kontrolle AEUV 56 118
- Petitionsrecht AEUV 227 2, 17
- politische EUV 14 3, 17
- rechtliche EUV 14 17; AEUV 230 6
- Sicherheits- und Verteidigungspolitik AEUV 233 9
- Untersuchungsausschuss EUV 14 20; AEUV 226 1 f.
- Zuständigkeit EUV 14 17

kontrollierte Lieferung AEUV 87 28
Kontrollmaßnahmen EUV 14 19; AEUV 226 1
Kontrollparlament EUV 14 3, 16; AEUV 230 6
Kontrolltheorie AEUV 54 5
Kontrollverbund AEUV 197 3
Konvent für die Zukunft Europas s. Verfassungskonvent
Konvention zum Schutz der Menschenrechte und Grundfreiheiten s. Europäische Menschenrechtskonvention
Konventsverfahren EUV 48 36 ff.
Konvergenz AEUV 142 3, 5
- Kriterien AEUV 66 6

Konvergenz der Wirtschaftsleistungen AEUV 119 11; 121 34
Konvergenzkriterien AEUV 140 1 ff.; 219 10
- Aufhebung, Zuständigkeit und Verfahren AEUV 139 24; 140 52 ff.
- Dauerhaftigkeit der Konvergenz AEUV 140 20, 29
- EWS-Wechselkursmechanismus AEUV 139 3, 46; 140 36 ff.
- Finanzlage, öffentliche ~ i. e. S. AEUV 140 14 ff.
- ökonomische ~ i. e. S. AEUV 140 14 ff.
- Preisstabilität AEUV 140 21 ff.
- Rechtsnatur AEUV 140 6 ff., 12
- Staaten mit Sonderstatus AEUV 139 43 ff.
- unbenannte Pflichten AEUV 140 9 f.
- Zinsniveau AEUV 140 44 ff.

Konvergenzprogramme AEUV 121 36
Konvergenzziel AEUV 174 5
Konvertibilität AEUV 143 10
Konzentrationswirkung, Forschungspolitik AEUV 182 3, 24
Konzertierungsausschuss AEUV 324 9
Konzertierungsverfahren AEUV 324 8
Konzession AEUV 56 104
Kooperation
- grenzüberschreitende polizeiliche AEUV 87 1
- grenzüberschreitende polizeiliche und justizielle AEUV 85 18 f.; 89 1
- interinstitutionelle AEUV 312 12
- mit anderen EU-Mitgliedstaaten AEUV 89 4
- mit Drittstaaten AEUV 85 8; 88 13
- nicht-operative AEUV 87 2, 10 ff.
- operative AEUV 85 38; 87 2, 22 ff.
- wirtschaftspolitische AEUV 198 13
- Zustimmungserfordernis AEUV 89 9

Kooperationsabkommen AEUV 217, 9, 32
Kooperationspflichten EUV 4 71, 147 ff., 156, 168 f.
- Rechtsprechungsdialog EUV 4 138, 147

Kooperationspolitik AEUV 212, 213
- Abgrenzung zu anderen Politikbereichen AEUV 212 8
- „Drei K" AEUV 212 9; 213 3
- Dringlichkeit, Begriff der AEUV 213 5
- Finanzhilfen AEUV 212 3, 6; 213 4
- Heranführungshilfe AEUV 212 11
- historische Entwicklung AEUV 212 2 ff., 213 2 f.
- Instrumente AEUV 212 11
- Kompetenz der EU AEUV 212 5, 10 ff., 213 3
- Rolle der EIB AEUV 212 12
- Ziele der Kooperationspolitik AEUV 212 8
- Zusammenarbeit AEUV 212 6

Kooperationsprinzip AEUV 56 122
Kooperationsverträge EUV 1 66
kooperierender Staat AEUV 34 30
Koordinierung AEUV 63 1 ff., 11 f.; 65 16
- offene AEUV 2 54 ff.
- wirtschaftspolitische AEUV 142 3

Koordinierung, Forschung AEUV 181 1 ff.
Koordinierung, verstärkte/Zusammenarbeit AEUV 121 10, 21, 25, 54 ff.; 126 11
Koordinierung, wirtschaftspolitische AEUV 119 2, 18, 20, 26 ff., 46 ff.; 120 1; 121 1 ff., 50 ff., 66 ff.
Koordinierungsbeihilfen (Verkehr) AEUV 93 5, 19 ff.
Koordinierungskompetenz AEUV 52 1
Koordinierungspflicht AEUV 173 55; 181 2, 4
Koordinierungspflichten, der Mitgliedstaaten AEUV 138 14
Kopenhagener Kriterien AEUV 217 9
körperliche und geistige Unversehrtheit GRC 3 1 ff.
- Abgrenzung GRC 3 16
- ärztlicher Heileingriff GRC 3 14, 19, 26
- Dienstrecht GRC 3 10
- Einwilligung GRC 3 12, 26
- Einwirkungen Dritter GRC 3 14, 20
- Erheblichkeitsschwelle GRC 3 22
- genetische Unversehrtheit GRC 3 2, 5, 11, 17
- Handel und Kommerzialisierung des Körpers GRC 3 24
- Klonen GRC 3 6, 25
- Wesensgehalt GRC 3 1, 11 ff., 29

Korrekturmaßnahmen (ESM) GRC 28 11
Korrekturmechanismus für das Vereinigte Königreich AEUV 311 77, 141
Korrespondenz GRC 7 27
Korruption AEUV 83 24
Kosovo AEUV 217 9; 219 18
Krankenkassen AEUV 57 23; 106 23
Krankheit AEUV 19 22, 27
– s. a. Gesundheitsschutz
– s. a. soziale Sicherheit
– Arbeitnehmereigenschaft AEUV 45 26
– Wahlrechtsausschluss EUV 14 49
Kredit/e AEUV 143 23, 25
– Finanz-~ AEUV 63 19
– Konsumenten-~ AEUV 63 19
– kurzfristiger ~ AEUV 63 19; 64 6
– langfristiger ~ AEUV 63 19; 64 6
– mittelfristiger ~ AEUV 63 19; 64 6
Kreditaufnahme AEUV 311 72
– gemeinsame AEUV 311 116
– Rechtsgrundlagen AEUV 311 111
Kreditfazilitäten, kurzfristige AEUV 141 15
Kreditfinanzierung AEUV 310 28 ff.
Kreditinstitute AEUV 64 4; 65 7; 143 24
– s. a. Banken
– Aufsicht über ~ AEUV 141 17
Kreditversicherung AEUV 63 19
Krieg AEUV 347 5, 15, 18 ff., 22 ff.
Kriegszeiten, Lebensschutz GRC 2 62 ff.
Kriminalität
– besonders schwere ~ AEUV 83 10 ff.
– Computerkriminalität AEUV 83 26
– grenzüberschreitende ~ AEUV 83 13
– Organisierte ~ AEUV 83 27
– sämtliche Formen AEUV 87 9
– schwere ~ AEUV 85 11 ff.; 15 f., 29; 88 17 ff.;
– schwere ~ mit grenzüberschreitender Dimension AEUV 86 40 f.
– Straftaten zum Nachteil der finanziellen Interessen der EU AEUV 85 16; 86 9, 31
Kriminalprävention AEUV 84 1 ff.
Krisenbewältigungsoperationen EUV 43
Kroatien AEUV 77 3; 217 9
– EU-Beitritt AEUV 65 1; 142 5
– Pre-in AEUV 142 10
– Sonderregelungen Kapitalverkehr AEUV 64 13
KSZE (Konferenz für Sicherheit und Zusammenarbeit in Europa) AEUV 220 71 f.
Kücükdeveci-Entscheidung AEUV 288 53
Kultur GRC 22 9, 13; AEUV 56 127; 62 6; 167
– Ausdrucksformen GRC 22 9
– Begriff AEUV 167 8 f.
– europäische Kulturagenda AEUV 167 47 ff.
– Grundrechtecharta und Kultur AEUV 167 7
– Grundfreiheiten und Kultur AEUV 167 41 ff.
– gemeinsames kulturelles Erbe AEUV 167 13
– historische Entwicklung AEUV 167 3 ff.
– Instrumente AEUV 167 24 ff., 45, 47 ff.

– Kompetenz der EU AEUV 167 10 ff., 17 ff.
– Kulturverträglichkeitsklausel AEUV 167 20 f.
– Programme AEUV 167 28 f.
– Ziele der Kulturpolitik AEUV 167 15, 22 f.
kulturelle Traditionen AEUV 13 32, 35
Kulturgüter
– Ausfuhrverordnung AEUV 207 73 ff.
– nationales Kulturgut AEUV 207 74
Kündigung eines Arbeitsverhältnisses s. Entlassung
Kündigungsklausel AEUV 216 41, 148, 193; 351 103, 109
Kunst GRC 13 11
– Kunstausübung GRC 13 11
Kunstfreiheit GRC 13 11, 14 f.
– Werkbereich GRC 13 11, 15
– Wirkbereich GRC 13 11, 15
Küstenmeer EUV 52 6
Kyoto-Protokoll AEUV 216 231

Laeken-Erklärung s. Erklärung von Laeken zur Zukunft der Europäischen Union
Lage, soziale und demographische AEUV 233 8
Lagerhaltung AEUV 40 40 f.
Laizität s. Religionsverfassungsrecht
Land- und Forstwirtschaft
– Flächen AEUV 64 13
ländliche Entwicklung AEUV 39 23 ff.
Landwirtschaft AEUV 38 7, 10
Landwirtschaft und Fischerei, geteilte Zuständigkeit AEUV 4 7
landwirtschaftliche Erzeugnisse AEUV 34 24; 38 12 ff.
längerfristige Refinanzierungsgeschäfte AEUV 127 20
langfristige Aufenthaltsberechtigung AEUV 79 21
Lateinamerika AEUV 217 11, 19, 37
Laufbahn (EU-Beamte) AEUV 336 32 ff.
Lautsi-Urteil AEUV 17 23
Leasing AEUV 57 9
Leben GRC 3 1, 4 f.
Lebensführung GRC 7 14
Lebensgrundlagen GRC 1 54 ff.; 2 18 ff.
Lebensmittelsicherheit AEUV 36 73; 220 50
Lebenspartner GRC 7 23
Lebenspartnerschaft, eingetragene AEUV 19 30
Lebensschutz GRC 2 16 ff., 20, 26
Legal Professional Privilege AEUV 337 32 ff.
Legalitätskontrolle AEUV 263 93
Legitimation, Unionsrecht EUV 50 48
Legitimation, doppelte demokratische AEUV 352 6
legitime staatliche Regulierung AEUV 34 45
– Grenzen zwischen legitimer und illegitimer staatlicher Regulierung AEUV 34 45
legitime Ziele der zwingenden Erfordernisse AEUV 36 55 ff.

- Verbraucherschutz AEUV 36 55
legitime Ziele in Art. 36 AEUV AEUV 36 37 ff.
Legitimität des EuGH AEUV 34 76
Lehranstalten GRC 14 15 f., 23
- Privatschulen GRC 14 15, 20
Lehrfreiheit GRC 13 13
Leibeigenschaft GRC 5 1 ff., 10 ff., 30, 33; 6 15
Leistungsbilanz; Zahlungsbilanz AEUV 119 63
Leistungsfähigkeit, Organe AEUV 228 3
Leistungsklage AEUV 340 55
Leistungsverwaltung AEUV 310 49
Leitkurs AEUV 219 4, 9, 10, 11
- Bandbreite AEUV 219 4, 11
- Euro- AEUV 219 9, 10
Leitlinien AEUV 294 7; 297 15
- allgemeine EUV 50 13
- Außen- und Sicherheitspolitik EUV 50 13
- Begriff AEUV 288 120
- der EU-Finanzaufsichtsbehörden AEUV 288 128 f.
- EP AEUV 230 7; 232 9
- Europäischer Rat EUV 50 11 f.
- EZB AEUV 132 11 ff.
- mit Rechtsgrundlage AEUV 288 123 ff.
- ohne Rechtsgrundlage AEUV 288 121 f.
Leitlinien, beschäftigungspolitische
- aktuelle AEUV 147 9; 148 12
- Anhörung der Parlamente AEUV 148 8
- Begriff AEUV 148 8
- Benchmarking AEUV 148 11
- Rechtsqualität AEUV 148 9
- Rechtsverbindlichkeit AEUV 148 10, 14
- Umsetzung durch Mitgliedstaaten AEUV 148 15
- Vorschlag der Kommission AEUV 148 7
Leitungsmacht AEUV 49 24
Leitzieltrias EUV 3 4 ff.
Leitzins AEUV 127 22
Lenkungsnorm AEUV 112 7
Lettland AEUV 217 9
- Euro-Einführung AEUV 142 10
- WKM II AEUV 142 5
Letztentscheidungsrechte EUV 4 1, 10, 45 f., 83, 148
lex generalis AEUV 218 8 ff.
lex-posterior-Regel AEUV 351 14
Libanon AEUV 217 10, 38
liberaler Intergouvernementalismus AEUV 34 52
Liberalisierung des Welthandels AEUV 207 214
Liberalisierungslogik AEUV 34 39, 68
Libyen AEUV 217 10, 38
Liechtenstein AEUV 67 30; 217 8
- EFTA-Mitglied AEUV 66 17
- Sonderregelungen Kapitalverkehr AEUV 63 22
- Zinsabkommen AEUV 65 27
Liquidation von Guthaben AEUV 64 7

Liquidität, binnenwirtschaftliche AEUV 63 7; 66 17
Lissabon-Strategie AEUV 2 54
Lissabon-Urteil EUV 1 40 f.; AEUV 151 29
- s. a. Bundesverfassungsgericht
Lissabon-Vertrag s. Vertrag von Lissabon
Listenwahlen EUV 14 52
Litauen AEUV 217 9
- Euro-Einführung AEUV 142 10
- WKM II AEUV 142 5
Lizenz AEUV 56 103; 57 15
Lobbyismus AEUV 17 17, 24
Lomé-Abkommen AEUV 198 11, 26; 217 7, 35
Löschung von Daten GRC 8 19
Löschungsanspruch GRC 8 36
Lotsendienste AEUV 58 7
Lotterie AEUV 34 14
loyale Zusammenarbeit s. Grundsatz der loyalen Zusammenarbeit
Loyalitätsgebot EUV 19 22
- Austritt EUV 50 7
Loyalitätspflicht (EU-Beamte) AEUV 336 23 f.
Loyalitätspflichten
- interorganschaftliche AEUV 138 25
- der Mitgliedstaaten zur Union AEUV 137 2; 138 9, 14, 28, 45
Loyalitätsprinzip s. Grundsatz der loyalen Zusammenarbeit
Luftfahrt AEUV 58 7
Luftraum EUV 52 6
Luftverkehr AEUV 18 51; 100 10 ff.
Luftverkehrsabkommen AEUV 216 110; 351 107, 119
Luns-/Westerterp- Verfahren AEUV 218 194 f.
Luxemburger Kompromiss AEUV 220 86

Maastricht Vertrag s. Vertrag von Maastricht
Maastricht-Urteil EUV 1 10, 22; AEUV 34 80
- s. a. Bundesverfassungsgericht
Madagaskar AEUV 217 17
Madeira AEUV 217 6; 239 7; 355 3
Makrofinanzhilfen AEUV 311 109
Malta AEUV 217 27, 34
- Sonderregelungen Kapitalverkehr AEUV 64 13
Mandat
- Ausübungskosten AEUV 223 58 ff.
- Entzug AEUV 223 25
- Niederlegung AEUV 223 49
- Rücktritt AEUV 223 25
- Tod AEUV 223 25
- Verlust AEUV 223 25
Mangold-Rechtsprechung AEUV 288 53, 74
Mannheimer Rheinschiffahrtsakte AEUV 351 80, 118
margin of appreciation AEUV 17 7, 21
Markenrecht AEUV 36 73; 118 24
marktbeherrschende Stellung, Missbrauch AEUV 106 35

Marktfragmentierung, gutgläubige AEUV 34 167
Marktregulierung AEUV 63 25
Marktreife, Horizont 2020 AEUV 182 17
Marktunvollkommenheiten AEUV 36 57 ff., 88 ff.
Marktwirtschaft
– offene AEUV 63 12; 144 11; 120 1, 12; 121 27; 127 8
– soziale AEUV 146 5
– Wettbewerb, freier AEUV 119 50, 57; 120 1, 8, 12; 121 27
Marktzugang AEUV 63 23; 204 6
Marktzugangsbeschränkung AEUV 34 43, 124, 134 ff., 156 ff.; 49 59 ff.; 53 10; 54 9 f.
Marokko AEUV 217 10, 38
MARPOL-Übereinkommen 73/78 AEUV 216 115
Martinique AEUV 349 1 ff.; 355 3
Massen-Beschwerde AEUV 228 14
Massen-Petition AEUV 227 7; 228 14
Massenzustrom AEUV 78 19 ff.
Maßnahmen gleicher Wirkung AEUV 34 58 ff., 109 ff.; 63 29
– Anwendungsbereich AEUV 34 91, 94
– Ausdehnung der Grundrechtskontrolle AEUV 34 77
– Ausdehnung von Unionsrechtskompetenzen AEUV 34 78
– Begünstigung inländischer Produktion AEUV 34 84
– Definition AEUV 34 58 ff.
– Druck der Rechtfertigung AEUV 34 75
– Entwicklungen für die Zukunft AEUV 34 128
– Etikettierungsvorschriften AEUV 34 111
– Fallgruppen AEUV 34 109 ff.
– Formalitäten bei der Einfuhr AEUV 34 110
– gerichtliche Definition AEUV 34 60 ff.
– hermeneutische Kritik AEUV 34 85
– institutionelle Position des EuGH AEUV 34 76
– Konsequenzen der Definition AEUV 34 73 ff.
– konservativer Spin AEUV 34 75
– Krisensymptome AEUV 34 81
– legislative Definitionsversuche AEUV 34 60 ff.
– nationale Werbemaßnahmen AEUV 34 116
– nicht produktbezogene AEUV 34 86
– Nutzungsbeschränkungen AEUV 34 118
– politisch-demokratische Dimension AEUV 34 89
– Privilegierung finanzieller Maßnahmen zur internen Marktregulierung AEUV 34 74
– Produktverbote AEUV 34 111
– Produktvorschriften AEUV 34 111
– Protektionismus AEUV 34 59
– Rechtfertigungslösung AEUV 34 90
– Rechtfertigungsvorschrift AEUV 34 75
– regulative Schieflage AEUV 34 74
– Spannungsverhältnis AEUV 34 59
– Substanzverbote AEUV 34 111
– Systematisierung AEUV 34 84
– unterschiedlich anwendbare Maßnahmen AEUV 34 84
– unterschiedslos anwendbare Maßnahmen AEUV 34 84
– Verhältnis zu finanziellen Marktzugangsbeschränkungen AEUV 34 70 ff.
– vertriebsbezogene Maßnahmen AEUV 34 87
– Vertriebsvorschriften AEUV 34 117
– Werberegelungen AEUV 34 113
– Zulassungsverbote für Waren AEUV 34 112
Maßnahmen, erforderliche AEUV 215 4, 13 ff., 20, 30 ff.
Maßnahmenkurzkataloge AEUV 169 7
materielle Standards, Richtlinien zum Schutze des Verbrauchers AEUV 169 37
materielles Schutzniveau, Gebot des Rechnungtragens AEUV 12 65
Maut s. Autobahnnutzungsgebühr
Mayotte AEUV 198 16; 355 3, 15
Mazedonien AEUV 217 9
MdEP s. Abgeordnete
Medien, Vielfalt AEUV 63 32
Medienfreiheit GRC 11 15 ff., 20, 34
– Film GRC 11 16
– neue Medien GRC 11 16
– Presse GRC 11 16
– Rundfunk GRC 11 16, 20
– Schutz der Quellen von Journalisten GRC 11 16, 20
Medizin AEUV 56 130; 57 50
medizinische Eingriffe GRC 4 29 ff.
Medizinprodukte AEUV 168 28
Mehrebenensystem AEUV 1 6, 2 2
Mehrfachbesteuerung AEUV 110 2
Mehrheit
– absolute AEUV 231 1, 3, 8
– allgemeine AEUV 231 1 3
– doppelt qualifizierte AEUV 231 2, 7; 234 14
– qualifizierte EUV 50 16 f.; AEUV 231 2, 5 ff.; 232 4
mehrjähriger Finanzrahmen s. Finanzrahmen, mehrjähriger
Mehrwert, europäischer AEUV 6 2
Mehrwertsteuer-Eigenmittel AEUV 311 32 ff.
– neu gestaltete AEUV 311 146
Mehrwertsteuer-Systemrichtlinie AEUV 113 20
Meinungsäußerungsfreiheit GRC 11 11 f., 19, 30 ff.
– Beamte GRC 11 24, 33
– Journalisten GRC 11 24, 35
– Kommunikationsformen GRC 11 12
– negative GRC 11 12

- Politiker **GRC 11** 24, 27, 32
- positive **GRC 11** 11
- rassistische Äußerungen **GRC 11** 11
- Werbung **GRC 11** 11, 20

Meinungsfreiheit GRC 11 9 ff.
- forum internum **GRC 11** 10
- forum externum **GRC 11** 10

Meistbegünstigung(-sklausel) AEUV **351** 84 f., 88 f.

Meistbegünstigungsgebot AEUV **198** 27; **199** 2; **203** 11

Meistbegünstigungsgrundsatz s. Meistbegünstigungsgebot

Meldewesen AEUV **52** 9

Melilla AEUV **349** 7; **355** 16

Melloni EUV **4** 46, 80

Memorandum of Understanding (ESM-Vertrag) GRC **28** 11, 30; AEUV **151** 30; **153** 111, 127, 135

Memorandum of Understanding von 2007 (MoU) mit Europarat AEUV **220** 57
- Resolution 2029 (2015) und Empfehlung 2060 (2015) der Parlamentarischen Versammlung des Europarats AEUV **220** 66

Menarini Diagnostics-Urteil GRC **47** 48, 52

mengenmäßige Beschränkungen AEUV **34** 55 ff.; **63** 23; **143** 22
- s. a. Warenverkehr
- Definition AEUV **34** 55
- Schutzbereich AEUV **34** 56
- Ziele, illegitime AEUV **36** 61 ff.

Menschenhandel GRC **1** 31; **5** 1, 21 ff.; AEUV **79** 41 f.; **83** 19

Menschenrechte EUV **3** 18 f.; GRC **23** 3; AEUV **218** 157, 185; **220** 41, 59; **351** 47, 117
- nationale und internationale GRC **23** 3

Menschenrechte, Strafrecht AEUV **325** 45

Menschenwürde EUV **3** 8; GRC **1** 3 ff., 66; **2** 7 f., 13, 26 ff., 70, 72; **3** 1; **5** 5 ff., 21, 26 f., 30, 33; AEUV **179** 4, 7; **347** 11
- Doppelnatur der GRC **1** 5 ff.
- Eingriff in die GRC **1** 45 ff.

Menschenwürdegarantie GRC **25** 10

Meroni-Doktrin AEUV **291** 14

Methode, intergouvernementale AEUV **137** 5

Methodenlehre, europäische EUV **19** 25 f.

Methodik EUV **19** 25 ff.

Mexiko AEUV **217** 12

Microban AEUV **263** 147

Migration AEUV **59** 3

Migrationssteuerung AEUV **79** 8

milderes Mittel AEUV **36** 84

Militärausschuss EUV **43** 15 ff.

Militärstab EUV **43** 16 f.

Military Headline Goal EUV **42** 9; **46** 6

Minderheiten, nationale GRC **22** 2, 4 f.

Minderjährigenschutz AEUV **36** 39

Mindesteffektivitätsgrundsatz AEUV **288** 72, 77

Mindestgebühren, Honoraranordnungen AEUV **12** 43

Mindestharmonisierung AEUV **114** 20

Mindestlohn, Mindestentgelt AEUV **56** 66, 122
- Kompetenz der EU AEUV **153** 115, 119 f.

Mindestreserven AEUV **127** 23

Mindestschutz
- s. a. Sozialpolitik, Kompetenzverteilung
- Kompetenz der EU in der Sozialpolitik AEUV **153** 5, 11, 15, 67 ff.
- unterstützende und ergänzende Maßnahmen AEUV **153** 4

Mindeststandard, ökologischer GRC **2** 21 ff.

Mindeststandard, Strafrecht AEUV **325** 5, 12, 20 ff.

Mindeststandardklausel AEUV **169** 29 f.

Mindestwahlalter EUV **14** 49

Missbrauch AEUV **49** 91, 115 ff.

Missbrauch von Schutzinstrumenten GRC **38** 26

Missbrauchsklage, Rüstungsexporte AEUV **348** 15 ff.

Missbrauchsverbot AEUV **102**; **65** 25 f.
- Angebotssubstitution AEUV **102** 39
- as efficient competitor AEUV **102**, 17, 93, 112
- Ausbeutungsmissbrauch AEUV **102** 60 f., 73, 84 f., 99
- Ausschließlichkeitsbindungen AEUV **102** 86 ff.
- Bedarfsmarktkonzept AEUV **102** 33 ff.
- Beeinträchtigung des Handels zwischen den Mitgliedstaaten AEUV **102** 23 ff.
- Behinderungsmissbrauch AEUV **102** 25, 60 f., 73, 79, 84 f., 99, 101
- Beschneidung von Margen AEUV **102** 6, 71, 85, 128 ff.
- Beseitigungs- und Unterlassungsansprüche AEUV **102** 19, 136
- Diskriminierung AEUV **102** 4, 55, 59, 68, 73, 78 ff., 89, 91, 110, 115, 117, 123
- Durchsetzung AEUV **102** 18 ff.
- effects-based Approach AEUV **102** 14, 16
- Effizienzvorteile AEUV **102** 10, 17, 69 f., 96, 108, 113
- geistiges Eigentum AEUV **102** 53, 76, 116 ff.
- Geldbuße AEUV **102** 134
- Geschäftsverweigerung AEUV **102** 114 ff.
- Haftung auf Schadensersatz AEUV **102** 3, 19, 136
- Kampfpreise AEUV **102** 109 ff.
- Kausalität AEUV **102** 65 f.
- Konkurrenzen AEUV **102** 137 f.
- Konsumentenwohlfahrt AEUV **102** 2, 15, 64
- Kopplungsgeschäfte AEUV **102** 83, 99 ff.
- Kosten-Preis-Schere AEUV **102** 128
- margin squeeze AEUV **102** 6, 71, 128
- Marktabgrenzung AEUV **102** 32 ff.
- Marktanteile AEUV **102** 50 f.

- Marktbeherrschung **AEUV 102** 43 ff.
- Marktstrukturmissbrauch **AEUV 102** 1, 60, 62, 138
- Missbrauch **AEUV 102** 56 ff.
- Missbrauchsabsicht **AEUV 102** 67 f.
- more economic Approach **AEUV 102** 2, 13 ff.
- Nachfragesubstitution **AEUV 102** 33 ff.
- Preis- und Konditionenmissbrauch **AEUV 102** 72 ff.
- Rabattsysteme **AEUV 102** 16 f., 24, 85, 88, **89 ff.**
- räumlicher Anwendungsbereich **AEUV 102** 21
- Rechtfertigung **AEUV 102** 17, **69 f.**, 81, 92, 95 f., 113, 117, 125, 128, 131
- Rechtsfolgen **AEUV 102** 132 ff.
- refusal to deal **AEUV 102** 76, 114 ff.
- Regelbeispiele **AEUV 102** 8, 71 ff., 137
- Regelungsadressaten **AEUV 102** 27 ff.
- sachlicher Anwendungsbereich **AEUV 102** 20
- Spürbarkeit **AEUV 102** 26
- SSNIP-Test **AEUV 102** 36 f.
- Unternehmen **AEUV 102** 27 ff.

Misstrauensantrag Kommission **AEUV 230** 5; **231** 7
- Antragsberechtigung **AEUV 234** 11
- Antragsfolgen **AEUV 234** 15
- Antragsform **AEUV 234** 12
- Antragsfrist **AEUV 234** 13
- Antragsmehrheit **AEUV 234** 14

Misstrauensvotum **EUV 17** 18, 49
- EP **AEUV 231** 7
- Kommission **EUV 14** 10

Mitbestimmung **AEUV 54** 11
- s. a. Kollektivverhandlungsfreiheit
- s. a. Unterrichtung und Anhörung
- s. a. betriebliche Arbeitnehmervertretungen
- Arbeitnehmerfreizügigkeit **AEUV 45** 136; **46** 16 f.
- Kompetenz der EU **AEUV 153** 49, 55

Mitentscheidungsverfahren **AEUV 218** 107
- s. a. ordentliches Gesetzgebungsverfahren

Mitgliedschaft, assoziierte **AEUV 138** 34

Mitgliedschaft in internationalen Organisationen
- assoziierte **AEUV 220** 26
- de-facto **AEUV 220** 27
- gemeinsame/komplementäre der EU und Mitgliedstaaten **AEUV 220** 45
- ohne Stimmrechte **AEUV 220** 53
- Quasi~ **AEUV 220** 70
- Vollmitgliedschaft **AEUV 220** 8

Mitgliedschaftsverfassung der EU **EUV 49** 34; **53** 3

Mitgliedstaaten
- als »Herren der Verträge« **AEUV 1** 5
- als Sachwalter des gemeinsamen Interesses **AEUV 2** 29
- Berichtspflicht **EUV 14** 22; **AEUV 233** 10
- Durchführung von Unionsrechtsakten **AEUV 3** 1
- Gleichbehandlung **AEUV 2** 32
- Ordnungsinteressen **AEUV 56** 116
- Rechtspflicht zur Gesetzgebung **AEUV 2** 33
- Untersuchungsausschuss **AEUV 226** 18
- Verfassungstradition **AEUV 56** 115
- Zuständigkeit des EuGH im Sanktionsverfahren **AEUV 269** 1 ff.

Mitgliedstaaten mit Ausnahmeregelung **AEUV 137**, 11; **141** 1 ff.; **219** 2, 6, 10, 23

Mitgliedstaaten ohne Ausnahmeregelung **AEUV 219** 19, 22, 23, 24

Mitgliedstaaten, Ausschluss **EUV 53** 4

Mitteilungen **AEUV 288** 98, 103 ff., 110 ff.
- Abgrenzung zu Empfehlungen **AEUV 288** 103 ff.
- Rechtsschutz **AEUV 288** 116 ff.
- (Un-)Verbindlichkeit **AEUV 288** 110 ff.

Mittel, getrennte und nichtgetrennte **AEUV 316** 3

Mittel, militärische für Katastrophenschutz und Terrorabwehr **AEUV 222** 30

Mittelübertragungen **AEUV 316** 1 ff.
- der Kommission **AEUV 317** 3

Mittelverwaltung, geteilte **AEUV 177** 17, **317** 6

Mitverantwortungsabgaben **AEUV 311** 85

Mobilfunk **AEUV 56** 72, 75

Mobilisierung, Katastrophenschutz und Terrorabwehr **AEUV 222** 22, 24

Modernisierungsängste **AEUV 36** 16

Moldawien **AEUV 217** 10

Monaco **AEUV 18** 39, 71
- s. a. Kleinstaaten

monetäre Rahmenbedingungen, gesunde **AEUV 119** 62

Monismus **AEUV 216** 209

Monopole **AEUV 56** 129; **106** 92
- delegierte ~ **AEUV 37** 11
- Dienstleistungs~ **AEUV 37** 14; **56** 130
- Ein- und Ausfuhr~ **AEUV 37** 13
- Fernseh~ **AEUV 56** 130
- Finanz~ **AEUV 37** 15
- Glücksspiel~ **AEUV 56** 130
- Handels~ **AEUV 56** 129
- Handels~ für landwirtschaftliche Erzeugnisse **AEUV 37** 21
- Produktions~ **AEUV 37** 13
- staatliche Handels~ **AEUV 37** 1 ff. s. a. staatliche Handelsmonopole
- Vertriebs~ **AEUV 37** 13

Montanunion s. Europäische Gemeinschaft für Kohle und Stahl

Montenegro **AEUV 217** 9; **219** 18

Monti-Paket **AEUV 106** 95

Motivprüfung **AEUV 34** 148

Mr. Euro **AEUV 137** 10, 14

Multilateral Environmental Agreements **AEUV 38** 43

Multilateral Investment Guarantee Agency (MIGA)   AEUV 138 15
multilaterale Weltordnung   AEUV 220 5
Münzen   AEUV 63 20; 128 12
– Gedenk~   AEUV 63 20; 128 14
Mutter-Tochter-Richtlinie   AEUV 49 139
Muttergesellschaft   AEUV 49 139, 141
Mutterschutz   GRC 33 15, 20 ff.
– Arbeitnehmereigenschaft   AEUV 45 26
– Diskriminierungsschutz   AEUV 157 85, 89, 177
– Kompetenz der EU   AEUV 153 14
– Mutterschaftsgeld   AEUV 153 124 f.; 157 53
– Mutterschaftsleistungen   AEUV 48 28 ff.

Nachbarschaftsassoziierung   AEUV 217 1, 10 18, 38
Nachbarschaftspolitik   AEUV 218 102
Nacheile   AEUV 87 26; 89 13
Nachfrageorientierung, Individualschutz   AEUV 12 18, 33 f., 36
Nachfragerinteressen   AEUV 169 1, 4, 6, 21, 27 ff., 43, 47
Nachfragerschutz   AEUV 12 30
Nachfrageseite   AEUV 12 13, 18, 20
nachhaltige Entwicklung   AEUV 217 15
– s. Grundsatz der nachhaltigen Entwicklung
Nachhaltigkeitsgerechtigkeit, Industriepolitik   AEUV 173 14 ff.
Nachhaltigkeitsprinzip   AEUV 11 11; 191 82 ff.
– Generationengerechtigkeit   AEUV 11 19, 25
– Praxis der Rechtsetzung   AEUV 11 31
– Programme der EU   AEUV 11 32
– Sicherstellung   AEUV 11 28
Nachprüfungsbefugnis, unbeschränkte   GRC 47 46, 47, 48, 51, 52, 68, 74
– s. a. Ermessensnachprüfung
– objektive Konzeption   GRC 47 74
– subjektive Konzeption   GRC 47 74
Nachprüfungsrechte   AEUV 337 1 ff.
Nachprüfungsverfahren   GRC 47 5, 76
– s. a. Auftragsvergabe
Nachrangigkeit europäischer Verbraucherpolitik   AEUV 169 47
Nachteilskompensation   AEUV 110 112
Naher Osten   AEUV 220 34
Namensrecht   AEUV 18 14
Nasciturus   GRC 1 20 ff.
nationale Entscheidungsautonomie   AEUV 34 51
nationale Ernährungsbesonderheiten   AEUV 36 44
nationale Parlamente   EUV 12 1 ff.
– Begriffsbestimmung   EUV 12 10
– Beteiligungsrechte   AEUV 294 10 ff.
– Bewertung der Unionspolitik   EUV 12 34 ff.
– Informationspflichten   EUV 12 11 ff.
– Klagerechte
– Rechte und Funktionen   EUV 12 3 ff.

– Subsidiaritätskontrolle   EUV 12 17 ff.
– Subsidiaritätsrüge/-klage   AEUV 294 13; 296 5
– Vertragsänderungsverfahren   EUV 12 37 ff.
nationale Werbemaßnahmen   AEUV 34 116
nationale Zentralbanken   AEUV 129 9 ff.; 282 3
– s. Zentralbanken
– Amtsenthebung des Präsidenten   AEUV 130 23
– Finanzaufsicht   AEUV 127 49 ff.
– Geldpolitik   AEUV 127 16
– Präsident   AEUV 130 22 ff.
– TARGET   AEUV 127 34 f.
– Währungsreserven   AEUV 127 28 ff.
nationaler Alleingang   AEUV 114 83
Nationalitätsprinzip   AEUV 49 101
NATO   EUV 42 6 ff., 26 ff.; AEUV 217 12; 220 84; 347 28 ff.
Naturkatastrophe   AEUV 122 16; 196 3, 8 f.
natürliche Person s. Person, natürliche
Naturrecht   GRC 17 9
Naturschutz   AEUV 191 39 ff.; 192 29
ne bis in idem   GRC 47 79; 50 1 ff.; AEUV 82 18
– Bedeutung   GRC 50 1 ff.
– Eingriff   GRC 50 21 ff.
– Eingriffsrechtfertigung   GRC 50 24 ff.
– Freispruch   GRC 50 14 ff.
– Grundrechtsträger   GRC 50 4
– Grundrechtsverpflichtete   GRC 50 6
– interne Geltung   GRC 50 5 f.
– nichtrichterliche Verfahrenserledigung   GRC 50 17 f.
– Rechtskraft   GRC 50 19 f.
– Strafverfahren   GRC 50 22
– Tatbegriff   GRC 50 9 ff.
– transnationale Geltung   GRC 50 6
– Verhältnis zu Drittstaaten   GRC 50 6
– Verurteilung   GRC 50 14 ff.
– Verwaltungssanktion   GRC 50 18, 22
– Wettbewerbsrecht   GRC 50 11
– Wiederaufnahme s. dort
Nebenabreden   AEUV 216 160
Nebenurkunden   EUV 51 4
negative Integration   AEUV 34 47, 183; 110 14, 34
Nettoprinzip   AEUV 49 104
Nettozahlerdebatte   AEUV 311 20, 78
Neuansiedlung   AEUV 49 26
Neues Gemeinschaftsinstrument   AEUV 311 105, 108
Neumark-Bericht   AEUV 113 26
Neuverhandlung von Verträgen   AEUV 218 27, 232; 351 115
NGO (Nichtregierungsorganisation)   AEUV 216 59; 220 18, 79
nicht produktbezogene Maßnahmen   AEUV 34 86
Nicht-Akte   AEUV 263 43
nicht-finanzielle Handelshemmnisse   AEUV 34 1 ff., 40 ff.

nicht-wirtschaftliche Leistungen von allgemeinem Interesse   AEUV 14 47
Nichtdiskriminierung   AEUV 36 81
Nichtigerklärung eines Ratsbeschlusses   AEUV 216 163
Nichtigkeit von Unionsrechtsakten   AEUV 138 21
Nichtigkeitsklage   EUV 11 87; 19 33 ff.; GRC 43 23 f.; 44 19; AEUV 64 26; 66 15; 88 40; 114 98; 138 21; 143 31; 144 7, 15; 194 24; 216 227; 218 117 ff., 123, 235 ff.; 263 1 ff.; 288 88, 92 f., 97, 116, 118, 129; 290 13, 25 f.; 291 13, 24
– Begründetheit   AEUV 263 172 ff.
– Betroffenheit   AEUV 263 62, 97 ff., 123, 134, 137, 138, 143 ff.
– dienstrechtliche Streitigkeiten   AEUV 263 17
– EP   EUV 14 24; AEUV 232 11
– Ermessensmissbrauch   AEUV 263 191
– Frist   AEUV 263 154 ff.
– Funktion und Bedeutung   AEUV 263 1 ff.
– Handlungen des Europäischen Rats   AEUV 263 21
– Individualklage   AEUV 263 57
– individuelle Betroffenheit   AEUV 256 16
– Klageberechtigung   AEUV 263 6, 9 ff., 92 ff.
– Klageerhebung   AEUV 263 35
– Klagegegenstand   AEUV 263 39 ff.
– Klagegegner   AEUV 263 85 ff.
– Klageschrift   AEUV 263 152
– Nichtigkeitsgrund   AEUV 263 150 ff.
– nichtprivilegierte Kläger   AEUV 263 26
– Präklusionswirkung der Nichterhebung beim Vorabentscheidungsverfahren   AEUV 267 27 ff.
– privilegierte Kläger   AEUV 263 22
– Rechtsakte mit Verordnungscharakter s. Rechtsakte
– Rechtsbehelfsbelehrung   AEUV 263 163
– Rechtsschutzbedürfnis   AEUV 263 168 ff.
– subjektive Zulässigkeitsvoraussetzungen   AEUV 263 11
– Unzuständigkeit   AEUV 263 176 ff.
– Verletzung der Verträge   AEUV 263 187 ff.
– Verletzung des Subsidiaritätsprinzips   AEUV 263 34
– Verletzung wesentlicher Formvorschriften   AEUV 263 181 ff.
– Veröffentlichung   AEUV 263 157 ff.
– Zulässigkeit   AEUV 263 12
– Zuständigkeit   AEUV 263 13 ff.
Nichtigkeitsurteil   AEUV 264 1 ff.
– Anordnung der Fortwirkung   AEUV 264 8 ff.
– Beschränkungen der Urteilswirkung   AEUV 264 8 ff.
– individualadressierte Beschlüsse   AEUV 264 5
– Teilnichtigkeit   AEUV 264 6
– Urteilsfolgen   AEUV 266 1 ff.

Nichtregierungsorganisation s. NGO
Nichtzurückweisungsgrundsatz   AEUV 78 2
Niederlande   AEUV 198 2 ff.; 219 17
Niederländische Antillen   AEUV 198 5; 219 17
Niederlassung   AEUV 49; 64 9; 65 15
– Begriff   AEUV 49 14 ff.
– Formen   AEUV 49 25 ff.
Niederlassungsformen   AEUV 49 25
Niederlassungsfreiheit   AEUV 49; 63 15 f., 21, 35 ff.; 64 3 f., 9; 65 4, 14 f., 24
– Adressaten   AEUV 49 35 ff.
– Anwendungsbereich   AEUV 49 9 ff.
– Begleitrechte   AEUV 64 9
– Begleit- und Folgerechte   AEUV 49 93
– Behinderungen   AEUV 49 59; 52 5; 54 10
– Bereichsausnahme   AEUV 51 1, 6; 54 8, 14
– Beschränkung   AEUV 49 44 ff.; 65 2
– primäre   AEUV 54 7 ff.
– Rechtfertigung   AEUV 49 70 ff.
– selbstständige Erwerbstätigkeit   AEUV 49 15 ff.
– sekundäre   AEUV 49 27
– Überblick   AEUV 49 1 ff.
Niederlassungsrecht, ÜLG   AEUV 199 6
Niederlassungsrichtlinie   AEUV 59 19
Nizza-Vertrag s. Vertrag von Nizza
no-bailout s. Haftungsausschluss
Normalisierung der Konten der Eisenbahnunternehmen   AEUV 93 6 f.
Normenhierarchie   AEUV 288 6; 290 12 f.
Normenkollision (direkte/indirekte)   GRC 47 4
Normerfindungsrecht   AEUV 288 3
normgeprägter Schutzbereich   GRC 17 9
Norwegen   AEUV 67 30; 217 4, 8
– EFTA-Mitglied   AEUV 66 17
– Sonderregelungen Kapitalverkehr   AEUV 63 22; 64 13
Notbremseverfahren   AEUV 82 36 f.; 83 50 f.
Notfallkompetenz   AEUV 194 12 f., 22
Nothaushaltsrecht   AEUV 231 3; 315 1
Nothilfe   GRC 2 45 ff.
Notifikation   AEUV 216 24, 178, 207; 218 66, 72, 81, 156, 178
– Untersuchungsausschuss   AEUV 226 18
Notifizierungspflicht   AEUV 114 89, 96, 100; 193 37 ff.
Notstandsklausel   AEUV 351 25
Notstandssituation   AEUV 347 6
Notwehr   GRC 2 45 ff.
Notwendigkeit einer Maßnahme   AEUV 36 72 ff.
NSA-Untersuchungsausschuss   AEUV 226 24
nulla-poena-Grundsatz   AEUV 288 73
NUTS   AEUV 162 12; 177 14
Nutzung von Daten   GRC 8 19
Nutzungsbeschränkungen   AEUV 34 118, 149 ff.
– Bewertung   AEUV 34 163 f.
– Nutzungsbeschränkungsfälle   AEUV 34 150 ff.

Stichwortverzeichnis

- Übertragbarkeit der Keck-Rechtsprechung AEUV 34 153 ff.
- Urteile des EuGH AEUV 34 157 ff.

ÖAV-Netzwerk AEUV 149 6
Observation AEUV 87 25; 89 12
Obstruktionsverbot AEUV 327 3
ODIHR (Office for Democratic Institutions and Human Rights) AEUV 220 74
OECD s. Organisation für wirtschaftliche Zusammenarbeit und Entwicklung
offene Diskriminierungen AEUV 36 27
offene Marktwirtschaft AEUV 219 5
offene Methode der Koordinierung AEUV 153 42, 87 ff., 94; **156** 3; **167** 47 ff.
- Forschungspolitik AEUV 181 7
- Industriepolitik AEUV 173 64

Offenheit s. Grundsatz der Offenheit
Offenheitsprinzip EUV 20 27; AEUV 328 1 f.
Offenlegung von Zuständigkeiten AEUV 216 176 ff.
Offenmarktpolitik AEUV 127 20 f.
öffentliche Auftragsvergabe
- s. a. Tariftreueerklärung
- soziale Kriterien AEUV 8 17

öffentliche Ausschreibungen AEUV 59 11
öffentliche Einnahmen AEUV 56 113
öffentliche Finanzen, gesunde AEUV 119 61
öffentliche Gesundheit AEUV 45 88, 126; **52** 11 f.; **65** 15
öffentliche Gewalt AEUV 62 2
- Regelungen autonomer Träger AEUV 115 8

öffentliche Ordnung AEUV 36 39; **45** 85; **52** 9; **65** 11 ff., 15; **72** 1, 4 f.
- Menschenwürde GRC 1 2

öffentliche Sicherheit AEUV 36 38; **45** 86 f.; **52** 10; **65** 11 f., 15
öffentliche Sittlichkeit AEUV 36 38
öffentliche Unternehmen AEUV 206 24
öffentliche Versorgung AEUV 62 15
öffentliche Verwaltung AEUV 45 65 ff.
Öffentlicher Personennahverkehr (ÖPNV) AEUV 93 8 ff.
Öffentlichkeit von Tagungen AEUV 15 22 ff.
Öffentlichkeitsbezug GRC 7 16
Öffentlichkeitsgrundsatz EUV 14 18; AEUV 230 10, 12, 15; **232** 2; **233** 1
Office for Democratic Institutions and Human Rights s. ODIHR
Office for Harmonisation in the Internal Market EUV 13 4
Öffnungsklausel GRC 52 41, 46; AEUV 216 112; **220** 62
OIV (Internationale Organisation für Rebe und Wein) AEUV 218 169, 172
ökonomisches Gefälle AEUV 27 6
OLAF AEUV 308 12; 325 41 ff.
Ombudsperson (UN) AEUV 220 41; 351 53
Omega EUV 4 59

Omega-Urteil AEUV 17 23
OMT AEUV 127 37; 130 26
OMT-(Vorlage) Beschluss EUV 4 88; 48 75, 77; AEUV 119 43, 54
one man, one vote – Wahlrechtsgleichheit AEUV 223 7
open skies-Urteile AEUV 90 54; 216 109; 351 107, 119
operatives Vorgehen EUV 28; 43 3; 44 1
- Beschluss EUV 28 7 ff.
- Erforderlichkeit EUV 28 5 f.
- grundlegende Änderung der Umstände EUV 28 19 ff.
- Unterrichtungspflicht EUV 28 24 ff.

Opferrechte AEUV 82 29
opt-in-Möglichkeit AEUV 87 32
opt-out AEUV 194 25 f.; 216 62; 218 145
Optimierungsgebot GRC 38 1, 16 f.; AEUV 12 28, 68
ordentliches Gesetzgebungsverfahren AEUV 85 9, 22 f.; **87** 2, 6, 10 ff., 20 f.; **88** 3, 21 f.
- Ablauf AEUV 294 6 ff.
- Anwendungsbereich AEUV 294 3 f.
- dritte Lesung des Europäischen Parlaments und des Rates AEUV 294 50
- erste Lesung des Europäischen Parlaments AEUV 294 17 ff.
- erste Lesung des Rates AEUV 294 26 ff.
- Statistik AEUV 294 5
- Unterzeichnung s. Gesetzgebungsakte
- Vermittlungsverfahren AEUV 294 37 ff.
- Veröffentlichung s. Gesetzgebungsakte
- zweite Lesung des Europäischen Parlaments AEUV 294 37 ff.
- zweite Lesung des Rates AEUV 294 45

ordre public-Gründe GRC 47 51
Organe der Union GRC 51 12
- Autonomie AEUV 232 6
- Bürgerbeauftragter AEUV 228 11
- Leistungsfähigkeit AEUV 228 3
- Recht auf Kommunikation mit den EU-Organen AEUV 24 18 ff.
- regelmäßiger Dialog EUV 11 27 ff.
- repräsentative Demokratie EUV 10 21 ff.
- Sprachenfrage AEUV 342 8 f.
- Untersuchungsausschuss AEUV 226 11

Organhandlungen AEUV 16 18
- Unionskompetenz AEUV 16 14 ff.

Organisation der Gerichtsverfassung der Europäischen Union AEUV 281 1
Organisation für Sicherheit und Zusammenarbeit in Europa s. OSZE
Organisation für wirtschaftliche Zusammenarbeit und Entwicklung (OECD) AEUV 63 4, 23; **138** 16, 34; **219** 16; **220** 2 f., 68 ff.
- Kodizes AEUV 66 16

Organisationen, internationale AEUV 138 13, 28 ff.; **180** 12

69*

Organisationsakte, innerdienstliche AEUV 263 56
organisierte Kriminalität AEUV 83 27
Organismen für gemeinsame Anlagen in Wertpapieren (OGAW) AEUV 63 19; 64 8
Organization for Economic Cooperation and Development (OECD) s. Organisation für wirtschaftliche Zusammenarbeit und Entwicklung
Organkompetenz AEUV 2 1; 207 170 216 20, 45, 48, 55; 218 1 f., 16, 115, 122, 233 f.
– außenpolitische AEUV 138 47
Organleihe AEUV 2 56
Organloyalität, Grundsatz der EUV 13 17; AEUV 221 28; 218 15, 23, 109, 112 f., 214
Organpraxis AEUV 216 75; 218 183
Organstruktur der EU EUV 13 1 ff.
– Ausschuss der Regionen EUV 13 19 f.; AEUV 341 10
– Bürgerbeauftragter AEUV 228
– Europäische Kommission EUV 13 11; AEUV 341 9
– Europäische Zentralbank EUV 13 13; AEUV 341 9
– Europäischer Rat EUV 13 9; AEUV 341 9
– Europäisches Parlament EUV 13 8; AEUV 341 9
– Exekutivagenturen EUV 13 5
– Fach- u. Regulierungsagenturen EUV 13 4
– Gerichtshof der EU EUV 13 12; AEUV 341 9
– Rat EUV 13 10; AEUV 341 9
– Rechnungshof EUV 13 14; AEUV 341 9
– Sitz der Unionsorgane AEUV 341 1 ff.
– Wirtschafts- und Sozialausschuss EUV 13 19 f.; AEUV 341 10
Ortsansässige AEUV 56 66
Osterweiterung
– erste EUV 49 7
– zweite EUV 49 8
Osteuropa und Zentralasien (Gruppe) AEUV 218 41 f.
Östliche Partnerschaft AEUV 217 10, 39, 52
OSZE (Organisation für Sicherheit und Zusammenarbeit in Europa) AEUV 220 3, 15, 21, 71 ff.
OTIF (Zwischenstaatliche Organisation für den Internationalen Eisenbahnverkehr) AEUV 220 84
Outright-Monetary-Transactions-Programm (OMT-Programm) AEUV 127 37; 130 26

pacta sunt servanda AEUV 216 51; 218 129; 351 1
pacta tertiis nec nocent nec prosunt AEUV 216 51; 351 1, 12
pactum de contrahendo/pactum de negotiando AEUV 216 105
Paketlösungen AEUV 218 44
paktierender Staat AEUV 34 37
Palästinensische Autonomiebehörde AEUV 217 10, 38

Papier s. Wertpapier
Parallelität der Grundfreiheiten AEUV 56 40; 62 1
Parallelität der Innen- und Außenkompetenzen AEUV 216 3, 19, 29, 63, 94 f., 138, 148 f.; 218 14, 87, 93, 144
– Wirkung in umgekehrter Richtung AEUV 216 29
– Modifikation des Prinzips des ~ AEUV 216 148
Parallelitäten zwischen Art. 36 AEUV und zwingenden Erfordernissen AEUV 36 17
Paraphierung AEUV 218 34
Paraphilien AEUV 19 29
Paritäten/Fixkurse AEUV 219 9, 11
Parlament AEUV 249 9; 329 8, 13; 333 7 f.; 334 5
– s. a. Europäisches Parlament
parlamentarische Beteiligung AEUV 218 6, 26 ff., 61, 77, 92 ff., 107, 184 ff., 193 ff.
– Ausgestaltung s. Rahmenvereinbarung über die Beziehungen zwischen dem Europäischen Parlament und der Europäischen Kommission vom 20.10.2010
– Parallelisierung bei internen und externen Maßnahmen AEUV 218 107
– reduziert bei reinen GASP-Übereinkünften AEUV 218 96 ff.
parlamentarische Zustimmung AEUV 216 207; 218 13, 16, 61 ff., 77 ff., 95, 100 ff., 130, 133, 138, 152, 196, 199 f.,
Parlamentarisierung AEUV 218 6, 12; 289 20 f.
Parlamente
– Assises EUV 14 35
– COSAC EUV 14 35
– interparlamentarische Vereinbarungen AEUV 226 22
– mitgliedstaatliche EUV 14 35, 36; AEUV 226 22
Parlamentsrecht
– europäisches EUV 14 6
– Rechtsquellen EUV 14 6
Parteien, politische EUV 10 43 ff.; 14 38; GRC 12 19 ff., 32; AEUV 223 18; 224 6, 8
– Aktiva- und Passiva AEUV 224 11
– Anforderungen EUV 10 51 ff.
– Aufteilung der Mittel AEUV 224 13, 16
– Begriffsbestimmung EUV 10 48 ff.; AEUV 224 8
– Beiträge nationaler politischer Parteien AEUV 224 11
– Bewusstsein, europäisches AEUV 224 3
– Bündnisse AEUV 224 6
– Bürger, Verhältnis AEUV 224 4
– Einnahmen- und Ausgabenrechnung AEUV 224 11
– Einnahmen AEUV 223 18
– europäische AEUV 223 18; 224 8
– euroskeptische AEUV 223 40, 47; 224 10

Stichwortverzeichnis

- Finanzierung **EUV 10** 54 f.; **AEUV 224** 2 f., 5, 11
- Haushaltsordnung **AEUV 224** 15
- Informationskampagnen **AEUV 224** 12
- Kandidaten nationaler politischer Parteien **AEUV 224** 12
- Organisationsmodell **AEUV 224** 7
- Personen, natürliche **AEUV 224** 6
- Referenden **AEUV 224** 12
- Spenden, verbotene **AEUV 224** 11
- Spendenveröffentlichung **AEUV 224** 11
- Sponsoring **AEUV 224** 11
- Statut, europäisches **AEUV 224** 15
- Stiftungen **AEUV 224** 9
- Transmissoinsriemen **AEUV 224** 17
- Transnationalität **AEUV 224** 8
- Volksparteien **AEUV 223** 40
- Wahlkampffinanzierung **AEUV 224** 12
- Willensbildung, Beitrag **AEUV 224** 3
- Zivilgesellschaft, Dialog **AEUV 224** 4, 9

Parteien-Verordnung **AEUV 224** 3, 6
- Neuentwurf **AEUV 224** 15; **225** 4

Parteienfinanzierung
- Abgeordnetenentschädigung **AEUV 224** 2
- Verbot mittelbarer **AEUV 224** 5
- Verordnungen **AEUV 224** 3

Parteiverbot **GRC 12** 23, 32
Partnerschaft, privilegierte **EUV 49** 38
Partnerschafts- und Kooperationsabkommen **AEUV 218** 40, 42
- Partnerschaftsabkommens zwischen den EG und ihren Mitgliedstaaten und der Russischen Föderation **AEUV 216** 231, 233

Partnerschaftsverträge **EUV 1** 66
Passerelle s. Brückenklausel
passives Wahlrecht **AEUV 223** 12
Patent **AEUV 63** 19
Patentgericht **AEUV 118** 19, 8
- einheitlich **AEUV 118** 20
- EU-einheitlich **AEUV 118** 19

Patentgericht, Europäisches **EUV 19** 22, 37, 38, 41
Patentierbarkeit, Menschenwürde **GRC 1** 8
Patentrecht **AEUV 36** 52
Patientenmobilität **GRC 35** 20
Patientenrechte **AEUV 56** 134
Pauschalbetrag **AEUV 260** 12 ff.
Pensionsfonds **AEUV 63** 32
- EP **AEUV 223** 63

permanent missions **AEUV 221** 15
Permeabilitätsprinzip **EUV 4** 42 ff., 174
- als Verbundtechnik **EUV 4** 49
- Prinzip konstitutioneller Pluralität **EUV 4** 43

Person, bestimmte **GRC 8** 13
Person, juristische **GRC 52** 13; **AEUV 64** 7
- Bürgerbeauftragter **AEUV 228** 13
- des öffentlichen Rechts **AEUV 54** 3
- Petitionsfähigkeit **AEUV 227** 6
- und Datenschutz **GRC 8** 11

Person, natürliche **GRC 52** 12; **AEUV 63** 15, 21; **64** 6 f.
- Bürgerbeauftragter **AEUV 228** 13
- Petitionsfähigkeit **AEUV 227** 6

Personalrecht **AEUV 336** 1
Personalvertretung (EU-Beamte) **AEUV 336** 22
personenbezogene Daten **GRC 8** 13
Personennahverkehr **AEUV 93** 8 ff.
Personenverkehr **AEUV 63** 21, 37
- Liberalisierung **AEUV 63** 4

Persönlichkeit, Entfaltung **GRC 7** 14
Persönlichkeitsrecht s. Recht auf Privatheit
Persönlichkeitsschutz **AEUV 12** 50
Peru **AEUV 217** 11, 37
Petersberg
- Aufgaben **EUV 43** 6 ff.
- Beschluss **EUV 42** 2

Petitionsausschuss, EP **AEUV 227** 1, 14 f., 18
Petitionsrecht **AEUV 24** 12 ff.. **AEUV 227**
- EP **AEUV 227**
- Grundrecht **GRC 44** 1 ff.; **AEUV 227** 1

Pfandrecht **AEUV 63** 19
Pfeiler des Verbraucherprimärrechts
- Binnenmarktkonzept **AEUV 12** 4
- Kompetenzordnung **AEUV 12** 4

Pflegekinder **GRC 7** 21
Pflicht zur loyalen Zusammenarbeit s. Grundsatz der loyalen Zusammenarbeit
Pflichtarbeit **GRC 6** 15
Pflichtenkollision **AEUV 216** 148; **351** 100 ff.
Pflichtschulunterricht **GRC 14** 13 f.
Phänomen unterschiedlicher Prüfungsstrenge **AEUV 216** 234
Pilotvorhaben **AEUV 149** 10
PJZS s. Polizeiliche und Justizielle Zusammenarbeit in Strafsachen
PKW-Maut **AEUV 92** 1, 6
Plaumann-Formel **GRC 47** 32, 33, 35, 36; **AEUV 263** 109
Plenardebatte **AEUV 218** 78, 154
Pluralismussicherung **GRC 16** 15 f.
Polen
- Pre-in **AEUV 142** 10
- Vorbehalte für Grundrechte **GRC 27** 6 f.

Politik des leeren Stuhls **EUV 4** 157 f.
politische Absprachen **AEUV 216** 52 ff.; **218** 11 ff.; **220** 23
politische Funktionen **GRC 38** 25
politische Parteien s. Parteien
Politisches und Sicherheitspolitisches Komitee **EUV 38**; **AEUV 222** 9, 39
Politisierung **AEUV 205** 2
Polizei, Ausbildungs- und Austauschprogramme **AEUV 87** 18
Polizeikräfte
- Mobilisierung **AEUV 222** 28
- Aufbau von Unionseinrichtungen **AEUV 222** 37

71*

Polizeiliche und justizielle Zusammenarbeit EUV 3 36; AEUV 67 9; 217 8
Polizeiliche und Justizielle Zusammenarbeit in Strafsachen (PJZS) EUV 19 13; AEUV 276 1 ff.; 329 9 f.
– praktischer Anwendungsbereich von Art. 276 AEUV AEUV 276 4
– Übergangsbestimmungen zum Lissabonner Vertrag AEUV 276 2
– Zuständigkeit für die Überprüfung von Maßnahmen der Polizei- oder anderer Strafverfolgungsbehörden AEUV 276 3
Ponderierung s. Stimmenwägung
Popular-Petitionen AEUV 227 10
Popularklage AEUV 263 96
Portfolioinvestitionen AEUV 49 23; 216 117; 351 108
Portugal AEUV 219 17
– Investitionsschutzabkommen AEUV 63 40
positive Integration AEUV 34 47, 183; 110 14
positive Maßnahmen AEUV 8 14; 10 3; 19 34; 153 35; 157 88, 145, 149 ff., 157 ff.
– Quoten AEUV 157 148, 160, 165 ff., 174
– Unterrepräsentanz AEUV 157 159
Post-Keck-Phase AEUV 34 109 ff.
Post-Nizza-Prozess EUV 1 28 ff.
Postdienstleistungen AEUV 106 50, 121
Postgeheimnis GRC 7 27
Präambeln
– Präambel des AEUV AEUV Präambel 1 ff.
– Präambel des EUV EUV Präambel 1 ff.
– Präambel der GRC GRC Präambel 1 ff.
Präferenzsystem AEUV 198 27
Präklusion(sregeln) GRC 47 4, 72, 78
Praktikum s. Arbeitnehmer
praktische Konkordanz AEUV 351 51
Präsenzpflichten AEUV 56 66, 117, 122
Präsident der Europäischen Kommission EUV 15 5; 17 34 ff.; AEUV 231 6; 243 4 f.; 246 10 ff.; 248 2 ff.
– Entlassungsrecht EUV 17 38
– Gehalt AEUV 243 4 f.
– Kollegialitätsprinzip EUV 17 36; AEUV 248 9
– Konsultationen mit dem Europäischen Parlament EUV 17 43
– Nachbesetzung AEUV 246 10 ff.
– Nachbesetzungsverfahren AEUV 246 10 ff.
– Organisationskompetenz EUV 17 35; AEUV 248 2
– politische Leitlinienkompetenz EUV 17 34; AEUV 248 8
– Spitzenkandidaten EUV 17 43
– Vorschlag des Europäischen Rates EUV 17 43
– Vorschlagsrecht des Kommissionspräsidenten EUV 17 45
– Vizepräsidenten EUV 17 37
– Wahl EUV 17 43 f.

– Weisungsrecht AEUV 248 8
– Zuständigkeitsverteilung innerhalb der Kommission AEUV 248 2 ff.
Präsident der EZB, Teilnahme an Sitzungen des Rates AEUV 284 7
Präsident des Europäischen Rates EUV 15 26 ff.; AEUV 220 89; 230 7
– Aufgaben EUV 15 30 ff.
– Amtsenthebung EUV 15 29
– Berichtspflicht AEUV 233 9
– Gehalt AEUV 243 4 f.
– Hauptamtlichkeit EUV 15 26
– Kompetenzen EUV 15 30 ff.
– Wahl EUV 15 27 f.
Präventionsmechanismus s. Frühwarnverfahren
präventive Maßnahmen AEUV 169 42
präventive Rechtsangleichung AEUV 194 9
Präventivmaßnahmen AEUV 56 118
Preisbildung, Wettbewerbsrecht AEUV 12 42 f.
Preisfairness AEUV 12 41
Preisregelungen AEUV 49 66, 69; 56 129, 131
Preisstabilität AEUV 119 19, 54 f., 60; 127 3 ff.; 142 12; 219 5, 8, 10, 11, 12; 282 6
– als Konvergenzkriterium AEUV 140 21 ff.
– Vorrang der ~ AEUV 138 21; 141 1
Pressefreiheit GRC 7 42
Primärrecht AEUV 1 17 ff.; 288 8
– AEUV AEUV 232 6
– als Verfassung AEUV 1 4
– EUV AEUV 232 6
– Gesetzesvorbehalt AEUV 232 6
– Gesetzmäßigkeit AEUV 232 6
– Hierarchisierung AEUV 1 17 ff.
– nachrangiges AEUV 1 25
– Rechtsgrundsätze AEUV 232 6
– Unionsvertrag AEUV 232 6
– Vertragsmäßigkeit AEUV 232 6
– Vertragsvorbehalt AEUV 232 6
– Vorrang AEUV 288 8
primärrechtliche Systematik GRC 38 13
primärrechtliches Verbraucherleitbild AEUV 12 53
primärrechtliches Wettbewerbsrecht AEUV 12 10
primärrechtsimmanente Schranken AEUV 351 47, 49, 119
primärrechtskonforme/-ergänzende Auslegung AEUV 290 10
Primärrechtsverstoß AEUV 216 214; 218 121, 223
Pringle EUV 48 12, 53
Prinzip begrenzter Einzelmächtigung s. Einzelermächtigung, Grundsatz der begrenzten
Prinzip der gegenseitigen Anerkennung AEUV 26 10; 86 36
– s. a. gegenseitige Anerkennung
Prinzip der gemeinschaftsweiten Erschöpfung AEUV 118 5
Prinzip der Gleichheit der Mitgliedstaaten EUV 2 19; AEUV 27 1

Prinzip ubi ius ibi remedium   GRC 47 3
private Sicherheitsdienste   AEUV 56 61, 103, 122; 57 50; 59 17
private Zwecke   AEUV 12 27
Privatheit, Recht auf
– Abwehrrecht   GRC 7 30
– Ausgestaltung   GRC 7 37
– Ausgestaltung   GRC 7 29
– Bedeutung   GRC 7 10
– Beeinträchtigung   GRC 7 29, 31
– Begriff   GRC 7 14
– Berechtigter   GRC 7 9
– Bereiche   GRC 7 16
– Drittwirkung, unmittelbare   GRC 7 9
– Eingriffsrechtfertigung   GRC 7 38
– Entstehungsgeschichte   GRC 7 7
– Gemeinschaftsgrundrechte   GRC 7 6
– Juristische Person   GRC 7 12
– Kernbereich   GRC 8 47
– Persönlichkeitsrecht   GRC 7 1
– Rechtsprechungsentwicklung   GRC 7 8
– Schutzbereich, persönlich   GRC 7 11
– Schutzbereich, sachlich   GRC 7 13 ff.
– Schutzgut   GRC 7 14
– Schutzpflicht   GRC 7 35
– Teilbereiche   GRC 7 1
– und EMRK   GRC 7 3
– Verfahrenswirkung   GRC 7 45
– Verpflichteter   GRC 7 9
Privatisierung   GRC 36 17
privatrechtliches Handeln der Union   AEUV 274 5
Privatrechtsverhältnisse   GRC 23 15
Privatsphäre
– s. a. Recht auf Privatheit
– Dokumente   AEUV 232 16
– Petitionsrecht   AEUV 227 14
Privatwirtschaft, Forschung   AEUV 185 3
Privilegien   EUV 47 20 f.
produktbezogene Regelungen   AEUV 34 106, 121 ff.
– Unterschied zu Vertriebsbezug   AEUV 34 106
Produkthaftungsrecht   AEUV 12 46
Produktsicherheitsrecht   AEUV 12 46
Produktverbote   AEUV 34 111
Produktvorschriften   AEUV 34 111
Programm zum Aufspüren der Finanzierung des Terrorismus   AEUV 218 27
PROGRESS   AEUV 149 6
Prostitution   GRC 5 10, 14, 21 f., 29; AEUV 57 19, 41, 44, 50
Protektionismus   AEUV 56 80, 117; 59 9; 62 15
Protektionismusverbot   AEUV 30 24; 34 59, 70, 136
Protokoll Nr. 1 über Rolle der nationalen Parlamente   AEUV 289 21, 23, 42; 294 10
Protokoll Nr. 2 über die Anwendung der Grundsätze der Subsidiarität und der Verhältnismäßigkeit   EUV 5 104 ff.; AEUV 289 21, 23, 42; 294 10 ff., 18; 296 5 ff., 28
Protokoll Nr. 12 über das Verfahren bei einem übermäßigen Defizit   AEUV 1 26; 126 66 ff.; 136 7
Protokoll Nr. 25 über die Ausübung der geteilten Zuständigkeit   AEUV 216 153, 247
Protokoll Nr. 26   GRC 36 14; AEUV 14 29 ff.; 106 8, 74
Protokoll über den Binnenmarkt und den Wettbewerb   AEUV 26 11
Protokoll über den wirtschaftlichen, sozialen und territorialen Zusammenhalt   AEUV 175 17; 177 21, 27
Protokoll über die Ausübung einer geteilten Zuständigkeit   AEUV 2 41
Protokoll über die Konvergenzkriterien   AEUV 1 26
Protokoll über die Vorrechte und Befreiungen   AEUV 223 19; 230 10; 336 13
Protokolle   EUV 51 1 ff.; AEUV 1 12
– Status als Primärrecht   AEUV 1 27
– Übergangsprotokoll zum Vertrag von Lissabon   AEUV 294 31
Protokollerklärungen   AEUV 288 7
Prozeduralisierungskontrolle   AEUV 36 7
Prozeduralismus, exzessiver   GRC 47 44
Prozesskostenhilfe   GRC 47 14, 16, 17, 69, 78
Prozesskostensicherheit   AEUV 18 38 ff.; 56 61
Prüfverfahren   AEUV 291 17 ff.
– Berufungsausschuss s. dort
– Struktur   AEUV 291 19
Prümer Vertrag   AEUV 73 3; 87 15
Public-Private-Partnership, Forschung   AEUV 187 7, 9; 189 3

Quadrilog   AEUV 221 30
Qualifikation   AEUV 59 7
– s. a. Ausbildungskosten, Rückzahlung
– Anerkennung   AEUV 46 7, 15
– Berufsqualifikation   AEUV 56 120
– Erwerb in anderem Mitgliedstaat   AEUV 45 119 ff.
– Nachweise   AEUV 56 117, 120; 62 11
– Sprachkenntnisse   AEUV 45 120, 131
Qualifikationsrichtlinie   AEUV 78 14
qualifizierte Enthaltung   AEUV 218 145
qualifizierte Mehrheit s. Mehrheit
Qualifying Commonwealth Citizen   EUV 14 51
Qualitätskontrolle   AEUV 56 113
Quasi-föderale Systeme   AEUV 216 1 ff.
Quelle-Urteil   AEUV 288 68 f.
Quellenprinzip   AEUV 49 101
Quellensteuer   AEUV 49 141, 143
Querschnittsaufgaben   AEUV 192 2
Querschnittsklausel   AEUV 12 1, 3, 7, 27, 61; 26 15
– Forschung   AEUV 179 7, 24
– Industriepolitik   AEUV 173 79 ff.

Quersubventionierung   AEUV 56 65
Querverbindungen zur GASP   AEUV 205 4
Quoten s. positive Maßnahmen
Quotierung   AEUV 40 47 ff.

RABIT   AEUV 74 6; 77 28
race to the bottom   AEUV 34 185
Rahmenbeschluss   AEUV 288 40
Rahmenbeschluss Katastrophenschutz und Terrorabwehr   AEUV 222 37
Rahmenfinanzregelung   AEUV 310 24
Rahmenprogramm, Forschung   AEUV 182 1 ff., 17, 24
Rahmenvereinbarung über die Beziehungen zwischen dem Europäischen Parlament und der Europäischen Kommission vom 20.10.2010   AEUV 218 78, 154, 201 ff.
Raison d'être der Union   AEUV 351 85
Rang von Übereinkünften im EU-Recht   AEUV 216 211
Rassismus und Fremdenfeindlichkeit   AEUV 83 15
Rat „Auswärtige Angelegenheiten"   AEUV 221 4
Rat der EU   EUV 13 10; 16 1 ff.; AEUV 113 21; 219 2, 5, 6, 14, 19, 20; 235 1, 17; 236 2 f., 4, 5 ff.; 237 1 ff.; 238 1 ff.; 239 1 ff.; 240 9 ff.; 330 5; 332 4; 334 4
- s. a. Gesetzgebungsakte, Gesetzgebungsverfahren
- A-Punkte   EUV 16 29 f.; AEUV 237 11 f.; 240 5; 242 1 ff.; 243 4 ff.
- Abgrenzung von den im Rat vereinigten Vertretern der Regierungen der Mitgliedstaaten   EUV 16 21
- Abschlusskompetenz für völkerrechtliche Abkommen   EUV 16 6
- Abstimmungsdurchführung   AEUV 238 33 ff.
- Abstimmungseinleitung   AEUV 238 32
- Allgemeine Angelegenheiten   EUV 16 16 f.
- als Ko-Gesetzgeber   AEUV 289 9 ff.; 293 8
- Anhörung durch EP   AEUV 230 7
- Aufforderungsgegenstand   AEUV 241 4 f.
- Aufforderungsrecht   AEUV 241 2 f.
- Aufforderungswirkungen   AEUV 241 8
- Aufgaben   EUV 16 2 ff.; AEUV 242 6; 243 4 f.
- Aufgaben des Vorsitzes   EUV 16 25 ff.
- Ausschuss der Ständigen Vertreter (AStV)   EUV 16 29 f.
- Ausschussregelung   AEUV 242 1 ff.
- Auswärtige Angelegenheiten   EUV 16 18; AEUV 237 9
- Außenminister   EUV 16 16
- außerordentliche Tagung   EUV 30 7 ff.
- B-Punkte   EUV 16 29 f.; AEUV 237 11 f.; 240 5
- Beschluss   AEUV 219 14, 15, 19, 20
- Beschluss über die Übertragung von Missionen   EUV 44 10
- Beschluss über Instrumente der GASP   EUV 25 7
- Beschluss über Missionen   EUV 43 20 ff.
- Beschlussfassung   EUV 16 31 ff.; AEUV 238 1 ff.; 242 7; 333 1
- Beschlussfassung im Rahmen der GASP   EUV 29; 31
- Beschlussfähigkeit   AEUV 238 31
- Bevollmächtigung   AEUV 239 5
- Bevölkerungsquorum   EUV 16 32, 37; AEUV 238 6, 11
- Brückenklausel   EUV 31 30 ff.
- COREPER s. Ausschuss der Ständigen Vertreter (AStV)
- doppelte Mehrheit   EUV 16 36 f.; AEUV 238 10 ff., 21 ff.
- Dreiergruppe   EUV 16 23 f.; AEUV 236 5 ff.
- Durchführung der GASP   EUV 26 13 ff.
- Einberufung   EUV 30 11 f.; AEUV 237 4 ff.
- einfache Enthaltung   EUV 31 9 f.
- einfache Mehrheit   EUV 16 31; 31 33; AEUV 144 17; 223 48; 238 3 f.; 240 15 f.; 241 2; 242 7
- Einheit des Rates   EUV 16 15
- Einstimmigkeit   EUV 16 31; 31 5 ff.; 42 38 ff.; AEUV 64 22; 219 15; 223 48; 238 26 ff.; 330 5; 332 4
- Einstimmigkeitserfordernis   AEUV 289 28, 33, 36, 38; 292 9; 293 1, 6 ff.; 294 24, 27 f., 45; 298 10
- Empfehlung   EUV 22 11 ff.
- Entscheidungsgremium   EUV 16 1
- Entwurf eines Programms   EUV 16 25
- EP   AEUV 230 7
- Ernennungsbefugnisse   EUV 16 5
- Europäische Verteidigungsagentur   EUV 45 9 ff.
- Europaminister   EUV 16 16
- Festsetzung von Gehältern   AEUV 243 4 f.
- Formationen   EUV 16 14 ff.; AEUV 236 2 f.
- Geldpolitik   AEUV 127 15
- Generalsekretariat   AEUV 235 17; 240 8 ff.
- Generalsekretär   AEUV 240 12 ff.
- Geschäftsordnung   AEUV 230 7; 240 16 f.
- Gesetz über die Zusammenarbeit von Bundesregierung und Deutschem Bundestag in Angelegenheiten der Europäischen Union (EUZBBG)   EUV 16 9
- Gesetz über die Zusammenarbeit von Bund und Ländern in Angelegenheiten der Europäischen Union (EUZBLG)   EUV 16 9
- Grundsatz der Transparenz   EUV 16 42
- Hauptrechtsetzungsorgan   EUV 16 2
- Haushaltsbefugnisse   EUV 16 2
- Hilfsorgan des Rates s. Ausschuss der Ständigen Vertreter (AStV)
- Hoher Vertreter der Union für Außen- und Sicherheitspolitik   EUV 16 18; AEUV 237 10
- im Rat vereinigte Vertreter der Regierungen der Mitgliedstaaten   EUV 16 21

- Integrationsverantwortungsgesetz (IntVG) **EUV 16** 8
- interinstitutioneller Dialog **EUV 16** 28
- informelle Ratstagungen **AEUV 237** 1
- Ioannina-Mechanismus **EUV 16** 38 ff.; **AEUV 238** 12 f., 24
- Kohärenz auswärtigen Handelns **EUV 16** 18
- Kohärenzgebot **AEUV 334** 4
- Koordinierungs- und Lenkungsfunktion des Rates »Allgemeine Angelegenheiten« **EUV 16** 17
- Konsensprinzip **EUV 50** 18
- Konstruktive Stimmenthaltung **AEUV 238** 26
- Landesminister **EUV 16** 11
- Leitungs- und Koordinationskompetenz **EUV 16** 3
- Luxemburger Kompromiss **EUV 16** 39; **AEUV 238** 29 f.
- Mitgesetzgeber **EUV 16** 2
- Mitglieder **EUV 16** 7 ff.
- Mithaushaltsgesetzgeber **EUV 16** 2
- mittelbares Initiativrecht s. Initiativrecht
- Ministerialbeamte **EUV 16** 13
- Ministerkonferenz **EUV 16** 21
- Neutralität des Vorsitzes **EUV 16** 25
- Organisationsaufgaben **EUV 16** 4
- Orientierungsaussprachen **EUV 16** 45
- Öffentlichkeit der Ratssitzungen **EUV 16** 42 ff.; **AEUV 237** 13
- Pflicht zur Neuverhandlung **EUV 16** 38; **AEUV 238** 12
- Prinzip der begrenzten Einzelermächtigung **AEUV 241** 7
- Präsident **AEUV 219** 10
- Protokolle **AEUV 237** 15
- qualifizierte Mehrheit **EUV 16** 31 ff.; **31** 15 ff.; **50** 16 f.; **AEUV 64** 20; **66** 1, 13; **143** 17; **144** 1, 17; **219** 14, 19; **238** 5 ff., 14 ff., 21 f.; **240** 12; **243** 6; **330** 6; **333** 3 ff.
- Sitz **AEUV 237** 2
- Sitzungsleitung **EUV 16** 26
- Sonderbeauftragte **EUV 33**
- Sprachenregelung **AEUV 237** 14
- Sperrminorität **EUV 16** 37; **31** 14; **AEUV 238** 11, 23
- Staats- und Regierungschefs **EUV 16** 20
- ständige Strukturierte Zusammenarbeit **EUV 46** 10 ff., 16 ff.
- Standpunkt **EUV 29**; **AEUV 231** 6
- Stimmenwägung **EUV 16** 33 ff.; **AEUV 238** 7 ff., 19 ff.
- Stimmrecht **EUV 16** 13; **AEUV 239** 1 ff.
- Stimmrechtseinschränkung **AEUV 238** 14 ff.
- Stimmrechtsübertragung **AEUV 239** 1 ff.
- Stimmrechtübertragung bei GSVP Beschlüssen **EUV 42** 39
- System der doppelten Mehrheit **EUV 31** 24
- System der gleichberechtigen Rotation **EUV 16** 22; **AEUV 236** 4
- Tagesordnung **EUV 16** 25 f., 30; **AEUV 237** 4 ff., 11
- Tagungsplanung **AEUV 237** 3
- Teilnahme an Sitzungen des EZB-Rats **AEUV 284** 6
- Untersuchungsanforderung **AEUV 241** 5
- Verfahren der stillschweigenden Zustimmung **AEUV 238** 35
- Vertreter auf Ministerebene **EUV 16** 10 f.; **AEUV 239** 2
- Vertretung durch Ministerialbeamte **EUV 16** 13; **AEUV 239** 2
- Vertretung durch Staatssekretäre **EUV 16** 12; **AEUV 239** 2
- Vertretungsbefugnis **EUV 16** 7
- Vorlage eines Vorschlags an die Kommission **AEUV 241** 6
- Vorsitz **EUV 16** 22 ff.; **AEUV 230** 7; **236** 4; **237** 3
- Weisungsgebundenheit der Ratsmitglieder **EUV 16** 8
- Zusammenarbeit **AEUV 230** 11
- Zusammensetzung **EUV 16** 7 ff., 14 ff.
- Zuständigkeit im Rahmen der GASP **EUV 24** 11 f.

Rat der Europäischen Zentralbank s. EZB-Rat
Rat für Finanzstabilität **AEUV 138** 15, 33; **219** 23
Ratifikation von Übereinkünften der EU **AEUV 216** 165, 198, 218 f.; **218** 36, 60, 124 ff.
Ratifikationsprobleme **EUV 48** 43 ff.; **AEUV 353** 2
Ratifizierung und Inkrafttreten **EUV 54** 1 ff.; **AEUV 357** 1 ff.
- Depositar **EUV 54** 2, 6; **AEUV 357** 2, 5
- gestrecktes Vertragsschlussverfahren **EUV 54** 6; **AEUV 357** 5
- Hinterlegung der Vertragsurkunden **EUV 54** 5; **AEUV 357** 5
- In-Kraft-Treten **EUV 54** 5; **AEUV 357** 4
- Ratifizierungsbegriff **EUV 54** 4; **AEUV 357** 3
- völkerrechtlicher Zusammenhang **EUV 54** 4, 6; **AEUV 357** 5

Ratsbeschluss im Bereich internationaler Übereinkünfte der EU
- Aufrechterhaltung der Rechtswirkungen eines fehlerhaften ~ **AEUV 216** 82; **218** 70
- Begründungserwägungen **AEUV 216** 81; **218** 16, 65, 81, 142
- doppelvalenter ~ **AEUV 218** 62, 67
- fehlerhafter ~ **AEUV 216** 82; **218** 70
- Festlegung von Standpunkten in Vertragsgremien durch ~ **AEUV 218** 161 ff., 175 f., 181 ff.
- gemischter (hybrider) ~ **AEUV 218** 64, 75
- operativer Teil eines ~ **AEUV 216** 235; **218** 65, 81; **221** 5

- Standardinhalt eines Beschlusses nach Art. 218 Abs. 5 AEUV **AEUV 218** 65, 73, 81
- Verhandlungsermächtigung durch ~ **AEUV 218** 24 ff.

Ratsbeschluss, Katastrophenschutz und Terrorabwehr **AEUV 222** 22

Ratspräsident s. Präsident des Europäischen Rates

Ratspräsidentschaft/-vorsitz **AEUV 218** 24, 38, 64; **220** 86; **221** 20

Ratszuständigkeit **AEUV 218** 63 ff.

Raum der Freiheit, der Sicherheit und des Rechts **EUV 3** 26 ff.; **GRC Präambel** 13; **47** 22; **AEUV 67** 1 ff.; **26** 17; **216** 158; **218** 7
- Asylpolitik **AEUV 78** 1 ff.
- Bewertungsverfahren **AEUV 70** 1 ff.
- Definition **AEUV 67** 1
- Einschränkungen **AEUV 67** 21 ff.
- Einwanderungspolitik **AEUV 79** 1 ff., 8, 16 ff.
- Ermächtigungen **AEUV 67** 33
- Flexibilisierungsklausel **AEUV 352** 21
- Flüchtlingspolitik **AEUV 77** 1 ff.
- Funktion **AEUV 67** 1
- geteilte Zuständigkeit **AEUV 4** 10
- Initiativrecht **AEUV 76** 1 ff.
- innere Sicherheit **AEUV 72** 1, 6
- IT-Großsysteme **AEUV 74** 6
- justizielle Zusammenarbeit in Strafsachen s. dort
- Konzept **AEUV 67** 32
- öffentliche Ordnung **AEUV 72** 1, 4 f.
- ordre-public-Vorbehalt **AEUV 82** 13
- Ständiger Ausschuss **AEUV 71** 1 ff., 8 f.
- Terrorabwehr **AEUV 222** 11
- Vereinte Nationen **AEUV 75** 12, 14, 18
- Verwaltungszusammenarbeit **AEUV 74** 1 ff.
- Visapolitik **AEUV 77** 11 ff.
- Zusammenarbeit der Mitgliedstaaten **AEUV 73** 1 ff.

Raum s. Wohnung

Raumfahrtpolitik **AEUV 189** 1, 3 ff., 9 ff.; **190** 5

Raumordnung **AEUV 192** 41 ff.

Rechnungsabschluss **AEUV 40** 68 ff.

Rechnungshof **EUV 13** 14; **AEUV 143** 27; **263** 23, 88, 94; **310** 5, 8
- Amtsenthebung eines Mitgliedes **AEUV 251** 15
- Anhörung des EP **EUV 14** 33
- als Maßstab **AEUV 310** 39
- Aufgabe **AEUV 285** 1; **287** 2
- Auswahl und Ernennung der Mitglieder **AEUV 286** 1 ff.
- beratende Aufgabe **AEUV 287** 26 f.
- Berichte **AEUV 287** 19 ff.
- Errichtung **AEUV 285** 7
- Gemeinschafts-/Unionsorgan **AEUV 285** 9
- Geschäftsordnung **AEUV 286** 12; **287** 24 f.
- Jahresbericht **AEUV 319** 4
- Klagerechte vor dem EuGH **AEUV 285** 12
- Organ der Union **AEUV 285** 11
- Präsident **AEUV 286** 12
- Prüfungsgegenstand **AEUV 287** 9 ff.
- Prüfungstätigkeit **AEUV 287** 14 ff.
- Rechtsstellung der Mitglieder **AEUV 285** 2; **286** 13 ff.
- Stellung **AEUV 285** 8 ff.
- Unabhängigkeit **AEUV 285** 15; **286** 17
- Wirtschaftlichkeit **AEUV 310** 39
- Zusammensetzung **AEUV 285** 2, 14
- Zuverlässigkeitserklärung **AEUV 287** 7 f.

Rechnungslegung **AEUV 318** 1 ff.

Rechnungsprüfung **AEUV 285** 3 ff.
- externe Entwicklung **AEUV 285** 3
- institutionelle Entwicklung **AEUV 285** 3
- nachträgliche **AEUV 285** 4

Recht am Bild **GRC 7** 19

Recht auf den gesetzlichen Richter **AEUV 251** 12 ff.

Recht auf Arbeit **GRC 15** 3, 9

Recht auf Freiheit s. Freiheit, Recht auf

Recht auf gute Verwaltung **GRC 41** 1; **47** 5, 58, 79; **AEUV 340** 2

Recht auf informationelle Selbstbestimmung
- Abwehrrecht **GRC 8** 15
- Auskunftsanspruch **GRC 8** 49 ff.
- Bedeutung **GRC 8** 9
- Berechtigungsanspruch **GRC 8** 53 ff.
- Datenschutzbeauftragte **GRC 8** 55 ff.
- Eingriffe **GRC 8** 18 f.
- Eingriffsrechtfertigung **GRC 8** 22, 42 ff.
- Einwilligung **GRC 8** 23 ff.
- Einwilligungserklärung **GRC 8** 27
- Einwilligungsfähigkeit **GRC 8** 26
- Entstehungsgeschichte **GRC 8** 6
- gesetzliche Grundlage **GRC 8** 32
- Rechtssprechungsentwicklung **GRC 8** 7
- Schutzbereich, persönlich **GRC 8** 10 f.
- Schutzbereich, sachlich **GRC 8** 12 ff.
- Schutzpflicht **GRC 8** 16
- und AEUV **GRC 8** 2
- und Datenschutz **AEUV 16** 11
- und Datenschutzrichtlinie **GRC 8** 4
- und EMRK **GRC 8** 3
- und Mitgliedstaaten **GRC 8** 5
- und Persönlichkeitsrechts **GRC 8** 1
- Unionskompetenz **AEUV 16** 11
- Verarbeitungsgrenzen **GRC 8** 34
- Verpflichtete **GRC 8** 8
- Zweckbindung **GRC 8** 37 ff.

Recht auf Privatheit s. Privatheit, Recht auf

Recht auf Sicherheit s. Sicherheit, Recht auf

Recht auf Unkenntnis über den Gesundheitszustand **GRC 7** 19

Recht auf Wohnung s. Wohnung, Recht auf

Recht auf Zugang zu Dokumenten **GRC 42** 1 ff.
- unmittelbare Anwendbarkeit **GRC 42** 9 f.
- Zugangsverordnung **GRC 42** 13

Recht, zu arbeiten GRC 15 8, 12
Rechte älterer Menschen GRC 25 1 ff.
Rechte des Kindes GRC 24
– Fürsorgeanspruch GRC 24 11 f., 19
– Meinungsäußerungsfreiheit und Berücksichtigungspflicht GRC 24 13 f., 19
– persönliche Beziehungen zu beiden Elternteilen GRC 24 17 f., 20
– Schutzanspruch GRC 24 11 f.
Rechte und Interessen der Arbeitnehmer AEUV 114 31
Rechtfertigungsgrund AEUV 63 25
– geschriebener AEUV 63 29, 31, 33
– ungeschriebener AEUV 63 29, 31, 33 f.; **65** 11, 19 f.
Rechtfertigungsgründe AEUV 110 46 ff.
– ungeschriebene AEUV 110 47 ff.
Rechtfertigungsvorbehalt AEUV 52 1
rechtliches Gehör GRC 47 43, 61, 63, 64
 s. a. kontradiktorisches Verfahren
Rechtmäßigkeitshaftung AEUV 215 18, 42
Rechts- und Amtshilfe, Strafrecht AEUV 325 33
Rechts- und Verwaltungsvorschriften AEUV 115 8
– Rechtmäßigkeit AEUV 261 1
– Rechtmäßigkeitskontrolle AEUV 261 7; **263** 7; **268** 5
Rechtsakt ohne Gesetzescharakter s. Exekutivmaßnahme, reine
Rechtsakte AEUV 219 13, 20, 22; **288** 3, 6 ff., 93
– Angabe der Rechtsgrundlage AEUV 288 7
– atypische ~ s. unverbindliche Rechtsakte
– Begründung AEUV 288 7
– Beschlüsse s. dort
– Delegierte AEUV 288 6
– einseitig-verbindliche AEUV 288 3
– Erwägungsgründe AEUV 288 7
– Gemeinsamkeiten AEUV 288 7
– gemischter ~ AEUV 223 10
– mehrseitig-konsensuale AEUV 288 3
– mit Verordnungscharakter AEUV 263 6, 66 ff., 146; **288** 14, 93, 97
– Rechtsschutz AEUV 288 8
– Richtlinien s. dort
– Schein-Rechtsakt AEUV 288 8
– Stellung AEUV 288 6
– unbenannte s. unverbindliche Rechtsakte
– unverbindliche ~ AEUV 64 19
– verbindliche ~ AEUV 64 20, 23; **66** 14; **142** 19
– Vermutung der Gültigkeit AEUV 288 8
– Verordnungen s. dort
Rechtsakte der Union s. Gesetzgebungsakte
Rechtsakte mit Verordnungscharakter GRC 47 34, 35, 36; AEUV 290 26
Rechtsangleichung EUV 3 34; AEUV 26 12; **113** 5, 13, 17

– Begriff AEUV 114 46
– Forschung AEUV 180 13
– Grenzen AEUV 114 59
– Maßnahmen AEUV 114 64; **117** 5
– präventive AEUV 114 50; **115** 9
Rechtsanwalt AEUV 56 101; **57** 50; **59** 27
Rechtsbindung der EU an UN-Recht AEUV 215 15, 34
Rechtsbindungswille AEUV 216 54
Rechtsetzung
– s. a. Gesetzgebungsverfahren
– Außenrecht EUV 14 13
– besondere AEUV 232 6
– Binnenrecht EUV 14 12, 56
– Initiativrecht EUV 14 13; AEUV 225 1
– Kommission, Delegation von AEUV 231 6
– ordentliche AEUV 232 6
– Verfahren EUV 14 13
Rechtsetzungskompetenzen
– Außenkompetenzen AEUV 191 99 ff.; **192** 10, 87; **193** 22
– Beschränkungen der Freizügigkeit AEUV 21 31 f.
– im diplomatischen und konsularischen Schutz AEUV 23 42 f.
– Doppelabstützung AEUV 192 75, 78; **193** 25
– Kompetenzabgrenzung AEUV 192 74 ff.
– im Umweltschutz AEUV 192 6, 15 ff., 30 ff., 55, 74 ff.
– im Tierschutz AEUV 13 19 f.
Rechtsfähigkeit AEUV 54 2; **335** 1 ff.
– innerstaatliche AEUV 216 16, 23
– völkerrechtliche AEUV 138 6
Rechtsformwahlfreiheit AEUV 54 29
Rechtsfortbildung EUV 19 27 ff.
Rechtsgemeinschaft EUV 4 98; **48** 21; GRC 47 1, 21
Rechtsgrundlagen
– Auswahl AEUV 216 77 ff.
– Kumulierung AEUV 216 77; **218** 98
Rechtsgrundlagen des unionalen Rechtsschutzsystems AEUV 281 2
Rechtsgrundsätze
– allgemeine s. dort
– Auslegung EUV 14 48
– EMRK EUV 14 48
– Bürgerbeauftragter AEUV 228 16
– Primärrecht AEUV 232 6
– Verfassungstraditionen, gemeinsame EUV 14 48
Rechtshilfe
– Datenaustausch s. dort
– Effektivierung AEUV 82 5 f.
Rechtskontrolle EUV 19 12 ff.
– dezentrale EUV 19 19 ff.
– im Umweltschutz AEUV 192 68 f.
Rechtsmittel AEUV 270 51 f.
Rechtsmittelverfahren AEUV 261 11
Rechtsnachfolgeregelung EUV 1 65 f.

Rechtsnachfolgerin der EG AEUV 216 23 f.; 220 67
– s. a. Funktionsnachfolge
Rechtsnormen, Katastrophenschutz und Terrorabwehr AEUV 222 25
Rechtsordnungen, gestufte AEUV 2 1
Rechtspersönlichkeit AEUV 85 4; 86 5, 20 f.; 88 9
Rechtspersönlichkeit der EU EUV 1 46; 47 1 ff.; AEUV 216 23, 26; 221 6
Rechtsprechungsdivergenzen AEUV 216 250
Rechtsquellen AEUV 16 11; 110 3
– Parlamentsrecht EUV 14 6
Rechtsschutz EUV 4 138 ff.; AEUV 75 18; 86 37; 88 42 f.; 288 8, 13 f., 35 ff., 88, 92 f., 106; 290 25 f.; 291 7, 13, 24
– s. auch Rechtsschutz, einstweiliger
– s. a. Rechtsschutz gegen Wirtschaftssanktionen
– Bürgerbeauftragter AEUV 228 22
– dezentraler/zentraler GRC 47 5, 6, 8, 14, 19, 20, 23, 25, 32, 37, 39, 40, 43, 59, 62, 67, 69, 70, 71
– effektiver GRC 47 1 ff.; AEUV 337 37
– EZB AEUV 132 15 f.
– gegen Beschlüsse AEUV 288 88, 92 f.
– gegen delegierte Rechtsakte AEUV 290 25 f.
– gegen Durchführungsrechtsakte AEUV 291 7, 13
– gegen Empfehlungen AEUV 288 106
– gegen Mitteilungen AEUV 288 116 ff.
– gegen Rechtsakte AEUV 288 8
– gegen Richtlinien AEUV 288 35 ff.
– gegen Verordnungen AEUV 288 13 f.
– mitgliedstaatlicher AEUV 223 24
– Petiton AEUV 227 16 ff.
– Primär~/Sekundär~ GRC 47 5, 15, 23, 79
– Rechtsschutzlücke AEUV 263 7, 80, 87; 268 7
– subjektiver EUV 19 16 ff.
– Subsidiarität AEUV 268 12, 14
– Leitbild des dezentralen Rechtsschutzes EUV 4 140
– Lückenlosigkeit/Vollständigkeit GRC 47 1, 2, 18, 19, 20, 23, 24, 25, 27, 30, 70
– Wirksamkeit GRC 47 1, 2, 25, 30, 31, 39, 70, 73
Rechtsschutz, einstweiliger (vorläufiger) GRC 47 37; AEUV 138 21; 278–279 1 ff.
– Abänderungs- und Aufhebungsantrag AEUV 278–279 27
– Akzessorietät AEUV 278–279 6, 7
– Antragsform AEUV 278–279 13
– Antragsfrist AEUV 278–279 14
– Antragsgegenstand AEUV 278–279 10
– Antragshäufung AEUV 278–279 9
– Antragsrecht natürlicher und juristischer Personen AEUV 278–279 12
– Aussetzung der Durchführung angefochtener Handlungen Art. 278 S. 2 AEUV AEUV 278–279 2
– Begründetheit AEUV 278–279 17
– Beschluss AEUV 278–279 25
– direkter Vollzug AEUV 278–279 5
– Dringlichkeit AEUV 278–279 18
– Erforderlichkeit AEUV 278–279 16
– Erlass einstweiliger Anordnungen AEUV 278–279 3
– Form der Entscheidung AEUV 278–279 25
– Formen des einstweiligen Rechtsschutzes AEUV 278–279 2
– Funktion AEUV 278–279 1
– hinreichende Aussicht auf Erfolge AEUV 278–279 24
– indirekter Vollzug AEUV 278–279 5
– Inhalt AEUV 278–279 26
– Interessenabwägung AEUV 278–279 23
– irreparabler Schaden AEUV 278–279 21, 22
– kein Vorgreifen der Hauptsache AEUV 278–279 8
– Klagebefugnis im Hauptverfahren AEUV 278–279 11
– Konnexität AEUV 278–279 9
– Notwendigkeit AEUV 278–279 24
– Rechtsschutzbedürfnis AEUV 278–279 15
– Schadensbegriff AEUV 278–279 19, 20
– summarische Prüfung AEUV 278–279 8
Rechtsschutz gegen Wirtschaftssanktionen
– Individualnichtigkeitsklage AEUV 215 26
– Nichtigkeitsklage AEUV 215 25
– Untätigkeitsklage AEUV 215 27
– Verfahrensgrundrechte AEUV 215 30
Rechtsschutzeffektivität s. effektiver Rechtsschutz
Rechtsschutzinteresse GRC 47 25, 26, 29, 30, 36, 70; AEUV 256 27; 270 38 ff.
Rechtsschutzklausel AEUV 215 21 f.
Rechtsschutzverweigerung GRC 47 37
Rechtsetzungstätigkeit
– Binnenmarktkompetenz AEUV 169 44
– Verbraucherschutzkompetenz AEUV 169 44
Rechtssicherheit GRC 47 25, 67, 72, 78; AEUV 138 21; 216 82, 119, 207; 218 20, 98, 129; 288 27; 351 65, 72
Rechtsstaatlichkeit GRC 47 1; AEUV 220 59; 351 122
Rechtsstaatlichkeitsförderung EUV 3 16 f.
Rechtsstaatsprinzip
– Transparenzgebot EUV 10 35 ff.; AEUV 342 15
– unionales AEUV 340 5
– Vielfalt der verbindlichen Sprachfassungen EUV 55 18
Rechtstitel
– europäische AEUV 118 14
– Geschmacksmuster AEUV 118 8
– Marken AEUV 118 8

– Sorten **AEUV 118** 8
Rechtsunion EUV 2 20
Rechtsvereinheitlichung AEUV 114 46
Rechtsvergleichung EUV 19 30
Rechtsverletzung, qualifizierte AEUV 340 28 ff.
Rechtsvorschriften der Mitgliedstaaten AEUV 114 52
Rechtsweg GRC 38 7
– Erschöpfung des ~ **AEUV 63** 33
Rechtsweggarantie GRC 47 10, 19
rechtswidrige Handlungen, Strafrecht AEUV 325 17 ff.
rechtswidriges Handeln AEUV 340 25
Rechtswidrigkeitseinrede GRC 47 20, 26
– s. a. Inzidentrüge
Rechtswidrigkeitshaftung AEUV 215 42
Refinanzierungsgeschäfte AEUV 127 20
reformatio in peius AEUV 261 9
Reformprogramm, nationales AEUV 148 16
Refoulement-Verbot GRC 19 6, 12, 16
Regelungskombinationen AEUV 18 21 f.
Regelungsverfahren mit Kontrolle AEUV 290 3
Regelungsverzicht der Staaten AEUV 34 37
Regelungszweck, Gegenstände der Verbraucherpolitik AEUV 169 3, 32
Regierungskonferenz EUV 48 42 ff.
regionale Organisationen AEUV 216 42; **218** 83; **220** 84
Regionale wirtschaftliche Integrations-Organisation s. REIO
Regionalorganisation AEUV 215 37
Register, Petitionsrecht AEUV 227 15
Regulation AEUV 56 117
Regulierungsagenturen s. Organstruktur der EU
rein innerstaatlicher Sachverhalt AEUV 18 68
Reinvestition AEUV 64 6
REIO (regional economic integration organization) AEUV 220 46
Reisevermittlung AEUV 58 7
REMIT-VO AEUV 194 7
relative Theorie GRC 52 31
Religion GRC 22 10 f., 13
Religionsbekenntnis GRC 10 18 ff., 25 ff.
– Bräuche **GRC 10** 21
– Gottesdienst **GRC 10** 19
– Kopftuchverbot **GRC 10** 29, 36
– Religionsunterricht **GRC 10** 20
– Riten **GRC 10** 21
– Schächtungsverbot **GRC 10** 28
Religionsfreiheit GRC 10 14 ff., 25 ff.; **AEUV 17** 7 ff.
– individuelle **GRC 10** 15 ff.
– kollektive **GRC 10** 15, 18
– korporative **GRC 10** 23 f.
– negative **GRC 10** 22
Religionsgemeinschaften AEUV 17 1 ff.; **19** 26
Religionsverfassungsrecht AEUV 17 6 ff.
– Harmonisierungsverbot **AEUV 17** 14

– Kompetenzausübungsregel **AEUV 17** 15 ff.
– Konvergenz der Systeme **AEUV 17** 11
– Kooperationsmodell **AEUV 17** 10
– Laizität **AEUV 17** 10
– materielle Privilegien **AEUV 17** 11
– Staatskirche **AEUV 17** 8, 10
– Zwei-Ebenen-Modell **AEUV 17** 6 ff.
religiöse Gemeinschaften, Arbeitnehmerfreizügigkeit AEUV 45 31
Renegotiations, Austritt EUV 50 2
Rente s. soziale Sicherheit
Repatriierung von Erlösen AEUV 64 7
Repräsentationsbüro AEUV 221 16
repräsentative Demokratie EUV 10 1 ff., 13 ff.
– Anwendungsbereich **EUV 10** 17
– demokratische Legitimation **EUV 10** 21 ff.
– EU-Organe **EUV 10** 21 ff.
– Grundsatz der Bürgernähe **EUV 10** 39 ff.; **11** 9; **GRC 42** 2, 46; **43** 4, 11; **44** 6; **AEUV 24** 18; **342** 15
– politische Parteien **EUV 10** 43 ff.
– Recht auf Teilnahme **EUV 10** 30 ff.
– Sanktionsmechanismus **EUV 10** 8, 15, 18
– Transparenzgebot **EUV 10** 35 ff.
– Wahlrecht **EUV 10** 17
Repressalie AEUV 215 41
res inter alios acta EUV 37 3 f.
Reservekompetenz des Rates AEUV 138 8, 25
Resolution 65/276 der UN-Generalversammlung AEUV 220 30 f.
Resolutionen des UN-Sicherheitsrates AEUV 215 2
Ressortprinzip AEUV 248 6 f.
Ressourceneinsatz, effizienter AEUV 120 13
restriktive Interpretation AEUV 216 95 ff.; **218** 98; **351** 103
restriktive Maßnahmen GRC 47 22, 43, 44
– s. a. Terrorismusbekämpfung u. Sanktionsmaßnahmen
Retorsion AEUV 215 41
Réunion AEUV 355 3
Reverse-Charge-Verfahren AEUV 113 32
Reziprozität
– asymmetrische **AEUV 199** 3
– Grundsatz **AEUV 204** 5
Richter EUV 19 59 ff.; **AEUV 251** 5 ff.; **253** 2 ff.
– Auswahl **AEUV 257** 9
– Einzelrichter **AEUV 251** 3; **254** 9
– Ernennung **AEUV 254** 6; **257** 9 ff.
– sabbatical judge **AEUV 251** 7
– Zahl **AEUV 251** 1, 6 ff., 15 f.; **254** 5
Richtervorbehalt AEUV 337 29
Richtlinie(n) AEUV 115 10; **288** 4, 15, 18 ff., 77 ff.
– Anfechtung **AEUV 263** 104 ff., 113
– Anspruch aus **AEUV 288** 42
– Ausschlusswirkung **AEUV 288** 60 f.
– Bindung von EU-Organen **AEUV 288** 19 f.
– Direktwirkung s. Direktwirkung von Richtlinien

- Entfallen der Umsetzungspflicht AEUV 288 24
- Erkennbarkeit der Umsetzung AEUV 288 26
- Ersetzungswirkung AEUV 288 60 f.
- fehlerhafte Umsetzung AEUV 260 18
- formale Umsetzungsanforderungen AEUV 288 23
- Harmonisierung AEUV 116 7
- Individualrecht AEUV 288 26
- individuelle Betroffenheit AEUV 288 35 f.
- innerstaatliche Regelungsebene AEUV 288 19
- inzidente Beanstandung AEUV 288 37
- Kontrolle der Umsetzung AEUV 288 33 f.
- Mindestharmonisierungsklausel AEUV 169 45 f.
- nationale Verfahrensregeln AEUV 288 45 f.
- normative Belastbarkeit der Umsetzung AEUV 288 26
- normkonkretisierende Verwaltungsrichtlinien AEUV 288 26
- Pflicht zu transparenter Umsetzung AEUV 288 81
- pragmatisch-technischer Erklärungsansatz AEUV 288 21
- Rechtsschutz AEUV 288 35 ff.
- Sanktionsgedanke AEUV 288 39
- souveränitätsorientierte Erklärung AEUV 288 22
- Umsetzung AEUV 288 21 ff.
- Umsetzungsfrist AEUV 288 27 ff., 43
- Umsetzungsspielraum AEUV 288 23 f., 29 ff.
- Umsetzungsspielraum und (EU-)Grundrechte AEUV 288 32
- und EU-Staatshaftung AEUV 288 77 ff.
- Verwaltungspraxis AEUV 288 26
- Vorrang AEUV 288 4, 15
- Vorwirkung AEUV 288 45
- Zielsetzung AEUV 288 18

Richtlinie 2014/50/EU AEUV 46 41 f., 43 ff.
Richtlinie 93/109/EG AEUV 223 31
richtlinienkonforme Interpretation AEUV 288 25, 62 ff.
- absoluter Vorrang AEUV 288 70
- autonom-nationale Ausweitung AEUV 288 68 f., 71
- Evidenzkontrolle des EuGH AEUV 288 72
- Funktion AEUV 288 63
- Grenzen AEUV 288 66, 68 ff.
- Methoden AEUV 288 68 ff.
- Rechtsprechung des BAG AEUV 288 67
- Umfang der Verpflichtung AEUV 288 64
- unbegrenzte AEUV 288 73
- Verhältnis zur Direktwirkung AEUV 288 65 ff., 73
- Voraussetzung der Verpflichtung AEUV 288 64

- Wortlautgrenze AEUV 288 68

Richtlinienumsetzung, überschießende AEUV 19 36
Risiken der Freiheit AEUV 169 34 f.
Rivalität zwischen EU und Europarat AEUV 220 57
Rohdiamanten AEUV 207 102
Rohstoffabkommen AEUV 207 247 ff.
Rohstofforganisationen AEUV 220 83
Rom-Formel AEUV 218 38
Rom-Verordnungen AEUV 81 5, 7, 39 f., 55
Römische Verträge EUV 1 18; AEUV 113 4
Roquettes Frères Rechtsprechung EUV 48 36
Rotation
- Abgeordnete AEUV 223 49; **224** 1
- Europäischer Rat AEUV 244 9
- EZB-Rat AEUV 283 8 ff.
- Hoher Vertreter der Union für Außen- und Sicherheitspolitik AEUV 244 1
- Kommission EUV 17 32; AEUV 244 3 ff.
- Rat EUV 16 22; AEUV 236 4
- Ratspräsidentschaft AEUV 221 22

Rotationsprinzip s. System der gleichberechtigten Rotation
Rücknahme unionsrechtswidriger Beihilfen EUV 4 126
rückschreitende Differenzierung EUV 50 26
Rücksichtnahme, Gebot wechselseitiger kompetenzieller AEUV 138 9, 21, 47
Rücksichtnahmegebot GRC 52 58
Rücksichtnahmepflicht AEUV 121 14
Rückübernahmeabkommen AEUV 79 39 f.
Rückvergütung AEUV 111 1; 112 1, 8
Rückvergütungsverbot AEUV 110 15
Rückwanderungsfälle AEUV 49 12
Rüffert-Urteil AEUV 151; 153
Rügeobliegenheit GRC 47 65
Ruhestandsgrenzen AEUV 19 28
Rumänien AEUV 77 3
- Investitionsschutzabkommen AEUV 63 40
- Pre-in AEUV 142 10

Rundfunksystem AEUV 63 32
Rundfunk- und Fernsehsendungen AEUV 106 52
Rüstung, Anpassungsprüfung AEUV 348 5 ff.
Rüstungsexporte AEUV 346 9, 33 ff.
Rüstungsgüter AEUV 346 3, 12, 24 ff., 32 ff.; 348 9

Sache AEUV 63 37
Sachkompetenz, währungspolitische AEUV 138 1
Sachwalterschaft der Mitgliedstaaten AEUV 216 42, 208; 218 83, 171, 173, 176, 221, 228; 220 53
SAEGA/SCIFA AEUV 71 1
Saint Barthélemy AEUV 198 16; 355 3
Saint Martin AEUV 355 3
Sainte-Laguë/Schepers, Sitzzuteilungsmethode AEUV 223 37

Stichwortverzeichnis

SAL AEUV 43 19
Salden AEUV 311 89
Sammel-Beschwerde (-Petition) AEUV 227 7; 228 14
San Marino s. Kleinstaaten
Sanktionen
– eingeschränkte Zuständigkeit des EuGH im Sanktionsverfahren nach Art. 7 EUV AEUV 269 2
– EZB AEUV 132 17
– Flexibilisierungsklausel AEUV 352 33
– Untersuchungsausschuss AEUV 226 22
– Sanktionsmechanismus AEUV 121 39 ff.
Sanktionsbefugnis/-gewalt GRC 47 47, 58
Sanktionsbeschlüsse der Vereinten Nationen AEUV 220 36 ff.; 351 24, 48, 119, 122
– Einfrieren von Vermögenswerten AEUV 351 48
– individualisierte ~ AEUV 216 257; 220 36, 39; 351 24, 48
– Umsetzung durch die Union AEUV 216 257; 220 36 ff.; 351 48, 50
Sanktionsentscheidungen, kartellrechtliche GRC 47 46, 47, 48, 49, 50, 52, 53,
Sanktionsmaßnahmen der EU AEUV 207 141 f.; 216 190; 218 157 ff.; 268 7; 351 64,
– s. a. restriktive Maßnahmen GRC 47 18, 30, 43, 44
– Aussetzung einer Übereinkunft AEUV 218 157 ff. 185
– Embargoklauseln AEUV 351 77
– gegenüber Mitgliedstaaten AEUV 351 82
– Suspendierungsklauseln AEUV 218 157
– Syrien-Embargo AEUV 218 159
– vertragsexternes Fehlverhalten AEUV 218 158
Sanktionsverfahren EUV 7 1, 15 ff.; AEUV 354 1 ff.
– gegen Mitglieder der Kommission AEUV 245 10 ff.
Satellitennavigation AEUV 187 5
Satellitenzentrum der Europäischen Union EUV 13 4
Satellitenschüssel AEUV 56 125
Satzung des Gerichtshofs AEUV 281 3
Satzungssitz AEUV 54 6, 9, 24, 28
– isolierte Verlegung AEUV 54 29
Schadensersatz GRC 41 20
Schadensersatzansprüche GRC 47 5, 39, 66, 79; AEUV 261 12; 268
Schadensersatzklage GRC 47 5, 23, 37, 68; AEUV 270 9 ff., 44
Schatzschein AEUV 63 19
Schatzwechsel AEUV 63 19
Scheinehe GRC 7 24
Scheinselbstständige s. Arbeitnehmer
Schengen
– Abkommen AEUV 67 7, 26, 28 ff.; 77 2
– Besitzstand AEUV 87 31; 89 3; 217 32 f.

– Durchführungsübereinkommen GRC 50 3, 12, 19, 25 f.; AEUV 67 7, 28 ff.; 77 2; 89 11
– Informationssystem (SIS I und II) AEUV 82 21; 87 12
– Grenzkodex AEUV 77 21 ff., 30
– Visum AEUV 77 13, 25
Schenkung AEUV 63 19, 21
Schicksalsgemeinschaft EUV 2 28
Schiedsgerichtsklauseln EUV 19 52 ff.
Schiedsklausel GRC 47 23; AEUV 268 5; 272 1 ff.
– als Vertragsbestandteil AEUV 272 6
– ausschließliche Zuständigkeit des Gerichtshofs AEUV 272 1
– Begründetheit der Klage AEUV 272 12
– Frist AEUV 272 11
– in völkerrechtlichen Verträgen der Union AEUV 272 8
– Rechtsschutzbedürfnis AEUV 272 10
– sachliche Zuständigkeit AEUV 272 4
– Vereinbarung AEUV 272 3
– Vollstreckung der Urteile AEUV 272 13
– Wirksamkeit AEUV 272 5
Schiedskonvention AEUV 110 27
Schiedsvertrag AEUV 273 1 ff.
– anwendbares Recht AEUV 273 8
– Anwendungsfälle AEUV 273 4
– Eröffnung des Anwendungsbereichs AEUV 273 11
– Fiskalpakt AEUV 273 10
– Klagepflicht AEUV 273 12
– Rechtsfolgen und Vollstreckbarkeit des Urteils AEUV 273 9
– sachliche Zuständigkeit AEUV 273 5
– Wirksamkeit AEUV 273 6
– Zulässigkeit der Klage AEUV 273 7
Schifffahrt AEUV 56 61; 58 7
– Bootsliegeplätze AEUV 56 122
Schlussanträge (Generalanwalt) GRC 47 64
Schlusserklärungen EUV 51 8
Schlussfolgerungen AEUV 288 101
Schmerzen und Leiden GRC 4 11 ff.
Schonung des Haushalts AEUV 36 66
schrittweise Beseitigung von Beschränkungen AEUV 206 17 f.
schrittweise Verwirklichung
– s. a. Übergangsregelung
– Geschlechtergleichbehandlung AEUV 8 20; 157 91
– Sozialpolitik AEUV 153 11
Schuldenbremse AEUV 121 68
Schuldenerlass AEUV 125 12
Schuldverschreibung AEUV 63 19; 64 9
Schule AEUV 57 20
Schulz, Martin EUV 14 71
Schuman-Plan EUV 1 16
Schutz älterer Menschen s. Rechte älterer Menschen
Schutz der finanziellen Interessen der EU AEUV 86 4, 7 ff.

Schutz der Gesundheit und des Lebens von Tieren und Pflanzen AEUV 36 49ff.
Schutz der Medienvielfalt AEUV 36 55
Schutz des gewerblichen und kommerziellen Eigentums AEUV 36 47
Schutz des nationalen Kulturguts AEUV 36 48
Schutz einheimischer Industrie AEUV 36 65
Schutz geistiger Eigentumsrechte AEUV 207 94 f.
Schutz mitgliedstaatlicher Einrichtungen AEUV 36 55
Schutz vor willkürlicher Verhaftung s. Bewegungsfreiheit
Schutzbedürfnis von Verbrauchergruppen
– Minderjährige AEUV 12 58
– Verbraucher mit Migrationshintergrund AEUV 12 58
– Verbraucher unterhalb der Armutsgrenze AEUV 12 58
Schutzerhöhung AEUV 114 87
Schutzgüter-Dynamisierung AEUV 36 11 ff.
Schutzklausel AEUV 201 1 ff.
Schutzkonflikte AEUV 67 5
Schutzkonzept GRC 38 1, 9, 24 ff.
– Schutzsituation AEUV 12 19, 24 f., 33 f., 36 f., 52, 56, 61
Schutzmaßnahmen, mitgliedstaatliche AEUV 143 22, 29 ff.; 144 5 ff., 10 ff., 14 f., 18
Schutzmindeststandard AEUV 169 30
Schutznorm AEUV 340 26
Schutzpflichten GRC 4 21; 16 4; 17 5
– Menschenwürde GRC 1 13 ff.
– Wahlfreiheit EUV 14 53
Schutzprinzip, primärrechtliche Gewährleistungsverantwortung AEUV 12 21
Schutzrechte, gewerbliche AEUV 118 15, 18
Schutzverstärkungsklausel AEUV 194 25
Schutzvorschriften für Gesellschaften AEUV 50 13 ff.
Schutzwirkung AEUV 110 152
Schutzziele des Verbraucherschutzes AEUV 12 37
– Versorgung GRC 38 24
– Preisbildung GRC 38 24
– körperliche Integrität GRC 38 24
– Präferenzschutz GRC 38 24
– personale Integrität GRC 38 24
Schwangerschaft s. Mutterschutz
Schwangerschaftsabbruch AEUV 57 41, 45, 50
schwarze Liste AEUV 56 112
Schwarzmeer-Synergie AEUV 217 10, 39, 52
Schweden als pre-in AEUV 142 10
Schweigen eines Unionsorgans AEUV 263 44
Schweiz AEUV 67 30; 217 30, 32 f., 52
– Zinsrichtlinie AEUV 65 27
Schwerpunkt einer Übereinkunft AEUV 216 161; 218 31, 180
Schwerpunkttheorie AEUV 114 32
Seegerichtshof, Internationaler AEUV 216 182

– Gutachtenverfahren vor dem ~ AEUV 218 168
Seerechtsübereinkommen (UNCLOS) s. Vereinte Nationen
Seeschifffahrt AEUV 18 51; 100 2 ff.
Seeverkehrs- und Hafenpolitik AEUV 90 35
sekundäre Niederlassungsfreiheit AEUV 49 27, 33
Sekundärrecht AEUV 1 4; 288 1, 6
Selbstbestimmung GRC 7 14
Selbstbestimmung, informationelle s. Recht auf informationelle Selbstbestimmung
Selbstbestimmungsrecht über den Körper GRC 7 19
Selbstmord GRC 1 37
Selbstschussanlagen GRC 1 32
Selbstschutzfähigkeit AEUV 12 59
Selbstständige AEUV 157 142
– s. a. Arbeitnehmer
selbstständige Tätigkeit AEUV 53 7
Selbstverteidigungsrecht EUV 42 44
Selbstzertifizierungssystem AEUV 207 104
Semester, Europäisches s. Europäisches Semester
Serbien AEUV 217 9
service public AEUV 14 41
SESAR AEUV 187 5, 9
Seveso-Richtlinie AEUV 196 9
sexuelle Ausbeutung AEUV 83 20
sexuelle Selbstbestimmung GRC 7 31
sexuelles Verhalten GRC 7 19
SHERLOCK AEUV 74 4
Sicherheit GRC 6 22; AEUV 114 79
– s. a. Gemeinsame Außen- und Sicherheitspolitik
– s. a. Rechtssicherheit
– s. a. soziale Sicherheit
– äußere und innere sowie Terrorismus AEUV 222 7 f.
– innere AEUV 67 35; 72 1, 6
– internationale AEUV 216 259; 220 34; 351 25, 49 ff.
– öffentliche AEUV 36 38; 45 86 f.; 52 10; 56 63, 112; 59 12; 62 3, 6; 65 11 f., 15
– Straßenverkehr AEUV 36 55
– und Gesundheit s. Arbeitsschutz
– Untersuchungsausschuss AEUV 226 18
Sicherheit, Recht auf
– Begriff GRC 6 22
– Funktion GRC 6 21
– und Bewegungsfreiheit GRC 6 10, 19
– Verletzung GRC 6 30
Sicherheitsinteressen AEUV 346 7, 34; 347 1, 3, 6 f., 9 f., 14, 18 ff., 28, 30 ff., 36, 38
Sicherheitspolitik GRC 47 44
Sicherheitsrat der Vereinten Nationen AEUV 220 33 ff.; 351 24, 47 ff.
– Beschlüsse des ~ AEUV 220 36 ff.; 216 257; 351 24 f., 48, 53

- Ständige Mitglieder **AEUV 351** 25
Sicherungsstrategie **EUV 42** 9
Singapur, Freihandelsabkommen mit
 AEUV 216 172; **218** 209
single resolution mechanism (SRM) **AEUV 127** 57
single supervisory mechanism (SSM)
 AEUV 127 54; **130** 11; **284** 21
- administrativer Überprüfungsausschuss **AEUV 283** 35
- Aufsichtsgremium **AEUV 283** 35
- Europäische Zentralbank **AEUV 283** 35
- supervisory board **AEUV 283** 35
SIS **AEUV 74** 4; **77** 23
Sitz anderer Einrichtungen der EU **AEUV 341** 10
Sitz der Eurozone im IWF **AEUV 138** 45 ff.
Sitz der Unionsorgane **AEUV 341** 1 ff.
Sitzabkommen **AEUV 216** 46; **218** 91
Sitzstaat **AEUV 221** 10
Sitztheorie **AEUV 49** 65; **54** 10
Sitzverlegung **AEUV 49** 105, 123; **54** 7, 14, 16
Sitzzuteilungsmethode Sainte-Laguë/Schepers **AEUV 223** 37
six-pack **AEUV 120** 6; **121** 1, 50 ff.; **136** 9; **140** 3
Sklaverei **GRC 5** 1, 9 f., 30; **6** 15
Slowakei **AEUV 217** 9
Slowenien **AEUV 217** 9
- Pre-in **AEUV 142** 10
smart sanctions s. Individualsanktionen
Smithsonian Agreement **AEUV 219** 9
Sofortmaßnahmen **AEUV 215** 4
- Rechtsbehelf **AEUV 232** 10
soft law **AEUV 110** 57; **216** 54 f.; **218** 11
- s. a. unverbindliche Rechtsakte
Software **AEUV 34** 12
Solidarität **GRC 1** 40 ff.; **AEUV 18** 33; **162** 3; **174** 6; **196** 5, 6
- Katastrophenschutz und Terrorabwehr **AEUV 222** 3 ff., 10, 19, 29, 33 f., 37, 40
Solidaritätsgrundsatz/-prinzip **EUV 3** 40; **AEUV 78** 3; **80** 1 ff.; **122** 1, 8
Solidaritätsklausel **AEUV 194** 3 f.; **205** 5
Solidaritätskrise **EUV 2** 30
Solidaritätsverpflichtung **AEUV 351** 81
Solidaritätsziel **AEUV 311** 43
SOLVIT-Netzwerk **AEUV 26** 24
- Beschwerde **AEUV 228** 5
Sonderanknüpfungen **AEUV 54** 11, 30
Sonderausschuss
- Echelon **AEUV 226** 24
- Enquete-Kommisson **AEUV 226** 23
- EP **EUV 14** 66
- Untersuchungsausschuss, Abgrenzung **AEUV 226** 23
Sonderausschuss nach Art. 218 Abs. 4 AEUV **AEUV 218** 35, 41, 55 ff.
Sonderbeauftragter **EUV 33**
- Aufgabe **EUV 33** 6 ff.
- Ernennung **EUV 33** 4
- Finanzierung **EUV 41** 4
Sonderinteressen, mitgliedstaatliche **AEUV 216** 143
Sonderklausel, Austrittsabkommen **EUV 50** 28
Sonderregelungen für EU-Ausländer **AEUV 52** 17
Sonderstellung
- Dänemarks **AEUV 85** 10; **87** 32
- des Vereinigten Königreichs **AEUV 85** 10; **87** 32
- Irlands **AEUV 85** 10; **87** 32
Sonderunionsrecht **EUV 4** 159 ff.; **48** 89
- Europäische Bankenaufsicht **EUV 4** 163
- Verstoß gegen Loyalitätsprinzip **EUV 4** 159
Sonntagsarbeit **AEUV 153** 17
Sonntagsverkaufsverbote **AEUV 34** 82
Sorgfalts- und Untersuchungsgrundsatz **GRC 47** 42, 43, 44
Souveränität **AEUV 56** 82; **113** 2
- haushaltspolitische **AEUV 126** 14
- steuerpolitische **AEUV 113** 2, 5, 19, 21
Souveränitätsvorbehalt **AEUV 85** 41; **194** 27 ff.
- Grenzen **AEUV 194** 33
- nationaler (Rüstung) **AEUV 347** 3 f.
- Verständnis **AEUV 194** 28 ff.
Sozialbereich **GRC 8** 47
soziale Dienstleistungen **AEUV 106** 56
soziale Grundrechte **GRC 27** 9; **51** 34
soziale Lage, Gesamtbericht **AEUV 233** 5
soziale Marktwirtschaft **EUV 3** 39
soziale Sicherheit **GRC 34**; **AEUV 48**; **153** 39 ff.
- s. a. finanzielles Gleichgewicht
- s. a. Mutterschutz
- s. a. sozialer Schutz
- s. a. soziale Vergünstigung **AEUV 46** 22
- Arbeitslosigkeit (Koordinierung) **AEUV 48** 49 ff.
- Arbeitsunfähigkeit, Krankheit (Koordinierung) **AEUV 48** 29 ff., 35 ff., 66
- Arbeitsunfall, Berufskrankheit (Koordinierung) **AEUV 48** 39 f.
- Begriff **GRC 34** 17, 48, 24 ff.
- beitragsunabhängige Sonderleistungen (Koordinierung) **AEUV 48** 74 f.
- Berufsunfähigkeit, Invalidität (Koordinierung) **AEUV 48** 64 f.
- betriebliche Systeme **AEUV 46** 43 ff.; **48** 27; **157** 46 ff.
- Datenaustausch **AEUV 48** 90 f.
- Entgelt (Abgrenzung) **AEUV 157** 36, 44, 46 ff.
- Existenzminimum **GRC 34** 2
- Kompetenz der EU **AEUV 153** 93 ff., 101 ff.
- Kumulierungsverbot **AEUV 48** 57, 69 ff.
- Leistungsexport **AEUV 48** 52, 59 ff.
- mitgliedstaatliche Systeme **AEUV 151** 34; **153** 40, 101 ff., 103

- Modernisierung **AEUV 153** 40, 93 ff.
- Pflege (Koordinierung) **AEUV 48** 30
- Rente, Alterssicherung (Koordinierung) **AEUV 48** 41 ff.
- soziale Dienste **GRC 34** 17
- soziale Unterstützung **GRC 34** 17
- Verwaltungszusammenarbeit **AEUV 48** 90 ff.
- Vorruhestand (Koordinierung) **AEUV 48** 49
- Zusammenrechnung **AEUV 48** 84 ff.; **45** 130

soziale Sicherungssysteme AEUV 36 55
soziale Vergünstigung AEUV 46 18 ff.
Sozialer Dialog GRC 28 5, 11; **AEUV 151** 15; **152**
- Demokratieprinzip **AEUV 155** 21
- Dreigliedriger Sozialgipfel **AEUV 152** 17
- Dreiseitiger Sozialdialog **AEUV 154** 1
- Richtlinienumsetzung **AEUV 153** 95 ff.
- Sektorendialog **AEUV 152** 16; **155** 7 ff.
- Zweiseitiger Sozialdialog **AEUV 152** 7 ff; **154** 4 f.; **155** 7 ff.

sozialer Fortschritt GRC 34 19; **AEUV 9**; **151** 10
- Soziales Fortschrittsprotokoll **AEUV 9** 12

sozialer Schutz AEUV 9 3, 4, 9; **151** 14
- s. a. Arbeitnehmerschutz
- s. a. Ausgrenzung, soziale
- s. a. Ausschuss für sozialen Schutz
- s. a. soziale Sicherheit
- s. a. sozialer Fortschritt

Sozialfonds, Europäischer s. Europäischer Sozialfonds
Sozialleistung AEUV 18 46
- s. soziale Sicherheit
- Menschenwürde **GRC 1** 43, 48 ff., 54 ff.

Sozialordnung AEUV 56 125
Sozialpartner AEUV 146 13; **150** 9
- Anhörung **AEUV 154** 3, 6 ff.
- Begriff **AEUV 152** 11 ff.; **154** 3, 12 ff.
- Repräsentativität **AEUV 154** 12; **155** 19 ff., 22 f., 28
- Sozialpartnervereinbarung **AEUV 155** 24 ff.

Sozialpartnervereinbarung s. Sozialpartner
Sozialpolitik AEUV 5 1; **63** 12; **145** 5
- Entgeltgleichheit **AEUV 157** 111, 116
- geteilte Zuständigkeit **AEUV 4** 5
- Industriepolitik **AEUV 173** 36
- Koordinierung **AEUV 5** 10
- Kompetenzverteilung **AEUV 151** 25 ff., 33; **153** 1 f., 49 ff; **155** 5; **156** 2; **157** 116, 143 f.
- Querschnittsklausel **AEUV 9** 1 ff.
- Verhältnis zu den Grundfreiheiten **AEUV 153** 113

Sozialstaat AEUV 56 82
Sozialversicherung AEUV 63 14; **106** 22
soziokulturelle Präferenzen AEUV 36 59, 91
Spaak-Bericht EUV1 18
Spaltung, grenzüberschreitende AEUV 54 17, 23 f.

- Hinaus- und Hineinspaltungen **AEUV 54** 23

Sparkasse AEUV 64 7
Speicherung GRC 8 19
Spenden AEUV 63 19
- Parteien **AEUV 224** 11
- Verbote **AEUV 224** 11

Sperrwirkung
- Forschungspolitik **AEUV 180** 3
- von Gutachtenverfahren nach Art. 218 Abs. 11 AEUV **AEUV 218** 117
- von Sekundärrechtsakten **AEUV 216** 152
- von EU-Übereinkünften **AEUV 216** 162

Sperrwirkung des Unionsrechts AEUV 193 7 f., 17, 19, 30 ff.
Spezialkompetenzen AEUV 12 16
Spezielle Gesetzgebungsinitiativen AEUV 289 43 f.
Sport AEUV 56 40, 106; **57** 50; **165** 7, 9
- Arbeitnehmerfreizügigkeit **AEUV 45** 32, 103, 138, 140
- Erasmus + **AEUV 165** 33
- Internationale Zusammenarbeit **AEUV 165** 39
- Kompetenz der EU **AEUV 165** 16, 19, 23
- Verhältnis zu anderen primärrechtlichen Normen **AEUV 165** 44
- Ziele der Sportpolitik **AEUV 165** 26

Sprache GRC 22 12 f.; **AEUV 56** 66, 127
Sprachenfrage GRC 41 21
Sprachenvielfalt EUV 3 40
- EP **AEUV 14** 69; **AEUV 223** 53

Spracherfordernisse AEUV 49 65
Sprachkenntnisse s. Qualifikation
Sprachregelung, Erteilungs-; Widerrufs, Nichtigkeitsverfahren AEUV 118 31
Spürbarkeit AEUV 115 13
Spürbarkeitserfordernis AEUV 49 43, 69
SSM s. single supervisory mechanism
Staat, europäischer EUV 49 17
Staatenklage AEUV 258 1; **259** 1 ff.; **260** 4
- außergerichtliches Vorverfahren **AEUV 259** 6 ff.
- gerichtliches Verfahren **AEUV 259** 11 ff.
- Hüterfunktion **AEUV 259** 3 f.
- Streitschlichtungsverfahren **AEUV 259** 2

Staatenlose AEUV 78 1
Staatennachfolge s. Staatensukzession
Staatensukzession AEUV 351 31
Staatenverantwortlichkeit AEUV 215 41
Staatenverbund EUV 1 10; **AEUV 1** 6
staatliche Handelsmonopole AEUV 37 1 ff.
- s. a. Monopol
- Umformungsgebot **AEUV 37** 16 ff.
- Unterlassungsgebot (stand still-Klausel) **AEUV 37** 20

Staatsangehörigkeit/Nationalität AEUV 18 8, 57; **AEUV 63** 4, 14, 21, 25, 28; **64** 10; **65** 14 f.
- Begriff **AEUV 18** 7 f.
- britische Besonderheiten **AEUV 18** 55

– doppelte **AEUV 18** 56
– Drittstaatsangehörige **AEUV 18** 59; **63** 15
– von Mitgliedstaaten **AEUV 63** 6, 37
Staatsanleihen AEUV 352 33
Staatsbürgerschaft s. Staatsangehörigkeit
Staatsgebiet EUV 52 5
Staatsgewalt/öffentliche Gewalt AEUV 65 14
Staatshaftungsanspruch GRC 47 5; **AEUV 34** 3; **351** 82
– s. a. Haftung der EU
Staatshaftungsrecht der Mitgliedstaaten AEUV 340 62
  s. a. Haftung der Mitgliedstaaten
Staatsinsolvenz AEUV 122 17
Staatskirchenrecht s. Religionsverfassungsrecht
Staatsschulden-/Eurokrise EUV 4 159 ff.; **48** 13, 29; **AEUV 121** 50; **143** 2
Stabilisierungs- und Assoziierungsabkommen (SAA) AEUV 217 9 f., 26, 44
Stabilitäts- und Konvergenzprogramme AEUV 148 16
Stabilitäts- und Wachstumspakt AEUV 126 2, 6, 8; **140** 3
Stabilitätsprogramme AEUV 121 36
Standardleitbild AEUV 12 56, 59
Standardverbraucher AEUV 169 10
ständige Fazilitäten AEUV 127 22
Ständige Strukturierte Zusammenarbeit EUV 42 43; **46**
– Beendigung **EUV 46** 19 f.
– Erweiterung **EUV 46** 15 ff.
– Teilnahme **EUV 46** 5 ff.
Ständige Vertretungen der Mitgliedstaaten in Brüssel AEUV 221 14
Standortwechsel AEUV 54 29
Standpunkte
– der Union im Bereich des GASP **AEUV 138** 19, 26
– gemeinsame ~ **AEUV 138** 11 ff.
– Rat **AEUV 231** 6
Standpunkte der EU in Vertragsgremien s. Vertragsgremien
Statik der Norm AEUV 36 11
Statik der Rechtfertigung AEUV 36 11
Statistiken s. Erstellung von Unionsstatistiken
Status of Forces Agreement EUV 43 21
Status of Mission Agreement EUV 43 21
Statusveränderungen, mitgliedschaftliche EUV 53 11
Statut
– Bürgerbeauftragter **AEUV 228** 9, 21
– Parteien **AEUV 224** 15
Statutsbeirat AEUV 336 8 f.
Stellungnahmen AEUV 288 99, 107 ff.
– Abgrenzung zu Empfehlungen **AEUV 288** 107
– amicus curiae-Stellungnahmen **AEUV 288** 108
– begründete **AEUV 288** 107

– der EU-Kommission **AEUV 288** 109
– EP **EUV 14** 30
– Gemeinsamkeit mit Empfehlungen **AEUV 288** 99
Steuer(n) AEUV 30 63 ff.; **56** 124, 125; **59** 17; **63** 25, 32; **114** 29
– ausländische ~ **AEUV 65** 19
– Begünstigungen **AEUV 56** 126
– Befreiung **AEUV 56** 126
– Begriff **AEUV 192** 36 ff.
– direkte ~ **AEUV 65** 19
– Effizienz der Steuereintreibung **AEUV 56** 128
– EP **AEUV 223** 56
– Hinterziehung **AEUV 56** 128
– indirekte ~ **AEUV 65** 19; **110** 10, 19; **113** 1 f., 7, 11 f., 37
– Kohärenz **AEUV 56** 127
– Steuerausfälle **AEUV 65** 22
– Steuerflucht **AEUV 56** 128; **63** 32; **65** 5, 22
– Steuerhinterziehung **AEUV 63** 32; **65** 5, 22, 27
– Steuerpflicht **AEUV 65** 17
– Steuerpflichtiger **AEUV 65** 18
– Steuersatz **AEUV 56** 128
– Steuerumgehung **AEUV 63** 32; **65** 5, 19
– tax law exemtion **AEUV 65** 17
Steuer- und Abgabenerhebung AEUV 56 82
Steuererfindungsrecht AEUV 113 14; **311** 52
Steuergegenstand AEUV 113
– sonstige indirekte Steuern **AEUV 113** 11
– Umsatzsteuer **AEUV 113** 8
– Verbrauchsabgaben **AEUV 113** 10
Steuergesetzgebungskompetenz AEUV 311 52
Steuerhoheit AEUV 65 21; **311** 52
– Aufteilung der ~ **AEUV 63** 32, 41; **65** 21
– Verlustberücksichtigung **AEUV 63** 32; **65** 22
– unionsrechtliche Grenzen **AEUV 311** 54
– verfassungsrechtliche Grenzen **AEUV 311** 64
steuerliche Maßnahmen AEUV 65 3, 28 ff.
steuerliche Vergünstigung AEUV 45 135; **46** 34 ff.
Steuerrecht AEUV 49 98 ff.; **65** 6
– EU-Kompetenzen **AEUV 65** 28
– mitgliedstaatliches ~ **AEUV 63** 25, 32; **65** 6, 18
Steuersystem AEUV 36 55
Steuerumgehung AEUV 49 116 f.
Steuerung, wirtschaftspolitische AEUV 177 18 ff.
Steuerungseffekte AEUV 169 16
Steuerungsfunktion des Rates AEUV 218 12 ff.
Steuervermeidung AEUV 49 91
Steuerverwaltungskompetenz AEUV 311 52
Steuerwettbewerb AEUV 110 4 f.
– europäischer **AEUV 110** 4
– good governance-Mitteilung **AEUV 110** 29
– international **AEUV 110** 17

– schädlicher AEUV 110 53
Stiefkinder GRC 7 21
Stiftung AEUV 63 19
– Parteistiftungen AEUV 224 9
Stillhalte-Regelung AEUV 30 5
Stillhalteverpflichtungen EUV 4 115
Stilllegungsfonds-Gutachten AEUV 216 92, 98, 138
Stimmenwägung EUV 16 33f.; AEUV 235 6ff.; 238 7ff.
Stimmrechtsaussetzung s. Aussetzung bestimmter Rechte
Stimmrechtsgruppe im IWF AEUV 138 31, 45
Stimmrechtsübertragung AEUV 235 2ff.; 239 1ff.
– Adressaten AEUV 239 3
– Europäischer Rat AEUV 235 2ff.
– förmliche Abstimmung AEUV 235 5
– Rat AEUV 239 1ff.
– Rechtswirkung AEUV 239 6f.
– Weisungsbefugnis AEUV 239 7
Stockholmer Programm AEUV 68 2
Störung der öffentlichen Ordnung AEUV 347 5, 9, 12, 16f., 36
Strafe GRC 4 1ff., 10, 17ff., 19ff., 27ff.; **19** 10, 12, 15; AEUV 83 43f.
– erniedrigende GRC 4 2ff., 10, 19, 26; **19** 10, 12, 15
– Haftstrafe GRC 4 18
– Todesstrafe GRC 4 17, 28
– unmenschliche GRC 4 2ff., 10, 17ff.; **19** 10, 12, 15
Strafjustizielle Zusammenarbeit EUV 3 36; AEUV 67 9, 35f.
Strafrecht AEUV 56 108; 65 6, 8
– besonders schwere Kriminalität AEUV 83 10ff.
– grenzüberschreitende Kriminalität AEUV 83 13
– Harmonisierung s. dort
– Kompetenzkonflikte AEUV 82 18
– Schonungsgrundsatz AEUV 83 48
strafrechtliches Ermittlungsverfahren AEUV 86 22, 32
Strafrechtsetzungskompetenz AEUV 325 35ff.
Strafregister, Datenaustausch AEUV 82 21
Strafverfahrensrecht AEUV 86 24f., 32ff.
– Harmonisierung s. dort
– Schonungsgrundsatz AEUV 82 33
Strafverfolgungsbehörden AEUV 85 32, 42; 86 26, 30; 87 9
Straßenbenutzungsgebühren AEUV 92 1, 4, 6
Strategie Europa 2020 AEUV 145 9; 148 13
Strategische Leitlinien AEUV 68 3, 6
Strategische Partnerschaft AEUV 217 12
– zwischen UNO und EU AEUV 220 34
Streik GRC 28 26; AEUV 153 130ff.; **155** 3
– s.a. Bereichsausnahme, Sozialpolitik

– s.a. kollektive Maßnahmen
Streikrecht GRC 12 23, 31
Streitbeilegung, gütliche AEUV 270 16
Streitbeilegungsmechanismen EUV 19 52
Streitbeilegungsverfahren AEUV 216 71; 218 10
Streitentscheidungskompetenz der Kommission AEUV 221 28
Streitgegenstand GRC 47 30, 40, 65, 73
Strukturanpassungen AEUV 173 34ff.
strukturelle Operationen AEUV 127 20
Strukturfonds AEUV 4 6, 175 6ff., 311 43; 326 6
– Durchführungsbestimmungen AEUV 178 4
– fondsspezifische Verordnung AEUV 177 11
– Grundsätze AEUV 177 15
– Sekundärrecht AEUV 177 1ff.
– Verordnungen AEUV 177 9ff.
– Ziele AEUV 177 12f.
Strukturpolitik AEUV 174 4ff., 309 4
– Durchführung AEUV 175 1ff.
– Reformen AEUV 174 7
– spezifische Aktionen AEUV 175 12
– Zielsetzung AEUV 176 3
Sub-Committee on IWF (SCIMF) AEUV 138 32
subjektive Rechte EUV 3 33; GRC 38 5, 24; **52** 4; AEUV 169 13, 15, 17, 19; 340 26
Subjektsqualität, Mensch GRC 1 29ff., 51ff.
subsidiärer Schutz AEUV 78 13, 16f.
Subsidiarität AEUV 114 70
– Bürgerbeauftragter AEUV 228 21
– Protokoll Nr. 2 über die Anwendung der Grundsätze der Subsidiarität und der Verhältnismäßigkeit s. dort.
Subsidiaritätsklage AEUV 69 4; 263 8, 33ff.
– Präklusionswirkung AEUV 263 36
– Klageerhebung in Deutschland AEUV 263 38
– Parteifähigkeit AEUV 263 20
Subsidiaritätsprinzip EUV 5 51ff.; AEUV 2 5, 17, 21, 28, 40; 6 2; 69 1ff.; 169 20f.; 194 3; 216 100, 152, 166ff.; 291 5
– ausschließliche Zuständigkeit EUV 5 56, 63ff., 71
– Binnenmarktharmonisierungskompetenz EUV 5 64
– Binnenmarktziel AEUV 12 14
– Einschätzungsprärogative EUV 5 99ff.
– Erhaltung nationaler Vorschriften EUV 5 53
– Flexibilisierungsklausel AEUV 352 9, 27
– Forschungspolitik AEUV 179 22f.; 180 5f.
– geteilte Zuständigkeit EUV 5 67f.
– Industriepolitik AEUV 173 54
– im Umweltschutz AEUV 191 87; 192 1, 7, 57, 66
– Justiziabilität EUV 5 55, 105, 126ff.
– Kompetenzausübung EUV 5 52
– Kompetenzgrundlage EUV 5 122ff.

- Kompetenzverteilung EUV 5 55, 82
- mitgliedstaatliche Ebene EUV 5 79 ff.
- Mobilisierung AEUV 222 27
- Protokoll Nr. 2 über die Anwendung der Grundsätze der Subsidiarität und Verhältnismäßigkeit s. dort
- Subsidiaritätsklage EUV 5 102, 109, 118 ff. 121 ff.
- Subsidiaritätsrüge EUV 5 102, 107, 109, 110 ff., 119, 121 ff.
- Unionsebene EUV 5 92 ff.
- Unterstützung von Mitgliedstaaten AEUV 222 34
- Verbraucherschutzziel AEUV 12 14
- Verwaltung AEUV 197 4

Subsidiaritätsprotokoll AEUV 69 4
Subsidiaritätsrüge AEUV 69 4; 288 4
- Flexibilisierungsklausel AEUV 352 38

Substanzverbote AEUV 34 111
Substitutionskonkurrenz AEUV 110 96, 152
Subventionen, Betrug AEUV 325 2
Subventionsbegriff AEUV 207 124
Suchmaschinen GRC 1 9 ff.
Südafrika AEUV 217, 12
Süderweiterung
- erste EUV 49 6
- zweite EUV 49 6

Sukzession s. Rechts-/Funktionsnachfolge
supranationale Rechtsformen im Gesellschaftsrecht AEUV 352 2
Supranationalisierung AEUV 86 23; 88 6; 216 70; 351 5
Suspendierungsklauseln in EU-Übereinkünften AEUV 218 157, 185
Suspendierungsverfahren s. Sanktionsverfahren
Suspensiveffekt AEUV 256 28 f.
System der gleichberechtigten Rotation EUV 16 22; 17 32; AEUV 236 4; 244 4 ff.
- Anwendungsbereich AEUV 244 3
- Beurteilungsspielraum AEUV 244 8
- Festlegung durch den Europäischen Rat AEUV 244 9
- Grundsatz der strikten Gleichberechtigung der Mitgliedstaaten AEUV 244 4 ff.
- Grundsatz der repräsentativen Abbildung der Gesamtheit der Mitgliedstaaten AEUV 244 7 f.

System des mittelfristigen finanziellen Beistands AEUV 311 106
System unverfälschten Wettbewerbs AEUV 103 1, 44; 107 7 f.

Tabakwerbung AEUV 26 20
Tagebücher GRC 7 19
Tampere
- Beschlüsse des Europäischen Rats AEUV 82 6
- -Programm AEUV 68 2; 78 5

TARGET AEUV 127 34 f.

targeted sanctions s. Kadi und Sanktionsbeschlüsse, individualisierte
Tariftreueerklärung AEUV 151 40 f.; 153 134
Tarifvertrag AEUV 56 43; 59 26
- s. a. Kollektivvereinbarung

tatbestandsimmanente Rechtfertigungsgründe AEUV 36 16
Tätigkeitsverbot AEUV 49 63; 56 123
tatsächliche Wirkungen nationaler Regelungsstrukturen AEUV 34 36 ff.
Täuschungs- und Bereicherungsabsicht AEUV 325 19
Technologie- und Innovationsunternehmen, Horizont 2020 AEUV 182 19
Teilaustritt EUV 50 26
Teilintegration, wirtschafts- und währungspolitische AEUV 119 10
Teilrechtsordnungen EUV 4 61
Teilzeit
- Arbeitnehmereigenschaft AEUV 45 34 ff.
- Entgeltgleichheit AEUV 157 74 ff., 118 ff., 133
- Überstundenentgelt AEUV 157 77 f., 123, 126
- pro-rata-temporis-Grundsatz AEUV 153 24; 157 73, 123, 125 ff.

Telekommunikation GRC 7 27; AEUV 63 32; 106 51
Telekommunikationsdienste AEUV 34 16
Tellereisenverordnung AEUV 207 100
Termingeschäfte AEUV 63 19
territoriale Souveränität EUV 52 5
Territorialitätsgrundsatz/-prinzip AEUV 49 8, 99, 121, 123; 65 22; 86 15; 118 4, 7
Terrorabwehr GRC 1 12, 29, 57; 2 38; AEUV 222 1 f., 5 ff., 14, 16 ff., 26, 32, 36, 40, 42; 347 14 f., 17, 24 f., 38, 40, 47
Terroranschlag AEUV 196 3, 6
Terrorismus AEUV 75 6; 83 18; 88 18; 351 48
- Programm zum Aufspüren der Finanzierung des Terrorismus s. dort
- Übereinkommen des Europarats zur Verhütung des ~ AEUV 216 185; 220 41

Terrorismusbekämpfung EUV 42 8 f.; AEUV 75 1 ff., 6 ff., 8, 11 f.
- s. a. restriktive/Sanktionsmaßnahmen GRC 47 22, 24, 43, 77

terroristische Angriffe
- Lebensschutz GRC 2 38
- Menschenwürde GRC 1 29

Tertiärrecht AEUV 288 1, 6; 290 1, 13
- Vorrang des Sekundärrechts AEUV 290 13

Tertiärrecht zur Durchführungsverwaltung AEUV 207 45 ff.
- Kontrollausschüsse AEUV 207 47

Textilwaren AEUV 207 91
Tierschutz AEUV 11 6; 13 1 ff.; 191 23
- gerichtliche Kontrolle AEUV 13 23
- nicht harmonisierter Bereich AEUV 13 29 f.

– Wohlergehen der Tiere **AEUV 13** 10 ff.
Titelfreizügigkeit AEUV 81 31
Tochtergesellschaft AEUV 49 27, 33, 91, 113, 118, 130, 139, 141; **50** 12; **54** 25 f.
Todesschuss, polizeilicher GRC 2 47
Todesstrafe GRC 2 4 ff., 31 ff., 57 ff., 69; **19** 10, 12, 15
Tonbandaufzeichnung GRC 7 31
Tourismus AEUV 57 30, 50; **59** 15; **195** 1 ff.
– Beratender Ausschuss für den Fremdenverkehr **AEUV 195** 11
– Ergänzungskompetenz **AEUV 195** 16
– Dienstleistungsfreiheit **AEUV 195** 7
– Förderprogramme **AEUV 195** 8, 14
– Gesetzgebungsverfahren **AEUV 195** 18
– Kommission **AEUV 195** 11
– Koordinierungsfunktion **AEUV 195** 17
– lex specialis **AEUV 195** 8, 19
– Transportpolitik **AEUV 195** 7
– Tourismusfreiheit **AEUV 195** 7
– Unterstützungskompetenz **AEUV 195** 16
– Verbraucherschutz **AEUV 195** 7
Trade Barrier-Regulation AEUV 207 131 ff.
– Begriff Handelshemmnis **AEUV 207** 134
– Kausalitätserfordernis **AEUV 207** 135
– Schädigung **AEUV 207** 135
– Unionsinteresse **AEUV 207** 136
Träger passiver Grundfreiheiten AEUV 12 12
Transatlantic Trade and Investment Partnership (TTIP) AEUV 26 7; **216** 172; **218** 12, 45 ff.
Transeuropäische Netze AEUV 170 1 ff.; **171, 172; 194** 20, 22; **114** 40
Transeuropäische Verkehrsnetze AEUV 90 36 ff.
Transferklausel GRC 52 3, 44
Transgender AEUV 19 23, 29
Transition Regulation AEUV 207 29
transnationale Kollektivverhandlungen
– s. Kollektivvereinbarung, Europäische
– s. Kollektivverhandlung, transnational
transnationales Gemeinwesen EUV 3 26
Transparenz AEUV 40 67; **137** 14; **216** 74, 86; **218** 44 ff.
– Entgeltsystem **AEUV 157** 95
– EP **EUV 14** 67; **AEUV 232** 13; **233** 2
– Union **AEUV 233** 13
Transparenzgrundsatz s. Grundsatz der Transparenz
Transparenzprinzip AEUV 294 34, 36; **297** 1; **298** 12, 18
Transparenzrichtlinie AEUV 106 26, 114
Transparenzverordnung AEUV 292 5; **295** 10; **297** 6; **298** 19
Transsexualität GRC 7 19; **AEUV 157** 82
Treaty Termination Power AEUV 216 129
Trennungsklausel
– in gemischten und auch reinen EU-Abkommen **AEUV 216** 142, 184 ff.
– in mitgliedstaatlichen Abkommen **AEUV 216** 142

– TRIPS **AEUV 216** 197
Treu und Glauben und Datenschutz GRC 8 24
Treueeid AEUV 56 66, 122
Trilog(e) AEUV 293 2, 16; **294** 2, 5, 19, 32 ff., 37, 41, 45 ff.; **314** 11
– Entwicklung **AEUV 324** 7
Trilogieverfahren AEUV 15 31
TRIPS AEUV 207 20, 229
Tschechische Republik als Pre-in AEUV 142 10
TTIP s. Transatlantic Trade and Investment Partnership
Tunesien AEUV 217 10, 38
Türkei AEUV 217 4, 26, 28 f., 48
two-pack AEUV 120 6; **121** 1, 50; **136** 9
typisierte Schutzsituation
– Risikolagen **AEUV 12** 28
– Rollenmodell **AEUV 12** 28

Übereinkommen über die Rechte von Menschen mit Behinderungen (ÜRB) AEUV 216 180; **218** 189
Übereinkommen zur Beilegung von Investitionsstreitigkeiten AEUV 351 39
übereinkommenskonforme Interpretation des EU-Rechts AEUV 216 201
Übergangscharakter nationaler Zuständigkeit AEUV 216 192
Übergangsregelung AEUV 157 24 ff., 91
– EP **AEUV 223** 63
– im Umweltschutz **AEUV 192** 70 ff.
überindividuelle Rechtsdurchsetzung
– allgemeine Regelungen **AEUV 169** 41
– Sondertatbestände **AEUV 169** 41
überindividuelle Verbraucherinteressen AEUV 169 12
Übernachtliquidität AEUV 127 22
Überschneidungen
– Binnenmarktpolitik **AEUV 169** 26
– Verbraucherpolitik **AEUV 169** 26
Überschüsse AEUV 311 89
Übersee-Assoziationsbeschluss (Übersee-AB) AEUV 199 1 ff.; **203** 1 ff.; **204** 4, 6
Überseegebiete AEUV 349 6, 8
Überseeische Länder und Hoheitsgebiete (ÜLG) AEUV 63 22; **64** 11; **198** 1 ff.; **355** 4 ff.
– Liste **AEUV 198** 24
– Rechtsstatus **AEUV 198** 14
– völker- und europarechtliche Stellung **AEUV 198** 17
Übersetzungszentrum für die Einrichtungen der EU EUV 13 4
Übersiedlung AEUV 49 26
Übertragungen AEUV 63 19, 38; **143** 6
Überwachung AEUV 56 122
– akustische **GRC 7** 34
– Marktwächter **AEUV 169** 50
– multilaterale **AEUV 121** 32 ff., 50 ff.
UEMOA AEUV 219 17
ÜLG AEUV 219 17

ultra vires-Kontrolle EUV 4 46, 76, 79, 83 f., 88; 48 28, 75 ff.; AEUV 353 4
Umgehungstatbestand, Betrug AEUV 325 18
umgekehrt qualifizierte Mehrheit AEUV 136 10
Umsatzsteuer AEUV 64 11; 111 9; 113 1, 3, 7 ff., 22 ff.
Umsetzungsmaßnahmen
– im Umweltschutz AEUV 192 62 f.
– nationale AEUV 2 34
Umsetzungsspielraum der Mitgliedstaaten GRC 51 20
Umwandlung AEUV 54 17 ff.
Umwelt-/Klimaschutz GRC 2 24, 55; AEUV 173 30; 179 7, 26, 40; 349 12
Umweltabgaben AEUV 311 50, 93
Umweltkompetenz AEUV 194 15 ff., 22, 25, 28
Umweltpolitik AEUV 191 1 ff., 26 ff.
– Berücksichtigungsgebote AEUV 191 93 ff.
– geteilte Zuständigkeit AEUV 4 8
– Industriepolitik AEUV 173 86
– internationale Zusammenarbeit AEUV 191 98 ff.
– Prinzipien der Umweltpolitik AEUV 191 55 ff.
– Raumfahrt AEUV 189 8
– Schutzklausel AEUV 191 89 ff.
– Ziele AEUV 191 26 ff., 193 18
Umweltschutz AEUV 26 15; 36 34, 55; 83 36; 114 79; 194 4; 217 14, 32
– anthropozentrischer Ansatz AEUV 13 3, 5; 191 21
– Art. 192 AEUV AEUV 114 42
– Begriff der Umwelt GRC 37 12; AEUV 191 17 ff.
– dynamische Weiterentwicklung GRC 37 2; 39 2
– Gewässerschutz AEUV 192 24, 45
– hohes Schutzniveau GRC 37 14; AEUV 191 5, 26, 46 ff.; 192 1 f., 5; 193 3, 23, 27
– Luftreinhaltung AEUV 192 25
– nicht harmonisierter Bereich AEUV 191 4
– relativer Vorrang des Umweltschutzes AEUV 191 50; 192 8
– Schutz des Bodens AEUV 192 27
– Umweltaktionsprogramme AEUV 192 50 ff.
– verstärkte Schutzmaßnahmen AEUV 193 2 ff., 27 ff.
Umweltstrafrecht AEUV 192 17
Umweltunfall AEUV 196 9
Umweltverträglichkeitsprüfung AEUV 192 21
UN-Behindertenrechtskonvention GRC 26 5
UN-Sanktionsausschuss GRC 47 43, 44
UN-Sicherheit AEUV 347 27, 38
UN/United Nations/UNO (und alle Organe) s. Vereinte Nationen
unabhängige Stelle GRC 8 58
Unabhängigkeit
– Abgeordnete AEUV 223 49 f., 55; 224 1

– Bürgerbeauftragter AEUV 228 8
– EZB AEUV 130 1 ff.
– ESZB AEUV 219 12, 19
Unabhängigkeit der EU-Verwaltung s. Europäische Verwaltung
Unabhängigkeit(sgebot) GRC 47 12, 13, 54, 55, 56, 57, 64, 68
unbenannte Rechtsakte s. unverbindliche Rechtsakte
Unberührtheitsklausel GRC 47 22; AEUV 165 22; 166 11; 167 4, 18
Ungarn
– Pre-in AEUV 142 10
– Sonderregelungen Kapitalverkehr AEUV 64 13
ungeborenes Leben GRC 1 22 f.
Ungleichbehandlung s. Diskriminierung
Ungleichgewichte, makroökonomische AEUV 121 60 ff.
Union für den Mittelmeerraum AEUV 217 10, 39, 52
unionale Hoheitsgewalt, Legitimation AEUV 340 10
Unionsagenturen s. EU-Agenturen
Unionsansässige AEUV 63 6, 13 f.
– Gesellschaften AEUV 63 13, 35; 65 14 f.
Unionsbürger AEUV 63 3, 6, 13, 15, 35; 144 11, 21; 221 19; 218 46; 298 9, 13
– Bürgerbeauftragter AEUV 228 13
– Völkerrecht EUV 50 32
– Wahlen EUV 14 49
unionsbürgerliche Freizügigkeit AEUV 67 20; 77 2; 78 1; 78 3; 79 6
Unionsbürgerrechte GRC 52 12
Unionsbürgerschaft EUV Präambel 19; 9 1, 5, 12 f., 22, 26; 10 10 f.; 11 25; GRC Präambel 12; 45 14; AEUV 20 1 ff.; 36 3; 294 3
– Akzessorietät zur Staatsangehörigkeit AEUV 20 18 ff.
– Berichtspflicht AEUV 233 9
– diplomatischer und konsularischer Schutz GRC 46 1 ff.
– Doppelstaatsangehörigkeit AEUV 20 24, 32; 21 28
– Europäische Bürgerinitiative EUV 11 58.
– Fortentwicklung AEUV 25 1 ff., 19 f.
– Grundsätze EUV 9 26; 10 33
– Marktbürger AEUV 20 1, 6, 13
– Petitionsrecht AEUV 24 2 ff.
– Staatsbürgerschaft AEUV 20 9, 44
– Unionsbürger EUV 9 7, 14, 19, 22, 26; 11 72 f.; GRC 20 6; 45 19; 46 2, 12; AEUV 24 1 ff.
– Unionsbürgerrechte GRC 44 3; 45 1, 11
– Verlust der Unionsbürgerschaft AEUV 20 21
Unionsgebiet AEUV 64 11; 66 5, 14
Unionsgerichte, funktionale EUV 19 19
Unionsgrundrecht GRC 38 2
– Strafrecht AEUV 325 12, 46
Unionskompetenz, ausschließliche AEUV 207 4 ff.

Unionsloyalität/Unionstreue AEUV 216 165; 218 214
Unionsorgane s. EU-Organe; Organstruktur der EU
Unionspolitiken und Unionsmaßnahmen AEUV 12 62
Unionsrecht AEUV 64 24; 65 14 f.
– allgemeine Grundsätze EUV 19 15; AEUV 63 31; 64 18, 22
– Ausführung GRC 51 24
– Auslegung GRC 51 27
– Anwendung GRC 51 27
– Begriff GRC 51 17 f.
– Durchführung GRC 51 19 ff.
– Einheit des ~s AEUV 27 2
– Legitimation EUV 50 48
– lex specialis EUV 50 29
– Loyalitätspflicht AEUV 142 12, 15
– Solidarität(sprinzip) AEUV 63 14; 143 27
– Subsidiarität(sprinzip) AEUV 63 12
– Transparenz im ... ~ AEUV 65 2, 19
– ungeschriebenes EUV 19 14 f.
– Verhältnis zum Völkerrecht und Währungsunion AEUV 140 69 ff., 73
– Verhältnismäßigkeit AEUV 63 12, 33; 65 8, 11, 22
– Vollzug GRC 51 22 ff.
– Vorrang des ~ AEUV 144 15
Unionsrechtsordnung
– allgemeine Bestandteile der ~ AEUV 216 213, 245, 260
– Autonomie der ~ AEUV 216 71
– Grundlagen der ~ AEUV 351 26, 47 ff.; 216 83
– grundlegende Prinzipien AEUV 351 47; 218 185; 220 36, 59
Unionsstatistiken s. Erstellung von Unionsstatistiken
Unionssteuer
– demokratische Legitimation AEUV 311 60
– Rechtsgrundlage AEUV 311 61
Unionstreue AEUV 146 9
– Gebot der ~, Flexibilisierungsklausel AEUV 352 40
– Petition AEUV 227 12
Unionsverfassung s. Verfassung der EU
Unionsverträge AEUV 1 9 ff.
– Gleichrangigkeit AEUV 1 17
– Anhänge AEUV 1 12
– Primärrecht AEUV 232 6
– Protokolle AEUV 1 12, 27
Unionswerte EUV 3 7 ff., 43; AEUV 13 4
Unitarisierung, grundrechtliche AEUV 17 20
Universaldienst AEUV 14 42; 63 32; 106 64
Universität AEUV 57 20, 24
unmittelbare horizontale Drittwirkung der Warenverkehrsfreiheit AEUV 34 30
unmittelbare Richtlinienwirkung s. Direktwirkung von Richtlinien

unmittelbare Verpflichtung Privater aus EU-Übereinkünften AEUV 216 229; 218 123
unmittelbare Wirkung/Anwendbarkeit von EU-Übereinkünften AEUV 216 226 ff.; 351 15
– im Horizontalverhältnis AEUV 216 230
– von WTO-Recht AEUV 216 236 ff.
Unmittelbarkeit von Wahlen EUV 14 47, 52; AEUV 223 15, 37, 45
Unparteilichkeit(sgebot) GRC 47 12, 13, 44, 54, 55, 56, 57, 64, 68
Unschuldsvermutung GRC 47 79
Unschuldsvermutung und Verteidigungsrechte GRC 48 1 ff.
– Anklage GRC 48 1
– Eingriffe GRC 48 7, 12 ff.
– Grundrechtsträger GRC 48 6, 11
– Grundrechtsverpflichtete GRC 48 3, 10
– hinreichender Tatverdacht GRC 48 1
– hypothetische Kausalität GRC 48 17
– nemo tenetur Grundsatz 48 GRC 16
– Recht auf Information GRC 48 13
– Recht auf Rechtsbeistand GRC 48 15
– Recht auf Stellungnahme und deren Berücksichtigung GRC 48 14
– Rechtsstaatsprinzip GRC 48 1
– Rechtfertigung von Eingriffen GRC 48 8, 17
– Schutzanspruch GRC 48 1
– Schutzbereiche GRC 48 4 ff., 11
– Strafbegriff GRC 48 4
– Verhältnis zu EMRK 6 II und III GRC 48 1, 9
unsichtbare Transaktionen AEUV 63 4
unsorgfältige Redaktion des Vertragstextes AEUV 216 131, 139
Untätigkeitsklage EUV 11 87; GRC 47 23; AEUV 138 19; 265 1 ff.
– Begründetheit AEUV 265 63 ff.
– EP EUV 14 24
– Individualuntätigkeitsklage AEUV 265 2, 16 f.
– Initiativrecht, indirektes AEUV 225 1, 4, 8 f.
– Klageberechtigung AEUV 265 50 ff.
– Klagefrist AEUV 265 58 f.
– Klagegegenstand AEUV 265 36 ff.
– Rechtsschutzbedürfnis AEUV 265 60 ff.
– richtiger Beklagter AEUV 265 49
– Urteil AEUV 266 1, 4, 9 ff.
– Vorverfahren AEUV 265 20 ff.
Unterausschuss für IWF-Angelegenheiten AEUV 138 32
unterlassener Schutz, Menschenwürde GRC 1 50 ff.
Unterlassungspflicht der Mitgliedstaaten AEUV 216 191
Untermaßverbot EUV 11 7, 19, 33
Unternehmen AEUV 12 36; 106 17, 45 ff.
– kleinere und mittlere (KMU) AEUV 173 38 ff.; 179 28
– Nationalität von ~ AEUV 63 14
– öffentliche AEUV 63 14; 143 21

– Träger der Sozialversicherung AEUV 9 17; 151 34
Unternehmen mit besonderen oder ausschließlichen Rechten AEUV 106 29
unternehmerische Beteiligung AEUV 49 22
unternehmerische Freiheit GRC 16 1 ff., 7, 9, 14 ff.
– komplexe wirtschaftliche Sachverhalte GRC 14 16
– subjektiv-rechtlicher Charakter GRC 16 4, 11
– unmittelbare Drittwirkung GRC 16 4
Unternehmungsentscheidungen AEUV 169 16
Unterrepräsentanz s. positive Maßnahmen
Unterrichtung und Anhörung der Arbeitnehmer GRC 27; AEUV 153 27 ff.
Unterschiede zwischen Art. 36 AEUV und zwingenden Erfordernissen AEUV 36 17
unterschiedlich anwendbare Maßnahmen AEUV 36 28
unterschiedslos anwendbare Maßnahmen AEUV 36 24
– rechtsvergleichende Ratio AEUV 36 26
– offene Diskriminierungen AEUV 36 27
unterstützende Maßnahmen AEUV 169 48
Unterstützung bei Katastrophenschutz und Terrorabwehr AEUV 222 2
Unterstützung, Mitgliedstaaten AEUV 197 15 ff.
Untersuchung
– Bürgerbeauftragter AEUV 228 10, 19
– Untersuchungsausschuss AEUV 226 9
Untersuchungsausschuss
– allgemeine Bestimmungen AEUV 226 20
– allgemeine Verfahrensvorschriften AEUV 226 21
– Amtssprachen AEUV 226 11
– Anhörungen AEUV 226 11
– Ausschuss AEUV 226 3
– Aussprache AEUV 226 12
– Bedienstete AEUV 226 17, 22
– Begründung AEUV 226 9
– Bericht AEUV 226 1, 5, 9, 12
– Besetzung AEUV 226 10
– Dauer AEUV 226 10
– Dienstrecht AEUV 226 17
– Dokumente AEUV 226 11
– Doppelung AEUV 226 16
– Durchführung AEUV 226 17
– Einzelermächtigung AEUV 226 4
– Empfehlung AEUV 226 12
– Ende AEUV 226 5
– Enquete-Kommisson AEUV 226 23
– EP EUV 14 20, 66; AEUV 226
– Gegenstand AEUV 226 3, 7, 9 ff.
– Geheimhaltung AEUV 226 18
– Gericht als Sperre AEUV 226 4, 21
– Gerichtsverfahren AEUV 226 15
– Gleichgewicht, institutionelles AEUV 226 4

– Minderheitenansichten AEUV 226 12
– Nachsorgepflichten AEUV 226 12
– Nachteile AEUV 226 18
– Notifikation AEUV 226 18
– NSA AEUV 226 24
– Öffentlichkeit AEUV 226 8
– Organe AEUV 226 4
– Organmitglieder AEUV 226 8, 14
– Ortstermin AEUV 226 22
– Personen AEUV 226 11, 18
– Quorum AEUV 226 3
– Rechtsbehelf AEUV 226 10
– Regelungsgegenstand AEUV 226 20
– Regierungsmitglieder AEUV 226 22
– Reisekosten AEUV 226 11
– Sachverständige AEUV 226 11, 14, 22
– Sanktionen AEUV 226 22
– Sicherheit AEUV 226 18
– Sonderausschuss, Abgrenzung AEUV 226 23
– Tagegelder AEUV 226 11
– Übersetzung AEUV 226 11
– Unterlagen AEUV 226 22
– Untersuchung AEUV 226 9
– Verordnung AEUV 226 19 ff.
– Vertragsverletzungsverfahren AEUV 226 15
– Vertraulichkeit AEUV 226 11
– Vorbehalt mitgliedstaatlichen Rechts AEUV 226 18
– Zeugen AEUV 226 6, 11, 18, 22
– Zusammenarbeit, loyale AEUV 226 7
Unterzeichnung von Übereinkünften AEUV 216 74, 80, 207; 218 60 ff., 138, 195, 215
Unterzeichnungszeremonie AEUV 218 71
unverbindliche Rechtsakte AEUV 288 98 ff.
– Empfehlungen s. dort
– Formen AEUV 288 98
– Stellungnahmen s. dort
Unvereinbarkeit mitgliedstaatlicher Übereinkünfte mit Unionsverträgen/Unionsrecht AEUV 216 84, 148, 214 f.; 351 41 ff., 58 ff., 67 ff., 93 ff., 100 ff.
– s. a. Altverträge
– Feststellung durch den EuGH AEUV 216 215 ff.; 351 60 f., 64 ff.
– Pflicht zur Behebung der Unvereinbarkeit AEUV 351 54, 57 f., 62, 64, 74 ff., 87
– potentielle Unvereinbarkeit AEUV 351 63 ff.,77
Urheberrecht AEUV 36 73; 57 15; 63 19; 118 23, 16
Urkundenfälschung AEUV 325 17
Ursprungserzeugnisse AEUV 201 2
– freier Zugang AEUV 203 11
Urteilsbefolgung AEUV 260 4
– Sanktionierung der Nichtbefolgung AEUV 260 10

91*

– Beweislast für Nichtbefolgung **AEUV 260** 17
USA AEUV 217 12; **218** 12, 27, 45; **221** 3
– Verfassung **AEUV 56** 63

Vatikanstaat s. Kleinstaaten
Venedig-Kommission AEUV 220 65
Veränderung von Daten GRC 8 19
Verantwortlichkeit, völkerrechtliche s. Staatenverantwortlichkeit
Verarbeitung GRC 8 18
Verbände, materielle Mindestanforderungen AEUV 169 18
Verbandskompetenz AEUV 2 1, 22; **216** 3 f., 15, 45, 81, 125, 161, 174, 199, 248; **218** 3 f., 7, 16, 115, 217 f., 221, 226, 229, 233; **220** 7, 22
– staatliche **AEUV 142** 11; **144** 12
– währungspolitische **AEUV 138** 1
Verbesserungsverbot GRC 38 12
Verbindlichkeiten AEUV 63 18; **65** 18; **205** 10
– gegenüber Ausländern **AEUV 65** 10
– Eintritt für fremde ~ **AEUV 143** 4
– Geld-~ **AEUV 63** 20
– Tilgung/Erfüllung von ~ **AEUV 63** 38
Verbindungsbeamte AEUV 87 27; **88** 10
Verbindungsdaten GRC 8 19
Verbot mengenmäßiger Beschränkung AEUV 203 11
Verbraucher AEUV 56 72, 119, 131; **57** 16; **59** 17
– Begriff, allgemein **AEUV 12** 3, 25 ff., 29 f., 33 f., 36
– Begriff der Art. 101, 102 AEUV **AEUV 12** 34
– Definition **AEUV 12** 23
Verbraucherbelange AEUV 12 5
Verbraucherbildung
– Bildungsziele **AEUV 169** 17
– Steuerungswirkungen **AEUV 169** 17
Verbrauchererwartung AEUV 12 59
Verbraucherinformationen AEUV 169 12 f., 15 f.
Verbraucherinteressen AEUV 12 2
– soziale Gerechtigkeit **AEUV 169** 3, 11 ff., 18, 27
– sozialer Zusammenhalt **AEUV 169** 11
Verbraucherleitbild
– Funktionen **AEUV 12** 47, 51 ff.
– Bestimmung **AEUV 12** 51
Verbraucherpolitik
– Grundstruktur **AEUV 169** 23 ff.
– Verbraucherschutz **AEUV 169** 1, 20 ff., 26, 28 f., 34, 39, 43, 47 f.
– Nachfragerinteressen **AEUV 169** 1
verbraucherprozessuale Fragen GRC 38 30
Verbraucherrechte, individuelle
– materiell-rechtliche Rechtsfolgen **AEUV 169** 39
– prozessuale Durchsetzung **AEUV 169** 39
Verbraucherschutz GRC 16 18; **AEUV 11** 6; **12** 1 f., 5; **36** 55; **63** 32; **114** 79; **169** 6

– Art. 169 AEUV **AEUV 114** 39
– geteilte Zuständigkeit **AEUV 4** 8
– Instrumente **AEUV 169** 10, 12, 39, 46
– Reichweite **AEUV 169** 2 ff., 6, 8 ff., 16, 19 f., 25 ff., 31 f., 34 ff., 41 ff., 47
– Schutzbedarf **AEUV 12** 26 ff.
– Ziel (Telos) **GRC 38** 19
Verbraucherschutzmaßnahme AEUV 12 20
Verbraucherverbände
– Unterlassungsklagen **GRC 38** 5, 25, 27, 31 ff.
– Verbraucherinteressen **AEUV 12** 18
Verbrauchervertragsrecht AEUV 12 55
– Verbraucherleitbild **AEUV 169** 38
– Regelungslücken **AEUV 169** 38
Verbrauchsabgaben AEUV 113 7, 10 f., 17, 33
Verbrauchsförderung AEUV 41 4
Verbrechensbekämpfung AEUV 36 55
Verdichtung des sozialen Kontextes AEUV 34 77
Verdrängung von Unionsrecht durch Altverträge AEUV 351 41 ff., 92
– Grenzen **AEUV 351** 47 ff.
– Voraussetzungen **AEUV 351** 41 ff.
Vereinbarkeit von Erwerbsarbeit und Familienarbeit s. Familie
Vereinbarung über delegierte Rechtsakte AEUV 290 29 f., 35
Vereinbarungen
– s. a. interinstitutionelle Vereinbarungen
– Nichtigkeit **AEUV 223** 49
– rechtlich unverbindliche ~ mit Drittstaaten **AEUV 218** 90
vereinfachtes Vertragsveränderungsverfahren AEUV 136 2
Vereinigte Staaten von Europa AEUV 216 19
Vereinigtes Königreich AEUV 67 25 f., 31; **75** 5; **77** 3; **78** 4; **79** 5; **198** 1 ff.; **216** 62; **218** 127; **220** 31, 49; **221** 3; **351** 25
– Beitritt **AEUV 176** 1
– Brexit **EUV 50** 2, 9
– Euro-Einführung **AEUV 139** 47 ff.; **140** 13
– Korrekturmechanismus **AEUV 311** 77, 141
– Protokoll **AEUV 142** 9 f.
– Vorbehalte für Grundrechte **GRC 2** 6
Vereinigung GRC 12 15 f., 30
– Verbot **GRC 12** 30
– Zulassung **GRC 12** 30
Vereinigungsfreiheit GRC 12 15 f., 23, 30
– individuelle **GRC 12** 16
– kollektive **GRC 12** 16
– negative **GRC 12** 15
Vereinte Nationen EUV 34; **27** 10; **AEUV 75** 12, 14, 18
– Friedenssicherung s. dort
– individualisierte UN-Sanktionen s. Sanktionsbeschlüsse
– regionale UN-Wirtschaftskommissionen **AEUV 220** 43
– Sanktionsbeschlüsse s. dort

- Seerechtsübereinkommen (UNCLOS) **AEUV 216** 178, 181, 233
- Sicherheitsrat **EUV 34** 12 ff.
- Umweltprogramm der Vereinten Nationen (UNEP) **AEUV 220** 54
- UN- Charta **EUV 21** 17; **AEUV 216** 46, 255 ff.; **218** 82, 230; **220** 30 ff.; **351** 22, 24, 48 ff.
- UN-Generalversammlung **AEUV 216** 255; **220** 30, 42
- UN-Haushalt **AEUV 220** 44
- UN-Sicherheitsrat s. Sicherheitsrat der Vereinten Nationen
- UN-Konferenzen **AEUV 220** 30, 43
- UN-Menschenrechtsrat **AEUV 220** 89
- UN-Recht **AEUV 216** 255 ff.; **351** 50
- UN-Wirtschafts- und Sozialrats (ECOSOC) **AEUV 220** 42 f.
- United Nations Commission on International Trade Law (UNCITRAL) **AEUV 220** 54
- United Nations Conference on Trade and Development (UNCTAD) **AEUV 220** 54
- United Nations Educational, Scientific and Cultural Organization (UNESCO) **AEUV 220** 51
- United Nations Working Party (CONUN) **AEUV 220** 87
- Verhältnis zu den ~ **EUV 42** 18 ff.

Vereitelungsverbot AEUV 351 35 f.
Verfahren bei einem übermäßigen Defizit, Protokoll AEUV 126 66 ff.
Verfahren vor den Unionsgerichten AEUV 281 4 ff.
- 24 Amtssprachen **AEUV 281** 6
- Anforderung an eine Klagebeantwortung **AEUV 281** 24
- Anwaltszwang **AEUV 281** 4
- Beratungsgeheimnis **AEUV 281** 37
- Berichterstatter **AEUV 281** 16, 17
- Beschleunigung des Verfahrens **AEUV 281** 28, 45 ff.
- Bestimmung der Kammer **AEUV 281** 16
- Dauer der Rechtshängigkeit **AEUV 281** 12
- Einleitung eines Vorabentscheidungsverfahrens **AEUV 281** 15
- Einrede der Unzulässigkeit **AEUV 281** 25
- Fristüberschreitung **AEUV 281** 53
- Generalanwälte **AEUV 281** 18
- Gerichtskosten **AEUV 281** 39
- höhere Gewalt **AEUV 281** 55
- interne Arbeitssprache **AEUV 281** 7
- Klage- und Verfahrensfristen **AEUV 281** 48 ff.
- Klageschrift **AEUV 281** 9, 10, 19, 20, 26, 27
- konstitutive Merkmale **AEUV 281** 14
- Kostenregelung **AEUV 281** 40
- mündliches Verfahren **AEUV 281** 29 ff., 34
- nicht-konstitutive Merkmale **AEUV 281** 14
- Prozesshindernis **AEUV 281** 13
- Prozesskostenhilfe **AEUV 281** 41
- Rechtshängigkeit des Streitgegenstandes durch Klageerhebung **AEUV 281** 11
- Rechtskraft des Urteils **AEUV 281** 43
- Schlussanträge der Generalanwälte **AEUV 281** 33
- schriftliches und mündliches Verfahren **AEUV 281** 8
- Urteilsfindung **AEUV 281** 36
- Verfahren vor dem EuG **AEUV 281** 23
- Verfahren vor dem EuGH **AEUV 281** 22
- Verfahrens- und Arbeitssprache **AEUV 281** 6 f.
- Verkündung des Urteils **AEUV 281** 38
- Veröffentlichung des Urteils **AEUV 281** 44
- Veröffentlichung rechtshängiger Verfahren **AEUV 281** 16
- Versäumnisurteil **AEUV 281** 21
- Vertretung der Parteien und Beteiligten **AEUV 281** 4, 5
- Vorlagebeschluss **AEUV 281** 9
- Wiederaufnahmeverfahren **AEUV 281** 34
- Wiedereinsetzung in den vorherigen Stand **AEUV 281** 54
- zweigliedriger Klagegenstand **AEUV 281** 11

Verfahrensautonomie, Grundsatz der mitgliedstaatlichen EUV 4 121, 137; **GRC 47** 4, 6, 8; **AEUV 197** 7 f.
Verfahrensdauer, Grundsatz angemessener s. a. Frist **GRC 47** 57, 67, 68
Verfahrenseinstellung AEUV 263 141
Verfahrensfairness GRC 47 46
Verfahrensgarantien/-rechte GRC 47 3, 32, 33, 41 ff., 58, 75, 77
Verfahrensgrundsätze AEUV 298 11 ff.
Verfahrensrecht
- Austritt **EUV 50** 10
- Petitionsrecht **AEUV 227** 14
- transnational **AEUV 82** 27 ff.

Verfahrensregelung, Industriepolitik AEUV 173 62 ff.
Verfahrensvorschriften/-regeln AEUV 216 55 f., 64, 80; **218** 3, 8 f., 11, 15, 118, 133 ff., 142, 226; **220** 22 ff.
- Geschäftsordnungen **AEUV 232** 6
- wesentliche **AEUV 232** 7

Verfälschung der Wettbewerbsbedingungen AEUV 116 3
Verfälschung, Wettbewerb – Rüstungssektor AEUV 348 6 ff., 10 ff.
Verfassung (-sgrundsätze) der EU AEUV 216 52 f., 72, 256 f.; **218** 3, 12, 22, 103, 130, 150; **220** 38; **221** 1, 15; **351** 49, 92
Verfassungsidentität EUV 4 24 ff.
- als Berücksichtigungspflicht **EUV 4** 58
- als Kompetenzausübungsschranke **EUV 4** 15, 19, 57
- als Konkordanzmodell föderaler Spannungen **EUV 4** 60

- (faktisches) Privilegierungspotential **EUV 4** 28
- in der Hand der politischen Organe **EUV 4** 71 f.
- Justiziabilität **EUV 4** 73 ff.
- national **EUV 4** 27
- Rechtsfolgen **EUV 4** 62 ff.
- Selbstverständnis nationaler Verfassungen **EUV 4** 29 ff.
- sprachliche Fassungen **EUV 4** 17
- Verhältnismäßigkeitsprüfung **EUV 4** 55 ff.

Verfassungskonvent **EUV 1** 29 ff.; GRC Präambel 3, 22; **5** 4; **23** 5, 24; **AEUV 2** 6

Verfassungspluralismus **EUV 4** 6, 9 f., 44, 77, 83, 88, 91; **48** 30

Verfassungsrecht **AEUV 1** 4
- nationales **AEUV 63** 12; **144** 11

Verfassungsstaat **AEUV 56** 82

Verfassungstraditionen, allgemeine Rechtsgrundsätze **EUV 14** 48

Verfassungsüberlieferungen (mitgliedstaatliche) **GRC 47** 10

Verfassungsverbund **EUV 48** 58

Verfassungsvertrag s. Vertrag über eine Verfassung für Europa

VerfO EuG **AEUV 270** 14 ff.

Verfolgung **GRC 18** 9 f., 13
- Verfolgungsgründe **GRC 18** 10
- Verfolgungshandlungen **GRC 18** 10
- staatliche **GRC 18** 10
- nichtstaatliche **GRC 18** 10

Vergaberecht
- Forschung **AEUV 179** 37
- Menschenhandel **GRC 5** 24
- s. a. öffentliche Auftragsvergabe

Vergünstigungen für das unterrepräsentierte Geschlecht **GRC 23** 24
- affirmative action **GRC 23** 45
- breite Auswahl **GRC 23** 44
- durch Ausübung aller Kompetenzen der Union **GRC 23** 45
- durch Verpflichtungen von Privaten **GRC 23** 45
- Fördermaßnahmen **GRC 23** 45
- Gleichbehandlung von Männern und Frauen in Arbeits- und Beschäftigungsfragen **GRC 23** 7
- Grenzen der Auswahl **GRC 23** 44
- keine Verletzung des Gleichheitssatzes **GRC 23** 11
- legislativer und administrativer Art **GRC 23** 44
- mit Wirkung im allgemeinen Zivilrecht **GRC 23** 22
- möglich im Rahmen der gesamten Unionskompetenz **GRC 23** 22
- nicht ausgeschlossen aufgrund des Gleichheitssatzes **GRC 23** 20
- nicht gerichtlich zu erzwingen **GRC 23** 36

- sog. positive Diskriminierung **GRC 23** 22, 43
- Sondermaßnahmen zur tatsächlicher Gleichheit **GRC 23** 6
- spezifische **GRC 23** 9
- umfangreicher Gestaltungsspielraum **GRC 23** 45
- und Gleichheit **GRC 23** 24
- US-amerikanische Beispiele **GRC 23** 45
- Verhältnismäßigkeitsgrundsatz **GRC 23** 45
- Vorschreiben von affirmative action plans **GRC 23** 45
- weitergehende mitgliedstaatliche Maßnahmen **GRC 23** 44

Verhaltenskodex für europäische Statistiken **AEUV 338** 2

Verhaltenskodizes **AEUV 216** 195; **218** 191; **288** 98

Verhältnis der Formen des einstweiligen Rechtsschutzes zueinander **AEUV 278–279** 4

Verhältnis zur Binnenmarktkompetenz **AEUV 169** 23

Verhältnismäßigkeit **GRC 47** 22, 41, 48, 78, 79; **52** 24 ff.; **AEUV 2** 21; **49** 84 ff., 136 f.; **52** 15 **AEUV 114** 69; **207** 38; **288** 4
- kompetenzrechtlicher Verhältnismäßigkeitsgrundsatz **AEUV 296** 4
- Protokoll Nr. 2 über die Anwendung der Grundsätze der Subsidiarität und der Verhältnismäßigkeit s. dort

Verhältnismäßigkeitsprinzip **EUV 5** 130 ff.; **AEUV 169** 20
- bei der Freizügigkeit **AEUV 21** 34
- beim Tierschutz **AEUV 13** 30
- Einschätzungsprärogative **EUV 5** 148 ff.
- im Umweltschutz **AEUV 191** 88
- Justiziabilität **EUV 151** ff.
- kompetenzbezogen **AEUV 19** 33
- Kompetenzverteilung **EUV 5** 134
- Protokoll über die Anwendung der Grundsätze der Subsidiarität und Verhältnismäßigkeit s. dort

Verhältnismäßigkeitsprüfung **AEUV 18** 34; **36** 69 ff.

Verhältniswahl **EUV 14** 39
- EP **AEUV 223** 14, 16, 37, 41

Verhandlungs-
- abschluss **AEUV 218** 35, 60 ff., 194
- beteiligung der Mitgliedstaaten **AEUV 218** 36
- delegation **AEUV 218** 38
- ergebnis **AEUV 218** 52, 58 f.
- ermächtigung durch Ratsbeschluss **AEUV 218** 24 ff.
- führer **AEUV 218** 29 ff., 50 ff., 63, 73, 79, 131, 135 ff., 178 f.
- gegenstand **AEUV 220** 73
- kompetenz **AEUV 218** 58
- macht **AEUV 351** 81
- mandat **AEUV 218** 17 ff., 29 ff., 34 ff., 44 ff.

Stichwortverzeichnis

- team   **AEUV 218** 31 f., 37, 40, 63
- richtlinien   **AEUV 218** 40, 50 ff.
- spielraum   **AEUV 216** 236
- strategien   **AEUV 218** 44

Verhörmethoden   **GRC 4** 25
Verjährung   **AEUV 340** 38
Verkaufsstrategie   **AEUV 56** 79
Verkehr   **AEUV 58** 1 ff.; **59** 17; **62** 15
Verkehrsbinnenmarkt   **AEUV 90** 39 ff.
Verkehrsdienstleistungen   **AEUV 106** 49
Verkehrsinfrastrukturpolitik   **AEUV 170** 9 ff.
Verkehrspolitik   **AEUV 114** 41; **261** 6
Verkehrssicherheit   **AEUV 91** 20
Verkehrsverlagerungen   **AEUV 201** 1 ff.
Verlustverrechnung   **AEUV 49** 119, 124
Vermietung   **AEUV 57** 15, **59** 15
vermischte Leistungen   **AEUV 34** 8
Vermittlungsausschuss   **AEUV 314** 23 ff.
- s. ordentliches Gesetzgebungsverfahren

Vermögen   **AEUV 63** 41; **65** 10
Vermögensgefährdung   **AEUV 325** 14
Vermögensschutz
- Schutz immaterieller Präferenzen   **AEUV 12** 47

Vermögensverwaltung   **AEUV 64** 4
Veröffentlichung   **AEUV 297** 2 ff.
- Amtsblatt   **AEUV 230** 10
- Empfehlungen   **AEUV 292** 5
- Gesetzgebungsvorschläge   **AEUV 294** 9
- Gesetzgebungsakte   **AEUV 289** 41; **297** 9
- Rechtsakte ohne Gesetzescharakter **AEUV 297** 14 f.

Verordnung   **AEUV 114** 66; **288** 9 ff., 111
- Anfechtung   **AEUV 263** 103, 113
- Anwendbarkeit   **AEUV 288** 11
- Bürgerbeauftragter   **AEUV 228** 9
- delegierte   **AEUV 310** 41
- EZB   **AEUV 132** 5 ff.
- Fristen   **AEUV 288** 16
- Geltung   **AEUV 288** 9
- hinkende Verordnungen   **AEUV 288** 16, 111
- mitgliedstaatliche Umsetzungsmaßnahmen **AEUV 288** 16
- Rechtsschutz   **AEUV 288** 13 f.
- Regelungsintensität   **AEUV 288** 15
- Schein-Verordnungen   **AEUV 288** 12
- Smart Sanctions   **AEUV 288** 12
- Targeted Sanctions   **AEUV 288** 12
- Umsetzungsmaßnahmen   **AEUV 288** 16
- Umsetzungsspielräume   **AEUV 288** 16
- Untersuchungsausschuss   **AEUV 226** 6, 19
- Verbot der Wiederholung   **AEUV 288** 10
- Veröffentlichung   **AEUV 288** 11
- Verordnungen hybrider Natur   **AEUV 288** 12 f.

Versammlung   **GRC 12** 11 f.
- Auflösung   **GRC 12** 22, 29
- friedliche   **GRC 12** 14
- Verbot   **GRC 12** 22, 29

Versammlungsfreiheit   **GRC 12** 11 ff., 22, 29
- negative   **GRC 12** 13

Verschlechterungsverbot   **GRC 38** 10, 12 f., 32; **AEUV 12** 66
Verschmelzung   **AEUV 54** 17 ff.
- Hineinverschmelzung   **AEUV 54** 20
- Hinausverschmelzung   **AEUV 54** 20.

Versicherung
- Abgeordneter   **AEUV 223** 58
- Haftpflichtversicherungsunternehmen **AEUV 56** 96
- Kontrahierungszwang   **AEUV 56** 96
- Krankenversicherung   **AEUV 57** 24
- Makler   **AEUV 57** 50
- Sozialversicherung   **AEUV 56** 118; **57** 33
- Unternehmen   **AEUV 56** 100
- Versicherungspflicht   **AEUV 56** 96

Versicherungsaufsicht   **AEUV 56** 113; **65** 6 f.
Versicherungsdienstleistungen   **AEUV 57** 17, 50; **59** 17; **64** 3
Versicherungsgesellschaften   **AEUV 64** 6; **65** 7
Versicherungsvertrag   **AEUV 63** 19
Versorgungssicherheit   **AEUV 194** 4, 9, 10 ff., 37
Versorgungsziele   **AEUV 12** 38
Verstärkte Zusammenarbeit   **EUV 20** 1 ff.; **AEUV 27** 3; **67** 23, 30; **86** 6, 13 ff.; **87** 30; **136** 3; **220** 58; **326** 1 ff.; **327** 1 ff.; **328** 1 ff.; **329** 1 ff.; **330** 1 ff.; **331** 1 ff.; **332** 1 ff.; **333** 1 ff.; **334** 1 ff.
- abgestufte Integration   **EUV 20** 2
- Abstimmungsmodalitäten   **EUV 20** 19 f.; **AEUV 333**, 1
- Abweichungsbefugnis   **AEUV 329** 5
- Achtungsgebot   **AEUV 326** 2
- acquis communautaire   **EUV 20** 23; **AEUV 326** 2
- AETR-Rechtsprechung   **EUV 20** 25
- Anhörung des Europäischen Parlaments **AEUV 329** 13
- Anhörung des Hohen Vertreters für Außen- und Sicherheitspolitik   **AEUV 331** 9
- Antrag   **AEUV 331** 2, 9
- Anwendungsvorrang   **EUV 20** 22
- Aufnahmeanspruch   **AEUV 328** 5
- Ausgabenlast   **AEUV 332** 1 ff.
- ausschließliche Zuständigkeit   **EUV 20** 6 f., 25
- Ausschluss völkerrechtlicher Kooperation außerhalb des Unionsrechtsrahmens   **EUV 20** 17
- Außenkompetenz   **EUV 20** 25 f.
- Austritt   **EUV 20** 29
- Beeinträchtigungsverbot   **AEUV 326** 3 ff.
- Beendigung   **EUV 20** 30
- bei der justiziellen Zusammenarbeit in Strafsachen   **AEUV 82** 37; **83** 50
- Beitrittsverfahren   **EUV 20** 27; **AEUV 331** 1 ff.
- Beitrittsverfahren im Bereich der Gemeinsa-

95*

men Außen- und Sicherheitspolitik **AEUV 331** 8 f.
– Beitrittsförderung **AEUV 328** 6
– Berichtspflicht **AEUV 328** 7
– Beschlussfassung **AEUV 330** 1 ff.
– Bestimmtheitsgrundsatz **EUV 20** 14; **AEUV 329** 6
– Bindungswirkung **EUV 20** 21
– Binnenmarkt **AEUV 326** 3
– Brückenklausel **AEUV 329** 7, **333** 1 ff.
– differenzierte Integration **EUV 20** 2
– Einigungsversuch **EUV 20** 12
– Einschätzungsspielraum **EUV 20** 11
– Einstimmigkeit **AEUV 329** 14, **330** 5, **332** 4, **333** 6, 8
– Energiepolitik **AEUV 194** 3
– Entwicklung **EUV 20** 5
– Ermächtigungsbeschluss des Rates **EUV 20** 14; **AEUV 329** 1 ff.
– Ermächtigungsfiktion **AEUV 329** 9 f.
– Ermächtigungsverfahren **AEUV 329** 2 ff.
– Ermächtigungsverfahren im Bereich der GASP **AEUV 329** 11 ff.
– Ermessensspielraum **AEUV 329** 4
– Finanzierung **AEUV 332** 1 ff.
– Flexibilisierung **EUV 20** 5
– Fortschrittsgebot **EUV 20** 10
– Förderung des Integrationsprogramms **EUV 20** 8
– Förderung der Teilnahme **AEUV 328** 6
– Gesetzgebungsverfahren **AEUV 333** 7 f.
– Gemeinsame Außen- und Sicherheitspolitik (GASP) **AEUV 329** 11 ff.
– Inanspruchnahme der Unionsorgane **EUV 20** 15
– Innenkompetenz **EUV 20** 25 f.
– Kohärenzgebot **EUV 20** 20; **AEUV 329** 12 f., **330**, **334** 1 ff.
– Kompetenzrahmen der EU **EUV 20** 6 f.
– Konzepte abgestufter Integration **EUV 20** 4
– Kostentragung **AEUV 332** 3 f.
– Leitbild der einheitlichen Integration **EUV 20** 2
– Mindestteilnehmerzahl **EUV 20** 13
– Nachbesserungsfrist **AEUV 331** 5, 12
– Obstruktionsverbot **AEUV 327** 3
– Offenheitsprinzip **EUV 20** 27; **AEUV 328** 1 ff.; **331** 1
– Organleihe **EUV 20** 15
– Polizeiliche und Justizielle Zusammenarbeit in Strafsachen (PJZS) **AEUV 329** 9 f.
– Prinzip der begrenzten Einzelermächtigung **EUV 20** 18
– Prinzip der Unionstreue **AEUV 327** 1
– Prüfung durch die Kommission **AEUV 331** 3 f.
– qualifizierte Mehrheit **AEUV 329** 6
– Ratsbefassung **AEUV 331** 6 f.; **332** 4
– Rechtsrahmen **EUV 20** 1

– Rechtsfolgen der Ermächtigung **EUV 20** 15 ff.
– Richtlinien **EUV 20** 22
– Rückschrittsverbot **EUV 20** 10
– Rücksichtnahmegebote **AEUV 327** 2 ff.
– Sekundärrecht **EUV 20** 21 ff.; **AEUV 326** 1; **334** 1
– Spannungsverhältnis von Erweiterung und Vertiefung **EUV 20** 5
– Ständige Strukturierte Zusammenarbeit **EUV 46** 4
– Stellungnahme der Kommission und des Hohen Vertreters für Außen- und Sicherheitspolitik **AEUV 329** 12
– Stimmberechtigung **AEUV 330** 3
– Strukturfonds der Europäischen Union **AEUV 326** 6
– Teilnahmekriterien **AEUV 328** 4
– Teilnahmerecht nicht beteiligter Mitgliedstaaten **EUV 20** 20; **AEUV 330** 3; **333** 6
– Transparenz **EUV 20** 20; **AEUV 330** 3
– ultima ratio **EUV 20** 11
– Übergangsmaßnahmen **AEUV 331** 4
– Übergangszustand **EUV 20** 1, 27
– Übernahmepflicht **EUV 20** 28
– umgekehrte **EUV 50** 26
– Verbindlichkeit der Rechtsakte **EUV 20** 21 ff.
– Verbot von Handelsbeschränkungen **AEUV 326** 5
– Verbot von Wettbewerbsverzerrungen **AEUV 326** 5
– Verhältnis zum allgemeinen Sekundärrecht **EUV 20** 24; **AEUV 326** 2
– Voraussetzungen **EUV 20** 6 ff.
– Vorrang des allgemeinen Sekundärrechts **EUV 20** 24; **AEUV 326** 2
– Vorschlagsrecht der Kommission **AEUV 329** 4
– vorübergehender Charakter **AEUV 328** 1
– Wirkungsweise **EUV 20** 22
– Zustimmung des Bundestages und Bundesrates **AEUV 333** 9
– Zustimmung des Europäischen Parlaments **AEUV 329** 8
Versteigerung AEUV 57 10
Verteidigungspolitik AEUV 2 48; **346** 4
– Terrorabwehr **AEUV 222** 29
Verteidigungsrechte GRC 47 11, 43, 44, 50, 60, 61, 76, 78, 79; **AEUV 337** 30 ff.
Verteilungsschlüssel Flüchtlinge, Menschenwürde GRC 1 50
Vertrag über die Arbeitsweise der Europäischen Union
– Abschluss auf unbegrenzte Zeit **EUV 50** 2, 39
– Primärrecht **AEUV 232** 6
Vertrag über die Europäische Union (EUV) AEUV 310 6

- Abschluss auf unbegrenzte Zeit   EUV 50 2, 39
- Primärrecht   AEUV 232 6
- Renegotiations   EUV 50 2

Vertrag über eine Verfassung für Europa (EVV)   EUV 1 28 ff., 44 ff.; 3 4; AEUV 1 2; 2 6; 67 7; 216 52 f.; 218 5, 12, 22; 221 1, 15; 288 2; 289 13 f.; 292 2; 295 4; 296 2, 4, 11, 27; 297 4; 298 1 ff.; 310 9
- Ablehnung   AEUV 1 9
- Entwurf   AEUV 288 2
- Ratifizierung   AEUV 2 7

Vertrag über Stabilität, Koordinierung und Steuerung in der Wirtschafts- und Währungsunion (VSKS)   AEUV 120 6; 121 4, 50, 68 f.; 126 3, 9, 13; 137 13
- Schiedsvertrag   AEUV 273 10
- und ESM   EUV 4 161
- und Konvergenzkriterien   AEUV 140 31

Vertrag von Amsterdam   EUV 1 25; 20 5; AEUV 63 8; 64 1; 65 1; 67 7; 81 1; 144 1; 207 13; 216 20, 22; 218 5, 72, 153, 161, 182; 220 3, 16; 289 11; 293 5; 294 35; 296 6, 10, 15; 297 3; 351 33
- demokratische Grundsätze   EUV 10 8
- Umweltschutz   AEUV 11 9

Vertrag von Lissabon   EUV 1 1, 33 ff.; 10 11 f.; 20 5; GRC Präambel 4; 20 5; AEUV 2 7; 11 9; 63 1, 10, 41; 64 3; 65 1; 67 6, 7; 142 6; 143 22; 144 1; 177 5; 207 15; 216 20 ff., 49, 78, 85 f., 114, 117, 170, 172, 258; 221 1, 3, 8, 20; 218 5, 55, 87, 103, 107, 182, 207; 220 3 ff., 13, 39, 62, 80; 251 1; 255 1; 257 2; 258 2, 33; 259 5; 289 15 f.; 293 5; 294 7, 41; 295 8, 10; 296 1 f., 4 f., 26; 297 4 f.; 298 2, 7, 12, 15, 21; 344 1; 351 5, 51, 108
- allgemeiner Gleichheitssatz   GRC 20 5
- allgemeines Freizügigkeitsrecht   GRC 45 7
- demokratische Grundsätze   EUV 10 11 f., 26
- Europäische Bürgerinitiative   AEUV 24 8
- Recht auf Zugang zu Dokumenten   GRC 42 8
- Umweltschutz   AEUV 11 9

Vertrag von Maastricht   EUV 1 1, 22; 10 8 ff.; AEUV 63 1, 5, 8; 64 1; 65 1; 66 1; 67 7; 142 6; 143 1; 144 1; 216 21 ff., 155, 213; 218 5, 55, 102, 104 f., 134, 196, 233; 220 3 f.; 221 1; 233 4; 254 1; 289 9; 292 1; 293 2, 5 f., 8; 294 5, 32, 35; 297 3, 11; 299 2
- allgemeiner Gleichheitssatz   GRC 20 10
- allgemeines Freizügigkeitsrecht   GRC 45 7
- demokratische Grundsätze   EUV 10 8 ff., 40
- Petitionsrecht   GRC 44 3, 6
- Umweltschutz   AEUV 11 8

Vertrag von Nizza   EUV 1 26; 20 5; AEUV 2 5; 63 8; 177 4; 207 14; 216 79, 197; 218 5, 126, 161, 182, 207; 220 3; 251 1 f.; 252 1; 254 2; 256 3; 257 1; 289 10 f.; 294 31; 295 4; 351 5; 286 1

Vertrag zur Änderung bestimmter Finanzvorschriften   AEUV 285 7; 310 5; 319 2

Vertrag zur Änderung bestimmter Haushaltsvorschriften   AEUV 310 4, 319 1

Vertrag, völkerrechtlicher   EUV 19 37 ff.

Vertragsabrundungsklausel   AEUV 13 16, 20; 20 19; 192 86
- s. a. Flexibilisierungsklausel

Vertragsabschlusskompetenz   AEUV 1 20 ff.; 47 12 ff.; 311 63

Vertragsänderung   EUV 48
- Austrittsabkommen   EUV 50 15, 19 ff.
- Austrittsabkommens-Folge   EUV 50 14
- besondere Formen   AEUV 1 22
- EU   AEUV 231 6
- Kompetenz   AEUV 2 4
- Völkerrecht   EUV 50 29 ff.
- Vorschriften, spezielle   AEUV 1 16; 311 128

Vertragsänderungsverfahren   EUV 48 14 ff.; AEUV 262 2
- Ablehnungsrecht der nationalen Parlamente   EUV 48 7, 57 f., 63, 66 f.
- besonderes   AEUV 311 122
- Justiziabilität   EUV 48 73 ff.
- keine Kodifikation von ius cogens   EUV 48 24 ff.
- ordentliches Änderungsverfahren   EUV 48 33 ff.; AEUV 1 21
- multiple Träger der vertragsändernden Gewalt   EUV 48 89
- vereinfachtes Änderungsverfahren   EUV 48 49 ff.; AEUV 1 21

Vertragsanhänge s. Anhänge der Verträge

Vertragseintritt der Union   AEUV 351 16
- s. a. Vertragsübernahme

Vertragsfähigkeit der EU   AEUV 216 9 f., 17

Vertragsgremien
- Europaabgeordnete in ~   AEUV 218 205 f.
- rechtswirksame Akte in ~   AEUV 218 166 ff.
- Standpunkte in ~   AEUV 218 153, 161 ff.
- Vertretung der Union in ~   AEUV 218 188
- Vorschlagszuständigkeit bei der Festlegung von Standpunkten in ~   AEUV 218 178 ff.

Vertragsinterpretation von internationalen Übereinkünften   AEUV 216 220

Vertragsmäßigkeit, Primärrecht   AEUV 232 6

Vertragsprotokolle s. Protokolle

Vertragsschließungskompetenz der EU   AEUV 216 1 ff., 52 ff.
- ausschließliche   AEUV 216 170, 128 ff.
- Entstehung   AEUV 216 32, 147 ff.
- geteilte   AEUV 216 151 ff.; 218
- historische Entwicklung   AEUV 216 16 ff.
- implizite   AEUV 216 30, 93 f.
- Kompetenzzweifel   AEUV 216 15
- offenkundiger Mangel   AEUV 216 10 ff., 14 ff.
- Regel-Ausnahmeverhältnis   AEUV 216 10
- richterrechtliche Ausgestaltung   AEUV 216 25 ff.
- Streitigkeiten   AEUV 216 40

97*

- Unterstützungs-, Koordinierungs- oder Ergänzungszuständigkeiten AEUV 216 151 ff.; 218 171
- vier Varianten AEUV 216 73 f., 84 ff.
- Zentralität AEUV 216 5

Vertragsverhandlungen EUV 17 10

Vertragsverletzungsverfahren EUV 7 24; 17 6; AEUV 65 30; 114 105; 218 236; 258 1 ff.; 259 1 ff.; 288 107, 111; 311 19; 351 2, 38, 61, 77, 119
- Aufsichtsklage s. dort
- begründete Stellungnahme s. Stellungnahmen
- besonderes AEUV 348 1 ff.
- Bürgerbeauftragter AEUV 228 5, 22
- Schutz vor ~ AEUV 351 2, 42
- spezielles ~ AEUV 271 8
- Staatenklage s. dort
- Verhältnis der Klagen untereinander AEUV 258 11; 259 14
- Verstoß der Mitgliedstaaten gegen ausschließliche Außenkompetenz AEUV 216 124
- Verstoß gegen Art. 216 Abs. 2 AEUV AEUV 216 222, 225
- Verstoß gegen Art. 351 Abs. 2 AEUV AEUV 351 83
- Verstoß gegen Loyalitätspflicht (Art. 4 Abs. 3 EUV) AEUV 351 2, 38, 42, 61, 65, 77, 83, 119

Vertragsverstoß, Hinweise für die Behebung AEUV 260 5

Vertragsziele AEUV 2 4

Vertrauensperson GRC 7 15

Vertrauensschutz AEUV 182 16; 288 27

Vertrauensschutzgrundsatz AEUV 207 38

Vertraulichkeit EUV 14 18; AEUV 218 44 ff., 194; 219 19; 221 30
- Untersuchungsausschuss AEUV 226 11

Vertreter der Mitgliedstaaten beim IWF AEUV 138 32

Vertretung der ÜLG in der WTO AEUV 198 29

Vertretungsbefugnis AEUV 335 9 f.

Vertriebene AEUV 78 19 ff.

vertriebsbezogene Regelungen AEUV 34 87, 121 ff.

Vertriebsvorschriften AEUV 34 117

Verursacherprinzip GRC 1 38; AEUV 191 55, 75 ff.

Verwaltung
- gute AEUV 228 17
- Unparteilichkeit der europäischen GRC 41 13

Verwaltungsabkommen AEUV 218 87, 90; 220 21 ff.;

Verwaltungseinnahmen AEUV 311 90

Verwaltungshoheit, originäre AEUV 197 2

Verwaltungskooperation AEUV 197 2, 4, 13

Verwaltungssanktion AEUV 83 44
- ne bis in idem s. dort

Verwaltungssitz AEUV 49 28; 54 24, 28 f.

Verwaltungsverbund EUV 4 131 ff.; AEUV 197 3
- Anerkennungs- und Berücksichtigungspflichten EUV 4 132 ff.

Verwaltungsverfahren
- nationales AEUV 197 1 ff.
- ordnungsgemäßes AEUV 227 12
- zügiges GRC 41 15

Verwaltungsvorschriften der Mitgliedstaaten AEUV 114 53

Verwaltungszusammenarbeit AEUV 50 8; 197 2, 4, 13, 29
- Vollzug des europäischen Verbraucherschutzrechts GRC 38 8

Verwandtschaft GRC 7 22

Verwarnung durch die Kommission AEUV 121 41 f.

Verweistechnik AEUV 114 23

Verweisungsbeschlüsse AEUV 263 137, 139

Verwerfungsmonopol des EuGH AEUV 216 215, 227, 238; 218 213

Verwertungsverbote AEUV 337 32 ff., 38; 339 27

Verwirkung GRC 47 50

Verzerrung AEUV 116 4

Verzugszinsen AEUV 311 92

Veto AEUV 19 32

Vetorecht über Inhalte von internationalen Übereinkünften AEUV 216 164; 351 25

Vielfalt der Kulturen, Religionen und Sprachen GRC 22 9 ff.

Vielfalt der Kulturen und Traditionen GRC Präambel 15

Vierertreffen AEUV 220 65

Vignette s. Autobahnnutzungsgebühr

Viking-Urteil AEUV 151; 153

Visainformationssystem (VIS) AEUV 74 4; 77 19; 87 13

Visamarke AEUV 77 18

Visapolitik AEUV 77 11 ff.

Visumsbefreiung AEUV 77 15

Visumserteilung AEUV 77 17

Visumskodex AEUV 77 17

Visumspflicht AEUV 77 15

Vizepräsident der Kommission, Hoher Vertreter als AEUV 218 21; 220 85; 221 4

Vizepräsidenten des EP EUV 14 31, 58

VO 492/2011 AEUV 46 9 ff.

VO 883/2004 AEUV 48

VO 987/2009 AEUV 48

völker(vertrags-)rechtskonforme Auslegung des Unionsrechts AEUV 216 216, 240

Völkergewohnheitsrecht AEUV 216 10 ff., 48 ff., 201 ff., 251 ff.; 221 9; 218 2, 129, 155, 215; 351 2, 27, 35, 38, 90 f., 101 f.

Völkerrecht AEUV 137 15
- allgemeines EUV 50 30
- Auflösung EUV 50 43
- Ausschluss EUV 50 42

- Austritt **EUV 50** 41
- besonderes **EUV 50** 31
- Fragmentierung des ~ **AEUV 351** 6
- mittelbare Anwendbarkeit **EUV 50** 30 f.
- ~sordnung **AEUV 216** 60, 254; **218** 82; **351** 6
- Unionsbürger **EUV 50** 32
- Vertragsänderung **EUV 50** 44
- Weiterentwicklung des ~ **AEUV 351** 44, 51

völkerrechtliche Bindung **AEUV 216** 26, 50, 82 f., 112, 141, 158, 199 ff.; **218** 10, 60 ff., 119, 122 ff., 208, 214 f., 228; **220** 38; **351** 40, 100, 102
- der Europäischen Union **AEUV 216** 83; **218** 60, 119, 208, 214 f., 228
- der Mitgliedstaaten **AEUV 216** 222; **351** 40, 100

völkerrechtliche Haftung der Union **AEUV 340** 63 ff.
- EMRK **AEUV 340** 66
- WTO-Recht **AEUV 340** 65

völkerrechtliche Verbindlichkeit **AEUV 207** 184

völkerrechtliche Verträge/Abkommen **AEUV 216** 5 f., 22, 52 ff., 168, 202; **218** 90, 169, 216
- Abschluss und Aushandlung s. dort
- Auslegung **AEUV 351** 115
- Aussetzung der Anwendung **AEUV 218** 153 ff., 179
- Autorisierung durch die Mitgliedstaaten **AEUV 218** 83 ff.
- Beendigung(-szuständigkeit) **AEUV 218** 129 ff.
- bilaterale ~ **AEUV 63** 23
- EU-/unionsinterne Rechtswirkungen **AEUV 63** 40; **142** 6; **216** 45, 48, 254, 199 f.; **218** 107
- Formen **AEUV 216** 66; **220** 23; **351** 20
- GASP s. GASP-Übereinkünfte
- Grundsatz der Fortgeltung **AEUV 351** 31
- Inkorporation **AEUV 216** 204
- Kündigung **AEUV 218** 129 ff.
- mit erheblichen finanziellen Folgen **AEUV 218** 105 ff.
- Mitgliedstaaten **AEUV 142** 8
- mittelbare Wirkung auf die EU **AEUV 216** 116
- sektorbezogen/-spezifisch **AEUV 218** 106
- Schiedsklausel **AEUV 272** 8
- Staatennachfolge in ~ **AEUV 351** 31
- Suspendierungsklausel **AEUV 218** 157
- unmittelbare Wirkung **AEUV 216** 226 ff.; **218** 123
- vereinfachte Vertragsänderung **AEUV 218** 134 ff.
- Vertragsänderung **AEUV 218** 133
- Vertragsgegenstände **AEUV 216** 65, 159 ff.; **351** 2, 19
- völkerrechtliche Verträge der Mitgliedstaaten s. a. Altverträge

- Wirksamkeit **AEUV 216** 9 ff., 235, 249
- vorläufige Anwendung **AEUV 218** 72 ff.
- Zustimmung durch Europäisches Parlament notwendig **AEUV 218** 100 ff.

völkerrechtlicher Handlungsfreiheit **AEUV 216** 58, 110

völkerrechtsfähige internationale öffentlich-rechtliche Anstalt, Gründung durch E(W)G/EU **AEUV 216** 30

Völkerrechtsfähigkeit/Völkerrechtssubjektivität der EU **AEUV 216** 9, 21 ff., 26 f., 49, 59, 61; **221** 6; **351** 6

Völkerrechtsfreundlichkeit des Unionsrechts **AEUV 216** 49, 216; **218** 121; **351** 3, 46, 69, 109, 123

völkerrechtskonforme Auslegung **AEUV 207** 41

Völkerrechtspersönlichkeit **EUV 47** 1 ff.

Völkerrechtssubjekt(ivität) **EUV 47** 1 ff.; **AEUV 138** 6; **216** 9 ff., 21 ff.; **218** 10 f., 21 ff.
- atypisches **AEUV 216** 60
- Mitgliedstaaten **AEUV 138** 6
- partielles **AEUV 216** 26, 47; **221** 6

Volksparteien **AEUV 223** 40

Vollharmonisierung **AEUV 169** 32
- s. Mindestschutz (Sozialpolitik)

Vollkontrolle **GRC 47** 48, 50, 52, 53

Vollstreckung **AEUV 299** 1 ff.
- Vollstreckungstitel **AEUV 299** 3 ff.
- Vollstreckungsverfahren **AEUV 299** 7
- Vollstreckungsschutz **AEUV 299** 8 f.

Vollstreckung von Urteilen der Unionsgerichte **AEUV 280** 1 ff.; **281** 40
- aus einem Schiedsvertrag **AEUV 273** 9
- aus einer Schiedsklausel **AEUV 272** 13
- Vollstreckungsfähigkeit **AEUV 280** 3
- Vollstreckungsgegner **AEUV 280** 4

Vollstreckungsverfahren **AEUV 260** 11
- fehlende Vollstreckungsmöglichkeit **AEUV 260** 20

Vollzug des Unionsrechts
- direkter **GRC 41** 4; **AEUV 298** 6
- indirekter **GRC 41** 4; **AEUV 298** 6

Vollzugsaufgaben der Mitgliedstaaten **GRC 41** 5

Vollzugsföderalismus **AEUV 197** 6

Vorabanwendungsklauseln s. völkerrechtlicher Vertrag, vorläufige Anwendung

Vorabentscheidungsverfahren **EUV 19** 20, 58; **GRC 47** 20, 22, 23, 25, 37, 63, 70; **AEUV 34** 53 f.; **64** 25; **264** 3; **267** 1 ff.; **288** 102; **295** 14
- Abfassung des Ersuchens **AEUV 267** 79 ff.
- acte clair **AEUV 267** 64 ff.
- Auslegung **AEUV 267** 15 ff.
- Ausnahmen von der Vorlagepflicht **AEUV 267** 63 ff.
- Autonomie nationaler Gerichte **AEUV 267** 52
- Beantwortung der Vorlagefrage **AEUV 267** 88 ff.

- Bedeutung **AEUV 267** 1 ff.
- Eilvorabentscheidungsverfahren **AEUV 267** 108 ff.
- einstweiliger Rechtsschutz **AEUV 267** 59 f., 67
- Entscheidungserheblichkeit **AEUV 267** 54 ff.
- Form der Vorlage **AEUV 267** 87
- Funktion **AEUV 267** 1 ff.
- Gerichtsbegriff **AEUV 267** 37 ff.
- Gültigkeit **AEUV 267** 16 ff.
- gemischte Abkommen **AEUV 267** 21
- letztinstanzliche Gerichte **AEUV 267** 56 ff.
- Parallelverfahren **AEUV 267** 34 ff.
- Urteilswirkung **AEUV 267** 91 ff.
- Verhältnis zur Nichtigkeitsklage **AEUV 267** 27 ff.
- Verletzung der Vorlagepflicht **AEUV 267** 68 ff.
- völkerrechtliche Verträge **AEUV 267** 20 ff.
- Vorlagegegenstand **AEUV 267** 12 ff.
- Vorlagepflicht nationaler Gerichte **AEUV 267** 56 ff.
- Vorlagerecht **AEUV 267** 51 ff.
- Zwischenverfahren **AEUV 267** 2

Vorausschau, finanzielle **AEUV 324** 13
Vorbehalt **AEUV 218** 81, 175
Vorbereitungshandlungen **AEUV 49** 19
Vorhersehbarkeit **GRC 8** 35
Vorlageverfahren **EUV 4** 47, 78 ff., 82 ff., 147 ff.; **48** 75
- (kein) umgekehrtes Vorlageverfahren **EUV 4** 81, 171

vorläufige Prüfung **AEUV 263** 124
Vorrang der Binnenmarktkompetenz **AEUV 169** 27
Vorrang des Unionsrechts **EUV 4** 11, 31, 42 86; **48** 21; **AEUV 288** 8, 10
- s. Anwendungsvorrang des Unionsrechts

Vorrang privater Anstrengungen **AEUV 179** 23
Vorrang(prinzip) **GRC 47** 4, 42
Vorratsdatenspeicherung **GRC 6** 21; **AEUV 26** 20; **16** 6
- Datenschutzreform **AEUV 16** 8

Vorrechte **EUV 47** 20 f.
Vorrechte und Befreiungen s. Protokoll über die Vorrechte und Befreiungen
- s. a. Immunität

Vorschlagskompetenz **AEUV 85** 33
Vorsitz, Rat **AEUV 230** 7
Vorsorgeprinzip **AEUV 36** 43; **191** 55, 62 ff., 80
- Integritätsschutz **AEUV 12** 45

Vorwirkung einer Unterzeichnung **AEUV 218** 66, 147
Vorwirkung von Richtlinien **AEUV 288** 44

Wachstumsbericht **AEUV 145** 19; **148** 8
Waffen **AEUV 34** 25
Waffengleichheit **GRC 47** 61, 62, 65, 66, 75

Waffenhandel **AEUV 83** 22; **207** 253
Wahl der Handlungsform s. Formenwahlfreiheit
Wahlen
- Beteiligung **AEUV 223** 33, 35
- Bürgerbeauftragter **AEUV 228** 6
- Diskussionsrunden im TV **AEUV 224** 10
- EP **EUV 14** 73
- EP, Richtlinie **AEUV 223** 26
- Inkompatibilitäten **EUV 14** 49
- Kommissonspräsident **AEUV 231** 6
- Krankheiten, Ausschlussgrund **EUV 14** 49
- Mindestwahlalter **EUV 14** 49

Wahlrecht **EUV 14** 74; **GRC 39** 4 ff.; **AEUV 22** 1 ff.
- aktives **AEUV 223** 31, 37, 42
- Behindertenrechtskonvention **EUV 14** 50
- Drittstaatsangehörige **AEUV 22** 11
- EP **AEUV 223** 42
- EU-Ausländer **AEUV 22** 9 ff.
- Europawahl **GRC 39**, 12
- Gebietsklausel **AEUV 223** 28
- Gleichheit der Wahl **GRC 39**, 22
- IPbürgR **EUV 14** 50
- Kommissionspräsident **EUV 14** 3, 10
- Kommunalwahlen **GRC 39**, 4 f.; **40** 1 ff.; **AEUV 22** 6, 25 ff.
- Menschenwürde **GRC 1** 34 f., 63
- passives **AEUV 223** 31, 37, 42
- Rechtsweg **AEUV 22** 20
- Voraussetzungen **AEUV 22** 19 ff.
- Wahlpflicht **GRC 39** 29; **40** 15
- Wahlrechtsgrundsätze **GRC 39** 11, 23 ff.; **40** 14
- Wahl zum Europäischen Parlament **AEUV 22** 7, 38 ff.
- Wohnsitz in einem Drittstaat **AEUV 22** 15 f.

Wahlrechtsausschluss
- Behinderte **EUV 14** 50
- Betreuer **EUV 14** 50

Währung **AEUV 63** 4, 16, 28; **66** 4, 7; **142** 4; **219** 1, 4
- Abwertung **AEUV 142** 8, 16
- CFA-Franc **AEUV 219** 17
- CFP-Franc **AEUV 219** 17
- DM- **AEUV 219** 18
- Euro- **AEUV 219** 16, 17, 18, 22
- Kap-Verde-Escudo **AEUV 219** 17
- Komoren-Franc **AEUV 219** 17
- Leitkurs **AEUV 142** 4
- mitgliedstaatliche ~ **AEUV 63** 4
- nationale **AEUV 219** 16

Wahrung mitgliedstaatlicher Grundrechte **AEUV 36** 55
Währungsausschuss **AEUV 63** 2, 5; **66** 1; **142** 3, 20; **144** 1
Währungseinrichtungen, internationale **AEUV 219** 22
Währungsfragen **AEUV 219** 16
- internationale Übereinkommen über ~ **AEUV 216** 88; **218** 94

Stichwortverzeichnis

- Übereinkünfte **AEUV 138** 11
- **Währungshoheit AEUV 119** 1
- **Währungspolitik AEUV 63** 12; **66** 7, 13; **142** 3; **119** 2, 5, 7 ff., 22 ff., 38, 51 ff.; **216** 128 f.; **219** 1, 2, 22, 24; **220** 90; **282** 4
  - ausschließliche Zuständigkeit der Union **AEUV 3** 7
  - auswärtige **AEUV 138** 3
  - Währungsaußenpolitik **AEUV 219** 8, 21
  - Währungsinnenpolitik **AEUV 142** 7
  - s. a. Wechselkurspolitik
- **Währungspraktiken, diskriminierende EUV 63** 29; **AEUV 65** 25
- **Währungsreserven AEUV 127** 28 ff.; **142** 7; **143** 6, 10
  - ausländische **AEUV 138** 15
- **Währungssouveränität AEUV 138** 6, 28, 44
- **Währungsstabilität AEUV 125** 5; **142** 8
- **Währungssystem**
  - internationales **AEUV 142** 6; **219** 14
  - Stellung des Euro im internationalen **AEUV 138** 18
- **Währungstransfers AEUV 321** 1 ff.
- **Währungsunion** s. Wirtschafts- und Währungsunion
- **Währungsvereinbarung AEUV 142** 6
- **Währungswesen AEUV 63** 2
- **Wanderarbeitnehmer AEUV 48** 70, 79; **45** 8, 12, 99
  - s. a. Fremdsprachenselektoren
- **Waren AEUV 28** 32 ff.; **30** 7 f.; **34** 4 ff., 18; **63** 16, 23; **110** 88
  - Arzneimittel **AEUV 28** 37
  - Abfälle **AEUV 28** 36
  - Aggregatzustand **AEUV 28** 34
  - Begriff **AEUV 200** 3
  - Betäubungsmittel **AEUV 28** 40
  - Drittlandsware **AEUV 28** 44 **AEUV 29** 1, 6 ff.
  - elektrische Energie **AEUV 28** 34
  - embryonale Stammzellen **AEUV 28** 38 f.
  - Falschgeld **AEUV 28** 41
  - fehlerhafte Produkte **AEUV 28** 43
  - Föten **AEUV 28** 38 f.
  - Gas **AEUV 28** 34
  - gleichartige inländische **AEUV 110** 96
  - immaterielle Wirtschaftsgüter **AEUV 28** 34
  - Kunstschätze **AEUV 28** 35
  - Leichen **AEUV 28** 38 f.
  - Öl **AEUV 28** 34
  - Patent **AEUV 28** 34
  - Statuswechsel bei Drittlandswaren **AEUV 29** 6 ff.
  - Unionsware **AEUV 28** 44; **AEUV 29** 1, 5
  - Urheberrecht **AEUV 28** 34
  - Warenherkunft **AEUV 28** 44
  - Wasser **AEUV 28** 34
- **Warenbezug AEUV 111** 8
- **Warenexport AEUV 111** 7
- **Warenverkehr AEUV 63** 4, 30, 37; **64** 25; **65** 15, 25; **66** 16
  - Beschränkungen **AEUV 65** 2
  - freier ~ **AEUV 63** 16; **66** 11
  - mengenmäßige Beschränkungen **AEUV 63** 4
  - ungehinderter, ÜLG **AEUV 199** 1
- **Warenverkehrsfreiheit AEUV 34** 1 ff., 7 ff., 50 ff.; **35** 1 ff.
  - Abgrenzung Dienstleistungsfreiheit **AEUV 34** 8
  - Abgrenzung Kapital- und Zahlungsverkehrsfreiheit **AEUV 34** 18
  - Beispiele für mengenmäßige Ausfuhrbeschränkungen **AEUV 35** 26
  - Beispiele für die Ausfuhr beschränkende Maßnahmen gleicher Wirkung **AEUV 35** 27
  - Diskriminierungstest **AEUV 34** 142
  - Maßnahmen mit gleicher Wirkung wie Ausfuhrbeschränkungen **AEUV 35** 9 ff.
  - System der Warenverkehrsfreiheit **AEUV 34** 138 ff.
  - Umweltschutz **AEUV 11** 12
  - unmittelbare horizontale Drittwirkung der Warenverkehrsfreiheit **AEUV 34** 30
  - unterschiedslos anwendbare Maßnahmen **AEUV 35** 11 ff., 28
  - Verbot mengenmäßiger Ausfuhrbeschränkungen **AEUV 35** 7 f.
  - Verhältnis zu Unionsprimärrecht **AEUV 34** 19
  - Verhältnis zu Unionssekundärrecht **AEUV 34** 27
- **Warschauer Abkommen AEUV 216** 115
- **Wartelistensysteme AEUV 56** 134
- **Washingtoner Artenschutzabkommen AEUV 207** 97, 252
- **Wasserversorgung AEUV 106** 54
- **WCO (Weltzollorganisation) AEUV 220** 81
- **Wechselkurs AEUV 119** 5 f., 53 f.; **142** 4; **219** 1, 4, 11, 12
  - Änderung **AEUV 142** 15
  - Bandbreite **AEUV 142** 4
  - fester/fixer **AEUV 219** 8
  - Manipulation **AEUV 142** 16
- **Wechselkurs- und Interventionsmechanismus AEUV 219** 3
- **Wechselkursfragen AEUV 219** 17
- **Wechselkursmechanismus (WKM)**
  - s. a. Europäisches Währungssystem sowie Konvergenzkriterien
  - WKM I **AEUV 142** 4, 14
  - WKM II **AEUV 142** 5, 14, 21; **141** 15
- **Wechselkurspolitik AEUV 3** 8; **66** 7, 13; **138** 31; **142** 6 ff., 11, 13, 15, 17, 21; **219** 1, 3, 5, 7, 14, 16, 23, 24
  - Übereinkünfte zur ~ **AEUV 138** 11
- **Wechselkursregelungen AEUV 142** 8; **219** 7
- **Wechselkurssystem AEUV 138** 3; **142** 8; **219** 4, 8, 9, 10

Wechselkursverzerrungen AEUV 219 12
Wegzugsbeschränkungen AEUV 54 12
– Stille Reserven AEUV 49 123
– Wegzugsfreiheit AEUV 54 14
Wehrdienstverweigerung GRC 10 13, 38
Wehrpflicht GRC 5 17
Weißbuch zur Vollendung des Binnenmarktes AEUV 26 5
Weißbücher AEUV 288 98
Weisungsgebundenheit s. Arbeitnehmer
Weiterbildungsprogramme AEUV 197 23
Weitergabe von Daten GRC 8 19
Weltanschauung GRC 10 14 ff.; 22 11
Weltanschauungsgemeinschaften AEUV 17 1 ff.; 19 26
Weltbank(gruppe) AEUV 138 15
Welteinkommen AEUV 49 101, 106
Welternährungsorganisation (FAO) AEUV 216 67; 218 191; 220 45 ff.; 351 80
Weltfrieden AEUV 220 34 ff.; 351 49, 53
Weltgesundheitsorganisation s. WHO
Welthandelsorganisation s. World Trade Organization (WTO)
Weltraumpolitik AEUV 189 1 f.
Welturheberrechtsorganisation s. WIPO
Weltzollorganisation s. WCO
Werbefreiheit GRC 16 9
Werberecht AEUV 12 54
Werberegelungen AEUV 34 113
Werbung AEUV 56 77, 104, 106; 57 17, 50
Werte
– Begriff EUV 2 9
– grundlegende EUV 50 35
– Justiziabilität EUV 2 11
– Rechtstaatlichkeitsverfahren EUV 2 10
– Schutz EUV 2 10
Werte der EU EUV Präambel 12 ff.; 2 1, 23, 28; 4 32; 7 1 ff.; GRC Präambel 7 ff., 14 ff.
– Demokratie EUV 2 16
– Freiheit EUV 2 14
– Gerechtigkeit EUV 2 27
– Gleichheit EUV 2 1, 18
– Gleichheit für Männer und Frauen EUV 2 30
– Menschenwürde EUV 2 12
– Nichtdiskriminierung EUV 2 25
– Pluralismus EUV 2 24
– Rechtsstaatlichkeit EUV 2 20
– Solidarität EUV 2 28
– Toleranz EUV 2 26
– Wahrung der Menschenrechte EUV 2 21
Werte, europäische EUV 49 18
Werteförderung EUV 3 7 ff., 43; AEUV 67 17
Wertehomogenität EUV 3 20
Werteverankerung AEUV 17 24
Wertewandel EUV 2 30
Wertpapiere AEUV 57 15; 63 16, 19, 37; 64 8; 66 9
– börsengehandelte AEUV 64 4, 8
– Emission von AEUV 63 19; 64 8

– marktfähige AEUV 63 19
– Platzierung/Unterbringung AEUV 64 8
– Zulassung am Kapitalmarkt AEUV 64 3, 8
Wertpapieranlagen AEUV 143 6
Wertpapierfirma AEUV 64 9
Wertpapiergeschäft AEUV 64 4
Wesensgehalt GRC 47 71, 78
– des Grundrechts GRC 52 31
wesentliche Regelungen AEUV 290 1, 4, 8 f., 18
– Abgrenzungsfragen AEUV 290 8 f., 18
– Rechtsfolge bei Verstoß AEUV 290 8
Wesentlichkeitsvorbehalt AEUV 290 9
Westerterp-Verfahren AEUV 218 195
Westeuropäische Union EUV 46 1
Wettbewerb EUV 3 31
– der Rechtsordnungen AEUV 54 28
– freier AEUV 120 12; 121 27
– Wettbewerbsfähigkeit AEUV 56 101
– Wettbewerbsregelungen AEUV 56 129
– Wettbewerbsstruktur AEUV 63 32
Wettbewerbsfähigkeit AEUV 151 22 ff.
– Forschung AEUV 179 17 ff.
Wettbewerbsfreiheit, Verhältnis zur Sozialpolitik AEUV 151 34 ff.
Wettbewerbsneutralität AEUV 110 58
– vollkommene AEUV 110 58
Wettbewerbspolitik AEUV 3 6
Wettbewerbsprinzip GRC 16 11
Wettbewerbsrecht AEUV 34 22, 30; 261 5; 263 120
– Industriepolitik AEUV 173 82 ff.
– Landwirtschaft AEUV 42 1 ff.
– ne bis in idem s. dort
– Verbraucherbeteiligung AEUV 12 10, 13, 20 f., 34 f., 38 f., 42
– Verbraucherinteressen AEUV 12 13
Wettbewerbsregeln EUV 3 35; AEUV 3 5 f.; 26 11
Wettbewerbsverbot, arbeitsvertragliches AEUV 45 141
Wettbewerbsverfälschungen
– Abbau AEUV 114 61
– Spürbarkeit AEUV 114 61, 63
Wettbewerbsverhältnis AEUV 110 150 ff.
Wettbewerbsverzerrung AEUV 110 2; 111 1; 113 2, 12, 24; 117 4
– beim Warenexport AEUV 111 1
– Forschungspolitik AEUV 173 74 ff.
– steuerliche AEUV 111 1
– Vermeidung AEUV 113 4, 16, 29
Wetten AEUV 56 104
WHO (Weltgesundheitsorganisation) AEUV 220 50, 52
Widerrufsrechte
– VerbrauchsgüterkaufRL 1999/44/EG AEUV 12 49
Widerrufsvorbehalt AEUV 290 31 f.
– zeitliche Wirkung AEUV 290 32
Widerspruchsvorbehalt AEUV 290 33 ff.

- Dringlichkeitsverfahren **AEUV 290** 35
- Prüffrist **AEUV 290** 34

Wiedereinführung von Grenzkontrollen **AEUV 77** 31
Wiedervereinigung Deutschlands **AEUV 98** 4 f.
Wiener Aktionsplan **AEUV 68** 2
Wiener Übereinkommen über das Recht der Verträge (WÜRV I) **AEUV 216** 10, 51, 254; **218** 2, 215; **351** 2, 20, 36
Wiener Übereinkommen über das Recht der Verträge zwischen Staaten und internationalen Organisationen (WÜRV II) **AEUV 216** 11, 13 f., 207, 220, 223; **218** 2, 215
Wiener Übereinkommen über diplomatische Beziehungen (WÜD) **EUV 27** 18; **AEUV 221** 9
Willkürverbot **GRC 20** 37
- allgemeiner Gleichheitssatz **GRC 20** 37

WIPO (Welturheberrechtsorganisation) **AEUV 220** 52
Wirkung und Funktion **AEUV 12** 8
wirtschaftliche Betätigungsfreiheit **AEUV 56** 7
wirtschaftliche Rechtfertigungsgründe **AEUV 36** 61 ff.
wirtschaftliche Tätigkeit **AEUV 106** 18
Wirtschaftlichkeit der Haushaltsführung **AEUV 317** 10
Wirtschafts- und Finanzausschuss **AEUV 63** 11; **66** 13; **119** 40; **138** 31; **142** 19 f.; **143** 16, 27; **144** 1, 16 f.; **219** 6
- Aufgaben **AEUV 134** 8 ff.
- ECOFIN **AEUV 134** 3
- Eurogruppe **AEUV 134** 3, 7
- Europäischer Ausschuss für Systemrisiken **AEUV 134** 3
- Rechtsstellung **AEUV 134** 2 f.
- Zusammensetzung **AEUV 134** 4 ff.

Wirtschafts- und Sozialausschuss **EUV 13** 19 f.; **AEUV 63** 4; **242** 2; **263** 88; **285** 8
- Amtszeit **AEUV 302** 1
- Anhörung **AEUV 289** 29, 33; **294** 14 f.
- Anhörung zu beschäftigungspolitischen Leitlinien **AEUV 148** 8
- Anhörung zu beschäftigungspolitischen Anreizmaßnahmen **AEUV 149** 4
- Art der Zusammensetzung **AEUV 300** 47 ff.
- demokratietheoretische Verortung **AEUV 300** 22 ff.
- Einfluss auf Rechtsetzung **AEUV 300** 20
- EP **EUV 14** 26
- Ernennungsverfahren **AEUV 302** 2 ff.
- Fachgruppen **AEUV 303** 6
- fakultative Anordnung **AEUV 304** 11 ff.
- Forschungspolitik **AEUV 182** 8, 28, 30; **188** 4
- Geschäftsordnung **AEUV 303** 5 ff.
- Initiativstellungnahmen **AEUV 304** 14
- Klagerecht **AEUV 300** 8
- Mitgliederzahl **AEUV 301** 1 f.
- obligatorische Anhörung **AEUV 304** 3 ff.
- Organstatus **AEUV 300** 7 ff.
- Präsident **AEUV 303** 1 ff.
- Verhältnis zum AdR **AEUV 300** 15
- Verhältnis zum EP **AEUV 300** 14
- Verhältnis zum Rat **AEUV 300** 13
- Verhältnis zur Kommission **AEUV 300** 12
- Weisungsfreiheit der Mitglieder **AEUV 300** 42 ff.
- Zusammensetzung **AEUV 300** 32 ff.; **301** 3 f.

Wirtschafts- und Währungspolitik **AEUV 63** 12; **142** 1, 6
Wirtschafts- und Währungsunion (WWU) **EUV Präambel** 17; **3** 41 f.; **AEUV 63** 11, 24; **66** 1, 3; **119** 1, 2, 14; **120** 1; **138** 16; **142** 1 ff., 12, 14, 17; **143** 6; **198** 22
- asymmetrische Konstruktion **AEUV 3** 10; **175** 3
- Berichtspflicht **AEUV 233** 10
- Elemente **AEUV 119** 20 ff.
- Endstufe **AEUV 142** 1, 20; **143** 1; **144** 1; **219** 2, 7, 10, 14, 22, 23, 24
- erste Stufe **AEUV 66** 1
- Euro-Abschaffung in Mitgliedstaaten **AEUV 140** 69 ff.
- Euro-Währung **AEUV 133** 1 ff.
- Flexibilisierungsklausel **AEUV 352** 18
- Funktionieren der WWU **AEUV 66** 6
- Institutionen **AEUV 119** 36 ff.
- Ordnungsprinzipien **AEUV 119** 4 ff.
- Preisstabilität **AEUV 282** 6
- rechtliche Ausgestaltung/rechtlicher Rahmen **AEUV 119** 30 ff.
- Störung des Funktionierens **AEUV 66** 5, 7
- verfassungsrechtliche Grenzen **AEUV 119** 15 ff.
- Völkervertragsrecht **AEUV 119** 33 f.
- Vollendung der **AEUV 138** 4, 23
- Wirtschafts- und Finanzausschuss **AEUV 134** 1 ff.
- Ziele **AEUV 119** 16 ff.
- zweite Stufe **AEUV 66** 1

Wirtschaftsbeziehungen, Suspendierung von **AEUV 66** 10
Wirtschaftskreislauf **AEUV 56** 123
Wirtschaftsordnungsrecht **EUV 3** 39
Wirtschaftspartnerschaftsabkommen **AEUV 207** 241 ff.
Wirtschaftspolitik **AEUV 63** 7, 12; **127** 7; **138** 6, 12; **142** 1, 3, 5, 11; **143** 1, 3, 27; **144** 1; **145** 4; **219** 1, 2, 12
- allgemeine **AEUV 3** 10
- eigenständige/mitgliedstaatliche **AEUV 120** 9, 15
- Grundzüge **AEUV 5** 3
- Koordinierung **AEUV 2** 46 f.; **5** 1 f.; **66** 7
- Leitlinien, integrierte **AEUV 148** 13
- multilaterale Überwachung **AEUV 5** 3; **142** 3; **144** 1
- Stabilität **AEUV 142** 5

- unionale **AEUV 119** 46 ff.; **120** 1
- Verhältnis zur Beschäftigungspolitik **AEUV 145** 25; **146** 4

Wirtschaftspolitiken, Differenzierung der AEUV 120 10, 11

wirtschaftspolitische Maßnahmen AEUV 122 9 ff.
- Ermessen **AEUV 122** 10
- Verfahren **AEUV 122** 14
- Voraussetzungen **AEUV 122** 9

Wirtschaftsrecht AEUV 63 30

Wirtschaftsregierung AEUV 137 4, 14

Wirtschaftssanktionen EUV 25 20; **AEUV 215** 1 ff.
- Bindung der EU an das Völkerrecht **AEUV 215** 33, 39 f.
- der EU **AEUV 215** 1 ff., 2 ff., 28 ff.
- der EU gegen Drittstaaten **AEUV 215** 37
- Verfahren der EU **AEUV 215** 7 ff.
- der UN **AEUV 215** 2 ff., 38

Wirtschaftsunion EUV 3 41 f.
s. auch Wirtschafts- und Währungsunion

Wirtschaftsverfassung AEUV 345 5
- europäische **AEUV 119** 44, 59 f.; **120** 4; **121** 8
- richtungsweisende Grundsätze **AEUV 119** 59 ff.

Wissens- und Innovationsgemeinschaft AEUV 182 23

Wissenschaftsexzellenz, Horizont 2020 AEUV 182 18

Wissenschaftsfreiheit GRC 13 12, 14 f.

WKM I AEUV 219 4

WKM II AEUV 219 4, 10

Wohlergehensförderung EUV 3 22 f.; **AEUV 67** 18

Wohnsitz/-ort GRC 39 1 ff.; **40** 1 ff.; **AEUV 18** 17
- Mitgliedstaat **GRC 39** 6, 9, 15 ff.
- (un)zulässige Leistungs-/Anspruchsvoraussetzung **AEUV 45** 109 ff., 137; **46** 24, 27; **48** 73, 75, 86, 88 ff.
- Wahlen **EUV 14** 51
- Wechsel **GRC 39** 4

Wohnsitzprinzip AEUV 49 101 ff.

Wohnung, Recht auf
- Beeinträchtigung **GRC 7** 34 f.
- Begriff **GRC 7** 25
- Eingriffsrechtfertigung **GRC 7** 38
- Schutzbereich **GRC 7** 26

Wohnungsversorgung AEUV 106 57

World Bank s. Weltbank

World Trade Organization (WTO) AEUV 63 23, 39; **66** 16; **38** 40 ff.; **138** 16; **216** 114, 176, 190, 236 ff.; **217** 7, 21, 35, 52; **220** 80; **351** 28, 119
- allgemeine Ausnahmeklausel **AEUV 207** 232, 234
- Ausnahmebereiche und Rechtfertigungsmöglichkeiten **AEUV 207** 230 ff.
- Beitritt der Union und der Mitgliedstaaten **AEUV 218** 189, 233
- Freihandelszone **AEUV 207** 235
- GATS **AEUV 63** 23, 39; **64** 25; **65** 25; **66** 16
- GATT **AEUV 64** 25; **65** 2, 25; **66** 1
- Gutachten **AEUV 207** 12
- Inländerprinzip **AEUV 207** 225
- innerstaatliche Geltung **AEUV 207** 204
- materiellrechtliche Verpflichtungen **AEUV 207** 220 ff.
- Meistbegünstigungsgrundsatz **AEUV 207** 224
- Multilaterale Abkommen **AEUV 63** 23; **65** 25; **66** 16
- nicht-tarifäre Handelshemmnisse **AEUV 207** 226
- Protokoll Finanzdienstleistungen **AEUV 66** 16
- Regelungen über die Stimmzahl in Organen und Vertragsgremien **AEUV 218** 189
- regionale Integration **AEUV 207** 235
- Tarifäre Beschränkungen **AEUV 207** 227
- Transparenzverpflichtungen **AEUV 207** 227
- TRIMs **AEUV 63** 23
- unmittelbare Anwendbarkeit **AEUV 207** 205 ff., 41
- Übereinkommen **AEUV 63** 23; **64** 25
- Zollunion **AEUV 207** 235

WTO-Streitbeilegung AEUV 207 208, 236 ff.
- Appellate Body **AEUV 207** 236 f.
- Panel **AEUV 207** 236 f.

WÜD s. Wiener Übereinkommen über diplomatische Beziehungen

WÜRV I s. Wiener Übereinkommen über das Recht der Verträge

WÜRV II s. Wiener Übereinkommen über das Recht der Verträge zwischen Staaten und internationalen Organisationen

Yaoundé-Abkommen AEUV 198 26; **217** 8, 26, 30

Zahler AEUV 63 25

Zahlung(en) AEUV 63 4, 10 f., 20, 30, 37; **66** 16; **143** 6, 20
- im Verhältnis zu Drittstaaten **AEUV 63** 4
- innerhalb der EG/EU **AEUV 63** 4
- laufende ~ **AEUV 63** 2, 20, 22 f., 38
- Transfer-~ **AEUV 63** 19 f., 25
- Zahlungsart **AEUV 63** 21
- Zahlungsempfänger **AEUV 63** 25
- Zahlungssystem **AEUV 63** 10

Zahlungsbilanz AEUV 63 2, 4; **65** 20; **142** 1; **143** 1, 6 f.; **144** 1, 6
- Defizit **AEUV 143** 20
- Entwicklung **AEUV 143** 13
- Krise **AEUV 63** 11; **143** 2; **144** 3, 7 f., 10
- Restposten **AEUV 143** 6, 8
- Saldo **AEUV 143** 8, 10

- Schwierigkeiten/Probleme **AEUV 143** 2, 8 f., 13, 15, 24, 29; **144** 7, 10, 12
- Teilbilanzen **AEUV 143** 6, 8, 10; **144** 6
- tragfähige ~ **AEUV 143** 3, 8
- Transaktionen **AEUV 143** 6
- Überschuss **AEUV 143** 10
- Ungleichgewicht **AEUV 143** 8, 10; **144** 6

Zahlungsbilanzanleihen AEUV 311 105
Zahlungsbilanzgleichgewicht AEUV 119 5 f.
Zahlungsmittel, gesetzliches AEUV 63 16, 20; **219** 16
Zahlungsverkehr AEUV 63 1 f., 4, 8, 10, 13, 16 ff., 20 f., 24, 35, 37, 39; **64** 11; **65** 2, 6, 16, 20, 23 f.; **127** 32 ff.; **144** 10
- Anzeigepflichten **AEUV 63** 29; **65** 9, 26
- Beschränkungen **AEUV 63** 4, 9, 11, 22 f., 27 ff., 34; **65** 9, 11, 20, 23; **66** 9
- Diskriminierung **AEUV 63** 6, 25
- Direktwirkung **AEUV 63** 24
- Maßnahmen **AEUV 65** 4, 6, 11, 23 f.
- Meldepflichten **AEUV 63** 29; **65** 9 f.
- Mitgliedstaaten **AEUV 142** 19
- Regelungen **AEUV 63** 6, 40
- Verschlechterungsverbot **AEUV 63** 2, 4
- stand still-Klausel **AEUV 63** 4
- Zahlungsverkehrstransaktionen **AEUV 63** 4, 25; **66** 4

Zahlungsverkehrsfreiheit AEUV 203 11
- ÜLG **AEUV 199** 7

Zählwert, Stimme GRC 1 34 f.
Zeitungen AEUV 57 10
Zentralafrikanische Republik, Investitionsschutzabkommen AEUV 63 40
Zentralamerika AEUV 217 11, 37, 43
Zentralbank AEUV 63 14; **119** 36 f.; **143** 10, 21; **219** 3, 11, 19
- Abkommen **AEUV 142** 4 f.; **219** 4
- Europäische ~ s. dort

Zentralbanken, nationale AEUV 129 9 ff.; **142** 5 f., 21, 24; **219** 22, 23
- Aufsichtsverfahren **AEUV 271** 22
- Klagemöglichkeit **AEUV 271** 27

Zentralbankrecht AEUV 3 9
Zeugenbeweis GRC 47 65
Ziele der Union EUV 3 1 ff.
- Gesellschaftsvertrag **EUV 3** 1
- Kohärenzauftrag **EUV 3** 3
- Kompetenzkonkretisierung **EUV 3** 52
- Leitzieltrias **EUV 3** 1, 4 ff.
- Normanwendung **EUV 3** 49 ff.
- Normauslegung **EUV 3** 49 ff., 53
- Normgestaltung **EUV 3** 47 f.
- operative Hauptziele **EUV 3** 1, 24 ff.
- Prinzipienbildung **EUV 3** 53
- Rechtsfortbildung **EUV 3** 53
- transnationales Gemeinwesen **EUV 3** 26
- Zielkonflikte **EUV 3** 3

Zielrichtung, Verbraucherschutz
- Nachfrageorientierung **AEUV 12** 18

- Verbraucherpartizipation **AEUV 12** 18

Zielsetzung, europäische AEUV 6 2
Zinsen AEUV 56 101
Zinserträge, Besteuerung AEUV 64 11; **65** 27
Zinsrichtlinie AEUV 65 27; **110** 60
Zivilgesellschaft AEUV 15 1, 3, 16 f.
- Dialog **AEUV 224** 4
- Parteien, Dialog **AEUV 224** 9

Ziviljustizielle Zusammenarbeit EUV 3 29, 36; **AEUV 67** 9
Zivilschutz AEUV 196 4
Zivilsektor, Rüstungsgüter AEUV 346 27
Zoll (Zölle) AEUV 28 23 f.; **30** 9 f.; **200** 2 ff.; **311** 27 ff., 139
- Abgaben gleicher Wirkung **AEUV 200** 2
- als Eigenmittel der Union **AEUV 28** 18; **311** 27 ff.
- Begriff **AEUV 207** 16
- Einfuhrförmlichkeiten **AEUV 29** 7 ff.
- Einreihung **AEUV 31** 1
- Erhebung **AEUV 29** 12 ff.
- Ertragshoheit **AEUV 28** 18; **311** 31
- Gläubiger **AEUV 28** 18
- Handlungsmaximen **AEUV 32** 7 ff.
- harmonisiertes System **AEUV 31** 8, 11
- Leitlinien **AEUV 32** 1 ff.
- Regelzoll **AEUV 31** 12
- spezifischer Zoll **AEUV 31** 12
- Wertzoll **AEUV 31** 12
- Zolleinnahmen **AEUV 28** 18
- Zweck **AEUV 28** 23

Zoll- und Warenhandelsabkommen AEUV 207 18
Zollbelastung AEUV 111 14
Zollgebiet AEUV 28 31
zollgleiche Abgaben AEUV 28 25; **30** 11 ff.; **207** 16
- Ausnahmen s. Ausnahmen vom Verbot von Zöllen oder Abgaben gleicher Wirkung
- Bedeutung **AEUV 30** 11
- Beschränkungsverbot **AEUV 30** 26 ff.
- Definition **AEUV 30** 12 ff.
- Diskriminierungs- und Protektionismusverbot **AEUV 30** 24
- Handelshemmnisse **AEUV 30** 24
- Liberalisierung **AEUV 30** 24 ff.
- Wirkung **AEUV 30** 24 ff.
- Zweck und Motiv der Abgabenerhebung **AEUV 30** 15 ff.

Zollinformationssystem (ZIS) AEUV 33 10 f.; **87** 14
Zollkodex AEUV 28 28 f.; **29** 3; **207** 152 ff.; **298** 19
- Modernisierter Zollkodex **AEUV 29** 3
- Zollkodex der Union **AEUV 29** 3
- Zollkodexdurchführungsverordnung **AEUV 28** 28; **29** 3

Zollrecht
- autonomes **AEUV 207** 145 ff.

Stichwortverzeichnis

- Herkunftsland der Ware **AEUV 207** 157
- Rechtsbehelf **AEUV 207** 159
- TARIC **AEUV 207** 150
- Ursprungsregeln **AEUV 207** 157

Zollsätze, Änderung von AEUV 207 16 f.
Zolltarif AEUV 31 1
- gemeinsamer Zolltarif **AEUV 28** 6, 8 f., 22, 54, 56; **31** 6 ff., 9 f.
- kombinierte Nomenklatur **AEUV 31** 10, 15
- Präferenzen zugunsten von Drittstaaten **AEUV 28** 56
- TARIC **AEUV 31** 16
- Zolltarifhoheit **AEUV 31** 2
- Zolltarifnomenklatur **AEUV 31** 11 ff.

Zollunion AEUV 28 19 ff.; **110** 66, 72; **206** 14 f.; **216** 128; **217** 9, 34; **351** 88 f., 91
- Bedeutung **AEUV 28** 14 ff.; **30** 3
- Drittstaatenbeziehungen **AEUV 28** 55 f.
- Entwicklung **AEUV 28** 28 ff.; **30** 5
- GATT **AEUV 28** 12, 46 ff.; **31** 6
- Gehalt **AEUV 28** 8 ff.
- Stillhalte-Regelung **AEUV 30** 5

Zollverbot AEUV 28 8, 10 f.; **30** 1 ff.
- Adressaten **AEUV 30** 4
- Ausnahmen **AEUV 200** 5 ff.
- Ausnahmen s. Ausnahmen vom Verbot von Zöllen oder Abgaben gleicher Wirkung
- Diskriminierungsverbot **AEUV 200** 8
- gegenseitiges **AEUV 200** 1 ff.
- grundsätzliches **AEUV 200** 5 ff.

Zollverfahren AEUV 207 17
Zollverwaltung AEUV 28 57 ff.; **33** 5 ff.
Zollvölkerrecht AEUV 28 46 ff.
Zollwesen, Zusammenarbeit im AEUV 33 8 ff.
- Aktennachweissystems für Zollzwecke (FIDE) **AEUV 33** 10
- MATTHAEUS-Programm **AEUV 33** 13
- Neapel-Abkommen **AEUV 33** 8 f.
- Zoll 2020 **AEUV 33** 13

Zugang zu Dokumenten AEUV 15 1, 33 ff., 46 ff.; **218** 46 ff., 82
- Europäische Zentralbank **AEUV 284** 20
- legislative Dokumente **AEUV 15** 77
- Versagungsgründe **AEUV 15** 55 ff.
- Verfahren **AEUV 15** 68 ff.

Zugang zum Recht EUV 3 29; **AEUV 67** 39
Zugang zur beruflichen Bildung AEUV 203 11
Zugangsbehinderung AEUV 49 62 f.
Zugangsdiskriminierung AEUV 49 52
Zugangspolitiken AEUV 67 8
Zugangssicherung, Gebot der Nichtdiskriminierung AEUV 12 39
Zulässigkeit von Beweismitteln AEUV 86 35 f.
Zulassungserfordernisse AEUV 56 103, 117, 118; **57** 32
Zulassungsverbote für Waren AEUV 34 112
Zusammenarbeit
- s. a. Kooperation
- s. a. Verstärkte Zusammenarbeit
- EP **AEUV 230** 11
- Europäischer Rat **AEUV 230** 11
- Kommission **AEUV 230** 11
- loyale **AEUV 230** 3
- Rat **AEUV 230** 11

Zusammenarbeit in Zivilsachen s. Justizielle Zusammenarbeit in Zivilsachen
Zusammenarbeit zwischen den Mitgliedstaaten bei Beschäftigungspolitik AEUV 149 5 ff., 7 ff.
- s. a. Beschäftigungsstrategie, koordinierte

Zusammenarbeit, Grundsatz der loyalen s. Grundsatz der loyalen Zusammenarbeit
Zusammenarbeit, Verstärkte s. Verstärkte Zusammenarbeit
Zusammenarbeitsverfahren in besonderem institutionellem Rahmen AEUV 218 104
Zusammenhalt
- geteilte Zuständigkeit **AEUV 4** 6
- wirtschaftlicher, sozialer und territorialer **AEUV 174** 1; **175** 1; **233** 8

Zusatzkosten AEUV 56 100
Zusatzprogramme, Forschung AEUV 184 1 ff.
Zusatzprotokolle GRC 52 44
Zuständigkeit
- s. a. Kompetenz
- akzessorische **AEUV 195** 5, 20 f., 23; **196** 16
- ausschließliche **AEUV 2** 17, 28 f.; **3** 1 ff.; **138** 1, 2, 6, 42
- Außenbeziehungen **AEUV 3** 14 ff.
- Beratung **EUV 14** 27
- Bürgerbeauftragter **AEUV 228** 4, 24
- das gewerbliche Eigentum **AEUV 262** 1 ff.
- geteilte **AEUV 2** 37 ff.; **4** 1 ff.; **63** 12; **65** 17
- konkurrierende **AEUV 2** 38
- Kontrolle **EUV 14** 17
- koordinierende **AEUV 5** 1 ff.
- legislative **AEUV 2** 14 ff.
- parallele **AEUV 4** 13 ff.
- Schadenersatzlage **AEUV 268** 5
- ungeschriebene **AEUV 3** 2
- zur Unterstützung, Koordinierung, Ergänzung **AEUV 6** 1 ff.

Zuständigkeit nationaler Gerichte AEUV 274 4
Zuständigkeitskategorien AEUV 2 10
Zuständigkeitskonkurrenzen AEUV 216 7
Zuständigkeitsverteilung EUV 19 8 f., 63 ff.
Zuweisung, Befugnisse AEUV 230 3
Zuzugsbeschränkungen AEUV 54 13
Zwangs- und Pflichtarbeit GRC 5 5, 12 ff., 30; **6** 15
Zwangsbefugnisse AEUV 51 8
Zwangsmaßnahmen AEUV 215 37, 38; **261** 3
- Geldbußen **AEUV 261** 3
- Zwangsgelder **AEUV 261** 3; **260** 12 ff.
- Ermessensbefugnis **AEUV 260** 16
- Verhältnismäßigkeit **AEUV 260** 16
- völkerrechtliche **AEUV 260** 20
- Lastentragungsgesetz **AEUV 260** 21

Zweckbindungsgrundsatz
- Begriff **GRC 8** 37
- Reichweite **GRC 8** 40
- und Einwilligung **GRC 8** 28

Zweckdienlichkeit
- der Zusammenarbeit mit bestimmten internationalen Organisationen **AEUV 220** 14 ff.
- der Zusammenarbeit mit anderen internationalen Organisationen **AEUV 220** 75 ff.

Zwei-Ebenen-Modell s. Religionsverfassungsrecht

Zweigniederlassungen/Filialen AEUV 49 21, 27, 33, 68, 91; **50** 12; **54** 25 f.; **64** 6, 9

Zweitniederlassungsverbote AEUV 49 56, 64

Zweitwohnungen AEUV 64 13

zwingende Erfordernisse AEUV 34 223 ff.; **36** 1 ff., 16 ff.; **63** 29, 32; **64** 16
- Anwendungsbereich **AEUV 36** 23 ff.
- dogmatischer Status **AEUV 36** 16
- gleiche Strukturen bei allen Grundfreiheiten **AEUV 36** 17 ff.
- Parallelitäten zwischen Art. 36 AEUV und zwingenden Erfordernissen **AEUV 36** 17
- Synthese **AEUV 36** 56
- tatbestandsimmanente Rechtfertigungsgründe **AEUV 36** 16
- Unterschiede zwischen Art. 36 AEUV und zwingenden Erfordernissen **AEUV 36** 17
- unterschiedlich anwendbare Maßnahmen **AEUV 36** 28
- unterschiedslos anwendbare Maßnahmen **AEUV 36** 24
- Vereinheitlichung des Rechtfertigungsregimes **AEUV 36** 35

zwingender Grund des Allgemeininteresses AEUV 45 125 ff.; **AEUV 65** 13, 18, 20, 22
- Gleichstellung der Geschlechter **AEUV 8** 22
- Entgeltgleichheit **AEUV 157** 15
- Diskriminierungsschutz **AEUV 10** 8
- Arbeitnehmerschutz **AEUV 9** 18; **151** 38 ff.; **45** 127
- sozialpolitische Ziele **AEUV 9** 18; **151** 38 ff.
- Sozialdumping **AEUV 151** 40
- Wahrnehmung der Kollektivverhandlungsfreiheit **AEUV 151** 40 f.
- finanzielles Gleichgewicht der Sozialversicherungssysteme **AEUV 153** 78
- Grundstruktur eines Sozialversicherungssystems **AEUV 153** 106

Zwischenrang AEUV 216 213, 242, 251

Zwischenstaatliche Organisation für den Internationalen Eisenbahnverkehr s. OTIF

Zwölftelregelung AEUV 315 1 ff.

Zypern AEUV 77 3; **217** 8, 27, 34
- Kapitalverkehrskontrollen **AEUV 65** 13